T

19874

RÉPERTOIRE GÉNÉRAL.

JOURNAL DU PALAIS.

LE RÉPERTOIRE DU JOURNAL DU PALAIS est publié sous la direction de Messieurs

J.-A. LÉVESQUE, docteur en droit, substitut du procureur général près la Cour d'appel de Paris ;
F. NOBLET, avocat à la Cour d'appel de Paris ;
AM. BOULLANGER, avocat à la Cour d'appel de Paris ;
GOUGET, substitut du procureur de la République près le tribunal de la Seine ;
TH. GELLE, ancien magistrat, avocat à la Cour d'appel de Paris.

AVEC LA COLLABORATION DE

MM.

AD. BILLEQUIN, avocat à la Cour d'appel de Paris ;
LIGNIER, ancien conseiller d'État ;
BERTIN, avocat à la Cour d'appel de Paris ;
D'AUVILLIERS, avocat à la Cour d'appel de Paris ;
X. BENOIT, avocat, auteur du *Traité de la Dot*, etc.
CH. ROYER, avocat à la Cour d'appel de Paris ;
DOMENGET, docteur en droit, avocat à la Cour d'appel de Paris ;
A. FABRE, ancien avocat, avoué à la Cour d'appel de Paris ;
TIXIER DE LA HAPELLE, doct. en droit, ancien procureur de la République à Châlons-sur-Marne ;
L. LAFISSE, avocat à la Cour d'appel de Paris ;
FAVERIE, avocat à la Cour d'appel de Paris ;
H. CAUCHOIS, avocat à la Cour d'appel de Paris ;
PEYRUSSE, avocat à la Cour d'appel de Paris ;
HECTOR LECONTE, ancien avocat à la Cour d'appel de Paris ;
C.-V. RICHARD, ancien préfet, avocat à la Cour d'appel de Paris ;
F. HOUSSET, docteur en droit, avocat à la Cour d'appel de Paris ;
ANT. GOUIFFÈS, docteur en droit, avocat à la Cour d'appel de Paris ;
A. JAFFARD, avocat à la Cour d'appel de Paris ;

MM.

GARNIER-DUBOURGNEUF, ancien directeur des affaires civiles et du sceau au Ministère de la Justice ;
MEYNARD DE FRANC, avocat général près la Cour d'appel de Paris ;
JOUAUST, président du tribunal civil de Rennes ;
SOUEF, procureur général près la Cour d'appel de Colmar ;
MONGIS, substitut du procureur général près la Cour d'appel de Paris ;
SULPICY, ancien procureur de la République à Coulommiers ;
MOURIEZ, procureur de la République à Bayeux ;
CHEVILLOTTE, docteur en droit, substitut du procureur de la République à Philippeville (Algérie), ancien avocat à la Cour d'appel de Paris ;
AD. HAREL, ancien magistrat, avocat à Paris ;
O. LABBÉ, substitut du procureur de la République à Fougères ;
AD. BEAUFILS, juge de paix, ancien avocat à Paris ;
CAPMAS, professeur suppléant à la Faculté de droit de Toulouse ;
MAILHER DE CHASSAT, avocat à la Cour d'appel de Paris, auteur de différens ouvrages ;
Et plusieurs autres magistrats et jurisconsultes.

JOURNAL DU PALAIS.

RÉPERTOIRE GÉNÉRAL

CONTENANT

LA JURISPRUDENCE DE 1791 A 1850,

L'HISTOIRE DU DROIT,

LA LÉGISLATION ET LA DOCTRINE DES AUTEURS,

PAR

UNE SOCIÉTÉ DE JURISCONSULTES ET DE MAGISTRATS.

PUBLIÉ

Par M. D'AUVILLIERS, Avocat a la Cour d'appel de Paris.

TOME ONZIÈME.

R. — S.

PARIS,

AU BUREAU DU JOURNAL DU PALAIS,

Rue des Grands-Augustins, 5 (ancien 7).

1850

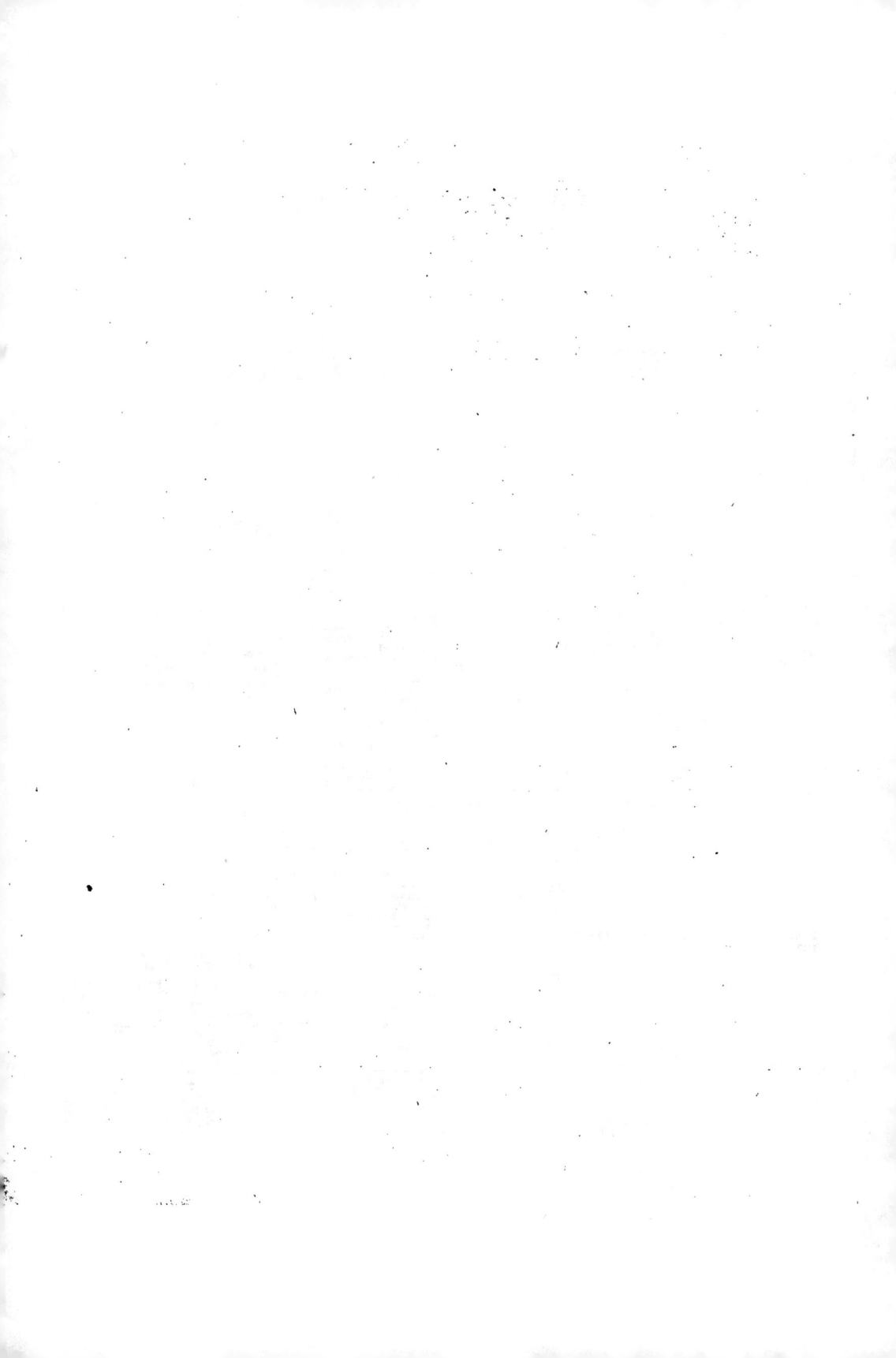

RÉPERTOIRE GÉNÉRAL.

R

RABBINS.
V. ALGÉRIE, CONSISTOIRE ISRAÉLITE.

RACHAT (Faculté de).
V. VENTE A RÉMÉRÉ.

RACHAT (Marine).
1. — Il y a en droit maritime, 1° le rachat que le capitaine fait de son navire ou du chargement à des ennemis ou des pirates qui les ont pris. L'acte qui le constate s'appelle *billet de rançon*. — C. comm., art. 303 et suiv., 395 et suiv. — V. ARMEMENT EN COURSE, ASSURANCE MARITIME, CAPITAINE, FRET, PRISE MARITIME.

2. — ... 2° Le rachat que les propriétaires du navire font des gens de l'équipage qui ont été pris et faits esclaves.—C. comm., art. 266 et suiv. —V. ÉQUIPAGE (Gens d').

RADE.
1.—Partie de mer qui s'enfonce dans les terres et qui, quoique non enfermée, est ainsi à l'abri, de manière que les navires peuvent y demeurer en sûreté et y attendre un temps favorable pour naviguer.

2. — Le contrat d'assurance désigne ordinairement les rades où le navire doit charger ou décharger, celles où il doit entrer, etc.

3. — Les rades font, aux termes de l'art. 538 C. civ., de même que les rivages de la mer, et aux mêmes titres, partie du domaine public; aussi n'y peut-il être pratiqué aucune entreprise sans autorisation formelle. — V. DOMAINE PUBLIC, LAIS ET RELAIS DE LA MER, MER. — À plus forte raison en est-il ainsi lorsque les rades contiennent des travaux destinés à les rendre plus sûres et plus faciles.

RADEAU.
V. COMPÉTENCE COMMERCIALE, n° 117; ÉPAVES, n° 65.

RADIATION DES HYPOTHÈQUES.

Table alphabétique.

RADIATION DES HYPOTHÈQUES. — 1. La radiation des hypothèques est la conséquence soit du vice qui a affecté l'inscription en elle-même ; soit de la nullité ou de l'extinction de l'hypothèque, dont elle est la manifestation. — Troplong, *Hypothèques*, t. 3, n° 737.

2.—Le sort de l'hypothèque dépendant de l'inscription, la loi n'a pu permettre de la rayer témérairement. Aussi la radiation ou mainlevée ne peut avoir lieu que du consentement des parties capables, ou en vertu d'un jugement.

3. — Les inscriptions sont rayées du consentement des parties intéressées et ayant capacité à cet effet, ou en vertu d'un jugement en dernier ressort ou passé en force de chose jugée.—C. civ., art. 2157. — Nous examinerons séparément ces deux modes de radiation.

SECT. 1re. — *Radiation volontaire* (n° 4).
§ 1er. — *Capacités.* — *Formes* (n° 4).
§ 2. — *Nature.* — *Effets* (n° 49).
SECT. 2e. — *Radiation opérée en vertu de décisions judiciaires* (n° 64).
§ 1er. — *Compétence* (n° 72).
§ 2. — *Exécution du jugement de radiation* (n° 88).
§ 3. — *Effets* (n° 114).

Sect. 1re. — *Radiation volontaire.*

§ 1er. — *Capacité.—Forme.*

4. — Dans le cas de radiation volontaire des hypothèques, comme il s'agit d'un nouveau contrat emportant résolution d'un contrat antérieur régulièrement formé, la mainlevée ne peut être consentie que par une partie capable d'aliéner ses droits.

5. — Cette mainlevée constitue, en effet, une véritable aliénation, puisqu'elle emporte abandon formel d'un privilége acquis ; privilége qui se trouve entièrement perdu par la radiation qui doit suivre la mainlevée.

6.— Ou du moins le privilége ne pourra plus se présenter qu'à une date postérieure conservée par une inscription nouvelle portée sur les registres.

7. — La radiation volontaire peut avoir lieu soit sur la déclaration du créancier lui-même, soit par l'intermédiaire d'un fondé de pouvoirs.

8. — Or, en ce qui concerne la capacité, que la radiation ait lieu soit sur la déclaration du créancier lui-même, soit sur celle de son mandataire, c'est la capacité du créancier qu'il convient de considérer uniquement.

9.—Et même le conservateur des hypothèques ne peut se refuser à radier une inscription, sous le prétexte que l'individu qui donne la mainlevée ne justifie point de sa capacité à cet effet; alors surtout que celui-ci consent la radiation en la même qualité qu'il a requis l'inscription. — *Cass.*, 19 août 1845 (t. 2 1845, p. 467), Picart c. Béroujon. — V. Duranton, t. 20, n° 494.

4

10. — Mais le conservateur serait-il tenu d'admettre comme valable le mandat donné autrement que dans la forme authentique ? — Un arrêt de la Cour de cassation avait primitivement jugé dans ce sens. — *Cass.*, 27 mai 1819, Lemarois c. Lebel.

11. — Postérieurement, au contraire, la Cour de Lyon décida que le mandataire d'un créancier inscrit ne peut donner mainlevée de l'inscription qu'autant qu'il est porteur d'une *procuration authentique*. — *Lyon*, 29 déc. 1827, Grobon et Fabry c. Valet.

12. — ... Et que, par suite, le cessionnaire auquel le mandataire, par acte sous seing privé, a cédé la créance, ne peut, bien que par le fait de la cession il soit saisi de la créance, consentir valablement lui-même à la radiation de l'inscription. — Même arrêt.

13. — Et telle est, au surplus, la doctrine à laquelle est revenue depuis la Cour de cassation, en décidant que le conservateur des hypothèques peut refuser d'opérer la radiation d'une inscription, en se fondant sur ce que le mandat en vertu duquel agit celui qui requiert cette radiation est sous seing privé. — *Cass.*, 21 juill. 1830, Marguerite c. Thomas; *Angers*, 2 févr. 1848 (t. 2 1848, p. 13), de la Villegontier c. conservateur des hypothèques de la Mayenne. — Bioche et Goujet, *Dict. de procéd.*, v° *Inscript. hypoth.*, n° 70; Hervieu, *Résumé de jurispr. hypoth.*, v° *Radiation*, n° 21; Merlin, *Rép.*, v° *Hypothèque*; Grenier, *Hypoth.*, n° 68. — *Contrà*, Delvincourt, *C. civil*, t. 3, p. 168, n° 6; Battur, *Traité des hypoth.*, t. 1er, n° 167; Troplong, n° 510; Baudot, *Traité des formalités hypoth.*, n° 950; Persil, *Régime hypoth.*, sur l'art. 2127, n° 6.

14. — Quoi qu'il en soit, aujourd'hui il est de jurisprudence constante que les inscriptions hypothécaires ne peuvent être valablement rayées qu'en vertu d'un consentement constaté par un acte authentique. — Le consentement porté dans un acte privé ne suffirait pas. — *Toulouse*, 16 juill. 1818, Gendre c. Maupas.

15. — Une promesse sous seing privé, mais non suivie d'effet, de radier une inscription hypothécaire, n'enlève pas ses droits au créancier hypothécaire. — *Bordeaux*, 16 juill. 1834, Faure et Eyma c. Guinchan.

16. — Décidé encore que, lorsqu'une inscription a été prise, en vertu d'une obligation au porteur notariée et emportant hypothèque, par le porteur actuel et à son profit, il y a lieu de rayer cette inscription sur le consentement donné par tout porteur ultérieur de l'obligation, sans qu'il soit besoin de la mainlevée accordée par celui qui a primitivement requis l'inscription. — — *Bordeaux*, 7 févr. 1846 (t. 1er 1846, p. 742), conservateur des hypothèques d'Angoulême c. Clerc.

17. — Le conservateur ne pourrait exiger qu'en outre de l'acte de mainlevée, remise lui fût faite de la grosse de l'obligation biffée et bâtonnée. — La remise entre ses mains de l'expédition de l'acte de mainlevée contenant en marge l'énonciation que mention de la décharge a été faite par le notaire sur la grosse de l'obligation au porteur couvrirait sa responsabilité. — Même arrêt.

18. — Il suffit, pour l'acquéreur ou l'adjudicataire qui veut, même alors qu'il a été procédé à un ordre, faire rayer l'inscription d'office prise au nom de son vendeur, de justifier de la déclaration faite par ce vendeur ou par son ayant cause, qu'il renonce à se prévaloir de cette inscription et qu'il se désiste de tout privilége résultant de la seule transcription du contrat. — Il n'est pas nécessaire qu'il rapporte une quittance expresse de la collocation de ce vendeur, les expressions *paiement du prix* employées par l'art. 774 C. procéd. n'étant pas exclusives de tout autre mode de libération de l'immeuble. — *Angers*, 2 févr. 1848 (t. 2 1848, p. 13), de la Villegontier c. conservateur des hypothèques de la Mayenne.

19. — Jugé que le créancier qui a cédé à un tiers les droits résultant à son profit d'une obligation notariée et d'une inscription hypothécaire prise par lui, n'a plus le droit de donner mainlevée de cette inscription. — ... Qu'en conséquence, si le tiers cessionnaire dont l'inscription a été radiée par suite de la mainlevée de son cédant se trouve, par ce fait, n'avoir plus le même rang hypothécaire, il peut exercer un recours contre ce dernier et le faire condamner à lui rembourser le montant du prix de la cession. — ... Que le cédant ainsi actionné doit être condamné à rembourser immédiatement au cessionnaire le prix de la cession, sans qu'il soit nécessaire d'attendre la vente des biens hypothéqués et de voir si, malgré la perte du rang primitif de son inscription, le cessionnaire pourra encore être utilement colloqué. — *Bordeaux*, 12 mai 1841 (t. 2 1841, p. 523), Piganneau c. Raymond.

20. — Nous n'avons rien à ajouter ici en ce qui concerne l'incapacité du mineur, qui ne peut, évidemment, consentir de lui-même mainlevée d'hypothèques; sauf, bien entendu, et dans certaines limites, le mineur commerçant. — Duranton, t. 20, n° 187. — Les auteurs s'accordent encore à reconnaître que le mineur émancipé ayant capacité suffisante pour toucher ses revenus et en donner quittance, peut donner mainlevée des inscriptions prises pour sûreté de fermages et loyers. — Troplong, n° 738 *bis*; Persil, sur l'art. 2157, n° 5; Duranton, t. 20, n° 185; Baudot, n° 931; Grenier, *Traité des hypoth.*, n° 532.

21. — Notons seulement ici que le mineur devenu majeur, qui, après avoir fait inscrire l'hypothèque légale militant en sa faveur, à raison du reliquat d'un compte de tutelle, consent plus tard à la radiation de l'inscription, est présumé avoir renoncé à son hypothèque légale, surtout à l'égard des créanciers inscrits depuis cette radiation. — *Bruxelles*, 6 janv. 1823, Haultpenne c. Cockx.

22. — A l'égard des tuteurs des mineurs et des interdits, il est évident qu'en ce qui concerne les dettes acquittées, ils ont qualité pour en faire opérer la radiation, devenue d'ailleurs indispensable.

23. — Quant à la radiation, qui peut avoir lieu alors qu'il n'y a pas extinction de la dette, cette radiation étant une espèce d'aliénation, les formalités prescrites par le Code civil, dans l'intérêt des mineurs et des interdits, doivent être observées. « Et ainsi, dit une circulaire du directeur général de l'enregistrement, les difficultés et les doutes qui se sont élevés au sujet des radiations en question sont levées. » — Grenier, t. 2, n° 521; Persil, sur l'art. 2157, n° 7; Troplong, n° 738 *bis*.

24. — Le prodigue ne pourrait évidemment consentir mainlevée d'une inscription hypothécaire qu'avec l'assistance de son conseil. — Baudot, n° 932.

25. — M. Duranton (p. 189) estime que la radiation de l'hypothèque, sans paiement de la créance, constituant un acte principal qui a le caractère d'une aliénation, l'envoyé en possession des biens d'un absent ne peut faire remise de l'hypothèque ou donner mainlevée de l'inscription dans le cas où la dette ne serait point payée. — Baudot, n° 945; Persil, sur l'art. 2157, n° 9.

26. — *Quid* quant à la femme mariée? Merlin (*Rép.*, v° *Autorisation maritale*, sect. 7) pense que, dans tous les cas, la femme doit être autorisée par mari ou par justice. — V. Persil, sur l'art. 2157, n° 4; Grenier, n° 524. — Au contraire : Delvincourt (t. 3, p. 182, n° 6), et son avis est partagé par MM. Troplong (n° 738 *bis*), Duranton (t. 20, n° 190), Baudot (n° 906), estime que la femme qui a le droit de recevoir ses capitaux, peut valablement, sans autorisation, donner mainlevée de l'inscription. — Au surplus, la jurisprudence des Cours nous offre de nombreux arrêts rendus dans des hypothèses diverses.

27. — La femme peut consentir la radiation partielle ou totale d'une inscription hypothécaire qu'elle a prise sur un immeuble vendu par son mari, et dont elle a garanti la vente conjointement et solidairement avec ce dernier. — *Cass.*, 12 févr. 1811, pourvoi du ministère public.

28. — L'inscription prise par la femme pour sûreté de son action de remploi peut être rayée lorsque, étant séparée de biens, elle ne prouve point que son mari a profité du prix des aliénations. — *Paris*, 16 juill. 1813, Péron.

29. — La femme mariée sous le régime de la communauté, et séparée de corps et de biens d'avec son mari, a capacité pour consentir la mainlevée de son hypothèque légale frappant des immeubles destinés à entrer dans la composition d'un majorat dont le mari est titulaire pour la reporter sur les biens qui cessent d'en faire partie. — Ce n'est point là une restriction de l'hypothèque légale, soumise aux formalités des art. 2144 et 2145 C. civ., alors d'ailleurs que les biens nouveaux affectés à cette hypothèque sont d'une valeur égale à celle des biens qu'elle affranchit. — *Rouen*, 25 juin 1845 (t. 1er 1846, p. 244), conserv. des hypoth. de Rouen c. Monville.

30. — Le désistement d'une inscription hypothécaire étant une véritable aliénation : il en résulte que si le contrat de mariage assujettit le mari à faire le remploi par hypothèque, les époux ne peuvent, avant que le remploi soit effectué, consentir la radiation de l'inscription. — *Cass.*, 9 juin 1841 (t. 2 1841, p. 33), Souffron c. Catalogne.

31. — La femme mariée sous le régime dotal ne peut, pour quelque motif et de quelque manière que ce soit, donner mainlevée de son hypothèque légale. — *Paris*, 11 déc. 1841 (t. 1er 1842, p. 63), Caisse des dépôts et consignat. c. Sales. — Baudot, n° 910.

32. — En conséquence : la Caisse des dépôts et consignations n'est pas valablement libérée par le paiement, fait à un cessionnaire du mari, d'une somme grevée de l'hypothèque légale de la femme mariée sous le régime dotal, alors même que ce paiement a été fait du consentement formel de la femme et en vertu de la mainlevée donnée par elle de son inscription. — Même arrêt.

33. — Cependant jugé que la femme mariée sous le régime dotal, qui s'est réservé, par son contrat de mariage, la faculté d'aliéner le fonds dotal, peut se désister de son hypothèque légale sur les biens de son mari. — *Lyon*, 16 mai 1832, Vancy c. Cornillon; 9 févr. 1835, Cœur c. de Saint-Jean.

34. — La femme mariée sous le régime dotal, séparée de biens, ne peut donner mainlevée de l'inscription de l'hypothèque légale qui lui appartient sur les biens de son père, qui a été son tuteur. — *Cass.*, 19 nov. 1833, Doulte c. Martin

35. — Jugé, sous l'empire de la loi du 11 brum. an VII, qu'une femme mariée, dotée en pays de droit écrit, ne pouvait donner mainlevée de l'inscription prise pour sa dot sur les biens de son mari, ou consentir le transfert de son inscription d'un immeuble sur un autre, alors surtout que cette seconde inscription devait présenter moins de garantie que la première. — *Riom*, 26 prair. an X, Boy c. N.... — Tessier, *Traité de la dot*, LXIII, lett. B, p. 530; Grenier, *des Hypoth.*, t. 2, p. 524; Persil, *Rég. hypoth.*, t. 1er, p. 425. — Mais M. Troplong (*Hypoth.*, t. 2, n°s 597 à 601) enseigne que la femme ne peut revenir contre les renonciations qu'elle a faites de son hypothèque, toutes les fois que sa dot n'en éprouve pas de préjudice.

36. — ... Et, encore, sous la loi du 11 brum. an VII, que la femme mariée sous le régime dotal ne pouvait, une fois son hypothèque légale rendue publique par la voie d'une inscription prise sur les biens de son mari, autoriser, par son seul consentement, la radiation de cette inscription sans que la conservation de la dot inscrite fût assurée de toute autre manière. — *Grenoble*, 8 mars 1834, Monier c. Bayle.

37. — Le maire d'une commune n'a pas qualité pour donner, seul, et sans l'autorisation du Conseil municipal, mainlevée d'une inscription hypothécaire prise au profit de la commune. — *Douai*, 29 nov. 1834, Paillart c. Lebrun.

38. — C'est au receveur municipal, dont le cautionnement est exigé pour garantie de ses actes, à poursuivre et à surveiller, dans l'intérêt et à la requête de la commune, les inscriptions hypothécaires prises ou à prendre à son profit; et, par conséquent, à consentir la radiation de ces inscriptions, sous l'approbation des surveillans légaux de la commune. — Même arrêt.

39. — L'inspecteur colonial, qui, aux termes de l'ordonn. du 30 sept. 1827, a qualité pour prendre inscription à raison du cautionnement des avoués, est également compétent pour consentir mainlevée de cette inscription, lorsqu'à l'expiration des fonctions de l'avoué les formalités prescrites pour la libération du cautionnement ont été remplies. — *Cass.*, 24 févr. 1836, Bourgoin c. Orsat.

40. — L'acte de mainlevée d'inscription ainsi donné par l'inspecteur colonial dans les limites de sa compétence est un acte authentique dans le sens de la loi, bien qu'il n'ait pas été passé devant notaire, et qu'il ait été délivré dans la forme des écrits sous seing privé. — Même arrêt.

41. — Le conservateur est, d'ailleurs, soumis à une responsabilité personnelle (par les art. 2196 et suiv.), qui ne lui permet pas d'admettre sans examen les demandes en radiation. — V. CONSERVATEUR DES HYPOTHÈQUES.

42. — C'est donc à lui qu'il appartient de vérifier non-seulement la régularité des titres qui lui sont présentés pour obtenir la radiation, mais encore l'étendue de la capacité de la partie qui donne cette mainlevée. — *Cass.*, 9 juin 1841 (t. 2 1841, p. 33), Souffron c. Catalogue; 11 juill. 1843 (t. 2 1843, p. 219), Michel c. Morel et Levallet; 17 août 1843 (t. 2 1843, p. 699), Porquet c. Barréra.

43. — Spécialement : lorsque le consentement à une radiation est donné par un mandataire, le conservateur a le droit de demander la remise d'une expédition de la procuration; comme aussi il a le droit d'exiger d'un mari qui procède en qualité de maître des droits de sa femme,

l'expédition *parte in quâ* du contrat de mariage établissant la capacité personnelle et exclusive du mari à cet égard. — *Paris*, 17 août 1843 (t. 2 1843, p. 699), Porquet c. Barréra.

44. — Le notaire qui a reçu l'acte de mainlevée d'une inscription hypothécaire peut bien, comme toute autre personne, remettre au conservateur des hypothèques l'expédition de cet acte de mainlevée et requérir la radiation de l'inscription; mais en cas de refus, de radier, de la part du conservateur, il lui faut un pouvoir des parties pour l'actionner en justice. — *Colmar*, 3 mars 1847 (t. 2 1849, p. 195), C....

45. — Sans doute le conservateur ne peut se rendre juge lui-même ni de la régularité des titres ni de la capacité de la partie; mais il est en droit, dans les circonstances graves, d'en référer à justice, pour qu'il soit statué sur la prétention élevée par le détenteur qui soutient avoir droit de faire rayer l'inscription. — *Cass.*, 9 janv. 1841 (t. 2 1841, p. 33), Souffron c. Catalogue.

46. — Et si lui-même, après avoir fait la vérification, reconnaît que le titre n'est pas régulier, ou que la partie n'est pas capable; il doit se refuser absolument à opérer la radiation requise, sauf aux parties à l'y contraindre, sous peine de tous dommages-intérêts, si le conservateur avait abusé de son droit.

47. — Ainsi une Cour d'appel peut déclarer un conservateur des hypothèques responsable, lorsque son refus de radier une inscription prise pour sûreté d'une rente due à une femme mariée sous le régime dotal, et dont elle a reçu le remboursement, n'est fondé sur aucun doute sérieux; et la condamnation qu'elle prononce, dans ces circonstances, par interprétation des actes et appréciation des faits, ne saurait donner ouverture à cassation. — *Cass.*, 11 juill. 1843 (t. 2 1843, p. 219), Michel c. Morel et Levallet.

48. — On ne saurait, du reste, douter que le conservateur des hypothèques n'étant pas le juge du mérite des inscriptions est tenu de les délivrer dans ses états, telles qu'elles existent sur ses registres, et c'est à tort qu'on l'assignerait en réduction, sous le prétexte que quelques-unes ont été irrégulièrement conservées, en ce que, par exemple, elles auraient été prises sur un cabaretier devenu étranger à l'immeuble par suite de la licitation. — *Angers*, 9 févr. 1827, Lieutaud c. Camain.

§ 2. — *Nature. — Effets.*

49. — La mainlevée d'une inscription hypothécaire donnée par un créancier à son débiteur est de sa nature un acte unilatéral, qui n'a pas besoin pour être parfait du consentement ou de l'acceptation de ce dernier. — *Cass.*, 4 janv. 1831, Gerbaud c. Pinaud; *Agen*, 19 mai 1836, mêmes parties.

50. — Cette mainlevée peut être invoquée par les créanciers postérieurement inscrits, encore qu'elle ait été révoquée avant qu'ils en aient fait usage pour faire opérer la radiation de l'inscription, surtout lorsque ces créanciers ont pris inscription postérieurement à la mainlevée et antérieurement à sa révocation. — Mêmes arrêts.

51. — Néanmoins, une inscription hypothécaire subsiste, malgré la mainlevée consentie par le créancier, jusqu'à la radiation effective. — *Bordeaux*, 7 avril 1827, Pineau c. Gerbeau.

52. — Le créancier hypothécaire qui a donné mainlevée de son inscription est recevable à requérir la mise aux enchères de l'immeuble grevé à son profit, tant que son inscription n'a pas été radiée. — *Cass.*, 23 avril 1806, Dabernad c. Trebos.

53. — Au surplus, la loi nouvelle n'a fait que confirmer les anciens principes. — En effet, sous l'édit de 1771, la mainlevée de l'opposition n'effaçait pas l'hypothèque. Le créancier qui avait donné cette mainlevée sur des déclarations qui se sont trouvées fausses, a pu prendre valablement inscription sous la loi du 11 brum. an VII. — *Paris*, 15 janv. 1811, Bureau c. Bourgoin.

54. — Le créancier qui a pris inscription sur la foi d'un acte notarié par lequel un créancier antérieur a fait mainlevée de son inscription ne peut être colloqué avant ce créancier, si la radiation n'a pas été opérée, et si la mainlevée a été rétractée, même postérieurement au titre du nouveau créancier. — *Bordeaux*, 7 avril 1827, Pineau c. Gerbeau.

55. — Le consentement à la radiation d'une inscription hypothécaire n'emporte pas renonciation à l'hypothèque en ce sens que le créancier qui a consenti cette radiation ne puisse plus prendre une nouvelle inscription valable, alors même que, pendant le temps qu'a duré la radiation, les hypothèques n'auraient pas été purgées. — *Cass.*, 2 mars 1830, Barbé c. Clarens.

56. — La renonciation acquise à une hypothèque n'est pas, dans tous les cas, irrévocable. — *Angers*, 26 juin 1818, Gasnier c. Tartarin.

57. — Lorsque cette renonciation n'a eu lieu, de la part du créancier, que sur de fausses apparences de solvabilité données par le débiteur, le rétablissement de l'hypothèque sur les biens encore libres de ce dernier peut être ordonné par les tribunaux lorsque cette mesure ne blesse pas les intérêts des tiers. — *Angers*, 26 juin 1818, Gasnier c. Tartarin.

58. — En effet : la radiation opérée par erreur, d'une inscription hypothécaire, ne peut être annulée quand elle a créé des droits acquis à des tiers, sauf le recours du créancier lésé contre le conservateur qui a commis l'erreur. — *Cass.*, 18 juill. 1838 (t. 2 1838, p. 491), David c. Guttin et Giraud.

59. — L'effet de la radiation s'étend à la totalité de l'inscription rayée, et non pas seulement à la différence existant entre cette inscription et celle, devenue sans cause par le paiement, qu'on aurait laissée subsister en place. — Même arrêt.

60. — Il a lieu également vis-à-vis des créanciers postérieurs à l'inscription rayée, sans distinction entre ceux inscrits avant ou depuis la radiation. — *Cass.*, 18 juill. 1838 (t. 2 1838, p. 491), David c. Guttin et Giraud.

61. — Il est vrai que la Cour de Douai a décidé que l'inscription prise par un créancier devenu acquéreur de l'immeuble hypothéqué, et rayée, de son consentement, sur la déclaration des vendeurs qu'elle était unique, peut être rétablie et reprendre son ancienne date, si cette déclaration se trouve fausse. — *Douai*, 10 janv. 1812, Roubaix et Merlevelde c. Bellynck. — Mais cette solution a été rendue en présence de faits particuliers, qui justifient cette décision dans l'espèce donnée.

62. — ... Et il faut toujours dire que des inscriptions radiées sans le consentement des parties et en vertu d'actes faux doivent être considérées comme n'existant pas. En conséquence, les créanciers inscrits postérieurement à ces radiations ont dû être colloqués préférablement aux créanciers dont les inscriptions ont été radiées. Peu importe que l'arrêt qui a condamné l'auteur du faux ait, en vertu de l'art. 463 C. instr. crim., ordonné le rétablissement des inscriptions indûment rayées. — *Cass.*, 9 déc. 1846 (t. 1er 1847, p. 129), Fleury c. Lhoste-Buloine. — La fausseté de l'acte de radiation peut influer sur les rapports du créancier primitif avec le conservateur ou avec l'auteur du faux, ou avec l'officier public qui s'est laissé tromper par le faussaire. Elle peut engager la responsabilité du conservateur, lui assurer un recours en garantie contre le coupable; mais il ne peut en résulter que les tiers, au moment où ils ont traité, aient vu sur les registres des hypothèques une inscription qui en avait été biffée.

63. — Jugé spécialement que lorsque, sous la loi du 11 brumaire an VII, une femme même normande a consenti la mainlevée et la radiation de l'inscription par elle prise sur les biens de son mari, celle prise depuis la radiation et avant le Code civil par un autre créancier qui a traité avec le mari, sur la foi d'un certificat de non-inscription, a dû primer la seconde inscription prise postérieurement par la femme. — *Cass.*, 26 janv. 1814, Druy c. Hemel.

Sect. 2e. — *Radiation opérée en vertu de décisions judiciaires.*

64. — La radiation doit être ordonnée par les tribunaux, lorsque l'inscription a été faite sans être fondée, ni sur la loi, ni sur un titre ou lorsqu'elle l'a été en vertu d'un titre, soit irrégulier, soit éteint ou soldé, ou lorsque les droits de privilége ou d'hypothèque sont effacés par les voies légales. — C. civ., art. 1234, 2148, 2154, 2180, 2181 et suiv.; C. procéd., art. 772 et 774. — Art. 2160.

65. — Lorsqu'un créancier, ayant un droit d'hypothèque sur un immeuble, succède à celui qui a garanti le détenteur de l'immeuble de l'effet de cette hypothèque, il s'opère dans la personne du créancier une confusion de droits qui, d'une part, éteint le droit d'hypothèque, et, de l'autre, le libère de la garantie promise par son auteur. En conséquence, ce créancier peut demander la radiation de l'inscription prise sur les biens de son auteur par le détenteur de l'immeuble. — *Cass.*, 18 juill. 1820, Augé c. Valmalette.

66. — Celui qui est intéressé à la radiation de l'inscription hypothécaire qu'un créancier, ou se prétendant tel, a prise sur un immeuble au paiement du prix duquel elle fait obstacle, n'est pas obligé d'attendre, pour en former la demande, qu'un ordre soit ouvert entre tous les créanciers inscrits sur cet immeuble. En d'autres termes, on ne doit pas induire des dispositions du Code de procédure, qui règlent la forme à observer dans les contestations entre créanciers hypothécaires, relativement à la préférence ou à la priorité de leurs créances, que toute action est refusée avant l'ouverture de l'ordre pour provoquer la radiation des inscriptions qui auraient été prises sans droits ni titres à cet effet. — *Bordeaux*, 17 févr. 1832, Véniard-Deschamps c. Estibal.

67. — Mais lorsque l'état des inscriptions délivré par le conservateur des hypothèques contient une inscription qui grève à tort l'immeuble : l'acquéreur doit faire sommation au prétendu créancier de donner mainlevée de son inscription, en tant qu'elle frappe sur l'immeuble vendu; et si l'acquéreur intente une action judiciaire, il y a lieu, en présence de l'offre de mainlevée faite *in limine litis* par le créancier, de condamner l'acquéreur aux frais frustratoires qu'il a occasionnés. — *Rouen*, 5 juill. 1828, Hardy c. Papavoine.

68. — Au contraire : lorsque des inscriptions ont été indûment prises sur des immeubles, postérieurement à la vente qui en a été faite; l'acquéreur peut actionner directement son vendeur en mainlevée de ces inscriptions, sans être tenu de se pourvoir contre les créanciers qui les ont requises. — En ce cas, le dommage éprouvé par l'acquéreur doit être réparé par le vendeur : sauf le recours de ce dernier contre les créanciers inscrits. — *Caen*, 20 nov. 1824, Caille c. de Roncherolles.

69. — Le conservateur des hypothèques n'étant pas juge de la question de savoir quel est le mérite des inscriptions qui existent sur son registre; il doit les comprendre toutes sur l'état qu'il en délivre, alors même que quelques-unes seraient sans droit ni titre. Ce n'est donc pas contre le conservateur et par voie de demande en rectification de son état, mais contre l'inscrivant, et par voie de demande en radiation, que doit se pourvoir celui qui prétend que certaines inscriptions sont nulles ou sans effet à défaut de titre. — *Rouen*, 7 janv. 1848 (t. 2 1848, p. 331), Marchand c. Delaunay.

70. — ... Sauf à l'inscrivant, s'il veut se soustraire à cette action, à signifier au réclamant son désistement au bénéfice de l'inscription, en tant qu'elle pourrait lui porter préjudice. — Même arrêt.

71. — Jugé, dans un cas spécial, que les poursuites de saisie immobilière commencées par un créancier hypothécaire avant la faillite de la partie saisie n'en devant pas moins continuer, nonobstant cette faillite; par suite, le failli concordataire ne peut obtenir la radiation de la transcription de la saisie lorsque la validité de cette saisie a été reconnue avant le concordat par une décision souveraine dans laquelle le failli était lui-même partie. — *Paris*, 3 déc. 1846 (t. 1er 1847, p. 111), Freslon c. Giraud. — V. SAISIE IMMOBILIÈRE.

§ 1er. — *Compétence.*

72. — L'action en radiation d'une inscription hypothécaire étant *réelle* de sa nature, la connaissance doit en être déférée en principe aux tribunaux de la situation de l'immeuble litigieux; telle est, au surplus, la prescription de l'art. 2159 du Code civil : « La radiation non consentie est demandée au tribunal dans le ressort duquel l'inscription a été faite. »

73. — En principe donc, les tribunaux ne peuvent ordonner la radiation des inscriptions que dans l'étendue de leur ressort. — *Agen*, 17 (et non 22) août 1807, Lecoq c. Desparbès.

74. — Mais cette compétence est absolue. Ainsi, le débiteur peut, nonobstant le décès de son créancier, former contre lui une demande en mainlevée d'hypothèque par exploit notifié au domicile élu dans l'inscription. — *Lyon*, 12 juill. 1826, Midan c. Durieu.

75. — Néanmoins, le même art. 2159 pose immédiatement deux exceptions au principe absolu de la compétence des tribunaux du lieu de la situation des immeubles. Cette compétence cesse : 1° lorsque l'inscription a eu lieu pour sûreté d'une condamnation éventuelle ou indéterminée,

sur l'exécution ou la liquidation de laquelle le débiteur ou le créancier prétendu sont en instance ou doivent être jugés dans un autre tribunal; auquel cas la demande en radiation doit y être portée ou renvoyée : 2° lorsque la convention a été faite par le créancier et le débiteur de porter, en cas de contestation, la demande à un tribunal qu'ils auraient désigné, auquel cas cette convention doit recevoir son exécution.

76. — Aucune difficulté dans le second cas : il s'agit tout simplement d'appliquer les règles générales sur l'effet des conventions, faisant lien entre les contractans, leurs héritiers ou ayans cause, ainsi au cessionnaire du créancier, mais ne pouvant produire d'effets quant aux tiers.

77. — Quelques explications sont au contraire nécessaires pour bien saisir le sens de la première des deux exceptions. La loi ne parle que d'une inscription prise en vertu d'une *condamnation*, et pour droits *éventuels* et *indéterminés*. Ces expressions sont-elles limitatives? Peuvent-elles être, au contraire, étendues par voie d'analogie?

78. — Alors qu'une instance principale est déjà engagée devant un tribunal, et que la demande en radiation doit en être la suite; il n'y a véritablement aucune raison pour se départir des règles ordinaires de la connexité, et par conséquent à reconnaître que le tribunal saisi de l'instance principale peut statuer sur les conclusions incidentes à fin de radiation d'hypothèques; et ce quoique l'inscription ait été prise en vertu non d'une condamnation, mais d'un jugement; non pour une somme éventuelle et indéterminée, mais pour une somme certaine et fixe. — Persil, sur l'art. 2159, n° 2.

79. — Jugé en ce sens que l'art. 2159 C. civ., d'après lequel la demande en radiation des inscriptions doit être portée devant le tribunal dans le ressort duquel elles ont été prises, est inapplicable au cas où un autre tribunal est saisi de la question de validité des titres en vertu desquels l'inscription a été requise. — *Cass.*, 5 mai 1812, Juteau c. Descazeaux. — V. encore *Cass.*, 1er flor. an XII (et non 1er prair. an XII, ou 29 brum. an XIII), N... c. Ménager. — Baudot, n° 978.

80. — Jugé, de même, que la demande tendante à la nullité d'un acte et à la mainlevée des inscriptions hypothécaires prises en vertu de cet acte doit être portée devant le tribunal du domicile du défendeur et non devant le tribunal de la situation des biens hypothéqués. — *Cass.*, 1er flor. an XII, N... c. Ménager.

81. — ...Que le demandeur ne peut, lorsque la contestation est liée devant un tribunal incompétent, arrêter l'effet d'un déclinatoire, en restreignant sa demande à la mainlevée des inscriptions. — Même arrêt.

82. — ... Que la demande en mainlevée d'une inscription, lorsqu'elle est incidente à une demande déjà formée et pendante devant un autre tribunal que celui de la situation des biens sur lesquels l'inscription est prise, doit être portée au tribunal saisi de la première demande. — *Cass.*, 9 mai 1812, de Brancas c. Sinetti.

83. — ...Et même que la radiation d'une inscription hypothécaire peut être ordonnée par le tribunal de commerce, quand elle n'a été demandée et prononcée que comme suite nécessaire de l'annulation des actes en vertu desquels elle avait été prise. — *Cass.*, 11 (et non 14) févr. 1834, Gaillard c. Barrel. — Carré, *Lois de la proc.*, t. 1er, p. 507, n° 205; Grenier, t. 1er, n° 94; Troplong, t. 3, n° 743 *bis*; Duranton, t. 21, n° 205; Persil, *Rég. hypoth.*, art. 2159. — *Contrà*, Tarrible, *Rép.*, v° *Radiation d'hypothèque*.

84. — Mais, dans le cas où les parties ne sont point encore en instance devant un tribunal, sur le principal la demande en radiation ne pouvant plus être regardée comme incidente, et par conséquent les règles sur la connexité cessant d'être applicables; il y a lieu d'appliquer les prescriptions de l'art. 2159, à savoir que la compétence d'un tribunal autre que celui de la situation ne peut exister qu'au cas où l'inscription a eu lieu pour sûreté d'une condamnation éventuelle ou indéterminée sur l'exécution ou la liquidation de laquelle les parties devraient être jugées par un autre tribunal.

85. — Décidé, en conséquence, qu'un débiteur peut assigner son créancier, en radiation d'hypothèques, devant le tribunal dans le ressort duquel sont les biens hypothéqués, après avoir signifié des offres réelles au domicile de ce créancier situé dans le ressort d'un autre tribunal. — *Amiens*, 20 juin 1831, Duriez c. Levaillant.

86. — ... Et que la demande en radiation d'une inscription doit, comme formée en matière *réelle*, être portée au tribunal dans le ressort duquel cette inscription a été prise, encore bien que cette demande soit fondée sur la nullité d'une obligation. — *Paris*, 9 mars 1813, de Vaignon et Costé de Triqueville c. Picard. — V. Pigeau, t. 3, p. 425, n° 2; Tarrible, *Rép.*, v° *Radiation*, n° 10. — *Contrà* : Grenier, *Traité des hypoth.*, t. 1er, p. 188; Carré, *De la compét.*, t. 1er, p. 482 (édit. in-4°). — Toutefois M. Troplong (t. 3, n° 732) considère cette action comme *mixte* et comme ressortissant, à la volonté du demandeur, d'après l'art. 59 C. procéd., à la compétence soit du juge du lieu du domicile du défendeur, soit du juge de la situation de l'immeuble hypothéqué.

87. — Jugé que les tribunaux français compétens pour statuer sur une contestation née de l'exécution d'une obligation contractée entre étrangers en pays étranger, lorsque l'une des parties, décédée, est représentée par un héritier français, ont qualité pour statuer au cas d'une demande en radiation d'inscription d'hypothèque prise sur un immeuble situé en France, alors même qu'elle donnerait lieu à une question de compensation ou de règlement de compte; l'action, dans ce cas, étant mixte et pouvant être portée devant le tribunal de la situation de l'immeuble. — *Bordeaux*, 18 déc. 1846 (t. 1er 1847, p. 648), Durand et Rodriguez c. Monteverde. — V. ÉTRANGER, n° 391.

§ 2. — *Exécution du jugement de radiation.*

88. — Pour que la radiation de l'hypothèque soit opérée, le requérant doit présenter au conservateur des hypothèques l'expédition du jugement prescrivant radiation. — Baudot, n° 980.

89. — Lorsque la radiation est ordonnée par jugement, la seule représentation du titre ne suffit pas pour que la radiation soit effectuée sans examen; car il faut encore que le conservateur s'assure par lui-même que le jugement est exécutoire. — *Pau*, 21 janv. 1834, Hubert c. conservateur des hypothèques.

90. — Ainsi notamment, le conservateur doit se refuser à opérer la radiation lorsqu'il lui apparaît que le jugement produit est tombé en péremption. — Même arrêt. — Baudot, n° 992.

91. — D'un autre côté, lorsque la radiation ou la mainlevée de l'hypothèque est prononcée par jugement : la loi veut que « le jugement ne devienne exécutoire, même après les délais d'opposition ou d'appel, que sur le certificat de la partie poursuivante, contenant la date de la signification du jugement faite au domicile de la partie condamnée, et sur l'attestation du greffier constatant qu'il n'existe, contre le jugement, ni opposition ni appel. » — C. procéd. civ., art. 548.

92. — Que faut-il entendre par le *domicile*? Est-ce nécessairement le domicile réel de l'inscrivant; ou le domicile élu que celui-ci a dû, aux termes de l'art. 2148 du Code civil, prendre dans l'arrondissement de la situation des biens hypothéqués, s'il n'y demeure pas?

93. — Un avis du grand juge ministre de la justice, en réponse au ministre des finances, en date du 5 juill. 1808, estime qu'il s'agit toujours du domicile réel. « Il semble, dit le ministre, que toutes les fois qu'il s'agit de l'exécution d'un jugement définitif, la signification doit être faite au domicile de la partie condamnée. L'article 147 du Code de procédure le dit en termes exprès. Or l'article 147 ordonne pour les jugemens portant radiation d'inscription hypothécaire et autres, ce que l'article 147 ordonne, en termes généraux, pour tous les jugemens portant condamnation. » — Merlin, *Rép.*, v° *Domicile élu*, § 1er, nos 6 et 7; Grenier, n° 527; Persil, sur l'art. 2157, n° 19; Favard, *Rép.*, t. 2, p. 476; Carré et Chauveau, *Lois de la procédure*, quest. 1907.

94. — M. Duranton (*Code civil*, t. 20, n° 204), examinant les termes de cet avis, et les motifs sur lesquels il se fonde, répond avec raison suivant nous : « Sans doute l'article 147 du Code de procédure distingue le domicile réel de la partie du domicile élu par elle chez son avoué; mais l'on sent parfaitement la différence qu'il y a entre un tel domicile *élu* et celui qui a été élu, pour l'exécution de l'acte, soit par l'effet d'une convention, soit en vertu d'une disposition de la loi: le premier n'a pour objet que la conduite du procès et le législateur a voulu, avec raison, que le jugement portant condamnation fût, en outre, signifié à la partie, personne ou domicile, parce qu'il a craint que l'avoué, dont l'office est terminé, ne mît de la négligence à le faire connaître à la partie. L'élection de domicile chez lui n'était que pour le procès, et en ce qui concerne son ministère le procès est fini. Mais lorsqu'il s'agit d'une élection faite pour l'exécution de l'acte, alors le domicile élu équipolle parfaitement au domicile réel; et, comme le dit l'article 111 du Code civil, les *significations*, demandes et poursuites relatives à cet acte peuvent être faites au *domicile convenu* et devant le juge de ce domicile. »

95. — « Or, continue le même auteur, la loi en matière d'inscription hypothécaire a voulu, dans l'intérêt du débiteur et des tiers, un domicile spécial où pourraient être signifiés tous les actes relatifs à l'inscription, et incontestablement le jugement qui en prononce la réduction est au nombre de ces actes; il se rattache naturellement à l'*exploit* qui l'a amené. » — Troplong, n° 739; Delvincourt, t. 2, p. 664.

96. — La jurisprudence s'est, au surplus, prononcée dans ce sens en décidant qu'un jugement ordonnant radiation d'hypothèque est valablement signifié au domicile élu, et que par conséquent cette signification doit être tenue comme suffisante par le conservateur. — *Paris*, 26 août 1808, Raigard c. Fidière. — Il est vrai que, dans l'espèce, il s'agissait d'un créancier n'ayant aucun domicile connu.

97. — Mais, depuis, la même Cour de Paris, à l'occasion d'un jugement contradictoire, a nettement décidé que le conservateur des hypothèques ne pourrait, du reste, se refuser à opérer la radiation : sous prétexte que le jugement qui ordonne la radiation, n'aurait été signifié qu'au domicile élu dans l'inscription et non au domicile réel de l'inscrivant. — *Paris*, 17 juill. 1813, Delorme c. conservateur des hypothèques de Versailles.

98. — Une question plus controversée est celle de savoir si la signification du jugement faite en conformité de l'art. 548 du Code de procédure civile, la simple représentation du certificat du greffier, constatant qu'il n'existait à ce moment ni appel, ni opposition, suffit pour autoriser la radiation, bien que l'on soit encore dans les délais de l'appel ou de l'opposition? — Que faut-il décider en présence de ces termes formels de l'art. 2157 du Code civil : « jugement *passé en force de chose jugée*? »

99. — Et d'abord, s'agit-il d'un jugement contradictoire? — Dans les premiers temps qui ont suivi la promulgation du Code civil, la jurisprudence des tribunaux paraissait décider dans le sens de la validité de la radiation : nonobstant les termes de l'art. 2157 du Code civil.

100. — Jugé, en effet, que le conservateur des hypothèques n'est pas fondé à refuser la radiation d'inscriptions hypothécaires ordonnée par des jugemens de première instance non attaqués par la voie de l'appel après leur valable signification, sur le motif que la partie condamnée a trois mois pour appeler et que ce n'est qu'après ce délai que les jugemens ont acquis l'autorité de la chose jugée. — *Paris*, 14 fruct. an XII, Charpentier c. Larcher; *Bordeaux*, 6 pluv. an XIII, Dalheu c. Lavalette.

101. — Pour justifier cette solution « on argumentait, dit M. Duranton (n° 201), de l'ordonnance de 1667 (tit. 27, art. 5), qui reconnaissait deux sortes d'autorité de la chose jugée : une *provisoire* et une *définitive*. La première consistait en ce que le jugement était *exécutoire* tant que la partie condamnée n'en interjetait pas appel; et la faculté d'appeler, d'après la jurisprudence, avait été étendue jusqu'à trente ans depuis la signification du jugement. La seconde consistait dans la force d'un jugement non susceptible d'être réformé désormais par une voie légale ordinaire, c'est-à-dire par l'opposition simple et par l'appel. Et l'on prétendait que ces expressions de l'art. 2157 du Code civil, *passé en force de chose jugée*, s'entendaient aussi bien du cas où le jugement est passé en force de chose jugée provisoire que du cas où il est passé en force de chose jugée définitive. On argumentait aussi, à l'appui de cette interprétation, de l'art. 25 de la loi du 14 brum. an VII, qui portait dans sa première partie : « Les inscriptions sont radiées sur la justification » du consentement des parties intéressées ou du » jugement exécutoire. »

102. — » Mais, continue le même auteur, d'abord le Code civil ne s'explique point comme cette loi; il dit : « Les inscriptions sont rayées du » consentement des parties intéressées et ayant » capacité à cet effet, ou *en vertu d'un jugement en* » *dernier ressort ou passé en force de chose jugée.* » Or, si ce dernier jugement pouvait être regardé comme passé en force de chose jugée aussitôt après l'expiration de la huitaine pendant laquelle il n'est pas exécutoire, et tant qu'il ne serait pas interjeté appel, ce n'eût guère été la peine de le distinguer du jugement rendu en dernier ressort, puisque dès le lendemain de l'expiration de cette même huitaine la radiation eût pu s'o-

pérer, sans que la partie condamnée, qui a trois mois pour interjeter appel, eût un temps quelconque pour pouvoir s'y opposer par l'emploi de ce moyen; car on l'aurait prévenue avec la plus grande facilité, quelque diligente qu'elle eût été dans son appel... L'argument tiré de l'ordonnance de 1667 ne signifie pas grand'chose... Aujourd'hui que la faculté d'appel ne dure que trois mois, nous n'avons plus besoin de reconnaître à un jugement encore susceptible d'appel une autorité de chose jugée *provisoire*... Nous n'avons qu'une seule autorité de la chose jugée: l'autorité de la chose jugée définitive... » — Grenier, n° 926; Merlin, *Rép.*, v° *Hypothèque;* Persil, sur l'art. 2157, n° 14; Troplong, n° 739; Delvincourt, t. 3, p. 183, n° 2; Baudot, n° 986.

103. — Au surplus une instruction du directeur des domaines, en date du 15 nivôse an XIII, adressé aux conservateurs des hypothèques, s'exprime en ces termes: « Nulle difficulté que la radiation ne peut avoir lieu tant que le délai de l'appel n'est pas expiré *à l'égard des articles* des jugemens d'ordre *qui ont été contestés.* » — Ces dernières expressions méritent attention.

104. — Cette distinction peut être utile en fait; néanmoins, en droit strict, il convient de reconnaître que le conservateur des hypothèques ne peut être contraint à radier des inscriptions, en vertu d'un jugement qui est encore susceptible d'opposition ou d'appel: encore qu'il lui soit rapporté des certificats constatant que ce jugement n'est attaqué ni par l'un ni par l'autre de ces deux moyens. — *Paris*, 14 mai 1808, Ringard c. Fidière. — Delvincourt, t. 3, p. 183, note 2; Persil, *Régime hypothécaire*, t. 2, p. 117; Troplong, t. 3, n° 739.

105. — En effet, tempérant ce que les prescriptions de la loi ont de rigoureux, la même circulaire porte: « Les conservateurs tiendront pour principe que pour effectuer les radiations régulièrement ordonnées par des jugemens d'ordre il suffit que l'avoué poursuivant justifie, soit par jugement, soit par son certificat, si le jugement n'est pas assez positif, qu'il ne s'est élevé, pendant le temps d'état et de procès-verbal d'ordre, aucune contestation sur l'article pour lequel la radiation est demandée. L'intention de la loi est visiblement de donner, dans ce cas, aux jugemens, quoique rendus en première instance, la force de chose jugée, puisque le défaut de contestation tient lieu d'acquiescement. » — Baudot, n° 1014.

106. — Mais la circulaire précitée ajoute encore aux conservateurs ces mots: « On leur fait observer, au surplus, que si l'art. 2157 du C. civ. exige, en général, pour la radiation des inscriptions en vertu de jugemens, qu'ils soient rendus en dernier ressort ou passés en force de chose jugée, cependant, comme les conservateurs ne peuvent ni ne doivent s'immiscer dans ce qui tient à l'autorité judiciaire, dans le cas où un tribunal, même de première instance, sans avoir égard à leurs observations, leur ordonnerait de procéder à une radiation qui leur paraîtrait prématurée, ils doivent l'effectuer, parce que, ainsi que l'a fait observer le grand juge ministre de la justice, dans une lettre du 25 fructidor dernier, au ministre des finances, la garantie du conservateur se trouverait dans la décision du tribunal qui ordonnait la radiation nonobstant l'appel, décision contre laquelle les parties intéressées peuvent seules se pourvoir. » — Et, ajoute M. Duranton (*loc. cit.*), comme la radiation d'une inscription hypothécaire n'est point au nombre des cas d'urgence, ni au nombre de ceux où il y a péril en la demeure, les tribunaux ne doivent point l'ordonner nonobstant l'appel ou nonobstant l'opposition; ce serait aller directement contre le vœu de l'art. 2157 C. civ.

107. — Il est du reste certain qu'alors qu'un jugement n'est pas susceptible d'acquiescement, le conservateur ne peut opérer la radiation, même du consentement des parties intéressées, tant que les délais de l'appel ou de l'opposition ne sont pas expirés. Telle est, par exemple, la position de la femme dotale. — *Rouen*, 8 févr. 1842 (t. 1er 1842, p. 608), Varry c. Guénet.

108. — En effet, l'action en radiation d'une inscription hypothécaire, fondée sur ce que l'hypothèque aurait été consentie par une femme mariée sous le régime dotal, est susceptible du double degré de juridiction, alors même que la créance garantie par cette inscription serait inférieure à 1,500 fr. — *Toulouse*, 8 mars 1847 (t. 2 1847, p. 42), Claris c. Constans. — Cette décision paraît contraire à d'autres émanées des Cours d'Orléans (27 mai 1836), Dutard c. Ballot-Lemay; Caen (13 nov. 1839 [t. 1er 1840, p. 664]), Bidel c. de Labruyère et Herpin; Bordeaux (6 févr. 1844 [t. 1er 1846, p. 32]), Génestat c. Soulié et Simonnet. — V. DEGRÉ DE JURIDICTION, nos 93 et 229. — Il n'est pas toutefois sans importance de faire remarquer que, dans l'espèce qui a donné lieu à l'arrêt ci-dessus, le litige ne portait pas sur la créance cause de l'inscription hypothécaire, mais sur le droit hypothécaire lui-même pris isolément et indépendamment de la créance. — Cette circonstance étant relevée par l'arrêt dans son dernier motif, nous avons dû la mentionner dans notre sommaire.

109. — Ce que nous venons de dire des jugemens susceptibles d'appel s'applique évidemment aux jugemens par défaut, qui ne peuvent produire effet, quant à la radiation des hypothèques, qu'autant qu'ils ne sont plus susceptibles d'être attaqués par la voie d'opposition. — V. JUGEMENT PAR DÉFAUT, n° 328.

110. — Une seule hypothèse peut présenter quelque difficulté, c'est lorsqu'un jugement par défaut renferme, pour toute disposition, l'injonction au conservateur d'opérer la radiation.

111. — La Cour de Pau a heureusement résolu cette difficulté apparente en décidant que le seul moyen d'exécuter un pareil jugement consiste à en faire la signification aux intéressés, avec sommation de se trouver à jour et heure déterminés au bureau du conservateur des hypothèques, pour voir opérer la radiation ordonnée, et que cette procédure suffit pour faire réputer le jugement exécuté et lui donner force de chose jugée. — *Pau*, 21 janv. 1834, Hubert c. conservateur des hypothèques. — Bioche et Goujet, *Dict. de procéd.*, v° *Inscription hypothécaire*, n° 84.

112. — Il est, du reste, bien évident que les prescriptions de l'art. 2157 n'ont pas pour effet d'empêcher la radiation qui doit être opérée en vertu d'un jugement passé en force de chose jugée, et qui n'est plus susceptible que des voies de recours extraordinaire qui n'arrêtent en rien l'exécution des jugemens.

113. — Donc le créancier ne peut s'opposer à la radiation d'une inscription ordonnée par une décision souveraine, sur le motif qu'il s'est pourvu contre cette décision par requête civile ou par recours en cassation.

§ 3. — *Effets de la radiation judiciaire.*

114. — Mais qu'arrivera-t-il après l'arrêt définitif qui, replaçant toutes choses en état, viendra déclarer que l'inscription devait être maintenue?

115. — Et d'abord, s'il s'agit d'un arrêt de cassation; il est certain que le créancier pourra, en vertu de l'arrêt même, faire rétablir l'inscription, avant que la décision définitive ait été rendue au fond.

116. — Il est certain également qu'entre les parties et relativement à l'état d'inscription tel qu'il existait au jour de la radiation, l'inscription reprendra son rang comme si la radiation n'avait pas eu lieu.

117. — En effet, il n'en résulte aucun préjudice pour les créanciers postérieurs qui avaient contracté en présence d'une inscription qui les primait et qui se trouve avoir été rayée à tort.

118. — Jugé, en ce sens, que l'arrêt qui ordonne le rétablissement d'une inscription radiée en vertu d'un jugement est à l'égard du créancier inscrit, déclaratif d'un droit préexistant; en sorte qu'il doit primer ceux qui n'avaient pris inscription qu'après lui, mais avant la radiation. — *Paris*, 12 juin 1815, de Rohan-Rochefort c. St-Martin.

119. — Mais la question présente les difficultés les plus graves lorsqu'on considère les effets de la radiation dans ses rapports avec les créanciers nouveaux qui ont pris inscription postérieurement à la radiation, dans l'intervalle qui se sera écoulé entre cette radiation et le rétablissement.

120. — Ces nouveaux créanciers ont contracté sur la foi de cette radiation elle-même; ils ne peuvent donc avoir à souffrir des conséquences d'un débat qui leur est étranger.

121. — A leur égard, la libération de l'immeuble a été irrévocablement acquise; et s'il en résulte un préjudice pour le créancier, il ne peut que l'imputer à la nature même de sa créance ou de son hypothèque qui ont donné lieu à des contestations tellement sérieuses qu'il a fallu l'intervention d'un recours extraordinaire pour exercer son droit.

122. — Jugé, en effet, qu'un arrêt qui rétablit à sa date primitive une inscription rayée en vertu de jugemens dont le créancier n'avait point arrêté l'exécution ne peut être opposé aux autres créanciers qui ont acquis hypothèque et pris inscription dans le temps intermédiaire, et qui d'ailleurs peuvent faire rétracter l'arrêt par la voie de la tierce opposition. — *Paris*, 15 avril 1811, Duval c. Saint-Martin; 12 juin 1815, de Rohan-Rochefort c. Saint-Martin. — Delvincourt, t. 3, p. 619; Persil, *Régime hypoth.*, art. 2157, nos 15 et suiv.; Troplong, *Hypoth.*, t. 3, nos 746 *bis;* et Duranton, t. 20, n° 203; Battur, t. 4, n° 690; Pailliet, *Manuel du droit français*, sur l'art. 2157, notes 5 et 6. — V. cependant Zachariæ, *Droit civil français*, t. 2, p. 282, note 16.

123. — Le créancier a, d'ailleurs, à sa disposition un moyen qui lui permet de prévenir, autant que possible, le préjudice qui résultera pour lui d'une décision souveraine emportant radiation de son droit hypothécaire. — Rien ne s'oppose, en effet, à ce qu'il donne connaissance de son recours au conservateur en lui faisant sommation d'inscrire sur le registre que l'inscription, encore bien qu'elle soit rayée, peut revivre éventuellement pour le cas où son recours serait admis.

124. — Tous les créanciers qui viendront s'inscrire postérieurement, étant avertis par cette mention de l'éventualité du droit, n'auront aucune plainte à élever, lorsque la condition prévue se sera réalisée.

V. CERTIFICAT DU CONSERVATEUR DES HYPOTHÈQUES, CONSERVATEUR DES HYPOTHÈQUES, HYPOTHÈQUE CONVENTIONNELLE, HYPOTHÈQUE LÉGALE, MAINLEVÉE.

RADOUB.

Ce sont les réparations faites à un navire. — C. comm., art. 191, 296; C. proc., art. 418. — V. ASSURANCE MARITIME, CAPITAINE DE NAVIRE, FRANCISATION, FRET, NAVIRE.

RAISONS.

Se dit, en termes de pratique, des titres et prétentions qu'une personne peut avoir. — V. DROIT (faculté), n° 31.

RAISON SOCIALE.

V. SOCIÉTÉ.

RAMAGE (Forêts).

Ce mot se dit du droit de ramasser les petites branches, appelées rames, ramilles et rameaux, des arbres travaillés dans les forêts, et qui servent à faire des bourrées ou des fagots. — V. FORÊTS, USAGE (droits d').

RAMONAGE (Entrepreneurs de).

Patentables de 6e classe. — Droit fixe basé sur la population, droit proportionnel du 20e de la valeur locative de l'habitation et des lieux servant à l'exercice de la profession. — V. PATENTE. — V. aussi ASSURANCE TERRESTRE, BAIL, CHEMINÉE, INCENDIES (mesures contre les), POUVOIR MUNICIPAL.

RAMPISTES.

Patentables de 6e classe. — Droit fixe basé sur la population, droit proportionnel du 20e de la valeur locative de l'habitation et des lieux servant à l'exercice de la profession. — V. PATENTE.

RANÇON.

1. — C'est le prix qu'on donne pour la délivrance d'un captif ou d'un prisonnier de guerre, ou pour le rachat d'un navire ou de marchandises pris sur l'ennemi.

2. — Les conditions de la rançon sont ordinairement constatées par un écrit qu'on appelle *billet de rançon*. — V. ARMEMENT EN COURSE, ASSURANCE MARITIME, CAPITAINE DE NAVIRE, ÉQUIPAGE (Gens d'), PRISES MARITIMES.

RAPPORT (Procès), RAPPORTEUR.

V. CASSATION, CHAMBRE DES MISES EN ACCUSATION, CHAMBRE DU CONSEIL, DÉLIBÉRÉ, DISTRIBUTION PAR CONTRIBUTION, ENREGISTREMENT, FAIL-

LITE, GARDE NATIONALE , INSTRUCTION PAR ÉCRIT , JUGEMENT, ORDRE , TRIBUNAUX MILITAIRES.

RAPPORT D'EXPERTS.

1. — Tout ce qui concerne la matière a été traité v° EXPERTISE ; nous nous bornerons à mentionner quelques arrêts rendus depuis la publication de ce mot.

2. — Jugé qu'un rapport d'experts est valable bien qu'il ne soit pas écrit de la main des experts, alors qu'il est revêtu de leur signature et qu'il ne peut être douteux que l'expertise ne soit bien leur œuvre personnelle. — *Orléans,* 9 janv. 1847 (t. 1er 1848, p. 671), Brunier c. Coustard ; *Cass.* 18 mai 1847 (t. 2 1848, p. 644), mêmes parties. — V. EXPERTISE , n°s 355 et suiv. et n° 367 et suiv.

3. — ... Que le refus de l'un des experts de signer le rapport portant la signature de ses deux collègues n'en entraîne pas la nullité, s'il est certain que le procès-verbal a été concerté en commun et arrêté entre les experts. — Mêmes arrêts. — V. EXPERTISE, *loc. cit.*

4. —...Qu'un rapport d'experts est régulier bien que la date ne s'en trouve que dans une note additionnelle et finale, si cette note fait corps avec lui et en forme une partie indivisible. — *Orléans,* 9 janv. 1847 (t. 1er 1848, p. 674), Coustard c. Brunier.

5. —...Qu'une expertise n'est pas nulle par cela que les experts ont rédigé séparément leur rapport, s'ils ne font pas qu'après avoir procédé ensemble à l'opération qui leur était confiée. — *Cass.,* 30 janv. 1849 (t. 1er 1849, p. 348), Mangin c. Enregistrement. — V. EXPERTISE n° 345 et suivans.

6. —... Que le défaut de sommation ne peut être opposé par la partie qui s'est engagée par écrit à comparaître sans sommation au jour indiqué par les experts pour leurs opérations. — *Cass.,* 18 mai 1847 (t. 2 1848 , p. 644), Brunier c. Coustard. — V. EXPERTISE, n° 284.

7. —... Que lorsqu'un premier rapport d'experts a été annulé pour un vice de forme qu'on ne peut imputer à la volonté ni à la négligence d'aucune des parties en cause, les frais de cette première expertise doivent être supportés par la partie qui succombe définitivement. — *Douai,* 30 mars 1846 (t. 1er 1849, p. 90), Debril c. Gay.

V., au reste, ASSURANCE MARITIME , ENREGISTREMENT, EXPERTISE.

RAPPORT POUR MINUTE.

1. — C'est l'action de rapporter à un notaire, pour être mis au rang de ses minutes, et en être délivré des expéditions ou des grosses à ceux à qui de droit, un acte qui a été délivré en brevet par ce notaire.

2. — On a vu v° BREVET (acte en), n° 54, que lorsqu'un créancier veut obtenir une grosse exécutoire, ou même des expéditions de l'acte en brevet qu'il a entre les mains, il est obligé de le rapporter au notaire qui l'a reçu (L. 25 vent. an XI, art. 21). Tel est l'objet ordinaire du rapport pour minute.

3. — Le notaire à qui l'on rapporte pour minute un acte en brevet qu'il a reçu, est-il tenu de dresser un acte de dépôt ? — Pour la négative on dit que l'acte de dépôt en pareil cas serait un non-sens ; qu'exigeant seulement que le notaire fît mention sur le brevet du rapport qui lui était fait pour minute, qu'ainsi il suffit de cette mention, ainsi que d'une autre semblable sur le répertoire. — Massé, *Parf. not.,* liv. 13, chap. 20 ; Loret, *Élém. de la science notar.,* t. 4er p. 346.

4. — Mais l'affirmative n'est plus susceptible de contestation aujourd'hui en présence des lois fiscales qui imposent aux notaires l'obligation de rédiger un acte, pour constater le rapport du brevet pour minute lorsqu'il s'agit du dépôt de toute autre pièce.—Rolland de Villargues, *Rép. du notar.,* v° *Rapport pour minute,* n° 7.

5. — Toutefois, le notaire qui, après avoir fait et délivré une procuration en brevet, a l'effet de consentir une donation, la met plus tard au rang de ses minutes, et en délivre expédition pour annexer à la donation, sans en dresser un acte de dépôt, commet bien une contravention qui le rend passible de l'amende prononcée par l'art. 48 L. 22 frim. an VII ; mais l'absence de cet acte de dépôt n'entraîne pas la nullité de la donation. — *Cass.,* 21 juin 1837 (t. 1er 1837, p. 608), Lajonie c. Insard.

6. — Mais le rapport du brevet fait par une seule des parties, il peut même être fait par un tiers; seulement, le notaire ne devra en délivrer des grosses ou expéditions qu'à qui de droit. — Rolland de Villargues, n° 9.

7. — Si le notaire qui a reçu l'acte était décédé ou avait cessé ses fonctions, M. Massé (liv. 13, chap. 20) dit que le rapport pour minute doit se faire au notaire qui a signé l'acte en second.

Cette opinion ne saurait être suivie : le rapport d'un acte délivré en brevet ne peut être fait qu'à celui des notaires qui avait le droit d'en conserver la minute. Or ce droit n'appartiendrait au notaire en second qu'autant qu'il aurait réellement *reçu* l'acte, ainsi que le notaire en premier ; ce qui n'a presque jamais lieu, puisque le nom du notaire en second n'est pas même indiqué dans l'acte. Lors donc que le notaire qui a reçu l'acte est décédé ou a cessé ses fonctions, le rapport doit se faire à son successeur ; puisque celui-ci est autorisé à délivrer des grosses et expéditions des actes de son prédécesseur. — L. 25 vent. an XI, art. 51 et 54.—Rolland de Villargues, n° 10 et 44.

8. — Il est à remarquer, toutefois, que le porteur d'un brevet n'est pas tenu de le rapporter au notaire qui l'a reçu, alors même que celui-ci exercerait encore ses fonctions. Il peut le déposer chez tout autre notaire. — Loret, *ibid.*; Rolland de Villargues, n° 43.

9. — Cependant, et par des raisons de convenance, la chambre des notaires de Paris a pris à ce sujet une délibération portant que, hors le cas où il s'agit d'annexes ou de la délivrance de certificats de propriété, « aucun notaire de Paris (même ayant instrumenté en second) ne pourra recevoir, ni en dépôt, ni par voie d'annexe, ou, soit directement, soit indirectement, conserver et expédier les brevets, extraits, grosses, expéditions ou copies collationnées d'actes passés devant un autre notaire de Paris, cette faculté demeurant exclusivement réservée au notaire signataire en premier et à ses successeurs. » — Délib. 9 vent. an XIII.

10. — Lorsque c'est le brevet d'une procuration que l'on rapporte pour minute, le nom du mandataire doit y être rempli. — Massé, liv. 4er, chap. 20, n° 7.

11. — Les frais de l'acte de rapport ou de dépôt pour minute d'un brevet et des grosses ou expéditions qui en sont délivrées ne peuvent être répétés par le créancier contre le débiteur qu'autant que celui-ci aurait, par son refus de payer, justifié la mesure du dépôt du brevet. — Rolland de Villargues, n° 47.

RAPPORT A SUCCESSION.

Table alphabétique.

RAPPORT A SUCCESSION. — **1.** — C'est la réunion réelle ou fictive à la masse de la succession des objets donnés par le défunt à l'un de ses héritiers, pour que ces objets soient, comme les autres biens de la succession, partagés entre tous les cohéritiers.

Sect. 1re. — *Dispositions générales et*
historiques.

2. — L'obligation du rapport ayant pour objet de rétablir l'égalité entre tous ceux qui viennent

à la succession, a toujours été considérée comme très équitable : *Hic titulus manifestam habet æqui-tatem* (L. 1, ff., *De collationibus*).

3. — L'obligation du rapport est encore fondée sur la présomption que le défunt n'a voulu faire à son héritier qu'un avancement d'hoirie, ou qu'il n'aurait pas fait ce don s'il avait prévu que le donataire deviendrait son héritier. — Chabot, t. 3, art. 843, n° 1er.

4. — Sous l'ancien droit romain, le rapport était censé défendu quand il n'était pas ordonné par le testateur. Mais, sous le droit nouveau, il fallait, pour [qu'il n'eût pas]lieu, que la clause fût expresse : *Nisi expressim designaverit se velle non fieri collationem.*—Novelle 18, chap. 6.

5. — Ainsi, le rapport de la dot n'avait pas lieu dans l'ancien droit romain : il ne fut ordonné que par un rescrit de l'empereur Antonin dont il est fait mention dans la loi 1, *De dotis collatione*, 37, 7.

6. — Mais la fille n'était tenue de rapporter la dot qu'elle avait reçue de son père et qui se trouvait perdue, par l'insolvabilité du mari, que dans le cas où elle avait le droit d'agir pour veiller à la conservation de sa dot et pour en empêcher la perte. Dans tous les autres cas, elle ne devait que le rapport de l'action en restitution contre les héritiers de son mari. — Novelle 97, § *Illud quoque,* ch. 6, et l'authentique *Quad lo-cum,* C. *De collatione.* — Lebrun, *Successions,* liv. 3, ch. 6.

7. — La donation pour cause de noces fut bientôt mise sur la même ligne que la dot. L'empereur Léon en prescrivit le rapport par la loi 7, C. *De collatione dotis.*

8. — Sous l'ancienne jurisprudence, le système des rapports était très varié. Les pays régis par le droit écrit s'étaient conformés aux principes du droit romain ; mais les pays coutumiers n'admettaient pas le rapport au généralement le rapport. Un grand nombre de coutumes l'avaient rejeté, d'autres l'avaient adopté avec des modifications. — Merlin, *Rép.,* v° *Rapport,* § 1er, n° 2 ; Duranton, t. 7, n° 212.

9.—Pothier, sans entrer dans le détail de toutes les différences que renfermaient les coutumes sur cette matière, les divise en trois classes principales : — La première comprenait les coutumes du Berry, du Bourbonnais, du Nivernais, d'après lesquelles les père et mère dispensaient leurs enfans du rapport lorsqu'ils venaient à leur succession. — La deuxième classe comprenait les coutumes dites *d'égalité* qui obligeaient les enfans au rapport de tout ce qu'ils avaient reçu de leurs père et mère, lors même qu'ils renonçaient à leur succession. Telles étaient les coutumes de Dunois, de Touraine, d'Anjou, du Maine.—Les coutumes de la troisième classe, qui étaient les plus nombreuses, et qui comprenaient les coutumes de Paris et d'Orléans, obligeaient les enfans à rapporter les objets qu'ils avaient reçus de leurs père et mère, lorsqu'ils venaient à leur succession, mais les autorisaient à les garder en cas de renonciation. — Pothier, *Successions,* ch. 4, art. 2, § 1er.

10. — Sous l'ancien droit, la fille dotée, venant à la succession du constituant, n'était pas tenue d'y rapporter la dot qui avait été payée au mari ; mais seulement l'action qu'elle avait contre ce dernier, lorsqu'à l'époque du mariage il était insolvable et n'avait ni art ni profession. — Elle avait droit à une part égale à celle de ses cohéritiers non assujettis au rapport.—L'immeuble qui lui était attribué par le partage en paiement de sa part héréditaire et de la dot en argent, ainsi payée une seconde fois, n'était pas dotal, et pouvait être saisi ; mais le prix conservait la qualité de dotal, et était inaliénable jusqu'à concurrence du montant de la dot. — *Bordeaux,* 11 juill. 1839 (1. 2 1839, p. 148), Caisse hypothécaire c. Daumy.

11.— De même, sous la jurisprudence du parlement de Toulouse, la fille mariée à un époux insolvable n'était pas tenue de rapporter à la succession de son père la dot reçue, mais seulement l'*actionem inanem* qu'elle avait sur les biens de son mari. — *Toulouse,* 7 juill. 1812, Ramond c. Sabatier.

12. — Suivant les anciens principes, la femme devait rapporter les prêts faits par ses père et mère à son mari : surtout s'il était prouvé par les circonstances que ces prêts avaient été faits à sa considération.— *Colmar,* 19 janv. 1813, Chauvet c. Bernard.

13. — Toutes ces coutumes ont été abolies par la loi du 17 niv. an II. Cette loi avait un effet rétroactif an 44 juill. 1789. Ensuite il porte que les enfans, descendans et collatéraux ne pourront prendre part aux successions de leurs pères et

mères, ascendans ou autres parens, sans rapporter les donations qui leur ont été faites antérieurement du 14 juill. 1789. — Mais cette disposition a été abrogée par les lois des 9 fructid. an III, 2 vendém. an IV et 18 pluv. an V. — La loi du 4 germin. an VIII étendit la faculté de disposer. Elle portait (art. 5) : « Les libéralités autorisées par la présente pourront être faites au profit des enfans ou autres successibles du disposant, sans qu'ils soient sujets au rapport. »

14. — La fille normande qui a reçu anciennement son *mariage avenant* et qui est rappelée à la succession de son père et mère par la loi du 8 avr. 1791, ne peut demander à ses frères le rapport des donations qui leur ont été faites. — *Cass.,* 2 pluviôse an XII, Duval-Poutrel c. Leprévot.

15. — Sous le régime de la loi du 17 niv. an II, les enfans du donataire venant après la mort de leur père à la succession collatérale du donateur, et remplissant exclusivement l'une des deux lignes, n'étaient pas tenus au rapport des choses données comme succédant par représentation. — *Poitiers,* 18 mars 1807, Brigues c. Condres.

16. — Sous l'empire de la même loi, les fils mariés, héritiers contractuels de leurs père et mère, sans aucune charge, et résidant avec eux, n'étaient pas tenus de rapporter et de partager des acquisitions faites en leur nom propre pendant la durée de cette habitation commune. — *Cass.,* 26 pluv. an II, Ollier c. Grenayroux.

17. — Les petits-enfans venant, par représentation de leur mère, à la succession de leur aïeule, ouverte sous la loi du 17 nivôse an II, ne doivent pas le rapport de la somme prêtée à leur père par cette aïeule. — *Paris,* 16 mars 1811, Vivien c. Perrot.

18. — La loi du 3 vendémiaire an IV, en annulant les partages d'après les dispositions rétroactives de la loi du 47 nivôse an II, a fait revivre les dons en avancement d'hoirie valablement stipulés auparavant. — *Cass.,* 24 thermid. an VII, Galland.

19. — L'effet rétroactif de la loi du 47 nivôse an II, qui assujettissait au rapport le donataire qui en était dispensé par la donation même faite sous les lois qui autorisaient les deux qualités d'héritier et de donataire, a été aboli par la loi du 18 pluv. an V. — *Cass.,* 23 févr. 1831, Joviac c. de Rougrave.

20. — L'enfant donataire sous la loi du 17 niv. an II, n'a pu renoncer à la succession de son père donateur, décédé depuis le Code civil, pour s'en tenir à la donation. Il a pu revenir contre sa renonciation et être admis à accepter sous bénéfice d'inventaire, à la charge de rapporter. — *Paris,* 3 déc. 1813, Simon c. Bouchard.

21. — Une donation faite en ligne directe, sous la loi du 4 germin. an VIII, était présumée de droit en préciput, sans qu'il eût été besoin de l'exprimer. La dispense du rapport pouvait, d'ailleurs, s'induire de l'ensemble de la disposition, quoiqu'elle n'y fut pas expressément portée. — *Riom,* 21 juin 1809, Fournal.

22. — Lorsque la donation a été faite sous une législation et que la succession s'est ouverte sous une autre, à laquelle de ces deux législations faut-il avoir égard pour décider la question de rapport ? On est assez généralement d'accord qu'il faut, comme pour la quotité disponible, s'attacher à la loi de l'époque de la donation, s'il s'agissait d'une disposition irrévocable, et qu'au contraire, c'est la loi de l'époque de l'ouverture de la succession qu'il y a lieu d'appliquer s'il s'est agi d'une disposition révocable. — V. QUOTITÉ DISPONIBLE.

23. — Ainsi, jugé que c'est d'après la loi du temps où la donation a été faite, et non d'après celle du temps de la succession, qu'il faut décider s'il y a lieu au rapport. — *Cass.,* 25 niv. an XIII, Dumas-Fraure, c. 1806, 1807, Scola ; 27 août 1822, Thévenin.

24. — Si cette donation n'entame point la portion légitimaire fixée par la loi qui existait au moment du contrat ; l'enfant donataire *venant à partage* doit conserver l'intégralité de sa donation, sans être tenu au rapport de ce qui serait nécessaire pour compléter la réserve plus considérable que déterminée la nouvelle loi en vigueur lors de l'ouverture de la succession. — *Cass.,* 27 août 1822, Thévenin.

25. — Les effets d'une institution contractuelle étant réglés par les lois en vigueur à l'époque de l'institution et à celle de l'ouverture de la succession, sans avoir égard aux lois rendues et abrogées dans le temps intermédiaire ; lorsqu'une institution contractuelle a été en 1789 faite, sans dispense de rapport, à un fils par son

père décédé depuis le Code civil, l'institué est tenu au rapport, vis-à-vis de ses cohéritiers, conformément aux lois en vigueur en 1789 et à l'ouverture de la succession du donateur et ne peut, pour se soustraire à cette obligation, invoquer la loi du 18 pluv. an V, rendue et abrogée dans l'intervalle. — *Cass.*, 23 avr. 1839 (t. 2 1843, p. 410), Bataillé c. Dutil.

26. — Mais jugé que la question de savoir si un donataire est tenu au rapport se juge par la loi existante à l'époque de l'ouverture de la succession, si la donation, quoique entre-vifs, était révocable. — *Gênes*, 29 juin 1807, Leveratto c. Pernigotti; *Cass.*, 2 juin 1835, Bellamy c. Dublanc.

27. — Jugé encore que les effets d'une donation déguisée sous la forme d'un contrat à titre onéreux se règlent, en ce qui touche la quotité disponible et le rapport, non d'après les lois existantes au moment de l'acte, mais d'après les lois en vigueur à l'époque du décès du donateur; qu'il en est ainsi notamment d'une donation déguisée consentie sous l'empire de la loi du 17 nivôse an II en faveur d'un successible. — *Bordeaux*, 20 juill. 1829, Carpenty.

28. — La donation d'une quote-part des biens du donateur faite sous l'ord. de 1731 est soumise au rapport, quoique le donateur soit décédé depuis la promulgation de la loi du 4 germin. an VIII. — *Grenoble*, 10 juill. 1813, Bisson c. Bert.

29. — Un avantage, quelque modique qu'il soit, fait à un successible sous l'empire de la loi du 17 nivôse an II est sujet à rapport, alors même que le testateur décède après la publication du Code civil. — *Liége*, 11 déc. 1812, Otte.

30. — Une donation par préciput faite à l'un des successibles sous l'empire d'une loi qui permettait de cumuler les qualités d'héritier et de donataire n'est pas irrévocable et le donataire venant à partage doit le rapport, lorsque la succession s'est ouverte sous l'empire de la loi du 17 niv. an II. — *Cass.*, 23 mess. an IX, Milon c. Garsment; 16 brum. an XIII, Pigenat c. Serpillon; 21 mars 1808, Cazier c. Desperrières.

31. — Jugé, au contraire, qu'une donation par préciput faite à l'un des successibles sous l'empire d'une loi qui permettait de cumuler les qualités d'héritier et de donataire est irrévocable et affranchie du rapport de la part du donataire venant à partage, malgré les changemens survenus dans la législation. — *Cass.*, 22 messid. an V, Rivoire.

32. — Une donation irrévocable faite sous l'empire des lois romaines n'est pas sujette à rapport dans la succession du donateur ouverte sous le Code civil, bien que le donataire n'en ait pas été expressément dispensé. — *Liége*, 27 févr. 1810, Deheusch.

33. — Jugé, au contraire, que l'héritier donataire entre-vifs sans clause de préciput mais aux termes d'une donation faite sous l'empire d'une coutume qui dispensait du rapport en ligne collatérale est tenu au rapport, si la succession s'est ouverte sous le Code civil. — *Cass.*, 5 mai 1812, de Beauvoir c. Laubrussel.

34. —... Que lorsqu'une donation antérieure au Code civil n'a point été faite par préciput et hors part, le donataire venant à la succession du donateur ouverte sous l'empire du Code civil doit le rapport à ses cohéritiers de tout ce qu'il a reçu sur cette donation. — *Cass.*, 14 déc. 1809, Levaretto c. Pernigotti; 29 mars 1842 (t. 1er 1842, p. 470), de Brivazac c. de Laliman.

35. — La loi anglaise permet au père de disposer de tous ses biens meubles en faveur d'un de ses enfans, sans qu'il y ait lieu à rapport ou réduction. — *Paris*, 3 févr. 1838 (t. 1er 1838, p. 249), Stewart c. Marteau.

Sect. 2e. — *Par qui est dû le rapport. — Dispense du rapport.*

36. — Le rapport est dû par tout héritier, même bénéficiaire, venant à la succession, à moins que les dons et legs ne lui aient été faits expressément par préciput et hors part ou avec dispense de rapport (C. civ., art. 843); et encore dans ce dernier cas même il ne peut les retenir que jusqu'à concurrence de la portion disponible (C. civ., art. 844).

37. — Ces mots, *tout héritier*, ne souffrent aucune exception ni distinction. Le rapport a donc lieu en ligne collatérale aussi bien qu'en ligne directe descendante ou ascendante. Il paraît juste en effet que des héritiers qui viennent à la même succession, au même titre, aient des droits égaux, tant que l'auteur n'a pas manifesté une intention contraire. — *Cass.*, 5 mai 1812, de Beauvoir c. de Laubrussel. — Chabot, t. 3, art. 843, no 3; Toullier, t. 4, no 454; Rolland de Villargues, *Rép. du not.*, vo *Rapport*, no 12.

38. — Mais l'enfant naturel ne doit pas le rapport à la succession de son père; dès lors, les héritiers du sang ou le légataire universel institué n'ont d'autre droit que celui de faire réduire la donation faite à l'enfant naturel dans le cas où elle excéderait la quotité déterminée par la loi. — *Pau*, 15 juin 1838 (t. 2 1843, p. 440), Anglade c. Bacqué. — V. ENFANT NATUREL, QUOTITÉ DISPONIBLE.

39. — L'héritier donataire entre-vifs sans clause de préciput mais aux termes d'une donation faite sous l'empire d'une coutume qui dispensait du rapport en ligne collatérale est tenu au rapport, si la succession s'est ouverte sous le Code civil. — *Cass.*, 5 mai 1812, de Beauvoir c. de Laubrussel.

40. — Sous la coutume de Ponthieu les qualités d'héritier légal et de légataire n'étaient pas incompatibles. — Art. 21 et 25. — Mais dans les coutumes où l'incompatibilité était admise cette incompatibilité ne pouvait être opposée que de cohéritier à cohéritier et non par d'autres personnes, même par celles qui étaient débitrices des choses données ou léguées. — *Cass.*, 2 juin 1813, d'Eaucourt c. de Bichecourt.

41. — Lorsque des dots constituées en argent forment tout l'actif d'une succession, et qu'eu égard au nombre des héritiers un seul des enfans dotés se trouve avoir reçu plus que sa portion héréditaire; l'action en rapport doit être formée contre celui-ci seul, et non contre l'autre enfant dont la dot n'excède pas la part à lui afférente : sauf néanmoins le recours contre ce dernier, en cas d'insolvabilité du premier. — *Bordeaux*, 24 vent. an X, Beynat c. Tardieu; *Paris*, 16 mars 1829, Fessart c. Debauque. — Pothier, *Successions*, chap. 4, art. 2, § 2.

42. — Le donataire qui n'était pas héritier présomptif lors de la donation, mais qui se trouve successible au jour de l'ouverture de la succession, doit également le rapport, à moins que le donateur ne l'en ait dispensé. — C. civ., art. 846.

43. — Cette disposition est fondée sur ce que le donateur n'aurait peut-être pas fait la libéralité, s'il avait été certain que le donataire profiterait, à un autre titre, d'une partie de ses biens; et que, pouvant prévoir cette circonstance, il aurait prononcé la dispense du rapport, s'il avait eu l'intention que le donataire, devenant héritier, retînt le don par préciput. — Ainsi le petit-fils, qui, du vivant de son père, a reçu un don de son aïeul, doit en faire le rapport, si, par le prédécès de son père, il se trouve héritier de son aïeul, à moins que le don ne lui ait été fait avec dispense de rapport. — Chabot, t. 3, art. 846, nos 1er et 2; Toullier, t. 4, no 461.

44. — L'art. 846 est applicable au légataire, c'est-à-dire que celui-ci ne pourra réclamer le legs qui ne lui aurait pas été fait avec dispense de rapport, s'il se trouve successible du testateur au moment de son décès, et qu'il accepte sa succession. C'est une conséquence du principe établi par l'art. 843. — Chabot, t. 3, art. 846, no 4.

45. — Les dons et legs faits au fils de celui qui se trouve successible à l'époque de l'ouverture de la succession, sont toujours réputés faits avec dispense du rapport. Le père venant à la succession du donateur n'est pas tenu de les rapporter. — C. civ., art. 847.

46. — Le fils venant de son chef à la succession du donateur n'est pas tenu de rapporter le don fait à son père, même quand il aurait accepté la succession de celui-ci; mais si le fils ne vient que par représentation, il doit rapporter ce qui avait été donné à son père, même dans le cas où il aurait répudié sa succession. — C. civ., art. 848.

47. — Cette différence provient de ce que, dans le dernier cas, le petit-fils n'étant appelé à la succession du donateur que comme représentant du donataire, il ne peut prendre qu'aux mêmes conditions qu'aurait pris le donataire lui-même : tandis que, dans le premier cas, le petit-fils venant de son chef et non comme représentant du donataire, à la succession du donateur, n'est pas astreint aux obligations imposées au donataire; ce n'est plus sa place qu'il prend, et il ne tient rien de lui. — Chabot, t. 3, art. 848, no 1er.

48. — Le petit-fils qui vient à la succession de son aïeul, par représentation de son père décédé, dont il a répudié l'hérédité, est tenu de rapporter, non-seulement les dons faits à ce dernier, mais encore les sommes dues par le père à la succession de l'aïeul. — *Grenoble*, 27 déc. 1832, Pagnoud. — Chabot, t. 3, art. 848, no 3.

49. — Si le père renonce à la succession de son fils mort sans postérité, et conserve un don qu'il en avait reçu; l'aïeul paternel qui succède à son petit-fils ne doit pas aux héritiers maternels le rapport du don fait à son fils : attendu que c'est de son chef et non par représentation de son fils donataire qu'il vient à la succession de son petit-fils; la représentation n'ayant pas lieu en ligne directe ascendante, suivant l'art. 741 du Code. — Chabot, t. 3, art. 848, no 4.

50. — On n'est pas obligé de rapporter le don à la succession du donateur quand ce n'est point par représentation du donataire qu'on vient à sa succession, quoiqu'on le représente dans une autre succession et qu'on soit son héritier. — En effet, c'est parce qu'on représente le donataire, dans la succession à laquelle il aurait dû le rapport, qu'on est tenu de rapporter à sa place. Par la même raison qu'on prend tous ses droits dans la succession, on doit se charger de toutes les obligations qui lui sont imposées; mais quand on vient de son chef à la succession du donateur, comme on n'occupe pas alors la place du donataire, et qu'on ne prend rien pour lui, on ne peut être astreint à rapporter ce qu'il aurait rapporté lui-même s'il eût été héritier. — Chabot, t. 3, art. 848, no 6.

51. — De même encore, lorsqu'un beau-père a fait à sa belle-fille un don en immeubles : quoique après la mort de la belle-fille, ses enfans soient ses héritiers et la représentent même dans les successions de leurs aïeux maternels; ils peuvent venir à la succession de leur aïeul paternel, qui est le donateur, sans être tenus au rapport du don fait à leur mère, par la raison qu'ils viennent à la succession de leur aïeul, non comme représentant leur mère, mais comme représentant leur père qui n'était pas donataire et qui ne serait pas tenu de rapporter le don fait à sa femme. — Chabot, t. 3, art. 848, no 7.

52. — On doit également décider que quand une femme qui a des enfans d'un premier lit fait un don à son second mari, les enfans du second lit ne sont pas obligés de rapporter à la succession de la mère le don fait à leur père; lors même qu'il serait décédé, et qu'acceptant sa succession ils profiteraient de la donation. — Les enfans du second lit viennent de leur chef à la succession de la mère; ils ne sont donc pas obligés de rapporter les avantages faits à leur père, puisque dans cette succession ils ne le représentent pas. — Chabot, t. 3, art. 848, no 7.

53. — Les dons et legs faits au conjoint d'un époux successible sont réputés faits avec dispense du rapport. — Si les dons et legs sont faits conjointement à deux époux dont l'un seulement est successible, celui-ci en rapporte la moitié; si les dons sont faits à l'époux successible, il les rapporte en entier. — C. civ., art. 849.

54. — Chacun des époux peut être l'objet direct et particulier d'une libéralité, sans qu'on puisse présumer qu'il y a interposition de personne et intention de faire un avantage indirect à un successible. Ce moyen indirect d'avantager le successible n'est plus nécessaire, puisque le donateur peut lui donner directement, avec dispense de rapport, tout ce qu'il pourrait donner à son conjoint. — C'est en cela que la législation nouvelle diffère de l'ancienne, et qu'on évite bien des procès en rendant les fraudes inutiles. — Chabot, t. 3, art. 849, no 1er; discussion au Conseil d'Etat, séance du 21 niv. an XI, procès-verbal (p. 292), MM. Tronchet et Treilhard.

55. — Le don ou le legs qui n'a été fait qu'à l'époux successible seul est rapportable en totalité lors même que l'autre époux en profiterait soit comme commun, soit en vertu d'une donation en faveur du survivant. — Toullier, t. 4, nos 456 et 457; Chabot, t. 3, art. 849, no 2.

56. — Tout ce qu'on vient de dire sur l'obligation du rapport imposée aux successibles est nécessairement commun à leurs représentans ou ayans cause.

57. — Ainsi, le cessionnaire d'un cohéritier est tenu de rapporter à la masse, ou d'imputer sur sa part, les objets donnés au cédant. — *Bordeaux*, 14 mars 1831, Barretié c. Mazin.

58. — L'héritier qui renonce à la succession peut cependant retenir le don entre-vifs ou réclamer le legs à lui fait, jusqu'à concurrence de la portion disponible. — C. civ., art. 845.

59. — Sur la question si controversée de savoir si le successible qui renonce à la succession pour s'en tenir à sa donation peut cumuler sa réserve et la quotité disponible et sur la ques-

tion d'imputation du don fait au successible, V. QUOTITÉ DISPONIBLE.

60. — L'héritier tenu du rapport, qui est en même temps créancier de la succession, ne peut imputer sa créance sur le rapport. Ce titre de créancier ne l'autorise à faire valoir aucun droit sur le rapport qui est dû à l'héritier légitimaire et non aux créanciers. — L'enfant doté qui renonce à la succession du donateur peut, par voie d'exception à l'action en réduction intentée par l'héritier réservataire, retenir le montant de la donation jusqu'à concurrence de la portion disponible et de la réserve; il n'est tenu que de compléter la réserve légale du réclamant. — *Paris*, 10 août 1843 (t. 1er 1844, p. 8), Poinsot c. Lefebvre.

61. — La renonciation à la succession faite par un donataire en avancement d'hoirie pour s'en tenir à son don ne saurait être réputée conditionnelle, en ce sens que le renonçant puisse la rétracter dans le cas où le don viendrait à être ultérieurement annulé ou modifié dans ses effets. — *Nîmes*, 6 févr. 1824, Bousquet; *Cass.*, 2 (et non 20) févr. 1830, même partie; *Poitiers*, 7 août 1833, Suzannet c. de la Villegille. — Belost-Jolimont, sur Chabot, art. 785, p. 174; Marcadé, t. 3, p. 284, à la note; Zachariæ, t. 4, § 613, note 24. — Cependant ce dernier auteur ajoute qu'il en serait autrement si le successible avait, en renonçant, subordonné sa renonciation à l'efficacité du don.

62. — Ainsi, dans cette dernière hypothèse, il a été jugé que la renonciation à une succession, avec réserve de la part du renonçant, de demander le retranchement d'une donation antérieure pour être rempli de sa réserve légale, était nulle et de nul effet, comme renfermant incontestablement l'intention de ne renoncer qu'à la condition d'exercer le droit de retranchement; que dès lors elle ne faisait pas obstacle à la demande de la réserve légale. — *Toulouse*, 5 août 1833, Vidal c. Mouisset. — V. aussi *Corse*, 24 juill. 1827, Arena c. Lota.

63. — Il faudrait également excepter le cas où la renonciation n'aurait pas été faite en connaissance de cause, ou qu'elle serait le résultat du dol ou d'une erreur de fait. — Mais la renonciation ne pourrait être rétractée pour erreur de droit. — *Grenoble*, 20 juill. 1832, Magnin c. Mounier.

64. — Jugé, au contraire, que la renonciation peut être rétractée, si la donation reste sans effet. — *Riom*, 3 févr. 1820, Valentin c. Nouveau; *Nîmes*, 30 janv. 1827, Planchon c. Chauvet; *Montpellier*, 13 févr. 1827, Augé c. Cazal; *Limoges*, 14 déc. 1831, Rabier c. Desbordes. — Delvincourt, t. 2, p. 106; Toullier, t. 4, n° 351; Malpel, n° 338; Vazeille, art. 845, n° 5.

65. — Lorsqu'un arrêt donne acte à un héritier de sa déclaration que des titres d'obligation qu'il a contre le défunt se confondent avec une donation faite par préciput en sa faveur, et qu'il renonce à se prévaloir de ces titres pour s'en tenir à la quotité disponible; cet arrêt ne peut être attaqué comme ayant donné un effet légal à des actes de libéralité reconnus simulés, bien qu'ils ne portassent pas la dispense de rapport. — *Cass.*, 20 déc. 1843 (t. 1er 1844, p. 166), de Saint-Amant.

66. — Une demande en partage en *lots égaux*, dirigée par celui en faveur de qui existe un préciput, n'emporte pas une renonciation à ce préciput, surtout si la demande est formée par un tuteur au nom de son mineur. — *Bourges*, 4 juill. 1808, Métrot c. Ranty; *Cass.*, 29 juill. 1818, Marti c. Bouche.

67. — Des héritiers soumis au rapport ne peuvent, avant le partage des droits successifs, offrir ni consigner ce qu'ils doivent rapporter. — *Cass.*, 18 prair. an VII, Montapier c. Veau. — Pothier, *Obligations*, n° 546.

68. — *Dispense du rapport.* — Mais le donataire ou légataire n'est pas tenu du rapport, du moins pour ce qui excède la quotité disponible, lorsque le défunt l'en a dispensé. — C. civ. 843, 844, 846.

69. — Le donateur peut dispenser du rapport jusqu'à concurrence de la portion disponible, conformément aux art. 913, 914, 915 et 916. On ne pourrait pas dire, en effet, qu'il a la disposition de cette portion, s'il ne pouvait pas dispenser le donataire de la rapporter à la succession. — Chabot, t. 3, art. 843, n° 6.

70. — Les mots *par préciput et hors part ou avec dispense de rapport* employés par l'art. 843 du Code civil, ne sont pas sacramentels et peuvent être remplacés par d'autres termes équivalens. — Chabot, t. 3, art. 843, n° 7; Duranton, t. 7, n° 219; Toullier, t. 4, n° 455; Delvincourt, t. 2, p. 37, note; Vazeille, *Success.*, art. 843, n° 3.

71. — Jugé, en ce sens, que pour qu'un don ou un legs fait à un successible soit dispensé de rapport, il n'est pas nécessaire que le testateur ait employé la formule sacramentelle: *en préciput* ou *hors part*; qu'il suffit que l'intention du testateur soit exprimée et ressorte soit du testament, soit d'un autre acte qui indique la volonté de dispenser du rapport. — *Turin*, 31 août 1808, Bonetti c. Godmar; *Riom*, 20 janv. 1824, Mandosse c. de Rouzat; *Cass.*, 17 mars 1825, mêmes parties; 7 juill. 1835, Desassis c. Chantagru; *Paris*, 8 févr. 1837 (t. 2 1837, p. 445), Fleuriot c. Tezenas; *Nancy*, 22 janv. 1838 (t. 2 1843, p. 326), André c. Masson.

72. — Jugé également que la loi ne prescrit point de termes sacramentels pour la dispense du rapport; et qu'à défaut de termes exprès, cette dispense peut résulter de la disposition même et de l'ensemble des termes et des autres dispositions de l'acte. — *Metz*, 31 janv. 1811, Cailly c. Villain; *Bourges*, 21 août 1815, Pelletier c. Yvernault; *Riom*, 17 mars 1826, Raynaud c. Chaduc; *Douai*, 18 avril 1831, Cousin c. Louchot; *Caen*, 2 déc. 1847 (t. 1er 1848, p. 546), Hamon c. Lebastard.

73. — Il en était de même sous la législation ancienne que sous la nouvelle. — *Cass.*, 23 févr. 1831, Joviac c. de Rougrave.

74. — Il y a mention équivalente de préciput ou de dispense de rapport, lorsque, après un legs fait à sa femme, le testateur l'institue héritière conjointement avec d'autres dans tous ses autres biens, droits et actions. — *Turin*, 24 mars 1806, Belli c. Mocaffi; *Grenoble*, 6 juill. 1811, Thibaudon; *Limoges*, 26 juin 1822, Pélissier c. Vigier.

75. — Le legs de toute la portion disponible peut être réputé fait par préciput, si le légataire était appelé, comme simple héritier, à recueillir dans la succession du testateur une part égale à la portion disponible. — *Douai*, 18 avril 1831, Cousin c. Loucher.

76. — L'institution générale d'héritier emporte, en faveur de l'institué, la disposition de la quotité disponible, quoique la dispense du rapport de cette quotité n'y soit pas formellement exprimée. — Il en doit être surtout ainsi lorsque la part des autres enfans est déterminée par la loi. — *Montpellier*, 9 juill. 1833, Delpuech c. Teulier.

77. — Le legs universel emporte virtuellement dispense de rapport. — *Bastia*, 25 mars 1833, Palmieri c. Marcantoni.

78. — Mais le legs de tous les biens dont la loi lui permet de disposer fait par un testateur en faveur de trois de ses enfans, même avec stipulation d'accroissement, n'est pas réputé fait par préciput et hors part lorsque le testateur n'a pas exprimé sa volonté à ce sujet. — *Douai*, 30 déc. 1845 (t. 1er 1846, p. 456), Parent c. Lecoufle.

79. — Est censé fait par préciput et hors part le legs fait par le testateur à quelques-uns de ses successibles du quart de tous ses biens pour le réunir à la moitié qu'ils recueilleront dans sa succession. — *Paris*, 15 pluv. an XIII, Colin c. Gauthier.

80. — De même: la dispense de rapport peut résulter de ce que, dans le testament contenant le partage, entre les légataires, des immeubles du testateur, celui-ci a ajouté que c'était pour toute et telle part que chacun d'eux aura le droit d'avoir et prétendre dans lesdits biens immeubles. — *Caen*, 2 déc. 1847 (t. 1er 1848, p. 546), Foynard c. Lebastard.

81. — La dispense du rapport est légalement présumée, lorsqu'un ascendant fait le partage de ses biens entre ses descendans, conformément à l'art. 1075 du Code civil, et donne à l'un ou à plusieurs d'entre eux des parts plus fortes qu'aux autres — Chabot, t. 3, art. 843, n° 9.

82. — Toute libéralité par forme d'avantage est réputée faite par préciput; ainsi: lorsque la quotité disponible est d'un tiers, l'enfant donataire de tous les avantages permis par la loi est réputé donataire du tiers par préciput. — *Paris*, 28 juill. 1825, de Lubersac.

83. — La clause d'un testament par laquelle le testateur déclare qu'il veut que sa famille respecte toutes les donations ou dispositions gratuites par lui déjà faites, et qu'il se réserve encore de faire avant son décès, sans que qui que ce soit ait rien à dire ou puisse faire quelque recherche à cet égard, doit être considérée comme contenant, pour ces donations, une dispense de rapport qui doit faire écarter toute demande formée par un héritier contre l'autre, à l'effet de lui faire déclarer sous serment s'il a reçu ou non, soit directement, soit indirectement, quelque chose du défunt. Le jugement qui statue sur le point de savoir si l'héritier est tenu ou non de faire une telle déclaration, ne peut être considéré comme purement préparatoire. — *Bruxelles*, 13 nov. 1828, Deproost.

84. — Sous la législation ancienne, comme sous la nouvelle, la dispense du rapport pouvait être réputée résulter soit de la clause de retour des biens donnés en faveur du donateur, en cas de prédécès du donataire; soit de la substitution sur les biens donnés faite au profit des enfans du donataire. — *Cass.*, 23 févr. 1831, de Joviac c. de Rougrave.

85. — Une Cour d'appel a pu décider qu'il y avait dispense suffisante de rapport dans la disposition testamentaire par laquelle un père après avoir fait différens legs à plusieurs de ses enfans institue l'un d'eux son héritier universel dans tout le reste de ses biens, et, à son défaut, ses enfans mâles; le chargeant d'exécuter entièrement les dispositions du testament. — *Cass.*, 25 août 1812, Allomelto.

86. — Lorsqu'un père a légué à l'un de ses enfans la quotité disponible à la charge de la rendre à ses petits-enfans, cette charge de rendre équivaut à une dispense expresse de rapport et permet à l'enfant légataire de cumuler le legs avec sa part héréditaire. — *Douai*, 27 janv. 1819, Riche c. Pradel; *Cass.*, 16 juin 1830, Canelli c. Mattei.

87. — Jugé également que la dispense de rapport à succession n'ayant pas besoin d'être stipulée en termes formels, elle peut résulter soit de la donation dont le rapport est demandé, soit des termes d'un testament postérieur fait en faveur d'un héritier, soit même des circonstances qui ont suivi ces actes. — *Paris*, 23 mai 1844 (t. 1er 1844, p. 768), Monlaur; *Cass.*, 10 juin 1846 (t. 2 1846, p. 432), mêmes parties.

88. — Spécialement: lorsqu'un père de famille ayant deux enfans donne à l'un d'eux un immeuble par acte entre-vifs, et, postérieurement, fait un testament par lequel il donne à l'autre enfant tout ce qu'il possédera à son décès; on peut décider qu'il a entendu faire à chacun de ses enfans une attribution spéciale et distincte emportant nécessairement dispense de rapport pour chacun d'eux. Le juge, pour bien apprécier la volonté du père de famille, peut s'éclairer accessoirement par des documens dignes de foi, notamment par des lettres émanées du donateur. — *Paris*, 23 mai 1844 (t. 1er 1844, p. 768), Monlaur.

89. — Il y a lieu de considérer comme renfermant au profit du fils un legs par préciput de la quotité disponible le codicille qui fait sous l'empire d'une loi appelant les enfans mâles à la succession du père à l'exclusion des filles, qui n'avaient droit qu'à une simple dot, a ensuite reçu son exécution depuis la promulgation du Code, si le père a chargé son fils de l'exécution du codicille, à titre d'héritier légitime et en lui en donnant le nom à plusieurs reprises, et si, après avoir légué à l'une de ses filles une somme à titre de dot, il déclare cette fille ainsi que deux autres, précédemment dotées, exclues de sa succession moyennant la dot qu'il leur a payée. — *Turin*, 29 août 1807, Ghisolfo.

90. — Lorsque le legs d'une certaine quotité de la succession est suivi d'une autre disposition qui charge les héritiers de payer, en outre, telle chose à un individu, on peut en inférer que le testateur a voulu mettre le legs de cette quotité à la charge de ses héritiers et qu'ainsi il a disposé par préciput. — *Cass.*, 17 mars 1825, Mandosse de Nevrezé c. de Rauzat.

91. — De même la dispense de rapport a pu résulter d'une disposition universelle faite au profit d'un enfant, à la charge de payer une certaine somme à chacun des autres. — *Turin*, 7 prair. an XIII, Diémoz.

92. — Lorsque le testateur n'a pas énoncé en termes formels la dispense du rapport d'un legs, cette dispense peut résulter par induction de l'ensemble des dispositions du testament; par exemple: si le legs est fait à l'héritier du testateur, sous différentes charges et notamment à la condition de payer une certaine somme à ses deux cohéritiers; si ces trois légataires sont les seuls héritiers naturels; s'il est dit que le surplus des biens sera divisé par égales portions entre eux; enfin, s'il résulte des circonstances que le testateur devait préférer le légataire principal aux deux autres. — *Cass.*, 20 févr. 1817, Pelletier c. Hyvernaud. — Chabot, t. 3, art. 843, n° 7; Duranton, t. 7, nos 218 et 219; Vazeille, art. 843, n° 3.

93. — Le testateur doit être considéré comme ayant légué avec dispense de rapport lorsqu'il a fait un legs universel à ses héritiers légitimes en les chargeant de payer une somme fixe à son enfant naturel, et en déclarant qu'il réduit ce dernier à cette somme une fois payée pour tous ses droits dans la succession. — *Nancy*, 22 janv. 1838 (t. 2 1843, p. 326), André c. Masson.

94. — Le testament par lequel le testateur, après avoir attribué à chacun de ses deux enfans un lot

de ses immeubles, ajoute que, « s'il se trouve un desdits lots qui soit regardé pour être plus fort en valeur que l'autre, il veut qu'il n'y soit rien changé et que chaque lot reste au profit ou à la perte de celui à qui il est attribué, » contient, en faveur de l'enfant avantagé, un legs par préciput et hors part qui doit être exécuté s'il n'excède pas la quotité disponible. — *Caen*, 4 mars 1846 (t. 1er 1846, p. 746), Fosse c. Moutier.

95. — Lorsqu'une donation porte que le donataire est dispensé du rapport, la clause qui ajoute que c'est à condition que ses cohéritiers futurs seront indemnisés sur les autres biens du donateur, et de la manière que celui-ci se propose de le faire, est simplement l'énonciation d'un projet du donateur, qui ne saurait influer en rien sur le sort de la donation, ni détruire la dispense de rapport qui y est attachée. — *Amiens*, 20 juill. 1826 (V. sous *Cass.*, 23 juill. 1828), Delassault c. Groult. — Au surplus, l'arrêt de la Cour d'appel qui le décide ainsi repose sur une interprétation d'acte et une appréciation de fait dont il n'appartient pas à la Cour de cassation de juger le mérite. — *Cass.*, 22 juill. 1828, même parties.

96. — Les legs contenus en un testament fait à l'armée par un militaire sont sujets au rapport comme ceux des autres citoyens. — *Metz*, 31 janv. 1811, Cailly c. Villain.

97. — La création d'un majorat constitue, au profit de l'enfant qui en est investi, une donation par préciput et hors part. — *Cass.*, 22 mai 1833, de Jouy c. de Boquestant.

98. — Les dons manuels, les donations déguisées et les avantages indirects, sont-ils présumés faits par préciput ou avec dispense de rapport? V. *infrà* nos 158 et suiv.

99. — Au surplus, comme la dispense de rapport ne forme qu'une question de volonté qui doit être décidée d'après le contexte des dispositions générales et particulières de l'acte contenant libéralité, la décision rendue à cet égard échappe nécessairement à la censure de la Cour de cassation. — *Cass.*, 17 mars 1825, Mandosse c. de Rauzat.

100. — Lorsqu'un immeuble composé des propres du père et des acquêts de communauté a été donné par contrat de mariage à l'un des enfans avec stipulation de la part de la mère qu'elle donnait sa portion afférente dans les conquêts jusqu'à concurrence de 150,000 fr., les juges du fond ont pu, en appréciant l'intention des contractans et les actes qui ont suivi le mariage, décider que cette dernière somme doit être rapportée par le donataire : bien que la part afférente à la mère dans l'immeuble ne s'élèverait qu'à une somme de 85,000 fr., ainsi qu'il résulterait d'un acte de liquidation passé ultérieurement. — *Cass.*, 28 mai 1834, Pontelay-Fontèle c. de Rohan.

101. — Le donateur est présumé avoir voulu donner par préciput ou hors part, lorsque la donation n'est pas faite à la personne même de l'héritier ; à moins qu'il n'ait manifesté une intention contraire, la volonté du donateur devant toujours être suivie quand elle n'est pas en opposition avec la loi. L'héritier n'est donc tenu de rapporter que les dons qui lui ont été faits personnellement. — Toullier, t. 4, no 456 ; Treilhard, Exposé des motifs, t. 4, p. 171, édit. de Didot.

102. — Il n'est pas nécessaire que la dispense du rapport soit stipulée dans l'acte même de donation ; elle peut être prononcée dans un acte subséquent, pourvu que cet acte soit fait dans la forme des dispositions entre-vifs ou testamentaires. — C. civ., art. 919. — Chabot, t. 3, art. 843, no 8 ; Toullier, t. 4, no 455.

103. — Mais la dispense du rapport, lorsqu'elle a été prononcée dans un acte postérieur à la donation, ne peut avoir d'effet rétroactif au préjudice des droits antérieurement acquis par des tiers. — Chabot, t. 3, art. 843, no 8.

Sect. 3e. — *A qui est dû le rapport.*

104. — Le rapport n'est dû que par le cohéritier à son cohéritier : il n'est pas dû aux légataires ni aux créanciers de la succession. — C. civ., 857.

105. — Le rapport n'est dû qu'aux *héritiers légitimes*. La loi, en établissant l'égalité par le rapport, n'a eu en vue que les héritiers du sang. Il n'y a pas de motif d'établir l'égalité entre des héritiers institués, des légataires, des donataires qui ne tiennent leurs droits ni de la nature ni de la loi, mais uniquement de la volonté du testateur ou du donateur. — Chabot, t. 3, art. 857, no 3 ; Toullier, t. 4, no 465.

106. — L'enfant naturel peut-il exiger que les héritiers légitimes rapportent à la masse de la succession les biens que le défunt leur a donnés sans dispense de rapport? — Cette question est controversée. Pour la négative, on dit : l'enfant naturel n'a pas la qualité d'héritier. Or, d'après l'art. 857, le rapport n'est dû que par l'héritier à son cohéritier, il n'est donc pas dû à l'enfant naturel. — De plus, l'enfant naturel reconnu n'a de droit que sur les biens de ses père et mère décédés (C. civ., 756) ; mais il n'en a aucun sur les biens dont ses père et mère avaient disposé. Autrement ; si les droits de l'enfant naturel s'étendaient sur les biens donnés en avancement de droits successifs aux héritiers légitimes, la condition de ces derniers serait pire que celle des donataires étrangers. — Toullier, t. 4, no 258.

107. — Pour l'affirmative on répond : 1o il ne faut pas scinder l'art. 857. Cet article dit bien que le rapport n'est dû que par l'héritier à son cohéritier : mais en ce sens qu'il n'est pas dû aux légataires ni aux créanciers de la succession. — En rédigeant cet article, le législateur ne songeait qu'aux légataires et aux créanciers et nullement à l'enfant naturel ; 2o si l'enfant naturel n'est point héritier, on ne peut méconnaître qu'il est *loco hæredis* : puisque la loi lui accorde une quotité des biens, et quelquefois même la totalité. Or, pour régler cette quotité que lui accorde l'art. 757, il faut que l'enfant naturel reconnu, bien qu'il n'ait pas la qualité d'héritier, puisse exiger le rapport de la part des héritiers légitimes pour avoir toute la quote-part qu'a voulu lui donner l'art. 757. — Duranton, t. 6, no 299 ; Chabot, t. 2, art. 757, no 17 ; Loiseau, *Des enfans naturels*, p. 695.

108. — Jugé donc, dans ce dernier sens, que l'enfant naturel peut, comme un enfant légitime, exiger le rapport des donations directes ou déguisées entre-vifs ou testamentaires faites par son auteur au préjudice de son droit de réserve. — *Amiens*, 26 nov. 1811, Landrin c. Dufour ; *Cass.*, 28 juin 1831, Gabriel.

109. — Jugé cependant que l'enfant naturel légalement reconnu ne peut point exiger le rapport en nature de l'immeuble donné à l'enfant légitime par le père commun. Mais qu'il peut exiger que cet immeuble, fictivement réuni à la masse de la succession, soit estimé non suivant sa valeur actuelle, mais d'après celle qu'il avait à l'époque de l'ouverture de la succession. — *Paris*, 5 juin 1826, Bottet-Dumesnil c. Curtille.

110. — Lorsque le père a disposé en faveur de l'un ou de plusieurs de ses enfans d'un premier lit des biens qui lui avaient été donnés par leur mère, le rapport doit en être fait au profit de tous ses enfans de quelque lit qu'ils soient. — Chabot, t. 3, art. 843, no 20.

111. — Mais la femme donataire de son mari pour une part d'enfant ne peut être assimilée à un héritier ; et, par suite, bien qu'elle ait le droit de réclamer le rapport fictif des dons faits par le mari à ses enfans à l'effet de déterminer la quotité de la part qui lui est due, elle ne peut en exiger le rapport réel. — *Paris*, 9 juin 1836, Moynier c. Noël.

112. — Toutefois, pour que le rapport soit dû aux cohéritiers il faut que ceux-ci n'aient pas renoncé au droit de l'exiger.

113. — Lorsque dans un partage qualifié pacte de famille entre des cohéritiers dont l'un était tenu au rapport d'une somme pour le prix d'un office qui a été supprimé par l'Etat il a été convenu, relativement à cette somme, que les cohéritiers partageraient entre eux l'indemnité que l'Etat pourrait allouer pour l'office, et qu'à la fin l'acte porte, d'une manière générale, que, moyennant ces stipulations, les parties *se tiennent réciproquement quittes, sans réserve* ; on a pu décider qu'un pareil acte contenait une renonciation formelle de la part des autres cohéritiers à exiger le rapport, bien qu'aucune indemnité n'ait été accordée par l'Etat. — *Cass.*, 1er mai 1832, Duboispéan c. Labrosse.

114. — Dans le cas d'aliénation de biens au profit de l'un des successibles en ligne directe, soit à charge de rente viagère, soit à fonds perdu ou avec réserve d'usufruit, le rapport de ce qui peut excéder la quotité disponible ne peut être demandé par ceux des autres successibles en ligne directe qui ont consenti à ces aliénations, et dans aucun cas il ne peut être demandé par les successibles en ligne collatérale. — C. civ., 918.

115. — Si les successibles en ligne directe qui ont consenti à la vente avec réserve d'usufruit faite au profit de leur cosuccessible ne sont point recevables à demander le rapport ou l'imputation des biens ainsi vendus, il en est de même, à plus forte raison, quand la vente à laquelle ils ont consenti a été faite à un descendant non successible. — *Grenoble*, 25 mars 1831, Clément c. Feugier.

116. — L'art. 857 ne s'applique qu'aux donations et non aux simples legs. Ainsi le légataire qui serait en même temps héritier ne pourrait prélever sur la succession la totalité de son legs et prétendre que les autres légataires ne peuvent exercer leurs droits que sur ce qui reste, sous le prétexte que le rapport de ce qu'il a pris n'est dû qu'à ses propres cohéritiers. — Chabot, t. 3, art. 857, no 13.

117. — Jugé en conséquence que le rapport n'est pas dû par l'héritier au légataire, lors même que celui-ci réunit à cette qualité celle d'héritier. — *Cass.*, 8 déc. 1824, Lamotte c. Sabatier.

118. — De même encore, le légataire universel non successible ne peut contraindre l'héritier *ab intestat* au rapport de son don ni prendre part aux sommes rapportées. — *Cass.*, 5 nov. 1823, Peyrachon c. Mollin.

119. — Quant au rapport ou plutôt à la réunion fictive que le donataire ou le légataire demanderait pour arriver à la fixation de la quotité disponible, V. ce qui a été dit vo QUOTITÉ DISPONIBLE ; à quoi il faut ajouter les deux décisions suivantes.

120. — Lorsqu'un legs a été fait pour tenir lieu au légataire de la quotité disponible, ce legs ne comprend que les biens appartenant au testateur au jour de son décès ; et le légataire ne peut exiger des héritiers *ab intestat* le rapport des biens donnés, à l'effet de calculer la quotité disponible. — *Cass.*, 5 nov. 1823, Peyrachon c. Mollin.

121. — La donation entre-vifs faite en avancement d'hoirie par un père en faveur de l'un de ses enfans, n'est point soumise au rapport, au profit du légataire par préciput, pour déterminer le montant de la quotité disponible ; et cela quand bien même, par le testament qui contient le legs, le père de famille aurait exprimé, en termes formels, la volonté que le donataire rapportât ce qui lui avait été donné pour régler le préciput. — *Cass.*, 5 juill. 1825, Anbriau c. de Bourbot.

122. — Le rapport n'est pas dû non plus aux créanciers de la succession, toujours par la même raison que le rapport n'est établi que pour maintenir l'égalité entre les héritiers. — Les créanciers ne peuvent donc demander le rapport à l'héritier donataire entre-vifs à titre de préciput, ni au successible qui a renoncé à la succession pour conserver son don. En effet : si leurs créances ont précédé la donation et s'ils ont pris hypothèque sur les biens donnés, ils n'ont pas besoin du rapport. S'ils ont négligé de prendre hypothèque avant la donation, ils n'ont plus de droits sur les biens donnés ; ils ne peuvent donc en demander le rapport. Si, au contraire, leurs créances sont postérieures à la donation, à plus forte raison ne pourront-ils exiger le rapport puisqu'ils n'ont jamais eu de droits sur les biens que leur débiteur ne possédait plus. — Chabot, t. 3, art. 857, no 6 ; Toullier, t. 4, no 465.

123. — Jugé que, sous la coutume de Paris, comme aux termes de l'art. 857 du Code civil, le rapport était dû par le cohéritier seulement à son cohéritier, et nullement aux créanciers de la succession. — *Cass.*, 9 juin 1835, Robert c. de Périgny.

124. — Toutefois la règle que le rapport n'est point dû aux créanciers de la succession ne s'applique pas aux créanciers des cohéritiers dont ils exercent les droits. — *Colmar*, 19 janv. 1813, Chauvet c. Bernard.

125. — Jugé cependant qu'un avoué ne peut, comme créancier de son client à raison de frais à lui dus, exercer l'action en rapport de celui-ci contre ses cohéritiers. — *Toulouse*, 16 janv. 1835, Saintigès et Izard c. Pontneau. — *Contrà*, Duranton, t. 7, no 267 ; Toullier, t. 4, nos 466 et 467.

126. — Les questions d'imputation ou de rapport à succession ne peuvent être soulevées que par les cohéritiers du donataire, et jamais par ses créanciers. — En conséquence, les créanciers du père de famille ne peuvent repousser la demande formée par le fils en paiement de la dot qu'il lui a constituée et qui est échue : sur le motif que cette dot ayant été stipulée imputable sur la succession du premier mourant des père et mère ne forme qu'une créance éventuelle, et, par suite, non exigible du vivant de ces derniers. — *Orléans*, 24 mai 1848 (t. 2 1848, p. 57), Vidal c. Dejean.

127. — Il pourrait se faire néanmoins que les créanciers mêmes de la succession pussent exercer le rapport ; mais du chef de l'héritier pur et simple, comme dans le cas suivant : Un enfant donataire est héritier bénéficiaire, son frère est

héritier pur et simple. Ce dernier, qui est insolvable, refuse, en fraude de ses créanciers, de faire rapporter par son frère ce qu'il a reçu. Les créanciers qui, par l'acceptation pure et simple de l'enfant qui n'a rien reçu, sont devenus ses créanciers pour moitié de leurs créances, peuvent, comme exerçant les droits de leur débiteur, exiger le rapport de l'enfant donataire (C. civ., art. 1166); mais, dans ce cas, ce n'est pas comme créanciers du défunt qu'ils agissent, mais comme représentant un héritier et exerçant à sa place un droit qui lui est acquis. — Chabot, t. 3, art. 857, n° 7; Pothier, *Successions*, ch. 3, art. 2, § 6; Toullier, t. 4, n° 467; Duranton, t. 7, n° 266.

128. — Ils peuvent même, dans le cas ci-dessus, exercer leurs droits sur les biens qui ont été donnés à l'héritier à titre de préciput; mais ce n'est point parce que les biens ainsi donnés tomberaient dans la succession, à l'égard des créanciers, mais parce que l'héritier pur et simple est tenu, *même sur ses biens personnels*, de payer les dettes du défunt. — Chabot, t. 3, art. 857, n° 8.

129. — L'héritier bénéficiaire qui pour se dispenser du paiement des dettes fait l'abandon de tous les biens de la succession aux créanciers et aux légataires, conformément à l'art. 802 C. civ., n'est pas tenu de rapporter à leur profit ce qu'il a reçu par donation entre-vifs, ni la portion qu'il a prise dans ce qui a été rapporté par son cohéritier. L'art. 802 ne l'oblige qu'à abandonner les biens de la succession, et les choses données entre-vifs par le défunt ne sont pas, à l'égard des créanciers ou des légataires, des biens de succession. — Chabot, t. 3, art. 857, n° 11; Lebrun, *Successions*, liv. 3, ch. 4, n° 34.

Sect. 4e. — *A quelle succession se fait le rapport.*

130. — Le rapport ne se fait qu'à la succession du donateur. — C. civ., art. 850.

131. — Il importe donc d'examiner avec soin quel est le véritable donateur, pour déterminer la succession à laquelle doit être fait le rapport.

132. — Ainsi : le petit-fils qui a reçu un don de son aïeul n'est pas obligé d'en faire le rapport à la succession de son père, puisque son père n'est pas le donateur. — Chabot, t. 3, art. 850, n° 1er; Duranton, t. 7, n° 241.

133. — De même, l'enfant qui a été doté par ses père et mère conjointement ne rapporte pas la totalité de la dot à la succession de celui de de ses père et mère qui meurt le premier; il ne doit à la succession que le rapport de la portion de dot qui lui a été donnée par le prédécédé. — Chabot, t. 3, art. 850, n° 1er.

134. — Lorsque la dot n'a pas été constituée solidairement par les père et mère, elle ne peut être mise que pour moitié à la charge du père tombé en faillite. — *Orléans*, 24 mai 1848 (t. 2, 1848, p. 57), Vidal c. Dejean.

135. — Lorsque le mari seul a constitué la dot en effets de la communauté, la femme est tenue d'en acquitter une partie, si elle accepte la communauté, mais jusqu'à concurrence seulement de sa part dans la communauté; et cela quand même le mari aurait déclaré que sa femme contribuerait à la dot pour une plus forte portion. Ainsi, dans une communauté légale, la femme ne supportera que la moitié de la dot constituée par son mari. Le rapport devra être fait en conséquence. — Chabot, t. 3, art. 850, n° 3; Toullier, t. 4, n° 464; Duranton, t. 7, n° 244.

136. — Si la femme avait une part moindre que la moitié dans la communauté conventionnelle, elle ne serait tenue de contribuer à la dot que proportionnellement à son droit sur la chose commune. — Chabot, t. 3, art. 850, n° 3; Grenier, n° 244.

137. — Si la dot a été constituée conjointement par le père et la mère en biens personnels à la mère et sans désignation de la part que chacun d'eux voulait donner, l'enfant doté n'est pas tenu de rapporter la totalité de la dot à la succession de la mère; la dot est rapportable pour moitié à la succession du père et pour moitié à la succession de la mère. — En effet, puisque, d'après l'art. 1438, le père est réputé donateur pour moitié et que la mère l'est pour l'autre moitié, et que, suivant l'art. 850, le rapport ne se fait qu'à la succession du donateur, les cohéritiers de l'enfant ainsi doté ne peuvent le contraindre à rapporter la totalité de la dot à la succession de la mère. D'un autre côté, l'art. 845 du C. civ., autorisant l'enfant doté à retenir ce qu'il a reçu de son père en renonçant à sa succession, il se trouverait nécessairement frustré de ce droit, si on l'obligeait de rapporter à la succession de sa mère la totalité de la dot qu'il aurait reçue de ses père et mère conjointement. — Chabot, t. 3, art. 850, n° 5; Toullier, t. 4, n° 464; Duranton, t. 7, n° 243.

138. — Lorsque la dot a été constituée par les père et mère en commun, l'enfant n'est tenu d'en rapporter que la moitié à la succession du prémourant; alors même que le contrat porterait que la donation sera imputée en entier sur ladite succession, cette stipulation étant faite uniquement dans l'intérêt de l'époux survivant. — *Paris*, 10 août 1843 (t. 1er 1844, p. 8), Parisot c. Lefèvre.

139. — L'enfant à qui il avait été constitué en dot, par ses père et mère, conjointement et sans distinction de parts, un immeuble appartenant en propre à l'un d'eux, est tenu d'en faire le rapport, non pas seulement à la succession de l'époux dont l'immeuble a été employé, mais pour moitié à chacun des constituans; et ce : 1° avant même l'exercice de l'action en indemnité que l'art. 1438 C. civ. attribue à l'époux propriétaire de l'immeuble donné; 2° nonobstant le droit de retour accordé par la loi aux donateurs et non encore ouvert. Le rapport, dans ce cas, doit être fait en nature à l'une et à l'autre des successions, si l'immeuble est encore en la possession du donataire. — *Bordeaux*, 6 déc. 1833, Mayer-Frank c. Fabre de Rieunègre.

140. — La femme mariée sous le régime dotal, qui, du vivant de son père, a renoncé en faveur des créanciers de celui-ci, avec l'autorisation de son mari, à exiger le capital de la pension qu'il lui avait constituée en dot, ne peut être tenue de rapporter à la succession paternelle ni le capital de la pension qui n'a pas été reçu par elle, ni les arrérages de cette pension qui ne lui ont pas été payés, ni même l'action qui peut, en cas de séparation de biens ou de dissolution du mariage, lui appartenir contre son mari à raison de ladite renonciation. — *Cass.*, 21 juill. 1846 (t. 1er 1847, p. 54), Lecesne c. Hervieu et Duclos; *Rouen*, 29 avr. 1847 (t. 2 1847, p. 151), mêmes parties.

141. — La fille mariée sous le régime dotal et dotée en meubles ou en immeubles est obligée au rapport comme tout autre héritier et de la même manière : par exemple en imputant la moitié de la dot sur chacune des successions des père et mère qui ont doté conjointement, quoique les biens n'appartiennent qu'à l'un d'eux. — *Cass.*, 16 nov. 1824, de Croy-Chanel c. Roussel de Belloy. — Rolland de Villargues, *Rép.*, v° *Rapport à succession*, n° 49.

142. — Jugé, cependant, sous l'empire de la coutume d'Auvergne, que la dot constituée *effuso sermone*, par le père et la mère conjointement, doit se rapporter seulement à la succession du père. — *Riom*, 14 juill. 1809, Bergougnioux c. Dégrenon.

143. — Jugé aussi que, lorsqu'une somme a été donnée à l'un des successibles par le mari seul, sans que la femme ait concouru à la donation, et qu'elle a été prise sur les revenus de la communauté, le donataire doit rapporter la somme entière à la succession du donateur prédécédé, sauf à demander à cette succession, lors de la liquidation de la communauté, la moitié de ladite somme. — *Cass.*, 7 juill. 1835, Des-Assis c. Chantagru.

144. — La femme qui accepte la communauté est obligée de restituer à la succession de son père la somme prêtée par celui-ci à son mari, en proportion de sa part dans la communauté. — Chabot, t. 3, art. 851, n° 3.

145. — L'office de notaire réservé propre dans le contrat de mariage de celui qui en est pourvu ne pouvant entrer dans la communauté, le rapport n'en doit être fait qu'à la succession du notaire et sa veuve n'a aucun droit à exercer sur la valeur de cette charge. — *Orléans*, 18 août 1824, N...

146. — Bien qu'en principe les sommes que, pendant la société d'acquêts, un père a dépensées pour racheter son fils du service militaire ou pour achat de livres au profit de ce dernier, doivent être rapportées pour moitié à la succession de chacun des père et mère; cependant, si, lors du partage de la société d'acquêts, toutes les créances communes ont été mises dans le lot de l'un des époux, et que le partage de la succession de ce dernier ait été fait sans réserve, on peut en conclure (surtout si cela résulte en outre des circonstances) que le rapport n'a pas été exigé, et que toute action à cet égard a été abandonnée. — *Bordeaux*, 8 août 1838 (t. 2 1838, p. 670), Lacroix.

147. — Lorsqu'il n'existe point de contrat de mariage et que l'on ne produit aucun titre émané du mari, constatant qu'il ait reçu une dot constituée à son épouse par sa mère, ou pouvant servir de commencement de preuve par écrit qu'il l'ait reçue, la preuve de cette constitution ne saurait résulter même de présomptions graves, précises et concordantes : attendu que la preuve testimoniale n'en serait pas admissible; n'étant pas, d'ailleurs, établi au procès que la reconnaissance du mari se trouve perdue par suite d'un cas fortuit, imprévu et résultant d'une force majeure.—Comme conséquence de cette solution, la déclaration du mari qu'il a reçu une certaine somme pour sa femme, non à titre de dot, mais pour la remplir de ses droits dans la succession de son père, ne se trouvant pas légalement démentie, subsiste dans toute sa force; et la somme formant la prétendue dot ne saurait, dès lors, être sujette à rapport dans la succession de la mère. — *Aix*, 13 mai 1845 (t. 2 1846, p. 297), Flechelles c. Sprague.

148. — La disposition testamentaire par laquelle une femme prescrit à son mari de remettre à chacun de leurs enfans communs, à l'époque de leur établissement, une somme égale, à valoir sur leur part dans les créances matrimoniales qu'elle leur laisse, et dont elle ajourne le paiement définitif jusqu'après le décès de son mari, ne doit pas être considérée comme un partage partiel de la succession de la testatrice, en sorte que l'enfant qui a reçu l'à-compte qui lui était attribué soit fondé à en refuser le rapport à ses frères, dans le cas où l'insolvabilité du père, survenue depuis le décès de la mère, les empêche de toucher le leur. — *Paris*, 18 janv. 1825, Perrin c. Pommery.

149. — Quoiqu'une partie des biens d'une succession ne puisse être actuellement liquidée, le partage des autres biens peut cependant être provoqué. Dans ce cas les héritiers doivent le rapport de ce qu'ils ont reçu, comme s'il s'agissait du partage de la masse générale des biens.— *Bordeaux*, 16 août 1827, Bethmann; *Paris*, 4 févr. 1837 (t. 2 1840, p. 38), Bureaux c. Garnot.

150. — La donation faite par l'un des époux au successible de l'autre, avec charge de rapport, dans le cas où le donataire deviendrait héritier de l'époux du donateur, donne lieu seulement à une action personnelle en faveur de ses cohéritiers. — *Cass.*, 21 mars 1808, Cazier c. des Perrières.

Sect. 5e. — *Quelles choses sont susceptibles ou non de rapport.*

§ 1er. — *Avantages directs ou indirects.*

151. — Le rapport est dû de tout ce que l'héritier a reçu du défunt par donation entre-vifs, directement ou indirectement, à moins que les dons ou legs ne lui aient été faits expressément par préciput et hors part, ou avec dispense de rapport (C. civ., 843); et encore, dans ce cas, tout ce qui excède la quotité disponible est sujet à rapport (C. civ., 844).

152. — Ainsi, sont susceptibles de rapport tous les avantages, soit directs, soit indirects, faits aux successibles. Les avantages *directs* sont ceux qui se font directement; les avantages *indirects* sont ceux que l'on fait par des moyens détournés, pour cacher le caractère ou l'existence de la donation. Ces moyens sont très-nombreux, mais ceux qui se présentent le plus souvent sont : les donations déguisées sous la forme d'un contrat onéreux ou de tout autre acte permis par la loi; la renonciation du défunt à des droits acquis, pour en faire profiter l'un de ses successibles; l'interposition d'un tiers. — Chabot, t. 3, art. 843, n° 14; Toullier, t. 4, n° 472; Duranton, t. 7, n° 315.

153. — La donation faite à des enfans, pour leur tenir lieu de leur légitime, est sujette à rapport, même suivant les lois romaines.—L. 25, ff., *De inoff. test.*; L. 35, C., *De inoff. test.*; L. 20, C., *De collat.* — *Cass.*, 14 juin 1813, Roggiero c. Marsemo.

154. — En règle générale, la portion non disponible est seule irrévocablement grevée du rapport; la portion disponible n'y est pas nécessairement soumise. — Chabot, t. 3, art. 845, n° 6.

155. — C'est improprement qu'on applique aux legs le mot *rapport*. Les dons entre-vifs sont seuls

sujets à rapport; les objets légués ne sont point sortis des mains du testateur; le légataire n'en a jamais été en possession; il n'y a donc pas lieu à rapport. — Chabot, *Success.*, t. 3, sur l'art. 843, n° 10; Duranton, t. 7, n° 207.

156. — Les dons ou legs rémunératoires et ceux faits sans conditions onéreuses sont-ils sujets au rapport, lorsqu'ils n'en ont pas été dispensés? — Les anciens auteurs étaient divisés sur cette question. — Vinnius et Lebrun ne regardaient pas comme de véritables libéralités les legs faits pour récompense de services ou à des conditions onéreuses, lorsque la valeur des services appréciables à prix d'argent ou le montant des charges égalait la valeur du don. Ils ne considéraient donc comme don que l'excédant de la valeur de la chose donnée; ils voulaient en outre, pour que le don fût censé rémunératoire, qu'il ne fût pas au nombre de ceux prescrits par la nature et le devoir. — Charondas, Duplessis et Auzanet, sans s'arrêter à ces distinctions, voulaient que le rapport eût lieu, sauf à payer aux donataires ou légataires ce qui pouvait leur être dû pour services rendus ou pour les charges qu'ils auraient acquittées. — Cette dernière opinion, adoptée par l'ancienne jurisprudence, l'a été aussi par le Code civil, qui dispose d'une manière générale et absolue que tous les legs seront rapportables lorsqu'il n'y aura pas une dispense expresse. Il n'a pas fait d'exception pour les dons et legs rémunératoires ou sous conditions onéreuses; le Code a donc voulu les comprendre dans la règle générale. — Duranton, t. 7, n° 314; Chabot, t. 3, art. 843, n° 13.

157. — L'acte par lequel le père et la mère ont reconnu devoir à un de leurs enfans une somme pour services rendus et pour ceux qu'il continuera de leur rendre dans la suite, doit être considéré non comme une donation rémunératoire ou comme un avantage indirect, mais comme une stipulation à titre onéreux qui ne peut être sujette à rapport. — *Bruxelles*, 18 févr. 1813, Bulle.

158. — Les dons manuels sont-ils présumés faits avec dispense de rapport? — Pour l'affirmative : on dit que puisque c'est une libéralité qui se cache, c'est donc une libéralité qu'on dispense de rapport. — Vazeille, *Success.*, art. 843, n° 5; Grenier, *Donat.*, t. 4, n° 476.

159. — Jugé, en ce sens, que le don manuel d'objets mobiliers est présumé fait par préciput et avec dispense de rapport. — *Cass.*, 13 janv. 1807, Gibert c. Mittaut; *Bordeaux*, 2 mai 1831, Lopez-Dias.

160. — Et il en est surtout ainsi quand il n'y a d'autre preuve du don que l'aveu du donataire et que celui-ci déclare que le don lui a été fait avec dispense de rapport. — *Bordeaux*, 2 mai 1831, Lopez-Dias.

161. — Pour la négative : on répond que le don manuel est une véritable donation entre-vifs; et qu'à cet égard la loi ne fait aucune distinction puisqu'elle assujettit au rapport tout ce qu'a reçu l'héritier par donation entre-vifs, même indirectement. — Duranton, t. 7, n° 305; Delaporte, *Pandect. fr.*, t. 3, n° 291.

162. — Jugé donc que les dons manuels ne sont pas réputés de plein droit faits avec dispense de rapport. — *Agen*, 13 juin 1831, Mataly c. Ducondut; *Rouen*, 12 mars 1845 (t. 2 1845, p. 326), Helluy c. Oursel; *Cass.*, 30 déc. 1846 (t. 1er 1849, p. 32), Oursel c. Helluy.

163. — ... Alors surtout qu'ils sont d'une somme importante. — *Rouen*, 13 mars 1845 (t. 2 1845, p. 326), Helluy c. Oursel.

164. — De même les dons manuels ne sont pas affranchis des règles ordinaires du droit commun touchant la nécessité du rapport, alors surtout qu'aucune circonstance ni aucun document certain ne peuvent fournir d'équipollent à la mention expresse qu'exige la loi pour la dispense du rapport. — *Toulouse*, 13 mai 1846 (t. 2 1848, p. 43), Dario c. Naves.

165. — Car la dispense de rapport, sans être de l'essence du don manuel, peut s'induire des circonstances. — *Rouen*, 25 juill. 1846 (t. 1er 1846, p. 246), Milon.

166. — Jugé encore que les dons manuels sont sujets à rapport, alors même qu'ils sont provenus des simples revenus du donateur. S'il est admis quelques modifications à cette règle, ce n'est que pour les dons de sommes modiques; auquel cas ces dons sont assimilés aux présens d'usage. — *Montpellier*, 11 juin 1846, (t. 2 1846, p. 244), Jullian c. Cellarier.

167. — En effet, ajoute M. Duranton (*ibid.*) : quand la chose donnée est de peu d'importance, on doit la considérer moins comme une donation proprement dite que comme un gage de bienveillance. A cet égard, on doit prendre en considération la condition et la fortune du donateur.

168. — Jugé enfin que les dons manuels et occultes, non plus que les donations déguisées, ne sont pas, en l'absence de manifestation contraire du donateur, nécessairement dispensés de rapport. — *Cass.*, 12 août 1844 (t. 1er 1845, p. 38), Gazaignaire.

169. — ... Ou nécessairement imputables sur la quotité disponible. — *Cass.*, 12 août 1844 (t. 1er 1845, p. 38), Gazaignaire; *Montpellier*, 11 juin 1846 (t. 2 1846, p. 244), Jullian c. Cellarier.

170. — Au surplus : la décision qui, par appréciation des faits constatés par des enquêtes et contre-enquêtes, ordonne l'imputation de dons manuels sur la quotité disponible, échappe à la censure de la Cour de cassation. — *Cass.*, 12 août 1844 (t. 1er 1845, p. 38), Gazaignaire.

171. — Les aumônes qui, d'après le vœu du défunt, ont été, lors de ses funérailles, distribuées aux pauvres, ne sauraient être considérées comme des libéralités à imputer sur la quotité disponible, lorsqu'elles ne sont pas d'ailleurs hors de proportion avec la fortune délaissée par le défunt. — *Colmar*, 4 juin 1845 (t. 1er 1846, p. 635), Brunschwig c. Bloch.

172. — Les donations déguisées sous la forme d'un contrat à titre onéreux, faites soit en faveur d'un parent ou successible, soit en faveur d'un étranger, sont-elles valables lorsqu'elles n'excèdent pas la portion disponible, et, par conséquent, les choses ainsi données peuvent-elles être dispensées du rapport? L'affirmative est généralement adoptée. — V., à cet égard, DONATION DÉGUISÉE.

173. — A plus forte raison les mêmes donations, quoique déguisées sous la forme de contrats onéreux, ou par le moyen de personnes interposées, sont elles rapportables pour tout ce qui excède la quotité disponible?

174. — Lorsqu'une donation a été déguisée sous la forme d'un contrat onéreux la différence qui existe entre le prix porté à l'acte et la valeur réelle de la chose constitue un avantage indirect, sujet à rapport. — *Besançon*, 15 nov. 1843 (t. 1er 1844, p. 639), Beuque c. Vermot et Amiez.

175. — Relativement à la portion disponible, les donations déguisées sous la forme de contrats onéreux sont-elles par cela même présumées faites avec dispense de rapport? C'est là une question vivement controversée, ainsi qu'on l'a vu v° DONATION DÉGUISÉE.

176. — En faveur de l'opinion que ces donations ne sont pas présumées faites avec dispense de rapport V. DONATION DÉGUISÉE, n°s 262 et suiv.; à quoi il faut ajouter comme ayant décidé dans le même sens : *Cass.*, 22 août 1810, Bréant c. Laborde; *Toulouse*, 10 juin 1829, Igounet; *Montpellier*, 26 févr. 1830, Rousselier c. Lacombe; *Agen*, 13 juin 1831, Malaly c. Ducoudut; *Paris*, 19 juill. 1833, Guilbeau et Brulé; *Nancy*, 26 nov. 1834, Scallier; *Bordeaux*, 7 mars 1835, Blanchet c. Valleteau; *Montpellier*, 21 nov. 1836, Boyer; *Toulouse*, 9 mai 1840 (t. 2 1840, p. 82), Pie c. Cistac.

177. — Pour l'opinion contraire, V. DONATION DÉGUISÉE, n°s 266 et suiv., à quoi il faut ajouter comme ayant jugé dans le même sens : *Colmar*, 27 juill. 1816, Sieffan; *Toulouse*, 7 juill. 1829, Cordie; 9 juin 1830, Ribis; *Agen*, 3 mars 1832, Fabert c. Blandin; *Liége*, 4 févr. 1833, Lezack c. Gonzée; *Caen*, 26 mars 1836, Jean c. Legrain; 4 mai 1836, Bardot c. Aubert; 23 mai 1836, Foulon c. Rouit.

178. — Jugé également qu'une donation indirecte non prohibée est dispensée du rapport. — *Saint-Denis* (île de la Réunion) — (sous *Cass.*, 6 déc. 1842 [t. 1er 1843, p. 422]), Dureau c. Reydellet.

179. — La qualité de parent et celle de successible ne suffisent pas pour faire regarder comme donations déguisées des actes à titre onéreux. Des parens peuvent faire entre eux des traités de bonne foi, bien qu'ils soient successibles les uns des autres; mais en cas de fraude et de simulation, la preuve en sera établie par les circonstances qu'on laissera aux juges le soin d'apprécier. Comme, par exemple, s'il était notoire qu'un père qui aurait vendu un bien à son fils ou qui se serait reconnu son débiteur pendant sa dernière maladie, n'avait besoin ni de vendre ni d'emprunter; ou si le fils n'avait pas les moyens de payer le prix de la vente ni de prêter. — Chabot, t. 3, art. 843, n° 15.

180. — La donation ne consiste pas seulement dans ce qu'on peut appeler donation ou legs, tout acte par lequel on abandonne ce qu'on avait le droit de conserver ou d'exiger emporte avec soi, surtout en matière de rapport, les caractères et les qualités de la donation. — Ricard, part. t. 3, n° 1222; Pothier, *Successions*, chap. 4, art. 2, § 2; Delvincourt, t. 2, note 3, p. 122.

181. — Ainsi l'héritier qui, par fraude à la loi, a été gratifié par l'auteur commun d'avantages excédant la quotité disponible, en doit le rapport à la succession. — *Bordeaux*, 7 mars 1835, Blanchet c. Valleteau.

182. — Tel serait le cas où un avantage indirect lui aurait été conféré au moyen d'un contrat à titre onéreux, tel qu'un bail. — *Amiens*, 16 janv. 1821, Galland c. Destriaux.

183. — Dans le cas d'aliénation des biens au profit de l'un des successibles en ligne directe, soit à charge de rente viagère, soit à fonds perdu ou avec réserve d'usufruit, le rapport n'est point dû quand les autres successibles en ligne directe ont consenti à ces aliénations. — C. civil, art. 918.

184. — Cette disposition de l'art. 918 C. civil, qui affranchit du rapport certaines aliénations faites à l'un des successibles, est limitative pour les aliénations contenues dans cet article, c'est-à-dire pour les contrats à rente viagère, à fonds perdu ou avec réserve d'usufruit. — *Nancy*, 26 nov. 1834, Scallier.

185. — La vente que fait le père de la nue propriété des biens formant sa part dans la communauté, moyennant un certain prix, à son fils qui lui cède en paiement l'usufruit de la portion qui lui appartient dans la même communauté, laquelle portion est évaluée au même taux que la nue propriété, est susceptible d'imputation ou de rapport dans les termes de l'art. 918. — *Paris*, 9 juill. 1825, Flandin.

186. — La stipulation du paiement d'une certaine somme comme prix de l'aliénation, outre celle de la rente viagère, ne peut être un obstacle à l'application de l'art. 918, encore bien qu'il soit constant que cette somme a été réellement versée dans les mains du père commun par le successible auquel l'aliénation a été consentie. — Seulement le successible qui a payé cette somme a le droit d'en répéter le montant sur les biens composant la succession, avec les intérêts du jour de la demande. — Mais il ne peut répéter les sommes qui, dans les prestations qu'il a servies, excéderaient la quotité des fruits produits par les biens dont il a eu la jouissance. — *Rouen*, 31 juill. 1843 (t. 1er 1844, p. 107), Brages c. Arsonnet.

187. — La vente faite à fonds perdu, même à l'un des successibles en ligne collatérale, est sujette à rapport, lorsqu'il est prouvé que ce n'est qu'une donation déguisée. — *Bruxelles*, 30 mai 1812, Paternoster c. Van Maldeghem.

188. — Lorsque, dans une vente d'immeubles faite par le père à l'un de ses enfans, il existe une différence considérable entre le prix et la valeur réelle de l'immeuble, cette vente doit être considérée comme une donation déguisée, un avantage indirect dont l'enfant doit faire le rapport. — Chabot, *Success.*, t. 3, sur l'art. 843, n° 21.

189. — La plus-value des biens donnés en paiement ou en échange par un père à l'un de ses enfans, si elle n'est pas considérable, et ne peut être regardée que comme une indemnité des chances éventuelles de perte de la chose reçue, ne constitue pas une libéralité déguisée et sujette à rapport. — *Bastia*, 28 déc. 1836, Pizzins c. Colombani.

190. — Le rapport est dû de l'acquisition faite par le père au nom de son fils, s'il n'y a pas de dispense formelle. — Chabot, t. 3, art. 843, n° 24.

191. — Lorsqu'un père a acheté les droits d'un de ses enfans dans la succession de sa mère, et qu'il les a payés au delà de leur valeur; le surplus est sujet à rapport. — Charondas rapporte un arrêt conforme (liv. 3, ch. 29 de *ses Réponses*). — Chabot, t. 3, art. 843, n° 18.

192. — De ce que des immeubles ont été acquis par le fils vivant avec son père, il n'y a pas présomption suffisante qu'ils aient été acquis des deniers du père. Dès lors, les cohéritiers du fils ne peuvent en exiger le rapport à la succession paternelle. — *Cass.*, 25 mars 1828, Despujos c. Petit-Janon; *Toulouse*, 15 déc. 1832, Alard et Amiel c. Subra. — Duranton, t. 7, n° 344; Vazeille, *Success.*, art. 843, n° 12.

193. — Ne sont point sujettes à rapport les acquisitions faites par le fils vivant avec son père, à l'aide des bénéfices et revenus recueillis sur les biens dont ce dernier, à qui ils appartenaient, lui avait abandonné l'administration. — Toutefois, le droit qu'a le père de famille de disposer, de son vivant, en faveur d'un de ses enfans, du produit ou revenu de ses biens, sans que le fils donataire soit tenu à rapport, ne pourrait être exercé qu'autant que ces dispositions ne le mettent point hors d'état de satisfaire aux engagemens qu'il a contractés et à ses obligations

envers sa famille, ou n'amènent point une diminution réelle de son patrimoine. — *Toulouse*, 5 févr. 1842 (t. 2 1842, p. 111), Sabatier.

194. — Sous l'empire des chartes du Hainaut, un enfant majeur, précédemment sorti de la maison paternelle, et qui avait pu recueillir des bénéfices de l'exercice d'une industrie, a pu être dispensé de rapporter à la succession de sa mère une acquisition qu'il a faite dans un temps où il était nourri par sa mère, avec laquelle il demeurait. — *Cass.* 19 juin 1827, Julien c. Adam.

195. —Ne sont pas sujets au rapport les profits que l'héritier a pu retirer de conventions passées avec le défunt, si ces conventions ne présentaient aucun avantage indirect lorsqu'elles ont été faites.—C. civ., art. 853.

196. — En effet : on ne saurait considérer comme avantage indirect les profits que l'héritier a pu faire avec le défunt, si le défunt n'a rien distrait de sa fortune pour en faire profiter son héritier, s'il a traité avec lui comme avec un étranger, et si la convention ne présentait, au moment où elle a eu lieu, aucun avantage certain en faveur de l'héritier. Ainsi, un père âgé et infirme, ne pouvant plus administrer ses biens, les afferme à un de ses enfans de préférence à un étranger. Le bénéfice que l'enfant en retirera est le prix des soins de son administration. Ce n'est pas un avantage indirect que lui fait son père, puisque l'étranger aurait le même avantage. De plus, les bénéfices d'une ferme sont toujours incertains.—Chabot, t. 3, art. 853, n° 1er.

197. — Pour décider si une convention faite entre le défunt et l'un de ses héritiers est entachée de fraude et renferme des avantages indirects, c'est le moment où la convention a été faite qu'il faut considérer. Une association qui, dans le principe, a été convenue de bonne foi, ne pourrait être considérée comme frauduleuse par suite d'événemens postérieurs.—Chabot, t. 3, art. 854, n° 1er.

198. — Lorsque, dans une transaction sur un compte de tutelle, le père se reconnaît débiteur, envers un de ses enfans, d'une somme qu'il ne lui devait réellement pas, il y a donation déguisée sujette à rapport. — Chabot, t. 3, art. 843, n° 17.

199. — Il n'est pas dû non plus de rapport pour les associations faites, sans fraude, entre le défunt et l'un de ses héritiers, lorsque les conditions en ont été réglées par un acte authentique. — C. civ., art. 854.

200. — L'article 854 du Code civil est absolu et impératif, quant à l'accomplissement du règlement des conditions par acte authentique. Dès lors, il est dû rapport, si l'association a été réglée par acte *sous seing privé*, alors même que cet acte aurait été enregistré et publié conformément à la loi.—*Cass.*, 26 janv. 1842 (t. 1er 1842, p. 113), de Rives c. Lagarrigue.—Delvincourt, t. 2, p. 118, note 9. — *Contrà*, Duranton, t. 7, n° 340; Vazeille, art. 854, n° 3; Poujol, *Success.*, art. 854, n° 2.

201. — Le bénéfice de la démission gratuite d'un notaire en faveur de son fils, est sujet à rapport. — *Rennes*, 10 déc. 1823, Jezéquel.

202. — Jugé, au contraire, qu'on ne doit pas considérer comme avantage indirect sujet à rapport la démission donnée par un père en faveur de son fils de ses fonctions de notaire antérieurement à la loi du 28 avr. 1816. — *Nîmes*, 6 déc. 1838 (t. 1er 1839, p. 515), Mathieu.

203. — Lorsqu'un acte contient la démission par un notaire de sa charge, et l'acceptation du cessionnaire moyennant une prestation viagère à fournir à un des enfans du cédant durant la vie de celui-ci ; une pareille stipulation peut être considérée comme un avantage réel, sujet par conséquent à rapport. — *Orléans*, 18 août 1824, N...

204. — L'enfant à qui son père a cédé un office doit rapporter à la succession de celui-ci la valeur qu'avait cet office au moment de la cession au dire d'experts.—*Bordeaux*, 6 janv. 1834, Pommeau c. Rullié. — Duranton, t. 7, nos 415 et 416; Pothier, *Success.*, ch. 4, art. 2, § 7.

205. — Le notaire nommé sans avoir été présenté par les héritiers de son prédécesseur ne leur en doit pas moins le prix de l'office, lorsque étant lui-même le gendre du notaire décédé, et conséquemment cohéritier du chef de sa femme, il a sollicité la nomination en cette qualité. La circonstance que l'ordonnance de nomination lui fixerait une résidence autre que celle de son prédécesseur ne le rendrait pas recevable à prétendre qu'il est en possession d'une étude autre que la sienne, lorsqu'il a été nommé en son remplacement et que rien ne pouvait nécessiter la suppression de l'office. — *Grenoble*, 4 févr. 1837 (t. 2 1837, p. 467), Servant c. Gallix.

206. — Pour déterminer le prix de ces offices, on doit prendre en considération tant l'éventualité de la suppression, et l'obligation de translation d'une résidence à une autre, que les dépenses faites par le nouveau titulaire pour obtenir la conservation dans sa famille de l'office dont la suppression était demandée. — Même arrêt. — V., au surplus, sur toute cette matière, le mot OFFICE.

207. — L'enfant donataire d'un office qui a été supprimé lors de la Révolution doit le rapport à ses cohéritiers de la valeur de cet office au moment de la donation, et non de l'inscription sur le grand-livre qui lui a été transférée par la liquidation de ce même office. — *Cass.*, 5 juill. 1814, Chauvet c. Bernard ; 21 nov. 1815, mêmes parties.

208. — Jugé cependant que les offices supprimés par les nouvelles lois ne doivent pas être rapportés suivant leur valeur à l'époque de la donation. Il suffit de rapporter le montant de la liquidation qui a été faite. — *Colmar*, 19 janv. 1818, Chauvet c. Bernard.—Rolland de Villargues, *Rép.*, v° *Rapport à succession*, n° 238.

209. — La place de receveur particulier des finances qu'occupe le fils depuis le décès et en remplacement de son père n'est pas un avantage sujet à rapport dans la succession de ce dernier, lorsqu'il n'est justifié d'aucune convention par laquelle le père l'aurait cédée à son fils. — *Cass.*, 7 nov. 1827, Durieux c. Damien.—Rolland de Villargues, *Rép. du not.*, v° *Office*, n° 91, et v° *Rapport à succession*, n° 95; Bioche et Goujet, *Dict. de proc.*, v° *Office*, n° 33.

210. — Celui des héritiers du titulaire d'un brevet de maître de poste mort sans avoir présenté un successeur à l'agrément de l'autorité qui s'est présenté seul pour obtenir le brevet de son auteur doit, au cas où il lui a été concédé, tenir compte à ses cohéritiers de la valeur de ce brevet. —On ne peut opposer la déchéance aux héritiers qui n'ont pu ou voulu présenter de successeur.— *Aix*, 15 avr. 1845 (t. 2 1845, p. 219), Longet c. Paban.

211.—En tout cas, l'obligation du rapport suppose que l'objet a continué de subsister ; ou que s'il a été anéanti, c'est par le fait ou par la faute du donataire.

212. — Dès lors, l'immeuble qui a péri par cas fortuit, et sans la faute du donataire, n'est pas sujet à rapport. — C. civ., art. 855. — V., au surplus, *infrà*, n° 333.

213.—Jugé, cependant, que l'enfant donataire, par contrat de mariage, de biens dont le père donateur s'est réservé l'usufruit pendant sa vie, ne peut, pour être dispensé de rapporter les objets donnés à la succession du père, alléguer la confiscation et la vente qui en a été faite par le gouvernement pendant son émigration et celle du père donateur.—*Paris*, 20 avril 1811, de Montdragon c. de Seuil. — Poujol, *Success.*, t. 2, art. 855, n° 4. — *Contrà*, Duranton, t. 7, n° 391 ; Rolland de Villargues, *Rép. du not.*, v° *Rapport à succession*, nos 192 et suiv.; Grenier, *Des donat.*, n° 539 ; Chabot, t. 3, art. 855, n° 1er.

§ 2. — *Sommes employées pour l'établissement ou pour le paiement des dettes.*

214. — Le rapport est dû de ce qui a été employé pour l'établissement d'un des cohéritiers. — C. civ., art. 851.

215. — On entend, par établissement, un art, une profession, un état qui mette celui qui l'exerce à même de travailler utilement et de se procurer, par son industrie, les moyens de subvenir à sa subsistance. — On entend encore par établissement dans les classes plus élevées, l'achat que ferait le père d'un office d'avoué, de notaire, de greffier. — Poujol, *Success.*, t. 2, art. 851.

216. — Ainsi, l'héritier devra le rapport de tout ce qui a été employé pour acheter la clientèle d'un office de notaire ou d'avoué, pour acquitter le cautionnement à fournir au gouvernement, pour les frais de réception et généralement pour tout ce qui est relatif à l'exercice de la profession. — Chabot, t. 3, art. 851, n° 1er; Duranton, t. 7, n° 311; Delvincourt, t. 2, p. 41; Vazeille, art. 851, n° 1er; Merlin, v° *Rapport à succession*, § 3, n° 18.

217. — Mais tout ce qui a été dépensé antérieurement pour rendre l'héritier apte à faire valoir l'établissement ou exercer l'état n'est pas rapportable, comme on va le voir. — Telles sont les dépenses faites par un héritier pour obtenir les grades de bachelier, licencié, ou même de docteur. Ces dépenses rentrent dans les frais d'éducation.—Chabot, t. 3, art. 851, n° 1er; Toullier, t. 4, n° 481 ; Lebrun, *Des success.*, liv. 3, ch. 6, sect. 5, n° 49.

218. — Le rapport est dû de ce qui a été employé pour le paiement des dettes d'un des cohéritiers. — C. civ., art. 851.

219. — Lorsque le fils, pendant le cours de ses études, aura fait des dépenses inutiles que le père aura acquittées, en sus de ce qu'il lui donnait pour ses frais d'entretien et d'éducation, il ne sera pas obligé d'en faire le rapport, s'il ne s'agit que de quelques sommes modiques, mais il devra le rapport s'il s'agissait de sommes formant une partie considérable du patrimoine paternel. —Chabot, t. 3, art. 851, n° 2. — M. Duranton (t. 7, n° 312) pense aussi que les dettes dites de *jeune homme* que le père paye *honoris causâ*, ne sont guère sujettes à rapport; mais il veut qu'on ait égard aux circonstances, c'est-à-dire à l'intérêt que l'enfant peut avoir, pour son honneur, à ce que cette dette soit payée, à l'âge qu'il avait au moment où il l'a contractée, à la nature et à l'importance de la dette, ainsi qu'à la fortune du père. Les dettes usuraires, par exemple, acquittées par le père ne devraient pas être rapportées si l'enfant était mineur lorsqu'il les a contractées. — V. aussi *Discussion au Conseil d'Etat*, séance du 23 niv. an XI, p. 292, 293 et 294.— Relativement aux sommes payées pour le prix du remplacement du fils au service militaire, c'est-à-dire pour une dette qui lui est personnelle, V. *infrà* nos 255 et suiv.

220. — Il est dû rapport par le cohéritier à ses cohéritiers des sommes qui ont été versées entre ses mains à titre de prêt. — *Bordeaux*, 8 août 1838 (t. 2 1838, p. 670), Lacroix. — Chabot, t. 3, art. 843, n° 23. — Cette disposition existait dans nos coutumes.

221. — On doit soumettre au rapport l'avantage indirect fait par le défunt à l'un des cohéritiers par la remise d'une dette ou par le consentement de n'en pas poursuivre rigoureusement le remboursement à l'échéance. — *Paris*, 8 mai 1833, Farjat. — Duranton, t. 7, n° 309.

222. — L'absence de poursuites exercées contre le successible par son auteur, la non-présentation des titres à la vérification des créanciers du successible failli, et la déchéance du droit de concourir aux répartitions de l'actif de sa faillite, ne font pas présumer la dispense du rapport, et n'affranchissent pas l'héritier de l'imputation, sur sa part dans la succession, des sommes dont il était débiteur envers le défunt. — Même arrêt.

223. — Le prêt fait à l'héritier en ligne directe est réputé avancement d'hoirie, lorsqu'il ne se trouve pas acquitté au moment de l'ouverture de la succession ; en conséquence, il doit être rapporté à la masse comme s'il s'agissait de sommes données. Peu importe que le prêt ait été fait à un mineur, la loi ne distinguant pas, quant aux rapports, entre les majeurs et les mineurs, et alors surtout que le mineur était commerçant, le prêt lui a été fait pour son commerce. Peu importe encore que ce mineur ait fait faillite. — *Bordeaux*, 16 août 1827, de Bethmann. — Pothier, *Success.*, chap. 4, art. 2, § 2; Chabot, art. 843, n° 23; Conflans, *Jurispr. des success.*, p. 431, n° 20.

224. — Le successible failli concordataire venant à la succession de l'auteur commun qui a consenti au concordat, doit-il rapporter à cette succession seulement les dividendes promis et qu'il n'a pas acquittés? Ou, au contraire, doit-il rapporter la totalité de la somme empruntée? On fait à cet égard une distinction.

225. — Lorsqu'il est constaté que le prêt a été fait plutôt dans l'intérêt du prêteur que dans celui de l'emprunteur, le successible failli doit rapporter seulement les dividendes promis et qu'il n'a pas acquittés. — *Cass.*, 22 août 1843 (t. 1er 1844, p. 16), Valeau.

226. — Pour la même raison : le débiteur failli qui vient à la succession de l'un de ses créanciers n'est pas tenu de rapporter la portion de dette dont un concordat lui a fait remise, alors qu'il est constant que cette remise ne présente pas le caractère d'un abandon volontaire gratuit ou d'un avantage indirect.— *Cass.*, 1er juin 1847 (t. 1er 1849, p. 626), Corréard c. Mirabel.

227. — C'est d'après le même principe qu'il a été décidé que lorsqu'un père a participé comme créancier à un concordat obtenu par son fils failli, et a consenti, comme les autres créanciers, à une réduction proportionnelle de sa créance, le rapport de la portion de créance non remboursée au père en exécution du concordat peut être exigé du failli qui accepte la succession de son père. — *Rennes*, 17 avr. 1834, Caillaud.

228. — Mais lorsqu'il est reconnu que le prêt a été effectué non dans l'intérêt du prêteur, mais dans celui de l'emprunteur; le failli concordataire est tenu de rapporter la totalité de la somme prêtée et non pas seulement les dividendes. — *Paris*, 13 août 1839 (t. 2 1842, p. 443), Guérin de Foncin c. Gubian; 11 janv. 1843 (t. 1er 1843, p. 687), Giraud c. Balmet; 21 déc. 1843 (t. 1er 1844, p. 366), Belin c. Belin-Leprieur.

229. — En un mot, pour qu'il y ait lieu au rapport de la totalité, il suffit qu'il y ait eu avantage indirect. — Duranton, t. 7, n° 310; Merlin, *Rép.*, v° *Rapport à success.*, § 3, n° 16; Grenier, *Donat.*, n° 522; Delvincourt, t. 2, p. 330; Renouard, *Faillites*, t. 2, p. 119.

230. — Le tribunal civil devant lequel a été portée une action en partage est seul compétent pour examiner si l'un des héritiers failli est soumis au rapport des sommes dont ses cohéritiers prétendent qu'il était débiteur envers le défunt, et pour déterminer la quotité de ce rapport. — Les syndics du cohéritier failli ne peuvent, dans ce cas, revendiquer la juridiction du tribunal de commerce, sous le prétexte qu'il s'agit de la vérification des créances réclamées au nom de la succession contre la masse de la faillite. — *Paris*, 8 mai 1833, Farjat.

231. — Lorsqu'un auteur commun a cautionné la dette contractée par un de ses enfans au profit d'un autre enfant, le rapport à la succession du père de famille, relativement à ce cautionnement, est dû par celui en faveur duquel il a été consenti, s'il est constant qu'il a été donné non dans l'intérêt du frère débiteur, mais sur la demande et dans l'intérêt du frère créancier. — *Paris*, 21 déc. 1843 (t. 1er 1844, p. 366), Belin c. Belin-Leprieur.

232. — Le cohéritier cautionné par le père commun est tenu de rapporter le montant du cautionnement à la masse de la succession, quoiqu'il n'ait pas encore été payé, si cet héritier est tombé en faillite, ou si des poursuites sont dirigées contre la succession à la requête du créancier. — Le rapport doit se faire non pas seulement de la part revenant dans la somme cautionnée à chacun de ses cohéritiers, mais de la somme tout entière. — *Orléans*, 29 mai 1845 (t. 2 1845, p. 478), Pellissot c. Courtois.

233. — L'enfant doit également le rapport de ce qu'il aurait détourné de la maison paternelle, si l'objet a quelque valeur. C'est une dette proprement dite, dont il ne pourrait se dispenser, même en renonçant à la succession de son père. — Duranton, t. 7, n° 368; Rolland de Villargues, *Répert. du not.*, n° 102.

234. — C'est d'après les circonstances que devra se décider la question du rapport pour les condamnations civiles que le père ou la mère auraient subies pour le tort fait par un de leurs enfans à un tiers. — Si l'enfant était d'un âge à pouvoir agir avec discernement, il devra le rapport; mais, dans le cas contraire, le père ou la mère auraient à se reprocher de n'avoir pas surveillé leur enfant, et la somme qu'ils auraient payée serait leur propre dette. — Duranton, t. 7, n° 367; Vazeille, art. 851, n° 4.

235. — Le cohéritier est tenu de rapporter à la succession les sommes dont il est débiteur, sans pouvoir opposer que le titre de la dette remonte à plus de trente ans avant le décès de l'auteur commun. La prescription de cette action ne court que du jour où le droit à demander le rapport s'est ouvert, c'est-à-dire du jour de l'ouverture de la succession. — *Paris*, 6 mai 1846 (t. 1er 1846, p. 749), Gubian c. Guérin de Foncin. — Duranton, t. 7, n° 304.

236. — Jugé au contraire que l'héritier ne doit le rapport des dettes qu'il a contractées envers le défunt qu'autant qu'elles ne sont pas éteintes par la prescription; et que la prescription commencée contre le défunt a pu continuer contre les héritiers après l'ouverture de la succession, alors même que le débiteur est lui-même au nombre desdits héritiers. — *Grenoble*, 14 août 1845 (t. 2 1846, p. 272), Laroche c. Clausse et Chomel.

237. — C'est sans contredit dans ce dernier sens que la question devrait être décidée si le successible renonçait à la succession. En effet, le donataire habile à succéder au donateur n'est pas tenu de rapporter le don, s'il renonce à l'hérédité, tandis que l'emprunteur qui est en même temps successible ne peut, même en renonçant, se dispenser de restituer le prêt qui lui a été fait par le défunt. Dans ce dernier cas, ce n'est point un rapport qu'il fait; il acquitte, comme devrait le faire toute autre personne, une dette dont rien ne peut le dispenser. — Chabot, t. 3, art. 843, n° 25.

238. — Quoi qu'il en soit, des sommes fournies par un père, soit pour procurer un établissement à l'un de ses fils, soit pour acquitter des dettes contractées par l'autre, ne constituent pas toujours un prêt que les enfans soient tenus de rembourser, même en renonçant à la succession de leur père. Il peut résulter des circonstances que le père ait eu l'intention de faire un don en avancement d'hoirie, par exemple si, par son testament, il a astreint ses fils à faire, lors du partage de sa succession, le rapport de ce qu'ils avaient reçu. — *Besançon*, 5 juin 1810, Lyautey d'Essernay et de Colombe c. Lyautey des Essarts.

§ 3. — *Frais de nourriture, d'éducation, d'apprentissage, d'équipement, de noces et présens d'usage.*

239. — Les frais de nourriture, d'entretien, d'éducation, d'apprentissage, les frais ordinaires d'équipement, ceux de noces et présens d'usage, ne doivent pas être rapportés. — C. civ., art. 852.

240. — Cet article, comme on le voit, diffère de l'art. 851 C. civ., qui soumet au rapport tout ce qui a été employé pour l'établissement d'un des cohéritiers ou pour le paiement de ses dettes. Ainsi, il est essentiel de distinguer entre ce qui a été employé pour l'établissement et ce qui a été dépensé pour l'éducation et l'apprentissage. — Chabot, t. 3, art. 851, n° 1er; Toullier, t. 4, n° 481.

241. — La disposition de l'art. 852 est de toute justice : les père et mère, en pourvoyant à l'entretien et à l'éducation de leurs enfans, ne font que remplir un devoir que leur impose la nature. Ces dépenses ne peuvent être considérées comme un don; c'est d'ailleurs une obligation qu'ils contractent en se mariant, suivant l'art. 203 C. civ. — Chabot, t. 3, art. 852, n° 1er; Duranton, t. 7, n° 355. — La loi 50, D., *De familiæ erciscundæ*, renferme des dispositions semblables qu'on retrouve aussi dans nos coutumes.

242. — Cette règle comporte néanmoins quelques exceptions. Les frais de nourriture, d'entretien et d'apprentissage faits par un enfant qui a des revenus suffisans pour y subvenir doivent être rapportés, à moins qu'il ne les ait compensés par son travail. — Rolland de Villargues, *Rép. du not.*, v° *Rapport*, n° 103; Duranton, t. 7, n° 356; Chabot, t. 3, art. 852, n° 2.

243. — Les frais de nourriture et d'entretien fournis par une mère à son fils et à sa famille ne sont pas sujets à rapport, bien que l'enfant eût eu personnellement des moyens suffisans pour y pourvoir, alors surtout qu'ils n'ont entraîné qu'une dépense modique à raison de la fortune de la mère, et qu'ils ont été fournis comme récompense des services rendus par l'enfant. — *Bordeaux*, 8 août 1838, Lacroix.

244. — Les frais d'éducation trop disproportionnés avec la fortune des père et mère doivent être rapportés. — Chabot, t. 3, art. 852, n° 3.

245. — Mais comme il ne faut pas trop restreindre les père et mère dans ce qu'ils veulent faire pour un enfant qui a d'heureuses dispositions et peut un jour être le soutien de sa famille, on doit, dans cette matière, laisser aux juges la faculté de se décider d'après les circonstances et l'équité. — Chabot, t. 3, art. 852, n° 3; Duranton, t. 7, n° 357.

246. — Le père lui-même peut ordonner le rapport de ce qui excéderait une juste mesure, ou accorder une indemnité à ses autres enfans; et comme cette indemnité ne serait qu'un moyen de rétablir l'égalité entre ses enfans, elle ne pourrait être considérée comme une libéralité; par conséquent elle ne serait pas sujette à rapport. — Chabot, t. 3, art. 852, n° 4; Lebrun, *Successions*, liv. 3, ch. 6, sect. 3, n° 51; Duranton, t. 7, n° 358.

247. — Jugé que les frais de nourriture et d'entretien n'étant pas sujets à rapport, ne peuvent pas être imputés sur la quotité disponible léguée par le testateur. — *Cass.*, 1er juill. 1828, Porcher.

248. — N'est pas rapportable la somme que le père a envoyée à son fils retenu captif en pays étranger, lorsqu'elle a dû servir, ainsi que l'explique l'art. 852, à ses frais de nourriture, d'entretien et d'éducation. — *Bordeaux*, 18 juill. 1840 (t. 2 1840, p. 360), Gauteyron.

249. — Lorsque des enfans mariés et ayant le moyen de pourvoir par eux-mêmes à leur subsistance ont été reçus et nourris pendant plus ou moins d'années chez leur père, ils ne peuvent être contraints à rapporter ces alimens à la succession. — *Paris*, 17 févr. 1821, de Biache c. Grandet. — Toullier, t. 4, n° 478. — Jugé cependant qu'il en est autrement des frais de même nature faits par un père en faveur d'un enfant majeur, marié, pourvu d'une dot, alors surtout que ces dépenses embrassant tout un ménage et continuées pendant un grand nombre d'années constituent un avantage immodéré qui dépasse les bornes de la quotité disponible. — *Nancy*, 30 janv. 1830, Brocard c. Guebey.

250. — De même les frais de nourriture ou d'alimens sont rapportables lorsqu'ils sont considérables et que l'enfant a signé une obligation par laquelle il se reconnaît débiteur envers sa mère d'une somme déterminée pour le montant de ces frais. — *Rennes*, 20 juin 1828, Besnier-Desforges c. Roy.

251. — Les livres nécessaires pour les études sont compris dans les frais d'éducation. La coutume d'Anjou était la seule qui en ordonnât le rapport. Cependant, s'ils étaient en grande quantité, au point de former un corps de bibliothèque, il y aurait lieu au rapport. — Duranton, t. 7, n° 360; Vazeille, art. 852, n° 4; Chabot, t. 3, art. 852, n° 6.

252. — La dispense du rapport prononcée par l'art. 852 est applicable à tous les héritiers, même aux collatéraux. Elle est fondée, à l'égard de ces derniers, sur ce qu'on suppose que c'est par affection et non comme avantage que le défunt a fait ses dépenses pour son héritier. — Chabot, t. 3, art. 852, n° 9; Toullier, t. 4, n° 478; Duranton, t. 7, n° 355; Vazeille, art. 852, n° 1er; Rolland de Villargues, *Rép.*, v° *Rapport à success.*, n° 104.

253. — Les frais de nourriture et d'entretien n'étant pas sujets à rapport, l'enfant qui a résidé hors de la maison paternelle n'est fondé à prélever aucune somme sur la succession de son auteur en compensation des dépenses de toute nature faites par son cohéritier pendant son séjour auprès du père commun. — *Bordeaux*, 17 juin 1846 (t. 1er 1849, p. 334), Laffon c. Sopoko.

255. — Ce qui a été reçu pour alimens, entretien et éducation après le décès du donateur ou du testateur, est sujet au rapport. L'obligation de subvenir à l'entretien et à l'éducation des enfans est personnelle aux père et mère, et ne passe ni à leurs successions ni à leurs héritiers. — Toullier, t. 4, n° 480; Duranton, t. 7, n° 354; Chabot, t. 3, art. 852, n° 5; Lebrun, *Des success.*, liv. 3, chap. 6, sect. 3, n° 50; Pothier, *Success.*, chap. 4, art. 2, § 3; Vazeille, art. 852, n° 9; Delvincourt, t. 2, p. 40. — La loi *Omni modo*, 30, § 2, C., *De inoffic. testam.*, renferme la même disposition.

255. — En règle générale, les frais payés par un père pour faire remplacer son fils à l'armée sont sujets au rapport. L'obligation du service militaire est personnelle au fils; le père, en payant pour lui, a donc acquitté une des dettes de son fils. — Chabot, t. 3, art. 851, n° 4; Duranton, t. 7, n° 362; Delvincourt, t. 2, p. 41; Rolland de Villargues, n° 115; Merlin, *Rép.*, v° *Rapport à success.*, § 3, n° 21.

256. — Mais, suivant Toullier (t. 4, n° 483), il faut distinguer : s'il s'agit d'un majeur qui ait concouru à l'acte de remplacement, ou qui l'ait approuvé expressément ou tacitement, nul doute que le rapport ne soit dû; s'il s'agit d'un mineur, la décision pourra alors dépendre des circonstances. Ainsi, par exemple, une somme a été donnée à un remplaçant pour courir les chances du sort, les chances ont été favorables au mineur, sans qu'il ait concouru au contrat, le rapport de cette somme qui est restée sans utilité ne pourra être exigé.

257. — Jugé que le fils qui vient à la succession de son père est tenu de rapporter ce que celui-ci a payé pour le faire remplacer à l'armée. — *Grenoble*, 12 févr. 1816, Charignon c. Ferlin; 25 juillet 1816, Millat; 8 mars 1817, Bourjaillat c. N...; 13 mars 1817, Astier; *Metz*, 17 mars 1818, Krizinger c. Sartorius; *Grenoble*, 9 avril 1819, N...; 17 avril 1819, Roibet; *Bourges*, 21 févr. 1825, Oudet c. Cornilloux; 22 juin 1829, Audiger c. Sennedot.

258. — Jugé encore que la somme payée par un père pour le remplacement de son fils au service militaire est sujette à rapport, alors surtout que cette somme est considérable, relativement à la fortune du père, et que celui-ci a déclaré agir au nom et pour le compte de son fils. — *Riom*, 19 août 1829, Farnoux c. Chosson.

259. — De même une rente créée par un père pour le remplacement de son fils majeur doit être considérée à l'égard de celui-ci comme un avantage déguisé et sujet à rapport, lorsque le père a agi seul, que ce fils n'a point ratifié en son nom la constitution de rente, et que le père, dans différentes circonstances, l'a considérée comme sa dette personnelle. — *Caen*, 29 avril 1823, Caillemer.

260. — Mais la somme payée par un père pour

le remplacement de son fils au service militaire n'est pas sujette à rapport, lorsque cette somme est modique par rapport à la fortune du père. — *Grenoble*, 2 févr. 1822, Drivon.

261. — Bien qu'en principe les frais de remplacement militaire payés par le père soient sujets à rapport, la jurisprudence et les auteurs ont néanmoins admis qu'il peut y avoir, suivant les circonstances, dispense de rapport. — Ainsi : jugé que le fils ne doit point à la succession de ses père et mère le rapport du prix de son remplacement militaire, lorsque ce remplacement a eu lieu moins dans son intérêt que dans celui de sa famille. — *Toulouse*, 9 janv. 1835, Groc c. Dassier; *Douai*, 30 janv. 1838 (t. 1er 1839, p. 439), Delhal; 20 févr. 1838 (t. 1er 1839, p. 439), Renault, et 31 déc. 1840 (t. 1er 1841, p. 188), Lefebvre c. Basset. — Duranton, t. 7, no 362; Chabot, t. 3, art. 851, no 4.

262. — Jugé cependant que la circonstance que le remplacé a été utile à l'exploitation commune est insuffisante pour l'affranchir de ce rapport, surtout lorsqu'à l'époque de son mariage il a reçu de ses père et mère un avantage hors part. En pareil cas, le silence gardé par ces derniers, dans l'acte constitutif de cet avantage, relativement à la dispense de rapport du prix de remplacement, est une preuve suffisante qu'ils ont voulu que ce rapport fût effectué. — *Douai*, 31 déc. 1840 (t. 1er 1841, p. 188), Lefebvre c. Basset.

263. — En principe, le prix du remplacement militaire que le père a payé pour son fils est une libéralité sujette à rapport au décès du donateur. Mais il n'en est pas ainsi quand le père était débiteur de son fils majeur pour une cause antérieure. — En ce cas, la stipulation du prix de remplacement est censée avoir été faite par le père en qualité de *negotiorum gestor* de son fils; et le père est recevable à opposer la compensation des deux dettes. — *Lyon*, 28 nov. 1839 (t. 1er 1840, p. 167), Moussy c. Cheyssac.

264. — Jugé qu'il n'y a pas lieu à rapport du prix du remplacement militaire lorsqu'il apparaît qu'il a été dans l'intention du père de considérer ce prix, en tout ou partie, comme accessoire de l'éducation du fils et que, d'ailleurs, cette dépense, qui n'excédait pas les facultés du père, n'a fait que rétablir sur le pied d'égalité les sacrifices qu'il s'imposait pour l'éducation et l'entretien de ses divers enfans. Mais il n'en est pas de même du prix de remplacement dans la garde nationale active, du fils devenu majeur. Ce prix est sujet à rapport comme constituant une dépense qui se rattache à l'établissement. — *Caen*, 2 mai 1842 (t. 2 1842, p. 528), Lefèvre.

265. — Le père qui s'est obligé personnellement pour le remplacement de son fils à l'armée n'a point contre lui d'action en garantie pour répéter le prix du remplacement, si le fils était mineur, s'il n'avait aucun bien acquis et si le père ne se trouve pas gêné au point de ne pouvoir satisfaire à son engagement. En pareil cas, le prix du remplacement doit être réputé donné en avancement d'hoirie : comme le serait une dépense extraordinaire faite pour l'éducation du fils. — *Dijon*, 23 janv. 1817, Plaige.

266. — Si, en thèse générale, la somme payée par le père pour le remplacement de son fils doit être considérée comme frais d'établissement ou don en avancement d'hoirie, et qu'il semble résulter de là que cette dépense a été faite sans espoir de répétition : cependant le père est recevable à la réclamer contre son fils, lorsqu'il résulte des circonstances que le père ne s'est obligé que parce que son fils était hors d'état de payer; et qu'ensuite ce dernier ayant hérité de sa mère et reçu sa part des biens immeubles abandonnés par son père, il se trouve ainsi en état de rembourser la somme payée pour lui. — *Angers*, 14 janv. 1826, Fournier.

267. — La somme payée par le père pour libérer son fils du service militaire ne peut donner lieu à une action en répétition, mais seulement, suivant les circonstances, au rapport à la masse à partager. — *Grenoble*, 21 juill. 1836 (t. 2 1837, p. 503), Guinard c. Marchand.

268. — Les frais d'équipement militaire sont dispensés du rapport, à moins qu'ils ne soient disproportionnés avec la fortune des père et mère ou que l'enfant n'ait des revenus suffisans. L'art. 852 ne parle d'ailleurs que des frais ordinaires, d'où il résulte que les frais extraordinaires sont sujets à rapport. — *Caen*, 5 janvier 1811, Dusseville. — Vazeille, art. 852, no 7; Chabot, t. 3, art. 852, no 7; Duranton, t. 7, no 363.

269. — Les frais de noces ne sont pas soumis au rapport, par la raison qu'ils ne profitent pas à l'enfant. Ils n'ont d'autre objet que de célébrer l'alliance des deux familles. Quant aux présens d'usage, ils ne sont sujets au rapport que dans les cas où ils sont mentionnés au contrat ou lorsqu'ils sont excessifs ou en disproportion avec la fortune des père et mère. — Chabot, t. 3, art. 852, no 8; Duranton, t. 7, nos 364 et 365; Rolland de Villargues, *Rép. du not.*, vo *Rapport à success.*, no 123; Pothier, *Successions*, ch. 4, art. 2, § 3.

270. — Jugé qu'un présent de noces non porté dans le contrat de mariage et à l'égard duquel il n'existe aucune dispense de rapport, doit être réduit, en ce qui concerne la partie non rapportable, lorsque ce présent était trop considérable eu égard à la fortune du donateur. — *Poitiers*, 2 août 1820, Chauvin c. Chabot; *Paris*, 18 janv. 1825, Perrin c. Pommery.

271. — De même quand la valeur d'un trousseau constitué dans un contrat de mariage n'est pas en rapport avec la fortune du père constituant et les avantages qu'il fait à sa fille; ce trousseau ne pouvant être considéré comme rentrant pour le tout dans les frais ordinaires de noces et présens d'usage, il y a lieu de soumettre l'excédant au rapport. — *Grenoble*, 26 août 1846 (t. 2 1847, p. 379), Viennois.

272. — Le don de bijoux fait par un père après le mariage mais à une époque rapprochée de sa célébration, peut être considéré, suivant les circonstances, comme rentrant dans l'exception de l'art. 852. — *Cass.*, 14 août 1833, de Lamarthonie c. Delalande d'Urturie; 6 juin 1834, Priel c. Cambronne.

273. — Mais le trousseau déclaré dans le contrat de mariage faire partie de la dot est sujet à rapport. — *Cass.*, 11 juill. 1814, Durand c. Crusillat.

274. — Jugé, cependant, que le trousseau donné en dot à une fille par contrat de mariage n'est sujet à rapport qu'en ce qui concerne les objets donnés pour le ménage commun des époux. — *Grenoble*, 16 févr. 1816, Frezet c. Balme.

275. — En tout cas : l'arrêt qui décide qu'un don de diamans fait par une mère à son fils ne peut être considéré que comme don d'usage, et n'est, par conséquent, pas soumis au rapport, échappe à la censure de la Cour de cassation, comme ne jugeant qu'une question de fait. — *Cass.*, 14 août 1833, de Lamarthonie c. Delalande d'Urturie.

§ 4. — *Fruits, intérêts et pensions.*

276. — Les fruits et intérêts des choses sujettes à rapport n'étant dus, d'après l'art. 856 du Code civil, qu'à compter du jour de l'ouverture de la succession : si le donataire a continué, depuis cette époque, à jouir des choses qui lui ont été données, il doit rapporter à la masse la valeur de ces jouissances, conformément aux art. 828 et 829 du Code civil; mais il n'est pas obligé de rapporter les fruits et intérêts échus avant l'ouverture de la succession. — Chabot, t. 3, art. 856, no 1er; Toullier, t. 4, no 484; Duranton, t. 7, no 369; Delvincourt, t. 2, p. 134.

277. — Les intérêts du prix d'un office qu'un fils doit rapporter à la succession de son père ne sont dus qu'à compter de l'ouverture de la succession. — *Bordeaux*, 6 janv. 1834, Poumeau c. Rullié.

278. — Les fruits perçus par l'un des successibles sur les biens de l'auteur commun, pendant la vie et du consentement de ce dernier, ne sont point sujets au rapport. — Ils ne le sont pas non plus dans le cas où le successible qui en a profité aurait déjà reçu la quotité disponible par préciput. — *Bordeaux*, 10 févr. 1831, Coffre.

279. — De même : la disposition ou l'abandon de tout ou partie des fruits des biens des père et mère pendant leur vie, au fur et à mesure qu'ils sont recueillis, et avant qu'ils soient capitalisés dans leurs mains, ne sont pas sujets au rapport, quel que soit l'avantage que cette disposition ait procuré aux enfans. — *Grenoble*, 9 juin 1845 (t. 1er 1846, p. 701), Pascal c. Chenu.

280. — Le légitimaire qui s'est emparé et a seul joui des biens de la succession doit compte des fruits au légataire universel à partir du jour de l'ouverture de la succession. — Il ne pourrait invoquer, comme ayant à son égard l'autorité de la chose jugée, les jugemens qui, sur la demande du légataire, auraient condamné les tiers détenteurs des biens vendus à la restitution des fruits, à compter seulement de la demande dirigée contre eux, encore qu'il eût figuré dans l'instance, s'il n'y avait été appelé que pour les garantir des résultats de ces condamnations. — *Bordeaux*, 26 mars 1841 (t. 2 1841, p. 668), Larrisson c. de Grailly.

281. — La règle *Fructus hæreditatem augent* est applicable à l'héritier apparent, même de bonne foi, qui s'est mis en possession de la part afférente à son cohéritier, et le rend passible de la restitution des fruits, non-seulement à partir du jour de la demande, mais du jour de l'ouverture de la succession. — La disposition des art. 549 et 550 du Code civil, d'après laquelle le possesseur de bonne foi fait les fruits siens, se rapporte plutôt au cas de possession d'un immeuble qu'au cas de possession d'une hérédité. — *Bordeaux*, 20 mars 1834, Rabier; 17 juill. 1844 (t. 1er 1845, p. 756), Sanciot c. Battut.

282. — Mais les acquéreurs de bonne foi d'héritages dépendant d'une succession ne sont pas tenus personnellement de rapporter les jouissances antérieures à la demande formée contre eux; ces jouissances doivent être rapportées par leur vendeur et être réunies à la masse, suivant la maxime *Fructus hæreditatem augent.* — *Riom*, 30 mai 1815, Lasteyras c. Chalard.

283. — L'héritier majeur qui se trouve en concours avec des cohéritiers mineurs placés sous la tutelle légale de leur mère ne peut être tenu de rapporter à ceux-ci les fruits perçus pendant leur minorité, s'il n'y a preuve positive que c'est lui qui a joui de leur portion héréditaire. — En l'absence de cette preuve, il y a présomption que la jouissance de leur portion héréditaire a profité à leur mère en vertu ou par suite de leur tutelle. — *Bordeaux*, 17 juill. 1844 (t. 1er 1845, p. 756), Sanciot c. Battut.

284. — Les fruits des biens dont un des héritiers a joui doivent être rapportés par lui à dater de l'ouverture de la succession, quand bien même la jouissance de ces biens lui aurait été attribuée par un partage provisoire. — *Besançon*, 8 janv. 1845 (t. 1er 1846, p. 418), Varpillot.

285. — La jurisprudence du parlement de Bordeaux, qui, en matière de succession collatérale, ne faisait courir le rapport des fruits que du jour de la demande, a été abolie par la loi du 17 nivôse an II. Dès lors, à l'égard des successions ouvertes depuis, le rapport des fruits a lieu à partir du jour de leur ouverture. — *Limoges*, 5 juill. 1838 (t. 1er 1839, p. 93), André c. Sicard, et 8 janv. 1839 (t. 1er 1839, p. 556), Renaudie c. Boutot.

286. — L'héritier donataire qui, en affermant l'immeuble donné, s'est réservé les droits d'habitation, de chasse et de pêche, est tenu de rapporter la valeur estimative de ces droits, à compter du jour de l'ouverture de la succession du donateur. — *Paris*, 6 juill. 1826, Roy c. Dumoutier. — Poujol, *Success.*, art. 856, no 1er.

287. — Le donataire de simples jouissances ou de pensions annuelles est dispensé de rapporter les jouissances, arrérages, intérêts de rente ou pension échus ou perçus avant la mort du donateur. Il serait, en effet, injuste et contraire au principe d'égalité qui sert de base au rapport entre cohéritiers que l'enfant qui aurait reçu de son père un immeuble produisant 2,000 francs de rente fût dispensé de rapporter les revenus qu'il aurait perçus jusqu'à la mort du donateur, tandis que l'autre enfant qui n'aurait que la simple jouissance d'un immeuble d'une égale valeur ou une simple pension serait obligé de rapporter tout ce qu'il aurait reçu. Le donataire éprouverait un préjudice notable de la donation même qui lui serait faite, s'il était obligé de rapporter les fruits, intérêts, jouissances ou pensions qu'il aurait reçus et consommés de bonne foi. — Sous l'ancienne jurisprudence, on avait voulu établir une distinction entre donner une chose qui produit des fruits et donner directement des fruits ou des jouissances. Dans le premier cas les fruits de la chose donnée n'étaient pas rapportables, parce qu'ils n'étaient pas l'objet direct de la donation. Dans le second cas, au contraire, les fruits étant l'objet direct et unique de la donation, le rapport en était dû. — Cette distinction était fondée sur la loi *In ædibus* 9, § 1er, ff., *De donationibus*. Mais elle fut rejetée en Normandie, en Bretagne, ainsi qu'à Paris. — V. Basnage sur l'art. 334 de la Coutume de Normandie; Duparc-Poullain, *Principes du droit*, t. 4, Ferrière, sur l'art. 309 Coutume de Paris; *Placites de Normandie*, art. 95; Chabot, t. 3, art. 856, no 5; Rolland de Villargues, *Rép. du not.*, vo *Rapport à succession*, no 178; Toullier, t. 4, no 485; Vazeille, art. 856, no 5. — *Contrà*, Merlin, vo *Rapport à succession*, § 4, art. 2, nos 7 et 8; Duranton, t. 7, no 374.

288. — Jugé, en ce sens, que les jouissances usufructuaires qui font partie d'une libéralité ne sont point sujettes au rapport. — *Paris*, 3 février 1838 (t. 1er 1838, p. 249), Stewart c. Marteau.

289. — Un cohéritier qui est en même temps légataire de toute la quotité disponible ne peut

pas imputer sur son prélegs les sommes qu'il doit à la succession de l'auteur commun et se dispenser ainsi du rapport, quoiqu'il soit incertain si ces sommes n'excéderont pas la portion qui lui a été léguée. — Au contraire, le cohéritier légataire est tenu de rapporter entièrement ces sommes à la masse de la succession ainsi que les intérêts à compter du jour où cette succession s'est ouverte. — *Cass.*, 30 déc. 1816, Lecour c. Villeneuve et Leclerc; 2 févr. 1819, Chevalier; 27 mars 1822, Balsan; *Agen*, 10 juin 1824, Cluzan c. Vergnes, et 23 nov. 1824, Lebroutière c. Balbie. — Rolland de Villargues, *Rép. du not.*, v° *Rapport à succession*, n° 58; Chabot, t. 3, art. 817, n° 4; Delvincourt, t. 2, p. 40, n° 4.

290. — S'il est de principe que le père de famille peut disposer en faveur d'un de ses enfans des entiers revenus des biens qu'il possède, sans que le donataire soit tenu à rapport; ce n'est pourtant qu'à la charge de satisfaire, avec ces mêmes revenus, aux obligations que sa qualité de père lui impose envers ses autres enfans, telles que le paiement des dots par lui constituées. — *Toulouse*, 22 janv. 1840 (t. 1er 1840, p. 607), Imbert c. Puech.

291. — Le successible qui est obligé de rapporter ce qu'il a reçu de l'auteur commun au moyen d'une aliénation à charge de rente viagère, doit rapporter intégralement tout ce qu'il a reçu, quel que soit le montant des annuités par lui payées, sans pouvoir être autorisé, par des considérations d'équité, à porter en compte ce qu'il a pu payer au delà de l'intérêt légal. — *Cass.*, 26 janv. 1836, Bidou; *Poitiers*, 23 mars 1839 (t. 2 1839, p. 527), Broc. — Poujol, *Donations*, art. 918, n° 3; Delvincourt, t. 2, p. 438, notes. — *Contrà*, Duranton, t. 7, n° 337; Maleville, *Analyse du Code civil*, t. 2, art. 918.

292. — Le successible en ligne directe qui fait le rapport des biens qui lui ont été vendus, soit à charge de rente viagère, soit à fonds perdu, ou avec réserve d'usufruit, conformément à l'article 918 du C. civil, ne peut exiger qu'on lui tienne compte des charges qu'il aurait acquittées et qui excéderaient le revenu de l'objet aliéné. — *Limoges*, 21 déc. 1813, Noailhe.

293. — En matière de rapport de biens donnés dans le cas de l'art. 918 C. civ., les cohéritiers ne peuvent pas réclamer les jouissances au donataire; mais, d'un autre côté, ce dernier ne peut, si les charges excèdent les revenus, leur demander aucun compte. Il ne peut même renoncer à la donation à lui faite, parce que ce serait arriver indirectement au même résultat. — *Bourges*, 8 avril 1834, Vialay.

294. — Lorsque l'un des héritiers qui a joui des biens de la succession ne peut pas en restituer les fruits en argent, les cohéritiers ont le droit, lors du partage, de prélever en fonds héréditaires la part qui leur revient dans ces fruits. — Il en est de même vis-à-vis des créanciers de l'héritier, lesquels ne peuvent prétendre droit sur la portion des biens représentative des fruits qu'autant qu'ils réaliseraient, avant le tirage au sort des lots, le montant des fruits en argent. — *Toulouse*, 2 mai 1825, Carrière c. Espié.

295. — De même, le légitimaire passible de restitution est tenu de souffrir le prélèvement des fruits sur les biens formant sa légitime. — *Toulouse*, 10 mars 1821, Lemasires c. Barbe; 22 août 1822, Lafond c. Foulcher; *Riom*, 14 févr. 1828, Tavernier c. Ampillac; *Cass.*, 24 févr. 1829, Cassagnard; *Bordeaux*, 26 mars 1841 (t. 2 1841, p. 668), Larrisson c. de Grailly. — Rolland de Villargues, *Rép. du not.*, vis *Liquidation*, n° 24, et *Rapport à succession*, n° 168. — *Contrà*, *Agen*, 30 avril 1823, Blanzac; *Toulouse*, 9 juin 1824, Avison c. Bousquet et Galaup; *Grenoble*, 21 juill. 1826, Belluard c. Perichon; *Aix*, 12 juill. 1826, Laugier c. Seranon; *Montpellier*, 24 août 1827, Dissez c. Viala.

296. — Pour le règlement des fruits et intérêts échus avant le décès du donateur et qui sont la propriété du donataire, il faut avoir recours aux règles de l'usufruit; le donataire qui rapporte les choses qui lui ont été données n'est en effet qu'un usufruitier. — Chabot, t. 3, art. 856, n° 2; Toullier, t. 4, n° 484.

297. — Ainsi les fruits naturels et industriels pendans par branches ou par racines au moment du décès du donateur, appartiennent à la succession et non au donataire. — C. civ., art. 585. — Chabot, t. 3, art. 856, n° 2.

298. — Quant aux fruits civils, tels que les loyers des maisons, le prix des baux à ferme, les intérêts des sommes exigibles, les arrérages des rentes constituées ou viagères, la portion appartenant au donataire et celle revenant à la succession seront réglées d'après les art. 586 et 588 du Code civil. — Chabot, t. 3, art. 856, n° 2.

299. — Le donataire pourra réclamer, après l'ouverture de la succession, les fruits civils antérieurement échus et qui ne lui auraient pas été payés. Le Code a statué d'une manière générale que les fruits et intérêts des choses données ne sont dus qu'à compter du jour de l'ouverture de la succession; il résulte évidemment de cette disposition que tous les fruits et intérêts échus avant la mort du donateur, qu'ils aient été ou non payés, appartiennent au donataire. — Chabot, t. 3, art. 856, n° 3; Duranton, t. 7, n° 371; Vazeille, art. 856, n° 2; Toullier, t. 4, n° 484.

300. — Jugé, d'après ce principe, que l'héritier donataire d'une rente perpétuelle et remboursable moyennant un capital déterminé qui lui a été constituée en dot par le donateur lui-même, n'est pas tenu, en venant à la succession de ce dernier, de rapporter les arrérages de cette rente échus mais non payés avant l'ouverture de la succession; et il ne peut en exiger le paiement de ses cohéritiers. — *Cass.*, 31 mars 1818, Chasseriau c. Bertin. — *Contrà*, *Paris*, 26 déc. 1815, mêmes parties.

301. — Les fruits des choses sujettes à rapport et les intérêts des sommes prêtées par le défunt sont dus à compter du jour de l'ouverture de la succession, sans qu'il y ait besoin de demande judiciaire. — Chabot, t. 3, art. 856, n° 4; Delvincourt, t. 2, p. 44; Rolland de Villargues, *Rép. du not.*, v° *Rapport à succession*, n° 166. — C'est une exception à l'art. 1153 du Code civil fondée sur ce qu'on a voulu maintenir l'égalité entre les cohéritiers et leur épargner des actes de procédure vis-à-vis les uns des autres. — Il en était ainsi suivant la Coutume de Paris (art. 309) et celle de Calais (art. 101). Ces deux coutumes formaient le droit commun. Mais, suivant la Coutume d'Orléans (art. 309): les fruits et intérêts des choses sujettes à rapport n'étaient dus qu'à compter du jour de la provocation à partage. Suivant la coutume de Bretagne (art. 857), ils n'étaient dus que du jour de la demande en partage faite en jugement.

302. — Cependant en cas d'avantages excessifs, comme, par exemple, s'il s'agissait d'une rente ou pension que le père se serait chargé de payer annuellement à un de ses enfans, et que la rente excédât les revenus annuels du père, et que les arrérages non payés fissent au moment de son décès une somme qui absorberait la majeure partie de sa succession, les tribunaux auraient le droit de réduire l'arriéré de manière qu'il ne pût dépasser la portion disponible du donateur. — Chabot, t. 3, art. 856, n° 5.

303. — La femme mariée sous le régime dotal qui est tenue de rapporter à la succession de son père une partie de sa dot, ne peut être condamnée au paiement des intérêts de la partie rapportée. La dot ne peut être diminuée par le paiement de ces intérêts, et la condamnation doit en être encourue par le mari seul et personnellement. — *Toulouse*, 23 déc. 1835 (t. 1er 1837, p. 213). Théron c. Bringuir. — Tessier, *De la dot*, t. 2, p. 204, n° 966.

304. — L'héritier donataire d'un usufruit n'est pas soumis au rapport des fruits qu'il a perçus avant l'ouverture de la succession; dès lors, ces fruits ne devant pas faire partie de la succession du donateur, la donation ne peut, quelle que soit d'ailleurs la qualification qui lui a été donnée, être considérée comme don en avancement d'hoirie. — En conséquence: les contributions payées à raison de l'immeuble ainsi donné en usufruit ne peuvent être comptées au donataire pour compléter son cens électoral, à moins que la donation ne soit antérieure aux premières opérations de la révision annuelle de la liste électorale. — *Bastia*, 21 nov. 1832, Morati c. Préfet de la Corse.

Sect. 6e. — *Comment s'effectue le rapport.*

305. — Le rapport se fait en nature ou en moins prenant. — C. civ., art. 858.

306. — Le rapport se fait en *nature* lorsque la chose donnée est remise par le donataire à la masse de la succession pour être partagée avec les autres biens entre tous les héritiers. — Il a lieu en *moins prenant* lorsque le donataire impute, sur sa part héréditaire, la valeur de la chose qu'il ne rapporte pas en nature. — Dans ce dernier cas le rapport se fait fictivement à la masse de la succession, pour en déterminer le montant et fixer la part de chaque héritier. — Chabot, t. 3, art. 858, n° 1er; Toullier, t. 4, n° 489.

§ 1er. — *Rapport en nature.*

307. — Le rapport peut être exigé en nature à l'égard des immeubles toutes les fois que l'immeuble donné n'a pas été aliéné par le donataire et qu'il n'y a pas, dans la succession, d'immeubles de même nature, valeur et bonté dont on puisse former des lots à peu près égaux pour les autres cohéritiers. — C. civ., art. 859.

308. — Le rapport dû dans le cas où une vente d'immeubles faite à un successible étant, aux termes de l'art. 918 du Code civil, réputée donation déguisée il y a lieu au rapport jusqu'à concurrence de la quotité disponible, doit être fait en nature. — *Poitiers*, 26 mars 1825, Verdier c. Courgeault.

309. — Les immeubles qu'un héritier a reçus du défunt par voie de donation déguisée sous la forme d'un contrat onéreux, sont rapportables en nature pour être compris dans la masse à partager. — Ainsi: l'arrêt qui après avoir reconnu qu'une vente faite par une mère à l'un de ses enfans constitue une donation déguisée prononce l'annulation de cette vente et ordonne que les biens qui en sont l'objet figureront dans la masse partageable de la succession ne viole aucune loi, alors surtout que l'enfant est en outre légataire par préciput de la quotité disponible. — *Cass.*, 25 janv. 1841 (t. 1er 1841, p. 624), Roux c. Melquiond.

310. — Quand un père achète un immeuble pour l'un de ses enfans et qu'il en paie le prix avec ses propres deniers, le rapport est-il dû de l'immeuble ou de la somme payée? — Pothier (*Success.*, ch. 4, art. 2, § 2) décide que l'immeuble n'ayant pas passé du père au fils puisqu'il n'a jamais appartenu au père qui l'a acheté au nom et pour le compte de son fils, c'est le prix de l'immeuble qui doit être rapporté. — M. Duranton (t. 7, n° 394), au contraire, pense que le fils n'est débiteur du prix de l'immeuble qu'autant qu'il a ratifié l'acquisition avant l'ouverture de la succession; et alors il en doit compte à la succession, même dans le cas où il y renoncerait.

311. — Jugé à cet égard que lorsqu'un père a payé le prix d'un immeuble acheté par un de ses enfans et qu'un débat s'élève sur la question de savoir si, dans le cas de donation indirecte, c'est l'immeuble ou le prix que le donataire doit rapporter à la succession de son père, la Cour d'appel appelée à vider cette contestation peut décider souverainement, par appréciation des circonstances, que la somme déboursée était l'objet unique de la libéralité du père et que, par conséquent c'est le prix, et non l'immeuble acheté, qui doit être rapporté. — *Cass.*, 20 mars 1843 (t. 2 1843, p. 197), Lebas c. Leblanc.

312. — Lorsque des ventes faites par le père à l'un de ses enfans, par l'entremise d'un tiers, sont déclarées fictives et mensongères, il n'y a pas lieu de la part du fils à un rapport de ces immeubles vis-à-vis de la succession du père; mais bien à une restitution, qui doit, dès lors, avoir lieu en nature: sans que le fils ait le choix de rendre soit le prix, soit l'immeuble. — *Cass.*, 21 août 1837 (t. 2 1837, p. 461), Roufliac c. Soulages.

313. — Le rapport n'a lieu qu'en moins prenant quand le donataire a aliéné l'immeuble avant l'ouverture de la succession. — C. civ., art. 860. — V. *infrà* nos 370 et suiv.

314. — Le donataire qui a aliéné l'immeuble donné est dispensé de le rapporter en nature: soit que l'aliénation ait eu lieu à titre gratuit, soit qu'elle ait eu lieu à titre onéreux. Puisque le donataire est devenu propriétaire du jour de la donation, dès ce moment aussi il avait le droit de disposer à titre gratuit comme à titre onéreux. — Chabot, t. 3, art. 859, n° 2.

315. — Il en doit être de même quand l'aliénation a eu lieu à titre d'échange; car il y a même raison de décider.

316. — Jugé, cependant, que le cohéritier qui a échangé des biens de la succession encore indivise doit rapporter ceux qu'il a reçus en échange, et non pas seulement leur valeur. — *Bastia*, 5 nov. 1844 (t. 1er 1846, p. 419), Martinetti.

317. — Quand l'immeuble se trouve encore entre les mains du donataire à l'ouverture de la succession du donateur, la donation se trouve résolue; elle est considérée comme n'ayant pas existé: la condition résolutoire imposée par la loi ayant un effet rétroactif au moment même de la donation, conformément à l'art. 1183 C. civ., le donataire est censé n'avoir jamais été proprié-

taire de l'immeuble qu'il rapporte, mais seulement en avoir eu la jouissance.—Toullier, t. 4, n° 493; Chabot, art. 859, n° 1er.

318. — D'un autre côté, cette disposition, qui dispense du rapport en nature le donataire, bien qu'il n'ait pas aliéné l'immeuble, quand il y a dans la succession d'autres immeubles de même nature, valeur et bonté, et qu'on peut en former des lots à peu près égaux pour les autres héritiers, est fondée sur ce que les cohéritiers sont alors sans intérêt à exiger le rapport en nature; il ne pourrait être demandé que par malice, et la loi repousse de pareilles prétentions : *Malitiis non est indulgendum.* — Mais il faut que les conditions ci-dessus exprimées, la même nature et qualité des immeubles restans, et la possibilité d'en former des lots à peu près égaux, se trouvent réunies. Autrement, l'égalité serait blessée, si le donataire pouvait garder ce qu'il y a de meilleur, tandis que ses cohéritiers n'auraient que les mauvais biens. — Toullier, t. 4, n° 493; Chabot, art. 859, n° 3; Duranton, t. 7, n° 381.

319. — Le rapport des biens aliénés, à rente viagère ou sous réserve d'usufruit, pour ce qui excède la portion disponible, doit avoir lieu *en nature* et non *fictivement*, lorsqu'il n'existe pas d'autres immeubles dans la succession.—*Paris*, 9 juill. 1825, Flandin.

320. — Jugé, au contraire, que quand un ascendant a vendu tout ou partie de ses biens, avec réserve d'usufruit, à l'un de ses successibles, sans le consentement des autres, ce successible est obligé de rapporter à la succession du vendeur, non en nature, mais en valeur seulement, les biens qui lui ont été vendus.—*Orléans*, 2 avr. 1824, Bidet c. Pinsard.

321. — Le rapport du prix de la vente ne suffirait pas; car si le donataire pouvait s'acquitter en rapportant le prix de la vente qu'il aurait faite, il lui serait facile de déguiser le véritable prix sans qu'il fût possible de constater la fraude.—Chabot, t. 3, art. 860, n° 3.

322. — Il y a cependant une exception à cette règle : c'est lorsque l'aliénation de l'immeuble a été forcée. Dans ce cas, le donataire n'est tenu que de rapporter les sommes qu'il a reçues à la place de l'immeuble. — Chabot, t. 3, art. 860, n° 4; Merlin, *Rép.*, v° *Rapport à success.*, § 8, n° 7; Poujol, *Success.*, art. 860, n° 4.

323. — Le donateur peut toujours dispenser du rapport en nature l'immeuble qu'il a donné, même hors des deux cas prévus par l'art. 859, et charger le donataire de rapporter une somme déterminée, mais la réserve doit toujours rester intacte.—Chabot, t. 3, art. 859, n° 4.—Cette dispense était autorisée par la loi 1, § 12, ff., *De collat. bonorum* ainsi que par la coutume de Sens (art. 267), par celle d'Auxerre (art. 25) et par celle de Bar (art. 135).

324. — Jugé que le legs d'un domaine fait à un successible à la charge, dans le cas où la valeur de l'immeuble excéderait la portion virile du légataire, de rapporter l'excédant en argent, contient une dispense suffisante du rapport en nature. — *Besançon*, 8 mars 1828 (sous *Cass.*, 9 févr. 1830), de Bonmarchand c. Alviset.

325. — Lorsqu'après un partage entre-vifs fait conjointement par deux époux, entre leurs enfans, des biens de la communauté, la femme vient à renoncer à la communauté, la donation contenue audit partage est annulée et les donataires sont tenus d'en rapporter le montant en nature à la succession du mari. — *Paris*, 1er juin 1836, Manchin.

326. — L'aliénation de l'immeuble est irrévocable à l'égard des tiers acquéreurs, malgré l'insolvabilité du donataire. Ainsi, les cohéritiers ne pourraient exercer l'action en revendication contre l'acquéreur de bonne foi qui justifierait avoir payé intégralement le prix de l'aliénation. S'il en était autrement, la revendication aurait pour objet le rapport en nature contrairement à la loi. — Chabot, t. 3, art. 860, n° 5; Poujol, *Success.*, t. 2, art. 860, n° 1er.

327. — Lorsque le don d'un immeuble fait à un successible avec dispense du rapport excède la portion disponible, le rapport de l'excédant se fait en nature si le retranchement de cet excédant peut s'opérer commodément. — C. civ., art. 866.

328. — Dans le cas où le retranchement de l'excédant de la portion disponible ne peut pas se faire commodément, si cet excédant est de plus de moitié de la valeur de l'immeuble, le donataire doit rapporter l'immeuble en totalité, sauf à prélever sur la masse la valeur de la portion disponible. Si cette portion excède la moitié de la valeur de l'immeuble, le donataire peut retenir l'immeuble en totalité : sauf à moins prendre et à récompenser ses cohéritiers en argent ou autrement.—C. civ., art. 866.

329. — En cas d'excédant dans un lot, le rapport en nature n'a lieu qu'autant que le retranchement peut se faire commodément; et s'il ne peut se faire, l'art. 866 autorise la récompense en numéraire. — *Cass.*, 6 juin 1834, Priel c. Cambronne.

330. — Mais un acte de partage d'ascendant ne peut déroger à l'art. 866 C. civ., d'après lequel le rapport de l'excédant de la quotité disponible doit se faire en nature lorsque le retranchement de cet excédant peut s'opérer sans inconvénient. — *Cass.*, 12 avril 1831, Lary-Latour; *Rouen*, 14 juin 1836, Septavaux; *Lyon*, 20 janv. 1837 (t. 2 1837, p. 159), Blein.

331. — La rétention de l'immeuble entier, lorsque la portion disponible excède la moitié de la valeur de l'immeuble, n'est qu'une faculté que l'art. 866 accorde au donataire et dont il pourra ne pas user. Il sera donc libre de rapporter l'immeuble entier, bien que la portion disponible qu'il a droit de garder excède la moitié de la valeur de cet immeuble. — Rolland de Villargues, *ibid.*, n° 189; Chabot, t. 3, art. 866, n° 2.

332. — Le donataire *non héritier* n'aurait pas le droit de retenir l'immeuble en totalité; il y aurait lieu à licitation s'il ne pouvait être partagé. L'art. 866 ne parle, en effet, que du don fait au successible. Ce dernier ne pourrait même jouir du bénéfice de l'exception, s'il renonçait à la succession du donateur. Le successible qui renonce est censé n'avoir jamais été héritier. — Chabot, t. 3, art. 866, n° 3; Rolland de Villargues, *ibid.*, n° 190; Vazeille, art. 866, n° 1er.

333. — De ce que l'immeuble qui a péri par cas fortuit et sans la faute du donataire n'est pas sujet à rapport (C. civ., art. 855), on ne doit pas conclure que le donataire n'est pas propriétaire de l'immeuble; il en est propriétaire dès le moment de la donation, mais sous une condition résolutoire. S'il aliène l'immeuble avant l'ouverture de la succession, il est censé en avoir eu la pleine et entière propriété; l'aliénation est valable, et il n'est tenu qu'au rapport de la valeur. Il est encore réputé avoir été propriétaire de l'immeuble dès le moment de la donation, bien qu'il ne l'ait pas aliéné, s'il renonce à la succession du donateur. Dans ce cas, il garde l'immeuble sans même être obligé d'en rapporter la valeur. Mais si, avant l'ouverture de la succession, il n'a pas aliéné l'immeuble, son droit de propriété est résolu, à l'ouverture de la succession, lorsqu'il l'accepte. Dans ce cas, il rapporte l'immeuble en nature. Il est censé n'en avoir eu que la simple possession; et l'immeuble rentre dans la masse franc et quitte de toutes charges créées par le donataire, qu'on ne peut considérer que comme un débiteur d'un corps certain et déterminé, auquel on doit appliquer l'art. 1302 C. civ., qui porte qu'un débiteur d'un corps certain et déterminé est libéré de son obligation lorsque la chose a péri sans sa faute. — Chabot, t. 3, art. 855, n° 1er; Toullier, t. 4, n° 498; Pothier, *Success.*, ch. 4, art. 2, § 7; Duranton, t. 7, n° 391.

334. — L'incendie d'une maison n'est pas toujours considéré comme cas fortuit. Il faut distinguer : il y a cas fortuit lorsque le feu a été communiqué par une maison voisine, ou mis par des incendiaires, ou par le tonnerre; mais si le feu a pris dans la maison même, sans cause extérieure, cet accident n'est plus regardé comme cas fortuit. — Chabot, t. 3, art. 855, n° 2.

335. — Peu importe d'ailleurs que l'héritier donataire habitât ou non la maison incendiée. S'il l'habitait, il répond de l'incendie, aux termes des art. 1733 et 1735 C. civ. S'il ne l'habitait pas, il en répond parce qu'il est garant des fautes des locataires : conformément à l'art. 1384 C. civ. Dans l'un et l'autre cas il est donc responsable, à moins qu'il ne prouve que l'incendie a eu lieu par cas fortuit ou force majeure. — Chabot, t. 3, art. 855, n° 2.

336. — Si le donataire avait fait réparer la perte, il aurait le droit de réclamer la valeur de ses dépenses au moment du décès du donateur. — Chabot, t. 3, art. 855, n° 4.

337. — En cas de perte partielle de l'immeuble par cas fortuit et sans la faute du donataire, ce dernier n'est tenu qu'au rapport de ce qui reste. Si c'est une maison qui est tombée, il n'est tenu d'en rapporter que le sol et les matériaux. — Chabot, t. 3, art. 855, n° 4; Toullier, t. 4, n° 499; Vazeille, art. 855, n° 4.

338. — Si, même, la maison étant tombée en ruine par la faute du donataire, il en avait fait construire une d'une valeur plus considérable il aurait le droit de se faire payer de la plus-value au moment du décès du donateur. *Neminem æquum est locupletari cum alterius detrimento.* — Chabot, t. 3, art. 855, n° 4.

339. — Si la perte de l'immeuble a été occasionnée par un tiers, le donataire ne rapporte que son action en indemnité contre ce tiers. — Art. 1303 C. civ. — Chabot, t. 3, art. 855, n° 5.

340. — Lorsque le donataire est tenu au rapport de la valeur de l'immeuble qui a péri par sa faute ou par celle des personnes dont il est responsable, c'est la valeur à l'époque de l'ouverture de la succession, et non la valeur au moment de la perte, qui doit être rapportée. — Chabot, t. 3, art. 855, n° 6.

341. — Dans tous les cas, il doit être tenu compte au donataire, des impenses qui ont amélioré la chose, eu égard à ce dont sa valeur se trouve augmentée au temps du partage.— C. civ., art. 861.

342. — Le donataire étant obligé de rapporter l'immeuble en nature ou en valeur dans l'état où il se trouve au moment de l'ouverture de la succession : il est juste qu'on lui tienne compte des impenses qu'il a faites pour l'amélioration de l'immeuble, puisque la succession en profite; mais il ne doit lui en être tenu compte qu'à raison de la valeur dont l'immeuble se trouve augmenté au moment de l'ouverture de la succession, et non de l'augmentation de valeur au moment où les impenses ont été faites. — Chabot, t. 3, art. 861, n° 1er; Toullier, t. 4, n° 500.

343. — Il en résulte que si les impenses qui ont été utiles au moment où elles ont été faites, et qui ont augmenté à cette époque la valeur de l'immeuble, ont été détruites, par cas fortuit, sans la faute du donataire, celui-ci ne pourra les répéter. — Chabot, t. 3, art. 861, n° 1er.

344. — Rien n'est dû pour les dépenses d'agrément qui n'ont pas augmenté la valeur réelle de l'immeuble; mais le donataire peut faire enlever ce qu'il a fait faire, pourvu que ce soit *sine rei detrimento* et à la charge de faire remettre les choses dans leur premier état. — Chabot, t. 3, art. 861, n° 2; Toullier, t. 4, n° 500; Rolland de Villargues, n° 209; Poujol, art. 861, n° 4.

345. — Les dépenses usufruitières et d'entretien ne sont jamais sujettes à répétition, elles restent à la charge du donataire : *Sunt onera fructuum.* — Chabot, t. 3, art. 861, n° 3; Duranton, t. 7, n° 385; Toullier, t. 4, n° 501; Vazeille, art. 861, n° 3; Rolland de Villargues, n° 210; Merlin, § 8, n° 5; Poujol, art. 861, n° 4.

346. — Ces termes de l'art. 861 : *au temps du partage*, sont évidemment une erreur de rédaction. En effet : le rapport de l'immeuble en nature étant dû à l'époque de l'ouverture de la succession, l'immeuble rentre dans cette succession avec les augmentations et améliorations naturelles ou industrielles qu'il a à cette époque. La succession en est seule propriétaire; d'où il suit que depuis le décès du donateur et avant le temps du partage, les augmentations, diminutions ou pertes sont pour le compte de la succession et non pour celui du donataire. — Chabot, t. 3, art. 861, n° 4.—*Contrà*, Duranton, t. 7, n° 386; Vazeille, art. 861, n° 1er; Poujol, *Success.*, t. 2, art. 861, n° 2.

347. — Il doit être pareillement tenu compte au donataire des impenses nécessaires qu'il a faites pour la conservation de la chose, encore qu'elles n'aient pas amélioré le fonds. — C. civ., art. 862.

348. — En effet, à la différence des impenses utiles qui ne doivent être remboursées au donataire qu'autant qu'elles ont amélioré la chose (C. civ., art. 861), les impenses nécessaires que le donataire a été obligé de faire pour la conservation de la chose doivent lui être remboursées, bien qu'elles n'aient pas amélioré le fonds. — Chabot, t. 3, art. 862, n° 1er; Toullier, t. 4, art. 500; Pothier, *Success.*, ch. 4, art. 2, § 7; Rolland de Villargues, n° 207.

349. — Si le donataire, par sa faute ou son inexpérience, a dépensé plus qu'il n'était nécessaire, il doit perdre l'excédant. — Chabot, t. 3, art. 862, n° 2; Vazeille, art. 862.

350. — L'héritier qui rapporte à la succession les biens qui lui ont été vendus par le défunt, à rente viagère, ou sous réserve d'usufruit, a droit de répéter les impenses qu'il a faites tant pour la conservation que pour l'amélioration de ces biens. — Mais il n'a pas le droit de répéter soit le prix qu'il a payé pour son acquisition, soit l'excédant de la rente viagère stipulée sur le produit du revenu des biens. — *Paris*, 9 juill. 1825, Flandin. — Vazeille, art. 862, n° 1er.

351. — L'immeuble rapporté en nature com-

prend toutes les améliorations naturelles, sans qu'il soit dû d'indemnité au donataire. — Chabot, t. 3, art. 859, n° 5; Vazeille, art. 861, n° 2; Rolland de Villargues, n° 204; Merlin, *Rép.*, v° *Rapport à succession*, § 8, n° 5.

352. — Puisque le donataire est tenu de rapporter, à compter du jour de l'ouverture de la succession, les fruits et intérêts des choses qui lui sont données, sans qu'il soit besoin de demande judiciaire pour faire courir les intérêts; il a droit, par réciprocité, d'exiger, à partir de la même époque et sans demande judiciaire, les intérêts de ces impenses utiles ou nécessaires, lorsqu'il rapporte la chose en nature. — Chabot, t. 3, art. 862, n° 3.

353. — De son côté, le donataire doit tenir compte des dégradations et détériorations qui ont diminué la valeur de l'immeuble par son fait ou par sa faute et négligence. — C. civ., art. 863.

354.—Le donataire est également tenu des dégradations et détériorations provenant du défaut de confection des grosses réparations. Vainement on dirait que les grosses réparations ne sont pas à la charge de l'usufruitier; en effet, le donataire n'a pas un simple usufruit : puisqu'il peut aliéner l'immeuble. L'usufruitier d'ailleurs peut s'adresser au propriétaire pour les grosses réparations; mais le donataire ne peut s'adresser au donateur, qui n'est plus propriétaire. Il ne peut s'adresser non plus aux héritiers présomptifs du donateur, puisqu'ils n'ont aucun droit sur la chose tant que la succession n'est pas ouverte; le donataire reste donc seul chargé des grosses réparations, puisqu'il représente le propriétaire jusqu'à son décès. — Chabot, t. 3, art. 863, n° 2; Rolland de Villargues, n° 214.

355. — C'est au moment de l'ouverture de la succession que se calcule l'indemnité due pour détériorations. — Chabot, t. 3, art. 863, n° 3.

356. — Dans le cas où l'immeuble a été aliéné par le donataire, les améliorations ou dégradations faites par l'acquéreur doivent être imputées comme il a été dit ci-dessus. — C. civ., art. 864.

357. — En effet, l'aliénation faite par le donataire ne peut nuire ni profiter à la succession. Que les dégradations et détériorations aient été faites par le donataire ou par les acquéreurs, la condition des cohéritiers reste la même. — Chabot, t. 3, art. 864, n° 1er; Rolland de Villargues, n° 216.

358. — Mais les acquéreurs restent absolument étrangers à l'opération du rapport, qui ne doit avoir lieu qu'entre le donataire et ses cohéritiers. — Chabot, *ibid.*, n° 2.

359. — Le cohéritier qui fait le rapport en nature d'un immeuble, peut en retenir la possession jusqu'au remboursement effectif des sommes qui lui sont dues pour impenses ou améliorations. — C. civ., art. 867.

360. — Suivant la coutume de Paris (art. 305) et celle d'Orléans (art. 306), le donataire était dispensé de rapporter l'immeuble en nature, et n'en devait que la valeur, lorsque ses cohéritiers ne lui avaient pas remboursé ses impenses ou améliorations. Il résulte de la disposition de l'art. 867 C. civ. que le cohéritier doit rapporter l'immeuble dès le moment que ses cohéritiers offrent de lui rembourser ses impenses, et que cette possession ne lui est accordée qu'à titre de gage et de sûreté de sa créance. — Chabot, art. 867, n° 1er.

361. — Le donataire a le droit de conserver les jouissances qu'il a perçues depuis que ses cohéritiers sont en retard de le rembourser; elles se compensent avec les intérêts de ce qui lui est dû. — Poujol, *Success.*, art. 867, n° 2; Chabot, art. 867, n° 2. — *Contrà*, Vazeille, art. 867, n° 1er. — M. Duranton (n° 390) pense que, dans ce cas, le donataire peut compenser ses jouissances, mais jusqu'à due concurrence seulement, avec les intérêts de la somme qui lui est due.

362. — Jugé que les sommes dues à un cohéritier pour améliorations par lui faites à un immeuble de la succession dont il est détenteur, ne deviennent exigibles et compensables que du moment où le cohéritier à qui elle doit le rapport de cet immeuble en est mis en possession. — *Cass.*, 14 janv. 1836, Lornet c. Amy.

363. — Lorsque le rapport se fait en nature, les biens se réunissent à la masse de la succession francs et quittes de toutes charges créées par le donataire; mais les créanciers ayant hypothèque peuvent intervenir au partage pour s'opposer à ce que le rapport se fasse en fraude de leurs droits. — C. civ., art. 865.

364. — Cette disposition, qui n'est qu'une application de l'art. 2125 C. civ., donna lieu à une vive discussion au Conseil d'État. — Les uns disaient que le donataire ayant le droit de vendre l'immeuble pouvait, à plus forte raison, le grever d'hypothèque; que le donateur lui ayant transmis la propriété même de l'immeuble et non pas seulement la jouissance, le rapport ne devait avoir lieu qu'avec les hypothèques consenties par le donataire. — On leur répondait que la donation étant faite à charge de rapport, elle était conditionnelle jusqu'au moment de l'ouverture de la succession; que ceux qui avaient traité avec le donataire avaient dû savoir que sa propriété était résoluble; que si les hypothèques subsistaient malgré le rapport, les cohéritiers en éprouveraient un dommage notable lorsqu'il ne se trouverait pas d'autres immeubles dans la succession; que le rapport serait même illusoire, si le donataire devenait insolvable; que d'ailleurs les créanciers ne pouvaient pas avoir plus de droits que leur débiteur, que, la propriété du débiteur étant résoluble, les hypothèques des créanciers devaient aussi être résolues. Du reste, il en était ainsi dans l'ancien droit. — Chabot, t. 3, art. 865, n° 1er; Pothier, *Success.*, chap. 4, art. 2, § 8.

365.—Si l'immeuble rapporté en nature tombe dans le lot de l'un des héritiers du donataire, les hypothèques sont irrévocablement anéanties. D'après l'art. 883 C. civ., l'hypothèque constituée par un héritier sur un immeuble dont il ne devient pas propriétaire par partage ou licitation ne peut exister au préjudice de l'autre héritier à qui cet immeuble est échu et qui est censé en avoir été seul propriétaire dès le moment de l'ouverture de la succession. — Chabot, t. 3, art. 865, n° 2.

366. — Mais si l'immeuble donné à l'héritier se trouvait compris dans son lot par suite du partage ou de la licitation, les hypothèques dont il l'aurait précédemment grevé continueraient d'exister comme si le rapport n'avait pas eu lieu. — Chabot, *ibid.*, n° 5; Poujol, *Success.*, art. 865, nos 2 et 3.

367. — Les créanciers ayant hypothèque ont le droit de s'opposer à ce que le donataire se dessaisisse de l'immeuble, si le rapport n'est pas dû ou n'est pas dû en nature; ou s'il y a, dans la succession, d'autres immeubles de même nature, valeur et bonté. — Chabot, n° 4.

368. — Ils peuvent également s'opposer à ce que les immeubles soient licités sans nécessité, ou encore à ce qu'il soit, par attribution, donné à leur débiteur un lot qui ne se composerait que d'effets mobiliers ou dans lequel il y en aurait plus que dans les autres lots. — Chabot, *ibid.*

369. — Mais les créanciers de la succession ne pourraient, par la séparation des patrimoines, être préférés aux créanciers hypothécaires inscrits avant le décès du donateur. — Chabot, n° 6.

§ 2. — *Rapport en moins prenant.*

370. — Le rapport n'a lieu qu'en moins prenant, quand le donataire a aliéné l'immeuble avant l'ouverture de la succession; il est dû de la valeur de l'immeuble à l'époque de l'ouverture. — C. civ., art. 860.

371. — Jugé, en conséquence, que le rapport de l'immeuble aliéné par un donataire avant l'ouverture de la succession est dû de la valeur de l'immeuble à l'époque de cette ouverture. — *Grenoble*, 2 juin 1818, Voisin c. d'Audiffret. — Chabot, t. 3, art. 860, n° 3.

372. — Décidé, au contraire, mais évidemment à tort, que les objets soumis à rapport dans une succession doivent être appréciés selon le prix qu'ils avaient à l'époque du don. — *Saint-Denis* (île de la Réunion) — (sous *Cass.*, 6 déc. 1842 [t. 1er 1843, p. 422]), Dureau c. Reydellet.

373. — La donation faite à l'un des héritiers présomptifs doit être considérée somme une véritable donation en avancement d'hoirie, encore qu'elle ait lieu sous la condition que le donataire renoncera à la succession du donateur : en telle sorte que si, avant l'ouverture de la succession, le donataire aliène les biens donnés, le rapport n'en devra avoir lieu qu'en moins prenant; et l'aliénation n'en sera pas moins irrévocable. Dès lors, en un tel cas l'acquéreur ne peut, pour se refuser à l'exécution de la vente, exciper du danger d'éviction. — *Cass.*, 25 avr. 1831, de Merloz c. de la Blanche.

374.—Dans le cas où, par suite de l'estimation donnée, dans le contrat de mariage, aux biens constitués en dot à la femme par les père et mère, ces biens sont devenus la propriété du mari, la femme ne doit rapport à la succession des constituans que du montant de l'estimation, et non de la valeur des biens au jour de l'ouverture de la succession. — *Cass.*, 3 janv. 1831, Daguzan c. Cezerac.

375. — Le rapport du mobilier ne se fait qu'en moins prenant. — C. civ., art. 868.

376. — Il suit de ces termes impératifs que le donataire ne pourrait contraindre ses cohéritiers à recevoir le mobilier en nature, ni ceux-ci contraindre le donataire à le rapporter en nature. Il en était ainsi dans les pays de droit écrit et dans les pays coutumiers. — Chabot, t. 3, art. 868, n° 1er.

377. — En effet : le donataire d'objets mobiliers en est propriétaire incommutable à compter du jour de la donation, lors même qu'il ne les aurait pas aliénés avant l'ouverture de la succession. Il doit donc en supporter la perte, bien qu'elle ait lieu par cas fortuit et sans sa faute; en conséquence, il devra en rapporter la valeur lorsqu'il viendra à la succession du donateur. — Chabot, t. 3, art. 868, n° 2.

378. — Le rapport du mobilier se fait sur le pied de la valeur de ce mobilier lors de la donation, d'après l'état estimatif annexé à l'acte; et, à défaut de cet état, d'après une estimation par experts, à juste prix et sans crue. — C. civ., art. 868.

379. — C'est la valeur des objets mobiliers au temps de la donation qui doit être rapportée. — C. civ., art. 868. — Pothier, *Successions*, chap. 4, art. 2, § 7; Chabot, t. 3, art. 868, n° 3. — Suivant Ferrières (sur l'art. 305 de la coutume de Paris), les objets mobiliers devaient être rapportés d'après leur valeur au moment de l'ouverture de la succession. Lebrun établissait une distinction : Si les choses mobilières ne se détérioraient pas, par l'usage, comme les perles, les diamans, elles devaient, selon lui, être rapportées, d'après leur valeur à l'époque de l'ouverture de la succession; mais les autres devaient être rapportées suivant leur valeur au temps de la donation (*Traité des successions*, liv. 3, chap. 6, sect. 3, n° 34).

380. — La disposition de l'art. 868 C. civ., d'après laquelle le rapport du mobilier doit se faire suivant sa valeur à l'époque de la donation, n'est point applicable au cas où le mobilier donné était alors grevé d'un droit d'usufruit. En pareil cas, le rapport n'est dû que d'après la valeur du mobilier au moment où le donataire en a eu la jouissance par l'extinction de l'usufruit. — *Riom*, 23 janv. 1830, Serre c. Chavanon. — Grenier, *Donations*, t. 2, n° 637.

381. — L'état estimatif annexé à la donation (C. civ., art. 948) fait preuve de la valeur du mobilier; mais si les cohéritiers prétendent qu'il n'est pas exact, ils peuvent faire estimer de nouveau les objets et exiger la valeur fixée par cette nouvelle estimation : à moins que le donateur n'ait formellement dispensé le donataire de rapporter l'excédant de la valeur réelle. — Chabot, t. 3, art. 868, n° 4; Vazeille, art. 868, n° 1er.

382. — Toutefois, bien que les cohéritiers qui ont droit au rapport puissent demander une estimation nouvelle du mobilier; cependant, les juges peuvent, contrairement à l'avis des experts, maintenir l'évaluation contenue dans l'état estimatif : s'ils trouvent, dans les documens de la cause, la preuve suffisante que cette évaluation est exacte. — *Douai*, 1er août 1840 (t. 2 1841, p. 299), Tamboise c. Duquesne.

383. — Le rapport des obligations, effets et rentes dus par l'État ou par des particuliers doit s'opérer, conformément à l'art. 868, en moins prenant, d'après la valeur qu'avaient ces obligations au moment de la donation; le donataire ne peut être admis à en faire le rapport en nature, en restituant les contrats et titres qu'il a reçus du donateur. — Chabot, art. 868, n° 6.

384. — Le rapport de l'argent donné se fait en moins prenant dans le numéraire de la succession. — C. civ., art. 869.

385. — Lorsqu'une dot constituée en numéraire a cependant été payée en immeubles, le rapport n'en est pas moins dû, en numéraire seulement, à la succession des constituans. — *Bordeaux*, 24 vent. an X, Beynat c. Tardieu. — Duranton, t. 7, n° 397; Pothier, *Success.*, ch. 4, art. 2, § 2.

386. — L'argent étant meuble, le rapport qui s'en fait est soumis à la règle générale établie par l'art. 868 pour le rapport du mobilier; ainsi l'argent se rapporte suivant le prix qu'il avait au moment de la donation : d'où il résulte que si le prix a éprouvé des variations, c'est la valeur de l'argent au moment de la donation qui doit être rapportée en moins prenant. — Chabot, t. 3, art. 869, n° 1er; Toullier, t. 4, n° 492; Vazeille, art. 869.

387. — En cas d'insuffisance dans le numéraire de la succession, le donataire peut se dispenser

de rapporter du numéraire même, en abandonnant, jusqu'à due concurrence, du mobilier, et, à défaut de mobilier, des immeubles de la succession.— C. civ., art. 869.

388. — Mais le rapport de l'argent donné ne se fait en moins prenant dans le numéraire d'une succession qu'autant qu'elle renferme des valeurs ou autres biens à partager ; sinon le rapport doit se faire en argent.— *Paris*, 13 août 1839 (t. 2 1842, p. 443), Guérin de Foncin c. Gubian.

V. aussi COMMUNAUTÉ, CRÉANCE, DISPOSITION A TITRE GRATUIT, DONATION DÉGUISÉE, DONATION ENTRE-VIFS, DONATION PAR CONTRAT DE MARIAGE, ENREGISTREMENT, INTÉRÊTS, LÉGITIME, LOIS, PAPIER-MONNAIE, PARTAGE, PARTAGE D'ASCENDANT.

RAPT.

La législation ancienne se servait de cette expression pour désigner le crime ou délit aujourd'hui prévu et puni par les art. 354 et suiv. C. pén. sous la dénomination d'enlèvement de mineurs.
— V. DÉTOURNEMENT ET ENLÈVEMENT DE MINEURS.

RAQUETTES (Fabricans de).

Fabricans pour leur compte, fabricans à façon.— Patenables, les premiers de 7e classe et les derniers de 8e classe.— Droit fixe basé sur la population ; — droit proportionnel du 40e de la valeur locative de tous les locaux qu'ils occupent, mais seulement dans les communes de 20,000 âmes et au-dessus.— V. PATENTE.

RASSEMBLEMENS.

1. — Réunion de plusieurs personnes. Cette réunion ne tombe sous le coup de la loi pénale qu'autant qu'elle a un caractère hostile ou présumé tel. — V., au surplus, ASSOCIATIONS ILLICITES, ATTROUPEMENT, MOUVEMENT INSURRECTIONNEL, RÉBELLION.

2. — Depuis la révolution de février il est intervenu, le 7 juin 1848, une loi rendue sur la proposition de la Commission exécutive, et qui a fait subir à la loi du 40 avr. 4831 des modifications importantes. — En voici les dispositions.

3. — Art. 1er. Tout attroupement armé formé sur la voie publique est interdit. Est également interdit sur la voie publique tout attroupement non armé qui pourrait troubler la tranquillité publique. — Art. 2. L'attroupement est armé : 1° quand plusieurs des individus qui le composent sont porteurs d'armes apparentes ou cachées ; 2° lorsqu'un seul de ces individus, porteur d'armes apparentes, n'est pas immédiatement expulsé de l'attroupement par ceux-là mêmes qui en font partie.

4. — Art. 3. Lorsqu'un attroupement armé ou non armé se sera formé sur la voie publique, le maire ou l'un de ses adjoints, à leur défaut le commissaire de police ou tout autre agent ou dépositaire de la force publique ou du pouvoir exécutif, portant l'écharpe tricolore, se rendra sur le lieu de l'attroupement. Un roulement de tambour annoncera l'arrivée du magistrat. Si l'attroupement est armé, le magistrat lui fera sommation de se dissoudre et de se retirer. Cette première sommation restant sans effet, une seconde sommation, précédée d'un roulement de tambour, sera faite par le magistrat. En cas de résistance, l'attroupement sera dissipé par la force. Si l'attroupement est sans armes, le magistrat, après le premier roulement de tambour, exhortera les citoyens à se disperser. S'ils ne se retirent pas, trois sommations seront successivement faites. En cas de résistance, l'attroupement sera dissipé par la force.

5. — Art. 4. Quiconque aura fait partie d'un rassemblement armé sera puni comme il suit : Si l'attroupement s'est dissipé après la première sommation et sans faire usage de ses armes, la peine sera d'un mois à un an d'emprisonnement. Si l'attroupement s'est formé pendant la nuit, la peine sera d'un an à trois ans d'emprisonnement. Néanmoins, il ne sera prononcé aucune peine pour fait d'attroupement contre ceux qui, en ayant fait partie, sans être personnellement armés, se seront retirés sur la première sommation de l'autorité. Si l'attroupement ne s'est dissipé qu'après la deuxième sommation, mais avant l'emploi de la force, et sans qu'il ait fait usage de ses armes, la peine sera de un à trois ans, et de deux à cinq ans, si l'attroupement s'est formé pendant la nuit. Si l'attroupe-

ment ne s'est dissipé que devant la force, ou après avoir fait usage de ses armes, la peine sera de cinq à dix ans de détention pour le premier cas, et de cinq à dix ans de réclusion pour le second cas. Si l'attroupement s'est formé pendant la nuit, la peine sera la réclusion. L'aggravation de peine résultant des circonstances prévues par la disposition du paragraphe 5 qui précède ne sera applicable aux individus non armés faisant partie d'un attroupement réputé armé dans le cas d'armes cachées, que lorsqu'ils auront eu connaissance de la présence dans l'attroupement de plusieurs personnes portant des armes cachées : sauf l'application des peines portées par les autres paragraphes du présent article. Dans tous les cas prévus par les troisième, quatrième et cinquième paragraphes du présent article les coupables condamnés à des peines de police correctionnelle pourront être interdits de tout ou partie des droits mentionnés en l'article 42 du Code pénal.

6. — Art. 5. Quiconque faisant partie d'un attroupement non armé ne l'aura pas abandonné après le roulement de tambour précédant la deuxième sommation sera puni d'un emprisonnement de quinze jours à six mois. Si l'attroupement n'a pu être dissipé que par la force, la peine sera de six mois à deux ans.

7. — Art. 6. Toute provocation directe à un attroupement, armé ou non armé, par des discours proférés publiquement et par des écrits ou des imprimés, affichés ou distribués, sera punie comme le crime et le délit, selon les distinctions ci-dessus établies. Les imprimeurs, graveurs, lithographes, afficheurs ou distributeurs seront punis comme complices lorsqu'ils auront agi sciemment. Si la provocation faite par les moyens ci-dessus n'a pas été suivie d'effet, elle sera punie, s'il s'agit d'une provocation à un attroupement nocturne et armé, d'un emprisonnement de six mois à un an ; s'il s'agit d'un attroupement non armé, l'emprisonnement sera de un mois à trois mois.

8. — Art. 7. Les poursuites dirigées pour crime ou délit d'attroupement ne font aucun obstacle à la poursuite pour crimes et délits particuliers qui auraient été commis au milieu des attroupemens.

9. — Art. 8. L'article 463 du Code pénal est applicable aux crimes et délits prévus et punis par la présente loi.—V. CIRCONSTANCES ATTÉNUANTES.

10. — Art. 9. La mise en liberté provisoire pourra toujours être accordée avec ou sans caution.

11. — Art. 40. Les poursuites pour délits et crimes d'attroupement seront portées devant la Cour d'assises.

V. aussi BANDES ARMÉES, BLESSURES ET COUPS, VOL.

RATIFICATION, CONFIRMATION.

Table alphabétique.

RATIFICATION, CONFIRMATION.—1.—La ratification est l'approbation que nous donnons à ce qui a été fait en notre nom, par un tiers, ou même à un acte auquel nous avons concouru, mais qui était susceptible d'être annulé.

2.—La confirmation a la même signification suivant le Code, qui emploie les deux mots indifféremment. Cependant, la confirmation se dit plus particulièrement de l'approbation de l'acte annulable auquel nous avons concouru.

SECT. 1re. — *Dispositions générales* (n° 3).

SECT. 2e. — *Actes susceptibles ou non de ratification ou confirmation* (n° 10).

SECT. 3e. — *Qui peut ratifier ou confirmer, et à quelle époque* (n° 47).

SECT. 4e. — *Modes de ratification ou confirmation* (no 61).

§ 1er. — *Ratification ou confirmation expresse* (no 61).

§ 2. — *Ratification ou confirmation tacite* (no 79).

SECT. 5e. — *Effets de la ratification ou confirmation* (no 124).

SECT. 6e. — *Ratification ou confirmation des donations* (no 158).

SECT. 7e. — *Ratification ou confirmation des testamens* (no 197).

—

Sect. 1re. — *Dispositions générales.*

3. — Ainsi qu'on l'a vu par la définition, il y a deux espèces de ratification ou confirmation. L'une par laquelle on se rend propre et fait sien l'acte émané d'un tiers, sorte de mandat qui ne diffère du mandat proprement dit qu'en ce qu'il succède à l'acte au lieu de le précéder : *Rati enim habitio mandato æquiparatur.* — L. 12, § 4, D., *De sol.*; et 1, § 14, D., *De vi et vi armata.*—Cette espèce rentre donc dans les principes du mandat et est régie par l'art. 1998 C. civ. — Duranton, t. 13, no 264 et suiv.; Favard, *Rép.*; vo *Acte confirmatif*, p. 78; *Encyclop. du dr.*, vo *Acte confirmatif*, p. 226. —V. MANDAT.

4.—L'autre, par laquelle nous validons des actes nuls, ou mettons à l'abri de toute action en nullité des actes imparfaits dus à nous-mêmes ou à notre auteur. C'est de cette dernière, objet de l'art. 1338 C. civ., qu'il y a lieu de s'occuper principalement ici.—Duranton, *eod. loc.*; Favard, *ibid.*

5. — L'art. 1338 C. civ. porte : « L'acte de confirmation ou ratification d'une obligation contre laquelle la loi admet l'action en nullité ou en rescision, n'est valable que lorsqu'on y trouve la substance de cette obligation, la mention du motif de l'action en rescision et l'intention de réparer le vice sur lequel cette action est fondée.—A défaut d'acte de confirmation ou ratification, il suffit que l'obligation soit exécutée volontairement après l'époque à laquelle l'obligation pouvait être valablement confirmée ou ratifiée. —La confirmation, ratification ou exécution volontaire dans les formes et à l'époque déterminée par la loi, emporte la renonciation aux moyens et exceptions que l'on pouvait opposer contre cet acte sans préjudice néanmoins du droit des tiers.

6.—Quoique l'art. 1338 C. civ. implique une nouvelle obligation, puisque la substance en est répétée, il ne faut pas cependant confondre la ratification avec la transaction, elle en diffère en ce que la transaction emporte de part et d'autre abandon de quelque prétention, des sacrifices réciproques, au lieu que, dans l'acte de ratification, s'il n'est pas toujours fait sans aucun prix, ce prix du moins est ordinairement en dehors de l'acte, et de quelque chose qui ne fait généralement point partie de celle qui était la matière de l'acte ratifié. — Duranton, t. 13, no 270.

7. — Elle ne doit pas être non plus assimilée à la novation qui offre également un moyen de donner force légale à une obligation susceptible d'être annulée ou rescindée, sans qu'il soit besoin de remplir les conditions prescrites par l'art. 1338 C. civ. pour la ratification. — Duranton, t. 13, no 269.

8. — Toute confirmation suppose un droit antérieurement acquis: Elle a un rapport nécessaire avec le titre confirmé, qu'elle ne peut ni étendre ni diminuer, parce que confirmer ce n'est pas faire une concession ou une disposition nouvelle, mais seulement en approuver une précédente, telle qu'elle se comporte. — Toullier, t. 8, no 476.

9. — Il faut bien distinguer l'approbation ou la ratification de l'acte de l'approbation du contrat ou de la convention. On peut approuver un acte nul pour vice de forme et renoncer expressément ou tacitement à opposer ces vices, sans renoncer pour cela à faire valoir les vices de la convention, et ceux qui résultent de l'incapacité des parties. —Mais on ne peut pas ratifier le contrat ou la convention et renoncer à l'attaquer, sans renoncer implicitement à faire valoir les vices de forme que l'acte présente.—Toullier, t. 8, no 492.

Sect. 2e. — *Actes susceptibles ou non de ratification ou de confirmation.*

10. — Toutes les obligations sujettes à nullité ou à rescision sont, en règle générale, susceptibles de confirmation, sans distinction, pour les nullités à couvrir, entre les nullités de fond ou de forme, relatives ou absolues, d'intérêt privé ou d'ordre public. — Zachariæ, *Dr. civ.*, t. 2, p. 452; Locré, *Lég.*, t. 12, p. 523 et 524, no 24.

11. — Ainsi, les obligations annulables ou rescindables pour vice de violence ou de dol, d'erreur ou de lésion, ou qui ont été consenties par des personnes incapables, peuvent être confirmées de même que les engagemens qui sont constatés par des actes nuls pour vice de forme.—Duranton, t. 13, no 272, p. 288.

12. — En effet, l'acte nul dans son principe, soit par des vices de forme, soit par des irrégularités essentielles, peut être validé par une ratification postérieure.—*Cass.*, 19 déc. 1820, Bertrand.

13. — Mais ne saurait être valable la ratification des conventions viciées de nullités absolues ou de plein droit.— Duranton, t. 13, no 271; Merlin, *Rép.*, vo *Ratification*, no 9; Championnière et Rigaud, *Traité des dr. d'enreg.*, t. 1er, no 267.

14. — Jugé, en conséquence, que la défense que fait l'art. 347 C. comm. d'assurer le fret d'un navire étant d'ordre public, il ne peut y être dérogé par des conventions particulières entre l'assuré et l'assureur, et que la nullité qui en résulte est tellement absolue, qu'elle ne serait pas couverte par la ratification ou l'exécution des parties. — *Cass.*, 5 juin 1832, François c. Haranchipy.

15. — ... Qu'un marché à terme reconnu illicite ne peut être validé en raison de l'exécution volontaire et de bonne foi précédemment donnée à des conventions de même nature. — *Lyon*, 31 déc. 1832, Odérieu c. Jamier.

16. — Cependant quand la convention a cessé d'être illicite, elle peut être ratifiée ou confirmée. Telle, la stipulation sur une succession future. Si dans l'origine elle était contraire à la morale publique, elle n'en est pas moins valablement ratifiée ou confirmée après l'ouverture de la succession, parce que l'obligation pourrait prendre naissance alors. — Toullier, t. 8, no 516, p. 718; Zachariæ, t. 2, p. 452, note 6. — *Contrà*, Duvergier, vo *Vente*, t. 1er, no 228.

17. — Jugé conformément à notre principe, que la loi qui prohibe toute espèce de pacte sur une succession future, ne s'applique pas au cas où un individu qui a renoncé à la succession d'une personne vivante, ratifie cet acte de renonciation après le décès de cette personne. — *Cass.*, 11 août 1825, Bevy; *Grenoble*, 25 mars 1831, Clément c. Feugier; *Rouen*, 30 déc. 1823, Bougaut.

18. — Dans tous les cas, on ne peut considérer comme ayant le caractère d'un pacte sur une succession future (frappé d'une nullité absolue et non susceptible d'être couverte) l'acte par lequel des enfans du vivant de leur père, et en son absence, se partagent un immeuble appartenant à ce dernier, et sur lequel ils ont hypothèque, et disposent de leur part dans cet immeuble. Un tel acte n'est en réalité qu'une vente de la chose d'autrui, et, dès-lors, la nullité dont il est entaché peut être couverte par la ratification.— *Cass.*, 23 janv. 1832, Fargeot c. Laroche.

19. — Jugé également que la vente de la chose d'autrui est valable quand le vendeur s'est porté fort pour le propriétaire, et que celui-ci a ratifié. — *Turin*, 17 avr. 1811, Pasquale c. Panialis.

20. — Les contrats sans cause ne sauraient faire l'objet d'une ratification ou confirmation.—Duranton, t. 13, no 281; Solon, *Nullités*, t. 2, no 350. — *Contrà*, Toullier, t. 6, no 180. — Non plus que l'acte sous seing privé, nul pour défaut de signature des parties contractantes. — *Contrà*, Merlin, *Quest.*, vo *Ratification*, t. 5, no 3; Curasson, vo *Comp. des jug. de paix*, t. 1er, no 10; Zachariæ, t. 2, p. 339, note 5. — V. aussi Toullier, t. 8, no 517; Rolland de Villargues, *Rép.*, vo *Ratification*, no 21.

21. — Jugé que l'absence de la signature des parties sur un acte sous seing privé, est une nullité radicale qui ne peut être couverte par la ratification tacite. — *Douai*, 7 janv. 1836, Sirudy c. Massy.

22. — La nullité résultant de ce qu'un acte d'abandon de biens par une mère à ses enfans n'a pas été signé par celle-ci avant son décès, ne saurait être couverte par l'exécution que les enfans qui ont ensuite partagé les biens ont donnée à l'acte sans aucune déclaration qu'ils entendent le ratifier. — *Besançon*, 13 mars 1827, Grandvaux.

23. — En effet, la jurisprudence considère, en général, comme inexistantes et comme n'étant, par conséquent, pas susceptibles de confirmation, les obligations contenues soit dans des actes notariés nuls comme tels, et qui, d'ailleurs, ne sont pas revêtus de la signature de l'obligé, soit dans des actes sous seing privé non signés par les parties ou par l'une d'entre elles. — *Cass.*, 27 mars 1812, Fillon c. Crepain; *Toulouse*, 18 janv. 1828, Bousquet c. Lerat; *Grenoble*, 15 nov. 1834 (solut. implic.), Robin c. Clerc; *Cass.*, 6 juill. 1836, Flotta c. Greder.

24. — De même la nullité d'un acte sous seing privé résultant du défaut de signature de l'une des parties qui y figurent, n'est pas couverte par la déclaration, que fait cette partie postérieurement au procès engagé sur la nullité, qu'elle entend exécuter l'acte, alors que les autres parties n'ont pas accepté cette déclaration. — *Cass.*, 8 nov. 1842 (t. 1er 1843, p. 73), Mattei c. Limarola.

25. — « L'art. 1338 C. civil, a dit la Cour de cassation, n'est relatif qu'aux obligations contre lesquelles la loi admet l'action en nullité ou en rescision, et non aux actes nuls par défaut de convention et faussement qualifiés de contrats. » —*Cass.*, 27 mars 1812, Fillon c. Crepain.—V. aussi Merlin, *Rép.*, vo *Ratification*, no 9; Jaubert, rapport au Tribunat; Toullier, t. 8, nos 141, 518 et 520; Rolland de Villargues, vo *Ratification*, no 21; Sebire et Carteret, *Encyclop. du droit*, vo *Acte notarié*, no 26.

26. — A plus forte raison, d'après les constitutions piémontaises, l'homologation en justice d'un acte sous seing privé qui devait être rédigé dans la forme authentique, n'en répare pas la nullité primitive. — *Turin*, 26 nov. 1806, Bertalazone c. Ruffinetti. —Toullier, t. 8, nos 502 et suiv.

27. — Ce n'est pas toutefois que la ratification de semblables actes ne soit sanctionnée par de nombreux arrêts. — Ainsi il a été jugé que, dans les contrats synallagmatiques, toute nullité, soit de forme, soit substantielle, peut être couverte par l'exécution volontaire des parties; et spécialement, que la nullité d'une transaction résultant du défaut de signature de l'une des parties sur l'un des originaux, peut être couverte par l'exécution volontaire. — *Cass.*, 19 déc. 1820, Lescours; *Pau*, 17 déc. 1821, Faure c. Daure.

28. — ... Que, le défaut de signature sur un acte synallagmatique, de la part d'une des parties contractantes, peut être réparé par une accession postérieure et par le consentement du non-signataire à l'exécution de l'acte à son égard, avant la demande en nullité fondée sur le défaut de signature. — *Amiens*, 24 prair. an XIII, Vestu c. Blanchard.

29. — ... Que lorsqu'un acte notarié, dans l'espèce un acte d'échange, nul pour défaut de signature de l'un des témoins instrumentaires, ne se trouve point revêtu de la signature des parties, il peut néanmoins conserver son effet, s'il a été exécuté volontairement par les parties. — *Pau*, 17 déc. 1821, Faure c. Daure.

30. — ... Que lorsqu'un acte d'échange passé entre un seigneur et une commune n'a pas été revêtu des signatures des parties, mais que cet acte a été sanctionné par des lettres de confirmation émanées du souverain, et enregistrées par les tribunaux, en présence des parties, et qu'il a été suivi d'une possession paisible de part et d'autre, les nullités dont cet acte était entaché dès son origine sont couvertes, et il constitue, pour le seigneur, un titre légitime qui rend la commune non recevable à demander la réintégration en vertu de la loi du 28 août 1792.— *Cass.*, 24 vendém. an VII, Grammont c. Commune de Mayenore.

31. — ... Que si un bail passé à un mari et à sa femme solidairement a été volontairement exécuté par eux, la caution ne peut prétendre que le bail est nul pour défaut de la signature de la femme. — *Cass.*, 22 nov. 1825, Morichon c. Charpentier.

32. — ... Que, dans le cas où un compromis n'a été fait qu'en un seul original, la nullité qui en résulte est couverte par l'exécution volontaire de ce compromis de la part des parties qui l'ont signé. — *Cass.*, 1er mars 1830, Rivarès. — V. conf. *Cass.*, 15 fév. 1814, Bonzi; *Toulouse*, 16 août 1822, Barat c. Irle.

33. —L'abandon que l'art. 802 du Code civil autorise l'héritier bénéficiaire à faire aux créanciers de la succession n'est pas, de la part du tuteur agissant pour l'héritier mineur, un simple acte d'administration qu'il puisse faire sans l'autorisation du conseil de famille. — L'absence de cette

autorisation vicie l'abandon, et ne peut être réparée par une délibération postérieure du conseil de famille, alors surtout que cette délibération, sans s'expliquer sur l'abandon déjà fait et sans le ratifier expressément, connaissance prise des causes qui y ont donné lieu, se borne à autoriser le tuteur à répudier la succession. — *Cass.*, 12 mars 1839 (t. 1er 1839, p. 324), Chambon c. Brachet.

34. — Décidé, au contraire, que lorsque le tuteur a, sans l'autorisation du conseil de famille, fait l'abandon des biens d'une succession bénéficiaire, cet abandon peut être ultérieurement régularisé par une approbation du conseil. — *Grenoble*, 4 juin 1836, Brachet c. Chambon.

35. — La nullité résultant du défaut de qualité dans la personne du mari, pour intenter seul et sans le concours de sa femme une action relative aux immeubles de celle-ci, est purement relative et peut être effacée par la ratification ultérieure de la femme, alors même que cette ratification n'interviendrait qu'en cause d'appel. — *Bruxelles*, 15 févr. 1812, Valravens c. Pass.

36. — Néanmoins la ratification tacite par la femme dotale depuis la dissolution du mariage, d'un partage intéressant sa dot, et fait en son absence par le mari, ne peut opérer ratification de la vente des biens dotaux à elle échus par ce partage et aliénés par le mari hors de sa présence, malgré la clause du contrat qui, tout en autorisant l'aliénation, voulait qu'elle ne pût avoir lieu que par les deux époux conjointement. — *Cass.*, 12 août 1839 (t. 2 1839, p. 267), Delaloy c. Clapisson.

37. — La nullité de la vente d'un fonds dotal, résultant de ce qu'elle a été consentie par le mari seul, alors qu'il ne lui était permis de la consentir qu'avec le concours de la femme, est couverte par la ratification postérieure de celle-ci. — *Bordeaux*, 21 août 1848 (t. 2 1849, p. 208), de Brezetz c. Lalande.

38. — On ne peut opposer à la femme qui demande la nullité d'un acte comme ayant été fait sans droit par son mari, les faits d'exécution personnels à celui-ci. — *Bourges*, 17 (et non 27) nov. 1829, Dapremont c. Saintherand.

39. — La nullité de l'obligation contractée par la femme sans l'autorisation de son mari ne serait pas couverte par la ratification, même écrite, qui aurait été donnée par le mari seul postérieurement à l'obligation. — *Rouen*, 18 nov. 1825, Delabrière c. Beloncle; *Grenoble*, 26 juill. 1828, Chapais c. Prompsal; *Cass.*, 26 juin 1839 (t. 2 1839, p. 12), Saugnier c. Villard. — Duranton, t. 2, n° 518. — *Contrà*, Delvincourt, t. 1er, p. 195; Vazeille, t. 2, n° 379.

40. — Une obligation nulle en ce qu'elle a été souscrite par une femme séparée de biens, sans le consentement de son mari, ne peut être validée par l'approbation donnée postérieurement par le mari, alors surtout que la ratification a eu lieu sans le concours et au préjudice de la femme. — *Cass.*, 12 févr. 1828, Beloncle c. Delabrière.

41. — La nullité d'un traité passé entre un tuteur et son pupille devenu majeur, avant la reddition du compte de tutelle, ne peut être couverte par une ratification ultérieure soit expresse, soit tacite. — *Grenoble*, 15 nov. 1837 (t. 2 1839, p. 288), Boulieux. — V., au surplus, COMPTE DE TUTELLE.

42. — La ratification donnée par un majeur à une condamnation, avec contrainte par corps, prononcée contre lui en minorité, est radicalement nulle quant à la contrainte par corps, surtout si elle ne contient pas la mention des vices de l'acte ratifié et l'intention manifeste de les réparer. — *Rouen*, 15 nov. 1825, Amyot c. Bonvoisin.

43. — L'échange de la chose d'autrui n'est pas tellement nul qu'il ne puisse être ratifié. — La reconnaissance du véritable propriétaire que c'est d'après son mandat verbal que l'échange a eu lieu, et la ratification dudit échange avec promesse de garantir, en cas d'éviction, intervenue par acte authentique antérieurement à l'exploit d'appel dans lequel ce moyen de nullité a été proposé pour la première fois, ont pour effet de valider l'échange. — *Bastia*, 8 déc. 1834, Simonetti. — V. Troplong, *Echange*, n° 35; Duranton, *Vente*, t. 2, n° 414.

44. — La nullité d'un acte de société, résultant du défaut de publicité, est couverte, entre associés, par une exécution accompagnée de reconnaissances et de déclarations judiciaires. — *Cass.*, 15 juill. 1825, Fontenilliat; *Bruxelles*, 16 janv. 1830, Thell c. Monthobio. — *Contrà*, *Rennes*, 22 juin 1837 (t. 2 1837, p. 536), Bimat c. Salvagré; *Cass.*, 30 janv. 1839 (t. 1er 1839, p. 354), Ramel c. Salvagré.

45. — Est nulle la ratification qui a pour objet un acte dont l'existence était subordonnée à sa confection dans un délai de rigueur, lorsqu'elle n'intervient qu'après l'expiration de ce délai. — Solon, *Nullités*, t. 2, n° 327. — Les parties ne peuvent faire une ratification générale et anticipée par laquelle elles renonceraient d'avance à proposer la nullité d'un acte. — Solon, t. 2, n° 306.

46. — Lorsque la convention renferme plusieurs vices, il faut la ratifier à l'égard de tous pour que le débiteur ne puisse plus revenir contre l'acte conforme. D'où la conséquence qu'il est nécessaire de mentionner tous les vices dans l'acte confirmatif. — Duranton, t. 13, n° 273; Toullier, t. 8, n° 498; Solon, t. 2, n° 392.

Sect. 3e. — *Qui peut ratifier ou confirmer, et à quelle époque.*

47. — La ratification de l'acte ou de la convention annulable doit évidemment émaner de la personne dans l'intérêt de laquelle la nullité est établie. — Toullier, t. 2, n° 648.

48. — Cependant, si l'acte fait par une femme mariée, non autorisée, a été ratifié par le mari, durant le mariage, le vice est entièrement couvert, et l'acte ne peut plus être attaqué. — Delvincourt, t. 2, p. 603.

49. — Jugé, en ce sens, que la nullité d'une transaction consentie par une femme non autorisée est couverte par la ratification postérieure du mari résultant de l'exécution qu'il a lui-même donnée à l'acte. — *Dijon*, 1er août 1818, Lantissier c. Deschamps.

50. — Depuis le Code civil, qui lui a rendu la capacité de s'obliger pour autrui, la femme mariée a pu ratifier un cautionnement par elle souscrit sous l'empire du sénatus-consulte velléien. — Le pouvoir donné par cette femme à un tiers, de paraître pour elle en conciliation, a conféré au mandataire celui de reconnaître et de ratifier un pareil engagement. — *Turin*, 23 févr. 1807, Valperga c. Callabiana. — Chabot, *Quest. trans.*, v° *Sénatus-consulte velléien*, n° 3, et Merlin, v° *Effet rétroactif*, sect. 3, § 3.

51. — Celui que la loi déclare incapable de contracter est recevable à demander la nullité d'une obligation qu'il a souscrite et qu'il a ratifiée ou exécutée volontairement *pendant que son incapacité durait encore*. — *Paris*, 15 (et non 14) mars 1831, Bonar c. Hervas.

52. — La partie, qui a volontairement exécuté un acte à une époque où il s'agissait de droits qui lui compétaient de son chef, n'est pas moins recevable à demander plus tard la nullité de cet acte du chef d'une autre partie dont elle exerce les droits non encore ouverts lors des actes d'exécution volontaire. — *Cass.*, 18 août 1840 (t. 2 1840, p. 300), Bourguignon c. Marcheval.

53. — Le majeur, qui a exécuté volontairement un acte par lui souscrit pendant sa minorité, est non recevable à exercer ensuite l'action en nullité ou en rescision contre cet acte. — *Grenoble*, 29 janv. 1825, James c. Giraud.

54. — Des cohéritiers, qui, après avoir souscrit une transaction en minorité, l'ont ratifiée depuis leur majorité, soit dans un acte passé avec plusieurs de leurs cohéritiers majeurs, soit par la prise de possession des biens, sont non recevables à demander la nullité de la transaction, vis-à-vis de celui de ces derniers qui n'avait pas figuré dans l'acte de transaction. — *Cass.*, 1er mai 1832, Duboispéan c. Delabrosse. — V. aussi les lois 10, D., *De rebus eorum*, et 29, *De pactis*. — Toullier, t. 7, n° 562, et t. 8, n° 517.

55. — Le tuteur ne peut, après coup, approuver un acte passé par le pupille seul. En effet, si l'acte est avantageux à ce dernier, l'exécution pourra en être poursuivie par lui et même par le tuteur, quoiqu'il n'y ait pas eu d'approbation. Et, dans le cas contraire, l'approbation postérieure du tuteur, si elle pouvait avoir quelque effet, n'en aurait d'autre que de priver le pupille de cette alternative favorable pour lui, et de l'obliger à l'exécution de l'acte, avantageux ou non. — Delvincourt, t. 2, p. 603; Solon, t. 2, n° 316.

56. — Les actions rescisoires, suivant Toullier (t. 7, n° 568), sont inhérentes au débiteur, et ses créanciers ne peuvent les exercer sans son concours. Dès lors ils ne sauraient non plus se plaindre que le mineur devenu majeur et la femme devenue veuve renonçant à une action qu'ils ne pouvaient eux-mêmes exercer, et ratifiant des actes faits pendant la minorité ou le mariage.

57. — Au surplus, les créanciers ne sont fondés à exercer l'action révocatoire qu'autant qu'il est prouvé que cette renonciation ou ratification a été faite pour frauder leurs droits. — Toullier, *ibid.*

58. — L'article 1338 du Code civil ne détermine point l'époque où l'obligation peut être valablement confirmée; mais évidemment c'est lorsque l'obligé a connu les vices de l'obligation, et qu'il a acquis ou recouvré le pouvoir et la capacité de les réparer et de confirmer les vices de l'obligation. — Toullier, t. 8, n° 504.

59. — On a vu *suprà* (nos 13 et suiv.) que si certaines conventions, frappées, dans leur origine, d'une nullité absolue, n'étaient pas susceptibles de ratification, elles pouvaient cependant l'être à partir de l'époque où l'obligation pouvait prendre naissance.

60. — Ce n'est qu'à la dissolution du mariage que la femme ou ses héritiers peuvent ratifier, et encore leur ratification ne saurait-elle préjudicier au droit du mari ou de ses héritiers. — Delvincourt, t. 2, p. 603.

Sect. 4e. — *Modes de ratification ou confirmation.*

§ 1er. — *Ratification ou confirmation expresse.*

61. — L'acte de confirmation ou ratification d'une obligation contre laquelle la loi admet l'action en nullité ou en rescision, n'est valable (C. civ., art. 1338) que lorsqu'on y trouve la substance de cette obligation, la mention du motif de l'action en rescision, et l'intention de réparer le vice sur lequel cette action est fondée.

62. — L'efficacité de la ratification dépend donc de trois choses : 1° La relation de ce qui forme la substance de l'obligation confirmée; 2° la mention du vice dont serait infecté le titre primitif; 3° l'intention de réparer ce vice.

63. — Ce que l'art. 1338 entend par la substance de l'obligation, c'est ce en quoi elle consiste; ce sans quoi elle n'existerait pas; ce sans quoi on ne la connaîtrait pas suffisamment. — Toullier, t. 8, n° 496.

64. — Ainsi, une ratification, un acquiescement, ne doivent s'induire que d'un consentement formel donné en pleine connaissance de cause. — *Rennes*, 28 avr. 1830, Penquer c. Bellouan.

65. — La renonciation à l'indemnité due à raison d'un fait, ne peut résulter que d'une ratification expresse ou d'une exécution volontaire s'appliquant à ce fait lui-même; et non d'énonciations vagues et insignifiantes s'appliquant à un fait et à des objets différens. — *Cass.*, 5 juill. 1836, Aribert c. Administration de la guerre.

66. — Ces mots : *Je ratifie le présent billet*, apposés par un majeur sur une obligation constatant qu'elle a été souscrite en minorité, remplissent toutes les conditions voulues par l'art. 1338 C. civ. pour la validité d'une ratification. — *Poitiers*, 7 juill. 1825, R... c. D... — Toullier, *Droit civil*, t. 8, n° 499; Rolland de Villargues, *Rép. du not.*, v° *Ratification*, n° 47; *Encyclopédie du droit*, v° *Acte récognitif et confirmatif*.

67. — A supposer que les contraintes et commandemens décernés par la régie de l'enregistrement puissent équivaloir aux actes dressés en conformité de l'art. 1328 C. civ., pour donner date certaine aux contrats, il suffit que ces contraintes et commandemens ne contiennent ni l'énonciation positive des obligations renfermées dans la convention dont la date est litigieuse, ni celle des mentions relatives à l'acquittement de ces obligations, pour qu'on puisse en conclure qu'ils ne renferment pas la substance de la convention, ainsi que le prescrit l'art. 1338, et que, dès lors, ils sont insuffisans pour assurer son identité et constater sa date. — *Cass.*, 23 nov. 1841 (t. 1er 1842, p. 130), Dulugat c. Vincendeau.

68. — Comme les vices de forme sont patens, et ne peuvent guère être ignorés que par erreur de droit, si le vice qui n'a pas été mentionné dans l'acte, lorsqu'un autre l'a été, était un vice de forme, la partie ne pourrait revenir sur la confirmation ou ratification une fois faite. On présumerait facilement chez elle la connaissance de ce vice, et la renonciation au droit de l'opposer. — Duranton, t. 13, n° 274; Toullier, t. 8, n° 498. — *Contrà*, Rolland de Villargues, nos 43 et suiv.

69. — La nullité résultant des vices de forme d'un acte ne peut être l'objet d'une ratification expresse que quand l'acte est représenté. — *Cass.*,

8 janv. 1838 (t. 2 1838, p. 282), Barbotte c. Hamard.

70. — La preuve que la volonté de réparer le vice de l'obligation a été donnée en pleine connaissance de cause peut résulter d'écrits autres que l'acte ratificatif. Cet acte, en le supposant imparfait à raison de l'insuffisance des énonciations, pourrait d'ailleurs, comme commencement de preuve par écrit, autoriser l'admission de la preuve testimoniale. — Toullier, t. 8, nos 499 et 500.

71. — Du reste, les actes de confirmation expresse ne sont soumis à aucune forme extrinsèque particulière. Ils peuvent être authentiques ou sous seing privé. — Toullier, t. 8, no 501.

72. — Toutefois, s'il s'agit de la ratification d'un acte auquel l'authenticité est indispensable, par exemple, une constitution d'hypothèque, Grenier (*Hypothèq.*, no 50) est d'avis que la ratification soit donnée dans la même forme. Ce sentiment était aussi celui de Pothier.

73. — Il n'est pas nécessaire que l'acte simplement ratificatif soit fait en double original, à moins qu'il ne soit conçu dans l'esprit d'une transaction. —Duranton, t. 13, no 275; Toullier, t. 8, no 501.

74. — « La confirmation expresse n'exige pas le concours de la partie au profit de laquelle elle est faite. Ainsi, elle ne peut être révoquée sous le prétexte que celle-ci ne l'aurait point encore acceptée. » —Zachariæ, t. 2, p. 458; Toullier, t. 8, no 509; Merlin, *Quest.*, vis *Mineur*, § 3, et *Testament*, § 18, no 1er.

75. — Lorsque l'acte de confirmation n'est pas valable, faute de réunir les conditions voulues par l'art. 1338 C. civ., la ratification n'en produit pas moins ses effets, si la partie capable d'y procéder a bien connu le vice de son obligation primitive, si elle a promis d'exécuter son engagement, et si elle avoue la ratification. — Duranton, t. 13, no 276.

76. — De plus, lorsqu'une peine a été stipulée dans l'obligation, pour le cas où la partie reviendrait contre l'acte irrégulièrement confirmé, la clause pénale produit ses effets en cas d'inexécution de l'acte confirmatif. — Duranton, no 268.

77. — L'article 1115 C. civ., en posant seulement le principe que le vice de violence se purge par une approbation, soit expresse, soit tacite, soit en laissant passer le temps fixé par la loi pour pouvoir exercer l'action en nullité, ne détermine point les conditions et formalités que doit contenir l'acte même d'approbation : c'est l'art. 1338 qui est la règle à observer à cet égard. — Duranton, t. 13, no 267.

78. — On ne peut opposer les vices de l'acte par lequel on s'est déclaré débiteur, lorsque, par un acte postérieur, on a reconnu la légitimité de la créance. — *Bourges*, 23 therm. an VIII, Desmaisons c. Clément.

§ 2. — *Ratification ou confirmation tacite.*

79. — La ratification tacite consiste dans l'approbation qui résulte : soit de l'exécution de l'acte, après l'époque à laquelle l'obligation pouvait être valablement ratifiée; soit du silence gardé pendant le temps fixé pour l'exercice de l'action en nullité ou en rescision. — Duranton, t. 13, no 267; Favard de Langlade, *Rép.*, vo *Ratification*, no 3.

80. — Les actes d'exécution qui emportent ratification sont en général tous ceux que la partie pouvait se dispenser de faire sans nuire à ses intérêts ou sans se rendre responsable. — Delvincourt, t. 2, note, p. 601.

81. — Celui qui a exécuté spontanément un acte qu'il pouvait se dispenser d'exécuter est non recevable à en demander la nullité, encore qu'il ait fait, à cet égard, des réserves et des protestations expresses. — Ainsi, par exemple, si un cohéritier poursuit, durant le cours de la liquidation, le paiement du prix qui lui a été délégué d'un immeuble aliéné par un autre cohéritier, il est non recevable à attaquer ultérieurement cette vente, bien qu'il se soit réservé d'en contester la validité. — *Cass.*, 28 juill. 1829, Marabal c. Dubruel.

82. — Ainsi qu'on l'a déjà vu (*suprà*, no 65), la renonciation à l'indemnité due à raison d'un fait de l'administration, ne peut résulter que d'une exécution volontaire s'appliquant à ce fait lui-même, et non d'énonciations vagues et insignifiantes s'appliquant à un fait et à des objets différens. — *Cass.*, 5 juill. 1836, Aribert c. Administration de la guerre.

83. — L'exécution volontaire d'un acte, de la part d'une partie, ne couvrant les nullités dont cet acte est entaché, qu'autant que la partie en a eu connaissance, une compagnie d'assurances ne peut être déclarée non recevable à exciper de la nullité de la police d'assurance, pour avoir fait vendre les débris d'un immeuble incendié, si, à l'époque de la vente, elle n'avait pas connaissance de cette nullité. — *Cass.*, 5 déc. 1826, Debray c. Compag. d'assur. mut.

84. — La ratification d'un acte fait en dehors du mandat ne peut résulter que d'une exécution de la part du mandant ou de la connaissance qu'il aurait eue de cette exécution. — *Caen*, 27 janv. 1846 (t. 1er 1846, p. 737), Billeux c. Lefebvre.

85. — Au reste, toutes les fois que le fait d'exécution, en temps de capacité et de liberté, ou postérieurement à la découverte du dol ou de l'erreur, n'est que la conséquence immédiate de l'acte, il n'implique point la volonté de ratifier le contrat. — Duranton, t. 13, no 282.

86. — La nullité d'un contrat de mariage, résultant de ce qu'il a été passé postérieurement à la célébration du mariage, est couverte par l'exécution volontaire de ce contrat, après la dissolution du mariage. — *Cass.*, 31 janv. 1833, Quintard c. Peignaud.

87. — Les conventions matrimoniales arrêtées par le père au nom de sa fille, non présente, pour laquelle il se porte fort, sont ratifiées par la célébration du mariage, alors surtout qu'elles ont été exécutées par la femme durant le mariage. — *Montpellier*, 3 juill. 1847 (t. 2 1847, p. 323), Huc c. Cot. — V., au surplus, CONTRAT DE MARIAGE.

88. — Lorsqu'un bien dotal a été aliéné pendant le mariage, hors les cas dans lesquels la loi permet cette aliénation, et qu'après la dissolution du mariage arrivée par divorce, la femme comprend au nombre de ses reprises contre son mari le prix de l'immeuble dotal aliéné, elle ne ratifie pas, par cela seul, la vente de cet immeuble, et ne renonce point à son action en nullité de la vente contre les acquéreurs, lorsqu'elle n'a point été remplie par son mari du montant de ses reprises. — Lorsqu'elle a touché une portion du montant de ses reprises, il n'y a pas lieu d'appliquer à ce paiement les règles ordinaires de l'imputation. — *Poitiers*, 5 mai 1825, Dubut c. Delor.

89. — En matière de partage, il y a ratification tacite lorsque le cohéritier, comme le prévoit l'art. 892 C. civ., a aliéné son lot en tout ou en partie. C'est pourquoi il n'est plus recevable à intenter l'action en rescision pour dol ou violence, si l'aliénation qu'il a faite est postérieure à la découverte du dol ou à la cessation de la violence. — Duranton, t. 12, no 556. — V., au surplus, PARTAGE, nos 646 et suiv., 661 et suiv.

90. — Il en est de même en matière de partage d'ascendans. — V. PARTAGE D'ASCENDANS, nos 214 et suiv.

91. — Lorsque, dans un inventaire, des héritiers ont reconnu la légitimité de la réclamation d'un de leurs cohéritiers, relativement à des objets qu'il prétend mal à propos compris dans ceux de la succession et lui appartenir personnellement, ils sont non recevables à revenir plus tard contre leur déclaration, quand bien même ils auraient, à la fin de l'inventaire, fait des réserves de tous leurs droits et exceptions. — *Agen*, 19 déc. 1809, Buzenac c. Rucapel. — Merlin, *Quest.*, vo *Mineur*, § 3; Toullier, *Dr. civ.*, t. 8, nos 506 et suiv.; Duranton, *Dr. franç.*, t. 13, nos 267 et suiv.; Rolland de Villargues, *Rép.* vo *Ratification*, p. 55 et suiv.; Domat, *Lois civ.*, 1re part., liv. 4, t. 6, sect. 2, no 31.

92. — Lorsque les biens du mineur ont été vendus par le tuteur, sans remplir les formalités voulues, si le mineur devenu majeur a touché le prix, il y a ratification tacite de sa part. — Toullier, t. 7, no 562.

93. — Ainsi, la ratification donnée par les enfans devenus majeurs à la vente faite par leur mère, tutrice, à l'époque de leur minorité, fait disparaître l'irrégularité de cette vente. — Cette ratification résulte suffisamment des quittances données sans réserves par les enfans. — *Lyon*, 19 mai 1840 (t. 2 1841, p. 704), Berthelier c. Aulas.

94. — Le contrat passé en minorité est censé ratifié tacitement, par cela seul qu'il n'a point été attaqué dans les dix ans depuis la majorité, et l'hypothèque est irrévocablement acquise de préférence aux créanciers qui ont contracté pendant la majorité. — Toullier, t. 7, no 565.

95. — Toutefois, le fait que le mineur devenu majeur serait entré en jouissance des biens acquis avec le prix provenant de l'aliénation illégale de son immeuble ne saurait être considéré comme une ratification tacite de cet acte, s'il n'est pas établi que c'est avec connaissance de cause et en exécution de l'acte d'aliénation volontaire que la prise de possession s'est effectuée. — *Bastia*, 27 déc. 1843 (t. 2 1844, p. 169), Santa-Maria c. Pinelli.

96. — Le vendeur, en livrant la chose, comme l'acheteur, en payant le prix, témoignent de la volonté de ratifier le contrat. — Duranton, t. 13, no 278.

97. — Ainsi, l'adjudicataire qui a, plusieurs mois après l'adjudication, payé les frais de son acquisition, est censé avoir couvert la nullité résultant de l'erreur sur la nature de l'immeuble adjugé. — *Colmar*, 15 nov. 1831, Wahl c. Malapert. — Toullier, t. 8, no 491; Duranton, t. 13, nos 264 et suiv.

98. — La quittance des intérêts du prix d'une vente emporte exécution volontaire du contrat et renonciation au droit d'en invoquer la nullité, alors même qu'elle ne contient pas mention du vice dont l'acte est infecté. Il suffit qu'elle ait été signée avec la connaissance de ce vice. — *Toulouse*, 3 févr. 1838 (t. 2 1838, p. 411), Compayré c. Bastié.

99. — Toutefois, dans le cas de lésion dans le prix de la vente d'un immeuble, le vice n'est point purgé par le fait seul de la délivrance de la chose ou du paiement du prix. Autrement, le vendeur qui n'a aliéné à très-vil prix que pressé par des besoins et pour toucher aussitôt le prix en livrant la chose, ne jouirait jamais du bénéfice que lui accorde la loi. — Duranton, t. 13, no 279, et 12, no 557; Delvincourt, t. 2, p. 602, notes.

100. — Par cela que le prix de biens dont la propriété doit appartenir à un enfant en cas de convol de sa mère, et qui ont été vendus par celle-ci avant le convol, a été reçu en partie par cet enfant à titre de constitution de dot, il ne résulte pas une ratification de la vente ou renonciation de la part de l'enfant à en demander la nullité, en cas de convol de sa mère. — *Cass.*, 11 janv. 1825, Jammarin c. Paret.

101. — Le fait par le vendeur de demander la résiliation d'un acte de vente à terme, au lieu d'en demander la nullité, constitue un acte d'exécution volontaire, qui le rend non recevable à opposer que cette vente n'était qu'un pari. — *Montpellier*, 29 décembre 1827, Caum... c. Crozals.

102. — Le fait par le vendeur de consentir un second bail après l'expiration du délai stipulé pour le rachat ne peut être réputé constituer une exécution volontaire du contrat argué d'impignoration, et comme une reconnaissance de sa part de la sincérité de la vente. — *Limoges*, 26 mai 1838 (t. 2 1838, p. 508), Thevenot c. Bauby.

103. — L'exécution volontaire par le communiste de la vente des biens indivis qu'a faite son copropriétaire, emporte ratification non-seulement de la vente, mais encore de toutes les conditions auxquelles elle a eu lieu; dès lors, ni lui ni ses héritiers ne sont recevables à prétendre que le prix stipulé dans l'acte n'est pas le véritable prix. — *Grenoble*, 7 mai 1821, Sestier c. Guillet.

104. — Le fait, par le créancier d'un échangiste, inscrit sur l'immeuble donné en échange par son débiteur, d'exercer des poursuites de saisie sur l'immeuble reçu en contre-échange, emporte de sa part confirmation du contrat d'échange, et le rend non recevable à faire valoir ses droits d'hypothèque sur l'immeuble passé dans les mains du copermutant. — *Bordeaux*, 5 juin 1835, Bouchon c. Duriez.

105. — L'inscription prise en vertu d'un acte qui, depuis, a été déclaré simulé, n'en est point une confirmation ou ratification, même en la supposant connue de l'auteur de l'acte vicieux. — *Cass.*, 24 janv. 1833, Solirène.

106. — Jugé toutefois que des affectations d'hypothèque ne peuvent être considérées comme une exécution volontaire de l'obligation en vertu de laquelle elles ont été faites, alors que ces actes ne contiennent aucunement l'intention de ratifier. — *Cass.*, 20 décembre 1832, Guérard c. de Beauney.

107. — Le fait, de la part d'un associé, d'avoir, depuis la délibération, payé son contingent dans les dépenses et reçu sa part dans les produits, n'étant que la conséquence de sa qualité d'associé, ne constitue pas à lui seul un acte d'exécution de cette délibération qui l'empêche d'en demander la nullité. — *Cass.*, 10 mars 1841 (t. 1er 1841, p. 487), Michaud c. concessionnaires des mines de Verchère.

108. — Lorsque la demande en concession d'une exploitation de mines a été formée le même jour qu'un traité qui avait fixé le mode de jouissance entre les pétitionnaires, on a pu regarder cette demande comme une exécution de

ce traité dans le sens de l'art. 1338 C. civ., et par suite comme couvrant la nullité de cet acte, résultant de ce qu'il ne mentionnerait pas le nombre des originaux. Il en doit être ainsi surtout lorsqu'il existe d'autres actes d'exécution. Par cela que plusieurs des signataires d'une demande en concession de mines n'auraient pas voulu signer l'acte passé le même jour, et en exécution de cette demande, il ne s'ensuivrait pas que l'acte fût nul entre les signataires, alors surtout qu'il y a eu exécution de leur part. — *Cass.*, 4 juillet 1833, Rolland c. Palluat.

109. — L'exécution volontaire, par une ville, d'une ordonnance royale, qui, en traçant l'alignement d'une voie publique et en prescrivant des travaux d'après un plan approuvé, met les dépenses qu'occasionnent ces travaux à la charge de cette ville, rend celle-ci non recevable à contester ultérieurement, et après plusieurs années, la légalité de l'ordonnance (pour défaut d'avis préalable du conseil municipal), dans la disposition qui met les dépenses à sa charge. — *Cass.*, 4 déc. 1839 (t. 1er 1840, p. 164), Ville de Paris c. Compe des marchés à fourrage.

110. — L'exécution partielle démontre, comme l'exécution totale, la volonté de confirmer l'acte vicieux; c'est également une approbation tacite. — Duranton, t. 13, no 280. — Cependant s'il s'agissait d'une obligation sans cause, exécutée volontairement en partie, le porteur de la promesse ne pourrait exiger le surplus. — Duranton, no 281.

111. — La nullité résultant des vices de forme d'un acte ne peut être l'objet d'une ratification tacite qu'autant que cet acte aurait été représenté lors du fait duquel on veut induire la ratification. — *Cass.*, 8 janv. 1838 (t. 2 1838, p. 282), Barbotte c. Hamard; 31 janv. 1844 (t. 2 1844, p. 629), mêmes parties.

112. — Les actes d'exécution ne peuvent être considérés comme une ratification qu'autant qu'il est prouvé qu'ils ont été faits à une époque où la partie, qui demande la rescision de l'acte connaissait les vices dont il était infecté, et qu'elle a eu l'intention de réparer ces vices et de renoncer aux moyens et exceptions par lesquels elle pouvait faire prononcer la rescision ou la nullité de l'acte. — *Grenoble*, 8 mai 1835, Dorey; 15 nov. 1837 (t. 2 1839, p. 288), Boulieux; *Cass.*, 24 juill. 1839 (t. 2 1839, p. 289), Molinié c. Gassané.

113. — D'un autre côté, on ne peut dire qu'il y a eu exécution volontaire d'un acte, dans le sens de l'art. 1338 C. civ., lorsqu'on ignorait, au moment de son exécution, les faits de dol et de fraude qui avaient été pratiqués pour l'obtenir. — *Cass.*, 12 déc. 1827, Guillon c. Michoud.

114. — Par la même raison, la demande d'un délai pour le paiement d'une obligation ne peut être considérée comme une exécution de cette obligation qui rende le débiteur non recevable à l'attaquer pour cause de dol et de fraude. — *Rennes*, 8 avril 1835, Duportal-Laporthe c. Cartron.

115. — La confirmation tacite n'exige pas le concours de la partie au profit de laquelle elle est faite. — Merlin, *Quest.*, vo *Mineur*, § 3, et *Testament*, § 18, no 1er; Toullier, t. 8, no 509; Zachariæ, t. 2, p. 458.

116. — Jugé cependant que des offres de paiement d'une obligation qui n'ont pas été acceptées ne peuvent pas être considérées comme une exécution volontaire qui rende celui qui les a faites non recevable à demander ensuite la nullité de l'obligation. — *Cass.*, 8 avril 1835, Razand c. Pascal.

117. — Quant à l'appréciation du caractère légal des faits qui constituent l'exécution volontaire d'un contrat, elle peut être faite par la Cour de cassation. — *Cass.*, 8 janv. 1838 (t. 2 1838, p. 282), Barbotte c. Hamard.

118. — Jugé également que la décision d'un arrêt qui déclare un acte obligatoire pour une partie qui n'y a pas concouru, en raison de l'exécution volontaire donnée par elle à cet acte, mais sans énoncer spécialement en quoi consiste cette exécution, n'échappe pas, comme pure décision de fait, à la censure de la Cour de cassation, et il appartient à cette Cour de rechercher, dans les élémens de la cause, s'il y a eu ou non exécution emportant ratification de l'acte. (Solut. impl.) — *Cass.*, 10 mars 1841 (t. 1er 1841, p. 487), Michaud c. concessionnaires des mines de Verchère.

119. — Jugé, au contraire, que l'arrêt qui, appréciant les titres, faits et circonstances de la cause, décide qu'ils ne constituent pas la ratification d'un acte nul, est à l'abri de la censure de la Cour de cassation. — *Cass.*, 22 févr. 1827, Bertrand c. Febvre.

120. — Jugé, contrairement, que la décision par laquelle une cour d'appel admet, comme résultant de certains actes déterminés, la ratification tacite, de la part d'un mineur devenu majeur, d'une obligation pour laquelle on s'était porté fort en son nom pendant sa minorité, échappe, comme décision en fait, à la censure de la Cour de cassation, alors même qu'elle n'indique pas expressément que cette ratification survienne d'une exécution volontaire dans les termes de l'art. 1338 C. civ. — *Cass.*, 16 juill. 1835, Roblot.

121. — Par la même raison : la déclaration faite par une Cour d'appel qu'un acte nul en la forme a été exécuté par la partie qui pouvait en demander la nullité (ce en quoi elle n'a fait qu'un acte de bonne foi), et qu'en outre sa validité a été reconnue par l'ayant cause de cette partie, lequel en invoque la nullité, autorise l'application de l'art. 1338 C. civ., suivant lequel l'exécution volontaire d'un acte, avec connaissance du vice dont il est affecté, équivaut à la confirmation ou à la ratification. — *Cass.*, 23 nov. 1841 (t. 1er 1842, p. 130), Dulugat c. Vincendeau.

122. — Quoi qu'il en soit, la preuve des faits constituant l'exécution volontaire d'un acte nul ne peut être proposée pour la première fois devant la Cour de cassation. — *Cass.*, 8 nov. 1842 (t. 1er 1843, p. 73), Mattei c. Limarola.

123. — Les faits qui tendent à constater la ratification tacite ou l'exécution volontaire peuvent être prouvés par témoins. — V. PREUVE TESTIMONIALE, nos 191 et suiv.

Sect. 5e. — *Effets de la ratification ou confirmation.*

124. — La confirmation, ratification, ou exécution volontaire, dans les formes et à l'époque déterminées par la loi, emporte la renonciation aux moyens et exceptions que l'on pouvait opposer contre cet acte, sans préjudice néanmoins du droit des tiers. — C. civ., art. 1338.

125. — De plus, l'art. 1311 C. civ. porte : « Le mineur n'est plus recevable à revenir contre l'engagement qu'il avait souscrit en minorité, lorsqu'il l'a ratifié en majorité, soit que cet engagement fût nul en la forme, soit qu'il fût seulement sujet à restitution. »

126. — Tous les actes d'exécution, postérieurs à l'époque où l'obligation pouvait être valablement confirmée ou ratifiée, entraînent, sans exception, la renonciation au moyen de rescision ou de nullité qu'on aurait pu y opposer, pourvu qu'ils soient volontaires et de nature à caractériser clairement l'approbation de la convention nulle ou soumise à rescision. — Toullier, t. 8, no 506.

127. — Lorsqu'il s'agit d'actes non susceptibles de ratification ou de confirmation, la ratification ou confirmation intervenue est réputée nulle et non avenue.

128. — Le défaut de ratification de la part de l'un des successibles, mort en minorité, est couvert par celle que font ses héritiers devenus majeurs. — *Lyon*, 19 mai 1840 (t. 2 1841, p. 704), Berthelier c. Aulas.

129. — La promesse qu'un mari a faite dans un acte, de faire ratifier sa femme en majorité, ne s'entend que de la rescision pour cause de lésion. — *Bordeaux*, 1er fév. 1826, Sarlandie c. Chaumeni.

130. — L'exécution volontaire d'un acte de vente portant quittance du prix, couvre non-seulement les moyens de nullité et de rescision que le vendeur pouvait invoquer contre cet acte pour cause de dol et de fraude, mais encore l'exception de non-paiement du prix. Ainsi le vendeur qui a exécuté volontairement l'acte de vente portant quittance du prix au profit de l'acquéreur, ne peut être admis à prouver que ce prix ne lui a point été payé. — *Cass.*, 5 janv. 1830, Rigot c. Dembas. — Toullier, t. 8, no 506.

131. — Lorsque, dans un ordre, un créancier a reconnu soit l'existence de la créance d'un autre créancier, soit la qualité hypothécaire de cette créance, il s'est rendu par là non recevable à critiquer cette créance sur l'appel, même sous prétexte qu'elle serait éteinte par compensation. — *Cass.*, 18 nov. 1823, Chalambel c. Thomas.

132. — Lorsqu'un contrat de mariage postérieur au mariage a été ratifié par une des parties contractantes, soit expressément, soit par l'exécution volontaire donnée audit contrat, cette ratification expresse ou tacite d'un contrat déclaré nul par la loi ne peut nuire aux droits acquis postérieurement à ladite ratification. — *Cass.*, 18 août 1840 (t. 2 1840, p. 300), Bourguignon c. Marcheval.

133. — La déclaration que fait un vendeur, dans un contrat de vente, que l'immeuble qu'il aliène est attenant à tel autre immeuble qui lui appartient, est une ratification suffisante de l'acquisition faite pour son compte, par un tiers, de cet immeuble voisin. — *Paris*, 3 niv. an XI, Saint-Pierre c. Baraillier.

134. — La ratification d'une obligation entachée de nullité substantielle, postérieurement consentie par le débiteur principal, ne prive pas la caution du bénéfice de la nullité qui lui était acquise au moment de la signature de l'acte. — *Cass.* belge, 18 nov. 1833, Walkiers c. de Pesser.

135. — Toullier (t. 8, nos 513 et suiv.), d'accord en cela avec M. Duranton (t. 13, nos 285 et suiv.), pose en principe, 1o que la ratification a, de sa nature, un effet rétroactif relativement à la personne qui ratifie; 2o que l'effet rétroactif de la ratification ne saurait préjudicier aux droits acquis à des tiers avant la ratification. — Merlin, *Rép.*, vo *Ratification*, et *Quest.*, vo *Propres*, § 2; Delvincourt, t. 2, p. 605, notes; Grenier, *Hyp.*, nos 42 et suiv.

136. — La ratification ne pouvant nuire aux tiers, il en résulte que si, dans l'intervalle de la formation du contrat vicieux au jour de sa confirmation, un tiers a acquis des droits d'hypothèque, d'usufruit, de servitude ou de propriété sur les biens qui étaient l'objet de l'acte primitif, la ratification sera comme non avenue à son égard. — Duranton, t. 13, no 285.

137. — D'après cette doctrine, la ratification, du moins en thèse générale, s'identifie avec l'acte : d'où la conséquence que cet acte est régi par la loi, du jour où il a été passé. Il vaut *ut ex tunc* mais sans préjudice du droit des tiers, acquis sur les mêmes biens avant la ratification ou confirmation. — Duranton, t. 13, no 290.

138. — Ainsi, quand le saisi vient à ratifier une obligation annulable par lui consentie au profit du saisissant, cette ratification rétroagira contre le tiers saisi, qui ne saurait dès lors se libérer entre les mains du saisi au préjudice de l'opposition antérieure. — Solon, *Théorie des nullités*, t. 2, no 363.

139. — La ratification que fait le prodigue, relevé de son interdiction, des actes passés pendant cette interdiction, sans l'assistance de son curateur, remonte au jour du contrat ratifié. — *Paris*, 14 prair. an X, Boudet.

140. — La ratification, par un majeur, d'une vente d'immeuble qu'il a consentie pendant sa minorité, remonte, par une fiction de droit, au jour du contrat de vente, de sorte que la propriété de l'immeuble transférée par ce premier contrat ne puisse plus l'être à un autre acquéreur par une vente faite par le mineur devenu majeur. — *Riom*, 28 mars 1833, Phalouzat c. Brunet. — Troplong, *Hyp.*, t. 2, nos 493 et suiv., et *Vente*, t. 1er, no 246; Chardon, *Dol et fraude*, t. 2, no 286; Duranton, t. 16, no 275.

141. — Par la même raison, l'hypothèque constituée comme un accessoire de l'acte passé en minorité, mais ratifié en majorité, prend date du jour du contrat, aujourd'hui du jour de l'inscription de ce contrat sur les registres publics, et non du jour de la ratification. — Toullier, t. 7, no 565.

142. — L'acte de ratification d'une obligation contractée par un mineur envers son tuteur, mais nulle, faute d'avoir été précédée de la reddition du compte de tutelle dans les formes prescrites par la loi, a un effet rétroactif au jour de l'acte primitif, tellement que des créanciers qui ont acquis hypothèque, dans l'intervalle de la date de l'acte nul et de sa ratification, doivent être primés par l'hypothèque ratifiée. Il en doit, du moins, être ainsi alors qu'ils ont eu, avant de traiter, connaissance de cette première hypothèque, par son inscription. — *Paris*, 15 déc. 1830, Lange c. Huchet.

143. — Mais la ratification des nullités absolues est considérée comme un nouveau titre qui doit avoir son exécution, indépendamment du premier, et par conséquent, elle n'a point d'effet rétroactif. — Toullier, t. 7, no 563.

144. — Ainsi, jugé que la ratification d'une vente nulle, comme ayant pour objet la chose d'autrui, n'a point un effet rétroactif au jour de l'acte. L'effet n'a lieu que du jour de la ratification même. En conséquence, lorsque, sous l'empire de la coutume de Bourbonnais et des lois des 19 septembre 1793 et 19 floréal an II, il y a eu cession à un tiers des droits d'un cohéritier, par un individu qui n'en était pas propriétaire, et que cette cession n'a été ratifiée que depuis le Code civil, les cohéritiers ont pu invoquer contre le cessionnaire l'art. 841 de ce Code, et exercer le retrait successoral. — *Cass.*, 12 déc. 1810, Gagnon c. Duvergier.

145. — De même, la vente d'un bien immeuble consentie par un mineur, sans l'assistance de son curateur et sans l'accomplissement des formalités légales, étant nulle et non pas seulement rescindable, la ratification qu'il ferait de cette première vente, postérieurement à la seconde, ne pourrait pas, par un effet rétroactif, profiter au premier acquéreur et nuire au second. — *Besançon*, 30 juill. 1811, Bonjour c. Pelissard ; *Cass.*, 16 janv. 1837 (t. 1er 1837, p. 108), Brunet c. Phalouzat. — Troplong, *Hyp.*, t. 2, no 499.

146. — La ratification faite par un mineur devenu majeur d'une constitution hypothécaire, qu'il avait consentie en état de minorité, n'a point d'effet rétroactif, à l'égard des tiers ; en conséquence, si, dans l'intervalle écoulé entre cette constitution et cette ratification, ce mineur a contracté mariage, l'hypothèque légale de la femme, qui, dans ce cas, se trouve postérieure en date à la constitution hypothécaire primitive, n'en prime pas moins celle-ci. — *Douai*, 18 mars 1840 (t. 1er 1840, p. 620), Lethierry c. Duforest.

147. — Lorsqu'un individu ayant consenti des obligations hypothécaires, en minorité, les a ratifiées à sa majorité, mais qu'il ait conféré d'autres hypothèques, dans l'intervalle du jour de la majorité à celui de la ratification, cette ratification ne peut pas rétroagir au jour où ont été souscrites les premières obligations, et le créancier porteur des inscriptions consenties en majorité doit être colloqué le premier dans l'ordre. — *Nancy*, 1er mai 1812, D... c. N... ; *Paris*, 25 juill. 1838 (t. 2 1838, p. 44), Cadet c. Bonneau. — Grenier, *Hypoth.*, t. 1er, nos 42 à 47 ; Persil, *Comment.*, art. 2124, no 12 ; Delvincourt, t. 3, p. 159 ; Rolland de Villargues, *Rép.*, vo *Hypothèque*, nos 297, 298 ; Battur, t. 1er, nos 196 et suiv.

148. — L'art. 1338 C. civ., qui dispose que la ratification ou confirmation d'un acte ne vaut que sauf le droit des tiers, n'établit cette réserve que pour le cas où il s'agit d'actes frappés d'une cause légale de nullité ou de rescision. Ainsi, l'acceptation que fait le créancier d'une inscription hypothécaire consentie à son profit par acte unilatéral remonte, quant à son effet, au jour de l'inscription, alors même qu'entre la date de cette inscription et celle de l'acceptation il y a eu des droits acquis à des tiers. — *Cass.*, 5 août 1839 (t. 2 1839, p. 124), Gauchier de Valdone c. Jourdheuille.

149. — On peut se faire consentir une obligation avec hypothèque par quelqu'un qui ferait ou qui se porterait fort pour le débiteur, ou qui s'obligerait même de rapporter la ratification de ce dernier. — C. civ., art. 1120. — Mais il est sensible que cette hypothèque, ainsi que l'obligation, n'aurait aucune existence réelle jusqu'à la ratification de celui pour lequel elle aurait été accordée. Cette ratification n'aurait point non plus de rétroactivité au premier acte. — Grenier, *Hyp.*, t. 1er, no 50, p. 94 ; d'Héricourt, ch. 2, sect. 2, no 8 ; Pothier, *Introd. au tit. 20 de la cout. d'Orléans*, chap. 2, sect. 20, no 24.

150. — La ratification donnée par la femme, après la dissolution du mariage, de la vente de son immeuble dotal consentie par elle, conjointement avec son mari, ne remonte pas, quant à ses effets, au jour du contrat de vente, en ce sens que la femme ne soit plus recevable à exciper, vis-à-vis des tiers détenteurs actionnés en paiement ou en résolution, et qui opposent la prescription, du bénéfice de la suspension résultant en sa faveur de l'art. 2255 C. civ. — La prescription ne lui serait opposable qu'autant qu'il se serait écoulé un délai de dix ans depuis la dissolution du mariage. — *Riom*, 13 nov. 1847 (t. 1er 1848, p. 686), Pauze c. Pinet.

151. — Si les actes nuls de droit, et ensuite confirmés, n'ont effet que du jour de la confirmation et non du jour où ils ont été passés, il s'ensuit qu'ils doivent être régis par les lois du jour où ils ont été confirmés, s'il y a eu changement à cet égard dans la législation. — Duranton, t. 13, no 287.

152. — La ratification donnée par nous à un engagement pris par un tiers en notre nom, sans mandat de notre part, est bien moins encore susceptible de léser les droits des tiers, que la ratification d'une obligation que nous avons consentie nous-même. Elle ne saurait avoir à leur égard un effet rétroactif. — Basnage, *Hypoth.*, chap. 3 ; Pothier, *Hypoth.*, chap. 1er ; Denizart, vo *Ratification* ; Duranton, t. 13, no 286 ; Championnière et Rigaud, *Traité des droits d'enregistr.*, t. 1er, no 227.

153. — Jugé cependant que l'acte d'obligation par lequel celui qui a stipulé s'est fait fort pour un individu de qui il n'avait pas reçu de mandat à cet effet, et qui a été ratifié postérieurement par ce dernier, produit son effet, à l'égard des tiers, à dater du jour de la ratification seulement, et non du jour de l'obligation. — *Cass.*, 24 janv. 1825, Burdin c. Desevre.

154. — ... Que la ratification d'un bail fait par un fondé de pouvoir qui n'avait pas le droit de le consentir, n'a pas d'effet rétroactif. Le bail n'a pas d'autre date que la ratification. — *Bourges*, 29 juin 1825, Kriger c. Desfosses.

155. — La ratification ne profite qu'à ceux qui ont été parties dans l'acte d'où elle résulte. — Delvincourt, t. 2, p. 602.

156. — Toutefois : la partie à laquelle la ratification d'un acte a été promise par un *porte-fort* peut invoquer cette ratification, alors même qu'elle n'a pas figuré à l'acte qui la constate. — *Bordeaux*, 21 août 1848 (t. 2 1849, p. 208), de Brezetz c. Lalande.

157. — La ratification pure et simple des héritiers, consentie par acte notarié, d'une rente sous signature privée faite à leur auteur, et contenant affectation hypothécaire de ses biens, emporte virtuellement avec elle constitution d'hypothèque sur tous les biens indiqués dans l'acte privé, et soumet chacun des héritiers détenteurs d'une partie de ces biens au paiement de la dette pour sa part virile et hypothécairement pour le tout. — *Cass.*, 15 févr. 1832, Verdier c. de Pins.

Sect. 6e. — *Ratification ou confirmation des donations.*

158. — Le donateur ne peut réparer par aucun acte confirmatif les vices d'une donation entre-vifs ; nulle en la forme, il faut qu'elle soit refaite en la forme légale. — C. civ., art. 1339.

159. — Ainsi : ni le dépôt chez un notaire, ni la reconnaissance du donateur ne couvriraient la nullité d'une donation sous seing privé. — Grenier, *Donat.*, t. 1er, no 156 ; Toullier, t. 5, no 174.

160. — Jugé, toutefois, qu'un acte de donation d'une pension viagère, bien que non revêtu des formalités prescrites pour les donations, était susceptible d'une ratification tacite, lorsqu'il avait pour objet la récompense de services rendus, et qu'il s'agissait d'une modique pension viagère. — *Colmar*, 10 déc. 1808, Arbogast c. Schmitt ; 18 juill. 1809, Duvernois c. Goguel.

161. — Lorsqu'une donation entre-vifs est nulle parce que l'un des deux témoins qui ont assisté le notaire n'était pas Français, l'exécution de la donation de la part du donateur ne le rend pas non recevable à opposer ce moyen de nullité. — *Colmar*, 10 août 1818, Well c. Grad.

162. — Si, craignant pour la validité, quant à la forme, d'une donation entre-vifs, les parties déclarent, dans un second acte passé dans les formes légales, qu'elles renouvellent et approuvent la donation textuellement insérée dans le nouvel acte, ce dernier n'est pas simplement confirmatif ; ce qui le rendrait inefficace pour couvrir les vices de forme de la première donation : il constitue une nouvelle donation valable par elle-même. — *Bruxelles*, 11 janv. 1822, N... c. S...

163. — Encore bien qu'une donation immobilière et une donation mobilière soient comprises dans le même acte, la ratification de la première n'emporte pas nécessairement la ratification de la seconde. — *Orléans*, 9 janv. 1845 (t. 1er 1845, p. 441), Deneveu c. Thevard.

164. — En prohibant la confirmation expresse, l'art. 1339 prohibe *à fortiori* la confirmation tacite. C'est ce qui résulte de sa combinaison avec l'art. 1340 C. civ. — Duranton, t. 8, no 389.

165. — Cependant la question de savoir si le donateur qui ne peut confirmer expressément, peut faire produire à la donation tous ses effets, en l'exécutant, n'est pas résolue d'une manière unanime par les auteurs. Rolland de Villargues et Grenier refusent, il est vrai, au donateur la faculté d'user de la ratification tacite ; mais Toullier la lui concède, et Merlin se range à son opinion. Quant à M. Duranton, il distingue entre les donations de meubles et celles d'immeubles. — Toullier, t. 5, no 189 ; t. 8, no 526 ; Merlin, *Quest.*, vo *Testament*, t. 6, p. 300 ; Rolland de Villargues, vo *Ratification*, no 70 ; Grenier, *Donation*, t. 1er, no 57 ; Duranton, no 292 ; Solon, *Traité des Nullités*, t. 2, nos 356, 358.

166. — Dans l'hypothèse d'une donation d'immeubles nulle en la forme, l'exécution volontaire de la part du donateur par la délivrance des immeubles n'en purgerait point le vice ; et, d'après cela, le donateur pourrait en revendiquer encore les biens, malgré cette délivrance. — Duranton, t. 13, no 292, p. 307.

167. — Au contraire, la tradition d'une somme d'argent ou autre chose mobilière, en exécution d'une donation entre-vifs nulle en la forme, pour défaut d'état estimatif ou autrement, couvre les vices de l'acte de donation. — Duranton, t. 8, nos 390 et 405 ; t. 13, no 393 ; Vazeille, sur l'art. 948, no 8 ; Toullier, t. 5, no 390 ; Malpel, no 286. — *Contrà*, Delvincourt, t. 2, p. 252 et suiv. ; Chabot, sur l'art. 868, no 5 ; Vazeille, sur cet article, no 2.

168. — Mais on ne saurait, sous prétexte qu'il y a eu exécution partielle, exiger le paiement du surplus de la donation. — Duranton, nos 281, 293.

169. — L'art. 1339 ne parlant que de nullités de forme, sa disposition exceptionnelle ne saurait être étendue à d'autres nullités. D'où il suit que le donateur pourrait ratifier celle qui serait nulle pour une autre cause, en se conformant à l'art. 1338. — Duranton, t. 13, no 294.

170. — Jugé qu'une donation entre-vifs faite par un père à ses enfans en puissance, devient valable par la ratification ultérieure. — *Turin*, 16 fév. 1811, Sappa c. Trucchi.

171. — ... Que la donation aux enfans faite par le mari au nom de sa femme sans un pouvoir exprès de celle-ci, est nulle ; mais que cette nullité a pu être couverte par une ratification postérieure. — La disposition contraire de l'art. 1339 C. c. n'est applicable qu'aux donations nulles pour vice de forme, mais non aux donations nulles pour défaut de pouvoir. — *Bordeaux*, 9 janv. 1839 (t. 1er 1839, p. 385), Durand et de Bryas c. Rouhier.

172. — Quant à la question de savoir si la ratification tacite, qui résulte de l'exécution volontaire faite par le donateur, lie ses héritiers et les rend non recevables à opposer la nullité d'une donation, il faut distinguer si la nullité ou l'action en rescision est introduite dans leur intérêt ou dans celui du donateur. Dans le cas où l'action en révocation est établie en faveur de ce dernier, l'exécution volontaire, émanée de lui, lie ses héritiers. — Toullier, t. 8, no 526, p. 730.

173. — Jugé, en effet, que l'art. 1338 C. civ., d'après lequel la confirmation, ratification ou exécution volontaire des obligations emporte la renonciation aux moyens et exceptions que l'on pouvait opposer contre ces actes, est inapplicable aux donations entre-vifs, dont l'art. 1339 ne permet aux donateurs de réparer les vices par aucun acte confirmatif, et exige absolument qu'elles soient refaites en la forme légale. — *Cass.*, 6 juin 1821, Chenneveau c. Champigny.

174. — ... Que l'exécution, de la part du donateur, d'un acte de donation qui contient des vices de nature à en entraîner la nullité, ne couvre pas ces vices, et ne rend pas l'héritier du donateur irrecevable à les opposer. — *Bourges*, 30 août 1831 (sous *Cass.*, 3 août 1836), Delagrange c. Bazon. — Coin-Delisle, *Comm. anal.*, sur l'art. 931 C. civ., no 9.

175. — Jugé, contrairement, que la nullité pour vice de forme d'une donation de biens présens et à venir, faite par contrat de mariage, peut être couverte par l'exécution volontaire de la part du donateur. — *Grenoble*, 21 déc. 1827, Lassarre c. Genin. — Grenier, *Dom.*, t. 1er, p. 207 ; Favard, *Rép.*, vo *Acte récognitif et confirmatif*, no 7.

176. — Le donateur, dont la donation est nulle, pour défaut d'acceptation, mais qui, lorsque le donataire a cédé à un tiers le bénéfice de la donation, est intervenu dans l'acte de cession et s'est obligé à payer au cessionnaire, ne peut invoquer la nullité de la donation, sans se dispenser de payer ce dernier ; son intervention au transport a opéré une novation, qui le rend personnellement obligé. — *Bourges*, 24 janv. 1821, Guérin c. d'Arquian ; *Cass.*, 23 mai 1822, mêmes parties.

177. — L'acquéreur de biens compris dans une donation est personnellement non recevable à contester cette donation, lorsqu'elle a été reconnue et ratifiée par le donateur, dans des actes postérieurs, et que l'acquéreur lui-même l'a exécutée, en payant une partie de son prix au mandataire. — *Cass.*, 21 mars 1825, Agant c. Prevot.

178. — Une transaction entre le donateur et le donataire sur le montant et l'époque d'exigibilité de la donation qualifiée de rémunératoire, ne couvre pas la nullité de ladite donation résultant de l'usure. — *Bordeaux*, 17 déc. 1827, Maze c. Gentien.

179. — L'exécution d'une donation déguisée faite à un incapable, même à une époque où l'incapacité avait cessé, ne peut valider cette donation, si elle n'a lieu, de la part du donateur, qu'afin de faire cesser des poursuites dirigées contre lui en paiement des choses données. — En un tel cas, l'exécution doit être réputée forcée ; et par suite, sans effet confirmatif. — *Cass.*, 19 janv. 1830, Calvet c. Lacaze.

180. — Quoi qu'il en soit, l'exception qu'établit

l'art. 1339 du Code civil, est restreinte au donateur, et ne s'étend point à ses héritiers ou ayans cause. Lorsque les héritiers du donateur, généralement portés à quereller ses libéralités, les ont confirmées ou exécutées volontairement, c'est qu'ils ont eu des raisons pour le faire. Aussi : la confirmation ou exécution volontaire d'une donation, par les héritiers ou ayans cause du donateur, après son décès, emporte leur renonciation à opposer soit les vices de forme, soit toute autre exception.—C. civ., 1340.—Duranton, t. 13, n° 291.

181. — Mais si la ratification précédait le décès du donateur, elle serait nulle comme présentant une espèce de stipulation sur une succession future. — Toullier, t. 8, n° 526; Delvincourt, t. 2, p. 605; Favard, *Rép.*, v° *Acte confirmatif*, § 2, n° 7.

182. — L'art. 1340 du Code civil, d'après lequel la ratification d'une donation par les héritiers du donateur n'emporte leur renonciation à opposer soit les vices de forme, soit toute autre exception, qu'autant qu'elle est faite après le décès du donateur, est applicable aux donations déguisées sous la forme de contrats à titre onéreux. — On ne peut dire qu'à l'égard de ces ventes contenant des donations déguisées, les ratifications faites du vivant du donateur soient valables, par application de l'art. 918 du Code civil, qui donne effet à de pareilles ratifications quand elles sont relatives aux ventes que la loi présume contenir des donations déguisées. — *Cass.*, 12 nov. 1827, Leprestre. — V., au surplus, DONATION DÉGUISÉE, nos 72 et suiv.

183. — Plus spécialement : des successibles en ligne directe qui ont ratifié du vivant de leur auteur la vente d'un immeuble faite à l'un d'eux par ce dernier à charge de rente foncière, sont néanmoins recevables à attaquer cette vente comme contenant une donation déguisée excédant la quotité disponible et à demander que cet excédant soit rapporté à la masse. — Même arrêt.

184. — Pour que l'exécution d'une donation par les héritiers ou ayans cause du donateur, après le décès de celui-ci, emporte renonciation à opposer soit les vices de forme, soit toute autre exception, il faut que cette exception ait été volontaire, et consentie librement et avec la connaissance de la circonstance qui constituerait le vice de l'acte attaqué. — *Cass.*, 25 nov. 1824, Leblanc c. Raveaux; *Bourges*, 23 mai 1840 (t. 2 1840, p. 551), de C... c. L... — Delvincourt, t. 2, p. 605; Favard, *Acte récognitif*, § 2, n° 7; Toullier, t. 8, n° 526.

185. — Spécialement : le fils au profit duquel une rente viagère a été, à titre de libéralité, constituée par son père dans le contrat de mariage de sa sœur, est encore, bien qu'il ait, depuis la mort de son auteur, touché des arrérages, recevable à critiquer le contrat de mariage comme ayant été reçu et signé en l'absence du notaire en second. — *Bourges*, 23 mai 1840 (t. 2 1840, p. 551), de C... c. L...

186. — L'exécution volontaire qui emporte renonciation à demander la nullité d'une donation, doit émaner d'actes positifs et personnels de la part de ceux à qui on l'oppose. Elle ne résulte pas, notamment, de faits qui ne supposent, de leur part, que la connaissance de l'existence de la donation (alors même que cette connaissance aurait été suivie d'un silence plus ou moins long), et non la volonté de renoncer à l'exercice de leur action. — *Cass.*, 12 juin 1839 (t. 2 1839, p. 16), Dessain. — Merlin, *Rép.*, v° *Chose jugée*, § 1er *bis*, n° 2.

187. — On ne peut considérer comme exécution volontaire d'une donation d'immeubles faite par un père à quelques-uns de ses enfans le fait de la part des autres d'avoir reçu une dot avant le décès de l'auteur commun, ou de l'avoir touchée depuis, ni celui d'avoir concouru à un partage égal du mobilier de la succession. — *Cass.*, 8 janv. 1838 (t. 2 1838, p. 282), Barbotte c. Hamard; 31 janv. 1844 (t. 2 1844, p. 629), mêmes parties.

188. — On ne peut considérer comme une ratification de nature à couvrir la nullité d'un acte de donation, pour ne pas porter la mention régulière de la signature d'une partie, la circonstance que les héritiers du sang qui l'attaquent auraient payé les droits de succession seulement sur la part qui devait leur revenir, déduction faite des biens compris dans la donation. — *Metz*, 2 mars 1840 (t. 2 1841, p. 521), Grenez c. Schemel.

189. — Pour valoir, soit comme ratification, soit comme transaction, un acte contenant exécution d'une donation nulle, doit présenter les conditions exigées par l'art. 1338 C. civ. pour les actes confirmatifs. — *Cass.*, 25 nov. 1824, Leblanc c. Raveaux.

190. — Les héritiers du donateur ne peuvent être censés avoir tacitement renoncé à se prévaloir du vice de la donation résultant de l'absence des formes ou de l'état estimatif, tant que ladite donation ne leur a pas été signifiée par le donateur. — *Bordeaux*, 6 août 1834, Viveille c. Royère.

191. — Quand un arrêt a rejeté une demande en révocation d'une donation pour cause de survenance d'enfant, l'exécution sans réserves donnée à cet arrêt par la remise des biens de la part de la personne qui a succombé, et la transaction par elle faite sur des difficultés auxquelles cette exécution a donné lieu, peuvent être considérées comme une exécution volontaire dans le sens de l'art. 1338 et de l'art. 1340 C. civ. — *Poitiers*, 24 déc. 1819, Girault c. Laurendeau; *Cass.*, 5 juin 1821, mêmes parties. — *Contrà*, *Bourges*, 11 déc. 1821, mêmes parties.

192. — L'héritier créancier du donateur, qui agit contre le donataire pour obtenir le paiement de la somme qui lui est due, ratifie la donation, et se rend, par suite, non recevable à en demander la nullité. — *Cass.*, 12 juin 1839 (t. 2 1839, p. 16), Dessain.

193. — La reconnaissance ou exécution de l'obligation de la part de l'héritier du donateur, ne le rend pas non recevable à en opposer la nullité s'il n'est prouvé que, lors de cette reconnaissance, il savait que la donation était usuraire. — *Bordeaux*, 17 déc. 1827, Maze c. Gentieu.

194. — Une donation préciputaire, faite par contrat de mariage, et volontairement exécutée pendant plus de vingt ans par un partage définitif, ne peut plus être attaquée. — *Lyon*, 10 août 1838 (t. 1er 1839, p. 531), Joly.

195. — Le caractère légal des faits qui constituent l'exécution volontaire d'une donation, peut être apprécié par la Cour de cassation. — *Cass.*, 8 janv. 1838 (t. 2 1838, p. 282), Barbotte c. Hamard. — V., à cet égard, ce qui a été dit *suprà*, n° 117.

196. — L'héritier qui a consenti l'exécution d'une donation faite par le défunt, ne peut pas être restitué contre ce consentement : à moins qu'il ne prouve qu'il a été le résultat du dol ou de la surprise. — *Caen*, 28 thermid. an VIII, Querpel c. Ricard.

Sect. 7e. — *Ratification ou confirmation des testamens.*

197. — Après bien des difficultés, on a admis la ratification des testamens. — Un héritier peut donc renoncer à faire valoir la nullité d'un testament, et consentir à ce qu'il soit exécuté. — Mais il faut, pour que la ratification produise des résultats, qu'elle soit postérieure au décès du testateur ; car toute stipulation sur une succession non ouverte est prohibée. — Grenier, t. 1er, n° 325; Merlin, *Rép.*, t. 17, n° 792 ; Rolland de Villargues, v° *Testament*, nos 548 à 551.

198. — Pour que l'approbation, soit expresse, soit tacite, produise ses effets, il faut qu'elle soit donnée par la personne même à laquelle le testament préjudicie; pourvu qu'elle ait toute sa capacité. — Rolland de Villargues, n° 566.

199. — L'exécution par le mari d'un testament que la femme peut attaquer comme héritière légitime, ne rend pas celle-ci non recevable à agir en nullité. — *Colmar*, 1er févr. 1812, Christ c. Hénin.

200. — La disposition de l'art. 1339 C. civ. suivant laquelle une donation entre-vifs, nulle en la forme, ne peut être validée par aucun acte confirmatif, est applicable aux testamens notariés. — *Besançon*, 19 mai 1809, Duport.

201. — Les règles de confirmation et de ratification que l'on trouve écrites dans l'art. 1338 C. civ. sont applicables aux dispositions à cause de mort, qui sont nulles dans la forme. — Merlin, *Quest.*, v° *Testamens*, § 18, p. 392 et suiv.

202. — C'est pourquoi l'héritier *ab intestat* est encore recevable à attaquer comme nul le testament fait à son préjudice, lorsqu'après en avoir pris connaissance il a passé un acte par lequel, en l'absence et sans la participation de celui ou de ceux au profit desquels le défunt avait disposé, il a déclaré qu'il en approuvait les dispositions, et consentait qu'elles eussent leur plein effet, sans néanmoins y exprimer le vice dont ce testament est entaché ni manifester l'intention de réparer ce vice. — Merlin, *Quest.*, v° *Testament*, p. 391.

203. — L'acte confirmatif ne devient irrévocable que par l'acceptation des légataires, jusque-là l'héritier n'est pas lié. — Merlin, *Rép.*, v° *Testament*, sect. 2, § 1er, art. 4; Rolland de Villargues, n° 557.

204. — Le paiement ou la réception d'un legs entraîne-t-elle une approbation du testament qui rende non recevable à l'attaquer celui qui a reçu ou payé le legs? — Cette question, suivant Grenier (t. 1er, n° 325), porte sur trois différens cas qu'il faut bien distinguer, parce qu'ils sont susceptibles d'une application de règles différentes. — Le premier cas est celui où l'on prétendrait invoquer l'approbation du testament contre la personne qui aurait un droit supérieur au legs qu'elle aurait reçu, tel qu'un droit de réserve. — Le deuxième est celui où l'on voudrait, au moyen de l'approbation, résister à une réclamation qui aurait lieu après le paiement ou la réception du legs, à raison d'un faux qui aurait été découvert contre le testament. — Le troisième a trait à une nullité qu'il s'agirait d'opposer contre le testament, après le paiement ou la réception du legs.

205. — A l'égard de la première hypothèse, il est évident que celui qui est saisi par la loi d'un droit à une hérédité ne peut en être privé que par une renonciation précise ou par une vente. Les libéralités ne se supposent pas ; elles doivent être établies. Ainsi, en recevant simplement le legs, c'est une quittance sur ce qu'on peut réclamer ; mais l'action en supplément ne laisse pas de subsister.

206. — Quant à la deuxième hypothèse, tout le monde est d'accord. « Il n'y a pas de doute, dit Chabra (*Coutume d'Auvergne*), qu'en quelque temps qu'on fasse la découverte du faux, elle met en droit de revenir sur ce qui a été fait : c'est un principe que le faux ne se couvre jamais à moins qu'il n'ait été proposé, et qu'en connaissance de cause on ne s'en soit départi. » — Il en serait de même du cas où après l'approbation du testament qu'on voudrait faire résulter du paiement ou de la réception d'un legs on découvrirait un testament qui dérogerait au premier.

207. — Enfin, relativement à la troisième hypothèse, qui concerne le cas où il s'agirait d'une réclamation postérieure au paiement ou à la réception du legs, fondée sur une nullité du testament, il y a plus de difficulté. — Ricard s'est décidé pour une distinction entre les nullités apparentes et les nullités cachées : il admet la réclamation pour les dernières, et il l'exclut pour les premières. Cette distinction nous paraît devoir être maintenue, parce que l'intéressé a pu vouloir exécuter le testament malgré la nullité, soit parce que les formalités n'ont pour objet que d'assurer la vérité du testament et que l'héritier qui a bien voulu exécuter un testament nul est censé s'être rendu certain par d'autres moyens de la volonté du testateur, soit parce que, malgré la nullité, il subsiste une sorte d'obligation naturelle, qu'il doit être libre à l'héritier d'accomplir. — Grenier, t. 1er, n° 325, p. 568 et suiv. ; Rolland de Villargues, nos 559, 561 et suiv. ; Toullier, t. 11, n° 73.

208. — L'héritier ne peut donc être restitué pour erreur de fait contre l'exécution du testament, qu'autant que la nullité dont il argue le testament n'était pas apparente ; et pour qu'il puisse être relevé de son adhésion pour erreur de droit, il faut qu'elle en ait été l'unique cause. Mais lorsqu'on est incertain si sa conduite a eu pour motif l'ignorance des vices du testament, ou l'intention de ne pas s'en prévaloir, et de respecter la volonté du défunt, on doit suivre la maxime : *In dubio erranti nocet error.* — Merlin, *Rép.*, v° *Testament*, sect. 2, p. 75; Grenier, n° 325 ; Duranton, t. 9, n° 474 ; Delvincourt, t. 2, p. 298 ; Vazeille, art. 1001, n° 9.

209. — Jugé, en conséquence, que l'exécution d'un testament nul emporte renonciation au droit d'en demander la nullité. — *Pau*, 27 févr. 1827, Han.

210. — Que, dans les provinces régies par le droit romain, l'exécution volontaire d'un testament de la part de l'héritier *ab intestat* rendait cet héritier non recevable à l'attaquer, lorsque la nullité provenant de l'incapacité du testateur était apparente. — *Cass.*, 13 mars 1816, Parent c. Chappuis.

211. — En effet, la renonciation à se prévaloir de la nullité ne peut être présumée qu'autant que la cause de nullité était connue ou de nature à être connue de l'héritier.

212. — Le légataire qui a provoqué l'exécution d'un testament antérieurement bien connu en la forme et au fond, est donc non recevable à en contester la validité. — *Cass.*, 5 (et non 4) févr. 1829, Faure c. Bornier.

213. — L'héritier légitimaire qui a reconnu le testament pour valable et qui s'est fait délivrer sa portion héréditaire, n'est plus recevable à attaquer le testament pour vice de forme. — *Toulouse*, 2 juill. 1807, Lamothe.

214. — De même : l'héritier qui a connu le testament par lequel la testatrice a légué à son conjoint l'usufruit de tous ses biens, et qui, pendant onze ans, a laissé le légataire en paisible jouissance du legs, n'est plus recevable à revenir sur cet acquiescement et à demander la nullité du testament pour vice de forme. — *Colmar*, 29 mai 1823, Nuffer c. de Leiritz.

215. — De même encore, les héritiers ou ayans cause d'un testateur ne peuvent attaquer les dispositions de son testament après y avoir acquiescé et avoir promis de ne pas revenir contre ces dispositions. — *Rennes*, 28 févr. 1831, Duleslay c. Le Keranflech.

216. — Les héritiers qui ont transigé avec le légataire universel sur l'exécution du testament qui annonce de la part du testateur des dispositions secrètes dont l'exécution est abandonnée à la foi de ce légataire, ne peuvent, quand ils ont eu une pleine connaissance de ce testament, être admis à se pourvoir contre la transaction : sur le fondement qu'il n'a pas été statué spécialement sur la nullité résultant des dispositions secrètes. — *Paris*, 21 févr. 1814, Joly c. Thiesset.

217. — Mais, en général, l'héritier qui a exécuté le testament en recevant le legs qui lui était fait, mais sans avoir vu ni discuté ce testament, est recevable à en demander plus tard la nullité. — *Cass.*, 12 nov. 1816, Girou ; *Montpellier*, 22 avril 1831, Pons c. Privat.

218. — Le fait, par un individu, d'avoir demandé la délivrance d'un legs, dans l'ignorance d'une circonstance qui le rendait héritier du testateur, n'opère pas ratification du testament, en ce sens qu'il ne puisse former plus tard une action en pétition d'hérédité, tant que la prescription n'est pas accomplie. — *Cass.*, 12 mars 1834, Lagoutte c. Rossary.

219. — L'exécution du testament par l'héritier naturel n'emporte pas une renonciation à l'attaque de nullité, lorsque cette exécution n'a eu lieu que dans l'ignorance de la nullité, et que cette nullité n'était pas apparente, comme s'il s'agit de l'incapacité d'un témoin. — *Nîmes*, 28 janv. 1831, Vigne c. Augier. — Ou bien encore si le vice matériel de l'acte avait été déguisé dans l'expédition qui en avait été délivrée à l'héritier. — *Cass.*, 9 nov. 1814, Seyssel c. Cordon.

220. — Par cela que, sur la représentation d'une expédition régulière, des héritiers naturels ont consenti l'exécution d'un testament, ils ne sont pas non recevables à attaquer ce même testament pour des vices existant dans la minute, et qu'ils n'ont découverts qu'après. — *Angers*, 20 mai 1825 (V. sous *Cass.*, 23 mars 1829), Corvasier.

221. — Mais il en serait autrement si les héritiers naturels avaient pu ou dû connaître ces vices de la minute. — *Nîmes*, 22 juin 1841 (t. 1er 1841, p. 158), Charasse.

222. — Un héritier peut, après avoir exécuté un testament, l'attaquer comme extorqué par violence ou surpris par captation, si les faits de violence ou de captation n'étaient pas connus de lui, lors de l'exécution. — *Cass.*, 27 août 1818, Fauchey.

223. — De même, le fait par un mari, institué légataire universel par un testament révoqué ultérieurement, d'assister sa femme, comme mari, dans la demande qu'elle fait au légataire institué par le second testament, d'une somme qui lui était due par la défunte, ne peut être considéré comme emportant de sa part exécution volontaire de ce testament alors qu'il en ignorait le vice au moment où il a figuré à la quittance. — *Cass.*, 24 juill. 1839 (t. 2 1839, p. 289), Molinié c. Gassané.

224. — La renonciation à se prévaloir de la nullité d'un testament ne peut être opposée à l'héritier légitime qu'autant qu'elle est expresse, ou tout au moins qu'elle est la conséquence nécessaire du fait qui lui est imputé. — *Besançon*, 5 août 1811, Blanc.

225. — La délivrance du legs et l'accomplissement des formalités prescrites par les articles 1007 et 1008 C. civ. peuvent être suppléés par l'exécution volontaire donnée au testament par les parties intéressées. — *Cass.*, 16 nov. 1836 (t. 1er 1837, p. 187), Juin c. Thouin.

226. — Une quittance de la part d'un cohéritier, dans laquelle il déclare *être entièrement satisfait de ses droits légitimaires pour le présent et l'avenir*, ne peut être considérée comme une *ratification* des institutions d'héritier faites en faveur d'un autre cohéritier, contrairement aux lois existantes à l'époque de ces institutions, et ne l'empêche pas, dès lors, de demander le partage de la succession par égales portions. — *Pau*, 28 août 1824, Borda.

227. — Lorsque, après avoir institué contractuellement son fils pour son héritier universel, à la charge par celui-ci de payer une certaine dot à ses sœurs, un père prend sur lui d'abandonner à l'une de ces dernières, en paiement de sa dot, un bien propre à l'héritier institué, la présence de cet héritier au contrat de mariage de sa sœur n'équivaut pas à une ratification de la disposition faite par le père. — *Riom*, 24 juill. 1817, Giraud c. Grosemarias.

228. — Lorsqu'une fille à qui son père a légué sa légitime, à titre d'institution, se constitue en dot le montant de ce legs, en déclarant qu'il lui est dû par l'héritier institué de son père, et que celui-ci, présent à l'acte, a même fait à cette fille une donation moyennant laquelle elle a déclaré renoncer à tout supplément de légitime, il y a eu, dans ce cas, exécution du testament qui la rend non recevable à demander rien de plus dans la succession paternelle. — *Toulouse*, 18 mai 1824, Anglas.

229. — Lorsque des héritiers naturels, après avoir promis au testateur d'exécuter ses dernières volontés mises par écrit, mais qu'il n'a pas eu le temps de consigner dans un acte public, ont, depuis la mort du testateur, exécuté cette promesse, ils sont non recevables à demander ultérieurement l'annulation des dispositions de leur auteur. — Les tribunaux peuvent admettre le légataire à prouver l'approbation et l'exécution donnée par les héritiers. — *Bruxelles*, 28 juill. 1817, Brion.

230. — Il n'y a pas exécution volontaire emportant ratification du testament nul d'un absent dans le fait d'un partage amiable, suivi de jouissance, entre le légataire et les héritiers encore mineurs, alors qu'au moment de ce partage les parties n'ont point fait déclarer l'absence du testateur, qu'elles ne se sont point expliquées sur le testament, qu'elles n'ont point signé l'acte de partage dressé sous seing privé, et qu'enfin la jouissance du légataire n'a pas duré trente ans. — *Cass.*, 31 mai 1848 (t. 2 1848, p. 162), Gravoil c. Petiteau.

231. — L'héritier qui a attaqué le testament pour cause de démence et qui, après avoir été débouté de cette demande, a exécuté le jugement, ne peut plus soulever la même difficulté à l'égard d'un autre légataire. — *Cass.*, 5 déc. 1831, Brechard c. Commune d'Achun.

232. — Le légataire universel qui a accepté le legs et exécuté le testament olographe n'est plus recevable à méconnaître l'écriture du testateur, et il ne peut plus attaquer le testament que par la voie de l'inscription de faux. — *Paris*, 8 mai 1815, d'Asnières c. Guy.

233. — L'exécution volontaire, par le légataire universel, de quelques legs particuliers contenus dans un codicille nul comme n'ayant pas de date, ne peut profiter à d'autres légataires particuliers, auxquels le légataire universel oppose la nullité de ce codicille, qu'il n'a exécuté ni ratifié à leur égard. — *Paris*, 15 oct. 1829, Robert c. Labau.

234. — Le légataire qui, en qualité de parent et subrogé tuteur de mineurs, a concouru à une délibération du conseil de famille, autorisant un tuteur à demander en justice la délivrance d'un legs, n'est pas non recevable à contester plus tard les droits des mineurs, et on ne peut assimiler son consentement, dans cette circonstance, à une confirmation, ratification ou exécution volontaire, dans le sens de l'art. 1340 C. civ. — *Rennes*, 4 juin 1826, Ollivier c. Allain.

235. — La nullité d'un legs fait à une personne inconnue étant d'ordre public, l'exécution volontaire du testament par les héritiers ne les rend pas, dans ce cas, non recevables à en critiquer plus tard les dispositions. — *Lyon*, 13 févr. 1836 (t. 2 1837, p. 325), Chausson c. Bibet.

236. — Après la prononciation du jugement qui rejette la demande en nullité d'un testament, les juges ne peuvent interpeller l'héritier institué présent à l'audience, et donner acte de sa réponse, sur l'effet qu'il entend donner à la promesse qu'il a faite verbalement à quelques-uns d'entre eux de laisser, après sa mort, aux héritiers légitimes du testateur les biens compris dans son institution. — *Cass.*, 11 juin 1810, Debazarnes c. Héreau. — V. Merlin, *Quest.*, vo *Testament*, § 16.

V. aussi, entre autres mots, ACTE NOTARIÉ, ACTE SOUS SEING PRIVÉ, APPEL, APPROBATION DE SOMME, ASSURANCE MARITIME, ASSURANCE TERRESTRE, AUTORISATION DE FEMME MARIÉE, CASSATION (mat. civ.), COMMERÇANT, COMMIS-VOYAGEUR, COMMISSIONNAIRE, COMMUNAUTÉ, COMPROMIS, CONSEIL JUDICIAIRE, CONTRAT DE MARIAGE, COUR D'ASSISES, DÉSAVEU, DONATION DÉGUISÉE, DONATION ENTRE-VIFS, DOT, ÉCHANGE, ENREGISTREMENT, GESTION D'AFFAIRES, HYPOTHÈQUE CONVENTIONNELLE, INSCRIPTION HYPOTHÉCAIRE, MANDAT, MARIAGE, MINEUR, NULLITÉ, OBLIGATION, PAIEMENT.

RATURE.

1. — Effaçure qui se fait en passant un ou plusieurs traits de plume sur ce qui a été écrit ou imprimé.

2. — On a vu (vo ACTE NOTARIÉ, nos 360 et suiv.), qu'en ce qui concerne spécialement les actes notariés, les mots doivent être rayés de manière que le nombre puisse en être constaté à la marge de la page correspondante ou à la fin de l'acte et approuvé de la même manière que les renvois ; le tout à peine d'une amende de 10 francs contre le notaire. — L. 25 vent. an XI, art. 16 ; L. 14 juin 1824, art. 10.

3. — C'est-à-dire que les ratures doivent être faites par une barre ou un trait de plume séparément sur chaque mot, afin de pouvoir compter et distinguer facilement la quantité des mots rayés. — Arrêt réglem. 4 sept. 1685 ; édit de févr. 1719 ; édit du duc de Lorraine 14 août 1721, art. 66 ; arrêt du Conseil 21 janv. 1723. — Rolland de Villargues, *Rép. du notar.*, vo *Rature*, no 3.

4. — Aux décisions rapportées à ce sujet, il faut ajouter qu'il y a contravention aux lois des 25 ventôse an XI et 14 juin 1824, dans le défaut d'approbation, de la part des adjudicataires, des ratures qui se trouvent dans la partie de l'acte où sont établies les charges des adjudications..., alors que cette partie constitue non pas un acte distinct et séparé, mais un seul et même contexte avec l'adjudication. — *Douai*, 19 janv. 1846 (t. 1er 1846, p. 673), N... c. Enregistrement.

5. — Les ratures et les renvois dans un acte notarié ne peuvent préjudicier aux dispositions du contrat, et doivent par conséquent être considérés comme non avenus, lorsqu'ils n'ont pas été approuvés par les parties, bien qu'ils aient reçu l'approbation du notaire qui a rédigé l'acte. — Spécialement, si avant la rature les dispositions d'un acte de partage attribuaient à l'une des parties la propriété exclusive d'un mur et d'un terrain adjacent destiné à recevoir l'égout de la toiture ; cette attribution de l'acte n'est pas changée par la rature desdites dispositions et le renvoi en marge exprimant que le mur est mitoyen, si la rature et le renvoi ne sont approuvés que par le notaire qui a retenu l'acte. — *Bordeaux*, 10 déc. 1845 (t. 1er 1846, p. 355), Martin c. Benillan.

6. — Bien que cette maxime qui répute nulle toute rature ou surcharge non approuvée par tous ceux qui ont concouru à la rédaction de l'acte n'ait été consacrée spécialement qu'à l'égard des actes notariés par l'art. 16 de la loi du 25 ventôse an XI, elle doit être pratiquée à l'égard de tous les actes publics ; car elle tient à leur essence, et sans elle les actes publics, toujours exposés à des altérations, ne mériteraient plus aucune foi. — Merlin, *Rép.*, vo *Rature*.

7. — Ainsi, est nulle la substitution, dans un acte, d'un mot à un autre mot rayé sans approbation ; et notamment la substitution, sur la minute d'un arrêt de la Cour de cassation, du nom d'une Cour où l'affaire aurait été renvoyée, à celui d'une autre Cour. — *Cass.*, 8 mars 1813, Delambre c. d'Hericy. — Merlin, *Répertoire*, vo *Rature*.

8. — Il est cependant d'autres dispositions de la loi qui prescrivent également l'approbation des ratures, lorsqu'elles sont faites dans certains actes.

9. — Ainsi : sur les actes de l'état civil, les ratures sont approuvées et signées de la même manière que le corps de l'acte. — C. civ., art. 42. — V. ACTES DE L'ÉTAT CIVIL.

10. — En matière de faux incident civil, le procès-verbal de description des pièces arguées de faux doit faire mention et description des ratures qui s'y trouvent. — C. proc., art. 227. — V. FAUX INCIDENT.

11. — Les livres que les agens de change et courtiers sont obligés de tenir pour la constatation des opérations de leur ministère, ne doivent pas contenir de ratures. — C. comm., art. 84. — V. AGENT DE CHANGE, COURTIER.

12. — Dans les faillites, le procès-verbal de vérification des créances doit mentionner les ratures qui ont lieu. — C. comm., art. 495. — V. FAILLITE.

13. — Dans les actes d'instruction criminelle, les ratures doivent être approuvées et signées par le juge d'instruction, par le greffier et par le témoin sous peine de 50 francs d'amende contre le greffier et même, s'il y a lieu, de prise à partie contre le juge d'instruction. Les ratures non approuvées sont réputées non avenues. — C. instr. crim., art. 77 et 78.

14. — Ces dispositions ont été déclarées applicables aux questions posées au jury relativement à la partie substantielle et constitutive de leur déclaration. — V. COUR D'ASSISES. — V. aussi conf. *Cass.*, 20 mars 1845 (t. 2 1848, p. 84), Vasseur; 11 avril 1845 (t. 2 1845, p. 315), Radet; 30 déc. 1847 (t. 2 1848, p. 155), Rollet.

15. — L'approbation des mots rayés peut être faite soit à la marge de la page correspondante, soit à la fin de l'acte. — Rolland de Villargues, n° 8.

16. — L'approbation à la marge de chaque page dans laquelle se trouvent des mots rayés multiplierait les signatures sans utilité. Ce mode n'est pas suivi (Rolland de Villargues, n° 9), du moins en ce qui concerne les ratures sur les actes. Mais on sent qu'il en doit être ainsi pour les ratures sur les registres.

17. — Quant à l'approbation mise à la fin de l'acte, elle a lieu de deux manières. L'une consiste à mettre à la marge correspondant à la clôture de l'acte, une indication en ces termes : *Rayé tant de mots nuls;* ou *Tant de lignes et tant de mots nuls.* — Cette approbation est signée ou simplement paraphée par toutes les personnes qui doivent apposer leur signature sur l'acte. — Rolland de Villargues, n° 10.

18. — L'autre manière consiste à placer la même approbation à la fin de l'acte et immédiatement au-dessous de son contexte et avant les signatures; mais elle doit aussi être particulièrement paraphée ou signée, comme on vient de le dire. — Rolland de Villargues, n° 11. — V. conf., en ce qui concerne les actes notariés, *Montpellier*, 13 févr. 1829, Guinard c. Gely.

19. — Au surplus, il n'y a point d'expression sacramentelle pour l'approbation des mots rayés.

20. — Ainsi jugé que la mention *Les mots rayés approuvés* est suffisante pour indiquer que la radiation des mots biffés a été approuvée. — *Cass.*, 10 déc. 1835 (t. 1er 1838, p. 25), Jeanson.

21. — En général, les ratures indiquent que celui qui les a faites ou fait faire improuve les mots ou la disposition rayée. — L. 1re, D., *De his quæ in testam. delentur*. — Rolland de Villargues, n° 25.

22. — Toutefois, il faut faire une distinction entre les ratures qui sont approuvées et celles qui ne le sont pas.

23. — Lorsque les ratures sont approuvées, il n'y a point de difficulté possible; les mots ou les dispositions sont nulles. — Rolland de Villargues, n° 27.

24. — Si l'approbation avait, au contraire, pour objet de valider les mots ou les dispositions rayés, on devrait les réputer valables; et cela avec d'autant moins de difficulté qu'ils seraient réellement répétés dans l'approbation. Mais un tel mode peut présenter des inconvéniens, et il est plus sûr de recommencer ce qui a été rayé. — Rolland de Villargues, n° 28.

25. — Quant aux ratures non approuvées, elles donnent lieu à des difficultés sérieuses; il faut distinguer : 1° Les ratures faites par les tiers, de celles faites par les parties ou de leur consentement. — Toullier, t. 8, n° 118.

26. — Les ratures faites par des tiers, sans le concours ou le consentement des parties intéressées, ne peuvent ni nuire à la validité de l'acte, ni entraîner la nullité des dispositions rayées. En effet : les droits acquis aux parties par un acte, une fois parfait, ne peuvent être détruits par le fait d'un tiers, qu'il y ait eu dessein ou non. — Toullier, n° 119.

27. — La preuve que les ratures ont été faites par un tiers est un fait qui peut être prouvé par témoins. — Toullier, *ibid.*

28. — ...2° Les ratures faites à dessein, *consultò*, de celles faites inconsidérément ou par mégarde, *inconsultò*. — Toullier, t. 8, n° 118.

29. — Les mots ou les dispositions rayés inconsidérément ou par mégarde, *inconsultò*, ne laissent pas de conserver leur valeur, pourvu d'ailleurs qu'on puisse les lire. — L. 1re, D., *De his quæ in testam. delent.* — Toullier, n° 120.

30. — Au contraire : les ratures faites à dessein, *consultò*, par les parties, annulent en général les dispositions rayées (même loi). Car, dans ce cas, les ratures indiquent que celui qui les a faites ou fait faire improuve les mots ou la disposition rayés. — Toullier, *ibid.*

31. — Mais il n'y a alors de nul que ce qui se trouve rayé; le reste subsiste. — L. 1re, § 4; L. 2, *eod.* — Toullier, n° 116.

32. — .... 3° Les ratures antérieures, des ratures postérieures. — Toullier, t. 8, n° 118.

33. — Dans le premier cas : les mots ou la disposition rayés sont annulés, et le surplus de l'acte continue de subsister. La signature des parties fait supposer qu'elles ont admis ces ratures, quand même l'une d'elles prétendrait qu'elles ont été faites contre son gré. — Toullier, n° 121.

34. — Si les ratures sont postérieures à la perfection de l'acte, une nouvelle distinction est à faire : ou les deux contractans ont concouru à la radiation, et alors les dispositions rayées sont nulles; ou bien c'est un seul des contractans qui a fait la radiation sans que l'autre y ait consenti. Et alors, de deux choses l'une : s'il l'a fait dans l'intention de préjudicier à l'autre, c'est un délit qui ne peut nuire à celui-ci; s'il l'a fait, au contraire, dans l'intention de gratifier cet autre contractant, la radiation dégage ce dernier et opère la remise de la dette. Car l'anéantissement ou la destruction volontaire du titre ne saurait avoir moins de force que sa remise volontaire. — C. civ., 1282 et 1283. — Toullier, *ibid.*

35. — ... 4° Les ratures sur une partie essentielle de l'acte, et sans laquelle il ne peut être valable, des ratures sur une partie indifférente, sans laquelle l'acte pourrait également subsister; ou sur une disposition indépendante, séparée des autres, et non connexe. — Toullier, t. 8, n° 118.

36. — Les ratures de mots ou même de phrases indifférens, inutiles ou surabondans ne sauraient nuire à la validité d'un acte. — Toullier, nos 116 et 123.

37. — Les ratures qui existent dans un endroit essentiel ou dans un endroit suspect de la pièce annulent toutes les dispositions de l'acte. — Quant à la question de savoir quels sont les endroits essentiels et quels sont ceux suspects, elle est abandonnée à la prudence des juges. — Toullier, *ibid.*; Rolland de Villargues, n° 39.

38. — Si toutes les dispositions de l'acte sont connexes, la rature d'une seule entraîne la nullité de toutes les autres; l'acte est nul dans son entier. — Toullier, nos 116, 117 et 123; Rolland de Villargues, n° 39.

39. — Si elles sont non connexes : la rature d'une des dispositions ne nuit point à la validité des autres, si d'ailleurs elles ne présentent rien de suspect. — Toullier, *ibid.*; Rolland de Villargues, *ibid.*

40. — ... 5° Enfin, les ratures (ou plutôt les dispositions raturées) encore lisibles de celles qui sont illisibles. — Toullier, t. 8, n° 118.

41. — Lorsque, dans les différens cas ci-dessus, les ratures faites postérieurement à un acte sans le concours de toutes les parties, sont absolument illisibles : celui qui a intérêt à faire valoir l'acte dans toute son intégrité, a contre l'auteur des ratures, s'il est connu, une action en dommages-intérêts; et contre la partie qui voudrait injustement profiter du fait de ces ratures une action pour la contraindre à exécuter l'acte, si l'on peut parvenir à en connaître la teneur. — Toullier, n° 122.

42. — Au reste : les ratures, ou plutôt les dispositions raturées, sont illisibles, quand on ne peut en apercevoir le sens par la vue; mais qu'il faut y suppléer par l'intelligence, par des conjectures tirées de quelques mots qui suivent ou qui précèdent. — L. 1re, D., *De his quæ in testam. delentur.* — Rolland de Villargues, n° 44.

43. — Quant aux dispositions qui restent lisibles bien que raturées, elles conservent toute leur valeur. — L. 1re, D., *De his quæ in testam. delentur.* — Toullier, n° 120.

44. — Ainsi, bien que les termes d'un acte de vente portés sur les registres de délibération d'une commune aient été bâtonnés; ils peuvent, s'ils sont très-visibles, être déclarés faire partie de l'acte et, par suite, obligatoires pour l'acquéreur, alors surtout que celui-ci a eu, en qualité de maire, ces registres en sa possession. — *Cass.*, 15 avril 1834, Deguay c. Comm. de Baizil.

45. — En règle générale, le défaut d'approbation établit la présomption que les ratures n'existaient pas au moment de la signature : d'où la conséquence qu'elles sont censées avoir été faites par le détenteur de l'acte et depuis que cet acte a été passé. — Menoch., lib. 5, *Præsumpt.* 11, n° 2; Toullier, t. 8, nos 125, 126 et 127; Duranton, t. 13, n° 54. — *Contrà*, Merlin, *Rép.*, v° *Ratification*, n° 9.

46. — Par la même raison, les ratures des testamens sont présumées faites : 1° par le testateur, ou de sa volonté, *consultò*, lorsque l'acte est demeuré chez lui. — Voet, D., tit. *De his quæ in testam. del.*, nos 4 et 28; Furgole, *Test.*, ch. 11, n° 81; Toullier, *loc. cit.* — Conf. *Paris*, 8 mars 1844 (t. 1er 1844, p. 550 [Schoell c. Haussmann]). — Ce qui n'empêche pas les juges d'ordonner des enquêtes pour s'assurer d'autant plus que les ratures sont l'œuvre du testateur. — Rolland de Villargues, n° 48.

47. — ... 2° Et contre le gré du testateur, ou par mégarde, *inconsultò*, si l'acte était chez un tiers. — Mêmes auteurs. — V., au surplus, TESTAMENT.

48. — De là encore résulte la conséquence que le débiteur est libéré, si le titre de créance se trouve raturé chez le créancier (Menoch., lib. 3, *Præsumpt.* 141). En effet, ce dernier étant présumé avoir fait ou laissé faire les ratures; il est censé, en détruisant son titre, avoir fait la remise de la dette, ou reconnaître que le débiteur est libéré. — Toullier, t. 7, n° 340, et t. 8, n° 127. — V., au surplus, CANCELLATION, ÉCRITURE (acte), REMISE DE LA DETTE.

49. — Le bâtonnement d'un titre contenant obligation n'est pas toujours une preuve complète d'acquittement. — *Paris*, 6 janv. 1814, Basterrèche c. Desprez.

50. — Les ratures qui existent dans les expéditions ou dans les grosses et qui ne sont point approuvées sont censées postérieures à la délivrance de l'expédition ou de la grosse, et alors il y a lieu d'appliquer les distinctions ci-dessus faites d'après le principe que les ratures sont présumées faites par celui chez lequel se trouve l'acte. — Toullier, t. 8, nos 130 et suiv.; Rolland de Villargues, nos 54 et suiv. — V. EXPÉDITION.

51. — Tout ce qu'on vient de dire s'applique plus particulièrement aux actes publics. Quant aux actes sous seing privé, comme la forme de ces actes n'est réglée que par les termes du droit naturel, il n'y a lieu de leur appliquer les dispositions précédentes qu'avec beaucoup de circonspection. — Toullier, t. 8, nos 127 et 258; Rolland de Villargues, n° 51. — V. ACTE SOUS SEING PRIVÉ.

52. — Ainsi jugé que les ratures faites dans un testament olographe par le testateur n'ont pas besoin d'être approuvées par lui. — *Paris*, 8 mars 1844 (t. 1er 1844, p. 550), Schoell c. Haussmann. — V., au surplus, TESTAMENT.

V. aussi ACTE D'ACCUSATION, BREVET (acte en), CASSATION (mat. civ.), COPIE DE TITRES ET ACTES, ENREGISTREMENT, EXPLOIT, GARDE FORESTIER, LETTRE DE CHANGE, MARCHÉ DE FOURNITURES, PAPIERS DOMESTIQUES.

RAVESTISSEMENT.

C'est la même chose qu'*entravestissement*. — V. ce mot.

RAYON (Frontière).

V. DOUANES.

RÉALISATION.

C'est, dans le sens littéral, l'action de rendre réel et effectif ce qui n'était d'abord qu'en projet. — Ainsi on réalise des espèces, des offres, un contrat, etc. — V. OFFRES RÉELLES, PAIEMENT, RÉALISATION D'ACTE.

RÉALISATION D'ACTE.

Bien qu'en général le seul consentement suffise pour la perfection des contrats consensuels, cependant les parties peuvent convenir que le contrat ne sera parfait que lorsque l'acte aura reçu la forme convenue; ou, en d'autres termes, par la réalisation de l'acte. — Pothier, *Oblig.*, n° 11; Toullier, t. 8, n° 140; Duranton, t. 10, n° 84, et t. 13, n° 79. — V. ACTE SOUS SEING PRIVÉ, nos 32 et suiv.; CONTRAT, nos 68 et suiv.

RÉALISATION DE PROPRES.

V. COMMUNAUTÉ.

RÉASSURANCE.

Elle a lieu lorsque l'assureur se fait garantir à lui-même, par une autre personne, des risques qu'il a pris sur lui. — C. comm., art. 342. — V. ASSURANCE MARITIME, ASSURANCE TERRESTRE.

RÉBELLION.

Table alphabétique.

SECT. 4re. — *Définition.* — *Ancien droit* (n° 4).

SECT. 2e. — *Elémens caractéristiques* (n° 25).

§ 4er. — *Attaque et résistance avec violences et voies de fait* (n° 28).

§ 2. — *Agens protégés par la loi* (n° 44).

§ 3. — *Exercice des fonctions; exécution des lois, etc.* — *Illégalité* (n° 62).

SECT. 3e. — *Pénalité* (n° 408).

SECT. 4e. — *Réunions assimilées aux réunions de rebelles* (n° 446).

Sect. 4re. — *Définition.* — *Ancien droit.*

RÉBELLION.— 1. — La loi qualifie rébellion toute attaque, toute résistance avec violences et voies de fait envers les agens et officiers qu'elle énumère, agissant pour l'exécution des lois, des ordres ou ordonnances de l'autorité publique, des mandats de justice ou jugemens. — C. pén., art. 209.

2. — Il résulte de cette définition que l'attaque ou la résistance à l'autorité publique ne prend le nom spécial de *rébellion* que lorsque, dirigée contre des actes isolés des agens de l'autorité, elle entrave l'exercice de la puissance publique et paralyse quelques-uns de ses moyens d'action. Quant à celle qui consisterait dans une attaque aux pouvoirs mêmes de l'Etat, elle prend le nom d'*attentat* (C. pén., art. 91) ; les moyens qu'elle emploie sont la guerre civile et la dévastation. — V. ATTENTAT.

3. — Dans l'ancien droit, on distinguait, comme aujourd'hui, les séditions qui tendaient à troubler la sûreté de l'Etat (elles étaient réputées crimes de lèse-majesté au premier chef) et celles qui tendaient à troubler seulement l'ordre et la tranquillité publique (c'étaient des crimes de lèse-majesté au deuxième chef). La rébellion aux mandemens des officiers de justice était comprise dans cette dernière catégorie. — Ord. de 4670, édit de sept. 4704. — Ord. Moulins de 4566, art. 34; ord. Blois, art. 490 et 491.

4. — Sous l'ordonnance de 4670, des poursuites criminelles ne pouvaient être exercées pour cause de rébellion commise contre un huissier, que sur une plainte, hors le cas de flagrant délit ou d'action de la partie publique. Lors même que le procès-verbal de l'huissier constatant la rébellion aurait pu être considéré comme une plainte, les poursuites exercées depuis la loi du 9 oct. 4789 n'en auraient pas moins été nulles si le procès-verbal n'eût point été produit et l'instruction faite avec l'assistance d'adjoints assermentés. — *Cass.*, 2 vent. an III, Corberie c. Soubeiste.

5. — Le Code pénal de 4794 reproduisait la distinction de la rébellion attentatoire à la sûreté de l'Etat, et de celle dirigée contre les actes de l'autorité publique ; il punissait, sous le nom d'offense à la loi, la résistance à un dépositaire de la force publique, agissant dans l'exercice de ses fonctions. — 2e partie, tit. 4er, sect. 4.

6. — Sous cette loi on considérait comme nul le jugement qui condamnait un individu, comme coupable d'offense à la loi, pour avoir résisté, avec violence et armes, à un agent de la force publique agissant dans l'exercice de ses fonctions, lorsque le jury n'avait pas déclaré que l'agent eût prononcé la formule : *Obéissance à la loi*. — *Cass.*, 6 juill. 4792, Jobert ; 4 oct. 4792, Chazier..

7. — De même, pour qu'il y eût lieu à prononcer seize années de fers contre les auteurs de résistance à la force armée ; il fallait que le jury eût déclaré que la résistance avait été opposée par un attroupement armé de plus de quinze personnes, et l'on ne pouvait sans une déclaration d'une circonstance aussi aggravante. — *Cass.*, 28 germ. an VII, Mallet.

8. — Sous le Code du 3 brum., an IV on réputait contradictoire et nulle la réponse du jury qui déclarait que des accusés convaincus de s'être transportés dans une commune, en qualité d'agens secrets, pour se concerter sur des moyens de rébellion à l'autorité légitime, avaient agi sans intention criminelle. En effet, la conviction de ce transport et de son but établissait la criminalité de leurs intentions. — *Cass.*, 28 germ. an VII, Mallet.

9. — Il en était de même de la déclaration du jury portant que l'accusé était convaincu d'avoir résisté avec armes aux dépositaires de l'autorité publique, agissant pour l'exécution d'un mandat décerné contre lui ; mais qu'il avait agi sans intention de crime. — *Cass.*, 4 messidor an XI, Moulins.

10. — Sous le même Code, dans une accusation de résistance à l'exécution d'une loi, il était indispensable de faire décider par le jury si le gendarme qui avait éprouvé la résistance était en fonctions, et si les accusés savaient qu'il était en fonctions : la première question portant tant sur le fait, et la seconde sur sa moralité. — *Cass.*, 44 niv. an VIII, Mengus.

11. — Lorsque de deux accusés de résistance avec violence à l'exécution d'un mandat de justice, l'un était déclaré par le jury n'avoir pas agi pour empêcher l'exécution, ni dans une intention criminelle, cette résistance ne pouvait pas être considérée comme opposée par plusieurs. — *Cass.*, 43 brum. an XII, Mares.

12. — La rébellion avec violences et voies de fait et armes, ou exercée par deux ou plusieurs personnes même sans armes, contre la gendarmerie dans l'exercice de ses fonctions, et contre toute autre force armée agissant sur la réquisition d'une autorité compétente, fut comprise, par la loi du 29 pluv. an XIII, parmi les crimes ou délits dont la connaissance était attribuée exclusivement aux Cours spéciales créées par les lois des 48 pluv. an IX et 23 flor. an X.— L. 29 pluv. an XIII, art. 4er.

13. — Il a été jugé, sous l'empire de ces lois : 4° qu'une Cour spéciale saisie légalement d'un délit de rébellion envers la gendarmerie ne pouvait s'immiscer dans la connaissance d'un délit de recèlement de conscrit déserteur, étranger à ses attributions, sous le prétexte qu'il se trouvait lié à celui de rébellion. — *Cass.*, 48 fruct. an XIII, Louvion ; 20 fruct. an XIII, Vilain-Lemire.

14. — 2° Que les préposés des douanes mis par les décrets impériaux en état d'embrigadement sur les côtes et frontières étaient considérés comme force armée, et qu'en conséquence la résistance qui leur était opposée par des contrebandiers avec attroupement et port d'armes était de la compétence des Cours spéciales. — *Cass.*, 22 oct. 4807, N.... — V., cependant, *Cass.*, 23 juin 4808, N...

15. — Mais il en était autrement de la résistance opposée par plusieurs personnes avec armes : Soit aux préposés des droits réunis, lesquels ne font point partie de la force armée. — *Cass.*, 24 mai 4807, Ragon ; 4er mai 4842, Soyès et Baillon ; 5 nov. 4843, Scaramuzza.

16. — ... Soit aux garnisaires ; aucune loi ne les comprenant sous la dénomination de force publique et ne leur en attribuant les fonctions ou les obligations. — *Cass.*, 7 avr. 4809, Boisseau.

17. — ... Soit aux gardes champêtres ; la loi ne les assimilant pas à la force armée, dans l'exercice des fonctions qui leur sont propres. — *Cass.*, 2 nov. 4809, Rospido ; 3 juin 4845, Durand.

18. — ... Soit aux gardes particuliers, qui, à la différence des gardes des forêts publiques, ne pouvaient pas être considérés comme faisant partie de la force armée. — *Cass.*, 25 août 4808, Basicamp et Clavère.

19. — 3° Que les Cours spéciales étaient seules compétentes pour connaître des délits de résistance opposée *par plusieurs personnes* envers des gendarmes pour les empêcher de garroter un conscrit réfractaire.— *Cass.*, 2 juill. 4807, Nogaro.

20. — ... 4° Que lorsqu'un huissier chargé de mettre à exécution un jugement emportant contrainte par corps était assisté d'un gendarme, dans son opération, les violences exercées contre cet huissier ainsi assisté devaient être regardées comme faites envers la gendarmerie dans l'exercice de ses fonctions et étaient de la compétence de la Cour spéciale. — *Cass.*, 7 oct. 4808, Garnier.

21. — ... 5° Que la gendarmerie, quelle que soit la destination de son mouvement, étant dans un état permanent de répression, de surveillance et d'action de police, la présence de s'étant rend en uniforme au quartier général de l'armée d'observation est dans l'exercice de ses fonctions. Que, par suite, il appartenait aux Cours spéciales de connaître de la rébellion exercée par un chasseur envers des gendarmes de ce détachement qui lui demandaient s'il avait le droit de porter une arme. — *Cass.*, 4 mars 4808, Pillion.

22. — ... 6° Que, lorsqu'il est établi qu'un détachement de la force armée, agissant d'après les ordres de l'autorité compétente, pour la recherche d'un conscrit déserteur, a été, lors de l'exécution de ces ordres, assailli par des individus armés, et qu'un des hommes faisant partie du détachement a été tué par suite de l'agression ; ces faits non-seulement caractérisent le crime d'assassinat, mais portent encore les caractères du crime de rébellion armée à la force armée dont la connaissance appartenait aux Cours spéciales. — *Cass.*, 49 déc. 4844, Clavié et Darré.

23. — 7° ... Que lorsqu'un déserteur avait été enlevé des mains de la gendarmerie par violences et voies de fait exercées sans armes par plusieurs personnes, la Cour spéciale saisie du délit ne pouvait borner sa compétence à l'un des prévenus qui avait usé de violences et se déclarer incompétente à l'égard des autres sous le prétexte qu'ils ne s'étaient pas rendus personnellement coupables de violences ; qu'elle devait retenir le jugement de tous les prévenus. — *Cass.*, 49 févr. 4809, Geraud Tourdes.

24. — L'art. 554 du C. d'instr. crim. n'ayant reconnu la compétence des Cours spéciales en matière de rébellion qu'autant que la rébellion avait le caractère de crime, il en est résulté que toutes les fois que la rébellion n'avait pas par elle-même ce caractère suivant les art. 210 et suiv. C. pén. de 4810, et alors même qu'il s'y serait joint des faits réputés crimes, les Cours spéciales ont dû en être déclarées incompétentes. Il a donc été jugé que les cours spéciales étaient incompétentes pour connaître de la rébellion armée à la force armée commise *par un seul ou deux individus*, quoiqu'ils eussent tenté, dans cet état de rébellion, de commettre des blessures ou un homicide volontaire sur un gendarme. — *Cass.*, 27 mars 4842, Everaerts ; 6 août 4842, Redon ; 28 août 4842, Saglia ; 40 sept. 4842, Adattentes ; 44

oct. 1813, Verseil; 7 mai 1813, Bonetti; 11 nov. 1813, Juhel; 9 déc. 1813, Legrain.

Sect. 2e. — *Elémens caractéristiques.*

25. — L'art. 209 du C. pén. est ainsi conçu : « Toute attaque, toute résistance *avec violences et voies de fait* envers les officiers ministériels, les gardes champêtres ou forestiers, la force publique, les préposés à la perception des taxes et des contributions, leurs porteurs de contraintes, les préposés des douanes, les séquestres, les officiers ou agens de la police administrative ou judiciaire agissant pour l'exécution des lois, des ordres ou ordonnances de l'autorité publique, des mandats de justice ou jugemens est qualifiée, selon les circonstances, crime ou délit de rébellion. »

26. — Ainsi, les trois caractères de la rébellion sont : 1° qu'il y ait eu attaque ou résistance avec violences et voies de fait; 2° qu'elle ait été dirigée contre les agens mentionnés en l'art. 209, 3° que ce soit dans un moment où ils agissaient pour l'exécution des lois ou ordonnances de l'autorité publique ou de la justice.

27. — Si l'un de ces caractères manquait, le fait pourrait, suivant les circonstances, tomber sous une autre qualification légale et constituer un autre délit; mais il ne pourrait être réputé *rébellion.*

§ 1er. — *Attaque et résistance avec violences et voies de fait.*

28. — L'attaque et la résistance sont mises par la loi sur la même ligne, et, pour constituer la rébellion, l'une et l'autre doivent être accompagnées de *violences* et de *voies de fait.*

29. — Toutefois, la Cour de cassation a fait une distinction entre l'attaque et la résistance; elle a jugé que l'attaque pouvait constituer la rébellion, quoiqu'elle n'eût été accompagnée ni de violences ni de voies de fait : tandis qu'au contraire la résistance ne pouvait être qualifiée crime ou délit qu'autant qu'elle était accompagnée de ces circonstances. La raison de cette décision est que les circonstances de violences ou voies de fait sont inséparables de l'attaque. — *Cass.*, 2 juill. 1835, Alibaud.

30. — Et, par suite, le même arrêt a jugé que lorsque le jury, interrogé sur la question de savoir si l'accusé est coupable d'attaque ou de résistance avec violences et voies de fait envers les agens de l'autorité publique, a déclaré l'accusé coupable, mais sans la circonstance aggravante des voies de fait; cette réponse, applicable aussi bien à la résistance qu'à l'attaque, et ne laissant subsister dans l'une de ses alternatives qu'un fait de résistance sans violences ou voies de fait, lequel ne constitue ni crime ni délit, doit être interprétée dans le sens le plus favorable à l'accusé, et, par suite, entraîner son absolution. — Même arrêt.

31. — MM. Chauveau et Hélie (t. 4, p. 306) repoussent cette distinction, qu'ils considèrent comme contraire au but de la loi : L'indivisibilité prétendue, disent-ils, entre les circonstances des violences ou voies de fait et l'attaque, est loin d'être certaine; car un simple outrage ou des menaces verbales pourront être considérés comme une attaque, dès que cette attaque ne sera plus définie par les deux circonstances qui la caractérisent. Comment, d'ailleurs, disent-ils, supposer que la loi ait voulu donner une valeur différente, des élémens divers, aux faits d'attaque et de résistance, lorsque ces faits sont empreints de la même criminalité et punis des mêmes peines? Il est donc, suivant ces auteurs, nécessaire de constater, dans l'un comme dans l'autre cas, les violences ou voies de fait, qui, seules, constituent la rébellion.

32. — La loi n'a pas dit ce que l'on devait entendre par *violences et voies de fait.* « Le mot voie de fait, dit Merlin (*Rép.*, v° *Voie de fait*), désigne, dans son sens le plus étendu, presque toutes les actions qui blessent une personne dans son corps, dans son honneur ou dans ses biens; cris, violences, dommages, méfaits injurieux, mauvais traitemens, construction ou destruction d'ouvrages, dégradation, détérioration, innovation, spoliation, trouble à la possession : en un mot, tout ce que les jurisconsultes comprennent sous le nom d'injure réelle. » Suivant MM. Chauveau et Hélie, « les violences et voies de fait sont des *actes matériels d'une force active* (t. 4, p. 306). Ainsi, des

outrages ou de simples menaces ne suffiraient pas. » — *Bordeaux*, 28 janv. 1835, Bion.

33. — Mais des menaces imminentes et accompagnées de démonstrations hostiles suffiraient, même avant tout coup porté, pour constituer les violences ou voies de fait exigées pour le délit de rébellion. Ainsi, la Cour de cassation a jugé tant avant que depuis le C. pén. de 1810 :

34. — 1° Que celui qui porteur d'un fusil, sans permis de port d'armes, menace d'un coup de fusil et couche en joue un gendarme qui le sommait de faire remise de son fusil, se rend coupable de rébellion. — *Cass.*, 20 nov. 1807, Dauby; 29 juill. 1808, Anglade; 16 mai 1817, Lafargue.

35. — ...2° Qu'il y a rébellion dans le fait de s'être porté sur des gendarmes avec des fourches tenues levées sur eux, quoique sans les frapper. — *Cass.*, 28 mai 1807, Coaert.

36. — Il a été, en outre, jugé : 1° Que le fait d'avoir opposé une résistance opiniâtre aux gendarmes, en se jetant sur eux, les prenant au collet, cherchant à les désarmer et terrassant l'un d'eux, constitue le délit de rébellion envers la gendarmerie, et non celui de simples outrages ou menaces par paroles ou par gestes. — *Cass.*, 19 déc. 1806, Leclerc.

37. — ...2° Que le fait d'avoir, dans le dessein de forcer deux gendarmes à relâcher un prisonnier qu'ils conduisaient, proféré contre eux des injures grossières et même exercé des violences contre l'un d'eux, qui a eu l'habit déchiré, constitue les délits d'outrages et de rébellion envers les agens de l'autorité publique. — Qu'en conséquence, le tribunal de simple police qui applique à ce fait la peine portée par l'article 471 C. pén., concernant les injures proférées envers de simples particuliers, viole les règles de sa compétence et commet un excès de pouvoir. — *Cass.*, 19 janv. 1821, Melin.

38. — ... 3° Que le fait par un particulier d'avoir fait arrêter un huissier au moment où il se présentait pour faire un acte de son ministère, et de l'avoir fait enfermer dans une chambre jusqu'à ce que la force armée, immédiatement requise, l'ait conduit devant un commissaire de police, constitue, non le délit de séquestration de personne, mais celui de rébellion avec violences envers un officier ministériel dans l'exercice de ses fonctions : délit prévu et réprimé par les art. 209 et 212 C. pén. — *Paris*, 15 mars 1843 (t. 1er 1843, p. 601), Dargenlieu.

39. — Jugé encore que les violences et voies de fait qui caractérisent la rébellion, lorsqu'elles ont été exercées sur des agens de la force publique, agissant pour l'exécution des lois, peuvent avoir été commises sans que des coups aient été portés; et qu'en conséquence la réponse du jury, qui, sur une accusation de violences avec effusion de sang envers des gendarmes dans l'exercice de leurs fonctions, déclare qu'*il n'a point été porté de coups aux gendarmes*, ne fait point obstacle à ce que l'accusé, après son acquittement, soit traduit devant le tribunal correctionnel sous la prévention de rébellion envers des agens de la force publique dans l'exercice de leurs fonctions. — *Poitiers*, 29 mai 1847 (sous *Cass.*, 3 avr. 1847 [t. 2 1847, p. 277]), Badin. — Dans l'espèce le procès-verbal constatait que le gendarme avait été menacé et vigoureusement repoussé.

40. — Au surplus, les expressions, violences et voies de fait contenues dans l'art. 209 ne sont pas sacramentelles : il a donc été décidé que le jugement qui déclare qu'il y a eu opposition *avec force et violence*, à l'exécution des ordres du maire, et que le gendarme qui accompagnait ce fonctionnaire *a été repoussé*, caractérise suffisamment la rébellion mentionnée audit article. — *Cass.*, 15 oct. 1824, Voisin. — Chauveau et Hélie, t. 4, p. 307.

41. — En outre, et, bien que l'art. 209 se serve des mots *violences et voies de fait*, il est certain que les expressions *violences et voies de fait* doivent, surtout dans le langage du droit criminel, être considérées comme synonymes. — Dès lors, en matière de rébellion, il n'est pas indispensable de demander au jury si l'accusé est coupable de *violences et voies de fait;* la question : Si l'accusé est coupable de *violences ou voies de fait*, remplit suffisamment le vœu de la loi. — *Cass.*, 25 juin 1843 (t. 2 1843, p. 467), Bastez. — *Contrà :* Carnot (sur l'art. 209), qui établit une distinction entre les violences et les voies de fait. Les violences, suivant lui, n'existent pas sans voies de fait; mais les voies de fait peuvent exister sans violences, et la loi n'a eu garde de les confondre.

42. — MM. Chauveau et Hélie enseignent que les violences et les voies de fait exercées contre les choses confiées à la surveillance des agens ne constitueraient pas la rébellion, et qu'ainsi le fait d'avoir enfoncé le grenier dans lequel était

renfermé le blé saisi sur un débiteur ne constitue point une rébellion envers l'huissier : ces auteurs citent comme rendu en ce sens un arrêt de la Cour de cassation du 29 oct. 1812. — Chauveau et Hélie, t. 4, p. 308.

43. — Celui qui frappe ou qui tue le cheval d'un agent ne peut être recherché qu'en vertu des art. 453 et suiv., s'il n'a été animé d'aucune intention hostile au cavalier. Il serait au contraire coupable de rébellion, s'il avait tué ou blessé le cheval d'un agent pour le démonter et se rendre plus facilement maître de sa personne.

§ 2. — *Agens protégés par la loi.*

44. — Le Code pénal, à la différence de la loi de 1791 qui se servait de l'expression générique *dépositaires quelconques de la force publique*, a désigné spécialement les agens dont l'autorité et les actes sont protégés par les art. 209 et suiv. — Ce sont les officiers ministériels, les gardes champêtres ou forestiers, la force publique, les préposés à la perception des taxes et des contributions, leurs porteurs de contraintes, les préposés des douanes, les séquestres, enfin les officiers ou agens de la police judiciaire ou administrative, c'est-à-dire les agens secondaires chargés d'exécuter les ordres de l'autorité.

45. — *Officiers ministériels.* — Les notaires sont-ils compris dans la catégorie des officiers ministériels dont parle l'art. 209? — Et, spécialement, peut-on considérer comme constituant le délit de rébellion envers un officier ministériel agissant pour l'exécution des lois, le fait par un individu d'avoir violemment saisi et chassé un des témoins instrumentaires assistant un notaire pour la rédaction d'un testament?

46. — La raison de douter vient de ce que les notaires ne sont pas chargés, comme les huissiers, de procéder à des actes d'exécution proprement dits. — Cependant nous pensons qu'ils sont des officiers ministériels, et qu'ils ont droit à la même protection dans l'exercice de leur ministère. Aucune contestation sérieuse ne s'élèverait sur la qualification légale de la rébellion, si le notaire l'avait éprouvée en procédant à une licitation, à un partage ou à tout autre acte ordonné par justice. La solution ne saurait être différente, si le notaire avait essuyé des violences lors de la réception d'un testament. Dans cet acte, en effet, le notaire agit pour l'exécution des lois qui doivent lui garantir le libre exercice de sa fonction publique, et qui accordent aux citoyens la faculté de tester. L'infraction intéresse essentiellement l'ordre public, sous ce double rapport, et ne peut être confondue dans la classe des délits privés. L'art. 209 doit assurer l'exercice des droits civils, comme l'art. 109 assure l'exercice des droits civiques. — V., en ce sens, *Cass.*, belge, 23 févr. 1833, Vandergucht.

47. — L'*huissier* qui signifie une contrainte décernée en vertu d'un jugement est réputé agir pour l'exécution des lois et d'un mandat de justice; dès lors les voies de fait exercées contre lui constituent le délit de rébellion puni par les art. 209 et 212 C. pén. — *Cass.*, 18 août 1838 (t. 2 1838, p. 383), B...

48. — Il en est de même de l'huissier qui procède, en exécution d'un arrêt de justice, à la vente de meubles saisis. — *Cass.*, 10 mars 1842 (t. 2 1842, p. 356), Becq.

49. — ...Par exemple qui se présente pour dénoncer un protêt. — *Paris*, 15 mars 1843 (t. 1er 1843, p. 601), Dargenlieu.

50. — *Gardes champêtres ou forestiers.* — On doit comprendre sous cette dénomination les gardes particuliers institués dans les formes légales. — Arg., art. 16, 20 C. instr. crim. — Morin, *Dict. de dr. crim.*, v° *Rébellion*, p. 675. — V., au reste, GARDE CHAMPÊTRE, nos 158 et suiv., 161 et suiv.; GARDE FORESTIER, nos 153 et suiv., 166 et suiv., 196.

51. — *Force publique.* — Les gendarmes agissant, sur la réquisition du maire, pour rétablir l'ordre sont compris sous la dénomination de *force publique.* — *Cass.*, 15 oct. 1824, Voisin.

52. — Il en est de même des gendarmes appelés dans un lieu public pour séparer des gens qui se battent. — *Cass.*, 21 mai 1807, N...

53. — ... Ou des gardes champêtres chargés de l'exécution d'un arrêté municipal. — *Cass.*, 2 mai 1839 (t. 1er 1840, p. 173), Hubas.

54. — La résistance avec violence et voies de fait opposée, le 29 juillet 1830, à une réunion de citoyens revêtus de l'uniforme de la garde nationale et agissant pour le maintien des lois, a constitué le délit de rébellion, encore bien que la garde nationale, antérieurement dissoute, n'eût

pas encore été réorganisée par un acte légal. — *Paris*, 2 déc. 1830, Jeannin.

55. — *Préposés à la perception des taxes, contributions, etc.* — La jurisprudence a fait rentrer dans cette catégorie : 1° les préposés aux ponts à bascule. — *Paris*, 5 juin 1838 (t. 2 1838, p. 121), Chenard c. Messageries françaises.

56. — ... 2° Aux préposés des douanes, non-seulement lorsqu'ils procèdent aux visites et aux saisies; mais aussi lorsqu'ils s'acquittent d'un service de garde et de surveillance soit sur la frontière, soit sur les côtes. — *Cass.*, 31 janv. 1840 (t. 1er 1841, p. 103), Menut.

57. — ... 3° Aux employés de l'octroi, alors même que, pour surveiller l'entrée frauduleuse des objets sujets aux droits, ils se placent à un point extérieur de la commune où ils ont le droit d'instrumenter. — Ils sont, en effet, à leur poste et dans l'exercice de leurs fonctions. — *Cass.*, 14 mai 1842 (t. 2 1842, p. 492), Lyvernaud.

58. — Jugé que le notaire qui arrache violemment des mains d'un vérificateur de l'enregistrement un acte rédigé en contravention à la loi sur le timbre, le déchire et s'oppose à la continuation de la vérification commencée, se rend coupable du délit de rébellion prévu et puni par les art. 209 et 212 C. pén. — *Rouen*, 25 janv. 1844 (t. 2 1844, p. 126), Dérambures.

59. — *Officiers ou agens de la police administrative et judiciaire.* — Le maire qui, dans l'exécution d'un arrêté du conseil de préfecture, veille au maintien du respect dû à la cendre des morts, à la sûreté et à la clôture des lieux consacrés aux inhumations, est réellement un officier de police administrative. — Dès lors, la résistance qui lui est opposée avec violences et voies de fait constitue une rébellion. — *Cass.*, 15 oct. 1824, Voisin.

60. — Jugé, par le même arrêt, qu'il en serait autrement, s'il procédait à l'exécution d'un pareil arrêté dans le seul intérêt de la commune. — Toutefois il serait difficile de lui contester la qualité d'officier de la police administrative, s'il avait été délégué par le conseil de préfecture pour l'exécution de son arrêté.

61. — Jugé que lorsqu'un conseiller municipal délégué par le maire ou l'adjoint pour procéder à un acte de leurs fonctions, par exemple pour assister un garde forestier dans une perquisition domiciliaire, se trouve être l'un des derniers dans l'ordre du tableau, il y a présomption légale que les conseillers municipaux portés sur le tableau avant lui étaient absens ou empêchés; et qu'en conséquence, la résistance opposée au garde forestier assisté du conseil municipal constitue, en pareil cas, le délit de rébellion puni par la loi. — *Cass.*, 8 nov. 1845 (t. 1er 1846, p. 351), Dubloc.

§ 3. — *Exercice des fonctions; exécution des lois, etc. — Illégalité.*

62. — La résistance ou l'attaque, même avec voies de fait et violences contre les agens indiqués au paragraphe qui précède, ne constitue la *rébellion* qu'autant que ces agens étaient dans l'exercice de leurs fonctions et agissaient pour l'exécution des lois, des ordres ou ordonnances de l'autorité publique, des mandats de justice ou jugemens. — Art. 209.

63. — *Exercice des fonctions.* — Il ne suffirait pas qu'elles eussent été commises à *l'occasion* de l'exercice des fonctions. — Carnot, sur l'art. 209.

64. — Sous la loi du 22 floréal an XI, les voies de fait postérieures à l'acte d'exécution, mais ayant pour objet d'en faire cesser l'effet, constituaient la rébellion. Un avis du Conseil d'État du 8 févr. 1812 a décidé que la loi du 22 flor. an XI était abrogée. Ainsi, ce n'est *qu'à l'instant* où les officiers agissent pour l'exécution des lois ou des ordres de l'autorité que les actes de résistance prennent le caractère de rébellion : « Quant aux troubles et aux voies de fait exercés postérieurement à cette exécution, disent MM. Chauveau et Hélie, ils cesseraient d'assumer ce caractère; et pour les punir, il faudrait rechercher si les violences ne forment pas un délit particulier et distinct : tel que les coups et blessures, le vol, le pillage, les destructions d'édifices, l'opposition par voie de fait à la construction de travaux, » etc. *Th. C. pén.*, t. 4, p. 309 et 310.

65. — On peut voir au paragraphe qui précède plusieurs hypothèses relatives à des cas où on contestait que les agens fussent dans l'exercice de leurs fonctions (V. nos 44 et suiv.).

66. — *Exécution des lois, ordonnances, etc.* — La résistance constitue-t-elle un délit punissable, lorsqu'elle repousse l'exécution d'un acte irrégulier ou arbitraire? — Cette question est fort grave, et ne peut s'éclairer qu'en suivant dans sa marche et en analysant avec quelques détails la jurisprudence de la Cour de cassation ainsi que des Cours d'appel.

67. — En droit romain, la résistance aux agens de la force publique, lorsqu'ils excédaient les limites de leurs pouvoirs, était considérée comme légitime (L. 5 C. *De jure fisci*. — Accurse, glose sur cette loi; Farinacius, *Quæst.* 32, n° 88) et même comme l'accomplissement d'une obligation (Farinacius, *loc. cit.*; Grotius, *De jure pacis et belli*, t. 1er, p. 69). « On ne peut admettre, dit Barbeyrac sur Grotius (t. 1er, p. 171), qu'un particulier se soit engagé ou ait dû s'engager nécessairement à souffrir tout de ses supérieurs, sans jamais opposer la force à la force. Si cela était, la condition de ceux qui entrent dans quelque société serait, sans contredit, plus malheureuse qu'auparavant et rien ne les obligerait à se dépouiller de cette liberté matérielle dont chacun est si jaloux. »

68. — Cette doctrine était enseignée dans l'ancien droit : « Il y a quelques cas, dit Jousse, où il est permis à celui que l'on veut emprisonner de faire résistance, et cela a lieu principalement lorsque celui qui veut arrêter est sans caractère ou lorsque, ayant caractère, il n'a pas les marques de son ministère; ou bien lorsqu'il est porteur d'un mandement ou décret d'un juge sans caractère; ou lorsqu'il a excédé son pouvoir, ou qu'il n'a pas observé les formes de justice. En effet, cette résistance est plutôt une défense légitime qu'une rébellion. Ainsi, il est permis à celui qu'on veut arrêter injustement, non-seulement de résister, mais d'appeler ses amis et ses voisins à son secours pour l'aider à se défendre. » — *Traité des just. crim.*, t. 4, p. 79.

69. — Le Code pénal de 1791, recueillant ce principe, avait disposé en ces termes (partie 2e, tit. 1er, sect. 4, art. 1er) : « Lorsqu'un ou plusieurs agens préposés soit à l'exécution d'une loi, soit à la perception d'une contribution légalement établie, soit à l'exécution d'un jugement, d'un mandat, d'une ordonnance de justice ou de police; lorsque tout dépositaire quelconque de la force publique, *agissant légalement dans l'ordre de ses fonctions* aura prononcé la formule : *Obéissance à la loi !* quiconque opposera des violences et voies de fait, sera coupable du crime d'offense à la loi, » etc., etc.

70. — Mais, plus tard, la Constitution du 24 juin 1793, outrant les conséquences du principe, porta (art. 11) : Que « tout acte exercé contre un homme hors des cas et sous les formes que la loi détermine est attentatoire et tyrannique, » et que « celui contre lequel on voudrait l'exécuter par la violence a le droit de le repousser par la force. »

71. — Cette disposition, fort peu gouvernementale, n'ayant pu trouver place dans la Constitution du 5 fructid. an III, qui contient aussi la déclaration des droits de l'homme, ni dans celles qui lui ont succédé, on en revint au régime du Code pénal de 1791, qui resta en vigueur jusqu'à la promulgation du Code de 1810.

72. — En rapprochant l'art. 209 du Code pénal de 1810 de l'art. précité du Code pénal de 1791, on reconnaît facilement qu'ils ont été calqués l'un sur l'autre, mais aussi on remarque la suppression des mots : « *agissant légalement dans l'ordre de ses fonctions.* » De là on pourrait, en s'aidant du souvenir de l'Empire et de ses tendances au despotisme, tirer la conséquence que le législateur n'entend pas reconnaître la résistance comme un droit, et qu'il considère, au contraire, l'obéissance comme un devoir. Hâtons-nous, toutefois, de le dire, l'application générale d'un pareil principe ne serait rien moins que la confiscation des garanties sociales. — Ne vaut-il pas mieux essayer de la concilier avec nos mœurs constitutionnelles ? — Examinons, au surplus, dans quel sens s'est prononcée la jurisprudence des arrêts et la doctrine des auteurs.

73. — Par un premier arrêt la Cour de cassation avait paru reconnaître *implicitement* la légalité de la résistance à un acte illégal, lorsque, saisie du pourvoi dirigé contre un arrêt de la Cour de Toulouse, qui déclarait légitime la résistance opposée à des gendarmes qui voulaient s'introduire dans une maison particulière pour arrêter un déserteur, elle se fondait, pour casser l'arrêt attaqué, sur ce que les violences exercées contre la force armée, l'avaient été dans un temps et dans un lieu où elle agissait légalement et dans l'exercice de ses fonctions. — *Cass.*, 16 avr. 1812, Clavié c. Darré.

74. — Mais, plus tard, elle décida : 1° Que la résistance avec violence et voies de fait opposée à un huissier procédant à une arrestation en vertu d'un jugement portant contrainte par corps, constitue le délit de rébellion, quoique l'arrestation soit illégale et nulle, à raison de ce que l'huissier s'est introduit dans le domicile du débiteur sans être assisté du juge de paix. — Cet arrêt est fondé sur ce que l'art. 209 ne subordonne pas le crime ou délit au plus ou moins de régularité des formes avec lesquelles les officiers ministériels doivent procéder, les particuliers n'ayant pas le droit de se constituer juges de ces formes pour refuser avec violence et voies de fait l'obéissance due à la loi et aux actes qui en émanent... sauf réclamation ultérieure. — *Cass.*, 14 avr. 1820, Costersotte.

75. — ... 2° Que la résistance avec violence et voies de fait envers la force publique procédant à une arrestation sur l'ordre du commissaire de police constitue le délit de rébellion, lors même qu'en donnant cet ordre le commissaire de police serait sorti de ses attributions; ... que l'illégalité d'un acte ne peut, dans aucun cas, autoriser un particulier à s'y opposer avec violence et voies de fait; ... que le système contraire, qui conduirait à autoriser chaque particulier à se constituer juge des actes émanés de l'autorité publique, serait subversif de tout ordre public; qu'il ne serait fondé sur aucune loi, et qu'il ne peut être admis. » — *Cass.*, 5 janv. 1821, Bernard.

76. — ... 3° Que les chefs et agens de la force publique étant présumés de droit n'agir que conformément aux lois, les citoyens ne peuvent pas opposer la résistance avec violences et voies de fait aux ordres que la force armée a reçus de ses chefs : sous le prétexte qu'il ne leur a pas été préalablement justifié de l'exécution des lois relativement au légitime emploi de cette force. Ainsi, lorsqu'un régiment a été admis par l'autorité compétente dans une église comme corps militaire; la résistance avec violences et voies de fait aux ordres donnés aux soldats par le chef de ce régiment, constitue un acte de rébellion punissable. — *Cass.*, 3 sept. 1824, Dorgans.

77. — ... 4° Que la résistance avec violences et voies de fait envers des gendarmes agissant sur la réquisition du maire, constitue le délit de rébellion : lors même que ce fonctionnaire aurait excédé ses pouvoirs. Les gendarmes par lui requis ne peuvent pas se rendre juges de sa compétence. — *Cass.*, 15 oct. 1824, Voisin.

78. — ... 5° Qu'il suffit que les officiers ministériels et agens de la force publique, légalement requis, paraissent avec le caractère qui leur est conféré par la loi, et dans l'exercice de leurs fonctions, pour que toutes violences et voies de fait exercées envers eux constituent le délit de rébellion... sauf la répression légale de ceux qui abuseraient de leur caractère; ... Qu'ainsi l'attaque et la résistance avec violences et voies de fait envers un huissier procédant à l'exécution d'un jugement, et envers les gendarmes par lui requis ou chargés par leurs chefs de l'assister, constituent la rébellion, encore bien que l'huissier ne fût pas porteur du jugement qu'il voulait mettre à exécution. — *Cass.*, 15 juill. 1826, Campocasso.

79. — ... 6° Que la résistance avec violences, injures et menaces opposée par des chasseurs à des gardes forestiers agissant dans l'exercice de leurs fonctions, pour l'exécution des lois, constitue le délit de rébellion, encore bien que les gardes aient excédé leurs pouvoirs en voulant prendre le gibier ou les instrumens de chasse que les prévenus avaient dans un sac. — *Cass.*, 26 févr. 1829, Decourbe.

80. — La Cour de Paris, entrant dans ce système, a jugé : 1° que les particuliers ne peuvent, sous prétexte d'illégalité ou de l'irrégularité des actes exercés à leur égard, se mettre en état de rébellion avec violences et voies de fait contre les agens de la force publique ou préposés agissant pour l'exécution des lois, des ordres ou ordonnances de l'autorité publique. — Ils doivent obéir, sauf à se pourvoir devant l'autorité judiciaire ou administrative pour provoquer l'annulation de ces actes, s'il y a lieu, et la punition de leurs auteurs. — ... 2° Que la rébellion est punissable que l'acte de l'agent soit ou non illégal. — ... 3° Que, spécialement, il y a rébellion punissable, de la part du conducteur d'une voiture, qui refuse, avec violence et voies de fait, d'obtempérer à la réquisition qui lui est faite par un préposé de faire passer sa voiture sur un pont à bascule, alors même que cette voiture serait comprise dans une exception prévue par les règlemens. — *Paris*, 5 juin 1838 (t. 2 1838, p. 121), Chenard c. Mess. franç.

81. — Toutefois, cette doctrine a été généralement combattue par les Cours d'appel. — Ainsi,

ces Cours ont jugé : 1° Que la résistance avec voies de fait à un détachement de ligne conduit par son chef pour dissiper un rassemblement tumultueux et arrêter des individus surpris en flagrant délit, ne peut être considérée comme rébellion ; ce détachement n'ayant pas été requis par l'autorité civile. — *Agen*, 5 mars (et non 5 mai) 1823 [sous *Cass.*, 30 mai 1823], Caumont.

82. —...2° Qu'il en est de même de la résistance opposée avec violences et voies de fait par un particulier envers un garde forestier qui s'introduirait illégalement dans son domicile pour y vérifier un délit (par exemple sans être assisté d'un officier municipal). — *Rouen*, 25 mai 1821, Buèce.

83. —...3° Que la résistance avec violence et voies de fait opposée à un huissier par le débiteur qu'il arrête en vertu d'un jugement portant contrainte par corps ne constitue pas le délit de rébellion, lorsque l'arrestation est illégale et nulle à raison de ce que l'huissier s'est introduit dans le domicile du débiteur sans être assisté du juge de paix. — *Lyon*, 10 juin 1824, Beloffet.

84. — ... 4° Que la résistance avec violences et voies de fait opposée par un artisan à un huissier voulant procéder à l'enlèvement et à la vente de ses outils que la loi déclare insaisissables, ne constitue point le délit de rébellion. — *Lyon*, 24 août 1826, Fuzy.

85. —...5° Que la résistance, même avec violences, à un ordre illégal donné par un agent du gouvernement n'est pas un acte de rébellion punissable ; et qu'en conséquence, lorsqu'un garde rencontrant un chasseur en délit, veut le désarmer, la résistance, même avec violences, opposée par le chasseur ne le rend pas punissable : le garde n'agissant pas, dans ce cas, pour l'exécution de la loi (qui défend aux gardes de désarmer les chasseurs), mais en dehors de ses prescriptions. — *Liége*, 5 avril 1826, Beck ; *Limoges*, 28 févr. 1838 (t. 2 1838, p. 120), Barbanange.

86. —...6° Qu'il en est de même de la résistance opposée à un maire et à des gardes forestiers qui, hors le cas de flagrant délit, se permettent de fouiller un individu soupçonné d'avoir commis un délit de chasse ; ils ne sont pas, en effet, dans l'exercice de leurs fonctions. — *Amiens*, 12 mai 1827, Gaffet.

87. —...7° Qu'il en est de même de la résistance avec voies de fait et violences opposée à des gendarmes qui se sont introduits, la nuit, sans mandat légal, dans le domicile d'un citoyen. — *Toulouse*, 23 févr. 1826, Philippon. — Coffinières, *Tr. de la liberté individ.*, t. 2, p. 406, n° 29.

88. —...8° Que des gendarmes qui, hors les cas déterminés par la loi, s'introduisent nuitamment dans le domicile d'un citoyen, pour y rechercher un conscrit réfractaire, ne peuvent pas être considérés comme agissant légalement dans l'ordre de leurs fonctions. En conséquence, la résistance qui leur est opposée avec violences et voies de fait cesse d'être un délit. — *Riom*, 4 janv. 1827, Roussel. — V., au reste, en ce qui touche les violations de domicile, v° VIOLATION DE DOMICILE.

89. —...9° Qu'il en est de même de la résistance opposée à un gendarme qui n'a pas fait connaître ni exhibé à l'auteur de la résistance le mandat de justice en vertu duquel il voulait l'arrêter. — *Nîmes*, 21 nov. 1826, Varenne.

90. —...10° Que lorsque des gendarmes se permettent d'arrêter et de conduire en prison, de leur propre autorité, un individu qu'ils ont trouvé la nuit dans les rues d'une ville troublant par des cris la tranquillité publique, cet individu, qui n'a encouru qu'une peine de simple police, a le droit de résister à un tel acte d'oppression. — *Limoges*, 14 déc. 1826, Romefort.

91. — ...11° Que, les agens de police n'étant pas des officiers de police judiciaire, le refus, de la part du citoyen dont le domicile a été violé d'office par un agent de police, d'obéir à ses injonctions, doit être considéré comme légitime. — *Bourges*, 10 mai 1838 (t. 2 1838, p. 538), Patrin.

92. —...12° Que la résistance avec voies de fait opposée par un condamné à des agens qui veulent l'arrêter sans être munis d'une expédition en forme exécutoire du jugement ou d'un ordre d'arrestation, n'est pas un fait punissable. — *Douai*, 22 nov. 1839 (t. 2 1846, p. 126), Delerue et Deroubais.

93. — Enfin, par un arrêt assez récent, la Cour de cassation, paraissant revenir sur ses précédentes décisions, a jugé que la résistance, même avec violences et menaces, à l'ordre illégal d'un agent du gouvernement, n'est pas une rébellion punissable. — *Cass.*, 7 avril 1837 (t. 1er 1838, p. 428), Poivre.

94. — ... Et spécialement que lorsque des gardes forestiers, rencontrant dans la forêt un individu porteur d'une serpe, veulent le contraindre non à les suivre devant le maire ou le juge de paix, conformément à l'art. 163 C. for., mais à les conduire au lieu où il avoue avoir coupé du bois mort, la résistance, même avec menaces et violences, opposée par cet individu à une telle contrainte, ne le rend passible d'aucune peine, les gardes n'agissant pas, dans ce cas, pour l'exécution de la loi, mais en dehors de ses conditions et de ses règles. — Même arrêt.

95. — Cette dernière décision est extrêmement grave : ainsi, la Cour de cassation ne considère plus comme *absolument vrai* le principe par elle antérieurement posé que la résistance aux ordres illégaux serait subversif de l'ordre public. — Tel est, au reste, l'avis de Jousse (*Traité des just. crim.*, t. 4, p. 79). Et en effet, ainsi que le font observer MM. Chauveau et Hélie (*Th. C. pén.*, t. 4, p. 340 et suiv.), « il ne faut pas croire que la société soit mise en péril parce que la loi aura posé la limite de l'action du pouvoir, et qu'elle cessera de le protéger quand il dépassera cette limite et se livrera à des actes arbitraires. Le péril serait de confondre l'abus et le droit, de les couvrir de la même protection. »

96. — On comprend, toutefois, qu'il serait dangereux de reconnaître au droit de résistance une étendue trop large. Aussi MM. Chauveau et Hélie proposent-ils une distinction qui leur paraît concilier le principe de l'obéissance à l'autorité, et la présomption de la légalité de ses actes avec le droit de résistance. — Suivant eux, toutes les fois que l'officier public agit dans l'exercice de ses fonctions, qu'il est porteur d'un titre exécutoire, l'irrégularité qui vient entacher soit ses opérations, soit le titre lui-même, ne peut motiver une résistance active, car la provision est au titre, elle est à l'officier public agissant dans ses fonctions ; sauf à la partie lésée le droit de demander réparation par les voies légales. — Aussi approuvent-ils les arrêts de cassation de 1820 et de 1821 (V. *suprà*), attendu que, dans l'une et l'autre espèce, les agens exécutaient, dans les limites de leur compétence, en vertu d'un titre exécutoire. L'irrégularité de l'exécution ne pouvait motiver que des réserves et non une résistance active. — Mais, ajoutent ces auteurs, la présomption de légalité doit cesser de couvrir les actes de l'officier public quand il se rend coupable d'un excès de pouvoir, de la violation flagrante d'un droit : tel serait le cas où un agent voudrait, hors le cas de flagrant délit et sans mandat, effectuer une arrestation ; où un huissier prétendrait saisir, sans représenter de jugement ; où un officier public tenterait de s'introduire la nuit, hors les cas prévus par la loi, dans le domicile d'un citoyen, pour procéder à une perquisition. — Dans ces différens actes l'agent ne saurait plus être protégé par sa fonction, car il agit en dehors de ses devoirs ; il ne peut invoquer le titre en vertu duquel il procède, car il ne le représente pas ou ce titre rencontre dans son exécution instantanée un obstacle légal. La présomption ne le défend donc plus, car l'illégalité est flagrante, car cette illégalité prend le caractère d'un délit..... — V., au surplus, cette lumineuse discussion, *Théorie C. pén.*, t. 4, p. 340 et suiv. — Cette docrine paraît être celle de Bourguignon, qui admet le droit de résistance lorsque les agens agissent sans ordres émanés de l'autorité, et le nie dans le cas où ces ordres existent et sont exhibés. Carnot, au contraire, se range du côté des Cours d'appel. — V. Carnot, sur l'art. 209 C. pén., t. 1er, p. 611, n° 10. — « S'il y a un coupable, dit-il, n'est-ce pas plutôt celui qui a provoqué la résistance ? La punition tardive de l'agent prévaricateur réparera-t-elle le mal qu'il aura causé ? Il nous semblerait aussi juste que raisonnable de ne pas demander à un homme plus qu'il ne peut être permis d'attendre de sa faible nature. » — V. aussi, dans ce dernier sens, Coffinières, *De la liberté individuelle*, t. 2, p. 400.

97. — La distinction proposée par MM. Chauveau et Hélie n'a pas, nous le pensons, échappé à la Cour de cassation, et l'espèce à laquelle s'applique son dernier arrêt de 1837 se rapportait parfaitement à la deuxième hypothèse prévue par ces auteurs. — Il ne s'agissait pas, en effet, dans l'espèce, d'une exécution faite en vertu d'un ordre émané de l'autorité et entaché d'illégalité, mais d'une injonction illégale intimée par des gardes, sans mandat spécial autre que celui qu'en leur qualité ils tenaient de la loi. Or, la loi était contraire à l'injonction qu'ils voulaient prescrire, ces gardes agissaient donc sans ordre, sans pouvoir, sans mandat ; ils se trouvaient exactement dans la même position qu'un officier public qui voudrait, hors des cas légaux, et sans mandat, procéder nuitamment à une perquisition, qu'un huissier qui voudrait arrêter un débiteur sans jugement ; ne tenant leurs pouvoirs directs que de la loi, dès que la loi ne protégeait plus leurs actes ils n'étaient plus que de simples particuliers à l'égard desquels reprenait son empire l'axiome de la loi romaine : *Vim vi repellere licet* (L. 1re, § 27, *De vi et vi armata*). — C'est à ces termes, à notre avis, qu'il faut restreindre le sens de l'arrêt de 1837, duquel on doit se garder de tirer des conséquences trop étendues, et il ne faut pas en inférer que, dans tous les cas d'injonctions illégales, même lorsqu'il y a un ordre de l'autorité dont la légalité soit au moins apparente, la résistance soit légitime.

98. — Au reste, depuis l'arrêt de 1837, la Cour de cassation entrant plus nettement dans la distinction ci-dessus indiquée, a décidé que l'outrage et la résistance avec voies de fait envers un huissier procédant, en exécution d'un arrêt de justice, à la vente de meubles saisis, ne peuvent être excusés sur le motif que des irrégularités de forme existeraient dans les actes de cet officier ministériel. — *Cass.*, 10 mars 1842 (t. 2 1842, p. 356), Becq.

99. — On peut consulter, sur cette intéressante question, la discussion qui eut lieu le 13 mars 1832 devant la Cour d'assises de la Seine. — Carrel.

100. — La question de légitime défense proposée par un accusé de rébellion accompagnée de blessures prenant le caractère de meurtre, tend à dépouiller le fait de son caractère criminel ; et doit procurer l'acquittement de l'accusé, si elle est répondue affirmativement. — *Cass.*, 13 janv. 1827, Roque. — V. LÉGITIME DÉFENSE, nos 13 et suiv.

101. — La Cour de Riom a décidé que la résistance avec violences et voies de fait opposée à un gendarme dépourvu de tout signe extérieur de sa qualité, ne constitue pas le délit de rébellion : « en ce que, dans ce cas, le gendarme ne pouvait être considéré comme dans l'exercice de ses fonctions. » — *Riom*, 9 mars 1828, Pourtier et Combanaire.

102. — Et l'on retrouve dans un réquisitoire adopté purement et simplement par la Cour de cassation le motif suivant : « Que toutes les fois qu'on veut forcer la volonté d'un citoyen, s'introduire dans son domicile, et faire un acte quelconque *qui puisse rendre la rébellion inexcusable*, il faut que l'officier public soit revêtu de son costume. » — *Cass.*, 11 oct. 1821, Menessier.

103. — Toutefois, il faut dire avec MM. Chauveau et Hélie (t. 4, p. 325) que la seule absence des insignes distinctifs de la fonction ne saurait, en thèse absolue, justifier la résistance ; le principal effet que peut produire l'absence des insignes est de faire naître en faveur du prévenu la présomption qu'il n'a pas connu la qualité de l'agent, et que les violences qu'il a pu commettre ne s'adressaient pas au représentant de l'autorité publique ; mais cette présomption peut être détruite par la preuve contraire ; et s'il est établi que cette qualité était connue de lui, la présomption de criminalité remplace la présomption favorable. C'est ce qui a été jugé formellement par la Cour de Metz, lorsqu'elle a décidé que les violences exercées envers un garde champêtre qui n'était pas porteur de sa plaque, et qui n'a pas assez fait connaître sa qualité, ne peuvent pas être qualifiées rébellion. — *Metz*, 30 nov. 1818, N... — Carnot, sur l'art. 209, n° 8.

104. — C'est ce qui ressort également de divers arrêts rendus dans une matière analogue (*Outrages envers un fonctionnaire public*, art. 222 C. pén.). — V. OUTRAGE, n° 156 et suiv. — *Cass.*, 9 févr. 1809, N... ; 5 sept. 1812, Vanderleden ; 26 mars 1813, Alessio. — Chassan, *Tr. des délits de la parole*, p. 391 ; Legraverend, t. 2, ch. 3, p. 344.

105. — Mais il a été également jugé avec beaucoup de raison que la résistance armée envers des gendarmes *qui s'étaient déguisés* pour s'introduire la nuit dans la maison où le prévenu se trouvait caché, ne constitue pas le délit de rébellion : lorsque l'instruction ne fournit pas la preuve qu'*il les ait reconnus ou dû reconnaître pour des gendarmes*. — *Cass.*, 26 août 1840, Poncelet.

106. — Jugé de même que des gendarmes *déguisés* en bourgeois pour assister un huissier dans une exécution n'ont pu être considérés comme étant dans l'exercice de leurs fonctions : alors qu'ils n'ont exhibé aucune marque distinctive de leur qualité, et quelque *déclaration verbale* qu'ils aient faite aux prévenus. — *Cass.*, 3 brum. an XIV, N...

107. — Il a été jugé que la résistance avec armes et par attroupement aux agens d'un gou-

vernement usurpateur ne constitue ni crime ni délit lorsqu'elle n'est qu'une exécution des ordres du gouvernement légitime. Et spécialement, que la résistance par attroupement aux ordres de Napoléon Bonaparte, durant les cent-jours, n'a été qu'une exécution de l'ordonnance royale du 23 mars 1815 et ne peut servir de base à un arrêt de mise en accusation. — *Cass.*, 14 sept. 1815, Lecoz; 27 oct. 1815, N....

Sect. 3e. — *Pénalité.*

108. — La rébellion est considérée par la loi soit comme un délit, soit comme un crime, et comme un crime plus ou moins grave, selon le nombre des personnes et suivant que ces personnes étaient ou non porteurs d'armes.

109. — En pareille matière, le nombre des assaillans est une circonstance aggravante et non pas une circonstance constitutive; dès lors ce nombre doit faire l'objet d'une question distincte et séparée de celle à poser sur le fait principal. — *Cass.*, 25 févr. 1843 (t. 2 1843, p. 467), Bartez.

110. — Si la rébellion n'a été commise que par une ou deux personnes, elle ne constitue qu'un délit, punissable d'un emprisonnement de six jours à six mois, si elle a eu lieu *sans armes;* et d'un emprisonnement de six mois à deux ans si elle a eu lieu *avec armes.* — C. pén., art. 212.

111. — La rébellion n'est encore qu'un délit, bien que commise par une réunion de trois personnes ou plus, jusqu'à vingt inclusivement, s'il n'y a pas eu port d'armes; dans ce cas, la peine est d'un emprisonnement de six mois au moins et de deux ans au plus. — C. pén., art. 211.

112. — Mais elle prend le caractère de crime 1° si la réunion de trois personnes ou plus, jusqu'à vingt, était une réunion armée (C. pén., art. 211); 2° si la rébellion a été commise même par une réunion non armée, mais composée de plus de vingt personnes (C. pén., art. 210); 3° si elle a été commise par plus de vingt personnes *armées* (même article). Dans les deux premiers cas, la peine est celle de la réclusion; dans le troisième, c'est celle des travaux forcés à temps. — C. pén., art. 210 et 211.

113. — Il a été jugé (et cela ne pouvait être douteux) que le fait d'avoir attaqué avec violence et voie de fait des gendarmes agissant pour l'exécution des lois, et d'avoir, avec connaissance, aidé ou assisté l'auteur dans les faits qui ont préparé, facilité ou consommé l'action, constitue le délit prévu par l'art. 211 C. pén., quoique la rébellion ait été commise sans armes et par moins de vingt personnes. — *Cass.*, 20 janv. 1832, Pascal Abet.

114. — La loi qualifie *réunion armée* toute réunion d'individus pour un crime ou un délit *lorsque plus de deux personnes portent des armes ostensibles* (art. 214). L'aggravation résultant de cette circonstance s'étend à tous les individus, même non armés, qui ont fait partie d'une pareille réunion. « En effet, disent MM. Chauveau et Hélie (liv. 4, p. 328), la loi a pensé que les individus non armés, en se plaçant sous la protection ou la bannière de ceux qui portaient ouvertement des armes, se sont associés à l'intention criminelle qui animait ceux-ci, et se sont dès lors rendus leurs complices.

115. — Est-il nécessaire, pour que la réunion soit réputée armée, qu'elle ait pour objet de commettre un crime ou délit autre que la rébellion? Non, suivant Carnot (sur l'art. 214), pourvu toutefois qu'il y ait eu attaque ou résistance effective, ou tout au moins tentative d'attaque ou de résistance. — Mais la tentative ne résulterait pas de la simple réunion.

116. — Suffirait-il pour qu'une réunion pût rentrer dans l'art. 214, qu'elle ait eu pour premier but de commettre une simple contravention de police? Non, suivant Carnot (sur cet article), attendu que les expressions employées par l'art. 214 sont restrictives.

117. — De la disposition de l'art. 214, qui se lie avec celles qui précèdent et dans lesquelles il est question soit de port d'armes, soit de réunion armée, on a conclu :

118. — 1° Que toutes les fois que la loi calcule l'importance du fait, et, par suite, celle de la peine, sur l'existence d'une réunion *armée*, on doit entendre par *armes* des *armes ostensibles.*

119. — Mais s'il s'agissait du cas prévu par l'art 212, celui où la rébellion n'a été commise que par une ou deux personnes; comme, dans ce cas, il n'y aurait pas réunion dans le sens de l'art. 214, peu importerait que les armes saisies sur les rebelles fussent ostensibles ou cachées. — *Contrà* (mais à tort), Chauveau et Hélie, t. 4, p. 332.

120. — Si les armes étaient restées cachées et qu'elles n'eussent pas été aperçues des personnes faisant partie de la réunion, cette réunion, alors même que plus de deux personnes auraient porté de pareilles armes, serait réputée non armée (art. 214); et les porteurs d'armes seraient seuls passibles d'une aggravation suivant l'art. 215, ainsi conçu : « Les personnes qui se trouveraient *munies d'armes cachées* et qui auraient fait partie d'une réunion *non réputée armée* seront individuellement punies comme si elles avaient fait partie d'une troupe ou réunion armée.»

121. — Les auteurs font remarquer que cette disposition de l'art. 215 présente une anomalie, en ce qu'elle n'aggrave la peine qu'à l'égard des individus portant *des armes cachées* dans une réunion non armée; et qu'elle ne contient aucune aggravation à l'égard de ceux qui auraient porté, dans une pareille réunion, des armes *ostensibles*, mais sans se trouver en nombre suffisant pour communiquer à la réunion le caractère de *réunion armée.*—Chauveau et Hélie, t. 4, p. 329; Morin, *Dict. de droit crim.*, v° *Rébellion*, p. 678.

122. — Les pierres et les bâtons doivent-ils être considérés comme *armes?* — V., à cet égard, ARMES.

123. — ... 2° Que, bien que l'art 210, qui parle de la rébellion commise par plus de vingt personnes armées, ne se serve pas du mot *réunion armée;* cependant, par la combinaison des art. 210 et 214, on doit considérer la réunion de plus de vingt personnes comme armée, dès que, parmi ces vingt, il y en a plus de deux portant des armes ostensibles. Il suffit donc, pour l'application de la peine, que le jury se soit expliqué sur cette dernière circonstance, quoiqu'il n'ait pas déclaré autrement que la réunion était armée.— *Cass.*, 8 nov. 1832, Valot.—Chauveau et Hélie, t. 4, p. 327.

124. —Les criminalistes font observer que si, dans cet art. 210, le Code ne se sert pas des mots *réunion armée*, c'est que, dans l'esprit de ces auteurs, le rassemblement de plus de vingt personnes n'était pas une réunion mais un attroupement. — Observ. du Corps législ. au Conseil d'Etat. — Il ne faut pas, au surplus, confondre l'attroupement prévu par les art. 210 et 213 avec les attroupemens qui ont fait l'objet des lois des 2 octobre 1789, 3 août 1791, 10 avr. 1831 et 7 juin 1848; car ces lois, essentiellement politiques, ont eu pour but un autre ordre de faits et de circonstances — Chauveau et Hélie, *loc. cit.*—V. ATTROUPEMENT ET RASSEMBLEMENT.

125. — Dans tous les cas où il sera prononcé, pour fait de rébellion, une simple peine d'emprisonnement, les coupables pourront être condamnés, en outre, à une amende de 16 francs à 200 francs. — Art. 218.

126. — La disposition de cet article est restrictive; ainsi, l'amende ne pourrait être ajoutée à la peine de la réclusion ou des travaux forcés.— Carnot sur l'art. 218; Chauveau et Hélie, t. 4, p. 333. — Et même dans le cas de l'art. 218 l'amende n'est que facultative; il appartient aux juges d'apprécier les cas où elle doit être appliquée.

127.—La peine accessoire de l'amende semble applicable même au cas où, s'agissant du crime de rébellion, la peine ne serait réduite à un simple emprisonnement qu'à raison de la déclaration de circonstances atténuantes. L'art. 218 dispose d'une manière absolue et générale pour tous les cas *où il n'est prononcé qu'une simple peine d'emprisonnement.*

128.—Les chefs d'une rébellion *peuvent également* (c'est là une peine purement facultative) être condamnés à rester, à l'expiration de leur peine, sous la surveillance de la haute police pendant cinq ans au moins et dix ans au plus. — C. pén., art. 221.

129.— La Cour de cassation a décidé (et cela était sans difficulté) que l'art. 221 n'est pas applicable lorsque la peine prononcée est afflictive ou infamante, et emporte par elle-même la mise en surveillance à vie. — *Cass.*, 16 sept. 1831, Jarron.

130. — L'art. 221 ne parle que des *chefs;* on ne saurait donc l'appliquer à ceux qui auraient rempli quelques fonctions ou emploi dans les bandes, — ni aux commandans *en sous-ordre.* — Mais si la rébellion avait eu plusieurs chefs, tous, et non pas seulement le chef suprême ou le directeur général, rentreraient dans sa disposition. — Carnot, sur l'art. 221.

131. — Le Code pénal (art. 217) punissait comme coupable de rébellion quiconque y aurait provoqué, soit par des discours tenus dans des lieux ou réunions publics, soit par des placards affichés, soit par des écrits imprimés. — Et l'art. 221 appliquait au provocateur comme aux chefs de rébellion, la peine de la surveillance. — L'art. 217 a été abrogé par la loi du 17 mai 1819 qui régit aujourd'hui la matière des provocations. — V. DÉLIT DE PRESSE, DISCOURS SÉDITIEUX.—De là, MM. Chauveau et Hélie concluent que l'art. 221 a été nécessairement compris, en ce qui concerne les provocateurs, dans l'abrogation de la loi de 1819 : « Car, disent-ils, la peine accessoire ne saurait subsister quand la peine principale à laquelle elle se rattachait a été effacée du Code. »—*Théor. C. pén.*, t. 4, p. 342.

132. — Et le délit de provocation à la rébellion par un des modes énoncés en l'art. 1er de la loi du 17 mai 1819 est devenu de la compétence de la Cour d'assises, encore bien qu'il n'eût aucun caractère politique.—Ainsi jugé pour la provocation à la rébellion contre les préposés à la perception d'un droit de péage, commise par des discours et des cris proférés publiquement. — *Cass.*, 18 janv. 1833, Bonnissaud.

133.—Il a été jugé sous l'empire de cette loi que les chemins publics sont réputés lieux publics, en matière de provocation à la rébellion dans le sens de l'art. 217 du Code pénal.— *Cass.*, 10 mars 1814, N... — Bourguignon, *Jurispr. C. crim.*, sur l'art. 217 C. pén., t. 3, p. 216. — Cette solution recevrait son application sous la loi de 1819.—V. sur le point de savoir quels lieux sont considérés comme publics, LIEUX PUBLICS et les renvois.

134. — Suivant l'art. 216 : les auteurs des crimes et délits commis pendant le cours et à l'occasion d'une rébellion doivent être punis des peines prononcées pour chacun de ces crimes, si elles sont plus fortes que celles de la rébellion.

135. — La règle consacrée par cet article ne cesserait pas d'être applicable, quoique les autres crimes ou délits n'eussent pas été commis pendant le cours de la rébellion et ne l'eussent été qu'à son occasion. Ce qu'a voulu l'art. 216, c'est que le crime ou le délit qui a été commis dans le cours et à l'occasion d'une rébellion ne perdît pas son caractère de gravité : par la raison que son aeteur s'en serait rendu coupable comme acteur dans la réunion séditieuse. — Carnot, sur l'art. 216.

136. — L'art. 216 ne punit que les *auteurs mêmes des crimes* et délits commis pendant le cours et à l'occasion de la rébellion. — Ainsi la responsabilité de ces excès n'atteint pas les autres individus qui font partie de ces réunions; le fait de la rébellion, s'ils ne sont d'ailleurs complices des crimes ou délits qui en sont distincts, leur est seul applicable. — Chauveau et Hélie, t. 4, p. 336.

137. — L'art. 213 contient un cas d'excuse analogue à celui dont il a déjà été question au mot BANDES ARMÉES. Cet article est ainsi conçu : « En cas de rébellion avec bande ou attroupement, l'art. 100 du présent Code sera applicable aux rebelles sans fonctions ni emplois dans la bande, qui se seront retirés au premier avertissement de l'autorité publique, ou même depuis, s'ils n'ont été saisis que hors du lieu de la rébellion, sans nouvelle résistance et sans armes. »

138. — Les principes posés au mot BANDES ARMÉES doivent donc recevoir ici leur application (V. ce mot). Et il est bien entendu que l'art. 213, comme l'art. 100, auquel il se réfère, n'excuse le prévenu que pour le fait de rébellion avec violences ou voies de fait; mais qu'il reste passible des crimes particuliers qu'il a personnellement commis à l'occasion de la rébellion. — Chauveau et Hélie, t. 4, p. 335.

139. — Les accusés de sédition ou de rébellion ne peuvent invoquer le bénéfice des art. 100 et 213 du Code pénal, qui exemptent de toute peine les individus pris sans armes hors du lieu de la sédition, dans laquelle ils n'ont exercé aucun commandement ou emploi, qu'autant que le jury a déclaré qu'ils s'en sont retirés, soit au premier avis de l'autorité, soit depuis. — *Cass.*, 30 août 1832, Gilles.

140. — Lorsqu'un accusé de rébellion avec bande et attroupement propose comme excuse la question de savoir s'il s'est retiré depuis la réunion, cette question exprime suffisamment la volonté qu'il aurait eue de se retirer avant les sommations; et doit être posée aux jurés, à peine de nullité, quelque incomplète qu'elle puisse paraître. — *Cass.*, 2 mai 1833, Didier.

141. — Lorsque, sur une question comprenant le fait de rébellion commise par plus de vingt personnes réunies et avec armes, le jury a déclaré les accusés coupables, mais sans aucune des circonstances; la Cour d'assises excède ses pouvoirs en déclarant dans son arrêt que les accusés étaient réunis sur le lieu du délit, circonstance écartée par le jury. — *Cass.*, 30 sept. 1825, Aubé.

142.—La rébellion par plus de vingt personnes

armées contre la garde nationale et la gendarmerie constitue un crime prévu par le C. pén., et non un délit politique; les délits réputés politiques étant spécifiés dans la loi du 8 oct. 1830, et le délit dont il s'agit ne rentrant dans aucune de ses dispositions. — *Cass.*, 9 déc. 1830, Roquelaure.

143. — En matière de douanes, la loi distingue l'opposition simple à l'exercice des employés et l'opposition avec voies de fait. Dans ce dernier cas, il y a lieu à l'application des peines relatives à la rébellion. C'est, au surplus, ce qui résulte de l'art. 209, qui comprend les *préposés de douanes* dans l'énumération des agens dont il protége les fonctions. — *Cass.*, 8 déc. 1837, Boulanger; 29 août 1838 (t. 2 1838, p. 525 et 581), Brisechoux. — V. DOUANES.

144. — Mais, indépendamment de la peine prononcée par le C. pén., il y a lieu à l'application de certaines réparations spéciales. — V. DOUANES.

145. — En cette matière, comme en matière de contributions indirectes, les procès-verbaux dressés par les préposés font-ils une preuve absolue et irrévocable des délits de rébellion dont ils ont été victimes? — La jurisprudence a décidé la négative. — V. PROCÈS-VERBAUX.

Sect. 4e. — *Réunions assimilées aux réunions de rebelles.*

146. — La loi pénale assimile encore certaines réunions aux réunions de rebelles. L'art. 219 C. pén. porte : « Seront punies comme réunions de rebelles celles qui auront été formées avec ou sans armes, et accompagnées de violences ou de menaces contre l'autorité administrative, les officiers et les agens de police, ou contre la force publique : 1° par les ouvriers ou journaliers dans les ateliers publics ou manufactures; 2° par les individus admis dans les hospices; 3° par les prisonniers prévenus, accusés ou condamnés. »

147. — Le délit prévu par cet article, diffère de la coalition des ouvriers (art. 415), de leur insubordination envers leurs maîtres, des menaces et injures des prisonniers contre les gardiens. — C. instr. crim., art. 614. — L. 19 juill. 1791, tit. 2, art. 25. — V. COALITION ENTRE MAITRES ET ENTRE OUVRIERS. — Ces circonstances caractéristiques, qu'il y ait ou non des armes apparentes ou cachées entre les mains des rebelles, sont l'insubordination avec *violences* ou *menaces* envers les dépositaires ou agens de la force publique; mais il n'est pas nécessaire, comme en matière de rébellion ordinaire, que ces agens soient troublés par ces menaces ou violences dans l'exécution d'un acte de leurs fonctions. — Chauveau et Hélie, t. 4, p. 337.

148. — L'art. 219 ne parle pas, comme l'art. 209, des voies de fait, sans doute parce qu'elles sont comprises dans les violences. — V. *suprà* nos 44 et suiv.

149. — Le projet du C. pén. ajoutait, aux trois classes de rebelles dont il vient d'être parlé, une quatrième classe composée des *élèves ou étudians admis dans les écoles publiques ou privées, s'ils sont âgés de plus de seize ans.* Mais cette disposition fut retranchée. — Procès-verbal Conseil d'État, séance du 9 janv. 1810. — Ces élèves restent donc sous l'empire du droit commun.

150. — Selon Carnot (sur l'art. 219), l'art. 25 L. 19-22 juill. 1791, qui punissait d'un emprisonnement de deux années l'insubordination accompagnée de violences ou de menaces dans les ateliers publics, serait encore en vigueur. Cette disposition, qui n'est plus en harmonie, quant à la gravité de la peine, avec l'art. 211 C. pén., a été implicitement abrogée par la présente section de ce Code, où l'on trouve un ensemble complet de dispositions sur la matière. — V. avis du Conseil d'État, du 8 févr. 1812.

151. — L'art. 220 trace des règles particulières, quant au mode d'exécution de la peine portée par l'art. 219 contre les rébellions de prisonniers. La peine appliquée pour rébellion à des prisonniers prévenus, accusés ou condamnés relativement à d'autres crimes ou délits, sera par eux subie, savoir : par ceux qui, à raison des crimes ou délits qui ont causé leur détention, sont ou seraient condamnés à une peine non capitale ni perpétuelle, *immédiatement après l'expiration de cette peine.* Et par les autres, immédiatement après l'arrêt ou jugement en dernier ressort qui les aura acquittés ou renvoyés absous du fait pour lequel ils étaient détenus. — Art. 220.

152. — Cette disposition, comme on le voit, renferme une dérogation au principe de la non-cumulation des peines consacrée par l'art. 365 C. instr. crim. Toutefois, Carnot (sur l'art. 220) et MM. Chauveau et Hélie (*Th. du C. pénal*) pensent que l'application doit en être restreinte au seul cas où la première peine est d'une nature plus grave que celle qui aura été encourue pour le fait de rébellion. — Il est de principe, en effet, selon eux, qu'entre deux peines, c'est toujours la plus grave qui est subie la première. Et ils ajoutent qu'il serait étrange que le condamné, pour rébellion, à une peine infamante, emportant nécessairement la dégradation civique, fût maintenu, pendant tout le temps de la peine d'emprisonnement à laquelle il aurait été condamné pour son délit primitif, et qu'il devrait subir la première, dans la jouissance de ses droits civiques, et qu'il n'en fût privé qu'à l'expiration de cette peine. — *Th. C. pén.*, t. 2, p. 340. — On ne peut se dissimuler toutefois que la loi ne dit rien à cet égard. — V. CUMUL DE PEINES, no 65.

V. ABUS D'AUTORITÉ, BANDES ARMÉES, BLESSURES ET COUPS, GENDARMERIE.

REBOISEMENT.

Nous avons annoncé (vis DÉFRICHEMENT, no 144, et FORÊTS, no 35) que nous reviendrions en détail sur les questions de défrichement et de reboisement des forêts, si importantes pour l'agriculture et même pour la climature de notre pays. A cette époque, l'administration, le gouvernement et les Chambres s'occupaient sérieusement des graves difficultés que soulève cette matière, des projets de lois et de règlemens étaient élaborés et annoncés, nous devions croire que sous le mot REBOISEMENT nous serions en mesure d'édifier nos lecteurs sur tout ce qui aurait été fait à cet égard; il n'en a point été ainsi, et aujourd'hui les choses sont encore identiquement dans le même état qu'alors. — Nous n'avons donc rien à ajouter à ce que nous avons dit, sur cette matière, dans les mots DÉFRICHEMENT et FORÊTS, et nous devons dès lors nous borner à y renvoyer.

RECÉLÉ.

1. — C'est l'action de celui qui ayant droit dans une communauté ou dans une succession, s'approprie frauduleusement quelques-uns des objets qui en dépendent; soit qu'il les soustraie, soit qu'il omette sciemment de les faire connaître.

2. — Cette action prend plus particulièrement, dans le premier cas, le nom de *divertissement*, et, dans le second, celui de *recel* ou *recélé*. — V. COMMUNAUTÉ, SUCCESSION.

RECÉLÉ (Vol).

Tout ce qui concerne le recélé en matière de vol, est traité au mot COMPLICITÉ. — V. aussi VOL.

RECÉLÉ D'ENFANT.

V. ENFANT (crimes et délits contre l'), nos 18 et suiv.

RECÈLEMENT DE CADAVRE.

1. — L'art. 359 du C. pén. dispose que « quiconque aura recélé ou caché le cadavre d'une personne homicidée ou morte des suites de coups ou blessures, sera puni d'un emprisonnement de dix mois à deux ans et d'une amende de 50 à 400 fr.; sans préjudice de peines plus graves, s'il a participé au crime. »

2. — La raison de cette disposition est que le fait de recéler le cadavre d'une personne homicidée ou morte des suites de coups ou blessures ayant pour but de soustraire le meurtre ou les coups à la connaissance de la justice, et par conséquent de procurer l'impunité au meurtrier, on doit voir dans ce fait une atteinte portée à la sûreté publique, un acte d'hostilité commis contre le corps social.

3. — Le Code pénal de 1791 (2e part., tit. 3, art. 4) en avait fait un *crime*, qu'il punissait de la peine de quatre années de détention.

4. — Mais le législateur de 1810 a considéré, avec raison, qu'il ne s'agit point ici d'un acte véritable de complicité, puisque le recélé du cadavre de la victime n'est point un acte d'assistance donnée à la perpétration du crime. Le seul but de l'agent étant de favoriser l'impunité du coupable, c'est donc un délit distinct, qui est empreint d'une criminalité spéciale et qui n'emprunte nullement la gravité du crime qu'il veut dérober à la justice. — Chauveau et Hélie, *Théor. du C. pénal*, t. 6, p. 402; Merlin, *Dict. du dr. crim.*, vo *Cadavre*, p. 129.

5. — La Cour de cassation a jugé que le délit de recèlement du cadavre d'une personne homicidée étant, dans une certaine proportion, une sorte de complicité du meurtre, ne peut être constitué que par le fait de celui qui n'a pas participé à l'homicide. A l'égard du meurtrier, ce fait n'est que la conséquence de son crime et ne peut jamais prendre le caractère d'un délit qui soit distinct de ce crime. Ainsi, les auteurs du meurtre ne peuvent jamais être poursuivis pour avoir recélé le cadavre. — *Cass.*, 21 sept. 1815, Maillac.

6. — La loi ne définit pas par quels modes le recèlement devra avoir lieu pour être punissable. Une inhumation clandestine et sans déclaration peut constituer un fait de recélé. « Ceux, dit l'exposé des motifs, à qui la loi impose le devoir de faire les déclarations ne doivent pas perdre de vue que, dans le cas où il s'élèverait quelques présomptions de mort violente, leur négligence les exposerait à être poursuivis comme recéleurs d'une personne homicidée. » — Chauveau et Hélie, p. 403.

7. — La circonstance que la personne, dont le cadavre a été recélé, ait été réellement homicidée ou soit morte des suites de coups ou blessures, est constitutive du délit; si cette circonstance n'était pas constatée par les débats, le délit cesserait d'exister : car le recélé n'aurait pas de cause criminelle; le fait ne pourrait être puni que comme une infraction aux règlemens sur les inhumations. — V. INHUMATION.

8. — Jugé que le recel d'un cadavre n'est punissable que lorsqu'il suppose l'intention de cacher un crime, c'est-à-dire lorsqu'il s'agit du cadavre d'une personne homicidée *volontairement* et non du cadavre d'une personne victime d'un homicide *involontaire*. — *Bourges*, 6 mai 1842 (t. 1er 1843, p. 734), Magnard.

9. — Carnot pense que les père et mère, frères et sœurs du meurtrier ne seraient passibles d'aucune peine pour recel du cadavre de la victime attendu que la loi ne peut les astreindre à dénoncer le crime de leur frère ou de leur fils. — *Comm.*, t. 2, p. 176. — MM. Chauveau et Hélie repoussent cette exception, qui ne s'appuie sur aucun texte de loi précis. — *Théorie du C. pénal*, t. 6, p. 404.

RECÈLEMENT DE CRIMINEL.

1. — La loi romaine paraît avoir confondu dans une même pénalité les recéleurs de criminels et ces criminels eux-mêmes. Dans l'ancien droit, les ordonnances de Moulins et de Blois défendaient de recevoir ni recéler des individus poursuivis pour crimes ou délits, et même enjoignaient de les livrer à la justice, sous peine d'être punis comme les coupables eux-mêmes — V. L. 1, D., *De receptat.*; L. 1, C., *De his qui latrones*; ordonn. de Moulins et de Blois, art. 26 et 193.

2. — Toutefois une autre ordonnance de janvier 1629 ne prononçait d'autre peine que « d'être tenus en leur propre et privé nom des amendes et réparations jugées à l'encontre des coupables, et d'en demeurer cautions et responsables. »

3. — Deux articles du Code pénal (61 et 248) ont prévu et réprimé, mais dans des cas et à des points de vue différens, le fait d'avoir donné retraite à des criminels.

4. — Ainsi, l'art. 61 assimile à des complices ceux qui fournissent *habituellement* aux malfaiteurs qu'il désigne, logement, lieu de retraite ou de réunion.

5. — L'article 248 ne considère pas le fait qu'il prévoit comme un acte de complicité dans les faits commis par la personne recélée. Il punit le recéleur d'une simple peine correctionnelle, lorsqu'il a soustrait à la vindicte publique, en lui donnant ou faisant donner une retraite, un individu qu'il savait avoir commis un crime emportant une peine afflictive.

6. — Comme on le voit, ce dernier article diffère de l'art. 61 : 1° en ce qu'il ne punit point l'*habitude* de recéler, mais *un acte isolé;* 2° en ce qu'il ne considère point cet acte comme un acte de participation au crime commis, mais comme un délit distinct et spécial; 3° enfin en ce qu'il n'est point limité au recèlement d'une classe de malfaiteurs, mais qu'il s'étend à celui de toutes personnes qui ont commis des crimes. — Chauveau et Hélie, *Théorie du Code pénal*, t. 4, p. 470.

7. — Le seul fait que l'art. 248 du Code pénal veut apercevoir et punir, c'est qu'en recélant un coupable que la justice réclame on se rend coupable de désobéissance et en quelque sorte de rébellion envers la loi qui prescrit la poursuite des crimes et l'application des peines. — Chauveau et Hélie, *ibid.*

8. — Un point commun à ces deux dispositions pénales, c'est que le recéleur doit, avant tout, avoir eu connaissance des crimes commis par la personne recélée. Il ne peut y avoir aucun délit en l'absence de cette condition.

9. — Tout ce qui concerne le fait d'avoir donné asile à des malfaiteurs dans les termes de l'article 61 du Code pénal est expliqué v° COMPLICITÉ, n°s 282 et suiv.

10. — Pour qu'il y ait lieu à l'application des peines portées par l'art. 248 il faut que le crime imputé à l'individu à qui on a donné asile soit constant avant le recélé, et que la preuve en résulte d'un arrêt de condamnation. La notoriété publique ne suffit pas. En effet, que deviendrait la condamnation contre le recéleur si, postérieurement, l'individu recélé venait à être acquitté ou absous ou même déclaré coupable d'un délit simplement correctionnel? Et, d'ailleurs, c'est un principe que tout prévenu ou accusé est réputé innocent tant qu'il n'a pas été l'objet d'une condamnation irrévocable; et le mot *criminels*, dont se sert la loi, ne peut s'appliquer qu'à des personnes déjà condamnées. — *Rennes*, 5 juin 1833, Duguigny.

11. — Jugé, dans la même affaire, que le fait de recevoir chez soi un individu accusé de crime par la notoriété publique, mais qui n'est frappé d'aucune condamnation, ne constitue pas le délit de recèlement de criminel. — C. pén., art. 248. — *Cass.*, 27 déc. 1833, Duguigny.

12. — « En effet, disent MM. Chauveau et Hélie (*Th. du Code pénal*, t. 4, p. 473), l'incertitude de la culpabilité des prévenus enlève au recélé une partie de sa criminalité. Le recéleur a pu croire à l'innocence de ce prévenu; il a pu croire que l'acte imputé n'avait pas la gravité que l'opinion publique lui supposait. »

13. — De même la loi du 25 brum. an III ne punissait de quatre années de fers que les accusés convaincus d'avoir sciemment recélé des émigrés, et n'était pas applicable à ceux qui n'avaient recélé que des prévenus d'émigration. — *Cass.*, 27 flor. an VIII, Lafaye.

14. — Jugé aussi que, sous le Code du 3 brum. an IV, un accusé ne pouvait pas être condamné pour avoir recélé un prêtre sujet à la déportation, sans que le fait de savoir si ce prêtre était sujet à la déportation eût été déclaré constant par le jury. — *Cass.*, 1er germ. an VIII, Gervais.

15. — Jugé, toutefois, que le délit de recel de criminels prévu par l'article 248 du Code pénal existe par cela seul que l'individu recélé se trouvait sous le poids de poursuites judiciaires et que la personne qui lui a donné asile ou lui a servi de guide avait une connaissance personnelle des poursuites dirigées contre lui. — Il en est ainsi alors même que le criminel recélé serait ultérieurement décédé, *integri statûs*, dans le délai de cinq années de grâce accordé par l'art. 31 C. civ. — *Bastia*, 20 déc. 1844 (t. 1er 1845, p. 323), Graziani.

16. — Il ne faudrait pas confondre les secours en argent ou autrement donnés à un individu coupable d'un crime emportant peine afflictive avec le recèlement de la personne de cet individu. Ce serait ajouter à la loi pénale. — V. conf. Chauveau et Hélie, *loc. cit.* n° 12.

17. — L'art. 248 s'applique non-seulement aux personnes qui ont recélé; mais à celles qui ont fait recéler, à tous les individus qui ont procuré un asile au criminel, soit sous leur toit, soit sous un toit étranger. — Chauveau et Hélie, t. 4, p. 473.

18. — La peine contre le recéleur d'un criminel n'est pas applicable au cas où le recéleur est un ascendant ou un descendant, ou le conjoint, même divorcé, ou le frère ou la sœur ou l'allié à un degré pareil de la personne recélée. — Art. 248 *in fine*.

19. — Le principe de cette exception fondée sur le respect des sentimens les plus naturels existait déjà dans l'ancien droit. « Les proches parens, dit Jousse, qui retirent chez eux les voleurs sont excusables, si d'ailleurs ils ne sont pas participans à leurs vols, parce qu'alors ils sont présumés leur donner retraite pour les garantir et mettre à couvert des poursuites de la justice; ainsi ils doivent être punis moins sévèrement que les autres recéleurs : car c'est une maxime constante que les lois se relâchent de leur sévérité, quand elles sont offensées par un motif de charité inspiré par la nature (*Matière criminelle*, t. 4, p. 251). »

RECÈLEMENT DE DÉSERTEUR.

V. DÉSERTION.

RECÈLEMENT D'ESPION.

V. ESPION et CRIMES CONTRE LA SURETÉ DE L'ÉTAT, n°s 104 et suiv.

RECÈLEMENT DE GROSSESSE.

V. DÉCLARATION DE GROSSESSE, GROSSESSE, LÉGITIMITÉ.

RECÈLEMENT DE NAISSANCE.

1. — C'est le fait de la part de la mère d'avoir caché au mari la naissance de l'enfant dont elle est accouchée.

2. — Ce fait joint à celui de l'adultère de la mère, autorise le mari à proposer tous les faits propres à justifier qu'il n'est pas le père de l'enfant. — C. civ., 313. — V. LÉGITIMITÉ.

RECENSEMENT.

1. — L'impôt ne peut être régulièrement et équitablement assis qu'autant qu'il est également réparti entre les individus, et aussi eu égard à la valeur relative des différentes propriétés.

2. — Nous n'avons rien à ajouter à ce que nous avons dit précédemment au sujet du recensement territorial et de la manière dont il s'opère. — V. CADASTRE.

3. — Nous avons vu également comment s'opère, chaque année, dans chaque commune, la répartition, entre les contribuables, des diverses espèces d'impôts directs, la contribution foncière, la contribution personnelle et mobilière, la contribution des portes et fenêtres et celle des patentes. — V. CONTRIBUTIONS DIRECTES.

4. — Nous avons vu que la répartition de l'impôt entre les individus n'est elle-même que la conséquence de répartitions antérieures faites entre les départemens d'abord, puis entre les arrondissemens, et enfin entre les communes, et ce à raison du chiffre de la population.

5. — Le recensement a pour but principal de faire connaître d'une manière précise le chiffre de la population; il est encore opéré, en vertu des principes posés par la loi du 19 juillet 1791, par les soins des maires, sous la surveillance des sous-préfets et préfets.

6. — « Dans les villes et les campagnes, porte l'art. 1er de cette loi, les corps municipaux feront constater l'état des habitans, soit par des officiers municipaux, soit par des commissaires de police s'il y en a, soit par des citoyens commis à cet effet.

7. — « Chaque année, dans le courant des mois de novembre et de décembre, cet état sera vérifié de nouveau et on y fera les changemens nécessaires. » — *Ibid.*

8. — « L'état des habitans de la campagne sera recensé au chef-lieu du canton par des commissaires que nommeront les officiers municipaux de chaque commune particulière. » — *Ibid.*

9. — « Le registre contiendra mention des déclarations que chacun aura faites de ses noms, âge, lieu de naissance, dernier domicile, profession, métier et autres moyens de subsistance. » — Art. 2.

10. — Depuis longtemps le recensement général de la population a cessé d'être annuel. Aux termes de l'art. 34 de la loi de finances du 26 mars 1831, les contingens pour la fixation des contributions personnelle et mobilière devaient être revisés de cinq ans en cinq ans à partir de 1834; et une ordonnance royale du 11 mai 1832 porte que les tableaux de la population du territoire français, approuvés par le chef de l'Etat, seront seuls considérés comme authentiques pendant cinq années à partir du 1er janvier 1832 et ainsi de suite de cinq années en cinq années.

11. — Les documens nécessaires n'ayant pas été recueillis en 1838 pour opérer la première révision, la loi du 14 juill. 1839 en recula l'exécution jusques en 1842 et statua qu'à cette époque il serait soumis aux Chambres un nouveau projet de répartition des diverses contributions. En 1841 le recensement donna lieu à des troubles sur plusieurs points de la France, à raison surtout de la présence des employés des contributions directes. Les renseignemens recueillis furent incomplets et dignes de peu de confiance; aussi, en 1842, on ne se trouva pas plus en mesure qu'en 1838. La loi du 11 juin 1842 (art. 2) prorogea le délai jusqu'à la session de 1844, lors de laquelle le gouvernement reconnut qu'il ne pouvait arriver à des renseignemens satisfaisans et les Chambres ajournèrent indéfiniment le nouveau mode de recensement.

12. — La population fixe doit seule être comprise dans le recensement; ainsi, les voyageurs et autres personnes accidentellement de passage dans une commune où elles n'ont pas leur séjour habituel, composent la population dite *flottante*, de laquelle il convient de ne tenir aucun compte.

13. — Mais il existe, dans un grand nombre de communes, des établissemens qui renferment dans leur sein un certain nombre d'individus pour un temps plus ou moins prolongé: tels sont les colléges, séminaires, casernes, prisons, etc. — Les individus qui résident dans ces établissemens doivent-ils ou non être compris dans le chiffre de la population?

14. — Le Conseil d'Etat, dans sa séance générale du 23 novembre 1842, a décidé : « Que dans les tableaux authentiques de la population de la France, dressés à la suite du dernier recensement, les séminaires, les garnisons, les prisons, les hospices, les colléges, etc., devaient être considérés comme population *flottante*, et à ce titre ne pourraient être compris dans le chiffre d'après lequel sont réglées l'assiette de l'impôt, les classes de patentes et la répartition des droits électoraux. »

15. — Les derniers mots de l'avis du Conseil d'Etat nous donnent lieu de faire remarquer que le recensement de la population a pour but non-seulement l'assiette des impôts de répartition, mais encore : 1° La quotité des parts proportionnelles des classes des patentes, lesquelles varient suivant le chiffre de la population. — V. PATENTE.

16. — ...2° Le nombre des membres de la représentation nationale, qui doivent être nommés par le département. — V. REPRÉSENTATION NATIONALE.

17. — ...3° Le nombre des membres qui doivent composer le conseil municipal de la commune, celui des adjoints du maire, et même le mode de nomination des maires et adjoints. — V. COMMUNE, CONSEIL MUNICIPAL, MAIRE.

18. — Des recensemens spéciaux sont encore opérés : 1° Pour la confection des listes électorales. — V. LISTES ÉLECTORALES.

19. — ... 2° Pour le service de la garde nationale. — V. GARDE NATIONALE.

20. — ... 3° Pour le recrutement de l'armée. — V. ARMÉE, RECRUTEMENT.

RÉCÉPISSÉ.

1. — Ecrit par lequel on reconnaît avoir reçu des pièces, des papiers, des effets ou titres, en communication ou en dépôt. — V., entre autres mots, AUTORISATION DE PLAIDER, AVOCAT, CASSATION (mat. civ.), COMMUNICATION DE PIÈCES (n°s 70 et s.), COMPTABILITÉ GÉNÉRALE, CONFLIT, CONSEIL D'ÉTAT, ÉCRITS PÉRIODIQUES, ENREGISTREMENT, NOTAIRE.

2. — Le mot *récépissé* désigne aussi les reconnaissances de sommes ou autres objets versés dans une caisse publique ou dans les mains d'un tiers. — V., entre autres mots, BANQUE DE FRANCE, CAISSE DES DÉPÔTS ET CONSIGNATIONS, CHEMIN DE FER, CONSIGNATION, ÉLECTIONS LÉGISLATIVES, ÉLECTIONS MUNICIPALES, ENREGISTREMENT, MARCHÉS DE FOURNITURES, OFFRES RÉELLES.

RÉCEPTION (Fonction, office).

1. — C'est l'action par laquelle quelqu'un est reçu à une charge ou admis à un office.

2. — C'est la réception qui attribue au pourvu le caractère de fonctionnaire ou d'officier, tandis que la nomination n'attribue que le titre. — Loyseau, *Offices*, liv. 1er, chap. 2, n° 46, et chap. 4, n°s 1er, 67 et 68. — V., au surplus, FONCTIONNAIRE PUBLIC, OFFICE.

RÉCEPTION DE CAUTION.

1. — Admission de la personne offerte en garantie par une partie tenue à fournir une caution.

2. — On a vu, sous le mot CAUTIONNEMENT, que la loi reconnaissait trois espèces de cautions, à savoir; la *caution légale*, la *caution judiciaire*, et la *caution conventionnelle*. — Les cautions conventionnelles donnent leur cautionnement par acte

public ou sous seing privé, sans être astreintes à aucune forme particulière. On ne recourt aux tribunaux que s'il s'élève des difficultés entre les parties. — En général : les cautions légales doivent, au contraire, être reçues en justice, de même que les cautions judiciaires. Des règles spéciales sont établies par le Code de procédure pour leur admission. — Toutefois : si les parties sont majeures et maîtresses de leurs droits, rien ne les empêche de se départir de ces règles.

2. — Tout jugement qui ordonne de fournir caution doit fixer le délai dans lequel elle sera présentée, et celui dans lequel elle sera acceptée ou contestée. — C. pr. 517.

4. — Néanmoins, cette règle n'est pas applicable dans le cas où un jugement se borne à ordonner l'exécution provisoire sous caution. Il dépend de la partie de profiter ou de ne pas user du bénéfice de la décision, et de retarder, autant qu'il lui convient, les actes d'exécution. — Delaporte, t. 2, p. 95; Carré et Chauveau, quest. 1824.

5. — L'art. 517 n'a eu en vue que les jugements *qui ordonnent* de fournir caution; et non ceux qui *autorisent* certaines mesures, à la condition de donner caution.

6. — Des délais particuliers sont fixés par la loi pour la réception des cautions, en matière de *surenchère* et de *bénéfice d'inventaire*. — V. ces mots.

7. — Mais, hors des cas prévus par la loi, les juges ont un pouvoir discrétionnaire pour déterminer, d'après les circonstances, le laps de temps dans lequel la caution devra être fournie.

8. — Ils peuvent même relever la partie de la déchéance encourue, si les choses sont encore entières; sauf l'action en dommages-intérêts contre la partie en retard. — Carré et Chauveau, quest. 1823; Bioche, v° *Caution*, n° 20.

9. — Le délai prescrit par le jugement court du jour de ce jugement, s'il est contradictoire; et du jour de la signification, s'il est par défaut : à moins que le jugement ne contienne une disposition expresse sur ce point. — C. pr. 123.

10. — La caution peut être présentée par exploit signifié à la partie si elle n'a pas d'avoué, et par acte d'avoué si elle en a constitué, avec copie de l'acte de dépôt fait au greffe des titres qui constatent la solvabilité de la caution, sauf les cas où la loi n'exige pas que la solvabilité soit établie par titres. — C. pr. 518.

11. — D'après Berriat (p. 490, note 8) : l'acte ou l'exploit par lequel la caution est présentée doit contenir sommation de paraître à l'audience pour se prononcer sur l'admission de la caution, en cas de contestation.

12. — Mais cette formalité, exigée par l'art. 440 C. pr., en matière commerciale, ne nous semble pas nécessaire en matière ordinaire. Et nous croyons trouver une preuve de l'intention du législateur dans la disposition de l'art. 520 qui porte que, si la caution est contestée, l'audience sera poursuivie sur simple acte. — V. *infrà*.

13. — La différence établie entre les matières civiles et commerciales se justifie d'ailleurs, parfaitement par la plus grande rapidité qu'exigent les affaires de commerce et par la nécessité de mettre le négociant en demeure d'accepter ou de contester la caution offerte, dans le plus bref délai. — Carré et Chauveau, quest. 1826; Pigeau, t. 1er, p. 295; Bioche, n° 25.

13. — La partie peut prendre au greffe communication des titres; si elle accepte la caution, elle le déclare par un simple acte. Dans ce cas, ou si la partie ne conteste pas, dans le délai, la caution fait au greffe sa soumission, qui est exécutoire sans jugement; même pour la contrainte par corps, s'il y a lieu à contrainte. — C. pr. 519.

14. — Certains auteurs ont voulu induire de ces derniers mots : *s'il y a lieu à contrainte*, que les cautions judiciaires n'étaient pas contraignables par corps de plein droit. Mais cette opinion est inadmissible. Les mots dont on essaie d'argumenter s'appliquent au cas de tout cautionnement judiciaire, parce que la contrainte est spécialement attachée à cette nature de cautionnement. Une stipulation expresse n'est nécessaire que pour les cautions des contraignables. — V. CAUTIONNEMENT, n° 348; CONTRAINTE PAR CORPS, n° 235.

15. — La soumission de la caution peut être faite par acte notarié au lieu de l'être au greffe, si les parties le préfèrent. Pigeau, *Comm.*, t. 2, p. 121; Chauveau, quest. 1828 *bis*.

16. — Si la partie conteste la caution dans le délai fixé par le jugement, l'audience sera poursuivie sur un simple acte. — C. pr. 520.

17. — Les réceptions de caution sont jugées sommairement, sans requête ni écritures. Le jugement sera exécuté nonobstant appel. — C. pr. 521.

18. — La caution dont la solvabilité est contestée n'est pas recevable à intervenir dans l'instance. Elle n'a ni intérêt ni qualité suffisante pour justifier sa solvabilité; elle est purement passive et ne saurait se constituer partie au procès. — *Paris*, 15 avr. 1820, Hermel c. Bourguignon. — Carré et Chauveau, quest. 1827; Bioche, n° 29.

19. — Si la caution est admise, elle fait sa soumission conformément à l'article 519. — C. pr., art. 522. — V. *suprà*, n° 13.

20. — Cette soumission emporte hypothèque judiciaire sur tous les immeubles. — V. HYPOTHÈQUE JUDICIAIRE, n° 9.

21. — La caution qui a fait sa soumission est irrévocablement engagée envers le créancier. Elle ne saurait donc plus se retirer, encore bien que ce dernier ne l'eût pas encore acceptée. — *Riom*, 29 nov. 1830, Gagnadre c. Brunel. — V. SURENCHÈRE.

22. — L'acte de soumission rédigé avant la prononciation du jugement qui admet la caution n'est pas nul. La décision ultérieure qui déclare la caution admissible a un effet rétroactif qui valide la soumission irrégulière faite antérieurement. — Chauveau et Carré, quest. 1830.

23. — Il n'est pas nécessaire de notifier à la partie au profit de qui la caution a été donnée, la soumission de cette caution. — Carré et Chauveau, quest. 1830 *quater*.

24. — Si le juge a omis de fixer le délai dans lequel la caution devrait faire sa soumission au greffe; celui à qui le cautionnement profite peut, après un délai raisonnable et après avoir mis son adversaire en demeure, faire payer lui-même au principal ou poursuivre par voie d'exécution, selon les circonstances. — Carré et Chauveau, quest. 1830 *quinquies*; Thomine, t. 2, p. 8.

25. — Lorsque la caution est rejetée, la partie est admise à en fournir une autre si elle en est encore dans les délais fixés par le jugement. — Pigeau, t. 2, p. 343; Bioche, n° 45. — V. toutefois BÉNÉFICE D'INVENTAIRE, SURENCHÈRE.

26. — Pour tout ce qui est relatif à la réception des cautions pour l'exécution provisoire des jugemens rendus en matière commerciale, V. EXÉCUTION PROVISOIRE, n°s 193 et suiv.

V. CAUTIONNEMENT, EXÉCUTION DES ACTES ET JUGEMENS, EXÉCUTION PROVISOIRE.

RECETTES.

V. COMPTE, COMPTE DE TUTELLE. — V. aussi COMMISSAIRES-PRISEURS, COMPTABLES PUBLICS, MANDAT, RECEVEURS DES FINANCES.

RECEVEURS DES CONSIGNATIONS.

1. — On appelait ainsi les fonctionnaires chargés de recevoir des consignations judiciaires.

2. — Un édit du mois de juin 1578, rendu par Henri III, avait fait de leurs fonctions des charges ou offices transmissibles.

3. — Mais ces charges furent supprimées par le décret du 30 sept. 1791.

4. — Aujourd'hui, tous les dépôts ordonnés par justice ou par décision administrative doivent être effectués à la caisse des dépôts et consignations. — V. CAISSE DES DÉPÔTS ET CONSIGNATIONS.

RECEVEUR DES ÉTABLISSEMENS DE BIENFAISANCE.

1. — L'institution de receveurs spéciaux chargés de recouvrer tous les revenus et de payer toutes les dépenses des établissemens de bienfaisance, n'est pas d'origine nouvelle.

2. — Nous lisons en effet, dans la déclaration du roi, du 12 déc. 1698 (art. 4), que tous les trois ans le bureau de direction de chaque hôpital devait nommer un trésorier ou receveur pour faire les recettes de l'hôpital et les employer à l'acquit des charges, à la subsistance et entretien des pauvres, et autres dépenses utiles et nécessaires.

3. — Ce trésorier ou receveur, dans la nomination duquel l'autorité centrale n'intervenait pas, avait entrée dans toutes les assemblées ordinaires et extraordinaires de l'administration : il ne pouvait payer que sur des mandemens délivrés par deux directeurs préposés à cet effet. Il devait fournir, tous les mois, des états de situation, et de plus, chaque année, soumettre au bureau central un compte que l'assemblée générale était de suite appelée à contrôler. — Durieu et Roche, *Rép. des établissem. de bienfais.*, v° *Receveur*.

4. — Les mêmes auteurs ajoutent : « Les bureaux de charité nommaient également un receveur, qu'on appelait trésorier ou procureur de charité. Ce comptable était chargé exclusivement de faire toutes les recettes et d'acquitter toutes les dépenses arrêtées par le bureau; de tenir des registres et de fournir des états de situation aux assemblées générales ou particulières de charité; il devait, en outre, rendre compte chaque année de sa gestion, et justifier de ses diligences pour le recouvrement des revenus et des ressources affectés à la charité; et à cet égard, les obligations et la responsabilité qui lui étaient imposées étaient généralement les mêmes que celles des marguilliers comptables. »

5. — Aujourd'hui comme autrefois les établissemens publics de bienfaisance peuvent se partager en deux grandes classes : les établissemens proprement dits qui reçoivent les malades, infirmes, vieillards, etc., c'est-à-dire les hôpitaux, hospices, maisons de santé, etc., et les établissemens qui ont pour objet l'assistance du pauvre à domicile, et qui, depuis 1830, ont vu leur dénomination de bureau de charité remplacée par celle de bureau de bienfaisance. — V. ÉTABLISSEMENS DE BIENFAISANCE.

6. — Mais, lorsque les recettes de l'hospice ou hôpital d'une commune n'excèdent pas 30,000 francs : elles doivent être réunies à celles du bureau de bienfaisance; et même, si ces deux recettes réunies n'excèdent pas elles-mêmes la somme de 30,000 francs, elles sont confiées au receveur municipal. — Ordonn. royale 31 oct. 1821, art. 24; 6 juin 1830, art. 2; 17 sept. 1837, art. 12; 31 mai 1838, art. 509; circul. minist. 15 déc. 1837.

7. — Au-dessus de la limite de 30,000 francs, le receveur municipal ne peut plus être appelé à gérer le revenu des établissemens de bienfaisance qu'autant que les administrations charitables de ces établissemens y consentent. — *Ibid.*

8. — Pour tout ce qui a trait à la nomination, à la gestion et à la responsabilité des receveurs des hôpitaux et hospices, qui ne peuvent jamais être deux à la fois dans une même commune, quel que soit le nombre de ces hôpitaux et hospices, V. HOSPICES, n°s 63 à 122, 436 à 527, 545 à 564.

9. — Rappelons seulement ici qu'il peut exister sur certains points des règles particulières en ce qui concerne les receveurs des établissemens généraux de bienfaisance. — V. ÉTABLISSEMENS GÉNÉRAUX DE BIENFAISANCE.

10. — Quant aux receveurs des bureaux de bienfaisance, ils sont soumis aux mêmes règlemens que les receveurs des hospices. — V. BUREAU DE BIENFAISANCE, n° 406.

RECEVEURS DES FINANCES.

Table alphabétique.

RECEVEURS DES FINANCES. — 1. — Fonctionnaires chargés du recouvrement des deniers publics, et spécialement des divers impôts établis au profit du Trésor.

§ 1er. — *Notions générales.*

2. — Chacun des services financiers établis au profit de l'État a ses revenus spéciaux. Ainsi, outre les receveurs chargés spécialement de la perception des contributions directes, il y a des receveurs exclusivement chargés du recouvrement des contributions indirectes; des receveurs des douanes, de l'enregistrement des domaines, des consignations, des droits de garantie, des octrois, du timbre, etc.

3. — La comptabilité spéciale de ces divers préposés est régie par les règles propres aux diverses matières, et dont les plus essentielles sont retracées dans les articles consacrés à chacune d'elles. Les obligations qui leur sont communes sont indiquées v° COMPTABLES PUBLICS.
— V. aussi CONTRIBUTIONS INDIRECTES, DOUANES, ENREGISTREMENT, MATIÈRES D'OR ET D'ARGENT, OCTROI, TIMBRE.

4. — Plus spécialement et dans la pratique, la dénomination de *receveurs des finances* s'applique uniquement aux comptables supérieurs placés dans les chefs-lieux de département et d'arrondissement et dont la mission consiste principalement à servir d'intermédiaire entre le Trésor et les agens chargés du recouvrement proprement dit : ce sont les *receveurs généraux* et les *receveurs particuliers* des finances.

5. — Sous le régime antérieur à 1789, il y avait déjà des receveurs généraux. Mais ces charges, qui étaient vénales, comme la plupart des offices de toute nature, étaient loin de répondre d'ailleurs à ce qu'elles sont aujourd'hui. Les receveurs généraux n'étaient alors, pour ainsi dire, que des traitans à l'instar des autres financiers, connus sous le nom de *fermiers généraux.* Ceux-ci avaient à bail les gabelles, la vente du tabac et plusieurs autres taxes. Ils avaient, eux, la perception de la taille et de la capitation, qui, la plupart du temps, devenait leur propre affaire par les avances qu'ils faisaient au gouvernement.

6. — Le nombre des anciens receveurs généraux, qui n'était que de seize lors de leur création, sous Charles V, avait été successivement élevé, et, en dernier lieu, sous Louis XVI, porté à quarante-quatre.

7. — Les receveurs généraux étaient ainsi en nombre double de celui des généralités qui partageaient le territoire. Par suite d'arrangemens que l'on a peine aujourd'hui à s'expliquer, chacun d'eux n'exerçait ses fonctions que tous les deux ans; et, à l'expiration de chaque année, était remplacé dans sa gestion, qu'il ne reprenait que l'année d'après.

8. — La loi du 14-24 nov. 1790 supprima tous offices de receveurs généraux et les remplaça par des receveurs de district, dont elle remit la nomination à l'élection des conseils d'administration de chacune de ces généralités.

9. — Plus tard, il fut créé, dans chaque département, un *receveur des impositions directes* qui, par la suite, reçut le titre de *receveur général.* Dans les arrondissemens, les receveurs de district, un moment remplacés par de simples *préposés aux recettes,* furent réorganisés sous la dénomination de *receveurs particuliers.* — Consil. 5 fruct. an III; L. 22 brum. an VI, 27 vent. an VIII.

10. — Ces fonctionnaires furent, dès lors, nommés par le gouvernement, sous la responsabilité duquel ils remplissent leur mission.

11. — Les règles qui régissent leur service ont été déterminées, en dernier lieu, par l'ordonnance générale sur la comptabilité publique du 31 mai 1838, ordonnance depuis très-largement développée par l'instruction générale du ministre des finances en date du 17 juin 1840.

12. — Les receveurs généraux des finances et les receveurs particuliers, qui leur sont subordonnés, dirigent et centralisent la perception et le recouvrement des contributions directes; ils reçoivent directement certains produits du budget, et ils exécutent, dans chaque département, les opérations du service de trésorerie. — Ordonn. 31 mai 1838, art. 6.

13. — Ces dernières opérations sont surtout importantes en ce qu'elles ont pour résultat de faire arriver à la caisse des receveurs généraux le produit des contributions directes et le produit de toute nature effectuées pour le compte de l'État dans l'intérieur de chaque département, telles que le produit des droits de douane, des droits d'enregistrement, des droits sur les consommations, des postes, des mines, des rétributions universitaires, enfin des taxes et recouvremens de toute nature. Les receveurs de ces di-

vers produits en versent le montant au fur et à mesure des recettes dans les mains du receveur particulier; celui-ci dans les mains du receveur général, vrai banquier de l'État, ainsi que l'appelle avec justesse M. Thiers (*Histoire du Consulat et de l'Empire,* t. 1er, p. 36), chargé de centraliser les fonds et de les mouvoir suivant les ordres qu'il reçoit de l'administration du Trésor.

14. — Par suite, les receveurs généraux sont notamment chargés du service de la dette inscrite dans chaque département ainsi que de la délivrance, du transfert et des mutations des inscriptions départementales. — Ordonn. 31 mai 1838, art. 175 et suiv.

15. — Ils sont, en conséquence, personnellement responsables envers les particuliers, sans préjudice de la garantie du Trésor, des inscriptions, transferts et mutations qu'ils sont chargés d'opérer. — L. 14 avril 1819, art. 8; ordonn. 31 mai 1838, art. 179.

16. — C'est encore par l'intermédiaire des receveurs généraux que sont effectuées, dans les départements, les recettes et les dépenses qui concernent la caisse des dépôts et consignations. — Ordonn. 31 mai 1838, art. 6.

17. — Les rôles des contributions directes ne parviennent aux percepteurs que par l'entremise des receveurs des finances. — Ordonn. 31 mai 1838, art. 496; instr. génér., du ministre des finances du 17 juin 1840, art. 35 et 1057.

18. — Les receveurs généraux et particuliers des finances sont tenus de verser au Trésor, le 30 novembre de chaque année, les sommes qui n'auraient pas été recouvrées sur les rôles des contributions directes de l'année précédente. — Ordonn. 31 mai 1838, art. 278.

19. — Les conditions auxquelles les receveurs généraux sont autorisés à faire des avances de fonds sont déterminées par les décisions annuelles du ministre des finances, sur les propositions du directeur du mouvement général des fonds. — Instr. génér., art. 1029.

20. — Indépendamment des fonctions qu'ils remplissent dans l'intérêt de l'État, les receveurs généraux sont également chargés de recouvrer: 1° la portion des centimes additionnels imposés dans les rôles des contributions directes pour dépenses départementales; 2° et les divers produits accidentels et extraordinaires qui sont destinés aux mêmes dépenses et qui appartiennent aux budgets des départements. — Ordonn. 31 mai 1838, art. 447.

21. — Enfin, les receveurs généraux sont chargés, en vertu de diverses lois, ordonnances et règlemens, et de décisions concertées entre les ministères de l'intérieur et des finances, de recouvrer et de centraliser à leur caisse le produit des cotisations municipales et particulières fournies par les communes, les établissemens de bienfaisance et les particuliers pour subvenir à diverses dépenses d'intérêt commun. — Instruct. gén., art. 519.

22. — Les recouvremens de cette nature sont effectués d'après les arrêtés du préfet de chaque département, qui sont notifiés au receveur général et qui énoncent les lois, décrets, ordonnances ou décisions ministérielles en vertu desquels les cotisations sont établies. Dans le cas où, par suite de circonstances imprévues, le recouvrement d'un produit devrait être suspendu, l'arrêté pris à cet égard par le préfet serait notifié au receveur général. — Instr. génér., art. 520.

23. — Les dépenses sont acquittées au moyen de mandats que les préfets délivrent sur la caisse des receveurs généraux. Lorsqu'il y a lieu de faire faire les paiemens par les percepteurs et autres comptables de l'arrondissement du chef-lieu ou par les comptables des arrondissemens de sous-préfecture, les mandats doivent être revêtus du visa du receveur général. — Instr. génér., art. 521.

§ 2. — *Des receveurs particuliers.*

24. — Les receveurs particuliers sont nommés par le chef du gouvernement, sur la présentation du ministre des finances. — Instr. gén., 4149.

25. — Ils doivent, avant d'entrer en fonctions, verser au trésor public un cautionnement, qui est fixé proportionnellement aux recettes qui leur sont confiées. — Arr. minist. 8 mai et 17 août 1832. — Circul. 11 mai, 31 juill. et 24 août 1832. — Instr. gén., 690, 691, 1150.

26. — La justification de l'accomplissement de cette obligation doit être faite devant le préfet

du département ; ils se présentent ensuite devant le receveur général, et c'est alors que leur installation a lieu et que la remise du service leur est faite. — Instr. gén., 1151.

27. — Les receveurs particuliers sont, en outre, comme tous les comptables, passibles de l'application des art. 2098 et 2121 du Code civil, qui attribuent à l'Etat un privilége et le droit d'hypothèque légale. Les receveurs généraux peuvent, en conséquence, lorsqu'ils en reconnaissent la nécessité, requérir l'inscription hypothécaire sur leurs biens. — L. 15 septembre 1807. — Instr. gén., 1152.

28. — Ils peuvent obtenir la mainlevée de cette inscription, en justifiant à l'agent judiciaire du Trésor public, par un certificat du receveur général, de la régularité de leur gestion. — Instr. gén., 1152.

29. — Lorsqu'il y a lieu de rembourser le cautionnement d'un receveur particulier, ou de l'appliquer à une autre gestion qui serait confiée au même titulaire ; celui-ci ou ses ayans cause doivent, en même temps qu'ils adressent leur demande au directeur de la dette inscrite, envoyer au directeur de la comptabilité générale des finances le certificat de *quitus définitif* que les receveurs généraux ont à leur délivrer dans les quatre mois qui suivent la cessation du service des titulaires. — Ordonn. 22 mai et arr. minist. 7 juin 1825 ; instr. gén., 1161.

30. — Il y a incompatibilité entre les fonctions de receveur particulier des finances et toutes autres fonctions sur lesquelles ce comptable aurait à exercer une surveillance médiate ou immédiate, ou dont les titulaires seraient réciproquement chargés de surveiller les siennes. — Instr. gén., 1078, 1156.

31. — En conséquence, les receveurs particuliers ne peuvent cumuler avec leurs fonctions celles de maire ou d'adjoint, de membre du conseil de préfecture, des conseils municipaux et des commissions administratives d'établissemens de bienfaisance de leur ressort. — *Ibid.*

32. — Il y a également incompatibilité entre la place de receveur particulier et les fonctions de juge et de greffier des tribunaux et des justices de paix, de juge suppléant, de notaire, d'avocat, d'avoué, d'huissier, de commissaire-priseur, d'agent de change, de courtier, de secrétaire de mairie et de commission administrative, de commis de préfecture, de sous-préfecture ou de recette générale. — *Ibid.*

33. — Les receveurs particuliers ne peuvent non plus exercer leurs fonctions dans un ressort où ils auraient des parens et alliés jusqu'au degré de cousin germain inclusivement, sur lesquels ils auraient une surveillance médiate ou immédiate à exercer ou qui seraient réciproquement chargés de les surveiller. — *Ibid.*

34. — Il leur est, d'ailleurs, interdit de cumuler avec leur emploi une profession, un commerce ou une industrie quelconques. — *Ibid.*

35. — Ils ne peuvent se livrer à aucune opération de banque, autre que celles que le receveur général a autorisées. — Instr. gén., 1032.

36. — Les receveurs particuliers des finances concourent, en ce qui concerne leur arrondissement respectif, aux différens services dont les receveurs généraux sont chargés. — Instr gén., 951.

37. — Ils ne peuvent être chargés d'aucune gestion comptable que les lois et règlemens n'auraient pas rendue obligatoire pour eux, à moins que le receveur général n'y ait donné son consentement après en avoir référé à la direction de la comptabilité générale. — *Ibid.*

38. — Les receveurs particuliers jouissent d'un traitement fixe de 2,400 fr. par an. — L. 17 fruct. an VI ; arrêté minist. 30 nov. 1839 ; circ. 14 déc. même année ; instr. gén., 406.

39. — Il leur est en outre accordé des *bonifications d'intérêts* pour le recouvrement des contributions directes et pour la responsabilité qui leur est imposée. — Ces bonifications sont réglées suivant la classe d'arrondissement, le taux de l'intérêt, et les époques de versement, qui sont déterminés chaque année par le ministre des finances. — Circulaires minist. — Instr. gén., 407 et suiv.

40. — Enfin il leur est accordé des taxations, réglées également par le ministre des finances, pour la centralisation du produit des contributions directes et indirectes, comme pour l'encaissement des cautionnemens versés à leur caisse, et à raison de la responsabilité que leur impose la garde des fonds ; plus des remises sur l'encaissement des produits des coupes de bois, ou des divers autres produits qu'ils sont chargés d'encaisser. — Lois diverses. — Instr. gén., 407 et suiv.

41. — Les receveurs particuliers doivent résider au chef-lieu de leur arrondissement. Ils ne peuvent s'en absenter qu'en vertu d'un congé accordé par le ministre des finances. — Instr. gén., 1154.

42. — Les demandes de congé et les demandes en prolongation de congé doivent être adressées au receveur général, qui les remet au préfet ; et cet administrateur les transmet au ministre, avec son avis. — Les comptables auxquels les congés sont accordés sont tenus d'informer le ministre du jour de leur départ, et de celui de leur retour au chef-lieu d'arrondissement. — *Ibid.*

43. — Les receveurs en congé sont passibles d'une retenue de la moitié de leur traitement fixe pour tout le temps de leur absence. — *Ibid.*

44. — Toute demande de congé doit, sous peine de rejet, indiquer les motifs de l'absence, et les lieux où celui qui la forme doit se rendre. — Les demandes de congé pour cause de maladie, doivent, en outre, être appuyées des pièces justificatives et certificats nécessaires. — Instr. gén., 1070.

45. — Les autorisations d'absence dont il n'a pas été profité dans les quinze jours qui suivent leur obtention deviennent nulles ; l'absence ne peut alors avoir lieu qu'en vertu d'une nouvelle autorisation. — *Ibid.*

46. — Chaque comptable ne peut, à moins de circonstances extraordinaires et urgentes, obtenir plus de trois mois de congé dans le cours de la même année. — *Ibid.*

47. — Les comptables qui s'absenteraient sans autorisation seraient soumis à la retenue ci-dessus prescrite (nº 43) sans préjudice des peines plus sévères que le ministre prononcerait selon le cas. — Instr. gén., 1154.

48. — Les comptables en congé à Paris sont tenus, à leur arrivée dans cette ville, de faire connaître le lieu de leur domicile au ministre des finances. — *Ibid.*

49. — Dans le cas d'absence dûment autorisée, comme en cas d'empêchement légitime, les receveurs particuliers peuvent se faire représenter par un fondé de pouvoirs agréé par le receveur général et par le sous-préfet. Ils doivent faire connaître au ministre le nom de ce fondé de pouvoirs. — Instr. gén., 1155.

50. — Les receveurs particuliers ne peuvent avoir qu'une seule caisse, dans laquelle doivent être réunis tous les fonds appartenant aux divers services dont ils sont chargés. Ils sont susceptibles d'être déclarés en déficit des fonds qui n'existeraient pas dans cette caisse unique. — Instr. gén. 1075.

51. — Par une conséquence de la même règle, les receveurs particuliers sont également tenus de renfermer dans la caisse unique dont il vient d'être parlé les fonds qui leur sont personnels. — Instr. gén. 1157.

52. — Ils sont, d'ailleurs, soumis, à cet égard, aux mêmes obligations que les receveurs généraux. — V. *infrà* nº 93. — Ils sont tenus de constater, sommairement, dans leurs écritures officielles, et avec détail, sur un livre auxiliaire, tous les mouvemens de ces fonds, et de représenter ce livre auxiliaire au receveur général de leur département, lorsque celui-ci en juge l'examen nécessaire dans l'intérêt du service et de sa responsabilité. — Instr. gén. 1033.

53. — Les receveurs qui se croient fondés à réclamer des factionnaires, pour la sûreté de leur caisse, conformément aux dispositions de la loi du 7 pluv. an II, doivent adresser leur demande à l'autorité locale ; qui, après avoir jugé le cas de nécessité, requiert l'autorité militaire de faire fournir les sentinelles nécessaires, et détermine la durée de ce service. En cas de refus de la part de l'autorité locale de faire ces réquisitions et de la part de l'autorité militaire d'y obtempérer, ces refus doivent être constatés par écrit ; et les comptables en rendent compte au ministre des finances, dans l'intérêt de leur responsabilité. — Instr. gén., 1157.

54. — Quant aux *envois de fonds* que les receveurs particuliers ont à faire à la recette générale, au trésor public, ou à d'autres comptables et correspondans, ils doivent suivre les instructions du receveur général du département et se conformer, en ce qui les concerne, aux règles tracées ci-après (nºs 96 et suiv.) pour les receveurs généraux. — Instr. gén., 1158.

55. — Les heures auxquelles les bureaux des receveurs particuliers doivent être ouverts au public sont réglées, dans chaque arrondissement, d'après les heures d'ouverture et de fermeture des bureaux du sous-préfet. — Instr. gén., 1159.

56. — A l'expiration de chaque année les receveurs particuliers doivent retirer de leurs bureaux les anciens registres et pièces de comptabibilité qui auraient dix ans révolus d'existence et les déposer aux archives de la sous-préfecture, après les avoir classés par année, et en avoir dressé un inventaire, au bas duquel il leur est donné récépissé du dépôt. L'inventaire doit être fait en double expédition dont une pour le sous-préfet et l'autre pour être conservée à la recette des finances, afin d'être représentée à toute réquisition. — Décis. minist. 2 mai 1829, circ. 28 du même mois et 25 oct. 1834 ; instr. gén., 1160.

57. — Les registres, rôles et papiers déposés aux archives des sous-préfectures peuvent être vendus après dix ans d'existence dans ces archives. — *Ibid.*

58. — Les receveurs particuliers doivent se faire remettre par les percepteurs les livres récapitulatifs et les livres des comptes divers qui ont trois ans d'existence chez ces comptables. Après que ces registres ont été conservés *dix ans* dans leurs bureaux, ils les comprennent dans le dépôt qu'ils font aux archives de la sous-préfecture : comme il est dit ci-dessus. Quant aux journaux des mêmes comptables, qui ont trois ans d'existence ; ils sont déposés à la sous-préfecture en même temps que les rôles, ainsi qu'on le verra *infrà*. — Instr. gén., 1160.

59. — Tout versement en numéraire ou autres valeurs fait aux caisses des receveurs particuliers pour un service public, doit donner lieu à la délivrance *immédiate de récépissés à talon* dont les modèles sont réglés par le ministre des finances. — L. 24 avr. 1833 ; ordonn. 31 mai 1838, 265, 266.

60. — Ces récépissés sont libératoires et forment titres envers le trésor public, à la charge, toutefois, par les parties versantes, de les faire viser et séparer de leur talon par le sous-préfet de l'arrondissement ou par son délégué dans les *vingt quatre* heures de leur date. Les comptables ne doivent jamais, pour quelque motif que ce soit, différer l'expédition de leurs récépissés. — Instr. gén., 1164.

61. — Les formalités qui viennent d'être indiquées ne sont pas applicables aux versemens faits chez les receveurs des finances et pour cause d'*achats* et de *ventes de rentes*, attendu que ces opérations sont considérées comme facultatives et ne donnent lieu à aucun recours en garantie contre le Trésor. — Instr. gén., 989, 1166.

62. — Les formules de récépissés doivent contenir, savoir : les récépissés à délivrer aux *particuliers* et *débiteurs divers de l'Etat*, le texte de l'art. 1er de la loi du 24 avril 1833, qui contient l'obligation imposée à l'administration et aux tiers sur la forme et le visa des récépissés, et ceux à délivrer aux *comptables publics* ; le texte de l'article 1er de l'ordonnance du 12 mai 1833, qui statue sur les obligations imposées aux comptables pour leurs versemens entre eux. — Instruct. génér., 1167.

63. — Le texte entier de la loi du 24 avril 1833 et des ordonnances du 12 mai suivant doit, en outre, être imprimé en placard et affiché par les receveurs dans le lieu le plus apparent du bureau où ils reçoivent les versemens. — *Ibid.*

64. — Les receveurs ne doivent jamais délivrer de récépissé par duplicata. Si, par un motif quelconque, il leur est demandé une pièce destinée à remplacer un récépissé, ils fournissent une *déclaration de versement* dans une forme particulière déterminée par l'administration des finances. — *Ibid.*

65. — Les receveurs des finances ne peuvent exiger des percepteurs que ceux-ci se mettent en avance de leurs fonds personnels sur le service des contributions directes. — Instr. gén., 71, 1168.

66. — Les receveurs généraux sont responsables de la gestion des receveurs particuliers de leur département, et les dirigent dans l'exécution des lois et règlemens qui ont pour objet le recouvrement de l'impôt direct, la recette des autres revenus publics et l'application de ces différens produits au service du Trésor. — Décr. 4 janv. 1808 ; ordonn. 16 nov. 1826 et 31 mai 1838, 292.

67. — Ils leur donnent également les directions nécessaires pour assurer l'ordre de leur comptabilité, et ils sont chargés de contrôler leurs recettes et leurs dépenses. — Instr. gén., 1162.

68. — Toutes les questions que peut faire naître le service et la comptabilité des receveurs particuliers et des comptables placés sous leur surveillance doivent être déférées au receveur général, qui, s'il ne se croit pas suffisamment autorisé à les résoudre, les soumet au ministre des finances. — Circul. 25 juin 1832 ; instruct. gén., 1162.

69. — Toutefois, ces comptables conservent la

faculté de déférer au ministre des finances les observations qu'ils croiraient devoir faire sur les solutions qui leur auraient été données par le receveur général. — *Ibid.*

70. — Entre autres obligations qui dérivent de la surveillance dont il a été parlé tout à l'heure les receveurs particuliers doivent tenir à la disposition du receveur général tous les fonds qu'ils ont reçus et se conformer à ses instructions soit pour en faire le versement à la recette générale, soit pour les employer sur les lieux, soit pour les réserver ou leur donner les directions commandées par les besoins du service. — Instr. gén., 1163.

71. — Des états périodiques, dont la forme et les époques d'envoi sont déterminées par les règlemens de l'administration des finances, font d'ailleurs connaître en tout temps, au receveur général la situation de chaque receveur particulier.

72. — Le receveur général peut, par mesure de précaution et de discipline et lorsque les circonstances lui paraissent l'exiger impérieusement, placer un *agent spécial* près d'un receveur particulier, sauf à en informer immédiatement le ministre des finances. — Instr. gén., 1174.

73. — En cas de déficit, ou d'irrégularités graves, qui ne permettent pas de laisser au comptable le maniement des deniers publics, le receveur général a le droit de lui fermer les mains. Il envoie immédiatement au ministre des finances une expédition de son procès-verbal ainsi que les bordereaux et balances à l'appui, et il y joint un rapport contenant ses observations sur la situation du receveur particulier et son avis sur les mesures ultérieures à prendre à son égard. — Il est pourvu au remplacement d'après les règles qui seront tracées *infrà* (n° 77). — *Ibid.*

74. — Les agens spéciaux et les gérans intérimaires des recettes des finances ont droit à une indemnité, qui est prélevée sur les bénéfices de la place et réglée par le ministre des finances sur la proposition du receveur général. — *Ibid.*

75. — Le receveur général est tenu de couvrir immédiatement le trésor public du débet qui aurait été contracté par un receveur particulier, sauf à exercer, par voie de subrogation, son recours sur le cautionnement, les biens et la personne du débiteur. — Ord. 31 mai 1838, 275 et 293.

76. — Le receveur général peut, d'ailleurs, en justifiant que le débet est le résultat de circonstances indépendantes de sa surveillance, se pourvoir auprès du ministre pour obtenir, s'il y a lieu, la décharge de sa responsabilité; et le ministre statue sur cette demande, au vu de la délibération du comité des finances du Conseil d'Etat. — *Ibid.*

77. — Lorsqu'un receveur particulier cesse ses fonctions, par suite de suspension, de révocation ou de décès, le préfet du département nomme, sur la présentation du receveur général, un *gérant intérimaire* qui succède à toutes les attributions du receveur particulier. — Instr. gén., 1176.

78. — Le gérant exerce ses fonctions pour le compte du Trésor, sous sa responsabilité personnelle et sous la responsabilité du receveur général. — *Ibid.*

79. — Avant de faire la remise au gérant intérimaire, le receveur général se fait remettre les effets et les pièces de dépense, qui se trouveraient dans le portefeuille du receveur remplacé, et il ne charge le gérant que du numéraire existant en caisse. La remise du service doit être constatée par un procès-verbal, dont il est dressé quatre expéditions : la première pour le receveur remplacé, la deuxième pour le gérant intérimaire, la troisième pour le receveur général, et la quatrième pour le ministre des finances. — *Ibid.*

80. — Un receveur qui a été remplacé par un gérant intérimaire, pour quelque motif que ce soit, perd tous droits aux émolumens de la place, à dater du jour de son remplacement provisoire ou définitif. — *Ibid.*

§ 3. — *Des receveurs généraux.*

81. — Les receveurs généraux sont, comme les receveurs particuliers, nommés par le chef du gouvernement; ils sont de même soumis à l'obligation d'un cautionnement, et ce n'est que lorsque cette obligation est remplie qu'ils peuvent être installés. Leur installation est faite par le préfet. — Instr. gén., 1183 et suiv., 1200.

82. — Les receveurs généraux jouissent d'un traitement fixe de 6,000 francs par an. — L. 17 fruct. an VI, arr. minist. 30 nov. 1839. — Instr. gén., 409.

83. — Il leur est, en outre, accordé des bonifications d'intérêts, pour les versemens qu'ils font aux époques et de la manière déterminées par l'administration des finances. Ils ont aussi droit à un prélèvement sur les bonifications calculées en faveur des receveurs particuliers. — Instr. géu., 407 et suiv.

84. — Enfin ils ont, comme les receveurs particuliers, des taxations pour la centralisation des fonds provenant des divers impôts versés à leur caisse, et des remises pour les différens produits qu'ils encaissent. — *Ibid.*

85. — Mais il leur est interdit d'avoir, avec leurs subordonnés, des comptes d'intérêts réciproques, pour les recouvremens et les versemens qu'ils opèrent comme receveurs des deniers publics. — Instr. gén., 1032.

86 — Lorsque les receveurs particuliers placent leurs fonds chez les receveurs généraux, ils ne peuvent faire ces placemens que comme correspondans particuliers du receveur général et dans aucun cas le Trésor n'en supporterait la garantie. — Instr. gén., 1032.

87. — Les receveurs généraux ont le droit d'exiger qu'aucun retrait ou emploi des fonds particuliers placés par les receveurs d'arrondissement à la recette générale, n'ait lieu, sur les produits de l'arrondissement, que d'après leur autorisation ou d'après les règles qu'ils auront établies. — *Ibid.*

88. — Les receveurs généraux doivent résider au chef-lieu de leur département et ne peuvent s'absenter qu'en vertu d'un *congé* accordé par le ministre des finances, d'après la demande qui en est faite par le préfet. — Circ. 31 déc. 1838. — Instr. gén., 1185.

89. — Les receveurs généraux auxquels des congés ont été accordés sont tenus d'instruire le ministre du jour de leur départ et de celui de leur retour au chef-lieu du département. Ils doivent aussi, lorsqu'ils sont à Paris, faire connaître leur adresse au ministère des finances. Ils sont, comme les receveurs particuliers, passibles de la retenue de moitié de leur traitement fixe pour le temps de l'absence. — *Ibid.*

90. — Ils doivent faire agréer par le préfet un *fondé de pouvoirs* qu'ils constituent, en cas d'absence ou d'empêchement, et faire connaître le nom de ce fondé de pouvoirs au ministère, à la cour des comptes et aux différentes administrations avec lesquelles ils sont en relation. — *Ibid.*

91. — Un receveur général peut avoir simultanément deux fondés de pouvoirs, mais sous la condition que, s'ils sont autorisés à signer séparément, ils doivent être investis de pouvoirs parfaitement égaux et engager le comptable, uniformément, sans distinction d'attributions ou de circonstances éventuelles. — *Ibid.*

92. — Les receveurs généraux sont soumis, comme les receveurs particuliers, aux règles que nous avons retracées plus haut (n°s 50 et suiv.) pour la délivrance des récépissés; la tenue de leur caisse, qui doit être unique comme celle des receveurs particuliers; l'ouverture, la fermeture et la tenue de leurs bureaux; ainsi que pour le dépôt annuel dans les archives de la préfecture de leurs registres et pièces de comptabilité. — Instr. gén., 1186 et suiv.

93. — Il est interdit aux receveurs généraux, dispose formellement l'instruction générale du ministre des finances, d'avoir, en aucun cas, deux caisses et deux comptabilités séparées; ils doivent, en conséquence, décrire sommairement, dans leurs écritures officielles, et avec détail sur un livre auxiliaire, qui leur est personnel, toutes les opérations qui se rattachent aux comptes de fonds particuliers. Les inspecteurs des finances n'exigent la représentation de ce livre que dans le cas de débet, ou d'après les ordres du ministre. — Instr. gén., 1030.

94. — Les fonds particuliers des receveurs généraux des finances se composent des fonds qui leur appartiennent et de ceux qui leur sont confiés par des particuliers. — Instr. gén., 1029.

95. — La portion de fonds particuliers que les receveurs généraux conservent en valeurs de portefeuille reste à leur disposition. L'administration leur laisse aussi le choix de ces valeurs; mais les receveurs sont tenus de les réunir dans leur portefeuille aux autres effets qu'ils auraient entre les mains et de les représenter matériellement aux inspecteurs des finances. — Instr. gén., 1029.

96. — Le transport des fonds du trésor public envoyés par les receveurs généraux à Paris ou dans d'autres départemens est exécuté par les entreprises des messageries avec lesquelles le ministre des finances a traité, et par leurs correspondans sur les routes pour lesquelles elles n'ont pas de service monté. Les traités passés avec les entreprises sont notifiés aux receveurs généraux par des instructions spéciales qui leur indiquent les noms des soumissionnaires, leurs années d'exercice, le prix des transports et les autres conditions des traités. — L. 9 germ. an XI; instr. minist. 8 juin 1827, 21 févr. 1830, 30 mars 1831, 11 févr. 1833, 12 janv. 1835, 14 août 1837. — Instr. gén., 1188.

97. — L'entreprise chargée du service de chaque année est désignée d'avance aux receveurs généraux. Les transports lui appartiennent exclusivement dans le cours de cette année. Néanmoins, lorsque les voitures de l'entreprise chargée du service de l'année ne marchent sur une route que de deux jours l'un; les receveurs généraux qui ont des expéditions à faire peuvent, s'il y a urgence, les confier aux voitures qui partent ou qui passent le jour où ces expéditions sont préparées, lors même que ces voitures appartiennent à l'entreprise qui n'est pas dans son année d'exercice. — *Ibid.*

98. — Sur les routes qui ne sont desservies que par une seule entreprise, cette entreprise exécute tous les transports. — *Ibid.*

99. — Les compagnies signataires des traités doivent faire connaître aux receveurs généraux la situation de leurs bureaux dans les villes, chefs-lieux de département et d'arrondissement. Elles doivent leur notifier également les noms de leurs correspondans, pour le service des routes qu'elles ne desservent pas. Si ces renseignemens ne sont pas fournis, les receveurs généraux doivent en informer le directeur du mouvement général des fonds. — *Ibid.*

100. — Les espèces à transporter doivent toujours être renfermées dans des sacs ficelés et cachetés; et les sacs, quel que soit le montant de l'envoi, être réunis en ballotins, avec double emballage, ou en barils. Les ballotins ou barils sont resserrés par des cordes dont les extrémités sont fixées par un cachet sur cire; ce cachet doit être celui de la préfecture ou de la sous-préfecture. La condition de renfermer les espèces dans des sacs ficelés et cachetés est de rigueur; tout autre moyen de les expédier est formellement interdit. Chaque ballotin ne doit contenir au plus qu'une somme de 10 à 12,000 fr. Le bordereau de chaque chargement doit énoncer le poids de chaque baril ou ballotin et la somme y contenue. — Instr. gén., 1189.

101. — Tout envoi de fonds doit être constaté au départ par le préfet ou par le sous-préfet, lequel procède à la vérification des espèces qui le composent, reconnaît le nombre des sacs dans lesquels elles sont renfermées et certifie que chaque sac a été pesé, ficelé et cacheté du cachet du comptable et qu'il est accompagné d'une étiquette qui en énonce le poids et la mesure. Le préfet ou le sous-préfet constate en outre la nature de l'encaissage ou emballage et le poids de chaque baril ou ballotin. — Instruct. gén., 1190.

102. — Il doit être dressé procès-verbal de ces opérations. Ce procès-verbal est dressé en autant d'expéditions que le réclame la destination des envois. Il en doit être nécessairement déposé une à la préfecture ou à la sous-préfecture. Ce dépôt, qui, sous aucun prétexte, ne peut être retardé, constitue essentiellement l'authenticité du procès-verbal et sa date certaine. Une autre expédition reste entre les mains du comptable expéditeur; une troisième accompagne l'envoi des fonds. Enfin, une quatrième expédition doit être adressée à Paris, à la direction générale du mouvement des fonds, quelle que soit la destination de l'envoi. — *Ibid.*

103. — Les envois dirigés sur Paris doivent toujours être adressés à la Banque de-France, pour le compte du Trésor; à moins d'ordres contraires donnés par la direction du mouvement général des fonds. — Circ. 16 déc. 1837. — Instr. gén., 1191.

104. — Les comptables qui expédient des fonds pour le compte du Trésor doivent toujours demander une escorte, pour les protéger pendant la route. Mais les réquisitions d'escorte ne sont valables qu'après avoir été visées par les préfets, les sous-préfets ou les administrateurs qui les représentent. — Instr. gén., 1196.

105. — Les escortes peuvent être refusées par l'autorité supérieure lorsqu'elle juge qu'elles ne sont pas nécessaires, ou qu'il y a été suppléé par des mesures générales prises pour la sûreté des routes. Néanmoins, les comptables ne peuvent, dans aucune circonstance, se dispenser de l'obli-

gation de requérir les escortes attendu qu'il ne leur appartient pas de juger de la sûreté des routes ou des dangers qu'elles présentent. Le procès-verbal dressé pour les envois de fonds doit contenir la mention expresse que l'escorte a été demandée, et faire connaître si elle a été accordée ou refusée. — *Ibid.*

106. — Les comptables à qui des fonds sont adressés doivent à l'arrivée de ces fonds s'assurer de l'état et du poids des colis qui les renferment, et en cas d'altérations apparentes procéder à la vérification des espèces en présence du préfet, ou du sous-préfet, et du préposé de l'entreprise des messageries, ou du voiturier qui a exécuté le transport. En cas de déficit, il est dressé procès-verbal. — Instr. gén., 1194.

107. — Le destinataire d'un envoi qui néglige d'en faire la vérification à l'arrivée, ou qui, sans avoir rempli les formalités ci-dessus, dispose des fonds, même pour les verser à un autre comptable, n'est pas fondé à réclamer le déficit tardivement reconnu. — *Ibid.*

108.—Les sommes dues pour les transports exécutés pour le compte du Trésor, tant par les voitures des signataires des traités que par celles de leurs correspondans, sont exclusivement payables à Paris. Cette condition est formellement énoncée sur le bordereau de chargement. — Les receveurs généraux doivent, en conséquence, s'abstenir d'effectuer aucun paiement pour les frais de transport, de fonds à la charge du Trésor, lors même que ce paiement serait réclamé par le directeur de l'entreprise qui a exécuté le transport. — Instr. gén., 1196.

109. — Si cependant le directeur insiste, les receveurs obtempèrent à sa demande, afin que les expéditions ne soient ni arrêtées ni suspendues, mais ils rendent immédiatement compte de la difficulté au directeur du mouvement général des fonds. — *Ibid.*

110. — La disposition reproduite plus haut, d'après laquelle les frais de transport de fonds pour le compte du Trésor sont exclusivement payables à Paris, n'est point applicable aux transports qui ont lieu dans l'intérieur d'un même département pour assurer le service local. Les frais occasionnés par ces mouvemens de fonds sont à la charge des receveurs et payés par eux aux entreprises mêmes qui ont exécuté les transports. — Instr. gén., 1197.

111. — Lorsque, par suite de suspension, de révocation, de démission ou de décès, il y a lieu de procéder au remplacement provisoire d'un receveur général, le préfet prend un arrêté pour désigner un *gérant intérimaire*. Ce remplacement est constaté par un procès-verbal qui énonce les valeurs remises à l'agent provisoire, et dont une expédition doit être envoyée au ministre des finances. Le gérant prend le service, en vertu de l'arrêté du préfet, et du procès-verbal mentionné ci-dessus, et il gère sous sa responsabilité personnelle. — Instr. gén., art. 1199.

112. — Lorsqu'un receveur général est définitivement remplacé, le préfet est informé par le ministre des finances, de l'époque à laquelle le nouveau titulaire doit être installé. Au jour fixé cette installation a lieu, après l'accomplissement des formalités ci-dessus retracées. — Instr. gén., 1200. — V. *suprà*, n° 111.

113. — Le nouveau titulaire procède ensuite aux vérifications nécessaires pour reconnaître, de concert avec son prédécesseur ou ses ayans cause ou le gérant intérimaire, l'exactitude de la situation des différens services dont il doit prendre la suite. — Instr. gén., 1203.

114. — Le compte de l'ancienne gestion peut présenter une *avance* ou un *débet* envers le Trésor. En cas d'*avance* : le comptable en est couvert par le Trésor public, d'après la demande qu'il en adresse au directeur du mouvement général des fonds. En cas de *débet* : la somme dont l'ex-receveur général est reconnu débiteur, doit être versée par ce comptable au trésor, ou prélevée sur son cautionnement, en vertu d'une décision spéciale du ministre. — Instr. gén., 1204.

115. — Lorsque le cautionnement n'est pas suffisant pour couvrir le *débet*, il est procédé contre le comptable et ses héritiers aux poursuites autorisées par les lois et règlemens. — *Ibid.* — V. COMPTABLES PUBLICS.

116. — Les receveurs généraux dont la situation, au moment de la cessation de leur service, ne fait ressortir aucun *débet*, peuvent, aussitôt après la vérification de leur dernier compte de gestion au ministère des finances, obtenir le remboursement des deux tiers du cautionnement fourni par eux en numéraire. — Le surplus du cautionnement peut aussi leur être remboursé, s'ils fournissent, en remplacement de cette dernière partie, un cautionnement équivalent en immeubles ou en rentes sur l'Etat. — L. 25 niv. et 2 vent. an XIII; ord. 27 sept. 1820, 22 mai 1825; arr. minist. 7 juin 1825, 24 août 1826; instr. gén., 1205.

117. — L'intégralité du cautionnement est remboursée aussitôt après l'apurement définitif des comptes, et sur la délivrance, par le ministre des finances, d'un certificat de libération définitive.

118.—Les receveurs généraux qui cessent leurs fonctions dans un département pour passer aux mêmes fonctions dans un autre, sont autorisés, lorsque leur dernier compte a été envoyé au ministre des finances, à demander l'application du cautionnement de la gestion terminée à la nouvelle gestion qui leur est confiée. — Instr. gén., 1207.

119. — Mais dans le cas où le cautionnement exigé pour la nouvelle gestion se trouverait inférieur au cautionnement réalisé précédemment, le comptable ne pourrait demander la restitution de l'excédant qu'après l'apurement complet de son ancienne gestion. — *Ibid.*

§ 4. — *Surveillance et responsabilité des receveurs des finances.*

120. — Les receveurs des finances sont tenus, pour toutes les gestions confiées aux percepteurs, de surveiller le recouvrement exact des produits aux échéances fixées par les titres et par l'administration, l'acquittement régulier et la justification des dépenses, la conservation des deniers, la tenue des écritures, la reddition et l'apurement des comptes. — L. 1er brum. an V, 3 frim. an VII; ord. 31 mai 1838, art. 275, 294, 495, 497.

121. — La gestion des percepteurs des contributions directes, pour tous les services dont ils peuvent se trouver cumulativement chargés, est placée sous leur responsabilité. — Instr. gén., 1085.

122. — En conséquence, en cas de déficit ou de débet, de la part des comptables réunissant les fonctions de percepteur de l'impôt direct et de receveur des deniers des communes et des établissemens de bienfaisance, et constaté, soit par des vérifications de caisse, soit par des arrêtés d'apurement de compte, le receveur des finances de l'arrondissement est tenu d'en solder immédiatement le montant avec ses fonds personnels. Il demeure subrogé à tous les droits du Trésor, des communes et des établissemens sur les cautionnemens, la personne et les biens du comptable reliquataire. — Instr. gén., 1085.

123. — Toutefois, lorsque le cautionnement qui forme la garantie spéciale de l'établissement a été fourni en rentes sur l'Etat ou en immeuble : il est procédé préalablement à la vente des rentes ou de l'immeuble, et à l'application de son produit au déficit constaté; et c'est seulement si son produit ne suffit pas, que le receveur des finances responsable est tenu de compléter de ses fonds personnels le versement du montant du déficit. — *Ibid.*

124. — Dans tous les cas : si le déficit provient de force majeure ou de circonstances indépendantes de la surveillance du receveur des finances, ce receveur peut obtenir la décharge de sa responsabilité; il a droit alors au remboursement en capital et intérêts des sommes dont il a fait l'avance. — *Ibid.*

125. — Le ministre des finances prononce sur les demandes en décharge de responsabilité, après avoir pris l'avis du préfet, et du comité des finances, et, s'il y a lieu, celui du ministre de l'intérieur, et des conseils municipaux ou commissions administratives, sauf appel devant le Conseil d'Etat. — *Ibid.*

126.—Les garanties des receveurs des finances contre les effets de la responsabilité qui leur est imposée, consistent : d'une part, dans les actions et privilèges qui leur sont attribués sur les cautionnemens, les biens et la personne de leurs subordonnés; de l'autre, dans les moyens de contrôle et de surveillance que les règlemens mettent à leur disposition. — Instr. gén., 1086.

127. — Les receveurs des finances se font représenter, toutes les fois que le bien du service l'exige, les divers registres de comptabilité tenus par les percepteurs. — Instr. gén., 1093.

128. — Lorsque l'examen de ces registres, ou toute autre vérification faite par le receveur des finances lui donne lieu de reconnaître des retards et des irrégularités qui rendent nécessaire de soumettre le percepteur à une surveillance particulière, il peut placer près de lui un *agent spécial* dont la mission est de diriger le percepteur soit dans les moyens propres à accélérer la rentrée des contributions, soit dans la régularisation de ses écritures. — Instr. gén., 1097.

129. — Si les irrégularités reconnues sont de nature à motiver la suspension du percepteur, le receveur des finances peut lui retirer immédiatement les valeurs dont il serait dépositaire, ainsi que les rôles, registres et pièces concernant les divers services réunis entre ses mains. Il nomme un *gérant intérimaire* et le fait connaître au préfet ou au sous-préfet. — Instr. gén., art. 1109.

130. — Si, après avoir établi la situation du comptable, le receveur des finances reconnaît que ses cautionnemens sont insuffisans pour couvrir le déficit, et qu'il peut devenir nécessaire de poursuivre le débiteur, il a le droit de décerner une *contrainte* qui est exécutoire par toutes les voies de droit et même par corps. — Instr. gén., art. 1112.

131. — Lorsque les receveurs des finances se croient fondés à réclamer la décharge des déficits qui ne se trouvent pas couverts par le remboursement des cautionnemens; ils ont la faculté de se pourvoir auprès des préfets pour demander qu'il soit procédé à une enquête administrative ayant pour objet de reconnaître toutes les circonstances qui ont précédé et accompagné le déficit, et surtout d'examiner si ce déficit doit être attribué à des cas de force majeure et à des circonstances indépendantes de la surveillance du receveur responsable et des maires des communes. — Instr. gén., art. 1114.

132. — Le résultat de cette enquête est transmis par le préfet au ministre des finances, qui, au vu de la délibération du comité des finances du Conseil d'Etat, décide s'il y a lieu de laisser à la charge du comptable le montant du déficit; ou de lui en accorder l'allocation, en tout ou en partie, soit sur les fonds de non-valeurs s'il s'agit de contributions directes, soit sur les fonds des communes et établissemens de bienfaisance si le déficit porte sur les fonds de leurs recettes : dans ce dernier cas, la décision est concertée avec le ministre de l'intérieur. — Instr. gén., *ibid.*

133. — La surveillance et la responsabilité des receveurs des finances relativement à la gestion des receveurs spéciaux des communes et des établissemens de bienfaisance, sont réglées par des dispositions analogues. — Instr. gén., art. 1115 et suiv.

134. — Depuis 1808, les écritures des receveurs généraux et des receveurs particuliers sont tenues en partie double. — Instr. gén., art. 1222.

§ 5. — *Comptes de gestion.*

135. — Les receveurs généraux des finances ont à rendre des comptes de gestion annuelle. Chaque compte, formé d'après les écritures, et appuyé des pièces justificatives, doit présenter : la situation du comptable et les valeurs en caisse et en portefeuille, d'après le compte précédent; la totalité des opérations faites par le receveur pendant l'année, tant en recette qu'en dépense, et le résultat général des recettes et des dépenses à l'époque de la reddition du compte. — Ord. 31 mai 1838, art. 268 et suiv.; instr. gén., 1223.

136. — Les receveurs particuliers n'ont point à rendre de comptes annuels, par la raison qu'ils justifient des actes de leur gestion par l'envoi successif de leurs écritures, des valeurs provenant de leurs recouvremens, et des pièces justificatives des dépenses qu'ils ont acquittées. Ils sont valablement déchargés de leurs opérations par les avis de *crédit* ou de *débit* du receveur général, comptable de leur gestion envers l'administration et la Cour des comptes. — Ordonn. 31 mai 1838, art. 285; instr. gén., 1223.

137. — Les arrêts rendus par la Cour des comptes sur les comptes des receveurs généraux des finances, leur sont immédiatement notifiés par le greffier en chef de la Cour. — L. 16 sept. 1807.

138. — Les charges et injonctions que ces arrêts imposent aux comptables doivent être exécutées dans le délai de deux mois, à partir du jour de la notification; à moins que la Cour n'ait exprimé dans son arrêt, qu'il y sera satisfait lors de la présentation du compte suivant. — L. 28 pluv. an III; instr. gén., 2007.

139. — Mais la Cour des comptes peut nonobstant l'arrêt rendu sur un compte, procéder à sa révision soit sur la demande du comptable appuyée de pièces justificatives recouvrées depuis

l'arrêt, soit d'office, soit à la réquisition du procureur général. — L. 16 sept. 1807; ordonn. roy. 31 mai 1838, art. 374; instr. gén., 2008.

140. — Cette révision peut avoir lieu non-seulement à raison de pièces justificatives recouvrées depuis l'arrêt, mais encore pour cause d'erreurs, omissions, faux ou doubles emplois qu'un nouvel examen du compte jugé ou la vérification d'autres comptes pourraient faire reconnaître sans qu'il y ait de nouvelles pièces à produire.— Instr. gén., 2009.

141. — Lorsque la demande en révision est admise par un arrêt interlocutoire, cet arrêt fixe le délai dans lequel doit être faite la production des pièces nécessaires au travail de révision; ce délai n'excède pas celui de deux mois, accordé, comme on vient de le dire, pour satisfaire aux arrêts ordinaires. — Instr. gén., 2010.

142. — Dans le cas où un comptable se croirait fondé à attaquer un arrêt, pour violation des formes ou de la loi; il pourrait se pourvoir au Conseil d'Etat, dans les trois mois, pour tout délai, à compter de la notification de l'arrêt : conformément au règlement sur le contentieux. — Ordonn. roy. 31 mai 1838, art. 377; instr. gén., 2011. — V., au surplus, COMPTABLES PUBLICS, CONTRIBUTIONS DIRECTES, COUR DES COMPTES, etc.

RECEVEUR MUNICIPAL.

1. — Les recettes et dépenses communales s'effectuent par un comptable chargé seul et sous sa responsabilité de poursuivre la rentrée de tous les revenus de la commune, et de toutes les sommes à elle dues, ainsi que d'acquitter les dépenses ordonnancées par le maire, jusqu'à concurrence des crédits accordés.—L. 18 juill. 1837, art. 62.

2. — Les fonctions de receveur municipal sont d'ordinaire confiées au percepteur. Néanmoins, dans les villes dont le revenu excède 30,000 fr. ces fonctions peuvent être conférées, sur la demande du conseil municipal, à un individu chargé spécialement des recettes de la commune. Dans ce cas, le conseil dresse une liste de trois candidats parmi lesquels le chef de l'Etat nomme à son choix. — L. 18 juill. 1837, art. 65.

3. — Ainsi les receveurs municipaux se trouvent placés dans la dépendance du gouvernement, qui acquiert de la sorte un moyen de connaître les revenus des communes.

4. — Au surplus, la loi de 1837 n'a fait, en ce point, que reproduire les prescriptions de l'art. 2 d'un décret du 27 févr. 1811; lequel, à l'égard même des receveurs institués avant lui, avait exigé, par son article 1er: que, dans les trois mois à partir de sa promulgation, les receveurs municipaux, dans les communes où ils pouvaient exister distincts des percepteurs, se fissent connaître au ministre des finances, et justifiassent du versement du cautionnement; pour être confirmés par l'empereur, *s'il y avait lieu.*

5. — Comme tous comptables de deniers publics, les receveurs municipaux sont assujettis à un cautionnement que nous avons précédemment eu occasion d'indiquer. — V. CAUTIONNEMENT (fonctionnaire public), n° 48.

6. — V., au surplus, pour tout ce qui a trait à la gestion et à la responsabilité des receveurs municipaux, COMMUNE, nos 1454 et suiv. — V. encore CAISSE MUNICIPALE.

7. — Rappelons seulement ici que « toute personne autre que le receveur municipal, qui, se serait ingérée dans le maniement des deniers de la commune, est, par ce seul fait, constituée comptable et peut même, en outre, être poursuivie, en vertu de l'art. 258 du Code pénal, comme s'étant immiscée, sans titres, dans des fonctions publiques. » — L. 18 juill. 1837, art. 64. — V. COMPTABLES PUBLICS, CONTRIBUTIONS INDIRECTES, PERCEPTEURS, RECEVEURS DES FINANCES.

RECEVEURS DE RENTES.

Patentables de 4e classe: — droit fixe basé sur la population; — droit proportionnel du 20e de la valeur locative de l'habitation et des lieux servant à l'exercice de la profession. — V. PATENTE.

RECHANGE.

1. — Ce mot a un double sens : on appelle ainsi 1° l'opération par laquelle le porteur d'un effet protesté tire, pour se rembourser, une nouvelle lettre de change appelée *retraite;* 2° le change même que le tireur de la retraite paie à celui qui lui en donne la valeur.

2. — Il est à remarquer que le Code de commerce emploie le mot *rechange* avec cette double signification. Ainsi : ce n'est que dans le premier des deux sens que peut être entendu l'art. 177, portant que le rechange s'effectue par une retraite; et c'est dans le second sens qu'il faut entendre le mot *rechange* dans les art. 179, 183, 185 et 186. — Favard de Langlade, *Rép.*, v° *Rechange.*

3. — Le rechange, pris dans la première acception, est une suite du contrat de change qui s'est formé entre le tireur, les endosseurs et le porteur de la lettre de change protestée, et qui, n'ayant pas reçu son entière exécution, donne au porteur, et successivement à chacun des endosseurs, le droit de recourir contre les endosseurs qui le précèdent, et définitivement contre le tireur. C'est ce contrat que les Italiens appellent *cambio con la ricorsa.* —Favard de Langlade, *Rép.*, v° *Rechange.*

4. — Le rechange a été inventé par les Gibelins, quand, chassés par les Guelfes, ils se retirèrent à Amsterdam et se servirent de lettres de change pour retirer leurs effets de leur pays. — Nouguier, *Lett. de change*, t. 1er, p. 448.

5. — Le rechange est à la retraite ce que le contrat de change est à la lettre de change — La retraite n'est que l'acte, l'instrument qui réalise l'opération. — C. comm., art. 177. — Favard de Langlade, *Rép.*, v° *Rechange;* Nouguier, *Lett. de change*, t. 1er, p. 443.

6. — Ainsi : la retraite est une nouvelle lettre de change, au moyen de laquelle le porteur se rembourse sur le tireur, ou sur l'un des endosseurs, du principal de la lettre protestée, de ses frais, et du nouveau change qu'il paie. — C. comm., art. 178.

7. — Bien que la loi semble limiter au porteur seul, au moment de l'échéance, le droit de faire retraite, cette faculté appartient à tout endosseur qui a remboursé sur simple présentation, et quoiqu'on n'ait pas fait retraite sur lui. En effet, ceux qui viennent après cet endosseur, sur le titre, disparaissent; il est, dès lors, le porteur par rapport aux signataires qui le précèdent.

8. — Puisque la retraite est une nouvelle lettre de change, il est évident qu'on ne peut faire retraite que dans les mêmes circonstances où l'on pourrait tirer une lettre de change.

9. — Ainsi, il faut qu'il y ait remise d'un lieu sur un autre. D'où il suit : 1° qu'il n'y a pas lieu à faire une retraite sur un endosseur de la part de celui à qui il a transmis la lettre, lorsque l'un et l'autre demeurent dans le lieu où a été souscrit l'endossement. — Pardessus, *Dr. comm.*, n° 445.

10. — ... 2° Et que les dispositions sur le rechange ne sont applicables aux billets à ordre qu'autant que la négociation emporte remise d'un lieu sur un autre.—Pardessus, *Dr. comm.*, n° 480.

11. — Jugé, dans ce dernier sens, qu'à défaut de paiement d'un billet à domicile, le porteur peut se rembourser au moyen d'une retraite sur le souscripteur.—*Colmar*, 14 janv. 1817, Maitrot c. Lapostolet. — V. BILLET A DOMICILE.

12. — Ainsi encore, il faut qu'il y ait en véritable lettre de change protestée pour qu'on puisse faire retraite.—Merlin, *Rép.*, v° *Lettre et billet de change*, § 3, n° 3.

13. — En conséquence, lorsqu'une traite est reconnue ne constituer qu'une obligation purement civile; les frais de retour de cette traite protestée faute de paiement doivent rester à la charge du tireur, encore bien que la dette du tiré soit constante. — *Cass.*, 16 avril 1818, Delacroix c. Michel.

14. — Une retraite ne peut avoir lieu avant l'échéance des traites qu'elle représente. — *Colmar*, 9 avril 1813, Rausch c. Bourquart.

15. — Le rechange, considéré dans sa seconde acception, est le nouveau change ou le prix du change auquel la retraite est négociée : c'est l'indemnité que le porteur subit pour se procurer des fonds. Pour laisser le moins possible à l'arbitraire, on a posé des bases pour en déterminer le cours. — Pardessus, *Dr. comm.*, n° 438.

16. — Le rechange se règle, à l'égard du tireur, par le cours du change du lieu où la lettre de change était payable, sur le lieu d'où elle a été tirée. — Il se règle, à l'égard des endosseurs, par le cours du change du lieu où la lettre de change a été remise ou négociée par eux, sur le lieu où le remboursement s'effectue.—C. comm., 179.

17. — Quoique le porteur puisse, pour demander son remboursement, choisir qui bon lui semble des coobligés, et à plus forte raison le tireur, il est plus naturel qu'il s'adresse à son endosseur immédiat; car c'est celui qu'il connaît et qui est ordinairement le plus voisin. En allant chercher de préférence les plus éloignés il retarderait son remboursement, et pourrait compromettre son droit de recours.—E. Vincens, *Législ. comm.*, t. 2, p. 307.

18. — La retraite ne doit pas excéder ce qu'a véritablement droit de demander celui qui la tire. Il est donc nécessaire que la preuve justificative l'accompagne. Cette preuve s'établit par un *compte de retour.* — C. comm., 180.

19. — Le compte de retour comprend le principal de la lettre de change protestée, les frais de protêt et autres frais légitimes : tels que commission de banque, courtage, timbre, et ports de lettres. — C. comm., 181.

20. — Par *ports de lettres* doit-on entendre indistinctement les ports de toutes les lettres adressées successivement à chacun des endosseurs? La raison de douter est que l'art. 182 du Code de commerce défend de faire plusieurs comptes de retour sur une même lettre de change. Mais on répond qu'il résulte de l'ensemble des dispositions de la loi que celui qui doit rembourser le titre doit également rembourser les frais accessoires légitimement dus. Or, dans la circonstance, les ports de lettres sont des frais légitimes, puisqu'ils sont inévitables.— Horson, *Quest. sur le C. comm.*, n° 129; E. Persil, *Lettres de change*, art. 181, n° 3.

21. — Dans les *autres frais légitimes* il faudrait également comprendre les amendes pour contravention au timbre du fait des antécédens, et dont l'avance serait faite par celui qui tire la retraite. — E. Vincens, *Législ. comm.*, t. 2, p. 305.

22. — L'ordonnance de 1673 (tit. 5, art. 4) comptait parmi les frais ceux de *voyage, s'il en a été fait, après l'affirmation en justice.* Le Code ne parle pas de ces frais. Ainsi il n'y a pas lieu de compter les frais de déplacement faits par le porteur pour aller toucher la traite dans un lieu éloigné, au lieu de la faire toucher par un correspondant. — Toutefois, il en serait autrement en cas de déplacement d'un huissier pour aller faire le protêt. — E. Vincens, *Législ. comm.*, t. 2, p. 318. — V. aussi Locré, sur l'art. 181.

23. — Le compte de retour énonce le nom de celui sur qui la retraite est faite, et le prix du change auquel elle est négociée.—C. comm., 181.

24. — Le compte de retour dressé, c'est sur le total qu'est dû le rechange. La retraite est donc plus forte que le montant du compte de retour de tout le rechange. — E. Vincens, *Législat. comm.*, t. 2, p. 306.

25. — Si le lieu où se fait la retraite n'était point une place de commerce, et où, par conséquent, il n'y eût point de cours établi pour le change, il serait convenable de se régler sur le cours de la place la plus voisine. — Pardessus, *Dr. comm.*, n° 438; Delvincourt, *Instit. comm.*, p. 106, note 4.

26. — Le compte de retour est certifié par un agent de change; et dans les lieux où il n'y a pas d'agent de change, par deux commerçans (C. comm. 181). Le certificat doit avoir pour objet de constater non-seulement le prix du change, mais encore la vérité de la vente de la retraite. Ordinairement, pour en sauver l'apparence, et lorsque le porteur fait de la retraite un objet de spéculation à son profit, la retraite est faite à l'ordre d'un commis du tireur, lequel prête son nom et endosse l'effet à la volonté de son maître, et l'agent de change atteste le tout comme une négociation véritable. C'est un usage reçu que le débiteur connaît et ne conteste pas. Mais un usage, quel qu'il soit, peut-il autoriser la prévarication d'un officier public attestant une opération imaginaire? — E. Vincens, *Législ. comm.*, t. 2, p. 322.

27. — Le compte de retour est accompagné de la lettre de change protestée, du protêt ou d'une expédition de l'acte de protêt. — C. comm., art. 181.

28. — Dans le cas où la retraite est faite sur l'un des endosseurs elle est accompagnée, en outre, d'un certificat qui constate le cours du change du lieu où la lettre de change était payable, sur le lieu d'où elle a été tirée.—C. comm. 181.

29. — Il n'est pas dû de rechange si le compte de retour n'est pas accompagné des certificats d'agens de change ou de commerçans, prescrits par l'art. 181. — C. comm. 186.

30. — Il ne peut être fait plusieurs comptes de retour sur une même lettre de change. — C. comm. 182.

31. — Le compte de retour est remboursé d'endosseur à endosseur respectivement et définitivement par le tireur. — C. comm. 182.

21. — L'intérêt du rechange et autres frais légitimes n'est dû qu'à compter du jour de la demande en justice. — C. comm. 185.

22. — Quand l'endosseur a payé le compte de retour ainsi que le rechange qui était dû au porteur, peut-il demander à son propre cédant le remboursement de tout ce qu'il a déboursé, plus le rechange sur ce total, de sorte que le tireur définitif serait tenu de supporter tous les rechanges occasionnés par les retours successifs? L'affirmative semblerait juste, puisque, si le tireur eût rempli son obligation, il n'y aurait eu de rechange pour personne; il devrait donc répondre seul des pertes que son inexactitude a causées. Cette observation a été faite lors de la discussion du Code. Mais on a craint d'écraser le tireur, et on a pensé qu'il valait mieux que chacun souffrît un léger dommage. De là la disposition de l'art. 183 C. comm., que les rechanges ne peuvent être cumulés, et que chaque endosseur n'en supporte qu'un seul, ainsi que le tireur. Ainsi, chaque endosseur supporte le sien, comme une compensation de l'utilité qu'il a trouvée dans la négociation de la lettre, à moins qu'il ne se soit expressément obligé à les supporter tous. — Pardessus, Droit comm., n° 445; Frémery, Études de dr. comm., p. 160.

24. — Toutefois, cette prohibition du cumul des rechanges n'est pas générale. Il est des pays étrangers où le cumul des rechanges est admis, soit en vertu de la loi, soit dans l'usage, et le tireur les supporte tous en définitive. Ces dispositions des lois étrangères peuvent, dans certains cas, être appliquées à l'égard des Français. — E. Vincens, Législ. comm., t. 2, p. 317.

25. — Ainsi jugé que celui qui a endossé en pays régi par la loi française une lettre de change tirée et indiquée payable en pays étranger doit, nonobstant l'art. 183 C. comm., supporter plusieurs rechanges, si le statut étranger le prescrit ainsi. — Gênes, 17 août 1841, Delucchi et Forsati c. Polleri. — Pardessus, Droit comm., n° 1500.

26. — La retraite est tout à la fois pour son porteur une lettre de change ordinaire qui lui donne les droits accoutumés contre ceux qui l'ont tirée et endossée, et la cession de tous les droits attachés à la première lettre de change dont le non-paiement occasionne la nouvelle; ces droits, il peut les exercer contre tous ceux qui y restent cooligés. — E. Vincens, Législ. comm., t. 2, p. 306.

27. — Lorsque après le protêt d'une lettre de change le porteur fait retraite sur l'un des endosseurs et que, par suite, cet endosseur est traduit devant celui d'un des signataires de la retraite, le tireur ou l'accepteur de la lettre dont le défaut de paiement a occasionné cette retraite peut être appelé devant le tribunal. — Pardessus, Dr. comm., n° 4356.

28. — Lorsque, après protêt, une retraite est tirée sur l'endosseur d'un effet de commerce; il ne peut, par le motif qu'il n'a pas accepté cette retraite, opposer au porteur des compensations du chef du tireur, et offrir de payer seulement l'excédant de ce qu'il peut lui redevoir. — Bourges, 6 déc. 1841, Tourangin. c. Vivier-Deslandes et Nouhallier.

29. — Le porteur qui fait retraite doit-il, néanmoins, pour éviter sa déchéance vis-à-vis des endosseurs, faire marcher de front la négociation sur l'un des signataires et les formalités prescrites par les art. 165 et suiv. C. comm.? — Pour l'affirmative on dit que, la loi étant muette, les délais de dénonciation et de poursuites courent toujours, malgré la retraite; que le porteur doit donc agir simultanément. Si la retraite est payée, l'action en justice est éteinte; si, au contraire, la retraite n'est pas acceptée, ni soldée, les juges prononcent. — Nouguier, Lettres de change, t. 1er, p. 444; Pardessus, Dr. comm., n° 439.

40. — Pour la négative, on peut répondre, ce nous semble, que l'emploi de la retraite suppose nécessairement l'abandon des poursuites ordinaires pour le recours. Puisque le porteur se rembourse au moyen de la retraite (C. comm., art. 178), il n'y a plus à demander par les voies ordinaires. Comment assignera-t-il en paiement d'une somme qui lui a été versée par l'effet de la négociation de la retraite? L'action contre les signataires de la lettre de change originaire une action en garantie fondée sur ce celui sur qui il a fait retraite ne l'acquitterait pas et qu'il fût poursuivi lui-même, que, pour le porteur de cette retraite. Voilà tout. Mais, puisqu'il n'est payé lui-même, il n'y a plus de paiement à demander; les poursuites qui tendraient au paie-

ment ne sauraient donc être continuées. Toutefois, il faut que la retraite soit faite dans les délais de la dénonciation. Autrement, la déchéance étant encourue, il n'y a plus de retraite possible. Car on ne saurait être admis à se faire verser des deniers pour le compte d'un individu contre lequel on n'a pas d'action en paiement.

41. — Nous avons vu que l'endosseur qui avait remboursé pouvait lui-même faire retraite sur un des signataires qui le précède. Cette retraite doit également être faite dans le délai de la dénonciation. Le compte de retour devrait comprendre parmi les frais que nous avons énumérés plus haut ceux de dénonciation, s'il y en avait eu de faits; car ce sont là des frais légitimes et qui ne peuvent rester à la charge de l'endosseur.

42. — Un décret du gouvernement provisoire, du 22 mars 1848, porte: « Provisoirement, les art. 178 et 179 C. comm. sont modifiés de la manière suivante: — Art. 178. La retraite comprend, avec le bordereau détaillé et signé du tireur seulement, et transcrit au dos du titre: 1° Le principal du titre protesté; 2° les intérêts de retard; 3° la perte de change; 4° le timbre de la retraite, qui sera soumise au droit fixe de 35 centimes. — Art. 179. Le rechange se règle, pour la France continentale, uniformément comme suit: un quart pour cent sur les chefs-lieux de département; demi pour cent sur les chefs-lieux d'arrondissement; trois quarts pour cent sur toute autre place. En aucun cas il n'y aura lieu à rechange dans le même département. Les changes étrangers et ceux relatifs aux possessions françaises en dehors du continent, seront réglés par les usages du commerce. L'exécution des art. 180, 181, 186 du Code de commerce et de toute autre disposition de loi sera suspendue. »

RECHERCHE (Droit de).

1. — Rétribution allouée, dans certains cas, aux dépositaires d'actes publics, pour faire la recherche des titres et pièces dont on leur demande communication. — V. COMMUNICATION.

2. — En ce qui concerne les droits de recherche alloués aux receveurs d'enregistrement et aux greffiers, V. ENREGISTREMENT et GREFFE (Droits de).

3. — Quant aux notaires, deux arrêts de règlement des 2 sept. 1662 et 26 août 1665 leur allouaient un droit de recherche de toutes sortes de minutes; et ce droit était fixé à 30 sols pour les notaires de Paris, et à 24 sols pour les notaires royaux subalternes du ressort. — Rolland de Villargues, Rép. du not., v° Recherche d'actes, n° 4.

4. — Ce droit est encore dû aujourd'hui. — Décision du garde des sceaux 10 oct. 1835. — Loret, t. 1er, p. 493; Rolland de Villargues, n° 5.

5. — Toutefois, il faut supposer qu'il s'agit de la recherche d'un acte ancien; c'est-à-dire reçu par un prédécesseur du notaire actuel: que celui-ci n'a reçu que des indications insuffisantes, qui l'obligent à des recherches longues et difficiles. — Même décis. — Loret, ibid.; Rolland de Villargues, n° 6.

6. — Si la recherche et la communication duraient trois heures, le notaire pourrait exiger le salaire d'une vacation. — Rolland de Villargues, n° 7. — V. NOTAIRE.

RECHERCHE DE PATERNITÉ ET DE MATERNITÉ.

1. — Action par laquelle un enfant réclame une personne pour père ou pour mère.

2. — La recherche de la paternité est interdite. Toutefois, dans le cas d'enlèvement, lorsque l'époque de l'enlèvement se rapporte à celle de la conception, le ravisseur peut être, sur la demande des parties intéressées, déclaré père de l'enfant. — C. civ., art. 340. — V. ENFANT NATUREL. — V. aussi ENFANT ADULTÉRIN ET INCESTUEUX.

3. — La recherche de la maternité est admise. — L'enfant qui réclame sa mère est tenu de prouver qu'il est identiquement le même que l'enfant dont elle est accouchée. — Il n'est tenu à faire cette preuve par témoins que lorsqu'il a déjà un commencement de preuve par écrit. — C. civ., art. 341. — V. ENFANT NATUREL.

4. — L'enfant n'est jamais admis à la recherche soit de la paternité, soit de la maternité incestueuse ou adultérine. — C. civ., art. 342. — V. ENFANT ADULTÉRIN ET INCESTUEUX.

RÉCIDIVE.

Table alphabétique.

Action publique, 29 s.
Adultère, 180.
Affiche du jugement, 221.
Amende, 207 s.
Amnistie, 49.
Attentat à la pudeur, 96, 59 s.
Aveu de l'accusé, 57, 59 s.
Balayage, 212, 236.
Bris de prison, 169.
Chambre des pairs, 156.
Circonstances atténuantes, 74 s., 94 s., 142 s., 147, 181, 198, 203, 220.
Commutation de peine, 46 s.
Compétence, 14 s.
Complicité, 71.
Condamnation (identité), 163. — (preuve), 50 s., 61.— (signification), 34 s., 37.— antérieure, 31 s., 152 s.— par défaut, 35 s.— définitive, 33 s.— non subie, 39 s.
Contributions indirectes, 165.
Contumace, 35 s.
Coups et blessures, 199.
Cour d'assises, 64 s.
Cris séditieux, 164.
Crime, 87 s., 102 s.
Cumul des peines, 191 s., 200.
Délit militaire, 108 s., 189.
Délit de presse, 122, 128, 176 s., 186 s.
Déportation, 7 s.
Désertion, 103, 112.
Discernement, 88 s., 159.
Droit ancien, 4.
Droit étranger, 19, 21.
Droit intermédiaire, 5 s.
Droit nouveau, 16, 24.
Droit romain, 3.
Évasion de prisonniers, 167, 169.
Exposition publique, 73.
Fait personnel, 63 s.
Faux, 138.
Forêt, 173 s.
Garantie d'or et d'argent, 175.
Garde nationale, 187 s.
Grâce, 44 s.
Habitude, 30.
Historique, 2 s.
Indéfinité de compte-rendu, 183 s.
Insubordination 109, 112.
Jeu de hasard, 211.

Jugement de condamnation, 68 s.
Jury, 62 s.
Loi de l'époque, 129 s.
Loi spéciale, 116 s., 164, 172, 223 s.
Marque, 7 s., 72 s.
Ministre du culte, 171, 160.
Offense envers la Chambre, 155.
Omission de prononcer, 52, 55, 203.
Pays réuni, 125 s.
Peine, 23, 79 s., 139 s., 213 s. — (gradation), 24 s., 204. — accessoire, 193 s., 196. — du boulet, 105, 158. — de la brouette, 106. — des fers, 107. — prescrite, 41. — des travaux publics, 158.
Prescription, 41.
Publication d'acte d'accusation, 186.
Publication des noms des jurés, 186.
Publication des procès en diffamation, 185.
Questions au jury, 62 s.
Récidive (caractère de la), 11 s., 22, 26 s., 160 s., 222 s. — (mention de la), 218. — (preuve de la), 64 s., 215 s. — (temps de la), 162, 174, 205 s., 219, 225 s. — de contravention, 205 s. — de crime, 87 s. — de délit, 150 s. — mixte, 139 s.
Règlement particulier, 223 s.
Règlement universitaire, 166.
Réhabilitation, 42 s., 85.
Responsabilité civile, 83 s.
Rupture de ban, 167 s., 170.
Sacrilège, 123.
Surveillance, 146, 170, 195, 199, 201 s.
Tribunaux étrangers, 124.
Tribunaux exceptionnels, 100 s.
Tribunaux militaires, 101, 104, 110 s., 157.
Tribunaux de police, 207 s.
Tribunaux spéciaux, 16 s., 155 s.
Vol d'animaux, 99.
Vol dans une auberge, 135.

RÉCIDIVE. — 1. — La récidive consiste dans le fait de commettre pour la seconde fois un crime, un délit ou une contravention.

SECT. 1re. — *Règles générales* (n° 2).

SECT. 2e. — *Diverses espèces de récidives* (n° 86).

§ 1er. — *Récidive de crimes* (n° 87).

§ 2. — *Récidive mixte* (n° 139).

§ 3. — *Récidive de délits* (n° 150).

§ 4. — *Récidive de contraventions* (n° 205).

Sect. 1re. — *Règles générales*.

2. — La réitération d'une infraction suppose dans l'agent une perversité plus grande et rend

plus imminent le péril que court la société. — Aussi en a-t-on conclu la nécessité d'une répression plus efficace. — Rossi, *Tr. dr. pén.*, t. 3, p. 114; Chauveau et Hélie, *Th. C. pén.*, t. 1er, p. 391.

3. — A Rome, déjà, ces principes recevaient leur application ; celui qui commettait un crime pour la seconde fois était puni plus sévèrement que la première fois, et plus rigoureusement encore la troisième que la seconde. — L. 28, § 8, ff., *De pœnis*; L. 4, ff., *De jure patron.*; L. 3, ff., *De re militari*; L. 3, C. *De episcop. aud.*; L. 8, § 1, C., *Ad leg. Jul. de vi.* — Farinacius, *quæst.* 18, nos 16 et suiv.

4. — Dans notre ancien droit on se conformait aux mêmes règles, la récidive autorisait les juges, sans toutefois les y contraindre, à aggraver la peine. — La loi était muette sur ce point, mais on s'appuyait sur la loi romaine ; cependant, la coutume de Bourgogne et la déclaration de Versailles du 4 mars 1724 contenaient chacune une disposition spéciale à la récidive du vol. — Jousse, t. 2, p. 601 ; Decrusy et Isambert, t. 21, p. 260.

5. — Le Code pénal du 25 septembre-6 octobre 1791 s'arrêta à un autre système : d'après les art. 1er et 2 du titre 2, partie 1re, ceux qui après une première condamnation pour crime, commettaient un second crime, n'encouraient pas une peine plus rigoureuse ; mais, après l'avoir subie, ils devaient être transférés, pour leur vie, au lieu fixé pour la déportation des malfaiteurs. — Dans le cas, cependant, où les deux peines subies et encourues étaient celles de la dégradation civique ou du carcan, elle se changeait pour la seconde fois en celle de deux années de détention.

6. — Sous la loi du 25 septembre-6 octobre 1791, la peine de la déportation ne pouvait être appliquée pour récidive, à un individu déjà condamné pour crime, lorsque le second fait n'entraînait par lui-même que des peines correctionnelles. — *Cass.*, 7 vendém. an X, Peytier.

7. — La déportation n'ayant point été organisée, la loi du 23 floréal an X lui substitua, pour tous les cas de récidive, la peine de la marque ou flétrissure.

8. — Mais de ce que la flétrissure était, en pareil cas, substituée à la déportation, il en résultait que les deux peines ne pouvaient être prononcées cumulativement. — *Cass.*, 22 pluv. an XI, Charavel ; 22 flor. an XI, Fichon.

9. — ...Et que la flétrissure ne pouvait être appliquée à des forçats qui devant être jugés et punis en conformité des lois rendues pour la police et la justice des chiourmes, ne pouvaient être soumis à des lois nouvelles que lorsqu'elles l'avaient expressément déclaré. — *Cass.*, 15 thermid. an XII, Renaud et Fricker.

10. — Après le Code de 1791 vint celui du 3 brumaire an IV, qui, tout en conservant les dispositions existantes sur la récidive des crimes et des délits, établit, pour celle des contraventions, des peines progressives qui ne pouvaient être prononcées que par le tribunal correctionnel.

11. — Puis fut rendue la loi du 25 frim. an VIII, qui correctionnalisa plusieurs faits entraînant, d'après le Code de 1791, des peines afflictives ou infamantes. — Son art. 15 portait « qu'en cas de récidive, lesdits délits seraient jugés par le tribunal criminel et punis des peines portées au Code pénal (de 1791) ; c'était, en d'autres termes, leur restituer le caractère de crimes qu'ils avaient d'après le Code, et que la loi leur enlevait. » — Le même article ajoutait : « Il y aura récidive quand un délit de la nature de ceux ci-dessus énoncés, aura été commis par le condamné dans les trois années à compter du jour de l'expiration de la peine qu'il aura subie. — La lecture du présent article sera faite aux condamnés lors de la prononciation du jugement de police correctionnelle. »

12. — Cet article avait donné lieu à quelques difficultés d'interprétation. — On s'était demandé si la récidive qu'il prévoyait devait déterminer la condamnation aux peines simples édictées par le Code de 1791, ou s'il y avait lieu de prononcer, en outre, conformément à ses art. 1er et 2 du tit. 2, la peine de la déportation. — La Cour de cassation se prononça dans le premier sens sur le motif que prononcer la déportation, c'eût été décerner une double peine pour le fait de récidive. — *Cass.*, 7 mess. an VIII, Rochet ; 19 prair. an VIII, Laurent. — Merlin, *Rép.*, vo *Déportation*.

13. — La Cour de cassation avait aussi décidé que pour qu'un nouveau délit commis dans les trois années constituât en récidive l'individu qui avait subi une première condamnation, il était indispensable que la lecture lui eût été faite, lors de la prononciation de ce premier jugement, des dispositions de la loi sur la récidive. — *Cass.*, 18 mess. an IX, Grampon.

14. — Mais elle revint plus tard à une interprétation différente, et, selon nous, meilleure ; elle jugea que la loi du 25 frim., en ordonnant qu'il fût donné lecture au prévenu, lors de sa première condamnation, de la disposition portant, qu'en cas de récidive, la peine serait la plus forte, ne le faisait que dans une forme réglementaire, et que l'omission de cette lecture ne mettait pas obstacle aux peines de la récidive en cas de nouveau délit. — *Cass.*, 26 juin 1807, Dalmondo.

15. — Enfin, sous la même loi, il fut encore jugé que lorsque, sur plusieurs accusés d'un même délit poursuivis conjointement, les uns étaient justiciables de la police correctionnelle et les autres du tribunal criminel, à cause de leur état de récidive, ils devaient être tous renvoyés devant le tribunal criminel. — *Cass.*, 3 pluv. an VIII, Marchand et Fosse ; 8 prair. an VIII, Marchand et Lemercier. — Aujourd'hui, que d'après les art. 57 et 58 C. pén., bien que la récidive aggrave la peine, elle n'en change point la nature, la question ne peut pas se reproduire *in terminis* ; mais cette décision conserve toujours un grand intérêt, à cause de l'analogie qu'elle peut présenter dans plusieurs cas. — Bourguignon, *Jurisp. des C. crimin.*, t. 1er, p. 491 et 492 ; Legraverend, *Législ. crimin.*, t. 1er, p. 436.

16. — L'art. 1er de la loi du 23 flor. an X ajouta à la peine portée contre la récidive par les lois alors existantes, celle de la flétrissure. — Mais comme, en même temps, elle attribuait aux tribunaux spéciaux la connaissance de quelques crimes auxquels elle infligeait la même peine, on en avait conclu que le seul fait de la récidive du crime rendait l'accusé justiciable des tribunaux spéciaux. — La Cour suprême proscrivit ce système et jugea que la Cour de justice criminelle était, dans ce cas, compétente pour prononcer la peine de la flétrissure. — *Cass.*, 29 mai 1806, Cabanac.

17. — Ce ne fut qu'en vertu de la loi du 15 déc. 1808, qui forme le titre 6 du livre 2 art. 553 à 599 du Code d'instr. crim., que les condamnés à une peine afflictive ou infamante (art. 553 C. instr. crim.) qui se trouvaient en état de récidive, devinrent justiciables des Cours spéciales. — Après la loi du 20 déc. 1815 (art. 8), cette juridiction passa aux cours prévôtales ; puis enfin revint à la juridiction ordinaire lorsque ces tribunaux spéciaux furent supprimés. — Toutes ces dispositions sont aujourd'hui abrogées, et les solutions auxquelles elles ont donné lieu ne présentent plus qu'un intérêt purement historique.

18. — Le Code de 1810 en est revenu aux idées romaines, qu'il a généralisées et complétées. Aujourd'hui donc, chez nous, la récidive donne généralement lieu à une aggravation de peine. — Les modifications apportées, en 1832, à l'art. 56 C. pén., n'ont fait que confirmer ce principe, tout en adoucissant, dans certains cas, les peines trop rigoureuses édictées contre les récidivistes.

19. — Les législations étrangères voient également dans la récidive une circonstance aggravante du second crime ; ainsi l'article 52 du Code prussien porte : « La récidive entraîne toujours l'augmentation de la peine établie par la loi pour le simple délit ; » le Code pénal d'Autriche ajoute à la peine, soit l'exposition, soit des coups de verge, ou le jeûne, etc., « si le coupable a déjà été puni une fois pour semblable délit » (art. 17, 37, 45) ; le Code du Brésil (art. 16) prononce le maximum de la peine encourue contre le délinquant « en récidive d'un délit de même nature. » — Il en est de même dans les lois suédoises, hongroises, norvégiennes, danoises, etc. ; le projet de code pénal de la Louisiane considère même le coupable dans le cas d'une troisième condamnation, comme inhabile à l'état social et le condamne à l'emprisonnement et aux travaux de force pour le reste de sa vie. — Chauveau et Hélie, *Théorie du Code pénal*, t. 1er, p. 389.

20. — On a cependant critiqué le principe de l'aggravation de peine appliquée aux récidivistes, sur le motif que le coupable ayant expié par l'exécution de la peine, sa première faute, il y a violation de la règle fondamentale *Non bis in idem* dans l'application d'une nouvelle peine, à raison du même fait, et que, d'ailleurs, la gravité de la répression doit se mesurer uniquement aux circonstances intrinsèques du fait et non à des antécédents qui n'ont avec lui aucune liaison. — Carnot, C. pén., art. 56. — On répond avec raison que la persévérance dans le crime, malgré le châtiment, suppose une habitude du mal qui appelle une répression plus efficace ; que tout crime comporte deux élémens : le fait matériel et la criminalité de l'agent ; or ce n'est, le plus souvent, que dans des circonstances étrangères au fait lui-même, que l'on peut puiser des indices de la criminalité, notamment dans sa conduite passée, dans sa position sociale, sa fortune, son éducation, et surtout les condamnations qu'il a déjà subies. — Rossi, *Dr. pén.*, t. 3, p. 114 ; Chauveau et Hélie, *ibid.*, p. 391.

21. — Les anciens jurisconsultes, après la loi romaine (Farinacius, *quæst.* 23, no 30), et de nos jours les Codes du Brésil, d'Autriche et prussien n'admettent de récidive qu'autant qu'il y a eu réitération d'un délit de même nature. — MM. Chauveau et Hélie pensent, avec raison, que c'est exagérer une pensée bonne en elle-même ; ils voudraient (*Théorie C. pén.*, t. 1er, p. 395) que les infractions fussent distinguées, non point d'après leurs espèces, mais par genres, par exemple les délits contre les personnes, ceux contre les propriétés, les délits militaires, politiques, de la presse, spéciaux, etc., et qu'il n'y eût récidive légale que par la réitération de ceux du même genre.

22. — Anciennement encore, il n'y avait point récidive si les deux infractions étaient séparées par un laps de plus de trois ans (Farinacius, *quæst.* 23, no 26). C'est aussi le principe qu'avait consacré l'art. 15 de la loi du 25 frim. an VIII, portant : « Il y aura récidive quand un délit aura été commis par le condamné dans les trois années à compter du jour de l'expiration de la peine qu'il aura subie. » — Le Code pénal (art. 483), comme le Code du 3 brum. an IV (art. 608) n'admet cette règle que pour les simples contraventions. MM. Chauveau et Hélie trouveraient juste de l'étendre aux crimes et délits, en prenant toutefois pour limite le terme de dix ans. — De plus, d'après eux, la présomption de perversité qui résulte de la récidive devrait céder devant une preuve contraire, et, par suite, l'aggravation de la peine être facultative pour le juge. — *Théor. du C. pén.*, t. 1er, p. 396 et 398. — Enfin, d'après les mêmes auteurs et Rossi, le crime, par cela seul qu'il est commis pour la seconde fois, ne change point de nature ; seulement, la criminalité de l'agent est plus grande : d'où il résulte que la peine ne devrait point être différente, mais être seulement étendue quant à ses limites.

23. — Le Code de 1810 prononçait d'une manière absolue contre la récidive de crimes la peine immédiatement supérieure, et contre la récidive de délits le *maximum* seulement de la peine encourue. — La loi du 28 avril 1832 paraît, à part quelques améliorations, s'être maintenue, à cet égard, dans les mêmes erremens.

24. — Le nouvel art. 56 du Code pénal est ainsi conçu : « Quiconque, ayant été condamné à une peine afflictive ou infamante, aura commis un second crime emportant, comme peine principale, la dégradation civique, sera condamné à la peine du bannissement. Si le second crime emporte la peine du bannissement, il sera condamné à la peine de la détention. Si le second crime emporte la peine de la réclusion, il sera condamné à la peine des travaux forcés à temps. Si le second crime emporte la peine de la détention, il sera condamné au *maximum* de la même peine ; *laquelle* (MM. Chauveau et Hélie [*Th. C. pén.*, p. 402] font remarquer qu'il faudrait *lequel*) pourra être élevée (*élevé*) jusqu'au double. Si le second crime emporte la peine des travaux forcés à temps, il sera condamné au *maximum* de la même peine ; laquelle (lequel [V. ci-dessus]) pourra être élevée (élevé) jusqu'au double. Si le second crime emporte la peine de la déportation, il sera condamné aux travaux forcés à perpétuité. Quiconque ayant été condamné aux travaux forcés à perpétuité aura commis un second crime emportant la même peine sera condamné à la peine de mort. Toutefois, l'individu condamné par un tribunal militaire ou maritime ne sera, en cas de crime ou délit postérieur, passible des peines de la récidive qu'autant que la première condamnation aurait été prononcée pour des crimes ou délits punissables d'après les lois pénales ordinaires. »

25. — En comparant ce texte à celui de 1810, on remarque, quant aux peines édictées, les modifications suivantes : Dans le § 1er, le *carcan* (aboli par la loi de 1832) est remplacé par le *bannissement*. Dans le § 2, le *carcan* a dû aussi être supprimé. Dans le § 3, la *marque*, aussi abolie, a, de même, été rayée. Dans le § 2, la *réclusion* étant substituée au *bannissement*, le nouveau texte ne prononce que la *détention*. — Le paragraphe 4 remplaçait les *travaux forcés à temps* par les *travaux forcés à perpétuité*, le nouveau § 5 porte seulement le *maximum* des *travaux forcés à temps*. Le nouveau § 4 élève la peine de la *détention* également au *maximum* (le Code de 1810 était muet sur cette peine, qui a été créée par la loi de 1832). Dans ces deux derniers cas, le *maximum de la dé-*

tention et des *travaux forcés à temps* peut même être porté jusqu'au *double*. L'ancien § 5 prononçait la peine de *mort*, alors même que le second crime seul entraînait les *travaux forcés à perpétuité*; le nouveau § 7 veut que non-seulement le second, mais aussi le premier crime aient été frappés de cette peine. Enfin, un paragraphe spécial (le 8e) a été ajouté : pour le cas de crime ou délit commis après une condamnation par un tribunal militaire ou maritime.

26. — Les art. 57 et 58 du C. pén. de 1810 n'ont subi en 1832 aucune modification. Ils sont ainsi conçus : Art. 57. « Quiconque ayant été condamné pour un crime, aura commis un délit de nature à être puni correctionnellement, sera condamné au maximum de la peine portée par la loi, et cette peine pourra être élevée jusqu'au double. »

27. — Art. 58. « Les coupables condamnés correctionnellement à un emprisonnement de plus d'une année, seront aussi, en cas de nouveau délit, condamnés au maximum de la peine portée par la loi; et cette peine pourra être élevée jusqu'au double. — Ils seront de plus mis sous la surveillance spéciale du gouvernement pendant au moins cinq années, et dix ans au plus. »

28. — Une des premières conditions pour que la peine soit aggravée à raison de la récidive, est que le premier fait ait été atteint par une condamnation. — Legraverend, *Législ. crimin.*, t. 2, p. 606; Favard de Langlade, *Rép.*, v° *Récidive*, n° 4; Petit, *Tr. du droit de chasse*, t. 2, p. 65; Bourguignon, *C. pén.*, art. 58; Carnot, *C. pén.*, art. 56; Chauveau et Hélie, *Théor. C. pén.*, t. 1er, p. 409. — Car, ainsi que l'enseigne Farinacius (*quæst.* 18, n° 9) : à défaut de punition première, le coupable d'une nouvelle infraction ne peut être considéré comme incorrigible. — C'est ce que consacre formellement le Code pénal, qui veut que le récidiviste ait été *condamné* pour le premier crime ou le premier délit. — V. néanmoins Gomez (*Tract. de del.*, c. 5, *T. de furtis*, n° 9), d'après lequel la récidive doit entraîner une répression plus rigoureuse alors même que les premières fautes n'auraient donné lieu à aucune condamnation.

29. — Ainsi, jugé : 1° que pour constituer la récidive, il ne suffit pas que le délit ou la contravention aient été commis plusieurs fois; il faut qu'une condamnation soit intervenue antérieurement au délit ou à la contravention faisant l'objet de la nouvelle poursuite. — *Cass.*, 16 août 1811, Lambert.

30. — ... 2° Que la récidive ne peut pas s'établir par l'énonciation vague que le prévenu est *dans l'habitude de commettre des vols*, si cette énonciation n'est justifiée par aucun jugement précédemment rendu. — Ainsi : un tribunal n'a pas pu refuser d'appliquer à un prévenu le bénéfice de l'amnistie du 13 août 1817, sous le simple prétexte qu'il était dans l'habitude de commettre des vols. — *Cass.*, 27 févr. 1818, Sengès. — Legraverend, t. 2, chap. 10, p. 605 et 606; Mangin, *Tr. de l'act. publiq.*, t. 2, n° 448.

31. — Par la même raison : l'arrêt de la Cour d'assises qui pour justifier la condamnation à vingt ans de travaux forcés, qu'il prononce, se fonde à tort sur ce que l'accusé doit être considéré comme en état de récidive, et sur la disposition de la loi pénale relative à ce cas, est sujet à cassation, bien que le crime sur lequel a statué cet arrêt fût de nature, à lui seul, à motiver la même condamnation. — On ne peut pas dire qu'il y ait, dans ce cas, une simple citation inexacte de la loi pénale à appliquer, et, dès lors, l'art. 411 C. instr. crim. n'est pas applicable. — *Cass.*, 8 mars 1838 (t. 2 1838, p. 322), Saintes.

32. — Par suite du même principe et de ce qu'il ne peut y avoir récidive en matière de contravention qu'autant que le premier jugement rendu dans l'année contre le contrevenant précède la seconde contravention, il faut conclure que celui qui est traduit à la même audience pour deux contraventions constatées par deux procès-verbaux ne peut être constitué en état de récidive par la première condamnation prononcée à cette audience et postérieure, par conséquent, à la seconde contravention. — *Cass.*, 5 nov. 1831, Michelet.

33. — Le mot *condamné*, dont se sert la loi, doit s'entendre d'une condamnation *définitive* et contre laquelle aucune voie de recours ne serait plus admissible. — Legraverend, *Législ. crim.*, t. 2, chap. 10, p. 609, note 1re; Carnot, *C. pén.*, art. 58, n° 9. — Dès lors : l'accusé renvoyé devant d'autres juges, après la cassation de la décision qui le condamnait, pour y être de nouveau jugé, ne pourrait être considéré comme en état de récidive, s'il commettait une seconde infraction. — Chauveau et Hélie, *Théorie C. pén.*, t. 1er, p. 411.

34. — Il faut pour constituer la récidive que la première condamnation soit définitive et légalement connue de l'auteur du second crime ou délit. Ainsi, un jugement par défaut non signifié ne peut pas faire considérer le condamné comme étant en état de récidive. — *Cass.*, 6 mai 1826, Gauthiera; 10 avril 1829, Pascarel.

35. — De même, un jugement par défaut frappé d'opposition ne peut servir de base à une condamnation pour récidive. — *Cass.*, 18 août 1836, Puvinel; 6 mai 1837 (t. 1er 1838, p. 172), Roques.

36. — Jugé encore que lorsque la première condamnation n'a été rendue que par contumace, elle ne peut pas, après l'arrestation du condamné, établir une récidive. — *Cass.*, 22 vend. an V, Burgrave.

37. — Mais si le jugement de condamnation a été rendu contradictoirement il n'est point nécessaire que la signification en ait été faite pour que la peine de la récidive doive être appliquée, et le tribunal ne peut se dispenser de la prononcer sous le prétexte que par suite du défaut de notification le premier jugement n'a pas acquis force de chose jugée. — *Cass.*, 19 novemb. 1835, Bellé.

38. — Dès que la condamnation, soit contradictoire, soit par défaut ou par contumace, est arrivée légalement à la connaissance du condamné et est devenue définitive, par son fait ou malgré lui, rien ne fait plus obstacle à l'application des règles de la récidive.

39. — La loi ne fait pas de distinction, et il suffit qu'une condamnation soit intervenue sur le premier fait; alors même qu'elle n'aurait point été subie, si, d'ailleurs, elle est devenue définitive. — Carnot, *C. pén.*, art. 56; Legraverend, *Lég. crim.*, t. 2, p. 609, ch. 10; Chauveau et Hélie, *Théor. C. pén.*, t. 1er, p. 413; Merlin, *Rép.*, v° *Récidive*, n° 9.

40. — Jugé, en ce sens, que la récidive a lieu, en cas de nouveau crime, soit que la première condamnation ait été subie, soit qu'elle ne l'ait pas encore été. — *Cass.*, 20 juin 1812, Merle et Théron; 25 juill. 1812, Landini; 10 oct. 1812, Brachi; 2 oct. 1818, Hisette. — Merlin, *Rép.*, v° *Récidive*, n° 9.

41. — La prescription de la peine prononcée pour un premier crime ne met pas obstacle à l'application de celle de la récidive encourue par un second crime. — *Cass.*, 10 févr. 1820, Mathis; 4 oct. 1821, Giot; 4 juill. 1828, Brisac. — Farinacius, *quæst.* 23, n° 12; Chauveau et Hélie, *Théor. C. pén.*, t. 1er, p. 413.

42. — Favard de Langlade (*Rép.*, v° *Récidive*, n° 12) enseigne que la réhabilitation du condamné empêche les condamnations antérieures de compter comme élément de la récidive. — Cela nous paraît contraire au texte de l'art. 633 du Code d'instruction criminelle, d'après lequel la réhabilitation ne fait cesser, dans la personne du condamné, toutes les incapacités qui résultaient de la condamnation *que pour l'avenir*. — Le doute à cet égard, s'il en pouvait subsister, serait d'ailleurs levé par cette considération que le Code d'instruction criminelle n'a pas reproduit la disposition du Code pénal de 1791 qui attribuait à la réhabilitation le pouvoir de faire cesser tous les effets résultant de la condamnation. — Chauveau et Hélie, *Théor. C. pén.*, t. 1er, p. 413; Legraverend, t. 2, ch. 10, p. 605.

43. — Telle est aussi la doctrine de la Cour de cassation, qui a jugé que la réhabilitation accordée à un condamné n'a pas d'autre effet que de le relever, pour l'avenir, des incapacités prononcées par l'art. 28 du Code pénal; elle ne peut, notamment, l'affranchir des peines de la récidive, lorsqu'il vient à commettre un nouveau crime. — *Cass.*, 17 janv. 1812, Montara; 21 mai 1812, Pasqueci; 25 juill. 1812, Landini; 6 févr. 1823, Lièvre.

44. — La même solution doit être donnée en matière de grâce. — Chauveau et Hélie, *Théor. C. pén.*, t. 1er, p. 415; Merlin, *Rép.*, v° *Récidive*, n° 8; Carnot, *C. pén.*, art. 56, n° 17; Legraverend, *Législ. crim.*, t. 2, ch. 10. — Favard de Langlade (*Rép.*, v° *Récidive*, n° 12) se borne à poser la question, sans émettre son opinion personnelle; c'est donc à tort qu'on a dit qu'elle était contraire à la jurisprudence.

45. — Ainsi les lettres de grâce n'éteignent point la première condamnation, et ne mettent point obstacle à l'application de la peine de la récidive. — *Cass.*, 5 (et non 6) déc. 1811, Floriani; 5 juill. 1821, Benezech; 11 juin 1825, Clémencey; 4 juill. 1828, Brissac; 1er juill. 1837 (t. 2 1842, p. 637), Tranchant.

46. — De même, la commutation d'une condamnation n'a pour effet que de dispenser le condamné de subir la peine encourue et non de détruire ou d'effacer la première condamnation. — *Cass.*, 15 oct. 1825, Leroy.

47. — Ce principe a, de plus, été appliqué de la manière la plus explicite par une ordonnance royale du 15 octobre 1818, dans laquelle on lit les considérans suivans : « Considérant que, dans ce dernier cas (de crime commis après une première condamnation pour crime), nos lettres de grâce accordées pour le premier crime, encore qu'elles aient fait la remise de la peine, ne dispensent pas de celle qui est encourue par la récidive, et qu'elles ne doivent pas en dispenser non plus dans le même cas lorsqu'il y a récidive pour crime de désertion; — considérant qu'en effet, ni la grâce accordée pour un premier crime, ni le défaut de mention de la première condamnation sur les contrôles des corps, n'ont ni éteint le premier crime, ni détruit la première condamnation, et portent uniquement sur ses effets... »

48. — Favard de Langlade (*Rép.*, v° *Récidive*) pense cependant que l'expédition des lettres de grâce, avant tout commencement d'exécution de la peine, empêche la condamnation de servir pour la récidive. — Mais cette opinion nous paraît devoir être rejetée et se trouve, d'ailleurs, virtuellement condamnée par un avis du Conseil d'Etat du 8-17 janvier 1823, duquel il résulte que « les lettres de grâce pleine et entière accordées avant l'exécution du jugement préviennent les incapacités légales et rendent inutile la réhabilitation. » — Or, si la grâce avant l'exécution ne fait que *prévenir* les incapacités légales résultant de la condamnation, comme la réhabilitation les fait cesser pour l'avenir, la condamnation n'en subsiste pas moins, dans l'un et l'autre cas, et les mêmes effets doivent être produits. — Chauveau et Hélie, *Théor. C. pén.*, t. 1er, p. 416. — V. GRACE ET COMMUTATION DE PEINE, n° 98.

49. — L'amnistie pleine et entière porte avec elle l'abolition des délits qui en sont l'objet ainsi que des condamnations. — Celles-ci ne peuvent donc servir de base à l'application des peines de la récidive en cas de nouveau crime ou délit. — V. AMNISTIE, n° 217. — V. néanmoins *Cass.*, 5 juill. 1821, Benezech.

50. — C'est à l'accusation à établir l'existence de la première condamnation. — A défaut de preuve, l'accusé ne peut voir aggraver sa peine comme récidiviste; et il a été décidé que la Cour de justice criminelle, qui, dans l'ignorance d'une condamnation antérieure, a consommé son droit par l'application de la peine au crime énoncé dans l'accusation, ne peut y ajouter, par un arrêt postérieur, les peines de la récidive. — *Cass.*, 18 floréal an VII, Salanard; 18 fructidor an XIII, Arnaud. — Bien qu'antérieures au Code de 1810, ces décisions devraient encore être suivies aujourd'hui. — Carnot, *C. pén.*, art. 56, n° 15; Chauveau et Hélie, *Th. C. pén.*, t. 1er, p. 417.

51. — Mais si le jugement qui établit la première condamnation était produit, même pour la première fois, pendant l'instance d'appel, le tribunal supérieur, saisi de l'intégralité de la cause par l'appel tant du ministère public que du prévenu, ne pourrait se dispenser de faire l'application des peines de la récidive. — *Cass.*, 8 févr. 1821, Rode. — Chauveau et Hélie, *Th. C. pén.*, t. 1er, p. 417.

52. — Et la Cour de cassation a même décidé que l'omission de prononcer les peines de la récidive quand elles sont encourues, donne ouverture à cassation, soit que les juges aient connu, soit qu'ils aient ignoré la condamnation qui y donnait lieu. — *Cass.*, 6 févr. 1823, Lièvre.

53. — C'est par un extrait du jugement qui l'a prononcée que se prouve le plus ordinairement la première condamnation. — Le tableau de renseignemens que les procureurs de la République sont tenus, d'après les circulaires et instructions, de joindre à chaque procédure renvoyée à la chambre des mises en accusation, pour servir à la rédaction de l'état annuel des récidives, contient la recommandation expresse de ne point omettre la levée d'un extrait des condamnations antérieures.

54. — Une Cour de justice criminelle excède ses pouvoirs en refusant au ministère public qui le requiert, un délai suffisant pour rapporter la preuve qu'un prévenu traduit devant elle est en état de récidive. — *Cass.* 13 févr. 1806, Villemer.

55. — Mais un tribunal ne peut refuser de prononcer la peine de la récidive sous le prétexte que le ministère public n'établit pas la récidive par un extrait du premier jugement, alors que ce jugement émane du tribunal lui-même. — *Cass.*, 3 févr. 1826, Combes-Deville. — Le tribunal

peut, en effet, se faire représenter par le greffier la minute du premier jugement.

56. — Cependant, la circonstance que la première condamnation émanerait du tribunal qui a omis de prononcer les peines de la récidive, ne donnerait pas ouverture à cassation, s'il avait été laissé dans l'ignorance de l'état de récidive du prévenu.

57. — Un arrêtiste prétend qu'à défaut de pièces justificatives, la preuve de la première condamnation résulte de l'aveu de l'accusé. — Cette opinion est insoutenable, et est, avec raison, critiquée par MM. Chauveau et Hélie. — *Th. C. pén.*, t. 1er, p. 118. — Il est en effet de principe élémentaire, en matière criminelle, que le seul aveu du prévenu ne peut équivaloir à la preuve des faits qui doivent le conduire à une condamnation, et la Cour de cassation en a fait la plus juste application en jugeant que, lorsque la seule preuve rapportée d'une condamnation qui constituerait un accusé en récidive, consiste dans son aveu et dans un certificat du directeur de la maison de détention où la peine a été subie, l'appréciation de ces preuves est abandonnée à la Cour d'assises, qui n'excède pas ses pouvoirs en déclarant qu'elles lui paraissent insuffisantes pour tenir lieu d'un extrait de l'arrêt de condamnation. — *Cass.*, 11 sept. 1828, Amyot.

58. — Ainsi, d'après cet arrêt, la preuve d'une première condamnation ne peut pas résulter d'un certificat du directeur de la maison centrale où la peine a été subie, alors même que ce certificat est corroboré de l'aveu de l'accusé. De même : elle ne pourrait résulter ni d'un extrait délivré par le greffier d'une juridiction étrangère, anciennement comprise dans le territoire français, et qui n'est revêtu de la légalisation d'aucun officier français, ni de l'extrait du registre des chiourmes du bagne où la peine a été subie. — *Cass.*, 6 août 1829, Perrino.

59. — Jugé encore qu'une simple déclaration du prévenu qu'il a déjà été condamné à plus d'une année d'emprisonnement ne suffit pas pour le constituer en état de récidive. — Qu'en conséquence, il ne peut être condamné aux peines de la récidive si la preuve légale de sa première condamnation n'est pas rapportée. — *Cass.*, 28 févr. 1846 (t. 2 1846, p. 41), Guillaume.

60. — On jugeait sous le C. pén. de 1791 que le tribunal criminel ne pouvait ni scinder ni diviser la déclaration de l'accusé qui avouait la première condamnation, mais qui soutenait en avoir été ultérieurement déchargé. — *Cass.*, 11 vent. an VII, Ourdan. — Le principe sur l'indivisibilité de l'aveu est complètement étranger aux matières criminelles, où l'appréciation des moyens de conviction est abandonnée à la conscience des jurés, dans le cercle de leurs attributions, et des juges lorsqu'ils prononcent comme jurés.

61. — Le ministère public peut régulièrement être admis à prouver par témoins, à l'audience de la Cour d'assises, que l'accusé est le même qu'un individu qui a déjà subi une condamnation sous un autre nom ; et sur la preuve acquise de son identité, à requérir l'application des peines de la récidive. — *Cass.*, 10 juillet 1828, Louis ou Léonard.

62. — L'art. 27 du titre 7-partie 2 de la loi du 16-29 sept. 1791 spécifiait la question de récidive comme devant être soumise au jury, et, par suite, la Cour de cassation avait dû annuler des jugemens qui appliquaient à un accusé la peine de la récidive quoique le jury n'eût point donné de déclaration sur cette circonstance. — *Cass.*, 5 avr. 1793, Boudet; 29 août 1793, Gaillard ; 18 flor. an VII, Salanard ; 11 vent. an VII, Ourdan.

63. — Mais le Code d'instruction criminelle n'ayant point reproduit la même disposition et ne s'expliquant point sur la question de récidive, il y a lieu, dans son silence, d'adopter une doctrine contraire. — La récidive est une circonstance indépendante du délit; il faut, pour l'établir, des pièces authentiques, qui ne sauraient être suppléées par une déclaration du jury. La Cour d'assises prononce, dans d'autres cas (C. instr. crim., art. 519), sur l'identité des condamnés. On ne voit pas pourquoi une attribution analogue, essentiellement liée à l'application de la peine, lui serait refusée au profit du jury, dont l'opinion est superflue, quant à ce, pour donner effet aux condamnations antérieures. — Legraverend, *Lég. crim.*, t. 2, ch. 2, p. 227; Chauveau et Hélie, *Théor. du C. pén.*, t. 1er, p. 419; Deserre, *Man. des Cours d'assises*, t. 1er, p. 378, et t. 2, p. 106.

64. — C'est en ce sens que s'est prononcée la Cour de cassation, en décidant que le fait de la récidive est exclusivement dans les attributions des juges de la Cour d'assises et ne doit point faire l'objet d'une question au jury. — *Cass.*, 11 juin 1812, Chiatom; 3 janv. 1828, Moyse; 18 juin 1829, Allaire. — V., cependant, Carnot (*C. pén.*, art. 56, no 14), qui combat cette doctrine.

65. — Lorsque la preuve de la récidive est acquise au procès, la Cour d'assises ne peut se dispenser d'y avoir égard malgré le silence du ministère public. — *Cass.*, 6 févr. 1823, Lièvre; 19 mars 1825, Lesté-Cauchois; 5 mai 1826, Gauthey; 9 juin 1836, Loercher. — V. aussi *Cass.*, 1er mars 1823, Laurent.

66. — ... Et encore moins si le ministère public a conclu formellement à l'application de la peine de la récidive. — *Cass.*, 5 mai 1826, Gauthey; 5 nov. 1829, Hardy; 14 nov. 1835, Bellé.

67. — Jugé néanmoins que, lorsque le ministère public a requis dans ses conclusions définitives l'application de la peine de la récidive, la Cour, en n'appliquant que la peine simple, rejette implicitement et nécessairement les conclusions relatives à la récidive. Qu'en conséquence, le ministère public n'est pas, dans ce cas, fondé à se pourvoir en cassation pour omission ou refus de prononcer sur le chef de ses conclusions. — *Cass.*, 8 oct. 1812, N... — Bourguignon, *Jurispr. des Codes crim.* sur l'art. 408 C. instr. crim., t. 1er, p. 295, no 5.

68. — Lorsque la peine prononcée par un jugement est prise dans les limites de celles de la récidive, le ministère public ne peut tirer une ouverture à cassation de ce qu'il n'y serait fait aucune mention de la récidive. — *Cass.*, 16 avr. 1825, Choublanc.

69. — Lorsqu'il est établi qu'un individu détenu au bagne, en exécution d'un arrêt qui l'a condamné à quinze années de travaux forcés, a volé, à l'aide d'effraction extérieure et intérieure, dans la cabane du maître chargé du lest, sur le port, divers effets d'habillement et d'ameublement, et qu'il s'est aussi rendu coupable d'évasion, le tribunal maritime ne peut, sans violer l'art. 56 C. pén., sur la récidive, se borner à le condamner à six années de prolongation des travaux forcés. — *Cass.*, 18 avr. 1828, Baron.

70. — Du reste, le condamné serait sans intérêt à se pourvoir contre un jugement, sur le motif qu'il mentionne la circonstance de la récidive, si la peine qu'il prononce n'excède pas les bornes auxquelles elle eût pu atteindre dans le cas où il n'y aurait réellement point récidive.

71. — L'aggravation de peine à laquelle donne lieu la récidive ne peut s'étendre aux complices. — *Cass.*, 3 juill. 1806, Choin. — Merlin, *Rép.*, vo *Complice*, no 2; Chauveau et Hélie, *Théorie du C. pén.*, t. 2, p. 129; Carnot, *Comment. C. pén.*, art. 58, no 7. — V. COMPLICITÉ.

72. — Le condamné en récidive doit être condamné à toutes les peines portées par la loi : ainsi, avant la loi du 28 avr. 1832, il ne pouvait pas être dispensé de subir une seconde fois la marque, sous le prétexte qu'ayant déjà été flétri, cette peine était indélébile. — *Cass.*, 20 juill. 1827, Schoffer; 28 août 1829, Berguignoux.

73. — Depuis l'abolition de la marque, le même principe est resté applicable à l'exposition publique, qui devait être prononcée contre le récidiviste du crime, bien qu'il l'ait déjà subie en vertu d'une condamnation précédente. — *Cass.*, 17 juin 1825, Vallon; 5 mai 1826, Ostremame; 12 juin 1835, Brillois. — On sait que l'exposition publique elle-même a été abolie, après la révolution de février 1848, par décret du Gouvernement provisoire du 12-14 avr. 1848.

74. — Sous le Code de 1810 on s'était demandé si l'art 463 du Code pénal, relatif aux circonstances atténuantes, était applicable au cas de récidive. La Cour de cassation avait d'abord décidé la négative. — *Cass.*, 2 févr. 1814, Onori.

75. — Mais elle avait ensuite admis une solution contraire et déclaré que les peines portées dans les art. 56 et suivans, sur la récidive, pouvaient être réduites au-dessous du *maximum*, en vertu de l'art. 463, lorsqu'il était reconnu qu'il y avait des circonstances atténuantes. — *Cass.*, 22 sept. 1820, N...; 2 févr. 1827, Savary. — V. aussi Bourguignon (*Jurisp. C. crim.*, t. 3, p. 48, no 2), qui déclare que le premier de ces deux arrêts avait été rendu *à l'unanimité*.

76. — La loi du 28 avril 1832 a consacré formellement cette dernière doctrine, admise également en Belgique, où le Code pénal n'a point reçu les mêmes modifications qu'en France, et a introduit dans l'art. 341 du C. d'instr. crim. et dans le dernier paragraphe de l'art. 463, après les mots : « ... les tribunaux correctionnels sont autorisés... » ceux : *même en cas de récidive*. Il n'y a donc plus, aujourd'hui, de doutes possibles sur cette question.

77. — Jugé, en conséquence, qu'il n'y a pas lieu de prononcer l'aggravation de peine à raison de l'état de récidive contre l'accusé en faveur duquel le jury a déclaré qu'il existait des circonstances atténuantes. — *Cass.*, 9 juin 1842 (t. 2 1842, p. 350), Demay.

78. — Cependant, il y a encore entre le récidiviste et celui qui commet une première faute cette différence que, pour celui-ci, la déclaration de circonstances atténuantes permet d'abaisser la peine, non-seulement d'un, mais de deux degrés, tandis que, pour le premier, la peine ne peut descendre que d'un seul degré.

79. — Jugé que l'état de récidive avec l'aggravation de peine qu'il entraîne existe par le concours d'une condamnation antérieure à une peine afflictive et infamante avec un crime emportant une peine qui présente le même caractère, alors même qu'à l'égard de ce second fait le jury aurait déclaré l'existence de circonstances atténuantes. Qu'en conséquence, lorsqu'un individu déjà condamné à une peine afflictive et infamante a été déclaré coupable d'un fait déclaré par la loi passible d'une peine semblable, mais avec des circonstances atténuantes, la Cour doit, pour l'application de la peine, avoir égard à l'aggravation résultant de l'état de récidive. — *Cass.*, 31 janv. 1845 (t. 1er 1845, p. 560), Déroule dit Dumus.

80. — Il a été jugé que l'état de récidive de l'accusé n'apporte aucune modification à la disposition de l'art. 463, 7e alinéa, C. pén., qui veut que, dans le cas où la loi prononce le maximum d'une peine afflictive, la Cour d'assises, s'il existe des circonstances atténuantes, n'applique que le minimum de cette peine. Dès lors, si l'accusé a été déclaré coupable, avec des circonstances atténuantes, d'un crime qui ne devait entraîner qu'une peine de cinq ans de travaux forcés, la Cour n'a pu, en raison de l'état de récidive, élever cette peine et la porter jusqu'au double. — *Cass.*, 22 juill. 1836 (t. 1er 1837, p. 62), Harion.

81. — Jugé encore que l'individu qui, en état de récidive, a été déclaré coupable d'un crime entraînant la peine des travaux forcés à temps, mais en faveur duquel le jury a reconnu l'existence de circonstances atténuantes, ne peut être condamné à plus de cinq années de travaux forcés. — *Cass.*, 31 juill. 1834 (et non 1833), Gonthier; 1er mars 1838 (t. 1er 1838, p. 477), Radamel; 31 mars 1840 (t. 2 1843, p. 220), Legrand; 2 janv. 1846 (t. 1er 1849, p. 609), Viala.

82. — Jugé que, dans le concours de la récidive et des circonstances atténuantes, il faut d'abord tenir compte de l'aggravation résultant de la récidive, et appliquer ensuite à la peine ainsi déterminée la réduction d'un ou deux degrés qu'appellent les circonstances atténuantes.

83. — En conséquence, lorsque l'accusé est reconnu coupable d'un crime puni des travaux forcés à temps, et qu'à raison de son état de récidive cette peine doit être portée au maximum, et peut même être élevée jusqu'au double (C. pén., art. 56, § 5); il doit, si des circonstances atténuantes sont déclarées en sa faveur, n'être condamné qu'au minimum de la peine des travaux forcés à temps ou à la peine de la réclusion, mais non à quinze années de travaux forcés. — *Cass.*, 4 mars 1848 (t. 2 1848, p. 621), Beauduin. — V. CIRCONSTANCES ATTÉNUANTES, nos 139 et suiv.

84. — La récidive ne peut évidemment résulter que d'un fait personnel au prévenu. Dès lors : celui qui a subi une condamnation en simple police ne se trouve pas constitué en récidive par une autre contravention de police commise, non par lui, mais par ses enfans, dans l'année du premier jugement. — *Cass.*, 4 sept. 1823, Thiébaut.

85. — Le Code d'instruction criminelle interdit la réhabilitation aux condamnés en récidive. — C. instr. crim., art. 634. — V. RÉHABILITATION.

Sect. 2e. — *Diverses espèces de récidives.*

86. — La récidive peut exister : 1o par la succession de deux crimes; 2o par la succession d'un délit à un crime et réciproquement, c'est la récidive mixte; 3o par la succession de deux délits; 4o par la succession de deux contraventions.

§ 1er. — *Récidive de crimes.*

87. — L'ancien texte de l'art. 56 C. pén. punissait comme récidiviste tout individu qui, ayant

été condamné *pour crime*, commettait un second crime. — La Cour de cassation interprétait à la lettre cette expression *pour crime* : ainsi elle soumettait aux peines de la récidive celui contre lequel il n'avait été prononcé, à raison de son premier crime, que des peines correctionnelles, à cause de la faiblesse de son âge. — *Cass.*, 10 avril 1818, Élie; 2 avril 1825, Dufrier; 13 oct. 1826, Delattre; 10 avril 1828, Delaisse; 11 sept. 1828, Pinel. — Mangin, *Act. publ.*, t. 2, n° 296.

88. — ... Et même celui qui, également à cause de la faiblesse de son âge, avait seulement été renvoyé dans une maison de correction.— *Cass.*, 18 janvier 1827, Collesch. — *Contrà*, *Bruxelles*, 8 mars 1816, Borremant, 27 sept. 1821, Dufrannoir.

89. — Jugé, néanmoins, même avant la loi de 1832, que l'attribution à la juridiction correctionnelle des faits qualifiés crimes imputés à des individus âgés de moins de seize ans et l'application de simples peines correctionnelles faisaient rentrer ces faits dans la catégorie des délits correctionnels; et qu'en conséquence l'individu qui, à raison de son âge, n'était condamné qu'à une peine correctionnelle pour un fait qui présentait le caractère d'un crime, ne pouvait, en cas de nouveau crime, être condamné aux peines de la récidive. — *Cass.*, 9 févr. 1832, Joseph Legall.

90. — ... Qu'en conséquence l'individu qui, à raison de son âge, avait été seulement renvoyé dans une maison de correction, par le tribunal de police correctionnelle, pour un vol qu'il avait commis avec effraction, ne pouvait, en cas de nouveau crime, être condamné aux peines de la récidive; parce que la première condamnation était réputée prononcée pour délit. — *Cass.*, 27 juin 1828, Mercier, et 2 oct. même année, Chemitre ; *C. ass. Seine-et-Oise*, 18 août 1829, Boquet.

91. — ... Et cela, sans qu'il fût besoin de distinguer si la condamnation avait été prononcée par un tribunal correctionnel ou par une Cour d'assises. — *C. ass. Seine-et-Oise*, 18 août 1829, Boquet.

92. — Jugé encore que, avant la loi de 1832, celui qui, pour un crime par lui commis *avec discernement* avant d'avoir atteint l'âge de seize ans, avait été renfermé dans une maison de correction, était passible des peines de la récidive, en cas de nouveau crime ou délit. Mais que, lorsque, par le premier arrêt, l'accusé avait été acquitté comme ayant agi sans discernement, et renvoyé dans une maison de correction, il n'était point passible des peines de la récidive, en cas de nouveau crime ou délit. — *Paris*, 3 déc. 1830, Barbier et Macrimaux.

93. — Il n'y a plus lieu à cette distinction depuis la loi du 28 avr. 1832, le nouvel art. 56 Code pén. ne faisant résulter la récidive que d'une première condamnation à une peine afflictive ou infamante.

94. — Pareillement, l'individu précédemment condamné pour crime, qui se rendait coupable d'un nouveau crime, était passible des peines de la récidive, bien que, à raison des circonstances atténuantes, il n'eût été condamné pour le premier crime qu'à une peine correctionnelle. — *Cass.*, 3 mars 1831, Mathieu.

95. — Aujourd'hui que la base de la récidive, en matière de crime, est une première condamnation à une peine afflictive ou infamante, il n'y a plus lieu à de semblables distinctions. Aussi a-t-il été jugé par la Cour de cassation que, depuis la révision du Code pénal en 1832, la récidive d'un crime n'était pas susceptible d'aggravation de peine lorsque, par suite de circonstances atténuantes, le premier crime n'avait été puni que de peines correctionnelles. — *Cass.*, 8 mars 1838 (t. 2 1838, p. 322), Saintes; 3 déc. 1840 (t. 1er 1846, p. 7), Lavaud.

96. — Toutefois, par un arrêt plus récent, la Cour de cassation, revenant sur cette jurisprudence, a décidé que l'individu condamné à la peine correctionnelle de cinq ans d'emprisonnement et de dix ans de surveillance pour avoir commis, mais avec circonstances atténuantes, un attentat à la pudeur, consommé sans violence sur un enfant de moins de onze ans, doit néanmoins être réputé avoir été condamné pour crime, et que, dès lors, l'état de récidive dans lequel il se place en commettant, avec circonstances atténuantes, un nouvel attentat à la pudeur de même nature, est susceptible d'être réprimé par une peine correctionnelle, et le rend passible de la pénalité portée par l'art. 57 C. pén. — *Cass.*, 28 août 1845 (t. 1er 1846, p. 5), Capel.

97. — Mais la doctrine consacrée par cet arrêt nous a paru moins conforme aux principes que celle résultant de la jurisprudence antérieure. — V. notre annotation détaillée sous l'arrêt précité du 28 août 1845.

RÉCIDIVE, sect. 2e, § 1er.

98. — Et la Cour de cassation a semblé elle-même revenir sur cette dernière jurisprudence lorsqu'elle a jugé que lorsqu'un individu a, en état de récidive, été reconnu coupable d'un second crime emportant la peine de la réclusion, ce qui le rendrait passible, aux termes de l'art. 56 C. pén., de la peine des travaux forcés à temps, la Cour d'assises qui, à raison des circonstances atténuantes, déclarées en sa faveur, croit ne devoir lui appliquer que les dispositions de l'art. 401 dudit Code pénal, doit se renfermer dans les limites posées par cet article, qui prononce un emprisonnement de cinq ans au plus, et ne peut, dès lors, élever cette peine jusqu'au double en vertu de l'art. 57, lequel est alors inapplicable.— *Cass.*, 8 janv. 1848 (t. 2 1848, p. 463), Guyon.

99. — Sous la loi du 23 flor. an X, celui qui avait subi une première condamnation à six ans de détention, pour vol de bêtes de somme exposées sur la voie publique, et qui commettait un nouveau délit de même nature, ne se trouvait pas dans le cas de l'application de la marque pour récidive, puisque le premier délit n'était pas qualifié crime par les lois existantes. — *Cass.*, 25 prair. an XII, Dumartin. — Conf. sur le principe, *Cass.*, 29 pluv. an XIII, Brillac.

100. — Avant la loi de 1832, la Cour de cassation appliquait les dispositions de l'art. 56 C. pén. à tous les cas où il existait une première condamnation pour crime, à quelque époque et par quelque tribunal qu'elle eût été prononcée.—*Cass.*, 15 oct. 1813, Dominichelli; 2 oct. 1818, Hiselle; 10 févr. 1820, Mathis.— Merlin, *Rép.*, v° *Récidive*, n° 11; Legraverend, t. 2, p. 604 et 612; Carnot, *C. instr. cr.*, art. 336, n° 41.

101. — Par conséquent, il y avait récidive, en cas de nouveau crime, encore bien que la précédente condamnation qui servait à l'établir eût été prononcée par un tribunal militaire.—*Cass.*, 18 avr. 1812, Baugé et Rolland; 11 juin 1812, N...; 18 juin 1812, Poizat; 8 avr. 1813, Mouquet; *Bruxelles*, 1er juin 1819, Verhœven ; *Cass.*, 3 janv. 1824, Prévost; 28 févr. 1824, Zengler. — *C. ass. de la Somme*, 10 avr. (et non juin) 1824, Prévost. — 25 nov. 1825, Bréjuin; 16 mars 1827, Rognon; 19 mars 1829, Marchal ; 2 juill. 1829, Long ; 6 août 1829, Abilhac; 20 août 1829, Tasset.

102. — L'art. 1er C. pén. qualifie *crime* tout fait puni d'une peine afflictive et infamante. — Donc, tout fait qui n'avait aucun caractère afflictif ou infamant n'était pas un crime; et, par suite, ne pouvait compter pour la récidive, lorsqu'il avait donné lieu à une première condamnation.

103. — Il résultait de là que l'individu qui, après avoir été condamné aux *travaux publics* pour fait de désertion, commettait un crime commun, ne pouvait être condamné aux peines de la récidive. — *Cass.*, 30 sept. 1825, Mathieu ; 22 déc. 1826, Lebreton.

104. — Car, la peine des travaux publics prononcée par les lois militaires n'est pas au nombre des peines afflictives et infamantes énumérées dans les art. 7 et 8 du Code pénal. — *C. ass. de la Somme*, 10 avr. (et non 1er juin) 1824, Prévost. — *Cass.*, 30 sept. 1825, Mathieu ; 22 déc. 1826, Lebreton. — *Contrà*, *Cass.*, 15 oct. 1813, Dominichelli.

105. —...Pas plus que la peine du boulet édictée par les mêmes lois. — Chauveau et Hélie, *Th. du C. pén.*, t. 1er, p. 428.

106. —... Ni, en Belgique, celle de la brouette.— *Bruxelles*, 20 déc. 1830, Tombay.

107. — Il en était autrement de la peine des fers.—L. 25 sept.-6 oct. 1791, t. 1er, art. 1er et 6. — *Cass.*, 12 févr. 1813, Georgen.

108.—On s'était demandé s'il n'était pas nécessaire, pour appliquer l'aggravation prescrite, que la peine afflictive et infamante eût été encourue pour délits communs, punissables d'après les lois ordinaires. — La jurisprudence a varié. — Ainsi, il a d'abord été jugé que la peine de la récidive était applicable au condamné qui l'avait été précédemment par un tribunal militaire pour *crime militaire*. — *Cass.*, 18 juin 1812, Poizat; 14 avr. 1826, Pingaud.

109.—...Notamment, à celui qui avait déjà subi une première condamnation aux fers pour *insubordination militaire*.—*Cass.*, 18 oct. 1827, Lecomte.

110. — Mais le principe contraire n'a point tardé à prévaloir, et il a été reconnu qu'il n'y avait lieu d'appliquer la peine de la récidive qu'autant que la première infraction commise était qualifiée crime par les lois pénales ordinaires.—*Cass.*, 9 nov. (et non oct.) 1829, Marchal; 12 nov. 1829, Therin dit Pichorel ; *Cass. belge*, 4 mars 1836, Dries.

111.—... Que, par suite, cette peine n'était pas applicable, lorsque la première condamnation à six ans de fers avait été prononcée par un conseil de guerre pour vol commis par un militaire de

l'argent de l'ordinaire de ses camarades.—*Cass.*, 9 nov. (et non oct.) 1829, Marchal; 2 févr. 1832, Brasset; 6 janv. 1837 (t. 1er 1838, p. 75), Leboitté.— Le vol est, sans doute, un délit commun, mais les lois ordinaires ne le puniraient, dans l'espèce, que de simples peines correctionnelles.—Si donc il est frappé d'une peine afflictive et infamante, ce n'est qu'à raison de la circonstance, relevée uniquement par une loi spéciale, qu'il a été commis par un militaire au préjudice de ses camarades. — Sous ce rapport, donc, il constitue, à vrai dire, un crime militaire plutôt qu'un délit commun.—V., cependant, en sens contraire, *Cass.*, 14 avr. 1826, Pingaud; 19 mars 1829, Marchal.

112. — Il en serait de même, si la peine afflictive et infamante avait été prononcée par le conseil de guerre pour désertion ou insubordination. — *Cass.*, 30 sept. 1825, Mathieu; 22 déc. 1826, Lebreton. — Nous ferons remarquer, toutefois, que dans les espèces qui ont donné lieu à ces arrêts il y avait double motif pour ne pas admettre la récidive, puisque les peines prononcées par les conseils de guerre n'étaient point afflictives et infamantes; et que, par conséquent, d'après l'art. 1er C. pén., les faits réprimés ne constituaient pas des *crimes*.

113. — Mais celui qui se rendait coupable d'un nouveau crime, après avoir été condamné par un conseil de guerre à cinq ans de fers pour faux, infraction qualifiée crime par les lois ordinaires, demeurait soumis au droit commun en ce qui touche l'application des peines de la récidive.—*Cass.*, 4 févr. 1830, Bourrelle.

114. — C'est cette dernière doctrine qui a été admise par la loi de 1832; elle se trouve consacrée formellement, et de manière à prévenir désormais toutes hésitations, par le § dernier, ajouté à l'art. 56 du Code pénal.

115. — Les dispositions de l'art. 56 C. pén. sont générales, absolues et applicables à tous les crimes commis en récidive, antérieurement ou postérieurement à la promulgation du Code pénal. — *Cass.*, 20 juin 1812, Merle et Théron ; 16 nov. 1815, Carlet; 14 mars 1828, Danelou. — Legraverend, t. 2, ch. 10, p. 612; Merlin, v° *Récidive*; Chauveau et Hélie, *Th. C. pén.*, t. 1er, p. 421.

116. — Par suite encore de la généralité des dispositions du Code pénal sur la récidive : les peines qu'il prononce sont applicables aux crimes et délits prévus par des lois particulières, lorsque ces lois n'ont pas établi de règles spéciales pour la récidive.— *Cass.*, 13 sept. 1832, Clausel ; 7 sept. 1837 (t. 2 1837, p. 404), Lenoble.

117. — Par conséquent, l'art. 25 L. 17 mai 1819, qui laisse facultative l'aggravation de peine de la récidive procédant des crimes et délits prévus par cette loi, ne déroge pas aux art. 56, 57 et 58 C. pén. : qui rendent l'aggravation obligatoire, lorsque la récidive procède de leur concours avec des crimes ou délits communs. — Même arrêt du 13 sept.

118. — De même, il y a lieu à l'application des peines de la récidive, en exécution de l'art. 56 C. pén., lorsque l'accusé a été précédemment condamné à une peine afflictive et infamante : quoique cette condamnation ait été prononcée sous l'empire du Code pén. de 1791, qui ne distinguait pas, comme celui de 1810, les faits qualifiés crimes de ceux qualifiés délits. — *Cass.*, 28 mars 1822, Pons.

119. — Et celui qui ayant été condamné pour crime, en commet un second, est passible des peines de la récidive, encore bien que la loi sous l'empire de laquelle il a commis le premier ne prononçât aucune peine particulière pour la récidive. — *Bruxelles*, 15 nov. 1817, Licas.—En effet, l'aggravation de peine ne porte ni sur le premier crime ni sur la première condamnation ; elle porte seulement sur le second fait commis sous l'empire d'une loi qui a prévu la récidive.

120. —... Il n'est donc pas nécessaire que la première condamnation ait été prononcée en vertu des dispositions dudit Code. — *Cass.*, 20 juin 1812, Merle et Théron; 13 nov. 1812, Dirckfruzert; 15 oct. 1813, Dominichelli; 23 janv. 1813, Capo; 16 nov. 1815, Carlet. — V. aussi *Cass.*, 10 août 1815, Dubuisson. — Legraverend, t. 2, ch. 10, p. 612; Merlin, *Quest.*, v° *Militaire*, § 5.

121. —...Ni que la peine afflictive ou infamante infligée ait conservé ce caractère, sous son empire. — *Cass.*, 11 juin 1812, N...; 13 nov. 1812, Fruzert. — Merlin, *Rép.*, v° *Récidive*, n° 12.

122. — Dès lors, les dispositions du Code pén. sur la récidive s'appliquent aux crimes et délits de presse qui se trouvent en concours avec des crimes ou délits communs. — V. *infrà*, n°s 176 et suiv.

123. —... Comme elles l'étaient, avant la loi du 11 oct. 1830, aux faits punis par la loi du 20 avril

1825, sur le sacrilége. — *Cass.*, 21 déc. 1827, Montpeyre; 14 mars 1828, Danielou; 29 nov. 1828, Danielou et Montpeyre; 8 janv. 1829, Rousseau; 13 janv. 1830, Rousseau.

124. — Une première condamnation prononcée par un tribunal étranger ne peut servir de base à l'application des peines de la récidive. — *Cass.*, 27 nov. 1828, Kirkenger. — Carnot, sur l'art. 56 C. pén., t. 1er, p. 204, no 7; Chauveau et Hélie, *Th. du Code pén.*, t. 1er, p. 430. — Ces auteurs invoquent l'art. 121 ord. 1629, portant : « Les jugemens rendus ès royaumes et souverainetés étrangères, pour quelque cause que ce soit, n'auront aucun effet en France, » et qui, d'après un arrêt de cass. du 19 avril 1819 (Holker c. Parker), est encore en vigueur en France. — V. aussi Favard de Langlade, *Rép.*, vo *Récidive*; Merlin, *Quest.*, vo *Jugement*.

125. — Il en serait autrement, si, depuis la première condamnation, ce pays avait été réuni à la France. — *Cass.*, 23 janv. 1813, Capo.

126. — De même, l'individu qui a été précédemment condamné à une peine afflictive et infamante dans un pays réuni alors à celui dans lequel il commet un nouveau crime, mais qui en a été séparé, se trouve dans le cas de la récidive légale. — *Bruxelles*, 1er mars 1819, Pierman.

127. — Pour constituer la récidive, il n'est pas nécessaire qu'il existe un rapport d'identité entre la peine infligée pour le premier crime et celle qui doit l'être pour le second; il suffit que la première condamnation ait été prononcée pour crime, et que l'accusé en ait commis un nouveau. — Spécialement : celui qui a été condamné aux fers pour crime, sous le Code pén. de 1791, et qui commet un nouveau crime, est passible des peines de la récidive, quoique celle des fers n'ait pas été conservée dans le C. pén. de 1810. — *Cass.*, 12 févr. 1813, Georgen. — Carnot, sur l'art. 56 C. pén., t. 1er, p. 200, no 11; Legraverend, t. 2, ch. 10, p. 612; Chauveau et Hélie, *Théorie du Code pén.*, t. 1er, p. 423 et 429; Merlin, *Rép.*, vo *Récidive*, no 12.

128. Les dispositions du Code pénal sur la récidive s'appliquent aux délits prévus par la loi du 17 mai 1819, quoique la première condamnation n'ait pas eu pour cause un délit de la presse; — en conséquence, celui qui, après une première condamnation à plus d'une année d'emprisonnement pour un délit prévu par le Code pénal, se rend coupable d'une diffamation, est passible des peines de la récidive. — *Cass.*, 22 janv. 1824, Bugeard; *Metz*, 18 janv. 1825, N...; *Bourges*, 25 juill. 1828, Bergaut; *Cass.*, 12 sept. 1829, Vallier. — V. DÉLIT DE PRESSE, nos 160 et suiv., 166.

129. — L'art. 1er de la loi du 23 floréal an X considérait comme en état de récidive « tout individu qui aurait été repris de justice pour un crime qualifié tel par les lois *actuellement existantes* et qui serait convaincu d'avoir, postérieurement à sa première condamnation, commis un second crime emportant peine afflictive, » etc.

130. — ... D'où il résultait que les peines de la récidive ne pouvaient être appliquées à l'individu condamné précédemment pour crime, même à une peine afflictive, si ce crime ne constituait plus qu'un simple délit correctionnel, lors de ladite loi du 23 floréal an X. — *Cass.*, 23 frim. an XII, Gousse; 25 brum. an XII, Soulier; 26 pluv. an XII, Ladreux; 10 germ. an XII, Leclerc; 21 flor. an XII, Milandon; 25 prair. an XII, Dumartin; 5 fruct. an XII, Michollet; 19 floréal an XIII, Mast; 9 vent. an XIII, Raymond; 26 pluv. an XIII, Brillac.

131. — Depuis la promulgation du Code pénal, M. Carnot (C. pén., art. 56, no 9) a soutenu l'applicabilité du même principe en se fondant sur ce que l'art. 56 n'a pas parlé de faits qui eussent le *caractère de crime*, lorsqu'ils auraient été commis, mais de *condamnés pour crime*; et par le motif que la condamnation n'aurait pas été réellement prononcée *pour crime*, si le fait qui l'aurait déterminée ne constituait pas un, dans l'état actuel des choses, et alors même qu'il pourrait n'être plus rangé dans la catégorie des simples délits.

132. — Mais la Cour de cassation a proscrit avec raison cette argumentation et décidé que la criminalité du fait qui a motivé la première condamnation servant de base à l'application des peines de la récidive, doit être appréciée d'après la loi en vigueur à l'époque de la perpétration du crime, et non d'après les lois postérieures qui l'ont modifiée. — *Cass.*, 19 août 1830, Déselus.

133. — Qu'ainsi, il y avait lieu à l'application des peines de la récidive quoique le fait qui avait motivé la première condamnation fût considéré, non comme un crime, mais comme un simple délit par la nouvelle législation sous l'empire de laquelle le second crime avait été commis. — *Cass.*, 18 juin 1812, Poizat; 13 nov. 1812, Freesert; 4 juill. 1823, Brisac. — Legraverend, *Lég. crim.*, t. 2, ch. 10, p. 604; Merlin, *Rép.*, vo *Récidive*, no 12.

134. — Mais les peines de la récidive ne pourraient pas être appliquées à l'individu coupable d'un crime qui aurait été précédemment condamné mal à propos à une peine afflictive ou infamante pour un fait considéré comme un crime et qui ne constituait qu'un délit correctionnel. — *Cass.*, 30 déc. 1825, Retrait; 11 avr. 1828, Gonot.

135. — ... Notamment à l'individu précédemment condamné à la réclusion pour vol commis dans une auberge (fait qui ne constitue qu'un simple délit), alors que la déclaration du jury ni l'arrêt de condamnation ne mentionnent pas qu'il était reçu dans l'auberge où il avait volé (circonstance qui élève le délit ci-dessus rappelé au rang des crimes). — *Cass.*, 16 sept. 1830, Déselus. — Cette difficulté ne pourrait plus se représenter depuis la loi de 1832 qui a supprimé du 4o de l'art. 386 C. pén. la disposition contre ceux qui avaient commis un vol dans l'auberge où ils étaient reçus.

136. — Au contraire, il y aurait récidive, si, lors de la première condamnation, des peines correctionnelles avaient seules été prononcées alors que la loi prononçait contre le fait réprimé des peines afflictives et infamantes. — C'est ce qui paraît résulter d'un arrêt de la Cour de cassation d'après lequel celui qui, antérieurement au Code pénal de 1791, avait été condamné seulement au bannissement à raison d'une tentative de vol commise la nuit dans une maison habitée, fait qui, d'après la législation de l'époque, entraînait de plus le fouet et la flétrissure, devait être considéré, sous l'empire dudit Code, comme repris de justice pour crime; malgré cette omission, et devenait passible des peines de la récidive, s'il en commettait un nouveau. — *Cass.*, 16 therm. an VIII, Charlemagne.

137. — La loi du 28 avr. 1832 a mis fin à toutes ces difficultés en substituant aux mots *pour crime* de l'art. 56 du C. pén. ceux *à une peine afflictive ou infamante*. — C'est donc la nature de la peine qu'il faut aujourd'hui considérer, et non le caractère du fait qui l'a motivée.

138. — L'art. 165 C. pén., disposant en termes impératifs et absolus que tout faussaire condamné soit aux travaux forcés, soit à la réclusion subira l'exposition, fait exception à l'art. 22 du même Code, qui attribue d'une manière générale au juge de répression la faculté d'exempter de cette peine le condamné aux travaux forcés à perpétuité, aux travaux forcés et à la réclusion, s'il n'est pas en état de récidive. — *Cass.*, 3 avr. 1847 (t. 2 1847, p. 347), Sausset. — V. vis EXPOSITION PUBLIQUE, no 20; et FAUX, nos 688 et suiv. — La peine de l'exposition étant abolie, la question ne peut plus se présenter.

§ 2. — *Récidive mixte.*

139. — La récidive *mixte* est celle dans les élémens de laquelle il entre tout à la fois un crime et un délit. — Il peut y avoir récidive mixte dans deux cas : 1o lorsque l'auteur d'un crime a précédemment été condamné pour délit; 2o quand un délit est commis par un individu d'abord condamné pour crime.

140. — L'art. 57 du C. pén., qui s'occupe seul de la récidive mixte, est muet sur la première de ces deux hypothèses. Il faut en conclure alors qu'il n'y a pas lieu à aggravation de peine pour récidive. Les auteurs sont unanimes sur ce point. — Carnot, *C. pén.*, art. 58, no 6; Favard de Langlade, vo *Récidive*, no 18; Chauveau et Hélie, *Th. du C. pén.*, t. 1er, p. 432; Hauss, *Obs. C. pén. belge*, t. 1er, p. 192; Legraverend, *Lég. crim.*, t. 2, p. 606; Garnier du Bourgneuf, sur l'art. 57 du Code pén., no 84.

141. — Et la jurisprudence a consacré le même principe, en décidant que les peines de la récidive ne sont pas applicables à l'individu qui, après une première condamnation à une peine correctionnelle, se rend coupable d'un crime. — *Cass.*, 2 oct. 1818, Rigault; 8 juill. 1836 (t. 1er 1837, p. 588), Langlois; 29 juin 1837 (t. 1er 1838, p. 561), Girard; 6 avr. 1838 (t. 2 1839, p. 422 et t. 2 1842, p. 653), Guillaume; 11 avr. 1839 (t. 2 1839, p. 422), Lindel.

142. — ... Alors même que, par suite de l'admission de circonstances atténuantes, il n'y aurait lieu d'appliquer que des peines correctionnelles. — *Cass.*, 27 juin 1833, Conner; 29 juin 1837 (t. 1er 1838, p. 561), Girard; 6 avr. 1838 (t. 2 1839, p. 422 et t. 2 1842, p. 653), Guillaume; 11 avr. 1839 (t. 2 1839, p. 422), Lindel.

143. — Mais il en est autrement dans la seconde hypothèse, c'est-à-dire lorsque l'auteur d'un délit a déjà éprouvé une condamnation pour crime. L'art. 57 porte qu'alors il sera condamné au maximum de la peine portée par la loi, maximum qui peut même être porté au double.

144. — L'art. 57 porte, comme l'ancien art. 56, *quiconque ayant été condamné pour crime*; et la loi de 1832, qui, dans le nouvel art. 56, a substitué aux mots *pour crime* ceux *à une peine afflictive et infamante*, n'a nullement modifié l'art. 57. — Il en résulte que, dès que le premier fait constituait un crime, il y a récidive dans la perpétration d'un délit, quelle qu'ait été, d'ailleurs, la peine prononcée.

145. — Toutefois, les auteurs de la *Théorie du Code pénal* (t. 1er, p. 438) se prononcent formellement contre cette doctrine. — Selon eux, l'art. 57, malgré son maintien, doit être interprété d'après les changemens introduits, en 1832, dans l'art. 56. Il y a mêmes motifs, et, d'ailleurs, d'après la théorie posée dans l'art. 1er du Code pénal, un fait frappé seulement d'une peine correctionnelle est un simple délit. — Il ne faut donc, dans le cas prévu par l'art. 57, admettre qu'il y a récidive qu'autant que la première condamnation a prononcé une peine afflictive ou infamante.

146. — L'art. 57 ne prononce pas, comme l'art. 58, la peine accessoire de la surveillance. — Cela tient, d'après Carnot (*C. pén.*, art. 57, no 3), à ce que le législateur a supposé que le condamné, à raison du délit dont il s'est rendu coupable, par récidive d'un crime, se trouve déjà sous la surveillance par suite de sa première condamnation. — Legraverend voit une lacune dans ce silence de l'art. 57, et propose d'y prononcer la surveillance eu égard à l'identité d'hypothèses. — Mais cette doctrine n'est pas admissible. — Chauveau et Hélie, *Théor. C. pén.*, t. 1er, p. 438.

147. — Les mots *délit de nature à être puni correctionnellement* employés par l'art. 57, doivent faire décider que la récidive ne serait plus applicable si, par suite de l'admission de circonstances atténuantes, le délit rentrait dans les termes de l'art. 463 : d'après lequel des peines de simple police pourraient être appliquées. — Tel est aussi l'avis de Carnot (C. pén., art. 57, no 1er), qui paraît être celui de MM. Chauveau et Hélie (*Th. du C. pén.*, t. 1er, p. 438). — Nous ferons remarquer, à ce sujet, que ces derniers auteurs attribuent à tort une opinion contraire à Carnot. — Sans doute les expressions dont il se sert sont peu claires, mais évidemment MM. Chauveau et Hélie se sont mépris sur leur véritable sens.

148. — Nous renvoyons au paragraphe suivant l'examen des autres questions que peut soulever cet article, et qui doivent recevoir une solution identique au cas où il s'agit de la récidive de délits seulement.

149. — Jugé que la pénalité de l'art. 57 du Code pénal étant la même que celle de l'art. 58, relatif à ceux qui, condamnés correctionnellement à un emprisonnement de plus d'une année, ont commis un nouveau délit, il n'y a pas lieu de casser l'arrêt qui, ayant infligé une peine égale à celle prononcée par la loi, a seulement commis une erreur dans la citation du texte applicable. — *Cass.*, 28 août 1845 (t. 1er 1846, p. 5), Capel.

§ 3. — *Récidive de délits.*

150. — Cette espèce de récidive est l'objet de l'article 58 du Code pénal. — D'après ledit article, il ne suffit pas, pour motiver l'application des peines de la récidive, qu'un premier délit ait déjà été commis par l'auteur d'un second; il faut encore que ce premier délit ait donné lieu à une condamnation de plus d'une année d'emprisonnement. — Ainsi tous les délits qui ne sont passibles que d'une peine inférieure à une année d'emprisonnement, sont non susceptibles de constituer jamais le condamné en récidive. — De même ceux qui lui feraient encourir cette peine ou une supérieure, si elle n'a point été prononcée. — « La raison en est, disent MM. Chauveau et Hélie (*Th. du C. pén.*, t. 1er, p. 440), qu'à l'égard des délits qui ont été punis d'une peine inférieure, les limites des peines correctionnelles sont assez larges pour y puiser un châtiment suffisant en cas d'infraction nouvelle, et le délit est trop léger pour que son immoralité puisse réfléchir sur un fait postérieur et en aggraver le caractère. »

151. — Peu importe, d'ailleurs, la qualification du fait réprimé; ici, comme dans l'art. 56, c'est la peine prononcée qui seule sert de base à la récidive.

152. — Les mots *condamnés correctionnellement* dont se sert l'article, signifient *condamnés* POUR DÉLIT CORRECTIONNEL, quelle que soit la juridiction de laquelle émane la condamnation, et non *condamnés* PAR VOIE CORRECTIONNELLE, ce qui semblerait limiter l'admissibilité de la récidive au cas où c'est le tribunal correctionnel qui a prononcé la condamnation : quelle que soit du reste l'infraction réprimée. — Parant, *L. de la pr.*, p. 166, n° 3; de Grattier, *Comm. l. de la pr.*, t. 1er, p. 294, n° 6; Chassan, *Tr. dél. de la par.*, t. 1er, p. 157; Chauveau et Hélie, *Th. C. pén.*, t. 1er, p. 441.

153. — « La loi, dit un arrêt de la Cour de cassation, en prononçant une aggravation de peine en cas de récidive, n'a point eu en vue la compétence, ni le mode de procéder du tribunal qui a statué la première fois et prononcé la condamnation; mais elle n'a pris en considération que la nature du délit en lui-même, et surtout celle de la peine dont il a été puni. » — *Cass.*, 19 oct. 1833, Lionne.

154. — Comme conséquences de ce principe, il faut décider : 1° Qu'il y a récidive par cela seul que l'auteur d'un délit a été précédemment condamné à plus d'un an d'emprisonnement, et alors même que ce serait pour un fait qualifié crime. — Chauveau et Hélie, *Th. C. pén.*, t. 1er, p. 443.

155. — ... 2° Que la condamnation à plus d'une année d'emprisonnement prononcée par la Chambre des députés pour délit d'offense envers cette Chambre, a le caractère d'une peine correctionnelle et doit servir de base légale à l'application des peines de la récidive, en cas de nouveau délit, comme la condamnation émanée de toute autre juridiction. — *Cass.*, 19 oct. 1833, Lionne.

156. — Il en serait de même si la première condamnation avait été prononcée par la Chambre des pairs, et *à fortiori* si cette Chambre était constituée en Cour de justice. — Chassan, *Tr. dél. de la par.*, t. 1er, p. 157. — Parant (*L. de la pr.*) pense qu'il devrait y avoir décision différente si la condamnation n'était que le résultat de pouvoirs extraordinaires que la Chambre aurait usurpés. — Mais qui sera juge, alors, de l'excès de pouvoirs reproché aux Chambres? Est-il convenable, légal, possible, de soumettre leur décision à la censure du premier tribunal qui se trouvera saisi de la connaissance d'un nouveau délit commis par le condamné? — Nous estimons donc que la première condamnation doit être acceptée sans contrôle par le juge de la seconde infraction. — Cette doctrine nous paraît moins subversive et surtout moins dangereuse que celle émise par Parant, qui, d'ailleurs, ne semble pas lui-même s'y attacher d'une manière bien formelle.

157. — ... 3° Que la peine de plus d'un an de prison prononcée par un tribunal militaire servirait d'élément à la récidive, pourvu cependant que c'eût été pour délit « punissable d'après les lois pénales ordinaires » (art. 56, n° 8). Chauveau et Hélie, *Th. C. pén.*, t. 1er, p. 444.

158. — L'art. 58 ne parlant que d'un *emprisonnement correctionnel*, les peines des travaux publics ou du boulet, bien que non afflictives ni infamantes, ne pourraient, d'après MM. Chauveau et Hélie, constituer la récidive. — *Th. C. pén.*, t. 1er, p. 443.

159. — ... Non plus que la détention, dans une maison de correction, prononcée contre un mineur de seize ans, prévenu d'un délit, mais acquitté pour défaut de discernement, — cette détention ne constituant pas une peine. — *Paris*, 3 déc. 1830, Barbier; *Montpellier*, 6 juin 1848 (t. 1er 1849, p. 42), Ramadié.

160. — Mais la femme qui déjà condamnée par un tribunal civil à plus d'une année de réclusion dans une maison de correction pour adultère, par application de l'art. 308 C. civ., se rend encore coupable du même délit, est en état de récidive et passible de l'aggravation de peine portée par l'art. 58 C. pén. En pareil cas, la réclusion prononcée est un véritable emprisonnement et a le caractère d'une condamnation correctionnelle. — *Caen*, 13 janv. 1842 (t. 2 1842, p. 523), Godefroy.

161. — Du reste, les dispositions de l'art. 58 C. pén. sur la récidive ne sont applicables qu'au cas où celui qui a été déjà condamné pour un délit, à plus d'une année d'emprisonnement, se rend coupable d'un nouveau *délit*; et non lorsque la seconde condamnation est encourue pour un fait qualifié crime, alors même que, par suite de l'admission des circonstances atténuantes, la peine afflictive et infamante due à ce fait doive être remplacée par une peine correctionnelle. — *Cass.*, 2 juin 1842 (t. 2 1842, p. 465), Baty.

162. — Le Code pénal ni aucune autre loi n'ont fixé un laps de temps après lequel la peine de la récidive ne serait pas encourue pour un nouveau délit. — *Cass.*, 14 juill. 1808, Allard; 4 oct. 1821, Giot. — Legraverend, *Lég. crim.*, t. 2, ch. 10, p. 604.

163. — ... Ni exigé un caractère d'identité entre les deux condamnations, ni consulté la distance existant entre les lieux où ont été commis l'un et l'autre délit. — Chauveau et Hélie, *Théorie du C. pén.*, t. 1er, p. 444.

164. — ... Ni demandé que la première condamnation ait été prononcée en vertu du Code pénal. — Il importerait donc peu qu'elle eût son fondement sur une loi postérieure (notamment sur celle du 9 nov. 1815, relative à la répression des cris séditieux), à moins que cette loi ne contienne une disposition spéciale à la récidive. — *Bourges*, 25 juill. 1828, Bergant. — V. *suprà*.

165. — Serait, dès lors, en récidive le condamné correctionnel à plus d'un an d'emprisonnement, qui commettrait un délit prévu par les lois sur les contributions indirectes.

166. — ... Ou par les règlemens universitaires.

167. — Mais aucune aggravation de peine ne peut être prononcée contre une seconde infraction à raison de la récidive, lorsque cette infraction, supposant elle-même une récidive, forme l'objet d'une disposition spéciale et est atteinte par une peine fixe : par exemple, *l'évasion de prison avec bris* et la *rupture de ban*. — Alors, disent les auteurs de la *Théorie du Code pénal*, « il s'agit moins d'un délit moral que d'une contravention matérielle. La rupture de ban et l'évasion ne révèlent point, dans le délinquant, une perversité plus dangereuse; ce sont de simples infractions à des mesures de police et de sûreté. Or l'aggravation de la peine se fonde sur une présomption de l'immoralité plus grande du condamné » (t. 1er, p. 445).

168. — C'est donc avec raison qu'il a été jugé que les peines de la récidive ne sont pas applicables à l'individu qui après une condamnation à plus d'une année d'emprisonnement, se rend coupable du délit d'infraction au ban de surveillance. — *Douai*, 27 juin 1833, Herbin; *Grenoble*, 11 déc. 1833, Doyen; *Riom*, 26 nov. 1834, Barbecot; *Cass.*, 15 juin 1837 (t. 2 1837, p. 180), Fontaleyron.

169. — ... Et que l'évasion effectuée par bris de prison après une semblable condamnation (à plus d'une année d'emprisonnement), ne peut constituer une récidive passible de l'aggravation de peine portée par les art. 56 et suiv. — *Cass.*, 22 févr. 1828, Jouberlan; *Paris*, 29 avr. 1835, Lelouire; *Cass.*, 9 mars 1837 (t. 1er 1837, p. 389), Hubert et Roger.

170. — Mais il a été jugé qu'une seconde infraction de ban peut, relativement à la condamnation prononcée une première fois pour semblable fait, constituer en récidive le condamné à la surveillance, bien que l'infraction de ban n'engendre pas la récidive lorsqu'elle se réfère à la condamnation même du crime pour lequel la surveillance a été prononcée. — *Limoges*, 4 janv. 1845 (t. 1er 1848, p. 648), Reyneix.

171. — Lorsque la loi pénale prévoit un cas spécial de récidive et le réprime par une disposition distincte, il n'y a pas lieu d'appliquer les règles générales auxquelles, en pareille circonstance, il est dérogé. — Par exemple dans l'hypothèse qui fait l'objet de l'art. 200 du Code pénal, ainsi conçu : « En cas de nouvelles contraventions, le ministre du culte qui les aura commises sera puni, savoir : Pour la première récidive, d'un emprisonnement de deux à cinq ans; et pour la seconde, de la détention. »

172. — Si la loi spéciale ne contient une peine particulière que pour une seconde infraction, mais que le prévenu n'ait encore commis qu'une première infraction; il ne serait en récidive que d'après le droit commun. Aussi est-ce l'art. 58 du Code pénal, et non la loi spéciale, qui devrait servir à la détermination de la peine. — Favard de Langlade, *Rép.*, v° *Récidive*.

173. — En matière forestière, les cas de récidive et la peine applicable sont réglés par l'art. 200 du Code forestier.

174. — Le délai pour fixer la récidive, en matière forestière, se compte à partir de l'époque du premier jugement jusqu'à celle du second délit, et non jusqu'au jour du jugement qui intervient sur ce second fait. — *Cass.*, 17 juin 1830, Forêts c. Morin-Blanc.

175. — En matière de garantie des ouvrages d'or et d'argent, la récidive des contraventions prévues et réprimées par la loi du 19 brum. an VI est spécialement punie, par l'art. 80 de ladite loi, de 500 francs d'amende et de l'affiche du jugement.

176. — En matière de presse, la loi du 17 mai 1812 règle spécialement le cas de récidive. — Son art. 25 est ainsi conçu : « En cas de récidive des crimes et délits prévus par la présente loi, *il pourra y avoir lieu à l'aggravation de peine* prononcée par le chap. 4-t. 1er du Code pénal. » L'application des peines de la récidive est donc, en pareille matière, entièrement facultative.

177. — La Cour de cassation a décidé que cet art. 25 ne déroge pas aux art. 56, 57 et 58 C. pén., qui rendent l'aggravation obligatoire lorsque la récidive procède de leur concours avec des crimes ou délits communs. — *Cass.*, 12 sept. 1829, Vallier; 13 sept. 1832, Clausel. — V., en sens contraire, *Douai*, 11 déc. 1829, Ghémar.

178. — Les discussions législatives nous apprennent qu'il était dit dans le projet de cette loi : « Il y aura lieu à l'aggravation, » etc.; et que sur la réclamation de quelques députés, l'aggravation fut rendue facultative. MM. Chauveau et Hélie (*Théorie du Code pénal*, t. 1er, p. 454) disent que ce changement n'a point dénaturé le sens de la loi, et qu'il faut, pour constituer la récidive, que les divers délits qui la composent appartiennent à la législation de la presse. Ces sortes de délits ont, selon eux, une criminalité qui leur est propre et qui n'acquiert aucune gravité d'une infraction commise dans un autre ordre de délits, parce que les deux infractions n'ont ni le même but ni le même péril, et qu'ils ne supposent ni le même degré ni la même nature de perversité. Les mêmes auteurs soutiennent que le système de la Cour de cassation aurait pour effet de faire appliquer aux mêmes faits des peines différentes suivant l'ordre de leur date, puisque, si le délit commun est commis en dernier lieu, la peine peut être atténuée jusqu'à l'extrémité de l'échelle pénale, en vertu de l'art. 463 C. pén., tandis que, dans l'ordre contraire, la peine demeure inflexiblement fixée au maximum de la loi. — Chassan (*Traité des délits de la parole*, t. 1er, p. 156, n° 4) pense comme eux, qu'il n'y a récidive que par le concours de deux délits de même nature et prévus par les lois sur la presse. « Dans ce cas, dit-il, la peine n'est pas obligatoire; elle est seulement facultative. » — De Grattier (*Comment. sur les lois de la presse*, t. 1er, p. 290, n° 4) soutient, au contraire, que l'intention du législateur a été de conserver toutes les règles du droit commun qui n'étaient pas inconciliables avec la matière, et que celles relatives à la récidive ont continué à subsister par leur propre force. Néanmoins, il considère la disposition du projet de loi comme inutile et parasite : ce qui prouverait que la rédaction définitive a modifié les articles 56 et suiv. C. pénal.

179. — Quant à nous, il ne nous semble pas que les divers auteurs dont nous avons rapporté les opinions aient saisi le véritable sens de la loi. Approuvant avec M. de Grattier et Parant (*Lois de la presse*, p. 105), la jurisprudence de la Cour suprême, nous pensons, en premier lieu, avec MM. Chauveau et Hélie, que par ces expressions, *en cas de récidive des crimes et délits prévus par la présente loi*, l'art. 25 loi 17 mai 1819 a établi une récidive particulière qui se constitue par la répétition des faits de même nature prévus par cette législation. Peu importe, selon nous, que la première condamnation soit de moins d'une année. La loi ne renvoie au Code pénal que pour la fixation de la quotité de la peine; et nullement pour les caractères de la récidive, qui diffère aussi en ce qu'elle est facultative. Mais ce n'est pas tout; le législateur n'a dérogé en aucune manière aux règles du droit commun sur la récidive; les lois sur la presse ne sont pas des lois *spéciales* proprement dites, elles ne sont que le développement et le complément des dispositions du Code pénal (V. *Théorie du Code pénal*, t. 1er, p. 457); il suffit que le législateur ait gardé le silence ou n'ait rien dit de contraire pour que les règles générales de ce Code soient restées applicables. Ainsi l'individu qui après une condamnation à une peine afflictive ou infamante, ou à un emprisonnement de plus d'une année, se sera rendu coupable d'un délit de presse, subira les peines de la récidive. Oui, sans doute, il nous est impossible de croire avec Chassan que le législateur eût entendu non-seulement restreindre la récidive aux seuls délits de la même nature, mais encore la rendre purement *facultative*. Il a ajouté aux dispositions du Code pénal au lieu de les modifier, et c'est pour cela que le projet a été adouci. On trouve beaucoup d'exemples d'une sévérité exorbitante en matière de presse; on n'en trouve point d'une indulgence comme celle que consacrerait le système contraire. Si le législateur s'est

parfois exposé à de justes critiques, en aggravant les dispositions du droit commun, il n'eût certes point fait une chose plus rationnelle en modifiant ces mêmes dispositions, en faveur des délits de la presse. Dans tous les cas, nous n'avons aperçu aucune trace d'une pareille institution. — V., au reste, v° DÉLIT DE PRESSE, nos 160 et suiv., 166.

180. — L'art. 10 de la loi du 9 juin 1819 est soumis aux mêmes principes; il décide que les amendes seront élevées au double, et, en cas de récidive, portées au quadruple : sans préjudice des peines de la récidive portées par le Code pénal.—Cette prescription est formelle : cependant, d'après Parant (*Lois de la presse*, p. 124), toutes les peines de la récidive ne sont pas obligatoires, il faut rattacher cet article 10 à l'article 25 de la loi du 17 mai 1819 et dire que ses dispositions sont également facultatives.

181. — Il en est de même de l'art. 15 de la loi du 18 juillet 1828, selon lequel, « en cas de récidive par le même gérant, et dans les cas prévus par l'art. 58 du Code pénal, indépendamment de l'art. 10 de la loi du 9 juin 1819, les tribunaux pourront, suivant la gravité du délit, prononcer la suspension du journal. » — Les auteurs de la *Théorie du Code pénal* font remarquer (t. 1er, p. 459) que les expressions *par le même gérant*, et *dans les cas prévus par l'art. 58 du Code pénal*, indiquent : 1° que l'aggravation n'est applicable qu'à deux délits commis par la voie du même journal ; — 2° que la première condamnation doit nécessairement avoir excédé une année d'emprisonnement.

182. — L'art. 15 de la loi du 27 juill. 1849 porte : « La suspension autorisée par l'art. 15 de la loi du 18 juill. 1828 *pourra* être prononcée par les Cours d'assises toutes les fois qu'une deuxième ou ultérieure condamnation pour crime ou délit sera encourue dans la même année par le même gérant ou par le même journal. »

183. — L'art. 7 de la loi du 25 mars 1822, qui punit l'infidélité et la mauvaise foi dans les comptes rendus, par les journaux, des séances des Chambres et des audiences des cours et tribunaux, ajoute : « En cas de récidive, les éditeurs du journal seront, en outre, condamnés à un emprisonnement d'un mois à trois ans; dans les mêmes cas, il pourra être interdit pour un temps limité ou pour toujours aux propriétaires et éditeurs du journal condamné de rendre compte des débats législatifs ou judiciaires. »

184. — Il résulte de cet article que la récidive a lieu quand un journal après avoir été condamné pour compte rendu infidèle de débats judiciaires commet le même délit relativement aux séances des Chambres et *vice versâ*. Que le mot *récidive* n'a point ici d'autre signification que celle de *réitération*, et que dès lors il n'est point nécessaire que la première condamnation ait été de plus d'une année d'emprisonnement. Que l'aggravation ne consiste pas dans l'élévation au maximum de la peine infligée la première fois, mais dans la substitution d'une autre peine.

185. — MM. Chauveau et Hélie (*Théorie du Code pénal*, t. 1er, p. 461) enseignent, comme au cas de la loi du 9 juin 1819, que la peine de l'emprisonnement est facultative, aussi bien que celle de l'interdiction. — Il s'agit ici encore d'une règle soumise au principe posé dans la loi du 17 mai 1819, d'après lequel, ainsi que nous l'avons vu précédemment, les peines ne sont pas obligatoires.

186. — Les art. 10 et 11 de la loi du 27 juillet 1849 sur la presse établissent une aggravation facultative de pénalité au cas de récidive commise dans l'année des délits, consistant 1° dans la publication des actes d'accusation et actes de procédure criminelle avant leur lecture en audience publique; 2° dans le compte-rendu des procès pour outrage, injure, ou des procès en diffamation où la preuve des faits diffamatoires n'est pas admise par la loi; 3° dans le fait de publier les noms des jurés autrement que dans le compte-rendu de l'audience où le jury a été constitué, et de rendre compte des délibérations intérieures du jury, des Cours et tribunaux.

187. — En matière de garde nationale, les cas de récidive sont spécialement prévus par la loi du 22 mars 1831. — V. GARDE NATIONALE.

188. — Jugé que lorsque la récidive prévue par l'art. 89 de la loi du 22 mars 1831, sur le service de la garde nationale, qui ne permet l'application de la peine de trois jours de prison que pour manquemens à des services d'ordre et de sûreté, n'est pas légalement constatée, les conseils de discipline ne peuvent prononcer que le maximum de la peine simple, c'est-à-dire deux jours de prison. — Le conseil de discipline qui saisi de la connaissance de trois manquemens à un service d'ordre et de sûreté imputés à un garde national, prononce trois fois la peine de trois jours de prison comme si trois récidives étaient constatées, usurpe les fonctions du tribunal correctionnel, seul compétent pour connaître d'une troisième infraction commise par celui qui a déjà subi dans l'année deux condamnations.— *Cass.*, 11 oct. 1845 (t. 2 1848, p. 515), Temblaire.

189. — Il y a aussi certains délits spéciaux que la loi a formellement soustraits aux règles communes de la récidive, notamment les délits militaires (art. 56, § 8). — Alors, bien entendu, ils ne peuvent donner prétexte à aucune aggravation de peine.

190. — Le Code pénal n'a prévu qu'une fois le cas d'une double récidive, c'est celui de l'art. 200 qui punit pour la première récidive d'un emprisonnement de deux à cinq ans, et pour la seconde de la détention, le ministre du culte qui a procédé aux cérémonies religieuses d'un mariage sans qu'il ait été justifié de la célébration du mariage civil.

191. — Si les tribunaux n'admettent pas de circonstances atténuantes, comment faut-il interpréter la disposition qui, tant dans l'art. 57 que dans l'art. 58, dit qu'ils prononceront le *maximum de la peine portée par la loi?* — Pas de difficulté si la loi ne porte qu'une seule peine. — Mais elle peut prononcer, 1° soit une peine principale et des peines accessoires; 2° soit plusieurs peines principales; 3° soit deux peines dont le juge a la faculté de n'appliquer qu'une seule.

192. — Dans le premier cas, c'est-à-dire celui où la loi prononce à la fois des peines principales et des peines accessoires, par exemple dans l'art. 401 du Code pénal, les tribunaux ne sont tenus d'élever au maximum que les peines principales et non les autres qui le plus souvent ne sont que facultatives.—Chauveau et Hélie, *Théor. C. pén.*, t. 1er, p. 448.

193. — La jurisprudence s'était d'abord prononcée en sens contraire et décidait que l'individu qui après avoir été déjà condamné à plus d'une année d'emprisonnement se rendait coupable d'un délit correctionnel, devait être puni du maximum non-seulement de la peine principale, mais encore des peines accessoires, quoique ces peines fussent purement facultatives à l'égard des individus qui n'étaient pas en récidive. — *Cass.*, 10 sept. 1813, Glossinde-Chaux; *Paris*, 23 sept. 1830, Carnet; *Douai*, 24 févr. 1832, Lapaille.

194. — Mais la Cour de cassation paraît être revenue sur cette jurisprudence et décide, par exemple en cas de vol, que les juges ne sont pas forcés d'appliquer, outre la peine d'emprisonnement, le maximum de toutes les autres peines facultatives prononcées par l'art. 401 du Code pénal. — *Cass.*, 10 févr. 1827, Renaud; 15 févr. 1829, Graff; 19 avril 1832, Brun.

195. — Jugé également par un arrêt récent de la Cour de Poitiers, que la disposition de l'art. 58 du Code pénal, qui veut que les coupables condamnés correctionnellement à un emprisonnement de plus d'une année soient, en cas de nouveau délit, condamnés au maximum de la peine portée par la loi, ne doit s'entendre que des peines obligatoires, et non des peines facultatives et accessoires.—Spécialement, le coupable de vol en récidive doit bien être condamné au maximum de la peine d'emprisonnement et de la surveillance de la haute police, portée par l'art. 401; mais les tribunaux ne sont pas obligés de le condamner à l'amende et à l'interdiction de certains droits, peines accessoires sur l'application desquelles ils ont un pouvoir discrétionnaire. — *Poitiers*, 3 janv. 1846 (t. 1er 1846, p. 569), Labarre. — En ce sens : Carnot (*Comment. du Code pén.*, sur l'art. 58), Chauveau et Hélie (*Théor. du Code pén.*, t. 1er, p. 449).

196. — « Il faudrait, disent ces derniers auteurs, une disposition formelle pour dépouiller les tribunaux d'une latitude salutaire pour l'application de ces peines accessoires, et cette disposition n'existe pas; cette latitude, qui tend d'ailleurs à alléger le sort des condamnés, doit donc être conservée. »

197. — Dans la seconde hypothèse où plusieurs peines principales sont cumulativement édictées, notamment suivant les art. 410 et 411 du Code pénal, toutes ces peines doivent être portées au maximum.

198. — Spécialement, lorsque le délit commis en état de récidive emporte tout à la fois un emprisonnement et une amende également obligatoire, le tribunal ne peut se dispenser d'appliquer le maximum de l'une et l'autre de ces deux peines, à moins qu'il n'existe, dans la cause, des circonstances atténuantes. — *Cass.*, 26 févr. 1835, Delvigne.

199. — Jugé également, avant la loi de 1832, qui a rendu alternatives les peines portées par l'art. 311 C. pén., que celui qui, ayant déjà été condamné à un emprisonnement de plus d'une année, s'est rendu coupable d'un délit de coups ou blessures qui n'ont pas occasionné une incapacité de plus de vingt jours, doit être condamné au *maximum* de la peine portée par l'art. 311 du Code pénal, c'est-à-dire à deux années d'emprisonnement, 200 francs d'amende et, de plus, à la surveillance du gouvernement pendant cinq ans au moins. — *Cass.*, 23 juin 1826, Petitot.

200. — Enfin, si de deux peines portées, le juge a la faculté de n'en prononcer qu'une seule, celle qu'il applique doit être portée au maximum, et même toutes deux, s'il les prononce cumulativement. — V., entre autres, l'espèce prévue par l'art. 311 C. pén.

201. — Mais, dans tous ces cas, la peine de la surveillance doit nécessairement être infligée. Telle est la volonté formelle de l'art. 58.

202. — Si le jugement avait omis de la prononcer, il serait susceptible d'être annulé; mais on ne pourrait y suppléer une disposition qu'il ne contiendrait point — Carnot, *C. pén.*, art. 58; Chauveau et Hélie, *Théorie C. pén.*, t. 1er, p. 452.

203. — Cependant, si des circonstances atténuantes étaient admises, nous pensons que le condamné récidiviste pourrait être dispensé de la surveillance.—*Colmar*, 22 janv. 1835, Roth; *Cass.*, 2 janv. 1836 (chambres réunies), Raspail. — Chauveau et Hélie, *Théorie C. pénal.*, t. 1er, p. 451. — V. toutefois, dans le sens contraire, *Colmar*, 8 sept. 1833, Weber; *Cass.*, 8 mai 1835, Brun; 8 mars 1833, Mailly; 25 juin 1835, Roth; 12 mars 1835, Tourtebatte; *Douai*, 5 juin 1835, Prévost. — V. le mot CIRCONSTANCES ATTÉNUANTES, nos 195 et suiv.

204.—Quand la loi porte qu'en cas de récidive la peine sera double, cette disposition doit s'entendre du double, non de la peine appliquée, mais de la peine *applicable* au premier délit. En conséquence, la condamnation peut être élevée au double du *maximum* de cette dernière peine. *Cass.*, 10 avr. 1807, Ménégault.

§ 4. — *Récidive de contraventions.*

205.—La récidive de contraventions est prévue par l'art. 483 du Code pénal, ainsi conçu : « Il y a récidive dans tous les cas prévus par le présent livre (le liv. 4, intitulé : *Des contraventions de police et peines*), lorsqu'il a été rendu contre le contrevenant, dans les douze mois précédens, un premier jugement pour contravention de police commise dans le ressort du même tribunal.»

206. — L'art. 27 du tit. 1er de la loi du 19 juill. 1791 portait au double, en cas de récidive, toutes les amendes prononcées par ses diverses dispositions. Or, comme, d'après le Code du 3 brum. an IV, art. 606, le tribunal de police ne pouvait prononcer d'amendes que dans les limites de la valeur d'une à trois journées de travail et un emprisonnement que d'un à trois jours, il en résultait, qu'en cas de récidive, le doublement de l'amende (qui permettait de la porter à la valeur de six journées de travail) excédait les bornes de sa compétence, et que, par suite, le tribunal correctionnel devenait seul compétent. Telle était en effet la disposition formelle de l'art. 607.

207.—... Et c'est ainsi que la Cour de cassation a plusieurs fois jugé que, sous le Code du 3 brum. an IV, le seul fait de la récidive faisait rentrer une contravention de police dans les attributions du tribunal de police correctionnelle. — *Cass.*, 11 nov. 1808, Beauvais; 6 niv. an IX, Tixier; 15 juin 1809, Baudoin.

208. — Mais l'art. 139 du Code d'instruction criminelle, combiné avec les art. 464, 465 et 466 du Code pénal, ayant étendu la compétence des tribunaux de police jusqu'à 15 francs d'amende, et cinq jours de prison, on comprend que depuis leur promulgation, le doublement de l'amende d'une valeur de trois journées de travail, n'excédait plus les bornes de compétence de ces tribunaux : par conséquent, c'était devant eux, et non devant les tribunaux correctionnels, que le jugement des contraventions commises en récidive devait être porté.—*Cass.*, 13 janv. 1831, Wager et Desmoulher (deux affaires); 6 août 1830, Bruno-Rousseau; 19 juin 1828, Mouney; 8 mai 1828, Schoffmann; 21 mars 1828, Paris.

209. — La question ne peut pas s'élever en ce qui concerne les contraventions prévues par le Code pénal, mais il en est encore un certain nombre qui restent soumises aux dispositions de la loi du 28 sept.-6 oct. 1791. A leur égard donc la jurisprudence de la Cour de cassation peut recevoir son application.

210. — On s'était demandé si le doublement de peine, prescrit pour le cas de récidive, devait s'étendre à l'emprisonnement aussi bien qu'à l'amende. Alors le tribunal de simple police deviendrait incompétent, puisque l'emprisonnement pourrait s'élever jusqu'à six jours. Mais la Cour de cassation, après s'être prononcée pour le doublement de l'emprisonnement, et conséquemment pour l'incompétence du tribunal de police (*Cass.*, 4 juin 1824, Masson; 15 janv. 1825, Gayraud), a constamment décidé, depuis, que l'amende seule pouvait être doublée. — *Cass.*, 8 mai 1828, Schoffmann; 15 févr. 1828, Dupeyrat; 19 juin 1828, Mouney; 13 janv. 1831, Wager; 6 août 1830, Bruno-Rousseau; 19 mars 1825, Lesté-Cauchois; 24 févr. 1826, Gaillard; 25 mai 1827, Gresson; 4 août 1827, Buisson, 21 déc. 1827, Meunier; 20 févr. 1829, Caunes et Campagnac; 26 févr. 1829, Auzanneau; 11 juin 1829, Letillois; 14 août 1829, Thomin; 21 mars 1828, Parès; 5 sept. 1828, Lefebvre; 11 févr. 1832, Rousson. — V. aussi Carnot, *C. instr. crim.*, art. 139, n° 3; Legraverend, t. 2, ch. 10, p. 602.

211. — La récidive des contraventions est aujourd'hui réprimée par les art. 474, 478 et 482, d'après lesquels la peine d'emprisonnement est encourue, mais dans les limites de la compétence du tribunal de simple police; sauf, néanmoins, le cas de récidive de la contravention prévue par le n° 5 de l'art. 473 (établissement ou tenue dans les rues, chemins, places ou lieux publics, des jeux de loterie ou d'autres jeux de hasard), qui est frappé par le second § de l'art. 478 de la peine correctionnelle de six jours à un mois d'emprisonnement et 16 à 200 francs d'amende.

212. — Celui qui, contrairement à un arrêté municipal, et étant en état de récidive, a négligé de faire balayer le devant de sa maison, est passible des peines portées aux art. 471, n° 3, et 474 C. pén., et non de celles portées par le Code du 3 brum. an IV, qui ne sauraient être appliquées qu'à des faits non prévus par le Code pénal. — *Cass.*, 10 juin 1826, Guenée.

213. — Lorsque l'état de récidive est régulièrement constaté, le tribunal de simple police ne peut, à peine de nullité, se dispenser d'en appliquer les peines au prévenu. — *Cass.*, 5 mai 1826, Gauthey; 19 mars 1825, Lesté-Cauchois; 1er mai 1823, Laurent; 6 févr. 1823, Lièvre; 24 avr. 1845 (t. 2 1848, p. 230), Legrand.

214. — ... Il ne le peut sous prétexte que le prévenu se conformera à l'avenir aux ordonnances et arrêtés qu'il a violés. — *Cass.*, 9 sept. 1841 (t. 2 1841, p. 572), Bonamour.

215. — ... Alors surtout que l'application en a été requise par le ministère public. — *Cass.*, 5 nov. 1829, Hardy; 5 mai 1826, Gauthey; 14 nov. 1835, Bellé.

216. — ... Et quand bien même le fait de récidive n'aurait point été articulé dans la citation. — *Cass.*, 14 nov. 1835, Bellé. — En effet, aucune disposition de loi n'oblige le ministère public à relater, dans la citation, les circonstances qui sont de nature à influer sur la gravité de la peine; il suffit de lui faire connaître l'objet de la prévention.

217. — En tous cas, la peine de l'emprisonnement doit toujours être appliquée au récidiviste. Telle est la prescription formelle des art. 474, 478 et 482. Un tribunal de police ne pourrait donc s'abstenir de la prononcer sous le prétexte que ce serait une peine trop rigoureuse. — *Cass.*, 16 avr. 1825, Meunier. — A moins, toutefois, qu'usant de la latitude que leur donne le dernier alinéa, ajouté en 1832 à l'art. 483, les tribunaux de police ne reconnaissent en faveur du prévenu l'existence de circonstances atténuantes.

218. — C'est ainsi qu'il a été jugé que le jugement de simple police qui prononce une simple amende contre un prévenu déjà condamné deux fois dans l'année, pour contravention de police, doit être cassé sur le vu des deux premières condamnations, quoiqu'il n'en fasse point mention. La peine de l'emprisonnement étant obligatoire et non facultative, en cas de récidive. — *Cass.*, 22 août 1822, Marche et autres (trois arrêts); 3 nov. 1827, Trépont.

219. — ... Et que l'auteur d'une contravention contre lequel un premier jugement de condamnation à des peines de simple police a été rendu par le même tribunal dans les douze mois qui ont précédé la nouvelle poursuite, ne pourrait être exempté de l'emprisonnement sous le prétexte qu'il n'est nullement prouvé qu'il fût personnellement coupable du fait pour lequel il était poursuivi. — *Cass.*, 5 mars 1831, Mayer. — En effet, ce serait le cas d'un acquittement.

220. — Mais, jugé aussi, que le tribunal de police qui reconnaît en faveur du prévenu l'existence de circonstances atténuantes peut se borner à le condamner à l'amende, quoiqu'il soit en état de récidive. — *Cass.*, 8 mai 1845 (t. 2 1848, p. 224), Vinson; 6 déc. 1845 (t. 2 1846, p. 639), Massiault. — V., aussi, CIRCONSTANCES ATTÉNUANTES, nos 214 et suiv.

221. — L'art. 482 C. pén., qui détermine la seule aggravation de peine encourue pour récidive par les personnes et dans les cas mentionnés en l'art. 479, a abrogé, en ne prescrivant point, pour ces cas, l'impression et l'affiche des jugemens, l'art. 27 de la loi du 22 juill. 1791, dont la disposition n'a pu être renouvelée, même facultativement et obligatoirement pour les tribunaux, par une ordonnance royale. — En conséquence, le refus, par le tribunal de police, d'ordonner, sur les simples réquisitions du ministère public, l'impression et l'affiche du jugement rendu contre un boulanger, bien qu'il fût en état de récidive, ne contient aucune violation de loi. — *Cass.*, 31 janv. 1845 (t. 2 1848, p. 527), Bajol. — V. v° BOULANGER, nos 122 et suiv., 151.

222. — D'après l'art. 483, quatre conditions sont principalement exigées pour constituer le contrevenant en état de récidive : 1° la contravention doit être de celles prévues par le Code pénal; 2° il doit avoir été rendu contre le contrevenant un premier jugement pour contravention de police; 3° la seconde contravention doit avoir été commise dans le ressort du même tribunal qui a rendu ce jugement; 4° ledit jugement doit avoir été rendu dans les douze mois précédens.

223. — D'où il résulte : 1° que si la seconde contravention ne procédait que d'une loi ou de règlemens particuliers, elle ne pourrait fonder la récidive de l'art. 483.

224. — Peu importe, du reste, que la première ait été ou non prévue par le Code pénal; il suffit qu'elle ait motivé un jugement de condamnation. — Carnot, *Code pénal*, art. 483, n° 3.

225. — ... 2° Que la condamnation pour *crime* ou *délit*, soit dans les douze mois précédens, soit antérieurement, ne pourrait donner lieu aux peines de la récidive contre l'auteur de la contravention. L'art. 483 exige que ce soit pour *contravention de police*. On ne peut, sous prétexte d'analogie ni même d'*à fortiori*, étendre des dispositions aussi explicites. — Carnot, *Code pénal*, art. 483, n° 4.

226. — La preuve que le contrevenant a commis dans les douze mois plusieurs autres contraventions, n'autoriserait point à lui appliquer les peines de la récidive, si aucun jugement n'a été rendu contre lui. — *Cass.*, 16 août 1811, Lambert.

227. — Mais lorsqu'une première condamnation pour fait de police a été prononcée depuis moins d'une année contre le prévenu par le même tribunal de police devant lequel il est traduit, ce tribunal ne peut, sans violer la loi, refuser de prononcer, sur la nouvelle contravention, les peines de la récidive requises par le ministère public. — *Cass.*, 1er mai 1823, Laurent; 5 mai 1826, Gauthey; 3 nov. 1827, Trépont; 5 nov. 1829, Hardy.

228. — De même, il n'est pas nécessaire que la seconde contravention soit analogue ou de même nature que la première; il suffit qu'elle ait lieu dans les douze mois de la précédente condamnation. — *Cass.*, 26 avril 1822, Perron; 13 mai 1830, Giret; 3 nov. 1831, Thomazeau; 20 déc. 1839 (t. 2 1843, p. 252), Bertin.

229. — Peu importerait que le prévenu, arrivé à sa troisième contravention de l'année, eût déjà, lors du jugement de la seconde, été condamné aux peines de la récidive. Le tribunal ne pourrait, sur ce motif, se dispenser de les lui appliquer de nouveau. — *Cass.*, 10 mars 1837 (t. 1er 1837, p. 237), Legouge.

230. — ... 3° Que la première condamnation prononcée par le maire d'une des communes du canton servirait de fondement à la récidive. — Car ce n'est qu'en qualité de membre du tribunal de police du canton qu'il a jugé, et, dès lors, la contravention commise dans le canton l'est réellement dans le ressort du *même tribunal*, selon le vœu de l'art. 483.

231. — A plus forte raison y aurait-il récidive si le juge de paix ayant rendu le premier jugement, le maire d'une des communes du même canton était saisi de la connaissance de la nouvelle contravention.

232. — Carnot enseigne qu'il en serait autrement dans le cas où la première condamnation émanerait du tribunal correctionnel. — C. pén., art. 483, n° 11. — Cette distinction ne nous paraît fondée sur aucun motif sérieux, et, par suite, nous verrions dans une semblable condamnation un des caractères nécessaires à la récidive.

233. — ... 4° Les mois doivent être calculés d'après le calendrier grégorien, et non suivant la règle posée par l'art. 40 du C. pén., lequel est spécial à la durée de la peine d'emprisonnement. — Ainsi, d'après Carnot, une contravention commise le 31 mars constituerait une récidive punissable, si le 31 mars de l'année précédente une première condamnation avait été prononcée pour contravention de police. — C. pén., art. 483, n° 7.

234. — La récidive s'établit en prenant pour bases la date du premier jugement et celle de la nouvelle contravention, mais non la date du second jugement. — Carnot, *ibid.*, n° 8.

235. — Ainsi, il y a récidive quoique les deux faits soient séparés l'un de l'autre par un intervalle de plus d'un an, si le second a été commis dans les douze mois depuis la condamnation intervenue sur le premier. — *Cass.*, 23 mai 1839 (t. 2 1839, p. 347), Reignard.

236. — L'adjudicataire du nettoiement des rues qui commet une contravention en récidive est passible de l'aggravation de peine portée par l'art. 474 C. pén., quoiqu'il ne soit fait aucune mention de cet article de loi dans son adjudication (où il n'était question que de l'amende); car l'autorité municipale n'a pas le droit de déterminer les peines qui seront encourues par ceux qui contreviendraient à ses arrêtés. — *Cass.*, 12 nov. 1813, Godin.

V., au reste, CRIMES, DÉLITS et CONTRAVENTIONS, nos 373 et suiv., 379 et suiv., 385 et suiv. — V., en outre, AMNISTIE, ASSOCIATION ILLICITE, BALAYAGE ET NETTOIEMENT DE LA VOIE PUBLIQUE, BOULANGER, CHASSE, COMPLICITÉ, DISCERNEMENT, MÉDECINE ET CHIRURGIE, VOL.

RÉCIPROCITÉ.

V. ALIMENS, AUBAINE (Droit d'), BAIL, BAIL A CONVENANT, DISPOSITION A TITRE GRATUIT, DON MUTUEL, DOUANES, DROITS CIVILS, ÉTRANGERS, PARCOURS ET VAINE PATURE, SUCCESSION.

RÉCLAMATION D'ÉTAT.

Action par laquelle un individu réclame un état civil qu'il prétend lui appartenir. — V. QUESTION D'ÉTAT. — V. aussi LÉGITIMITÉ.

RÉCLUSION.

1. — Peine temporaire afflictive et infamante, consistant à être enfermé dans une maison de force.

2. — Sous l'ancien droit, la réclusion dans une maison de force qui remplaçait, pour les femmes, les galères et le bannissement, était une peine purement afflictive. Lorsque cette peine était perpétuelle, elle emportait la mort civile. — Berriat-Saint-Prix, *De l'exécution des jugemens et des peines en matière criminelle*, n° 34, 3°. — V. PEINES, n° 10.

3. — L'Assemblée constituante, en abolissant le système pénal antérieur, créa huit peines criminelles, parmi lesquelles elle comprit la réclusion, qui remplaçait les fers pour les femmes. — C. pén. du 25 sept.-6 oct. 1791, 1re part., tit. 1er, art. 1er.

4. — Le Code du 3 brum. an IV, après avoir mis dans son art. 603, la réclusion au nombre des peines afflictives, ajouta (art. 604) que toute peine afflictive était en même temps infamante.

5. — Le Code pénal de 1810 a maintenu la classification des peines en matière criminelle, consacrée par le Code du 3 brum. an IV, et rangé formellement la réclusion parmi les peines afflictives et infamantes. — Art. 6 et 7.

6. — Les faits qui donnent lieu à l'application de la réclusion ne peuvent être que des faits qualifiés crimes par la loi, et non des délits. Les cas dans lesquels la réclusion, comme toute autre peine, doit être prononcée, sont au surplus expressément prévus et déterminés par le Code pénal.

7. — Comme sous le droit ancien et le droit intermédiaire, la réclusion remplace encore aujourd'hui, pour les femmes et les filles, la condamnation aux travaux forcés. — C. pén., art. 16.

8. — La peine des travaux forcés à perpétuité et celle des travaux forcés à temps sont également remplacées pour les septuagénaires par la réclusion soit à perpétuité, soit à temps. — C. pén., art. 70, 71 et 73.

9. — Lorsque la réclusion, au lieu de remplacer la peine des travaux forcés à perpétuité ou à temps dans les deux cas précités, est prononcée comme peine principale, sa durée ne peut être

RÉP. GÉN. — XI. 7

moindre de cinq années, ni excéder dix ans. — C. pén., art. 21.

10. — Avant la loi de 1832, la durée de la réclusion ne courait qu'à compter du jour de l'exposition. D'après le nouvel art. 23 C. pén., cette durée commence du jour où la condamnation est devenue irrévocable.

11. — Quant à l'exécution de cette peine, elle consiste dans l'incarcération du condamné dans une maison de force. « Tout individu de l'un ou de l'autre sexe, porte l'art. 21 du Code pénal, condamné à la peine de la réclusion, sera enfermé dans une maison de force, et employé à des travaux dont le produit pourra être appliqué en partie à son profit, ainsi qu'il sera réglé par le gouvernement. »

12. — Pour l'exécution de la peine de la réclusion, les officiers du ministère public sont tenus d'adresser un extrait de l'arrêt de condamnation au préfet du département ou au sous-préfet de leur arrondissement, ces fonctionnaires étant chargés de faire transférer le condamné dans une maison centrale. — V., au surplus, EXÉCUTION DES JUGEMENS CRIMINELS, nos 45 et suiv., 63 et suiv., 75 et suiv.; PEINES, nos 210 et suiv., et PRISONS, no 24.

13. — Sur le régime et la discipline des maisons de force, ainsi que sur le travail des condamnés détenus dans ces maisons, V. PRISONS, nos 60 et suiv.

14. — A la peine de la réclusion sont attachées de droit, accessoirement, deux autres peines. Ainsi, d'abord, la condamnation à la réclusion emporte la dégradation civique. — C. pén., art. 28. — V. DÉGRADATION CIVIQUE.

15. — Les condamnés à la réclusion sont également, de plein droit, après qu'ils ont subi leur peine, et pendant toute leur vie, sous la surveillance de la haute police. — C. pén., art. 47. — V. SURVEILLANCE DE LA HAUTE POLICE.

16. — Jugé que la condamnation à la peine de la réclusion, prononcée en vertu de la loi du 15 juillet 1829 contre un militaire déclaré coupable de vol d'effets appartenant à l'Etat, soumet, de plein droit, le condamné à la surveillance de la haute police, conformément à l'art. 47 du Code pénal. — *Montpellier*, 16 sept. 1843 (t. 1er 1844, p. 493), Blanc.

17. — Les condamnés à la réclusion sont, de plus, pendant la durée de leur peine, en état d'interdiction légale, et il leur est nommé un tuteur et un subrogé tuteur pour gérer et administrer leurs biens. — C. pén., art. 29.

18. — Sur les effets de l'interdiction légale, V. INTERDICTION LÉGALE. — Nous ajouterons seulement que l'état d'interdiction légale ne prive point le réclusionnaire des droits civils qui tiennent à la personne. Ainsi, il peut se marier. — Valette, sur Proudhon, *De l'état des personnes*, t. 2, p. 555; Berriat Saint-Prix, *De l'exécution des jugemens*, etc., no 97, *in fine*.

19. — A l'égard de la question de savoir si ses enfans, pour contracter mariage, doivent obtenir son consentement, V. ACTE RESPECTUEUX, no 28, et MARIAGE, no 111. — V. aussi Berriat-Saint-Prix, *loc. cit.*

20. — Sur les effets de la condamnation des militaires retraités à la réclusion, relativement à la solde de retraite, V. PENSIONS, nos 115 et 257.

21. — Lorsque la réclusion, dans le cas où l'accusé est convaincu de plusieurs crimes, concourt avec la peine des travaux forcés à temps, c'est cette dernière seule qui doit être exécutée, fût-elle de moindre durée que la réclusion, par ce qu'elle est plus forte que celle-ci. — C. instr. crim., art. 365. — Berriat-Saint-Prix, no 106.

RÉCOLEMENT.

C'est, en matière forestière, une inspection faite après l'exploitation d'une coupe ou vente de bois, afin de constater que cette exploitation a été faite selon les conditions imposées à l'adjudicataire par son cahier des charges. — V. FORÊTS. — V. aussi SAISIE EXÉCUTION, SCELLÉS.

RÉCOLTE.

V. ANIMAUX, ARBRES ET PLANTS, ASSURANCE TERRESTRE, CHASSE, DÉLIT RURAL, DESTRUCTION ET DÉVASTATION DE RÉCOLTES, MARAUDAGE, PASSAGE SUR LE TERRAIN D'AUTRUI, VOL.

RECOMMANDATION.

1. — Acte par lequel le créancier d'un individu déjà détenu s'oppose à la mise en liberté de son débiteur. — V. EMPRISONNEMENT, nos 316 et suiv.

2. — La recommandation ne peut être faite que par celui qui aurait droit de faire emprisonner le débiteur déjà incarcéré. L'acte de recommandation est, en effet, un véritable acte d'écrou. — V. CONTRAINTE PAR CORPS, EMPRISONNEMENT.

RÉCOMPENSES.

V. COMMUNAUTÉ, DOT.

RÉCOMPENSE (Promesse de).

1. — C'est l'engagement pris de payer une somme ou une valeur quelconque pour un service rendu et même à rendre.

2. — Une pareille promesse est obligatoire. Toutefois, elle est conditionnelle dans le second cas. — V. CONDITION.

3. — Ainsi : comme on l'a vu (vo OBLIGATION, no 45), la promesse faite par affiche, d'une récompense pour celui qui trouverait et rapporterait un objet perdu, est obligatoire si elle n'a pas été révoquée avant que l'objet perdu ait été retrouvé. — *Turin*, 3 août 1810, Lione c. Mongardino.

V. aussi DONATION RÉMUNÉRATOIRE, LEGS RÉMUNÉRATOIRE.

RÉCOMPENSES NATIONALES.

1. — Marques de reconnaissance accordées, au nom de la nation, aux citoyens qui, dans l'industrie, les lettres ou les arts, ont rendu d'importans services à la patrie, ou se sont signalés par des actions d'éclat.

2. — Les récompenses nationales sont de deux sortes : honorifiques ou pécuniaires. — Décr. 3-22 août 1790, tit. 1er, art. 5.

3. — Les récompenses honorifiques sont personnelles et mises au premier rang des récompenses publiques. — Même décr., art. 5.

4. — Les récompenses pécuniaires se divisent en pensions et en gratifications. Celles-ci sont destinées au soutien des citoyens qui les ont méritées; celles-là, à payer le prix des pertes souffertes, des sacrifices faits à l'utilité publique. — *Ibid.*, art. 5 et 6.

5. — Les services qui doivent être récompensés sont ceux seulement qui intéressent la société entière, et le choix entre les récompenses pécuniaires et les récompenses honorifiques se détermine par l'importance et la durée des services rendus, par l'âge des citoyens qui les ont rendus, et par leur état de fortune. — Même décr., *Préambule*, et tit. 1er, art. 1er et 2.

6. — Le décret du 3-22 août 1790 a indiqué quelques circonstances principales pouvant donner lieu à des récompenses nationales, et les citoyens qui pouvaient y avoir droit. Mais il est à remarquer que ce décret, pas plus qu'aucune autre loi, n'a disposé d'une manière limitative.

7. — Toutefois, il est un principe général qui doit présider à la collation des récompenses nationales : c'est que nul ne peut recevoir en même temps une pension et un traitement. Les gratifications et les récompenses honorifiques peuvent seules être cumulées avec le traitement. — Décr. 3-22 août 1790, tit. 1er, art. 10 et 11.

8. — Il ne faut pas confondre la concession de récompenses nationales avec la distribution de ces récompenses.

9. — Autrefois, des corps civils et militaires votaient des hommages publics ou décernaient des récompenses à des généraux, à des maires, à des officiers supérieurs de la garde nationale. Mais, aux termes d'une ordonnance royale du 10-19 juill. 1816, le droit d'apprécier les services rendus à l'Etat et d'assigner des récompenses a été revendiqué par le roi comme un des attributs inhérens à la couronne.

10. — En conséquence, il a été décidé par cette ordonnance qu'à l'avenir aucun don, aucun hommage, aucune récompense ne pourraient être votés, offerts ou décernés comme témoignages de la reconnaissance publique, par les conseils généraux, conseils municipaux, gardes nationales, ou tout autre corps civil ou militaire, sans l'autorisation préalable du roi.

11. — Le droit d'accorder, au nom de la nation, des récompenses nationales aux citoyens qui s'en sont rendus dignes, ne peut être, ce nous semble, considéré comme un attribut du pouvoir exécutif. Ce droit n'appartient qu'au pouvoir législatif, que ces récompenses soient honorifiques ou pécuniaires. Mais la distribution de ces récompenses une fois votées, rentre dans les attributions du pouvoir exécutif.

12. — Aussi les récompenses décernées par le pouvoir exécutif seul ne nous paraissent-elles pas revêtir le caractère de récompenses nationales proprement dites. Telles sont, par exemple, les promotions faites par le pouvoir exécutif seul dans l'ordre de la Légion d'honneur. — V. LÉGION D'HONNEUR.

13. — Les récompenses nationales ne pouvant être conférées et distribuées qu'en vertu d'une loi et au nom de la France, il s'ensuit qu'elles sont nécessairement à la charge du trésor public. — Duvergier, *Coll. des lois*, année 1830, p. 186, note 2.

14. — L'institution des récompenses nationales, établie d'une manière générale par le décret du 3-22 août 1790, a été consacrée spécialement, à l'égard des militaires, par l'art. 87 de la constitution du 22 frim. an VIII, ainsi conçu : « Il sera décerné des récompenses nationales aux guerriers qui auront rendu des services éclatans en combattant pour la République. »

15. — Un décret du 14 germ. an III avait déjà disposé que les militaires qui se distinguaient à la guerre par de belles actions avaient droit à des récompenses.

16. — D'après l'art. 80 de ce décret, qui est resté en vigueur, lorsqu'un militaire, de quelque grade que ce soit, s'est distingué à la guerre par une action d'éclat, le général en chef, sur le rapport qui lui en est fait, peut, s'il juge l'action assez importante, l'élever sur-le-champ au grade immédiatement supérieur à celui dans lequel il a combattu. De plus grandes récompenses peuvent lui être décernées, s'il y a lieu.

17. — La gendarmerie a les mêmes droits que les autres corps de l'armée aux récompenses militaires. — Ord. 29 oct. 1820 (sur le service de la gendarmerie), art. 34.

18. — Avant la révolution du 24 févr. 1848, les récompenses honorifiques pouvaient consister dans la seule concession de titres. Mais un décret du Gouvernement provisoire du 29 févr. 1848, encore en vigueur, en abolissant tous les titres de noblesse a implicitement supprimé cette sorte de récompense nationale.

19. — Toutefois il n'a été apporté aucune modification par cette révolution à l'institution de la Légion d'honneur (V. LÉGION D'HONNEUR), dont la décoration peut encore être donnée par le Pouvoir législatif à titre de récompense nationale.

20. — Cette récompense peut consister dans toute autre décoration que le pouvoir législatif juge à propos de créer (V. DÉCORATION), aussi bien que dans une médaille. — V. MÉDAILLE, no 20.

21. — Ainsi, à la suite de la révolution de juillet 1830, une loi du 30 août-2 sept. 1830, après avoir dit (art. 1er) qu'il serait décerné des récompenses à tous ceux qui avaient été blessés en défendant la cause nationale dans les glorieuses journées des 26, 27, 28 et 29 juillet, ajouta (art. 3 et 4) qu'une médaille serait frappée pour conserver le souvenir de ces journées, et qu'une commission serait nommée par le roi à l'effet de faire les recherches nécessaires pour constater les titres de ceux qui avaient droit aux récompenses nationales.

22. Cette loi a été complétée par une autre loi postérieure du 13-16 déc. 1830. L'art. 9 de cette dernière loi porte que la médaille ordonnée par celle du 30 août sera distribuée à tous les citoyens désignés par la commission; et l'art. 10 crée une décoration spéciale pour tous les citoyens qui se sont distingués dans les journées de juillet, décoration à laquelle les honneurs militaires doivent être rendus comme à la Légion d'honneur.

23. — Il résulte de la combinaison des art. 9 et 10 précités, que la *médaille* et la *décoration* sont deux récompenses nationales distinctes. La première a été donnée à tous ceux qui ont été désignés par la commission comme ayant pris part aux journées de juillet, et ne peut être portée comme signe honorifique; la seconde, au contraire, a été donnée à tous ceux qui se sont distingués, et peut être portée comme toute autre décoration. — Duvergier, *Coll. des lois*, année 1830, p. 462, notes 1re et 2. — V., sur la forme et le ruban de la décoration de Juillet, DÉCORATION, no 26.

24. — La loi du 13-16 déc. 1830 avait de plus (art. 15) décidé qu'un monument serait consacré à la mémoire des événemens de juillet. D'après la loi du 9-15 mars 1833, ce monument a été érigé sur la place de la Bastille, et sur ce monument ont été inscrits les noms des citoyens morts dans les journées de juillet.

25. — Les corps des citoyens morts dans ces

journées, ont été déposés dans les caveaux de ce monument ; et, en vertu d'un décret du Gouvernement provisoire du 2-4 mars 1848, les corps des citoyens morts pour la République, dans les journées des 22 et 24 février 1848, ont été réunis à ceux des combattans de 1830.

26. — La révolution du 24 février 1848 a laissé subsister la décoration de Juillet, avec les prérogatives qui y sont attachées.

27. — Le port de la décoration de Juillet, comme celui de la Légion d'honneur, par l'individu auquel cette décoration n'a point été conférée, constitue le délit de port illégal de décoration. — V. DÉCORATION, nos 31 et suiv.

28. — Toute autre chose qu'une décoration ou qu'une médaille peut faire l'objet d'une récompense nationale honorifique. Ainsi, cette récompense peut consister en une arme d'honneur. — V. ARMES D'HONNEUR.

29. — Elle peut consister aussi en un drapeau. Une loi du 7 pluv. an V a décerné, par exemple, à titre de récompense nationale, deux drapeaux aux généraux Bonaparte et Augereau.

30. — Une récompense nationale peut même ne consister que dans le fait d'une mention de reconnaissance des services rendus. Ainsi, c'est à titre de récompense nationale, que l'Assemblée constituante a décrété, le 8 mai 1848, que le Gouvernement provisoire avait bien mérité de la patrie.

31. — C'est aussi à titre de récompense nationale que, par décrets du 28 juin-5 juillet 1848, l'Assemblée nationale a décidé que le général Cavaignac, les généraux, officiers, sous-officiers et soldats des gardes nationales de Paris et des départemens, ceux de l'armée, de la garde mobile, de la garde républicaine et les élèves des Écoles avaient *bien mérité de la patrie*, et, par un décret du 12-14 juillet 1848, que le général Duvivier et le colonel Charbonnel, morts en combattant pour la République, avaient *bien mérité de la patrie*.

32. — Les récompenses nationales pécuniaires se résolvent, comme nous l'avons dit, en pensions, gratifications et secours. Ces récompenses peuvent être attribuées non-seulement aux citoyens mêmes qui, par leurs services, s'en sont personnellement rendus dignes, mais aussi à leurs familles.

33. — Ce principe avait été consacré par la Constitution du 22 frimaire an VIII dont l'art. 86 était ainsi conçu : « La nation française déclare qu'il sera accordé des pensions à tous les militaires blessés à la défense de la patrie, ainsi qu'aux veuves et aux enfans des militaires morts sur le champ de bataille ou des suites de leurs blessures. »

34. — La loi du 30 août-2 septembre 1830 portait également que les pères, mères, veuves et enfans de ceux qui avaient succombé dans les journées de juillet ou qui succomberaient par suite de leurs blessures, recevraient des pensions ou secours. Ces pensions et secours ont été déterminés par la loi du 13-16 déc. 1830.

35. — Ainsi, aux termes de cette dernière loi, une pension annuelle et viagère de 500 francs a été accordée aux veuves des citoyens morts dans les journées de juillet ou par suite des blessures reçues dans les mêmes journées ; de 300 francs, aux pères et mères âgés de plus de soixante ans et infirmes, qui ont perdu leurs enfans dans ces journées ; de 100 à 200 francs, aux pères et mères âgés de moins de soixante ans, et de 100 à 150 francs, aux orphelines sœurs de Français morts dans les mêmes journées ; de 300 à 1,000 francs, aux Français qui, dans ces journées, ont reçu des blessures entraînant la perte ou l'incapacité d'un membre, ou dont il est résulté une maladie qui les empêche de se livrer à aucun travail personnel pendant le reste de leur vie, à moins qu'ils ne préfèrent entrer à l'Hôtel des Invalides. — Art. 1er, 3, 4 et 5.

36. — Ces pensions ont été formellement exceptées des lois prohibitives du cumul. — Même loi, art. 7. — V. *suprà*, no 7. — V., au surplus, sur ce qui concerne les pensions accordées à titre de récompenses nationales, PENSIONS, nos 2 et suiv.

37. — A l'égard des citoyens que leurs blessures n'ont pas mis hors d'état de travailler, il leur a été accordé une indemnité une fois payée et dont le montant a été, pour chacun d'eux, déterminé par la Commission des récompenses nationales. — Art. 6.

38. — Par l'art. 2 de la loi précitée du 13 déc. 1830, il a été décidé, en outre, que la France adoptait les orphelins dont le père ou la mère avait péri dans les trois journées ou par suite des trois journées de juillet, qu'une somme de 250 francs par année était affectée pour chaque enfant au-dessous de sept ans, et que, depuis l'âge de sept ans jusqu'à dix-huit, les enfans adoptés seraient, sur la demande des pères, mères ou tuteurs, et aux frais de l'État, placés dans des établissemens publics ou particuliers pour y recevoir une éducation conforme à leur sexe et propre à assurer leur existence à venir.

39. — Cette adoption particulière, à titre de récompense nationale, n'est pas nouvelle. Elle avait été, antérieurement à 1830, plusieurs fois appliquée, notamment à la fille de Michel Lepelletier, (décret du 25-27 janv. 1793) ; au jeune Latour, de Lyon, (décret du 15 vendémiaire an II) ; au citoyen Jouy (décr. 16 vendém. an II) ; aux six enfans de Richer (décr. 23 niv. an II) ; et aux enfans des généraux, officiers et soldats morts à Austerlitz (décr. 16 frim. an XIV).

40. — Après la révolution de février 1848, le Gouvernement provisoire décréta aussi, le 26 février, que les enfans des citoyens morts en combattant étaient adoptés par la patrie.

41. — Et, par un décret du 1er-6 mars 1848, il institua une commission des récompenses nationales, dont l'un de ses membres, le citoyen Albert, fut nommé président. Plus tard, par un arrêté du 2-4 mai 1848, le soin de distribuer les récompenses nationales fut confié à la mairie de Paris.

42. — A l'occasion des journées de juin 1848, le principe de l'adoption à titre de récompense nationale fut de nouveau consacré par l'Assemblée constituante. Le 24 juin, cette Assemblée rendit, en effet, le décret suivant : « La République adopte les enfans et les veuves des citoyens qui ont succombé dans la journée du 23 juin, et de ceux qui pourraient périr encore en combattant pour la défense de l'ordre, de la liberté et des institutions républicaines. »

43. — Par un décret du 29 juin-5 juillet 1848, l'Assemblée nationale accorda, comme récompense nationale, à la veuve du général Négrier, mort en combattant dans les journées de juin pour le maintien de l'ordre et la défense de la République, une pension de trois mille francs par an, réversible par moitié sur chacun des deux enfans du général. — Art. 3.

44. — L'art. 4 du décret précité permit de cumuler la pension accordée par l'art. 3 avec la pension de retraite à laquelle madame Négrier avait droit, comme veuve d'un général de division tué en combattant pour la République. — V. *suprà*, no 7.

45. — Par un décret du 24-28 juillet 1848, l'Assemblée nationale accorda également, comme récompense nationale, à la dame Probs, veuve Dornès, mère du représentant du peuple Dornès, mort sur les barricades en cherchant à arrêter l'effusion du sang et en défendant la République, une pension de trois mille francs (art. 1er), réversible sur la demoiselle Elvire Dornès, sa fille. — Art. 2.

46. — Le décret du 31 décembre 1790-7 janvier 1791 relatif aux auteurs de découvertes utiles, accorde à ceux-ci une récompense spéciale. « Lorsqu'un inventeur, porte l'art. 6 de ce décret, aura préféré aux avantages personnels assurés par la loi l'honneur de faire jouir sur-le-champ la nation des fruits de sa découverte ou invention, et lorsqu'il prouvera, par la notoriété publique et par des attestations légales, que cette découverte ou invention est d'une véritable utilité, il pourra lui être accordé une récompense sur les fonds destinés aux encouragemens de l'industrie. »

47. — Le décret du 9-12 septembre 1791 permet d'accorder, sur les fonds qui doivent être employés en dons, gratifications et encouragemens, des gratifications aux artistes qui, par leurs découvertes, leurs travaux et leurs recherches, ont mérité d'avoir part aux récompenses nationales, et divise en deux catégories, pour fixer l'importance de ces gratifications, les travaux qui y peuvent donner lieu. Ainsi, les gratifications peuvent être plus ou moins considérables, suivant que les travaux ont exigé de plus ou moins grands sacrifices.

48. — Enfin, les récompenses méritées par les artistes, pour inventions, travaux ou découvertes, leur sont accordées par le ministre de l'intérieur, sur l'avis du bureau de consultation des arts et métiers. — Décr. 4-5 janvier 1793, art. 3.

RÉCONCILIATION.

V. ADULTÈRE, DIVORCE, SÉPARATION DE CORPS.

RÉCONDUCTION.

On appelle tacite réconduction le nouveau bail qui se forme tacitement lorsque, à l'expiration d'un premier bail, le preneur reste et est laissé en possession de la chose louée. — V. BAIL.

RECONNAISSANCE.

1. — C'est, en général, un acte par lequel on déclare tenir pour vrai un fait ou une obligation préexistante.

2. — Mais le plus souvent ce mot exprime l'acte sous seing privé par lequel on reconnaît devoir une somme d'argent ou d'autres valeurs, et, dans ce sens, il est synonyme de billet. — V. BILLET, BILLET SIMPLE. — V. aussi COMMENCEMENT DE PREUVE PAR ÉCRIT, COMPÉTENCE COMMERCIALE.

RECONNAISSANCE CENSUELLE.

On appelait ainsi une reconnaissance que le nouveau censitaire était obligé de remettre, à ses frais, au seigneur, toutes les fois qu'il s'opérait, de quelque manière que ce fût, une mutation dans un héritage censuel. — V. BAIL A CENS, nos 105 et suiv.

RECONNAISSANCE DE DÉPOT.

V. DÉPOT.

RECONNAISSANCE DE DETTE.

1. — Certaines circonstances amènent la nécessité de faire des déclarations de dettes. — Par exemple, V. BILAN, FAILLITE, INVENTAIRE, PARTAGE.

2. — De pareilles déclarations ne constituent pas ordinairement une reconnaissance de la dette au profit des créanciers, lesquels restent toujours soumis à la charge de prouver leur droit. Mais il en est autrement à l'égard des parties entre elles, relativement à leurs déclarations réciproques. — V. INVENTAIRE, nos 349 et suiv.

3. — Ainsi jugé, que lorsque, dans un inventaire, des héritiers ont reconnu la légitimité de la réclamation de leur cohéritier relativement à des objets qu'il prétend mal à propos compris dans ceux de la succession et lui appartenir personnellement, ils sont non recevables à revenir plus tard contre leur déclaration, quand bien même ils auraient, à la fin de l'inventaire, fait des réserves de tous leurs droits et exceptions. *Agen*, 19 déc. 1809, Buzenac c. Rucapel.

4. — Quelquefois des reconnaissances de dettes sont insérées dans les testamens. Sur la valeur de pareilles reconnaissances, V. TESTAMENT.

5. — Quand les reconnaissances de dettes ont lieu par des actes exprès, elles puisent leur dénomination et souvent leur caractère dans la forme du titre. — Ainsi, V. BILLET, BILLET A ORDRE, BILLET SIMPLE, LETTRE DE CHANGE, OBLIGATION.

6. — A cet égard, il est à remarquer qu'il n'est pas nécessaire que le créancier ait figuré dans l'acte de reconnaissance pour que cet acte soit valable. C'est là un acte unilatéral. — V. ACTE SOUS SEING PRIVÉ, DOUBLE ÉCRIT.

7. — Ainsi : la reconnaissance pure et simple d'une dette, avec affectation hypothécaire, peut constituer un engagement unilatéral, et être régulièrement faite par le débiteur seul. — Et le créancier en faveur de qui une pareille reconnaissance a été passée, et qui veut en profiter, n'est pas obligé de l'accepter par acte notarié. — L'art. 932 C. civ., spécial pour les donations, n'est pas applicable à ce cas. — *Cass.*, 5 août 1839 (t. 2 1839, p. 124), Gaucher de Valdone c. Jourdheuille.

8. — La reconnaissance d'une obligation interrompt la prescription. — C. civ., art. 2248. — V. PRESCRIPTION.

9. — Le paiement d'une portion du capital et celui des intérêts constituent une reconnaissance positive de l'obligation, lorsqu'on ne peut les attribuer ni à une erreur de fait ni à une erreur de droit. — *Rennes*, 12 mai 1818, Haentyens c. de Molière. — V. CONCILIATION, CONDITION, DONATION DÉGUISÉE, DONATION RÉMUNÉRATOIRE, INTÉRÊTS, JUIFS, NOTAIRE, NULLITÉ, OBLIGATION SOLIDAIRE.

RECONNAISSANCE D'ÉCRITURE.

V. ACTE SOUS SEING PRIVÉ, CONTRE-LETTRE, VÉRIFICATION D'ÉCRITURES.

RECONNAISSANCE D'ENFANT.

1. — Acte par lequel on se reconnaît le père ou la mère d'un enfant né hors mariage. — C. civ., art. 334. — V. V° ENFANT NATUREL.

2. — Cette reconnaissance ne pourra avoir lieu au profit des enfans nés d'un commerce incestueux ou adultérin. — C. civ., art. 335. — V. ENFANS ADULTÉRINS ET INCESTUEUX.

RECONNAISSANCE DU MONT-DE-PIÉTÉ.

V. COMMISSIONNAIRE AU MONT-DE-PIÉTÉ, MONT-DE-PIÉTÉ.

RECONVENTION.

1. — Ce mot, qui dérive du latin (*convenire, vocare in jus*, d'où est venu *conventio, vocatio in jus*, et *reconventio*), signifie une contre-action. C'est la demande formée par un défendeur contre un demandeur, au cours de l'instance, à l'effet d'anéantir ou de restreindre les effets de l'action dirigée contre lui.

2. — Nous disons que la reconvention est une contre-action, ou, comme l'explique Carré (t. 3, p. 192, n° 1er), une réaction, parce que le défendeur doit conclure formellement à la condamnation du demandeur. Exemple : Paul assigne Pierre en paiement d'un billet de 1,000 francs; Pierre prétend avoir exécuté pour le compte de Paul des travaux, et il signifie des conclusions tendant à ce que celui-ci soit condamné à lui en payer le montant, malgré ses dénégations. Il y a reconvention.

3. — Il n'y aurait pas, au contraire, reconvention, c'est-à-dire contre-action, si, dans l'espèce précédente, Pierre se prévalait d'une dette certaine et liquide, telle que celle résultant d'un billet, parce que la compensation s'opère de plein droit entre dettes certaines et liquides. La compensation constitue alors une fin de non-recevoir.

4. — Sous le droit romain, la formule ne se prêtait pas à ce que le défendeur pût conclure reconventionnellement contre son adversaire. Elle n'admettait que les *exceptions* ou moyens de défense. Le défendeur qui voulait intenter une action contre celui-ci était tenu de prendre une formule. Sa demande était renvoyée, à la condition qu'elle fût connexe, devant le même *judex*, qui statuait sur les deux actions par un seul et même jugement ou bien, s'il statuait d'abord sur l'une d'elles, l'exécution de sa sentence était suspendue jusqu'à ce que l'autre eût été rendue. — L. 38, ff., *De mandati*; L. 1re, § 4, ff., *Quæ sent. sine appell.*

5. — Mais il y avait controverse sur le point de savoir si le *judex* compétent pour connaître de la première demande l'était aussi pour connaître de la seconde, lorsqu'en supposant cette action introduite séparément, il eût été incompétent. Il est à croire que l'existence de la première action était sans influence dans ce cas, et que ce ne fut qu'à partir d'une constitution de Justinien, de l'an 530, que le juge fut investi du droit de statuer dans tous les cas sur la demande reconventionnelle. — L. 14, Cod. *De sentent. et interloc.*. — Bourbeau, t. 1er, p. 47.

6. — A partir de cette époque, on n'exigea plus que la demande reconventionnelle fût connexe à la demande principale. *Qui ex diverso convenerat,... eumdem esse judicem in utroque negotio.* — Nov. 96, cap. 2. — Cependant, la compensation ne put être opposée que lorsque la créance était liquide et certaine : *Causâ liquidâ, aperto jure.* — *Ibid.*

7. — Notre vieux droit coutumier, si favorable au demandeur, qui pouvait à son gré prendre toutes conclusions additionnelles, n'admit pas les demandes reconventionnelles, ni même les fins de non-recevoir résultant de la compensation. « Action de compensation que clercs appellent reconvention, n'a lieu en Cour laye où on use de coutume locale, c'est-à-dire en pays coustumier. » — Bouteillier, *Somme rurale*, liv. 1er, tit. 27, p. 154. — V. aussi Imbert, *Prat. civ.*, liv. 1er, ch. 35, n° 2. — On en donnait pour raison qu'une dette n'empêchait par l'autre. — Loisel, *Inst. cout.*, liv. 5, tit. 2, art. 3. — Ce ne fut qu'en 1510, lors de la première réformation de la coutume de Paris, qu'on autorisa la compensation entre deux dettes claires et liquides; mais la reconvention fut toujours proscrite (art. 75).

8. — Cette prohibition était due à la multiplicité des juridictions qui couvraient le sol de la France. En la levant, on eût enlevé aux seigneurs leurs justiciables.

9. — Cependant, la coutume de 1580 (art. 106) permit la reconvention : pourvu qu'elle dépendît de l'action principale, et qu'elle fût une défense contre cette action.

10. — Quant au droit canon, il avait toujours admis les demandes reconventionnelles : quelle que fût leur nature ou leur qualité. — Tancredus, *De judiciorum ordine*, Gotting., 1842, p. 187; Coquille, 307; Bacquet, *Des droits de justice*, ch. 8.

11. — La Cour de cassation avait proposé, dans ses observations préliminaires sur le projet de Code de procédure, de déterminer le caractère et les effets de la reconvention; mais il n'a pas été tenu compte de ses observations, dont la justesse est cependant évidente; c'est donc aux sources de la raison qu'il faut puiser pour reconnaître les principes de la matière.

12. — On sent qu'il ne doit pas être possible de faire de toutes sortes de prétentions l'objet d'une demande reconventionnelle. Cette faculté accordée au défendeur de conclure reconventionnellement contre le demandeur déroge à deux règles importantes. La première de ces règles veut qu'une demande subisse le préliminaire de conciliation avant d'être portée devant le tribunal; la seconde, que l'assignation soit donnée devant le tribunal du domicile du défendeur; aussi convient-il de la restreindre dans de justes bornes.

13. — Or, il n'y a que les demandes qui servent de réponse à la demande principale, qui puissent être incidemment formées. Telles sont les demandes en compensation, en provision, en paiement de loyers échus, ou en dommages-intérêts causés depuis l'action principale. — V. INCIDENT, n°s 9 et suiv. — Mais il n'est plus nécessaire, comme sous le droit coutumier, que non-seulement la reconvention tende à repousser la demande principale, mais encore qu'elle soit une dépendance de cette demande. — « On ne voit pas, disait la Cour suprême dans ses observations, pourquoi on n'admettrait pas la reconvention comme elle l'est dans la Belgique, en Hollande, dans tout le nord et dans tout le midi de l'Europe. » En conséquence, elle concluait à ce qu'il y eût lieu à reconvention toutes les fois que la loi ne le défendrait pas expressément; et au nombre des cas exceptionnels, ne se rencontre pas celui où les deux demandes ne seraient pas unies par la connexité. — Bourbeau, t. 1er, p. 70 et 71.

14. — Lors de la discussion sur la loi du 11 avril 1838, concernant la compétence des tribunaux de première instance, le rapporteur disait : « Nous n'avons pas exigé, pour admettre la demande en reconvention, qu'elle dérivât de la même cause que la demande principale; *toute* demande dont le but est d'anéantir la demande principale, n'importe l'origine, est admise sous la seule condition qu'elle sera dans les limites de la compétence. » Ces paroles sont la consécration du système que nous venons d'exposer. — V. L. 25 mai 1838, art. 7. — V. aussi JUSTICE DE PAIX, n°s 690 et suiv.

15. — Carré (t. 3, p. 193), après avoir enseigné qu'il faut que les deux demandes dérivent de la même source, de la même affaire, ou de la même convention : *ex eodem fonte, sive ex eodem negotio, vel eodem contractu*, ajoute que ce principe cesse d'être applicable en matière de compensation, et qu'il suffit qu'il y ait dette pour qu'on puisse l'opposer. — Toullier, t. 7, p. 466, n°s 363 et 408.

16. — Dans ces termes, supposons qu'un propriétaire poursuive un locataire en paiement de loyer. Le locataire sera recevable à lui opposer qu'il n'est ni clos, ni couvert, et à demander à ce qu'il soit autorisé à retenir sur les loyers la somme nécessaire pour exécuter les travaux nécessaires.

17. — D'un autre côté, supposons que Paul réclame un droit de passage sur l'héritage de Pierre. Pierre ne pourra pas réclamer le paiement de la mitoyenneté d'un mur; car ce n'est pas là une demande opposable à celle de Paul.

18. — On voit, par ce qui précède, que le droit de conclure reconventionnellement est une condition du droit de défense. *Interest nostrâ potius solvere quam repetere.* Mais cette faveur n'appartient qu'au seul défendeur. Le demandeur originaire ne serait donc pas fondé à se prévaloir de ce qu'il est défendeur à la reconvention, pour saisir le tribunal, par voie reconventionnelle, des nouvelles demandes, si ces demandes n'étaient pas le développement de son action. En un mot, reconvention sur reconvention ne vaut. — Bourbeau, t. 1er, p. 76; Coquille, 307.

19. — Examinons maintenant quels sont les effets de la reconvention par rapport aux principes généraux de la compétence.

20. — Nous avons dit que la reconvention dérogeait à la règle que le défendeur doit être assigné devant le tribunal de son domicile. — Le demandeur principal n'est donc pas recevable à soutenir l'incompétence du tribunal *ratione personæ*.

21. — Un seul cas fait exception à nos yeux : celui où l'objet de la reconvention rentrerait dans l'une de ces matières pour lesquelles la loi a créé une attribution spéciale de juridiction, par exemple dans le cas des art. 59 (5°, 6° et 7°), 60, 527, 533, 793, 794, etc., du Code de procédure. Mais qu'on n'oublie pas qu'il ne s'agit que d'une compétence relative, et que le tribunal ne pourrait pas se dessaisir d'*office*. — Bourbeau, t. 1er, p. 85 et 86.

22. — La compétence du tribunal, par rapport à la demande reconventionnelle, n'existe-t-elle qu'autant que cette demande aurait pour objet de parvenir à une compensation? — L'affirmative est enseignée par Toullier (t. 7, p. 421), et la négative par Carré (*L. de la comp.*, t. 4, p. 52) et M. Chauveau sur Carré (quest. 1268 *ter*). — Nous nous rangeons au sentiment de ces derniers auteurs, qui nous paraît conforme à celui de Pigeau (*Proc.* t. 1er, p. 472).

23. — Ainsi *Primus* demande contre *Secundus* une condamnation en 1,000 sesterces, *Secundus* pourra demander contre *Primus* une condamnation en 2,000 sesterces.

24. — Toutefois, en justice de paix cette solution n'est pas admissible : parce que la compétence du juge est limitée *ad certam summam*. — Bourbeau, t. 1er, p. 92 et 93. — V. JUSTICE DE PAIX, n°s 693 et suiv.

25. — Mais la faveur due à la reconvention ne permet pas de déroger aux règles de la compétence *ratione materiæ*, parce que ces règles touchent à l'ordre public.

26. — En conséquence, un tribunal de commerce ne pourra pas connaître d'une demande reconventionnelle de nature civile (V. COMPÉTENCE COMMERCIALE, n°s 706 et suiv.); un juge de paix, d'une demande attribuée aux juges des tribunaux ordinaires (V. JUSTICE DE PAIX, n°s 693 et suiv.). — Il n'y a pas de doute possible à cet égard quand il s'agit d'un tribunal d'exception (V. art. 7 L. 25 mai 1838). — Mais lorsque c'est un tribunal ordinaire qui se trouve saisi, et que la demande reconventionnelle est de celles dont la connaissance est attribuée aux tribunaux d'exception; la question devient délicate, si l'on admet que l'incompétence de la juridiction ordinaire n'est pas absolue par rapport à ces causes. Cependant, nous n'hésitons pas à penser que l'ordre des juridictions doit être observé. — Bourbeau, t. 1er, p. 83 et 84.

27. — Nous signalerons ici une distinction importante. Jusqu'à présent, nous avons raisonné dans l'hypothèse où la reconvention ne procède pas de la demande principale. Que faudra-t-il décider si, au contraire, elle en dérive? La question examinée par M. Bourbeau (t. 1er, p. 87), est résolue d'une façon satisfaisante. Lorsqu'on plaide, dit cet auteur, sur l'exécution d'un contrat synallagmatique, ce contrat peut être purement civil pour l'une des parties, et commercial pour l'autre; le propriétaire qui vend ses récoltes contracte une obligation civile, le marchand qui les achète fait acte de commerce. Que l'acheteur poursuive l'exécution du contrat, il devra se pourvoir devant les tribunaux ordinaires; le vendeur devrait, au contraire, assigner l'acquéreur devant le tribunal de commerce : s'ensuit-il que l'un et l'autre tribunal, étant compétemment saisi par la voie principale, ne pourra connaître de la demande reconventionnelle, qui elle-même a pour objet l'exécution du contrat? Non, parce qu'il n'y a pas là deux demandes distinctes. La dernière est la conséquence de la première. Le jugement qui intervient sur l'une d'elles préjuge l'autre.

28. — Ces principes exposés, il resterait à indiquer dans quelle forme la demande reconventionnelle se produit; si déjà nous ne l'avions fait (v° INCIDENT, n°s 17 et suiv.) en traitant des demandes incidentes.

29. — Nous nous bornerons à rappeler que la demande est formée par un simple acte.

30. — Aucun délai n'est imparti pour la formation de la demande reconventionnelle, c'est-à-dire qu'elle est recevable jusqu'au jugement. — Favard, t. 3, p. 16; Carré, art. 338; Bourbeau, t. 1er, p. 107.

31. — La loi ne dit pas, comme en matière d'intervention, que la demande reconventionnelle

ne pourra retarder le sort de la demande principale. — V. INTERVENTION. — La raison en est simple, c'est que cette demande constitue une défense à celle principale; toutefois, s'il apparaissait aux juges qu'une demande reconventionnelle
n'a été formée qu'au dernier moment, pour gagner du temps, ils ne porteraient pas atteinte à
la défense en passant outre. — Bourbeau, t. 1er,
p. 79.

43. — Mais aussi elle n'impose pas aux juges
l'obligation de statuer sur le tout par un seul et
même jugement. L'ancienne jurisprudence leur
reconnaissait formellement le droit de disjoindre
les causes. — Voet, *Pandectes*, t. *De judiciis*, ff.,
n° 88; Perezius *in Cod. De sentent et interlocut.*, n°
23; Bourbeau, t. 1er, p. 77 et 78.—Seulement, la disjonction ne doit être ordonnée qu'à la dernière
extrémité.

RECOUPE (Marchands de).

Patentables de 6e classe. — V. SON.

RECOURS.

1. — C'est l'action en garantie, ou même celle
en dommages-intérêts, que l'on a contre quelqu'un. — V. DOMMAGES-INTÉRÊTS, GARANTIE. — V.
aussi ASSURANCE TERRESTRE, CAPITAINE DE NA-
VIRE, DOT, DROITS SUCCESSIFS, FORÊTS, LETTRES DE
CHANGE, OBLIGATION SOLIDAIRE, PARTAGE.

2. — On donne aussi ce nom à l'action de se
pourvoir contre une décision, un arrêt. — V. AP-
PEL, ARBITRAGE, CASSATION, COMPÉTENCE, COMPÉ-
TENCE ADMINISTRATIVE, CONSEIL D'ÉTAT, ÉLEC-
TIONS DÉPARTEMENTALES, LÉGISLATIVES, MUNICIPA-
LES; ENREGISTREMENT, FORÊTS, GRACE, JUGEMENT,
PRISE A PARTIE, REQUÊTE CIVILE, TIERCE OP-
POSITION, etc.

RECOUSSE.

1. — Reprise sur l'ennemi ou sur les pirates des personnes, du navire ou des autres objets
qu'ils avaient enlevés.

2. — Les navires étrangers recous par les corsaires français ou par les bâtimens de l'État doivent être relâchés, si leur neutralité est constatée.
— *Cons. des prises*, 6 therm. an VIII, le *Hasard* c.
la *Statira*.

3. — La recousse d'un navire appartenant à
une puissance alliée de la France, qui était de
bonne prise pour l'ennemi, fait que ce navire
devient de bonne prise pour les corsaires français qui le reprennent. — Si la recousse est faite
par un vaisseau de l'État, il a droit à l'indemnité
due par les corsaires français. — *Cons. des prises*,
23 pluv. an IX, l'*Inesperad* c. l'*Eole*.

4. — La cargaison d'un navire recous n'est
déclarée de bonne prise, si après avoir été confis-
que sur une instance précédente portée devant
l'autorité judiciaire, les chargeurs n'ont élevé
aucune réclamation, et que le capteur veut ait
fait appel et recours en cassation pour obtenir
le navire avec la cargaison. — *Cons. des prises*, 6
therm. an VIII, le *Hasard* c. la *Statira*.

5. — Le navire qui reprend un bâtiment capturé acquiert, sur ce bâtiment, des droits dits
droits de recousse, lesquels sont plus ou moins
étendus, selon que la prise a été faite par l'ennemi ou par les pirates, et suivant le laps de
temps pendant lequel elle a duré.

6. —Si un navire français ou allié est repris par
des corsaires sur les ennemis de l'État, après
qu'il a été vingt-quatre heures entre les mains
de ces derniers; mais dans le cas où la reprise a été
faite dans les vingt-quatre heures, le droit de recousse n'est que du tiers de la valeur du navire
recous et de sa cargaison. — Arrêté 2 prair. an
XI, art. 54.

7. — Un navire repris sur l'ennemi n'appartient,
par droit de recousse, au corsaire qui l'a délivré
qu'autant que, d'après les principes reconnus du
droit des gens, ce navire aurait dû, chez l'ennem-
i, être déclaré de bonne prise. — *Cons. d'État*,
1er sept. 1807, le *Couveur* c. le *Salomon et Betty*;
2 févr. 1808, Choisnard.

8. — Pour qu'il y ait lieu au droit de recousse,
il ne suffit pas que le corsaire établisse que,
d'après le mode spécial de procéder des capteurs
originaires, le navire recous eût été déclaré de
bonne prise, en violation des règles du droit des
gens. — *Cons. d'État*, 1er sept. 1807, le *Couveur* c.
le *Salomon et Betty*.

9. — Les bâtimens de commerce qui sont attaqués et qui, dans un combat pour leur légitime

défense, reprennent des bâtimens capturés par
l'ennemi, jouissent des mêmes droits de recousse
que les bâtimens armés en course. — *Cons. d'État*,
31 mai 1807, la *Vierge du Rosaire*.

10. — Lorsque la reprise est faite par un bâtiment de l'État, elle est restituée aux propriétaires; mais sous la condition de payer aux équipages repreneurs, savoir : le dixième de la valeur de
la recousse, si elle a été faite avant les vingt-quatre heures; et le trentième, si la reprise a eu lieu
après les vingt-quatre heures : de plus, tous les
frais relatifs à cette reprise restituée sont à la
charge des propriétaires.—Arrêté 2 prair. an XI,
art. 54.

11. — En conséquence, tout navire français
capturé et repris sur l'ennemi par les bâtimens
de l'État doit être rendu à son propriétaire à
charge par ce dernier de payer aux équipages
qui ont recous son navire le dixième de sa valeur.
Cons. d'État, 26 nov. 1828, Fursado.

12.—Il en est de même quand un navire français pris par l'ennemi a été repris par la garnison d'un fort et les marins de service à terre. —
Cons. d'État, 15 févr. 1815, Leguennec.

13. — Si le navire, sans être recous, est abandonné par les ennemis, ou si, par tempête ou autre cas fortuit, il revient en la possession des
Français, avant qu'il ait été conduit dans un port
ennemi, il est rendu au propriétaire qui le réclame dans l'an et jour, quoiqu'il ait été plus de
vingt-quatre heures entre les mains des ennemis. — Arrêté 2 prair. an XI, art. 55.

14.—Les navires et effets des Français ou alliés
repris sur les pirates et réclamés dans l'an et
jour de la déclaration qui en est faite, sont
rendus aux propriétaires en payant le tiers de la
valeur du navire et des marchandises pour frais
de recousse. — Arrêté 2 prair. an XI, art. 56.

15.—Cet art. 56 doit servir de base à la fixation
des droits des officiers et équipages qui ont repris sur des pirates un navire appartenant à une
puissance alliée à la France.—*Cons. d'État*, 6 sept.
1826, le *Caromy*.

16. — Bien qu'un bâtiment soit déclaré de
bonne prise, parce qu'au moment de la capture,
il est trouvé sans papiers qui légitiment son
expédition aux mains des corsaires qui s'en
étaient emparés, on doit réserver au profit des
propriétaires la faculté de les réclamer dans les
termes de l'art. 56 de l'arrêté du 2 prair. an XI.
— *Cons. d'État*, 12 mai 1830, le *Cupidon*.

17. — Quand la capture vient à être prise et
avec lui le billet ou traité de rançon par un bâtiment de la même nation que celui qui a été rançonné, Valin est d'avis que le nouveau capteur y a
droit : au tiers de la rançon, si le bâtiment qui a
rançonné est pris dans les vingt-quatre heures;
et à la rançon tout entière, si la nouvelle capture a eu lieu après les vingt-quatre heures.
Mais Emerigon et Boulay-Paty (t. 2, p. 462) pensent, au contraire, qu'il n'est rien dû, parce que
le billet de rançon n'est que la preuve d'une
dette et ne constitue pas la dette elle-même. —
Conf. Goujet et Merger, *Dict. de dr. comm.*, v° *Recousse*, n° 9.

18. — Le droit de recousse doit être régi par la
loi française et non par la loi du pays neutre
ou ami dont les bâtimens ont été reconnus. —
Cons. d'État, 31 mai 1807, la *Vierge du Rosaire*.

19. — Décidé cependant que la validité de la
recousse est subordonnée à la validité de la prise, d'après les lois du pays du premier capteur. —
Cons. d'État, 18 mars 1816, Reyher c. le *Diligent*.

20. — En conséquence, bien qu'il ait passé plus
de vingt-quatre heures en la puissance de l'Angleterre; un navire français couvert par des expéditions suédoises, protégé par une licence anglaise, et non chargé de marchandises prohibées
en Angleterre, ne peut être confisqué par droit
de recousse au profit du corsaire qui l'a pris en
mer et reconduit en France. — Même décision.

21. — En cas d'échouement du navire ainsi
recous ou repris, le propriétaire auquel il est
restitué ne peut répéter de dommages-intérêts
envers le capteur pour avaries arrivées à son navire et à sa cargaison, qu'autant qu'il prouverait
qu'elles ont eu lieu non par force majeure, mais
bien par le fait du conducteur de prise. — Même
décision.

22. — Quant à la compétence, l'administration
des ports n'a pas le droit de connaître des questions de droit de recousse. — *Cons. d'État*, 2 févr.
1808, Choisnard; 13 août 1808, Harm-Kulheken.

23. — Les conseils d'administration des ports
ne peuvent prononcer sur une prise qu'autant
que le bâtiment capturé l'a été non seulement en
nemi et qu'il soit évidemment ennemi. — *Cons.
d'État*, 13 août 1808, Harm-Kulheken.

V., au surplus, ARMEMENT EN COURSE, ASSU-
RANCE MARITIME, PRISES MARITIMES.

RECOUVREMENS.

1. — Se dit en général de la rentrée des som-
mes qui sont dues. — V., entre autres mots, COM-
MUNAUTÉ, COMPTE A RENDRE, COMPTE DE TUTEL-
LE, EXÉCUTEUR TESTAMENTAIRE, EXPROPRIATION
POUR UTILITÉ PUBLIQUE, FAILLITE, FONDS DE COM-
MERCE, INVENTAIRE, MANDAT. — V. aussi COMPTA-
BLES PUBLICS, CONTRIBUTIONS DIRECTES, RECE-
VEURS DES FINANCES.

2. — Pour certains officiers publics l'on donne
le nom de *recouvremens* aux sommes dues, en déboursés et honoraires, sur les actes par eux reçus. — V. HUISSIER, HYPOTHÈQUES (droits d'), NO-
TAIRE, OFFRE.

RECRÉANCE.

On donnait autrefois ce nom à l'action possessoire par laquelle on réclamait provisoirement
la possession d'un immeuble ou d'une universalité de meubles. — V. ACTION POSSESSOIRE.

RECRUTEMENT.

Table alphabétique.

CHAPITRE Ier. — Historique.

RECRUTEMENT. — **1.** — Dans tous les temps, sous diverses dénominations, les citoyens ont été appelés à la défense de leur pays. — La formation des armées au moyen de levées forcées d'hommes est fort ancienne, et paraît remonter à l'origine même des sociétés organisées. C'est le seul mode, en effet, qui présente à une nation des garanties de défense pour le moment du danger. Le recrutement par des mercenaires étrangers acheté à prix d'or, outre qu'il ne convient qu'à des nations riches et mercantiles, est périlleux, et ne saurait même dispenser une nation d'avoir un corps de troupes nationales. Quant au recrutement par enrôlemens volontaires, il paraît avoir toujours été insuffisant en temps de guerre.

2. — Il existe peu de documens historiques certains sur le mode de recrutement des peuples anciens; chez les Indiens et les Égyptiens, l'armée formait une caste qui seule pouvait porter les armes. Chez les Perses, et en général dans toutes les monarchies absolues, l'armée se composait de contingens fournis par les différentes provinces ou nations qui formaient l'État, et dont la quotité était indiquée par le souverain. Ces levées ressemblaient beaucoup à celles qui étaient en usage en France sous les deux premières races de nos rois. — V. infrà no 12. — Général de Vaudoncourt, De la conscription.

3. — Chez les Romains, tous les citoyens se devaient à la défense de la patrie. — Sous Romulus, tous les Romains étaient enrôlés dès l'âge de dix-sept ans, sans distinction de riches et de pauvres. Quand Servius divisa le peuple en six classes, la dernière de ces classes, celle qui comprenait le plus de pauvres fut dispensée du service militaire. Il en fut de même des affranchis, excepté lorsqu'il fallait combattre les Gaulois.

4. — Depuis Marius, on appela toutes les classes sans distinction de plèbe et de populus; mais on ne prit jamais les esclaves; si ce n'était une fois, après la bataille de Cannes, et même si l'un d'eux avait osé se mêler parmi les enrôlés, il eût pu

être puni de mort. Enfin, dans les guerres civiles, et sous Auguste, on réclama souvent leurs services. — Tite-Live, liv. 10, ch. 21; liv. 22, ch. 11; liv. 26, ch. 16; Salluste, *In Jugurth.*; Pline le Jeune, *Lettre 8e*; Rey, *Des comp. d'assurance pour le rempl. militaire*, p. 4.

5. — Dans les premiers temps de la République, les hommes appelés au service étaient réunis au champ de Mars, où ils étaient passés en revue par les tribuns légionnaires; lesquels décidaient de l'aptitude des jeunes soldats, jugeaient les réclamations et statuaient sur les causes d'exemption. — L'acte du recrutement s'appelait *legiones legere* (*choisir les légions*); et les jeunes soldats admis prenaient le nom de *conscripti* (de là notre mot *conscrits*), parce qu'ils étaient inscrits sur un rôle commun dans chaque légion. — *Ibid.*

6. — Les hommes d'élite ne dépassaient pas 5 pieds 3 pouces 6 lignes de notre mesure. La taille moyenne était de 5 pieds 1 pouce environ, mais on enrôlait au-dessous; même pour les cohortes prétoriennes, quoiqu'elles fussent la garde des empereurs. — Végèce, chap. 5.

7. — On excluait autant que possible les hommes dont les états sédentaires avaient quelque analogie avec ceux qu'exercent les femmes; par exemple, les pêcheurs, les oiseleurs, les pâtissiers, les tisserands, les cuisiniers · une loi de Théodose (380) fait une longue énumération des métiers dans lesquels il était défendu de prendre des soldats. — C. théodos., 11. — Rey, *loc. cit.*

8. — Le mode de recrutement paraît avoir été chez les Grecs à peu près le même que chez les Romains. Ce qui est certain, c'est que chez ces deux peuples les citoyens jouissant de la plénitude de leurs droits civiques pouvaient et devaient seuls porter les armes. — *Ibid.*

9. — Non-seulement on n'admettait pas les esclaves dans les rangs, mais encore on veillait scrupuleusement à ce qu'ils n'eussent pas d'armes. Toutefois, dans les grands désastres, on en faisait des soldats. A Sparte, Cléomènes leva 9,000 esclaves pour remplir le vide que les guerres avaient fait dans la population des camps. — Plutarque, *In Cleom.*; Pausan., *Laconiq.*; Rey, *eod loc.*, p. 5.

10. — Les différentes formes sous lesquelles les levées forcées d'hommes, pour le service militaire, se sont faites en France sont à peu près les mêmes que celles qui ont été employées dans les autres pays de l'Europe.

11. — Sous l'empire romain, les Gaules fournirent aux armées des contingens qui ne tardèrent pas être mis au rang des troupes romaines proprement dites. Ces troupes se levaient toutes par conscription. — Général de Vaudoncourt, *loc. cit.*

12. — Après l'invasion, il n'y eut pendant longtemps en France aucune armée permanente. Des levées faites au moment d'entrer en campagne, au moyen d'une espèce de conscription ou choix parmi les mâles aptes à porter les armes, servaient seules à composer les armées. Ces levées suivirent bientôt l'organisation féodale, et, outre les contingens des villes et des bourgs, chaque propriétaire d'un certain nombre de métairies fournissait un nombre proportionné d'hommes de guerre (*milites*, d'où vient le mot milices). Ces contingens étaient, dans chaque canton, levés sous l'autorité des comtes; et dans chaque arrondissement, sous celle des ducs. — *Ibid.*

13. — Ce mode de recrutement, régularisé, en 558, par Clotaire, qui fixa uniformément les contingens des diverses portions de son royaume, se perpétua sous les deux premières races et même pendant les premières années de la troisième; mais il fut modifié par Louis le Gros, en 1124 : les fiefs ne fournirent plus que de la cavalerie, les communes seules formèrent l'infanterie. — *Ibid.*

14. — La conscription, qui prit le nom de ban (du mot *bannus*, qui signifiait : convocation, proclamation), se divisait en deux classes : le ban proprement dit, que nous appelons aujourd'hui *contingent*; et l'*arrière-ban* ou réserve (du mot gaulois *arrair* ou *arrier*, qui signifie : suivant, postérieur), qui n'était appelé que dans les cas extraordinaires. La durée du service exigé du ban et de l'arrière-ban était celle de l'expédition pour laquelle ils étaient convoqués, mais ne dépassait pas ordinairement quarante jours. Philippe le Bel, en 1302, en porta la durée à quatre années. — *Ibid.*

15. — C'est du règne de Charles VII que date l'établissement des premières troupes permanentes. En 1445 un corps de cavalerie permanente fut créé, sous le nom de compagnie d'ordonnance, qui se recrutait par enrôlemens volontaires et était formé des contingens des fiefs, qui prirent le nom de cavalerie légère. En outre, les milices des communes furent remplacées par un corps permanent de 16,000 fantassins, appelés *francs-archers*, qui se recrutaient par une espèce de conscription. — *Ibid.*

16. — Les francs archers furent supprimés par Louis XI, et remplaçés par des mercenaires suisses; mais ils furent rétablis par Charles VIII, et recrutés par conscription sur la base d'un homme par cinquante-cinq feux. Louis XII les supprima de nouveau et les remplaça par des bandes ou compagnies d'infanterie soldées, qui se recrutaient par enrôlemens volontaires. — *Ibid.*

17. — L'enrôlement volontaire fut maintenu par François Ier, et continua à être, jusqu'en 1792, le principal mode de recrutement de l'armée en France. Mais l'insuffisance de ce système se fit, dans cet intervalle, plus d'une fois sentir. Ainsi, vers la fin du règne de Henri IV, Sully eut besoin de recourir à des mesures auxiliaires, pour compléter les armées; et, sans abandonner le mode d'enrôlement volontaire, il leva, par conscription, dans les provinces, des milices qu'elles furent tenues d'armer et d'équiper, et qui furent incorporées dans les régimens d'infanterie. — *Ibid.*

18. — L'établissement des milices dura sous Louis XIII et sous Louis XIV, qui fut obligé de les employer sur une grande échelle, sans pouvoir en tirer pour cela de grandes ressources pour l'armée, à cause de la multiplicité des exemptions; cet abus alla tellement croissant, qu'en 1789 la classe totale des miliciables, c'est-à-dire des hommes de vingt à quarante ans soumis au tirage, se trouvait par l'extension progressive des privilèges et immunités réduite à 340,000 individus seulement. Ce fait historique a été révélé par M. Allent dans un discours sur la loi du recrutement, prononcé à la tribune le 26 janvier 1818. — V. *Spectat. milit.*, t. 28, p. 182.

19. — Sous Louis XV, les miliciens conscrits portèrent, outre ce nom, celui de grenadiers royaux; et sous Louis XVI, celui de régimens de recrues, régimens provinciaux, jusqu'en 1789 : époque à laquelle ils furent supprimés par un décret de l'Assemblée constituante et remplacés par la garde nationale. — *Ibid.*

20. — Depuis ce moment, chacun en France fut, en principe, passible du service militaire; mais les lois organiques de ce mode de recrutement ne datent point de 1789.

21. — Un projet de loi sur la conscription militaire fut présenté cette année-là à l'Assemblée nationale au nom du gouvernement, mais ce projet n'eut pas de résultat; et il ne fut même pas mis en délibération, quoiqu'il ait servi de base aux lois que l'on adopta quelques années après sur la même matière.

22. — En 1792, l'imminence d'une guerre générale obligea d'organiser un mode de recrutement. Par la loi du 24 février 1793, tous les citoyens français de dix-huit à quarante ans accomplis, non mariés ou veufs sans enfant, furent mis en état de réquisition permanente pour la levée de trois cent mille hommes. Cette loi posa : 1° le principe de l'enrôlement volontaire, 2° celui des appels, 3° celui du remplacement. — V. REMPLACEMENT. — Durat-Lassalle, *Droit et législation des armées de terre et de mer*, *Notice historique*, art. 2, p. CIX.

23. — La conscription fut introduite dans la législation française par la loi du 19 fructidor an VI. — Le mode d'enrôlement volontaire fut conservé; mais la conscription devint dès lors le mode principal de recrutement, dont l'enrôlement volontaire ne fut plus que l'auxiliaire. — V. L. 19 fruct. an VI (3 sept. 1798), art. 1er, 2, 3 et 15. — Cette loi limita le temps du service militaire à quatre ans pendant la paix, et lui assigna une durée indéfinie pendant la guerre.

24. — Les dispositions de la loi du 19 fructidor an VI furent développées, et le mode d'exécution en fut réglé par un grand nombre de lois et surtout par celle du 8 fructidor an XIII.

25. — La conscription se maintint jusqu'en 1814, et pesa lourdement sur les populations. Les levées extraordinaires qui durent être faites en 1813 et en 1814, en présence des dangers qui menaçaient la France, la rendirent odieuse.

26. — Après la chute de l'Empire, on comprit la plaie profonde que la conscription avait faite au pays; aussi, s'écria-t-on : Plus de conscription ! — Joffrès, *Etudes sur le recrutement de l'armée*, p. 6. — La conscription fut formellement abolie. — V. Charte de 1814; et une ordonnance du 30 décembre 1814, qui créa une prime de 50 francs pour tout enrôlement volontaire.

27. — Cet essai d'un retour à l'ancien régime ne fut pas heureux. Les engagemens volontaires ni les rengagemens ne purent suffire au recrutement des légions départementales. La prime fut généralement mal accueillie; et il fut nécessaire de recourir au service obligatoire, déjà adopté par toutes les puissances de l'Europe, tout en conservant du reste les engagemens, les rengagemens et les remplacemens. — V. l'Exposé des motifs du projet de loi sur le recrutement, présenté à la Chambre des députés le 29 nov. 1817 (*Moniteur* du 30 nov., même année).

28. — En 1817, le maréchal Gouvion Saint-Cyr, ministre de la guerre, présenta aux Chambres un projet de loi qui devint la loi du 10 mars 1818. Cette loi préserva l'armée d'une ruine imminente. — L'engagement volontaire fut le premier principe du recrutement; puis venaient les appels par un tirage au sort. La durée du service fut fixée à six ans; mais les militaires rentrés dans leurs foyers furent en outre assujettis, en cas de guerre, à un service territorial, dont la durée était de six autres années. Ce fut là le principe de la réserve, qui disparut devant la loi du 9 juin 1824; laquelle porta la durée du service à huit années, et supprima le service, en cas de guerre, des vétérans. — Durat Lasalle, *ibid.*, p. CXII.

29. — L'expérience prouva du reste que ce rétablissement était nécessaire; car, bien que de nouvelles faveurs eussent été accordées aux enrôlés volontaires, le nombre des engagemens ne cessa d'aller en décroissant. — *Spectateur militaire*, t. 10, p. 141.

30. — A la loi du 10 mars 1818 a succédé la loi du 21 mars 1832, qui régit maintenant le recrutement de l'armée. D'après la loi de 1818, c'était seulement en cas d'insuffisance d'engagemens volontaires que l'armée pouvait se recruter par des appels. La loi de 1832 admet le principe contraire. — Art. 1er.

31. — Le principe du tirage au sort a été maintenu dans cette loi, ainsi qu'il existait sous celle de 1818; mais l'engagement volontaire n'y est plus entaché par la prime en argent ou autre prix quelconque. — L. 21 mars 1832, art. 31.

32. — On voit, d'après ce qui précède, que les réformes introduites dans notre Constitution par les événemens politiques, ont toujours été suivies presque immédiatement d'une modification dans la manière d'envisager le service militaire. — 1789, 1792, 1804, 1815, 1830, ont eu successivement leur retentissement et leur consécration dans le système d'organisation de l'armée. — Jardot, *Spectateur militaire*, t. 36, p. 443.

33. — Le mode actuel de recrutement a été l'objet de vives critiques. On lui a reproché de faire peser sur un certain nombre d'individus une charge qui devait être supportée par un bien plus grand nombre; d'empêcher l'État de percevoir l'impôt militaire parmi tous les jeunes gens recrutables, et partant de priver l'armée d'un grand nombre d'hommes forts de santé et robustes de constitution; de contraindre au service militaire des jeunes gens utiles à leurs familles, qui, ne pouvant se faire remplacer, abandonnent avec regret leurs foyers, et deviennent ordinairement des non-valeurs pour l'armée; d'être une préoccupation constante des pères de famille placés dans des conditions inférieures de fortune, et même d'effrayer certains esprits au point que pour se soustraire à ses conséquences on voit des individus qui ont recours aux mutilations; enfin, d'obliger l'État à recevoir dans les rangs de l'armée une multitude de remplaçans qui sont une lèpre pour elle. — Joffrès, *eod loc.*, p. 80 et 81.

34. — Chez les anciens, tous les citoyens devaient aussi leurs services à la patrie; mais il n'y avait pas comme parmi nous l'intervention du sort. — Vegèce, liv. 1er, ch. 3; Rey, *Des comp. d'assur. pour le remplac. milit.*, introduction, p. 2.

35. — Il en est de même dans beaucoup d'États de l'Europe moderne. Ainsi, tout sujet prussien est pour ainsi dire astreint pendant sa vie entière au service militaire. Tous les jeunes gens valides âgés de 20 ans sont, à quelques exceptions près, déterminées par la loi, incorporés dans l'armée active. Ils y servent pendant deux ou trois ans en temps de paix, après lesquels ils retournent dans leurs foyers pour faire partie, jusqu'à l'âge de trente-deux ans, de la landwehr jusqu'à quarante ans, et de quarante à cinquante ans ils marchent, en cas d'invasion du territoire, avec la landsturm. — En cas de guerre le temps du service actif est illimité. — Haillot, *Spect. milit.*, t. 32, p. 61.

36. — En Bavière, où l'armée se recrute aussi par des engagemens volontaires et par voie de conscription militaire, tous les Bavarois qui atteignent leur vingt-unième année, excepté les princes médiatisés et les ecclésiastiques, sont compris dans la conscription militaire et y restent inscrits pendant deux ans. Un tirage au sort détermine seulement le tour de mise en activité

des jeunes conscrits. — Haillot, *Spect. milit.*, t. 36, p. 563.

37. — Le tirage au sort n'est pas non plus connu en Angleterre. L'infanterie anglaise se recrute par enrôlemens volontaires, qui reçoivent de l'État une prime dont la dépense est supportée par tous les contribuables. — Chambray, *Sur la question du rempl.*; *Spect. milit.*, t. 32, p. 338 et 339.

38. — Il en est cependant autrement en Russie. Le recrutement de l'armée s'y opère par voie d'appel. La noblesse et le clergé n'y concourent point; mais la presque totalité des gentilshommes entrent aux écoles militaires. Les Cosaques et autres sujets libres tirent au sort. Les seigneurs et les propriétaires de paysans doivent fournir un contingent d'une force relative à la population dont ils disposent : ce sont eux qui désignent à leur gré ceux de leurs serfs, âgés de dix-huit à quarante ans, qu'ils veulent faire partir. Les levées s'opèrent à raison de cinq recrues par mille âmes et ne tombent sur les mêmes régions que tous les deux ans. Quelques pays même, en raison de leur population clair-semée et de la constitution physique des habitans, tels que la Laponie, le Kamtchatka, sont exempts du recrutement militaire. — Haillot, *Spect. milit.*, t. 33, p. 167 et 168.

39. — Les plaintes adressées au mode actuel de recrutement ont donné naissance à bien des systèmes. Ils se réduisent presque tous à l'abolition du tirage au sort et à la formation de l'armée soit directement par un service personnel, soit indirectement par le service pécuniaire. — Mais on reproche avec raison à ces divers systèmes de faire une assimilation inexacte, en considérant le service militaire comme un impôt quelconque : applicable à tout citoyen indistinctement; de recruter les armées parmi des individus que la misère et le dégoût d'une profession quelconque leur livreraient souillés déjà d'une tache originelle, et d'avoir pour résultat de nous ramener aux anciennes milices. — Jardot, *Spect. milit.*, t. 36, p. 457 ; Durat-Lassalle, *loc. cit.*, p. 116.

40. — Un principe contraire semble même s'introduire dans certains pays ; ainsi, en 1844, un ukase de l'empereur de Russie a ordonné qu'à l'avenir les juifs seraient admis dans le recrutement de l'armée, et ne paieraient plus cet impôt en argent. — *Spect. milit.*, t. 36, p. 483, note 1re.

41. — On ne saurait nier toutefois que la loi de 1832 soit susceptible de certaines améliorations. Depuis 1844 les chambres législatives s'en sont préoccupées, et naguère encore, dans les premiers mois de l'année 1849, l'Assemblée constituante commença l'examen d'un projet qui lui était soumis par le général Lamoricière; mais cet examen, suspendu par l'expiration des pouvoirs de l'Assemblée constituante, n'a pas été repris depuis.

42. — La loi de 1832 est donc encore celle qui régit aujourd'hui le recrutement de l'armée; elle a été complétée par un grand nombre de circulaires et d'instructions, parmi lesquelles nous devrons souvent citer : celle du 30 mars 1832, explicative des diverses dispositions de la loi du 21 mars; celle du 18 mai 1840 sur les opérations des conseils de révision, et enfin celle du 26 nov. 1845 relative aux opérations préliminaires pour la formation des contingens annuels.

43. — La loi du 21 mars 1832 sur le recrutement de l'armée est aujourd'hui appliquée aux colonies (décret du Gouvernement provisoire du 3 mai 1848, art. 1er). — Toutes les instructions qui régissent le mode de recrutement en France doivent être suivies aux colonies. — Même décr., art. 3.

44. — Quant aux fonctions que la loi attribue en France aux préfets, aux sous-préfets et aux conseillers de préfecture, elles sont remplies aux colonies par des agens dont la désignation est laissée au ministre de la marine. — Même décr., art. 4.

CHAPITRE II. — *Du contingent et de sa répartition.*

45. — Chaque année une loi détermine le contingent qui doit être fourni pour les armées de terre et de mer.

46. — A cette loi est annexé un tableau de répartition, entre les départemens, du nombre d'hommes à fournir, et le mode de répartition est fixé par la même loi. — L. 21 mars 1832, art. 4.

47. — A moins de dispositions contraires dans la loi annuelle du contingent, la répartition est établie proportionnellement au nombre des jeunes gens inscrits sur les listes de tirage, de la classe appelée, au moyen des états indiquant les résultats numériques de ces listes et adressés par les préfets au ministre de la guerre. — Circ. minist. des 9 déc. 1839 et 13 avril 1840.

48. — Lors de la discussion de l'art. 4 précité, M. Podenas proposa que la répartition fût faite par la loi : non-seulement entre les départemens, mais encore entre les arrondissemens et les cantons. Mais sur l'observation du rapporteur, que cette dernière répartition était une œuvre tout administrative, et que ce serait surcharger la Chambre d'un travail inutile que d'admettre un pareil amendement dans la loi, la proposition fut rejetée.

49. — C'est donc aux préfets qu'il appartient de procéder, en conseil de préfecture, à l'aide du double des états mentionnés (*suprà* n° 47) et des documens qui ont servi à leur rédaction, à la répartition entre les arrondissemens et les cantons du contingent assigné à leur département. Cette sous-répartition doit être immédiatement rendue publique par voie d'affiche. — Circ. des 9 déc. 1839 et 13 avril 1840.

50. — Les préfets doivent ensuite adresser aux maires des communes, par l'intermédiaire des sous-préfets, une copie de la répartition entre les cantons de leurs arrondissemens respectifs. — Instr. sur les appels du 12 août 1818 (art. 2, encore applicable aujourd'hui).

51. — Cette répartition opérée, un canton ne peut être tenu à fournir un nombre d'hommes excédant le contingent qui lui a été assigné : lors même que d'autres cantons du département seraient dans l'impossibilité de compléter leur contingent. — Circ. min. de la guerre du 11 juin 1819.

CHAPITRE III. — *Du recensement.*

52. — Aux termes de l'art. 5 de la loi du 21 mars 1832, le contingent assigné à chaque canton, ainsi qu'il vient d'être dit (*suprà* nos 49 et suiv.), doit être fourni par un tirage au sort entre les jeunes Français qui auront atteint l'âge de vingt ans révolus dans le courant de l'année précédente. Cette disposition nécessite un recensement annuel et la formation de listes de recensement.

Sect. 1re. — *Formation des tableaux de recensement.*

53. — Les maires procèdent chaque année, dans le mois de décembre, au recensement des jeunes gens nés ou domiciliés dans leur commune qui ont atteint l'âge de vingt ans ou atteindront cet âge avant l'expiration de ladite année, pour les inscrire sur les tableaux de recensement. Ils doivent, à cet effet, après avoir compulsé les registres de l'état civil, les registres des passe-ports, les contrôles de la garde nationale et tous autres documens qu'ils jugent utiles, établir une liste préparatoire, dressée, autant que possible, par ordre alphabétique, et sur laquelle se trouvent portées, en regard du nom de chacun des jeunes gens, les indications relatives soit à leur existence ou à leur décès, soit à leur domicile. — Instr. du 26 nov. 1845, art. 1er, 2, 3 et 4.

54. — Ils font également inscrire sur la liste préparatoire les omis des classes antérieures qu'ils auraient découverts ou qui leur auraient été signalés par les préfets. — *Ibid.*, art. 5.

55. — De leur côté, les préfets doivent faire dresser aussi, dans le mois de décembre, pour chaque commune, et transmettre aux maires, par l'intermédiaire des sous-préfets, la liste des jeunes gens qui ont été signalés comme omis dans les tableaux de recensement des années précédentes et qui (aux termes de l'art. 9 de la loi du 21 mars 1832) doivent être inscrits sur les prochains tableaux de recensement. — *Ibid.*, art. 8.

56. — Les préfets indiquent dans cette liste les omis qui ayant été condamnés par les tribunaux (conformément à l'art. 38 de la loi du 21 mars 1832) auraient subi leur peine. — *Ibid.*, art. 10.

57. — Sont encore compris dans la liste préparatoire les jeunes gens qui, au moment de la formation des tableaux de recensement de leur classe, avaient été mis en demeure de justifier de leur extranéité, et dont la qualité de Français n'a été reconnue qu'après le tirage de cette classe. — Circ. du 9 déc. 1839; instr. du 26 nov. 1845, art. 9.

RECRUTEMENT, ch. 3, sect. 1re.

58. — Pour les jeunes gens domiciliés hors de la commune où ils sont nés, et dont le domicile aura pu être connu, le maire du lieu de la naissance doit adresser immédiatement au maire de la commune de ce domicile les documens et renseignemens concernant l'état civil desdits jeunes gens, afin que ceux-ci puissent être portés sur les tableaux de recensement. — Instr. du 26 nov. 1845, art. 7.

59. — La liste préparatoire une fois établie sert pour les premières inscriptions à faire sur la minute du tableau de recensement, qui doit être ouvert le 1er janv. suivant. — *Ibid.*, art. 6 et 11.

60. — Les tableaux de recensement des jeunes gens du canton soumis au tirage sont dressés par les maires : 1° Sur la déclaration à laquelle sont tenus les jeunes gens, leurs parens ou tuteurs (L. 21 mars 1832, art. 8). Ainsi que nous le verrons (*infrà* n° 476), les art. 11 et 38 de la même loi désignent comme coupable de fraude à la loi celui qui ne fait pas cette déclaration et établissent contre lui une sanction pénale.

61. — ... 2° D'office d'après les registres de l'état civil et tous autres documens et renseignemens. — L. 21 mars 1832, art. 8-2°.

62. — Les maires inscrivent sur les tableaux de recensement : 1° les jeunes gens dont ils ont fait le recensement dans le courant du mois de décembre précédent, et qu'ils ont reconnus devoir y figurer; 2° ceux qui leur ont été signalés par d'autres maires, après s'être assurés qu'ils sont réellement domiciliés dans leur commune; 3° les omis des classes antérieures qui leur ont été signalés par les préfets, ou qu'ils ont découverts eux-mêmes, depuis le tirage de ces classes. — L. 21 mars 1832, art. 9 et 12.

63. — La libération d'une classe ne pouvant avoir d'effet pour les omis de cette classe, la recherche de ces hommes ne doit pas être discontinuée; et alors même qu'ils prétendraient avoir plus de trente ans accomplis, ils doivent être inscrits afin que le sous-préfet puisse statuer à leur égard, conformément à la loi, au moment de la révision des tableaux de recensement. — L. 21 mars 1832, art. 9; instr. 26 nov. 1845, art. 13.

64. — Les maires doivent provoquer, au moyen d'avis publics, la déclaration à laquelle sont tenus, par l'art. 8 de la loi du 21 mars 1832, les jeunes gens, leurs parens ou tuteurs, en leur indiquant qu'ils ont eux-mêmes intérêt à faire ces déclarations, puisque ceux des jeunes gens appelés par la loi qui seraient omis se trouveraient reportés à une classe suivante et retarderaient ainsi d'une ou de plusieurs années leur libération. — *Ibid.*, art. 14.

65. — Ces avis doivent rappeler les dispositions de la loi de 1832 relatives à l'âge des jeunes gens, et les dispositions pénales qu'elle contient contre les omis. — *Ibid.*, art. 15 et 16.

66. — Les jeunes gens susceptibles d'être portés sur les tableaux de recensement, leurs parens ou tuteurs doivent en conséquence se rendre immédiatement aux invitations qui leur seraient adressées par les maires, afin de fournir les indications dont ces fonctionnaires auraient besoin pour l'établissement de ces tableaux. — *Ibid.*, art. 17.

67. — Sont, d'après la notoriété publique, considérés comme ayant l'âge requis pour le tirage les jeunes gens qui ne peuvent produire ou n'auront pas produit avant le tirage un extrait des registres de l'état civil, constatant un âge différent; ou qui, à défaut de registres, ne peuvent prouver ou n'ont pas prouvé leur âge, conformément à l'art. 46 du Code civil : ils suivent la chance du numéro qu'ils obtiennent. — L. 21 mars 1832, art. 7.

68. — Par conséquent, tout Français qui, d'après la notoriété publique, aura été considéré comme ayant atteint l'âge de vingt ans révolus et aura tiré au sort, sera, quel que soit réellement son âge, ou définitivement dégagé des obligations imposées par la loi, ou définitivement soumis à ces mêmes obligations, suivant que son numéro sera ou ne sera pas porté sur la liste du contingent de son canton. — Instr. 30 mars 1832, sur l'art. 7 L. 21 mars 1832.

69. — Les maires consultant la notoriété publique en procédant d'office à une enquête administrative, ne doivent pas se borner dans cette enquête à recevoir les déclarations des personnes qui leur sont présentées par les parties; mais ils sont tenus de provoquer eux-mêmes les déclarations des notables habitans, et principalement de ceux qui ont des fils déjà inscrits sur les tableaux de la classe. — Circul. du 6 nov. 1818; instr. du 26 nov. 1845, art. 18.

70. — Mais il n'y a pas lieu, en l'absence des registres de l'état civil, de consulter la notoriété

publique pour les jeunes gens qui produisent, en remplacement de leur acte de naissance et conformément à l'art. 46 du Code civil ainsi qu'aux avis du Conseil d'Etat des 3 janv. et 8 nov. 1803 (13 nov. an X et 12 brum. an XI), un jugement régulier et rendu contradictoirement avec la partie publique. S'il y a eu enquête administrative à l'égard de ces jeunes gens, le jugement prévaudra. — Circ. du 19 juill. 1819; instr. 26 nov. 1845, art. 19.

71. — Les autorités administratives doivent dénoncer aux tribunaux les jeunes gens qui pour ne pas être portés sur les tableaux de recensement, auraient fait usage d'actes de naissance qui ne leur appartiendraient pas.—Instr. sur les appels du 12 août 1818, art. 12.

72. — Au surplus, les maires n'ont point à se reprocher d'avoir méconnu la voix de la notoriété publique quand ils s'en sont franchement rapportés aux indices les plus probables.— Circ. du 6 nov. 1818.

Sect. 2e. — *Conditions de l'inscription sur les tableaux.*

73. — Les maires doivent avoir soin de n'inscrire sur les tableaux de recensement que les jeunes gens dont l'existence est notoire, et qui ne se trouvent dans aucun des cas d'exclusion spécifiés par la loi. — Instr. du 12 août 1818 sur les appels, art. 11.

74. — Parmi ces causes d'exclusion, les unes sont absolues et empêchent l'inscription sur le tableau de recensement dans toute la France : ce sont l'état d'étranger, et certaines condamnations; les autres, telles que la condition de domicile, sont purement relatives, et ont pour seul effet d'empêcher que l'inscription ait lieu dans certains cantons.

75. —Aux termes de l'art. 2 de la loi du 21 mars 1832 : Nul ne sera admis à servir dans les troupes françaises, s'il n'est Français (§ 1er). Tout individu né en France de parens étrangers sera soumis aux obligations imposées par la présente loi, immédiatement après qu'il aura été admis à jouir du bénéfice de l'article 9 du Code civil (§ 1er).

76. —On voit que le § 2 de cet article n'est autre chose que l'application du § 1er aux individus nés en France de parens étrangers. Aussi ce second paragraphe semble-t-il faire double emploi dans la loi. La qualité de Français emportant l'obligation de supporter les charges du recrutement : celui-là y était soumis de droit, qui, né en France de parens étrangers, devenait Français en demandant, dans l'année de sa majorité, la qualité de Français.

77. —Quoi qu'il en soit, il résulte de cet article que l'individu qui refuse d'user de la faculté établie par l'art. 9 peut ainsi s'exempter du service militaire. Cette faculté, laissée à des individus qui jouissent de tous les droits civils, de tous les avantages qu'assure la législation française, parut exorbitante à la Chambre des députés. On y fit remarquer que, surtout dans les départemens frontières, il y a beaucoup de familles d'origine étrangère, établies en France depuis plusieurs générations, qui, Françaises par les mœurs et l'intention, sont cependant étrangères en droit strict, qui comptent pour la fixation du contingent, et dont les membres parviennent à se soustraire au service militaire. On y rappela que l'art. 10 de la loi du 22 mars 1831 admet au service dans la garde nationale l'étranger qui jouit des droits civils. Enfin, on insista sur ce qu'en pays étranger le service militaire est imposé à tous les individus après une certaine résidence. Ainsi la Belgique saisit les étrangers domiciliés depuis cinq ans sur son territoire. En Prusse, dans les Etats d'Allemagne les étrangers sont soumis aux mêmes charges que les nationaux. En France, avant la Révolution il en était de même. Aux Etats-Unis les étrangers domiciliés, même depuis peu d'années, sont incorporés dans les milices, et forcés de marcher avec elles lorsque le cas de guerre se présente.—Duvergier, *Coll. des lois*, t. 32, p. 88, note 3.

78. —Ces considérations puissantes firent proposer plusieurs amendemens. Ainsi on demanda : 1° De soumettre à la loi du recrutement les individus nés en France d'étrangers qui y seraient domiciliés depuis vingt ans ; 2° de les déclarer Français de plein droit, en leur laissant la faculté de déclarer qu'ils ne veulent pas être Français : sous la condition que, lorsque cette déclaration de ne pas vouloir user du bénéfice de l'art. 9 aurait été faite par un étranger, et que cet étranger aurait continué à résider vingt ans en France, son fils, parvenu à la majorité, ne pourrait pas, à son tour, déclarer qu'il ne veut pas de la qualité de Français; 3° d'exiger, pour appliquer la loi du recrutement, outre un domicile de vingt ans pour les parens, une résidence de cinq ans pour leurs enfans; 4° enfin, de décider que : seraient frappés du recrutement les fils d'étrangers jouissant des droits civils en France, si eux-mêmes y résident. Mais ces diverses combinaisons, n'ayant pas paru satisfaisantes, furent rejetées.—Duvergier, t. 32, p. 88, note 3.

79. — M. Vivien (dans son rapport présenté à la Chambre des députés le 29 juin 1843) insistait aussi pour qu'on avisât aux moyens de soumettre à l'impôt du recrutement ceux qui recueillent tous les bénéfices de la qualité de Français.

80. — Plusieurs fois, au contraire, particulièrement en 1839, deux comités du Conseil d'Etat entre autres ont déclaré que l'admission dans l'armée des fils d'étrangers devait être, avant tout, précédée de la possession du titre de Français.

81. — Dans le silence de la loi, que décider à l'égard de l'individu placé dans le cas prévu par le second paragraphe de l'art. 10 C. civ.; c'est-à-dire de celui qui est né en pays étranger, d'un Français qui aurait perdu cette qualité? Devra-t-il aussi, s'il réclame la qualité de Français, être soumis à la loi du recrutement? La différence qui existe entre les art. 9 et 10 consiste en ce que l'individu pour lequel dispose le premier de ces articles, ne peut réclamer la qualité de Français *que dans l'année de sa majorité*; tandis que l'individu auquel s'applique l'art. 10 peut *toujours* réclamer la qualité de Français. Si donc celui-ci, usant du droit que lui confère l'art. 10, devient Français, nous pensons qu'il devra être compris dans l'appel qui aura lieu l'année suivante : à moins, toutefois, qu'il n'ait trente ans accomplis lorsqu'il réclamera cette qualité. — V. *suprà*, nos 75 et suiv. — Duvergier, t. 32, p. 88, note 3.

82. — Les enfans d'étrangers qui avaient obtenu en France les droits de naturalité antérieurement à la Constitution de l'an VIII, et notamment en vertu de la loi du 2 mars 1790, et qui sont nés depuis que leurs pères jouissent de la qualité de Français, ne peuvent pas invoquer les dispositions de l'art. 9 C. civil.— Décis. min. de la just. 3 avr. 1822.

83. — Est réputé Français, et par suite soumis à la loi commune du recrutement militaire, l'individu né en France d'un père étranger, mais qui a son domicile en France depuis longues années, qui a épousé une Française et formé en France un établissement de commerce. — *Paris*, 18 mars 1823, Wagner.

84.—De même celui qui est né en France et qui y a constamment résidé doit être présumé Français, et, comme tel, soumis à la loi du recrutement : à moins qu'il n'apparaisse qu'il doit le jour à un étranger.—*Bordeaux*, 17 mai 1848 (t. 2 1848, p. 450), préfet de la Gironde c. Martin.

85. — La mention contenue dans l'acte de mariage de son père, seul document produit, que celui-ci était *étranger* ne suffirait pas pour établir l'extranéité du fils en présence de cette autre mention, contenue dans le même acte, que le père était *naturalisé Français*.—Ces deux énonciations ne pouvant être séparées et méritant la même foi, le fils doit les accepter l'une et l'autre ou prouver, par ailleurs, que son père était réellement d'origine étrangère. — Même arrêt.

86.—Au contraire, n'est pas Français, et comme tel n'est pas obligé de concourir au recrutement de l'armée française, l'individu né en France d'un étranger devenu momentanément Français par la réunion de son pays à la France mais qui n'a pas profité du bénéfice offert par la loi du 14 oct. 1814, aux habitans des départemens réunis, pour obtenir des lettres de naturalisation.—*Cass.*, 18 févr. 1831, Savoie c. préfet de l'Isère. — V. conf. *Lyon*, 2 août 1827.

87. — Les tribunaux civils sont compétens pour reconnaître et constater la qualité d'étranger d'un individu inscrit sur les contrôles de l'armée, mais non pour prononcer sa libération. — *Paris*, 22 juin 1841 (t. 2 1841, p. 357).

88. — Mais l'étranger qui se trouvant inscrit d'office sur les listes du recrutement, n'a point opposé sa qualité d'étranger, avant la clôture des opérations du conseil de révision, ne peut plus tard s'en prévaloir devant les tribunaux. —*Bastia*, 8 mai 1833, Mollini c. préfet de la Corse.

89. — Il ne peut le faire par voie d'appel. — *Bastia*, 13 févr. 1833, Molini c. préfet de la Corse.

90. — ... Et il doit être condamné aux dépens de l'instance qu'il a introduite à ce sujet, depuis son inscription sur les contrôles de l'armée. — *Paris*, 22 juin 1841 (t. 2 1841, p. 357), préfet de la Seine c. Bryant.

91. — Du reste, ce n'est pas au ministère public, mais bien au préfet, qu'appartient le droit d'interjeter appel d'un jugement qui décide pareille question. — *Cass.*, 10 janv. 1827, Loth et Lack.

92. — Lorsque des jeunes gens excipent de leur qualité d'étranger; les maires doivent s'abstenir de les porter sur les tableaux de recensement, et les mettre en demeure de produire immédiatement les pièces justificatives de leur extranéité. — Instr. 26 nov. 1845, art. 31.

93. — Ils doivent, en outre, leur faire signer une déclaration, qui doit être transmise sur-le-champ au préfet; lequel, si l'extranéité des jeunes gens ne lui paraît pas complétement démontrée, introduit, au nom de l'administration, une instance devant le tribunal civil du domicile de la partie contre laquelle l'action sera intentée, pour obtenir une solution judiciaire avant le tirage.— Circ. 9 déc. 1839; instr. 26 nov. 1845, art. 32.

94. — Ces causes doivent être vidées comme sommaires et urgentes.—Circ. 20 oct. 1835.

95. — Elles doivent être jugées en audience ordinaire et non en audience solennelle. L'art. 26 de la loi du 21 mars 1832 a dérogé sur ce point à l'art. 22 du décr. du 30 mars 1808.—*Bordeaux*, 14 déc. 1841 (t. 1er 1842, p. 339), préfet de la Gironde c. Moti.

96. — Les préfets doivent faire connaître sans délai les jugemens intervenus aux sous-préfets, afin que ces fonctionnaires, lors de l'établissement des tableaux de recensement et avant le tirage au sort, puissent inscrire sur ces tableaux ceux des jeunes gens dont il s'agit qui auront été déclarés Français. — Circ. 9 déc. 1839; instr. 26 nov. 1845, art. 34.

97. — Ceux de ces jeunes gens dont la nationalité ne serait reconnue qu'après le tirage, ou pour lesquels les sous-préfets ne seraient pas informés en temps utile, seront nécessairement considérés comme omis, et portés, en conséquence, sur les tableaux de la classe suivante. — Circ. 9 déc. 1839; instr. 26 nov. 1845, art. 35.

98.—Sont encore exclus du service militaire et ne pourront, à aucun titre, servir dans l'armée : 1° les individus qui ont été condamnés à une peine afflictive ou infamante; 2° ceux condamnés à une peine correctionnelle de deux ans d'emprisonnement et au-dessus, et qui, en outre, ont été placés par le jugement de condamnation sous la surveillance de la haute police et interdits des droits civiques, civils et de famille.—*L.* 21 mars 1832, art. 2.

99.—Cet article, dans le projet de loi, excluait : « les vagabonds ou gens sans aveu, déclarés tels par jugement; » mais la Chambre des députés rejeta cette disposition, par le motif que ce serait montrer une sévérité inutile et dangereuse que de déclarer indignes de servir l'Etat des jeunes gens taxés juridiquement de vagabondage : attendu que, parmi ces jeunes gens, se trouvent beaucoup d'ouvriers sans travail et voyageant sans papiers, parfois même des enfans échappés du toit paternel.—Duvergier, t. 32, p. 89, note 1re.

100. — La commission de la Chambre des pairs avait également proposé d'étendre l'exclusion à ceux qui étaient condamnés correctionnellement à deux ans d'emprisonnement, à la haute surveillance de la haute police et à l'interdiction des droits énumérés dans l'art. 42 du Code pénal. « Mais on pensa, dit M. Duvergier (t. 32, p. 89, note 1re), que l'on ne devait pas citer l'art. 42 : parce que la loi modificative du Code pénal étant alors en discussion, il était impossible de prévoir l'effet de l'indication de l'art. 42. Et alors on employa l'expression *droits civils, civiques et de famille* en ajoutant : en tout ou *en partie*. La Chambre des pairs crut devoir retrancher ces derniers mots, quoique le rapporteur eût fait remarquer que s'ils étaient supprimés il faudrait, pour se trouver placé dans le cas prévu par la loi, que la condamnation eût prononcé la privation de *tous* les droits énumérés dans l'art. 42 du Code pénal. Ainsi, pour être exclu du service par l'effet de cette disposition, non-seulement la condamnation correctionnelle à deux ans de prison sera nécessaire, non-seulement il faudra avoir été placé sous la surveillance de la haute police, mais encore avoir été privé de la *totalité* des droits civils, civiques et de famille. »

101. — Il résulte de cette disposition cette conséquence bizarre, qu'il peut se faire que, lorsque les deux années d'emprisonnement auront été accomplies, le jeune homme, admis dans l'armée,

se trouvera en même temps placé sous la surveillance de la haute police.

102. — Si, au moment de l'appel, un jeune homme subit une peine qui n'emporte pas l'exclusion, ses parens ou le maire devront tirer au sort pour lui, aux termes de l'art. 12 de la loi du 21 mars 1832 (V. *infrà* n° 168), et, à l'expiration de sa peine, il sera dirigé sur le corps auquel il est destiné. Appeler un autre jeune homme à sa place, ce serait l'exempter; ou si l'on appelait un autre numéro sans l'exempter, ce serait appeler plus que le contingent. — Duvergier, *loc. cit.*

103. — D'après une solution donnée le 9 août 1821, l'exclusion sur les listes de recensement des jeunes gens condamnés par les tribunaux n'est pas applicable lorsque le jugement prononcé contre eux a été rendu par contumace. Sans doute, en effet, le condamné par contumace, jusqu'au moment où il a fait purger sa contumace, n'est pas moins frappé de condamnation que celui qui l'est contradictoirement; mais, comme il peut profiter des délais qui lui sont accordés, et que, s'il purge sa contumace, il redeviendra apte au service militaire, il est utile que son nom figure sur le tableau de recensement.

104. — Ainsi que nous l'avons vu (*suprà*, n° 31), le contingent d'un canton ne doit être formé qu'avec les jeunes gens qui ont leur domicile légal dans le canton (L. 21 mars 1832, art. 5). Les maires ne doivent donc inscrire que les jeunes gens qui réunissent cette condition ou qui sont considérés comme domiciliés dans le canton.

105. — Sont considérés comme légalement domiciliés dans le canton : 1° Les jeunes gens, même émancipés, engagés, établis au dehors, expatriés, absens ou détenus, si, d'ailleurs, leur père, mère ou tuteur, ont leur domicile dans une des communes du canton, ou s'ils sont fils d'un père expatrié qui avait son dernier domicile dans une desdites communes. — L. 21 mars 1832, art. 6, § 1er.

106. — ... 2° Les jeunes gens mariés dont le père ou la mère, à défaut de père, sont domiciliés dans le canton, à moins qu'ils ne justifient de leur domicile réel dans un autre canton. — *Ibid.*, § 2.

107. — ... 3° Les jeunes gens mariés et domiciliés dans le canton, alors même que leur père ou leur mère n'y seraient pas domiciliés. — *Ibid.*, § 3.

108. — ... 4° Les jeunes gens nés et résidant dans le canton, qui n'auraient ni leur père, ni leur mère, ni tuteur. — *Ibid.*, § 4.

109. — ... 5° Les jeunes gens résidant dans le canton, qui ne seraient dans aucun des cas précédens et qui ne justifieraient pas de leur inscription dans un autre canton. — *Ibid.*, § 5.

110. — Les règles générales sur l'établissement du domicile (C. civ., art. 102) ne sont donc pas applicables en cette matière. — V. DOMICILE.

111. — Ainsi, les jeunes gens, même majeurs, doivent être inscrits au lieu du domicile de leurs père et mère, et ne peuvent pas être autorisés à se faire inscrire sur les tableaux de recensement d'un autre canton. Il n'y a d'exception à cette règle que pour les jeunes gens mariés ayant un domicile réel autre que celui de leurs père et mère. — Circ. 15 oct. 1818.

112. — Les orphelins de père et mère qui n'ont pas de tuteur, doivent être inscrits sur le tableau de la commune où ils résident; à moins qu'étant devenus majeurs, ils ne justifient de leur domicile réel dans une autre commune. — Instr. 26 nov. 1845, art. 21. — L'orphelin devenu majeur n'ayant plus de tuteur, cette disposition lui est applicable. — Solut. donnée le 9 oct. 1819; instr. 26 nov. 1845, art. 21.

113. — L'élève d'un hospice a pour tuteurs les administrateurs de l'établissement auquel il est confié (L. 15 pluv. an XIII); en conséquence, il doit, s'il n'est pas majeur, être inscrit dans la commune où cet hospice est situé : quel que soit, d'ailleurs, le lieu où il réside au moment du tirage. — Solut. donnée le 5 juin 1819. — Il en est de même des élèves des écoles d'arts et métiers ou d'autres établissemens publics, lorsqu'ils sont orphelins de père et mère. — Solut. donnée le 26 sept. 1818; circ. 1er avr. 1837; instr. 26 nov. 1845. — Mais, lorsque ces élèves atteignent leur majorité avant l'époque déterminée par le tirage, ils doivent être inscrits dans la commune où ils résident et concourir au tirage dans le canton auquel appartient cette commune. — Circ. 1er avr. 1837.

114. — Dans le but d'éviter un double emploi des élèves des hospices, une circulaire du 1er avr. 1837 porte les prescriptions suivantes. 1° Chaque année, aussitôt que les époques des opérations de la classe à appeler auront été déterminées par une ordonnance (aujourd'hui un décret du président de la République), les préfets dresseront un état de tous les élèves des hospices civils de leur département, qui, appartenant à ladite classe, devront atteindre leur majorité avant le jour fixé pour le tirage au sort. 2° Pour ceux desdits élèves qui résideront dans le département, ils enverront au maire de la commune tous les renseignemens nécessaires afin que leur inscription sur les tableaux de recensement soit faite conformément aux dispositions du paragraphe numéroté 5 de l'art. 6 de la loi de 1832. 3° A l'égard des élèves qui habiteront dans d'autres départemens : ces renseignemens seront transmis aux préfets de ces départemens, qui, d'après les dispositions précitées, auront également à faire opérer les inscriptions dans les communes de la résidence. — Instr. du 26 nov. 1845, art. 27.

115. — Un jeune homme dont le père paie dans un département une contribution foncière mais réside dans un autre département où il exerce un état depuis plusieurs années et où il paie la contribution personnelle et la patente, doit être compris sur les tableaux de ce dernier département où est réellement le principal établissement et par conséquent le domicile de son père. — Décision du 8 juin 1819.

116. — Celui dont le père est décédé doit être inscrit sur les tableaux de recensement de la commune où sa mère est domiciliée, lors même qu'il lui aurait été donné un tuteur ayant son domicile dans une autre commune. — Instr. sur les appels, du 12 août 1818, art. 8; instr. 26 nov. 1845, art. 22.

117. — Les jeunes gens dont les père, mère ou tuteur ont leur domicile légal dans les colonies françaises, ne doivent pas être portés sur les tableaux de recensement en France et restent soumis, pour ce qui concerne la défense de l'État, aux lois et règlemens qui régissent les colonies. — C. civ., art. 108; instr. sur les appels du 12 août 1818, art. 9, et du 26 novemb. 1845, art. 24.

118. — Mais les jeunes gens dont la famille est domiciliée en France et qui se trouvent soit en Algérie, soit aux colonies françaises, soit en pays étranger, doivent être inscrits au tableau de recensement de la commune où leurs père, mère ou tuteur ont leur domicile, et être considérés comme présens, aux termes de la loi du 21 mars 1832, si leur existence est notoire. — Solution donnée le 21 juill. 1820; instr. 26 nov. 1845, art. 28.

119. — Les jeunes gens qui sont en Algérie avec leur famille doivent être inscrits au tableau de recensement du dernier domicile en France de leurs père et mère, conformément au § 1er de l'art. 6 de la loi du 21 mars 1832 : attendu que la circonstance du séjour de ces familles en Algérie ne saurait affranchir leurs fils des obligations du recrutement. — Solut. minist. du 27 oct. 1843; instr. 26 mars 1845, art. 29.

120. — Les tableaux de recensement ne sont définitifs que lorsqu'ils ont été examinés et arrêtés par les sous-préfets assistés des maires du canton, opération qui a lieu le jour même du tirage : jusqu'à ce moment, ils ne sont que provisoires et peuvent subir toutes les modifications que la position des jeunes gens ou des réclamations fondées exigent. — Circ. 1er avr. 1837; instr. 25 nov. 1845, art. 36.

121. — Les maires doivent d'ailleurs avoir soin de prévenir leurs administrés que, pour leur éviter des déplacemens onéreux, les jeunes gens qui résident hors de leur département, en France ou en Algérie, peuvent être autorisés par les préfets à se faire visiter, soit par le conseil de révision du département où ils se trouvent, soit par les autorités militaires en Afrique; mais que la demande doit en être faite, le jour même du tirage au sort, au fonctionnaire chargé de présider à cette opération dans le canton du domicile légal de ces jeunes gens. — Inst. 26 mars 1845, art. 40.

122. — Les maires doivent mentionner, sur les tableaux de recensement, les motifs que les jeunes gens ont à faire valoir, soit pour être exemptés, soit pour être déduits du contingent, en vertu des art. 13 et 14 L. 21 mars 1832. — V. *infrà*. — Ils doivent demander à cet effet des renseignemens à ces jeunes gens, ou aux personnes qui les représentent, et leur faire connaître les pièces qu'ils auront à produire pour justifier de leurs droits, en les invitant à se les procurer en temps utile. — Instr. 26 nov. 1845, art. 41.

123. — Pour les jeunes gens absens et qui ne seraient pas représentés, les maires s'éclaireront, soit en consultant ceux de leurs administrés qui connaîtraient ces jeunes gens, soit par tout autre moyen qu'ils jugeront convenable. — Instr. 26 nov. 1845, art. 42.

124. — Dans la pratique, les jeunes gens sont tous écrits suivant l'ordre alphabétique de leurs noms de famille sur les expéditions du tableau de recensement qui doivent être publiées dans chaque commune. — V. *infrà* nos 129 et suiv. — V. aussi instr. 26 nov. 1845, art. 44.

125. — Les certificats et généralement toutes les pièces à produire par les jeunes gens d'une classe appelée, tant pour leur inscription sur les tableaux de recensement que pour la justification de leurs droits à l'exemption ou à la dispense, ne sont pas assujettis au droit de timbre (L. 13 brum. an VII, — solut. donnée par le ministre des finances le 5 sept. 1818); mais les fonctionnaires qui délivrent ou visent lesdites pièces doivent veiller à ce que l'emploi spécial qui doit en être fait y soit expressément mentionné. — Circ. 15 oct. 1818.

126. — Une circulaire du 14 août 1818 a recommandé aux préfets de veiller à l'observation de ces règles, afin de n'être pas exposés ensuite à provoquer des recherches et des poursuites inutiles. — Circ. 14 août 1818.

Sect. 3e. — *Publication des tableaux de recensement.*

127. — Les maires doivent tenir exactement note des mutations qui surviendront, concernant les jeunes gens de la classe, dans l'intervalle de temps qui pourra s'écouler entre le moment de l'ouverture du tableau de recensement et celui de la publication; ils doivent vérifier, dans cet intervalle, l'exactitude des renseignemens qui leur ont été fournis, et dresser l'expédition qui devra être affichée. — V. *infrà* nos 129 et suiv. — Instr. du 26 nov. 1845, art. 38.

128. — Lorsque des jeunes gens changent de domicile dans l'intervalle de temps qui s'écoule entre leur inscription sur les tableaux de recensement et le jour fixé pour le tirage, les maires, s'ils en ont connaissance, doivent rayer ces jeunes gens desdits tableaux et en informer, dans le plus bref délai, l'autorité municipale de la commune du nouveau domicile; afin que l'inscription soit opérée dans ce domicile, s'il en est temps encore. — Instr. du 26 nov. 1845, art. 39.

129. — Aussitôt la réception de l'ordonnance (aujourd'hui du décret) qui fixe les époques auxquelles doivent s'effectuer les opérations préliminaires de la classe à appeler, les préfets doivent faire publier et afficher dans toutes les communes un arrêté indiquant ces époques. — Instr. 20 nov. 1845, art. 47.

130. — Les tableaux de recensement doivent ensuite être publiés et affichés dans chaque commune, aux époques déterminées tant par l'ordonnance annuelle que par les arrêtés des préfets; et cette publication doit avoir lieu dans les formes prescrites par les art. 63 et 64 du Code civil. — L. 21 mars 1832, art. 8, § 2. — Instr. 26 nov. 1845, art. 48 et 49.

131. — Le dimanche où la première publication devra se faire, sera, autant que possible, indiqué quelques jours à l'avance, à son de trompe ou de tambour, dans chaque commune. — Instr. sur les appels du 12 août 1818; 26 nov. 1845, art. 50.

132. — Les maires ne peuvent pas être autorisés à remplacer l'affiche du tableau de recensemen par un avis portant que ce tableau est déposé à la mairie. — Solut, donnée le 28 sept. 1818.

Sect. 4e. — *Examen des tableaux.*

133. — Les maires doivent publier dans les mêmes formes et en même temps que les tableaux de recensement l'avis qui (aux termes du dernier § de l'art. 8 de la loi du 21 mars 1832) doit indiquer les lieu, jour et heure où il sera procédé à l'examen de ces tableaux et au tirage au sort. — Cet avis emportera convocation pour les jeunes gens de la classe appelée, leurs parens ou tuteurs, et obligation de se présenter devra y être expressément mentionnée. — L. 21 mars 1832, art. 8, § 5. — Instr. du 26 nov. 1845, art. 51 et 52.

134. — Quelques jours avant l'époque qui a été fixée pour le tirage au sort, les maires doivent établir, en suivant l'ordre alphabétique des noms

de famille, deux expéditions des tableaux de recensement de leurs communes pour être remises au sous-préfet ou autre fonctionnaire chargé de présider à la révision de ces tableaux et au tirage au sort.—V. *infrà* n° 136.—Instr. du 26 nov. 1845, art. 53 et 54.

135. — Les préfets peuvent en outre, lorsqu'ils le jugent convenable, prescrire aux maires d'envoyer aux sous-préfets une expédition des tableaux de recensement, à partir du jour fixé pour leur première publication, afin de faciliter les dispositions préparatoires que ces derniers fonctionnaires doivent faire pour assurer la régularité de l'examen. — Circ. du 11 juin 1819.

136. — Les sous-préfets ou les fonctionnaires qui les remplacent légalement président à l'examen des tableaux de recensement dans l'étendue de leur arrondissement; en conformité des prescriptions de l'art. 10 de la loi du 21 mars 1832, les maires des communes assistent à cet examen. — Instr. du 26 nov. 1845, art. 55.

137. — Dans les cantons composés de plusieurs communes, l'examen des tableaux de recensement et le tirage au sort ont lieu au chef-lieu de canton, en séance publique, devant le sous-préfet assisté des maires du canton. Dans les communes qui forment un ou plusieurs cantons, le sous-préfet est assisté du maire et de ses adjoints. — L. 21 mars 1832, art. 10, § 1er.

138. — Un officier de gendarmerie et, suivant les circonstances, une ou deux brigades de cette arme doivent, sur la réquisition du sous-préfet, se rendre au lieu de la réunion pour maintenir le bon ordre. — Instr. sur les appels du 12 août 1818, art. 20; instr. 26 nov. 1845, art. 59.

139. — Le secrétaire général de la préfecture, ou un conseiller de préfecture, désigné par le préfet, peut présider à l'examen des tableaux des cantons formant l'arrondissement du chef-lieu du département. — Instr. sur les appels du 12 août 1818, art. 18; 26 nov. 1845, art. 56.

140. — Pour les arrondissemens des chefs-lieux de département qui ont beaucoup de cantons, les préfets peuvent désigner plusieurs conseillers de préfecture pour opérer simultanément avec le secrétaire général de la préfecture. — Solut. donnée le 26 sept. 1818.

141. — Du reste rien ne s'oppose à ce que les préfets président eux-mêmes à l'examen des tableaux de recensement des cantons formant l'arrondissement du chef-lieu du département, lorsque ces administrateurs jugent que le bien du service l'exige. — Circ. du 11 juin 1819.

142. — Le tableau sera lu à haute voix (L. 21 mars 1832, art. 10, § 2). Après cette lecture, le sous-préfet doit demander aux personnes présentes si elles ont quelques observations ou réclamations à présenter : tant au sujet des inscriptions portées sur ledit tableau, qu'à l'égard des omissions qui auraient pu être commises. — Instr. sur les appels du 12 août 1818, art. 20; instr. 26 nov. 1845, art. 61.

143. — Les jeunes gens, leurs parens ou ayans cause seront entendus dans leurs observations. Le sous-préfet statuera après avoir pris l'avis des maires. — L. 21 mars 1832, art. 10, § 2.

144. — Doivent être maintenus sur les tableaux de recensement les jeunes gens que la notoriété publique aura désignés comme ayant l'âge requis et qui n'auront pas justifié d'un âge différent, dans les formes voulues par l'art. 7 de la loi. — Instr. du 26 nov. 1845, art. 63.

145. — *A moins de preuves irrécusables*, le sous-préfet doit refuser d'inscrire d'après la notoriété publique, les jeunes gens qui n'ayant pas été portés sur les tableaux par les maires, n'ont pas été mis en demeure de justifier de leur âge; mais il prend note de leur position, et fait les diligences nécessaires pour qu'ils soient inscrits, s'il y a lieu, dans la commune de leur domicile, sur les tableaux de la classe suivante. — Circul. du 11 juill. 1836.

146. — Sont rayés des tableaux de recensement : 1° les omis qui justifient qu'au moment de leur inscription sur le tableau de recensement ils avaient trente ans accomplis; 2° les jeunes gens qui par suite de condamnation judiciaire se trouveraient dans les cas d'exclusion prévus par l'art. 2 de la loi du 21 mars 1832. — V. *suprà*, nos 97 et 98. — Instr. du 26 nov. 1852, art. 65.

147. — S'il y a contestation relativement à des exclusions opérées par des maires, le sous-préfet statue, conformément à la loi, et effectue les inscriptions qu'il juge devoir être faites. — *Ibid.*, art. 66.

148. — Les jeunes gens qui auraient été portés mal à propos sur les tableaux de recensement, en sont rayés. Toutefois, dans les cas douteux, le sous-préfet fera bien de s'abstenir de prononcer et de maintenir les réclamans sur les tableaux, sauf décision définitive du conseil de révision. — L. 21 mars 1832, art. 15; instr. 26 nov. 1845, art. 67.

149. — Le tableau rectifié, s'il y a lieu, et définitivement arrêté, est revêtu des signatures des membres du conseil de révision. — L. 21 mars 1832, art. 10, § 2.

150. — Lors de la discussion de cet article, M. Roger demanda la suppression du mot définitivement : par les raisons que le travail du conseil de recensement est provisoire; qu'il est établi à cet effet un conseil de révision, qui vérifie le travail du conseil de recensement; mais il fut répondu qu'avant la révision il faut que le nombre des jeunes gens soumis à la révision soit définitivement arrêté. Sans cela, en effet, des réclamations intempestives auraient pu s'opposer jusqu'au dernier moment à la clôture des listes du recensement à produire au conseil de révision. — Déjà, sous la loi de 1818, une circulaire du 6 avril 1821 avait prescrit aux sous-préfets de ne faire aucune addition aux tableaux de recensement, après qu'ils en avaient fait la rectification.

151. — Ainsi, les jeunes gens de la classe actuellement appelée, qui, pour un motif quelconque, n'auraient pas été inscrits, doivent être renvoyés à la classe suivante et portés sur les tableaux de cette classe. — Instr. sur les appels 12 août 1818, art. 24.

152. — Après avoir arrêté les tableaux de recensement, le sous-préfet doit en faire donner une deuxième lecture publique. — Instr. sur les appels 12 août 1818, art. 25.

153. — Les jeunes gens, leurs parens ou tuteurs doivent être prévenus que les réclamations qu'ils auraient encore à faire relativement à la formation et à la rectification de ces tableaux seront portées devant le conseil de révision. — Instr. sur les appels 12 août 1818, art. 25; instr. du 26 nov. 1845, art. 70.

CHAPITRE IV. — *Du tirage.*

Sect. 1re. — *Opérations du tirage; formation de la liste.*

154. — Les opérations du tirage doivent commencer immédiatement après que les tableaux de recensement ont été rectifiés, s'il y a lieu, et définitivement arrêtés. — Instr. sur les appels 12 août 1818, art. 26; instr. du 26 nov. 1845, art. 71.

155. — Elles doivent avoir lieu au chef-lieu de canton. Toutefois, quand il y a des inconvéniens graves ou de grands obstacles à faire le tirage au chef-lieu de canton, il peut être effectué sur un autre point; mais il est indispensable qu'il soit fait mention au procès-verbal des motifs de cette mesure, toutes les fois qu'on y a recours. — Décret du 16 nov. 1818.

156. — Dans les cantons composés de plusieurs communes, l'ordre dans lequel elles seront appelées pour le tirage sera, chaque fois, indiqué par le sort. — L. 21 mars 1832, art. 10, § 3.

157. — Autrefois, l'ordre dans lequel les communes étaient appelées était déterminé par l'ordre alphabétique de leurs noms. On a pensé que les jeunes gens faisant partie des communes dont le nom commençait par l'une des dernières lettres de l'alphabet, pourraient croire, qu'appelés les derniers, ils se trouvaient dans une position moins favorable que ceux qui tiraient les premiers; qu'il convenait de détruire cette prévention, bien qu'elle fût mal fondée. — Duvergier, t. 32, p. 91, note 2.

158. — La liste du tirage est préparée à l'avance pour chaque canton par les soins du sous-préfet. — Instr. du 26 nov. 1845, art. 73.

159. — En tête de la liste du tirage, le sous-préfet doit inscrire les noms des jeunes gens qui se trouvent dans les cas prévus par le second paragraphe de l'art. 38 de la loi du 21 mars 1832 (L. 21 mars 1832, art. 11, § 1er); c'est-à-dire qui ont été condamnés par les tribunaux comme ayant été frauduleusement omis sur les tableaux de recensement.

160. — Les premiers numéros leur sont attribués de droit : ces numéros sont, en conséquence, extraits de l'urne avant l'opération du tirage. — L. 21 mars 1832, art. 11, § 2. — Il faut entendre, par premiers numéros, les numéros les plus bas dans la série de ceux qui sont placés dans l'urne, ou, en d'autres termes, les numéros qui doivent être les premiers appelés à faire partie du contingent. — Duvergier, sous l'art. 11.

161. — Mais les dispositions de l'art. 11 ne sont applicables que lorsqu'il y a eu fraude de la part des jeunes gens omis, et, de plus, condamnation prononcée pour ce fait. C'est pour exprimer avec précision que cet article n'était applicable qu'aux cas d'omissions frauduleuses dans le sens de l'article 38, que, lors de sa discussion, la rédaction en fut modifiée sur la proposition de M. Roger.— Duvergier, t. 32, p. 91, note 3. — V. aussi *infrà* n° 162.

162. — Doit-on considérer comme compris dans la disposition de l'art. 11, celui qui n'a pas fait la déclaration prescrite par l'art. 8? Le commissaire du roi, lors de la discussion de la loi de 1832, déclare formellement qu'ils devaient y être compris; nous pensons, toutefois, avec M. Duvergier, que certaines circonstances pourraient justifier le défaut de déclaration : par exemple si un homme est malade ou à l'étranger, ou si l'omission a lieu par le fait de sa famille et indépendamment de sa volonté.

163. — Avant de commencer l'opération du tirage, le sous-préfet doit compter publiquement les numéros déposés dans l'urne; et après s'être assuré que ce nombre est égal à celui des jeunes gens appelés à y concourir, il en fera la déclaration à haute voix.— L. 21 mars 1832, art. 12, § 1er.

164. — Cette disposition a pour but de prévenir les graves inconvéniens qui résulteraient de ce que, par erreur, on mettrait dans l'urne un nombre de numéros moindre que le nombre des jeunes gens appelés au tirage; en sorte que, le tirage fini, et tous les numéros pris, il se trouverait des jeunes gens qui n'auraient pas de numéros. — Duvergier, t. 32, p. 91, note 5.

165. — Si, malgré la précaution indiquée par cette disposition, l'erreur dont il vient d'être parlé se produisait, quelle mesure devrait alors être prise? Parmi les diverses propositions faites à ce sujet dans les deux Chambres, les unes renvoyaient les jeunes gens sans numéros au tirage de l'année suivante, les autres demandaient un tirage supplémentaire qui fût combiné avec le tirage principal. Mais M. Miot, commissaire du roi, répondit : « Lorsque le fait a eu lieu, l'administration est intervenue; elle n'a pas souffert que le tirage fût annulé. Il y aurait de graves inconvéniens à recommencer un tirage consommé parmi les jeunes gens : les uns perdraient les chances favorables qu'ils ont obtenues, d'autres, au contraire, pourraient avoir de meilleurs numéros; l'administration a jugé avec équité la question lorsqu'elle s'est présentée. Voici ce qui s'est pratiqué : Les jeunes gens qui n'avaient pu tirer au sort, par absence de numéros oubliés, ont été considérés, cependant, comme ayant complétement satisfait à la loi, et ne devant pas être soumis à un autre appel. Ceux qui avaient été victimes de la même erreur en courant une chance moins favorable, ont reçu des congés d'un an pour rester dans leurs foyers. Il faut maintenir ce principe, que le tirage ne doit jamais être recommencé. » Ces paroles furent accueillies avec faveur et tous les amendemens furent rejetés. — V. *Moniteur* du 2 nov. et *erratum* du *Moniteur* du 4.

166. — V., au surplus, sur les précautions que doivent prendre les sous-préfets dans la préparation des numéros destinés au tirage, instr. du 26 nov. 1845, art. 74, 75 et 76.

167. — Cette première opération terminée, chacun des jeunes gens appelés dans l'ordre du tableau prend dans l'urne un numéro qui est immédiatement proclamé et inscrit. — L. 21 mars 1832, art. 12, § 2. — Aux termes de l'art. 84 de l'instr. du 26 nov. 1845, cette inscription doit être faite sur la liste du tirage en regard du nom du jeune homme auquel le numéro appartient.

168. — Les parens des absens ou, à leur défaut, le maire de leur commune tireront à leur place. — L. 21 mars 1832, art. 12, § 2.

169. — L'opération du tirage achevée est définitive; elle ne peut, *sous aucun prétexte*, être recommencée, et chacun doit garder le numéro qu'il a tiré. —L. 21 mars 1832, art. 12, § 3.

170. — Ainsi il n'y aurait aucune réclamation à admettre de la part des jeunes gens qui par suite d'une erreur quelconque auraient pris un numéro avant leur tour d'appel. — Instr. du 30 mars 1832 sur l'art. 12 de la loi du 21 mars 1832.

171. — De même si plusieurs bulletins portant le même numéro sont tirés de l'urne, les jeunes gens porteurs de ces numéros doivent tirer entre eux et sont inscrits dans la liste du tirage dans le rang que le sort leur assigne. — Sol. donnée le 7 sept. 1818.

172. — La liste du tirage, par ordre de numéros, doit être dressée au fur et à mesure du tirage. Il doit être fait mention des cas et des motifs d'exemption ou de déduction que les jeunes gens ou leurs parens ou les maires des communes se proposent de faire valoir devant le conseil de révision (V. *infrà* nos 180 et suiv.). Le sous-préfet y ajoutera ses observations. — L. 21 mars 1832, art. 12, § 4.

173. — Le sous-préfet doit s'assurer de l'identité de chacun des jeunes gens appelés, soit en consultant le maire de leur commune, soit en questionnant les jeunes gens eux-mêmes, soit enfin par tous les autres moyens qu'il jugera convenables. — Instr. 26 nov. 1845, art. 80.

174. — Il doit aussi annoter sur la liste du tirage les jeunes gens qui résidant dans des départemens autres que celui où ils auront concouru au tirage ou en Algérie, demanderaient ou feraient demander à être visités dans le lieu de leur résidence. — V. *suprà* n° 121. — *Ibid.*, art. 91.

175. — Il rappellera d'ailleurs aux familles que cette visite n'aura pour but que de constater l'état physique des jeunes gens; et que les justifications que ces jeunes gens ont à faire, soit dans les cas d'exemption (autres que pour défaut de taille ou infirmités), soit dans les cas de dispense, doivent toujours être soumises au conseil de révision du département où ces jeunes gens ont tiré au sort. — *Ibid.*, art. 92.

176. — Des annotations sur la liste du tirage font connaître : 1° Les jeunes gens qui s'étant présentés n'auront à faire valoir aucun motif d'exemption ou de dispense; 2° les jeunes gens absens qui auront été représentés par leurs parens ou par les maires et au sujet desquels aucune observation n'aura été faite pour réclamer l'exemption ou la dispense; 3° les absens qui ne se seront pas fait représenter. — *Ibid.*, art. 93.

177. — Lorsque des jeunes gens sont dans le cas de demander l'exemption pour infirmités et que ces infirmités sont de nature à faire naître des soupçons, le sous-préfet doit consulter le maire de la commune; et s'il résulte de sa réclamation ou de la notoriété publique que les infirmités peuvent être simulées ou paraissent provenir de mutilation volontaire, une annotation dans ce sens sera portée sur la liste du tirage. — L. 21 mars 1832, art. 12; circ. 25 juin 1834.

Sect. 2e. — *Publication et transcription de la liste.*

178. — La liste du tirage doit être publiée et affichée dans chaque commune du canton, conformément au dernier paragraphe de l'art. 12 de la loi du 21 mars 1832. — C'est à la diligence du sous-préfet que doivent avoir lieu ces publications et affiches. — Circ. 11 juin 1819.

179. — A cet effet les sous-préfets doivent immédiatement après les opérations du tirage de chaque canton envoyer au préfet du département une expédition authentique de la liste du tirage ainsi qu'un état indiquant le nombre des jeunes gens inscrits sur cette liste; et aux maires : 1° la deuxième expédition du tableau de recensement, après y avoir fait inscrire les rectifications qui y ont été apportées; 2° tous les renseignemens qui auront été portés sur la liste du tirage. — Instr. du 26 nov. 1845, art. 99, 100 et 101.

CHAPITRE V. — *De la révision.*

Sect. 1re. — *Conseils de révision. — Leurs attributions.*

ART. 1er. — *Composition des conseils.*

180. — Les opérations du recrutement seront revues, les réclamations auxquelles ces opérations auraient pu donner lieu seront entendues et les causes d'exemption et de déduction seront jugées, en séance publique, par un conseil de révision composé : du préfet, président, ou, à son défaut, du conseiller de préfecture qu'il aura délégué; d'un conseiller de préfecture, d'un membre du conseil général du département, d'un membre du conseil d'arrondissement, tous trois à la désignation du préfet; d'un officier général ou supérieur désigné par le roi (aujourd'hui le président de la République). — L. 21 mars 1832, art. 15, § 1er.

181. — La présidence du conseil de révision, dévolue au préfet, sera, en cas d'absence, exercée par le fonctionnaire civil appelé à le remplacer dans ses fonctions. — Instr. 12 août 1818 sur les appels, art. 49.

182. — Le fonctionnaire civil chargé de suppléer au besoin le préfet pour la présidence, doit être désigné *ad hoc;* de sorte que dans ce cas la composition du conseil comprendra deux conseillers de préfecture, si le président suppléant est conseiller. — Circ. min. de l'intérieur 3 oct. 1818.

183. — Si, pendant la durée du conseil, le préfet est rappelé par des événemens imprévus, le conseiller de préfecture qui fait partie du conseil le remplacera provisoirement; il en sera de même dans le cas d'une absence momentanée pendant la séance. — Solution donnée le 29 nov. 1818.

184. — Le préfet conserve le droit de présider le conseil de révision, même lorsqu'il s'agit d'examiner les jeunes gens des cantons dans lesquels cet administrateur a présidé lui-même au tirage. — Circ. 30 mai 1820.

185. — Les préfets désigneront chaque année, parmi les conseillers de préfecture et les membres des conseils généraux et d'arrondissement, ceux des fonctionnaires publics qui feront partie du conseil de révision. — Ordonn. 23 sept. 1818.

186. — Il est recommandé aux préfets de choisir de préférence dans les conseils généraux et d'arrondissement, les personnes qui résident dans l'étendue de la sous-préfecture où le conseil de révision doit opérer. — Circ. min. intér. des 28 oct. 1818 et 10 mai 1819.

187. — Les conseillers de préfecture qui ont fait, comme délégués du préfet, les opérations du tirage dans plusieurs cantons, peuvent néanmoins exercer les fonctions de membres du conseil de révision et de rapporteurs dans la même levée. — Solution donnée le 7 nov. 1818.

188. — En cas d'empêchement, les membres des conseils de révision seront remplacés; savoir : 1° le préfet par un conseiller de préfecture ou bien par le secrétaire général, lorsque les fonctions préfectorales auront été déléguées à ce dernier; 2° les autres membres non militaires par des administrateurs du même ordre, que le préfet désignera selon les instructions qu'il aura reçues du ministre de l'intérieur. — Instr. 12 août 1818 sur les appels, art. 47, et lettre du ministre de l'intérieur du 12 avril 1821.

189. — Les généraux de brigade (autrefois maréchaux de camp) sont membres du conseil de révision dans le département de leur résidence. — Ordonn. 31 mars 1820.

190. — Ils ne peuvent, sous aucun prétexte, hors le cas de maladie ou de raisons majeures de service dont ils auraient à rendre compte sur-le-champ par la voie hiérarchique, se dispenser de remplir les fonctions de membres du conseil de révision dans le département de leur résidence. — Instr. 18 mai 1840, art. 7.

191. — Sauf les cas d'extrême urgence, les généraux de division ne devront accorder aucune permission d'absence aux officiers généraux sous leurs ordres, ou transmettre au ministre leurs demandes de congé, pour le temps que dureront les opérations des conseils de révision, ni pour l'époque de la mise en route des jeunes soldats, attendu qu'alors il est ordinairement présenté un grand nombre de remplaçans dont l'examen exige une attention particulière et l'autorité de leur grade. — *Ibid.*, art. 8.

192. — Pour suppléer les généraux de brigade lorsque cela sera indispensable, les généraux de division devront, autant que possible, faire porter leur choix sur des officiers supérieurs du grade de colonel ou de lieutenant-colonel. — Circ. des 21 mai 1832, 12 mai 1833, 25 juin 1834, 11 juill. 1836 et 1er juill. 1839.

193. — Les colonels délégués sont, comme membres du conseil de révision, et pour ce qui concerne les délibérations de ce conseil, affranchis de toute reddition de compte envers les officiers généraux commandant sur les lieux. — Solut. des 20 nov. 1820 et 26 mai 1821.

194. — L'officier général commandant la division doit avoir soin d'indiquer les officiers généraux ou supérieurs, qui, en cas d'empêchement absolu, doivent suppléer le membre militaire du conseil de révision. — Circ. du 4 mai 1819. — Il ne doit pas attendre pour faire ces désignations, qu'il y ait empêchement; elles doivent être effectuées à l'avance. — Circ. 6 avr. 1821.

195. — Il enverra au préfet de chacun des départemens de la division la liste des officiers généraux ou supérieurs présens sur les lieux qui à défaut les uns des autres devront siéger au conseil de révision de ce département. — Décis. du 27 mai 1820. — Cet envoi doit être fait, à chaque appel de classe, quinze jours au moins avant celui qui aura été fixé pour l'ouverture des opérations des conseils de révision. — *Ibid.*

196. — S'il survient une circonstance qui empêche le membre militaire de siéger, le conseil de révision doit attendre, pour continuer ses opérations, que le remplacement de ce membre ait été effectué. — Circ. 11 juin 1819.

197. — Un membre de l'intendance militaire assistera aux opérations du conseil de révision, et il sera entendu toutes les fois qu'il le demandera et pourra faire consigner ses observations aux registres des délibérations. — L. 21 mars 1832, art. 15, § 2. — Le membre de l'intendance est autorisé de la sorte à exposer au conseil de révision toutes les observations qu'il croirait utiles pour assurer un bon contingent à l'armée et la stricte exécution de la loi. — Instr. du 30 mars 1832 sur l'art. 15 de la loi du 21 mars 1832.

198. — Lorsque dans les chefs-lieux des autres départemens de la division il se trouvera plusieurs sous-intendans, le choix de l'intendant devra tomber sur celui qui est plus particulièrement attaché au travail de l'inspection des troupes. Les adjoints de l'intendance ne doivent être appelés qu'à défaut de sous-intendans militaires. — *Ibid.*

199. — Le sous-préfet doit assister aux séances que le conseil de révision tient dans l'étendue de son arrondissement. Il y aura voix consultative. — L. 21 mars 1832, art. 15, § 3. — La loi a voulu que le conseil de révision fût toujours entouré des fonctionnaires qui sont à même de l'éclairer sur toutes les questions relatives à la position des jeunes gens convoqués devant lui. — Instr. du 30 mars 1832 sur l'art. 15 de la loi du 21 mars même année.

200. — Les dispositions relatives à la présence des sous-préfets et maires au tirage, sont applicables à leur intervention dans les conseils de révision. — V. *suprà*, nos 136 et suiv. — V. aussi circ. min. de l'intér. du 3 oct. 1818.

201. — Bien que la loi du 21 mars 1832 ne parle pas du capitaine de recrutement, il est d'usage que cet officier assiste aux séances tenues au chef-lieu du département par le conseil de révision. Sous la loi de 1818, deux circulaires (des 22 juin 1821 et 24 janv. 1822) invitaient le conseil de révision, avant de commencer sa tournée dans les arrondissemens et les cantons, à examiner s'il était nécessaire que le capitaine l'accompagnât pour prendre le signalement des jeunes soldats et seconder les opérations du toisage. Dans le cas de l'affirmative, cet officier pouvait emmener avec lui des sous-officiers du dépôt de recrutement. Toutefois, il ne devait partir qu'après avoir reçu à l'avance, par le préfet, la notification de la décision prise par le conseil de révision. — Circ. des 22 juin 1821 et 24 janv. 1822. — Ces circulaires semblent encore applicables sous la loi de 1832.

202. — De même, et pour l'exécution du § 3 de l'art. 16 de la loi du 21 mars 1832, d'après lequel, dans le cas d'exemption pour infirmités, les hommes de l'art doivent être consultés, plusieurs médecins ou chirurgiens doivent être désignés à l'avance par le préfet, pour donner, lorsqu'ils en sont requis, leur avis sur les infirmités des jeunes gens dont le conseil ordonnera la visite.

203. — Les officiers de santé attachés à l'armée ayant une expérience pratique qui les met à portée de juger plus pertinemment de l'aptitude des hommes au service militaire, les préfets doivent désigner exclusivement pour assister les conseils de révision, tant pendant la tournée, que lors des opérations ultérieures de ces conseils aux chefs-lieux des départemens, ceux de ces officiers de santé qui pourront, sans nuire à leur service habituel, en être détachés pour ces opérations.

204. — Pour faciliter l'exécution de la décision qui précède, les membres de l'intendance chargés du recrutement doivent adresser, pour chaque levée, aux préfets la liste des officiers de santé militaires qui sont susceptibles d'être employés près des conseils de révision sans inconvénient pour le service. — Circ. du 5 juill. 1819. — Ils se concerteront, pour la formation de cet état, avec les chefs de corps ou commandans de département. — *Ibid.*

205. — A défaut d'un nombre suffisant d'officiers de santé en activité, ils peuvent porter sur

leur état des officiers de santé en retraite. — *Ibid*.

206. — Rien ne s'oppose à ce que les préfets amènent du chef-lieu du département un officier de santé, pour l'adjoindre à ceux qui se trouvent sur le lieu où le conseil de révision doit opérer. — Solut. donnée le 23 oct. 1818.

207. — A l'ouverture de chaque séance, il sera fait, entre les officiers de santé désignés par le préfet, un tirage pour l'indication de celui ou de ceux qui devront ce jour-là assister à la séance. — Instr. du 12 août 1818, art. 57.

208. — Diverses dispositions ont fixé la place que doivent occuper dans le conseil de révision les divers membres qui le composent. — V., à cet égard, instr. du 12 août 1818 sur les appels, art. 49; circ. min. de l'int. du 8 oct. 1818 et circ. min. de la guerre du 21 oct. 1818.

ART. 2. — *Tenue des séances. — Procès-verbaux.*

209. — Les séances du conseil de révision sont essentiellement publiques, surtout lorsqu'il s'agit de prononcer sur les opérations des maires et des sous-préfets et sur le sort des jeunes gens de la classe. — Circ. du 21 oct. 1818. — L'accès doit donc en être libre pour toutes les familles.

210. — Le président du conseil requerra un officier de gendarmerie et le nombre de gendarmes qu'il jugera nécessaires pour le maintien du bon ordre pendant la durée des séances. — Instr. du 12 août 1818 sur les appels, art. 58.

211. — Mais, d'après l'ordonnance du 29 oct. 1820, les gendarmes ne doivent être employés près du conseil de révision que pour assurer le bon ordre et prêter main-forte, au besoin, pour l'exécution de la loi. Toutefois, sur la demande du président du conseil, un gendarme pourra toujours être chargé de faire l'appel des jeunes gens convoqués. — Circ. des 12 août 1837 et 7 mai 1838; instr. du 18 mai 1840, art. 16.

212. — Lorsque les conseils de révision sont en séance, les fonctionnaires ainsi que le général de brigade ou l'officier supérieur membres de ces conseils doivent être revêtus du costume et des insignes extérieurs auxquels on peut reconnaître leur caractère public. — Circ. des 21 mai 1832, 12 mai 1833 et 12 août 1837.

213. — Cette prescription s'étend nécessairement aux sous-préfets, appelés par l'art. 15 de la loi à assister aux séances des conseils de révision, ainsi qu'aux maires appelés à ces séances soit pour donner des renseignemens sur les cas d'exemption ou de dispense allégués par les jeunes gens de leur commune, soit pour constater l'identité des individus. — *Ibid.*, art. 15.

214. — Les fonctions de rapporteur près le conseil de révision, lorsqu'il y a matière à discussion, doivent être exercées par les sous-préfets.

215. — Le préfet déléguera les fonctions de rapporteur pour l'arrondissement du chef-lieu du département à un conseiller de préfecture, lors même qu'il aurait présidé de sa personne à l'examen des tableaux et au tirage de cet arrondissement. — Circ. du 30 mai 1820.

216. — Il sera tenu des procès-verbaux des séances des conseils de révision. Le procès-verbal indiquera nominativement les membres présens à la séance, ainsi que les délibérations qui auront été prises. — Instr. sur les appels du 12 août 1818, art. 50.

217. — Ces procès-verbaux des séances des conseils doivent être inscrits sur un registre coté et paraphé par le préfet. — Circ. 11 juin 1819.

218. — Le procès-verbal doit être signé seulement par les membres du conseil présens à la séance. — *Ibid.*

219. — Les intendans et sous-intendans militaires, dont les fonctions peuvent être assimilées à celles des officiers du ministère public près les tribunaux, n'ont pas de signature à apposer aux procès-verbaux des séances, mais il est nécessaire que les procès-verbaux fassent mention de leur présence. — *Ibid.*

220. — Les observations de l'intendant ou du sous-intendant militaire tendant au rejet des hommes non susceptibles de faire un bon service, devront, s'il en fait la demande, être consignées au procès-verbal. — Instr. sur les appels du 12 août 1818, art. 72. — A cet effet ils les déposeront écrites sur le bureau, comme pièces à l'appui et pour que l'on puisse en justifier au besoin. — Décis. 25 oct. 1822.

221. — Lorsque le tirage au sort entre les officiers de santé (V. *suprà*, n° 207) n'a pu être exécuté, le procès-verbal de la séance doit en faire mention. — Solut. donnée le 19 juill. 1819.

ART. 3. — *Décisions des conseils. — Réclamations devant les tribunaux.*

222. — Aucune décision du conseil de révision n'est valable si quatre membres, au moins, n'y ont concouru, et si elle n'a passé à la majorité de trois voix. — Instr. sur les appels du 12 août 1818, art. 51. — L'officier supérieur, membre du conseil, doit toujours être présent à la délibération. — Solut. données les 9 mars 1820 et 8 juin 1821.

223. — Lorsque le conseil de révision aura à prendre une décision, il convient que les voix soient recueillies en commençant par les membres du rang le moins élevé, et en remontant dans cet ordre jusqu'au président, qui opinera le dernier. — Solut. donnée le 29 sept. 1822.

224. — L'opposition à une décision quelconque du conseil de révision par l'un des membres ne peut être mentionnée, sur sa demande, au procès-verbal, que du consentement de la majorité des membres du conseil. — Solut. données les 9 mars 1820 et 8 juin 1821.

225. — Les conseils de révision sont seuls juges de l'authenticité des documens produits comme preuve des droits des parties. — Circ. 14 août 1818.

226. — Les conseils de révision ne doivent pas suspendre leurs jugemens, sous le prétexte du silence de la loi. Les membres du conseil doivent chercher des solutions dans leurs propres lumières et dans leur conscience. — *Ibid.*

227. — Les décisions du conseil de révision sont définitives. — L. 21 mars 1832, art. 25.

228. — Le projet de loi du 21 mars 1832 autorisait le pourvoi en cassation, contre les décisions du conseil de révision, pour incompétence, excès de pouvoir et violation de la loi; mais cette disposition fut rejetée comme confondant les pouvoirs judiciaire et administratif, et comme apportant des retards et laissant de l'incertitude dans l'exécution de la loi. — Duvergier, t. 32, p. 96, note 1re.

229. — Lors de la discussion de ce projet, s'éleva la question de savoir si les décisions rendues en l'absence des parties seraient considérées comme étant rendues par défaut et, par conséquent, sujettes à révision par le conseil lui-même. Il fut répondu négativement. — Duvergier, *ibid.*

230. — Mais le pourvoi au Conseil d'Etat serait-il aussi non recevable? En pratique on le décide ainsi; toutefois, aucun texte positif n'établit cette fin de non-recevoir : nous pensons, en conséquence, que le principe qu'en général les décisions définitives des tribunaux administratifs peuvent être attaquées devant le Conseil d'Etat, surtout pour excès de pouvoir et pour incompétence, devrait être admis en cette matière comme en toute autre. — Duvergier, *loc. cit.*

231. — Dans tous les cas les jeunes gens de la classe ayant la faculté de faire valoir leurs réclamations jusqu'au jour de la clôture de la liste départementale du contingent, le conseil peut, jusqu'à ce jour, revenir sur ses décisions. — Circul. du 30 mai 1820.

232. — Il faut néanmoins que les rectifications ou modifications apportées aux décisions n'aient pas pour effet de laisser des vides dans le contingent, ou d'y faire entrer des numéros dont la libération aurait été définitivement prononcée après les examens faits dans les chefs-lieux de canton. — *Ibid.* — Les préfets doivent, dans les avis qu'ils publient, engager les jeunes gens à présenter leurs réclamations lors du tirage ou du moins lors des tournées du conseil de révision. Les conseils doivent examiner avec beaucoup de rigueur les réclamations tardives, si l'on n'allègue pas des motifs suffisans de retard. Cependant ils ne peuvent se refuser à l'examen de celles qui leur seraient adressées jusqu'à la clôture de la liste départementale du contingent. — Circ. du 11 juin 1819.

233. — Les conseils de révision ne peuvent après la clôture définitive de la liste du contingent, rétracter, dans les cas ordinaires de requête civile, les décisions qu'ils ont rendues avant cette clôture définitive. S'il intervient, après ladite clôture, des jugemens rendus par les tribunaux ordinaires, desquels il résulte qu'un jeune soldat a été indûment appelé ou immatriculé; ces jugemens ne peuvent donner lieu qu'à une demande en radiation des registres matricules de l'armée : demande qui ne peut être référée aux conseils de révision, et sur laquelle il n'appartient qu'au ministre de la guerre de statuer. — Avis du Conseil d'Etat rappelé dans la circulaire du 19 septembre 1823.

234. — Le principe qui veut que les décisions du conseil de révision soient définitives reçoit deux exceptions mentionnées dans les art. 26 et 27 de la loi du 21 mars 1832. Ce sont : 1° le cas où les jeunes gens désignés par leur numéro, pour faire partie du contingent cantonal, auront fait des réclamations dont l'admission ou le rejet dépendra de la décision à intervenir sur des questions judiciaires relatives à leur état ou à leurs droits civils; en ce cas, des jeunes gens en pareil nombre, suivant l'ordre du tirage, seront désignés pour suppléer ces réclamans s'il y a lieu. Ils ne seront appelés que dans le cas où par l'effet des décisions judiciaires les réclamans seraient définitivement libérés. — L. 21 mars 1832, art. 26.

235. — Le tribunal compétent est le tribunal de première instance du domicile de l'appelé. — Circ. min. de la justice du 7 juill. 1819.

236. — Ainsi, jugé qu'en matière de recrutement il appartient exclusivement aux tribunaux civils de connaître des questions qui se rattachent à l'état civil d'où peuvent dépendre des cas d'exemption. Telle est la demande d'un fils de veuve tendant uniquement à la constatation de sa primogéniture, sauf à lui à se pourvoir ensuite devant l'autorité administrative pour faire produire à sa qualité reconnue ses effets légaux. — *Toulouse*, 20 janv. 1844 (t. 2 1844, p. 207), préfet de la Haute-Garonne c. Serres.

237. — Mais les cas prévus par cet article 26 doivent être renfermés dans les questions relatives à l'état ou aux droits civils des appelés. — Circ. 19 juill. 1819. — Les tribunaux ne sont compétens que pour la solution de ces questions. Toutes les réclamations relatives à la formation des listes et à la libération leur sont étrangères. — Circ. min. de la justice du 7 juill. 1819. — Si des demandes de cette nature étaient portées devant eux, ils devraient se déclarer incompétens, sur la réquisition des substituts des procureurs généraux, ou ceux-ci devraient élever le conflit. — *Ibid.*

238. — Ainsi, jugé que les tribunaux ne sont pas compétens pour statuer, même par voie de conséquence, sur le point de savoir si un jeune homme appartient à telle ou telle classe de recrutement. La solution de cette question appartient exclusivement aux conseils de révision. — *Nîmes*, 15 janv. 1820, Alger c. Maurin; *Colmar*, 30 avril 1826, préfet du Bas-Rhin c. Herochell; *Cons. d'Etat*, 27 déc. 1820, Happ; 22 févr. 1826, Winter.

239. — Au surplus, l'art. 25 précité, n'attribuant pas aux décisions des conseils de révision un caractère définitif dans le cas de l'article 26, suppose toujours que le conseil de révision aura reconnu que le réclamant se trouve dans l'un des cas prévus par cet article. Si, donc, à tort, par excès de pouvoir, le conseil juge une question que la loi réserve aux tribunaux, on pourra toujours se demander s'il y a quelque voie pour faire casser cette décision et quelle est cette voie. — M. Duvergier (*loc. cit.*) fait remarquer que la loi ne résout pas cette question. Ne serait-ce pas le cas du recours au Conseil d'Etat?

240. — Dans le cas où il y aurait lieu à recourir à des enquêtes pour constater l'âge des individus, les conseils de révision devront se conformer aux règles indiquées pour celles à faire par les maires. — V. *suprà*, n° 69. — Circ. du 19 juill. 1819.

241. — Les questions ainsi soumises aux tribunaux doivent être jugées contradictoirement avec le préfet, à la requête de la partie la plus diligente. — L. 21 mars 1832, art. 26, § 2.

242. — Le préfet étant le défenseur naturel des intérêts de l'administration, c'est lui qui doit *défendre* aux réclamations des jeunes gens qui élèvent des questions sur leur état ou leurs droits civils. — *Ibid.* — Il doit, aussitôt qu'il a connaissance d'une question judiciaire élevée par un jeune homme de la classe, le faire assigner devant le tribunal, s'il juge qu'il y ait lieu à contestation. — *Ibid.*

243. — Il doit être reçu, sur toutes les demandes concernant le recrutement, à défendre par simple mémoire qu'il adresse au ministère public, sans assistance d'avoué. — Circ. du min. de la justice du 7 juill. 1819.

244. — Pour abréger le temps et diminuer les frais, et à l'exemple de ce qui a été établi pour les causes qui intéressent le gouvernement, les jugemens en pareille matière doivent contenir seulement les conclusions, les motifs et les dis-

positions, sans que les mémoires puissent y être insérés. Les motifs doivent également être exprimés avec concision. — *Ibid.*

245. — Les parties peuvent même se faire délivrer par simple extrait le dispositif des jugemens interlocutoires; et s'il y a lieu à enquêtes, elles sont mises en minute sous les yeux des juges. — *Ibid.*

246. — Le pourvoi devant les tribunaux doit, autant que possible, être formé avant le jour fixé pour la clôture. — *Ibid.*

247. — Jugé que lorsque pour obtenir son exemption du service militaire un jeune homme offre, à défaut d'acte de l'état civil, de prouver par témoins que son père est âgé de soixante-dix ans, c'est là une question judiciaire, sur l'état de ce jeune homme, dans le sens de l'art. 16, alin. 2e, l. 10 mars 1818; que, dès lors, le préfet, qui aurait le droit d'intervenir dans le débat, ou de former tierce opposition au jugement, a qualité pour défendre dans l'instance. — *Cass.*, 6 mars 1827, Delsol.

248. — Celui qui par suite de l'exemption d'un jeune homme désigné par le sort pour faire partie du contingent, se trouve obligé de partir en sa place, a qualité pour saisir les tribunaux de la question de savoir si l'acte de naissance produit par ce dernier pour motiver son exemption est réellement applicable. — *Nîmes*, 15 janv. 1820, Alger c. Maurin.

249. — Les tribunaux doivent prononcer la nullité des décisions du conseil de révision, qui, par suite de la production de pièces fausses, a exempté un individu du service militaire. — *Cass.*, 17 juill. 1837 (t. 1er 1838, p. 220), Mouméja.

250. — En pareille matière, les tribunaux doivent statuer sans délai, le ministère public entendu, sauf appel (L. 21 mars 1832, art. 26, § 3). — Il est évident qu'ici le recours en cassation serait de droit (V. *suprà* nos 227 et suiv.). — Duvergier, t. 32, p. 96, note 2.

251. — Il serait donc du devoir des préfets d'appeler d'un jugement qui leur paraîtrait défectueux et qui serait préjudiciable au recrutement de l'armée. — Décis. du 20 mai 1818.

252. — Les appels doivent être portés à l'audience, sur simple acte et sans autre procédure. — *Ibid.*

253. — La partie qui succombe doit être condamnée aux dépens, qui ne devront guère consister qu'en simples déboursés. — *Ibid.*

254. — Mais le préfet ne peut être condamné en l'amende et aux dépens lorsqu'il plaide non comme partie, mais comme fonctionnaire de l'ordre administratif, agissant dans l'intérêt général et pour l'exécution des lois, par exemple pour l'accomplissement des formes et conditions prescrites par la législation relative au recrutement de l'armée. — *Cass.*, 10 nov. 1845 (t. 2 1845, p. 596), préfet des Landes c. Parlarieu. — V., sur ce principe, vo FRAIS ET DÉPENS (mat. civ.), nos 159 et suiv.; et ÉLECTIONS LÉGISLATIVES.

255. — ... 2o La seconde exception à l'irrévocabilité des décisions en matière de recrutement résulte de l'art. 27. — La disposition de l'art. 26, porte l'art. 27, relative aux jeunes gens appelés conditionnellement, sera également appliquée lorsqu'aux termes de l'art. 41 de la même loi, des jeunes gens auront été déférés aux tribunaux comme prévenus de s'être rendus impropres au service, lorsque le conseil de révision aura accordé un délai pour production de pièces justificatives ou pour cas d'absence, lequel délai ne pourra excéder vingt jours. — L. 21 mars 1832, art. 27.

256. — Sous l'empire de la loi du 10 mars 1818, aucun délai ne pouvait être accordé aux jeunes gens convoqués pour produire les pièces qu'ils n'avaient pu se procurer au moment de l'examen. Le conseil de révision ne pouvant différer sa décision, il était arrivé fort souvent que des jeunes gens compris définitivement dans le contingent de leur canton avaient, peu de jours après, prouvé que leurs réclamations étaient fondées. Le mal était irréparable; car c'était légalement que ces jeunes gens étaient appelés, puisqu'ils n'avaient point justifié de leurs droits en temps utile. Cet inconvénient est devenu bien moins fréquent depuis que le conseil de révision peut accorder des délais et retarder même de vingt jours sa décision définitive.

257. — L'art. 18 de l'ancienne loi exigeait qu'il fût procédé à l'égard des absens *comme s'ils étaient présens;* mais cette disposition était devenue une source d'abus. Si, en effet, le jeune homme ainsi absent et compris dans le contingent était réellement impropre au service et qu'il se présentât ensuite, il faisait constater son infirmité et ainsi un homme était perdu pour l'armée. L'absence de quelques jeunes gens ayant de faibles numéros pouvait aussi être le fait de combinaisons intéressées de la part de ceux ayant des numéros plus élevés. C'est cet abus que la loi nouvelle a cherché à combattre en permettant d'accorder un délai, en cas d'absence.

258. — Les conseils de révision ne peuvent ajourner et envoyer à l'hôpital les individus malades ou atteints d'infirmités, attendu que la loi n'autorise aucun ajournement, lorsqu'il n'y a pas intervention des tribunaux ou qu'un délai n'est pas accordé pour production de pièces. — Instr. 18 mai 1840, art. 25.

259. — On ne doit pas attendre non plus, pour prononcer sur les absens, jusqu'à la clôture de la liste départementale, puisque l'art. 16 de la loi ordonne que, si ces hommes *n'obtiennent pas un délai, il soit procédé à leur égard comme s'ils étaient présens;* et qu'en admettant ce délai, le conseil doit prononcer dès l'instant où *il est expiré :* c'est-à-dire, au plus tard, le vingt-unième jour. — Instr. 18 mai 1840, art. 26.

260. — La durée du délai que le conseil de révision peut accorder est limitée à vingt jours. Il a paru au législateur que cette limite devait satisfaire à toutes les exigences. Il n'eût pas été juste, du reste, de tenir en suspens, sur leur sort à venir, le plus ou moins grand nombre de jeunes gens qui seraient inscrits conditionnellement sur la liste cantonale pour le compte des absens. — Instr. 30 mars 1832 sur l'art. 27 loi du 21 mars 1832.

261. — Lorsqu'il y a lieu de statuer définitivement sur les jeunes gens légalement *ajournés*, les conseils de révision doivent s'entourer de tous les renseignemens propres à constater l'identité des individus et à empêcher toute substitution frauduleuse de personnes. — Instr. 18 mai 1840, art. 27.

262. — Si, hors le cas de recours aux tribunaux, des jeunes gens ont des demandes à faire à l'autorité supérieure, par suite des décisions qui ont été prises à leur égard; ils doivent présenter ces demandes au conseil de révision, qui les transmet, avec son avis particulier, au ministre de la guerre. — Circ. 4 mars 1820.

Sect. 2e. — *Convocation des jeunes gens devant le conseil de révision.*

263. — Les jeunes gens, qui, d'après leurs numéros, peuvent être appelés à faire partie du contingent, sont convoqués, examinés et entendus par le conseil de révision. — S'ils ne se rendent point à la convocation, ou s'ils ne se font pas représenter, ou s'ils n'obtiennent pas un délai, il est procédé comme s'ils étaient présens. — L. 21 mars 1832, art. 16, § 1er et 2.

264. — Les préfets doivent faire convoquer devant le conseil de révision le nombre de jeunes gens qu'il sera nécessaire d'examiner pour parvenir à l'entière formation du contingent, et calculer ce nombre de manière que les exemptions que ce conseil pourra avoir à prononcer ne mettent point dans la nécessité d'ordonner des convocations supplémentaires. — Instr. 18 mai 1840, art. 3.

265. — Les jeunes gens qui devront comparaître devant le conseil de révision sont convoqués par des ordres individuels conformes au modèle adopté. Les préfets doivent rappeler combien il importe aux familles que ces ordres *soient expédiés sans retard par les sous-préfets, et remis par les maires dès leur réception.* — Circ. 21 mai 1832.

266. — Aux termes de l'art. 46 instr. 12 août 1818 sur les appels, les ordres de convocation devaient rappeler les pièces que chacun doit produire. Cette prescription était pleine de sagesse et les préfets feraient bien de s'y conformer encore aujourd'hui.

267. — Pour faciliter la convocation des jeunes gens devant le conseil de révision, ce conseil doit se transporter dans les divers cantons; toutefois, suivant les localités, le préfet peut réunir dans le même lieu plusieurs cantons pour les opérations du conseil. — L. 21 mars 1832, art. 15.

268. — Les préfets règlent les itinéraires de manière que, suivant le vœu de la loi, les conseils de révision se transportent, autant que possible, dans tous les cantons, afin d'éviter aux populations des déplacemens qui ne seraient pas absolument nécessaires. — Circ. 21 mai 1832, 12 mai 1833, 25 juin 1834, 1er juill. 1839 et 11 juill. 1846.

269. — C'est seulement lorsque le conseil a achevé sa tournée qu'il doit continuer sa session au chef-lieu du département, jusqu'au jour fixé pour la clôture de ses opérations. — Circ. 3 oct. 1818.

Sect. 3e. — *Opérations du conseil de révision.*

ART. 1er. — *Révision des tableaux de recensement et de la liste du tirage.*

270. — L'instruction du 18 mai 1840 ne parle pas de la révision des tableaux de recensement et de la liste du tirage. Il convient dès lors de se reporter à l'instruction sur les appels du 12 mai 1818, d'après laquelle le conseil de révision, réuni en séance publique, jour et lieu indiqués par son itinéraire, doit se faire représenter, pour le canton dont il a à examiner les jeunes gens, les procès-verbaux des sous-préfets, les tableaux de recensement et la liste du tirage, les renseignemens recueillis sur les absens et sur les omis, vérifier les inscriptions, prononcer sur les réclamations y relatives, et prendre les mesures nécessaires pour que les omissions faites sur les tableaux puissent être réparées sur les tableaux de la classe suivante. — Instr. sur les appels du 12 août 1818, art. 62, 63 et 64.

271. — Ainsi qu'on l'a vu (*suprà* no 148) : tout jeune homme qui n'appartient pas à la classe par son âge doit, s'il n'a pas été inscrit comme omis des classes précédentes, être rayé des tableaux de recensement, quel que soit son numéro de tirage et soit qu'il ait ou non formé des réclamations. — Décis. 23 juill. et 18 août 1819.

272. — Le conseil de révision vérifiera, dans son travail, si l'existence des jeunes gens inscrits aux tableaux de recensement est notoire, et il fera rayer tous ceux qui y auraient été indûment portés. — Circ. 14 août 1818-4 mai 1819, décis. 25 nov. 1818.

273. — Il doit aussi donner une attention particulière aux réclamations qui se liant à des questions d'état, seraient de nature à être en définitive portées devant les tribunaux (V. *suprà* nos 235 et suiv.). — Lett. 14 déc. 1824.

ART. 2. — *Visite des jeunes gens. — Exemptions et dispenses.*

§ 1er. — *Visite des jeunes gens.*

274. — Les conseils de révision doivent avoir soin de faire remarquer aux jeunes gens qu'il est de leur propre intérêt de se laisser visiter par les officiers de santé; car il est arrivé souvent que des jeunes gens qui n'alléguaient aucun motif d'infirmités ont été reconnus, après la visite, avoir des droits à l'exemption pour faiblesse de constitution, vice de conformation, etc., etc. — Instr. 18 mai 1840, art. 17.

275. — Les jeunes gens appelés devant le conseil sont examinés dans l'ordre de leur inscription sur la liste du tirage. — Instr. sur les appels du 12 août 1818, art. 65.

276. — Il n'est procédé à la visite pour la vérification des infirmités des jeunes gens convoqués devant le conseil de révision qu'après que le conseil a reconnu qu'ils n'ont pas droit à la dispense ou à l'exemption pour les motifs spécifiés aux § 3, 4, 5 et 6 de l'art. 13 de la loi de 1832. — *Ibid.*, art. 71.

277. — Les jeunes gens ne sont visités qu'à huis clos, afin qu'ils soient tenus à l'abri d'une curiosité indiscrète. Toutefois, un ou plusieurs membres du conseil de révision peuvent toujours assister à cette visite; et le président du conseil peut même permettre l'entrée du lieu réservé pour cette opération au maire de la commune ainsi qu'au père ou tuteur du jeune homme examiné, mais cette faculté ne saurait être réclamée par d'autres personnes : attendu que, si les séances des conseils de révision sont publiques, il ne faut pas confondre la salle où se tiennent ces séances avec le lieu où, lorsque la décence l'exige, les conseils font visiter à huis clos les jeunes gens. — Instr. 18 mai 1840, art. 18. — Mais l'avis de l'officier de santé doit toujours être lu en public. — Instr. sur les appels du 12 août 1818, art. 70.

278. — D'après la loi, il appartient au conseil de révision de déterminer, suivant les circonstances, le mode de visite des jeunes gens qui sont convoqués devant lui; ainsi ce conseil, en vertu de son pouvoir discrétionnaire, peut ap-

pliquer l'exemption à un individu absent dont l'inaptitude lui paraît suffisamment établie, tant par les pièces produites pour cet individu, que par les renseignemens que, de son côté, l'administration locale a pu prendre d'office. Cependant, afin d'éviter l'abus et la fraude, le conseil ne doit user de cette faculté qu'avec beaucoup de réserve, et dans des cas qui sont de notoriété publique, ou sur lesquels les justifications ne laissent aucune incertitude. — Instr. 18 mai 1840, art. 19.

279. — La taille des jeunes gens doit être reconnue devant le conseil de révision, au moyen de mesures établies conformément aux lois. — Circul. 21 mai 1832, 12 août 1837, 7 mai 1838; instr. 18 mai 1840, art. 20.

280. — Les jeunes gens doivent être toisés par les sous-officiers dont le capitaine de recrutement doit avoir soin de se faire accompagner, ou bien par un préposé : tel que sergent de ville, garçon de salle, garde champêtre ou autre. La désignation de ce préposé est faite par le préfet. — Un gendarme doit, sur la réquisition de l'autorité civile, se tenir toujours près de la toise, pour, au besoin, prêter force et assistance. — Décision du 7 août 1820, circ. du 22 juin 1821.

281. — Le signalement des hommes désignés pour faire partie du contingent, doit être inscrit exactement et avec soin sur la liste départementale du contingent. — Circ. du 6 avril 1821.

§ 2. — *Exemptions et dispenses.*

282. — Les art. 13 et 14 de la loi du 21 mars 1832 déterminent quelles sont, pour les appelés, les causes d'exemption ou de dispense du service militaire.

283. — L'exemption ne doit pas être confondue avec la dispense, dont elle diffère sous plusieurs rapports. D'abord, l'*exemption* prévue par l'art. 13 de la loi est absolue et définitive; tandis que la *dispense*, qui fait l'objet de l'art. 14, peut n'être que transitoire: puisqu'elle met celui qui l'obtient dans le cas d'être repris pour le service militaire, s'il abandonne cette position avant la libération de sa classe. En conséquence, l'exemption doit être appliquée de préférence à la dispense aux jeunes gens qui ont, en même temps, des droits à l'une et à l'autre. Par l'ordre dans lequel sont placées les dispositions de la loi, les conseils de révision sont d'ailleurs appelés à statuer d'abord sur les *exemptions* avant d'examiner les *dispenses*. — Instr. 18 mai 1840, art. 28.

284. — Toutefois, par des considérations qu'il est facile de concevoir, on n'exige point dans l'usage que les *élèves ecclésiastiques* qui ne sont que *dispensés* soient soumis à la visite préalable pour cause d'infirmités, à moins, bien entendu, que, dans leur propre intérêt, ils ne demandent eux-mêmes à la subir.

285. — Dans l'intérêt de l'armée et du Trésor et aussi dans l'intérêt de la population elle-même, les conseils de révision doivent prononcer l'exemption de tout homme qui n'est pas évidemment propre à faire un bon service. — Circ. des 11 juill. 1836, 12 août 1837, 7 mai 1838, 1er juill. 1839; instr. 18 mai 1840, art. 43.

286. — Doivent être exemptés et remplacés dans l'ordre des numéros subséquens (art. 13, § 1er et 2 L. 21 mars 1832) les jeunes gens que leur numéro désigne pour faire partie du contingent et qui se trouvent dans un des cas suivans, savoir : 1° ceux qui n'ont pas la taille d'*un mètre cinquante-six centimètres*.

287. — Le conseil de révision ne doit dispenser de comparaître pour être toisés en séance, que les jeunes gens qui déjà toisés publiquement, par les soins du sous-préfet, auront, sans réclamation, été reconnus ne pas avoir la taille. — Solut. donnée le 25 nov. 1820.

288. — ... 2° Ceux que leurs infirmités rendent impropres au service. — L. 21 mars 1832, art. 13, § 3. — Dans ce cas, les gens de l'art doivent être consultés. — Même loi, art. 16, § 3. — Du reste, le conseil n'est point tenu de déférer aux avis des officiers de santé. Il doit considérer ces avis comme de simples renseignemens susceptibles d'entrer dans les motifs de sa détermination. — Solut. donnée le 20 janv. 1819.

289. — Les conseils de révision ont besoin pour éviter la fraude de se tenir toujours en garde. Une circulaire du 31 mars 1843 invite les conseils de révision, dans le cas où l'infirmité n'étant pas apparente peut être facilement dissimulée, à accorder toujours des délais, conformément à l'art. 27 de la loi du 21 mars 1832, et à faire procéder, pendant ces délais, à des investigations scrupuleuses et même, au besoin, à des enquêtes sur les lieux afin d'être éclairés complétement sur la réalité des infirmités alléguées.

290. — Une instruction du 14 nov. 1845 sert de guide aux officiers de santé dans l'appréciation des causes qui rendent impropre au service.

291. — Lorsqu'un jeune homme réclame devant le conseil de révision l'exemption pour cause d'infirmités, le conseil doit s'assurer que le sujet qui se présente est bien celui qui a été convoqué et, à cet effet, consulter la notoriété publique. S'il reste le moindre doute, l'exemption n'est prononcée qu'autant que le maire de la commune ou un adjoint ou, à défaut de ces fonctionnaires, deux témoins domiciliés dans le canton auquel le réclamant appartient ou dans l'endroit où siége le conseil de révision certifient l'identité. — Cette formalité doit être observée, quand même le réclamant serait examiné par un conseil de révision autre que celui de son domicile. — Circ. du 16 mars 1821. — Les préfets doivent faire observer à leurs administrés que des déclarations mensongères concernant l'identité les exposeraient à toute la rigueur du Code pénal. — *Ibid.*

292. — La loi devant être appliquée dans le sens le plus favorable aux intérêts des appelés, celui qui se trouve avoir, tout à la fois, des droits à l'exemption : 1° pour infirmités, 2° pour défaut de taille ou l'un des autres cas prévus à l'art. 13 de la loi, doit être exempté de préférence pour *infirmités* : attendu que cette espèce d'exemption ne donnerait pas lieu à la déduction prescrite par l'avant-dernier paragraphe de l'art. 13 précité, pour le cas où un autre membre de la même famille acquerrait de nouveaux droits au bénéfice de cet article. — Circul. des 11 juill. 1836, 12 août 1837, 7 mai 1838, 1er juill. 1839. — Instr. 18 mai 1840, art. 44.

293. — Lorsqu'un engagé volontaire, déjà renvoyé dans ses foyers pour inaptitude au service, ou réformé pour infirmités, a concouru au tirage comme appartenant à la classe; si son numéro le place dans le contingent, le conseil de révision doit le classer parmi les dispensés. Dans le cas où l'acte d'engagement n'aurait pas été annulé, il restera, comme engagé, à la disposition de l'autorité militaire. — Solut. des 11 juin 1819 et 24 juin 1822.

294. — ... 3° L'aîné d'orphelins de père et mère. — L. 21 mars 1838, art. 13, § 4.

295. — L'exemption à titre d'*aîné d'orphelins* doit être accordée au jeune homme qui, ayant des sœurs plus âgées que lui, *a encore un ou plusieurs frères, ou une ou plusieurs sœurs, au-dessous de son âge; s'il n'a ni frère ni sœur moins âgés que lui*, l'exemption n'est pas due. Afin de prévenir toute erreur à cet égard, le certificat destiné à justifier du droit à l'exemption dans le cas dont il s'agit doit relater, avec les noms et prénoms (§ 1er), la date de la naissance des frères et sœurs du jeune homme qui réclame l'exemption. — Circ. des 11 juin 1819, 21 mai 1832 et 7 mai 1838. — On ne peut exempter un orphelin qui est enfant unique. — Circ. du 11 juin 1819.

296. — On ne peut non plus regarder comme aîné d'orphelins, l'orphelin dont les frères du côté paternel ont encore leur mère. — Solut. donnée le 7 juin 1819. — Mais cette solution n'est applicable que dans le cas où il n'existe pas plusieurs enfans du premier lit; en conséquence, quand un jeune homme, dont le père est mort après un second mariage, réclame l'exemption comme aîné d'orphelins nés du premier mariage, l'existence de la seconde femme de son père ne peut lui être opposée, et ce jeune homme doit être exempté. — Circ. du 19 sept. 1823.

297. — L'aîné d'orphelins est exempté quand même il n'aurait qu'un seul frère ou une seule sœur moins âgée que lui. — Solut. donnée le 25 sept. 1818. — Et quand même ses sœurs plus jeunes que lui seraient mariées. — Solut. donnée le 22 juin 1819.

298. — Aucune extension ne pouvant, au surplus, être donnée aux exemptions accordées par la loi; un orphelin qui aurait un frère aîné infirme ou interdit pour cause de démence, ne peut, en considération de cette infirmité, être admis à l'exemption. — Solut. donnée le 4 janv. 1819.

299. — ... 4° Le fils unique ou l'aîné des fils ou, à défaut de fils ou de gendre, le petit-fils unique ou l'aîné des petits-fils d'une femme actuellement veuve ou d'un père aveugle ou entré dans sa soixante-dixième année. — L. 21 mars 1832, art. 13, § 4. — Dans les cas prévus par les § 3 et 4, dit le même article, le frère puîné jouira de l'exemption, si le frère aîné est aveugle ou atteint de toute autre infirmité incurable qui le rende impotent. — L. 21 mars 1832, art. 13.

300. — Lors de la discussion, on fit remarquer qu'il n'était point juste d'appliquer ce cas d'exemption aux jeunes gens appartenant à des familles riches; et la Chambre des députés avait adopté une disposition ainsi conçue : « Lorsqu'il pourra justifier qu'il pourvoit par son travail à la subsistance de sa famille et qu'il lui est absolument nécessaire. » Mais la Chambre des pairs, sur l'avis de sa commission, pensa que le mode de justification serait sujet à beaucoup d'inconvéniens, et qu'il fallait, d'ailleurs, maintenir l'égalité de la loi pour tous. — Duvergier, t. 32, p. 92, note 3.

301. — La loi de 1832 n'accorde plus, comme celle de 1818, l'exemption au petit-fils unique ou à l'aîné des petits-fils d'une femme veuve, d'un père aveugle ou d'un vieillard septuagénaire, lorsqu'il y a un gendre vivant. Elle a aussi expliqué en termes plus précis ce qu'il faut entendre par vieillard septuagénaire, en disant que le père doit être entré dans sa soixante-dixième année. — Instr. 30 mars 1832 sur l'art. 13 de la loi du 21 mars 1832.

302. — Dans l'état actuel de la législation, la mort civile ne peut, dans aucun cas, donner ouverture, sous le rapport du recrutement, aux mêmes droits que la mort naturelle; ainsi, l'exemption ne doit pas être accordée : 1° au fils unique ou à l'aîné des fils d'une femme dont le mari est frappé de mort civile, attendu que, dans ce cas, la femme n'a point la qualité de veuve, qualité qui ne lui serait acquise que par la mort naturelle de son mari, et qu'aux termes de l'art. 13 de la loi (§ 4) il faut être fils d'une femme actuellement veuve pour avoir droit à l'exemption; 2° au second des fils d'une femme actuellement veuve lorsque l'aîné de ses fils a encouru une condamnation emportant mort civile, parce que l'exemption n'est due qu'à l'aîné des fils et que la mort civile, sans enlever à celui-ci cette qualité, ne peut produire d'autres effets que ceux définis par le Code civil. — Circ. 7 mai 1838; instr. mai 1840, art. 46.

303. — Si les enfans d'un même père décédé sont nés de mères différentes; ils doivent être considérés comme étant de familles différentes, quand le fils unique ou l'aîné des enfans du dernier lit réclame l'exemption comme fils de veuve. — Solut. données les 27 juin et 18 sept. 1820.

304. — De même, les femmes des militaires disparus aux armées ne peuvent être considérées comme veuves; à moins qu'elles ne justifient de la perte de leurs maris, suivant les formes établies par le Code civil. — Solut. donnée le 20 août 1819.

305. — L'exemption ne serait point applicable au fils puîné d'une veuve, lors même que l'aîné serait infirme. — Solut. donnée le 25 nov. 1818.

306. — Mais elle est applicable au petit-fils de veuve, soit que l'aïeule appartienne à la ligne paternelle ou maternelle. — Solut. donnée le 25 oct. 1818.

307. — Par des motifs exprimés dans la solution donnée le 4 janvier 1819 (V. *suprà*, n° 298), on ne peut admettre à l'exemption le fils ou petit-fils d'un vieillard non septuagénaire, ni aveugle, quelle que soit, d'ailleurs, la position de ce vieillard. — Circ. 11 juin 1819.

308. — Une solution du 12 janv. 1824 a aussi décidé qu'un jeune homme a droit à obtenir l'exemption comme fils de veuve ou de vieillard septuagénaire, bien que cette veuve ou ce vieillard subisse une peine infamante; mais qu'il n'y a pas droit, lorsque cette peine entraîne la mort civile. — Cette dernière partie de la solution nous paraît fort controversable; on ne voit, en effet, rien dans la loi qui autorise cet effet donné à la mort civile.

309. — Si les causes d'exemption n'existent pas au moment de l'appel, et ne surviennent que postérieurement au départ du jeune soldat; elles ne l'affranchiront pas du service, à moins, bien entendu, qu'il ne soit réformé au régiment. Le texte est formel. D'ailleurs, M. Couturier présenta à la Chambre des députés, pour faire produire leur effet aux causes d'exemptions survenues depuis le départ, un amendement qui fut rejeté. — Duvergier, t. 32, p. 92, note 1re et 3.

310. — L'exemption doit être accordée aux *enfans naturels* qui se trouvent dans les cas prévus par les paragraphes numérotés 3, 4, 5, 6 et 7 de l'art. 13 de la loi, lorsque ces jeunes gens ont été *reconnus* : car l'article précité ne fait aucune distinction entre les frères *naturels* et les frères *légitimes*; et le Code civil, dans plusieurs de ses dispositions, notamment dans l'art. 756 (titre *Des successions*), désigne comme *frères naturels* les enfans

naturels *légalement reconnus*. — Circ. 12 août 1837 ; instr. 18 mai 1840, art. 47.

311. — Les infirmités du frère aîné qui donnent droit à l'exemption du frère puîné dans les cas indiqués au paragraphe numéroté 4° de l'article 13 de la loi du 21 mars 1832 doivent, comme toutes celles qui procurent l'exemption à titre d'infirmités, être constatées, aux termes de l'art. 16 de la même loi, par un examen des gens de l'art, devant le conseil de révision. Toutefois, s'il arrivait que l'infirmité du frère aîné ne permît pas qu'il se présentât en personne, sa position serait alors constatée au moyen d'une enquête et par une visite d'officier de santé faite à domicile. — Circ. 21 mai 1832 ; *ibid.*, art. 48.

312. — ... 5° Le plus âgé de deux frères appelés à faire partie du même tirage et désignés tous deux par le sort, si le plus jeune est reconnu propre au service. — L. 21 mars 1832, art. 13, § 7.

313. — Les dispositions de ce paragraphe de l'art. 13 étant absolues ; le plus âgé des frères concourant au même tirage est exempté, lors même que, dans la famille, il y aurait eu un frère aîné admis à l'exemption pour d'autres motifs que pour infirmités. — Solut. du 1er avril 1825.

314. — Lorsque deux frères concourant au même tirage sont jumeaux, et que les actes de naissance établissent un rapport d'antériorité ; l'exemption est acquise à celui qui a vu le jour le premier. Si les actes de naissance n'établissent pas ce rapport, il y a lieu d'exempter celui qui, ayant le numéro le plus élevé, est fondé à se prévaloir de l'appel déjà fait du numéro de son frère. — Circ. du 11 juin 1819.

315. — Si l'un des deux frères ayant concouru au même tirage, et désignés tous deux pour le contingent, se fait remplacer, l'autre frère n'a pas droit à l'exemption. — *Ibid.*

316. — Cependant, si l'exemption avait été accordée avant que le remplacement eût été admis ; elle ne pourrait plus être retirée, attendu qu'aux termes de la loi les exemptions sont, de leur essence, absolues et définitives. — Du reste, cette exemption n'invaliderait aucunement les droits que viendrait ensuite à faire valoir le remplaçant pour l'application, en faveur d'un de ses frères, des dispositions de l'art. 13 de la loi.

317. — ... 6° Celui dont un frère sera sous les drapeaux à tout autre titre que pour remplacement. — L. 21 mars 1832, art. 13, § 8. — Il faut ajouter : et que pour engagement volontaire de deux ans. — Même loi, art. 33.

318. — Le militaire en activité de service qui a remplacé son frère aîné, ne peut conférer l'exemption à un autre de ses frères : attendu que le § numéroté 6° de l'art. 13 s'oppose formellement à ce qu'un remplaçant quelconque sous les drapeaux puisse donner lieu à un semblable droit. — Instr. 18 mai 1840, art. 53.

319. — Cette exemption s'applique, du reste, quel que soit le rang qu'occupe dans l'armée le frère de l'appelé, qu'il soit soldat, sous-officier ou officier. — Explication donnée à la Chambre des pairs lors de la discussion de la loi de 1832.

320. — Sur la question de savoir quels sont les militaires qui, dans l'application du § 6 de l'article 13, sont considérés comme étant sous les drapeaux, V. l'instruction du 16 mai 1840, art. 49. — A la nomenclature faite dans cette instruction, il convient d'ajouter : 1° Les officiers d'administration des services des hôpitaux, du campement et de l'habillement désignés dans l'art. 26 de la loi du 19 mai 1834 sur l'état des officiers ; 2° les officiers entretenus des services administratifs de la marine, auxquels est également applicable l'art. 24 de la loi du 19 mai 1834 ; 3° les ingénieurs hydrographes. — Circ. du 29 mars 1842, instr. du 12 avr. 1847.

321. — Afin de lever tous les doutes sur la position des jeunes gens appelés à l'activité dont les frères demandent à être exemptés en vertu du paragraphe n° 6 de l'art. 13 de la loi du 21 mars 1832, les sous-intendans militaires chargés du recrutement doivent adresser tous les mois, aux préfets, un état destiné à faire connaître si ces jeunes soldats ont éprouvé des mutations en route et particulièrement s'ils ont été incorporés ou s'ils ont été signalés comme déserteurs. — Circ. du 18 août 1830.

322. — Un jeune homme qui réclame l'exemption comme ayant un frère appelé à l'activité ou enrôlé volontairement, n'est pas tenu de prouver que ce frère n'est point en état de désertion. Mais si les documens qui sont transmis officiellement au préfet ont établi l'état de désertion, c'est au réclamant à fournir la preuve que cet état de désertion n'existe plus. — Solut. données les 16 et 23 juill. 1819.

323. — L'exemption prévue par l'art. 13-§ 6 de la loi sur le recrutement au profit de celui qui a un frère sous les drapeaux à tout autre titre que celui de remplaçant, ne peut être assimilée aux cas d'incapacité qui tiennent à l'ordre public : en conséquence, elle doit être réclamée et justifiée devant le conseil de révision ; et l'incorporé qui est poursuivi plus tard pour délit militaire n'est plus recevable à en exciper pour décliner la juridiction militaire ou se pourvoir en cassation contre sa décision. — *Cass.*, 23 juin 1842 (t. 2 1842, p. 211), Collet.

324. — ... 7° Celui dont un frère sera mort en activité de service, ou aura été réformé ou admis à la retraite pour blessures reçues dans un service commandé ou infirmités contractées dans les armées de terre ou de mer. — L. 21 mars 1832, art. 13, § 7.

325. — Sous le titre des dispositions transitoires, la loi de 1832 a admis à jouir de cette exemption les jeunes gens dont les frères sont morts dans les journées de juillet 1830 ou ont reçu des blessures qui les rendent incapables de servir dans l'armée.

326. — De même, un décret du Gouvernement provisoire du 1er avr. 1848 porte : « Tout Français qui, en combattant pour la liberté dans les journées de février 1848, est mort ou a reçu des blessures qui le rendent incapable de servir dans l'armée, donnera droit pour son frère ou celui de ses frères qui serait appelé par la loi du recrutement à l'exemption accordée par l'art. 13-§ 7 de la loi du 21 mars 1832 à celui dont le frère est mort en activité de service ou a été admis à la retraite pour blessures reçues dans un service commandé.

327. — Relativement aux militaires morts en activité de service, il est inutile de dire que ceux qui, au moment de leur décès, étaient présens à leurs corps, ou dans les hôpitaux ou en détachement, sont dans les termes de la loi et procurent à leur frère le droit à l'exemption ; mais il est des positions qui, hors de ces cas, peuvent faire naître des doutes. — V., à cet égard, le tableau renfermé dans l'art. 50 de l'instruction du 16 mai 1840.

328. — Un jeune homme qui réclame l'exemption comme ayant un frère disparu aux armées, peut, à défaut d'un acte de décès ou du certificat du conseil d'administration attestant le décès, établir ses droits en produisant un extrait des registres matricules du corps, dûment certifié et légalisé ou un certificat de l'autorité compétente constatant que son frère était sous les drapeaux lorsqu'il a disparu et qu'il n'a été signalé ni comme déserteur, ni comme prévenu de désertion, ou bien, s'il y a impossibilité absolue de se procurer l'une ou l'autre de ces pièces, en produisant un certificat du maire de la commune signé de trois habitans du canton, pères de jeunes gens soumis aux chances de l'appel ou déjà appelés, constatant que ce frère était sous les drapeaux quand il a cessé de donner de ses nouvelles et qu'il a disparu ; qu'aucun acte ou avis public ou particulier n'a fait connaître qu'il eût été signalé comme déserteur ou prévenu de désertion et qu'on ignore ce qu'il est devenu. — Circ. 15 oct. 1818.

329. — D'après le n° 35 de l'instr. du 3 mai 1844, relative à la délivrance des congés de réforme : les hommes de la réserve, susceptibles de conférer le droit à l'exemption à leur frère, doivent être préalablement visités par les commissions départementales, afin d'éviter qu'ils puissent ouvrir leur droit lorsque, *affectés d'infirmités contractées hors des armées de terre et de mer, et de nature à entraîner leur réforme*, ils sont eux-mêmes reconnus impropres au service. Cette mesure est conforme à l'esprit des § 6 et 7 de l'art. 13 L. 21 mars 1832.

330. — L'exemption accordée par cette disposition est-elle acquise, quoique le frère mort, réformé ou admis à la retraite, soit sous les drapeaux comme remplaçant ? L'affirmative résulte des explications qui furent données à ce sujet tant dans la Chambre des pairs que dans la Chambre des députés, et a été adoptée dans l'instruction du 30 mars 1832. — V. cette instruction sur l'art. 13 de la loi du 21 mars 1832. — V. aussi Duvergier, t. 32, p. 92, note 5.

331. — S'il arrivait que deux frères appartenant à la même classe réclamassent l'exemption pour le motif qu'ils ont un frère aîné au service, ou mort, ou réformé pour blessures, etc., l'exemption serait dévolue à celui des deux réclamans qui, ayant le numéro de tirage le moins élevé, devrait partir le premier. — Solut. du 1er avril 1825.

332. — Les hommes compris dans le contingent soit par erreur, soit par une fausse interprétation de la loi, et auxquels il a été délivré un titre en vertu duquel ils sont maintenus dans leurs foyers, ne confèrent pas l'exemption : attendu qu'ils doivent être considérés comme étant libérés de fait. — Circulaire du 25 juin 1834.

333. — Le paragraphe numéroté 7° de l'art. 13 de la loi n'exige pas que, pour procurer l'exemption à leurs frères, les militaires *réformés ou admis à la retraite* soient vivans. Dès lors il n'y a pas lieu de s'enquérir de ce fait ; et, pour accorder l'exemption, il suffit au conseil de révision d'avoir la preuve que le militaire, frère du réclamant, a obtenu un congé régulier de réforme, ou son admission à la retraite.

334. — Il n'est pas nécessaire que le certificat de réforme pour blessures ou infirmités exprime que la blessure a été reçue sur le champ de bataille, ou que l'infirmité provient du fait même du service militaire. — Circul. du 11 juin 1819.

335. — Les congés de réforme délivrés comme provisoires et qui n'auraient pas été rendus définitifs par la signature des inspecteurs généraux d'armes, n'en doivent pas moins être regardés comme valables. — Solut. donnée le 7 mars 1819.

336. — Mais le militaire qui est ou rentre dans ses foyers avec un congé de renvoi, ne donne point à son frère le droit de réclamer l'exemption ; parce que le titre seul de ce congé suffit pour indiquer que celui qui en est porteur n'a point reçu ses blessures dans un service commandé, ou que ses infirmités ont été contractées antérieurement à son incorporation. — Instr. du 16 mars 1840 sur l'art. 13 de la loi du 21 mars 1832.

337. — Les chefs de corps et les commandans des dépôts de recrutement doivent toujours faire droit, sans nul retard, aux demandes de certificats de présence sous les drapeaux, ou d'inscription sur les contrôles de la réserve, qui leur sont adressées. — Circul. des 28 avril 1836 et 7 mai 1838 ; instr. du 18 mai 1840, art. 55.

338. — Pour prévenir toutes réclamations ultérieures, réclamations qui, dans tous les cas, seraient inadmissibles ; les maires, avant d'approuver ces certificats, en donnent lecture aux parties intéressées, et celles-ci doivent y apposer leur signature en même temps que trois pères de famille. — Instr. du 18 mai 1840, art. 57.

339. — L'exemption accordée, conformément aux § 6 et 7 de l'art. 13, doit être appliquée dans la même famille, autant de fois que les mêmes droits s'y reproduisent. Toutefois, le même article ajoute qu'on doit compter en déduction desdites exemptions les exemptions déjà accordées aux frères vivans, en vertu du présent article 13, à tout autre titre que pour infirmités. — L. 21 mars 1832, art. 13, § 8 et 9.

340. — La loi du 10 mars 1818 contenait une disposition semblable ; ainsi la déduction doit être opérée, alors même que l'exemption a été accordée sous l'empire de cette dernière loi. — Circul. du 25 juin 1834 ; instr. 18 mai 1840, art. 58.

341. — Il n'y a pas lieu d'opposer la déduction au jeune homme qui réclame l'exemption comme frère d'un militaire mort en activité de service, bien que ce militaire ait déjà procuré, comme étant sous les drapeaux, l'exemption à un autre frère qui ensuite est décédé : attendu que la déduction ne doit avoir lieu que pour les exemptions déjà accordées aux frères vivans. — *Ibid.*, art. 59 ; circul. 12 août 1837.

342. — L'art. 7 de la loi du 10 mars 1818 avait exempté du service militaire les jeunes gens mariés avant cette époque, mais cette exemption n'avait jamais donné lieu à la déduction pendant que ladite loi était en vigueur ; à plus forte raison ne doit-on pas l'opposer sous l'empire de la loi du 21 mars 1832, qui ne fait nulle mention du cas d'exemption dont il s'agit. — Instr. 18 mai 1840, art. 60.

343. — La dénomination générale de frère, consacrée par l'art. 13 de la loi, exclut toute espèce de distinction entre les frères consanguins, utérins ou germains : les uns et les autres ne forment qu'une seule famille. Conséquemment : lorsqu'il existe dans une même famille des enfans issus de lits différens, ils doivent, sans distinction et par confusion de droits, jouir du bénéfice de l'exemption que confèrent les divers cas prévus par ledit article. — *Ibid.*, art. 51 ; circul. du 11 juill. 1836.

344. — Le jeune homme omis qui ne se sera pas présenté par lui ou par ses ayans cause pour concourir au tirage de la classe à laquelle il appartenait ne pourra réclamer le bénéfice des exemptions indiquées par les § 3, 4, 5, 6 et 7 de l'art. 13 de la loi du 21 mars 1832, si les causes de

ces exemptions ne sont survenues que postérieurement à la clôture des listes du contingent de sa classe. — L. 21 mars 1832, art. 13, § 10.

345. — Cette disposition s'applique même au jeune homme omis involontairement, sans qu'aucune fraude puisse lui être reprochée. — M. de Vatisménil a répondu avec raison à ceux qui voulaient restreindre l'application de l'article aux *omis volontairement*, que, quand même l'omission n'aurait pas été volontaire, le jeune homme ne doit pas profiter des suites du retard; qu'il doit être mis dans la même position que s'il se fût présenté le jour où son âge l'appelait à concourir au recrutement; que si les causes d'exemption existaient déjà au moment où il aurait dû participer au tirage, il en profitera; mais qu'il est juste que dans aucune circonstance il ne profite des causes d'exemption survenues depuis. — Duvergier, t. 32, p. 93, note 1re. — Cette mesure juste et sévère fera connaître aux familles et aux jeunes gens combien il leur importe de faire avec exactitude, au maire de leur commune, la déclaration prescrite par l'art. 8 L. 21 mars 1832. — Instr. 30 mars 1832 sur l'art. 13 L. 21 mars 1832.

346. — *Dispense.* — Ainsi que nous l'avons dit (*suprà*, no 283), la dispense a pour effet de faire considérer ceux qui l'obtiennent comme rendant à l'Etat un service équivalent au service militaire; et dès lors on n'appelle point de numéros subséquens pour remplir les vides qu'elle occasionne.

347. — Aux termes de l'art. 14 de la loi du 21 mars 1831, seront considérés comme ayant satisfait à l'appel, et comptés numériquement en déduction du contingent à former, les jeunes gens désignés par leur numéro pour faire partie dudit contingent qui se trouveront dans l'un des cas suivans : 1o ceux qui seront déjà liés au service, dans les armées de terre ou de mer, en vertu d'un engagement volontaire, d'un brevet ou d'une commission, sous la condition qu'ils seront, dans tous les cas, tenus d'accomplir le temps de service prescrit par la présente loi; 2o les jeunes marins portés sur les registres matricules de l'inscription maritime conformément aux règles prescrites par les art. 1er, 2, 3, 4 et 5 de la loi du 25 oct. 1795 (3 brum. an IV), les charpentiers de navire, perceurs, voiliers et calfats immatriculés conformément à l'art. 14 de ladite loi. — L. 21 mars 1832, art. 14, § 1er, 2.

348. — Il y a lieu de classer dans cette catégorie : 1o les chirurgiens et pharmaciens militaires et les élèves commissionnés; 2o les officiers d'administration des hôpitaux; 3o les employés commissionnés faisant partie des cadres entretenus des subsistances militaires, de l'habillement et du campement; 4o les élèves de l'école spéciale militaire de Saint-Cyr; 5o les élèves militaires de l'école vétérinaire d'Alfort; 6o les marins ou ouvriers maritimes qui justifient de ces qualités par un certificat de l'officier d'administration chargé de l'inscription maritime. — Circul. 21 mai 1832, 25 juin 1834 et 28 juin 1835; instr. 18 mai 1840, art. 61.

349. — Et en outre : 1o les commis entretenus des bureaux de l'intendance; 2o les officiers ou agens des services administratifs de l'armée de mer, y compris les commis entretenus pourvus d'un brevet ou d'une commission. — Circ. 29 mars 1842, instr. 12 avr. 1847.

350. — Les engagés volontaires doivent, lors de la formation de la liste départementale, être dispensés, quelle que soit la date antérieure de l'engagement qu'ils ont contracté. — Solut. donnée le 29 nov. 1818. — Ils doivent être dispensés, bien qu'ils soient en état de désertion : attendu que c'est en vertu de leur engagement qu'ils sont poursuivis, et que, s'il n'intervient pas de condamnation judiciaire contre eux, ils restent tenus de remplir l'obligation qu'ils ont contractée. — Circ. 24 janv. 1822.

351. — Ainsi : un engagé volontaire, bien que condamné aux fers comme déserteur, doit être dispensé, même dans le cas où il subirait sa peine à l'époque des opérations de l'appel de sa classe. — Solut. 2 févr. 1824.

352. — De même, un engagé volontaire qui s'est fait remplacer au corps et dont le remplaçant est en activité de service doit également être dispensé. — Circ. 21 oct. 1818.

353. — ... Alors même que son remplaçant serait en état de désertion; car, dans ce cas, c'est toujours comme engagé volontaire, et non comme appelé, qu'il serait tenu de marcher ou de fournir un autre remplaçant. — Circ. 11 juin et solut. donnée le 23 oct. 1819.

354. — Mais l'engagé volontaire renvoyé dans ses foyers à cause de son incapacité physique cesse d'être lié au service, il rentre entièrement, par ce seul fait, dans la vie civile; et si, par son âge, il doit concourir à la formation d'un contingent, le conseil de révision doit lui appliquer, s'il y a lieu, l'art. 13 de la loi relative aux exemptions. — Circul. 25 juin 1834.

355. — Les dispositions de l'article s'appliqueraient du reste tant aux militaires en activité de service qu'à ceux qui sont en position de non-activité; car ces derniers ne cessent pas d'être liés au service.

356. — L'officier qui après avoir été dispensé, en vertu de l'art. 14, vient à donner sa démission, est tenu à terminer le temps de service voulu par la loi. — V., à cet égard, *infrà* no 359, ce qui est dit en ce qui concerne les élèves de l'Ecole polytechnique.

357. — Les brigades des douanes ne faisant pas partie de l'armée, les hommes qui les composent ne sont pas susceptibles d'être dispensés. — Décis. 26 sept. 1818.

358. — ... 3o Les élèves de l'Ecole polytechnique, à condition qu'ils passeront soit dans ladite école, soit dans les services publics, un temps égal à celui fixé pour le service militaire. — L. 21 mars 1832, art. 14, § 3.

359. — On avait pensé que les élèves sortis de l'Ecole polytechnique avec le grade d'officier pourraient donner leur démission et s'affranchir ainsi du service militaire; mais, lors de la discussion, le ministre de la guerre repoussa cette opinion. « Le militaire devenu officier au bout de quatre ans, dit-il, et qui donnerait immédiatement sa démission, serait tenu de rentrer dans les rangs des simples soldats et d'achever le temps fixé pour le service. » — Duvergier, t. 32, p. 93, note 2.

360. — ... 4o Ceux qui, étant membres de l'instruction publique, auraient contracté, avant l'époque déterminée pour le tirage au sort, et devant le conseil de l'Université, l'engagement de se vouer à la carrière de l'enseignement. — L. 21 mars 1832, art. 14, § 3.

361. — La qualité de membre de l'instruction publique est acquise, sous le rapport du recrutement, aux jeunes gens qui justifient, au conseil de révision, de l'acceptation, par le conseil de l'instruction publique, de l'engagement qu'ils ont souscrit, avant le tirage au sort, de se vouer à la carrière de l'enseignement; et cette qualité suffit pour leur donner droit à la dispense du service militaire (§ numéroté 4 de l'art. 14 de la loi), lors même qu'ils ne seraient pas encore pourvus de fonctions dans l'Université. — Circ. mai 1838.

362. — La loi de 1832 n'exige pas, du reste, comme le faisait celle de 1818, que l'engagement pris dans l'instruction soit décennal. — Cette condition devenait inutile en présence de l'article 14, qui pourvoit à ce que le jeune homme, quelle que soit la durée de son engagement, puisse être, aussitôt qu'il l'a rompu, repris pour le service militaire. — V. *infrà* no 376.

363. — Cet engagement doit être pris avant l'époque du tirage au sort, afin que le jeune homme ne prenne pas la résolution de contracter son engagement seulement lorsqu'il aura amené un mauvais numéro. — V. circul. du conseil de l'instruction publique du 1er juin 1822. — V. aussi les explications données à ce sujet à la Chambre des députés par M. Miot, commissaire du Gouvernement.

364. — La même disposition est applicable aux élèves de l'Ecole normale centrale de Paris, à ceux de l'Ecole dite des *Jeunes de langue* et aux professeurs des institutions nationales des sourds-muets. — L. 21 mars 1832, art. 14, § 4.

365. — Elle l'est aussi, aux termes de l'art. 1er d'un décret du Gouvernement provisoire, du 24 avril 1848, aux élèves du collége de France. — En conséquence, les élèves sont considérés comme ayant satisfait à l'appel, et comptés numériquement en déduction du contingent à former, moyennant les conditions imposées aux élèves de l'Ecole polytechnique. — V. *suprà*, nos 358 et s.

366. — Un autre décret du Gouvernement provisoire a accordé la même faveur aux élèves de l'Ecole d'administration; cette école n'ayant point été maintenue, ce décret ne saurait désormais avoir de nouvelles applications.

367. — Quant aux élèves des Ecoles normales destinées à former les instituteurs et aux instituteurs primaires, ils n'ont droit à la dispense que s'ils ont acquis la qualité de membres de l'instruction publique. — Duvergier, p. 93, note 4.

368. — Ainsi, jugé que la dispense du service militaire consacrée par l'art. 14, no 4, de la loi du 21 mars 1832, au profit de ceux qui, étant membres de l'instruction publique, ont pris l'engagement de se vouer à la carrière de l'enseignement, ne peut être réclamée par l'instituteur primaire privé. — *Cass.*, 12 juin 1847 (t. 1er 1847, p. 699), Panot.

369. — ... 5o Les élèves des grands séminaires, régulièrement autorisés à continuer leurs études ecclésiastiques; les jeunes gens autorisés à continuer leurs études pour se vouer au ministère dans les autres cultes salariés par l'Etat : sous la condition, pour les premiers que s'ils ne sont pas entrés dans les ordres majeurs à vingt-cinq ans accomplis, et pour les seconds que s'ils n'ont pas reçu la consécration dans l'année qui suivra celle où ils auraient pu la recevoir, ils seront tenus d'accomplir le temps de service prescrit par la loi. — L. 21 mars 1832, art. 14, § 5.

370. — La loi du 10 mars 1818 n'exigeait point comme condition de la dispense du service militaire qu'elle accordait aux jeunes gens régulièrement autorisés à continuer leurs études ecclésiastiques, qu'ils fussent élèves dans un grand séminaire. — *Cass.*, 15 avril 1836, Gandon.

371. — Jugé que la loi du 21 mars 1832 qui détermine la manière dont le bénéfice de la dispense serait perdu, peut être appliquée sans effet rétroactif à l'individu qui a été dispensé sous l'empire de la loi de 1818; que, par conséquent, bien que la loi de 1832 ne donnât qu'aux élèves d'un grand séminaire un droit à la dispense et que cet individu, dont le droit était antérieur, fût élève d'un grand séminaire, le seul fait de sa sortie de ce séminaire ne peut être considéré comme une renonciation de sa part à la carrière ecclésiastique ni le soumettre conséquemment à faire au maire de sa commune, sous les peines prononcées par ladite loi, la déclaration qu'elle prescrit. — Même arrêt.

372. — Au surplus, la question de savoir si l'intention d'un élève ecclésiastique a été de renoncer à cette carrière est une pure question de fait entièrement abandonnée à l'appréciation des juges du fond. — Même arrêt.

373. — Il en est ainsi, sans aucun doute, sous la loi de 1832; ainsi les étudians ecclésiastiques qui, par insuffisance de local, ne résident pas dans le grand séminaire, ont également droit au bénéfice de l'art. 14 : attendu que cet article impose seulement pour condition, *aux élèves des grands séminaires*, d'être régulièrement *autorisés à continuer leurs études ecclésiastiques*. Dès lors, pour remplir le vœu de la loi, il suffit qu'un seul fait soit constaté par les évêques, c'est que le jeune homme qui réclame la dispense est *élève d'un grand séminaire* et qu'*il est régulièrement autorisé à continuer ses études ecclésiastiques*. — Circul. du 25 juin 1834.

374. — ... 6o Enfin, la dispense est aussi accordée aux jeunes gens qui auront remporté les grands prix de l'Institut ou de l'Université. — L. 21 mars 1832, art. 14, § 6. — Cette dernière dispense n'est soumise à aucune condition et équivaut à une exemption, c'est-à-dire que le bénéfice de la dispense leur est définitivement acquis. — Instr. du 30 mars 1832 sur l'art. 14 de la loi du 21 mars 1832.

375. — Il n'en est pas de même des dispenses accordées dans les cas prévus aux paragraphes numérotés 1o, 3o, 4o et 5o. Les abus auxquels avait donné lieu l'exécution des dispositions de l'art. 14, sous l'empire de la loi du 10 mars 1818, particulièrement en ce qui a rapport aux étudians ecclésiastiques, avait trop frappé les esprits pour que le législateur de 1832 ne cherchât pas à remédier à un mal depuis si longtemps connu. Elle a donc imposé de graves obligations aux dispensés qui se trouveraient dans les cas prévus aux paragraphes précités, s'ils cessent de suivre la carrière en vue de laquelle ils auront été comptés en déduction du contingent.

376. — « Les jeunes gens désignés par leur numéro pour faire partie du contingent cantonal, porte l'art. 14, et qui en auront été déduits conditionnellement en exécution des nos 1, 3, 4 et 5 du présent article; lorsqu'ils cesseront de suivre la carrière en vue de laquelle ils auront été comptés en déduction du contingent, seront tenus d'en faire la déclaration au maire de leur commune dans l'année où ils auront cessé leurs services, fonctions ou études, et de retirer expédition de leur déclaration. Faute par eux de faire cette déclaration et de la soumettre au visa du préfet du département dans le délai d'un mois, ils seront passibles des peines prononcées par le § 1er de l'art. 38 de la présente loi. Ils seront rétablis dans le contingent de leurs classes, sans déduction du temps écoulé depuis la cessation desdits services, fonctions ou études, jusqu'au moment de la déclaration.

377. — D'après une circulaire du 21 mai 1838, les inscrits maritimes perdent la qualité qui les

RÉP. GÉNÉRAL. — XI.

9

dispense du recrutement de l'armée lorsqu'ils renoncent volontairement à la navigation ou aux professions maritimes; dans ce cas, ils sont remis à la disposition du département de la guerre: pour servir jusqu'à l'époque de la libération de la classe à laquelle ils appartiennent. — Instr. 18 mai 1840, art. 67.

378. — Dans les premiers mois de chaque année, les préfets doivent communiquer aux évêques diocésains l'état nominatif de tous les jeunes étudians ecclésiastiques de leur département dispensés conditionnellement sur les classes précédentes non libérées; et les évêques feront connaître aux préfets ceux de ces jeunes gens qui auraient abandonné leurs études, et renoncé, par conséquent, au bénéfice de la dispense. Les préfets se procureront également, auprès des autorités compétentes, des renseignemens de même nature pour les autres dispensés conditionnels de leur département. — Circ. des 29 janv. 1830 et 21 mai 1832; instr. 18 mai 1840, art. 66.

379. — De même, les préfets doivent avoir soin, aussitôt après la clôture de la liste départementale du contingent, de faire connaître à tous les directeurs ou chefs des écoles ou établissemens publics ressortissant au ministère de l'intérieur les jeunes gens qui ont été dispensés du service militaire en vertu de l'art. 14 comme appartenant à ces écoles ou établissemens. — Circ. min. int. du 13 mars 1820.

380. — De leur côté, les chefs ou directeurs des écoles ou établissemens de services publics sont tenus de donner soigneusement connaissance aux préfets des motifs pour lesquels les jeunes gens désignés pour l'armée mais dispensés en raison de leurs études, professions ou emplois, les auraient quittés avant le terme de la durée du service de leur classe. — *Ibid.*

381. — Le 1er mars de chaque année, les préfets adressent au ministre de la guerre l'état général des dispensés de leur département; les dispensés y sont inscrits dans l'ordre des classes et des numéros de tirage dans chaque classe. — Circ. des 29 janv. 1830 et 21 mai 1832; instr. 18 mai 1840, art. 68.

382. — Les jeunes gens dispensés qui auront perdu le bénéfice de la dispense seront, s'ils font partie d'une portion de contingent appelée à l'activité, renvoyés immédiatement devant l'autorité militaire, qui constatera leur aptitude physique au service et les fera diriger, s'il y a lieu, sur un des corps à proximité. — Circ. des 29 janv. 1830 et 21 mai 1832; instr. 18 mai 1840, art. 69.

383. — Ces jeunes gens pourront présenter devant le conseil de révision un remplaçant, s'ils ne veulent pas servir en personne. — Circ. des 29 janv. 1830 et 21 mai 1832; instr. 18 mai 1840, art. 79.

384. — *Dispositions communes aux dispenses et aux exemptions.* — Les droits à l'exemption ou à la dispense prévus par les articles 13 et 14 de la loi du 21 mars 1832 ne sont acquis qu'autant qu'ils existent et sont dûment justifiés au moment même où, en exécution de l'art. 16 de cette loi, le conseil de révision statue sur les jeunes gens qui sont dans le cas d'être appelés à faire partie du contingent cantonal. En effet, c'est alors seulement que le conseil peut remplacer dans le contingent, comme le veut l'art. 13 précité, ceux de ces jeunes gens auxquels il a appliqué l'exemption. — Instr. 18 mai 1840, art. 71.

385. — Ainsi sont inadmissibles toutes demandes formées par de jeunes soldats ou par des militaires en activité de service afin d'obtenir l'exemption ou la dispense soit pour des causes survenues postérieurement à la décision du conseil de révision qui les a placés dans le contingent, soit parce que, par ignorance des dispositions de la loi, ou par négligence ou toute autre cause, ils n'ont pas justifié de leurs droits en temps utile. — Les lieutenans généraux (aujourd'hui les généraux de division) et les préfets doivent donner la plus grande publicité à ces explications. — Circul. des 11 juill. 1836 et 1er sept. 1837.

386. — Les cas d'exemption ou de déduction sont jugés par la production de documens authentiques; ou, à défaut de documens, sur des certificats signés de trois pères de famille domiciliés dans le même canton, dont les fils sont soumis à l'appel ou ont été appelés : ces certificats devront en outre être signés et approuvés par le maire de la commune du réclamant. — L. 21 mars 1832, art. 16, § 4.

387. — Les maires doivent, dans l'intérêt de leurs administrés, veiller à ce qu'il soit apporté le plus grand soin dans la rédaction des certificats de trois pères de famille, et s'assurer qu'ils relatent d'une manière exacte la position de famille du réclamant sous le rapport du recrutement. — Circ. des 21 mai 1832 et 7 mai 1838; inst. 18 mai 1840, art. 56.

388. — La validité de ces documens est jugée par le conseil de révision. — Circulaire du 15 oct. 1818.

389. — Les certificats et généralement toutes les pièces à produire pour l'établissement des droits à l'exemption et à la dispense, sont exempts du droit de timbre. — Circ. 14 août et 14 oct. 1818.

390. — Mais les maires et officiers publics doivent sur l'expédition des actes ou certificats faire mention de la destination de ces pièces. — *Ibid.*

391. — Tous les certificats présentés à l'appui des réclamations pour exemptions et dispenses doivent être conservés et rester dans les archives de la préfecture comme pièces à l'appui des décisions rendues par le conseil de révision. — Circ. du 9 juin 1820.

392. — Si ces pièces sont nécessaires aux parties, il doit leur en être délivré des expéditions authentiques. — *Ibid.*

393. — Les inscrits maritimes ont aussi le droit de se faire délivrer des certificats. — Une circulaire du ministre de la marine du 7 sept. 1818 indique par qui ils doivent être signés.

394. — L'autorisation dont les jeunes gens du culte catholique ont besoin pour continuer leurs études ecclésiastiques doit être délivrée par les évêques diocésains, ou, en cas de vacance, par les vicaires généraux. — Solut. donnée le 30 oct. 1818.

395. — Indépendamment de ces documens, les préfets doivent procurer au conseil de révision les documens authentiques dont il a besoin pour prononcer avec connaissance de cause. — Solut. des 16 et 23 juill. 1819.

396. — Le conseil de révision doit également statuer sur les substitutions de numéro et les demandes de remplacement. — L. 21 mars 1832, art. 17. — V. REMPLACEMENT MILITAIRE.

ART. 3. — *Des absens.*

397. — Ainsi que nous l'avons vu (*suprà*, nos 263 et suiv.), tous les jeunes gens régulièrement convoqués doivent se présenter devant le conseil de révision. « S'ils ne se rendent point à cette convocation, porte l'art. 16, § 2, ou s'ils ne se font pas représenter, ou s'ils n'obtiennent pas un délai, il sera procédé comme s'ils étaient présens.

398. — Tout individu compris dans le contingent comme absent et qui, au moment de son appel à l'activité, ne justifie pas à l'autorité militaire des causes légitimes qui l'ont empêché de se présenter devant le conseil de révision, doit toujours être dirigé sur un corps; à moins qu'il ne soit reconnu *absolument impropre à toute espèce de service*. — Instr. 18 mai 1840, art. 38.

399. — En outre, au moment où il est procédé à la répartition du contingent de chaque département entre les corps, les jeunes soldats dont il s'agit sont désignés exclusivement, soit pour l'un des corps de l'armée de mer, si toutefois leur numéro de tirage les appelle à en faire partie, soit pour l'un des corps des armes spéciales de l'armée de terre, en sorte que ceux qui veulent se faire remplacer sont obligés de fournir un homme qui satisfasse aux conditions d'aptitude exigées par le corps sur le registre matricule duquel ils ont été inscrits en exécution de l'art. 29 de la loi. — *Ibid.*, art. 39.

400. — Enfin, aucun de ces jeunes soldats ne peut être compris dans les propositions de faveur que les conseils de révision sont autorisés à présenter à l'égard des soutiens indispensables de famille. Il ne leur est pas accordé, non plus, de sursis de départ, lors de la mise en route de leur classe. — *Ibid.*, art. 40.

401. — Du reste, toute substitution de personne, toute collusion ou manœuvre frauduleuse pour se soustraire à l'exécution de la loi sont immédiatement déférées aux tribunaux. — *Ibid.*, art. 41.

402. — Mais les jeunes gens absens du département peuvent demander à être visités par le conseil de révision du lieu de leur résidence. — Dans ce cas, les préfets qui ont autorisé des jeunes gens à se faire examiner dans le département de leur résidence, ou dans l'Algérie, doivent adresser sans retard au préfet de ce département ou au commandant de la province dans laquelle les jeunes gens résident : 1° un *extrait* de la *liste du tirage* rappelant exactement les infirmités qui ont été déclarées; 2° une feuille de renseignemens contenant tous les détails propres à prévenir les substitutions de personnes. — *Ibid.*, art. 30.

403. — Lorsque le préfet du département de la résidence a reçu ces deux pièces il fait convoquer les jeunes gens qu'elles concernent *pour la première séance que tiendra le conseil de révision au chef-lieu du département, quelle que soit, d'ailleurs, la résidence de ces jeunes gens dans le département.* — Si les jeunes gens à examiner étaient en trop grand nombre, le conseil de révision consacrerait les deux ou trois premières séances à leur visite. — *Ibid.*, art. 31.

404. — Ces jeunes gens pourront même être examinés quelques jours avant l'époque fixée par l'ordonnance pour le commencement des opérations relatives à la formation du contingent, afin que le conseil de révision du département du domicile soit mis plus promptement en mesure de statuer définitivement sur ces jeunes gens et se trouve ainsi dispensé de leur accorder un délai de vingt jours pour attendre le résultat de leur visite dans le département de la résidence. Ce mode a déjà été suivi dans plusieurs départemens et rien ne s'oppose à ce qu'il soit généralement adopté, puisque le conseil de révision du département de la résidence est appelé à donner simplement un *avis* et que c'est à celui du domicile seul qu'il appartient de prendre une *décision définitive* pour accorder ou refuser l'exemption. — *Ibid.*, art. 32.

405. — Le conseil de révision de la résidence n'a point à leur accorder de délais; s'ils ne se rendent point à la séance, leur non-comparution est constatée sur l'extrait de la liste du tirage qui devra toujours être renvoyé au préfet du département de leur domicile à l'époque indiquée ci-dessus. — *Ibid.*, art. 34.

406. — Afin de s'assurer de leur identité, ces jeunes gens doivent se présenter devant les autorités chargées de ce soin munis de leurs passeports, de leurs livrets d'ouvriers ou de toutes autres pièces authentiques qui peuvent servir à constater leur identité et à justifier qu'ils sont régulièrement en résidence dans la localité. — D'un autre côté, les conseils de révision, et en Algérie les autorités militaires, doivent avoir soin de contrôler ces justifications. — Décision du 16 oct. 1819; instr. du 26 nov. 1845, nos 100 et 105.

407. — Le préfet du département de la résidence doit renvoyer au préfet du département du domicile l'extrait de la liste avec *l'avis* du conseil de révision, dans les *deux jours* qui suivent la visite des jeunes gens. Le signalement des individus examinés est annexé à l'extrait de la liste du tirage pour tous ceux reconnus aptes au service, afin de prévenir les substitutions frauduleuses et de mettre à même d'assigner la destination la plus utile aux jeunes gens admis dans le contingent. — Instr. 18 mai 1840, art. 33.

408. — La même marche est suivie pour les jeunes gens qui résident dans l'Algérie. En conséquence, au reçu de l'extrait de la liste du tirage et de la feuille de renseignemens qui lui ont été envoyés, l'autorité militaire fait convoquer devant elle ces jeunes gens, afin de reconnaître s'ils ont au moins la taille requise. Elle les soumet, de plus, en sa présence, à une visite et contre-visite de médecins et chirurgiens militaires, à l'effet de constater s'ils n'ont pas des infirmités qui les rendent impropres au service. — Instruct. 18 mai 1840, art. 35.

409. — L'autorité militaire renverra immédiatement au préfet du département du domicile l'extrait de la liste du tirage qu'elle en avait reçu, et y joindra, avec son avis, les certificats de visite et de contre-visite. — Circulaires des 21 mai 1832, 25 juin 1834, 28 juin 1835, 11 juill. 1836 et 13 mai 1837. — Instr. 18 mai 1840, art. 36.

ART. 4. — *Formation des contingens — Libération.*

410. — Immédiatement avant la clôture du contingent, le conseil de révision doit procéder aux renvois à faire à la classe suivante. — V. *suprà*, n° 151.

411. — Ainsi, il renverra à l'année suivante les jeunes gens omis sur les tableaux de recensement, ou sur la liste du tirage, que l'on serait parvenu à découvrir dans le cours des opérations; et cela, lors même qu'ils auraient évidemment droit à l'exemption ou à la dispense. — Solution donnée le 4 janv. 1819.

412. — Le conseil renverra également à la classe suivante les jeunes gens appartenant à cette classe par leur âge et qui, par erreur, auraient été compris sur les tableaux de l'année, quels que soient d'ailleurs les numéros que ces

jeunes gens auraient obtenus au tirage de l'année. — *Ibid.*

413. — Et les jeunes gens des classes précédentes ou de la classe de l'année, dont l'existence aurait été constatée depuis la formation des tableaux de recensement ; mais si des jeunes gens avaient été rayés des tableaux après avoir concouru au tirage et s'ils se trouvaient porteurs de numéros élevés et à comprendre dans la libération, il n'y aurait pas lieu à faire ce renvoi. — Circ. 30 mai 1820.

414. — Cette dernière opération terminée, il est procédé : 1° à la formation des contingens cantonaux; 2° à celle des contingens départementaux.

415. — 1° *Contingens cantonaux.* — Après que le conseil de révision a statué sur les exemptions, déductions, substitutions, remplacemens ainsi que sur toutes les réclamations auxquelles les opérations du recrutement auront pu donner lieu, la liste du contingent de chaque canton est définitivement arrêtée et signée par le conseil de révision et les noms inscrits sont proclamés. — L. 21 mars 1832, art. 28, § 2.

416. — Cette proclamation des noms inscrits sur la liste du contingent cantonal est une innovation de la loi de 1832; elle doit être faite en présence des maires et des jeunes gens, et a pour but de constater que les jeunes gens qui ne sont pas inscrits sur ladite liste sont définitivement libérés. — Instr. 30 mars 1832 sur l'art. 28 de la loi du 21 mars même année.

417. — Mais avant d'arrêter et de signer la liste du contingent de chaque canton le conseil doit procéder nécessairement à la désignation des jeunes gens qui, aux termes des art. 26 et 27 de la loi, sont appelés les uns au défaut des autres, et ne seront inscrits sur la liste du contingent cantonal que conditionnellement et sous la réserve de leurs droits. — L. 21 mars 1832, art. 28, § 2.

418. — S'il y avait des absens dont l'existence fût incertaine, le conseil de révision, pour ne pas établir de non-valeurs dans le contingent, pourrait les faire rayer des listes, afin qu'ils soient renvoyés, s'il y a lieu, aux classes suivantes, et les remplacer par les numéros subséquens. — Solut. donnée le 25 nov. 1818.

419. — Comme la position des jeunes gens détenus et de ceux absens du département ou leur aptitude au service n'est connue que par la communication du résultat de l'examen fait de ces jeunes gens au lieu de leur résidence, le conseil ne peut encore, dans sa tournée, prononcer définitivement à leur égard; en conséquence, il doit mettre un numéro en réserve pour chacun de ces détenus ou absens. — Circ. du 30 mai 1820.

420. — Les jeunes gens à mettre en réserve d'après les dispositions précédentes doivent être pris dans l'ordre des numéros de tirage du canton.

421. — Mais il convient de ne mettre en réserve que des sujets qui, au moyen d'un examen supplémentaire, fait dans l'ordre des numéros de tirage, seraient reconnus n'avoir aucun droit à l'exemption. — Circ. 11 juin 1819.

422. — Les hommes mis en réserve seront appelés, dans l'ordre de leurs numéros, à remplacer dans la liste du contingent ceux qui auraient été jugés, depuis l'opération cantonale, ne pas devoir en faire partie. — Solution donnée le 15 sept. 1819.

423. — Ils ne devront pas être particulièrement désignés pour remplacer tel ou tel individu, et tous les hommes mis en réserve dans un canton seront solidaires les uns des autres pour tous les hommes de ce canton qui ne seraient pas admis dans le contingent. — *Ibid.*

424. — Le conseil de révision ne doit pas perdre de vue que ne pouvant ajourner à la classe suivante les jeunes gens trop faibles de constitution pour être mis en activité sur-le-champ, il doit statuer définitivement sur leur sort avant le jour fixé pour la clôture de la liste du contingent. — Circ. du 21 oct. 1818.

425. — Il en est de même à l'égard des jeunes gens soupçonnés de feindre des maladies ou de s'être procuré des plaies artificielles, ou de ceux réellement atteints de maladies accidentelles; le conseil devra, avant la clôture de la liste départementale, prononcer leur réforme définitive ou les déclarer propres au service, si, d'après l'avis des gens de l'art, il estime que l'on doive compter sur leur entière guérison. — Solut. donnée le 28 nov. 1818.

426. — Les contingens se formant par canton, la liste cantonale doit être considérée comme la seule liste légale, relativement à la solidarité existant entre les jeunes gens du même canton, pour la formation et le complément du contingent. — Circ. 16 août 1818.

427. — *Contingens départementaux.* — La réunion de toutes les listes du contingent de chaque canton d'un même département formera la liste du contingent départemental. — L. 21 mars 1832, art. 28, § 6. — Cette opération est constatée par une délibération inscrite au procès-verbal des séances du conseil. — Instr. du 18 mai 1840, art. 100.

428. — Quant à l'ordre dans lequel les listes cantonales seront réunies pour former la liste départementale, il sera réglé par les époques auxquelles chaque liste cantonale aura été arrêtée et signée par le conseil de révision. — Instr. du 30 mars 1832 sur l'art. 28, L. 21 mars même année.

429. — Le conseil déclarera ensuite que les jeunes gens qui ne sont pas inscrits sur cette liste sont définitivement libérés. Cette déclaration, avec l'indication du dernier numéro compris dans le contingent cantonal, sera publiée et affichée dans chaque commune du canton. — L. 21 mars 1832, art. 28, § 3.

430. — Les jeunes gens désignés pour la formation du contingent doivent être admis jusqu'à la clôture de la liste départementale à faire valoir leurs droits à l'exemption ou à la dispense, soit que ces droits aient été acquis avant ou depuis la tournée du conseil dans les cantons. — Circ. du 5 déc. 1818. — Et cette règle doit s'appliquer aux jeunes gens qui ont été reportés, comme omis, à la classe sur laquelle le conseil de révision opère. — Circ. 9 juin 1820.

431. — Conformément aux art. 26 et 27 de la loi de 1832, les conseils de révision, après la clôture des listes de contingent, ont à prononcer définitivement à l'égard des jeunes gens inscrits conditionnellement sur ces listes: 1° Lorsque les délais accordés sont expirés; 2° lorsque les tribunaux ont résolu les questions d'état civil qui leur ont été soumises; 3° enfin, lorsque les tribunaux ont prononcé sur les jeunes gens prévenus de s'être rendus impropres au service. — Circ. 21 mai 1832; instr. 18 mai 1840, art. 102.

432. — Suivant l'art. 28 de la même loi, après avoir arrêté et signé la liste du contingent de chaque canton, et déclaré libérés les numéros qui n'y sont point compris, les conseils de révision peuvent encore statuer ultérieurement sur les jeunes gens inscrits sur les listes cantonales pour les demandes de substitution et de remplacement. — Circ. 21 mai 1832; même instr., art. 103.

433. — De cette continuation d'attributions et de pouvoir, après que les opérations de l'appel sont entièrement terminées, il résulte nécessairement que le conseil de révision de chaque département est permanent, c'est-à-dire que le président peut, en tout temps, en rassembler les membres : 1° Pour statuer définitivement sur les jeunes gens inscrits conditionnellement et sous la réserve de leurs droits; 2° pour recevoir les demandes de substitution ou de remplacement. — Instr. 18 mai 1840, art. 104.

434. — En conséquence, les préfets doivent réunir, lorsqu'il y a lieu, le conseil de révision de leur département, et adresser, à cet effet, un avis de convocation aux membres de l'ordre civil, ainsi qu'au général commandant le département et au sous-intendant militaire. — Circ. 21 mai 1832. — Toutefois, l'officier supérieur qui a été désigné pour suppléer le général de brigade, dans le cours des opérations relatives à la formation du contingent, cesse toujours ses fonctions vingt jours après la réunion des listes cantonales. — *Idem.*

435. — Les généraux commandant les divisions doivent envoyer à l'avance aux préfets des départemens de leur division, pour suppléer, en cas de besoin, au général commandant la brigade, une liste d'officiers supérieurs pris parmi les troupes en garnison dans la circonscription départementale. — Les officiers ainsi désignés peuvent être membres du conseil de révision, sur la convocation du préfet. — *Idem.*

436. — La liste départementale ainsi fermée est close, arrêtée et signée par le conseil de révision au jour fixé par le décret relatif à l'appel d'une classe, et remise ensuite entre les mains du préfet, qui en reste dépositaire. — Instr. 30 mars 1832 sur l'art. 28 de la loi du 21 mars même année.

ART. 5. — *Division du contingent. — Réserve.*

437. — Conformément à l'art. 29 de la loi du 21 mars 1832, les jeunes soldats qui font partie du contingent doivent être partagés en deux classes composées, la première de ceux qui devront être mis en activité, la seconde de ceux qui seront laissés dans leurs foyers. — L. 21 mars 1832, art. 29.

438. — Cette opération se réduit à prendre dans chaque canton, en suivant l'ordre des numéros de tirage, la moitié des numéros qui composent le contingent de ce canton, en ayant soin, lorsqu'on opère sur un nombre impair, de laisser dans la seconde portion le jeune soldat qui se trouve en plus. — Circ. des 10 oct. 1833 et 20 août 1835; instr. 18 mai 1840, art. 108.

439. — Dans le cas où, par suite des exemptions prononcées, des cantons ne pourraient fournir tout leur contingent, la première portion du contingent de ces cantons doit néanmoins se composer d'un nombre de jeunes soldats égal à la moitié du contingent *légal* : attendu que c'est la moitié des numéros de ce contingent, et non la moitié du nombre effectif des jeunes soldats, qui doit être mise en activité. — Instr. 18 mai 1840, art. 109.

440. — Les jeunes soldats compris dans la seconde classe ne peuvent être mis en activité qu'en vertu d'une ordonnance royale (aujourd'hui d'un décret du président de la République). — L. 21 mars 1832, art. 29, § 2. — C'est pour cette raison qu'on donne à cette seconde portion le nom de réserve.

441. — Mais ils n'en sont pas moins immatriculés, ainsi qu'il sera dit (*infrà*, n° 450). Ils deviennent donc de véritables militaires en congé. — Instr. 30 mai 1832 sur l'art. 29 de la loi du 21 mars même année.

442. — Du reste, les dispositions contenues dans le paragraphe 2 de l'art. 29 précité peuvent être et sont quelquefois modifiées par la loi annuelle du contingent, qui peut ordonner la mise en activité de tous les jeunes gens compris dans le contingent cantonal.

443. — Afin de mettre chaque jeune soldat à même d'apprécier sa position, la déclaration qui doit être publiée et affichée pour faire connaître le dernier numéro compris dans le contingent cantonal (L. 21 mars 1832, art. 28) doit indiquer également : 1° *Le dernier numéro de la première portion de ce contingent*, qui est susceptible d'être appelée immédiatement à l'activité ; 2° *le premier numéro de la seconde portion du même contingent.* — Circ. 11 juill. 1836; instr. 18 mai 1840, art. 111.

444. — Le système de réserve de la loi de 1832 a été souvent critiqué. Il est vrai de dire que les jeunes gens qui font partie de la portion réservée n'étant soumis à aucune discipline, à aucune sorte de service militaire, pendant qu'ils sont laissés dans leurs foyers, ne peuvent être, dans un moment de danger, que d'un faible secours. Aussi, dans plusieurs nations de l'Europe, la réserve est-elle autrement constituée.

445. — En Bavière, par exemple, les conscrits sont immatriculés et restent inscrits pendant six ans sur les contrôles de l'armée; après ce laps de temps, soit qu'ils aient ou non servi, suivant que le sort les a ou non favorisés, ils font partie, jusqu'à l'âge de quarante ans révolus, de la réserve de l'armée, et, dans cette position, ils sont, en cas de guerre, rappelés au service, mais en temps de paix ils restent dans leurs foyers. — Haillot, *Spect. mil.*, t. 36, p. 563.

446. — En Prusse, en revenant de l'armée les jeunes gens restent encore pendant deux ans inscrits sur les contrôles des corps dont ils sortent et appartiennent à la réserve. — Haillot, *Spect. mil.*, t. 32, p. 61.

447. — En Russie, la durée du service actif est de vingt ans : quinze ans dans l'armée active et cinq ans dans les corps de la réserve; après ce temps les soldats sont envoyés en congé illimité et font encore partie pendant cinq ans de la réserve générale de l'armée. Ce n'est donc qu'après vingt-cinq ans de service qu'un serf russe est entièrement libéré du service militaire, mais une récompense est attachée aux exigences de la loi du recrutement; le serf qui y a satisfait ne peut plus être attaché à la glèbe, il sort libre des rangs de l'armée. — Haillot, *Spect. mil.*, t. 33, p. 168.

448. — En Sardaigne, les recrues ne restent qu'un an sous les drapeaux (*Spect. mil.*, t. 35, p. 470) et font ensuite partie de la réserve.

449. — Lors de la discussion du projet de loi

sur le recrutement présenté en 1843, M. de Préval, rapporteur, s'exprimait en ces termes : « Un système de réserve ayant pour but de la réunir à des époques fixes pour l'incorporer et l'instruire est impraticable en France; on ne peut que l'instruire et la soumettre à certaines règles de présence. Il faut donc qu'elle soit, pour la plus grande partie, composée d'hommes instruits et ayant passé sous le drapeau, et il faut que ce passage soit assez long pour que cette instruction soit aussi complète que possible. Le soldat doit donc rester six ans sous le drapeau et deux ans en réserve. » — *Spect. mil.*, t. 35, p. 240. — Et le projet portait un article conçu en ce sens. Mais ce projet n'ayant pas été converti en loi, l'organisation de la réserve a été maintenue malgré ses imperfections. — Depuis la révolution de 1848, M. de Lamoricière, ministre de la guerre, a présenté sur la réserve un projet qui n'a pu être discuté par l'Assemblée constituante.

CHAPITRE VI. — *Répartition du contingent. — Immatriculation.*

450. — Les jeunes gens définitivement appelés ou ceux qui ont été admis à les remplacer, sont immédiatement répartis entre les corps de l'armée et inscrits sur les registres matricules des corps pour lesquels ils seront désignés. — L. 21 mars 1832, art. 29, § 1er.

451. — La répartition dans les corps ne se fait pas en France de la même manière que dans les autres principaux Etats de l'Europe où il est aussi procédé par levées, comme en Prusse, en Autriche et en Russie. Chez nous les régimens n'étant pas provinciaux, le contingent des différens départemens se mélange dans les différens corps; tandis que dans les autres pays chaque province fournit un recrutement d'un certain nombre de régimens qui sont toujours les mêmes.

452. — En Autriche, où l'armée se recrute par engagemens volontaires et par voie de conscription, le régiment d'infanterie se recrute toujours dans les mêmes districts. Cette mesure est de toute nécessité dans un Etat composé de pays de langues et de mœurs si différentes. — Haillot, *Spect. mil.*, t. 31, p. 295.

453. — C'est l'autorité militaire qui procède, en exécution de l'art. 29 de la loi, à la répartition du contingent entre les corps de l'armée, et à l'immatriculation des jeunes soldats, selon leur aptitude, conformément aux instructions spéciales qui sont données par le ministre de la guerre, pour chaque classe, après les opérations des conseils de révision. — Circul. du 4 juill. 1832; instr. 18 mai 1840, art. 112.

454. — Pour préparer cette double et importante opération, l'officier de recrutement, sous la surveillance du général de brigade ou de l'officier supérieur, a soin de prendre, au moment où les jeunes gens sont examinés et entendus par le conseil de révision, une note exacte de l'aptitude militaire de chaque homme sous le rapport de la profession, de la taille et de la constitution physique. Ces renseignemens sont consignés dans une liste nominative. — Circul. des 21 mai 1832 et 12 août 1837.

455. — Il y a, par département et par classe, un registre matricule pour chaque corps de l'armée de terre et de l'armée de mer qui se recrute dans ce département. Ces registres sont remplis et tenus constamment au courant par les soins des commandans des dépôts de recrutement. — Instr. du 4 juill. 1832. — V. ARMÉE.

456. — Les jeunes soldats désignés pour un même corps sont inscrits au registre matricule dans l'ordre des cantons, et suivant la série des numéros de tirage, et il est fait mention de leur position. — *Ibid.*

457. — Les jeunes gens désignés pour suppléer ceux qui ne sont admis que conditionnellement dans le contingent de leur canton, ne doivent y être portés que dans le cas où les jeunes gens admis conditionnellement ont été libérés par suite de la décision définitive prise par le conseil de révision. — Circ. du 7 juill. 1833.

458. — Les circul. du 7 juill. 1833 et 14 nov. 1839 renferment diverses prescriptions relatives aux précautions qui doivent être apportées dans l'inscription des jeunes soldats et des renseignemens qui doivent y être consignés. — Même après le départ des jeunes soldats, le commandant du dépôt de recrutement doit les suivre dans leurs diverses mutations et sa surveillance ne doit cesser que lorsqu'ils ont été incorporés. — Instr. du 4 juill. 1832 et circul. du 14 oct. 1833.

459. — Les absens sur lesquels aucun renseignement n'aurait été fourni sont réservés pour l'infanterie. — Instr. du 30 mars 1832 sur l'art. 29 L. 21 mars même année.

460. — Les jeunes soldats immatriculés sont sous les ordres de l'autorité militaire supérieure. — Instr. du 4 juill. 1832.

CHAPITRE VII. — *Hommes laissés dans leurs foyers.*

Sect. 1re. — *Soutiens de famille.*

461. — Les jeunes soldats reconnus être les soutiens indispensables de leur famille peuvent être et sont généralement laissés dans leurs foyers, suivant la proportion déterminée par le ministre de la guerre. — Cette proportion avait été fixée à dix sur mille hommes par les circulaires des 2 juin 1834 et 12 août 1837; elle a été depuis portée à vingt sur mille.

462. — Une mesure analogue existe dans la plupart des autres nations de l'Europe. Ainsi, en Prusse, les recrues soutiens indispensables de pauvres familles sont dispensés de servir dans l'armée active, et sont incorporés dans la landwehr. — Haillot, *Spect. milit.*, t. 32, p. 61.

463. — Les demandes que forment à ce sujet les jeunes soldats, doivent être remises au préfet pendant la tournée du conseil de révision, et être accompagnées d'un certificat de position de famille. — Circul. des 21 sept. 1830, 25 juin 1834 et 12 août 1837.

464. — Afin de s'assurer de l'exactitude des attestations produites, le préfet donne connaissance des demandes qu'il reçoit au conseil de révision assemblé; qui, sur les lieux mêmes, peut prendre les informations nécessaires pour juger préliminairement si la réclamation est de nature à être accueillie. — Circul. des 25 juin 1834 et 12 août 1837.

465. — L'officier de recrutement doit avoir soin de constater, à la colonne d'observations de la liste des jeunes gens compris dans le contingent, les demandes qui auront paru fondées; afin que, de retour au chef-lieu, toutes ces demandes puissent être fidèlement reproduites au conseil, pour être appréciées et comparées entre elles. — Circul. des 25 juin 1834 et 12 août 1837.

466. — Après avoir procédé à la réunion des listes cantonales, le conseil de révision dresse par ordre de préférence une liste qui est envoyée par son président au ministre de la guerre. — Même envoi est fait au commandant de la subdivision territoriale. — *Ibid.*, et instr. du 18 mai 1840, art. 120, 121 et 122.

467. — Les soutiens de famille sont exclusivement affectés à l'armée de terre, *selon leur aptitude*; mais il ne leur est pas envoyé d'ordre de route, en cas d'activité : à moins que les circonstances qui les ont fait désigner en cette qualité ne viennent à cesser, auquel cas ils peuvent être rayés de la liste, par le général commandant la brigade, et remplacés par les numéros subséquens. — Circul. des 25 août 1834, 12 août 1837; instr. du 18 mai 1840, art. 123 à 127.

468. — Les jeunes soldats maintenus dans leurs foyers comme soutiens de famille doivent faire partie de la réserve jusqu'à leur libération ou jusqu'à ce qu'ils soient appelés à l'activité.

Sect. 2e. — *Hommes compris par erreur dans le contingent.*

469. — Les réclamations contre l'admission dans le contingent doivent être adressées au ministre de la guerre, qui, s'il les juge admissibles, envoie à ceux qui les ont faites un titre ministériel pour rester dans leurs foyers. — Circul. du 25 juin 1834.

CHAPITRE VIII. — *Dispositions pénales.*

470. — La loi du 21 mars 1832 contient, au titre 4, des dispositions pénales fort étendues contre ceux qui, par des moyens frauduleux, cherchent à se soustraire à ses prescriptions, ou contre leurs complices. Elles sont relatives aux omissions, aux manœuvres pratiquées par des jeunes gens pour se rendre impropres au service, aux substitutions ou remplacemens frauduleux, aux abus d'autorité des fonctionnaires, aux dons ou promesses agréés par les médecins, chirurgiens ou officiers de santé appelés au conseil, enfin aux insoumissions.

471. — *Omissions.* — « Toutes les fraudes ou manœuvres, porte l'art. 38 L. 21 mars 1832, § 1er, par suite desquelles un jeune homme aura été omis sur les tableaux de recrutement seront déférées aux tribunaux ordinaires et punies d'un emprisonnement d'un mois à un an. »

472. — Jugé que le père qui, profitant d'une erreur commise dans l'inscription du nom de son fils sur la liste des conscrits, s'est procuré des certificats relatifs à un autre individu, et est parvenu à faire rayer de la liste le nom de son fils, ne peut pas être renvoyé des poursuites du ministère public, sous le prétexte qu'il a pu croire que l'inscription ne s'appliquait pas à son fils. — *Cass.*, 5 févr. 1813, Cossu.

473. — Nul ne devant être admis avant trente ans accomplis à un emploi civil ou militaire, s'il ne justifie qu'il a satisfait aux obligations imposées par la loi du 21 mars 1832 (V. cette loi, art. 48), il semble que les chefs des administrations civiles ou militaires seraient passibles des peines portées aux articles 38 et 40 de ladite loi, s'ils admettaient ou conservaient sciemment dans les emplois civils ou militaires un jeune homme qui n'aurait point été porté sur les tableaux de recensement de sa commune, et serait, par conséquent, omis de sa classe, ou un jeune soldat qui serait insoumis ou retardataire.

474. — Le jeune homme omis, s'il a été condamné comme auteur ou complice desdites fraudes ou manœuvres, doit, à l'expiration de sa peine, être inscrit sur la liste du tirage, ainsi que le prescrit l'art. 11 L. 21 mars 1832, art. 38, § 2.

475. — Lorsque les autorités locales découvrent une omission qui leur paraît être le résultat d'une fraude ou manœuvre quelconque, plainte doit être portée par le préfet devant le procureur du roi (aujourd'hui de la République) contre l'individu prévenu de l'omission volontaire. — Circ. 30 mars, art. 170.

476. — La pénalité édictée par l'art. 38 doit-elle atteindre le jeune homme qui n'a point fait la déclaration comprise par l'art. 8? — Oui, répond M. Duvergier, à moins, ainsi que nous l'avons dit (*suprà* no 376), que les circonstances ne justifient ce défaut de déclaration. « Faire la déclaration, dit M. Duvergier (t. 32, p. 98, note 4), est une obligation légale, celui qui néglige de la remplir est coupable d'une fraude; car il y a fraude toutes les fois que l'on fait ce que la loi défend ou qu'on omet de faire ce que la loi ordonne. L'exposé des motifs, les rapports au nom des commissions n'ont pas prévu expressément la question, mais c'est sans doute parce qu'elle n'a point paru douteuse. »

477. — Jugé, toutefois, que l'art. 38 de la loi du 21 mars 1832, sur le recrutement de l'armée, n'est pas applicable à celui qui ne s'est pas fait porter sur la liste du recensement, et dont l'omission sur cette liste n'est le résultat d'aucune fraude ou manœuvre de sa part. — *Cass.*, 6 août 1841 (t. 2 1841, p. 308), Tricard.

478. — ... Que la peine édictée par l'art. 38 de la loi du 21 mars 1832 contre ceux qui, par fraudes ou manœuvres, ont fait omettre un jeune homme sur le tableau de recensement, ne saurait s'appliquer au jeune homme qui s'est borné à ne pas avertir l'autorité que depuis plusieurs années on l'omettait sur ces listes. — *Nîmes*, 11 juin 1840 (t. 2 1840, p. 556), Brulat.

479. — ... Et que les fraudes et manœuvres exigées par l'art. 38 L. 21 mars 1832, ne résulteraient même pas de la seule allégation mensongère de la part d'un jeune homme qu'il a satisfait à la loi sur le recrutement. — Même arrêt.

480. — Ceux qui, chargés de délivrer un certificat relativement au service militaire, attestent faussement qu'un jeune homme se trouve dans un cas d'exemption, sont en outre passibles de dommages-intérêts envers celui qui a été appelé pour compléter le contingent à fournir par la classe de l'exempté. — *Nancy*, 14 juill. 1845 (t. 2, 1846, p. 162), Frémion.

481. — *Manœuvres pratiquées par des jeunes gens pour se rendre impropres au service.* — Dans ses art. 41 et 42 la loi du 21 mars 1832 attaque une habitude criminelle trop fréquente encore dans quelques départemens, et qui consiste à se mutiler dans l'intention de se soustraire au service militaire.

482. — Les jeunes gens appelés à faire partie

du contingent de leur classe, porte l'art. 41, qui seront prévenus de s'être rendus impropres au service militaire, soit temporairement, soit d'une manière permanente, dans le but de se soustraire aux obligations imposées par la loi de 1832, seront déférés aux tribunaux par les conseils de révision, et s'ils sont reconnus coupables ils seront punis d'un emprisonnement d'un mois à un an. — Seront également déférés aux tribunaux et punis de la même peine les jeunes soldats qui, dans l'intervalle de la clôture du contingent de leur canton à leur mise en activité, se seront rendus coupables du même délit. — La peine portée au présent article sera prononcée contre les complices. Si ce sont des médecins, chirurgiens, officiers de santé ou pharmaciens, la durée de l'emprisonnement sera de deux mois à deux ans, indépendamment d'une amende de 200 fr. à 1,000 fr., qui pourra être prononcée, et sans préjudice des peines plus graves dans les cas prévus par le C. pén. — L. 21 mars 1832, art. 41, § 1er, 2 et 4.

483. — Il résulte de la discussion que par ces derniers mots *sans préjudice des peines plus graves dans les cas prévus par le Code pénal* on a voulu prévenir le cas où la mutilation entraînerait une incapacité de travail de plus de vingt jours ou même la mort, et où, par conséquent, le délit deviendrait crime. — Duvergier, t. 32, p. 100.

484.—Jugé que celui qui mutile volontairement un conscrit pour le rendre impropre au service commet le délit de blessures volontaires prévu par les art. 309 et suiv., encore bien que la mutilation soit faite du consentement de la victime. — *Cass.*, 13 août 1813, Mongenot. — V. BLESSURES ET COUPS, HOMICIDE.

485. — De même la remise effectuée d'une substance préjudiciable à la santé, avec le conseil d'en user, et les instructions propres à en faciliter l'usage, constitue, lorsqu'elle a été suivie des accidens morbides qu'elle était destinée à produire, le délit prévu et puni par l'art. 317 C. pén. — *Cass.*, 6 nov. 1847 (t. 1er 1848, p. 620), Denis. — V. BLESSURES ET COUPS, HOMICIDE.

486. — D'après la jurisprudence, le délit prévu et déclaré punissable par l'art. 41 précité, n'est pas d'avoir *tenté* de se rendre impropre au service, mais bien de *s'être rendu impropre au service : soit temporairement, soit d'une manière permanente.*

487. — Ainsi jugé que l'art. 41 de la loi du 21 mars 1832 punit seulement les jeunes gens qui, appelés à faire partie du contingent, se sont rendus impropres au service militaire, soit d'une manière permanente, soit au moins temporairement, dans le but de se soustraire aux obligations imposées par la loi. — ... Que cet article ne punit ni la tentative de ce fait, ni la simulation d'infirmités de nature à rendre impropre au service. — *Bordeaux*, 29 nov. 1832, Lague; *Limoges*, 27 janv. 1835, Semisse; *Cass.*, 22 mai 1835, Senisse; *Paris*, 16 janv. 1836, Debenet; *Montpellier*, 1er oct. 1838 (t. 1er 1838, p. 163); *Cass.*, 28 sept. 1844 (t. 2 1844, p. 545), Leray.

488. — Il résulte de ce principe que, du moment où des jeunes gens ont été compris dans le contingent, il est évident qu'ils ont été reconnus propres au service, et que, dès lors, les manœuvres qu'ils ont pu employer n'ont pas eu pour résultat de les placer dans les cas prévus par l'art. 41 de la loi du 21 mars 1832. — Circ. du 28 juin 1835.

489. — Ainsi jugé que les tribunaux ne peuvent condamner aux peines de l'art. 41 que les jeunes gens qui ont été déclarés impropres au service militaire. Ce fait, ainsi que la déclaration d'incapacité, ne peut être constaté, pour les tribunaux, que par l'extrait en forme d'une délibération régulière du conseil de révision. — *Cass.*, 28 sept. 1844 (t. 2 1844, p. 545), Leray.

490. — L'obligation imposée aux conseils de révision de saisir, dans le cas prévu par l'art. 41 de la loi du 21 mars 1832, la justice répressive, loin d'exclure exceptionnellement l'attribution générale et de droit commun dont le ministère public est investi, de poursuivre tout acte réprimé par la loi, est un mode de plus d'en provoquer l'exercice. — En conséquence : le ministère public peut poursuivre correctionnellement un conscrit qui s'est rendu impropre au service militaire, même en l'absence de plainte portée par le conseil de révision ou l'autorité administrative. — *Cass.*, 6 nov. 1847 (t. 1er 1848, p. 620), Denis.

491. — Jugé, au contraire, que les tribunaux correctionnels ne peuvent connaître du délit de mutilation volontaire dans le but d'échapper à la loi sur le recrutement qu'autant qu'ils en sont saisis par décision des conseils de révision. — Le ministère public n'a pas qualité pour poursuivre d'office le délinquant. — *Bordeaux*, 13 janv. 1842 (t. 2 1842, p. 551), Lhoste.

492. — Le § 3 de l'art. 41 met les condamnés, à l'expiration de leur peine, à la disposition du ministre de la guerre pour le temps que doit à l'Etat la classe dont ils font partie.

493. — D'après une circulaire de ce ministre, en date du 28 juin 1835, les préfets doivent, dans le cas de condamnation, en donner immédiatement avis aux généraux de divisions militaires, en leur faisant connaître la peine prononcée contre ces jeunes gens. — Les généraux de division doivent prendre les mesures nécessaires pour qu'à leur sortie de prison ces jeunes gens soient, sans délai, dirigés sur la 2e compagnie de pionniers de discipline. — Même circulaire, et circulaire du 4 juill. 1832.

494. — Ne compte pas pour les années de service exigées par la loi du 21 mars 1832 le temps passé dans la détention en vertu d'un jugement. — L. 21 mars 1832, art. 42.

495. — *Substitutions ou remplacemens frauduleux.* — Les peines encourues par ceux qui se rendent coupables d'une substitution ou d'un remplacement frauduleux, sont réglées par l'art. 43 de la loi du 21 mars 1832. — V., à cet égard, REMPLACEMENT MILITAIRE.

496. — Disons seulement que les dispositions de l'art. 43 de la loi du 21 mars 1832 s'appliquent virtuellement et nécessairement aux exemptions qui ont été prononcées au moyen de pièces fausses ou moyens frauduleux.

497. — Ainsi jugé que l'art. 43 de la loi du 21 mars 1832 qui impose aux tribunaux l'obligation de prononcer la nullité des actes de substitution et de remplacement obtenus à l'aide de moyens frauduleux ou de pièces fausses est énonciatif et non limitatif. — *Cass.*, 17 juill. 1837 (t. 1er 1838, p. 220), Mouméja.

498. — *Abus d'autorité des fonctionnaires.* — Tout fonctionnaire public ou officier civil ou militaire qui, sous quelque prétexte que ce soit, aura autorisé ou admis des exceptions, déductions ou exclusions autres que celles déterminées par la loi ou qui aura donné arbitrairement une extension quelconque soit à la durée, soit aux règles ou conditions des appels, des engagemens ou des rengagemens sera coupable d'abus d'autorité et puni des peines portées par l'art. 185 du C. pén., sans préjudice des peines plus graves prononcées par ce Code dans les autres cas qu'il a prévus. — L. 21 mars 1832, art. 44. — V. ABUS D'AUTORITÉ.

499. — Lorsqu'il est constant qu'un capitaine de recrutement a reçu des présens de la part des parens des conscrits, la présomption légale est que ces présens lui ont été donnés à raison de sa qualité; et cette présomption ne peut être détruite qu'autant qu'il serait reconnu qu'ils ont eu lieu pour une tout autre cause. — *Cass.*, 7 janv. 1808, Huart et Deghiui.

500. — Jugé que le membre d'un conseil de révision qui reçoit de l'argent pour soustraire des jeunes gens à la conscription ne peut être poursuivi comme coupable de concussion. Il n'encourt qu'une peine correctionnelle. — *Cass.*, 17 mars 1806, Brun.

501. — *Dons ou promesses agréés.*—Les médecins, chirurgiens ou officiers de santé qui, appelés au conseil de révision à l'effet de donner leur avis, conformément à l'art. 16, auront reçu des dons ou agréé des promesses pour être favorables aux jeunes gens qu'ils doivent examiner, seront punis d'un emprisonnement de deux mois à deux ans. —L. 21 mars 1832, art. 45, § 1er.

502.—Cette peine leur est applicable soit qu'au moment des dons ou promesses ils aient déjà été désignés pour assister au conseil, soit que les dons ou promesses aient été agréés dans la prévoyance des fonctions qu'ils auraient à remplir. — L. 21 mars 1832, art. 45, § 2.

503. — Les présidens des conseils de révision doivent avoir soin de donner connaissance des dispositions de l'art. 45 aux gens de l'art qui sont appelés pour examiner les jeunes gens convoqués. — Instr. du 30 mars 1832 sur l'art. 45 L. 21 mars 1832.

504.—Jugé que, sous l'empire des lois antérieures à celle de 1832, la coopération de celui qui remet à des agens de la conscription les cadeaux qu'il reçoit des parens des conscrits, constitue une complicité qui le soumet aux mêmes peines que ces agens. — *Cass.*, 18 janv. 1810, Hilbert.

505. — Il en est incontestablement de même aujourd'hui. Le silence que garde la loi du 21 mars 1832, dans son art. 45, sur la complicité, ne doit pas faire penser que le législateur ait voulu affranchir de toute peine celui qui coopère à de semblables fraudes. Les règles sur la complicité appartiennent aux principes généraux du droit, et il n'y a lieu de suspendre leur application que dans les cas formellement exceptés. Il faut suivre l'art. 46 de ladite loi, portant que, dans tous les cas prévus par les dispositions précédentes, les tribunaux appliqueront les lois pénales ordinaires.

506. — Jugé, avant la loi du 21 mars 1832, que le médecin chargé d'examiner les jeunes soldats appelés au recrutement de l'armée, qui se faisait remettre par eux des sommes d'argent, sous la promesse de les faire exempter du service militaire, se rendait coupable du crime de corruption et non pas seulement du délit d'escroquerie. — *Cass.*, 15 févr. 1828, Laburthe. — Aujourd'hui, l'art. 45 ne prononce que des peines correctionnelles.

507. — *Insoumission.* — Tout jeune soldat qui aura reçu un ordre de route et ne sera point arrivé à sa destination au jour fixé par cet ordre, sera, après un mois de délai et hors le cas de force majeure, puni, comme insoumis, d'un emprisonnement qui ne pourra être moindre d'un mois ni excéder une année. — L'insoumis sera jugé par le conseil de guerre de la division militaire dans laquelle il aura été arrêté. — L. 21 mars 1832, art. 39, § 1er et 2.

508. — Le projet de loi voulait que, selon le droit commun (C. instr. crim., art. 23), l'insoumis pût être jugé aussi par le conseil de guerre de la division militaire où se trouve son département. Mais on a pensé qu'il ne fallait conserver la compétence qu'au conseil de guerre du lieu de l'arrestation, afin d'éviter les conflits entre ce conseil de guerre et celui du domicile. — Duvergier, t. 32, p. 99, note 1re.

509. — Jugé que le conseil de guerre auquel la loi du 21 mars 1832 a déféré la connaissance du délit d'insoumission est seul compétent, à l'exclusion des tribunaux civils, pour statuer sur l'exception résultant de ce que le prévenu n'aurait pas reçu sa feuille de route. — *Cass.*, 30 juill. 1840 (t. 2 1841, p. 117), Patural.

510. — Le temps pendant lequel le jeune soldat a été insoumis ne compte pas en déduction des sept années de service exigées. — L. 21 mars 1832, art. 39, § 3.

511. — Il résulte de la discussion qui a eu lieu à la Chambre des pairs qu'il ne doit pas être prononcé de jugement de contumace en matière d'insoumission. — Duvergier, t. 32, p. 99, note 1re.

512. — Recéler un conscrit qui cherche à se soustraire à la loi de la conscription, c'est évidemment se rendre complice de sa désobéissance et la loi a dû punir cette assistance coupable. Aussi, aux termes de la loi du 21 mars 1832, quiconque sera reconnu coupable d'avoir recélé ou d'avoir pris à son service un insoumis, sera puni d'un emprisonnement qui ne pourra excéder six mois. Selon les circonstances, la peine pourra être réduite à une amende de 20 à 200 fr. — L. 21 mars 1832, art. 40, § 1er.

513. — Cette pénalité contre le recèlement des insoumis est reproduite de la loi du 24 brumaire an VI, d'après laquelle (art. 4) tout habitant convaincu d'avoir recélé sciemment la personne d'un déserteur ou réquisitionnaire, ou d'avoir favorisé son évasion, ou de l'avoir soustrait d'une manière quelconque aux poursuites ordonnées par la loi, devait être condamné à une amende qui ne pouvait être moindre de 3,000 fr. et à un emprisonnement d'un an. — V. DÉSERTION.

514. — Sous la loi du 24 brum. an VI, l'état de conscrit réfractaire était suffisamment établi pour les tribunaux par l'attestation, mise par le préfet en marge du procès-verbal d'arrestation, que l'individu arrêté avait été jugé conscrit par décision administrative. — *Cass.*, 6 mars 1812, Hess, et la note.

515. — Le fait de s'être présenté devant un conseil de révision au lieu et place d'un conscrit et de l'avoir fait réformer constitue-t-il le délit de soustraction de la personne d'un réquisitionnaire? — Cette question s'est présentée devant la Cour de cassation le 14 avril 1827 (affaire Maistre). Mais la Cour n'a pas résolu la question, dont l'affirmative avait été soutenue dans le réquisitoire de M. le procureur général Mourre. — V. l'arrêt à sa date.

516. — Sous la loi du 19 fruct. an VI : tout Français qui, ayant atteint l'âge de la conscription, ne figurait pas sur le tableau des conscrits, était réputé réfractaire s'il ne se présentait pas lui-même aux autorités compétentes pour faire réparer cette omission. — *Cass.*, 15 mars 1810, Fenochio. — Merlin, *Quest.*, vo *Désertion*, § 6.

517. — Mais celui qui avait reçu chez lui un conscrit ne pouvait être poursuivi comme coupa-

ble de recélé qu'autant que le conscrit aurait été appelé sous les drapeaux soit par la voie du sort, soit par toute autre mesure; il ne suffisait pas, pour motiver sa condamnation, d'énoncer qu'il avait recélé un conscrit de telle année, il fallait que le jugement constatât que c'était un réfractaire ou fuyard. — *Cass.*, 14 mars 1806, Fayon.

518. — Jugé que sous la loi du 19 vent. an VIII, et pendant la durée du sursis qu'elle accordait aux réquisitionnaires et conscrits pour se présenter et entrer dans la formation d'une armée de réserve, le recélé d'un réquisitionnaire ou d'un conscrit n'a pas pu donner lieu à l'application de la loi du 24 brum. an VI. — *Cass.*, 28 brum. an IX, Gaubert.

519. — La chambre correctionnelle d'un tribunal de première instance était compétente pour prononcer la condamnation à l'amende contre un conscrit réfractaire, et contre ses père et mère comme civilement responsables. — *Cass.*, 25 févr. 1813, Bianchini.

520. — Le jugement qui condamnait à l'amende un conscrit réfractaire, et ses parens comme civilement responsables, pouvait être attaqué par la voie de l'appel, non sous le rapport du fond, parce que les tribunaux étaient obligés de se conformer aux arrêtés des préfets, mais sous le rapport de la compétence. — Même arrêt. — V. les conclusions conformes de Merlin au *Répert.*, v° *Appel*, sect. 2, art. 2, § 3, n° 6. — V. aussi *Quest.*, v¹ˢ *Appel*, sect. 2, art. 2, n° 3 (*Cass.*, n° 50), et *Conscrit*, § 3.

521. — Celui qui, sans le connaître, avait reçu chez lui un déserteur ou un conscrit réfractaire ne pouvait faire valoir comme excuse qu'il était entré chez lui en qualité de serviteur à gages, s'il ne l'avait préalablement présenté à l'administration municipale de son canton pour l'interroger, examiner ses papiers et passe-port et s'assurer, par tous les moyens possibles, qu'il n'était point dans le cas de la désertion ou de la réquisition. — L. 24 brum. an VI, art. 5.

522. — Ainsi, sous la loi du 24 brum. an VI, celui qui avait pris à son service un conscrit réfractaire sans le présenter à la mairie, ne pouvait pas être acquitté sous le prétexte que ce conscrit n'avait pas encore été déclaré réfractaire par le préfet. — *Cass.*, 7 mai 1808, Noël; 8 déc. 1808, Durand. — Merlin, v° *Conscription*, § 2, n° 4.

523. — ... Où qu'il ignorait que ce fût un conscrit réfractaire. — *Cass.*, 9 avr. 1813, Schmidt.

524. — Sous l'empire de cette loi, aucune exception de bonne foi ne pouvait être admise en faveur de celui qui avait pris à son service un conscrit réfractaire sans l'avoir préalablement présenté à la mairie. — *Cass.*, 30 mai 1812, Mammuccaro.

525. — On était réputé l'avoir sciemment recélé. — *Cass.*, 15 mars 1810, Fenochio; 23 oct. 1812, Brickman.

526. — Ainsi, celui qui avait reçu à son service un déserteur, un conscrit réfractaire ou un réquisitionnaire ne pouvait être acquitté sous le prétexte que cet individu étant marié et domicilié dans la commune depuis cinq ans, il n'avait pas dû le croire en état d'infraction à la loi. — *Cass.*, 24 mess. an XIII, Vallée; 11 brum. an XIV, Rousseau.

527. — ... Ou qu'il ignorait qu'il fût réfractaire; ayant dès le principe demandé une carte de sûreté au commissaire de police, qui ne la lui avait pas délivrée. — *Cass.*, 30 mai 1812, Mammuccaro. — Ou bien encore qu'il avait averti cet individu de se procurer son acte de naissance et de le représenter à la municipalité. — *Cass.*, 4 sept. 1813, Harin-Bischoff.

528. — ... Ou bien qu'il était porteur d'un certificat du maire de sa commune, constatant qu'il avait satisfait à la réquisition. — *Cass.*, 14 frim. an XIV, Chaudron; 26 juin 1812, Bret.

529. — ... Alors même que celui qui avait reçu cet individu aurait lui-même inscrit, en sa qualité de maire, le certificat qui se trouvait faux et qui constatait la libération de celui qui le présentait. Il aurait dû s'adresser à l'adjoint ou au sous-préfet, qui auraient vérifié les papiers. — *Cass.*, 22 nov. 1811, Clarac.

530. — Le prévenu ne peut être excusé en alléguant que le conscrit avait été antérieurement en service dans la commune pendant un an, — *Cass.*, 7 déc. 1809, Trinchierry, — et qu'il était ainsi sous les yeux des habitans et de l'autorité, — *Cass.*, 5 juin 1806, Van-Hoff, — les travaux auxquels il l'employait le laissant exposé aux recherches de l'autorité. — *Cass.*, 18 déc. 1812, Constans.

531. — ... Alors même qu'en le prenant à son service, il en aurait averti le maire — *Cass.*, 15 mars 1810, Pirou — dans un cabaret; — 30 janv. 1807, Vanacken.

532. — Il n'en serait pas de même, s'il avait seulement procuré un travail public, accidentel et momentané, à cet individu habitant sa propre maison et se montrant journellement dans la commune. — *Cass.*, 12 juill. 1806, Maillard.

533. — L'exhibition du passe-port du conscrit, visé par le maire, plus de cinq mois après son entrée au service du prévenu, et peu de jours avant son arrestation, n'est pas un motif d'excuse. — *Cass.*, 29 juill. 1813, Frédérick Rulff.

534. — Il en est de même de la circonstance que l'individu ainsi reçu serait employé comme journalier et à un salaire de jour par jour, ce n'en est pas moins un serviteur à gages dans le sens de l'art. 5 de la loi du 24 brum. an VI. — *Cass.*, 16 janv. 1806, Jassens (ch. réunies); 9 juin 1806, mêmes parties. — Conf. *Cass.*, 24 messid. an XIII, Vallée; 18 juill. 1806, Desneux.

535. — La circonstance que l'ouvrier est entré chez lui sous un faux nom et qu'il l'a fait inscrire, sous ce faux nom, au registre de la police, n'excuse pas non plus le prévenu. — *Cass.*, 6 mars 1812, Hess. — Alors même que le recélé aurait produit un acte de naissance reconnu faux plus tard. — *Cass.*, 24 messid. an XIII, Vallée.

536. — Il en était de même de la représentation du livret par l'ouvrier. — *Cass.*, 14 mars 1813, Elsner.

537. — Sous cette même loi (du 24 brum. an VI) le boulanger qui prenait à son service en qualité d'apprenti un conscrit fugitif, sans le présenter à la municipalité, ne pouvait être acquitté sous le prétexte du peu de temps qu'il l'avait gardé chez lui, et du défaut de preuves qu'il eût connaissance du recélé. — *Cass.*, 17 brum. an XIV, Oustry.

538. — Celui qui a recélé un conscrit réfractaire ne peut pas être acquitté sous le prétexte qu'il l'avait reçu chez lui avant la réunion de son pays à la France et la publication des lois françaises dans ce pays, s'il a continué à l'y recevoir depuis ces réunion et publication. — *Cass.*, 27 nov. 1812, Dannemberg; 12 févr. 1813, Renken; 4 sept. 1813, Bischoff.

539. — Les lois pénales contre les soustractions de conscrits sont applicables aux pères et mères comme à tout autre individu. La circonstance que le père aurait fait remplacer son fils au service militaire après l'y avoir soustrait, n'est pas un obstacle à la condamnation. — *Cass.*, 22 août 1806, Riva.

540. — En conséquence : le père qui loge et nourrit chez lui son fils conscrit réfractaire, doit être considéré comme l'ayant recélé; s'il n'est pas constaté que ce conscrit n'a fait qu'une apparition momentanée dans la maison paternelle, suivie d'un prompt renvoi ordonné par le père. — *Cass.*, 7 nov. 1812, Van Moen.

541. — Encore bien que la maison qu'il habite soit la propriété de son fils. — *Cass.*, 3 avr. 1812, Blanc.

542. — La disposition contenue dans l'art. 5 de la loi de brumaire an VI n'ayant pas été reproduite dans la loi de 1832, et le mot *sciemment* ne se trouvant pas dans l'art. 40, on s'est demandé, lors de la discussion, si la peine serait applicable à celui qui aurait reçu chez lui ou pris à son service un insoumis sans connaître sa position. Pour lever tous les doutes, on proposa d'ajouter les mots *sciemment* ou *en connaissance de cause*; mais cette proposition fut rejetée, non qu'on ait voulu appliquer la loi à celui qui aurait pris un insoumis à son service sans savoir qu'il était insoumis; mais afin qu'on n'abusât pas de cette expression, en se justifiant toujours par le prétexte d'ignorance, et l'on se borna à introduire dans la loi la locution : *Quiconque sera coupable*, comme suffisante pour exprimer que l'intention était nécessaire pour constituer le délit. Il semble donc que l'économie de la loi est de déroger en cette matière à la règle générale et de mettre à la charge du prévenu sa justification, en établissant qu'il ne connaissait pas la position de celui qu'il a reçu chez lui. — Duvergier, t. 32, p. 99, note 2.

543. — Ainsi jugé que la loi du 21 mars 1832, en portant dans son art. 40 une peine contre quiconque sera reconnu *coupable* d'avoir pris un insoumis à son service, a voulu autoriser ce prévenu à faire la preuve de sa bonne foi et empêcher que la seule constatation du fait matériel entraînât nécessairement l'application de la peine; mais qu'elle n'a pas eu pour objet d'obliger le ministère public à prouver l'intention coupable de l'auteur du fait. — *Cass.*, 2 févr. 1839 (t. 1ᵉʳ 1839, p. 163), Thibault.

544. — Sous la loi du 24 brumaire an VI, l'art. 463, sur les circonstances atténuantes, était inapplicable au recèlement d'un conscrit réfractaire. — *Cass.*, 12 mars 1813, Barrière. — L'art. 46 de la loi du 21 mars 1832 contient une disposition contraire.

545. — La pénalité établie par la loi de 1832 (art. 40) est d'un mois à un an d'emprisonnement contre quiconque sera convaincu d'avoir favorisé l'évasion d'un insoumis. — Art. 40, § 2.

546. — Des marins qui, après avoir été consultés par le capitaine, ont consenti l'embarquement de soldats insoumis et les ont transportés en pays étrangers, doivent être considérés comme coupables d'avoir favorisé l'évasion de ces insoumis. — *Rennes*, 2 avril 1835, Sevoy.

547. — Cette dernière peine serait applicable à *fortiori* à celui qui serait convaincu d'avoir soustrait un insoumis aux poursuites déjà commencées. — Duvergier, t. 32, p. 100, note 1ʳᵉ.

548. — Sous le Code de brum. an IV : lorsqu'il résultait de l'acte d'accusation que l'enlèvement d'un conscrit avait eu lieu par force ou violence, le jury devait être interrogé, à peine de nullité, sur la circonstance de la violence. — *Cass.*, 15 pluv. an VIII, Roche.

549. — La même peine est prononcée contre ceux qui par des manœuvres coupables auraient empêché ou retardé le départ des jeunes soldats. — L. 21 mars 1832, art. 40, § 3.

550. — Dans le projet de loi, ce paragraphe portait : « ... contre ceux qui, soit par des discours, soit par des écrits ou par des manœuvres quelconques, auraient empêché ou retardé le départ des jeunes soldats. » Et une exception demandée en faveur des père et mère avait été rejetée. Mais la Chambre des pairs crut devoir supprimer les mots *discours et écrits* et y substituer l'expression plus générale, *manœuvres coupables*. « En employant les mots *discours et écrits*, dit M. Duvergier (t. 32, p. 100, note 2), on pouvait craindre quelque confusion avec la législation spéciale sur la presse, qui ne punit les discours et les écrits que lorsqu'il y a publicité. » Nous pensons que la Chambre des pairs a surtout été déterminée, dans cette suppression, par cette considération que la mesure serait bien sévère appliquée aux proches parens des insoumis, et que, tout en refusant d'admettre à l'égard des père et mère un amendement *formel* qui ne devait point, en effet, trouver place dans la loi, elle chercha un autre moyen de laisser à la discrétion du juge le soin de sonder si les moyens employés devaient être considérés comme coupables.

551. — Si le délinquant est fonctionnaire public, employé du gouvernement ou ministre d'un culte salarié par l'Etat, la peine pourra être portée jusqu'à deux années d'emprisonnement, et il sera en outre condamné à une amende qui ne pourra excéder 2,000 francs. — L. 21 mars 1832, art. 40, § 4.

552. — Un décret du 25 mars 1810 ayant amnistié les conscrits réfractaires, les tribunaux furent plusieurs fois appelés à statuer sur l'extension qu'il fallait donner à cette amnistie. Nous croyons devoir rapporter les principaux arrêts rendus sur cette matière, quelques-uns d'entre eux pouvant trouver leur application aux cas qui pourraient se présenter par suite du décret du Gouvernement provisoire qui a amnistié les insoumis jusqu'à cette date.

553. — L'amnistie accordée aux conscrits réfractaires, par le décret du 25 mars 1810, comprenait implicitement le délit accessoire de résistance à la gendarmerie, comme ayant été le moyen employé pour ne pas joindre les drapeaux. — *Cass.*, 26 juill. 1810, Combet.

554. — La remise d'une feuille de route à un conscrit réfractaire qui s'est rendu coupable de rébellion envers la gendarmerie étant à sa poursuite, ne peut être considérée que comme une amnistie de fait et conditionnelle; qui se trouve révoquée, si, au lieu de rejoindre son corps, le conscrit déserte de nouveau. — *Cass.*, 27 oct. 1808, Gallon.

555. — Mais le secrétaire de mairie qui a fabriqué un faux acte de naissance pour soustraire un conscrit réfractaire aux lois de la conscription, ne profite pas de l'amnistie accordée à ce conscrit. — *Cass.*, 19 juill. 1808, Pinssac.

556. — Il en serait de même de l'officier de l'Etat civil qui fabriquerait dans le même but un faux acte de mariage. — *Cass.*, 4 mai 1810, Pelin et la note.

557. — L'usage de pièces fausses, par un conscrit réfractaire, pour se soustraire aux lois de la conscription, est couvert par l'amnistie du délit de désertion. — *Cass.*, 19 juill. 1810, Pinssac; 10 oct. 1822, Dupont. — V. Mangin, *Traité de l'act.*

publ., t. 2, p. 474, n° 452. — V. aussi v° AMNISTIE, n°s 155 et suiv., 169 et suiv.

558. — La loi du 21 mars 1832 n'ayant fixé aucune prescription particulière pour les délits qu'elle a prévus, il y a nécessité de recourir aux règles générales tracées par les Codes criminels.

559. — Ainsi jugé que la prescription de l'action publique ne commence à courir en faveur des jeunes gens qui se sont mutilés volontairement, pour se rendre impropres au service militaire, que du jour où le conseil de révision a été appelé à statuer, et non du jour même du délit. — *Amiens,* 14 nov. 1839 (t. 1er 1842, p. 428], Demarcq.

V., au surplus, ARMÉE, CONSCRIPTION, DÉSERTION, DOMICILE, ÉTRANGER, FRANÇAIS, REMPLACEMENT MILITAIRE.

RECTIFICATION.

C'est l'action de rendre régulier ce qui ne l'était pas. — V. principalement ACTE D'ACCUSATION, ACTE DE NOTORIÉTÉ, CHOSE JUGÉE, COMPTE DE TUTELLE, COUR D'ASSISES, DEMANDE NOUVELLE, ENQUÊTE, ERREUR DES ACTES ET JUGEMENS, JUGEMENT COMMERCIAL, LEGS, NOM.

RECTIFICATION DES ACTES DE L'ÉTAT CIVIL.

1. — Tout ce qui concerne cette matière a été expliqué v° ACTES DE L'ÉTAT CIVIL, n°s 507 et suiv. — Nous nous bornerons à mentionner les arrêts rendus depuis la publication de cet article. Il a été jugé :

2. — 1° Qu'en matière de rectification d'actes de l'état civil, l'appel est de droit. — *Rennes,* 21 mai 1845 (t. 2 1845, p. 285], Fichoux.

3. — 2° Que la rectification d'un acte de naissance, lorsqu'il y a lieu de l'ordonner, doit avoir lieu d'une manière générale et absolue pour tous les actes de la vie civile, et ne peut être restreinte au seul cas du mariage. — Même arrêt.

4. — 3° Que le tribunal compétent pour connaître de la demande en rectification de l'acte de naissance d'un individu, à également compétence pour statuer sur la rectification des actes de décès des père et mère de cet individu, encore que ces actes de décès aient été reçus dans les arrondissemens autres que celui du tribunal saisi, lorsque d'ailleurs cette dernière rectification n'est que la conséquence de la première (par exemple si elle porte sur les mêmes noms indiqués vicieusement dans ces différens actes), d'où il résulte, entre ces diverses demandes, un lien de connexité et une sorte d'indivisibilité. — *Metz,* 29 avril 1847 (t. 2 1847, p. 472], Ivalduc. — V. aussi ACTES DE L'ÉTAT CIVIL, n°s 516, 527 et suiv.

5. — 4° Que le ministère public a qualité pour poursuivre d'office la rectification des actes de l'état civil dans l'intérêt des parties indigentes. — *Angers,* 27 févr. 1846 (t. 2 1846, p. 227], Serplu. — V. aussi v° ACTES DE L'ÉTAT CIVIL, n° 517 et suiv.

6. — 5° Qu'il est inutile de recourir à une enquête lorsque l'acte de notoriété produit à l'appui de la demande en rectification d'un acte de naissance en vue du mariage, ne laisse pas le moindre doute sur l'erreur. — Même arrêt.

RECTIFICATION DE JUGEMENT.

V. JUGEMENT, n°s 1706 et suiv.

REÇU.

C'est la même chose que récépissé. — V. ce mot. — V. aussi BANQUE DE FRANCE, COMMENCEMENT DE PREUVE PAR ÉCRIT, CONNAISSEMENS, HONORAIRES, LETTRE DE CHANGE, PAIEMENT, QUITTANCE.

RÉCUSATION.

Table alphabétique.

Abstention, 10, 20, 197, 214, 247, 250 s., 254 s.
— (défaut d'), 263.
— (effet de l'), 265.
— (motifs d') 252 s.
Accusé, 238.

Acquiescement, 37, 151, 238 s.
Administrateur, 46 s., 87 s.
Adversaire du récusant, 209 s., 239.

Agression, 72, 118, 125.
Alliance, 23, 38, 40 s., 45 s., 67, 271.
Amende, 72, 137 s., 246, 287.
Appel, 14, 97, 110, 160, 202, 207 s., 212 s., 231, 234. — (forme), 217 s.
Appelant, 226.
Arbitrage, 96.
Arbitre, 23, 64, 79, 92, 117, 142, 230.
Arrêt, 223, 226 s., 232.
Associé, 48.
Auberge, 113.
Audience, 171 s., 237, 243, 254. — publique, 184 s., 262.
Audition des parties, 243.
Avis, 94 s. — écrit, 138 s. — verbal, 137.
Avocat, 18, 25, 30 s., 49, 96.
Avoué, 25, 49, 206, 218, 228.
Beau-frère, 41.
Beau-père, 41.
Boire et manger, 113 s.
Cassation, 16 s., 98, 232, 244.
Causes d'abstention, 255 s. — (cessation des), 265.
Causes de récusation, 7, 35 s., 131 s., 136, 272, 283. — (cessation des), 149. — (nouvelles), 166.
Chambre du conseil (pouvoir discrétionnaire), 258 s.
Chambre législative, 290.
Commencement de preuve par écrit, 198 s.
Commensal, 53 s.
Commodataire, 65.
Commune, 89 s.
Compétence, 144 s., 278 s., 282.
Conclusions, 106 s., 173, 185.
Condition, 62.
Connaissance du différend, 92, 97 s., 100 s., 141 s., 275.
Connaissance du litige, 92.
Conseil, 92.
Conseil de discipline, 291.
Conseil d'État, 81.
Consentement, 12.
Consignation, 242.
Constitution d'avoué, 226.
Consultation (droit de), 30.
Cour des pairs, 289.
Créance, 68 s.
Créancier, 67 s.
Curateur, 46 s., 80, 135.
Décision de la chambre du conseil, 258 s.
Déclaration, 195, 238. — de récusation, 172.
Délai, 160 s., 160 s., 165 s., 213 s., 221, 244, 254. — (augmentation à raison des distances), 164, 216.
Demande en récusation (formes de la), 168 s., 236 s., 284 s. — (instruction de la), 177 s.
Dénonciation, 73.
Dépens, 196.
Dépositaire, 65.
Dérogation, 12.
Désignation insuffisante, 34.
Dette, 50 s., 273.
Différend, 51.
Divorce, 43.
Dommages-intérêts, 72, 187.
Donataire, 82, 91.
Donateur, 82.
Droit de récusation (extinction du), 157.
Écritures, 228.
Édit de Nantes, 6.

Effet suspensif, 191, 230, 247 s.
Emprisonnement, 72.
Enquête, 140 s., 147.
Enumération, 36 s., 136.
Envoi des pièces, 240, 242. — au tribunal d'appel, 221 s.
Exception, 181. — déclinatoire, 13.
Excès de pouvoir, 241.
Exécution par provision, 226.
Exploit, 219, 235 s.
Femme, 41.
Fermier, 61.
Fin de non-recevoir, 283.
Formes (violation des), 129.
Forme de procéder, 215.
Frais, 222. — d'instance (taxe), 110.
Garde nationale, 291.
Gendre, 41.
Greffe, 176, 284.
Greffier, 33, 227, 23 242.
Habitant, 89.
Haine, 23.
Héritier présomptif, 82, 91.
Honoraires, 117.
Incapacité du juge, 37.
Incompétence, 100 s., 241, 270, 291.
Inculpé, 173.
Inimitié capitale, 118 s.
Iniquité, 2.
Injures, 118, 125 s.
Intérêt personnel, 88 s., 130, 133 s., 274.
Intérêt direct, 47 s.
Intervenant, 21.
Juges, 24. — nouveau, 166. — récusé, 212, 227, 246.
Juge-commissaire, 29, 147, 156, 160, 166 s., 194.
Juge consulaire, 24.
Juge d'instruction, 273, 282.
Juge de paix, 26, 130 s., 176, 233 s., 266.
Juge de simple police, 271, 279.
Juge suppléant, 19, 24.
Jugement, 179 s., 204 s., 208, 225, 240 s., 244, 263, 266, 283. — (droit d'obtention de), 206. — (forme du), 205, 278. — d'admission, 191. — par défaut, 104, 161 s. — définitif, 184, 193. — interlocutoire, 102, 192. — préparatoire, 102. — provisionnel, 103. — de rectification, 105.
Juré, 267.
Lettre missive, 138.
Locataire, 61.
Maître, 83.
Mari, 42.
Matière disciplinaire, 173.
Membre du conseil de discipline, 30.
Membre du conseil municipal, 90.
Menacé, 4.
Menaces, 118, 125.
Ministère public, 16, 22, 32, 106 s., 185, 250, 254, 276 s., 281.
Motifs de jugement, 186.
Motifs de récusation, 158. — (articulation des), 7 s. — (énonciation des), 34.
Nullité, 19, 37, 169, 171, 180, 185, 214, 219, 229, 237, 263. — du mariage, 44.
Officier ministériel, 31.
Opinion émise, 93.
Opposition, 161 s., 231.
Option du prévenu, 270.
Outrage, 127.
— criminel, 69 s. — de-

vant une autre chambre, 54. — identique, 55. — en simple police, 71.
Procès injurieux, 129.
Propriétaire, 83.
Prud'homme, 26.
Rapport, 184 s., 254.
Recommandation, 92.
Réconciliation, 124.
Récusant, 183, 210, 224, 238.
Récusation (caractères), 11 s. — criminelle, 267 s. — péremptoire, 8 s., 268 s. — tardive, 159.
Refus de s'abstenir, 238.
Renvoi des pièces, 245.
Renvoi d'un tribunal à un autre, 45, 100, 127, 148.
Reprise d'instance, 106.
Requête, 170.
Requête civile, 109, 231.
Réquisition, 242, 244.
Saisie immobilière, 154.
Secret, 117.
Signification, 208, 226 s., 48.
Société (dissolution de), 48.
Sollicitation, 92.
Subrogé tuteur, 80.
Suppléant, 249.
Témoin, 92, 111 s.

Terme, 62.
Tierce opposition, 108, 210 s.
Tiers saisi, 66.
Timidité, 2.
Transfert de créance, 68.
Tribunaux, 24 s., 99. — (pouvoir discrétionnaire), 60, 98, 121, 198. — administratif, 242. — de commerce, 27, 169. — correctionnels, 145 s. — de police, 280.
Tuteur, 46 s., 135.
Usage, 252.
Vieillesse, 4.
Visa, 235.
Parenté, 23, 38, 40 s., 45 s., 67 s., 130, 271. — naturelle, 39.
Plaidoirie, 143, 153, 156.
Plainte, 73.
Pouvoir spécial, 218, 235.
Prescription, 19.
Présent, 92, 116.
Président du bureau de bienfaisance, 133.
Prêt, 64.
Prêteur à usage, 65.
Preuve, 2 s., 56, 139, 198. — testimoniale, 202 s.
Procès, 50 s., 57. — civil, 77 s. — civil antérieur, 76. — correctionnel, 70.

RÉCUSATION. — **1.** — On entend par récusation le droit que la loi accorde aux parties litigantes de demander qu'un juge s'abstienne de connaître du procès qui lui est régulièrement déféré.

Sect. 1re. — Historique et législation.

2. — Le droit de récusation a été admis par toutes les législations. Dans les premiers temps du droit romain, lorsque, pour les jugemens publics, les juges étaient tirés au sort, la récusation s'exerçait au moment où le nouveau sortait de l'urne. La timidité et l'iniquité étaient des causes de récusation. Il suffisait aux parties de les invoquer pour qu'elles fussent accueillies. Il ne leur était pas nécessaire d'administrer la preuve de la timidité ou de l'iniquité. Si, par suite des récusations, la liste des juges se trouvait épuisée, on procédait à un nouveau tirage ; mais alors les nouveaux juges n'étaient plus récusables.

3. — Lorsque, au système précédent, furent substitués le système formulaire et l'institution de magistrats chargés de prononcer sur les différens, on exigea que les moyens de récusation

fussent précisés; on traça même la procédure et les délais à suivre. Mais les causes de récusation n'ayant point été énumérées, définies, il en résulta que le corps judiciaire se trouva encore abandonné aux critiques, souvent irréfléchies ou passionnées, des plaideurs. — V. *Inst.*, liv. 3, tit. 1er.

4. — Dans notre ancien droit les causes de récusation n'avaient pas non plus été indiquées, limitées. On tenait que toute cause de récusation était bonne, si elle était juste. — Rebuffe, *De recusationibus*, n° 38. — Beaumanoir (*Grand coutumier*, chap. 66) nous apprend qu'on pouvait récuser un juge pour défaut de mémoire ou pour grande vieillesse.

5. — L'ordonnance de Charles VII, de 1453, voulait « que les parties ne connussent celui qui rapporterait leur procès, et que si les parties avaient connu le juge, le procès fût commis à un autre, afin d'éviter toute suspicion. »

6. — L'édit de Nantes, qui fut révoqué par Louis XIV en 1685, donna aux protestans le droit de récuser, sans motifs, deux des juges appelés à connaître du procès en dernier ressort. — Ed. 13 avr. 1598, art. 65.

7. — L'ordonnance du 20 avril 1667 régla les principales causes de récusation, mais elle donna, en outre, aux juges le droit d'apprécier celles qui n'étaient pas prévues. La récusation devait être motivée; néanmoins, le juge récusé pouvait encore connaître de la demande *si toutes les parties y consentaient par écrit*. Cette faculté s'exerçait en matière civile seulement. — Art. 1er et 2 du tit. 24.

8. — La loi du 23 vendém. an IV, qui abrogea les lois et ordonnances précédentes, donna aux plaideurs le droit de récuser, *sans motifs*, en toute matière civile ou criminelle, un juge ou suppléant, sans préjudicier au droit de proposer contre les autres juges des récusations légitimes. Mais cette récusation péremptoire fut bientôt abrogée, en matière criminelle du moins, par l'art. 594 de la loi du 3 brum. an IV. — *Cass.*, 8-28 therm. an VIII, Callaud. — Merlin, *Rép.*, v° *Récusation péremptoire*, n° 3; Legraverend, t. 2, p. 45, § 11.

9. — Enfin, le Code de procédure est venu poser des bases invariables. Il a proscrit la récusation péremptoire. Il ne permet plus, ainsi qu'on le verra *infrà*, nos 35 et suiv., qu'un juge soit récusé pour d'autres motifs que ceux tirés de la loi. Sous ce double rapport, la législation moderne contient un progrès remarquable.

Sect. 2e. — *Récusation en matière civile.*

ART. 1er. — *Principes généraux. — A qui appartient le droit de récusation. — Qui peut être récusé.*

10. — *Principes généraux.* — La récusation ne doit pas être confondue avec l'*abstention* (V. ce mot). La récusation est toujours provoquée par l'une des parties contendantes, tandis que l'abstention est la déclaration spontanée du juge qu'il ne peut connaître d'un procès. — V. *infrà* n° 250.

11. — La récusation touche aux intérêts de la partie récusante et à ceux de son adversaire, à l'ordre public et à l'intérêt même du magistrat, qui, si l'agression est injurieuse, a le droit de demander la réparation d'une attaque imprudente ou déloyale. — Carré et Chauveau, tit. 21, 1re part., liv. 2, *Code de procéd. civ.*, p. 330; Poncet, *Des actions*, p. 262; Bioche, v° *Récusation*, n° 4.

12. — Dès lors, on comprend que l'adhésion que donnerait l'une des parties à la récusation exercée par l'autre n'est pas obligatoire pour les tribunaux. On ne peut, en effet, déroger par des conventions particulières aux choses d'ordre public. — Bourbeau et Boncenne, t. 6, p. 516.

13. — Elle constitue pour ainsi dire, ainsi que le remarque Carré (*loc. cit.*), une exception déclinatoire, puisqu'en récusant un magistrat on évite de se soumettre à son autorité. Cependant, il n'est pas nécessaire de proposer cette exception *in limine litis*; elle est recevable tant que les plaidoiries ne sont pas commencées.

14. — On voit, d'après cela, que la récusation n'est que facultative, ainsi que cela résulte d'ailleurs des termes des art. 44 et 378 C. proc. Les parties qui n'exercent pas le droit consacré en leur faveur par ces articles, sont censées y avoir renoncé; et lorsqu'elles ont spontanément plaidé devant le juge qu'elles pouvaient récuser, elles sont non recevables à proposer leur grief de récusation sur l'appel. — Cette doctrine a été généralement consacrée. — *Besançon*, 27 févr. 1807, Martinet; *Orléans*, 31 mai 1811, Mignon c. Bordier; *Cass.*, 21 avril 1812, bureau de bienfaisance de la Hulpe; *Rennes*, 8 juill. 1819, Fercoq c. N...; *Toulouse*, 13 mai 1826, Lapeyre c. Soubens; *Cass.*, 18 févr. 1828, Papillon c. hospice de Paris; *Bordeaux*, 13 mars 1833, Pelissier c. Laclugine. — Lepage, 253; Favard de Langlade, *Rép.*, t. 4, p. 762; Carré et Chauveau, quest. 1392; Berriat, p. 326, n° 4 et n° 2; Bioche, v° *Récusation*, n° 6; Hautefeuille, p. 206; Merlin, *Rép.*, v° *Récusation*, § 2. — V. aussi *Encyclopédie des juges de paix*, v° *Récusation*; Bourbeau, p. 512 et suiv.

15. — L'arrêt auquel a concouru un conseiller à l'égard duquel il existait une cause de récusation mais contre lequel la récusation n'a pas été proposée, ne peut être, pour ce motif, déféré à la Cour de cassation. — *Cass.*, 20 avril 1841 (t. 2 1841, p. 157), Desétages de Livry c. Deslandes.

16. — Il en est de même à l'égard d'un membre du ministère public. — *Rennes*, 26 déc. 1811, N....

17. — Les moyens de récusation ne sont donc plus, à plus forte raison, proposables devant la Cour suprême. Autrement, ce serait admettre qu'un moyen nouveau pût être proposé devant cette Cour. — *Cass.*, 18 juill. 1828, Humbert; 11 nov. 1829, propriétaire du pré des Graviers c. Frangirard, et 30 juill. 1833, Guyonie c. Nort.

18. — Ce principe ne comporte d'exception qu'à l'égard de la récusation dirigée contre un suppléant ou contre un avocat qui aurait été subitement appelé à l'audience, en remplacement d'un des juges. Car, en ce cas, il ne serait pas possible à la partie de rédiger au greffe, conformément à l'art. 384, l'acte de récusation. Carré et Chauveau, quest. 1392.

19. — Au surplus, le jugement rendu par un juge intéressé dans la cause serait nul, indépendamment de toute récusation; car la morale et l'ordre public exigent qu'une même personne ne soit pas à la fois juge et partie. Cette nullité est imprescriptible. On peut l'opposer tant que le jugement n'a pas acquis l'autorité de la chose jugée. — *Bourges*, 18 mars 1828, Dubosc c. De Cussy.

20. — Spécialement en matière de police simple, le juge qui a un intérêt personnel à la récusation doit, aussitôt qu'il en a connaissance, le déclarer et s'abstenir jusqu'à ce qu'il ait été statué par le tribunal de première instance. — *Cass.*, 14 oct. 1824, Jouffreau.

21. — *A qui appartient le droit de récusation.* — Toute partie figurant dans l'instance a le droit de récuser un juge, qu'elle soit partie principale ou intervenante. — S'il apparaissait cependant qu'une intervention, qu'une mise en cause n'eût d'autre but que de créer une cause de récusation, les juges devraient déjouer cette tactique et repousser la demande : *Malitiis non est indulgendum.*

22. — Le ministère public lui-même est armé de ce droit; mais ce n'est qu'autant qu'il procède comme partie principale et non pas comme partie jointe. — Favard de Langlade, *Rép.*, v° *Récusation*, t. 4, p. 472; Bioche, v° *Récusation*, n° 32.

23. — Si la récusation appartient, en principe, à la partie qui a intérêt à l'exercer, c'est-à-dire à celle qui doit naturellement redouter la partialité du juge, rien, néanmoins, ne s'oppose à ce que le juge puisse être récusé par la partie dont il serait le parent ou l'allié; bien qu'il ne le fût pas par la partie adverse. — Cette opinion ressort de la généralité des termes de l'art. 378, ainsi conçu : « Tout juge peut être récusé, s'il est parent ou allié des parties ou de l'une d'elles. » — V. Pigeau, *Procéd.*, t. 1er, p. 428; Favard de Langlade, *Rép.*, t. 4, p. 762, n° 2; Thomines-Desmazures, t. 1er, p. 590; Carré et Chauveau, quest. 1368; Bioche, n° 31; Bourbeau et Boncenne, t. 6, p. 483; Rodière, t. 2, p. 83; Berriat, p. 330.

24. — *Qui peut être récusé.* — Tout juge est susceptible d'être récusé. — C. proc. civ., art. 378. — Il n'y a pas lieu de distinguer entre les juges suppléans et les juges titulaires.

25. — La récusation s'applique également aux avocats et aux avoués appelés, à défaut de juges suppléans, pour compléter le tribunal. — Favard de Langlade, *Rép.*, t. 4, p. 762; Pigeau, *Procéd.*, t. 1er, p. 509; Thomines-Desmazures, art. 378; Bioche, n° 20.

26. — Elle s'applique aux juges de paix comme à tous autres juges. — C. proc. civ., art. 44. — V. JUSTICE DE PAIX, nos 997 et 998.

27. — Les juges consulaires sont aussi compris dans ces termes généraux : *tout juge*, de l'art. 378 C. proc. civ. Il est vrai que l'art. 385 du même Code veut que le ministère public soit entendu. Mais cet article ne statue que pour le cas où la récusation a lieu à l'égard d'un membre d'un tribunal auprès duquel siége le ministère public. — Carré et Chauveau, quest. 1365; Thomines-Desmazures, t. 1er, p. 589.

28. — Il en est de même des arbitres (V. ARBITRAGE, nos 403 et suiv.) et des prud'hommes (V. PRUD'HOMMES, nos 29 et suiv.).

29. — ... Du juge-commissaire délégué pour procéder à une enquête. — V. ENQUÊTE, nos 171 et suiv.

30. — ... Des membres d'une chambre de discipline. Ainsi, spécialement, un avocat peut récuser un ou plusieurs membres du conseil de l'ordre devant lequel il est traduit. — V. AVOCAT, n° 725. — V., cependant, Bioche, v° *Discipline*, n° 428.

31. — Il a été jugé aussi qu'un avocat ou qu'un officier ministériel poursuivi disciplinairement était admis au bénéfice de la récusation contre les membres du tribunal qui devait prononcer sur la poursuite. — *Bourges*, 13 déc. 1808, Debise.

32. — Le ministère public est récusable, lorsqu'il agit comme partie jointe; mais il cesse de l'être, lorsqu'il agit comme partie principale. — C. proc. civ., art. 381. — V. MINISTÈRE PUBLIC, n° 495.

33. — Quant aux greffiers, comme ils ne sont pas juges, ils ne peuvent être l'objet d'aucune récusation. — V. GREFFIER, n° 63.

34. — Il importe de bien indiquer les magistrats auxquels s'applique la demande en récusation. Une indication insuffisante ferait déclarer la demande non recevable et inadmissible. En rejetant la demande pour ce motif, le tribunal ou la Cour n'ont point à apprécier le mérite des causes de récusation invoquées. — *Cass.*, 24 avr. 1846 (t. 2 1849, p. 304), Durand-Vaugaron.

ART. 2. — *Causes de récusation.*

§ 1er. — *Membres des tribunaux ordinaires.*

35. — L'art. 378 C. proc. civ. détermine les causes de récusation à l'égard des membres des tribunaux ordinaires, civils ou commerciaux. Ces causes sont au nombre de neuf.

36. — L'énumération des causes de récusation contenue dans l'article précité est-elle limitative? Non, selon Lepage, p. 251; Demiau, p. 279; Pigeau, *Comm.*, t. 1er, p. 652. — Oui, selon Thomines-Desmazures, t. 1er, p. 589; Hautefeuille, p. 200; Carré et Chauveau, quest. 1364; Berriat, p. 333; Merlin, *Rép.*, v° *Récusation*, § 1er, n° 6; Favard, t. 4, p. 472; Bioche, v° *Récusation*, n° 34; Bourbeau et Boncenne, t. 6, p. 461; Souquet, *Dictionn. des temps légaux*, tableau 379, col. 5; Rodière, t. 2, p. 82. — V. aussi, en ce sens, *Cass.*, 12 juin 1809, de Sieyès c. Gien; *Agen*, 28 août 1809, Lacoste c. N.... — Et cette dernière opinion est fondée sur les observations faites par la section de législation du Tribunat et les changemens qui en ont été le résultat. — Locré, t. 21, p. 498.

37. — Selon M. Rodière (*loc. cit.*) et M. Bioche (n° 35), ce principe doit comporter une exception pour le cas où le juge serait partie au procès. Mais on remarquera qu'en ce cas le juge est *incapable* de juger, puisque la cause qui lui est soumise est la sienne. Il n'est donc pas seulement récusable. Aussi ne dépend-il pas des parties de couvrir par un acquiescement la nullité du jugement. — V. *suprà*, n° 19. — Il n'y a donc pas vraiment alors exception au principe de l'art. 378.

38. — 1°-2° *Parenté, alliance.* — Le juge parent ou allié des deux parties jusqu'au degré de cousin issu de germain inclusivement, peut être récusé. — C. proc. civ., art. 378.

39. — La parenté naturelle produit le même effet que la parenté civile. Ainsi, l'art. 378 s'applique même aux enfans adultérins ou incestueux. — Chauveau sur Carré, quest. 1368 *bis*; Thomines-Desmazures, t. 1er, p. 590; Bourbeau, t. 6, p. 486. — Il en est de même ici que dans le cas de reproches de témoin, sauf que la récusation s'étend à un degré plus éloigné. — V. ENQUÊTE, nos 688 et suiv.

40. — La parenté ou l'alliance peut exister entre le juge et les parties au même degré ou à des degrés différens. Nul doute que la récusation ne puisse être exercée par l'une ou l'autre des deux parties, même par celle qui est la plus proche parente du juge. Entre proches parens, l'affection n'est pas toujours en rapport avec le degré de parenté. — Thomines-Desmazures, t. 1er, p. 590; Carré et Chauveau, quest. 1367.

41. — La parenté ou l'alliance de la femme du juge avec l'une des parties, ou la parenté ou l'alliance du juge avec la femme de l'une des parties, au même degré que ci-dessus, sont aussi une cause de récusation du juge, lorsque la femme est vivante; ou qu'étant décédée, il en

existe des enfans. Si elle est décédée sans laisser d'enfans, le beau-père, le gendre et les beaux-frères ne peuvent être juges. — C. proc. civ., art. 378, 2°.

42. — Il y aurait même motif de récusation, si un juge était allié du mari de l'une des parties. La loi a prévu le cas le plus ordinaire, c'est-à-dire l'exercice direct de l'action par le mari. — Bourbeau et Boncenne, t. 6, p. 486, note.

43. — Le divorce de la femme est assimilé à son décès; mais pour le cas seulement où il existe des enfans issus du mariage. — Art. 378, 2°.

44. — Il semble qu'on doive assimiler au cas de divorce le cas où le mariage aurait été annulé, s'il existait des enfans. — Bourbeau et Boncenne, t. 6, p. 487.

45. — L'alliance ou la parenté d'une partie avec *un* ou *deux* juges, au degré de cousin issu de germain inclusivement, n'a pas seulement pour effet de permettre de récuser ces deux juges. Elle autorise même le renvoi de la cause devant un autre tribunal. — Art. 368 et suiv. — V. RENVOI POUR PARENTÉ OU ALLIANCE.

46. — Un juge ne peut être récusé à raison de sa parenté ou alliance avec le tuteur ou le curateur de l'une des parties, ou avec les membres ou administrateurs d'un établissement, société, direction ou union, parties dans la cause. — Art. 379.

47. — Mais il en est autrement si le tuteur, le curateur, ou les administrateurs dont il s'agit ont un intérêt distinct ou personnel dans la cause (C. proc. civ., art. 379). Il n'est pas nécessaire que l'intérêt soit à la fois *distinct* et *personnel*. Il suffit qu'il soit distinct. — Carré sur Chauveau, quest. 1386.

48. — La parenté ou l'alliance d'un juge avec les membres d'une société dissoute n'est donc pas un motif de récusation lorsque les affaires n'ont pas, dans le procès, un intérêt personnel distinct de celui de la société. — *Cass.*, 19 août 1835, Sillac-Lapierre c. Boussairolles.

49. — Un juge n'est pas non plus récusable à raison de sa proche parenté ou alliance avec l'avocat ou l'avoué de l'adversaire de la partie récusante. — *Cass.*, 12 juin 1809, de Sieyès c. Gien.

50. — 3° *Procès actuel.* — Un juge peut être récusé lorsque lui, sa femme, leurs ascendans et descendans ou alliés dans la même ligne ont un différend sur pareille question que celle dont il s'agit entre les parties. — Art. 378, n° 3.

51. — Par le mot *différend* employé dans la disposition précitée de l'art. 378, il faut entendre un procès né et actuel, un procès soumis au tribunal ordinaire ou au tribunal arbitral. — Carré, quest. 1370; Favard, t. 4, p. 762, n° 2; Merlin, v° *Transcription*, § 3; Bourbeau et Boncenne, t. 6, p. 464; Rodière, t. 2, p. 84; Thomines-Desmazures, t. 1er, p. 591; Bioche, v° *Récusation*, n° 45.

52. — La récusation ne peut donc être exercée contre un juge qui n'a pas un procès né et actuel sur une question semblable à celle agitée entre les parties. — *Cass.*, 27 niv. an XII, Guymont c. Delavault et Leclerc.

53. — La simple possibilité qu'un juge ait, par la suite, un différend sur pareille question que celle qui est agitée, n'est pas un motif de récusation. — *Cass.*, 15 messid. an XI, Van Broechem c. Comp. de Trivières.

54. — On ne peut non plus récuser un conseiller de Cour d'appel dans un procès soumis à la Chambre dont il fait partie, et auquel il est complétement étranger par lui et par les siens : sur le motif unique que l'une des parties en cause est en instance devant une autre Chambre de la même Cour contre la succession de l'aïeul de ce conseiller. — *Cass.*, 30 avril 1833, Magnoncourt c. Renouard de Bussière.

55. — Pour la réalisation de ce cas de récusation, il suffit, toutefois, que le procès du juge ou de ses proches présente, sur un chef, la même question que le procès dont il s'agit de lui interdire la connaissance. — On n'exige pas que la question soit en tout point identique. — Serpillon, sur l'ordonnance de 1667, tit. 24, art. 5; Carré et Chauveau, quest. 1371; Thomines-Desmazures, t. 1er, p. 590; Bioche, v° *Récusation*, n° 46; Bourbeau, t. 6, p. 467 et 468.

56. — On peut prouver par témoins l'existence du différend sur une même question. Mais la nécessité de cette preuve est abandonnée au pouvoir discrétionnaire du tribunal ou de la Cour, et elle se fera surtout sentir lorsque le juge ne plaidera pas en nom direct. — Carré et Chauveau, quest. 1372.

57. — Un juge peut aussi être récusé, lorsque lui, sa femme, leurs ascendans et descendans ou alliés dans la même ligne ont un procès en son nom dans un tribunal où l'une des parties sera juge. — C. proc. civ., art. 378, 4°.

58. — 4° *Créance ou dette.* — Un juge peut être récusé, lorsque lui, sa femme, leurs ascendans et descendans, ou alliés dans la même ligne, sont créanciers ou débiteurs d'une des parties. — C. proc. civ., art. 378, 4°.

59. — Mais les rapports de créancier et de débiteur entre un juge et une partie, ne peuvent être un motif de récusation que pour la partie adverse. — Chauveau sur Carré, quest. 1373.

60. — Toutefois on comprend qu'il ne peut s'agir ici d'une créance ou d'une dette modique, infime, mais seulement d'une créance ou d'une dette sérieuse, par rapport à la condition du juge ou des parties. — Thomines-Desmazures, t. 1er, p. 591; Bourbeau, t. 6, p. 469; Bioche, v° *Récusation*, n° 49; Chauveau sur Carré, *loc. cit.* — Il y a là une question de fait qu'il appartient aux tribunaux d'apprécier. — Rodière, t. 2, p. 84.

61. — On reconnaît généralement que le juge qui est locataire ou fermier de l'une des parties, ou son débiteur d'une rente constituée, n'est pas sujet à récusation, s'il sert exactement les loyers et les arrérages. — Pigeau, *Comm.*, t. 1er, p. 653 et 654; Carré et Chauveau, quest. 1373; Favard, t. 4, p. 762, n° 3; Thomines-Desmazures, t. 1er, p. 591; Bourbeau, t. 6, p. 469.

62. — Le juge est récusable quoiqu'il soit débiteur d'un capital non exigible, ou quoiqu'il soit créancier à terme ou conditionnel. — Carré et Chauveau, quest. 1373.

63. — Carré (quest. 1374) examine s'il y aurait lieu à récuser un juge sur lequel une partie aurait accepté un transfert de créance, et il pense que le juge ne serait pas valablement récusé, si ce transfert n'avait été accepté que depuis l'introduction de l'instance, parce qu'il est dans l'esprit de la loi d'interdire toute récusation fondée sur une cause que la partie aura fait naître. — Mais cette question, ainsi que le fait avec raison observer M. Chauveau, n'aurait pas dû être posée; car, la seule partie qui ait droit à exercer la récusation étant la partie adverse du créancier du juge, la circonstance que la créance a été transférée depuis l'introduction de l'instance, devient chose indifférente.

64. — Il a été jugé, en conséquence, que la partie qui a prêté à un arbitre une somme d'argent depuis l'arbitrage, n'est pas recevable à proposer contre celui-ci un moyen de récusation fondé sur ce prêt. — *Besançon*, 30 déc. 1814, Riaguelet c. Berger.

65. — On ne considère pas comme débiteur le dépositaire, le commodataire, ni comme créancier le prêteur à usage, le déposant; car la qualité de créancier ou de débiteur est prise ici dans un sens restrictif. — Bourbeau, t. 6, p. 470.

66. — Le tiers saisi qui a consigné les sommes qu'il a déclaré devoir, n'est plus débiteur du saisissant ni du saisi; lorsque, d'ailleurs, aucune contestation ne s'élève sur la consignation. Il peut donc concourir au jugement. — *Cass.*, 16 juin 1813, Lorin c. Brunetière.

67. — La récusation peut être fondée sur la parenté ou sur l'alliance d'un juge avec un créancier d'une des parties; et, pour que cette récusation soit accueillie, il n'est pas nécessaire que le récusant justifie préalablement de l'existence ou de la validité du titre de ce créancier, s'il résulte d'une déclaration faite par ce dernier qu'il n'attend que la décision d'un procès pour réclamer ses droits. — *Paris*, 1er mars 1836, Arrault c. Ferrand.

68. — Mais la faculté de récuser ne s'étend pas au cas de l'existence de la parenté du juge avec le créancier du créancier de la partie qui propose la récusation. — *Paris*, 7 juin 1834, de Torcy.

69. — 5° *Procès criminel.* — Un juge peut être récusé, lorsque, dans les cinq ans qui ont précédé la récusation, il y a eu procès criminel entre lui, sa femme, leurs ascendans ou descendans alliés dans la même ligne et l'une des parties, son conjoint ou ses parens et alliés en ligne directe. — C. proc. civ., art. 378 5°.

70. — L'expression de *procès criminel* doit s'entendre ici, non-seulement d'un procès concernant un fait qualifié crime, mais aussi d'un procès en police correctionnelle. Elle est employée par opposition au *procès civil*. — Pigeau, t. 1er, p. 654; Bourbeau et Boncenne, t. 6, p. 494; Bioche, v° *Récusation*, n° 634; Carré, quest. 1375; Thomines-Desmazures, t. 1er, p. 592. — *Contrà*, Delaporte, t. 2, p. 347; Chauveau sur Carré, *loc. cit.*; Favard, t. 4, p. 762 et 763.

71. — L'expression *procès criminel* comprend même les procès qui sont de la compétence du tribunal de simple police. — Carré et Bioche, *loc. cit.* — *Contrà*, Pigeau, *ubi suprà*.

72. — Il importe peu, du reste, que le procès criminel, correctionnel ou de simple police se résolve en une condamnation à l'emprisonnement, à l'amende ou en dommages-intérêts. — Peu importe aussi que le juge ait ou n'ait pas été agresseur.

73. — Mais une plainte, une dénonciation non suivie d'effet, ne pourrait motiver la récusation. — Carré, quest. 1375.

74. — Le moyen de récusation formulé sur la préexistence d'un procès criminel pourrait-il être invoqué contre un tribunal entier : par exemple, contre un tribunal de commerce qui aurait provoqué un procès criminel contre l'une des parties? — La question a été affirmativement résolue par deux arrêts de la Cour d'Angers, des 17 mars 1811 et 12 janv. 1812 (Gauvain c. Tribunal de commerce du Mans.

75. — Dans cette espèce, le sieur Gauvain avait obtenu, par le premier arrêt, du 17 mars 1811, le renvoi à un autre tribunal, non-seulement d'une contestation pendante, mais encore de toutes celles qui pourraient être portées devant le même tribunal, entre lui et les juges, dans un espace de cinq années. Par le second arrêt, il a été expliqué que le renvoi ne concernait pas les nouveaux juges consulaires que les élections pourraient appeler à faire partie du tribunal.

76. — 6° *Procès civil antérieur à la récusation.* — Un juge est récusable s'il y a procès civil entre lui et sa femme, leurs ascendans et descendans ou alliés dans la même ligne, et l'une des parties, et que ce procès, s'il a été intenté par la partie, l'ait été avant l'instance dans laquelle la récusation est proposée; ou si ce procès étant terminé, il ne l'a été que dans les six mois précédant la récusation. — C. procéd. civ., art. 378, 6°.

77. — Toutefois la récusation serait recevable même dans le cas d'un procès intenté depuis celui sous le cours duquel la récusation est proposée, si c'était le juge lui-même qui eût intenté le nouveau procès; car alors la partie n'aurait pas créé la cause de récusation. — Pigeau, *Proc.*, t. 1er, p. 427; Favard, p. 762, n° 3; Bioche, v° *Récusation*, n° 59; Bourbeau, p. 496 et 497; Thomines-Desmazures, t. 1er, p. 592; Carré et Chauveau, quest. 1376.

78. — Il en serait de même si le procès au lieu d'être intenté par le juge, l'était par ses parens ou alliés en ligne directe. — Mêmes auteurs.

79. — Mais il est indispensable que le procès existe ou ait existé entre la partie et le juge personnellement. Ainsi il a été décidé qu'un arbitre ne pouvait être récusé à raison d'un procès qu'il n'avait suivi que comme consignataire, et non en son nom personnel. — *Rennes*, 4 févr. 1818, Riou-Kerhallet.

80. — 7° *Causes de préférence présumée.* — L'affection qu'un juge porterait à une des parties à raison de leur parenté ou alliance, n'est pas le seul lien de cette nature qui puisse fournir une cause de ces récusations. Le juge qui est tuteur, subrogé tuteur ou curateur peut également être récusé. — C. proc. civ., art. 378-7°.

81. — Bien que la loi ne parle pas du conseil judiciaire de l'une des parties, il est évident qu'il ne peut statuer sur un procès qu'il dirige. — Chauveau sur Carré, quest. 1376 *bis*; Pigeau, *Comment.*, t. 1er, p. 655; Bourbeau, t. 1er, p. 476. — *Contrà*, Bioche, *eod. verb.*, n° 63.

82. — Peut encore être récusé le juge héritier présomptif ou donataire de l'une des parties. — C. proc. civ., art. 378-7°. — La qualité de *donateur* ne serait point, au contraire, une cause de récusation. On ne peut, en cette matière, suppléer au silence de la loi. — Chauveau sur Carré, quest. 1376 *bis*; Bourbeau, t. 6, p. 476; Rodière, t. 2, p. 86; Bioche, *eod. verb.*, n° 63. — *Contrà*, Pigeau, *Comment.*, t. 1er, p. 655.

83. — Est récusable le juge qui est maître ou commensal de l'une des parties. — C. proc. civ., art. 378, 7°. — Le mot *maître* est employé ici par opposition aux mots *domestiques*, *ouvriers*, *apprentis*. Mais il ne s'applique pas au propriétaire relativement à son locataire ou fermier. Le juge, dont l'une des parties est le locataire ou le fermier, ne peut donc pour ce motif être récusé. — Pigeau, *Comment.*, t. 1er, p. 655; Favard, t. 4, p. 754; Thomines-Desmazures, t. 1er, p. 592; Berriat, p. 327, n° 16; Carré et Chauveau, quest. 1377; Rodière, t. 2, p. 86; Bourbeau, t. 1er, p. 478; Bioche, *eod. verb.*, n° 65. — *Contrà*, *Praticien*, t. 2, p. 383.

84. — Par le mot *commensal*, employé dans l'art. 378, 7°, il faut entendre le juge qui vit habituellement à la table du plaideur, aux frais de celui-ci, même en qualité de pensionnaire. — Carré et Chauveau, quest. 1377.

RÉP. GÉN. — XI. 10

85.—Mais si le juge vivait à la table d'un tiers avec le plaideur, il n'y aurait pas ouverture à récusation. — Favard de Langlade, t. 4, p. 763, nº 4; Bioche, *cod. verb.*, nº 66; Bourbeau, t. 6, p. 478.

86. — MM. Bioche et Bourbeau (*loc. cit.*) pensent, mais à tort, ce nous semble, que le plaideur qui est reçu habituellement à la table du juge peut invoquer l'application de l'art. 378-7º. Ce n'est que l'adversaire du plaideur qui a reçu le juge à sa table, qui est recevable à exciper de la commensabilité.

87. — Le juge qui est administrateur de quelque établissement, société ou direction, partie dans la cause, peut être récusé. — Art. 378, 7º.

88. — Mais si l'établissement, dit M. Bourbeau (t. 6, p. 473 et 474), dans lequel le juge a un intérêt, était constitué dans de telles proportions que l'intérêt individuel de ceux qui le composent se trouvât fractionné au point de s'effacer devant la grandeur des intérêts réunis; si l'ensemble de ces intérêts présentait plutôt une universalité qu'une société, il faudrait rejeter une récusation qui n'aurait pas, dans l'intérêt individuel du juge, une base suffisante. Tel serait le cas où le juge serait actionnaire de la Banque de France ou d'une compagnie d'assurances mutuelles.

89. — Dans un procès qui intéresse une commune, les juges saisis de la contestation ne peuvent être récusés par cela seul qu'ils sont habitans de la commune, lorsqu'ils ne figurent pas dans l'instance comme administrateurs, ou en leur nom personnel.—*Cass.*, 4 juill. 1816, comm. d'Ennezat c. ville de Riom; 17 déc. 1828, Cénac c. ville de Lourdes.

90.—Au contraire, la récusation serait fondée, si le juge faisait partie du conseil municipal de la commune; car il en serait un des administrateurs.— Bourbeau, t. 6, p. 475.

91. — La loi considère aussi comme une cause de préférence, donnant lieu à la récusation, la circonstance que l'une des parties est présomptive héritière du juge.— C. proc. civ., art. 378-7º. — Cette disposition doit être entendue dans un sens limitatif, restrictif. — Il ne s'appliquerait pas au cas où l'une des parties serait simplement donataire du juge.

92. — 8º *Connaissance du différend. — Motifs analogues.* — Peut être récusé tout juge qui a donné conseil, plaidé ou écrit sur le différend, qui en a précédemment connu comme juge ou comme arbitre, qui a sollicité, recommandé ou fourni aux frais du procès, qui a déposé comme témoin, ou qui, depuis le commencement du procès, a bu ou mangé avec l'une ou l'autre des parties dans leur maison, ou reçu d'elle des présens. — C. proc. civ., art. 378-8º.

93. — Le juge qui, antérieurement au différend, aurait écrit sur la question qui en fait l'objet, aurait émis une opinion soit dans un livre, soit autrement, ne peut pour cela seul être récusé. — Bourbeau, t. 6, p. 497 et 498.

94. — Pareillement, les avis du juge ne peuvent servir de base à une récusation, s'ils ont rapport à une contestation terminée avant sa récusation. — *Orléans*, 2 juin 1819, Séguier.

95. — Emettre un avis sur le procès, extrajudiciairement, dans la conversation, ne serait pas une cause de récusation. — Favard, t. 4, p. 763; Pigeau, *Comment.*, t. 1er, p. 655; Carré et Chauveau, quest. 1381. — Sous l'ordonnance, il est vrai, le juge était récusable toutes les fois qu'il avait exprimé son avis ou fait connaître ce qu'il pensait du procès, en dehors de l'examen judiciaire ou du jugement.— Rodière, art. 6, tit. 24, quest. 3. — Mais l'amendement du Tribunat qui tendait à reproduire cette disposition de l'ordonnance n'a pas été adopté. — Locré, *Discussions*, t. 21, p. 497.

96. — Jugé, en matière d'arbitrage, que l'avocat nommé arbitre n'était pas récusable pour avoir rédigé l'acte de constitution du tribunal arbitral. — *Douai*, 29 avr. 1819, de Cassan c. Grivel.

97. — La disposition précitée de l'art. 378 qui veut qu'un juge puisse être récusé lorsqu'il aura précédemment connu du différend comme juge recevra surtout son application, lorsque, parmi les juges d'appel, se rencontrera un des juges de première instance; ou, lorsque le tribunal devant lequel aura été renvoyée une cause, après cassation, se rencontrera un des juges ayant participé au jugement cassé. — Bourbeau, t. 6, p. 498. — Mais ne serait pas récusable, en appel, le magistrat qui aurait connu, comme juge de première instance, d'une autre affaire, entre les mêmes parties, présentant à juger la même question. — *Cass.*, 10 décembre 1835, Gemont c. Garat.

98. — Dans le cas d'une récusation fondée sur ce qu'un conseiller aurait participé à un arrêt antérieur intéressant la partie, l'arrêt qui la repousse, en se basant sur ce que cet arrêt n'a nullement statué sur les faits qui donnent naissance à l'action nouvelle, échappe, comme statuant en fait, à la censure de la Cour de cassation. — *Cass.*, 22 décembre 1840 (t. 1er 1841, p. 7), Durand-Vaugaron.

99. — La disposition de l'art. 378-nº 8 n'autorise point à récuser un tribunal entier, parce que plusieurs de ses membres auraient précédemment connu du différend comme juges : par exemple, au cas où une affaire civile aurait été incompétemment portée devant le tribunal correctionnel. On ne peut, dans ce cas, récuser que les jurés qui ont pris part au jugement rendu au correctionnel.— *Douai*, 29 juin 1812, Domaines c. Revelard; *Bruxelles*, 10 janv. 1822, N....

100. — N'est pas non plus récusable le juge qui n'a connu de l'affaire que pour se déclarer incompétent, s'il devient ensuite membre du tribunal devant lequel l'affaire est portée, par suite du renvoi. En ce cas, le juge n'a pas connu du fond qui constitue le différend. — *Cass.*, 2 févr. 1809, Bonino.— Merlin, *Rép.*, vº *Récusation*, § 2; Rodière, t. 2, p. 87, note; Carré et Chauveau, quest. 1380; Favard, *Rép.*, t. 4, p. 763; Bourbeau, t. 6, p. 499; Bioche, *cod. verb.*, nº 81.

101.—Mais, lorsqu'une affaire, jugée incompétemment par le tribunal correctionnel, se trouve, après l'annulation de ce jugement, portée devant le tribunal civil, un juge qui aurait pris part au jugement correctionnel peut être récusé. — *Douai*, 29 juin 1812, Domaines c. Revelard.

102. — N'est pas récusable le juge qui a pris part à un jugement préparatoire ou interlocutoire. — *Cass.*, 4 mai 1831, Ouvrard c. Seguin. — Carré et Chauveau, quest. 1380.

103. — ... Ou à un jugement statuant sur une provision. — *Besançon*, 27 févr. 1807, Martinet.

104. — ... Ou à un jugement par défaut. — Bourbeau, *ubi suprà*.

105. — Au cas où un tribunal rectifie par un jugement ultérieur une erreur qui s'est glissée dans un précédent jugement, le juge rédacteur du jugement rectifié n'est point spécialement tenu de se récuser. — *Cass.*, 30 juillet 1828, Lavie.

106. — Le juge qui, remplaçant l'officier du ministère public, donne des conclusions sur une *reprise d'instance seulement*, ne peut être réputé avoir donné conseil ou plaidé sur le fond de la contestation; en conséquence : il ne peut être récusé, s'il siége comme juge lors du jugement du fond de la contestation. — *Cass.*, 4 juin 1833, de Miomandre c. de Courtbille.

107. — Mais on peut récuser, devant une Cour, le conseiller qui, précédemment membre du parquet auprès du tribunal qui a rendu la décision attaquée, a porté la parole et donné des conclusions. — *Cass.*, 31 mai 1831, Peyrard c. Jeune-Homme.

108. — Les juges qui ont rendu un jugement contre lequel une partie se pourvoit par la voie de la tierce opposition, ne peuvent être récusés comme ayant manifesté leur opinion sur le procès. — *Cass.*, 4 juill. 1816, Commune D'Ennezat c. ville de Riom. — Bourbeau, t. 6, p. 498; Favard de Langlade, *ubi suprà*; Bioche, *cod. verb.*, nº 82; Berriat, p. 328; Lepage, p. 250; *Praticien français*, t. 2, p. 389.

109.—Il en est de même des juges qui ont rendu un jugement attaqué par la voie de la requête civile.—Bioche, *cod. verb.*, nº 83; Bourbeau, *loc. cit.*

110. — Le juge qui s'est borné à taxer les frais de l'instance, sans avoir connu du fond, peut connaître du différend en appel. — *Cass.*, 18 juin 1828, Humbert.

111. — Il ne suffirait pas, pour l'application de la disposition de l'art. 378, qui permet la récusation du juge qui a déposé comme témoin, que ce juge eût figuré dans une enquête; il faut qu'il ait déposé de faits sérieux et graves; car il dépendrait d'une partie d'assigner un juge comme témoin dans le but de se procurer un moyen de récusation. — Bourbeau, t. 6, p. 503; Bioche, *cod. verb.*, nº 88.

112. — L'art. 378 exige que le juge ait *déposé* comme témoin, qu'il y ait, à cet égard, un fait accompli. Une partie ne pourrait donc fonder la récusation dirigée contre un magistrat sur ce qu'elle se propose de le faire assigner comme témoin. — *Amiens*, 30 mars 1822, Portebois.

113. — Un juge ne peut être récusé pour avoir, depuis le commencement du procès, bu ou mangé avec l'une ou l'autre des parties, qu'autant que ce fait s'est passé dans la maison de la partie. S'il avait bu ou mangé dans une maison tierce, il ne

serait pas récusable; à moins que ce ne fût dans une auberge et aux frais de l'une des parties. — Carré et Chauveau, quest. 1382; Bioche, *cod. verb.*, nº 74.

114. — La loi ne s'occupe que du cas où le juge aurait bu ou mangé avec l'une ou l'autre des parties *isolément*, ce qui suppose une liaison formée avec l'une d'elles seulement. Mais, si toutes les deux s'étaient réunies pour traiter le juge, si l'une des parties avait traité l'autre en même temps que le juge, la récusation ne serait pas motivée. C'est ce qui a été jugé en matière d'arbitrage. — *Cass.*, 16 nov. 1825, Thivolier c. Martin.— Chauveau sur Carré, *loc. cit.*; Thomines-Desmazures, t. 1er, p. 593; Bioche *cod. verb.*, nº 76.

115. — Toutefois le juge qui vivrait avec l'une des parties, ou qui mangerait chez elle, ne pourrait être exposé à la récusation, s'il y avait pour lui nécessité d'agir ainsi : comme cela pourrait arriver, par exemple, dans le cas d'une descente sur lieu dans une campagne écartée et mal approvisionnée.—Chauveau sur Carré, quest. 1397 *in fine*.

116. — Quoique l'art. 378 semble exiger, pour justifier la récusation, que les présens soient faits au juge lui-même, si cependant ils étaient faits à sa femme, à ses enfans, ou à ses proches parens, habitant avec lui, ils seraient également une cause de récusation, parce qu'ils seraient censés faits à la personne du juge. — Favard de Langlade, t. 4, p. 763, nº 5; Carré et Chauveau, quest. 1383; Bourbeau, t. 6, p. 483; Bioche, *cod. verb.*, nº 77; Merlin, *Rép.*, vº *Récusation*, § 1er.

117. — Mais il n'y a pas cause de récusation contre un arbitre forcé dans ce fait qu'il aurait reçu, avant sa nomination, des honoraires de l'une des parties, dans une affaire antérieure où il avait été également nommé arbitre.— *Cass.*, 8 févr. 1832, Bonneau c. Enfert.

118. — 9º *Inimitié, injures, etc.* — Un juge peut être récusé lorsqu'il y a inimitié capitale entre lui et l'une des parties, et lorsqu'il y a eu, de sa part, agression, injures ou menaces, verbalement ou par écrit, depuis l'instance ou dans les six mois précédant la récusation proposée.—C. proc. civ., art. 378-9º.

119. — L'inimitié capitale dont parle la loi ne peut être entendue au respect des juges dans l'acception rigoureuse du mot. Organes de la loi, ils doivent être impassibles comme elle. Si donc il existe chez eux quelque cause grave de ressentiment, si ce ressentiment s'est manifesté de manière à faire craindre qu'il n'influe sur leurs opinions, cela suffit pour justifier la récusation dirigée contre eux. — *Bourges*, 20 juill. 1820, Boulu c. S....

120. — Pour que la récusation soit admise, il faut que la partie récusante allègue des faits graves et précis. Il ne suffirait pas de prétendre qu'il existe entre elle et le juge une inimitié capitale. *Paris*, 30 août 1810, Fontan c. S...; *Bourges*, 3 déc. 1813, Jouesne c. N.... — Pigeau, Favard, Bourbeau (*ubi suprà*); Bioche, *cod. verb.*, nº 93; Berriat, p. 382.

121. — Il appartient, au surplus, aux tribunaux d'apprécier souverainement les causes de récusation articulées contre les juges et les causes d'abstention avouées par ceux-ci. D'où il suit que lorsque des juges récusés pour cause d'irritation et d'inimitié ont reconnu qu'il existait en effet entre eux et la partie usant du droit de récusation un *état d'irritation et d'inimitié*, une cour d'appel a pu rejeter cette récusation comme ne reposant pas sur une articulation précise d'*inimitié capitale*.—*Cass.*, 29 juin 1840 (t. 2 1840, p. 421), Brousse c. Gauthier et Roussel. — Carré et Chauveau, quest. 1384.

122. — Est inadmissible la récusation d'un tribunal basée uniquement sur ce que tous ses membres ont constamment montré au demandeur des dispositions haineuses. — *Cass.*, 2 août 1809, Triboulet.

123. — Jugé de même qu'une allégation vague de haine et d'inimitié personnelles ne reposant sur aucun fait positif ni sur aucune circonstance déterminée, est insuffisante pour justifier la récusation d'un tribunal entier. — *Cass.*, 9 nov. 1808, Allard La Resnière.

124. — L'inimitié doit être actuelle; si donc la réconciliation avait fait disparaître l'inimitié, il n'y aurait plus de cause de récusation. — Carré et Chauveau, quest. 1384; Pigeau, *Comm.*, t. 1er, p. 636; Favard de Langlade, t. 4, p. 763.

125. — En plaçant au nombre des causes de récusation les agressions, injures ou menaces, le législateur a supposé évidemment que le juge était l'agresseur, l'auteur des injures et voies de fait; car autrement, les parties auraient un moyen facile de se créer des causes de récusation. — Pigeau, t. 1er, p. 427; Lepage, *Quest.*,

p. 253; Carré et Chauveau, quest. 1385; Berriat, p. 329; Bioche, *cod. verb.*, n° 94.

126. — Ainsi, la partie qui a injurié un membre ou tous les membres d'un tribunal, ne peut puiser dans cette circonstance une cause de récusation, comme si elle avait été elle-même injuriée par un juge. — *Cass.*, 23 août 1810, Spampani; *Rennes*, 19 mars 1834, N... c. N...

127. — En conséquence : la partie citée devant un tribunal pour outrages à l'un de ses membres, est non recevable à demander le renvoi à un autre tribunal pour suspicion. — *Cass.*, 17 déc. 1824, Roques; 27 août 1825, Lacurie.

128. — Nous croyons cependant que les injures de la partie pourraient la conduire à une récusation, si elles avaient rendu le juge son ennemi capital. — V. aussi, en ce sens, Rodière, t. 2, p. 88; Bioche, *cod. verb.*, n° 96.

129. — La récusation ne saurait être fondée sur cette double circonstance que les juges auraient violé les formes dans les jugemens par eux rendus, et parce qu'ils auraient, hors de leurs fonctions, tenu des *propos* sur la conduite des parties. — *Agen*, 28 août 1809, Lacoste. — Merlin, *Rép.*, v° *Récusation*.

§ 2e. — *Juges de paix.*

130. — La loi de 1790 n'admettait que deux causes de récusation : 1° l'intérêt personnel, 2° la parenté jusqu'au degré de cousin *issu de germain*.

131. — Aujourd'hui, aux termes de l'art. 44 C. proc. civ., les juges de paix peuvent être récusés dans cinq cas : 1° quand ils auront un *intérêt personnel;* 2° quand ils seront *parens ou alliés* jusqu'au degré de *cousin germain* inclusivement; 3° si dans l'année qui a précédé la récusation il y a eu procès criminel entre eux et l'une des parties ou son conjoint ou ses parens et alliés en ligne directe; 4° s'il y a procès civil existant entre eux et l'une des parties ou son conjoint; 5° s'ils ont donné un avis écrit dans l'affaire.

132. — Ce n'est pas seulement dans les affaires contentieuses, c'est encore dans les affaires de juridiction gracieuse, telles que celles qui se traitent en conseil de famille, que le juge de paix est sujet à récusation. — Thomines-Desmazures, t. 1er, p. 120; Carré et Chauveau, quest. 184.

133. — Jugé qu'un juge de paix président d'un bureau de bienfaisance ne peut être considéré comme ayant un intérêt personnel dans une cause portée devant lui par ce bureau, et ne peut être récusé sur ce motif. — *Cass.*, 21 avr. 1812, administrateurs du bureau de bienfaisance de la Hulpe. — Cette décision est basée sur ce que l'administrateur d'un bureau de bienfaisance n'est pas personnellement intéressé au gain d'un pareil procès. Il n'y aurait lieu à récusation, disent MM. Chauveau et Carré (quest. 185), que s'il avait donné son avis dans la délibération qui a autorisé la demande ou la défense. Mais on a vu (*suprà* nos 87 et suiv.) que nous ne partageons pas ce sentiment.

134. — L'intérêt du juge peut être direct ou indirect. Mais l'intérêt indirect se rencontre-t-il à un degré suffisant pour autoriser la récusation dans le cas où le juge est ou débiteur ou créancier de l'une des parties, ou dans le cas où il a lui-même un procès à soutenir sur une question identique, ou bien s'il a un procès personnel devant un tribunal dont serait membre la partie qui s'adresse à sa juridiction? Il est impossible de résoudre cette question d'une manière absolue : la solution dépendra uniquement des circonstances. — Carré et Chauveau, quest. 185 *bis*.

135. — Le juge de paix qui serait tuteur ou curateur d'une partie ayant un procès pendant devant lui, pourrait, à raison de sa qualité de tuteur ou de curateur, être récusé. — Carré et Chauveau, quest. 185 *ter*.

136. — L'énumération des causes de récusation contenues dans l'art. 44 C. procéd. civ. est-elle limitative? Il nous semble difficile de ne pas appliquer aux juges de paix les causes de récusation indiquées dans l'art. 378. Cependant, l'opinion contraire est soutenue par MM. Carré et Chauveau (quest. 184 *bis*).

137. — Dans le système de ceux qui pensent que l'énumération de l'art. 44 est limitative, l'avis verbal donné par le juge de paix ne pourrait servir de base à une récusation : puisque l'article précité exige que l'avis soit écrit. — V., en ce sens, Carré et Chauveau, quest. 187.

138. — Quant à la forme de l'avis écrit, la loi ne l'indique pas. L'avis peut donc résulter d'une simple lettre missive. — Carré et Chauveau, quest. 188; Thomines-Desmazures, t. 1er, p. 222.

139. — Une articulation tendant à prouver qu'un avis écrit a été donné, serait-elle admissible? Delaporte (t. 1er, p. 39) exige la représentation de l'écrit, comme une condition *sine quâ non*. — V. aussi, en ce sens, Thomines-Desmazures, t. 1er, p. 122 et 125. — Mais, si cette opinion était suivie, ce moyen de récusation pourrait devenir tout à fait illusoire. Une partie, en effet, peut être dans l'impossibilité de procurer l'avis écrit, dont cependant l'existence est certaine; la preuve doit donc être admise. — Carré et Chauveau, quest. 189.

140. — Dans le cas où le juge de paix n'agit plus comme tribunal de paix, mais comme magistrat délégué par un tribunal supérieur; par exemple, pour procéder à une enquête : on est autorisé à proposer contre lui les mêmes récusations que vis-à-vis de tout membre du tribunal; car il n'agit plus en vertu de son propre pouvoir juridictionnel, mais du jugement émané du tribunal. Ainsi : il procédera à l'enquête comme l'eût fait le tribunal lui-même, en suivant les formes qu'eût suivies ce tribunal. — Carré et Chauveau, quest. 184 *ter*.

141. — Un juge de paix commis pour recevoir une enquête est récusable, surtout s'il a précédemment connu de l'affaire comme juge. — *Nîmes*, 26 févr. 1813, Cord c. Danis.

142. — S'il avait déjà connu du différend comme *arbitre*, il y aurait lieu également à récusation; car il aurait déjà donné son avis. — Carré et Chauveau, quest. 187.

143. — Nul doute encore qu'il en dût être de même s'il avait plaidé dans la cause. — Carré et Chauveau, *loc. cit.*

Sect. 3e. — *Compétence, procédure, jugement, etc.*

ART. 1er. — *Tribunaux ordinaires.*

144. — *Compétence.* — La demande en récusation est du ressort du tribunal auquel appartient le magistrat récusé. — C. proc. civ., arg. art. 385, 387, 391. — Dans les tribunaux composés de plusieurs chambres, la récusation doit être soumise à la chambre à laquelle appartient le juge récusé.

145. — Devant les tribunaux qui n'ont pas de chambre correctionnelle, et où, par conséquent, les mêmes juges statuent au civil et au correctionnel; la récusation dirigée contre un juge à l'occasion d'un procès correctionnel, devrait être appréciée par le tribunal statuant en matière correctionnelle. — *Cass.*, 24 oct. 1813, Charrier et Yvert c. Varlet; *Lyon*, 16 déc. 1831, P....

146. — En conséquence, est incompétemment rendu le jugement du tribunal civil qui ne déclare pas qu'il statue correctionnellement : lorsque la demande a été formée contre un magistrat, le ministère public, par exemple, en cours d'une instance correctionnelle. — Même arrêt de Lyon.

147. — Lorsqu'un tribunal commet un membre d'un autre tribunal ou charge ce dernier tribunal de déléguer un de ses membres pour procéder à une enquête, quel est le tribunal compétent pour statuer sur la récusation? Il nous semble que ce ne peut être le tribunal dont fait partie le juge délégué. Autrement, le délai de trois jours, dans lequel l'art. 383 exige que la récusation soit faite, pourrait se trouver insuffisant. Nous croyons qu'il n'appartient qu'au tribunal déléguant de statuer sur la récusation. C'est aussi l'avis de MM. Bourbeau et Boncenne, t. 6, p. 523, et Bioche, v° *Récusation*, n° 115. — Mais V., *contrà*, Carré et Chauveau, quest. 1398.

148. — Lorsque la récusation est proposée soit contre un tribunal entier, soit contre un assez grand nombre de ses membres pour qu'il soit réduit au point de ne pouvoir rendre un jugement, le tribunal est incompétent pour statuer sur la récusation. — *Cass.*, 9 oct. 1808, Allard la Resnière; 6 déc. 1808, Lerat c. Boujot; 8 févr. 1811, Mignot; 12 août 1813, Torcy c. Richard; 4 mai 1831, Ouvrard c. Séguin. — Une récusation de cette nature équivaut à une demande en renvoi pour cause de suspicion légitime, et il y a lieu alors de procéder comme pour ce dernier cas. — V. RENVOI D'UN TRIBUNAL A UN AUTRE.

149. — Lorsqu'un tribunal ayant été récusé en entier, la Cour a renvoyé, non-seulement l'instance déjà existante mais encore les demandes analogues qui seraient ultérieurement formées, devant un autre tribunal; elle peut, si les causes de la récusation ont cessé, rendre la connaissance de ces procès au tribunal récusé, à l'exception des affaires dont le tribunal indiqué se trouve saisi. — *Colmar*, 23 avril 1813, Gyssendorffer.

150. — *Quand la demande doit être formée.* — L'art. 382 C. proc. civ. contient la règle à suivre quand la récusation est dirigée contre un magistrat siégeant. « La récusation, dit cet article, sera formée avant le commencement de la plaidoirie; et si l'affaire est en rapport, avant l'achèvement des instructions ou l'expiration des délais : à moins que les causes de récusation ne soient survenues postérieurement.

151. — ... Ou bien : à moins que les parties n'aient pu avoir connaissance des causes de récusation que depuis; car alors, il est impossible de voir, dans le silence de la partie, un acquiescement tacite à la composition du tribunal. — Berriat, p. 330, note 27; Pigeau, *Comm.*, t. 1er, p. 666; Chauveau et Carré, quest. 1394; Thomines-Desmazures, t. 1er, p. 596; Bourbeau, t. 1er, p. 520; Bioche, *cod. verb.*, n° 99; *Praticien*, t. 2, p. 291. — *Contrà*, Carré, quest. 1394; Favard, t. 4, p. 766; Delaporte, t. 1er, 359; *Annales du notariat*, t. 2, p. 460.

152. — Un demandeur est recevable à exercer son droit de récusation avant toute constitution d'avoué de la part du défendeur. — Carré et Chauveau, quest. 1366; Lepage, p. 259.

153. — Dans le sens de l'art. 382 C. proc. civ., les plaidoiries sont réputées commencées, lorsque les conclusions ont été contradictoirement prises à l'audience, et il faut que ces plaidoiries aient pour effet d'obtenir le jugement définitif. Ainsi, le juge qui a concouru à l'interlocutoire, sans être récusé, peut l'être postérieurement. — Carré, note sur l'art. 382, et Chauveau, quest. 1393 *bis*.

154. — Mais après le jugement définitif, par exemple après un jugement qui prononce la conversion d'une vente sur saisie immobilière en vente sur publications volontaires; une partie ne peut, sur un incident qui nécessite un renvoi à l'audience, récuser un juge qui a pris part au jugement de conversion. — *Vitry-le-Français*, 16 janv. 1834, et Torcy, rapporté avec arrêt de la Cour de Paris du 7 juin 1834.

155. — Du principe que la récusation peut être proposée après un jugement préparatoire ou interlocutoire, il résulte qu'un juge-commissaire peut être récusé bien qu'il ait pris part au jugement interlocutoire. — Pigeau, *Comm.*, t. 1er, p. 663; Chauveau sur Carré, quest. 1395 *bis;* Rodière, t. 2, p. 91; Bourbeau, t. 6, p. 520; Bioche, *cod. verb.*, n° 104.

156. — Il est évident que si, depuis le commencement des plaidoiries, un nouveau juge est appelé à siéger dans la cause, les conclusions précédemment prises ne peuvent former obstacle à ce qu'il soit récusé. — Rodière, t. 2, p. 90.

157. — La partie qui exerce des récusations à une audience ne peut en exercer d'autres à l'audience suivante. Par les premières récusations elle a épuisé son droit. Ainsi jugé dans une espèce où les premières récusations avaient été rejetées comme irrégulières et d'ailleurs non fondées. — *Rennes*, 6 déc. 1837, sous *Cass.*, 22 déc. 1840 (t. 1er 1841, p. 7), Durand-Vaugaron.

158. — Un tribunal peut déclarer bien fondée une récusation par d'autres raisons que celles qui en motivent l'admissibilité, si les unes et les autres peuvent être considérées comme des conséquences des faits allégués par le récusant. — *Cass.*, 11 févr. 1820, Giroust c. Chaline.

159. — Une récusation tardive est nulle de plein droit. — En conséquence, il n'est pas besoin d'un jugement qui la déclare non recevable. — Carré et Chauveau, quest. 1395; Bioche, *cod. verb.*, n° 105.

160. — Si la récusation est dirigée contre un juge commis à une descente, à une enquête, ou à toute autre opération, l'art. 383 C. proc. civ. exige qu'elle soit proposée dans les trois jours qui suivent la prononciation du jugement : si le jugement est contradictoire. Peu importe que le jugement soit susceptible d'appel; la récusation doit être préalablement formée, sous réserve du droit d'appel. — Bioche, *cod. verb.*, n° 18; Rodière, t. 2, p. 92.

161. — Lorsque le jugement est rendu par défaut et n'est point frappé d'opposition, les trois jours pour récuser le juge commis ne courent que de l'expiration de la huitaine de l'opposition. — Art. 383.

162. — Il n'y a point lieu de distinguer, pour l'application de la disposition précitée de l'article 383, entre les jugemens par défaut rendus faute de constitution d'avoué et les jugemens rendus faute de plaider. — Carré et Chauveau, quest. 1396; Demiau, p. 282; Pigeau, *Comm.*, t. 1er, p. 663; Favard de Langlade, t. 4, p. 666, n° 3;

Bioche, *cod. verb.*, nº 107. — *Contrà*, Rodière, t. 2, p. 90.

163. — Si une opposition est formée, mais rejetée par un second jugement par défaut : la récusation peut être encore proposée dans les trois jours qui suivent le débouté de l'opposition. — Art. 383, 3e alinéa.

164. — Il faut ajouter à ce délai de trois jours un jour par trois myriamètres, à raison de la distance. — Bourbeau, t. 6, p. 522 ; Chauveau, quest. 1397 *bis* ; Bioche, *cod. verb.*, nº 110. — *Contrà*, Rodière, t. 2, p. 90.

165. — Il résulte même d'un arrêt de la Cour de Nîmes du 26 février 1813 (Cord c. Danis), que le délai prescrit par l'art. 383 ne doit s'entendre qu'à l'égard des jugemens du tribunal saisi de l'affaire ; et non d'un juge étranger nommé commissaire, que ni l'avoué ni la partie ne peuvent connaître. L'interprétation contraire rendrait impossible la faculté accordée par l'art. 383, ce qui ne peut être.

166. — Cependant, des auteurs n'admettent pas qu'un juge-commissaire soit récusable, après les trois jours, pour des causes survenues même depuis sa nomination (Favard, t. 4, p. 766, nº 3 ; Carré, quest. 1397). — Ils se fondent sur le silence que garde à cet égard l'art. 383. Mais ce système pourrait aboutir à un abus criant. Les mêmes motifs d'admettre la récusation, pour causes postérieures à l'expiration du délai, existent aussi bien dans le cas de l'art. 383 que dans celui de l'art. 382. — Il est vrai que l'ord. de 1667 contenait une disposition formelle dans le sens de la prohibition. Mais précisément parce qu'elle n'a pas été reproduite, on doit penser que le législateur n'a pas entendu la maintenir. — V., en ce sens, Pigeau, *Comm.*, t. 1er, p. 366 ; Thomines-Desmazures, t. 1er, p. 598 ; Chauveau sur Carré, *ibid.* ; *Praticien*, t. 2, p. 218.

167. — Quant au point de départ du délai pour la récusation d'un commissaire à un ordre ou à une contribution, ce sera l'acte de production. — Rodière, t. 2, p. 92.

168. — *Formes de la demande en récusation.* — La récusation est proposée par un acte au greffe, qui en contient les moyens, et est signée de la partie ou du fondé de sa procuration authentique et spéciale, laquelle est annexée à l'acte. — C. proc. civ., art. 384.

169. — Les formes de la récusation tracées par le Code de procédure sont communes aux tribunaux de commerce. Ainsi : en matière commerciale comme en matière civile, la récusation doit être proposée par un acte au greffe. — *Colmar*, 7 janv. 1828, Kœcklin c. Hofer.

170. — Une demande en récusation, fondée sur ce que les juges auraient un intérêt personnel dans la contestation, n'est pas régulièrement formée par une simple requête énonciative du grief, mais sans dépôt, au lieu d'un acte contenant les motifs de la récusation, avec dépôt au greffe, conformément aux art. 369 et suiv., 382 Proc. civ. — *Cass.*, 17 déc. 1828, Cénac c. Ville de Lourdes.

171. — La récusation qu'on proposerait à l'audience serait irrégulière ; elle constituerait une offense au juge et devrait être rejetée comme inadmissible. — *Cass.*, 3 août 1838 (t. 2 1846, p. 113), Lemineur. — Cette décision rendue en matière correctionnelle, s'applique *à fortiori* aux matières civiles. — V. aussi Rodière, t. 1er, p. 93 ; Bioche, *cod. verb.*, nº 117.

172. — Mais une partie peut, à l'audience, au moment où elle connaît la composition du tribunal appelé à la juger, déclarer, avant la plaidoirie, qu'elle va se rendre au greffe pour y formuler une récusation. — *Cass.*, 13 févr. 1846 (t. 2 1846, p. 115), Choulet.

173. — Toutefois, les formes prescrites par l'art. 384 C. pr. civ., pour l'exercice du droit de récusation, ne sont pas rigoureusement applicables en matière disciplinaire. — Alors (surtout si l'inculpé est détenu) la récusation peut être proposée par simples conclusions. — *Cass.*, 22 déc. 1840 (t. 1er 1841, p. 7), Durand-Vaugaron.

174. — Les moyens de récusation doivent être, ainsi que nous l'avons vu, énoncés dans l'acte. La récusation fondée sur des motifs que le récusant refuserait de faire connaître au tribunal, en alléguant qu'il les avait fait connaître au juge récusé, par une lettre confidentielle, devrait être rejetée. — *Amiens*, 30 mars 1822, Portebois.

175. — Le vœu de la loi est-il absolument que l'acte de récusation soit signé de la partie ou d'un fondé de pouvoir spécial ? la partie qui ne saurait pas signer se trouverait-elle ainsi dans la nécessité de choisir un mandataire sachant signer ? Nous ne le pensons pas. Le législateur nous paraît n'avoir exigé la signature qu'en se plaçant dans l'hypothèse ordinaire d'un plaideur

sachant signer. Le récusant qui ne saurait pas signer pourrait toujours se présenter en personne, le greffier énoncerait dans l'acte de récusation la cause de l'absence de la signature du récusant.

176. — Lorsqu'un tribunal a commis un juge de paix, la récusation de ce juge ne serait pas, assurément, non recevable : parce qu'elle aurait été faite par acte signifié au greffier de ce juge, conformément à l'art. 45 C. proc. ; mais il serait plus régulier, dans ce cas, de déclarer la récusation au greffe du tribunal commettant, conformément à l'art. 384.

177. — *Instruction et jugement.* — Sur l'expédition de l'acte de récusation, qui doit être remise dans les vingt-quatre heures par le greffier au président du tribunal, il est, sur le rapport du président et les conclusions du ministère public, rendu un jugement, qui, si la récusation est inadmissible, la rejette ; et si elle est admissible, ordonne : 1º la communication au juge récusé, pour s'expliquer en termes précis sur les faits, dans le délai qui sera fixé par le jugement ; 2º la communication au ministère public, et indique le jour où le rapport sera fait par l'un des juges nommé par ledit jugement. — C. proc. civ., art. 385.

178. — Si le président lui-même se trouvait récusé, la remise de l'expédition de l'acte de récusation serait faite ou au vice-président du tribunal ou au premier juge.

179. — L'ordonnance de 1667 disposait formellement que le juge objet de la récusation ne pouvait prendre part au jugement de la récusation. Il en serait de même aujourd'hui, quoique le Code de procédure n'ait point reproduit cette disposition ; car un juge ne peut être à la fois juge et partie dans une cause qui l'intéresse. — *Cass.*, 19 mess. an VIII, Besaury c. Sarragnac ; 28 therm. an IX, Largentier c. Deplane. — Berriat, p. 331 ; Carré et Chauveau, quest. 1399 ; Bioche, *cod. verb.*, nº 126 ; Thomines-Desmazures, t. 1er, p. 600.

180. — Peu importe que le jugement déclare la partie déchue du droit de récusation : il est nul, si le juge récusé y a concouru. — *Cass.*, 22 déc. 1840 (t. 1er 1841, p. 7), Durand-Vaugaron.

181. — Le conseiller contre lequel une récusation a été proposée, ne peut pas plus prendre part au jugement de la récusation, qu'au jugement d'une exception de déchéance ou fin de non-recevoir opposée à la récusation. — Même arrêt.

182. — La participation à l'arrêt qui rejette la récusation vicie les arrêts qui interviennent ensuite sur l'instance principale. — Même arrêt.

183. — En matière de récusation des juges : la loi a établi une procédure particulière, qui, dans l'intérêt public, exclut même la présence de la partie qui a proposé la récusation. — *Besançon*, 11 févr. 1809, Berthod ; *Cass.*, 28 févr. 1838 (t. 2 1838, p. 355), Rapilly c. Lamiot.

184. — Néanmoins, le rapport doit être fait à l'audience, et non en chambre du conseil, comme l'avait demandé la section de législation du Tribunat qui pensait que la publicité était contraire à la dignité de la justice. — V. cependant l'arrêt précité de Besançon du 11 févr. 1809.

185. — Il y aurait nullité s'il en était autrement, comme aussi si le ministère public ne donnait pas ses conclusions. — *Cass.*, 19 déc. 1831, Choiseul c. Opéra-Comique ; *Paris*, 7 juin 1834, de Torcy. — Chauveau sur Carré, quest. 1398 *ter* ; Merlin, *Quest. de droit*, vº *Tribunal d'appel*, § 5, nº 4 ; Favard de Langlade, t. 4, p. 766, nº 4 ; Rodière, t. 2, p. 93 ; Bioche, *cod. verb.*, nº 122 ; Bourbeau, t. 6, p. 514.

186. — Si le jugement déclare la récusation inadmissible, il doit donner les motifs de sa décision. Il a été jugé, à cet égard, que le rejet d'une récusation est suffisamment motivé de la manière suivante : Attendu que le fait allégué ne rentre pas dans les cas de récusation prévus par la loi... — *Cass.*, 10 déc. 1835, Gemond c. Garat.

187. — Celui dont la récusation aura été déclarée non admissible, ou non recevable, sera condamné à telle amende qu'il plaira au tribunal, laquelle ne pourra être moindre de 100 francs, et sans préjudice, s'il y a lieu, de l'action du juge en réparation et dommages et intérêts, auquel cas il ne pourra demeurer juge. — C. proc. civ., art. 390.

188. — Jugé, par application de cet article, que lorsque la récusation a été rejetée, soit parce que les faits allégués reposaient sur une fausse cause, soit parce que la preuve de ces faits a été déclarée inadmissible, l'amende doit toujours être prononcée contre la partie qui a proposé cette récusation. — *Agen*, 22 août 1809, Lacoste c. N... ; *Cass.*, 16 nov. 1825, Tivolier c. Martin. — Carré et Chauveau, quest. 1406 ; Demiau, p. 285.

189. — L'amende prononcée par l'article précité est de droit, lors même que la récusation est repoussée par suite d'un vice de forme ; par exemple : pour avoir été non pas déposée au greffe, mais articulée en présence du magistrat récusé à l'audience. — *Cass.*, 3 août 1838 (t. 2 1846, p. 113), Lameneur. — *Contrà*, Thomines-Desmazures, t. 1er, p. 603 ; Chauveau et Carré, quest. 1406 ; Bioche, *cod. verb.*, nº 175.

190. — L'amende est complétement distincte des dommages-intérêts. Ainsi, c'est au trésor public, et non au juge contre lequel la récusation a été dirigée, qu'elle doit être appliquée. — Arrêt de cassation précité.

191. — Le jugement qui déclare la demande en récusation admissible a un effet suspensif. A compter du jour de ce jugement, tous jugemens et opérations sont suspendus : si cependant l'une des parties prétend que l'opération est urgente et qu'il y a péril dans le retard, l'incident est porté à l'audience sur un simple acte ; et le tribunal peut ordonner qu'il sera procédé par un autre juge. — C. proc. civ., art. 387.

192. — Le tribunal peut, en cas d'urgence, non-seulement ordonner qu'il sera procédé par un autre juge à une opération qu'il a précédemment prescrite, mais même aussi rendre tous jugemens interlocutoires ou provisoires. L'exception résultant de l'art 387 précité s'applique, en effet, aussi bien au cas de jugement préparatoire ou interlocutoire qu'à la confection d'une expertise ou d'une enquête. — Chauveau sur Carré, quest. 1404. — *Contrà*, Carré, *loc. cit.*

193. — Un arrêt a été jusqu'à décider qu'au cas d'urgence constatée et jugée, il pouvait être passé outre même au jugement définitif. — *Orléans*, 2 juin 1819, Séguier.

194. — Si la récusation porte sur un juge-commissaire pris en dehors du tribunal et que l'opération soit urgente : on s'adresse pour obtenir son remplacement au tribunal qui a rendu le jugement, s'il a été directement désigné ; sinon, c'est le tribunal qui a reçu la commission rogatoire que ce soin regarde. — Bioche, *cod. verb.*, nº 169 ; Carré et Chauveau, quest. 1398 et 1403.

195. — Lorsque la récusation a été déclarée admissible, et après la communication faite au ministère public et au juge récusé ; ce dernier doit faire sa déclaration au greffe, à la suite de la minute de l'acte de récusation (C. proc. civ., art. 386) : déclaration qui a pour objet l'aveu ou la dénégation des faits.

196. — Mais le juge récusé n'est pas réputé partie dans la procédure qui a lieu sur la récusation. En conséquence, il ne peut, si après que la récusation a été admise il refuse de s'abstenir, être condamné aux dépens que ce refus a occasionnés. — *Cass.*, 13 nov. 1809, Hereau c. Alix ; 30 juill. 1834, intérêt de la loi. — Merlin, *Rép.*, vº *Récusation*, § 2, art. 3 ; Favard de Langlade, vº *Jugement*, p. 601, nº 151, et vº *Récusation*, p. 767, nº 4 ; Berriat, t. 1er, p. 332, note 38 ; Pigeau, *Comm.*, t. 1er, p. 670 ; Carré et Chauveau, quest. 1402 ; Bioche, *cod. verb.*, nº 131. — *Contrà*, Rodière, t. 2, p. 95.

197. — Si le juge récusé convient des faits qui ont motivé sa récusation, le tribunal doit ordonner qu'il s'abstiendra. — Art. 388. — Il doit également l'ordonner si les faits sont prouvés, quoiqu'ils aient été méconnus par le juge.

198. — Si le récusant n'apporte preuve par écrit, ou commencement de preuve, des causes de la récusation, il est laissé à la prudence du tribunal de rejeter la récusation sur la simple déclaration du juge ou d'ordonner la preuve testimoniale. — Art. 389.

199. — Le commencement de preuve dont parle l'article précité doit être par écrit, quoique cet article exige seulement un *commencement de preuve* sans ajouter par écrit. « Car, dit M. Chauveau (quest. 1495 *ter*), lorsqu'il s'agit de la preuve complète, le législateur exige qu'elle soit écrite ; serait-il possible qu'il prît moins de précaution pour un simple commencement de preuve ? — V. cependant Pigeau, *Comment.*, t. 1er, p. 670.

200. — On ne peut considérer comme un commencement de preuve par écrit la circonstance qu'une maison servant d'auberge appartient à l'une des parties, lorsqu'on allègue, pour motiver la récusation, que les juges ont bu et mangé chez l'aubergiste, locataire de cette partie, des alimens préparés chez cette dernière et introduits dans l'auberge par une porte dérobée. — *Cass.*, 16 nov. 1825, Tivolier c. Martin.

201. — Dans plusieurs des cas de récusation énumérés dans l'art. 378 C. proc. civ., il est rare que l'on puisse produire une preuve écrite. Tels sont les cas où le juge a sollicité, recommandé ou

fourni aux frais du procès; où il a bu ou mangé avec l'une ou l'autre des parties dans leurs maisons; où il a reçu des présens; et, enfin, les cas d'agression, injures ou menaces verbales. Doit-on appliquer même à ces cas la disposition de l'art. 389, qui laisse à la prudence du tribunal de rejeter la récusation sur la simple déclaration du juge ou d'ordonner la preuve testimoniale? La solution affirmative résulte de l'arrêt précité de la Cour de cassation du 16 nov. 1825. Cette Cour a jugé, en effet, par cet arrêt, que quand, pour motiver la récusation de juges ou d'arbitres, on alléguait des faits, sans produire à l'appui un commencement de preuve par écrit, et que ces faits étaient déniés par les juges, le jugement ou l'arrêt qui refusait d'admettre la preuve de ces faits n'était pas sujet à cassation. — V. aussi, en ce sens, *Cass.*, 8 févr. 1832, Bonneau c. Enfert.

202. — Le jugement qui admet la preuve testimoniale des causes de récusation étant interlocutoire est susceptible d'appel. — Demiau, p. 286; Chauveau sur Carré, quest. 1405 *quater.*

203. — Quoique la procédure de récusation soit commune aux parties et que chacune d'elles ait le droit d'appeler du jugement, néanmoins la preuve testimoniale ne doit pas être contradictoire; elle est faite sans appeler ni le juge ni les parties adverses. — Thomines-Desmazures, t. 1er, p. 602; Pigeau, *Comm.*, t. 1er, p. 670; Chauveau sur Carré, quest. 1405 *quinquiès*; Bourbeau, t. 6, p. 516; Bioche, *eod. verb.*, n° 134.

204. — L'information achevée, il est procédé définitivement sur la récusation: sans qu'il y ait lieu d'appeler le juge, et sans que la partie récusante elle-même soit admise à développer ses moyens. — Conf. Rodière, t. 2, p. 93; Bioche, *eod. verb.*, n° 137; *Contrà* Chauveau sur Carré, quest. 1409; Delaporte, t. 1er, p. 363.

205. — Le jugement qui prononce la récusation ne doit être ni levé ni signifié. — Carré, *Taxe*, p. 156, n° 270; Boucher d'Argis, *ibid.*, v° *Récusation*, n° 3; Delaporte, t. 1er, p. 365; Bioche, *eod. verb.*, n° 139; Bourbeau, t. 6, p. 530; Carré et Chauveau, art. 396, CCCXXIV.

206. — Aucun émolument n'est dû aux avoués pour consultations, correspondance, communication au ministère public, obtention de jugement. — Boucher d'Argis, *ubi suprà*, n° 2; Bioche, *eod. verb.*, n° 138.

207. — Tout jugement, porte l'art. 391 C. proc. civ., sur récusation, même dans les matières où le tribunal de première instance juge en dernier ressort, sera susceptible d'appel. Si néanmoins la partie soutient qu'attendu l'urgence il est nécessaire de procéder à une opération sans attendre que l'appel soit jugé, l'incident sera porté à l'audience sur un simple acte; et le tribunal qui aura rejeté la récusation pourra ordonner qu'il sera procédé à l'opération par un autre juge.

208. — Par ces mots, *Tout jugement*, il faut entendre 1° le jugement qui prononce l'admissibilité ou l'inadmissibilité de la demande en récusation, 2° celui qui la déclare non recevable, 3° celui qui la déclare mal fondée, 4° celui qui admet à la preuve et 5°, enfin, celui qui statue sur le fond même de la question. — Carré sur l'art. 391, n° 323; et quest. 1407 *in fine.*

209. — Le droit d'appeler des jugemens rendus en matière de récusation n'appartient pas seulement à la partie récusante, mais aussi à l'adversaire de cette partie. Si, en effet, la récusation est une faveur introduite dans l'intérêt d'une partie, l'adversaire doit jouir de tous les moyens d'empêcher que cette faveur ne tourne à son préjudice. — Berriat, t. 1er, p. 332, note 38; Carré, quest. 1407; Chauveau sur Carré, quest. 1409; Demiau, p. 286; Delaporte, t. 1er, p. 363; Poncet, p. 265; Bourbeau, t. 6, p. 529; Bioche, *eod. verb.*, n° 148. — *Contrà* Pigeau, *Comm.* t. 1er, p. 522; Thomines-Desmazures, art. 591; Rodière, t. 2, p. 96; Lepage, p. 257.

210. — Jugé, en conséquence, que l'adversaire de la partie qui a formé une récusation contre un arbitre a qualité pour interjeter appel du jugement qui admet sa récusation, s'il a été partie dans l'instance; et qu'il n'est pas nécessaire d'intimer le récusant sur l'appel du jugement qui a admis la récusation. — Par suite, le récusant est non recevable à former tierce opposition à l'arrêt qui rejette la récusation sans qu'il ait été appelé. — *Cass.*, 28 févr. 1838 (t. 2 1838, p. 355), Rapilly c. Lamiot.

211. — Il a été décidé également que l'adversaire du récusant, n'étant pas partie nécessaire dans l'instance en récusation, ne pouvait former tierce opposition à un jugement rendu en cette matière et auquel il n'avait point été appelé. — *Besançon*, 27 août 1808, Cretin c. Voisard.

212. — A l'égard du juge, comme il n'est pas partie dans l'instance, il est non recevable à interjeter appel du jugement, dans le seul but de rester juge. Mais s'il s'était rendu partie dans l'instance de récusation en formant une demande en dommages-intérêts, il ne nous paraît pas douteux qu'il ne puisse alors interjeter appel du jugement. C'est ce qui résulte, d'ailleurs, d'un arrêt de la Cour de cassation, du 14 avril 1829 (Violle c. Destaune). — V. aussi, en ce sens, Carré, quest. 1408; Chauveau sur Carré, quest. 1409.

213. — L'appel doit être interjeté dans les cinq jours du jugement (C. proc., art. 392); et ce délai court nécessairement du jour de la prononciation du jugement, puisque la signification, ainsi que nous l'avons fait remarquer plus haut, ne doit pas en être faite. — Carré et Chauveau, sur l'art. 396, n° 324.

214. — Il a été décidé cependant que l'appel n'était pas nul pour être interjeté après les cinq jours du jugement. — *Bordeaux*, 8 juin 1809, Rigonneau et Bertrand c. Rochette. — Mais tous les auteurs enseignent, au contraire, que le délai fixé par l'art. 392 est un délai fatal. — V. Pigeau *Comm.*, t. 1er, p. 649; Favard, t. 4, p. 768, n° 7; Demiau, p. 288; Thomines-Desmazures, t. 1er, p. 606; Bioche, *eod. verb.*, n° 151; Carré et Chauveau, *loc. cit.*

215. — Le délai d'appel et la forme de procéder spécialement établis en matière de récusation doivent être observés non-seulement lorsque l'appel est fondé sur ce que le jugement attaqué aurait mal apprécié les causes de récusation, mais encore lorsqu'il y a grief résultant de ce que le juge récusé aurait pris part au jugement sur la récusation dont il était l'objet. — *Colmar*, 7 janv. 1828, Kœchlin c. Hofer.

216. — Il nous semble cependant, malgré l'avis de MM. Rodière (t. 2, p. 96) et Bioche (v° *Récusation*, n° 153), que le délai de cinq jours, dans lequel doit être interjeté l'appel, devrait être augmenté à raison des distances. Une exception au principe qui détermine cette augmentation ne peut s'induire du silence de la loi.

217. — La partie qui veut se rendre appelante doit le faire par un acte au greffe, lequel est motivé et contient l'énonciation du dépôt au greffe des pièces au soutien. — C. proc. civ., art. 392.

218. — La déclaration de l'appel peut être formée par l'avoué seul, sans l'assistance de la partie. Quoique la loi n'exige point pour cet acte un pouvoir spécial, il est prudent néanmoins que l'avoué s'en munisse. — Rodière, t. 2, p. 96; Bioche, v° *Récusation*, n° 154; Carré et Chauveau sur l'art. 396, CCCXXIV.

219. — Il y aurait nullité si l'appel était signifié par exploit. — Rodière, *loc. cit.*; Bioche, *eod. verb.*, n° 156.

220. — De la combinaison des art. 394 et 395 C. proc. civ. il nous paraît résulter que l'appelant n'est point tenu de constituer avoué devant la Cour, et que même il n'aurait pas le droit de le faire.

221. — L'expédition de l'acte de récusation, de la déclaration du juge, du jugement, de l'appel et des pièces jointes est envoyée, sous trois jours, par le greffier, à la requête et aux frais de l'appelant, au greffier de la Cour d'appel. — C. proc. civ., art. 393.

222. — Les mots *aux frais de l'appelant* ne supposent qu'une avance de ces frais. L'appelant en est remboursé si son appel est admis, et, en outre, s'il gagne l'affaire principale. — Pigeau, t. 1er, p. 674; Carré et Chauveau sur l'art. 395, CCCXXIV, p. 376.

223. — Dans les trois jours de la remise qui lui est faite, le greffier de la Cour présente les pièces à la Cour; celle-ci indique le jour du jugement et commet l'un des juges. Sur le rapport de ce juge, et sur les conclusions du ministère public, il est rendu à l'audience jugement, sans qu'il soit nécessaire d'appeler les parties. — C. proc. civ., art. 394. — V. *suprà*, n° 203.

224. — Il a été jugé, en conséquence, que les parties et même le demandeur en récusation ne pouvaient obtenir la parole après le rapport, comme cela se pratique dans la procédure d'instruction par écrit. — *Grenoble*, 13 févr. 1826, S... c. R.... — V. aussi, en ce sens, Pigeau, t. 1er, p. 674; Bioche, *eod. verb.*, n° 160; Chauveau sur Carré, sur l'article 396, p. 376.

225. — Dans les vingt-quatre heures de l'expédition de l'arrêt rendu par la Cour, le greffier doit renvoyer les pièces au greffier du tribunal de première instance. — C. proc. civ., art. 395.

226. — L'appelant est tenu, dans le mois du jugement de première instance qui a rejeté sa récusation, de signifier aux parties l'arrêt sur l'appel ou le certificat du greffier de la Cour, portant que l'appel n'est pas jugé, et indiquant le jour fixé pour l'arrêt. Autrement, le jugement est exécuté par provision; et ce qui est fait en conséquence est valable, alors même que la Cour prononcerait ultérieurement la récusation. — Art. 396.

227. — L'art. 396, en exigeant la signification *aux parties* du jugement sur l'appel ou du certificat du greffier énonçant que l'arrêt n'est pas rendu, paraît exclure la signification au juge récusé même de l'arrêt qui a admis sa récusation. Le greffier seul doit le lui faire connaître, ainsi qu'au tribunal; et celui-ci procède en conséquence. — Chauveau, *Comm. sur le tarif*, t. 1er, p. 383, n° 44, et sur Carré, art. 396 CCCXXIV *in fine.*

228. — Au surplus: si la récusation suspend le cours des opérations et la décision du litige, elle ne met pas obstacle à ce que les avoués signifient leurs écritures pour l'instruction de la cause. — Pigeau, *Comm.*, t. 1er, p. 667; Thomines-Desmazures, t. 1er, p. 604; Bioche, *eod. verb.*, n° 166.

229. — Mais les opérations auxquelles il serait procédé et les jugemens qui interviendraient, hors le cas d'urgence, seraient radicalement nuls, quel que fût, en définitive, le sort de la récusation et encore bien que les juges fussent en nombre suffisant pour statuer sans le juge récusé. — Pigeau, *Comm.*, t. 1er, p. 673; Chauveau sur Carré, quest. 1409 *bis*; Bioche, *eod. verb.*, n° 167.

230. — Jugé que lorsqu'une partie dirige une action en récusation contre les arbitres, ceux-ci ne sont pas tenus, pour cela, de suspendre leurs travaux; mais ils ne violent cependant aucune loi en les interrompant, et les délais à eux accordés par la convention ou la loi sont également suspendus pendant ce sursis. — *Caen*, 4 juin 1845 (t. 2 1845, p. 585), Bidard c. Gaucher.

231. — Par quelle voie fera-t-on prononcer la nullité des jugemens rendus au mépris de la prohibition de la loi? Par celle de l'opposition, s'ils ont été rendus par défaut; de l'appel, s'ils sont contradictoires et en premier ressort: sinon, de la requête civile. — Pigeau, *Comm.*, t. 1er, p. 668; Bioche, *eod. verb.*, n° 168.

232. — L'arrêt qui prononce une récusation de juge proposée par l'une des parties n'est que préparatoire, et, par suite, il est valablement attaqué en cassation après l'arrêt définitif. — *Cass.*, 3 août 1838 (t. 2 1846, p. 113), Lemeneur.

ART. 2. — *Justices de paix.*

233. — Comme la récusation des juges ordinaires, la récusation des juges de paix n'est recevable qu'autant qu'elle est présentée avant toutes défenses au fond; à moins que la cause de récusation ne soit postérieure à la défense. — Carré et Chauveau, quest. 197; Pigeau, *Comm.*, t. 1er, p. 116 et 117; Levasseur, p. 171, n° 161.

234. — Jugé que la récusation du juge de paix est facultative de la part des parties, en ce sens que, si elles n'ont pas usé du droit de récuser, elles sont, en appel, non recevables à se faire un moyen de ce que le juge ne s'est pas récusé lui-même. — *Cass.*, 21 avril 1812, administrat. du bureau de bienfaisance de la Hulpe.

235. — La partie qui voudra récuser un juge de paix exposera ses motifs dans un acte qu'elle fera signifier par huissier au greffier de la justice de paix, qui visera l'original et communiquera immédiatement la copie au juge de paix. — C. proc., art. 45. — Si le greffier de la justice de paix refuse de donner le visa, l'huissier mentionnera son refus et fera viser l'original par le procureur de la République. — Carré et Chauveau, quest. 194; Thomines-Desmazures, t. 1er, p. 124; Delaporte, t. 1er, p. 40.

236. — L'exploit est signé sur l'original et la copie par le récusant ou son fondé de pouvoirs. — Art. 45. — Lorsque la partie récusante ne saura pas signer, l'huissier ne pourra se contenter de mentionner l'impossibilité. Dans ce cas, le récusant devra donner un pouvoir spécial, notarié, à une personne sachant signer. — Carré et Chauveau, quest. 195; Levasseur, p. 170.

237. — Les formalités indiquées dans l'art. 45 sont prescrites à peine de nullité. Ainsi, la récusation faite à l'audience ne serait pas recevable. — Carré et Chauveau, quest. 196; Levasseur, p. 171, n° 161. — V. aussi *suprà*, n° 150.

238. — Quand l'acte de récusation a été communiqué au juge de paix, celui-ci doit, dans les deux jours qui suivent, déclarer par écrit, au bas de cet acte, qu'il acquiesce à la récusation ou motiver son refus de s'abstenir. — C. proc., art. 46.

239. — Une fois donné, l'acquiescement ne peut plus être rétracté. — Carré et Chauveau, quest. 198. — Et la partie adverse du récusant n'est pas

fondée à s'opposer à l'acquiescement. — Mêmes auteurs, quest. 201.

240. — Dans les trois jours de la réponse du juge qui refuse de s'abstenir, ou faute par lui de répondre, expédition de l'acte de récusation, et de la déclaration du juge, s'il y en a, sera envoyée par le greffier, sur la réquisition de la partie la plus diligente, au procureur de la République près le tribunal de première instance dans le ressort duquel la justice de paix est située. La récusation y sera jugée en dernier ressort dans la huitaine, sur les conclusions du procureur de la République, sans qu'il soit besoin d'appeler les parties. — C. proc. civ., art. 47.

241. — Il résulte évidemment de cet article que le juge de paix est incompétent pour juger une récusation qui lui est personnelle. Aussi a-t-il été décidé qu'en statuant sur cette récusation il commettait un excès de pouvoir. — *Cass.*, 30 nov. 1809, Rivière.

242. — Le juge de paix qui ne répond point à la récusation n'est pas, comme autrefois, censé avoir consenti à s'abstenir. Le tribunal doit statuer sur la récusation. La décision du tribunal est provoquée par une réquisition adressée par la partie la plus diligente. Le greffier n'est pas tenu de faire d'office l'envoi des pièces. Il a même le droit d'exiger une consignation préalable. — Carré et Chauveau, quest. 200.

243. — Ces mots de l'art. 47 : *sans qu'il soit besoin d'appeler les parties*, ne doivent pas être entendus en ce sens qu'il soit interdit au tribunal d'admettre les parties à développer à l'audience les moyens de récusation. Si donc les parties sont elles-mêmes entendues à l'audience, ce n'est point une cause de nullité. — Carré et Chauveau, quest. 202. — V. *suprà*, nos 203 et 223.

244. — Lorsque le délai de huitaine fixé par l'art. 47 expire sans jugement, Pigeau (*Comm.*, t. 1er, p. 121) pense que le récusant doit signifier à l'autre partie un certificat du greffier du tribunal constatant ce fait avec indication du jour déterminé par ce tribunal, sinon il sera passé outre par le juge récusé, et cela par argument de l'art. 396. — Le contraire est enseigné par MM. Carré et Chauveau (quest. 203 *bis*), et avec raison; car les deux cas ne sont pas identiques. Dans celui de l'art. 396, la récusation a déjà été déclarée non recevable ou mal fondée; dans celui-ci aucun jugement n'est encore intervenu, et, dès lors, il semble que la seule voie ouverte à la partie qui souffre des lenteurs de la récusation soit la réquisition adressée au tribunal.

245. — On suit pour le jugement de récusation et le renvoi des pièces la marche indiquée dans les art. 395 et 396. — Carré et Chauveau, quest. 202. — V. *suprà*, nos 223 et suiv.

246. — Quant à l'amende prononcée par l'art. 390 en matière ordinaire, elle n'est pas applicable ici par analogie. L'amende est une peine, en effet, et il n'est pas permis de suppléer au silence de la loi. — Pigeau, *Comm.*, t. 1er, p. 120; Thomines, t. 1er, p. 118; Carré et Chauveau, quest. 205 *bis*. — *Contrà, Cass.*, 3 août 1838 (t. 2 1846, p. 113), Lemeneur.

247. — La demande en récusation suspend nécessairement la procédure; ainsi, jusqu'à ce qu'il ait été statué sur la récusation le juge de paix est dans l'obligation de s'abstenir. — *Cass.*, 15 févr. 1811, Conduzorgues — Carré et Chauveau, quest. 193; Pigeau, *Comm.*, t. 1er, p. 117; Thomines-Desmazures, t. 1er, p. 124; Levasseur, p. 171, no 160.

248. — Toutefois, l'effet suspensif n'est produit que du jour de la communication au juge de paix de l'acte de récusation. — Carré et Chauveau, quest. 193 *bis*; Thomines, t. 1er p. 124.

249. — Le tribunal qui a statué sur la récusation indique, lorsqu'il l'admet, le magistrat qui doit connaître de la contestation. C'est devant le suppléant du juge de paix récusé que la contestation doit être renvoyée. — Carré et Chauveau, quest. 198 *bis* et 199.

Sect. 4e. — *Abstention de juge.*

250. — Tout juge qui sait cause de récusation en sa personne est tenu de la déclarer à la chambre, qui décide s'il doit s'abstenir. — V. ABSTENTION DE JUGES. — C. proc. civ., art. 380. — Cette obligation est commune aux membres du ministère public, lorsqu'ils agissent comme partie jointe. — Arg. art. 381. — Carré, sur l'art. 380, no 315 *in fine*.

251. — Il est à remarquer qu'alors même que le juge a fait la déclaration prescrite par l'art. 380, et que la chambre a décidé qu'il pouvait juger, les parties n'en conservent pas moins le droit de proposer la récusation. — Chauveau sur Carré, art. 380, no 315.

252. — Il semble résulter des termes de l'art. 380 précité, qu'un juge ne puisse s'abstenir qu'en vertu de décision de la chambre du conseil. Cependant, il est dans l'usage que les juges s'abstiennent sans qu'il intervienne de décision de la chambre. Cet usage, antérieur au Code de procédure, a pour avantage de dispenser le juge qui s'abstient de faire connaître les causes de son déport. — Carré et Chauveau, quest. 1387.

253. — Il a été jugé, d'après cela, que lorsqu'un magistrat s'abstient volontairement de connaître d'une cause, il n'est pas nécessaire de constater par un jugement les motifs de son abstention et leur admission par le tribunal dont il fait partie. Il suffit d'en faire mention dans le jugement de la cause, et de motiver ainsi la présence des magistrats appelés pour compléter le tribunal. — *Cass.*, 15 oct. 1829, Ravina; 2 juin 1832, Thévenot.

254. — Quant au ministère public, il ne relève, à cet égard, que de sa conscience. La chambre du conseil qui connaîtrait de son abstention, commettrait un excès de pouvoir. — *Cass.*, 28 janvier 1830 (int. de la loi), Pagru.

255. — Les causes pour lesquelles un juge est autorisé à s'abstenir ne sont pas uniquement celles qu'énumère l'art. 378. Il peut s'abstenir pour toutes autres causes. — *Cass.*, 2 juin 1832, Thévenot; 17 août 1839 (t. 2 1839, p. 464), Vigné. — Carré et Chauveau, quest. 1388; Bourbeau, t. 1er, p. 509; Bioche, vo *Récusation*, no 10.

256. — Cependant ces causes ne sont point arbitraires. Investi d'un mandat public, le magistrat n'est pas le maître de s'affranchir, à son gré, des obligations que la loi et ses fonctions lui imposent. L'appréciation des motifs d'abstention et leur admission ou leur rejet sont confiés par la loi à la conscience et à la sagesse de la chambre à laquelle appartient le juge qui se récuse lui-même. — Arrêt de cassation précité du 17 août 1839.

257. — La chambre a le droit de refuser l'abstention, suivant les circonstances : fût-elle fondée sur une cause légale de récusation. — *Toulouse*, 6 janv. 1835, Servat. — Carré et Chauveau, quest. 1390; Bioche, *eod. verb.*, no 14.

258. — A la différence de ce qui a lieu en matière de récusation (V. *suprà*, no 179), le juge qui soumet à la chambre du conseil ses motifs d'abstention, ne demandant à ses collègues qu'un avis officieux, peut concourir lui-même à la délibération de la chambre. — *Cass.*, 15 oct. 1829, Ravina. — Chauveau sur Carré, quest. 1392 *bis*.

259. — Les juges qui veulent s'abstenir ont également capacité pour apprécier les motifs d'abstention de leurs collègues. — *Limoges*, 26 janv. 1824, Mingonnat c. Béby.

260. — Jugé spécialement que la décision d'un tribunal ou d'une Cour sur l'abstention d'un de ses membres n'est qu'une délibération intérieure pour laquelle aucune forme n'est prescrite; et que, dès lors, il n'est pas nécessaire d'appeler à la délibération un autre juge que celui qui déclare avoir en sa personne cause d'abstention, et de rendre un jugement en forme pour rejeter l'abstention. — *Cass.*, 6 août 1844 (t. 1er 1845, p. 749), Imberdis.

261. — Il suit encore du principe ci-dessus que le mode de composition de la chambre du conseil est tout à fait indifférent, et qu'il n'est pas nécessaire de compléter le nombre des juges requis pour les décisions ordinaires. — *Cass.*, 15 oct. 1829, Ramia. — Bourbeau, t. 1er, p. 518.

262. — Il n'est pas non plus nécessaire que la décision soit rendue publiquement. — Arrêt de cassation précité du 15 oct. 1829.

263. — Le concours d'un juge récusable et qui ne s'est pas abstenu ne vicie pas le jugement auquel il a participé. C'est aux parties à user de leur droit vis-à-vis de lui. Si elles négligent de le faire, c'est qu'elles consentent à le garder pour juge. — *Toulouse*, 18 mai 1826, Lapeyre c. Saubens; *Cass.*, 18 févr. 1828, Papillon c. hospices de Paris. — Lepage, p. 253; Carré et Chauveau, quest. 1392; Favard, t. 4, p. 762; Berriat, p. 326, note 4, no 2.

264. — L'abstention du juge est recevable en tout état de cause. En vain dirait-on que les parties l'acceptent en ne le récusant pas. C'est un devoir de conscience qu'il accomplit. Aussi la loi n'a-t-elle pas fixé de délai fatal. — Carré et Chauveau, quest. 1390; Favard, t. 4, p. 765, no 1er.

265. — Mais, s'il s'est une fois abstenu, il ne peut plus remonter sur le siége, quand bien même la cause du déport aurait cessé. — Carré et Chauveau, quest. 1391.

266. — Ce que nous avons dit des juges ordinaires s'applique également aux juges de paix. Ainsi le juge de paix, qui, soit en matière civile, soit en matière de simple police, a un intérêt personnel à la contestation, doit le déclarer et s'abstenir jusqu'à ce qu'il ait été statué par le tribunal de première instance du ressort. — *Cass.*, 14 oct. 1824, Jouffreau et Delperré. — Carré et Chauveau, quest. 192. — V., au surplus, DÉPORT DE JUGES.

Sect. 5e. — *Récusation en matière criminelle.*

267. — La récusation en matière criminelle peut s'appliquer, d'une part, aux jurés et, de l'autre, aux juges criminels, correctionnels ou de police. Tout ce qui concerne la récusation des jurés a été traité au mot JURY, sect. 11. — Il n'est question ici que de la récusation relative aux magistrats proprement dits.

268. — La loi du 23 vendém. an IV portait (art. 1er) : « Chaque partie civile, chaque accusé peut, par soi ou son fondé de pouvoir, dans les cas et dans les formes ci-après déterminés, récuser un juge ou suppléant, sans en expliquer le motif. — Cette récusation sera appelée péremptoire. Elle ne préjudiciera point au droit de proposer contre les autres juges, des récusations sur des motifs légitimes. — Il n'y avait d'exception qu'en faveur des officiers du ministère public. — Art. 3.

269. — Mais la récusation péremptoire dont parle la loi précitée a été abrogée en matière de délit, par l'art. 594 C. 3 brum. an IV. — *Cass.*, 8 thermidor an VIII, Calland; 28 therm. an VIII, mêmes parties. — Merlin, *Rép.*, vo *Récusation péremptoire*, no 3; Legraverend, t. 2, p. 45, § 11.

270. — Sous le C. du 3 brum. an IV, le tribunal criminel récusé par l'option du prévenu en faveur d'un autre tribunal ne pouvait plus, par la suite, ni directement ni indirectement, être saisi de l'affaire; et c'était à tort que le tribunal choisi par le prévenu renvoyait la procédure devant un directeur du jury du ressort du tribunal récusé. — *Cass.*, 26 fruct. an VII, Fournier et Bompard.

271. — La loi du 22-25 avril 1790 (art. 7) prescrivait au juge de simple police, sous peine de nullité, d'avertir les adjoints comparaissant pour la première fois dans la procédure de se récuser en cas de parenté ou d'alliance, et de leur déclarer les noms des plaignans et des accusés. — *Cass.*, 24 sept. 1791, Lachaume dit Gaveau.

272. — Le Code d'instruction criminelle ne contient aucune disposition relative à la récusation des juges en matière criminelle, correctionnelle et de police. Mais on a toujours suppléé au silence de la loi criminelle, sur ce point, par les dispositions du Code de procédure civile. Ainsi, les causes de récusation énumérées dans l'art. 378 C. proc. civ., comme toutes les autres dispositions de ce Code sur la récusation, s'appliquent aux tribunaux criminels, correctionnels ou de police comme aux tribunaux civils. C'est là un point constant en doctrine et en jurisprudence. — *Douai*, 29 juin 1812, Domaine c. Revelard; *Cass.*, 24 oct. 1817, Charrier; 8 oct. 1819, Viterbi; 14 oct. 1824, Jouffreau; 17 janv. 1832, Delacroix c. Chouland; *Toulouse*, 6 janv. 1835, Servat; 3 oct. 1835, Duranel; 3 août 1838 (t. 2 1846, p. 113), Lemeneur; 17 août 1839 (t. 2 1839, p. 464), Vigné; 13 févr. 1846 (t. 2 1846, p. 115), Choulet. — V. Carnot, sur l'art. 180 *C. instr. crim.*, t. 2, p. 11, no 5; Merlin, *Rép.*, vo *Récusation*, § 111, art. 2, p. 355; Bourguignon, *C. crim.*, art. 542, p. 491, no 5; Chauveau sur Carré, quest. 1365.

273. — Il a été jugé spécialement qu'il y avait cause suffisante de récusation contre un juge d'instruction, de la part d'un prévenu d'usure habituelle, si ce magistrat était débiteur du prévenu au moment où il avait commencé l'instruction, et si son fils l'était encore. — *Cass.*, 19 mai 1827, Delvincourt-Servant.

274. — Décidé aussi que le juge de simple police, qui a un intérêt personnel à la contestation, peut être récusé, et qu'il doit même, aussitôt qu'il en a connaissance, le déclarer et s'abstenir jusqu'à ce qu'il ait été statué par le tribunal de police correctionnelle. — *Cass.*, 15 févr. 1811, Conduzorgues; 14 oct. 1824, Jouffreau et Delperre.

275. — Les conseillers de la chambre des mises en accusation qui ont voté pour le renvoi devant la police correctionnelle ne sont pas tenus de s'abstenir, s'ils font partie de la chambre des appels correctionnels appelée à connaître du jugement rendu par les premiers juges. — *Cass.*, 23 févr. 1821, Lobstein. — Ils ne peuvent, au contraire, lorsqu'ils ont participé à l'arrêt de renvoi devant la Cour d'assises, prendre part au juge-

ment définitif.—V. COUR D'ASSISES, nos 145 et suiv.

276.— Les officiers du ministère public peuvent aussi être récusés, et pour les mêmes causes que les juges, lorsqu'ils sont *parties jointes*, conformément à l'art. 381 du Code de procédure civile; mais la récusation ne peut pas être atteinte, lorsqu'ils agissent d'office, c'est-à-dire, comme partie principale. En conséquence : le tribunal ne doit pas s'arrêter à une récusation proposée contre le ministère public, ni surseoir à statuer. — Cass., 14 févr. 1841, Jauberi; 28 janv. 1880, Pagru.—Mangin, *De l'action publique*, t. 1er, no 417.

277.— Néanmoins, le procureur de la République qui croit avoir en sa personne des causes d'abstention peut plaisir se faire remplacer par son subsitut et réciproquement. Rien, en effet, n'empêche l'officier chargé du ministère public de s'abstenir, la délicatesse lui en fait un devoir; mais il ne peut soumettre ses motifs d'abstention au tribunal correctionnel, qui est incompétent pour en connaître. — Arrêt de cassation précité, du 28 janv. 1880. — Legraverend, t. 2, chap. 1er, p. 47.

278.— Le Code d'instruction criminelle ne renfermant aucune disposition sur l'instruction et le jugement de la récusation formée contre un membre d'un tribunal correctionnel, il doit y être statué d'après les règles établies par le Code de procédure pour les récusations en matière civile. —Art. 384, 385 et 386.—En conséquence, c'est au tribunal du juge récusé et ensuite au tribunal d'appel, qu'il appartient de prononcer sur la récusation.— Cass., 24 oct. 1817, Charrier-Yver c. Varlet; *Lyon*, 16 déc. 1831, P....—Legraverend, t. 2, chap. 4er, p. 48.

279.— Si la récusation était faite contre un juge de paix ou contre un maire tenant le tribunal de police, ce serait au tribunal correctionnel à la juger d'après les formes déterminées par les art. 44 et suiv. du Code de procédure civile. — Cass., 14 oct. 1824, Jouffreau c. Delperre.

280.— Autrefois, lorsque le tribunal de police était composé du juge de paix et de deux assesseurs, il pouvait statuer sur la récusation proposée contre l'un de ses membres. — Cass., 27 brum. an X, Bayle c. N....

281.— Doit être annulé, pour incompétence, le jugement d'un tribunal qui ne déclare pas qu'il statue correctionnellement sur la demande en récusation formée contre le ministère public, dans une instance correctionnelle dont il était saisi.—Arrêt de Lyon précité, du 16 déc. 1831.

282.— Mais les récusations proposées contre un juge d'instruction constituent de véritables demandes en renvoi, pour cause de suspicion légitime, et doivent être portées devant la Cour de cassation.— Cass., 19 mai 1827, Delvincourt-Servant; 14 août 1827, Demolon.— V. RENVOI D'UN TRIBUNAL A UN AUTRE.

283.— Les causes de récusation doivent être proposées avant toute défenses au fond : la partie qui a volontairement procédé devant un tribunal correctionnel, est non recevable à proposer contre les juges de ce tribunal des moyens de récusation antérieurs; elle ne peut proposer que les moyens survenus postérieurement.— Cass., 8 févr. 1814, Mignot.—Carnot, sur l'art. 543 *C. instr. crim.* t. 3, p. 470, no 4er.

284.— La disposition de l'art. 384 du Code de procédure civile, qui veut que la récusation soit déposée au greffe et non articulée en présence du magistrat récusé et à l'audience, n'est point inconciliable avec la procédure correctionnelle; elle a pour but de ménager la dignité de la justice, sans nuire au choix de la partie. Elle doit donc être suivie devant les tribunaux correctionnels. — Cass., 3 août 1838 (t. 2 1846, p. 113), Lemeneur.

285.— Mais le prévenu traduit en police correctionnelle peut, à l'audience même, au moment où il connaît la composition du tribunal appelé à le juger, et avant qu'il soit procédé soit à l'audition des témoins, soit à un autre acte du débat public, déclarer qu'il va formuler au greffe une récusation, en s'abstenant à l'audience de l'articuler les motifs.— Cass., 13 févr. 1846 (t. 2 1846, p. 115), Choulet.

286.— Le juge récusé ne peut pas plus qu'en matière civile concourir au jugement de la récusation proposée contre lui.— Cass., 28 therm. an IX, Largentier c. Deplanc; 49 mess. an VIII, Besaury; 30 nov. 1809, Rivière; 22 déc. 1840 (t. 4er 1841, p. 7), Durand-Vaugaron.

287.— La disposition de l'art. 390 C. proc. civ., qui soumet à une amende d'au moins 100 fr. l'auteur d'une récusation déclarée non admissible ou non recevable, doit-elle être appliquée devant les tribunaux correctionnels ou les Cours

d'appel statuant en matière correctionnelle? — *Cass.*, 3 août 1838 (t. 2 1846, p. 113), Lemeneur.

288.— Un accusé ne peut attaquer un jugement sur le motif qu'un juge contre lequel un coaccusé avait une cause de récusation y a concouru, surtout si l'exception était personnelle à ce dernier. — Cass., 15 oct. 1829, Denis et Ravina.

289.— Sur tout ce qui est relatif à la récusation devant la juridiction de la Cour des pairs, lorsque cette Cour existait, V. COUR DES PAIRS, nos 58, 72 et 474.

290.— Lorsqu'une Chambre législative juge en cette qualité l'auteur d'injures ou d'offenses adressées soit à elle, soit à l'un de ses membres; la récusation n'est pas admissible.— V. séance de la Chambre des députés du 16 avr. 1833, aff. de la *Tribune* (*Moniteur* du 17).

291.— Sur la récusation à l'égard des juges siégeant dans un conseil de discipline de garde nationale, V. GARDE NATIONALE, nos 950 et suiv.

Sect. 6e. — *Récusation en matière administrative.*

292.— L'impartialité est l'attribut nécessaire des fonctions du juge, sur quelque tribunal qu'il siège; et le droit de récusation est pour les parties, une garantie de cette impartialité de la part de celui qui est appelé à statuer sur leurs différends. Tout juge, à quelque juridiction qu'il appartienne, doit donc être sujet à récusation dans le cas où cette impartialité pourrait être altérée, soit par son intérêt personnel, soit par ses affections, soit par ses inimitiés, soit par les engagemens de son amour-propre, c'est-à-dire pour les causes exprimées en l'art. 378 C. proc. civ.—Ces principes ont été appliqués aux tribunaux administratifs par ordonnance rendue en Conseil d'Etat, le 2 avril 1823, dans une espèce relative à une commission spéciale en matière de dessèchement de marais.

293.— C'est par suite de cette règle, et pour éviter, comme le disait M. de Cormenin à la séance de la Chambre des députés du 7 févr. 1834, qu'en cas de pourvoi contre les décisions ministérielles, sur l'avis des comités des finances, de l'intérieur et autres, les membres de ce comité ne devinssent, en appel, juges de leurs propres jugemens, qu'a été portée l'art. 9 de l'ordonn. du 12 mars 1831, ainsi conçu : « Lorsqu'il y aura recours en notre Conseil d'Etat contre une décision de l'un de nos ministres rendue après délibération d'un comité attaché à son département », les membres de ce comité ne pourront participer au jugement de l'affaire. Mais cette récusation spéciale aux membres d'un comité ne saurait être consulté sur une affaire particulière et contentieuse par un ministre appelé à rendre une décision, ne peut s'appliquer au Conseil d'Etat délibérant en assemblée générale, dans la forme d'un règlement d'administration, sur des questions soumises à son examen dans un intérêt public et sous la réserve de tous les droits privés. — Ord. du 16 mai 1832.— V., au surplus, CONSEIL DE PRÉFECTURE, nos 433 et suiv., et CONSEIL D'ÉTAT, nos 639 et suiv.

RÉCUSATION DE JURÉS.

V. JURY.

RÉDACTION.

V. ACTE, ACTE D'ACCUSATION, ACTES DE L'ÉTAT CIVIL, ACTE NOTARIÉ, ARBITRAGE, COUR D'ASSISES, COUR DES COMPTES, ÉCRITS PÉRIODIQUES, ENDOSSEMENT, ERREUR DE RÉDACTION, FAUX INCIDENT, GREFFE (droits de), INTERPRÉTATION DES CONVENTIONS, JUGEMENT (mat. civ.), NOTAIRE, TESTAMENT.

REDDITION DE COMPTE.

Table alphabétique.

REDDITION DE COMPTE. — 1. — Rendre compte c'est présenter un état de la recette et de la dépense de la gestion dont on a été chargé.

Sect. 1re. — *Principes généraux.*

2. — Quiconque a administré les biens ou les affaires d'autrui doit rendre compte de sa gestion. — L. 2 *Dig.*, *Neg. gest.*; C. civ., art. 1993; ordonn. 4667, tit. 29, art. 32. — Merlin, *Répert.*, t. 2, p. 686. — C'est de l'obligation de rendre compte qu'est née la maxime que « tout comptable est réputé débiteur jusqu'à ce qu'il ait rendu compte. »

3. — Dans la pratique, le mandataire comptable se nomme le *rendant compte*; et celui à qui le compte est rendu, l'*oyant compte* ou plus simplement l'*oyant*.

4. — Le compte peut être rendu ou à l'amiable ou en justice, même quand il s'agit d'un compte de tutelle. Dans ce cas, seulement, la reddition de compte et la remise des pièces justificatives, s'il intervient un traité entre le rendant et l'oyant, doivent avoir précédé de dix jours la conclusion du traité, à peine de nullité de cet acte. — C. civ., art. 472.

5. — Il en était de même sous l'ordonnance de 4667; les majeurs pouvaient compter sous telle forme que bon leur semblait, et sans entrer dans le détail des élémens du compte. — Besançon, 15 frim. an XIV, Joly c. Forestier et Wey.

6. — Les parties étant libres, lorsqu'elles sont majeures, d'employer pour leurs comptes la forme qui leur convient le mieux, il s'ensuit qu'un compte peut être fait même sous seings privés; pourvu qu'il soit fait double, afin que chaque partie puisse également rapporter la preuve du consentement de l'autre. — Duranton, t. 13, n° 451; Favard de Langlade, *Acte sous seings privés*; Rolland de Villargues, *Rép. du notar.*, v° *Double écrit*, n° 19. — Toullier (t. 3, n° 331) n'adopte pas tout à fait cette solution, il fait une distinction.

7. — Si donc un arrêté de compte n'était pas double, et accompagné de la remise des pièces justificatives, entre un mandataire salarié ou non et son mandant, il n'opérerait pas la décharge du comptable et ne le dispenserait pas de rendre un nouveau compte. — Paris, à févr. 1811, Bourgoing c. Gatrez. — « S'il s'agissait, dit Toullier (*Droit civil*, t. 3, n° 331), de régler des comptes respectifs que se devaient les uns aux autres des associés réciproquement liés par un contrat synallagmatique parfait, duquel naissait pour chacun d'eux contre les autres une action légale, la question pourrait dépendre de la manière dont l'acte serait rédigé et des clauses qu'il renfermerait. Mais s'il s'agit du compte d'un mandataire ou d'un gérant, l'arrêté d'un pareil compte, qui ne contient point d'engagement synallagmatique, n'est point soumis à la formalité du double. » — A cette opinion de Toullier, il nous semble qu'il faut préférer celle de M. Duranton. « L'acte, dit-il, doit être fait double non-seulement dans les contrats où chacune des parties s'oblige à faire ou à donner quelque chose qu'elle se donne pas ou qu'elle ne fait pas actuellement, mais encore dans les conventions où l'une d'elles seulement s'oblige à faire ou à donner quelque chose dans un certain temps; quand l'autre, de son côté, renonce pour cela à certains droits, à certaines prétentions: car cette renonciation est un engagement pour cette partie de ne pas demander la chose à laquelle elle renonce. C'est une obligation de ne pas faire à la charge, en balance avec l'obligation de l'autre partie, de faire ou de donner telle autre chose, ou qui donne parfaitement à la convention le caractère de convention synallagmatique. De même : les conventions par lesquelles chacune des parties renonce à certains droits, sans même s'obliger à rien payer ensuite, sont aussi des conventions synallagmatiques, et l'acte qui les constate doit être fait en double original. Aussi toutes les transactions et autres conventions analogues veulent-elles être faites en autant d'originaux qu'il y a de parties ayant un intérêt distinct, si l'acte est sous seing privé. »

8. — Toutefois, les parties peuvent arrêter leur compte sans faire précéder l'arrêté d'un état détaillé de la recette et de la dépense. — Favard, v° *Compte*, p. 645.

9. — Elles peuvent aussi *transiger sur un compte à rendre*; car l'art. 2045 C. civ. encourage le moyen de prévenir ou de terminer les procès. — Pigeau, t. 1er, p. 425; Chauveau sur Carré, n° 4844 *bis*; Bioche, v° *Redd. de compte*, n° 44.

10. — Cette libre faculté souffre exception à l'égard du compte rendu par un tuteur à son pupille; car les art. 467-472 C. civ. déclarent *nul* tout traité fait sur ce compte (amiable ou judiciaire, peu importe) dans les dix jours qui suivent son apurement. — Rennes, 24 août 1819, Lehours c. Gabon.—Chauveau sur Carré, quest. 4844 *bis.*

11. — De même, aussi, est nul tout traité sur succession non ouverte et par conséquent sur les comptes que cet événement futur rendra nécessaires. — C. civ., art. 791, 1434. — Chauveau sur Carré, quest. 4844 *bis.*

12. — Il est certain que les dispositions du Code de procédure civile ont trait uniquement aux comptes rendus judiciairement sur demande principale ou incidente. — Cass., 11 nov. 1828, Dellette c. avoués de Laon; 19 mai 1830, Parmentier c. Jacquinot.. — Carré, t. 3, p. 439.

13. — Toutefois, les parties agissant prudemment en suivant les formes des art. 527 et suiv., car elles sont plus en garde contre les erreurs inséparables d'un compte.

14. — Si les parties ne s'accordent pas à l'amiable, le compte peut être exigé en justice; et alors on doit se conformer aux dispositions du Code de procédure.

15. — La comptabilité administrative est soumise à d'autres règles. Tous les comptes des deniers publics sont définitivement arrêtés et apurés par la Cour des comptes. — L. 16 sept. 1807.

16. — D'autres règles régissent aussi les comptes mutuels des associés, cohéritiers, communistes, lorsque l'indivision vient à cesser. — C. civ., art. 826, 4872; C. proc. civ., art. 976.

17. — Ainsi, on ne doit point appliquer aux liquidations de succession les formalités relatives aux instances en reddition de compte; ainsi, un arrêt de liquidation d'une succession ne peut être annulé, parce qu'il ne contient point le calcul de la recette et de la dépense, alors d'ailleurs que cet arrêt n'a statué que sur des points de contestation déjà fixés par le jugement.—Cass., 22 févr. 1830, Martie.

18. — Les comptes-rendus en matière de commerce, ne peuvent être soumis à ces règles; car il importe de hâter la procédure, et d'ailleurs il n'existe pas d'avoués devant les tribunaux de commerce. — Rennes, 9 mars 1840, Leneuroth c. Auger; 23 août 1847, Delamarre c. Riou-Kerhalet; Cass., 6 déc. 1832, Palengat c. Blanque. — Carré, quest. 1853.

19. — Ainsi, lorsque, de deux maisons de commerce, en relation d'affaires, l'une, au lieu d'intenter contre l'autre, défaillante, une action générale de compte, se borne à réclamer de prétendues créances liquides et exigibles, les tribunaux doivent les rejeter en l'état, s'ils ne les trouvent pas dûment justifiées. — Mais le rejet de ces demandes spéciales n'éteint pas l'action de compte, en débit-et crédit que peuvent se devoir les parties. — Rennes, 6 janv. 1821, Lecoz-Keristiou c. Currie.

20. — Un tribunal de commerce, saisi du débat d'un compte courant, entre négocians, est compétent pour statuer sur tous les articles de ce compte; même sur ceux qui trouvent étrangers aux opérations commerciales, et facturés, par exemple, à des sommes passées pour fermages reçus par l'une des parties pour compte de l'autre. — Cass., 19 déc. 1827, Cogez c. Théry.

21. — Entre commerçans, le mode de comptabilité par compte-courant doit être préféré au compte par échéantie; du moins le rendant qui a établi sa comptabilité par compte courant ne peut, alors que le mode a été accepté par l'oyant, substituer en appel un compte par échéantie. — Bordeaux, 9 août 1840 (t. 2 4840, p. 275), Changeur c. Marcadé.

22. — Le caissier d'une société qui a rendu d'administrateur, et qui a constitué les autres en demeure d'y être présens, ne peut être contraint ultérieurement de rendre à celui-ci un nouveau compte. — Paris, 12 août 4809, Fichon c. Dugy.—Cette question ne présente aucune difficulté sérieuse, et sa solution tient plus aux circonstances qu'aux principes du droit; il est bien certain que le mandataire ou le caissier d'une entreprise doit compte de sa gestion à tous les intéressés, que ceux-ci ont un droit incontestable pour l'exiger, l'entendre, le débattre et l'arrêter définitivement. Mais seul le comptable ne doit pas être réduit à l'impossibilité; et les intéressés sommés d'être présens au compte ne veulent pas se rendre à l'invitation qui leur est faite, il est évident que le compte rendu à l'un d'eux, surtout en sa qualité d'administrateur, est efficace: sauf aux autres à l'attaquer par les moyens de droit, s'il est entaché de dol, de fraude, ou de tout autre vice pre à le faire annuler. Il serait, en effet, souverainement injuste que le comptable ou le caissier d'une société fût asservi au caprice des associés, de manière à être obligé de rendre alternativement un compte à chacun d'eux; tandis qu'il n'en doit qu'un seul à la société collective.

23. — Le montant d'une restitution de fruits ordonnée en justice ne peut pas être réglé par le jugement ou l'arrêt de condamnation, sans

compte préalable, et cumulé avec d'autres objets pour ne former du tout qu'une seule condamnation à une somme déterminée. Au contraire, un compte de fruits doit être ordonné et rendu conformément à l'art. 526 C. proc. — *Cass.*, 20 déc. 1819, Milscent c. Letondal; 6 août 1822, Cardon c. Léorier-Delille, et 25 juin 1832, Picard c. Arnaud.

24. — Le compte qu'un avoué est condamné à rendre à la communauté des avoués à laquelle il appartient, à raison des sommes par lui reçues pour cette communauté, dont il a été le secrétaire pendant plusieurs années, n'est point un compte judiciaire, dans le sens de l'art. 530 C. proc. — *Cass.*, 11 nov. 1828, Dellette c. avoués de Laon. — Favard de Langlade, *Rép.*, vo *Compte*, § 1er, note; Bioche, *Dictionn. de procéd.*, vo *Reddition de compte*, no 17.

25. — On n'est pas tenu de suivre les formalités des redditions de comptes, et notamment les art. 538 et suiv. C. proc., lorsque les parties sont renvoyées devant l'avoué le plus ancien, à l'effet de savoir si des offres réelles sont ou non suffisantes. — *Cass.*, 19 mai 1830, Parmentier c. Jacquinot. — Bioche, *Dictionn. de proc.*, vo *Reddition de compte*, no 16.

26. — Spécialement : s'il s'agit des offres faites par un adjudicataire poursuivi pour folle enchère, les parties sont renvoyées à compter devant l'avoué le plus ancien. — *Cass.*, 19 mai 1830, Parmentier c. Jacquinot.

27. — Les demandes qui renferment plusieurs chefs tous étrangers à une gestion, ne sont pas assujetties à la procédure des comptes judiciaires. — Bioche, vo *Reddition de compte*, no 15.

28. — Néanmoins, la loi du 7 frim. an V et l'ordonnance du 31 oct. 1821, qui indiquent les formalités à observer dans les comptes rendus par les receveurs des bureaux de bienfaisance, ne sont pas applicables aux comptes rendus à ces mêmes bureaux par des tiers débiteurs à tout autre titre. — *Cass.*, 26 avr. 1831, Bureau de bienfaisance de Faye c. Delamotte.

29. — De même, c'est par ces articles que se règle le compte dû pour fruits perçus en vertu d'une antichrèse faite sous une condition qui ne s'est pas réalisée. — *Cass.*, 6 août 1822, Cardon c. Léorier-Delille. — Chauveau sur Carré, quest. 1844, 4o.

30. — Il en serait ainsi, même pour les comptes d'une société commerciale *annulée* : car, le caractère commercial ayant disparu, la compétence serait changée. — Chauveau sur Carré, no 1844, 4o. — En conséquence, les comptes devraient être renvoyés devant un juge-commissaire et non devant des arbitres forcés. — *Metz*, 24 nov. 1819, Armand c. Guérin.

31. — Du principe que le mandataire doit être rendu indemne de toutes les dépenses qu'il fait pour ses mandans, il suit qu'en règle générale les frais de comptes sont exclusivement à la charge de l'oyant. — C. civ., art. 1998 à 2002; C. proc. civ., art. 532.

32. — Jugé, en conséquence, que les frais de compte peuvent être mis à la charge de l'oyant, encore bien que ce soit le fait de l'autre partie qui ait rendu le compte nécessaire. — *Cass.*, 1er août 1832, Lehugueur c. Delalandre. — Bioche, *Dictionn. de proc.*, vo *Dépens*, no 111.

33. — Cependant le mandataire peut être condamné aux dépens des incidens et des contestations qu'il élève injustement. — C. proc. civ., art. 130, 131.

Sect. 2e. — *Qui doit rendre compte.*

34. — Tout mandat, toute administration, toute gestion des affaires d'autrui aboutit nécessairement à un compte; car c'est l'unique moyen de liquider les obligations des deux parties. — Favard de Langlade, t. 1er, vo *Compte*. — Et, à cet égard, il n'y a pas à distinguer entre le mandat gratuit et le mandat salarié, et le mandat exercé dans le seul intérêt du mandant et le mandat exercé dans un intérêt commun.

35. — Ainsi, les envoyés en possession provisoire des biens d'un absent doivent compte de leur gestion : soit à l'absent qui reparaît, soit aux envoyés définitifs et aux héritiers. — C. civ., art. 125.

36. — Le père doit compte à ses enfans de l'administration de leurs biens qu'il a eue durant le mariage. — C. civ., art. 389. — De même, il est dû un compte de tutelle en cas de minorité ou d'interdiction. — L'héritier bénéficiaire doit compte aux créanciers du défunt de tout ce qu'il a reçu pour la succession. — C. civ., art. 803.

37. — Le communiste, l'associé, le cohéritier qui a géré les biens communs, doit aussi le compte de sa gestion. — C. civil, art. 813, 828, 1031, 1372, 1442, 1872.

38. — La femme séparée de biens ou non commune, doit compte de l'administration des biens que le mari lui a confiée. — Bioche, vo *Redd. de compte*, no 4. — Mais la femme commune ne doit pas de compte de la gestion des biens communs que lui a confiée son mari. — Rolland de Villargues, vo *Compte*, nos 3 et 4; Bioche, *ibid.*, no 4.

39. — Les art. 1937, 1956, 1993, 2060 2o, 2079, 2081 C. civ., 126, 526 C. proc. civ., contiennent encore d'autres exemples de cas où il est dû compte des biens administrés. — V. L. 1, C., *De rationibus*; Favard, t. 1er, p. 615.

40. — Ainsi, lorsqu'il a existé entre un notaire et un négociant des rapports d'affaires, consistant de la part du notaire à emprunter des fonds pour le négociant et à en avancer lui-même les intérêts aux prêteurs, et de la part du négociant à envoyer des remises au notaire; le compte à dresser entre les parties doit avoir lieu non par imputations successives, comme dans les obligations civiles ordinaires, mais dans la forme de compte courant, d'un seul jet, avec une seule balance à la fin, et faisant produire des intérêts aux avances de chaque côté, alors d'ailleurs que les parties ont stipulé l'intérêt de leurs avances respectives. — *Cass.*, 6 frim. an XIII, Chaillo c. Duruei; 10 nov. 1818, Fournier c. Mallet; 18 janv. 1832, Vauver c. Bougeau. — Pardessus, *Droit comm.*, no 228, et E. Vincens, *Législat. comm.*, t. 2, p. 158. — V. cependant *Cass.*, 3 avril 1839 (t. 1er 1839, p. 587), Darcel c. Demiannay.

41. — Cette obligation de rendre compte est si rigoureuse, que le commis comptable n'est pas fondé à se faire payer de ses appointemens avant d'avoir rendu ses comptes. — *Metz*, 30 août 1821, Bougleux c. Dumont.

42. — Le bénéfice de la cession de biens est refusé au comptable qui n'a pas rendu ses comptes. — C. proc., art. 905. — Bioche, vo *Cession de biens*, no 5.

43. — La réhabilitation après faillite lui est également refusée. — C. comm., art. 612.

44. — Mais il serait injuste d'exiger le compte de quiconque n'a pas géré. — Ainsi, l'arrêt qui condamne le mandataire gérant d'une société à rendre compte du mandat à celui qui est reconnu héritier, doit être cassé, si depuis une décision nouvelle a transporté la succession sur la tête d'un autre successible. — C'est à ce dernier que le compte doit être rendu. — *Paris*, 4 mai 1811, Desbrières c. Cardon; *Cass.*, 14 oct. 1812, mêmes parties; *Rouen*, 27 avril 1814, mêmes parties. — Merlin, *Quest.*, vo *Cassation*, § 31.

45. — Le fils qui, vivant en commun avec son père et ses frères, gère la fortune paternelle, ne doit pas un compte détaillé et régulièrement justifié; sauf à ses cohéritiers à le forcer à rapporter, s'il y a lieu, les avantages indirects qu'il a retirés de cette gestion. — *Paris*, 17 févr. 1821, de Biache c. Grandet.

46. — Jugé, d'après le même principe, que lorsqu'il y a eu règlement de compte entre parens, la présomption est que, dans ce compte, les parties se sont fait raison de tout ce qu'elles pouvaient se devoir par suite de négociations antérieures. — *Grenoble*, 26 janv. 1826, Navière. — Et il n'y aurait pas lieu de demander un nouveau compte, sous prétexte d'erreurs ou d'omissions. — V. *Cass.*, 10 sept. 1812, Dubois Jubaiville c. Royer et Maillard.

47. — L'oyant compte a bien le droit de critiquer la gestion et de faire rejeter de la dépense les actes de mauvaise gestion; mais il ne peut mettre en cause les tiers qui ont traité avec le comptable et reçu leur paiement. — Merlin, *Rép.*, vo *Compte*, § 2.

Sect. 3e. — *Qui peut demander le compte.*

48. — S'il existe plusieurs oyans compte ayant le même intérêt, ils sont représentés par l'avoué le plus ancien; à défaut par eux de s'être entendus à cet égard. — Cependant, il est libre à chacun de se faire représenter isolément; mais tous les frais occasionnés par cette défense à part restent à la charge de celui qui en est cause. — Ord. tit. 29, art. 2; — C. procéd. civ., art. 75, 130, 529, 536.

49. — Les *oyans compte* ont le même intérêt lorsque la dépense et la recette leur sont communes, et qu'ils n'ont pas de compte particulier à établir. — Carré et Chauveau, quest. 1852.

50. — Les intérêts des oyans sont différens si les recettes ou les dépenses ne sont pas les mêmes pour tous. — Pigeau, t. 2, p. 132, no 6; Berriat, p. 501, no 15.

51. — Les intérêts des oyans sont *contraires* lorsque leurs demandes se combattent, par exemple si les créanciers d'un héritier bénéficiaire et du défunt ont des prétentions opposées. — Pigeau, t. 2, p. 132, no 6.

52. — Le compte est offert ou demandé par le comptable, car il a intérêt à rentrer dans ses avances et à liquider sa position. — Ceux dont l'affaire a été faite peuvent aussi demander en justice la reddition de compte. — De nouveaux administrateurs peuvent même exiger et recevoir le compte d'un précédent administrateur ou de son délégué.

53. — Les créanciers du comptable et de l'oyant ont intérêt et droit d'intervenir dans l'instance pour surveiller leurs droits. — C. civ., art. 1166, 1167; C. procéd., art. 536. — Bioche, no 53. — Ils peuvent, par la même raison, intenter eux-mêmes directement l'action. — Rolland de Villargues, vo *Compte*, no 12; Bioche, vo *Reddition de compte*, no 55.

54. — Lorsqu'une liquidation générale se fait entre un père et ses enfans, les créanciers du père, quelle que soit la date de leurs créances, ont le droit d'en critiquer les élémens et de relever les erreurs ou omissions qui pourraient avoir pour résultat d'augmenter les droits des enfans à leur préjudice; mais, en aucun cas, cette recherche d'erreurs et d'omissions ne peut aller jusqu'à critiquer le contrat de mariage de leur débiteur. — *Bourges*, 1er févr. 1831, Crépy c. Desnoyers.

55. — La loi n'accorde aux créanciers intervenans qu'un seul avoué; s'ils en constituent plusieurs, ils en supportent les frais.

56. — Néanmoins : si les créanciers des deux parties interviennent, ils forment deux masses ayant chacune un intérêt propre et distinct et pouvant être représentées chacune par un avoué. — C. procéd. civ., art. 536. — Pigeau, t. 2, p. 423; Bioche, vo *Reddition de compte*, no 59.

57. — Chacun de ces avoués peut être autre que celui qui représente l'une ou l'autre partie. — Pigeau et Bioche, *ibid.*

58. — Le rejet de la demande ou de l'intervention des créanciers ne les prive pas du droit d'attaquer ultérieurement le compte comme frauduleux ou de saisir-arrêter le reliquat. — Les créanciers non intervenans auraient les mêmes droits. — C. civ., art. 2092 et 2093.

59. — Le cédant du reliquat espéré d'un compte a lui-même droit d'intervenir, s'il doit garantir l'existence de ce reliquat. — *Rennes*, 27 avr. 1818, Leclech c. Gallois.

60. — Dans tous les cas, s'ils ont droit à la communication du compte et des pièces, ils ne peuvent exiger la signification, ni même plusieurs communications, bien que plusieurs avoués occupent pour chaque créancier isolé. — Demiau sur l'art. 537; Bioche, vo *Reddition de compte*, no 60; Chauveau sur Carré, quest. 1876 *bis*. — *Contrà*, Pigeau sur l'art. 537.

61. — La demande en reddition de compte est purement personnelle et mobilière. Dès lors : elle est intentée par le mineur émancipé, assisté de son curateur; par le tuteur, sans autorisation du conseil de famille. — C. civ., art. 457. — Le mari l'intente également seul pour toute affaire relative à la communauté, aux biens dotaux. — C. civ., art. 1428, 1531, 1549. — Mais la femme demande le compte relatif à ses biens paraphernaux et à tous ses biens même, si elle est séparée de biens. — C. civ., art. 215, 1576. — Pigeau, t. 2, p. 421.

Sect. 4e. — *Tribunal compétent.*

62. — Sous l'ordonnance (tit. 29, art. 2) les comptables commis par justice présentaient leurs comptes devant le tribunal qui les avait nommés. — Les mandataires nommés autrement, étaient appelés devant le tribunal de leur domicile. — Rodier et Jousse, sur l'art. 2; Merlin, *Rép.*, vo *Compte*, § 1er et 2.

63. — Le Code actuel distingue trois sortes de comptables : 1o les tuteurs; 2o les séquestres et autres administrateurs; 3o enfin tout comptable non compris dans les deux premières classes. — Les tuteurs sont justiciables du tribunal du lieu où la tutelle leur a été déférée; les administrateurs judiciaires sont traduits devant le tribunal qui les a nommés, et les autres devant le tribu-

nal de leur domicile puisqu'ils sont défendeurs.— Carré, quest. 1846; Bioche, vo *Reddition de compte*, no 22.

64. — Le domicile dont il est question dans l'art. 527 est le domicile réel s'il n'y a pas un domicile d'élection.

65. — L'ordonnance (tit. 29, art. 2) laissait à l'*oyant compte* la faculté de citer le *rendant* devant le juge qui l'avait commis ou devant celui de son domicile. — L'art. 527 du Code de procédure civile, au contraire, attribue impérativement la compétence au juge qui a nommé le comptable: en effet, les mots *seront poursuivis* ont été substitués à ceux-ci, *pourront être poursuivis*, sur la demande expresse de la Cour de Rennes.

66. — D'ailleurs ce juge est plus en état qu'un autre de statuer en parfaite connaissance de cause. — Motifs, rapport au Tribunat (F. Didot, p. 188-230). — Carré et Chauveau, quest. 1845; Pigeau, t. 2, p. 737; Favard de Langlade, t. 1er, p. 615; Bioche, vo *Reddition de compte*, no 25; Thomines-Desmazures, t. 2, p. 17. — *Contrà*, Delaporte, t. 2, p. 108, qui fait revivre l'ordonnance.

67. — La connaissance des difficultés nées du compte d'un tuteur rendu à son pupille appartient exclusivement au tribunal civil, en sorte que toute délibération sur ce point de la part du conseil de famille est un excès de pouvoir radicalement nul. — *Turin*, 5 mai 1810, Pasero c. Poletti-Rigaud.

68. — Une demande en reddition de compte de tutelle ne peut être portée, même reconventionnellement et par défense à une autre action, devant un tribunal autre que celui de l'ouverture de la tutelle. La juridiction attribuée à cet égard aux juges de la tutelle est absolue.— *Bourges*, 10 déc. 1830, Gradvergue. — Favard de Langlade, *Rép.*, vo *Compte*, § 1er, no 1er; Rolland de Villargues, *Rép. du not.*, vo *Compte*, no 18; Thomines-Desmazures, *Procéd.*, no 576.

69. — D'après l'art. 527 le tuteur est assigné en *reddition de compte devant le tribunal du lieu où la tutelle lui a été déférée.* — Ces termes ont besoin d'explication, puisqu'il existe plusieurs sortes de tutelle.

70. — En matière de tutelle légitime du père ou de la mère, la demande est portée devant le juge du domicile du père lors de l'ouverture de la tutelle. — Chauveau sur Carré, quest. 1847 *bis*; Berriat, p. 121, no 8.

71. — Si la mère privée de la tutelle, pour son convol en secondes noces, est rétablie ultérieurement dans la tutelle, elle doit rendre ses comptes devant le tribunal compétent pour statuer sur le compte de la première tutelle; car les deux comptes ne peuvent être scindés si l'on veut apprécier sainement l'administration et son esprit. — *Bordeaux*, 3 août 1827, Bigorie c. Desmont. — Chauveau sur Carré, quest. 1847 2o.

72. — Le tuteur testamentaire rend aussi ses comptes devant le tribunal du dernier domicile du père du pupille. — Chauveau sur Carré, quest. 1847 2o.

73. — Le compte est soumis au juge du lieu où a siégé le conseil de famille qui a déféré la tutelle. — Chauveau sur Carré, quest. 1847 2o.

74. — Le tuteur officieux est également justiciable du tribunal du domicile du mineur au moment où a été déférée la tutelle officieuse, l'art. 527 étant sans exception. — Pigeau, t. 2, p. 126; Chauveau sur Carré, quest. 1847 2o.

75. — Toutefois le tuteur officieux ne serait justiciable que du tribunal de son propre domicile, à l'égard de toute autre demande de cet enfant. — Chauveau sur Carré, quest. 1847 2o.

76. — L'héritier bénéficiaire n'est pas un comptable judiciaire : car il n'est comptable que par sa volonté, tant qu'il ne fait pas acte d'héritier pur et simple; dès lors, il n'est pas soumis à une compétence spéciale. — Thomines-Desmazures, t. 2, p. 17; Carré et Chauveau, quest. 1847 et 2527 4o; Pigeau, t. 2, p. 126, sur la compétence seulement.

77. — De même, le gérant d'une entreprise commerciale doit être cité devant le tribunal de son domicile et non devant celui de l'établissement qu'il a géré. — *Agen*, 6 mai 1824, Lafon c. Bru. — Bioche, vo *Reddition de compte*, no 22.

78. — Les mêmes raisons existent au cas de société purement civile et dès lors le gérant doit être cité devant le tribunal de son domicile durant et après la dissolution de la société. — *Contrà*, Rolland de Villargues, no 22.

79. — La demande en reddition de compte formée par un négociant contre son commis voyageur est de la compétence du tribunal de commerce; encore bien que le salaire du commis forme un des élémens du compte; c'est là en effet un accessoire n'exerçant aucune influence sur la compétence, laquelle est toujours déterminée par la demande principale. — C. comm., art. 634, § 1er. — Cette demande est valablement portée devant le tribunal du domicile du patron, lorsque c'est au lieu de ce domicile non-seulement qu'est intervenue la convention qui a déterminé la nature et l'étendue de la mission confiée au commis; mais encore que le compte de cette mission devait être présenté et réglé, et le paiement du reliquat effectué. — *Rouen*, 13 mars 1847 (t. 2 1848, p. 312), Rivière c. Leblond-Bigot.

80. — Le compte est présenté devant la Cour d'appel qui l'a ordonné, et non devant le premier degré de juridiction; car elle seule connaît de l'exécution de ses arrêts. — V. d'ailleurs 527 général. — Thomines-Desmazures, t. 2, p. 16; Carré, quest. 1846; Jourdan, *Code de compétence*, t. 3, p. 191, no 114; Berriat, p. 556, 559 et 492, no 119. — *Contrà*, Chauveau sur Carré, quest. 1846.

81. — ... Et même, en matière de compte une Cour d'appel peut, par un second arrêt, réparer une ommission commise dans un arrêt précédemment rendu, et dans ce cas les mêmes avoués doivent continuer d'occuper pour leurs cliens sans nouveaux pouvoirs. — *Cass.*, 15 sept. 1792, Fomentin et Bardet; 8 juin 1814, Lecarpentier c. Enfantin; *Rennes*, 29 janv. 1814, N...; 17 juin 1814, Lebourveau c. N...; 16 juill. 1814, N.... — Bioche; *Dict. de la procéd.*, vo *Avoué*, no 150, 2e édit.

82. — Aux termes de l'art. 528 C. proc. civ., et par dérogation à l'art. 472 : la Cour d'appel, qui infirme le jugement qui a rejeté une demande en reddition de compte, est libre de renvoyer le compte ou devant le juge dont la sentence est infirmée, ou devant un autre s'il existe de justes soupçons. — Carré sur l'art. 528.

83. — Par exemple lorsque les recharges d'un compte n'ont été ni examinées ni débattues devant le tribunal de première instance ni devant la Cour, il y a lieu de renvoyer les parties devant les premiers juges à l'effet d'y procéder. — *Rennes*, 24 août 1819, Lehours c. Gabon; 25 févr. 1817, Bisson c. Manuel.

84. — Si, au contraire, l'arrêt infirmatif porte non sur la demande, mais bien sur les élémens du compte lui-même; l'art. 528 reste dans le droit commun, et la Cour évoque le fond ou elle renvoie les parties devant un autre tribunal. — Carré, sur l'art. 528.

85. — Il est bien certain aussi que la Cour statue sur le fond et ne renvoie pas à un tribunal inférieur, si elle le juge convenable; car le premier degré de juridiction a été épuisé. — Conseiller Réal, *Comment. de l'art.* 528; Pigeau, t. 2, p. 379; Carré et Chauveau, quest. 1851. — Mais *Contrà* Delaporte, t. 2, p. 109.

86. — Le tribunal chargé de mettre à exécution l'arrêt infirmatif, c'est-à-dire d'apurer le compte, est sans qualité pour apprécier de nouveau le mérite ni la recevabilité de la demande. — Thomines-Desmazures, t. 2, p. 18; Merlin, *Quest.*, t. 7, p. 314; Favard de Langlade, t. 1er, p. 619; Pigeau, t. 2, p. 127; Carré et Chauveau, quest. 1851.

87. — Du reste, la Cour excéderait ses pouvoirs si elle désignait le juge-commissaire, car elle empiéterait sur les attributions du tribunal inférieur. — *Cass.*, 23 janv. 1837 (t. 1er 1837, p. 104), Larrey c. de Pons. — Chauveau sur Carré, quest. 1851. — Mais *contrà*, *Pau*, 31 août 1833, mêmes parties, arrêt cassé par le précédent.

88. — La Cour ne pourrait non plus fixer le délai dans lequel le compte doit être rendu. — *Ibid.*

89. — Quoiqu'un tribunal ne puisse changer, modifier ni interpréter sa décision : s'il s'était glissé dans le jugement omission de fixer le délai de la reddition d'un compte, et de commettre un juge-commissaire pour la présentation, l'affirmation et les débats; *les premiers juges pourraient réparer ces erreurs et omissions, sans qu'on fût obligé de recourir à l'appel. A fortiori* s'il s'agit d'une décision non susceptible d'appel. Ainsi une Cour d'appel, qui, en infirmant un jugement rejetant une demande en reddition de compte, n'a renvoyé devant aucun tribunal pour la reddition et le jugement du compte, peut, sans excès de pouvoir, ordonner le renvoi par un arrêt subséquent. Mais elle n'a pas le droit de désigner le juge qui présidera au compte et de fixer le délai dans lequel il sera rendu. C'est au tribunal de renvoi que ce droit appartient exclusivement. — *Cass.*, 23 janv. 1837 (t. 1er 1837, p. 104), Larrey c. de Pons.

90. — Un arrêt qui déclare en fait qu'une sentence arbitrale passée en force de chose jugée et ordonnant la reddition d'un compte est inexécutable à défaut de pièces justificatives, et qui, en conséquence, statue définitivement sur les contestations des parties, sans que le compte ait été rendu, échappe à la censure de la Cour de cassation. — *Cass.*, 29 mars 1827, Lacué c. Charue.

91. — Les parties peuvent renoncer à un errement ordonné par les tribunaux. Spécialement : elles ont pu tenter de régler entre elles un compte pour lequel elles avaient été renvoyées devant un notaire, et saisir directement le tribunal d'exécution des nouvelles contestations qui les ont divisées. — *Rouen*, 2 juin 1840 (t. 2 1840, p. 288), M... c. N.

Sect. 5e. — *Forme de la demande.*

92. — En général, la *reddition de compte* est demandée par action *principale*. — Chauveau sur Carré, quest. 1844 5o.

93. — Une demande en reddition de compte n'a pas besoin d'être précédée d'une mise en demeure de le rendre. — *Amiens*, 14 (et non 24) mai 1823, Leullier c. Douzenel. — Bioche, *Dict. de proc.*, vo *Reddition de compte*, no 16. — *Contrà*, *Rennes*, 2 août 1820, Rébillard.

94. — Mais évidemment un ci-devant mineur est sans droit à saisir-arrêter les sommes dues à son père, qui a été son tuteur, s'il n'a pas mis ce dernier en demeure de lui rendre son compte. — *Ibid.*

95. — Une demande en reddition de compte ne peut être repoussée par le motif qu'un compte a déjà été présenté en justice, si ce compte précédent n'a pas été définitivement apuré. — *Bordeaux*, 25 janv. 1834, Gaulon c. Thibaut. — Mais un compte même extraordinaire, régulièrement rendu et approuvé par l'oyant est définitif. — Pigeau, *Procéd. civ.*, t. 2, p. 404, no 7, et *Comm.*, t. 2, p. 135 et 136; Favard de Langlade, *Rép.*, t. 1er, p. 620, no 5, et Berriat, *Procédure*, p. 504, note 25.

96. — Comme toute autre demande, la reddition de compte est assujettie au préliminaire de conciliation; à moins que les parties ne soient dans un cas exceptionnel. — C. Proc. civ., art. 49. — Carré et Chauveau, quest. 1848; Pigeau, t. 2, p. 422; Demiau, p. 365; Bioche, vo *Reddition de compte*, no 27.

97. — Ainsi, la demande en reddition de compte de tutelle, formée par un fils contre son père, est dispensée du préliminaire de conciliation. — Chauveau sur Carré, quest. 1848.

98. — Néanmoins, rien ne s'oppose à ce que la demande ne soit *incidente* à une autre affaire. — *Amiens*, 16 déc. 1825, Guillaume. — Chauveau sur Carré, quest. 1844 5o.

99. — Une demande en reddition de compte, formée d'une manière subsidiaire, contre la partie tenue de faire le paiement, ne peut être considérée comme une demande nouvelle. — *Rennes*, 25 févr. 1817, Bisson c. Manuel; *Toulouse*, 16 mars 1824, M... c. Carol. — Bioche, *Dict. de proc.*, vo *Reddition de compte*, no 89.

100. — La demande formée contre un cohéritier en reddition du compte de l'administration qu'il a eue des biens du défunt est incidente à l'action en partage, et, dès lors, peut être soumise au même tribunal. — *Cass.*, 16 févr. 1842 (t. 1er 1842, p. 359), Bouffier.

101. — Ainsi : les comptes dus par le gérant d'une société peuvent être demandés dans le cours de l'instance en nullité de cette société, comme un complément nécessaire de l'action originaire.

102. — Ainsi, souvent les comptes de tutelle sont des incidens de la liquidation et du partage de la succession de l'auteur commun lorsque le tuteur et le pupille sont cohéritiers. — Chauveau sur Carré, quest. 1844 5o.

103. — Il y a plus, les tribunaux peuvent même d'*office* ordonner incidemment la reddition d'un compte, comme moyen d'instruction. — Chauveau sur Carré, quest. 1844 5o.

104. — Mais, évidemment, le comptable retardataire ne pourrait, dans cette hypothèse, être condamné provisoirement à une certaine somme, car il y aurait excès de pouvoir et *ultrà petita*. — Chauveau sur Carré, quest. 1844 5o.

105. — En outre : l'instruction doit être écrite dans ces divers cas, et les parties ne doivent pas être renvoyées devant un notaire. — Chauveau sur Carré, quest. 1844 5o.

106. — Si le compte est dû à plusieurs, la poursuite appartient à la partie qui a fait viser la première au greffe l'exploit d'assignation : de même qu'en matière de partage. — C. proc. civ., art. 967. — Pigeau, t. 2, p. 368; Favard, t. 1er, p. 615; Carré et Chauveau, quest. 1850. — *Contrà* Bioche, vo *Reddition de compte*, no 30.

107. — L'ordonnance (tit. 29, art. 3 et 4) avait établi, pour les redditions de compte, une pro-

cédure plus abrégée que celle des autres affaires; mais le Code n'a pas reproduit ces dispositions, en sorte qu'aujourd'hui le compte est, par sa nature, tantôt *affaire ordinaire* et tantôt *affaire sommaire*.—C. Proc. civ., art. 527 : comparé à la loi du 11 avril 1838.—Rodier et Jousse, sur ces articles; Berriat, p. 539, nos 1er et 2, et p. 419; Pigeau, t. 2, p. 368; Carré et Chauveau, quest. 1474 et 1849; Bioche, vo *Reddition de compte*, no 31.

108. —Dès lors : la taxe et l'instruction préparatoire du jugement qui accueillera ou rejettera la demande du compte, dépendent de la question de savoir si cette action est fondée en titre non contesté. — Berriat, p. 499; Pigeau, t. 2, p. 428; Carré, quest. 1849.

Sect. 6e. — *Jugement qui ordonne le compte et recours.*

109. — La demande en reddition de compte est rejetée si elle est ou non recevable ou mal fondée.—Bioche, vo *Reddition de compte*, no 32.

110. —Si, au contraire, le jugement condamne le comptable à rendre compte : il fixe le délai dans lequel le compte doit être rendu, et nomme le juge-commissaire chargé de surveiller cette instruction écrite.—C. proc. civ., art. 530.

111. —L'omission par l'oyant compte de conclure à la nomination d'un juge-commissaire n'autorise pas le rendant à exiger que l'affaire soit instruite oralement, car la procédure écrite est de droit public en cette matière. Seulement l'oyant supportera les frais frustratoires occasionnés par sa négligence. — Carré et Chauveau, quest. 1855.

112. — Si le jugement qui ordonne le compte ne nomme pas le juge-commissaire, cette omission est réparée par un second jugement; car il ne s'agit que d'un acte ou fait d'exécution. — *Rennes*, 29 janv. 1813, Bernard; 29 juin 1813, N...; *Cass.*, 23 janv. 1837 (t. 1er 1837, p. 104), Larrey c. de Pons. — Thomines-Desmazures, t. 2, p. 20; Chauveau sur Carré, quest. 1852 2o.

113.—Notamment : quand un arrêt, en ordonnant la reddition d'un compte de bénéfice d'inventaire, n'a pas fixé le délai dans lequel il serait rendu, cette omission n'entraîne pas la nullité de l'arrêt. — *Cass.*, 25 mars 1835, Chapuis c. de Laizer.— Bioche, *Dict. de proc.*, vo *Reddition de compte*, no 33.

114.— Ce jugement doit être considéré comme définitif et non pas seulement comme préparatoire, lorsqu'il a statué sur le point de savoir si le compte est dû. — *Cass.*, 21 juill. 1817, Belieuvre c. Limelle. — Chauveau sur Carré, sur art. 530, note 1re.

115.— L'appel de ce jugement serait recevable avant le jugement définitif et de la part de toutes les parties. — *Cass.*, 6 juin 1820, Lebarois d'Orgeval c. Theroulde.—*Contrà*, *Colmar*, 18 mars 1816, Meder c. Wohlfrom.

116. — Dès lors la demande tendant à faire changer les bases d'un jugement contenant un compte doit être portée devant la Cour d'appel, et non devant le tribunal qui l'a rendu.—*Rennes*, 8 juin 1811, Jousselin c. Randy.

117. — De même le tribunal violerait la force de la chose jugée, si, après avoir accueilli une demande en compte, il la déclarait ensuite non recevable en visant un compte antérieur.— *Cass.*, 26 avril 1827, Delattre c. Longuet.

118. — Mais nulle loi ne s'oppose à ce que le comptable assigne l'oyant pour voir nommer un juge-commissaire à qui il remettra le compte qu'il a préparé extrajudiciairement. — Carré, quest. 1854; Bioche, vo *Redd. de compte*, no 34.

119.— Le jugement qui ordonne le compte peut ne pas statuer sur les frais, ce n'est qu'en dernier lieu qu'il est possible de le faire en pleine connaissance de cause. —*Amiens*, 14 mai (et non 24) 1823, Leuillier c. Bouzenel. — Chauveau sur Carré, art. 530.

120. — Le tribunal excéderait ses pouvoirs s'il commettait une personne autre qu'un juge pour veiller à la reddition du compte. L'art. 530 est impératif. — Chauveau sur Carré, quest. 1853 *bis*.

121. — Jugé, au contraire, que les parties qui ont à compter entre elles peuvent être renvoyées devant notaire pour y procéder. — *Rennes*, 23 févr. 1819, Hourmant c. Guensu.

122. — Dès lors la nomination d'un notaire ou d'un autre officier public serait une cause de nullité de la procédure. — *Cass.*, 6 juin 1820, Lebarois d'Orgeval c. Theroulde. — Chauveau sur Carré, quest. 1853 2o.

123. — Les parties ne peuvent même être renvoyées après le rapport du commissaire devant un expert en comptabilité. — *Ibid.*

124. — Mais un tribunal peut commettre pour entendre un compte, l'un des juges qui n'ont point concouru à la décision par laquelle ce compte est ordonné. — *Metz*, 24 nov. 1819, Armand c. Guérin.

125. — Et même le juge-commissaire peut être pris parmi les membres d'une chambre autre que celle qui a statué. — *Ibid.* — Favard, t. 1er, p. 616; Chauveau sur Carré, quest. 1853 2o.

126. — Du reste, l'art. 530 s'applique même au cas de compte ordonné incidemment. — Chauveau et Carré, quest. 1844 5o et 1853 2o. — *Contrà*, *Rennes*, 25 févr. 1817, Bisson c. Manuel; *Orléans*, 30 mai 1822, N....

127. — Lorsqu'un compte a été rendu amiablement et extrajudiciairement et qu'il ne s'agit plus que d'examiner la demande en paiement du reliquat constaté par la balance, l'art. 530 est certainement inapplicable et l'affaire est jugée sur simples plaidoiries. — Lepage, *Nouv. style de proc.*, p. 407; Carré et Chauveau, quest. 1854.

128. — Notamment, lorsqu'il ne s'agit plus que de procéder à la liquidation du compte des sommes dont les parties peuvent être respectivement débitrices les unes envers les autres, par suite et en exécution de partages déjà opérés, les juges, si d'ailleurs ils ont sous les yeux tous les élémens du compte, peuvent statuer sans renvoyer préalablement devant un notaire ou devant des experts. — *Cass.*, 21 août 1824, Sahuquet c. Garrigues. — Bioche, *Dict. de proc.*, vo *Partage*, no 51.

129. — L'art. 550 C. proc., qui ordonne de commettre un juge, ne concerne que les comptables en justice, et ne se réfère pas aux règlemens à faire, entre les parties, des répétitions qu'elles pourraient avoir à exercer respectivement, et pour lesquelles un commissaire peut être choisi hors du tribunal. — *Orléans*, 30 mai 1822, N....

130. — Dès lors, quand, par suite de contestations entre le vendeur et l'acquéreur, les juges ordonnent un compte entre les parties et commettent un notaire pour le recevoir; cette disposition n'est pas nulle, en ce que le compte n'a pas été confié à un membre du tribunal. — *Colmar*, 18 mai 1816, Meder c. Wohlfrom; *Rennes*, 25 févr. 1817, Bisson c. Manuel; *Orléans*, 30 mai 1822, N...; *Cass.*, 10 janv. 1828, Martin c. Michel.— V. cependant *Cass.*, 6 juin 1820, Lebarois d'Orgeval c. Theroulde.

131. — Une Cour qui n'a pas les renseignemens nécessaires pour prononcer sur les paiemens faits par le débiteur d'une rente peut renvoyer les parties à compter devant notaire, et surseoir, jusqu'après ce compte, à statuer sur une question de dommages-intérêts. — *Rennes*, 30 déc. 1819, Derien c. Toulgoet et Lenée. — Car par là elle ne se dessaisit pas. —*Rennes*, 29 août 1810, Billet c. Richer; *Colmar*, 18 mai 1816, Meder c. Wohlfrom; *Rennes*, 25 févr. 1817, Bisson c. Manuel; 8 déc. 1817, N....

132. — Le jugement qui, conformément aux conclusions du demandeur, condamne le comptable à rendre compte, confère l'hypothèque judiciaire sur les biens de celui-ci; car il condamne forcément à payer le reliquat qui sera ultérieurement fixé : d'ailleurs, l'art. 2132 C. civ. autorise l'inscription d'une créance indéterminée ou éventuelle. — *Cass.*, 21 août 1810, Stevenotte c. Chapel. — Grenier, t. 1er, p. 425; Persil, *Questions*, t. 1er, p. 180; Thomines-Desmazures, t. 2, p. 20; Favard de Langlade, t. 1er, p. 616; Tarrible, *Rép.*, vo *Hypoth.*; Chauveau sur Carré, quest. 1844 6o.

133.—Au contraire, MM. Pigeau et Troplong (*Hypoth.*, t. 2, no 489) ne font résulter l'hypothèque judiciaire que du jugement qui condamne le comptable retardataire à payer une somme provisoirement fixée; car, disent-ils, jusque-là l'article 2132 est inapplicable, l'existence de la dette est incertaine. — Mais ces objections ne sont que spécieuses; en effet, le comptable condamné à rendre compte est présumé débiteur jusqu'à l'apurement du compte. — L'art. 2132 s'applique d'ailleurs textuellement à une créance incertaine, conditionnelle; et M. Troplong (no 438) attribue au jugement qui condamne un tiers à faire quelque chose, le même effet qu'il refuse au jugement qui ordonne un compte.— Aussi la jurisprudence est-elle unanime sur l'affirmative de la question. — *Cass.*, 4 août 1825, Goullet d'Olizy c. Barbereux; *Lyon*, 11 août 1809, Barmont.

134. — Jugé, en ce sens, au préjudice d'un notaire, caissier ou séquestre d'une faillite.—Même arrêt de *Cass.* du 4 août 1825.

135. — Du liquidateur d'une société de commerce.—*Lyon*, 11 août 1809, Barmont.

136. — D'un régisseur, établi mandataire par

acte notarié. — *Cass.*, 21 août 1810, Stevenotte c. Chapel.

137. — L'hypothèque judiciaire peut même résulter du jugement préparatoire qui ordonne un décompte, car il contient le germe de la condamnation. — *Colmar*, 26 juin 1832, Durckem c. Lincourt.

138. — La durée du délai accordé pour la présentation du compte varie suivant les circonstances et les difficultés, dont l'appréciation est laissée à la sagesse du juge. — Delaporte, t. 2, p. 119.

139. — Le délai pour rendre compte court seulement à partir de la signification; car il s'agit d'un délai nécessaire et non pas d'un délai facultatif pour le juge, comme dans les cas des art. 122 et 123 C. proc. civ.—*Rennes*, 9 mars 1810, N.... —Carré et Chauveau, quest. 1853 et 1007. —Mais *contrà*, Favard de Langlade, t. 1er, p. 685.

140. — Suivant Thomines, au contraire, le délai court du jour du jugement, si l'obligation de rendre compte a été reconnue par le comptable. Si, au contraire, elle a été contestée, le délai ne court, suivant cet estimable auteur, que du jour de la signification. — Bioche, no 36, vo *Redd. de compte*, t. 2, p. 20. — Mais cette distinction spécieuse doit être rejetée, car elle suppose une obligation préexistante et ne regarde le délai que comme un délai de grâce accordé à un débiteur malheureux.

141. — L'ordonnance (tit. 29, art. 8) interdisait aux juges de proroger le délai; cependant, dans la pratique, on agissait autrement en cas de nécessité. Le Code ne renfermant plus cette prohibition, il est bien permis au tribunal de proroger le délai à raison des circonstances. — Jousse et Rodier, sur l'art. 8; *Praticien fr.*, t. 4, p. 45; Delaporte, t. 2, p. 119; Favard de Langlade, t. 1er, p. 618; Carré et Chauveau, quest. 1866.—Mais le juge ne doit pas abuser de cette faculté.

142.—La faculté de proroger ce délai est même reconnue au juge-commissaire.

143.—Jugé, en conséquence, suivant l'art. 538 C. proc., l'usage et la jurisprudence, que le juge-commissaire nommé pour la reddition d'un compte a le droit d'accorder à l'oyant un délai plus ou moins long, suivant l'étendue du compte, pour fournir les débats; il peut dès lors proroger le même délai, si le premier ne lui a pas paru suffisant. — *Besançon*, 30 nov. 1822, N... — Rodier, sur l'ord. de 1667, tit. 29, art. 8, quest. 3; Demiau, p. 370; Carré, *Lois de la procéd.*, quest. 1866; le *Praticien français*, t. 4, p. 44; Delaporte, t. 2, p. 119, et Favard de Langlade, *Rép.*, t. 1er, p. 618, § 2.

144.— Au surplus : il est certain que si le commissaire avait fixé le jour de la présentation du compte en dehors du délai donné par le tribunal, le rendant ne serait pas responsable de ce fait du juge. — *Bruxelles*, 14 mars 1827, d'O.... c. C....

145. — Lorsque celui à qui un compte doit être rendu en conteste plusieurs articles, et que les parties conviennent, par suite, d'un délai pour fournir les justifications nécessaires; l'expiration de ce délai sans qu'aucune justification ait été présentée n'a pas pour effet de rendre le compte définitif, et de mettre obstacle à ce que l'oyant puisse en demander un nouveau.— *Cass.*, 6 févr. 1843 (t. 2 1843, p. 674), Jouffrault c. Chasteau.

146. — Rien ne s'oppose à ce que le tribunal, en fixant le délai de la présentation du compte, ne condamne éventuellement le comptable à une certaine somme pour le cas où il serait en retard. — *Bruxelles*, 24 juin 1812, M...; *Poitiers*, 2 mars 1832, Cherau c. Leclerc.—Berriat, p. 499; Pigeau, t. 2, p. 369-373; Carré et Chauveau, quest. 1870; Lepage, *Quest.*, p. 364. — *Contrà*, Hautefeuille, p. 311; Demiau, p. 369.

147. — Toutefois il s'agit ici de convenance et de bienséance, aussi le juge a-t-il un pouvoir discrétionnaire : par exemple s'il s'agit du père et du fils.— Serpillon, sur l'art. 8-20, tit. 29; Carré, quest. 1870, en note.

148.—Mais, évidemment, cette condamnation serait comme non-avenue, si le comptable exécutait à temps le jugement.—*Rennes*, 20 janv. 1813, Dacosta c. James et autres.—Bioche, vo *Reddition de compte*, no 42.

149. — Le comptable peut même être condamné à avancer une *provision* à l'oyant, s'il s'agit d'un pupille privé des moyens de pourvoir aux dépenses du procès. — Thomines-Desmazures, no 585. — Ou s'il est démontré pour le tribunal que le comptable est débiteur et qu'il s'efforce de retarder l'apurement du compte. — Bioche, no 41, vo *Reddition de compte*.

150. — Le jugement qui statue sur la demande en reddition de compte est sujet à l'opposition et à l'appel pour les mêmes causes et dans les

mêmes délais que tout autre jugement. Il n'y a pas ici de règle exceptionnelle. — *Cass.*, 21 juill. 1817, Belleuvre c. Limelle, — Bioche, v° *Reddition de compte*, n° 48.

151. — Ainsi lorsque, dans un compte, l'une des parties a demandé en première instance la réduction d'une rente viagère à raison de ce qu'elle n'a pas reçu le prix de la constitution de rente, elle peut en appel demander la nullité de cette rente; car cette demande n'est qu'une défense à l'action principale. — *Cass.*, 31 déc. 1833, Havas c. Capey. — Bioche, v° *Reddition de compte*, n° 50.

152. — Ainsi, les jugemens purement préparatoires ne doivent pas être frappés d'appel avant le jugement définitif; par exemple, s'ils ont commis un notaire pour éclairer un compte présenté. — *Colmar*, 18 mars 1816, Meder c. Wohlfrom.

153. — Est simplement préparatoire et, par conséquent, non susceptible de pourvoi en cassation l'arrêt qui, sur une instance en compte entre un officier ministériel et son client, et dans laquelle les parties, sans dénier les versemens de fonds, sont cependant contraires en fait, renvoie les parties à compter devant un juge-commissaire. — *Cass.*, 24 juin 1845 (t. 2 1845, p. 747), Parrel c. Dubois. — Merlin, *Rép.*, v° *Cassation*, § 3, n° 7; Godard de Saponay, *Manuel de la Cour de cassation*, p. 37; Bioche et Goujet, *Dict. de proc.*, v° *Cassation*, n° 61.

Sect. 7e. — *Forme du compte.*

154. — Le comptable doit rédiger son compte dans le délai qui lui est donné par le jugement ou arrêt définitif.

155. — Nul article ne commande à l'avoué rédacteur du compte de faire un inventaire des pièces du compte. — Il doit uniquement les coter et parapher. — Tarif, art. 92. — Toutefois, l'inventaire lui est très-utile pour l'ordre de son travail. — Delaporte, t. 2, p. 115; Demiau, p. 369; Carré et Chauveau, quest. 1862.

156. — Le Tarif (art. 92) alloue à l'avoué une vacation par 50 pièces cotées et paraphées. — Berriat, p. 500.

157. — Ce compte renferme trois parties : 1° le préambule; 2° les recettes et dépenses effectives; 3° l'état des recouvremens ou reprises à faire, s'il en existe.

158. — Le préambule mentionne le jugement qui ordonne le compte, mais il ne peut en contenir la copie. — *Contrà*, ord. 1667, tit. 29, art. 6. — Carré et Chauveau, quest. 1856. — *Observat. des Cours de Rennes et de Grenoble.*

159. — Le préambule du compte contient, outre la mention du jugement, l'énoncé des faits d'où est résultée l'administration; par exemple, de la délibération qui a nommé le tuteur. — Carré et Chauveau, quest. 1857.

160. — Le préambule du compte ne doit pas excéder six rôles, le surplus ne passe pas en taxe. — C. procéd. civ., 531.

161. — Dans les six rôles du préambule il ne faut pas comprendre les qualités des parties. — Chauveau, *Tarif*, t. 2, p. 42-43, nos 6-11. — Quant aux rôles du compte lui-même, le juge taxateur est souverain appréciateur. — *Ibid.*

162. — Le compte est rédigé en forme de grosse, mais il n'en est dressé qu'un original. — *Tarif*, art. 75; Pigeau, t. 2, p. 370.

163. — Le compte renferme l'état séparé des dépenses et des recettes, il se termine par la récapitulation desdites recettes et dépenses et par la balance. — S'il reste des créances à recouvrer, il en est fait un compte à part, appelé chapitre des *reprises*. — Berriat, p. 500, n° 9.

164. — Par recettes et dépenses *effectives* il faut entendre celles qui ont réellement été faites et non celles qui ne l'ont pas été. — Si les mandataires étaient responsables de l'insolvabilité des débiteurs des mandans, nul ne voudrait accepter un mandat. — Bioche, v° *Reddition de compte*, n° 64. — *Contrà*, Thomines-Desmazures, n° 582.

165. — Toutefois, l'appréciation de la responsabilité du comptable reste entière. — C. civ., art. 1993. — Bioche, v° *Reddition de compte*, n° 64.

166. — Les recettes et dépenses sont classées par années et suivant leur nature. — Carré et Chauveau, quest. 1861; Favard de Langlade, t. 1er, p. 617; Thomines-Desmazures, t. 2, p. 23; Berriat, p. 500, n° 9.

167. — Le tribunal alloue au comptable les dépenses qu'il a faites de bonne foi, lors même qu'elles seraient inutiles à l'oyant. — Ainsi, en règle générale, les syndics, les héritiers bénéficiaires emploient en frais d'administration les dépens des procès qu'ils ont perdus. — C. civ., art. 810 et 1034; C. procéd. civ., art. 132. — Bioche, v° *Dépens*, nos 89-97.

168. — Le comptable *porte* au chapitre des dépenses communes *les frais de voyage, les vacations de l'avoué* qui a mis ses pièces en ordre, *les grosses et copies* et *les frais de présentation et d'affirmation du compte.* — C. procéd. civ., art. 532.

169. — Les voyages dont parle l'art. 532 sont ceux que le comptable est obligé de faire à cause de la reddition de son compte. Il doit demander acte au greffe. — *Tarif*, 146; Demiau, p. 368. — Ceux qu'il a faits dans le cours de sa gestion font partie des frais d'administration. — Bioche, v° *Reddition de compte*, n° 73.

170. — Par *dépenses communes* on entend parler des *frais ordinaires aux procédures de ce genre*, faits pour la décharge du comptable et pour éclairer l'oyant. Il faut donc se garder de croire que le rendant y participe. Tout le compte est rendu aux frais du mandataire, du moins en général. — *Cass.*, 1er août 1832, Lehugueur c. Delalande. — Rodier sur l'ord., tit. 29, art. 28; *Annal. du not.*, t. 3, p. 397; Favard de Langlade, t. 1er, p. 617; Thomines, t. 2, p. 21; Berriat, p. 500; Carré et Chauveau, quest. 1858.

171. — Les dépenses communes sont toujours à la charge de l'oyant, peu importe la mauvaise foi du rendant. — Bioche, v° *Reddition de compte*, n° 71. — Notamment lorsque le comptable a demandé la nullité d'un testament pour conserver la gestion d'une succession. — *Ibid.*

172. — Mais les termes de l'art. 532 sont restrictifs; car les observations contraires des Cours de Rouen, Rennes et Grenoble n'ont pu faire changer la rédaction : dès lors le comptable supporte sans répétition les frais de rédaction du compte qu'il a fait dresser par un tiers. — Favard de Langlade, t. 1er, p. 617; *Praticien français*, t. 4, p. 39; Carré et Chauveau, quest. 1859. — Berriat (p. 500, n° 8) comprend, au contraire, le coût de la rédaction du compte dans les dépenses communes.

173. — Aujourd'hui, comme sous l'ord. (tit. 29, art. 18), les frais du jugement qui ordonne le compte sont à la charge du comptable, car l'art. 532 ne reproduit pas la disposition contraire de l'ordonnance (tit. 29, art. 28) : et, d'ailleurs, ils sont occasionnés par le comptable. — Thomines-Desmazures, t. 2, p. 21; Favard de Langlade, t. 1er, p. 617; Carré et Chauveau, quest. 1860; *Ann. du not.*, t. 3, p. 397. — Le comptable n'est affranchi des dépens de la demande en reddition de compte qu'autant qu'il n'a pas nécessité par son fait des frais de poursuite et de jugement pour le contraindre à rendre le compte auquel il était tenu. — C. procéd., art. 532 et 130. — Dès lors l'arrêt qui refuse de condamner le comptable aux dépens alors qu'il est établi qu'il n'a consenti à rendre son compte qu'après deux jugemens rendus par défaut, et après commandement tendant à exécution, doit être cassé. — De ce que l'art. 132 C. procéd. civ. n'autorise le juge à condamner les administrateurs personnellement aux dépens que lorsqu'ils ont compromis les intérêts de leur administration il résulte que l'arrêt qui prononce une condamnation personnelle aux dépens contre des syndics agissant dans l'intérêt de la masse sans spécifier qu'ils se trouvent dans le cas exceptionnel prévu par l'art. 132 doit être cassé comme violant soit ledit article, soit l'art. 7 de la loi du 20 avr. 1810 qui prescrit de motiver les jugemens. — *Cass.*, 9 févr. 1847 (t. 1er 1847, p. 234), Brédif et Pothée c. Leroux et Gogny. — L'art. 532 C. procéd. civ. dispose que « le rendant n'emploiera, pour dépenses communes, que les frais de voyage, les vacations de l'avoué qui aura mis en ordre les pièces du compte, etc., les frais de présentation et affirmation. » — Cet article, comme on le voit, est muet en ce qui concerne les frais du jugement qui ordonne le compte; à la différence de l'art. 18, tit. 24, de l'ordonnance de 1667, qui mettait expressément les frais de ce jugement à la charge de l'oyant : d'où la plupart des auteurs ont conclu que les frais occasionnés par un pareil jugement doivent être supportés par le comptable. — Carré et Chauveau, quest. 1860; Favard de Langlade, t. 1er, p. 617; Thomines-Desmazures, t. 2, p. 21. — Carré en donne cette double raison, d'une part, que le comptable est toujours présumé débiteur tant qu'il n'a pas présenté son compte, et, d'autre part, qu'il a à s'imputer la faute d'avoir donné lieu à une assignation en reddition. — Cette opinion peut sans doute paraître rigoureuse lorsque, sur la première assignation, le comptable s'empresse de se présenter devant la justice, et l'arrêt que nous recueillons n'admet pas que, dans ce cas, le rendant doive supporter les frais de la demande; mais elle est conforme au droit et à l'équité lorsque, par sa négligence ou son refus de comparaître, celui-ci nécessite des poursuites et des procédures. En pareille circonstance la condamnation aux dépens prononcée contre lui se fonde à juste titre tant sur le principe général de l'art. 130 du C. procéd., que sur l'art. 532 du même Code; et même sur l'art. 1382 du C. civ., qui veut que celui qui cause un préjudice à autrui en fournisse la réparation.

174. — Les frais du jugement qui nomme le juge-commissaire, après des pourparlers et des promesses du rendant, sont aussi à sa charge, car ils ont été nécessaires pour vaincre sa résistance passive. — Favard, t. 1er, p. 617; Chauveau sur Carré, quest. 1860. — *Contrà*, Thomines-Desmazures, t. 2, p. 21.

175. — Le comptable supporte les frais frustratoires auxquels il donne lieu. — Chauveau sur Carré, quest. 1858. — *Rennes*, 20 janv. 1813, Dacosta c. James; *Orléans*, 15 mai 1822, N....

176. — Il est juste, également, de mettre à la charge du rendant les frais du compte, s'il s'est immiscé sans nécessité dans les affaires d'autrui. — Thomines, t. 2, p. 19; Chauveau sur Carré, quest. 1858.

177. — Toutefois ces frais sont nécessairement à la charge des oyans si la demande en reddition de compte a été formée par le comptable, car la faute est alors imputable aux oyans. — Thomines-Desmazures, t. 2, p. 21; Favard de Langlade, t. 1er, p. 617; Chauveau sur Carré, quest. 1860.

178. — Ou si le rendant n'a mis aucune négligence à préparer et à rendre le compte qu'il a offert. — Ord. tit. 29, art. 18. — Bioche, v° *Reddition de compte*, n° 68.

179. — Le juge-commissaire taxe les frais à la fin du procès-verbal. — Berriat, p. 500, n° 8; Pigeau, t. 2, p. 371 et 372.

180. — Comme tout doit être de bonne foi dans la reddition du compte, le rendant peut exiger de l'oyant la remise des pièces qui sont à sa décharge. — Toutefois la demande du rendant sur ce point ne peut être accueillie qu'autant qu'il prouve que les pièces réclamées sont retenues par l'oyant, par exemple s'il s'agit de livres de commerce — Chauveau sur Carré, quest. 862 *bis*.

181. — Un commerçant ne peut lui-même demander compte à un courtier que s'il précise les faits et pièces qui donnent lieu au compte. — *Paris*, 29 janv. 1818, Gounot et Mozer c. Saget.

182. — Si l'oyant refuse au comptable les pièces qui sont en sa possession, les tribunaux peuvent tenir le compte pour vérifié; à l'égard même des articles non appuyés de soutènement: telle est la peine de la mauvaise foi de l'oyant. — Chauveau sur Carré, quest. 1862 *bis*.

183. — Ainsi a été apuré avec raison le compte d'un commis marchand prétendant que les opérations pour lesquelles il était attaqué avaient été faites par le commettant en personne, qui refusait de représenter son livre-journal. — *Ibid.*

184. — Toutefois, la production des titres, quoique refusée par l'oyant devant le juge-commissaire, peut être faite à l'audience.

Sect. 8e. — *Sa présentation.*

185. — Le rendant, après avoir rédigé son compte, demande au juge-commissaire de fixer le jour où il devra le présenter, et de l'autoriser à citer les oyans pour le jour indiqué. — Berriat, p. 501; Favard de Langlade, t. 1er, p. 618; Thomines-Desmazures, t. 2, p. 24; Pigeau, t. 2, p. 130; Carré et Chauveau, quest. 1864.

186. — Cette réquisition est faite par requête non grossoyée. — Tarif, 29, 70, 76. — Bioche, v° *Reddition de compte*, n° 76. — Les oyans sont appelés par acte d'avoué à avoué ou par exploit à domicile, suivant qu'ils ont ou non un avoué.

187. — Si le rendant ne prend pas jour dans le délai, l'oyant a, sans aucun doute, qualité pour requérir du juge-commissaire la désignation de ce jour et pour citer le rendant à cette fin. — Pigeau, t. 2, p. 373; Demiau, p. 369; Carré et Chauveau, quest. 1865.

188. — Au jour indiqué par le juge-commissaire et dans le délai fixé par le jugement, le compte est présenté et affirmé par le rendant ou par mandataire les oyans présens ou appelés par acte d'avoué ou par exploit à domicile s'ils n'ont pas d'avoué. — C. proc. civ., art. 534. — Berriat, p. 501. — Le juge dresse procès-verbal de cette formalité.

189. — En matière de reddition de compte de-

vant un juge-commissaire, les parties sont valablement représentées par leurs avoués sans que ceux-ci aient besoin de pouvoir spécial. Dès lors : les acquiescemens et concessions émanés de ces avoués engagent les parties aussi bien que s'ils émanaient d'elles-mêmes, à moins qu'elles ne forment une action en désaveu. — *Cass.*, 24 juill. 1840 (t. 2 1840, p. 492), Saint-Albin c. de Gras-Préville. — Carré, sur l'art. 538; Delaporte, t. 2, p. 26; Bioche, *Diction. de proc.*, vo *Reddition de compte*, no 96.

190. — Sous l'ord. (tit. 29, art. 8) le comptable affirmait par serment la sincérité de son compte. — Rodier, Serpillon, sur l'art. 8. — Duparc-Poullain (t. 10, p. 752) blâmait cet usage comme habituant au parjure. Aujourd'hui l'affirmation ne se fait plus par serment, puisqu'elle peut être faite par mandataire. — C. proc. civ., art. 121. — Observ. de la Cour de *Dijon*. — Thomines-Desmazures, t. 2, p. 24; Carré et Chauveau, quest. 1867, 1964; Bioche, vo *Reddition de compte*, no 78.

§ 1er. — *Exécutoire pour le reliquat apparent.*

191. — Si le compte présenté et affirmé constitue le rendant débiteur, le juge-commissaire délivre sur la demande de l'oyant un exécutoire pour ce reliquat; sans que cet exécutoire puisse être regardé comme une approbation du compte. — C. proc. civ., art. 535; Tarif, 92.

192. — Il est bien certain que cet exécutoire peut être requis après la représentation du compte, nul délai n'étant fixé. — *Besançon*, 2 mai 1811, N... — *Tarif*. 92. — Carré et Chauveau, quest. 1871; Pigeau, t. 2, p. 430.

193. — La demande et la délivrance de l'exécutoire sont constatées sur le procès-verbal du juge-commissaire. — Bioche, vo *Reddition de compte*, no 83.

194. — Cet exécutoire emporte hypothèque judiciaire, car il est une conséquence forcée du jugement qui a ordonné le compte. — C. civ., 2117; Favard, t. 1er, p. 617; Thomines-Desmazures, t. 2, p. 26; Pigeau, t. 2, p. 131; Carré et Chauveau, quest. 1872. — *Contrà*, Troplong, *Hypoth.*, no 438; Bioche, vo *Reddition de compte*, no 84.

195. — En matière de compte, quoique l'art. 535 porte que l'exécutoire sera requis du juge-commissaire il suffit qu'il en ait ordonné la délivrance au greffier pour que celui-ci puisse le délivrer. — *Besançon*, 2 mai 1811, N....

196. — Le comptable peut y former opposition, car il est rendu hors de sa présence et sur simple requête. — *Besançon*, *ibid.* — Rodier sur ord., tit. 29, art. 7; Demiau, p. 370; Carré, quest. 1873. — *Contrà*, Chauveau, no 1873.

197. — Mais rarement l'opposition sera utile; car, comment, à moins d'erreur dans le compte, effacer le reliquat constaté par la balance et reconnu par le comptable? — Rodier, sur l'art. 7; Bioche, vo *Reddition de compte*, no 85; Carré, quest. 1873; Thomine-Desmazures, no 585.

198. — En matière de compte, si l'exécutoire est de la nature de ceux auxquels on peut former opposition; lorsque cette opposition a eu lieu, il n'est pas nécessaire d'en requérir la délivrance en présence des parties. — *Besançon*, 2 mai 1811, N....

199. — Il semble, au premier aperçu, que l'appel de l'exécutoire n'est pas recevable. — *Turin*, 1er juin 1812, Peraldi c. Millo. — Carré, quest. 1874; Coffinières, *Journ. av.*, t. 7, p. 105. — La raison de juger ainsi ne consiste pas en ce que l'art. 535 C. proc. civ. n'a pas indiqué de voie de recours contre l'arrêt, mais en ce que le juge-commissaire ne fait que donner à l'oyant un titre pour réclamer ce dont son client se reconnaît débiteur envers lui. — Néanmoins, l'appel est autorisé pour le cas, presque impossible, où l'exécutoire serait rendu pour une somme supérieure au reliquat. — Chauveau sur Carré, quest. 1873.

200. — Il en serait de même si ce reliquat se compensait avec une créance particulière du rendant. — *Rennes*, 3 août 1824, Arondel c. Legros. — Carré, quest. 1874, en note. — Ces décisions doivent être approuvées. En effet, le commissaire doit renvoyer à l'audience quand il y a contestation et en nulle matière le juge-commissaire ne tranche les difficultés. — Bioche, vo *Reddition de compte*, no 87.

201. — Si le comptable, pour ne pas s'exposer à la délivrance de cet exécutoire, réduit les recettes d'une manière palpable, l'oyant peut obtenir du tribunal une provision. — Thomines-Desmazures, t. 2, p. 26; Chauveau sur Carré, quest. 1873, en note.

202. — L'exécutoire de l'art. 535 peut être délivré pour le compte d'une communauté comme pour tout autre, mais seulement pour la part afférente au requérant. — Chauveau sur Carré, quest. 1874 *bis*. — Toutefois, Pigeau restreint ce droit au cas où le reliquat compense tout l'actif de la communauté. Mais pourquoi et d'où vient cette restriction? On ne le sait nullement.

203. — Lorsque deux négocians procèdent, devant un juge-commissaire, au règlement d'un compte ouvert entre eux, il ne peut être délivré, au profit de l'un, exécutoire de la somme dont l'autre se trouve redevable envers lui : l'art. 535 du Code de procédure ne s'appliquant qu'aux comptes à rendre d'une gestion. — *Bruxelles*, 21 févr. 1810, d'Hooghe et Iaghère.

§ 2. — *Refus de présenter le compte.*

204. — Nous avons vu que le jugement qui ordonne le compte peut condamner par avance le comptable retardataire à une somme approximative. — Mais il arrive souvent que ce jugement n'a pas prononcé de condamnation de ce genre.

205. — Dans cette hypothèse, si le compte n'est pas présenté dans le délai fixé par le jugement qui ordonne le compte; l'oyant peut, sur un simple avenir, faire condamner le comptable retardataire à lui payer une certaine somme, et même faire décider que ce jugement emportera contrainte par corps. — Ordonn., tit. 29, art. 8.

206. — Mais le rendant compte satisfait à l'obligation que lui impose l'art. 534 C. procéd., en faisant, avant l'expiration du délai fixé pour rendre son compte, les diligences nécessaires pour obtenir jour à cet effet; bien que le jour désigné par le juge-commissaire tombe hors du délai fixé, et que le compte n'ait en effet été rendu qu'après l'expiration de ce délai. — *Bruxelles*, 14 mars 1827, d'O... c. C....

207. — Nulle loi n'impose à l'oyant de mettre le comptable préalablement en demeure, ou de le faire sommer à présenter son compte devant le commissaire. — Pothier, *Procédure*, 2e partie, ch. 2, § 1er; Thomine-Desmazures, no 583; Bioche, vo *Reddition de compte*, no 81.

208. — L'ordonn. (tit. 29) autorisait à la vérité les mêmes mesures, mais le juge ne pouvait pas déterminer pour quelle somme la poursuite avait lieu. — C'était une lacune que le Code a comblée. — Carré sur l'art. 534.

209. — Sous l'ordonnance, il y avait controverse entre les commentateurs pour déterminer dans quel cas la contrainte par corps avait lieu. — Les uns ne l'admettaient que si la nature des affaires s'y prêtait; les autres, qu'autant que les autres voies d'exécution étaient restées sans résultat.

210. — Aujourd'hui, l'art. 534 confie à la conscience du juge la libre faculté d'accorder ou de refuser cette voie rigoureuse; tel est le sens naturel des mots : *si le juge l'estime convenable.* — Favard, t. 1er, p. 309: Berriat, p. 499, no 5; *Praticien fr.*, t. 4, p. 44; Carré et Chauveau, quest. 1869; Coin-Delisle sur l'art. 2060, no 49. — Mais *contrà*, Thomines-Desmazures, t. 2, p. 25; Bioche, vo *Reddition de compte*, no 82, et Lepage, *Quest.*, p. 365: ils font revivre l'ancienne controverse en soutenant que la contrainte par corps ne peut être prononcée que si la loi le permet expressément.

211. — Jugé, en conséquence, que lorsqu'un comptable refuse de rendre son compte, la contrainte par corps ne doit être prononcée contre lui que pour l'obliger à rendre ce compte; elle ne peut l'être pour le forcer au paiement de la somme qu'il est condamné à payer pour cause de retard de la reddition. — *Limoges*. 13 juin 1822, Goutenègre c. Ganivet; *Bastia*, 31 août 1826, Guitera c. Durazzo.

212. — Toutefois, l'opinion de Lepage et de Thomines doit être suivie à l'égard des ascendans, descendans, maris et femmes, frères et sœurs et alliés au même degré; car la loi du 17 avr. 1832 est expresse à leur égard.

213. — Il faut aussi reconnaître que le juge doit être très-scrupuleux et difficile à ordonner cette voie rigoureuse; il ne doit la permettre qu'autant qu'elle serait le meilleur moyen de contraindre le comptable à présenter son compte. — Favard, t. 1er, p. 618; Bioche, vo *Reddition de compte*, no 82.

214. — Le tribunal peut accorder un nouveau délai, s'il le juge convenable. — Bioche, *ibid.*

215. — Mais l'oyant compte ne peut après une simple *mise en demeure* extrajudiciaire saisir-arrêter les sommes dues à son mandataire, car tant qu'il n'a pas porté sa demande en justice et que le tribunal n'a pas condamné *provisoirement* le comptable à une certaine somme il ne peut être considéré comme créancier. — *Amiens*, 14 mai 1823, Leullier c. Douzenel. — Chauveau sur Carré, quest. 1844 3o.

216. — Lorsque les comptes à faire entre deux ou plusieurs parties dérivent, non d'un mandat, mais d'affaires faites en commun, il est évident que les règles d'exécution particulières aux mandataires comptables ne sont pas appliquées et que, dès lors, *nul* de ces individus ne peut être poursuivi avant l'apurement du compte; car, jusque-là, sa dette n'est ni certaine ni liquide, et la compensation s'opère jour par jour. — *Rennes*, 29 août 1810, Pillet c. Rielser. — Chauveau sur Carré, quest. 1844 *ter*.

217. — Par suite, l'art. 534 C. procéd. n'est point applicable à une cause toute commerciale dans laquelle le gérant d'une société a été condamné contradictoirement à rendre compte dans un délai déterminé. — Dans ce cas, faute par le gérant de se conformer à la sentence arbitrale, les juges d'appel peuvent établir eux-mêmes le compte d'après les élémens et documens que fournit la cause, et déclarer le gérant débiteur d'une somme fixe et déterminée. — *Cass.*, 6 déc. 1832, Palengat c. Blanque.

218. — Au contraire, le comptable doit rendre son compte sitôt l'affaire finie ou sitôt que le mandat est révoqué; et il peut être traduit en justice sans délai, s'il refuse un compte amiable.

219. — La somme à laquelle est condamné le comptable retardataire est une *provision* imputable sur le reliquat du compte. — Delaporte, t. 2, p. 119; Carré et Chauveau, quest. 1868.

220. — Dès lors cette condamnation comminatoire doit être rapportée aussitôt que le compte est signifié. — *Bruxelles*, 24 juin 1812, M... c. D...; *Rennes*, 20 janv. 1813, Dacosta c. James, Thomas et Jolivet.

221. — Ainsi, lorsqu'un jugement a imparti à un individu un délai pour rendre un compte et l'a condamné au paiement d'une somme déterminée : faute par lui de rendre ce compte dans le délai, cette condamnation ne doit être regardée que comme conditionnelle; et le débiteur peut s'y soustraire en offrant le compte, même après l'expiration du délai. — *Bruxelles*, 24 juin 1812, M... c. D...; *Colmar*, 20 févr. 1824, Tisserand c. Clerc; *Paris*, 30 avr. 1828, Mazza c. Dequeux.

222. — Le comptable qui dans un délai fixé par un jugement, n'a pas présenté et affirmé son compte, peut toujours être admis à rendre ce compte, quoiqu'il y ait un jugement passé en force de chose jugée qui prononce la déchéance du bénéfice du premier jugement et le paiement d'une certaine somme pour tenir lieu du reliquat présumé et quoique les poursuites dirigées contre lui, en vertu de ce second jugement, soient tellement avancées qu'on soit parvenu à l'adjudication définitive de ses biens. — Le comptable, dans ce cas, n'est recevable qu'à offrir de rendre compte; mais il ne peut intervenir dans la poursuite dirigée contre un fol enchérisseur, acquéreur de ses biens, et en demander la suspension jusqu'après l'apurement de son compte. — *Colmar*, 20 févr. 1824, Tisserand c. Clerc. — Chauveau sur Carré, quest. 1868 2o.

223. — La vente de ses biens serait valable lors même qu'il serait créancier en définitive. Il supporterait même tous les frais de cette saisie. — Berriat, p. 560.

224. — Spécialement, lorsqu'un arrêt passé en force de chose jugée a ordonné qu'il serait fait un compte entre le créancier et le débiteur (*un bailleur et un fermier*), et que ce compte n'a pas lieu par le refus du débiteur d'y procéder, celui-ci est non recevable à attaquer comme nulle une saisie immobilière faite en vertu du titre authentique qui constate le montant de la créance. — *Cass.*, 23 mars (et non 25) 1825, Prioux c. Gréen de Saint-Marsault.

225. — Suivant Pigeau (t. 2, p. 130), cette condamnation est définitive si elle doit tenir lieu du reliquat; cependant il est bien difficile de ne pas admettre que cette condamnation soit autre chose qu'une mesure coercitive et provisionnelle.

226. — Toutefois l'opinion de Pigeau doit être suivie, si la condamnation porte sur des sommes dont le rendant compte s'est reconnu débiteur.

§ 3. — *Signification du compte.*

227. — Après la présentation et l'affirmation du compte, l'avoué du comptable le signifie à chaque avoué plus ancien des oyans coïntéressés. — La communication des pièces cotées et paraphées par l'avoué du rendant se fait de la même manière. — S'il y a des créanciers intervenans, le compte et les pièces leur sont communiqués

par l'intermédiaire de leur avoué le plus ancien. — C. proc. civ., art. 536. — Demiau, p. 371 ; Carré, quest. 1876 ; Favard, v° *Compte ;* Thomines-Desmazures, sur l'art. 536 ; Bioche, v° *Reddition de compte*, nos 90-91.

228. — Les avoués des oyans qui ont des intérêts communs, peuvent sans doute exiger chacun une copie du compte ; mais ils doivent offrir de la payer. — C. proc. civ., art. 536. — Favard, t. 1er, p. 618 ; Carré et Chauveau, quest. 1876 ; Thomines-Desmazures, t. 2, p. 27.

229. — A défaut par les oyans d'avoir constitué avoué, le compte leur est signifié par exploit à domicile. — Carré et Chauveau, quest. 1875 ; Thomines-Desmazures, t. 2, p. 27 ; Favard, t. 1er, p. 618 ; Berriat, p. 502, n° 15.

230. — Les créanciers intervenans n'ont pas droit à la signification du compte, mais seulement à sa communication. — Bioche, v° *Reddition de Compte*, n° 94. — *Contrà*, Pigeau, t. 2, p. 432.

231. — Les termes mêmes de l'art. 536 prouvent que la communication se fait légalement par la voie du greffe, car il ne parle de la communication amiable que comme d'une faculté. — Chauveau sur Carré, quest. 1874 4°. — *Contrà, Prat. franç.*, t. 4, p. 50.

232. — La voie du greffe est même la seule possible, si les oyans n'ont pas d'avoué. — Berriat, p. 502, n° 15 ; Chauveau sur Carré, quest. 1874 4° ; Demiau, p. 371 ; Carré, quest. 1875. — La communication par la voie du greffe est donc ordonnée par le tribunal, si l'avoué de l'oyant s'y refuse. — *Ibid.*

233. — L'ordonnance donnait au comptable un délai de quinze jours pour communiquer ces pièces ; le Code, au contraire, laisse à la sagesse du juge le soin de fixer équitablement la durée de ce délai.

234. — L'ordonnance donnait dans tous les cas à l'oyant un délai de quinze jours pour restituer les pièces du comptable. — Au contraire, l'art. 536 laisse au juge-commissaire le soin de préciser ce délai suivant les circonstances et le nombre des pièces. — Bioche, v° *Reddition de compte*, n° 92.

235. — Le juge-commissaire fixe le délai du rétablissement des pièces communiquées, mais il ne peut prononcer les peines de l'art. 107 contre les retardataires. — L'art. 107 lui-même veut que l'incident soit porté à l'audience. — Pigeau, t. 2, p. 376 ; Carré et Chauveau, quest. 1879 ; Bioche, *ibid.*

236. — L'application des peines est requise soit en suivant l'art. 107, soit en faisant cette demande sur le procès-verbal du commissaire. — Pigeau, t. 2, p. 352 ; Bioche, *ibid.*

237. — Rien ne s'oppose à ce que le jugement coercitif ne soit transcrit sur le procès-verbal du commissaire. — Chauveau sur Carré, quest. 1877.

§ 4. — *Débats et soutènemens.*

238. — Sous l'ordonnance, les débats, les soutènemens, réponses et répliques étaient l'objet de volumineuses écritures. L'art. 538, en leur substituant des formes simples, interdit, sans aucun doute, d'y recourir encore. — Chauveau sur Carré, quest. 1883 2°. — *Contrà* Thomines-Desmazures, t. 2, p. 34.

239. — Aujourd'hui les débats se font oralement devant le juge-commissaire ; son procès-verbal les résume et détermine dès lors les moyens respectifs et les bases du jugement. — C. proc. civ., art. 538. — Carré et Chauveau, quest. 1883 2° ; Bioche, v° *Reddition de compte*, n° 94. — *Contrà*, Thomines-Desmazures (t. 2, p. 34), qui exige toujours les formalités usitées sous l'ordonn. de 1667.

240. — Toutefois, il est bien certain que la signification des contredits n'annulerait pas l'instance et ne serait regardée que comme un acte frustratoire non sujet à la taxe. — Carré, n° 1855 ; Chauveau sur Carré, quest. 1883 2° ; Bioche, n° 99.

241. — Le jour de la comparution des parties et des débats est fixé par le commissaire sur la réquisition de la partie la plus diligente, qui doit sommer l'autre partie de comparaître au jour fixé par l'ordonnance du commissaire.

242. — Il est bien certain que le défaut de comparution d'une seule des parties autorise le renvoi de la cause à l'audience ; car autrement il faudrait recommencer la procédure. — Berriat, p. 503, n° 22 ; Carré et Chauveau, quest. 1880 ; Lepage, *Quest.*, p. 367 ; Bioche, v° *Reddition de compte*, n° 96.

243. — Le vœu de l'art. 538 est rempli par la comparution des avoués des parties, car la comparution des parties en personne n'est pas exigée. — Favard de Langlade, t. 1er, p. 618 ; Carré et Chauveau, quest. 1880.

244. — Les dires, débats, contredits et soutènemens des parties sont rédigés par le juge, qui doit avec soin retrancher tout ce qui est inutile à éclairer le tribunal. C'est, du reste, ce qui se pratiquait avant l'ord. de 1667. — Favard de Langlade, t. 1er, p. 618 ; Carré et Chauveau, quest. 1882 ; Bioche, n° 98 ; Thomines, n° 591.

245. — Néanmoins, il faut avouer que dans la pratique on suit un usage contraire, et que les avoués rédigent à l'avance leurs dires, qui sont ensuite transcrits par le greffier sur le procès-verbal du commissaire. — Demiau, p. 372 et Thomines, t. 2, p. 32, approuvent cet usage.

§ 5. — *Rapport du juge-commissaire.*

246. — Lorsque le rendant fait défaut, le juge-commissaire renvoie la cause à l'audience sans consigner au procès-verbal les dires de l'oyant, car il est impossible de tenter la conciliation des parties. — Favard de Langlade, t. 1er, p. 618 ; Carré et Chauveau, quest. 1882 ; Lepage, *Quest.*, p. 367. — *A fortiori* en est-il ainsi dans le cas où c'est l'oyant qui fait défaut ?

247. — De la combinaison des art. 538 C. proc. civ. et 92 du Tarif, il faut conclure que le commissaire peut refuser de transcrire sur le procès-verbal les répliques du rendant. Cependant si cette transcription a eu lieu, elle ne saurait vicier le procès-verbal ; mais elle ne doit pas être passée en taxe. — *Tarif*, art. 92. — Thomines-Desmazures, t. 2, p. 34 ; Chauveau sur Carré, quest. 1883. — *Contrà*, Carré, quest. 1883 ; Bioche, v° *Reddition de compte*, n° 97.

248. — L'arbitre nommé aux termes de l'art. 429 C. proc. doit référer dans son avis les débats qui ont eu lieu entre les parties pour le règlement d'un compte. — *Rennes*, 10 déc. 1813, Chauvin c. N...

249. — Si les parties tombent d'accord, il n'est pas nécessaire que leur transaction soit homologuée par un jugement, si elles sont majeures. Il suffit qu'elle soit constatée par un jugement d'expédient, ce qui a lieu le plus souvent. — Demiau, p. 372 ; Favard de Langlade, t. 1er, p. 619 ; Bioche, v° *Reddition de compte*, n° 100. — Un acte notarié suffit aussi même lorsqu'il s'agit d'un compte de tutelle, s'il s'est écoulé dix jours depuis la présentation du compte. — C. civ., art. 472 et 2045. — Berriat, p. 503 ; Carré et Chauveau, quest. 1884 ; Pigeau, t. 2, p. 134.

250. — Toutefois, la transaction, faite par acte sous seing privé, serait valable ; mais elle ne serait pas exécutoire *de plano* (C. proc. civ., art. 545 ; C. civ., art. 2045) et n'emporterait pas hypothèque. — Bioche, *eod verb.*, n° 100.

251. — De même le juge-commissaire est sans qualité pour rendre *exécutoire* l'accord constaté par son procès-verbal ; il ne s'agit pas en effet du cas spécial de l'art. 535. — Carré et Chauveau, quest. 1884 ; Favard de Langlade, t. 1er, p. 619.

252. — L'art. 535, spécial à l'excédant de recettes, n'autorise pas le juge à délivrer exécutoire pour le reliquat résultant, après débats, de l'examen du compte. En conséquence, le reliquataire doit être condamné, sur le rapport du commissaire, par jugement spécial. — Favard de Langlade, t. 1er, p. 619 ; Chauveau sur Carré, quest. 1877 3°.

253. — Le commissaire doit s'efforcer de concilier les parties ; s'il n'y parvient pas, il fixe l'audience à laquelle il fera son rapport, et les parties doivent s'y trouver sans autre sommation. — C. proc. civ., art. 539. — Bioche, *eod verb.*, n° 102.

254. — Le procès-verbal ne doit pas être levé, car le tribunal le trouve dans ses archives et ordonne au greffier de l'apporter. — Thomines-Desmazures, t. 2, p. 33 ; Chauveau sur Carré, quest. 1885. — *Contrà*, Favard de Langlade, t. 1er, p. 619 ; Carré, quest. 1885.

255. — L'économie des frais et l'esprit du Code ne permettent pas non plus de le signifier, même au *défaillant*. Tous les auteurs sont d'accord sur ce point, et cependant quelques tribunaux passent en taxe la levée et la signification. — Delaporte, t. 2, p. 125 ; Favard de Langlade, t. 1er, p. 619 ; Thomines-Desmazures, t. 2, p. 25 ; Carré et Chauveau, quest. 1885 ; *Prat. fr.*, t. 4, p. 53 ; Observ. de la Cour de Nancy.

256. — Le rapport du commissaire doit isoler la difficulté, la préciser avec soin, afin de faire voir si elle porte sur les bases du compte ou sur des incidens, ou sur l'inutilité de certaines dépenses, ou sur des fautes imputées au comptable. — Bioche, *eod verb.*, n° 101.

257. — Il est fait tant en l'absence qu'en la présence des parties (Bioche, n° 104). — Les parties peuvent plaider et contredire le rapport et toutes pièces et allégations de leur adversaire, pourvu, toutefois, que l'instruction n'ait pas été ordonnée par écrit. — *Paris*, 20 juill. 1810, Reynier c. Petit. — Thomines-Desmazures, n° 539 ; Bioche, *eod verb.*, n° 105.

258. — Si l'oyant compte fait défaut à l'audience où le rapport est fait et le compte débattu, le tribunal rejette ou alloue les articles suivant qu'ils lui paraissent justifiés ou non justifiés (Proc. civ., 542). — Les articles non appuyés de pièces justificatives sont rejetés ou passés en compte, suivant leur nature et les circonstances.

259. — Du reste, aucune loi n'oblige un comptable, même un tuteur, à appuyer, par la production de pièces justificatives, les articles de recette de son compte, alors surtout qu'aucune discussion n'est élevée à cet égard par l'oyant compte. — *Cass.*, 11 févr. 1828, Enregistrement c. Villetard. — Instr. de la régie, 1204, § 2 ; délib. 9 oct. 1827, et Rigaud et Championnière, *Traité des droits d'enreg.*, t. 2, n° 1593.

260. — De même, lorsqu'au sujet d'un règlement de compte, il a été commis un notaire du consentement des parties, et qu'ensuite l'une d'elles, le demandeur, a établi, sans aucuns contredits de la part du défendeur présent, les articles de ses répétitions fondées sur des faits contre lesquels on ne pouvait opposer que des quittances ou des débats, le défendeur ne saurait prétendre plus tard que ces articles doivent être rejetés comme excédant 150 francs, et n'étant pas justifiés par écrit. — *Cass.*, 3 août 1836 (t. 1er 1837, p. 139), Dengler c. Scholer.

261. — Lorsqu'un associé déclare consentir à ce qu'une erreur qui se trouve dans le compte par lui présenté à son associé soit admise en compensation des sommes qu'il réclame, cette compensation ne doit pas avoir lieu pour le tout, mais seulement dans la limite des droits respectifs des deux associés, c'est-à-dire pour moitié. — *Cass.*, 27 nov. 1838 (t. 1er 1839, p. 266), Barrault c. Guyon.

262. — Un compte signifié par le tiers saisi sans pièces à l'appui, mais pour règlement duquel le saisi et le tiers saisi sont renvoyés devant le tribunal de commerce, est une pièce suffisante produite à l'appui de la déclaration. — *Rennes*, 11 janv. 1833, Hay des Nétumières c. Homon et Teyssot.

263. — Quoiqu'on ait omis d'exciper de pièces de décharge devant le juge commis au règlement d'un compte, on est toujours recevable à en faire usage par la suite devant le tribunal. — *Paris*, 20 juill. 1810, Reynier c. Petit.

264. — Les juges doivent observer rigoureusement toutes les formalités exigées par le Code ; ils ne peuvent donc y suppléer par une *évaluation* faite d'office sans *débats* ni *soutènemens* du compte. — *Cass.*, 6 août 1822, Cardon c. Léorier-Delille ; 25 juin 1832, Picard c. Arnault. — Berriat, p. 345, 556, n° 10 et 559.

265. — Le compte présenté par le comptable sert *seul* de base aux débats, et l'oyant ne peut en présenter un autre. Autrement toute discussion serait impossible. — Carré et Chauveau, quest. 1863 ; Thomines-Desmazures, t. 2, p. 22.

266. — Jugé par suite qu'en matière de reddition de compte, l'oyant est tenu de débattre le compte présenté par le rendant, s'il renferme les élémens nécessaires de comptabilité : il n'a pas droit de le dresser lui-même pour forcer la partie adverse à le discuter. — *Rennes*, 7 avril 1835, Caillère c. Raguenel. — Bioche, v° *Reddition de compte*, n° 62.

267. — Dès lors, le tribunal, après avoir entendu le rapport du juge-commissaire, et n'y trouvant pas les éclaircissemens suffisans pour asseoir sa décision, ne peut pas renvoyer les parties devant un expert en comptabilité, mais qui n'est pas juge du tribunal, à l'effet de les entendre, pour ensuite, sur son rapport, être statué ce qu'il appartiendra. — Le jugement qui prononce ce renvoi est susceptible d'appel avant le jugement définitif. — *Metz*, 24 nov. 1819, Armand c. Guérin ; *Cass.*, 8 juin 1820, Lebarois-d'Orgeval c. Theroulde. — Carré, t. 2, p. 335, note 1re, et Favard, *Rép.*, t. 1er, p. 616, n° 3. — Toutefois, V. *Cass.*, 12 germ. an IX, Dyochet c. Henri ; *Colmar*, 18 mai 1816, Meder c. Wohlfromm ; *Rennes*, 25 févr. 1817, Bisson c. Manuel ; *Metz*, 3 juill. 1818, Drouin c. Seygler.

268. — Ainsi, lorsque la plupart des articles d'un compte ont été arrêtés entre les parties, et qu'il n'y a contestation que sur une partie du compte, le tribunal ne peut, surtout *d'office*, rejeter ce compte en entier et ordonner qu'il en sera présenté un nouveau, *sauf à avoir, lors du nouveau compte, tel égard que de raison aux allocations consenties dans le compte rejeté.* — *Cass.*, 30 avril 1817, Hamelin c. Duchaylard.

269. — Cependant le tribunal peut ordonner

au comptable de dresser un nouveau compte si le premier est tellement obscur qu'il soit impossible de le discuter. — Même arrêt.

270. — Ainsi, lorsque le notaire devant lequel une Cour a renvoyé pour la reddition d'un compte, déclare qu'il lui est impossible de parvenir aux apuremens ordonnés, il y a lieu de décider que le compte sera rendu devant la Cour. — *Cass.*, 6 juin 1820, Lebarois-d'Orgeval c. Theroulde, et la note; *Rennes*, 26 juill. 1820, Desfonds c. N... — V. aussi *Rennes*, 29 janv. 1813, Bernard c. N...; *Cass.*, 11 nov. 1828, Delette c. avoués de Laon. — Carré, t. 2, p. 335.

271. — Le demandeur en paiement d'un compte arrêté entre les parties peut, jusqu'au jugement définitif qui statue sur son action, suppléer et rectifier une omission qui s'est glissée dans ce compte. — Ce n'est pas là une infraction à l'art. 61 du Code de procédure civile qui veut, à peine de nullité, que l'exploit contienne l'objet de la demande et l'exposé sommaire des moyens. — *Cass.*, 14 nov. 1843 (t. 1er 1844, p. 334), Coursager c. Lesne-Lagarde.

Sect. 9e. — *Apurement de compte.*

§ 1er. — *Jugement qui apure le compte.*

272. — Le jugement qui fixe le débet du comptable ou de l'oyant, termine l'instance et constitue le condamné définitivement débiteur du reliquat. — Chauveau sur Carré, quest. 1885 2°.

273. — Est vicié d'une nullité absolue le jugement rendu en matière de reddition de compte par des juges qui n'ont pas assisté à l'audience où le juge-commissaire a fait son rapport. — *Cass.*, 8 juill. 1840 (t. 1er 1841, p. 90), Corail c. Bousquet. — Jugé autrement (*Cass.*, 17 avril 1839 [t. 2 1839, p. 264], Billon c. Soubeyrant) pour le cas où le jugement statuerait non sur la régularité et l'exactitude du compte, mais sur un incident, par exemple sur le point de savoir si le compte au sujet duquel a été fait le rapport est bien celui dont la reddition a été ordonnée.

274. — Le procès-verbal du juge-commissaire et le jugement qui statue sur le compte sont deux actes distincts, puisque le premier n'est pas signifié. — Dès lors le procès-verbal ne peut tenir lieu des qualités du jugement. — Chauveau sur Carré, quest. 1886. — *Contrà*, Carré, quest. 1886.

275. — L'art. 540, reproduction fidèle de l'art. 20, tit. 19 de l'ordonnance, prescrit au tribunal de constater dans le jugement le calcul de la recette et de la dépense, et de préciser le reliquat ou *débet* à la charge du rendant s'il y a lieu.

276. — Et par contre ce jugement précise aussi le *reliquat* ou *avance* dont le comptable peut être créancier de l'oyant. — Rodier, sur l'art. 20, quest. 2; Berriat, p. 504, n° 24; Carré, sur l'art. 540, en note.

277. — Les intérêts du reliquat constaté au profit du tuteur courent à partir de la mise en demeure de l'ex-pupille. — C. civ., art. 474. — Dans le cas au contraire de mandat volontaire, les intérêts courent au profit du mandataire à partir du jour même des avances, et par suite continuent de courir après l'apurement du compte. — C. civ., art. 2001. — Bioche, v° *Reddition de compte*, n° 118.

278. — Mais entre commerçans, les intérêts qui ne courent pas de plein droit et qui n'ont pas été l'objet de conclusions formelles, ne doivent pas être alloués par les tribunaux. — *Cass.*, 24 févr. 1843 (t. 2 1843, p. 124), Boube c. Ratisbonne.

279. — Si le rendant est reliquataire, il doit consigner le reliquat, ou donner caution s'il veut garder les fonds sans payer les intérêts. — C. proc. civ., art. 542. — Le défaut de caution fait courir les intérêts de plein droit. — Thomines-Desmazures, sur l'art. 542. — Le mandataire volontaire doit les intérêts des sommes qu'il a employées à son usage à partir de ce moment. — C. civ., art. 2001. — Bioche, *eod verb.*, n° 145.

280. — Le tuteur reliquataire est autorisé à retenir les fonds sans donner caution ni consigner. — C. proc. civ., art. 542. — Il est même dispensé de donner caution, si l'on en croit Bioche (n° 116).

281. — Il est même dispensé de payer les intérêts du reliquat à partir du jugement rendu par défaut, car ici ne s'applique pas l'art. 474 C. civ., qui suppose un compte définitif et le retard ou la faute du tuteur, tandis qu'ici il s'agit d'un compte non définitif par la faute du ci-devant pupille. — Favard de Langlade, t. 1er, p. 619; Thomines-Desmazures, t. 2, p. 37. — *Contrà*, Pigeau, *Compte*, t. 3, p. 55; Delvincourt, t. 1er, p. 301; Merlin, *Rép.*, t. 2, p. 687.

282. — Dès ce moment, le comptable doit remettre les pièces justificatives, il peut même y être contraint par corps. — *Bruxelles*, 25 août 1810, Dons. — Chauveau sur Carré, quest. 1885 2°.

283. — Le jugement qui apure le compte statue définitivement sur les dépens. Ainsi que nous l'avons déjà dit, ils sont ordinairement à la charge de l'oyant, si toutefois le comptable n'est pas en faute grave. — Pigeau, t. 2, p. 425. — Cependant, Bioche (n° 111) invoque la règle générale de l'art. 130 C. proc. civ.

284. — Mais il ne peut y avoir de solidarité pour la condamnation aux dépens entre les parties qui succombent. — Bioche, n° 112.

285. — Tout comptable, reliquataire pour fait de tutelle, de curatelle, d'administration des établissemens publics, ou nommé par justice, est, suivant les circonstances, condamné à la contrainte par corps. — C. proc. civ., art. 126. — Bioche, n° 171. — Toutefois, conformément aux art. 126 C. proc. civ., 2060, 2063 C. civ., la contrainte par corps n'est pas prononcée contre un mandataire volontaire et civil. — Coin-Delisle, sur l'art. 2060, p. 26, n° 46, *Sur la contrainte par corps*.

286. — Ainsi, l'héritier bénéficiaire n'est pas passible de cette voie rigoureuse pour le reliquat de son compte. — Pigeau, t. 1er, p. 608; Coin-Delisle, sur 2060, p. 26, n° 46.

287. — Une fille ne peut non plus y être condamnée pour dommages-intérêts. — *Cass.*, 26 déc. 1827, Reybier de Lafagne c. Grandjean; *Paris*, 26 févr. 1829, Morizat et Copin c. Jacquinet.

288. — Un comptable d'administration publique ne peut y être soumis pour une somme inférieure à 300 fr. — *Bastia*, 13 juin 1827, Cesari c. Quilicini.

289. — L'exécution provisoire peut aussi être ordonnée avec ou sans caution, s'il y a lieu. — C. proc. civ., art. 135, n° 6. — Bioche, *eod verb.*, n° 118.

§ 2. — *Voies de recours contre le jugement qui apure le compte.*

290. — Lorsque l'apurement du compte résulte d'un jugement rendu par défaut contre une partie qui ne s'est pas présentée devant le juge commissaire et a empêché ainsi la cause d'être *mise en état*, ce jugement peut être frappé d'opposition. — Chauveau sur Carré, quest. 1886 5°.

291. — Au contraire, si, après débats contradictoires, le juge commissaire a renvoyé les parties à l'audience et fait son rapport, le jugement qui intervient est contradictoire, encore bien qu'une des parties ne se présente pas. — *Montpellier*, 24 mai 1821, Duchan c. Soubiron; *Orléans*, 20 juin 1821, N... — Dès lors, l'opposition n'est plus recevable. — Bioche, v^is *Ordre*, n° 291, et *Redd. de compte*, n° 124.

292. — De même, l'appel du jugement d'apurement du compte est également recevable, car nulle loi ne l'interdit. Si l'art. 541 ne reproduit plus les termes formels de l'ordonnance, tit. 29, art. 21, c'est que l'appel est de droit commun comme l'opposition et nécessaire pour réparer les erreurs des premiers juges. S'il n'était pas recevable, il s'ensuivrait que les juges de première instance, seraient souverains, car évidemment l'appel et la demande en rectification ne sont pas motivés sur les mêmes causes. — Thomines-Desmazures, t. 2, p. 36; Bioche, *eod. verb.*, n° 123. — *Contrà*, Chauveau sur Carré, quest. 1887.

293. — L'appel, en remettant les choses au point où elles étaient avant le jugement attaqué, autorise à demander la rectification des erreurs, doubles ou faux emplois, omissions du compte. — Ordonn. 1667, tit. 29, art. 21. — *Contrà*, *Besançon*, 5 juill. 1823, N.... — Bioche, *eod verb.*, n° 125.

294. — Par exemple, la Cour connaît du compte qu'elle a renvoyé devant un notaire, car le procès-verbal de ce fonctionnaire est pour elle un avis d'expert. — *Rennes*, 25 févr. 1817, Bisson c. Marruel. — Elle peut aussi rectifier le compte apuré par des arbitres. — *Rennes*, 29 août 1810, Pillet c. Richer.

295. — Toutefois, comme il est nécessaire de se tenir en garde contre la mauvaise foi, il est vrai de dire qu'un comptable ne peut, en l'appel, former une demande comme omise au compte qu'il a rendu, s'il n'a pas soumis cette demande aux premiers juges. — *Rennes*, 20 avr. 1820, Leroux c. Leroi; 28 nov. 1820, Joyau c. Thébaud. — Carré, quest. 2372.

296. — Ainsi, un compte ne peut être présenté pour la première fois devant la Cour d'appel. — *Rennes*, 27 avril 1818, Leclech c. Gallois.

297. — Des erreurs légères qui peuvent être réparées par le tribunal par voie d'interprétation, ne peuvent non plus être déférées à la Cour d'appel. — *Rennes*, 29 mars 1817, Chardel c. Leboulanger.

298. — Jugé aussi que l'on n'est pas recevable à conclure pour la première fois en appel aux intérêts de chacun des articles dont on a été crédité dans un compte, car ce serait une demande nouvelle. — *Cass.*, 12 juill. 1837 (t. 2 1837, p. 452), Valery c. Berthelier; 11 févr. 1840 (t. 1er 1840, p. 618), Girard c. Violot; *Bordeaux*, 18 juill. 1840 (t. 2 1840, p. 360), Gauteyron.

299. — La Cour peut renvoyer les parties devant un notaire pour avoir son avis, puis rapporter ce jugement et nommer commissaire un de ses membres, si le notaire refuse de se charger de cette opération, ou déclare ne pouvoir la faire. — *Rennes*, 26 juill. 1820, Défonds c. N...

300. — La Cour peut même en infirmant évoquer l'affaire, ordonner le compte sur de nouvelles bases, nommer pour commissaire l'un de ses membres, ou renvoyer devant un tribunal de première instance. — Pigeau, t. 2, p. 436; Carré, sur l'art. 528; Thomines-Desmazures, n° 577; Bioche, *eod verb.*, n° 134.

301. — Le recours en cassation est également possible s'il y a eu violation d'une loi.

302. — Mais quand une cour d'appel s'est trompée sur les dates qui doivent servir de point de départ ou de point d'arrêt, il n'appartient pas à la Cour de cassation de réparer cette erreur. — *Cass.*, 24 janv. 1843 (t. 2 1843, p. 124), Boubée c. Ratisbonne.

303. — Au contraire, la requête civile, voie extraordinaire, n'est pas ouverte contre le jugement qui apure un compte, puisque la demande en redressement est une voie ordinaire et plus facile. — *Cass.*, 8 juin 1814, Lecarpentier c. Enfantin.

304. — Il est même permis de faire réparer, par voie d'interprétation, une omission matérielle, une lacune du jugement d'apurement, même sur simple requête d'avoué à avoué si cette demande est formée dans l'année. — *Rennes*, 26 juill. 1816. — Bioche, *eod verb.*, n° 109, N....

305. — Mais il est interdit de déguiser sous cette forme une véritable demande en redressement, basée sur la découverte de pièces constatant une omission, un double emploi. — *Bourges* 10 août 1831. — Bioche, *eod verb.*, n° 109.

Sect. 10e. — *Redressement du compte.*

306. — Les édits antérieurs à 1667 autorisaient les parties à revenir sur les comptes apurés par des demandes en révision.

307. — Ces demandes en révision sont parfois plus inextricables que les comptes mêmes, aussi étaient-elles interdites sous l'ordonnance de 1667 et le sont-elles encore aujourd'hui. — C. procéd. civ., art. 541. — Favard de Langlade, *Exposé des motifs*. — *Cass.*, 9 août 1792, Ricard c. Delorme; *Rennes*, 29 août 1810, Pillet c. Richer; 8 juin 1811, Jousselin c. Randy; *Cass.*, 10 sept. 1812, Dubois-Jubainville c. Royer et Maillard; *Rennes*, 14 avr. 1813, N...; 19 mai 1815, N...; 29 mars 1817, Chardel c. Leboulanger; *Besançon*, 5 juill. 1823, N.... — Merlin, *Quest.*, v° *Compte*; Berriat, *Procéd.*, p. 504, alin. 2; Carré, t. 2, p. 351, alin. 6, et Rolland de Villargues, *Rép. du not.*, v° *Compte*, n° 48.

308. — Lorsqu'il a été procédé entre deux individus à un règlement de compte extrajudiciaire, il ne peut être procédé à la révision de ce compte, sauf aux parties à se pourvoir en rectification des erreurs, omissions, faux ou doubles emplois. — *Nancy*, 28 août 1826, Chardin c. Gilquin.

309. — Aujourd'hui, l'abolition de l'action en révision de compte s'étend même par analogie aux comptes extrajudiciaires, civils ou de commerce. — Chauveau sur Carré, quest. 1886 2°; Thomines-Desmazures, t. 2, p. 35; Pigeau, sur 541; Merlin, *Rép.*, t. 2, p. 687; Favard de Langlade, t. 1er, p. 620.

310. — Notamment aux comptes rendus devant arbitres. — *Cass.*, 17 avr. 1810, Lalaune c. Hugue. — Bioche, v° *Compte*, n° 192.

311. — .. Au compte extrajudiciaire, même sous seings privés. — *Cass.*, 10 sept. 1812, Dubois-Jubainville c. Royer et Maillard; *Rennes*, 14 avr. 1813, N...; 19 mai 1815, N....

312. — ... Au compte rendu par des syndics à un failli. — *Cass.*, 15 mars 1826, Lainé.

313. — ... Ou encore au compte fait amiablement entre deux commerçans. — *Nancy*, 28 août 1826, Chardin c. Gilquin.

314. — L'abolition de l'action en révision des comptes est d'ordre public, par conséquent cette demande peut être déclarée non-recevable en tout état de cause. — Chauveau sur Carré, quest. 1886 3°. — *Contrà*, *Colmar*, 18 mars 1816, Meder c. Wohlfromm.

315. — Il importe peu que le compte attaqué par voie de révision présente de nombreuses erreurs.

316. — Cependant comme *erreur n'est pas compte*, il est permis aux parties de former devant les juges, qui ont statué sur le compte, des demandes en redressement d'*erreurs, omissions, faux ou doubles emplois*. — C. procéd. civ., art. 541.

317. — L'action en redressement est la seule voie ouverte pour faire réparer les erreurs de tout compte judiciaire ou amiable. — *Rennes*, 14 avr. 1813, N...; 19 mars 1815, Pillet c. Richer; *Nancy*, 2 mai 1826, Achier c. Miraux; 28 août 1826, Chardin c. Gilquin.

318. — Il n'y a pas à distinguer entre les affaires civiles et de commerce. — *Bruxelles*, 25 août 1810, Dons; *Cass.*, 10 sept. 1812, Dubois-Jubainville; 8 juin 1814, Lecarpentier c. Enfantin; *Nancy*, 2 mai 1826, Achier c. Miraux.

319. — Lorsque le failli, sous prétexte d'erreurs, demande un nouveau compte à ses syndics, qui déjà ont rendu compte à la masse en présence du juge-commissaire, le jugement qui accueille cette demande doit être interprété en ce sens qu'il a pour objet d'ordonner, non un nouveau compte, mais seulement la réparation des erreurs que le compte déjà rendu pouvait présenter. — *Bordeaux*, 19 juin 1830, Brisson c. Larue et Luzun; *Cass.*, 15 mars 1826, Lainé.

320. — La demande en restitution d'une somme prétendue faussement employée dans un compte est recevable après la liquidation définitive du compte, lors même que l'opération dans laquelle le faux emploi est signalé a déjà été l'objet de nombreux griefs irrévocablement jugés. — *Cass.*, 21 août 1839 (t. 2 1839, p. 521), Garnier et Simon Paulze c. Ricqbour.

321. — Le rejet d'une demande en révision ne rend pas non recevable la demande en redressement d'un compte formée notamment par un négociant constitué débiteur d'un autre à la suite de plusieurs arrêtés de compte; ces deux actions sont, en effet, bien distinctes. — *Cass.*, 12 janv. 1818, Dubus c. Duquesnoy.

322. — On était arrivé, sous l'ordonnance à refuser même au mineur l'action en révision du compte de son tuteur, lors même qu'il n'avait pas été approuvé par le conseil de famille. — *Cass.*, 26 mai 1807, Froment c. Rollet; *Colmar*, 18 mars 1816, Meder c. Wohlfromm.

323. — Mais aujourd'hui, aux termes de l'art. 541 C. proc. civ., le mineur peut, comme toute autre personne, demander la rectification des erreurs, omissions, faux ou doubles emplois, qui peuvent se rencontrer dans le compte qui lui a été rendu par son père; et cette action, qui sort de l'application de l'art. 475 C. civ., dure trente ans. — *Metz*, 10 juill. 1821, Reder; *Douai*, 24 août 1839 (t. 2 1839, p. 659), Delulleau. — Toullier, *Droit civil*, t. 2, n° 1277; Marchand, *De la minorité*, p. 340. — V. aussi Magnin, t. 1er, p. 584; Duranton, *Droit français*, t. 3, nos 642 et suiv. — V., cependant, Vazeille, *Prescript.*, nos 535 et 557. — *Besançon*, 5 juill. 1823, N....

324. — Qu'entend-on par *erreur*, *omission*, *faux* et *double emploi*?

325. — L'omission, en réalité, est une erreur de calcul qui résulte de ce qu'une recette ou dépense n'a pas été portée en compte par le comptable. — Merlin, *Quest.*, v° *Compte*; Bioche, v° *Reddition de compte*, n° 142.

326. — Le *faux emploi* consiste dans le fait de porter à la recette ou à la dépense une pièce, vraie ou fausse en elle-même, peu importe, mais étrangère au compte. — Merlin, *Quest.*, v° *Compte*; Bioche, *eod verb.*, n° 143.

327. — On entend par *double emploi* le fait de porter deux fois la même somme à la dépense ou à la recette : par exemple, si le produit d'un pré est porté à la recette, diminution faite des frais de culture, et si à la dépense figure une somme pour ces mêmes frais. — Bioche, *eod verb.*, n° 144.

328. — La différence essentielle de l'action en *révision* et de l'action en *redressement* consiste en ce que, pour être recevable à faire réparer les erreurs, omissions, la partie qui se plaint doit les énoncer article par article et non d'une manière générale et en bloc, ainsi que les anciens édits le permettaient pour l'action en révision. — Carré, sur 541, en note; Bioche, n° 135; Demiau, p. 373.

329. — Toutefois, cette différence repose souvent sur une nuance assez délicate et difficile à saisir. Ainsi, lorsque, sur une demande en rectification d'erreurs et omissions existant dans un compte général composé de divers comptes particuliers, le tribunal, au lieu de distraire du compte général le montant des erreurs signalées, renvoie les parties devant un commissaire, afin qu'il redresse ces erreurs dans chaque compte particulier; c'est là non une révision de compte prohibée par la loi, mais une simple rectification d'erreurs autorisée par l'art. 541 C. procéd. — *Cass.*, 19 févr. 1834, Worms de Romilly c. Régnoust.

330. — Lorsque, après avoir été constitué débiteur en vertu de plusieurs comptes successivement arrêtés entre lui et un autre négociant, un individu a produit ensuite un compte général au moyen duquel il se prétend créancier au lieu d'être débiteur, l'arrêt qui repousse cette nouvelle demande à fin de compte ne peut être considéré que comme rejetant une demande en révision de compte qui ne saurait être admise, mais il ne peut être opposé comme ayant force de chose jugée contre une demande ultérieure, à fin de redressement des erreurs ou omissions que l'on prétend exister dans les comptes arrêtés. — *Cass.*, 12 janv. 1818, Dubus c. Duquesnoy. — V. aussi *Paris*, 23 avr. 1811, Rousseau c. Bardet. — *Cass.*, 10 sept. 1812, Dubois-Jubainville c. Royer et Maillard. — Toullier, *Droit civ.*, t. 7, n° 369; Duranton, *Droit français*, t. 12, n° 399; Pardessus, *Droit commerc.*, t. 1er, n° 475; Carré, t. 2, p. 351; Rolland de Villargues, *Rép. du not.*, v° *Compte courant*, n° 14.

331. — L'action en redressement n'est recevable que si elle porte sur *erreurs de calcul, omissions d'articles*, admis par le jugement qui a ordonné le compte, *double emploi* ou *faux emploi* de sommes rejetées. — La découverte de pièces postérieures à l'arrêté de compte est une cause de redressement, pourvu qu'elle ait trait aux diverses causes de l'art. 541. — Merlin, v° *Compte*, § 1er; Chauveau sur Carré, quest. 1886 4°.

332. — Ainsi la demande en redressement doit être rejetée si elle porte sur un mauvais emploi, et non sur un faux emploi. — *Besançon*, 18 juill. 1816, N...; *Bordeaux*, 10 juin 1828, Lussac c. Laporterie; *Cass.*, 2 mars 1831, Milcent c. Letondal; *Bourges*, 10 (et non 18) août 1831, Defeillens c. Hennet. — Favard de Langlade, *Rép.*, t. 1er, p. 620, n° 5, et Berriat, *Procéd.*, p. 504, n° 25.

333. — Mais lorsque l'action ne tend à rien moins qu'à faire ajouter ou supprimer des articles du compte, évidemment les juges, en l'accueillant, réformeraient leur décision au lieu de la rectifier. La loi veut bien qu'ils corrigent les erreurs qui peuvent s'y trouver, mais elle ne leur permet pas de changer les bases de leur sentence. — V. Favard de Langlade, *Rép.*, v° *Compte*, § 3, n° 5, et Carré, quest. 1887.

334. — De même, la disposition de l'art. 541 C. proc., qui admet la demande en révision d'un compte pour omissions, ne reçoit pas son application au cas où la somme prétendue omise résulte d'une créance qui n'était pas reconnue à l'époque où le compte a été arrêté. — *Cass.*, 12 mai 1835, Glaumont-Roullet c. Comte Grandchamp.

335. — Dans toute demande en redressement pour erreurs ou omissions, il faut rapporter l'arrêté de compte et indiquer les articles qui ont été mal à propos portés au débit ou omis au crédit. Dès lors, si l'on se borne à produire l'acte par lequel on s'est obligé de payer le reliquat du compte, et à soutenir, en représentant certaines pièces, que ce reliquat est erroné, la demande doit être écartée comme constituant une véritable action en révision de compte, interdite par l'art. 541 C. proc. — *Bordeaux*, 10 juin 1828, Lussac c. Laporterie. — A plus forte raison en doit-il être ainsi, si le rendant compte s'est reconnu débiteur par un acte, sans aucune explication et sans aucun détail de recette ni de dépense, de manière qu'on soit dans l'impossibilité de reconnaître s'il y a des erreurs dans le calcul verbal qui a précédé l'arrêté. — *Besançon*, 18 juill. 1816, N....

336. — De ce que le prévenu présent aux opérations des employés des accises n'aurait élevé aucune réclamation, il ne saurait résulter qu'il soit non recevable à relever en justice les erreurs de compte et de calcul qu'il prétend exister dans leurs opérations. — *Bruxelles*, 22 mai 1829, B... c. les Accises.

337. — Pour que la demande en redressement soit recevable, il faut, avons-nous dit, qu'elle signale les erreurs commises. Dès lors, elle est non recevable, s'il s'agit d'un compte ne renfermant pas un état détaillé des recettes et dépenses. — Dans cette hypothèse le compte est une *véritable transaction*. — *Bordeaux*, 10 juin 1828, Lussac c. Laporterie. — Demiau, p. 373; Bioche, *eod verb.*, n° 151.

338. — Jugé, en conséquence, que si l'on peut demander la révision d'un arrêté de compte pour erreurs, il faut que ce compte contienne les élémens et détails nécessaires pour discuter les articles prétendus erronés. Lors donc que c'est un traité par lequel le rendant s'est reconnu débiteur, sans explication, sans aucun détail de recette ni de dépense, de manière qu'on soit dans l'impossibilité de reconnaître s'il y a des erreurs dans le calcul verbal qui a précédé l'arrêté, on doit le considérer comme une transaction qui a l'autorité de la chose jugée, surtout lorsque le débiteur l'a ratifié en sollicitant un délai pour acquitter sa dette. — *Besançon*, 18 juill. 1816, N...

339. — Si l'art. 541 limite les causes de la demande en rectification de compte, il laisse aux parties liberté entière pour le choix des pièces qu'elles peuvent invoquer. Les pièces produites lors du compte, peuvent l'être de nouveau sur cette action. — *Rennes*, 19 janv. 1816, N... — Bioche, *eod verb.*, n° 142.

340. — Du principe que l'erreur de fait vicie tout consentement, il suit que lorsque les erreurs ou omissions ont été commises dans un compte, non-seulement par le fait des juges, mais encore par le fait de la partie, celle-ci est recevable à en demander la rectification, encore bien que, depuis le jugement, elle ait demandé un délai pour satisfaire aux condamnations prononcées contre elle en dernier ressort. — *Cass.*, 17 avril 1810, Lalaurre c. Hugue; *Bruxelles*, 25 août 1810, Dons; *Cass.*, 10 sept. 1812, Dubois-Jubainville c. Royer et Maillard; *Rennes*, 14 avr. 1813, N...; *Cass.*, 8 juin 1814, Lecarpentier c. Enfantin; *Rennes*, 19 mai 1815, N...; *Metz*, 26 août 1819, Chasseur c. Dalstein. — Merlin, *Quest.*, v° *Compte*; Berriat, *Procéd.*, p. 504; Carré, t. 2, p. 351; Rolland de Villargues, *Rép. du notariat*, v° *Compte*, n° 48.

341. — De même, le paiement du reliquat n'est pas une fin de non-recevoir contre la demande en redressement motivée sur des erreurs reconnues postérieurement. — Bioche, n° 141. — *Metz*, 26 août 1819, Chasseur c. Dalstein.

342. — Pour que cette action soit recevable, il faut que les erreurs, faux ou doubles emplois signalés n'aient pas été l'objet du jugement rendu sur le compte. Autrement il y aurait chose jugée, l'appel serait la seule voie ouverte. — Pigeau, t. 2, p. 436; Carré, quest. 1857; Bioche, n° 138; Favard de Langlade, t. 1er, p. 617.

343. — Mais elle peut être intentée pour chacun des griefs prévus par l'art. 541. Peu importe dès lors qu'un tribunal excède ses pouvoirs en la réservant uniquement par son jugement pour une seule des causes de l'art. 541, et en l'induisant pour les autres. — Bioche, n° 139.

344. — Il n'est pas nécessaire que l'erreur, omission, faux ou double emploi se trouve dans le jugement lui-même, il suffit que ce vice existe dans le chapitre des recettes ou des dépenses; car le vice des bases attaque le jugement. — Merlin, *Quest.*, v° *Compte*.

345. — Cependant il ne faut pas perdre de vue que l'art. 541 est limitatif, et qu'il exclut toute ouverture qu'il ne prévoit pas, lors même qu'elle serait basée sur une erreur de droit. — Merlin, *Quest.*, v° *Compte*, Bioche, *eod verb.*, nos 140 et 144.

346. — Ainsi qu'il a été dit plus haut, l'action en redressement de compte autorisée par l'art. 541 C. proc., est une demande nouvelle et principale, puisqu'elle a pour objet des prétentions qui n'ont été ni discutées ni jugées, et la durée de cette action n'étant pas fixée par la loi, elle peut être exercée pendant trente ans comme toutes les actions ordinaires. De là il résulte qu'on est admissible à relever les erreurs et omissions intervenues dans un jugement rendu sur un compte, sans être obligé d'attaquer ce jugement, ni par la voie de l'opposition, ni par celle de l'appel ou de la requête civile. S'il pouvait rester du doute sur ce point, il serait levé par l'art. 2058 C. civ., qui permet de faire réparer les erreurs de calcul dans une transaction qui a l'autorité de la chose jugée. — *Besançon*, 5 juill. 1823, N... — Carré, *Lois de la procéd.*, t. 2, p. 352, n° 6; Pigeau, t. 2, p. 404, 3e alin.; Favard, *Rép.*, t. 1er, p. 620; Bioche, v° *Reddition de compte*, nos 89, 145; Merlin, *Rép.*, v° *Prescription*, sect. 2, § 19, et *Quest. de droit*, t. 6, v° *Compte*, § 1er; Vazeille, *Prescription*, n° 535. — V. aussi *Rennes*, 29 mars 1817, Chardel c. Leboulanger; *Metz*, 10 juill. 1821, Reder; *Bordeaux*, 10 juin 1828, Lussac c. Laporterie. — *Contrà*, *Rennes*, 29 août 1810, Pillet c. Richer.

347. — L'action en redressement de comptes

pour erreurs, omissions ou faux emplois, différant essentiellement de l'action en rescision ou nullité d'une convention, n'est point, comme elle, prescriptible par dix ans. — *Metz*, 10 juill. **4321.** Reder; *Bordeaux*, 10 juin 1828, Lussac c. Laporterie. — V. aussi Merlin, *Répert.*, v° *Prescription*, sect. 2, § 19, et *Quest.*, v° *Compte*, § 1er; Pigeau, *Comm.*, t. 3, p. 135; Vazeille, *Prescription*, n° 535; Bioche, v° *Reddition de compte*, n° 96.

348. — Toutefois, cette action ne dure que dix ans s'il s'agit de rectifier un compte de tutelle. — Pigeau, t. 2, p. 135; Vazeille, *Prescriptions*, n° 535. — *Contrà*, Chauveau sur Carré, quest. 4886 5°.

349. L'action en redressement est non recevable si la partie attaquée s'est dessaisie des pièces justificatives en vertu d'une convention par laquelle les parties s'étaient interdit toute révision. — *Cass.*, 3 janv. 1828, Coutouly c. Demondesir.

350. — Dès lors les juges peuvent, en combinant les conventions de l'acte social avec les circonstances de la cause, décider qu'il n'y a lieu d'appliquer l'art. 541 C. proc., qui permet aux parties de demander la rectification des erreurs, omissions, faux ou doubles emplois existant dans un compte. — *Cass.*, 17 avril 1810, Lalaune c. Hugue; 10 sept. 1812, Dubois-Jubainville c. Roger et Maillard; 3 janv. 1828, Coutouly c. Demondesir. — Merlin, *Quest.*, v° *Compte*; Pigeau, *Commentaire*, art. 544, note 2; Carré, t. 2, p. 351, et Rolland de Villargues, *Répert. du notar.*, v° *Compte*, n° 43.

351. — Mais en général il est évident que le long temps écoulé entre le compte et la demande en redressement n'autorise pas la partie attaquée à prétendre qu'elle a perdu ses pièces. — *Pau*, 5 mai 1831, Palengat c. Blanque.

352. — L'art. 544 suppose un compte définitif, il est donc inapplicable si dans la pensée des parties l'acte présenté comme un compte n'est qu'un projet provisoire, ou si le jugement qui apure le compte n'a pas acquis force de chose jugée. — *Pau*, 5 mai 1831, Palengat c. Blanque.

353. — La demande en redressement est formée comme toute demande principale par citation en conciliation et ajournement, et non par assignation au domicile de l'avoué, lors même qu'elle aurait lieu dans les six mois du jugement rendu sur le compte, par une proposition contraire du Tribunal a été rejetée. — *Besançon*, 5 juill. 1823, N...; *Cass.*, 19 févr. 1834, Worms de Remilly c. Régnaut. — Merlin, *Quest.*, v° *Compte*, § 1er; Favard de Langlade, t. 5, p. 625; Locré, t. 22, p. 180.

354. — L'instruction peut se faire comme en matière ordinaire; cependant il est plus conforme à l'esprit du Code de suivre la forme spéciale à la reddition du compte. — Chauveau sur Carré, quest. 4887, 3°.

355. — Dès lors, les tribunaux peuvent commettre un notaire pour qu'il dresse un rapport, une sorte d'avis d'expert. — *Colmar*, 18 mars 1816, Meder c. Wohlfromm. — Chauveau sur Carré, quest. 4853, 2°.

356. — Lorsqu'après un compte arrêté entre personnes qui n'étaient pas mandataires l'une de l'autre, l'une des parties articule qu'il s'est glissé dans le compte des erreurs à son préjudice, le jugement qui ordonne que les parties entreront en compte sur ces erreurs, sans préjuger qui sera débiteur ou créancier, n'engendre pas une hypothèque judiciaire au profit de la partie qui a demandé le redressement. — *Lyon*, 11 août 1809, Barmont; *Cass.*, 21 août 1810, Stevenotte c. Chapel; 4 août 1825, Goullet d'Olizy c. Barbereux; *Bourges*, 31 mars 1830, Hennet c. Boucher. — Grenier, t. 1er, p. 425, et Carré, *Quest. hypothécaire*, t. 1er, p. 180. — Mais V. Troplong, *Comment. sur des hypoth.*, t. 1er n° 439, et Pigeau, *Procéd. civ.*, t. 2, p. 398.

357. — Les juges qui ont procédé à la liquidation d'un compte sont seuls compétens pour rectifier les erreurs, omissions, faux ou doubles emplois. — *Rennes*, 8 déc. 1817, N... — Pigeau, t. 2, p. 436.

358. — Toutefois il est certain que cette nouvelle action peut être jugée par une autre chambre ou par des magistrats différens, car tout tribunal est un corps moral, indivisible et solidaire. — *Cass.*, 30 nov. 1824, Delours. — Thomines-Desmazures, t. 2, n° 33; Bioche, n° 148.

359. — Ce tribunal excéderait ses pouvoirs si, au lieu de statuer sur la demande en redressement qui lui est déférée, il ordonnait la révision du compte attaqué. — *Cass.*, 26 avril 1831, Bureau de bienfaisance de Faye c. Delamotte. — Il lui est permis en l'absence de disposition contraire de commettre un notaire pour recevoir le

RÉP. GÉNÉR. — XI.

précompte et donner son avis. — *Rennes*, 25 février 1817, Bisson c. Manuel.

360. — La rectification de l'erreur de calcul commise dans un compte arrêté en justice n'est pas une cause d'appel; les parties doivent se pourvoir en révision de ce compte devant les juges qui l'ont arrêté. — *Bordeaux*, 30 mai 1840 (t. 4er 1844, p. 359), Boyer. — V. aussi *Bordeaux*, 5 août 1841 (t. 2 1841, p. 745), Teynac c. Mascoulet.

361. — Mais la demande en redressement est portée devant la cour qui a ordonné et réglé le compte en infirmant le jugement qui avait déclaré n'y avoir lieu à compte. — *Rennes*, 8 déc. 1817, N... — Bioche, n° 148.

362. — Une cour ne se dessaisit pas de la connaissance des difficultés relatives à un précompte, en renvoyant les parties précompter définitivement devant un notaire, sur les bases par elle données. — Elle peut renvoyer les parties devant des arbitres chargés du redressement d'erreurs ou omissions. — *Colmar*, 18 mai 1816, Meder c. Wohlfromm; *Rennes*, 25 févr. 1817, Bisson c. Manuel. — V. aussi *Rennes*, 29 août 1810, Pillet; 8 déc. 1817, N... — Carré, t. 2, p. 352, note 7°.

363. — Mais, l'arrêt qui rétracte un précédent admet pour prétendue erreur de calcul est sujet à cassation, comme renfermant un excès de pouvoir. — *Cass.*, 8 juin 1814, Lecarpentier c. Enfantin; 18 déc. 1815, Hénery c. Pouillaude. — Merlin, *Quest.*, v° *Compte*, § 1er.

364. — Le tribunal de commerce peut, en cette matière comme en toute autre, renvoyer les parties devant arbitres rapporteurs, pour vérifier les livres et papiers. — C. civ., art. 429. — Bioche, n° 150.

365. — La demande en redressement formée contre un compte, réglé par arbitres forcés, est portée devant ces mêmes arbitres. L'art. 541 est absolu. — C. comm., art. 59. — *Cass.*, 28 mars 1815, Burilton c. Gramont.—Favard, t. 1er, p. 620; Chauveau sur Carré, quest. 4887 2°.

366. — La demande en redressement est aussi admise contre un compte apuré par des arbitres volontaires; car en réalité il ne s'agit que d'un compte amiable et volontaire; mais la *mission des arbitres étant finie*, la demande est portée devant le tribunal qui aurait été compétent pour connaître du compte. — *Cass.*, 23 nov. 1824, Delours; 21 août 1832, Verdier c. Ambert. — Chauveau sur Carré, quest. 4887 2°, et 4886 2°.

367. — De même, si cette demande en redressement est formée contre un compte extrajudiciaire, elle est portée devant le tribunal qui était compétent pour connaître du compte lui-même. — Bioche, n° 448.

368. — L'hypothèque judiciaire ne dérive pas du jugement qui ordonne une révision de compte pour omission ou double emploi, car ce jugement a pour but de diminuer les obligations du demandeur. — *Bourges*, 31 mars 1830, Hennet c. Boucher. — *Contrà*, Chauveau sur Carré, 4884 6°.

369. — L'opinion de M. Chauveau devrait être suivie, si le défendeur à la demande en rectification avait reçu le reliquat du compte ou si la demande en redressement était formée par l'oyant. En effet, dans ces cas il y a condamnation au profit d'une personne, qui court risque de prendre créance si elle n'a pas d'hypothèque.

370. — En général, les dépens de cette instance sont compensés entre toutes les parties, car le plus souvent elles ont toutes tort. — Bioche, n° 155; Lorel, *C. proc. civ. explit.*, art. 541.

Sect. 11e. — *Enregistrement et timbre.*

371. — La régie de l'enregistrement prétendait, en vertu des art. 23-47 de la loi du 22 frim. an VII, que toutes les pièces d'un compte devaient être enregistrées. — Les pièces, qui pouvaient mettre les oyans à la discrétion des comptables. — Aujourd'hui nulle pièce fournie par un comptable à l'appui d'un compte n'est assujettie à l'enregistrement. — Carré sur l'art. 537; *Diction. enregistrem.*, v° *Compte*, n° 50.

372. — La dispense de l'enregistrement s'étend aux comptes rendus amiablement, par exemple à ceux rendus devant notaires. — L'être des ministres des finances et de la justice, 22 sept. 1807. — Carré et Chauveau, quest. 4879.

373. — A plus forte raison en est-il ainsi pour les dépenses ou paiemens faits verbalement. — *Cass.*, 8 mai 1826, Robillard. — L'acte porté au chapitre des reprises ou recouvremens à faire est

également dispensé de l'enregistrement.—*Cass.*, 24 août 1818, Courmont (solut. impl.).

374. — Il est permis d'écrire la quittance du reliquat au dos du compte, et même de le transcrire à la suite du compte l'acte de dépôt de cette quittance, s'il y a lieu, bien qu'il soit interdit de transcrire deux actes sur la même feuille assujettie au timbre. — L. 13 brum., art. 23.—Bioche, n° 156.

375. — Il est dû un droit fixe d'un franc pour le projet de compte remis au juge-commissaire. — Mais les actes de la procédure et les jugemens restent soumis aux droits accoutumés. — Bioche, v° *Compte*, n° 158.

376. — L'arrêté de compte est enregistré au droit proportionnel de 1 p. 0/0 du reliquat. — L. 22 frim. an VII, art. 69, n° 8.

377. — S'il n'y a pas de reliquat, l'enregistrement se fait au droit fixe de 2 francs, comme s'il s'agissait d'une décharge pure et simple. — Circul. 11 niv. an IX, n° 50 sept. 1806.

378. — Le même droit de 2 francs est dû sur la quittance donnée au mandataire pour le versement des sommes qu'il a reçues en exécution de son mandat. — Régie, solut. 18 nov. 1818; décision minist. fin., 10 déc. 1827.

379. — Mais le droit proportionnel de 1 p. 0/0 serait dû si le mandataire avait retenu à intérêts les fonds qu'il a reçus pour son mandant. — *Ibid.*

380. — Si le reliquat est en faveur du comptable et qu'il soit soldé aussitôt le compte apuré, il est dû un droit de 1/2 p. 0/0. — Ce droit est de 1 p. 0/0 si l'oyant ne se libère pas de suite. — Décis. minist. fin., 10 déc. 1827; Régie, solut., 18 nov. 1818.

381. — Toutefois, l'art. 537 ne dispense pas *du timbre* les pièces justificatives du compte; la loi du 13 brum. an VII, art. 1er et 12, est donc encore en vigueur sur ce point. — Favard de Langlade, t. 1er, p. 614; Delaporte, t. 2, p. 123; Carré et Chauveau, quest. 1878; Bioche, n° 154. — *Contrà*, Thomines-Desmazures, t. 2, p. 28.

382. — Le droit de timbre et l'amende sont dus, alors même que le compte ni les pièces ne seraient pas produits en justice. — *Cass.*, 16 mai 1815, Caron c. Bontron.

REDEVANCE.

Se dit d'une charge ou prestation annuelle qui s'acquitte à des termes fixes ou périodiques. Autrefois, on désignait par.ce mot une rente foncière. — V. DROITS SEIGNEURIAUX, EMPHYTÉOSE, RENTE. — V. aussi BAIL.

RÉDHIBITOIRES (Vices).

V. VICES RÉDHIBITOIRES.

RÉDUCTION DES DONATIONS ET LEGS.

V. QUOTITÉ DISPONIBLE.

RÉDUCTION DES HYPOTHÈQUES.

Table alphabétique.

42

RÉDUCTION DES HYPOTHÈQUES. — **1.** — L'hypothèque légale et l'hypothèque judiciaire qui frappent tous les biens de celui qui y est soumis, constituent pour lui une gêne onéreuse. Si donc, en raison des droits éventuels qu'il s'agit de protéger, il n'y a pas lieu de restreindre l'étendue de l'hypothèque générale, sans que les droits qu'elle a pour but de protéger en soient menacés, rien de plus rationnel que d'autoriser de pareilles restrictions.

2. — La réduction peut avoir lieu au moment même où elle doit prendre naissance, ou elle est opérée postérieurement; le premier cas est prévu par les art. 2140 et suiv. C. civ., le second par les art. 2161 et autres.

SECT. 1re. — *Réduction originaire* (n° 3).

SECT. 2e. — *Réductions postérieures à l'hypothèque* (n° 15).

   § 1er. — *Principes généraux* (n° 15).

   § 2. — *Hypothèque légale de la femme* (n° 40).

   § 3. — *Hypothèque légale du mineur* (n° 66).

Sect. 1re. — Réduction originaire.

3. — Lorsque, dans le contrat de mariage, les parties majeures seront convenues qu'il ne sera pris d'inscriptions que sur un ou certains immeubles du mari, les immeubles qui ne seraient pas indiqués pour l'inscription resteront libres et affranchis de l'hypothèque pour la dot de la femme, et pour ses reprises et conventions matrimoniales. Il ne pourra pas être convenu qu'il ne sera pris aucune inscription.—C. civ., art. 2140.

4. — Remarquons ici que, bien que la loi se serve de cette expression *parties majeures*, il n'est pas nécessaire que le mari soit majeur; car le mineur peut toujours faire sa condition meilleure.

5. — Au contraire, en ce qui concerne la femme, comme l'article 2140 n'a qu'une modification apportée aux principes généraux de la loi; et qu'on pourrait craindre la trop grande facilité soit de la femme, soit de ses parens, il est nécessaire que la femme soit majeure. — *Paris*, 2 avr. 1819, Villiers et Cretté c. Lauré; *Caen*, 19 juill. 1820, mêmes parties; *Caen*, 15 juill. 1836, Forfait Bellecour c. Dumaisson. — V., toutefois, *Paris*, 10 août 1816, Decambray. — Les auteurs se prononcent dans le sens de la jurisprudence. — V. Grenier, *Hypoth.*, t. 1er, p. 396, n° 269; Tarrible, *Rép.*, v° *Inscription*, § 8, n° 18; Duranton, t. 2, n° 38; Troplong, *Hypothèques*, t. 2, p. 511, n° 637 *bis*.

6. — De même que l'hypothèque légale de la femme, celle du mineur est susceptible d'être restreinte. « Il en sera de même, porte l'art. 2144 C. civ., pour les immeubles du tuteur, lorsque les parens, en conseil de famille, auront été d'avis qu'il ne soit pris d'inscription que sur certains immeubles.

7. — Dans le cas des deux articles précédens (art. 2140 et 2144), le mari, le tuteur et le subrogé tuteur ne seront tenus de requérir inscription que sur les immeubles indiqués.—C. civ., art. 2142.

8. — Les immeubles sur lesquels doit être assise l'hypothèque légale ne pu.tre déterminés, ou, au contraire, la convention peut avoir pour objet d'excepter certains immeubles de l'hypothèque; ou, enfin, le montant de la valeur des biens qui seront soumis à l'hypothèque peut avoir été fixé, sans détermination fixe, de tels ou tels immeubles, que le grevé aura alors à désigner pour l'inscription.

9. — Les immeubles à hypothéquer peuvent être aussi restreints que possible, et la restriction est toujours valable, alors qu'elle est sérieuse et véritablement en rapport avec les intérêts qu'il s'agit de protéger. Elle serait évidemment nulle, s'il apparaissait qu'elle n'aurait été faite que dans le but d'éluder la loi; l'hypothèque devrait alors être tenue pour générale.

10. — A plus forte raison, devrait être regardée également comme nulle et contraire à l'ordre public toute convention par laquelle on aurait arrêté qu'aucune inscription ne serait prise. Dans ce cas, comme dans le précédent, l'hypothèque deviendrait générale.

11. — M. Duranton (t. 2, p. 59) pose et résout ainsi la question suivante : « Si dans le cas de la restriction de l'hypothèque, opérée de l'une ou de l'autre sorte, les immeubles qui resteraient assujettis venaient à éprouver de notables détériorations, de manière à ne plus présenter de suffisantes sûretés pour la dot et les reprises de la femme, ainsi que pour l'exécution des conventions matrimoniales, nous ne doutons pas que la femme ne fût bien fondée à exiger un supplément d'hypothèque, comme le pourrait faire, en pareil cas, un créancier avec hypothèque conventionnelle, conformément à l'art. 2131; car, par la clause du contrat de mariage, la sienne à par la clause du contrat de mariage, la sienne a pris en quelque sorte, le caractère de l'hypothèque conventionnelle. »

12. — « On devrait le décider ainsi, selon le même auteur, dans le cas où il serait venu à échoir à la femme quelques nouveaux droits importans, comme une succession de biens immobiliers pour sûreté desquels l'hypothèque restreinte serait insuffisante, encore que les biens désignés dans le contrat n'eussent pas subi de dégradations. »

13. — Des questions analogues pourraient se présenter pour le mineur, et la solution, suivant nous, devrait être la même, c'est-à-dire que le subrogé tuteur aurait le droit de faire les diligences nécessaires pour arriver à obtenir le supplément d'hypothèque.

14. — Seulement, dans l'un et l'autre cas, il est évident que le supplément d'hypothèque ne rétroagirait pas, quant à son effet, au moment du mariage ou de l'ouverture de la tutelle. L'inscription seule lui donnerait rang à l'égard des tiers.

Sect. 2e. — Réductions postérieures à l'hypothèque.

   § 1er. — *Principes généraux.*

15. — Toutes les fois que les inscriptions prises par un créancier qui, d'après la loi, aurait droit d'en prendre sur les biens présens ou sur les biens à venir d'un débiteur, sans limitation convenue, seront portées sur plus de domaines différens qu'il n'est nécessaire à la sûreté des créances, l'action en réduction des inscriptions, ou en radiation d'une partie en ce qui excède la proportion convenable, est ouverte au débiteur. — C. civ., art. 2161.

16. — Cette faculté laissée au débiteur de demander la réduction ou, pour mieux dire, la restriction des hypothèques, s'applique évidemment aux hypothèques générales ou judiciaires. Au surplus, le texte même de la loi ne permet aucun doute. «Les dispositions du présent article, continue l'art. 2161, ne s'appliquent pas aux hypothèques conventionnelles.»

17. — Cette dernière disposition n'a pas pour effet d'interdire au créancier hypothécaire la faculté de renoncer au bénéfice de l'inscription qu'il a prise, et même d'en restreindre l'effet, soit même dans l'intérêt d'un autre créancier; elle a voulu seulement assurer la loyale exécution des contrats, et ne pas en autoriser la modification sans le commun accord des parties.

18. — Ainsi, lorsque le vendeur a donné à l'acquéreur une hypothèque générale sur tous ses biens, pour garantie de l'éviction et du trouble éventuel que celui-ci pourrait éprouver, le juge ne peut ordonner que cette hypothèque sera réduite ou même annulée, sous prétexte que l'éviction n'est plus à craindre. — *Agen*, 24 avril 1809, Tournié c. Valette-Armand.

19. — L'hypothèque conventionnelle qui frappe sur la totalité d'un immeuble, mais avec réserve, en faveur du débiteur, de pouvoir transporter cette hypothèque sur un autre immeuble

d'une valeur déterminée, ne peut être réduite, contre la volonté du créancier, à une partie du premier immeuble hypothéqué, sous prétexte que cet immeuble a acquis, depuis, par le dégrèvement d'autres charges hypothécaires, une valeur libre au moins égale à celle prévue par la convention. — *Amiens*, 24 mars 1824, Maillard et Rossignol c. Leclercq.

20. — Un créancier qui a consenti un droit de préférence en faveur d'un tiers, avec déclaration que ce tiers sera payé avant lui en capital et en intérêts, ne peut pas demander la réduction du privilége à trois années, si plus de trois années ont été conservées par l'inscription même. — *Bordeaux*, 6 juill. 1844 (t. 2 1841, p. 355), Reimeneincq c. Pieck et Soutard.

21. — Bien plus, la réduction d'une hypothèque conventionnelle ne peut être demandée, même lorsque le débiteur, en laissant entre les mains de l'acquéreur de l'un de ses immeubles la somme nécessaire, a assuré ainsi le paiement de la créance hypothéquée. — *Grenoble*, 3 janv. 1835, Duc c. de Mayo. — Troplong, t. 3, n° 749; Persil, sur l'art. 2161, n°s 2 et 3.

22. — S'agit-il même d'hypothèques judiciaires ou générales, la faculté de demander la restriction cesse, si les deux conventions particulières et valablement arrêtées, des restrictions ont été apportées à l'étendue de l'hypothèque générale, qui, dans ce cas, a pris (sauf, bien entendu, ce qui concerne la dispense d'inscription) le caractère d'une hypothèque conventionnelle.

23. — Jugé en ce sens que la restriction ou réduction de l'hypothèque légale de la femme sur une certaine portion limitée des biens du mari, à l'exclusion des biens de celui-ci, ne peut avoir lieu que lorsqu'il s'agit d'une hypothèque purement légale et par conséquent générale, et non, lorsqu'il s'agit d'une hypothèque déjà restreinte par les conventions particulières du contrat de mariage, et, par exemple, lorsque le futur a déclaré affecter à la constitution de la dot et des avantages matrimoniaux tous ses biens consistant en une maison située à... et en un domaine situé à... et consistant en bâtimens, bois et prés. — *Paris*, 3 mars 1830, Pichot c. Rodde.

24. — Mais une question fort agitée entre les tribunaux, dans les premières années qui ont suivi la promulgation du Code, est celle de savoir si l'hypothèque générale créée antérieurement au Code civil peut être soumise à l'action en réduction autorisée par l'art. 2161.

25. — L'affirmative paraît avoir été, dans l'origine, plus généralement adoptée. — *Paris*, 13 niv. an XII, Dragon c. Caillet; *Paris*, 13 niv. an XIII, Deschamps c. Aufray, Gougy et Mulot.

26. — Mais à cette époque, la Cour d'Agen décidait que l'hypothèque générale stipulée sous l'ancienne législation et conservée par l'inscription, n'est pas susceptible de réduction à la qualité de biens suffisante pour la sûreté du créancier, d'après l'art. 2161 du Code civil. — *Agen*, 11 fruct. an XII, Chaumel c. Lamouroux. — V. aussi *Aix*, 11 fruct. an XII, et la note 16.

27. — Quelques années après, la Cour de Nîmes jugeait au contraire que l'hypothèque générale stipulée sous l'ancienne législation et conservée par l'inscription était susceptible de réduction d'après l'art. 2161 du Code civil. — *Nîmes*, 19 mai 1807, Bouvier c. Augier.

28. — Mais bientôt, revenant sur sa première jurisprudence, la Cour de Paris juge que les hypothèques générales reprises par des contrats antérieurs à la promulgation du Code civil ne sont pas susceptibles de réduction, d'après l'art. 2161 de ce Code. — *Paris*, 18 juillet 1807, Bellenger des Boulets c. Delondre. — V., dans le même sens, *Caen*, 16 févr. 1808, Ridon c. Quedru.

29. — Plus spécialement encore la Cour de Besançon décide que l'hypothèque résultante de la généralité des legs par l'usufruitière, sur la généralité de ses biens, avant le Code civil, ne peut être réduite depuis ce Code. — *Besançon*, 29 juin 1809, Bas.

30. — Néanmoins, et par un arrêt plus récent, la Cour de Nancy a jugé que le mari peut obtenir la réduction de l'hypothèque de sa femme, bien que celle-ci s'y refuse, lorsque le contrat de mariage serait passé sous l'édit de 1771, et toutefois elle n'a pas pris inscription sous la loi du 11 brum. an VII. — *Nancy*, 26 août 1825, Morlot.

31. — Tout se nous prononçons dans le sens de la non-application des prescriptions de l'art. 2161 du Code civil aux hypothèques antérieures au Code, nous devons faire remarquer que la promulgation du Code civil remontant, à ce moment, à près d'un demi-siècle, la question, si agitée autrefois entre les tribunaux, n'est guère

de nature à se représenter aujourd'hui. — Grenier, t. 1er, p. 399; Persil, *Régime hypoth.*, art. 2161, n° 3, t. 2, p. 165; Troplong, t. 3, n° 768; Panier, *Traité des hypoth.*, p. 264.

32. — Sont réputées excessives les inscriptions qui frappent sur plusieurs domaines, lorsque la valeur d'un seul ou de quelques-uns d'entre eux excède de plus d'un tiers en fonds libres le montant des créances en capital et accessoires légaux. — C. civ., art. 2162.

33. — Peuvent être aussi réduites comme excessives les inscriptions prises d'après l'évaluation faite par le créancier des créances qui, en ce qui concerne l'hypothèque à établir pour leur sûreté, n'ont pas été réglées par la convention, et qui, par leur nature, sont conditionnelles, éventuelles ou indéterminées. — C. civ., art. 2163.

34. — L'excès, dans ce cas, est arbitré par les juges, d'après les circonstances, les probabilités des chances et les présomptions de fait, de manière à concilier les droits vraisemblables des créanciers avec l'intérêt du crédit raisonnable à conserver au débiteur, sans préjudice des nouvelles inscriptions à prendre avec hypothèque du jour de leur date, lorsque l'événement aura porté les créances indéterminées à une somme plus forte. — C. civ., art. 2164.

35. — La valeur des immeubles dont la comparaison est à faire avec celle des créances, et le tiers en sus, est déterminée par quinze fois la valeur du revenu déclaré par la matrice du rôle de la contribution foncière, ou indiqué par la cote de contribution sur le rôle, selon la proportion qui existe dans les communes de la situation entre cette matrice ou cette cote et le revenu, pour les immeubles non sujets à dépérissement, et dix fois cette valeur pour ceux qui y sont sujets. Pourront néanmoins les juges s'aider, en outre, des éclaircissemens qui peuvent résulter des baux non suspects, des procès-verbaux d'estimation qui ont pu être dressés précédemment, à des époques rapprochées, et autres actes semblables, et évaluer le revenu au taux moyen entre les résultats de ces divers renseignemens. — C. civ., art. 2165.

36. — Les règles de compétence établies par l'art. 2159, en ce qui a trait à la demande en radiation d'hypothèques, doivent être suivies en ce qui concerne les demandes en réduction. — C. civ., art. 2161.

37. — Les jugemens sur les demandes des maris et des tuteurs ne seront rendus qu'après avoir entendu le procureur de la République, et contradictoirement avec lui. — C. civ., art. 2145.

38. — C'est, d'ailleurs, en audience publique que doivent être plaidées et jugées les demandes en réduction d'hypothèque légale. — *Montpellier*, 5 mai 1828, Laporte.

39. — Dans le cas où le tribunal prononcera la réduction de l'hypothèque à certains immeubles, les inscriptions prises sur tous les autres seront rayées. — C. civ., art. 2145.

§ 2. — *Hypothèque légale de la femme.*

40. — Lorsque l'hypothèque n'a pas été restreinte par le contrat de mariage, le mari peut, du consentement de sa femme, et après avoir pris l'avis des quatre plus proches parens d'icelle, réunis en assemblée de famille, demander que l'hypothèque générale sur tous ses immeubles, pour raison de la dot, des reprises et conventions matrimoniales, soit restreinte aux immeubles suffisans pour la conservation entière des droits de la femme. — C. civ., art. 2144.

41. — Et d'abord le droit de demander la réduction de l'hypothèque légale de la femme est-il purement personnel au mari, de sorte qu'il ne puisse être exercé par ses créanciers?

42. — Saisie de cette question, la Cour de Paris a décidé, il y a déjà fort longtemps il est vrai, que l'inscription prise par la femme pour ses droits matrimoniaux peut être réduite sur la demande d'un tiers acquéreur. — *Paris*, 16 juill. 1813, Péran.

43. — ... Et même que cette réduction peut avoir lieu, sans consulter ses quatre plus proches parens, surtout si l'hypothèque est antérieure à la promulgation du Code civil. — Même arrêt.

44. — La solution donnée par la Cour de Paris, en ce qui concerne les droits des tiers, créanciers ou acquéreurs, ne nous paraît pas conforme à l'esprit de la loi, qui, dans l'article 2144, n'a eu pour but que de conférer un droit exclusivement personnel au mari. — Telle est, au surplus, l'opinion des auteurs qui ont examiné cette question. — Tarrible, *Régime hyp.*, v° *Inscription hypothécaire*; Persil, *Régime hyp.*, sur l'art. 2144, n° 12; Troplong, t. 3, n° 644.

45. — Et depuis la Cour de Riom a implicitement jugé dans le même sens. — *Riom*, 3 mars 1830, Pichot c. Rodde. — L'opinion de la cour de Paris doit donc être rejetée sur ce chef.

46. — Le second chef de l'arrêt précité est encore moins admissible, alors qu'il admet que la réduction peut être prononcée sans l'avis des quatre plus proches parens de la femme.

47. — Il est de jurisprudence constante que les tribunaux doivent refuser la réduction de l'hypothèque de la femme, lorsque le mari ne rapporte point le consentement de celle-ci, et lorsque l'avis de ses quatre plus proches parens est contraire à la demande en réduction. — *Cass.*, 9 déc. 1824, Lemaire; *Riom*, 3 mars 1830, Pichot c. Rodde; *Rouen*, 3 févr. 1834, Fichet.

48. — La femme doit être appelée à la procédure en réduction de l'hypothèque légale et y figurer personnellement pour donner, s'il y a lieu, son consentement: elle doit donc être appelée à l'assemblée des parens, qui doivent diriger et éclairer son consentement. — *Riom*, 3 mars 1830, Pichot c. Rodde.

49. — La nécessité pour le mari de demander le concours de sa femme pour obtenir la réduction de l'hypothèque suppose évidemment sa majorité. Nulle réduction ne peut être consentie par la femme mineure.

50. — Mais si la femme doit être appelée à donner son consentement, le refus de ce consentement devient-il une fin de non-recevoir absolue contre la demande en réduction formée par le mari? Non assurément.

51. — Ainsi, jugé que malgré le refus de la femme de consentir à la réduction de son hypothèque légale, le mari peut la provoquer et le tribunal l'accorder, après avoir pris l'avis préalable des quatre plus proches parens de la femme, s'il le juge nécessaire. — *Paris*, 25 avr. 1823, Lemaire.

52. — Toutefois, les tribunaux doivent rejeter la demande du mari, à fin de réduction de l'hypothèque légale de sa femme, lorsqu'il ne rapporte pas, dans le cas de refus de la femme, le consentement de la famille de cette dernière, pour la réduction de l'hypothèque, et qu'il ne justifie pas que la valeur de l'immeuble destiné à être le seul gage de la femme excède la valeur des reprises. — *Paris*, 18 juill. 1823, Lemaire.

53. — La demande d'une expertise pour déterminer la valeur des immeubles sur lesquels le mari propose de réduire l'hypothèque de la femme doit être rejetée, lorsqu'il ne justifie pas que la valeur des immeubles hypothéqués excède celle des reprises de la femme. — *Cass.*, 9 déc. 1824, Lemaire.

54. — Par ces mots insérés dans l'art. 2144 C. civ., *l'avis des quatre plus proches parens*, on doit entendre seulement les quatre plus proches parens domiciliés à une distance telle que la délibération du conseil de famille soit possible. — *Grenoble*, 18 janv. 1833, Mazade c. Leydier. — Persil, *Régime hypoth.*, art. 2144, n° 6. — V. *contrà*, Troplong, t. 2, p. 553, n° 644.

55. — L'art. 2143 C. civ., prescrivant d'une manière impérative que la demande en réduction de l'hypothèque légale soit précédée d'un avis de famille, et l'art. 2145 ordonnant que le jugement sur une telle demande soit rendu *contradictoirement avec le ministère public*, il en résulte que le ministère public peut opposer d'office la nullité résultant du défaut de capacité dans la personne d'un des membres du conseil. — *Bruxelles*, 28 juill. 1829, M... c. G... — Troplong, *Comment. sur les hypoth.*, t. 2, n° 644; Persil, *Régime hypoth.*, t. 2, p. 526, sur l'art. 2145, n° 1er.

56. — Les parens appelés à donner leur avis peuvent se faire remplacer par des mandataires. — *Grenoble*, 18 janv. 1833, Mazade c. Leydier.

57. — Lorsqu'une femme a donné son consentement à ce que son hypothèque légale frappât certains immeubles seulement de son mari; que quatre de ses plus proches parens ont été appelés et ont donné leur avis; que le procureur de la République a été entendu; enfin, que le tribunal compétent a prononcé, le jugement acquiert immédiatement, à l'égard de la femme, force de chose jugée; en sorte qu'elle ne peut jamais revenir contre lui, par quelque voie que ce soit, et qu'il doit être considéré, à son égard, comme contrat en jugement. — Dans ce cas de réduction d'hypothèque légale, le procureur de la République n'a pas droit d'action; il n'est pas partie au procès, et, par suite, il ne peut appeler du jugement qui prononce la réduction. — *Grenoble*, 18 janv. 1833, Mazade c. Leydier. — Troplong, *Comment. sur les hypoth.*, t. 2, p. 555, n° 644.

58. — Nous avons vu (*suprà* n°s 11 et 12) qu'au cas où l'hypothèque a été réduite par le contrat de mariage, la femme peut, dans certaines circonstances données, demander, plus tard, un supplément d'hypothèque. — Ces mêmes circonstances justifieraient-elles le rapport en tout ou en partie de la réduction opérée postérieurement au mariage?

59. — La Cour de Grenoble a jugé que la femme qui, en thèse générale, ne peut revenir, par aucune voie, contre le jugement restrictif de son hypothèque légale, ne pourrait l'attaquer, si des droits nouveaux ouverts à son profit avaient postérieurement augmenté ses reprises. — *Grenoble*, 18 janv. 1833, Mazade c. Leydier.

60. — Mais il est clair que, malgré la généralité des termes de ce considérant, la femme pourra, au contraire, toujours revenir contre le jugement de réduction, en ce sens que si, postérieurement, il arrive que les biens réduits deviennent insuffisans pour la sûreté de ses reprises, elle ne sera point liée par son premier consentement, et pourra demander et obtenir un supplément d'hypothèque, dont l'effet courra du jour du jugement, suivant les uns, du jour de l'inscription de l'hypothèque supplétive, suivant les autres. — Persil, *Régime hypoth.*, art. 2140, § 6.

61. — Néanmoins, la réduction de l'hypothèque légale de la femme opérée conformément à l'art. 2144 C. civ., ne peut être révoquée, sous le prétexte que la femme ne trouve pas dans la succession de son mari somme suffisante pour la remplir de sa dot, ni même sur le motif que l'avis du conseil de famille était irrégulier, s'il est constant, en fait, que la radiation de l'hypothèque lui a été utile, et a servi à l'extinction de dettes contractées personnellement et conjointement avec son mari. — *Cass.*, 20 avr. 1826, Beaudin c. Sappet.

62. — La femme séparée de biens qui, sans aucun avantage personnel, sans aucune obligation préexistante de sa part, et seulement pour venir au secours de son mari, renonce, en faveur d'un créancier de ce dernier, à son hypothèque légale sur certains immeubles ou à la priorité du rang que lui donne cette hypothèque, consent, par là même, une restriction d'hypothèque qui, pour être valable, doit être autorisée par un avis de parens, et réalisée dans les formes prescrites par les art. 2144 et 2145 C. civ. — *Cass.*, 9 janv. 1822, Desarbres c. Deschamps.

63. — Lorsque la subrogation consentie par la femme dans l'effet de son hypothèque légale au profit d'un tiers n'est autre chose qu'un affranchissement partiel des biens du mari dans le but d'augmenter son crédit, elle ne peut être faite qu'avec les formalités prescrites par les art. 2144 et 2145 C. civ. — *Paris*, 11 déc. 1834, Durand Saint-Amand c. Dumonchel.

64. — La femme mariée sous des statuts qui lui permettaient de renoncer aux hypothèques qu'elle avait sur les biens de son mari, peut le faire sous le Code civil. — Mais cette renonciation est soumise aux formalités prescrites par l'art. 2144 C. civ. — *Lyon*, 28 janv. 1807, Reymond.

65. — La femme mariée sous le régime dotal, séparée de biens, ne peut pas restreindre l'hypothèque légale qui lui appartient sur les biens de son père qui a été son tuteur, en la faisant porter, dans son inscription, sur quelques biens spécialement. — *Cass.*, 19 nov. 1833, Doutté c. Martin.

§ 3. — *Hypothèque légale du mineur.*

66. — Lorsque l'hypothèque n'a pas été restreinte par l'acte de nomination du tuteur, celui-ci pourra, dans le cas où l'hypothèque générale sur ses immeubles excéderait notoirement les sûretés suffisantes pour sa gestion, demander que cette hypothèque soit restreinte aux immeubles suffisans pour opérer une pleine garantie en faveur du mineur. — La demande sera formée contre le subrogé tuteur, et elle devra être précédée d'un avis de famille. — C. civ., art. 2143.

67. — La demande en réduction de l'hypothèque légale d'un mineur ou d'un interdit doit être nécessairement dirigée contre le subrogé tuteur, et jugée contradictoirement avec lui, après avis préalable du conseil de famille. — Il ne suffirait pas, dans ce cas, que la délibération du conseil de famille fût homologuée par le tribunal, sur la requête du tuteur, en l'absence du subrogé tuteur. — *Paris*, 11 juin 1834, Petit c Lewal. — Bioche, v° *Mineurs*, n° 44.

68. — Le jugement qui, après avis conforme du conseil de famille, prononce la réduction de l'hypothèque légale du mineur sur les biens du tuteur, doit, à peine de nullité, être rendu par la voie contentieuse et contradictoirement avec le subrogé tuteur. Il ne serait pas valable s'il n'avait été rendu que sur simple requête, dans la forme des jugemens d'homologation et sans que le subrogé tuteur fût appelé; et cela, encore bien que le subrogé tuteur eût concouru à l'avis du conseil de famille. — En conséquence, le mineur est toujours recevable à s'opposer, par voie d'exception, l'irrégularité d'un pareil jugement lorsqu'on s'en prévaut contre lui. — Cass., 4er févr. 1831, Crépy c. Desnoyers; 3 juin 1834, Loisel. — Magnin, *Traité des minorités*, t. 2, n° 1326.

V. CERTIFICAT DU CONSERVATEUR DES HYPOTHÈQUES, CONSERVATEUR DES HYPOTHÈQUES, HYPOTHÈQUE CONVENTIONNELLE, HYPOTHÈQUE LÉGALE, MAINLEVÉE.

RÉDUCTION DES PEINES.
V. AMNISTIE, CIRCONSTANCES ATTÉNUANTES, GRACE ET COMMUTATION DE PEINES, PEINES.

RÉEXPORTATION.
V. DOUANES.

REFENTE.
1. — V. ce qui a été dit à ce sujet v° VENTE, REFENTE.

2. — A quoi il faut ajouter, en ce qui concerne spécialement la refente, que l'erreur de droit n'étant pas une cause de rescision, dans le cas où les opinions des jurisconsultes et la jurisprudence des tribunaux présentent une grande division et une grande controverse (V. ERREUR, n° 404), un partage fait conformément au système de la refente à une époque où ce système semblait prédominer, quoique depuis il ait été proscrit, ne peut point aujourd'hui être attaqué pour cause d'erreur de droit. — Cass., 20 août 1829, Demersseman c. Vankempen.

RÉFÉRÉ.

Table alphabétique.

RÉFÉRÉ. — **1.** — Procédure dont le but est de faire statuer provisoirement et avec rapidité, dans tous les cas d'urgence, ou lorsqu'il s'élève des difficultés sur l'exécution des titres et des jugemens. — C. proc. civ., art. 806.

2. — Le juge des référés est le président du tribunal civil de première instance. — Quelquefois, cependant, les tribunaux prononcent en état de référé. La décision du président s'appelle ordonnance de référé; celle du tribunal s'appelle jugement de référé.

3. — L'ordonnance de 1667 sur la procédure civile ne contient aucune disposition relative aux référés. Un édit spécial de 1685 autorise les parties, dans certains cas d'urgence, dans certaines fois d'urgence, à se pourvoir devant le lieutenant civil du Châtelet. — Voici la teneur de l'art. 6 de cet édit: « Quand il s'agira de la liberté de personnes ou consituée en charge, de celle de marchands et négocians emprisonnés à la veille de plusieurs fêtes consécutives, ou des jours auxquels on n'entre pas au Châtelet; lorsqu'on demanda la mainlevée de marchandises prêtes à être envoyées et dont les voituriers seront chargés, ou qui peuvent dépérir; du paiement que des hôteliers ou des ouvriers demandent à des étrangers pour des nourritures et fournitures d'habits ou autres choses nécessaires; lorsqu'on réclamera des dépôts, gages, papiers ou autres effets divertis, si le lieutenant civil le juge ainsi à propos, il pourra ordonner que le jour même dans son hôtel, pour y être entendues, et être par lui ordonné, par provision, ce qu'il estimera juste, sans frais ni vacations à son égard. »

5. — Il existait aussi en Normandie un usage d'après lequel on pouvait, sans aucun mandement ni permission de justice, faire comparaître en justice la partie de laquelle on avait à se plain-

dre. — On l'appelait *clameur de haro*. — V. ce mot.

CHAPITRE Ier. — *Référé proprement dit.*

Sect. 1re. — *Caractères du référé.*

6. — Le référé est une procédure prompte et expéditive, autorisée, ainsi que nous venons de le dire, dans tous les cas d'urgence, ou lorsqu'il s'agit de statuer sur des difficultés d'exécution.

7. — Les mesures qui peuvent être ordonnées en référé ne sont jamais que provisoires, c'est-à-dire qu'elles laissent le fond *en état*. « Au principal, portent-elles, renvoyons les parties à se pourvoir, et cependant, dès à présent, et par provision, disons : ... » telle est la formule ordinaire des ordonnances de référé. « Les ordonnances, porte l'art. 809, ne feront aucun préjudice au principal. »

8. — Soit que l'on interjette appel ou non de l'ordonnance, les droits des parties restent toujours entiers sur le principal. Ainsi, l'ordonnance qui, statuant sur l'exécution d'un titre, fixe la quotité de la somme due au poursuivant, et ordonne la continuation des poursuites, n'enlève pas au débiteur, alors qu'il ne l'a pas attaquée, la faculté de débattre devant le tribunal le montant de la créance, et de conclure à la nullité des poursuites. — *Bourges*, 1 avril 1825, Roi c. Marquet.

9. — Le juge des référés est incompétent pour statuer, en cas de revendication des objets saisis, sur la question de propriété. — *Paris*, 10 mai 1848 (t. 1er 1848, p. 575), Boulny c. Lawson.

10. — L'acquiescement donné par les parties à une ordonnance de référé ne les prive pas du droit de faire statuer sur le principal. — *Colmar*, 30 juill. 1825, Muller c. Schœffer. — Pigeau, t. 1er, p. 108; Thomines, p. 294, Carré et Chauveau, *eod.*

11. — ... Et le jugement qui, statuant en état de référé, ordonne l'exécution provisoire d'un acte de vente, ne forme pas autorité de chose jugée sur la question de validité de cette vente. — *Orléans*, 7 mai 1842 (t. 1er 1842, p. 673), Trepied c. Voisin.

12. — Le rôle du président consiste toujours à ordonner ou à empêcher une mesure, à arrêter ou à hâter une exécution.

13. — Du principe que des mesures provisoires peuvent seulement être ordonnées en référé, il suit que le président peut bien suspendre l'exécution d'une poursuite, mais qu'il ne pourrait annuler un acte d'exécution, faire mainlevée

---

d'une inscription, d'une saisie-arrêt. — V., toutefois, n°s 95 et suiv.

14. — Il ne pourrait autoriser la vente d'objets mobiliers donnés en nantissement. L'art. 2078 C. civ. porte, d'ailleurs, que cette vente sera ordonnée en justice. — *Paris*, 3 oct. 1839 (t. 2 1839, p. 327), Sinoquet c. Van Waterschoodt.

15. — ... Ni sur le référé introduit par un tiers opposant à une saisie-exécution et qui a été renvoyé à l'audience, statuer sur le mérite de la saisie et la déclarer nulle. — *Paris*, 18 sept. 1812, Chauveau c. Damerval.

16. — ... Ni sur le référé introduit sur l'exécution des clauses d'une adjudication, déterminer la priorité entre les héritiers inscrits et un créancier auquel l'acte d'adjudication a fait délégation d'une partie du prix. — *Turin*, 2 août 1809, Chiattone c. Peirone.

17. — ... Ni décider si une partie doit recevoir une rente viagère ailleurs qu'à son domicile; ce serait préjuger la question de validité du paiement. — *Rennes*, 12 janv. 1810, N...

18. — ... Ni ordonner qu'il sera passé outre à un partage nonobstant l'opposition du créancier de l'un des copartageans. Peu importerait d'ailleurs que le partage fût ordonné sous la caution des fonds et des parties. — *Bourges*, 28 janv. 1845, Mocquot c. Jaignault.

19. — ... Ni ordonner l'exécution d'un jugement contre un tiers avec lequel ce jugement n'a pas été rendu. — *Paris*, 14 avril 1829, Gelle c. Poisson; 11 avril 1834, Trésor c. Laye.

20. — ... Ni recevoir une caution ordonnée par jugement; c'est le tribunal qui a rendu le jugement qui a seul qualité à cet effet. — Art. 517 et 521 C. comm. — V. CAUTION.

21. — En cas de surenchère sur aliénation volontaire, la caution est ordonnée par la loi même; cependant la contestation étant incidente, est dévolue au tribunal saisi de l'instance. — Carré et Chauveau, quest. 2832; Berriat, p. 529; Berriat, p. 652; Bioche, n° 477. — V. SURENCHÈRE.

22. — Des conclusions tendant à l'annulation d'un testament, prises incidemment dans une affaire de référé pour opposition à la levée de scellés, ne pouvant faire l'objet que d'une action principale, un tribunal ne commet point un déni de justice en refusant de statuer sur ces conclusions. — *Cass.*, 6 mars 1834, Lehir c. Duncel.

23. — Le juge du référé n'est pas non plus compétent pour statuer sur une demande en pension alimentaire qui, bien que désignée comme provisoire, a néanmoins tous les caractères d'une demande définitive, et par exemple produit un effet illimité dans sa durée. — *Toulouse*, 21 août 1838 (t. 2 1838, p. 448), Savène.

24. — Quand un dépôt volontaire a été fait par plusieurs personnes, le juge du référé est incompétent, hors les cas d'urgence, pour statuer sur la remise aux mains de l'une d'elles d'une partie de la somme déposée, et les autres déposans ont qualité pour intervenir sur l'appel de cette décision interjeté par le dépositaire. — *Rennes*, 17 janv. 1848 (t. 1er 1849, p. 546), Terrien c. Chateaubourg.

25. — Le juge du référé excéderait encore ses pouvoirs, en allouant des dommages-intérêts à l'une des parties. — *Metz*, 2 juin 1833, Lecoq c. Neven.

26. — Ainsi le juge du référé, compétent pour statuer sur la demande de mise en liberté provisoire fondée sur ce que l'huissier a refusé de conduire le débiteur en référé, est incompétent pour connaître de la demande en dommages-intérêts contre l'huissier. — *Douai*, 23 nov. 1839 (t. 2 1846, p. 406), Buchot c. Sire.

27. — Jugé que le juge du référé a qualité pour en adjuger les dépens, et n'est pas tenu de les réserver pour y être statué lors de l'instance au principal. — *Douai*, 18 juin 1845 (t. 2 1845, p. 255), Berthon c. Remy.

28. — Le caractère dominant de cette procédure est donc ce provisoire qui s'attache à l'autorité de l'ordonnance. Définitive quant à la mesure prescrite, elle ne pourvoit qu'aux besoins du moment.

29. — Un des autres caractères, c'est que l'ordonnance de référé est toujours exécutoire *par provision*. Il fallait de toute nécessité prohiber tout recours *suspensif* des effets de l'ordonnance, puisque la voie du référé n'est ouverte que dans les cas où il y a urgence et péril en la demeure. Remarquons-le, le législateur n'a pas décidé que l'ordonnance serait inattaquable; il a voulu seulement, et c'était dans la force des choses, que son exécution fût assurée envers et contre tous; mais il a pris des garanties contre les inconvéniens souvent irréparables de l'exécution provisoire,

---

en soumettant les parties à fournir caution, au gré du juge.

30. — L'appel est le seul recours possible contre les décisions rendues en référé. L'opposition est formellement proscrite. — C. proc. civile, art. 809.

31. — Un référé suppose toujours un débat contradictoire, une instance liée par un ajournement ou par une mise en demeure de comparaître devant le juge. — Aussi ne rangera-t-on pas dans la classe des référés la nomination d'experts faite, aux termes de l'art. 106 C. de comm. par le président du tribunal de commerce, à l'effet de constater l'état de marchandises avariées; ou la permission qui, aux termes de l'art. 172 du même Code, autorise conservatoirement les effets mobiliers des tireurs, accepteurs ou endosseurs d'une lettre de change: car la partie adverse n'est pas appelée devant ce magistrat. — Bioche, v° *Référé*, n° 7. — V. COMMISSIONNAIRE, n° 59, 62, SAISIE CONSERVATOIRE, VOITURIER. — *Contrà*, Bilhard, *Référé*, p. 477.

32. — Nous terminerons en constatant que le référé n'est pas une de ces mesures auxquelles on ne puisse avoir recours que lorsqu'il n'y a pas d'autre moyen d'arrêter l'exécution d'un jugement. On est recevable à se pourvoir en référé, bien qu'on ait le droit d'attaquer le jugement par appel ou opposition; mais c'est toujours à la condition qu'il s'agisse d'une difficulté d'exécution et qu'il y ait urgence. — Bioche, n° 14.

33. — Nous croyons aussi qu'on ne serait pas non recevable à porter de prime abord au principal une demande qui, d'après la loi, fait la matière d'un référé. — Bilhard, *loc. cit.*, p. 764. — *Contrà*, Bioche, n° 243.

34. — Jugé cependant que la demande en nomination d'un notaire pour procéder à l'inventaire d'une succession ne peut être portée devant le tribunal entier. — *Orléans*, 19 mai 1805, N...

Sect. 2e. — *Cas dans lesquels il y a lieu à référé.*

§ 1er. — *Urgence.*

35. — La loi nouvelle n'a pas, comme l'édit de 1685, défini les circonstances constitutives de l'urgence, et ce n'est pas à cet édit que l'on doit recourir, puisqu'il se trouve abrogé par l'art. 1041 C. proc. civ. comme tous les autres réglemens de procédure. — Merlin, *Rép.*, v° *Référé*; Boitard, *Leçons sur le Code de procédure*, t. 2, p. 440, n° 369.

36. — On remarquera même que la loi du 16-24 août 1790, organique des justices de paix a attribué à cette juridiction la connaissance du grand nombre des cas prévus par l'édit. La loi du 25 mai 1838 a encore élargi les bases de celle du 16-24 août. — V. JUSTICE DE PAIX.

37. — Il est évident d'un autre côté que les art. 806, 607, 661, 681, 734, 786, 829, 843, 845, 852, 921, 922, 944, 948 C. proc. civ., qui autorisent expressément la voie du référé, ne prévoient pas tous les cas d'urgence.—Bilhard, p. 25 ; Bioche, n° 15.

38. — L'orateur du gouvernement disait à propos de l'art. 806 : Quelques personnes ont paru craindre qu'il ne fût facile d'arguer d'urgence pour faire porter, sous cette dénomination et de faire porter, sous cette dénomination des référés dont parle l'art. 807, les contestations qui devraient être portées à l'audience du tribunal. Nous croyons que cette inquiétude n'est pas fondée, et que nous rappeler la longue nomenclature des cas prévus par l'ordonnance de 1585, la loi s'explique assez clairement en n'attribuant à l'audience des référés que les cas d'urgence. Le discernement et la probité du président ou du juge délégué feront le reste.

39. — Concluons donc : 1° que les dispositions des articles précités sont spéciales, énonciatives, et non pas limitatives. Aussi l'art. 806 se borne-t-il à généraliser la matière des référés. — Thomines-Desmazures, t. 2, p. 390; Boitard, t. 2, n° 370, p. 441; Carré et Chauveau, art. 806, xxxvi; Pigeau, art. 806.

40. — 2° Que c'est au juge du référé qu'il appartient de décider s'il y a ou non urgence dans la cause qui lui est soumise; que sa décision n'est pas souveraine, et que l'appel et le pourvoi en cassation sont ouverts contre l'ordonnance qui proclamerait à tort l'urgence.—Pigeau, *Comm.*, t. 2, p. 494; Bilhard, p. 19; Boitard, t. 2, p. 440, n° 369; Carré et Chauveau, *eod.*; Favard de Langlade, t. 4, p. 776; Bioche, n° 45.

41. — Il est évident qu'aujourd'hui, d'après ces expressions générales de l'art. 806, *dans tous les cas d'urgence*, l'usage de la voie du référé peut s'étendre bien plus loin qu'autrefois; mais c'est ici qu'il convient d'essayer de fixer les idées sur l'application de cet article, afin d'empêcher qu'on ne s'expose à prendre cette voie dans des circonstances où il n'a pas été dans l'intention du législateur de l'ouvrir aux parties, et où il serait même contraire à leurs intérêts qu'elles la prissent.

42. — Il faut bien se garder de confondre deux choses qui sont très-distinctes, la *célérité* et l'*urgence*. Une cause exige célérité, mais elle ne fait pas pour cela l'objet d'un référé : la loi permet seulement d'abréger les délais (V. C. proc., art. 72). L'urgence présuppose que, quelle que soit la brièveté du délai, le fait ne peut attendre la réunion de *tous* les membres du tribunal sans qu'il en résulte péril dans la demeure. C'est alors que la voie du référé est ouverte; mais le magistrat chargé de l'application de l'art. 806 se tromperait souvent, il excéderait ses pouvoirs s'il ne prenait pas pour guides les dispositions particulières du Code de procédure et les règles antérieures : c'est là, et dans des cas semblables, que son attribution peut être circonscrite.

43. — En peu de mots, cessation d'entraves, levée d'obstacles, aplanissement des difficultés sur l'exécution, sur des saisies, conservation d'un fait ou d'une chose sans lesquels l'action n'a plus d'intérêt, voilà ce qui peut faire l'objet d'une ordonnance de référé dans les matières qui ne sont pas réservées à la connaissance du juge de paix. Dans tous les cas autres que ceux qui sont déterminés par la loi, et où il s'agit d'un droit litigieux fondé sur des faits permanens, quelque célérité qu'exige la décision, c'est au tribunal à statuer, sur assignation à bref délai. N'est-il pas évident qu'en prenant la voie du référé hors des circonstances qui prescrivent une mesure conservatoire, ou la levée d'un obstacle au cours de la justice, on aurait deux instances pour une, puisque le lendemain de l'ordonnance en référé on jugerait la cause au principal?... Si, sous prétexte d'urgence ou de provision, le président était juge en référé, il y a peu d'affaires qu'on ne trouvât moyen de commenter ainsi, et bientôt nous tomberions dans une confusion de pouvoirs... On ne verrait plus que des appels d'incompétence sur des ordonnances en référé. C'est pour cela, répétons-nous, que l'art. 806 n'a pas laissé un pouvoir discrétionnaire au magistrat qui statue en référé, et que ces expressions *dans tous les cas d'urgence* se réfèrent aux cas qui sont prévus par les anciens et les nouveaux réglemens, ou qui sont dans la même catégorie.

44. — Jugé que l'urgence doit être telle que le demandeur ne puisse attendre, sans danger, l'échéance d'une assignation, même à bref délai. — *Rome*, 6 juill. 1811, Veccia c. Rondoni; *Bruxelles*, 11 mai 1825, N...

45. — ...Et qu'il ne peut y avoir lieu à référé lorsque le tribunal devant le président duquel ce référé est introduit est lui-même saisi de la contestation au fond, et a décidé qu'il n'y avait pas urgence. — *Rennes*, 10 nov. 1841 (t. 1er 1842, p. 466), Lenoir.

46. — Jugé qu'il ne peut être ordonné en référé qu'il sera passé outre à un partage, malgré l'opposition d'un créancier de l'un des copartageans, parce qu'il n'y a pas urgence. — *Bourges*, 28 janv. 1815, Mocquot c. Jaignault.

47. — Mais que le président est compétent pour connaître, par voie de référé, d'une demande tendant à être provisoirement rétabli dans la possession d'un cours d'eau nécessaire à une exploitation commerciale, et dont le possesseur a été privé au moyen d'un nouvel œuvre pratiqué, pendant la nuit, sur le fonds supérieur. — *Rouen*, 25 avril 1826, Auzou c. Lemaître.

48. — Voici les cas principaux dans lesquels l'urgence est évidente. Nous prendrons pour guide M. Debelleyme, sous la présidence de qui la juridiction des référés s'est tant accrue.

49. — Il y a urgence lorsqu'il s'agit de l'apposition d'écriteaux après congé, afin que le propriétaire n'éprouve pas de préjudice dans la location de sa maison. — Debelleyme, *Form.*, n° 51, p. 82.

50. — ...De visite de lieux après congé, dans l'intérêt du propriétaire. — *Form.*, n° 52, p. 83.

51. — ...D'expulsion après congé, si le locataire commet des dégradations ou refuse de sortir, et qu'il en résulte préjudice pour le propriétaire. — *Form.*, n° 54, p. 85. — Bioche, n° 64.

52. — ...D'expulsion après décès, faillite, etc., lorsque le nouveau locataire demande à entrer en jouissance. — *Form.*, nos 55 et 56, p. 88 et suiv.

RÉFÉRÉ, ch. 1er, sect. 2e, § 1er.

53. — ...D'expulsion, faute de garnir les lieux, lorsque le locataire enlève journellement ses meubles, et que le propriétaire court risque de perdre ses loyers. — *Form.*, n° 66, p. 104.

54. — Jugé cependant que le locataire d'un moulin à vent qui ne garnit pas les lieux de meubles suffisans, doit être assigné en résiliation de bail, mais non en expulsion de lieux par voie de référé. — *Paris*, 9 juill. 1833, Blard c. Didier. — Chauveau sur Carré, quest. 2754 *ter*.

55. — ...D'expulsion d'un locataire qui tiendrait, dans les lieux loués, une maison de tolérance, ce qui peut occasionner au propriétaire un préjudice immédiat. — *Form.*, n° 72, p. 110.

56. — ...De l'état de lieux avant l'entrée en jouissance; il y a urgence, lorsque l'incident surgit au moment de la prise de possession : car le temps manque pour saisir le tribunal. C'est d'ailleurs une mesure conservatoire. — Bioche, n° 51; Debelleyme, *Form.*, n° 74, p. 114.

57. — ...Et même après l'entrée en jouissance, si des dégradations sont commises, si des changemens sont apportés à la destination des lieux, etc.

58. — ...Des travaux nécessaires pour l'entrée en jouissance. — *Form.*, n° 75, p. 114.

59. — ...Et même, s'il y a urgence, de ceux à la charge du propriétaire, pendant la durée du bail. — Debelleyme, *Form.* n° 78, p. 120.

60. — Quant aux réparations locatives, elles sont de la compétence du juge de paix. — V. JUSTICE DE PAIX.

61. — ...De la pose d'une enseigne, si le bail en a déterminé les conditions; ou à défaut de bail, si l'usage est constant et l'urgence établie. — Debelleyme, t. 2, p. 288.

62. — ...Du mode de jouissance d'une cour commune, d'un escalier d'honneur.

63. — ...Du service des concierges, de l'éclairage des corridors et escaliers.

64. — ...De travaux du propriétaire troublant la jouissance du locataire.

65. — ...*Vice versâ*, de travaux du locataire qui nuisent au propriétaire, en supposant toujours le péril démontré.

66. — ...De contestations entre propriétaires voisins, à raison de dégradations, surcharges, percement de mur mitoyen, ouverture de portes, construction de cheminées, forges, fours, puits, fosses d'aisances, obstacles à l'écoulement des eaux, et autres faits semblables. — Debelleyme, *Form.*, n° 85, p. 140.

67. — ...De mesures à prendre, en cas de démolition d'un bâtiment, pour faire observer les précautions nécessaires, constater les dommages éprouvés par les voisins. — *Form.*, n° 87, p. 62.

68. — ...D'abandon, de retard dans les travaux de construction de la part des architectes et ouvriers, lorsqu'il en résulte des dégradations dans les constructions, ou des retards dans l'entrée en jouissance du locataire. — *Form.*, n° 86, p. 147.

69. — ...De l'emploi de mauvais matériaux, de constructions contraires aux règles de l'art.

70. — Du renvoi d'un caissier ou employé, quand il importe à celui au service de qui il se trouve d'être mis en possession immédiate d'objets, papiers, valeurs, etc. — *Form.*, nos 68 et 69, p. 106 et suiv.

71. — Mais le juge du référé ne pourrait prononcer la révocation d'un gérant dont l'administration est critiquée. — Ni ordonner l'expulsion d'un associé. — Bioche, nos 209 et 210.

72. — ...De débats en matière de séparation de corps, à raison de la résidence provisoire de la femme, de la garde des enfans, de la remise des hardes et effets à l'usage de la femme (*Form.*, n° 91, p. 171); ou de l'apposition des scellés sur les effets communs, aux autorisations nécessaires à la femme pour ester en justice, quand il y a péril en la demeure. — Debelleyme, t. 2, p. 345 et suiv.

73. — Mais le juge du référé serait incompétent pour autoriser la femme, contre la volonté du mari, à vendre partie de son mobilier, et à transporter le surplus dans un domicile qu'elle s'est choisi. — *Paris*, 19 oct. 1836, Laurence.

74. — ...Ou pour autoriser le séquestre sur les fruits pendans par racine des immeubles de la communauté. — *Liége*, 13 janv. 1809, R....

75. — ...De la vente d'objets mobiliers sujets à dépérissement. — *Form.*, n° 94, p. 170.

76. — Mais le juge des référés n'est pas compétent pour ordonner la vente d'objets mobiliers donnés en nantissement. — *Paris*, 3 oct. 1839 (t. 2 1839, p. 327), Sinoquet c. Van Waterschoodt.

77. — ...De constat de marchandises. — *Form.*, n° 95, p. 171.

78. — ...De l'établissement d'un séquestre, d'un gardien, d'un commissaire pour veiller à la con-

RÉFÉRÉ, ch. 1er, sect. 2e, § 1er.

servation d'un objet litigieux. — Debelleyme, t. 2, p. 335; Bioche, n° 40. — C. proc. civ., art. 135, n° 4, et 550. — Nous ferons remarquer : 1° qu'en matière de scellés, c'est le juge de paix qui est chargé de nommer les gardiens (C. proc. civ., art. 914. — V. SCELLÉS); 2° qu'en matière de saisie-exécution le juge de paix a seul qualité pour nommer un garant à l'exploitation, lorsqu'il y a des animaux et des ustensiles servant à l'exploitation des terres. — C. proc. civ., art. 594. — V. SAISIE-EXÉCUTION. — *Contrà*, Bioche, n° 132.

79. — Jugé que, pendant le cours d'une procédure de folle enchère, le poursuivant peut se faire autoriser en référé à établir gardien pour empêcher le divertissement du mobilier faisant partie de l'adjudication et les dégradations des bâtimens et à faire réintégrer le mobilier déjà enlevé. — *Paris*, 16 févr. 1816, Demalard c. Aubineau.

80. — En cas d'urgence, un créancier hypothécaire exerçant le droit de son débiteur pourrait être autorisé à préposer une personne pour veiller à la conservation de la récolte et au partage des produits avec le fermier. — *Rome*, 6 juill. 1811, Veccia c. Rondoni.

81. — ...Du cautionnement des officiers ministériels, dans le cas où le créancier demande à être autorisé à faire, à défaut du titulaire, la déclaration de cessation de fonctions, pour obtenir le remboursement du cautionnement, ou bien à retirer le certificat de cautionnement. — Bioche, n° 67.

82. — Mais on ne pourrait autoriser le bailleur de fonds à demander la délivrance du certificat de cautionnement. — Même auteur.

83. ...De recrutement : le président peut autoriser une partie à présenter un remplaçant aux frais de qui il appartiendra, en cas de désertion du remplaçant. — Debelleyme, t. 2, p. 343.

84. — ...De journaux et de revues périodiques : il peut statuer provisoirement sur les questions qui intéressent leur gérance ou leur publication; il peut nommer un gérant provisoire en cas de disparition, décès, cessation de fonctions du gérant et de désaccord des parties intéressées. — Debelleyme, t. 2, p. 33.

85. — ...De théâtres : et, par exemple, il peut autoriser la continuation des répétitions d'un ouvrage, malgré l'opposition de l'auteur. — Debelleyme, t. 2, p. 336 et suiv.; Bioche, nos 70 et suiv.

86. — ...Suspendre les débuts d'un enfant ou d'une femme sur l'opposition du père ou du mari, ou bien ceux d'un acteur sur un théâtre qui n'est pas celui auquel il est attaché. — Mêmes auteurs.

87. — ...Décider les difficultés relatives aux jouissances et concessions de loges. — Mêmes auteurs.

88. — ...Nommer un gérant, en cas de décès du directeur.

89. — ...Autoriser les artistes à toucher une partie de leurs appointemens, nonobstant les oppositions de leurs créanciers. — L. 21 vent. an XI, art. 11. — Mêmes auteurs. — V. SAISIE-ARRÊT.

90. — ...Autoriser le prélèvement des droits d'auteurs, nonobstant les oppositions des créanciers de l'administration. — Mêmes auteurs. — Ou ceux des droits des hospices.

91. — ...Autoriser une réunion d'artistes à toucher la recette d'un bénéfice, nonobstant l'opposition des créanciers du bénéficiaire. La représentation n'a été donnée que comme acte de bienfaisance; elle n'a pas eu pour but l'intérêt des créanciers. — Mêmes auteurs.

92. — M. Debelleyme (t. 2, p. 336) est d'avis que le président peut autoriser un théâtre à recevoir la subvention qui lui est accordée par le gouvernement, nonobstant l'opposition des créanciers. Mais, dit avec raison M. Bioche (n° 73), comment les fournisseurs, en vue desquels la subvention est accordée, se pourvoiront-ils, si l'administration ne tient pas compte de leurs justes réclamations?

93. — Un tribunal statuant en état de référé sur une action en dénonciation de nouvel œuvre ne peut ordonner que la suspension des travaux. Il n'est point compétent pour en ordonner la destruction : c'est là l'objet d'une action principale à suivre dans les formes ordinaires. — *Bastia*, 25 mars 1844 (t. 2 1844, p. 259), Buggio c. Gentile.

94. — Le juge des référés, compétent pour ordonner les mesures provisoires, ne peut, lorsqu'il existe une revendication des objets saisis, autoriser la continuation des poursuites jusqu'à la vente exclusivement. — *Paris*, 11 févr. 1847 (t. 1er 1847, p. 389), Grandperrin c. Barbier.

RÉFÉRÉ, ch. 1er, sect. 2e, § 2.

§ 2. — *Exécution des actes et jugemens.*

95. — Toutes les difficultés auxquelles donne lieu l'exécution des actes et jugemens sont susceptibles d'une décision provisoire en référé. — Art. 806.

96. — ... A la condition qu'il y ait péril en la demeure. Supposons, par exemple, qu'au moment même où l'on procède à la vente de son mobilier, Paul, absent depuis plusieurs années, se présente et se prétende libéré. Il pourra demander, sur le procès-verbal, à ce qu'il en soit référé au président; car l'urgence est grande. Si, au contraire, il se présentait après la signification du commandement, ce ne serait pas le cas d'introduire un référé, mais de se pourvoir directement, par opposition, devant le tribunal. Quand il n'y a pas d'urgence, quel besoin y a-t-il d'une décision provisoire? Le discours de l'orateur du gouvernement est conforme à cette doctrine. Néanmoins, on soutient que l'art. 806 admet deux causes distinctes de référé : 1° l'urgence; 2° le cas où il y a difficulté sur l'exécution d'un titre authentique; et que le caractère d'urgence, nécessaire dans le premier cas, ne l'est pas dans le second; enfin, on ajoute que provision est due au titre, et, qu'en référé, toute décision sur l'exécution d'un titre est nécessairement provisoire. — V., en ce sens, Debelleyme, p. 12, n° 1er, p. 13, n° 1er; form. 12 et 13, p. 23 et suiv., form. 59 à 64, 67, 70, 76 et 153, p. 96, 106, 109, 117, 321 et suiv. — *Contrà*, Thomines, t. 2, p. 392; Chauveau sur Carré, quest. 2754 *bis*; Boitard, t. 2, p. 440, n° 369.

97. — Par ce mot *actes*, nous entendons évidemment parler des actes authentiques emportant voie parée.

98. — On ne pourrait, au contraire, statuer en référé sur l'exécution de *conventions verbales contestées*, sauf le cas où il ne s'agirait que de mesures provisoires et conservatoires commandées par l'urgence.

99. — Décidé que le juge du référé est compétent pour prononcer sur les difficultés qui s'élèvent sur l'exécution d'un acte sous seing privé dont un jugement a reconnu les écritures et signatures. — *Toulouse*, 27 juill. 1834, Balard. — Bioche, n° 106. — *Contrà*, Debelleyme, t. 2, p. 12.

100. — A l'égard des jugemens, est-il besoin de dire qu'aucune distinction ne doit être admise entre le cas où c'est un jugement de justice de paix, de commerce et de prud'hommes, et celui où il émane des tribunaux ordinaires.

101. — Le juge du référé est compétent pour statuer sur les difficultés relatives à l'exécution d'un jugement qui ordonne un séquestre. — *Rennes*, 23 déc. 1818, de Listré c. Bourrie.

102. — Peu importe encore qu'il s'agisse d'un arrêté du conseil de préfecture ou d'un décret du Conseil d'Etat jugeant en matière contentieuse; car ce sont de véritables jugemens dont l'exécution est poursuivie par les voies ordinaires. Il est d'ailleurs de principe que la justice administrative connaît de l'interprétation de ses décisions, mais non de leur exécution. — Thomines, n° 942; Macarel, *Elémens de jurispr. adm.*, t. 1er, nos 4 et 50; Cormenin, v° *Conseil de préfecture*, n° 17; Bioche, n° 89. — V. CONSEIL D'ÉTAT, CONSEIL DE PRÉFECTURE, COMPÉTENCE ADMINISTRATIVE, nos 242 et suiv.

103. — Quant aux *actes* administratifs, il n'appartient pas aux tribunaux civils d'en fixer le sens et l'effet. Toutes les fois que l'exécution en est poursuivie par voie administrative, ces tribunaux ne peuvent connaître des difficultés qui surgissent. Mais si elle est poursuivie par les voies ordinaires, on rentre dans le droit commun. — Carré et Chauveau, quest. 1914, 2756; Carré, *Comp.*, t. 1er, p. 208.

104. — Il suit de là que les juges du référé ne connaissent de ces actes que par rapport aux difficultés matérielles d'exécution, et toujours à la condition que l'exécution en soit poursuivie par les voies ordinaires.

105. — En matière de contraintes, tantôt l'opposition est portée devant l'autorité administrative, tantôt elle l'est devant la juridiction civile. — V. CONTRAINTE ADMINISTRATIVE nos 36 et suiv. — Mais, qu'on le remarque, le juge du référé ne serait pas, même dans ce dernier cas, compétent pour statuer provisoirement sur l'opposition, parce que la loi a tracé des formes spéciales dont on ne doit pas s'écarter.

106. — C'est ce qui a été jugé, notamment en matière de contributions indirectes. — V. CONTRIBUTIONS INDIRECTES, n° 145. — Bioche, n° 91.

107. — Il convient d'en dire autant en matière de contributions directes. — V. CONTRIBUTIONS DIRECTES, nos 849, 1063 et suiv. — Cependant, les tribunaux civils étant seuls compétens pour juger si les actes de poursuite sont réguliers, le juge du référé peut être saisi, dans certains cas, de la connaissance de ces actes. — V. *eod.*, nos 1199 et 1200.

108. — Dans le cas d'une contestation sur le mérite d'une contrainte décernée par le préfet contre les théâtres, en paiement des droits de recette au profit des indigens, le juge du référé ne peut pas, tout en renvoyant les parties à se pourvoir au fond, ordonner par provision la discontinuation des poursuites, l'autorité judiciaire ne connaissant pas de l'exécution des actes administratifs. — *Paris*, 28 janvier 1832, Crosnier c. les hospices.

109. — Jugé encore que l'opposition formée par le ministre des finances au transfert d'inscriptions de rentes sur l'Etat dont la propriété est incertaine, et cela dans l'intérêt du propriétaire quel qu'il soit, constitue un acte administratif dont les tribunaux ne peuvent connaître. En conséquence, l'ordonnance de référé qui, malgré l'opposition, prescrit le transfert, même à la caisse des consignations, à la conservation des droits de qui il appartiendra, est nulle comme incompétemment rendue. — *Paris*, 22 mars 1836, trésor public c. Auffray.

110. — En matière d'expropriation pour cause d'utilité publique, l'autorité judiciaire ne peut compétemment statuer sur la remise en possession et sur la destruction des travaux exécutés avant le règlement et le paiement de l'indemnité prescrite par la loi ou sur les dommages-intérêts qui seraient la conséquence de ces travaux qu'autant qu'elle a été saisie au principal, et non par voie de référé, le juge du référé n'étant compétent que pour statuer sur l'opposition à ce que les travaux soient commencés ou continués. — *Paris*, 2 août 1842 (t. 1er 1842, p. 573), Compagnie du chemin de fer de Paris à Orléans c. Boulé-Robert. — V. EXPROPRIATION POUR UTILITÉ PUBLIQUE, nos 39 et suiv.

111. — Mais le juge du référé serait compétent pour ordonner, nonobstant l'instance sur le fond du droit, l'envoi en possession de l'immeuble exproprié, lorsque le dépôt à la caisse des consignations de la somme fixée par le jury à titre d'indemnité, a eu lieu, bien que ce dépôt ait été effectué sous toutes réserves de contester le droit à l'indemnité; car, en pareil cas, la demande d'envoi en possession n'est que l'exécution d'actes authentiques. — *Paris*, 29 mars 1841 (t. 1er 1841, p. 585), Lachaux c. préfet de la Seine.

112. — Sans suspendre l'exécution d'actes administratifs, on pourrait cependant ordonner une constatation pour les droits des parties et des tiers. — Debelleyme, t. 2, p. 17; Bioche, n° 99.

113. — Jugé, cependant, que le juge des référés est incompétent pour ordonner des vérifications et simples mesures provisoires, lorsque la connaissance du litige au fond ne ressort point de la juridiction civile. — *Paris*, 23 août 1836, préfet de la Seine c. de Ribes; 12 déc. 1843 (t. 1er 1844, p. 405), Pouillet c. Dumesny; *Toulouse*, 24 févr. 1844 (t. 2 1844, p. 213), préfet de la Haute-Garonne c. Sentis.

114. — Spécialement, un commerçant qui fait élever des constructions nécessaires à l'exploitation de son commerce fait un acte de commerce de la compétence des tribunaux de commerce. — Lorsque le tribunal de commerce a été saisi d'un débat à la suite de l'exécution de ces constructions, le juge des référés est incompétent pour en ordonner la vérification par experts. — *Paris*, 14 nov. 1846 (t. 2 1846, p. 713), Monnier c. Rues.

115. — Est-ce le titre en lui-même qui est contesté? — Il appartient évidemment au juge de reconnaître s'il est paré et exécutoire. C'est là un point de fait facile à résoudre. Ses attributions seraient insignifiantes s'il suffisait de contester la nature du titre pour échapper à sa juridiction. — Debelleyme, t. 2, p. 62; Bioche, n° 85, Chauveau sur Carré, quest. 2754 *ter*.

116. — Il lui appartient de reconnaître si provision lui est due. Ainsi, le jugement par défaut est réputé non avenu par le fait de l'opposition, à moins que l'exécution provisoire n'ait été prononcée. — V. EXÉCUTION PROVISOIRE, JUGEMENT PAR DÉFAUT.

117. — En matière d'arbitrage volontaire, la justification d'une opposition à l'ordonnance d'*exequatur* suffirait pour arrêter les poursuites. Mais si l'arbitrage est forcé? V. ARBITRAGE, nos 946 et suiv.

118. — L'appel est suspensif, mais l'exécution provisoire peut être ordonnée. — V. APPEL, nos 1526 et suiv.; EXÉCUTION PROVISOIRE, nos 8 et suiv. La discontinuation des poursuites est donc de droit, lorsque le jugement, n'étant pas exécutoire par provision, se trouve frappé d'appel ou d'opposition.

119. — Est également suspensif, le pourvoi au Conseil d'Etat. — V. CONSEIL D'ÉTAT, nos 450 et suiv. — C'est un véritable appel.

120. — Si le jugement qui motive les poursuites a été mal à propos qualifié en dernier ressort, ou bien encore, si l'exécution provisoire a été prononcée contrairement au vœu de la loi, l'opposition aux poursuites est portée non pas devant le juge des référés, mais devant le tribunal d'appel. C'est ce tribunal qui, seul, a qualité pour accorder des défenses, aux termes des art. 457 et 459 C. proc. civ. — *Paris*, 5 oct. 1815, Gérardot c. Druet et Vial. — Chauveau sur Carré, quest. 2756 *bis*; Bioche, nos 185, 186 et 187. — V. EXÉCUTION PROVISOIRE.

121. — Jugé, en conséquence, que le juge des référés est incompétent pour connaître de la demande tendante à obtenir des défenses ou un sursis à l'exécution d'un jugement dont l'exécution provisoire a été ordonnée, alors surtout que les juges du second degré sont saisis de l'incident en défense ou en sursis. — *Montpellier*, 11 déc. 1841 (t. 2 1842, p. 684), Desfours c. Radier.

122. — *Vice versâ*, si l'exécution provisoire n'a pas été prononcée dans des cas où elle aurait dû l'être, il ne peut l'ordonner de son chef; c'est à la Cour qu'il faut s'adresser. — Art. 458 C. proc. civ. — V. EXÉCUTION PROVISOIRE. — *Liége*, 26 juill. 1807, N...; *Paris*, 16 sept. 1813, Vignette c. Fontaine. — Bioche, n° 185.

123. — Si le jugement est en premier ressort et non exécutoire par provision, mais que, nonobstant l'appel, l'exécution en soit poursuivie, par ce motif que le recours serait nul pour vice de forme, ou comme ayant été interjeté après l'expiration des délais, il nous semble que le juge ordinaire des référés connaîtrait valablement de la contestation. La Cour ne serait plus compétente, en ce cas, pour accorder des défenses; mais, qu'on le remarque, il faudrait toujours, pour agir par voie de référé, qu'il y eût urgence. — — *Rouen*, 29 (et non 24) nov. 1844 (t. 1er 1845, p. 509), Hauchard c. Gauthier. — Bioche, n° 12; Chauveau sur Carré, quest. 2756 *bis*.

124. — Jugé, cependant, que le juge du référé saisi d'une demande en élargissement fondée sur l'existence d'un appel du jugement en vertu duquel l'arrestation a été opérée, est incompétent pour décider si cet appel est ou non recevable. C'est à la Cour seule que ce droit appartient; et il suffit que l'appel soit antérieur à l'exécution pour qu'il doive être considéré comme suspensif de cette exécution, et que, par suite, l'élargissement doive être ordonné. — *Grenoble* 3 juin 1845 (t. 2 1848, p. 182), Martin c. Ducros. — V. aussi *Limoges*, 20 juill. 1832, Castro c. Debreuil.

125. — Et que le juge des référés est incompétent pour arrêter l'exécution d'un jugement exécutoire par provision, nonobstant opposition ou appel; c'est seulement par la voie d'appel de ce jugement qu'on peut obtenir des défenses de l'exécution provisoire. — *Toulouse*, 13 juill. 1848 (t. 1er 1849, p. 413), Martel c. Lafage.

126. — Il convient d'en dire autant à l'égard du jugement par défaut, auquel on aurait formé opposition après les délais. — V. JUGEMENT PAR DÉFAUT, nos 720 et suiv.

127. — Le recours en cassation ne produit pas d'effet suspensif. — V. CASSATION.

128. — De même, la requête civile n'empêche pas l'exécution du jugement attaqué; et nulles défenses ne peuvent être accordées, même par le tribunal. — C. proc. civ., art. 497. — V. REQUÊTE CIVILE. — Un seul cas fait exception, celui où il y aurait contrariété de jugemens. — V. *eod. verbo*. — Bioche, n° 214; Debelleyme, t. 2, p. 122.

129. — Quant à la tierce opposition, elle ne met pas obstacle à l'exécution des jugemens, passés en force de chose jugée, portant condamnation à délaisser la possession d'un héritage. Mais dans les autres cas, il dépend des juges de suspendre l'exécution. — C. proc. civ., art. 478. — Le juge du référé peut-il accorder un sursis comme les autres juges? Non. C'est le tribunal saisi de la contestation qui est seul compétent pour cela. Cependant M. Debelleyme (t. 2, p. 120) suspend les poursuites lorsque la partie ne connaît le jugement qu'au moment de l'exécution, afin de lui donner le temps de former sa tierce opposition si l'exécution doit entraîner un dommage irréparable. Si l'instance est engagée, il renvoie l'incident devant le tribunal saisi; et presque toujours en disant que tout demeurera en état. — Bioche, n° 212.

130. — Jugé que le juge des référés est incompétent pour arrêter l'exécution d'un jugement du tribunal de commerce, exécutoire par provision, lors même que ce jugement serait attaqué par voie de tierce opposition, s'il n'a point été obtenu de sursis. — *Paris*, 26 nov. 1849 (t. 2 1849, p. 328), Lefrançois c. Baudon.

131. — Le caractère exécutoire du titre est-il reconnu, ou bien le débiteur prétend-il que telle partie du jugement en vertu duquel il est poursuivi, ne comporte pas le sens qu'on lui attribue, par exemple, que la dette n'est pas échue, que la condamnation est conditionnelle, il n'est pas douteux que le juge n'ait le droit d'interpréter provisoirement l'acte si l'urgence le commande. — Chauveau et Carré, quest. 2754 *ter*; Debelleyme, t. 2, p. 20, n° 5.

132. — Contrairement à cette solution, il a été décidé que le juge du référé est incompétent pour statuer sur le sens à donner au dispositif d'un jugement : sa compétence se bornant à prononcer sur l'exécution d'un jugement dont les dispositions sont reconnues. — *Bourges*, 16 mars 1822, Bernard c. Gaillon. — Carré, quest. 2756; Bioche, n° 178. — *Contrà*, Chauveau sur Carré, quest. 2756.

133. — Mais si nous reconnaissons au président le droit d'interpréter le contrat, nous lui dénions celui de le modifier : et, par exemple, d'ordonner que l'acquéreur d'un immeuble, chargé par le contrat de vente de servir une rente perpétuelle, versera le capital de cette rente comme se trouvant éteinte. — *Paris*, 16 avril 1833 Raimbault c. Desbarre.

134. — Pareillement, nous reconnaissons au juge du référé le droit d'interpréter la loi si cela est nécessaire pour rendre sa décision provisoire. — Chauveau sur Carré, quest. 2556. — *Contrà Colmar*, 12 août 1807, Hirtz c. Deller. — Carré, même question; Thomines-Desmazures, t. 2, p. 394; Favard, v° *Référé*, t. 4, p. 777; Bioche, n° 191.

135. — Ou bien encore le débiteur plaide sa libération, soit parce qu'il a fait des offres suivies de consignation, soit parce qu'il y a compensation, soit parce que la dette est prescrite, et, dans ce cas encore, le juge est appelé à rendre une décision provisoire. Il pourra donc ordonner la discontinuation des poursuites, sauf à prescrire des mesures pour que les droits du créancier ne périclitent pas. — L'art. 809 C. proc. ne dit pas que le juge s'abstiendra de connaître du principal ; il porte seulement qu'il ne devra y faire aucun préjudice. — *Paris*, 1er sept. 1812, Laffitte c. Chatellon. — Rodière, t. 1er, p. 165; Bioche. nos 82, 158 et suiv. ; Chauveau sur Carré, quest. 2754 *ter* et 2755 ; Debelleyme, t. 2, p. 172 et 177. — *Contrà*, Carré, quest. 2755. — V. aussi *Bourges*, 9 avril 1815, Peremet c. Macé.

136. — Jugé, en conséquence, que le débiteur peut faire surseoir, en référé, à l'exécution d'un titre même authentique, s'il est survenu une loi qui en ait opéré la réduction. — *Agen*, 16 janv. 1810, (sous *Cass.*, 5 déc. 1810), Laudié c. Lafon.

137. — ... Lorsque la créance n'est pas liquide. — *Cass.*, 27 déc. 1810, N....

138. — ... Ou lorsque le créancier se trouve avoir entre les mains un gage suffisant pour la conservation de ses droits. — *Paris*, 29 janv. 1836, Delaunoy c. Filleul.

139. — ... Ou lorsqu'il y a compte à faire. — Bioche, n° 164. — V. *Bourges*, 2 juill. 1825, Roi c. Marquet.

140. — ... Ou lorsque l'acte est attaqué au principal par des motifs graves, par exemple comme étant souscrit par une femme séparée de biens sans l'autorisation maritale. — *Paris*, 29 févr. 1836, Delaunoy c. Filleul.

141. — ... Ou lorsqu'il oppose au créancier une quittance, une promesse de délai.

142. — Lorsqu'il existe une demande au principal formée pour s'opposer à la vente d'objets saisis conformément à l'art. 608 C. proc. civ., le juge des référés ne peut, sans excès de pouvoir, ordonner la continuation des poursuites et la vente des meubles revendiqués. — *Paris*, 3 janv. 1840 (t. 1er 1840, p. 161), Doze c. Jonquières.

143. — Evidemment, pour que la discontinuation des poursuites soit ainsi accordée, il faut que les moyens allégués soient sérieux en droit et constans en fait, il faut qu'aucun esprit de chicane ne les dicte ; sans quoi la mauvaise foi aurait trop beau jeu. Le président jouit d'un pouvoir discrétionnaire pour apprécier provisoirement ces moyens, et par exemple le mérite, les conditions, les termes d'un procès-verbal d'offres réelles.

144. — En conséquence, il a été décidé que des offres réelles, mais conditionnelles, ne

RÉFÉRÉ, ch. 1er, sect. 2e, § 2.

suffisent pas pour motiver la discontinuation des poursuites. — *Paris*, 12 déc. 1820, Deschamps c. Lemoine.

145. — ... Que les poursuites ne peuvent encore être arrêtées par l'offre d'une caution. — V. *Rennes*, 3 janv. 1826, Amice c. Varin.

146. — ... Ni sous prétexte qu'il a été formé une tierce opposition ou un pourvoi en cassation. — *Paris*, 7 janv. 1812, Ragoulleau c. Lagorce.

147. — ... Qu'un juge peut ordonner en référé le paiement d'une rente viagère insaisissable, établie par un arrêt, lorsque l'opposition à ce paiement est formée sans titre ni autorisation, et qu'elle est nulle comme non suivie d'une demande en validité. — *Paris*, 4 juin 1831, Rouffio c. Langlois. — En règle générale, le juge ne peut, en référé, prononcer la mainlevée d'une opposition soumise à des règles spéciales et de la compétence exclusive du tribunal ; mais cette règle souffre une exception quand il résulte des faits que la prétendue opposition est un moyen vexatoire imaginé pour entraver l'exécution d'un acte paré, et lorsque, formée sans titre, sans autorisation, et dépouillée de toutes les formes prescrites par la loi, cette opposition ne saurait, en aucune manière, obtenir la sanction de la justice.

148. — En cas d'inscription de faux, l'exécution est suspendue de plein droit par la mise en accusation ; et suivant les circonstances, en cas de faux incident. — C. civ., art. 1319. — V. FAUX, FAUX INCIDENT.

149. — *Secùs* d'une plainte en usure, en escroquerie, en abus de confiance ou de blanc seing.

150. — Ainsi, l'exécution peut être suspendue toutes les fois qu'il apparaît que la poursuite n'est pas fondée. — Mais si le débiteur se bornait, sans invoquer un moyen sérieux de résistance, à requérir terme et délai, elle devrait être continuée. Néanmoins, M. Debelleyme (t. 2, p. 14, n° 2) enseigne le contraire. « Comment refuser, dit-il, un court délai au débiteur, s'il a déjà payé un à-compte sur un billet, sur des loyers, sur le prix d'un fonds de commerce, etc., et s'il offre un nouvel à-compte au moment de la saisie, en offrant de solder le reliquat dans un bref délai, lorsqu'il est évident que le retard n'expose le créancier à aucun préjudice ? » La négative résulte d'un arrêt (*Toulouse*, 1er août 1829, Ricous c. Defos) qu'approuvent avec raison MM. Berriat (p. 506), Carré et Chauveau (quest. 2760), Thomines (t. 2, p. 394), Hilhard (p. 23), Favard de Langlade, v° *Référé* (t. 4, p. 77), Rodière (t. 1er, p. 165), Bioche (n° 181). — En effet, en accordant un sursis, le juge modifie une disposition du jugement, ou plutôt il en adoucit la rigueur : or, comment dépendrait-il de la volonté d'un seul magistrat d'accorder ce que le tribunal qui a rendu le jugement, ne pourrait accorder, sans violer la chose jugée, sans se déjuger ! quand le débiteur se prétend libéré, au moyen d'offres réelles, ou par suite d'une compensation, ou de la novation, on comprend très-bien que la discontinuation des poursuites soit ordonnée, car il n'y a là qu'une mesure provisoire sur le fond d'une contestation nouvelle qui ne porte pas atteinte au jugement ; il en est tout autrement dans l'espèce, on rouvre l'instance close par le jugement.

151. — Jugé toutefois qu'il ne peut être accordé un sursis à l'exécution d'un titre non attaqué, et ce lors même qu'il paraîtrait résulter des motifs d'un jugement que ce titre est nul ; le juge peut ordonner la suspension de la vente des objets saisis jusqu'à ce que la nullité du titre soit jugée, à la charge par le saisi de se constituer gardien judiciaire de ces objets. — *Paris*, 1er sept. 1812, Laffitte c. Chatillon.

152. — ... Et que celui qui a acquiescé à un jugement par défaut, rendu par un tribunal de commerce, assigne son adversaire en référé pour voir ordonner la discontinuation des poursuites exercées en vertu de ce jugement, attendu qu'il y a formé opposition, le juge tenant l'audience des référés ne peut ordonner la suspension des poursuites, sous le prétexte qu'il n'appartient qu'aux juges du principal d'apprécier la fin de non-recevoir. Il doit l'apprécier lui-même. — *Paris*, 18 janv. 1810, Cordey c. Tixier la Chapelle.

153. — Nul doute encore que le juge ne pourrait ordonner qu'il sera fourni caution par le poursuivant, si le jugement dont l'exécution est poursuivie ne l'y oblige. Ce serait ajouter à la chose jugée. — Trib. de *Troyes*, 29 déc. 1836. — Chauveau sur Carré, quest. 2279 *ter*.

154. — Après avoir reconnu que l'exécution d'un jugement ou d'un acte ne peut être paralysée le juge a-t-il le droit de décider que les poursuites seront continuées jusqu'à la vente des objets saisis exclusivement, et que le débiteur pourra les

RÉFÉRÉ, ch. 1er, sect. 2e, § 2.

arrêter en déposant à la caisse la somme pour laquelle les poursuites ont lieu ? Non, d'après un arrêt de *Paris*, 21 déc. 1812, Bidermann c. Michaux. — Conf. Carré, quest. 2757. — *Contrà*, Chauveau sur Carré, quest. 2757 ; Debelleyme, t. 2, p. 43, form. 26.

155. — Mais jugé qu'il excède ses pouvoirs en ordonnant un sursis à des poursuites jusqu'après un événement qu'il a fixé et déterminé. — *Agen*, 18 juill. 1833, Couach c. Bayle.

156. — Il ne pourrait encore suspendre jusqu'au jugement de l'appel l'exécution provisoire d'une sentence émanée d'un tribunal de commerce. — *Paris*, 19 germ. an XI, Sarus c. Fabre. — Remarquons que même les cours d'appel ne peuvent ordonner de surseoir à l'exécution des jugemens des tribunaux de commerce dont l'appel leur est soumis. — V. EXÉCUTION PROVISOIRE, nos 183 et suiv. — Ces jugemens sont toujours exécutoires par provision de plein droit. — V. *eod. verbo*, nos 193 et suiv.

157. — Peut-on se pourvoir en référé contre un commandement ? Oui, s'il y a urgence. — Carré et Chauveau, quest. 2161 ; Bioche, n° 119 ; Debelleyme, 2e cah., p. 12, for. 5. — Il y aurait urgence, par exemple, si le commandement tendait à prise de corps. — V. EMPRISONNEMENT, nos 32 et suiv.

158. — Jugé que le juge des référés est incompétent pour connaître de la validité du titre à l'exécution duquel le débiteur s'oppose ; mais que sur l'opposition à un commandement tendant à saisie immobilière, il peut renvoyer les parties à l'audience ; toutes choses demeurant en état. — *Bordeaux*, 25 nov. 1836, Scrafion c. Bailut.

159. — ... Qu'il est incompétent pour statuer sur une demande en nullité du commandement qui précède la saisie immobilière, sauf à accorder des inhibitions provisoires pour en suspendre l'effet. — *Bordeaux*, 30 avril 1829, Beziade c. Fromentier.

160. — Le juge peut statuer sur l'opposition à l'ordonnance qui autorise une saisie commination ou une saisie foraine, et en suspendre l'exécution moyennant la consignation du montant des causes de la saisie. — Debelleyme, t. 2, p. 373 ; Bioche, n° 101.

161. — Il en est de même en matière : 1° de saisie-gagerie ; et s'il est établi notamment que la poursuite a lieu avant le terme d'usage, la discontinuation des poursuites est valablement ordonnée. — Debelleyme, t. 2, p. 359 ; Bioche, n° 102.

162. — ... 2° De saisie exécution. Le président peut, par exemple, déterminer la priorité, lorsque plusieurs créanciers se présentent concurremment pour saisir. — Chauveau et Carré, quest. 2758 ; Bioche, n° 104.

163. — Une ordonnance qui autorise un créancier à faire vendre le fonds de commerce de son débiteur n'a pas (ce dernier étant tombé en faillite depuis) l'autorité de la chose jugée à l'égard du syndic de la faillite. — *Paris*, 22 août 1846 (t. 2 1846, p. 557), Frécon c. Claye.

164. — Lorsque le saisi est tombé en faillite, avant la vente de son mobilier ; le juge du référé peut-il ordonner la continuation des poursuites, faute par les syndics de procéder à la vente dans un délai déterminé ? Non, si la saisie a été pratiquée à la requête d'un créancier ordinaire, car, aux termes de l'art. 443 du Code de commerce, toute voie d'exécution, à partir du jugement déclaratif de faillite, appartient aux syndics. — V. FAILLITE, nos 436 et suiv. — *Paris*, 25 mars 1830, Duval c. Clave. — Chauveau et Carré, quest. 2754 *ter*, p. 273 ; Bioche, n° 106. — *Contrà*, Debelleyme, t. 2, p. 54, form. 35.

165. — *Secùs*, si le saisissant est un propriétaire ou un créancier privilégié. — V. FAILLITE, nos 459 et suiv.

166. — Mais le juge des référés est incompétent pour ordonner, sur la demande du propriétaire et contre la volonté du syndic, la vente devant notaire soit du mobilier du failli, soit surtout du fonds de commerce, de l'achalandage et du droit au bail ; c'est au juge-commissaire qu'il appartient d'ordonner, sur la demande du syndic, la vente des objets mobiliers faisant partie de l'actif, et de déterminer le mode et les conditions de la vente, dans l'intérêt de la masse. — *Paris*, 5 (et non 4) janv. 1849 (t. 1er 1849, p. 300), Gibert c. Delarue ; 24 mai 1849 (t. 2 1849, p. 67), Cavé c. Boutarel.

167. — Il entre dans le pouvoir du président d'autoriser un saisissant à toucher l'argent ou les billets de banque trouvés au cours de la saisie, à faire vendre les lingots et en toucher le prix, à suivre le recouvrement des effets échus ou à courte échéance, à les imputer sur sa créance, et à dépo-

ser les sommes qui lui restent entre les mains. — Bioche, n° 107.

168. — Il est de l'intérêt de toutes les parties que le commerce du saisi soit continué jusqu'à la vente, l'autorisation en est demandée en référé. Un gérant provisoire est nommé au besoin. — Debelleyme, t. 2, p. 193 et suiv.; Bioche, n° 114.

169. — L'autorisation de vendre les meubles sur les lieux ou dans un établissement plus favorable peut-elle être accordée en référé? L'affirmative est enseignée par MM Debelleyme, t. 2, p. 191 et suiv.; Bioche, n° 113. Cependant, l'art. 617 du Code de procédure réserve au tribunal seul le droit d'ordonner que la vente ne sera pas faite au plus prochain marché public. — V. SAISIE-EXÉCUTION.

170. — Tant qu'une contribution n'est pas ouverte, le juge des référés est compétent pour ordonner le paiement par privilége des loyers dus au propriétaire sur le produit de la vente des meubles, malgré les oppositions des créanciers privilégiés. — *Paris*, 12 sept. 1839 (t. 2 1839, p. 292), Godard c. Cavardy et Fayolle.

171. — Mais il ne pourrait reconnaître au profit d'un créancier l'existence d'un privilége. En effet, attribuer à un créancier tout ou partie des fonds du débiteur, c'est préjudicier au principal en disposant du gage commun. — *Cass.*, 3 août 1847 (t. 2, 1847, p. 565), Caisse des consignations c. Coignet.

172. — Ce n'est pas le juge du référé, mais le tribunal qui a seul qualité pour statuer sur l'opposition à la vente de meubles saisis, et ordonner que nonobstant une revendication, il sera passé outre à la vente. — *Liége*, 13 juill. 1824, Priou c. Duysters; *Aix*, 1er févr. 1831, Graff c. Sourdon.

173. — Cependant le tiers dont les meubles se trouvent compris dans une saisie aurait le droit de saisir le juge des référés, en cas d'urgence grande et s'il ne lui était pas possible de se conformer à l'art. 608 — Debelleyme, t. 1er, p. 314, n° 2; Bioche, n° 110; Chauveau sur Carré, quest. 2754 *ter*.

174. — Si l'opposition du tiers soulevait de graves questions, le président pourrait ordonner la continuation des poursuites, faute par celui-ci de se pourvoir au principal, dans un certain délai. — Bioche, n° 111.

175. — Il en est encore ainsi en matière de saisie-revendication. — V. ce mot.

176. — Quand une saisie-arrêt a été pratiquée en vertu d'un titre, la partie saisie est recevable à demander en référé, non pas la mainlevée de la saisie, ce serait là une mesure définitive, mais l'autorisation de toucher pour les besoins une provision mensuelle. — *Paris*, 3 oct. 1810, Serilly; *Poitiers*, 18 janv. 1825, Laudonnière.

177. — A la vérité, il a été jugé que lorsque le président du tribunal de commerce a rendu une ordonnance pour permettre une saisie conservatoire, aux termes de l'art. 417 du Code de procédure, il n'appartient pas au président du tribunal civil, statuant en référé, d'ordonner un sursis à l'exécution de ladite ordonnance. — *Toulouse*, 29 nov. 1832, Bentalou c. Amilhat. — Bilhard, p. 74; Bioche, n° 184. — Mais l'espèce est différente; il s'agissait ici de réformer un acte émanant d'une autre juridiction.

178. — Si la saisie a été pratiquée en vertu d'une ordonnance du président? Il nous semble qu'elle peut demander non-seulement une provision, mais même le retrait de l'ordonnance. M. Chauveau (quest. 2757 *bis*) repousse cette solution. Il soutient que le juge des référés n'a pas le droit de connaître des débats que la loi conserve expressément à une autre juridiction. «Or, dit-il, l'art. 567 prescrit de porter la demande en mainlevée devant le tribunal entier.» Mais ces objections n'ont de valeur qu'autant que l'accusation accordée par le président est pure et simple. Si, au contraire, comme cela se pratique généralement, elle n'a été consentie qu'à la charge d'en référer au cas de difficulté, tout doute disparaît. — *Paris*, 15 févr. 1836. N...; 13 oct. 1836 (t. 1er 1838, p. 132, en note), Barré c. Regis; 22 déc. 1837 (t. 1er 1838, p. 132), Birckle c. Lacour. — Debelleyme, t. 2, p. 50, n° 3. — *Contrà*, *Paris*, 25 mai 1833, Villiers c. Regnac; 28 juin 1833, Girault c. Ganneron. — Carré, art. 567; Chauveau sur Carré, quest. 2757 *bis*; Thomines, t. 2, p. 393; Roger, *Saisie-arrêt*, n° 506. — V. SAISIE-ARRÊT.

179. — La saisie immobilière une foi pratiquée, il y a instance, constitution d'avoué. La compétence du tribunal de la situation des biens est spéciale; et tous les incidens qui surgissent au cours de la procédure appartiennent à ce tribunal, de quelque nature qu'ils soient. — V. SAISIE IMMOBILIÈRE.

180. — La juridiction des référés ne peut être saisie que des incidens qui s'élèvent en dehors de

la poursuite, ou qui sont la suite du jugement d'adjudication.

181. — Cependant, elle ne pourrait l'être de l'exécution des clauses d'une adjudication lorsqu'il s'agit de déterminer la priorité entre les créanciers inscrits, et un créancier auquel l'acte d'adjudication a fait délégation du prix, parce que la question est principale — *Turin*, 2 août 1809, Chiatonne c. Peironne. — Carré et Chauveau, quest. 2758.

182. — Ainsi, elle ne connaîtra pas de la validité d'un procès-verbal d'offres, de l'opportunité de la conversion en vente sur publications volontaires ou sur licitation, des incidens de la poursuite de folle enchère — Bioche, nos 123 et suiv.

183. — ... Ni de la suspension des poursuites, dans le cas où le revenu d'une année suffit pour désintéresser le créancier. — C. civ., art. 2212. — V. SAISIE IMMOBILIÈRE.

184. — *Secùs* s'il s'agit de déterminer la priorité entre créanciers saisissans, pourvu qu'il y ait urgence. Toute la mission du président consiste, en ce cas, à vérifier si une saisie est antérieure à l'autre, ou plus ample quoique postérieure en date, ou bien en état par l'indication de la vente. — Chauveau sur Carré, quest. 2758; Debelleyme, t. 2, p. 47, form. 39. — V. SAISIE IMMOBILIÈRE.

185. — ... Ou bien encore s'il s'agit de la consignation des loyers immobiliers. — Bioche, n° 127.

186. — ... De la coupe et de la vente des fruits pendans par racines, de la nomination d'un gardien si l'immeuble est abandonné, de la confection de quelques réparations urgentes. — Bioche, nos 129, 130 et 131.

187. — ... De l'expulsion du saisi qui commet des dégradations après une sommation infructueuse — Bioche, n° 133.

188. — ... De l'établissement d'un séquestre en cas d'expulsion du saisi après l'adjudication. — Bioche, n° 134.

189. — ... De l'estimation provisoire des objets qui doivent être payés par l'adjudicataire en sus de son prix, par exemple des glaces, des statues.

190. — ... Du dépôt du prix prescrit par le cahier des charges.

191. — ... De la mainlevée des oppositions faites par les créanciers non colloqués à l'ordre.

192. — ... De la mainlevée d'opposition à ce que le greffier délivre le certificat prescrit par l'art. 734 C. proc. civ., préalablement à la poursuite de folle enchère. — V. FOLLE ENCHÈRE, nos 81 et suiv.

193. - Indépendamment de ces cas, le président est appelé à statuer sur la question de savoir si la procuration donnée pour recevoir le prix est suffisante.

194. — ... Sur la qualité du créancier auquel a été délivré un bordereau de collocation.

195. — Sur le refus de paiement fait par l'adjudicataire: refus motivé sur le défaut de remise des titres, pourvu que la contestation ne porte pas sur la validité de ces titres. — Bioche, n° 142.

196. — Il commettrait, au contraire, un excès de pouvoir s'il connaissait de l'exécution d'un bordereau de collocation attaqué par voie d'opposition, et en vertu d'un décret spécial, alors qu'une instance en mainlevée est pendante devant le tribunal, et s'il accordait un sursis. — *Colmar*, 12 août 1807, Hertz c. Detler.

197. — On a vu (v° EMPRISONNEMENT, nos 299 et suiv.): 1° que l'huissier n'était pas juge des difficultés qui s'élèvent sur l'arrestation, et que l'art. 786 C. proc. civ. accordait au débiteur le droit d'en référer au président; 2° que le pouvoir du président a surtout pour objet l'examen de la régularité de la procédure.

198. — Conséquemment le président est appelé à statuer notamment sur la validité du commandement.

199. — De même, il peut statuer sur les difficultés relatives au visa du vérificateur, au bureau des gardes du commerce, bien que l'art. 11 du décret du 14 mars 1808 porte qu'il en sera référé au tribunal. — Debelleyme, t. 2, p. 553; Bioche, n° 145. — V. GARDE DU COMMERCE, nos 16 et suiv.

200. — ... Sur toutes les questions relatives à la validité de l'arrestation, en la forme et au fond. — Debelleyme, t. 2, p. 508; Carré et Chauveau, quest 2673; Bioche, n° 146. — Par exemple, sur la question de savoir si le jugement a été signifié selon le vœu de la loi.

201. — Il y a lieu à suspendre s'il est justifié d'une opposition au jugement, d'un appel, à la condition, toutefois, qu'ils aient été formés dans les délais légaux, et que le jugement soit susceptible d'opposition ou d'appel. La continuation des poursuites pourrait être ordonnée, si l'on justifiait d'un acquiescement au jugement, ou

d'un désistement de l'opposition ou de l'appel. — Debelleyme, t. 2, p. 88; Bioche, n° 154.

202. — Si l'opposition ou l'appel ne sont pas suspensifs de l'exécution, nous avons dit qu'il n'appartenait pas au juge du référé d'accorder des défenses.

203. — La suspension des poursuites sera encore prononcée si le jugement est périmé faute d'exécution dans les six mois. — Mêmes auteurs. — V., au surplus, v° EMPRISONNEMENT, nos 339 et suiv.

204. — Et non-seulement des moyens de forme peuvent être invoqués, mais encore des moyens du fond: tels que le défaut de liquidité de la créance. — Favard de Langlade, v° *Référé*; Carré et Chauveau, quest. 2755; Bioche, n° 159.

205. — Le refus fait par l'huissier qui procède à une arrestation pour dettes de conduire en référé devant le président du tribunal civil le débiteur qui l'en requiert, avant la rédaction de l'acte d'écrou, constitue la violation d'une formalité substantielle, et rend, par suite, l'emprisonnement illégal. — *Douai*, 23 nov. 1839 (t. 2 1846, p. 406), Buchot c. Sire et Chauveau-Sire.

206. — Une fois incarcéré, le débiteur peut demander son élargissement à défaut de consignation d'alimens. — V. EMPRISONNEMENT, nos 240 et suiv., 280 et suiv.

207. — ... Ou à raison de son âge. — V. CONTRAINTE PAR CORPS, nos 452, 549 et suiv., 642.

208. — ... Ou bien encore à raison de l'expiration de la peine. — V. CONTRAINTE PAR CORPS, nos 247, 286, 318, 433, 437, 477, 534, 541, 591, 602, 605, 611, 619, 623, 628, 631, 637. — Debelleyme, t. 2, p. 536; Coin-Delisle, 68, n° 110; Bioche, n° 147.

209. — Ces cas exceptés, la demande d'élargissement est du ressort du tribunal. — Mêmes auteurs.

210. — C'est également par la voie du référé qu'un débiteur incarcéré doit se pourvoir pour obtenir son extraction provisoire soit pour contracter mariage, soit pour assister à la naissance ou au décès de son enfant, dans tous les cas enfin où il est nécessaire qu'il sorte de sa prison.

211. — Jugé qu'un tribunal peut accorder au débiteur incarcéré qui s'est pourvu en nullité de son emprisonnement, la permission de se présenter lui-même à l'audience, sous la garde d'un huissier, pour y défendre sa cause et prendre communication des pièces déposées au greffe. — *Bruxelles*, 25 août 1807, Vandermoot c. Deroy. — Berriat, p. 785; Merlin, *Rép.*, v° *Elargissement*; Pigeau, t. 2, p. 304.

212. — Sa translation dans une maison de santé sera encore autorisée, en référé, s'il y a urgence. — Bioche, n° 142.

213. — Quand une opposition survient après la signification d'un transport, l'exécution de ce transport peut-elle être ordonnée nonobstant l'opposition? M. Debelleyme rend de nombreuses ordonnances pour autoriser le paiement, lorsque d'ailleurs on ne justifie pas d'une demande principale en nullité du transport. Quelquefois, il prend des mesures conservatoires; il ordonne, par exemple, la saisie jusqu'à la vente, ou le dépôt de la somme. — Néanmoins, le tribunal de la Seine est divisé sur la question. Nous pensons que c'est par voie principale qu'il convient de se pourvoir, parce qu'il ne s'agit pas, en pareil cas, d'une demande provisoire. Quel moyen, d'ailleurs, a-t-on d'exécuter contre le tiers l'ordonnance? — V. cependant Bioche, n° 207.

214. — En matière de dépens, le président ordonne la discontinuation des poursuites: 1° lorsque des défendeurs poursuivis solidairement sans que le jugement prononce la solidarité, font des offres de leur part et portion; 2° lorsque le jugement est frappé d'appel, ou n'a pas prononcé la distraction des dépens, ou n'a pas autorisé à les prélever sur une somme déposée; 3° lorsque des héritiers ayant agi en leur qualité de bénéficiaires, le jugement leur a conservé cette qualité, et n'a prononcé contre eux aucune condamnation personnelle; 4° lorsque des syndics, agissant comme syndics, ne sont pas condamnés personnellement aux dépens. — Bioche, nos 198 et suiv.

215. — Lui serait-il permis de taxer soit des frais d'exécution non liquidés à recouvrer contre le débiteur, en vertu d'un jugement ou d'un titre exécutoire, soit des frais réclamés comme condition d'un paiement volontaire d'offres réelles? Ne convient-il pas, au contraire, de prendre exécutoire? En faveur de la compétence du président, on dit que le décret du 16 févr. 1807 n'a prévu que deux cas: celui où la partie ou l'avoué ayant obtenu la distraction requiert la taxe des dépens de l'instance, et celui où l'avoué requiert celle des frais que lui doit son client.

Que repousser la voie du référé, ce serait enter sur chaque procès pour le recouvrement de ces frais un second procès qui pourrait être suivi d'un autre, etc. C'est en ce sens que s'est prononcé le tribunal de la Seine, dans une délibération du 18 mars 1842 (V. Debelleyme, t. 2, p. 139), sauf opposition contre la taxe en la chambre du conseil. Mais il nous paraît bien difficile de reconnaître dans une pareille taxe un titre exécutoire. — Trib. *Paris* (3e chambre), 9 sept. 1840. — *Contrà*, Bioche, no 202.

216. La condamnation prononcée par un jugement à une somme de dommages-intérêts par chaque jour de retard dans l'exécution de la disposition dudit jugement est subordonnée à la constatation régulière d'une contravention à ce jugement. — Cette contravention et son importance ne pouvant être appréciées que dans une instance au principal, ce jugement ne saurait être considéré, quant à la quotité du préjudice causé et des dommages dus, comme un titre exécutoire en vertu duquel le juge des référés doive ordonner la continuation des poursuites. — *Paris*, 14 déc. 1844 (t. 2 1846, p. 764), Béranger et Guyot c. Larenaudière.

§ 3. — *Cas spécialement prévus par la loi.*

217. — La loi a prévu certains cas où il y a urgence à se pourvoir en référé. Ce sont les cas : 1o où un notaire se refuse à délivrer soit la copie d'un acte non encore enregistré ou imparfait (C. proc. civ., art. 843 [V. ACTE IMPARFAIT, COMPULSOIRE]), soit une seconde grosse (C. proc. civ., art. 845 [V. GROSSE et COMPULSOIRE]). Dans le dernier cas, le notaire devient partie au procès. Il doit donc être personnellement assigné comme le serait tout autre défendeur. Le référé ne s'introduit pas sur le procès-verbal, comme en matière de levée de scellés. — Bioche, no 48.

218. — Mais la contrainte par corps ne pouvant être prononcée en référé, l'autorité de l'ordonnance est toute morale. Si donc les parties veulent obtenir cette sanction pénale, c'est par voie principale qu'elles doivent agir, sans le moindre retard, et dans les termes de l'art. 839 C. proc. civ. — V. COMPULSOIRE. — Debelleyme, t. 2, p. 377 ; Bioche, no 48.

219. — En vain le débiteur formulerait-il une opposition à la délivrance de la seconde grosse. En vain, par exemple, se prévaudrait-il de ce qu'il poursuit la nullité du titre, la remise de la seconde grosse ne devrait pas moins être faite, sauf à lui à former opposition aux actes d'exécution. — Bioche, no 49.

220. — Même solution si le refus de délivrer la seconde grosse émane d'un greffier. — C. procéd., art. 854. — V. COMPULSOIRE, no 27.

221. — L'exception de libération proposée sur le référé relatif à la délivrance d'une seconde grosse n'oblige pas le président à renvoyer à l'audience en état de référé. Ce renvoi n'est que facultatif. — *Pau*, 31 août 1837 (t. 1er 1839, p. 518), Raval c. Laporte.

222. — Mais le juge des référés, saisi d'une demande tendante à la remise d'une grosse demeurée entre les mains d'un notaire, ne peut se borner à joindre cette demande, sans y statuer, avec une autre affaire engagée entre ce notaire et un tiers. Une telle décision est susceptible d'appel. — *Angers*, 15 juin 1848 (t. 1er 1849, p. 341), Boulard c. Maricot.

223. — .... 2o Où des difficultés s'élèvent sur la collation des copies ou expéditions en matière de compulsoire. — Art. 852 C. proc. civ. — V. Debelleyme, t. 2, p. 468, et vo COMPULSOIRE, no 47.

224. — En dehors du compulsoire, si la partie qui a requis la délivrance d'une grosse ou d'une expédition ne croit pas à la sincérité ou à l'exactitude de la copie qui lui a été remise, il en est référé au président qui ordonne l'apport de la minute et procède à la vérification. — Debelleyme, t. 2, p. 384.

225. — Mais s'il s'agissait d'une demande *à fin de remise de titres*, le juge du référé ne serait plus compétent, parce que la demande est principale et définitive. D'ailleurs, l'ordonnance manquerait de sanction pénale, puisque le seul moyen de contraindre le détenteur au dessaisissement est une condamnation en dommages-intérêts par chaque jour de retard. Or, une condamnation de ce genre n'est pas possible en référé. — Trib. *Paris* (2e chamb.), 29 déc. 1828. — Debelleyme, t. 1er, p. 408 ; Bioche, no 28.

226. — Cependant des mesures provisoires et conservatoires pourraient être prises en cas d'urgence. — Trib. *Paris* (1re chamb.), 13 sept. 1821 ; (3e chamb.) 20 oct. 1821 et 1er déc. 1826.

227. — .... 3o Où une apposition de scellés rencontre des obstacles. — C. proc. civ., art. 921. — V. SCELLÉS. — Debelleyme, t. 2, p. 384 et suiv. — Que les difficultés s'élèvent avant l'apposition, ou bien du cours des opérations, le juge n'en est pas moins compétent.

228. — De même, il importe peu que la contestation porte sur le fond du droit, ou sur une simple question d'exécution. Ainsi, l'une des parties peut soutenir que l'autre est sans qualité pour requérir l'apposition (Debelleyme, *ibid.*, p. 387) ; ou que l'inventaire étant parachevé sans contestation, les scellés ne doivent pas être apposés. — C. pr. civ., art. 923. — V. SCELLÉS.

229. — Il y aura également lieu à référé si un tiers se prétend propriétaire du mobilier : représentant soit le bail de l'appartement, soit un acte de cession des meubles. Ce sera, par exemple, une femme séparée de biens qui aura pris la location en son nom, ou à qui la liquidation aura attribué tout ou partie des meubles à valoir sur ses reprises. — Debelleyme, t. 2, p. 391 et suiv.

230. — Supposons encore que le défunt ait convolé en secondes noces, sans avoir liquidé la première communauté ; et que les héritiers ou représentans de la première femme requérant l'apposition des scellés, la veuve en secondes noces ou les héritiers et représentans du défunt s'y opposent : le juge des référés pourra statuer. — Debelleyme, *ibid.*, p. 391 et suiv.

231. — Il connaîtra pareillement des difficultés relatives à l'apposition des scellés hors du domicile mortuaire, dans des ateliers ou des magasins, des entrepôts, ou bien dans une maison de campagne, ou chez un dépositaire. — Debelleyme, *loc. cit.*

232. — Parfois aussi, la discussion porte sur certains objets qu'une partie entend excepter de l'inventaire : en alléguant, par exemple, qu'ils sont compris dans un inventaire commencé, ou qu'ils sont nécessaires à l'usage des personnes habitant la maison mortuaire ; ou bien encore que leur nature ou leur volume ne permet pas de les placer sous les scellés. — Même auteur.

233. — Au surplus, on sait que, dans les cas urgens, l'art. 921 autorise le juge de paix qui procède à l'opposition à statuer d'abord par provision : sauf à en référer ultérieurement au président. — V. SCELLÉS.

234. — Est-il besoin de rappeler que les mesures ordonnées par le président ne peuvent être que provisoires, et, en outre, qu'il ne peut suspendre l'exécution des titres et, par exemple, ordonner qu'il soit sursis à une apposition de scellés requise en vertu d'un jugement déclaratif de faillite. — *Bruxelles*, 11 avr. 1820, Duweltz c. Deches.

235. — .... 4o Où il y a difficulté sur la levée des scellés. — V. SCELLÉS.

236. — Un cas est notamment prévu par l'art. 928 du Code de procédure civile, celui où la levée des scellés est réclamée par l'une des parties. Cette levée est ou provisoire ou définitive, selon qu'il ne s'agit que de rechercher un testament, d'extraire des billets, des pièces, des sommes d'argent, etc., ou selon que la réclamation émane d'une partie justifiant de sa qualité de seul et unique héritier du défunt. — Debelleyme, t. 2, p. 402 et suiv., et 220, no 1er ; Bioche, no 29. — V. SCELLÉS.

237. — Il y aurait également lieu à ordonner en référé la levée anticipée des scellés qui serait requise par le propriétaire, à l'expiration du bail ou du congé, pour cause de réparation ou de travaux urgens, ou à défaut de meubles en quantité suffisante pour répondre des loyers, ou, enfin, par suite de la faillite du locataire, si les syndics montraient de la négligence. — Debelleyme, *ibid.*, p. 406.

238. — Le juge du référé est également compétent pour statuer sur les droits ou la qualité de la partie requérante, ou de celle qui se présente pour assister à la levée.

239. — ... Ou sur la forme des opérations ; par exemple, sur la question de savoir si la levée se fera par description.

240. — .... 5o Où des difficultés s'élèvent sur l'inventaire. — C. de procéd. civ., art. 944. — V. INVENTAIRE.

241. — Telles sont les difficultés relatives à la qualité que prennent les parties. — V. INVENTAIRE, nos 44 et suiv. — Debelleyme, t. 2, p. 422.

242. — ... A la nomination du notaire pour procéder aux opérations. — *Orléans*, 19 mai 1808, N.... — Carré et Chauveau, quest. 2763 ; Bioche, no 30.

243. — ... A la suspension des opérations, par suite de la découverte d'un testament contenant un legs universel, ou à titre universel, si le légataire n'est pas présent. — V. INVENTAIRE, no 319.

244. — ... Au choix du gardien des papiers et effets de la succession. — De Belleyme, t. 2, p. 431.

245. — ... A l'administration de la succession ou de la communauté ou de certains objets en dépendant. — Art. 944. — V. INVENTAIRE, nos 318 et suiv.

246. — Les parties peuvent être en désaccord, par exemple, sur le congé des lieux occupés par le défunt, sur la vente du mobilier ou des objets mobiliers sujets à dépérissement, sur la gestion ou la vente d'un fonds de commerce. — Trib. de *Paris* (1re chambre), 26 juin 1841 ; (3e ch.), 30 sept. 1841 et 13 janv. 1842. — Ou sur la nécessité qu'il y a d'arrêter le compte d'un officier public, de payer une créance privilégiée, de toucher des débiteurs des sommes exigibles, de mettre des ouvriers dans une coupe, de constituer des gardes, de remettre des titres ou des papiers à des héritiers ou à des tiers, d'exercer des poursuites, de vendre des actions de l'État, de la Banque ou des compagnies industrielles. — Debelleyme, t. 2, p. 441 et suiv.

247. — Il importe encore de recourir au président dans les différens cas énoncés ci-dessus, si les parties se trouvent dans les délais pour faire inventaire et délibérer et ne veulent pas s'exposer à faire acte d'héritier.

248. — Jugé que le président est compétent pour commettre un administrateur à une succession, sur la réquisition faite au moment de la clôture du procès-verbal. — *Rennes*, 25 août 1814, N...

249. — ... Et jugé que jusqu'à la confection de l'inventaire d'une succession, il peut être statué en référé sur toutes les mesures provisoires qui intéressent la veuve, les héritiers, ou les créanciers ; spécialement, qu'on a pu, en référé, proroger le délai pour faire inventaire, accorder successivement plusieurs provisions alimentaires à la veuve, et maintenir une distribution provisoire de deniers entre créanciers. — *Paris*, 11 fruct. an XIII, Happey c. Bourdon de Neuville. — Dans ces différentes espèces, la cause n'était pas urgente. Elle requérait célérité seulement. — Conf. Carré et Chauveau, quest. 2762 ; Bioche, no 59.

250. — ... 6o Où des difficultés s'élèvent pendant ou après la vente d'un mobilier dépendant d'une succession. — C. proc. civ., art. 948. — V. VENTE DE MEUBLES.

251. — Ces difficultés ont trait tantôt à un meuble que le conseil de famille aurait destiné à l'usage du mineur et qui aurait cependant été compris par le tuteur au nombre des objets de la vente. Alors, le subrogé tuteur introduit un référé.

252. — .... Tantôt à la distraction des portraits de famille, des livres, des bijoux, des armes d'honneur, des manuscrits, et cela quand bien même la succession serait insolvable.

253. — ... Ou bien encore à la vente à crédit de certains objets à des héritiers dont les droits ne sont pas contestés. — Debelleyme, t. 2, p. 458.

254. — ... Ou à la réclamation faite par quelques-uns des héritiers de leur part en nature, alors que les autres insistent pour que la vente ait lieu afin de solder les créanciers.

255. — .... Ou à la revendication par un tiers de tel ou tel objet mobilier porté sur le catalogue de la vente. La voie du référé est ouverte pour empêcher que l'objet revendiqué ne soit mis aux enchères. — Mais ce recours ne sera utilement exercé qu'autant que le tiers aura le *jus in re*. En conséquence, un légataire n'ayant qu'un *jus ad rem* n'est pas fondé à s'opposer à la vente poursuivie par les créanciers de la succession ; parce qu'il est de principe que l'on ne donne que ce que l'on a : *Nulla intelliguntur bona nisi ære alieno deducto.* — V. DONATION ENTRE-VIFS, LEGS — *Secùs* à l'égard du donataire d'un objet mobilier dont le donataire se serait réservé l'usufruit.

256. — ... 7o Où le gardien d'une saisie demande à être déchargé de ses fonctions. — C. proc. civ., art. 605 et 606. — V. SAISIE-EXÉCUTION.

257. — Quand, au cours d'une distribution par contribution, le propriétaire à qui il est dû des loyers veut les toucher, sans attendre le règlement définitif ; il se pourvoit en référé non plus devant le président du tribunal, mais devant le juge-commissaire. — C. proc. civ., art. 661. — V. DISTRIBUTION PAR CONTRIBUTION, nos 143 et suiv.

Sect. 3e. — *Tribunal compétent.*

258. — En principe, le juge des référés est le président du tribunal de première instance. — C. proc. civ., art. 807.

259. — Il n'y a d'exception à cette règle qu'en faveur des juges de paix : 1° quand il s'agit de la nomination d'un gérant provisoire au cas prévu par l'art. 594 (V. SAISIE EXÉCUTION); 2° quand, soit avant, soit après les scellés, des difficultés s'élèvent et exigent une solution immédiate. — V. SCELLÉS.

260. — Aux termes de l'art. 106 du Code de commerce, le président du tribunal de commerce est compétent pour nommer des experts en cas de contestation sur réception de marchandises (V. TRANSPORTS (entrepreneurs de). — Mais nous avons dit que ce n'était pas là un cas de référé.

261. — On doit s'adresser à lui pour obtenir une seconde grosse d'un jugement de commerce. — V. GROSSE, nos 102 et suiv.

262. — Le président d'un tribunal civil peut-il connaître de l'exécution d'un arrêt? On dit pour la négative que l'art. 806 ne parle que des *jugemens* et non des *arrêts* et qu'il convient de se reporter à l'article 472, qui détermine les cas où l'exécution d'un arrêt appartient au tribunal de première instance et ceux où elle appartient à la Cour. Dans les premiers cas, la compétence du tribunal de première instance déterminerait celle du président comme juge des référés; et il en serait ainsi dans tous les cas où la loi attribue une juridiction spéciale au tribunal dans le ressort duquel l'exécution a eu lieu ; mais que dans les autres cas on se pourvoirait en appel, non pas devant le président, puisqu'il n'exerce seul aucune juridiction, mais devant la Cour elle-même. Mais on répond avec avantage que le mot *jugement* est employé dans un sens général et que, si l'on prend pour guide l'art. 472, la voie du référé n'est plus praticable, puisque dans le cas où il y aurait eu infirmation ce serait à la Cour, ou au tribunal par elle indiqué, qu'il faudrait s'adresser. — Carré et Chauveau, quest. 2764 ; Favard de Langlade, vo *Référé*. t. 4 p. 777 ; Bioche, no 240; Thomines, t. 2, p. 393. — *Contrà*, Debelleyme, t. 2, p. 9, formule 4; Pigeau, *Comm.*, t. 2, p. 493.

263. — Décidé que le juge des référés est compétent pour prononcer par provision sur les contestations qui naissent à l'occasion de l'exécution d'un arrêt infirmatif, sans qu'on puisse objecter que, dans ce cas, l'exécution appartient à la Cour d'appel qui a prononcé : cette compétence pourrait être d'autant moins contestée qu'il s'agirait spécialement de statuer sur une arrestation. — *Paris*, 12 oct. 1837 (t. 2 1837, p. 526), Renaud c. Roret. — *Contrà*, *Paris*, 3 prair. an XI, Impey c. Gin ; 20 août 1810, Dacosta c. Lubersac ; *Colmar*, 10 nov. 1813, Schmitt c. Gérard.

264. — Le mot *jugement* employé par l'art. 806 du Code de procédure est générique et s'applique aussi bien aux décisions des Cours d'appel qu'à celles des tribunaux de première instance ; de plus, cet article est attributif de juridiction et forme une exception à la compétence établie par l'art. 472 du Code de procédure : d'où il suit qu'en cas d'urgence le président du tribunal du lieu où se poursuit l'exécution d'un arrêt infirmatif d'un jugement de ce tribunal peut, en état de référé, statuer provisoirement sur les difficultés qui naissent de cette exécution. — *Douai*, 6 juin 1842 (t. 2 1842, p. 206), Henissart c. Tartois. — V. aussi *Agen*, 11 janv. 1812, N....

265. — Le juge compétent est celui *du lieu* s'il y a urgence, et non pas celui du tribunal qui connaîtrait du fond de l'affaire ; sans cela, le but du référé serait manqué. — Arg. art. 554 C. procéd. civ. — Chauveau sur Carré, quest. 2764 *bis*; Rodière, t. 1er, p. 467 ; Bioche, no 235.

266. — Jugé, néanmoins, que lorsque des contestations se sont élevées devant un notaire relativement à la délivrance d'une seconde grosse, et que le notaire et le défendeur sont domiciliés dans des arrondissemens différens, le référé peut être porté devant le président du tribunal du domicile du défendeur. — *Pau*, 31 août 1837 (t. 1er 1839, p. 518), Raval c. Laporte.

267. — On remarquera que cet arrêt ne contrarie en rien la doctrine qui vient d'être émise, car il admet une exception, celle qui est fondée sur la *nécessité*, et c'est aussi notre raison de décider. Quand il n'y a pas urgence, comme cela peut arriver s'il ne s'agit que de la délivrance d'une seconde grosse, on doit recourir aux règles ordinaires de la compétence *ratione personæ*. — Bioche, no 237 ; mêmes auteurs, *loc. cit.*

268. — Au surplus, l'incompétence *ratione personæ* serait couverte par la comparution et par la défense ; mais celle *ratione materiæ* serait encore proposable en appel. — *Rennes*, 23 déc. 1818, de Listré c. Bourié. — Bioche, no 242. — V. EXCEPTIONS. — Elle devrait même être suppléée par le tribunal. — *Cass.*, 29 avril 1818, Enregistrement c. Boy.

269. — Quand il y a instance pendante devant un tribunal, c'est le tribunal et non pas le juge des référés qui doit être saisi de la connaissance des divers incidens dont la prompte solution importe aux parties. Il suffit, en ce cas, de signifier un avenir pour l'audience la plus rapprochée. Sinon, on créerait une instance dans une instance, on diviserait le procès. — Bioche, *eod.*, no 8. — *Contrà*, ordonn. *Paris*, 23 août 1845.

270. — En conséquence, c'est à l'audience que l'on doit porter les difficultés relatives à l'exécution d'un jugement préparatoire. — Pigeau, *Comm.*, t. 2, p. 492 ; Bioche, no 9.

271. — *A fortiori*, lorsqu'une demande en nullité d'une saisie-exécution est pendante devant le tribunal de première instance, le président ne peut, en référé, ordonner la continuation des poursuites. — *Liége*, 7 août 1824, Beaugrand c. Cantineau.

272. — Décidé cependant que le juge des référés peut statuer au provisoire dans une affaire déjà portée et pendante au tribunal. — Spécialement : lorsque des parties sont en instance sur le point de savoir si l'une a droit de demander à l'autre une somme stipulée pour inexécution d'un contrat, le juge des référés peut ordonner provisoirement la continuation des poursuites commencées en vertu de cette stipulation. — *Liége*, 16 févr. 1813, Melotte c. Delchamp. — *Contrà*, *Colmar*, 12 août 1807, Hertz c. Detlez.

273. — En cas d'empêchement du président, le juge le plus ancien le remplace. — Art. 807. — Décret du 30 mars 1808, art. 47. — V. TRIBUNAUX.

274. — Une ordonnance de référé rendue par un juge remplissant les fonctions de président doit, à peine de nullité, mentionner la cause qui justifie le droit de ce juge à remplacer le président du tribunal. — *Colmar*, 11 nov. 1831, Mittelberger ; *Bourges*, 7 avr. 1832, Quenisset c. Villiers. — Bioche, no 233 ; Chauveau sur Carré, quest. 2764 *ter*.

275. — Une ordonnance de référé rendue par le vice-président d'un tribunal est nulle si elle ne mentionne pas l'empêchement du président. — En annulant cette ordonnance, comme rendue par un juge incompétent, la Cour d'appel peut évoquer et juger le fond, l'art. 473 C. proc. étant général et s'appliquant aux ordonnances de référé comme aux jugemens. — *Bourges*, 7 avril 1832, Quenisset c. Villiers ; *Montpellier*, 20 juill. 1844 (t. 2 1845, p. 780), Guibert c. Cazalie.

276. — *Secùs* s'il ne s'agit que de l'ordonnance sur requête qui autorise l'assignation en référé. — *Toulouse*, 13 juill. 1827, Colasson c. d'Albaret. — V. ORDONNANCE.

Sect. 4e. — *Quelles personnes peuvent assigner en référé.*

277. — Pour exercer une action en justice, il faut être capable. — V. DEMANDE. — Parmi les incapables, les uns les ont absolument : comme les communes, les établissemens publics, les interdits, les mineurs ; les autres ne le sont que relativement : comme le mineur émancipé, le prodigue.

278. — Les mineurs, les communes, les établissemens publics n'agissent que par leurs représentans légaux, qui, dans un grand nombre de cas, sont astreints à se pourvoir d'une autorisation préalable. — V. AUTORISATION DE FEMME MARIÉE, AUTORISATION DE PLAIDER, COMMUNES, ÉTABLISSEMENS PUBLICS, INTERDIT, MINEUR.

279. — Une autorisation est-elle nécessaire aux tuteurs, aux maires, aux administrateurs, quand il ne s'agit que d'introduire un référé? La négative résulte du caractère provisoire de cette procédure. Comme elle ne préjudicie pas au fond, on ne voit pas pourquoi une autorisation serait nécessaire ; et d'ailleurs, cette exigence ferait manquer le but du référé. — Bioche, nos 219 et suiv. ; Debelleyme, t. 2, p. 24.

280. — *Vice versâ*, les tiers agissant contre les communes et les établissemens publics n'ont pas besoin de se pourvoir en autorisation. — Bilhard, p. 198, 289, 295 ; Bioche, no 223.

281. — Quant au mineur émancipé, il peut, seul et sans l'autorisation de son curateur, intenter une action mobilière ou y défendre. — V. ÉMANCIPATION, nos 90 et suiv. — *A fortiori* lui reconnaîtra-t-on le droit d'ester en référé, en pareille matière, sans son curateur.

282. — En matière immobilière, l'assistance du curateur est indispensable (V. *eod. verb.*, nos 106 et suiv.) ; et nous l'exigerions même devant le simple juge des référés.

283. — Quand il s'agit de l'état du mineur émancipé, l'autorisation du conseil de famille est nécessaire. — V. *eod.*, nos 143 et suiv.

284. — L'autorisation du mari est nécessaire à la femme qui paraît en justice, qu'elle y vienne comme défenderesse ou comme demanderesse. — V. AUTORISATION DE FEMME MARIÉE, nos 46 et suiv. — La rigueur de ce principe a fléchi quelquefois en référé, dans certains cas exceptionnels. Ainsi, M. Debelleyme (t. 2, p. 24) n'exige pas l'autorisation, quand le mari étant absent, il importe de prendre des mesures extrêmement urgentes. — Bioche, no 224.

285. — Le prodigue ne peut plaider sans l'assistance de son conseil judiciaire. — V. CONSEIL JUDICIAIRE, nos 70 et suiv., 83, 104, 106 et suiv.

286. — L'étranger autorisé à fixer son domicile en France jouit des droits civils de la nation. — C. civ., art. 13. — Il pourrait donc, dans de certaines conditions, citer en justice un étranger. — V. ÉTRANGER, nos 350, 355, 368 et suiv.

287. — Quelle que soit l'opinion que l'on adopte sur la question de savoir si les tribunaux français sont compétens pour connaître des contestations entre étrangers non autorisés à résider en France (V. ÉTRANGER *ubi suprà*, et nos 372 et suiv., 384 et suiv.), il est impossible de ne pas permettre à ces derniers, à moins de leur retirer toute protection, de s'adresser à la juridiction des référés ; car cette juridiction ne statue que sur les cas urgens et provisoirement. — Roger, *Saisie-arrêt*, no 43 ; Debelleyme, t. 1er, p. 49, no 1er ; Bioche, no 226. — V., toutefois, *Bordeaux*, 16 août 1817, Lewis c. Williams.

288. — Les juges de paix sont recevables à provoquer un référé d'office lorsque des difficultés entravent soit l'apposition, soit la levée des scellés. — C. proc. civ., art. 921, 923. — V. SCELLÉS.

289. — Cependant, comme ils ne sont pas parties dans l'instance, ils n'y peuvent conclure. — *Bruxelles*, 28 mars 1810, Deguislain.

290. — Décidé cependant sous l'empire de l'ancienne législation, qu'un juge de paix a qualité pour appeler personnellement d'une ordonnance de référé portant qu'il y a lieu de lever les scellés sans description. — *Bruxelles*, 16 mars 1821, Destuyver c. N.... — Cet arrêt est fondé sur ce qu'il s'agit là d'une *question de vacations et d'attributions de place*. — Ce motif, qui n'aurait pas dû prévaloir, tombe aujourd'hui devant la loi du 21 juin 1845, qui a aboli toutes les vacations. — V. JUSTICE DE PAIX, nos 66 et suiv. — Bioche, no 228.

291. — Pareil droit est accordé 1° aux notaires en cas de compulsoire et de différence signalée entre la minute et l'expédition d'un acte. — Art. 852 C. pr. c. — V. COMPULSOIRE.

292. — ... 2° Aux greffiers, en cas de difficultés sur la collation d'un acte ou d'un jugement. — V. COLLATION DE PIÈCES, nos 17 et suiv. ; COMPULSOIRE.

Sect. 5e. — *Comme on se pourvoit en référé.*

293. — Divers modes de procéder sont tracés par la loi, selon qu'il y a plus ou moins urgence.

294. — Aux termes de l'art. 807 du Code de procédure, la demande est portée à une audience tenue à cet effet par le président ou par le juge qui le remplace. — Décr. 30 mars 1808, art. 57.

295. — Une audience est indiquée à cet effet par semaine. — V. TRIBUNAL CIVIL. — A Paris, il y en a trois : les mardi, jeudi et samedi.

296. — Ainsi, nulle nécessité de présenter requête au président et de se faire autoriser préalablement : ce préliminaire n'est utile que quand on ne peut attendre la prochaine audience. — *Montpellier*, 6 août 1818, Jalabert c. Daron ; *Amiens*, 16 août 1825, Henry c. Codevelle ; *Pau*, 21 mai 1832, Puyo c. Sompron ; 31 août 1837 (t. 1er 1839, p. 518), Raval c. Laporte. — Favard de Langlade, vo *Référé*, t. 4, p. 777 ; Boitard, t. 2, no 371 ; Thomines-Desmazures, t. 2, p. 395 ; Bilhard, p. 561 ; Demiau, art. 807 ; Pigeau, t. 2, p. 493 ; Carré et Chauveau, quest. 2770 ; Berriat, p. 378, no 7 ; Bioche, no 256. — *Contrà*, *Paris*, 7 juin 1809, Lucet c. Grammont. — *Prat. fr.*, t. 5, p. 57 ; Biret, *Des nullités*, t. 2, p. 70.

297. — Dans les tribunaux de commerce, il n'y a pas d'audience de référé. Le président indique verbalement un jour et une heure pour entendre les parties. — Bioche, n° 253.

298. — Dans la plupart des cas, le référé est introduit judiciairement. — Art. 807 et 808.

299. — C'est-à-dire qu'on procède par exploit signifié à personne ou à domicile; une requête d'avoué à avoué serait nulle. — *Paris*, 7 juin 1809, Lucet c. Grammont. — Favard de Langlade, v° *Référé*, t. 4, p. 777; Bilhard, p. 588; Carré et Chauveau, quest. 2766; Debelleyme, t. 2, p. 55, form. 1re; Bioche, n° 235; Boitard, t. 2, n° 371.

300. — En supposant que l'assignation pût être donnée à un domicile élu, il n'est pas douteux qu'elle ne doive être annulée si elle l'a été chez un simple fondé de pouvoir. — *Rennes*, 23 janvier 1818, Dacosta c. Rouessart.

301. — Lorsqu'une ordonnance de référé a renvoyé les parties à l'audience, le tribunal ne peut être saisi que par une citation donnée par l'une des parties à l'autre. — En conséquence : est nul le jugement rendu sans cette citation préalable, surtout s'il est prononcé contre d'autres que le demandeur en référé. — *Cass.*, 27 fruct. an III, Bretignière c. Jourdain.

302. — Quel est le délai de la comparution? Est-ce la huitaine, conformément à l'art. 72 C. proc. civ.? Oui, selon M. Demiau (p. 488). — *Bourges*, 13 juill. 1830, Jault c. Buisson. — MM. Boitard (t. 2, n° 371) et Bilhard (p. 594) pensent qu'un délai de 24 heures suffit, par analogie des art. 416 et 1033, et c'est aussi ce qui est généralement pratiqué. Cependant tout dépend des circonstances. On se décide *ex æquo et bono*. L'art. 807 n'indique pas de délai, précisément parce que l'urgence peut être telle que le moindre retard, même celui de 24 heures, ne soit pas tolérable; mais, dans tous les cas, l'observation du délai de l'art. 72 est impossible : car, si on pouvait accorder un terme aussi long, la cause ne serait plus urgente, et le juge serait incompétent. — Nous le répétons, tout dépend des circonstances et de l'appréciation du juge. — *Montpellier*, 6 août 1810, Jalabert c. Daron; *Amiens*, 16 août 1825, Henry c. Codevelle; *Pau*, 31 août 1837 (t. 1er 1839, p. 518), Raval c. Laporte; *Paris*, 25 oct. 1838 (t. 2 1838, p. 471), Cyrasse c. Gauthier. — Pigeau, t. 2, p. 293; Favard de Langlade, *loc. cit.*, p. 777; Thomines-Desmazures, t. 2, p. 395; Carré et Chauveau, quest. 2267; Bioche, n° 260.

303. — Il doit être permis également d'abréger les délais de distance. — *Amiens*, 16 août 1825, Henry c. Codevelle.

304. — L'assignation ne doit pas contenir constitution d'avoué, car le ministère des avoués n'est pas obligatoire devant cette juridiction. — *Toulouse*, 4 juin 1824, Magnac c. Couzinier. — Demiau, p. 489; Carré et Chauveau, quest. 2768; Favard de Langlade, v° *Référé*, t. 4, p. 778; Bilhard, p. 560, 607 et 629; Bioche, n° 238; Debelleyme, t. 2, p. 5, n° 2; Berriat, p. 772, n° 39; Thomines-Desmazures, art. 807; Boitard, t. 2, p. 442, n° 371. — *Contrà*, Delaporte, t. 2, p. 376; Lepage, p. 536.

305. — Au reste, les formes de l'assignation doivent être, en général, celles de l'art. 61 C. procéd. civ. — V. EXPLOIT. — Elle contient les nom, prénoms, profession et domicile de la partie demanderesse, ainsi que ceux du défendeur, le nom et l'immatricule de l'huissier, la date du jour et l'heure de la comparution, l'exposé des faits et les conclusions. — Debelleyme, t. 2, p. 5, form. 1re; Boitard, *ubi suprà*; Chauveau sur Carré, quest. 2766; Bilhard, p. 560; Bioche, n° 257.

306. — La citation en référé n'est pas suspensive de l'exécution à laquelle elle a pour objet de s'opposer. — L'officier instrumentaire, qui, nonobstant une pareille citation, a continué de procéder aux actes d'exécution par lui commencés, n'est pas passible de dommages et intérêts, surtout s'il demeure constant que la demande en référé était mal fondée. — *Caen*, 10 avr. 1827, Langlois c. Weller.

307. — Voilà pour les cas ordinaires. Mais l'urgence est souvent telle qu'il est impossible d'attendre l'audience. Alors le président permet d'assigner, soit à l'audience, soit en son hôtel, à heure indiquée, même les jours de fête. — C. procéd. civ., art. 808.

308. — A cet effet, une requête lui est présentée. Il n'est pas nécessaire qu'elle soit signée d'un avoué. — V. *suprà*, n° 304. — Conf., Bilhard, p. 554; Thomines-Desmazures, t. 2, p. 396; Bioche, n° 268; Demiau, art. 808; Debelleyme, t. 2, p. 29. — *Contrà*, Chauveau sur Carré, quest. 2770; *Comm. du tarif*, t. 2, p. 286, nos 7 et suiv.

309. — La requête est indispensable. Une demande verbale ou par cédule motivée ne remplirait pas le vœu de la loi. — *Contrà*, Thomines, *ubi suprà*.

310. — Le président doit-il être assisté du greffier quand il rend son ordonnance? Non. — *Toulouse*, 13 juill. 1827, Colasson c. d'Albaret. — V. ORDONNANCE.

311. — Un huissier est commis par l'ordonnance à l'effet de signifier l'assignation, et ce à peine de nullité. — *Bourges*, 7 avr. 1832, Quenissel c. Villiers; 29 août 1838 (t. 1er 1839, p. 426), Couderc c. Perrault. — Bioche, n° 264; Berriat, p. 377, n° 7; Demiau, art. 808; Bilhard, p. 346; Chauveau sur Carré, quest. 2770 *bis*; Debelleyme, t. 2, p. 7, n° 1er.

312. — Jugé que la loi du 19 janv. 1816, qui a déclaré le 21 janv. jour férié, n'a pas été abrogée par la Charte de 1830. — En conséquence, doit être annulée une ordonnance de référé rendue le 21 janv. — *Paris*, 25 févr. 1832, N.... — V. JOURS FÉRIÉS.

313. — Enfin, le référé peut être introduit, sans assignation préable, par une simple déclaration sur les procès-verbaux des juges de paix, des notaires, des commissaires-priseurs, des huissiers, des gardes du commerce, des greffiers en matière de scellés, d'inventaire, d'emprisonnement et de collation de pièces. — C. procéd. civ., art. 606, 607, 786, 787, 843, 845, 922, 944. — Bioche, n° 267; Debelleyme, p. 28; Boitard, t. 2, p. 443, n° 872; Bilhard, p. 173; Pigeau, t. 1er, p. 495. — V. COMPULSOIRE, EMPRISONNEMENT, INVENTAIRE, SCELLÉS.

314. — Jugé que les parties sont suffisamment intimées par le renvoi que fait le juge de paix en vertu de l'art. 921. — *Orléans*, 4 juin 1823, Archambault c. Delamotte.

315. — M. Chauveau (quest. 2766 *bis*) critique cette solution, par cette raison que les parties ne sont averties, par le renvoi qu'ordonne le juge de paix, ni du jour où le débat sera vidé en référé, ni de la qualité, ni des prétentions définitives de leurs adversaires. Mais c'est à tort, car l'art. 928 porte que le juge de paix en référera *sur le champ* au président. Ces termes excluent toute idée d'assignation. Les parties doivent accompagner le juge de paix.

316. — Il est vrai que l'art. 921 ajoute que, s'il y a urgence, le juge de paix statuera par provision, sauf à en référer ensuite au président. Mais cette disposition ne s'oppose pas à ce que l'on se transporte devant le président, aussitôt après que le juge de paix a pourvu au plus pressé; et dans ce cas l'assignation serait un acte frustratoire. S'il y a impossibilité de suivre cette marche, le juge de paix indiquera le jour et l'heure dans son procès-verbal.

Sect. 6e. — *Comparution des parties devant le juge. — Instruction.*

317. — Les parties comparaissent en personne, le ministère des avoués est facultatif. — V. n° 304.

318. — Quand c'est un mandataire qui se présente, il doit justifier d'un pouvoir enregistré; à moins que ce ne soit un avoué. Le pouvoir reste annexé à la minute de l'ordonnance. — Debelleyme, t. 2, p. 33; Bioche, n° 275.

319. — L'instruction est orale. Aucune écriture n'entrerait en taxe.

320. — D'après une décision ministérielle du 2 déc. 1807 : les conservateurs des hypothèques peuvent se défendre par simple mémoire, lorsqu'ils refusent la radiation d'une inscription. Ils comparaissent néanmoins en personne.

321. — L'exception *judicatum solvi* n'est pas opposable en référé. — Debelleyme, t. 2, p. 35; Bioche, n° 277. — V. CAUTION JUDICATUM SOLVI.

322. — L'intervention du ministère public n'est point nécessaire en matière de référé. — *Orléans*, 4 juin 1823, Archambault c. Delamotte. — Carré et Chauveau, quest. 2769; Bioche, n° 278; Debelleyme, t. 2, p. 32. — *Contrà*, Demiau, p. 489.

323. — Mais l'assistance du greffier est exigée à peine de nullité. — V. GREFFIER, TRIBUNAL CIVIL.

Sect. 7e. — *Ordonnance.*

324. — Le juge siégeant en référé représente le tribunal dont il fait partie, il en a tous les pouvoirs.

325. — Si le défendeur fait défaut, il n'adjuge les conclusions qu'après les avoir vérifiées; le défaut ne peut être prononcé qu'au jour indiqué pour la comparution dans l'assignation, ou au jour fixé par suite d'une remise contradictoire. — V. JUGEMENT PAR DÉFAUT.

326. — Si l'un des défendeurs seulement fait défaut, il n'y a pas lieu à défaut profit joint; puisque la voie de l'opposition n'est pas ouverte contre l'ordonnance. — *Bordeaux*, 24 juin 1833, Lavignac c. Lobel-Bruck. — Bioche, n° 282. — V. JUGEMENT PAR DÉFAUT.

327. — Quand c'est le demandeur qui ne se présente pas, il n'est pas d'usage à Paris de prononcer défaut-congé contre lui.

328. — En matière de contrainte par corps, il n'y a jamais lieu à défaut; le créancier est représenté par le garde du commerce. Le débiteur comparaît en personne.

329. — Lorsque la cause a été engagée contradictoirement, il a la faculté d'ordonner, pour éclairer sa religion, une communication de pièces, un compulsoire, un serment supplétoire, un compte, une mise en cause forcée ou volontaire, une remise, la jonction de plusieurs référés; enfin, toutes les mesures préparatoires et interlocutoires usitées en procédure. — Debelleyme, t. 2, p. 35 et 37; Bioche, nos 284 et suiv.

330. — Il peut encore ordonner : 1° une enquête, 2° une expertise.

331. — L'enquête ordonnée doit être faite comme en matière sommaire. — V. ENQUÊTE.

332. — Quant à l'expertise, ne doit-elle porter que sur les mesures provisoires? ou bien est-il permis de la faire porter sur les mesures définitives, de telle sorte que le travail de l'expert puisse être homologué par le tribunal saisi du fond? Il a été jugé que le président commet un excès de pouvoir en ordonnant une opération de nature à préjuger le fond. — *Bourges*, 7 avr. 1832, Quenissel c. Villiers. — Toutefois, l'usage contraire a prévalu à Paris. — Debelleyme, t. 2, p. 35; Bioche, n° 289.

333. — Décidé encore, 1° que le juge de référé ne peut ordonner un interlocutoire sur le fond de l'affaire. — *Riom*, 7 janv. 1814, Brugerolles c. Delmont.

334. — ... 2° Que le juge du principal est nécessairement juge du provisoire. En conséquence : le président du tribunal civil, jugeant en référé, n'est pas compétent pour ordonner des vérifications et simples mesures provisoires, à l'occasion d'une demande qui doit être portée devant le conseil de préfecture. — *Paris*, 23 août 1836, préfet de la Seine c. de Ribes.

335. — Il peut même, en toute matière, contrainte par corps, scellés, inventaire, etc., renvoyer la cause, en état de référé, devant le tribunal. On dit, à l'appui de l'opinion contraire, qu'un juge ne peut se dessaisir de sa juridiction en faveur de personnes non appelées. Mais cet usage, déjà ancien, n'a pas été abrogé par le Code de procédure, car l'art. 60 du décret du 30 mars 1808 prévoit formellement le cas où le référé sera renvoyé à l'audience. — *Douai*, 11 janv. 1831, Bloqué c. Prior; *Cass.*, 6 mars 1834, Lehir c. Duncel; *Pau*, 31 août 1831 (t. 1er 1839, p. 518), Raval c. Laporte. — Boitard, t. 2, p. 441, nos 371, 442, n° 373; Thomines-Desmazures, t. 2, p. 394; Bilhard, p. 75; Rodière, t. 1er, p. 167; Chauveau sur Carré, quest. 2764 *bis*; Berriat, p. 377; Pigeau, t. 1er, p. 112 et 115; Debelleyme, *Ordonnance*, t. 2, p. 38; Bioche, n° 377. — *Contrà*, *Poitiers*, 18 janv. 1825, Laudonnière c. *id.*

336. — Bien que le juge fût incompétent pour connaître de la validité du titre à l'exécution duquel le débiteur s'oppose, il pourrait renvoyer les parties à l'audience : *tout demeurant en état*. — *Bordeaux*, 25 nov. 1836, Seraflon c. Bailut.

337. — La jonction du provisoire au fond peut-elle être ordonnée, de façon qu'il soit statué sur le tout par un seul et même jugement? Ne serait-ce pas là une espèce de déni de justice? Non, si le provisoire est lié à l'instance principale et se décide par la connaissance du fond qui est prêt à recevoir jugement; sauf au tribunal à prononcer séparément sur le provisoire et sur le fond. — Debelleyme, t. 2, p. 40 et suiv.; Bioche, n° 296.

338. — A Paris, l'usage est, surtout en matière de revendication, de joindre à la demande principale les référés qui y sont relatifs. — Bioche, *eod.*

339. — Si le président estime que la mesure demandée n'est pas urgente, il renvoie les parties à se pourvoir au principal : attendu qu'il n'y a lieu à référé. — Pigeau, *Comm.*, t. 2, p. 497; Bioche, n° 283.

340. — On ne peut considérer comme un déni de justice la décision par laquelle le juge du ré-

féré dit qu'il n'y a lieu à référé, et renvoie les parties à se pourvoir au principal. — *Paris*, 11 avr. 1826, Williams et Stacpoole c. Ryon.

341. — Lorsqu'il s'agit d'une opposition à poursuites, et que cette opposition est fondée; il renvoie pareillement les parties à se pourvoir au principal, et ordonne provisoirement la discontinuation des poursuites.

342. — Dans le cas contraire, c'est-à-dire si l'opposition n'est pas justifiée, il ordonne la continuation des poursuites par provision et renvoie au principal les parties à se pourvoir, et sans y préjudicier.

343. — Quant aux dépens, ils sont toujours réservés pour être joints au principal.

344. — Nous ne reviendrons pas sur ce qui a été dit (*suprà*, nos 6 et suiv.) concernant le caractère provisoire des mesures du référé. Nous nous bornerons à rappeler purement et simplement que l'art. 809 C. proc. veut que l'ordonnance laisse le fond intact.

345. — L'ordonnance est motivée, à peine de nullité. En effet, elle a tous les caractères d'un jugement; de sorte qu'il serait puéril de s'arrêter à sa qualification. N'est-elle pas prononcée avec la solennité des jugemens, en l'auditoire, les portes ouvertes, en présence du public? D'ailleurs il faut mettre le juge d'appel à même d'apprécier l'œuvre du premier juge. — *Paris*, 10 frim. an XI, N.... — Favard de Langlade, vo *Référé*, p. 778; Chauveau sur Carré, quest. 2771; Bioche, no 304; Debelleyme, *Form. du deuxième cahier*. — *Contrà*, Pigeau, t. 1er, p. 113; Carré, quest. 2771; Thomines-Desmazures, t. 2, p. 398.

346. — Elle contient les noms du président ou du juge qui le remplace, avec mention de l'empêchement du premier (V. no 274); le nom du greffier; les noms, prénoms et qualités des parties, leur demeure, les faits, les conclusions, les motifs et le dispositif. — C. proc. civ., art. 141. — V. JUGEMENT.

347. — Remarquons que la rédaction des qualités est en entier l'œuvre du juge. On ne procède donc pas, en cette matière, comme en matière de jugement. Les formes ordinaires entraîneraient des retards et des frais, et d'ailleurs le ministère des avoués n'est pas obligé. — Carré et Chauveau, quest. 2778; *Praticien*, t. 5, p. 61; Debelleyme, t. 2, p. 6, no 1er; Demiau, p. 489; Pigeau, *Comment.*, t. 2, p. 496 et 497; Chauveau, *Tarif*, t. 2, p. 288, no 17; Bioche, no 307; Boitard, t. 2, p. 446, no 375.

348. — Néanmoins, à Paris l'avoué qui a obtenu gain de cause dresse très-sommairement un point de fait qu'on appelle le *protocole* de l'ordonnance. Ce point de fait contient uniquement l'assignation et les demandes récusatoires. Il n'est rien perçu pour cet acte.

349. — Il y est fait mention qu'elle a été rendue en audience publique (V. JUGEMENT) ou en l'hôtel du juge, selon les cas. — V. no 307.

350. — Le greffier est tenu de la signer toutes les fois qu'elle a été rendue à l'audience. — V. JUGEMENT.

351. — Peu importe qu'il soit gardé minute de l'ordonnance ou que l'ordonnance soit mise au bas d'un procès-verbal. L'art. 1040 du Code de procédure civile est formel. — *Contrà*, Bioche, no 305.

352. — *Secùs* si elle a été rendue à l'hôtel, parce qu'alors le juge est seul. — V., au surplus, vo ORDONNANCE.

353. — D'après l'art. 810, les minutes des ordonnances sont déposées au greffe; mais cette règle n'est pas générale, et il y est forcément dérogé lorsque le référé est introduit sur procès-verbal : parce que l'ordonnance est mise au bas du procès-verbal. — V. Berriat, p. 378; Pigeau, *Comm.*, t. 2, p. 497; Bioche, no 306.

Sect. 8e. — *Exécution des ordonnances.*

354. — Les ordonnances de référé sont exécutoires par provision. — Art. 809.

355. — ... Et sans caution, si le juge n'a ordonné qu'il en serait fourni une. — Art. 809.

356. — Ici la loi n'admet pas de distinction entre le cas où l'ordonnance est contradictoire ou par défaut, et cela se conçoit; car elle déclare aussitôt après, que la voie de l'opposition n'est pas ouverte contre l'ordonnance.

357. — L'exécution provisoire était dans la force des choses : d'abord parce que les causes de référé sont toujours urgentes, et ensuite parce que le juge n'est autorisé à statuer que provisoirement et sans préjudicier au principal.

358. — C'est pour cela que nous avons enseigné qu'on ne serait pas fondé à se prévaloir contre une partie de ce qu'elle aurait exécuté, même sans réserves, l'ordonnance rendue par le juge des référés.

359. — L'opposition à une vente autorisée par une ordonnance de référé, lorsque le poursuivant n'est point en même temps appelé en référé pour voir statuer sur cette opposition, ne fait point obstacle à la consommation de la vente, encore bien que l'exploit d'opposition contienne assignation à comparaître devant le tribunal à l'effet d'y voir déclarer nulle l'ordonnance en vertu de laquelle s'effectue cette vente. — *Douai*, 15 mai 1841 (t. 2 1841, p. 429), Citerne c. Grebert.

360. — Le juge est souverain appréciateur de l'opportunité de la caution. Sous ce rapport, la loi lui a confié un pouvoir discrétionnaire. Il détermine la somme à fournir ou la caution à donner. — Debelleyme, t. 2, p. 335.

361. — Il n'est nullement obligé à indiquer un délai pour fournir la caution; l'exécution étant subordonnée à l'accomplissement de cette condition, il n'y a lieu de la remplir que lorsque l'on veut exécuter l'ordonnance. — Chauveau sur Carré, quest. 2270 4o; Debelleyme, t. 2, p. 6, no 3.

362. — La caution est présentée et reçue dans la forme ordinaire (Pigeau, t. 2, p. 496). M. Bioche (no 258) estime, toutefois, que les formes prescrites par l'art. 517 et suivans du Code de procédure civile sont peu compatibles avec l'urgence en matière de référé.

363. — On exécute l'ordonnance, soit sur la grosse, soit sur la minute, lorsqu'en cas d'absolue nécessité le juge a décidé qu'il en serait ainsi. — C. procéd., art. 811.

364. — L'ordonnance qui intervient sur le procès-verbal d'un juge de paix ou d'un officier public s'exécute sur minute. En certains cas, cependant, expédition en est délivrée par le greffier ou par le notaire. — Debelleyme, t. 2, p. 44; Bioche, no 360.

365. — Hors le cas d'exception prévu par l'art. 811 du Code de procédure, les ordonnances sur référé doivent être revêtues de la forme exécutoire à peine de nullité de tous les actes faits en exécution de ces ordonnances. — *Toulouse*, 30 mars 1824, Huc c. Calmette et Cassan.

366. — Jugé toutefois qu'une ordonnance de référé est exécutoire quoiqu'elle n'ait point été expédiée en la forme prescrite pour les jugemens ordinaires par l'art. 146 du Code de procédure. — *Rouen*, 18 févr. 1819, Lasnon c. Chanteloup.

367. — Quand l'exécution est poursuivie sur la minute, il importe d'autoriser d'une manière expresse la réquisition du commissaire de police. — Debelleyme, t. 2, p. 46; Bioche, no 373.

368. — En principe : l'ordonnance doit être soumise à la formalité de l'enregistrement, avant d'en poursuivre l'exécution.

369. — Néanmoins : l'huissier remplit le vœu de la loi, quand il fait enregistrer l'ordonnance en même temps que l'exploit d'assignation. — Décis. min. fin. 13 juin 1809.

370. — Quelquefois le président dispense même de l'enregistrement préalable.

371. — Quand l'ordonnance est exécutoire sur minute, sauf, bien entendu, le cas où elle est rendue sur procès-verbal, un huissier est commis pour la mettre à exécution et la réintégrer dans les minutes du greffe. Cette précaution est prise dans l'intérêt de la responsabilité du greffier, qui, dans l'usage, ne remet la minute aux officiers ministériels que sur leur récépissé. Un droit de 3 francs lui est alloué à ce sujet. — Debelleyme, t. 2, p. 43; Bioche, no 364.

372. — Sauf les cas de nécessité absolue, l'exécution est toujours précédée de la signification de l'expédition ou de la minute de l'ordonnance. — Arg. art. 809. — Bioche, no 365.

373. — C'est à partie que l'on signifie. La signification à avoué serait un acte frustratoire. — Bioche, no 366; Pigeau, t. 2, p. 496; Bilhard, p. 703.

374. — Est-il besoin d'ajouter que la signification n'est valable et ne fait courir le délai de l'appel qu'autant qu'elle est faite soit à personne, soit à domicile?

375. — Une exception n'est possible que si le référé a pour cause un débat antérieur qui nécessite une élection de domicile. — Chauveau sur Carré, quest. 2276 *bis*.

376. — Jugé cependant que la signification dans un commandement tendant à la contrainte par corps, d'une ordonnance de référé rendue sur une opposition à cette contrainte, est irrégulière. — *Bordeaux*, 1er août 1828, Besse c. Mouru-Lacotte; 23 juill. 1835, Bonne c. Bérit. — *Contrà*, Chauveau, *eod.*

377. — Est-il nécessaire quand l'ordonnance est par défaut, que la signification en soit faite par un huissier à ce commis? Nous croyons cette mesure prudente, mais, dans le silence de la loi, nous ne la regardons nullement comme indispensable. — *Contrà*, Bioche, no 368; Debelleyme, t. 2, p. 44.

378. — La péremption prononcée par l'art. 156 contre les jugemens par défaut contre partie, faute d'exécution dans les six mois de leur obtention, n'atteint pas les ordonnances de référé. — Debelleyme, *ubi suprà*; Bioche, no 362. — V. JUGEMENT PAR DÉFAUT.

379. — Vis-à-vis des tiers saisis, l'ordonnance manque de sanction pénale. Quand ils se refusent à l'exécuter, le créancier opposant ou le cessionnaire n'ont aucun moyen de les contraindre à payer. Tout dépend de leur bonne volonté.

380. — La caisse des dépôts et consignations exige, pour se dessaisir des fonds, la représentation d'un certificat de non-appel.

381. — Au surplus : le tiers qui paie en vertu d'une ordonnance de référé, est bien et valablement libéré. — *Turin*, 15 juill. 1809, Fassi c. Avite. — V. SAISIE-ARRÊT.

Sect. 9e. — *Voies de recours contre les ordonnances.*

382. — Les ordonnances sur référé ne sont pas susceptibles d'opposition. — C. proc. civ., art. 809.

383. — L'ordonnance du président d'un tribunal qui, sur la demande d'un acquéreur d'immeuble, commet un avoué à l'effet de faire notifier son contrat d'acquisition aux créanciers inscrits, rentre dans la classe des ordonnances de référé. En conséquence, le jugement qui statue sur l'opposition à cette ordonnance doit être annulé. — *Cass.*, 13 févr. 1839 (t. 2 1839, p. 308), Besançon c. Oudot.

384. — Jugé, toutefois, qu'une ordonnance de référé autorisant l'apposition des scellés sur les papiers d'un associé requise par un autre associé, serait encore susceptible d'opposition par les membres de la société. — *Paris*, 19 févr. 1812, Marse c. N...

385. — Pigeau (t. 1er, p. 168) estime, par induction de l'art. 408, que lorsque l'ordonnance n'est pas susceptible d'appel, la partie a le droit de se pourvoir par opposition devant le tribunal de première instance. — Cette opinion est la négation de l'art. 809. — Carré et Chauveau, quest. 2276; Berriat, p. 378, no 1er; Demiau, p. 489; Bioche, no 332; Boitard, t. 2, p. 444 et 445, no 374. — En pareil cas, la partie doit se pourvoir au principal.

386. — Les ordonnances de référé n'étant pas susceptibles d'opposition, le tribunal qui statue sur l'opposition formée devant lui à une pareille ordonnance, au lieu de se déclarer incompétent, commet un excès de pouvoir; et son jugement doit être annulé par la Cour de cassation. — *Cass.*, 13 févr. 1839 (t. 2 1839, p. 308), Besançon c. Oudot.

387. — L'appel d'une ordonnance de référé n'est permis que dans le cas où l'on peut appeler d'un jugement de première instance. — Arg. C. proc., art. 809.

388. — Il semblerait résulter des termes de l'art. 809 que la recevabilité de l'appel serait subordonnée à un *jugement* de première instance survenu sur le mérite de l'ordonnance attaquée. — Mais le mot *jugement* a été employé par inadvertance, pour le mot *ordonnance*. — Bioche, no 318.

389. — La loi disant que l'appel ne sera recevable que dans les cas où il est autorisé pour les jugemens de première instance, il suit que l'appel n'est possible que si l'objet du litige excède 1,500 francs (1,000 francs autrefois). — C'est l'opinion émise par Pigeau (t. 1er, p. 168). Voici en quels termes s'exprime cet auteur, après avoir parlé des effets des ordonnances de *référé* et des voies à prendre contre elles : « Tout ce que l'on vient de dire sur l'appel ne peut s'appliquer au cas où le principal est de nature à être jugé en dernier ressort par le tribunal de première instance. — Si l'on demandait, en référé, la remise provisoire d'un objet valant 1,000 francs ou moins, on ne doit pas se pourvoir par appel au tribunal supérieur; cela résulte de l'art. 809, qui, parlant de l'appel, dit : *Dans le cas où la loi autorise l'appel.* » — *Turin*, 19 août 1807, Malingri c. Barocco; 16 oct. 1807, Ramusati c. Vivenza; *Paris*, 28 juill. 1825, Hostein c. Minier; 9 août 1836 (t. 1er 1837, p. 608), Socard-Magnier c. Corme. — Carré et Chauveau, quest. 2276; Berriat Saint-Prix,

p. 318, n° 11; Thomines-Desmazures, t. 2, p. 399; Bioche, n° 322; Poncet, t. 1er, p. 54, n° 40; Boitard, t. 2, p. 445, n° 374. — *Contrà, Paris*, 15 niv. an XIII, Pellerin de Chantereine c. Vittoux; 24 août 1831, Jacquelier c. Pionnier; 5 oct. 1848 (t. 2 1848, p. 347), Durand-Morimbeau.

390. — Le juge du référé connaît en dernier ressort, comme le tribunal, des affaires n'excédant pas 1,500 francs. — En conséquence, l'appel d'une ordonnance de référé statuant sur une réclamation inférieure à ce chiffre est non recevable. — *Paris*, 13 juin 1845 (t. 1er 1846, p. 723), Simon c. Phélu; 2 déc. 1848 (t. 1er 1849, p. 98), Contrib. indir. c. Féau-Béchard.

391. — En conséquence, l'ordonnance de référé qui ordonne la continuation de poursuites faites, à fin de paiement d'un exécutoire de dépens dont le montant est au-dessous de 1,500 francs n'est pas susceptible d'appel. — *Paris*, 5 oct. 1848 (t. 2 1848, p. 347), Durand-Morimbeau c. N.....

392. — Une ordonnance de référé intervenue sur l'exécution d'un jugement en dernier ressort, n'est pas susceptible d'appel. — *Paris*, 16 avril 1836, Deletiée c. de Rancé.

393. — Les ordonnances de référé sur un litige inférieur au taux du dernier ressort ne sont pas susceptibles d'appel, encore bien que le demandeur en référé argue d'incompétence la décision dont l'exécution est poursuivie contre lui. — *Amiens*, 27 août 1838 (t. 2 1842, p. 206), Levavasseur c. Compagnie d'assurances mutuelles.

394. — L'ordonnance qui envoie un légataire universel en possession de la succession ne préjudicie nullement au droit qu'a l'héritier légitime d'attaquer le testament, d'en dénier l'écriture, et même de contester à cet acte le caractère de titre apparent. L'héritier peut donc s'opposer à l'envoi en possession du légataire et réclamer soit la possession provisoire des biens de l'hérédité, soit leur séquestre pendant l'instance en vérification. — Ces mesures provisoires n'excédant pas les limites d'un référé, l'opposition à l'ordonnance d'envoi en possession peut être portée, dans ce cas, devant le magistrat qui l'a rendue. L'ordonnance qui intervient sur cette opposition est susceptible d'appel, comme le serait toute autre ordonnance d'un intérêt illimité rendue sur référé. — *Cass.*, 24 avr. 1844 (t. 2 1844, p. 407), Quatrefages du Fesque c. Latour-Lisside.

395. — L'ordonnance rendue par le président sur le référé introduit en exécution de la réserve insérée dans une première ordonnance portant permis de former opposition, est soumise à l'appel lorsqu'elle statue sur une question de propriété élevée par un tiers. — *Paris*, 10 mai 1848 (t. 1er 1848, p. 575), Boulmy c. Lawson.

396. — Le président qui, sur la requête à lui présentée, a accordé l'autorisation de faire une saisie conservatoire, n'a ni qualité ni compétence pour apprécier au fond, comme juge du référé, le mérite de son ordonnance et rapporter l'autorisation qu'il a donnée. — *Rouen*, 28 févr. 1846 (t. 2 1847, p. 195), Boissel c. Dupanc.

397. — Le président pourrait-il rétracter son ordonnance s'il s'en était réservé le droit? La Cour de Paris juge l'affirmative en matière de saisie-arrêt. — *Paris*, 16 déc. 1843 (t. 1er 1844, p. 82), Best c. Lefauve. — V. aussi l'arrêt de Rouen précité (dans ses motifs).

398. — On peut appeler : 1° d'une ordonnance de référé statuant sur la revendication faite par un tiers de meubles saisis pour une somme inférieure à 1,000 fr., parce que la contestation n'est pas circonscrite dans la somme demandée; elle se rapporte aux valeurs saisies. — *Aix*, 1er févr. 1831, Graff c. Sourdon.

399. — ... 2° De l'ordonnance qui autorise la continuation d'une saisie mobilière pratiquée pour avoir paiement d'un terme d'une rente inférieure à 1500, attendu qu'il s'agit d'une saisie dont l'importance est indéterminée. — *Paris*, 19 janv. 1842 (*Journ. proc.*, art. 2208).

400. — ... 3° De celle qui statue sur des difficultés élevées à l'occasion d'une levée de scellés et d'un inventaire. — *Bruxelles*, 6 sept. 1822, Dupré c. Vanaken. — L'objet du litige est indéterminé.

401. — ... 4° Ou bien encore de celle qui autorise un prétendant droit à une succession à assister à la levée des scellés. — *Cass.*, 25 nov. 1818, Laboissière c. Martinelly.

402. — L'ordonnance de référé qui, tout en renvoyant la cause à l'audience en état de référé, ordonne un sursis aux poursuites commencées, est une décision définitive susceptible d'appel. — *Toulouse*, 29 nov. 1832, Dentalou c. Amilhat.

403. — Le sursis ainsi ordonné ne peut pas être levé par une seconde ordonnance, s'il n'est intervenu aucun changement dans la situation des choses. — *Paris*, 27 avr. 1844 (t. 2 1844, p. 90), Brunswick c. directeur du mont-de-piété à Paris.

404. — Au contraire : la seconde ordonnance que rend le président relativement à une saisie-arrêt qu'il avait autorisée, mais à charge de lui en référer en cas de difficulté, n'est pas susceptible d'appel, c'est un acte de juridiction gracieuse. — *Paris*, 25 mars 1844 (*Journ. proc.*, art. 2947). — Bioche, n° 329.

405. — L'appel d'une ordonnance de référé est recevable lorsqu'il s'agit d'incompétence, encore que l'objet sur lequel il a été statué ne s'élève pas à 1,500 fr. — *Douai*, 6 juin 1842 (t. 2 1842, p. 206), Hénissart c. Tarlois. — Chauveau sur Carré, quest. 2276; Thomines-Desmazures, t. 2, p. 399; Bioche, n° 324.

406. — On peut appeler d'une décision du juge de référé, après s'en être rapporté à sa justice. — *Bruxelles*, 14 avril 1820, Duwelz c. Doches.

407. — Mais l'appel n'est plus recevable, si on a acquiescé à l'ordonnance en l'exécutant sans réserves. — Bioche, n° 330.

408. — Bien entendu, l'exécution d'une ordonnance de référé de la part de celui qui l'a obtenue ne rend pas non recevable l'appel interjeté par son adversaire. — *Paris*, 22 août 1846 (t. 2 1846, p. 557), Frécon c. Claye.

409. — La signification sans réserves de l'ordonnance équivaudrait à un acquiescement. — Bioche, *eod.*

410. — Quel est le délai de l'appel? L'art. 809 porte qu'on pourra se pourvoir, même avant le délai de huitaine, à dater de l'ordonnance, et qu'on sera forclos quinzaine après la signification.

411. — Ce délai de quinzaine est de rigueur. — *Rouen*, 18 févr. 1819, Lasnon c. Chanteloup; *Amiens*, 18 août 1825, Codevelle c. Pruvost. — Chauveau sur Carré, quest. 2276 *ter*; Bioche, n° 334.

412. — On n'applique pas, en cette matière, la règle : *Dies termini non computatur in termino*. En un mot, le délai n'est pas franc et même peu importe que le dernier jour soit férié. — *Limoges*, 25 mars 1825, Constantin c. Dumont. — Chauveau sur Carré, quest. 2276 3°; Bioche, n° 336. — *Contrà, Bourges*, 16 mars 1822, Bernard c. Guillon.

413. — Il n'y a pas lieu non plus à augmentation à raison des distances. — *Paris*, 26 mars 1838 (t. 1er 1838, p. 541), de Morgan c. Kerouatz. — Souquet, *Dict. des temps légaux*, v° *Jugement*, tabl. 310, col. 5, n° 224; Bioche, n° 337; Chauveau sur Carré, *ubi suprà*. — V. n° 303.

414. — L'appel est signifié à personne ou domicile, à peine de nullité. Il serait nul, si l'exploit était remis à un domicile élu. — *Paris*, 7 juill. 1810, N....; 26 mars 1838 (t. 1er 1838, p. 541), de Morgan c. Kerouatz. — Bioche, n° 338; Chauveau sur Carré, quest. 2276 *bis*. — *Contrà*, Hautefeuille, p. 443.

415. — ... A moins, toutefois, que le référé n'ait pour cause un débat antérieur, à raison duquel les parties étaient tenues de faire une élection de domicile. C'est notamment « ce qui a lieu en matière de contrainte par corps, dit M. Chauveau (*eod.*), où nous admettons la validité de la signification faite au domicile élu dans le commandement ou l'acte d'écrou. »

416. — L'appel n'est pas suspensif. — V. nos 29 et suiv.

417. — Il est porté à la Cour d'appel, devant une chambre de la Cour, et non pas devant le premier président.

418. — ... Il est jugé sommairement et sans procédure. — C. procéd. civ., art. 809.

419. — A raison de l'urgence, il ne peut être joint à une autre contestation.

420. — Tant que l'ordonnance n'est pas produite, la Cour refuse de statuer. — Bioche, n° 344.

421. — Lorsque l'assignation est annulée, la Cour est nécessairement dispensée d'entrer dans l'examen du fond : la nullité de l'assignation entraînant celle de l'ordonnance en référé. — *Rennes*, 23 janv. 1816, Dacosta c. Bonessart.

422. — Nul doute encore que la Cour ne doit pas s'occuper des conclusions qui seraient prises pour la première fois devant elle. Ici s'applique l'art. 464 C. procéd. civ. — Chauveau sur Carré, quest. 2276, 4°. — V. DEMANDE NOUVELLE.

423. — Toutefois, il pourra être accordé des dommages-intérêts en appel pour réparer le préjudice causé par l'exécution de l'ordonnance. — *Cass.*, 12 avr. 1820, Etignard c. Bonceret. — Chauveau, *eod.*

424. — La Cour statue sur les dépens et en prononce la distraction au profit des avoués. — V. FRAIS ET DÉPENS.

425. — Si la Cour trouve le fond en état, elle est autorisée à l'évoquer et à statuer sur le tout par un seul et même jugement. En vain prétendrait-on que le juge du référé n'est appelé qu'à rendre une décision provisoire. — Bioche, n° 347.

426. — Jugé, en conséquence, que la Cour d'appel saisie de l'appel d'une ordonnance de référé peut, en annulant pour cause d'incompétence, statuer au principal, sans violer les deux degrés de juridiction. — *Cass.*, 24 août 1819, de Villebrune c. Talon; *Toulouse*, 21 août 1838 (t. 2 1838, p. 448), Savene c. Talon; *Montpellier*, 20 juill. 1844 (t. 2 1845, p. 780), Guibert c. Cazalie.

427. — Nous terminerons en constatant : Que l'opposition est recevable contre l'arrêt par défaut qui statue sur l'appel. L'art. 809 est exceptionnel, et ne doit s'appliquer qu'aux seules ordonnances. — Merlin, *Rép.*, v° *Opposition*, art. 8; Berriat, p. 378; Favard de Langlade, v° *Référé*, t. 4, p. 778; Thomines-Desmazures, t. 2, p. 399; Carré et Chauveau, quest. 2272; Bioche, n° 315; Boitard, t. 2, p. 446, n° 374; Bilhard, p. 398. — *Bruxelles*, 7 août 1807, Bosquet c. Lombard.

428. — Jugé, toutefois, que les arrêts par défaut rendus sur l'appel des ordonnances de référé ne sont pas plus susceptibles d'opposition que les ordonnances de référé elles-mêmes. Par conséquent : lorsqu'il y a plusieurs intimés et que l'un fait défaut, il n'y a pas lieu de prononcer contre lui de défaut profit joint. — *Orléans*, 9 juin 1847 (t. 1er 1849, p. 627), Seguin c. Bouchetal et Walvein. — V. aussi *Bordeaux*, 24 juin 1831, Lavigne c. Lobelbruck.

429. — En ce qui concerne le recours en cassation, il n'est pas admis contre les ordonnances de référé qui ne prescrivent que des mesures provisoires et toujours susceptibles d'être réparées. — *Cass.*, 31 juill. 1815, Cheriot c. Lecoulteux. — Bioche, n° 347; Chauveau sur Carré, quest. 2276, 5°.

430. — Sauf le cas où le président aurait violé les règles de la compétence ou commis un excès de pouvoir : par exemple, en statuant sur le fond.

431. — Même solution par rapport à la requête civile. — V. REQUÊTE CIVILE.

432. — ... Et même par rapport à la tierce opposition. La partie lésée a la ressource, si elle ne juge pas à propos d'attendre la décision, de se pourvoir elle-même en référé. — *Bordeaux*, 24 juin 1833, Lavignac c. Lobel. — Chauveau sur Carré, quest. 2273 *bis*; Bioche, n° 350. — M. Chauveau cite comme rendus en sens contraire deux arrêts (*Paris*, 19 févr. 1812, Marce c. N...; *Toulouse*, 10 juill. 1827, Damizan c. Comm. des hospices), mais c'est à tort. Dans l'espèce du premier, la tierce opposition était dirigée, non pas contre une ordonnance de référé, mais contre une ordonnance rendue sur requête. Dans celle du second arrêt, il s'agissait d'un envoi en possession.

CHAPITRE II. — *Jugemens rendus en état de référé.*

433. — Nous avons dit (*suprà* nos 335 et suiv.) que lorsque la cause présentait à juger de graves difficultés le président avait la faculté de la renvoyer devant le tribunal, en état de référé. C'est de ce renvoi que nous allons nous occuper.

434. Une ordonnance de référé, qui, sur l'opposition à la saisie, renvoie les parties à l'audience de *tel jour, toutes choses demeurant en l'état*, n'a pas l'effet de suspendre indéfiniment la poursuite, dans le cas même où l'opposant n'a pas suivi l'audience au jour indiqué. — *Paris*, 22 déc. 1819, Devullaine c. Leclerc.

435. — Il n'est pas nécessaire de rédiger l'ordonnance de renvoi. Il suffit d'indiquer en marge du placet la chambre à laquelle la cause est attribuée, ainsi que le jour de la comparution.

436. — Le ministère des avoués est-il nécessaire? Nous ne le pensons pas, parce que le renvoi est une continuation du référé. — Bioche, n° 379; Boucher d'Argis, *Taxe*, v° *Référé*, n° 2.

437. — Un avenir n'est pas nécessaire. Cependant à Paris, quand il y a avoué en cause, on signifie un simple acte. — *Contrà*, Boucher d'Argis, *eod.*

438. — Il est dû à l'avoué qui se présente une seconde vacation.

439. — La cause est jugée sommairement, sans écritures par conséquent, à la première audience. Elle ne subit pas de remise.

440. — Le tribunal auquel le président tenant les référés renvoie des parties qui sont en contestation sur l'exécution d'un acte authentique, peut ordonner, par voie de référé, l'exécution de cet acte. — *Paris*, 9 sept. 1812, Cousin c. Marteau.

441. — Un jugement rendu, en état de référé, sur un renvoi prononcé par le juge tenant l'audience des référés, ne fait point préjudice aux moyens du fond; il est assimilé à l'ordonnance du président. — En conséquence : l'arrêt rendu sur l'appel de ce jugement ne peut être attaqué par la voie de cassation, comme contraire aux lois que l'on peut invoquer au principal. — *Cass.*, 31 juill. 1815, Guériot c. Lecouteulx de Canteleux. — Bilhard, p. 762; Bioche, n° 381.

442. — Il n'est pas signifié de qualités. — Boucher d'Argis, *Taxe*, v° *Référé*, n° 2; Bioche, n° 381.

443. — De même, il n'est pas nécessaire que le jugement soit signifié à avoué avant de l'être à partie. — Bioche, 382.

444. — Les jugemens rendus en état de référé sont-ils susceptibles d'opposition? Non, ils sont assimilés aux ordonnances. — Thomines-Desmazes, t. 2, p. 398; Carré et Chauveau, quest. 2273; Bioche, n° 383; Pigeau, t. 1er, p. 409; Demiau, p. 490.

445. — Ils ne sont susceptibles d'appel que dans les cas où les ordonnances en seraient elles-mêmes susceptibles. — Favard de Langlade, *loc. cit.*; Carré et Chauveau, quest. 2275.

446. — Quel est le délai de l'appel? Il est de quinzaine, par application de l'art. 809. — *Paris*, 3 mars 1810, N...; 14 mai 1836, Meslier c. Domaines. — Carré, quest. 2775; Demiau sur l'art. 809, p. 490; Bioche, n° 384; Souquet, *ubi suprà*, tabl. 310, col. 5, n° 223; Bioche, n° 384. — *Contrà*, *Riom*, 23 avr. 1839 (t. 2 1839, p. 578), Ternat c. Dularic; *Bordeaux*, 19 déc. 1846 (t. 1er 1847, p. 606), Moriac c. Ranoy.

RÉFÉRÉ LÉGISLATIF.

V. LOI INTERPRÉTATIVE. — V. aussi LOIS.

RÉFÉRENDAIRE (Conseiller).

V. COUR DES COMPTES.

RÉFÉRENDAIRES AU SCEAU.

1. — Les référendaires au sceau ont été institués par une ordonnance royale du 15-17 juill. 1814. « Il y aura, porte l'art. 6 de cette ordonnance, près la commission du *sceau* (V. ce mot) six référendaires, qui exerceront près d'elle exclusivement, pour l'instruction et la suite des affaires qui lui sont attribuées, les fonctions précédemment exercées par les avocats du dernier Conseil d'Etat. »

2. — Une ordonnance royale du 9 déc. 1815 a élevé à dix le nombre des référendaires, mais sans que ce nombre puisse à l'avenir être augmenté.

3. — L'ordonnance du 31 oct.-16 nov. 1830, qui a supprimé la commission du sceau et réuni ses attributions aux divisions du ministère de la justice, a maintenu l'institution des référendaires. « Les référendaires institués près le chancelier, est-il dit dans l'art. 5 (§ 1er) de cette ordonnance, continueront d'être seuls chargés de la poursuite des affaires sur lesquelles la commission du sceau était appelée à délibérer. »

4. — Mais cette ordonnance les a soumis à un cautionnement. Le cautionnement que doivent fournir les référendaires au sceau est de 500 fr. de rente 5 p. cent sur l'Etat (art. 5, § 2). Ce cautionnement doit être déposé à la caisse des consignations dans le délai de six mois, et ne peut être retiré que dans les formes voulues pour les autres cautionnemens (art. 5, § 3).

5. — Les référendaires au sceau n'ont pas un traitement fixe. Leurs émolumens consistent dans des droits éventuels, variables suivant la nature des lettres patentes qui sont accordées. Ces droits ont été réglés par l'ordonnance du roi du 8-14 oct. 1814, pour ce qui concerne les actes relatifs à des citoyens.

6. — Les lettres patentes ou autres concernant les citoyens et qui sont susceptibles de produire des droits pour les référendaires, sont de deux sortes. La première catégorie comprend les lettres patentes portant confirmation de titres anciens et changement d'armoiries (ord. 8 oct. 1814, art. 2) et les lettres patentes portant collation du titre héréditaire de marquis, comte, vicomte et baron (art 3). Mais cette première catégorie d'actes a disparu, depuis la révolution du 24 février, avec le décret du Gouvernement provisoire, qui a aboli tous les titres de noblesse.

7. — La seconde catégorie comprend les grandes lettres de naturalisation scellées (V. NATURALISATION), les lettres de déclaration de naturalité, les lettres portant autorisation de se faire naturaliser ou de servir à l'étranger, les dispenses d'âge et les dispenses de parenté pour mariage. — Ord. 8 oct. 1814, art. 4. — Le droit des référendaires pour ces différens actes est de 50 fr.

8. — Des droits sont également accordés aux référendaires pour le renouvellement d'armoiries anciennes et pour la concession d'armoiries nouvelles délivrées aux villes et communes du royaume. Le montant de ces droits, qui varie suivant l'importance des villes ou communes, a été réglé par une ordonnance du roi du 26-29 déc. 1814. — V. SCEAU. — Bien que non compris explicitement dans les exceptions de la loi *sur les patentes*, ils sont cependant exempts de la patente. — V. Lainé, *Manuel des patentes*, p. 101.

RÉFORME.

V. ARMÉE, RECRUTEMENT.

RÉFRACTAIRE.

V. CONSCRIPTION, DÉSERTION, RECRUTEMENT.

RÉFUGIÉS.

1. — On désigne sous le nom de *réfugiés* les étrangers qui, forcés par des circonstances politiques de quitter leur patrie, résident en France en dehors de la protection de leur gouvernement, sans passe-port, ni aucune relation avec aucune espèce d'ambassadeur ou agent diplomatique ou consulaire.

2. — Pendant longtemps ces étrangers ne furent l'objet d'aucune attention particulière de la part du gouvernement français; leur petit nombre, autant que leur tranquillité, ne pouvait inspirer d'inquiétude. Aussi les règles du droit commun établies à l'égard des étrangers par l'art. 7 de la loi du 28 vendémiaire an VI leur étaient seules applicables.

3. — Mais à la suite de notre révolution de 1830, dont les conséquences se firent sentir dans une grande partie de l'Europe où éclatèrent des mouvemens insurrectionnels, principalement en Pologne, en Italie, en Espagne, un nombre assez considérable de ceux qui avaient pris part à ces mouvemens vinrent chercher asile sur le sol français; leur présence pouvant dès lors, surtout à raison de leur nombre, devenir pour la France une cause d'embarras sérieux, exigea des mesures spéciales et des devoirs nouveaux qui se formulèrent dans une loi du 21 avril 1832.

4. — Toutefois M. de Broglie, rapporteur de cette loi à la Chambre des pairs, déclara formellement qu'en la présentant, l'intention du gouvernement n'était nullement d'abroger la loi du 28 vendémiaire an VI et de la remplacer par une autre; qu'il entendait au contraire en faire usage au besoin.

5. — La loi du 21-26 avril 1832 autorise, par son art. 1er, le gouvernement à réunir dans une ou plusieurs villes par lui désignées, les étrangers réfugiés résidant en France; il peut, aux termes de l'art. 2, les astreindre à s'y rendre à peine d'être contraints de sortir de France.

6. — Le gouvernement peut même, s'il le juge à propos, dans l'intérêt du maintien de l'ordre et de la tranquillité publique, enjoindre, dès l'abord, aux réfugiés de sortir de France. — *Ibid.*, art. 2.

7. — Ces mesures de rigueur ne peuvent néanmoins, aux termes de la même loi, être appliquées qu'en vertu d'un ordre signé par le ministre. — *Ibid.*, art. 3.

8. — De plus elles étaient transitoires; car elles ne pouvaient être appliquées que pendant une année à partir de la promulgation (*ibid.*, art. 4). Mais ce délai échu fut d'abord prorogé jusqu'à la fin de la session de 1836 par la loi du 1er mai 1834, qui, en outre, contient la disposition suivante : « Tout réfugié étranger qui n'obéit pas à l'ordre de sortir du territoire français, ou qui, ayant été expulsé, y rentre sans autorisation, est puni d'un emprisonnement d'un à six mois, sauf l'appréciation des circonstances atténuantes. » — L. 1er mai 1834.

9. — La peine est appliquée, dans le premier cas par le tribunal de police correctionnelle du lieu où le réfugié avait sa résidence, et, dans le second cas, par le tribunal de police correctionnelle du lieu où le réfugié aura été arrêté. — *Ibid.*

10. — MM. Chauveau et Hélie (*Théorie du C. pén.*, t. 5, p. 53) font remarquer avec raison que cette pénalité ne s'applique qu'aux seuls réfugiés étrangers, et non aux étrangers voyageurs et aux étrangers déclarés vagabonds.

11. — Les dispositions des lois précitées ont été, depuis, successivement prorogées d'année en année par les lois des 26 avril 1836, 22 juill. 1837, 22 juin 1838, 24 juill. 1839, 15 juill. 1840, 12 juin 1841, 11 juin 1842, 27 juin 1843, 3 août 1844, 14 mai 1845, 3 juill. 1846, 1er août 1847, 13 déc. 1848, 24 juill. et 20 nov. 1849.

12. — Une seule de ces lois, celle du 24 juill. 1839, a posé quelques règles nouvelles, destinées à adoucir la position des réfugiés, et que les lois postérieures ont reproduites.

13. — Ainsi : les étrangers réfugiés qui auront demeuré en France ou servi sous les drapeaux pendant cinq années, et qui n'auront subi aucune condamnation criminelle ou correctionnelle, ont été autorisés, en donnant avis préalable de leur déplacement au préfet du département, à changer de résidence, sans autorisation du gouvernement. — L. 24 juill. 1839.

14. — Toutefois, cette autorisation leur est toujours nécessaire pour résider dans le département de la Seine et dans un rayon de 16 myriamètres des Pyrénées. — *Ibid.*

15. — Les réfugiés subventionnés par l'Etat ne sont pas, par cela seul, réputés indigens; par suite, ils demeurent, en principe, soumis à la contribution personnelle et mobilière comme tous autres étrangers résidant sur le territoire français. — *Cons. d'Etat*, 30 août 1843, Wyssomyrski.

V. CIRCULATION, n° 3; COMPÉTENCE ADMINISTRATIVE, n° 69; ÉTRANGERS, n° 204; EXPULSION, EXTRADITION, n° 69.

REFUS DE SERVICE.

1. — L'art. 234 du Code pénal prévoit et punit le fait par les commandans de la force publique de refuser le service légalement requis par l'autorité civile. — V. COMMANDANT DE LA FORCE PUBLIQUE.

2. — Quant au refus de service de la part des gardes nationaux, V. GARDE NATIONALE.

3. — Ce qui concerne le refus de service et de secours prévu par l'art. 475 (n° 12) du Code pénal, est traité v° REFUS DE SERVICE ET DE SECOURS.

REFUS DE SERVICE ET DE SECOURS.

1. — L'art. 475 (n° 12) du C. pén. range au nombre des contraventions et punit d'une amende de 6 à 10 francs ceux qui, le pouvant, auront refusé ou négligé de faire les travaux, le service, ou de prêter le secours dont ils auront été requis, dans les circonstances d'accidens, tumultes, naufrages, inondations, incendies ou autres calamités, ainsi que dans le cas de brigandages, pillages, flagrans délits, clameurs publiques ou exécutions judiciaires.

2. — Cette disposition est la reproduction étendue et améliorée de l'art. 17 (tit. 1er) de la loi du 22 juill. 1791, qui ne comprenait que le refus des secours et services requis par la police en cas d'incendie ou autres fléaux calamiteux.

3. — Quatre conditions sont exigées pour l'existence de cette contravention : 1° qu'une réquisition régulière soit adressée par un fonctionnaire compétent à des particuliers; 2° que la réquisition ait été faite pour un cas urgent; 3° que le contrevenant ait pu prêter le secours qui faisait l'objet de la réquisition; 4° enfin, qu'il y ait eu refus.

4. — La réquisition peut n'être que verbale si elle est faite dans le cours même d'un accident ou d'un fléau à raison duquel le secours réclamé ou le service requis ne comporte aucun délai, sauf à la constater ultérieurement par un procès-verbal.

5. — Elle est faite par l'autorité municipale, en vertu de l'art. 3, n° 5, tit. 11 de la loi du 24 août 1790. Elle peut l'être également par l'autorité judiciaire et par les agens de la force publique, dans les cas de brigandages, pillages, flagrans délits, clameurs publiques ou d'exécutions judiciaires.

6. — L'obligation de déférer à cette réquisition est absolue; on ne peut s'y soustraire que dans le cas d'une impossibilité absolue; c'est ce qu'ex-

primont les mots *le pouvant* employés par l'art. 475.

7. — Le tribunal de police est juge de cette impossibilité; mais, pour l'admettre comme excuse, il doit déclarer expressément dans son jugement en quoi elle a consisté.

8. — L'art. 475 s'applique à tous les genres de secours qui peuvent être requis par l'autorité, aussi bien pour combattre le fléau que pour sauver les débris qui ont pu lui être arrachés : par exemple, à la réquisition de recevoir certains meubles en dépôt.

9. — Il s'applique également à un service de patrouilles organisé simultanément par l'autorité administrative ou municipale pour prévenir des incendies ou d'autres fléaux ou attentats. — *Cass.*, 25 janv. 1811, Poswick; 22 juill. 1819, Grené; 3 avril 1830, Bar.

10. — Jugé que le tribunal de simple police ne peut acquitter l'individu qui désigné par le maire pour faire partie d'une patrouille a refusé ce service, sous le prétexte qu'il a offert de se faire remplacer. — *Cass.*, 3 avril 1830, Bar.

11. — Dans le cas où un pareil service a été organisé, si l'arrêté municipal n'en excepte que les indigens reconnus et les non-propriétaires, il n'entre pas dans les attributions du tribunal de police de juger de la validité de l'exception résultant de l'indigence, ni de réformer la liste dressée par le maire. — *Cass.*, 25 janv. 1811, Poswick.

12. — On voit que si les infractions aux arrêtés pris par les maires, sur le service de la garde nationale, en exécution de l'art. 73 de la loi du 22 mars 1831, sont placées dans les attributions des conseils de discipline, et non dans celles des tribunaux de simple police; néanmoins, lorsqu'un arrêté municipal prescrit des patrouilles qui ne rentrent pas dans le service de la garde nationale, les infractions qui pourraient y être faites devraient être portées en simple police, et punies conformément à l'art. 471 (n° 15) C. pén.

13. — Mais lorsque, pour assurer la tranquillité publique compromise, un arrêté municipal ordonne que tous les individus âgés de seize ans et au-dessus seront tenus de faire le service de la *garde nationale*, les contrevenans doivent être poursuivis et punis en vertu des lois sur la garde nationale et non point en vertu de l'art. 475 C. pén. — *Cass.*, 4 mars 1808, Delmas c. Vialle.

14. — La Cour supérieure de Bruxelles a jugé que l'art. 475 (n° 12) C. pén. ne s'appliquait pas à l'organisation d'un service de sûreté sur le rivage d'une commune pour empêcher tout débarquement et prévenir ainsi l'invasion du choléra. — *Bruxelles*, 27 déc. 1831, N....

15. — Il s'agissait, selon nous, d'une mesure qui, quoique destinée à durer quelque temps, était accidentelle et transitoire, puisqu'elle devait cesser avec les craintes qu'inspirait le choléra. Envisagée ainsi, elle devait avoir pour sanction l'article qui nous occupe; mais la Cour l'a considérée comme une institution organisée pour des services réguliers, périodiques, et *non accidentels*, établie dans la prévoyance *générale* d'un mal qu'on voulait éviter. Sous ce point de vue, son arrêt serait conforme aux principes.

16. — Tous les cas énumérés par l'art. 475 emportent l'idée d'un événement subit, inattendu, et qui n'entre point dans le cours régulier des choses de la vie. Ainsi : il serait inapplicable à la sage-femme qui refuserait de se rendre auprès d'une femme indigente pour l'accoucher, quelque blâmable que fût d'ailleurs cette action. — *Cass.*, 4 juin 1830, Perard.

17. — MM. Chauveau et Hélie (t. 8, p. 392) font aussi observer que, dans tous les cas prévus par la loi, il ne s'agit que d'un *concours matériel*; mais que s'il s'agissait d'un concours intellectuel et moral, comme celui qui pourrait être demandé à un avocat, un médecin ou un expert, l'art. 375 serait inapplicable. — V., en ce sens, v° MÉDECINE ET CHIRURGIE, n°s 165 et suiv. — V., néanmoins, v° EXPERTISE, n°s 636 et suiv.

18. — L'individu qui refuse d'obtempérer à une réquisition du maire prescrivant de fournir des chevaux pour conduire des pompes à incendie dans une commune voisine où un sinistre s'est déclaré, se rend coupable de la contravention prévue par l'art. 475 (n° 12) C. pén., et ne peut être excusé : sur le motif que le maire n'avait pas le droit de lui prescrire de conduire les pompes hors du territoire soumis à son autorité, et que l'acte de réquisition s'adressait à un autre loueur. — *Cass.*, 3 juin 1848 (t. 2 1848, p. 299), Katterli.

19. — Jousse (*Traité de la just. crim.*, t. 3, liv. 2, tit. 25, n°s 76 et 77, p. 553) cite une ordonnance rendue au présidial d'Orléans le 14 mai 1723, qui porte que les charpentiers seront tenus de prêter leur ministère, tout ouvrage cessant, pour la construction des échafauds, potences et autres bois nécessaires pour l'exécution des sentences criminelles à peine de 100 livres d'amende et d'emprisonnement; il ajoute que pour le même objet on peut arrêter de force un voiturier et l'obliger de conduire le condamné au supplice, en lui payant, à cet effet, un salaire convenable.

20. — Suivant la loi du 23 germinal an IV, lorsque les instrumens nécessaires aux exécutions des arrêts criminels n'existent pas, sont insuffisans ou en mauvais état, le ministère public doit requérir des ouvriers. Ces réquisitions sont adressées de préférence à ceux dont la profession a pour objet des travaux analogues à ceux qu'il s'agit d'exécuter. — V. aussi arrêté du 3 oct. 1811. — Les ouvriers doivent être requis chacun à son tour, à la charge de payer le prix de leurs travaux. — Instr. gén. 30 sept. 1826.

21. — Si les instrumens sont en état de servir, la réquisition peut avoir pour objet leur transport et leur mise en place.

22. — Les réquisitions sont données par écrit.

23. — En cas de refus, les ouvriers sont traduits devant le tribunal de police. — M. Massabiau (*Manuel du proc. du roi*) dit qu'ils doivent, conformément à la loi du 22 germinal an IV, art. 1er et 2, être condamnés à la peine de trois jours d'emprisonnement, et qu'en cas de nouveau refus ils sont assignés devant la police correctionnelle et condamnés à un emprisonnement de dix à trente jours.

24. — Il a été jugé que la loi du 22 germinal an IV est encore en vigueur, et qu'en conséquence, en vertu de cette loi, le ministère public a le droit de désigner, suivant les circonstances et les localités, les ouvriers qu'il juge devoir être employés aux travaux préparatoires exigés par l'exposition publique des condamnés. — *Cass.*, 13 mars 1835, Segont.

25. — De là il résulte que, dans le cas prévu, c'est la loi de l'an IV qui est applicable, et non l'art. 475 (n° 12) du Code pénal. — Dalmas, *Des frais de justice en mat. crim.*, p. 312; Chauveau et Hélie, t. 1er, p. 323. — *Contrà*, Garnier-Dubourgneuf et Chanoine, *Lois de l'instr. crim.*, t. 1er, p. 228.

26. — MM. Dalmas et Chauveau et Hélie pensent, en effet, que, lorsqu'il parle d'*exécution judiciaire*, l'art. 475 (n° 12) ne s'applique qu'aux accidens ou troubles imprévus : par exemple, lorsqu'un officier ministériel se trouve tout à coup obligé d'invoquer l'assistance des citoyens pour exécuter les mandemens de justice.

27. — Quant à l'exécuteur, son logement lui était assigné par ses provisions au pilori. Mais s'il ne l'occupait pas, il ne pouvait pas demeurer dans l'enceinte de la ville : ainsi que l'a jugé un arrêt du Parlement de Paris du 31 août 1709. — V. EXÉCUTEUR DES ARRÊTS CRIMINELS.

28. — Jugé que l'arrestation d'un individu qui, sur la sommation des agens de la force publique, refuse avec rébellion de prêter secours dans un incendie et de se mettre à la chaîne, et par suite la détention dont la personne est l'objet, ne sauraient l'affranchir des peines prononcées par l'art. 475 (n° 12) du Code pénal. — En pareil cas, il n'y a pas lieu à l'application de la maxime : *Non bis in idem.* — *Cass.*, 8 oct. 1842 (t. 1er 1843, p. 166), Moine.

V. EXÉCUTEUR DES ARRÊTS CRIMINELS, INCENDIES (Mesures contre les), PORTEUR D'EAU.

RÉGENCE.

1. — Gouvernement d'un royaume pendant la minorité ou l'absence du roi.

2. — Dans l'ancienne monarchie française aucune loi ne réglementait la régence.

3. — Le roi disposait de la régence comme il disposait de toutes choses. C'était ordinairement par son testament qu'il nommait le régent et déterminait l'étendue de ses pouvoirs.

4. — Mais, après sa mort, ses dernières volontés étaient exécutées, modifiées ou complétement méconnues selon les intérêts et la puissance des factions. — La reine-mère, les grands de l'Etat, les corps politiques ou judiciaires, entraient en lutte; souvent on recourait aux armes, et le plus fort restait maître de la personne et du pouvoir du roi.

5. — La Constitution du 3-14 sept. 1791 mit pour la première fois un terme à cet état de choses et institua légalement la régence.

6. — D'après cette Constitution (tit. 3, chap. 2, sect. 2, art. 1er), le roi ne devenait majeur qu'à l'âge de dix-huit ans accomplis. C'était aussi à cet âge qu'avait été fixée la majorité de l'empereur, par l'art. 17 du sénatus-consulte du 28 flor. an XII; et du roi, par l'art. 1er de la loi du 30-31 août 1842 : *sur la régence*.

7. — Pendant la minorité de celui qui était appelé au trône, il devait y avoir un régent du royaume. — Const. 3 sept. 1791, art. 1er; décr. 12 sept. 1791, relatif à la régence, § 1er, art. 2; Sénatus-Consulte 28 flor. an XII, art. 17; L. 30-31 août 1842, art. 2.

8. — Les femmes étaient exclues de la régence. — Constit. 3 sept. 1791, art. 2; décr. 12 septemb. 1791, art. 7; sénat.-consulte 28 flor. an XII, art. 18. — C'était aussi ce qui résultait de la loi du 30-31 août 1842.

9. — Il avait cependant été dérogé à ce principe par le sénatus-consulte du 5 févr. 1813. Ce sénatus-consulte portait, en effet, que l'impératrice, non remariée, réunissait, de droit, à la garde de son fils mineur la régence de l'empire, dans le cas où l'empereur viendrait à décéder sans avoir lui-même choisi le régent. — V., au surplus, FEMME MARIÉE, n° 10.

10. — Hors l'exception admise par le sénatus-consulte du 5 févr. 1813, c'était au parent du roi le plus proche, suivant l'ordre de succession au trône, que la régence était dévolue pendant tout le temps de la minorité du roi. — Constit. 3 sept. 1791, art. 2; décr. 12 septembre 1791, art. 3; L. 30 août 1842, art. 2.

11. — Le régent, aux termes de la Constitution de 1791 (art. 2) et du décret de la même année (art. 3), ainsi que du sénatus-consulte du 28 flor. an XII (art. 18), devait être âgé de 25 ans accomplis. La loi du 30 août 1842 avait fixé, au contraire, à vingt-un ans accomplis la majorité du régent (art. 2).

12. — La Constitution (art. 2) et le décret de 1791 (art. 4) voulaient, de plus, que le régent fût Français et régnicole, et qu'il ne fût pas héritier présomptif d'une autre couronne. Mais cette disposition n'avait point été reproduite dans la loi de 1842.

13. — Le prince français déjà assis sur un trône étranger n'aurait pu évidemment exercer la régence, quoiqu'il fût le parent le plus proche en degré, par voie d'hérédité au trône, du souverain mineur. — Sénatus-consulte du 5 févr. 1813, art. 5.

14. — Le sénatus-consulte organique du 28 flor. an XII permettait à l'empereur de désigner lui-même le régent parmi les princes français réunissant les conditions ci-dessus indiquées, et, à leur défaut, parmi les titulaires des grandes dignités de l'empire. Ce n'était qu'à défaut de désignation, de la part de l'empereur, que la régence était déférée au prince le plus proche en degré dans l'ordre de l'hérédité. — Art. 19 et 20. — Depuis le sénatus-consulte du 5 févr. 1813, l'empereur pouvait aussi désigner pour régente l'impératrice. — V. *suprà* n° 9.

15 — Si le roi mineur n'avait aucun parent réunissant les qualités ci-dessus exprimées, le régent du royaume devait être élu, non par le Corps législatif, auquel ce droit était formellement refusé (Constit. 3 sept. 1791, art. 4; décr. 12 sept. 1791, art. 9), mais par des citoyens désignés à cet effet par les électeurs de chaque district, et auxquels le procès-verbal de l'élection donnait le mandat spécial d'élire le citoyen qu'ils jugeaient en leur âme et conscience le plus digne d'être élu régent du royaume. — Constitut. 3 sept. 1791, art. 5, 6 et 7; décr. 12 sept. 1791, art. 10, 11 et 12.

16. — L'élection du régent devait être faite au scrutin individuel et à la majorité absolue des suffrages. — Constitut. 3 sept. 1791, art. 8; décr. 12 sept. 1791, art. 13.

17. — Le procès-verbal de l'élection était ensuite transmis au Corps législatif, qui, après avoir vérifié la régularité de l'élection, la faisait publier dans tout le royaume par une proclamation. — Constitut. 3 sept. 1791, art. 10; décr. 12 sept. 1791, art. 15.

18. — D'après le sénatus-consulte du 28 flor. an XII, si, l'empereur n'ayant pas désigné le régent, aucun des princes français n'était âgé de vingt-cinq ans accomplis, le sénat devait élire le régent parmi les titulaires des grandes dignités de l'empire. — Art. 21. — Mais le sénatus-consulte du 5 févr. 1813 a enlevé ce droit au sénat, en conférant la régence de l'empire aux grands dignitaires, dans l'ordre indiqué par l'art. 4 de ce sénatus-consulte.

19. — Si, à raison de la minorité d'âge du pa-

rent appelé à la régence, elle avait été dévolue à un parent plus éloigné, ou déférée par élection, le régent qui était entré en exercice continuait ses fonctions jusqu'à la majorité du souverain. — Const. 3 sept. 1791, art. 15; décr. 12 sept. 1791, art. 15; sén.-cons. 28 flor. an XII, art. 22.

20. — Soit qu'il tînt sa position de son droit d'hérédité au trône, soit qu'il fût électif, le régent ne pouvait, sous l'empire de la Constitution du 3 sept. 1791 (art. 12) et du décret du 12 du même mois (art. 5 et 6), commencer l'exercice de ses fonctions qu'après avoir prêté à la nation, en présence du Corps législatif, le serment d'employer tout le pouvoir délégué au roi, et dont l'exercice lui était confié pendant la minorité du roi, à maintenir la Constitution et à faire exécuter les lois. Si le Corps législatif n'était pas assemblé, le régent devait faire publier une proclamation dans laquelle étaient exprimés ce serment et la promesse de le réitérer aussitôt que le Corps législatif serait réuni.

21. — Tant que le régent n'était pas entré dans l'exercice de ses fonctions, la sanction des lois demeurait suspendue. Mais les ministres étaient tenus de faire provisoirement, sous leur responsabilité, tous les actes du pouvoir exécutif qui étaient nécessaires à l'administration du royaume. — Const. 3 sept. 1791, art. 13; décr. 12 sept. 1791, art. 15.

22. — La loi du 30 août 1842 avait modifié les dispositions des lois antérieures relatives à l'entrée en fonctions du régent. Aux termes de l'art. 2 de cette loi, en effet, le régent était saisi du plein et entier exercice de l'autorité royale *à l'instant même* de l'avénement. Il devait bien également prêter, devant les Chambres, le serment d'être fidèle au roi des Français, d'obéir à la Charte constitutionnelle et aux lois du royaume, etc. (art. 5), mais la prestation de ce serment n'était plus une condition de l'accomplissement de laquelle dépendît son entrée en fonctions.

23. — La minorité du roi n'était pas, d'après la Constitution du 3 sept. 1791, le seul cas qui pût donner lieu à la régence. La démence du roi, notoirement reconnue, légalement constatée, et déclarée par le Corps législatif après trois délibérations successivement prises de mois en mois, donnait lieu également à la régence, tant que la démence durait. — Art. 18. — Il en aurait été de même sous la monarchie de 1830.

24. — L'absence du souverain, dans le cas, par exemple, où il quittait le royaume pour aller prendre le commandement des armées, pouvait aussi être une cause de nature à rendre la régence nécessaire. Ce fut ainsi que, par lettres patentes du 30 mars 1813, l'empereur, se disposant à aller se mettre à la tête de ses armées, confia à l'impératrice le titre et les fonctions de régente.

25. — La régence du royaume ne conférait aucun droit sur la personne du roi ou de l'empereur mineur. La garde de ce dernier était confiée à sa mère. — Const. 3 sept. 1791, art. 16 et 17; décr. 12 sept. 1791, § 2, art. 2 et suiv.; sén.-cons. 28 flor. an XII, art. 28 et 30; L. 30 août 1842, art. 6. — Mais la mère remariée perdait la garde du roi. Cette déchéance, toutefois, n'avait point été prononcée par le sénatus-consulte du 28 flor. an XII.

26. — Si le roi ou l'empereur mineur n'avait pas de mère, la garde de sa personne devait, d'après les Constitution et décret de 1791, être déférée par le Corps législatif; et d'après le sénatus-consulte du 28 flor. an XII, par le sénat. La loi du 30 août 1842 l'attribuait à l'aïeule paternelle du roi mineur, pourvu qu'elle ne fût pas remariée. — Art. 6.

27. — Le régent devait exercer, jusqu'à la majorité du roi ou de l'empereur, toutes les fonctions de la royauté, toutes les attributions de la dignité impériale, en se conformant aux règles établies par la Constitution. — Const. 3 sept. 1791, art. 11; décr. 12 sept. 1791, art. 13; sén.-cons. 28 flor. an XII, art. 24, et 5 févr. 1813, art. 11; L. 30 août 1842, art. 3.

28. — Mais les lois et autres actes du gouvernement devaient toujours être promulgués au nom du roi et de l'empereur mineur. — Décr. 12 sept. 1791, art. 15; sén.-cons. 28 flor. an XII, art. 26, et 5 févr. 1813, art. 9.

29. — Toutefois, le sénatus-consulte du 28 flor. an XII avait imposé quelques limites aux attributions du régent. Ainsi, d'abord, il ne pouvait nommer ni aux grandes dignités de l'empire, ni aux places de grands officiers qui se trouvaient vacantes à l'époque de la régence, ou qui venaient à vaquer pendant la minorité, ni user de la prérogative réservée à l'empereur d'élever des citoyens au rang de sénateur. — Art. 24. — Mais le sénatus-consulte du 5 févr. 1813 modifia cette disposition, et autorisa l'impératrice-régente à nommer aux grandes dignités et aux grands offices de l'empire et de la couronne qui étaient vacans ou le devenaient durant la régence.

30. — Le régent ne pouvait non plus ni proposer aucun projet de loi ou de sénatus-consulte, ni adopter aucun règlement d'administration publique, ni déclarer la guerre et signer des traités de paix, d'alliance ou de commerce, qu'après avoir pris l'avis du conseil de régence, lequel était composé des titulaires des grandes dignités de l'empire. — Sén.-cons. 28 flor. an XII, art. 27. — Le conseil de régence avait été organisé par les art. 19 et suiv. du sénatus-consulte de 1813.

31. — Le régent qui était appelé à remplacer le roi mineur était investi d'une royauté temporaire. Il était assimilé au roi. Il y avait identité entre la royauté et la régence. La Constitution du 3 septembre 1791 (art. 11) et le décret du 12 du même mois (art. 15) avaient formellement reconnu et consacré ce principe, en déclarant que le régent n'était pas personnellement responsable des actes de son administration. — V. aussi, en ce sens, sén.-cons. 28 flor. an XII, art. 25.

32. — L'art. 4 de la loi du 30 août 1842 portait également : « L'art. 12 de la Charte et toutes les dispositions législatives qui protégent la personne et les droits constitutionnels du roi sont applicables au régent. »

33. — L'inviolabilité du régent et les lois qui protégeaient sa personne et ses droits constitutionnels produisaient leur effet à l'instant même de l'avénement, sans intermission, sans lacune entre le dernier soupir du prince qui quittait le trône et le premier acte de la vie royale de son successeur. Nous avons dit, en effet, précédemment (V. *suprà* n° 22) que, d'après l'art. 3 de la loi du 30 août 1842, le régent était saisi de l'exercice de l'autorité royale *à l'instant même* de l'avénement. — V. aussi sén.-cons. 5 févr. 1813, art. 12. — Il en était ainsi, encore bien que le régent n'eût pas prêté serment. — Chassan, *Des délits et contraventions de la parole, etc.*, 2ᵉ édit., t. 1ᵉʳ, n° 315.

34. — L'inviolabilité du régent était absolue. Elle couvrait les actes qu'il avait faits, soit antérieurement au moment où il avait été investi de la régence, soit depuis, et en dehors de ses fonctions. Les imputations offensantes dirigées contre lui relativement à ces actes, constituaient une *offense* envers le régent et étaient punies comme telles. — V. DÉLITS DE PRESSE, nᵒˢ 217 et suiv.; OFFENSE, n° 31.

35. — Quoique mineur et dans les liens de la régence, le roi n'en conservait pas moins sa dignité royale; il n'en était pas moins le roi, et, dès lors, l'inviolabilité qui entourait le régent protégeait en même temps la personne et les actes du roi mineur.

36. — Dès que le roi avait atteint l'âge de dix-huit ans accomplis, la régence cessait de plein droit à partir de ce jour. — Décr. 12 sept. 1791, art. 15.

37. — Le roi devait annoncer, par une proclamation publiée dans tout le royaume, qu'il avait atteint sa majorité et qu'il était entré en exercice des fonctions de la royauté. Il exprimait, par cette proclamation, qu'il prêtait à la nation le serment d'employer tout le pouvoir qui lui était délégué, tant à maintenir la Constitution qu'à faire respecter les lois; et promettait de réitérer ce serment entre les mains de l'Assemblée législative. — Même art. — V. ROI.

38. — Depuis la révolution du 24 févr. 1848, la royauté ayant été abolie, et la République instituée avec une présidence élective, toutes les dispositions qui précèdent ne peuvent plus avoir actuellement qu'un intérêt purement historique.

RÉGENCE DU PALAIS.

Nom donné, à Rouen, à la juridiction des clercs de procureur, connue à Paris sous le nom de basoche. — V. BASOCHE, n° 52.

RÉGICIDE.

V. ATTENTAT CONTRE LE ROI ET SA FAMILLE.

RÉGIE.

V. CONTRIBUTIONS INDIRECTES, DOUANES, ENREGISTREMENT, OCTROI. — V. aussi TRAVAUX PUBLICS.

RÉGIE INTÉRESSÉE.

1. — Traité par lequel un propriétaire confie à quelqu'un la régie et la perception de ses revenus, sous la condition qu'il lui en reviendra chaque année une somme fixe, et que le régisseur partagera avec lui l'excédant de cette somme dans une proportion déterminée. — V. MANDAT.

2. — Autrefois, la plupart des impôts étaient l'objet d'une régie intéressée.

RÉGIME DE COMMUNAUTÉ.

V. COMMUNAUTÉ.

RÉGIME DOTAL.

1. — Tout ce qui concerne cette matière a été traité vⁱˢ CONTRAT DE MARIAGE et DOT. Nous nous bornerons à mentionner quelques arrêts rendus depuis la publication de ces articles. — Il a été jugé :

2. — ... 1° Que les obligations contractées par la femme mariée sous le régime dotal ne peuvent, après la séparation de biens, être exécutés sur les intérêts de son capital dotal, ni, dès lors, faire l'objet d'une collocation en sous-ordre sur ses reprises dotales. — *Bordeaux*, 10 avr. 1845 (t. 1ᵉʳ 1848, p. 562), Gillet c. Raveau.

3. — ... 2° Que lorsque le contrat de mariage réserve à la femme la libre disposition d'une quotité des revenus et intérêts de sa dot, cette quotité est aliénable et peut, dès lors, être attribuée à ses créanciers suivant leur rang hypothécaire. — Même arrêt.

4. — ... 3° Que l'adoption du régime dotal n'emporte pas, par elle-même, la constitution en dot des biens présens ou à venir de la future épouse, et que ses biens présens ne sont même considérés, en tout ou en partie, comme dotaux, et, par conséquent, comme inaliénables, que lorsqu'ils ont été constitués en dot. En effet, si la loi n'exige pas de termes sacramentels pour la constitution des biens en dot, du moins faut-il que cette constitution résulte de l'ensemble des clauses du contrat de mariage. — *Grenoble*, 8 déc. 1845 (t. 1ᵉʳ 1848, p. 708), Bouchier c. Charrière.

5. — ... 4° Et encore, que la soumission au régime dotal n'est pas suffisante pour rendre les biens dotaux; qu'il faut aussi que ces biens aient été expressément constitués en dot. — Spécialement : lorsque, dans un contrat de mariage portant adoption du régime dotal, la femme se constitue en dot une somme et des effets mobiliers, cette constitution spéciale purement mobilière laisse en dehors de la dotalité tous les biens immeubles, et surtout les *biens à venir*, à l'égard desquels une constitution clairement exprimée est nécessaire. — *Limoges*, 11 nov. 1846 (t. 1ᵉʳ 1847, p. 271), Bosselut c. Coudert. — V. DOT, nᵒˢ 147 et suiv.

6. — ... 5° Que la clause par laquelle la future épouse nomme son futur époux son constitutaire général et lui donne pouvoir de gérer et administrer tous ses biens n'emporte point sous l'empire du Code civil, comme elle l'emportait sous l'ancienne jurisprudence du Parlement du Dauphiné, une constitution générale de dot. — Une semblable clause n'a donc aujourd'hui pour effet que d'accorder au futur époux le pouvoir d'administrer les biens spécialement constitués dotaux. — *Grenoble*, 8 déc. 1845 (t. 1ᵉʳ 1848, p. 708), Bouchier c. Charrière.

7. — ... 6° Que, sous le régime dotal, la faculté d'aliéner les immeubles dotaux de la femme emporte celle de compromettre sur les contestations relatives à ces mêmes immeubles. — *Grenoble*, 12 févr. 1846 (t. 1ᵉʳ 1847, p. 96), Rigaud c. Berthet. — Tessier, *De la Dot*, t. 1ᵉʳ, n° 596.

8. — ... 7° Que la femme mariée sous le régime dotal ne peut être privée du droit d'administrer et de jouir de ses biens paraphernaux que par une stipulation formelle du contrat de mariage ou par le refus qu'elle ferait de l'exercer. On ne peut voir une telle renonciation dans la clause par laquelle les époux ont stipulé entre eux une société d'acquêts réduite à leurs profits et épargnes. Une telle clause ne peut avoir pour effet de soustraire l'association conjugale aux principes du régime dotal, et soumettre les biens paraphernaux aux règles de la communauté légale, qui attribuent au mari l'administration des propres de la femme. — *Cass.*, 15 juill. 1846 (t. 1ᵉʳ 1847, p. 88), Dubroca.

9. — ... 8° Que le droit accordé par l'art. 1560 C. civ. aux héritiers de la femme mariée sous le

régime dotal de faire révoquer les aliénations consenties en violation du principe de l'inaliénabilité de la dot entraîne celui de s'opposer à ce que les obligations contractées par la femme pendant le mariage soient exécutées sur les biens dotaux qu'elle possédait alors ou sur les sommes qui les représentent. Ce droit peut être invoqué aussi bien par les héritiers purs et simples que par ceux qui n'ont accepté la succession que sous bénéfice d'inventaire. En vain exciperait-on de la confusion qui, par suite de l'acceptation pure et simple, s'est opérée entre les biens personnels de l'héritier et ceux à lui provenant de l'hérédité, les biens dotaux, frappés d'inaliénabilité par leur nature et par la volonté de la loi, n'étant pas compris dans cette confusion. — *Cass.*, 16 déc. 1846 (t. 1er 1847, p. 168), Peyronnet c. Delrieu et Blanc; *Cass.*, 30 août 1847 (t. 2 1847, p. 629), Mourellon c. Desfemmes.

10. — ... 9° Que la femme mariée sous le régime dotal, avec stipulation de communauté d'acquêts qui divertit des objets dépendant de la communauté se rend, par là, coupable d'un quasi-délit dont le résultat est non-seulement d'entraîner, de sa part, une acceptation forcée de la communauté, mais encore de l'obliger sur sa dot au paiement de sa part des dettes. — *Limoges*, 17 avr. 1847 (t. 1er 1848, p. 342), Leclerc c. Phalippoux.

11. — ... 10° Que la femme du failli mariée sous le régime dotal, même séparée de biens, ne peut prendre part aux opérations du concordat, alors même qu'il ne se trouverait point d'immeuble dans la faillite. Néanmoins, si, retranchement opéré de cette créancière, le failli a obtenu la majorité en nombre des créanciers délibérans, il y a lieu de faire une nouvelle convocation dans les termes de l'art. 509 C. comm. — *Caen*, 21 avr. 1847 (t. 2 1847, p. 135), Lefèvre c. Lebelhomme. — V. FAILLITE, nos 1263, 1265, 1281 et suiv.

12. — ... 11° Que la femme qui en se mariant, sous le régime dotal, s'est réservé la faculté d'aliéner et d'hypothéquer ses immeubles dotaux, a, par là, le droit de s'obliger, même sur sa dot mobilière, et, par suite, de se désister, au profit d'un tiers, de son hypothèque légale. — *Cass.*, 9 juin 1847 (t. 2 1847, p. 202), Aboire c. Chabran. — V. DOT, nos 497 et suiv.

13. — ... 12° Que la femme, mariée sous le régime dotal, qui, avec l'autorisation de son mari, a constitué à sa fille une dot mobilière, doit obtenir de la justice l'autorisation d'aliéner ses immeubles dotaux, lorsque cette aliénation est indispensable pour acquitter la constitution dotale. L'autorisation maritale donnée précédemment pour la libéralité (C. civ., art. 1556) ne peut suffire pour valider la vente du fonds dotal. — *Caen*, 23 avr. 1847 (t. 2 1847, p. 583), Busnel.

14. — ... 13° Que la femme mariée sous le régime dotal n'est pas affranchie de l'exécution sur ses biens dotaux des obligations résultant d'un crime ou d'un délit commis par elle. — En conséquence, les deniers provenant de la vente de l'immeuble dotal sont saisissables pour le paiement des dépens mis à la charge de la femme par l'arrêt qui l'a condamnée pour crime. — *Nîmes*, 29 juin 1846 et 27 avr. 1847 (t. 1er 1848, p. 114), Enregistrement c. Petit-Rachon. — Conf. *Cass.*, 4 mars 1845 et 7 déc. 1846 (t. 2 1846, p. 387 et 751), Petit; *Caen*, 18 déc. 1846 (t. 1er 1847, p. 274), Ramel et Groult c. Hec. — V. aussi le *Rép. gén. du Journ. Pal.*, v° *Dot*, nos 577 et suiv.

15. — ... 14° Que la femme soumise au régime dotal, mais pour les valeurs seulement déterminées dans son contrat de mariage, peut compromettre sur le partage d'une succession, alors même qu'elle serait obligée d'y faire rapport de sa dot, constituée en avancement d'hoirie. — *Riom*, 27 avr. 1847 (t. 2 1847, p. 331), Pigot c. Mignot. — Conf., *Bordeaux*, 3 déc. 1840 (t. 1er 1841, p. 317), Juilliard c. Marvaud. — *Contrà*, *Cass.*, 18 mars 1841 (t. 2 1841, p. 61, Saurine c. Cauhapé. — V. AUTORISATION DE FEMME MARIÉE, n° 275; COMPROMIS, nos 60, 160 et suiv.

16. — ... 15° Que la femme mariée sous le régime dotal avec stipulation d'une communauté d'acquêts peut, alors même qu'elle a expressément ou tacitement accepté cette communauté, exercer, sur les biens qui en dépendent, son hypothèque légale pour ses reprises dotales au préjudice des créanciers envers lesquels elle s'est obligée solidairement avec son mari. — Et les héritiers de la femme conservent le même droit, bien qu'ils n'aient pas fait inventaire, lorsque, d'ailleurs, il est établi qu'ils n'ont pas été en possession de la société d'acquêts, qu'ils n'ont rien détourné des biens au préjudice des créanciers, et que des saisies antérieures et postérieures au décès de la femme, suivies de vente, ont déterminé la consistance du mobilier. — *Cass.*, 28 juin 1847 (t. 2 1847, p. 631), Chouquet c. Mutrel.

17. — ... 16° Que la femme mariée sous le régime dotal ne peut, pendant le mariage, et même après sa demande en séparation de biens, mais avant le jugement qui prononce cette séparation, recevoir valablement de son mari des sommes ou valeurs en imputation sur ses reprises dotales. — *Grenoble*, 28 août 1847 (t. 1er 1848, p. 688), Planel c. Benoît. — V., sur la restitution de la dot, v° DOT, nos 908, 953 et suiv.

18. — ... 17° Que la clause d'un contrat de mariage par laquelle les futurs déclarent vouloir se régir d'après les dispositions des lois, celles sur le régime dotal préalablement observées, et renoncer à la communauté, sous la réserve, par la femme, de pouvoir disposer de certains biens déterminés comme biens qu'elle se constitue en nature de paraphernal, soumet d'une manière générale, et, sauf les exceptions stipulées, les époux au régime dotal et aux conséquences de ce régime, notamment en ce qui concerne l'inaliénabilité des biens composant la dot. — *Cass.*, 16 nov. 1847 (t. 2 1847, p. 738), Baujon c. Manbiot. — V. DOT, nos 152 et suiv.

19. — ... 18° Que la clause d'un contrat de mariage par laquelle les époux déclarent que « sans se soumettre au régime dotal, ils se marient sans communauté, voulant que leur union soit régie par les dispositions que la loi indique » a pour résultat de soumettre les époux aux dispositions des art. 1529 et suiv. C. civ.; mais ce régime exclusif de communauté n'entraîne pas nécessairement la séparation contractuelle de biens. De ce que l'exclusion de communauté réglée par les art. 1529 et suiv. C. civ. ne confère pas à la femme le droit d'administrer ses biens, et ne lui donne pas celui d'aliéner ses propres, sans le consentement de son mari (art. 1530 et 1535), il résulte que, dans le cas de vente d'un immeuble propre à la femme, le mari, chargé de l'administration des biens, est légalement présumé avoir reçu le prix de la vente, et qu'il est dès-lors tenu d'en rendre compte. — *Bordeaux*, 17 déc. 1847 (t. 1er 1848, p. 710), Lalot c. Boissary. — V. COMMUNAUTÉ, nos 1773 et suiv., 1819 et suiv., 1837.

20. — ... 19° Que si le Code civil exige que l'adoption du régime dotal soit exprimée d'une manière formelle, il n'en est pas de même en ce qui concerne les constitutions de la femme qui ne sont pas soumises à la nécessité d'une formule sacramentelle et peuvent être établies par des équipollens. En conséquence, lorsque des époux ont, dans leur contrat de mariage, expressément adopté le régime dotal, la clause par laquelle, après une constitution spéciale de dot faite à l'épouse par ses parens, celle-ci, « pour la recherche et exécution de tous ses droits, tant présens qu'à venir, » constitue son mari pour son procureur général et spécial, peut être interprétée comme frappant de dotalité les biens à venir aussi bien que les biens présens, alors surtout que l'exécution donnée depuis au contrat de mariage par les époux prouve que telle a été en effet leur intention. — *Grenoble*, 4 mars 1848 (t. 2 1848, p. 617), Jourdan c. Gaillard. — V. DOT, nos 149 et suiv.

21. — ... Que la ratification faite par la femme, après la dissolution du mariage, de la vente de son immeuble dotal consentie par elle conjointement avec son mari ne remonte pas, quant à ses effets, au jour du contrat de vente, en ce sens que la femme ne soit plus recevable à exciper vis-à-vis des tiers détenteurs actionnés en paiement ou en résolution, qui opposent la prescription, du bénéfice de la suspension établie par l'art. 2255 C. civ. La prescription ne lui serait opposable qu'après un délai de dix ans écoulé depuis la dissolution du mariage. — *Riom*, 13 nov. 1847 (t. 1er 1889, p. 686), Pauze c. Pinet. — V. DOT, nos 829 et suiv., et PRESCRIPTION. — V. aussi les arrêts cités v° REMPLOI.

RÉGIME HYPOTHÉCAIRE.

V. HYPOTHÈQUES.

REGISTRE.

1. — Livre où l'on écrit les actes ou affaires de chaque jour pour y avoir recours.

2. — Parmi les registres, il y en a qui sont tenus bénévolement par des particuliers non commerçans. — V. PAPIERS DOMESTIQUES.

3. — Les commerçans sont tenus d'avoir des registres ou livres pour toutes leurs affaires. — V. COMMERÇANT, LIVRES DE COMMERCE, TIMBRE.

4. — Les établissemens et administrations publics, les fonctionnaires publics sont également soumis à la même obligation dans certains cas. — V. entre autres mots : ACTES DE L'ÉTAT CIVIL, AGENT DE CHANGE, AVOUÉS, BANQUE DE FRANCE, BOISSONS, CAISSE D'ÉPARGNE, CAISSE DES CONSIGNATIONS, CERTIFICAT DE VIE, COMMISSAIRE DE POLICE, CONSEIL MUNICIPAL, CONSERVATEUR DES HYPOTHÈQUES, CONSUL, CONTRIBUTIONS INDIRECTES, COURTIERS, ENFANT TROUVÉ, ENREGISTREMENT, FACTEURS AUX HALLES, GARDE NATIONALE, GREFFIER, GREFFIER DE JUSTICE DE PAIX, HÔTELIER, IMPRIMEUR, MATIÈRES D'OR ET D'ARGENT, MONT-DE-PIÉTÉ, POLICE DES CHEMINS DE FER, POUVOIR MUNICIPAL.

5. — Quant à la preuve résultant des mentions portées sur les registres, V. entre autres mots : ACTE SOUS SEING PRIVÉ, COMMENCEMENT DE PREUVE PAR ÉCRIT, COMPULSOIRE, COPIE DE PIÈCES ET ACTES, ÉCRITURE (acte), EXTRAIT, PAPIERS DOMESTIQUES, PREUVE.

6. — Les fabricans de registres sont rangés dans la 4e classe des patentables. — Droit fixe basé sur la population, — droit proportionnel du 20e de la valeur locative de l'habitation et des lieux servant à l'exercice de la profession. — V. PATENTE.

REGISTRE D'AVOUÉ.

1. — Livre coté et paraphé par le président du tribunal ou par un des juges par lui commis, et sur lequel les avoués sont tenus d'inscrire eux-mêmes, par ordre de date et sans aucun blanc, toutes les sommes qu'ils reçoivent de leurs cliens.

2. — Ce registre doit être sur papier timbré. — Bioche, v° *Avoué*, n° 193.

3. — Cependant il peut être opposé en justice, bien qu'il soit sur papier libre, surtout s'il est relié, écrit de suite et visé par un juge. — *Pau*, 19 nov. 1821, Benquez c. Dartiguenave.

4. — L'obligation de tenir ce registre est une règle d'ordre public dont l'exécution est soumise à la surveillance du ministère public et à la répression disciplinaire des chambres d'avoués et des tribunaux.

5. — Les avoués sont tenus de produire leur registre à la réquisition soit de leurs cliens, soit de leurs adversaires. Faute de représentation ou de tenue régulière, ils sont déclarés non recevables dans leur demande en paiement de frais. — Décr. 16 février 1807, art. 151. — V., au surplus, AVANCE, FRAIS ET DÉPENS.

REGISTRES DE L'ÉTAT CIVIL.

1. — Ce qui concerne la matière a été traité v° ACTE DE L'ÉTAT CIVIL. Depuis la publication de ce mot il a été jugé :

2. — ... 1° Que la vérification de l'état des registres de l'état civil prescrite par l'art. 53 du Code civil doit porter aussi bien sur le double destiné à rester aux archives de la commune que sur celui qui doit rester au greffe du tribunal civil. — Par suite, et pour procéder à cette vérification comparée, le ministère public a le droit de faire apporter, soit au parquet, soit au greffe, le double registre déposé aux archives. — *Cass.*, 23 févr. 1847 (t. 1er 1847, p. 513), Maire de Brest. — *Contrà*, *Rennes*, 21 sept. 1844 (même aff., arrêt cassé, V. *loc. cit.*). — V. aussi la longue annotation sous l'arrêt du 23 févr. 1847.

3. — ... 2° Que les peines prononcées par le Code civil contre les officiers de l'état civil pour délits relatifs à la tenue des registres ayant été rappelées par le Code pénal, peuvent être modérées par l'admission de circonstances atténuantes; et spécialement que l'officier de l'état civil qui a procédé à un mariage sans exiger, lorsque la loi l'exigeait, la représentation d'actes respectueux, peut, en raison des circonstances atténuantes, n'être condamné qu'à une modique amende. — *Bastia*, 1er oct. 1844 (t. 1er 1845, p. 248), Giudicelli. V. CIRCONSTANCES ATTÉNUANTES.

REGISTRE DE PROTÊTS.

1. — Les notaires et les huissiers sont tenus, à peine de destitution, dépens, dommages-intérêts

envers les parties, d'inscrire les protêts en entier, jour par jour et par ordre de dates, dans un registre particulier, coté, paraphé et tenu dans les formes prescrites pour les répertoires. — C. comm., art. 176. — V. RÉPERTOIRE.

2. — L'objet de ce registre est de fournir, en cas de perte de l'original, le moyen de prouver qu'un protêt a été fait. — Pardessus, *Dr. comm.*, n° 419.

3. — Bien que la loi dise que le registre des protêts devra être tenu dans la forme prescrite pour les répertoires, il est cependant impossible de le diviser en colonnes de la même manière que les répertoires. Comme il doit contenir la transcription entière des protêts, la copie fournit tous les renseignemens sur la nature ou l'espèce de l'acte. Néanmoins pour conserver, autant que possible, l'analogie prescrite par la loi, il convient de laisser à la marge une ou deux colonnes dans lesquelles on mettra en regard de la copie dont il s'agit : 1° le numéro du protêt, 2° sa date, 3° les noms du porteur et du débiteur de l'effet protesté, 4° et la date de l'enregistrement de l'original. — Rolland de Villargues, *Rép. du not.*, v° *Registre de protêts*, n° 5.

4. — Les notaires et les huissiers doivent communiquer aux préposés de l'enregistrement, sur leur réquisition, le registre des protêts que l'art. 176 C. comm. leur enjoint de tenir. — *Cass.*, 8 juill. 1839 (t. 2 1839, p. 141), Enregistrement c. Flesselle.

5. — Le registre des protêts n'est pas soumis au *visa* trimestriel du receveur de l'enregistrement; mais les actes qui y sont transcrits doivent encore être portés sur le répertoire. — Déc. min. fin., instr. 9 mars 1809, art. 420, § 1er.

6. — L'omission du registre ou de protêts sur ce registre peut être constatée par les préposés de l'enregistrement, qui remettent leurs procès-verbaux au procureur de la République. — Lettre du direct. général 16 août 1823; instr., art. 1293, § 18, et 1537, sect. 2, n° 246.

7. — C'est à la régie de l'enregistrement et non au ministère public qu'il appartient de poursuivre contre un huissier la condamnation à l'amende pour n'avoir pas transcrit des protêts sur le registre, ou pour avoir refusé de communiquer ce registre. — *Cass.*, 30 janv. 1840 (t. 2 1843, p. 771), Bourgès.

8. — Le notaire ou l'huissier qui n'ont point fait de protêts ne sont pas en contravention pour n'avoir pas tenu de registre de protêts. — Déc. min. just. et fin. 6 juin 1829; instr., art. 1293, § 18.

9. — Mais le notaire ou l'huissier doit se pourvoir du registre avant la date du premier protêt qu'il a à faire; autrement il serait en contravention, puisque le registre serait paraphé à une date postérieure à celle du protêt. — *Dict. des dr. d'enregistr.*, v° *Protêt*, n° 11.

10. — Les notaires ne sont pas tenus de faire au greffe du tribunal de leur arrondissement le dépôt annuel d'un double du registre, puisque la loi ne l'exige pas. — Rolland de Villargues, *Rép. du not.*, v° *Registre de protêts*, n° 7.

RÈGLE CATONIENNE.

1. — Le Digeste présente après la matière des testamens et des legs le titre *De regulâ catonianâ*: on n'y trouve que cinq lois dont chacune est très-courte.

2. — Il résulte de la première de ces lois qu'un legs qui serait nul si le testateur était mort à l'instant même où il a disposé, ne peut valoir, en quelque temps que décède le testateur, mais que cette règle est restreinte par plusieurs exceptions : *Regula catoniana sic definit : Quod si testamenti facti tempore decessisset testator, inutile foret, id legatum, quandocumque decesserit, non valere. Quæ definitio in quibusdam falsa est.* — L. 1, D., *De regulâ catonianâ.*

3. — Cette règle catonienne a exercé l'esprit d'interprétation des plus célèbres commentateurs, entre autres de Cujas, d'Hotman, d'Antoine Favre, sans qu'ils soient parvenus à donner des explications satisfaisantes.

4. — Suivant Merlin, qui examina la matière (*Rép.*, v° *Règle catonienne.* — V. aussi *Quest.*, v° *Avantages entre époux*), les règles fondamentales sur cette matière doivent se réduire aux suivantes :

5. — 1° La règle catonienne n'a pas lieu seulement pour des legs, elle s'applique aussi aux institutions d'héritier.

6. — Jugé, au contraire, qu'en France, la règle catonienne n'est pas applicable au cas d'une institution d'héritier. — *Cass.*, 28 germ. an XI, Crugeot c. Dervillers.

7. — 2° Quand une fois une institution, un legs, un fidéicommis sont vicieux et que ces dispositions sont faites purement et sans condition, le laps de temps ne purge pas le vice dont ils sont affectés. — L. 41, § 2, D., *De legat.*, 1° *in fine.*

8. — Cette disposition de la règle catonienne a-t-elle été consacrée en France par l'art. 49 de l'ordonnance de 1735 sur les testamens, lequel était ainsi conçu : « L'institution d'héritier faite par testament ne pourra valoir en aucun cas, si celui au profit de qui elle aura été faite n'était ni né ni connu au décès du testateur? » L'affirmative était soutenue par Furgole, *Des testam.*, chap. 6, n° 19.

9. — La négative était, au contraire, adoptée par Domat (*Lois civ.*, part. 2, liv. 1er, tit. 1er, sect. 2, n° 31) et par Ricard (*Donat.*, part. 1re, nos 829 et 830), qui soutenaient que la personne d'un légataire n'était à considérer, pour la perfection d'un testament, que lors de l'échéance du legs, la prévoyance du testateur n'ayant lieu que pour l'avenir et pour le temps auquel il a voulu que la volonté eût son effet. D'un autre côté, la règle catonienne était sans autorité dans la plupart des pays coutumiers. — Bourjon, *Dr. commun de la France*, tit. 9, *Des testam.*, chap. 2, art. 2, sect. 1re, n° 4, tit. 1er, p. 200; Rousseau de la Combe, *Instit. civ.*, v° *Legs*, sect. 9, § 7.

10. — Aussi a-t-il été jugé, dans ce dernier sens, sous l'empire des lois intermédiaires, que c'était seulement la loi existant au moment du décès de l'instituant qui devait régler l'effet d'une institution d'héritier. — *Cass.*, 28 germ. an XI, Crugeot c. Dervillers.

11. — Le Code civil ne s'est pas formellement expliqué d'une manière générale sur la nécessité de la double capacité. Seulement, en parlant d'une des conditions principales de la capacité, celle d'exister, il a dit, dans l'art. 906, qu'il suffisait d'être conçu à l'époque du décès du testateur; la doctrine a conclu de là que la règle catonienne avait été écartée par le législateur. — V., à cet égard, DISPOSITION A TITRE GRATUIT, nos 591 et suiv.

12. — Jugé cependant, au contraire, que la capacité, soit de donner, soit de recevoir par testament, doit exister cumulativement au moment de la confection du testament et au moment de l'ouverture de la succession. — *Cass.*, 27 nov. 1848 (t. 2 1849, p. 603), Aigoin c. de Mouchy. — Toutefois, il est à remarquer que cet arrêt n'entre pas dans l'examen de la question; et qu'il se contente de donner la proposition comme constante. — V. aussi la note sous cet arrêt.

13. — 3° Les institutions, les legs, les fidéicommis conditionnels, quoique vicieux, peuvent, s'ils étaient purs et simples, avoir une existence, si on y a apposé un temps ou une condition. — L. 41, D., *De legat.* — V., à ce sujet, DISPOSITIONS A TITRE GRATUIT, nos 597 et suiv.

14. — 4° Enfin, la règle catonienne ne s'applique pas aux libéralités qui ne sont dues qu'après l'adition d'hérédité. — L. 3, *eod. tit.*

15. — Dans l'usage, on donne encore, mais abusivement, le nom de règle catonienne à cette maxime de la loi 29, D., *De reg. jur.* : *Quod ab initio vitiosum est, non potest tractu temporis convalescere* (Ce qui est nul dans le principe ne peut être validé par la suite du temps). — V. ACTE, n° 98, NULLITÉ, nos 188 et suiv.

16. — Mais, comme le dit Rolland de Villargues (*Rép. du not.*, v° *Règles de droit*, n° 5), celui qui ferait l'application de cette règle à tous les actes nuls dans le principe, tomberait dans de graves erreurs; car cette règle souffre un grand nombre d'exceptions.

RÈGLES DE DROIT.

1. — C'est le nom qu'on donne à l'énoncé succinct d'un principe de droit ou de jurisprudence.

2. — Ce n'est pas de la règle que dérivent les dispositions du droit; c'est, au contraire, des dispositions existant sur une matière que la règle propre à cette matière est tirée : *Non ut ex regula jus sumatur, sed ex quod est regula fiat.* — L. 1re, D., *De reg. jur.* — Rolland de Villargues, *Rép. du not.*, v° *Règles de droit*, n° 1er.

3. — Il faut donc bien prendre garde à l'usage que l'on fait des règles de droit; car si l'on applique à une matière celles qui sont propres à une autre, on se trouve commettre une grave erreur. — L. 91, § 3, D., *De verb. oblig.* — Rolland de Villargues, n° 2.

4. — Aussi tient-on pour maxime que toute règle est scabreuse, parce qu'il y a toujours en effet de la difficulté à discerner les seuls cas où elle est applicable. — L. 102, D., *De reg. jur.* — Rolland de Villargues, n° 3.

5. — Loin donc de faire l'application des règles de droit à tous les cas indistinctement, il faut remonter à leur origine, examiner quelles sont les dispositions particulières dont on les a exprimées, et si l'espèce qui se présente est identique à celles qui en ont fourni la matière. — Rolland de Villargues, n° 4. — Prenons pour exemple la règle catonienne. — V. ce mot.

6. — La violation d'une règle de droit ou d'une maxime de jurisprudence ne saurait, en général, constituer un moyen de cassation. — V. CASSATION (mat. civ.), nos 394 et suiv.

RÈGLEMENT.

1. — On désigne par ce mot soit les actes que le président de la République fait en qualité de chef du pouvoir exécutif pour assurer l'exécution des lois, soit ceux qui émanent des autorités administratives supérieures, des ministres, des préfets ou des maires, à l'occasion des objets confiés à leur autorité et à leur surveillance.

2. — Sur l'efficacité et la force obligatoire des règlemens, V. COMPÉTENCE ADMINISTRATIVE, LOIS, MAIRE, MINISTRES, ORDONNANCES DU ROI, PRÉFET, PRÉFET DE POLICE, POUVOIR MUNICIPAL. — V. aussi, pour les règlemens d'eau, COURS D'EAU.

3. — En matière d'ordre et de distribution par contribution, on donne le nom de règlemens aux décisions motivées par lesquelles les juges-commissaires statuent sur les prétentions des créanciers produisans. — V. DISTRIBUTION PAR CONTRIBUTION, ORDRE.

RÈGLEMENS D'ADMINISTRATION PUBLIQUE.

1. — « Les législateurs, dit M. Foucart (*Droit administratif*, t. 1er, n° 68), s'attachent surtout à poser les principes généraux dans les lois; il leur est impossible d'entrer dans une foule de détails secondaires que le pouvoir exécutif est bien plus propre qu'eux à régler. »

2. — Ces questions de détail sont déterminées et précisées par des règlemens émanant du pouvoir exécutif, et qui prennent le nom de règlemens d'administration publique.

3. — « Quelquefois, dit de Gérando (*Inst. de droit administ.*, n° 113), les lois ont pris soin de prescrire ou d'autoriser sur certaines matières des règlemens d'administration publique, et s'y sont référées d'avance. D'autres fois, le gouvernement lui-même s'est imposé le devoir de procéder sur certaines matières par des règlemens semblables. »

4. — Les règlemens d'administration publique se caractérisent par trois conditions essentielles. Ils embrassent une généralité dans leur objet; ils s'étendent dans l'avenir par leur prévoyance; ils ont quelque chose d'impératif et d'obligatoire dans la branche du service public qu'ils embrassent. — De Gérando, *Inst. de droit administ.*, t. 1er, n° 111.

5. — Mais ils diffèrent des lois en ce qu'ils ne contiennent ordinairement que le mode d'exécution d'une loi antérieure. Ils ont aussi quelquefois pour objet de rappeler une loi négligée ou qui paraît oubliée. — Toullier, t. 1er, n° 55.

6. — Ils diffèrent encore des lois en ce que tandis que celles-ci ne peuvent être abrogées ou modifiées que par le pouvoir législatif, au contraire les règlemens d'administration publique peuvent être rapportés ou modifiés sans le concours de l'autorité législative.

7. — Si différens, du reste, qu'ils soient de la loi, les règlemens d'administration publique ont une importance telle, que leur préparation, leur rédaction et même leur promulgation ne sauraient être entourées de trop de garanties.

8. — De Gérando (n° 112) résume en ces termes ces garanties : « Les formes des règlemens d'administration publique consistent principalement dans trois choses : une instruction méthodique et régulière, la délibération du Conseil d'État, l'insertion au *Bulletin des lois.* »

9. — Aux termes de l'art. 52 de la constitution de l'an VIII, le Conseil d'État fut chargé de rédiger sous la direction des consuls les règlemens d'administration publique.

10. — « Depuis bientôt cinquante ans, le Conseil d'État, né sous le consulat, a été appelé à intervenir nécessairement dans la préparation des règlemens d'administration publique, sorte de lois secondaires, obligatoires pour les ci-

toyens, comme la loi qu'ils développent et dont ils règlent l'exécution. Il a accompli cette fonction avec un succès qui n'est point contesté, et les gouvernemens qui se sont succédé depuis son origine la lui ont toujours conservée. » — Vivien, rapport à l'Assemblée nationale constituante sur la loi organique du Conseil d'État.

11. — Mais si le gouvernement a toujours été obligé de demander l'avis du Conseil d'État, cet avis n'avait jamais été jusque dans ces derniers temps qu'une intervention purement consultative. — Serrigny, *Traité de l'organisation*, etc., n° 210 et suiv.

12. — L'art. 75 de la Constitution du 4 novembre 1848 a apporté, sur ce point une modification fort importante. Cet article commence, par ces mots : « Le Conseil d'État prépare les règlemens d'administration publique; » et en cela il ne fait que confirmer le régime antérieur. — Mais immédiatement le même article ajoute que le Conseil d'État « fait seul ceux de ces règlemens à l'égard desquels l'Assemblée nationale lui a donné une délégation spéciale. » — Constitution française du 4 nov. 1848, art. 75.

13. — Donc, ainsi que l'a fait judicieusement remarquer M. Vivien (*ubi suprà*), à une intervention purement consultative la Constitution substitue, dans les cas d'une délégation de l'Assemblée, un pouvoir propre que le Conseil d'État exerce seul, et son autorité agrandie s'élève presque à la dignité même de la loi.

14. — « Mais, continuait le savant rapporteur de la loi du 15 janvier 1849, la Constitution n'a pas indiqué les termes dans lesquels serait donnée cette délégation. La loi organique doit combler cette lacune pour prévenir toute équivoque, pour qu'aucune incertitude ne puisse jamais s'élever sur la validité des règlemens qui seraient l'œuvre du Conseil d'État tout seul. »

15. — C'est en effet ce qui a été réglé en ces termes par l'art. 4 de la loi du 15 janvier 1849, loi organique du Conseil d'État : « ... Sont seules considérées comme contenant cette délégation (celle prévue par l'art. 75 de la Constitution) les lois portant expressément que le Conseil d'État fera un règlement d'administration publique pour en assurer l'exécution. » — Rien de plus rationnel que cette prescription : la délégation du pouvoir législatif est un fait trop important pour qu'on puisse l'établir par induction, pour qu'il ne soit pas exprimé en termes formels.

16. — Évidemment ce n'est qu'en assemblée générale que le Conseil d'État peut délibérer sur les règlemens d'administration publique qui lui sont renvoyés par l'Assemblée.

17. — À l'égard des projets de règlement qui lui sont renvoyés par le gouvernement, et sur lesquels il n'est toujours appelé qu'à une intervention purement consultative, le Conseil d'État délibère également en assemblée générale (L. 15 janv. 1849, art. 45). C'est du reste ce qui a toujours été pratiqué. — V. conseil d'état, n° 210 et suiv. — Il est vrai que, dans le projet primitif de la loi actuelle, la délibération en assemblée générale n'était exigée qu'en ce qui concerne les projets de règlement faits en vertu de la délégation de l'Assemblée nationale.

18. — Quelle que soit du reste la nature du règlement projeté, sa préparation a lieu dans le sein de la section de législation.

19. — De même, sa promulgation doit, dans tous les cas, avoir lieu par décret du président de la République.

20. — Et cette promulgation devait avoir lieu dans la même forme que les lois elles-mêmes, c'est-à-dire par insertion au *Bulletin des lois*; 148. Le règlement ainsi promulgué ne devient donc exécutoire dans les diverses parties de la France, qu'en raison des distances comme les lois elles-mêmes. — V. lois.

21. — M. Foucart (t. 1er, p. 93) fait remarquer, à ce sujet, qu'il est vrai, sans doute, que quelquefois on s'est dispensé de l'insertion au *Bulletin des lois* d'un règlement d'administration publique, mais que c'est là un fait complètement irrégulier.

V. compétence administrative, conseil d'état.

RÈGLEMENT D'AVARIES.

V. assurance maritime, avaries, capitaine de navire, consul.

RÈGLEMENT DE JUGES (Matière administrative).

1. — En matière administrative, le règlement de juges est admis, comme en matière civile ou criminelle, lorsqu'il y a un conflit soit positif, soit négatif.

2. — On distingue le conflit de juridiction et le conflit d'attribution, c'est-à-dire le conflit élevé entre deux ou plusieurs tribunaux de l'ordre administratif, et celui élevé entre deux ou plusieurs tribunaux de l'ordre administratif et de l'ordre judiciaire. — V. conflit.

3. — Le conflit de juridiction peut s'élever entre un préfet et un ministre, entre un conseil de préfecture et un préfet, entre un ministre et un conseil de préfecture, ou enfin, entre deux préfets. Il est vidé par le Conseil d'État, section du contentieux. — Laferrière, *Cours de dr. publ. et admin.*, t. 2, p. 744. — V. conseil d'état, n° 308 et suiv.

4. — Quant au conflit d'attribution, c'est-à-dire au conflit élevé entre l'autorité judiciaire et l'autorité administrative, c'était également autrefois le Conseil d'État qui était appelé à statuer. — V. conflit.

5. — Ainsi on jugeait qu'il n'y avait pas lieu à règlement de juges par la Cour de cassation, en cas de conflit négatif entre les autorités judiciaire et administrative. — *Cass.*, 14 germin. an XI, Coquerel c. Dieu et Joly; 23 vendém. an XIV, Régie des Domaines c. Bieltor; 26 nov. 1806, Forêts c. Desimples; 21 janv. 1807, Roger c. N...

6. — Et que c'était au Conseil d'État, et non à la Cour de cassation, qu'il appartenait de statuer sur le conflit élevé entre le tribunal de simple police et le maire qui s'étaient successivement et respectivement déclarés incompétens pour connaître de la plainte dirigée contre un tailleur comme coupable d'avoir reçu deux ouvriers sortis de chez un drapier sans être munis d'un livret portant le certificat d'acquit de leurs engagemens envers ce dernier. — *Cass.*, 9 janv. 1835, Bournens.

7. — Mais aujourd'hui il n'en est plus ainsi : l'art. 89 de la Constitution du 4 novembre 1848 a en effet créé un tribunal spécial pour prononcer en pareil cas. Cet article est ainsi conçu : « Les conflits d'attribution entre l'autorité administrative et l'autorité judiciaire, seront réglés par un tribunal spécial de membres de la Cour de cassation et de conseillers d'État désignés tous les trois ans, en nombre égal par leur corps respectif. Ce tribunal sera présidé par le ministre de la justice. »

8. — Le recours devant le tribunal des conflits, pour faire régler la compétence, est, aux termes des art. 17 et 18 d'un règlement d'administration publique du 26 octobre 1849, exercé directement par les parties intéressées. Il est formé par requête signée d'un avocat au Conseil d'État et à la Cour de cassation. Si l'affaire intéresse l'État d'une manière directe, le ministre dans les attributions duquel rentre cette affaire peut former le recours.

9. — Dans tous les cas, le recours est communiqué aux parties intéressées : soit par voie administrative, s'il a été formé par un ministre; soit par une ordonnance de *soit-communiqué*, rendue par le ministre de la justice comme président du tribunal des conflits, s'il s'agit d'un recours formé par des particuliers, et la communication et la réponse doivent être faites chacune dans le délai d'un mois. — Laferrière, *loc. cit.* — V., au surplus, pour les attributions, la compétence et la forme de procéder du tribunal des conflits, v°

tribunal des conflits.

RÈGLEMENT DE JUGES (Matière civile).

Table alphabétique.

RÈGLEMENT DE JUGES (mat. civ.). — **1.** — Dans son sens le plus ordinaire, le règlement de juges est la décision d'une autorité judiciaire supérieure vidant un conflit de juridiction entre plusieurs tribunaux indépendans les uns des autres et saisis d'une même demande ou de plusieurs demandes connexes, soit que ces tribunaux aient retenu, soit qu'ils aient répudié simultanément la connaissance du litige.

2. — Lorsqu'une partie a été assignée devant un tribunal dont elle a inutilement décliné la compétence et que la décision des juges est définitive, elle peut aussi se pourvoir devant la Cour suprême pour obtenir un règlement de juges. C'est là une variété du règlement de juges.

3. — Le règlement de juges est encore autorisé lorsqu'un tribunal a été récusé tout entier ou s'est abstenu. — V. RÉCUSATION.

4. — Nous ne nous occuperons dans ce traité que du conflit de juridiction tel que l'a réglé le tit. 14, part. 1re, liv. 2 C. proc., — et la loi du 27 vent. an VIII (art. 60 et 76). — Quant au conflit d'attribution, c'est-à-dire celui qui s'élève entre deux autorités revêtues d'attributions distinctes, tel qu'un tribunal de première instance et un conseil de préfecture, ou toute autre juridiction administrative, et que tranchait autrefois le Conseil d'État (V. CONFLIT, CONSEIL D'ÉTAT ET COMPÉTENCE ADMINISTRATIVE), il rentre aujourd'hui, aux termes de l'art. 89 de la Constitution, dans les attributions d'une juridiction spéciale appelée *tribunal des conflits*. V. ce mot.

§ 1er. — *Historique et législation* (n° 5).
§ 2. — *Cas où il y a lieu à règlement de juges* (n° 19).
§ 3. — *Juridiction compétente pour connaître du règlement de juges* (n° 163).
§ 4. — *Procédure et jugement* (n° 198).
§ 5. — *Renvoi* (n° 261).

—

§ 1er. — *Historique et législation.*

5. — Sous nos anciennes coutumes, les règlemens de juges étaient très-fréquens. On saît, en effet, que le sol était couvert de juridictions rappelant, selon Loyseau, la confusion de la tour de Babel, toutes hostiles les unes aux autres. Tantôt c'était le seigneur qui revendiquait son justiciable, tantôt c'étaient deux juridictions luttant pour faire prévaloir leurs attributions; c'était enfin, dit M. Bourbeau (t. 1er, p. 309), la querelle toujours renaissante, et de la justice séculière et de la justice ecclésiastique.

6. — Souvent les tribunaux s'arrogeaient le droit d'évoquer la cause, s'ils étaient supérieurs au tribunal saisi; et, s'ils étaient égaux, ils faisaient défense aux parties de poursuivre ailleurs, à peine de nullité de procédures et d'amende. Ces défenses étaient signifiées au juge. Si la juridiction saisie ne se rendait pas, le pouvoir de l'autorité supérieure devenait nécessaire. — Rageneau, v° *Évocation*; Pigeau, t. 1er, p. 150.

7. — En présence de ces difficultés, les ordonnances des rois, à différentes époques, ont cherché à régler les diverses attributions des juridictions: soit que la lutte donnât lieu à un renvoi demandé par les parties, soit que le seigneur ou le juge même le réclamât. — Ordonn. de 1629, art. 66; de 1669, tit. 2; de 1737, tit. 3.

8. — Ces ordonnances réglaient, comme on le voit, le conflit positif; mais il est douteux que, sous l'ancienne jurisprudence, le règlement de juges s'appliquât au conflit négatif.

9. — Lorsqu'un conflit positif s'élevait entre les juridictions séculière et ecclésiastique, la première devait décider la compétence; mais la voie de *l'appel comme d'abus* était ouverte devant les Cours souveraines. — Denizart, *Collection de décisions nouvelles*, v° *Appel comme d'abus*, n° 6.

10. — Si les tribunaux saisis étaient, dans le ressort de la même juridiction supérieure, on devait se pourvoir, pour faire juger la question de compétence, devant la Sénéchaussée ou le Parlement dont relevaient les juges saisis. — Bonnier sur l'art. 1er, tit. 2 de l'ordonn. de 1669 et de 1737.

11. — La cause était-elle portée devant deux chambres du même Parlement, les gens du roi décidaient à laquelle elle appartenait. — Ferrière, v° *Conflit.*

12. — Si le conflit avait lieu entre deux Cours souveraines *établies dans la même ville*, les avocats généraux des deux Cours décidaient; et s'ils ne parvenaient pas à s'entendre, il y avait lieu à règlement. — Ord. du 29 déc. 1559, de 1669 et de 1737.

13. — Il est remarquable que le droit de régler les juges, quel que fût l'ordre ou la nature des juridictions, était un attribut du pouvoir législatif représenté par le roi.

14. — C'était donc au conseil que la cause était portée, et l'on n'était pas obligé d'attendre pour cela que le conflit eût été élevé. — Ord. de 1737, tit. 2, art. 19.

15. — Du jour de l'assignation devant le conseil, toutes les juridictions devaient surseoir jusqu'à fin de règlement. — Ord. de 1669, tit. 2, art. 7; de 1737, tit. 2, art. 8 et 14.

16. — De nos jours, le Conseil d'État ne statue plus que sur les conflits qui s'élèvent entre les autorités administratives; quant à ceux qui surviennent entre les divers pouvoirs judiciaires, ce sont les juridictions supérieures du même ordre qui les vident. — Nous avons vu que les conflits élevés entre les autorités judiciaires et administratives ont été dévolus par la Constitution de 1848 (art. 89) à un tribunal spécial nommé *tribunal des conflits.* — L. 27 nov. 1790; constit. du 3 sept. 1791, tit. 3, ch. 5, art. 19; 5 fructid. an III, art. 254; L. 27 vent. an VIII.

17. — L'art. 2 du décret du 27 nov. 1790 portait que « les fonctions du tribunal de cassation seraient de juger les conflits de juridiction et les règlemens de juges. » Cette attribution fut maintenue par la constitution du 3 sept. 1791, tit. 3, chap. 5, art. 19; par celle du 5 fructid. an III, art. 254, et du 22 frimaire an VIII, art. 65, et par la loi du 27 vent. an VIII, art. 76. Mais le Code de procédure n'a pas voulu accorder à cette Cour une compétence exclusive, comme on le verra *infra* n° 164 et suiv. Elle ne lui a particulièrement réservé que les conflits négatifs.

18. — Les art. 363 et suiv. du C. de proc. sont uniquement applicables aux conflits positifs. — Quant aux conflits négatifs, c'est à la loi du 27 vent. an VIII qu'il faut recourir. — Art. 76. — C'est elle qui règle la compétence de la Cour suprême.

§ 2. — *Cas où il y a lieu à règlement de juges.*

19. — Une même demande peut être portée entre les mêmes parties devant plusieurs tribunaux, soit que l'un de ces tribunaux soit incompétent, soit *ratione personæ*, soit *ratione materiæ*, et que l'exception d'incompétence soit soulevée et définitivement accueillie, la contestation restera soumise à un seul tribunal. — V. EXCEPTIONS.

20. — Ces tribunaux sont-ils, au contraire, compétens, l'exception de litispendance ou de connexité peut être soulevée; si elle est définitivement accueillie, la contestation ne se trouve plus soumise qu'à un seul tribunal. — V. *eod.*

21. — Dans ces deux hypothèses, la complication disparaît devant la décision définitive des tribunaux sur leur propre compétence.

22. — Mais n'arrivera-t-il pas souvent que, bien que les exceptions d'incompétence, de litispendance, ou de connexité aient été soulevées, chaque tribunal retienne la contestation? N'arrivera-t-il pas souvent encore que chaque tribunal proclamera son incompétence, de sorte que les parties se trouveront sans juges? Le règlement de juges a pour objet de pourvoir à cet état de choses.

23. — Ce n'est pas tout. Le législateur a dû prévoir le cas où il ne conviendrait pas aux parties intéressées de soulever des exceptions, et il a dû leur accorder la facilité de se pourvoir *de plano* en règlement de juges.

24. — Un troisième cas de règlement de juges est autorisé dans une hypothèse toute différente. Il suffit qu'une partie ait été assignée devant un tribunal dont elle a décliné la juridiction et qu'elle ait succombé dans son exception, pour qu'elle ait le droit de se pourvoir par cette voie. Ce cas est prévu par l'ordonn. de 1737 et n'est pas reproduit avec celui de l'art. 363 du Code de procédure, qui suppose une même demande portée entre les mêmes parties devant deux tribunaux.

25. — Enfin, il y a lieu à règlement de juges, dans le cas où un tribunal a été récusé tout entier ou s'est abstenu. — V. RÉCUSATION.

26. — ...Dans celui où le tribunal saisi d'une affaire vient à être supprimé.

27. — ...Ou a cessé de faire partie du territoire français. — *Cass.*, 8 avril 1818, N... — Chauveau sur Carré, quest. 4326 3°.

28. — Nous ne nous occuperons que des trois premières espèces, c'est-à-dire du cas où il y a conflit positif, du cas où il y a conflit négatif, du cas où il y a rejet d'un déclinatoire pour incompétence. — Tout ce qui concerne la récusation est traité au mot RÉCUSATION; — quant aux deux autres cas de règlement de juges, ils ne comportent pas de développemens.

29. — Il y a *conflit positif* lorsque deux tribunaux retiennent simultanément la connaissance d'un même litige. — C'est celui prévu par le Code de procédure.

30. — *Conflit négatif* lorsque les tribunaux refusent également d'en connaître et se déclarent incompétens. — C'est le cas prévu par la loi du 27 vent. an VIII, art. 76.

31. — ...*Rejet du déclinatoire* lorsqu'un tribunal saisi d'une contestation rejette pour cause d'incompétence un déclinatoire qui lui a été proposé. — C'est le cas prévu par l'ordonnance de 1737.

32. — *Conflit positif.* — Pour qu'il y ait lieu à règlement de juges pour conflit positif, il faut que la contestation soumise à deux ou plusieurs tribunaux constitue, par son objet, une seule et même demande. — Art. 363, C. proc. civ.

33. — ... Ou, du moins, une cause essentiellement connexe. — Cependant, dans ce cas, il peut y avoir doute, à raison de ces expressions de l'art. 363: Si un différend est porté à deux ou plusieurs tribunaux, etc. Bien que les anciennes ordonnances fussent beaucoup plus précises sous ce rapport et ne parlassent point d'un différend mais d'un *même différend*, l'ancienne jurisprudence n'en admettait pas moins le règlement de juges en cas de connexité; à *fortiori* doit-on l'admettre aujourd'hui, en présence d'un texte beaucoup moins précis. La loi a toujours mis sur la même ligne l'exception de litispendance et de connexité (V. EXCEPTIONS). Pourquoi distinguerait-on? — Conf. Carré et Chauveau, quest. 4320; Pigeau, *Comm.*, t. 1er, p. 635; Favard de Langlade, t. 4, p. 794, n°s 4 et 2; Thomines-Desmazures, t. 1er, p. 371; Berriat, p. 388; Bourbeau, t. 1er, p. 354 et suiv.

34. — Jugé, en conséquence, qu'il y a lieu à se pourvoir en règlement de juges lorsque la même cause, ou une autre cause connexe, a été portée devant deux tribunaux et lorsque, devant les deux tribunaux, on a pris les mêmes conclusions au principal. — *Cass.*, 4 août 1818, Bourdon et Obry c. Verdiel. — Berriat, p. 388, note 2.

35. — Il n'est pas nécessaire que l'objet de deux demandes soit absolument identique pour qu'il y ait, entre ces deux demandes, *connexité* donnant lieu à règlement de juges; il suffit que l'une et l'autre demande reposent, en sens contraire, sur le même fondement, et que leur sort dépende de la décision d'une même question. — *Cass.*, 5 mai 1829, Ouvrard c. Seguin; 5 déc. 1848 (t. 1er 1849, p. 82), Delhalle c. Provins.

36. — Ainsi encore, lorsqu'à raison de la situation différente des biens litigieux, plusieurs demandes entre les mêmes parties sont portées devant divers tribunaux, il y a lieu à règlement de juges si ces demandes reposent sur les mêmes titres et sont fondées sur les mêmes moyens. — En pareil cas, et s'il n'existe d'ailleurs aucun motif de préférence, la connaissance du litige doit être attribuée à celui des tribunaux saisis dans le ressort duquel est située la majeure partie des biens litigieux. — *Cass.*, 20 févr. 1834, Domaine c. duchesse de Berry.

37. — Mais quand, sur la demande en restitution des sommes payées en vertu d'un arrêt qui a été cassé, il s'élève une question différente de celle jugée par la Cour de cassation; lorsque, par exemple, la Cour de cassation a jugé la question de savoir si un associé liquidateur a pu obliger, par un compromis, son coassocié, tandis que la question qui s'élève sur la restitution demandée est de savoir si, par l'effet de conventions, celui qui demande la restitution n'a point été désintéressé: cette dernière question n'est pas tellement connexe à la première qu'elle doive nécessairement être portée devant la Cour saisie en vertu de l'arrêt de renvoi, elle peut être décidée par le tribunal du domicile du défendeur. Il en doit être ainsi, surtout, si un arrêt passé en force de chose jugée a réglé l'exception de renvoi, et retenu la connaissance de la cause. — On ne peut, en conséquence, demander par voie de règlement de juges, le renvoi des procédures sur la restitution par-devant la Cour qui doit connaître du fond de l'affaire. — *Cass.*, 8 mai 1816, Michel c. Hainguerlot et Lelaidier.

38. — Il n'y a pas non plus connexité entre la demande par laquelle un créancier poursuit, de-

vant le tribunal de son débiteur, la résiliation, pour inexécution, d'un contrat de constitution de rente viagère, et celle par laquelle il poursuit devant les juges de la situation l'expropriation de l'immeuble affecté à l'exécution de ce contrat; en conséquence, il n'y a lieu à règlement de juges sur ces deux instances. — *Cass.*, 4 juin 1817, Robert c. Fournier.

39. — De même lorsqu'un fermier demande devant un tribunal la diminution du prix d'un bail, et que des créanciers poursuivent devant un autre tribunal l'annulation de ce même bail, à raison de l'incapacité du bailleur, ces deux demandes n'étant pas identiques et ne pouvant donner lieu à des décisions contraires, il n'y a pas lieu à un pourvoi en règlement de juges. — *Cass.*, 3 juill. 1810, Blanchard c. Latour du Pin. — Berriat, p. 338.

40. — On sent encore qu'il n'y a ni identité ni connexité entre la demande du correspondant principal d'une association contre le président des administrateurs de cette société, pour paiement de ses appointemens, et la demande dirigée par ce président contre les anciens administrateurs, à fin de paiement d'une somme dont l'emploi n'est pas justifié. — Dans ce cas, c'est le tribunal du lieu où est le siége de l'entreprise, qui doit rester saisi de l'affaire. — *Cass.*, 14 juin 1815, Lemercier c. Cordier.

41. — Jugé pareillement que la demande en règlement de juges n'étant recevable, d'après la loi, qu'autant que deux tribunaux sont saisis de la même affaire, ou bien qu'une partie a été déboutée de son déclinatoire, il en résulte qu'en cas d'action en dommages-intérêts de la part de l'acheteur d'une machine qui a fait explosion, contre l'auteur de cette machine, et, en cas d'action en paiement du prix portée devant un autre tribunal par ce dernier, qui n'a pas même comparu au tribunal devant lequel il était assigné, il n'y a pas lieu à demande en règlement de juges; il n'y a là ni identité de cause, ni déclinatoire rejeté. — *Cass.*, 14 juin 1815, Lemercier c. Cordier, et 4 juin 1817, Robert c. Fournier; 31 mai 1827, Aitken c. Société de la navigation du Rhône.

42. — ... Et que, dans le cas où deux demandes en déclaration d'hypothèque formées au profit du même créancier contre des tiers détenteurs différens ont été soumises, l'une à un tribunal autre que celui de la situation des biens, par l'effet d'un renvoi prononcé par la Cour de cassation, l'autre sur la poursuite du créancier lui-même, au tribunal de cette situation, ce créancier n'est ni recevable ni fondé à demander, pour cause de connexité, et par voie de règlement de juges, le renvoi du second litige devant le tribunal saisi de l'arrêt de cassation. — Il n'y a, dans ce cas, aucun motif pour distraire le tiers détenteur de ses juges naturels. — *Cass.*, 1er mars 1841 (t. 1er 1841, p. 648), Loisel c. Hauterre.

43. — Une distinction doit cependant être faite entre la connexité et la litispendance. La litispendance, dit M. Bourbeau, que suppose les deux demandes identiques quant à leur cause et à leur objet, suppose uniquement une attribution unique de compétence relativement à la matière, de sorte que les principes qui régissent la compétence ne feront jamais obstacle à la réunion des deux demandes.

44. — Il peut arriver au contraire que, malgré leur connexité, les deux demandes résistent à la possibilité d'une fusion. Supposez deux instances introduites, l'une devant le tribunal civil par le souscripteur d'une lettre de change, pour faire condamner le porteur à la lui restituer; l'autre devant le tribunal de commerce, ayant pour objet le paiement de cette même lettre de change. Dans cette espèce, les règles de la compétence à raison de la matière s'opposeront au règlement de juges. — Il n'appartient jamais aux juges de briser la barrière que la loi a posée aux juridictions. — Conf. Chauveau sur Carré, quest. 1321. —

45. — La demande en renvoi pour cause de connexité n'est pas admissible lorsque l'une des demandes est pendante devant un tribunal de première instance, et l'autre devant une Cour d'appel. — *Cass.*, 14 juin 1845, Lemercier c. Cordier.

46. — L'art. 363 n'exige nullement l'identité des personnes en cause pour que le règlement soit accueilli. — Conf. les auteurs précités. — Bourbeau, t. 1er, p. 354 et suiv.

47. — Il y a donc lieu à se pourvoir devant la Cour de cassation en règlement de juges lorsque deux instances sont portées devant deux tribunaux ressortissant à deux cours différentes pour un même litige, quoique ces deux instan-

ces ne soient pas liées entre les mêmes parties. — *Cass.*, 29 mai 1838 (t. 2 1838, p. 68), Girond c. Brossard; 18 août 1840 (t. 2 1840, p. 293), Barbet c. de Girardin.

48. — Au surplus, les tribunaux apprécient souverainement le point de savoir s'il y a ou non connexité entre deux demandes. — *Cass.*, 28 déc. 1807, Boisset.

49. — Remarquons que l'art. 363 ne distingue pas entre le demandeur et le défendeur; l'un et l'autre ont qualité pour se pourvoir par cette voie. — Le demandeur ne peut-il pas avoir été dans l'obligation d'assigner deux adversaires pour une cause connexe devant le tribunal du domicile de chacun d'eux? — Conf. Carré et Chauveau, quest. 1320.

50. — Jugé, dans ce sens, qu'après avoir assigné deux parties devant deux tribunaux différens situés dans le ressort de la même Cour on peut se pourvoir en règlement de juges devant cette Cour, s'il y a connexité parfaite entre les deux demandes. — *Colmar*, 21 mars 1807, Steffun c. Didier-Jean.

51. — ... Mais, en sens contraire, que le syndic d'une faillite ne peut, après avoir assigné des débiteurs du failli devant des tribunaux différens, demander, par voie de règlement de juges, que toutes les instances qu'il a introduites soient renvoyées devant le tribunal du lieu de l'ouverture de la faillite. — *Cass.*, 4 pluv. an XII, Dufour c. Lahure. — Carré, *Lois compét.*, t. 2, p. 124.

52. — La jurisprudence nous fournit de nombreux exemples de règlemens de juges. Ainsi: elle décide que lorsqu'un demandeur qui a assigné deux parties devant deux tribunaux essuie, de leur part, une exception qui tend à faire statuer les deux tribunaux sur un même objet, il peut, par voie de règlement de juges, obtenir que les deux affaires soient envoyées à un seul tribunal. — *Cass.*, 3 pluv. an X, Dalbis c. Perrier.

53. — ... Qu'il y a lieu à règlement de juges lorsque l'une des parties s'est pourvue devant le tribunal civil en nullité de l'ordonnance d'*exequatur* d'une sentence arbitrale rendue entre associés, et que l'autre s'est adressée au tribunal de commerce pour faire déclarer valables les offres réelles faites en exécution de la sentence arbitrale. — *Paris*, 23 oct. 1812, Lancel Carreuz c. Dhotel. — V., toutefois, Carré, *Compét.*, t. 5, p. 46 (éd. de Foucher).

54. — ... Lorsqu'un même différend est porté devant deux tribunaux ne ressortissant pas à la même Cour, encore que les exploits qui ont saisi ces deux tribunaux ne soient pas de la même date. — *Cass.*, 1er mars 1826, de Forceville.

55. — ... Lorsque par suite de la vente de plusieurs immeubles dépendant de la même succession, plusieurs ordres se sont ouverts devant différens tribunaux ressortissant à différentes Cours. — Dans ce cas, on doit préférer le tribunal du lieu de l'ouverture de la succession: surtout s'il est en même temps celui du domicile de la plupart des créanciers. — *Cass.*, 1er oct. 1825, de Brivasac c. Barincou.

56. — ... Lorsqu'une compagnie, adjudicataire de fournitures pour le gouvernement, a été assignée par des sous-traitans devant des tribunaux du ressort de Cours royales différentes, pour être admise à prendre part aux sommes allouées par le gouvernement à ces compagnies, l'affaire doit être renvoyée devant le tribunal du lieu du domicile de la compagnie. — *Cass.*, 20 août 1817, Yvonnet c. Thèse; 4 juill. 1822, Leleu c. Herman et Bodart, et 1er oct. 1825, Christian-Guerber. — V. aussi *Paris*, 23 oct. 1812, Lancel-Carreuz c. Dhotel. — Berriat, *Procéd.*, p. 338.

57. — ... Lorsque, après une saisie-arrêt formée sur les fermages de biens dont le saisissant se prétend propriétaire, deux tribunaux différens sont appelés à statuer, l'un sur la demande en validité, l'autre sur celle en mainlevée de cette saisie-arrêt. — *Cass.*, 15 mars 1842 (t. 2 1842 p. 465), Sirey.

58. — ... Lorsque le débiteur d'une rente, prétendant qu'elle a cessé d'être due, demande, contre le tiers détenteur des biens hypothéqués et devant le tribunal du lieu de son domicile, la délivrance de la partie du prix qui était restée affectée au paiement des arrérages, et que de son côté le titulaire de la rente réclame contre le même tiers détenteur, mais devant un tribunal ressortissant à une autre Cour d'appel, la continuation du service de ces arrérages. — En pareil cas, l'action en paiement des arrérages n'étant que secondaire et devant suivre le sort de la demande, originaire et principale, en remboursement du capital, c'est le tribunal saisi de cette dernière demande qui est seul compétent pour

statuer sur les deux instances. — *Cass.*, 18 avr. 1842 (t. 2 1842, p. 358), Chagot c. de La Chaise et Schneider.

59. — ... Lorsqu'un tribunal s'est déclaré compétent pour prononcer sur un incident d'une saisie immobilière poursuivie devant un autre tribunal, et que, sur l'appel, l'appelant s'est désisté, mais que ce désistement n'a point été accepté par l'intimé. — Il en est de même quand, par une ordonnance non attaquée, un juge du tribunal a prononcé l'adjudication préparatoire d'un immeuble dont la saisie est poursuivie devant un autre tribunal. — *Cass.*, 7 mai 1822, d'Etchegoyen c. Leray de Chaumont et de Staël.

60. — ... Lorsqu'à raison de la situation différente des biens litigieux plusieurs demandes entre les mêmes parties sont portées devant divers tribunaux, si ces demandes reposent sur les mêmes titres et sont fondées sur les mêmes moyens. — En pareil cas, et s'il n'existe d'ailleurs aucun autre motif de préférence, la connaissance du litige doit être attribuée à celui des tribunaux saisis dans le ressort duquel est située la majeure partie des biens litigieux. — *Cass.*, 20 fév. 1834, Domaine c. duchesse de Berry.

61. — ... Dans le cas où un créancier poursuit son paiement, par une action hypothécaire et par une action personnelle, devant le même tribunal, les deux demandes reposant sur le même titre, et la défense étant aussi la même dans les deux instances, si la décision relative à l'action réelle vient à être cassée par la Cour suprême, et que par suite l'affaire soit renvoyée devant une autre Cour. L'appel des jugemens qui ont statué sur la saisie doit alors être renvoyé devant la Cour à laquelle a été renvoyée la connaissance de l'action réelle. — *Cass.*, 20 août 1817, Yvonnet c. Thèse. — Carré, *Compét.*, t. 5, p. 28; art. 296, (éd. Foucher).

62. — ... Lorsqu'un jugement passé en force de chose jugée attribue à un tribunal la connaissance d'une contestation et que postérieurement un arrêt de Cour d'appel d'un ressort différent confirme un jugement rendu auparavant, et qui déclare la compétence d'un autre tribunal pour une autre demande résultant du même titre. — L'affaire doit être renvoyée devant le tribunal dont le jugement avait, le premier, acquis l'autorité de la chose jugée, et en ce cas il n'y a pas lieu à statuer sur la demande subsidiaire en cassation dirigée contre l'arrêt qui se trouve en opposition avec la chose jugée par un tribunal d'un autre ressort. — *Cass.*, 9 janv. (et non 9 août) 1821, Thouret c. Darras.

63. — ... Lorsqu'une Cour de renvoi, après avoir statué sur la compétence, a renvoyé le fond à un tribunal de son ressort; car ce renvoi saisit le tribunal, bien qu'il ne soit intervenu aucune assignation de la part des parties: et dès lors, en cas de connexité, la connaissance entière du litige peut être régulièrement renvoyée devant lui par préférence à un tribunal devant lequel une assignation n'a été donnée que postérieurement. — *Cass.*, 5 déc. 1848 (t. 1er 1849, p. 82), Delhalle c. Provins et Hurel.

64. — Il importe peu que les parties contre lesquelles la demande est formée reconnaissent la compétence territoriale du tribunal revendiqué, si, dans la procédure, il existe des décisions non susceptibles de réformation émanées d'un tribunal ressortissant à une Cour différente et qui s'est déclaré compétent pour statuer sur divers chefs du procès. — *Cass.*, 7 mai 1822, d'Etchegoyen c. Leray de Chaumont et de Staël.

65. — Au contraire, il ne peut pas y avoir lieu à règlement de juges entre deux chambres de la même Cour. — *Cass.*, 17 juill. 1823, Tacy.

66. — De même, les sections d'un tribunal d'appel peuvent se renvoyer de l'une à l'autre la connaissance d'une affaire, même après qu'un partage d'opinions est intervenu dans la chambre qui fait le renvoi, sans qu'il y ait lieu de se pourvoir en règlement de juges. — *Cass.*, 16 vent. an XII, Tripier c. Feraire.

67. — ... Ni lorsque des immeubles sont vendus sur folle enchère devant un tribunal et par licitation devant un autre; si d'ailleurs le tribunal saisi de la folle enchère n'a rien statué sur la licitation, ni celui saisi de la licitation sur folle enchère. — *Cass.*, 20 août 1817, Yvonnet c. Thèse; 9 janv. 1834, Reyet-Ferrière, Cluzel et Martel c. Juteau. — V. Bioche et Goujet, *Dict. de procéd.*, v° *Règlement de juges*, n° 15.

68. — ... Lorsque sur la question de savoir s'il devait procéder comme juridiction civile ou juridiction criminelle, un tribunal a déclaré procéder en la première de ces deux qualités. — C'est le cas d'un pourvoi en cassation. — *Cass.*, 2 prair. an XII, prince de Monaco c. Pétau.

69. — ... Lorsqu'un individu assigné devant un tribunal assigne à son tour le demandeur devant un autre tribunal, pour voir dire que son action a été formée à tort; car cette seconde assignation ne peut être considérée comme constituant une nouvelle demande sur un même différend. — *Cass.*, 5 mars 1833, de Bellefonds c. Mark.

70. — ... Ni lorsque, après cassation d'un arrêt pour violation de la chose jugée, la Cour d'appel saisie sur renvoi a sursis à prononcer jusqu'à ce qu'il ait été statué sur l'appel, récemment interjeté devant une autre Cour, du jugement invoqué comme établissant la chose jugée; car il ne doit résulter de là aucune contrariété d'arrêts. — *Cass.*, 20 déc. 1841 (t. 1er 1842, p. 53), Cesbron. —

71. — La voie du règlement de juges est facultative : c'est-à-dire que la partie assignée devant deux tribunaux peut y avoir recours *in limine litis*, sans être tenue, par conséquent, de plaider l'incompétence de l'un d'eux.

72. — Et *vice versâ* elle n'est pas obligée de se pourvoir en règlement de juges devant la Cour de cassation lorsque deux tribunaux ressortissant à des cours différentes ont simultanément déclaré la faillite d'un individu, l'une ou l'autre de ces décisions peut être attaquée pour incompétence devant la Cour à laquelle ressortit le tribunal qui l'a rendue. — *Nancy*, 26 avril 1827, Thomas c. Laurens.

73. — Le conflit positif naît des deux demandes, sans qu'il soit besoin d'examiner la compétence des juridictions saisies : contrairement à ce qui a lieu pour le conflit négatif. — V. *infrà* n° 122. — Il y a, en pareil cas, présomption de compétence de l'un et de l'autre tribunal, imposant au plaideur cette alternative nécessaire : ou de l'exposer à subir deux sentences contradictoires, ou de prévenir entre les deux juridictions une rivalité possible.

74. — Peu importe que les parties contre lesquelles la demande est formée reconnaissent la compétence territoriale du tribunal revendiqué, si, dans la procédure, il existe des décisions non susceptibles de réformation émanées d'un tribunal ressortissant à une Cour différente et qui s'est déclaré compétent pour statuer sur divers chefs du procès. — *Cass.*, 7 mai 1822, d'Etchegoyen c. Leray de Chaumont et de Staël.

75. — D'un autre côté, si la partie a préféré demander son renvoi en plaidant une exception d'incompétence, de connexité ou de litispendance (V. EXCEPTIONS), elle n'est pas obligée à épuiser l'ordre des juridictions quand elle a succombé dans ses moyens. En d'autres termes, la circonstance que la décision qui repousse l'exception est susceptible d'appel ou de cassation, ne mettrait pas obstacle au règlement de juges. — Conf. Carré et Chauveau, quest. 1322.

76. — Toutefois, ce principe n'est pas d'une application absolue : et il faut admettre une exception dans le cas où le jugement de première instance aurait été confirmé en appel par la Cour devant laquelle aurait dû être porté le règlement, parce qu'il est de principe qu'il n'appartient pas à un tribunal de se réformer lui-même. — *Cass.*, 15 avr. 1817, Story c. Pritz. — Carré et Chauveau, quest. 1322, note.

77. — Est-il besoin d'ajouter que si les parties ont opté pour le règlement de juges, il ne leur est plus permis de proposer le déclinatoire, une fois le règlement prononcé, parce qu'il y a chose jugée? — Carré et Chauveau, quest. 1322, note.

78. — *Vice versâ*, elles ne pourraient plus se pourvoir en règlement de juges si le jugement qui rejette le déclinatoire était passé en force de chose jugée. Le conflit aurait disparu.

79. — Mais, en supposant qu'un tribunal se fût déclaré compétent pour prononcer sur un incident d'une saisie immobilière poursuivie devant un autre tribunal, et que, sur l'appel, l'appelant se soit désisté, le règlement sera recevable, si le désistement n'a point été accepté par l'intimé. — *Cass.*, 7 mai 1822, d'Etchegoyen c. Leray de Chaumont et de Staël.

80. — Tout conflit cesserait également si le déclinatoire était admis en première instance; et il ne resterait plus à la partie qui a succombé sur l'exception qu'à se pourvoir par appel, si elle pensait que le tribunal était régulièrement saisi. — *Cass.*, 25 therm. an XII, Enregistrement c. Bouchette. — Carré et Chauveau, quest. 1322, note.

81. — Jugé toutefois que lorsque les parties ont saisi respectivement deux tribunaux indépendans l'un de l'autre, il y a lieu à règlement de juges lors même que l'un des deux tribunaux aurait admis le déclinatoire proposé devant lui. — *Cass.*, 6 mai 1812, de Brancas c. Sinetti.

82. — Mais, dans l'espèce précédente, si le jugement est infirmé en appel, le conflit reparaîtrait; et le pourvoi en règlement de juges serait admissible dans les conditions exprimées *suprà*, n° 79.

83. — Quand, sur une demande excédant de sa nature le dernier ressort, deux tribunaux de première instance ressortissant à la même Cour ont rendu des jugemens qui n'ont statué que sur la compétence, il ne résulte pas de ce que ces décisions auraient acquis l'autorité de la chose jugée que la demande en règlement de juges ne puisse plus être portée devant cette Cour; laquelle, comme tribunal supérieur, peut encore être saisie, par voie d'appel, de la contestation au fond. Il n'en est point de ce cas comme de celui prévu par l'art. 504 C. proc., d'après lequel la contrariété de jugemens en dernier ressort entre les mêmes parties et sur les mêmes moyens donne ouverture à cassation. — *Paris*, 5 août 1847 (t. 2, 1847, p. 234), Devaux c. Noel.

84. — Tout règlement de juges suppose une contestation à vider. Son but est de prévenir une contrariété possible de jugemens. L'intérêt qui s'y rattache disparaît donc s'il a été rendu jugement sur le fond. — Conf. Carré et Chauveau, quest. 1824; Favard de Langlade, v° *Règlement de juges*, t. 4, p. 794, n° 3; Thomines-Desmazures, t. 1er, p. 575; Bourbeau, t. 1er, p. 360.

85. — En pareil cas : ou les décisions seront les mêmes et ni la dignité de la justice ni l'intérêt des parties n'auront souffert de cette épreuve, ou bien elles impliqueront contradiction, et l'appel sera ouvert, si les jugemens sont en premier ressort; sinon, on se pourvoira devant la Cour de cassation pour contrariété de jugemens. — Bourbeau, *eod.*

86. — Que si le fond n'a été jugé que par un seul des tribunaux saisis, l'exception de chose jugée pourra être opposée devant les autres tribunaux et formera obstacle à ce qu'ils examinent à leur tour le fond. A la vérité, l'exception de chose jugée ne sera pas opposable si les deux demandes ne sont pas identiques, mais simplement connexes; mais, n'importe, le renvoi n'est autorisé, d'après l'art. 171 C. proc. civ., que lorsque la contestation est connexe à une cause pendante devant une autre juridiction. Or, quand cette cause est jugée, le renvoi n'est plus possible. — Même auteur.

87. — Cette solution devrait-elle être suivie, si le jugement rendu sur le fond était frappé d'appel? Il nous semble qu'une distinction est alors nécessaire : si les deux instances sont identiques, peu importera que l'une d'elles ait seulement été jugée, et que l'une soit soumise à la juridiction supérieure, tandis que l'autre est pendante en première instance; car l'identité de cette cause lui rend commune le jugement déjà rendu. S'il n'y a que connexité entre elles, la réunion des causes est l'œuvre arbitraire du juge; et le premier devoir du juge est de respecter l'ordre des juridictions. — Bourbeau, t. 1er, p. 364.

88. — Jugé que la demande en renvoi pour cause de connexité n'est pas admissible, lorsque l'une des demandes est pendante devant un tribunal d'appel et l'autre devant un tribunal de première instance. — *Cass.*, 14 juin 1815, Lemercier c. Cordier.

89. — La jurisprudence a reconnu que les termes mêmes de l'ordonnance de 1737 s'opposent au règlement, si le jugement qui rejette le déclinatoire a statué sur le fond. — *Cass.*, 21 niv. an XIII, Meulans c. N...; 26 niv. an XIII, Verheyen c. Tort-Lafonde; 22 vendém. an XIV, (1re espèce) Richard c. Pichon, (2e espèce) de Rohan c. Bouret; 7 août 1847, Guille c. N... — V., aussi, *infrà* nos 90 et suiv.

90. — ... Qu'il en est ainsi, notamment, lorsque deux tribunaux étant saisis de la même demande, l'un d'eux a reconnu sa compétence et tranché le litige : surtout si le jugement n'est plus susceptible d'être attaqué par voie d'appel ou de cassation. — *Cass.*, 14 févr. 1828, Dubrac c. Soulaud.

91. — ... *A fortiori* si les deux tribunaux saisis du litige ont statué au fond. — *Cass.*, 25 mai 1815, Monnier c. Martel; 17 juill. 1823, *le Courrier français* et *le Pilote*.

92. — Au surplus, en émettant ces idées nous avons raisonné dans l'hypothèse où la partie, après avoir été déboutée d'un déclinatoire qu'elle a proposé, aurait plaidé au fond. — *Cass.*, 17 mars 1812, Crémieux.

93. — *Quid* si le jugement a été rendu sans qu'elle ait contesté sur le fond? La Cour suprême a reconnu que le droit de se pourvoir en règlement de juges n'était pas enlevé à la partie qui n'avait ni conclu ni plaidé. — *Cass.*, 17 mars 1812, Crémieux; 8 juill. 1814, Mornery c. Gré; 14 mars 1826, Boubée c. Catala. — Conf. Carré et Chauveau, quest. 1325; Favard de Langlade, v° *Règlement de juges*, t. 4, p. 794, n° 5; Bourbeau, t. 1er, p. 365.

94. — Jugé encore que lorsqu'un jugement a statué au fond, en même temps qu'il a rejeté un déclinatoire fondé sur l'incompétence *ratione personæ*, la partie qui a succombé est néanmoins recevable à se pourvoir devant la Cour de cassation en règlement de juges, si elle n'a pas défendu au fond et si le fond n'est pas jugé en dernier ressort. — *Cass.*, 8 juin 1826, Ouvrard c. Ducroc.

95. — Et que la demande est recevable, encore bien que le jugement qui a rejeté le déclinatoire ait en même temps statué sur le fond : contrairement à l'art. 172 C. proc. civ. — *Cass.*, 14 déc. 1840 (t. 2 1843, p. 428), Cosson.

96. — ... Et alors même qu'un précédent jugement ordonnerait une mesure préparatoire, si ce jugement a été rendu hors la présence du demandeur en règlement de juges et sans que la compétence ait été mise en question. — Même arrêt.

97. — Seulement, dans ce cas, la partie qui a proposé le déclinatoire doit bien se garder de faire porter son appel sur le chef du jugement statuant au fond, parce qu'elle saisirait la Cour de la contestation et ne serait plus recevable à se pourvoir en règlement. — *Cass.*, 20 juill. 1815, Dessaux c. Dalifart. — Mêmes auteurs.

98. — Terminons sur ce point en disant que la circonstance que les parties auraient conclu au fond serait indifférente par elle-même, s'il n'était pas intervenu de jugement pour le fond. — Bourbeau, t. 1er, p. 364.

99. — Mais l'exception de litispendance ou de connexité cesserait d'être opposable. — V. CONNEXITÉ, LITISPENDANCE. — *Contrà*, Bourbeau, *eod.*

100. — Nul doute encore que la partie qui a constitué avoué est recevable à se pourvoir en règlement de juges, lorsque l'avoué, sans conclure au fond, n'a fait que réserver à son mandant le droit de proposer tout déclinatoire et de se pourvoir en règlement de juges. — *Cass.*, 17 mars 1812, Crémieux; 12 juill. 1814, Brésolles; 1er mars 1826, de Forceville; 14 mars 1826, Boubée c. Catala. — Bioche et Goujet, *Dict. de proc.*, v° *Règlement de juges*, n° 29.

101. — Le règlement de juges suppose encore une contestation née.

102. — Ce n'est donc pas le cas d'y recourir avant que les tribunaux entre lesquels le conflit peut s'élever soient saisis de la contestation; parce que ce serait demander non un règlement, mais une indication de juges. — *Turin*, 2 févr. 1812, Viale c. Mattel.

103. — Peu importe que le conflit s'élève, soit entre des juridictions de même degré, soit entre des juridictions de degrés différens, le règlement est admissible.

104. — ... Ou bien encore qu'il s'élève entre deux tribunaux ressortissant à la même autorité supérieure. Il est vrai que les parties peuvent opposer, en ce cas, le déclinatoire qui serait définitivement réglé par cette autorité, mais la loi n'a pas admis de distinction. — Pigeau, *Comm.*, t. 1er, p. 635; Favard de Langlade, t. 4, p. 497; Demiau, p. 271; Thomines-Desmazures, t. 1er, p. 573; Carré et Chauveau, quest. 1326. — *Contrà*, Delaporte, t. 1er, p. 334; *Ann. du not.*, t. 2, p. 435.

105. — De même, il y a lieu à règlement de juges : 1° entre des tribunaux de commerce. En effet, il suffit qu'un conflit s'élève pour qu'il soit réglé. — *Cass.*, 23 déc. 1807; Leclerc c. Vignat; 6 avr. 1808, Lacan c. Alix; 9 janv. 1821, Thouret. — Lepage, p. 255; Carré et Chauveau, quest. 1322; Favard de Langlade, v° *Règlement de juges*, t. 4, p. 794; Pigeau, *Comm.*, t. 1er, p. 637; Thomines-Desmazures, t. 1er, p. 575; Bioche, v° *Règlement de juges*, n° 4.

106. — ... 2° Entre les tribunaux civils et les tribunaux de commerce. Bien qu'en ce cas l'un des deux soit nécessairement incompétent; mais l'on a déjà vu que les parties avaient le choix ou de décliner la compétence du tribunal ou de se pourvoir immédiatement en règlement de la juridiction. — *Paris*, 23 oct. 1812, Lancel c. Dhotel; *Cass.*, 20 juill. 1815, Dessaux c. Dalifard. — Pigeau, *Comm.*, t. 1er, p. 637; Chauveau sur Carré; Thomines-Desmazures, t. 1er, p. 575; Bioche, n° 5; Rodière, t. 2, p. 403.

107. — Cependant M. Foucher (sur Carré, *Lois de la compétence*, t. 5, p. 46) distingue quand le conflit s'élève entre un tribunal de commerce et un tribunal civil, entre le cas de litispendance et celui de connexité. « S'il y a litispendance, dit-il, l'un des tribunaux sera nécessairement incompétent *ratione materiæ*. Or, dans le cas d'une

telle incompétence, il n'y a d'autre voie à suivre que celle du déclinatoire. »

108. — Mais nous pensons que le règlement de juges a lieu dans le cas d'incompétence *ratione materiæ* comme dans celui d'incompétence *ratione personæ*. Autrement, que l'on suppose le rejet du déclinatoire, et que l'appel soit porté devant une Cour dans le ressort de laquelle ne se trouvent pas les deux tribunaux saisis de la contestation, le conflit pourra encore exister sans qu'il y ait d'autre moyen de le faire cesser que de recourir à la voie du règlement de juges. Or, pourquoi n'éviterait-on pas aux parties des frais et des lenteurs? — Conf. Chauveau sur Carré, quest. 1321; Pigeau, *Comm.*, t. 1er, p. 635.

109. — Quant à la connexité, nous partageons l'avis de M. Foucher; elle autorise bien, ainsi que nous l'avons dit *suprà* no 44, le règlement de juges entre les tribunaux civils, mais non entre ceux-ci et les tribunaux de commerce, parce que l'effet d'un renvoi serait de confondre tous les principes de la compétence. Ainsi les deux causes, tout en ayant des rapports d'affinité entre elles, doivent être jugées séparément.

110. — ... 3o Entre un conseil de prud'hommes et un tribunal d'un autre ordre. — Rodière et Bloche, *ubi suprà*. — La raison est la même que ci-dessus.

111. — Mais le conflit entre un tribunal français et un tribunal étranger ne peut donner lieu à un règlement de juges, alors même que, d'après les traités, les jugemens seraient respectivement exécutoires dans les deux pays. — *Paris*, 23 therm. an XII, Dewitt c. Steenwyt; *Cass.*, 27 janv. 1847 (t. 2 1847, p. 717), Compagnie la France c. Schindler.

112. — M. Bourbeau (t. 1er, p. 382) conteste l'utilité de cette procédure en cas de conflit. « En cherchant à se rendre compte, dit-il, de l'utilité pratique du règlement de juges, on reconnaît sans peine que cette voie de recours fera presque toujours double emploi avec les exceptions d'incompétence, de litispendance et de connexité. Le règlement de juges ne devient nécessaire que lorsque, pour le succès de l'exception, les parties ont négligé de recourir à l'appel ou au pourvoi en cassation. L'intérêt qui s'attachait au règlement de juges a disparu dès que l'on a vu s'éteindre l'esprit d'envahissement des juridictions d'autrefois. Ne serait-ce pas un anachronisme de rappeler aujourd'hui cet avertissement sévère, qu'avec son âpre indépendance de langage le chancelier Bacon adressait aux juges de son temps: « Que les tribunaux soient sujets à ferrailler les uns contre les autres, et qu'il y ait conflit de juridiction, c'est un inconvénient attaché à l'humaine nature, mais il ne faut pas pour cela, en vertu de cette inepte maxime qui dit qu'un bon juge, un juge vigoureux doit travailler à étendre la juridiction de son tribunal, nourrir ce vice de constitution et user de l'éperon où le frein serait nécessaire; car quel plus mauvais exemple que de voir les tribunaux, établis pour maintenir la paix, s'appeler en duel les uns les autres! »

113. — Cette critique ne nous paraît pas exacte; car l'appel et le pourvoi en cassation seraient évidemment illusoires, si les deux tribunaux ne dépendaient pas de la même Cour. Un conflit, en cas d'appel, est tout aussi à redouter entre deux Cours qu'entre deux tribunaux de première instance, et alors il y a bien nécessité de recourir à la voie du règlement de juges.

114. — D'un autre côté que l'on considère que, si on plaide un moyen de renvoi, il pourra arriver que le tribunal dont la juridiction n'a pas été déclinée poursuive et passe outre, malgré les conclusions exceptionnelles posées devant l'autre tribunal, et que, cependant, la partie, après avoir vu rejeter en première instance ou en appel ses conclusions, se trouve placée dans la nécessité de débattre le fond devant le tribunal dont elle contestait la compétence, et cela, bien que déjà d'autres juges aient tranché la contestation, on comprend tout l'avantage de la procédure en règlement de juges. Loin d'être inutile, elle est la plus rationnelle : car elle est la plus sûre et la plus économique. Nous disons la plus sûre, puisque, grâce à elle, les choses demeurent de part et d'autre en état tant que le conflit n'est pas vidé; et la plus économique, parce qu'elle évite plusieurs instances qui n'aboutiraient souvent qu'à un règlement de juges : *Meliùs etenim intacta jura servari quàm post vulneratam causam remedium quærere.* — L. ult. C. *In quibus causis.* — Conf. Carré et Chauveau, quest. 1322, note.

115. — Bien que la loi n'ait pas positivement prévu le cas de conflit négatif, c'est-à-dire le refus fait par tous les tribunaux auxquels une partie pouvait s'adresser de connaître de sa demande, nul doute qu'il n'y ait lieu à règlement de juges, conformément à l'art. 363 C. proc., pour ce conflit comme pour le conflit positif résultant de la retenue d'une même cause par plusieurs tribunaux.

116. — Jugé qu'il y a lieu de se pouvoir en règlement de juges, dans la forme prescrite par l'art. 363 C. proc. civ., toutes les fois que les divers tribunaux devant lesquels une contestation a été portée se sont déclarés incompétens, de même que lorsque ces tribunaux ont retenu la connaissance du procès. — *Cass.*, 26 mars 1838 (t. 1er 1838, p. 401), Huard c. Blum; *Bourges*, 4 févr. 1843 (t. 2 1843, p. 768), Pivert c. Kessler.

117. — Jugé qu'une demande en règlement de juges est admissible dans le cas d'un conflit négatif. — *Cass.*, 20 janv. 1841 (t. 1er 1841, p. 409), Gallice c. Abautret. — Cet arrêt applique, on le remarquera, l'art. 363 au cas de conflit négatif, mais c'est en la forme seulement. Le conflit négatif est réglé par la loi du 27 ventôse an VIII.

118. — Ce conflit ne résulte que des décision par lesquelles deux ou plusieurs tribunaux saisis d'une même affaire ou de deux affaires connexes se refusent à en connaître. L'existence de la même demande devant deux ou plusieurs tribunaux suffit bien pour constituer le conflit positif, mais le refus de juger constitue seul le conflit négatif. — Thomines-Desmazures, t. 1er, p. 573; Carré et Chauveau, quest. 1319 7o.

119. — Et, par exemple, s'il s'agissait de deux jugemens par lesquels le même tribunal a déclaré non sa propre incompétence, mais celle des juges du premier degré, il n'y aurait lieu à règlement. — *Cass.*, 5 mars 1845 (t. 2 1846, p. 27), Lafargue c. Domaine de l'Etat.

120. — En tenant ce langage nous supposons évidemment que l'un des tribunaux saisis était compétent, il ne suffit donc pas que deux ou plusieurs tribunaux se soient déclarés incompétens; car leur décision loin d'exclure la compétence d'une autre juridiction, la suppose au contraire : de sorte que le conflit négatif n'enlève pas alors aux parties les moyens d'obtenir justice. — Même arrêt. — Bourbeau, t. 1er, p. 344 et 345.

121. — Il n'y aurait pas de conflit si la demande n'avait été soumise qu'à un seul tribunal, et si ce tribunal avait renvoyé les parties devant une autre juridiction fût-elle incompétente. En pareil cas, il faudrait non-seulement que cette juridiction eût été saisie; mais encore, qu'elle eût déclaré son incompétence.

122. — En outre, il faut que la décision des tribunaux saisis de la même demande sur le chef de la compétence ne soit plus susceptible d'appel. S'il reste un moyen d'obtenir des juges, on doit l'employer avant celle du règlement de juges. — Chauveau sur Carré, quest. 1319 7o; Bourbeau, t. 1er, p. 345, 346 et 368.

123. — C'est donc avec raison qu'un arrêt décide qu'il n'y a pas, dans le sens légal, conflit négatif, donnant lieu à règlement de juges par la Cour de cassation, lorsque les jugemens rendus par les deux tribunaux qui ont refusé de statuer pour incompétence ou autrement n'ont pas acquis l'autorité de la chose jugée. — *Cass.*, 3 mai 1837 (t. 2 1837, p. 199), Gallice c. Abautret.

124. — Cependant il a été jugé qu'il n'est pas besoin, pour que le règlement soit prononcé, que le demandeur ait interjeté appel des diverses décisions qui ont admis le déclinatoire. — *Bourges*, 4 févr. 1843 (t. 2 1843, p. 768), Pivert c. Kessler.

125. — De là cette conséquence, que le règlement est toujours recevable, à quelque époque qu'il soit demandé, après que le conflit négatif a été définitivement acquis aux parties. En fixant un délai fatal, on eût atteint le droit lui-même et fait supporter au plaideur la faute du juge. — Bourbeau, t. 1er, p. 368.

126. — Le règlement de juges en cas de conflit négatif, porte atteinte au principe de l'autorité de la chose jugée; mais c'est la seule issue possible.

127. — D'après ce qui précède, on voit encore que cette procédure n'a été autorisée que pour réparer les erreurs des tribunaux ou pour les prévenir; et non pour secourir le plaideur qui s'égare, en lui montrant la route qu'il doit suivre et le texte qui doit le guider. Sous ce rapport le conflit négatif diffère du conflit positif, qui est autorisé par le seul fait de l'existence de deux demandes. — V. *suprà* no 73. — Bourbeau, t. 1er, p. 348 et 349.

128. — Aussi n'y aurait-il pas conflit négatif, si, après la déclaration d'incompétence par les tribunaux civils et par l'administration, l'affaire était portée devant un tribunal de commerce qui s'en attribuerait la connaissance. — *Turin*, 18 juill. 1809, Salussolia c. Malenco.

129. — Il n'y a pas lieu non plus à règlement de juges, lorsque, sur une question de propriété élevée devant le juge des référés, ce magistrat s'est déclaré incompétent et que le tribunal civil s'est aussi déclaré incompétent et a renvoyé les parties en référé; la question de propriété ayant été abandonnée, le référé doit alors être admis. — *Cass.*, 27 avril 1825, Albarel.

130. — Mais, lorsque, après cassation d'un arrêt sur un chef, la Cour qui l'a rendu décide qu'elle ne peut statuer sur les dépens auxquels il a donné lieu, et que la Cour de renvoi juge qu'elle ne peut, quant à présent, prononcer sur les dépens relatifs à ce chef, il y a conflit négatif qui donne lieu à règlement de juges par la Cour de cassation. — *Cass.*, 22 mai 1821, de Barras c. Magne de Saint-Victor.

131. — Lorsqu'un tribunal s'est déclaré incompétent et que le juge auquel la demande a été renvoyée s'est aussi déclaré incompétent, le premier tribunal ne peut en être saisi que par un règlement de juges. — *Rouen*, 3 févr. 1818, Quenouille c. Duval et Farcy.

132. — Sous le Code du 3 brum. an IV, il y avait lieu à règlement de juges lorsque, le tribunal civil, saisi d'une affaire, ayant ordonné un sursis jusqu'à ce qu'il eût été prononcé sur le faux allégué contre la pièce principale du procès, le directeur du jury refusait par ordonnance de procéder à une instruction, sur le motif qu'il n'y avait pas de faux matériel. — *Cass.*, 29 therm. an X, la prétendue veuve Douhaut; 19 prair. an XI, Rogres de Lusignan c. Douhaut.

133. — *Rejet de déclinatoire.* — Aux termes de l'art. 19 de l'ordonnance de 1737, la partie qui a été déboutée d'un déclinatoire par elle proposé dans la Cour ou dans la juridiction qu'elle prétend incompétente, et de la demande en renvoi dans une autre Cour ou dans une juridiction d'un autre ressort, peut se pourvoir au Conseil (aujourd'hui Cour de cassation).

134. — Cette ordonnance est encore en vigueur: elle a survécu à la chute de nos anciennes institutions. L'art. 363 du Code de procédure n'y a pas dérogé. — *Cass.*, 30 juin 1807, Guenisay c. Juif; 20 janv. 1818, Legrand c. Sevene; 14 mars 1826, Boubée c. Catala. — Carré et Chauveau, quest. 1323; Favard de Langlade, vo *Règlement de juges*, t. 4, p. 795, no 4; Merlin, *Quest. de droit*, t. 2, p. 369, vo *Domicile*, § 4; Bourbeau, t. 1er, p. 372.

135. — Ainsi, la partie dont le déclinatoire a été rejeté en première instance et en appel peut se pourvoir en règlement de juges au lieu de prendre la voie du pourvoi en cassation. — *Cass.*, 6 avr. 1842 (t. 1er 1842, p. 702), Caisse hypothécaire c. Goury de Mourre.

136. — La voie du recours en règlement de juges a sur celle du pourvoi en cassation le double avantage d'être beaucoup plus prompte et ensuite de produire un effet suspensif à partir de la signification de l'arrêt de *soit-communiqué* que rend la chambre des requêtes lorsqu'elle ne croit pas devoir rejeter la requête en règlement *de plano* et sans discussion contradictoire.

137. — Ce règlement suppose une seule demande et non pas deux demandes identiques ou connexes, comme dans les cas prévus par le Code de procédure et la loi de ventôse.

138. — Jugé, en conséquence, que la partie dont le déclinatoire a été rejeté en première instance et sur l'appel est recevable à se pourvoir en règlement de juges devant la Cour de cassation, sans qu'il soit nécessaire que des tribunaux différens aient été saisis du litige. — *Cass.*, 17 juill. 1828, Meslé c. Guiot; 26 févr. 1839 (t. 1er 1839, p. 341), Messageries Laffitte et Caillard c. Rochemallet.

139. — Il n'a lieu qu'à la condition que le renvoi n'ait pas été demandé devant une autre Cour supérieure ou bien devant un tribunal d'un autre ressort, d'où la conséquence que si la juridiction que l'on sollicite se trouvait placée dans le même ressort il faudrait se pourvoir par appel ou en cassation. — Carré et Chauveau, *ubi suprà*.

140. — Cette solution a été consacrée par plusieurs arrêts décidant que la partie qui a été démise d'un déclinatoire proposé par elle devant une Cour d'appel et tendant au renvoi devant un tribunal du ressort de cette Cour n'est pas recevable à se pourvoir en règlement de juges, la demande en règlement de juges étant restreinte au cas où le renvoi aurait été demandé devant une autre juridiction. — *Cass.*, 15 avr. 1817, Story c. Pryls; 28 déc. 1829, Marriotte c. Regnault.

141. — Au contraire, il y a lieu à règlement de juges par la Cour de cassation lorsque, une partie ayant décliné la compétence du tribunal de première instance et demandé son renvoi devant

la Cour d'un autre ressort, son déclinatoire a été rejeté. — *Cass.*, 20 déc. 1841 (t. 2 1842, p. 471), Prudhomme et Cattier c. Dessain.

142. — Le droit d'y avoir recours n'est ouvert qu'au profit du défendeur dont le déclinatoire a été rejeté; quant au demandeur originaire qui a vu admettre le déclinatoire, il n'a que la voie de l'appel. — *Cass.*, 25 therm. an XII, Enregistrement c. Bouchette.

143. — Jugé que lorsque, après cassation d'un chef d'un de ses arrêts, une Cour s'est déclarée incompétente pour statuer sur les dépens relatifs à ce chef, mais a prononcé sur ceux faits quant au chef maintenu, la Cour de cassation ne peut statuer sur la demande en règlement de juges, tendant à faire renvoyer le jugement, relatif à tous les dépens, à la Cour saisie par renvoi de la connaissance du chef annulé. — *Cass.*, 22 mai 1821, de Barras c. Magne de Saint-Victor.

144. — Lorsque l'exception d'incompétence opposée repose sur l'interprétation d'un contrat, la partie dont le déclinatoire a été repoussé n'est pas recevable à se pourvoir en règlement de juges devant la Cour de cassation. — En pareil cas, il n'y a contre le jugement qui rejette le déclinatoire d'autre recours que la voie de l'appel. — *Cass.*, 2 avr. 1834, Compagnie du Soleil c. Simon; 6 fév. 1848 (t. 1er 1848, p. 427), la Ligerienne Tourangelle c. Lanne.

145. — Doit être l'objet d'un pourvoi en cassation, et non d'un règlement de juges, le jugement par lequel un tribunal, sur la question de savoir : s'il doit procéder comme juridiction civile, ou comme juridiction criminelle, décide qu'il doit procéder par la voie civile. — *Cass.*, 17 juill. 1828, Tacy.

146. — Il n'y a lieu à règlement de juges quand sur une demande en interdiction, le tribunal, avant de statuer au fond, ordonne une convocation de parens. — *Cass.*, 21 fruct. an X, Vincent-Bourgneuf c. N....

147. — On comprend encore que le règlement de juges n'est pas possible si après un premier règlement de juges entre les mêmes parties, et après l'exécution de l'arrêt de règlement, par l'engagement contradictoire de la clause devant le tribunal indiqué, l'une des parties forme de nouveau sa demande devant un second tribunal. *Paris*, 25 juill. 1825, Ouvrard c. Tourton.

148. — Mais l'adjudicataire d'un immeuble a droit d'intervenir devant la Cour de cassation dans une instance en règlement de juges qui aurait pour effet d'annuler son adjudication, si elle était accueillie. — *Cass.*, 9 janv. 1834, Rey, Ferrière, Cluzel et Martel c. Juteau.

149. — Enfin, lorsque la Cour saisie d'une affaire par le renvoi qui lui en a été fait après cassation vient à être supprimée, avant d'avoir statué, celle qui l'a remplacée ne peut s'en attribuer la connaissance. Il y a lieu, en ce cas, à règlement de juges devant la Cour de cassation. — *Cass.*, 29 août 1811, Droits réunis c. Chavannes. — Selon Merlin (*Quest.*, v° *Attribution de juridiction*, § 3), il suffirait, pour établir la compétence du tribunal remplaçant, qu'il eût été investi des *mêmes* attributions que le tribunal remplacé; cependant, il paraît résulter des termes de l'arrêt qu'il faudrait que l'attribution spéciale conférée par la Cour de cassation eût été déclarée dévolue, par la loi, au tribunal remplaçant : ce qui est bien différent.

150. — Le pourvoi est recevable non-seulement après le rejet de l'exception d'incompétence en première instance, mais encore après le rejet de cette exception, par arrêt soit infirmatif, soit confirmatif. — *Cass.*, 24 vendém. an X, Ouin c. Ruau; 12 vend. an XI, Berdolle c. Pullignen; 30 juin 1807, Guenifey c. Juif. — Favard de Langlade, *Règlem. de juges*, t. 1er, p. 795, n° 4; Carré et Chauveau, quest. 1323; Merlin, *Rép.*, v° *Règlement de juges*, § 1er, n° 7; *Quest.*, t. 2, p. 369, v° *Domicile*, § 4.

151. — Jugé que le défendeur dont le déclinatoire a été rejeté peut encore, depuis le Code de proc., se pourvoir immédiatement en règlement de juges devant la Cour de cassation. — *Cass.*, 15 juill. 1812, Chabroud c. Dubourg. — V. les conclusions de Merlin rapportées dans son *Rép.*, *loc. cit.*

152. — En d'autres termes, il peut se pourvoir en règlement de juges devant la Cour de cassation sans avoir besoin de recourir à la Cour d'appel. — *Cass.*, 8 juill. 1814, Moinery et Bringeron c. Gré et Malville.

153. — ...Ou de recourir à la voie de cassation. — *Cass.* 6 avr. 1842 (t. 1er 1842, p. 702), Caisse hyp. c. Goury de Mourre.

154. — ... Et sans qu'il soit non plus nécessaire que des tribunaux différens aient été saisis du litige. — *Cass.*, 17 juill. (et non 19) 1828, Meslé c. Guiot.

155. — ... Pourvu 1° que le défendeur après le rejet du déclinatoire n'ait pas conclu au fond, ou n'ait pas appelé du jugement intervenu sur le fond. — V. *suprà*, nos 94 et 97. — *Cass.*, 14 mars 1826, Bouhée c. Catala; 26 févr. 1839 (t. 1er 1839, p. 341), Messageries Laffitte et Caillard c. Roche-Mallet.

156. — Il ne peut y avoir ouverture à la demande en règlement de juges après que la contestation est définitivement jugée au fond. — *Cass.*, 12 juill. 1814, B... c. Brésolles.

157. — ...2° Qu'il n'ait pas laissé acquérir au jugement ou à l'arrêt force de chose jugée. — *Cass.*, 30 janv. 1817, Maistre c. Baumier.

158. — On doit se reporter à la requête en règlement, pour déterminer l'effet des jugemens qui s'y rattachent; et si, à l'époque où elle a été présentée, ces jugemens n'avaient pas acquis la force de la chose jugée, il y a lieu de régler les juges qui ont à connaître du litige existant. — *Cass.*, 1er avr. 1840 (t. 1er 1840, p. 634), Seillière c. Queno.

159. — La Cour suprême ne puise son pouvoir, en pareil cas, que dans la juridiction et la suprématie que la loi lui reconnaît sur tous les corps qui composent notre organisation judiciaire; on ne doit pas recourir à elle, pour obtenir son renvoi devant l'autorité administrative. — *Cass.*, 30 mai 1827, Verac et Manara c. Cezan.

160. — ...Ou devant un tribunal étranger. — *Cass.*, 25 janv. 1825, Foster c. Ussher. — Carré et Chauveau, *eod.* — V. aussi *suprà*, n° 111.

161. — Spécialement, il a été jugé que la Cour de cassation ne peut, sur le pourvoi dirigé contre un arrêt qui a déclaré l'incompétence des tribunaux français pour statuer sur une demande en séparation de corps entre étrangers, être saisie de la question par voie de règlement de juges. Le recours par voie de règlement de juges n'est admis que lorsque deux Cours d'appel ou deux ou plusieurs tribunaux inférieurs non ressortissans à la même Cour sont saisis ou réclament la connaissance de la même affaire. — *Cass.*, 27 nov. 1822, Zaffiroff.

162. — ... Que lorsqu'un étranger plaidant avec un autre étranger a demandé le renvoi de l'affaire devant les tribunaux de leur pays et que ce déclinatoire a été rejeté, cet étranger ne peut, abandonnant la voie ordinaire de l'appel, se pourvoir en règlement de juges devant la Cour de cassation pour faire renvoyer l'affaire devant les tribunaux étrangers. — *Cass.*, 25 janv. 1825, Foster c. Ussher.

§ 3. — *Juridiction compétente pour connaître des règlemens de juges.*

163. — La compétence varie selon les circonstances; elle est attribuée tantôt aux tribunaux de première instance, tantôt aux Cours d'appel, tantôt à la Cour de cassation.

164. — En cas de conflit positif, le règlement appartient au tribunal civil si le différend est soumis à deux ou plusieurs tribunaux de paix ressortissant au même tribunal d'arrondissement. — C. proc. civ., art. 363.

165. — ... A la Cour d'appel, si ces tribunaux relèvent de tribunaux différens situés dans le même ressort. — *Ibid.*

166. — ... A la Cour de cassation, s'ils ne ressortissent pas à la même Cour d'appel. — *Ibid.*

167. — Le différend soumis à deux tribunaux civils ressortissant à la même Cour d'appel, est porté en règlement de juges devant cette Cour d'appel; si l'un d'eux n'y ressortit pas, c'est la Cour de cassation qui statue sur le règlement de juges. — *Ibid.*

168. — Jugé, en conséquence, que dans le cas d'un ordre ouvert sur le prix de la vente volontaire d'une terre située sous le ressort de plusieurs tribunaux civils relevant de la même Cour d'appel, c'est à cette Cour d'appel, à l'exclusion de la Cour de cassation, qu'il faut s'adresser pour déterminer le tribunal qui restera saisi de la poursuite. — *Cass.*, 12 avril 1808, Noailles de Poix.

169. — ... Qu'en matière d'ordre, lorsqu'il existe deux instances, l'une devant le tribunal de la situation des biens dont le prix est à distribuer, l'autre devant celui où l'adjudication a eu lieu, la Cour d'appel peut décider que l'ordre doit être poursuivi devant le tribunal de la situation des biens. — *Cass.*, 1er oct. 1825, de Brivasac c. Barineau; *Paris*, 31 mai 1826, Bauchau.

170. — C'est encore à la Cour d'appel, et non à la Cour de cassation, qu'il appartient de prononcer le renvoi sur des contestations connexes élevées devant des tribunaux civils ressortissant à la même Cour. — *Cass.*, 28 déc. 1807, Boisset.

171. — Jugé que lorsqu'un jugement d'un tribunal compétent a été à tort annulé par un décret, il appartient à la Cour d'appel du ressort d'en désigner un autre. — *Cass.*, 8 sept. 1807, Comm. de Saint-Ouen.

172. — Lorsqu'un tribunal déclare qu'il ne peut se composer, à cause de la parenté, de tel ou tel juge, c'est à la Cour d'appel, et non à la Cour de cassation, qu'il appartient de désigner un autre tribunal pour connaître de l'affaire. — *Cass.*, 8 janv. 1829, Lestre c. Hubert-Varenne.

173. — Il en est de même lorsque tous les membres d'un tribunal se sont réunis pour connaître d'une action en responsabilité dirigée, en vertu de la loi du 10 vendém. an IV, contre une commune, par le motif que la condamnation devait rejaillir sur eux comme habitans. Le demandeur doit s'adresser à la Cour d'appel contre laquelle il ne s'élève aucun motif de suspicion légitime, pour qu'elle désigne un autre tribunal de son ressort. Mais la demande en règlement de juges qu'il porterait devant la Cour de cassation devrait être déclarée non recevable. — *Cass.*, 8 mars 1842 (t. 2 1843, p. 402), de Vanoy c. Comm. de Lons-le-Saunier, Courlans et Montmorot.

174. — Pareillement lorsque, par suite de récusations, un tribunal de commerce s'abstient tout entier, l'affaire n'est pas dévolue de droit au tribunal civil d'arrondissement. — C. comm., art. 631, 632. — Dans ce cas il y a lieu de se pourvoir par voie de règlement de juges devant la Cour d'appel, à fin d'indication d'un autre tribunal. — *Colmar*, 13 avril 1837 (t. 2 1837, p. 46), Hoffer c. Paraf.

175. — En matière civile, les demandes en renvoi d'un tribunal à un autre pour cause de suspicion légitime doivent être portées à la Cour d'appel à laquelle ressortit le tribunal récusé. — *Cass.*, 9 oct. 1808, Allard la Resnière.

176. — Jugé cependant qu'un tribunal de première instance qui se trouve récusé tout entier, peut ordonner le renvoi de l'affaire devant un autre tribunal. — *Colmar*, 3 juill. 1813, Ramspacher.

177. — ... Et que lorsque le tribunal naturel des parties, qui a connu d'une contestation, ne peut plus en connaître, parce que sa décision a été annulée par le Conseil d'Etat, la Cour d'appel peut leur indiquer un autre tribunal, conformément à l'art. 363 du Code de procédure. — *Cass.*, 8 sept. 1807, Chinon de Brulon.

178. — Mais la Cour de cassation est compétente toutes les fois qu'un même différend est porté devant deux tribunaux ne ressortissant pas à la même Cour d'appel, encore que les exploits qui ont saisi ces deux tribunaux ne soient pas de la même date. — *Cass.*, 1er mars 1826, de Forceville.

179. — Spécialement : elle est compétente lorsque le déclinatoire d'une partie a été rejeté par un tribunal, alors que ce tribunal et celui qu'on prétend être compétent ressortissent à deux Cours d'appel différentes. — *Cass.*, 14 déc. 1840 (t. 2 1843, p. 428), Cosson.

180. — ... Lorsqu'une compagnie adjudicataire de fournitures pour le gouvernement, a été assignée par des sous-traitans devant des tribunaux du ressort de Cours d'appel différentes, pour être admis à prendre part aux sommes allouées par le gouvernement à cette compagnie, et l'affaire doit être renvoyée devant le tribunal. — *Cass.*, 4 juill. 1822, Leleu c. Herman et Bodart.

181. — ... Lorsqu'un jugement passé en force de chose jugée attribue à un tribunal la connaissance d'une contestation et que postérieurement un arrêt de Cour d'appel d'un ressort différent confirme un jugement rendu auparavant, et qui déclare la compétence d'un autre tribunal pour une autre demande résultant du même titre. — *Cass.*, 9 janv. 1821, Thouret c. Darras.

182. — Dans le cas où un tribunal a ordonné la conversion en vente volontaire d'une saisie immobilière poursuivie devant un autre tribunal et où une tierce opposition a été formée contre cette décision, la Cour de cassation ne peut, à ce sujet, statuer sur la demande en règlement de juges. — *Cass.*, 7 mai 1822, d'Etchegoyen c. Leray de Chaumont et de Staël.

183. — *Secùs* dans le cas où un créancier poursuit son paiement par une action hypothécaire et par une action personnelle devant le même tribunal, où les deux demandes reposent sur le même titre, et où la défense est aussi la même dans les deux instances. — *Cass.*, 14 janvier 1819, Yvonnet c. Thèse.

184. — Enfin, c'est toujours la Cour de cassa-

tion qui statue sur le conflit élevé entre une ou plusieurs Cours d'appel.

185. — Nous terminerons en faisant remarquer que la loi, pour attribuer la juridiction du conflit positif, s'est attachée aux rapports hiérarchiques des tribunaux entre eux, et nullement à la circonstance que l'un relèverait immédiatement de l'autre pour les appels de ses jugemens. — Chauveau sur Carré, quest. 1326.

186. — Par conséquent, si le conflit s'élève entre deux tribunaux de degré inégal, par exemple entre un juge de paix et un tribunal de première instance, c'est à la Cour d'appel de leur ressort qu'il appartient de le vider et non pas à la Cour de cassation. — En vain opposerait-on que la Cour d'appel n'a pas égale juridiction sur les deux tribunaux, puisque l'un d'eux seulement relève d'elle directement. N'est pas contraire l'arrêt de Rouen du 3 février 1818 (Quenouille c. Duval); car, dans l'espèce, le conflit était négatif et appartenait à la Cour suprême.

187. — Ce ne serait pas encore à la Cour de cassation, mais à la Cour d'appel que le règlement de juges devrait être déféré, si le conflit existait entre deux tribunaux du même ressort, dans une affaire non sujette à appel. — Peu importe que la décision de ces tribunaux ne soit susceptible que d'un recours en cassation. L'art. 363, en donnant juridiction à la Cour d'appel, pour trancher le conflit élevé entre deux justices de paix, ne ressortissant pas au même tribunal, indique assez que la circonstance que la décision des tribunaux ne pourrait être portée devant le tribunal du conflit est chose tout à fait indifférente en cette matière. — Carré et Chauveau, *eod.*

188. — C'est la Cour suprême qui règle le conflit négatif. — L. 1er déc. 1790; 27 vent. an VIII, art. 76.

189. — La demande en règlement de juges sur un conflit négatif entre un tribunal de paix et un tribunal de première instance situés dans le ressort de la même Cour d'appel ne doit pas être portée devant cette Cour, mais devant la Cour de cassation. — *Rouen*, 3 févr. 1818, Quenouille c. Duval et Farcy. — Carré, *Compét.*, t. 5, p. 43.

190. — Jugé, toutefois, que lorsque le tribunal civil et le tribunal de commerce du même arrondissement se sont déclarés incompétens sur une demande dont ils avaient été successivement saisis, il y a lieu à règlement de juges par la Cour d'appel à laquelle tous deux ressortissent, et non par la Cour de cassation, bien que la même demande ait été primitivement portée devant le juge de paix, qui s'était également déclaré incompétent, si, du reste, le demandeur ne se plaint point de sa décision. — *Bourges*, 4 févr. 1843 (t. 2 1843, p. 768), Pivert c. Kessler.

191. — *Rejet pour incompétence.* — L'ordonn. d'août 1737 attribue juridiction à la Cour suprême, en matière de règlement de juges, pour rejet d'incompétence.

192. — Mais cette Cour est incompétente pour connaître d'une demande en règlement de juges formée par des officiers ministériels poursuivis disciplinairement; c'est devant le ministre de la justice que cette demande doit être portée. — *Cass.*, 29 juill. 1823, Martin.

193. — Voici maintenant quelques cas exceptionnels de règlemens de juges. Il a été jugé qu'il y a lieu à règlement devant la Cour de cassation, quand la Cour devant laquelle les parties étaient en instance, a rendu son arrêt depuis que le lieu dans lequel elle siégeait a été détaché de la France. — *Cass.*, 8 avr. 1818, N.... — Conf. Chauveau sur Carré, quest. 1326 3°.

194. — ... Quand le tribunal compétent pour connaître d'une demande est détruit ou rendu inaccessible par des événemens de force majeure. — *Cass.*, 4 déc. 1821, Duvau c. Dufou; 1er avr. 1823, Regnier.

195. — ... Quand un tribunal tout entier est récusé. — *Cass.*, 9 oct. 1808, Allard; 6 déc. 1808, Boujot; 8 févr. 1811, Mignot; 12 août 1813, Torcy. — V. RÉCUSATION.

196. — *Secùs* si les juges qui ont concouru au jugement sont récusés individuellement, c'est au tribunal, et non à la Cour, à statuer sur la récusation. — *Douai*, 29 juin 1812, Courtois.

197. — Jugé, toutefois, que si, par suite de récusations, un tribunal de commerce s'abstient tout entier, l'affaire n'est pas dévolue de droit au tribunal civil d'arrondissement. Dans ce cas il y a lieu de se pourvoir par voie de règlement de juges devant la Cour d'appel, à fin d'indication d'un autre tribunal. — *Colmar*, 13 avr. 1837 (t. 2 1837, p. 46), Hoffer c. Paraf.

§ 4. — *Procédure et jugement.*

198. — *Cours d'appel, tribunaux civils.* — La demande en règlement des juges ne se porte pas directement par voie d'assignation devant le tribunal supérieur à la juridiction saisie, elle n'est pas sujette à conciliation. — Ord., art. 49, 7°.

199. — Elle est formée par requête (non grossoyée) contenant constitution d'avoué. — C. pr. civ., art. 364.

200. — On y joint les pièces justificatives de l'existence des deux instances (*eod.*).

201. — Elle est ensuite communiquée au ministère public, qui met au bas : Vu, ne s'oppose ou s'oppose. — Carré et Chauveau, quest. 1329; Pigeau, *Proc.*, p. 134; Hautefeuille. p. 196; Thomines-Desmazures, t. 1er, p. 576; Favard de Langlade, v° *Règlement de juges*, t. 4, p. 797, n° 1er; Bourbeau, t. 1er, p. 374.

202. — Dans certains tribunaux elle est lue à l'audience par l'avoué. C'est la marche indiquée par Hautefeuille, p. 196.

203. — Cependant, la requête peut être simplement remise au greffe. Nous croyons même que telle est la marche généralement suivie. — Conf. Carré et Chauveau, quest. 1328; Favard de Langlade, t. 4, p. 797, n° 1er.

204. — Dans ce cas, le président ou l'un des juges commis fait son rapport à l'audience; car le jugement doit être rendu à l'audience. — Carré et Chauveau, quest. 1327; Bourbeau, t. 1er, p. 374; *Ann. du notar.*, t. 2, p. 436; Favard de Langlade, *ubi suprà.*

205. — Le jugement intervient, alors, en la forme ordinaire, après délibéré.

206. — Il contient, s'il y a lieu, permission d'assigner en règlement et sursis aux poursuites et procédures commencées. — C. proc. civ., art. 364.

207. — *S'il y a lieu*, disons-nous. En effet, les juges ne sont pas obligés à accorder la permission. Ils doivent, au contraire, examiner le mérite de la demande, et la rejeter quand ils ont acquis la conviction ou que les deux demandes ne sont pas identiques ou qu'elles ne sont pas connexes. — Conf. Favard, v° *Règlement de juges*, t. 4, p. 797, n° 1er; Thomines-Desmazures, t. 1er, p. 576; Carré et Chauveau, quest. 1330; Bourbeau, t. 1er, p. 374. — *Contrà*, Demiau, p. 272.

208. — Il est également abandonné à leur pouvoir discrétionnaire de surseoir aux poursuites et procédures, même quand le permis d'assigner est accordé. — Pigeau, t. 1er, p. 133; *Comment.*, t. 1er, p. 637; Demiau, *eod.*; Favard de Langlade, *eod. verb.*, t. 4, p. 797, n° 2; Thomines-Desmazures, t. 1er, p. 576; Carré et Chauveau, quest. 1331; Bourbeau, *eod.*

209. — Jugé que le tribunal saisi, bien que pouvant, en présence d'une requête en règlement de juges, ordonner lui-même un sursis ne devrait le faire qu'autant qu'il n'y aurait pas urgence. — *Lyon*, 12 janv. 1825, Lavie.

210. — Si le permis est accordé, tous les actes de procédure faits postérieurement sont frappés de nullité quelle que soit l'issue de le demande en règlement. — V. *infrà*, n°s 238 et suiv., et *Paris*, 21 juin 1833, Delacourtie.

211. — Cependant, les actes conservatoires sont toujours autorisés. — *Cass.*, 7 déc. 1841 (t. 1er 1842, p. 101), Delaunoy c. Seillière.

212. — On comprend qu'une requête en règlement de juges ne peut amener la nécessité d'un sursis à toutes poursuites devant les juges différens saisis de demandes respectives, qu'autant qu'elle a été suivie d'un jugement du tribunal supérieur qui, en permettant d'assigner, a ordonné le sursis. — Dans tous les cas : le tribunal saisi, bien que pouvant, en présence d'une requête en règlement de juges, ordonner lui-même un sursis ne devrait le faire qu'autant qu'il n'y aurait pas urgence. — *Lyon*, 12 janv. 1825, Lavie.

213. — Il n'est pas nécessaire que le jugement qui accorde le permis d'assigner contienne les points de fait et de droit, ni les motifs. — Pigeau, t. 1er, p. 134; Carré et Chauveau, quest. 1332.

214. — Le demandeur signifie le jugement et assigne les parties dans un délai de quinzaine, à compter du jour où il a été rendu. — C. proc. civ., art. 365.

215. — Jugé, toutefois, que la Cour saisie peut dans certains cas autoriser à procéder sans assignation en règlement devant l'un des tribunaux, spécialement lorsqu'il existe deux instances d'ordre, l'une devant le tribunal de la situation des biens dont le prix est à distribuer, l'autre devant celui où l'adjudication a été faite, la

Cour d'appel saisie d'une demande en règlement de juges peut statuer sur le règlement sans qu'il soit besoin d'assigner au préalable si elle décide que c'est devant le tribunal de la situation des biens que l'ordre doit être poursuivi. — *Paris*, 31 mai 1826, Hartault c. Perrier.

216. — Ce délai est fatal et emporte déchéance. — C. procéd. civ., art. 366.

217. — ... Sans qu'il soit besoin de faire prononcer la déchéance. En conséquence, les poursuites peuvent être continuées devant le tribunal saisi de la contestation. — *Eod.*

218. — Seraient donc frustratoires les frais du jugement qui serait pris pour prononcer la déchéance. — Chauveau, *Tarif*, t. 1er, p. 364, n° 9.

219. — Le demandeur qui est ainsi déchu est tenu de procéder devant le tribunal saisi par son adversaire.

220. — C'est au domicile de leurs avoués que les défendeurs sont assignés. — C. proc. civ., art. 365.

221. — On ne rédige qu'un seul et même acte pour la signification du jugement et l'assignation. — *Tarif*, art. 29.

222. — Le délai de comparution est celui des ajournemens, en comptant les distances d'après le domicile respectif des avoués. — C. proc. civ., art. 365.

223. — S'il n'y a pas avoué en cause, l'exploit est remis à domicile, et les délais sont calculés d'après la distance de domicile au tribunal du règlement. — Pigeau, *Comm.*, t. 1er, p. 637; Favard de Langlade, *eod. verb.*, t. 4, p. 797; Carré et Chauveau, quest. 1333.

224. — Au surplus, le défaut n'est pris, quand il a plusieurs défendeurs assignés, qu'après l'échéance du plus long délai de comparution, conformément à l'art. 151 du C. proc. civ. — Mêmes auteurs.

225. — On peut se pourvoir par la voie d'opposition contre un jugement sur simple requête contenant règlement de juges. — *Cass.*, 14 niv. an XI, Isnard c. Enregistrement.

226. — Des écritures peuvent être signifiées de part et d'autre, car cette procédure n'a pas été rangée par la loi au nombre des matières sommaires (V. MATIÈRES SOMMAIRES). Mais, comme c'est une espèce de déclinatoire, il convient de se conformer à l'art. 75 du *Tarif* et de ne signifier que six rôles. — Carré et Chauveau, art. 366, n° CCCVI, et quest. 1334; Pigeau, t. 1er, p. 136; Locré, t. 2, p. 32; Chauveau, *Tarif*, t. 1er, p. 364, n° 10.

227. — Jugé que les matières d'ordre sont de nature à requérir célérité, et les demandes en règlement de juges peuvent, pendant les vacations, être jugées par la section criminelle de la Cour de cassation. — *Cass.*, 1er oct. 1825, de Brivasac c. Barincou.

228. — Le ministère public est entendu. — V. COMMUNICATION AU MINISTÈRE PUBLIC.

229. — Le demandeur qui succombe peut être condamné aux dommages-intérêts envers les autres parties. — C. proc. civ., art. 367.

230. — S'il est laissé à la prudence des juges d'accorder des dommages-intérêts aux parties qui ont eu à souffrir de l'instance en règlement de juges, il n'en est pas de même des dépens, qui doivent, dans tous les cas, être mis à la charge du demandeur qui succombe. — Carré, quest. 1335; Favard de Langlade, *eod. verb.*, t. 4, p. 798; Pigeau, *Comm.*, t. 1er, p. 639; Chauveau, *Tarif*, t. 1er, p. 364. — *Contrà*, Lepage, quest. 238.

231. — Mais, en cas d'admission de la demande, et si le défendeur n'a pas soulevé de mauvaises contestations, les dépens peuvent être réservés. — Mêmes auteurs.

232. — Décidé que c'est le cas de compenser les dépens si les parties ont, de concert, demandé le règlement de juges, ou si la partie défenderesse y a acquiescé. — *Cass.*, 1er oct. 1825, de Brivasac c. Barincou.

233. — Le jugement d'un tribunal de première instance n'est pas susceptible d'appel, en pareille matière, mais de recours en cassation. La raison en est que c'est l'œuvre d'un tribunal souverain dans son ressort, faisant acte d'administration plutôt que de juridiction. — Bourbeau, t. 1er, p. 382.

234. — *Cour de cassation.* — La procédure n'est pas la même devant la Cour de cassation que devant les autres tribunaux. On observe les dispositions de l'ordonnance d'août 1737 (tit. 2) et la loi du 7 sept. 1790, art. 20 et 21, c'est-à-dire que la demande est formée par requête tendant à obtenir la permission d'assigner, et contenant constitution d'un avocat au Conseil.

235. — On ne consigne pas d'amende, le de-

mandeur qui succombe n'en étant pas passible. — Ord., tit. 2, art. 28.

236. — La requête est renvoyée à un rapporteur qui fait son rapport à la chambre des requêtes.

237. — Le ministère public est entendu.

228. — S'il n'y a lieu à règlement de juges, la requête est rejetée. Sinon la Cour rend un arrêt de soit-communiqué, et il est sursis à toutes poursuites et procédures devant les tribunaux saisis de la cause (ord., art. 8), sous peine de nullité et de cassation des procédures qui seraient faites au mépris de la signification de l'arrêt. — Ord., art. 14.

239. — Jugé que lorsque la Cour de cassation, saisie d'une demande en règlement de juges, a rendu un arrêt de soit-communiqué, toutes choses demeurant en l'état, il doit être sursis à toutes poursuites ou procédures autres que les actes purement conservatoires. — En conséquence, le délai de l'appel ne court point à l'égard des jugemens qui ont donné lieu au pourvoi en règlement jusqu'à l'arrêt définitif de la Cour de cassation. — Cass., 5 mai 1842, Levi c. Enzminger; Paris, 21 juin 1833, Delacourtie; Cass., 7 déc. 1841 (L. 1er 1842, p. 101), Delaunoy c. Sellière.

240. — ... Que l'arrêt de la Cour supérieure suspend l'exécution de l'arrêt rendu postérieurement en Cour d'appel, et qui confirme le jugement attaqué. — Paris, 21 juin 1833, Delacourtie.

241. — Plus spécialement l'avoué qui a obtenu par l'arrêt postérieur la distraction des dépens ne peut, en vertu d'un exécutoire, exercer des poursuites contre la partie condamnée, nonobstant l'arrêt de surséance. — Même arrêt.

242. — ... Que les procédures faites et les jugemens obtenus postérieurement à la signification de l'arrêt sont nuls. — Cass., 6 mai 1842, de Brancas c. de Sinetti.

243. — Et cela encore bien qu'ils aient été rendus dans l'ignorance de l'arrêt de sursis. — Cass., 6 mai 1842, c. Enzminger; 30 mai 1849 (L. 2 1849, p. 164), Collier et Duparquet c. Mounier.

244. — ... Et que si des tiers interviennent devant l'un des tribunaux saisis et y forment une demande identique à celle de l'une des parties principales, cette intervention reste sous l'influence de la demeure en l'état. — Cass., 7 avril 1835, Ouvrard c. Tourlon et d'Hénard.

245. — Des délais pour la signification de l'arrêt sont imparti par l'ordonnance précitée. Ils sont de deux mois à l'égard des parties domiciliées dans le ressort des anciens Parlemens de Languedoc, Pau, Guyenne, Aix, Grenoble, Besançon, Metz et Bretagne, ou conseils supérieurs de Roussillon et d'Alsace. Ils sont d'un mois pour les parties domiciliées dans le ressort des ex-Parlemens de Paris, Rouen, Dijon, Douai et le conseil d'Artois. Les parties domiciliées à Paris ou dans les dix lieues à la ronde n'ont qu'un délai de quinzaine. — Ord., art. 91.

246. — Jugé que le délai de deux mois fixé par l'ordonnance d'août 1737, pour la signification d'un arrêt de soit communiqué, rendu sur une demande en règlement de juges, doit être compté d'après le domicile réel de la partie défenderesse quel que soit le lieu où la notification lui a été faite parlant à sa personne. — Cass., 14 janv. 1819, Yvonnet c. Thèse. — Carré, Lois proc., n° 4833.

247. — Tous ces délais courent du jour de l'arrêt.

248. — A défaut par le demandeur de faire cette signification dans les délais, il est déchu de plein droit du bénéfice de l'arrêt et les poursuites peuvent être continuées contre lui. — Cass., 14 mai 1807, Delamarre c. Carpentier.

249. — Cette déchéance n'est applicable, est-il besoin de l'exprimer, qu'au cas d'un conflit positif, car en cas de conflit négatif il n'y a pas de poursuites suspendues et le demandeur ne peut être soupçonné de retarder à dessein la solution du litige. Il y aurait déni de justice, s'il en était autrement. — Thomines-Desmazures, t. 1er, n° 577; Chauveau sur Carré, quest. 1333 bis.

250. — Quand la partie à qui l'arrêt de soit-communiqué doit être signifié a changé plusieurs fois de domicile depuis la contestation qui a eu lieu devant les tribunaux, celui qui a obtenu cet arrêt peut le faire signifier au domicile indiqué dans les qualités non contestées d'un jugement rendu entre les mêmes parties à une époque rapprochée de la demande en règlement. — Cass., 14 janv. 1819, Yvonnet c. Thèse.

251. — La signification de l'arrêt tient lieu d'assignation aux parties. — Ord., art. 12.

252. — Les art. 6 et 7 du titre 2 de l'ordonnance du mois d'août 1737, concernant les évocations et les règlemens de juges, ne doivent pas, dans l'état actuel de l'organisation et du mode de procéder de la Cour de cassation, être observés rigoureusement à peine de nullité. — Cass., 17 avr. 1843 (L. 1er 1843, p. 551), Aulagnier et Robert c. Dupuis.

253. — En conséquence, il est suffisamment satisfait au prescrit de ces deux articles si, d'une part, la signification faite au défendeur de l'arrêt de soit-communiqué renferme élection de domicile au cabinet de l'avocat chargé de la défense des demandeurs en règlement de juges, et si, d'autre part, l'arrêt signifié renferme dans ses qualités l'analyse de la copie de toutes les pièces employées à l'appui de la demande. — Même arrêt.

254. — Les défendeurs doivent donc se présenter devant la chambre des requêtes dans le délai qui a été indiqué par l'arrêt. — L. 27 vent. an VIII, art. 60.

255. — Au surplus, ils ne sont pas obligés d'attendre la signification en question, ils ont la faculté de comparaître avec l'avocat constitué par le demandeur, et cela in limine litis.

256. — Le défaut est pris dans les formes ordinaires. — V. CASSATION.

257. — L'affaire est toujours instruite comme matière sommaire. — Ord., art. 18.

258. — Lorsque la question est pendante devant deux tribunaux ne ressortissant pas à la même Cour d'appel, et que ces deux tribunaux se sont déclarés compétens, l'instance en règlement de juges devant la Cour de cassation ne peut être entravée par la circonstance que les adversaires des demandeurs en règlement auraient continué de procéder soit devant les tribunaux saisis, soit devant les Cours dans le ressort desquelles se trouvent ces tribunaux. — Cass., 27 décembre 1843 (L. 1er 1844, p. 400), Hyncelin et Dugast c. d'Aigueaux, Hutteau d'Origny et Lavillaurnoy.

259. — Des créanciers inscrits sont recevables à intervenir devant la Cour de cassation sur une demande en règlement de juges, ayant pour objet de fixer le tribunal devant lequel l'immeuble hypothéqué par d'autres créanciers ont saisi immobilièrement sera vendu. — Cass., 25 avr. 1832, Beslan.

260. — L'adjudicataire d'un immeuble a encore droit d'intervenir devant la Cour de cassation dans une instance en règlement de juges qui aurait pour effet d'annuler son adjudication, si elle était accueillie. — Cass., 9 janv. 1834, Reyel-Ferrière, Cluzel et Martel c. Juteau.

§ 5.— *Renvoi.*

261. — Dans le cas d'un conflit positif entre deux tribunaux dont un seul est compétent, c'est évidemment devant ce dernier que la procédure doit être renvoyée. — Au surplus, v° COMPÉTENCE.

262. — Les deux tribunaux saisis étaient-ils compétens; s'il y a ltispendance, c'est la priorité de la date entre les deux demandes qui doit déterminer le tribunal auquel la procédure sera renvoyée. — Art. 171. — V. EXCEPTIONS.

263. — Supposons qu'une des l'une des demandes ait été portée devant le tribunal civil et l'autre en appel, c'est au tribunal supérieur que la cause sera renvoyée. — Bourbeau, t. 1er, p. 380.

264. — Le principe ne change pas si le conflit est motivé par la connexité. Toutefois, il doit se plier à certaines exigences. — Bourbeau, eod.

265. — Ainsi, par exemple, c'est devant le tribunal saisi de la demande d'un intérêt majeur que la cause doit être renvoyée, quelle que soit la demande première en date. — Cass., 21 juin 1820, Goldschmidt c. Martin et Puech; 18 avr. 1842 (L. 2 1842, p. 358), Chagot c. De la Chaise et Schneider. — V. EXCEPTIONS.

266. — La Cour de cassation doit, en statuant sur la demande en règlement de juges, renvoyer devant un troisième tribunal qui n'a pas encore connu de l'affaire, s'il s'agit d'une demande en règlement de juges formée sur un conflit élevé entre deux tribunaux ressortissant à différentes cours et si ces tribunaux malgré leur incompétence ont néanmoins prononcé par défaut sur le fond. — Cass., 20 mai 1846, Mousnier.

267. — Lorsque deux tribunaux ressortissant à deux Cours d'appel différentes ont respectivement déclaré la faillite d'une société de commerce, la Cour de cassation, statuant par voie de règlement de juges, doit renvoyer la suite des opérations devant le tribunal du lieu où se trouve

le principal établissement de la société. — Cass., 8 avr. 1840 (L. 2 1840, p. 93), des Essarts c. Jeantin; 18 août 1841 (L. 1er 1843, p. 473), Maugendre c. Renaldis et Cortès; 7 déc. 1841 (L. 1er 1843, p. 474), Lantelme c. Chapellier et Mordstadt; 29 nov. 1842 (L. 1er 1843, p. 473), Bigant et Jouve c. Jonquoy et Vieux; 17 avr. 1843 (L. 1er 1843, p. 551), Aulagnier et Robert c. Dupuis.

268. — Il en est ainsi, alors même que ce principal établissement serait situé dans une colonie française où la loi n'est pas la même que sur le continent : les parties qui ont traité avec ladite maison de commerce ayant su que le règlement de leurs droits serait fait par les juges de leurs débiteurs. — Cass., arrêt cité du 18 août 1841. — V. FAILLITE.

269. — Des créanciers ne peuvent être forcés de procéder devant plusieurs tribunaux différens pour la distribution du prix d'objets saisis et vendus dans divers arrondissements. C'est le tribunal dans le ressort duquel les faillis ont eu leur principal établissement qui doit connaître de la distribution des deniers saisis et du prix des ventes mobilières faites sur eux. — Cass., 3 fructid. an XIII, Gombeau.

270. — Dans le cas d'un conflit négatif, lorsqu'un tribunal a reconnu sa compétence et que l'arrêt de la Cour sur l'appel lui a mal à propos refusé le droit de juger; on peut lui renvoyer la connaissance de la cause, car il n'aura pas à se courber sous le joug d'une décision contraire à son opinion. — Bourbeau, t. 1er, p. 381.

271. — Mais le renvoi pourrait-il être fait au tribunal qui aurait à tort proclamé son incompétence? M. Bourbeau (eod.) adopte l'affirmative.

272. — Lorsqu'un tribunal s'est déclaré incompétent et que le juge auquel la demande a été renvoyée s'est aussi déclaré incompétent, le premier tribunal ne peut être saisi que par un règlement de juges. — Rouen, 3 févr. 1848, Quenouille c. Duval et Farcy.

273. — Lorsque, par suite de récusation, un tribunal de commerce s'est abstenu tout entier, le renvoi doit être ordonné devant le tribunal de commerce le plus voisin. — Colmar, 13 avr. 1837 (L. 2 1837, p. 46), Hoffer c. Paruf.

RÈGLEMENT DE JUGES (Matière criminelle).

Table alphabétique.

RÈGLEMENT DE JUGES (mat. crim.). — 1. — La matière des règlemens de juges en matière criminelle, régie autrefois par l'ordonnance d'août 1737, l'est aujourd'hui par le chapitre 1er, tit. 5, sect. 2 du Code d'instruction criminelle.

2. — Sous l'ordonnance, toutes les demandes en règlement de juges étaient portées devant le Conseil du roi, en matière criminelle comme en matière civile, et n'étaient recevables que quand une même contestation se trouvait soumise à deux Cours souveraines ou bien à deux tribunaux inférieurs, indépendans l'un de l'autre, ne ressortissant pas à la même Cour. — La loi du 27 novembre 1790 attribua à la Cour de cassation toutes les demandes en règlement de juges, et cette disposition fut confirmée par la constitution de l'an III, par celle de l'an VIII et par la loi du 27 ventôse an VIII.

3. — Toutefois le Code d'instruction criminelle n'a, de même que le Code de procédure, attribué à la Cour suprême que la connaissance des règlemens ayant pour objet de déterminer la Cour ou même le tribunal, quand le conflit s'élève entre tribunaux ressortissant à des Cours ou des tribunaux différens, qui doit connaître du litige. — Dans les autres cas, ce sont les Cours d'appel ou les tribunaux de première instance qui prononcent. —Art. 526, 527, 540 et 541.

4. — Enfin, en matière criminelle ce n'est point la chambre des requêtes; mais la chambre criminelle de la Cour suprême qui doit être saisie du règlement.

§ 1er. — *Cas dans lesquels il y a lieu à règlement de juges* (no 5).
§ 2. — *Devant quel tribunal est porté le règlement de juges* (no 146).
§ 3. — *Procédure et jugement* (no 188).
§ 4. — *Renvoi* (no 243).

—

§ 1er. — *Cas dans lesquels il y a lieu à règlement de juges.*

5. — Il y a lieu à règlement de juges en matière criminelle, lorsqu'il s'agit de décider quel est le juge qui doit connaître d'une poursuite portée devant des juges différens.

6. — Il peut encore y avoir lieu à règlement de juges 1o lorsqu'un tribunal tout entier est récusé.

7. — C'est ainsi qu'il a été jugé que lorsque le juge d'instruction et les autres juges d'un tribunal se sont récusés en tel nombre qu'il est impossible de le composer légalement, il y a lieu, par la Cour de cassation, de renvoyer la poursuite devant le juge d'instruction d'un autre tribunal. — *Cass.*, 30 mai 1828, Guébin.

8.—Et que. lorsque tous les juges d'un tribunal correctionnel, à l'exception d'un seul, se sont récusés ou sont absens et qu'il est impossible de le compléter, il appartient à la Cour de cassation de renvoyer la cause devant un autre tribunal, par voie de règlement de juges. — *Cass.*, 18 avril 1828, habitans de Die. — V., au surplus, RÉCUSATION.

9. — ... 2o Lorsque le tribunal saisi a été supprimé ou ne fait plus partie du territoire.

10.—Jugé en conséquence, qu'il y a lieu à règlement de juges lorsque le tribunal qui était saisi par un renvoi de la Cour de cassation vient à être supprimé avant d'avoir statué définitivement sur le procès. — Ni le tribunal qui a été institué en remplacement, ni aucun autre ne peut s'attribuer de sa propre autorité la connaissance de l'affaire. — *Cass.*, 29 août 1811, Chavannes. — Merlin, *Quest. de droit*, vo *Attribution de juridiction*, § 3.

11. — ... 3o Enfin quand le tribunal saisi cesse de faire partie du territoire.

12. — C'est ce qui arrive lorsqu'il s'agit de procéder à la reconnaissance de l'identité d'un condamné évadé et repris, ou si la Cour qui a prononcé la condamnation ne fait plus partie de la France. — *Cass.*, 13 mars 1834, Henno.

13. — Mais le cas le plus ordinaire de règlement de juges est, ainsi que nous l'avons dit, celui qui est motivé par un conflit. — On distingue au criminel, comme au civil, deux sortes de conflit : le conflit positif, quand deux ou plusieurs tribunaux retiennent simultanément la connaissance de deux demandes identiques ou connexes; le conflit négatif, lorsque deux ou plusieurs tribunaux refusent de connaître d'une même affaire.

14. — Ainsi, les conflits négatifs rentrent tout aussi bien que les conflits positifs dans les dispositions de la loi, quoique les art. 526 et 527 C. d'instr. crimin. portent que pour qu'il y ait lieu à règlement de juges, il faut que les cours, tribunaux et juges soient saisis d'une même demande ou de demandes connexes. Cette expression ne doit pas être prise dans un sens absolu. — Carnot, t. 3, p. 435.

15. — On a vu qu'en matière civile le règlement de juges était admis pour le rejet d'un moyen d'incompétence, en vertu des art. 19 et 20 du tit. 2 de l'ordonn. d'août 1737. L'art. 539 C. d'instr. crimin. s'oppose aujourd'hui à ce règlement. « Lorsque le prévenu ou l'accusé, dispose cet article, l'officier chargé du ministère public ou la partie civile aura excipé de l'incompétence d'un tribunal de première instance ou d'un juge d'instruction, ou proposé un déclinatoire, soit que l'exception soit admise ou rejetée, nul ne pourra recourir à la Cour de cassation pour être réglé de juges; sauf à se pourvoir devant la Cour d'appel contre la décision portée par le tribunal de première instance ou le juge d'instruction, et à se pourvoir en cassation, s'il y a lieu, contre l'arrêt rendu par la Cour d'appel. »

16. — Il n'est pas nécessaire de recourir à un règlement de juges quand on peut arriver au même résultat par un pourvoi en cassation. — *Cass.*, 9 pluv. an X, May.

17. — Aux termes de l'art. 526 C. instr. crim., il y a lieu à règlement de juges devant la Cour de cassation lorsque des Cours, tribunaux ne ressortissant pas, les uns aux autres, sont saisis de la connaissance du même délit ou de délits connexes, ou de la même contravention.

18. — Il y a encore lieu à règlement de juges par la Cour de cassation, lorsqu'un tribunal militaire ou maritime, ou un officier de police militaire ou maritime, ou un officier de police militaire, ou tout autre tribunal d'exception, d'une part, une Cour d'appel ou d'assises, un tribunal jugeant correctionnellement, un tribunal de police ou un juge d'instruction, d'autre part, sont saisis de la connaissance du même délit ou de délits connexes, ou de la même contravention. — C. instr. crimin., art. 527.

19. — Enfin, l'art. 540 porte que lorsque deux juges d'instruction ou deux tribunaux de première instance établis dans le ressort de la même Cour d'appel seront saisis de la connaissance du même délit ou de délits connexes, les parties seront réglées de juges par cette Cour, suivant la forme prescrite par les articles précédens, sauf le recours, s'il y a lieu, à la Cour de cassation.

20. — ... Et que lorsque deux tribunaux de police seront saisis de la connaissance de la même contravention ou de contraventions connexes, les parties seront réglées de juges par le tribunal auquel ils ressortissent l'un et l'autre; et que s'ils ressortissent à différens tribunaux, elles seront réglées par la Cour d'appel : sauf le recours, s'il y a lieu, à la Cour de cassation. — *Ibid.*

21. — La première condition du conflit positif est l'existence de deux mêmes demandes connexes devant deux ou plusieurs juridictions.

22. — ... Mais les décisions d'un même tribunal ne peuvent donner ouverture à un règlement de juges. Les parties ont la voie de l'appel ou du recours en cassation.

23. — Les art. 526 et 527 semblent, au premier abord, exiger, pour qu'il y ait conflit, que les deux tribunaux ne ressortissent pas l'un à l'autre; mais ces expressions *ne ressortissant pas les uns aux autres* ne doivent pas faire loi, et il est admis que la voie du règlement de juges est ouverte tout aussi bien quand les tribunaux saisis ressortissent que lorsqu'ils ne ressortissent pas entre eux : car elle n'est pas moins indispensable dans un cas que dans l'autre.

24. — Ainsi, par exemple, il peut y avoir lieu à un règlement de juges entre une chambre des mises en accusation et un tribunal correctionnel, entre un tribunal de simple police et un tribunal correctionnel, ou bien encore entre deux tribunaux correctionnels dont l'un relèverait de l'autre pour l'appel. — Bourguignon, art. 526; Legraverend, t. 2, p. 472; Morin, vo *Règlement de juges*; Favard de Langlade, *eod. verb.*, sect. 2, § 1er, no 2. — V. *infrà* nos 60 et suiv. — Cependant, Carnot (t. 3, p. 436) estime que si le tribunal supérieur et celui qui lui ressortit se trouvent simultanément saisis d'une affaire qui rentre dans leurs attributions, le tribunal supérieur doit conserver la connaissance de l'affaire, et qu'il n'y a lieu à règlement de juges.

25. — Dans aucun cas, les conclusions du ministère public ne peuvent établir un conflit de juridiction. — *Cass.*, 17 vent. an IX, Stock et Beaumenu. — Carnot (t. 3, p. 439, no 9) dit, avec raison, que le ministère public a bien le droit de requérir le renvoi de l'affaire pour cause d'incompétence, mais que c'est au tribunal saisi à

statuer : sauf au ministère public à attaquer le jugement par les voies de droit.

26. — Mais, lorsque le ministère public acquiesce à un jugement correctionnel ; la Cour d'appel, saisie sur l'appel du condamné, ne peut pas se déclarer incompétente, sous prétexte que le fait imputé constitue un crime. Dans ce cas il y a lieu à règlement de juges. — *Cass.*, 30 mars 1837 (t. 1er 1838, p. 116), Anglès.

27. — Nul doute encore que sur l'exception d'incompétence un tribunal ne pourrait pas renvoyer les parties à se pourvoir en règlement de juges, sans avoir au préalable statué sur sa compétence. — Même arrêt.

28. — Le procureur de la République ne pouvant, à défaut de commissaire de police, et en cas d'empêchement ou de refus dûment donné de l'adjoint, déléguer un conseiller municipal pour remplir les fonctions de ministère public près le tribunal de police du chef-lieu de canton, le défaut de ministère public, comme celui de juges, doit, en pareille circonstance, être assimilé au cas de conflit ou de suspicion légitime ; et il y a lieu, dès lors, à règlement de juges par la Cour de cassation. — Néanmoins, ce règlement de juges doit être restreint aux contraventions qui ont motivé les poursuites à raison desquelles il y a lieu ; et ne peut s'étendre aux procès-verbaux non suivis de citations, lesquels n'ont saisi aucune juridiction. — *Cass.*, 13 nov. 1841 (t. 1er 1842, p. 662), Duroussel.

29. — Il n'est pas nécessaire que les deux tribunaux aient statué sur leur compétence et retenu chacun la connaissance du litige. Il suffit que les demandes aient été formées, parce qu'on redoute la contrariété des jugemens. Ce principe gouverne le criminel comme le civil.

30. — Mais, si le déclinatoire a été proposé et admis par l'un des tribunaux ; le conflit positif disparaît, et la voie du règlement de juges est fermée. — Carnot, t. 3, p. 436.

31. — Le déclinatoire a-t-il, au contraire, été rejeté, on peut se pourvoir en règlement de juges ou interjeter appel du jugement. — V. ce qui a été dit à cet égard en matière civile, nos 133 et suiv.

32. — Dans ce cas si le jugement acquérait force de chose jugée, le pourvoi ne serait plus recevable. — *Ibid.*

33. — En matière criminelle, comme au civil, la loi n'autorise les parties déboutées d'un déclinatoire à se pourvoir en règlement de juges qu'autant qu'il n'a été statué que sur le déclinatoire ; elles sont surtout non recevables lorsqu'elles ont laissé passer les délais du recours en cassation contre le jugement qui a prononcé sur le fond. — *Cass.*, 21 vent. an XIII, Meulant.

34. — Jugé encore qu'on ne peut, par voie de règlement de juges, faire réformer un jugement qui par l'expiration des délais fixés pour le recours dont il était passible, est passé en force de chose jugée. — *Cass.*, 12 pluv. an XIII, Brisoux et Belleville.

35. — Le demandeur peut, comme le défendeur, se pourvoir par la voie du règlement de juges, quand le conflit est négatif.

36. — Jugé qu'il y a lieu à règlement de juges, lorsque le même délit a donné lieu à un jugement de condamnation prononcé par le conseil de guerre et à une ordonnance de renvoi en police correctionnelle par la chambre du conseil. — *Cass.*, 29 avr. 1836, Reiners.

37. — ... Lorsque deux juges d'instruction établis dans le ressort de deux cours d'appel différentes sont saisis simultanément de la connaissance du même délit ou de délits connexes. — Dans ce cas, l'affaire doit être renvoyée devant celui des deux juges d'instruction qui, d'après les circonstances de la cause, pourra l'instruire avec plus de facilité, de promptitude et d'économie, et qui a le premier décerné des mandats contre les prévenus. — *Cass.*, 25 avril 1828, Magni.

38. — ... Lorsque plusieurs individus ayant été arrêtés comme prévenus du crime de fabrication de billets de caisse d'un gouvernement étranger, une instruction a été commencée contre eux, et que d'autres sont poursuivis ailleurs sous les mêmes préventions comme complices des premiers, sans que les juges chargés de l'instruction ressortissent l'un à l'autre. — Dans ce cas, il y a lieu à renvoyer la connaissance entière de l'affaire à celui des deux juges d'instruction par lequel, à raison du voisinage du pays étranger où s'est faite la principale distribution des faux billets, il sera plus facile, plus prompt et plus économique pour le Trésor de faire continuer et compléter les enquêtes, surtout si ce juge est celui qui le premier a décerné des mandats. — *Cass.*, 17 janv. 1828, Samuel d'Alsace.

39. — ... Lorsqu'une instruction criminelle étant suivie devant un tribunal, une commission rogatoire a été renvoyée à un autre tribunal ; mais que ce dernier au lieu d'adresser au premier les pièces de l'instruction faite sur la commission reçue, statue au fond et déclare, quant à présent, n'y avoir lieu à suivre contre le prévenu. — Il résulte de cette décision, quel qu'en soit le vice, que deux juges d'instruction sont simultanément saisis du même délit, et que si ces deux juges d'instruction ressortissent à la même Cour d'appel il y a lieu à règlement de juges par cette Cour et que le prévenu a qualité pour poursuivre ledit règlement. — *Cass.*, 1er oct. 1847 (t. 2 1849, p. 520), Boitat.

40. — Le prévenu ne peut être déclaré non recevable dans sa demande en règlement, sous le prétexte que le tribunal n'avait pris connaissance que d'un acte d'instruction se rattachant à l'instruction suivie devant le premier. — Même arrêt.

41. — .... Lorsque, par des ordonnances de la chambre du conseil passées en force de chose jugée, deux tribunaux de police correctionnelle se trouvent saisis de la même affaire. — En ce cas, et quoique les deux tribunaux soient également compétens, il convient de renvoyer le jugement de l'affaire au tribunal du lieu du délit, si les preuves peuvent y être réunies plus facilement et sans déplacer les témoins. — *Cass.*, 7 janv. 1830, Martin.

42. — ... Lorsqu'un conseil de guerre, s'appropriant illégalement une juridiction dévolue à la Cour d'assises, s'est permis de procéder au jugement d'un accusé condamné par contumace par la Cour d'assises, car sa décision ne peut détruire l'attribution précédemment conférée à cette Cour, et n'est point un obstacle à l'exercice de cette attribution. — *Cass.*, 21 sept. 1815, Delatre.

43. — Le fait par des marins d'avoir soustrait frauduleusement une partie de la cargaison du navire sur lequel ils étaient employés, d'avoir ultérieurement causé la destruction de ce navire et porté un faux témoignage, sont des crimes connexes, bien que commis en différens temps et en divers lieux, alors qu'ils ont été le résultat d'un concert formé à l'avance. — En conséquence, si plusieurs Cours d'assises ont été saisies de ces différens faits, il y a lieu, pour la Cour de cassation d'ordonner, par forme de règlement de juges, la jonction des affaires et le renvoi devant une seule Cour d'assises. — *Cass.*, 6 avr. 1837 (t. 2 1840, p. 26), Courpron et Desbordes.

44. — Le conflit négatif ne peut résulter que de décisions passées en force de chose jugée sur la compétence.

45. — Il est évident qu'un jugement frappé d'appel, ou seulement susceptible d'appel, ne peut servir à le constituer, le règlement de juges est une voie extraordinaire à laquelle on ne doit recourir qu'à défaut de voies ordinaires.

46. — Jugé, par suite, que le pourvoi en règlement de juges n'est pas recevable lorsque l'un des deux jugemens d'où l'on fait résulter un conflit négatif de la juridiction, n'a pas acquis l'autorité de la chose jugée au moyen de l'appel qui en a été émis. — *Cass.*, 13 déc. 1816, Claude Déat ; 9 sept. 1831, Peyrachon.

47. — ... Mais qu'au contraire il doit être admis si la chambre du conseil, par ordonnance devenue définitive, a renvoyé un prévenu devant le tribunal correctionnel, et que ce tribunal s'est, par un jugement passé en force de chose jugée, déclaré incompétent en se fondant sur ce que le fait imputé au prévenu a le caractère d'un délit politique dont la connaissance appartient exclusivement à la Cour d'assises. — *Cass.*, 28 janv. 1844 (t. 1er 1847, p. 74), Farce.

48. — Il ne suffit pas que les dix jours accordés au procureur de la République, pour appeler en matière correctionnelle, soient écoulés, pour qu'il puisse former une demande en règlement de juges : cette demande n'est recevable qu'autant que le délai de deux mois accordé au procureur général est expiré ou que ce magistrat a renoncé à appeler — *Cass.*, 28 sept. 1827, Lefrançois.

49. — Nous avons dit que les jugemens devaient avoir acquis force de chose jugée *sur la compétence* ; mais si l'un d'eux avait statué au fond, il ne resterait plus aux parties que la voie de l'appel ou de la cassation : car on ne peut, par voie de règlement de juges, faire réformer un jugement qui par l'expiration des délais fixés pour le recours dont il était passible, est passé en force de chose jugée. — *Cass.*, 12 pluv. an XIII, Brizoux et Belleville ; 17 juill. 1823, *le Courrier français* et *le Pilote*.

50. — La loi n'exige pas que les demandes aient été *simultanément* portées devant deux tribunaux différens. Il suffit, au contraire, que deux ou plusieurs tribunaux aient été tour à tour saisis, et que l'un et l'autre se soient successivement déclarés incompétens.

51. — Dans cette conjoncture les parties n'ayant pas de juges, une juridiction supérieure doit leur en donner et faire cesser le déni de justice ; car le règlement du conflit négatif suppose toujours que l'un des tribunaux saisis a méconnu sa compétence.

52. — Mais il n'y a lieu à statuer par voie de règlement de juges sur la plainte dirigée contre un juge d'instruction que le procureur général n'a pas poursuivi devant la Cour d'appel, alors même qu'une chambre d'accusation se serait déclarée incompétente pour connaître de la plainte. — *Cass.*, 4 août 1827, P....

53. — ... Ou lorsqu'un juge d'instruction s'est refusé à faire des actes qui lui avaient été illégalement délégués par un autre juge d'instruction. — *Douai*, 24 juill. 835, Deschamps.

54. — On comprend que lorsque l'acte de la chambre du conseil, qui est présenté comme élevant, avec une autre décision, un conflit négatif, ne présente pas les caractères d'une ordonnance de compétence, il n'y a pas lieu à règlement de juges par la Cour de cassation. — *Cass.*, 30 mai 1828, Bruc.

55. — ... Et qu'il ne peut pas y avoir lieu à règlement de juges entre deux chambres de la même Cour. — *Cass.*, 17 juill. 1823, *le Courrier français* et *le Pilote*. — Cette proposition est applicable au cas seulement où ces deux chambres sont appelées à statuer en la même qualité, et non pas au cas où la chambre correctionnelle a déclaré la juridiction correctionnelle incompétente pour connaître d'une affaire qui lui avait été renvoyée par la chambre des mises en accusation. — *Cass.*, 4 juill. 1823, Masloux.

56. — Le règlement de juges deviendrait inutile si le délit ou le crime se trouvaient prescrits depuis que l'incompétence a été proclamée.

57. — Décidé par suite que lorsque le tribuna correctionnel et le tribunal de police se sont successivement déclarés incompétens pour connaître d'un fait qui ne constitue qu'une simple contravention il n'y a pas lieu, par la Cour de cassation, de statuer sur la demande en règlement de juges introduite par le ministère public, si, plus d'une année s'étant écoulée depuis le jour de la contravention jusqu'à celui où la Cour de cassation se prononce sur ce règlement, la prescription se trouve acquise en faveur du prévenu. — *Cass.*, 13 juill. 1833, Hélis.

58. — Dès lors que les deux décisions établissant le conflit sont passées en force de chose jugée, peu importe qu'elles émanent de deux tribunaux qui ne sont pas égaux en juridiction. Et, par exemple, il y a lieu à règlement de juges lorsqu'un tribunal de police s'est déclaré incompétent pour connaître d'une affaire qui lui a été renvoyée par la chambre du conseil. — *Cass.*, 14 mars 1816, habitans de Beaune ; 7 oct. 1828, Tribouley. — V. *suprà*, no 24.

59. — ... Ou bien encore lorsqu'un tribunal correctionnel s'est déclaré incompétent pour connaître d'une affaire qui lui a été renvoyée par la Chambre des mises en accusation. — *Cass.*, 9 oct. 1812, Raoul Riffaut ; 7 nov. 1812, Dellaca ; 25 févr. 1813, Persiani ; 2 sept. 1813, Bartas ; 14 déc. 1820, Rippert ; 31 janv. 1822, Henon ; 4 mai 1822, Schwanger ; 25 mai 1827, Paita ; 5 sept. 1828, Payneau ; 30 juill. 1829, Pivert ; 26 déc. 1829, Mergant ; 3 sept. 1830, Parthenay ; 18 août 1831, Passicousset ; 2 avril 1835, Dairon ; 17 sept. 1835, Abauhet et Guen.

60. — Nous avons dit, en citant les auteurs (V. no 24), que, malgré ces mots des art. 526 et 527 *ne ressortissant pas les uns aux autres*, on admettait le règlement de juges entre deux tribunaux dont l'un ressortit à l'autre.

61. — Il a été jugé en conformité de ces principes que le règlement de juges est autorisé quand il existe un conflit négatif entre un tribunal de simple police et le tribunal correctionnel du même arrondissement. — *Cass.*, 13 sept. 1814, Baltazar ; 15 janv. 1825, Gayraud.

62. — Il a été jugé qu'il y a conflit négatif : 1o lorsque deux juges d'instruction également compétens ont été dessaisis d'une affaire par ordonnance de la chambre du conseil. — *Cass.*, 13 mars 1812, Levavasseur.

63. — ... 2o Lorsque le juge d'instruction où siége la Cour d'assises s'est déclaré incompétent pour informer sur un fait nouveau, révélé aux débats, à la charge d'un accusé condamné, et dont le renvoi lui avait été fait à tort, par le président de cette cour, en vertu de l'art. 361 C. instr. crim. — *Cass.*, 29 févr. 1828, Desmons.

64. — ... Au cas où une cour d'appel trouvant dans un fait qualifié délit par un jugement de police correctionnelle, les élémens d'un crime, a renvoyé le prévenu devant le juge d'instruction compétent, si d'ailleurs ce juge n'a pas épuisé sa juridiction et s'il n'a élevé aucun conflit. — *Cass.* belge, 1er mai 1835, Bernier.

65. — Bien qu'une chambre d'instruction se soit déclarée incompétente pour connaître d'une plainte dirigée contre un juge d'instruction, lequel devait être, aux termes de l'art. 479 C. instr. crim., déféré à la Cour d'appel par le procureur général; cependant : tant qu'il n'y a pas eu renvoi à la Cour d'appel par ce procureur général, il ne saurait y avoir lieu de la part de la Cour de cassation à règlement de juges. — *Cass.*, 4 août 1827, P...

66. — ... 3° Lorsque le tribunal de simple police et le tribunal correctionnel se sont respectivement déclarés incompétens. — *Cass.*, 27 juin 1811, Duguino; 19 sept. 1814, Balthazar Alliet; 18 juill. 1817, Raveau et Tapin; 30 août 1822, Coudret; 29 août 1824, Ahaye; 15 janv. 1825, Gayraud; 17 juin 1825, Rouy; 3 juin 1826, Michon; 7 oct. 1826, Tribouley; 12 janv. 1827, Richet; 3 mars 1827, Trochon; 4 août 1827, Buisson; 21 déc. 1827, Meunier; 21 déc. 1827, Bussy; 15 févr. 1828, Dupeyrot; 21 mars 1828, Paris; 29 août 1828, Morin; 5 sept. 1828, Lefevre; 11 sept. 1828, Cabanis; 23 janv. 1829, Dubreuil; 26 févr. 1829, Auzanneau; 13 janv. 1831, Wager; 23 févr. 1832, Ruinet; 30 août 1834, Hanguez.

67. — ... 4° Lorsqu'un tribunal de simple police et une chambre d'appel de police correctionnelle se sont respectivement déclarés incompétens. — *Cass.*, 13 déc. 1821, Vignale.

68. — ... 5° Lorsque le tribunal de police correctionnelle a renvoyé un prévenu en simple police et que le tribunal de simple police s'est déclaré incompétent. — *Cass.*, 26 mars 1813, Alessio; 11 août 1827, Grimaud.

69. — Lorsqu'un tribunal de police correctionnelle et une Cour d'appel se sont successivement déclarés incompétens pour connaître d'une poursuite exercée contre un officier de police judiciaire, à raison d'un délit par lui commis hors l'exercice de ses fonctions. — *Cass.*, 29 nov. 1821, Massiani; 6 janv. 1827, Lacaze.

70. — ... 7° Lorsque la chambre des appels de police correctionnelle et la chambre civile d'une cour d'appel se sont respectivement déclarées incompétentes pour connaître d'un délit attribué à un maire dans l'exercice de ses fonctions. — *Cass.*, 24 févr. 1831, Dumoulin et Marchand.

71. — ... 8° Lorsqu'en admettant une preuve vocale qui avait été rejetée par les premiers juges un tribunal d'appel de police correctionnelle a renvoyé devant eux pour y procéder, et que le tribunal de première instance a déclaré par jugement ne pas accepter ce renvoi. — *Cass.*, 25 janv. 1818, Hautecœur.

72. — Dans le cas où, d'une part, l'arrêt d'une Cour d'assises ayant été cassé, l'affaire qui y a donné lieu a été renvoyée devant une autre Cour et que, d'une autre part, la première Cour se trouve, à raison de l'arrestation postérieure d'un des auteurs du crime poursuivi, saisie de nouveau de la connaissance de la même affaire par la chambre d'accusation, il y a lieu par la Cour de cassation, statuant par voie de règlement de juges, de renvoyer les deux procès, eu égard à leur connexité, devant une seule et même cour d'assises. — *Cass.*, 23 déc. 1831, Labadie.

73. — ... 9° Lorsqu'une Cour d'assises n'a pas jugé, séance tenante, l'outrage fait en pleine audience aux juges qui la composent, et que par une ordonnance de la chambre du conseil, non attaquée dans les vingt-quatre heures, le tribunal de première instance a ensuite déclaré la police correctionnelle incompétente pour en connaître. — *Cass.*, 19 mars 1812, Lebouvier.

74. — ... 10° Lorsqu'un conseil de guerre et un tribunal de police correctionnelle se sont successivement déclarés incompétens pour connaître d'un délit. — *Cass.*, 15 nov. 1811, Chabaud; 17 juin 1813, Vanesse; 12 déc. 1817, Bernard.

75. — ... 11° Lorsque la juridiction militaire a refusé de connaître de plusieurs crimes imputés à un individu, et que de son côté la juridiction ordinaire en a jugé quelques-uns, sur lesquels elle l'a acquitté, et s'est déclarée incompétente à l'égard des autres. — *Cass.*, 10 janv. 1822, Ramel.

76. — ... 12° Lorsqu'un conseil maritime de révision et un conseil permanent de révision se sont successivement déclarés incompétens pour connaître du délit attribué à un matelot. — *Cass.*, 4 avril 1834, Peroy.

77. — ... 13° Lorsque postérieurement aux jugemens par lesquels le conseil de guerre et le conseil de révision se sont déclarés incompétens pour connaître du fait d'insoumission imputé à un remplaçant, sur le motif que l'acte de remplacement n'était pas représenté, on découvre cet acte. — *Cass.*, 20 août 1835, Dumoulié.

78. — ... 14° Lorsqu'un conseil de discipline et un tribunal correctionnel se sont déclarés incompétens pour connaître d'un délit. — *Cass.*, 9 sept. 1831, Peyrachon.

79. — Encore bien que les Cours d'appel fussent souveraines sur les jugemens de compétence rendus par les cours spéciales, il y avait lieu à règlement de juges par la Cour de cassation, lorsque, sur le renvoi de la Cour d'appel, la Cour prévôtale s'était déclarée incompétente, par un jugement passé en force de chose jugée. — *Cass.*, 17 janv. 1817, Jeannin.

80. — Il y a encore lieu à règlement de juges lorsque la chambre des appels de police correctionnelle ayant rejeté l'exception de prescription admise par les premiers juges et renvoyé devant les mêmes juges pour statuer au fond, ces derniers ont, pour la seconde fois, déclaré la prescription acquise en faveur du prévenu. — *Cass.*, 15 oct. 1831, Heurtaux.

81. — ... Lorsque, par jugement définitif, un tribunal d'appel de police correctionnelle s'est déclaré incompétent pour connaître des faits de la plainte qui lui ont paru constituer un crime, et lorsque, de son côté, par suite d'une information, la chambre des mises en accusation a déclaré que les faits constituaient un simple délit correctionnel. — *Cass.*, 4 sept. 1812, Solari.

82. — ... Lorsqu'à la suite d'un jugement par lequel le tribunal de simple police s'est déclaré incompétent, la chambre du conseil du tribunal de première instance a renvoyé la même affaire devant le tribunal de simple police. — *Cass.*, 25 oct. 1827, Dromont.

83. — ... Lorsqu'à la suite d'un arrêt de chambre correctionnelle d'une Cour d'appel qui déclare la police correctionnelle incompétente pour connaître d'une prévention, la chambre des mises en accusation a, au contraire, déclaré que la police correctionnelle était seule compétente. — *Cass.*, 16 mars 1832, Grasset.

84. — ... Lorsque, après qu'une Cour d'assises s'est déclarée irrégulièrement saisie, la Cour d'appel, chambre d'accusation, a renvoyé de nouveau l'affaire devant la même Cour d'assises et dans la même forme. — *Cass.*, 18 oct. 1827, Rimbault.

85. — ... Lorsqu'une Cour d'assises s'est déclarée incompétente pour connaître d'une affaire dont elle a été saisie par un arrêt de renvoi de la chambre des mises en accusation. — *Cass.*, 26 janv. 1815, Brochet.

86. — ... *Vice versâ*, lorsque la Cour d'assises a renvoyé devant la chambre d'accusation un contumax repris, pour être procédé à une nouvelle mise en accusation, et que cette dernière chambre a déclaré qu'il n'échéait de rendre un nouvel arrêt. — *Cass.*, 19 févr. 1819, Henri Vasseur.

87. — .... Lorsque la chambre d'accusation d'une Cour d'appel s'étant dessaisie d'une affaire et l'ayant renvoyée devant une autre Cour qu'elle supposait avoir évoqué une affaire connexe, cette dernière Cour a refusé d'accepter le renvoi : par le motif qu'aucune évocation n'ayant eu lieu, elle ne pouvait être saisie que par la Cour de cassation de la connaissance d'une ordonnance de prise de corps rendue hors de son ressort. — *Cass.*, 24 nov. 1831, Morel.

88. — ... Lorsqu'un individu ayant été déclaré non coupable sur une accusation de vol qualifié, le président de la Cour d'assises a considéré comme un fait nouveau, dans le sens de l'art. 361 C. instr. crim., un vol simple qui avait été compris dans la même instruction et à raison duquel il avait été sursis, jusqu'au jugement du fait le plus grave, et renvoyé, en conséquence, l'accusé devant le juge d'instruction du siége de la Cour d'assises pour être procédé sur ce vol. Dans ce cas, l'ordonnance de la chambre du conseil, qui a prononcé le sursis, et l'ordonnance du président, qui a prononcé le renvoi devant un autre juge, établissent un conflit de juridiction sur lequel il y a lieu, par la Cour de cassation, de statuer en forme de règlement de juges. — *Cass.*, 19 févr. 1829, Moreau.

89. — .... Lorsque la chambre du conseil d'un tribunal de première instance s'est déclarée incompétente pour connaître d'une affaire renvoyée à l'instruction par un jugement du tribunal correctionnel. — *Cass.*, 25 mars 1825, Labro.

90. — .... Ou pour faire la désignation qui lui avait été déléguée par la chambre d'accusation, d'un juge chargé de procéder à une information nouvelle ordonnée par la Cour d'appel. — *Cass.*, 10 sept. 1831, Davoust.

RÈGLEMENT DE JUG. (Mat. crim.), § 1er.

91. — ... Ou bien encore lorsqu'elle a déclaré le tribunal dont elle fait partie incompétent pour connaître d'une affaire qui lui avait été renvoyée par une autre chambre du conseil. — *Cass.* 23 juill. 1835, Hervé.

92. — ... Ou par une chambre des mises en accusation. — *Cass.*, 14 nov. 1835, Roger.

93. — ... Lorsque le tribunal de simple police s'est déclaré incompétent, et que la chambre du conseil du tribunal de première instance a déclaré la police correctionnelle incompétente pour connaître de la poursuite. — *Cass.*, 19 déc. 1822, Ronnat; 17 janv. 1823, Nicole; 1er mars 1832, Labitte.

94. — ... Lorsque la chambre d'accusation et la chambre du conseil se sont respectivement déclarées incompétentes pour connaître de l'opposition formée à une ordonnance du juge d'instruction. — *Cass.*, 24 févr. 1831, N...; 7 févr. 1833, Pousset.

95. — ... Ou lorsqu'elles se sont dessaisies de deux affaires connexes dont elles se sont mutuellement renvoyé la poursuite. — *Cass.*, 5 nov. 1831, Mack.

96. — ... Lorsque la chambre du conseil de première instance et la chambre civile de la Cour d'appel se sont respectivement déclarées incompétentes sur la poursuite exercée par le ministère public contre un suppléant de juge de paix, prévenu d'un délit commis hors de l'exercice de ses fonctions. — *Cass.*, 4 juin 1830, Dufaur.

97. — ... Lorsqu'une chambre du conseil s'est déclarée incompétente et a renvoyé devant un tribunal d'un autre ressort, si ce tribunal se déclare également incompétent. — *Cass.*, 28 nov. 1812, Chambes.

98. — ... Lorsque la chambre des mises en accusation a renvoyé une affaire devant la Cour d'assises, et que la Cour d'assises s'est déclarée incompétente pour en connaître. — *Cass.*, 12 févr. 1813, Monnier.

99. — ... Lorsqu'une chambre des mises en accusation et un conseil de guerre se sont respectivement déclarés incompétens pour connaître d'une affaire. — *Cass.*, 2 avr. 1819, Susbielle et Tabaret.

100. — ... Lorsque la chambre du conseil d'un tribunal de première instance et un conseil de guerre se sont successivement déclarés incompétens pour connaître d'une prévention de faux qui a paru à la chambre du conseil appartenir à la juridiction militaire, et qui a paru, au contraire, au conseil de guerre appartenir à la juridiction ordinaire. — *Cass.*, 5 mars 1818, Charles Cora; 12 oct. 1820, Pereyre; 25 juill. 1823, Bidal; 7 mai 1824, Pernot et Klinger; 10 déc. 1824, Gravelle; 3 juill. 1829, Mollard; 17 juin 1831, Vincentius.

101. — Mais, lorsque, en se déclarant incompétente, une chambre du conseil a renvoyé l'affaire devant une juridiction déterminée; ce renvoi ne suffit pas pour élever un conflit d'attribution donnant lieu à règlement de juges, tant que cette juridiction n'a été saisie par aucun autre acte. — *Cass.*, 4 août 1827, P....

102. — ... Lorsque la chambre du conseil d'un tribunal de première instance et une Cour prévôtale s'étaient renvoyé une affaire l'une à l'autre, en se déclarant successivement incompétentes. — *Cass.*, 22 août 1817, N... — V. aussi *Cass.*, 17 janv. 1817, Jeannin.

103. — ... Lorsqu'une instruction a été commencée par l'autorité militaire, sur des faits qui ont motivé le renvoi des mêmes prévenus en police correctionnelle, par une ordonnance de la chambre du conseil du tribunal de première instance. — *Cass.*, 18 sept. 1829, Campana.

104. — ... Lorsqu'un tribunal maritime est saisi de la connaissance d'un délit dont l'auteur a été déclaré non justiciable des tribunaux français, par une ordonnance de la chambre du conseil ayant acquis l'autorité de la chose jugée. — *Cass.*, 1er juill. 1830, Damel.

105. — ... Lorsque le conseil de guerre s'est déclaré incompétent et a renvoyé devant la juridiction ordinaire, et que de son côté la chambre du conseil du tribunal de première instance s'est déclarée incompétente. — *Cass.*, 18 juin 1824, Renaudin; 22 févr. 1828, Gaffet; 10 avr. 1829, Diéval; 19 oct. 1832, Mathieu; 5 nov. 1835, André; 3 nov. 1836, Kast.

106. — ... Lorsque le tribunal correctionnel s'est déclaré incompétent pour connaître d'une affaire qui lui avait été renvoyée en chambre du conseil après jugement du conseil de révision. — *Cass.*, 13 (et non 15) mars 1835, Ferrand.

107. — ... Lorsqu'un conseil permanent de révision et la chambre du conseil d'un tribunal civil se sont respectivement, par décisions passées en force de chose jugée, déclarés incompétens pour connaître d'un délit imputé à un condamné militaire aux travaux publics. — *Cass.*, 8 mars 1831, Russemberger.

108. — Le conflit négatif s'établit encore lorsqu'un tribunal correctionnel se déclare incompétent pour connaître d'une poursuite dont il était saisi par une ordonnance de la chambre du conseil. — *Cass.*, 19 août 1813, Courtel; 29 nov. 1813, Kilian; 21 avr. 1826, Durand; 5 janv. 1827, Arnaud; 29 juin 1827, Demay; 13 juill. 1827, Berment; 11 août 1827, Letellier; 7 sept. 1827, Dupré; 7 sept. 1827, Lefrançois; 21 déc. 1827, Moulotte; 5 févr. 1828, Laburthe; 7 févr. 1828, Mialle; 8 mars 1828, Roy; 12 mars 1830, Renard; 28 oct. 1830, Garnier; 8 févr. 1831, Morelle; 2 avr. 1831, Froment; 7 avr. 1831, Lavoisy; 26 mai 1831, Lespagnol; 30 juin 1831, Lamy; 30 juin 1831, Fleury; 12 juill. 1831, Jean-Pierre; 12 juill. 1831, Noël; 27 août 1831, Raoud-Rochette; 1 nov. 1831, Périn; 21 avr. 1832, Durand; 6 juin 1834, Pepratz et Estrade; 31 juill. 1834, Bompart; 24 janv. 1835, Joly; 13 mars 1835, Ferrand; 17 déc. 1835, Leroux; 23 juill. 1836, Etchebarne; 13 déc. 1839 (t. 2 1840, p. 253), Renaud et Aumont; 27 déc. 1839 (t. 1er 1841, p. 147), Lafforgue.

109. — En effet : les ordonnances de la chambre du conseil, portant renvoi en police correctionnelle, non frappées d'opposition, ont un caractère de chose jugée — qui lorsqu'à l'audience le tribunal se déclare incompétent constitue un conflit négatif donnant lieu à un règlement de juges devant la Cour de cassation. — *Cass.*, 28 nov. 1833, Thomas.

110. — Spécialement, il y a lieu à règlement de juges lorsque, saisi par ordonnance de la chambre du conseil d'une prévention de vol simple, il s'est déclaré incompétent : sur le motif que le fait constitue le crime prévu par l'art. 386-n° 3 C. pén. — *Cass.*, 11 oct. 1827, Derville.

111. — ... Ou lorsque saisi d'un outrage public à la pudeur, il s'est déclaré incompétent, sur le motif que les faits présentaient le caractère d'une tentative de viol, ou d'un attentat à la pudeur, avec violence. — *Cass.*, 5 mars 1829, Biscarrat.

112. — ... Ou lorsque saisi d'une prévention d'escroquerie, il s'est déclaré incompétent : sur le motif que les faits de la prévention constituaient un crime de faux en écriture. — *Cass.*, 11 sept. 1828, Labonne.

113. — ... Ou lorsque sur une ordonnance qui renvoyait un individu en police correctionnelle, comme prévenu de banqueroute simple, il s'est déclaré incompétent, sur le motif que l'affaire avait acquis un degré de gravité qu'elle n'avait pas dans le principe. — *Cass.*, 12 mai 1827, Bégon.

114. — ... Ou lorsque, après s'être déclaré incompétent, il a renvoyé l'affaire devant la chambre d'accusation, qui a déclaré à son tour qu'elle n'en était pas légalement saisie par ce renvoi. — *Cass.*, 5 nov. 1819, Villet.

115. — Mais le conflit négatif n'existerait pas si le tribunal statuant sur le fait dont il était saisi par une ordonnance, ne s'était déclaré incompétent que pour connaître d'un autre fait non compris dans l'ordonnance. — *Cass.*, 7 fév. 1834, Durigneau.

116 — Il n'existerait pas non plus si le juge d'instruction n'avait pas épuisé sa juridiction et s'il n'avait élevé aucun conflit. — *Cass.* (belge), 1er mai 1835, Bernier; *Cass.*, 8 avr. 1841 (t. 1er 1842, p. 387), Fourel.

117. — Lorsqu'une cour d'appel saisie d'une affaire, après la cassation du premier arrêt, a délégué, contrairement à l'art. 431 C. inst. crim., le juge d'instruction dans le ressort de la Cour dont l'arrêt a été cassé, le refus de ce juge de connaître de l'affaire donne lieu à un règlement de juges devant la Cour de cassation. — *Cass.*, 6 déc. 1832, Chaillon.

118. — Ces solutions sont évidemment applicables au cas où c'est un tribunal de simple police qui a été saisi par l'ordonnance de la chambre du conseil. — *Cass.*, 14 mars 1816, habitans de Beaune; 23 févr. 1827, Gilles dit Valois; 16 avr. 1829, Cabassol; 29 janv. 1830, Simonet; 30 avr. 1830, Baralle; 11 nov. 1831, Prevost et Dufour; 14 mars 1833, Moyse; 5 juin 1835, Gonnet c. Joyandel.

119. — ... Ou lorsque le tribunal de simple police s'est déclaré incompétent pour connaître d'une affaire dont le renvoi lui a été fait par le tribunal de police correctionnelle par application de l'art. 192 C. instr. crim. — *Cass.*, 23 nov. 1827, Lesage.

120. — Nous constaterons que le tribunal de police correctionnelle peut bien, nonobstant l'ordonnance de la chambre du conseil par laquelle il a été saisi d'une affaire, se déclarer incompétent, sur le motif que le fait présente le caractère d'un crime; mais il violerait l'autorité de la chose jugée par cette ordonnance, s'il renvoyait le prévenu devant un juge d'instruction. — *Cass.*, 21 oct. 1813, Bourdin; 7 sept. 1827, Dupré; 28 sept. 1827, Freulet; 11 oct. 1827, Derville; 7 déc. 1827, Lefrançois; 7 févr. 1828, Mialhe; 15 févr. 1828, Laburthe; 8 mars 1828, Roy; 11 sept. 1828, Labonne; 28 oct. 1830, Garnier; 3 févr. 1831, Morette; 21 juill. 1831, Jean-Pierre; 27 août 1831, Raoul-Rochette; 18 août 1837 (t. 1er 1840, p. 95), Magne; 17 août 1839 (t. 2 1840, p. 365), Porchez et Barraud; 13 déc. 1839 (t. 2 1840, p. 253), Renaud et Aumont; 13 juill. 1848 (t. 2 1848, p. 608), Badié.

121. — Jugé encore que le tribunal d'appel qui annule, pour incompétence, un jugement de police correctionnelle intervenu à la suite d'un renvoi fait à cette juridiction par une ordonnance de la chambre du conseil, excède ses pouvoirs en se permettant de renvoyer le prévenu devant le juge d'instruction; c'est le cas d'un règlement de juges. — *Cass.*, 29 mai 1829, Vitout; 15 avr. 1830, Philippon; 3 nov. 1832, Lobihan.

122. — Ce droit (de renvoyer le prévenu devant un juge d'instruction) n'appartient qu'à la Cour de cassation procédant par voie de règlement de juges. — *Cass.*, 4 févr. 1830, Grubleber; 20 oct. 1831, Piolin; 13 juill. 1848 (t. 2 1848, p. 608), Badié.

123. — En conséquence : la chambre du conseil saisie par suite d'un renvoi du tribunal, ne peut par une seconde ordonnance, contraire à la première, renvoyer le prévenu devant la chambre des mises en accusation. — *Cass.*, 13 déc. 1839 (t. 2 1840, p. 253), Renaud et Aumont.

124. — C'est seulement lorsque le tribunal de police correctionnelle a été saisi par citation directe, que le tribunal peut, en se déclarant incompétent, renvoyer le prévenu devant le juge d'instruction; il ne le peut, et il doit se borner à décerner un mandat de dépôt, lorsqu'il a été saisi par une ordonnance de la chambre du conseil, qui forme, en ce cas, avec son jugement, un conflit de juridiction. — *Cass.*, 18 juin 1829, Buchaillard; 31 déc. 1829, Bérard; 16 janv. 1830, Pradeur; 15 avr. 1830, Philippon; 18 févr. 1831, Benoist; 3 juin 1831, Coupat; 7 juin 1833, Ferckel; 28 nov. 1833, Thomas; 18 août 1837 (t. 1er 1840, p. 95), Magne; 7 oct. 1841 (t. 2 1842, p. 500), Aufrère.

125. — La chambre correctionnelle d'une Cour d'appel ne peut également ordonner ce renvoi que quand elle a été saisie par citation directe. — *Cass.*, 29 mai 1831, Cuillard; 3 juin 1831, Coupat.

126. — Le pourvoi formé contre le jugement qui prononce un semblable renvoi doit être, attendu la connexité, joint à la demande en règlement de juges présentée dans la même affaire, pour être statué sur les deux recours par un même arrêt. — *Cass.*, 7 juin 1833, Ferckel.

127. — Est-il besoin d'ajouter qu'il en est de même, c'est-à-dire qu'il y a lieu à règlement de juges, lorsque le tribunal correctionnel qui se déclare incompétent a été saisi par un arrêt de la chambre des mises en accusation. — *Cass.*, 7 nov. 1812, Dellaca; 9 nov. 1812, Riffaut; 25 févr. 1813, Persiani; 2 sept. 1813, Bartels; 14 déc. 1820, Giorgi; 27 avr. 1821, Rippert; 31 janv. 1822, Henou; 4 mai 1822, Schwanger; 25 mai 1827, Zuber; 13 juill. 1827, Paita; 5 sept. 1828, Payneau; 30 juill. 1829, Plout; 26 déc. 1829, Mergant; 3 déc. 1830, Parthenay; 18 août 1831, Passicoussel; 25 avr. 1835, Dairou; 17 oct. 1835, Abautret et Guen; 19 mars 1836, Romeray.

128. — ... Ou lorsque le tribunal de police correctionnelle s'est déclaré incompétent pour connaître d'une affaire dont il était saisi par une ordonnance de la chambre du conseil, et lorsque, à son tour, la chambre du conseil a déclaré que le juge d'instruction saisi par le jugement d'incompétence et par un arrêt de la chambre des mises en accusation ne pouvait pas reprendre une instruction sur laquelle il avait épuisé sa juridiction. — *Cass.*, 18 juin 1829, Buchaillard.

129. — ... Ou lorsque le tribunal de police correctionnelle confirmé sur appel s'est déclaré incompétent pour connaître d'un délit dont il avait été saisi par la chambre du conseil et qui lui a paru devoir être renvoyé devant la Cour d'assises. — *Cass.*, 1er juill. 1834, Perrier.

130. — ... Ou lorsque la chambre correctionnelle de la Cour d'appel a déclaré que le tribunal correctionnel était incompétent pour connaître d'une affaire dont il avait été saisi par une ordonnance de la chambre du conseil, et qui lui a paru constituer un crime. — *Cass.*, 25 sept. 1808, Klein; 19 août 1813, Clermont Courtel; 14 déc. 1820, Vinciguerra; 17 juill. 1823, Tacy; 5 févr. 1825, Barada; 18 nov. 1825, Pasquier; 7 oct. 1826, Aumonot; 24 mars 1827, Maffiolo; 20 avr. 1827, Coupé; 4 août 1827, Leheup; 31 août 1827, Benoît Durand; 4 oct. 1827, Vachenheim; 21 févr. 1828, Delmas; 29 févr. 1828, Emile Moussard; 12 mars 1829, Rollero; 12 mars 1829, Roche; 11 juin 1829, Kaufmann; 16 janv. 1830, Christophe; 4 févr. 1830, Grubleber; 26 mars 1831, Bonnet; 16 avr. 1831, Charpentier; 3 juin 1831, Coupat; 3 juin 1831, Lespagnol; 19 août 1831, Belleverge; 9 sept. 1831, Bodin; 16 févr. 1832, Villay; 8 mars 1832, Weber; 21 avr. 1832, Maitrejean; 7 févr. 1833, Vaultier; 11 juill. 1834, Peyrot et Peron; 17 oct. 1834, Vieil; 17 janv. 1835, Gremeaux; 13 févr. 1835, Nibart; 27 févr. 1835, de Malhan; 24 avr. 1835, Devaucleroy; 17 juill. 1835, Marion; 21 janv. 1836, Lantuejoul; 13 oct. 1836, Laroche; 16 févr. 1837 (t. 1er 1838, p. 81), Bec; 6 juin 1839 (t. 1er 1846, p. 494), Raymond; 17 août 1839 (t. 2 1840, p. 365), Porcher et Barraud; 5 déc. 1839 (t. 2 1840, p. 365), Reynaud; 27 déc. 1839 (t. 1er 1841, p. 147), Lafforgue; 11 juin 1840 (t. 2 1841, p. 449), Liémance; 22 oct. 1840 (t. 2 1840, p. 697), Buffet; 16 déc. 1841 (t. 1er 1842, p. 604), Godard; 23 déc. 1841 (t. 1er 1842, p. 605), Gourdon; 15 mars 1845 (t. 2 1848, p. 486), Coudrault.

131. — ... Ou dont il était saisi par un renvoi de la chambre des mises en accusation. — *Cass.*, 18 déc. 1812, Cogez; 13 févr. 1819, Melzobane; 8 mars 1821, Chaballier; 4 juill. 1823, Mascloux; 29 avr. 1826, Gelu; 11 août 1827, Guillaud; 28 sept. 1827, Freulet; 6 févr. 1829, Jehan; 17 juill. 1829, Huin; 22 juill. 1830, Leberquier; 30 juill. 1831, Bourguer; 24 août 1832, Neraud; 7 juin 1833, Ferckel; 29 mai 1834, Caillard.

132. — ... Ou dont elle-même était saisie par la chambre du conseil. — *Cass.*, 21 mai 1835, Blin.

133. — Il en est ainsi, par exemple, lorsque la chambre des appels de police correctionnelle d'une Cour d'appel a déclaré les tribunaux correctionnels incompétens pour connaître d'un délit d'exposition d'enfant dans un lieu non solitaire, délit dont ils avaient été saisis par la chambre des mises en accusation et qu'elle a considéré comme constituant le crime de suppression d'état. — *Cass.*, 21 juill. 1831, Bernard.

134. — ... Il y a lieu à règlement de juges par la Cour de cassation lorsque la chambre civile d'une Cour d'appel devant laquelle un magistrat avait été renvoyé par la chambre des mises en accusation, comme prévenu d'un délit correctionnel, s'est déclarée incompétente, sur le motif que le délit est de la compétence de la Cour d'assises. — *Cass.*, 2 janv. 1834, Gazard.

135. — Pareillement, lorsque, dans une affaire renvoyée en police correctionnelle par une ordonnance de la chambre du conseil, la Cour d'appel en infirmant à l'égard de deux prévenus le jugement intervenu en première instance, et se déclarant incompétente sur le motif que le fait est qualifié crime par la loi, a néanmoins acquitté un troisième prévenu faute d'élémens suffisans de culpabilité; il y a dans sa décision une violation des lois de la compétence, qui donne lieu à un règlement de juges devant la Cour de cassation à l'égard de tous les prévenus. — *Cass.*, 13 nov. 1834, Mingelle.

136. — De même, lorsqu'une chambre d'accusation, donnant à un fait la qualification de délit, a renvoyé le prévenu devant le tribunal correctionnel et que, sur l'appel du jugement rendu par ce tribunal, une autre Cour, saisie de l'affaire par suite de cassation d'un arrêt confirmatif, a qualifié crime le même fait et annulé ce même jugement pour incompétence; il y a conflit négatif, sur lequel il doit être statué par la Cour de cassation. — *Cass.*, 13 mars 1812, Liébaert; 10 juin 1813, Demoot.

137. — ... Ou lorsque la chambre du conseil a renvoyé un prévenu devant le tribunal de police correctionnelle, que sur l'appel du jugement rendu par ce tribunal la Cour d'appel a déclaré la police correctionnelle incompétente et a renvoyé, à son tour, l'affaire devant un juge d'instruction, et que la chambre des mises en accusation a déclaré ne pouvoir statuer, en l'état, sur l'ordonnance de prise de corps qui a été la suite de la nouvelle information, il y a lieu à règlement de juges. — *Cass.*, 8 août 1823, Thuries.

138. — Il n'y a, au contraire, ni conflit positif ni conflit négatif lorsqu'une ordonnance de la chambre du conseil a qualifié le fait de délit et que, sur l'appel du jugement de condamnation qui s'en est suivi, le tribunal supérieur, reconnaissant dans le fait le caractère d'un crime, a

prononcé l'acquittement du prévenu, au lieu d'annuler le jugement pour cause d'incompétence et de se déclarer lui-même incompétent.— *Cass.*, 30 juin 1832, Boise.

139. — ... Ou lorsqu'une ordonnance de la chambre du conseil ayant renvoyé des prévenus en police correctionnelle, un arrêt de la Cour d'appel sur appel du jugement du tribunal correctionnel saisi par ladite ordonnance déclare ce tribunal incompétent alors que le même arrêt, non attaqué en cassation, a annulé cette ordonnance. — Dès lors le ministère public a pu, en exécution de cet arrêt, adresser au juge d'instruction un réquisitoire afin d'informer sur des faits qu'il qualifiait crimes de la compétence de la Cour d'assises et qui faisaient l'objet de l'ordonnance annulée. — *Cass.*, 28 mai 1847 (t. 1er 1847, p. 621), *l'Alpha*.

140. — Toutefois : lorsque l'ordonnance de la chambre du conseil qui renvoyait un individu devant celle des mises en accusation sous la prévention de crime a été annulée par le motif que le fait constituait seulement un délit, et qu'un autre tribunal saisi correctionnellement de l'affaire a prononcé une condamnation contre le prévenu; si, sur l'appel de ce jugement porté devant le premier tribunal comme tribunal supérieur, ce dernier s'est, par un jugement passé depuis en force de chose jugée, départi de la connaissance de l'appel sur le motif qu'il avait été dessaisi par l'arrêt de la chambre d'accusation, il y a lieu de procéder à un règlement de juges, comme en cas de renvoi pour cause de suspicion légitime. — *Cass.*, 18 nov. 1843 (t. 1er 1844, p. 417), Beringer.

141. — Lorsque sur l'appel d'un jugement de police correctionnelle la Cour d'appel a considéré le fait comme constituant un crime et renvoyé l'affaire devant un juge d'instruction, si, par suite de l'information ordonnée, la chambre des mises en accusation considère au contraire le fait comme constituant un simple délit : il y a lieu à recourir en règlement de juges devant la Cour de cassation, lors même que la chambre d'accusation aurait renvoyé l'affaire devant un tribunal correctionnel de son ressort autre que celui qui en avait précédemment connu; parce que les Cours d'appel n'ont pas le droit de renvoyer, de leur autorité, les prévenus devant les tribunaux qui ne sont pas leurs juges naturels dans l'ordre des juridictions. — *Cass.*, 21 août 1812, N....

142. — Quand la Cour de cassation annule pour incompétence, sur un réquisitoire présenté en vertu de l'art. 441 C. instr. crim, une ordonnance de la chambre du conseil, non frappée d'opposition, qui a statué sur la reconnaissance de l'identité d'un condamné évadé et repris, c'est le cas de prononcer par voie de règlement de juges. — *Cass.*, 20 oct. 1826, Bon.

143. — Sous le Code du 3 brum. an IV il y avait lieu à règlement de juges lorsque le tribunal civil saisi d'une affaire ayant ordonné un sursis jusqu'à ce qu'il eût été prononcé sur le faux allégué contre la pièce principale du procès, le directeur du jury refusait par ordonnance, de procéder à une instruction, sur le motif qu'il n'y avait pas de faux matériel.— *Cass.*, 29 therm. an X, Douhaut; 19 prair. an XI, Rogres de Lusignan c. Douhaut.

144. — Mais lorsqu'un tribunal criminel saisi par l'option d'un accusé avait indûment renvoyé l'affaire devant un autre tribunal pour remplir certaines formalités, il n'y avait pas lieu à règlement de juges entre ces deux tribunaux. — Mais le tribunal de cassation, en annulant le jugement du tribunal qui s'était indûment dessaisi, devait renvoyer l'affaire devant lui, si c'était dans son ressort que le crime le plus grave avait été commis. — *Cass.*, 26 niv. an X, Martin et Rue.

145. — Jugé encore qu'il y avait conflit négatif lorsqu'au lieu de se déclarer incompétent le tribunal correctionnel dénonçait l'ordonnance du directeur du jury à la Cour de justice criminelle, cette dénonciation ne pouvant saisir légalement la Cour.— *Cass.*, 8 nov. 1809, Richard.

§ 2. — *Devant quel tribunal est porté le règlement de juges.*

146. — La Cour suprême connaît seule des règlemens de juges pour les cas exceptionnels où un tribunal tout entier a été récusé, où il a été supprimé, ou a cessé de faire partie du territoire. — La jurisprudence ne laisse pas de doute à cet égard. — V., pour le cas de récusation, *Cass.*, 9 oct. 1808, Allard; 6 déc. 1808, Boujot; 8 févr. 1811, Mignot; 12 oct. 1813, Torcy; et v° RÉCUSATION; — pour le cas où un tribunal vient à être supprimé, *Cass.*, 29 août 1811, Chavannes, — et pour celui où il cesse de faire partie de la France, *Cass.*, 3 mars 1834, Henno.

147. — Jugé encore que lorsqu'un tribunal ne peut se constituer faute d'un nombre suffisant de juges, c'est à la Cour de cassation, et non à la Cour d'appel, qu'il appartient d'indiquer, par voie de règlement de juges, le tribunal qui devra connaître de l'affaire. — *Cass.*, 22 janv. 1806, Beer c. Berlimer; 18 janv. 1811, Carrouge; 7 août 1812, Sarrazin-Lami; 1er juill. 1813, Maraval; 12 août 1813, Torcy c. Richard; 12 août 1825, Baulès; 18 avril 1828, habitans de Die; 4 juill. 1828, Petit-Jean d'Inville.

148. — ... Que c'est à la Cour de cassation qu'il appartient de renvoyer d'un tribunal à un autre en matière criminelle, pour cause d'insuffisance du nombre des juges non récusés.— *Cass.*, 23 juin 1814, Lohmuller.

149. — Mais elle n'est pas compétente pour connaître d'une demande en règlement de juges formée par des officiers ministériels poursuivis en matière de discipline. Cette demande ne peut être portée que devant le ministre de la justice. — *Cass.*, 29 juill. 1823, Martin.

150. — En matière de conflits la compétence est réglée par les art. 526, 527 et 540 du Code d'instruction criminelle.

151. — L'art. 526 attribue compétence à la Cour suprême toutes les fois que le conflit positif ou négatif s'élève entre des cours, tribunaux ou juges d'instruction ne ressortissant pas les uns aux autres.

152. — C'est la Cour de cassation qui doit statuer, par voie de règlement de juges, lorsque deux juges d'instruction ne ressortissant pas à la même cour sont saisis de la même affaire. — *Cass.*, 30 mai 1828, Delort.

153. — L'art. 527 lui attribue également compétence lorsqu'il y a conflit entre un tribunal militaire ou maritime, ou un officier de police judiciaire, ou tout autre tribunal d'exception, et entre une Cour d'appel ou d'assises, un tribunal jugeant correctionnellement, un tribunal de police ou un juge d'instruction.

154. — Suivant l'art. 540, le règlement de juges est porté devant la Cour d'appel lorsque le conflit s'élève entre deux juges d'instruction ou deux tribunaux de première instance établis dans le ressort de cette cour. — *Cass.*, 1er oct. 1847 (t. 2 1849, p. 520), Boilot.

155. — S'il s'élève entre deux tribunaux de simple police, le règlement est porté devant le tribunal de première instance auquel ils ressortissent tous deux. — *Eod.*

156. — Sinon, c'est-à-dire si les deux tribunaux de police ne dépendent pas du même tribunal d'appel, la Cour d'appel de leur ressort est compétente. — *Eod.*

157. — Remarquons de suite que l'art. 540 est limitatif. — Il doit être entendu dans son sens le plus restreint, les art. 526 et 527 formant la règle. — En d'autres termes, tous les cas qui ne sont pas expressément prévus par l'art. 540 sont nécessairement attribués à la Cour de cassation. — Bourguignon, art. 526 et 540; Legraverend, t. 2, p. 419; Morin, *Dict. de droit*, v° *Règlement de juges*.

158. — Or la compétence des Cours d'appel ou des tribunaux de première instance n'existe que lorsque le conflit surgit entre deux juridictions d'un même degré ressortissantes à la même juridiction supérieure, comme deux juges d'instruction, deux tribunaux de première instance, deux tribunaux de police. — Carnot, t. 3, p. 440, n° 6.

159. — Jugé que c'est à la Cour de cassation, et non à la Cour d'appel, qu'il appartient de statuer par voie de règlement de juges sur un conflit négatif existant entre un tribunal correctionnel et un tribunal de simple police, quoiqu'ils soient situés dans le ressort de la même cour.— *Cass.*, 27 juin 1811, Daguino; 14 mars 1815, habitans de Beaune; 18 juill. 1817, Raveau et Tapin; 17 juin 1825, Rouy; 24 févr. 1826, Gillard.

160. — La Cour suprême connaît de tous les conflits entre tribunaux de degrés différens, qu'ils soient ou qu'ils ne soient pas du même ressort.

161. — ... De tous conflits entre tribunaux de première instance ou tribunaux de simple police, s'ils ne ressortissent au même tribunal supérieur.

162. — ... Enfin, de tous conflits entre les juridictions ordinaires et les juridictions exceptionnelles.

163. — Par conséquent, elle connaît du règlement de juges entre un tribunal correctionnel et un conseil de discipline. — *Cass.*, 9 sept. 1831, Peyrachon.

164. — ... Entre un conseil de guerre maritime et un tribunal maritime. — *Cass.*, 18 août 1826, Girard.

165. — ... Entre un conseil de guerre et un tribunal de police correctionnelle. — *Cass.*, 15 nov. 1811, Chabaud; 17 juin 1813, Vanesse; 12 déc. 1817, Bernard.

166. — ... Entre un conseil maritime de révision et un conseil permanent de révision.— *Cass.*, 4 avr. 1834, Peroy.

167. — ... Entre une Cour d'appel et une Cour prévôtale. — *Cass.*, 17 janv. 1817, Jeannin.

168. — ... Entre un tribunal de simple police et un tribunal correctionnel. — *Cass.*, 27 juin 1811, Daguino; 19 sept. 1814, Balthazar-Alliet; 18 juillet 1817, Raveau et Tapin; 12 janv. 1821, Richet; 30 août 1822, Coudret; 29 août 1824, Ahaye; 15 janv. 1825, Gayraud; 17 juin 1825, Rouy; 3 juin 1826, Michon; 7 oct. 1826, Tribouley; 3 mars 1827, Trochon; 4 août 1827, Buisson; 21 déc. 1827, Meunier; même date, Bussy; 15 févr. 1828, Dupeyrot; 21 mars 1828, Paris; 29 août 1828, Morin; 5 sept. 1828, Lefèvre; 11 sept. 1828, Cabanis; 23 janv. 1829, Dubreuil; 26 févr. 1829, Auzanneau; 13 janv. 1831, Wager; 23 févr. 1832, Ruinet; 30 août 1834, Hanguez.

169. — ... Entre un tribunal de police et une Cour d'appel. — *Cass.*, 29 nov. 1821, Massiani; 6 janv. 1827, Lacaze.

170. — ... Entre une Cour d'assises et une Chambre des mises en accusation.— *Cass.*, 12 févr. 1813, Monnier; 26 janv. 1815, Brochot; 19 févr. 1819, Vasseur; 18 oct. 1827, Rimbault; 24 nov. 1831, Morel.

171. — ... Entre la chambre du conseil d'un tribunal de première instance et un conseil de guerre. — *Cass.*, 5 mars 1818, Cora; 12 oct. 1820, Pereyre; 25 juill. 1823, Bidal; 10 déc. 1824, Gravelle; 3 juill. 1829, Mollard; 22 févr. 1828, Gaffet; 10 avr. 1829, Dieval; 17 juin 1831, Vincentius; 19 oct. 1832, Mathieu; 5 nov. 1835, André; 3 nov. 1836, Kast.

172. — ... Entre une chambre des mises en accusation et un conseil de guerre. — *Cass.*, 2 avr. 1819, Surbielle.

173. — ... Entre une chambre du conseil et une Cour prévôtale. — *Cass.*, 22 août 1817, N....

174. — ... Entre une chambre du conseil et un juge d'instruction. — *Cass.*, 13 mars 1812, Levavasseur.

175. — ... Ou un tribunal maritime. — *Cass.*, 1er juill. 1830, Damel.

176. — ... Ou un conseil de révision. — *Cass.*, 3 mars 1831, Russemberger.

177. — ... Entre une chambre d'accusation et une chambre du conseil. — *Cass.*, 24 févr. 1831, N...; 7 févr. 1833, Pousset; 14 nov. 1835, Roger.

178. — ... Entre un tribunal de police correctionnelle et une chambre du conseil. — *Cass.*, 19 août 1813, Courtel; 29 oct. 1813, Kilian; 21 avril 1826, Durand; 5 janv. 1827, Arnaud; 13 juill. 1827, Bermeur; 29 juin 1827, Leguery; 11 août 1827, Letellier; 31 août 1827, Demay; 7 sept. 1827, Dupré et Lefrançois; 21 déc. 1827, Moufotte; 7 févr. 1828, Mialle; 15 févr. 1828, Laburthe; 8 mars 1828, Roy; 12 mars 1830, Renard; 3 févr. 1831, Morelle; 2 avril 1831, Froment; 7 avril 1831, Savoisy; 26 mai 1831, Lespagnol; 30 juin 1831, Lamy et Fleury; 8 juill. 1831, Noël; 12 juill. 1831, Jean-Pierre; 27 août 1831, Raoul-Rochette; 5 nov. 1831, Périn; 21 avril 1832, Durand; 6 juin 1834, Pepratz et Estrade; 31 juill. 1834, Bompart; 24 janv. 1835, Joly; 21 mai 1835, Larroque; 13 mars 1835, Ferrand; 17 déc. 1835, Leroux; 23 juill. 1836, Etchebarne; 13 déc. 1839 (t. 2 1840, p. 253), Renaud et Aumont.

179. — ... Ou bien entre un tribunal de simple police et une chambre du conseil. — *Cass.*, 14 mars 1816, hab. de Beaune; 23 févr. 1827, Gilles dit Valois; 16 avril 1829, Cabassol; 29 janv. 1830, Simonet; 30 avril 1830, Baratte; 11 nov. 1831, Prevost et Dufour; 14 mars 1833, Moyse; 5 juin 1835, Gonnet et Joyandet.

180. — ... Entre un tribunal correctionnel et une chambre des mises en accusation. — *Cass.*, 9 oct. 1812, Riffaut; 7 nov. 1812, Dellaca; 25 févr. 1813, Persiani; 2 sept. 1813, Bartelo; 14 déc. 1820, Giorgi; 27 avril 1821, Rippert; 31 janv. 1822, Hénou; 4 mai 1822, Schwanger; 25 mai 1827, Zuber; 13 juill. 1827, Paita; 5 sept. 1828, Payneau; 30 juill. 1829, Piont; 26 déc. 1829, Mergant; 3 déc. 1830, Parthenay; 18 août 1831, Passicousset; 2 avril 1835, Dairon; 17 sept. 1835, Abautret et Guen; 19 mai 1836, Romeray.

181. — C'est encore la Cour de cassation qui connaît du conflit : 1° Lorsque sur l'appel d'un jugement du tribunal correctionnel, auquel une

affaire a été renvoyée par ordonnance de la chambre du conseil, la Cour d'appel a déclaré ce tribunal incompétent. — *Cass.*, 25 sept. 1808, Klein; 19 août 1813, Clermont-Courtel; 14 déc. 1820, Vinciguerra; 17 juill. 1823, Tacy; 5 févr. 1825, Barada; 18 nov. 1825, Pasquier; 7 oct. 1826, Aumonot; 24 mars 1827, Maffiolo; 20 avril 1827, Coupé; 4 août 1827, Leheup; 31 août 1827, Durand; 4 oct. 1827, Vachenheim; 21 févr. 1828, Delmas; 29 févr. 1828, Moussard; 12 mars 1829, Rollero; 12 mars 1829, Roche; 11 juin 1829, Kaufmann; 4 févr. 1830, Grubleber; 26 mars 1831, Bonnet; 16 avril 1831, Charpentier; 3 juin 1831, Coupat; 3 juin 1831, Lespagnol; 19 août 1831, Belleverge; 9 sept. 1831, Bodin; 16 févr. 1832, Villay; 8 mars 1832, Weber; 21 avril 1832, Maitrejean; 7 févr. 1833, Vaultier; 11 juill. 1834, Peyrot et Piron; 17 déc. 1834, Vieil; 17 janv. 1835, Gremeaux; 13 févr. 1835, Nibart; 27 févr. 1835, Mathieu; 24 avril 1835, Devaucleroy; 17 juill. 1835, Marion; 21 janv. 1836, Lantuejoul et Lacaze; 13 oct. 1836, Laroche; 16 févr. 1837 (t. 1er 1838, p. 81), Bec; 6 juin 1839 (t. 1er 1846, p. 494), Raymond; 17 août 1839 (t. 2 1840, p. 365), Porcher et Barraud; 5 déc. 1839 (t. 2 1840, p. 365), Reynaud; 27 déc. 1839 (t. 1er 1841, p. 147), Lafforgue; 11 juin 1840 (t. 2 1841, p. 449), Liémance; 22 oct. 1840 (t. 2 1840, p. 697), Buffet; 16 déc. 1841 (t. 1er 1842, p. 604), Godard; 23 déc. 1841 (t. 1er 1842, p. 605), Gourdon; 15 mars 1845 (t. 2 1848, p. 486), Coudrault.

182. — Même solution si le renvoi a été fait par une chambre des mises en accusation. — *Cass.*, 18 déc. 1812, Cogez; 13 févr. 1819, Metzolaire; 8 mars 1821, Chaballier; 4 juill. 1823, Mascloux; 29 avril 1826, Gelu; 11 août 1827, Guillaud; 28 sept. 1827, Freulet; 17 juill. 1829, Nuin; 22 juill. 1830, Leberquier; 30 juill. 1831, Bourguet; 7 juin 1833, Ferckel; 29 mai 1834, Caillard.

183. — Dans le cas où, sur un conflit négatif d'attribution entre les autorités administrative et judiciaire, la cause a été renvoyée à l'autorité judiciaire par une ordonnance d'appel, c'est à la Cour de cassation qu'il appartient de désigner par voie de règlement de juges le tribunal qui devra en connaître. — *Cass.*, 14 mai 1829, Guillaumont.

184. — Quant à la compétence des autres tribunaux, elle est trop clairement définie par les art. 539 et 540 C. d'instr. crim. pour que nous revenions sur ce que nous avons dit *suprà*. — Un seul point fait question. On s'est demandé à quelle Cour il faut s'adresser pour être réglé de juges lorsque le conflit s'élève entre deux tribunaux de première instance ressortissans à la même Cour d'appel, s'ils se trouvent saisis par la voie d'appel.

185. — M. Bourguignon (art. 539) enseigne que c'est à la Cour de cassation. Nous croyons que c'est à la Cour d'appel qu'il appartient de statuer, car l'art. 539 n'exige pas autre chose pour que les Cours d'appel soient compétentes sinon que les deux juridictions saisies ressortissent à la même Cour et soient de degré égal. La circonstance que les deux juridictions auraient prononcé comme juridictions de second degré nous paraît insignifiante, car leur caractère ne change pas pour cela. — Conf. Carnot, t. 3, p. 462 et 463, n° 4.

186. — Lorsqu'il s'est élevé un conflit négatif de juridiction entre trois chambres du conseil ressortissantes à la même Cour d'appel, c'est à cette Cour, et non à la Cour de cassation, qu'il appartient de statuer par règlement de juges. — *Cass.*, 14 déc. 1827, Lecaro.

187. — A la Guadeloupe, c'est au conseil privé de la colonie qu'il appartient de régler de juges en cas de conflit résultant d'arrêts contraires intervenus sur la compétence. — En conséquence, lorsque la chambre de police correctionnelle de la Cour de la Guadeloupe s'est déclarée incompétente pour statuer sur une prévention dont elle a été saisie par arrêt de renvoi de la chambre d'accusation; c'est au conseil privé qu'il appartient de déterminer la juridiction compétente, et il y a lieu de casser l'arrêt de la chambre d'accusation qui, dans ces circonstances, renvoie le prévenu devant la Cour d'assises. — *Cass.*, 12 mars 1847 (t. 2 1847, p. 426), Florin.

§ 3. — *Procédure et jugement.*

188. — Avant d'entrer en matière, nous ferons remarquer que la Cour de cassation statue par voie de règlement de juges sur un simple pourvoi en cassation, lorsqu'elle en reconnaît la nécessité, c'est-à-dire lorsqu'elle reconnaît l'existence d'un conflit. — *Cass.*, 12 févr. 1813, Monnier; 21 oct. 1813, Bourdin; 14 mars 1816, habitans de Beaune; 22 mars 1821, Bouland c. Gosset; 22 nov. 1821 Moyne; 29 mars 1822, Denis; 3 juin 1825, Foucher-Seguinard; 15 juill. 1826, Campocusso.

189. — Spécialement lorsqu'en annulant un jugement, la Cour de cassation reconnaît que le cours de la justice se trouve interrompu, elle convertit le pourvoi en une demande en règlement de juges, et y statue immédiatement. — *Cass.*, 30 avril 1829, Couronne.

190. — Aucun délai n'est prescrit pour former la demande en règlement de juges. Toutefois on comprend que la Cour d'assises qui a accordé à l'accusé un premier délai de trois mois pour former une demande en règlement de juges, sans qu'il ait fait aucunes diligences, ne viole aucune loi, en refusant de lui en accorder un nouveau. — *Cass.*, 5 sept. 1828, Aubry.

191. — Sous la loi du 17 mars 1822, l'action en suspension ou en suppression d'un journal devait être instruite et jugée dans les formalités civiles. En conséquence, c'était à la section des requêtes et non à la section criminelle que devaient être portées, en cette matière, les demandes en règlement de juges. — *Cass.*, 17 juill. 1823, *le Courrier français* et *le Pilote*.

192. — Les demandes en règlement de juges sont instruites et jugées sommairement. — C. instr. crim., art. 525.

193. — Sur le vu de la requête, qui doit être accompagnée des pièces à l'appui, la Cour ou le tribunal (quand le pourvoi est porté devant la Cour suprême, c'est la section criminelle qui en connaît), la Cour ou le tribunal ordonne que le tout soit communiqué aux parties ou statue définitivement sauf l'opposition. — Art. 528, 540.

194. — Ainsi, il y a faculté pour les Cours ou les tribunaux de prononcer sans ordonner la communication, mais on ne doit en user que quand l'affaire ne présente pas un doute sérieux.

195. — Lorsqu'un condamné correctionnellement qui s'est pourvu en cassation déclare se désister de son pourvoi et se réunir au ministère public pour former avec lui une demande en règlement de juges, la Cour de cassation peut, en lui donnant acte de son désistement, statuer sur le règlement de juges. — *Cass.*, 26 déc. 1829, Mergant.

196. — Mais si, dans une affaire criminelle donnant lieu à règlement de juges, et dans laquelle se trouvent plusieurs prévenus, la requête en pourvoi du procureur général ne porte que sur un seul d'entre eux; la Cour n'est saisie que quant à lui et ne peut en conséquence prononcer de règlement de juges qu'en ce qui le concerne, sauf au procureur général à se pourvoir ensuite ainsi qu'il avisera en ce qui concerne les autres prévenus. — *Cass.*, 13 juill. 1848 (t. 2 1848, p. 608), Badié.

197. — Le jugement qui statue sans ordonner la communication, est, à la diligence du procureur général près la Cour de cassation et par l'intermédiaire du ministre de la justice, quand le pourvoi a été porté devant cette Cour, sinon à la requête du ministère public près les autres Cours et tribunaux, notifié à l'officier chargé du ministère public près la Cour, le tribunal ou le magistrat dessaisi. — Art. 532.

198. — Il est notifié de même au prévenu ou à l'accusé et à la partie civile, s'il y en a une. — *Eod.*

199. — Il est susceptible d'opposition. — Art. 528. — L'opposition doit être faite conformément à l'art. 533, c'est-à-dire dans les trois jours et dans les formes prescrites par le chap. 2, tit. 3, C. instr. crim. — V. CASSATION.

200. — La voie de l'opposition est ouverte à toutes les parties défenderesses, mais non pas au ministère public près le tribunal qui se trouve dépouillé par suite du règlement de juges; car il est représenté devant la cour ou le tribunal qui statue sur le règlement, et, d'ailleurs, il ne s'agit pas là de l'exercice d'une action. Aussi l'art. 558 ne parle-t-il que de la communication à faire *aux parties*, et l'art. 529 se borne à dire que les officiers du parquet attachés aux tribunaux saisis transmettront les pièces et leurs avis motivés. — Carnot, t. 3, p. 444.

201. — ... Ni au demandeur. — *Cass.*, 19 oct. 1817, Lainé; 11 sept. 1829, Borel.

202. — Remarquons que le prévenu ou l'accusé n'est pas obligé de se constituer prisonnier pour que son opposition soit recevable. L'art. 421 C. instr. crim. n'est nullement applicable à l'espèce. — Carnot, t. 3, p. 451, n° 5.

203. — ... Ni à consigner l'amende. — Carnot, t. 3, p. 451, n° 4. — Mais, d'après cet auteur, l'opposant qui succombe peut être condamné à l'amende, par application de l'art. 541. A nos yeux, l'amende ne peut jamais atteindre que le demandeur en règlement de juges et non le défendeur.

204. — La loi oblige seulement le prévenu qui n'est pas en arrestation et l'accusé qui n'est pas retenu dans la maison de justice, ainsi que la partie civile, à élire, dans le délai de trois jours, domicile dans le lieu où siége l'une des autorités judiciaires en conflit, s'ils ne l'ont fait antérieurement, et ce sous peine d'être déclarés non recevables. — Art. 535.

205. — A défaut de cette élection, ils ne pourraient non plus exciper de ce qu'il ne leur aurait été fourni aucune communication; le poursuivant en est dispensé à leur égard. — *Ibid.*

206. — C'est dans le lieu où siége l'un des tribunaux saisis que l'élection de domicile est prescrite. Peu importe donc que la partie ait sa résidence dans l'arrondissement communal de l'un des tribunaux. — Carnot, t. 3, p. 453, n° 2.

207. — L'opposition régulièrement formée entraîne de plein droit sursis au jugement du procès. — Art. 531.

208. — En cas d'inobservation de la formalité essentielle de l'élection de domicile, le tribunal qui a été reconnu compétent est-il autorisé à juger l'affaire au fond? Il semble que l'affirmative doive être adoptée, et cependant il est toujours prudent de s'abstenir jusqu'au rejet de l'opposition; parce que, tout en déclarant l'opposant non recevable, les juges saisis du pourvoi pourraient revenir d'office sur leur première appréciation de la compétence, si l'affaire avait changé de nature. — Carnot, t. 3, p. 453 et 454, n° 3.

209. — Dans le cas où la communication est ordonnée sur le pourvoi de l'accusé, du prévenu ou de la partie civile, l'arrêt enjoint à l'un et à l'autre des officiers du ministère public près les autorités judiciaires concurremment saisies, de transmettre les pièces du procès et leur avis motivé sur le conflit. — Art. 529.

210. — Et lorsque la communication est ordonnée sur le pourvoi de l'un des officiers du ministère public, l'arrêt enjoint à l'autre de transmettre les pièces et son avis motivé. — Art. 530.

211. — L'arrêt de soit-communiqué fait mention sommaire des actes d'où naît le conflit, et fixe, selon la distance des lieux, les délais dans lesquels les pièces et les avis motivés sont apportés au greffe. — Art. 531.

212. — Si la mention était omise, le tribunal ne pourrait pas refuser une prorogation aux parties qui la requerraient. — Carnot, t. 3, p. 447, n° 1er.

213. — Mais, à défaut par la partie intéressée de demander la prorogation; il pourrait intervenir contre elle un jugement, qui, bien que par défaut, ne serait pas susceptible d'opposition. — Même auteur.

214. — *Secùs* si l'arrêt était intervenu dans le délai fixé par la production. — Même auteur.

215. — Ne serait pas encore susceptible d'opposition le jugement qui refuserait la prorogation. — Même auteur.

216. — La notification de l'arrêt emporte de plein droit sursis au jugement du procès et, en matière criminelle, à la mise en accusation, ou, si elle a été prononcée, à la formation du jury dans les Cours d'assises et à l'examen dans les Cours spéciales. — Art. 531.

217. — ... Mais non aux actes conservatoires. — *Eod.*

218. — Quoique l'effet suspensif ne se produise légalement qu'à partir de la notification de l'arrêt, il conviendrait que les tribunaux saisis ordonnassent le sursis s'il leur était justifié que le conflit a été élevé. — Carnot, t. 3, p. 448, n° 6.

219. — Un motif puissant commande cette solution: c'est que si le prévenu ou l'accusé était acquitté, il ne pourrait plus être remis en jugement pour le même fait.

220. — Cependant, si les tribunaux passaient outre, il n'y aurait pas ouverture à cassation. Aussi l'accusé, le prévenu ne doivent-ils pas, en pareil cas, négliger de produire leurs moyens de défense.

221. — La notification est faite à la diligence du procureur général près la Cour de cassation et par l'intermédiaire du ministre de la justice, quand c'est la Cour suprême qui règle le conflit. — Art. 532 et 538.

222. — Quand c'est une autre Cour ou un autre tribunal, elle est faite, sans intermédiaire, à la requête du ministère public.

223. — Elle est valablement faite au domicile élu par la partie civile; on est même dispensé de

signifier à cette partie l'arrêt, si elle a négligé l'élection de domicile dans les cas où la loi lui commandait d'en élire un. — Art. 535, 68 et 124.

224. — Jugé que lorsque l'officier du ministère public à qui une demande en règlement de juges devait être communiquée, en a formé une de son côté, l'arrêt interlocutoire ordonnant cette communication devient sans objet, et il y a lieu de le rapporter. — *Cass.*, 20 mai 1828, Delort.

225. — Le prévenu ou l'accusé ou la partie civile peuvent présenter leurs moyens sur le conflit dans les dix jours de la notification de l'arrêt. — C. civ., art. 422.

226. — Le jugement qui tranche le conflit, doit statuer sur tous les actes qui peuvent avoir été faits par la Cour, le tribunal ou le magistrat dessaisi. — Art. 536.

227. — Cette disposition est commandée par la nature même des choses; car le tribunal qui est maintenu n'aurait pas le droit d'annuler des actes émanés d'un tribunal qui ne ressortit pas à sa juridiction, et cependant ces actes pourraient souvent entraver l'instruction.

228. — Par ce mot *actes*, il faut entendre même les jugemens rendus par le tribunal dessaisi.

229. — La décision rendue après un arrêt ou un jugement de soit-communiqué n'est pas susceptible d'opposition. — Art. 537.

230. — Mais quand elle émane d'une Cour d'appel ou d'un tribunal de première instance, elle peut être déférée à la Cour de cassation. — Art. 540.

231. — Toutefois, si le conflit avait surgi avant la délivrance du mandat d'amener, et si la plainte n'avait pas nommé le prévenu, il conviendrait de reconnaître à ce dernier le droit de former tierce opposition à la décision intervenue sur le règlement, parce qu'il n'aurait pas été mis à même de se défendre. Ce recours serait recevable quel que fût le laps de temps écoulé. — Carnot, t. 1er, p. 457, n° 4.

232. — La décision est notifiée aux mêmes parties et dans la même forme que celle des soit communiqué. — Art. 538.

233. — La partie civile, le prévenu ou l'accusé qui succombe dans la demande peut être condamné à une amende, qui toutefois n'excède pas 300 francs, et dont moitié appartient au défendeur. — Art. 541.

234. — Le tribunal saisi par le renvoi pourrait-il examiner sa compétence? « Il ne serait pas raisonnable de penser, dit avec raison Carnot (t. 3, p. 445), que la juridiction qui aurait reconnu sa compétence avant la décision qui vient la confirmer, pût revenir sur ses pas. — Cependant il se pourrait que l'instruction nouvelle révélât de nouveaux faits de nature à changer le délit en crime, et alors il faudrait bien que cette juridiction proclamât son incompétence. — Quant au tribunal qui, après s'être déclaré incompétent, aurait été de nouveau saisi par le renvoi, il doit respecter la chose jugée : à moins, cependant, que l'affaire n'ait changé de nature par suite de l'instruction; et s'il méconnaissait ces principes, les parties ou le ministère public pourraient se pourvoir en appel ou en cassation.

235. — Si la Cour de cassation, appelée à régler de juges, ne trouve point dans les pièces qui lui sont soumises de lumières suffisantes pour fixer la compétence d'une manière irréfragable, elle renvoie devant la Chambre des mises en accusation pour, sur l'instruction faite et le complément à ordonner s'il y a lieu, être statué sur la prévention et la compétence. — *Cass.*, 5 mars 1829, Biscarrat; 12 mars 1829, Roche; 2 avril 1831, Froment; 7 avril 1831, Savoisy; 16 avril 1831, Charpentier; 13 mai 1831, Marsal; 3 juin 1831, Lespagnol; 30 juin 1831, Lamy; 9 sept. 1831, Bodin.

236. — ... Et par exemple s'il existe dans les pièces deux actes de naissance dont l'un attribue au prévenu plus de seize ans et l'autre moins, il ne lui appartient point de décider lequel des deux est le véritable; et, dès lors, elle renvoie devant la Chambre d'accusation pour, sur l'instruction faite et le complément à ordonner s'il y a lieu, être statué sur la prévention et la compétence ainsi qu'il appartiendra. — *Cass.*, 9 sept. 1831, Bodin.

237. — Il est donc de principe que la Cour de cassation doit statuer d'après la prévention qui est l'objet des poursuites; et ne peut connaître des faits pour en déterminer la qualification que d'après la déclaration qui en a été faite par les magistrats chargés de fixer les résultats des informations. — *Cass.*, 22 août 1822, Caron et Roger.

238. — De même, dans un conflit entre la juridiction militaire et la juridiction ordinaire; la Cour de cassation a bien le droit de statuer sur le règlement de juges, mais elle ne peut entrer dans l'examen de la procédure qui a été instruite par l'une ou par l'autre autorité, pour qualifier le délit ou le crime qui lui semble résulter de cette instruction, et décider à quelle juridiction la connaissance doit en appartenir. — *Cass.*, 2 et 22 août 1822, Caron.

239. — Cependant : lorsque après un premier conflit négatif qui a donné lieu à un règlement de juges entre une chambre du conseil et une chambre des mises en accusation, il s'en élève un second entre cette dernière chambre et un tribunal correctionnel; la Cour de cassation peut, en procédant de nouveau au règlement de juges, assigner aux faits reconnus leur caractère légal, de manière que la chambre d'accusation, à laquelle l'affaire est par elle renvoyée, n'ait plus qu'à se conformer à cette qualification. — *Cass.*, 23 sept. 1825, Gagneriez.

240. — En d'autres termes, si la contrariété des décisions qui forme un conflit négatif ne porte pas sur les faits, mais seulement sur leur qualification, il appartient à la Cour de cassation de déterminer le caractère légal de ces faits et de saisir les juges qui doivent en connaître. — *Cass.*, 29 avril 1826, Gelu.

241. — Au contraire : lorsque après un premier conflit négatif entre un conseil de discipline de la garde nationale et une Cour d'appel l'affaire a été renvoyée devant un autre conseil de discipline, et qu'il s'est élevé un nouveau conflit négatif; si la détermination de la compétence dépend d'un point de fait à vérifier, il y a lieu par la Cour de cassation, saisie du deuxième règlement de juges, de renvoyer devant une autre Cour d'appel pour être le point de fait résolu et, dans le cas où cette Cour se trouverait compétente, être statué au fond. — *Cass.*, 25 janv. 1833, Bruneau.

242. — Si le fait poursuivi n'est prévu par aucune loi pénale, il n'y a lieu de prononcer aucun renvoi. — *Cass.*, 7 mai 1824, Loyer.

§ 4. — *Renvoi.*

243. — Quand une seule des juridictions saisies est compétente, nulle difficulté, c'est à elle que le renvoi doit être fait. — Mais si leur compétence est également établie, il est difficile de tracer une règle bien sûre. Tout dépend, à cet égard, des circonstances.

244. — Ainsi, par exemple, il a été jugé qu'en cas de concurrence entre deux juges d'instruction également compétens, il convient d'attribuer la continuation des poursuites à celui du lieu du délit qui a commencé l'information dès le lendemain. — *Cass.*, 30 mai 1828, Delort.

245. — ... Que lorsque des juges d'instruction ressortissans à une Cour d'appel différente se trouvent concurremment saisis de la même affaire, la poursuite peut être attribuée au magistrat dans le ressort duquel le plus grand nombre des prévenus a été arrêté et qui est en même temps le juge du lieu du délit. — *Cass.*, 16 nov. 1827, Boucheron.

246. — ... Que c'est le juge du lieu du délit qui doit être saisi, si l'instruction paraît devoir y être instruite avec plus de facilité et d'économie. — 2 juin 1836, Guyot.

247. — ... Et que bien que deux tribunaux soient également compétens il convient de renvoyer le jugement de l'affaire au tribunal du lieu du délit, si les preuves peuvent y être réunies plus facilement et sans déplacer les témoins. — *Cass.*, 7 janv. 1830, Martin.

248. — La Cour de cassation peut renvoyer le prévenu d'un délit de police traduit d'abord devant le tribunal de simple police, puis devant le tribunal correctionnel, devant ce même tribunal de simple police, si le tribunal correctionnel a décidé que le fait de récidive reproché au prévenu n'existait pas, et s'est, en conséquence, déclaré incompétent. — *Cass.*, 27 juin 1811, Daguino.

249. — En supposant que, sur une demande en règlement de juges, par suite d'un conflit négatif de juridiction entre un tribunal correctionnel et une chambre d'accusation, il se présente une nouvelle circonstance aggravante dont cette chambre n'a pas connu et qui attribuerait au fait le caractère d'un crime, la Cour de cassation, alors même qu'elle annulerait l'arrêt de la chambre d'accusation, dans quelqu'une de ses parties, peut renvoyer devant elle, pour être statué sur cette nouvelle circonstance, en maintenant sa décision sur le fait même de la prévention. — *Cass.*, 3 déc. 1830, Parthenay.

250. — Mais lorsque la chambre d'accusation d'une Cour d'appel et la chambre du conseil d'un tribunal situé dans un autre ressort se sont dessaisies de deux affaires connexes dont elles se sont mutuellement renvoyé la poursuite, il faut renvoyer devant d'autres juges que ceux qui ont concouru à l'instruction et rendu les ordonnances de dessaisissement. — *Cass.*, 5 nov. 1831, Mack.

251. — Lorsque la Cour d'appel à laquelle une affaire a été renvoyée par la Cour de cassation pour régler la compétence reconnaît que le fait constitue un simple délit correctionnel, elle ne peut en attribuer la connaissance qu'à un tribunal correctionnel de son ressort. — *Cass.*, 14 nov. 1828, Barnadet; 28 nov. 1811, Arent.

252. — Un tribunal correctionnel de département n'est pas incompétent pour connaître de l'appel d'un jugement rendu par un tribunal correctionnel de son ressort, par cela seul qu'il aurait rendu lui-même précédemment une ordonnance de mise en prévention dans la même affaire. — Si, cependant, à raison de cette circonstance, le tribunal d'appel s'est déporté, la Cour de cassation peut, en procédant par voie de règlement de juges, renvoyer l'affaire devant un autre tribunal d'appel. — *Cass.*, 17 déc. 1824, Dansault.

253. — Si le prévenu d'un délit commis à l'étranger est en fuite et n'a pas de domicile connu en France, c'est devant le tribunal le plus voisin du délit que la poursuite est renvoyée par la Cour de cassation procédant par voie de règlement de juges. — *Cass.*, 23 fruct. an XIII, Troette.

254. — Dans les causes qui n'ont pu être jugées à Saint-Domingue, par suite des événemens qui se sont passés dans cette colonie, la Cour de cassation a pu renvoyer les parties devant une Cour d'appel de France, par voie de règlement de juges. — *Cass.*, 1er avril 1823, Regnier.

RÈGLEMENT DE POLICE.

V. POUVOIR MUNICIPAL, PRÉFET DE POLICE.

RÉGLEURS DE PAPIER.

Patentables de 8e classe. — Droit fixe et droit proportionnel du 40e de la valeur locative de tous les locaux qu'ils occupent, mais seulement dans les communes de 20,000 âmes et au-dessus. — V. PATENTE.

RÉGLISSE (Fabricans de).

Patentables. — Droit fixe de 25 francs pour cinq ouvriers et au-dessous, et 3 francs par chaque ouvrier en sus, jusqu'au maximum de 200 francs, — et droit proportionnel du 20e de la valeur locative de l'habitation, des magasins de vente complétement séparés de l'établissement industriel, et du 25e de cet établissement. — V. PATENTE.

REGNICOLE.

1. — Ce mot était pris, avant l'avénement de la République, par opposition au mot *aubain* ou *étranger*. Il désignait les naturels français et les étrangers naturalisés. C'est en ce sens que tous les glossaires ont entendu le mot *regnicole*. — V. Denizart, Guyot, Merlin, v° *Regnicole*. — L'ordonnance de 1735 considérait également ce mot comme synonyme de *Français*. Enfin le Dictionnaire de l'Académie ne lui donne pas d'autre signification. — V. aussi Domat, *Lois civiles*, liv. prélim., t. 2, sect. 2e, n° 11; Coin-Delisle, *Des donations et testamens*, sur l'article 980, n° 7; Gaschon, *Code diplomatique des aubains*, *Disc. prélim.*, p. 142. — Le mot *républicole* serait plus justement employé aujourd'hui.

2. — Une question qui a donné lieu à de vives discussions et controverses s'est élevée sur le point de savoir si l'art. 980 C. civ., en exigeant que les témoins aux testamens soient *sujets du roi*, a donné à ces mots la même signification que celle que l'ordonnance de 1735 attachait au mot *regnicole*. — V., à cet égard, les mots ÉTRANGER, FRANÇAIS, LOI, TESTAMENT.

REGRATTIERS.

Patentables de 7e classe. — Droit fixe basé sur la population : — droit proportionnel du 40e de la valeur locative de tous les locaux qu'ils occupent, mais seulement dans les communes de 20,000 âmes et au-dessus. — V. PATENTE.

REGRÈS.

C'était la faculté qu'avait autrefois le vendeur d'un office de revenir sur le traité. — V. OFFICE, nos 465 et suiv.

RÉHABILITATION.

Table alphabétique.

RÉHABILITATION. — **1.** — Rétablissement d'une personne dans son premier état qu'elle a perdu.

2. — La réhabilitation a lieu aujourd'hui en matière criminelle et en matière de faillite. — Nous nous sommes occupés de ce dernier cas vo FAILLITE (V. chap. 47, nos 2800 et suiv.); nous n'avons donc à examiner ici la réhabilitation qu'au point de vue criminel.

§ 1er. — *Notions préliminaires* (no 3).

2. — *Cas dans lesquels la réhabilitation peut être prononcée* (no 8).

3. — *Formalités à remplir* (no 17).

4. — *Effets de la réhabilitation* (no 69).

5. — *Récidive* (no 76).

§ 1er. — Notions préliminaires.

3. — La réhabilitation était autrefois accordée par lettres du roi, et avait pour effet d'effacer pour l'avenir les effets d'une condamnation criminelle expiée. — Rousseaud-Lacombe, *Matière*

crim., p. 520; Jousse, *Justice crim.*, p. 444, no 90; Merlin, *Rép.*, vo *Réhabilitation*, § 1er.

4. — L'ordonnance de 1670, tit. 16, art. 5, autorisait la délivrance des lettres de réhabilitation qui remettaient le condamné *en ses biens, et en sa bonne fame et renommée.* Le Code pénal du 25 sept. 6 oct. 1791, part. 1re, tit. 7, plaça la réhabilitation dans les mains des corps municipaux, et la rendit tellement facile, qu'elle perdait par là tout son mérite. Le Code du 3 brum. an IV ne s'en est pas occupé. Le Code d'instr. crim. édifiant sur de nouvelles bases, a imposé certaines conditions et certaines solennités qui sont plus propres à rétablir le condamné dans le rang de citoyen. Enfin, un décret du Gouvernement provisoire du 18-22 avr. 1848 est venu ajouter à ce Code quelques dispositions favorables à la réhabilitation.

5. — La réhabilitation telle que l'ont réglementée le Code d'instruction crimin. et le décret de 1848 n'a rien de commun avec celle qui est autorisée par les art. 504 et suiv. C. comm., en faveur du failli qui a payé l'intégralité de ses dettes. — V. FAILLITE.

6. — La réhabilitation ne doit pas être confondue avec la grâce, dont elle diffère notamment en ce qu'elle ne peut pas émaner de la seule volonté du gouvernement et en ce qu'elle remet les incapacités et non les peines.

7. — Les lettres de grâce accordées avant l'exécution du jugement préviennent les incapacités légales. Lorsqu'au contraire elles n'ont été accordées qu'après le jugement, elles ne dispensent pas le gracié de se pourvoir en réhabilitation. — Avis du Cons. d'État, 22 déc. 1822, approuvé le 3 janv. 1823, nos 4 et 5. — V. GRACE ET COMMUTATION DE PEINES.

§ 2. — Cas dans lesquels la réhabilitation peut être prononcée.

8. — « Tout condamné à une peine afflictive ou infamante qui a subi sa peine, ou qui a obtenu soit des lettres de commutation, soit des lettres de grâce, peut être réhabilité. » C. instr. crim., art. 619.

9. — Les condamnés à des peines perpétuelles sont exclus, par le fait, du bénéfice de la réhabilitation pendant toute la durée de la peine. — Carnot, *Instr. crim.*, art. 619, no 1er. — Il en est autrement, ainsi qu'on peut le voir par les termes de l'art. 619, lorsqu'ils ont obtenu des lettres de grâce ou de commutation; alors, ils ont le même droit que les autres condamnés.

10. — Legraverend (t. 2, p. 858) avait soutenu qu'il ne pouvait jamais y avoir lieu à la réhabilitation des condamnés à la peine du bannissement, parce que l'art. 649 ne parle point de cette peine; il avait même prétendu qu'à l'expiration de la durée du bannissement, la réhabilitation avait lieu de plein droit. — Bourguignon (*Jurisprud. crim.*, t. 2, p. 543, no 1er) a expliqué le silence du Code par cette circonstance que, lors de sa publication, la peine du bannissement n'existait pas; et s'appuyant sur les expressions générales de la loi, il a démontré qu'aucune exception ne pouvait être admise. Dans ses notes posthumes, Legraverend (*ibid.*, note 1re) a reconnu l'exactitude de cette réponse et s'est rétracté.

11. — Le banqueroutier condamné à des peines afflictives ou infamantes serait tenu, comme tout autre condamné, de se conformer aux dispositions du Code d'instr. crim. pour être réhabilité dans l'exercice de ses droits de citoyen. — Carnot, art. 649, no 3.

12. — L'art. 642 C. comm. qui refuse la réhabilitation aux individus condamnés pour les divers délits qu'il spécifie, n'est pas applicable en matière criminelle, et ne met point obstacle à la réhabilitation autorisée par le Code d'instruction criminelle. — Carnot, *Instr. crim.*, t. 2, p. 594, no 11.

13. — Les individus privés de leurs droits civils par de simples peines correctionnelles, ne pouvaient pas, sous le Code d'instruction criminelle, être admis à la réhabilitation. — La loi n'avait, en effet, selon la jurisprudence, ouvert cette voie qu'aux condamnés à des peines afflictives ou infamantes. — Cass., 31 janv. 1839 (t. 1er 1839, p. 89), intérêt de la loi. — Contrà, Paris, 11 mai 1838 (t. 1er 1838, p. 549), même arrêt.

14. — Un projet de loi présenté aux Chambres en 1843 dérogeait à cette jurisprudence par la disposition destinée à former l'art. 633 du Code, mais ce projet n'avait pas été converti en loi. Ce n'est qu'après la révolution de février qu'un décret du Gouvernement provisoire du 18-22 avril

1848 a formellement admis les condamnés correctionnels au bénéfice de la réhabilitation.

15. — Le condamné qui s'est évadé après avoir subi une partie de sa peine, doit se reconstituer et la subir entièrement pour ensuite pouvoir être admis à se faire réhabiliter. — Carnot, *Instr. crim.*, t. 3, p. 595, no 7.

16. — Le contumax qui a prescrit sa peine au lieu de la subir ne peut être admis au bénéfice de la réhabilitation. — Décis. min. just., 25 mai 1829. — Gillet, *Analyse chronologique des circul., instruct. et décis. du min. de la just.*, p. 318.

§ 3. — Formalités à remplir.

17. — La demande en réhabilitation ne peut être formée par les condamnés aux travaux forcés à temps, à la détention ou à la réclusion que cinq ans après l'expiration de leur peine, et par les condamnés à la dégradation civique qu'après cinq ans à compter du jour où la condamnation s'est devenue irrévocable, et cinq ans après qu'ils ont subi la peine de l'emprisonnement s'ils y ont été condamnés. — En cas de commutation, la demande en réhabilitation ne pourra être formée que cinq ans après l'expiration de la nouvelle peine; et en cas de grâce, que cinq ans après l'enregistrement des lettres de grâce. — C. instr. crim. art. 619.

18. — Les condamnés correctionnellement peuvent obtenir leur réhabilitation trois ans après l'expiration de leur peine. — Décr. 18-22 avril 1848, art. 5.

19. — Celui qui, en matière criminelle, demande sa réhabilitation doit, de plus, demeurer depuis cinq ans dans le même arrondissement communal et être domicilié depuis deux ans accomplis dans le territoire de la municipalité à laquelle sa demande est adressée. — C. instr. crim., art. 620. — Le condamné correctionnellement n'est soumis qu'à la condition du domicile depuis deux ans dans la même commune. — Décr. préc. 1848, art. 5.

20. — Il faut de plus qu'il soit joint à sa demande des attestations de bonne conduite données au condamné par les conseils municipaux et par les municipalités dans le territoire desquels il a demeuré ou résidé pendant le temps qu'a précédé sa demande. — Ces attestations de bonne conduite ne peuvent lui être délivrées qu'à l'instant où il quitte son domicile ou son habitation; elles doivent être approuvées par le sous-préfet et le procureur de la République ou leur substitut, et par les juges de paix des lieux où il a demeuré ou résidé. — C. instr. crim., art. 620.

21. — De simples attestations délivrées par les maires ne suffiraient pas, la loi exige qu'elles émanent des conseils municipaux. — V. Carnot, art. 620, no 2. — Il suffit que la majorité simple se soit prononcée dans le sein du conseil municipal, pour constituer son vote. — La loi ne se contente pas d'un simple visa, d'une simple légalisation de la part des fonctionnaires désignés dans cet article; elle exige que les attestations soient approuvées par le sous-préfet, le procureur de la République et le juge de paix. Ces approbations doivent être simultanément fournies. — Carnot, art. 620, no 4.

22. — L'art. 5 déc. 1848 porte que le condamné correctionnel devra adresser directement sa demande au procureur général de la Cour d'appel dans le ressort de laquelle son arrêt de condamnation a été rendu; il doit y joindre des certificats de bonne conduite délivrés par les maires des communes qu'il a successivement habitées approuvés par les sous-préfets. — Le procureur général donne son avis au ministre de la justice, qui prononce. — Si la demande est accueillie, la réhabilitation veut que les lettres accordées soient transcrites en marge de l'arrêt qui a prononcé la condamnation.

23. — Lorsque la réhabilitation est réclamée par un condamné pour crime, la demande, les attestations exigées par l'art. 620 C. instr. crim. doivent prononcer du jugement. Le condamné non soumis au procureur général, qui transmet son avis par écrit au ministre de la justice, lequel statue. — Décr. 18-22 avr. 1848, art. 2. — Si la demande est rejetée, le condamné peut se pourvoir de nouveau après un intervalle de cinq ans; il est procédé sur la nouvelle demande selon qu'il est prescrit au C. d'instruction criminelle. — Même décret, art. 3.

24. — Les formalités prescrites par le Code d'instr. crim. et qui applicables autrefois à la première réhabilitation ne le sont plus depuis le décret du 18 avr. 1848 qu'à la seconde, sont les sui-

vantes : — La demande, les attestations exigées par l'art. 620 (V. *suprà*, n° 20) et l'expédition du jugement de condamnation sont déposées au greffe de la Cour d'appel dans le ressort de laquelle réside le condamné. — C. instr. crim., art. 621.

25. — L'envoi des pièces doit être fait à la diligence de la partie intéressée. — Carnot, *Instr. crim.*, art. 621, n° 2.

26. — Il importe de remarquer que ce n'est pas au greffe de la Cour d'appel qui a prononcé la condamnation, mais de celle du domicile du demandeur, que les pièces doivent être déposées, parce que c'est le lieu où il est le plus facile de se procurer des renseignemens sur la conduite. — Carnot, *Instr. crim.*, *ibid.*, n° 1er ; Bourguignon, *Man. d'instr. crim.*, t. 2, p. 134, note *a*.

27. — « La requête et les pièces sont communiquées au procureur général, qui donne ses conclusions motivées et par écrit. » — C. instr. crim., art. 622.

28. — Les conclusions que le procureur général appose sur la requête ne le dispensent pas d'en donner de nouvelles après le rapport fait en exécution des art. 623 et suiv. — Carnot, art. 622.

29. — Ces conclusions peuvent avoir pour objet soit le rejet de la demande, soit de nouvelles informations.

30. — « L'affaire est rapportée à la chambre d'accusation. » — C. instr. crim., art. 623.

31. — Legraverend (t. 2, p. 769) pense que la chambre des appels de police correctionnelle pourrait prendre connaissance des demandes en réhabilitation. La réhabilitation n'étant admise qu'en matière de grand criminel, nous ne pensons pas que cette chambre puisse s'immiscer dans la connaissance de ces sortes d'affaires, qui sont étrangères à ses attributions ordinaires.

32. — La loi ne fixe aucun délai pour le rapport; mais l'avis ne peut, d'après l'art. 627, être donné qu'après un délai de trois mois, depuis que la requête a été présentée. — Carnot, *Instr. crim.*, art. 623, n° 1er.

33. — Le rapport fait à la chambre d'accusation n'est pas public. — Carnot, *ibid.*

34. — « La Cour et le ministère public peuvent, en tout état de cause, ordonner de nouvelles informations. » — C. instr. crim., art. 624.

35. — Malgré l'équivoque qui pourrait résulter de la contexture de l'art. 624, il est clair que le ministère public peut seulement requérir, et que c'est à la cour à ordonner de nouvelles informations (Carnot, *Instr. crim.*, art. 624, n° 2), sauf au ministère public à recueillir lui-même tous les renseignemens qu'il croira devoir se procurer.

36. — La Cour pourrait, quelles que fussent les conclusions du ministère public, ordonner d'office des informations nouvelles. — Carnot, *ibid.*

37. — Il suit de là que les juges ne sont pas tenus, comme sous le Code pénal de 1791, de s'en rapporter aveuglément aux attestations produites devant eux, et qu'ils ont un droit d'examen qui les autorise à refuser l'avis favorable demandé. — Carnot, *Instr. crim.*, art. 624, n° 1er.

38. — « La notice de la demande en réhabilitation est insérée au journal judiciaire du lieu où siége la Cour qui doit donner son avis, et du lieu où la condamnation a été prononcée. » — C. instr. crim., art. 625.

39. — Carnot (*Instr. crim.*, art. 625, n° 2) prétend que l'insertion de la demande au journal judiciaire doit être faite à la diligence du procureur général. La loi ne lui impose point ce devoir. L'insertion, d'ailleurs, n'est pas gratuite : c'est donc au postulant à remplir cette formalité, s'il veut mettre à fin la procédure prescrite par la loi.

40. — Le projet de loi présenté aux Chambres en 1843, proposait l'abrogation de l'art. 625, pour ne point ramener l'attention publique sur une condamnation peut-être oubliée.

41. — « La Cour, le procureur général entendu, donne son avis. » — C. instr. crimin., art. 626.

42. — On peut se demander si l'audience ne doit point être publique, d'après le droit commun auquel il n'a été dérogé, sur ce cas, par aucune disposition; mais si l'on admet, avec nous, que c'est la chambre des mises en accusation qui est appelée à donner un avis, on admettra aussi que, dans le droit commun, l'audience n'est pas publique. D'ailleurs, dès qu'il s'agit d'un simple avis, et non d'un jugement, les règles de la publicité des audiences ne sont point applicables.

43. — Par une conséquence du même principe, le demandeur n'a pas le droit d'être présent au rapport, ni aux conclusions, ni au prononcé de l'avis.

44. — La loi ne dit pas que l'avis de la Cour sera motivé, comme elle l'a fait à l'égard des conclusions du procureur général. Le défaut de motifs ne serait donc point une nullité. Mais Legraverend (t. 2, p. 776) fait observer qu'il est plus convenable que l'avis soit motivé, afin que le demandeur ne puisse pas se présenter comme victime de l'arbitraire.

45. — « Cet avis ne peut être donné que trois mois au moins après la présentation de la demande en réhabilitation. » — C. instr. crimin., art. 627.

46. — Il peut y avoir quelque incertitude sur ce qu'il faut entendre par la *présentation* qui, d'après cet article, fait courir le délai de trois mois qu'il exige. Carnot (*Instr. crim.*, art. 627, p. 602, n° 2) s'appuie sur l'art. 622, qui porte que la demande sera *adressée* au conseil municipal. Mais on ne peut entendre par présentation, que celle qui est faite à l'autorité chargée d'en connaître. Le conseil municipal délibère sur la moralité du demandeur, et non sur le mérite de sa demande en réhabilitation. C'est donc seulement du jour de la présentation à la Cour d'appel, que le délai commence à courir, nonobstant la disposition de l'art. 621, qui parle du dépôt des pièces au greffe.

47. — L'avis que la Cour d'appel aurait donné avant l'expiration du délai prescrit par cet article devrait être considéré comme non avenu. — Carnot, *Instr. crimin.*, art. 627, n° 1er.

48. — Mais si la Cour ne peut pas donner son avis avant l'expiration des 3 mois, elle a la faculté de prendre tout le temps nécessaire pour s'éclairer sur la conduite de la partie. — Carnot, *Instr. crimin.*, *ibid.*, n° 2.

49. — « Si la Cour est d'avis que la demande en réhabilitation ne peut être admise, le condamné peut se pourvoir de nouveau après un nouvel intervalle de cinq ans. » — C. instr. crimin., art. 628.

50. — Si la demande n'avait été rejetée qu'à cause de l'irrégularité de certaines pièces, la décision ne serait que provisoire et le demandeur pourrait, en faisant les justifications exigées, obtenir un avis favorable sur la première demande. — Carnot, *Instr. crimin.*, art. 621, n° 3.

51. — Malgré la généralité des expressions de l'art. 628, le contumax, le condamné qui a prescrit sa peine ou celui qui ne l'a subie que partiellement ne seraient point recevables à réitérer leur demande après un délai de cinq années. — Carnot, *Instr. crimin.*, *ibid.*, n° 5.

52. — Le délai de cinq années court du jour de l'arrêt qui a déclaré que la demande ne pouvait pas être admise. — Carnot, *Instr. crimin.*, *ibid.*, n° 1er.

53. — Le condamné qui réitère sa demande après l'expiration des cinq années est obligé de produire les mêmes pièces et de faire les mêmes justifications que pour les premières demandes. — Carnot, *Instr. crim.*, *ibid.*, n° 2, et Bourguignon, *Manuel d'instr. crimin.*, t. 2, p. 135, note *a*.

54. — « Si la Cour pense que la demande en réhabilitation peut être admise son avis ensemble les pièces exigées par l'art. 620 sont, par le procureur général et dans le plus bref délai, transmis au ministre de la justice, qui peut consulter le tribunal qui a prononcé la condamnation. » — C. instr. crimin., art. 629.

55. — C'est seulement lorsque la Cour donne un avis favorable que les pièces doivent être transmises au ministre. — Carnot, art. 629, n° 1er. — Ainsi : la Cour peut empêcher la réhabilitation, sans avoir le droit de la conférer.

56. — Le ministre peut consulter le tribunal qui a prononcé la condamnation; mais il n'y est pas obligé.

57. — L'art. 630 C. instr. crimin. voulait qu'il fût fait rapport de l'affaire au roi par le ministre de la justice; ce rapport devait, d'après la première édition du Code d'instruction criminelle, être fait dans un conseil privé, formé aux termes de l'art. 86 de l'acte des Constitutions de l'empire du 16 therm. an X; mais cette disposition avait été retranchée lors de la nouvelle publication du Code, faite en exécution de l'ordonn. du 9 sept. 1816. Il n'y avait donc plus, dès lors, lieu à la réunion d'aucun conseil pour délibérer sur la demande.

58. — Aujourd'hui, c'est le ministre de la justice qui, aux termes de l'art. 1er du décret du 18 avr. 1848, est autorisé à prononcer la réhabilitation des condamnés.

59. — Ce droit n'a sans doute été donné au ministre de la justice, selon les termes mêmes du décret, que *provisoirement*; mais, aucune disposition n'étant intervenue depuis sur cette matière, le provisoire dure toujours.

60. — Lorsque, sur la première demande, le ministre a prononcé la réhabilitation, il en est expédié des lettres qui sont transcrites en marge de la minute de l'arrêt qui avait prononcé la condamnation. — Décr. 18 avr. 1848, art. 4. — Si c'est sur une seconde demande que la réhabilitation est prononcée, les lettres expédiées doivent contenir l'insertion de l'avis de la Cour d'appel. — C. instr. crim., art. 631; décr. 18 avr. 1848, art. 7.

61. — Legraverend (t. 2, p. 771) pense que le roi pouvait, autrefois, dispenser un demandeur de l'accomplissement d'une partie des formalités ou de l'observation des délais prescrits. Toutefois, un avis du Conseil d'Etat du 8 janv. 1822 portait précisément le contraire.

62. — Cet auteur croit même qu'en vertu de son droit de grâce le roi pouvait accorder la réhabilitation sans qu'aucune formalité eût été accomplie, d'après la règle : Qui peut le plus, peut le moins. Mais il résulte de l'avis du Conseil d'Etat précité qu'après l'exécution du jugement, le droit de grâce ne pouvant plus porter sur la peine, ne pouvait être étendu à ses simples conséquences, et que le condamné était obligé de suivre les formes ordinaires. — V. GRACE ET COMMUTATION DE PEINE.

63. — « Les lettres de réhabilitation sont adressées à la Cour qui a délibéré l'avis; il en est envoyé copie authentique à la Cour qui avait prononcé la condamnation, et transcription des lettres est faite en marge de la minute de l'arrêt de condamnation. » — C. instr. crim., art. 632.

64. — Les dispositions de cet article ne sont plus entièrement applicables aujourd'hui que dans le cas où la réhabilitation a été accordée sur une seconde demande, puisque ce n'est qu'alors que la Cour d'appel donne son avis.

65. — La loi ne dit pas l'usage qui doit être fait des lettres par la Cour à laquelle elles sont adressées, le décret de 1848 garde le même silence; Carnot (*Instruct. crimin.*, art. 632, n° 1er) pense que cette Cour doit en faire donner lecture en audience publique, et en ordonner le dépôt parmi ses minutes pour y avoir recours au besoin.

66. — Jugé que, lorsque des lettres de réhabilitation sont adressées aux présidens et conseillers d'une Cour d'appel, elles doivent être entérinées par toutes les chambres assemblées de cette Cour, et non pas seulement par les deux chambres civiles. — *Poitiers*, 28 nov. 1828, Bernard.

67. — La tache de l'infamie qu'imprime une condamnation pour crime ne peut être effacée aux yeux de la loi que par une réhabilitation faite dans les formes qu'elle a prescrites. L'individu qui a subi sa peine n'est pas réhabilité de fait par les prétendus usages du pays où il a été condamné. Ainsi : en cas de nouveau crime, il était justiciable de la Cour spéciale. — *Cass.*, 17 janv. 1812, Montara. — Merlin, *Rép.*, v° *Récidive*, nos 9 et 10.

68. — En conséquence : celui qui, après avoir subi une peine afflictive ou infamante, commettait un nouveau crime, sans avoir été réhabilité dans la forme légale, devenait justiciable de la Cour spéciale, bien que, d'après l'ancienne loi du pays où sa condamnation avait été prononcée, l'expiation entière de la peine eût l'effet d'une réhabilitation. — *Cass.*, 21 mai 1812, Pasqueci. — *Contrà*, Legraverend, t. 2, § 2, p. 507, note 12, et p. 607.

§ 4. — *Effets de la réhabilitation.*

69. — D'après le Code pénal de 1791 (part. 1re, tit. 7, art. 10), la réhabilitation faisait cesser, dans la personne du condamné, tous les effets et toutes les incapacités résultant de la condamnation. Ces mots, *tous les effets*, avaient été conservés dans le projet du Code d'instr. crim. Mais ils furent rayés dans la séance du Conseil d'Etat du 25 sept. 1808 : pour prévenir toute prétention de la part du réhabilité à se faire restituer le montant des condamnations pécuniaires qu'il aurait acquittées, ou à se faire décharger de celles qui seraient encore dues. — Bourguignon, *Jurispr. crim.*, t. 2, p. 518.

70. — En conséquence, il fut admis que : « La réhabilitation ferait cesser, pour l'avenir, dans la personne du condamné, toutes les incapacités qui résultaient de la condamnation. » — C. instr. crim., art. 633.

71. — La réhabilitation produit son effet du jour où les lettres qui la confèrent ont été notifiées à l'impétrant ou qu'il lui en a été donné connaissance par les fonctionnaires chargés de veiller à leur exécution, c'est-à-dire par le pro-

cureur général ou le procureur de la République. —Avis du *Conseil d'Etat* du 12 prair. an XIII, approuvé le 25.

72. — Le Code d'instruction criminelle ne suspend pas, comme le Code pénal de 1791, tit. 7, art. 13, l'exercice des droits civils du réhabilité jusqu'à ce qu'il ait satisfait aux dommages-intérêts, ainsi qu'aux autres condamnations pécuniaires. — Carnot, *Instruction crimin.*, art. 533 n° 2.

73. — Jugé que la réhabilitation accordée à un condamné n'a pas d'autre effet que de le relever pour l'avenir des incapacités prononcées par l'art. 28 C. pén. Qu'elle ne peut notamment l'affranchir des peines de la récidive, lorsqu'il vient à commettre un nouveau crime. — *Cass.*, 6 févr. 1823, Lièvre.

74. — MM. Chauveau et Hélie (*Théorie du C. pén.* t. 1er, p. 415) pensent que si la loi est explicite et claire, elle n'est pas à l'abri de toute critique : « Elle a placé le condamné, disent-ils, au rang des citoyens ; elle a voilé son crime : c'est un homme nouveau. Pourquoi, ce crime effacé, resterait-il indélébile pour la récidive seulement ? » Cette critique ne nous paraît pas fondée ; le condamné qui déchire lui-même le voile dont la société avait couvert son crime ne mérite aucune indulgence. Sa rechute prouve que son cœur est resté souillé de la même impureté. La réhabilitation ne l'a replacé au rang des citoyens que sous la condition tacite qu'il ne retomberait plus dans le crime. Il rompt le contrat : la société recouvre tous ses droits. — Favard de Langlade, v° *Récidive*, n° 12 ; Legraverend, t. 2, chap. 10, p. 605.

75. — D'après le projet de loi présenté aux Chambres en 1848, la réhabilitation n'aurait pas fait cesser l'incapacité de tenir une école.

§ 5. — *Récidive.*

76. — « Le condamné pour récidive n'est jamais admis à la réhabilitation. » — C. instr. crim., art. 634.

77. — L'art. 634 déroge à l'art. 619 relativement à la récidive. C'est une restriction que n'avait pas faite le C. pén. de 1791. — Carnot, *Instruct. crim.*, art. 634, n° 1er.

78. — Le projet de loi présenté aux Chambres, en 1848, supprimait la disposition de l'art. 634, et doublait les délais lorsque la demande avait été formée par un condamné en récidive ; mais, en cas de nouvelle condamnation, il ne permettait plus de former de demande en réhabilitation.

79. — L'art. 634 ne s'applique qu'à la récidive de crimes et non à celle de simples délits. Il ne suffit donc pas que pour d'autres faits le demandeur eût été précédemment condamné aux peines correctionnelles de la récidive. — Legraverend, t. 2, p. 608, et Carnot, *Instr. crim.*, art. 632, nos 2 et 3.

RÉIMPRESSION.

V. DÉLIT DE PRESSE, LIVRES D'ÉGLISE, OUVRAGES CONDAMNÉS, PROPRIÉTÉ LITTÉRAIRE.

REINE.

1. — Dans un sens restreint, on appelle ainsi la femme qui gouverne un royaume, y exerce la puissance souveraine.

2. — Au point de vue de cette acception, il ne peut y avoir de reine proprement dite dans les Etats où les femmes sont exclues de la couronne.

3. — Sous quelque époque que ce soit de la monarchie française, les femmes ont toujours été exclues de la succession au trône. Ainsi, il n'y a jamais eu de reine régnante, de reine qui tînt la couronne de son propre droit. — V. ROI.

4. — La dénomination de *reine* a, néanmoins, toujours été employée en France, mais avec une signification autre que celle de reine régnante. Ainsi, autrefois, comme dans les derniers temps de la monarchie, on donnait le titre de reine à la femme qui était ou qui avait été l'épouse d'un roi. Il n'y avait donc que le mariage avec un roi qui pût conférer le titre de reine en France.

5. — Dans les premiers temps de la monarchie, il existait, pour les rois francs, une prérogative scandaleuse qui consistait à pouvoir épouser plusieurs femmes à la fois. Mais il n'y avait que la femme devenue épouse par mariage *public* qui pût prendre le titre de reine. — Merlin, *Répert.*, v° *Reine*, § 1er, nos 1 et 2. — Les mœurs, la religion et les lois firent bientôt disparaître cette prérogative, et les rois comme les sujets ne purent avoir à la fois plus d'une épouse.

6. — L'usage de sacrer et de couronner les reines a existé pendant quelque temps. Quand les rois étaient mariés au moment où la couronne leur échéait, les reines étaient couronnées avec eux. S'ils se mariaient après leur couronnement, leurs femmes étaient sacrées et couronnées ailleurs qu'à Reims. — Merlin, *Répert.*, v° *Reine*, § 2, n° 3.

7. — Autrefois, les reines de France partageaient avec leurs époux le poids de l'administration publique. Ainsi, c'était la reine qui avait le maniement des finances, réglait les présens qu'on faisait aux ambassadeurs et recevait ceux qui étaient offerts au roi. Elle avait aussi la surintendance des domaines du roi. On ne sait point d'une manière précise à quelle époque les reines ont cessé d'administrer les domaines et les finances. — Merlin, *eod. verb.*, § 2, n° 2.

8. — Sous la seconde race, les rois étaient dans l'usage de doter leurs épouses ; ils leur donnaient des terres domaniales, avec le droit d'en disposer à leur volonté. Les reines acquéraient, dès l'instant du mariage, la propriété pleine et irrévocable de ces terres. — Merlin, *loc. cit.*, n° 4.

9. — Vers la fin du XIIe siècle, il cessa d'être permis aux rois d'abandonner à leurs épouses, à titre de dot ou de douaire, la propriété d'aucune terre du domaine. A partir de cette époque, les reines ne purent plus avoir que des douaires viagers, assignés, soit sur des terres domaniales, soit sur d'autres revenus de l'Etat. L'importance du douaire des reines fut même limitée, par l'art. 530 de l'ordonnance de Blois, à la valeur de 3,333 écus de revenu annuel.

10. — Aux termes de l'art. 15 du sénatus-consulte organique du 28 flor. an XII, l'empereur pouvait fixer le douaire de l'impératrice et l'assigner sur la liste civile ; ses successeurs ne pouvaient rien changer aux dispositions qu'il aurait faites à cet égard.

11. — Mais un sénatus-consulte du 30 janv. 1810 modifia la disposition qui précède. D'après l'art. 54 de ce sénatus-consulte, le douaire des impératrices était à la charge de l'Etat ; la quotité de ce douaire était fixée par un sénatus-consulte, lors du mariage de l'empereur ou du prince impérial, ou lors de l'avènement au trône du prince puîné, s'il avait été marié avant le temps où il avait acquis la qualité d'héritier présomptif de la couronne.

12. — Le douaire des reines n'a point été maintenu par la charte de 1814 et par celle de 1830. La première dans son art. 23, la seconde dans son art. 19 se sont bornées à poser en principe qu'une liste civile serait fixée pour toute la durée de chaque règne.

13. — Avant 1789, il existait aussi en France un impôt appelé *ceinture de la reine* et établi pour l'habillement de la reine. Mais cet impôt, qui consistait en objets de consommation, a été aboli, comme tous les anciens droits, par la loi du 12-17 mars 1791.

14. — La reine née en pays étranger devenait Française par son mariage avec le roi, suivant l'art. 12 du Code civil, qui veut que l'étrangère qui épouse un Français suive la condition de son mari, et elle avait, relativement aux immeubles propres qui pouvaient lui appartenir en France, les mêmes droits, les mêmes priviléges que tous les autres Français.

15. — La reine participait aux honneurs, aux distinctions, aux priviléges dont le roi jouissait.

16. — Lorsqu'il existait deux reines, l'une mère et l'autre épouse du roi, c'était la première qui devait avoir la préséance sur la seconde. — Merlin, v° *Reine*, § 3, n° 3.

17. — Membre de la famille royale, la reine était protégée contre la diffamation et l'injure, dont elle pouvait être l'objet, par les lois répressives de l'offense commise envers le roi. — V. OFFENSE.

18. — Après la mort du roi, la reine, soit qu'elle restât veuve, soit qu'elle convolât à de secondes noces, conservait le titre de reine et continuait à jouir des honneurs, des prérogatives, des priviléges attachés à ce titre.

19. — Quoique exclue de la régence, la reine avait la garde et la tutelle du roi mineur. — V. RÉGENCE, n° 25.

20. — Les habits de deuil des reines veuves étaient autrefois ordinairement blancs. Le peuple, à cause de cette circonstance, donnait le nom de *reine blanche* à toutes les reines veuves indistinctement. Mais la véritable origine de ce nom vient de ce qu'il a existé deux veuves de rois de France appelées *Blanche*. — Merlin, v° *Reine*, § 3, n° 4 *in fine*.

RÉINTÉGRANDE.

1. — On appelle ainsi l'action en complainte possessoire, quand elle se fonde sur un fait de violence et de dessaisine par force ; c'est-à-dire lorsque le possesseur n'est pas seulement troublé, mais a été entièrement dépossédé par voies de fait. — V. ACTION POSSESSOIRE, n° 131.

2. — Aujourd'hui, comme sous l'ancienne législation, l'action en réintégrande est une action possessoire d'un caractère spécial, qui peut, par suite du principe : *Spoliatus ante omnia restituendus*, être formée sans que celui qui l'exerce ait besoin de justifier d'une possession annale antérieure au trouble. Le fait seul de la possession au moment de la violence ou de la voie de fait suffit. — *Cass.*, 23 nov. 1846 (t. 2 1846, p. 755), Pairault c. Bidault. — V. ACTION POSSESSOIRE, nos 138 et suiv.

3. — Cette action ne peut être écartée sous le prétexte que la voie de fait n'aurait été que la suite d'une précédente voie de fait que le demandeur aurait lui-même commise. — L'exercice de la complainte possessoire de la part du défendeur à la réintégrande ne peut légitimer la voie de fait dont la répression est l'objet de la demande en réintégrande. — Dès lors, il y a excès de pouvoir et violation des principes sur la réintégrande de la part du tribunal qui se refuse à statuer sur l'action en réintégrande du demandeur indépendamment de celle en complainte possessoire introduite par le défendeur. — *Cass.*, 5 août 1845 (t. 2 1845, p. 304), Bastard c. Chauvannet. — *Ibid.*

4. — Toutefois, bien que l'action en réintégrande n'ait pas besoin, pour être exercée, de s'appuyer sur une possession réunissant toutes les conditions prescrites par l'art. 23 du Code de procédure ; il n'en est pas moins certain qu'elle ne peut avoir pour seul élément la détention qui ne serait que le résultat d'une voie de fait ou furtive ou violente, et ne présenterait pas conséquemment le caractère d'une possession matérielle : caractère dont l'appréciation appartient aux juges. — *Cass.*, 8 juill. 1845 (t. 2 1845, p. 772), Duhoux c. Comm. de Parcy-sous-Monfort.

5. — La demande par le propriétaire qui a fait construire un mur le long de sa propriété, tendant à être réintégré dans la possession de ce mur, que le défendeur a fait abattre peu de jours après sa construction, constitue une action en réintégrande. — *Cass.*, 23 nov. 1846 (t. 2 1846, p. 755), Pairaut c. Bidault.

RELACHE, RELACHE FORCÉE.

V. ACTION PUBLIQUE, ASSURANCE MARITIME, AVARIES, CAPITAINE DE NAVIRE, CASSATION (mat. civ.), CONSUL, DOUANES, ENTREPOT, FRET, JUSTICE DE PAIX, NAVIRE.

RELAIS (Entrepreneurs de).

Patentables (même lorsqu'ils sont maîtres de poste) rangés dans la cinquième classe. — Droit fixe, basé sur la population ; droit proportionnel du vingtième de la valeur locative de l'habitation et des lieux servant à l'exercice de la profession. — V. PATENTE. — V. aussi POSTES.

RELAIS DE LA MER.

V. LAIS ET RELAIS DE LA MER, MER.

RELATION A UN ACTE.

V. ACTE RÉCOGNITIF, DATE, DONATION ENTRE-VIFS, ENREGISTREMENT, INSCRIPTION HYPOTHÉCAIRE.

RELÉGATION.

1. — Peine consistant dans la résidence obligée en certains lieux que désignait l'ordre du souverain, jusqu'à ce que le rappel eût été prononcé.

2. — La relégation, chez les Romains, était ce que plus tard, en France, était l'exil. — V. ce mot et BANNISSEMENT.

3. — La relégation, longtemps inconnue en France, se retrouve cependant dans l'édit du mois d'août 1669, la déclaration de juillet 1682 et celle du 24 juillet 1705 ; mais elle ne fut pas admise au nombre des peines que nos lois criminelles consacrèrent après la révolution de 1789.

4. — Une loi du 29-31 octobre 1815 l'introduisit en quelque sorte de nouveau en France ; mais,

ainsi que le fait remarquer Carnot (C. pén., art. 8, n° 3), « il en fut fait un usage si fréquent et si abusif pendant sa courte et cependant beaucoup trop longue durée, qu'il faut espérer que l'on n'en verra jamais reproduire les dispositions. »

5. — La relégation n'a, ainsi qu'on peut le voir, aucun rapport avec le bannissement ou avec l'abstention de lieux prononcée dans certains cas (V. BANNISSEMENT, ABSTENTION DE LIEUX. — V. aussi EXIL); tout au plus pourrait-on lui trouver quelque analogie avec la résidence obligée dont sont l'objet les condamnés à la surveillance; et encore, depuis que la loi de 1832 a autorisé les condamnés à désigner eux mêmes le lieu de leur résidence, cette analogie a-t-elle presque entièrement cessé d'exister.

RELIEF.

1. — Le relief, aussi nommé rachat, était autrefois la taxe payée par le vassal à son seigneur lorsque le fief changeait de mains.

2. — Dans certaines coutumes on exceptait du relief les mutations opérées « par vendition ou rente rachetable ; » dans d'autres, celles qui avaient lieu par suite de succession directe ou donation en ligne directe.

3. — Le relief était, dans l'origine, fixé arbitrairement par le seigneur; mais l'usage, puis les coutumes, finirent par en déterminer la quotité: cette quotité était, dans la plupart des provinces, du revenu d'un an de la chose tenue en fief.

4. — Les reliefs ont disparu avec tous les droits féodaux.

RELIEURS DE LIVRES.

Patentables de septième classe. — Droit fixe et droit proportionnel du quarantième de la valeur de tous les locaux qu'ils occupent, mais seulement dans les communes de vingt mille âmes et au-dessus. — V. PATENTE.

RELIGIEUX, RELIGIONNAIRE.

V. ACTES DE L'ÉTAT CIVIL, COMMUNAUTÉS RELIGIEUSES, ÉMIGRÉS, PRÊTRES DÉPORTÉS.

RELIGION.

V. CLERGÉ, CONCORDAT, CONSISTOIRES ISRAÉLITES, CONSISTOIRES PROTESTANS, CULTE.

REMBOURSEMENT.

V. PAIEMENT, PRÊT, RENTES.

REMÈDES SECRETS.

1. — L'art. 32 de la loi du 21 germ. an XI sur la police de la pharmacie défend aux pharmaciens de vendre *aucun remède secret.*

2. — En outre, l'art. 36 de la même loi prohibe *toute annonce ou affiche imprimée qui indiquerait des remèdes secrets;* les contrevenans à cet article sont passibles, aux termes de la loi du 29 pluv. an XIII, d'une amende de 25 à 600 fr., et, en cas de récidive, d'un emprisonnement de trois à six jours.

3. — Une ordonnance de police du 21 juin 1828 a déclaré ces peines applicables même aux éditeurs et imprimeurs de feuilles périodiques contenant les annonces.

4. — Un décret du 25 prair. an XIII porte défense d'annoncer et de vendre des remèdes secrets, en exceptant néanmoins ceux dont la distribution était ou serait permise par le gouvernement.

5. — Le décret du 18 août 1810, dont l'art. 3 institua une commission chargée de l'examen des remèdes secrets, de leur utilité et de leur mérite, déclara nulles toutes les permissions accordées aux inventeurs ou propriétaires de remèdes secrets, et ordonna que ces remèdes seraient achetés par le gouvernement. Mais, ce décret n'ayant pas reçu d'exécution, la vente des remèdes secrets retomba sous l'empire de la loi de l'an XI et du décret du 25 prair. an XIII, ainsi qu'il résulte d'une circulaire ministérielle du 16 avr. 1828 qui rappela en même temps à l'exécution des lois du 21 germ. an XI et du 29 pluv. an XIII. — Trébuchet, *Jurispr. de la médecine*, p. 366.

6. — Le décret du 26 déc. 1810 dispense de donner la recette de leurs remèdes et d'en faire examiner la composition ceux qui, antérieurement au décret du 18 août, ont remis leurs recettes au gouvernement, si le gouvernement a fait reconnaître déjà que leur administration ne peut être dangereuse ou nuisible. — La proposition fut faite au Conseil d'Etat d'abroger ce dernier décret; mais elle fut rejetée par un avis du 5 avril 1811. — Trebuchet, p. 367.

7. — Aujourd'hui, depuis l'ordonnance du 20 déc. 1820, qui institue l'académie de médecine, c'est cette académie qui est chargée d'examiner les remèdes secrets. — Pour qu'un remède secret obtienne l'approbation de l'académie, il faut: 1° que ce remède soit véritablement nouveau, ou que, du moins, on lui ait donné une application nouvelle; 2° que l'observation clinique en ait suffisamment constaté l'efficacité. — *Mémoire de l'ac. de méd.* cité par Trébuchet, *loc. cit.*, p. 369 et suiv.

8. — Quand un remède secret est accepté, le ministre de l'intérieur traite avec les inventeurs; le traité est homologué en Conseil d'Etat (V. CONSEIL D'ÉTAT), et le secret publié, sans délai. — Décr. 18 août 1810, art. 6.

9. — La première question soulevée par ces articles est celle de savoir ce qu'on doit entendre par *remède secret.*

10. — Nous avons dit (v° PHARMACIE-PHARMACIEN, n°s 90 et suiv.) que les pharmaciens ne peuvent agir que de deux manières: soit en vertu d'ordonnances ou de prescriptions spéciales, c'est-à-dire d'ordonnances faites pour chaque cas particulier, pour chaque maladie individuellement (c'est ce qu'on appelle les *formules magistrales*), soit conformément aux formules officinales, lesquelles concernent les médicamens composés qu'ils peuvent tenir tout préparés dans leurs officines, pourvu qu'elles soient décrites dans le *Codex.*

11. — D'après ces principes, combinés avec le décret du 18 août 1810, la Cour de cassation a décidé que l'on doit entendre par *remèdes secrets* les préparations pharmaceutiques qui ne sont ni conformes aux formulaires ou *codex* légalement rédigés et publiés, ni achetés et rendus publics par le gouvernement, conformément au décret du 18 août 1810, ni composés pour chaque cas particulier sur la prescription du médecin ou de l'officier de santé. — *Cass.*, 17 déc. 1837 (t. 1er 1838, p. 282), Giraudeau-Saint-Gervais. — *Rouen*, 11 janv. 1844 (t. 2 1844, p. 122), Johnson; *Paris*, 13 juill. 1844 (t. 2 1844, p. 174), Dehaut; *Paris*, 26 févr. 1846 (t. 1er 1846, p. 482), Denis de Saint-Pierre.

12. — Jugé encore qu'on doit considérer comme remèdes secrets toutes préparations ou compositions pharmaceutiques qui ne sont point conformes aux *Codex*, dispensaires ou formulaires légalement publiés, ni achetées et vendues publiquement par le gouvernement, ni préparées pour des cas déterminés sur ordonnances spéciales du médecin, du pharmacien ou de l'officier de santé, ni annoncées ou vendues sous des noms indiquant suffisamment leur composition et leur nature, et permettant de les faire préparer comme remèdes officinaux dans toutes les pharmacies indistinctement. — *Paris*, 9 mars 1844 (t. 2 1844, p. 81), Trablit.

13. — ... Et que la *copahine-Mège*, comme toute autre composition pharmaceutique qui n'est conforme ni aux formulaires ou *Codex* légalement rédigés et publiés, ni achetée et rendue publique par le gouvernement, conformément au décret du 18 août 1810, est considérée comme remède secret. — *Paris*, 1er déc. 1842 (t. 1er 1843, p. 330), Joseau.

14. — Le même arrêt décide que les ordonnances de médecin qui ne contiennent aucune formule et renferment seulement la prescription d'un remède non formulé au *Codex* ou non publié par le gouvernement, ne donnent pas à ce remède le caractère de remède magistral; puisqu'il n'est pas préparé spécialement, suivant une formule prescrite par le médecin. — Même arrêt.

15. — Jugé aussi qu'un remède secret ne cesse pas d'être tel parce que le pharmacien ne le délivre qu'en vertu d'une ordonnance de médecin, s'il a été, dans l'officine du pharmacien, préparé à l'avance au lieu de l'être pour chaque cas particulier et sur la prescription du médecin. — *Cass.*, 11 nov. 1842, Blancard; *Paris*, 7 janv. 1843 (t. 1er 1843, p. 328), mêmes parties.

16. — Jugé encore que le remède dont la composition n'a point été portée au *Codex médicamentaire* doit être considéré comme un remède secret, alors surtout que l'expert-chimiste chargé d'en faire l'analyse a reconnu l'impossibilité d'indiquer les substances qui entraient dans sa composition. — *Rouen*, 24 nov. 1842 (t. 1er 1843, p. 182), Blanc.

17. — La Cour de Rouen avait jugé que les remèdes dont la composition, quoique non portée au *Codex médicamentaire*, a été divulguée dans différens ouvrages et formulaires, ne peuvent être considérés comme des remèdes secrets dont la vente est prohibée par la loi du 21 germinal an XI. — Et que, spécialement, le remède connu sous le nom de *médecine Leroy* n'est point un remède secret, et, dès lors, le pharmacien qui le débite n'est passible d'aucune peine. — *Rouen*, 27 janv. 1842 (t. 1er 1842, p. 596), Blancard.

18. — Mais cet arrêt a été cassé par une décision de la Cour de cassation du 11 janvier 1842 (t. 1er 1842, p. 328 [Blancard]) qui a décidé qu'un pareil remède constituait un remède secret, et qu'il importait peu qu'il eût été formulé dans une brochure écrite par l'inventeur ou décrit dans des livres, qu'il eût déjà été considéré comme non secret par des décisions passées en force de chose jugée, et que la formule en eût été depuis longtemps déposée au ministère de l'intérieur.

19. — Jugé qu'on ne peut considérer comme remède secret un médicament composé qui, quoique non formulé dans le *Codex médicamentaire*, serait formulé dans d'autres pharmacopées, et dont la composition serait généralement connue dans les officines. — *Paris*, 20 sept. 1829, Arnaut; 23 janv. 1830, Guindie. — Laterrade, *C. des pharm.*, n°s 171 et suiv.

20. — ... Et que ne peut être rangée parmi les remèdes secrets la composition par laquelle un des médicamens décrits au *Codex* se trouve modifié, si cette modification ne constitue qu'une simple amélioration dans le mode de préparation de ce médicament sans rien enlever à ses élémens ni à ses propriétés médicamenteuses. — *Rouen*, 11 janv. 1844 (t. 2 1844, p. 122), Johnson-Duvigneau.

21. — Jugé, d'un autre côté, qu'un médicament simple, non composé, est ou n'est pas réputé *remède secret* selon qu'on l'annonce en déguisant son nom ou en lui laissant son nom et en lui prêtant seulement des qualités médicinales (il s'agissait de sucre, vendu, sous le nom de *remède du docteur Laurenté, pour la guérison de plusieurs maladies*). — *Paris*, 23 janv. 1829, Laurenté. — Laterrade, *C. des pharm*, n°s 167 et suiv.

22. — ... Et que si on annonçait un remède composé de deux substances simples ou réputées telles par la clarté de leur dénomination, mais sans indiquer dans quelles proportions ces deux substances simples figurent dans le médicament; ce remède perdrait son caractère de médicament simple, deviendrait remède composé, et, comme tel, serait réputé remède secret. — *Paris*, 24 sept. 1831, Giraudeau. — Laterrade, n° 170.

23. — On s'est demandé si l'on doit considérer comme remède secret celui dont la formule ne se trouve pas dans le *Codex*, et qui n'a été ni acheté ni rendu public par le gouvernement, conformément au décret du 18 août 1810, lorsque le prévenu a obtenu pour l'exploitation de ce remède un brevet d'invention délivré après un examen et une approbation du comité consultatif des arts et manufactures, et que la formule de ce remède a été publiée par le gouvernement à l'expiration du brevet, à l'effet d'annoncer que l'objet breveté était tombé dans le domaine public? — Cette question, résolue affirmativement par la Cour de cassation, et par la Cour de Paris (*Cass.*, 19 nov. 1840 (t. 1er 1841, p. 95), Johnson; *Paris*, 16 janv. 1841 (*eod. loc.*), mêmes parties), a été jugée négativement par la Cour de Rouen. — *Rouen*, 21 sept. 1840 (t. 1er 1841, p. 95), Johnson.

24. — Les cosmétiques, les diverses compositions hygiéniques, alimentaires, etc., qui n'ont pas proprement le caractère de médicamens ne doivent pas être réputés remèdes secrets. — *Paris*, 21 juill. 1820, Vosgien; 20 septemb. 1829, Arrault (baume du Paraguay); 12 janv. 1830, Polard (pastilles de Calabre); 2 août 1832, Briant (Paraguay-Roux); 2 août 1832, Clément; 20 sept. 1829, (Gélatine végétale de lichen); trib. de la *Seine*, 22 juin 1832 (eau de Seltz factice, le Soda-Water). — Arrêts cités par Laterrade, n° 174 à 181. — V. aussi Briant et Ern. Chaudé, *Manuel complet de médecine légale*, p. 873 et suiv.

25. — Mais une préparation nominativement alimentaire, qui serait annoncée comme possédant des vertus médicamenteuses, et plutôt en qualité de médicament que de substance alimentaire, serait un remède secret. Ainsi jugé, en 1830, par la Cour de Paris, pour l'annonce d'un café de santé et un café-chocolat rafraîchissant.

— Laterrade, nº 182; Briand et Ern. Chaudé, *Manuel complet de médecine légale*, p. 874.

26. — Quelquefois on cherche à déguiser sous le nom de cosmétiques, le caractère médicamenteux d'une préparation : les cosmétiques peuvent offrir des dangers; il en est qui contiennent des sels ou oxydes métalliques capables de produire, soit sur la peau, soit sur toute l'économie, des effets fâcheux. Ils doivent donc être l'objet d'une surveillance spéciale. — V. Trébuchet, p. 404 et suiv.

27. — Il y a aussi des sirops rafraîchissans qui appartiennent à l'usage économique et à l'usage médical; ils peuvent être vendus par les confiseurs, les droguistes, les épiciers aussi bien que par les pharmaciens. D'après un avis de l'académie nationale de médecine, ces sirops sont ceux d'orgeat, de groseilles, de framboises, de vinaigre, de capillaires, de limons, d'oranges, de fleurs d'orangers, de berberis, de guimauve. On peut y ajouter la pâte de guimauve, les pastilles de menthe, de cachou, les tablettes contre la soif, la limonade sèche, les eaux distillées de fleurs d'orangers et de fleurs de roses. Les sirops peuvent donner lieu à des abus, en s'étendant à des usages véritablement médicamenteux. Aussi leur débit doit-il être de la part des écoles de pharmacie l'objet d'une scrupuleuse investigation. — Trébuchet, *loc. cit.*

28. — Quant aux médicamens anglais, connus sous le nom de remèdes patentés ou brevetés; ils ne doivent pas être réputés remèdes secrets, si leur formule a été publiée en Angleterre. Dans le cas contraire, la vente qui en serait faite, sans annonce publique, ne paraîtrait pas constituer un fait punissable. — Laterrade, nºˢ 183 à 187.

29. — Ainsi qu'on l'a vu plus haut, l'art. 36 de la loi du 21 germ. an XI prohibe toute annonce et affiche imprimée qui indiquerait des remèdes secrets, quelle que soit leur dénomination, sous peine d'une amende de 25 à 600 f., et, en cas de récidive d'un emprisonnement de 3 à 6 jours, conformément à la loi du 29 pluv. an XIII interprétative de l'art. 36 précité. Mais ni la loi du 21 germinal an XI ni celle du 29 pluviôse an XIII ne prononcent de peine contre les pharmaciens et autres qui distribueraient ou vendraient des remèdes secrets. On s'est demandé si cette vente pouvait donner lieu à l'application d'une peine.

30. — Plusieurs arrêts ont décidé la négative. — V. *Paris*, 24 déc. 1831, Labourey; *Montpellier*, 11 avril 1837 (t. 1ᵉʳ 1837, p. 410), même partie; *Paris*, 1ᵉʳ déc. 1842 (t. 1ᵉʳ 1843, p. 330), Joseau; 7 janv. 1843 (t. 1ᵉʳ 1843, p. 321), Blancard; 9 mars 1844 (t. 2 1844, p. 81), Trablit.

31. — Jugé encore par la Cour de Paris que l'art. 36 de la loi du 21 germ. an XI n'ayant prononcé de peine que contre les *annonces de remèdes secrets*, et contre ceux qui, *n'étant pas pharmaciens, débiteraient des remèdes au poids médicinal sur des théâtres, étalages, et dans des places publiques*, les tribunaux ne peuvent suppléer au texte de la loi et appliquer la peine qu'elle prononce à des cas autres que ceux qu'elle a prévus. — L. 21 germin. an XI, art. 32 et 36 combinés, — *Paris*, 9 mars 1844 (cité au numéro qui précède); 13 juill. 1844 (t. 2 1844, p. 174), Dehaut.

32. — Et que celui qui a mis en vente et vendu un remède secret, malgré la prohibition de l'art. 32 de la loi du 21 germ. an XI, n'est passible d'aucune peine, le décret du 29 pluv. an XIII qui détermine la peine à appliquer pour les contraventions prévues par l'art. 36 de ladite loi n'en contenant aucune contre les contraventions à l'art. 32. — *Paris*, 13 juill. 1844 (t. 2 1844, p. 174), Dehaut.

33. — Mais la Cour de cassation a constamment décidé que l'art. 36 de la loi du 21 germin. an XI, qui prohibe l'annonce des remèdes secrets, en prohibe aussi, à plus forte raison, la distribution et la vente. — *Cass.*, 26 juin 1835, Labourey; 16 déc. 1836 (t. 1ᵉʳ 1837, p. 136), même partie; *Aix*, 4 janv. 1838 (t. 1ᵉʳ 1839, p. 19), Couvert; conf. *Cass.*, 18 janv. 1839 (t. 1ᵉʳ 1839, p. 545), mêmes parties; *Rouen*, 11 janv. 1844 (t. 2 1844 p. 122), Johnson; *Cass.*, 18 mai 1844 (t. 2 1844, p. 432), Duvigneau. — Et la Cour de Paris elle-même est revenue à cette jurisprudence. — V. arrêt 26 févr. 1846 (t. 1ᵉʳ 1846, p. 482), Denis de Saint-Pierre.

34. — Quant à la peine à appliquer au fait de *vendre* des remèdes secrets, il a été reconnu que cette peine est celle portée par la loi du 29 pluv. an XIII contre toute personne ayant contrevenu à la disposition de l'art. 35 de la loi du 21 germ. an XI; et non celle que prononce l'art. 6 de la déclaration du 25 avril 1777. — *Cass.*, 26 juin 1835, Labourey; *Rouen*, 11 janv. 1844 (t. 2 1844, p. 122), Johnson; 18 juill. 1845 (t. 1ᵉʳ 1846, p. 48), Monot; *Paris*, 26 févr. 1846 (t. 1ᵉʳ 1846, p. 482), Denis de St-Pierre. — V. aussi les arrêts cités au numéro qui précède.

35. — Jugé que la détention, par un pharmacien, dans son officine ou dans les lieux en dépendant, d'une préparation pharmaceutique non conforme au *Codex*, constitue la mise en vente d'un remède secret, et doit être punie de la peine de l'art. 36 de la loi du 21 germinal an XI. — *Cass.*, 18 mai 1844 (t. 2 1844, p. 432), Johnson.

36. — ... Et que les pharmaciens sont légalement présumés vendre des remèdes secrets lorsque ces remèdes sont exposés ou mis en vente dans leurs magasins ou officines, ou même seulement lorsqu'ils se trouvent dans leurs caves. — *Rouen*, 11 janv. 1844 (t. 2 1844, p. 122), Duvigneau.

37. — La vente et même la distribution gratuite de remèdes secrets sont prohibées, ainsi que leur annonce ou affiche, aux personnes étrangères à la pharmacie, comme aux pharmaciens. — *Aix*, 4 janv. 1838 (t. 1ᵉʳ 1839, p. 19), Couvert.

38. — La prohibition d'annoncer des remèdes secrets est applicable aux médecins comme à tous autres. — *Cass.*, 17 déc. 1837 (t. 1ᵉʳ 1838, p. 282), Giraudeau de Saint-Gervais.

39. — Ainsi jugé que la vente qui est faite d'un remède secret, même par le médecin qui l'a fait préparer, donne lieu à l'application des peines portées par la loi du 21 germ. an XI (art. 36) et par celle du 29 pluv. an XIII. — *Rouen*, 24 nov. 1842 (t. 1ᵉʳ 1843, p. 182), Blanc.

40. — Jugé encore que l'interdiction faite aux pharmaciens de vendre des remèdes secrets s'applique même au cas où cette vente se ferait sur ordonnance de médecin. — *Cass.*, 16 nov. 1837 t. 1ᵉʳ 1838, p. 169), Tinel-Hérault.

41. — Jugé encore que le fait par un individu non-pharmacien d'avoir délivré, même gratuitement, des médicamens, constitue le délit prévu et réprimé par les lois des 21 germ. an XI et 29 pluv. an XIII. — *Cass.*, 18 juill. 1845 (t. 1ᵉʳ 1846, p. 48), Monot.

42. — L'annonce dans un journal, par un pharmacien, du prix du traitement d'une maladie, ne peut être considérée comme étant l'annonce d'un remède secret. — *Paris*, 24 déc. 1831, Giraudeau de Saint-Gervais.

43. — L'annonce d'un remède secret faite par un journal ne peut être imputée à un pharmacien, lorsque rien n'établit qu'elle ait eu lieu par son ordre. — Même arrêt.

44. — Lorsque la Cour d'appel a décidé qu'il y a eu non pas indication mais annonce d'un remède secret, elle a résolu un point de fait qui ne peut être attaqué devant la Cour de cassation. C'est souverainement aussi que cette Cour a statué sur le point de savoir si le fait qui lui était déféré a préjudicié aux parties civiles. — *Cass.*, 17 déc. 1837 (t. 1ᵉʳ 1838, p. 282), Giraudeau de Saint-Gervais.

45. — L'individu poursuivi pour avoir préparé, annoncé et débité un remède secret, ne peut opposer comme fin de non-recevoir à l'action du ministère public l'acquittement prononcé au profit d'un autre individu prévenu d'avoir annoncé la vente du même remède, non plus que celui rendu en sa faveur par le motif que la prévention n'était pas suffisamment justifiée, alors que les poursuites du ministère public sont fondées sur des faits postérieurs aux décisions invoquées. — *Rouen*, 21 sept. 1840 (t. 1ᵉʳ 1841, p. 95), Johnson; *Cass.*, 19 nov. 1840 (*eod. loc.*), mêmes parties; *Paris*, 16 janv. 1841 (*eod. loc.*), mêmes parties.

46. — De ce qu'on ne peut poursuivre comme complice d'un délit, et, à ce titre, distraire de ses juges naturels, l'auteur d'un fait qui, constituant à lui seul, et par lui-même, un délit particulier, ayant son existence propre, est susceptible d'une poursuite directe, et ne peut être considéré comme un des élémens d'un autre délit; il résulte que le fait seul de la vente de remèdes secrets étant par lui-même un délit principal dont la répression doit être poursuivie devant les juges naturels du délinquant, il s'ensuit que des pharmaciens de Paris qui ont vendu ces remèdes à des pharmaciens d'un autre pays, de Rouen, par exemple, ne peuvent, lorsque les pharmaciens de Rouen sont poursuivis à raison de la revente de ces mêmes remèdes, être traduits, sous prétexte de complicité, devant le tribunal correctionnel de cette ville. A leur égard, le tribunal correctionnel de Paris est seul compétent. — *Rouen*, 11 janv. 1844 (t. 2 1844, p. 122), Johnson et Duvigneau.

47. — Le propriétaire d'un remède secret autorisé ne peut exciper de la perte qu'aurait faite l'administration de la formule de ce remède pour se soustraire à la vérification des produits par lui vendus. En cas de refus ou d'impossibilité de sa part de communiquer cette formule, il doit lui être interdit de vendre et débiter le remède. — *Paris*, 26 juill. 1848 (t. 2 1848, p. 234), Giraudeau.

48. — Aucune loi n'autorise la confiscation des remèdes secrets. — *Cass.*, 18 mai 1844 (t. 2 1844, p. 432), Duvigneau.

49. — Une société dont l'objet est illicite et contraire à l'ordre public, par exemple, celle qui a pour objet la fabrication et la vente d'un remède secret et prohibé par la loi, est radicalement nulle. Une telle association ne peut donner naissance à aucune action en justice. — *Paris*, 15 juin 1838 (t. 2 1838, p. 105), Morison c. Blain et Servan. — V. SOCIÉTÉ.

50. — L'art. 3 de la loi du 5 juillet 1844 sur les brevets d'invention déclare non susceptibles d'être brevetés « les compositions pharmaceutiques ou remèdes de toute espèce, les objets demeurant soumis aux lois et règlemens spéciaux sur la matière, et notamment au décret du 18 août 1810 relatif aux remèdes secrets. » — V. BREVET D'INVENTION, nºˢ 55 et suiv., 155 et 345.

51. — L'ordonnance de police du 21 juin 1828, sur ces remèdes secrets, porte (art. 3): « L'annonce des remèdes secrets autorisés devra contenir le titre tel qu'il est décrit dans l'autorisation, et ne renfermera aucun détail inutile et susceptible de porter atteinte à la morale publique. Ces annonces devront, en outre, faire connaître la date de l'autorisation et l'autorité qui l'a délivrée. Elles ne pourront, du reste, être placardées qu'après les formalités voulues pour le placardage des affiches en général. »

RÉMÉRÉ (Vente à).

V. VENTE A RÉMÉRÉ.

REMISE.

On appelle ainsi, dans l'usage, la lettre de change, considérée par rapport à celui qui la reçoit ou qui l'envoie au dehors. — V. LETTRE DE CHANGE. — Pris dans une autre acception, ce mot est synonyme de délai, retardement. — V. DÉLAI, PAIEMENT.

REMISE DE CAUSE.

1. — La remise de cause est l'indication d'une autre audience que celle à laquelle l'affaire est appelée.

2. — Les causes introduites par assignation à bref délai, celles pour déclinatoires, exceptions et règlemens de procédure qui ne tiennent pas au fond, celles renvoyées à l'audience en état de référé, celles à fin de mise en liberté, de provision alimentaire, ou toutes autres de pareille urgence, doivent être jugées sans remise et sans tour de rôle. — Décr. du 30 mars 1808, art. 66.

3. — Si, au jour indiqué, aucun avoué ne se présente, ou si celui qui se présente refuse de prendre jugement, sa cause est retirée du rôle, sans qu'on puisse accorder aucune remise, si ce n'est pour cause légitime, auquel cas il est indiqué un autre jour. — *Eod.*

4. — Si, par considération extraordinaire, le tribunal croit devoir accorder remise, elle est accordée contradictoirement, à jour fixe, et au jour indiqué il n'en peut être accordé une nouvelle. — *Eod.*

5. — Ces dispositions doivent être, au surplus, combinées avec celle de l'art. 76 du Code de procédure, lequel dispose que lorsqu'une demande a été formée à bref délai, et qu'un avoué se présente pour le défendeur, sans s'être préalablement constitué, il y a lieu de remettre, sauf à l'avoué à réitérer, dans le jour, sa constitution par acte. — V. CONSTITUTION D'AVOUÉ.

6. — Quant aux autres affaires qui subissent le rôle (les affaires sommaires ne le subissent pas. — V. MATIÈRE SOMMAIRE), l'art. 69 du décret veut qu'après avoir été affichées, un certain nombre de causes soit appelé chaque semaine à l'audience, que les deux avoués se présentent pour prendre des conclusions, et qu'ensuite il leur soit accordé un jour pour plaider.

7. — S'il y a des obstacles à ce que les avoués ou défenseurs ou l'un d'eux se trouvent au jour indiqué, ils doivent en faire sur-le-champ l'observation; et si le tribunal la trouve fondée, il est indiqué un autre jour. — *Eod.*

8. — En appel, l'art. 28 du décret reproduit à peu de chose près les mêmes dispositions.

9. — Quand un avocat ne peut se présenter à l'audience, il doit en instruire le président, par écrit, avant l'audience et renvoyer les pièces à

l'avoué; en ce cas, la cause peut être remise au plus prochain jour. — Décr. 2 juill. 1812, art. 6.

10. — Il en est de même lorsqu'au moment de l'appel de la cause l'avocat est engagé à l'audience d'une autre chambre du même tribunal séant dans le même temps. — Art. 7.

11. — Hors ces deux cas, lorsque l'avocat chargé de l'affaire et saisi des pièces ne s'est pas trouvé à l'appel de la cause, et que, par sa faute, elle a été retirée du rôle et n'a pu être plaidée au jour indiqué; il peut être condamné personnellement aux frais de la remise et aux dommages-intérêts du retard envers la partie, s'il y a lieu. — Art. 8. — V., au surplus, AVOCAT.

12. — Les avoués ou les parties doivent se présenter, sans sommation, aux jours indiqués par les jugemens de remise. — *Tarif*, art. 70; C. proc. civ., art. 28, 199, 267, 297, 332, 354, 539, 918, 977, 1031; C. comm., art. 498.

13. — Ces jugemens ne sont ni levés ni signifiés, à moins qu'ils ne condamnent personnellement l'avoué ou l'avocat aux frais de la remise.

14. — Il n'est pas même absolument nécessaire qu'ils soient rédigés. — V. JUGEMENT (mat. civ.), n° 384.

15. — De ce principe que le jugement de remise de cause ne doit pas être nécessairement rédigé, il suit qu'une partie ne saurait se prévaloir contre les arrêts de remise de ce qu'ils ne porteraient pas la signature du président et du greffier; à plus forte raison serait-elle non recevable à se faire de cette irrégularité un moyen contre l'arrêt définitif, alors que ces arrêts de remise ne sont pas attaqués. — *Cass.* 7 mars 1842 (t. 1er 1842, p. 723), Comm. de Mesmay c. préfet du Jura.

16. — Une simple remise de cause n'est pas un incident sur lequel le juge soit obligé de prononcer une condamnation particulière de dépens. — *Cass.*, 29 déc. 1831, Pescheur c. Robbe. — V. FRAIS ET DÉPENS, nos 45 et suiv.

17. — A Paris et dans un grand nombre de tribunaux les avoués sont avertis des remises de cause par des bulletins que le greffier leur délivre, et qui sont généralement taxés 10 cent. en province et 15 cent. à Paris.

18. — Est contradictoire le jugement qui intervient à une audience où la partie n'a pas comparu, mais qui n'est que la continuation d'une précédente audience où elle a été entendue. — V. JUGEMENT (mat. civ.), n° 66.

19. — Un jugement de remise de cause est préparatoire. — *Metz*, 28 févr. 1831, Bernard c. Blondin.

20. — Le tarif des frais et droits à percevoir par les procureurs au Parlement de Paris, annexé aux lettres patentes du 23 mai 1778, enregistrée le 4e juin suivant, défendait de passer en taxe plus de trois remises par année judiciaire, s'il n'y avait pas cause suffisante. Cet usage est assez généralement suivi dans les Cours et tribunaux; et en conséquence on n'accorde ordinairement, indépendamment des assistances aux journées de plaidoiries des avocats, que trois remises de cause, en y comprenant la pose des qualités. On peut objecter avec M. Rivoire (p. 386, n° 5) : que c'est à une violation du tarif, qui alloue une assistance à tout jugement de remise; que si le juge accorde une remise, c'est qu'il la trouve nécessaire. Mais les avoués ne réclament pas, en général, contre cet usage, parce que les remises sont souvent accordées pour leur convenance particulière. — Conf. Boucher d'Argis, *Taxe*, v° *Assistance*, p. 58 et 59, n° 2.

21. — Il a été jugé qu'il n'y avait lieu à passer en taxe trois vacations demandées et délivrées avant la pose des qualités, alors qu'il eût été possible de les éviter en faisant à l'adversaire sommation de justifier d'une autorisation de plaider en appel. — *Douai*, 28 août 1840 (t. 2 1840, p. 564), de Maubeuge c. Jammart.

REMISE DE COPIE.
V. EXPLOIT.

REMISE DE LA DETTE.

Table alphabétique.

REMISE DE LA DETTE. — **1.** — C'est la libération de l'obligation que le créancier accorde gratuitement au débiteur.

§ 1er. — *De la nature de la remise (n° 2).*

§ 2. — *Par qui et à qui la remise peut être faite. — Si elle doit être acceptée (n° 13).*

§ 3. — *Comment la remise s'opère et se prouve (n° 40).*

§ 4. — *Des effets de la remise (n° 102).*

—

§ 1er. — De la nature de la remise.

2. — La remise est une des manières d'éteindre les obligations. — C. civ., art. 1234.

3. — Les obligations conventionnelles s'éteignant par une convention contraire, il et t évident que chaque partie, maîtresse de ses droits et capable de contracter, peut faire remise à l'autre du droit qu'elle avait acquis par la première convention. — L. 35, ff., *De reg. jur.* — Toullier, *Dr. civ.*, t. 7, n° 320.

4. — Les jurisconsultes romains faisaient une distinction entre les obligations pour lesquelles le consentement seul était nécessaire, et celles qui résultaient des contrats réels ou qui exigeaient la formalité de la stipulation. La remise, quant aux premières, pouvait se faire par une simple convention. A l'égard des autres, il fallait avoir recours à la formalité de l'acceptation. Ces subtilités n'ont point été reçues en France, où il suffit du consentement des deux parties pour éteindre toute espèce d'obligation. — Pothier, *Oblig.*, n° 574; Toullier, t. 7, n° 320; Duranton, *Dr. fr.*, t. 12, n° 337.

5. — Toutefois, il y a cette différence, que quand le contrat n'a point transmis la propriété, la remise se borne à éteindre l'obligation; tandis que si le contrat était translatif de propriété, la remise a pour effet d'opérer elle-même une nouvelle transmission de propriété. — Delvincourt, *Cours de C. civ.*, t. 2, p. 537 et 538; Duranton, t. 12, n° 338.

6. — Bien que placée parmi les modes d'extinction des obligations, la remise peut renfermer une véritable donation. — Toullier, t. 7, n° 323; Rolland de Villargues, *Rép.*, n° 363, v° *Remise de la dette*, n° 3. — Il y a même lieu de le supposer, quand le contraire ne résulte pas des circonstances; par exemple, si elle n'est pas la suite d'une sorte de transaction, d'une obligation naturelle, d'arrangemens avec un débiteur en faillite, etc. — Duranton, t. 12, n° 341.

7. — La remise qui serait faite à un fermier en dédommagement des pertes qu'il aurait es-

suyées, ne saurait être considérée comme une donation. — Duranton, t. 12, n° 343; Rolland de Villargues, *Rép.*, v° *Remise de la dette*, n° 3.

8. — La question de savoir si une remise présente ou non les caractères d'une libéralité, est laissée à l'appréciation des juges. — Rolland de Villargues, *Rép.*, v° *Remise de la dette*, n° 6.

9. — Quand la remise constitue une libéralité, le successible au profit de qui elle a été faite est obligé d'en faire le rapport à la succession du créancier. — Duranton, t. 12, n° 353. — Rolland de Villargues, *Rép.*, v° *Remise de la dette*, nos 1 et 21.

10. — Dans le même cas, la remise est encore passible de l'action en réduction, autrement, la personne qui voudrait priver ses enfans de leur réserve sur ses biens pourrait facilement éluder la loi. — Duranton, t. 12, n° 355.

11. — La remise purement gratuite est-elle soumise, comme la donation en forme, à la révocation pour cause d'ingratitude? Oui, car il y a même raison de décider dans l'un et l'autre cas. Ce que se propose la loi, c'est d'anéantir une libéralité dont on s'est rendu indigne. Le mode dont cette libéralité a été réalisée, ne saurait être pris en considération. « Toutefois, dirons-nous avec M. Duranton (t. 8, n° 566, et t. 12, n° 356), il faut que celui qui a fait la remise justifie que la dette a été faite remise et non par paiement. » — Rolland de Villargues, *Rép.*, v° *Remise de la dette*, n° 7.

12. — Les mêmes raisons existent, ce nous semble, pour décider que la remise purement gratuite est révoquée pour cause de survenance d'enfans. — Conf., Duranton, *Dr. civ.*, t. 8, n° 593, et t. 12, n° 354. — Il avait d'abord adopté l'opinion contraire. — *Des contr.*, n° 940. — V. aussi Rolland de Villargues, *loc. cit.*

§ 2. — Par qui et à qui la remise peut être faite. Si elle doit être acceptée.

13. — Quand la remise constitue une libéralité, il faut, pour la consentir, être capable de disposer de ses biens par acte entre-vifs. — Pothier, *Oblig.*, n° 583; Delvincourt, *Cours de C. civ.*, t. 2, p. 571, note; Toullier, t. 7, n° 333; Duranton, t. 12, n° 341. — Ainsi, les mineurs non émancipés et les interdits ne peuvent faire aucune remise de ce qui leur est dû. — Duranton, *ibid.*, n° 342.

14. — Les mineurs émancipés, les personnes placées sous l'assistance d'un conseil judiciaire, les femmes mariées même séparées de biens, ne pourraient faire seuls une remise purement gratuite. — Duranton, t. 12, nos 343 et 344; Rolland de Villargues, *Rép.*, v° *Remise de la dette*, nos 13 et 14.

15. — Un individu frappé de mort civile qui, depuis, aurait acquis des biens, pourrait faire une remise valable à son débiteur. Car la remise de dette étant un mode d'extinction des obligations rentre dans le droit naturel, dont le mort civilement n'est point exclu. D'une autre côté, la donation elle-même tient au droit naturel dans le fond; elle n'est du droit civil que relativement aux formes. — Duranton, t. 12, n° 345.

16. — L'administrateur des biens d'une personne, tel qu'un tuteur, un curateur, etc., n'ayant pas le pouvoir de donner, ne peut faire une remise purement gratuite des créances de cette personne. — L. 37, ff., *De pactis*; L. 22, ff., *De admin. tut.* — Pothier, *Oblig.*, n° 583. — Duranton, t. 12, n° 346.

17. — Le fondé de pouvoir du créancier peut faire la remise en son nom. — Toullier, t. 7, n° 333. — Mais si la remise est purement gratuite, le mandat doit être spécial; car un mandataire général n'a pas qualité pour donner. — Pothier, *Oblig.*, n° 583; Rolland de Villargues, *Rép.*, v° *Remise de la dette*, n° 12.

18. — La disposition de l'art. 1283 C. civ. qui attache à la remise volontaire de la grosse du titre la présomption de paiement, jusqu'à preuve du créancier n'est pas applicable au cas où l'avoué d'un jugement ou d'un bordereau de collocation, sans un pouvoir spécial de la part de ce créancier. — *Cass.*, 23 juill. 1828, Dupuy-Montbrun c. Eymard.

19. — Celui qui, poursuivant dans l'intérêt d'un tiers et dans le sien propre le paiement d'une créance, consent la remise d'une partie de cette créance, doit compte à son cointéressé du montant de la portion dont il a fait remise, aussi bien que s'il l'avait reçu. Ainsi, celui qui, après

avoir donné mandat à un tiers de vendre ses biens à la charge par ce dernier de lui payer une somme déterminée pour lui tenir lieu de leur valeur, poursuit directement les acquéreurs, doit faire état, sur la somme que son mandataire s'est engagé à lui payer, non seulement de ce qu'il a réellement reçu, mais aussi des sommes dont il aurait fait remise à ses débiteurs. — *Cass.*, 6 avr. 1841 (t. 2 1841, p. 145), Oudart c. de Préaulx.

20. — Les tiers indiqués, *solutionis gratiâ*, ne peuvent faire la remise de la dette, puisqu'ils ne peuvent pas même faire novation. — L. 27, ff., *De pactis*. — Duranton, t. 12, n° 349.

21. — Un des créanciers solidaires peut faire remise de la dette, mais seulement pour sa part. — C. civ., art., art. 1198. — Duranton, t. 11; n° 174; Toullier, t. 7, n° 334.

22. — L'un des créanciers d'une obligation indivisible ne peut seul faire remise de la totalité de la dette, puisqu'il ne peut même recevoir seul le prix au lieu de la chose. S'il a seul remis la dette, son créancier ne peut demander la chose indivisible qu'en tenant compte du prix de la part de celui qui a fait la remise. — C. civ., art. 1224. — Duranton, t. 11, n° 312 et suiv.

23. — Dans les différens cas que nous venons de voir, on suppose qu'il s'agissait d'une remise faite *animo donandi*. Mais, si la remise était en quelque sorte forcée : telle que la remise faite à un failli par un concordat régulier, elle pourrait être valablement faite par un administrateur, un tuteur, un mandataire général. — Pothier, *Oblig.*, n° 583; Duranton, t. 12, n° 348; Rolland de Villargues, *Rép.*, v° *Remise de la dette*, n° 12.

24. — La remise ne peut être faite qu'au profit du débiteur. — Pothier, *Oblig.*, n° 584; Rolland de Villargues, *Rép.*, v° *Remise de la dette*, n° 18.

25. — La remise purement gratuite constituant une véritable libéralité, il s'ensuit qu'elle n'est valable qu'autant qu'elle est faite à une personne capable de recevoir. Ainsi, ne serait pas valable la remise faite à un médecin par un malade dans sa dernière maladie. — Pothier, *Oblig.*, n° 586; Toullier, t. 7, n° 333; Delvincourt, t. 2, p. 371, *note*. — A moins que la remise ne fût faite à titre rémunératoire et sauf le cas de parenté. — C. civ., art. 909. — Duranton, t. 12, n°s 350 et 351.

26. — Une pareille remise subirait le sort d'une donation ordinaire. Ainsi, la remise faite à l'enfant naturel du créancier serait nulle pour ce qui excéderait la quotité disponible; celle faite par un mari à sa femme pendant le mariage serait révocable. — C. civ., art. 1096. — Duranton, t. 12, n° 352.

27. — La remise peut être faite non-seulement au débiteur lui-même, mais à tous ceux qui, d'après la loi, ont le pouvoir d'administrer ses biens, comme le tuteur, le mandataire général ou spécial, l'envoyé en possession des biens, le mari, etc. Le débiteur accepte la remise par leur ministère. — Rolland de Villargues, *Rép.*, v° *Remise de la dette*, n° 23.

28. — La procuration du mandataire pour accepter la remise n'a pas besoin d'être authentique comme pour les donations. — Rolland de Villargues, *ibid.*, n° 24.

29. — Les codébiteurs solidaires étant liés par une espèce de société ou de mandat tacite, il suffit que la remise faite à tous soit acceptée par un seul; Rolland de Villargues, *Rép.*, v° *Remise de la dette*, n° 66.

30. — Les ascendans du débiteur qui ne sont ni ses tuteurs ou curateurs peuvent accepter la remise faite en sa faveur. — Arg. C. civ., art. 935. — Pothier, *Oblig.*, n° 584; Rolland de Villargues, *Rép.*, v° *Remise de la dette*, n° 25.

31. — De ce qu'un tiers peut payer la dette du débiteur, il en résulte qu'il a le droit d'accepter la remise faite à celui-ci. — Duranton, *Des contr.*, n° 912; Rolland de Villargues, *Rép.*, v° *Remise de la dette*, n° 26.

32. — Les incapacités dont nous venons de parler relativement à l'acceptation de la remise, cessent quand cette remise a lieu plutôt à titre d'arrangement qu'à titre de libéralité. — Pothier, *Oblig.*, n° 586; Rolland de Villargues, *Rép.*, v° *Remise de la dette*, n° 27.

33. — Pour que la remise produise son effet, suffit-il que le créancier l'ait faite ou faut-il, de plus, l'acceptation ou le consentement du débiteur? Barbeyrac (notes sur Puffendorff, *Droit de la nature et des gens*, t. 2, p. 527) est d'avis que l'acceptation n'est pas nécessaire, par le motif que chacun peut renoncer à un droit acquis. — Pour l'opinion contraire, on dit, avec raison, que la remise est une offre du créancier, une déclaration de vouloir éteindre la dette; que, d'après les principes, toute offre doit être suivie d'acceptation : qu'il faut donc, pour éteindre la dette, le consentement du créancier et celui du débiteur, et que c'est par le concours des deux volontés que la dette est éteinte. — Pothier, *Oblig.*, n° 578; Toullier, t. 7, n° 321; Delvincourt, *Cours de C. civ.*, t. 2, p. 571, note. — D'ailleurs, il résulte de l'art. 1211 C. civ. que la remise faite par le créancier n'a point d'effet tant qu'elle n'est pas acceptée par le débiteur. — Duranton, t. 12, n° 357.

34. — Il suit de là que, jusqu'à l'acceptation du débiteur, la remise peut être révoquée, et qu'elle s'évanouit par le décès, soit du créancier, soit du débiteur, avant cette acceptation. — Toullier, t. 7, n° 321; Delvincourt, t. 2, p. 571, note. — Rolland de Villargues, *Rép.*, v° *Remise de la dette*, n° 65.

35. — Ainsi : la remise de billets, faite à titre gratuit à un tiers, pour que lui-même les remette à une personne désignée et à une époque fixée, est sans effet, si le donataire n'accepte la donation qu'après le décès du donateur. — *Bordeaux*, 5 févr. 1827, Gude.

36. — L'acceptation de la remise n'a pas besoin d'être expresse; elle peut être tacite, ainsi que la remise. — Toullier, t. 7, n° 322. — Toutefois, on présume plus facilement l'acceptation. — Toullier, n° 323; Rolland de Villargues, *Rép.*, v° *Remise de la dette*, n° 67.

37. — Est-il nécessaire que l'acceptation soit parvenue à la connaissance du créancier pour qu'il ne puisse plus révoquer la remise? Non, car aussitôt l'acceptation de la remise le contrat est parfait. — Pardessus, *Dr. comm.*, n° 250. — Oui, car, d'après l'art. 932 du Code civil, celui qui a fait une donation peut la révoquer jusqu'à ce qu'il ait eu connaissance de l'acceptation. — Toullier, t. 6, n° 29, et t. 7, n° 321, note 3. — Il nous semble que cette dernière opinion ne doit point être suivie en matière de remise. Comment, en effet, admettre la nécessité d'une notification expresse ou tacite de l'acceptation, quand, la plupart du temps, cette acceptation n'est-elle même que tacite. Dans une donation entre-vifs comme l'acceptation doit être expresse, il y a présomption de non-acceptation tant qu'on ne justifie pas de sa notification. Dans la remise, au contraire, où l'acceptation peut n'être que tacite, la présomption est que le créancier a entendu d'avance être lié par l'acceptation, du moment où elle serait donnée.

38. — Si, la remise faite par lettre missive, le créancier ne l'avait pas révoquée avant le temps nécessaire pour la réponse, il ne pourrait plus la révoquer, sous le prétexte que le débiteur ne lui a pas fait connaître son acceptation; on présumerait que le débiteur a accepté et répondu par une autre lettre missive, qui se trouve dans les mains du créancier. — Toullier, t. 7, n° 323; Rolland de Villargues, *Rép.*, v° *Remise de la dette*, n° 71.

39. — Si le débiteur avait fait demander par son commis la remise de la dette et que le créancier eût répondu par une lettre qu'il agréait cette demande, la remise est acquise au débiteur du moment où la lettre est délivrée. — Rolland de Villargues, *Rép.*, v° *Remise de la dette*, n° 70.

§ 3. — *Comment la remise s'opère et se prouve.*

40. — La remise a lieu lorsque le créancier déclare ou qu'il fait remise de la dette, ou qu'il la tient pour acquittée, ou qu'il en donne quittance ou décharge, comme s'il en avait reçu le paiement. — Pothier, *Oblig.*, n° 580; Rolland de Villargues, *Rép.*, v° *Remise de la dette*, n° 28.

41. — La remise est expresse ou tacite : expresse, quand elle résulte d'une convention expresse ou d'une disposition testamentaire du créancier; tacite, quand elle résulte de certains faits qui la font présumer. — Pothier, *Oblig.*, n°s 572 et 578; Duranton, t. 12, n° 358; Rolland de Villargues, *Rép.*, v° *Remise de la dette*, n° 35.

42. — La remise peut avoir lieu pour partie ou pour le tout; elle peut être faite purement et simplement ou conditionnellement. — Arg. L. 36, ff. *De rebus cred.*; Pothier, *Oblig.*, n°s 571 et 579; Duranton, t. 12, n° 358; Rolland de Villargues, *Rép.*, v° *Remise de la dette*, n°s 30 et 31.

43. — Si la dette elle-même est conditionnelle, la remise l'est aussi nécessairement : puisqu'il ne peut y avoir de remise qu'autant qu'il y a dette. — L. 77, ff. *De reg. jur.*; Duranton, t. 12, n° 359; Rolland de Villargues, *Rép.*, v° *Remise de la dette*, n° 32.

44. — Lorsqu'un créancier a remis à son débiteur une partie de sa dette, un quart par exemple, à la condition que les autres quarts seront payés à des termes convenus, et qu'à défaut par le débiteur de payer aux époques fixées la totalité de la créance deviendra exigible, une pareille clause peut être divisée en ce sens que, si le débiteur ne manque au paiement que d'un terme, il ne doit que le tiers de la peine stipulée, c'est-à-dire du quart qui avait été remis. — *Bourges*, 28 févr. 1809, Mesland c. Perruchot.

45. — La remise a toujours été tellement favorable que, bien qu'elle soit une véritable donation, lorsqu'elle est purement gratuite, on n'a jamais exigé, pour sa validité, aucune espèce de formalité. — *Cass.*, 2 janv. 1843 (t. 1er 1843, p. 644), Lapoujade c. Amouroux. — Ainsi, elle peut être faite par une simple lettre missive. — Toullier, t. 7, n° 323; Rolland de Villargues, *Rép.*, v° *Remise de la dette*, n°s 34 et 36.

46. — Jugé, en conséquence, que la remise d'une dette, à titre de libéralité, n'est point assujettie aux formalités prescrites pour les donations entre-vifs et testamentaires. Ainsi : lorsqu'un créancier, se croyant en danger, donne à un tiers une quittance pour la remettre au débiteur, au cas de mort, la libéralité doit avoir son effet. — *Limoges*, 9 juill. 1821, Ardant c. Audouin.

47. — ...Que, la remise de la dette n'étant assujettie à aucune formalité, elle peut être simple ou conditionnelle, directe ou par intermédiaire. — Dès lors, est valable la remise d'une dette faite par le dépôt des titres et de la quittance entre les mains d'un tiers, pour être livrés au débiteur, en cas de décès du créancier. — *Cass.*, 2 avr. 1823, Audoin c. Ardant-Marsac.

48. — Jugé, cependant, que la remise d'une dette, lorsqu'elle n'est point faite selon les formes exigées pour les donations ou testamens, doit être assimilée à un don manuel, et n'est valable qu'autant qu'il y a tradition de titre de la part du créancier, et acceptation de la part du débiteur, de manière à établir le concours simultané des volontés des deux parties. Qu'ainsi il n'y a pas remise valable de la dette quand le créancier dépose son titre entre les mains d'un tiers, avec mission de le remettre, après son décès, au débiteur. — *Paris*, 1er mars 1826, Dupont c. Crosnier et Lenfumé.

49. — La remise résultant d'une convention est valable, bien que le titre n'ait pas été rendu au débiteur. Alors, s'il n'y a point eu d'acte dressé, le débiteur pourra faire interroger le créancier et lui déférer le serment; il peut même prouver la remise par témoins, si la somme n'excède pas 150 fr. — Duranton, t. 12, n° 360; Toullier, t. 7, n° 322; Rolland de Villargues, *Rép.*, v° *Remise de la dette*, n° 37.

50. — Lorsque la remise est faite par testament, elle forme un véritable legs, *legatum liberationis*, et elle est régie par les principes des legs. — Duranton, t. 12, n° 336; Rolland de Villargues, *Rép.*, v° *Remise de la dette*, n° 38.

51. — Quant à la remise tacite, l'appréciation des circonstances qui l'établissent est laissée aux juges. Toutefois, de simples présomptions ne peuvent être admises que dans les cas où la preuve testimoniale serait reçue; et cette preuve testimoniale est elle-même admissible quand il y a un commencement de preuve par écrit, ce qui arrive le plus souvent. — Toullier, n°s 335 et 339; Rolland de Villargues, *Rép.*, v° *Remise de la dette*, n°s 39 et 40.

52. — *Preuve de la remise de la dette.* — La remise de la dette peut être prouvée par témoins, surtout lorsqu'il s'agit d'une dette commerciale. — *Cass.*, 2 avr. 1823, Audoin c. Ardant-Marsac; 2 janv. 1843 (t. 1er 1843, p. 644), Lapoujade c. Amouroux. — V. aussi arrêt du Parlement de Paris de 1569; L. 35 ff., *De reg. jur.* — Pothier, *Oblig.*, n°s 607 et 615; Duranton, *Dr. franç.*, t. 12, n° 358; Rolland de Villargues, *Rép. du not.*, v° *Remise de la dette*, n°s 30 et 31; Toullier, *Droit civ.*, t. 7, n°s 323 et 337. — V., cependant, Grenier, *Donat.*, t. 1er, ch. 1er, § 10; Coin-Delisle, *Comment. anal.* sur l'art. 932 C. civ., n° 23.

53. — Avant le Code civil, les juges du fait décidaient souverainement si, d'après les circonstances et les présomptions graves, précises et concordantes de la cause, le créancier par compte avait fait remise de la dette à son débiteur. — *Cass.*, 11 novemb. 1806, Bellecombe c. Sarrazin.

54. — Sous l'empire du droit romain, la remise d'une dette devait être expresse; ou du moins résulter de présomptions si fortes qu'on ne pût douter de l'intention du créancier. — *Cass.*, 23 germin. an X, Cuneo d'Ornano c. Olivetti.

55. — Lorsqu'un créancier a donné quittance de plusieurs termes d'arrérages d'une rente, ces quittances sont autant de présomptions qui peuvent aider le juge à décider si le créancier a été payé ou a fait remise des arrérages antérieurs. —Toullier, t. 6, n° 745, et t. 7, n°s 338 et 339; Rolland de Villargues, *Rép.*, v° *Remise de la dette*, n° 60. — Sous le droit romain, la représentation des quittances de trois années consécutives faisait présumer le paiement ou la remise des années précédentes. — L. 3, C., *De apoch. public.*, 10, 22. — Rolland de Villargues, *Rép.*, v° *Paiement*, n° 220.

56.—Si, dans un compte entre deux personnes en relation d'affaires, l'une n'a pas compris un article de créance qu'elle avait contre l'autre, il ne résulte de là aucune présomption de remise; on ne doit voir là qu'une omission, à moins que le contraire ne résulte des circonstances. — Pothier, *Oblig.*, n° 577; Duranton, t. 12, n° 370; Rolland de Villargues, *Rép.*, v° *Remise*, n° 42.

57. — D'après la loi *Procula*, 26, ff., *De probat. et præsumpt.*, et suivant Pothier (n° 577), il y a présomption de remise de la dette dans le concours des trois circonstances suivantes : 1° lorsque le créancier et le débiteur étaient unis par les liens du sang à un degré très-rapproché; 2° lorsqu'il y a eu entre eux plusieurs comptes dans lesquels la dette n'a pas été mentionnée; 3° enfin, lorsque le créancier est mort sans avoir demandé le paiement. D'autres docteurs critiquent et le nombre et la qualité de ces circonstances.—Aujourd'hui, ces circonstances réunies doivent subir le sort de toutes les présomptions abandonnées à l'appréciation des juges. — Toullier, t. 7, n° 336; Duranton, t. 12, n° 370.

58. — Jugé que, sous l'empire du droit écrit et d'après la loi *Procula*, il y avait présomption de l'extinction d'une créance par cela que le créancier avait omis de la réclamer pendant un temps considérable, et qu'il n'en avait été fait aucune mention dans les comptes arrêtés ultérieurement entre lui et le débiteur. — L. 26, ff., *De probat.*— *Bruxelles*, 4 févr. 1809, Vermeulen; 11 févr. 1809, Thielemans c. Catoir.

59. — Le défaut de réserve d'une dette dans la quittance que le créancier donne d'une autre dette ne forme point de présomption de remise ou du paiement de la première, même échue. — L. 29, ff., *De oblig. et act.* — Pothier, *Oblig.*, n° 574; Duranton, t. 12, n° 369.

60. — La remise d'une dette peut se prouver par des présomptions autres que celles énoncées dans les art. 1282 et suiv. C. civ., lorsqu'il y a d'ailleurs commencement de preuve par écrit. —Ainsi : on peut induire cette remise du silence gardé toute sa vie par le créancier, et de quittances relatives à d'autres dettes par lui données sans aucune réserve. — *Caen*, 3 mai 1826, Cosnard c. Delavoine et Durosier.

61. — Le fils créancier de son père, qui, lors d'un acte de partage fait par celui-ci de tous ses biens entre ses enfans, n'élève aucune réclamation, et même renonce à son hypothèque sur les immeubles échus à ses frères, est censé avoir abandonné sa créance. — *Agen*, 14 juin 1837 (t. 1er 1840, p. 278), Bayle.

62.—La prorogation volontaire consentie avec remise des intérêts moratoires par le tiers porteur d'un billet à ordre opère une véritable remise de partie de la dette qui lui fait perdre son recours contre l'endosseur, nonobstant la faillite du souscripteur survenue depuis l'atermoiement et avant l'échéance de la prorogation du délai. — *Paris*, 4 août 1822, Messémieux c. Héry.

63. — On peut voir encore v° PAIEMENT (n°s 2454 et suiv) quelques décisions que nous avons placées sous ce mot, comme le concernant plus spécialement.

64. — Un fait qui a toujours suffi pour établir la présomption de remise de la dette, c'est la remise du titre même par le créancier au débiteur. — L. 2, § 1er, ff., *De pactis*. — Ainsi, la remise volontaire du titre original sous signature privée, par le créancier au débiteur, fait preuve de la libération. — C. civ., art. 1282.

65. — Cette disposition s'applique par identité de raison à la remise volontaire du brevet d'une obligation notariée. — Pothier, *Oblig*, n° 572; Toullier, t. 7, n° 324.

66.—Malleville et Toullier (t. 7, n° 327) trouvent qu'il y a un pléonasme dans ces mots de la loi *remise volontaire*, et que le mot *remise* seul annoncerait essentiellement qu'il doit y avoir volonté et volonté libre de la part du créancier. L'objection est plausible; mais ici, comme le texte pèche par excès de clarté, l'inconvénient n'est pas grand, il ne sert qu'à mieux faire comprendre la loi.

67.—Pour que la remise du titre sous seing privé établisse la libération du débiteur, il faut donc le concours de ces trois circonstances : 1° que la remise ait été volontaire; 2° qu'elle ait été faite par le créancier; 3° qu'elle l'ait été au débiteur. Si l'une d'elles manque, la preuve de la libération s'évanouit. — Duranton, t. 12, n° 361.

68. — Jugé, en conséquence, que la remise d'un titre sous seing privé n'est une présomption légale de la libération du débiteur qu'autant qu'elle a été faite volontairement par le créancier. — *Cass.*, 10 avril 1833, Leclerc-Losier c. Deguingamp.

69. — Toutefois la possession du titre par le débiteur est présumée être le résultat d'une remise volontaire que ce créancier lui en a faite, jusqu'à preuve du contraire. — C'est là une présomption légale que le créancier ne peut détruire qu'en prouvant que la possession du titre de la part du débiteur est le résultat d'une perte d'une surprise ou de manœuvres frauduleuses.— Duranton, t. 12, n° 362; Toullier, t. 7, n°s 324 et 325.

70. — Jugé, en conséquence, que si le titre original de la dette se trouve entre les mains du débiteur, il y a présomption qu'il lui a été remis par son créancier; et c'est à celui-ci qu'il incombe de prouver que s'il en est dessaisi, ce n'est que par le résultat de la fraude ou de la violence. — *Liége*, 15 janv. 1806, d'Oliva c. de Vlieck.

71. — ...Que lorsque le titre sous seing privé se trouve entre les mains du débiteur, cette circonstance suffit pour faire supposer, hors le cas d'articulation de violence ou de fraude, que le titre lui a été remis volontairement par le créancier et fait preuve de la libération. — *Colmar*, 6 mars 1846, Ulrich c. Fischer.

72.—Que lorsque le débiteur s'est trouvé nanti du titre que portait sur lui son créancier, on doit présumer que la remise lui en a été faite volontairement. — *Rennes*, 24 mai 1826, Lefoch c. Lebourg.

73. — Dans le cas où le débiteur est facteur, commis ou domestique du créancier, Toullier (t. 7, n° 325) pense, d'après Pothier, que la remise ne résulte pas suffisamment de la possession du titre par le débiteur et que celui-ci est chargé du fardeau de la preuve. Il décide de même à l'égard du voisin chez qui le créancier a été obligé de porter ses papiers en cas d'incendie. — Il nous semble, avec Delvincourt (t. 2, p. 571 et 572), que c'est toujours au créancier à faire la preuve contre le débiteur, qui a pour lui la présomption légale. La qualité de débiteur doit être seulement un moyen d'établir la fraude plus facilement. — Duranton, t. 12, n° 362.

74. — Cependant, la présomption résultant de la remise volontaire du titre est moins forte quand ce titre a été remis au moment où le créancier vient toucher le paiement. — Il en serait ainsi quand même le titre serait revêtu d'un *pour acquit* écrit d'avance et aurait été confié à un facteur ou commis, comme cela se pratique dans le commerce. En pareil cas, le créancier doit prendre ses mesures et porter plainte en soustraction de titres.—Duranton, t. 12, n° 363.

75. —Mais la remise d'une dette n'est pas suffisamment prouvée par l'existence du titre entre les mains du débiteur, si les circonstances faisaient présumer que ce titre ne lui a pas été remis volontairement.—*Caen*, 6 nov. 1827, Jennet c. Mangon; *Colmar*, 28 mai 1831, Bilger c. Niefergold; *Cass.*, 3 mars 1835, Saint-Brice c. Botherel.

76. — Ainsi : on a pu décider que la remise n'avait pas été volontaire, par cela qu'au dos même du titre se trouvaient des indications de paiement d'intérêts à des époques où le débiteur prétendrait s'être libéré. — *Colmar*, 28 mai 1831, Bilger c. Niefergold.

77. — Jugé également que la remise d'un acte sous seing privé, constitutif d'une créance, devant avoir été volontaire, la présomption de paiement qui résulte de ce que le débiteur est en possession de son billet doit disparaître devant la preuve par témoins que le titre constitutif de la créance a été soustrait par lui.—*Cass.*, 22 janv. 1828, Bunel.

78. — L'arrêt qui, d'après le résultat des enquêtes, décide que le titre ne se trouve dans les mains du débiteur que par suite d'une soustraction, et qu'une pareille possession ne le libère pas, ne fait que statuer sur des faits dont l'appréciation était du domaine exclusif de la Cour qui l'a rendu, et doit nécessairement échapper, sous ce rapport, à la censure de la Cour suprême. — *Cass.*, 22 janv. 1828, Bunel.

79.—La remise volontaire du titre par le créancier à son débiteur ne fait pas preuve de la libération de ce dernier, lorsqu'il résulte des circonstances de la cause que cette remise a eu lieu pour un autre objet. — *Liége*, 13 déc. 1814, Grisard; *Amiens*, 11 mars 1826, Cottenest c. Corroze.

80. — Tel est le cas où cette remise n'a eu lieu que parce que le créancier incapable de gérer ses affaires en a chargé son débiteur.—*Liége*, 13 déc. 1814, Grisard.

81. — On ne peut présumer la libération d'une dette sur la simple présomption de la remise des titres, lorsque cette remise n'est pas établie.— *Riom*, 12 août 1809, Pourton c. Ruin et Jami.

82. — La preuve que la remise du titre n'a point été volontaire, qu'il a été surpris par dol, qu'il avait été égaré, ou enfin qu'il n'avait été que confié, peut être faite par témoins ou même résulter de présomptions graves, précises et concordantes, lors même qu'il s'agit d'une somme de plus de 150 francs.—Ce n'est pas, en effet, une obligation qu'on veut établir, mais l'allégation du fait d'une remise volontaire du titre. — Rolland de Villargues, *Rép.*, v° *Remise de la dette*, n° 58.

83. — Les juges peuvent décider, d'après de simples présomptions, que la remise du titre original qui se trouve entre les mains du débiteur n'a été que le résultat d'une méprise qui ne pouvait être constatée par écrit. — *Cass.*, 5 mars 1835, Saint-Brice c. Botherel.

84. — Le fait de la remise volontaire du billet établissant la présomption légale de libération, le créancier ne serait pas admis à prouver que, tout en remettant le titre, il n'a pas entendu remettre la dette. —Delvincourt, *Cours de dr. civ.*, t. 2, p. 572.

85. — La remise volontaire du titre sous seing privé faisant preuve de la libération, cette disposition s'applique au cas où le billet a été remis comme payé et au cas où il a été gratuitement remis.—De là naît une difficulté. Certaines personnes sont incapables de faire une remise, mais elles sont capables de recevoir le paiement. Dès lors, que conclure, si elles ont fait la remise du titre? On doit présumer qu'il y a eu paiement plutôt que remise de la dette, car la remise gratuite de la dette ne se présume pas facilement, d'après l'axiome. — Ce serait donc au créancier à prouver qu'il n'a fait qu'une remise qu'il était incapable ou qu'il n'avait pas pouvoir de faire.— A défaut de preuve, on pourrait forcer le débiteur de s'expliquer : soit en l'interrogeant sur faits et articles, soit en lui déférant le serment.— Duranton, t. 12, n° 364; Rolland de Villargues, *Rép.*, v° *Remise de la dette*, n° 48.

86. — Ce n'est que pour les conventions unilatérales que la remise du titre fait preuve de la libération. — Quant à la remise d'un titre constatant une convention bilatérale depuis longtemps exécutée par les parties contractantes, elle ne peut avoir pour effet d'opérer la révocation de cette convention et de remettre les parties dans le même état où elles se trouvaient auparavant. — *Liége*, 13 déc. 1814, Grisard.

87. — Pour faire preuve de la libération, la remise du titre original sous seing privé doit avoir été faite par le créancier au débiteur même. Ainsi, dans le cas d'une reconnaissance souscrite par une maison de banque, on ne saurait faire résulter la remise de la dette de la détention du titre par un des sociétaires. — *Cass.*, 1er févr. 1842 (t. 1er 1842, p. 181), Gérardot-Fombelle c. Dumont-Lamillerie.

88. — Quand le titre de créance est un acte notarié ou un jugement : la remise de la grosse fait présumer la remise de la dette ou le paiement, sans préjudice de la preuve contraire (C. civ., 1283. — Duranton, t. 12, n° 365). — Pothier (*Oblig.*, n° 573) pensait que la possession de la grosse n'était une présomption suffisante qu'autant qu'il s'y joignait d'autres circonstances.

89. — A la différence de la remise du titre original sous seing privé qui fait preuve de libération, la remise de la grosse n'établit qu'une présomption de cette libération. Et encore n'est-ce pas sans contradiction que cette dernière disposition a été adoptée lors de la rédaction du Code. — On pensait que le créancier pouvait se dessaisir de la grosse et la remettre au débiteur avec plus de facilité, en se reposant sur la minute sans quittance, et on voulait charger le débiteur de prouver que la remise avait été volontaire.— Mais on s'est déterminé par cette raison qu'une grosse devait être considérée comme une pièce originale, puisqu'une seconde n'en peut être délivrée sans l'autorisation du juge, et que dès lors la présomption devait exister en faveur du débiteur contre le créancier. — Toullier, t. 7, n° 336; Rolland de Villargues, *Rép.*, v° *Remise de la dette*, n° 56.

REMISE DE LA DETTE, § 4.
REMISE DE LA DETTE, § 4.

90. — Jugé, en conséquence, que la présomption de libération résultant de la seule existence de la grosse entre les mains du débiteur n'est pas, comme celle résultant de la remise du billet ou acte sous seing privé, exclusive de la preuve contraire. — Elle peut être détruite par des présomptions résultant des circonstances. — *Pau*, 31 août 1837 (t. 1er 1839, p. 518), Raval c. Laporte.

91. — Jugé, cependant, que la possession par le débiteur de la grosse du contrat de rente n'est qu'une présomption de libération qui doit être appuyée de circonstances. La preuve de ces circonstances est à la charge du débiteur. — *Besançon*, 8 déc. 1808, Pageoz c. Hugonneau.

92. — Dans le cas où le porteur de la grosse d'un titre de créance de plus de 150 francs, allègue qu'elle lui a été remise volontairement, à titre de don, par le créancier ; les juges peuvent, néanmoins, décider, d'après des présomptions, qu'il n'y a pas eu remise volontaire du titre, et, par conséquent, qu'il n'y a point libération. — *Bourges*, 12 avr. 1826, Guerriat c. Gaudry.

93. — Lorsque la grosse d'un contrat de rente viagère a été déclarée par le créancier au commissaire de police faire partie de différens objets qui lui ont été volés, la possession ultérieure de cette grosse par le débiteur ne saurait faire présumer qu'il y a eu remise volontaire de la dette. — *Besançon*, 8 juill. 1806, Jobelin c. Grattenois.

94. — La remise d'une simple expédition, fût-elle la première qui eût été tirée de l'acte, ne ferait présumer ni le paiement ni la remise de la dette ; car, comme le créancier peut en lever tant que bon lui semble, il n'a point de motif pour refuser cette remise. — Rolland de Villargues, *Rép.*, vº *Remise de la dette*, nº 57 ; Duranton, t. 12, nº 366.

95. — La preuve contraire que la loi réserve contre les présomptions de libération, peut être faite par tous les modes reçus en justice. — Pothier, *Oblig.*, nº 813 ; Toullier, t. 10, nos 54 et suiv. ; Rolland de Villargues, *Rép.*, vº *Remise de la dette*, nº 63.

96. — Les dispositions des lois anciennes et du Code civil, qui considèrent la remise volontaire du titre sous seing privé comme preuve du paiement ou de la remise de la dette, et qui ne prescrivent à cet égard aucune formalité, ont uniquement pour but de favoriser la libération du débiteur. Elles ne sauraient donc être appliquées au profit du créancier contre ce même débiteur.

97. — Ainsi : lorsque la quittance donnée au débiteur se trouve entre les mains de son créancier, on ne peut inférer de cette circonstance un don manuel qui aurait eu pour objet de faire revivre l'obligation que le paiement avait éteinte. — *Grenoble*, 20 janv. 1826, Coame c. Poncet.

98. — La cancellation du titre forme une présomption de remise de la dette ou de paiement, sauf, néanmoins, la preuve du contraire. — L. 24, ff., *De probat.* 22. — Domat, *Lois civ.*, tit. *Des présomptions*, nº 12 ; Delvincourt, *Cours de C. civ.*, t. 2, p. 571, note ; Rolland de Villargues, *Rép.*, vº *Remise de la dette*, nº 61. — Toullier (t. 7, nº 340) pense que la présomption résultant de la cancellation du titre a plus de force que celle qui résulte de la remise de ce même titre, en ce que le titre une fois détruit ou raturé ne forme plus qu'un commencement de preuve par écrit.

99. — La présomption de remise peut résulter encore de l'écriture mise par le créancier à la suite, en marge ou au dos du titre resté en sa possession, quand même cette écriture serait barrée ou raturée. — C. civ., art. 1332. — Pothier, *Oblig.*, nº 726 ; Toullier, t. 7, nº 341 ; Rolland de Villargues, *Rép.*, vº *Remise de la dette*, nº 62.

100. — Il n'y a pas preuve suffisante de libération lorsque c'est le débiteur lui-même qui a écrit la mention d'un paiement d'à-compte au dos d'un effet, ainsi que sur le journal domestique du créancier. — *Colmar*, 6 mars 1816, Ulrich c. Fischer.

101. — La remise de la chose donnée en nantissement *ne suffit point* pour faire présumer la remise de la dette (C. civ., art. 1286), mais elle est une circonstance qui peut fonder une de ces présomptions abandonnées à l'appréciation des juges dans le cas où les présomptions sont admises. — Duranton, t. 12, nº 368 ; Rolland de Villargues, *Rép.*, vº *Remise de la dette*, nº 80.

§ 4. — *Des effets de la remise.*

102. — La remise éteint l'obligation. — C. civ., art. 1234. — Elle équipolle au paiement. — Pothier, *Oblig.*, nº 580 ; Rolland de Villargues, *Rép.*, vº *Remise de la dette*, nº 72.

103. — Toutefois on suppose que la remise a été volontaire, mais la remise faite dans un concordat est toujours réputée forcée ou par la volonté de la majorité des créanciers, ou par la position fâcheuse du débiteur, et la nécessité de ne pas lui laisser accroître ses pertes, en lui ôtant tout moyen de se libérer, et laisse subsister une obligation naturelle relativement à ce débiteur. — *Lyon*, 12 avril 1832, Rousselle c. Boyer.

104. — La remise est personnelle ou réelle : personnelle, quand elle n'est faite qu'à la seule personne du débiteur et non à ses héritiers ou ayans cause ; réelle, quand elle est faite tant au débiteur qu'à ses héritiers et à tous ceux qu'il a intérêt de voir libérés. — Toullier, t. 7, nº 329.

105. — A moins que le contraire ne résulte de l'acte, la remise est toujours censée réelle. — Toullier, t. 7, nº 329.

106. — Ainsi, la remise du titre original sous signature privée, ou de la grosse du titre à l'un des débiteurs solidaires, a le même effet au profit de ses codébiteurs. — C. civ., 1284.

107. — Ainsi encore, la remise ou décharge conventionnelle au profit de l'un des débiteurs solidaires libère tous les autres. — C. civ. 1285. — En effet, celui à qui la remise est faite est présumé avoir payé la dette. — L. 16, ff., *De acceptilat.* — D'un autre côté la division de la dette n'est pas à présumer. — *Exposé des motifs.* — Rolland de Villargues, *Rép.*, vº *Remise de la dette*, nº 74. — *Contrà*, Pothier, *Oblig.*, nº 581.

108. — Le créancier qui décharge un des débiteurs solidaires ne conserve ses droits contre les autres que s'il en a fait la réserve expresse. — C. civ. 1285. — La mention de cette réserve peut consister en équipollens. Ainsi elle résulterait suffisamment contre les autres débiteurs de ce que le créancier aurait fait *remise* à l'un des débiteurs solidaires *de sa part* dans l'obligation. — C. civ., 1210. — Toullier, t. 7, 329 ; Rolland de Villargues, *Rép.*, vº *Remise de la dette*, nº 76.

109. — La décharge donnée par le créancier à l'un des débiteurs solidaires ne libère pas les autres, lorsqu'il a réservé tous ses droits contre ces derniers ; et cela quand même, par des arrangemens particuliers entre les codébiteurs, mais étrangers au créancier, le débiteur déchargé aurait été tenu de la totalité de la dette. — *Paris*, 30 mars 1808, Bertrand c. Fabre.

110. — Lorsqu'en faisant la remise au profit de l'un des codébiteurs solidaires le créancier a expressément réservé ses droits contre les autres, il ne peut plus répéter la dette que déduction faite de la part de celui à qui il a fait la remise (C. civ. 1285) ; et aussi moins sa part dans les insolvabilités, s'il y en a (C. civ. 1215). — Toullier, t. 7, nº 329 ; Duranton, t. 12, nº 372.

111. — Jugé, en conséquence, que le créancier qui a fait remise de la dette à l'un des débiteurs solidaires, même avec déclaration expresse qu'il entendait réserver tous ses droits contre eux, ne peut répéter le montant de sa créance que déduction faite de la part de celui qui a obtenu la remise. — *Rouen*, 21 mars 1822, Daigremont c. Pepin du Feugray.

112. — ... Que la remise forcée que le porteur d'une lettre de change pour laquelle il y avait provision, a faite à l'accepteur tombé en faillite, l'empêche de demander la totalité de la dette au tireur, alors même qu'il s'est expressément réservé tous ses droits contre lui. Dans ce cas le tireur condamné solidairement avec l'accepteur au paiement de la traite, doit être considéré comme un débiteur solidaire contre lequel le créancier ne peut plus répéter la dette que sous la déduction de la part de celui à qui la remise a été faite. — *Cass.*, 30 nov. 1819, Daigremont c. Pepin du Feugray.

113. — Dans le cas de remise à l'un des débiteurs solidaires avec réserve de droits contre les autres, la déduction s'applique-t-elle à sa part virile ou à sa part réelle ? Cette question peut se présenter dans le cas où l'affaire ne concerne en réalité qu'un des débiteurs et où les autres sont considérés comme ses cautions (C. civ. 1216). Si le créancier a ignoré que le débiteur qu'il a déchargé fût seul intéressé, il n'y a lieu de déduire que la part virile. Mais si le créancier le savait, Delvincourt (t. 2, p. 573) pense que tous les codébiteurs sont entièrement déchargés, malgré la réserve, parce que la libération nuirait aux codébiteurs ; et que la réserve doit être considérée comme non avenue, puisqu'elle est contraire à l'acte consenti. — Toullier (t. 7, nº 329) pense au contraire, et avec raison, ce nous semble, que la réserve du créancier ne peut s'expliquer que par l'intention de ne déduire que la part virile du débiteur. Car une clause doit être prise de préférence dans le sens avec lequel elle peut produire quelque effet.

114. — L'obligation accessoire ne pouvant subsister sans l'obligation principale, la remise de la dette anéantit le droit de conférer la chose donnée en nantissement. — Delvincourt, *Cours de C. civ.*, t. 2, p. 572, note.

115. — Ainsi encore la remise ou décharge accordée au débiteur principal libère les cautions (C. civ., art. 1287) ; excepté toutefois les cas où la remise est forcée : par exemple, au cas de concordat consenti par la majorité des créanciers. — Pothier, *Oblig.*, nº 580 ; Nouveau Denisart, vº *Atermoiment*, § 3, nº 5 ; Toullier, t. 7, nº 330 ; Duranton, t. 12, nos 376, 377 et 378.

116. — Jugé, en ce sens : que la remise faite dans un concordat étant toujours réputée forcée, ne peut point affranchir les cautions de leur cautionnement. — *Lyon*, 12 avr. 1832, Rousselle c. Boyer.

117. — ... Que le créancier qui a adhéré, sans faire de réserves, à un concordat par lequel remise a été faite à son débiteur tombé en faillite, ne perd pas pour cela son recours contre la caution. — A plus forte raison en doit-il être ainsi, s'il y a eu entre la caution et le créancier réserve expresse des droits de celui-ci. — *Lyon*, 14 juin 1826, Durand c. Dalmais et Girodet.

118. — ... Que la remise de la dette résultant d'un concordat consenti au profit d'un failli, avec réserve des droits des créanciers contre les codébiteurs solidaires, n'opère pas une remise ou décharge conventionnelle dans le sens de l'art. 1285 C. civ., de telle sorte que la femme du failli, obligée solidairement avec lui et sa caution, puisse, par application même du § 2 de cet article, se prétendre libérée à l'égard du créancier qui veut exercer un recours contre elle. — *Paris*, 8 juin 1831, Duchauffour c. Legros.

119. — Jugé cependant que la remise accordée sans réserve au failli dans le concordat par un créancier hypothécaire, libère le tiers qui avait donné sur ses biens, pour sûreté de la dette, un cautionnement hypothécaire. — *Bordeaux*, 28 août 1826, Coureau c. Leblond.

120. — ... Que la remise que fait le porteur d'une traite au profit de l'accepteur failli libère le tireur également failli, si le créancier n'a pas réservé ses droits contre ce dernier. — *Bruxelles*, 22 avr. 1815, Dusart-Piquet c. Laurent et Vanderborght.

121. — Aujourd'hui, l'art. 545 du C. de comm. (L. 28 mai 1838) porte : « Nonobstant le concordat, les créanciers conservent leur action pour la totalité de leur créance contre les coobligés du failli. » — La remise consentie sur concordat doit être toujours réputée forcée. — Discussion à la Chambre des députés (Duvergier, *Collect. des lois*, t. 38, p. 405).

122. — La remise accordée au débiteur libère la caution (C. civ., art. 1287), lors même que, par une nouvelle convention, le débiteur renoncerait au bénéfice de la remise. — L. 62 ff., *De pactis.* — Duranton, t. 10, nº 539, et 12, nº 373. — D'ailleurs, si la caution n'était pas libérée, le débiteur ne profiterait pas de la remise, puisqu'après avoir payé, la caution exercerait son recours contre lui. — L. 21, § 5, ff., *De pactis.* — Rolland de Villargues, *Rép.*, vº *Remise de la dette*, nº 83.

123. — Si la remise avait été faite au débiteur avec réserve de tous droits contre la caution, il faudrait conclure de là, non qu'il y a eu extinction de la dette, ce que repoussent les réserves du créancier, mais que celui-ci a entendu seulement faire au débiteur la remise des poursuites. — Rolland de Villargues, *Rép.*, vº *Remise de la dette*, nº 85.

124. — L'obligation principale pouvant exister sans l'obligation, il s'ensuit que la remise accordée à la caution ne libère pas le débiteur principal (C. civ., art. 1287. — Duranton, t. 12, nº 374) et que la remise de la chose donnée en nantissement n'emporte pas décharge de la dette. — C. civ., art. 1286. — Toullier, t. 7, nº 330.

125. — La remise accordée à l'une des cautions ne libère pas les autres (C. civ., art. 1287). Toutefois, elles ne sont plus tenues que sous la déduction de la *part* de celle à qui la remise a été accordée et de la portion pour laquelle elle aurait contribué dans les insolvabilités des autres : car le créancier s'étant mis par son fait hors d'état de subroger les autres cautions contre celle à qui il fait la remise, ne peut réclamer d'elles que les parts dont elles étaient tenues originairement. — C. civ., art. 2037. — Pothier, *Oblig.*, nº 581 ; Toullier, t. 7, nº 331 ; Duranton, t. 12, nº 375 ; Rolland de Villargues, *Rép.*, vº *Remise de

la dette, n° 88. — Du reste, l'art. 1287 suppose que les cautions ne sont pas solidaires; car autrement la remise faite à l'une profiterait aux autres, d'après ce que nous avons dit plus haut des co-débiteurs solidaires. — Toullier, Rolland de Villargues, *ibid.*

126. — Ce que le créancier aurait reçu de la caution, pour lui accorder la remise ou la décharge de son cautionnement, devra être imputé sur la dette, et tourner à la décharge du débiteur principal et des autres cautions.—C. civ., art. 1288. — Toullier, t. 7, n° 332; Duranton, t. 42, n° 379.

127. — Le porteur d'une lettre de change qui a fait remise à l'accepteur de son acceptation, moyennant une somme convenue, perd son recours pour le surplus contre le tireur, s'il est constant que l'acceptation n'avait été fournie qu'à titre de cautionnement et pour garantie d'une autre lettre de change souscrite par le tireur dans le cas où elle ne serait pas acquittée à son échéance. — *Cass.*, 22 juill. 1823, Siuber c. Warens.

128. — La remise qui n'est faite que par l'un des créanciers solidaires ne libère le débiteur que pour la part de ce créancier.—C. civ., art. 1198.

129. — La remise faite dans un acte à cause de mort au débiteur d'une rente foncière de tout ce qu'il peut devoir, n'emporte, relativement à la rente, que la remise des arrérages échus et non celle du capital. — *Liège*, 9 mars 1807, Bellefroid c. Tornaco.

130. — Lorsqu'un contrat a pour effet de transmettre la propriété d'une chose par le seul consentement des parties, nous avons vu (n° 54) que la remise consentie par elles constitue une véritable rétrocession. Cette rétrocession n'a lieu que sauf les droits des tiers; par exemple : sauf l'hypothèque légale qui a pu être acquise, avant la résiliation, au profit de la femme de l'acheteur, après le privilège du vendeur. La régie de l'enregistrement peut aussi exiger un nouveau droit de mutation. — Duranton, t. 12, n° 338.

131. — De même, l'existence d'un titre de créance entre les mains du débiteur établit la libération de ce dernier seulement à l'égard du créancier; sans faire obstacle à ce qu'un tiers réclame le remboursement de la créance, s'il prouve que c'est lui qui en a effectué le paiement au créancier. — *Cass.*, 16 août 1830, Bureau c. Deschainière.

132. — Lorsque le créancier a fait remise de son titre au débiteur moyennant l'engagement d'honneur pris par celui-ci de rembourser sa dette quand il en aurait les moyens, il n'appartient pas aux tribunaux d'apporter à cet engagement un terme qui a été donné à la loyauté du débiteur. — *Bordeaux*, 31 mai 1848 (t. 2 1848, p. 494), Courau c. Blandin.

REMISE DE DROITS ET AMENDES.

V. AMENDE, ENREGISTREMENT, TIMBRE.

REMISE DE PIÈCES.

1. — L'avocat ne donne jamais de récépissé des pièces qu'on lui confie, il les remet sans décharge; sa déclaration qu'il les a remises suffit, sans affirmation par serment. — V. AVOCAT, n° 412 et suiv.

2. — Il en est autrement des officiers ministériels.

3. — En règle générale, la remise des pièces à un officier ministériel fait preuve d'un mandat d'agir et d'occuper pour la partie. Cependant tout dépend des circonstances. — V. AVOUÉ, n° 387 et suiv.; DÉSAVEU, n° 22 et suiv.; EXÉCUTION DES ACTES ET JUGEMENS, n° 488 et suiv.; HUISSIER.

4. — De même la remise, par un officier ministériel, à une partie, des pièces d'une procédure, fait preuve de la libération de cette partie par rapport aux frais. — V. AVOUÉ, n° 600 et suiv.

5. — Les avoués qui ont occupé dans des causes où il est intervenu des jugemens définitifs, sont tenus d'occuper sur l'exécution de ces jugemens, sans nouveaux pouvoirs, pourvu qu'elle ait lieu dans l'année de la prononciation des jugemens C. proc. civ., art. 1038), et cela bien qu'ils aient remis les pièces. — Carré et Chauveau, quest. 3427; Thomines-Desmazures, n° 1276.

6. — Les demandes en restitution de titres sont dispensées du préliminaire de conciliation. — V. CONCILIATION, n° 494 et 492.

7. — Lorsqu'une partie actionne un avoué en restitution des pièces qu'elle a produites et communiquées au cours d'une instruction par écrit,

elle n'est pas obligée à constituer avoué. — V. INSTRUCTION PAR ÉCRIT.

8. — Cette disposition s'applique aussi au cas où les pièces ont été communiquées à l'amiable ou par la voie du greffe, conformément à l'art. 188 du C. proc. civ. (V. COMMUNICATION DE PIÈCES), mais non au cas où l'on agit par voie principale.

9. — Quand les frais d'une procédure lui sont dus, l'officier ministériel a-t-il le droit de retenir les titres qui lui ont été remis? Nous avons enseigné la négative v° AVOUÉ, n° 345 et suiv.

10. — Les juges et les avoués sont déchargés des pièces cinq ans après la prononciation du jugement. — C. civ., art. 2276. — V. PRESCRIPTION.

11. — Les huissiers le sont deux ans après l'exécution de la commission ou la signification des actes dont ils étaient chargés. — *Ibid.*

12. — Le juge-commissaire, dans une affaire instruite par écrit, est déchargé des pièces qui lui ont été remises, par la seule radiation de sa signature sur le registre des productions. — V. INSTRUCTION PAR ÉCRIT.

13. — Celui qui s'est emparé, par des moyens indélicats, d'une pièce appartenant à un tiers, peut être condamné, outre la restitution de la pièce, à des dommages-intérêts par chaque jour de retard; encore qu'aucun préjudice ne puisse résulter du retard dans la remise de la pièce. — *Cass.*, 29 junv. 1834, Normand c. Rohan.

14. — En payant les dépens de l'instance dans laquelle elle a succombé, la partie est autorisée à exiger la remise de l'exécutoire ou du jugement; mais non celle des pièces de la procédure. — V. FRAIS ET DÉPENS, n° 535 et 536.

V., au surplus, DISTRIBUTION PAR CONTRIBUTION, EXPERTISE, n° 303 et suiv.; ORDRE, RÉCÉPISSÉ.

REMISE DE PLACE EN PLACE.

1. — Tout ce qui concerne cette matière a été expliqué v° LETTRE DE CHANGE, BILLET A DOMICILE. — Nous nous bornerons à mentionner quelques arrêts rendus depuis la publication desdits articles.

2. — Jugé que par cela seul que le billet à domicile, payable dans un lieu autre que celui où il a été souscrit, contient remise de place en place, il constitue un acte de commerce qui soumet le souscripteur à la juridiction commerciale et à la contrainte par corps. — *Paris*, 22 juill. 1845 (t. 1er 1846, p. 410), D.... c. Lefort; *Bordeaux* 30 janv. 1846 (t. 1er 1846, p. 481), Chantecaille c. Fortin ; *Caen*, 25 juin 1847 (t. 1er 1848, p. 59), Bonvoisin c. Aprville; *Grenoble*, 28 juin 1847 (t. 2 1848, p. 423), Fournier c. Blanc; 14 déc. 1847 (*ibid.*), Pourret c. Borel et Irveins.

3. — La doctrine contraire est consacrée par les arrêts d'*Amiens*, 6 déc. 1843 (t. 1er 1846, p. 1er 1845, p. 470), Menequin c. Husson; *Riom*, 7 avril 1845 (t. 1er 1846, p. 321), André c. de Villeneuve ; *Bourges*, 5 avril 1848 (t. 2 1848, p. 375), Vergne c. Fauconneau. — V., au reste, BILLET A DOMICILE, n° 7 et suiv.

4. — Jugé qu'il n'y a pas remise de place en place : soit quand le billet est payable dans une commune rurale non éloignée, soit quand les parties n'ont pas entendu faire une opération de change. — *Grenoble*, 28 juin 1847 (t. 2 1848, p. 423), Roche c. Martin.

5. — Jugé encore qu'il n'y a pas remise de place en place lorsque le billet a été souscrit dans une petite commune rurale sans commerce et sans importance, et située presque à la porte de la ville où il était stipulé payable. — *Bordeaux*, 30 juin 1846 (t. 1er 1846, p. 481), Chantecaille c. Fortin.

6. — Mais on doit considérer comme places deux chefs-lieux de canton dans lesquels se tiennent des marchés et foires. — *Caen*, 25 juin 1847 (t. 1er 1848, p. 59), Bonvoisin c. Aprville. — V., au reste, BILLET A DOMICILE, n° 9 et suiv., et LETTRE DE CHANGE.

V., en outre, COMPÉTENCE COMMERCIALE.

RÉMOULAGE.

V. SON.

RÉMOULEURS, ou REPASSEURS DE COUTEAUX.

1. — Patentables de 8e classe. — Droit fixe basé sur la population; — droit proportionnel du 40e de la valeur locative de tous les locaux qu'ils occupent. — Imposable seulement dans les communes de 20,000 âmes et au-dessus.

2. — Quant aux rémouleurs ambulans, ils sont

exempts de la patente. — L. 25 avril 1844, art. 13, n° 6, § dernier. — V. PATENTE.

REMPART.

Levée de terre qui entoure une place de guerre de tous les côtés par lesquels elle est accessible. — V. ALIGNEMENT, BIENS, CLOTURE, DOMAINE DE L'ÉTAT, DOMAINE PUBLIC, PLACE DE GUERRE, PRESCRIPTION, SERVITUDES MILITAIRES.

REMPLACEMENT MILITAIRE

Table alphabétique.

REMPLACEMENT MILITAIRE. — 1. — Le remplacement militaire est le contrat par lequel une personne s'oblige à faire le service militaire à la place d'une autre appelée par la loi du recrutement.

2. — On distingue deux sortes de remplace-

mens. le remplacement proprement dit, et le remplacement par substitution ou échange de numéros.

CHAPITRE Ier. — *Historique.*

3. — Le remplacement militaire semble n'avoir été en usage ni en Grèce ni chez les nations de l'Asie. — Hérodote, liv. 3, ch. 38; Sénèque, *De la colère*, liv. 3, ch. 17; Rey, p. 7 et 8. — V. RECRUTEMENT.

4. — Les Cariens passent pour être les premiers guerriers qui proposèrent leurs services pour de l'argent; il est vrai, comme remplaçans, mais comme auxiliaires. — Rey, p. 5.

5. — Le remplacement militaire n'était pas connu dans les armées romaines de l'ère républicaine; mais, si l'on descend au temps où les armées de l'empire romain étaient recrutées parmi les étrangers espagnols, germains ou gaulois, on trouve, au nombre des trois sources qui servaient à alimenter l'armée romaine, les premières traces d'une institution qui ressemble au remplacement; c'était la *capitulation*. Une loi de Valens, datée d'Antioche, le 4 des nones de juin 375, porte de 36 sous d'or qu'un jeune soldat versera au trésor pour être exempté du service; un édit d'Arcadius et d'Honorius, daté de Padoue, le 8 des calendes d'octobre 397, réduit les 36 sous d'or à 35. Enfin une autre loi, émanée d'Honorius et de Théodose, datée de Ravenne, le 6 des ides de février 490, relève le prix de l'exemption à 30 sous d'or (2,400 de nos francs). Les édits ne s'expliquent pas, du reste, sur le point de savoir pour combien de temps comptait l'exemption. — Charlier, *Spect. milit.*, t. 28, p. 481.

6. — En France, les remplaçans ont porté successivement différens noms : on les appela tour à tour *capitulés*, *avoués*, *suppléans*, et enfin *remplaçans*. — Charlier, *Spect. milit.*, t. 28, p. 480.

7. — Comme dans l'empire romain, l'impôt du service militaire fut, sous l'ancienne monarchie française, obligatoire pour tout le monde, excepté pour les membres du clergé, qui purent se faire représenter aux armées par des avoués (*advocati*), lesquels étaient de véritables remplaçans. — *Spect. milit.*, t. 28, p. 482.

8. — Les rois de France des premières races adoptèrent la capitulation romaine, qui n'était autre chose qu'un enrôlement avec prime; et Charlemagne reproduisit, dans un capitulaire de l'année 812, la loi de Valentinien et Valens, qui, en 375, avait établi ce mode d'entrer au service. — *Spect. milit.*, t. 28, p. 481 et 482.

9. — Quant au remplacement proprement dit, et tel qu'il existe actuellement, à peu de différences près, il ne commença à s'introduire en France que sous Louis XIV. Les dernières convocations du ban et de l'arrière-ban renferment la faculté et les conditions du remplacement. Ses deux successeurs le continuèrent, et les rangs

des armées françaises, sous le règne de ces trois princes, reçurent des remplaçans en petit nombre, à la vérité, mais en assez forte proportion, néanmoins, eu égard à l'extension presque indéfinie des exemptions de la milice. — *Spect. milit, ibid.*, p. 482. — A cette époque, du reste, les traités de remplacement se concluaient sans l'entremise de tiers. — *Ibid.*, p. 483 ; Rey, p. 24.

10. — Quand les milices ou régimens provinciaux furent créés, le remplacement y fut permis. — *Spect. milit.*, t. 8, p. 435 ; t. 24, p. 307.

11. — La République supprima le remplacement militaire, comme un privilège concédé à la richesse. Tout citoyen qui concourut à la défense de la patrie, à l'exception de ceux que leur faible constitution mettait dans l'impossibilité de porter les armes. — *Spect. milit*, t. 28, p. 483.

12. — Dans la première loi sur la conscription militaire, du 19 fruct. an VI (V. RECRUTEMENT, n° 23), il ne fut nullement question de remplaçans.

13. — Le remplacement fut pris en considération pour la première fois par la législature le 17 vent. an VIII (18 mars 1800), et la loi de ce jour l'autorisa ; mais sous la réserve expresse que la santé du conscrit qui voulait se faire remplacer exigerait impérieusement cette faveur, ou que la continuation de ses études offrirait plus de chances avantageuses à la patrie que les services militaires qu'il pourrait lui rendre. — V. L. 17 vent. an VIII, art. 2. — V., aussi, *Compte-rendu du Guide des tribunaux militaires* (Spect. milit., n° 157). — Joffrès, p. 18.

14. — La loi du 6 flor. an XI alla plus loin ; par son art. 13 elle permit aux jeunes gens désignés par le sort de se faire *suppléer* à l'armée par les conscrits de la classe de l'année et des années antérieures, non désignés ou désignés seulement pour la réserve, sous la seule condition de prendre eux-mêmes dans celles-ci les places de leurs suppléans : les remplaçans portaient alors le nom de suppléans. — *Spect. milit.*, t. 28, p. 485.

15. — La loi du 8 fruct. an XIII (26 août 1805) voulut encore un peu étendre la faculté du remplacement ; mais elle limita aux départemens le rayon domiciliaire des candidats *suppléans* et leur imposa des conditions d'âge, de taille, de force et de moralité qui empêchèrent que le nombre en fût augmenté dans les rangs de l'armée. — V. L. 8 fruct. an XIII.— Joffrès, p. 48.

16. — Ces concessions faites, on ne tarda pas à céder à de nouvelles exigences et bientôt un nouveau décret autorisa tous les conscrits à prendre indistinctement leurs remplaçans dans tous les départemens de l'empire. — Joffrès, *ibid.*

17. — Les lois du 10 mars 1818 et du 21 mars 1832, qui régissent encore aujourd'hui les opérations du recrutement, donnèrent la plus grande extension au remplacement, en supprimant en grande partie les conditions exigées d'âge, de taille et de domicile dans le département.

18. — La loi de 1832, il est vrai, imposa aux remplaçans diverses conditions qui n'avaient pas été prévues par la loi de 1818 ; mais ces restrictions sont restées impuissantes par suite du vice même du mode de remplacement. « Bien que la loi de 1832, disait, en 1843, le ministre de la guerre, dans l'exposé des motifs du projet de loi sur le recrutement, modificatif de la loi de 1832, soumette le remplacement à des conditions plus explicites que celle de 1818 ; il n'en est pas moins vrai que ces conditions sont, à leur tour, restées impuissantes, malgré les prescriptions successives et multipliées dont elles ont été l'objet de la part de l'administration. Il ne pouvait en être autrement : l'intérêt personnel et la fraude sont plus fertiles en expédiens et triomphent plus facilement des difficultés qu'on leur oppose, lorsque les dispositions de la loi ne sont pas l'expression d'un principe conservateur hautement avoué. » — *Moniteur* de 1843.

19. — L'application de la faculté de remplacement est bien plus large en France que dans les autres Etats de l'Europe.

20. — Le remplacement est, il est vrai, autorisé en Autriche, mais il est établi sous la forme d'engagement par primes. — Haillot, *Recherches sur l'organisation et les institutions militaires des armées étrangères* (Spect. milit., t. 31, p. 295)?

21. — En Bavière il n'est autorisé qu'à condition que le remplaçant versera dans les caisses de l'Etat une certaine somme, qui lui est rendue à l'expiration de son congé. — Haillot, *ibid.* (Spect. milit., t. 36, p. 564).

22. — Le système de recrutement de l'armée prussienne ne comporte point non plus de remplacement.

23. — Mais, en Russie les bourgeois et autres

sujets libres jouissent de la faculté de se faire remplacer. — Haillot, *ibid.* ; *Spect. mil.*, t. 33, p. 467.

24. — Les remplaçans ont en général été traités avec défaveur. Déjà, sous l'empire, malgré leur petit nombre, ils étaient vus d'un très-mauvais œil. Quelques régimens refusaient même de les recevoir dans leurs rangs, et les forçaient à déserter. Enfin, l'opinion les repoussa longtemps des corps d'élite et ils n'eurent, à très-peu d'exceptions près, aucun accès à l'avancement. Dans les dernières années de la restauration, on leur permit l'entrée dans la garde royale et la conservation des galons de caporal. Aujourd'hui ils sont placés avec les autres soldats sur le pied d'une égalité parfaite, et le corps des officiers compte dans son sein plus d'un dixième de remplaçans. — *Spect. milit.*, t. 28, p. 487.

25. — Les mauvaises *conditions* des remplaçans sont une conséquence inévitable du mode d'opérer des spéculateurs sur le remplacement, dont le principal moyen de succès est de donner des primes d'encouragement à l'oisiveté, à la débauche, aux défauts et aux vices. — Général Janin, *Spect. milit.*, t. 29, p. 298 et 299.

26. — « La plus fausse et la plus injuste de toutes les méthodes de remplacement, dit le général de Vaudoncourt (*loc. cit.*), est celle qui laisse à la charge de celui qui veut se faire remplacer ; car il en résulte que le remplacement devient une spéculation purement mercantile, une véritable traite d'hommes, avec concurrence et avec des chances de baisse et de hausse qui toutes retombent sur les citoyens les moins aisés et doublent ou triplent l'impôt. Il suffit d'avoir pris part aux opérations des conseils de révision, de recrutement, et d'avoir présidé à des inspections de réforme, pour se convaincre des abus qui résultent des marchés d'hommes appelés compagnies d'assurance pour le recrutement. »

27. — Aussi se plaint-on depuis longtemps des nombreux abus auxquels donne lieu le mode actuel de remplacement, et l'on a déjà cherché bien souvent à y porter remède. Un projet fut présenté aux Chambres en 1824 ; mais il n'y fut pas donné suite.

28. — Lors de la discussion de la loi du 21 mars 1832, la même proposition fut présentée et rejetée. Dans l'exposé des motifs, le ministre de la guerre dit que l'armée ne serait vraiment constituée qu'en interdisant le remplacement ; mais que le moment n'était point opportun, et qu'il fallait ajourner la mesure.

29. — Le maréchal Bugeaud fit, en 1836, une proposition qui tendait à abolir le remplacement pour y substituer un système de rengagement dont le prix serait payé à l'Etat par ceux qui voudraient se faire remplacer. La Chambre des députés passa plusieurs séances à la discussion de cette proposition.

30. — Voici en quoi consistait le système du maréchal Bugeaud : Interdire, en temps de paix, les remplacemens, et substituer l'autorisation de se libérer du service en versant 4,500 francs au trésor public; permettre au ministre de la guerre de distribuer, dans les différens corps de l'armée, la moitié des fonds provenant de ce versement à tous les sous-officiers et soldats qui seraient admis à contracter des rengagemens, et consacrer l'excédant aux besoins généraux de l'Etat. — *Moniteur* de 1836, p. 849 et 1304. — Ce système paraît avoir été tiré du Code théodosien, et se rapproche beaucoup de la capitulation romaine. — V. *supra* n° 5.

31. — Toutefois, le système de remplacement actuel fut vivement soutenu et il fut conservé. « Votre commission, disait à ce sujet M. Mathieu de la Redorte, rapporteur, ne considère pas la suppression des remplaçans comme aussi utile que quelques personnes le supposent pour la bonne composition de l'armée. Sans doute la conduite des remplaçans dans les corps n'est pas aussi régulière que celle des soldats directement appelés, mais elle est en général beaucoup plus satisfaisante que celle des enrôlés volontaires. » — *Moniteur* de 1836, p. 1305.

32. — Le projet de loi de recrutement de 1843 favorisait aussi le remplacement par les militaires. « Tout le monde le reconnu, disait M. Dejean dans son discours à la Chambre des pairs, que le soldat est le meilleur remplaçant que l'on puisse trouver. » — *Moniteur* du 22 avr. 1843.

33. — Mais ce système de remplacement dut subir le même sort que le projet de loi dont il faisait partie, et nous avons vu que, votée par la Chambre des pairs, elle fut repoussée par la Chambre des députés. — V. RECRUTEMENT.

34. — Parmi les nombreux projets sur le remplacement que l'on ont été émis on peut consulter

avec intérêt celui de H. Chatelain, qui a l'avantage de laisser subsister tout entière la loi de 1832. — *Spect. milit.*, t. 25, p. 273 et suiv.—V. encore celui du général Janin, *Spect. milit.*, t. 26, p. 336 et suiv. — V. aussi, à ce sujet, un excellent article que le général de Vaudoncourt a inséré dans le *Dictionnaire de la conversation*, v° *Conscription militaire.* — V. enfin Joffrès, p. 64. — Le projet de loi présenté en 1849 par M. le général Lamoricière à l'Assemblée constituante modifiait aussi le système de remplacement en substituant l'Etat aux compagnies.

CHAPITRE II. — *Du remplacement devant les conseils de révision et dans les corps.*

35. — Le remplacement peut avoir lieu soit devant les conseils de révision, soit dans les corps.

36. — L'art. 18 de la loi du 21 mars 1832 porte que « la substitution de numéros sur la liste cantonale pourra avoir lieu, si celui qui se présente à la place de l'appelé est reconnu propre au service par le conseil de révision. »

37. — C'est donc le conseil de révision qui statue sur les substitutions de numéros.—Même loi, art. 17.

Sect. 1re. — *Du remplacement devant les conseils de révision.*

§ 1er. — *Conditions du remplacement.*

38.—En principe, les jeunes gens compris définitivement dans le contingent cantonal peuvent se faire remplacer.—L. 21 mars 1832, art. 19.

39. — Le remplacement ne peut avoir lieu qu'aux conditions suivantes : Le remplaçant doit 1° être libre de tout service et obligations imposées soit par la loi du 21 mars 1832, soit par celle du 25 octobre 1795 sur l'inscription maritime.—L. 21 mars 1832, art. 19. — Le remplaçant ne doit donc pas être lié au service, soit pour son compte, soit pour celui d'un autre (instr. 30 mars 1832), et il doit aussi prouver qu'il a atteint l'époque de sa libération.—Circ. 25 juin 1834.

40.—... 2° Etre âgé de vingt à trente ans au plus, ou de vingt à trente-cinq, s'il a été militaire, ou de dix-huit à trente s'il est frère du remplacé.—L. 21 mars 1832, art. 19.

41.—... 3° N'être ni marié, ni veuf avec enfans. —L. 21 mars 1832, art. 19.—Ainsi un homme marié ne peut être remplaçant, quoiqu'il n'ait pas d'enfans.—Duvergier, *Collect. des lois*, t. 32, p. 95, note 1re.

42. — ... 4° Avoir au moins la taille d'un mètre cinquante-six centimètres, *s'il n'a pas déjà servi dans l'armée*, et réunir les autres qualités requises pour faire un bon service.—L. 21 mars 1832, art. 19. — Par ces derniers mots, la loi veut que le remplaçant soit robuste, bien constitué, et n'ait aucune infirmité apparente ou cachée.

43.—L'art. 13 de la loi du 21 mars 1832 exemptant du service militaire les jeunes gens qui n'ont pas la taille d'un mètre cinquante-six centimètres, on peut se demander à quels cas s'appliqueront les expressions *s'il n'a pas servi dans l'armée.* Ces expressions établissaient une disposition toute transitoire; elles avaient pour but d'empêcher l'exclusion des jeunes gens de la classe de 1830 et les engagés volontaires admis, en vertu de la loi du 11 déc. 1830, à la taille d'un mètre cinquante-quatre centimètres, afin que ces militaires, après leur libération, pussent revenir sous les drapeaux, en qualité de remplaçans.

44. — ... 5° N'avoir pas été réformé du service militaire.—L. 21 mars 1832, art. 19.—Dans le projet, cette disposition était ainsi rédigée : « N'avoir point été réformé du service ou exempté du contingent pour cause de blessures ou infirmités. » La Chambre des députés l'avait entièrement supprimée, parce qu'un jeune homme renvoyé pour infirmités peut reprendre une bonne santé après quelques années et se trouver apte à rentrer dans l'armée. Mais la Chambre des pairs a pensé que, si celui qui a été exempté du contingent peut devenir apte au service militaire, celui qui a été réformé du service ne devait jamais pouvoir se représenter en qualité de remplaçant. —Duvergier, t. 32, p. 95, note 2.

45. — De ce qui vient d'être dit au sujet de la discussion qui a eu lieu sur cette disposition il résulte qu'il est permis de douter de la légalité d'une circulaire du 25 juin 1834 suivant laquelle « les jeunes gens qui pour infirmités ou faiblesse de constitution, ont été exemptés en vertu de l'art. 13 de la loi, se trouvant dans une position parfaitement analogue à celle des militaires réformés, sont déclarés inhabiles à être admis en qualité de remplaçans. »

46. — Indépendamment des conditions précitées, celui qui se présente comme remplaçant doit être Français et ne pas se trouver dans un des cas d'exclusion spécifiés à l'art. 2 de la loi du 21 mars 1832.—V. RECRUTEMENT, n°s 75 et suiv.

47. — Enfin, tout homme qui se présente devant le conseil de révision, pour en remplacer un autre, doit être porteur, suivant sa position, des certificats spécifiés dans les art. 20 et 21 de la loi du 21 mars 1832. — V. *infrà* n°s 52 et suiv.

48. — Du principe que tous les jeunes gens sujets au service militaire sont susceptibles d'être remplacés, il résulte que les jeunes gens condamnés pour mutilation volontaire, en vertu de la loi du 21 mars 1832, n'en conservent pas moins, eux-mêmes, malgré les termes de l'art. 41 de la même loi, qui les déclare à la disposition du ministre de la guerre à l'expiration de leur peine, la faculté de se faire remplacer. — *Cass.*, 10 nov. 1845 (t. 2 1845, p. 596), préfet des Landes c. Parlarieu.—V. *Contrà*, Foucard, *Elém. dr. admin*, t. 1er, p. 383.

§ 2. — *Examen des remplaçans.*

49. — Les hommes qui se présentent comme remplaçans doivent être examinés par le conseil de révision du département dans lequel le remplacé a concouru au tirage (L. 21 mars 1832, art. 22) et qui est chargé de prononcer sur leur admission.—Même loi, art. 17.

50. — L'intérêt que les remplaçans ont à cacher leurs infirmités et les circonstances qui peuvent être des motifs d'exclusion, commandent d'apporter le soin le plus scrupuleux et même la plus grande sévérité dans cet examen. Aussi une circulaire du 12 août 1837 prescrit-elle aux conseils de révision de ne jamais renvoyer cet examen à la fin d'une longue séance, alors que l'attention du conseil se trouve nécessairement fatiguée.

51. — L'examen des membres des conseils de révision ne doit pas être circonscrit dans ce qui tient aux qualités physiques du sujet; ils doivent encore exiger que sa conduite passée offre une garantie suffisante pour sa conduite future (circ. du 4 mai 1819), et les membres militaires de ces conseils doivent exercer une surveillance particulière à cet égard.—Solution donnée le 11 déc. 1819.

§ 3. — *Pièces à produire.*

52. — Le remplaçant doit produire un certificat délivré par le maire de la commune de son dernier domicile. S'il ne compte pas au moins une année de séjour dans cette commune, il est tenu d'en produire également un autre du maire de la commune ou des maires des communes où il aura été domicilié pendant le cours de cette année (L. 21 mars 1832, art. 20, § 1er); en un mot, par un ou plusieurs certificats le remplaçant est obligé de justifier de son domicile pendant au moins tout le cours d'une année.

53. — Ces certificats, outre le signalement du remplaçant, doivent attester : 1° la durée du temps pendant lequel il a été domicilié dans la commune; 2° qu'il jouit de ses droits civils; 3° qu'il n'a jamais été condamné à une peine correctionnelle pour vol, escroquerie, abus de confiance ou attentat aux mœurs — Si le maire de la commune ne connaît pas l'individu qui fait une demande de certificat, la loi veut que ce fonctionnaire en constate légalement l'identité et recueille les preuves et témoignages qu'il jugera convenables pour arriver à la connaissance de la vérité.—Même loi, art. 20, § 2 et 3.

54. — Jugé que la loi qui exige du remplaçant militaire la production d'un certificat constatant qu'il n'a jamais été condamné à une peine correctionnelle pour vol, etc., comprend la condamnation pour recel d'objets volés, aussi bien que celle pour vol. —*Limoges*, 13 nov. 1847 (t. 2, 1848, p. 546), B....

55. — Si le remplaçant a été militaire; outre le certificat du maire, il devra produire un certificat de bonne conduite du corps dans lequel il aura servi (même loi, art. 21) : c'est-à-dire dans lequel il aura servi en dernier lieu.—Instr. du 30 mars 1832.

56. — Afin que les conseils de révision ne puissent pas être trompés, à cet égard, ils ne doivent autoriser le remplacement que sur le vu du congé de libération, et du certificat de bonne conduite délivré en exécution des art. 20 et 21 de la loi; aucune autre pièce ne peut suppléer ces titres. — Circ. du 25 juin 1834.

57. — Les circulaires ajoutent : Le certificat que les jeunes gens qui demandent à remplacer doivent produire pour justifier qu'ils ont satisfait à la loi, ne sera délivré qu'une seule fois dans la même année et aux jeunes gens eux-mêmes; en leur absence, il ne sera délivré que sur la demande du préfet du département où ils résident. Ce certificat, établi par le préfet, ou par le sous-préfet, contiendra le signalement de l'individu auquel il s'appliquera. Lorsqu'il émanera du sous-préfet, il sera légalisé à la préfecture du département.— Circ. des 25 juin 1834 et 28 juin 1835.

58. — Les certificats de bonne conduite exigés par l'art. 20 de la loi ne seront aussi délivrés qu'aux individus eux-mêmes, et une seule fois dans la même année. — Circ. des 25 juin 1834 et 28 juin 1835.

59. — Les certificats de bonne conduite au corps et les congés de libération des jeunes soldats et des anciens militaires qui se présentent pour remplacer sont exempts du timbre conformément à l'article 16 de la loi du 13 brum. an VII, qui exempte du timbre les congés et certificats concernant les gens de guerre. — Circ. du 28 juin 1835.

60. — Les certificats d'exemption ou de libération étant, au contraire, sujets à cette formalité, doivent être frappés du timbre extraordinaire avant la rédaction des actes, conformément aux art. 12 et 26 de la loi précitée du 13 brum. an VII. — Circ. du 11 juill. 1836.

61. — Afin d'empêcher l'abus et surtout le commerce frauduleux auquel donnent lieu les doubles titres, les conseils d'administration des corps s'abstiendront de délivrer des *duplicata* ou copies de toutes pièces relatives au recrutement. De leur côté, les conseils de révision ne considéreront pas comme valables les pièces qui établies contrairement à cette prohibition leur seraient présentées. — Circ. du 7 mai 1838.

62. — Lorsqu'un homme a été rejeté comme remplaçant, on doit inscrire ses noms et prénoms sur un registre ouvert à cet effet; les certificats qui lui auraient été délivrés sont mis hors d'état de servir et il n'est point délivré de certificat de cette nature dans le cours de la même année à un même individu. Si, dans l'une des années suivantes, de nouveaux certificats étaient réclamés, il serait fait mention, *dans le corps même de ces pièces*, du rejet déjà prononcé contre le titulaire comme remplaçant, ainsi que du motif du rejet.— Circ. du 11 juill. 1836.

63. — Les certificats de bonne vie et mœurs doivent être récens et présenter le signalement exact de la personne à laquelle la pièce est délivrée. — Circ. 4 mai 1819.

64. — Les préfets doivent du reste prendre eux-mêmes à l'avance, autant que cela leur est possible, des informations sur l'exactitude de ces certificats, et communiquer le résultat de leurs recherches au conseil de révision. — Solut. données les 20 mai et 1er sept. 1820.

65. — A Paris, ces certificats de bonne vie et mœurs pour les remplaçans sont délivrés, à la préfecture de police, sur l'attestation des commissaires de police. — Solution donnée le 9 sept. 1819.

Sect. 2e. — *Remplacement dans les corps.*

66. — La faculté de se faire remplacer devant le conseil de révision cesse pour les jeunes soldats immatriculés, au moment où un ordre de route leur a été notifié. — Circ. du 30 mai 1834.

67. — Après ce moment, le remplacement n'est pas obligatoire et le gouvernement pourrait refuser de le recevoir; l'art. 22 semble même ne considérer comme possibles que les remplacemens effectués devant les conseils de révision. Toutefois il fut entendu, dans la discussion de cet article, que ces termes n'auraient point pour but d'empêcher le gouvernement de continuer à autoriser les remplacemens dans les corps, lorsqu'ils ne présenteraient point d'inconvéniens. Cette faculté a en effet été conservée aux familles.

Les autorisations sont données, au nom du ministre de la guerre, et sur la proposition des conseils d'administration des corps, par les généraux de brigade. — Ordonn. du 28 janv. 1837, art. 4.

68. — Aux termes de l'ordonnance précitée, les remplacemens dans les corps doivent être effectués sous les mêmes conditions générales imposées pour les remplacemens devant les conseils de révision. — V. cette ordonnance, art. 1er.

69. — Toutefois, la condition de taille exigée du remplaçant n'est pas la même lorsque le remplacement s'effectue au corps que lorsqu'il a lieu devant le conseil de révision. — V. *suprà*, n° 42. — Le minimum de la taille du remplaçant d'un jeune soldat inscrit au registre matricule d'un corps doit être, en vertu de l'art. 29 L. 21 mars 1832, celui qui est fixé pour l'arme dont ce corps fait partie. — En effet, aux termes de cet article, le jeune soldat a reçu une destination, il appartient à un corps et il ne peut plus s'y faire remplacer que par un homme ayant au moins le minimum de la taille exigée pour ce corps.

70. — Le remplaçant, soit qu'il ait servi, soit qu'il n'ait pas servi, n'est tenu d'accomplir que le temps de service qui restait à faire au remplacé; toutefois ce temps ne peut être de moins de trois ans, quelle que soit l'époque du remplacement, lorsque le remplaçant n'a pas servi dans l'arme à laquelle appartient le remplacé. — Même ordonn., art. 2.

71. — Le remplacé doit supporter toutes les dépenses d'habillement et d'équipement occasionnées par l'incorporation de son remplaçant. — Même ord., art. 4.

CHAPITRE III. — *Du contrat de remplacement.*

72. — Le contrat de remplacement ne doit point être confondu avec l'acte de remplacement. Différens quant au fond, puisque l'acte de remplacement intervient entre l'Etat et le jeune homme appelé au service militaire, tandis que le contrat de remplacement a lieu entre ce dernier et une autre personne qui consent à servir pour lui, ils diffèrent aussi quant à la forme.

73. — A côté du remplacement se place aussi la substitution de numéros. L'art. 24 de la loi du 21 mars 1832 porte que « les actes de substitution sont reçus par le préfet. »

74. — Quant aux stipulations particulières qui peuvent avoir lieu entre les contractans, à raison de substitution ou de remplacement, et qui constituent le contrat, elles sont soumises aux mêmes règles et formalités que tout autre contrat civil.

75. — Le contrat de remplacement, par cela même qu'il renferme de la part d'une personne moyennant un certain prix, l'obligation de faire pour un autre le service militaire, constitue un louage de service; car on y trouve d'une part ouvrage à faire, de l'autre un prix à payer en compensation.

76. — Ce caractère a été imprimé au contrat de louage par plusieurs arrêts de Cour d'appel, entre autres par un arrêt de la Cour de Lyon du 26 févr. 1834. — Conf. *Besançon*, 9 mars 1812. — V. aussi Troplong, *Comm. du Louage*, n° 829; Zachariæ, t. 3, p. 37.

77. — Aux termes de l'art. 23 de la loi du 21 mars 1832, le remplacé est, pour le cas de désertion, responsable de son remplaçant pendant un an, à compter du jour de l'acte passé devant le préfet. — Le même article ajoute que le remplacé sera libéré si le remplaçant meurt sous les drapeaux, ou, si, en cas de désertion, il est arrêté pendant l'année.

78. — De nombreux arrêts ont été rendus au sujet de l'exécution des contrats de remplacement; dans la plupart de ces arrêts il s'agissait de savoir quelle devait être en pareille matière l'influence soit de la désertion du remplaçant, soit de la réforme prononcée par l'autorité compétente: nous les passerons en revue.

79. — De ce que le contrat de remplacement est un louage de service il suit que le remplaçant a droit au prix convenu, quelle que soit la durée du service à laquelle il est assujetti. — Dès lors, si, par suite d'événemens imprévus, cette durée est abrégée : par exemple, par suite de licenciement; il n'en a pas moins droit à la totalité du prix. — Troplong, n° 833; Zachariæ, t. 3, p. 39.

80. — Jugé, en ce sens, que l'ordonnance du 12 déc. 1814, portant licenciement des conscrits de 1813, n'a porté aucune atteinte aux conventions passées entre des conscrits et leurs remplaçans. — *Montpellier*, 3 janv. 1815, Pioch c. Viala; 29 juin 1816, Dortel c. Poupelard; 18 mai 1819, Gravier c. Corenson.

81. — D'après certains auteurs, et d'après même les motifs de certains des arrêts précités, cette solution aurait son principe dans ce que les conventions faites entre un conscrit et celui qui se charge de le remplacer forment un contrat aléatoire, de telle sorte que le remplaçant doit profiter des chances qui abrégent le temps de son service, sans diminution du prix convenu. Selon d'autres, le véritable motif de décider est plutôt que, la libération du remplacé étant complète, l'ouvrage promis comme objet de louage est effectué; et que, dès lors, l'obligation de l'un des contractans étant remplie, l'autre doit aussi remplir la sienne en payant la totalité du prix.

82. — Jugé, en ce sens, que celui qui s'est obligé à remplacer un conscrit de 1815, *en tout temps, en tout lieu et en toute arme*, qui a été licencié par l'ordonnance du 15 mai 1814, et qui a, depuis, passé l'âge de trente ans fixé par la loi du 10 mai 1818 pour l'aptitude au remplacement, a droit à la totalité du prix stipulé en sa faveur. La réduction de ce prix, prononcée par les tribunaux, peut être considérée comme une violation du contrat, capable de donner ouverture à cassation. — *Cass.*, 10 juill. 1820, Arnaud c. Fortunet.

83. — De même, lorsque le remplaçant n'a été réformé que plus de trois mois après son admission au corps; le remplacé qui n'a été ni inquiété ni recherché n'est pas recevable à demander la nullité des engagemens par lui contractés avec le remplaçant réformé, ou une réduction du prix convenu : sous prétexte que la cause de la réforme existait à l'époque du contrat de remplacement. — *Cass.*, 27 janv. 1819, Manssaud c. Fayolle.

84. — Mais, réciproquement, le remplacé ne remplit pas son obligation, si, par exemple, il déserte dans l'année pendant laquelle le remplacé est garant de sa présence sous les drapeaux (L. 21 mars 1832, art. 23); il ne peut exiger, dès lors, une partie du prix, il doit même rendre ce qu'il a perçu, le contrat est rompu, et cela quand bien même le remplacé ne serait pas inquiété. — Troplong, n° 830.

85. — Le contrat serait-il dissous si le remplaçant n'avait déserté qu'après l'année de garantie? — Avant les lois de 1818 et 1832 la difficulté était tranchée par l'art. 18 du décr. du 8 fruct. an XIII, qui disposait d'une manière formelle qu'en cas de désertion du remplaçant les engagemens contractés par le remplacé étaient comme non avenus; et que ce dernier pouvait exiger toutes les sommes par lui payées, lors même que, par suite de sa désertion, le remplacé n'aurait pas été recherché.

86. — Ainsi jugé, avant lesdites lois, que le contrat de remplacement est annulé par la désertion du remplaçant, si cette désertion est constante en fait, encore bien que le remplaçant n'ait été ni arrêté ni condamné comme déserteur. — Et l'ordonnance du 15 mai 1814, qui répute en congé limité les militaires qui ont quitté leurs drapeaux par suite d'une fausse interprétation de l'arrêté du 4 avr. précédent, ne peut être opposée par les remplaçans aux conscrits qu'ils ont remplacés, pour se relever de la résolution du contrat de remplacement par eux encourue pour cause de désertion. — *Cass.*, 25 nov. 1817, Eymeric c. Demplas; 10 août 1818, Guillé c. Lefebvre.

87. — Mais ce décret a été virtuellement aboli par les lois du 10 mars 1818 et du 21 mars 1832, qui, réglant les rapports du remplacé avec son remplaçant, portent que les stipulations du remplacement sont soumises aux mêmes règles que les autres contrats civils; or, en droit commun, un contrat dont une partie a recueilli tout le fruit ne peut être méconnu par elle. Le remplaçant a procuré la libération du remplacé, il s'est acquitté envers lui; le fait de la désertion ne fait que constituer une dette envers l'Etat, dont le remplacé ne peut se prévaloir. — Troplong, n° 831.

88. — Jugé qu'il n'y a lieu à résolution d'un contrat de remplacement pour le service militaire pour cause de désertion du remplaçant, qu'autant que le remplacé se trouve rappelé par suite de cette désertion. — *Orléans*, 21 déc. 1822, Jacquereau c. Loré.

89. — ... Qu'un remplaçant au service militaire qui a déserté ses drapeaux est recevable à réclamer le prix du remplacement, s'il n'a été ni poursuivi ni condamné comme déserteur. — *Paris*, 29 août 1823, Mouillard et Damotte c. Tassin.

90. — ... Que le remplaçant militaire qui s'est engagé à garantir son remplacé de tous événemens et réclamations quelconques à raison du service militaire, a droit au prix stipulé dans le contrat, encore qu'après avoir traité sous un faux nom il ait été incorporé sous ce faux nom, et qu'il soit presque toujours demeuré en état de désertion, si, en définitive, le remplacé n'a point été inquiété. — *Toulouse*, 1er août 1838 (t. 2 1838, p. 528), Moulis c. Fauroux.

91. — ... Que par cela qu'un individu remplacé dans le service militaire a retiré du contrat de remplacement tout l'avantage qu'il espérait, par exemple s'il a été dispensé de tout service personnel, il a pu être condamné à payer le prix du remplacement, bien que le remplaçant eût déserté quelques jours après son incorporation. — *Cass.*, 13 août 1828, Rigonnaud c. Barrier.

92. — ... Que la désertion d'un remplaçant est insuffisante pour faire résilier l'obligation contractée par le remplacé : si, d'ailleurs, le remplaçant a fait un service d'une durée quelconque, et que le remplacé n'ait point été rappelé pour son service personnel. — *Cass.*, 9 févr. 1825, Lemaître c. Brunon.

93. — Du moins, l'arrêt qui le décide ainsi, d'après l'interprétation des clauses du contrat, et l'appréciation des faits, échappe à la censure de la Cour de cassation. — *Cass.*, 9 févr. 1825, Lemaître c. Brunon.

94. — ... Qu'il doit en être ainsi surtout lorsque des lois ou des ordonnances publiées à l'époque de la désertion ont assuré la libération définitive du remplacé. — *Paris*, 29 août 1823, Mouillard et Damotte c. Tassin.

95. — ... Que le conscrit remplacé qui a été rappelé à cause de la désertion de son remplaçant, mais qui est retourné dans ses foyers, par suite de la rentrée au corps de ce même remplaçant, ne peut se dispenser de payer à celui-ci l'indemnité promise. — Mais que le remplaçant est tenu des dommages-intérêts qu'il a occasionnés au conscrit remplacé par le fait de sa désertion. — *Bordeaux*, 22 févr. 1819, Carrès c. Pigier.

96. — Jugé, en sens contraire, que, dans le cas où le remplaçant a déserté dans l'année pendant laquelle le remplacé doit en répondre, l'engagement de ce dernier, bien qu'il n'ait jamais été inquiété à raison du service militaire, a pu être déclaré nul et non avenu sans qu'on puisse annuler l'arrêt qui le décide ainsi, et cela soit d'après le texte littéral de l'art. 58 décr. an XIII, soit d'après la convention des parties. — *Cass.*, 6 avril 1831, Beauvisage c. Messier.

97. — ... Que le contrat de remplacement militaire est résolu par le fait seul de la désertion du remplaçant; peu importe que, celui-ci ayant été arrêté, le remplacé n'ait pas été obligé de partir. — *Cass.*, 1er mars 1836, Douchet c. Fournier.

98. — ... Que le remplaçant qui a déserté ne peut exiger le prix du remplacement jusqu'à l'expiration de deux années, à compter du jour où il a rejoint son corps. — *Riom*, 7 janv. 1814, Brugerolles c. Delmont.

99. — Dans tous les cas, il a été jugé que c'est au remplacé à fournir la preuve de la désertion, c'est-à-dire du fait qui aurait produit l'extinction de son obligation, sans que l'on puisse, au contraire, et par l'effet d'une simple présomption de désertion qu'aucun acte administratif ni militaire ne justifie, mettre à la charge du remplaçant la preuve du fait de non-désertion. — *Cass.*, 18 août 1828, Férione c. Volozan.

100. — ... Et que lorsque le remplaçant atteste par des certificats du colonel et de l'inspecteur aux revues qu'il est inscrit au registre matricule d'un régiment, le fait de désertion ne saurait résulter de la non-inscription du remplaçant sur ce même registre. — *Limoges*, 20 mai 1822, de Chierfranc c. Goudon.

101. — Du reste, le fait de la désertion d'un militaire remplaçant, attesté par une lettre ministérielle, n'est pas tellement constant que les tribunaux ne puissent décider que ce fait est démenti par les circonstances de la cause. — *Limoges*, 5 juill. 1827, sous *Cass.* 13 août 1828, Rigonnaud c. Barrier. — Conf. *Cass.*, 14 févr. 1838 (t. 1er 1838, p. 241), Guillaume c. Nectaux.

102. — Jugé de même que l'appréciation des actes qui contiennent le fait de désertion rentre dans les attributions des cours d'appel, dont la décision sur ce point est inattaquable et souveraine. — *Cass.*, 10 août 1818 (motifs), Guille c. Lefebvre.

103. — La réforme d'un remplaçant, prononcée en vertu d'une revue de l'inspecteur général d'armes, mais non approuvée par le ministre de la guerre, ne peut point donner lieu à la résolution du contrat de remplacement. — *Cass.*, 1er mars 1824, Laville c. Fayet.

104. — Jugé encore que lorsque le remplaçant militaire, admis, en cette qualité, et incorporé dans un régiment, est décédé au service, sa réforme, prononcée par erreur postérieurement à son décès, n'entraîne pas l'annulation du contrat de remplacement. — *Cass.*, 4 déc. 1826, Becquebois c. Vinols.

105. — Lorsque, dans un contrat de remplacement militaire, il a été stipulé que le contrat serait résolu dans le cas où le remplacé serait appelé au service, la condition résolutoire peut être réputée accomplie si, par le fait personnel du remplaçant qui a obtenu un congé pour infirmités, le remplacé a été recherché et obligé de prendre une feuille de route bien que, par suite d'événemens politiques, il n'ait pas quitté ses foyers. — *Cass.*, 15 avril 1835, Vervel c. Sauret.

106. — Jugé, cependant, dans le même cas, que l'appel du remplacé, suivi immédiatement de sa réforme, ne donne pas lieu à la résolution stipulée. — *Aix*, 6 juill. 1813, Sec c. Jaubert; *Bourges*, 10 févr. 1815, Roux c. Rollin; 25 janv. 1821, Descolons c. Bertin.

107. — Du moins, l'arrêt qui le décide ainsi, par interprétation du contrat, ne viole aucune loi. — *Cass.*, 11 mars 1818, Isabel-Desnourzies c. Rageot.

108. — Si c'est par le résultat d'une force majeure que le remplaçant est empêché de remplir son obligation, il faut distinguer le cas où le service n'a pas été commencé de celui où il l'a été. Dans le premier cas, aucun prix n'est dû au remplaçant. Cette solution résulte des principes que nous avons développés sur la force majeure. — V. ce mot.

109. — Ainsi jugé que si le remplaçant n'est pas reçu au corps dont il doit faire partie, il ne peut exiger le paiement de la somme à lui promise. — *Bourges*, 1er juill. 1817, Hervé c. N....

110. — Que celui qui s'est engagé à remplacer un conscrit dans le service militaire, et qui, après avoir été admis par le conseil de recrutement, est ensuite réformé avant son incorporation dans un corps, ne peut être considéré comme ayant rempli ses engagemens, et n'est pas fondé à demander le paiement du prix stipulé. — *Riom*, 17 févr. 1819, Thoury c. Rafaillac.

111. — Toutefois : s'il se trouve avoir exempté de fait, pendant quelque temps, le conscrit qu'il devait remplacer, il ne saurait être tenu de restituer les légers à-compte qu'il peut avoir reçus. — Même arrêt.

112. — Dans le second cas, le remplaçant doit être payé du temps qu'il a donné. — Voët, *ad Pand.*, tit. *De loc. cond.*, n° 27; Favre, sur la loi 15, § 6, D., *Loc. cond.*

113. — Ainsi, sous les lois de la conscription, il arrivait souvent que le remplaçant était enlevé à son service pour être incorporé dans les armées pour son propre compte, et le remplacé était obligé de servir lui-même pour suppléer son remplaçant. On se demandait alors si le remplaçant était dispensé de rendre la somme formant le prix de son remplacement.

114. — Jugé que le remplaçant qui, avant son admission au corps, a été renvoyé dans ses foyers par suite du licenciement de 1815, ne peut réclamer l'exécution des conventions passées entre lui et le remplacé; qu'il n'a droit qu'à une juste indemnité. — *Turin*, 24 janv. 1810, Tonello c. Giordanengo; *Besançon*, 17 juill. 1810, Darmont c. Jardon; *Aix*, 28 nov. 1810, Bernard c. Engeloin; *Nîmes*, 23 mars 1811, Bourguet c. Privat; *Caen*, 28 août 1819, Lesueur c. Cazès; *Rennes*, 4 janv. 1820, Jouaud c. Greffier; *Cass.*, 20 juin 1826, Hubert c. Delaplaine; 14 févr. 1838 (t. 1er 1838, p. 241), Guillaume c. Necloin.

115. — Cette indemnité doit être proportionnée au temps pendant lequel il a servi. — *Bruxelles*, 28 août 1811, Aerigers c. Vanhoymissen.

116. — Jugé que cette indemnité est due non pas dans la seule proportion du temps pendant lequel il a servi, mais eu égard à la nature et aux circonstances particulières de son service. — *Bruxelles*, 25 juin 1812, Doloris c. Janssens.

117. — ... Par exemple, en raison des dangers qu'il a courus. — *Colmar*, 19 nov. 1817, Germann c. Arnold.

118. — Jugé aussi que lorsque, par l'effet de nouvelles levées extraordinaires, le conscrit remplaçant est appelé au service pour son propre compte, il n'a pas droit d'exiger le paiement des sommes convenues et non encore payées à cette époque. Toutefois, il n'est pas tenu de restituer celles qu'il a déjà reçues. — *Turin*, 24 avril 1811, Roulet et Clarey c. Raghetio.

119. — D'autres arrêts ont, au contraire, décidé que le conscrit qui s'est fait remplacer moyennant une certaine somme, est tenu de payer le prix entier du remplacement : quand même il serait ultérieurement appelé, parce que son remplaçant est tenu de servir pour son propre compte. — *Nîmes*, 5 juill. 1809, Baridon c. Merle; 8 août 1810, Jauron c. Astier; *Colmar*, 2 janv. 1811, Burgbard-Meyer c. Burgantile; *Cass.*, 9 mai 1815, Bastard c. Cabaud.

120. — ... Que le remplaçant qui est resté au service pour son compte personnel, par l'effet du sénatus-consulte du 10 septembre 1808, ne peut être privé du prix du remplacement, si le conscrit pour lequel il est parti a été, par l'effet d'une dispense ou d'une réforme, exempté du service militaire lors de l'appel qui lui a été fait. — *Bruxelles*, 17 févr. 1810, Trubert c. Bruyes.

121. — Jugé néanmoins que le remplaçant peut être contraint de fournir caution pendant un certain temps, de se représenter, ou de rendre la somme touchée, dans le cas où le remplacé serait rappelé. — *Paris*, 28 févr. 1815, Capitaine c. Pernot.

122. — Un arrêt de la Cour de cassation décide que le remplaçant d'un conscrit qui, par force majeure, est empêché de remplir entièrement son obligation, n'a pas moins droit à la somme entière stipulée pour le remplacement; mais que, toutefois, le remplacé peut obtenir des dommages-intérêts en raison du préjudice qui résulte pour lui de l'inexécution de l'engagement. — *Cass.*, 9 mai 1815, Bastard c. Cabaud.

123. — Jugé encore que le remplaçant d'un conscrit a droit à la totalité du prix convenu, encore bien qu'il n'ait pas fait le service pendant le temps prescrit par l'acte de remplacement : s'il en a été empêché par une force majeure, et si, d'ailleurs, le remplacé a obtenu sa dispense définitive du service. — *Paris*, 20 janv. 1815, Leau c. Chaimbaut.

124. — ... Que le remplaçant appelé au service pour son propre compte, peut exiger la totalité du prix convenu : lorsque le conscrit remplacé est d'ailleurs affranchi du service par l'effet d'une exemption personnelle. Dans ce cas, toutefois, le remplaçant doit tenir compte au remplacé de la somme que celui-ci a payée au gouvernement à titre d'indemnité. — *Angers*, 11 janv. 1811, Souti c. Guillet.

125. — Ainsi, le sénatus-consulte du mois d'oct. 1809 n'a pas donné ouverture à la clause résolutoire par laquelle un conscrit s'était fait remplacer, si ce conscrit, par l'effet de son mariage, a été soustrait à l'exécution de ce sénatus-consulte. — *Amiens*, 16 déc. 1812, Tabit c. Sevel.

126 — ... Les obligations contractées par un remplacé envers son remplaçant doivent-elles recevoir leur entière exécution, lorsqu'il a été reconnu, après que le remplaçant a passé un an ou deux ans sous les drapeaux, que c'était par suite d'une erreur de l'administration que le remplacé avait été appelé? Comme on le voit, il s'agit encore ici d'un cas de force majeure; aussi M. Troplong pense-t-il qu'il ne peut être dû aucune indemnité pour le travail qui n'est pas fait. Un dédommagement peut seul être exigé soit pour les ouvrages faits, soit pour les dépenses que le contrat avait occasionnées. — Troplong, n° 835.

127. — Jugé, en ce sens, que le remplaçant renvoyé dans ses foyers, parce qu'on reconnaît que c'est par erreur que le remplacé avait été appelé, ne peut exiger en entier le prix du remplacement. — *Besançon*, 9 mars 1812, Ramsey c. Péjard.

128. — ... Que, lorsqu'un acte de remplacement a été passé à la suite d'un appel fait par erreur à celui qui s'assurait un remplaçant, cet acte, qui n'a eu lieu que dans la ferme croyance de la part du conscrit de pouvoir éviter de satisfaire à la conscription, et de la part du remplaçant d'être tenu de partir sur-le-champ pour le remplacer, devient nul, comme étant le fruit de l'erreur en vertu de laquelle le conscrit avait été appelé. Cependant il est dû des dommages au remplaçant, à raison de l'inexécution du contrat. — *Grenoble*, 7 août 1811, Nicolet c. Arnaud et Heyraud.

129. — Il est, du reste, loisible aux parties d'établir entre elles, en matière de remplacement, telles conventions qui pourraient leur convenir.

130. — Mais la clause par laquelle le remplaçant promet de rendre le prix de l'engagement, si le remplacé est appelé au service, ne se réalise pas par le simple appel du remplacé, non suivi d'un service effectif. — *Grenoble*, 18 janv. 1819, Bet c. Marchelon.

131. — Ainsi jugé, que lorsqu'il a été convenu entre un conscrit et son remplaçant que le premier serait dispensé de payer une partie du prix de remplacement, si, dans un délai déterminé, il est appelé à un service effectif et tenu de marcher pour le remplaçant, le remplacé ne peut se refuser au paiement de l'intégralité du prix par le motif qu'il aurait été appelé pour le remplaçant, lorsqu'il a été réformé et qu'il n'a pas quitté un instant ses foyers. — *Colmar*, 29 août 1821, Bernauer c. Messner.

132. — Un contrat de remplacement ou d'échange de numéros doit recevoir une entière exécution, alors même que, par l'effet d'un appel postérieur qui aurait atteint le remplaçant, le remplacé n'a été dispensé du service militaire que par la réforme, s'il a été convenu que le remplaçant ne cesserait d'avoir droit au prix du remplacement qu'autant que le remplacé serait obligé de prendre rang dans les armées et de faire le service militaire. — *Cass.*, 7 avr. 1824, Leron c. Rostaing.

133. — Lorsque, entre un conscrit et son remplaçant, il a été convenu que le contrat de remplacement serait sans effet, si le remplacé était *appelé au service, soit à la place du remplaçant, soit autrement*, cette disposition n'est point applicable au cas où le remplacé aurait été postérieurement, et pendant que le remplaçant était à l'armée, appelé à la garde nationale active de 1815, ce service extraordinaire n'ayant pu être prévu lors du contrat. — *Bourges*, 1er mars 1825, Confoulant c. Foucher.

134. — Bien qu'il ait été stipulé, dans un contrat de remplacement, que le prix ne pourra être exigé que s'il est justifié de la présence du remplaçant pendant deux ans sous les drapeaux, le remplacé peut, alors même que cette preuve n'est pas rapportée, être condamné à payer le prix du remplacement, s'il est constant que le remplaçant a été admis par le conseil de révision et est parti pour l'armée, et si d'ailleurs le remplacé n'a jamais été ni rappelé ni inquiété. Du moins, l'arrêt qui le décide ainsi, par interprétation des conventions des parties, est à l'abri de la censure de la Cour de cassation. — *Cass.*, 6 nov. 1828, Verrier c. Fauvet.

135. — Lorsqu'il a été stipulé que le prix d'un remplacement pour le service militaire ne serait exigible qu'après deux ans de service du remplaçant, ou, après libération entière du remplacé de toute autre manière admise par la loi; le remplaçant n'a droit à aucune partie de ce prix s'il déserte avant les deux ans, bien que le remplacé n'ait été aucunement inquiété. — *Bruxelles*, 28 juill. 1829, Menage c. Daumerie.

136. — Le remplaçant doit, pour obtenir le prix qui a été stipulé à son profit, établir d'une manière incontestable que le service par lui fait aux armées était pour le compte du remplacé et n'avait pas une autre cause. — *Caen*, 22 mai 1819, Berthelot c. Lebesque.

137. — Jugé que lorsqu'il a été convenu que le remplacé ne paierait le prix du remplacement que sur un certificat délivré par le chef d'administration du corps et constatant la présence au corps du remplaçant depuis deux ans, le certificat d'un préfet ne peut suppléer celui du chef de l'administration du corps où est le remplaçant. — *Rennes*, 21 mars 1816, Jaouen c. Guillion; 9 mai 1816, mêmes parties.

138. — Au surplus, c'est par les lois françaises que doit être régi le contrat de remplacement en matière de conscription, passé en France et entre des Français, encore bien que le pays natal des contractans ait cessé d'être réuni à la France. — *Colmar*, 25 avril 1821, Rosenwald c. Muller.

CHAPITRE IV. — *Des compagnies de remplacement.*

139. — La loi du 10 mars 1818, en autorisant d'une manière plus large que les précédentes le remplacement, avait donné naissance à une foule de spéculations formées dans le but de garantir les jeunes gens des chances du sort.

140. — Des agences et bureaux d'affaires et de courtage se chargèrent d'abord de mettre en rapport ceux que le sort avait frappés et les hommes qui s'offraient comme remplaçans. Bientôt quelques-unes de ces agences modifièrent leurs opérations et offrirent aux jeunes gens appelés à tirer au sort, de les assurer moyennant une somme convenue contre les chances du recrutement. — Alauzet, *Traité général des assurances*, t. 1er, n° 166.

141. — Ces compagnies, en prenant l'engagement de fournir un remplaçant aux jeunes gens, si la chance leur est défavorable, les indemni-

nisent complétement de la perte qu'ils éprouvent par suite d'un événement fortuit. Les traités qui sont passés avec elles renferment donc tous les caractères d'une véritable assurance. — V. ASSURANCE.

142. — Tel est le caractère qui a été attribué à ces entreprises par les considérans de l'ordonnance du 14 novembre 1821, d'après lesquels : la loi sur le recrutement n'ayant ni prévu ni réglé l'intervention des tiers isolés ou des *sociétés* dans les stipulations particulières auxquelles peuvent donner lieu les remplacemens et les substitutions dans l'armée, cette intervention ne peut être régie que par la législation ordinaire.

143. — Les opérations auxquelles se livrent ces entreprises sont donc tout à fait commerciales. — Troplong, *Du contrat de société*, n° 346.

144. — Ainsi jugé qu'elles rendent ceux qui les exercent justiciables des tribunaux de commerce. — *Grenoble*, 19 juill. 1830, Tolentin c. Eymieux; *Colmar*, 25 févr. 1839 (t. 1er 1839, p. 526), Barthel c. Proops et Loche; *Nancy*, 14 mai 1839 (t. 1er 1844, p. 339), Grumbail c. Goguel; *Rennes*, 26 avril 1841 (t. 2 1844, p. 520), Chauvin c. Chesnel. — V. ACTE DE COMMERCE, nos 384 et suiv.; COMPÉTENCE COMMERCIALE, n° 132.

145. ... Et qu'en conséquence l'engagement d'assurer un conscrit contre les chances du recrutement peut, vis-à-vis d'un individu qui se livre habituellement à ce genre d'opérations, et à raison de sa nature commerciale, être établi par présomption. — *Caen*, 19 nov. 1845 (t. 1er 1846, p. 482), Manoury c. Boulard.

146. — ... Que les tribunaux de commerce sont compétens pour connaître de l'exécution des traités faits entre des conscrits et une entreprise de remplacement militaire. — *Bordeaux*, 27 août 1822, Blanchard c. Jadot.

147. — ... Spécialement, que la demande en remise de titres et papiers déposés entre les mains d'un agent de remplacement, dans la vue de traiter avec lui, peut être portée devant les tribunaux de commerce. — *Douai*, 28 févr. 1846 (t. 1er 1846, p. 611), Debast c. Delaunoy.

148. — D'autres arrêts ont jugé, au contraire, que les associations pour remplacement militaire ne peuvent être considérées comme sociétés de commerce, et comme soumises, en conséquence, à la juridiction des tribunaux commerciaux. — *Colmar*, 17 nov. 1831, Meyer et Mann c. Schmeltz.

149. — ... Surtout si ces associations ne sont pas autorisées pour le remplacement militaire. *Montpellier*, 27 mai 1830, Baudouin c. Baunières.

150. — Jugé encore que l'action en restitution d'un billet à ordre causé pour remplacement militaire, que le souscripteur soutient avoir dû rester entre les mains du mandataire de l'agent jusqu'à la réalisation du remplacement, est de la compétence des tribunaux civils, alors même que ce titre porterait des signatures de négocians. — L'art. 637 du Code de commerce ne doit pas recevoir d'application dans ce cas. — *Paris*, 7 nov. 1845 (t. 2 1845, p. 695), Verain c. Potemunt.

151. — Jugé, au surplus, que l'acte de commerce n'existant que du côté de l'agent, celui-ci ne pourrait décliner la compétence des tribunaux civils, relativement aux traités par eux faits avec des remplaçans. — Anal. *Rennes*, 24 août 1833, Nogues c. Massard. — V. COMPÉTENCE COMMERCIALE, n° 109.

152. — On peut au reste, sur les questions qui précèdent, consulter les mots ACTE DE COMMERCE et COMPÉTENCE COMMERCIALE.

153. — De nombreux abus s'étant manifestés depuis la loi de 1818, on ne tarda pas à reconnaître « que les entreprises pour le remplacement des jeunes gens appelés à l'armée présentent des combinaisons dont l'effet serait de détourner les jeunes gens du service personnel, et de soumettre les remplaçans, après leur admission dans les corps, à des influences étrangères à l'administration militaire; qu'il peut résulter de ces combinaisons de graves inconvéniens pour la bonne composition et la discipline de l'armée. » — Considérans de l'ordonnance du 14 nov. 1821.

154. — Pour obvier à ces inconvéniens, l'ordonnance du 14 nov. 1821 (art. 1er) a décidé qu'aucune entreprise ayant pour objet le remplacement des jeunes gens appelés à l'armée, en vertu de la loi du 10 mars 1818, ne pourrait exister qu'avec l'autorisation du gouvernement.

155. — A dater de ce moment la jurisprudence annula, comme illicites, tous les engagemens passés avec les compagnies non autorisées. — *Cass.*, 5 mars 1833, Agache c. Mulle.

156. — Il a été jugé que pour qu'il y ait entreprise, dans le sens de l'ordonnance du 14 nov. 1821, il n'est pas nécessaire qu'il y ait société ou réunion de plusieurs individus. La disposition s'applique également aux opérations faites par un seul. — *Cass.*, 11 avr. 1827, Hayot c. Peccate.

157. — ... Et que, dès lors, le contrat par lequel un particulier avait promis de pourvoir au remplacement d'un jeune homme appelé au service militaire, moyennant une somme déterminée, doit être réputé nul, lorsque ce particulier, qui se livrait habituellement à cette sorte de spéculation, n'était point autorisé par le chef du gouvernement. — Même arrêt.

158. — Jugé encore que l'engagement pris par un individu de fournir à un autre un certain nombre d'hommes pour le remplacement des jeunes gens appelés au service militaire était nul, si les parties n'avaient pas obtenu préalablement l'autorisation du gouvernement. Un pareil engagement ne pouvait donner lieu à aucune action autre que celle en restitution des sommes qui auraient été payées en exécution de cet engagement. — *Rouen*, 3 avr. 1829, Meyer c. de Labarthe; 1er mai 1829, Dubourg c. Daniel.

159. — Le principe consacré par la jurisprudence ci-dessus relatée résulte aussi d'un arrêt de *Bourges*, 9 mai 1832, Aren (cet arrêt juge que la nullité est opposable par le remplacé, même aux tiers cessionnaires qui ont connu la qualité d'entrepreneur non autorisée dans la personne du cédant).

160. — ... Et que les billets souscrits pour prix de remplacement militaire au profit d'une société qui se livrait à de pareilles opérations sans y être autorisée étaient nuls, comme faits sans cause licite. — *Bordeaux*, 25 nov. 1831, Rault c. Merle.

161. — Quelques arrêts ont néanmoins jugé que a disposition de l'ordonnance du 14 nov. 1821, qui imposait aux compagnies de remplacement la nécessité de l'autorisation, était opposable seulement de la part du gouvernement aux compagnies, et ne pouvait être invoquée par les parties qui avaient traité avec elles. — *Paris*, 5 août 1824, Musset et Sollier c. Tilliard.

162. — ... Qu'ainsi lorsqu'un établissement de remplacemens militaires n'avait point été autorisé, ainsi que le prescrivait l'ordonnance du 14 nov. 1821, l'entrepreneur n'était point recevable à opposer le défaut d'autorisation aux tiers qui avaient traité de bonne foi avec lui, et invoquer l'illégalité de ses opérations, pour s'affranchir des obligations par lui contractées. — *Bordeaux*, 28 juill. 1828, Rigolaud c. Nadaud.

163. — ... Que, dès lors, on devait réputer valables les engagemens contractés envers une compagnie de remplacemens militaires, bien que cette compagnie n'eût pas été autorisée par le gouvernement. — *Amiens*, 10 mai 1832, Beauvisage c. Cruzel.

164. — Il était évident, en tous cas, que l'ordonnance de 1821 n'avait pu avoir aucun effet rétroactif sur les conventions antérieures à sa promulgation. Qu'ainsi celui qui avait traité avec une compagnie pour assurer son fils contre les chances du tirage, ne pouvait, antérieurement au tirage et alors que la compagnie ne refusait pas de remplir son engagement, demander la nullité de la convention et la restitution de la somme qu'il avait payée, sous le prétexte que, depuis, l'ordonn. du 14 nov. 1821 avait déclaré que les sociétés de cette nature ne pourraient exister sans autorisation. — *Cass.*, 4 janv. 1825, Castarède c. Champeaux.

165. — Il avait été jugé, avant l'ordonnance de 1821, qu'on peut regarder comme une convention illicite et susceptible d'être annulée d'office, même sur l'appel, celle par laquelle l'une des parties s'engage, moyennant une somme d'argent, à faire remplacer un conscrit dans le cas où il serait appelé. — *Cass.*, 12 déc. 1810, Zerboi c. Bertinato.

166. — Lors de la discussion de la loi du 21 mars 1832 on proposa de soumettre les entreprises de remplacement à la nécessité d'une autorisation du gouvernement; mais la proposition fut écartée, et l'on pensa que l'ordonnance de 1821, appuyée sur l'art. 14 de la charte de 1814, était inconciliable avec la charte de 1830. Cette ordonnance a donc cessé d'être exécutoire.

167. — Jugé, depuis cette loi, que la convention par laquelle une compagnie s'engage à fournir un remplaçant à un conscrit pour le service militaire est obligatoire, même lorsque la compagnie n'est pas autorisée par le gouvernement. — *Bourges*, 18 mars 1833, Bienvenu c. Grimard; *Paris*, 5 août 1834, Musset et Sollier c. Tilliard; 14 août 1834, Grimard-Doulcet c. Duterme; 5 déc. 1834, Pigis c. Liard; *Grenoble*, 21 janv. 1835, Maumet c. Fillieul.

168. — ... Que l'obligation contractée par une personne de fournir à une autre un certain nombre de remplaçans militaires est licite et valable. — *Rennes*, 26 avril 1841 (t. 2 1844, p. 520), Chauvin c. Chesnel.

169. — ... Que l'ordonnance du 14 novembre 1821 a été abrogée par la loi du 21 mars 1832, surtout en ce qui concerne les tiers contractans. — *Paris*, 5 août 1834, Musset et Sollier c. Tilliard.

170. — Jugé, toutefois, même depuis la loi de 1832, que les obligations souscrites par les entreprises ayant pour objet le remplacement des jeunes gens appelés au service de l'armée, ou au profit de ces entreprises, sont nulles, lorsque ces entreprises n'ont pas été autorisées dans la forme voulue par l'ordonnance du 14 novembre 1821. — *Rennes*, 24 août 1833, Nogues c. Massard.

171. — Par suite de cette jurisprudence, des compagnies d'assurance ont pris un développement excessif; et lors de la discussion du projet de loi sur le recrutement présenté aux Chambres de 1843, M. Vivien, rapporteur, se fit à la tribune l'écho de plaintes généralement répandues et en partie fondées. « En entourant, disait-il, les contrats de remplacement de formes solennelles, en exigeant qu'ils fussent passés devant des officiers publics, on préviendrait les fraudes et les détournemens trop souvent pratiqués au préjudice des remplaçans. »

172. — Quoi qu'il en soit; c'est presque toujours avec ces compagnies que traitent aujourd'hui les jeunes soldats, qui trouvent en elles des intermédiaires à l'aide desquels ils sont dispensés de recherches difficiles. — De là sont nées plusieurs questions sur lesquelles nous devons faire connaître l'état de la jurisprudence.

173. — Ainsi : 1° lorsqu'une compagnie de remplacement est tombée en faillite, le remplaçant a-t-il action contre le remplacé pour paiement du prix ? Aucun doute ne saurait exister si la compagnie a seulement servi d'intermédiaire entre le remplaçant et le remplacé, et que ceux-ci aient entendu se lier personnellement; mais si l'agent de remplacement a traité séparément avec le remplaçant et le remplacé, la question n'est pas sans difficulté. — Trois systèmes ont été soutenus par les auteurs et adoptés par les Cours d'appel.

174. — Dans un premier système on décide que la compagnie ayant agi comme *negotiorum gestor* du remplaçant et du remplacé, sa faillite laisse intacte une action dont le principe existe indépendamment de son intervention. — C'est ce qui a été jugé dans diverses espèces, dans la plupart desquelles le remplacé avait présenté lui-même son remplaçant au conseil de révision.

175. — Jugé, en ce sens, que lorsque le remplacé au service militaire a présenté lui-même son remplaçant au conseil de révision, il est tenu envers celui-ci du prix du remplacement, quoique l'acte ait été passé seulement avec un tiers qui s'était, moyennant une certaine somme, obligé à lui procurer un remplaçant, et alors surtout que le prix stipulé pour le remplacement n'offre rien d'exagéré. — *Montpellier*, 1er août 1827, Coussens c. Demas.

176. — ... Que lorsque, après s'être fait garantir par une compagnie de remplacement des chances du tirage, un individu appelé au service militaire a présenté lui-même son remplaçant au conseil de révision qui l'a agréé, il peut, quoique le prix du remplacement ait été réglé depuis, par acte notarié, entre le remplaçant et la compagnie, être poursuivi solidairement avec cette dernière, en paiement du prix de remplacement. — *Montpellier*, 24 janv. 1826, Lautier c. Géniez.

177. — ... Et que la compagnie de remplacement qui s'est rendue cessionnaire de l'obligation souscrite par le remplacé au profit d'un agent de remplacement, est tenue solidairement, tant avec ce dernier qu'avec le cédant, du prix dû au remplaçant; elle doit s'imputer de n'avoir pas, au moment de la cession, exigé la preuve que le prix avait été payé à celui-ci. — *Paris*, 23 nov. 1835, Saint-Remy c. Vimeux.

178. — ... Que celui qui s'est engagé à remplacer un individu dans le service militaire, a une action contre le remplacé en paiement de l'indemnité qui lui est due, quoi qu'il n'ait traité de cette indemnité qu'avec une association agissant au nom et dans l'intérêt du remplacé, lorsque c'est sur la présentation de ce dernier que le remplaçant a contracté son engagement envers l'administration et a été agréé par elle. — *Montpellier*, 25 juill. 1827, Théron c. Coulet et Vieu.

179. — De même, le remplaçant au service militaire a, contre le remplacé, une action en paiement du prix du remplacement, encore bien qu'il ait reçu de la compagnie avec laquelle il a traité le solde de son prix en un billet dans lequel on lit : *Quittance pour solde du prix du remplacement, renonçant par exprès à rien demander à ce sujet au remplacé.* Ces expressions n'emportent pas renonciation pour le cas où le billet ne serait pas payé. — *Montpellier*, 26 nov. 1831, Roquefort c. Portal.

180. — On a même été jusqu'à condamner le remplacé à payer au remplaçant le montant du prix, alors même que celui-là s'était libéré envers l'agence de remplacement. — *Montpellier*, 26 janv. 1832, Lesage c. Martinolle.

181. — Ainsi jugé que bien que le remplaçant n'ait point traité personnellement avec le remplacé qui l'a présenté au conseil de révision, et que celui-ci, demeuré étranger à l'acte, ait déjà payé le prix du remplacement au tiers qui a contracté pour lui, le fait du remplacement constitue une obligation directe du remplacé envers le remplaçant, et le premier est tenu de payer ce qui est dû par le tiers au remplaçant, sauf appréciation faite par le tribunal, de manière à ne pas porter au remplacé un préjudice excessif. — *Rouen*, 1er mai 1829, Dubourg c. Daniel; 6 août 1829, Lefebvre c. Maubert.

182. — Un autre système a prévalu devant certaines Cours d'appel, et a été consacré par divers arrêts de la Cour de cassation : il consiste à regarder le remplaçant et le remplacé comme tout à fait étrangers l'un à l'autre, et à n'accorder, par conséquent, au remplaçant aucune action contre le remplacé pour le paiement du prix du remplacement.

183. — Ainsi jugé que le remplaçant au service militaire qui a traité avec un tiers n'a point d'action directe, pour le prix du remplacement, contre le remplacé, si ce dernier n'a pris aucun engagement envers lui. — *Bordeaux*, 12 juill. 1833, Duzer c. Pommier. — Conf. *Grenoble*, 11 janv. 1831, Lhivert c. Garnier; 13 avr. 1831, Benoît c. Dalmas Genet; *Lyon*, 29 juin 1831, Canin c. Peresme; 4 août 1831, Roure c. Charbonnier; *Toulouse*, 31 mars 1832, Azéma c. Dulon; *Lyon*, 21 mars 1833, Monnet c. Breynat; *Cass.*, 21 mai 1833, Beauvisage c. Cruzel; *Montpellier*, 13 nov. 1835, Delague c. Pezet.

184. — ... Alors surtout que le remplaçant renonce à exercer une semblable action contre le remplacé. — En conséquence, si l'agent a cédé le prix du remplacement par un transport régulièrement signifié, le remplaçant ou son ayant cause est sans droit pour saisir-arrêter ce que doit le remplacé. — *Douai*, 3 mai 1837, Cerf et Beauvisage c. Ferman.

185. — Jugé encore que le remplaçant militaire qui a traité avec une compagnie d'assurance et non avec le remplacé, n'a point d'action contre ce dernier en cas de faillite de la société, lorsque celle-ci n'a stipulé que pour son propre compte, et que le remplacé a payé à la compagnie la somme pour laquelle il était engagé envers elle. — Peu importe que la compagnie, à défaut d'autorisation du gouvernement, n'ait point d'existence légale, et que le remplacé ait présenté lui-même son remplaçant au conseil de révision. — *Bourges*, 8 mars 1830, Bounier c. Vernizeau; *Toulouse*, 26 mai 1830, Flottard c. Fénégas; *Cass.*, 21 nov. 1832, Nectoux c. Lefebvre.

186. — ... Et qu'en conséquence, le remplacé ne peut imposer à cette compagnie, comme condition de paiement du prix convenu, l'obligation de rapporter la preuve que le remplaçant est complètement désintéressé. — *Paris*, 5 août 1834, Musset et Sollier c. Duval.

187. — Suivant un troisième système, il a été jugé que le remplaçant au service militaire a contre le remplacé une action pour le paiement du prix du remplacement : bien qu'il n'ait traité qu'avec une compagnie non autorisée. Toutefois le remplacé ne peut être condamné à payer que la somme par lui promise à la compagnie, et non le prix stipulé entre cette compagnie et le remplaçant. — *Bordeaux*, 31 juill. 1832, Ducos c. Desclaux.

188. — Quoi qu'il en soit, si, lors de la faillite de la compagnie, le remplacé est encore débiteur envers elle de tout ou partie du remplacement ; le remplaçant a-t-il une action directe contre le remplacé, jusqu'à concurrence de la somme due à l'agent de remplacement.

189. — Pour l'affirmative, on dit qu'il s'est formé, au moins *ex post facto*, un contrat ou un quasi-contrat entre le remplaçant et le remplacé; lorsque celui-ci a conduit celui-là devant l'autorité administrative et l'a fait agréer pour lui : que dès lors le service fait par le remplaçant lui

donne une action *in factum* pour percevoir entre ses mains les deniers dont il est reliquataire envers la compagnie.

190. — Jugé, en ce sens, que bien qu'un remplaçant n'ait pas traité avec le remplacé, mais avec un entrepreneur de remplacemens militaires, il a une action contre le remplacé jusqu'à concurrence de ce dont celui-ci ne s'est pas libéré. — *Lyon*, 26 févr. 1834, Regeard c. Pigeay ; *Paris*, 23 nov. 1835, Saint-Remy c. Vimeux.

191. — On répond avec raison, pour la négative, que la présence du remplaçant sous les drapeaux ne saurait créer le germe d'une action contre le remplacé, les conventions civiles ayant rendu le remplaçant et le remplacé étrangers l'un à l'autre pour le règlement des intérêts pécuniaires, et que toutes circonstances étrangères ne sauraient déplacer la propriété du prix et l'obligation de servir la rançon que les conditions expresses du pacte civil ont concentrées dans l'agence de remplacement.

192. — Mais si l'on adopte le système qui refuse toute action directe au remplaçant vis-à-vis du remplacé avec qui il n'a pas traité, reste la question de savoir si, faute d'une action directe contre le remplacé, le remplaçant n'a pas, du moins, un privilége sur la somme due par le remplacé à la compagnie.

193. — La Cour de Lyon a décidé que le remplaçant a un privilége pour la conservation de la chose, sur les sommes qui peuvent être encore dues par le remplacé à la société de remplacement. — *Lyon*, 21 mars 1833, Monnet c. Breynat.

194. — Le système adopté par la Cour de Lyon pour arriver à cette solution est aussi ingénieux qu'équitable ; M. Troplong en résume ainsi les motifs. « Les frais seuls pour la conservation de la chose sont privilégiés aux termes de l'art. 2102, § 3, C. civ.; or, la somme due par le remplacé n'est exigible de la part de l'entrepreneur de remplacement qu'autant que ce remplacement est réellement effectué : or, c'est le remplaçant qui assure la libération par son service sous les drapeaux, donc c'est lui qui, par son service personnel, a conservé à la compagnie la somme due par le remplacé; elle doit donc lui profiter par privilége. »

195. — On a objecté à ce système : 1o que le Code civil, dans son art. 2102, paraît moins avoir eu en vue une somme d'argent qu'un corps certain ; 2o que, dans cet article, le mot *frais* semble supposer qu'il s'agit non point d'une somme d'argent pour récompense de services rendus, mais des déboursés avancés. M. Troplong répond à la première objection que les expressions du Code n'ont rien d'assez limitatif pour se renfermer dans une pareille interprétation, et à la seconde que l'expression *frais* se prend souvent dans un sens analogue; qu'ainsi, l'artiste vétérinaire qui donne ses soins à un cheval et le guérit, peut ne rien débourser, et que cependant il a un privilége pour le paiement de ses visites. — V. Troplong, *Du louage*, no 838 ; *Des hypothèques*, t. 1er, nos 177 et 178 et la note.

196. — Toutefois, il a été jugé que le remplaçant qui a traité directement avec une compagnie d'assurances militaires n'a pas de priviléges sur les sommes encore dues à la compagnie par le remplacé. — *Paris*, 16 août 1838 (t. 2 1838, p. 136), Musset et Sollier c. Parandiez.

197. — Jugé que lorsque plusieurs jeunes gens appelés au service militaire se sont entendus avec une compagnie de remplacemens, ont promis à tous une certaine indemnité payable après leur libération définitive : s'il résulte des conventions des parties que la somme promise par chacun était destinée à la libération de tous, la société ne peut exiger aucune prime avant d'avoir payé tous les prix de remplacement de ceux de ces jeunes gens tombés au sort ; et, en cas de faillite de la société, chaque remplaçant a, pour le prix de son remplacement, un droit acquis et un privilége sur les primes dues par chacun des pères de famille, du moment où la libération de leurs enfans est assurée. — *Lyon*, 4 août 1831, Roure et Duffez c. Charbonnier.

198. — Jugé que les décrets du Gouvernement provisoire des 31 mars et 1er avril 1848, qui, en modifiant la composition des conseils de révision, ont rendu les remplacemens plus difficiles et plus coûteux, n'ont pas délié les compagnies de leurs obligations envers ceux avec qui elles avaient contracté, encore bien que, dans la police de remplacement, les parties aient déclaré contracter conformément à la législation existante. — *Rouen*, 11 janv. 1849 (t. 1er 1849, p. 383), Bœlher c. Renard. — Conf. *Paris*, 5 août 1848, Bœlher c. Grillet; 24 août 1848, Birklé c. Bernardice. — *Contrà*, *Rouen*, 28 août 1848, Capon c.

Bœlher. — V. ces trois arrêts t. 2 1848, p. 441.

199. — Ces décrets ne peuvent être considérés comme cas de force majeure devant entraîner l'exécution de la clause de la police, aux termes de laquelle l'obligation de remplacement devait se trouver, dans le cas de déclaration de guerre avant le recrutement, réduite à une clause de mutualité. — *Paris*, 19 août 1848 (t. 2 1848, p. 449), Gillet-Caqué c. Lecacheur ; *Rouen*, 28 août 1848 (t. 2 1848, p. 446), Capon c. Bœhler.

200. — Le tiers porteur d'un billet à ordre qui savait, en le recevant, que la cause (l'obligation de fournir un remplaçant) n'en était pas exécutée, a pu être déclaré non possesseur de bonne foi, et, par suite, passible des mêmes exceptions que son cédant. — Spécialement, celui qui a reçu d'une compagnie d'assurances militaires un billet à ordre causé pour prix d'un traité d'assurance a pu être déclaré mal fondé à poursuivre le souscripteur en paiement du billet si, au moment de la cession, il savait, par l'insolvabilité notoire de l'assureur, son cédant, que celui-ci était dans l'impossibilité de remplir son engagement. — *Cass.*, 8 déc. 1845 (t. 2 1846, p. 367), Pyonnier c. Cassard.

201. — Ceux qui, chargés de délivrer un certificat relativement au service militaire, attestent faussement qu'un jeune homme se trouve dans un état d'exemption, sont passibles de dommages-intérêts envers celui qui a été appelé pour compléter le contingent à fournir par la classe de l'exempté. — Mais ils ne sont nullement responsables envers une compagnie d'assurances militaires du préjudice qu'a pu lui causer l'annulation du même acte de remplacement souscrit à l'aide du même certificat. — *Nancy*, 11 juill. 1845 (t. 2 1846, p. 162), Assurances militaires c. Frémion.

202. — En matière de remplacement, lorsque le remplaçant et le remplacé ont contracté avec deux agens différens qui ensuite ont traité ensemble ; celui des deux agens qui a fait opérer le remplacement auquel l'autre s'était obligé peut être considéré, en l'absence de toute preuve contraire, comme le mandataire de celui-ci qui, dès lors, en cas d'insolvabilité du premier, est responsable du prix vis-à-vis du remplaçant. Du moins, le jugement qui, par appréciation des faits de la cause, le décide ainsi ne viole aucune loi. — *Cass.*, 2 mars 1842 (t. 2 1842, p. 423), Cheyrouse c. Depoit.

203. — Le traité fait entre une société de remplacemens militaires et un agent qui s'engage à lui livrer un certain nombre de remplaçans, moyennant une somme déterminée, ne peut être considéré comme une association en participation, quoique, dans cet acte, il soit stipulé que, si cet agent traite avec les remplaçans pour une somme inférieure à un minimum spécifié, la différence entre ce minimum et cette somme sera partagée entre lui et la société. — *Colmar*, 3 déc. 1840 (t. 1er 1841, p. 562), Hattenberger c. Meyer, Lepp et Strauss.

204. — Lorsque, dans un traité ayant pour objet de fournir un remplaçant à un jeune homme appelé au service militaire, il a été convenu que ce remplaçant serait présenté de suite au conseil de révision, cette stipulation doit recevoir son exécution sans attendre que le remplacé soit appelé. — *Rouen*, 18 juin 1829, Gonfreville c. Neveu.

205. — L'entrepreneur de remplacement qui, aux termes d'un acte notarié passé avec le remplaçant, est censé avoir payé à celui-ci le prix de son remplacement, et qui ne lui a remis réellement qu'un effet payable à terme et signé seulement d'un de ses agens, est obligé au paiement de cet effet, comme s'il l'eût signé lui-même. — Dans une telle circonstance, le signataire de l'effet peut être considéré comme le mandataire tacite de l'entrepreneur principal. — Du moins, l'arrêt qui le décide ainsi, en reconnaissant l'existence d'une collusion entre l'agent et l'entrepreneur principal, échappe à la censure de la Cour de cassation. — *Cass.*, 4 avril 1830, Lemée c. Digne; *Aix*, 2 févr. 1832, même affaire.

206. — Jugé, par le même arrêt d'Aix, que la Cour de cassation a confirmé, que la déclaration faite dans un acte notarié par un remplaçant au profit d'un entrepreneur de remplacemens militaires, qu'il a touché de lui le prix de son remplacement, peut être déclarée simulée, quand il résulte des circonstances de fait reconnues par les juges que ce prix n'a réellement pas été payé.

207. — Les obligations des compagnies d'assurances envers le remplaçant et réciproquement sont, ainsi que nous l'avons vu *suprà*, régies par le droit commun.

208. — Ainsi : lorsqu'un entrepreneur de remplacemens militaires n'a point payé à son échéan-

de la somme due au remplaçant par lui engagé, il ne peut pas, indépendamment des intérêts de cette somme, être condamné à des dommages-intérêts. — *Aix*, 21 août 1829, Olivier c. Raineri.

209. — Lorsque, conformément aux annonces et prospectus d'une compagnie de remplacemens militaires, les primes payées par les jeunes conscrits ont été déposées entre les mains d'un tiers jusqu'à l'accomplissement des engagemens de la compagnie, les jeunes conscrits ont, sur les sommes déposées, privilége pour le paiement de leurs remplacemens, à défaut par la compagnie d'en acquitter elle-même le prix. Peu importe que dans les contrats passés entre la compagnie et les jeunes conscrits, il ne soit pas question de la condition du dépôt : cette condition est réputée avoir été acceptée à défaut de renonciation expresse. — *Toulouse*, 16 juin 1831, Braynat c. Darnaud.

210. — Dans le cas où une mère, sans s'obliger personnellement, a traité pour le remplacement militaire de son fils mineur, à la charge de rapporter la ratification de celui-ci; si le remplaçant vient à céder sa créance à un tiers, la notification que fait le cessionnaire à la mère seule ne suffit pas pour invalider le paiement fait par le fils dans l'ignorance de la cession et de la notification. — *Montpellier*, 18 mars 1840 (t. 1er 1840, p. 651).

211. — La convention d'après laquelle le conscrit remplacé doit, après son entière libération du service militaire, payer le prix stipulé au remplaçant, ou, en cas de décès, à un tiers, est sans effet à l'égard de ce dernier, qui ne peut en demander l'exécution. — *Bruxelles*, 4 oct. 1815, Schoutel c. Vermandel. — Pothier, *Oblig.*, n° 57; Delvincourt, *Cours de C. civ.*, t. 2, p. 470; Toullier, *Droit civ.*, t. 6, n° 152; Duranton, *Droit français*, t. 10, n° 226; Rolland de Villargues, *Rép. du not.*, v° *Stipulation par action*, nos 9 et suiv.

212. — Les tribunaux sont compétens pour connaître de l'action en dommages-intérêts d'un remplaçant contre un remplacé, fondée sur ce que le consentement lui aurait été surpris par dol; si, d'ailleurs, le remplaçant n'attaque pas son engagement. — *Rennes*, 24 août 1820, Chillon c. Sauvé.

213. — Le souscripteur d'un billet à ordre causé Valeur en souscription pour l'assurance militaire de mon fils peut, jusqu'à ce que ce remplacement ait été opéré, refuser le paiement de ce billet même au tiers porteur, alors qu'il est établi que ce tiers porteur n'est pas sérieux. En outre, celui-ci peut être condamné à restituer le billet au souscripteur. — *Cass.*, 4 févr. 1845 (t. 2 1845, p. 168), Abram et Massille c. Pouten.

214. — C'est à celui qui excipe de la force majeure pour se dispenser de payer des dommages-intérêts résultant de l'inexécution d'un contrat de remplacement militaire à justifier son exception. — *Bordeaux*, 27 août 1822, Blanchard c. Jadot.

CHAPITRE V. — *Des substitutions.*

215. — Ainsi que nous l'avons dit (*suprà* n° 36), les substitutions ou remplacemens par échange de numéros ne peuvent avoir lieu que sur la liste cantonale : c'est-à-dire entre jeunes gens du même tirage et du même canton. — L. 21 mars 1832, art. 18.

216. — Il y a entre le remplacement et la substitution cette différence que l'une rend l'appelé responsable pendant un an de la présence au corps de l'homme qui marche à sa place, tandis que l'autre n'entraîne après elle aucune responsabilité.

217. — Ce que nous avons dit du contrat de remplacement s'applique à celui de substitutions de numéros, sauf qu'on doit y voir moins un louage de service qu'un échange de services. — Nous nous bornerons à faire connaître les principaux arrêts qui ont paru sur cette matière et qui, se rattachant à ces principes, n'ont pas trouvé leur place ailleurs.

218. — Lorsque deux conscrits ont fait échange de numéros moyennant une somme que celui qui conserve le numéro restant s'est obligé de payer au numéro partant, sous la condition que le remplaçant aura seulement droit aux intérêts de cette somme, s'il ne fait pas pour le remplacé tous les services militaires auxquels il pourrait être appelé par suite du tirage de son numéro, cette clause ne s'applique qu'au service militaire actif, immédiat et très-prochain. — *Colmar*, 13 juin 1821, Burr c. Richard.

219. — Lorsque, dans un contrat passé entre deux conscrits au sujet d'une substitution de numéros, il a été convenu que si le numéro partant venait à être licencié, ou si celui qui avait le numéro le plus éloigné venait à être rappelé, il serait payé une somme moindre que celle stipulée pour la substitution de numéros, une pareille clause ne s'applique point au cas où le conscrit, parti en vertu de la convention, a été réformé par suite d'infirmités contractées au service. — *Besançon*, 25 juin 1812, Pommier c. Gaubey; *Cass.*, 11 mars 1818, Isabel-Desnouvries c. Rageot.

220. — ... Du moins, l'arrêt qui le décide ainsi, par interprétation du contrat, ne viole aucune loi. — *Cass.*, même arrêt.

221. — Lorsqu'il y a eu, entre deux conscrits, substitution de numéros, et que le conscrit remplacé a été rappelé en vertu du sénatus-consulte du 5 oct. 1809; il est dû au remplaçant, à titre d'indemnité, le montant des termes échus de la somme stipulée. — Les sénatus-consultes des 10 sept. 1808 et 5 oct. 1809 n'ont été que l'exécution de la loi du 19 fructid. an VI, et ne doivent pas être considérés comme des mesures extraordinaires. — *Besançon*, 1er févr. 1812, Besançon c. Dolard; 25 juin 1812, Pommier c. Gaubey.

222. — S'il a été stipulé, dans un acte de remplacement portant échange de numéros, que le prix de cet échange ne serait pas exigible dans le cas où le numéro du remplacé serait rappelé, cette stipulation ne doit pas recevoir son effet si le remplacé a été depuis dispensé du service militaire par la loi même qui rappelle son numéro. — *Rennes*, 13 sept. 1815, Rolland c. Lelaun.

223. — Le conscrit remplacé par échange de numéros, et rappelé ensuite comme porteur du numéro de son remplaçant, n'en doit pas moins payer le prix entier stipulé dans l'acte de remplacement, alors même qu'il a été convenu que le contrat serait résolu, en cas d'appel du cessionnaire au service, à raison du numéro à lui cédé, s'il a été exempté comme s'étant marié avant le rappel. — *Rennes*, 23 juin 1821, Beaulieu c. Taligot.

224. — Lorsque deux conscrits qui ont échangé leurs numéros sont convenus que le traité serait résolu dans le cas où le remplacé serait appelé pour remplir le service du numéro du remplaçant; le remplacé n'est point fondé à demander la résolution du contrat par le motif qu'il aurait été appelé par le fait d'une levée extraordinaire, et qu'il n'aurait été dispensé de partir que comme réformé pour cause de faible complexion. Seulement il peut exiger que les frais de la réforme soient imputés sur le prix stipulé par le remplacement. — *Toulouse*, 21 mars 1835, Pieuzal c. Mallet.

225. — Lorsque, par une erreur involontaire, deux jeunes conscrits portant le même nom ont tiré leurs numéros l'un pour l'autre, et que, par suite, l'un des deux se trouve exempté par le numéro qu'a tiré son homonyme, on ne peut voir un fait punissable dans le silence par eux gardé sur cette erreur, non plus que dans les moyens, tels que dons, promesses, à l'aide desquels ce silence aurait été obtenu. — *Cass.*, 28 août 1835, Pichat.

CHAPITRE VI. — *Dispositions pénales.*

226. — Toute substitution pour remplacement effectuée, soit en contravention des dispositions de la loi du 21 mars 1832, soit au moyen de pièces fausses ou de manœuvres frauduleuses, doit être déférée aux tribunaux, et, sur le jugement qui prononcerait la nullité de l'acte de substitution ou de remplacement, l'appelé est tenu de rejoindre son corps ou de fournir un remplaçant dans le délai d'un mois à dater de la notification de ce jugement. — L. 21 mars 1832, art. 43.

227. — Quiconque aura sciemment concouru à la substitution ou au remplacement frauduleux, comme auteur ou complice, sera puni d'un emprisonnement de trois mois à deux ans, sans préjudice de peines plus graves en cas de faux. — Même article.

228. — L'art. 43 de la loi du 21 mars 1832 sur le recrutement, comprend, sous la dénomination générale de *manœuvres frauduleuses*, tant les fraudes sur les pièces exigées des remplaçans que celles concernant leurs personnes mêmes. — Dès lors, le fait de faire disparaître d'un certificat, à l'aide d'une opération chimique, une mention portant refus antérieur d'un remplaçant par un conseil de révision, s'il ne présente pas les caractères du faux, constitue certainement une fraude punie par la loi. — *Bordeaux*, 30 août 1848 (t. 1er 1849, p. 478), Bergoin, Vallat et Lartigue.

229. — Jugé encore que le remplacement effectué à l'aide d'un certificat altéré par la suppression d'une déclaration qui y était insérée, est *frauduleux* dans le sens de l'art. 43 de la loi du 21 mars 1832. — Dès lors, les auteurs de la fraude sont passibles de la peine prononcée par cet article; et ne sont point fondés à se plaindre de la qualification trop douce donnée à la falsification qui leur est imputée, laquelle, suivant eux, constituerait un faux. — *Cass.*, 5 mars 1842 (t. 2 1842, p. 154), Guignard.

230. — Jugé que le conscrit, déserteur, qui, pour se faire admettre en remplacement d'un autre conscrit, fait sciemment usage d'un certificat de bonne conduite délivré par le maire de sa commune, constatant, par suite d'une falsification, que l'impétrant a satisfait à la conscription, doit être poursuivi comme coupable du crime de faux. — *Cass.*, 13 févr. 1812, Gilles. — V. FAUX.

231. — ... Que le fait par un individu de s'être attribué les noms et prénoms d'un conscrit et d'avoir figuré en son lieu et place, comme soldat, dans un acte émané de l'autorité militaire, constitue le crime de faux en écriture authentique et publique, et non un simple délit de remplacement frauduleux. — *Cass.*, 17 sept. 1835, Abautret et Guen.

232. — ... Que le fait, par un individu qui se présente comme remplaçant militaire, d'avoir signé d'un faux prénom l'acte de remplacement passé devant le préfet du département constitue un faux en écriture publique. — *Cass.*, 29 sept. 1836, Parsouit. — V., au reste, FAUX.

233. — ... Que la fabrication de certificats de bonnes vie et mœurs paraissant délivrés par un maire, et de libération du service militaire paraissant émanés d'un sous-préfet, certificats produits pour faire admettre un individu en qualité de remplaçant par le conseil de révision, constitue le crime puni par les art. 147 et 148 C. pén., et non le simple délit réprimé par les art. 159, 160 et 161. — *Cass.*, 21 janv. 1836, Lantuejoul et Lacaze. — V. FAUX CERTIFICATS, nos 57 et suiv.

234. — C'est une question grave que celle de savoir si la déclaration faite et même signée, par un remplaçant, devant le conseil de révision, qu'il n'est pas marié, encore qu'il le soit, constitue le crime de faux ou seulement le délit prévu par l'art. 43 de la loi du 21 mars 1832. — V., à cet égard, FAUX, nos 161 et suiv.

235. — Jugé que la déclaration faite mensongèrement par un remplaçant, devant le conseil de révision, qu'il n'est pas marié, constitue un simple délit de remplacement frauduleux, et non le crime de faux; alors surtout que cette déclaration a été faite dans un acte séparé de l'acte de remplacement, et dont l'obligation n'est prescrite par aucune disposition de loi. — *Limoges*, 11 juin 1835, Chassagnard.

236. — Jugé encore que, pour que le remplacement frauduleusement effectué ne constitue qu'un simple délit rentrant dans la catégorie de ceux prévus par l'art. 43 de la loi du 21 mars 1832, il faut que ce délit n'ait été que le résultat de manœuvres frauduleuses ou d'assertions ou d'affirmations verbales ou mensongères devant le conseil de révision. — Mais, que si ce remplacement a été opéré au moyen de la fabrication d'un certificat délivré par le fonctionnaire public compétent, dont la religion et la bonne foi ont été surprises et trompées, et attestant la vérité des faits qu'il avait pour objet de constater, la fabrication de ce certificat et l'usage qui en est fait rentrent dans la catégorie des crimes de faux prévus et spécifiés par l'art. 147 C. pén., et dont la connaissance appartient à la Cour d'assises. — *Cass.*, 6 mai 1847 (t. 2 1847, p. 511), Fevelas. — Cette décision rentre dans la jurisprudence. — V. FAUX et FAUX CERTIFICATS, nos 57 et suiv., 72 et suiv.

237. — Jugé que l'enlèvement, par des moyens chimiques, de l'empreinte des cachets apposés par un conseil de révision sur des certificats, dans le but d'établir le rejet de la demande du remplaçant, ne constitue pas le crime de faux en écriture prévu par l'art. 147, C. pén. — *Grenoble*, 8 juill. 1836, Falcouin.

238. — ... Et que, de même, le fait de se présenter devant un conseil de révision avec des certificats sur lesquels les cachets d'un premier conseil portant refus d'admettre le porteur comme remplaçant, ont été enlevés, ne constitue pas le délit de remplacement illicite à l'aide de moyens frauduleux prévus par l'art. 43 L. 21 mars 1832. — Même arrêt.

239. — L'individu qui a été acquitté de l'accu-

sation de faux en matière de remplacement militaire peut être, à raison même des faits qui ont eu lieu à l'occasion de ce remplacement, renvoyé devant le tribunal correctionnel comme prévenu de remplacement frauduleux. — *Douai*, 8 mars 1838 (t. 2 1838, p. 190), Hellemuth. — Anal. *Montpellier*, 14 août 1837 (t. 2 1837, p. 532), B.... — V. NON BIS IN IDEM, n°s 88, 92, 98.

240. — Ce renvoi peut avoir lieu alors surtout que les faits qui motivent sa comparution devant le tribunal correctionnel sont distincts de ceux relatifs au faux — Même arrêt de *Douai*.

241. — L'application de la peine prononcée par le tribunal correctionnel à raison d'un remplacement frauduleux ne met pas obstacle à ce que l'autorité administrative demande, devant les tribunaux civils, la nullité de l'acte de remplacement. — *Bordeaux*, 6 avr. 1842 (t. 2 1842, p. 69), Préfet de la Gironde c. Effié et Marque.

242. — Mais bien qu'un remplacement militaire ait eu lieu en contravention à la loi (en ce que le remplaçant était marié), le décès de celui-ci au service et avant la demande en nullité du remplacement éteint toute action de la part de l'Etat contre le remplacé et arrête tout jugement sur la validité du remplacement. — *Bordeaux*, 19 déc. 1836, Moreau.

243. — Lorsqu'un individu est inculpé d'avoir, en qualité de fonctionnaire public, accepté des dons, agréé des promesses, relativement à des remplacemens de soldats, son acquittement n'est pas suffisamment motivé sur la simple déclaration qu'il n'était pas revêtu de fonctions publiques. — Cette déclaration, qui l'absout du délit de corruption, laisse subsister une prévention d'escroquerie. Il faut, en conséquence, à peine de nullité, que le jugement s'explique sur les dons et promesses. — *Cass.*, 3 déc. 1808, Terrapont et Milscent.

244. — Le tribunal correctionnel saisi de la poursuite exercée contre un remplaçant qui s'est fait admettre frauduleusement sous les drapeaux, est compétent pour annuler, en même temps, l'acte de remplacement. — *Cass.*, 2 juill. 1835 (sol. implicite), Grosset. — Conf. *Lyon*, 12 déc. 1833, Pitrat.

245. — Mais lorsque l'action en nullité de l'acte de remplacement a été exercée séparément devant le tribunal civil, il n'y a pas entre elle et l'action publique pour remplacement frauduleux une indivisibilité qui oblige le tribunal répressif à y statuer cumulativement; et, dès lors, ce tribunal ne peut en connaître, surtout si l'une des parties intéressées n'est pas en cause. — *Cass.*, même arrêt; *Montpellier*, 6 avril 1835, Saint-Léger.

246. — Jugé par là qu'il n'appartient qu'à la Cour légalement saisie de la connaissance du crime de faux qui vicie un acte de remplacement militaire de prononcer la nullité de cet acte. — *Cour d'assises de l'Hérault*, 18 févr. 1835, Peyras.

247. — L'annulation de l'acte de remplacement, ordonnée par la loi, pour le cas où le remplacement a été déterminé par l'emploi de pièces fausses ou de manœuvres frauduleuses, peut être prononcée par le tribunal légalement saisi, même en l'absence de toute réquisition formelle du ministère public. — *Cass.*, 27 août 1847 (t. 2 1847, p. 718), Donat Fevelas.

248. — S'il est vrai que, pour être régulière, cette annulation doive être prononcée en présence de toutes les parties intéressées, et notamment en présence du remplacé, toujours est-il que le remplaçant est sans qualité pour se faire un moyen de nullité de l'absence de ce dernier. — Même arrêt.

249. — En matière de remplacement militaire, il n'est pas nécessaire, pour autoriser les poursuites du ministère public contre les auteurs ou complices de remplacemens frauduleux, que l'on ait préalablement fait annuler les actes de remplacement. — *Bordeaux*, 30 août 1848 (t. 1er 1849, p. 478), Bergoin, Vallat et Lartigue.

250. — L'art. 43 de la loi du 21 mars 1832, qui impose aux tribunaux l'obligation de prononcer la nullité des actes de *substitution* ou de *remplacement* obtenus à l'aide de moyens frauduleux ou de pièces fausses, est énonciatif, et non limitatif. — *Cass.*, 17 juill. 1837 (t. 1er 1838, p. 220), Mouméja.

251. — Cet article s'applique à toutes causes d'exclusions ou d'incapacités prévues et déterminées par la loi, et non pas seulement aux vices de forme de l'acte de remplacement. Dès lors, les nullités résultant de ces incapacités ou exclusions ne sont pas couvertes par les décisions du conseil de révision. — *Cass.*, 3 mai 1842 (t. 1er 1842, p. 759), préfet du Doubs c. Roch et Guibelin.

252. — Spécialement : les tribunaux sont compétens pour annuler le remplacement opéré en contravention de l'art. 19 de la loi du 21 mars 1832 par un homme marié, bien que ce remplacement ait été admis par le conseil de révision. — Même arrêt.

253. — L'art. 43 de la loi du 21 mars 1832, qui prescrit de déférer aux tribunaux tout remplacement effectué à l'aide de pièces fausses, n'ordonne pas cependant d'une manière absolue de déclarer nul ledit remplacement. Les tribunaux peuvent, tout en reconnaissant la fausseté des pièces produites, maintenir le contrat de remplacement, si d'ailleurs le remplaçant réunit toutes les conditions exigées pour être admis en cette qualité dans l'armée. — *Nîmes*, 4 avril 1842 (t. 1er 1842, p. 752), Galles et Ligonesche.

254. — L'art. 43 de la loi du 21 mars 1832 sur le recrutement ne s'applique pas aux exemptions obtenues à l'aide de manœuvres frauduleuses ou de pièces fausses, par exemple à l'aide d'un certificat attestant faussement qu'un individu appelé à faire partie de l'armée est fils aîné de veuve. — *Orléans*, 22 mars 1844 (t. 1er 1844, p. 505), ministère public c. Philippe. — V. RECRUTEMENT.

255. — La loi du 21 mars 1832 (art. 44) édicte des peines plus sévères pour le cas où les délits qu'elle prévoit ont été commis ou favorisés par des fonctionnaires publics. — V. RECRUTEMENT.

256. — Jugé qu'un sous-préfet ne peut pas être déclaré convaincu d'avoir favorisé indirectement la substitution frauduleuse d'un inconnu à un conscrit, à titre de remplaçant, en négligeant soit de donner le signalement des conscrits qui n'avaient pas d'infirmité à proposer devant le conseil de recrutement, soit de faire reconnaître lui-même ceux désignés pour faire partie de l'armée active. Aucune loi n'impose de pareilles obligations aux sous-préfets. — *Cass.*, 23 févr. 1811, Trompéo.

257. — De même : le sous-préfet qui après avoir donné avis à une famille de substituer le frère au frère devant le conseil de recrutement, a révoqué cet avis pendant que les choses étaient encore entières, ne peut pas être considéré comme ayant favorisé cette substitution, surtout s'il n'y avait aucun intérêt personnel. — Un pareil fait ne constitue ni une entrave, ni une prévarication, ni même une négligence dans l'exercice de ses fonctions. — Même arrêt.

258. — Pareillement : lorsqu'il n'existe aucun acte constatant que la substitution d'un inconnu à un conscrit, à titre de remplaçant, est l'ouvrage du sous-préfet, ce fonctionnaire ne peut être réputé l'avoir favorisée soit parce qu'il aurait fait mention du remplacement sur ses tableaux ou parce qu'il aurait négligé de constater au moment du départ l'identité du remplaçant. — Même arrêt. — Merlin, *Rép.*, v° *Conscription*; § 10.

259. — Les peines prononcées par l'art. 38 précité, peuvent être modérées par l'application de l'art. 463 sur les circonstances atténuantes.

260. — On peut, au reste, se reporter, à raison des fraudes en matière de remplacement militaire, aux nombreux arrêts cités v^is^ ESCROQUERIE, n°s 130, 151, 185 ; FAUX, n°s 104, 115, 161 et suiv.; 220 et suiv., 483 et suiv., 521, 523 ; FAUX CERTIFICAT, n°s 60, 63, 73.

CHAPITRE VII. — *Questions diverses.*

261. — Souvent il arrive que le remplaçant et le remplacé ne sont pas seuls parties au contrat de remplacement, et que même leur état de minorité les empêche d'y figurer. — De là certaines questions que la jurisprudence a eu à résoudre.

262. — Lorsque, dans un contrat de remplacement, un jeune soldat est assisté de son père ou de son tuteur, quelle est la part de garantie qui retombe sur ces personnes? M. Troplong pense qu'en principe le remplaçant a une action personnelle contre le père, dont la présence à l'acte a pour but principal de cimenter de plus fort l'engagement de son fils. — V. *Du louage*, n° 839.

263. — Toutefois, les circonstances de fait et les clauses du contrat pourraient être de nature à faire mettre à l'écart toutes les vraisemblances tirées de l'affection du père et de la nécessité de son concours pour servir de caution à son fils. — Troplong, *loc. cit.* — C'est ce qui arriverait le plus souvent pour un tuteur étranger qui n'est censé figurer au contrat qu'en sa qualité et non pour s'obliger personnellement.

264. — Ce n'est, au surplus, que comme garantie de la réparation du préjudice causé que le père peut être soumis à une action à l'égard du remplaçant de son fils; car le service militaire étant une dette personnelle et nécessaire, l'obligation contractée par le père tuteur pour le remplacement de son fils mineur au service militaire est obligatoire pour le fils. — *Paris*, 3 juin 1829, Leclerc c. Callippe.

265. — Nous avons vu (v° OBLIGATION, n° 172) que, le service militaire étant une dette personnelle et nécessaire, l'obligation contractée par le père tuteur pour le remplaçant de son fils mineur, est obligatoire pour celui-ci.

266. — Jugé, en ce sens, que le conscrit remplacé est passible d'une action personnelle en paiement du prix de son remplacement, encore bien que le père ait seul stipulé dans le contrat. — *Paris*, 7 févr. 1814, Metzinger c. Thierry.

267. — Dès lors, l'acquittement de cette obligation peut être poursuivi contre le mineur. — *Bourges*, 5 déc. 1832, Balle c. Bouet. — Conf. *Caen*, 17 août 1827, Leniée c. Leclerc; *Rouen*, 1er mai et 9 août 1829; Dubourg c. Daniel, et Lefebvre c. Maubert; *Paris*, 3 juin 1829, Leclerc c. Calippe; *Montpellier*, 26 janv. 1832, Desguillaume c. Audemar.

268. — Toutefois : si le montant de l'obligation, quoique non exagéré à l'égard du remplaçant, a ce caractère eu égard à la fortune du mineur, il peut y avoir lieu à réduction dans l'intérêt du mineur; mais, en ce sens que l'excédant demeurera à la charge du père. — Même arrêt du 5 déc. 1832.

269. — De même : le beau-père qui stipule seul dans le contrat de remplacement de son beau-fils mineur est censé agir pour celui-ci, quoiqu'il ne soit point son tuteur. — Il a dès lors le droit de répéter contre lui la somme qu'il a été obligé de payer au remplaçant. — *Colmar*, 6 déc. 1815, Doenstetter c. Vogel. — Conf. *Paris*, 7 févr. 1814, Metzinger c. Thierry.

270. — Jugé, cependant, que le père qui s'est obligé personnellement pour le remplacement de son fils à l'armée n'a point contre lui d'action en garantie pour répéter le prix du remplacement, si le fils était mineur, s'il n'avait aucun bien acquis, et si le père ne se trouve pas gêné au point de ne pouvoir satisfaire à son engagement. — En pareil cas, le prix du remplacement doit être réputé donné en avancement d'hoirie. — *Dijon*, 23 janv. 1817, Plaige.

271. — Si le remplaçant a traité avec les père et mère seuls du remplacé majeur au moment du contrat, il n'a pas d'action directe contre celui-ci. — *Paris*, 29 févr. 1840, (t. 1er 1840, p. 304), Gombart c. Matern. — Conf. *Rouen*, 13 févr. 1839, et 18 juin 1840 (t. 1er 1841, p. 139), Mayer c. Lorgeril, et Dubuisson c. Mayer.

272. — Si, toutefois, le fils n'a pas ratifié, l'intervention du fils dans l'acte administratif du remplacement n'emporte pas ratification de sa part. — *Paris*, 17 avr. 1845 (t. 1er 1845, p. 546), Moulin c. Girouard. — V. conf. *Amiens* 11 juill. 1840 (t. 2 1842, p. 423), Genta-Olivier c. Boucheron. — *Contrà*, *Paris*, 31 déc. 1848 (t. 1er 1849, p. 153), Bénard c. Matern.

273. — Est régulière et valable la convention par laquelle un frère stipule, en promettant le fait de son frère, et même en se portant fort pour lui, que celui-ci sera, moyennant un prix déterminé, assuré contre les chances du recrutement. — Alors surtout que celui pour qui il a été stipulé intervient pour accepter l'assurance et la ratifier. — *Caen*, 19 nov. 1845 (t. 1er 1846, p. 432), Manoury c. Boulard.

274. — Les remplaçans sont assimilés par la loi du 21 mars 1832 aux jeunes soldats qu'ils ont été admis à remplacer; les remplaçans insoumis sont, comme les jeunes soldats insoumis, justiciables du conseil de guerre, alors même que le remplacé a été contraint de répondre lui-même et de faire son temps de service. — En conséquence, les jugemens des conseils de guerre rendus contre des remplaçans insoumis ne sont pas susceptibles de recours en cassation, comme s'ils étaient rendus contre des citoyens non militaires. — *Cass.*, 12 avril 1845 (t. 2 1845, p. 54), Auriac.

275. — Nous avons vu v° DOT qu'en général on décide que les biens dotaux peuvent être aliénés pour le remplacement au service militaire d'un enfant commun. Depuis la rédaction de ce mot ont été rendues sur cette matière les deux décisions suivantes.

276. — Jugé que la dot peut être aliénée pour le remplacement au service militaire d'un enfant commun, ce remplacement devant être considéré comme un établissement dans le sens de l'art. 1556 C. civ. — *Caen*, 19 nov. 1847 (t. 1er 1849, p. 28), Busselot c. Guignard.

277. — Jugé, en sens opposé, que le remplacement militaire ne peut être considéré, dans le sens de

l'art. 1556 C. civ., comme un établissement autorisant l'aliénation des biens dotaux de la femme, alors que le fils à remplacer n'exerce aucune industrie et que le remplacement n'a pas eu pour objet de lui en procurer une. — *Agen*, 5 déc. 1848 (t. 1er 1849, p. 157), N....

278. — En ce qui concerne le rapport du prix de remplacement, V. SUCCESSION.

V. aussi ACTE DE COMMERCE, COMPÉTENCE COMMERCIALE, CONTRAT ALÉATOIRE, DOT, ESCROQUERIE, EFFETS DE COMMERCE, FAUX, FAUX CERTIFICATS, MANDAT, OBLIGATION, SUCCESSION.

REMPLOI.

1. — Ce qui concerne cette matière est traité v^is COMMUNAUTÉ et DOT. — Nous nous bornerons à mentionner quelques arrêts rendus depuis la publication de ces articles. — Il a été jugé :

2. — ... Qu'en l'absence de tout délai fixé pour le remploi, il peut être valablement effectué après la séparation de biens. — *Caen*, 4 juill. 1842 (t. 1er 1843, p. 43), Morand c. Dumesnil.

3. — ... Que le droit que s'est réservé la femme de vendre ses immeubles avec remplacement lui donne le pouvoir d'en fixer le prix, pourvu que rien n'annonce qu'il y ait eu dol ou fraude lors du règlement de ce prix. — Même arrêt.

4. — ... Qu'en cas de stipulation d'aliénabilité du fonds dotal sous la condition d'un « bon et suffisant remplacement, » la constitution d'une rente viagère sur la tête des deux époux, alors âgés, sans fortune et sans postérité, peut être considérée comme satisfaisant à la condition de remploi stipulée. — *Caen*, 17 juin 1845 (t. 1er 1848, p. 686), Bonpain. — V. DOT, n°s 644 et suiv.

5. — ... Lorsque le contrat de mariage permet aux époux de vendre un immeuble dotal, sauf remploi ; ceux-ci peuvent stipuler un délai pour faire ce remploi. — *Rouen*, 21 juin 1845 (t. 2 1846, p. 527), Lefebvre c. Ferrière. — V. DOT, n° 642. V. aussi *ibid.*, n° 318.

6. — ... Que l'art. 13 de la loi du 3 mai 1841 sur l'expropriation pour cause d'utilité publique, qui confère aux tribunaux le pouvoir de déterminer le mode de conservation de l'indemnité représentative d'un bien dotal frappé d'expropriation, reçoit son application soit au cas où le mode de conservation ou de remploi du prix des immeubles dotaux aliénés a été fixé par le contrat de mariage, soit à celui où, au lieu d'une vente amiable de l'immeuble exproprié, effectuée avec autorisation du tribunal, il y a eu expropriation judiciaire et fixation de l'indemnité par le jury. — *Rouen*, 23 juill. 1845 (t. 2 1848, p. 39), ville de Rouen c. Rémy-Caban. — V. EXPROPRIATION POUR UTILITÉ PUBLIQUE, n°s 387, 538 et suiv.

7. — ... Que l'art. 58 de la loi du 3 mai 1841, sur l'expropriation pour cause d'utilité publique, qui affranchit des droits d'enregistrement les actes faits *en vertu* de ses dispositions, est applicable au contrat de remploi du prix d'un bien dotal exproprié, bien que ce contrat contienne deux dispositions, l'une concernant l'acquisition faite par le mari seul, et l'autre relative à l'intervention de la femme pour accepter le remploi qui lui est fait, si le mari a déclaré acquérir pour faire le remploi judiciairement ordonné. — *Cass.*, 8 déc. 1847 (t. 1er 1848, p. 86), Enregistrement c. Terrasson. — V. ENREGISTREMENT, n°s 735 et suiv. — et 225.

8. — ... Que la clause de remploi stipulée dans un contrat de mariage portant régime de la communauté ne concerne que le règlement des époux entre eux et, à moins de stipulation contraire, n'est point opposable aux tiers, qui, en se libérant, sont sans droit ni qualité pour exiger le remplacement. — *Rouen*, 15 nov. 1845 (t. 1er 1846, p. 452), Bouctot c. Chaudreau.

9. — ... Que le paiement d'une somme dotale fait à la femme en vertu d'un jugement qui l'a autorisée à le recevoir pour subvenir aux besoins de sa famille libère complétement le débiteur, qui ne peut ni ne doit s'enquérir de l'emploi que peut faire la femme de la somme à elle ainsi remise. — Dès lors, la femme ne peut être admise à exciper de ce que la somme déclarée à elle remise dans de pareilles circonstances aurait été en réalité appliquée à acquitter une dette personnelle de son mari envers son débiteur. — *Agen*, 3 mars 1846 (t. 1er 1849, p. 287), Lafrené c. Geysselli. — V. DOT, n°s 685 et suiv.

10. — ... Que l'acquéreur d'un immeuble dotal stipulé aliénable sauf remploi est responsable dans le cas où le prix d'un bien acquis pour partie en remploi s'est trouvé absorbé plus tard par les frais faits sur la demande de la femme elle-même à fin de licitation de ce bien. — *Caen*, 8 déc. 1846 (t. 1er 1848, p. 672), Fayel c. Saumur. — V., sur le principe que l'acquéreur d'un immeuble dotal est responsable du défaut d'emploi, v° DOT, n°s 642 et suiv., et 669 et suiv.

11. — ... Que, par une conséquence du même principe de responsabilité, l'acquéreur d'un immeuble dotal, stipulé par le contrat de mariage aliénable à charge de remploi, peut se refuser au paiement de son prix jusqu'à ce que l'immeuble acquis en remploi ait été purgé entièrement des charges et hypothèques qui le grèvent. — *Bordeaux*, 1er déc. 1847 (t. 2 1848, p. 353), Tallemon et Gugignand c. Verdery.

12. — ... Qu'on doit réputer licite la convention par laquelle l'acquéreur d'un bien dotal, aliénable sous condition de remploi, stipule que pour être tenu de payer son prix, il devra lui être justifié d'un remploi d'une valeur déterminée supérieure à ce prix. — *Caen*, 8 mars 1848 (t. 2 1848, p. 438), Jourdain c. Léger-Gosselin.

13. — ... Que, sous le régime de la communauté, le mari, qui, par son contrat de mariage, s'est réservé la propriété exclusive d'une somme de 72,000 fr., n'a pas pu, par sa seule volonté, s'attribuer comme propres des immeubles qu'il a acquis pendant le mariage, en déclarant qu'il les acquérait des deniers dont il s'était réservé la propriété, et pour faire emploi de ces deniers. — *Rennes*, 12 déc. 1846 (t. 1er 1847, p. 267), Bourbet.

14. — ... Que le remploi d'une somme dotale n'est valablement fait qu'autant qu'il a été accepté par la femme et que les deniers dotaux ont été réellement employés à l'acquisition destinée à servir de remploi. — La simple déclaration faite par le mari et la femme dans le contrat d'acquisition, que ladite acquisition est un remploi au profit de la femme et qu'ils destinent au paiement du prix une créance dotale due par un tiers, ne remplit pas le but de la loi, surtout lorsque le contrat ne contient au profit du vendeur ni délégation ni transport de la créance dotale. — *Paris*, 6 mars 1847 (t. 1er 1848, p. 448), Gavillon c. Géhan. — V. DOT, n°s 600 et suiv.

15. — ... Qu'il n'y a lieu à remploi, dans le sens des articles 1433 et suivans du Code civil, qu'autant non-seulement qu'il y a eu vente d'un immeuble propre à l'un des époux, mais encore que le prix en a été versé dans la communauté. Tant que ce prix reste dû, il forme, au profit de l'époux à qui l'immeuble appartenait, une créance qui tient lieu de son propre aliéné. — En conséquence : si la communauté est dissoute avant le paiement de ce prix, l'immeuble acquis avec déclaration que c'est à titre de remploi est un conquêt de communauté. — *Douai*, 9 mars 1847 (t. 1er 1849, p. 245), Montier c. Delporte. — V. COMMUNAUTÉ, n°s 827 et suiv., et DOT, n°s 600 et suiv.

16. ... — Que lorsque des époux mariés sous le régime dotal ont stipulé la faculté d'aliéner les biens dotaux à la condition d'un remploi, ce remploi doit, nécessairement et à peine de nullité de l'aliénation, être fourni avant la séparation de biens obtenue par la femme. — L'offre par les tiers détenteurs de payer une seconde fois le prix de l'aliénation n'est pas suffisante pour écarter l'action en nullité intentée par la femme. — *Lyon*, 24 mars 1847 (t. 1er 1848, p. 272), Deschelus c. Chanrion. — V. aussi DOT, n°s 613 et suiv.

17. — ... Que la faculté que la femme dotale s'est réservée dans son contrat de mariage, d'aliéner ses biens dotaux moyennant un bon et valable remplacement, ne s'oppose point, si elle veut aliéner ces mêmes biens pour rembourser jusqu'à due concurrence les capitaux des rentes qui grèvent les biens dotaux, à ce qu'elle obtienne l'autorisation de justice, conformément à l'art. 1558 du Code civil. — *Caen*, 25 mai 1847 (t. 2 1847, p. 584), Rouxeville.

18. — ... Que la clause d'un contrat de mariage portant qu'en cas d'aliénation des propres de la femme le mari sera tenu d'en faire remploi en acquisition d'autres biens n'autorise pas la femme mariée sous le régime de la communauté à demander compte à son mari et d'avoir à se dessaisir des titres d'une fortune dont il est le dépositaire légal, lorsqu'il est constant qu'elle a connu, sans en contester la solidité, les placemens représentatifs du prix de ses immeubles aliénés et que, d'ailleurs, le mari a une fortune immobilière qui assure à sa femme un recours utile à tout événement. — Si, en pareil cas, la femme se croit en position d'articuler que sa fortune est mise en péril par la gestion aventureuse de son mari, elle peut demander sa séparation de biens en motivant la liquidation immédiate de ses reprises. — *Paris*, 5 août 1847 (t. 1er 1848, p. 87), Perret c. Montuel.

19. — ... Que la clause d'un contrat de mariage par laquelle des époux mariés en communauté stipulent 1° qu'en cas d'aliénation de propres de l'un d'eux il sera fait emploi des deniers qui en proviendront en acquisition d'autres biens au profit de l'époux auquel auront appartenu les biens aliénés ; 2° que si les emplois n'ont pas été faits lors de la dissolution de la communauté, la femme exercera ses reprises sur les biens de la communauté et sur ceux personnels du mari, a pu être interprétée en ce sens, que les époux avaient voulu rester sous l'empire des règles générales de la communauté en ce qui concernait le remploi des capitaux appartenant à la femme. — En conséquence l'arrêt qui, en pareil cas, déclare la femme non recevable à demander compte au mari, pendant l'existence de la communauté, des placemens par lui faits à titre de remploi, ne viole aucune loi, alors surtout qu'il constate en fait que la femme, par toutes les garanties qui lui sont offertes, n'éprouve aucun préjudice des remplois faits par son mari. — *Cass.*, 1er févr. 1848 (t. 1er 1848, p. 287), Perret.

20. — ... Que l'acquisition d'immeubles par le mari et en son nom peut être considérée comme faite pour le compte de la femme lorsqu'il ne peut, à cet égard, s'élever aucun doute sur la véritable intention des parties, et que, notamment, l'acte d'acquisition contient la stipulation expresse qu'elle est faite en remploi du prix des biens dotaux aliénés. — *Grenoble*, 4 mars 1848 (t. 2 1848, p. 617), Jourdan c. Gaillard.

21. — ... Que les acquéreurs d'un bien dotal qui appelés en garantie par la femme ont conclu, comme elle, devant les premiers juges, à ce que les biens acquis en remploi fussent distraits d'une saisie dans laquelle ils avaient été compris, sont recevables à appeler du jugement qui a repoussé leurs conclusions. — Même arrêt.

22. — ... Que la femme dotale ne peut offrir ses biens paraphernaux comme remploi de ses immeubles dotaux aliénés. — *Caen*, 6 mars 1848 (t. 2 1848, p. 387), Chéron c. Labbey de Laroque.

23. — L'autorisation donnée par le mari à l'aliénation d'un propre de sa femme séparée de biens, constitue de sa part, soit qu'il ait été présent à l'acte, soit qu'il n'y ait pas assisté, un concours qui le rend, suivant les prescriptions de l'art. 1450 du Code civil, garant du défaut d'emploi du bien aliéné. — *Cass.*, 1er mai 1848 (t. 1er 1848, p. 592), Legigan.

24. — ... Que bien que la vente d'un immeuble de la femme ait fait l'objet de deux contrats distincts, l'un pour la superficie (une coupe de bois), l'autre pour le fonds, le mari qui a touché le prix de la superficie ne peut se soustraire à l'obligation du remploi pour ce prix, sous prétexte que, s'appliquant à un objet mobilier, il serait par cela même mobilier et en dehors de l'application de l'art. 1450 du Code civil, lequel n'a trait qu'au remploi du prix des immeubles, alors qu'il est jugé en fait que ces deux actes de vente, dressés le même jour, n'en font en réalité qu'un, et se complètent l'un par l'autre. — Même arrêt.

25. — ... Que la défense pour la femme, d'aliéner sans remploi, stipulée dans un contrat de mariage exclusif du régime dotal, n'emporte pas contre elle prohibition d'hypothéquer ses biens propres. En vain dirait-on qu'au moyen de l'hypothèque la femme peut arriver à l'aliénation sans remploi. — *Bordeaux*, 11 mai 1848 (t. 2 1848, p. 157), Caisse hypothécaire c. Roland. — V. COMMUNAUTÉ, n°s 889 et suiv.

26. — ... Que la clause par laquelle, dans un contrat de mariage contenant stipulation du régime de communauté, il est convenu que les biens propres de la femme ne seront aliénés qu'à la charge d'en faire le remploi en immeubles francs et quittes d'hypothèques, n'imprime pas à ces propres le caractère de dotalité ; et que, par suite, les obligations contractées par la femme sur ces biens et sur les subrogations accordées dans l'effet de son hypothèque légale aux tiers envers lesquels elle s'oblige, doivent être réputées valables. — *Cass.*, 23 août 1847 (t. 2 1847, p. 715), Delotz c. Jusserand.

27. — ... Que, lorsque le caractère dotal a été légitimement imprimé à un immeuble acheté en remploi du prix de biens dotaux, la résolution ultérieure de la vente, à défaut de paiement du prix, n'en anéantit point les effets, surtout à l'égard du tiers qui, en vertu d'un jugement, a prêté des fonds pour subvenir aux réparations de cet immeuble. En conséquence, l'hypothèque prise par ce prêteur sur tous les biens dotaux continue de subsister sur ceux restés entre les mains de la femme, nonobstant la résolution de la vente de l'immeuble réparé au moyen des fonds prêtés ; et la femme ne saurait faire annuler cette hypothèque, en se fondant sur ce que les deniers prêtés auraient servi à la réparation d'un fonds qui, par suite de ladite résolution,

n'a jamais eu le caractère dotal en considération duquel l'emprunt avait été autorisé. — *Cass.*, 22 mai 1849 (t. 2 1849, p. 27), Malcouronne c. Billet.

27. — ... Que le prix provenant de la vente ou de la licitation d'un immeuble dotal ne cesse pas d'être dotal, et il en doit être fait emploi, comme tel, au profit de la femme. Mais qu'aucune disposition de la loi ne prescrit que cet emploi ait lieu au moyen de l'acquisition d'un autre immeuble. Les tribunaux ont la faculté d'autoriser le mode d'emploi qui leur paraît le plus avantageux pour la femme, pourvu que cet emploi conserve au prix un caractère immobilier. Ainsi, le remploi de ce prix ne peut être valablement fait en acquisition de rentes sur l'État immobilisées. — *Cass.*, 13 nov. 1847 (t. 2 1849, p. 11), Gardin c. Maubant. — V. DOT, nos 625 et suiv.

29. — Mais jugé aussi que le pouvoir donné au mari par le contrat de mariage d'aliéner les biens dotaux de la femme mais à la charge de restitution ou d'hypothèque, n'emporte pas autorisation de les aliéner moyennant une rente viagère. — *Cass.*, 23 juin 1846 (t. 1er 1847, p. 64), Clavière c. Girard.

30. — V. aussi les arrêts cités, — v° RÉGIME DOTAL.

RÉMUNÉRATOIRE.

Se dit de ce qui tient lieu de récompense. — V. DONATION RÉMUNÉRATOIRE, LEGS RÉMUNÉRATOIRE.

RENGAGEMENT.

Ce qui concerne les engagemens et rengagemens est expliqué v° ENGAGEMENT-RENGAGEMENT MILITAIRE. — Depuis la publication de cet article, un arrêté du 24 mars-2 avril 1848 a décidé : 1° que tout Français serait reçu à contracter, dans l'arme de son choix, un engagement volontaire, et que la durée de cet engagement ne pourrait être moindre de deux ans (art. 1er) ; 2° que, dans aucun cas, les engagés volontaires ne pourraient être envoyés en congé sans leur consentement (art. 2). — Un autre décret du 10-13 juillet 1848 a décidé : 1° que tout Français âgé de 17 ans accomplis pourrait être admis à contracter un engagement volontaire pour l'armée de terre (art. 1er), ... que ces engagemens seraient soumis aux formalités exigées par la loi du recrutement pour les engagemens volontaires. —V. ENGAGEMENT, RENGAGEMENT MILITAIRE, RECRUTEMENT.

RENONCIATION.

1. — C'est l'action de renoncer à une chose quelconque.

2. — En général, chacun peut renoncer aux droits, priviléges et facultés qui lui sont conférés pour son avantage personnel. — L. 41, C., *De minorib.*; L. 29, C., *De pactis.* — Merlin, *Rép.*, v° *Renonciation*, n° 1.

3. — Mais il ne peut le faire qu'autant que ces mêmes droits et priviléges n'ont pas pour objet l'ordre public. — L. 45, § 1er, D., *De reg. jur.* — C. civ., art. 6.

4. — C'est ainsi que l'intérêt public ayant fait établir les prescriptions, il n'est pas permis de renoncer à une prescription non encore acquise. — C. civ., art. 2220. — V. PRESCRIPTION.

5. — Mais il en est autrement, quand l'action résultant de ces mêmes droits est ouverte et n'intéresse plus que les particuliers ; il est alors permis d'y renoncer. — Merlin, *Rép.*, v° *Renonciation*.

6. — Il n'est pas permis de renoncer à un droit que l'on n'a pas (L. 45, § 1er, D., *De legat.*, 2°). En effet, une pareille renonciation serait ou inutile et l'on ne saurait perdre ce que l'on n'a jamais eu. — Rolland de Villargues, *Rép. du not.*, v° *Renonciation*, n° 9.

7. — On ne peut non plus renoncer à un droit que l'on ignore.—Brunnemann, L. 23, C., *De juris et servo corrupto.*

8. — Quant au droit qui n'est pas encore ouvert, la renonciation ne peut non plus en avoir lieu en général. — L. 4 et 45, D., *De inojcir. et omitt. hæred.*; L. 174, § 1er, D., *De reg. jur.* — C. civ., art. 985. — Zachariæ, t. 2, p. 400.

9. — Toutefois, cela ne doit s'entendre que d'une répudiation par simple et simple et non de la répudiation par pacte ou convention. En effet, cette dernière espèce de répudiation est permise et les choses futures peuvent être l'objet d'une convention. — C. civ., art. 1130. — Vinnius, *De renuntiat.*, cap. 2, n° 12; Dantoine, *Règl.*, art. 174; Toullier, t. 13, n° 12; Troplong, *Prescription*, n° 43; Zachariæ, *loc. cit.*

10. — Nul doute qu'on ne puisse renoncer à un droit conditionnel ; car, alors, ce n'est pas la chose qui est l'objet de l'abandon, mais l'espérance à cette chose. Il n'y a pas transmission de la chose, puisqu'on n'en était pas propriétaire. — Rolland de Villargues, *Rép. du notar.*, v° *Renonciation*, n° 18.

11. — Enfin, pour que la renonciation soit valable, il faut que quelqu'un ait intérêt à en réclamer l'exécution. — Rolland de Villargues, n° 19.

12. — Toute personne capable de donner ou de recevoir à titre gratuit, peut faire ou accepter une renonciation gratuite. — Zachariæ, t. 2, p. 400.

13. — Si la renonciation a lieu dans une convention, c'est d'après les règles relatives aux contrats onéreux que se détermine la capacité de celui qui la fait et de celui au profit de qui elle est faite. — Zachariæ, *ibid.*

14. — Considérée relativement à la forme, la renonciation est expresse ou tacite.

15. — La renonciation expresse n'est soumise à aucune forme spéciale, encore bien qu'elle pût avoir les effets d'une libéralité. — Zachariæ, t. 2, p. 399.

16. — Elle doit en général être acceptée par celui au profit de qui elle est faite. — Zachariæ, *ibid.*

17. — Lorsqu'elle a lieu au moyen d'une convention, elle doit être rédigée en double original. — Duranton, t. 13, n° 151.

18. — Pour qu'il y ait renonciation tacite, il faut que les faits dont on prétend la faire résulter soient, directement et à tous égards, contraires aux droits et au privilége dont il s'agit. Car, dans le doute, la renonciation ne se présume pas. — Voët, *ad Pandect.*, tit. *De constit. pecun.*; Merlin, *Rép.*, v° *Renonciation*, § 3; Toullier, t. 10, nos 186 et 187; Zachariæ, *loc. cit.*

19. — Les effets des renonciations varient suivant le caractère de chacune d'elles.

20. — La renonciation conventionnelle est généralement translative. Elle contient une transmission qui prend le caractère d'une libéralité si elle est gratuite.—Proudhon, *Usufruit*, n° 2339, Troplong, *Hypoth.*, n° 600 *bis.*

21. — Si le droit auquel on renonce est douteux, l'effet de la renonciation reste incertain. Elle n'a point d'effet translatif. Tel est le cas d'une transaction. — Rolland de Villargues, n° 36.

22. — Enfin, la renonciation pure et simple est en général purement abdicative ou extinctive ; elle n'emporte ni transmission ni obligation. — Proudhon et Troplong, *ibid.* ; Rolland de Villargues, n° 37.

23. — Bien qu'en général toute renonciation ait pour celui qui en profite l'effet d'une donation, il ne s'ensuit pas qu'une renonciation doive toujours être regardée comme une donation. Car renoncer au bénéfice d'un droit établi en sa faveur, ce n'est pas toujours faire un acte de pure libéralité. — Merlin, *Quest.*, v° *Légitimité*, § 7; Coin-Delisle, sur l'art. 894, n° 8.

24. — Une renonciation peut, en règle générale, être rétractée, tant qu'elle n'a pas été acceptée par celui au profit duquel elle a été faite; sauf toutefois les droits acquis à des tiers dans l'intervalle. — Zachariæ, t. 2, p. 399; Toullier, t. 3, n° 341.

RENONCIATION A COMMUNAUTÉ.

1. — Cette matière est traitée v° COMMUNAUTÉ.

2. — Depuis la publication de cet article il a été jugé que la femme commune qui n'a point, dans les trois mois du jour du décès de son mari, fait faire un inventaire dans les formes prescrites par l'art. 1456 du Code civil, est déchue du droit de renoncer à la communauté et, par suite, ne peut être colloquée, pour le montant de ses reprises, dans l'ordre ouvert sur le prix provenant de la vente des biens de son mari, et qu'elle ne peut même exciper, pour se soustraire à cette déchéance, de ce que le conseil de famille réuni dans l'intérêt des enfans mineurs issus du mariage et dont elle est tutrice légale l'a autorisée à faire un inventaire sous seing privé, revêtu seulement de sa signature, ainsi que de celles du subrogé tuteur et d'un membre du conseil de famille, ce conseil n'ayant pas le droit de la dispenser de l'accomplissement des formalités prescrites par la loi dans l'intérêt des tiers. — *Cass.*, 24 juill. 1847 (t. 2 1849, p. 10), Lepeltier c. Noël.

3. — Il paraît, en effet, généralement admis en principe que la femme commune qui a négligé de faire inventaire dans les trois mois du décès de son mari est déchue du droit de renoncer à la communauté, encore bien qu'elle ne soit pas immiscée (V. COMMUNAUTÉ, nos 1067 et suiv.). — MM. Pont et Rodière (*Du contrat de mariage*, t. 1er, n° 875) enseignent que l'obligation de faire inventaire dans ce délai est de toute rigueur, et que c'est à cette condition seulement qu'il est permis à la femme de renoncer à la communauté. — Mais le législateur n'attribue à l'inventaire l'effet de conserver à la femme le droit de renonciation qu'autant qu'il est revêtu des formalités prescrites par l'art. 1456 du Code civil. L'inventaire dressé dans la forme légale est considéré seul comme sérieux et digne d'inspirer confiance. Il ne pourrait être suppléé par cet inventaire, ainsi que cela résulte de l'arrêt cité au numéro qui précède, que nous rapportons ici, par un état des meubles que la veuve aurait dressé ou fait dresser sans le concours d'un officier public. — Un inventaire irrégulier, quoique fait dans les trois mois, équivaut donc à l'absence d'inventaire et peut, dès lors, faire perdre à la femme non-seulement le droit de renoncer à la communauté, mais aussi celui d'exercer ses reprises. Cette dernière partie de la décision précitée est conforme à l'opinion de M. Duranton (t. 14, n° 451).

RENONCIATION A UN LEGS.

V. LEGS, nos 73 et suiv.

RENONCIATION A SUCCESSION.

V. SUCCESSION.

RENSEIGNEMENS.

V. COPIE DE TITRES ET ACTES, DESCENTE SUR LIEUX, ENQUÊTE, ENREGISTREMENT, EXPROPRIATION POUR UTILITÉ PUBLIQUE, OFFICE.

RENTE.

Table alphabétique.

RENTE. — 1. — La rente est un revenu annuel soit en argent, soit en denrées. — La rente peut être constituée soit en perpétuel (C. civ., art. 1909 et suiv.), soit en viager (art. 1968 et suiv.).— La rente perpétuelle comprend la rente constituée proprement dite et la rente foncière ou réservée. — On admettait, en outre, sous l'ancien droit, plusieurs autres espèces de rentes, telles que les rentes colongères, les rentes convenancières, les rentes seigneuriales, dont il sera parlé ci-après. — V. ces mots.

CHAPITRE Ier. — De la rente constituée.

2. — La rente constituée est une rente essentiellement rachetable, que l'un des contractans s'engage à servir à l'autre moyennant un capital dont la propriété lui est irrévocablement transférée.

Sect. 1re. — Origine et caractères distinctifs du contrat de constitution de rente.

3. — La rente constituée ne paraît point avoir été connue des Romains. Quelques auteurs prétendent cependant qu'elle existait au moins en germe dans les lois romaines, et notamment dans la novelle 160 de Justinien. — Quoi qu'il en soit, il est certain qu'elle ne commença à être usitée en France que vers le quatorzième siècle, et qu'elle ne fut imaginée que pour faciliter indirectement le trafic de l'argent à une époque où la sévérité des lois canoniques proscrivait le prêt à intérêt. — V., sur ce point, Dumoulin, *De usuris*, n° 84 ; Loyseau, *De la distinction des rentes*, liv. 1er, chap. 6 ; Pothier, *Contr. de constit. de rente*, n° 8 ; Troplong, *Du prêt*, t. 14, n° 443 et suiv. ; Merlin, *Rép.*, v° *Rente constituée*, § 1er, n° 8 ; Duranton, t. 17, n° 608 ; Rolland de Villargues, *Rente*, § 2, n° 42.

4. — Après avoir rencontré de la part des théologiens une assez vive résistance, la rente constituée finit par triompher de tous les scrupules et acquit, sous l'ancienne législation, une grande importance qui, tenant uniquement à la proscription du prêt à intérêt, s'est presque entièrement évanouie depuis que les lois nouvelles ont permis d'obtenir des avantages plus étendus au moyen de simples obligations. — V., sur ce point, Discussion du Conseil d'État, séance du 13 vendém. an XII.

5. — Généralement abandonnée aujourd'hui, la rente constituée n'offre de véritables ressources au crédit que dans les emprunts contractés par l'État. — V. RENTE SUR L'ÉTAT.

6. — Avant le Code, cinq conditions étaient nécessaires pour la validité du contrat de constitution. Il fallait : 1° que le principal fût aliéné à perpétuité, de sorte qu'il n'y eût, dans le contrat, aucune clause qui donnât au créancier le droit de le répéter directement ou indirectement, hors le cas de faute du débiteur (V. Loyseau, *De la distinction des rentes*, chap. 6 ; Dumoulin (*De contr. et usuris*, § 81 et suiv.) ; que le taux de la rente n'excédât pas celui qui avait cours, d'après l'ordonnance, au moment de la constitution (Dumoulin, *ibid.*) ; 3° que le débiteur eût la faculté perpétuelle de rembourger (Dumoulin, *ibid.*, § 101 et 441 ; Loisel, *des rentes*, reg. 7) ; 4° que le sort principal fût délivré en argent, et non en meubles ou marchandises (*Cout. de Paris*, art. 94 ; Pocquet de Livonnière, *Règle du dr. français*, liv. 4, chap. des rentes, art. 433) ; 5° enfin, que la rente fût payable en argent et non en grains, blés, etc. (Pocquet, *ibid.*, ordonn. 1665).

7. — Sous l'ancien régime, par les motifs que nous avons indiqués ci-dessus, on s'efforçait d'assimiler la rente le contrat de constitution d'une rente constituée. Les rédacteurs du Code civil n'hésitent point, au contraire, à ranger ce contrat dans la catégorie du prêt et à qualifier le crédirentier de prêteur (art. 1909 et 1912). Toutefois, il est incontestable que si la rente constituée offre plusieurs rapports de ressemblance avec l'un et l'autre de ces contrats, elle s'en éloigne sous certains points de vue par de notables dissemblances.

8. — Ainsi, contrairement aux principes de la vente, l'obligation de servir la rente constituée n'est parfaite que par le paiement du prix, et rentre, par conséquent, dans la classe des contrats réels. — De plus, le contrat de rente constituée est plutôt unilatéral, que synallagmatique, puisque l'acheteur libéré immédiatement par le paiement du prix ne contracte aucune autre obligation (V., cependant, un arrêt de *Bourges* du 27 prair. an IX, C... c. Labour). — D'un autre côté, elle diffère du prêt proprement dit par la faculté de rachat qui lui est particulière, et par l'aliénation faite à perpétuité du capital fourni par le prêteur, aliénation qui constitue son caractère essentiel et distinctif. — Pothier, *Constit. de rente*, n° 4 ; Troplong, *loc. cit.*, n° 463 et 467 ; Merlin, *Rép.*, v° *Rente constituée*, § 1er, n°s 1er et 2. — V.

PRÊT À INTÉRÊT.

9. — Autrefois tout ce qui avait pour but de forcer directement ou indirectement le débiteur à rembourser le capital opérait la nullité radicale du contrat. — Duparc-Poullain, t. 3, p. 64 et 65, n° 30 ; Loyseau, liv. 1er, ch. 6, n° 12 ; Pothier, n° 43. — La législation moderne a dû nécessairement se montrer moins rigoureuse : cependant il importe que la condition d'inexigibilité du capital soit clairement exprimée ; car cette condition est essentielle et peut seule empêcher le contrat

de rente constitué de dégénérer en un simple prêt à intérêt. — Troplong, n° 429 et suiv.

10. — Toutefois la renonciation de celui qui prête une somme d'argent, à la faculté d'en demander le remboursement, renonciation qui caractérise la constitution de rente, n'a pas besoin d'être expresse. Elle peut résulter de l'ensemble des clauses du contrat ou des termes dont les parties se sont servies pour déterminer leurs obligations ou leurs droits respectifs. — Zachariæ, t. 3, p. 404, § 398.

11. — Il n'est pas sans intérêt de faire remarquer ici que, contrairement à l'opinion ci-dessus exprimée, la règle de l'enregistrement assimile pour la perception du droit la rente temporaire à la rente viagère ; mais cette manière de voir est justement critiquée par MM. Championnière et Rigaud (*Droits d'enregistrement*, t. 2, n° 1310) et Troplong (n° 433) : car il est évident qu'à défaut d'inexigibilité du capital, qu'il ne faut pas confondre avec la faculté de rachat, dont nous parlerons ci-après, la rente constituée n'est autre chose qu'un véritable prêt. — V., en ce dernier sens, *Rennes*, 12 juin 1821, Lannud et Reagrall c. Lecomte.

12. — La question de savoir si le prix ou sort principal, d'une rente constituée peut valablement consister en denrées ou marchandises, divisait autrefois les auteurs. Dumoulin (ques. 22) et Loyseau (liv. 1er, ch. 7, n° 9) se prononçaient pour la négative et considéraient en ce cas la rente comme usuraire. Mais l'opinion contraire avait fini par prévaloir. — V., en ce dernier sens, Pothier, n° 35 et suiv., et un arrêt du Parlement de Paris du mois de mars 1533.

13. — Sous l'empire du Code civil, il résulte incontestablement des dispositions combinées des art. 1905 et 1909 de ce Code : que le capital de la rente peut consister non-seulement en argent, mais encore en denrées ou autres choses mobilières fongibles. — Championnière et Rigaud, *Droits d'enregistrement*, t. 2, n° 1298 et 1299 ; Troplong, n° 423.

14. — Lorsque le prix est fourni en immeubles dont les fruits soient spécialement affectés au service de la rente, on rentre dans l'application de l'art. 530 et la rente est foncière. — V., ci-après, RENTE FONCIÈRE.

15. — Sous l'ancienne législation, la question de savoir si la rente constituée était meuble ou immeuble donnait lieu aux solutions les plus contradictoires. Ainsi, elle était réputée immeuble dans la plupart des pays coutumiers. — V. Coquille sur Nivernois, t. 7, art. 9. — Quelques coutumes, adoptant, au contraire, la jurisprudence des pays de droit écrit, la rangeaient dans la classe des meubles. C'était d'après la loi du domicile du créancier qu'on déterminait le caractère de la rente. Cependant, bien que le droit du créancier de modifier le caractère immobilier d'une rente constituée, en transférant son domicile sous une coutume qui la considérait comme meuble, les droits d'hypothèque conférés antérieurement à des tiers n'en continuaient pas moins de subsister sur la rente devenue meuble à tous autres égards. — Pothier, n° 145 et suiv.

16. — Une rente qu'en Normandie des frères ont cédée au profit de leur sœur pour la remplir de ses droits dans la succession *même immobilière* de ses père et mère, était réputée constituée et non pas foncière : encore bien que le créancier pût obtenir l'envoi en possession des biens affectés au paiement de sa rente. — Cass., 12 vendém. an XI, Barrey c. Honoré ; Caen, 48 nov. 1812, Leporcher c. Lebrun.

17. — Sous l'empire du Code civil, il est hors de doute que les rentes constituées ne peuvent plus être considérées comme immobilières. — *Angers*, 1er mars 1814, Quentin c. Marage. — Troplong, n° 447 ; Rolland de Villargues, n° 60 et 61. — Et il en est ainsi même dans le cas où la rente est garantie par une hypothèque. En effet, ce qui est dû, ce sont les arrérages, qui consistent en quelque chose de mobilier ; *ac-tio ad mobile est mobilis*. L'hypothèque n'est qu'un simple accessoire. — Troplong, *loc. cit.*

18. — Une seule exception à ce principe général a été admise en faveur des rentes sur l'État reconnues immobilisées lorsqu'elles étaient comprises dans la dotation d'un majorat. — Décision du 16 janv. 1808, art. 7, et décret du 1er mars suiv., art. 2. — V. MAJORAT.

19. — Les droits et obligations résultant d'un contrat de constitution de rente sont dévolus entre les héritiers soit du créancier, soit du débiteur de la rente. Les premiers n'y ont droit que pour leur part et portion, et les autres ne sont tenus de la rente que pour leur part héréditaire. — Pothier, n° 420 ; Troplong, n° 448.

20. — Sous l'ancienne comme sous la nouvelle législation, il était permis aux parties de convertir le prix certain et déterminé d'une rente en un capital remboursable, à la volonté du débiteur, et produisant des intérêts payables annuellement. — Une pareille conversion, loin de renfermer une condition purement potestative pour le débiteur, ne doit être considérée que comme une constitution de rente qui n'autorise le débiteur à retenir le capital qu'autant qu'il paie exactement les intérêts. — *Cass.*, 31 déc. 1834, Lassève c. Varnerto.

21. — La clause, insérée dans un contrat de vente, portant que l'acquéreur ne sera obligé de payer son prix principal, qu'à sa volonté seulement, équivaut à une constitution de rente, et rend la créance non exigible de la part des héritiers du vendeur. — *Paris*, 14 prair. an XIII, Navarre c. Prévôt de Longperrier.

22. — On ne saurait, du reste, poser, à cet égard, un principe absolu. Tout dépend de l'interprétation du contrat laissée à l'appréciation des juges. Ainsi, il a été jugé (*Cass.*, 24 mars 1818, Durès c. Duchange) que lorsque le prix d'un immeuble avait été stipulé payable à la volonté de l'acquéreur, avec convention d'intérêts, l'acquéreur pouvait être forcé de se libérer après un délai convenable, s'il ne paraissait pas que l'intention des parties eût été de convertir le prix en rente perpétuelle. — V., en outre, *Paris*, 15 mars 1823, Griotteray c. Leprieur.

23. — La déclaration qu'une rente constituée à prix d'argent fera partie d'une autre rente qui est seigneuriale, ne donne pas à cette rente un caractère de féodalité par suite duquel elle doive être supprimée. — *Bourges*, 19 vent. an XII, Maupeou c. Delachâtre et Bompart. — V. RENTE SEIGNEURIALE.

24. — Lorsque dans un contrat de constitution de rente il a été stipulé un droit de mouture sur un moulin, il ne s'ensuit pas nécessairement que la constitution ait eu lieu pour rachat d'un droit féodal de banalité ; une pareille stipulation peut s'entendre de la rétribution due au meunier pour ses peines de moudre le blé. — *Cass.*, 19 déc. 1820, hospice d'Evreux c. Hochon.

Sect. 2e. — *Règles auxquelles le contrat de constitution de rente est assujetti.*

§ 1er. — *Du taux des rentes constituées.*

25. — Du douzième au seizième siècle, il était permis de se faire constituer une rente sur le pied du denier 10 : c'est-à-dire que pour 10 fr. on se faisait constituer une rente de 1 fr. Sous la coutume d'Orléans, rédigée en 1509, on alla même jusqu'à défendre d'acheter une rente à un prix inférieur. Plus tard, par son édit de mars 1567, Charles IX réduisit le taux des rentes au denier 12. Puis, il fut successivement abaissé au denier 16, par un édit de Henri IV, du mois de juill. 1601 ; au denier 18, sous Louis XIII (1634), et, enfin, sous Louis XIV (déc. 1665), au denier 20, lequel est resté depuis le taux légitime. Il est vrai qu'en 1720 et en 1724 on songea à réduire le taux de la rente, d'abord au denier 50, puis au denier 30. Mais ces tentatives demeurèrent sans résultat et un édit de juin 1725 consacra définitivement le denier 20, adopté dès le règne de Louis XIV. — V., sur ce point, Coutume d'Orléans, art. 379. — Coquille sur Nivernais, t. 7, art. 3 ; Pothier, n° 10 ; Merlin, *Rép.*, v° *Rente constituée*, § 2, art. 1er, n° 1er ; Troplong, n° 443 ; Rolland de Villargues, *Rente*, § 4, n° 81.

26. — Le taux des rentes n'ayant été réglé qu'en faveur du constituant, il en résulte que l'on peut les acquérir à un prix plus élevé. Dans ce cas, l'acquéreur de la rente est censé avoir voulu faire au constituant un avantage ou une espèce de donation de ce qui excède le taux fixé et cette donation se trouve confirmée par la tradition réelle de la somme. — Merlin, *Rép.*, v° *Rente constituée*, § 2, art. 1er ; Troplong, n° 445 ; Rolland de Villargues, n° 85. — Pothier, tout en refusant de voir dans ce cas une donation, à moins que le taux convenu ne s'écarte par trop du taux usité, se prononce également dans ce sens. — V. CONSTITUTION DE RENTE, n° 11.

27. — Toutefois, l'usure doit être exclue du contrat de constitution de rente comme du prêt à intérêt. Ainsi, on ne peut exiger du constituant rien de plus que la rente. Il y aurait lieu à réduction pour tout ce qui excéderait les arrérages légitimement dus. — Troplong, n° 446 ; Pothier, n°s 18

et 19 ; Chardon, *De l'usure*, p. 44 ; Rolland de Villargues, n°s 89 et suiv.

28. — Quelquefois il arrive que pour éviter le remboursement de la rente, le créancier consent à en réduire le taux ; par exemple, du denier 20 au denier 25. L'acte que l'on passe alors prend le nom de *réduction de rente.* — Rolland de Villargues, n° 92.

29. — On doit considérer comme contenant un véritable prêt un acte de constitution de rente portant que le débiteur ne pourra rembourser le capital qu'à la volonté du créancier, et que, de son côté, le créancier se réserve la faculté d'exiger le capital en prévenant le débiteur trois mois d'avance. — Si cette constitution de rente a pour but de couvrir un prêt usuraire, et que les arrérages excèdent le taux de l'intérêt légal, ils doivent être réduits à ce taux, et il doit être fait déduction du surplus sur le capital. — *Rennes*, 12 juin 1821, Lannux et Resgrall c. Leconte. — V., au surplus, v^is INTÉRÊTS, n°s 18 et suiv. ; PRÊT, n° 208 ; USURE.

30. — La prohibition prononcée par l'édit de 1565 de créer des rentes en grains pour un capital en argent, n'est pas tellement absolue que le contrat soit nul, si la valeur des grains n'excède pas l'intérêt légal. Dans tous les cas, le débiteur ne pourrait se refuser à rembourser le capital qui lui aurait été payé. — *Bourges*, 19 vent. an XII, Maupoux c. Delachâtre et Bompart.

31. — Toute rente constituée en grains doit être réduite au taux de l'intérêt légal, sur la demande du débiteur. — Peu importe, à cet égard, que cette demande n'ait été formée qu'au moment même de l'action du créancier contre le débiteur, s'il y a lieu surtout (par exemple dans le ressort de l'ancien Parlement de Toulouse) d'appliquer les lois romaines, qui accordaient au débiteur l'action en répétition d'intérêts usuraires, lors même qu'il ne les avait payés qu'après le remboursement du capital. — *Cass.*, 31 mars 1813, Crouzat c. Rigaud.

32. — Merlin (*Rép.*, v° *Rente constituée*, § 2, art. 2) est d'avis que l'édit de nov. 1565 est abrogé par le Code, et qu'il est permis de constituer une rente en grains à prix d'argent, avec cette restriction que, conformément à la loi du 3 sept. 1807, les arrérages seront réduits chaque année, d'après les mercuriales au taux qu'elles déterminent. — V., en outre, Pothier, n° 28 ; Chardon, *De l'usure*, n° 2. — Toutefois, l'édit de 1565 doit être appliqué aux rentes créées avant la loi du 3 sept. 1807. — *Cass.*, 3 mai 1809, Daniel c. Provost. — Troplong, n° 444.

33. — Nous ferons remarquer, en terminant sur ce point, que les principes et les dispositions relatifs à l'intérêt conventionnel s'appliquent en général aux arrérages des rentes constituées, notamment en ce qui concerne le terme fixé par la loi ; car les arrérages de la rente ne sont, à vrai dire, que les intérêts du capital.

§ 2. — *Des formes du contrat de constitution.*

34. — La forme du contrat de rente constituée est déterminée par la cause du contrat. Elle est la même que celle exigée, soit pour les ventes, soit pour le prêt, si le contrat est à titre onéreux ; et dans le cas où il est à titre gratuit, on suit les mêmes règles que pour les donations ou les testamens. — Rolland de Villargues (n° 105) conseille d'adopter, dans tous les cas, la forme notariée, par le motif que l'acte a un caractère de perpétuité. Cette forme est d'ailleurs indispensable lorsque l'acte renferme une constitution d'hypothèque.

35. — Jugé que, sous la déclaration du 22 sept. 1733, l'acte sous seing privé contenant constitution de rente n'avait pas besoin, à peine de nullité, d'être revêtu d'un bon ou approuvé. — *Cass.*, 13 fruct. an XI, Libert c. Ist. — *Contrà*, *Cass.*, 17 therm. an X, Arrighi c. Talouet. — Aujourd'hui, l'approbation de la somme ne semble pas indispensable ; cependant, il est plus prudent de ne pas l'omettre dans le contrat. — Rolland de Villargues, n° 109. — V., en outre, Pothier, *Oblig.*, n° 745 ; Toullier, t. 8, n° 306 ; Duranton, t. 13, n° 172.

36. — Du principe posé ci-dessus que le contrat de rente constituée est unilatéral, puisqu'il n'engage véritablement que l'une des parties, il résulte que l'acte sous seing privé n'a pas besoin d'être fait double. — Rolland de Villargues, n° 110.

37. — Les frais du contrat de constitution de rente doivent être supportés par le débiteur de la rente, car il doit fournir au créancier le titre

en vertu duquel celui-ci exercera son droit. — Pothier, n° 59 ; Troplong, n° 451 ; Rolland de Villargues, n° 128.

§ 3. — *Des clauses qui peuvent être insérées dans les contrats de rente constituée.*

38. — Dans l'ancien droit, on était dans l'usage d'insérer dans les contrats de constitution de rente diverses clauses dont l'énumération complète serait sans intérêt aujourd'hui. — V., sur ce point, Pothier, n°s 61 et suiv. — Nous nous bornerons à signaler ici les plus importantes. — Parmi ces clauses les unes étaient relatives à la sûreté du fonds de la rente, les autres concernaient les arrérages et le rachat.

39. — On stipulait généralement, lorsque la constitution avait lieu par acte sous seing privé, que le débiteur passerait acte devant notaire de la constitution de rente à la réquisition du créancier et en fournirait à ses frais une grosse à ce dernier. — Pothier, n° 51 ; Troplong, n° 453.

40. — On stipulait, en outre, pour la sûreté du fonds, que la rente serait prise sur un héritage dont le constituant se dessaisissait jusqu'à due concurrence et dont se trouvait saisi, à titre de constitut et de précaire, celui auquel la rente était constituée. — Cette clause, connue sous le nom d'*assignat*, n'avait, suivant Loyseau (liv. 1er, chap. 8), d'autre effet que de donner au créancier une hypothèque spéciale sur l'héritage, et elle ne changeait aucunement la nature de la rente, laquelle, nonobstant cette clause, était une dette de la personne qui l'avait constituée et non une charge foncière de l'héritage sur laquelle elle était assignée. — Pothier, n° 64 ; Troplong, n° 454.

41. — Sous ce premier point de vue, on exigeait enfin du constituant qu'il emploierait la somme reçue pour le prix de la constitution soit à l'acquisition d'un certain héritage, soit au paiement d'une certaine dette, à l'effet de faire subroger le créancier de la rente aux priviléges et hypothèques du vendeur ou du créancier en paiement duquel ladite somme serait employée. — Pothier, n° 65 ; Troplong, n° 455.

42. — Parmi les clauses concernant plus spécialement les arrérages, nous signalerons : 1° celle par laquelle le débiteur donnait pouvoir au créancier de la rente d'exiger en son lieu et place, pour le paiement des arrérages qui seraient dus au créancier, les fermages ou loyers de ses héritages. Cette délégation équipollait à une saisie-arrêt desdits fermages et loyers, et conservait au créancier tous ses droits contre le constituant en cas d'insolvabilité des locataires ou fermiers. — Pothier, n° 79 ; Troplong, n° 456 ; Guy-Pape, quest. 8 ; *Traité des rentes*, par L. B., ch. 20.

43. — ... 2° La clause par laquelle on stipulait que la rente se paierait de six en six mois. « On s'est demandé, dit Pothier (n° 85), si cette clause est valable dans les constitutions qui sont faites au denier vingt. La raison de douter est que le denier vingt étant *apex usurarum*, c'est-à-dire tout ce qu'on peut avoir pour le prix de la rente, on ne saurait par aucune clause aggraver la condition du constituant et exiger rien de plus. Mais cette objection doit être écartée ; car, par cette clause, on n'exige du débiteur rien de plus que les arrérages sur le pied du denier vingt, et on ne les exige de lui que lorsqu'ils sont dus, puisque les arrérages s'acquièrent jour par jour et qu'on ne les réclame qu'après l'expiration des six premiers mois. »

44. — Mais on repoussait comme trop favorable à l'usure la clause par laquelle on stipulait que la rente se paierait chaque année d'avance. « Ainsi, dit Pothier (n° 86), si pour une somme de 1,000 livres je vous ai constitué 50 livres de rente par chacun an, payables d'avance chaque année, et qu'en conséquence vous ayez retenu sur le prix de la constitution 50 livres pour la première année, n'ayant reçu effectivement de vous que 950 livres, la rente doit être réduite à 47 livres 10 sous, et je pourrai racheter en vous rendant ladite somme de 950 livres. » — « Cette doctrine, trop rigoureuse, ajoute avec raison M. Troplong (n° 458), ne serait point suivie aujourd'hui. — V., en outre, *Pandectes françaises*, t. 14, p. 156. — Rolland de Villargues, n° 117.

45. — On introduisait fréquemment dans les contrats de constitution des clauses relatives au rachat de la rente. Ces clauses étaient nulles ou valables selon qu'elles tendaient soit à gêner, soit à faciliter la faculté de rachat, qui est de

l'essence de ce contrat. — Par exemple, la clause portant que la rente serait rachetée pour une somme plus forte que celle reçue par le constituant ne produisait aucun effet. On pouvait, au contraire, stipuler que le rachat aurait lieu pour une somme moindre, pourvu néanmoins que le constituant eût, au moment du contrat, capacité de recevoir de l'acquéreur de la rente. — Pothier, n° 92. — Le motif qui interdit toute stipulation imposant au débiteur l'obligation de rendre plus qu'il n'a reçu, subsiste évidemment sous le Code civil comme sous l'ancien droit. — Troplong, n° 459; Rolland de Villargues, nos 118 et suiv.

46. — Sous l'ancien droit, c'était une question controversée que celle de savoir s'il était permis de stipuler que le débiteur ne pourrait racheter la rente qu'après avoir averti le créancier six mois auparavant, afin que ce dernier eût le temps de trouver une collocation? — Pothier (n° 52) n'hésite pas à se prononcer pour la négative, malgré la jurisprudence contraire du Parlement de Grenoble, qui désormais se trouve formellement consacrée par l'art. 1911 du Code civil. « Et non-seulement, dit à ce sujet M. Troplong (n° 437), le contrat peut porter la clause que le remboursement n'aura lieu qu'après un avertissement préalable, mais on peut aller jusqu'à convenir que le débiteur ne pourra pas rembourser avant dix ans. »

47. — Toutefois il résulte des dispositions de l'art. 1911 que, en ce qui concerne spécialement la rente constituée, on ne saurait enchaîner la liberté du débiteur pendant plus de dix années; car c'est là un maximum invariablement donné par la loi et qui ne saurait être dépassé pour quelque motif que ce soit. — Troplong, n° 438; Rolland de Villargues, n° 165; Duranton, t. 17, n° 61; Zachariæ, t. 3, § 398. — On verra ci-après qu'il n'en est pas de même de la rente foncière, dont le remboursement peut être interdit pendant trente ans. — C. civ., art. 530.

48. — Suivant Pothier (n° 51), le contrat devait être déclaré nul, comme cachant un prêt usuraire, lorsqu'il renfermait cette stipulation que la rente ne serait rachetable en aucun temps. — Loyseau (liv. 1er, ch. 7, n° 10) et Duparc-Poulain (p. 78, n° 43) pensaient, au contraire, que la clause seule devait être annulée et qu'elle ne viciait pas le contrat dans son ensemble. C'est en ce dernier sens que la question doit être tranchée, et l'on doit, comme dans le cas de l'art. 1660 du C. civ., se borner à réduire au terme indiqué par la loi, c'est-à-dire à dix années, le délai stipulé dans la convention pour l'exercice du rachat volontaire. — Merlin, *Rép.*, v° *Rente constituée*, § 2, n° 2; Troplong, n° 440; Duranton, t. 17, n° 611; Zachariæ, t. 3, § 398, note 7. — V., en outre, nos 99 et suiv., où nous traitons du rachat de la rente constituée.

49. — Dumoulin (*Traité de l'usure*, quest. 91) cite une autre clause par laquelle on stipulait que le rachat de la rente ne pourrait se faire que dans la même espèce de monnaie que celle qui avait été payée pour le prix de la constitution. Mais une pareille stipulation ne semble pas admissible; car, d'une part, elle porterait atteinte au droit public en ce qui concerne le cours des monnaies (Pothier, n° 98), et, d'autre part, elle pourrait rendre le rachat impossible dans le cas où il n'y aurait plus en circulation des espèces semblables à celles fournies lors du contrat. — Rolland de Villargues, n° 121. — Cependant rien n'empêche les parties de convenir que le remboursement ne pourra se faire qu'en espèces d'or ou d'argent pour éviter les chances de pertes qui résulteraient de la création d'un papier-monnaie. — Pothier, n° 99; Rolland de Villargues, n° 122; Troplong, n° 460.

Sect. 3e. — *Comment s'exercent les droits résultant pour le créancier du contrat de constitution de rente.*

§ 1er. — *Moyens de suppléer à la représentation du titre constitutif des rentes perpétuelles en général.*

50. — Les moyens de suppléer à la représentation du titre constitutif étant identiquement les mêmes, soit pour la rente foncière, soit pour la rente constituée, nous avons cru devoir réunir dans le même article les décisions de la doctrine et de la jurisprudence auxquelles chacune de ces rentes a donné lieu jusqu'ici.

51. — Pour établir le droit à la rente dont on se prétend créancier, il n'est pas indispensable de représenter le titre constitutif de cette rente. Il peut y être suppléé par des actes qui en constatent suffisamment l'existence. — *Rennes*, 13 juin 1810, Forges de Paimpant c. le Domaine.

52. — Ainsi, il peut y être suppléé par des actes récognitifs : c'est-à-dire par des actes de reconnaissance ou des déclarations d'hypothèque. — Pothier, n° 147; Merlin, *Questions de droit*, v° *Rente*, § 2; Rolland de Villargues, n° 125; Fœlix et Henrion, *Rentes foncières*, p. 238.

53. — Le titre récognitif ne dispense de représenter le titre primordial qu'autant qu'il en contient la teneur. — C. civ., art. 1337. — Fœlix et Henrion, *Rentes foncières*, n° 102. — Mais, dit Toullier (t. 8, n° 484), référer la teneur d'un titre, ce n'est pas le copier.

54. — Jugé qu'en l'absence du titre primordial d'une rente, l'existence peut en être justifiée par des actes de reconnaissance émanés du propriétaire du domaine qui en est grevé. — *Rennes*, 7 janv. 1814, Aleno de Saint-Alouane c. Thourot; *Poitiers*, 16 mars 1825, Giraud c. de Ferrey.

55. — La reconnaissance ne fait foi qu'à défaut du titre primordial. — C. civ., art. 1337. — Pothier, *Contrat de constitution*, n° 149, et *Des obligations*, n° 779; Fœlix et Henrion, *Rentes foncières*, n° 1020.

56. — Lorsque les parties sont en contestation, non sur la quotité, la nature ou l'époque d'exigibilité de la rente, mais sur son existence, la circonstance que la teneur du titre primordial ne serait pas spécialement relatée dans la reconnaissance, ne peut être d'aucune influence dans la cause. — *Poitiers*, 28 févr. 1823, Vallée c. Bourcy.

57. — Si, en vertu de l'acte récognitif, on avait payé quelque chose de plus que ce qui était dû originairement, il y aurait lieu aujourd'hui comme autrefois à répétition en reproduisant le titre constitutif. — Pothier, *Contrat de constitution*, n° 149, et *Des obligations*, n° 779; Fœlix et Henrion, *Rentes foncières*, n° 102.

58. — Lorsque par un acte récognitif le débiteur s'est obligé à payer, sans retenue, une rente qui originairement était soumise à la retenue, cette retenue peut être censée non avenue, comme contenant une surcharge de la rente stipulée dans le titre primitif. — *Nîmes*, 15 févr. 1813, N.... — V. v° RETENUE DES RENTES.

59. — Si une reconnaissance qualifie la rente foncière et une autre la qualifie différemment ou se tait sur sa qualité, il n'y a pas preuve de la rente. — Toullier, t. 8, n° 161.

60. — Le contrat par lequel l'acquéreur est chargé de payer une rente au lieu et place du vendeur n'opère pas reconnaissance de la rente quand le crédirentier n'y est point intervenu; en conséquence, celui-ci n'en est pas moins tenu de représenter le titre primordial. — *Paris*, 2 déc. 1836 (t. 1er 1837, p. 276), Compagnie du Cotentin c. Duparc.

61. — La reconnaissance est nulle si le titre originaire est frappé par la loi; ainsi l'acte récognitif d'une rente foncière, mélangée de féodalité, est nul depuis la loi du 17 juillet 1793, abolitive de la féodalité. — *Cass.*, 25 oct. 1808, Darry c. Facquet.

62. — Si la reconnaissance ne contient pas les énonciations suffisantes pour former un titre, elle peut servir de commencement de preuve par écrit; pourvu qu'il puisse en résulter la preuve d'une rente foncière. — Fœlix et Henrion, *Rentes foncières*, p. 242.

63. — Le créancier d'une rente n'est pas obligé d'en rapporter le titre primordial, lorsqu'il représente un arrêt très-ancien, qui en a ordonné le paiement, et qu'il prouve en outre que la rente a été servie pendant plusieurs siècles à compter de cet arrêt. — *Cass.*, 19 déc. 1820, hospice d'Evreux c. Hochen.

64. — L'une des deux reconnaissances que la loi du 15 mars 1790 exige, à défaut du titre primordial d'une rente, pour forcer le débiteur à en continuer le service, peut être remplacée par une sentence ou autres actes authentiques. — *Cass.*, 16 juin 1835, Bazennerye c. hospice de Limoges. — Pothier, *Obligations*, n° 447; Toullier, t. 7, n° 607; Fœlix et Henrion, *Rentes foncières*, n° 238.

65. — Une rente foncière dont le titre de constitution est perdu est suffisamment prouvée par des baux qui se réfèrent aux actes d'acquisition du fonds grevé, et qui chargent le fermier de la servir. — *Cass.*, 6 mai 1807, hospice de Chinon c. Chalabre; *Bruxelles*, 26 janv. 1820, d'Hérissem; 16 oct. 1822, Delescaille c. d'Onyns.

66. — La preuve de l'existence foncière peut être établie par des colligendes et par la représentation de livres-terriers administratifs. — *Colmar*, 31 janv. 1821, N...; 2 févr. 1821, N...; 26 mars 1822, Metzger c. Grandvilliers.

67. — Jugé que celui qui réclame une rente foncière peut prouver *par témoins* le service des arrérages de cette rente; toutefois, il doit prouver en même temps que celui qu'il prétend en être débiteur possède l'héritage sur lequel la rente est assise. — *Rennes*, 22 mars 1814, Francheville c. N.... — « Cet arrêt, dit Toullier, ne doit pas être suivi, parce qu'il est contraire aux principes actuels de la législation. » — *Droit civil*, t. 9, n° 97; Rolland de Villargues, *Rép. du not.*, v° *Commencement de preuve par écrit*, n° 35.

68. — Jugé, toutefois, que les rentes dont les arrérages demandés et le capital excèdent 150 francs, ne peuvent s'établir par la preuve testimoniale. — *Cass.*, 19 avril 1820, Canuel c. hospice de Loudun; 14 mars 1827, Inchauspré c. de Madrou. — Fœlix et Henrion, *Rentes foncières*, n° 102.

69. — Lorsque la preuve testimoniale est admissible avec un commencement de preuve par écrit, les juges peuvent trouver la preuve de l'existence de la rente dans des circonstances graves, précises et concordantes. — *Poitiers*, 17 févr. 1825, Durand c. Lavoyrie.

70. — On est recevable à prouver, à l'occasion d'une demande en levées de rentes foncières, savoir, par témoins, la détention des défendeurs du fonds assujetti à ces rentes, et par experts, l'identité des maisons et pièces de terre, avec celles qui composent la tenue sur laquelle on prétend ces rentes. — *Rennes*, 1er août 1817, N....

71. — Les juges peuvent reconnaître l'existence d'une ancienne rente, encore bien que le créancier ne rapporte pas le titre primordial, s'il est prouvé que sa maison a été pillée et incendiée dans les commotions politiques, et s'il est d'ailleurs dans la cause des présomptions graves, précises et concordantes. — *Poitiers*, 17 févr. 1825, Durand c. Lavoyrie.

72. — Lorsqu'il est constant que le titre d'une rente foncière a été perdu par suite de troubles et d'incendie, un extrait des registres de l'enregistrement qui constate qu'un contrat d'acquêt a chargé le détenteur de l'immeuble de l'acquit de la rente est un commencement de preuve par écrit qui doit faire admettre le créancier à la preuve testimoniale du service de cette rente. — C. civ., art. 1336. — *Rennes*, 18 nov. 1812, Galissier c. Mans; 27 juill. 1813, Rion c. Bureau de bienfaisance de Touvois; *Douai*, 1er juill. 1816, Delsaux c. Faure. — Favard de Langlade, *Rép.*, v° *Acte notarié*, § 2, n° 18; Rolland de Villargues, *Rép. du not.*, v° *Acte notarié*, n° 293. — Mais un pareil extrait ne saurait suppléer à l'acte lui-même. — *Toulouse*, 25 nov. 1808, Rousse c. Durailh.

73. — Le demandeur qui agit en paiement d'une rente foncière peut être admis à prouver que ceux qu'il prétend être les possesseurs des héritages y affectés sont les héritiers médiats ou immédiats de l'ancien débiteur. Il peut aussi exiger : 1° la représentation des quittances délivrées par lui et ses auteurs; 2° le compulsoire des actes publics et authentiques qui se sont passés dans la famille des défendeurs et leurs auteurs, et où cette rente foncière serait énoncée, surtout quand ces énonciations se trouvent appuyées par des paiemens reçus inscrits au registre du demandeur. — *Bruxelles*, 4 nov. 1819, Jaymart c. Deltance.

74. — Pour arriver à la preuve de la rente, le créancier peut faire apposer les scellés sur les papiers du débiteur originaire de la rente, après son décès, afin d'y saisir les quittances des arrérages. — Toullier, t. 9, n° 99. — Cette opinion est combattue dans le *Traité des rentes foncières* de MM. Fœlix et Henrion (p. 443).

75. — La prestation d'une rente pendant trente années consécutives établit une présomption *juris* et *de jure* qu'un capital a été fourni pour la constituer et que le créancier est en droit d'en exiger le paiement. — Pothier, n° 59; Troplong, n° 451, et *Prescr.*, t. 1er, n° 479; Merlin, *Rép.*, v° *Prescription*, sect. 2, § 2, art. 1er, et *Quest. de droit*, v° *Rente*, § 2, n° 4; Rolland de Villargues, n° 135; Vazeille, n° 359. — V., cependant, Fœlix et Henrion, *Rentes foncières*, n° 1024.

76. — Le paiement des arrérages d'une rente après l'accomplissement de la prescription, peut être considéré comme une reconnaissance de la dette. — *Cass.*, 23 mai 1832, Postel d'Orveaux c. hospice de Conches.

77. — A l'égard des rentes prétendues par des hospices, des fabriques, etc., on soutenait autrefois que la prestation des arrérages pouvait résulter des registres des receveurs de ces établissemens. On donnait pour raison qu'il n'était pas vraisemblable qu'un receveur eût tenu compte

d'arrérages qu'il n'eût point reçus.—V. Dunod, p. 71, et Pothier, *Oblig.*, n° 164. — Toullier s'élève contre cette opinion (*Droit civ.*, t. 9, n° 103).

78. — Sous l'empire de la coutume de Normandie, des paiemens faits entre les mains du receveur de l'hospice auquel une rente est due sont suffisamment constatés par les notes et émargemens que ledit receveur a écrits sur l'acte de transport. — *Cass.*, 23 mai 1832, Postel d'Orveaux c. hospice de Conches.

79. — Les titres de rentes foncières appartenant à des corps ecclésiastiques ou laïques supprimés ayant été soustraits ou cachés au moment de la suppression de ces corps, la loi du 28 floréal an III a pour objet de faciliter le recouvrement de ces créances. — Merlin, *Répert.*, v° *Rente foncière.* — Elle porte, art. 1er : « A défaut des titres originaux des créances dues à la République, comme représentant les corps ecclésiastiques ou laïques supprimés, les émigrés et autres individus frappés de confiscation, les directoires exigeront de tous les citoyens dont les noms sont inscrits sur des registres, sommiers ou carnets indicatifs de créances, la déclaration des sommes dont ils sont débiteurs. »

80. — Cette loi est encore en vigueur; et une fabrique peut prouver par témoins que les arrérages d'une rente foncière ont été payés depuis moins de quarante ans avant la demande, époque exigée pour la prescription. — *Angers*, 22 mai 1829, Fabrique de Saint-Calais c. Granger.

81. — Jugé que, dans les cas de cession par l'Etat à un hospice d'une rente confisquée sur un émigré, la preuve de l'existence de la rente n'a pas besoin d'être établie par le titre constitutif même. Elle résulte suffisamment du paiement des arrérages que le débiteur a volontairement fait à l'Etat pendant plusieurs années. — *Cass.*, 1er juill. 1829, hospice de Montpellier c. Pagès.

§ 2. — *De la prestation des arrérages.*

82. — La principale obligation du constituant est de payer les arrérages de la rente. La rente est de droit *quérable*, c'est-à-dire qu'elle doit être payée au domicile du débiteur, à moins qu'elle n'ait été formellement stipulée portable. — *Bruxelles*, 6 avr. 1807, de Kniper c. Vandermerschandt; *Grenoble*, 19 juill. 1827, de Pisançon et Saint-Vallier c. Goubernard.—V., en outre, *Riom*, 17 juin 1816, Perreuil c. Meilheurat. — Pothier, n° 124; Troplong, n° 449; Rolland de Villargues, n° 150, et v° *Arrérages*, n°s 21 et 22; Bousquet, *Dict. des contrats et obligat.*, t. 2, p. 613.

83. — Jugé, cependant, qu'une rente perpétuelle stipulée payable dans une ville où demeure le créancier doit être considérée comme *portable*, bien que l'acte n'indique pas qu'elle sera payable au domicile de ce dernier.—*Caen*, 3 août 1827, Delalue c. Leboucher d'Emiéville.

84. — Lorsque la rente a été stipulée portable et que le créancier transporte son domicile dans une autre ville, il est tenu de notifier au débiteur l'élection d'un domicile dans le lieu où il demeurait au moment du contrat. — Rolland de Villargues, n° 190.

85. — Le débiteur d'une rente quérable peut valablement se libérer des arrérages entre les mains de l'huissier porteur de titre. — *Cass.*, 3 déc. 1838 (t. 1er 1839, p. 307), Cornier.

86. — Bien que les arrérages, comme nous l'avons dit ci-dessus, échoient et soient dus chaque jour, néanmoins, le créancier ne peut, à moins de convention contraire, exiger les arrérages de l'année courante, tant qu'elle n'est pas entièrement révolue. — Pothier, n° 121; Rolland de Villargues, n° 148.

87. — L'époque d'exigibilité d'une créance est suffisamment exprimée dans le bordereau d'inscription par la mention qu'elle consiste en une rente constituée. — *Cass.*, 2 avr. 1811, Garda c. hospice de Verceil. — V. *Bruxelles*, 4 avr. 1806, Lemaire c. Vandenborne; *Rouen*, 21 mai 1812, Régie c. Tassin. — V., en outre, *Paris*, 13 nov. 1811, Sutaine c. Beffroy. — Grenier, t. 1er, n° 80; Persil, *Rég. hyp.*, art. 2148, § 4, n° 7; Delvincourt, t. 3, p. 161, note 16; Troplong, t. 3, n° 688; Duranton, t. 20, n° 126.

88. — Les arrérages échus antérieurement au Code civil ne sont soumis qu'à la prescription de *trente ans* dans les pays où la loi n'en admettait pas d'autre. — *Bruxelles*, 26 mars 1813, Prévôt c. Lagache; *Metz*, 24 mars 1819, Scaillette c. Lefuré.

89. — Les arrérages d'une rente constituée à prix d'argent, dans le ci-devant Piémont, ne sont prescrits que par trente ans, jusqu'à la promulgation du Code civil. — *Cass.*, 23 mars 1808, Domaine c. Jon; 3 janv. 1809, Domaine c. Joguet; 18 janv. 1809, Domaine c. Petit. — V., en outre, *Cass.*, 14 oct. 1806, Navailles c. Clapier, et 19 avril 1809, Chabert.—Merlin, *Rép.*, v° *Prescription*, § 15, n° 1er.

90. — Jugé, au contraire, que dans la ci-devant Savoie aussi bien qu'en France, les arrérages des rentes constituées se prescrivaient par cinq ans. — *Cass.*, 9 vend. an XIII, Domaines c. Lavernias et Larnaz.

91. — Aux termes de l'art. 2277 du Code civil, les arrérages de rente perpétuelle et viagère se prescrivent aujourd'hui par cinq ans.

92. — Sous l'empire du droit écrit, les arrérages d'une rente constituée, qui s'élevaient au delà du capital, n'étaient pas réductibles à la valeur de ce capital. — L. 10, C., *De usur.*, nov. 121 et 138. — Le créancier à qui on n'opposait pas la prescription avait le droit d'exiger la totalité de ces arrérages. — *Bruxelles*, 9 juill. 1808, Stevens c. Cattoir.

93. — Lorsqu'une rente constituée sous l'empire d'une loi qui n'en soumettait les arrérages qu'à la prescription trentenaire, a cessé d'être servie depuis quinze années, dont sept se sont écoulées depuis la publication du Code civil, sans poursuites de la part du créancier, la prescription acquise, à l'égard des deux premières annuités échues depuis le Code, ne s'étend point à celles échues antérieurement.—*Bruxelles*, 20 mars 1811, Flament c. hospices de Bruxelles. — V., en outre, sur la prescription des arrérages d'une rente constituée, Pothier, n°s 132 et suiv.

94. — Il a été plusieurs fois soutenu que la décision de la loi 3 *Cod. de apoch. public.*, 10, 22, suivant laquelle la représentation des quittances de *trois années* consécutives fait présumer le paiement des années précédentes, s'appliquait aux arrérages de rentes perpétuelles. Mais, c'est là, comme le dit avec raison Toullier (t. 7, liv. 3, tit. 3, n° 339), une « disposition arbitraire qui, n'étant répétée dans aucun de nos Codes, reste dans la classe des simples présomptions abandonnées aux lumières et à la prudence des juges, qui peuvent rejeter la présomption, quoiqu'il existe trois ou quatre quittances des trois ou quatre dernières années, ou bien l'admettre lors même qu'il n'y aurait que deux quittances sous réserve. » — V., en outre, sur ce point, Pothier, n° 812.

95. — Sous l'ancien droit, le débiteur d'une rente constituée était autorisé à faire au créancier la retenue d'un cinquième pour contribution. — V. RETENUE DES RENTES.

96. — Le cautionnement du capital d'une rente constituée n'emporte pas toujours le cautionnement du service des arrérages. — *Bruxelles*, 24 mars 1810, Sironval c. Robyns.

97. — La solution de cette question dépend beaucoup des termes de l'acte portant le cautionnement, il faut qu'il soit bien expressément restreint au capital pour qu'il ne s'étende pas aux intérêts; car, en principe, celui qui se rend caution d'une créance en cautionne naturellement tous les accessoires. C'est aussi ce que porte l'art. 2016 du Code civil, qui dispose que le cautionnement indéfini d'une obligation principale s'étend à tous les accessoires de la dette, et ce qui est conforme aux règles ordinaires et aux lois romaines. Mais il faut prendre garde au terme indéfini qui se trouve dans cet article. Il en résulte que celui qui cautionne peut fixer des bornes à l'étendue de l'obligation qu'il contracte, et qu'on ne peut pas lui demander plus qu'il n'a promis. — V., du reste, v° CAUTIONNEMENT, n°s 92 et suiv., 266 et suiv., et 278.

Sect. 4e. — *De l'extinction des rentes constituées.*

98. — Indépendamment des divers moyens par lesquels s'éteignent les obligations en général (V. OBLIGATIONS), il en est deux qui intéressent spécialement le contrat de constitution de rente : ce sont le *rachat* volontaire et la résolution du contrat ou remboursement forcé.

ART. 1er. — *Du rachat volontaire.*

99. — La rente constituée en perpétuel est essentiellement rachetable. — Art. 1911. — Néanmoins, comme nous l'avons déjà dit (*suprà* n° 46), les parties peuvent convenir que le rachat ne sera pas fait avant un délai qui ne peut excéder dix années, ou sans avoir averti le créancier au terme d'avance qu'elles auront déterminé. — Art. 1911.

100. — Lorsque le débiteur de la rente laisse plusieurs héritiers, chacun d'eux peut-il exercer individuellement la faculté de rachat et obliger ainsi le créancier à recevoir seulement une partie du capital? Nous avons vu (*suprà* n° 19) que le principe de la divisibilité est admis en ce qui concerne le paiement des arrérages; mais, au point de vue du remboursement, la question est beaucoup plus délicate, et donne lieu à une vive controverse.

101. — Pour l'affirmative, tout en reconnaissant la puissance des argumens tirés des art. 1669 et 1670 du Code civil, si le contrat de rente constituée devait encore, comme sous l'ancien droit, être considéré comme une véritable vente, on soutient que l'obligation est divisible entre les héritiers du débiteur aussi bien pour le capital que pour les arrérages depuis que, le prêt à intérêt ayant été permis, la rente a cessé d'être assimilée à la vente, pour se confondre avec le prêt, et est devenue ainsi une obligation ordinaire. — V., en ce sens, Delvincourt, t. 3, notes, p. 416; Duranton, t. 17, n° 613; Duvergier, n° 336; Zachariæ, t. 3, § 398.

102. — Mais M. Troplong (n° 463) après avoir fait ressortir toute la force des raisons données par Dumoulin (*De divid. et individ.*, p. 2, n° 209, et p. 3, n° 23) et par Pothier (*Const. de rente*, n° 190), croit que l'opinion de ces princes de la science est encore la seule qui puisse être accueillie, même sous l'empire du Code civil. — « On objecte, dit-il, que la constitution de rente est aujourd'hui un prêt plutôt qu'une vente, et qu'on doit lui appliquer les principes ordinaires en matière de restitution de la somme prêtée. Mais quel que soit le rapprochement opéré par le législateur moderne, entre le prêt à intérêt et la rente constituée, il existe cependant entre ces deux contrats des différences notables qu'on ne saurait effacer. Dans le pur prêt à intérêt, l'obligation principale est de rendre; et elle est divisible, puisqu'elle porte sur des choses divisibles. Est-ce également l'obligation principale dans la rente constituée? Non : car il n'y a de rente constituée qu'à la condition de n'y avoir pas d'obligation de rendre. Or, pour parler de divisibilité d'une obligation, il faut, avant tout, que l'obligation existe. Elle n'existe pas ici. Ce qui existe, c'est le droit de résoudre le contrat par le rachat. Or, on ne résout pas un contrat par partie. » M. Troplong fait, en outre, remarquer que le rachat est quelque chose de particulier à la rente constituée, qui n'affecte pas le pur prêt, et qui ne permet pas de le confondre avec ce dernier, et, qu'ainsi, c'est à tort qu'on prétend refuser désormais à la doctrine de Dumoulin et de Pothier une autorité que rien dans le Code civil n'a voulu lui enlever. — V., en outre, dans ce dernier sens, Merlin, *Rép.*, v° *Rente constituée*, § 9, n° 3.

103. — Le débiteur de la rente ne peut être reçu au rachat qu'à la condition d'offrir non-seulement le principal, mais encore les arrérages échus jusqu'au jour du paiement. Dans le cas où le débiteur n'acquitte pas intégralement ce qu'il doit à cet égard, l'imputation de ce qui est payé se fait d'abord sur les arrérages, et subsidiairement sur le principal. — Pothier, n° 196; Troplong, n° 465.

104. — Ce principe s'applique également aux héritiers que le débiteur laisse à son décès. Nul d'entre eux ne peut être admis au remboursement du principal, s'il n'a préalablement payé tous les arrérages arrivés à échéance. — Pothier, n° 198; Duparc-Poullain, t. 3, p. 91, n° 67; Troplong, n° 466.

105. — Une rente perpétuelle constituée par contrat de mariage, au profit des époux, avec condition d'incessibilité, peut être remboursée par le donateur; l'irrévocabilité de la donation ni la condition d'incessibilité n'y font point obstacle. —*Paris*, 25 févr. 1834, Pibet c. Famin.

ART. 2. — *De la résolution forcée.*

106. — Ainsi que nous l'avons plusieurs fois exprimé, le capital de la rente constituée en perpétuel est, par la nature du contrat, essentiellement inexigible. Cependant, en cas d'inexécution des conditions auxquelles s'est soumis le débiteur, le contrat de rente constituée subit la loi du droit commun, et devient résoluble par application de l'art. 1184 du Code civil. C'est ce qu'on appelait, dans l'ancien droit, la conversion du contrat de rente en obligation pure et simple.—

V., sur ce point, Duparc-Poullain, t. 3, p. 65 et 66, nos 32 et 33.— Aux termes des art. 1912 et 1913, le débiteur de la rente constituée peut être contraint au rachat dans les trois cas suivans : 1° s'il cesse de remplir ses obligations pendant deux ans; 2° s'il manque à fournir au prêteur les sûretés promises par le contrat; 3° si sa faillite ou sa déconfiture laissent ce dernier sans garantie.

107. — Il importe, en ce qui concerne l'application de l'art. 1184 au contrat de rente constituée, de prévenir ici une objection, qui, au premier abord, pourrait laisser quelque incertitude dans l'esprit du lecteur. Nous avons, en effet, constamment rangé jusqu'ici la rente constituée parmi les contrats unilatéraux, et l'art. 1184 ne paraît avoir en vue que les contrats synallagmatiques. Mais M. Troplong (n° 472) a suffisamment démontré, suivant nous, qu'il fallait moins s'attacher à la lettre qu'à l'esprit de cette disposition, qui, basée sur un principe d'équité, embrasse le contrat de vente lui-même comme tous les autres contrats.

§ 1er. — *Défaut de paiement des arrérages pendant deux années.*

108. — Le créancier, en se privant du droit de répéter le capital de la rente, ne s'est lié irrévocablement vis-à-vis du débiteur qu'à la condition d'en recevoir exactement le revenu. Il est donc juste qu'il rentre dans son droit, lorsque le débiteur refuse de remplir ses engagemens. Tels sont les motifs qui ont inspiré les dispositions de l'art. 1912 du Code civil. Le législateur a pensé qu'une contumace de deux ans était bien suffisante pour éveiller de sérieuses inquiétudes, et motiver, dans ce cas, l'action en résolution du contrat.

109. — Sous l'ancienne législation, le droit de résolution pour non-paiement des arrérages, admis par diverses coutumes et par plusieurs Parlemens, eut à lutter contre la résistance du droit canonique, et fut même formellement interdit pour toute autre cause que pour stellionat par l'art. 149 de l'ord. de 1629.

110.—Le débiteur d'une rente constituée avant la promulgation du Code civil peut être contraint au remboursement en vertu de l'art. 1912 de ce Code, s'il laisse passer deux années sans payer les arrérages de la rente.—*Dijon*, 21 juill. 1809, Perret c. Pérard; *Poitiers*, 27 déc. 1809, Pasquier c. Bordage; *Besançon*, 13 mars 1810, Longeville c. Claudet; *Bordeaux*, 25 avr. 1811, Delainé c. Guédon; *Cass.*, 6 juill. 1812, séminaire de Tortone c. Molinelli; 4 nov. 1812, Perret c. Perard; *Bruxelles*, 26 mars 1813, Prévôt c. Lagache; *Aix*, 28 avr. 1813, Coriolis c. Mottet; *Toulouse*, 8 juill. 1813, Delga c. Debonne; *Cass.*, 16 nov. 1818, Prochasson c. Belletête.

111.—Chabot (*Questions transitoires*, v° *Rentes constituées*, t. 2, p. 281) pense, au contraire, qu'on ne peut appliquer l'art. 1912 aux rentes constituées avant le Code civil. Il se fonde sur ce que la loi ne peut, sans rétroagir, régler les effets d'un contrat antérieur et enlever des droits acquis avant sa promulgation, et sur ce qu'il serait, d'ailleurs, contraire aux règles de droit d'empirer la condition du débiteur.—V., en ce sens, *Turin*, 17 déc. 1806, Bruno c. Matteoda; *Liége*, 13 déc. 1808, Rayman c. Camberlyn; *Bruxelles*, 17 mai 1809, Leyniers c. Stukens.—Proudhon, *Droit français*, t. 1er, p. 64 et 65; Duranton, t. 17, n° 615. —V., en outre, *Toulouse*, 6 mars 1811, Boisredon c. Vialas.

112.—Merlin avait d'abord adopté la négative, en s'appuyant sur l'arrêt de Turin que nous venons de citer; mais, depuis, ayant considéré que les motifs de cet arrêt étaient puisés dans les lois particulières du Piemont, il se rétracta. «Quant à l'effet rétroactif, ajoute-t-il, il aurait sans doute eu lieu si l'on eût voulu appliquer l'art. 1912 à des débiteurs en retard au moment de la publication du Code; mais celui qui a laissé écouler deux années après la promulgation du Code civil sans payer, et qui, en conséquence, n'a pas satisfait à la condition nouvelle imposée par la loi, comment pourrait-il se plaindre de la rétroactivité?» — V. *Rép.*, v° *Rente constituée*, § 12, n° 3.— V., en outre, dans le sens de l'affirmative, Fœlix et Henrion, *Des rentes foncières*, n° 81; Delvincourt, *Cours sur le Code civil*, t. 1er, p. 7; Toullier, t. 6, n° 250; Troplong, t. 14, p. 485.

113.—Jugé que, en admettant que l'art. 1912 C. civ. s'applique aux rentes constituées antérieurement, le débiteur peut éviter sa condamnation au remboursement du capital en offrant les

deux années d'arrérages échus.—*Bruxelles*, 6 avr. 1807, De Kniper c. Vandermerschandt.

114.—Lorsque le débiteur d'une rente constituée a fait des offres du capital qui n'ont été ni acceptées ni suivies d'aucun effet, il ne saurait être pour cela ultérieurement contraint par le créancier au remboursement. — *Cass.*, 3 janv. 1809, Duteil c. Berger. — Merlin, *Rép.*, v° *Offres*, n° 4; Toullier, t. 7, n° 234; Hautefeuille, p. 450; Duranton, t. 17, n° 624.

115.—Toutefois, la question de savoir si le délai de deux années est *fatal*, de telle sorte qu'une mise en demeure ne soit pas nécessaire et que le débiteur ne soit plus en droit de purger la demeure au moyen d'offres réelles, est diversement résolue selon que la rente constituée est *quérable* ou *portable*.

116.— *Rente portable.* — Lorsque la rente est *portable* on admet universellement aujourd'hui que le créancier peut procéder *rectâ viâ* par les moyens de contrainte, sans être tenu de faire une sommation ou un autre acte de mise en demeure avant de faire le commandement.—Merlin, *Rép.*, v° *Rente constituée*, § 10, n° 3; Toullier, t. 6, nos 250 et 559; Troplong, n° 474; Duranton, t. 17, n° 616; Zachariæ, t. 3, p. 102; Rolland de Villargues, v° *Remboursement*, n° 43; Delvincourt, t. 3, p. 413; Duvergier, n° 355 et suiv.; Demolombe, t. 1er, n° 55.

117.—Jugé, en ce sens, que lorsqu'une rente est portable la seule échéance du terme de deux années sans paiement des arrérages, donne au créancier le droit d'exiger le remboursement du capital sans qu'il soit besoin d'une mise en demeure du débiteur et encore bien que celui-ci ait fait des offres postérieurement. — *Cass.*, 4 4 nov. 1812, Perret c. Perrard; *Caen*, 18 nov. 1812, Leporcher c. Lebrun; *Aix*, 28 avr. 1813, Coriolis-Despinouse c. Mottet; *Douai*, 17 nov 1814, Macaire c. Vauving; *Cass.*, 8 avr. 1818, Mangin c. Delavaux; 10 nov. 1818, Pujos et Bruneville c. Langlois et Hénin; 16 déc. 1818, Brouxel c. Dealmboux; 3 août 1827, Delalue c. Leboucher d'Emiéville; *Caen*, 3 août 1827, Delalue; *Rouen*, 27 févr. 1829, Mareschal c. Jourdain; *Cass.*, 25 nov. 1839 (t. 1er 1840, p. 348), Sermet c. Veyan; 9 août 1841 (t. 2 1841, p. 317), de Villequier c. de Montalembert.

118.—Il n'y a pas exception à cette règle pour le cas où le remboursement est exigé contre les héritiers; dans ce cas, la déchéance a couru contre eux sans qu'il ait été nécessaire de leur signifier le titre constitutif de la rente conformément à l'art. 877 du Code civil : cet article est ici sans application.—*Cass.*, 11 juill. 1831, Lesté-Cauchois c. Guérard; 9 août 1841 (t. 2 1841, p. 317), de Villequier c. de Montalembert.

119.—Cependant, d'après M. Duranton (t. 12, n° 206), lorsqu'une dette se compose de plusieurs termes échus, le débiteur peut valablement faire des offres d'un terme, pourvu qu'elles soient de la totalité de ce terme. D'où il conclut que le débiteur d'une rente constituée en perpétuel peut, en offrant le paiement intégral d'une année d'arrérages, prévenir l'application de l'art 1912.

120.—Jugé qu'il appartient au juge d'apprécier les circonstances propres à autoriser ou à repousser la demande en remboursement.— *Cass.*, 6 juill. 1812, séminaire de Tortone c. Molinelli; *Toulouse*, 9 juill. 1813, Delga c. de Bonne.

121.—La disposition de l'art. 1912 qui oblige le débiteur d'une rente constituée à la rembourser s'il cesse de remplir ses obligations pendant deux ans, n'est pas applicable au cas où il est prouvé que le débiteur de la rente a été mis dans l'impossibilité de s'acquitter par le fait du créancier. — *Cass.*, 31 août 1818, Crouzet c. Boussac; *Caen*, 1er juin 1822, Moïse Jacob c. N...; 13 avr. 1824, de Vauborel et de Lassenduré c. Boivin.— Troplong, t. 14, n° 478; Rolland de Villargues, v° *Remboursement*, nos 47 et 48.

122.—... Par exemple, quand la rente était stipulée portable au domicile du créancier originaire et que le créancier qui lui a été substitué n'a point fait connaître au débiteur sa qualité et son domicile.— *Cass.*, 19 avr. 1831, Durontet c. Massienne et Dubisson; *Paris*, 23 juill. 1831, Fleury c. Levayer.

123.—... Ou si, après le décès d'un fondé de pouvoir chez lequel la rente était payable, le créancier avait négligé d'en demander le paiement au débiteur ou de provoquer le remplacement du mandataire décédé.—*Bruxelles*, 20 janv. 1820, N...; *Cass.*, 5 déc. 1833, Picquerel c. Tessier.

124.—... Ou bien encore : lorsque l'un des héritiers seulement du créancier signifie au débiteur de la rente qu'il est unique propriétaire de la rente, sans lui donner copie du titre qui lui confère cette propriété; car, dans ce cas, le dé-

biteur est fondé à penser que la rente appartient à tous les héritiers, et il ne peut payer valablement tant que les héritiers ne lui ont pas indiqué un domicile commun où le paiement doit être fait.— *Caen*, 17 janv. 1825, Piron c. Coeffet.

125.— *Rente quérable.* — Mais si la rente est *quérable*, c'est-à-dire payable au domicile du débiteur, le créancier ne peut exiger le remboursement qu'autant qu'il prouve, par des moyens réguliers, qu'il s'est présenté à ce domicile, pour recevoir les arrérages qui lui sont dus.— *Turin*, 27 avr. 1812, Bianco-Nasi c. Marchetti; *Grenoble*, 17 juill. 1813, Boissonnet c. Mottin; *Cass.*, 12 mai 1819, Hennequant et Petit c. Delhaye; *Amiens*, 26 janv. 1825, hospice d'Amiens c. Vaquelle; *Riom*, 4 août 1826, Grasset c. Rivier; *Caen*, 3 août 1827, Delalue c. Leboucher; *Cass.*, 28 juin 1836 (t. 1er 1837, p. 57), Claverie c. Labedat; *Aix*, 10 déc. 1836 (t. 1er 1837, p. 361), Montrallon c. Provent. —Toullier, t. 6, n° 559; Troplong, n° 479; Zachariæ, t. 3, p. 103, § 398.—V., cependant, *Aix*, 19 nov. 1813, Brunet c. Sauteiron.

126. — ... Et il en doit être ainsi, alors même qu'il serait stipulé dans l'acte de constitution que le non-paiement des arrérages pendant un temps déterminé rendrait le capital exigible.— *Grenoble*, 19 juill. 1827, de Pisançon et Saint-Vallier c. Goubernard; *Cass.*, 14 juin 1814, Gaillard c. Anglade.

127. —La mise en demeure ne résulte pas suffisamment d'une simple sommation, avec commandement de payer, lorsqu'il n'est pas établi que l'huissier fût porteur soit des pièces, soit d'un pouvoir spécial à l'effet de recevoir.— *Aix*, 10 déc. 1836 (t. 1er 1837, p. 361), Montrallon c. Provent.— Troplong, n° 481.

128. —La signification du titre faite aux héritiers du débiteur originaire de la rente, conformément à l'art. 877 C. civ., ne constitue pas la mise en demeure qui donne le droit d'exiger le remboursement du capital.— *Riom*, 31 juill. 1817, Bardet c. Lavergne.

129. —On ne saurait considérer comme sommation de payer les arrérages d'une rente, et, par suite comme mise en demeure du débiteur, la citation en conciliation ayant pour objet de faire déclarer le capital d'une rente exigible, à défaut de paiement des arrérages.—*Cass.*, 14 juin 1814, Gaillard; *Grenoble*, 19 juill. 1827, de Pisançon et Saint-Vallier c. Goubernard.

130. —Mais si le débiteur, cité devant le juge de paix en paiement des arrérages échus, et en remboursement du capital de la rente, refuse de payer, le droit d'exiger le remboursement est acquis au créancier, sans qu'il soit nécessaire que la citation devant le juge de paix ait été précédée d'une sommation qui ait mis le débiteur en demeure de payer les arrérages.— *Riom*, 4 août 1826, Grasset c. Rivier.

131. —Il a été jugé que la demande judiciaire en remboursement d'une rente quérable opère une mise en demeure suffisante pour contraindre au remboursement le débiteur qui a laissé écouler deux ans sans payer. — *Rennes*, 11 avr. 1815, N...; *Cass.*, 5 août 1829, Tournyol c. Gérouille.—V., cependant, *Cass.*, 28 juin 1836 (t. 1er 1837, p. 57), Claverie c. Labedat.

132.—Lorsque le débiteur d'une rente constituée quérable a été mis en demeure de payer plusieurs années d'arrérages échus, il ne peut cependant être contraint au remboursement du capital qu'après l'expiration d'un délai moral pour y satisfaire.— *Metz*, 6 nov. 1812, Thomassin c. Meunier; *Cass.*, 14 juin 1814, Gaillard; *Riom*, 31 juill. 1817, Bardet; *Amiens*, 15 oct. 1821, Chepilly c. Chazeron; *Bourges*, 7 déc. 1826, Ravault c. Tureux; *Aix*, 10 déc. 1836 (t. 1er 1837, p. 361), Montrallon c. Provent. — *Contrà*, Troplong, n° 482; Duranton, t. 17, n° 626, p. 706 *in fine*.

133. —Cette opinion, si elle était adoptée, dit M. Troplong (*loc. cit.*), renverserait les bases des art. 1912 et 1913. On oublie, en effet, que la sommation n'est exigée ici que comme preuve de la diligence des créanciers et non pas comme conséquence d'un système ayant pour but d'énerver les art. 1912 et 1913 et de revenir à celui de l'art. 1184 C. civ. Que la rente soit *quérable*, qu'elle soit *portable*, le débiteur doit toujours être prêt à l'échéance.» Quelque rigoureuse que puisse paraître cette décision, nous croyons devoir la préférer comme plus conforme aux vrais principes.

134. —Jugé, au contraire, que si le débiteur d'une rente quérable ne doit payer que lorsque le créancier se présente chez lui pour recevoir, il doit payer aussitôt que le créancier se présente. Des offres faites le lendemain sont tardives et ne privent pas le créancier du droit d'exiger le remboursement de la rente pour défaut de

service des arrérages pendant deux ans. — *Poitiers*, 19 août 1835, Pautrot-Chaumont c. Perrain.

135. — Jugé, dans tous les cas, que si le débiteur deux fois sommé de payer s'y refuse, et ne purge pas la demeure, le droit d'exiger le remboursement de la rente est irrévocablement acquis au créancier, encore que le débiteur fasse des offres réelles des arrérages échus avant l'exercice de l'action en remboursement. — Il en est de même si la rente a été constituée sous l'empire d'une coutume qui autorisait le débiteur à purger la demeure, tant que l'adjudication des biens hypothéqués et saisis n'avait pas été faite. — *Cass.*, 12 mai 1819, Hennequant et Petit c. Delhaye. — V., en outre, sur ce point Favard de Langlade, *Rép.*, v° *Prêt*, sect. 2, § 2, n° 9; Toullier, t. 6, n° 559; Rolland de Villargues, v° *Remboursement de rente*, n° 45.

136. — Le débiteur d'une rente constituée poursuivi en expropriation forcée faute de paiement des arrérages, ne peut valablement faire des offres au domicile élu pour la poursuite; il est tenu de les faire au domicile indiqué par le contrat de constitution et d'offrir le capital avec les arrérages. — *Rouen*, 25 juin 1812, de Frondeville c. Godard.

137. — Les offres réelles des arrérages d'une rente constituée faites en parlant au créancier, trouvé dans la ville où la rente est payable, sont nulles, parce qu'elles n'ont pas été faites dans la maison même désignée pour le paiement par l'acte constitutif de la rente. — *Cass.*, 8 avr. 1818, Mangin c. Delavau. — Toullier, t. 7, n° 196; Duranton, t. 12, n° 211.

138. — Lorsque les arrérages de deux années d'une rente ne sont pas dus intégralement, le remboursement du capital de cette rente ne peut être exigé pour défaut de service des arrérages. — *Cass.*, 27 mai 1829, Foulon c. Mallet.

139. — La disposition de l'art. 1912 C. civ., qui porte que le débiteur d'une rente constituée peut être contraint au rachat, s'il cesse de remplir ses obligations pendant deux années, ne suppose pas que les deux années ne doivent commencer à courir qu'à compter du jour de l'exigibilité d'une première année; mais elle doit s'entendre en ce sens, qu'il suffit que deux années soient échues pour qu'il y ait lieu au remboursement. — *Cass.*, 12 nov. 1822, Tribout c. Chazot. — Favard de Langlade, v° *Prêt*, sect. 2, § 2, n° 9 *bis*; Troplong, n° 483; Duranton, t. 17, n° 617; Duvergier, n° 344; Zachariæ, t. 3, p. 103, n° 4.

140. — Mais il est nécessaire que les deux années de retard soient consécutives; par exemple si le débiteur a acquitté intégralement les arrérages de l'année 1849, le créancier pourra-t-il exiger le remboursement dans le cas où il n'aurait rien reçu pour les années 1848 et 1850? Cette question, qui a vivement préoccupé d'éminens jurisconsultes, ne pouvait être passée sous silence. Cependant nous ne croyons pas qu'elle offre un intérêt sérieux, dans la pratique; car on ne trouvera pas, comme le fait remarquer avec raison M. Troplong (n° 484), un créancier qui consente à recevoir les arrérages de la dernière année quand ceux de l'année précédente lui sont encore dus. — V. toutefois, pour l'affirmative, MM. Duranton, t. 17, n° 618, et Zachariæ, t. 3, p. 102. — *Contrà* Duvergier, n° 618.

141. — S'il est de principe que le remboursement d'une rente est une chose indivisible lorsqu'il est offert par le débiteur, il n'en est pas de même lorsque ce remboursement est exigé par le créancier, par suite de la faute d'un des codébiteurs, parce qu'alors il constitue une obligation dont l'objet est une somme d'argent, qui est une chose très-divisible, tandis que, dans le premier cas, c'est une faculté que le débiteur exerce envers le créancier, et qui, d'après la nature du contrat de constitution de rente, a toujours été considérée comme présentant les caractères d'un fait indivisible. — *Liége*, 8 févr. 1815, Piskin c. Podesta. — Pothier, *Contrat de constitution de rente*, n° 192; Troplong, n° 484. — V. cependant *Bruxelles*, 21 avr. 1819, Delval c. Bénard.

142. — En conséquence, lorsque le débiteur est décédé laissant plusieurs héritiers, dont les uns servent régulièrement leurs parts d'arrérages, et dont les autres négligent de les acquitter, le créancier ne peut exiger le remboursement que contre ces derniers, et seulement dans la proportion de leurs parts héréditaires. — Zachariæ, t. 3, p. 103, § 398.

143. — Lorsque le débiteur d'une rente constituée a acquiescé à un jugement qui le condamne à rembourser le capital, le tiers qui est condamné par le même jugement à garantir le débiteur peut, quoique non obligé vis-à-vis du créancier, interjeter appel du jugement. — *Cass.*, 31 août 1818, Crouzet c. Boussac.

144. — Le débiteur d'une rente constituée qui laisse passer deux ans sans en servir les arrérages, ne peut, pour se soustraire au remboursement du capital, opposer comme compensation qu'il est en compte avec le créancier de la rente. — *Caen*, 9 juin 1824, Outardel c. Labley. — Rolland de Villargues, v° *Remboursement de rente*, n° 38.

145. — Le seul fait de la cessation pendant deux ans du paiement des arrérages d'une rente constituée suffit pour autoriser les tribunaux à prononcer la validité, jusqu'à concurrence du capital, de l'opposition formée sur le montant de l'indemnité accordée au débiteur par la loi du 27 avril 1825, quoique le créancier n'ait pas formellement demandé le remboursement du capital. — *Cass.*, 27 mars 1832, Delamothe-Vernay c. Delaroche.

146. — Les contraintes en paiement d'arrérages de rentes constituées dus à l'État doivent être visées : non par le président du tribunal dans le ressort duquel le paiement doit se faire, mais par le président du tribunal de la situation des immeubles hypothéqués. — *Cass.*, 10 therm. an XII, Domaine c. Lesseliers.

147. — Jugé que l'art. 1912 C. civ., qui permet au créancier d'une rente constituée d'exiger le remboursement du capital à défaut par le débiteur d'en avoir payé les arrérages pendant deux ans, est applicable aux rentes constituées *à titre gratuit*. — *Rouen*, 25 juin 1812, mêmes parties; *Cass.*, 12 juill. 1813, Godard c. de Frondeville.

148. — M. Troplong (n° 486) critique fort vivement cette décision comme inconciliable avec le texte et l'esprit de l'art. 1912 du C. civ. — « Cet article, dit-il, revient à une résolution du contrat. Or, est-il possible de faire résoudre une donation pour manquement du donateur à ses engagemens? n'est-il pas de principe qu'on poursuit une résolution non contre celui qui a donné mais contre celui qui a reçu? De plus, l'art. 1912, en tant qu'il organise une résolution du contrat, dépasse de beaucoup en sévérité tout ce que l'art. 1184 nous a appris sur les résolutions tacites. Juste dans son cas précis, l'art. 1912 prend une couleur odieuse dans celui auquel l'arrêt du 12 juill. 1813 l'a étendu. — V., dans le même sens, MM. Duvergier, n° 364, et Duranton, t. 17, n° 622.

149. — Les art. 636 et suiv. C. proc., sont applicables à la saisie des rentes constituées en perpétuel. — *Caen*, 21 juin 1814, Coesnon c. Tribout. — Réal, *Exposé des motifs*, p. 242; Pigeau, t. 2, p. 122; Thomines-Desmazures, t. 2, n° 705; Carré, quest. 2126. — V., en outre, en ce qui concerne la saisie des rentes constituées depuis la loi du 24 mai 1842, Chauveau sur Carré, t. 4, p. 784.

§ 2. — *Inaccomplissement des sûretés promises par le contrat.*

150. — L'ancienne jurisprudence, peu favorable comme nous l'avons vu (*suprà*, n°s 109 et suiv.) au droit de résolution forcée en matière de rente viagère, l'admettait néanmoins pour le cas où le débiteur ne fournissait pas au créancier de la rente les sûretés promises par le contrat. De plus, la rente était forcément remboursable lorsque les sûretés ayant été fournies étaient diminuées par le fait du débiteur; par exemple lorsqu'il dégradait les immeubles, ou coupait les futaies, sans remplacement, ou bien encore lorsqu'il se laissait exproprier. — V. sur ce point Duparc Poullain, t. 3, p. 66, n°s 32 et 33; Pothier, *Contr. de constit. de rente*, n°s 48 et 49; Troplong, n° 490. — Le droit au remboursement forcé est formellement consacré dans ce cas par l'art. 1910 C. civ.

151. — Jugé que le créancier d'une rente constituée peut en cas d'expropriation de l'immeuble hypothéqué par suite de saisie immobilière, exiger le remboursement du capital de cette rente si tel était le droit en vigueur lors de la constitution. — *Bruxelles*, 11 déc. 1806, Stegen c. Boireux; 27 sept. 1819, Demerville c. Caltoir.

152. — Le débiteur d'une rente constituée qui a aliéné partie des immeubles hypothéqués à cette rente, peut être contraint au remboursement du capital. — *Cass.*, 9 janv. 1810, Prevot-Delongperier c. Navarre, et 4 mai 1812, Champion de Beauregard c. Vinatier; *Bruxelles*, 13 juill. 1830, N...; *Pau*, 23 août 1834, Dariès c. Cassé. — Merlin, *Rép.*, t. 11, p. 388; Favard de Langlade, v° *Prêt*, sect. 2, § 2, n° 11; Delvincourt, t. 2, p. 492; Troplong, *Comm. des hypoth.*, t. 2, n° 544; Duranton, t. 10, n°s 126 et suiv.; Duvergier, *Prêt*, n° 341.

153. — La raison de décider, en ce cas, c'est que par suite de la purge de l'hypothèque de la partie des biens aliénée, le créancier de la rente se trouverait exposé à recevoir un remboursement partiel. Aussi M. Duranton (*loc. cit.* et t. 17, n° 628) croit-il devoir ajouter que cette jurisprudence ne serait pas applicable au cas où le contrat d'aliénation interdirait formellement à l'acquéreur de purger l'hypothèque, et qu'elle ne s'appliquerait pas davantage à celui où, l'acquéreur voulant purger, le prix des biens vendus suffirait amplement au remboursement de la rente.

154. — Le créancier d'une rente constituée en Brabant avant le Code civ., ne peut exiger le remboursement, lors même que l'immeuble donné en hypothèque serait vendu par suite de saisie immobilière, si le service de cette même rente est mis à la charge de l'acquéreur et que l'immeuble y demeure affecté. — *Bruxelles*, 17 mai 1809, Leyniers c. Stuckens. — V. Pothier, *Contrat de constit de rente*, n°s 65 et suiv.

155. — Jugé, de même, à l'égard d'une rente constituée depuis la promulgation du Code civil : que ce n'est pas diminuer les sûretés promises que de vendre les immeubles hypothéqués, lorsque l'acquéreur est expressément chargé du service de la rente. — *Riom*, 17 juin 1816, Pereuil c. Meilheuret et Aupière.

156. — Sous la coutume de Normandie, la rente constituée grevait tous les immeubles présens et à venir du débiteur; ses héritiers étaient solidairement obligés à la servir, et leurs biens personnels présens et à venir y étaient également affectés. — Dès lors : la vente par les débiteurs d'une semblable rente de partie des immeubles frappés de ce gage général ne peut, bien qu'elle ait été faite depuis le Code civil, autoriser l'action en remboursement de la rente, si le surplus des biens du débiteur est plus que suffisant pour la garantie du créancier. — *Caen*, 20 déc. 1828, Aubin c. Allain.

157. — Le créancier hypothécaire d'une rente constituée, colloqué sur le prix d'un immeuble vendu par suite de saisie, pour le capital et les arrérages de sa rente, ne peut contraindre l'adjudicataire qu'au paiement des arrérages, si, avant l'adjudication, il n'a pas fait, contradictoirement avec son débiteur, ordonner le remboursement du capital. — *Bruxelles*, 11 déc. 1806, Stégen c. Beireux.

158. — Avant le Code civil, le créancier d'une rente constituée qui n'avait pas conservé son hypothèque sur l'immeuble affecté à sa créance n'était pas fondé à demander son remboursement par le motif que l'immeuble qui était son gage avait été vendu et qu'ainsi ses sûretés étaient diminuées. — *Paris*, 13 pluv. an IX, Bailly c. Serres.

159. — L'acquéreur qui ne fait pas la dénonciation prescrite par l'art. 2183 du Code civil étant obligé, comme détenteur, à la totalité des créances inscrites, quelque faible que soit la portion du bien par lui acquise; il s'ensuit que, tant que le tiers acquéreur n'a pas purgé, la vente d'une portion de l'immeuble hypothéqué à la sûreté du service d'une rente constituée, ne peut autoriser le créancier à exiger du vendeur le remboursement du capital de cette rente. — *Paris*, 11 févr. 1815, Boufflers c. Lavauballière. — Persil, *Rég. hypoth.*, t. 1er, art. 2131, n°s 5 et suiv.

160. — Lorsque la diminution des sûretés arrive par cas fortuit et force majeure, par exemple en cas d'incendie, d'inondation ou d'invasion, il n'y a pas lieu à l'application de l'art. 1912 du Code civil. Tous les auteurs sont d'accord sur ce point. — V. notamment Dumoulin, quest. 8; Pothier, n° 48; Duparc-Poullain, t. 3, p. 68, n° 36; Troplong, n° 492. — Toutefois le débiteur devrait être tenu de fournir d'autres sûretés équivalentes. — Duranton, t. 17, n° 627; Zachariæ, t. 3, p. 104, § 399.

161. — Jugé néanmoins que la démolition, pour cause d'utilité publique, d'une partie des biens affectés au paiement d'une rente autorise le créancier ou les ayans cause à en demander le remboursement. — *Cass.*, 17 mars 1818, Callet c. Dailly.

162. — Dans un contrat de constitution de rente, le stellionat rend le capital exigible. — *Paris*, 2 mai 1809, Hédouin c. Maubert de Neuilly.

163. — Jugé que le créancier d'une rente constituée n'étant pas tenu de se fier à une succession suspectée par l'héritier lui-même, a droit au remboursement du capital, en vertu de l'art. 1912 du Code civil, lorsque la succession du débiteur de la rente est acceptée sous bénéfice d'inventaire. — *Riom*, 16 mai 1820, Morel c. Grimaud.

164. — M. Duranton (t. 17, n° 626) est d'avis que

lorsque le débiteur manque à fournir les sûretés promises, la déchéance ou le remboursement forcé du capital n'a pas lieu de plein droit par ce seul fait et que le tribunal peut, en ce cas, accorder au débiteur un délai dans lequel les sûretés seront fournies.

165. — Jugé que la question de savoir si le débiteur a fourni ou non les sûretés promises est laissée à l'appréciation des magistrats. — *Cass.*, 22 mars 1825, Sorin c. Conté.

166. — L'arrêt qui ordonne le remboursement d'une rente sur le motif que le créancier n'a pas fourni les sûretés convenables, s'il énonce d'ailleurs que sans ces sûretés le créancier n'aurait pas prêté, est conforme au vœu de la loi qui autorise la demande en résiliation du contrat lorsque les sûretés *promises* n'ont pas été fournies.— *Cass.*, 23 mars 1825, Sorin c. Conté.

§ 3. — *Faillite ou déconfiture du débiteur.*

167. — Les motifs qui font, en cas de faillite ou de déconfiture, priver tout débiteur du bénéfice du terme (art. 1188), rendent exigible, en ces deux cas, le capital de la rente constituée. — C. civ., art. 1913.

ART. 3. — *Prescription, compensation, etc.*

168. — Les rentes constituées peuvent, en outre, s'éteindre de toutes les manières par lesquelles s'éteignent les obligations en général; par exemple par la remise que le créancier de la rente en fait au débiteur, par la prescription par la novation, par la confusion et par la compensation. — Pothier, n° 213.

169. — Sous l'ancien droit la prescription immémoriale ou centenaire était la seule qu'on pût régulièrement opposer au capital et au droit de percevoir les arrérages ou cens annuel d'une rente constituée. — Merlin, *Rép.*, v° *Rente constituée*, § 12, art. 4.

170. — L'art. 2-tit. 3 de la loi du 20 août 1792, qui suspend la prescription à l'égard du fonds des droits corporels et incorporels susceptibles d'arrérages, est applicable au fonds des rentes constituées. — *Cass.*, 27 mars 1832, Delamothe-Vernay c. Delaroche.

171. — Aujourd'hui les rentes constituées sont soumises à la prescription de trente ans (C. civ., art. 2262). Aussi après vingt-huit ans de la date du dernier titre le débiteur de la rente peut-il être contraint à fournir à ses frais un titre nouvel soit au créancier, soit à ses ayans cause. — Art. 2263.

172. — La prescription d'une rente constituée court à partir de la date du titre constitutif, et non à partir de l'échéance de la première annuité.—*Cass.*, 5 août 1829, Tournyol c. Gérouille. — Troplong, *Prescription*, t. 2, n° 840. — V., du reste, PRESCRIPTION.

173. — Le débiteur d'une rente constituée peut éteindre la rente par la compensation lorsqu'il se trouve créancier de celui auquel il doit la rente d'une somme exigible et au moins égale au capital de cette rente, pourvu qu'il n'y ait pas lieu à l'application de la deuxième partie de l'art. 1911 C. civ. — Duranton, t. 17, n° 629; Merlin, *Rép.*, v° *Rente constituée*, § 9. — V., du reste, v° COMPENSATION, nos 297 et suiv.

174. — La compensation s'opère de plein droit dans tous les cas où le principal est devenu exigible par la faute du débiteur. Mais il en est autrement lorsque le capital conserve son caractère de non-exigibilité; car alors il ne suffit pas que le débiteur de la rente soit devenu créancier du crédi-rentier pour que le capital de la rente soit affecté de la compensation : le rachat étant facultatif, la compensation n'est possible qu'autant que le débiteur manifeste sa volonté de racheter. — Pothier, n° 204; Toullier, t. 7, n° 404; Troplong, n° 467.

175. — V. en outre, relativement à la novation en matière de rente constituée, v° NOVATION, nos 124 et suiv.

CHAPITRE II. — *De la rente foncière.*

176. — La rente foncière, dans la signification étendue de ce mot, est une redevance fixe en argent ou autres objets, laquelle a été créée et réservée sur un immeuble lors de son aliénation. Le contrat qui intervenait entre les parties s'appelait bail à rente. — Fœlix et Henrion, *Rentes foncières*, chap. 1er.

Sect. 1re. — *Sous l'ancienne législation.*

177. — Le bail à rente simple n'était pas connu des Romains. Toutes leurs rentes foncières étaient seigneuriales, soit qu'elles fussent payées au fisc, comme le *cens* ou *tribut*, et le canon des terres patrimoniales, soit qu'elles fussent dues aux particuliers, comme la redevance de l'emphytéose, ou bail à longues années, le *solarium* et toutes les autres. Aussi, Dumoulin a très-bien remarqué que les Romains n'usaient point de simples baux d'héritages à rente, qu'il appelle *concessiones ad reditum*, qui emportent, à la mode de France, aliénation absolue, tant de la *directe* que de l'article seigneurie, au lieu que *in locatione perpetuâ* des Romains, le bailleur demeurait toujours seigneur direct. — Loyseau, *Traité du déguerpissement*, liv. 1er, ch. 5, n° 1er; Dumoulin, tit. 2, *De la coutume*, n° 36.

178. — Ce contrat avait une grande analogie avec la vente et le louage; en effet, trois choses distinctes sont de l'essence de ces deux contrats : 1° une chose vendue ou louée; 2° un prix ou un loyer que l'une des parties s'oblige à payer à l'autre, et 3° le consentement des parties sur la chose et sur le prix. De même trois choses constituaient l'essence du contrat de bail à rente : un héritage baillé à rente, une rente que le bailleur retenait sur l'héritage et que le preneur s'obligeait de lui payer tant qu'il le posséderait, enfin le consentement des parties sur l'héritage et sur la rente. D'ailleurs, le bail à rente était du droit des gens comme la vente et le louage; il était aussi synallagmatique et commutatif. — Pothier, *Traité du contrat de bail à rente*, chap. 1er, n° 2.

179. — Il ressemblait particulièrement au bail ordinaire en ce que le bailleur à rente avait pour se faire payer de sa rente, par le preneur, les mêmes droits à peu près que ceux du bailleur dans le bail à loyer ou à ferme pour se faire payer de ses loyers.

180. — Il y avait néanmoins une grande différence entre ces deux contrats : le bail à rente transférait au preneur tous les droits qu'avait le bailleur dans l'héritage baillé à rente, sous la réserve du droit de rente que le bailleur se retenait et dont il chargeait l'héritage. Au contraire, par le bail à loyer ou à ferme, le locataire ou le fermier n'acquérait aucun droit dans l'héritage, mais une simple créance personnelle, résultant de l'obligation contractée par le bailleur de le faire jouir. — Pothier, *loc. cit.*, n° 3.

181. — De plus, en cas de perte partielle de l'héritage arrenté ou d'absence de revenus, le preneur ou ses successeurs étaient tenus de payer la rente entière tant qu'ils continuaient de posséder l'héritage, au lieu que dans le bail le prix du fermage diminuait proportionnellement à la perte que subissait l'héritage ou à la diminution des revenus. — Pothier, *ibid.*, ch. 2, nos 15 et suiv.; Loyseau, *Du déguerpissement*, liv. 1er, ch. 3, n° 16.

182. — Toutefois, on décidait que si le preneur ou autre possesseur de l'héritage sujet à la rente foncière en avait été réellement dépossédé, en temps de guerre, pendant quelques années, il ne devait pas payer les arrérages desdites années, car il n'était tenu de payer la rente que tant qu'il était possesseur. — Loyseau, *loc. cit.*, liv. 4, chap. 17.

183. — Le bail à rente tenait du contrat de vente en ce que la propriété de l'héritage *arrenté* passait au preneur, comme dans la vente l'objet vendu devient la propriété de l'acheteur; en ce que le bailleur contractait vis-à-vis du preneur les mêmes obligations de garantie que le vendeur envers l'acheteur, et en ce que la rente devrait consister en une prestation certaine et déterminée, comme l'est un prix de vente. Nous venons de voir de plus que, comme dans la vente, la perte partielle de l'héritage était pour le preneur. — *Bourges*, 4 germ. an X, Lorris c. Vée. — Pothier, ch. 2, nos 15 et suiv.; Loyseau, *loc. cit.*, liv. 1er, ch. 3, n° 16, et liv. 4, ch. 12.

184. — Mais il en différait néanmoins en ce que par la vente on s'oblige à transporter à l'acheteur tous les droits que l'on a dans les choses vendues, au lieu que, par le contrat de bail à rente, le bailleur retenait à son profit un droit de rente sur l'héritage. Il en différait encore en ce que la perte totale de l'héritage arrenté était pour le bailleur, au lieu que la perte totale de la chose vendue est pour l'acheteur, dès que la vente est parfaite. — Pothier, *ibid.*, ch. 6, n° 190; Dumoulin, *Cout. de Touraine*; Loyseau, *loc. cit.*, liv. 1er, ch. 3 et 4, n° 1er.

185. — Le bail à rente différait aussi du contrat de vente, en ce que la rente pouvait consister indifféremment en une prestation de denrées ou une somme d'argent, au lieu que le prix de la vente ne peut être que d'une somme d'argent, et en ce que le prix de la vente est dû en entier dès l'instant du contrat, quand même le paiement en serait différé et partagé en plusieurs termes, tandis que, au contraire, la rente, dans le bail à rente, ne naissait et n'était due que pour parties, à mesure du temps qui s'écoulait de la possession du preneur et de ses successeurs. — Pothier, *loc. cit.*, chap. 2, n° 13.

186. — Dans le contrat de vente, le prix est une dette de la personne et non de l'héritage vendu; au contraire, dans le bail à rente, la rente que le bailleur retenait était une charge réelle imposée sur l'héritage baillé à rente, et qui était due principalement par l'héritage, quoique le preneur et ses successeurs fussent aussi, à cause de l'héritage qu'ils possédaient, débiteurs personnels des arrérages. — Loyseau, *loc. cit.*, liv. 4, chap. 12, n° 9; Pothier, *loc. cit.*, chap. 2, art. 2, § 1er, n° 13.

187. — Il faut, enfin, ajouter que la vente et le louage étaient alors et sont encore des contrats purement consensuels, tandis que le bail à rente était un contrat *réel* qui n'était parfait que par la tradition. — Dumoulin, *Cout. de Touraine*, art. 208; Pothier, *loc. cit.*

188. — Suivant Pothier, le bail à rente était, comme la vente, rescindable pour lésion de plus de moitié.—V. BAIL A RENTE, n° 116.

189. — Jugé, toutefois, qu'aucune loi n'admettant en termes exprès l'action en rescision du bail à rente, l'arrêt qui la rejette n'est pas sujet à cassation. — *Cass.*, 28 déc. 1814, Alix c. de Villette.

190. — Le bail à rente avait aussi quelque analogie avec la rente constituée. Ainsi, les arrérages s'acquéraient jour par jour dans les deux contrats. —Pothier, *loc. cit.*, ch. 2, nos 20 et suiv.

191. — Mais il y avait cette différence que la rente foncière était due principalement par l'héritage qui en était chargé, au lieu que les rentes constituées, quand même elles seraient spécialement assignées sur un héritage, sont pour le capital et pour les arrérages une dette personnelle dont on ne peut se décharger en abandonnant et en cessant de posséder l'héritage. — Pothier, *loc. cit.*, chap. 2, nos 20 et suiv.

192. — De là naissait encore cette différence, que la dette de la rente foncière ne passait pas aux héritiers du preneur en leur qualité d'héritiers, mais seulement à celui qui succédait à l'héritage chargé de cette rente. Au contraire, les rentes constituées à prix d'argent, quoique assignées sur un héritage, étant des dettes de la personne qui les a constituées, sont et pour les arrérages et pour le capital dues par tous les héritiers du défunt, à raison de la part pour laquelle chacun d'eux est héritier, et non pas seulement par celui qui succède à l'héritage sur lequel elles sont hypothéquées. — Pothier, *loc. cit.*, chap. 2, n° 21.

193. — Les rentes constituées étaient essentiellement rachetables suivant l'opinion de Dumoulin, qui a fini par prévaloir. La rente foncière, au contraire, n'était point, par sa nature, rachetable, suivant le principe que personne ne peut être obligé de vendre son bien, *Nemo res suas vendere cogitur*.—Dumoulin, Traité *De usuris*, édit de Charles IX en 1565; Pothier, *loc. cit.*, nos 23 et suiv.

194. — De plus, la faculté de rachat étant de l'essence du contrat de rente constituée, elle est imprescriptible, au lieu que dans le bail à rente la faculté de rachat, résultant uniquement d'une convention accidentelle et étrangère à la nature du contrat, était sujette à la prescription ordinaire.— Pothier, *loc. cit.*, chap. 5, n° 78.

195. — Le bail à rente est susceptible de la plupart des clauses qui se trouvent dans les contrats de vente, et elles produisent les mêmes obligations; mais, outre ces clauses, il y en a qui sont particulières au contrat de bail à rente, elles sont stipulées ou en faveur du bailleur ou en faveur du preneur.—Pothier, *loc. cit.*, chap. 4, n° 48.

196. — Par la clause de fournir et faire valoir la rente et par la clause de payer, la rente a toujours été à perpétuité. Le preneur s'oblige envers le bailleur à lui payer à perpétuité la rente créée par le bail, dans le cas où il ne pourrait en être payé sur l'héritage baillé à rente. C'est là une

obligation personnelle, subsidiaire à l'obligation de l'héritage; il y a aussi obligation personnelle et subsidiaire dans la clause d'améliorer l'héritage, de manière qu'il vaille toujours la rente et plus. — Pothier, *loc. cit.*, chap. 4, nos 50 à 65; Loyseau, *loc. cit.*, liv. 4, chap. 11, no 1er, et chap. 13, nos 2 et 3.

197. — La clause de fournir et faire valoir, appliquée aux transports de créance, indique que le cédant ne se contente pas de garantir la solvabilité actuelle, mais aussi la solvabilité future du débiteur. — V. Cout. Paris, art. 109 et 110 : «*Clausulâ vulgari, gallicè*, fournir et faire valoir, *promittit debitor hypothecas fore in futurum idoneas.*» — V. Dumoulin, *De usuris*, quest. 8e, nos 154 et 155; Despeisses, part. 1re, tit. 1er, sect. 5e, § 20, no 20; Rousseau de Lacombe, vo *Garantie*, no 4; Bourjon, liv. 3, tit. 3, sect. 3e, nos 26 et suiv.; Pothier, *De la vente*, no 565; Duvergier, *Vente*, t. 2, et continuation de Toullier, t. 17, nos 273 et suiv.; Troplong, *Vente*, no 939; Delvincourt, t. 3, p. 173; Rolland de Villargues, vo *Garantie*, no 87.

198. — Celui qui s'était obligé au paiement d'une rente foncière avec promesse de fournir et faire valoir, n'a pas été relevé de son obligation par la confiscation opérée sur lui comme émigré, et suivie de vente faite par l'état de l'immeuble arrenté. — *Cass.*, 30 avril 1806, Croipain c. Chaboneau.

199. — Les rentes foncières n'étaient pas rachetables de leur nature par ce motif que l'on ne peut pas être forcé de vendre sa propriété ou de céder son titre si ce n'est pour cause d'utilité publique. — Pothier, *loc. cit.*, no 28.

200. — Par exception à cette règle, l'on permettait de stipuler que la rente foncière serait rachetable, mais même avec cette stipulation les rentes foncières représentaient le fonds. — Merlin, *Quest. de droit*, vo *Lettres de ratification*, § 3; Fœlix et Henrion, p. 5.

201. — Par cette clause, le bailleur s'oblige à décharger l'héritage de la rente lorsque le preneur ou ses successeurs lui paieront la somme convenue pour le rachat; cette obligation passe au tiers acquéreur de la rente, comme le droit de rachat passe au tiers acquéreur de l'immeuble : la faculté de racheter la rente stipulée par le contrat se prescrit par trente ans. Cette règle a été admise par la coutume de Paris (art. 120), la coutume d'Orléans (art. 209), et les autres coutumes. — Pothier, *loc. cit.*, chap. 4, nos 67 à 74.

202. — La rente, dans le bail à rente, était appelée rente foncière parce qu'elle était une charge du fonds, imposée sur le fonds par le contrat, bien qu'elle fût aussi une dette de la personne du preneur. — Pothier, *loc. cit.*, chap. 1er, no 3.

203. — La coutume de Paris, art. 109 (*Rentes de bail d'héritage*), la coutume de Senlis (art. 273 et suiv.), ainsi que la coutume de Clermont (art. 14 et 36), les appellent rentes propriétaires; d'autres coutumes, et notamment celle de Beauquesne (art. 31 et 36), les désignaient sous le nom de rentes héritières. — *Coutumier général*, t. 1er.

204. — La rente foncière peut résulter d'une vente, d'un partage ou d'une licitation, mais pour cela il faut qu'elle soit le prix direct du partage ou de la licitation, ou la soulte du partage (Loyseau, *loc. cit.*, chap. 5, no 14); car si le prix ou la soulte était d'abord convenu en une somme d'argent, et si moyennant cette somme on créait une rente, ce serait une rente constituée à prix d'argent, et non une rente foncière (Merlin, *Rép.*, vo *Rente foncière*, § 1er, no 1er). — Il en serait de même si, lors de la vente d'un immeuble, on fixait d'abord le prix et si l'on convertissait ensuite ce prix en une rente, elle serait constituée à prix d'argent et ne serait pas foncière. — Merlin, *loc. cit.*; Loyseau, *loc. cit.*, liv. 1er, chap. 5, no 17.

205. — Le contrat par lequel on a déclaré *vendre* un immeuble moyennant un certain capital en argent, et une rente en nature, est un bail à rente ou à locatairie avec deniers d'entrée, et non une simple vente. — *Limoges*, 29 août 1839 (t. 1er 1840, p. 52), Ferrière c. Feugeas. — Loiseau, *Traité du déguerpissement*, liv. 1er, nos 14 et 17; Merlin, *Quest.*, vo *Bail à rente*.

206. — On doit considérer comme bail à rente l'acte par lequel un immeuble est vendu, moyennant une rente de 28 livres, et où les parties sont qualifiées de vendeur et d'acquéreur, mais où il est dit que *lors du remboursement de la rente, le vendeur acquittera l'héritage à toujours*. En conséquence, il a été inutile de prendre inscription pour conserver le privilège de vendeur et demander la résolution du contrat, en cas de non-paiement des arrérages de la rente stipulée. — *Bruxelles*, 29 avril 1824, Parmentier c. Lepoivre.

207. — Toutefois, la Cour de Douai a jugé qu'une rente viagère constituée anciennement pour prix d'une aliénation à perpétuité n'était pas foncière (8 thermid. an XIII, aff. Levolland). — Et la Cour de cassation a rejeté le pourvoi formé contre cet arrêt, par le motif qu'il ne violait aucune loi. — Arrêt du 2 févr. 1807, même aff.

208. — Sous la coutume de Normandie, on ne pouvait réputer *foncière* une rente créée pour le prix d'un immeuble et stipulée remboursable non-seulement à la volonté de l'acquéreur, mais encore à celle du vendeur, à des époques et sous des conditions déterminées. — En conséquence, la vente de l'immeuble par décret judiciaire a eu pour effet de le purger de la rente due au vendeur originaire et pour laquelle il n'avait point été formé d'opposition. — *Cass.*, 12 vend. an XI, Barbey c. Honoré. — Merlin, *Quest.*, vo *Rente foncière*, § 1er; Duranton, *Droit français*, t. 4, nos 148 et 152; Fœlix et Henrion, *Rentes foncières*, chap. 2, p. 34.

209. — Les redevances fixes soit en argent, soit en nature, dues par les détenteurs actuels de biens concédés originairement à titre de leibgewin, doivent être comprises dans la classe des redevances présumées foncières par l'art. 1er du décret impérial du 9 vendémiaire an XIII. — Avis du Conseil d'Etat du 18 août 1807.

210. — Un usufruit peut être baillé à rente. — On doit considérer comme mêlé de vente et de bail à rente un contrat par lequel le propriétaire d'un bien en vend l'usufruit moyennant une somme payée comptant et une rente annuelle dont la prestation durera autant que l'usufruit même. — Une pareille rente est devenue réductible par la suppression d'un droit de chasse qui faisait partie de l'usufruit. — *Cass.*, 26 pluv. an XI, Gouttard c. Leriche. — Merlin, *Quest. de droit*, vo *Bail à rente*, § 1er; Fœlix et Henrion, *Rentes foncières*, p. 39. — V., de plus, sur le caractère et les effets du bail à rente, Merlin, *Rép.*, vo *Rente foncière*; la discussion qui eut lieu au Conseil d'Etat dans la séance du 15 vent. an XII; Toullier, *Droit civil*, t. 3, no 21; Grenier, *Des hypothèques*, no 178.

211. — Dans les pays allodiaux, tels que l'Auvergne, les percières, comme toutes les autres redevances dues sur des biens, étaient réputées purement foncières, à moins que le contraire ne fût positivement stipulé par acte. — *Cass.*, 17 flor. an XII, Thobois c. Derieux; 24 vend. an XIII, Jacoux c. de Lasalle; 23 juin 1807, Gualy c. Wareilhes; 3 juin 1835, Souchal c. Bidou. — Merlin, *Quest. de droit*, vo *Terrage*, § 1er; Dard, *Législation sur les rentes foncières et féodales*, p. 88.

212. — La suppression d'une rente féodale n'a pas fait revivre la rente foncière à laquelle elle avait été substituée par une transaction. — *Cass.*, 31 août 1813, Commune de Forges c. Debonnaire. — V. RENTE SEIGNEURIALE.

213. — C'est au créancier qui prétend que la rente est foncière à prouver son allégation. — *Cass.*, 19 avr. 1820, Canuel c. hospice de Loudun.

214. — La foncialité d'une rente ne peut se présumer et s'induire notamment de la circonstance qu'elle est établie sur un immeuble. — *Cass.*, 19 avr. 1820, Canuel c. hospice de Loudun.

215. — Ainsi, on ne peut reconnaître à la rente le caractère de foncière qu'autant qu'elle a été créée lors de l'aliénation de l'héritage et réservée par le contrat de bail à rente. — *Cass.*, 19 avr. 1820, mêmes parties.

216. — Sous l'empire de l'ancien droit et particulièrement de la coutume de Poitou, la représentation du titre primordial concernant les rentes foncières pouvait être suppléée par des reconnaissances, anciens baux et autres documens, et surtout à l'égard des communautés ecclésiastiques. — *Limoges*, 29 août 1839 (t. 1er 1840, p. 58), Maumy et Doussinaud c. l'hospice de Limoges.

217. — Sous l'ordonnance de 1667, le demandeur en paiement d'une rente foncière devait désigner par tenans et aboutissans l'héritage sur lequel la rente était affectée. — Ord. 1667, tit. 9, art. 3. — Les habitans d'une commune ne peuvent être condamnés solidairement à servir une redevance foncière. — *Cass.*, 29 niv. an VIII, Commune de Guerberschwhir c. Goll.

218. — Jugé que, avant le Code civil, celui au profit de qui une rente foncière était affectée pour sûreté de sa créance, acquérait droit d'hypothèque sur le fonds même grevé de la rente. — *Cass.*, 23 déc. 1806, Huygiens et Desrousseaux c. Kelsen-Maurissen.

219. — Toutefois, les rentes foncières diffèrent des simples hypothèques, dit Loiseau, en ce que l'hypothèque est une obligation accessoire ou subsidiaire pour confirmer et assurer la promesse et obligation de la personne qui est débitrice; mais la rente foncière est une redevance due proprement et directement par l'héritage et non par la personne; et si la personne la paie, c'est à cause de la chose, non pour y être obligée de son chef, parce que la chose qui est inanimée ne la peut payer sans le ministère de la personne. — Loyseau, *loc. cit.*, liv. 1er, chap. 3, no 11; Pothier, *loc. cit.*, chap. 2, no 19.

220. — D'après les principes du bail à rente, la redevance est due non-seulement sur tout l'héritage, mais encore sur chaque partie de l'héritage aliéné. — *Bourges*, 4 germin. an X, Lorris c. Vée. — Loyseau, *loc. cit.*, liv. 5, chap. 2; Pothier, *loc. cit.*, no 129.

221. — Selon ce qu'enseigne Pothier, le droit que la tradition de l'héritage transfère au preneur et qui passe à ses successeurs, est le droit de *dominium* et de propriété de cet héritage; le droit de rente foncière que le bailleur s'y retient n'est point proprement le *dominium* de l'héritage, mais un simple droit foncier; c'est pourquoi le propriétaire, ou possesseur d'un héritage noble chargé d'une simple rente foncière, a non-seulement l'utile, mais tout ce qu'il y a d'honorifique attaché à cet héritage : en cela le bail à rente diffère des baux à *rente seigneuriale*. — V. ce mot. — Pothier, *loc. cit.*, chap. 5, no 111.

222. — C'est en ce sens que l'on dit que les rentes foncières étaient un droit réel *jus in re*. — Car elles étaient considérées comme une délibation de l'héritage, comme la rétention d'une partie de la propriété. — Toullier, *Droit civil français*, t. 3, no 21; Delaurière, *Sur la coutume de Paris*, art 87.

223. — A cet égard, les auteurs anciens et modernes enseignent généralement que la propriété de l'héritage se trouve partagée entre le bailleur et le preneur à rente. — Pothier, *Traité du contrat de bail à rente*, nos 107 et 111; Merlin, *Quest. de droit*, vo *Lettres de ratification*, § 3; *Procès-verbaux de la discussion du Code civil au Conseil d'Etat*, t. 5, p. 240; Malleville, *Analyse du Code civil*, t. 11, p. 162; Toullier, *Droit français*, t. 3, no 21.

224. — Ainsi, jugé qu'une rente foncière créée avant le Code civil n'était pas seulement une charge réelle du fonds concédé; mais la réserve d'une partie dans le fonds même au profit du bailleur, de dix ou vingt ans. — *Toulouse*, 5 févr. 1816, Teulère c. Vigner.

225. — Le preneur ou ses successeurs ayant le droit de propriété de l'héritage chargé de rente foncière, il était à leurs risques, selon la maxime *Res perit domino*; dès lors si l'immeuble venait à périr en partie, ils supportaient seuls la perte, et tant qu'ils continuaient à posséder ce qui en restait, ils demeuraient débiteurs de la rente sans diminution. — Pothier, *loc. cit.*, chap. 5, no 114.

226. — Le droit du preneur et de ses successeurs à l'héritage chargé de rente foncière est un droit de propriété, il peut donc disposer de l'immeuble comme bon lui semble et en changer la forme, en cela le droit du preneur est plus étendu que celui du simple usufruitier, néanmoins quoiqu'il contienne le *jus utendi et abutendi*, il ne permet pas de détériorer l'immeuble chargé de rente. — Pothier, *loc. cit.*, chap. 5, nos 111 et suiv.; *Coutume d'Orléans*, art. 490; Toullier, *Droit civil français*, t. 3, no 21.

227. — On rangeait les rentes foncières dans la classe des immeubles, ainsi elles pouvaient être hypothéquées et elles ne pouvaient s'éteindre que par les voies d'extinction du droit de propriété ou d'autres droits fonciers. — Pothier sur la *Coutume d'Orléans*, introd. gén., no 54; Merlin, *Rép.*, vo *Rente foncière*, § 1er, no 8; Grenier, *Traité des hypothèques*, no 54; Fœlix et Henrion, *Rentes foncières*, chap. prélim., § 4.

228. — Sous l'édit de 1771, les lettres de ratification prises par les acquéreurs ne purgeaient pas les immeubles vendus des rentes foncières dont ils étaient grevés, lorsque ces lettres avaient été scellées sans opposition. — *Cass.*, 21 pluv. an X, N...; *Nîmes*, 13 niv. an XI, Bancel c. Faix; *Cass.*, 12 pluv. an XI, Fortin c. Saron; 19 avril 1820, Canuel c. hospice de Loudun. — Merlin, *Quest.*, vo *Lettres de ratification*, § 3; Favard de Langlade, vo *Rente*, sect. 1re, no 15; Fœlix et Henrion, *Rentes foncières*, p. 138.

229. — Il paraît certain, au moins dans le der-

nier état de la jurisprudence ancienne, que le décret forcé et volontaire purgeait la rente foncière, mais cette décision ne contredisait pas la théorie reçue sur la nature du droit de rente foncière; puisqu'on avait décidé que le décret volontaire purgeait la propriété même, quand il n'y avait pas eu opposition. Mais la jurisprudence du Parlement de Paris qui assimilait l'effet des lettres de ratification à celui du décret, était un véritable démenti à tous les principes de la matière. Aussi Merlin et la Cour de cassation n'ont-ils jamais tenu compte de cette jurisprudence. — Pothier, *Introduction au titre des criées*, n° 104 *in fine;* Cout. d'Orléans, n° 66; Merlin, *Quest. de droit*, v° *Lettres de ratification*, § 3, et *Rép.*, v° *Hypothèques*, sect. 1re, § 16.—V. cependant, *contrà*, de Laurière, sur l'art. 102 de la Cout. de Paris.

230. — Le créancier d'une rente foncière avait trois espèces d'actions contre le possesseur de l'héritage sujet à la rente, savoir : l'action hypothécaire pour les arrérages précédens; l'action personnelle pour les arrérages échus pendant la détention, et une troisième que l'on peut appeler action mixte et qui est pour la continuation de la rente le droit de demander un titre nouvel de la rente.—Loyseau, *loc. cit.*, liv. 2, chap. 10, n° 9; de Laurière, Coutume de Paris, tit. 5, art. 99; Pothier, *loc. cit.*, nos 82 à 102; Coutume de Paris, art. 99.

231. — L'action hypothécaire est ainsi appelée parce qu'elle est semblable à l'action qui naît de l'hypothèque, et qu'elle est donnée aux fins que le possesseur soit tenu de payer les arrérages de la rente, au payement desquels l'héritage est affecté, si mieux il n'aime le délaisser. — Pothier, *loc. cit.*, chap. 5, nos 90 et suiv.

232. — Les créanciers des rentes foncières ont une action personnelle, non-seulement contre le preneur et ses héritiers, mais même contre les tiers détenteurs qui ont acquis à la charge de la rente, ou du moins qui en ont eu connaissance, et contre leurs héritiers, pour le paiement des arrérages de la rente courus pendant le temps de leur possession ou de celle de ceux dont ils sont héritiers. — Pothier, *loc. cit.*, chap. 5, nos 82 et suiv.

233. — L'action mixte est donnée contre le possesseur, afin qu'il soit condamné à passer titre nouvel de la rente et à la continuer à l'avenir. Elle est principalement réelle, car elle a pour objet de réclamer un droit réel; elle tient, néanmoins, de l'action personnelle, en ce que cette action est dirigée contre la personne. Le demandeur conclut contre le défendeur, *eam dare oportere.* — Pothier, *loc. cit.*, chap. 5, nos 93 et suiv.

234. — Le créancier d'une rente foncière doit contribuer avec le preneur ou ses successeurs, propriétaires de l'immeuble, aux charges et impositions extraordinaires qui sont en pure charge et pure perte; mais il ne doit pas contribuer à celles qui tournent au profit ou à l'augmentation de l'héritage.—Loyseau, *loc. cit.*, liv. 1er, chap. 10, n° 11; Pothier, *loc. cit.*, chap. 5, n° 107.

235. — Dans la majeure partie de la France, les rentes foncières étaient quérables : c'est-à-dire qu'elles devaient être demandées par le créancier au domicile de son débiteur. — L'art. 1247 du Code civil dispose qu'en règle générale elles sont quérables, sauf stipulation contraire. — Merlin, *Rép.*, v° *Rente foncière*, § 1er, art. 6.

236. — Les lois qui prescrivaient l'intérêt des intérêts étaient inapplicables aux arrérages des rentes foncières, lesquels, représentant les fruits de l'objet arrenté, devaient être considérés comme formant un capital susceptible de produire intérêts au taux légal, quand ils étaient échus et demandés en justice. — *Cass.*, 30 avril 1806, Craipain c. Chaboneau.

237. — Le débiteur de la rente peut retenir au créancier le cinquième des arrérages comme équivalent de la contribution foncière, à moins que le contrat ne porte la clause de non-retenue. — Edit de mai 1749; L. 7-10 juin 1791, 23 niv. an VIII et 15 pluv. an V. — Portalis, *Exposé des motifs du Code civil*, tit. *De la propriété.* — V. v° RETENUE DES RENTES.

238. — Les arrérages de la rente foncière ne se prescrivaient que par trente ans. — Ordonn. de 1512, art. 71. — Ferrière, *Coutume de Paris*, tit. 2, n° 53; Loyseau, *loc. cit.*, liv. 1er, chap. 4, n° 25, et chap. 7, n° 3; Legrand, *Coutume de Troyes*, art. 66 et 67; Bouchel, *Bibliothèque du droit français.* — Arrêt du 20 déc. 1600.

239. — Sous l'édit de 1771, l'opposition au paiement d'une rente foncière était périmée par discontinuation de poursuites pendant trois ans. — *Nîmes*, 13 niv. an XI, Bancel c. Faix.

240. — La clause résolutoire était toujours sous-entendue dans ces sortes de contrats, et la résiliation doit en être prononcée toutes les fois que le preneur ne remplit pas envers le bailleur les obligations auxquelles le soumet son titre. — *Limoges*, 29 août 1839 (t. 1er 1840, p. 52), Ferrière c. Feugeas. — Pothier, *loc. cit.*, n° 19.

241. — Sous l'ancienne législation, l'action résolutoire pouvait toujours s'exercer quand même le bailleur n'aurait formé aucune opposition aux sceaux des lettres de ratification délivrées aux diverses mutations de propriété. — *Cass.*, 19 mai 1819, Jobert c. Badant.

242. — Sous l'ancienne jurisprudence, le pacte commissoire inséré dans un contrat de bail à rente, ou dans un bail emphytéotique, faute par le preneur de payer sa redevance aux époques déterminées ne pouvait recevoir son exécution sans l'intervention de la justice. — Toutefois, si, sur la citation en justice à lui donnée, le preneur s'était exécuté en déguerpissant, il ne pouvait plus tard revendiquer le bénéfice du bail. — *Cass.*, 1er therm. an XI, Bournichon c. Thévenon. — V. Merlin, *Quest. de droit*, v° *Emphytéose*, § 3, n° 1er, et la note sous le jugement du 28 therm. an XI.

243. — Le bailleur à rente foncière pouvait intervenir dans une expropriation forcée, demander et obtenir la résolution de son contrat, et cela même après avoir produit à l'ordre de l'immeuble, mais avec réserve de l'action résolutoire. — *Liége*, 17 juin 1823, de Boisy c. Mouton.

244. — En cas de résiliation d'un bail à rente avec deniers d'entrée, ces deniers sont de droit restituables. — *Limoges*, 29 août 1839 (t. 1er 1840, p. 52), Ferrière c. Feugeas.

245. — La rente foncière était, comme nous l'avons vu, sous l'ancienne législation, une dette de l'héritage. Il en résulte qu'elle s'éteignait avec lui. — Pothier, n° 190; Toullier, t. 6, n° 174. — Il n'en serait plus de même aujourd'hui.

246. — Elle s'éteignait également par le *déguerpissement* : c'est-à-dire lorsque, pour se décharger de la rente, l'acquéreur abandonnait l'héritage qui en était tenu soit à l'ancien propriétaire, soit à ses représentans. — *Rennes*, 25 juin 1818, Laquenille et Lebrigant c. Dermitte; *Cass.*, 21 août 1827, Mer c. Domaines. — Pothier, n° 122; Duranton, t. 4, n° 151.

247. — La rente foncière ne constituait pas une simple créance hypothécaire susceptible d'être prescrite par les tiers acquéreurs par la possession de dix ou vingt ans. — *Toulouse*, 5 févr. 1816, Teulère c. Vigner.

248. — Les rentes foncières étaient imprescriptibles sous l'ancienne législation, qui les déclarait irrachetables. — *Toulouse*, 21 nov. 1837 (t. 1er 1838, p. 204), Bégné c. les hospices de Montastruc.

249. — Jugé notamment que sous la jurisprudence du Parlement de Bordeaux, et particulièrement dans le pays de Soule, les rentes foncières étaient imprescriptibles. — *Cass.*, 29 janv. 1829, Agnès c. Caro.

250. — Toutefois, indépendamment de ce qui a été dit (*suprà* n° 238) relativement aux arrérages; il existait, en matière de rente foncière, un droit de prescription, au profit du détenteur qui avait possédé l'héritage comme franc de la rente dont il était grevé. — Mais cette prescription profitait *exclusivement* à l'acquéreur, autre que le débirentier ou ses ayans cause, qui avait acquis l'immeuble, sans avoir été chargé de la rente et sans en avoir eu connaissance. — Cinq conditions étaient requises à cet égard : 1° la possession devait être de *dix* ans entre présens et de *vingt* ans entre absens; 2° il fallait qu'elle n'eût été interrompue ni de fait ni de droit; 3° la possession devait être de bonne foi; 4° le possesseur devait produire son titre d'acquisition; 5° enfin, il fallait que la prescription pût courir contre le créancier. — Pothier, *loc. cit.*, chap. 6, nos 195 et suiv.

251. — Jugé que le tiers acquéreur de bonne foi et à juste titre de biens grevés d'une rente foncière avait qualité, particulièrement sous l'empire de la Coutume de Senlis, pour acquérir la prescription contre le propriétaire de cette rente. — Cout. de Senlis, art. 193. — *Cass.*, 29 juin 1813, Varré c. Davranche d'Hangeranville.

252. — Les rentes foncières, comme toute autre obligation, s'éteignent par la confusion. — *Poitiers*, 15 germ. an XI, Grimault. — Pothier, *loc. cit.*, n° 194; Prévôt de la Jannès, *Principes de la jurisprudence*, t. 1er, n° 276.

253. — Une rente foncière appartenant à la République, comme provenant d'une corporation religieuse à qui elle était due, et constituée sur un immeuble devenu aussi sa propriété pour fait d'émigration, a été éteinte par la confusion des qualités de créancier et de débiteur imprimées à l'Etat par l'effet de cette double confiscation. — *Cass.*, 2 juill. 1832, Lescuyer c. Blondel d'Azincourt.

Sect. 2e. — *Des modifications apportées au contrat de rente foncière par les lois antérieures au Code civil.*

254. — La législation ancienne a été modifiée en quatre points principaux, savoir : 1° par la faculté de racheter la rente foncière; 2° par l'abolition de la solidarité des codétenteurs des fonds arrentés; 3° par la prescription de cinq ans à laquelle se trouvent encore soumis les arrérages des rentes en général; 4° enfin par la mobilisation de ces redevances.

§ 1er. — *De la faculté de racheter les rentes foncières.*

255. — La loi du 9 août 1789 a posé le principe du rachat des rentes foncières de quelque espèce qu'elles fussent. — Les dispositions de cette loi sont expliquées par la loi du 18 déc. 1790, qui en détermine le mode d'exécution.

256. — Toutes les rentes foncières perpétuelles, soit en nature, soit en argent, de quelque espèce qu'elles soient, quelle que soit leur origine, à quelques personnes qu'elles soient dues, gens de mainmorte, domaine, apanagistes, ordre de Malte, même les rentes de dons et legs pour cause pie ou de fondation, seront rachetables, les champarts de toute espèce et sous toute dénomination le seront pareillement au taux qui sera ci-après fixé. Il est défendu à l'avenir de créer aucune redevance foncière non remboursable, sans préjudice des baux à rentes ou emphytéoses et non perpétuels qui seront exécutés pour toute leur durée et pourront être faits à l'avenir pour quatre-vingt-dix-neuf ans et au-dessous; ainsi que les baux à vie, même sur plusieurs têtes : à la charge qu'elles n'excéderont pas le nombre de trois. — Les rentes ou redevances foncières établies par les contrats connus en certains pays sous le titre de locatairie perpétuelle, sont comprises dans les dispositions et prohibitions de l'article précédent; sauf les modifications ci-après sur le taux de leur rachat. — L. du 18 déc. 1790, tit. 1er; et loi du 4 août 1789, art. 6.

257. — La loi qui établit le rachat des rentes foncières dit que le droit de rachat appartient au propriétaire. Mais il ne faut pas interpréter ces mots dans un sens restrictif; la faculté de rachat peut être exercée par toute personne ayant intérêt à l'extinction de la rente. — Fœlix et Henrion, *Rentes foncières*, p. 347.

258. — La clause par laquelle, sous l'ancien droit, le débiteur d'une rente foncière stipulée perpétuelle et non rachetable s'était réservé, dans le contrat constitutif, la faculté de s'en libérer en fournissant des immeubles, ne fait pas obstacle à ce que le rachat ait lieu à prix d'argent, conformément au principe introduit par la loi de 1790, alors même que la clause a été rappelée dans un acte récognitif postérieur à la promulgation de cette loi. — *Amiens*, 7 août 1840 (t. 2 1842, p. 90), Devaulx c. Dechauvenel.

259. — La faculté de rachat peut s'exercer partiellement. Ainsi le possesseur de plusieurs fonds arrentés et le débiteur de la rente peuvent dégrever chaque fonds séparément. — L. 1790, art. 1er, tit. 2.

260. — Si un fonds arrenté est possédé divisément ou indivisément par plusieurs débiteurs solidaires de la rente, le rachat ne peut se faire divisément que du consentement du créancier. — L. 1790, art. 2.

261. — Mais les art. 1er et 2 ci-dessus ont été modifiés par la loi du 20 août 1792, qui abolit sans indemnité *toute* solidarité pour le paiement des *cens*, *rentes*, prestations et redevances, sous quelques dénominations qu'ils existent, même pour les arrérages échus. — Art. 1er, tit. 2.

262. — Les codébiteurs solidaires de cens ou de redevances même de rentes foncières sont autorisés à faire le rachat divisément. — Même loi, art. 2.

263. — Les lois des 9 avril 1789 et 18 déc. 1790, en déclarant les rentes foncières rachetables, ne leur ont pas fait perdre le caractère d'immeubles qu'elles avaient sous l'ancienne législation. — La

loi du 11 brum. an VII, en statuant que les rentes foncières déclarées rachetables ne pourront à l'avenir être frappées d'hypothèques, a implicitement reconnu que jusque-là ces sortes de prestations avaient conservé leur caractère immobilier. — *Orléans*, 5 mars 1830, Poupet c. Frottier. — Merlin, *Quest. de droit*, vº *Locatairie perpétuelle*, § 1er. — *Contrà*, *Cass.*, 27 nov. 1835, et *Paris*, 30 juin 1838 (t. 2 1838, p. 115), mêmes parties.

264. — Toutefois, les rentes foncières ayant perdu tout caractère immobilier par la loi du 11 brum. an VII, qui interdisait les hypothèques, la donation qu'un mari a faite à sa femme, en l'an VIII, de la totalité de ses biens meubles, comprend nécessairement les rentes foncières appartenant au donateur. — *Cass.*, 28 févr. 1832, Letellier; 2 juill. 1833, Hamel c. Lecieux. — Merlin, *Rép.*, vº *Rente foncière*, § 1er, art. 4; Duranton, *Droit franç.*, t. 4, nos 141 et 142; Proudhon, *Traité de la propriété*, nº 283.

265. — Le bail à rente, tel qu'il était établi sous l'ancien droit, fut supprimé par la loi du 18-29 déc. 1790, qui défendit de créer à l'avenir aucune redevance foncière non remboursable, sans préjudice de baux à rente ou emphytéose *non perpétuels* qui seraient exécutés pour toute leur durée et pourraient être faits pour 99 ans et au-dessous. — Décr. 15 brum. an XI.

266. — Les lois du 9 août 1789 et du 29 déc. 1790 ne prohibent pas la rente foncière; elles la soumettent seulement au rachat, et en fixent la durée *à 99 ans*. — En effet, plusieurs communes furent autorisées, le 7 niv. an X, par des lois spéciales, à concéder des immeubles à rente foncière. — Merlin, *Rép.*, vº *Rente foncière*, § 2, art. 1er, nº 7; Fœlix et Henrion, *Rentes foncières*, p. 11.

267. — Les redevances foncières consistant en une portion de fruits récoltés annuellement sur les fonds, n'ont pas pu s'arrérager postérieurement à la loi du 18-29 déc. 1790, à moins qu'il n'y ait eu demande suivie de condamnation. Sauf ce cas, les détenteurs tenus de ces redevances ne peuvent être condamnés à payer que l'année courante lors de la citation en conciliation, les années échues pendant le procès et les années à venir. — *Cass.*, 23 avr. 1817, N....

268. — L'arrentement continue à être soumis à tous les effets de l'action résolutoire, même depuis la loi du 29 déc. 1790, qui n'en a pas changé la nature, quant au pacte commissoire. — *Cass.*, 16 juin 1814, Squiroly c. de Cès-Caupène.

269. — En Normandie, sous l'ancien droit, les rentes dites légitimaires étant réputées immeubles et ayant les priviléges de la rente foncière, elles étaient, en conséquence, soumises aux dispositions de l'art. 4, tit. 2, L. 18 déc. 1790, et celui qui en était débiteur vis-à-vis d'un mineur demeurait garant du remploi, s'il n'avait pas consigné le prix du rachat. — *Caen*, 19 nov. 1824, Lemarchand c. Clément.

270. — Sous l'empire de la loi du 11 brum. an VII, une inscription de la part du vendeur, à défaut de transcription du contrat par l'acquéreur, était nécessaire pour la conservation de la rente foncière créée pour le prix de l'aliénation. — *Poitiers*, 2 pluv. an XIII, Desminières c. Godu.

271. — Les hypothèques constituées sur une rente foncière rachetée avant la loi du 11 brum. an VII ont été purgées par le défaut d'opposition, conformément à la loi du 18 déc. 1790. — *Colmar*, 9 mai 1813, Ferrino c. Monnier.

272. — Sous la loi du 11 brum. an VII, la transcription purgeait les rentes foncières non inscrites, même celles constituées sous le titre de locatairies perpétuelles. — *Cass.*, 12 pluv. an XI, Fortin c. Saron; *Nîmes*, 9 vent. an XII, Tayole c. Bertrand.

273. — Les complans de la Loire-Inférieure ne sont point rachetables. Le détenteur d'une propriété plantée de vignes, concédée sans limitation de délai, et sous la condition principale que le tiers des fruits reviendrait annuellement au cédant ou à ses ayans cause, est sans droit pour opérer le rachat de cette redevance. — *Cass.*, 7 août 1837 (t. 2 1837, p. 149), Petit des Rochettes c. Delatallaye. — Merlin, *Rép.*, vis *Complant*; Denizart, Poullain-Duparc, sur la coutume de Bretagne; Boncheul, sur la coutume de Poitou.

274. — Cependant, la Cour de cassation avait aussi décidé que le complant n'est plus un droit réel; qu'il est rachetable et ne peut donner lieu à l'action possessoire. — *Cass.*, 11 févr. 1833, Baty c. Benechand.

275. — La loi du 10 juillet 1791 ne s'occupe de la présomption légale du cumul de la dîme, avec les redevances foncières, que pour les cas où les titres ne contiennent aucune stipulation particulière à cet égard; et l'arrêt qui, interprétant les clauses d'un contrat, a décidé qu'une redevance stipulée dans cet acte, était la représentation de la dîme, échappe à la censure de la Cour de cassation. — *Cass.*, 17 janv. 1809, Dhane Stenhuyse c. Malfeson; 24 mars 1829, préfet du Haut-Rhin c. Keller. — Merlin, *Quest.*, vº *Dîme*.

276. — Le rachat des rentes foncières appartenant aux fabriques, ne peut être liquidé que par les administrations départementales, et effectué que dans les caisses de receveurs de district. — L. 18-23 déc. 1790, tit. 2, art. 7. — Un avis du Conseil d'Etat, approuvé le 21 déc. 1808, rapporté au *Bulletin des lois*, nº 221, porte que le remboursement des capitaux aux hospices, communes, fabriques et autres établissemens dont les propriétés sont administrées et régies sous la surveillance du gouvernement, peut toujours avoir lieu quand les débiteurs se présentent pour se libérer, pourvu que les administrateurs soient avertis un mois d'avance.

277. — Jugé qu'une rente foncière payable en denrées et ressortant nature de dot à une femme, n'a pu être valablement remboursée au mari, si le remboursement n'a pas été précédé de la liquidation du capital de la rente, ou suivi d'emploi. — *Riom*, 11 janv. 1814, Marsal c. Magne.

278. — Le remboursement ayant été fait en assignats, le mari qui l'a reçu ne doit faire raison que de la valeur des assignats, suivant l'échelle de dépréciation. — *Bordeaux*, 23 pluv. an X, N...; *Cass.*, 1er vent. an X, Pommier; 20 janv. 1807, Delorme c. Dangereux; 16 mars 1812, de Corbier c. de Laboulaye; *Riom*, 17 janv. 1814, Marsal; *Nîmes*, 2 mars 1819, Nadal c. Grenier. — Duport-Lavillette, *Quest. de droit*, t. 3, p. 98; Tessier, *Traité de la dot*, nº 1065. — V. cependant *Cass.*, 29 mai 1827, Brisson c. Normand. — Benoit, *Traité de la dot*, t. 2, nº 105.

279. — L'art. 8 de la loi du 15-28 mars 1790, qui déclare prescriptibles les *rentes, redevances et autres droits qui sont rachetables* par leur nature ou par l'effet des décrets des 4 août 1789 et jours suivans, est applicable aux rentes purement foncières comme aux rentes féodales. — *Aix*, 27 janv. 1843 (t. 2 1844, p. 142), de Meyronnet c. Rougier.

§ 2. — *Abolition de la solidarité des codétenteurs des fonds grevés de rentes foncières.*

280. — La solidarité des codétenteurs des fonds grevés de rentes a été abolie par la loi du 20 août 1792, qui a ainsi réglé les effets de cette disposition.

281. — Toute solidarité pour le paiement des cens, rentes, prestations et redevances, de quelque nature qu'ils soient et sous quelque dénomination qu'ils existent, est abolie sans indemnité, même pour les arrérages échus; en conséquence, chacun des redevables sera libre de servir sa portion de rente, sans qu'il puisse être contraint à payer celle de ses codébiteurs. — Le créancier ou ci-devant seigneur sera tenu d'en faire la recette jusqu'au rachat ou remboursement qui pourra être fait, dans tous les cas, de la manière prescrite par le présent décret. — L. du 22 août 1792, tit. 2, art. 1er.

282. — Les codébiteurs solidaires de cens ou de redevances annuelles fixes, même de rentes foncières perpétuelles irrachetables ou devenues telles par convention ou prescription, pourront racheter à l'avenir divisément, suivant ce qui est décrété par les art. 1er et suivans du titre précédent, leur portion contributive desdites redevances, rentes et droits fixes, en se conformant à ce qui sera prescrit par les articles suivans, sans que, sous prétexte de la solidarité, ils puissent être contraints à rembourser au delà de leur quote-part. — *Ibid.*, art. 2.

283. — Ceux qui possèdent divisément partie d'un fonds grevé solidairement d'un ou plusieurs des droits mentionnés en l'article précédent, seront obligés de vérifier par reconnaissance ou autres actes faits avec les possesseurs desdits droits, ou leurs receveurs ou agens, la quotité dont ils sont tenus dans la totalité des droits. — Les quittances données par les possesseurs des droits, leurs receveurs ou agens, et les collecteurs des rôles et rentiers, serviront également à constater la quotité des droits solidaires qu'on voudra racheter, lorsque cette quotité y sera déterminée. — *Ibid.*, art. 3.

284. — Les codébiteurs qui possèdent indivisément un fonds grevé d'un ou plusieurs des susdits droits, seront tenus de faire préalablement constater et vérifier à frais communs, et proportionnellement à la portion qui appartient à chacun dans les fonds grevés, la quotité desdits droits solidaires à laquelle ils sont individuellement soumis contradictoirement avec le propriétaire desdits droits, ou lui dûment appelé. — Il en sera de même des codébiteurs, qui, quoique possédant divisément, ne pourront point vérifier, de la manière prescrite par l'article précédent, la quotité dont ils sont tenus dans la totalité des mêmes droits. — *Ibid.*, art. 4.

285. — Un seul pourra contraindre les autres codébiteurs à concourir à la vérification exigée par l'article précédent, dans les cas qui y sont prévus. — Cette vérification préalable, faite contradictoirement ou sur défaut, ou arrêtée de gré à gré, servira à chacun des autres codébiteurs, lorsqu'ils voudront, par la suite, affranchir leurs propriétés, sans qu'ils soient tenus d'en faire une nouvelle. — *Ibid.*, art. 5.

286. — A l'égard des mêmes droits solidaires dus à la nation, la vérification de la quotité dont le possesseur du fonds grevé voudra se libérer sera faite et constatée, suivant les règles prescrites par les art. 2, 3 et 4 ci-dessus, contradictoirement avec le préposé de la régie sous l'inspection du directoire du district. — *Ibid.*, art. 6.

287. — Cette loi est applicable aux rentes foncières créées avant sa promulgation, quoiqu'elles ne portent aucun caractère de féodalité. — Merlin, *Rente foncière*, § 1er, art. 2, nº 3. — La Cour de Poitiers avait jugé le contraire par arrêt du 22 avril 1810. Mais cet arrêt a été cassé le 6 oct. 1812 (Chaigne c. Thouzeau). — Conf. Rolland de Villargues, vº *Rente*, nº 25.

288. — Mais elle ne s'applique pas aux rentes foncières créées depuis sa promulgation; ces dernières sont régies par les principes généraux du droit. — Merlin, *Rép.*, vº *Rente foncière*, § 2 art. 2, nº 3; Fœlix et Henrion, *Rentes foncières*, p. 355; Grenier, *Des hypoth.*, nº 177.

289. — La solidarité entre tous les codébiteurs de la rente foncière a été abolie, sous la condition de faire reconnaître avec le créancier la quotité proportionnelle de la tenue de chacun d'eux. — En conséquence, ceux qui ne se sont point conformés à cette formalité, prescrite par l'art. 4, tit. 2 de la loi précitée, sont demeurés solidairement obligés. — *Riom*, 8 juill. 1814, Roux c. Defargues; *Rennes*, 25 juin 1818, Laqueille c. Dernielte; *Cass.*, 16 juin 1835, Basemerye c. hospice de Limoges; *Limoges*, 5 juin 1838 (t. 1er 1839, p. 95), Geoffre c. Beaulieu; 29 août 1839 (t. 1er 1840, p. 58), Mauny c. hospice de Limoges.

290. — Jugé, en ce sens, que les détenteurs d'un fonds grevé d'une redevance foncière au profit d'une église, ont pu être condamnés solidairement et hypothécairement pour le tout au service de cette redevance, bien que la loi du 20 août 1792 ait aboli la solidarité pour le paiement des rentes foncières; seulement, cette condamnation doit être entendue en ce sens: que ce n'est que comme détenteurs du fonds qu'ils sont solidaires, et qu'ils peuvent s'en affranchir en faisant procéder à la division de la rente. — *Cass.*, 23 nov. 1831, Guillaume c. Fabrique de Saint-Calais.

291. — Jugé cependant que l'abolition de la solidarité, pour le paiement des cens et rentes constituées avant la loi du 20 août 1792 et prononcée par l'art. 1er, tit. 2 de cette loi, est absolue et n'est point subordonnée à la condition de la part des débi-rentiers de faire constater la quotité des droits dont ils sont personnellement passibles, et que cette formalité n'est prescrite que pour le cas du remboursement de la rente. — *Bourges*, 16 juin 1829, Bompierre c. Rochier.

292. — Lorsque l'immeuble grevé d'une portion de rente foncière se trouve affranchi entre les mains de l'acquéreur qui a fait transcrire, à défaut par le créancier d'avoir requis inscription dans les délais, le codébiteur solidaire de l'autre portion de la rente reste tenu du service de la rente entière, à moins qu'il n'ait mis, lors de la transcription, le créancier commun en demeure de pourvoir à la conservation de ses droits. — *Limoges*, 29 août 1839 (t. 1er 1840, p. 59), Maumy.

293. — Depuis la loi du 20 août 1792, et lorsque les codébiteurs d'une rente foncière ont fait entre eux la division de cette rente, il n'existe plus de solidarité, en sorte que chacun de ces codébiteurs n'est tenu, même hypothécairement, qu'au paiement de sa part contributive de la rente. — *Riom*, 14 juin 1822, Sabatier c. de La Faige.

294. — Bien que le débiteur d'une rente foncière ait été condamné solidairement par un jugement passé en force de chose jugée à payer les

termes échus et à fournir titre nouvel, il peut cependant demander plus tard la division du paiement de la rente en vertu de la loi du 20 août 1792, surtout si ses codébiteurs détenteurs de partie des biens grevés de la rente ont été affranchis de son service par une exception qui leur est personnelle, résultant de la nature même de la rente; par exemple, de ce que cette rente est entachée de féodalité. — *Poitiers*, 11 juin 1835, Mauvilin c. Caillé. — Duranton, *Droit civil*, t. 11, n° 234.

295. — Cependant, depuis la loi du 20 août 1792, abolitive de toute solidarité pour le paiement des rentes, le codébiteur d'une rente foncière n'a pas pu payer la totalité des arrérages et paralyser le droit à la résolution du contrat d'arrentement, qui était acquis au créancier vis-à-vis des autres codébiteurs. — *Cass.*, 18 mai 1818, Meynadier c. Pintard.

296. — Lorsque le rachat de diverses rentes foncières au service desquelles les débiteurs ne sont pas solidairement tenus a néanmoins lieu par un seul acte et à prix débattu, il peut très-valablement, même en présence de la loi du 20 août 1792, être stipulé, entre le crédi-rentier et ses censitaires, qu'il y aura, à l'égard de ceux-ci, solidarité pour le paiement. — *Colmar*, 11 mai 1838 (t. 1er 1839, p. 97), Léonard c. Hell.

297. — Lorsque le rachat de diverses rentes foncières, au service desquelles les débiteurs ne sont pas solidairement tenus, a néanmoins lieu par un seul acte et à prix débattu, il peut très-valablement, même en présence de la loi du 20 août 1792, être stipulé, entre le crédi-rentier et ses censitaires, qu'il y aura à l'égard de ceux-ci solidarité pour le paiement. — Le débiteur solidaire qui, par le fait du créancier, ne peut plus être subrogé aux droits, hypothèques et privilèges de ce dernier, ne cesse pas pour cela, comme la caution, d'être obligé solidairement. — Même arrêt.

298. — Quant à la solidarité entre le débiteur et la caution, on a jugé que celui qui, avant la révolution, a cautionné solidairement une commune pour le paiement d'une rente, n'a pas été dégagé de la solidarité par l'effet de la loi du 24 août 1793, qui a déclaré biens nationaux les biens des communes et mis leurs dettes à la charge de l'Etat. — *Rouen*, 14 flor. an IX, Hamon c. Grandin.

§ 3. — *De la prescription des arrérages des rentes foncières.*

299. — Les arrérages d'une rente foncière qu'on a négligé de demander pendant cinq ans sont prescrits aux termes de la loi du 20 août 1792. — *Cass.*, 30 nov. 1807, Domaine c. Desonches; 23 mars 1808, Domaine c. Son; 3 janv. 1809, Domaine c. Joguet; 30 déc. 1818, Enregistrement c. Boller.

300. — La loi du 20 août 1792 qui déclare prescriptibles par cinq ans les arrérages des rentes foncières n'a pu être étendue aux arrérages échus avant cette loi. — *Cass.*, 11 vendém. an IX, Enregistrement c. Lebizler. — Conf. *Cass.*, 24 prair. an VIII, Domaine c. Chisson; 30 nov. 1807, Domaine c. Desonches. — *Contrà*, *Toulouse*, 17 therm. an IX, Domaine c. Aurial.

301. — Les arrérages de rentes foncières échus avant la publication de la loi du 20 août 1792, qui a introduit la prescription de cinq ans pour ces rentes, ont continué, depuis cette loi, à être prescriptibles par trente ans, à compter de l'expiration de chacune des années non payées. — *Cass.*, 25 avr. 1820, Cassan c. Soulié. — V., en outre, *Nîmes*, 27 frim. an XIV, Bégon c. Manigran.

302. — Jugé que le cours des prescriptions commencées avant le Code civ. doit être réglé par les lois anciennes, encore que depuis le Code il se soit écoulé un temps suffisant pour prescrire. — V. *Cass.*, 21 déc. 1812, Domaine c. Cuvelier; 18 mars 1812, Enregistrement c. Girard; 28 déc. 1813, Walliaux c. Martin. — Mais, jugé que cette règle ne s'applique qu'au laps de temps nécessaire pour prescrire; qu'elle ne s'étend pas à toutes les règles, à tous les principes des lois anciennes relatifs à la prescription. — V. *Nîmes*, 20 févr. 1838 (t. 1er 1838, p. 418), Dumas c. Champanher. — V., aussi, *Rennes*, 5 juill. 1817, Rossary c. Bahuant; 3 janv. 1817, Perron c. Léon; 28 août 1818, Coly c. N...; *Metz*, 15 mai 1819, Domaine c. N...; *Bourges*, 28 juill. 1819, de Remigny c. de Chabrillant; et la note sous l'arrêt de *Metz*, du 28 avr. 1819, Communauté des Juifs c. Tardif.

§ 4. — *Mobilisation des rentes foncières.*

303. — Les rentes foncières n'ont commencé à être mobilisées que par la loi du 11 brumaire an VII sur le régime hypothécaire. — *Orléans*, 5 mars 1830, Poupet c. Frottier.

304. — Les rentes foncières ont été réduites par la loi du 11 brumaire an VII à de simples créances hypothécaires; en sorte que les tiers acquéreurs n'ont plus été tenus de plein droit de les acquitter comme charges inhérentes au fonds, mais seulement de souffrir l'exercice de l'action hypothécaire, sauf leur recours contre le vendeur; et il en est de même sous le Code civil. — *Cass.*, 8 nov. 1824, Lhéritier c. Boucher.

305. — Dès lors, ces rentes ont dû être inscrites comme toutes les autres créances. L'acquéreur et en général le successeur à titre singulier de l'immeuble, n'a plus été chargé de plein droit de l'obligation d'acquitter ces rentes; il n'a été désormais passible que d'une simple action hypothécaire dans le cas où le créancier a pris inscription en temps utile, et sauf le recours en garantie contre le vendeur resté débiteur personnel. — *Cass.*, 29 juin 1813, Varré c. d'Avranche-Dhaugeranville; *Limoges*, 14 juill. 1813, Cantonin c. Turenne. — Grenier, *Hypothèques*, n° 160; Rolland de Villargues, *Rép. du not.*, v° *Rente*, n° 30.

306. — Depuis la mobilisation des rentes foncières elles ne sont plus susceptibles d'hypothèques, mais en remplissant les formalités prescrites par les art. 42 et 45 de la loi de brumaire an VII les créanciers ont pu conserver leurs hypothèques existantes sur les rentes foncières à l'époque de leur transformation. — Troplong, t. 2, n° 408; Proudhon, *Traité de la propriété*, n° 282.

307. — Même avant le Code civil et depuis les lois des 11 brumaire et 22 frimaire an VII, les rentes foncières avaient perdu tout caractère immobilier. — Par suite, une donation faite en l'an VIII, de tous les biens meubles, embrasse les rentes foncières. — *Cass.*, 28 févr. 1832, Letellier; 2 juill. 1833, Hamel c. Lecieux.

308. — Jugé, néanmoins, que l'arrêt qui, malgré la mobilisation opérée par les lois des 11 brumaire et 2 frimaire an VII, décide qu'une donation générale entre époux des meubles et effets mobiliers, faite par un contrat de mariage passé avant le Code civil, sous l'empire de ces lois, ne comprend pas les rentes foncières du donateur, échappe à la censure de la Cour de cassation, alors qu'il se fonde non pas sur ce que lesdites rentes n'auraient pas été mobilisées, mais sur ce qu'il résulte des clauses de l'acte et autres circonstances que l'intention du donateur n'a pas été de les comprendre dans la donation. — *Cass.*, 9 mars 1841 (t. 1er 1841, p. 716), Seigle c. Mesaize.

309. — Les rentes foncières qui, créées avant 1790, n'étaient sous l'empire de la coutume de Bretagne prescriptibles que par quarante ans, comme biens immeubles, ont été mobilisées par la loi du 11 brumaire an VII, et rendues prescriptibles par trente ans. — *Cass.*, 28 févr. 1832, Letellier; 2 juill. 1833, Hamel c. Lecieux; 5 févr. 1834, Kempf c. Gysendorffer; 17 janv. 1843 (t. 1er 1843, p. 505), de Coislin c. Dambry. — Un arrêt de la Cour de Colmar, du 4 mai 1842 (t. 1er 1843, p. 5 [Teutsch c. Fischer]), admet bien la mobilisation, mais ne lui donne pas pour effet d'avoir changé la durée de la prescription. — Conf. Merlin, *Rép.*, v° *Rente foncière*, § 1er, art. 4; Duranton, *Droit français*, t. 4, n°s 141 et 140, et les autres autorités citées dans le cours de l'arrêt. — Tel était le principe spécialement admis par la coutume de Bretagne, art. 282. — Poullain-Duparc, t. 6, p. 317 et 318, n°s 164-166.

Sect. 3e. — *De la rente foncière depuis la promulgation du Code civil.*

310. — Le Conseil d'Etat, après de longues discussions (V. séances des 15 et 19 ventôse an XII), s'est prononcé contre le rétablissement des rentes foncières, et il les a définitivement retranchées de notre législation par l'adoption de l'art. 530 du Code civil. — Cependant Merlin pense que le bail à rente continue de subsister, mais que la redevance qui résulte de ce contrat ne constitue plus à proprement parler une rente foncière en ce sens qu'elle ne forme plus une partie de l'immeuble arrenté, mais seulement une rente sur la personne du propriétaire de l'immeuble arrenté. — Merlin, *Rép.*, v° *Rente foncière*, § 11, art. 5.

§ 1er. — *Caractère de la rente foncière sous le Code civil.*

311. — Les rentes réservées, autrefois appelées rentes foncières, ne constituent plus aujourd'hui des droits réels immobiliers, mais de simples créances mobilières. — C. civ., art. 529. — Zachariæ, t. 3, p. 104, § 399.

312. — La rente foncière peut être définie, conformément à l'art. 530 du Code civil, un revenu périodique et fixe en fruits ou en argent, stipulé à perpétuité pour le prix de la vente d'un immeuble ou comme condition de la cession à titre onéreux ou gratuit d'un fonds immobilier. — Fœlix et Henrion, *Rentes foncières*, ch. 1er, p. 18.

313. — Il se crée encore des rentes foncières, depuis la promulgation du Code civil, par exemple en matière de mines. — Proudhon, *Traité de la propriété*, n°s 307 et suiv.

314. — Suivant M. Jourdan (*Thémis*, t. 5, p. 321 et suiv.), la rente foncière est désormais complétement assimilée à la rente constituée. Toutefois la distinction entre les rentes foncières et les rentes constituées a encore son utilité, même depuis que les rentes foncières sont rachetables. — Elle a pour objet de faire décider si, lorsqu'on forme la demande d'une rente dont l'origine est inconnue, il est indispensable de désigner, dans l'exploit, les tenans et aboutissans d'un immeuble qui y soit affecté, comme le prescrit l'art. 64 du Code de procédure, ou si en la supposant constituée à prix d'argent par celui contre lequel la demande en est formée ou par ceux qu'il représente à titre universel, on peut conclure à ce qu'il y soit condamné personnellement.

315. — L'art. 530 C. civ. déroge à la loi du 29 déc. 1790, qui permettait les baux à rente pour quatre-vingt-dix-neuf ans. — Tit. 1er, art. 1er.

316. — Les rentes foncières diffèrent encore des rentes constituées, en ce que les unes sont créées pour l'aliénation d'un immeuble, les autres pour l'aliénation d'un capital mobilier.

317. — ... En ce que le temps pendant lequel elles peuvent être stipulées rachetables n'est pas le même pour la rente foncière (art. 530, § 3) que pour la rente constituée (C. civ., art. 1911, § 2).

318. — Elles diffèrent enfin en ce que l'art. 1912 C. civ., qui détermine les cas où le débiteur d'une rente constituée en perpétuel peut être contraint au rachat, n'est pas applicable aux rentes foncières. — *Caen*, 13 mars 1815, Ledanois c. Dudont; *Cass.*, 5 mars 1817, Poque c. Cassagne; *Bruxelles*, 24 avr. 1818, Bonchy c. Deneumoulin; *Bourges*, 12 avr. 1824, Ronelle c. Moreau-Bonchage; *Cass.*, 28 juill. 1824, Masoyer c. Dutour et Girard; *Paris*, 8 janv. 1825, Petitier c. Guillier. — *Sic* Delvincourt, t. 3, p. 413; Duvergier, n° 365; Troplong, n° 488; Fœlix et Henrion, *Rentes fonc.*, p. 87; Duranton, t. 4, n°s 147 et suiv., et t. 17, n° 622; Rolland de Villargues, *Rép. du not.*, v° *Remboursement de rente*, n° 37. — *Contrà*, Jourdan, *Thémis*, t. 5, p. 321.

319. — ... Et cela quand bien même la rente eût été créée depuis les lois de la Révolution. — *Paris*, 8 janv. 1825, Petitier c. Guillier.

320. — Les rentes foncières ne forment plus qu'une simple créance hypothécaire, qui ne peut se conserver que par l'inscription. — *Cass.*, 29 juin 1813, Vacré c. d'Haugeranville; 8 nov. 1824, Lhéritier c. Boucher; 2 juill. 1833, Hamel c. Lecieux. — Proudhon, *Tr. de la propriété*, n° 298.

321. — L'art. 529 C. civ., qui déclare les rentes meubles, est applicable aux rentes foncières créées avant sa promulgation. — En conséquence, l'inscription de ces rentes est nécessaire pour leur conservation à l'égard d'un tiers acquéreur. — *Limoges*, 14 juill. 1813, Cantouni c. Turenne.

322. — La rente foncière dont le titre est antérieur au C. civil, constitue une simple créance hypothécaire; en telle sorte que l'acquéreur de l'immeuble qui en est grevé est dispensé d'en servir les arrérages, s'il a rempli les formalités prescrites par le chap. 8, tit. 18, liv. 3 C. civ. — *Cass.*, 27 nov. 1835, Frottier c. Poupet. — *Contrà*, *Cass.*, 25 août 1829, Frottier c. Poupet; *Orléans*, 5 mars 1830, mêmes parties; *Paris*, 30 juin 1838 (t. 2 1838, p. 115), mêmes parties; *Limoges*, 5 juin 1838 (t. 1er 1839, p. 95), Geoffre c. Nonique et Dumont-Beaulieu. — V. aussi Merlin, *Quest.*, v° *Rente foncière*, § 7.

323. — Les rentes foncières ne forment plus aujourd'hui qu'une créance mobilière qui tombe dans la communauté. — Toullier, t. 12, n° 108.

et t. 3, n° 402; Proudhon, *Tr. de la propriété*, n° 283.

324. — Mais les rentes qui appartiennent à des personnes qui se sont mariées depuis la loi du brum. an VII, et avant la promulgation du Code civil, ne sont pas tombées en communauté. — Proudhon, *Tr. de la propriété*, n° 244.

325. — Les rentes foncières qui, appartenant aux femmes mariées sous la coutume de Normandie, étaient immeubles sous l'empire de cette coutume, ont été, du moins à l'égard des tiers, mobilisées en vertu de l'art. 529 C. civ., lorsque d'ailleurs elles n'ont pas été stipulées dotales. — *Rouen*, 16 août 1816, Duval c. Masson. — Jugé cependant que les droits des époux dont le mariage a eu lieu sous l'empire des lois qui réputaient les rentes immobilières doivent toujours être réglés conformément à ces lois. — *Rouen*, 12 déc. 1807, Dubus. — Chabot, *Quest. transit.*, v° *Droits matrimoniaux*; Rolland de Villargues, *Rép., du not.*, v° *Rente*, n° 184.

326. — On peut aliéner à charge de rente foncière les fonds de terre et les maisons (art. 530 C. civ.), et même les immeubles par destination; mais ils ne sont grevés du privilége de la rente qu'autant qu'ils continuent d'être l'accessoire d'un immeuble. — Fœlix et Henrion, *Rentes foncières*, p. 37.

327. — Parmi les droits immobiliers incorporels, l'usufruit seul peut être grevé d'une rente foncière. — Mais les autres droits incorporels tels qu'une servitude, une action en revendication ne peuvent être arrentés. — Fœlix et Henrion, *Rentes foncières*, p. 38.

328. — Les immeubles des mineurs interdits, et ceux des communes et établissemens publics ne peuvent être arrentés qu'en observant les mêmes formalités que pour l'aliénation de ces biens. — Merlin, *Rép.*, v° *Aliénation*, n°s 6 et suiv.

329. — L'arrentement de l'immeuble d'autrui serait nul, d'après l'art. 1599, et il y aurait une question de bonne foi à examiner pour la restitution des fruits perçus et de la rente touchée aux termes des art. 549 et 550. — Le cédant pourrait refuser la restitution du prix. — Fœlix et Henrion, *Rentes foncières*, p. 41, n° 9.

330. — Selon Pothier, lorsqu'on avait acheté, à charge de rente, l'immeuble dont on était propriétaire, il y avait lieu de répéter les arrérages payés. MM. Fœlix et Henrion pensent que l'on ne pourrait plus décider ainsi aujourd'hui, la loi n'ayant pas modifié, pour ce cas spécial, la distinction générale entre le vendeur ou possesseur de bonne foi et celui de mauvaise foi. — Fœlix et Henrion, *Rentes foncières*, chap. 2, n° 10.

331. — La rente avec son capital remboursable est réputée l'équivalent de l'immeuble; elle ressemble en cela au prix d'une vente et doit être fixée par les parties à peine de nullité du contrat. — Art. 1591 C. civ.

332. — Elle est aujourd'hui comme le prix de vente due par l'acquéreur. Ainsi si l'immeuble arrenté a péri en partie par force majeure la rente reste due et continue à grever pour la totalité la partie restante de l'immeuble. — Mais à la différence du prix de vente qui doit être une somme d'argent, elle peut consister en une certaine quantité de fruits et de denrées. — Pothier, *De la vente*, n° 30; Fœlix et Henrion, n°s 13 et 15.

333. — L'acheteur de l'immeuble arrenté n'est plus comme autrefois obligé vis-à-vis du rentier à l'entretenir en bon état, néanmoins on pourrait stipuler que l'acheteur sera tenu d'améliorer le fonds arrenté; cette clause obligerait les tiers détenteurs. — Fœlix et Henrion, *Rentes foncières*, n°s 59 et 61.

334. — Par application de l'art. 1247, les rentes foncières sont aujourd'hui quérables sauf stipulation contraire.

335. — L'emphytéose, le bail à locatairie perpétuelle et le champart, sont aujourd'hui de la même nature que les rentes foncières, la propriété des immeubles grevés appartient aux débiteurs des rentes. — Avis du Cons. d'Etat du 6 fruct. an XIII. — Merlin, *Rép.*, v° *Emphytéose*, § 5, n° 5.

§ 2. — *Droits et actions résultant d'une aliénation immobilière à charge de rente.*

336. — La convention, connue autrefois sous le nom de bail à rente, par laquelle le propriétaire d'un immeuble l'aliène, sous la réserve d'une rente, ne constitue pas, d'après le droit nouveau un contrat d'une nature spéciale; elle peut être attachée à tout contrat d'aliénation, soit à titre onéreux, soit à titre gratuit, et ses effets se déterminent d'après les principes auxquels sont soumis ces divers contrats. — Zachariæ, t. 3, p. 105, § 399.

RENTE, ch. 2, sect. 3e, § 2.

337. — Les dispositions générales du Code civil sur l'inscription des priviléges et hypothèques s'appliquent aux rentes foncières. — Fœlix et Henrion, *Rentes foncières*, n° 91 h. h., p. 183 et suiv.

338. — Dans l'inscription, la nature du titre est suffisamment indiquée par les mots : *Un contrat de rente foncière en date du...* — *Cass.*, 7 mai 1811, Carnot c. Juin. — Fœlix et Henrion, *Rentes foncières*, p. 191.

339. — Si on a négligé de renouveler, dans les dix ans, l'inscription d'une hypothèque précédemment prise sur une rente foncière, on ne peut plus la renouveler après les dix ans : sauf à perdre son rang comme en matière d'hypothèque ordinaire. — Proudhon, *Traité de la propriété*, n° 302.

340. — Les lois qui ont réduit les rentes foncières, quelle que soit l'époque de leur création, au rang de simples créances, ont imposé à l'Etat, comme à tout autre créancier, l'obligation de prendre une inscription hypothécaire, pour pouvoir exercer son action sur les immeubles affectés à leur paiement; dès lors, en cas d'aliénation, l'inscription ne peut plus être prise quinzaine après la transcription faite par l'acquéreur. — *Colmar*, 10 juin 1820, Blum et Meyer c. Trésor; *Cass.*, 24 mars 1829, préfet du Haut-Rhin c. Keller; *Pau*, 16 juin 1832, de Gayrosse c. préfet des Basses-Pyrénées.

341. — Les rentes foncières créées depuis le Code civil jouissent d'un privilége qui résulte de l'art. 530. — M. Duranton refuse le privilége aux rentes créées pour le prix préalablement fixé et convenu. Il pense qu'alors il y a novation dans la créance (t. 4, n° 152). Mais il n'y a pas novation dans le sens de l'art. 1271, n° 1er. — Fœlix et Henrion, n° 91, note; Grenier, t. 2, n° 380.

342. — La jurisprudence soumet la conservation de ce privilége aux conditions prescrites pour la conservation du privilége du vendeur. — *Cass.*, 13 déc. 1813, Ailhaut c. Joannis. — Merlin, *Rép.*, v° *Domicile élu*, § 3, n° 3; Favard de Langlade, *Rép.*, v° *Privilége*, sect. 2, § 3, n° 8.

343. — Un acte sous seing privé peut donner naissance au privilége de la rente et le conserver; mais, quant aux poursuites hypothécaires, il faut obtenir un jugement de condamnation contre le débiteur de la rente. — Et s'il s'agit d'un tiers détenteur, il faut conclure à ce qu'il soit condamné, en cette qualité, au paiement de la rente. — Fœlix et Henrion, *Rentes foncières*, n° 92, a.

344. — La transcription du contrat de vente d'un immeuble arrenté ne conserve que le privilége du vendeur et non pas le privilége du créancier de la rente. — Merlin, v° *Transcription*, § 3, n° 3; Fœlix et Henrion, *Rentes foncières*, p. 182.

345. — En cas d'expropriation, le privilége de la rente est purgé par l'adjudication définitive, s'il n'a pas été inscrit avant qu'elle ait eu lieu. — Merlin, *Rép.*, v° *Inscription*, § 4, n° 7, et v° *Saisie immobilière*, § 7, n° 3; Grenier, t. 2, n° 490; Persil, liv. 2, chap. 7, sect. 1re, § 6 et chap. 11, sect. 1re, § 5.

346. — Le privilége de la rente une fois inscrit ne perd pas son rang par le défaut de renouvellement avant l'expiration de dix ans. — Fœlix et Henrion, *Rentes foncières*, p. 201.

347. — Le privilége de la rente ne dégénère jamais en simple hypothèque. — C. civ., art. 2113, — Fœlix et Henrion, *Rentes foncières*, n° 91, O.

348. — Le vendeur d'une rente foncière ne peut user du privilége accordé par l'art. 2102 du Code civil, n° 4, au vendeur de meubles. — Fœlix et Henrion, *Rentes foncières*, p. 248; Persil, *Quest. sur les priviléges et Hypothèques*, liv. 1er, ch. 3, § 5.

349. — Il pourrait, toutefois, exercer l'action résolutoire en vertu des art. 1184 et 1654 du Code civil. — Persil, *Quest. sur les priviléges et hypothèques*, liv. 1er, chap. 3, § 5; Fœlix et Henrion, *Rentes foncières*, p. 249.

350. — Le vendeur qui consent à une constitution de rente, en représentation du prix convenu, n'opère pas dans la créance une novation qui l'empêche de demander la résolution de la vente en cas de non-paiement de la rente, comme il l'aurait pu en cas de non-paiement du prix. — *Paris*, 11 mars 1816, Dubose c. Boinville.

351. — Le droit qu'a le vendeur d'un immeuble cédé avant le Code civil, moyennant une rente foncière, de demander la résolution de la vente, à défaut de paiement, n'est ni un droit de privilége, ni un droit d'hypothèque, mais un droit de propriété qui ne peut être purgé par les voies hypothécaires; dès lors, ce droit de résolution peut toujours être exercé, quoique le vendeur ait négligé de prendre inscription en temps utile. — *Cass.*, 29 avril 1826, Camel c. Delisle.

352. — L'acquéreur qui, pour prix d'un immeuble, a affecté tous ses biens au paiement d'une rente foncière et s'est obligé personnellement, n'a pas été déchargé par la confiscation et la vente nationale de cet immeuble du paiement de la rente, si l'amnistie a eu pour effet de le réintégrer dans des biens non vendus. Si les parties ont traité sous l'empire de l'art. 58-coutume de Poitou, l'acquéreur n'a pu se prétendre libéré en faisant considérer la nation comme tenancier reconnaissant. — *Cass.*, 15 nov. 1808, Regnier-Lambrunière c. Babinet. — Merlin, *Rép.*, v° *Rente foncière*, § 1er, n° 8.

353. — Contrairement à l'opinion de Pothier (*Bail à rente*, ch. 6, n°s 116 à 120), la rescision pour lésion de plus des sept douzièmes n'est point admise aujourd'hui contre l'aliénation à rente foncière. — *Cass.*, 28 déc. 1814, Alix c. de Villette. — Fœlix et Henrion, *loc. cit.*, n° 33; Portalis, *Exposé des motifs du titre de la rente.*

354. — En cas d'arrentement, si l'acheteur est troublé, ou a juste sujet de craindre d'être troublé, comme le dit l'art. 1653, il ne peut pour cela se refuser à payer les arrérages de la rente. — Fœlix et Henrion, n° 32.

355. — Autrefois, le tiers détenteur pouvait être considéré comme s'étant soumis tacitement au service de la rente; mais, aujourd'hui, il ne peut y être soumis qu'en vertu d'une stipulation formelle. — Fœlix et Henrion, *Rentes foncières*, n° 84; Toullier, t. 5, n° 817, note.

356. — L'acquéreur d'un immeuble grevé de rente n'est pas tenu personnellement au paiement de cette rente, quand même elle aurait été mentionnée dans le contrat. Dans ce cas, l'administration du domaine, propriétaire de la rente, doit agir par voie hypothécaire et non par voie de contrainte. — *Bruxelles*, 20 mars 1822, Hoste c. Desmet. — V., pour toutes les questions qui se rattachent à l'enregistrement en matière de rente foncière, ENREGISTREMENT, n°s 369 et suiv., 373, 447, 2243, 4735.

357. — Le tiers acquéreur d'un immeuble grevé d'une rente foncière fondée avant la loi de brum. an VII n'est plus soumis à l'obligation alternative de servir cette rente ou de déguerpir : il lui suffit, pour en *affranchir l'immeuble*, de remplir les formalités de la purge. — *Cass.*, 27 nov. 1835, Frottier c. Poupet; *Paris*, 30 juin 1838 (t. 2 1838, p. 115), mêmes parties. — Fœlix et Henrion, n° 38.

358. — L'acquéreur ne peut purger la rente si, dans une vente volontaire, il a été chargé de la servir. — Fœlix et Henrion, *Rentes foncières*, p. 158.

359. — Mais si le contrat est fait franc et quitte de toute rente et qu'il ne soit pas pris d'inscription dans le délai de quinzaine fixé par l'art. 834 C. proc., la rente est purgée. — Fœlix et Henrion, *Rentes foncières*, n° 91, *t*.

360. — Pour purger entièrement l'immeuble de la rente, il faut faire transcrire tous les actes de vente, à partir du dernier qui a été transcrit. — Fœlix et Henrion, *Rentes foncières*, n° 91, u.

361. — Les créanciers de rentes foncières n'ont pu, sous le Code, conserver leurs droits d'hypothèques contre les tiers acquéreurs des biens grevés qu'en acquérant inscription au moins dans la quinzaine de la transcription des contrats d'acquisition. — *Cass.*, 24 mars 1829, préfet du Haut-Rhin c. Keller; *Metz*, 26 mai 1835 (t. 1er 1839, p. 20), Hensienne c. Schwartz; *Limoges*, 5 juin 1838 (t. 1er 1839, p. 95), Geoffre c. Nonique; *Paris*, 30 juin 1838 (t. 2 1838, p. 115), Frottier c. Poupet. — Proudhon, *Traité de la propriété*, n° 305.

362. — Les principes qui régissent les obligations en général et les engagemens conventionnels en particulier, s'appliquent également à l'obligation de servir une rente réservée. Ainsi : le débiteur d'une pareille rente ne peut s'affranchir de l'obligation de la servir, en délaissant l'immeuble qui lui a été transmis sous la charge de cette rente. — Zachariæ, t. 3, p. 104, § 399. — V., en outre, Pothier, *Bail à rente*, n°s 36 et suiv.; Merlin, *Rép.*, v° *Déguerpissement*, § 2 et 3.

363. — Jugé, toutefois, que le principe de non rétroactivité a conservé aux anciens débi-

teurs de rentes foncières, la faculté d'abandonner aux propriétaires les héritages assujettis au service de ces rentes. — *Rennes*, 28 mai 1822, Leloup de la Bilais c. Gicquel.

364. — Le possesseur du fonds grevé de la rente foncière est personnellement obligé de la payer. — *Paris*, 17 janvier 1823, Cornu de Balivière c. Decan; *Lyon*, 15 mars 1823, Valensot c. Coillet; *Cass.*, 13 mai 1823, Brebant c. fabrique de Reyrieux.

365. — Le donataire d'un fonds grevé de rente foncière qui n'avait pas été chargé par le donateur du service de la rente, n'est pas tenu d'en garantir le paiement; et il a au contraire un recours contre les héritiers du donateur pour se faire garantir de toute action hypothécaire. — *Cass.*, 8 nov. 1824, Lhéritier c. Boucher.

366. — Le tiers détenteur d'un immeuble qui aurait été transmis à son auteur moyennant une rente de cette nature, ne pourrait être directement et personnellement contraint au paiement des arrérages de la rente. — *Cass.*, 29 juin 1813, Varré c. d'Haugeranville; 24 mars 1829, préfet du Haut-Rhin c. Keller; 25 août 1829 (chambres réunies), Frottier c. Poupet; 27 nov. 1835, mêmes parties. — Zachariæ. t. 3, p. 104, § 399.

367. — Le codébiteur des arrérages qui les a payés intégralement ne saurait être subrogé aux droits du créancier remboursé sur un immeuble affecté au service de la rente foncière. — *Rouen*, 28 févr. 1827, Goude. — Rolland de Villargues, *Rép.*, vº *Rente*, nº 175.

368. — Lorsque le créancier d'une rente foncière a consenti la subrogation dans ses droits, au profit d'un créancier inscrit qui le paie des arrérages à lui dus; cette subrogation profite à tous les autres créanciers inscrits, sauf remboursement des sommes payées. Le créancier subrogé n'est pas fondé à prétendre que la subrogation lui donne le droit, comme au créancier même de la rente, de se mettre en possession des biens affectés à la rente, sans avoir égard aux hypothèques qui les grèvent. — *Rouen*, 29 mars 1824, Bertonnieux c. Mauger.

369. — L'art. 1221 du Code civil n'a pas pour effet de rétablir la solidarité abolie par la loi de 1792. — *Nîmes*, 22 janv. 1812, Retz c. Champagnac.

§ 3. — *Du rachat et des autres moyens d'éteindre les rentes foncières.*

370. — « Toute rente établie à perpétuité pour le prix de la vente d'un immeuble, ou comme condition de la cession à titre onéreux ou gratuit d'un fonds immobilier, est essentiellenent rachetable. » — C. civ., art. 530.

371. — L'art. 530 du Code civil déroge en deux points à la loi du 17 déc. 1790. — Il permet au créancier de *régler*, par l'acte même de constitution de la rente, *les clauses et conditions du rachat.* — Il lui permet aussi de stipuler que la rente ne pourra lui être remboursée qu'après un certain terme, lequel ne peut jamais *excéder* 30 *ans*. Toute stipulation contraire est nulle.

372. — Le contrat à rente foncière est susceptible des mêmes clauses résolutoires que le contrat de vente. On peut de même stipuler la faculté de réméré. — C. civ., art. 1659 et 1673. — Fœlix et Henrion, *Rentes foncières*, nº 121.

373. — On peut valablement stipuler que le rachat se fera à un taux excédant le taux légal. — Fœlix et Henrion, *Rentes foncières*, nº 79; Zachariæ, t. 3, p. 106, § 399.

374. — Néanmoins, serait nulle la condition qui rendrait le rachat tellement onéreux qu'il serait pour ainsi dire impossible. — Proudhon, *Traité de la propriété*, nº 290.

375. — Lorsque des rentes ou redevances foncières en nature ont été créées depuis le décret du 18-29 déc. 1790, et notamment sous l'empire du Code civil, elles ne sont pas rachetables suivant le mode et le taux déterminés par le titre 3 de ce décret. — Sont suffisantes les offres que fait le débiteur d'un capital égal à vingt fois le produit de la rente, et, en d'autres termes, sur le pied du denier 20. — *Poitiers*, 27 avr. 1831, Theronneau c. Commune de Saint-Sulpice.

376. — Les administrateurs des biens des communes, des établissemens publics du domaine de l'Etat, de la couronne et des apanages, ne peuvent liquider le rachat qu'en la forme et au taux légal prescrits par le tit. 3 de la loi du 23 déc. 1790, qui est resté en vigueur sous le Code civil. — Fœlix et Henrion, *Rentes fonc.*, ch. 6, nº 1942, p. 359.

377. — Le terme de la libération intéressant le débiteur et le créancier, ils peuvent en régler les clauses et conditions pourvu que la durée du terme n'excède pas trente ans. — C. civ., art. 530.

378. — La clause qui interdirait le rachat pour un délai de plus de trente ans, ne serait pas à considérer comme nulle. L'effet en serait seulement réductible à trente ans. — Arg., art. 1660. — Duranton, t. 4, p. 158; Zachariæ, t. 3, § 399.

379. — La clause résolutoire exprimée ou sous-entendue, suit l'immeuble, comme en matière de vente, entre les mains des tiers détenteurs. — *Paris*, 11 mars 1816, Dubosc c. Roinville; *Cass.*, 2 déc. 1817, Chappes c. Champflour; 30 avr. 1827, de Lasaige. — Toullier, t. 6, nº 429; Grenier, nº 380; Fœlix et Henrion, *Rentes fonc.*, nº 39.

380. — ... Quand même l'immeuble aurait été aliéné franc et quitte de la rente. — Fœlix et Henrion, nº 40, *c.*

381. — ... Ou qu'il n'aurait pas été pris d'inscription, lors de la transcription faite par le tiers acquéreur. — *Cass.*, 11 oct. 1814, Galonnier c. Vors; *Limoges*, 19 janv. 1824, Ribière c. Aumenier.

382. — On peut encore exercer l'action résolutoire après la demande du paiement des arrérages formée même par voie hypothécaire. — *Paris*, 11 mars 1816, Dubosc c. Roinville. — Merlin, *Quest. de droit*, vº *Option*, § 1er, nos 1, 2, 5, 9 et 10.

383. — On ne peut aujourd'hui, pas plus qu'autrefois, stipuler qu'à défaut de paiement de la rente pendant un certain temps le vendeur pourra rentrer sans formalité dans le fonds par lui aliéné. — *Cass.*, 14 juin 1814, Gaillard c. Anglade. — Merlin, *Quest. de droit*, vº *Emphytéose*, § 3, 1º. — On décide en ce sens, en Allemagne, en matière d'emphytéose. — Thibaut, § 634.

384. — Lorsqu'il a été stipulé dans un contrat de constitution de rente foncière perpétuelle, même créé avant la loi du 29 déc. 1790, que cette rente ne serait rachetable qu'en délivrant au créancier une certaine quotité de terre située dans un lieu déterminé, le débiteur de la rente ne peut s'en libérer qu'en satisfaisant à la condition imposée, alors surtout qu'il n'y a pas pour lui impossibilité absolue de la remplir. — *Orléans*, 5 déc. 1842 (t. 1er 1843, p. 280), Lenormand-Grandcourt c. le bureau de bienfaisance de la commune de Chaussy.

385. — MM. Toullier et Duranton semblent croire que les art. 3 et 4 de la loi du 18 déc. 1790 sont encore en vigueur, et que, en conséquence, les tuteurs et curateurs, les grevés de substitution, les maris et autres personnes ne peuvent exercer la faculté de rachat à l'égard d'une rente ancienne, qu'avec les formalités qu'il prescrit, et à charge de faire emploi. Mais le Code civil n'a pas laissé subsister ces dispositions. La liquidation pour le rachat sera valable, quoiqu'elle n'eût pas eu lieu dans la forme et au taux prescrit par la loi de 1790, et le défaut du remploi ne peut entraîner qu'une responsabilité des administrateurs vis-à-vis des administrés. — Fœlix et Henrion, *Rentes foncières*, chap. 6, p. 358; Toullier, *Droit français*, t. 2, nº 1204; Duranton, t. 3, nº 551.

386. — Si le contrat ne contient pas les conditions du rachat, on devrait suivre, pour l'effectuer, les règles tracées par la loi du 29 déc. 1790, le Code civil gardant le silence à cet égard. — Proudhon, *Traité de la propriété*, nº 291.

387. — La clause que le contrat sera résilié de plein droit, à défaut de paiement des arrérages, permet à l'acheteur du fonds arrenté d'échapper à la résolution, tant qu'il ne lui a pas été fait sommation de payer; mais elle ne laisse pas aux juges, après la sommation, la faculté d'accorder un délai. — Fœlix et Henrion, *Rentes foncières*, nº 40, *g.*

388. — Lorsqu'en vertu du pacte commissoire le bail à rente est résolu faute de paiement du prix, le domaine rentre dans les mains du bailleur franc et quitte de toutes charges du fait du preneur. — Mais, jusqu'à la reprise de possession, les créanciers personnels du preneur peuvent arrêter l'effet de la résolution en désintéressant le bailleur. — *Rouen*, 13 juill. 1815, Coignet c. Legris; 4 juill. 1815, Morel c. Duroulle. — V., en outre, *Cass.*, 16 juin 1811, Squiroly c. de Cès-Caupène; 11 oct. 1814, Galonnier c. Vors.

389. — La clause résolutoire insérée dans un bail à rente passé sous l'empire de l'ancienne jurisprudence, cesse d'être comminatoire, lorsque le débiteur a été mis en demeure depuis la promulgation du Code civil. — En d'autres termes, le débiteur ne pourrait aujourd'hui se soustraire à l'effet d'une pareille cause, en faisant des offres réelles après la mise en demeure. — *Bordeaux*, 30 août 1814, Bernede c. Sauer; *Cass.*, 16 juin 1818, Perrin c. Fortin; 19 août 1824, Bailleul c. Lefebvre; *Bordeaux*, 10 janv. 1839 (t. 1er 1839, p. 290), Duhart c. Letourneau. — Merlin, *Quest. de droit*, 1re emphytéose, § 3; Duvergier, *Vente*, t. 1er; contin. de Toullier, t. 16, nº 463; Troplong, *Vente*, t. 2, nos 669 et suiv. — *Contrà*, *Riom*, 29 juill. 1808, Lasalle c. Gire; *Cass.*, 19 mai 1819, Jobert c. Badant.

390. — On ne pourrait plus aujourd'hui stipuler que l'immeuble arrenté retournera au créancier de la rente à l'extinction de la postérité de l'acquéreur. — Fœlix et Henrion, *Rentes foncières*, nº 45.

391. — L'obligation du débiteur d'une rente foncière se divise entre ses héritiers, sauf le cas où elle serait indivisible quant à son objet; et elle passe aux héritiers chacun pour leur part et portion et hypothécairement pour le tout. — Fœlix et Henrion, *Rentes foncières*, nos 82 et 38.

392. — Même à l'égard des arrérages d'une rente foncière primitivement due par un seul, l'art. 1221 C. civ. n'a point dérogé aux dispositions de la loi du 29 août 1792, qui prononce l'extinction de la solidarité pour le paiement des prestations et redevances de toute nature. — *Nîmes*, 22 janv. 1812, de Retz c. Champagnac; *Cass.*, 6 oct. 1812, Chaigne c. Thouzeau; 8 déc. 1812, Durein c. Becker-Volsner; *Bourges*, 16 juin 1829, Bompierre c. Rochier.

393. — La vente d'un immeuble donne ouverture au remboursement du capital d'une rente foncière constituée sous l'ancienne législation et pour sûreté de laquelle le créancier avait pris une inscription générale sur tous les biens de son débiteur. — *Nîmes*, 23 frim. an XIV, Blanc c. Bouvière.

394. — N'est pas susceptible de cassation l'arrêt qui autorise le créancier à exiger le remboursement de la rente foncière, dans le cas où le débiteur a vendu une partie de l'immeuble affecté à la sûreté de cette rente, quand d'ailleurs la vente a eu lieu sans que l'acquéreur fût chargé du service de cette rente et sous la condition qu'il paierait une rente directement à son vendeur. — *Cass.*, 4 déc. 1832, Bloche c. Vesque.

395. — Lorsque le débiteur d'une ancienne rente foncière a aliéné tout ou partie des immeubles, prix de cette rente, et affectés à son hypothèque, le créancier qui n'a pas pris inscription peut, en vertu de l'art. 1188 C. civ., demander le remboursement du capital de la rente consentie à son profit. — *Poitiers*, 13 janv. 1830, Beaupoil Saint-Aulaire c. Gaudinet et Rateau; 28 déc. 1831, Suire c. Guyot; *Pau*, 23 août 1834, Dariès c. Casse.

396. — Mais le créancier d'une rente foncière qui a reçu le prix de la partie des biens affectés à sa créance dont le débiteur a été exproprié est mal fondé à demander la résolution du contrat, sous prétexte que les sûretés à lui promises ont été diminuées. — *Cass.*, 8 mai 1832, Queral c. Maronard.

397. — Lorsque le débiteur de la rente a vendu l'immeuble qui en était grevé, et que le crédirentier poursuit la résolution de l'arrentement, il n'est pas tenu de mettre en cause le vendeur débiteur de la rente. — Fœlix et Henrion, *Rentes foncières*, nº 40, *I.*

398. — La mobilisation des rentes foncières n'empêche pas le créancier d'obtenir, à défaut de paiement, la rentrée en possession de l'héritage arrenté, même contre un tiers détenteur, sans qu'on puisse restreindre l'action du privilége sur le prix de l'immeuble. — *Cass.*, 3 déc. 1817, Commune de Chappes c. de Champflour.

399. — L'envoi en possession des biens affectés au service d'une rente foncière, à défaut de paiement des arrérages, est un droit qui appartient au créancier de la rente et non au codébiteur qui a payé les arrérages, et le droit du créancier ne pouvant passer à un tiers par la voie de la subrogation qu'avec le titre de la créance, il n'y a pas lieu de prononcer l'envoi du codébiteur, par cela qu'il a payé les arrérages. — *Rouen*, 28 févr. 1827, Goude; *Caen*; 30 mai 1827, Pougannel c. Dollé. — Rolland de Villargues, *Rép. du notar.*, vº *Rente*, nº 175. — V. aussi *Cass.*, 16 juin 1811, Squiroly c. de Cès-Caupène; 11 oct. 1814, Galonnier c. Vors; 3 déc. 1817, Commune de Chappes c. de Champflour.

400. — L'acquiescement à l'action résolutoire ôte au débiteur de la rente foncière le droit de réclamer l'immeuble. — *Cass.*, 1er therm. an XI, Bournichon c. Thévenon. — Merlin, *Quest. de droit*, vº *Emphytéose*, § 3, nº 1er.

401. — Lorsque le propriétaire d'une rente créée pour prix d'une vente d'immeuble l'a cédée avec garantie sans l'intervention de son débiteur, et

l'a remboursée à son cessionnaire, qui lui a remis une quittance dans laquelle le débiteur n'a pas non plus été partie, il est rentré dans l'exercice de la propriété de la rente et des droits en dépendant. Dès lors, il a le droit de demander la résolution de la vente : à défaut par l'acquéreur de payer les arrérages de la rente.—*Cass.*, 4 mars 1818, Bernon ; 20 nov. 1827, Lebrun c. Charpentier ; *Bourges*, 2 avr. 1828, Boulet c. Bouton.

402. —Lorsque le créancier d'une rente foncière constituée en perpétuel, a reçu d'abord dans un ordre ouvert sur l'un des débiteurs une partie du capital de la rente, et ensuite des autres débiteurs les arrérages réduits proportionnellement à la décroissance de ce capital ; il peut être déclaré non recevable à demander ultérieurement la résolution du contrat de rente, et par suite le remboursement intégral de la rente.—*Cass.*, mai 1832, Queval c. Maronard.

403. —L'art. 877 du Code civil, d'après lequel les titres exécutoires contre le défunt ne peuvent être exécutés contre l'héritier que huit jours après leur signification à la personne ou au domicile de cet héritier, n'est pas applicable lorsqu'on agit contre l'héritier par voie d'action simple : par exemple si on lui demande le remboursement du capital d'une rente foncière, faute de paiement des arrérages.—*Rennes*, 22 nov. 1816, N... c. Goulevestre.—Du moment qu'il n'y a pas exécution, le motif de la disposition de l'art. 877 n'existe plus, on rentre dans le droit commun.—*Paris*, 29 déc. 1814, Chaumin c. Dorlin.—Chabot, *Comm. sur les successions*, t. 3, art. 877.

404. —On peut rentrer dans les fonds arrentés malgré les créanciers postérieurs en hypothèque. —*Poitiers*, 27 déc. 1809, Pasquier c. Bordage.

405. —La saisie-arrêt des noms, droits et actions d'un débiteur ne comprend point la saisie des rentes foncières qui lui appartiennent. On ne peut donc annuler le remboursement d'une rente foncière faite au préjudice d'une pareille saisie-opposition.—*Cass.*, 21 pluv. an X, N.... ; *Nîmes*, 13 niv. an XI, Bancel c. Faix.—V. Roger, *Saisie-arrêt*, n° 439, note 2.

406.—L'art. 1244 du Code civil, qui permet aux juges d'accorder un délai au débiteur après l'échéance du terme, est applicable aux rentes foncières.—Fœlix et Henrion, *Rentes foncières*, n° 39.

407.—Un jugement qui ordonne la résolution d'un bail à rente, consenti avant le Code civil, en accordant un délai pour acquitter les arrérages échus, n'est pas un simple jugement comminatoire, de telle sorte que, pour opérer la résolution, il doit être suivi d'un second jugement. —*Cass.*, 18 mai 1818, Meynadier c. Pintard.—Toullier, *Droit civil*, t. 6, n° 748 ; Merlin, *Rép.* v° *Rente foncière*, § 2, art. 2.

408. —...A moins que la rente ne résulte d'un acte public et authentique.—*Bruxelles*, 18 juin 1812, Vidi c. B...—Toullier, t. 6, nos 659 et 660.

409.—Néanmoins cette distinction a été repoussée depuis par la jurisprudence.—*Aix*, 17 déc. 1813, Castellinard c. Basso ; *Agen*, 6 déc. 1824, Pignères c. Lacavalerie.

410.—A l'expiration du délai accordé la résolution a lieu sans qu'il soit besoin de la faire prononcer par un second jugement.—*Cass.*, 18 mai 1818, Meynadier c. Pintard.

411. —Le détenteur expulsé doit payer la moins-value de l'immeuble d'après la valeur qu'il avait lors de l'arrentement.—Fœlix et Henrion, *Rentes foncières*, n° 41.

412.—La résolution a pour effet d'éteindre les hypothèques du chef du détenteur (*Cass.*, 16 juin 1811, Squiroly c. de Cès-Caupène ; *Paris*, 7 avr. 1824, Oudin c. Liége) ainsi que les servitudes qu'il a consenties (Fœlix et Henrion, *Rentes foncières*, n° 40), et elle fait revivre les servitudes et autres droits réels que l'arrentement avait fait cesser.—Fœlix et Henrion, p. 97.

413. —La remise faite dans un acte à cause de mort au débiteur d'une rente foncière de tout ce qu'il peut devoir, n'emporte, relativement à la rente, que la remise des arrérages échus et non celle du capital.—*Liége*, 9 mars 1807, Bellefroid c. Tornaco.

414. —Lorsque la possession commencée sous les anciennes lois s'est continuée sous le Code civil, dont l'art. 2281 n'exige plus que trente ans de possession (art. 2281, 2e alinéa), le possesseur du fonds grevé d'une rente foncière ne peut prétendre avoir prescrit sa libération qu'autant qu'il s'est écoulé trente ans depuis la promulgation du titre de la prescription.—*Toulouse*, 21 nov. 1837 (t. 1er 1838, p. 204), Bégué c. hospices de Montastruc.—V. conf. Troplong, *Prescriptions*, t. 2, n° 1089 ; Demante, *Cours de droit civil français*, sur l'art. 2281, t. 3, p. 596.

415. —Le crédi-rentier qui veut prévenir les effets de la prescription a encore aujourd'hui ce que l'on appelait l'action mixte, et peut, en conséquence, faire condamner le possesseur du fonds arrenté à passer *titre nouvel* de la rente et à la continuer à l'avenir.—C. civ., art. 2263.—V. Fœlix et Henrion, *Rentes foncières*, nos 93 à 102.

416.—L'action qui tend à obtenir un titre nouvel est purement personnelle.—*Paris*, 18 janv. 1823, Dumas de Polart c. hospice de Lille.

417.—L'arrêt qui condamne le preneur ou son héritier à payer la rente et à en passer titre nouvel, si mieux il n'aime indiquer celui qui détient le fonds, en supposant qu'il ne possède plus, loin de violer la loi, ne fait qu'une juste application de l'art. 1315 C. civ.—*Liége*, 15 janv. 1811, Bertrand c. Paques ; *Cass.*, 21 août 1827, Meyer c. Domaines.

418. —Celui qui, en vendant une rente dont il était propriétaire, s'est obligé par le contrat d'en faire porter les arrérages au domicile de l'acquéreur, peut être contraint de fournir à celui-ci titre nouvel de cette obligation.—C. civ., art. 2263.—Le vendeur ne peut s'affranchir de cette même obligation par les offres de racheter la rente.—*Cass.*, 24 mars 1806, Lombard c. Campenas.—Merlin, *Rép.*, v° *Rente foncière*, § 1er, art. 1er.

419. —Le tiers détenteur d'un immeuble grevé d'une rente foncière ne peut être contraint à en passer titre nouvel alors que l'obligation de servir la rente ne lui a pas été imposée par le contrat translatif de propriété. (Rés. par le tribunal.)—*Colmar*, 13 juin 1845 (t. 2 1845, p. 248), Teutsch c. Huser et Dreyfus.—Troplong, *Prescriptions*, t. 2, n° 844.—*Contrà*, *Nancy*, 14 juin 1837 (t. 1er 1839, p. 431), Levyllier c. Jollain.

420. —Lorsque le titre constitutif d'une rente foncière est perdu, on peut y suppléer, pour établir l'existence de cette rente, par les mêmes preuves que pour la rente constituée à prix d'argent.—V. *suprà*, nos 50 et suiv.

CHAPITRE III. — *De la rente viagère.*

421. —Le contrat de rente viagère est une convention essentiellement aléatoire par laquelle l'une des parties contractantes confère à l'autre un capital, soit mobilier, soit immobilier, à la condition par cette dernière de lui servir une prestation périodique, dont la durée est subordonnée à l'existence d'une ou plusieurs personnes désignées au contrat.

Sect. 1re. — *Origine et caractères distinctifs du contrat de constitution de rente viagère.*

422. —Complétement inconnue des Romains, la rente viagère fut en usage en France, dès les premiers siècles de notre histoire. On peut consulter, à cet égard, les capitulaires de Charles-le-Chauve.—V. Capitulaire d'Epernay, 22.—Elle était également pratiquée dans les États-Pontificaux, à une époque fort reculée.—V., sur ce point, Casarégis, disc. 96, n° 9 ; Scaccia, § 1er, quest. 1re, n° 296 ; And. Gail, 2, obs. 8.

423. —La rente viagère, peu favorable au point de vue moral, lorsque, n'ayant sa source que dans un sentiment d'égoïsme, elle dépouille des enfans ou des proches de leurs légitimes espérances, n'offre plus rien de répréhensible de la part d'une personne âgée ou infirme qui a besoin de recourir à cet expédient pour assurer sa subsistance. Ici comme ailleurs, il importe de distinguer le contrat sérieux et utile de l'abus qu'on en peut faire.—Exposé des motifs, séance du 15 vent. an XII.

424. —La rente viagère peut être constituée à titre onéreux, moyennant une somme d'argent, ou pour une chose mobilière appréciable ou pour un immeuble.—C. civ., art. 1968.

425. —La constitution de rente viagère à titre onéreux n'est, dans tous les cas, qu'une manière de vente, même quand elle est faite à prix d'argent ; car l'argent est susceptible d'être loué ou vendu comme toutes les autres choses qui sont dans le commerce. On en dispose par forme de louage quand on le prête à intérêt ; on le vend quand on aliène le fonds principal moyennant une rente.—Exposé des motifs, séance du 15 vent. an XII.

426. —Le contrat de constitution de rente viagère est *réel* comme le contrat de constitution de rente perpétuelle, et il ne devient parfait que par le paiement du capital.—Pothier, *Rente viagère*, n° 221 ; Troplong, n° 220 ; Merlin, *Rép.*, v° *Rente viagère*, n° 2.

427. —Mais lorsque le capital fourni par l'acheteur de la rente viagère ne consiste pas en numéraire, mais en objets mobiliers ou immobiliers, c'est en réalité ces meubles ou immeubles que l'on vend et que l'on achète moyennant une rente. Un pareil contrat, qui n'est autre chose qu'une vente à fonds perdu, est donc *consensuel* ; il a tous les attributs essentiels de la vente, et se trouve, en conséquence, soumis à plusieurs principes particuliers à cette espèce de convention. —Troplong, n° 221.

428. —Il suit de là que lorsqu'il est constitué moyennant un capital mobilier ou immobilier, le contrat de rente viagère est parfait par le seul consentement ; que la chose périt pour l'acheteur, qu'il doit les arrérages à partir du contrat, et qu'enfin le décès du vendeur, avant même que la tradition n'ait eu lieu, met fin à la rente au profit de l'acheteur, qui demeure maître de la chose vendue.—Troplong, n° 223.

429. —Suivant Pothier (n° 248), le contrat de rente viagère est purement unilatéral, obligeant seulement la partie qui constitue la rente, quoique du nombre des contrats intéressés de part et d'autre, et, en conséquence, il n'est pas nécessaire, lorsque les parties contractent par acte sous seing privé, de faire l'acte en double original.—V., en outre, Merlin, *loc. cit.*, n° 9.—Toutefois, MM. Duranton (t. 18, n° 157) et Troplong (n° 223) font observer, avec raison, que le contrat *unilatéral*, lorsque la rente est constituée à prix d'argent, devient synallagmatique et doit être fait en double original lorsque la rente viagère est le prix d'un immeuble ou d'objets mobiliers.

430. —La distinction entre les rentes viagères proprement dites et les ventes à fonds perdu est surtout importante au point de vue fiscal. En effet, la loi de l'enregistrement ne considérant comme vraies constitutions de rentes viagères que celles qui sont faites à prix d'argent, applique aux autres les mêmes droits qu'aux transmissions et aliénations de meubles ou d'immeubles.—Championnière et Rigaud, *Dictionnaire*, v° *Rente viagère*, n° 4, et *Traité des droits d'enregistrement*, t. 2, n° 1306.

431. —M. Troplong (*Contrats aléatoires*, n° 215), contrairement à l'opinion de Toullier (t. 12, n° 110), prouve que de la combinaison des art. 584, 588, 610, 1401, 2277 et 2151 du C. civ., il résulte évidemment qu'aux yeux du législateur moderne, les arrérages de la rente viagère sont un intérêt produit par un *capital*, et que c'est à tort que Toullier, s'appuyant sur les art. 1978 et 1980 du même Code, prétend démontrer que la rente viagère n'a pas de capital et que les arrérages sont la créance même, l'être même de la rente.

432. —Jugé que les arrérages des rentes viagères sont réputés *fruits civils*, en ce sens que le donataire d'une rente de cette espèce n'est pas tenu, en cas de révocation de la donation par survenance d'enfant, de restituer les arrérages qu'il a perçus.—*Cass.*, 2 avril 1829, de Saint-Michel c. Ducos.

433. —La rente viagère est *meuble* lors même qu'elle aurait pour sûreté une hypothèque. Ce point controversé sous l'ancienne jurisprudence (Pothier, n° 249 ; Duparc-Poullain, t. 3, p. 98, n° 80, et Merlin, *loc. cit.*, n° 10) est tranché désormais par l'art. 529 C. civ.—Troplong, n° 224.

434. —La question fort importante de savoir si, en tant que meuble, la rente viagère entre en communauté, et si, en conséquence, l'époux survivant qui l'a apportée, doit en partager les arrérages avec les héritiers de son conjoint prédécédé, divise les auteurs.—M. Toullier (t. 12, n° 110), après avoir rappelé les principes en vigueur sous l'ancienne jurisprudence, auxquels, ajoute-t-il, le Code civil n'a rien changé, est d'avis que si l'on peut présumer de la part du conjoint l'intention de faire entrer dans la communauté, et pour les besoins du ménage, les arrérages d'une rente viagère, au fur et à mesure de leur échéance, il ne saurait en être ainsi des arrérages postérieurs à la dissolution du mariage, à moins de stipulation expresse.—Mais MM. Troplong (n° 225) et Duranton (t. 14, n° 125) critiquent cette doctrine, et répondent qu'en présence des art. 529 et 1401 du Code civil, le conjoint était suffisamment averti que la rente viagère est un meuble et tombe de droit dans la communauté, et qu'en conséquence, s'il ne l'a expressément exceptée, les arrérages, même postérieurs à la dissolution

du mariage, doivent être partagés entre l'époux survivant et les héritiers de l'autre conjoint.

435. — Le contrat de rente viagère ne doit pas non plus être confondu avec la convention par laquelle une personne s'assure, moyennant un prix déterminé, la nourriture, le logement et le vêtement pendant toute la durée de sa vie; car cette convention, qui prend le nom de *bail à nourriture*, ne se règle pas par les mêmes principes que la rente viagère. — Troplong, n° 230.

436. — La rente viagère peut aussi être constituée à titre gratuit, par donation entre-vifs ou par testament, et elle doit alors être revêtue des formalités requises par la loi pour ces sortes de dispositions. — C. civ., art. 1969.

437. — La rente viagère cesse alors d'appartenir aux contrats aléatoires; car le légataire ou donataire ne court aucune chance de perte. Seulement, la libéralité doit être pour lui plus ou moins considérable, selon l'événement. Il en résulte que, dans ce cas, elle se gouverne par des principes particuliers et qui diffèrent essentiellement des règles applicables aux rentes constituées à titre onéreux. — *Cass.*, 18 juill. 1836, Coutal. — Troplong, n° 231; Duranton, n° 122. — Certaines dispositions du ch. 2 (tit. 12) leur sont néanmoins applicables; par exemple, les art. 1973 et 1981 du C. civ.: comme nous le verrons ci-après.

438. — Jugé que la constitution d'une rente viagère faite par un individu au profit d'une fille dont il a eu un enfant, ne saurait être considérée comme une pure libéralité soumise aux dispositions des art. 1969, 931 et 932 du C. civ., et qu'en conséquence une pareille disposition n'est point annulable lorsqu'elle est faite par acte sous seing privé. — *Cass.*, 30 déc. 1819, N...

439. — On doit considérer, non comme donation, mais comme contrat à titre onéreux, l'acte par lequel un père ou une mère abandonne ses biens à ses enfans, à la charge par ceux-ci de lui payer une pension viagère qui, comparativement à la valeur des biens, est modique. — *Cass.*, 1er mars 1809, Enregistrement c. Diot; 28 mars 1820, Adenet. — Delvincourt, t. 2, p. 272, notes; Grenier, t. 1er, p. 496; Toullier, t. 5, n° 485; Rigaud et Championnière, *Traité des droits d'enregistrement*, t. 1er, n° 90, et t. 3, n° 2257. — *Contrà*, Merlin, *Rép.*, v° *Vente*, § 9, n° 3.

440. — Jugé, cependant, que la circonstance que le donataire a été chargé de payer une rente viagère au donateur et d'acquitter ses dettes est insuffisante pour donner à cette disposition le caractère d'un contrat onéreux. — *Liége*, 12 prair. an XII, Honion c. Petit-Jean; *Cass.*, 20 messid. an XIII, Jamme; *Colmar*, 16 juin 1810, Grunessen c. Schneider.

441. — La rente viagère constituée à titre gratuit est réductible si elle excède la quotité disponible (art. 1970 C. civ.); dans ce cas, les héritiers réservataires ont le choix ou d'exécuter la disposition ou de faire abandon de la quotité disponible. — C. civ., art. 917.

442. — M. Duranton (n° 126) est d'avis qu'en cas de réduction, on doit apprécier la valeur de la rente, non pas au moment de sa constitution, mais simplement au moment du décès du donateur; et il s'appuie, à cet égard, sur les dispositions formelles des art. 856 et 928, qui ne soumettent, soit au rapport, soit à la restitution, que des fruits perçus après le décès du donateur. Or, les arrérages sont de véritables fruits. — *Orléans*, 2 avr. 1824, Bidet c. Pinsard.

443. — La prohibition faite par l'art. 26 L. 17 niv. an II, de toute donation à charge de rente viagère au profit de successibles ou descendans de successibles, a été abrogée par la loi du 4 germin. an VIII. — *Cass.*, 21 vent. an XIII, Lesergeant c. Dubois.

444. — La disposition de l'art. 918 C. civ., qui, en cas d'aliénation de biens, soit à charge de rente viagère, soit à fonds perdu, au profit d'un successible en ligne directe, ordonne le rapport de la portion de biens excédant la quotité disponible, s'applique aussi bien lorsque la rente viagère doit être servie à des tiers, que lorsqu'elle doit l'être au père donateur. — *Angers*, 7 févr. 1820, Bidon. — Delvincourt, t. 2, p. 65; Grenier, *Donat.*, n° 639; Duranton, t. 7, n° 332.

445. — Une vente d'immeubles faite par un père à l'un de ses enfans, à charge de rente viagère, ne peut, après la mort du vendeur, être attaquée comme donation déguisée, excédant la quotité disponible, par les autres successibles, qui ont consenti à la vente et reçu même une somme d'argent pour prix de leur adhésion. — *Cass.*, 2 janv. 1828, Peyrière-Daidé c. Vedel.

446. — Un acte de ratification par voie d'accord et de transaction, d'un pacte de famille précédemment arrêté, contenant une constitution de rente viagère par des enfans à leur père, ne peut être considéré comme une donation: le mineur qui l'a signé sans y être autorisé, ne peut plus l'attaquer s'il s'est écoulé dix ans depuis sa majorité. — *Cass.*, 25 frim. an X, Lespinasse-Longeac c. Lespinasse-Darlet.

447. — Le contrat de rente viagère à titre gratuit, est régi, quant à sa validité intrinsèque et à ses effets, par les règles générales sur les dispositions de cette nature. Ainsi, il est non avenu lorsque la rente est constituée au profit d'une personne incapable de recevoir. — C. civ., art. 1970 et 911. — Il y a lieu, toutefois, de rappeler ici que la rente viagère constituée pour alimens au profit d'un mort civilement est autorisée par l'art. 25 C. civ. — V., du reste, sur l'application de l'art. 1970 C. civ., les questions traitées v° DONATION DÉGUISÉE, n°s 105 et suiv., et 166.

448. — La donation entre-vifs par un héritier à un étranger moyennant une rente viagère sur deux têtes et autres conditions onéreuses n'est pas réputée vente dont le cohéritier ait droit de s'autoriser, en vertu des lois *Per diversas* et *ab Anastasio*, pour écarter le donataire, en lui remboursant le prix y a énoncé. — C. *Mandati vel contrà*, lib. 4, tit. 35. — *Cass.*, 4 juin 1834, Menaud c. Parisot.

Sect. 2e. — *Conditions requises pour la validité du contrat de rente viagère.*

§ 1er. — *Personnes sur la tête et au profit desquelles elle peut être constituée.*

449. — La rente viagère peut être constituée sur la tête d'une personne autre que celle qui aura le droit d'en jouir. — C. civ., art. 1971. — Il est indifférent que le tiers sur la tête duquel elle est constituée soit ou non capable de recevoir. — Pothier, n° 226; Duranton, t. 18, n° 132; Delvincourt, t. 3, p. 424, note 5; Rolland de Villargues, v° *Rente viagère*, n° 17; Troplong, n° 239.

450. — Elle peut aussi être établie sur la tête du débiteur. — Pothier, *loc. cit.*, n° 226; Casarégis, *Disc.* 96, n° 6; Rolland de Villargues, n° 28; Duranton, n° 130; Troplong, n° 241; Zachariæ, t. 3, p. 82.

451. — Mais, en l'absence de toute stipulation contraire, la rente est toujours censée constituée sur la tête de celui qui a le droit d'en jouir. — Duranton, n° 128; Fenet, t. 14, p. 562.

452. — La rente viagère, à moins qu'elle ne soit constituée pour alimens, n'est pas plus un droit personnel que toute autre créance; aussi doit-elle être continuée aux héritiers du créancier, en cas de mort civile de ce dernier, jusqu'à la mort de celui sur la tête duquel elle a été constituée. — C. civ., art. 1982. — Duranton, n° 129.

453. — La vente faite, sous la réserve par le vendeur, de créer une rente viagère sur la tête d'une personne dénommée, confère aux héritiers de ce vendeur, contre l'acquéreur, le droit d'exiger les arrérages de la rente pendant la vie de cette personne, quoique le vendeur n'eût point, de son vivant, exercé le droit qu'il s'était réservé. — *Bordeaux*, 16 janv. 1841 (t. 1er 1841, p. 440), Passemard c. Champon.

454. — On peut constituer une rente sur plusieurs têtes, soit pour en attribuer successivement la jouissance aux personnes sur l'existence desquelles cette rente repose, soit pour en assurer les avantages à soi-même et à ses héritiers, jusqu'à l'extinction de toutes les têtes auxquelles elle a été attachée. — Discours de M. Duvergier au Conseil d'Etat. — V. Fenet, t. 14, p. 562. — C. civ., art. 1972.

455. — Lorsque la rente viagère est constituée sur la tête de plusieurs personnes, et que l'une d'elles vient à mourir, la rente doit-elle s'éteindre pour partie en l'absence de toute stipulation contraire? Les auteurs se prononcent généralement en faveur de la négative. — V., en ce sens, Pothier, n°s 241 et suiv.; Rolland de Villargues, n°s 21 et 22; Troplong, n°s 245 et suiv. — Et leur doctrine se trouve consacrée par la jurisprudence.

456. — Jugé qu'une rente viagère constituée au profit de deux époux passe en entier sur la tête du survivant, s'il n'y a stipulation contraire, le Code civil ayant abrogé les dispositions des anciennes coutumes qui défendaient aux époux de s'avantager. — *Cass.*, 18 janv. 1830, Sacristu c. Baritaud.

457. — Toutefois, M. Duranton (n° 133) est d'avis qu'il y a lieu de distinguer: « Si je stipule, dit-il, à mon profit une rente viagère sur la tête de deux autres personnes, la rente, à moins de déclaration contraire, doit subsister en entier jusqu'au décès du dernier mourant de ces deux personnes, car, dans ce cas, en désignant deux personnes, le créancier de la rente a voulu augmenter la chance de sa durée et non diviser le contrat dans ses effets. Il y a, en un mot, dans ce cas une condition copulative qui doit être remplie *in integrum*. — Dans le cas, au contraire, où deux personnes, fournissant en commun le prix de la constitution de la rente, la constituent sur leur tête et stipulent à leur profit, la mort de l'une d'elles opère, ajoute M. Duranton (n° 134), l'*extinction de la rente pour moitié*, à moins de stipulation contraire, par la raison que lorsqu'une chose divise est due à deux personnes sans solidarité, il est de principe qu'il n'en est dû que moitié à chacune d'elles. — Mais M. Troplong, s'appuyant d'ailleurs sur l'arrêt précité et sur l'autorité de Balde (*Cons.* 292, tit. 5) et de Fontanella (*Claus.* 4, glos. 28, p. 3, n° 114), fait remarquer avec raison que si la rente devait s'éteindre pour moitié par le décès des crédi-rentiers, il ne serait pas exact de dire que le contrat a constitué une rente sur deux têtes; car il y aurait, en réalité, deux rentes viagères distinctes sur deux têtes séparées. — Troplong, *loc. cit.*, n° 245.

458. — Dans l'ancien droit, quand le mari achetait une rente viagère, à *charge de réversibilité* avec les deniers de la communauté, on tenait pour certain qu'en cas d'acceptation de la communauté, cette rente ne continuait que pour moitié seulement au profit du survivant, et que l'autre moitié passait aux héritiers du prédécédé (Pothier, n° 242), et l'on se fondait notamment, à cet égard, sur ce que la rente, étant un conquêt de communauté, l'époux survivant s'enrichirait à ses dépens, s'il emportait la totalité de la rente. — V. Lebrun, *Traité des successions*, p. 104.

459. — Il nous paraît évident, qu'en principe, le survivant doit, au contraire, profiter de l'intégralité de la rente. En effet, peu importe, en ce cas, qu'il s'agisse d'un conquêt de communauté; car, ainsi que le fait remarquer M. Troplong (n° 254), la communauté n'a acquis cette rente qu'à la condition expresse de ne pas partager les arrérages, et la loi du contrat doit être respectée. D'ailleurs, il est peu exact de dire que l'un des époux s'enrichirait abusivement, car il y a égalité de chances pour chacun d'eux. Une pareille constitution présente tous les caractères des contrats aléatoires et doit être régie par les principes qui leur sont particuliers. — V., en outre, Casarégis, disc. 96, n° 4, et Duranton, n° 136.

460. — Cependant, il faut bien reconnaître que le principe que nous venons de poser ne saurait être absolu et qu'il devrait fléchir devant l'évidence de certains faits particuliers. — Telle serait l'hypothèse où un mari vieux et infirme, voulant favoriser une femme encore jeune aux dépens des enfans d'un premier lit, achèterait des deniers communs une rente réversible sur la tête du survivant. — Troplong, n° 256.

461. — Tel serait encore le cas où la femme survivante renoncerait à la communauté, car dans ce cas elle se trouverait en définitive n'avoir rien fourni dans le capital de la rente. La rente aurait dès lors tous les caractères d'une donation évidemment imputable sur ce dont le mari pouvait disposer à son profit. — Duranton, n° 136; Troplong, *loc. cit.*

462. — L'acte par lequel a été constituée au profit des deux époux et des deniers de la communauté une rente viagère réversible sur la tête du survivant doit être considéré, si la femme survivante renonce à la communauté, comme contenant non une donation réciproque et mutuelle prohibée par l'art. 1097 du Code civil, mais une libéralité de la part du mari à sa femme autorisée par l'art. 1973 du même Code, et soumise seulement aux prescriptions de cet article. — Au surplus, l'art. 1097 serait encore inapplicable dans le cas où, pour l'apprécier, on voudrait se reporter à l'époque où il a été passé, puisqu'une disposition de cette nature, bien que faite dans l'intérêt commun et réciproque des époux et avec des deniers communs, ne constitue pas une donation mutuelle et réciproque, mais un contrat à titre onéreux de part et d'autre, mutuellement intéressé et aléatoire. — *Paris*, 25 mars 1844 (t. 1er 1844, p. 510), Caillon c. Curmer.

463. — Les dispositions de l'art. 1097 du Code civil, qui prohibent le don mutuel entre conjoints pendant le mariage par un seul et même acte, ne s'opposent pas à ce que le mari et la femme vendent conjointement par le même acte des propres de celle-ci et des biens de la communauté, moyennant une rente viagère stipulée au

profit de l'un et de l'autre et du survivant d'eux. — D'ailleurs, en supposant annulable le don qui résulterait d'une semblable stipulation, l'acte de vente ne devrait pas moins être maintenu à l'égard des acquéreurs. — *Angers*, 7 mars 1842, Savalier.

464. — La femme qui renonce à la communauté peut réclamer la réversibilité d'une rente viagère constituée à son profit et à celui de son mari pour le prix d'un immeuble appartenant à cette communauté et vendu par tous deux. — Le concours de la femme à la vente d'un immeuble de la communauté moyennant une pension viagère et sous la condition de réversibilité de la pension, emporte renonciation à l'hypothèque légale qu'elle aurait eue sur cet immeuble au cas de renonciation de sa part à la communauté. — *Cass.*, 15 mai 1844 (t. 1er 1844, p. 746), Langellé c. Rousseau et Saint-Léger.

465. — Les clauses de réversibilité stipulées dans des contrats de rente viagère, au profit de tiers qui n'ont fourni aucuns deniers, n'avaient point le caractère de donation révocable par survenance d'enfans, lorsqu'elles avaient été faites en vertu d'édits qui les autorisaient formellement. — *Paris*, 24 vent. an XII, Barbier de Villeneuve c. Barbier.

466. — Une pension viagère léguée à deux personnes sans clause de réversibilité en cas de décès de l'une d'elles, s'éteint pour la moitié à la mort de l'un des colégataires, et il n'y a pas lieu à accroissement au profit du survivant. — *Dijon*, 22 janv. 1845 (t. 1er 1845, p. 198), Mercey c. Lambert.

467. — Par exception au principe général de l'art. 1119 du Code civil, qui ne permet de stipuler en son propre nom que pour soi-même, la rente viagère peut être constituée au profit d'un tiers, bien que le prix en soit fourni par une autre personne (C. civ., art. 1973 et 1121). — Dans ce dernier cas, quoiqu'elle ait les caractères d'une libéralité, elle n'est point assujettie aux formes requises pour les donations, sauf les cas de réduction si la libéralité est excessive, et de nullité si une personne prohibée en est l'objet. — Même arrêt. — Exposé des motifs, séance du 15 vent. an XII.

468. — L'acte privé par lequel un héritier a constitué une rente viagère au profit d'un ancien serviteur pour déférer à la recommandation que le défunt lui en a faite dans son testament, a pu être déclaré obligatoire. — *Metz*, 28 avril 1806, Maigret c. Desalse.

469. — Le contrat devient irrévocable par l'acceptation du tiers (art. 1121), et cette acceptation résulte, par exemple, du seul fait d'avoir touché un terme de la rente. — Delvincourt, t. 3, p. 420; Rolland de Villargues, nos 30 et 31; Duranton, nos 139 et 140; Troplong, no 250; Zachariæ, *loc. cit.*, p. 22.

470. — Peu importe que le tiers au profit duquel la rente a été stipulée soit incapable de recevoir de celui qui en a fourni la valeur. Le débiteur ne pourrait pas pour cela se dispenser de la fournir soit à celui qui a fourni les deniers, soit à ses héritiers, jusqu'à la mort du tiers, si c'était sur sa tête qu'elle eût été constituée. — Duranton, no 140.

§ 2. — *Du décès ou de la maladie de la personne sur la tête de laquelle la rente est constituée.*

471. — Le contrat de rente viagère ayant pour base la vie plus ou moins prolongée de la personne sur la tête de laquelle la rente est constituée, est évidemment sans cause et ne produit aucun effet lorsque cette personne était morte au moment du contrat (C. civ., art. 1974). — Ce qui a été payé pour prix de la constitution est, dès lors, sujet à répétition.

472. — Sous l'ancien droit, la rente viagère était également nulle, lorsqu'au moment du contrat la personne sur la tête de laquelle la rente avait été créée était atteinte d'une maladie rendant sa mort imminente. — *Rennes*, 27 août 1813, Bezien c. N.... — Casarégis, disc. 96, nos 50 et 51; Pothier, *Contrat de rente viagère*, no 225; Duparc-Poullain, *Principes du droit*, t. 3, p. 97.

473. — La rente viagère n'est pas nulle par cela seul qu'elle a été faite pendant la maladie dont le vendeur est mort, si cette maladie n'avait pas alors un caractère mortel. — *Paris*, 24 germ. an X, Langlois c. Roland.

474. — Les principes de l'ancien droit se retrouvent dans le Code civil; toutefois l'art. 1975, pour prévenir désormais toute incertitude et tout arbitraire, a décidé que la nullité aurait lieu dans le cas seulement où la personne serait décédée dans les vingt jours du contrat.

475. — Il est essentiel que la maladie ait existé au moment même du contrat; car, dans le cas contraire, la constitution de rente serait valable, lors même que la personne serait décédée le lendemain : parce que la chance de perte ou de gain existait réellement au moment de la constitution de la rente viagère. — Merlin, *Rép.*, *loc. cit.*, no 3; Duranton, no 146.

476. — La constitution de rente viagère ne peut produire son effet, lorsque le stipulant, sur la tête duquel elle a eu lieu, décède vingt-huit heures après le contrat de la maladie dont il était atteint au moment où il l'a souscrit. — *Rouen*, 25 janv. 1808, Leprévôt-Duval c. Manoury.

477. — Il faut, de plus, que la maladie existant au moment du contrat ait occasionné la mort; car si la personne sur la tête de laquelle reposait la rente viagère était morte dans les vingt jours par accident, par exemple dans un incendie ou par la chute d'un bâtiment, l'acte produirait tous ses effets. — Delvincourt, t. 3, p. 425, note; Duranton, *loc. cit.*; Troplong, nos 270 et 271.

478. — Est valable la constitution de rente viagère à laquelle survit de vingt jours celui sur la tête de qui la rente est constituée, encore bien qu'il meure quelque temps après d'une maladie dont il était atteint lors de la constitution. — *Grenoble*, 5 fruct. an XII, Berlioz c. Euphrosine. — Duranton, *loc. cit.*; Malleville, *Analyse du Code civil*, art. 1975; Toullier, t. 6, no 47.

479. — On a soulevé la question de savoir si l'art. 1975 était applicable au cas où la rente était constituée sur la tête de celui qui en fournit le prix et qui doit en jouir. Dans le sens de la négative, on soutient que le bailleur de fonds, atteint au moment du contrat d'une maladie mortelle, a eu évidemment en vue, connaissant son état, de faire une libéralité. Mais on répond victorieusement que cette intention ne doit pas se présumer lorsqu'il s'agit d'un contrat onéreux, et que, d'ailleurs, l'art. 1975 ne fait, à cet égard, aucune distinction. — Duranton, no 149; Troplong, no 268; Toullier, t. 6, no 47; Delvincourt, sur l'art. 1975; Zachariæ, t. 3, p. 83; Merlin, *Rép.*, vo *Rente viagère*, no 3; Rolland de Villargues, vo *Rente viagère*, no 25; Favard de Langlade, vo *Contrats aléatoires*, art. 1er, no 1er.

480. — Jugé que la disposition de l'art. 1975 du Code civil, étant générale et indéfinie, s'applique non-seulement au cas où la rente est créée sur la tête d'une personne tierce, mais encore à celui où elle est constituée au profit de l'une des parties contractantes. — *Paris*, 9 févr. 1807, Odelin c. Lévêque; *Rouen*, 25 janv. 1808, Leprévôt Duval c. Manoury; *Cass.*, 19 janv. 1814, Bazas c. Monginot; *Cass.*, 15 juill. 1824, Petit et Dumet c. Prévost.

481. — L'état de grossesse, lors même qu'il aurait entraîné la mort dans les vingt jours du contrat ne saurait donner lieu à l'application de l'art. 1975 C. civ. — Ricard, *Des donations*, part. 1re, nos 108 et suiv.; Duranton, no 148; Delvincourt, t. 3, p. 424; Troplong, no 274. — Cependant ces deux derniers auteurs admettent quelques distinctions. Ainsi : M. Delvincourt est d'avis qu'il y aurait lieu à nullité dans le cas où la femme enceinte était contrefaite au point de faire craindre pour ses jours au moment du contrat; et M. Troplong pense que l'art. 1975 serait applicable si la grossesse était alors compliquée d'un état maladif qui eût rendu l'accouchement mortel. — V. GROSSESSE, nos 43 et suiv.

482. — L'art. 1975 C. civ., qui dispose que le contrat de rente viagère créée sur la tête d'une personne atteinte de la maladie dont elle est décédée dans les vingt jours de l'acte, ne produit aucun effet, ne concerne seulement les contrats de rente à titre onéreux. Cet article ne s'applique pas aux contrats de rente à titre gratuit, par exemple à une donation faite sous la condition imposée au donataire de servir une rente viagère au donateur. Ainsi : la donation faite à charge d'une rente viagère conserve tout son effet, malgré le décès du donateur dans les vingt jours. — *Cass.*, 18 juill. 1836, Contal.

483. — En effet, pourquoi le prochain décès du donateur serait-il une cause de nullité de la donation? Il a pu se réserver une rente viagère comme il se fût réservé l'usufruit (C. civ., art. 949), mais il n'a pas moins entendu se dessaisir irrévocablement et faire une libéralité. Il a préféré le donataire à ses propres héritiers : sa volonté doit faire loi, lorsque d'ailleurs elle n'offre rien de contraire aux dispositions restrictives du Code civil. — Troplong, no 234; Rolland de Villargues, no 38.

484. — L'art. 1975 C. civ., qui déclare nul le contrat de rente viagère lorsque la rente a été créée sur la tête d'une personne atteinte de la maladie dont elle est décédée dans les vingt jours de la date du contrat, ne s'étend pas au cas où, la rente ayant été constituée sur la tête de plusieurs personnes, l'une d'elles est décédée dans les vingt jours. — *Cass.*, 22 févr. 1820, Dallemagne c. Carron; *Grenoble*, 21 juin 1822, mêmes parties. — Duranton, t. 18, no 150; Troplong, no 275; Rolland de Villargues, *loc. cit.*, no 27.

485. — On peut être admis à prouver par témoins que la personne sur la tête de laquelle et au profit de qui une rente constituée est créée était, lors du contrat, attaquée de la maladie dont elle est décédée. — *Rennes*, 19 mai 1813, N....

486. — Lorsqu'un contrat de rente viagère est attaqué par le motif que la rente a été créée sur la tête d'une personne atteinte de la maladie dont elle est morte dans les vingt jours du contrat, c'est à celui qui soutient la validité de ce contrat à prouver que le décès a été causé par une autre maladie. — *Paris*, 13 juill. 1808, Chetté.

487. — Le principe des art. 1322 et 1328 C. civ., suivant lesquels l'acte sous seing privé fait la même foi que l'acte authentique entre les parties qui l'ont souscrit et leurs héritiers ou ayans cause, reçoit exception à l'égard d'un acte de cette nature portant constitution de rente viagère et que l'on attaque comme ayant été antidaté dans la vue de le soustraire à la nullité prononcée par l'art. 1975 contre les contrats de rente viagère passés dans les vingt jours qui ont précédé la mort de l'individu sur la tête duquel la rente a été constituée. — L'arrêt qui annule un contrat de rente viagère sous signature privée, attendu qu'il résulte des faits et circonstances de la cause qu'il a été antidaté, afin d'éluder la prohibition de la loi, n'est point susceptible d'être cassé. — *Cass.*, 15 juill. 1824, Petit et Dumet c. Prévost.

488. — Il n'est pas au pouvoir des parties de déroger aux dispositions de l'art. 1975, et d'en paralyser les effets par une antidate. — Un testament peut être déclaré nul, sur le motif qu'il a été l'œuvre de la suggestion et du dol pour consommer la fraude à la disposition qui annule les contrats de rente viagère lorsque la personne sur la tête de laquelle elle a été constituée est décédée dans les vingt jours par l'effet de la maladie dont elle était atteinte au moment du contrat. — Même arrêt.

489. — Lorsqu'il est établi qu'un acte sous seing privé, contenant constitution d'une rente viagère, n'a pas été daté au moment de sa confection, et que la date qu'il porte n'a été apposée qu'après coup, les juges peuvent décider que cet acte n'aura d'autre date que du jour de son enregistrement, nonobstant la disposition de l'art. 1322 du Code civil. — *Cass.*, 19 janv. 1814, Bazas c. Monginot.

490. — L'acte sous seing privé par lequel un père abandonne à l'un de ses enfans une somme à prendre sur ses biens, moyennant une rente viagère, ne fait pas foi de sa date contre les autres enfans demandant, en leur qualité d'héritiers, la nullité de l'aliénation, pour cause de maladie et de décès de leur père dans les vingt jours du contrat. — C. civ., art. 1322. — Au contraire, cet acte n'a de date certaine, à leur égard, que par l'enregistrement; en telle sorte que si le père, auteur de l'aliénation, était malade à la date de cet enregistrement, et s'il est décédé dans les vingt jours qui l'ont suivi, les autres enfans seraient fondés à demander la nullité du contrat, aux termes de l'art. 1975 C. civ. — *Colmar*, 20 déc. 1830, Baumgartner c. Saget.

491. — Delvincourt (t. 3, p. 425, note 9) enseigne également que l'acte doit être de plein droit réputé antidaté quand il n'a pas acquis date certaine, et que c'est à ceux qui en soutiennent la validité à faire la preuve contraire. — Mais nous pensons, avec MM. Duranton (t. 18, no 147) et Troplong (*loc. cit.*, nos 279 et suiv.), que cette doctrine est erronée. — Cette question, du reste, présente de sérieuses difficultés et demande à être traitée avec quelques développemens. — L'art. 1322 C. civ. porte que l'acte sous seing privé fait foi de sa date, tant vis-à-vis du souscripteur que de ses héritiers ou ayans cause. — D'un autre côté, suivant l'art. 1328 du même Code, les actes sous seing privé n'ont de date, vis-à-vis des tiers, que par l'enregistrement ou certaines circonstances qu'il énumère. — Or, dans quelle catégorie doit-on ranger les héritiers qui attaquent, en vertu de l'art. 1975, l'acte sous seing privé signé par leur auteur, et contenant, à son profit, constitution de rente viagère? seront-ils, à proprement parler, considérés comme héritiers et ayans cause dans l'acception que donne à ces mots l'art. 1322, ou simplement comme tiers? — On comprend que ce point a de l'importance; car,

suivant la solution adoptée, l'acte de constitution fera foi de sa date vis-à-vis d'eux, ou ne pourra leur être opposé qu'autant qu'il aura date certaine. — Si l'on se rend un compte bien exact de leur position, on arrive à cette conséquence rigoureuse, qu'ils ne peuvent ni subir d'une manière absolue l'art. 1322, ni invoquer dans toute sa rigueur l'art. 1328.—En effet, d'une part, pour que l'héritier du rentier pût être repoussé par l'art. 1322, il faudrait que, lorsqu'il agit en vertu de l'art. 1975, il agît en qualité d'héritier et d'ayant cause du défunt. Or telle n'est point sa position, puisque cet article lui ouvre un droit qui lui est propre, un droit qu'il tient directement de la loi, et que son auteur ne lui a ni transmis ni pu transmettre puisqu'il était de nature à ne pouvoir être exercé par lui. D'autre part, est-il bien juste de le considérer comme un tiers? Evidemment non. Car si, par exception au principe qui rend l'héritier passible des obligations du défunt, et dans les mêmes termes que lui, il trouve dans la loi une faveur qui lui soit personnelle, il doit cette faveur à sa qualité d'héritier; qualité qui le rattache tellement au défunt, qu'il faut une disposition spéciale pour lui permettre de s'en séparer. — Ce n'est donc ni dans l'art. 1322, ni dans l'art. 1328, qu'il faut chercher la raison de décider, mais uniquement dans l'art. 1975. — Suivant cet article, le contrat est nul si la rente a été constituée sur la tête d'une personne atteinte de la maladie dont elle est morte dans les vingt jours de la date du contrat. Or l'héritier, qui invoque le bénéfice de cet article, et qui se constitue ainsi demandeur en nullité, a évidemment deux choses à prouver : la première, que l'acte a été signé dans les vingt jours qui ont précédé le décès; la seconde, qu'à l'époque où cet acte a été signé le défunt était atteint de la maladie dont il est mort dans les vingt jours. Ces deux preuves se lient essentiellement et ne peuvent se scinder; tant qu'elles ne seront pas administrées, l'acte qu'elles auraient pour objet de faire tomber restera dans toute sa force et sera opposable à l'héritier.

492.—Jugé, dans ce dernier sens, que l'acte sous seing privé contenant constitution de rente viagère n'est pas nul et que les héritiers du rentier ne peuvent lui dénier effet, par cela seul qu'il n'a pas acquis date certaine avant les vingt jours qui ont précédé le décès de ce dernier. C'est aux héritiers à prouver: 1° que l'acte a été passé dans ces vingt jours, 2° qu'à cette époque le rentier était atteint de la maladie dont il est décédé. — *Cass.*, 5 avr. 1842, Chavillot c. Thuin et Laurans. — « Voilà, dit M. Troplong (n° 282 *in fine*) en parlant de cet arrêt, la vraie interprétation de la loi et la vraie jurisprudence, les tribunaux ne manqueront pas de s'y conformer. »

493. — Toutefois M. Duranton (*loc. cit.*) admet avec raison que l'héritier serait recevable, en ce qui concerne la preuve de ce double fait, à invoquer le bénéfice de l'art. 1348, puisqu'il n'aurait pu se procurer la preuve littérale.—V., en ce sens, *Cass.*, 15 juill. 1824, Petit et Dumet c. Prévost. — Zachariæ, t. 3, § 387, p. 83.

494.—Dans les vingt jours de survie, exigés par l'art. 1975 C. civ. pour la validité du contrat de rente viagère, on ne doit pas comprendre le jour de la date du contrat.—*Rouen*, 3 déc. 1821, de Neuville c. Leblond.—Troplong, n° 276; Merlin, *Rép.*, v° *Délai;* Zachariæ, t. 3, p. 83.

§ 3. — *Du taux de la rente viagère.*

495. — La rente viagère, reposant sur des combinaisons essentiellement aléatoires, échappe aux dispositions légales qui ont déterminé un maximum d'intérêt en vue de prévenir l'usure. La chance de gain ou de perte, *commutatio periculi*, dit avec raison Casarégis (disc. 96, n° 4), étant la même pour les deux parties contractantes, ce contrat considéré en lui-même ne peut donner lieu à l'usure : *neque usuræ locus fit.* Aussi peut-il être constitué au taux qu'il plaît aux parties de fixer. — C. civ., art. 1976.

496. — Avant le Code, un contrat de rente viagère ne pouvait être rescindé, en tout ou en partie, sous le prétexte qu'il pouvait être usuraire. — *Cass.*, 11 prair. an VII et 15 vendém. an IX, Degouville c. Fleuriau.—Prévost de la Jannès, *Principes de la jurisprudence française*, t. 2, n° 558.

497.—La loi du 3 sept. 1807, qui fixe le taux de l'intérêt à 5 p. 0/0 en matière civile, n'a apporté aucune modification en ce qui concerne le taux de la rente viagère, qui ne peut être attaqué comme usuraire quelque élevé qu'il puisse être. — V., en ce sens, *Riom*, 23 déc. 1808, Martin c. Berthon-Langlade. — Malleville, sur l'art. 1976; Duranton, n° 152; Zachariæ, *loc. cit.*, p. 83, à la note.

498. — Il est même dans la nature de ce contrat que le taux stipulé excède l'intérêt ordinaire; car, dans le cas contraire, « ce contrat, ainsi que l'enseigne Pothier (*loc. cit.*, nos 219 et suiv.), est censé renfermer une donation au constituant de la somme d'argent qu'il reçoit sous la réserve de la jouissance de cette somme pendant le temps que doit durer la rente, et pour le prix de laquelle jouissance le constituant s'oblige à servir la rente. » — V. aussi Duranton, nos 144 et 155.

499. — Toutefois, il est évident qu'en permettant aux parties contractantes de constituer la rente viagère au taux qu'il leur plaît de fixer, l'art. 1976 C. civ. n'a eu en vue que des contrats sérieux, et que la rente viagère ne doit pas servir à dissimuler soit des prêts usuraires, soit des libéralités excessives.

500. — Sous l'ancien droit, la nullité que prononçait le sénatus-consulte macédonien des contrats de prêt consentis par les fils de famille était applicable aux contrats de constitution de rentes viagères, s'ils n'étaient que des prêts déguisés.—*Cass.*, 14 vent. an VIII, Piette c. Lasserre.

501. — Jugé, en ce sens, qu'un contrat de constitution de rente viagère peut, nonobstant les dispositions de l'art. 1976 C. civ., être annulé comme renfermant un prêt usuraire déguisé et comme entaché de dol ou de fraude, circonstances qui rentrent dans l'appréciation des juges du fond. — *Cass.*, 31 déc. 1833, Havas c. Capey; 26 juin 1845 (t. 1er 1848, p. 682), Leroux de la Routière c. Renaudin. — Duranton, n° 153; Rolland de Villargues. n° 52.

502. — La question de savoir ce qu'il convient de décider lorsque le contrat de constitution de rente viagère n'offre pas de chances réelles et n'a que l'apparence d'un contrat aléatoire donne lieu à de sérieuses difficultés. — Trois systèmes bien distincts nous semblent diviser la doctrine et la jurisprudence. — Dans le premier, on considère comme impossible d'atteindre par la rescision une vente à charge de rente viagère et l'on décide, pour venir au secours de la bonne foi, qu'un prix vil n'est pas un prix sérieux et que la rente viagère doit être annulée faute de prix.

503. — Jugé, en ce sens, qu'une vente faite moyennant une rente viagère ne peut être rescindée pour cause de lésion, mais qu'elle peut être annulée comme faite sans prix, si le produit des objets vendus est égal ou supérieur à la rente stipulée. — *Poitiers*, 23 thermid. an XI, Venault c. Geffroi; *Cass.*, 8 juill. 1806, Jauffret c. Martelly; *Paris*, 12 juill. 1808, Delisle c. Pied; *Bourges*, 10 mai 1826, Millet c. Latour; *Paris*, 2 juill. 1826, Mangeon c. Jalmain; *Angers*, 21 févr. 1828, Gault c. Fournier; *Orléans*, 26 mai 1831, Carré c. Gamelin; *Poitiers*, 9 juin 1840 (t. 1er 1841, p. 622), Corbin c. Personneau; *Cass.*, 23 juin 1841 (t. 2 1843, p. 68), Parsonneau c. Barrial.

504.—Dans le second système on repousse comme également inapplicable aux contrats aléatoires et spécialement à la rente viagère soit l'action en nullité pour vileté ou absence de prix, soit l'action en rescision pour lésion.—*Poitiers*, 10 prair. an XII, Hilairet c. Barbant; *Cass.*, 16 avr. 1822, Audry c. Hilerais; *Riom*, 26 mai 1826, Virgoulay c. Mazelier; *Cass.*, 1er avr. 1829, Mazelier c. Virgoulay; *Agen*, 5 mai 1829, Lacoste c. Seignoles; *Cass.*, 30 mai 1831, Fillard c. Pochi; *Toulouse*, 22 nov. 1831, Castelnau.

505. — Enfin le troisième système a pour appui les plus éminens jurisconsultes et nous paraît, par le respect des vrais principes, devoir imprimer à la jurisprudence une marche plus nette et plus uniforme.—Tous les auteurs, et notamment MM. Troplong (*Vente*, n° 791), Duvergier (contin. de Toullier [*Vente*, t. 2, n° 15]), Merlin (*Rép.*, v° *Lésion*, § 1er) et Duranton (t. 16, n° 41), admettent, il est vrai, qu'en règle générale, les rentes viagères ne peuvent être rescindées pour cause de lésion, puisque s'il y a une inégalité apparente entre la chose vendue et le prix stipulé, l'équivalent de cette différence consiste dans la chance du gain et de la perte, à laquelle les parties ont voulu se soumettre; mais ce principe est-il sans exception aucune? Et, par exemple, si la condition de l'*alea* manque évidemment, s'il est constant pour tous que l'une des parties contractantes ne court aucune chance de perte et se trouve assurée d'un bénéfice hors de toute proportion, la vente moyennant rente viagère subsistera-t-elle malgré la lésion patente par cela seul qu'il s'agit d'une rente viagère? Les auteurs cités plus haut ne l'ont pas pensé, et, tout en restant attachés au principe qu'ils avaient posé, et sans reconnaître toujours aux juges le droit d'apprécier par des calculs plus ou moins certains s'il y avait ou non lésion, ils enseignent que, par exemple, au cas où le montant de la rente viagère serait inférieur au revenu de l'immeuble vendu (et Merlin ajoute celui où le vendeur serait menacé d'une mort très-prochaine) il pourrait y avoir lieu à rescision pour cause de lésion. Cette opinion se concilie, d'ailleurs, avec la nature du contrat de rente viagère; car ce contrat n'échappant aux principes établis en matière de lésion qu'en raison de l'*alea* qui lui sert de base, doit rentrer nécessairement sous l'influence de ces principes lorsque la chance de gain ou de perte n'existe pas, lorsqu'en réalité le contrat perd son caractère aléatoire.

506. — Jugé, en ce dernier sens, que la vente d'un immeuble valant 400 francs faite moyennant une rente viagère de 20 francs, peut être rescindée pour cause de lésion. — *Grenoble*, 18 avril 1831, Sarpeille c. Imbert.—Cet arrêt était un premier pas dans la voie ouverte par les commentateurs, et que devait presque aussitôt consacrer la Cour suprême par l'arrêt suivant, qui aborde franchement la question et la tranche de la manière la plus décisive.

507. — Jugé que la vente dont le prix consiste en une rente viagère est susceptible de rescision pour cause de lésion comme une vente ordinaire, et que c'est au juge du fond qu'il appartient de décider souverainement si la rente viagère, stipulée comme prix d'une rente, constitue ou ne constitue pas un prix réel.—*Cass.*, 22 févr. 1836, Castelnau.—Cet arrêt, dit M. Troplong (*Contrats aléatoires*, n° 211, p. 380, à la note), en ouvrant la voie de la rescision, fermera celle d'une nullité forcée et contraire à toutes les idées raisonnables. — V., en outre, Troplong, *loc. cit.*, n° 288; *Louage*, t. 1er, n° 3, à la note, et *Vente*, t. 1er, n° 150.

508. — Jugé toutefois que l'action en rescision en matière de rente viagère ne doit être admise que dans le cas seulement où la lésion serait de prime abord, aux termes de l'art. 1677 C. civ., vraisemblable et appuyée sur de graves présomptions. — *Douai*, 25 juin 1845 (t. 2 1845, p. 250), Véroust c. Fontaine.

509. — Un acte d'aliénation à rente viagère est inattaquable s'il résulte des circonstances de la cause que l'intention du vendeur a été de gratifier l'acquéreur de ce dont les biens qu'il lui abandonnait pouvaient excéder les charges qu'il lui imposait, encore bien qu'il soit allégué, avec offre de vérification, que la rente stipulée se trouve inférieure au revenu net desdits biens. — *Douai*, 28 juill. 1846 (t. 2 1846, p. 412), Haubourdin c. Dubois. —Une jurisprudence constante reconnaît, comme on le sait, la validité des donations déguisées sous la forme d'un contrat onéreux. — V. DONATION DÉGUISÉE.

510. — Le choix laissé au créancier d'une rente viagère, constituée à prix d'argent, d'en exiger les arrérages, soit en numéraire, soit en blé, dont la quantité, la qualité et le prix ont été fixés par le contrat, ne donne pas toujours à ce créancier le droit de demander le paiement des arrérages en blé. — Les juges peuvent examiner si ce paiement ne serait pas trop onéreux au débiteur, et autoriser celui-ci à le faire en numéraire.—*Bourges*, 12 fruct. an XI, Delniant c. Rollin; *Cass.*, 1 mai 1809, Daniel c. Provost.—V. Dumoulin, *Tract. cons. usur.*, quest. 21, n° 220; Chardon, *De l'usure*, nos 15 et suiv.; Pothier, *Contrat de rente viagère*, nos 234 et 235; Merlin, *Rép.*, v° *Rente constituée*, § 2, art. 2.

511. — Un décret du 23 juin 1806 permet aux hospices de prendre à rente viagère et à 10 p. 0/0 au plus les sommes que les pauvres existant dans ces établissemens voudront y verser, avec la simple autorisation du préfet si la somme n'excède pas 500 fr.; et avec celle du gouvernement, dans le cas contraire.

Sect. 3e. — *Des clauses qui peuvent être insérées dans le contrat.*

512. — La plupart des clauses dont nous avons parlé à l'occasion des rentes perpétuelles, peuvent s'apposer dans les contrats de constitution de rentes viagères. — Pothier, n° 244. — V. *suprà*, nos 35 et suiv.

513. — La clause par laquelle on stipule que le constituant rendra aux héritiers de celui à qui la rente est constituée, et lors du décès de ce dernier, une partie de la somme reçue lors de la constitution de la rente viagère, n'a rien d'illicite.

Cette clause renferme deux contrats, un contrat de vente de la rente viagère pour le prix de la somme qui doit rester au constituant et un prêt gratuit qui lui est fait de celle qu'il doit rendre. — Pothier, nº 245; Duranton, nº 153; Rolland de Villargues, nº 65.

514. — Toutefois, ajoute Pothier (*loc. cit.*), si la somme qui doit rester au constituant n'était pas assez forte pour pouvoir être considérée comme le prix de la rente viagère, le contrat de constitution devrait être déclaré nul et usuraire comme contenant un prêt à intérêt déguisé, et tous les arrérages qui auraient été payés devraient être imputés sur le principal. M. Duranton (*loc. cit.*) ne va pas aussi loin que Pothier, il estime que, dans ce cas, les tribunaux devraient se borner à imputer une partie des arrérages sur la portion du capital à restituer, de manière à purger autant que possible et *ex æquo et bono* le vice d'usure. — V., du reste, ce que nous avons dit *suprà* sur le taux des arrérages, nos 25 et suiv.

515. — Quelquefois le contrat de rente viagère est mêlé de rente perpétuelle. On peut convenir, par exemple, qu'après la mort de celui à qui la rente viagère est constituée, le constituant continuera à ses héritiers une rente rachetable moyennant un prix déterminé. — Pothier, nº 246; Duranton, nº 154; Rolland de Villargues, nº 68.

516. — Mais, dans ce cas, bien que la rente perpétuelle soit essentiellement rachetable, on ne peut rembourser au constituant, malgré lui et de son vivant, la somme fixée pour le rachat de la rente perpétuelle. La raison de décider que le rachat ne peut avoir lieu qu'après le décès du constituant est que les deux rentes, l'une perpétuelle et l'autre viagère, sont deux rentes créées pour un seul et même prix qui ne courent pas en même temps, mais dont l'une succède à l'autre. Ce n'est donc qu'au moment où la rente viagère s'est éteinte pour donner naissance à la rente perpétuelle, que cette dernière peut être rachetée. — Pothier, nº 246; Duranton, nº 154; Rolland de Villargues, nº 69.

517. — La rente perpétuelle qui doit être servie aux héritiers du rentier viager peut indifféremment excéder le taux légitime de la somme d'argent dont elle est rachetable, ou être inférieure à l'intérêt légal de cette somme.—Pothier, nº 247; Duranton, *loc. cit.*; Rolland de Villargues, nos 70 et 71.

518. — La clause insérée dans un contrat de constitution de rente viagère, que, faute de paiement des arrérages, les créanciers jouiront des immeubles hypothéqués, et en recevront les revenus sans imputation ni restitution, n'est point contraire aux bonnes mœurs et ne peut faire réputer la rente usuraire.—*Bordeaux*, 23 août 1814, Guichard c. Bressy.—Duranton, t. 18, nº 169; Rolland de Villargues, nº 73.

519. — En principe, comme on le verra ci-après, le seul défaut de paiement des arrérages n'autorise pas la demande en résolution d'une rente viagère (C. civ., art. 1978). Mais que doit-on décider dans le cas où les parties ont expressément stipulé que le non-paiement des arrérages entraîne la résolution du contrat?

520. — M. Duranton (t. 18, nº 169) est d'avis que les motifs qui ont fait repousser par le Code civil la résolution tacite, sont également applicables à la résolution expressément convenue. «Il n'y aurait pas de difficulté, ajoute-t-il, si la stipulation était accompagnée d'une clause portant que le créancier ferait raison, en cas de résiliation, de la différence entre le taux des arrérages perçus et celui de l'intérêt légal, ou si, en l'absence de cette clause, il offrait, en demandant la résiliation, de faire raison de cette différence.»

521.—La Cour de Paris, qui, depuis, est revenue sur sa jurisprudence, avait également décidé que la clause résolutoire insérée dans un contrat de rente viagère est non-valable comme contraire à l'essence même de ce contrat. — Arrêt du 22 déc. 1812, Lehoc c. Varennes.

522. — Mais cette doctrine, repoussée, depuis, par une jurisprudence constante, était d'ailleurs en contradiction formelle avec l'opinion exprimée par le législateur lui-même dans les discussions du Conseil d'Etat (Fenet, t. 14, p. 525 et 526). Il paraît incontestable, en effet, comme le fait remarquer M. Troplong (nº 310), que, dans la pensée du législateur, la règle générale posée dans l'art. 1978 n'est pas absolue, et que la stipulation contraire se trouvait suffisamment légitimée par le principe de la liberté des conventions. — V., en outre, Locré, p. 149.

523. — La clause résolutoire, admise en matière de rente viagère sous l'ancienne jurisprudence (V. *Cass.*, 5 mars 1817, de Bonal c. de Damas), est définitivement consacrée sous l'empire du Code civil, par les arrêts suivans. — *Paris*, 8 janv. 1810, Lenud c. de Rancher; *Bordeaux*, 30 août 1814, Bernède c. Sawer; *Rouen*, 27 janv. 1815, Legros c. Née; *Bordeaux*, 15 juill. 1816, Journaux c. Luchet; *Cass.*, 26 mars 1817, Bernède c. Sawer; *Metz*, 28 juin 1820, Michel; *Bruxelles*, 20 nov. 1822, Bourgeois c. Jacquiex; *Bordeaux*, 14 mars 1829, Maureau c. Rambaud; *Toulouse*, 2 juin 1832, Blavy; *Bordeaux*, 18 févr. 1835, Bernard c. Ravezies; *Paris*, 22 févr. 1837 (t. 2 1837, p. 184), Rougé c. Blanche; *Rouen* 29 janv. 1838 (t. 1er 1840, p. 322), Lémar c. Lezzençou; *Bordeaux*, 10 janv. 1839 (t. 1er 1839, p. 391), Duhart c. Létourneau; *Cass.*, 15 févr. 1842 (t. 2 1842, p. 133), Ferrand c. Giraud; 23 août 1843 (t. 2 1843, p. 577), Bourgeard c. Duparquier; *Caen*, 16 déc. 1843 (t. 1er 1844, p. 707), d'Aligre c. de Tourdonnet. — Troplong, *loc. cit.*, nº 310; *Idem*, *De la vente*, t. 2, nº 648; Rolland de Villargues, nº 72; Souquet, *Dict. des temps légaux*, vº *Rente*, nº 76.

524. — On peut même stipuler que la résolution aura lieu de plein droit par le seul fait de la mise en demeure du débiteur, et sans qu'il soit besoin d'une demande en justice. — Dans ce cas les tribunaux ne peuvent accorder de délais au débiteur. — *Caen*, 16 déc. 1843 (t. 1er 1844, p. 707), d'Aligre c. de Tourdonnet.

525. — Lorsque la rente viagère est stipulée payable d'avance, par trimestre, le paiement doit être réputé arriéré aussitôt que ce paiement, devenu exigible, n'a point été effectué, bien que le trimestre ne soit pas totalement révolu. — Ainsi la clause résolutoire stipulée pour le cas où deux trimestres d'une rente, payable d'avance, seraient arréragés, est accomplie, à défaut de paiement, après le second trimestre commencé. — *Bordeaux*, 11 juill. 1832, Lopès-Dias c. Delort. — Favard de Langlade, *Rép.*, vº *Prêt*, sect. u, § 2.

526. — Le débiteur de la rente viagère ne peut faire cesser l'effet de la clause résolutoire, en faisant en appel des offres réelles des arrérages par lui dus, lorsqu'il a été mis en demeure par le créancier, et surtout lorsque le jugement de première instance a déjà prononcé la résiliation. — *Cass.*, 26 mars 1817, Bernède c. Sawer.

527. — Lorsqu'il a été stipulé comme clause substantielle, expresse et irrévocable, même en cas de mort de la part des débiteurs de la rente, que, pour parvenir, dans ce cas, au remboursement du capital de la rente viagère, le crédirentier aurait la faculté, sur un simple commandement, de faire vendre, en l'étude d'un notaire de son choix, les biens hypothéqués au service de la rente, sans qu'il soit besoin de recourir aux tribunaux, et ce aux enchères et sur deux publications, etc.; les parties majeures qui ont contracté une telle obligation, sous cette forme de mandat irrévocable, doivent se soumettre à ce mode de vente, que d'ailleurs le législateur n'a point proscrit. — *Bordeaux*, 18 févr. 1835, Bernard c. Ravezies.

528. — La clause qui soumet l'acquéreur à la résiliation du contrat en cas de non-paiement pendant un an des arrérages d'une rente viagère faisant partie du prix de la vente, et cela sans qu'il soit besoin de la faire ordonner en justice, doit être considérée comme de rigueur. En conséquence, l'acquéreur qui a laissé écouler le délai prescrit ne peut se soustraire à la résolution, en offrant postérieurement les arrérages échus. — *Paris*, 8 janvier 1810, Lenud c. de Rancher.

529. — Le pacte commissoire stipulé dans une vente faite moyennant une rente viagère doit être appliqué dans les termes de l'art. 1656 du Code civil, en ce sens que lorsque l'acheteur a été mis en demeure par une sommation, non-seulement les juges ne peuvent lui accorder de délai, mais qu'ils ne peuvent plus admettre ses offres, lors même qu'elles seraient de la totalité de ce qu'il doit.—*Bordeaux*, 10 janv. 1839 (t. 1er 1839, p. 391), Duhart c. Létourneau.

530. — M. Duranton (t. 16, nº 377) pense que dans le silence de la loi, les offres doivent être accueillies tant que la résolution n'est pas prononcée. Mais M. Troplong (*Vente*, t. 2, nos 669 et suiv.) fait remarquer que la loi est loin d'être muette, puisqu'elle permet de payer après l'expiration du délai tant que le débiteur n'a pas été mis en demeure par une sommation. — Donc, dit-il, lorsqu'il a été mis en demeure par une sommation à laquelle il n'a pas obéi, il ne peut plus payer et le vendeur doit reprendre sa chose. — Le juge n'a plus qu'à prononcer la résolution. — V., en outre, *Bordeaux*, 30 août 1814, Bernède c. Sawer; *Cass.*, 19 août 1824, Bailleul c. Lefebvre — Duvergier, *Continuation de Toullier*, t. 16, nº 463.

531. — Jugé que lorsqu'il n'existe dans un contrat de rente viagère qu'une simple stipulation de clause non résolutoire de plein droit et que le débiteur a été mis en demeure par une sommation, les juges peuvent lui accorder un délai pour se libérer. — *Toulouse*, 29 janv. 1838 (t. 2 1840, p. 322), Lémar c. Lissençon.

532. — L'arrêt qui prononce la résolution d'un contrat de rente viagère ne peut, en même temps, condamner le débiteur à payer les arrérages de cette rente jusqu'au jour du remboursement, à moins qu'il ne statue ainsi par forme de dommages-intérêts.—Mais peut-il condamner le débiteur à payer au taux convenu les arrérages courus soit avant la demande en résolution, soit depuis cette demande jusqu'à l'arrêt? — La Cour de cassation, par arrêt du 23 août 1843 (t. 2 1843, p. 577), Bougeard c. Dupasquier, s'est prononcée pour la négative. — Cette doctrine, si elle était appliquée dans toute sa rigueur, aurait pour conséquence non-seulement de rendre le créancier non recevable à exiger les arrérages échus jusqu'au jour de la demande en résolution, mais encore de l'obliger à tenir compte de tous ceux qu'il aurait perçus antérieurement à cette époque au delà du taux légal. Or un pareil résultat serait contraire à la jurisprudence de la Cour de cassation elle-même, comme le prouvent les arrêts qui suivent.

533. — Pothier (nº 230) s'explique sur ces divers points d'une manière formelle. «La rente, dit-il, doit, du jour où la résolution a été ordonnée par un jugement qui n'a pas été suspendu par appel, cesser de courir sur le pied où elle a été constituée : car, dès que le constituant est condamné, *le risque a cessé*. A l'égard des arrérages qui ont couru *jusqu'au jour de la résolution du contrat*, ils sont dus à l'acquéreur *tels qu'ils ont été convenus :* car ils sont le prix du risque *et le risque a eu lieu jusqu'à la résolution du contrat.*» — Merlin (*Rép.*, vº *Rente viagère*, nº 801), Zachariæ (t. 3, p. 86), Delvincourt (t. 3, p. 420) professent la même opinion ainsi que M. Troplong, qui critique avec force l'arrêt précité. En présence d'autorités si imposantes, il est permis de penser que la doctrine consacrée par l'arrêt du 23 août 1843 ne fera pas jurisprudence. On remarquera, d'ailleurs, qu'elle ne résulte expressément que du dispositif de cet arrêt, et qu'aucun motif particulier ne vient l'appuyer.

534. — Jugé, dans ce dernier sens, qu'en cas de résolution du contrat de rente viagère, le créancier a droit au remboursement du capital et n'est point tenu de restituer la portion des arrérages (par lui reçus) excédant l'intérêt légal. Ces arrérages doivent même lui être payés au taux convenu jusqu'au jour où la résolution a été acquise. — *Cass.*, 22 juin 1825, Dupuy; 20 nov. 1827, Lebrun c. Charpentier; *Paris*, 22 févr. 1837 (t. 2 1837, p. 184), Ronsé c. Blanche; *Caen*, 16 déc. 1843 (t. 1er 1844, p. 707), d'Aligre c. de Tourdonnet; *Dijon*, 22 janv. 1847 (t. 2 1848, p. 100), Bouillard c. Guérin.

535.—Dans le cas où le réméré est consenti par l'acquéreur et où le vendeur, au lieu de rembourser le prix, constitue au profit de l'acquéreur une rente viagère avec hypothèque sur l'immeuble réméré, moyennant quoi le contrat à réméré est déclaré nul et non avenu, il y a novation et, dès lors, l'acquéreur à réméré ne peut plus, à défaut du paiement des arrérages de cette rente, demander la résolution du contrat de réméré, et rentrer dans la propriété des biens qui lui avaient été vendus par le débiteur de la rente viagère. — *Douai*, 22 juill. 1820, Binrette c. Simon et Bray.

536.—M. Duvergier (*Vente*, t. 2-continuation de Toullier, t. 17, nº 52) est aussi d'avis que l'acquéreur à réméré qui se dessaisit de l'immeuble sans être payé abandonne son droit de rétention et n'est plus que simple créancier du vendeur. — V. aussi Merlin, *Rép.*, vº *Privilège de créance*, sect. 4, § 5, nos 4 et 5, et Troplong, *Vente*, t. 2, nº 763. — Mais s'il y avait eu des réserves ou une clause indiquant l'intention de demeurer maître du droit de rétention et de profiter de ses effets, ces effets subsisteraient. — V. *Colmar*, 12 juin 1816, Baruch-Levy C. Clauss.

537. — La rente viagère constituée à titre onéreux ne peut être déclarée insaisissable. — Art. 1981 C. civ. — Le motif de cette disposition, c'est qu'il ne doit pas être permis à un débiteur de priver ses créanciers de leur gage légal en plaçant son bien en rente viagère. — V. exposé des motifs, Fenet, t. 14, p. 547; Duranton, nº 179; Troplong, nº 340; Rolland de Villargues, nº 75; Delvincourt, t. 3, p. 427.

538.—Mais il en est autrement quand la rente

viagère est constituée à *titre gratuit*, car les créanciers du donataire ou donateur, n'ayant pas dû compter, dans ce cas, sur ce nouveau gage, n'ont aucunement à se plaindre d'une condition qu'il plaît au donateur ou au testateur d'opposer à leur libéralité. — Duranton, *loc. cit.*; Troplong, nº 341; Rolland de Villargues, nº 79.

539. — Dès avant le Code de procédure, une rente viagère léguée par testament à titre de donation alimentaire n'avait pas besoin d'avoir été expressément déclarée insaisissable pour l'être en effet. — *Aix*, 27 mars 1806 (du 27 mai selon quelques recueils), Aubany. — Pothier, nº 252; Rolland de Villargues, nº 75.

540. — Il en est de même et à plus forte raison lorsque la rente viagère est donnée ou léguée à titre d'*alimens*. Dans ce cas, elle est présumée de droit avoir été faite avec la condition d'insaisissabilité. — C. procéd., art. 581, nº 4. — Troplong, nº 342; Duranton, *loc. cit.*; Rolland de Villargues, nº 80; Roger, *De la saisie-arrêt*, nº 357.

541. — Jugé, en ce sens, qu'il n'est pas nécessaire qu'une pension viagère soit déclarée insaisissable par le testament; qu'il suffit, pour qu'une pension viagère ne puisse pas être saisie, qu'il résulte de l'acte et des circonstances que l'intention du testateur a été d'assurer au légataire des alimens pendant sa vie. — *Turin*, 3 déc. 1808, Aligio c. Jeandet et Bellada.

542. — Du reste, cette insaisissabilité stipulée ou présumée de droit n'est pas absolue. L'art. 582 C. procéd. permet, en effet, dans certains cas, de recourir au ministère du juge pour obtenir une saisie partielle. — Troplong, nº 343; Duranton, *loc. cit.*; Rolland de Villargues, nº 81.

543. — Un juge peut ordonner en référé le paiement d'une rente viagère insaisissable, établie par un arrêt, lorsque l'opposition à ce paiement est formée sans titre ni autorisation et qu'elle est nulle comme non suivie d'une demande en validité. — *Paris*, 4 juin 1831, Rouffit c. Langlois.

544. — Quant à la question de savoir si la rente viagère peut être déclarée *incessible*, elle donne lieu aux mêmes distinctions que la précédente et se résout négativement ou affirmativement, selon que l'acte constitutif est à titre onéreux ou à titre gratuit. — Troplong, nos 346 et suiv. — V., en outre, sur ce point, les motifs clairs et précis d'un arrêt de *Paris* du 19 nov. 1813, Dalouzet c. Latour du Pin.

545. — La stipulation qu'une rente viagère constituée pour le prix de la vente d'un immeuble sera incessible et insaisissable est nulle comme contraire à l'ordre public. En conséquence, la cession d'une pareille rente est valable, et le cessionnaire est recevable à en demander le paiement à celui qui en est débiteur. — *Orléans*, 6 août 1841 (t. 2 1841, p. 415), Chevallier c. de Moriès; *Cass.*, 1er mars 1843 (t. 1er 1843, p. 438), mêmes parties.

546. — Bien que le contrat constitutif d'une rente viagère l'ait déclarée incessible, on peut cependant en céder les arrérages échus. La clause d'incessibilité ne s'applique qu'aux arrérages à échoir. — *Rouen*, 29 janv. 1829, Briot c. Bonneval.

Sect. 4e. — *Des droits et obligations qui résultent du contrat de constitution de rente viagère.*

547. — Les obligations du débiteur de la rente viagère sont : 1º de fournir toutes les sûretés qu'il a promises par le contrat; 2º de faire régulièrement le service de la rente aux époques déterminées par le contrat et tant que durera la rente.

§ 1er. — *Droits du crédi-rentier lorsque les sûretés promises par le contrat ne lui sont pas accordées.*

548. — Celui au profit duquel la rente a été constituée moyennant un prix peut demander la résiliation du contrat, si le constituant ne lui donne pas les sûretés stipulées pour son exécution. — C. civ., art. 1977 et 1184. — Cette disposition du Code civil est entièrement conforme à l'opinion de Pothier, nº 228.

549. — Ainsi le créancier de la rente peut demander la résiliation du contrat, et, par suite, la restitution des valeurs par lui fournies, si le débiteur ne lui donne pas la caution, ou ne peut produire le cautionnement qu'il a promis, et il ne serait pas fondé à présenter une autre caution tout aussi solvable; car le créancier pourrait dire qu'il n'a traité qu'en considération de la

personne qui devait garantir sa créance. — Pothier, nº 228; Duranton, nº 162; Rolland de Villargues, nº 103; Troplong, *Contrats aléatoires*, nº 290.

550. — Il le peut encore dans le cas où le constituant a promis une hypothèque sur un immeuble libre, et ne peut remplir cette promesse. — Pothier, *ibid.*; Duranton, *ibid.*; Rolland de Villargues, *ibid.*; Troplong, *ibid.*

551. — Lorsqu'un immeuble hypothéqué spécialement à la sûreté d'une rente, a été vendu comme franc de toutes charges et hypothèques, le créancier de la rente ne peut exiger le remboursement du capital, si le débiteur offre d'affecter à sa garantie d'autres biens de même valeur. — *Bruxelles*, 21 avr. 1810, Gyslen c. Vandersteen. — Pothier, nº 321. — V. toutefois Duranton, t. 11, nº 121.

552. — Lorsqu'une rente viagère a été constituée au profit de deux époux et du survivant d'eux pour le tout, le mari ne peut, durant le mariage, en sa qualité de chef de la communauté, renoncer pour sa femme, sans le concours de celle-ci, à l'hypothèque constituée pour sûreté de cette rente. — *Bruxelles*, 15 janv. 1829, P... c. Lefebvre.

553. — La résiliation du contrat constitutif de la rente viagère peut être demandée par le créancier, bien qu'antérieurement à la vente, il ait négligé de renouveler son inscription avant l'expiration de dix années. — *Cass.*, 16 avr. 1839 (t. 2 1839, p. 262), Letellier c. Imbert. — C'est à tort, en effet, que le débiteur de la rente objecterait que les droits du crédi-rentier ont été éteints ou diminués par la négligence de ce dernier, car, comme on le sait, l'hypothèque subsiste sans inscription vis-à-vis du débiteur. — V. sur ce point Troplong, nº 294.

554. — La résiliation peut enfin être demandée si le débiteur, après avoir promis d'employer les deniers à lui comptés en acquisition d'immeubles, à l'effet de donner au créancier le privilége du vendeur, ne fait pas l'acquisition convenue. — Pothier, *loc. cit.*; Duranton, *ibid.*; Rolland de Villargues, *loc. cit.*

555. — Celui qui diminue les sûretés qu'il avait données par le contrat, doit être assimilé à celui qui ne fournit pas celles qu'il avait promises. — Duranton, nº 163; Rolland de Villargues, nº 104. — Tout en admettant cette interprétation de l'art. 1977, M. Troplong fait remarquer (nº 291) que le discours de M. Siméon au tribunat (V. Fenet, t. 14, p. 553 et 554) semblerait indiquer de la part du législateur une opinion contraire. — « Néanmoins, ajoute-t-il, je crois que la jurisprudence est plus vraie; seulement le juge n'oubliera pas que la résiliation est un acte de haute sévérité, qu'elle renverse des espérances légitimes et voisines peut-être de l'événement qui allait les convertir en droit acquis; qu'ainsi il ne faut pas se montrer trop pointilleux et trop favorable à des plaintes rigoureuses. »

556. — La résolution du contrat, pour diminution des sûretés promises, doit être prononcée conformément à l'art. 1977 C. civ., encore que la rente ait été constituée avant le Code, si les sûretés n'ont été diminuées que depuis. — *Riom*, 4 août 1818, Abonnat c. Monier.

557. — Le créancier d'une rente viagère créée pour le prix d'un immeuble, peut demander la résolution du contrat de vente, lorsque le débiteur devient insolvable, que l'immeuble vendu a été saisi, et que le débiteur ne peut fournir sur ses autres biens aucune autre garantie pour le service de la rente. — *Dijon*, 14 mars 1817, Diodati c. Sambin.

558. — Lorsque le débiteur d'une rente viagère a aliéné une partie des biens affectés au service de cette rente sans charger l'acquéreur de la servir, le crédi-rentier est fondé à demander la résiliation du contrat et le remboursement du capital. — *Colmar*, 25 août 1810, Meyer c. Thomas; *Riom*, 4 août 1818, Abonnat c. Monnier; *Cass.*, 16 avr. 1839 (t. 2 1839, p. 262), Letellier c. Imbert. — Zachariæ, t. 3, p. 85 et 86, à la note. — *Contrà*, Troplong, nº 292.

559. — Lorsque l'adjudicataire d'un immeuble hypothéqué au paiement d'une rente viagère a fait au créancier de cette rente des offres réelles des arrérages échus, et que ce dernier, en refusant les offres, a cité l'adjudicataire en résiliation du contrat de rente, les juges peuvent statuer sur cette contestation en l'absence du saisi, débiteur originaire de la rente, surtout si ce débiteur a été appelé pour contester l'ordre. — *Cass.*, 22 juin 1825 Dupuy c. Darricurin.

560. — La faculté de demander la résolution d'un contrat de rente viagère est limitée au cas

où le débiteur n'a pas donné les sûretés stipulées. — En conséquence, la dépréciation de l'immeuble hypothéqué, indépendante du fait et de la volonté du débiteur, ne constitue pas une résolution de ce contrat. — *Pau*, 5 févr. 1823, Carvallo c. Laubeau; *Douai*, 25 déc. 1833, Lemaire c. Roussel; *Paris*, 21 déc. 1836, Jérôme c. Latran. — Dans ce cas, le crédi-rentier doit s'imputer de n'avoir pas exigé des garanties plus considérables. Et, comme le soutiennent avec raison MM. Zachariæ (t. 3, p. 85) et Troplong (nº 295), on opposerait en vain l'art. 2131 du C. civ.; car autre chose est rendre la créance exigible et enlever le bénéfice du terme, comme le fait l'art. 2131, autre chose est prononcer la destruction d'un contrat. — V., en outre, Souquet, *Dictionn. des temps légaux*, vº *Rente*, nº 67.

561. — Le débiteur peut arrêter les effets de la résolution en fournissant les sûretés promises ou en rétablissant celles qu'il a diminuées. — *Bruxelles*, 22 avril 1810, Gyslen c. Vandersteen. — Pothier, *Rente viagère*, nº 321; Zachariæ, t. 3, p. 86; Troplong, nº 296. — V. cependant Duranton, t. 11, nº 121.

562. — Lorsque la personne sur la tête de laquelle la rente était constituée vient à mourir avant la demande en résiliation, le créancier n'a plus le droit de se plaindre; car la rente étant désormais éteinte, comme dans les cas ordinaires, les sûretés sont devenues inutiles. — Pothier, nº 229; Duranton, nº 165; Rolland de Villargues, nº 111; Merlin, *Rép.*, vº *Rente viagère*, nº 4; Zachariæ, t. 3, p. 86.

563. — La question semble plus délicate lorsque le crédi-rentier vient à décéder l'instance étant déjà engagée; car on peut soutenir, dans ce cas, que le créancier ayant déjà exercé le droit qu'il avait d'obtenir la résiliation, le juge qui en est saisi doit se borner à vérifier le bien-fondé de cette demande et lui maintenir tous ses effets; et qu'enfin les jugemens ont un effet rétroactif au jour de la demande. — Mais Pothier (*loc. cit.*) et les auteurs précités répondent que le décès de la personne sur la tête de laquelle la rente était constituée, doit nécessairement empêcher la prononciation du jugement, puisque la loi n'autorise le jugement que pour mettre le créancier à couvert, et que désormais il n'a plus d'intérêt à obtenir ces sûretés. — Toutefois, ajoute M. Duranton (nº 166), le débiteur de la rente devrait payer les frais faits légitimement.

564. — Jugé cependant que les héritiers de celui au profit de qui une rente viagère a été constituée moyennant un prix, sont recevables à demander la résiliation du contrat, si les biens hypothéqués par le constituant, et qui, d'après les termes formels de l'acte, ont été déclarés quittes et libres de toutes dettes et hypothèques, se trouvaient néanmoins grevés d'hypothèques que le constituant a laissées subsister. — *Bruxelles*, 5 janv. 1826, Wauwermans c. Vanocken.

565. — La résolution du contrat de rente viagère, pour non-exécution quant aux sûretés stipulées, ne soumet point le créancier à la restitution de ce qui excédait dans les arrérages payés le taux de l'intérêt légal. — *Bruxelles*, 10 août 1833, Fonteyn c. Fasseaux et Bonjean. — Ce que nous avons dit *suprà* (nos 240 et suiv.) à l'occasion de la clause résolutoire s'applique ici *à fortiori*. Aussi, dans ce cas, M. Duranton (nº 164) n'hésite pas à se prononcer affirmativement. — V., en outre, *Colmar*, 25 août 1810, Meyer c. Thomas. — Merlin, *Rép.*, vº *Rente viagère*, nº 4; Rolland de Villargues, nº 113; Troplong, nº 298; Delvincourt, t. 3, p. 430, note 4; Pothier, nº 239; Zachariæ, t. 3, p. 86.

566. — Quant à la somme que le débiteur doit restituer, en cas de résiliation, elle ne produit que les intérêts ordinaires; la rente n'existant plus, il n'y a plus d'arrérages. — *Cass.*, 23 août 1843 (t. 2 1843, p. 577), Rougeard c. Dupasquier.

567. — La créance résultant d'avances faites pour le compte du débiteur d'une rente viagère, n'est pas, de sa nature, productive d'intérêts. Dès lors, si une contestation s'engage entre le créancier et le débi-rentier au sujet du remboursement de ces mêmes avances, les intérêts ne sont dus au créancier qu'à partir du jugement de condamnation au remboursement, et non à partir du jour des avances. — *Bordeaux*, 21 mars 1846 (t. 1er 1848, p. 87), Laurent c. Roy; *Limoges*, 4 févr. 1847, Grand c. Laporte Lissac; *Bordeaux*, 6 mai 1847 (t. 2 1847, p. 185), Casenave c. Gauthier-l'Hardy.

568. — L'action en résolution pour défaut de sûretés ne s'applique qu'aux rentes viagères constituées à titre onéreux. Elle ne serait pas recevable si la rente viagère était constituée à titre gratuit. — Troplong, nº 303.

§ 2. — *Droits et actions du crédi-rentier, en cas de non-paiement des arrérages.*

569. — Le non-accomplissement des sûretés stipulées et le défaut de paiement des arrérages sont, comme nous l'avons vu (nos 108 et suiv., 150 et suiv.), deux causes de résolution également puissantes en matière de rentes perpétuelles. Il n'en est pas de même en ce qui concerne la rente viagère. Bien que le paiement des arrérages soit la principale condition du contrat, et que, en thèse générale, le vendeur non payé ait le droit de demander la résolution (art. 1184 et 1654), le créancier d'une rente viagère a seulement le droit de saisir et de faire vendre les biens de son débiteur, et de faire ordonner ou consentir, sur le produit de la vente, l'emploi d'une somme suffisante pour le service de la rente. — C. civ., art. 1978.

570. — M. Troplong (nos 305 et suiv.), après avoir critiqué comme insuffisantes les raisons par lesquelles les orateurs du gouvernement (V. Fenet, t. 14, p. 546, 553, 554 et 564) combattirent, au tribunat, le système de la résolution du contrat de rente viagère dans les cas précités, ajoute que les parties ayant voulu *ab initio* soumettre le contrat aux chances du hasard, il est juste de laisser à la fortune le soin d'amener la solution qu'on a attachée à ses incertitudes; et qu'il serait d'autant moins équitable d'autoriser la résolution en ce cas, que le débiteur, ayant peut-être déboursé une somme égale au capital, serait obligé à le restituer en entier une seconde fois.

571. — Avant le Code civil, le défaut de paiement des arrérages d'une rente viagère, créée pour le prix d'un immeuble, autorisait le créancier à demander la résolution du contrat. — *Bordeaux*, 9 pluv. an XIII, Gauffreteau c. Desrives; *Cass.*, 12 janv. 1807, mêmes parties.

572. — La résolution d'un contrat de vente d'immeubles, consentie moyennant une rente viagère, a pu être prononcée depuis le Code civil, pour défaut de paiement des arrérages, si la demande en avait été formée avant la publication de cette loi. — *Cass.*, 12 janv. 1807, Desrives c. Gauffreteau. — Chabot, *Questions transit.*, t. 2, vo *Rentes viagères*, § 1er.

573. — Dans les contrats dont les actes d'exécution doivent être successifs et se prolonger pendant un espace de temps indéterminé, tels que les contrats de rente, c'est la loi en vigueur au moment où se sont passés les faits sur lesquels on fonde la demande en résolution du contrat qui doit exclusivement servir de règle pour admettre ou rejeter cette demande. Spécialement, la demande en résolution d'un contrat de rente viagère, fondée sur une cause arrivée sous le Code civil, doit être rejetée si le Code n'a point consacré cette cause de résolution, alors même qu'elle eût été admise par la législation sous l'empire de laquelle la rente a été constituée. — *Cass.*, 18 déc. 1822, de Gancourt c. de Brun; 27 juill. 1824, de Marchais c. de la Barthé; *Bordeaux*, 19 août 1829, Gosselin c. Lapeyre. — Potier, *Obligat.*, nos 271; Delvincourt, t. 3, p. 141; Toullier, t. 6, no 728. — *Contrà*, *Bordeaux*, 10 févr. 1807, Duchesne-Beaumanoir c. Desjans; 15 déc. 1812, Seignoret c. Prévost.

574. — D'après le Code civil, le défaut de paiement des arrérages d'une rente viagère est insuffisant pour faire prononcer la résiliation du contrat, dans le cas même où le débiteur ne présente aucune sûreté pour le service des arrérages à venir, si aucunes sûretés n'ont été promises par le contrat de constitution. — *Cass.*, 18 déc. 1822, de Gancourt c. de Brun.

575. — Lorsqu'une rente viagère a été constituée, moyennant cession d'un immeuble et location de services, le défaut de paiement des arrérages de la rente, joint à l'insuffisance des sûretés stipulées pour le service de cette rente, lorsque, d'ailleurs, celles-ci sont restées les mêmes qu'à l'époque de la constitution, ne donne pas lieu à la résiliation du contrat; le crédi-rentier ou vendeur n'a le droit que de poursuivre la vente des biens du débiteur. — *Douai*, 25 nov. 1833, Lemaire c. Roussel.

576. — Lorsque, dans un contrat de rente viagère constituée pour prix d'un immeuble, toutes les sûretés promises ont été données, le créancier qui, faute de paiement des arrérages, a fait vendre les biens du débiteur, ne peut point demander la résolution du contrat pour rentrer dans la propriété de l'immeuble, quoique le prix des biens vendus ne soit pas suffisant pour assurer le paiement des arrérages, et que le débiteur soit hors d'état de donner d'autres garanties. Le créancier doit s'imputer de n'avoir pas exigé des garanties plus étendues. — *Pau*, 5 févr. 1823, Carvallo et Delbreilh c. Loubeau.

577. — L'art. 1978 du Code civil, d'après lequel le seul défaut du paiement des arrérages de la rente viagère n'autorise pas la résolution du contrat, est applicable non-seulement au cas du défaut de paiement momentané de la rente, mais aussi au cas où il y a impossibilité d'exécuter le contrat. La faculté de demander le remboursement est limitée au cas où le débiteur n'a pas donné les sûretés stipulées. — *Toulouse*, 15 fév. 1838, Flandin.

578. — L'art. 1978 C. civ., qui dispose que le non-paiement de la rente viagère ne peut donner ouverture qu'à l'expropriation du débiteur, et non à la résolution de la vente, est applicable non-seulement au cas où la rente viagère a été constituée au profit du vendeur lui-même, mais encore à celui où l'acquéreur a été chargé du service d'une rente antérieure constituée par le vendeur. — *Cass.*, 13 juin 1837 (t. 2 1837, p. 471), Drouet c. Cuisinier.

579. — Lorsque le prix de vente d'un immeuble a été stipulé, partie en une somme déterminée, partie en une rente viagère, on ne peut, à défaut de paiement des arrérages de la rente, demander la résiliation du contrat de vente, si d'ailleurs le capital stipulé a été exactement payé. L'article 1978 C. civ. s'applique aussi bien à ce cas qu'à celui où le prix de vente aurait été stipulé tout entier en une rente viagère. — *Nîmes*, 12 juill. 1839 (t. 2 1839, p. 52), Bougnard c. Combes.

580. — Une vente consentie moyennant un prix déterminé et le paiement d'une rente viagère, ne peut être résolue par le motif que l'acquéreur ne paierait pas exactement les arrérages, et qu'il n'aurait pas payé la totalité du prix; le vendeur, dans ce cas, n'a que le droit de faire vendre les biens de l'acquéreur. — *Bourges*, 12 déc. 1825, Coigny c. Genty. — V. cependant *Cass.*, 20 nov. 1827, Lebrun c. Charpentier.

581. — Lorsqu'une vente a été faite moyennant une rente viagère, et à la charge d'acquitter les dettes du vendeur, l'action en résolution, qui cesse de pouvoir être exercée pour le défaut de paiement de la rente, par la survenance du décès du rentier, peut être formée pour l'inexécution des charges imposées par le contrat. — *Cass.*, 20 juin 1831, Despine c. Ferreyra.

582. — Dans le cas où le prix de vente d'un immeuble a été stipulé payable au décès du vendeur, mais à charge de payer jusque-là une rente annuelle, le défaut seul de paiement des arrérages donne droit à demander contre l'acquéreur la résolution du contrat. Ici ne s'applique pas l'art. 1978 C. civ., d'après lequel le non-paiement des arrérages d'une rente viagère n'autorise pas le créancier à demander la résolution du contrat. — *Bourges*, 2 avr. 1828, Boulet c. Bouton.

583. — M. Troplong (*Vente*, no 648) approuve cette décision, par le motif que quand bien même on pourrait trouver dans une telle convention quelques-uns des traits d'un contrat aléatoire, le motif prédominant était celui d'une vente ordinaire, résoluble dans le cas de l'art. 1654.

584. — La disposition de l'art. 1978 C. civ., qui, en cas de défaut de paiement des arrérages d'une rente viagère, ne permet pas au rentier de demander la résolution du contrat, mais l'autorise seulement à faire vendre les biens du débiteur, ne s'applique point à la cession que le rentier a faite à un tiers, moyennant certaines concessions, du contrat même constitutif de la rente; en pareil cas, si le tiers n'acquitte pas les prestations promises, le cédant peut demander la résolution de la cession par lui consentie. — *Bordeaux*, 1er août 1834, Rousseau c. Despagnac.

585. — Il y a échange ou cession ordinaire, et non contrat aléatoire de rente viagère, dans la cession, par un usufruitier, de son droit d'usufruit, moyennant une rente viagère de même valeur. Dès lors le créancier peut, à défaut de paiement des arrérages de la rente stipulée, demander la résolution du contrat. — *Caen*, 23 juin 1846 (t. 2 1846, p. 590), Mazure c. Brohier.

586. — Le défaut de paiement des arrérages d'une rente viagère constituée dans une donation entre-vifs confère au donateur le droit d'en demander la révocation. — L'art. 1978 C. civ., d'après lequel le défaut de paiement des arrérages d'une rente viagère n'autorise point celui en faveur de qui elle est constituée à demander le remboursement du capital ou à rentrer dans le fonds aliéné, n'est applicable qu'aux aliénations par voie de vente, et n'a point dérogé aux dispositions générales et absolues de l'art. 953 du même Code. — *Riom*, 3 janv. 1826, Guyot c. Vallelon; *Poitiers*, 6 janv. 1837 (t. 2 1837, p. 320), Nagèle c. Deflembart; *Rouen*, 27 août 1846 (t. 1er 1848, p. 484), Julienne c. Lerat. — Furgole, *Donations*, no 149; Duranton, t. 8, no 537; Troplong, no 312; Rolland de Villargues, no 116. — V. DONATION ENTRE-VIFS, no 825.

587. — Les arrérages d'une rente viagère même de celle constituée pour prix de vente d'immeubles, ne produisent intérêt qu'à compter du jour de l'interpellation judiciaire. — *Toulouse*, 14 août 1818, Moncuquet c. Petit et Delfau; *Paris*, 14 août 1823, Drouin de St-Leu et Cormier c. Devallières. — Rolland de Villargues vis *Rente viagère*, no 3, et *Intérêts*, no 13. — Sous l'ancien droit, les arrérages de rentes étaient toujours considérés *ad instar usurarum*. — V. Pothier, *Contrat de rente viagère*, no 253, et Denizart, *Rép.*, vo *Arrérages*, no 11.

588. — Les demandes en paiement d'arrérages de rente qui donnent lieu à l'appréciation de l'acte constitutif de la rente, sont sommaires en appel comme en première instance. — *Cass.*, 22 juin 1825, Dupuy c. Danicurez; 18 janv. 1830, Sacristie c. Barituud.

589. — Par cela que l'opposant à un commandement en paiement d'arrérages de rentes s'est prévalu de la novation, il ne s'ensuit pas que l'affaire cesse d'être sommaire; et que, par suite, elle n'ait pu, avant l'ordonnance de 1828, être jugée par la chambre correctionnelle. — *Cass.*, 30 nov. 1829, Delafaye c. Bonnault.

590. — Le jugement qui a statué sur le paiement des arrérages d'une rente viagère, a l'effet de la chose jugée relativement au capital même de cette rente. — Le jugement qui, sur une saisie-arrêt formée entre les mains des fermiers du débiteur d'une rente viagère, condamne les tiers saisis à payer au créancier leurs fermages échus et à échoir jusqu'à l'extinction de la créance, et déclare ces dispositions communes avec le débiteur, n'est point simplement provisoire; il est définitif sur l'existence de la créance. — *Cass.*, 27 avril 1807, Rohan-Guéménée c. Bourel de Vezelay. — Merlin, *Rép.*, vo *Chose jugée*, § 17.

591. — La demande qui a pour objet de faire déclarer un individu débiteur d'une rente viagère est d'une valeur indéterminée. Dès lors, quelque modique que soit le taux de la rente réclamée, le tribunal de première instance ne peut prononcer qu'à charge d'appel. — *Dijon*, 22 janv. 1845 (t. 1er 1845, p. 198), Mency c. Lambert. — Il en était de même avant la loi du 11 avril 1838. — V. *Cass.*, 22 vend. an X, Bouteille c. Crespin; 19 prair. an X, Roquefort c. Pichon. — Merlin, *Quest.*, vo *Dernier ressort*, § 12; Pigeau, t. 1er, p. 514; Carré, *Lois de compétence*, t. 2, art. 281. — V. DEGRÉS DE JURIDICTION, nos 711, 723 et suiv.

592. — Une rente viagère non stipulée insaisissable peut être saisie suivant les formes prescrites. — Exposé des motifs, p. 242. — Grenier, *Hyp.*, no 161; Favard de Langlade, *Rép.*, vo *Contrat aléatoire*, § 2; Pigeau, *Comm.*, t. 2, p. 220; Rolland de Villargues, no 49; Thomines-Desmazures, t. 2, no 705; Chauveau sur Carré, quest. 2126. — V. cependant Berriat Saint-Prix, *Procéd.*, p. 552, no 35; Roger, *Saisie-arrêt*, no 358.

593. — A défaut de paiement des arrérages d'une rente viagère, le créancier a le droit de *saisir-arrêter* les sommes dues à son débiteur tant pour les arrérages échus que pour ceux à échoir et d'en faire ordonner l'emploi, suivant les dispositions de l'art. 1978 C. civ. — *Cass.*, 16 avril 1839 (t. 2 1839, p. 262), Letellier c. Imbert. — Troplong, no 317.

594. — Jugé toutefois qu'on ne peut, sous prétexte de mesure conservatoire, faire saisir-arrêter, soit le capital et les intérêts, soit même le capital seul d'une rente viagère payable après le décès de l'individu qui l'a constituée, si cet individu n'est pas encore décédé et si la rente est nécessairement soumise à la condition de survie. — *Bruxelles*, 18 janv. 1832, Dessart. c. Brassine.

595. — L'art. 1978 autorise le créancier qui a fait vendre les biens du débiteur de la rente viagère, pour défaut de paiement des arrérages, à faire ordonner ou consentir l'emploi d'une somme suffisante pour en assurer le service. — « On peut, par exemple, dit M. Troplong (*Privilèges et Hypothèques*, t. 4, no 959), laisser à la caisse des consignations un capital tel que les intérêts payés par cette caisse se compensent avec les arrérages de la rente. » — V., dans le même sens, Zachariæ, t. 3, p. 86 et 87, et Duranton, t. 18, no 170. — Les créanciers hypothécaires sont colloqués à leur rang sur la somme dont il a été fait emploi pour

exercer leurs droits à l'extinction de la rente. — Duranton, *ibid.*

596. — Lorsque la rente viagère a été constituée sous l'empire de l'ancienne législation, les arrérages qui en sont échus postérieurement à la publication des lois nouvelles doivent être colloqués conformément à leurs dispositions et non suivant celles de la loi existante à l'époque où cette rente aurait été créée. — *Bordeaux*, 15 févr. 1832, Perreyra c. Brivesac.

597. — Lors de sa collocation sur le prix des biens de son débiteur, le créancier d'une rente viagère a droit de demander qu'il soit laissé entre les mains de l'acquéreur des immeubles hypothéqués une somme suffisante pour assurer le service de la rente. — *Paris*, 8 août 1806, Lusac c. Girardin; *Caen*, 18 mai 1813, Duval c. Bouguet.

598. — Pour le service d'une rente viagère colloquée dans un ordre, il doit être laissé entre les mains de l'acquéreur un capital dont l'intérêt annuel soit égal à cette rente, sauf à distribuer ce capital, après l'extinction de la rente, aux créanciers qui pourraient y prétendre. — *Cass.*, 4 frim. an XIV, Lemaigre-Saint-Maurice.

599. — Mais il n'a pas le droit d'exiger que l'acquéreur retienne en ses mains un capital au denier vingt de la rente viagère. Les créanciers postérieurs peuvent faire vendre par adjudication au rabais le service de la rente, à la charge, toutefois, par l'adjudicataire, de fournir une garantie immobilière capable d'assurer ce service. — *Caen*, 18 mai 1813, même arrêt.

600. — Le débiteur originaire d'une rente viagère inscrit sur le débiteur actuel de cette rente, a le droit de se faire colloquer pour le capital nécessaire au service de la rente. — L'acquéreur ne peut prétendre retenir entre ses mains ce capital pour, avec les intérêts en provenant, servir lui-même la rente jusqu'à son extinction. — *Cass.*, 12 juin 1807, Putot c. Milanchet.

601. — Jugé, néanmoins, que l'acquéreur a droit, préférablement aux créanciers colloqués éventuellement sur ce capital, de le conserver entre ses mains, jusqu'à l'extinction de la rente. — *Bourges*, 25 mai 1827, Daiguren c. Fauconneau Dufresne.

602. — Le créancier d'une rente viagère ne peut se faire colloquer que pour deux années d'arrérages et la courante au même rang d'hypothèque que pour son capital. — *Cass.*, 13 août 1828, Baron c. Philippe; *Bordeaux*, 3 févr. 1829, Gombaud c. Madéran; 15 févr. 1832, Ferreyra c. Brivesac. — Troplong, *Hyp.*, t. 3, n° 700.

603. — Jugé, au contraire, que l'art. 2151 C. civ., n'est pas applicable au crédi-rentier viager qui a droit d'être colloqué, par le seul effet de la date de l'hypothèque de sa créance, pour tous les arrérages qui lui sont dus, bien qu'il n'ait pas pris une inscription à chaque nouvelle échéance. — *Bordeaux*, 23 août 1823, Deschamps c. Guiraud.

604. — Le créancier d'une rente viagère qui, dans l'ordre ouvert sur le prix d'un immeuble affecté au paiement de cette rente, demande et obtient que l'acquéreur conserve entre ses mains une somme suffisante pour en servir les arrérages, ne peut se faire payer les annuités qu'il a négligé de recouvrer, sur le capital ainsi conservé, au préjudice des autres créanciers auxquels il a été attribué pour leur être payé à l'expiration de la rente. En pareil cas, le crédi-rentier doit être considéré comme mandataire de son débiteur, à l'effet de toucher les intérêts du capital conservé, et, dès lors, il est responsable de sa négligence ou de sa faute. — *Bordeaux*, 28 août 1841, Guiraud c. Merilhou.

605. — Lorsqu'un ordre est ouvert pour la distribution du prix d'un immeuble hypothéqué pour assurer le service d'une rente viagère, si les intérêts de la somme réservée pour servir les arrérages de la rente sont insuffisans, il faut subsidiairement entamer le capital, de manière à compléter ces arrérages. — *Bourges*, 25 mai 1827, Daigusen c. Fauconneau-Dufresne; *Agen*, 3 janv. 1844 (t. 1er 1845, p. 613), Lacoste c. Cangardel. — *Contrà*, Grenier, *Hypoth.*, t. 1er, n° 186; Troplong, *Contrats aléat.*, n° 319.

606. — La Cour de Paris a jugé (31 juillet 1813, Boudy c. Vauvert, et 20 avril 1814, Attenot c. N...) que le créancier ayant hypothèque sur plusieurs immeubles n'avait pas le droit d'exiger sa collocation dans chaque ordre pour une somme représentant le capital de la rente viagère au denier vingt. — Delvincourt (t. 3, p. 419, édit. de 1824) approuve cette décision comme parfaitement équitable. — Toutefois, M. Duranton (n° 171), tout en adoptant ce système, est d'avis qu'il y aurait lieu, dans ce cas, d'obliger les créanciers postérieurs en ordre d'hypothèque au créancier de la rente et colloqués sur les immeubles vendus en dernier lieu à lui garantir le service de la rente pour le cas où la collocation faite à son profit deviendrait insuffisante.

607. — La rente viagère qui forme le prix de vente d'un immeuble est soumise à l'acquit des charges grevant l'immeuble, comme le serait le prix d'une vente pour une somme déterminée. En conséquence, l'acquéreur d'un immeuble, moyennant une rente viagère qui paie un créancier inscrit, a le droit de se rembourser par voie de compensation jusqu'à concurrence de la somme payée en l'acquit de son vendeur, avec les arrérages de la rente au fur et à mesure de leur échéance. — *Rouen*, 4 août 1845 (t. 1er 1846, p. 442), Gilles c. Durand.

608. — L'acquéreur auquel il a été donné connaissance de deux inscriptions hypothécaires prises pour sûreté de rentes viagères grevant l'immeuble vendu, et qui a déclaré dans le contrat qu'il n'apporterait aucun obstacle et n'élèverait aucune difficulté sur ces inscriptions, ne peut se refuser au paiement de ces rentes viagères, sous prétexte d'omission dans les formes de l'inscription du créancier. — *Rennes*, 23 juin 1813, N... c. Bichon et Tanguy.

609. — La créance résultant d'avances faites pour le compte du débiteur d'une rente viagère n'est pas de sa nature productive d'intérêts; et dès lors, si une contestation s'engage entre le créancier et le débi-rentier au sujet du remboursement de ces mêmes avances, les intérêts ne sont dus au créancier qu'à partir du jugement de condamnation au remboursement et non à partir du jour des avances. — *Bordeaux*, 21 mars 1846 (t. 1er 1849, p. 87), Laurent c. Roy.

610. — Lorsqu'un jugement d'ordre, en ordonnant la collocation d'une rente viagère, donne aux créanciers postérieurs en hypothèque l'option de souffrir la collocation de cette rente ou d'en faire le remboursement, l'option faite, dans le délai déterminé par le jugement, par l'un des créanciers postérieurs, n'est pas obligatoire pour les autres qui ont laissé passer le délai sans manifester leur intention. — *Paris*, 16 août 1815, Rodier c. Bannier.

611. — L'appel principal formé par le rentier pour obtenir sa collocation au taux propre à assurer le service de sa rente ne peut donner lieu à un appel incident, de la part du créancier postérieur, intéressé au maintien du capital alloué, et venant contester, pour la première fois, devant la Cour le rang attribué au rentier viager qui le prime. — *Bordeaux*, 3 févr. 1829, Gombaud c. Maderan; *Paris*, 10 mars 1832, Lejard c. Clusin.

612. — En cas de constitution par le mari, durant la société d'acquêts, d'une rente viagère, c'est à l'héritier du mari donataire des biens acquêts et non à la veuve, usufruitière de ces biens, qu'il appartient de retenir, sur lesdits biens, la somme nécessaire pour le service de la rente, surtout lorsque la veuve ne se trouve point actionnée par le crédi-rentier. — *Bordeaux*, 24 août 1831, Barris c. Cavailhon. — Duranton, t. 15, n° 14.

613. — Le créancier d'une rente viagère a sur le capital de cette rente un droit qui lui permet d'autoriser le débiteur à en disposer pour payer un prix de vente, à la condition d'être subrogé jusqu'à due concurrence au privilége du vendeur ainsi payé. — *Aix*, 21 avril 1845 (t. 2 1845), Vidal c. Cirlot.

614. — La délégation des arrérages à échoir d'une rente viagère, sans abandon du fonds même de la rente, soit en propriété, soit en usufruit, ne constitue pas, au profit du légataire, un droit de préférence sur les arrérages cédés. — Dès lors, les créanciers du déléguant peuvent, nonobstant la signification faite au délégué, saisir-arrêter les arrérages cédés, et venir en concurrence sur ces arrérages avec le créancier délégataire. — *Caen*, 5 mai 1836, Maheust-Chardin c. Valmont-Bomare.

615. — Les arrérages d'une rente viagère ne peuvent plus être alloués lorsqu'il s'est écoulé plus de cinq ans depuis l'époque de leur échéance jusqu'au jour de la demande. — *Bordeaux*, 9 déc. 1831, N.... — Troplong, *Prescription*, t. 2, n° 1003.

616. — Il en était autrement sous l'ancienne législation. L'art. 72 de l'ordonnance rendue par Louis XII, en l'année 1519, qui soumit, pour la première fois, les arrérages de rentes constituées à la prescription quinquennale, n'étendit pas cette disposition aux rentes viagères. Elles restèrent donc prescriptibles par trente ans. Néanmoins, plusieurs coutumes avaient réduit la prescription des arrérages de rente viagère à dix et même à trois années (V., sur ce point, Ferrières, *Cout. de Paris*, art. 124, glose 3, n° 7, et *Dictionnaire de droit et de pratique*, v° *Arrérages*, p. 368, et Troplong, *Prescription*, t. 2, n° 1001), lorsque l'art. 2277 du C. civ. soumit indistinctement les arrérages des rentes perpétuelles et viagères à la prescription quinquennale. — V., en outre, Fenel, *Exposé des motifs*, t. 15, p. 598.

617. — Bien que les arrérages d'une rente viagère, réclamés en justice, n'excèdent pas ceux de cinq années, ils ne peuvent plus être alloués s'il s'est écoulé plus de cinq ans depuis l'époque où ils pouvaient être exigés jusqu'au jour de la demande. — *Paris*, 22 juill. 1820, Passot c. d'Apehier; *Bordeaux*, 9 déc. 1831, N....

618. — Le décès du crédi-rentier arrivé avant l'expiration du délai de cinq ans, à partir de l'exigibilité des arrérages, n'a point pour effet d'interrompre la prescription quinquennale établie par l'art. 2277 du C. civ., relativement aux arrérages de rentes viagères. — *Bordeaux*, 21 mars 1846 (t. 1er 1849, p. 87), Laurent c. Roy.

619. — La prescription de cinq ans ne peut être opposée par le débiteur d'une rente lorsque, par un jugement passé en force de chose jugée, il a été décidé que les arrérages dus entreraient en compensation avec des fruits et revenus dus par le créancier, et qu'en outre cette compensation a été formellement acceptée par un acte extrajudiciaire. — *Cass.*, 19 janv. 1825, Delamothe c. Pillaut.

620. — Les frais de justice faits contre le débiteur, pour le contraindre au paiement des arrérages d'une rente viagère, ne doivent pas être considérés comme un accessoire du contrat et être colloqués au même rang que le capital, lorsqu'ils n'ont pas été spécialement inscrits. — *Bordeaux*, 15 févr. 1832, Ferreyra c. Brivasac. — V. cependant *Bordeaux*, 21 mars 1846, Laurent c. Roy. — V., du reste, sur les effets des hypothèques pour rentes viagères, v° HYPOTHÈQUES, nos 237 et suiv., et ORDRE, nos 371, 390 et 494.

§ 3. — *Obligation de prouver l'existence de la personne sur la tête de laquelle la rente est constituée.*

621. — Le terme de la vie étant la mesure de la durée d'une rente viagère, il en résulte que le propriétaire d'une telle rente n'en peut demander les arrérages qu'en justifiant de l'existence de la personne sur la tête de laquelle la rente a été constituée. — Exposé des motifs, séance du 15 vent. an XII.

622. — « Le mode de cette preuve, dit M. Troplong (*Contr. aléat.*, n° 362), n'est pas déterminé par la loi, et son appréciation est abandonnée à la prudence des juges. — Ordinairement c'est par un certificat de vie que l'existence est établie. D'après l'art. 11 de la loi du 6-27 mars 1791, les certificats de vie sont délivrés par les présidens des tribunaux de première instance ou par les maires des chefs-lieux d'arrondissement, pour les personnes qui y sont domiciliées; mais rien n'empêche de faire constater l'existence de toute autre manière, la loi ne prononçant point la peine de nullité contre les actes qui ne seraient pas conformes à cette règle.

623. — Jugé, en ce sens, que dans le cas d'une saisie immobilière poursuivie par le créancier d'une rente viagère, il est laissé à la prudence des juges d'apprécier la validité et la suffisance du certificat de vie signifié par le commandement tendant à ladite saisie. — *Cass.*, 18 juin 1817, Bretocq c. Montbosq.

624. — ... Et qu'en matière de rentes viagères autres que celles dues par l'Etat, le certificat de vie doit être délivré au rentier, non par un notaire certificateur seul, mais par deux notaires ou par un notaire et deux témoins. — D'après la loi du 6 mars 1791, toujours en vigueur, ce certificat peut aussi être délivré par le président du tribunal ou par le maire. — *Cass.*, 19 nov. 1817, Tardif c. Cottun. — V., en outre, Rolland de Villargues, *Rép.*, v° *Certificat de vie*, n° 16, et Gagneraux, *Comment. sur la loi du 25 vent. an XI*, tit. 1er, art. 1er, n° 400.

625. — Le crédi-rentier viager qui a obtenu jugement de condamnation pour les arrérages lors échus, n'est pas tenu de notifier son certificat de vie avant de procéder à l'expropriation forcée. — *Paris*, 4 juin 1807, Parain c. Poujaud.

626. — Dans l'espèce qui précède, le jugement de condamnation constatait que le rentier avait un droit acquis à une quotité d'arrérages qu'il déterminait; mais la production d'un certificat de vie serait indispensable si le rentier n'avait pour titre qu'un contrat notarié. Ce certificat serait le complément indispensable du titre de la

créance. — V. Favard de Langlade, t. 5, p. 46, et Huet, *Saisie immob.*, p. 73.

627. — La sommation de payer les arrérages d'une rente viagère formant le prix d'une vente constitue l'acquéreur en demeure, dans le sens de l'art. 1656 du Code civil, quoique l'huissier ne soit pas porteur d'un certificat de vie du créancier, lorsqu'il est constant que l'existence du créancier était connue du débiteur; par exemple, lorsque les parties étaient en instance. — *Cass.*, 19 août 1824, Bailleul c. Lefebvre.

628. — Pour pouvoir demander les arrérages d'une rente viagère constituée sur la tête d'un militaire, et qui doivent être payés à une tierce personne pendant qu'il sera absent; il ne suffit pas d'établir que ce militaire est présumé prisonnier de guerre, il faut justifier de son existence — *Riom*, 11 avril 1818, Aubery c. Raboutot.

629. — Sous l'empire de la loi du 22 fructidor an III, qui rapporte les décrets qui avaient assimilé les prêtres déportés aux émigrés quant à la confiscation de leurs biens, le débiteur d'une rente viagère constituée sur la tête d'un prêtre déporté n'en devait pas moins continuer à payer provisoirement la rente jusqu'à l'époque à fixer pour l'extinction des rentes dues aux émigrés, sans pouvoir exiger que la régie nationale justifiât de l'existence des rentiers, à moins qu'il ne prouvât que son créancier était du nombre des ecclésiastiques compris dans l'exception de la loi du 22 fruct. an III. — Jusqu'à cette preuve, le prêtre était réputé déporté volontairement et sans contrainte, et à ce titre, assimilé aux émigrés. — *Cass.*, 16 mess. an VI, Domaines c. Trouillon.

630. — Comment se constate l'existence relativement aux rentes viagères sur l'Etat? Aux termes du décret du 21 août 1806 (art. 1er), les certificats de vie nécessaires pour le paiement des rentes viagères sur l'Etat devaient être exclusivement délivrés par les notaires nommés à cet effet sur la présentation du ministre des finances. Une ordonnance du 6 juin 1839, abrogeant l'art. 1er de ce décret, a autorisé tous les notaires du royaume indistinctement à délivrer des certificats de vie. — V. RENTES SUR L'ÉTAT.

Sect. 5e. — *De l'extinction des rentes viagères.*

631. — L'obligation de servir une rente viagère s'éteint par la mort naturelle de la personne sur la tête de laquelle cette rente a été constituée. En thèse générale, la rente viagère n'est acquise que dans la proportion du nombre de jours qu'a vécu cette personne, et non pas seulement à proportion de la rente, comme le dit fort inexactement l'art. 1980 C. civ. Ainsi, la rente ne produira que deux mois d'arrérages, ni plus, ni moins, si la personne sur la tête de laquelle elle repose vient à s'éteindre deux mois après la constitution d'une rente payable d'année en année. — Duranton, no 173; Rolland de Villargues, nos 90 et 91.

632. — Toutefois, les parties peuvent convenir (art. 1980) que la rente sera payable d'avance, et dans ce cas le terme qui a dû être payé est acquis du jour où le paiement a dû être fait. Le rentier est censé avoir stipulé une prime pour le cas où la mort viendrait le surprendre avant la fin du terme. (V. Fenet, t. 14, p. 554). Le Code civil s'est écarté, sur ce point, de l'opinion de Pothier, qui imputait jusqu'à due concurrence le terme payé d'avance sur celui durant lequel la rente s'était éteinte par le motif que tout paiement, fait sous une condition qui ne s'accomplit point, est sujet à répétition. — V. Pothier, *loc. cit.*, no 248.

633. — Du principe que les arrérages s'acquièrent par jour et non par heure, il résulte que même dans le cas où la rente est payable d'avance, par exemple le 1er janvier et le 1er juillet de chaque année, le créancier ou ses héritiers n'ont droit au dernier semestre qu'autant que la personne sur la tête de laquelle elle a été constituée survit à la fin du jour fixé pour son échéance. — Troplong, *Cont. aléat.*, no 336; Zachariæ, t. 3, p. 84, note 1re; Souquet, *Dict. des temps légaux*, introd., ch. 1er, no 4.

634. — Dans le cas où une rente viagère a été stipulée payable d'avance, le paiement d'un terme doit être réputé arriéré dès que ce paiement, devenu exigible, n'a point été effectué, sans qu'il soit besoin que le terme soit entièrement révolu. Ainsi, la clause résolutoire stipulée pour le cas où deux trimestres d'une rente payable d'avance seraient arrérагés, est accomplie à défaut de paiement après le second trimestre commencé. — *Bordeaux*, 11 juill. 1832, Lopes-Dias c. Delort.

635. — La rente viagère n'est pas éteinte par le décès du rentier, lorsque c'est le débiteur de la rente qui lui a donné la mort : en ce cas, il y lieu à la résolution du contrat. — *Poitiers*, 13 niv. an X, Blondeau c. Bonguillaume; *Paris*, 18 janv. 1811, Giraud c. Touté. — Casarégis, disc. 96, no 7; Troplong, *Contr. aléat.*, nos 352 et 353.

636. — La mort civile est un incident en dehors des prévisions des parties qui ne saurait influer sur l'existence du contrat de rente viagère. — Art. 1982. — Pothier, no 256.

637. — Dans ce cas, le paiement de la rente doit être fait soit au mort civilement lui-même, si la rente a un caractère purement alimentaire, ou à ses héritiers pendant toute la durée de sa vie. — Toullier, t. 1er, no 287; Malleville, *Analyse raisonnée du Code civil*, sur art. 25 et 1982; Merlin, *Rép.*, vo *Rente viagère*, no 14, Delvincourt, t. 3, p. 424; Duranton, no 182; Rolland de Villargues, nos 95 et 96; Troplong, *Contr. aléat.*, no 360.

638. — La rente viagère due à celui qui, depuis, a été condamné à une peine emportant la mort civile, ne cesse pas néanmoins de courir jusqu'à sa mort naturelle. Un déporté rendu à la vie civile peut exiger la continuation de la rente viagère constituée sur sa tête, ainsi que les arrérages échus pendant le temps de sa déportation. — *Paris*, 15 flor. an XI, Demorge c. Bernier.

639. — Le constituant est tenu de servir la rente pendant toute la vie de la personne ou des personnes sur la tête desquelles la rente a été constituée, quelle que soit la durée de la vie de ces personnes, et quelque onéreux qu'ait pu devenir le service de la rente. D'où il suit que, contrairement aux principes qui régissent la rente perpétuelle, la faculté de rachat n'a pas lieu dans la rente viagère. — Art. 1979.

640. — Il en était de même avant la promulgation du Code civil. — *Cass.*, 21 mess. an IV, Lecomte c. Royer. — Pothier, no 258.

641. — Non-seulement le débiteur ne peut s'exonérer de la rente, en la remboursant; mais ses créanciers eux-mêmes ne peuvent, en cas de faillite, éteindre cette rente en offrant le capital. — Discuss. au Conseil d'Etat. — Fenet, t. 14, p. 526; Troplong, *Contr. aléat.*, no 323.

642. — Ne sont pas remboursables au gré des débiteurs, même mineurs, les rentes viagères créées pour des capitaux fournis en assignats, encore bien qu'elles soient susceptibles de réduction. — *Cass.*, 23 flor. an IX, Mathevot c. Brachet.

643. — Bien qu'en principe la faculté de rachat n'existe pas, en ce qui concerne les rentes viagères, il est cependant admis par les auteurs que ces sortes de rentes peuvent être valablement remboursées, en cas de stipulation expresse. — V., en ce sens, Casarégis, disc. 96, nos 29 et suiv.; Pothier, no 258; Troplong, *Contr. aléat.*, no 324; Rolland de Villargues, no 84.

644. — On pourrait même stipuler que le prix à rendre par le constituant serait moindre que le prix reçu, et diminué proportionnellement aux années écoulées. — Casarégis, *loc. cit.*, no 32; Troplong, *loc. cit.*, no 327.

645. — Lorsque le débiteur d'une rente viagère allègue qu'il a été convenu qu'il pourrait se libérer du service de la rente moyennant une somme déterminée, le créancier qui dénie l'allégation ne peut être contraint à représenter son titre. — *Cass.*, 3 août 1818, Ducoster de Chery c. Haller.

646. — Le mari n'a pas qualité pour recevoir seul le remboursement d'une rente viagère appartenant à sa femme, lorsque celle-ci s'est réservé, par son contrat de mariage, la libre disposition de ses biens et qu'en outre il a été convenu, par le titre constitutif de la rente, que le remboursement ne pourrait s'en faire qu'à la femme elle-même et en la prévenant d'avance. — *Cass.*, 3 frim. an XI, Osbert c. Poisson, et 12 fructid. an XI, mêmes parties.

647. — On peut transiger sur une rente viagère, quand il n'est pas constant qu'elle a été constituée à titre d'alimens. — *Poitiers*, 30 flor. an XI, Duguy c. Mocquay.

648. — Une rente viagère constituée pour prix d'un fonds aliéné à perpétuité n'est pas réputée foncière, et ne cesse pas d'être due après la destruction de l'héritage. — Au contraire, celui qui s'engage à payer une rente de cette nature est censé s'obliger, non pas seulement *ratione rei*, mais personnellement : en sorte qu'il reste passible de la rente malgré la perte du fonds. — *Cass.*, 2 févr. 1807, Levolland c. Rumets. — V. Loyseau, *Traité du déguerpissement*; Merlin, *Rép.*, vo *Rente viagère*, no 18, et *Quest. de droit*, vo *Bail à rente*, § 1er; Fœlix et Henrion, *Des rentes foncières*, p. 30.

649. — Le propriétaire d'une rente viagère, que lui a constituée un tiers par pure libéralité et sous la condition qu'elle serait incessible et insaisissable, est recevable à demander la nullité du remboursement par lui reçu à titre de forfait. — *Paris*, 19 nov. 1813 (indiqué par un recueil sous la date du 29), Dalouzet c. Latour-du-Pin.

650. — Le capital d'une rente viagère est prescriptible à défaut de paiement des arrérages pendant trente ans. — Ainsi, le légataire d'une rente viagère qui a laissé écouler trente ans, depuis le décès du testateur, sans demander la délivrance de son legs, est désormais non recevable à réclamer le paiement de la rente. — *Toulouse*, 23 janv. 1828, Manand c. Gilève-Pressac. — D'Argentré, *Coutume de Bretagne*, art. 276; Pothier, *Contrat de rente*, no 259; Merlin, *Rép.*, vis *Rente viagère*, no 17, et *Prescript.*, sect. 3, § 2; Vazeille, *Prescript.*, no 366; Troplong, *Prescript.*, t. 1er, no 182; Rolland de Villargues, *Rente viagère*, no 98. — *Contrà*, *Metz*, 28 avr. 1819, Communauté des Juifs c. Tardif; *Lyon*, 5 avr. 1824, de Sarron c. Trémollet.

651. — Le créancier peut interrompre la prescription en contraignant son débiteur, après vingt-huit ans de la date du dernier titre, à lui fournir un titre nouvel. — V. à cet égard ce que nous avons dit *suprà* (no 171) au mot RENTE CONSTITUÉE.

RENTE ALBERGUE.

1. — Nom donné autrefois aux rentes et redevances dues au domaine du roi ou du seigneur.

2. — Ce mot paraît venir, selon Merlin (*Rép.*, vo *Albergues*), des droits de gîte ou d'hébergement dus par les vassaux à leurs seigneurs soit pour eux personnellement, ou pour leurs gens, ou même pour d'autres personnes suivant leurs titres, droits qui en Dauphiné et en Languedoc recevaient le nom d'*albergues*.

3. — Mais ce droit avait fini par être transformé partout en une redevance soit en grains, soit en argent. — De là le nom de rentes.

4. — Le nom d'albergue était aussi donné quelquefois à une rente annuelle moyennant laquelle les engagistes et possesseurs des petits domaines avaient été confirmés dans leur possession. — V. notamment la déclaration d'avril 1686 relative aux îles formées par les rivières du Languedoc.

5. — De même encore, on appelait *albergues* les rentes imposées par les contrats d'aliénation des biens ou droits domaniaux à titre d'inféodation. — Merlin, *Rép.*, vo *Albergues*.

6. — Toutes les redevances qui, sous le nom d'albergues, étaient mélangées de féodalité ont été abolies par la loi du 17 juill. 1793.

7. — A été abolie comme féodale la redevance en argent établie pour concession d'un fonds noble et allodial, avec la qualification d'albergue et la clause que le preneur, et ses successeurs après lui, seront tenus de consentir acte de reconnaissance en faveur du bailleur, non seulement de vingt-neuf en vingt-neuf ans, mais encore à chaque mutation ou changement de main. *Cass.*, 7 messid. an XII, Commune de Bajordan c. baron Gachet; *Toulouse*, 24 août 1812, Hospices de Toulouse c. Ville-Teynier. — Merlin, *Quest.*, vo *Rente foncière et seigneuriale*, § 8.

RENTE COLONGÈRE.

1. — On appelle ainsi, en Alsace, une rente créée par un contrat portant, d'une part concession de biens-fonds à plusieurs personnes, pour être cultivés par elles, et de l'autre, obligation de payer au bailleur une redevance annuelle pour prix de cette concession. — Merlin, *Rép.*, vo *Rente colongère*.

2. — On voit, par cette définition, que la rente colongère n'est autre chose que ce qu'on appelle partout ailleurs une rente foncière. Elle est donc soumise aux mêmes règles que la rente foncière proprement dite. — Merlin, *loc. cit.*

3. — Ainsi, comme la rente foncière, elle est passible du rachat aux termes des lois des 4 août 1789, et 18-29 déc. 1790. — Merlin, *loc. cit.*

4. — De même les rentes colongères sont comprises dans les dispositions des lois des 2 oct. 1793 et 7 vent. an II, qui déclarent abolies toutes les rentes foncières qui ont été créées : soit avec la qualité de seigneuriales, soit cumulativement avec des droits féodaux ou censuels. — Merlin, *loc. cit.*

5. — Les rentes colongères ne sont pas féodales

de leur nature. — *Cass.*, 26 pluv. an XI, Marquès c. de Schwabenbourg.

6. — Une rente colongère ne doit pas être présumée féodale par cela seul qu'elle était due à un ci-devant seigneur. — *Cass.*, 3 pluv. an X, Fleeten c. Enregistrement.

7. — De même, la rente colongère est essentiellement foncière : elle ne doit pas être réputée féodale et par conséquent abolie sans indemnité par les lois suppressives du régime féodal, par cela seul que l'individu à qui elle était due était seigneur du lieu de la situation de l'immeuble grevé de la rente. — *Colmar*, 15 mars 1816, Specht c. la ville de Strasbourg.

8. — Une rente colongère doit être réputée foncière et l'on ne saurait y trouver le caractère de féodalité, par cela que le titre constitutif contiendrait de la part des colongers : soumission au serment d'être fidèles, affectionnés, etc., à l'obligation de dénoncer les délits de pêche et de chasse et à la dîme. — *Colmar*, 27 août 1814, Teutsch c. Meyer.

9. — Une rente colongère doit être réputée foncière encore que le caractère puisse lui être enlevé, par cela que le titre constitutif, ne contenant d'ailleurs aucune réserve de foi et hommage, renfermerait la stipulation des droits de retrait, de lods et ventes, d'amendes, de dîme, de pâturage et, en général, de tous les droits que comporte un bail emphytéotique. — *Colmar*, 1er juill. 1814, Diemen c. ville de Strasbourg. |

RENTE CONVENANCIÈRE.

1. — On appelle ainsi une prestation, soit en argent, soit en denrées, qui forme le prix d'un bail à domaine congéable. — Merlin, *Rép.*, v° *Rente convenancière*. — Cette rente était usitée surtout en Bretagne.

2. — Nous avons suffisamment traité v° BAIL A CONVENANT OU A DOMAINE CONGÉABLE, de ce qui touche la rente convenancière considérée en elle-même. Il serait donc inutile d'y revenir ici. — Nous nous contenterons d'examiner ici les rentes convenancières qui ont été créées avec mélange de droits féodaux sont abolies comme le sont, en pareil cas, les rentes foncières.

3. — La loi du 27 août 1792 avait assimilé les rentes convenancières aux rentes foncières en les déclarant rachetables comme ces dernières. — Aussi la Convention nationale avait-elle, par décret du 29 floréal an II, déclaré applicable aux rentes convenancières l'art. 4er de la loi du 17 juillet 1793 qui supprimait sans indemnité toute redevance ou rente entachée originairement de la plus légère marque de féodalité, quelle que fût sa dénomination, quand même elle aurait été déclarée rachetable par les lois antérieures. En conséquence le même décret maintenait seulement les rentes convenancières créées originairement sans aucun mélange de féodalité.

4. — Mais la loi du 27 août 1792 a été abrogée par celle du 9 brumaire an VI. Les rentes convenancières sont donc redevenues ce qu'elles étaient avant la première de ces lois : c'est-à-dire de simples fermages d'un bail dont la durée est à la volonté réciproque, mais qui peut être résolu d'un moment à l'autre par le propriétaire. Or : les redevances qualifiées féodales ou mélangées de droits qualifiés féodaux ne sont abolies, par l'art. 1er de la loi du 17 juillet 1793, qu'autant qu'elles sont le prix d'une aliénation proprement dite, d'une vraie et perpétuelle translation de la propriété. — Merlin, *Rép.*, v° *Rente convenancière*.

5. — Jugé, en conséquence, que les arrérages de ces rentes sont dus, même pour le temps pendant lequel la loi intermédiaire a été en vigueur. — *Cass.*, 3 août 1814, Bourdonnaye et Sauzé c. Letimier et Blanchard. — Rolland de Villargues, *Rép. du not.*, v° *Rente féodale*, n° 9; Merlin, *Quest.*, v° *Effet rétroactif*, sect. 3, § 4, et *Rente convenancière*.

6. — Bien que, sans exprimer l'intention de vouloir convertir son domaine en fief ou fèage, le bailleur à domaine congéable ait déclaré renoncer à congéder le preneur, à la charge par celui-ci de payer une rente féodale et seigneuriale, il peut être réputé n'avoir ni entendu faire féage, ni, par suite, avoir aliéné la pleine propriété; en conséquence la rente peut être déclarée, comme convenancière, n'avoir pas été atteinte par les lois abolitives du régime féodal, sans que l'arrêt qui le décide ainsi, par interprétation des clauses de l'acte, puisse être censuré par la Cour de cassation. — La déclaration de faire féage ou convertir en domaine ou fief devait être expresse et ne pouvait s'établir par de simples inductions (très. par la Cour d'appel seulement). — *Cass.*, 25 nov. 1829, Bellechère c. Pasquier.

7. — Une rente convenancière n'a pas été abolie comme féodale, par cela qu'elle grevait un domaine qui était dit soumis à un fief : quand de fait ce domaine était resté dans une mouvance où les rentes étaient purement foncières. — *Cass.*, 4 vent. an IX, Calloet-Canidy c. Lebeuzit.

8. — En abrogeant la loi du 27 août 1792, qui donnait aux colons qu'elle déclarait propriétaires incommutables du fonds de leur tenue, la faculté perpétuelle de racheter leurs rentes convenancières, devenues purement foncières, la loi du 9 brumaire an VI n'a pas porté rétroactivement atteinte aux actes faits sous l'empire et conformément à la première de ces lois. — En conséquence, les anciens colons qui, profitant du bénéfice de la loi du 27 août 1792, ont racheté lesdites rentes convenancières ne peuvent être soumis au congément rétabli par la loi du 9 brumaire an VI. — *Cass.*, 18 nov. 1846 (t. 2 1846, p. 660), Leseach c. Coroé.

RENTES SUR L'ÉTAT.

Table alphabétique.

RENTES SUR L'ÉTAT. — **1.**—Sous la dénomination de rentes sur l'État on comprend d'ordinaire: non-seulement les inscriptions des rentes perpétuelles, nominatives ou au porteur; mais encore les rentes viagères, les bons du Trésor et même les actions que l'État possède sur certains canaux. — V. BONS ROYAUX, DETTE PUBLIQUE, EFFETS PUBLICS.

2. — Les engagemens de l'État ne constituent pas du reste seuls ce qu'on appelle effets publics. — On comprend encore sous ce nom : 1° les emprunts faits par les villes et établissemens publics, tels, notamment, que les rentes et obligations de la ville de Paris; 2° les actions de la Banque; 3° les actions et emprunts des compagnies anonymes légalement autorisées, telles sont les compagnies d'assurances, de chemins de fer, de canaux et autres; tels sont encore les emprunts et obligations des pays étrangers cotés à la Bourse. — V. EFFETS PUBLICS.

3. — Le droit d'être cotés à la Bourse est en effet le caractère propre et distinctif des effets publics.

4. — Nous nous bornerons ici à exposer spécialement la législation particulière qui régit les rentes sur l'État. Pour tout ce qui concerne les règles relatives aux autres effets publics, V. BANQUE DE FRANCE, CANAUX, VILLE DE PARIS.—V. AUSSI AGENT DE CHANGE, DETTE PUBLIQUE, EFFETS PUBLICS, etc.

Sect. 7e. — *Règles spéciales aux inscriptions départementales* (no 189).

—

Sect. 1re. — *Propriété des rentes sur l'Etat.*

5. — L'ordonnance du 31 mai 1838 résume en ces termes toute la législation sur la propriété des rentes que les particuliers peuvent posséder sur l'Etat.

6. — Le grand-livre de la dette publique non viagère est le titre fondamental de toutes les rentes inscrites au profit de l'Etat. — Ordonn. 31 mai 1838, art. 169.

7. — A l'égard des rentes nominatives, toutes celles inscrites au grand-livre y sont divisées et enregistrées par noms de créanciers. — *Ibid.*

8. — Les créanciers de l'Etat au préjudice desquels il pourrait être intervenu quelques erreurs dans les noms et prénoms portés au livre de la dette publique, doivent former leur demande en rectification d'erreurs devant le ministre des finances, en joignant à l'appui les actes de notoriété et autres pièces authentiques à l'aide desquels ils croiront pouvoir constater l'erreur, et dont il doit être dressé inventaire au moment du dépôt. — L. 8 fruct. an V.

9. — L'art. 2 de la même loi attribuait au ministre des finances le droit de statuer sur ces pétitions par arrêtés motivés, sauf pourvoi devant le tribunal civil de la Seine.

10. — L'arrêté du gouvernement du 27 frimaire an XI a voulu que, désormais, ces rectifications ne fussent plus opérées que par arrêtés du chef de l'Etat, rendus sur le rapport du ministre des finances, le Conseil d'Etat entendu.

11. — Le grand-livre se compose de plusieurs volumes. Le nombre des volumes et celui des séries sont déterminés par les besoins du service. — Ordonn. 31 mai 1838, art. 169.

12. — Il est délivré à chaque créancier un extrait d'inscription au grand-livre. — *Ibid.* — V. même décret 24 août 1793, art. 6.

13. — Tout extrait d'inscription de rente est enregistré contradictoirement sur un double du livre de la grande dette. Il est signé par les deux agens comptables dont il est question en l'art. 171 de l'ordonnance (V. *infrà*, no 80), et par le directeur de la dette inscrite. — Ordonn. 31 mai 1838, art. 172.

14. — Cet extrait doit, pour former titre valable sur le Trésor, être revêtu du visa du contrôle. — *Ibid.*

15. — La Cour des comptes ne prononce la libération des agens comptables de la dette inscrite, en ce qui concerne les accroissemens de nouvelles inscriptions de rentes qu'après avoir reconnu : qu'elles n'excèdent pas les crédits législatifs ; 2o que lesdites inscriptions ont eu lieu sur pièces régulières. — Art. 174.

16. — Par application des principes que nous venons d'exposer, la jurisprudence a constamment décidé que la teneur de l'inscription d'une rente sur l'Etat établit une preuve légale de propriété au profit du titulaire. — *Paris*, 31 déc. 1840 (t. 1er 1841, p. 318), Haingucrlot c. Boyer-Fonfrède; 27 avril 1844 (t. 1er 1844, p. 679), Gencel c. Bachelier ; *Cass.*, 16 févr. 1848 (t. 1er 1848, p. 424), Grun c. Etienne et Desboulin.

17. — Cette preuve ne peut pas être détruite à l'aide de présomptions, lorsque ces présomptions ne sont appuyées d'aucun commencement de preuve par écrit. — Mêmes arrêts. — V. encore *infrà* nos 18 et suiv.

18. — Spécialement, on ne peut être admis, en l'absence de toutes circonstances de dol et de fraude et de commencement de preuve par écrit, à prouver qu'une rente inscrite sur le grand-livre au nom d'une personne décédée n'appartenait pas réellement à cette personne, et n'a pu, dès lors, dépendre de sa succession. — *Cass.*, 16 févr. 1848 (t. 1er 1848, p. 424), Grunz c. Etienne et Desboulins.

19. — Et cet arrêt a même été jusqu'à décider que la déclaration, faite par le légataire universel (dont l'institution est attaquée pour cause d'interposition de personnes), que la rente n'appartenait pas au défunt, ne peut être opposée à l'héritier du sang comme constituant à son égard un commencement de preuve par écrit. — Même arrêt.

20. — Mais il ne faut pas confondre l'inscription nouvelle avec le mandat que le titulaire peut confier à un tiers, à l'effet de toucher les arrérages de la rente.

21. — Les mandats au porteur délivrés par le trésor public pour faciliter le paiement des arrérages semestriels des rentes sur l'Etat n'opèrent pas novation dans le titre de ces rentes, et ne constituent pas au profit du porteur un droit absolu de propriété sur les causes de ces mandats. — *Cass.*, 4 déc. 1840 (t. 2 1840, p. 752), David c. Roch et le trésor public.

22. — En conséquence, le porteur, par transmission, d'un pareil mandat, ne peut en exiger le paiement du Trésor au préjudice d'une opposition formée par le propriétaire de la rente au paiement des arrérages représentés par ce mandat. — Même arrêt. — V., au surplus, *infrà*, nos 115 et suiv.

23. — Longtemps, toutes les rentes sur l'Etat furent exclusivement nominatives, et ce n'est qu'en 1816 qu'un premier essai fut tenté, par décision ministérielle, d'émissions de certificats au porteur de participation à des inscriptions de rentes déposées par des maisons de banque.

24. — Cette première décision ministérielle, en date du 14 octobre 1816, fut suivie d'autres décisions analogues, en date des 26 mai 1819, 24 mai 1825, 5 mars 1830.

25. — Mais ces décisions, qui ne constituaient d'ailleurs aucune mesure générale, n'atteignaient qu'imparfaitement le but qu'on se proposait, à savoir, d'affranchir la transmission des rentes, des justifications d'individualité et de propriété exigées pour chaque transfert.

26. — Enfin, en présence des réclamations unanimes des rentiers et des capitalistes, considérant que l'autorisation donnée de délivrer des rentes au porteur ne change ni la nature ni la quotité de la dette de l'Etat, qu'elle complète seulement pour les rentiers les facilités qu'on peut leur assurer, et les lois qui les ont successivement affranchies des formalités propres aux immeubles, et les ordonnances ou décisions ministérielles qui ont autorisé l'émission des promesses au porteur et des certificats de participation, une ordonnance royale, en date du 29 avr. 1831 intervint, qui consacra d'une manière formelle et générale l'existence des inscriptions au porteur.

27. — A partir du 10 mai 1831, dit cette ordonnance, tout propriétaire d'une ou plusieurs inscriptions de rentes nominatives a été autorisé à en réclamer la conversion en rentes au porteur. — Ord. 29 avr. 1831, art. 1er. — V., pour les formalités à remplir en pareil cas, *infrà* nos 108 et suiv.

28. — Toutefois, la conversion de rentes nominatives en rentes au porteur n'est pas admise par le trésor public pour toutes les inscriptions qui représentent les fonds des cautionnemens, des majorats constitués, ceux des établissemens publics ou religieux, des caisses de retraite, ceux qui ont été produits par la vente des biens avec charge de remploi, qui proviennent de constitutions dotales, qui appartiennent à des mineurs ou à des propriétaires absens ; enfin toutes les rentes frappées d'une cause légale quelconque d'immobilisation momentanée, à l'égard desquelles les règlemens en vigueur continuent d'être exécutés. — Ord. 29 avr. 1831, art. 9.

29. — Les extraits d'inscription à délivrer au propriétaire sont revêtus des signatures des agens comptables du grand-livre et des mutations et transferts, visés au contrôle et signés par le directeur de la dette inscrite. — Ord. 29 avr. 1831, art. 5; 31 mai 1838, art. 180.

30. — Ces extraits sont à talon; ils peuvent toujours sur la demande des parties intéressées être rapprochés de la souche, qui reste déposée à la direction de la dette inscrite. — *Ibid.*

31. — Les rentes au porteur sont, à la première demande qui en est faite, converties en rentes nominatives. Dans ce cas, les extraits d'inscriptions au porteur ne sont admis à la conversion qu'après avoir été rapprochés de la souche. — Ord. 29 avr. 1831, art. 7; 31 mai 1838, art. 181. — V. encore *infrà*, nos 108 et suiv., quant aux formalités de la reconversion.

32. — Les rentes au porteur rachetées par la caisse d'amortissement doivent être immédiatement converties en rentes non transférables au nom de la caisse d'amortissement. — Ord. 29 avr. 1831, art. 10. — V. CAISSE D'AMORTISSEMENT.

33. — Quant aux rentes viagères, le grand-livre de la dette publique viagère est le titre fondamental de tous les créanciers viagers de l'Etat. Nous n'avons, du reste, rien à ajouter à ce que nous avons dit vo DETTE PUBLIQUE au sujet de ces rentes, qui s'éteignent et ne doivent pas être renouvelées.

34. — Il ne peut être fait aucune inscription nominative sur le grand-livre pour une somme au-dessous de 10 francs, sauf l'exception prononcée pour les rentes créées en vertu de la loi du 27 avr. 1825. — Ord. 31 mai 1838, art. 138.

35. — A l'égard des bons au porteur, ce minimum est élevé à 50 francs. — Ord. 29 avr. 1831.

36. — Rappelons encore que les rentes sur l'Etat, quelle que soit leur nature, sont réputées biens meubles. — V. MEUBLES.

Sect. 2e. — *Priviléges attachés à la propriété des rentes sur l'Etat.*

37. — Des priviléges importans ont été établis par différens décrets, lois ou arrêtés en faveur des propriétaires de rentes sur l'Etat.

§ 1er. — *Remboursement des créanciers personnels au moyen de rentes sur l'Etat.*

38. — En premier lieu, le décret du 24 août 1793 (art. 66) permet aux créanciers directs de la nation de rembourser au moyen d'un transfert leurs créanciers personnels ayant hypothèque spéciale ou privilégiée sur l'objet liquidé.

39. — Il n'appartient pas au créancier d'examiner de quelle manière le transfert fait à son profit a été opéré, puisque la volonté seule du débiteur légalement constatée suffit pour le faire.

40. — Celui en faveur de qui a été fait un transfert sur le grand-livre ne peut, pour le faire annuler, se plaindre de l'inobservation des formalités prescrites. — *Cass.*, 12 brum. an IX, Lucas c. Lecordier.

§ 2. — *Dispense des droits de timbre et d'enregistrement.*

41. — Les extraits d'inscription de rente sur l'Etat ont toujours été exemptés du timbre et de l'enregistrement. — L. 13 brum. an VII, art. 16; 22 frim. an VII, art. 70. — V. EXTRAIT D'INSCRIPTION SUR LE GRAND-LIVRE, no 18.

42. — Mais cet état de choses, qui a toujours subsisté jusqu'ici, va très-probablement être modifié dans un délai assez rapproché; car, lors de la discussion du projet de loi relatif au timbre des effets de commerce et autres, l'Assemblée législative, à la majorité de 400 voix contre 232, et après une discussion longue et approfondie, a adopté dans sa séance du 20 mars 1850 la résolution suivante, qui forme l'art. 31 du projet: « A partir du . . . . les transferts de rentes nominatives sur le grand-livre de la dette publique, les renouvellemens des titres de rentes au porteur seront soumis à un droit d'enregistrement. — Ce droit est fixé à 5 centimes par 100 francs du capital nominatif. — Le timbre sera apposé sur la feuille de déclaration de transfert pour les rentes nominatives, et sur celles contenant la demande de renouvellement du titre pour les rentes au porteur. »

43. — « Toutefois, ne seront pas soumis au droit de timbre fixé par l'article précédent les transferts de rente sur le grand-livre de la dette publique nécessités pour des opérations d'ordre. » — Même projet, art. 32.

44. — Il convient, du reste, de remarquer que le projet de l'art. 31, tel qu'il était rédigé par la commission, lorsqu'il fut soumis à la délibération de l'Assemblée contenait non-seulement les rentes, mais les bons et obligations du Trésor. — V. *Moniteur*, 20 et 21 mars 1850.

§ 3. — *Insaisissabilité des rentes sur l'Etat.*

45. — La loi du 24 août 1793 sur la dette publique autorisait les oppositions faites par les créanciers des propriétaires de rentes tant sur le paiement des arrérages de ces rentes que sur leurs aliénations par les débiteurs.

46. — Les lois des 8 niv. an VI, 22 et 28 floréal an VIII ont créé, dans un but d'intérêt public, un privilége spécial à savoir que la propriété des rentes, leurs arrérages mêmes sont insaisissables. « Il importait, est-il dit dans le préambule de la dernière de ces deux lois, au crédit de l'Etat de faciliter les transferts de la dette publique en les dégageant des formalités qui tendent à dépré-

cier cette propriété ; et il était instant d'adopter ce qui était commandé par l'intérêt général comme par le plus grand avantage des rentiers.

47. — Une seule opposition d'une nature toute spéciale est demeurée recevable, c'est celle faite par l'agent du Trésor sur une rente appartenant à un comptable dont les comptes ne sont pas apurés. — L. 8 niv., art. 4, § 3. — Dumesnil, nº 99. — A part ce cas exceptionnel, les rentes sur le grand-livre de la dette publique étant insaisissables, il y a lieu par le Trésor de rejeter, comme constituant une saisie, le jugement qui ordonne de liquider l'inscription de rente d'un particulier, dans l'intérêt de son créancier, et d'en détacher une partie suffisante pour désintéresser ce créancier. — *Cons. d'Etat*, 3 janv. 1813, Delardif c. ministre des finances.

48. — Et bien, dit M. Dumesnil (*Législation du trésor public*, nº 99), que les dispositions qui précèdent aient été adoptées à une époque où il n'existait qu'une seule espèce de rente sur l'Etat, celle en 5 p. 0/0 provenant du tiers consolidé, il n'en est pas moins certain qu'aujourd'hui elles s'appliquent également à toutes les parties de la dette publique inscrite. Les lois portant autorisation de créer de nouvelles rentes sur l'Etat n'ayant apporté d'autre exception aux lois sur la dette publique inscrite, que celle concernant le taux de l'intérêt, la quotité du fonds d'amortissement à affecter aux rentes nouvellement créées, et les formes à remplir, par le gouvernement, pour l'émission ou l'adjudication des emprunts, il est certain que la législation faite dans l'origine, en vue de la seule rente 5 p. 0/0, est actuellement applicable à toutes les autres espèces de rentes sur l'Etat. Par conséquent, la défense de former des oppositions au Trésor, sur les inscriptions de rentes, s'étend à toutes les rentes inscrites sur le grand-livre de la dette publique.

49. — Le ministre des finances doit n'avoir aucun égard au jugement dont les dispositions sont formellement contraires à la législation de la dette publique. — Même arrêt.

50. — Le principe d'insaisissabilité des rentes sur l'Etat et de leurs arrérages est général et absolu et n'admet aucune exception tirée de l'intérêt des parties ou de leurs droits particuliers, alors même qu'il s'agirait de pension alimentaire. — *Paris*, 22 janv. 1847 (t. 1er 1847, p. 244), comtesse de Luxbourg c. comte Léon. — V. conf. Dumesnil, *Législ. du trésor public*, nº 99.

51. — « Cependant, dit M. Dumesnil (*ibid.*), aujourd'hui que la fidélité apportée par l'Etat depuis plus de trente ans à remplir ses engagemens et à payer ses dettes a rendu au crédit public la confiance générale, est-il également nécessaire de repousser toutes les oppositions sur les inscriptions de rentes, même celles du père, de la mère, des enfans et des ascendans pour cause d'alimens, même celles de la femme et de ses héritiers pour ses reprises et créances matrimoniales? Nous ne pouvons admettre une telle conséquence; la raison d'Etat doit sans doute l'emporter sur toute considération ou intérêt particulier; mais il faut que cette raison soit urgente; il faut qu'elle soit bien élevée pour s'élever au-dessus des droits naturels et civils les plus sacrés... Cette justification ne saurait se rencontrer dans l'état actuel du crédit public, et nous n'hésitons pas à conclure qu'on pourrait, sans aucun inconvénient pour ce crédit, s'écarter des dispositions des lois de nivôse an VI et de floréal an VIII, en admettant les oppositions sur les rentes pour les créances et reprises matrimoniales dûment justifiées, et pour cause d'alimens dans les cas déterminés par le Code civil. »

52. — Les inscriptions de rente sur l'Etat déposées au Trésor par le gérant d'un journal ne perdent pas, à l'égard des créanciers ordinaires du journal, leur caractère d'insaisissabilité. — *Paris*, 25 juin 1832, Brissault c. Delaforest.

53. — Le principe d'insaisissabilité des rentes inscrites au grand-livre de la dette publique s'oppose encore à ce que le cessionnaire des droits d'un héritier saisisse entre les mains de l'administrateur provisoire de la succession les inscriptions de rente qui, par l'acte de liquidation, ont été abandonnées à son débiteur. — *Paris*, 28 nov. 1840 (t. 2 1840, p. 750), Lauvin c. Nuyts et Lemaire.

54. — Toutefois, les arrérages de cette nature, *dès qu'ils ont été payés par le Trésor*, sont saisissables aussi bien entre les mains du tiers qui les a reçus comme mandataire que dans celles du rentier lui-même, et rien ne s'oppose à ce que les arrérages touchés par un tiers soient l'objet d'une délégation valable de la part du rentier au profit de son créancier. — Même arrêt.

55. — Jugé que la disposition de rentes sur l'Etat est purement personnelle à celui qui en est propriétaire, de telle sorte que, si les créanciers de l'un des héritiers, copropriétaire d'une rente de cette nature, forment opposition à sa délivrance et partage, ils ne peuvent, ce dernier s'y refusant, en obtenir la disposition; et cela encore bien que les créanciers opposans soient porteurs d'un transport notarié de la part du débiteur. — *Toulouse*, 5 mai 1838 (t. 2 1840, p. 35), Ayral de Bonneville c. Bazaillas.

56. — ... Que d'ailleurs la transmission d'un titre de rentes sur l'Etat est indispensable pour saisir le cessionnaire et que cette transmission ne peut s'opérer par acte notarié, mais seulement par l'intervention des agens de change établis à Paris. — Même arrêt.

57. — La Cour de Poitiers a même été jusqu'à décider que les rentes inscrites sur le grand-livre de la dette publique ne peuvent, à la requête de tiers qui en revendiquent la propriété, être séquestrées dans le but d'en empêcher provisoirement le transfert; autrement, ce serait admettre indirectement la saisie-arrêt de ces rentes. — *Poitiers*, 16 juill. 1830, Delaage c. Duvigier.

58. — Mais, comme le fait remarquer avec raison M. Dumesnil (*Législ. du trésor public*, nº 99), cet arrêt fait une fausse application des lois de la matière en présence surtout des termes formels de la loi du 22 flor. an VII, laquelle autorise l'opposition formée par le propriétaire de l'inscription. — V. *infra*, nos 115 et suiv.

Sect. 3e. — *Transfert des rentes sur l'Etat.*

59. — L'opération qui a pour objet de changer sur le grand-livre de la dette publique le nom de la personne au profit de laquelle existe l'inscription de rente se nomme *transfert*.

60. — Or, on distingue deux sortes de transfert, 1º le *transfert réel*, 2º le *transfert de forme*.

§ 1er. — *Transfert réel.*

61. — Le transfert réel a lieu lorsque la propriété de la rente nominative a été transmise d'une personne à une autre, par suite d'une vente véritable.

62. — Cette transmission de propriété a lieu d'ordinaire par voie de négociation faite en bourse, par l'intermédiaire direct d'un agent de change. — V. AGENT DE CHANGE, sect. 3, § 1er; COURS DE LA BOURSE.

63. — Toutefois, ce mode de négociation, quoique presque le seul en usage, n'est pas le seul légal. — La vente d'une rente sur l'Etat étant, au résumé, un contrat ordinaire, il a été jugé que sa cession peut être l'objet d'un contrat devant notaire. — *Cass.*, 28 août 1837 (t. 2 1837, p. 216), Enregistrement c. Ligier.

64. — Mais le même arrêt prend soin d'ajouter en même temps que la cession ainsi opérée ne peut produire d'effet qu'autant que l'acquéreur remplit ensuite les formalités prescrites par la loi pour la régularité du transfert. — V. encore *Paris*, 3 juin 1836, Lemonnier c. Dupont; *Toulouse*, 5 mai 1838 (t. 2 1840, p. 35), Ayral de Bonneville.

65. — Rien de plus simple, du reste, que les formalités du transfert réel : il est signé par le vendeur (L. 28 floréal an VI), et par un agent de change qui certifie l'identité du propriétaire, la vérité de la signature et les pièces produites. — Arrêté du 27 prairial an X, art. 15.

66. — La signature du vendeur suffit, aux termes de l'arrêté du 27 prair. an X, art. 15, et du décret du 13 therm. an XIII, art. 1er, pour opérer le transfert. Et il est également certain que si le vendeur ne veut ou ne peut signer, il peut se faire représenter par un fondé de pouvoir spécial. — C. civ. 1985.

67. — Aucun délai n'a, du reste, été prescrit par les lois pour la régularisation du transfert. — Mais une délibération de la chambre syndicale des agens de change de Paris, du 10 fruct. an X, approuvée le 28 du même mois par le ministre des finances, fixe à cinq jours le délai pour la livraison du bulletin de transfert, sur la représentation duquel l'acheteur est toujours tenu de payer. — Mollot, *Bourses de Commerce*, nº 222.

68. — Après l'expiration de ce délai, la partie lésée par le retard est libre de refuser la consommation de la négociation, en prévenant le syndic ou l'un de ses adjoints, ou de l'exiger en vendant ou achetant, par leur entremise, pour le

compte de la partie en retard, et aux risques de l'agent de change, sauf tout recours de droit contre ses commettans. — Délibération du 10 fruct. an X, art. 4. — Mollot, nº 223.

69. — L'intermédiaire obligé de l'agent de change n'a été prescrit que par l'arrêté du 27 prairial an X. C'est une garantie que l'expérience n'a pas tardé à faire reconnaître comme indispensable pour prévenir les fraudes, si faciles à opérer quand les parties intéressées seules comparaissaient en personnes ou par fondés de pouvoirs au trésor public.

70. — Et comme sanction à la prescription qu'il établit, l'art. 16 de l'arrêté du 27 prair. an X ajoute : Cet agent de change sera, par le seul fait de sa certification, responsable de la validité des transferts, en ce qui concerne l'identité du propriétaire, la vérité de sa signature et les pièces produites; cette garantie ne pourra avoir lieu que pendant cinq années, à compter de la déclaration du transfert.

71. — Les formalités nécessaires au transfert des rentes ont encore été modifiées en ce qui concerne les agens de change, dans les art. 2 et 3 du décret du 13 therm. an XIII, par l'arrêté du ministre des finances du 26 févr. 1821. — V. Mollot, nos 201 et suiv.

72. — Aux termes de l'art. 2 du décret du 13 thermidor an XIII, pour constater la déclaration de transfert et le dépôt de l'ancien extrait d'inscription (déclaration et dépôt qui sont à faire par l'agent de change) il doit être expédié au vendeur autant de bulletins qu'il y a d'acquéreurs désignés dans l'acte de transfert.

73. — Les paiemens des inscriptions transférées peuvent être valablement effectués par les acquéreurs sur la présentation de leurs bulletins. Lors du retrait par l'acquéreur du nouvel extrait d'inscription, la décharge donnée par lui est mise au dos du bulletin et non sur le registre de déclaration des transferts. — *Ibid.*, art. 3.

74. — Postérieurement, un arrêté du ministre des finances, en date du 26 févr. 1821, considérant que la communication des bordereaux, par l'intermédiaire des agens de change, avait lieu d'une manière irrégulière, et donnait lieu fréquemment à des réclamations ou demandes en rectification de la part des propriétaires acquéreurs, a prescrit les mesures suivantes.

75. — A compter du 22 mars 1822, les bordereaux présentés dans les bureaux de la dette inscrite, pour dresser les déclarations des transferts, sont dans la forme d'un modèle uniforme arrêté par le ministre. — Ordonn. 26 févr. 1821, art. 1er.

76. — Ils sont certifiés et signés de l'agent de change négociateur de la vente, tant pour l'indication et quotité des inscriptions dont les extraits sont rapportés, que pour l'exactitude des noms et prénoms des acquéreurs, et la quotité des portions de rente à attribuer à chacun d'eux. — Art. 2.

77. — Ces bordereaux sont vérifiés à la direction des mutations et transferts, et conservés à la direction du grand-livre comme preuve de la régularité des écritures passées pour l'exécution des ventes d'inscriptions. — Art. 3.

78. — Il n'est pas autrement dérogé aux décisions ministérielles qui règlent les rapports existans entre les divers bureaux de la dette inscrite qui concourent à l'exécution des mutations dans la propriété des inscriptions du grand-livre. — Art. 4.

79. — L'art. 182 de la loi du 24 août 1793 déclarait le liquidateur de la trésorerie responsable des transferts qu'il avait vérifiés conformément à l'art. 165 de la même loi.

80. — Aux termes de l'ordonnance réglementaire du 12 nov. 1826, et du règlement ministériel du 9 oct. 1832, confirmé par l'ordonn. du 31 mai 1838, aucune inscription ne peut être effectuée sur le grand-livre pour transfert et mutations sans le concours de deux agens comptables assujettis à un cautionnement et justiciables de la Cour des comptes et sans que l'agent comptable des transferts et mutations n'ait admis, sous sa responsabilité, les titres de la partie et que celui du grand-livre n'ait procédé à une nouvelle immatricule. — Ordonn. du 31 mai 1838, art. 171.

81. — En cas de faux transfert de rente, c'est l'agent de change certificateur, et non pas le trésor public, qui est responsable envers le titulaire de l'inscription frauduleusement transférée. — *Paris*, 25 janv. 1833, trésor public c. Langlomé.

82. — Si, cependant, celui qui s'est frauduleusement approprié la rente était un employé du Trésor, le Trésor serait alors responsable avec l'agent de change. — Même arrêt. — Le Trésor supposé responsable, dans ce cas, n'a pas un re-

cours en garantie contre l'agent de change, surtout s'il est écoulé plus de cinq ans depuis la déclaration de transfert.

83. — Du reste, l'obligation de *vérifier* imposée au liquidateur du Trésor, comme celle de *certifier* imposée à l'agent de change, ne s'applique qu'aux choses susceptibles de vérification et de certification. Pour eux, l'acte authentique fait foi; et ils ne peuvent être contraints à aller rechercher si la déclaration faite devant l'officier public est vraie ou fausse.

84. — Le trésor public n'est pas responsable du transfert de rentes effectué en vertu de procurations dont le contenu est faux, lorsque les actes produits portent les véritables signatures des notaires et sont d'ailleurs revêtus de toutes les formalités prescrites pour leur validité. — *Paris*, 25 janv. 1834, de Pancement c. le trésor public et Isot.

85. — La responsabilité de l'agent de change qui a figuré comme certificateur dans ce transfert, et s'est, à ce titre, rendu garant de l'identité du propriétaire (ou du mandataire), de la vérité de sa signature et des pièces produites, ne s'étend pas à la vérité de la procuration qui donne au mandataire le droit de transférer, lorsque l'expédition entière ou partielle a été délivrée par un notaire en la forme authentique. — Même arrêt.

86. — Toutefois, la prescription de cinq ans établie (V. *suprà*, no 82) par l'art. 16 de l'arrêté du 27 prairial an X, en faveur des agens de change, n'est pas une prescription libératoire; mais une décharge de garantie à l'égard d'un paiement non valablement fait. — *Paris*, 7 août 1838 (t. 2 1839, p. 129), Trouget c. de la Gatinerie; *Cass.*, 18 nov. 1840 (t. 2 1843, p. 151), mêmes parties.

87. — Dès lors : l'agent de change actionné, après le délai de cinq années, par le véritable propriétaire d'une rente transférée à l'aide d'une fausse signature, peut être condamné à verser le montant du transport entre les mains de celui-ci s'il ne justifie, par aucune quittance, de sa libération au profit du faussaire. — Même arrêt.

88. — Jugé, néanmoins, dans une affaire analogue, par la Cour de Paris, que l'agent de change qui, opérant un transfert de rente, certifie l'identité et la signature du faux titulaire, et verse, *immédiatement après la vente*, le prix du transfert à un individu indiqué frauduleusement par le prétendu propriétaire, peut invoquer la prescription de cinq ans, établie par l'arrêté du 27 prairial an X, pour mettre à couvert sa responsabilité tant à l'égard du paiement qu'à l'égard du transfert qui, dans ce cas, doivent être considérés comme constituant une même opération. — *Paris*, 24 mars 1840 (t. 1er 1840, p. 400), Chaud c. Crouzet.

89. — Du reste, l'inscription d'une rente sur le grand-livre de la dette publique constitue, au profit du créancier nouvellement inscrit, un titre authentique de propriété, contre lequel aucune preuve testimoniale ou aucune présomption ne peuvent être admises en principe. — *Cass.*, 19 août 1823, Lacaze c. Delamarre; 24 juill. 1844 (t. 2 1844, p. 246), Domaine c. Dandrillon; *Orléans*, 3 juill. 1845 (t. 2 1845, p. 340), préfet de la Seine c. Durand et autres.

90. — On ne saurait donc être admis à combattre, par la preuve testimoniale, l'effet de ce transfert et de cette inscription, qu'autant qu'on les attaquerait pour cause de dol ou de fraude, ou qu'on justifierait d'un commencement de preuve par écrit. — Mêmes arrêts.

91. — Mais un transfert de rente sur l'Etat, opéré sur la simple déclaration du propriétaire de la rente, ne prouve pas nécessairement que la transmission de cette rente a eu lieu à titre onéreux, et, dès lors, toute personne intéressée est recevable à établir que le transfert a eu lieu à titre gratuit, et n'a jamais constitué qu'une donation, dans les intentions du propriétaire. — *Paris*, 16 juin 1842 (t. 2 1842, p. 202), le Domaine c. Dandrillon.

92. — Toutefois : il ne suffirait pas d'alléguer que le transfert dissimule une donation, si d'ailleurs il n'existe aucune prohibition de donner et de recevoir entre l'auteur et le bénéficiaire du transfert; une donation déguisée n'étant réputée frauduleuse, et l'acte qui la contient ne pouvant dès lors être annulé, que lorsque le donateur et le donataire ont voulu se soustraire à une prohibition légale. — *Cass.*, 24 juill. 1844 (t. 2 1844, p. 246), mêmes parties.

93. — Lorsqu'en effet un avantage purement gratuit est déguisé sous la forme d'un acte onéreux, l'acceptation de cet avantage n'est assujettie à aucune justification particulière; elle résulte naturellement du contrat qui renferme la donation. — Spécialement, en matière de rentes sur l'Etat, l'acceptation du transfert résulte pour le titulaire de l'inscription elle-même, sans qu'il soit besoin, si le transfert a eu lieu à titre gratuit, de justifier d'une autre acceptation. — Même arrêt.

94. — C'est ainsi même qu'il a été jugé que des rentes 3 0/0 au porteur, étant transmissibles par la seule tradition, et sans qu'il soit besoin de transport ou d'endossement, peuvent être l'objet d'un don manuel. — *Cass.*, 6 févr. 1844 (t. 1er 1844, p. 709), Perregaux c. Delacombe. — V. DON MANUEL, no 73.

§ 2. — *Transfert de forme. — Titres perdus. — Conversion de titre.*

95. — Le transfert de forme a lieu principalement dans le cas où la propriété de la rente est transférée autrement que par suite d'une vente, ainsi par succession, donation ou legs. — Mollot, no 199 et 207.

96. — Le transfert de forme, comme le transfert réel, est signé par le titulaire transférant et par un agent de change certificateur qui encourt la même responsabilité que dans le cas de transfert réel. — Arr. 27 prair. an X, art. 15 et 16.

97. — Quant au notaire qui doit délivrer le certificat de propriété, voyez la loi du 28 flor. an VII, art. 6. — V. aussi CERTIFICAT DE PROPRIÉTÉ.

98. — Aux termes de l'art. 6 de la loi du 28 flor. an VII, l'agent de change qui veut faire opérer le transfert d'une inscription devra produire un certificat de propriété ou *acte de notoriété* contenant les nom, prénoms et domicile de l'ayant droit, la qualité en laquelle il procède et possède, l'indication de sa portion dans la rente, et l'époque de sa jouissance.

99. — Le certificat qui sera rapporté, après avoir été dûment légalisé, sera délivré par le notaire détenteur de la minute, lorsqu'il y aura eu inventaire ou partage, par acte public, ou transmission gratuite, à titre entre-vifs ou par testament, par le juge de paix du domicile du décédé, sur l'attestation de deux citoyens, lorsqu'il n'existera aucun desdits actes en forme authentique. Si la mutation s'est opérée par jugement, le greffier dépositaire de la minute délivrera le certificat. — L. 28 flor. an VII, art. 6.

100. — Quant aux successions ouvertes à l'étranger, les certificats délivrés par les magistrats autorisés par les lois du pays seront admis lorsqu'ils seront rapportés dûment légalisés par l'agent de la République française. — *Ibid.*

101. — *Titres perdus.* — Le transfert de forme est encore, aux termes du décret du 3 messid. an XII, employé lorsqu'il s'agit de remplacer un titre de rente perdu par son propriétaire, qui auparavant pouvait demander un titre par duplicata.

102. — Il n'est plus délivré de duplicata des extraits d'inscription aux grands-livres des cinq pour cent consolidés et de la dette viagère. — Décret du 3 messid. an XII, art. 1er.

103. — Les rentiers qui ont perdu leurs extraits d'inscription en font la déclaration devant le maire de la commune de leur domicile. Cette déclaration faite en présence de deux témoins, qui constatent l'individualité du déclarant, est assujettie au droit fixe d'un franc. — Art. 2.

104. — Ladite déclaration est rapportée au trésor public. Après en avoir fait constater la régularité, le ministre du trésor public autorise le directeur du grand-livre à débiter le compte de l'inscription perdue, et à la porter à compte nouveau par un transfert *de forme*. Il est remis au réclamant un extrait original de l'inscription de ce nouveau compte. — Art. 3.

105. — Le transfert de forme, autorisé par l'article précédent, a lieu dans le semestre qui suit celui pendant lequel la demande d'un nouvel extrait d'inscription a été adressée au ministre du trésor public. — Art. 4.

106. — Il convient de remarquer que le décret du 3 messidor an XII, relatif au mode de remplacement, en cas de perte des extraits d'inscription au grand-livre, ne concerne que les inscriptions de rente nominative et non les inscriptions de rente au porteur. — *Cons. d'Etat*, 27 août 1840, d'Arthey.

107. — Comme aussi il est indubitable que le refus fait par le ministre des finances de délivrer aux parties qui les réclament de nouveaux extraits d'inscription de rente constitue un acte administratif qui ne peut être apprécié que par l'autorité administrative supérieure. — *Cons. d'Etat*, 11 mars 1813, Lepelletier de Mortefontaine.

108. — *Conversion de titre.* — Enfin : le transfert de forme est encore pratiqué, quand il s'agit de convertir une rente nominative en une rente au porteur et réciproquement.

109. — Dans le premier cas, pour opérer la conversion, le propriétaire de l'inscription de rente nominative doit la déposer au Trésor (bureau de transferts et mutations), accompagnée d'une déclaration de transfert dans la forme ordinaire, signée de lui et d'un agent de change. — Ordonn. 29 avr. 1831, art. 2.

110. — Le propriétaire doit indiquer, en faisant le dépôt de son inscription nominative, le nombre et la quotité d'inscriptions au porteur qui lui sont nécessaires. — Art. 3.

111. — En échange du dépôt fait, le directeur de la dette inscrite fait opérer un transfert d'ordre du montant de la rente déposée au crédit d'un compte ouvert sous le titre : *Trésor public, sur compte de rentes au porteur cinq, quatre et demi pour cent, quatre ou trois pour cent.* — Art. 4.

112. — Les coupures demandées sont, le surlendemain du dépôt, remises à l'agent de change certificateur, à moins que le propriétaire n'ait exprimé formellement dans sa déclaration signée aux transferts le désir que les valeurs lui soient directement remises; auquel cas elles doivent être conservées à la direction de la dette inscrite, qui ne s'en dessaisit que sur un bulletin signé de l'agent de change et du propriétaire de la rente. — Art. 4.

113. — La reconversion de rentes au porteur en rentes nominatives, qui doit avoir lieu à la première réquisition du porteur (V. *suprà*, no 31), se fait sur le dépôt opéré au Trésor de l'extrait d'inscription dont la reconversion est réclamée, accompagnée d'un bordereau certifié par le déposant indiquant ses qualités, son domicile et désignant avec exactitude les nom et prénoms auxquels la rente nouvelle devra être inscrite. — Art. 7.

114. — Le compte ouvert au trésor public (sur compte de rentes au porteur) doit être débité du montant de la rente convertie de nouveau. — Art. 8.

Sect. 4e. — *Opposition du propriétaire de la rente perdue ou volée.*

115. — Il ne faut pas confondre l'insaisissabilité de la rente avec l'opposition que peut faire au transfert de cette rente le propriétaire qui réclame la rente à lui appartenant.

116. — « Ce droit, dit M. Dumesnil (*ubi suprà*), est la conséquence la plus naturelle et la plus nécessaire de la propriété de la rente et de sa non-disponibilité, sans le consentement exprès, dans la forme prescrite par la loi, du propriétaire de la rente elle-même. On doit donc admettre l'opposition au paiement des arrérages et le séquestre de la rente, lorsque l'inscription se trouve perdue ou retenue par des tiers qui ne sont pas propriétaires de la rente. »

117. — Jugé, en ce sens et avec raison, que les inscriptions de rente peuvent être saisies entre les mains d'un tiers, par celui qui s'en prétend propriétaire. — *Paris*, 7 juill. 1836, Clavel c. Noguès.

118. — ... Et encore que la disposition qui prohibe les oppositions sur les rentes sur l'Etat reçoit exception lorsque ces oppositions sont formées par les propriétaires des rentes. — *Paris*, 13 févr. 1845 (t. 1er 1845, p. 298), Compagnie d'assurances générales et Compagnie l'Union c. Doin.

119. — Ainsi est valable la défense faite à un notaire qui a procédé à un inventaire après décès de se dessaisir d'une inscription de rentes sur l'Etat immatriculée au nom d'une autre personne, et qui est restée entre ses mains, du consentement de toutes les parties. — *Cass.*, 28 nov. 1838 (t. 2 1838, p. 587), Clavel c. Noguès.

120. — Un pareil acte ne peut être assimilé à une opposition, et ne tombe pas sous le coup des prohibitions portées par les lois spéciales sur la matière, si cette défense n'émane pas d'un créancier du titulaire, mais d'un ayant droit à la copropriété de la rente. — Même arrêt.

121. — Quant à la forme de cette opposition, l'art. 8 de la loi du 11 flor. an VII dit que l'opposition sera faite aux bureaux des payeurs de la trésorerie nationale, chargés du paiement des arrérages, par une déclaration écrite et qui doit être signée de lui ou d'un fondé de pouvoirs.

122. — L'opposition ne peut être annulée que

de la même manière. — V., au surplus, SAISIE-ARRÊT.

123. — En ce qui concerne le délai dans lequel l'opposition peut être formée, l'art. 1er du décret du 22 thermid. an XIII porte que toute opposition postérieure à la déclaration du transfert doit être considérée comme non avenue.

124. — Mais qui sera compétent pour statuer sur la validité de l'opposition? Sera-ce la juridiction ordinaire? faut-il, au contraire, recourir à l'autorité administrative? — Il y a lieu de distinguer.

125. — En principe, l'autorité judiciaire est compétente pour connaître de l'action intentée par un particulier à l'effet de se faire reconnaître propriétaire d'une rente indûment inscrite sous le nom d'un tiers, alors qu'il n'est pris aucune conclusion de nature à porter atteinte au droit qui appartient à l'Etat d'effectuer seul et suivant les règles qui lui sont propres les inscriptions et mutations de rentes. — *Cons. d'Etat*, 28 août 1837, Villain c. Sauvage et ministre des finances. — V. Conf. Mollot, p. 171.

126. — Du moment, au contraire, où les actes de l'autorité administrative pourraient se trouver en discussion, la compétence de la juridiction ordinaire cesse d'exister.

127. — Ainsi, l'opposition formée par le ministre des finances au transfert d'inscriptions de rentes sur l'Etat dont la propriété est incertaine, et cela dans l'intérêt du propriétaire quel qu'il soit, constitue un acte administratif dont les tribunaux ne peuvent connaître. — *Paris*, 22 mars 1836, Trésor public c. Auffray.

128. — En conséquence, l'ordonnance de référé qui, malgré l'opposition, prescrit le transfert, même à la caisse des consignations, à la conservation des droits de qui il appartiendra, doit être déclarée nulle comme incompétemment rendue. — Même arrêt.

129. — Ainsi encore, c'est à l'administration seule qu'il appartient de prononcer sur le mérite d'un transfert de rente qui lui est demandé; mais il n'appartient qu'aux tribunaux de décider la dotalité dont serait frappée la rente et qui en empêcherait le transfert. — *Cons. d'Etat*, 17 juillet 1843, Débrée.

130. — Evidemment, les tribunaux sont compétens pour connaître de la demande en mainlevée et radiation d'oppositions formées au transfert de rentes dépendant d'une succession. — *Cons. d'Etat*, 28 août 1844, Arramburn.

131. — Mais il n'appartient qu'à l'autorité administrative de statuer sur la demande en dommages-intérêts formée contre l'Etat, à raison du retard apporté à la radiation des dites oppositions, — *Cons. d'Etat*, 28 août 1844, Arramburn.

Sect. 5e. — *Restrictions du droit de disposer des rentes sur l'Etat.*

132. — En principe général, les rentes sur l'Etat sont toujours aliénables et transmissibles.

133. — Ainsi, les rentes sur l'Etat comme toutes les autres rentes étant meubles, sont régies par la loi du domicile de leurs propriétaires; par conséquent, les étrangers propriétaires de rentes inscrites au grand-livre de la dette publique française peuvent en disposer par donation et par testament selon les lois de leur pays. Il faut même ajouter que lorsque le propriétaire; étranger de rentes de l'Etat meurt sans testament, la transmission des rentes qu'il possède à ses héritiers est réglée par la loi de son pays et non par la loi française. Ces décisions, conformes d'ailleurs aux principes, favorisent la participation des étrangers aux emprunts français; aussi, un avis du Conseil d'Etat du 31 déc. 1819 voulait que le gouvernement proposât dans la prochaine loi des finances un article qui la consacrât. Cet art. n'a point été inséré dans la loi des finances de 1821, mais le droit n'en reste pas moins constant. — V. *Moniteur* du 7 janv. 1820, n° 7, p. 27; Favard de Langlade, v° *Dette publique*, sect. 3, n° 10; Mollot, n° 221.

134. — Néanmoins, dans certains cas la transmission des rentes se trouve ou soumise à des conditions particulières, eu égard à la situation personnelle de ceux à qui elles appartiennent, ou même interdite d'une manière absolue.

§ 1er. — *Formalités spéciales nécessitées par l'incapacité du titulaire.*

135. — *Mineurs.* — *Interdits.* — On ne peut transférer qu'avec des formalités spéciales les rentes appartenant à des mineurs, des interdits ou d'autres personnes réputées par le droit commun incapables d'aliéner sans autorisation de justice. Ni les incapables, ni leurs tuteurs, curateurs et administrateurs, ne sont admis à signer un transfert. — Mollot, n° 215.

136. — Cependant le législateur a senti qu'il était utile de modifier ces dispositions prohibitives dans l'intérêt même des incapables, quand la modicité de l'inscription ne comporte pas les frais qu'entraînent les formalités ordinaires. La publicité de la Bourse et l'intervention de l'agent de change, qui est officier public, offrent sur la sincérité du transfert toutes les garanties qu'il est possible de désirer. — Mollot, n° 216.

137. — C'est en vue de ces considérations qu'a été rendu le décret du 24 mars 1806, qui pose une distinction fondamentale entre le cas où la rente n'excède pas cinquante francs et celui où elle dépasse ce chiffre.

138. — Les tuteurs et curateurs de mineurs ou interdits qui n'ont en inscriptions ou promesses d'inscription qu'une rente de cinquante francs ou au-dessous en peuvent faire le transfert, sans qu'il soit besoin d'autorisation spéciale, ni d'affiches, ni de publications; mais seulement d'après le cours constaté du jour, et à la charge d'en compter comme du produit des meubles. — Déc. 24 mars 1806, art. 1er.

139. — Les mineurs émancipés qui n'ont en inscriptions ou promesses d'inscriptions qu'une rente de cinquante francs ou au-dessous peuvent la transférer avec la seule assistance de leurs curateurs, et sans qu'il soit besoin d'avis de parens ou d'aucune autre autorisation. — *Ibid.*, art. 2.

140. — Mais les inscriptions ou promesses d'inscriptions au-dessus de cinquante francs de rente ne peuvent être vendues par les tuteurs et curateurs qu'avec l'autorisation du conseil de famille, et suivant le cours du jour légalement constaté. — *Ibid.*, art. 3.

141. — Dans tous les cas, ajoute le même article, et cette disposition doit être remarquée, car elle déroge aux règles ordinaires sur l'aliénation des biens des mineurs, la vente peut s'effectuer sans qu'il soit besoin d'affiches ou de publications. — *Ibid.*, art. 3.

142. — Aux termes d'une décision du ministre des finances, en date du 26 juin 1826, les procès-verbaux de délibérations de conseils de famille rédigés par le juge de paix sont dispensés de l'homologation du tribunal.

143. — Des prescriptions générales des articles 455 et 458 du Code civil, il suit évidemment que le tuteur ou curateur doit, sinon faire par lui-même, du moins surveiller l'emploi du prix provenant de la négociation. — Mollot, n° 219.

144. — « Du reste il est à remarquer, continue le même auteur, que l'agent de change qui a vendu l'inscription au nom de l'incapable, n'est pas tenu de veiller lui-même à cet emploi. La loi du 24 mai 1806 ni aucune autre ne lui imposent une pareille obligation. »

145. — *Prodigue.* — En ce qui concerne le prodigue pourvu d'un conseil judiciaire, il y a lieu évidemment d'appliquer les règles ordinaires sur sa capacité d'administration et d'aliénation.

146. — *Succession vacante, héritiers bénéficiaires.* — Les dispositions de la loi du 24 mars 1806 ont été déclarées applicables aux curateurs de successions vacantes par un avis du Conseil d'Etat du 15 sept. 1807, approuvé le 18 du même mois; et aux héritiers bénéficiaires par un autre avis du Conseil d'Etat du 17 nov. 1807, approuvé le 11 janv. suivant.

147. — En conséquence, lorsque les rentes excèdent 50 fr., les curateurs aux successions vacantes, et héritiers bénéficiaires, qui ont besoin, pour transférer les rentes, d'une autorisation de justice, doivent la demander au tribunal sur requête. — Mollot, n° 218.

148. — *Femme mariée.* — Le décret de 1806 ne fait aucune mention des inscriptions de rente appartenant à une femme mariée. Que convient-il de décider quant à leur aliénation?

149. — Aucune difficulté ne peut s'élever, quant à la femme mariée sous tout autre régime que celui de la dotalité; il s'agit d'appliquer à l'aliénation des rentes les règles du droit commun sur la capacité de la femme : soit d'après la communauté légale, si elle n'a pas fait de contrat de mariage; soit d'après ce même contrat, si elle en a fait un.

150. — Mais à l'égard de la femme dotale, la même liberté n'existe pas assurément; mais est-ce que « par analogie, dit M. Mollot (n° 219), on peut décider que cette femme, assistée de son mari, jouira de la même faculté que le mineur émancipé assisté de son tuteur, pour des rentes de 50 fr. et au-dessous? Je ne le pense pas. La position de la femme mariée sous le régime dotal n'est pas la même que celle des mineurs et des interdits... La dot même mobilière de la femme mariée sous le régime dotal est inaliénable. La loi paraît constante sur ce point... Il n'y a d'exception que pour le très-petit nombre des cas spécialement désignés par la loi. »

§ 2. — *Inaliénabilité.*

151. — *Majorats.* — Une inaliénabilité absolue, fondée sur des motifs politiques, a été établie par le décret du 1er mars 1806, en ce qui concerne les rentes sur l'Etat comprises dans la formation d'un majorat et immobilisées comme telles. Du reste, ce caractère d'inaliénabilité prenait fin, aux termes d'un décret du 24 déc. 1808, lorsque l'affectation spéciale cessait d'exister par le rejet ou le retrait de la demande en formation du majorat.

152. — L'institution des majorats ayant été abolie pour l'avenir par la loi du 12 mai 1835, et ceux existans alors maintenus pour deux générations seulement, déjà les dispositions du décret du 1er mars 1806 avaient perdu beaucoup de leur importance pratique. La nouvelle loi du 11 mai 1849 et spécialement l'art. 5 de cette loi rendent aujourd'hui toute observation superflue. — V. MAJORATS, n° 27; V. aussi IMMOBILISATION.

153. — *Rentes amorties.* — Une autre inaliénabilité absolue qui continue d'exister est celle qui concerne les rentes dont l'Etat peut devenir propriétaire sur lui-même : notamment par la voie de l'amortissement, dans lequel cas l'aliénation ne peut en avoir lieu qu'en vertu d'une loi. — V. CAISSE D'AMORTISSEMENT.

154. — *Rescriptions.* — *Rachats de rentes.* — Mais il existe certaines rentes dues par des particuliers à l'Etat, lesquelles ont été déclarées aliénables, et qui ont donné lieu à une émission par le Trésor public d'inscriptions portant le nom de *rescriptions-rachats de rentes.*

155. — Les dispositions de la loi du 21 nivôse an VIII qui régit ces *rescriptions-rachats de rentes* doivent seulement être reproduites; car elles ne peuvent donner lieu à aucune ambiguïté.

156. — Toute rente due à la République pourra être rachetée par le débiteur ou aliénée à des tiers, à raison de quinze fois la rente. — Art. 1er.

157. — Le prix sera acquitté ainsi qu'il suit: un dixième dans le mois et le surplus en trois obligations payables, sans intérêt, de six mois en six mois, à compter du jour du rachat ou de l'acquisition. — Art. 2.

158. — La faculté ci-dessus durera six mois, à partir de la publication de la loi. Dans les trois premiers mois, il n'y aura lieu qu'au rachat. — Art. 3.

159. — Ces *rescriptions-rachats* de rentes, qui doivent être considérées comme de véritables effets publics, sont à ordre et négociables par la voie du simple endossement.

160. — Les contestations auxquelles ces rescriptions donnent lieu, sont de la compétence des tribunaux de commerce. — *Cass.*, 29 juin 1808, Mariette c. Delamarre et Bourgeois.

161. — Jugé, par le même arrêt, que des rescriptions-rachats de rentes qui ont été enregistrées aux bureaux des domaines, sont assimilées à des effets publics comme les rescriptions non enregistrées.

162. — Or, le transfert de ces rentes, alors qu'il a lieu, doit, à peine de nullité, être revêtu du visa du préfet. — *Colmar*, 12 févr. 1831, Clément c. Rippert.

163. — Cette formalité substantielle, remplie dans le cours de l'instance d'appel seulement, n'a pas un effet rétroactif au cas où les premiers juges ont déclaré nul le transfert, en se fondant sur ce qu'elle avait été omise. — Même arrêt.

164. — La mention faite dans le visa qu'il n'a été apposé sur le transfert qu'*en tant que de besoin*, le rend insuffisant. — Même arrêt (solution implicite).

Sect. 6e. — *Paiement et prescription des arrérages.*

§ 1er. — *Paiement.*

165. — Les arrérages des rentes et pensions dues par l'État sont payés par le trésor public à des époques déterminées qui varient suivant la nature de la dette.

166. — Les arrérages du 5 p. 0/0 se paient deux fois par an à dater du 22 mars et du 22 septembre de chaque année. — Ceux du 3 p. 0/0 se paient également deux fois par an, les 22 juin et 22 décembre.

167. — Les arrérages dus par rentes nominatives sont payés au porteur de l'extrait d'inscription du grand-livre, sur la représentation qu'il en fait et sur sa quittance. — L. 22 flor. an VII, art. 5; ordonn. 31 mai 1838, art. 182.

168. — Chaque paiement est indiqué au dos de l'extrait d'inscription par l'application d'un timbre énonçant le terme ou le semestre pour lequel le paiement a eu lieu et dont il a été donné acquit. — L. 22 flor. an VII, art. 5; ordonn. 31 mai 1838, art. 182.

169. — Les arrérages de rentes au porteur ne sont payés qu'à Paris; ils sont acquittés sur la remise du coupon détaché des extraits d'inscription (ordonn. 31 mai 1838, art. 184). — Ils sont, du reste, payables aux mêmes époques et de la même manière que ceux des rentes nominatives de même nature. — Ordonn. 29 avril 1831, art. 6.

170. — Les arrérages de la dette viagère sont payés au porteur de l'extrait d'inscription et sur sa quittance. Il est rapporté à l'appui un certificat de vie de la tête sur laquelle la rente repose. — L. 22 flor. an VII, art. 6; ordonn. 31 mai 1838, art. 217.

171. — Il convient ici de mentionner les dispositions des ordonnances des 1er mai 1816 et 9 janv. 1818, lesquelles ont eu pour but de rendre plus facile le paiement des arrérages aux créanciers porteurs d'inscriptions nominatives.

172. — Les propriétaires de rentes et pensions qui ne pouvant toucher eux-mêmes les arrérages échus ne jugent pas à propos de confier leurs inscriptions à des tiers sont libres d'y suppléer par des procurations spéciales passées par-devant notaires. — Ordonn. 1er mai 1816, art. 1er.

173. — Ces procurations doivent rappeler les numéros et sommes des inscriptions dont elles tiennent lieu entre les mains des fondés de pouvoirs; elles sont déposées chez les notaires de Paris, qui doivent en délivrer des certificats conformes à un modèle déterminé par le ministre des finances. — Art. 2.

174. — L'un de ces extraits est joint à la quittance de paiement; l'autre, après avoir été visé du directeur du grand-livre, demeure au fondé de pouvoirs, pour être par lui présenté au lieu des inscriptions à chaque semestre. — Art. 2.

175. — Ce dernier extrait doit recevoir l'empreinte prescrite par l'art. 7 de la loi précitée du 22 flor. an VII. — Art. 3.

176. — Ces procurations sont valables pour dix ans, sauf révocation; et si dans l'intervalle le titulaire se présente, pour recevoir un semestre, sa quittance est interprétée comme la révocation des pouvoirs qu'il avait donnés. — Art. 4.

177. — Les fondés de pouvoirs qui, ayant connaissance du décès de leurs commettans, ont néanmoins reçu des arrérages postérieurement au décès, sans avoir fait opérer la mutation, sont poursuivis, conformément aux lois, à la diligence de l'agent judiciaire du trésor public. — Art. 5.

178. — Les procurations données à l'effet de recevoir les arrérages de rentes perpétuelles et viagères peuvent valoir, sans désignation de numéros et de sommes, pour toutes les inscriptions possédées par les propriétaires au moment du mandat et même pour celles qu'ils pourraient acquérir par la suite, lorsque toutefois ces procurations en contiennent mention expresse. — Ordonn. 9 janv. 1818.

179. — Les procurations passées à l'étranger ou dans les départemens doivent être déposées chez un notaire de Paris; il en est produit un seul extrait ou expédition au directeur du grand-livre, qui en délivre autant d'extraits qu'il y a de parties de rente au nom des mêmes propriétaires. — Art. 2.

§ 2. — *Prescription.*

180. — Aux termes des lois et décrets antérieurs, renouvelés depuis, du reste, par l'ordonnance du 31 mai 1838 (art. 117), les arrérages des rentes perpétuelles, comme les intérêts dus sur les capitaux de cautionnement, se prescrivent par cinq ans.

181. — Quant aux pensions, nous avons vu v° PENSIONS (nos 440 et suiv.) que le délai de prescription n'est que de trois années.

182. — La loi du 11 brum. an VII, en mobilisant les rentes, n'a rien innové quant à la prescription à laquelle elles étaient soumises. — *Colmar*, 4 mai 1842 (t. 1er 1843, p. 5), Teutsch c. Fischer.

183. — C'est donc un fait certain que la prescription de cinq ans s'applique aux arrérages des rentes sur l'État. — *Cons. d'Etat*, 28 juill. 1824, Bardel c. ministre des finances.

184. — C'est à l'autorité administrative seule qu'il appartient de décider si la prescription est ou non acquise. — *Cons. d'Etat*, 28 juill. 1824, Bardel c. ministre des finances.

185. — Néanmoins les tribunaux ordinaires doivent connaître des moyens et exceptions puisés dans le droit civil que le rentier et le domaine s'opposent respectivement à cette occasion. — Même décision.

186. — « Ainsi, dit M. de Cormenin (*Droit admin.*, v° *Dette de l'Etat*, édit. 5e, n° 15, p. 21), si un héritier répète des dommages-intérêts contre le domaine comme administrateur négligent d'une succession vacante, pour perte des arrérages, les moyens qu'il fait valoir et les exceptions que le domaine peut lui opposer étant puisés dans le droit commun, sont du ressort des tribunaux. » — « C'est dans le même sens, ajoute cet auteur, que les actions en recouvrement exercées par le domaine aux droits d'un particulier, et fondées sur des contrats privés, ainsi que les exceptions du débiteur, ne peuvent être appréciées que par les tribunaux. »

187. — « Le Conseil d'Etat, consulté sur la question de savoir si la simple demande formée au Trésor à l'effet de percevoir les arrérages des rentes, mais sans que cette demande soit appuyée des pièces justificatives, a été d'avis que les réclamations non appuyées de toutes les pièces justificatives présentées par les créanciers d'arrérages de rentes sur l'État, ne peuvent interrompre la prescription que dans le délai d'un an du jour de la réclamation; le créancier se mettra en règle, et présentera toutes les pièces justificatives de la légitimité de sa demande. » — Avis du Conseil d'Etat, 4 mai 1809.

188. — Les réclamations non appuyées de pièces justificatives présentées par des créanciers d'arrérages de rentes sur l'Etat, ne peuvent interrompre la prescription qu'autant que, dans le délai d'un an, ces créanciers présentent lesdites pièces justificatives. — *Cons. d'Etat*, 3 juin 1840, Timlot. — En conséquence, la prescription court contre le réclamant alors même que par suite d'une contestation sur sa qualité d'héritier, il aurait été dans l'impossibilité de produire l'ancien extrait d'inscription, pour en obtenir un nouveau. — Même ordonnance.

Sect. 7e. — *Règles spéciales aux inscriptions départementales.*

189. — La loi du 14 avril 1819 et l'ordonnance réglementaire en date du même jour, dont les dispositions principales ont été rappelées par l'ordonnance du 31 mai 1838, ont établi certaines règles spéciales pour faciliter tout à la fois et les ventes et les achats de rentes sur l'Etat, et le paiement des arrérages de ces mêmes rentes dans les départemens.

190. — Il est ouvert au grand-livre des cinq pour cent consolidés, au nom de la recette générale de chaque département, celui de la Seine excepté, un compte collectif qui comprend, sur la demande des rentiers, les inscriptions individuelles dont ils sont propriétaires. — L. 14 avr. 1819, art. 1er.

191. — Chaque receveur général tient, en conséquence, comme livre auxiliaire du grand-livre du Trésor, un registre spécial où sont nominativement inscrits les rentiers participant au compte collectif ouvert au Trésor. — Art. 2.

192. — Il est délivré à chaque rentier inscrit sur ce livre auxiliaire une inscription départementale détachée d'un registre à souche et à talon : cette inscription est signée du receveur général, visée et contrôlée par le préfet. — Art. 3.

193. — Ces titres équivalent aux inscriptions délivrées par le directeur du grand-livre; ils sont transférables dans les départemens *comme les inscriptions le sont à Paris*, et peuvent, à la volonté des parties, être échangés contre des inscriptions ordinaires. — Art. 4.

194. — Le livre des transferts qui doit être tenu à la recette générale de chaque département, est produit à la Cour des comptes, à l'appui du compte spécial que chaque receveur général rend annuellement. — Art. 5.

195. — Tout propriétaire d'inscriptions directes ou d'inscriptions départementales, qui veut en compenser les arrérages, soit avec ses contributions directes, soit avec celles d'un tiers à ce consentant, en fait la déclaration au receveur général, qui se charge de la recette desdits arrérages et de l'application de leur montant au paiement de ces contributions, dans quelque lieu qu'elles doivent être acquittées. — Art. 6.

196. — La compensation n'empêche pas la libre disponibilité de la rente. — Art. 7.

197. — Les receveurs généraux sont, sans préjudice de la garantie du Trésor, personnellement responsables envers les particuliers, des inscriptions, transferts, mutations, paiemens et compensations qui doivent être opérés par ces comptables, en exécution de la présente loi. — Art. 8.

198. — Les propriétaires de rentes 5 p. 0/0 consolidés qui désireront être compris dans l'inscription collective d'un département, pour jouir des avantages ci-après, déposent à la recette générale, avec une demande écrite, l'extrait de leur inscription au grand-livre; il en est, par le receveur général, délivré un reçu échangeable dans le plus court délai contre une inscription départementale à prendre dans l'inscription collective. — Ord. 14 avr. 1819, art. 1er.

199. — Le livre auxiliaire du grand-livre du Trésor, que tient chaque receveur général, conformément à l'art. 2 de ladite loi, est dans la forme d'un modèle donné. Les receveurs généraux consignent sur ce livre auxiliaire, au compte ouvert à chaque propriétaire d'inscription départementale, les inscriptions, transferts et mutations qui auront lieu dans les rentes énoncées auxdits certificats. — Art. 2.

200. — Les inscriptions départementales délivrées par les receveurs généraux, devant, aux termes de l'art. 3 de la loi, être à talon, visées et contrôlées par le préfet du département, il est tenu dans chaque préfecture un registre-contrôle de toutes les inscriptions départementales présentées au visa par le receveur général. A chaque délivrance d'inscription, le talon en est détaché et envoyé par le préfet à notre ministre des finances. Le préfet envoie également, au commencement de chaque mois, la copie des articles portés sur le registre-contrôle pendant le mois précédent. — Art. 3.

201. — Pour assurer l'efficacité du contrôle et empêcher que le total des inscriptions départementales n'excède la somme de l'inscription collective, dont elles ne sont que des fractions, il est donné connaissance aux préfets : 1° de ladite inscription collective, telle qu'elle a été originairement établie; 2° des mouvemens ultérieurs qui en augmentent ou diminuent le montant. — Art. 4.

202. — En cas de perte d'inscription départementale, il est procédé à son remplacement dans les formes prescrites par le décret du 3 messidor an XII. — Art. 5.

203. — La vente des rentes représentées par les inscriptions départementales s'opère par un émargement sur le livre auxiliaire, à l'article correspondant, et, en outre, par une déclaration de transfert reçue sur un registre tenu par le receveur général. L'émargement et les déclarations sont signés du propriétaire de la rente, ou d'un fondé de procuration spéciale, *assisté d'un agent de change*, ou, à défaut, d'un notaire pour certifier l'individualité des parties, la vérité de leurs signatures, et celle des pièces produites, conformément à l'art. 15 de l'arrêté du 27 prairial an X. — Art. 6.

204. — Les mutations, autres que les ventes, ont lieu sur la production d'un certificat de propriété, dans la forme prescrite par la loi du 28 floréal an VII. — Dans ce cas, l'émargement est signé du porteur des pièces produites, et énonce la date du certificat de propriété et le nom de l'officier public qui l'a délivré. — Art. 7.

205. — Les inscriptions départementales qui

doivent être remplacées par d'autres, en vertu de mutations ou de transports, sont rapportées à la recette générale et annulées. — Ce n'est que d'après cette annulation que les nouvelles inscriptions sont expédiées et présentées au visa des préfets, qui, sur le vu des inscriptions départementales rentrées, en mentionnent l'annulation au contrôle prescrit par l'art. 3. — Art. 8.

206. — La conversion d'une inscription départementale en une inscription au grand-livre, s'effectue, après confrontation au talon, au nom du propriétaire désigné dans ladite inscription départementale, sur la seule demande du porteur. — Le préfet et le receveur général du département d'où ladite inscription départementale sort, sont informés de sa conversion en inscription, afin qu'ils la mentionnent sur leurs registres respectifs. — Art. 9.

207. — L'échange d'une inscription départementale contre un titre semblable dans un autre département s'effectue de la manière suivante: l'inscription départementale à échanger est présentée au receveur général signataire, qui l'annule et délivre au titulaire une lettre d'avis adressée au receveur général du département où la rente doit être transportée; l'inscription départementale est envoyée à notre ministre des finances, pour qu'il fasse augmenter d'une somme égale l'inscription de la recette générale où doit passer la nouvelle inscription départementale, et diminuer de la même somme l'inscription du département d'où la rente a été extraite. — L'inscription nouvelle a lieu après le certificat donné par le directeur du grand-livre, sur la production de la lettre d'avis du receveur général qui a annulé la première inscription départementale. — Art. 10.

208. — Les receveurs généraux étant, d'après l'art. 8 de la loi, personnellement responsables envers les ayans droit du paiement exact des arrérages des inscriptions, payables dans les départemens, sont de droit crédités au Trésor, valeur à l'échéance de chaque semestre, du montant total des arrérages desdites inscriptions. — Art. 11.

209. — Ces paiements s'effectuent sur la quittance des porteurs, et sont, suivant l'art. 22 floréal an VII, indiqués au dos du titre par le timbre du semestre payé. — Art. 12.

210. — Les compensations à faire, en exécution de l'art. 6 de la loi précitée, entre les arrérages des rentes et les contributions directes s'opèrent par l'abandon des semestres de rentes échéant dans la même année, et sans qu'il y ait lieu à décomptes pour les différences d'échéances, entre les rentes et les termes exigibles des contributions. — Art. 13.

211. — La compensation s'effectue par le déchargement de la quittance des rentes contre la décharge équivalente du receveur général. Le titre dont la rente a été assignée au paiement des contributions, est inutile dès que les semestres employés à ce paiement. — Art. 14.

212. — Les déclarations à fin de compensation durent jusqu'à révocation expresse; elles cessent néanmoins d'avoir leur effet, à défaut, par le rentier, de remettre au receveur général sa quittance avant l'échéance du premier terme de sa contribution annuelle. — Art. 15.

213. — Si la rente est plus forte que la contribution à payer, il est remis par le surplus, par le receveur général, des bons payables aux échéances des arrérages compensés, si c'est la contribution qui excède, le rentier acquitte cet excédant. — Art. 16.

214. — Les receveurs généraux se chargent de tous les détails nécessaires pour consommer la libération du contribuable, en adressant, soit aux directeurs des contributions, soit aux receveurs particuliers ou aux percepteurs, les renseignemens nécessaires pour que la compensation soit annulée sur les rôles, et le paiement émargé, de manière qu'il ne puisse être exercé aucune action contre le contribuable. Le receveur général se charge des mêmes opérations pour les départemens autres que le sien, et son intervention a, pour le contribuable, le même effet que dans son département. Les compensations pour les rentiers domiciliés au département de la Seine sont faites au Trésor. — Art. 17.

215. — La compensation n'empêchant pas la libre disponibilité des rentes, les propriétaires ont la faculté de les vendre aux époques qui leur conviennent, sous la déduction des arrérages compensés. — Art. 18.

216. — Les receveurs généraux comptent annuellement des mutations et transferts qu'ils ont

admis et effectués, par la remise: 1° des inscriptions départementales annulées; 2° du registre des déclarations de transferts, mentionné article 5, auquel sont jointes les procurations et autres pièces produites à l'appui des ventes; 3° des certificats de propriété délivrés par les notaires ou autres officiers publics, dans le cas de mutation par décès ou autrement. — Art. 19.

217. — Ces registres et pièces, après examen fait par le directeur des mutations et transferts de la dette publique, sont envoyés à notre Cour des comptes, qui statue sur cette partie de la gestion des receveurs généraux, dans les formes et d'après les lois et réglemens applicables à la comptabilité des transferts et mutations. — Art. 20.

218. — Chaque receveur général est chargé d'office, à la volonté des particuliers, d'opérer pour leur compte et sans frais, sauf ceux de courtage justifiés par bordereaux d'agens de change, toutes les ventes et achats de rentes qu'ils jugent à propos de leur confier. — Art. 21.

219. — Il a été jugé que les receveurs généraux, chargés par la loi de transmettre au trésor public les bordereaux de vente ou d'achat de rentes sur l'État, ne sont pas responsables des suites du retard apporté dans ces opérations, lorsqu'ils justifient que ces bordereaux ont été par eux adressés au Trésor en temps utile; et de manière que les pièces arrivassent la veille du jour indiqué pour la négociation, si cette fixation avait été faite par le Trésor. — *Paris*, 24 avr. 1841 (1er avril 1841, p. 632), Vussard c. Saillard.

V. BONS ROYAUX, COURS DE LA BOURSE, DETTE PUBLIQUE, EFFETS PUBLICS, EXTRAITS DU GRAND-LIVRE.

RENTES SEIGNEURIALES.

Table alphabétique.

RENTE SEIGNEURIALE. — **1.** — Rente foncière établie par le seigneur sur un héritage, avec concession de droits seigneuriaux et reconnaissance de sa seigneurie.

§ 1er. — Caractères distinctifs des rentes seigneuriales (n° 2).

§ 2. — Abolition des rentes seigneuriales (n° 30).

§ 1er. — *Caractères distinctifs des rentes seigneuriales (n° 2).*

2. — Pour savoir si la redevance dont un héritage était grevé au profit d'un seigneur, constituait un droit seigneurial, il fallait examiner si elle était due comme signe récognitif de la directe, ou si au contraire elle n'était pas une simple rente foncière. — Sur ce qu'il fallait entendre par *droit seigneurial*, V. DROITS SEIGNEURIAUX.

3. — Les rentes foncières proprement dites différaient des rentes foncières seigneuriales, en ce que la concession d'héritages dont ces premières étaient le prix n'emportait que l'aliénation de la propriété, et contenait réserve expresse de la seigneurie ou directe seigneuriale, tandis que les premières supposaient l'aliénation pleine et entière de la propriété sans réserve de la directe.

4. — Toutes les fois qu'il s'agit de déterminer si une rente foncière est seigneuriale, deux choses sont à considérer: 1° cette rente était-elle due au seigneur de l'héritage? 2° avait-elle été établie avec réserve de la directe seigneuriale? Le concours de ces deux circonstances fait donc que la rente est seigneuriale. — Dard, v° *Rentes foncières*, p. 26 et 27.

5. — La rente seigneuriale ne doit pas être confondue avec le cens. L'un et l'autre étaient des droits seigneuriaux, mais ils différaient entre eux en ce que le cens était une prestation modique, en général plus honorifique qu'utile; tandis que la rente consistait en une prestation représentative des revenus du fonds concédé. — Merlin, *Rép.*, v° *Rente seigneuriale*, n° 4, p. 417. V. CENS SEIGNEURIAL.

6. — Une rente n'est pas présumée seigneuriale par cela qu'elle était due à un seigneur. — Cou-

24 vendém. an XIII, Jacoux et Mouly c. Delasalle.

7. — Le caractère féodal se décèle, non par les qualifications données dans l'acte constitutif de la prestation foncière, mais par sa nature et son objet. Pour créer une rente féodale, il faut surtout avoir la directe de la glèbe dont elle est la représentation, parce que la volonté d'ériger un fief est insuffisante sans le pouvoir, et le pouvoir tient à la nobilité seigneuriale. Ainsi, de quelques termes que les parties se soient servies en établissant une rente, elle ne sera féodale qu'autant que le fonds baillé à cette rente aura été possédé noblement par celui qui le transmet avec rétention d'un droit récognitif de la seigneurie, ou mélange de quelque droit seigneurial. — *Cass.* 23 juin 1807, Gauly c. Wareilhes; *Bruxelles*, 8 juin 1818, Strepy-Braquegnier c. Dandelot et Vanderburch. — Merlin, *Quest. de droit*, vis *Rente foncière* et *Rente seigneuriale*, § 14, no 1er.

8. — Spécialement, lorsque dans un pays tel que la Lorraine, où le mot *cens* s'appliquait également aux rentes foncières et aux rentes seigneuriales, une rente a été stipulée au profit d'un seigneur pour prix de la concession d'un fonds, elle doit être réputée seigneuriale quoiqu'il n'y ait pas eu réserve expresse de la directe, si les clauses de l'acte indiquent que c'est en qualité de seigneur que le concédant l'a stipulée. — *Cass.*, 28 janv. 1812, Rousselot c. préfet de la Meurthe.

9. — Jugé aussi qu'un tribunal a pu déclarer féodale une redevance à titre d'accensement dans le ci-devant duché de Bar, quoique la dénomination de cens, exprimée dans le titre primitif, ne fût point un signe de féodalité, lorsque d'ailleurs il reconnaissait par les titres produits au procès que l'établissement supprimé, duquel provenait la redevance, en avait exigé la prestation en qualité de seigneur de fief. — *Cass.*, 4 févr. 1817, Domaine c. Claudat. — Teste-Lebeau, *Dict. analyt. des arrêts d'enregistr.*, vo *Rente féodale*, no 6.

10. — Mais jugé que lorsqu'une vente a été créée sous l'empire d'une coutume d'allodialité, où toute rente foncière était présumée non seigneuriale, la dénomination de *cens* employée pour qualifier la redevance et la qualité de *seigneur* prise par le créancier dans l'acte de constitution, ne suffisent pas pour établir que la rente soit féodale ou mélangée de féodalité, et cela quand bien même il serait stipulé que la redevance était due par chaque ménage faisant feu dans la seigneurie. — *Lyon*, 3 mai 1839 (t. 1er 1840, p. 158), Commune de Contrevoz c. Parat d'Andert et Sibuet. — Merlin, *Rép.*, vo *Cens*, § 5.

11. — N'avait également rien de féodal, la redevance stipulée en Auvergne pour la concession d'un franc-alleu roturier avec stipulation de cens et retenue de la directe, ainsi que de tous les droits seigneuriaux en usage. — *Cass.*, 21 brum. an XIV, Gatteux c. Huguet.

12. — Une rente due à un particulier non ci-devant seigneur est, jusqu'à preuve contraire, présumée foncière et non féodale. — *Cass.*, 17 niv. an XIII, Domaine c. Darnat.

13. — Ainsi, ne peut être réputée féodale la rente créée pour concession d'un fonds, lors même que le titre de concession aurait été qualifié de bail à fief, et que le bailleur y aurait stipulé, à son profit, le droit de prélation, si ce bailleur n'était pas réellement seigneur, que le fonds concédé eût été déclaré sujet à la taille royale, et si enfin l'acte de reconnaissance passé entre le bailleur et son tenancier ne renfermait aucune expression ayant trait à la féodalité. — *Toulouse*, 23 mai 1814, Nicol c. Frayssinet.

14. — Lorsqu'il y a eu concession de fonds, moyennant une redevance, par un bailleur qui n'était pas seigneur, et qui, loin d'avoir pris cette qualité dans l'acte, a imposé au preneur la charge de payer les droits seigneuriaux aux seigneurs auxquels ils pouvaient être dus, une pareille redevance ne peut être considérée comme féodale, bien qu'un cens ait été stipulé dans l'acte au profit du bailleur. — *Cass.*, 4 juin 1833, de Flinval c. Roger et d'Ussy.

15. — Mais jugé qu'une rente doit être présumée féodale, lorsque l'acte récognitif en a été passé avec un ci-devant seigneur ou ses auteurs, et qu'il contient des expressions énonciatives de féodalité. — Le ci-devant seigneur n'est pas fondé à prétendre que cette rente n'est pas entachée de féodalité, sur le motif qu'il aurait usurpé les droits de fief et de seigneurie. — *Rennes*, 14 juin 1810, de Chabrilland c. propriétaires de la tenue Rofru. — Merlin, *Rép.*, vo *Cens*, § 5.

16. — ... Que des redevances sont réputées seigneuriales, par cela seul qu'elles appartiennent au ci-devant seigneur du territoire, lors d'ailleurs que celui-ci ne peut justifier de la qualité de propriétaire, et que l'acte de constitution ne constate point qu'il ait agi en cette qualité. — *Metz*, 10 déc. 1812, préfet de la Meurthe c. commune de Monacourt.

17. — Décidé, au contraire, que ne peuvent être réputées entachées de féodalité les rentes perpétuelles et seigneuriales dans lesquelles était stipulée une censive, qualifiée de censive sèche, libre de tous droits de lods et ventes. — *Cass.*, 5 juill. 1837 (t. 1er 1840, p. 266), Bon c. fabrique de Sauveterre.

18. — Bien qu'une redevance eût été créée pour cession de fonds, elle était seigneuriale de plein droit si le seigneur s'était réservé la seigneurie directe de l'immeuble pour l'aliénation duquel elle avait été créée. — *Cass.*, 7 messid. an XII, Commune de Bajordan c. Baron-Gachedat.

19. — Toutes les redevances, quelle qu'en soit la dénomination, établies au profit du seigneur, sont essentiellement féodales, quand elles sont le prix originaire de la concession, dans les pays, tels que le ressort de la coutume de Senlis, où était admise la maxime *Nulle terre sans seigneur*. — *Cass.*, 29 juin 1813, Varré c. d'Avranche-d'Haugeranville.

20. — Une rente qualifiée de cens était réputée seigneuriale, dans les pays régis par la maxime *Nulle terre sans seigneur*. — Le caractère de féodalité de cette rente est suffisamment établi par l'énonciation portée dans une quittance d'arrérages, qu'elle était due à titre de cens. — *Cass.*, 27 août 1810, Domaine c. Descorches et Bailleau.

21. — La rente foncière constituée à titre d'accensement, avec réserve expresse des droits de seigneurie, est féodale, bien que cette rente, formant le prix de la concession d'immeubles, ait été stipulée rachetable. — *Paris*, 15 juin 1825, Mariette c. Mercy.

22. — Une redevance due à une seigneurie, perçue par les officiers de justice et payable sous peine d'amende, est réputée féodale, lors même qu'elle aurait pour cause une concession de fonds. — *Metz*, 14 août 1821, Maeklot c. Jacquin.

23. — Une rente et la dîme dues à un seigneur foncier sont des redevances féodales. — *Rennes*, 4 mars 1813, N....

24. — On a pu considérer comme foncière et non comme féodale, une rente qualifiée de seconde dans différens actes. — *Cass.*, 16 juin 1835, Bazennerye c. hospice de Limoges.

25. — Dans la ci-devant Bretagne, l'arroturement n'ôtait pas à la rente son caractère féodal; et cette rente ne devenait pas purement foncière entre les mains du tiers acquéreur. — *Rennes*, 24 juill. 1810, de Cornulier c. L....

26. — Jugé cependant qu'une redevance, féodale dans son principe, mais arroturée avant l'abolition du régime féodal, doit être réputée purement foncière. — *Cass.*, 7 (et non 6) juill. 1807, Malapert et Blanchet c. Lalande et Corps-de-Roy; 2 janv. 1809, mêmes parties; *Toulouse*, 18 mai 1821, Dufaut de Saubrac c. Carrière. — Merlin, *Rép.*, vis *Terrage* et *Champart*, nos 2 et 3.

27. — Une rente n'a pas cessé d'être féodale lorsqu'elle a été transportée par un seigneur à un autre, si le vendeur, en se réservant une partie de la directe, en a transporté une autre partie à l'acquéreur. — *Cass.*, 2 mars 1808, Barbot c. Barrin; 22 juin 1808, Dulestays de Kanguérel c. Jossic, Leguern; *Rennes*, 31 janv. 1815, Leray c. Mignot; *Cass.*, 4 févr. 1817, Leroi c. Tixier et Babinet.

28. — Mais si, d'après les principes de la féodalité, une rente formant le prix de vente ou cession consentie par un seigneur, de partie d'un fief, conservait le caractère féodal du seigneur au débiteur de la rente, cependant, lorsque le seigneur cédait cette rente à un tiers, en se réservant l'honorifique et les droits de directe, la rente arroturée n'avait plus le caractère de féodale, de ce nouvel acquéreur au débiteur; dès lors, elle était prescriptible de la même manière que les autres rentes non féodales. — *Cass.*, 19 févr. 1829, Duvergier c. de Savignac.

29. — Une redevance qui procède d'une concession faite par le souverain d'un droit d'usage sur une forêt domaniale n'est ni féodale ni mélangée de droits féodaux. — *Cass.*, 23 oct. 1809, Communes de Vallois et Sous-Vallois, Rollet et Claude c. Bresson.

§ 2. — *Abolition des rentes seigneuriales.*

30. — *Dispositions générales.* — Le décret du 4 août 1789, en détruisant le régime féodal, abolit sans indemnité les droits tant féodaux que censuels, ceux qui tenaient à la mainmorte, réelle ou personnelle, et à la servitude personnelle, et ceux qui les représentaient; il déclara seulement rachetables tous les autres. — V. DROITS SEIGNEURIAUX.

31. — Le décret du 15 mars 1790 énuméra les droits seigneuriaux qui étaient supprimés sans indemnité, et comprit dans cette énumération les rentes seigneuriales. Mais de la combinaison des art. 1er et 2 du titre 3 de ce décret il semblait résulter qu'il n'avait pas voulu frapper d'abolition les rentes seigneuriales et emphytéotiques qui étaient le prix et la condition d'une concession primitive de fonds, lesquelles rentes étaient seulement rachetables.

32. — L'application de ce décret ayant donné lieu à quelques difficultés, l'Assemblée nationale rendit, en forme d'instruction, une loi interprétative du décret précité; et, par cette loi, elle déclara formellement rachetables et conservés jusqu'au rachat les droits qui, par leur nature, étaient présumés venir de la concession des fonds.

33. — Mais la loi du 25 août 1792 vint abolir sans indemnité généralement tous les droits seigneuriaux, tant féodaux que censuels, conservés ou déclarés rachetables par les lois antérieures, quelles que fussent leur nature et leur dénomination, même ceux qui pouvaient avoir été omis dans lesdites lois ou dans le présent décret, ainsi que tous les abonnemens, pensions et prestations quelconques qui les représentaient, à moins qu'ils ne fussent justifiés avoir pour cause une concession primitive de fonds, laquelle cause ne pouvait être établie qu'autant qu'elle se trouvait clairement énoncée dans l'acte primordial d'inféodation, d'accensement ou de bail à cens qui devait être rapporté.

34. — Par le décret du 17 juill. 1793, la Convention nationale déclara supprimées sans indemnité toutes redevances ci-devant seigneuriales, droits féodaux fixes et casuels, même ceux conservés par le décret du 25 août 1792, art. 1er. Les rentes ou prestations purement foncières et non féodales furent seules conservées. — Art. 2.

35. — L'art. 1er de la loi du 17 juillet 1793, en supprimant, sans indemnité, les rentes seigneuriales maintenues par l'art. 5 de celle du 25 août 1792, a nécessairement supprimé celles qui avaient été créées pour cause de concession de fonds prouvée par des titres primordiaux d'inféodation ou d'accensement. — *Cass.*, 7 mess. an XII, Commune d'Avezac c. Fourquet.

36. — *Rentes diverses.* — Ont été déclarées abolies, sans indemnité, comme féodales, par application de l'art. 1er du décret du 17 juillet 1793, les redevances perpétuelles et non rachetables portant lods et droits de retenue. — *Cass.*, 15 flor. an VII, Paris c. Gréa.

37. — ... La redevance établie pour partie du prix d'une vente d'immeubles, lorsque cette vente a été faite avec stipulation de droits féodaux. — *Paris*, 25 avril 1812, Caroillon d'Estillières et Domaine c. Simonin.

38. — ... La rente créée à titre de féage, avec foi, hommage, lods, et ventes, rachat et autres droits seigneuriaux. — *Rennes*, 16 janv. 1821, de Kerdom c. Gendes.

39. — ... La rente stipulée pour le prix d'une concession faite sous la réserve de la directe, et à charge de lods et ventes. — *Cass.*, 30 mai 1809, Delmasse c. de Reculot.

40. — ... Encore bien qu'elle ait été créée dans un bail à cens. — *Cass.*, 10 févr. 1813, Brasseur c. hospice d'Auch. — *Contrà*, *Cass.*, 10 niv. an XIV, Sezée c. Lemaître.

41. — A aussi été supprimée comme féodale la redevance en grains créée par un bail à cens, dans lequel le bailleur a pris la qualité de seigneur et a déclaré que les terres baillées dépendaient de son ancien fief. — *Besançon*, 29 avril 1809, Domaine c. Viard.

42. — ... La redevance stipulée pour prix d'immeubles accensés, lorsque le concédant était seigneur en partie du territoire, et qu'il s'est en outre réservé les droits seigneuriaux de retrait et de déshérence. — *Cass.*, 16 févr. 1813, Lorge et Leclerc c. Messais.

43. — Mais celui au profit de qui un domaine féodal avait été, sous l'empire de la coutume de Normandie, sous-inféodé sans l'autorisation spéciale du roi, n'ayant pu se constituer un droit seigneurial par l'aliénation de ce domaine à titre de bail à cens, une redevance de cette nature n'a point été supprimée par les lois abolitives de la féodalité. — *Cass.*, 5 févr. 1806, Barbanchon c. Lebrun.

44. — Jugé aussi qu'on ne doit point réputer seigneuriale, et comme telle abolie, une rente en grains qui, par un bail à cens seigneurial, a été

reconnue exister anciennement sur l'immeuble concédé par cet acte, et que le preneur a été chargé de payer à l'acquit du bailleur. — *Cass.*, 5 févr. 1810, Domaine c. Choron. — ...Ou qui a été stipulée au profit d'un seigneur pour prix d'un droit de pacage. — *Cass.*, 31 juill. 1821, Chaumont c. Delagueronnière.

45. — ... Ni la rente en nature, servie depuis un temps immémorial par une commune qui en faisait, avec bénéfice, la perception sur des détenteurs de fonds. — *Cass.*, 22 prair. an IX, Commune de Guerberschwhir c. Goll.

46. — ... Ni la stipulation insérée dans un contrat d'accensement de *deniers d'entrée* consistant en une somme d'argent payable en deux termes égaux. Ces deniers constituent une partie du prix entièrement distincte et indépendante du cens. — *Cass.*, 8 mai 1837 (t. 2 1837, p. 62), préfet de la Seine c. Pellagot et Geujet.

47. — Il suffit, pour l'abolition d'une redevance, qu'elle soit entachée de féodalité par son mélange avec des droits féodaux, peu importe que cette redevance ait été stipulée au profit de propriétaires de fonds réellement possédés à titre de seigneurie, ou au profit de particuliers non seigneurs. — *Cass.*, 2 mai 1808, Bernard c. le maire d'Arbois; *Rennes*, 24 juill. 1810, de Cornulier c. L...; *Cass.*, 24 mars 1812, Desaint c. d'Herbemont; 4 nov. 1818, Rigal c. de la Rufinie. — V., cependant, *Toulouse*, 25 juill. 1829, Issalis c. Gaugiran.

48. — ... Spécialement : le cens stipulé imprescriptible et irrédimable avec lods et vente, en cas de mutation pour concession de fonds originairement domaniaux, mais rangés dans la classe des petits domaines, a été supprimé comme féodal, sans qu'il soit nécessaire d'examiner si les fonds ont été possédés à titre de seigneurie. — *Cass.*, 17 juill. 1811, Burraut c. hospice de Dôle. — Merlin, *Rép.* v° *Rente seigneuriale*, § 2, n° 6; *Quest. de droit*, v° *Emphytéose*, § 1er, et *Rente foncière, rente seigneuriale*, §§ 9 et 16; Dard, *De la législation sur les rentes foncières et seigneuriales*, p. 91.

49. — A été atteinte comme seigneuriale ou féodale, par les lois abolitives de la féodalité, la redevance rappelée dans un titre portant concession d'un droit seigneurial, si l'abandon de cette redevance par le seigneur a été énoncé comme une cause de la concession du droit seigneurial, par exemple, d'un droit de tiers denier. — *Cass.*, 31 août 1813, Commune de Forges c. Debonnaire.

50. — ... La rente féodale dans son principe, mais qui avait été aliénée avec réserve de la directe, s'il y a eu, par le même contrat, aliénation d'un droit seigneurial et particulièrement d'un droit de banalité. — *Cass.*, 22 juin 1808, Duleslays de Kanguerel c. Jossie et Leguern.

51. — ... La redevance établie dans un pays, tel que la Bretagne, où régnait la maxime *Nulle terre sans seigneur*, lors surtout que les titres par lesquels elle était créée attribuaient la directe ou seigneurie sur les terres qui en étaient grevées. — *Rennes*, 28 janv. 1814, N...

52. — ... La rente qui, dans la province de Saintonge, régie également par la maxime *Nulle terre sans seigneur*, a été stipulée au profit du seigneur et constituée comme première redevance d'un fonds. Cette rente a, en effet, nécessairement le caractère de cens récognitif de la directe seigneuriale, sans qu'il y ait eu réserve expresse de cette directe. — *Cass.*, 4 févr. 1817, Lorot c. Tixier et Bubinet.

53. — ... Les rentes connues dans les quatre départemens de la rive gauche du Rhin sous le nom de *pacht*, surtout lorsqu'elles étaient assises sur la généralité des biens dépendans, dans une même commune, de la même seigneurie. — *Cass.*, 5 juill. 1810, Iumpulz c. Dahlen.

54. — ... La redevance stipulée en Alsace par un seigneur pour prix de la concession d'un moulin et d'un cours d'eau sur une rivière non navigable, situés dans la justice et dans la directe de ce seigneur. — *Cass.*, 13 févr. 1810, Domaine c. Heydt.

55. — ... Des redevances connues, dans la coutume du Val d'Aoste, sous les noms de *plait* et *servis*, ainsi que les droits fonciers mêlés de ces redevances. — *Cass.*, 10 juillet 1810, Villot et Cerise c. Pascal.

56. — ... La rente, quoique constituée dans un pays de franc-alleu, si elle présente tous les caractères de la féodalité. — *Cass.*, 6 avr. 1830, Martha c. Simon. — Sur ce qu'on entendait par pays de franc-alleu, V. FRANC-ALLEU.

57. — ... La rente qui, dans les actes produits, a été constamment qualifiée *noble, seigneuriale* et *féodale*, lorsque, de plus, le prieur à qui elle était due avait droit de fief sur l'immeuble qui en était grevé. — *Cass.*, 21 brumaire an XIV, Debiencourt c. Maffray.

58. — ... La rente originairement noble et féodale, cédée par le seigneur, mais à la charge par celui-ci d'en percevoir les arrérages pour les remettre au cessionnaire. — *Cass.*, 5 germ. an XIII, Coudrin et Pinau c. Majou. — La cession ne faisait pas perdre, en effet, à la rente son caractère féodal, quand même, dans l'acte de cession, elle aurait été qualifiée de foncière. — *Cass.*, 29 avril 1811, Guyonnet c. Chauvière.

59. — ... La rente, provenant de la concession d'un fonds, lorsque le titre constitutif la qualifie de rente seigneuriale et stipule qu'elle sera payable entre les mains des receveurs de rentes seigneuriales du seigneur concédant. — *Cass.*, 28 déc. 1813, Wattiaux c. Martin.

60. — ... La rente féodale et seigneuriale stipulée pour prix d'un fonds dont le propriétaire ou seigneur a déclaré vouloir faire un fief roturier. — *Cass.*, 25 novembre 1829, Bellechère c. Pasquier.

61. — ... La rente féodale aliénée par le seigneur avec arroturement du fonds et propriété de la rente, moyennant un cens récognitif de la seigneurie reconnue sur la rente seulement. — *Cass.*, 10 févr. 1806, Chauvin-Dubreuil c. Dumoustier-Cossin.

62. — Les rentes seigneuriales créées soit par baux à cens passés dans l'intervalle qui s'est écoulé entre le décret du 4 août 1789 et la promulgation des lettres patentes du 3 nov. suivant, soit pour cause d'une concession de fonds, et maintenues par la loi du 25 août 1792, ont été également supprimées sans indemnité par la loi du 17 juill. 1793. — *Cass.*, 26 fruct. an XI, Puissant c. Lesage; 11 nov. 1816, Gallot c. Caulaincourt.

63. — Mais les rentes dues par bail à convenant ou à domaine congéable n'ont été frappées par la loi précitée qu'en ce qu'elles contenaient de féodal. — *Cass.*, 5 déc. 1808, Laurent c. Domaine.

64. — La réserve ou retenue de la directe seigneuriale étant, ainsi que nous l'avons vu, un caractère distinctif de la rente seigneuriale, il s'ensuit qu'une rente créée pour prix d'un domaine et d'un droit féodal (tel qu'un droit seigneurial de cours d'eau ou de banalité) n'est ni féodale ni mélangée de féodalité, si le bailleur ne s'est pas réservé la directe et n'a fait aucune stipulation seigneuriale, et qu'il y a lieu, en pareil cas, non pas à suppression, mais seulement à réduction, en raison de la valeur proportionnelle du droit féodal supprimé. — *Cass.*, 8 févr. 1814, Palocky c. Schneider.

65. — Jugé que l'abolition des rentes qui, par leur nature ou leur qualification, étaient entachées de féodalité, ne s'étend pas à celles de ces rentes qui formaient tout ou partie de prix de concessions faites à titre précaire; par exemple, de fonds dépendant du domaine de la couronne. — *Cass.*, 16 août 1809, Enregistrement c. Robion.

66. — La clause de garantie stipulée dans l'acte de cession d'une rente féodale ne s'applique point à la suppression de cette rente pour cause de féodalité. — *Cass.*, 29 avr. 1811, Guyonnet c. Chauvière.

67. — N'ont pas été supprimées les rentes qui ont eu pour but primitif de servir de dotation à des établissemens ecclésiastiques. — *Cass.*, 6 mai 1807, hospice de Chinon c. Chalabre. — ... Ou créées pour fondations pieuses, avec stipulation de droits honorifiques. — *Cass.*, 16 pluv. an XIII, Clément c. Ithier.

68. — *Rentes emphytéotiques.* — Par un premier arrêt du 14 vent. an VII (intér. de la loi), la Cour de cassation avait jugé d'abord, d'une manière absolue, que la rente seigneuriale constituée par par bail emphytéotique avait été supprimée comme féodale. Mais, plus tard, elle a distingué entre les rentes emphytéotiques temporaires et les rentes emphytéotiques perpétuelles.

69. — Ainsi, jugé que les lois abolitives de la féodalité ne sont pas applicables à des rentes réservées avec la qualification de seigneuriales par des baux emphytéotiques à temps. — *Cass.*, 29 therm. an X, Demailly c. Jourdain. Laloge; *Rouen*, 1er août 1811, hospice de Rouen c. Lepelletier.

70. — Au contraire, lorsqu'un bail emphytéotique, par lequel il a été créé une rente seigneuriale, a été fait à perpétuité, il y a lieu à l'application des lois abolitives de la féodalité. — *Cass.*, 12 niv. an XII, Anthès c. Ulsass. — Et l'emphytéose doit être réputée perpétuelle, quoiqu'elle n'ait été stipulée à perpétuité qu'au profit du preneur et de ses descendans en ligne directe seulement. — Même arrêt.

71. — ... Encore bien que la rente ait été qualifiée de foncière, surtout si le bail contient stipulation des droits de mutation par ventes, du droit de relief et soumission du preneur à la justice du bailleur. — *Cass.*, 4 juill. 1809, Salomon c. Belot; 5 juill. 1809, Thevenot c. Montandon.

72. — Spécialement : est abolie, comme mélangée de féodalité, une rente en argent, dite *cens annuelle* et perpétuelle, moyennant laquelle un ancien seigneur a concédé un immeuble à nouveau bail et emphytéose perpétuelle, à la charge, en outre, d'un autre cens d'une poule, avec la majeure directe et seigneurie, et sous diverses autres stipulations seigneuriales. — *Cass.*, 18 juill. 1839 (t. 2 1839, p. 486), de Panisse c. Arnaud.

73. — Mais on ne doit pas considérer comme étant mélangée de féodalité, et supprimée sans indemnité par la loi du 17 juillet 1793, une rente *foncière* établie par *bail emphytéotique* en pays de droit écrit, au profit d'un individu *non seigneur* du lieu de la situation des biens baillés à emphytéose; parce que l'acte de création de la rente contiendrait, tout à la fois, la stipulation d'une redevance à titre de *cens* en faveur du bailleur et la réserve des droits de *lods, amendes, seigneurie, retenue*, etc. — *Cass.*, 15 mars 1824, d'Arçon c. Savoye et Messageot.

74. — Les lois abolitives de la féodalité n'ont pas non plus supprimé la redevance stipulée dans le bail emphytéotique d'un franc-alleu roturier, passé dans une province allodiale, régie par le droit romain, par cela seul que ce bail a été qualifié de contrat d'*accensement* et qu'il renferme une stipulation de *cens, lods et retenue*. — *Cass.*, 13 déc. 1820, Petit c. Tilon.

75. — Jugé aussi que, dans les pays de franc-alleu, tels que le pays de Porentruy, toute concession de terre étant réputée allodiale, quand rien ne constatait qu'elle fît partie de biens possédés noblement, la directe retenue n'était pas noble, mais purement roturière, et ne constituait pas un cens seigneurial frappé par les lois suppressives de la féodalité. — *Cass.*, 10 févr. 1806, Hertzeis c. Enregistrement.

76. — C'est ce qui a été décidé spécialement à l'égard des redevances stipulées par bail emphytéotique, au profit de bailleurs non seigneurs, dans les pays de franc-alleu, tels que la Franche-Comté, l'Alsace et le Lyonnais. — *Besançon*, 28 nov. 1810, N...; *Cass.*, 16 avril 1838 (t. 2 1838, p. 58), Plasse c. Terrion; *Colmar*, 4 mars 1840 (t. 2 1840, p. 352), les maires de Goldbach et d'Altenbach et la fabrique de l'église de Goldbach c. Luthringer.

77. — Jugé aussi qu'une rente créée par albergement (ou bail emphytéotique perpétuel) de fonds ne doit être réputée ni féodale ni mélangée de féodalité, bien que le concédant ait déclaré se réserver les droits de cens, lods, mi-lods et autres droits seigneuriaux accoutumés à être payés aux seigneurs directs, suivant l'usage du pays (en Dauphiné), lorsqu'il est reconnu que le concédant n'était pas seigneur du fonds cédé, et qu'il n'a pas même pris cette qualité dans l'acte. — *Grenoble*, 24 juill. 1823, Charbonnel c. Vincendon et Bonhomme; *Cass.*, 27 mars 1833, Besson c. Clemaron.

78. — Mais une rente peut être frappée de suppression comme féodale, encore qu'elle soit établie en pays allodial et qualifiée de *cens*, lorsque le bail contient des stipulations qui ne peuvent appartenir qu'au régime féodal, et qui établissent entre le bailleur et le preneur tous les rapports de la féodalité. — *Cass.*, 6 avril 1842 (t. 2 1842, p. 39), de Galiffet c. Commune d'Istres.

79. — La défense de vendre sans l'agrément du bailleur, ainsi que le droit pour celui-ci de recevoir des laudèmes, en cas de vente, ou de retirer l'héritage, sont des droits ordinaires en matière d'emphytéose, et qui ne la font pas dégénérer en inféodation ou accensement, quand le bailleur n'a stipulé ni devoirs ni réserves appartenant uniquement à la féodalité. — *Cass.*, 8 févr. 1814, Palocky c. Schneider; arrêt de Colmar du 4 mars 1840, cité au n° 764. — Il en est de même de l'obligation imposée au preneur de fournir le vin des messes et de sonner l'angélus. — Même arrêt de Colmar.

80. — Dans un pays étranger à la maxime *Nulle terre sans seigneur* une rente en grains établie par bail emphytéotique, sans aucune stipulation de droits féodaux, mais avec défense expresse, pour le preneur, d'hypothéquer ou d'aliéner sans le consentement du bailleur les héritages donnés en emphytéose, ne peut être considérée comme féodale, et, comme telle, atteinte par les

lois abolitives de la féodalité. — Cette rente n'est pas devenue féodale par cela que les héritiers du bailleur n'auraient confirmé l'emphytéose qu'à la charge par le preneur de payer des droits de lods et ventes à chaque mutation. — Cass., 14 juill. 1814, Bertrand c. Richard.

81. — En Piémont, les simples particuliers n'avaient pas le pouvoir d'imprimer un caractère féodal à une redevance foncière; en sorte que les clauses d'investiture et de mouvance apposées dans des baux emphytéotiques passés en ce pays ne leur apposaient pas le cachet de la féodalité, et que les lois abolitives de la féodalité n'ont pas atteint ces contrats. — *Turin*, 29 mars 1811, habitans de Gambasca c. Donadio.

82. — Lorsqu'un même titre réunit la cession à une même personne de deux emphytéoses ayant pour objet, dans l'origine, l'une, des rentes mélangées de féodalité, et l'autre, des prestations étrangères à la féodalité, une pareille réunion n'a point pour effet de faire que celle des deux emphytéoses, qui n'a aucun caractère féodal, soit réputée mélange de féodalité. — *Cass.*, 8 févr. 1814, Potocky c. Schneider.

83. — *Rentes constituées.* — Les lois abolitives des droits féodaux ne sont relatives qu'aux redevances féodales ou redevances foncières mélangées de féodalité, elles ne s'appliquent point aux rentes constituées. — *Cass.*, 18 mars 1811, Germain c. Dupré-Méry; 24 mars 1813, Domaine c. Landon de Vernon, 26 mai 1813, d'Albertas c. Touche.

84. — Ainsi : n'ont point été abolies les rentes constituées à prix d'argent ou pour le prix d'un immeuble aliéné, et remboursables à la volonté du débiteur. — *Cass.*, 6 juin 1814, Domaines c. Simonin.

85. — ... Encore bien que, dans le titre de création, il ait été stipulé des droits féodaux au profit du créancier. — *Cass.*, 24 mars 1813, Domaine c. Landon de Vernon.

86. — La déclaration qu'une rente constituée à prix d'argent fera partie d'une autre rente qui est seigneuriale ne donne pas à cette rente un caractère de féodalité par suite duquel elle doive être supprimée. — *Bourges*, 19 vent. an XII, Meaupeou c. de la Châtre et Bompart.

87. — *Rentes foncières.* — Consultée sur la question de savoir si la loi du 17 juill. 1793 avait aboli les rentes foncières, l'Assemblée nationale, par deux décrets des 2 octobre 1793 et 7 ventôse an II, décida qu'elle avait entendu, par cette loi, supprimer sans indemnité les rentes foncières qui avaient été créées, même par concession de fonds, avec mélange de cens ou autre signe de seigneurie ou de féodalité.

88. — Ont été, en conséquence, déclarées supprimées par la loi du 17 juill. 1793, les rentes foncières ou de fief, créées en même temps et par le même acte qu'une rente seigneuriale ou que tous autres droits seigneuriaux ou féodaux. — *Cass.*, 20 germ. an XII, Rovillois c. Béthune; 25 janv. 1820, Levavasseur c. Poullet et de Mathan; *Metz*, 10 déc. 1812, préfet de la Meurthe c. Commune de Monacourt.

89. — ... La rente créée à titre d'accensement par un seigneur, sur des fonds dépendant de sa seigneurie; cette rente étant de plein droit récognitive de la directe. — *Cass.*, 4 avr. 1810, Domaine c. Viard. — Sur ce qu'il fallait entendre par *accensement*, V. ACCENSEMENT et BAIL A CENS.

90. — ... Les rentes foncières créées dans des baux à cens, mais avec distinction du cens. — *Cass.*, 15 germin. an XIII, Chocat c. Petit-Dumottet.

91. — ... Surtout lorsqu'il a été dit que le fonds baillé serait *tenu censivement d'un fief* appartenant au bailleur. — *Cass.*, 2 mars 1808, Barbot c. Barbin.

92. — ... Mais n'a pas été abolie comme féodale la rente établie pour une concession de fonds, et sans aucune stipulation relative à la reconnaissance du domaine direct, encore bien qu'elle ait été tenue en fief, si ce n'est que passivement. — *Liége*, 13 juin 1811, Chasser c. Huldenberg. — ... Où le redevable n'a été lié avec celui à qui appartenait la rente ou la redevance foncière par aucun rapport féodal ou censuel. — *Cass.*, 26 pluv. an XI, Marquis c. de Schawenbourg.

93. — ... Ni la redevance réservée par l'acte de concession d'un fonds déjà assujetti à un cens seigneurial, quand bien même il eût été stipulé que la redevance tiendrait nature de cens et emporterait des profits seigneuriaux. — *Cass.*, 29 germ. an X, Roux c. Drouard.

94. — En effet : une rente foncière n'est pas seigneuriale par cela que la reconnaissance qui en a été faite contient l'énonciation d'un cens, si ce cens ne pouvait pas être le prix de la concession. — *Bourges*, 4 germ. an X, Lorris c. Vée.

95. — La rente foncière ne peut non plus être considérée comme féodale, et supprimée par cela que dans un acte ultérieur elle a été donnée à prendre sur une autre rente qualifiée de *chef cens*. — *Paris*, 26 mars 1814, Bureau de bienfaisance de Neuvy c. Montmorency et Belle. — Et, à plus forte raison, par cela seul qu'elle se trouve rappelée dans un bail à cens seigneurial. — *Cass.*, 19 niv. an XII, Lartigues c. hospice de Dax.

96. — Il faut, pour que la rente foncière établie pour prix de la concession d'un fonds, avec stipulation de cens, de réserve de la directe, et de tous les droits seigneuriaux ordinaires, ait été atteinte par les lois abolitives de la féodalité, que le fonds concédé dépende de la seigneurie du cédant. La rente ainsi constituée par un ci-devant seigneur pour concession de terrains indépendans de la seigneurie, n'a point été supprimée. — *Cass.*, 19 févr. 1806, Genet c. Brancas-Villars.

97. — La reconnaissance de droits seigneuriaux créés avec une rente foncière pour prix de la concession d'un fonds seigneurial, ne peut davantage faire réputer cette rente féodale, et par conséquent la faire considérer comme abolie, si la reconnaissance des droits seigneuriaux n'est point faite au profit du cédant. — *Metz*, 14 juill. 1812, de la Pérouse c. Geymer et Schleig.

98. — Mais lorsqu'une rente foncière a été établie par un acte contenant en même temps la stipulation d'un droit féodal, il importe peu, pour l'abolition de cette rente, qu'elle ait été créée par la même clause que le droit féodal, ou par une clause distincte et séparée. — *Cass.*, 12 germ. an XII, Robine c. Solage; 8 fruct. an XIII, mêmes parties. — V. cependant *Paris*, 19 frim. an XI, mêmes parties.

99. — N'a pas été abolie comme féodale la redevance stipulée pour prix de la concession d'un fonds, encore bien qu'il y ait eu, en même temps, concession de la banalité et de certaines corvées temporaires. — *Metz*, 14 juill. 1812, de la Pérouse c. Geymer et Schleig.

100. — Les lois abolitives de la féodalité ne sauraient atteindre surtout une rente foncière qui renferme des stipulations féodales subordonnées à une condition qui ne s'est jamais accomplie. — *Cass.*, 25 avril 1820, Cassan c. Soulié.

101. — ... Par exemple, une érection de fief qui n'a pas eu lieu. — *Cass.*, 19 janv. 1809, Mouchel, dit Lamare c. Ollivier.

102. — La rente foncière constituée par un acte contenant des stipulations féodales n'a pas été supprimée par les lois abolitives de la féodalité, s'il est prouvé que le bailleur n'était pas seigneur des fonds arrentés. — *Toulouse*, 21 juill. 1806, Raynal c. Villemur. — Encore bien qu'elle ait été qualifiée de redevance en froment de fief et établie avec les réserves de retrait féodal.

103. — Jugé aussi que les redevances que le propriétaire d'un franc-alleu roturier s'est réservées en concédant ce bien et qu'il a, par l'acte de concession, qualifiées mal à propos de *cens* ou de *rentes seigneuriales*, n'ont pas été abolies par la loi du 17 juill. 1793. — *Cass.*, 19 niv. an XII, Lartigues c. hospice de Dax.

104. — Il en est de même d'une rente foncière constituée en pays de franc-alleu, quoiqu'elle ait été qualifiée de fief dans l'acte constitutif, et que les immeubles pour lesquels elle a été créée y soient dits dépendre *de la mouvance, directité et fondalité d'une maison noble*, si le bailleur n'y a pas pris la qualification de seigneur et ne s'y est pas attribué quelques droits essentiellement féodaux. — *Cass.*, 29 janv. 1829, Agnès c. Caro.

105. — Il a même été jugé que dans un pays d'allodialité une redevance due sur une terre, ne portant point de caractère de féodalité, était présumée foncière et n'avait point été supprimée, encore bien qu'elle eût été qualifiée *cens* et qu'elle fût due à un seigneur. — *Cass.*, 11 germ. an XIII, Liess et Graff c. Anthès.

106. — Mais lorsque les redevances se trouvent mélangées de droits qui, par leur nature ou leur classification, appartenaient à la féodalité, on ne saurait les considérer comme foncières, par cela qu'elles auraient été créées dans des pays allodiaux; et, par conséquent, elles ont été abolies. — *Cass.*, 27 févr. 1809, Archantebehère c. Ruthie.

107. — Lorsque, dans un contrat de vente, l'acquéreur s'est obligé, outre le paiement du prix, de servir, en l'acquit du vendeur, une redevance féodale précédemment établie, il n'y a point là mélange de féodal et de foncier qui doive emporter l'abolition du tout. — *Cass.*, 26 févr. 1810, Forgeret et Peynot c. Giraud.

108. — N'a pas été abolie comme féodale une rente déclarée foncière, alors surtout qu'elle était due à un sacristain dont la charge était une dignité claustrale et non seigneuriale. — *Cass.*, 3 pluv. an X, Domaine c. Couders.

109. — *Titre récognitif, preuve.* — Pour qu'une rente soit supprimée pour cause de mélange avec des droits féodaux, il ne suffit pas que ce mélange puisse être présumé avoir existé. — *Rennes*, 13 juin 1810, propriétaires des forges de Paimpont c. Domaine. — Il faut qu'il soit prouvé que ce mélange a eu lieu dans l'acte de sa constitution primitive; et le titre récognitif dans lequel elle est mêlée avec de semblables droits est insuffisant pour former cette preuve. — *Cass.*, 31 juill. 1821, Chaumont c. Delaguéronnière.

110. — Les déclarations faites par les ascendans d'émigrés, devant le directoire du district de leur domicile, des rentes dues à l'État, afin de procéder au partage de présuccession, conformément à la loi du 9 flor. an III, font foi de l'existence et de la nature non féodale de ces rentes, nonobstant la non-représentation des titres originaux, en sorte que le défaut de représentation de ces titres ne suffit pas pour faire réputer les rentes éteintes comme féodales. — *Cass.*, 29 août 1831, préfet de la Manche c. Choiseul-Praslin.

111. — La redevance qui, dans les actes de reconnaissance, a été qualifiée seigneuriale avec séparation de divers droits féodaux, n'a pas été comprise dans la suppression de ces droits, lorsque dans le titre primordial il n'y a aucun signe de féodalité. — *Cass.*, 27 sept. 1813, Marais c. N.... — Un simple acte récognitif ne pouvant pas porter atteinte au titre primordial ou constitutif. — *Cass.*, 25 avr. 1820, Cassan c. Soulié.

112. — Ainsi, lorsque le titre constitutif n'est pas représenté, le rappel qui est fait dans un titre nouvel ou récognitif de l'origine féodale de la rente, ne suffit pas pour établir que telle était sa nature primitive, et la faire comprendre dans la suppression prononcée par la loi de 1793. — *Cass.*, 28 janv. 1840 (t. 1er 1840, p. 497), Rivière c. Lafont.

113. — De même, le créancier d'une redevance ne peut, pour établir qu'elle est non féodale, mais foncière, suppléer par plusieurs reconnaissances au titre primordial d'accensement. — *Cass.*, 22 prair. an XII, Commune de Vaudoncourt c. Labarthe.

114. — Jugé, au contraire, que la redevance dont le titre constitutif n'est point représenté est réputée seigneuriale, s'il résulte des titres récognitifs qu'elle a été constituée au profit du seigneur. — *Cass.*, 7 mess. an XII, Commune de Bajordan c. Baron-Gachedat. — Si, par exemple, la dernière reconnaissance porte qu'elle a été consentie avec des droits de directe seigneurie. — *Riom*, 16 janv. 1809, Cathol c. Boiron. — V. aussi Merlin, v[is] *Rente foncière* et *Rente seigneuriale*, § 8.

115. — ... Que la reconnaissance d'une redevance de deux pugnères d'avoine qui contient la dénomination de cens annuel et perpétuel portant lods et ventes, a été atteinte par les lois abolitives de la féodalité, lorsque le titre primordial n'étant point représenté, rien ne justifie la non-existence du caractère de féodalité attribué par l'acte récognitif. — *Cass.*, 16 avril 1828, Dorel c. Vercasson.

116. — La suppression d'une rente féodale n'a pas fait revivre la rente foncière à laquelle elle avait été substituée par une transaction. — *Cass.*, 31 août 1813, Commune de Forges c. Debonnaire.

117. — On comprend que le titre récognitif d'une rente féodale passé antérieurement à l'abolition du régime féodal, ait pu être considéré comme entaché de féodalité et supprimé. Mais si le titre nouvel ou récognitif d'une rente foncière mélangée de féodalité a été consenti postérieurement à la promulgation des lois suppressives de la féodalité, il a été décidé que ce titre opérait novation : surtout si aucune stipulation féodale ne s'y trouvait reproduite. En ce cas, l'obligation a une cause naturelle suffisante pour la validité de l'acte. — *Cass.*, 3 juill. 1811, Rigaud c. Barjau; *Grenoble*, 24 févr. 1812, Guénin; *Angers*, 31 juill. 1822, de Serrant c. Royer; *Cass.*, 28 janv. 1840 (t. 1er 1840, p. 497), Rivière c. Lafont.

118. — Quand des débiteurs ont, depuis la loi du 17 juill. 1793, continué à servir pendant près de trente ans une rente foncière et en ont passé titre nouvel, leur conduite emporte consentement de leur part à continuer d'exécuter le contrat primitif de constitution, en le dégageant de toutes prestations féodales, et ne leur permet plus d'invoquer la loi du 17 juill. 1793 pour se faire délier de leurs engagemens. — *Amiens*, 27 août 1825, Langlois c. Caron et Watin.

119. — La transaction qui renferme l'obligation d'acquitter comme foncière une redevance contient une novation imparfaite, qui suffit pour faire disparaître tout le caractère de féodalité

que la convention primitive pouvait présenter.— *Paris*, 25 avril 1812, Caroillon d'Estillères et Domaine c. Simonin; *Bruxelles*, 8 juin 1818, Société Strépy-Bracquegnies c. Dandelot et Vanderbuch.

120. — Un arrêt ne peut être annulé, comme ayant violé les lois abolitives de la féodalité : 1° lorsque, d'après l'appréciation des actes de la cause, il déclare que des redevances de 5 sous par chaque feu, de douze deniers par chaque mariage, et autres de cette nature, portées dans une transaction intervenue entre un ancien seigneur et des communes, doivent être acquittées comme étant un prix de concession, stipulé dans un contrat qui n'avait rien de féodal, par la raison que la plupart des communes contractantes ne relevaient point de la terre du seigneur; 2° lorsqu'il considère comme n'étant pas entachée de féodalité la clause du même contrat qui soumettait à la justice de ce seigneur les poursuites à raison desdites redevances, lesquelles étaient foncières et relatives à un terrain situé dans le finage de la seigneurie. — *Cass.*, 15 juill. 1828, Commune de Vougeay c. Montmort.

121.—Le débiteur d'une rente foncière ne peut exiger la représentation du titre constitutif qu'il prétend être entaché de féodalité, lorsque l'acte par lequel le fonds grevé lui a été transmis lui a imposé l'obligation de servir cette rente. — *Toulouse*, 21 nov. 1837 (t. 1er 1838, p. 204), Bégué c. les hospices de Montastruc.

122. — L'acte par lequel le détenteur d'un immeuble affecté au service d'une rente originairement féodale approuve et ratifie le titre primordial de cette rente, doit néanmoins être considéré comme une transaction, et non comme un simple titre récognitif, se confondant avec l'obligation primitive, si les parties ont été en procès, si cet acte contient des stipulations différentes de celles renfermées dans le premier contrat, enfin si les engagemens du débiteur ne s'y trouvent relatés qu'en partie; et, en conséquence, il doit être exécuté, si aucune des stipulations féodales qui viciaient le premier contrat ne s'y trouve rappelée. — *Cass.*, 26 juill. 1823, Delorme c. Hardy et Guyot.

123.—Et on n'est pas recevable à se faire restituer contre un acte récognitif d'une rente que l'on y a qualifiée non féodale, par le motif que cette rente aurait été déclarée féodale dans un acte antérieur. — *Rennes*, 31 déc. 1811, Garnier c. de Cognac.

124. — Mais il en serait autrement si la convention nouvelle n'était qu'un acte récognitif de l'ancien titre féodal, et si elle n'y faisait point de novation. Cet acte nouveau, n'ayant alors d'autre force que l'ancien, n'effacerait point, dans l'intention des parties, le caractère féodal de la rente; il laisserait la faculté de la faire revivre un jour comme telle; et par conséquent la nullité de l'ancien titre entraînerait celle du nouveau, qui aurait une cause illicite et réprouvée.—*Cass.*, 25 oct. 1808, Darry c. Facquet. — Toullier, *Droit civil*, t. 6, nos 186 et 390; Duranton, *Droit français*, t. 20, no 340; Rolland de Villargues, *Rép. du not.*, vo *Cause des oblig.*, no 34.

125. — Si, comme nous l'avons vu, la nature d'une rente féodale a pu être changée par un titre récognitif, il n'en est pas de même de la nature d'une rente foncière non féodale. Ainsi : un débiteur n'a pu se fonder sur des qualifications féodales, données par quelques titres récognitifs à une redevance foncière, pour soutenir qu'elle était supprimée, si le titre originaire n'indique qu'une redevance purement foncière. — *Cass.*, 27 déc. 1813, Marais c. Decouvert.

126.—Les lois qui ont aboli généralement tous les droits féodaux ont, en même temps, et virtuellement, anéanti toutes les transactions antérieures qui auraient pu être passées sur la quotité, le mode et l'étendue de la perception de ces droits pour l'avenir. — *Cass.*, 16 vent. an XII, Compagnie de Schylener c. Carondelet.

127.—Est valable la transaction passée depuis la loi du 17 juill. 1793, lorsqu'elle porte sur la question de savoir si une rente est féodale ou foncière. — *Cass.*, 5 juill. 1810, Pilatte et Vaillant c. Longuet; 15 févr. 1815, Delonne c. Hardy. — Merlin, *Quest. de droit*, vis *Rente foncière, rente seigneuriale*, § 2.

128. — Lorsqu'il n'y a aucune trace de sujétion féodale entre le créancier et le débiteur d'une rente, cette rente est présumée foncière; et si le débiteur prétend qu'elle était originairement due par un seigneur à un autre seigneur, c'est à lui de prouver que cette rente était féodale ou entachée de féodalité. — *Cass.*, 11 févr. 1806, Pibaleau c. Foucault.

129. — Lorsqu'une rente est réputée purement foncière, il ne suit pas de ce qu'elle était due à un ci-devant seigneur, que le propriétaire de la rente soit tenu de justifier par la représentation du titre primitif que cette rente n'était point féodale. — *Cass.*, 24 vend. an XIII, Jacoux et Mouly c. de Lasalle.

130. — Pour être admis à prouver par témoins qu'une rente est féodale, il ne suffit pas d'offrir simplement de faire la preuve de la féodalité; il faut encore préciser et articuler les faits d'où l'on entend faire dériver cette preuve. — *Trèves*, 4 nov. 1810, Kirsch c. Furstennerther.

131. — La demande de redevables des départemens de la rive gauche du Rhin d'établir, par la preuve testimoniale, la féodalité des rentes dont ils étaient grevés, ayant pour objet un point de fait relatif à une époque où la loi et la jurisprudence admettaient la preuve testimoniale; et la cause ne présentant pas une simple question de procédure, mais un point appelé en droit *decisorium litis* : il a été permis aux juges d'appliquer l'ancienne jurisprudence du pays et de prononcer l'admission de la preuve testimoniale, sans contrevenir aux lois nouvelles dont la règle est sans application en cette matière. — *Cass.*, 21 avril 1812, Enregistrement c. Kalgraff.

132. — D'après le décret du 9 vend. an XIII, lorsqu'un même titre est récognitif de redevances foncières et de redevances féodales, mais avec énonciation distincte et sans liaison entre elles, il n'y a pas lieu d'admettre la preuve du mélange de féodalité, et, par conséquent, l'abolition des redevances foncières. — *Cass.*, 9 flor. an XIII, Comes et Kell c. préfet de la Sarre.

133. — *A qui profite l'abolition.* — La suppression des redevances féodales ne peut être invoquée que par celui qui en était débiteur. Elle ne peut l'être par le fermier qui les a reçues pendant son bail. — *Cass.*, 22 therm. an IX, Desrains; *Bourges*, 4 flor. an X, Thoreau c. Lebon; 10 brum. an XII, Enregistrement c. Tête-Noire-Lafayette; 16 juin 1812, Plancher c. Pons-Deligand.

134. — La suppression des rentes entachées de féodalité n'a pas profité à des tenanciers qui n'étaient point concessionnaires à perpétuité du fonds ci-devant féodal. — *Cass.*, 11 fruct. an XI, Seguin c. Deligand.

135. — L'emphytéote obligé par son bail de payer à l'acquit du bailleur différentes redevances inhérentes au fonds et supprimées, depuis, comme féodales, a profité, exclusivement au propriétaire, de la suppression de ces redevances.— Le propriétaire n'a pas été fondé à se faire payer annuellement par l'emphytéote la valeur des redevances supprimées, comme ayant fait originairement partie du prix de bail. — *Paris*, 19 août 1808, Lenoir c. Roger.

136. — Le paiement de rentes féodales ou mélangées de féodalité fait postérieurement à la publication des lois qui ont aboli le régime féodal et en ont prononcé la suppression sans indemnité, ne rend pas les débiteurs de ces rentes non recevables à invoquer le bénéfice de ces lois. — *Cass.*, 27 juill. 1818, Kromenacker c. Schneider et de Custine. — Mais il en serait autrement si ce paiement était fait en exécution d'un titre récognitif emportant novation. —V. *suprà* no 117.

137. — Une rente créée au profit d'un seigneur à titre de cens foncier et seigneurial et portan lods et ventes doit être réputée foncière relativement à la commune qui avait été dépouillée par l'effet de la puissance féodale du fonds sur lequel cette rente était assise. Dès lors, le tiers acquéreur du fonds grevé est tenu du service de la rente envers la commune réintégrée. — *Cass.*, 19 vend. an XII, Barbier c. Commune de Brimeux.

138. — Une rente constituée pour prix de cession de droits féodaux n'ayant point été atteinte par les lois suppressives de la féodalité, l'acquéreur, quoique obligé de supporter la perte des droits féodaux aliénés, ne demeure pas moins tenu d'acquitter la rente. — *Cass.*, 12 janv. 1814, Jay c. hospice de Vienne.

139. — Lorsque, pour prix de vente de biens féodaux par lui acquis, un individu s'est obligé à servir une rente arroturée, dont les vendeurs étaient chargés, il n'est pas fondé à se prévaloir contre le créancier de la rente des exceptions de réduction accordées par la loi du 28 mars 1790 à ceux qui ont acquis, moyennant bail à rente, des biens féodaux ou mélangés de féodalité. Dans ce cas, on ne peut prétendre non plus que la rente arroturée a changé de nature et est redevenue féodale. — *Cass.*, 19 févr. 1829, Duvergier c. de Savignac.

140. — Lorsque le fonds sur lequel était assise une rente féodale a été aliéné par le redevable, au profit d'un tiers qui s'est chargé de payer, outre une rente foncière au vendeur, la redevance féodale au seigneur, il n'y a point eu là arroturement de la rente. Cette rente est restée féodale entre les mains du tiers détenteur, et c'est à celui-ci que doit profiter son abolition par les lois suppressives de la féodalité. — *Cass.*, 2 sept. 1811, Tessier c. Loiseau.

141. — Une rente seigneuriale, aliénée dans l'intervalle de l'année 1789 à la loi du 17 juill. 1793, a été abolie par cette loi, entre les mains du tiers détenteur. — *Cass.*, 2 mars 1807, Joly c. Laroque-Brilly.

142. — Lorsque l'acquéreur d'un moulin, chargé de payer au seigneur féodal, en l'acquit du vendeur, une rente en grains et en argent, n'a point été expressément accepté pour débiteur par le seigneur féodal; un arrêt a pu décider qu'il n'avait pas profité de l'abolition de cette rente, alors surtout que cet acquéreur a passé un titre nouvel au profit de son vendeur ou de ses représentans. — *Cass.*, 12 déc. 1838 (t. 1er 1839, p. 556), Gouny c. Doze.

143. — Le concessionnaire de fonds provenant des petits domaines qui étaient, par leur nature, aliénables et prescriptibles, peut opposer les lois abolitives de la féodalité à la demande en paiement des rentes seigneuriales dont ils étaient grevés. — *Cass.*, 18 avr. 1810, Domaine c. Thouvenot.

144. — Un débiteur qui a été condamné au paiement des arrérages d'une rente ne peut ultérieurement prétendre que cette rente est féodale. Du jugement de condamnation résulte implicitement qu'on a statué sur la question de féodalité. — *Cass.*, 13 thermid. an VII, Droulin c. Gourdel.

145. — Les redevables peuvent opposer aux ci-devant seigneurs des titres dont la loi du 17 juill. 1793 a ordonné le brûlement, lorsque ces titres ont été conservés en exécution de la loi du 8 pluv. an II. — *Cass.*, 27 juill. 1818, Kromenacker c. Schneider et de Custine.

146. — La sentence rendue antérieurement aux lois des 25 août 1792 et 17 juin 1793, abolitives de la féodalité, et qui a maintenu une redevance dont la suppression était demandée en vertu de l'art. 25 du décret du 15 mars 1790, lequel déclarait abolie sans indemnité toute redevance payée à titre d'abonnement, de banalités et autres droits seigneuriaux, n'a pas l'autorité de la chose jugée à l'égard de l'action tendant de nouveau, entre les mêmes parties, à l'abolition de cette même redevance, si cette abolition est demandée en vertu des lois de 1792 et 1793; on ne peut pas dire qu'il y ait là même cause de demande. — *Cass.*, 6 avr. 1842 (t. 2 1842, p. 39), de Galiffet c. commune d'Istres.

147. — *Compétence.* — La question de savoir si une rente aliénée par l'État avant la loi du 25 août 1792 est foncière, ou féodale, est de la compétence des tribunaux ordinaires, dès qu'il ne s'agit pas immédiatement de l'exécution ou de la validité du titre d'aliénation. — *Rennes*, 1er avril 1812, hospice de la Guerche c. du Teilley.

148. — Mais le tribunal saisi de la demande en paiement d'une rente adjugée nationalement doit se déclarer incompétent, si le défendeur soutient que la rente est féodale et n'a pu être vendue. — *Cass.*, 22 juill. 1807, N... c. Montandon.

149. — Jugé encore que le pouvoir judiciaire ne peut connaître de la question de savoir si des redevances aliénées par la nation étaient ou n'étaient pas supprimées, lors de l'aliénation, par les lois des 25 août 1792 et 17 juill. 1793, comme entachées de féodalité. — L. 16 fructid. an III. — L'exception résultant de l'incompétence des tribunaux, en un tel cas, peut être proposée pour la première fois devant la Cour de cassation. — *Cass.*, 12 févr. 1806, Salomon c. Belot. — Cormenin, *Droit administr.*, vo *Domaine national*.

150. — De ce que, dans le cours de l'instance relative à la demande en suppression, comme féodale, d'une rente due à l'État, le demandeur présente au ministre une pétition tendant à cette même suppression, et conclut au sursis jusqu'à ce qu'il ait été statué sur cette pétition, il ne résulte pas qu'il renonce à l'instance existante. En outre, l'arrêté pris par le ministre des finances sur cette réclamation n'est qu'un simple acte d'administration qui ne peut, non plus que les actes administratifs rendus en conséquence et relatifs à certaines réductions à opérer sur la rente et à fixer par experts, être réputé avoir, quant au fond de la contestation, l'autorité de la chose jugée. Il peut en être ainsi décidé, encore bien que, par suite de ces arrêtés, le demandeur ait nommé volontairement un expert et assisté à l'expertise. — *Cass.*, 10 janv. 1842 (t. 1er 1842, p. 174), préfet du Doubs c. Boigeol (première espèce), et c. Grandgirard (deuxième espèce).

RENTRAYEURS.

Rentrayeurs de couvertures de laine et de coton.—Patentables de 7e classe;—droit fixe basé sur la population; droit proportionnel du 40e de la valeur locative de tous les locaux qu'ils occupent, mais seulement dans les communes de 30,000 âmes et au-dessus.—V. PATENTE.

RENVOI (Acte).

1.—Nom qu'on donne à la marque qui, dans un acte ou un écrit quelconque, renvoie à une marque semblable, laquelle est suivie d'une addition qui doit faire partie du texte. On appelle renvoi l'apostille elle-même.

2.—Les renvois ne doivent pas être confondus avec certaines apostilles que l'on met quelquefois en marge des actes, mais qui n'en font pas partie.—Lorel, *Élémens de la science notar.*, sur l'art. 15 L. 25 vent. an XI; Rolland de Villargues, v° *Renvoi*, n° 2.

3.—On a vu (v° ACTE NOTARIÉ, n° 290 et suiv.) l'analyse des dispositions législatives et des décisions de la jurisprudence relatives aux renvois dans les actes notariés. Nous ajouterons ici quelques observations en ce qui concerne les renvois, en général, dans les autres espèces d'actes.

4.—Les renvois sont écrits en marge de l'acte, ou bien, quand ils sont trop longs, à la fin de cet acte.

5.—Quand les renvois sont placés en marge de l'acte, il suffit, même pour les plus essentiels, qu'ils soient paraphés par les parties ou bien des lettres initiales de leur nom.—Arg. L. 25 vent. an XI, art. 13.—Rolland de Villargues, n° 13.

6.—Si le renvoi est transporté à la fin de l'acte, il doit être non-seulement signé ou paraphé, comme les renvois écrits en marge, mais être expressément approuvé par les parties.—L. 25 vent. an XI, art. 13.—Rolland de Villargues, n° 14.— Cependant, il est douteux que la disposition prescrite pour les actes notariés spécialement, puisse être rigoureusement exigée pour les autres actes et principalement pour les actes sous seing privé. Le renvoi pourrait être considéré comme valable, bien que expressément approuvé, s'il était évident qu'il n'a pu être inséré après coup entre le corps de l'acte et la signature des parties.

7.—Les renvois sur les actes de l'état civil sont datés et signés de la même manière que le corps de l'acte.—C. civ., art. 42.—V. ACTES DE L'ÉTAT CIVIL.

8.—Dans les actes d'instruction criminelle, les renvois doivent être approuvés et signés par le juge d'instruction, par le greffier et par le témoin, sous peine de 50 fr. d'amende contre le greffier, même, s'il y a lieu, de prise à partie contre le juge d'instruction. Les renvois non approuvés sont réputés non avenus.—C. instr. crim., art. 77 et 78.

9.—Ces dispositions ont été déclarées applicables aux questions posées au jury, relativement à la peine substantielle et constitutive de la déclaration.—V. aussi conf. Cass., 20 mars 1812 (t. 2 1818, p. 84), Vasseur; 11 avr. 1845 (t. 2 1845, p. 415), Radel.—V. COUR D'ASSISES.

10.—Si, dans les actes notariés, les renvois ne peuvent, en général, être approuvés après coup (V° ACTE NOTARIÉ, n°s 317 et suiv.), il n'en saurait être de même à l'égard des actes sous seing privé. Car il est reconnu que les dispositions de la loi du 25 vent. an XI sur le notariat ne leur sont pas applicable.—Toullier, t. 8, n° 258.—V. ACTE SOUS SEING PRIVÉ, n°s 37 et suiv.—Tout dépendrait nécessairement des circonstances dont l'appréciation appartiendrait aux juges.

11.—Les renvois qui ne sont pas paraphés par les parties doivent être considérés comme ne faisant pas partie de l'acte. Toutefois, ils pourront, suivant les cas, servir de preuve ou de commencement de preuve par écrit contre celle des parties qui les aurait écrits ou paraphés.

12.—Aux différentes dispositions que nous avons rapportées, en ce qui concerne les renvois dans les actes notariés (V. ACTE NOTARIÉ, n°s 290 et suiv.), il convient d'ajouter les suivantes:

Les renvois dans un acte notarié ne sauraient préjudicier aux dispositions du contrat et ne peuvent, par conséquent, être considérés comme avenus lorsqu'ils n'ont pas été approuvés par les parties, bien qu'ils aient reçu l'approbation du notaire qui a rédigé l'acte.—Bordeaux,

19 déc. 1845 (t. 1er 1846, p. 355), Martin c. Bénillan.—V., au surplus, ACTE NOTARIÉ, n°s 313 et suiv.

13.—Il y a contravention aux lois des 25 vent. an XI et 16 juin 1824 dans le défaut d'approbation par les adjudicataires des renvois qui se trouvent dans la partie de l'acte où sont établies les charges de l'adjudication, alors que cette partie constitue, non pas un acte distinct et séparé, mais un même contexte avec l'adjudication.—Douai, 19 janv. 1846 (t. 1er 1846, p. 673), N... c. Enregistrement.

14.—Les renvois qui sont faits dans les grosses et expéditions n'ont besoin que d'être paraphés par le notaire ou les notaires qui signent l'expédition.—Rolland de Villargues, n° 45.

16.—Cependant, les notaires de Paris ont pris, le 27 avr. 1834, une délibération portant « Les renvois sur les grosses, expéditions et extraits, doivent être signés par le notaire qui les délivre, et non pas simplement paraphés.—Rolland de Villargues, n° 46.

V. aussi ABRÉVIATION, ACQUIT A CAUTION, ACTE ADMINISTRATIF, BLANC, CERTIFICAT DE VIE, ENREGISTREMENT, GARDE-FORESTIER, GREFFE (droits de), RATURE.

RENVOI APRÈS CASSATION.

1.—Ce qui concerne les effets de la cassation des jugemens et arrêts et le renvoi après cassation est traité v° CASSATION (mat. civ.), n°s 1861 et suiv.; CASSATION (mat. crim.), n° 1109 et suiv.—Nous nous bornerons à mentionner quelques arrêts rendus depuis la publication de ces articles.

2.—Jugé que la Cour de renvoi n'a pas à statuer sur le mérite d'offres réelles, qui, ayant été faites pour la première fois devant les juges d'appel, n'ont pas été reproduites devant elle.—Cass., 23 déc. 1845 (t. 1er 1846, p. 182), Potheau c. Caillaut.

3.—... Qu'il y a lieu à cassation (*in parte quâ*) de la disposition de l'arrêt de la Cour de renvoi qui met à la charge de la partie qui succombe même les dépens faits devant la première Cour d'appel dont l'arrêt a été cassé sur sa demande.—Cass., 23 déc. 1845 (t. 1er 1846, p. 182), Potheau c. Caillaut.—V. aussi Cass., 6 août 1842 (t. 2 1843, p. 385), Lepré c. Guillemé, et v° CASSATION (mat. civ.), n°s 1880 et suiv.

4.—... Que lorsqu'un arrêt de cassation a annulé en entier un arrêt de la Cour d'appel, la nouvelle Cour saisie par renvoi doit juger toutes les questions soumises à la première, bien qu'à l'égard de quelques-unes il y ait eu rejet du pourvoi, et que d'autres n'aient pas été soumises à la Cour de cassation.—Limoges, 23 avr. 1847 (t. 1er 1848, p. 116), Grenouillet c. Constantin de Greuille.—V. CASSATION (mat. civ.), n° 1922 et suiv.

5.—... Qu'aucune dérogation n'a été apportée, pour les tribunaux saisis par renvoi après cassation, au principe d'ordre public en vertu duquel tout acte fait par un magistrat en dehors du territoire qui lui est attribué comme ressort n'a aucun caractère légal.—En conséquence, si des enquêtes, des interrogatoires deviennent nécessaires et qu'il faille y procéder hors de son ressort, le tribunal de renvoi doit commettre soit le tribunal, soit un juge de la localité, conformément aux dispositions de l'art. 1035 C. proc. civ.—*Spécialement* : le tribunal de renvoi, saisi d'une demande en mainlevée d'interdiction, ne peut faire procéder par l'un de ses membres, assisté du greffier, à l'interrogatoire de l'interdit retenu dans son domicile, si ce domicile est situé hors de son ressort.—La nullité de la sentence qui maintient au procès un interrogatoire fait dans de telles conditions entraîne la nullité de la décision définitive fondée sur cet interrogatoire.—Cass., 10 avril 1849 (t. 1er 1849, p. 585), Azuni c. Caillot et Valentin.—V. CASSATION (mat. civ.), n° 1903 et suiv.

RENVOI EN COUR D'ASSISES.

V. CHAMBRE DES MISES EN ACCUSATION.

RENVOI D'UN TRIBUNAL A UN AUTRE

Table alphabétique.

RENVOI D'UN TRIBUNAL A UN AUTRE. — 1. — C'est la désignation officielle d'un autre tribunal pour connaître d'une contestation à la place de celui qui, en a été primitivement saisi, et dont l'impartialité est devenue suspecte à raison de certaines circonstances.

2. — Le renvoi d'un tribunal à un autre ne doit pas être confondu avec le renvoi pour cause d'incompétence. (V. EXCEPTION). Le renvoi dont il s'agit ici suppose en effet un tribunal compétent.

3. — Toutefois, la demande en renvoi d'un tribunal à un autre a le caractère d'une exception déclinatoire; puisqu'elle tend à soustraire l'affaire à la juridiction du tribunal qui en a été saisi. — Carré, Lois de la procédure civile, observations préliminaires au titre du renvoi, à un autre tribunal, 3e édit., p. 367.

4. — Elle n'est autre chose qu'une récusation dirigée contre le tribunal entier. Tout ce qui concerne la récusation partielle, c'est-à-dire celle dont tel ou tel juge est personnellement l'objet, a été traité au mot RÉCUSATION. — V. ce mot.

§ 1er. — Matière civile (n° 5).
§ 2. — Matière criminelle, correctionnelle et de police (n° 104).

§ 1er. — Matière civile.

5. — Lorsqu'une partie a deux parents ou alliés jusqu'au degré de cousin issu de germain inclusivement, parmi les juges d'un tribunal de première instance, ou trois parents ou alliés au même degré dans une Cour d'appel; ou lorsqu'elle a un parent audit degré parmi les juges du tribunal de première instance; ou deux parents dans la Cour d'appel et qu'elle-même est membre du tribunal ou de cette Cour; l'autre partie peut demander le renvoi. — C. proc. civ., art. 368.

6. — La demande en renvoi, qui fait l'objet de cet article, ne peut se présenter que devant les tribunaux de première instance, au nombre desquels il faut ranger les tribunaux de commerce (Carré, Lois de la procédure civile, sur l'art. 368, n° 308, et quest. 1888); Chauveau, même quest.), et devant les Cours d'appel. La Cour de cassation ne peut jamais être arrêtée par une demande en renvoi. — Carré, la question précitée.

7. — La parenté et l'alliance, dont il s'agit ici, sont la parenté et l'alliance naturelles et civiles tout à la fois. La parenté et l'alliance dérivant de la nature seulement ou de l'adoption ne peuvent motiver une demande en renvoi. Il y a lieu cependant d'excepter la parenté naturelle en ligne directe, c'est-à-dire celle qui existe entre le père et le fils légalement reconnu; et entre les frères naturels, aussi légalement reconnus. — Carré et Chauveau, quest. 1333; Bonnier, Élémens de procédure civile, t. 2, n° 1209.

8. — MM. Carré et Chauveau (quest. 1340) enseignent, avec raison, que l'alliance qui peut servir de fondement au renvoi s'efface par la dissolution du mariage qui l'a formée, s'il n'en reste point d'enfans.

9. — Il résulte clairement de l'art. 368 C. proc. civ., que l'existence de trois parents d'une même partie parmi les membres d'une Cour d'appel

peut seule autoriser la demande en renvoi. Il ne suffirait pas pour que ce renvoi pût être réclamé, qu'il y eût, parmi les membres de la Cour, trois parents appartenant chacun à des parties différentes. — Montpellier, 11 mars 1835; Boussairolle c. Sillac-Lapierre; Cass., 19 août 1835, Sillac-Lapierre c. Boussairolle.

10. — L'art. 368 n'autorise également le renvoi de la cause à un autre tribunal que dans le cas de parenté ou d'alliance au degré prohibé entre les juges et l'une des parties. Aucune disposition n'a mis au nombre des causes de renvoi la parenté ou l'alliance des membres du ministère public avec l'une des parties. Il s'ensuit que la parenté ou l'alliance de l'une des parties avec une demande en renvoi. — Riom, 27 août 1818, Esquiron-Peuchange c. Laborie. — Carré et Chauveau, quest. 1342; Bonnier, n° 1207.

11. — Il en est de même de la parenté ou de l'alliance avec deux juges suppléans ou avec un juge en titre et un suppléant. — Cass., 22 août 1822, Mereaux. — Chauveau sur Carré, quest. 1341; Bonnier, n° 1207. — Mais V. contrà, Carré, même quest.

12. — Quoique la rubrique du tit. 20, 1re part., liv. 2 du C. proc. civ. ne semble autoriser les renvois d'un tribunal à un autre que pour cause de parenté ou d'alliance, il résulte néanmoins de la combinaison de ce titre avec celui qui précède sur les règlemens de juges, et avec celui qui le suit immédiatement sur les récusation, que les renvois en matière civile peuvent être prononcés, non-seulement dans le cas où les juges s'abstiennent ou sont récusés pour cause de parenté ou d'alliance; mais aussi dans ceux où ils s'abstiennent comme ayant déjà émis leurs opinions ou comme ayant occupé en qualité de défenseurs dans la cause, dans ceux où ils sont récusés, et enfin dans tous les cas de suspicion légitime. — Agen, 9 avr. 1815, Massias c. Desclaux-Latané.

13. — Une récusation proposée contre un tribunal en entier n'est autre chose qu'une demande en renvoi par-devant un autre tribunal. Si donc, par la récusation de plusieurs de ses membres, même pour toute autre cause que celle de parenté ou d'alliance, le tribunal ne pouvait plus se trouver en nombre suffisant pour statuer sur la contestation, il y aurait lieu à renvoi devant une autre cour. — Douai, 29 juin 1842, Domaine c. Raveland; Riom, 3 mars 1819, Meyre c. Brun-Carré et Chauveau, quest. 1337; Bonnier, n° 1221.

14. — Les juges d'un tribunal (spécialement d'un tribunal de commerce) qui sont directement ou indirectement intéressés dans une affaire peuvent, pour ce motif, se récuser tous. L'intérêt personnel des juges est, en effet, une cause juste et légitime de récusation du tribunal. — Florence, 31 déc. 1810; N...

15. — Ainsi, par exemple, est admissible la récusation d'un tribunal de commerce entier, fondée sur ce qu'il ont été ou sont encore membres de la chambre de commerce, lorsque cette chambre est partie en cause. — Florence, 6 mai 1809; Samaresolin, Chambre de commerce de Livourne.

16. — Jugé cependant qu'il n'y a pas lieu à renvoi, quoique deux juges d'un tribunal de première instance soient parties dans une procès dont il est saisi. — Bordeaux, 8 juin 1809, Rigonneau et Bertrand c. Rochette.

17. — L'insuffisance de nombre d'avoués postulans dans un tribunal pour représenter toutes les parties qui ont droit d'intervenir dans une affaire, n'est, en aucun cas, un motif de nature à autoriser le renvoi de l'affaire devant un autre tribunal. — Rennes, 20 déc. 1824, de Bourbon-Busset, de la Bothelière et Demangeat; Angers, 3 déc. 1830, Bousquet c. Maussion. — Bioche et Goujet, n° ... Renvoi (demande), n° 464; Carré et Chauveau, quest. 1337.

18. — Il résulte de ce qui précède, qu'on ne peut considérer comme limitative l'énumération des causes de renvoi faite dans l'art. 368 C. proc. civ. Cette interprétation qui d'ailleurs formellement consacrée par un arrêt de la Cour de cassation du 24 mars 1821, Guy c. Maire d'Agde. — V. suprà n° 12 et suiv.

19. — Nous avons dit précédemment que, parmi les causes de renvoi, il fallait comprendre aussi la suspicion légitime. — V. suprà n° 12. Les demandes en renvoi pour cause de suspicion légitime étaient, autrefois, formellement autorisées par l'ordonnance de 1667, par les art. 9 de la loi du 1er déc. 1790, 254 de la Constitution de l'an III, 65 de l'acte constitutionnel du 22 frim. an VIII et 60 de la loi du 27 vent. de la même année. Il est vrai que le Code de procédure reste complétement muet sur les renvois pour cause de sus-

picion légitime. Mais il ne faut pas induire de ce silence, qu'il les a proscrites. Ce serait donner à une simple prétérition dans le Code une portée qu'elle ne peut avoir : celle d'anéantir une disposition, qui tient à un principe d'ordre public, et qui est consacrée par des lois d'organisation générale. — Nancy, 18 mars 1839 (1re liv., p. 468), Massenat c. Varin-Bernier et Boulet-Blanc.

20. — Il a été décidé, spécialement, qu'en matière civile il y avait lieu à renvoi, pour cause de suspicion légitime, lorsque le tribunal devant lequel l'affaire devrait être portée, est composé des mêmes juges qui en ont déjà connu comme juges de police correctionnelle, et dont le jugement a été annulé comme incompétemment rendu. — Cass., 20 juill. 1821, N...

21. — Il y a des cas où il est non-seulement de l'intérêt légal des parties de ne pas avoir tels ou tels juges, mais même de l'intérêt de ces juges de ne pas connaître de telles ou telles affaires portées à leur tribunal. Au nombre de ces cas doit être compris, par exemple, celui où tous les membres d'un tribunal saisi d'une contestation se sont, auparavant, abstenus de connaître d'autres contestations qui s'y réfèrent, et dans lesquelles figurent les mêmes parties. Cette circonstance est, alors suffisante pour motiver le renvoi pour cause de suspicion légitime. — Rennes, 22 janv. 1811, Vaugaron c. Domaine.

22. — De même, il y a lieu à renvoi pour cause de suspicion, dans le cas où un tribunal déclare devoir s'abstenir comme constant de sus suspicion. — Cass., 11 août 1840 (1re liv. 1843, p. 520), Bagnick-Moreau c. Pesnel.

23. — Spécialement, il en doit être ainsi alors que le débat s'agite devant un tribunal des colonies, entre un nègre libre et un blanc, et que, par suite des influences résultant de la différence du couleur, chaque habitant a pris ostensiblement fait et cause pour l'une ou l'autre des parties, s'est rendu impossible le devoir de juger impartialement. — Même arrêt.

24. — La récusation des conseillers, sous le texte qu'ils ont connu de l'affaire, lorsqu'elle porte sur un assez grand nombre sur que la Cour soit réduite au point de ne pouvoir rendre aucun arrêt, est, comme la récusation de la Cour entière, une demande en renvoi devant une autre Cour, pour cause de suspicion légitime. — Cass., 4 mai 1831, Ouvrard c. Séguin.

25. — Mais participer à une décision préparatoire ou interlocutoire, n'est pas connaître du différend. L'objet de cette décision est, en effet, d'éclaircir la conscience des juges et de la conduire plus exacte de la vérité. Il est même désirable de retrouver, lors du jugement définitif, les mêmes juges qui ont concouru au jugement préparatoire ou interlocutoire. On ne peut donc être réputé avoir connu de l'affaire, parce qu'on a pris part à une jugement lorsqu'il s'agit d'une décision préparatoire ou interlocutoire. C'est dans ce dernier cas seul qu'il y a lieu à renvoi pour cause de suspicion légitime. — Même arrêt (motifs).

26. — Lorsqu'un tribunal a été plusieurs fois appelé à statuer sur des contestations entre les mêmes parties, que toutes ses décisions ont été infirmées par la Cour d'appel, une partie contre laquelle ces décisions avaient été rendues, peut, en cas de nouveau procès où des élémens identiques se reproduisent, demander son renvoi devant une autre tribunal pour cause de suspicion légitime, alors surtout que son adversaire a manifesté une confiance suspecte dans les précédens judiciaires, en réduisant le dessein son action afin qu'elle soit jugée en dernier ressort par la juridiction de première instance. — Douai, 8 janv. 1842 (1re 1842, p. 578), Decroix c. Luhérard.

27. — Nous avons fait remarquer précédemment qu'un tribunal dont tous les membres étaient intéressés dans une contestation pouvait se récuser en entier. — V. suprà, n° 14. — L'intérêt qu'ont les membres d'un tribunal est de la Cour, dans l'affaire dont ce tribunal, ou de la Cour sont saisis, peut de même autoriser les parties à demander le renvoi à un autre tribunal ou à une autre Cour. Mais ce n'est pas le cas de prononcer le renvoi pour cette cause, si la contestation relative à la fixation de l'époque de l'ouverture d'une faillite est portée devant une certaine époque, les autres cinq juges dont cette Cour se compose, bien sont intéressés à ce que l'ouverture de la faillite soit fixée, les uns à une certaine époque, les autres à une époque plus reculée. — Cass., 7 févr. 1832, Ecret c. Biannais.

28. — La demande en renvoi d'une Cour à une autre pour cause de parenté étant une véritable récusation de la Cour entière, il s'ensuit que

l'art. 379 C. procéd. civ., qui se trouve placé dans le titre *De la récusation*, et qui veut qu'il n'y ait lieu à récusation, dans le cas où le juge est parent des membres d'une société, direction ou union, parties dans la cause, qu'autant que ces membres ont un intérêt distinct ou personnel, doit être appliqué aux demandes en renvoi fondées sur la parenté de plusieurs conseillers avec les membres de la société, parties en cause. — *Montpellier*, 11 mars 1835, Boussairolle c. Sillac-Lapierre. — Chauveau sur Carré, quest. 1344 *bis*.

29. — Les causes de récusation générale présentées contre un tribunal ou contre une Cour, ou de demande en renvoi, doivent, au surplus, être déterminées. Si cette récusation ou cette demande reposaient sur des motifs vagues, elle devraient être déclarées inadmissibles. — *Paris*, 4 déc. 1813, Selves.

30. — Ainsi, la simple allégation qu'il y a insuffisance de magistrats à la Cour à laquelle ressortit le tribunal de première instance pour juger sur l'appel ne constitue pas la suspicion légitime dans le sens de la loi. Cette allégation ne peut être accueillie qu'autant qu'elle est accompagnée de preuves. — *Cass.*, 14 janv. 1829, Jeanne c. Guébin.

31. — Avant le Code de procédure civile, la section des requêtes de la Cour de cassation était chargée de statuer définitivement sur les demandes en renvoi d'un tribunal à un autre, en matière civile, pour cause de parenté ou d'alliance ou pour cause de suspicion légitime. — L. 1er déc. 1790; const. de l'an III; L. 27 vent. an VIII, art. 8 et 60.

32. — Mais cette attribution lui a été enlevée, du moins en partie, par le Code de procédure. Il résulte, en effet, de l'art. 373 de ce Code, d'après lequel, si les causes de la demande sont avouées ou justifiées dans un tribunal de première instance, le renvoi doit être fait à l'un des autres tribunaux ressortissant à la même Cour d'appel; et si c'est dans une Cour d'appel, le renvoi doit être fait à l'une des trois cours les plus voisines : que c'est au tribunal à qui le renvoi est demandé qu'il appartient de le prononcer ou de l'écarter. Aussi la Cour de cassation s'est-elle plusieurs fois déclarée incompétente pour statuer sur les demandes en renvoi pour parenté ou alliance. — V. les arrêts des 17 mars 1807, Compès c. Marge; 24 mars 1807, Dagobert-Gyssendorffer.

33. — Jugé aussi que, depuis le Code de procédure, la Cour de cassation n'est plus compétente pour prononcer sur le renvoi qui lui est demandé, et fondé sur ce que tous les juges d'un tribunal de première instance ont déclaré avoir connu extrajudiciairement de la cause et manifesté leur opinion. — *Nîmes*, 10 juill. 1812, N...

34. — C'est au tribunal saisi de l'affaire que doit être adressée la demande en renvoi. — Bonnier, n° 1208. — Il n'y a pas lieu, ce nous semble, de distinguer, à cet égard, entre le cas où la demande en renvoi est fondée sur la parenté ou l'alliance entre des juges et des parties, et celui où cette demande s'appuie sur tous autres motifs. — V., cependant, *Douai*, 15 oct. 1816 (motifs), Leroy.

35. — Ainsi, lorsque tous les juges d'un tribunal civil croient devoir, pour quelque cause que ce soit, se récuser, ils doivent, non pas renvoyer les parties à se pourvoir en règlement de juges, mais prononcer le renvoi, non pour l'examen de la question du renvoi, mais pour la solution de la question du fond, à l'un des tribunaux ressortissant à la Cour, conformément à l'art. 373 C. procéd. civ. Les dispositions de ce Code relatives au règlement de juges ne sont pas applicables ici. — *Colmar*, 4 déc. 1808, Gyssendorffer c. Blanet; 30 janv. 1813, de Feltre c. Ebner; 8 juill. 1815, Rauspacher.

36. — Ils ne doivent pas non plus délaisser les parties en cause à se pourvoir devant la Cour d'appel pour faire prononcer le renvoi. — *Colmar*, 29 déc. 1810, Leclerc et Monnet. — MM. Carré et Chauveau (quest. 1358) enseignent, au contraire, qu'il n'appartient qu'à la Cour d'appel de statuer sur la demande en renvoi formée contre un tribunal de première instance.

37. — Toutefois, si un tribunal était empêché, non pour cause de parenté ou d'alliance, mais, par exemple, par le décès d'un juge, la démission de deux autres, et parce que les juges restans, à l'exception d'un seul, avant d'entrer audit tribunal avaient été consultés sur la cause; la Cour d'appel serait, dans ce cas, seule compétente pour désigner un autre tribunal. — *Douai*, 14 oct. 1816, Leroy.

38. — L'impossibilité de composer le tribunal, par insuffisance de juges, est suffisamment constatée par un certificat du président du tribunal, et ce certificat suffit pour autoriser la Cour à statuer sur la demande en renvoi. — *Riom*, mars 1819, Meyre c. Bru.

39. — Jugé, au contraire, que c'est, non au tribunal de première instance saisi de la cause à l'occasion de laquelle il y a lieu à renvoi devant un autre tribunal, mais à la Cour d'appel qu'il appartient de statuer sur la demande en renvoi. — *Florence*, 6 mai 1809, Sandreschi c. Chambre de commerce de Livourne; 31 déc. 1810, N...; *Limoges*, 14 août 1811. Tadary c. Bransse.

40. — Si nous avons admis que le tribunal civil, auquel une demande en renvoi était adressée, était compétent pour en connaître, cette règle nous paraît, toutefois, devoir souffrir exception dans le cas de demande pour cause de suspicion légitime. Mais quelle est alors l'autorité qui doit statuer sur cette demande? Est-ce la Cour de cassation? L'affirmative peut s'induire d'un arrêt rendu par cette Cour le 21 mars 1821, Guy c. Maire d'Agde. Mais, le Code de procédure ayant, ainsi que nous l'avons fait remarquer, modifié la législation antérieure, nous croyons que la Cour de cassation est devenue, depuis, incompétente pour statuer en matière civile sur une demande en renvoi d'un tribunal de première instance à un autre, et que cette demande doit être portée devant la Cour d'appel à laquelle ressortit le tribunal saisi de l'affaire qui y a donné lieu. — V., en ce sens, *Cass.*, 29 juill. 1807, Foucart c. Moreau Goronflot; 9 oct. 1808, Allard la Resnière; *Nancy*, 18 mars 1839 (t. 1er 1844, p. 468), Massénat c. Varin-Bernier et Boulet-Leblanc; *Cass.*, 2 juill. 1845 (t. 2 1845, p. 138), Lehérard c. Decroix. — V., *contrà*, Bonnier, t. 2, n° 1220.

41. — Jugé, cependant, que la Cour de cassation peut connaître des demandes en renvoi d'un tribunal de première instance à un autre pour cause de suspicion légitime, lorsqu'il y a urgence. Et l'urgence peut résulter de l'intérêt légitime des parties à ce que le cours de la justice ne soit pas interrompu. — *Cass.*, 24 sept. 1824, de Preigne c. Martin. — Bioche et Goujet, v° *Renvoi* (demande en), n° 45.

42. — Si la demande en renvoi pour cause de suspicion légitime, est dirigée contre une Cour d'appel tout entière, au lieu de l'être contre un tribunal de première instance, le droit de prononcer sur cette demande ne peut appartenir alors qu'à la Cour de cassation. — *Cass.*, 4 mai 1831, Ouvrard c. Séguin.

43. — L'art. 368 C. proc. civ. ne reconnaît point à toutes les parties en cause le droit de demander le renvoi d'un tribunal à un autre. — Ainsi, la partie qui a des parens ou alliés dans le tribunal ne peut exercer ce droit. La partie qui a avec elle des intérêts communs ne le peut pas davantage. Il résulte de la rédaction de l'article précité que ce droit n'appartient qu'*à l'autre partie*, c'est-à-dire à la partie adverse. — V., en ce sens, Carré et Chauveau, quest. 1344.

44. — Mais, si une seule partie qui a des parens ou alliés ne peut demander le renvoi, il ne s'ensuit pas qu'elle ne puisse le faire, si ses parens ou alliés sont également ceux de son adversaire. On comprend, en effet, que, lorsque deux parens plaident entre eux, les juges qui sont leurs parens communs peuvent prendre partie pour l'un ou pour l'autre. L'art. 368 doit donc recevoir alors son application. — Carré et Chauveau, quest. 1346.

45. — La qualité de *partie* dans le sens de cet article, n'est pas réservée, toutefois, exclusivement pour le demandeur et le défendeur principaux. Elle doit être donnée aussi à tous ceux qui sont appelés dans l'instance ou qui ont le droit d'y intervenir. Les motifs qui ont dicté l'art. 368 s'appliquent au garant ou à l'intervenant. Ceux-ci peuvent donc demander le renvoi. — Carré et Chauveau, quest. 1345.

46. — La demande fondée sur la suspicion légitime, par exemple, peut être formée même par celui qui a saisi le tribunal soupçonné. — *Cass.*, 24 sept. 1824, de Preigne c. Martin. — Carré, *Compét.*, t. 2, p. 201; Bioche et Goujet, v° *Renvoi* (demande en), n° 42.

47. — Quelques créanciers d'une faillite sont également recevables à former une demande en renvoi pour cause de suspicion légitime, encore bien que la majorité ait exprimé un vœu contraire. Il nous semble, en effet, impossible d'admettre que la majorité des créanciers puisse, en dehors des termes formels de la loi, lier les intérêts d'un créancier, qui est un tiers vis-à-vis de la masse.

48. — Et le renvoi peut être ordonné sur la seule demande de la partie qui l'a formée, sans qu'il soit nécessaire d'appeler l'autre partie. — *Cass.*, 21 mars 1821, Guy c. Maire d'Agde. — V. *infrà* n° 70.

49. — La demande en renvoi est dispensée du préliminaire de conciliation. — C. proc. civ., art. 49-7°.

50. — Aux termes de l'art 369 C. proc. civ., elle doit être formée avant le commencement de la plaidoirie; et si l'affaire est en rapport, avant que l'instruction soit achevée ou que les délais soient expirés. Après les époques qui viennent d'être déterminées, la demande n'est plus recevable.

51. — Il a été décidé, spécialement, qu'en admettant que l'article précité soit applicable aux demandes en renvoi pour cause de suspicion légitime, il doit s'entendre en ce sens qu'il n'y a lieu à la recevabilité de ces demandes qu'autant qu'elles ont été formées avant le commencement de la plaidoirie. — *Douai*, 8 janv. 1842 (t. 1er 1842, p. 578), Decroix c. Laherard; *Cass.*, 2 juill. 1845 (t. 2 1845, p. 138), mêmes parties.

52. — Or, les plaidoiries sont réputées commencées, dans le sens de l'art. 369 du Code de procédure civile, lorsque les conclusions ont été prises contradictoirement à l'audience. — Arrêt de *Cass.*, précité, du 2 juill. 1845.

53. — Spécialement, les conclusions doivent être réputées prises et les plaidoiries commencées (ce qui rend irrecevable la demande en renvoi, pour suspicion légitime, formée postérieurement), lorsqu'en formant opposition à un jugement par défaut, le défendeur, en même temps qu'il proposait un moyen d'incompétence, a proposé, même subsidiairement, une demande reconventionnelle au fond, et qu'il a plaidé à la fois sur l'exception d'incompétence et sur la jonction de la demande reconventionnelle à l'instance principale. — Même arrêt.

54. — On ne peut, après les époques dont parle l'art. 369, demander le renvoi pour la parenté ou l'alliance qui existait antérieurement, même sous le prétexte qu'on n'aurait pas connu ces liens de famille. L'article précité n'admet point cette exception : sa disposition est absolue. Le législateur a jugé que le délai qu'il accordait pour proposer la demande en renvoi devait suffire à la partie pour se procurer les renseignemens nécessaires. — Carré et Chauveau, quest. 1347.

55. — Si cependant la demande en renvoi reposait sur un motif d'ordre public, comme par exemple sur l'incompétence du tribunal saisi à raison de l'extranéité des parties, la demande en renvoi pourrait alors être opposée en tout état de cause. — *Cass.*, 16 mai 1849 (t. 2 1849, p. 234), Czarnecki.

56. — Mais la demande en renvoi devrait être admise nonobstant l'expiration du délai fixé, si la cause sur laquelle elle est fondée était postérieure à l'expiration de ces délais; si, par exemple, la parenté ou l'alliance entre un juge et l'une des parties ne s'était effectuée qu'après les plaidoiries et avant le jugement. — Carré, sur l'art. 369, n° 309, et *loc. cit.*; Chauveau, *ibid.*

57. — Jugé cependant que la demande en renvoi d'un tribunal à un autre, pour cause de suspicion légitime en matière civile, est tardive, si elle n'est formée qu'après les plaidoiries, quand bien même il serait allégué que les causes de suspicion ne sont survenues que postérieurement aux plaidoiries. — *Toulouse*, 8 août 1827, Resseguier c. Dubois.

58. — L'opposition à un jugement par défaut remettant les choses dans l'état où elles étaient à partir de l'assignation, il en résulte que la partie qui a été condamnée par défaut peut, sur son opposition, demander le renvoi à un autre tribunal. — Carré et Chauveau, quest. 1348.

59. — Mais la partie qui a obtenu le défaut n'est plus recevable ultérieurement à demander le renvoi, parce qu'en obtenant le défaut elle a plaidé : comme le dit avec raison M. Chauveau sur Carré, *loc. cit.*

60. — Une demande en renvoi intempestive et prématurée ne peut pas plus être admise qu'une demande tardive. Or : la demande est intempestive et prématurée lorsqu'elle est formée pour cause de suspicion légitime contre la Cour d'appel, alors que cette Cour n'a point encore été saisie de l'affaire et que même le tribunal de première instance ressortissant à cette Cour n'a pas encore rendu son jugement. — *Cass.*, 14 janv. 1829, Jeanne c. Guibin.

61. — Nous venons de voir quand la demande en renvoi doit être formée; voyons maintenant comment elle doit l'être. « Le renvoi, porte l'art. 370 du Code de procédure, sera proposé par acte au greffe, lequel contiendra les moyens, et sera

signé de la partie ou de son fondé de procuration spéciale et authentique. »

62. — L'art. 370 n'indique point le tribunal au greffe duquel la demande en renvoi doit être proposée. Mais il nous paraît résulter de l'ensemble du tit. 20, liv. 2, 1re partie du Code de procédure, que c'est au greffe du tribunal saisi de la contestation que cette demande doit être faite. — V. aussi, en ce sens, Carré, sur l'art. 370, n° 310.

63. — En disant que le renvoi sera *proposé par acte au greffe* l'art. 370 suppose, d'une part, le transport de la partie ou de son mandataire à ce greffe, et, de l'autre, la rédaction par le greffier de l'acte contenant la demande de renvoi. D'où il suit que cette demande ne doit pas être faite par requête déposée au greffe. — Carré et Chauveau, quest. 1349.

64. — A plus forte raison, la demande en renvoi, fondée, par exemple, sur ce que les juges ont un intérêt personnel dans la contestation, n'est-elle pas régulièrement formée lorsqu'elle a lieu par une simple requête énonciative du grief, mais non déposée au greffe. Il ne peut être suppléé aux formalités prescrites par l'art. 370. — *Cass.*, 17 déc. 1828, Cénac c. la ville de Lourdes. — Bioche et Goujet, v° *Renvoi* (demande en), n° 18.

65. — Il est vrai, cependant, que le Code de procédure civile ne prévoit que le cas de renvoi à un autre tribunal, pour cause de parenté ou d'alliance; mais ce n'est pas une raison pour restreindre les formes qu'il indique à la demande en renvoi fondée sur cette cause. L'arrêt de cassation précité a appliqué, avec raison, l'art. 370 au cas où la demande a pour motif l'intérêt personnel des juges. Cet article doit être également applicable, ce nous semble, lorsque la demande a lieu pour cause de suspicion légitime. Aussi n'admettons-nous pas, comme l'a fait la Cour de Rennes, par arrêt du 22 janvier 1833 (Vaugaron c. Domaine), que la forme de cette dernière demande soit celle de la demande en règlement de juges.

66. — Néanmoins, la marche indiquée par l'art. 370 du Code de procédure civile n'étant point prescrite à peine de nullité, on ne pourrait annuler une demande en renvoi, sur le motif qu'elle a été formée autrement que par acte au greffe. — *Nancy*, 18 mars 1839 (t. 1er 1844, p. 468), Massenat c. Varin-Bernier et Boulet-Leblanc.

67. — La demande en renvoi doit être jugée sommairement, sans qu'elle puisse être réservée ni jointe au principal. — C. procéd. civ., art. 172.

68. — Cependant, il a été décidé que cette formalité n'était point prescrite à peine de nullité. — *Toulouse*, 19 avr. 1844 (t. 2 1844, p. 208), Arpizou c. Séran.

69. — L'instruction et les formes à suivre en matière de renvoi sont réglées par les art. 371 et 372 du Code de procédure civile. Sur l'expédition de l'acte à fin de recevoir, présentée avec les pièces justificatives, il est rendu jugement qui ordonne : 1° La communication aux juges à raison desquels le renvoi est demandé, pour faire, dans un délai fixe, leur déclaration au bas de l'expédition du jugement; 2° la communication au ministère public; 3° le rapport, à jour indiqué, par l'un des juges nommé par ledit jugement. — Art. 371.

70. — L'acte de demande en renvoi ne doit pas être signifié par le demandeur à sa partie adverse. L'expédition de cet acte est remise par le greffier au président, qui le présente au tribunal, et le jugement préparatoire à fin d'instruction est rendu, sans qu'il soit besoin d'appeler à l'audience les parties de la cause ni de les entendre. — Carré et Chauveau, quest. 1352.

71. — Si, à raison du grand nombre de magistrats d'une Cour d'appel, de fonctionnaires et de citoyens d'une ville, intéressés dans une faillite, on peut craindre que les juges non intéressés ne conservent pas toute leur impartialité, on doit ordonner la communication aux magistrats qu'elle concerne de la demande en renvoi, pour cause de suspicion légitime, formée par l'un des créanciers de la faillite. — *Cass.*, 23 avr. 1829, Saint et Pourtalès c. Emonin et de Chancennes.

72. — Il ne nous semble pas que les juges dont la parenté ou l'alliance, par exemple, donne lieu à la demande en renvoi, puissent concourir au jugement préparatoire; car, ainsi que le fait remarquer Carré (quest. 1353), il ne serait pas conséquent qu'ils ordonnassent une communication à faire à eux-mêmes. — V., aussi en ce sens, Chauveau sur Carré, *loc. cit.*

73. — Le jugement qui ordonne la communication prescrite par l'art. 371 du Code de procédure civile, ne préjuge rien sur le fond de la demande en renvoi, même dans le cas où il porte que cette demande est admissible. La déclaration d'admissibilité ne peut s'entendre que de la forme de la présentation de cette demande et du temps auquel elle est formée, sans aucun rapport à sa discussion, qui ne peut avoir lieu qu'après la communication ordonnée. — *Montpellier*, 11 mars 1835, Boussairolle et autres c. Sillac-Lapierre.

74. — Après la prononciation du jugement préparatoire, la procédure doit être communiquée aux parties en cause. « L'expédition de l'acte à fin de renvoi, porte l'art. 372 du Code de procédure civile, les pièces y annexées, et le jugement mentionné en l'article précédent, seront signifiés aux parties. »

75. — Cette signification se fait par acte d'avoué à avoué; elle doit précéder la communication aux juges parens ou alliés. — Carré et Chauveau, quest. 1354.

76. — Si le renvoi avait été demandé pendant le cours d'une instance dans laquelle le défendeur n'aurait pas constitué avoué, la signification prescrite par l'art. 372 devrait néanmoins lui être faite (Chauveau sur Carré, quest. 1353 *bis*). — Mais alors la signification aurait lieu par exploit à personne ou domicile.

77. — Les formes prescrites pour l'instruction de la demande en renvoi par les art. 371 et 372 n'ont été introduites que pour constater les faits sur lesquels cette demande est fondée. Elles ne doivent pas nécessairement être observées lorsque ces faits sont constans et reconnus. — Ainsi, lorsque la parenté ou l'alliance sur laquelle une partie fonde sa demande en renvoi n'est pas contestée, et qu'il ne s'élève de difficulté que sur le point de savoir si cette alliance ou cette parenté est telle qu'elle puisse, d'après la loi, motiver le renvoi, le tribunal peut vider sur-le-champ cette question, sans observer préalablement les formes ci-dessus. — *Cass.*, 22 août 1822, Méreaux. — Carré, sur l'art. 371, note.

78. — Il n'est pas douteux que la demande en renvoi ne puisse être, de la part de la partie adverse, l'objet d'une contestation, et cette contestation doit être faite par le moyen d'une requête. — C'est ce qui résulte, d'ailleurs, de l'art. 75 du tarif, qui alloue un droit pour la requête contre la demande à fin de renvoi d'un tribunal à un autre, et pour la réponse. — V. aussi, en ce sens, Carré, quest. 1356, et sur l'art. 373, note; Chauveau, même quest.

79. — Lorsque les juges ont fourni leur réponse, ou que les délais, pour la faire, sont expirés, les pièces sont communiquées au ministère public et au rapporteur. — La communication comprend la requête par laquelle la demande en renvoi a été contestée, s'il y a eu contestation, et la réponse faite à cette requête. — Carré, sur l'art. 373, n° 311.

80. — Au jour d'audience fixé par le jugement préparatoire, le tribunal, après la lecture du rapport, entend les parties dans le développement de leurs moyens et les conclusions du ministère public. — On s'est demandé si, dans le cas où le tribunal n'aurait point les élémens de décision, il pourrait admettre la preuve testimoniale. — Carré (quest. 1357) dit qu'à défaut de texte précis du Code, il est porté à croire que la disposition de l'art. 389, relative aux récusations, qui autorise la preuve testimoniale, pourrait être appliquée ici par analogie. — Mais cette opinion est combattue par M. Chauveau, (*loc. cit.*) pour le cas où la demande en renvoi est fondée sur la parenté ou l'alliance. — On comprend, en effet, alors, que les actes de l'état civil soient le seul mode de preuve. — S'il s'agit, au contraire, de toute autre cause, par exemple de l'intérêt personnel des membres du tribunal ou de la Cour; on ne voit pas pourquoi l'art. 389 serait inapplicable, quand le législateur lui-même a formellement appliqué aux demandes en renvoi plusieurs des dispositions du titre des récusations. — Art. 377.

81. — Si la demande en renvoi est rejetée, le demandeur est condamné à une amende qui ne peut être moindre de 50 francs; sans préjudice des dommages-intérêts de la partie, s'il y a lieu. — C. proc. civ., art. 374.

82. — Les dispositions de cet article relativement à l'amende sont impératives; le tribunal doit toujours la prononcer. — Quant aux dommages-intérêts, il lui est facultatif, au contraire, lorsqu'ils sont demandés, de les accorder ou de les refuser. — Carré et Chauveau, quest. 1359.

83. — Lorsque le tribunal accueille la demande en renvoi, il doit, par son jugement, renvoyer les parties devant un tribunal égal en degré de juridiction. — « Le renvoi sera fait, porte l'art. 373 du Code de procédure civile, à l'un des tribunaux ressortissans à la même Cour d'appel; et si c'est devant une Cour d'appel, le renvoi sera fait à l'une des trois Cours les plus voisines. » — Ce renvoi a pour objet de faire statuer, non sur la demande en renvoi elle-même, mais sur le fond même de la cause de la contestation.

84. — Le tribunal ou la Cour d'appel, saisis d'une demande en renvoi pour cause de suspicion légitime, commettent un excès de pouvoir et violent la règle des deux degrés de juridiction, si, au lieu de se borner à apprécier la valeur des motifs mêmes de suspicion légitime, ils font dépendre l'admissibilité de la demande de l'appréciation soit du mérite de l'action au fond, soit de la qualité ou de la capacité des parties. — Ainsi, une telle demande formée par des créanciers d'une faillite agissant *ut singuli* pour faire rentrer dans la masse des valeurs qu'ils prétendent en avoir été détournées ne peut être déclarée non recevable pour défaut de qualité de ceux qui la forment; en ce que cette action intéressant la masse, il ne pouvait être statué sur le renvoi avant la nomination des syndics. — *Cass.*, 22 déc. 1840 (t. 1er 1841, p. 330), Charnal c. Dumolin.

85. — Lorsque la Cour de cassation statue sur une demande en renvoi pour cause de suspicion légitime, elle peut attribuer au tribunal auquel elle renvoie la contestation, non-seulement la connaissance de la demande existante, mais même la connaissance de toutes les demandes ultérieurement formées et qui seraient connexes. — *Cass.*, 24 sept. 1824, de Preigne c. Martin.

86. — Le renvoi doit être fait non-seulement devant un tribunal égal en degré de juridiction, mais aussi devant un tribunal de la même nature que celui qui a été primitivement saisi. Ainsi, lorsqu'il y a impossibilité de faire juger une affaire par un tribunal de commerce; ce n'est pas devant le tribunal civil du même arrondissement que l'affaire doit être renvoyée, mais bien devant un autre tribunal de commerce du ressort de la même Cour d'appel. — *Rouen*, 23 mai 1844 (t. 2 1844, p. 552), Rousseau c. Collos.

87. — Le jugement qui statue sur la demande en renvoi, soit qu'il l'accueille, soit qu'il la rejette, est signifié par la partie la plus diligente à l'autre partie. Mais il est à remarquer que la loi ne fixe aucun délai pour la signification de ce jugement. On ne peut, par conséquent, appliquer, en cette matière, l'ordonnance du mois d'août 1737, qui détermine certains délais pour la signification des arrêts rendus en matière de règlement de juges. — *Toulouse*, 28 janv. 1835, Salin c. de Preigne.

88. — La forme dans laquelle doit se faire la signification varie suivant que le renvoi est rejeté ou prononcé. — Dans le premier cas, le jugement peut être simplement signifié d'avoué à avoué avec sommation de continuer devant les mêmes juges la procédure commencée. — Carré, sur l'art. 375, n° 312.

89. — Dans le second cas, la signification doit être faite à personne ou domicile réel, avec simple assignation, c'est-à-dire avec assignation non libellée, à comparaître devant le tribunal ou la Cour désignés pour connaître de la demande principale. — C. proc. civ., art. 375. — Carré, *loc. cit.*, et quest. 1360; Chauveau, même quest.; Bonnier, n° 1216.

90. — Par cette signification, la partie à laquelle elle est faite est mise en demeure d'acquiescer au jugement de renvoi, et de s'y conformer, ou d'interjeter appel de ce jugement.

91. — Tout jugement par lequel un tribunal de première instance statue sur une demande en renvoi est, en effet, susceptible d'appel, quand même l'objet du procès au fond pourrait être jugé en dernier ressort. — L'art. 391 du Code de procédure civile, qui le décide ainsi pour les jugemens sur récusation, est applicable aux jugemens de renvoi. — Carré, sur l'art. 376, n° 313; Chauveau sur Carré, quest. 1360 *ter*. — V. DEGRÉS DE JURIDICTION, n° 417.

92. — La faculté d'interjeter appel du jugement relatif au renvoi appartient aux parties indistinctement. — Quant aux juges du chef desquels le renvoi est ordonné, ils ne peuvent appeler du jugement qu'autant qu'ils se sont constitués parties civiles sur la demande en renvoi. — Chauveau sur Carré, quest. 1360 *quater*, et quest. 1409; Bonnier, t. 2, n° 1217.

93. — L'appel doit évidemment être porté devant la Cour à laquelle ressortit le tribunal de première instance qui a rendu le jugement attaqué. — Carré et Chauveau, quest. 1361.

94. — La forme dans laquelle cet appel doit être interjeté et jugé est la même que celle qui est tracée par les art. 392 et suivans du Code de procédure civile pour l'appel des jugemens ren-

dus en matière de récusation. — C. proc. civ., art. 377. — V. RÉCUSATION, nos 217 et suiv.

95.—Ainsi : l'appel doit être fait dans les cinq jours du jugement, conformément à l'art. 392 C. proc. civ. Toutefois : la peine de nullité n'est point attachée à l'observation de ce délai, d'où il suit que l'appel pourra encore être valablement interjeté ultérieurement. — *Bordeaux*, 8 juin 1809, Rigonneau et Bertrand c. Rochette.

96. — Dans l'art. 376 C. proc. civ., le législateur a attribué formellement, et d'une manière absolue, à l'appel du jugement de renvoi un effet suspensif. Ainsi, le tribunal ne peut ordonner l'exécution provisoire de son jugement. — Carré sur l'art. 376, n° 313; Bonnier, t. 2, n° 1217.

97. — Quant à l'arrêt qui statue sur l'appel du jugement de renvoi, il peut, comme tout autre arrêt, donner lieu à un pourvoi en cassation. Mais ce pourvoi ne peut produire le même effet que l'appel. L'art. 376 doit être entendu d'une manière spéciale et restreinte. Le pourvoi en cassation ne s'oppose donc pas à ce que l'arrêt soit immédiatement exécuté. — Carré et Chauveau, quest. 1362.

98. — Lorsqu'une demande en renvoi pour cause de suspicion légitime est formée devant la Cour de cassation, en matière civile, cette demande n'a pas non plus d'effet suspensif, et n'oblige point le tribunal saisi de surseoir au jugement de la cause, tant qu'il ne lui est pas justifié d'un arrêt de la Cour de cassation ordonnant le *soit-communiqué*. — *Bastia*, 23 déc. 1837 (t. 1er 1838, p. 497), Patrimenio c. préfet de la Corse; *Cass.*, 21 févr. 1838 (t. 1er 1838, p. 496), Curmer c. Riquier.

99. — Une Cour d'appel n'est donc pas, à plus forte raison, obligée de surseoir à statuer sur un procès dont elle est saisie, par cela seul que l'une des parties lui annonce être dans l'intention de se pourvoir en cassation, à fin de renvoi pour cause de suspicion légitime. — *Cass.*, 19 déc. 1831, Liétot c. Bunel.

100. — Soit qu'il n'y ait pas eu appel, soit que, sur l'appel, le jugement de renvoi ait été confirmé, le tribunal désigné est saisi, comme nous l'avons vu, par une simple assignation. Sur cette assignation la procédure est, non pas commencée ou recommencée, mais continuée suivant ses derniers erremens (C. proc. civ., art. 375), l'effet du renvoi étant de faire porter la cause dans l'état où elle se comporte, devant le tribunal désigné. — V. DÉCLINATOIRE, n° 7.

§ 2. — *Matière criminelle, correctionnelle et de police.*

101. — En matière criminelle, correctionnelle et de police, la Cour de cassation peut, sur la réquisition du procureur général près cette Cour, renvoyer la connaissance d'une affaire, d'une Cour d'appel ou d'assises à une autre, d'un tribunal correctionnel ou de police à un autre tribunal de même qualité, d'un juge d'instruction à un autre juge d'instruction, pour cause de sûreté publique ou de suspicion légitime. — C. instr. crim., art. 542.

102. — La loi s'est bornée à indiquer comme une cause de renvoi, la sûreté publique. Mais elle n'a point déterminé les circonstances qui peuvent compromettre la sûreté publique. C'est que, en effet, ces circonstances ne sont pas de nature à être définies d'une manière précise. Le gouvernement les indique, et la Cour de cassation les apprécie. — Legraverend, *Législ. crim.*, t. 2, p. 434 et suiv.

103. — Un arrêt de la Cour de cassation du 19 fruct. an XII (V. à cette date, Courlande c. Villefranche) semble avoir posé un principe plus absolu. Cet arrêt a décidé, en effet, que ce n'était pas une faculté, mais une obligation pour la Cour de cassation de prononcer le renvoi devant un autre tribunal, pour cause de sûreté publique, toutes les fois qu'il était demandé par un agent du gouvernement.

104. — Mais, évidemment, un principe aussi absolu ne peut aujourd'hui recevoir son application. Il serait contraire à la dignité et à l'indépendance que doit toujours conserver la Cour de cassation pour la bonne administration de la justice. Sans doute la Cour de cassation ne peut exiger du gouvernement un compte minutieux des motifs qui déterminent sa demande. Mais si elle a de fortes et légitimes raisons pour la rejeter, elle peut le faire, sans encourir aucune responsabilité. — V., en ce sens, Legraverend, *loc. cit.*; Morin, *Dictionnaire de droit criminel*, v° *Renvoi d'un tribunal à un autre*, p. 698, 1re col.

105. — Il a été jugé que le renvoi devant d'autres juges pouvait être prononcé en matière criminelle (dans les établissemens de l'Inde), pour cause de sûreté publique, lorsqu'il y avait lieu de craindre que les débats de l'affaire devant le tribunal du lieu même où les crimes et délits avaient été commis ne devinssent l'occasion de désordres. — *Cass.*, 16 janv. 1846 (t. 2 1849, p. 85), Piramassamypareili.

106. — La loi n'a pas plus défini ce qu'il fallait entendre par *suspicion légitime* que par sûreté publique. Il s'ensuit que c'est à la Cour de cassation qu'il appartient de donner elle-même par ses arrêts l'interprétation des mots *suspicion légitime*. Toutefois, les conséquences des mêmes faits variant nécessairement selon les temps, les lieux et les personnes, on doit chercher dans la jurisprudence des exemples plutôt que des principes. — Carnot, *Commentaire sur le Code d'instruction criminelle*, sur l'art. 542, n° 6.

107. — Les demandes en renvoi pour cause de suspicion légitime doivent reposer sur des faits positifs, sur des circonstances déterminées. Elles doivent être rejetées, lorsqu'elles ne sont fondées que sur une allégation vague de haine et d'inimitié personnelle, ou lorsqu'elles ne s'appuient que sur le motif général de *suspicion légitime*. — Mêmes arrêts. — V. aussi *Paris*, 30 août 1810, Fontan c. N....

108.—Ainsi, ne pourrait être admise la demande en renvoi pour cause de suspicion légitime, fondée uniquement sur la précipitation que le tribunal ou la Cour, saisis de l'affaire, auraient apportée dans l'examen des faits imputés, alors qu'aucune allégation précise ne tend à faire supposer que cette précipitation ait nui à la complète instruction de l'affaire. —V. d'ailleurs *infrà* n° 117.

109. — Lorsqu'une affaire a eu, par sa nature, un grand éclat dans le pays, que de fortes préventions s'y sont manifestées contre le prévenu ou l'accusé, et que de nombreux intérêts se sont élevés en sa faveur, ces différentes circonstances peuvent être considérées comme constituant une cause de suspicion légitime suffisante pour autoriser le renvoi devant un autre tribunal, devant une autre Cour d'assises. — *Cass.*, 6 août 1824, de Belchamp.

110. — Jugé également qu'il y a lieu à renvoi pour cause de suspicion légitime, d'une Cour à une autre, lorsque, dans le lieu où elle siége, il y a un grand nombre de familles intéressées dans l'affaire, qu'un grand nombre de membres de cette Cour et du tribunal de première instance y sont également intéressés, soit personnellement, soit à cause de leurs parens ou alliés, et qu'enfin l'opinion publique a été vivement excitée contre les accusés par une série d'articles de journaux. — *Cass.*, 20 sept. 1834, Thuret c. Demiannay.

111. — La circonstance que les juges de police correctionnelle sont appelés, par le renvoi des chambres des mises en accusation, à juger des affaires sur lesquelles ils ont déjà statué en chambre du conseil, ne rentre pas nécessairement dans le cas de suspicion légitime prévu par l'art. 542 C. instr. crim. — *Cass.*, 17 déc. 1824 (motifs), Dansault. — Si cependant, à raison de cette circonstance, le tribunal se déportait, il y aurait lieu à règlement des juges. — V. ce mot.

112. — Mais il y a suspicion légitime si les membres d'un tribunal de première instance appelés à former la Cour d'assises se sont tous ou en partie prononcés sur le caractère des faits imputés à l'accusé, en concourant à une ordonnance de la chambre du conseil infirmée, qui ne les avait qualifiés que de simples délits correctionnels, cette circonstance donnant lieu de craindre qu'ils n'aient pas la liberté et l'indépendance d'opinion nécessaires dans l'administration de la justice. — *Cass.*, 6 août 1824, de Belchamp.

113. — La partie qui a injurié tous les membres d'un tribunal, ne peut, en se fondant sur cette circonstance, demander le renvoi devant un autre tribunal, pour cause de suspicion légitime, comme si elle avait été elle-même injuriée par eux. — *Cass.*, 23 août 1810, Spampani. — Merlin, *Quest.*, v° *Suspicion légitime*, § 2; Carnot, sur l'art. 556 C. instr. crim., t. 3, p. 671, n° 11.

114. — Les tribunaux ne peuvent, en principe, être dessaisis, pour cause de suspicion légitime, de la connaissance des outrages ou des injures qui peuvent être exercés ou proférés, soit contre eux collectivement, soit contre quelqu'un des membres qui les composent, dans l'exercice ou à l'occasion de leurs fonctions. En leur remettant le soin de venger l'injure faite à la société, en leurs personnes, le législateur a prouvé qu'il les réputait impassibles comme la loi dont ils sont les organes, et également étrangers aux inspirations d'un ressentiment condamnable ou d'une fausse générosité. — *Cass.*, 17 déc. 1824, Roques. — V. DÉLIT D'AUDIENCE, n° 69.

115. — Ce principe devrait cependant fléchir, si la demande en renvoi était basée sur des faits particuliers, assez graves pour établir la suspicion. L'affaire rentrerait alors dans le droit commun. Il n'y a aucune raison qui puisse l'en excepter.

116. — La circonstance que des juges d'un tribunal correctionnel ont, dans une succession, des intérêts opposés à ceux des prévenus n'est pas une cause suffisante de suspicion, pour autoriser le renvoi devant un autre tribunal. — *Cass.*, 17 avr. 1824, Barat.

117. — Lorqu'une Cour n'a pas apporté à l'instruction d'une affaire dont elle est saisie tout le soin nécessaire pour parvenir à une connaissance exacte de cette affaire, elle a, par cette négligence, nuisible à l'ordre public, élevé contre elle une suspicion légitime, qui, d'après l'art. 65 const. 22 frim. an VIII, suffit pour motiver le renvoi d'un tribunal à un autre. — *Cass.*, 3 janv. 1811, Poncelet. — Merlin, *Rép.*, v° *Non bis in idem*, n° 12.

118. — Jugé aussi que l'incurie de l'officier du ministère public, dans une poursuite, est une cause de suspicion légitime qui autorise le renvoi de l'affaire à un autre tribunal. — *Cass.*, 29 mars 1811, H... — Merlin, *Rép.*, v° *Non bis in idem*, n° 9.

119. — ... Qu'il y a lieu à renvoi pour cause de suspicion légitime, dans le cas où un individu, dont la plainte a provoqué la censure de deux juges et la destitution du chef du parquet et du greffier d'un tribunal, est poursuivi, à la requête du ministère public, devant ce même tribunal, pour avoir publié un écrit contenant des diffamations et des injures, tant contre les membres qui le composent que contre la Cour d'appel dans le ressort de laquelle il est situé. — *Cass.*, 4 janv. 1828, de Preigne. — Merlin, *Rép.*, v° *Demande en renvoi*, et *Quest.*, v° *Suspicion légitime*; Favard de Langlade, *Rép.*, v° *Demande en renvoi*, § 1er, n° 9; Bioche et Goujet, n° 52.

120. — ... Que, lorsqu'un juge d'instruction chargé d'informer sur un crime de faux, a déclaré que, dans sa conviction, l'accusé en est entièrement innocent, lorsqu'il a mis de la lenteur dans l'instruction, a refusé d'ordonner l'arrestation de l'inculpé, malgré de graves présomptions de culpabilité, et a cherché une preuve négative avant l'information directe, tous ces faits peuvent être considérés comme constituant une cause de suspicion légitime qui autorise le renvoi devant un autre juge d'instruction. — *Cass.*, 4 avr. 1829, Silvain-Robert.

121. — ... Qu'il y a cause suffisante de suspicion légitime autorisant le renvoi devant une autre Cour d'assises, lorsque, d'accord avec le procureur général, le président d'une Cour d'assises a, illégalement et sans motif raisonnable, fait extraire l'accusé de la maison de justice, pour être transféré dans un autre lieu, où il prétendait avoir des recherches à faire. — *Cass.*, 21 mai 1813, Mariette.

122. — ... Ou lorsqu'un tribunal de police correctionnelle qui a déjà connu d'une affaire comme juge de première instance, mais dont le jugement a été annulé pour incompétence, est de nouveau saisi de la même affaire par voie d'appel du jugement de simple police. — *Cass.*, 25 mai 1832, Pierre et Prault.

123. — Le renvoi d'une affaire à la session prochaine prononcé par la Cour d'assises, sous le prétexte que les jurés se sont trompés sur les circonstances aggravantes, est également une cause de suspicion légitime suffisante pour autoriser le renvoi à une autre Cour d'assises. — *Cass.*, 29 nov. 1811, Vansomment.

124. — La suspicion légitime, dont parle l'art. 542 du Code d'instruction criminelle, peut résulter aussi de ce que, sur trois juges, dont se compose un tribunal de police correctionnelle, deux sont parens ou alliés du prévenu et le troisième a eu un procès avec lui. — *Cass.*, 4 juin 1824, Lavarde.

125. — L'interruption du cours de la justice résultant de la récusation et de l'abstention des juges, de l'impossibilité où se trouve par suite le tribunal ou la Cour de se compléter, autorise également le renvoi devant un autre tribunal ou une autre Cour pour cause de suspicion légitime. — *Cass.*, 12 août 1825, Raulès; 4 juill. 1828, Petit-Jean; 28 janv. 1832, Julien de Villeneuve c. Roselli-Mollet; 17 sept. 1834, Laurent; 28 nov. 1839 (t. 2 1843, p. 747), Vigné et Paris; 14 mai 1847 (t. 2 1849, p. 262), Barre c. Groc.

126. — Il y a lieu également à renvoi pour cause de suspicion légitime, lorsque quelques-uns des juges suppléans, avocats et avoués, attachés à un tribunal, étant impliqués dans une poursuite criminelle, plusieurs des juges de ce tribunal se sont abstenus, et qu'il y a eu, par suite, impossibilité de constituer la chambre du conseil. — *Cass.*, 22 avr. 1841 (t. 2 1843, p. 723), Périgault.

127. — Spécialement, l'impossibilité, dans un tribunal correctionnel, de se compléter au nombre de juges suffisant, pour statuer sur la récusation et la demande d'abstention proposées par le juge d'instruction, constituerait une véritable cause de suspicion légitime. — *Cass.*, 30 mai 1828, Guébin ; 5 sept. 1828, Chertier-Postel.

128. — Jugé aussi que, lorsque, par suite d'abstentions successives, un tribunal de simple police n'a pu se constituer, il y a lieu de renvoyer devant un autre tribunal de simple police pour cause de suspicion légitime. — *Cass.*, 2 oct. 1828, Poulat ; 24 nov. 1842 (t. 2 1843, p. 747), Lahéraud.

129. — Demander qu'une affaire soit, pour cause de suspicion légitime, renvoyée à un autre tribunal que celui qui s'en trouve saisi, c'est évidemment la même chose que de récuser le tribunal entier devant lequel cette affaire est pendante. Or, incompétent pour statuer sur une récusation proposée contre tous ses membres en masse, un tribunal ne peut pas plus prononcer sur la demande en renvoi pour cause de suspicion légitime, dont il est l'objet. — *Cass.*, 9 oct. 1808, Allard la Resnière.

130. — La Cour de cassation est seule compétente pour prononcer sur une demande de cette nature, aux termes de l'art. 65 const. 22 frim. an VIII, qui est jusqu'à présent demeuré en vigueur. — Même arrêt. — V. aussi *Cass.*, 6 déc. 1808, Lerat c. Boujol ; *Paris*, 4 déc. 1813 (motifs), Selves.

131. — Jugé aussi que c'est à la Cour de cassation qu'il appartient de fixer le tribunal qui doit connaître d'une affaire correctionnelle, au cas d'abstention de tous les membres du tribunal auquel elle était naturellement dévolue. — *Cass.*, 18 janv. 1811, Carrouge ; 7 août 1812, Lami ; 1er juill. 1813, Maraval ; 12 août 1813, Torcy c. Richard. — Merlin, *Rép.*, v° *Récusation de juges*, n° 4.

132. — Le renvoi d'un siége à un autre, dans les colonies, ne peut être également prononcé que par la Cour de cassation ; et c'est à tort que le tribunal saisi de la poursuite se déclare incompétent, sous prétexte de litispendance, à raison des informations suivies dans le ressort d'un autre tribunal, cette litispendance (à supposer qu'il s'agisse là d'une litispendance) ne pouvant donner lieu qu'à un réglement de juges et non à une déclaration d'incompétence. — *Cass.*, 31 janv. 1845 (t. 1er 1845, p. 599), Bellet.

133. — Mais les demandes en renvoi d'une Cour à une autre, pour cause de suspicion légitime, ne peuvent point, en matière de discipline judiciaire, être soumises à la Cour de cassation. — *Cass.*, 17 juill. 1823, Pothier.

134. — L'art. 542 du Code d'instruction criminelle attribue également compétence à la Cour de cassation pour statuer sur la demande en renvoi d'un juge d'instruction à un autre juge d'instruction, pour cause de suspicion légitime. A cette demande doit être assimilée la récusation proposée contre un juge d'instruction. Il s'agit là, en effet, d'une instance introduite dans le but de faire ôter à ce juge l'instruction du procès, et de dépouiller une juridiction saisie par la volonté de la loi. C'est par conséquent encore devant la Cour de cassation que doit être portée la demande en récusation. — *Cass.*, 19 mai 1827, Delvincourt-Servan ; 11 août 1827, Demolon ; 9 févr. 1828, Fabry. — V., au surplus, RÉCUSATION, n° 282.

135. — Le droit de demander le renvoi d'un tribunal à un autre, en matière criminelle, correctionnelle et de police, appartient aux officiers chargés du ministère public et aux parties intéressées. Mais, tandis que les membres du ministère public peuvent demander le renvoi, pour cause de sûreté publique ou de suspicion légitime, les parties intéressées ne peuvent le demander que pour cause de suspicion légitime. — C. instr. crim., art. 542.

136. — Dans les colonies où il y a un procureur général, le droit de requérir le renvoi n'appartient qu'à ce magistrat. Dans les colonies où il n'y a pas de procureur général, ce droit doit être exercé par le procureur de la République, qui se trouve alors investi de la plénitude des pouvoirs qui appartiennent aux procureurs généraux dans les autres colonies. Il ne pourrait l'être ni par le gouverneur, à qui la loi n'accorde

que le droit de réquisition, ni par le chef du service judiciaire, à qui cette qualité ne donne que des fonctions administratives. — *Cass.*, 31 janv. 1845 (t. 1er 1845, p. 599), Bellet.

137. — Les officiers chargés du ministère public peuvent se pourvoir immédiatement devant la Cour de cassation, pour demander le renvoi pour cause de suspicion légitime ; mais, lorsqu'il s'agit d'une demande en renvoi, pour cause de sûreté publique, ils sont tenus d'adresser leurs réclamations, leurs motifs et les pièces à l'appui, au ministre de la justice, qui les transmet, s'il y a lieu, à la Cour de cassation. — C. instr. crim., art. 544.

138. — Il résulte de la disposition précitée que c'est toujours le ministre de la justice qui est le juge de l'opportunité d'une demande en renvoi pour cause de sûreté publique. Il peut même charger directement le procureur général près la Cour de cassation de requérir le renvoi, sans que cette mesure soit sollicitée par le ministère public près le tribunal qui se trouve saisi de l'affaire. — Arg. art. 542 C. instr. crim. — Legraverend, *Législ. crim.*, t. 2, p. 434 et suiv.

139. — Quant aux mots *partie intéressée* employés dans l'art. 542 précité, ils ne s'appliquent qu'au prévenu, à l'accusé ou à la partie civile. C'est ce qui résulte indubitablement de la combinaison de cet article avec l'article 546 du même Code.

140. — Le plaignant ou dénonciateur qui ne s'est pas constitué partie civile n'a pas cette qualité, et dès lors est non recevable à demander le renvoi devant un autre tribunal pour cause de suspicion légitime. — *Cass.*, 10 juin 1819, Joly. — Carnot, sur l'art. 542 C. instr. crim., t. 3, p. 468, n° 2.

141. — L'individu condamné par contumace, qui ne justifie pas de sa mise en état, est également non recevable à former une demande en renvoi pour cause de suspicion légitime. — *Cass.*, 24 déc. 1813, Panais.

142. — L'art. 543 du Code d'instruction criminelle établit une fin de non-recevoir contre la demande en renvoi. « La partie intéressée, porte cet article, qui aura procédé volontairement devant une cour, un tribunal ou un juge d'instruction, ne sera reçue à demander le renvoi qu'à raison des circonstances survenues depuis, lorsqu'elles seront de nature à faire naître une suspicion légitime. »

143. — Mais de ce que quelques-uns des prévenus ont produit des mémoires justificatifs, devant la chambre des mises en accusation d'une Cour d'appel, et ont formé une demande en disjonction, il ne peut résulter, contre les autres, une fin de non-recevoir qui interdise à la Cour de cassation l'examen de tous les faits de la cause qui seraient de nature à faire admettre la demande en renvoi pour cause de suspicion légitime. — *Cass.*, 20 sept. 1834, Thuret c. Demiannay.

144. — Le prévenu qui a été traduit devant un juge en vertu d'un mandat d'amener, de dépôt ou d'arrêt, et qui, après un interrogatoire subi par suite de ce mandat, forme sa demande en renvoi, ne peut être considéré comme ayant *procédé volontairement*, et, par conséquent, la demande n'est pas irrecevable. — Legraverend, *Législ. crim.*, t. 2, p. 436.

145. — Il en serait autrement si le prévenu n'avait formé sa demande en renvoi, et pour des circonstances préexistantes, qu'après avoir comparu sur la citation qui lui aurait été donnée, au jour indiqué par cette citation. — Legraverend, *ibid.*

146. — Mais le prévenu qui, n'ayant point comparu sur la citation, aurait été condamné par défaut, serait recevable à former, postérieurement au jugement, une demande en renvoi pour cause de suspicion légitime, par la raison qu'il n'y a pas eu, de sa part, acte de procédure volontaire. Toutefois, la demande en renvoi devrait être formée avant ou en même temps que l'opposition au jugement par défaut. — Legraverend, *ibid.*

147. — Le prévenu ou l'accusé qui a procédé volontairement ne peut plus demander le renvoi qu'à raison des circonstances survenues depuis. — C. instr. crim., art. 543. — Mais il ne pourrait joindre à ces circonstances nouvelles les circonstances antérieures, qu'autant que ces dernières auraient avec les premières un rapport nécessaire. Si les nouvelles circonstances étaient absolument étrangères aux précédentes, la Cour de cassation ne pourrait s'en servir pour prononcer le renvoi. — Morin, v° *Renvoi d'un tribunal à un autre*, p. 699, 1re col.

148. — Le rejet d'une demande en récusation légale n'élève pas non plus une fin de non-recevoir contre une demande en renvoi pour cause de suspicion légitime. — *Cass.*, 9 févr. 1828, Fabry.

149. — Lorsque la demande en renvoi a pour cause la sûreté publique, la Cour de cassation n'en peut être saisie que par un réquisitoire de son procureur général, provoqué par le gouvernement (V. *suprà*, n° 193). Dans le cas de demande pour suspicion légitime, elle peut être également saisie par un réquisitoire de son procureur général (C. instr. crim., art. 542) ; mais elle peut l'être aussi par un pourvoi direct et immédiat des officiers du ministère public près le tribunal qu'il s'agit de dessaisir (V. *suprà*, n° 135), ou par une requête à elle adressée par les parties intéressées.

150. — Toute demande en renvoi doit être instruite et jugée sommairement et sur simples mémoires. — C. instr. crim., art. 525 et 551.

151. — Lorsque la demande en renvoi est formée par l'officier chargé du ministère public, la Cour de cassation, section criminelle, peut, sur le vu de la requête et des pièces, ou statuer définitivement, sauf l'opposition, ou ordonner que la communication sera faite aux parties et prononcer telle autre disposition préparatoire qu'elle jugera nécessaire. — C. instr. crim., art. 545 et 547.

152. — Lorsque le renvoi est demandé par le prévenu, l'accusé ou la partie civile, et que la Cour de cassation ne juge à propos ni d'accueillir ni de rejeter cette demande sur-le-champ, l'arrêt en ordonne la communication à l'officier chargé du ministère public près la Cour, le tribunal ou le juge d'instruction saisi de la connaissance du délit, et enjoint à cet officier de transmettre les pièces avec son avis motivé sur la demande en renvoi ; l'arrêt ordonne, de plus, s'il y a lieu, que la communication soit faite à l'autre partie. — C. instr. crim., art. 546.

153. — La demande en renvoi pour cause de suspicion légitime n'est point suspensive de sa nature. Ainsi, une Cour d'assises peut ordonner, sans avoir égard à une demande en sursis fondée sur ce qu'il a demandé le renvoi pour cause de suspicion légitime devant une autre Cour, qu'il sera procédé immédiatement aux débats. — *Cass.*, 5 mai 1827, Farenc.

154. — La Cour d'assises n'est tenue de surseoir au jugement du procès qu'autant que l'arrêt de *soit-communiqué* rendu par la Cour de cassation, a été notifié au procureur général près la Cour d'assises. C'est ce qui résulte de l'art. 531 du Code d'instruction criminelle *sur les règlements de juges*, article dont les dispositions ont été déclarées communes aux demandes en renvoi par l'art. 551 du même Code. — *Cass.*, 10 févr. 1832, Robert.

155. — Dans les colonies, au contraire, la demande en renvoi a un effet suspensif. Ainsi, d'après l'art. 15 de la loi du 4 mars 1831, lorsqu'il est formé une demande en renvoi, la poursuite doit rester suspendue jusqu'à la notification de l'arrêt de la Cour de cassation. Mais le tribunal ne doit s'arrêter, surseoir, que devant une demande déjà formée ; il ne peut prendre l'initiative en cette matière. — *Cass.*, 31 janv. 1845 (t. 1er 1845, p. 599), Bellet.

156. — L'arrêt d'une Cour d'assises qui, nonobstant l'allégation d'une demande en renvoi pour cause de suspicion légitime, ordonne qu'il sera passé outre au jugement du fond, ne peut être considéré comme rendu sur la compétence. C'est un arrêt préparatoire ou d'instruction contre lequel le recours en cassation n'est ouvert qu'après l'arrêt définitif. — En conséquence, le pourvoi en cassation formé isolément contre cet arrêt ne peut obliger la Cour d'assises à surseoir. — Même arrêt.

157. — Jugé, en matière correctionnelle, que la demande en renvoi pour cause de suspicion légitime que forme un prévenu, ne place pas les juges dans la nécessité de surseoir au jugement de la cause, s'il n'est justifié devant eux d'un arrêt de la Cour de cassation ordonnant le sursis. — *Cass.*, 3 août 1838 (t. 2 1846, p. 113), Lemeneur.

158. — Aux termes de l'art. 548 du Code d'instruction criminelle, tout arrêt qui, sur le vu de la requête et des pièces, statue définitivement sur une demande en renvoi, doit être, à la diligence du procureur général près la Cour de cassation et par l'intermédiaire du ministre de la justice, notifié soit à l'officier chargé du ministère public près la Cour, le tribunal ou le juge d'instruction dessaisi, soit à la partie civile, au prévenu ou à l'accusé en personne, ou au domicile élu. — C. instr. crim., art. 548.

159. — Le ministère public, le prévenu, l'accusé ou la partie civile, peuvent former oppos-

tion à cet arrêt. Mais pour être recevable, cette opposition doit être faite dans le délai de trois jours, et dans les formes prescrites pour le recours en cassation par le chapitre 2 du tit. 3 du liv. 2 du Code d'instruction criminelle. — C. instr. crim., art. 549 et 533.

162. — Nous avons dit précédemment que la demande en renvoi n'était pas suspensive. Il est évident cependant que, pour la former, la partie elle-même par laquelle aurait été introduite la demande en renvoi à l'arrêt de la Cour de cassation, qui rejetterait cette demande, ne pourrait avoir, par elle-même, un effet différent. — Cass., 5 mai 1827, Farenc.

163. — Aux termes de l'art. 550 C. instr. crim., l'opposition à l'arrêt qui statue sur une demande en renvoi n'emporte de plein droit aucun jugement du procès que quand elle est reçue.

164. — Mais la généralité des termes de cet article nous conduit à penser qu'il n'y a pas lieu, pour son application, de distinguer entre le cas où la demande en renvoi a été introduite par le prévenu ou l'accusé et celui où elle l'a été par le ministère public. La loi attache d'une manière absolue aux effets suspensif à la réception de l'opposition. — V. cependant Cass., 5 mai 1827, Farenc.

165. — Il nous semble néanmoins qu'il devrait y avoir lieu de sursoir au jugement du prévenu ou de l'accusé dans le cas où la demande en renvoi aurait été formée par lui, l'autorité dont par le ministère public, et que le prévenu ou l'accusé aurait été traduit, sur la demande de ce magistrat, devant le tribunal correctionnel ou la Cour d'assises indiqués par l'arrêt de renvoi, sans qu'il eût légalement constaté qu'il eût réellement formé opposition à l'arrêt de renvoi, car cet arrêt n'a été rendu sans que le prévenu ou l'accusé ait été entendu; et il est possible que son opposition soit admise. — M. Carnot (t. 3, p.469, n° 5) paraît pencher pour cette opinion, en faveur de laquelle on peut d'ailleurs invoquer les termes de l'art. 534 du C. instr. crim., que l'art. 551 du même Code déclare applicable en matière de renvoi.

166. — L'arrêt qui rejette une demande en renvoi n'exclut pas une nouvelle demande en renvoi fondée sur des faits survenus depuis. — C. instr. crim., art. 552.

167. — Cependant, le tribunal auquel une affaire est renvoyée, pour cause de suspicion légitime d'un autre tribunal, peut, monstrant ce renvoi, se déclarer incompétent à raison de la qualité des prévenus. — Cass., 5 mai 1832, Evrard.

168. — Quand, pour cause de suspicion légitime, une affaire est renvoyée à d'autres juges que ceux qui devaient en connaître, s'il arrive que ceux-ci aient jugé avant d'avoir eu connaissance de l'arrêt de renvoi, leur jugement est nul; et l'arrêt de renvoi, non doit pas moins recevoir son exécution, et ce qui a été jugé par eux... — Cass., 18 déc. 1812, Duhamel.

169. — La demande en renvoi pour cause de suspicion légitime n'est point par elle-même un titre injurieux; c'est, l'emploi d'un moyen légal. Mais si cette demande contenait des énonciations injurieuses pour les magistrats saisis du renvoi, la Cour de cassation, soit qu'elle rejette la demande, soit qu'elle ordonne le renvoi, a le droit de les réprimer, et ce droit n'appartient à elle seule qu'à raison de l'acte de demande dont il est connu du tribunal soupçonné, ... ces énonciations ne pourraient former l'objet d'une action ultérieure, de la part du ministère public siégeant près ce tribunal, dans le cas où la Cour de cassation ne les aurait point réprimées. — Grenoble, 3 janv. 1827, B....

REPAQUAGE.

1. — Opération qui consiste à achever, au lieu de débarquement, la salaison des morues qui ne l'ont été que provisoirement au lieu de la pêche... Les morues exhibées un ou deux repaquage servant à qu'elles doivent être consommées dans un certain... ou exposées au dehors.

2. — L'art. 10 de l'ordonnance du 30 octobre 1816 porte qu'il pourra être accordé en exemption du droit du sel neuf pour le repaquage de la morue, mais seulement sur l'exhibition d'un certificat de la police municipale attestant qu'elle peut être livrée à la consommation sans danger pour la santé publique. — L'emploi de ce sel neuf a lieu en présence des préposés qui le constatent:

3. — Jugé que l'ordonnance du 30 octobre 1816, qui donne à l'administration des douanes le droit de vérifier l'emploi du sel accordé en franchise aux saleurs pour le repaquage des morues, ne l'autorise point à refuser le sel qui lui est demandé, quand le saleur se soumet aux vérifications ordonnées. — Cass., 28 févr. 1844 (t. 1er 1844, p. 742), Douanes c. Collet-Taverne.

4. — En conséquence : l'administration fondée à refuser le sel demandé par un saleur qui s'oppose à l'entrée des employés dans son atelier, ne peut motiver sur ce refus la clôture du compte du saleur et décider qu'il ne lui sera accordé du sel que pour les opérations dont il justifiera l'avenir. — Même arrêt.

5. — Les préposés des douanes ont le droit de rounner les tonnes de morue après l'opération du repaquage. — Cass., 12 févr. 1845 (t. 1er 1845, p. 205), Beck c. Douanes.

RÉPARATION.

V. ABSENCE, ASSURANCE, BAIL, COMMUNAUTÉ, CONTRIBUTION, DOT, USUFRUIT, VOISIN.

RÉPARATIONS CIVILES.

V. DOMMAGES-INTÉRÊTS, RESPONSABILITÉ, RESTITUTIONS CIVILES. — V. aussi ACTION CIVILE, ANIMAUX.

RÉPARATION D'ERREUR.

V. COMPTE, ERREUR, ERREUR DE CALCUL, ERREUR DE RÉDACTION, PARTAGE.

RÉPARATION D'HONNEUR.

V. DIFFAMATION, INJURE, n°s 22 et 216, DUEL, OUTRAGE, n°s 95 et 427.

RÉPARATIONS LOCATIVES.

Ce sont celles que la loi met à la charge du locataire. — V. au mot BAIL.

RÉPARTITION.

V. DISTRIBUTION PAR CONTRIBUTION, FAILLITE, FRAIS ET DÉPENS, ORDRE. — V. aussi CONTRIBUTIONS DIRECTES.

REPERCEURS.

Patentables de 8e classe. — Droit fixe basé sur la population; — droit proportionnel du 40e de la valeur locative de tous les locaux qu'ils occupent, mais seulement dans les communes de 20,000 âmes et au-dessus. — V. PATENTE.

RÉPERTOIRE.

Table alphabétique.

RÉPERTOIRE. — **1.** Registre sur lequel certains fonctionnaires ou officiers publics doivent inscrire sommairement, et dans l'ordre chronologique, tous les actes qu'ils reçoivent.

2. Le répertoire a pour but tout à la fois d'assurer la perception des droits d'enregistrement, de garantir les antidates et la conservation des actes, et d'aider, dans certains cas, à la preuve de leur existence. — Toullier, Dr. civ., t. 8, n° 470 ; Rolland de Villargues, Rép. du not., v° Répertoire, n° 2.

3. — Ainsi, d'après l'art. 4336 du Code civil, l'inscription d'un acte sur le répertoire d'un notaire peut concourir pour former, avec d'autres circonstances, un commencement de preuve par écrit. — V. COMMENCEMENT DE PREUVE PAR ÉCRIT.

4. — Jugé par application de ce principe, que, lorsque, par acte notarié, deux sœurs mariées ont transigé sur la succession de leur mère commune, que la transaction ne se trouve plus dans les minutes du notaire, et qu'elle est déniée par l'une des parties, les tribunaux peuvent considérer comme formant un commencement de preuve par écrit et établissant des présomptions graves de l'existence de l'acte un billet souscrit par le mari de l'une des deux sœurs, le jour même de la transaction, et payé par lui, ainsi que la mention de la transaction sur le répertoire du notaire et le registre de l'enregistrement. — Dans ce cas, les tribunaux peuvent, même sans ordonner la preuve testimoniale, prononcer que la transaction sera refaite. — Cass., 17 mars 1825, Deniville c. Saunier.

5. — Les répertoires furent substitués aux registres et protocoles que les notaires devaient tenir suivant les ordonnances de Louis XII et de François 1er, des années 1512 et 1539.

6. — L'obligation de tenir des répertoires fut imposée aux notaires de Paris par un arrêt du 27 février 1655 et renouvelée par un autre arrêt du 24 juillet 1693.

7. — La loi du 29 septembre-6 octobre 1791, tit. 3, art. 16, enjoignait aux notaires, non par mesure

fiscale, mais comme mesure d'ordre public, de déposer dans les deux premiers mois de l'année le double de leur répertoire au greffe du tribunal de leur arrondissement.—Et cette disposition fut répétée par l'art. 1er de la loi du 16 floréal an IV.

8. — La loi du 22 frimaire an VII (art. 49) a prescrit alors la tenue des répertoires pour les notaires, les huissiers, les greffiers et les secrétaires des administrations centrales et municipales.

9. — La même obligation a été imposée aux commissaires-priseurs, par l'ordonnance du 26 juin 1816 (art. 13); et aux mêmes commissaires-priseurs ainsi qu'aux courtiers de commerce, par l'art. 11 de la loi du 16 juin 1824.

10. — La tenue des répertoires a été prescrite pour les notaires, huissiers, greffiers, commissaires-priseurs et tous autres officiers publics et ministériels en Algérie, à partir du 1er janvier 1842.—Ordonn. 19 oct. 1841, art. 1er.

§ 1er. — *Par qui et pour quels actes des répertoires doivent être tenus* (no 11).

§ 2. — *Forme et tenue des répertoires* (no 60).

§ 3. — *Visa et communication des répertoires. — Dépôt du double* (no 93).

§ 4. — *Poursuites. — Prescription* (no 129).

§ 1er. — *Par qui et pour quels actes des répertoires doivent être tenus.*

11. — Les notaires, huissiers, greffiers et secrétaires des administrations centrales et municipales doivent, à peine d'une amende de 5 francs (L. 16 juin 1824, art. 10), tenir des répertoires où ils inscrivent (L. 22 frim. an VII, art. 49), savoir :

12. — ... *Notaires.* — ... Les notaires, tous les actes et contrats qu'ils reçoivent; même ceux qui sont passés en brevet. — L. 22 frim. an VII, art. 49.

13. — La loi du 22 frimaire an VII n'a point abrogé, pour le passé, l'obligation que la loi du 19 déc. 1790 imposait aux notaires d'inscrire, jour par jour, sur leurs répertoires, les testamens et actes de dépôt qu'ils recevaient. — *Cass.*, 19 déc. 1808, Enregistrement c. Pascaud.

14. — Quant aux testamens olographes qui leur sont déposés : les notaires les inscrivent sur leur répertoire à la date de l'ordonnance qui en a prescrit le dépôt, si cette ordonnance leur est remise immédiatement; et dans le cas contraire, à la date de l'acte de dépôt qu'ils rédigent. — Déc. min. just. 9 sept. 1812, solut. 2 et 24 sept. 1831.

15. — Doivent être portés sur les répertoires des notaires, les collations et extraits d'actes délivrés par les notaires et par eux certifiés. — Déc. min. fin. 9 prair. et 26 messid. an XII, instr. 232.

16. — Les minutes des actes de vente de biens de mineurs, reçus par les notaires, comme délégués par les tribunaux, doivent, comme toutes les autres minutes, leur rester en dépôt et être portées sur leur répertoire. — Circ. 8 prair. an XII.

17. — ... Le projet de liquidation rédigé par le notaire commis en justice pour dresser la liquidation d'une succession. Il ne suffirait pas que le procès-verbal auquel le projet est annexé fût répertorié. — Délib. 18 févr. 1834.

18. — ... Le procès-verbal qu'un notaire commis pour faire une visite de lieux a dressé pour constater cette opération. — Déc. min. fin. 24 nov. 1817. — *Dict. de l'enreg.*, vo *Répertoire*, no 103.

19. — ... Les endossemens de billets à ordre ou de lettres de change, s'il en était fait devant notaire, comme les billets mêmes ou les lettres de change; en effet, il suffit qu'il y ait acte (*instrumentum*) pour qu'il y ait obligation de l'inscrire au répertoire. — Rolland de Villargues, vo *Répertoire*, no 63.

20. — ... Les protêts faits par les notaires, quoiqu'ils doivent être inscrits sur le registre particulier prescrit par l'art. 176 C. comm. — Déc. min. fin. 19 mars 1809, instr. 420. — V. REGISTRE DE PROTÊTS.

21. — ... Les décharges des prix de vente de meubles données aux notaires à la suite des procès-verbaux de vente. — Solut. 2 janv. 1818.

22. — ... Les certificats de vie rédigés dans la forme ordinaire des actes notariés. — L. 22 frim. an VII, art. 49, et L. 25 vent. an XII, art. 29.

23. — Mais tous les certificats de vie exempts de l'enregistrement sont dispensés de l'inscription au répertoire. — Instr. 20 févr. 1822, art. 1021. — V. ENREGISTREMENT.

24. — Il en est de même de l'état estimatif des meubles, annexé à un acte de donation. — Déc. min. fin. 19 oct. 1807, instr. 351.

25. — Lorsqu'un notaire reçoit un acte comme remplaçant son confrère, l'acte doit être inscrit à la fois sur le répertoire du notaire substitué et sur celui du notaire substituant : avec mention par celui-ci que la minute est restée au notaire suppléé et qu'elle sera enregistrée au bureau de l'enregistrement de ce dernier. — Déc. min. just. et fin.; instr. 11 nov. 1819, art. 909.

26. — Mais la quittance ou décharge donnée personnellement à un notaire à la suite d'un acte qu'il a reçu et signé pour un autre notaire, peut n'être inscrite que sur le répertoire de ce dernier, avec mention que l'autre la garde, sans qu'il soit besoin de l'inscrire sur le répertoire de celui-ci. — Mêmes déc. et instr.

27. — Les actes passés en double minute doivent être portés sur les répertoires des deux notaires. — Rolland de Villargues, no 75.

28. — Les notaires ne sont pas tenus de porter sur leur répertoire les actes qu'ils n'ont pas signés, encore bien que ces actes soient signés par les parties et les témoins. — *Cass. belge*, 2 avr. 1833, Van-Overschelde.

29. — De même, ils ne sont pas tenus de porter sur leur répertoire les actes restés imparfaits par défaut de la signature du notaire en second ou des témoins. — *Cass.*, 25 mars 1834, Chaulin. — *Contrà*, inst. 21 frim. an XIII (art. 263). — Rolland de Villargues, no 78.

30. — Un tribunal ne contrevient à aucune loi, lorsqu'il déclare, en fait, que c'est par erreur qu'un acte, resté dans les termes d'un simple projet, a été porté sur le répertoire d'un notaire, sans avoir été enregistré; lorsque surtout le droit auquel il aurait donné lieu est si minime que l'on ne peut pas supposer au notaire l'intention de le frauder, et que d'ailleurs l'enregistrement a eu lieu plus tard et dès que les parties ont été d'accord sur les stipulations que renferme l'acte. — *Cass.*, 23 janv. 1809, Cayre.

31. — *Huissiers.* — ... Les huissiers, tous les actes et exploits de leur ministère. — L. 22 frim. an VII, art. 49.

32. — Sous la dénomination d'huissiers sont compris tous ceux qui remplissent les fonctions d'huissier, tels que les gardes du commerce, les individus qui exploitent près les Conseils de prud'hommes et les porteurs de contraintes. — Déc. min. fin. 13 nov. 1807 et 20 juin 1809, instr. 18 févr. 1808 et 5 juill. 1809.

33. — Les huissiers sont tenus d'inscrire sur leurs répertoires les protêts qu'ils transportent sur le registre particulier prescrit par l'art. 176 C. comm. — Déc. min. fin. 19 mars 1809, instr. 420. — V. REGISTRE DE PROTÊTS.

34. — La même obligation existe à l'égard de tous les actes et exploits soumis à l'enregistrement : soit qu'ils acquittent ou n'acquittent pas immédiatement les droits, soit enfin que la formalité ait lieu gratis. Dès lors, les huissiers près les Cours d'assises ne peuvent se dispenser de porter sur leurs répertoires les actes de leur ministère qui s'enregistrent gratis ou en débet. — Décis. min. fin. 9 déc. 1808; instr. 388, no 1er.

35. — De plus, les huissiers doivent mentionner sur leurs répertoires, comme au pied de leurs exploits, s'ils ont remis au créancier les sommes par eux reçues : soit des débiteurs contraints par corps, à l'effet par ceux-ci d'éviter leur arrestation; soit des débiteurs incarcérés, pour être mis en liberté. — Ordonn. 3 juill. 1813, instr. 736.

36. — Les huissiers audienciers près les Cours et tribunaux peuvent tenir deux répertoires : l'un pour les actes qu'ils font comme huissiers audienciers; l'autre pour les actes ordinaires. — Décis. min. fin. 19 févr. 1823, instr. 1075, solut. 24 oct. 1831.

37. — *Greffiers.* — ... Les greffiers, tous les actes et jugemens qui doivent être enregistrés sur minute. — L. 22 frim. an VII, art. 49.

38. — Ainsi, les greffiers doivent porter sur leur répertoire tous les actes assujettis à l'enregistrement sur minute. — Instr. 23 frim. an X, art. 24.

39. — ... Tous les jugemens et actes du greffe, bien que les droits n'aient pas été consignés ou que l'enregistrement doive avoir lieu gratis ou en débet. — Instr., no 388.

40. — ... Les récépissés d'extraits de jugemens qui leur sont délivrés par le receveur de l'enregistrement. — L. 28 avr. 1816, art. 38. — Toutefois, c'est là une simple mesure d'ordre pour laquelle aucune peine n'a été prononcée. — Décis. fin. min. 27 mars 1819.

41. — Le procès-verbal de reconnaissance et celui d'apposition des scellés doivent être chacun à leur date respective. — Solut. 15 mai 1816.

42. — ... L'exécutoire de dépens rédigé en minute et qu'ils ont signé. — Solut. 5 oct. 1832.

43. — ... Les actes qu'ils délivrent en brevet. — *Cass.*, 14 nov. 1837 (t. 2 1837, p. 611), Chauchot.

44. — Mais ils ne sont point tenus d'y porter les actes non rédigés ni signés par eux, et qui émanent immédiatement des juges : tels que les ordonnances sur requête et autres actes de même espèce. — Délib. 9 août 1817.

45. — ... Ni l'acte de dépôt du double du répertoire, attendu que cet acte est exempt de l'enregistrement. — Délib. 8 germin. an XI et 15 avr. 1817. — *Dict. de l'enreg.*, vo *Répertoire*, no 58.

46. — Les jugemens de remise de cause qui sont exemptés de l'enregistrement, peuvent ne pas être portés sur le répertoire. — Solut. 3 juin 1831.

47. — Les greffes des tribunaux de première instance et des Cours d'appel doivent tenir deux répertoires pour y inscrire séparément les actes et les jugemens en matière civile et ceux de police correctionnelle. Ces répertoires, tenus conformément aux art. 49 et 50 de la loi du 22 frim. an VII, doivent être visés par les receveurs de l'enregistrement aux époques fixées par l'art. 51 de la même loi. — Décis. min. just. et fin. 1er déc. 1819, instr. 920.

48. — *Secrétaires d'administration.* — ... Les secrétaires des administrations centrales et municipales, tous les actes des administrations qui doivent être enregistrés sur les minutes. — L. 22 frim. an VII, art. 49.

49. — Les secrétaires des mairies ont été spécialement assujettis à la tenue d'un répertoire. — Décis. min. fin. 17 oct. 1809, instr. 454.

50. — ... Ainsi que les secrétaires des préfectures. — Décis. min. fin. 27 frim. an XIII.

51. — Depuis la loi du 15 mai 1818 (art. 82), les actes translatifs de propriété, d'usufruit ou de jouissance et les adjudications ou marchés et les cautionnemens sont les seuls que les secrétaires aient à porter sur leur répertoire et dont les préposés puissent demander communication. — Instr. 18 mai 1818, 834-no 7.

52. — Bien que les baux des établissemens publics ne s'enregistrent que dans le délai de quinze jours à partir de celui où l'approbation du préfet est parvenue à la mairie, ils doivent néanmoins être inscrits au répertoire immédiatement après leur rédaction. — Décis. min. fin. 11 août 1827.

53. — Cette décision est applicable à tous les actes qui ne sont susceptibles de l'enregistrement qu'après l'approbation de l'autorité administrative. Il est fait mention, sur le répertoire, de l'attestation du maire, constatant le jour où l'approbation est parvenue et qui règle le délai pour l'enregistrement. — Instr. 386, nos 6 et 561.

54. — *Commissaires-priseurs, courtiers de commerce.* — Déjà l'ordonnance du 26 juin 1816 (art. 13) avait assujetti les commissaires-priseurs à l'obligation de tenir un répertoire.

55. — Puis est venue la loi du 16 juin 1824, dont l'art. 11 porte que les dispositions des lois relatives à la tenue et au dépôt des répertoires sont applicables aux commissaires-priseurs et aux courtiers de commerce, mais seulement pour les procès-verbaux de ventes de meubles et de marchandises, et pour les actes faits en conséquence de ces ventes.

56. — Les courtiers de commerce d'une même ville ne sauraient être admis à ne tenir pour eux tous qu'un seul répertoire, qui serait confié au syndic de la compagnie; car ce serait n'atteindre qu'imparfaitement le but de la loi, qui est d'assurer la date des actes. D'ailleurs c'est la tenue d'un répertoire individuel qui est imposée par la loi. — Décis. min. fin. 4 mars 1833.

57. — Un procès-verbal constatant qu'une vente de meubles n'a pu avoir lieu au jour fixé faute d'enchérisseurs, doit être porté sur le répertoire. — Rolland de Villargues, vo *Répertoire*, no 38.

58. — Ne sont pas assujettis à la tenue d'un répertoire les agens et commissaires de la ma-

rine, même pour les actes sujets à l'enregistrement. — Décis. min. fin. 8 nov. 1808.

59. — ... Non plus que les gardes et agens forestiers. — Décis. min. fin. 12 déc. 1809.

§ 2. — *Forme et tenue des répertoires.*

60. — Les répertoires doivent être sur papier timbré. — L. 13 brum. an 7, art. 12, n° 2. — V. TIMBRE.

61. — Ils doivent être cotés et paraphés, savoir :

62. — ... Ceux des notaires, autrefois par le juge de paix de leur domicile (L. 22 frim. an VII, art. 53); aujourd'hui par le président du tribunal civil, ou, à son défaut, par un autre juge. — L. 25 vent. an XI, art. 30; circ. 22 niv. an XII.

63. — ... Ceux des huissiers, par le juge de paix du canton de leur résidence (L. 22 frim. an VII, art. 53). Mais il y a eu dérogation à cet égard : 1° pour les répertoires des huissiers audienciers, ils doivent être cotés et paraphés par le président de la Cour ou du tribunal; 2° et pour les répertoires des huissiers ordinaires résidant dans les villes où siégent les tribunaux de première instance, ils doivent être cotés et paraphés par le président du tribunal ou par le juge qu'il a commis. — Avis Conseil d'Etat 3 juill. 1810, approuvé le 6 juillet; décret 14 juin 1813, art. 47; instr. 486 et 659.

64. — ... Ceux des commissaires-priseurs, par le président du tribunal civil. — Ordonn. 26 juin 1816, art. 13.

65. — ... Ceux des courtiers de commerce par le président du tribunal civil. — Arg. ordonn. 26 juin 1816, art. 13, et L. 16 juin 1824, art. 11.

66. — ... Ceux des greffiers de la justice de paix, par le juge de paix de leur domicile. — L. 22 frim. an VII, art. 53.

67. — ... Ceux des greffiers des tribunaux, par le président du tribunal. — *Ibid.*

68. — ... Ceux des secrétaires des administrations, par le président de l'administration. — *Ibid.*

69. — ... Ceux des secrétaires généraux de préfecture, par les préfets. — Déc. min. fin. 9 sept. 1806, instr. 318.

70. — ... Ceux des sous-préfets, par les préfets. — Déc. min. fin. 9 sept. 1806, instr. 318.

71. — ... Ceux des maires, par les sous-préfets. — Déc. min. fin. 9 sept. 1806, instr. 318.

72. — Il n'y a point contravention passible d'amende, par cela que des actes ont été répertoriés jour par jour, sans qu'au préalable le répertoire ait été coté et paraphé, c'est seulement là une irrégularité susceptible d'être réprimée par voie de discipline. — Solut. 24 oct. 1834, instr. 486.

73. — Toutefois, on peut dire que, tant que la formalité n'a pas été remplie, il n'y a pas, à proprement parler, de répertoire; il n'y a qu'un registre ou un cahier de papier timbré destiné à servir de répertoire. — Rolland de Villargues, *Répertoire du notariat*, v° *Répertoire*, n° 15.

74. — Les répertoires sont à colonnes. — L. 22 frim. an VII, art. 49.

75. — Chaque article du répertoire doit contenir : 1° son numéro; 2° la date de l'acte; 3° sa nature; 4° les noms et prénoms des parties et leur domicile; 5° l'indication des biens, leur situation et le prix, lorsqu'il s'agira d'actes qui auront pour objet la propriété, l'usufruit ou la jouissance de biens-fonds; 6° la relation de l'enregistrement. — L. 22 frim. an VII, art. 50. — Cette forme n'a point été changée par l'art. 30 de la loi du 25 vent. an XI, qui, en ce qui concerne les notaires, exige seulement l'indication de l'espèce de l'acte : c'est-à-dire s'il est passé en minute ou en brevet. — Déc. min. fin. 20 germinal an XII.

76. — On avait d'abord décidé que le numéro d'ordre pouvait être écrit en chiffres, mais que la date des actes devait être en toutes lettres; et qu'en outre il était nécessaire que la relation de l'enregistrement fût littéralement transcrite. — Déc. min. fin. 5 mai 1807, instr. 363.

77. — Mais cette règle a été modifiée, et les notaires peuvent écrire en chiffres la date des actes, le montant des droits perçus et la date de l'enregistrement. — Déc. min. fin. 10 mai 1808, instr. 382.

78. — De ce que la loi ne prononce d'amende que pour l'omission d'un acte sur le répertoire, il suit que le défaut de l'une des indications prescrites ne peut être considéré que comme un vice de rédaction et ne peut donner lieu à l'amende. — Rolland de Villargues, v° *Répertoire*, n° 30.

79. — Un notaire qui, dans l'intervalle qui s'est écoulé de la loi du 25 vent. an XI à l'époque où ont été rendues les décisions des ministres de la justice et des finances qui l'ont suivie, n'a porté sur son répertoire que les mentions prescrites par cette loi, en omettant celles du domicile des parties et de la situation des biens, selon le vœu de la loi du 22 frim. an VII, n'est point passible d'amende, lorsque d'ailleurs il est reconnu qu'il a complété ces indications depuis que ces décisions ont été connues de lui. — *Cass.*, 14 mai 1811, Congoul.

80. — Indépendamment des mentions prescrites, les huissiers sont tenus de marquer sur leurs répertoires, dans une colonne particulière, le coût de chaque acte ou exploit : déduction faite de leurs débourses. — Décr. 14 juin 1813, art. 47; instr. 659.

81. — En marge des articles soumis à l'approbation du préfet, les secrétaires des mairies doivent écrire sur le répertoire ces mots : *Soumis à l'approbation du préfet* et indiquer, de même, soit en marge, soit dans une colonne ajoutée au répertoire, la date du jour où l'approbation est parvenue. Les mêmes dispositions s'appliquent aux actes passés à la préfecture et dont l'exécution est subordonnée à l'approbation des ministres. — Décis. min. fin. 27 frim. an XIII, instr. 290, n° 5; Favard de Langlade, *Rép.*, v° *Répertoire*.

82. — Les actes doivent être inscrits sur le répertoire, jour par jour, sans blanc ni interligne, et par ordre de numéros. — L. 22 frim. an VII, art. 49.

83. — Ainsi : les notaires doivent, à peine d'amende, inscrire, jour par jour, sur leurs répertoires, les actes qu'ils reçoivent, quoique ces actes n'aient pas encore été enregistrés. — L'art. 69 L. 25 vent. an XI, ne les a point affranchis de cette obligation; et ils n'ont qu'à laisser en blanc la colonne qui doit contenir la relation de l'enregistrement, jusqu'à ce que cette relation puisse être faite et inscrite. — *Cass.*, 5 (et non 3) févr. 1811, Dunat.

84. — De même, l'obligation, pour les huissiers, d'inscrire, jour par jour, sur leurs répertoires, les actes de leur ministère, ne se borne pas à ce que cette inscription soit faite dans le délai accordé pour les faire enregistrer; il faut qu'elle ait lieu le jour même que ces actes sont signifiés. — Alors l'huissier laisse en blanc, sur son répertoire, la mention de l'enregistrement, pour la remplir plus tard lorsque cette formalité a été remplie. — *Cass.*, 4 déc. 1816, Lemaitre.

85. — L'inscription des actes des huissiers sur leurs répertoires doit être faite dans l'ordre des dates respectives de ces actes. Ainsi, tout acte fait un tel jour doit être inscrit avant tous autres actes des jours postérieurs. — Dès lors : s'il est constaté que des actes à la date des 22 et 23, après avoir été inscrits à la date du 19, ont été rayés par l'huissier et réinscrits, dans l'ordre de leurs dates respectives; il y a lieu de prononcer contre l'huissier l'amende de 5 fr. et de casser le jugement qui le décharge de cette amende, sans alléguer que cette interversion ait été le résultat d'une simple erreur involontaire et dénuée de toute intention de contrevenir à la loi. — *Cass.*, 28 mars 1829, Loiseau. — Solut. 11 avr. 1831.

86. — Les inventaires et autres procès-verbaux qui contiennent plusieurs séances, tels que les procès-verbaux de vente de meubles, doivent être inscrits à la date de la première vacation seulement. — Déc. min. fin. 18 août 1812, instr. 596.

87. — Mais il n'est pas nécessaire d'inscrire chacune de ces vacations sur le répertoire. — Circ. 14 niv. an VIII. — Cependant, il est utile de rappeler la date successive de ces vacations à la suite et dans le contexte de l'art. inscrit. — Déc. min. fin., 18 août 1812, inst. 596.

88. — Mais *quid* si un acte n'avait pas été signé par toutes les parties dans un même jour? Devrait-il être porté à la date du premier ou du dernier jour? On avait d'abord décidé qu'il devait être porté au répertoire à la première date. — Déc. min. just. et fin. 27 avril et 7 mai 1809. — Mais décidé, depuis, qu'en ordonnant l'inscription des actes au répertoire le législateur n'a pu avoir en vue que les actes et contrats susceptibles de produire l'effet qui leur est propre, et que, comme les actes ne deviennent parfaits que par la signature de toutes les parties, c'est à la date seulement du jour où a été apposée la dernière signature qu'ils doivent être inscrits. — Délib. 26 sept. 1815, 22 mars 1823 et 29 mars 1831.

89. — Toute intercalation d'un acte sur le répertoire annonce que cet acte n'y a pas été inscrit à sa date. — *Cass.*, 19 déc. 1808, Pascaud.

90. — Il est dû autant d'amendes qu'il y a d'intercalations. — Solut. 26 germ. an XIII.

91. — Les rectifications faites sur le répertoire, lorsqu'elles prouvent une omission réparée après coup, donnent lieu à l'amende établie pour les omissions. — Déc. min. fin. 16 déc. 1824; instr. 1156, § 10.

92. — Mais il n'est pas dû d'amende pour les ratures et surcharges dans les répertoires, pourvu que la série des numéros ne soit pas interrompue. — Délibér. 6 mars 1824, appr. le 8 avril suivant.

§ 3. — *Visa et communication des répertoires. — Dépôt du double.*

93. — *Visa.* — Les notaires, huissiers, greffiers et les secrétaires des administrations centrales et municipales doivent présenter, tous les trois mois, leurs répertoires aux receveurs de l'enregistrement, pour les viser. — L. 22 frim. an VII, art. 51.

94. — Même obligation est imposée aux commissaires-priseurs (ord. 26 juin 1816, art. 13), et aux courtiers de commerce. — Arg. ord. 26 juin 1816, art. 13, et L. 16 juin 1824, art. 11.

95. — La présentation des répertoires au visa devait autrefois se faire, chaque année, dans la première décade de chacun des mois de nivôse, germinal, messidor et vendémiaire, à peine d'une amende de 10 fr. (5 fr., L. 16 juin 1824 [art. 10]) pour chaque décade de retard. — L. 22 frim. an VII, art. 51.

96. — Aujourd'hui, la présentation au visa du receveur doit avoir lieu dans les dix premiers jours de janvier, avril, juillet et octobre. — Circ. 22 niv. an XII, déc. min. fin 9 sept. 1806, instr. 318. — Cependant il est à remarquer que ce ne sont là que des dispositions purement ministérielles qui n'ont pu modifier le texte précis d'une loi.

97. — Il n'a pas été dérogé par la loi du 25 vent. an XI à l'art. 15 L. 22 frim. an VII, qui impose aux notaires l'obligation de faire, tous les trois mois, viser leur répertoire par le receveur de l'enregistrement. — *Cass.*, 24 avril 1809, Bouville. — Circ. 22 niv. an XII, décis. minist. fin. 9 sept. 1806.

98. — Dans le cas de décès d'un notaire le successeur n'est pas responsable du retard dans la présentation du répertoire au visa, alors que le répertoire de son prédécesseur est encore sous les scellés. — Déc. min. fin. 18 avril 1837.

99. — En faisant viser, dans les dix premiers jours de janvier, le répertoire de l'année précédente, les officiers publics ne sont pas tenus de soumettre au visa le répertoire nouvellement ouvert pour les actes reçus depuis le 1er janvier de l'année courante. — Déc. min. fin. 20 nov. 1827.

100. — Si le jour de l'expiration du délai pour la présentation du répertoire au visa est un jour férié, ce visa peut n'être donné que le lendemain. — Solut. 2 sept. 1814 et 30 juill. 1835.

101. — Les receveurs doivent apposer le visa le jour même de la présentation, et ce visa ne peut influer sur les actes qui auraient été reçus ce jour-là. Ils ne peuvent retenir les répertoires plus de vingt-quatre heures. — Lettre de l'adm. 8 avril 1812.

102. — La présentation au visa du receveur et la vérification qu'il fait du répertoire sont constatées par un enregistrement, dans une case particulière, à la date du jour de la présentation, comme il est prescrit pour les actes. Cet enregistrement indique le nombre des actes reçus depuis le dernier visa, les omissions, doubles emplois, renvois, intercalations et ratures, ainsi que la date des procès-verbaux, s'il en a été rapporté. — Les mêmes mentions sont également faites dans le certificat du visa, apposé au bas du dernier article inscrit au répertoire. — Déc. min. fin. 9 sept. 1806, instr. 318.

103. — L'huissier qui n'a point présenté son répertoire au visa du receveur dans les dix premiers jours du mois de janvier, est passible de l'amende, quand même il ne serait en retard que de quelques jours. — *Cass.*, 31 janv. 1809, Bories.

104. — L'imbécillité ne saurait faire relever un huissier de l'amende par lui encourue pour n'avoir pas présenté, dans les délais, son répertoire au receveur, lorsque malgré cette infirmité il a signifié une quantité assez nombreuse d'actes qu'il a fait enregistrer. — *Cass.*, 31 janv. 1814, Annet-Crohet.

105. — Lorsque le répertoire d'un huissier indique comme ayant été enregistrés des actes dont il n'est point fait mention sur les registres du receveur, ce défaut de mention, joint au dé-

faut d'exhibition d'aucun des originaux de ces actes, établit la présomption légale que ces mêmes actes n'ont point subi la formalité de l'enregistrement. — Cass., 2 oct. 1810, Millard.

106. — Il n'est dû qu'une seule amende pour défaut de présentation au visa des deux répertoires tenus par les greffiers. — Déc. min. fin. 25 mai 1827.

107. — *Communication.* — Indépendamment de la présentation de leurs répertoires au visa du receveur, les notaires, greffiers, huissiers et secrétaires sont tenus de les communiquer à toute réquisition aux préposés de l'enregistrement qui se présentent chez eux pour les vérifier; à peine d'une amende de 50 francs (10 fr., l. 16 juin 1824 (art. 10)), en cas de refus. — L. 22 frim. an VII, art. 52. — La même obligation est imposée aux commissaires-priseurs et aux courtiers de commerce. — Avg., l. 16 juin 1824, art. 11.

108. — En cas de refus, le préposé de l'enregistrement doit requérir l'assistance d'un officier municipal pour dresser procès-verbal du refus. — L. 22 frim. an VII, art. 52.

109. — Mais *quid* si, en l'absence d'un officier public, son clerc refusait de faire la communication à un employé de l'enregistrement? La règle avait décidé qu'il n'y aurait pas moins contravention et que l'employé devrait encore avec l'assistance du maire ou de l'adjoint dresser procès-verbal du refus. — Délib. 1er mai 1829, appr. le 6.

110. — Mais jugé qu'un huissier n'est pas responsable du refus fait par son clerc de communiquer au préposé de l'enregistrement le répertoire et les actes de l'étude. Le clerc ne saurait, en pareil cas, être considéré comme le représentant légal de l'huissier. Il n'en pourrait être autrement que si le refus du clerc, combiné avec les absences calculées de l'huissier, mettait celui-ci en état de contravention personnelle. — Cass., 21 mars 1848 (l. 1er 1848, p. 379), Légé.

111. — Un huissier ne saurait se refuser à représenter son répertoire, sous prétexte que l'on en exigerait la représentation à plus de deux ans, il y aurait prescription des amendes qu'il pourrait avoir encourues; car ce n'est pas à la recherche de ces seules amendes que doit se restreindre l'investigation des préposés. — Déc. min. fin. 16 mai 1849.

112. — *Dépôt du double.* — Les notaires doivent, dans les deux premiers mois de chaque année, déposer au greffe du tribunal de leur immatriculation une double par eux certifié du répertoire des actes qu'ils auront reçus dans le cours de l'année précédente, à peine de 100 livres d'amende par chaque mois de retard. — L. 29 sept.-6 oct. 1791, tit. 3, art. 16.

113. — Cette disposition est toujours en vigueur. — Déc. min. just. 8 brum. an XII et 9 sept. 1816, instr. n° 818.

114. — La même obligation a été imposée aux commissaires-priseurs et aux courtiers. — Ord. 26 juin 1816, art. 43; arg. l. 16 juin 1824, art. 11.

115. — Ainsi, les commissaires-priseurs sont tenus, à peine de 10 francs d'amende par chaque mois de retard, de déposer leurs répertoires au greffe du tribunal civil de l'arrondissement dans les deux premiers mois de l'année qui suit celle à laquelle le dépôt des répertoires se rapportent. — Cass., 7 févr. 1843 (l. 1er 1843, p. 524), commissaires-priseurs de Paris.

116. — L'amende prononcée par chaque mois de retard contre le notaire qui, dans les deux premiers mois de l'année, n'a pas déposé au greffe le double de son répertoire, n'a encourue pour la totalité encore bien que le temps ne soit que commencé. — Cass., 6 juin 1809, Anselme et Ripert; 12 juin 1811, Anselme et Clavigne; 15 juill. 1811, Winand-Ferber; 4 sept. 1811, Prat; 30 juill. 1818, Salicetti; 30 juill. 1816, Fiuconelli; 10 mai 1819, Didier et Clemenceau; 4 juill. 1820, Colisson; 15 mai 1822, Goubot. — Déc. min. fin. 5 mai 1807. — Merlin, *Quest.*, v° *Notaire*, § 11; *Dict.* des enreg., v° *Répertoire*, n° 493.

117. — Ainsi, l'amende est encourue pour un mois, dès le premier jour qui suit l'expiration des deux premiers mois de l'année, pour deux mois dès le premier jour qui suit l'expiration du troisième, et ainsi de suite pour les mois suivans. — Cass., 30 juill. 1816, Salicetti; 30 juill. 1816, Fiuconelli; 15 mai 1822, Goubot.

118. — Aujourd'hui, l'amende progressive, prononcée pour retard dans le dépôt des répertoires, est réduite à une seule amende de 10 francs, quelle que soit la durée du retard. — L. 16 juin 1824, art. 10.

119. — Le notaire successeur n'est point passible de l'amende, encourue par son prédécesseur qui n'a pas déposé, dans le temps prescrit par la loi, le double de son répertoire au greffe du tribunal. — Cass., 7 déc. 1820, Guyard.

120. — « Toutefois, disent les auteurs du *Dict. de l'enreg.* (v° *Répertoire*, n° 451), les notaires en exercice doivent déposer le double du répertoire des actes de l'année entière, sans distinction de leur exercice d'avec celui de leur prédécesseur; car ou le propriétaire est décédé, ou il est démissionnaire. Dans le premier cas, il ne peut faire le dépôt ordonné; dans le second, il n'a plus qualité pour le faire. » — V. Déc. min. fin. 12 nov. 1817. — « De là, ajoute M. Rolland de Villargues, se tire la conséquence que, dans les traités qui ont pour objet la transmission d'une étude, le cédant doit stipuler que le dépôt du double de son répertoire sera fait par son successeur. » — V. *Rép. du not.*, v° *Répertoire*, n° 86.

121. — Le notaire ne saurait être dispensé de l'amende, sous le prétexte qu'il aurait remis, dans le délai, à la poste de son domicile et à l'adresse du greffier, le paquet contenant le double de son répertoire. — Cass., 6 juin 1809, Anselme et Ripert.

122. — Le double du répertoire doit être sur papier timbré comme le répertoire même. — Déc. min. fin. 14 vendém. an VII; circ. 6 brum. suiv., n° 1110.

123. — Les greffiers doivent dresser acte, sur un registre particulier, de la remise qui leur est faite annuellement du double des répertoires. — Déc. min. just. et fin. 24 mai et 27 juin 1808, déc. min. fin. 18 mai 1819; instr. 390, n° 42.

124. — Il doit être dressé un acte de dépôt pour chaque double du répertoire, et plusieurs officiers publics ne pourraient se réunir et exiger qu'il ne fût rédigé qu'un acte pour tous. — Déc. min. fin. et just. 24 mai et 27 juin 1808, instr. 590.

125. — Le dépôt au greffe du double du répertoire d'un notaire peut être justifié autrement que par l'inscription sur le registre à ce destiné; par exemple par les récépissés délivrés par le greffier sur une feuille volante, ou au bas du double conservé par le notaire. — Cass., 11 janv. 1816, Vicensini.

126. — Mais il est plus prudent de veiller à ce qu'il soit dressé acte du dépôt; car un récépissé peut se perdre.

127. — Ces actes de dépôt sont exempts de l'enregistrement, mais il est dû au greffier, pour droit de greffe, 4 fr. 25 cent. — Décr. 12 juill. 1808.

128. — Si aucun acte n'a été reçu dans le cours de l'année, il n'y a pas lieu, à défaut du double du répertoire, de déposer au greffe un certificat négatif. — Déc. min. just. et fin. 2-14 juill. 1812.

§ 4. — *Poursuites.* — *Prescription.*

129. — *Poursuites.* — Les préposés de l'enregistrement peuvent poursuivre, par voie de contrainte, sans dresser procès-verbal et sans condamnation préalable, le recouvrement des amendes encourues par les officiers publics: pour avoir tenu leurs répertoires sur papier non timbré, pour y avoir fait des omissions et pour ne les avoir pas fait viser, chaque trimestre, par le receveur de l'enregistrement. — L. 22 frim. an VII, art. 64; instr. 1816, § 17.

130. — Jugé également que les préposés de l'enregistrement ont non-seulement le droit de se faire communiquer les répertoires des notaires, mais encore celui de constater les contraventions par les procès-verbaux. — Rennes, 22 avr. 1833, Pinot.

131. — Au surplus, comme les formes sont les mêmes en pareil cas qu'en matière d'enregistrement, V. pour plus de détails v° **ENREGISTREMENT**, n° 4504 et suiv.

132. — Toutefois, les poursuites pour défaut de communication des répertoires ne pourraient avoir lieu qu'autant que le refus aurait été préalablement constaté: ainsi qu'on l'a vu *supra*, n° 109 et suiv. — Rolland de Villargues, n° 423 et 124.

133. — Quant au défaut de dépôt annuel du double du répertoire, les préposés ne sont chargés que de constater la contravention par un procès-verbal qu'ils remettent au procureur de la République. C'est à lui de poursuivre la condamnation de l'officier public. Les préposés de l'enregistrement ne peuvent agir contre lui qu'en vertu du jugement de condamnation. — L. 16 flor. an IV; art. 32; déc. min. just. et fin. 13 mars et 25 avr. 1808.

134. — *Prescription.* — Les amendes se prescrivent par deux ans, à compter du jour où la

préposés ont été à portée de constater les contraventions. — L. 16 juin 1824; art. 14.

135. — Mais, avant la loi du 16 juin 1824, les amendes encourues par un notaire pour défaut d'inscription sur son répertoire d'actes par lui reçus, n'étaient prescriptibles que par trente ans. — Cass., 10 déc. 1806, Louconguin.

136. — Si les préposés n'ont pas été à même de connaître et de constater la contravention, la prescription n'est encourue que par le laps de trente ans. Tel serait le cas où un acte n'aurait pas été inscrit au répertoire. — Rolland de Villargues, n° 126.

137. — Il en serait de même s'il était intervenu un jugement de condamnation. — Rolland de Villargues, n° 130.

138. — Mais comme la mention de la vérification des minutes d'un notaire inscrite sur son répertoire s'étend à tous les actes qui y sont portés, elle suffit pour faire courir la prescription à l'égard des contraventions qui pourraient s'y trouver. — Rennes, 26 nov. 1845 (l. 1er 1846, p. 108), Pinot.

139. — Les tribunaux ne peuvent faire remise aux notaires de l'amende qu'ils ont encourue pour n'avoir point, en temps utile, déposé le double de leur répertoire au greffe. — Cass., 29 pluv. an VII, Vidal.

140. — Les receveurs sont responsables des amendes encourues par les officiers publics, pour irrégularité dans la tenue des répertoires, toutes les fois que ces amendes n'ont point été constatées, et que la demande n'en a pas été formée dans le délai de deux ans à compter de la contravention. — Déc. min. fin. 23 juill. 1811, instr. 548, n° 7; l. 16 juin 1824, art. 14.

RÉPÉTITION DE L'INDU.

Table alphabétique.

RÉPÉTITION. — **1.** — L'action en répétition est celle qui a lieu dans le cas de paiement ou de prestation d'une chose non due. — Le droit romain donnait à cette action le nom de *conditio indebiti.*

§ 1er. — *Nature de l'action en répétition* (n° 2).

§ 2. — *Conditions nécessaires pour l'action en répétition* (n° 11).

§ 3. — *Exercice et effets de l'action en répétition* (n° 61).

---

§ 1er. — *Nature de l'action en répétition.*

2. — Tout paiement suppose une dette : ce qui a été payé sans être dû, est sujet à répétition. — C. civ., art. 1235. — L'équité le veut ainsi ; car l'on ne doit pas s'enrichir injustement aux dépens d'autrui. — Duranton, *Droit français*, t. 13, n° 677.

3. — Celui qui reçoit par erreur ou sciemment ce qui ne lui est pas dû, s'oblige à le restituer à celui de qui il l'a indûment reçu. — C. civ., art. 1376. — Vainement objecterait-on que la propriété lui a été transférée volontairement et par le fait du propriétaire ; il n'y a point de tradition valable si elle n'est précédée d'une juste cause. — L. 13, ff. *De acquir. rer. domin.*, 41, 1. — Toullier, *Droit civil*, t. 11, n° 58.

4. — Ainsi, peu importe que celui qui a reçu ce qui ne lui était pas dû, ait agi par erreur ou de bonne foi, ou qu'il ait su qu'il ne lui était rien dû. Dans ce dernier cas, il y a une raison de plus pour l'obliger à restitution : c'est la mauvaise foi. — Toullier, *Droit civil*, t. 11, n° 58 ; Rolland de Villargues, *Rép.*, v° *Répétition*, n° 3.

5. — Lorsqu'une personne qui, par erreur, se croyait débitrice, a acquitté une dette, elle a le droit de répétition contre le créancier. — C. civ., art. 1377.

6. — Néanmoins, le droit de répétition cesse, dans le cas où le créancier a supprimé son titre par suite de paiement, sauf le recours de celui qui a payé contre le véritable débiteur (C. civ., art. 1377) ; car cette suppression est la faute du tiers, qui, au lieu de se faire remettre le titre, a permis au créancier de le supprimer. — Domat, *Lois civiles*, p. 176, n° 2 ; Maleville, sur l'art. 1377 ; Toullier, t. 11, n° 83 ; Rolland de Villargues, *Rép.*, v° *Répétition*, n° 83. — Toutefois, il faut que le créancier ait agi de bonne foi en supprimant son titre. S'il a fait naître ou entretenu l'erreur de celui qui se croyait débiteur, il y a dol et par conséquent lieu à répétition. — Duranton, *Droit français*, t. 13, n° 685.

7. — Si le paiement n'est pas nié : comme tout paiement suppose une dette, c'est à celui qui agit en répétition à prouver qu'il a payé sans cause, qu'il n'y avait pas de dette, et qu'il a payé par erreur et non *animo donandi*. — L. 25, ff., *De probat.* — Toullier, t. 11, n°s 64 et 70 ; Duranton, t. 13, n° 696 ; Delvincourt, *Cours de C. civ.*, t. 3, p. 448, note.

8. — Lorsque le demandeur a fait la preuve que la chose qu'il a payée n'était pas due, c'est à son adversaire à prouver que le paiement a été fait sciemment et avec connaissance que la chose n'était pas due. — Toullier, t. 11, n° 70 ; Duranton, t. 13, n° 696.

9. — S'il y avait doute sur le point de savoir si celui qui a payé avait ou non connaissance qu'il ne devait rien, connaissance que la loi exige pour faire présumer une donation, la répétition devrait être admise. — Il en est de même du cas où celui qui a payé était en doute s'il devait ou ne devait pas. La présomption de donation ne peut être appliquée qu'au cas où elle n'est pas combattue par une autre présomption vraisemblable. — Toullier, t. 11, n°s 71 et 72.

10. — Sous l'empire du statut sarde de 1770, on a pu regarder comme valable la renonciation à se prévaloir de l'exception *Non numeratæ pecuniæ.* — L. 14 C., *De non numer. pecun.* — *Cass.*, 2 fruct. an XII, Belleville c. Savey.

§ 2. — *Conditions nécessaires pour l'action en répétition.*

11. — Pour que l'action en répétition soit admissible, il faut : 1° que ce qui a été payé ne fût pas dû ; 2° que le paiement n'ait eu aucune cause réelle ; 3° enfin, que le paiement ait été fait par erreur.

12. — 1° Si la chose était réellement due : le débiteur ne serait pas fondé à la répéter, quand même il ne l'aurait payée que par erreur ; car le créancier n'a reçu que ce qui lui appartenait : *Repetitio nulla est ab eo qui suum recepit.* — L. 44, ff., *De condict. indeb.* — Toullier, t. 11, n° 59 ; Rolland de Villargues, *Rép.*, v° *Répétition*, n° 8.

13. — La répétition ne pourrait non plus être admise en raison de l'origine des deniers. — Caen, 19 nov. 1844 (t. 1er 1845, p. 573), Jacquelin-Lamenadière c. Cottun.

14. — Payer avant l'échéance du terme, ce n'est pas payer une chose non due ; car le terme n'empêche pas l'existence de la dette (C. civ. 1186) : il n'y a donc pas lieu à répétition. — L. 10, ff., *De condict. indeb.* — Duranton, t. 13, n° 687. — Toutefois, il en serait autrement si le créancier avait usé de dol pour induire le débiteur en erreur et le faire payer d'avance. — Toullier, t. 11, n° 59 ; Rolland de Villargues, *Rép.*, v° *Répétition*, n°s 1er, 10, 11 et 12.

15. — C'est payer une chose non due que de la payer avant l'accomplissement de la condition ; car, jusque-là, l'obligation est suspendue : *Tantùm spes est debitum iri.* — Toullier, t. 6, n° 526. — Il y a donc lieu à répétition tant que la condition n'est pas accomplie. — L. 16, ff. *De condict. indeb.* — Rolland de Villargues, *Rép.*, v° *Répétition*, n°s 13 et 14. — Il en est autrement quand la condition est de nature à devoir nécessairement s'accomplir ; car alors elle n'est en réalité qu'un terme. — L. 17 et 18, ff. *De condict. indeb.* — Duranton, t. 13, n° 688.

16. — On paie une chose indue quand on paie une seconde fois une dette déjà acquittée de quelque manière que ce soit ; par exemple, par compensation. — Toullier, t. 7, n° 390, et t. 11, n° 76 ; Rolland de Villargues, *Rép.*, v° *Répétition*, n° 20.

17. — Si j'ai payé en entier une somme que je devais solidairement avec un autre, qui l'avait déjà aussi payée en entier ; je puis la répéter, parce que j'ai payé ce qui n'était plus dû. Si nos paiemens étaient de même date, chacun de nous, ayant payé moitié plus qu'il ne devait, a le droit de répéter cette moitié. — L. 19, § 4, ff. *De condict. indeb.* — Toullier, t. 11, n° 77.

18. — Si deux choses différentes étaient dues, sous une *alternative*, par deux débiteurs solidaires dont chacun en a payé une, c'est le second paiement qui a pour objet une chose non due. Si les deux paiemens étaient de même date, la répétition ne peut se faire par moitié ; car le créancier doit avoir en entier l'une des deux choses. Il a donc le choix de rendre celle qu'il voudra. — L. 21, ff. *De condict. indeb.*, 12, 6. — Toullier, t. 11, n° 77 ; Rolland de Villargues, *Rép.*, v° *Répétition*, n° 22.

19. — Si un débiteur a payé en même temps deux choses dues, sous une alternative, croyant les devoir toutes deux, il peut répéter l'une des deux choses : à son choix. Mais si, depuis le paiement, l'une des deux choses avait péri, il n'y aurait plus lieu à répétition. Si le paiement n'avait pas été fait des deux choses simultanément, c'est le second paiement qui aurait pour objet une chose non due et donnerait lieu à la répétition. — Toullier, t. 11, n°s 78 et suiv. ; Rolland de Villargues, *Rép.*, v° *Répétition*, n°s 23 et suiv. ; Duranton, t. 13, n° 689.

20. — On paie plus qu'on ne doit quand on ne retient pas ce qu'on devait retenir sur ce qui a été payé ; on peut donc le répéter, sans autre preuve que celle de la non-rétention. Tels sont les cas où le débiteur d'une rente sujette à la retenue pour contributions, n'a pas fait cette retenue en payant les arrérages ; ou bien encore, quand, après avoir cédé ses droits successifs, un héritier a délivré tous les biens de la succession, sans retenir ce qui lui était dû par le défunt, etc. — Toullier, t. 11, n° 75 ; Rolland de Villargues, *Rép.*, v° *Répétition*, n°s 15 et suiv.

21. — Ainsi jugé que le débiteur d'une rente foncière qui par ignorance n'a point exercé la retenue du cinquième, en la payant au propriétaire, qui n'était cessionnaire qu'à la condition de laisser déduire la retenue, a le droit de répétition à titre de *condictio indebiti.* — *Colmar*, 11 janv. 1821, Burger et Foccart c. Rebrunh.

22. — Toutes les fois qu'on prouve qu'il a été payé plus qu'il n'était dû, la présomption est qu'il y a eu erreur plutôt que donation de la part du débiteur. — L. 1re, C., *De condict. indeb.*, 4, 50. — Toullier, t. 11, n° 74.

23. — C'est payer une chose non due que de la payer à un autre que celui à qui elle était due, par exemple à un faux mandataire ou à un faux héritier du créancier, ou bien encore si l'on payait à un seul des héritiers une somme qui, par la division des dettes, ne lui appartenait qu'en partie. — Toullier, t. 11, n° 82 ; Rolland de Villargues, *Rép.*, v° *Répétition*, n°s 27 et suiv.

24. — Celui qui a payé une lettre de change fausse, tirée sur lui, croyant vraie la signature du tireur apparent, peut exiger du porteur de bonne foi la restitution de la somme payée. Mais le tiré qui a poursuivi en justice la vérification de la signature du tireur ne peut point répéter contre le porteur de bonne foi les frais de cette procédure. — *Bordeaux*, 11 févr. 1829, Astruc c. Barrat-Lanauve.

25. — Il y a paiement de chose non due lorsqu'un autre que celui qui doit paie se croyant par erreur le débiteur. Par exemple, si, me croyant faussement héritier d'un individu, j'ai payé les dettes de sa succession. — L. 65 et 19, § 1er, ff., *De condict. indeb.*

26. — Lorsque le paiement a été fait, même par un tiers, pour le véritable débiteur et en son nom, il n'y a point lieu à répétition ; car alors le paiement est valable : il a éteint la dette. — L. 44, ff., *De condict. indeb.* — Toullier, t. 11, n° 83 ; Rolland de Villargues, *Rép.*, v° *Répétition*, n° 34.

27. — Il en est de même, à plus forte raison, si le tiers qui a payé s'est fait subroger dans les droits du créancier ; car alors, outre que le paiement a été fait en connaissance de cause, le tiers a accepté le débiteur. — Toullier, t. 11, n° 84 ; Rolland de Villarges, *Rép.*, v° *Répétition*, n° 35.

28. — Le don manuel d'une somme d'argent fournie par un banquier, de ses deniers, à la réquisition du donateur, ne peut, faute de remboursement de la part du commettant, fonder, au profit du banquier, une action en répétition contre le donataire. — *Paris*, 11 févr. 1808, Catoire c. Verninac.

29. — Enfin, c'est payer ce qui n'est pas dû que de payer par erreur une autre chose que celle qui est due. — L. 19, § 3, ff., *De condict. indeb.* — Pothier, *Obligations*, n° 154 ; Rolland de Villargues, *Rép.*, v° *Répétition*, n° 36.

30. — Les lois romaines énumèrent beaucoup d'autres cas où la répétition est admise. Il faut dire qu'elle est admise, en général, en faveur du propriétaire, toutes les fois qu'une chose reste, *sans aucune cause*, aux mains de celui qui l'a reçue. — Toullier, t. 11, n° 86.

31. — 2° Il n'y a pas lieu à répétition quand le paiement avait une cause raisonnable : quand même la chose ne serait pas due légalement parlant, c'est-à-dire qu'on n'aurait pas d'action civile pour l'exiger. — Toullier, t. 11, n° 87 ; Rolland de Villargues, *Rép.*, v° *Répétition*, n° 37.

32. — Tel est le cas de toutes les obligations naturelles. La répétition n'est pas admise à l'égard de ces obligations, quand elles ont été volontairement acquittées. — C. civ., art. 1235. — Toullier, t. 11, n° 87.

33. — Par exemple, bien que la loi n'accorde aucune action pour une dette de jeu ou pour le paiement d'un pari (C. civ., art. 1969), le perdant ne peut, dans aucun cas, répéter ce qu'il a volontairement payé, à moins qu'il n'y ait eu, de la part du gagnant, dol, supercherie ou escroquerie. — Art. 1967. — En effet, dans ce dernier cas, il n'y a pas d'obligation naturelle. — Toullier, t. 11, n° 87. — M. Duranton ne considère pas les dettes de *gros jeu* comme des obligations naturelles. — T. 10, n° 370, et t. 13, n° 681.

34. — Après le paiement d'une obligation, il n'y a pas lieu à répétition : par le motif que cette obligation aurait une cause illicite, et notamment des différences dues sur marchés à terme et jeux de bourse. — *Paris*, 29 sept. 1825, Willmott c. Gaillard et Lelégard.

35. — Celui des contractans pour qui un tiers a prêté son nom et a payé les différences ne peut être forcé à rembourser à ce tiers les sommes avancées par celui-ci. — *Bordeaux*, 29 août 1828, Lecoq c. Tricou.

36. — De ce que le débiteur peut, au moyen des fonds qu'il possède, acquitter une dette naturelle, sans avoir droit à restitution, il n'en résulte pas que le tiers qui, connaissant la nature illicite de la créance, en aurait libéré le débiteur, de son consentement, puisse venir à contribution, à raison de ce remboursement, avec les créanciers légitimes de celui-ci ; il ne peut acquérir un droit que n'avait pas le créancier primitif. — *Cass.*, 30 mai 1838 (t. 2 1838, p. 80), agens de change de Paris c. Bureau.

37. — Lorsqu'un individu qui avait, avant le papier-monnaie, emprunté une somme en argent, a depuis remboursé en assignats et d'après l'échelle de dépréciation une plus forte somme nominale ; il ne peut répéter cet excédant, attendu qu'il n'a fait en cela que remplir une obligation naturelle. — *Grenoble*, 25 août 1809, Merueil c. Rosset.

38. — La vente d'une charge de chancelier près d'un consulat étant déclarée nulle comme illicite, l'acquéreur a droit à la restitution des sommes qu'il a payées comme contraint et forcé ; mais il n'en est pas de même des sommes qu'il a payées volontairement. — *Paris*, 18 nov. 1837 (t. 1er 1838, p. 209), Scarcey c. Duguet.

39. — Des intérêts payés volontairement à une époque où la loi en prohibait la stipulation, ne sont pas pour cela sujets à répétition. — *Cass.*, 6

avr. (et non 26) 1815, d'Houchin c. Carpentier. — V. INTÉRÊTS.

40. — Mais jugé que la maxime *Usuræ solutæ non repetuntur* n'est pas applicable au cas d'intérêts que la loi déclare usuraires.—*Cass.*, 31 mars 1813, Crouzat c. Rigaud.—V. USURE.

41. — Si le paiement d'un legs ne peut être considéré comme l'acquit d'une dette naturelle, il a cependant une cause raisonnable : telle qu'un motif de délicatesse ou de piété. L'héritier ne serait donc pas recevable dans son action en répétition fondée sur ce que le testament était nul pour vice de forme ou incapacité du testateur ou du légataire. Toutefois, il en serait autrement s'il établissait qu'il a ignoré la nullité du testament lors du paiement. — Toullier, t. 6, nº 69, et t. 11, nº 89; Rolland de Villargues, *Rép.*, vº *Répétition*, nºs 41, 49 et suiv.

42. — L'acquittement volontaire par les enfans d'un don verbal fait *in extremis* par leur mère à son mari n'est pas sujet à répétition. C'est là l'accomplissement d'un devoir de piété filiale, et, par conséquent, l'acquittement d'une obligation naturelle. — *Colmar*, 22 nov. 1839 (t. 1er 1840, p. 160), Chatelain et Lange.

43. — L'art. 1235 C. civ., qui défend de répéter les sommes volontairement payées pour l'acquit d'une obligation naturelle, est applicable au cas où il s'agit de sommes payées pour la nourriture et l'éducation d'un enfant naturel, lors même qu'il n'existerait pas de reconnaissance par acte authentique. — *Paris*, 3 août 1825, Turville c. B....

44. — L'arrêt qui s'appuyant, d'une part, sur les faits et les actes de la cause et, de l'autre, sur le principe que celui qui acquitte une dette fondée sur une obligation naturelle, non-seulement ne peut répéter ce qu'il a payé, mais même est tenu de payer le complément de la dette et de passer titre nouvel, n'est point sujet à cassation. — *Cass.*, 29 janv. 1827, Richard de Vesvrotte c. de Macheer.

45. — Il est certaines exceptions péremptoires qui, bien qu'acquises au débiteur, ne laissent pas moins subsister une obligation naturelle.—L. 66, ff., *De reg. jur.* — Le débiteur qui paie, au lieu d'opposer l'exception, perd le droit de répéter ultérieurement, tel est le cas où il paie une dette prescrite.—Toullier, t. 6, nº 77; t. 8, nº 98, et t. 11, nºs 73 et 88; Rolland de Villargues, *Rép.*, vº *Répétition*, nºs 42 et 43.

46. — Quant à l'exception de chose jugée, il faut distinguer : si celui qui paie connaissait le jugement qui le renvoie de la demande, il ne peut répéter; car alors, il est censé n'avoir payé que par suite d'une obligation naturelle. Mais, s'il ignorait l'existence du jugement d'absolution, la répétition est admissible pour cause d'erreur. — Toullier, t. 11, nº 88; Rolland de Villargues, *Rép.*, vº *Répétition*, nºs 44 et 45.

47. — Lorsqu'un individu a payé avant le jugement qui le condamne : il peut exciper de ce paiement, sans pour cela attaquer la chose jugée; il veut seulement ne pas payer deux fois.— Delvincourt, *Cours de C. civ.*, t. 3, p. 448, note.

48. — De même, lorsqu'on a payé une somme en vertu d'un jugement de condamnation; on peut, nonobstant la chose jugée, en demander la restitution, si l'on fournit la preuve que cette somme n'était pas due. — *Cass.*, 24 frim. an X, Grizard c. Duchizel.

49. — Quoique le débiteur ait reconnu la dette au profit des héritiers du créancier, et qu'il ait même été condamné envers eux par un jugement définitif, il peut néanmoins demander à être déchargé de cette dette, s'il découvre un testament du créancier qui lui lègue ce qu'il pouvait lui devoir. —*Bourges*, 12 juill. 1810, Chabrol c. Varreux.

50. — Le président d'un bureau d'administration de salines qui condamné, en cette qualité, au paiement d'une somme, a payé à la suite d'une saisie de ses propres meubles, en faisant constater dans le procès-verbal qu'il ne payait que comme contraint et forcé, n'ayant en sa possession aucuns deniers ni effets appartenant à l'administration, ne peut être déclaré non recevable dans sa demande en restitution de la somme payée, sous prétexte que ses protestations et réserves n'énoncent pas que les deniers du paiement proviennent de ses fonds personnel. — *Cass.*, 27 août 1829, Roques c. Rouré.

51. — L'endosseur qui a remboursé un effet protesté quoique le protêt fût nul et par suite l'action en garantie éteinte, ne peut répéter ce qu'il a payé sans fraude au porteur. — *Cass.*, 7 mars 1815, Quetin c. Aubé; 22 mai 1833, Roulland c. Harel-Legentil. — *Contrà*, *Bruxelles*, 28 juill. 1810, Depacpe c. Deheyme.

52. — En pareil cas, la faute du porteur qui a occasionné la nullité du protêt ne suffit pas pour l'obliger à restituer, à titre de réparation, la somme qu'il a touchée de l'endosseur garant. — *Cass.*, 22 mai 1833, Roulland c. Harel-Legentil.

53. — La stipulation du contrat de mariage portant qu'au cas où la femme survivante renoncerait à la communauté, elle reprendrait telle somme ou tels effets mobiliers apportés par elle, est personnelle à la femme, et ne peut profiter à ses enfans. En conséquence, si ces derniers, après avoir renoncé à la communauté, reçoivent de leur père quoi que ce soit en vertu de la clause insérée au contrat de mariage; il y a là un paiement sans cause, sujet par suite à répétition. — *Caen*, 26 juin 1844 (t. 2 1844, p. 617), Morin-Angot c. Pavie.

54. — 3º Pour qu'il y ait lieu à répétition, il faut enfin que le paiement ait été fait par erreur (C. civ., art. 1377). Ainsi, il existe à cet égard une différence entre celui qui reçoit et celui qui paie. Le premier est tenu de restituer non-seulement quand il a reçu par erreur, mais encore lorsqu'il a reçu sciemment (C. civ., art. 1376). Tandis que celui qui paie ce qu'il ne doit pas n'a d'action en répétition que dans le cas d'erreur. — Toullier, t. 11, nº 61; Rolland de Villargues, *Rép.*, vº *Répétition*, nº 53.

55. — Dès lors, si la chose n'était pas due, et que néanmoins celui qui savait n'en être pas débiteur l'ait payée sciemment et volontairement, il n'a droit à aucune répétition; il est présumé avoir voulu faire une libéralité.—L. 1, ff., *De condict. indeb.*; L. 9, C. *eod.*— Toullier, t. 11, nº 60; Rolland de Villargues, *Rép.*, vº *Répétition*, nº 54.

56. — La répétition a lieu lorsque le paiement a été fait par suite soit d'une erreur de fait, soit d'une erreur de droit; car le Code ne distingue point. — *Cass.*, 24 janv. 1827, Loudools c. Benech. — Toullier, t. 11, nº 63; Delvincourt, t. 3, p. 679, note; Duranton, t. 13, nº 682; Rolland de Villargues, *Rép.*, vº *Répétition*, nº 57.

57. — Ainsi : le mandant qui, dans l'ignorance qu'un billet souscrit par son mandataire avait une cause fausse, l'a spontanément acquitté, est fondé à répéter du créancier la somme qu'il a ainsi payée par erreur. — *Cass.*, 24 janv. 1827, Loudools c. Benech.

58. — S'il y avait dette naturelle, le paiement fait par erreur de droit ne serait pas sujet à répétition. — Duranton, t. 13, nº 682. — *Contrà*, Rolland de Villargues, *Rép.*, vº *Répétition*, nº 58.

59. — Des majeurs qui ont payé comme héritiers de leur père une dette qui était à la charge de leur mère, ne peuvent alléguer l'erreur de droit, pour se faire relever de ce paiement, et agir par l'action *de condictione indebiti*. — *Metz*, 22 août 1806, Leclerc c. Bovier.

60. — Lorsqu'un débiteur failli a payé au delà de ce qu'il devait d'après la remise que lui ont faite ses créanciers par un concordat, il a droit de répéter cet excédant : suivant M. Duranton (t. 13, nº 681); car, s'il y a dette naturelle, évidemment le paiement est la suite d'une erreur.

§ 3. — *Exercice et effets de l'action en répétition.*

61. — C'est à celui qui a payé ou au nom de qui le paiement a été fait par erreur qu'appartient le droit de répétition. Si mon ancien tuteur, si mon mandataire avait payé une chose dont, par erreur, il me croyait débiteur, ce serait moi, et non pas eux, qui devrais demander la répétition.—L. 6, § ff., *De condict. indeb.* — Cependant il serait plus conforme à l'équité que celui qui a payé pût former cette demande, soit que j'aie ou non approuvé le paiement. — Toullier, t. 11, nº 90.

62. — Cependant, il est des cas où celui qui a fait en son nom et pour son compte le paiement de ce qui n'était pas dû, n'a pas néanmoins le droit de répétition, mais une autre personne. Par exemple, l'héritier putatif qui a payé avec des effets de la succession, ce que, par erreur, il croyait dû, ne peut les répéter après que le véritable héritier est reconnu. — Toullier, t. 11, nº 91.

63. — Comme les mineurs non émancipés ne peuvent faire seuls un paiement valable (C. civ., art. 1238), le tuteur peut répéter la chose payée par son mineur pour quelque cause que ce soit. — C'est au créancier à prouver non-seulement que la chose était due, mais encore que la dette était exigible. — Toullier, t. 11, nº 66.

64. — Le mineur devenu majeur ne pourrait répéter ce qui a été payé par son tuteur, sans

prouver que la chose payée n'était pas due. Car le tuteur est regardé comme propriétaire en ce qui concerne les intérêts du mineur. — L. 9, § 5 et 6, ff., *De admin. tut.* — Toullier, t. 11, nº 67.

65. — Lorsqu'une mère tutrice de son fils interdit a remis à un autre de ses enfans une somme qu'elle prétend lui être due par l'interdit, comme ayant été son mandataire avant l'interdiction, celui-ci ne peut, après l'interdiction levée, et encore qu'il ait reçu décharge du mandat, et que la mère ait fait remise de cette somme en sa qualité de tutrice, la réclamer de son frère, en ce qu'elle aurait servi à payer une dette non due par lui. — Et la mère elle-même a pu être déclarée aussi sans qualité pour revendiquer cette somme, non en son propre nom et comme donatrice, mais en qualité de tutrice, sauf pour le second enfant donataire l'obligation de faire rapport au décès de sa mère s'il y a lieu. — *Cass.*, 20 nov. 1832, Dehamel.

66. — Le mari peut répéter le paiement fait par sa femme sans son autorisation, et le créancier ne pourrait se soustraire à la restitution qu'en prouvant : 1º que la chose était due par la communauté; 2º que la dette était exigible. — Toullier, t. 11, nº 68.

67. — Lorsqu'en exécution d'une séparation de corps volontaire et par conséquent nulle, le mari a remboursé à sa femme le montant de sa dot; il ne peut, ultérieurement, le répéter de celle-ci, qui n'avait pas cessé d'être incapable de le recevoir. — *Caen*, 14 nov. 1825, Lebourgeois.

68. — Celui qui a donné la chose en paiement et qui veut la répéter après son erreur découverte a-t-il une action contre le tiers acquéreur ou le tiers donataire? A l'égard des meubles, ce doute n'est pas possible; car leur possession vaut titre, sauf le cas de vol. — C. civ., art. 2279. — A l'égard des immeubles, il n'y a lieu à revendication ni contre le tiers acquéreur, puisque l'art. 1380 n'oblige qu'à la restitution du prix, ni contre le tiers donataire de bonne foi; car, outre que la loi ne protége pas moins la propriété du donataire que celle de l'acquéreur, il peut se faire que la donation ait eu pour objet de favoriser un mariage.—Delvincourt, t. 3, p. 681, note; Toullier, t. 11, nºs 27, 98 et 99; Rolland de Villargues, *Rép.*, vº *Répétition*, nºs 76 et suiv. — M. Duranton (t. 13, nº 683) trouve la question délicate, et penche pour la revendication.

69. — Lorsqu'un créancier colloqué dans un ordre a disposé, en payant ses propres dettes, des sommes qui lui ont été allouées, et pour lesquelles un mandement lui avait été délivré; si l'arrêt qui avait admis cette collocation vient ensuite à être cassé, les tiers créanciers qui ont reçu de bonne foi les sommes qui leur ont été payées ne peuvent pas être obligés à les restituer. — On doit décider de même si le tiers est un tuteur qui a reçu les sommes allouées à ses pupilles, et qui les a appliquées de bonne foi, dans son compte de tutelle, à se couvrir des dépenses par lui faites; seulement, les parties intéressées ont le droit de débattre le compte de tutelle. — *Cass.*, 13 mai 1823, Dezasars C. Laglasière.

70. — Lorsque, pour purger les hypothèques, l'acquéreur d'un immeuble a dénoncé son contrat et payé son prix aux créanciers utilement colloqués, il ne peut rien répéter contre ces créanciers quelle que soit l'éviction qu'il souffre d'une partie de l'objet vendu. — *Lyon*, 1er juill. 1823, Delacharme c. N....

71. — L'adjudicataire qui, après avoir payé le montant du prix de son acquisition par suite de l'état d'ordre ouvert pour la distribution des deniers, est obligé de payer une seconde fois une partie de son prix à un créancier préférable en hypothèque, mais dont les titres étaient restés ignorés, peut répéter cette partie du prix contre les créanciers derniers colloqués. — *Cass.*, 9 nov. 1812, Pabst c. Conte; 31 janv. 1815, Daniel c. Connelet; *Caen*, 16 août 1842 (t. 1er 1843, p. 418), Lecieux c. Dubreuil.—Merlin, *Rép.*, vº *Saisie immobilière*, § 8; Bioche et Goujet, *Dict. de procédure*, vº *Ordre entre créanciers*, nº 55; Berriat, p. 611; Persil, t. 2, p. 450; Hervieu, *Résumé de jurisprudence hypothécaire*, vº *Ordre*, nº 6. — V. aussi Carré et Chauveau, *Lois de la procédure*, quest. 2511.

72.—Les créanciers délégataires, qui reçoivent de l'acquéreur d'un immeuble tout ou partie de ce qui leur est dû par le vendeur, ne sont pas tenus à restitution dans le cas où l'acquéreur est obligé de payer une seconde fois, par suite des hypothèques; dans ce cas l'acquéreur n'a d'action en répétition que contre le vendeur. — *Cass.*, 28 avril 1840 (t. 2 1840, p. 64), Labrillantais c. Laffitte et Rothschild.

73. — Celui qui a volontairement payé à un

créancier de bonne foi, et porteur d'un titre légitime, une somme qu'il avait pris l'obligation d'acquitter, et à laquelle il a été reconnu plus tard qu'un autre avait droit acquis, n'est pas fondé à en exercer la répétition contre ce créancier, lorsqu'il est prouvé qu'à l'époque où il a effectué le paiement, il connaissait le droit de celui à qui il a été condamné à payer de nouveau, et qu'il a usé de mauvaise foi à l'égard de ce dernier. — *Aix*, 19 avril 1823, Servel c. Favart; *Cass.*, 13 déc. 1826, mêmes parties.

74. — Lorsqu'un créancier a reçu légitimement ce qui lui était dû, sans opposition de la part d'un autre créancier qui avait un droit de préférence; il n'est pas tenu de restituer ce qu'il a reçu à ce créancier privilégié qui réclame plus tard contre le paiement effectué, alors même que le créancier payé aurait été partie dans l'acte où est stipulé le droit de préférence de l'autre créancier. — *Cass.*, 29 janv. 1835, Thevenard c. Barré de Saint-Venand.

75. — L'adjudicataire évincé, par suite de la cassation de l'arrêt en vertu duquel on a procédé à l'adjudication, n'a pas le droit de réclamer l'indemnité des pertes que l'éviction lui a fait éprouver, alors qu'il connaissait au moment de l'adjudication l'existence du pourvoi en cassation; il ne peut réclamer non plus les frais dont il a été tenu en refusant indûment de payer avant l'arrêt de cassation. — Dans ce cas, l'adjudicataire n'a droit qu'à la restitution des frais de poursuite et du prix qu'il a payés en vertu du jugement d'adjudication; mais avec action purement personnelle, et sans solidarité contre chacune des personnes obligées à la restitution : et l'action en répétition ne peut être dirigée contre ces personnes elles-mêmes, bien que ce fût entre les mains de leurs avoués que les paiemens eussent été effectués. — *Paris*, 6 févr. 1836, de Broyes c. de Perthuis.

76. — L'avoué qui a obtenu la distraction et touché les dépens adjugés à son client n'est point tenu de les restituer à la partie adverse, si l'arrêt qui en a ordonné la distraction est cassé. — *Cass.*, 16 mars 1807, Vigier c. Aubert-Dubourg.

77. — Le cessionnaire valablement saisi, par la notification de son titre, au préjudice duquel un cessionnaire postérieur a touché la somme cédée, n'a pas contre celui-ci l'action en restitution; il n'a que l'action en paiement contre le débiteur cédé. — *Paris*, 12 janv. 1826, agent du Trésor c. Barbier, Saint-Hilaire et Devirgile.

78. — Lorsqu'un jugement en déclarant illégale une prise maritime condamne en même temps à la restitution l'armateur et *tous dépositaires*, il en résulte pour le capturé le droit de faire restituer aux *actionnaires* les dividendes par eux touchés. — *Cass.*, 18 mars 1810, Tecker-Gayen c. Acquart.

79. — Celui qui prétend avoir payé plus que ne le portait la condamnation prononcée contre lui, ne peut point, pour obtenir la restitution, saisir directement la Cour qui a rendu l'arrêt de condamnation. Son action doit, en pareil cas, être intentée dans les formes ordinaires. — *Bruxelles*, 12 mars 1827, B... c. G....

80. — L'objet de la répétition est la chose même indûment reçue par erreur ou sciemment (C. civ., art. 1376), ou son équivalent : c'est-à-dire une somme égale à sa valeur. — Toullier, t. 11, n° 92; Rolland de Villargues, *Rép.*, v° *Répétition*, n° 60.

81. — Et d'abord c'est la chose même, *in individuo*, qui est l'objet principal de l'action en répétition, lorsqu'elle consiste en un corps certain et déterminé qui ne se consomme point par l'usage. — Toullier, t. 11, n° 92; Rolland de Villargues, *Rép.*, v° *Répétition*, n° 61.

82. — Si c'est une chose fongible, c'est sa valeur seulement ou une quotité égale qui est l'objet principal de la répétition — L. 7, ff., *De condict. indeb.* — Toullier, t. 11, n°s 92 et 100. — Il en est de même quand la chose ne peut se restituer en espèce : tels seraient, par exemple, des services appréciables. — Rolland de Villargues, *Rép.*, v° *Répétition*, n° 63.

83. — Celui qui a touché une somme qui ne lui était pas due ne doit restituer que ce qu'il a effectivement reçu; par exemple : s'il n'a reçu que des assignats, il ne doit rendre que des assignats d'après l'échelle de dépréciation. — *Cass.*, 15 nov. 1830, Bachon c. de Ségur.

84. — La partie qui a obtenu la cassation d'un arrêt peut se faire restituer les sommes payées en vertu de cet arrêt, lors même que la Cour de cassation n'en aurait pas expressément ordonné la restitution. — *Cass.*, 15 janv. 1812, Mens c. Lansberg; 22 janv. 1822, Garagnon c. Martin d'André.

85. — Si, me croyant débiteur envers vous d'une plus grande somme d'argent que celle que je vous devais effectivement, je vous ai donné et vous avez consenti à recevoir en paiement un immeuble, ou une autre chose non fongible : je ne puis vous obliger à me restituer une partie de cette chose, jusqu'à concurrence de ce que je vous ai payé de trop; je suis tenu de répéter la chose entière, et de vous offrir le paiement de la somme que je vous devais. — L. 26, § 4, ff., *De condict. indeb.* — Toullier, t. 6, n° 778; Duranton, t. 13, n° 690; Rolland de Villargues, *Rép.*, v° *Répétition*, n° 64.

86. — Les accessoires de la chose, tels que l'augmentation survenue à un immeuble par l'alluvion, les fruits perçus entrent dans l'action en répétition. — L. 15 et 26, § 12, ff., *De condict. indeb.* — Toullier, t. 11, n°s 92 et 100; Rolland de Villargues, *Rép.*, v° *Répétition*, n°s 65 et 66.

87. — Lorsque des sommes ont été payées indûment, mais divisément, à plusieurs personnes, la restitution ne peut en être ordonnée solidairement. — *Cass.*, 22 juin 1824, Filter et Darnal c. Lombard.

88. — La répétition tant du principal que des accessoires a des effets différens, suivant que celui à qui on a payé était de bonne foi ou de mauvaise foi.

89. — 1° *Paiement reçu de bonne foi.* — La restitution n'a lieu contre celui qui a reçu la chose de bonne foi que jusqu'à concurrence de ce dont il a profité : *quatenùs locupletior factus est.* — L. 65, § 7 et 8, ff., *De condict. indeb.* — Toullier, t. 11, n° 94; Rolland de Villargues, *Rép.*, v° *Répétition*, n° 68.

90. — Si la chose existe en sa possession, il doit la rendre avec tous ses accessoires; autrement il s'enrichirait aux dépens d'autrui. D'après la loi 15, ff., *De condict. indeb.*, 12, 6, il était même tenu de rendre les fruits. Il n'en est pas de même aujourd'hui. — Arg. art. 1378 C. civ. — D'ailleurs l'art. 549 établit en principe général que le simple possesseur de bonne foi fait les fruits siens pendant que sa bonne foi dure. — Toullier, t. 11, n° 94. — *Contrà* Rolland de Villargues, *Rép.*, v° *Répétition*, n°s 69 et 70. — En tout cas, il est tenu des fruits et intérêts du jour de la demande en restitution. — Duranton, t. 13, n° 691.

91. — Celui qui postérieurement à la loi du 17 floréal an VII, et à une époque où il était réputé héritier de biens affermés, a reçu de bonne foi en livres tournois les fermages de ces biens, conformément aux conventions passées entre le défunt et les fermiers, ne peut, lorsque plus tard il est tenu de rendre compte au véritable héritier, être astreint à restituer les fermages en francs; il ne doit rendre que ce qu'il a réellement reçu. — *Cass.*, 1er août 1832, Lehugeur c. Delalande.

92. — Si la chose n'existe plus en la possession de celui qui l'a reçue parce qu'elle aurait péri par accident et sans son fait, il est dégagé de l'obligation de la rendre; car l'obligation est éteinte par la perte de la chose. — Toullier, t. 7, n°s 442 et suiv., et t. 11, n° 95; Rolland de Villargues, *Rép.*, v° *Répétition*, n° 72.

93. — Lors même que la chose a péri par la faute ou la négligence de celui qui l'a reçue de bonne foi, il n'est tenu à aucune restitution; car il est considéré comme propriétaire, maître de sa chose. — Arg. C. civ., art. 1631 : relatif à l'acheteur évincé. — Il est vrai que l'art. 1379 ordonne la restitution de la chose quand elle est périe ou détériorée *par la faute* du possesseur, sans faire de distinction. Mais l'article n'est, comme le précédent, applicable qu'au possesseur de mauvaise foi. Il suppose que la chose a été à la vérité reçue de bonne foi; mais que, depuis, le possesseur a connu le vice de sa possession, et que c'est depuis ce temps qu'est arrivé l'événement qui a causé la perte ou la détérioration. — Delvincourt, t. 3, p. 682, note; Rolland de Villargues, *Rép.*, v° *Répétition*, n° 73. — Toutefois, la rédaction de cet article est vicieuse. — Toullier, t. 11, p. 102.

94. — Si celui qui a reçu de bonne foi a vendu la chose, il ne doit restituer que le prix de la vente (C. civ., art. 1380) : quand même elle aurait été faite à vil prix. — L. 26, § 12, ff., *De condict. indeb.* — Toullier, t. 11, n° 96.

95. — Par la conséquence des mêmes principes, il ne serait tenu à aucune restitution s'il avait disposé gratuitement de la chose reçue, sans en retirer aucun profit, sans s'enrichir. — L. 65, § 8, ff., *De condict. indeb.* — Toullier, t. 11, n° 96; Rolland de Villargues, *Rép.*, v° *Répétition*, n° 75.

96. — Si le défendeur en répétition avait une action pour faire rescinder le contrat; il devrait la céder au demandeur, qui l'exercerait à ses risques. — Toullier, t. 11, n° 101; Rolland de Villargues, *Rép.*, v° *Répétition*, n° 79.

97. — 2° *Paiement reçu de mauvaise foi.* — Il y a mauvaise foi quand celui qui a reçu savait que la chose ne lui était pas due; soit qu'il ait eu cette connaissance au moment du paiement, soit qu'il l'ait acquise depuis : notamment par la demande formée contre lui. — Toullier, t. 11, n° 103; Rolland de Villargues, *Rép.*, v° *Répétition*, n° 81.

98. — Les obligations de celui qui a reçu de mauvaise foi sont plus étendues et plus rigoureuses que celles de l'individu qui a reçu de bonne foi. Si les lois romaines et les lois françaises ne donnent pas contre lui l'action de vol, c'est parce que c'est le propriétaire lui-même qui a livré volontairement sa chose. Mais évidemment il y a dol par réticence de la part de celui qui l'a reçue. — Toullier, t. 11, n° 103; Rolland de Villargues, *Rép.*, v° *Répétition*, n° 82 et 83.

99. — Ainsi : celui qui a reçu une somme ou une chose de mauvaise foi, doit restituer, outre le capital ou la chose, les intérêts ou les fruits du jour du paiement (C. civ., art. 1378); il est même tenu de faire raison des fruits qu'il a manqué de percevoir et dont il n'a pas profité. — Toullier, t. 11, n° 104 et 105; Rolland de Villargues, *Rép.* v° *Répétition*, n° 85.

100. — Jugé, en conséquence, que celui qui s'est fait payer une somme qu'il savait ne lui être pas due doit la rendre avec intérêt. — *Rennes*, 18 nov. 1814, Guesnot c. Stendelet.

101. — ... Que celui qui est reconnu avoir reçu de mauvaise foi plus qui ne lui était dû peut être condamné à restituer les intérêts des sommes qu'il doit restituer, à compter du jour où il les a reçues. — *Cass.*, 23 mars 1831, Lewel c. Behr.

102. — Lorsque l'acceptation d'une succession est annulée comme étant le fruit du dol, tout ce que les héritiers ont payé de leurs deniers propres jusqu'à la découverte du dol est sujet à répétition, comme payé par erreur, sauf aux créanciers à exercer leurs droits par contribution sur la masse de la succession. — *Cass.*, 5 déc. 1838 (t. 2 1838, p. 617), Boullé, Robinot, Charpentier, Bourdonnais et Moisan c. Bourdonnais-Duclesio et Durand-Vaugaron.

103. — Lorsque, après la cassation d'un arrêt, un nouvel arrêt de Cour d'appel, jugeant la question en sens contraire, ordonne la restitution des sommes payées; il peut condamner la partie qui a reçu à tenir compte des intérêts depuis le jour du paiement, si la partie qui a payé a déclaré le faire comme forcée et contrainte et sous la réserve de se pourvoir en cassation. — *Cass.*, 11 nov. 1828, Delongchamp c. Coutte.

104. — Celui qui se croyant à tort et par erreur cessionnaire d'une créance en touche le montant, par l'entremise d'un mandataire, cause, par ce fait, au véritable propriétaire de la créance un préjudice dont il est personnellement responsable vis-à-vis de lui, et qu'il peut être condamné à réparer en lui restituant à la fois le montant de la somme indûment perçue ainsi que les intérêts, à compter du jour de la perception, et les faux frais par lui faits pour obtenir paiement. — Il prétendrait à tort qu'ayant agi sans fraude, il ne peut être poursuivi qu'en cas d'insolvabilité du mandataire entre les mains de qui le paiement effectif a eu lieu. — *Bastia*, 9 juill. 1823, Campana c. Podesta; *Cass.*, 21 août 1837 (t. 2 1837, p. 391), mêmes parties.

105. — Le créancier d'une dette échue qui a été payé par son débiteur dont la faillite, postérieurement déclarée, a été reconnue remonter à une époque antérieure au paiement peut, à raison de l'insolvabilité notoire de ce débiteur au moment du paiement et de la rigueur des voies d'exécution qu'il a dû employer contre lui, être réputé avoir eu connaissance de l'état de cessation de paiemens où était son débiteur à cette époque, et, par suite, être condamné à rapporter à la faillite la somme qu'il a touchée. — Dans ce cas les intérêts de la somme à restituer sont dus non pas seulement du jour de la demande en répétition formée par les syndics, mais du jour de l'indu paiement fait au créancier. — *Lyon*, 10 déc. 1847 (t. 1er 1848, p. 156), de Speyr c. Balleydier.

106. — Si celui qui a reçu la chose de mauvaise foi est, par son fait, hors d'état de la rendre, par exemple s'il l'a vendue; il n'est pas dégagé de l'obligation de rendre en restituant le prix, comme celui qui aurait reçu de bonne foi. Alors, comme il ne peut plus restituer en nature, il est tenu de tous dommages-intérêts. — Toullier, t. 11, n° 106.

107. — Si la chose a péri par cas fortuit ou force majeure, il n'en est pas moins tenu d'en restituer la valeur (C. civ., art. 1379); à moins qu'il ne prouve qu'elle aurait également péri chez celui qui l'a livrée. — C. civ., art. 1302. — Toullier, t. 11, n° 107; Duranton, t. 13, n° 693.

108. — Si elle est seulement détériorée : il répond de sa faute, même la plus légère (C. civ., art. 1379) ; car, du moment où il a reçu la chose de mauvaise foi, il s'est imposé l'obligation de la conserver jusqu'à la restitution, à peine de dommages-intérêts. — Arg. C. civ., art. 4136. — Toullier, t. 44, n° 108 ; Duranton, t. 43, n° 698.

109. — De son côté, celui à qui la chose est restituée doit tenir compte, même au possesseur de mauvaise foi, de toutes les dépenses nécessaires et utiles qui ont été faites pour la conservation de la chose. — C. civ., art. 4381.

110. — Quant aux plantations ou constructions faites sur le fonds répété, il faut distinguer si le défendeur a reçu l'immeuble de bonne foi ou de mauvaise foi. Dans le premier cas, le propriétaire ne pourrait demander la suppression des ouvrages et plantations ; il aurait le choix de rembourser ou la valeur des matériaux et le prix de la main-d'œuvre, ou une somme égale à celle dont le fonds a augmenté de valeur. Dans le second cas, le propriétaire pourrait ou retenir les plantations, ouvrages et constructions, ou obliger le défendeur à les enlever à ses frais. — C. civ., art. 555. — Toullier, t. 44, n° 444 ; Duranton, t. 43, n° 695 ; Rolland de Villargues, *Rép.*, v° *Répétition*, n°s 94 et 92.

111. — Les améliorations sont compensées jusqu'à due concurrence avec les détériorations ; le demandeur en répétition n'est tenu que de l'excédant, quand même le défendeur aurait reçu la chose de bonne foi. — Toullier, t. 44, n° 410 ; Rolland de Villargues, *Rép.*, v° *Répétition*, n° 90.

112. — Comme il ne s'agit ici ni de faire annuler ni rescinder un contrat, l'action ne se prescrit pas par dix ans mais bien par trente ans. — Rolland de Villargues, *Rép.*, v° *Répétition*, n° 6.

REPEUPLEMENT.
V. FORÊTS.

RÉPIT.
V. DÉLAI, LETTRES DE RÉPIT, PAIEMENT.

REPLANTATION.
V. FORÊTS.

REPORT (Rentes).
1. — Le report est une opération de bourse qui consiste à acheter une certaine quantité de rentes au comptant et à les revendre immédiatement à terme, pour profiter de la plus-value résultant de la différence du prix entre les rentes au comptant et celles à terme.

2. — On convient généralement, que le report ne doit point être considéré comme un jeu de bourse. — Mollot, n° 338.

3. — La revente à terme ne peut avoir lieu à un délai qui excède deux mois. L'arrêt du Conseil du 22 sept. 1786 en contient une prohibition formelle.

4. — On stipule quelquefois que l'acheteur à terme paiera immédiatement au vendeur une prime qui sera imputée sur le prix lors de la livraison, et que ce dernier retiendra jusqu'à concurrence de la perte éprouvée par suite de la baisse ; faute par l'acheteur de prendre livraison à l'échéance.

5. — La validité du contrat de report a été consacrée par un arrêt de la Cour d'appel de Paris du 24 mars 1825 (Collot c. Sandrié-Vincourt). — Mollot, n° 344.

6. — Quoique le report soit un moyen de placement et qu'on puisse considérer celui qui place son argent en report jusqu'à un certain point comme un prêteur, il ne peut être tenu, si le taux du report excède cinq ou six pour cent, de remettre l'excédant comme usuraire. Il n'y a, en effet, dans le contrat de report, que des ventes, et on ne peut lui appliquer les principes du prêt. — Mollot, n° 346.

7. — Au terme fixé pour la livraison des rentes achetées à terme, on peut continuer le report de la même quantité de rentes pour le mois ou les deux mois suivans. Cette opération, qui peut se faire de plusieurs manières, est également légitime dans tous les cas. — Mollot, n° 342.

8. — Le report peut avoir lieu sur d'autres fonds que les rentes sur l'État. — Mollot, n° 347.
V. BOURSES DE COMMERCE, RENTES SUR L'ÉTAT.

REPRÉSAILLES (Lettres de).
1. — On entend par représailles l'action de nuire pour se venger de ce q¹ a été fait au mé-

pris du droit international ou du droit de la guerre.

2. — Le droit des gens ne permet les représailles que pour une cause évidemment juste, pour une dette claire et liquide. — Magnitot et Delamarre, *Dict. de dr. administr.* v° *Représailles*, § 4er.

3. — Il n'appartient qu'au souverain d'exercer ou d'ordonner les représailles ; mais il doit indemniser celui des regnicoles sur qui sont tombées les représailles : c'est une dette de l'État ou de la nation, dont chaque citoyen doit supporter sa quote-part. — Magnitot et Delamarre, *ibid.*

4. — Les représailles constituent une fortune de mer et par conséquent sont ordinairement aux risques des assureurs. — C. comm., art. 350. — V. ASSURANCE MARITIME.

5. — Quiconque a, par des actes non approuvés par le gouvernement, exposé des Français à éprouver des représailles, est punissable du bannissement. — C. pén., art. 85. — V. CRIMES CONTRE LA SURETÉ DE L'ÉTAT.

6. — Les lettres de représailles sont celles que le souverain accorde à l'un de ses sujets pour l'autoriser à exercer des représailles, c'est-à-dire à reprendre, sur les sujets d'une puissance étrangère, l'équivalent de ce qu'on lui a pris, quand le prince ennemi n'a pas voulu lui faire justice. — Ordonn. 1681, liv. 3, tit. 40 ; décr. 5 févr. 1793.

7. — En matière de prises, une demande tendante à obtenir des lettres de représailles ne peut être portée devant le roi en son Conseil d'État par la voie contentieuse. — Cons. d'État, 49 avr. 1826, Rougemont. — V. PRISES MARITIMES.

REPRÉSENTANS.
Se dit de ceux qui sont mis au lieu et place d'un autre, lequel devient leur auteur ; ce sont les héritiers naturels et institués. — V. AYANT CAUSE.

REPRÉSENTANT DU PEUPLE.
V. REPRÉSENTATION NATIONALE.

REPRÉSENTATION.
1. — C'est, en général, l'action de présenter une seconde fois la même chose. — Mais ce mot s'emploie en divers sens dont la signification est déterminée par la nature des objets auxquels on l'applique.

2. — Il y a la représentation des choses ou des personnes.

3. — Représenter une chose, c'est l'exhiber, la montrer, de manière que celui qui prétend y avoir intérêt ou puisse quelque droit puisse efficacement exercer son action. — V. INVENTAIRE, SAISIE. — V. aussi REPRÉSENTATION D'ACTE.

4. — Représenter une personne, c'est la faire paraître dans le lieu où il est nécessaire ou convenable qu'elle se trouve. Cette expression n'est guère applicable qu'en matière criminelle. — V., par exemple, CONTUMACE.

5. — On représente encore les personnes sous un autre point de vue. — V. REPRÉSENTATION (Droit de).

REPRÉSENTATION (Droit de).
En matière de succession, la représentation est une fiction de la loi, dont l'effet est de faire entrer les représentans dans la place, dans le degré et dans les droits du représenté. — C. civ. art. 739. — V. SUCCESSION.

REPRÉSENTATION D'ACTES.
C'est la communication de tous les actes qui peuvent servir de titres à une action en justice, et qui se fait soit volontairement, soit en vertu d'ordonnance du juge, lorsque ces actes sont dans les dépôts publics. — V. COMMUNICATION, ENREGISTREMENT, EXHIBITION DE PIÈCES.

REPRÉSENTATION NATIONALE.

Table alphabétique.

REPRÉSENTATION NATIONALE. — **1.** — Pouvoir politique et législatif formé de la réunion des représentans du peuple élus par le suffrage universel.

§ 1er. — *Historique* (no 2).

§ 2. — *Caractères des fonctions de représentant du peuple* (no 40).

§ 3. — *Conditions requises pour être élu représentant du peuple.* — *Incapacités* (no 48).

§ 4. — *Incompatibilités* (no 94).

§ 5. — *Nombre des représentans* — *Mode de nomination* (no 138).

§ 6. — *Assemblée législative.* — *Bureaux et commissions.* — *Séances publiques* (no 153).

§ 7. — *Police de l'Assemblée.* — *Peines disciplinaires* (no 187).

§ 8. — *Initiative parlementaire.* — *Propositions.* — *Amendemens.* — *Interpellations.* — *Ordre du jour* (no 204).

§ 9. — *Priviléges attachés à la qualité de représentant* (no 230).

§ 10. — *Indemnité due aux représentans* (no 266).

§ 11. — *Costume.* — *Marques distinctives* (no 300).

———

§ 1er. — *Historique.*

2. — L'exercice de la souveraineté *par tous* n'est pas une création d'origine nouvelle. L'origine du principe électif remonte aux temps les plus reculés de notre histoire. Méconnu à certaines époques, il a reparu à d'autres époques dans toute sa puissance. Il a survécu à tous les gouvernemens, parce qu'il leur est antérieur et qu'il a sa base dans l'égalité politique.

3. — Lorsque, avant la conquête des Romains, les Gaules formaient un État fédératif divisé en plusieurs États particuliers, chacun de ces États avait ses assemblées générales qui décidaient les questions politiques, et pour faire partie de ces assemblées il suffisait de jouir de ses droits politiques et de pouvoir entretenir un cheval. — Merger, *Manuel de l'électeur*, édit. de 1833, p. 3 et 4.

4. — Mais ces assemblées disparurent avec la conquête des Gaules par les Romains, qui se réservèrent en entier le pouvoir administratif et politique, et se bornèrent à réunir quelquefois des magistrats et des fonctionnaires publics pour les consulter sur la perception et la distribution des impôts. — Merger, p. 4.

5. — En devenant maîtres des Gaules, les Franks rétablirent les assemblées nationales, dont tous les hommes libres firent partie, et c'était au milieu de ces assemblées que se discutaient les questions politiques et d'administration, que se faisaient et se proclamaient les lois. — Merger, p. 5.

6. — Toutefois, dès la fin de la première race, ce système démocratique se trouva modifié. Les assemblées nationales ne furent plus alors composées que des grands propriétaires ou chefs, des leudes ou fidèles, et des évêques, qui étaient élus par le clergé et le peuple. Ce fut dans ces assemblées, ainsi composées, et à quelques-unes desquelles on donna le nom de *champ de mai*, de *champ de mars* (V. ces mots), que furent faites, sous Charlemagne, les lois connues sous la dénomination de *capitulaires* (V. ce mot). — V. aussi LOIS, no 10 et suiv.

7. — Sous les successeurs de Charlemagne, les assemblées générales où s'élaboraient les lois étaient composées des chefs franks, des comtes, des barons et des évêques. — Merger, p. 6.

8. — L'établissement de la féodalité, en faisant disparaître tout gouvernement central, suspen-

dit les assemblées générales de la nation, qui ne furent rétablies que vers le douzième siècle sous le nom d'*États-Généraux* (V. ce mot). Ces États, convoqués pour la première fois sous Philippe-le-Bel, se composaient des barons, des syndics ou procurateurs des universités ou des communes, des archevêques, évêques, abbés, princes, doyens et députés des chapitres, couvens et collèges tant réguliers que séculiers. — Merger, p. 7.

9. — Sous le règne de François Ier, en 1515, à ces États-Généraux fut substituée une *assemblée* dite *des notables.* Cette assemblée était composée seulement de quelques hauts dignitaires de l'église et de quelques seigneurs et magistrats.

10. — En 1560, le chancelier de l'Hospital obtint la convocation de nouveaux États-Généraux ; ils furent composés de 393 députés : 93 appartenaient au clergé, 76 à la noblesse et 249 au tiers état. Les députés du tiers état furent nommés par les États des provinces. — Merger, p. 8.

11. — Ces États-Généraux continuèrent à être de loin en loin convoqués, sauf quelques modifications dans le nombre des députés, jusqu'en 1596, époque à laquelle Henri IV réunit pour le vote d'impôts une *assemblée des notables* composée de 10 députés du clergé, de 48 de la noblesse et de 50 de la magistrature et du tiers état. — Merger, p. 9.

12. — Les États-Généraux furent encore quelquefois réunis. Mais à partir de la majorité de Louis XIV (7 sept. 1644), et tant que ce roi vécut, toute assemblée de la nation cessa d'avoir lieu, soit sous le titre de notables, soit sous celui d'États-Généraux. Mais, en 1788, Louis XVI sentit la nécessité de recourir à une assemblée générale de la nation. Dès ce moment, celle-ci rentra dans l'intégralité de ses droits.

13. — Mais, si, dans un pays libre, il importe que tous les citoyens concourent à l'institution des pouvoirs politiques et à l'administration de la chose publique, ce concours ne peut cependant être direct. Dans l'intérêt de l'ordre public, comme de la bonne confection des lois, il importe que le pouvoir législatif ne soit confié qu'à quelques membres de la nation chargés de l'exercer au profit de tous. Ce fut ce principe qui présida à la convocation des États-Généraux faite par Louis XVI en 1789, et il a été constamment appliqué depuis.

14. — Le nombre des députés appelés à former l'assemblée des États-Généraux de 1789 fut fixé à 1241. Le clergé et la noblesse furent représentés par 620 députés et le tiers état par 621. Chaque ordre eut la faculté de choisir ses représentans hors de son sein. Le mode adopté pour la nomination de ces représentans fut celui de l'élection à deux degrés. — Régl. de 1789.

15. — L'assemblée des États-Généraux de 1789 prit le nom de *Constituante.* D'après la Constitution du 3-14 sept. 1791, voté par cette assemblée, la représentation nationale résida dans une seule chambre ou assemblée. — Tit. 3, art. 1. — La composition de cette assemblée et le mode de nomination des représentans furent, en outre, déterminés par la Constitution précitée.

16. — Le territoire, la population et la contribution directe furent les bases adoptées pour la fixation du nombre des membres de la représentation nationale. Le nombre fut fixé à 745, non compris ceux accordés aux colonies. De ces 745 représentans, 247 furent attachés au territoire, 249 à la population, et 249 à la contribution directe. Le nombre de représentans dus par chacun des 83 départemens dont le royaume était composé fut réparti d'après ces bases. — Constit. 3 sept. 1791, chap. 1er, sect. 1re.

17. — Le mode des deux degrés d'élection fut maintenu pour la nomination des représentans. Le premier degré était formé par les assemblées primaires composées de tous les citoyens actifs domiciliés dans les villes et dans les cantons, et le second par les électeurs élus dans ces assemblées primaires. Ces électeurs devaient se réunir dans le lieu indiqué à cet effet, pour élire le nombre de représentans dont la nomination était attribuée à leur département. — Constit. 3 sept. 1791, chap. 1er, sect. 2 et 3. — Sur ce qu'il fallait entendre par *citoyen actif*, V. CITOYEN FRANÇAIS, no 47 et 48.

18. — La Constitution du 24 juin 1793 prit pour seule base de la représentation nationale la population, et voulut qu'il y eût un député à raison de 40,000 individus. — Art. 21 et 22.

19. — Mais cette Constitution ne maintint pas l'élection à deux degrés ; elle établit, au contraire, le principe de l'élection directe. Des assemblées primaires de cantons furent instituées à l'effet de nommer les députés. Ces assemblées se

composaient des citoyens domiciliés depuis six mois dans chaque canton. — Art. 11 et suiv.

20. — Comme sous l'empire de la Constitution de 1791, la représentation nationale ne forma qu'une assemblée. Cette assemblée, appelée *Corps législatif*, était indivisible et permanente, et ne devait siéger que pendant un an. — Art. 39 et suiv.

21. — Cet état de choses dura jusqu'à la Constitution du 5 fruct. an III (22 août 1795), qui rétablit l'élection à deux degrés, de la même manière qu'elle avait été admise par la Constitution de 1791. — Tit. 3 et 4.

22. — D'après cette Constitution du 5 fructidor an III, la représentation nationale était composée du Conseil des Anciens et du Conseil des Cinq-Cents. Le Conseil des Anciens était composé de deux cent cinquante membres. Les membres de l'un et l'autre conseil étaient élus par les citoyens d'après le mode établi par la Constitution. — Tit. 5.

23. — Les fonctions du Conseil des Cinq-Cents et du Conseil des Anciens étaient parfaitement distinctes. La Constitution de l'an III les avait déterminées. Au Conseil des Cinq-Cents appartenait exclusivement la proposition des lois (art. 76). Ces propositions étaient soumises au Conseil des Anciens, qui les approuvait ou les rejetait définitivement (art. 86). — V. LOIS.

24. — Le Corps législatif, formé de la réunion des deux Conseils précités, était permanent. L'un et l'autre Conseil était renouvelé tous les ans par tiers. Les membres sortant après trois années pouvaient être immédiatement réélus pour les trois années suivantes, après quoi il fallait un intervalle de deux ans pour qu'ils pussent être élus de nouveau. Dans tous les cas, nul ne pouvait être membre du Corps législatif durant plus de six années consécutives. — Art. 53, 54, 55 et 59.

25. — Renversée militairement par les baïonnettes, le 18 brumaire, la Constitution de 1795 fut remplacée par celle du 22 frimaire an VIII (13 déc. 1799), qui anéantit complétement toutes les dispositions de la Constitution antérieure.

26. — Le Conseil des Anciens fut remplacé par un Sénat composé de quatre-vingts membres, inamovibles et à vie, âgés de quarante ans au moins. — Const. 22 frim an VIII, art. 15 et suiv. — Au Conseil des Cinq-Cents succédèrent un Tribunat de deux cents membres, âgés de vingt-cinq ans au moins, et un Corps législatif composé de trois cents membres âgés de trente ans au moins. — Art. 25 et suiv.

27. — Mais, au lieu d'être élus comme le Conseil des Anciens et le Conseil des Cinq-Cents par les assemblées électorales, les membres du Sénat, nommés d'abord par les auteurs mêmes de la Constitution, pourvurent ensuite eux-mêmes à la nomination aux places de sénateurs qui devinrent vacantes. Les citoyens qui devaient composer le Tribunat et le Corps législatif étaient choisis par le Sénat sur une liste de notables dressée par les citoyens au moyen d'une élection à deux degrés. — Const. 22 frim. an VIII, art. 7 et suiv., 16, 19 et 20.

28. — Le Sénat et le Tribunat étaient permanens. Le Corps législatif seul était temporaire. Sa session ne devait durer que quatre mois. Mais le gouvernement pouvait le convoquer extraordinairement. — Art. 33.

29. — Chacun de ces Corps, Sénat, Tribunat et Corps législatif, avait ses attributions distinctes. Le Tribunat discutait les projets de loi, en votait l'adoption ou le rejet. Le Corps législatif faisait la loi en statuant par scrutin secret et sans discussion de la part de ses membres. Le Sénat était chargé de veiller au maintien de la Constitution et de statuer sur tous les actes qui lui étaient déférés comme inconstitutionnels par le Tribunat et le gouvernement. — Art. 21, 25 et 34.

30. — A la différence des séances du Sénat qui devaient être secrètes, celles du Tribunat et du Corps législatif étaient publiques. — Art. 23 et 35. — V., au surplus, SÉNAT.

31. — Le sénatus-consulte du 16 thermidor an X (4 août 1802) laissa subsister le Sénat, le Tribunat et le Corps législatif, mais vint modifier le système électoral adopté par la Constitution de l'an VIII. Les membres du Sénat durent alors être choisis sur une liste de citoyens formée par les électeurs, qui composaient également la liste sur laquelle le Sénat devait prendre les membres du Tribunat et du Corps législatif. — Sén.-cons. 16 therm. an X, art. 31 et 32.

32. — Par ce sénatus-consulte, le nombre des membres du Tribunat fut aussi réduit à cinquante. — Art. 76. — Quant au Corps législatif, chaque département dut y avoir un nombre de membres proportionné à sa population. — Art. 69.

33. — L'Empire n'apporta aucune modification à l'organisation du Corps législatif. Mais la composition du Sénat fut changée par le sénatus-consulte du 28 flor. an XII (18 mai 1804). — V. SÉNAT. — Quant au Tribunat, il fut implicitement supprimé par un sénatus-consulte du 19 août 1807.

34. — Cet ordre de choses subsista jusqu'en 1814. Le 6 avril de cette année, le Sénat décréta une Constitution par laquelle le Sénat fut maintenu et une Chambre des députés établie. Cette Chambre devait avoir le même nombre de députés que le Corps législatif en 1799. — V. *suprà*, n° 26. — Ces députés devaient être élus immédiatement dans chaque département par les colléges électoraux.

35. — Cette Constitution ne fut pas acceptée par Louis XVIII, qui lui substitua la Charte du 4 juin 1814. Cette Charte remplaça le Sénat par une Chambre des pairs, nommés par le roi, et dont le nombre était illimité, et conserva l'établissement d'une Chambre des députés composée de trois cents membres qui devaient être élus, pour cinq ans, directement par les colléges électoraux.

36. — Renversée un instant, en 1815, par Napoléon, cette Charte redevint bientôt la loi politique de la France et subsista jusqu'en 1830. Elle fut remplacée par la Charte du 14 août de cette année, détruite elle-même par la révolution du 24 février 1848.

37. — Pour ce qui concerne la composition, l'organisation et les attributions de la Chambre des pairs et de la Chambre des députés, V. CHAMBRE DES PAIRS, CHAMBRE DES DÉPUTÉS; et pour tout ce qui est relatif au mode de nomination des députés, V. ÉLECTIONS LÉGISLATIVES.

38. — Sous l'empire de la Charte de 1830, l'électorat et l'éligibilité étaient subordonnés au paiement d'une contribution directe. Après la révolution du 24 février 1848, à la suite de laquelle la Chambre des pairs fut abolie (V. décr. du 24 févr. 1848), il fut arrêté que la représentation nationale se composerait d'une seule assemblée, et le 5 mars 1848 le Gouvernement provisoire décréta que l'élection des représentans du peuple à l'Assemblée nationale, qui devait décréter la Constitution, aurait pour base la population, que le nombre des représentans du peuple serait de neuf cents, y compris l'Algérie et les colonies françaises, et, enfin, que le suffrage serait direct et universel. — Décr. du 5 mars 1848, art. 2, 3 et 5.

39. — Ce fut conformément à ce décret que se fit l'élection des représentans du peuple à l'Assemblée constituante. Ce décret a été remplacé par la Constitution du 4 nov. 1848 et la loi organique électorale du 15 mars 1849, par les dispositions desquelles est régi aujourd'hui tout ce qui est relatif à la représentation nationale.

§ 2. — *Caractères des fonctions de représentant du peuple.*

40. — La liberté des discussions est la vie de toute assemblée délibérante. Mais pour que cette liberté soit entière, il faut que les membres qui composent cette assemblée ne relèvent que de leur conscience, ne soient soumis à d'autres dogmes que celui de leur conviction. Avant 1789 il était d'usage que les représentans du peuple dans les différentes assemblées législatives qui s'étaient succédé, eussent un mandat local et impératif. Mais avec la révolution de 1789 fut introduite dans nos Constitutions, comme dogme politique, la souveraineté de la conscience.

41. — L'art. 34 (sect. 1re) du décret du 22 déc. 1789-janv. 1790 sur la constitution des assemblées pour l'élection des représentans à l'Assemblée nationale, était ainsi conçu : « L'acte d'élection sera le seul titre des fonctions des représentans de la nation. La liberté de leurs suffrages ne pouvant être gênée par aucun mandat particulier, les assemblées primaires et celles des électeurs adresseront directement au corps législatif les pétitions et instructions qu'elles voudront lui faire parvenir. »

42. — Le principe de l'indépendance des représentans du peuple fut encore plus nettement posé dans la Constitution du 3-14 septembre 1791. « Les représentans nommés dans les départemens, portait l'art. 7 (sect. 3, chap. 1er) de cette Constitution, ne seront pas représentans d'un département particulier, mais de la nation entière, et il ne pourra leur être donné aucun mandat. »

43. — La Constitution du 24 juin 1793 se bornait à dire (art. 29) que chaque député appartenait à la nation entière. — Dans son art. 52, la Constitution du 5 fructidor an III (22 août 1795) avait reproduit littéralement l'art. 7 de la Constitution de 1791.

44. — Mais, depuis, aucune autre Constitution ne crut devoir consacrer, en termes exprès, le principe de l'indépendance des représentans. Ni la Charte de 1814 ni celle de 1830 ne contenaient non plus aucune disposition à cet égard. — Aussi, sous la monarchie de 1830, est-il arrivé quelquefois que des députés ne sont venus siéger sur les bancs de la représentation nationale qu'après avoir reçu de leurs électeurs un mandat impératif.

45. — Après la révolution du 24 février 1848, l'Assemblée nationale constituante pensa qu'il était utile de définir, de rappeler le caractère des fonctions de représentant du peuple. De là l'art. 34 de la Constitution du 4 novembre 1848. Cet article est ainsi conçu : « Les membres de l'Assemblée nationale sont les représentans, non du département qui les nomme, mais de la France entière. »

46. — En disposant qu'ils ne peuvent recevoir de mandat impératif, l'art. 35 de la Constitution précitée a formellement garanti, pour les représentans, la souveraineté de la conscience et l'indépendance de la tribune.

47. — Les membres de l'Assemblée nationale étant les représentans de la France entière, il s'ensuit qu'ils ne doivent pas s'occuper, en leur qualité, des intérêts particuliers des citoyens. — Aussi l'art. 130 du règlement du 6 juillet 1849 leur a-t-il formellement interdit toutes apostilles, recommandations ou sollicitations concernant des intérêts privés.

§ 3. — *Conditions requises pour être élu représentant du peuple. — Incapacités.*

48. — Sous la monarchie constitutionnelle les conditions d'éligibilité nécessaires pour être admis à faire partie de la Chambre des députés étaient déterminées par la loi du 19 avril 1831, qui exigeait, notamment, le paiement de 500 francs de contributions directes. — V., pour tout ce qui concerne ces conditions, le mot ÉLECTIONS LÉGISLATIVES.

49. — La révolution du 24 février 1848 a apporté à la législation antérieure, relativement aux conditions requises pour l'éligibilité des représentans du peuple, des modifications radicales. Le cens a été supprimé. Aux termes de l'art. 7 du décret du Gouvernement provisoire du 5 mars 1848, tous les Français âgés de vingt-cinq ans, et non privés ou suspendus de l'exercice des droits civiques, étaient éligibles.

50. — Après avoir, dans son art. 25, déclaré *électeurs*, sans condition de cens, tous les Français âgés de vingt et un ans et jouissant de leurs droits civils et politiques, la Constitution du 4 nov. 1848 dispose (art. 26) que « sont *éligibles*, sans condition de domicile, tous les électeurs âgés de vingt-cinq ans. »

51. — L'art. 21 du premier projet de la commission et l'art. 26 du second projet portaient : « sont éligibles, *sans condition de cens ni de domicile*, tous les Français âgés de vingt-cinq ans et jouissant de leurs droits civils et politiques. » Mais, en proclamant éligibles *tous les électeurs*, il devenait inutile, évidemment, de parler de l'exemption du cens, et de la jouissance des droits civils et politiques, puisque, d'après l'art. 25 de la Constitution, tout Français est électeur, sans condition de cens, s'il jouit de ses droits civils et politiques. Cette considération a fait retrancher de l'art. 26, lors de la seconde discussion, ces mots : *sans condition de cens, et jouissant de leurs droits civils et politiques*. — Séances de l'Assemblée nationale des 1er et 2 nov. 1848. — V. *Moniteur* des 2 et 3 nov.

52. — Quant aux mots : *sans condition de domicile*, dont M. Pagnerre avait proposé la suppression, dans la première discussion, ils ont été maintenus afin que le silence de la loi ne pût un jour servir de prétexte pour renfermer l'éligibilité dans des conditions de cens ou de domicile. — Séance de l'Assemblée nationale du 28 sept. 1848. — V. *Moniteur* du 29.

53. — La Constitution du 4 nov. 1848 s'est bornée à poser le principe de l'éligibilité. Elle a renvoyé à la loi électorale pour la détermination des causes qui peuvent priver un citoyen français du droit d'être élu. — Art. 27, § 1er.

54. — Il est à remarquer, d'abord, que le droit

d'être élu n'est point indivisible du droit d'*élire*. La Constitution du 4 nov. 1848, par la combinaison de ses art. 25, 26 et 27, semblait avoir admis cette indivisibilité. Mais, lors de la discussion sur la loi électorale, l'Assemblée nationale s'est au contraire formellement prononcée pour la divisibilité de ces deux droits. D'où il suit que les conditions de l'éligibilité peuvent différer de celles de l'électorat, et être plus rigoureuses que ces dernières.

55. — Les causes qui peuvent priver un citoyen du droit d'être élu constituent des incapacités absolues ou relatives. Les incapacités *absolues* sont celles qui s'appliquent à toute espèce de personnes; les incapacités *relatives* s'appliquent plutôt à certaines positions qu'aux personnes elles-mêmes. Ces deux sortes d'incapacités ont été réglées par les art. 79, 81, 82 et 83 de la loi électorale du 15-18 mars 1849.

56. — Aux termes de l'art. 79 de la loi précitée, ne peuvent être élus représentans du peuple : «1° les individus privés de leurs droits civils et politiques par suite de condamnations soit à des peines afflictives et infamantes, soit à des peines infamantes seulement.»

57. — ... «2° Ceux auxquels les tribunaux, jugeant correctionnellement, ont interdit le droit de vote, d'élection ou d'éligibilité, par application des lois qui autorisent cette interdiction.» — C. pén., art. 42 et 43.

58. — ... «Les condamnés pour crime à l'emprisonnement par application de l'art. 463 du Code pénal.»

59. — Toutefois : cette disposition n'est applicable ni aux condamnés en matière politique, ni aux condamnés pour coups et blessures, si l'interdiction du droit de vote, d'élection ou d'éligibilité, n'a pas été, dans le cas où la loi l'autorise, prononcée par l'arrêt de condamnation. — L. 15 mars 1849, 10°-alin. 2. — Cette distinction a été introduite dans la loi par une proposition faite à cet égard par M. Meaulle.

60. — ... «4° Les condamnés pour vol (C. pén., art. 379 et suiv.), escroquerie (art. 405), abus de confiance (art. 406 et suiv.), soustraction commise par des dépositaires de deniers publics (art. 169 et suiv.), ou attentat aux mœurs prévu par l'art. 334 C. pén.»

61. — D'après l'art. 3-4° L. 15 mars 1849, les condamnés dont il vient d'être parlé ne sont privés du droit d'*élire* qu'autant que l'emprisonnement est d'une durée de trois mois au moins. Au contraire, la condamnation pour l'un des délits spécifiés par l'art. 79-4°, quelque faible qu'elle soit, entraîne privation du droit d'*être élu*. «Quelle que soit la durée de la peine, a dit M. Billaut dans son rapport sur la loi précitée, l'admission au nombre des représentans d'un condamné pour vol, escroquerie ou abus de confiance, souillerait la majesté de la représentation nationale.»

62. — Mais la disposition de l'art 79-4° doit être strictement restreinte aux faits qu'elle prévoit. Ainsi cette disposition, ne parlant que du vol, est inapplicable aux condamnés pour *maraudage*, en vertu de l'art. 475 C. pén., quoiqu'en réalité ce fait constitue un véritable vol. — Maulde, *Comment.* sur la loi électorale du 15 mars 1849, p. 50.

63. — Elle ne peut non plus être appliquée au condamné pour *outrages aux mœurs*, parce qu'elle n'atteint que les coupables de l'attentat aux mœurs prévu par l'art. 334 C. pén. — Maulde, *loc. cit.*

64. — L'Assemblée législative a décidé aussi, le 23 mars 1850 (V. *Moniteur* du 24), à l'occasion de la nomination de M. Esquiros, que la condamnation à six mois d'emprisonnement, prononcée par une Cour d'assises contre un citoyen pour outrages à la morale et aux bonnes mœurs par la voie de la presse, n'était pas de nature à le faire tomber sous le coup de l'art. 79 de la loi électorale et à le priver de son droit d'éligibilité.

65. — ... «5° Ceux qui ont été condamnés par application des art. 318 et 423 C. pén.» C'est-à-dire pour communication à des étrangers des secrets de la fabrique où ils sont employés, et pour tromperie sur la nature des marchandises et la quantité des choses vendues. — Peu importe aussi, dans ce cas, la durée de l'emprisonnement.

66. — ... «6° Ceux qui ont été condamnés pour délit d'usure.»

67. — ... «7° Ceux qui ont été condamnés pour adultère.» Cette cause d'incapacité ne se trouve dans aucune législation antérieure; elle est nouvelle. M. Pierre Leroux l'avait proposée d'abord comme une protestation contre la facilité avec laquelle, selon lui, l'Assemblée votait des incapacités et créait ainsi des entraves à l'exercice de la souveraineté populaire. Mais, dans la discussion, cette proposition prit un caractère sérieux. Elle fut vivement combattue par M. le rapporteur Billaut, qui fit remarquer que, quoique l'adultère fût un fait aussi condamnable que le vol, l'opinion publique cependant n'assimilait pas et ne flétrissait pas au même degré ces deux faits. Néanmoins l'Assemblée l'adopta.

68. — La suppression de cette incapacité, proposée par M. Louis Perrée, lors de la troisième délibération, fut rejetée. M. Thomines-Desmazures demanda alors qu'on ajoutât au § 7 de l'article 69 la disposition suivante : «Toutefois, cette dernière incapacité ne pourra être appliquée qu'à ceux contre lesquels elle sera prononcée par le jugement qui les aura condamnés. A cet effet, les tribunaux sont investis du droit d'appliquer aux cas prévus par les art. 337, 338 et 339 C. pén. l'interdiction, totale ou partielle, des droits civiques, civils et de famille, autorisée par l'art. 42 du même Code. Cette application aura toujours lieu en cas de récidive.» Mais cet amendement ne fut pas adopté. — Séance de l'Assemblée nationale du 10 mars 1849 (*Moniteur* du 11).

69. — ... «8° Les accusés contumax.»

70. — ... «9° Les interdits et les citoyens pourvus d'un conseil judiciaire.»

71. — Le projet ajoutait : «et ceux qui, conformément aux dispositions de la loi du 30 juin 1838, sont retenus pour cause de démence dans une maison d'aliénés.» M. Freslon avait demandé, lors de la deuxième délibération, au nom de la minorité de la commission, la suppression de cette disposition, par la raison principalement qu'elle privait un citoyen, sans jugement, de la qualité d'éligible; qu'elle pouvait faire que des hommes très-haut placés dans l'opinion fussent victimes d'une détention momentanée et temporaire. Mais cette demande avait été rejetée (séance du 21 février 1849. *Moniteur* du 22). — A la troisième délibération M. Freslon reproduisit la même proposition, qui, cette fois, fut accueillie par l'Assemblée. — Séance du 9 mars 1849 (*Moniteur* du 10).

72. — ... «10°, alin. 1er. Les faillis non réhabilités dont la faillite a été déclarée soit par les tribunaux français, soit par jugement rendu à l'étranger mais exécutoire en France.»

73. — Mais à qui appartient le droit de provoquer l'exécution en France du jugement étranger? M. Joly père, dans la séance du 22 mars 1849 (*Moniteur* du 13), proposa de l'accorder à tout électeur inscrit sur les listes électorales, non pour faire reviser le jugement dans l'intérêt de la famille ou des tiers intéressés, mais pour le rendre exécutoire dans l'intérêt électoral seulement. La commission s'opposa à cette proposition, qui fut repoussée par l'Assemblée. D'où il résulte que le droit de provoquer l'exécution en France du jugement étranger déclaratif de faillite est réservé, même en matière électorale, aux seuls créanciers du failli.

74. — La faillite est également une cause d'incapacité pour l'électorat. Mais cette cause disparaît, cesse d'avoir son effet dans le cas où le failli a obtenu un concordat ou a été déclaré excusable. — L. 15 mars 1849, art. 3. — Il n'en est pas de même pour l'éligibilité. L'art. 79 10° de la même loi veut que la réhabilitation seule puisse rendre le failli apte à siéger à l'Assemblée nationale. — Maulde, *Comment. sur la loi du 15 mars* 1849, p. 50.

75. — Nous avons eu déjà occasion de faire remarquer que la nomenclature des incapacités contenue dans l'art. 79 de la loi du 15 mars 1849, était éminemment restrictive, limitative. Par conséquent, le stellionat, quelque grave que soit ce fait de dol civil, ne peut jamais être une cause d'incapacité. M. Paul Rabuan avait proposé à l'Assemblée nationale de frapper les stellionataires d'inéligibilité. Mais, sur les justes observations de M. Valette (du Jura), cette proposition ne fut point admise.

76. — Les individus transportés en vertu du décret du 27 juin 1848, qui ont été graciés, ne sont pas incapables d'être élus représentans du peuple, le véritable caractère de ce décret ayant été de faire de la transportation une mesure de salut public engageant la liberté de ceux qui y étaient soumis, mais laissant intacts leurs droits civils et civiques. C'est ce que l'Assemblée législative a elle-même décidé, le 21 mars 1850 (V. *Moniteur* du 22), à l'occasion de l'élection de M. de Flotte.

77. — Mais ne peuvent être élus représentans les transportés de juin envoyés en Algérie, en vertu de la loi du 24 janv. 1850. Cette loi dispose, en effet, formellement que les individus qui ont été l'objet de cette mesure seront, pendant leur séjour en Algérie, privés de l'exercice de leurs droits civiques.

78. — Aux causes d'incapacité absolue que nous venons d'énumérer, il s'en joint une autre d'une nature différente. Cette cause est fondée sur l'intérêt personnel que peuvent avoir certains individus dans des questions qui doivent être soumises aux délibérations de l'Assemblée nationale. Tant qu'elle subsiste, elle rend ces individus inéligibles d'une manière absolue, quoiqu'une atteinte n'ait jamais été portée à l'exercice de leurs droits civils et politiques, à leur moralité. Cette cause fait l'objet de l'art. 81, L. 15 mars 1849.

79. — Ainsi, «ne peuvent être élus représentans du peuple : 1° Les individus chargés d'une fourniture pour le gouvernement ou d'une entreprise de travaux publics.» — Art. 81, § 1er. — Cette disposition a été adoptée, sans discussion, et à la presque unanimité, sur la proposition de M. Goudchaux.

80. — Par *entreprises de travaux publics*, il ne faut entendre ici que les concessions de grands travaux qui dépendent immédiatement du gouvernement, et sur lesquelles le ministre peut exercer une influence puissante, directe, et non ces entreprises qui ne touchent en rien au gouvernement, comme la réparation des chemins, des édifices publics, auxquelles de simples propriétaires se mêlent souvent sans qu'il puisse y avoir de leur part aucune spéculation. — Maulde, *Comment. sur la loi du* 15 *mars* 1849, p. 52.

81. — ... «2° Les directeurs et administrateurs de chemins de fer.» — Art. 81, § 2.

82. — On ne peut se dissimuler que cette dernière disposition ne touche que l'un des points de la question; on peut même lui reprocher d'établir une règle arbitraire. Car il n'y a pas plus de raison d'exclure du mandat législatif les directeurs et administrateurs de chemin de fer que les ingénieurs de ces mêmes entreprises, que les concessionnaires de mines et de canaux. — V., à cet égard, la discussion à laquelle a donné lieu l'art. 81 à l'Assemblée nationale, dans la séance du 15 mars 1849 (*Moniteur* du 16).

83. — Les causes qui rendent un citoyen incapable d'être élu représentant du peuple doivent nécessairement faire encourir la déchéance du mandat législatif, lorsqu'elles surviennent pendant la durée de ce mandat. Une proposition faite dans ce sens par M. Baze a été votée par l'Assemblée constituante. Cette proposition est devenue l'art. 80 L. 15 mars 1849.

84. — Cet article est ainsi conçu : «Sera déchu de la qualité de représentant du peuple tout membre de l'Assemblée nationale qui, pendant la durée de son mandat législatif, aura été frappé d'une condamnation emportant, aux termes de l'article précédent, l'incapacité d'être élu. — La déchéance sera prononcée par l'Assemblée nationale sur le vu des pièces justificatives.»

85. — L'art. 81, § 3, L. 15 mars 1849, porte également que : «Tout représentant du peuple qui, pendant le cours de son mandat, aura entrepris une fourniture pour le gouvernement, ou accepté une place soit de directeur, soit d'administrateur de chemin de fer, ou qui aura pris un intérêt dans une entreprise soumise au vote de l'Assemblée nationale, sera réputé démissionnaire, et déclaré tel par l'Assemblée nationale.

86. — Après les incapacités absolues viennent les incapacités *relatives*, qu'on peut appeler aussi *territoriales*. A la différence des incapacités absolues, qui sont perpétuelles et s'appliquent à toute espèce de personnes et par toute la France, les incapacités relatives sont temporaires, s'appliquent à certains fonctionnaires seulement et ne les rendent inéligibles que dans l'étendue du territoire où ils exercent leurs fonctions.

87. — Au premier rang des incapacités relatives figurent les chefs de la magistrature inamovible et les membres des parquets. Ainsi, ne peuvent être élus par les départemens compris en tout ou en partie dans leur ressort : les premiers présidens, les présidens et les membres des parquets des Cours d'appel; les présidens, les vice-présidens, les juges d'instruction et les membres des parquets des tribunaux de première instance. — L. 15 mars 1849, art. 82.

88. — Il en est de même du commandant supérieur des gardes nationales de la Seine, du préfet de police, des préfets, sous-préfets, secrétaires généraux et conseillers de préfecture, des préfets maritimes, des ingénieurs en chef et d'arrondissement, des recteurs et inspecteurs d'académie, des inspecteurs des écoles primaires, des archevêques, évêques et vicaires-géné-

raux, des officiers généraux commandant les divisions et subdivisions militaires, des intendans divisionnaires et des sous-intendans militaires, des receveurs généraux et des receveurs particuliers des finances, des directeurs des contributions directes et indirectes, des domaines et de l'enregistrement, et des douanes, et des conservateurs et inspecteurs des forêts. — Même art.

89. — La même prohibition s'applique : pour les colonies, aux gouverneurs et à tous les citoyens y remplissant une fonction correspondant à l'une de celles qui viennent d'être énumérées. — Même art.

90. — A la seconde lecture de la loi électorale, les présidens des consistoires protestans avaient été compris parmi les citoyens frappés d'incapacité relative; mais cette incapacité fut levée, lors de la troisième délibération, sur l'observation de M. Charlemagne, qui fit remarquer qu'en ce qui concernait le président du consistoire de la confession d'Augsbourg, son action s'étendant à toute la France, l'incapacité serait équivalente à son exclusion de l'Assemblée nationale : et qu'à l'égard des présidens des autres consistoires, la présidence étant dévolue au plus ancien pasteur ne constituait pas, à proprement parler, une fonction.

91. — L'art. 83 L. 15 mars 1849 a prorogé l'incapacité établie par l'art. 82 pendant les six mois qui suivent la cessation des fonctions, que cette cessation ait lieu par démission, destitution, changement de résidence ou de toute autre manière.

92. — Les mots *de toute autre manière* ne concernent que les juges d'instruction, qui seuls peuvent cesser leurs fonctions sans être destitués, ni démissionnaires, ni changés de résidence.

93. — La nomination d'un citoyen comme membre d'une Assemblée nationale ne l'exclut point de l'Assemblée suivante : « Les représentans, porte en effet l'art. 33 de la Constitution, sont toujours rééligibles. »

§ 4. — *Incompatibilités.*

94. — La question des incompatibilités entre le mandat de représentant du peuple et les fonctions publiques n'est pas nouvelle ; elle a souvent occupé les anciennes chambres françaises. Cette question a même été quelquefois la cause de profondes agitations dans le pays; et elle est une de celles qui ont subi le plus de phases diverses avant d'atteindre la formule par laquelle elle a été résolue.

95. — Sur les incompatibilités résultant de la législation antérieure à la révolution du 24 février 1848, V. ÉLECTIONS LÉGISLATIVES, chap. 4, sect. 2.

96. — Le décret du Gouvernement provisoire, du 5 mars 1848, relatif à l'élection des représentans du peuple à l'Assemblée nationale constituante, n'avait admis et ne pouvait admettre aucune incompatibilité. Il ne pouvait, en effet, appartenir qu'à cette Assemblée de poser le principe de l'incompatibilité et de déterminer les cas d'incompatibilité.

97. — A peine l'Assemblée nationale s'était-elle constituée, qu'elle fut saisie de différentes propositions relatives au cumul des fonctions publiques salariées avec le mandat de représentant.

98. — Parmi ces propositions, l'une avait pour objet seulement d'interdire aux membres de l'Assemblée, sauf une exception relative aux militaires et aux ministres, l'exercice de toute fonction publique salariée, pendant la durée de la session. D'après cette proposition, ceux des représentans qui étaient fonctionnaires publics, lors de leur élection, devaient être remplacés par des suppléans et devaient reprendre, avec leur titre et grade, leur emploi à l'expiration de leur mandat législatif.

99. — Une autre proposition, beaucoup plus radicale, consistait à déclarer immédiatement incompatible avec le mandat de représentant toute fonction publique salariée. Il n'était fait exception qu'en faveur des militaires, des membres de la commission exécutive, des ministres et des sous-secrétaires d'Etat.

100. — Un troisième projet demandait seulement que le représentant fonctionnaire public ne reçût en cette qualité aucun traitement durant la session de l'Assemblée nationale.

101. — La commission chargée de l'examen de ces différentes propositions pensa que le principe d'incompatibilité entre le mandat de représentant du peuple et les fonctions publiques ne pouvait être consacré que par la Constitution ou par les lois organiques; et qu'il n'y avait lieu qu'à prendre actuellement des dispositions transitoires, applicables seulement à l'Assemblée nationale. — V. Rapport de M. Rolland du 30 mai 1841 (*Moniteur* du 31).

102. — De là le décret de l'Assemblée nationale du 14-22 juin 1848, dont l'art. 1er porte que, pendant toute la durée de son mandat, aucun membre de l'Assemblée nationale ne pouvait, si ce n'était par suite d'un concours ou de l'élection, devenir fonctionnaire public salarié; ni, s'il était déjà fonctionnaire, obtenir d'avancement, ou toucher aucun traitement ou indemnité afférens à ses fonctions. Les officiers de terre et de mer pouvaient seuls recevoir de l'avancement par ancienneté.

103. — Par l'art. 2 du décret précité, les interdictions précédentes furent déclarées inapplicables aux fonctions de ministre, de préfet de police, de maire de Paris (aujourd'hui préfet de la Seine), de commandant supérieur de la garde nationale de la Seine, et de procureur général près la Cour d'appel de Paris. Seulement, les citoyens investis de ces fonctions ne peuvent cumuler avec les traitemens y attachés l'indemnité affectée aux représentans.

104. — La commission chargée de préparer le projet de Constitution avait résolu la question des incompatibilités par une distinction. Dans le premier projet, rédigé par cette commission, l'incompatibilité entre le mandat législatif et les fonctions publiques salariées atteignait seulement les fonctionnaires qui devaient être choisis par le pouvoir exécutif et étaient révocables à son gré, tandis qu'il n'y avait pas d'incompatibilité à l'égard des fonctions émanant de l'élection. — Art. 34 du 1er projet de la commission de Constitution.

105. — L'art. 35 de ce projet voulait qu'aucun membre de l'Assemblée nationale ne pût, pendant la durée de la législature, être nommé ou promu à des fonctions dont les titulaires étaient choisis à volonté par le pouvoir exécutif.

106. — Toutefois, par l'art. 37 du même projet, les fonctionnaires publics désignés dans l'article 2 du décret du 14-22 juin 1848 avaient été déclarés exceptés des dispositions des art. 34 et 35. Les sous-secrétaires d'Etat et le procureur général près la Cour de cassation avaient même été ajoutés au nombre de ces fonctionnaires.

107. — Lors de la discussion qui eut lieu entre la commission de Constitution et les délégués des bureaux de l'Assemblée nationale, il fut reconnu que les dispositions précitées appartenaient plus naturellement à la loi électorale, et on se borna à poser, dans le second projet de Constitution (art. 27), le principe suivant : « La loi électorale déterminera les incapacités et les incompatibilités résultant de l'exercice des fonctions publiques. »

108. — Divers amendemens ayant été proposés sur l'art. 27 précité, et ayant pour objet : l'un, de déclarer qu'il y avait incompatibilité entre les fonctions de représentant et *toutes* les autres fonctions publiques sans distinction entre les fonctions salariées et non salariées; l'autre, d'étendre l'incompatibilité à tous les fonctionnaires salariés par l'Etat sans faire aucune distinction entre ceux qui étaient inamovibles ou nommés au concours et ceux qui étaient nommés et révocables par la seule volonté du gouvernement; un autre, d'établir l'incompatibilité pour toutes les fonctions judiciaires ainsi que cela existait sous la Constitution du 3-14 septembre 1791 (chapitre 1er, sect. 2, art. 5); et, enfin, un dernier, de ne l'admettre que pour les fonctionnaires révocables à volonté, l'Assemblée nationale pensa, en présence de ces divers amendemens, qu'il convenait de ne pas accepter l'ajournement proposé par la commission, de discuter immédiatement le principe des incompatibilités, sauf à régler les détails dans les lois organiques, et renvoya à la commission tous les amendemens, afin qu'ils fussent coordonnés. — V. séance du 28 sept. 1848 (*Moniteur* du 29).

109. — La commission proposa d'ajouter un nouvel article (art. 28) ainsi conçu : « Il y a incompatibilité entre la qualité de représentant du peuple et celle de fonctionnaire public salarié par l'Etat et révocable à volonté. — Aucun membre de l'Assemblée nationale ne peut, pendant la durée de la législature, être nommé ou promu à des fonctions publiques salariées dont les titulaires sont choisis à volonté par le pouvoir exécutif. — Sont exceptés de ces dispositions : 1° les ministres, 2° les sous-secrétaires d'Etat, 3° le procureur général du tribunal de cassation, 4° le procureur général du tribunal d'appel de Paris, 5° le préfet du département de la Seine, 6° le préfet de police, 7° le commandant de la garde nationale de la Seine, 8° les représentans chargés d'une mission temporaire à l'intérieur ou à l'extérieur. » — Rapport de M. Martin de Strasbourg (*Moniteur* du 5 oct. 1848).

110. — La discussion s'étant ensuite engagée à l'Assemblée nationale, sur le projet ainsi rectifié, l'amendement d'après lequel l'incompatibilité devait frapper *tous* les fonctionnaires publics, sans distinction entre les fonctionnaires rétribués et les fonctionnaires non rétribués, fut de nouveau reproduit mais rejeté. M. Flandin proposa alors l'amendement suivant : « Toute fonction rétribuée est incompatible avec le mandat de représentant du peuple. » Cet amendement fut adopté par l'Assemblée et est devenu le texte définitif du § 1er de l'art. 28 de la Constitution. — V. séances des 4 oct., 1er et 2 nov. 1848 (*Moniteur* des 5 oct., 2 et 3 nov.).

111. — Le § 2 de l'art. 28 du projet de la commission a été ensuite adopté sans discussion. Mais le troisième paragraphe du même article, qui déterminait les exceptions aux principes posés dans les deux paragraphes précédens, a été, sur la proposition de M. Luppé, remplacé par une disposition conçue en ces termes : « Les exceptions aux dispositions des deux paragraphes précédens seront déterminées par la loi électorale organique. » — V. séance du 4 oct. 1848 (*Moniteur* du 5).

112. — Lorsque la loi organique électorale fut soumise aux délibérations de l'Assemblée nationale, la discussion s'engagea de nouveau sur le principe d'incompatibilité entre les fonctions publiques et le mandat de représentant. Différens systèmes furent encore proposés. Mais ils furent tous repoussés, et le § 1er de l'art. 28 de la Constitution reçut une nouvelle consécration.

113. — Seulement, il fallait régler la manière dont le représentant élu, qui se trouvait en même temps investi d'une fonction publique salariée, devait faire son option. De là l'art. 84 de la loi électorale du 15 mars 1849 : « Tout fonctionnaire rétribué, porte cet article, élu représentant du peuple, et non compris dans les exceptions admises par les art. 85 et 86 de la présente loi, sera réputé démissionnaire de ses fonctions, par le seul fait de son admission comme membre de l'Assemblée législative, s'il n'a pas opté, avant la vérification de ses pouvoirs, entre sa fonction et le mandat législatif. »

114. — Ainsi, il résulte de cet article combiné avec l'art. 28, § 1er, de la Constitution : que les fonctions publiques non rétribuées ne sont pas incompatibles avec le mandat législatif, et que la rétribution payée aux citoyens qui ne sont pas fonctionnaires, comme aux membres du clergé, ne les empêche pas d'être élus représentans. L'incompatibilité ne peut exister que par le concours de ces deux circonstances : *fonction* et *rétribution*. — Maulde, *Comment.* sur la loi du 15 mars 1849, sur l'art. 84, p. 55.

115. — Toute rétribution ne saurait non plus concourir à créer l'incompatibilité. Il faut qu'elle provienne des fonds de l'Etat. Ainsi : quoique nommé par le pouvoir exécutif, le gouverneur de la Banque peut être élu représentant et conserver en même temps ses fonctions; parce que son traitement lui est payé non par l'Etat, mais par la Banque. — Maulde, *loc. cit.*

116. — Il a, du reste, été bien entendu que l'option faite par les fonctionnaires rétribués, élus représentans du peuple, pour le mandat législatif, ne leur faisait perdre leurs fonctions qu'autant que leur élection était validée par l'Assemblée nationale. Un amendement présenté en ce sens par M. Sauteyra, lors de la discussion sur l'art. 84 précité, a été rejeté comme inutile.

117. — Les exceptions au principe de l'incompatibilité prononcée par l'art. 28 de la Constitution ont été déterminées par les art. 85 et 86 de la loi du 15 mars 1849.

118. — Il s'est élevé sur l'art. 85 précité une discussion des plus brillantes sur la question de savoir si l'incompatibilité ne devait pas s'étendre aux ministres. La Constitution du 3-14 sept. 1791 (chap. 1er, sect. 2, art. 4) déclarait formellement les fonctions de ministre incompatibles avec le mandat législatif. M. Bastiat avait proposé un amendement dans le même sens. Malgré toute l'éloquence de M. de Lamartine, qui combattit cet amendement, il fut renvoyé à la commission (séance du 10 mars 1849, *Moniteur* du 11). La séance du 13 mars (*Moniteur* du 14) fut encore consacrée tout entière à l'examen de cette haute question, qui fut résolue par le rejet de l'amendement de M. Bastiat. Ainsi, les ministres pris

parmi les membres de l'Assemblée ne perdent pas leur qualité de représentans. — L. 15 mars 1849, art. 85.

119. — Le projet de Constitution exceptait de l'incompatibilité, comme nous l'avons vu, les sous-secrétaires d'Etat. Lors de la première délibération de la loi électorale, M. Besnard proposa de leur appliquer la règle de l'incompatibilité. Appuyé par M. Ferdinand de Lasteyrie et combattu par M. Freslon, cet amendement fut adopté par l'Assemblée nationale. A la troisième délibération, M. Senard essaya vainement de faire replacer les sous-secrétaires d'Etat en dehors de la règle de l'incompatibilité ; l'Assemblée persista dans sa première résolution. — Séance du 13 mars 1849 (*Moniteur* du 14).

120. — Mais sont exceptés de l'incompatibilité le commandant supérieur des gardes nationales de la Seine, le procureur général à la Cour de cassation, le procureur général à la Cour d'appel de Paris et le préfet de la Seine. — L. 15 mars 1849, art. 85. — V. toutefois *suprà* n° 88.

121. — Quelques membres avaient demandé qu'on rangeât dans la classe des exceptions le procureur général à la Cour des comptes, le préfet de police, les ambassadeurs ou ministres plénipotentiaires, les magistrats inamovibles, ou seulement les présidens et conseillers à la Cour de cassation. Mais les divers amendemens présentés à cet effet furent tous rejetés.

122. — Toutefois, l'exception a été étendue aux citoyens chargés temporairement d'un commandement ou d'une mission extraordinaires : soit à l'intérieur, soit à l'extérieur. L'art. 85 de la loi électorale, en consacrant cette exception, a ajouté que toute mission qui durait six mois cessait d'être temporaire.

123. — Le représentant chargé d'une mission temporaire doit obtenir un congé de l'Assemblée nationale, et c'est à compter de ce congé, et non à partir du jour où le représentant quitte Paris, que commence à courir le délai de six mois fixé pour la durée d'une mission temporaire.

124. — Sont encore exceptés de l'incompatibilité les professeurs dont les chaires sont données au concours ou sur présentation faite par leurs collègues, quand ils exercent leurs fonctions dans le lieu où siége l'Assemblée nationale. — L. 15 mars 1849, art. 86, § 1er.

125. — Ces mots, *dont les chaires sont données au concours*, semblaient exclure les professeurs qui n'avaient été pourvus que par nomination directe du pouvoir exécutif. Mais ces mots ne doivent pas être pris dans ce sens restreint. Il a été, en effet, entendu, lors de la discussion sur l'art. 86 précité, qu'ils s'appliquaient aux professeurs pourvus de chaires qui s'obtiennent au concours, sans distinguer le mode de leur nomination. — Séance du 23 févr. 1849 (*Moniteur* du 24).

126. — Un amendement proposé par M. Mauvais tendait à faire comprendre les membres de l'Institut et du bureau des longitudes au nombre des exceptions admises en faveur des professeurs titulaires de chaires acquises au concours ou nommés sur présentation de leurs collègues. Mais M. Freslon répondit, au nom de la commission, que les membres de l'Institut et du bureau des longitudes n'étant pas fonctionnaires n'avaient pu être atteints par la règle d'incompatibilité, et l'amendement fut rejeté. — Séance du 23 févr. 1849 (*Moniteur* du 24).

127. — Enfin, l'art. 86, § 2, L. 15 mars 1849 déclare exceptés de l'incompatibilité les fonctionnaires appartenant à un corps ou à une administration dans lesquels la distinction entre l'*emploi* et le *grade* est établie par une loi.

128. — La distinction entre l'*emploi* et le *grade* est d'origine récente. Elle apparaît, pour la première fois, dans les lois de 1832 et 1834, relatives à l'armée. Il n'est donc pas douteux que l'exception établie par l'art. 86-§ 2 ne s'applique aux corps d'armée.

129. — Est-elle applicable à d'autres classes de fonctionnaires ? Le principe de la séparation entre le grade et l'emploi n'a point encore été admis à l'égard des fonctionnaires publics autres que ceux qui font partie de l'armée. — Il n'y a guère que les ingénieurs des ponts et chaussées et ceux des mines auxquels elle puisse être appliquée. — V. séance du 26 févr. 1849 (*Moniteur* du 27).

130. — Du reste, il ne suffit pas que la distinction entre le grade et l'emploi existe ; il faut qu'elle soit *établie par une loi* : soit que cette loi existe déjà, soit qu'elle soit faite ultérieurement. Il résulte de là que l'autorité ministérielle n'a pas le droit de créer cette distinction. — Maulde, *Comment.* sur l'art. 86 de la loi du 15 mars 1849, p. 58.

131. — Les fonctionnaires désignés dans le § 2 de l'art. 86 sont, par le fait seul de leur admission à l'Assemblée législative, réputés avoir renoncé à leur situation d'activité. — L. 15 mars 1849, art. 87, § 1er.

132. — A dater du jour de leur admission, et pendant la durée de leur mandat, les officiers de tous grades et de toutes armes nommés représentans du peuple sont considérés comme étant en mission hors cadre, les sous-officiers et soldats comme étant en congés temporaires. — Même art., § 2.

133. — A l'égard des ingénieurs des ponts et chaussées et des mines, ils sont réputés démissionnaires de leur emploi et ne conservent, pour être remis en activité, quand l'incompatibilité vient à cesser, que l'aptitude constatée par leur grade au moment de leur admission dans l'Assemblée législative. — Même art., § 3.

134. — Les membres du clergé des divers cultes ne sont point soumis à la règle de l'incompatibilité, mais atteints seulement par le principe de l'incapacité territoriale. — V. *suprà*, nos 88 et 114.

135. — Il en est différemment des conseillers titulaires de l'Université et des professeurs de l'Ecole normale. — Séance du 23 févr. 1849 (*Moniteur* du 24) ; Maulde, sur l'art. 87, p. 58.

136. — Par suite de l'admission du principe de l'incompatibilité entre toute fonction publique rétribuée et le mandat de représentant du peuple, aucun membre de l'Assemblée ne peut, d'après la Constitution, ainsi que nous l'avons vu (n° 7), pendant la durée de la législature, être nommé ou promu à des fonctions publiques salariées dont les titulaires sont choisis à volonté par le pouvoir exécutif. La loi électorale du 15 mars 1849 s'est montrée plus sévère à cet égard que la Constitution. Dans son art. 89 elle a, en effet, étendu à six mois au delà de la durée de la législature la prohibition exprimée par le § 2 de l'art. 28 de la Constitution.

137. — Mais, de même qu'aucune incompatibilité n'avait été établie pour l'élection des membres de l'Assemblée constituante, de même toutes les dispositions qui précèdent, sur les incompatibilités, cessent d'être applicables aux assemblées élues pour la révision de la Constitution. — Const. 4 nov. 1848, art. 29.

§ 5. — *Nombre des représentans. — Mode de nomination.*

138. — A la suite de discussions des plus remarquables, dans lesquelles fut examinée, avec tout l'intérêt et toute l'étendue qu'elle comporte, la question de savoir si la représentation nationale se composerait de deux Chambres ou d'une Chambre unique, le principe d'une seule Assemblée prévalut devant l'Assemblée constituante (V. Rapport de M. Marrast sur le projet de Constitution ; séances de l'Assemblée constituante des 27 et 28 sept. 1848, *Moniteur* des 28 et 29) et a été consacré par l'art. 20 de la Constitution du 4 nov. 1848. « Le peuple français, porte cet article, délègue le pouvoir législatif à une Assemblée unique. » — V. POUVOIR LÉGISLATIF.

139. — Par son art. 21, la Constitution du 4 novembre a également déterminé le nombre total des représentans du peuple appelés à siéger dans l'Assemblée législative. Ce nombre a été réduit de 900 à 750, y compris les représentans de l'Algérie et des colonies françaises.

140. — Ainsi, d'après la Constitution qui nous régit aujourd'hui, la population de la France n'est point prise, comme lors de la Constitution du 24 juin 1793 (V. *suprà*, n° 16), pour base de la fixation du nombre des représentans. Ce nombre a été invariablement déterminé à 750, à quelque chiffre que s'élève la population.

141. — Au contraire, l'élection a pour base la population (Const. 4 nov. 1848, art. 23) : c'est-à-dire que la répartition du nombre des représentans est faite entre chaque département à raison de la population qui le compose. — C'était le système qui avait été adopté par le décret du 5 mars 1848 du Gouvernement provisoire.

142. — Toutefois, lorsqu'il s'agit de l'élection des Assemblées appelées à reviser la Constitution le nombre des représentans à élire n'est plus de 750 seulement ; il doit être porté à 900. — Const. 4 nov. 1848, art. 22.

143. — Si le nombre total des représentans a été fixé, comme nous l'avons vu, d'une manière invariable, il n'en est pas de même du nombre des représentans affecté à chaque département. Ainsi : le tableau de répartition doit être revisé dans les trois premiers mois de l'année 1852, et ensuite tous les cinq ans. — L. 15 mars 1849, art. 90.

144. — Quant au mode d'élection, l'Assemblée constituante a adopté le principe admis par le décret du Gouvernement provisoire du 5 mars 1848. « Le suffrage, est-il dit en effet dans l'art. 24 de la Constitution, est direct et universel. » — Cet article ajoute en outre que le scrutin est secret.

145. — L'élection se fait par département et au scrutin de liste (Const. 4 nov. 1848, art. 30 ; L. 15 mars 1849, art. 90). Les électeurs votent au chef-lieu de canton ; néanmoins, en raison des circonstances locales, le canton peut être divisé en plusieurs circonscriptions. — Const., art. 30.

146. — Les bulletins peuvent être préparés en dehors de l'assemblée électorale. Le papier du bulletin doit être blanc et sans signes extérieurs. — L. 15 mars 1849, art. 47.

147. — Les deux conditions précitées sont les seules qui soient exigées. Ainsi, il est indifférent que les bulletins soient imprimés ou écrits. C'est ce qui résulte formellement de la discussion qui s'est engagée à cet égard devant l'Assemblée constituante sur l'art. 47 de la loi du 15 mars 1849.

148. — Cette dernière a d'ailleurs réglé par son tit. 3 toutes les conditions de l'exercice du droit électoral.

149. — Nous ferons seulement remarquer ici que, lorsque le recensement général des votes est terminé, le président de l'assemblée électorale doit en faire connaître immédiatement le résultat et proclamer représentant du peuple, dans la limite du nombre attribué au département, les candidats qui ont obtenu le plus de voix selon l'ordre de la majorité relative. — L. 15 mars 1849, art. 63.

150. — Cette proclamation n'influe en rien sur la validité ou la non-validité de l'élection. A l'Assemblée nationale seule appartient le droit d'examiner et de décider si elle est ou non régulière.

151. — Les procès-verbaux d'élection doivent à cet effet être adressés, avec les pièces justificatives, à l'Assemblée nationale, qui fait examiner ces procès-verbaux et ces pièces par une commission nommée par la voie du sort et sur le rapport de laquelle elle prononce sur la validité de l'élection. Ce n'est qu'alors que le candidat qui a réuni le plus de suffrages est définitivement proclamé représentant par le président de l'Assemblée nationale. — Règlem. de l'Assemblée nationale du 6 juill. 1849, art. 3 et 4.

152. — C'est alors aussi que commence seulement pour le représentant élu le droit de prendre part aux votes de l'Assemblée. Tant que son admission n'a point été prononcée par l'Assemblée, ce droit est pour lui suspendu. — Même règlem., art. 8.

§ 6. — *Assemblée législative. — Bureaux et commissions. — Séances publiques.*

153. — Toute Assemblée nouvelle est convoquée de plein droit pour le lendemain du jour où finit le mandat de l'Assemblée précédente. — Const. 4 nov. 1848, art. 31.

154. — L'Assemblée législative, constituée le 8 mai 1849, est élue pour trois ans ; elle est permanente, ne peut être dissoute par le pouvoir exécutif, et ne peut être prorogée que par elle-même. — V. POUVOIR EXÉCUTIF, POUVOIR LÉGISLATIF.

155. — Les travaux de l'Assemblée nationale se divisent en deux grandes branches, en travaux qu'on peut appeler préparatoires et en travaux définitifs. Les uns ont lieu dans les bureaux et les commissions, les autres en séances générales.

156. — La marche des travaux et la forme des délibérations de l'Assemblée législative ont été tracées par un règlement du 6 juill. 1849.

157. — L'Assemblée se partage en quinze bureaux, renouvelés chaque mois par la voie du sort. Chacun d'eux discute séparément les questions renvoyées à leur examen. — Règl. 6 juill. 1849, art. 9 et 11.

158. — Ces questions ont pour objet ou des projets de loi présentés au nom du gouvernement ou des propositions faites par des représentans eux-mêmes.

159. — Dans l'un et l'autre cas, la discussion ne peut s'ouvrir dans les bureaux, sauf l'urgence déclarée, que vingt-quatre heures au plus tôt après la distribution des projets de loi ou des propositions. — Règl. 6 juill. 1849, art. 11, § 2.

160. — Lorsque la discussion est terminée, cha-

que bureau nomme un commissaire à la majorité absolue des votans (art. 12). La réunion des commissaires nommés par chaque bureau forme la commission définitive chargée de l'examen du projet de loi ou de la proposition et de préparer le rapport qui doit être soumis à l'Assemblée.

161. — Au lieu d'ordonner le renvoi aux bureaux, l'Assemblée peut, si elle le juge convenable, renvoyer immédiatement à une commission déjà formée l'examen des projets ou propositions qui lui sont déférés. — Art. 15.

162. — Les commissions nomment à la majorité des votans un président et un secrétaire, et choisissent en outre dans les mêmes formes un rapporteur chargé de rendre compte à l'Assemblée du résultat de leurs travaux. — Art. 16.

163. — Toutes les pièces relatives aux questions qui doivent être discutées sont envoyées aux bureaux et commissions. Si la proposition émane d'un représentant, celui-ci a droit d'assister, avec voix consultative, aux séances de la commission. Si le projet émane du gouvernement, les commissions communiquent directement avec les ministres ou par ceux de leurs membres qu'elles désignent. — Art. 17, 18 et 19.

164. — Indépendamment des commissions nommées spécialement par l'Assemblée pour l'examen de tel ou tel projet de loi qui lui est soumis, il existe dans le sein de l'Assemblée certaines commissions qui sont en quelque sorte permanentes et auxquelles est confié l'examen de tout ce qui se rattache à un même ordre de choses.

165. — Ainsi, une commission de quinze membres, renouvelée chaque mois dans les bureaux, et fonctionnant pour tout le mois, est chargée de l'examen de tous les projets de loi relatifs à des intérêts communaux et départementaux; une autre, formée de la même manière, de l'examen des pétitions, et une troisième de l'examen des propositions émanant de l'initiative parlementaire. — Règl. 6 juill. 1849, art. 20 et suiv.

166. — Le rapport des commissions est déposé sur le bureau de l'Assemblée, après lecture, s'il y a lieu, et, sauf les cas d'urgence, imprimé et distribué. Sur le dépôt de ce rapport, l'Assemblée fixe le jour de la discussion; laquelle ne peut avoir lieu qu'en assemblée générale, et vingt-quatre heures au moins après la distribution. — Art. 62 et 63.

167. — Les séances de l'Assemblée sont publiques. Mais l'Assemblée peut se former en comité secret sur la demande de cinq de ses membres. — Const. 4 nov. 1848, art. 39; règl. 6 juill. 1849, art. 60.

168. — Les délibérations de l'Assemblée en séances générales sont dirigées par le président de l'Assemblée, conformément au règlement. — Règl. 6 juill. 1849, art. 27.

169. — Lorsque l'Assemblée croit qu'il n'y a pas lieu à délibérer sur les propositions qui lui sont soumises, elle le déclare en votant la question préalable. — Art. 39.

170. — Dans les discussions, les orateurs ne peuvent parler qu'à la tribune; à moins que le président ne les autorise à parler de leur place. Au président appartient également le droit de rappeler l'orateur à la question. Lorsqu'un orateur a été rappelé deux fois à la question dans le même discours, l'Assemblée peut, sur la proposition du président, lui interdire la parole sur la même question pour le reste de la séance. — Art. 33 et suiv.

171. — La discussion sur les projets de loi et propositions se divise en deux parties, l'une générale, dominant l'ensemble du projet et de la proposition, et l'autre spéciale sur chaque article. La seconde n'a lieu que lorsque la première est complètement épuisée.

172. — Chaque article de la proposition ou du projet est d'abord voté séparément à la suite de la discussion à laquelle il a donné lieu, et la délibération se termine par un vote sur l'ensemble. Règl. 6 juill. 1849, art. 42.

173. — Le vote peut s'opérer de plusieurs manières: par assis et levé, au scrutin public et au scrutin secret. — Règl., art. 47.

174. — Le vote par assis et levé est de droit sur toutes les questions; il est constaté par le président et les secrétaires. S'ils décident qu'il y a doute, l'épreuve est renouvelée. Si la seconde épreuve est encore douteuse, le vote au scrutin public devient alors de droit. — Règl., art. 48, 49 et 50.

175. — Le vote au scrutin public est de droit non-seulement dans le cas précité, mais encore toutes les fois qu'il s'agit de projets de lois portant ouverture de crédits autres que ceux d'intérêt local. — Règl., art. 50.

176. — Il peut aussi être demandé en toute matière si ce n'est cependant sur les questions de fixation d'ordre du jour, de rappel au règlement, de priorité, d'ajournement, de renvoi, de clôture de la discussion, et sur la prise en considération de la proposition d'urgence. — Règl., art. 51.

177. — Il peut être demandé soit avant toute épreuve par assis et levé, soit après une première épreuve douteuse, soit même après le vote par assis et levé, s'il s'agit de statuer sur l'ensemble d'un projet de loi ou d'une proposition. — Règl., art. 52.

178. — Mais, à quelque moment que le scrutin public soit demandé, la demande doit être faite par écrit, signée de vingt membres au moins et déposée entre les mains du président. Les noms des signataires et des votans sont ensuite insérés au *Moniteur*. — Règl., art. 53.

179. — Voici maintenant comment il est procédé au scrutin public: Chaque représentant a deux bulletins de vote sur lesquels son nom est imprimé. Les bulletins blancs expriment l'adoption, les bulletins bleus la non-adoption. Les huissiers présentent à chaque membre de l'Assemblée une urne dans laquelle il dépose son bulletin. Mais le scrutin peut avoir lieu aussi à la tribune sur la demande de vingt membres. Lorsque les votes sont recueillis, le président prononce la clôture du scrutin, les secrétaires en font le dépouillement, et le président en proclame le résultat. — Règl., art. 54.

180. — A la séance de l'Assemblée législative du 25 janv. 1850, M. de Mortemart avait déposé une proposition tendant à modifier les dispositions précitées du règlement: en ce qui concerne le scrutin public. Cette proposition avait pour objet de ne permettre le scrutin public que sur l'ensemble des lois et des crédits. Pour les interpellations, pour les votes de détails le scrutin ne pouvait, d'après cela, être que secret.

181. — Mais la commission devant laquelle cette proposition fut renvoyée conclut à la non-prise en considération. M. Vesin, rapporteur de cette commission, fit remarquer que le scrutin public était une conquête d'autant plus précieuse qu'elle avait été longtemps disputée; et que si elle n'avait pas été faite sous l'empire du passé, elle eût dû naturellement suivre l'avénement du suffrage universel. Sur ces observations, l'Assemblée législative sanctionna les conclusions de la commission. — Séance du 20 févr. 1850 (*Moniteur* du 21).

182. — Dans tous les cas où le scrutin public peut ou doit être admis, si quarante membres réclament le scrutin secret il doit y être procédé. Les formes prescrites pour la demande du scrutin public sont observées pour celles du scrutin secret. Les noms des signataires de la demande sont insérés au *Moniteur*. — Règl., art. 55.

183. — En cas de scrutin secret, l'appel nominal peut être réclamé. S'il est ordonné, il est fait par un des secrétaires et suivi immédiatement d'un réappel pour les représentans qui n'ont pas encore voté. — Règl., art. 56.

184. — Le scrutin secret a lieu dans les formes suivantes: Chaque représentant reçoit une boule blanche et une boule noire. Il dépose dans l'urne placée sur la tribune la boule qui exprime son vote; il met dans une autre urne, placée sur le bureau des secrétaires, la boule dont il n'a pas fait usage. La boule blanche exprime l'adoption, la noire la non-adoption. Les secrétaires versent les boules dans une corbeille. Ils en font ostensiblement le compte, et séparent les boules blanches des noires. Le résultat de ce compte est arrêté par deux secrétaires au moins, et proclamé par le président. — Règl., art. 57.

185. — Quel que soit le mode de votation qui soit adopté, la présence de la moitié plus un des membres de l'Assemblée est nécessaire pour la validité du vote. — Const. 4 nov. 1848, art. 40. — L'art. 59 du règlement de l'Assemblée législative exige la présence de 376 membres. Le nombre des membres présens est constaté par le bureau, et, s'il n'est pas unanime, il est procédé au scrutin public. — Règl., même article.

186. — Sur le point de savoir quand un projet de loi et une proposition sont définitivement convertis en lois, V. LOIS, POUVOIR LÉGISLATIF.

§ 7. — *Police de l'Assemblée. — Peines disciplinaires.*

187. — Chargé de diriger les délibérations de l'Assemblée et de faire observer le règlement, le président doit aussi veiller au maintien de l'ordre. De là l'art. 107 du règlement de l'Assemblée législative, ainsi conçu: « La police de l'Assemblée est exercée en son nom par le président. »

188. — Les personnes placées dans les tribunes qui donnent des marques d'approbation ou d'improbation, sont sur-le-champ exclues des tribunes; et celles qui troublent les délibérations sont traduites, sans délai, s'il y a lieu, devant l'autorité compétente. — Règl. 6 juill. 1849, art. 110 et 111.

189. — Des peines disciplinaires peuvent également être prononcées contre les membres de l'Assemblée. Ces peines sont: le rappel à l'ordre, le rappel à l'ordre avec inscription au procès-verbal, la censure, la censure avec exclusion temporaire du lieu des séances. — Règl., art. 113.

190. — Est rappelé à l'ordre l'orateur qui s'en écarte, tout membre qui trouble l'ordre: soit par des interruptions, des personnalités, des applaudissemens ou signes d'improbation, soit de toute autre manière. — Règl., art. 114.

191. — Le rappel à l'ordre avec inscription au procès-verbal est appliqué à tout représentant qui dans les trente jours a été deux fois rappelé à l'ordre. Cette peine disciplinaire emporte de plein droit la privation, pendant quinze jours, de moitié de l'indemnité allouée au représentant. — Règl., art. 115 et 116.

192. — Au président seul appartient le droit de rappeler à l'ordre. Celui qui a été rappelé à l'ordre peut obtenir la parole pour se justifier. Si le rappel à l'ordre est maintenu par le président, il en est tenu note par les secrétaires. — Règl., art. 117.

193. — La censure est prononcée contre: 1° tout membre qui après le rappel à l'ordre avec inscription au procès-verbal n'est pas rentré dans le devoir; 2° tout membre qui dans l'espace de trente jours a encouru trois fois le rappel à l'ordre; 3° tout membre qui dans l'Assemblée a donné le signal d'une scène tumultueuse ou d'une abstention collective de prendre part aux travaux législatifs; 4° tout représentant qui a adressé à un ou plusieurs de ses collègues des injures, provocations ou menaces. — Règl., art. 119.

194. — Quant à la censure avec exclusion temporaire du lieu des séances, elle est prononcée contre tout membre: 1° qui a résisté à la censure simple, 2° qui a en séance publique fait appel à la violence ou provoqué à la guerre civile, et 3° qui s'est rendu coupable d'outrages envers l'Assemblée ou une partie de l'Assemblée, ou envers le président. — Règl., art. 120.

195. — Il n'appartient qu'au président de proposer d'appliquer à un membre de l'Assemblée la censure simple ou la censure avec exclusion temporaire. Mais c'est à l'Assemblée elle-même qu'est réservé le droit de prononcer ces peines. — Règl., art. 123.

196. — Aucun débat ne peut s'engager sur la proposition du président. Cependant le représentant contre qui l'une ou l'autre des peines ci-dessus est demandée a toujours le droit d'être entendu, ou de faire entendre, en son nom, un de ses collègues. — Même article.

197. — La décision de l'Assemblée, prononçant soit la censure simple, soit la censure avec exclusion temporaire, est inscrite au procès-verbal. — Même article.

198. — La censure avec exclusion temporaire impose au membre contre lequel elle a été prononcée l'obligation de sortir immédiatement de l'Assemblée et de s'abstenir d'y reparaître pendant les trois séances suivantes. — Règl., art. 121.

199. — En cas de désobéissance du représentant à l'injonction qui lui est faite par le président de sortir de l'Assemblée, la séance est levée. — Même article. — Si le membre reparaît à l'Assemblée avant l'expiration du délai fixé, sa présence est constatée par le bureau; le président lève alors la séance, et, sur son ordre, le représentant est arrêté et conduit dans un local préparé à cet effet par les soins des questeurs et où il garde les arrêts pendant trois jours. — Règl., art. 122.

200. — La censure simple et la censure avec exclusion temporaire emportent de droit: 1° la privation pendant un mois de moitié de l'indemnité allouée au représentant, et 2° l'impression et l'affiche à mille exemplaires, aux frais du représentant, de l'extrait du procès-verbal mentionnant la censure. Ces affiches sont apposées dans toutes les communes du département par lequel le représentant a été élu. — Règl., art. 124.

201. — L'art. 125 du règlement prévoit ensuite le cas où l'Assemblée devient tellement tumultueuse qu'il est impossible au président de rétablir le calme. Dans ce cas la séance est suspendue pendant une demi-heure, et, à l'expiration de cette demi-heure, elle est reprise de droit

ainsi que la discussion. Si le tumulte se produit de nouveau, le président peut prononcer la clôture de la discussion ; et il est, alors, immédiatement procédé au vote, s'il y a lieu.

202.—Si un délit vient à être commis dans l'enceinte du palais législatif par un représentant, toute délibération est suspendue. Le président porte de suite le fait à la connaissance de l'Assemblée. Le représentant est admis à s'expliquer, s'il le demande. Sur l'ordre du président, il est tenu de quitter la salle des séances et de se rendre dans le local indiqué précédemment (nº 199). —Règl., art. 126.

203.—Le bureau informe le procureur général près la Cour d'appel de Paris qu'un délit vient d'être commis dans le palais de l'Assemblée nationale.—Même art. — Et il est procédé à l'instruction de ce délit conformément aux règles ordinaires.—V. *infrà* nº 263.

§ 8. — *Initiative parlementaire. — Propositions, amendemens. — Interpellations. — Ordre du jour.*

204.—La Constitution du 4 nov. 1848 attribue à chaque représentant le droit d'initiative parlementaire.—Art. 39.—V. POUVOIR LÉGISLATIF.

205.—Les formes de l'exercice de ce droit ont été déterminées, pour les membres de l'Assemblée législative, par le règlement du 6 juill. 1849.

206.— Aux termes de l'art. 74 de ce règlement toute proposition faite par un représentant doit être formulée par écrit et remise au président, qui, après en avoir donné connaissance à l'Assemblée, la renvoie à l'examen de la commission spéciale pour les propositions.

207.—Dans les dix jours, cette commission présente un rapport sommaire sur chacune des propositions renvoyées à son examen. Le rapport conclut au rejet pur et simple ou à la prise en considération de la proposition.—Règl. 6 juill. 1849, art. 75.

208.—Sur le dépôt de ce rapport et quelles qu'en soient les conclusions, il est fixé un jour, non pour la discussion au fond et définitive de la proposition, mais seulement pour l'examen de la question de savoir s'il y a lieu ou non de la prendre en considération. Si la prise en considération est prononcée il est donné suite à la proposition, qui subit alors les mêmes phases que tout projet de loi présenté au nom du gouvernement.— Règl., art. 76.

209.—M. Cordier avait présenté à l'Assemblée législative une proposition tendant à modifier les art. 74, 75 et 76 précités du règlement. D'après le projet de M. Cordier, il ne devait être donné aucune suite aux propositions de loi, faites par des représentans, lorsque le rapport concluait au rejet pur et simple de ces propositions et qu'il était constaté que ces conclusions avaient réuni une majorité des deux tiers de la commission d'initiative. Dans le cas où cette majorité n'avait pas été acquise, ou lorsque la prise en considération avait été prononcée ; le rapport de la commission devait d'abord être discuté dans les bureaux, qui délibéraient sur ses conclusions. Et la discussion en séance publique ne devait, dans tous les cas, avoir lieu qu'autant que cinq bureaux de l'Assemblée, au moins, avaient adhéré au principe contenu dans la proposition en prononçant la prise en considération.

210.—La commission chargée de l'examen de la proposition de M. Cordier avait été d'avis qu'il y avait lieu de la prendre en considération. Elle avait même été plus loin que l'auteur de la proposition, en demandant que l'urgence fût déclarée. Mais, lors de la discussion publique, cette proposition fut vivement combattue par M. Valette, qui s'efforça d'établir qu'elle portait atteinte à la dignité morale et à l'autorité de l'Assemblée, qu'elle n'empêcherait pas les mauvaises doctrines de se produire, qu'elle altérait le droit d'initiative parlementaire, et enfin qu'elle n'était d'aucune utilité réelle pour l'Assemblée. Sur les observations de M. Valette, appuyées par M. Bancel, l'Assemblée ne prit pas en considération la proposition qui lui était soumise. — Séances des 31 janv. et 1er févr. 1850 (*Moniteur* des 1er et 2 févr.).—Les art. 74, 75 et 76 du règlement sont donc restés en vigueur.

211.—Lorsque la discussion publique a été ouverte sur une proposition émanant de l'initiative parlementaire, l'auteur n'en est pas moins libre de la retirer ; et la discussion cesse alors immédiatement, à moins que la proposition ne soit reprise par un autre membre : cas auquel la discussion continue.—Règl. 16 juill. 1849, art. 77.

212.—Les propositions qui n'ont point été prises en considération par l'Assemblée peuvent être représentées, lorsqu'il s'est écoulé, depuis le vote, un délai de six mois.—Si elles ont été prises en considération mais rejetées par l'Assemblée, elles peuvent être représentées après un délai de trois mois. — Règl. 6 juill. 1849, art. 78.

213. — Lors de la présentation d'une proposition comme d'un projet de loi, l'urgence peut être réclamée. La demande est précédée d'un exposé des motifs. Si elle est prise en considération, l'Assemblée renvoie dans les bureaux et fixe le moment où le rapport sur l'urgence lui sera présenté. Sur ce rapport, si l'Assemblée reconnaît l'urgence elle le déclare et passe immédiatement à la délibération. — Règl. 6 juill. 1849, art. 83, 84 et 85.

214.—La délibération porte d'abord sur l'ensemble de la proposition. L'Assemblée est ensuite consultée pour savoir si elle entend passer à la discussion des articles. — Si l'Assemblée refuse, la proposition est rejetée. Dans le cas contraire, la discussion continue et porte exclusivement sur chacun des articles et sur les amendemens qui s'y rapportent. — Après le vote des articles, il est procédé au vote sur l'ensemble de la proposition. — Règl., art. 86, 87 et 88.

215. — Si l'Assemblée se prononce contre l'urgence, la proposition est renvoyée dans les bureaux et ne peut revenir à l'Assemblée que sur le rapport d'une commission et est soumise à trois délibérations.—Règl., art. 89.

216. — La proposition suivante a été faite par MM. Laboulie et Lequien : « Toutes les fois qu'une proposition, émanée de l'initiative parlementaire, aura été prise en considération par l'Assemblée, toute autre proposition ou tout autre projet de loi sur le même sujet sera considéré comme amendement à la proposition primitive et renvoyé à la commission chargée de son examen. — Toutes les fois qu'un projet de loi aura été présenté par le gouvernement, toute proposition relative à l'objet de ce projet de loi sera renvoyée de droit à la commission chargée de son examen. » — La commission d'initiative parlementaire a conclu à la prise en considération de cette proposition. — V. séance de l'Assemblée législative du 4 mars 1850 (*Moniteur* du 5).

217. — Lors de la discussion en séance publique d'un projet de loi ou d'une proposition, tout représentant a le droit de présenter sur ce projet ou cette proposition les amendemens qu'il juge convenables.

218. — Tout amendement doit être rédigé par écrit et remis au président ; mais, pour que l'Assemblée puisse délibérer sur l'amendement, il faut que, après avoir été développé, il soit appuyé.—Règl. 6 juill. 1849, art. 65.

219.—L'amendement présenté et non soumis au vote dans le cours de la séance, est imprimé et distribué avant la séance suivante.—Art. 66.

220. — Si l'amendement est présenté pendant la deuxième délibération, il est renvoyé de droit à l'examen de la commission si le rapporteur le demande (règl., art. 67).— A l'égard des amendemens nouveaux présentés après la clôture de la deuxième délibération, ils doivent être communiqués à la commission et imprimés et distribués un jour au moins avant l'ouverture de la troisième délibération. —Règl., art. 68.

221. — S'il est présenté des amendemens dans le cours même de la troisième délibération, ils sont motivés sommairement à la tribune. L'Assemblée, consultée, décide par assis et levé, sans débats, si elle les prend en considération. Dans ce cas, ils sont renvoyés à l'examen de la commission. — Règl., art. 69.

222. —Il ne faut pas confondre les propositions, que peut faire tout représentant, avec les interpellations, qui sont également un attribut de l'initiative parlementaire. — Les premières sont susceptibles de devenir des lois, tandis que les secondes ne peuvent donner lieu qu'à un ordre du jour.

223. —Mais, comme les propositions, les interpellations, quel que soit l'objet sur lequel elles portent, sont soumises à certaines règles.— Ainsi, tout représentant qui veut faire des interpellations doit en remettre la demande écrite au président. Cette demande explique sommairement l'objet des interpellations, et le président en donne lecture à l'Assemblée. — Règl., art. 79.

224. —Les interpellations ne peuvent être adressées qu'au gouvernement. Celles de représentant à représentant sont interdites. — Même art.

225. —Sur la lecture de la demande en interpellations, l'Assemblée, après avoir entendu un des membres du gouvernement, fixe, par assis et levé, sans débats, le jour où les interpellations seront faites. —Règl., art. 80.

226. —L'ordre du jour sur les interpellations peut être pur et simple ou motivé.

227. —Un ordre du jour motivé ne peut être présenté s'il n'est rédigé par écrit et déposé sur le bureau du président, qui en donne lecture.— Règl., 1849, art. 81.

228. — Quoiqu'un ordre du jour motivé ait été présenté l'ordre du jour pur et simple peut néanmoins être réclamé et il a toujours la priorité. — Même art.

229.—Si l'ordre du jour pur et simple n'a point été réclamé, ou s'il a été écarté ; l'Assemblée décide alors, par assis et levé, sans débats, si elle renverra dans les bureaux l'examen de l'ordre du jour motivé. En cas de renvoi dans les bureaux, l'Assemblée, sur le rapport d'une commission, statue comme en matière d'urgence. — Règl., art. 82.

§ 9. — *Priviléges attachés à la qualité de représentant.*

230. — Au premier rang des priviléges attachés à la qualité de représentant, il faut placer celui de l'inviolabilité. Cette inviolabilité constitue, ainsi que le fait remarquer M. Laferrière (*Cours de droit public*, 3e édit., t. 1er, p. 138), une garantie nécessaire à l'indépendance de la personne et de la tribune, et dérive de la souveraineté nationale déléguée au pouvoir délibérant. Elle est, du reste, un de ces principes supérieurs que toutes les Constitutions se sont successivement transmis.

231. — Toutefois, l'inviolabilité qui couvre la personne des représentans ne doit pas être entendue d'une manière absolue. Les représentans ne sont inviolables, dans le présent comme dans l'avenir, que pour les opinions par eux émises dans le sein de l'Assemblée nationale, que pour les actes qu'ils peuvent faire en leur qualité de représentans. Mais cette inviolabilité ne saurait les protéger contre les poursuites auxquelles peuvent donner lieu les crimes ou délits dont ils se rendent coupables.

232. — C'est ce que consacrait en termes énergiques la *Déclaration* des droits de l'homme et du citoyen placée en tête de la Constitution du 24 juin 1793. « Les délits des *mandataires du peuple* et de ses agens, portait, en effet, l'art. 31 de cette Déclaration, ne doivent jamais être impunis. Nul n'a le droit de se prétendre plus inviolable que les autres citoyens. »

233. — Les art. 7 et 8, sect. 5, chap. 1er, de la Constitution du 3-14 sept. 1791 étaient ainsi conçus : « Art. 7 : les représentans de la nation sont inviolables ; ils ne pourront être recherchés, accusés ni jugés en aucun temps pour ce qu'ils auront dit, écrit ou fait dans l'exercice de leurs fonctions de représentans.—Art. 8 : Ils pourront, pour faits criminels, être saisis en flagrant délit ou en vertu d'un mandat d'arrêt ; mais il en sera donné avis, sans délai, au Corps législatif, et la poursuite ne pourra être continuée qu'après que le Corps législatif aura décidé qu'il y a lieu à accusation. »

234. — De l'art. 8 précité il résulte que, sous l'empire de la Constitution du 3 septembre 1791, un représentant de la nation pouvait être arrêté, hors le cas de flagrant délit, en vertu d'un mandat d'arrêt décerné contre lui sans l'autorisation préalable du Corps législatif. Cette autorisation n'était exigée que pour la continuation des poursuites.

235. — La Constitution du 24 juin 1793 disposait également que les députés ne pouvaient être recherchés, accusés ni jugés en aucun temps pour les opinions qu'ils avaient énoncées dans le sein du Corps législatif (art. 43), et qu'ils pouvaient, pour fait criminel, être saisis en flagrant délit.— Art. 44. — Mais, à la différence de la Constitution de 1791, celle de 1793 ne permettait pas qu'un mandat d'arrêt ou qu'un mandat d'amener pût être décerné contre eux, sans l'autorisation du Corps législatif.—Art. 44.

236. — La garantie résultant de la qualité de représentant de la nation avait été de la part des auteurs de la Constitution du 5 fructidor an III (22 août 1795), l'objet de dispositions plus complètes que celles qui avaient été établies par les deux Constitutions antérieures.

237. — Après avoir posé en principe, de même que ces deux Constitutions, que les citoyens qui étaient ou avaient été membres du Corps législatif

ne pouvaient être recherchés, accusés ni jugés en aucun temps pour ce qu'ils avaient dit ou écrit dans l'exercice de leurs fonctions (art. 110), la Constitution du 5 fructidor an III indiquait les cas dans lesquels les membres du Corps législatif pouvaient être mis en jugement et traçait les formes qui devaient être suivies à cet égard. Elle étendait même jusqu'au trentième jour après l'expiration de leurs fonctions la nécessité de l'observation de ces formes. — Art. 111.

238. — Cette Constitution permettait de saisir immédiatement les représentans de la nation, pour faits criminels, en cas de flagrant délit. Mais elle voulait, comme la Constitution de 1791, et ce que n'exigeait pas celle de 1793, qu'il en fût donné avis, sans délai, au Corps législatif, et que la poursuite ne pût être continuée qu'en vertu d'une autorisation. Cette autorisation devait être accordée par le Conseil des Anciens, sur la proposition du Conseil des Cinq-Cents. — Art. 112.

239. — Hors le cas de flagrant délit, les membres du Corps législatif ne pouvaient être amenés devant les officiers de police, ni mis en état d'arrestation, avant que le Conseil des Cinq-Cents eût proposé la mise en jugement et que le Conseil des Anciens l'eût décrétée. — Art. 113.

240. — Dans les deux cas ci-dessus, les membres du Corps législatif ne pouvaient être traduits devant aucun autre tribunal que la Haute Cour de justice. — Art. 114. — C'était aussi devant la même Cour qu'ils devaient être traduits pour faits de trahison, de dilapidation, de manœuvres pour renverser la Constitution, et d'attentat contre la sûreté intérieure de la République. — Art. 115.

241. — La Constitution du 5 fruct. an III prévoyait ensuite le cas où une dénonciation était faite contre un membre du Corps législatif. Elle exigeait, d'abord, pour que cette dénonciation pût donner lieu à poursuite, qu'elle fût rédigée par écrit et signée; elle devait être adressée au Conseil des Cinq-Cents. — Art. 116. — Si ce Conseil admettait la dénonciation il devait, alors, appeler l'inculpé, qui, s'il comparaissait dans le délai qui lui était imparti, était entendu dans l'intérieur du lieu des séances. — Art. 117 et 118. — Soit que l'inculpé se fût présenté ou non, le Conseil des Cinq-Cents devait déclarer s'il y avait lieu ou non à l'examen de sa conduite. — Art. 119.

242. — Si le Conseil des Cinq-Cents déclarait qu'il y avait lieu à examen, il devait y être procédé devant le Conseil des Anciens. Ce Conseil commençait par appeler le prévenu, qui, s'il comparaissait, était entendu dans l'intérieur du lieu des séances. Ensuite, le Conseil des Anciens prononçait l'accusation, s'il y avait lieu, et renvoyait l'accusé devant la Haute Cour de justice, qui était tenue d'instruire le procès, sans aucun délai. — Art. 120 et 121.

243. — L'accusation prononcée contre un membre du Corps législatif entraînait suspension. Mais s'il était acquitté par le jugement de la Haute Cour de justice, il reprenait ses fonctions. — Art. 123.

244. — Quoique la constitution du 22 frim. an VIII (13 déc. 1799) ne consacrât pas en termes formels l'inviolabilité des représentans de la nation, cette inviolabilité résultait néanmoins de ses dispositions. Ainsi, d'après l'art. 69 de cette Constitution, les fonctions des membres soit du Sénat, soit du Corps législatif, soit du Tribunat ne donnaient lieu à aucune responsabilité. Ce n'était là évidemment autre chose que le principe de l'inviolabilité.

245. — Mais cette dernière Constitution n'avait pas reproduit, relativement aux poursuites pour crimes ou délits, la distinction entre le cas de flagrant délit et celui de non flagrant délit. Elle disposait d'une manière générale (art. 70) que les délits personnels emportant peine afflictive ou infamante commis par un membre soit du Sénat, soit du Tribunat, soit du Corps législatif, ne pouvaient être poursuivis qu'après qu'une délibération du corps auquel le prévenu appartenait avait autorisé les poursuites. La Haute Cour de justice n'existait plus. C'était aux tribunaux ordinaires qu'il appartenait de statuer sur ces poursuites. — Même article.

246. — Les Constitutions postérieures ne contenaient aucune disposition relative aux poursuites à exercer contre les membres du Corps législatif. Mais il avait été pourvu à cet égard par la Charte de 1814. Aux termes de l'art. 51 de cette Charte, reproduit littéralement dans l'art. 43 de celle de 1830, aucune contrainte par corps ne pouvait être exercée contre un membre de la Chambre des députés durant la session, et dans les six semaines qui la précédaient ou suivaient. — V. CONTRAINTE PAR CORPS, nos 92, 343 et 553.

247. — Sous l'empire des deux Chartes précitées aucun membre de la Chambre des députés ne pouvait, d'ailleurs, pendant la durée de la session être poursuivi ni arrêté en matière criminelle, sauf le cas de flagrant délit, qu'après que la Chambre avait permis la poursuite. — Charte de 1814, art. 52; Charte de 1830, art. 44.

248. — V., au surplus, sur les priviléges dont jouissaient, sous la monarchie de 1830, les membres de la Chambre des pairs et de la Chambre des députés, Chambres dont la réunion formait alors le pouvoir législatif, les mots CHAMBRE DES DÉPUTÉS, CHAMBRE DES PAIRS, PAIRS DE FRANCE.

249. — La Constitution du 4 nov. 1848 a formellement proclamé l'inviolabilité des représentans du peuple, et, en conséquence, déclaré qu'ils ne pourraient être recherchés, accusés ni jugés en aucun temps pour les opinions qu'ils auraient émises dans le sein de l'Assemblée nationale (art. 36). Ce principe, comme on l'a vu plus haut, avait déjà été inscrit, dans les mêmes termes, dans les Constitutions de 1791, de 1793 et de l'an III.

250. — M. Laferrière (*Cours de droit public*, 3e édit., t. 1er, p. 138) observe avec raison que l'inviolabilité ne couvre pas seulement les opinions, qu'elle couvre même les actes du représentant. « Mais, dans ce dernier cas, dit-il, elle n'est pas absolue; elle n'est qu'une garantie contre la passion ou la prévention des citoyens et de la magistrature. » — V. aussi *suprà*, no 234.

251. — De là l'art. 37 de la Constitution du 4 novembre 1848, qui, comme toutes les Constitutions antérieures, veut qu'aucun représentant ne puisse être arrêté en matière criminelle, sauf le cas de flagrant délit, ni poursuivi qu'après que l'Assemblée a permis la poursuite. — V. MANDATS D'EXÉCUTION, no 113.

252. — Mais, devant le cas de flagrant délit, la Charte de 1830 laissait tomber tous les priviléges, toute autorisation cessait d'être nécessaire. Au contraire, la Constitution du 4 novembre 1848 n'a pas voulu que, même dans ce cas, l'inviolabilité disparût complètement. Si donc les magistrats peuvent provisoirement, en cas de flagrant délit, ordonner l'arrestation d'un représentant, il doit en être immédiatement référé à l'Assemblée qui peut autoriser ou refuser la continuation des poursuites (art. 37, § 2). C'est là un hommage au principe de la souveraineté nationale, que lui avaient également rendu les Constitutions de 1791 et de l'an III. — V. *suprà*, nos 233 et 238.

253. — Avant le vote de la Constitution actuelle, il s'était élevé une question qui n'avait pas moins de gravité que d'intérêt et qui consistait à savoir si, lorsqu'un citoyen était déjà détenu au moment où il était nommé représentant, les poursuites pouvaient néanmoins être continuées; ou s'il ne fallait pas préalablement en référer à l'Assemblée. Cette question fut agitée à l'occasion de l'élection de M. Raspail, qui, lorsqu'il fut nommé représentant du peuple, était détenu au fort de Vincennes sous la prévention de complicité dans l'attentat commis contre l'Assemblée nationale le 15 mai 1848.

254. — Il fut reconnu que, dans ce cas-là même, l'Assemblée nationale devait être consultée. Le procureur général près la Cour d'appel de Paris adressa alors à l'Assemblée nationale un réquisitoire tendant à ce que la continuation des poursuites commencées contre M. Raspail fût autorisée; et cette autorisation fut prononcée aux termes d'un décret du 26 septembre 1848.

255. — La question a été, du reste, depuis, formellement tranchée par la Constitution du 4 novembre 1848. La disposition de l'art. 37, qui exige qu'en cas d'arrestation pour flagrant délit il en soit immédiatement référé à l'Assemblée, qui autorise ou refuse la continuation des poursuites, a été en effet déclarée applicable au cas où un citoyen détenu est nommé représentant. — Art. 37, § 3.

256. — Il faut également décider, par les mêmes raisons, que l'exécution d'une condamnation prononcée contre un représentant avant son élection ne saurait être poursuivie contre lui après son élection, sans une autorisation de l'Assemblée.

257. — Lorsque l'autorisation de diriger ou de continuer des poursuites contre un représentant est demandée à l'Assemblée nationale, celle-ci apprécie les charges de l'instruction comme *corps politique* et non comme *corps judiciaire*: pour savoir seulement s'il y a lieu de suspendre le privilége de l'inviolabilité. — Laferrière, t. 1er, p. 138 *in fine*.

258. — L'Assemblée nationale a, pour cette appréciation, un pouvoir aussi étendu que possible, aucune limite ne lui est tracée. L'Assemblée ne doit cependant pas prendre pour règle de sa décision l'intérêt ou le désir du représentant contre lequel l'autorisation de poursuivre est demandée. Elle recherche si les poursuites sont pures de tout esprit de parti, si elles ne sont pas légèrement intentées. Elle examine même si, le fait matériel étant constant, il y a intérêt à ce que les poursuites soient autorisées.

259. — Elle peut, pour refuser l'autorisation, se contenter de la parole, du désaveu, de la protestation du représentant poursuivi. C'est ainsi que la Chambre des députés a refusé d'autoriser les poursuites dirigées contre MM. de Cormenin et Audry de Puyraveau, membres de la Chambre, accusés d'avoir signé une protestation que la Cour des pairs avait considérée comme contenant une offense envers elle, sur la déclaration faite par MM. de Cormenin et Audry de Puyraveau: que leur signature y avait été apposée sans leur consentement. C'est ainsi encore que l'Assemblée législative a dernièrement, sur sa dénégation, refusé d'autoriser la demande de poursuivre M. Michel (de Bourges) accusé d'avoir, dans une réunion électorale, proféré des paroles portant atteinte à la propriété et à la famille.

260. — Ordinairement, l'Assemblée, saisie d'une demande en autorisation de poursuites contre un représentant, renvoie l'examen de la demande et des pièces à une commission sur le rapport de laquelle elle statue. Mais il n'est pas douteux que, si elle le jugeait nécessaire, elle puisse non-seulement entendre le représentant lui-même, mais encore ordonner le dépôt de toutes les pièces sur le bureau du président pour qu'il en soit pris connaissance par tous les membres de l'Assemblée.

261. — L'inviolabilité du représentant, proclamée par la Constitution, protége-t-elle seulement sa personne, ne s'étend-elle pas aussi à son domicile : tellement qu'aucune perquisition n'y puisse être faite sans une autorisation préalable de l'Assemblée? Cette question avait été prévue lors de la discussion. M. Raynal avait, à cet égard, devant l'Assemblée constituante, proposé l'amendement suivant : « Le domicile des représentans ne pourra être soumis aux visites de l'autorité. » Cet amendement fut retiré par son auteur, qui déclara le réserver pour une proposition spéciale à discuter ultérieurement. Mais, cette proposition n'ayant pas été faite, la question n'a pas été résolue.

262. — Elle s'est représentée, dans la séance de l'Assemblée législative du 27 juin 1849, sous forme d'interpellation, à l'occasion d'une perquisition qu'un commissaire de police voulut faire, en exécution d'un mandat dont il était muni, à la suite des événemens du 13 du même mois de juin, dans un local qui avait été loué par des représentans, rue du Hasard, no 6, à Paris. Mais MM. Dufaure et Odilon Barrot ont soutenu que l'inviolabilité du représentant ne pouvait pas avoir pour effet d'assurer l'impunité des méfaits et de paralyser l'action de la justice et que ce serait ajouter à la Constitution que de conclure de la défense d'exercer des poursuites contre un représentant, sans une autorisation de l'Assemblée, à l'impossibilité de faire des perquisitions dans le domicile du représentant, sans cette même autorisation. Sur ces observations l'Assemblée législative a passé à l'ordre du jour pur et simple, d'où il semblerait résulter que, dans sa pensée, il n'y aurait pas lieu d'étendre au domicile l'inviolabilité qui couvre la personne du représentant. — V. séances des 27 et 28 juin 1849 (*Moniteur* des 28 et 29).

263. — L'autorisation de poursuites accordée par l'Assemblée nationale contre l'un de ses membres, efface le privilége établi par l'art. 37 de la Constitution du 4 novembre 1848 et, dès lors, soumet le représentant qui en est l'objet à toutes les règles ordinaires de la justice criminelle et spécialement à l'obligation imposée par l'art. 421 du C. instr. crim. à tous les condamnés à l'emprisonnement de se constituer en état de détention sous peine de non-recevabilité de leur pourvoi en cassation. — *Cass.*, 14 déc. 1849 (t. 1 1849, p. 656), Malardier.

264. — En ne permettant pas de poursuivre et d'arrêter en matière criminelle les représentans du peuple sans l'autorisation préalable de l'Assemblée, la Constitution a nécessairement interdit contre eux l'exercice de la contrainte par corps. Mais les représentans ne sont plus, à cet égard, protégés comme l'étaient les députés sous la Charte de 1830, pendant les six semaines qui

précèdent ou suivent la session. — Laferrière, t. 1er, p. 139.

265. — Pour ce qui concerne la répression des outrages commis envers les représentans du peuple, V. OUTRAGE, nos 206 et suiv.

§ 10. — *Indemnité due aux représentans.*

266. — Sous l'empire d'une Constitution qui accorde à tous les citoyens le droit d'éligibilité, il importe, pour que ce droit ne soit pas un vain mot, d'assurer des moyens d'existence honorable aux citoyens que la confiance publique revêt du mandat parlementaire. L'égalité politique entraîne nécessairement avec elle la nécessité d'une indemnité pour les représentans de la nation. N'est-il pas d'ailleurs équitable d'indemniser celui qui sacrifie son industrie, ses intérêts, quelquefois même sa carrière, à l'accomplissement du plus grand des devoirs politiques? V., à cet égard, le Rapport de M. Douesnel, déposé à l'Assemblée législative le 24 juin 1849.

267. — L'Assemblée constituante de 1789 avait décidé que chaque député recevrait un traitement de 18 francs par jour, des frais de voyage calculés à raison de 5 francs par poste, et la franchise du port pour toute sa correspondance. — Décr. du 1er sept. 1789.

268. — Maintenue d'abord par la Convention, la fixation de cette indemnité fut adoptée aussi par l'Assemblée législative.

269. — Par la Constitution du 5 fructidor an III (22 août 1795), une indemnité annuelle fut également accordée aux membres du Corps législatif. Elle était, pour les membres du conseil des Cinq-Cents comme pour ceux du conseil des Anciens, fixée à la valeur de 3,000 myriagrammes de froment. — Art. 68.

270. — A partir de l'an VI, l'indemnité fut fixée à 670 francs par mois. Mais les représentans touchaient en sus : 1° des frais de voyage, à raison de 10 francs par poste; 2° 330 francs par mois pour frais de logement, frais de bureaux et entretien de costume, et 3° une indemnité pour remplacer la franchise des lettres, se montant, en moyenne, à 70 francs par mois (L. du 29 thermid. an VI, 20 vendém. an VII et 8 frim. an VIII) : ce qui faisait 1,040 francs par mois ou 12,840 francs par an, sans compter les frais de voyage.

271. — La Constitution du 22 frim. an VIII (13 déc. 1799) modifia cet état de choses. L'art. 36 de cette Constitution était ainsi conçu : « Le traitement annuel d'un tribun est de 15,000 fr. ; celui d'un législateur, de 10,000 fr. »

272. — Sous le Consulat et l'Empire, les membres de la représentation nationale avaient également un traitement fixe. Ce traitement était de 10,000 fr. Ils le conservèrent jusqu'au 13 juill. 1815. — Rapport précité de M. Douesnel.

273. — Mais, sous la restauration et la monarchie de 1830, qui avaient exigé comme condition d'éligibilité le paiement d'une contribution directe, le mandat de député était gratuit.

274. — La révolution du 24 février 1848, rétablissant le principe de l'égalité politique, fit revivre la nécessité de l'indemnité pour les représentans du peuple. Par un décret du 5 mars 1848, le Gouvernement provisoire fixa à 25 fr. par jour, pendant la durée de la session de l'Assemblée constituante, l'indemnité que chaque représentant du peuple devait recevoir. — Art. 10 du décret précité.

275. — Devant l'Assemblée constituante, il s'est élevé la question de savoir si un membre de cette assemblée pouvait renoncer à son traitement. Mais l'Assemblée nationale, pensant que tous les membres qui en faisaient partie devaient siéger aux mêmes conditions et aux mêmes titres, et qu'il ne fallait pas qu'il fût possible de changer cette situation par une générosité irréfléchie, qui, facile à quelques-uns, était impossible à d'autres, décida qu'il était interdit à tout représentant de faire abandon de l'indemnité que la nation lui allouait. — Décr. 14-22 juin 1848, art. 3.

276. — Le principe de l'indemnité a été également maintenu par la Constitution du 4 nov. 1848 : « Chaque représentant du peuple, porte l'art. 38 de cette Constitution, reçoit une indemnité, à laquelle il ne peut renoncer. » Seulement, la Constitution n'a pas fixé le chiffre de cette indemnité.

277. — Mais il y a été pourvu plus tard par la loi électorale du 15 mars 1849, dont l'art. 96 est ainsi conçu : « L'indemnité prescrite par l'art. 38 de la Constitution est fixée à 9,000 fr. par an. Elle est incompatible avec tous traitemens d'activité, de non-activité ou de disponibilité. Ces traitemens restent suspendus pendant la durée de la législature. Toutefois les représentans du peuple investis des fonctions énumérées dans l'art. 85 (ces fonctions sont celles qui sont compatibles avec le mandat de représentant [V. *suprà*, nos 120 et suiv.]) touchent le traitement afférent à leurs fonctions, sans pouvoir cumuler avec ce traitement l'indemnité législative. — Les représentans envoyés des colonies reçoivent, en outre, l'indemnité de passage pour l'aller et le retour. »

278. — Depuis, l'Assemblée législative a été saisie de différentes propositions qui avaient pour objet de modifier l'allocation accordée par la loi électorale.

279. — La première, déposée le 6 juin 1849, par MM. Pidoux, Nettement, de Neuville, de Rességuier, Duparc et Larabure, voulait que l'indemnité fût réduite à 6,000 fr. par an.

280. — La seconde, déposée, le 7 du même mois, par M. Cuverville, avait également pour objet la réduction à 6,000 fr. de l'indemnité accordée aux représentans. Mais elle disposait, en outre, que tout congé dont la durée se prolongeait au delà d'un mois entraînait de plein droit pour ce terme la privation de l'indemnité.

281. — Enfin, le même jour, 7 juin, une troisième proposition, présentée par M. Noblet, était ainsi conçue : « Art. 1er. L'indemnité de représentant, qui a été fixée, par l'art. 96 de la loi électorale, à 9,000 fr. par an, sera réduite à 6,480 fr., soit 540 fr. par mois ou 18 fr. par jour. — Art. 2. Dans la position de congé, cette indemnité sera réduite à moitié : c'est-à-dire à 9 fr. par jour. — Art. 3. Lorsqu'un représentant quittera définitivement l'Assemblée par démission ou autres motifs n'entraînant pas le blâme de celle-ci, il lui sera alloué 15 fr. d'indemnité à titre de frais de voyage et de logement. »

282. — Ces trois propositions furent renvoyées à l'examen d'une seule commission de quinze membres, qui, à la majorité de treize voix contre deux, fut d'avis qu'il y avait lieu de les repousser et de maintenir le chiffre de l'indemnité fixée par la loi électorale. — V. Rapport précité du citoyen Douesnel du 24 juin 1849. — Soumises à la discussion, ces conclusions furent adoptées par l'Assemblée législative. — Séance du 12 juill. 1849 (*Moniteur* du 13).

283 — Il ne résulte pas de là, néanmoins, que l'indemnité ne puisse être atteinte par l'absence du représentant sans congé. Ce cas a été formellement prévu par le règlement de l'Assemblée législative du 6 juill. 1849, auquel il a n'a été apporté, à cet égard, aucune modification.

284. — L'indemnité, porte l'art. 101 de ce règlement, cesse de droit pour tout représentant absent sans congé, ou qui prolonge son absence au delà du terme du congé qui lui a été accordé.

285. — Et l'art. 102 répute absent sans congé tout représentant qui pendant trois séances consécutives n'a point répondu aux appels nominaux, ou n'a pris part ni aux scrutins publics ni aux discussions de tribune.

286. — Par une loi du 6 juill. 1849, rendue sur la proposition de la commission de comptabilité, l'Assemblée législative a statué aussi sur l'indemnité des représentans contre lesquels des poursuites sont autorisées.

287. — Lorsque le représentant contre lequel des poursuites ont été autorisées s'est soustrait au mandat décerné contre lui, il perd son droit à l'indemnité pendant la durée de son absence. — L. 6 juin 1849, art. 1er.

288 — Le représentant détenu en vertu d'une condamnation pour délit ou pour crime, même lorsque cette condamnation n'entraîne pas la perte de la qualité de représentant, est privé également de l'indemnité pendant la durée de sa détention. — *Ibid.*, art. 3.

289. — Mais le représentant qui n'est qu'à l'état de détention préventive continue à recevoir son indemnité. — *Ibid.*, art. 2.

290. — Il est encore deux autres cas dans lesquels l'indemnité d'un représentant peut se trouver atteinte. Ces cas sont ceux de rappel à l'ordre avec inscription au procès-verbal, de censure simple et de censure avec exclusion temporaire. — V. *suprà*, nos 191 et 200.

291. — L'indemnité allouée aux représentans n'étant déclarée incompatible, comme nous l'avons vu (no 110), qu'avec *tous traitemens*, il s'ensuit qu'elle ne l'est pas avec les pensions civiles et militaires. Ces pensions, en effet, ne sont pas un salaire, mais une propriété acquise par des services passés. — Maulde, sur l'art. 96 de la loi du 15 mars 1849.

292. — Par le décret de l'Assemblée constituante du 1er sept. 1789, le traitement des représentans avait été laissé dans le droit commun ; et le traitement des membres de cette Assemblée, de ceux de l'Assemblée législative, de la Convention et des autres Assemblées qui se sont succédé, est resté saisissable comme tous les autres traitemens et sujet aux mêmes poursuites et oppositions.

293. — Mais le décret du 21 vent. an IX ne permettait de saisir le traitement des représentans que dans les proportions suivantes : un cinquième sur les premiers 1,000 fr., un quart sur les 5,000 fr. suivans, et un tiers sur les sommes excédant 6,000 fr.

294. — Sous la restauration et la monarchie de juillet, le traitement des questeurs de la Chambre des députés pouvait être saisi dans la même proportion. Les revenus des dotations constituées au profit de pairs de France étaient également soumis à une retenue qui pouvait aller jusqu'à la moitié.

295. — Toutefois, appelée à se prononcer sur la question de savoir si l'indemnité des représentans pourrait être saisie, l'Assemblée nationale constituante s'était, par un décret du 10-16 juill. 1848, écartée du principe admis par la législation antérieure, en décidant que l'indemnité attribuée aux représentans était, de sa nature, incessible et insaisissable, et qu'aucune opposition n'en pouvait arrêter le paiement, alors même qu'elle eût été formée et signifiée antérieurement à ce décret.

296. — La Constitution du 4 nov. 1848 ne contient aucune disposition à cet égard. Mais, lors de la discussion sur la loi électorale du 15 mars 1849, un amendement fut présenté par M. Luneau, à l'effet de déclarer saisissable le traitement du représentant. M. Luneau pensa même que, relativement à la saisie, ce traitement ne devait point être assimilé à celui des fonctionnaires publics, et qu'à la différence de ce dernier, sur lequel la retenue ne pouvait être que du cinquième, du quart ou du tiers, le traitement des représentans devait pouvoir être saisi en totalité. Voici comment ont été expliqués par M. Luneau lui-même les motifs de cette différence.

297. — « Le traitement des fonctionnaires publics, a-t-il dit, est la rétribution d'une place, d'une position acquise au prix de longues études, de longs services et du travail de toute leur vie ; c'est quelquefois toute leur fortune, leur seul et unique moyen d'existence. Il peut arriver que, par des circonstances fortuites, un fonctionnaire soit frappé dans sa fortune et éprouve des pertes considérables, serait-il juste de permettre que ses créanciers pussent saisir l'intégralité de son traitement? On ne peut pas le priver de ses moyens d'existence, le réduire à la misère ainsi que toute sa famille. Ces causes passagères peuvent cesser. Il faut précisément lui donner le moyen, par son travail, d'acquitter ses dettes et de pouvoir satisfaire aux besoins et aux nécessités de sa famille. — Quant à l'indemnité de représentant, il n'en est pas ainsi. La députation n'est pas une carrière, on ne doit pas y entrer, comme dans les fonctions publiques, pour se faire une position et se créer des moyens d'existence. Le but doit être plus noble et plus élevé. Celui qui n'a pas su gérer ses propres affaires ne doit pas aspirer à l'honneur de venir faire celles du pays. Il n'est pas obligé d'accepter le mandat de représentant, et il doit commencer par s'occuper de ses propres affaires et travailler pour payer ses dettes. Enfin, s'il accepte le mandat de représentant, il saura à l'avance ce à quoi il s'oblige. »

298. — M. Freslon a combattu vainement l'amendement de M. Luneau, en invoquant le principe de l'inviolabilité qui entoure le représentant. Cet amendement a été adopté par l'Assemblée constituante. — Séance du 28 févr. 1849 (*Moniteur* du 1er mars). — L'indemnité fixée pour les représentans peut donc être saisie, même en totalité. — L. 15 mars 1849, art. 97.

299. — Le décret du 10 juill. 1848 a été abrogé, et a cessé d'avoir son effet à partir de la réunion de l'Assemblée législative (même art.) : de sorte que l'indemnité peut aujourd'hui aussi bien être cédée que saisie. — Maulde, sur l'art. 97 L. 15 mars 1849.

§ 11. — *Costume. — Marques distinctives.*

300. — Un décret de l'Assemblée nationale législative, du 12 juill. 1792, avait déterminé les insignes que devaient porter les membres du Corps législatif. « Les membres du Corps législatif, est-il dit dans ce décret, porteront, dans le lieu de leurs séances et quand ils feront partie

d'une députation, ou rempliront une commission, un ruban aux trois couleurs et à trois bandes ondées. Ce ruban sera placé en sautoir. Les tables de la loi seront attachées à son extrémité inférieure. *Le livre sera de métal doré et ouvert.* On lira sur le folio verso les mots : *Droits de l'homme;* et sur le folio recto, le mot : *Constitution.* »

301. — Par un autre décret, du 22-25 août 1792, l'Assemblée nationale législative a interdit à tout membre de l'Assemblée de se décorer d'aucune médaille ou autres marques distinctives, hors de l'exercice de leurs fonctions.

302. — Sous la restauration, une ordonnance du roi, du 12 sept. 1815, avait déterminé la couleur et la forme de l'habit attribué aux députés. — Les députés, sous la monarchie de 1830, n'avaient aucun costume particulier.

303. — Après la révolution du 24 février 1848, le Gouvernement provisoire, considérant que le principe de l'égalité implique l'uniformité de costume pour les citoyens appelés aux mêmes fonctions, avait, par un arrêté du 30 avril-3 mai 1848, réglé le costume des représentants du peuple.

304. — Cet arrêté était ainsi conçu : « Les représentans du peuple porteront l'habit noir, le gilet blanc rabattu sur les revers, de pantalon noir et une ceinture tricolore en soie garnie d'une frange en or à graines d'épinards. Ils auront à la boutonnière gauche un ruban rouge sur lequel seront dessinés les faisceaux de la République. » Mais cet arrêté n'a pas été exécuté.

305. — L'Assemblée constituante reconnut cependant qu'il était nécessaire qu'une marque de distinction fût adoptée pour les représentans. En conséquence, le 12 mai 1848, sur la proposition de M. Degousée, elle décida que, comme signe de ralliement et de reconnaissance, les représentans mettraient à la boutonnière un ruban tricolore portant les faisceaux de la République surmontés d'une cocarde tricolore.

306. — Par son règlement du 20 du même mois de mai, l'Assemblée constituante modifia la marque distinctive des représentans, de la manière suivante : « Les représentans, quelle que soit leur position dans la salle, porteront à la boutonnière un signe distinctif, consistant en un ruban rouge à liserés blanc et bleu orné des faisceaux de la République surmontés de la main de justice. — Dans les cérémonies extérieures, ajoutant le même article, les représentans porteront, en outre, une écharpe tricolore à franges d'or suspendue à l'épaule droite et passant sous le bras gauche. »

307. — La Constitution du 4 nov. 1848, en déclarant (art. 112) que les dispositions des Codes, lois et réglemens existans, qui n'étaient pas contraires à la présente Constitution, restaient en vigueur jusqu'à ce qu'il y fût légalement dérogé, avait maintenu l'art. 72 précité du règlement du 20 mai.

308. — Par son règlement du 6 juillet 1849, l'Assemblée législative a adopté les mêmes marques distinctives que celles qu'avait admises l'Assemblée constituante. L'art. 429 de ce règlement est, en effet, ainsi conçu : « Les insignes des représentans consistent en un ruban rouge à liserés bleu et blanc orné des faisceaux de la République surmontés de la main de justice et une écharpe tricolore à franges d'or en sautoir. »

309. — Le port de ces insignes par tout individu non revêtu de la qualité de représentant du peuple constituerait le délit d'usurpation de costume, prévu et puni par l'art. 259 du Code pénal. — V. costume.

RÉPRESSION (Maison de).

On appelle ainsi quelquefois les prisons pour peines. — V., à cet égard, prisons.

RÉPRIMANDE.

Peine de discipline. — V. discipline. — V. aussi avocat, garde nationale, etc.

REPRIS DE JUSTICE.

V. liberté provisoire, récidive, surveillance.

REPRISE (Compte).

On entend par là, en matière de compte, ce que le comptable emploie en dépense dans la fin de son compte, parce qu'il l'a porté en recette sans

l'avoir reçu. — Merlin, *Rép.*, v° *Reprise.* — V. compte, reddition de compte.

REPRISE D'INSTANCE.

Table alphabétique.

REPRISE D'INSTANCE. — **1.** — Acte par lequel on déclare donner suite à une instance interrompue par la mort naturelle ou civile de l'une des parties, ou par la cessation des fonctions de l'un des avoués qui occupait dans cette instance.

2. — La reprise d'instance peut être volontaire ou forcée. — C. de procéd. civ., art. 344 et 345.

§ 1er. — *Cas dans lesquels il y a lieu à reprise d'instance* (n° 3).

§ 2. — *Par qui et contre qui l'instance peut être reprise* (n° 50).

§ 3. — *Demande en reprise d'instance, forme, procédure, jugement* (n° 60).

§ 1er. — *Cas dans lesquels il y a lieu à reprise d'instance.*

3. — « Le jugement de l'affaire qui sera en état ne sera différé ni par le changement d'état des parties, ni par la cessation des fonctions dans lesquelles elles procédaient, ni par leur mort, ni par les décès, démissions, interdictions ou destitutions de leurs avoués. » — C. pr. civ., art. 342.

4. — Cet article est applicable dans toutes les instances, et par exemple dans le cas d'une vente judiciaire par licitation. En conséquence, lorsque tous les actes préalables à une adjudication définitive sur licitation ont été faits avant la dénonciation du décès de l'une des parties, l'adjudication ne peut pas être différée sur le motif que cette affaire n'est pas en état. — *Bordeaux,* 3 avril 1834, Dumas de Pascault c. Brandemberg.

5. — L'art. 342 précité définit l'*interruption* de l'instance, interruption qui résulte de ce que les parties ou leurs représentans sont dans l'impossibilité de faire aucun acte judiciaire. Mais l'instance peut n'être que *suspendue* par exemple lorsque des poursuites criminelles sont intentées pendant la poursuite de l'action devant les tribunaux civils. Dans ce dernier cas, l'instance n'ayant point virtuellement cessé d'exister, il y a lieu seulement, non à une reprise de la procédure, mais à une continuation qui peut se faire par quelque acte que ce soit. — Bonnier, *Élémens de procédure civile,* t. 2, n° 1235.

6. — Toutefois, il ne suffit pas, pour qu'une instance puisse être reprise, qu'elle ait été interrompue ; il faut de plus qu'elle soit en état au moment où elle a été interrompue. Mais quand la cause est-elle en état ? Voici, à cet égard, ce que porte l'art. 343 C. proc. civ. : « L'affaire sera en état lorsque la plaidoirie sera commencée ; la plaidoirie sera réputée commencée quand les conclusions auront été contradictoirement prises à l'audience. Dans les affaires qui s'instruisent par écrit, la cause sera en état quand l'instruction sera complète ou quand les délais pour les productions et réponses seront expirés. »

7. — Autrefois, l'époque à laquelle l'affaire était en état était seulement celle où, les plaidoiries étant achevées, le ministère public avait pris la parole ou bien quand un délibéré avait été ordonné. Alors l'affaire n'était en état d'être jugée. Mais, d'après l'art. 343 précité, il suffit, pour qu'elle puisse plus y avoir lieu à reprise d'instance, que l'affaire soit en état d'être plaidée. On conçoit, en effet, que, lorsque les qualités ont été posées, on ne peut plus ordonner qu'on du décès des parties, ni de la cessation des fonctions de l'avoué.

8. — Ainsi, lorsque les conclusions ont été prises contradictoirement à l'audience, la cause est en état d'être jugée, de telle sorte que le décès de l'une des parties ne donne pas lieu à une reprise d'instance. — *Bruxelles,* 8 août 1809, Jousse c. N...

9. — Si un arrêt interlocutoire a autorisé, dans ce cas, la reprise d'instance, sans réclamation de la part de ceux qui avaient intérêt à s'y opposer, cet arrêt doit être exécuté, et il peut même être accordé au demandeur un délai pour mettre les héritiers en cause. — Même arrêt.

10. — Il ne suffirait pas que les conclusions eussent simplement été signifiées ; la loi exige qu'elles aient été posées à l'audience. Ce n'est, en effet, que par des conclusions ainsi prises que la cause devient contradictoire. — V. jugement (matière civile), nos 32 et 33.

11. — Il faut, en outre, que les conclusions portent *sur le fond ;* des conclusions en simples communications de pièces, ou à fin de déclinatoire n'autorisant pas le tribunal à vider le procès, n'empêcheraient pas qu'il n'y eût lieu à reprise d'instance.

12. — Jugé qu'une cause n'est pas contradictoirement engagée par les conclusions prises pour son classement, et que la plaidoirie n'est réputée commencée et que le jugement ne devient contradictoire que lorsque les conclusions ont été prises au jour indiqué pour l'audience par le rôle. — *Cass.*, 14 août 1832, Bohin c. Peugeot.

13. — Spécialement, une procédure d'ordre n'est pas en état lorsque les délais pour contredire les collocations du règlement provisoire ne sont pas expirés. — *Paris*, 25 mars 1835, Dabogny c. Dondel.

14. — Devant la Cour de cassation, la mise en état consiste dans la production et le dépôt au greffe, de la part des différentes parties, des mémoires que la loi les autorise à produire; la plaidoirie n'est que facultative, et il n'y a pas défaut faute de plaider. — *Cass.*, 19 vent. an IX, Roquelaure c. Sirey.

15. — Toutefois, la règle qu'il ne peut plus y avoir lieu à reprise d'instance, lorsque l'affaire est en état, souffre exception : 1° lorsqu'il y a partage d'opinions entre les juges (Carré et Chauveau, *Lois de la procéd.*, quest. 1279 bis; Bourbeau, t. 1er, p. 204); 2° si, le personnel du tribunal ayant été modifié, il est devenu nécessaire de prendre de nouveau des conclusions devant d'autres juges, et 3° lorsque le juge commis pour procéder à l'instruction par écrit de l'instance vient à décéder. — Bourbeau, *loc. cit.*

16. — Mais, hors ces trois cas, la règle reprend tout son empire; ainsi : le refus de l'avoué de plaider, sa renonciation à continuer le mandat dont il a été investi n'empêcheraient pas le tribunal de rendre son jugement. — *Aix*, 31 mai 1808, Hugo c. Ravel; *Cass.*, 23 mars 1819, Wuilley c. Balland. — Carré et Chauveau, quest. 1278; Bourbeau, t. 1er, p. 179.

17. — Peu importe encore que le procès ait pour objet un de ces droits inhérens à la personne, qui meurent avec elle. Le décès de la partie n'éteint nullement le procès, et ne met pas obstacle à ce que le jugement soit rendu. — Carré et Chauveau, quest. 1277; Favard de Langlade, t. 2, p. 882, n° 1er.

18. — Le décès de l'une des parties ne saurait surtout mettre obstacle à la prononciation du jugement, quand l'affaire est en état, quoique le jugement doive porter sur un chef de conclusions devenu sans objet par le décès, si la solution de la question a encore de l'intérêt par rapport aux dépens du procès. — *Cass.*, 1er juin 1808, Tongries c. N....

19. — Si, parmi les parties de la cause, les unes ont assisté à la pose des qualités, et les autres ont fait défaut, le décès de ces dernières rend nécessaire la reprise d'instance. — Pigeau, *Comm.*, t. 1er, p. 605 et 606; Chauveau sur Carré, quest. 1279 *ter*.

20. — Jugé que, bien qu'il y ait lieu à reprise d'instance, par suite du décès de l'une des parties, il peut être valablement statué à l'égard des autres, entre lesquelles la cause se trouve en état, et la partie condamnée ne peut, plus tard, se plaindre du défaut de reprise d'instance, surtout lorsque tous droits ont été réservés à l'égard du défunt. — *Cass.*, 26 août 1839 (t. 2 1839, p. 636), Commune de Serres c. Lafont.

21. — Mais, lorsque, sur conclusions contradictoirement posées, il est intervenu un premier jugement entre les parties, les avoués ne peuvent pas reprendre l'instance entre l'une des parties et le cessionnaire de l'autre. — Les juges ne peuvent, sur cette reprise d'instance, et quoique l'avoué de la partie condamnée ait protesté de nullité de la première condamnation, sans toutefois en appeler, mais sans conclure de nouveau au fond sur la reprise d'instance, prononcer une nouvelle condamnation. Et les parties peuvent être autorisées à répéter contre leurs avoués les frais de la reprise d'instance et du jugement annulé. — *Paris*, 12 janv. 1835, Guichard c. Tiné.

22. — Lorsque l'affaire n'est pas en état, les causes qui peuvent motiver une reprise d'instance ou une constitution de nouvel avoué tiennent ou à la mort de l'une des parties, ou à la cessation des fonctions de l'un des avoués. « Dans les affaires qui ne seront pas en état, porte l'art. 344 C. proc. civ., toutes procédures faites postérieurement à la notification de la mort de l'une des parties seront nulles : il ne sera pas besoin de signifier les décès, démissions, interdictions ou destitutions des avoués; les poursuites faites et les jugemens obtenus depuis seront nuls, s'il n'y a constitution de nouvel avoué. »

23. — Ainsi, il résulte de cette disposition que la mort de l'un des plaideurs ne produit d'effet qu'autant qu'elle a été notifiée. La raison en est qu'elle peut fort bien être ignorée de l'avoué de l'adversaire. Au contraire : comme les procédures se formalisent au domicile même de l'avoué et que son décès, sa démission, sa destitution sont des faits notoires, ces faits emportent par eux-mêmes interruption de la procédure. — Bonnier, n° 1249.

24. — En conséquence : le décès de l'une des parties, arrivé avant que l'affaire fût en état, ne forme pas obstacle au jugement du procès, lorsqu'il n'a pas été notifié. — *Lyon*, 14 mars 1835, de Fleurieux c. Perrin.

25. — Le décès du curateur qui assistait un mineur émancipé dans une licitation doit également être notifié; sinon la procédure pourrait être continuée et l'adjudication prononcée, sans nomination préalable d'un autre curateur. — *Cass.*, 22 nov. 1837, Perillot c. Burnolle.

26. — L'adjudication faite sur la tête du débiteur décédé serait valable si le décès n'avait pas été notifié au poursuivant, lors de l'adjudication. — *Cass.*, 23 vent. an XI, Lacombe c. Lambert; *Paris*, 11 juill. 1812, Jesson c. Clouet. — Huet, *Saisie immobilière*, p. 178, n° 3; *Prat. franç.*, t. 4, p. 321.

27. — Si c'était le défendeur qui décédât dans les délais de l'ajournement, avant d'avoir constitué avoué : le jugement pris contre lui serait valable, quoiqu'il y eût, en ce cas, impossibilité de notifier le décès; car le demandeur étant présumé n'avoir aucune connaissance du fait qui a mis obstacle à la comparution de son adversaire, a pu solliciter l'adjudication de ses conclusions. — Bourbeau, t. 1er, p. 202.

28. — Mais comment la notification du décès doit-elle être faite? La loi ne s'expliquant point à cet égard, il s'ensuit que la simple déclaration de l'avoué dénonçant le décès de son client suffit; sauf l'action en dommages-intérêts contre cet avoué, si elle se trouve fausse. — Pigeau, *Comm.*, t. 1er, p. 607; Chauveau sur Carré, quest. 1280 *bis*; Bourbeau, t. 1er, p. 179.

29. — Lorsque le mari est mis en cause, non-seulement comme administrateur des biens de sa femme, mais encore en son nom personnel, l'instance, après son décès, doit être continuée en présence de ses héritiers. — *Lyon*, 6 août 1840 (t. 1er 1841, p. 227), Cortey.

30. — Le décès du tiers saisi suspend-il la demande en validité de la saisie? Non; car le tiers saisi n'est pas partie au procès, dans le vrai sens du mot : c'est, comme le dit Carré (quest. 1279), un témoin; et cela est si vrai, qu'aussitôt que sa déclaration est l'objet d'une contestation il a le droit de demander son renvoi devant le juge de son domicile.

31. — En mettant au nombre des causes de reprise d'instance la *mort* de l'une des parties, l'art. 344 a entendu comprendre par cette expression aussi bien la mort civile que la mort naturelle. C'est même pour ne laisser aucune équivoque sur ce point que le Tribunat a remplacé les mots : *signification de l'acte de décès*, qui se trouvaient dans le projet, par ceux-ci : *notification de la mort*. — Bonnier, t. 2, n° 1249.

32. — La révocation de l'avoué ne peut être assimilée à sa démission ou destitution. Ainsi, la révocation d'un avoué faite par la partie avec défense d'occuper pour elle, et sans constitution de nouvel avoué, n'empêche pas que la cause ne puisse être jugée contradictoirement, malgré le refus de l'avoué révoqué de remettre aucune pièce et de plaider, lorsque les conclusions ont été respectivement prises à l'audience avant sa révocation. — *Grenoble*, 25 août 1832, Regnier c. Ravan. — Bonnier, *loc. cit.*

33. — La nullité prononcée par l'art. 344 C. proc. civ. contre les poursuites et les actes faits et les jugemens obtenus après la notification du décès des parties, ou le décès, la démission, etc., de l'un des avoués, est relative et non pas absolue, c'est-à-dire qu'elle ne peut être invoquée que par les héritiers de la partie décédée (*Bruxelles*, 29 mai 1833, Gheude c. Spruyt) ou par la partie qui n'aurait plus d'avoué. — Carré et Chauveau, quest. 1280; Demiau, p. 251, 252, 253; Bourbeau, t. 1er, p. 193; Bonnier, t. 2, n° 1250.

34. — Mais par quelle voie la nullité de ce qui a été fait contrairement à l'art. 344 peut-elle être demandée? S'il ne s'agit que d'actes de la procédure, c'est au tribunal même qu'on doit s'adresser. S'il a été rendu un jugement : il faut employer l'opposition, si ce jugement est par défaut; l'appel, s'il a été rendu contradictoirement et en premier ressort; et, enfin, la requête civile, s'il a été rendu en dernier ressort. — Chauveau sur Carré, quest. 1282; Bourbeau, t. 1er, p. 194 et suiv.; Bonnier, *loc. cit.*

35. — Au surplus, l'art. 344 C. proc. civ., qui déclare nulles toutes poursuites après les décès, démissions, interdictions des avoués, s'il n'y a constitution de nouvel avoué, n'est pas applicable à la mise au rôle. — *Montpellier*, 18 mars 1841 (t. 2 1841, p. 51), Vareilhes c. Milhau.

36. — Dans l'ancien droit, le changement d'état des parties, la cessation des fonctions dans lesquelles elles procédaient étaient des causes légales d'interruption de la procédure. Mais le Code de procédure n'a point attaché cet effet à ces événemens. Ainsi : Ni le changement d'état des parties, porte l'art. 345 C. proc. civ., ni la cessation des fonctions dans lesquelles elles procédaient, n'empêcheront la continuation des procédures.

37. — Il n'y a donc pas lieu de reprendre une instance contre une femme qui de mineure devient majeure, ou passe sous puissance de mari. — *Bordeaux*, 31 juill. 1833, Brivazac c. Page. — Bioche et Goujet, *Dict. de procéd.*, v° *Femme mariée*, n° 60.

38. — ... Ni lorsqu'une veuve, tutrice de ses enfans, vient à se remarier, dans le cours de l'instance. — *Orléans*, 9 janv. 1849 (t. 1er 1849, p. 85), Laurence c. Baugier.

39. — Il a même été jugé que la procédure continuée avec le tuteur après la majorité du mineur survenue dans le cours de l'instance, était régulière lorsque le changement d'état n'avait pas été notifié; et que, par suite, le mineur devenu majeur était non recevable à former tierce opposition au jugement rendu contre son tuteur. — *Cass.*, 10 juill. 1827, Randon et Seur c. Hang et Gourjon.

40. — Il n'est pas nécessaire non plus de reprendre une instance engagée contre un héritier bénéficiaire qui se porte héritier pur et simple. — *Aix*, 2 juin 1808, Funel c. Paty.

41. — ... Ni lorsque, dans une action portée en justice, un maire, agissant au nom de sa commune, est remplacé par son adjoint ou par un autre maire, mais que la notification de ce changement n'a point été faite à l'adversaire. — *Cass.*, 11 janv. 1830, Commune de Ventavon c. Jaubert.

42. — Jugé aussi que, lorsque l'adjoint d'un maire quitte ses fonctions avant le jugement d'un procès soutenu par lui au nom de la commune, le nouvel adjoint, qui continue les poursuites judiciaires commencées par son prédécesseur, ne doit pas préalablement assigner l'adversaire de la commune en reprise d'instance. — *Cass.*, 3 juin 1818, Robert de Lierville c. Commune de Marquemont.

43. — Si le changement d'état d'une partie ne peut empêcher la continuation des procédures, on peut, du moins, surseoir en donnant à un mineur devenu majeur un temps suffisant pour recevoir son compte de tutelle. — *Rennes*, 4 févr. 1819, Lanchon c. Castelot. — Sur ce qu'on doit entendre par *changement d'état*, V., au surplus, CHANGEMENT D'ÉTAT.

44. — De ce que le changement d'état n'interrompt point le cours de la procédure il s'ensuit que si, durant l'instance, un plaideur rendait le bien litigieux, cette circonstance ne nécessiterait point une reprise d'instance. L'acquéreur a seulement le droit d'intervenir dans le procès pour la défense de ses droits. — Chauveau sur Carré, quest. 1283 *ter*; Bonnier, t. 2, n° 1247 *in fine*.

45. — Il résulte du même principe qu'il n'est pas nécessaire de notifier le changement d'état des parties, ni la cessation des fonctions dans lesquelles elles procédaient. Quand même ces faits auraient été notifiés, cette notification n'obligerait point à une reprise d'instance. Spécialement, la procédure continuée avec le tuteur, après la notification du mariage de la pupille, n'est pas nulle. — *Nîmes*, 6 nov. 1826, Soulages c. Rouffiac.

46. — La circonstance que le changement d'état ou la cessation des fonctions seraient connus et notoires n'invaliderait donc pas davantage les poursuites continuées depuis. — Carré et Chauveau, quest. 1283.

47. — Il est cependant un cas où le législateur a cru devoir tenir compte, dans une certaine mesure, même du simple changement d'état de l'une des parties : c'est lorsque la cause n'étant point encore liée par une constitution d'avoué de la part du défendeur, la position de la partie demanderesse vient à se trouver modifiée. « Le défendeur qui n'aurait point constitué avoué, est-il dit dans l'art. 345 (alinéa 2) du Code de procédure civile, avant le changement d'état ou le décès du demandeur, doit être assigné de nouveau à un délai de huitaine pour voir adjuger les conclusions et sans qu'il soit besoin de conciliation préalable. »

48. — Mais le défendeur est libre de renoncer au bénéfice de cette disposition, introduite uniquement en sa faveur. Ainsi, s'il se présente volontairement, en constituant avoué, les héritiers ou ayans cause du demandeur peuvent tout aussitôt reprendre l'instance et procéder contre lui. Il peut lui-même les assigner en reprise d'instance. — Boitard, t. 2, p. 285 ; Chauveau sur Carré, quest. 1284 ; Bonnier, t. 2, n° 1248.

49. — Bien que l'art. 345 ne parle de la nécessité d'une réassignation du défendeur que dans le cas de décès ou de changement d'état du demandeur, il en doit être de même, par identité de motifs, au cas de cessation des fonctions dans lesquelles procédait le demandeur. — Carré et Chauveau, quest. 1285 ; Bonnier, *loc. cit.*

§ 2. — *Par qui et contre qui l'instance peut être reprise.*

50. — L'instance peut être reprise par l'héritier, le légataire universel, le légataire à titre universel, le donataire universel ou à titre universel, par le donataire particulier, l'acquéreur, le cessionnaire, enfin par tous les successeurs dont les intérêts sont engagés dans les procès et qui peuvent éprouver quelque préjudice par la décision à intervenir. — Pigeau, *Comment.*, t. 1er, p. 486 ; Bonnier, t. 2, n° 1251.

51. — Le légataire particulier de l'objet litigieux peut aussi reprendre l'instance. Pothier (*Procédure civile*, 1re partie, ch. 4, sect. 3, § 1er) ne lui accordait que la faculté d'intervenir dans le procès. Mais cette doctrine est contraire aux principes de notre droit, d'après lequel le légataire particulier peut exercer toutes les actions relatives à l'objet qui lui est transmis. Seulement, il est nécessaire qu'il obtienne préalablement la délivrance de son legs. — Pigeau, t. 1er, p. 422 ; Bourbeau, t. 1er, p. 220 et suiv. ; Bonnier, *loc. cit.* ; — V. cependant Chauveau sur Carré, quest. 1288 *bis*.

52. — Mais M. Bonnier (*loc. cit.*) fait remarquer avec raison que, si le légataire particulier a qualité pour reprendre l'instance, cela n'empêche point que l'adversaire ne puisse assigner en reprise d'instance les représentans directs de la partie décédée, afin de leur faire supporter éventuellement les dommages-intérêts et frais dont ils seraient tenus du chef de leur auteur.

53. — Sous l'empire de l'ordonnance de 1673 les héritiers d'un négociant décédé avant la fin d'une instance pendante devant un tribunal de commerce devaient reprendre cette instance devant ce même tribunal, encore que leur auteur fût demandeur et que l'action existât contre des personnes devenues cohéritières. — *Poitiers*, 7 therm. an XII, Soulignac.

54. — Le créancier du défunt peut aussi reprendre l'instance dans laquelle il était engagé. Ce n'est pas le cas pour lui de recourir à l'intervention. — Bourbeau, t. 1er, p. 227.

55. — L'instance est valablement reprise par un avoué au nom d'une personne décédée, lorsque l'avoué a agi de bonne foi. — *Nîmes*, 3 janv. 1825, Brahic c. Rivierre.

56. — La partie qui peut, en son nom personnel, exercer directement une action, a le droit de reprendre l'instance introduite pour l'exercice de la même action par une partie décédée. — Spécialement : lorsqu'une demande à fin de nomination d'un conseil judiciaire a été formée par la mère du prodigue, la sœur de celui-ci a pu, après le décès de la mère, reprendre l'action introduite par la mère. — Dans ce cas, si la cause s'est trouvée en état parce que les conclusions ont été prises contradictoirement, les faits de prodigalité articulés par écrit, et l'avis du conseil de famille donné, le tribunal a pu, sur cette reprise d'instance, nommer le conseil judiciaire. *Cass.*, 8 juin 1847 (t. 1er 1847, p. 748), Lan c. Carrère.

57. — L'instance peut être reprise contre ceux mêmes qui devaient la reprendre : tels que les successeurs, les héritiers et les légataires. Mais il est nécessaire que ceux-ci aient obtenu la délivrance des legs, comme pour le cas où ils veulent eux-mêmes reprendre l'instance. — V. *suprà*, n° 51.

58. — Lorsqu'une partie décède laissant plusieurs héritiers, faut-il, pour la régularité de la procédure, les assigner tous en reprise d'instance ? On dit pour l'affirmative qu'en n'assignant pas tous les héritiers, on ne remet pas en instance la personne morale qui représente le défunt. Mais qui peut se plaindre de ce que tous les cohéritiers ne soient pas mis en cause ? Ce n'est pas ceux qui n'y ont pas été appelés, puisque la décision à intervenir ne les atteindra pas. Quant aux autres, ils ne sont jamais tenus dans l'instance que pour leur part ou portion ; et rien ne les empêche de faire valoir pour leur défense, toutes les exceptions communes à la personne morale de la succession. — Chauveau et Carré, quest. 1286 4°.

59. — Jugé que, sous l'empire de l'ordonnance de 1667, la reprise d'instance devait être formée contre toutes les parties, ou, en cas de décès, contre tous les héritiers. — *Cass.*, 16 mai 1831, Janet c. Droz.

§ 3. — *Demande en reprise d'instance : forme, procédure, jugement.*

60. — Par arrêt du 24 vendém. an XII (Aubert et Duplessis c. Mallet-Duval), la Cour de cassation a décidé que la durée de l'action en reprise d'instance devait toujours être décidée par celle de l'action principale et que, par conséquent, l'action en reprise d'une instance sur une demande en révision était prescrite par dix ans.

61. — C'est par application du même principe que la Cour de Nîmes a jugé, par arrêt du 10 févr. 1819 (Busson c. Scachs), qu'on ne pouvait reprendre une instance en paiement d'une lettre de change, lorsque le laps de temps requis pour la prescription était écoulé à partir des dernières poursuites. — V. aussi *Nîmes*, 9 août 1819, N...

62. — Il ne nous paraît pas, au contraire, qu'on doive n'admettre comme mode de prescription de l'action en reprise d'instance, que les divers laps de temps dont se composent les diverses prescriptions. Il n'a été fait, en effet, aucune exception en cette matière à la disposition de l'art. 397 du Code de procédure civile, qui prononce la péremption de toute instance quand il y a eu discontinuation de procédure pendant trois ans ; sauf augmentation de six mois dans certaines circonstances. — Nous pensons donc qu'on doit considérer la péremption comme une espèce de prescription particulière qui doit aussi être appliquée en cette matière. Il serait absurde que l'action en reprise d'instance pût survivre à l'instance même. — V. PÉREMPTION D'INSTANCE, nos 108 et suiv.

63. — Mais les héritiers de la partie décédée peuvent, par une reprise d'instance signifiée dans les six mois du décès, couvrir la péremption, bien qu'elle ait été demandée contre eux avant tout acte de leur part. — *Paris*, 28 mai 1838 (t. 1er 1838, p. 647), de la Briffe c. Mariette.

64. — Il n'est pas nécessaire que l'événement qui donne lieu à reprise d'instance ou à constitution de nouvel avoué, ait eu lieu dans les trois ans des dernières poursuites, pour jouir du délai additionnel, et repousser la demande en péremption. — Ainsi, quel que soit l'intervalle écoulé depuis les dernières poursuites, la péremption ne peut être demandée contre une partie que six mois après la démission ou le décès de son avoué. — *Grenoble*, 12 mai 1817, Joseph Falon c. Comte.

65. — Quant à la forme de la demande en reprise d'instance, elle varie suivant que la reprise est volontaire ou forcée.

66. — Mais la forme tracée par le Code de procédure n'est applicable qu'aux instances introduites depuis la promulgation. — La reprise des instances introduites antérieurement, quoique formée depuis la publication du Code de procédure, n'a pu se faire néanmoins que conformément aux anciennes lois. — Avis du Conseil d'État, 16 févr. 1807. — *Bruxelles*, 10 juin 1807, Legrell c. Boutemy ; *Cass.*, 11 juill. 1826, Renaud-Ducreux c. Tournier ; 16 mai 1831, Janet c. Droz ; *Bordeaux*, 13 mars 1833, Roux c. Renou-Lanarbonne.

67. — Les causes pendantes à la Cour impériale de Bruxelles ont pu, depuis 1814, être continuées devant la Cour supérieure de la même ville, sans une reprise préalable d'instance. — *Bruxelles*, 24 juin 1816, Deman c. Peytier.

68. — Sous l'empire du Code de procédure civile : lorsque la reprise d'instance est volontaire, elle se fait par acte d'avoué à avoué. — Art. 347.

69. — Malgré les termes de l'art. 347, il n'est pas douteux que l'instance serait valablement reprise, si les deux parties procédaient volontairement sans notification d'acte d'avoué à avoué. — *Bordeaux*, 23 janv. 1834, Marcelin c. de Puch. — Carré et Chauveau, quest. 1288 ; Bonnier, t. 2, n° 1252.

70. — La reprise forcée, au contraire, suppose une assignation. Dans ce cas : l'assignation en reprise d'instance ou en constitution sera donnée aux délais fixés au titre Des ajournemens, avec indication des noms des avoués qui occupaient, et du rapporteur, s'il y en a. — C. proc. civ., art. 346.

71. — Cette assignation ne doit être libellée qu'en ce qui touche la reprise ou la constitution réclamée. Il n'est pas nécessaire qu'elle contienne ni l'exposé sommaire des moyens de la demande ni la copie des pièces de la procédure. — Dans la pratique, on se borne à relater le dernier acte qui a été signifié dans la cause. Cette mention n'est pas d'ailleurs exigée à peine de nullité. — *Bordeaux*, 25 août 1835, de la Rapédie c. de Marcillac. — Carré et Chauveau, quest. 1286 et 1286 *bis* ; Pigeau, *Comm.*, t. 1er, p. 613 ; Favard de Langlade, t. 4, p. 882, n° 3 ; Thomines-Desmazures, t. 1er, p. 553 ; Bonnier, t. 2, n° 1252. — Contrà, Demiau, p. 360 ; Bourbeau, t. 1er, p. 232. — V. EXPLOIT, n° 498.

72. — Il n'est pas non plus nécessaire, pour la régularité d'une demande en reprise d'instance, de signifier préalablement les jugemens antérieurs, bien qu'ils ne l'aient pas encore été, puisqu'il doit être procédé suivant les derniers erremens, et sans qu'il puisse y avoir d'autres délais que ceux qui restaient à courir. — *Bordeaux*, 7 janv. 1840 (t. 1er 1840, p. 430), Bouillac de la Feuillade c. Ragot et Desnanots.

73. — En tous cas, la nullité de l'exploit d'assignation en reprise d'instance, résultant du défaut d'énonciations suffisantes, est couverte par la comparution volontaire et sans réserves de la partie devant le juge commis pour lui faire subir un interrogatoire sur faits et articles. — Même arrêt.

74. — Jugé aussi qu'un exploit de reprise d'instance n'est pas nul à défaut d'énonciation exacte de la profession du défendeur, qu'il suffit pour sa validité que les formalités prescrites spécialement par l'art. 346 du Code de procédure civile aient été observées, et que dans tous les cas l'erreur commise dans l'énonciation de cette profession est insuffisante pour faire prononcer la nullité, si, indépendamment de l'indication des avoués en cause, cet exploit renferme d'autres énonciations de nature à ne laisser aucun doute sur la personne désignée, non plus que sur l'instance reprise. — *Cass.*, 17 mai 1848 (t. 2 1848, p. 184), Kuény c. Asthoffer.

75. — Au surplus, une reprise d'instance n'est pas indivisible ; elle peut, dès lors, être reconnue valable quant à une partie majeure, et nulle à l'égard d'un mineur : pour inobservation d'une formalité exigée par la loi dans l'intérêt de ce dernier. — *Bordeaux*, 13 mars 1833, Roux c. Renou-Lanarbonne.

76. — L'assignation peut être donnée au domicile indiqué dans les derniers actes de la procédure et avec les délais que comporte ce domicile, si la partie n'a pas été légalement instruite du changement de domicile qui s'est opéré depuis ces actes. — *Paris*, 17 août 1807, Dallard c. Crussol. — Chauveau sur Carré, quest. 1286 *bis*.

77. — L'art. 346, qui exige que, dans l'assignation en reprise, on indique le nom des avoués qui occupaient originairement, n'est pas applicable au cas où le défendeur n'avait pas constitué avoué. — *Bordeaux*, 7 janv. 1840 (t. 1er 1840, p. 430), Bouillac de la Feuillade c. Ragot et Desnanots.

78. — La partie assignée en reprise d'instance doit constituer avoué dans la même forme que la partie assignée sur une demande originaire. — *Bruxelles*, 21 sept. 1831, Montmaerst c. Couturier.

79. — La demande en reprise d'instance doit être portée au tribunal devant lequel l'instance est pendante. — Chauveau sur Carré, quest. 1286 *ter*.

80. — Il a été décidé cependant que le jugement qui rejette un moyen d'incompétence, et ordonne de plaider au fond, ne fait point obstacle à l'admission d'un autre moyen d'incompétence né depuis ce jugement, et la reprise d'instance peut, à raison des changemens survenus dans la position des parties, avoir lieu devant un tribunal autre que celui primitivement saisi. — Spécialement, lorsqu'un jugement rendu par le tribunal du domicile de quelques-uns seulement des défendeurs a rejeté un moyen d'incompétence *ratione materiæ* proposé par tous, et a par conséquent ordonné qu'il serait plaidé au fond, si plus tard un des défendeurs est assigné seul en reprise d'instance devant ce tribunal, dans le ressort duquel il n'est pas domicilié, ce défendeur doit, nonobstant le premier jugement, obtenir, sur sa demande, son renvoi devant les juges de son domicile. — *Paris*, 3 juill. 1838 (t. 2 1838,

p. 84), Dupontavice c. Latour-d'Auvergne-Lauraguais.

81. — Mais, en matière d'arbitrage, les héritiers d'un des signataires du compromis doivent être assignés en reprise d'instance devant le tribunal du domicile qu'avait leur auteur à l'époque du compromis, et non devant celui du domicile des arbitres. — *Metz*, 3 déc. 1819, Petit.

82. — Une instance qui avait été portée directement devant un ancien Parlement, par suite d'attribution spéciale, et non comme juge du deuxième degré, doit être reprise, non devant la Cour d'appel, mais devant le tribunal de première instance. — *Bordeaux*, 12 août 1829, Lassus c. Guilliem.

83. — La demande en reprise d'instance, pour être valable, doit être formée suivant le dernier errement de la procédure. — Si ce dernier errement est une sentence, il faut l'attaquer par opposition ou par appel. — *Riom*, 22 déc. 1814, Boudal c. Croizet.

84. — Lorsque la partie assignée en reprise d'instance ne conteste pas les conclusions de l'assignation, il est procédé sur un simple acte d'avoué à avoué à la discussion et au jugement du fond, suivant les derniers erremens. — Bonnier, t. 2, n° 1253.

85. — Mais il peut se faire que la partie conteste la demande en reprise d'instance pour défaut de qualité, ou qu'elle invoque une exception dilatoire, ou enfin qu'elle allègue l'extinction de la procédure par péremption ou par désistement. — Carré et Chauveau, quest. 1291 ; Bonnier, *loc. cit.* — Dans ce cas, l'incident est jugé sommairement. — C. procéd. civ., art. 348. — Mais le jugement sommaire n'exclut point les écritures. L'art. 75 du tarif alloue même six rôles : soit pour la requête à fin de contester la reprise, soit pour la réponse à cette requête. — Carré et Chauveau, quest. 1289 ; Bonnier, *loc. cit.* — V. MATIÈRES SOMMAIRES, n° 150.

86. — L'art. 348 C. proc. civ. ne prévoit que le cas de contestation de la part de la partie *assignée en reprise d'instance*. C'est qu'en effet la contestation sur la demande en constitution de nouvel avoué n'est pas possible sans la comparution de la partie, et, par conséquent, sans qu'elle effectue la constitution réclamée. La contestation ne pourrait jamais porter que sur un moyen particulier à la reprise d'instance proprement dite. — Chauveau sur Carré, quest. 1289 *bis* ; Bonnier, t. 2, n° 1254. — V., *contrà*, Pigeau, *Comment.*, t. 1er, p. 614.

87. — Si, à l'expiration du délai, la partie assignée ne comparaît pas, il est rendu jugement qui tient la cause pour reprise et ordonne qu'il sera procédé suivant les derniers erremens et sans qu'il puisse y avoir d'autres délais que ceux qui resteraient à courir. — C. procéd. civ., art. 349.

88. — La disposition finale de l'art. 349 doit être entendue en ce sens que si, lors du décès de l'avoué ou de la partie, des délais restaient à courir pour remplir une formalité ou une obligation, la partie condamnée à reprendre l'instance ou à constituer avoué ne jouit que de ce qui reste à courir de ce délai. — Carré et Chauveau, quest. 1293 ; Pigeau, *Comm.*, t. 1er, p. 615 ; Thomines-Desmazures, t. 1er, p. 555 ; Bonnier, t. 2, n° 1255.

89. — Mais le tribunal peut accorder une prorogation de délai. — Bonnier, *loc. cit.*

90. — Le jugement rendu par défaut contre une partie, sur la demande en reprise d'instance ou en constitution de nouvel avoué, doit se borner à déclarer la cause reprise sans statuer sur le fond, lequel ne peut être jugé qu'à une nouvelle audience. — *Toulouse*, 8 mars 1827, Regagnon c. Caster. — Bonnier, t. 2, n° 1256 ; Carré et Chauveau, quest. 1294.

91. — Jugé cependant que, s'il ne s'est élevé aucune contestation, il peut être statué tout à la fois sur la reprise d'instance et sur le fond du procès. — *Bordeaux*, 26 mars 1841 (t. 2 1841, p. 668), Larisson c. de Grailly. — Cette décision est incontestable, si la partie attaquée comparaît et consent à être jugée sur le fond. Mais, en cas de défaut de la partie assignée, l'art. 349 doit être rigoureusement observé. La jonction de l'incident au fond, lorsque l'assignation tend à une reprise d'instance, ne peut jamais être ordonnée. Si cependant l'assignation ne tend qu'à une constitution de nouvel avoué, comme cette contestation ne peut soulever aucune difficulté sérieuse, il est désirable que l'incident soit joint au fond. — Bonnier, *loc. cit.*

92. — Sur le point de savoir s'il y a lieu à défaut profit joint, lorsque plusieurs parties ayant été assignées, quelques unes seulement comparaissent, V. JUGEMENT PAR DÉFAUT, n° 135.

93. — Le jugement qui statue par défaut sur la demande en reprise d'instance ou en constitution de nouvel avoué, doit être signifié par un huissier commis ; si l'affaire est en rapport, la signification doit énoncer le nom du rapporteur. — C. proc. civ., art. 350.

94. — Il est susceptible de péremption, faute d'exécution dans les six mois ; mais il est suffisamment exécuté lorsqu'il est signifié et qu'on donne suite à l'instance principale. — *Grenoble*, 12 juill. 1816, Bosson c. Salomon ; *Nîmes*, 30 août 1829, Bonenfant c. Carrère. — Chauveau sur Carré, quest. 663.

95. — La partie défaillante peut former opposition à ce jugement, et cette opposition est portée à l'audience même dans les affaires en rapport. — C. proc. civ., art. 351. — Il est bien entendu que l'opposition ne serait pas recevable, si le jugement avait été exécuté ; par exemple s'il avait été procédé sur l'instance déclarée reprise.

96. — L'opposition forme ici un incident qui ne peut être joint au fond, mais doit être jugé isolément et avant le fond. — Pigeau, *Comment.*, t. 1er, p. 617 ; Carré et Chauveau, quest. 1294 ; Demiau, p. 264 ; Thomines-Desmazures, t. 1er, p. 557.

97. — Par les *affaires en rapport* dont parle l'art. 351 précité, il faut entendre celles qui sont instruites par écrit, pour en être fait rapport par l'un des juges. Mais s'il avait été ordonné un délibéré sur rapport, la cause étant en état, les événemens survenus plus tard ne pourraient dessaisir le rapporteur, qui devrait toujours faire son rapport au jour indiqué. — Bonnier, t. 2, n° 1257.

98. — Quant à la décision par défaut qui interviendrait sur le fond après que l'instance aurait été déclarée reprise par un jugement par défaut, elle serait susceptible d'opposition comme toute autre. Le premier jugement n'a aucune influence sur le second, et il est impossible d'assimiler ce cas à celui où il a été donné défaut profit joint. — Chauveau sur Carré, quest. 1293 *ter* ; Bonnier, t. 2, n° 1258.

99. — Bien que de deux instances suspendues, l'une d'elles seulement ait été reprise sur la demande de l'une des parties ; si lors du jugement définitif la partie adverse demande par des conclusions la jonction des deux instances, et que, par suite de productions respectives, les deux affaires soient en état : les parties sont, par cela même, réputées avoir consenti à cette jonction, et le tribunal peut valablement statuer. — *Cass.*, 21 août 1834, Sahuquet c. Garrigues.

100. — La partie qui soit devant le tribunal de première instance, soit devant la Cour d'appel, n'a pas contesté la régularité d'une reprise d'instance, est non recevable à le faire pour la première fois devant la Cour de cassation. — *Cass.*, 8 juin 1847 (t. 1er 1847, p. 748), Lan c. Carrère.

REPRISES MARITIMES.

V. PRISES MARITIMES, RECOUSSE.

REPRISES MATRIMONIALES.

1. — Ce qui concerne la matière a été traité v^is COMMUNAUTÉ, DOT, HYPOTHÈQUE LÉGALE. — Nous ajouterons quelques arrêts rendus depuis la publication de ces articles.

2. — Jugé que le prélèvement établi par l'art. 1471 du Code civil n'a lieu que lorsque la communauté se partage également entre les époux, d'après les termes du droit commun. — *Douai*, 17 juin 1847 (t. 2 1847, p. 451), Debriois c. Chopin. — V. COMMUNAUTÉ, n° 1705.

3. — ... Que le mode de contribution aux dettes de la communauté conventionnelle prescrit par l'art. 1521 du Code civil, c'est-à-dire l'obligation par les époux ou leurs héritiers de supporter dans le passif une part proportionnelle à celle qu'ils prennent dans l'actif, s'applique aux reprises des époux tout comme aux dettes proprement dites de la communauté. — Ainsi, quand le contrat de mariage attribue à l'époux survivant la totalité de la communauté mobilière, les héritiers de l'époux qui n'ont pris que la part de ce dernier dans les immeubles conquêts ne sont pas moins tenus de contribuer, au prorata de cette part, au paiement des reprises. — Même arrêt.

4. — ... Que les reprises des époux après la dissolution de la communauté et en cas d'acceptation de cette communauté, ne constituent pas des créances proprement dites ; elles s'exercent à titre de prélèvement. — Les prélèvemens faisant partie des opérations du partage de la communauté, et le partage étant déclaratif et non attributif de propriété, il en résulte que les époux sont censés avoir été propriétaires *ab initio* des biens qui leur sont échus. — La nature mobilière ou immobilière des reprises est déterminée par l'objet auquel elles s'appliquent, c'est-à-dire par le caractère mobilier ou immobilier des biens prélevés. — *Cass.*, 28 mars 1849 (t. 2 1849, p. 126), Savary. — Ces principes ont été développés dans une consultation de M. Coin-Delisle, que nous avons rapportée (t. 1er 1846, p. 598) à la note sous l'arrêt attaqué de Paris du 21 févr. 1846. — En outre, dans le même sens, V. *Cass.*, 1er août 1848 (t. 2 1848, p. 49), Deloyne c. Beuzelse. — V. aussi HYPOTHÈQUE, n°s 392 et suiv. ; HYPOTHÈQUE LÉGALE, n°s 208 et suiv.

REPROCHE.

V. ENQUÊTE.

RÉPUBLIQUE.

1. — Pris dans un sens général, absolu, le mot *République* est synonyme de *Corps politique* ; il désigne le Corps moral et collectif produit par l'association ou l'union de tous les membres d'une nation.

2. — Envisagé dans un sens plus restreint, il désigne une forme de gouvernement ; et c'est au point de vue de cette signification spéciale qu'il en est parlé ici.

3. — La république, comme forme de gouvernement, n'est pas une institution nouvelle. Elle existait, en effet, autrefois à Athènes, à Sparte, à Rome, à Gênes et à Venise ; et chacune de ces républiques a eu sa constitution. C'est aussi la forme de gouvernement actuellement en vigueur en France, aux Etats-Unis d'Amérique et en Suisse.

4. — Quant à la nature du gouvernement républicain, elle a subi les modifications des temps, des usages et des mœurs, des progrès de la civilisation des habitans des différens pays dans lesquels ce gouvernement s'est établi. Ainsi, de même qu'il y a eu des monarchies absolues, tempérées, aristocratiques, *de droit divin*, et des monarchies entourées de formes républicaines, il y a eu aussi des républiques oligarchiques, aristocratiques et démocratiques. La république peut aussi être unitaire comme chez nous, ou fédérative comme en Suisse.

5. — La République a été proclamée pour la première fois en France en 1792. Après avoir, par un décret du 21-22 sept. 1792, aboli la royauté, la Convention nationale institua la République. La déclaration du 25 du même mois est ainsi conçue : « La Convention nationale déclare que la République française est une et indivisible. »

6. — L'institution de la République fut de nouveau consacrée dans les mêmes termes par l'art. 1er des Constitutions des 24 juin 1793 et 5 fruct. an III (22 août 1795). Soumise à l'approbation du peuple, la Constitution du 5 fructidor an III fut acceptée par 1,057,390 citoyens, et repoussée seulement par 49,997.

7. — La Constitution de l'an III dura jusqu'au 22 frimaire an VIII (13 décembre 1799), époque à laquelle elle fut remplacée par une Constitution nouvelle qui maintint également l'unité et l'indivisibilité de la République (Const. 22 frim. an VIII, art. 1er), et confia le gouvernement à trois consuls nommés pour dix ans et indéfiniment rééligibles (art. 39 et suiv.). 3,011,007 électeurs sanctionnèrent cette nouvelle Constitution, que 1,562 votans rejetèrent.

8. — A cette Constitution succéda le sénatus-consulte organique du 16 thermidor an X (4 août 1802), par lequel le consulat à vie fut déféré à Napoléon Bonaparte. Soumis aussi à l'approbation des citoyens, ce sénatus-consulte réunit 3,568,885 suffrages ; il n'y eut contre lui que 8,371 votans.

9. — Le 28 floréal an XII (18 mai 1804) la république cessa d'être la forme du gouvernement de la France ; l'Empire commença. Le sénatus-consulte qui établit le gouvernement impérial et déclara la dignité impériale héréditaire fut accepté par 3,524,244 électeurs, tandis que 2,569 seulement ne l'admirent point.

10. — Du 28 floréal an XII jusqu'au 24 février 1848, la France eut pour forme de gouvernement l'empire et la monarchie. Mais il est à remarquer que la nature du gouvernement monarchique avait été modifiée par la révolution de 1830. Le gouvernement créé par cette dernière révolution n'était point, en effet, purement monarchique. C'était un mélange de la royauté, de l'aristocratie et de la démocratie.

11. — La révolution du 24 février 1848 a produit la forme de gouvernement qui nous régit aujourd'hui. Il n'est pas sans intérêt de rappeler ici les différens actes qui se rattachent au rétablissement de la forme républicaine.

12. — Dès le 24 février 1848, un Gouvernement provisoire fut établi, et, dans la proclamation adressée ce même jour par ce Gouvernement au peuple français, on lit ce qui suit : « Le Gouvernement provisoire veut la République ; sauf ratification par le peuple, qui sera immédiatement consulté. »

13. — Le 26 du même mois de février, dans une nouvelle proclamation, le Gouvernement provisoire prononça l'abolition de la royauté, sous quelque forme que ce fût, de légitimisme, de bonapartisme ou de régence, et proclama la République.

14. — Des élections furent ensuite organisées à l'effet d'élire les représentans du peuple à l'Assemblée nationale qui devait décréter la Constitution nouvelle. Cette Assemblée fut convoquée pour le 4 mai 1848. Dans la séance de ce jour (V. *Moniteur* du 5 mai), sur la proposition des représentans de la Seine, l'Assemblée nationale adopta à l'unanimité la proclamation suivante : « L'Assemblée nationale, fidèle interprète des sentimens du peuple qui vient de la nommer, avant de commencer ses travaux déclare, au nom du Peuple français et à la face du monde entier, que la République, proclamée le 24 février 1848, est et restera la forme du gouvernement de la France. La République que veut la France a pour devise *Liberté-Égalité-Fraternité.* »

15. — Après l'adoption de cette proclamation, les membres du Gouvernement provisoire et tous les représentans du peuple se rendirent sur le péristyle du palais de l'Assemblée nationale et firent entendre le cri de *Vive la République!* auquel répondirent les citoyens qui environnaient le palais.

16. — La Constitution du 4 nov. 1848 a de nouveau consacré l'institution de la République comme seule forme du gouvernement de la France. Le § 4er du préambule de cette Constitution est ainsi conçu : « La France s'est constituée en république. En adoptant cette forme définitive de gouvernement, elle s'est proposé pour but de marcher plus librement dans la voie du progrès et de la civilisation, d'assurer une répartition de plus en plus équitable des charges et des avantages de la société, d'augmenter l'aisance de chacun par la réduction graduée des dépenses publiques et des impôts, et de faire parvenir tous les citoyens, sans nouvelle commotion, par l'action successive et constante des institutions et des lois, à un degré toujours plus élevé de moralité, de lumières et de bien-être. »

17. — Nous avons vu précédemment que les Constitutions des 24 juin 1793, 5 fruct. an III et 22 frim. an VIII consacraient l'unité et l'indivisibilité de la République. La Constitution du 4 nov. 1848 (*Préambule*, § 2) proclame également que la République française est une et indivisible ; mais elle déclare de plus à la face du monde qu'elle est démocratique.

18. — On s'est demandé ce qu'il fallait entendre par le mot *démocratique*. « J'ai entendu, a dit M. de la Rochejacquelein à l'Assemblée nationale, expliquer de tant de façons, même parmi les membres de cette Assemblée, que ma curiosité n'est pas interprétive. » A cette question, M. Dupin aîné, membre de la commission, a répondu de la manière suivante : « Il y a un gouvernement démocratique, c'est-à-dire qu'il n'y a plus dans ce gouvernement ni aristocratie ni privilége ; ce n'est plus un gouvernement où la noblesse aurait, ou par des titres ou par des prérogatives quelconques, un ascendant, une prééminence quelconque sur les autres citoyens ; c'est le gouvernement du droit commun ; et enfin, ce qui s'interprète suffisamment, et sans autre commentaire, le sens du mot *démocratique* dans la Constitution de la République, c'est le suffrage direct et universel. » A cette question. 1848 (*Moniteur* du 7 sept.)

19. — Ainsi, la République est dite *démocratique*, non pas parce que la révolution de février aurait changé ou eu pour but de changer la condition politique et sociale à la fois de la société française, mais uniquement parce que la Constitution a fondé sur le suffrage direct et universel l'élection de l'Assemblée nationale et la nomination du président de la République. Partant, elle n'est autre chose, dans le sens de la Constitution du 4 novembre, qu'une forme de gouvernement dont le rouage principal est le suffrage universel et direct.

20. — Nous venons de voir quels sont les élémens qui constituent la nature du gouvernement républicain. Maintenant, quels sont les principes qui le font agir, qui doivent présider aux actions de ce gouvernement ? Ces principes sont énumérés dans le § 4 du préambule de la Constitution. La République a pour principes, y est-il dit, la liberté, l'égalité et la fraternité ; c'est-à-dire la liberté politique, l'égalité civile et le sentiment de la fraternité chrétienne.

21. — M. Laferrière, dans son *Cours de droit public* (3e édit., t. 4er, p. 84), fait remarquer avec raison que ces principes d'action sont tellement liés aux destinées de la France moderne et à l'existence d'un gouvernement libre, que s'ils venaient à se pervertir, à se dissoudre, si l'amour de la liberté politique, de l'égalité civile, si le vrai sentiment de la fraternité chrétienne s'éteignaient ou se corrompaient dans les cœurs, le gouvernement républicain ne serait plus qu'une forme vaine, qu'un impuissant simulacre, qui disparaîtrait bientôt dans l'anarchie et le despotisme.

22. — Quant aux bases sur lesquelles s'appuie la République, elles sont les mêmes que celles sur lesquelles se sont fondés tous les gouvernemens antérieurs : ce sont la famille, le travail, la propriété, l'ordre public, le respect des nationalités étrangères. — Const. 4 nov. 1848, *Préambule*, § 4 et 5.

RÉPUDIATION.

1. — C'est le synonyme de renonciation. — V. RENONCIATION.

2. — Pour la répudiation des legs, V. LEGS, nos 73 et suiv.

3. — Pour la répudiation des successions, V. SUCCESSIONS.

REQUÊTE (Avoué).

V. ACTE D'AVOUÉ A AVOUÉ, AVOUÉ, CONCLUSIONS, EXPLOIT, FRAIS ET DÉPENS, TARIF.

REQUÊTE CIVILE.

Table alphabétique.

REQUÊTE CIVILE. — 1. — Voie extraordinaire accordée par la loi à une partie pour obtenir, dans les cas qu'elle indique, la rétractation en totalité ou en partie de jugemens contradictoires rendus en dernier ressort par les tribunaux de première instance et d'appel, ou de jugemens par défaut, aussi rendus en dernier ressort, et non susceptibles d'opposition.

2. — La requête civile peut être principale ou incidente. — V. *infrà*, nos 298 et 303.

3. — Il intervient sur la requête civile deux séries de jugemens, l'un sur le *rescindant*, c'est-à-dire sur le moyen de requête civile qui sert à faire *rescinder* ou *annuler* la décision attaquée, et l'autre, lorsque la requête civile est *entérinée* ou admise sur le *rescisoire*, c'est-à-dire sur la contestation principale que le jugement rétracté avait terminée. — Carré, *Lois de la procéd.*, édit. Chauveau, t. 4, p. 307, note 1re.

Sect. 1re. — Historique.

4. — A Rome, la requête civile était le seul moyen par lequel les décisions du préteur pouvaient être attaquées.

5. — La requête civile était également usitée dans les premiers temps de notre législation; mais elle tomba en désuétude, par suite de l'usage qui s'introduisit pour les plaideurs de provoquer les juges *in champ clos.*

6. — En régularisant l'administration de la justice, saint Louis permit d'attaquer les décisions des cours et tribunaux par la voie de la *supplication.* Toutefois, aucun cas de *supplication* n'avait été précisé. On pouvait, pour quelque cause que ce fût, user de cette voie, que le roi était libre d'admettre ou de refuser.

7. — Plus tard, par l'ordonnance du 23 mars 1302, Philippe-le-Bel, en autorisant de nouveau les plaideurs à demander la rétractation des arrêts, restreignit cette demande à certaines causes déterminées. L'autorisation de donner suite à cette demande était accordée par des *lettres royaux,* sous la dénomination de *lettres de grâce de dire contre les arrêts.*

8. — Une ordonnance de Philippe-le-Long, de 1320, attribua la connaissance de la demande en rétractation à la Cour qui avait rendu la décision attaquée. La Cour jugeant sur cette demande pouvait être présidée par le roi.

9. — Quelque temps après, les lettres de grâce par lesquelles était autorisée la demande en rétractation changèrent de dénomination : elles reçurent le titre de *propositions d'erreurs,* qui fut aussi converti en celui de *lettres en forme de requête civile.*

10. — Tous les moyens de *fait* ou de *droit* de nature à amener l'infirmation de la sentence pouvaient d'abord faire l'objet des *propositions d'erreurs* ou des *lettres de requête civile.* Mais ils furent bientôt réduits à un petit nombre et expressément déterminés.

11. — La matière de la requête civile et la forme de la procédure et relative furent successivement réglées et modifiées par les ordonnances de Louis XI en 1474, de François Ier en 1539 (art. 135 et 136), d'Henri II en 1545, d'Orléans (art. 28), de Moulins (art. 61) et de Blois (art. 92 à 208).

12. — L'ordonnance de 1667 combina les diverses lois antérieures, précisa les cas d'ouverture de requête civile et régla la forme de la demande. Elle prescrivit aussi l'obtention de *lettres de chancellerie* et la réforme de la matière de la requête.

13. — Les chancelleries ayant été supprimées par la loi du 6-7 sept. 1790, les demandes à fin de rétractation de décisions judiciaires furent directement introduites dans la forme des exploits ordinaires en vertu des lois des 18 févr. 1791, art. 1er, et 3 brum. an II.

14. — Tel était l'état de la législation lorsque fut promulgué le Code de procédure civile, qui rétablit la forme de la requête civile et détermina les cas dans lesquels elle pouvait avoir lieu. La matière de la requête civile est encore régie aujourd'hui par les art. 480 et suiv. de ce Code.

Sect. 2e. — Décisions contre lesquelles on peut se pourvoir par requête civile.

15. — Tous les jugemens contradictoires rendus en dernier ressort par les tribunaux de première instance et les Cours d'appel, et les jugemens par défaut rendus aussi en dernier ressort, et qui ne sont plus susceptibles d'opposition, peuvent être rétractés sur requête civile. — C. proc. civ., art. 480.

16. — Ces expressions de l'art. 480 , *tribunaux de première instance,* sont générales et comprennent les tribunaux de commerce. Ainsi, la voie de la requête civile est ouverte contre les jugemens en dernier ressort rendus par ces tribunaux. — Bruxelles, 23 janv. 1812, Bunel c. Coghem; Cass., 24 août 1819, Dehay c. Faille-Delabre; Toulouse, 21 avr. 1820, Castellanne c. Lavave; Lyon, 31 août 1825, Thomas c. Dumoulin; Paris, 28 juill. 1826, Gallois c. Souchet-Besançon. — Carré et Chauveau, quest. 1736; Pardessus, no 1385; Pigeau, Comment., t. 1er, p. 625; Despréaux, Compét. des trib. de comm., no 82. — Contra, Poitiers, 19 janv. 1818, Martin c. Bernard. — Poncet, t. 2, p. 165 et suiv.

17. — La voie de la requête civile est également admissible contre des sentences en dernier ressort rendues par des arbitres volontaires ou forcés. — Cass., 11 fruct. an VIII, Pinel-Prébisson c. Saulnier; 11 vent. an XI, Guibert c. de Vautenet; Nîmes, 30 germ. an XIII, Gaussard c. Froment; Lyon, 31 août 1825 (arrêt cité au numéro qui précède). — Chauveau sur Carré, loc. cit. — Contra, Besançon, 18 déc. 1811, Poignant c. Bricon; Nîmes, 22 juill. 1833, Henri c. Gensoul.

18. — ...A moins que les parties n'aient consenti, par leur compromis, etc., à ce que le jugement arbitral à intervenir eût force de transaction sur le procès. — Cass., 15 therm. an XI, Duhaut c. Decluse. — Cette disposition emporte renonciation à la voie de la requête civile.

19. — Il en est de même de la clause du compromis qui autorise les arbitres à juger en dernier ressort et sans recours à aucun tribunal. — Paris, 3 vent. an XIII, Bourgeois c. Chaillot. — Chauveau sur Carré, quest. 1736 *in fine.*

20. — Jugé, au contraire, qu'en renonçant à tous moyens (requête d'appel, etc., les parties ne s'interdisent pas la faculté d'attaquer la sentence arbitrale par la voie de la requête civile. — Colmar, 26 mai 1833, Maire et Garcin c. Golzard.

21. — Dans tous les cas, la renonciation, même expresse, serait nulle, si la requête civile était fondée sur le dol ou la fraude. — Même arrêt. — V., au surplus, sur ce qui concerne la requête civile, en matière d'arbitrage, v° ARBITRAGE, n° 1118 et suiv.

22. — A l'égard des sentences de justice de paix, il est impossible de les renfermer dans ces termes de l'art. 480 C. proc. civ. : *tribunaux de première instance;* ces termes ne sont jamais appliqués aux justices de paix. La requête civile n'est donc pas admise contre les sentences en dernier ressort de la justice de paix. C'est ce qui résulte implicitement de l'arrêt de cassation du 21 avr. 1813, Urbain. — V. aussi, en ce sens, Poncet, t. 2, p. 167; Boitard, t. 3, p. 498; Chauveau sur Carré, quest. 1736.— Contra, Carré, loc. cit.

23. — L'art. 480 n'admettant la voie de la requête civile que contre les jugemens rendus en dernier ressort par les tribunaux de première instance et d'appel, il s'ensuit encore que cette voie n'est pas ouverte, soit pour contrariété, soit même pour tout autre personnel, contre les arrêts rendus par la Cour de cassation. — Cass., 2 frim. an X, Maras c. Sabardin; 12 germ. an XI, Winter c. Commune de Heudin; 29 déc. 1812, Commune de Moulins-lez-Metz c. Fabert; 18 mai 1847; 18 mai 1847 (t. 2, 1847, p. 402), préfet de la Gironde c. Chaigneau. — Merlin, Rép., v° Cassation, § 8, n° 2, et Quest. de droit, v° Requête civile, § 3; Poncet, t. 2, p. 335; Chauveau sur Carré, quest. 1736; Bioche, v° Requête civile, n° 14; Tarbé, Lois et règlem. de la Cour de Cass. (introd.), p. 105. — Contra, Carré, ibid.

24. — Les jugemens rendus en matière criminelle sont aussi inattaquables par requête civile. — Poncet, t. 2, p. 464; Chauveau sur Carré, t. 4, p. 313, note 2. — La Cour de cassation a elle-même consacré ce principe, en décidant que, lorsqu'un pourvoi contre un arrêt criminel a été rejeté, la partie qui l'a formé ne peut plus se pourvoir contre le même arrêt, sous quelque prétexte et par quelque moyen que ce soit. — Arrêt du 10 oct. 1817, Laisné. — La demande en révision autorisée par les art. 443 et suiv. C. instr. crim., remplace, en matière criminelle, la requête civile. — V. RÉVISION (mat. crim.).

25. — Sauf les exceptions qui viennent d'être indiquées, la voie de la requête civile est admissible contre toute espèce de jugemens ou d'arrêts en dernier ressort et en toute matière. Pour autoriser le moyen de requête civile, l'art. 480 C. proc. civ. s'est fondé uniquement sur la nature des jugemens ou arrêts et non sur la nature des contestations. — Chauveau sur Carré, quest. 1736 bis.

26. — Ainsi est attaquable par la voie de la requête civile, un jugement relatif à la perception de droits d'enregistrement.—Cass., 30 août 1809, Deflorenne c. Enregistrement; 14 mai 1811, Enregistrement c. Vanovervelt. — Chauveau sur Carré, loc. cit.

27. — ... Un jugement ou arrêt rendu en matière de séparation de corps. — Chauveau sur Carré, loc. cit.

28. — La Cour de Paris avait admis la requête civile en matière de divorce. — Arrêt du 9 juill. 1814, P...

29. — Jugé aussi que la requête civile est recevable contre un jugement rendu en matière de saisie immobilière. — Cass., 4 mai 1825, Carayon c. Bineau-Sebille. — Bioche et Goujet, v° Saisie immobilière, n° 505 ; Lachaize, De l'expropriation forcée, t. 1er, n° 382.

30. — Mais elle n'est pas admissible contre le règlement définitif des collocations dressé dans un ordre par le juge-commissaire, sans contestation entre les créanciers produisans, ce règlement pouvant être attaqué par la voie de l'appel. — *Bruxelles*, 29 avril 1819, Motte et Deverchin c. Fontaine-Spitaels.

31. — Sur le point de savoir si la requête civile est recevable en matière d'ordre, V. ORDRE, nos 1016 et suiv.

32. — Autrefois, la requête civile était admise contre les jugemens interlocutoires : lorsqu'ils causaient un préjudice irréparable en définitive. Dans le projet du Code de procédure, l'art. 480 exigeait que les jugemens fussent *définitifs*. Mais ce dernier mot a été retranché et remplacé par l'expression *contradictoires*. Il suit de là que les jugemens préparatoires, provisoires et interlocutoires, ne sont point exceptés des dispositions de l'art. 480. Il n'y a pas lieu non plus de faire revivre la restriction qui existait avant le Code. — *Cass.*, 10 pluv. an XII, Lambin c. Seygle. — Pigeau, *Comment.*, t. 2, p. 84; Poncet, t. 2, p. 175; Carré et Chauveau, quest. 1737.

33. — Toutefois, s'il s'agit d'un jugement préparatoire, il y a lieu de se conformer à l'art. 451 C. proc. civ. Par conséquent, on ne peut se pourvoir par requête civile contre ce jugement qu'après que le jugement définitif a été rendu.— Carré, quest. 1737.

34.—Au contraire la requête civile est ouverte immédiatement contre un jugement interlocutoire ou provisoire. — C. proc. civ., art. 451, § 2, arg. — Poncet, t. 2, p. 176.

35. — Le demandeur qui a été débouté de sa demande *quant à présent* peut aussi, s'il recouvre la pièce justificative qui lui manquait, se pourvoir par la voie de la requête civile contre le jugement rendu contre lui.—*Cass.*, 10 pluv. an XII, Lambin c. Seygle.

36. — L'autorité de la chose jugée n'est jamais un obstacle à la requête civile. Mais si la partie avait acquiescé au jugement qui lui préjudicie, le recours de la requête civile ne lui serait plus ouvert.

37. — Dès lors ; un arrêt rendu sur expédient volontaire étant plutôt l'ouvrage des parties que du juge, ne peut, en principe, être attaqué par la voie de la requête civile.

38. — Il en serait autrement, cependant, si l'une des parties n'avait donné son assentiment à l'arrêt rendu sur expédient que parce que son adversaire l'aurait trompée, soit en retenant des pièces décisives, soit en faisant usage de faux actes, soit par toute autre manœuvre frauduleuse. C'est ce qu'a décidé implicitement la Cour de Paris, par arrêt du 28 novembre 1810 (Hervé c. Vincent). — V. aussi, en ce sens, Chauveau sur Carré, quest. 1738 *ter*. — V. également *infrà*, no 49.

39. — L'art. 480 du Code de procédure civile exige, pour que la requête civile puisse être admise, que les jugemens ou arrêts contre lesquels elle est dirigée aient été rendus *en dernier ressort*. Cette voie n'est donc pas ouverte contre un jugement rendu en premier ressort, mais qui aurait acquis l'autorité de la chose jugée par le défaut d'appel. — Il est bien vrai que le jugement acquiert ainsi la même autorité que s'il était en dernier ressort. Mais les termes de la loi sont précis, formels; et d'ailleurs il y a, de la part de la partie qui a laissé périmer l'instance, acquiescement, au moins tacite, au jugement. — *Cass.*, 21 juin 1827, Richard c. Famin ; *Grenoble*, 24 févr. 1829, Mathieu c. Commune de Rac ; *Cass.*, 13 nov. 1848 (t. 2 1849, p. 211), François c. Grué. — Demiau-Crouzilhac, p. 340; Carré et Chauveau, quest. 1738.

40. — Il en est ainsi, quoique le défaut d'appel soit, comme le jugement, imputé à un dol personnel. — Arrêt de *Cass.* du 13 nov. 1848, cité au no qui précède.

41. — Le mineur ne pourrait même, après sa majorité, attaquer par requête civile un jugement rendu en *premier ressort* sur le motif que son tuteur n'aurait pas opposé les moyens de nullité d'une procédure de saisie immobilière, et sur ce qu'il aurait omis d'*appeler* de ce jugement. — V., en ce sens, Chauveau sur Carré, *loc. cit.*, qui cite comme conforme à cette décision un arrêt de Paris du 27 déc. 1826.

42. — Le principe qui veut que la requête civile ne soit admissible que contre les décisions en dernier ressort s'applique au mineur, comme à toute autre personne, alors même que cette requête civile a pour base, conformément à l'art. 481 du Code de procédure civile, l'absence ou l'insuffisance de la défense présentée en son nom.—*Cass.*, 13 nov. 1848 (t. 2 1849, p. 211), François c. Grué.

43.—Mais il n'en est pas du cas où un jugement par défaut n'a point été frappé d'opposition dans les délais, comme de celui où le jugement contradictoire a acquis l'autorité de la chose jugée par défaut d'appel. — Le défaut d'opposition en temps utile n'emporte point acquiescement au jugement, et ne constitue pas, dès lors, une fin de non-recevoir contre la requête civile. — Poncet, t. 2, p. 181 ; Boitard, t. 3, p. 196 ; Chauveau sur Carré, *loc. cit.*

44. — Pour déterminer si un jugement est susceptible de requête, il ne faut s'attacher qu'à sa nature, qu'à la matière jugée, peu importe la qualification donnée au jugement. — S'il a été qualifié en premier ressort, quand la matière devait être jugée en dernier ressort, la requête civile est ouverte. Mais elle est fermée, quoique le jugement ait été qualifié en dernier ressort, s'il ne devait être rendu qu'en premier ressort.— Demiau-Crouzilhac, p. 340; Carré et Chauveau, quest. 1739.

45.—On ne peut se pourvoir, par requête civile, qu'après que toutes les voies de rétractation ou de réformation que la loi indique en premier ordre ont été épuisées. — Ainsi, la requête civile est inadmissible contre un jugement susceptible d'appel. Elle n'est reçue contre un jugement par défaut qu'autant que l'opposition ne peut plus être formée. — Les termes de l'art. 480 du Code de procédure civile ne laissent aucun doute à cet égard.—V. Carré et Chauveau, quest. 1741.

46. — Il importe qu'il y ait un terme aux procédures. Tel est le motif qui a fait décider par le législateur que ni le jugement déjà attaqué par la voie de la requête civile, ni le jugement par lequel elle est rejetée, ni enfin celui rendu sur le rescisoire, ne peuvent être l'objet d'une nouvelle demande en requête civile. — C. proc. civ., art. 503.

47. — Non-seulement cette nouvelle demande devrait être déclarée nulle, si elle était formée, mais la partie et l'avoué même, qui, ayant occupé sur la première demande, occuperait sur la seconde, seraient passibles de dommages-intérêts. — Même art.

48.—Le jugement qui rejette la requête civile est même à l'abri d'une seconde demande dans le cas où, depuis qu'il a été rendu, un dol, un faux, une rétention de pièces seraient découverts.—La généralité des termes de l'art. 503, et le motif sur lequel cet article est fondé justifient cette solution. — V., en ce sens, Poncet, t. 2, p. 188 ; Carré et Chauveau, quest. 1798.

49. — Décidé, cependant, que lorsqu'une première requête civile, fondée sur pièces déclarées fausses par un arrêt, ne peut plus être poursuivie, par suite de la cassation dudit arrêt, rien ne s'oppose à ce qu'il soit formé une nouvelle requête civile, sur le fondement que la fausseté des pièces a été reconnue postérieurement par la partie contre laquelle on agit. — L'art. 503 du Code de procédure civile, portant qu'on ne peut se pourvoir par requête civile contre un jugement déjà attaqué par cette voie, ne reçoit pas d'application à ce cas. — *Bordeaux*, 17 août 1847 (t. 1er 1848, p. 719), Dupuy c. de Puthod.

Sect. 3e. — *Personnes qui peuvent ou contre lesquelles on peut se pourvoir en requête civile.*

50. — Sous l'ordonnance de 1667, la requête civile pouvait être intentée contre l'ayant cause de la partie qui avait obtenu le jugement attaqué par cette voie. — *Cass.* 1er germ. an XI, préfet de l'Aisne c. Bellisle.

51.—Mais elle ne pouvait l'être par le légataire universel de la partie en faveur de laquelle le jugement avait été rendu. —Même arrêt.

52. — Lors de la discussion du projet du Code de procédure civile, la section du Tribunat sur la proposition de laquelle la première disposition de l'art. 480 fut adoptée avait exprimé l'avis : que les héritiers seuls pussent prendre la voie de la requête civile, mais que cette voie fût interdite aux créanciers et aux successeurs à titre particulier.

53. — L'art. 480 C. procéd. civ. se borne à dire que les jugemens ou arrêts susceptibles de requête civile sont rétractés sur la requête de ceux qui ont été parties ou dûment appelés.

54. — Mais, de l'exposé des motifs, présenté par M. Bigot de Préameneu, sur la requête civile, il résulte que les héritiers, les successeurs ou ayans cause de la partie qui a été appelée au jugement peuvent aussi se pourvoir par requête civile contre ce jugement, parce que cette voie est considérée comme une suite, comme un complément de la procédure sur laquelle le jugement est intervenu. Tout ayant cause d'une partie a donc aujourd'hui le droit de se pourvoir par la voie de la requête civile. — Carré et Chauveau, quest. 1740; Pigeau. *Comm.*, t. 1er, p. 627; Demiau-Crouzilhac, p. 341 ; Merlin, *Quest. de droit*, vo *Requête civile*, § 7.

55. — Toutefois, la voie de requête civile n'est point ouverte au subrogé tuteur contre le jugement susceptible d'appel auquel il a laissé acquérir l'autorité de la chose jugée. — *Pau*, 2 juillet 1840 (t. 2 1841, p. 120), Forest c. Handre.

56. — La demande en requête civile formée par une femme mariée n'est pas non recevable faute d'autorisation maritale *préalablement* obtenue, lorsque cette autorisation intervient dans le cours de l'instance. — *Florence*, 16 août 1810, Gozzini.

57. — Le ministère public qui n'agit pas comme partie principale n'a jamais le droit de se pourvoir par requête civile. — Chauveau sur Carré, quest. 1741, no 3, 1o.—V. MINISTÈRE PUBLIC, nos 490 et suiv.

58. — De ce que la requête civile est admise de la part des successeurs ou ayans cause de ceux qui ont été parties dans le jugement, il résulte qu'on peut également user de cette voie contre les personnes qui ont les mêmes qualités. — Merlin, *Quest.*, vo *Requête civile*, § 7 ; Carré et Chauveau, quest. 1740 et 1766.

59. — Mais un tiers qui n'a été partie dans aucun des jugemens ou arrêts dont on poursuit la rétractation, qui d'ailleurs n'est ayant cause d'aucune de celles qui y ont figuré, ne peut être valablement appelé dans l'instance de requête civile. — Pigeau, *Comment.*, t. 2, p. 72; Carré et Chauveau, quest. 1766.

60. — La circonstance qu'on a été partie dans un jugement ou arrêt n'autorise pas non plus à l'attaquer par requête civile, si l'on n'a aucun intérêt à recourir à cette voie.

61. — Ainsi, il ne suffit pas, pour faire admettre la requête civile des mineurs, et faire prononcer, en conséquence, la rétractation des deux arrêts contre lesquels elle est dirigée, que les moyens ou quelques-uns des moyens qu'ils proposent, tant dans la forme qu'au fond, soient de nature à justifier qu'ils n'ont pas été valablement défendus en première instance; il faut encore qu'il paraisse que l'omission de ces moyens devant la Cour, lorsqu'elle a prononcé sur leur appel, leur a porté préjudice, parce qu'ils auraient été recevables et bien fondés à les présenter comme griefs contre les jugemens dont ils demandaient la réformation. — *Rennes*, 10 janvier 1825, Louis c. Dutrilhon.

62. — Si l'intérêt était évident, l'arrêt qui déclarerait une partie non recevable dans un moyen de requête civile, en se fondant sur le défaut d'intérêt, présenterait sous ce rapport ouverture à cassation. — *Cass.*, 16 août 1808, Thouverey c. Charve. — Chauveau sur Carré, quest. 1740 *bis*.

63. — Nous avons dit précédemment qu'un jugement déjà attaqué par requête civile, ou rejetant cette requête, ou rendu sur le rescisoire, ne pouvait plus être l'objet d'un second pourvoi (V. *suprà*, nos 46 et suiv.). Cette prohibition est générale et absolue. Elle frappe d'exclusion toutes les parties. Les termes de l'art. 503 C. proc. civ. ne laissent aucun doute à cet égard. « *Aucune partie*, porte en effet cet article, ne peut se pourvoir en requête civile contre les jugemens précités. »

64. — Ces expressions *Aucune partie* comprennent même les mineurs. Ainsi, ils ne peuvent user une seconde fois de la requête civile dans les trois cas prévus par l'art. 503 précité, si, par exemple, il était découvert ultérieurement de nouveaux moyens de minorité non défendus ou non valablement défendus. — Carré et Chauveau, quest. 1797 ; Pigeau, *Comment.*, t. 1er, p. 634 et 637.

65. — Mais l'art. 503 ne défend la voie de la requête civile qu'à celui qui s'est déjà pourvu par cette voie. Il ne la proscrit que dans le cas où elle est une seconde demande. Celui contre qui la requête civile est admise peut prendre cette voie contre le jugement d'admission, s'il y a ouverture. Car la requête présentée par ce dernier n'est qu'une première demande. — Pigeau, *Comment.*, t. 1er, p. 637; Carré et Chauveau, quest. 1799.

Sect. 4e. — *Causes de requête civile.*

66. — Les causes de requête civile ont été énumérées et détaillées dans les art. 480 et 481 C. proc. civ.

67. — La requête civile étant une voie extraordinaire, il s'ensuit qu'elle ne peut être admise qu'autant que la partie qui l'emploie se fonde sur l'une des causes prévues par les articles précités. On ne peut l'étendre par interprétation à des cas non littéralement prévus. — Boitard, t. 3, p. 116; Carré, quest. 1741.

§ 1er. — *Dol personnel.*

68. — Le dol peut être *réel* ou *personnel*. Le dol *réel*, qui n'est autre chose que la lésion ou le tort qu'on souffre, n'est puni par aucune loi. — V. DOL, nos 30 et suiv. — Le dol *personnel* est celui qui provient du fait de quelqu'un dans l'intention d'en tromper un autre; et c'est cette dernière espèce de dol qui donne lieu à la requête civile. — C. proc. civ., art. 480-1o.

69. — Toutefois, si la loi ne s'est servie que de ces mots *dol personnel* c'est uniquement afin d'indiquer qu'elle voulait que le dol ne pût donner ouverture à requête civile qu'autant qu'il provenait du fait personnel de la partie en faveur de laquelle le jugement avait été rendu; et non pas lorsqu'il provenait du fait d'un tiers, sans la participation de celle-ci. Ainsi, l'intention seule de tromper son adversaire ne suffirait pas pour qu'il y eût lieu à requête civile; la justice doit avoir été induite en erreur. En d'autres termes, il faut le concours de ces deux circonstances : *consilium et eventus fraudis*. — *Rennes*, 2 (et non 6) janv. 1834 (motifs), B.... — Carré et Chauveau, quest. 1742.

70. — Jugé, en effet, que, pour donner lieu à requête civile, le dol doit avoir été commis par la partie qui a obtenu gain de cause et avoir déterminé la décision attaquée. — *Cass.*, 20 frim. an XIII, Damboise c. Anciaux. — Poncet, t. 2, p. 194; Bioche, vo *Requête civile*, no 17.

71. — Il résulte de ce qui précède que le dol émanant d'un tiers ne serait pas par lui-même une cause de requête civile, il pourrait seulement servir de base à une action en dommages-intérêts contre ce tiers. Mais il en serait autrement, si la partie y avait participé ou en avait profité sciemment. — Poncet, t. 2, p. 194 et 195.

72. — Il est à remarquer aussi que le dol du mandataire est personnel au mandant. — Poncet, t. 2, p. 195; Carré et Chauveau, quest. 1742.

73. — Spécialement, le dol de l'avocat à l'audience doit être réputé le dol de la partie elle-même. Ainsi : l'attestation d'un fait que la partie savait être matériellement faux, mais que les juges ont été induits à croire vrai sur la foi de son défenseur, qui affirmait mensongèrement avoir en main les pièces justificatives de ce fait, constitue le dol personnel dont parle l'art. 480 C. procéd. et donne ouverture à la requête civile contre le jugement ou l'arrêt qui s'en est suivi. — *Bruxelles*, 23 juill. 1810, Saint-Génois. — Carré et Chauveau, *loc. cit.*; Bioche, vo *Requête civile*, no 10.

74. — En général, le dol du mandataire sera invoqué comme cause de requête civile par l'adversaire du mandant. Mais il peut arriver aussi que le dol du mandataire soit pour le mandant lui-même une cause de requête civile. Tel est le cas où le mandataire a colludé avec l'autre partie. — Poncet, t. 2, p. 195.

75. — Quand la requête civile a été autorisée pour dol personnel, imputable aux auteurs du défendeur; rien n'empêche que les juges n'admettent la requête civile, en se fondant également sur le dol imputable au défendeur lui-même. — *Cass.*, 5 juin 1839 (t. 2 1839, p. 264), de Goyon c. de Marcillac.

76. — Lorsque les juges ont refusé le secours demandé par un failli, en se fondant sur ce qu'il ne produisait pas son livre-journal, alors que, de fait, ce livre se trouvait entre les mains des syndics, le failli ne peut pas se faire de ce considérant du jugement un moyen de requête civile pour dol personnel des syndics, lorsque l'inexactitude du motif ne provient aucunement de leur fait. — *Rennes*, 2 (et non 6) janv. 1834, B....

77. — Si le dol est pratiqué au détriment d'une partie qui n'est pas en cause par elle-même, par exemple au détriment d'un créancier hypothécaire dans une instance où il a été statué sur la question de propriété de l'immeuble; le créancier n'en a pas moins le droit d'exciper du dol personnel de la partie qui a obtenu le jugement par lequel le débiteur a été dépouillé, à son préjudice, de lui créancier, de la propriété de l'immeuble affecté à sa garantie, pour faire réformer ce jugement par la voie de requête civile. — Chauveau sur Carré, quest. 1742 *in fine*.

78. — Le dol personnel peut résulter d'une foule de circonstances qu'il est impossible d'énumérer toutes et de désigner avec détail. Tout fait avancé par une partie qui le savait être faux et à l'aide duquel elle a surpris la religion des magistrats et obtenu gain de cause, quand elle devait perdre son procès, est de sa part un dol véritable dans le sens de l'art. 480 1o. — Chauveau sur Carré, quest. 1742.

79. — Il importe peu qu'il ait été possible aux magistrats ou à la partie adverse de découvrir la fausseté du fait avancé. Il suffit que ce fait ait servi de base au jugement. Autrement, comme le fait remarquer avec raison M. Chauveau (*loc. cit.*), ce serait faire consister le dol non plus dans le fait qui le constitue, mais uniquement dans le plus ou moins de succès des moyens mis en usage pour le déjouer. La solution de la question de savoir si le dol existe ou n'existe pas ne peut dépendre de l'habileté de la partie ou du discernement du juge. — Bioche, vo *Requête civile*, no 18.

80. — Nous avons vu précédemment (no 73) que l'allégation d'un fait matériellement faux, qui avait été réputé constant par les juges, suffirait pour faire admettre la requête civile pour cause de dol. La Cour de Colmar a aussi consacré ce système, en décidant qu'il y avait dol personnel dans le sens de l'art. 480-1o de nature à donner ouverture à requête civile, lorsqu'une partie avait obtenu un arrêt au moyen de la dénégation faite par elle de faits décisifs qu'elle savait vrais, et qu'elle niait par mauvaise foi, ainsi que cela résultait de ses propres écrits ou de toutes autres pièces découvertes depuis. — Arrêt du 18 mai 1820, Zipfel c. Vidal. — V. aussi, en ce sens, *Nîmes*, 24 déc. 1839 (t. 1er 1840, p. 460); Silhul c. Guiraud. — Carré et Chauveau, quest. 1742; Bioche, vo *Requête civile*, no 19.

81. — Spécialement, une partie se rend coupable de dol lorsqu'elle nie l'existence d'une transaction intervenue entre elle et son adversaire et que, par cette dénégation, elle met les juges dans le cas de rendre une décision autre que celle qu'ils eussent rendue s'ils avaient connu la transaction. — En conséquence, ce dol donne ouverture à la requête civile. — *Orléans*, 10 août 1849 (t. 2 1849, p. 124), Hulin Pelgé c. C...

82. — Lorsque les pièces qui établissent le dol personnel étaient restées en la possession du demandeur en requête civile et qu'ainsi elles ne peuvent être réputées avoir été retenues par le fait du défendeur, il n'y a pas moins ouverture à la requête civile. — Même arrêt de Colmar précité, du 18 mai 1820.

83. — Jugé, au contraire, que de simples allégations ou dénégations de faits n'offrent pas un caractère de dol personnel suffisant pour produire une ouverture à requête civile; qu'il faut, de plus, qu'il y ait un emploi de manœuvres de nature à empêcher la partie et le juge d'établir et de connaître la vérité. — *Besançon*, 10 déc. (et non 10 sept.) 1810, Darecot c. Doyen. — Mais cette décision, que les observations qui précèdent suffisent pour rendre inadmissible, a été d'ailleurs péremptoirement réfutée par M. Chauveau (*loc. cit.*).

84. — Lorsque, par le fait de la partie qui a obtenu gain de cause, la copie du jugement par défaut n'a pas été remise au défendeur, ou que la lettre que celui-ci écrivait à son avoué afin qu'il formât opposition a été interceptée; ces circonstances sont constitutives du dol personnel dont parle l'art. 480 1o. — Bioche, vo *Requête civile*, no 19.

85. — On a agité aussi la question de savoir si le serment reconnu faux peut donner ouverture à la requête civile. Il importe à cet égard de distinguer entre le serment déféré d'office et celui qui a été déféré par l'une des parties.

86. — Lorsque le serment a été déféré d'office par le juge au défendeur, qui, par la prestation de ce serment, a été déchargé de la demande; la fausseté du serment peut, si elle est établie, rendre la requête civile admissible. La preuve du parjure ne saurait cependant être faite de toute manière. Ainsi, elle ne pourrait résulter d'une pièce gardée par le demandeur. — Carré, quest. 1742.

87. — La fausseté du serment déféré ou référé par l'une des parties ne peut jamais, au contraire, être prouvée (C. civ., art. 1363), et, par conséquent, donner ouverture à requête civile. En déférant le serment, la partie a, d'une manière absolue, contracté l'engagement d'abandonner sa prétention en cas qu'il fût prêté. — Carré, *loc. cit.*

88. — Pour que le dol personnel puisse donner ouverture à requête civile, il faut qu'il ait été légalement reconnu ou prouvé d'une manière convaincante avant la présentation de la requête. Le demandeur est non recevable à faire la preuve du dol devant les juges saisis de la requête civile. — *Paris*, 11 mars 1836, Charles X c. de Pfaffenhoffen.

89. — Au surplus, les juges du fond ont, pour l'appréciation des faits qui peuvent constituer le dol personnel de nature à donner ouverture à requête civile, un pouvoir d'appréciation dont l'exercice échappe à la censure de la Cour de cassation. — *Cass.*, 5 juin 1839 (t. 2 1839, p. 264), de Goyon c. de Marcillac.

90. — Par exemple : ils peuvent admettre ou rejeter une requête civile, motivée sur le dol personnel, lorsque les indices opposés par le demandeur sont combattus par des indices contraires, opposés par le défendeur. — *Rennes*, 2 janv. 1819, N....

91. — Lorsqu'à la suite d'un arrêt qui a rejeté la demande en paiement de travaux dirigée par un individu contre une société, par le motif qu'il n'était pas prouvé que les actionnaires eussent pris ces travaux à leur charge, il est intervenu, sur l'inscription de faux incident formée par le même individu, un nouvel arrêt, qui a déclaré « qu'il existait des présomptions graves, précises et concordantes que des altérations faites au registre des délibérations de la société avaient été opérées dans l'intérêt de celle-ci pour faire disparaître des renseignemens favorables à la réclamation du demandeur, » les juges peuvent trouver dans ces dispositions du dernier arrêt la preuve d'un dol personnel dont la société serait civilement responsable et qui était de nature à influer sur la décision du premier arrêt et considérer ce dol comme donnant contre ledit arrêt ouverture à requête civile. — *Cass.*, 8 août 1842 (t. 2 1842, p. 481), Compagnie des mines de Montrelet c. Poulet et Berthault.

92. — Mais Carré (quest. 1742) fait observer avec raison que les juges doivent resserrer, dans un cadre aussi étroit que la justice le permet, les faits qui caractérisent le dol personnel; car la requête civile serait rarement repoussée, si toutes manœuvres et dénégations étaient regardées comme *dol*.

93. — Le dol emportant avec lui nécessairement la mauvaise foi, l'intention frauduleuse, il s'ensuit qu'il est, de sa nature même, exclusif de toute ignorance et que, par conséquent, le défendeur à la requête civile, motivée sur le dol personnel, ne peut exciper de son ignorance pour la faire rejeter. — Poncet, t. 2, p. 194.

§ 2. — *Violation de formes prescrites à peine de nullité.*

94. — Sous l'ordonnance de 1667, la requête civile était ouverte, non-seulement dans le cas de violation des formes prescrites à peine de nullité, mais même dans le cas de violation de formes non prescrites à peine de nullité.

95. — Jugé, spécialement, que la contravention aux dispositions de cette ordonnance qui prohibaient de statuer à l'audience, d'après de simples plaidoiries, sur l'appel d'un jugement qui, en première instance, avait été rendu à la suite d'un rapport, constituait, non un moyen de cassation, mais un moyen de requête civile. — *Cass.*, 9 flor. an XIII, Chapouille c. Lacoste.

96. — Aux termes de l'art. 480 2o C. proc. civ., il y a lieu à requête civile, si les formes prescrites à peine de nullité ont été violées, soit avant, soit lors des jugemens, pourvu que la nullité n'ait pas été couverte par les parties.

97. — Ainsi, d'après cette disposition, il ne peut plus aujourd'hui, comme sous l'ordonnance de 1667, y avoir ouverture à requête civile pour violation de formes non prescrites à peine de nullité. Cette voie ne peut être employée que lorsque les formes violées sont prescrites à peine de nullité. — *Cass.*, 9 avr. 1835, Commune d'Abriès c. Commune d'Aiguilles.

98. — Mais la loi du 20 avr. 1810 disposant (art. 7) qu'il y a ouverture à cassation contre les jugemens et arrêts, quand ils ne sont pas revêtus des formes prescrites à peine de nullité; on s'est demandé si le législateur avait voulu faire tout ensemble de la contravention aux lois concernant les formes de la procédure, un moyen de cassation ou de requête civile. — V. CASSATION (mat. civ.), nos 908 et suiv.

99. — Un arrêt de la Cour de cassation, du 5 décemb. 1836 (Lacrouts c. Batbédat), semble avoir admis ce système, en décidant qu'un arrêt qui n'a pas été prononcé publiquement peut être indifféremment attaqué par la voie de la requête civile et par la voie de la cassation.

100. — Il nous paraît cependant que telle n'a pu être la pensée, la volonté du législateur. Les cas de violation de formes prescrites à peine de nullité qui donnent lieu à cassation, doivent être distincts de ceux qui produisent ouverture à requête civile. Quel est donc le principe qui doit servir de base à cette distinction, de règle en cette matière?

101. — Il ne saurait être douteux d'abord que les nullités provenant du fait des juges ne puissent donner ouverture qu'à la voie de la cassation. C'est, du reste, ce qui a été décidé suivant arrêt de la Cour de cassation, du 19 déc. 1831 (Choiseul c. sociétaires de l'Opéra-Comique).

102. — Ainsi : l'art. 480 2°, qui met au nombre des ouvertures de requête civile la violation ou l'omission (lors des jugemens ou auparavant) des formes prescrites à peine de nullité, n'est pas exclusif du recours en cassation lorsque la violation ou l'omission est du fait des juges, et constitue un vice inhérent au jugement lui-même et un excès du pouvoir. — *Cass.*, 17 nov. 1840 (t. 1er 1841, p. 119), Comp. du charbonnage de Wasmes et Hornu c. Legrand et Harven-Chasselet.

103. — Spécialement : la nullité d'un jugement résultant de ce qu'il a été rendu par défaut contre une partie assignée à bref délai dans un cas où la loi n'autorisait pas cette abréviation, constituant une nullité du fait du juge, donne ouverture non à requête civile, mais au pourvoi en cassation. — Même arrêt.

104. — Un autre système consiste à dire que, pour donner ouverture à la requête civile, la violation des formes prescrites à peine de nullité doit provenir du fait des parties. C'est celui qui a été admis par l'arrêt de la Cour de cassation, du 19 déc. 1831, Choiseul.

105. — Mais il n'y a rien, selon nous, dans la loi, qui justifie une interprétation aussi restreinte. Dans un arrêt déjà ancien, du 19 juill. 1809 (Jusserand et Versicère c. Verny), la Cour de cassation nous paraît, au contraire, avoir consacré une distinction plus conforme aux principes, à l'esprit de la loi. D'après cet arrêt, en effet, il n'y a lieu à requête civile, conformément à l'art. 480 2°, que lorsqu'il n'a pas été statué sur le moyen de nullité proposé par une partie, par les juges dont on veut attaquer la décision. — V. aussi, en ce sens, *Cass.*, 22 mai 1816, Faulconnier c. Dewit. — Carré, quest. 1743.

106. — En conséquence : la Cour de cassation a décidé, par l'arrêt précité, qu'il y avait lieu à requête civile, et non à cassation, lorsqu'une Cour d'appel avait reçu un appel incident irrégulièrement interjeté, et que sur cet appel incident le ministère public n'avait pas été entendu, sans statuer sur les nullités de forme proposées par l'appelant. — V., au surplus, sur le point de savoir si l'omission des conclusions du ministère public constitue un moyen de requête civile ou de cassation, *infrà*, n° 214.

107. — Mais si, avant le jugement, un moyen de nullité a été proposé et qu'il y ait été statué, ce moyen ne peut plus être invoqué comme une cause de requête civile contre le jugement qui l'a rejeté. C'est alors seulement par voie de cassation que ce jugement peut être attaqué pour n'avoir pas accueilli le moyen de nullité. — Carré, quest. 1743.

108. — Du reste, il ne faut pas confondre la violation des formes avec la violation des lois qui régissent les droits des parties. Ainsi, la violation de la règle sur les deux degrés de juridiction donne ouverture à la voie du recours en cassation et non à celle de la requête civile. — *Cass.*, 20 brum. an XIV, Petit c. Comm. de Cuges. — Carré, *loc. cit.*

109. — Spécialement : on ne peut se pourvoir en requête civile contre un arrêt de Cour d'appel qui tout en admettant une action en responsabilité rejetée par les premiers juges, renvoie devant eux pour statuer sur les dommages-intérêts réclamés. — Arrêt de *Cass.* précité, du 20 brum. an XIV, Petit.

110. — Il a été jugé aussi que l'endosseur d'un effet de commerce non payé qui a été condamné à garantir le porteur, ne peut invoquer, pour moyen de requête civile contre cette condamnation, la violation des règles en matière de garantie de lettres de change. — *Nîmes*, 19 frim. an XI, Cauredon c. Roux.

111. — La violation des formes prescrites à peine de nullité en matière d'arbitrage donne lieu à l'application de l'art. 480 2°. Mais il n'y aurait pas lieu à requête civile si les parties avaient dispensé les arbitres de suivre les formes ordinaires. — Carré et Chauveau, quest. 1744.

§ 3. — *Cas où il est prononcé sur choses non demandées ou adjugé plus qu'il n'a été demandé.*

112. — Le fait de la part des juges de prononcer sur choses non demandées ou d'adjuger plus qu'il n'a été demandé, constitue une cause de requête civile. — C. proc. civ., art. 480 3° et 4°.

113. — Ainsi, d'après cette disposition, le moyen pris de ce que les juges auraient statué *ultra petita* constitue une ouverture à requête civile, et non à cassation. — *Cass.*, 3 frim. an IX, Jodard c. Rubrecy; 5 brum. an XI, Bosset c. Michel. — Merlin, *Quest. de droit*, v° *Cassation*, § 12.

114. — Pour savoir quelle est la véritable demande des parties sur laquelle ils doivent statuer, les juges peuvent s'attacher aux qualités qu'elles posent à l'audience aussi bien qu'aux conclusions qui ont été précédemment signifiées par écrit. — *Bruxelles*, 28 mars 1815, Deweré c. N.... — Chauveau sur Carré, quest. 1746.

115. — On ne peut, par conséquent, attaquer par requête civile comme ayant statué sur chose non demandée l'arrêt qui a prononcé conformément aux qualités posées à l'audience, quoiqu'elles fussent contraires à celles signifiées entre avoués et transcrites sur l'expédition de l'arrêt ou du jugement. — Arrêt de Bruxelles précité.

116. — Quand deux parties réclament pour chacune la totalité d'un objet; le tribunal qui adjuge à chaque partie portion de cet objet ne prononce pas sur chose non demandée, et, sous ce rapport, la décision du tribunal ne donne pas ouverture à requête civile. — *Cass.*, 5 oct. 1808, Maurandi c. Guari la Gache. — Chauveau sur Carré, *loc. cit.*; Poncet, t. 2, p. 214.

117. — Mais il n'y a de condamnation en garantie, possible et valable qu'autant que la partie qui soutient y avoir droit y a expressément conclu; de telle sorte que les juges n'ont le pouvoir ni de l'accorder d'office, ni de la faire résulter implicitement de l'examen et du rapprochement des actes, faits et circonstances de la cause, l'art. 480 du Code précité leur ayant défendu de statuer sur choses non demandées. — *Cass.*, 11 févr. 1840 (t. 1er 1840, p. 618), Girard c. Violot.

118. — On peut citer encore, entre autres exemples de décisions sur choses non demandées, le cas où le prix est adjugé au lieu de la chose elle-même qui était seule demandée. — Carré, quest. 1745.

119. — ... Celui où la réintégrande a été accordée au lieu de la maintenue en possession annale, et *vice versâ*. — Carré, *loc. cit.*

120. — ... Celui où les syndics d'une faillite, l'héritier bénéficiaire, le tuteur, le curateur à une succession vacante, assignés en cette qualité, sont condamnés en leur nom personnel. — Carré, *loc. cit.*

121. — ... Celui où des intérêts ont été alloués, quand le capital seulement a été demandé. — Même auteur, *ibid.*

122. — ... Celui où un jugement ou arrêt accorde à une partie une indemnité qu'elle ne demandait pas. — *Cass.*, 28 mars 1837 (t. 2 1837, p. 23), Compagnie du plan d'Aren c. Cappeau.

123. — ... Où une partie est condamnée aux dépens vis-à-vis d'une autre qui n'a pas conclu contre elle à cet effet. — *Cass.*, 5 déc. 1838 (t. 2 1838, p. 617), Boullé et Robinot c. Bourdonnais-Duclesis et Durand-Vaugaron. — Carré, édit. Chauveau, t. 4, p. 309, note, 3°.

124. — Mais on ne peut considérer les juges comme ayant prononcé sur une question autre que celle qui leur était soumise par cela seul que, saisis d'une demande générale en déchéance d'un brevet obtenu pour l'application nouvelle d'un procédé industriel, ils se seraient occupés spécialement, dans une partie des motifs de leur arrêt, de l'application de ce procédé à un certain genre de produits, si d'ailleurs le dispositif par lequel ils maintiennent le brevet tel qu'il a été délivré est aussi général que la demande et s'applique à tous les genres de produits sans distinction. — *Cass.*, 13 août 1845 (t. 2 1845, p. 677), Bedier c. Elkington.

125. — Le moyen de requête civile résultant de ce qu'il a été prononcé sur choses non demandées ne peut être invoqué contre un jugement arbitral. — Carré, édit. Chauveau, t. 4, p. 329, note 1re.

126. — La cause de requête civile tirée de ce que le juge a adjugé plus qu'il n'a été demandé rentre évidemment dans le moyen précédent. Il est à remarquer cependant, tout d'abord, que l'objet de la demande seul peut être adjugé, quoiqu'il n'y ait pas, entre la demande et la décision du juge, une corrélation exactement symétrique. La différence d'expression importe peu, si, au fond, il existe un rapport réel entre la demande et la décision. — Chauveau sur Carré, quest. 1746.

127. — Aussi il a été jugé qu'il n'y avait pas *ultra petita* parce que, sans qu'il y eût des conclusions précises, l'arrêt avait été déclaré commun avec une partie qui procédait conjointement avec une autre, soutenait le même système et prenait les mêmes conclusions. — *Paris*, 3 mars 1810, Caroillon-Destillières c. Ouvrard.

128. — Mais un jugement de première instance qui a statué sur deux chefs de demande introduits en bureau de paix encore bien que la connaissance d'un seul lui eût été dévolue, doit être annulé comme ayant statué *ultra petita*. — *Rennes*, 29 mai 1821, Laporte c. Barthélemy.

129. — Il y a également *ultra petita* lorsque la propriété a été attribuée à celui qui réclamait seulement un droit d'usufruit, d'usage ou de servitude. — Carré, quest. 1746.

130. — Au contraire, lorsque deux parties se disputent la propriété d'un bien; l'arrêt qui, sans même qu'il y ait de conclusions précises prises à cet égard, réduit les droits de l'une à de simples droits d'usage, ne rend pas pour cela une décision *ultra petita* ne pouvant donner ouverture qu'à la requête civile. — Il peut, au contraire, être frappé d'un pourvoi en cassation par la partie qui se prétend lésée, comme rejetant en partie ses conclusions. — *Cass.*, 23 mai 1837 (t. 1er 1837, p. 478), préfet des Pyrénées-Orientales c. Montferré, Escampé et Teulière.

131. — Mais si, n'ayant à prononcer que sur une question de propriété qu'il décide en faveur du défendeur, un arrêt reconnaît dans ses motifs qu'il existe, au profit du demandeur, un droit d'usage sur l'immeuble litigieux, il ne peut, sans juger *ultra petita*, rien décider relativement à ce même droit d'usage. — *Cass.*, 15 mars 1837 (t. 1er 1840, p. 527), Commune de Villa-Saint-Anselme c. Jean et Valent.

132. — Ne prononce pas *ultra petita* le jugement qui, en déclarant que des actes formaient un contrat de vente, fixe le prix de cette vente, quoique aucunes conclusions n'aient été prises relativement à ce dernier point. — *Paris*, 3 mars 1810, Caroillon-Destillières c. Ouvrard.

133. — ... Ni le jugement qui annule un contrat, quand l'annulation, quoique non formellement demandée, se trouve implicitement renfermée dans les conclusions prises. — *Bruxelles*, 18 oct. 1822, Bogaert-Declercq c. B... et Pieters.

134. — ... Ni le jugement qui, lorsque des cohéritiers ont attaqué une donation faite par leur auteur, et que l'un d'eux renonce à en invoquer la nullité, lui donne acte de sa déclaration et ordonne que les biens donnés seront partagés entre tous. — *Cass.*, 2-3 pluv. an XII, Berulle.

135. — ... Ni le jugement qui lorsqu'une partie demande quelque chose définitivement, lui adjuge, sans aucune autre demande, une provision. On ne peut dire, en effet, qu'il y a là *ultra petita*, puisqu'au contraire la demande, qui était définitive, a été restreinte au provisoire. — Carré, quest. 1746.

136. — Lorsque les premiers juges ont autorisé à prendre inscription quoique cette autorisation n'ait pas été demandée, il ne s'ensuit pas non plus qu'il ait été jugé *ultra petita*. — *Colmar*, 22 juin 1821, Cornebize c. Strolitz et Chamoy.

137. — Lorsque sur une contestation relative à une somme demandée pour paiement d'ouvrages, une expertise est ordonnée, si les experts élèvent la somme due au-dessus de la demande, elle doit être payée ainsi qu'elle est fixée : quand les juges adoptent dans leur rédaction le contenu au rapport des experts, il n'y a pas d'*ultra petita* dans la sentence; puisqu'en concluant à l'homologation du rapport on a demandé le produit du montant fixé par les experts. — *Orléans*, 27 févr. 1817, N....

138. — On peut citer entre autres exemples d'*ultra petita* le cas où un tribunal ordonne sans que les parties l'aient requise la capitalisation des intérêts. — Carré, édit. Chauveau, t. 4, p. 309, note 1°.

139. — ... Le cas où le chiffre de la pension alimentaire qui est accordée est supérieur à celui de la demande. — Carré, quest. 1746.

140. — ... Où tous les dépens ont été adjugés par un arrêt, bien qu'il n'y eût pas d'appel contre le chef du jugement qui ne les avait accordés qu'en

partie. — Carré, quest. 1746. — V. *suprà*, n° 123.

141. — ... Où la contrainte par corps a été prononcée en matière civile ou commerciale, lorsque la partie intéressée n'a pas pris de conclusions sur ce point. — Carré, *loc. cit.*

142. — Il y a lieu également à invoquer l'exception d'*ultra petita* contre un jugement qui sur une demande en redressement de compte, pour erreurs, omissions, fautes ou doubles emplois, a ordonné qu'un nouveau compte serait rendu. — *Cass.*, 26 avril 1831, Bureau de bienfaisance de Faye c. Delamotte.

143. — ... Ou qui accorde l'exécution provisoire qu'on ne lui a pas demandée. — *Rennes*, 9 juill. 1810, Codroly c. G...

144. — ... Ou qui sur la demande en validité d'une saisie-arrêt pratiquée entre les mains de l'acquéreur d'un immeuble par aliénation volontaire ordonne d'office l'ouverture d'un ordre entre les créanciers ayant droit sur le prix de l'immeuble, surtout si l'acquéreur n'a pas notifié son contrat aux créanciers. — *Colmar*, 24 nov. 1820, Schippir c. Herch.

145. — Les jugemens d'*avant faire droit* rendus d'office, s'ils n'ont pour objet que de procurer la vérité au moyen d'une preuve qu'ils ordonnent, ou de pourvoir à la sûreté de l'objet contentieux au moyen d'un dépôt, d'un séquestre ; ne jugent pas *ultra petita* et ne peuvent, par conséquent, être attaqués, pour ce motif, par la voie de la requête civile. — Carré, quest. 1746.

146. — Pour déterminer s'il y a *ultra petita* il ne faut s'attacher qu'à l'objet de la demande comparé à celui qui a été alloué par la décision attaquée. Par conséquent, il ne peut y avoir *ultra petita* par cela seul que les motifs de la décision sont différens de ceux de la demande. Les juges, en effet, sont tout à fait libres d'invoquer les motifs que leur suggèrent leur expérience et leur conscience. — Chauveau sur Carré, quest. 1746 *in fine*. — V. *suprà* n° 126.

147. — Le désistement non accepté laissé subsister les conclusions auxquelles il s'applique, elles peuvent donc être la base du jugement sans qu'il y ait *ultra petita*. — *Cass.*, 5 déc. 1838 (t. 2 1838, p. 617), Boullé-Robinot c. Bourdonnais, Duclesio et Durand-Vaugaron. — Chauveau sur Carré, quest. 1451 *bis*, 1459 *ter*, et 1746 *bis*.

148. — L'*ultra petita*, que l'art. 480 considère, à l'égard des jugemens rendus en dernier ressort, comme un moyen de requête civile, peut, dans le cas d'un jugement rendu en première instance, être présenté comme grief d'appel, et autoriser, dès lors, l'infirmation de la disposition qui s'est trouvée viciée. — *Cass.*, 11 févr. 1840 (t. 1er 1840, p. 618), Girard c. Violot. — Il est évident, en effet, qu'on peut se plaindre en appel de ce qu'on a accordé à l'intimé plus qu'il n'a demandé.

149. — Ainsi : le jugement qui condamne à payer une somme excédant le dernier ressort, doit être attaqué par la voie de l'appel, et non par celle de la requête civile, encore que la demande fût inférieure à 1,500 fr. — Benech, *Traité des tribun. civ.*, p. 511 ; Chauveau sur Carré, quest. 1747 *bis*.

150. — Il a été jugé aussi qu'une condamnation *ultra petita* cessait d'être moyen de requête civile, et devenait moyen de cassation, quand la loi s'opposait à la condamnation, encore bien qu'il y eût été conclu. — *Cass.*, 18 (et non 12) juin 1810, Enregistrement c. Ramus. — Cette condamnation contient, en effet, une violation de la loi ou un excès de pouvoir : circonstances qui donnent uniquement lieu à pourvoi en cassation. — Carré et Chauveau, quest. 1747. — V., au surplus, à cet égard, CASSATION (mat. civ.), nos 990 et suivans.

§ 4. — *Omission de prononcer.*

151. — L'omission de prononcer sur l'un des chefs de demande a été rangée au nombre des causes de requête civile. — C. proc. civ., art. 480 5°.

152. — Cette omission ne peut donc fournir un moyen de cassation. — *Cass.*, 9 mars 1809, Lafresnaye c. Commune de Saint-Aignan; 3 août 1834, Leuthereau-Beauregard c. Gaudé; 28 févr. (et non 6 mars) 1834, Fabre c. Goublé. — V., au surplus, CASSATION (mat. civ.), nos 976 et suiv.

153. — Spécialement : il y a ouverture à requête civile, et non à cassation, lorsque l'arrêt d'une Cour ne contient aucune solution sur les questions qu'elle s'était posées en tête de l'arrêt, et résultant des conclusions des parties. — *Cass.*, 21 févr. 1834, Babas c. Desrioux de Messiny.

154. — ... Ou lorsqu'un tribunal saisi de la validité de plusieurs clauses d'un testament ne statue que sur une de ces clauses. — *Cass.*, 25 janv. 1827, Glarel c. Dezille et Leprevost.

155. — Toutefois : lorsque l'omission de prononcer résulte d'un jugement, il faut, pour savoir s'il y a lieu à requête civile, examiner si le jugement est en premier ou en dernier ressort. Ce n'est, en effet, que dans ce dernier cas que la voie de la requête civile peut être ouverte contre un jugement pour omission de prononcer. Si le jugement est en premier ressort, cette omission devient alors seulement un grief d'appel. — Chauveau sur Carré, quest. 1749 *quater*.

156. — C'est cette distinction qu'a consacrée la Cour de Colmar, qui, en déclarant applicable la voie de la requête civile aux jugemens arbitraux, a décidé que ce moyen devait être porté devant le tribunal compétent pour statuer sur l'appel. — Arrêt du 26 mai 1833, Maire et Garcin c. Golzard.

157. — Jugé cependant que la partie qui a demandé la confirmation pure et simple d'un jugement contenant une omission à son préjudice, doit se pourvoir contre ce jugement par requête civile, ou conclure sur l'appel à l'infirmation des chefs qui lui font grief, mais elle ne peut intenter une instance nouvelle pour obtenir ce qui a été omis. — *Grenoble*, 13 avril 1812, N....

158. — Donne ouverture à requête civile, et non à cassation, l'omission, par un jugement en dernier ressort ou par un arrêt, de prononcer sur le mode d'une restitution de fruits. — *Cass.*, 11 févr. 1828, Commune de Bagnères c. Soulerat.

159. — ... Ainsi que celle de décider laquelle des deux parties doit supporter les dépens. — *Cass.*, 4 mai 1825, Carayon c. Bineau-Schille. — Thomines-Desmazures, t. 1er, p. 738; Chauveau sur Carré, quest. 1749.

160. — Si cependant il n'avait pas été conclu aux dépens, l'omission précitée ne pourrait devenir un moyen de requête civile. — Chauveau sur Carré, quest. 555, et t. 4, p. 334, note.

161. — Donne également lieu à requête civile l'arrêt qui après avoir prononcé la nullité d'un emprisonnement, a omis de prononcer sur la demande en dommages-intérêts formée par le débiteur. — *Florence*, 25 mai 1809, Terreni c. Kerfbyl.

162. — Peu importe que les moyens sur lesquels l'arrêt a omis de prononcer aient été présentés pour la première fois en appel. — *Cass.*, 6 févr. 1833, Champy c. Perrey.

163. — Ainsi est sujet à requête civile l'arrêt qui refuse de statuer sur une demande reconventionnelle, par le motif qu'elle n'a pas été portée devant les premiers juges. — *Cass.*, 2 août (et non 3 mars) 1825, Domaine c. d'Hennezel.

164. — Décidé aussi que lorsque, sur l'appel d'un jugement qui a fixé le reliquat d'un compte le reliquataire offre, pour éteindre sa dette, une créance qui lui appartient et demande un délai pour opérer le recouvrement de cette créance, l'arrêt qui confirme, en considérant qu'on n'a opposé aucune critique au jugement dont il adopte les motifs, ne pouvait donner ouverture qu'à requête civile, pour omission de prononcer sur les conclusions nouvelles, en admettant qu'il ne peut être considéré comme suffisamment motivé relativement à ces conclusions. — *Cass.*, 15 févr. 1827, Loisel de Précourt. c. Azire.

165. — C'est par suite du même principe qu'il a été décidé qu'on peut se pourvoir par requête civile, et non par voie de cassation contre un arrêt qui ne contient ni décision particulière sur une fin de non-recevoir opposée en cause d'appel ou sur une demande de mise en cause proposée également pour la première fois sur l'appel, ni les motifs qui ont pu déterminer la Cour à ne rien statuer sur ce nouveau chef de demande. — *Cass.*, 25 juin 1817, Testu c. Casadavant.

166. — Dans l'espèce de cet arrêt, il s'agissait, comme on le voit, d'une *exception* accompagnée d'une *demande nouvelle* sur laquelle il n'avait pas été statué. On comprend alors que la Cour de cassation ait décidé qu'il n'y avait lieu qu'à requête civile. Mais il ne faut pas confondre l'omission de prononcer sur une *demande* avec l'omission de prononcer sur une *exception*. Si la première ne peut donner ouverture qu'à la requête civile, la seconde, au contraire, forme nécessairement une ouverture de cassation. L'omission de prononcer sur une exception équivaut en effet au rejet de cette exception, mais sans qu'il ait été donné de motifs. Or, le défaut de motifs n'est qu'un moyen de cassation. Cette distinction résulte, du reste, d'un arrêt de la Cour de cassation du 23 nov. 1818 (de Beauveau c. Lemonnier). — V. aussi Merlin, *Rép.*, v° *Motifs des jugemens*, n° 12.

167. — L'arrêt qui ne déclare pas nul un appel, quoique interjeté dans la huitaine de la décision contre laquelle cet appel a été dirigé, ne peut être attaqué par voie de requête civile, s'il ne paraît point que l'intimé ait invoqué ce moyen devant les juges d'appel. — *Cass.*, 6 prair. an IV, Imbert c. Desmartis. — Cette disposition a été rendue par application de l'ordonnance de 1667, tit. 35, art. 34.

168. — Lorsqu'un arrêt ne statue que sur un chef de demande, *en mettant les parties hors de cour sur toutes leur autres demandes et conclusions*, on ne peut se pourvoir contre cet arrêt par voie de requête civile, pour omission de prononcer sur les autres demandes et conclusions. La clause précitée comprend, en effet, tous les chefs. Il en est ainsi surtout lorsqu'une partie des motifs se rattache d'ailleurs aux chefs sur lesquels il n'y a point disposition expresse. — *Cass.*, 20 déc. 1820, Rancès c. Prat. — Demiau-Crouzilhac, p. 342; Carré et Chauveau, quest. 1748.

169. — Il est prudent cependant, ainsi que le fait remarquer avec raison M. Carré (*loc. cit.*), pour éviter toutes contestations, que les juges énoncent en détail, dans le dispositif du jugement, les différens chefs de demande sur lesquels ils croient devoir mettre les parties hors de cause.

170. — N'est point non plus attaquable, par la voie de la requête civile, l'arrêt qui aurait omis de statuer explicitement sur un chef de demande incidente ou subsidiaire, virtuellement décidée par le prononcé sur le fond, ou qui, au moyen du prononcé sur le fond, n'avait plus d'objet. — *Turin*, 1er juill. 1812, Operti c. Carmagnola. — Chauveau sur Carré, quest. 1748 et 1749 *bis*.

171. — Dans l'espèce de l'arrêt qui précède, l'énoncé des motifs sur les points principaux de la décision s'étendait à toutes les demandes des parties; de sorte qu'il n'y avait, à proprement parler, que silence sur des accessoires qui se trouvaient implicitement résolus par la décision sur le fond. Mais si les motifs énoncés ne s'étendaient pas à tous les chefs de demandes, il pourrait alors y avoir omission de prononcer sur des chefs de demandes, et, par conséquent, ouverture à requête civile. — Chauveau sur Carré, *loc. cit.*

172. — Au contraire, si l'omission portait sur un chef de *défense*, ce serait le cas de recourir à la Cour de cassation. La raison en est qu'on ne peut soumettre de nouveau à une Cour d'appel un chef de *défense* essentiellement accessoire au principal qu'elle a jugé et qui ne peut plus être revisé par elle, comme on peut toujours lui faire juger une *demande* qu'elle n'a pas jugée. — Chauveau sur Carré, *loc. cit.*

173. — Lorsqu'un jugement en dernier ressort a omis de prononcer sur un chef distinct, on ne peut en saisir de nouveau le tribunal par action principale : la voie de la requête civile est la seule qui doive être suivie. — Chauveau sur Carré, quest. 1749 *ter*.

174. — La partie qui, en appel, demande la confirmation pure et simple d'un jugement qui a omis de statuer sur un chef de sa demande, est censée acquiescer à ce jugement, restreindre ses conclusions, et ne peut, plus tard, alors surtout que l'arrêt lui a adjugé ses conclusions, attaquer ce jugement par requête civile. — Chauveau sur Carré, quest. 1749 *quater*. — Elle n'aurait pu le faire, d'ailleurs, avant l'arrêt, puisque, ainsi que nous l'avons vu, la requête civile n'est admise que contre les décisions en dernier ressort.

175. — L'omission de statuer sur des conclusions tendantes à être admis à une preuve, à une enquête ou à une expertise, ne donne pas ouverture à la requête civile, parce que ces conclusions ne sont que des moyens d'arriver au jugement définitif, en justifiant les prétentions qui ont été élevées, et ne constituent pas un chef de demande. — Chauveau et Carré, quest. 1749.

176. — Lorsque, indépendamment de ses conclusions principales, appuyées sur des titres, le demandeur en revendication d'un terrain a pris des conclusions subsidiaires tendant à être admis à prouver une possession suffisante pour prescrire, doit être cassé, comme manquant de motifs, l'arrêt qui, sans s'occuper des conclusions subsidiaires, se contente de repousser les conclusions principales, par la raison que les titres ne peuvent être opposés au défendeur pour contester la possession actuelle, et que, d'un autre côté, il n'est pas démontré que le terrain énoncé

dans les titres soit le même que le terrain revendiqué. Vainement on dirait que, dans ce cas, le défaut de motifs constitue une omission de statuer et non une omission de motiver, et que, dès lors, il y a lieu de se pourvoir par requête civile, et non par recours en cassation. — *Cass.*, 22 août 1836, Limosin c. Comperat.

177. — Les juges peuvent statuer valablement, sur certains chefs, d'une manière définitive, et en même temps ordonner un interlocutoire sur les autres. Il n'y a pas là omission de statuer. — Carré et Chauveau, quest. 1750.

178. — Lorsqu'il est possible par le contexte d'une sentence de suppléer à une omission qui s'y rencontre, il n'y a pas lieu à requête civile. C'est le cas pour les juges de rectifier leur œuvre par une simple interprétation. — *Nancy*, 24 août 1831, Pelletier c. Ory. — Chauveau sur Carré, quest. 1749 *quater*.

179. — Jugé aussi que lorsqu'un arrêt prononce une condamnation pour une somme principale, sans s'expliquer sur les accessoires de cette somme, celui qui l'a obtenu peut faire juger si ces accessoires lui sont dus, par un arrêt d'interprétation, sans recourir à la voie de la requête civile. — *Metz*, 7 juin 1820, B... c. Briard.

§ 5. — *Contrariété de jugemens.*

180. — La contrariété de jugemens ou arrêts constitue tantôt une cause de requête civile, tantôt un moyen de cassation. — Sur les cas dans lesquels il y a lieu à cassation pour contrariété de jugemens ou d'arrêts, V. CASSATION (mat. civ.), nos 952 et suiv.

181. — Il y a ouverture à requête civile dans le cas de contrariété de jugemens en dernier ressort, entre les mêmes parties et sur les mêmes moyens, dans les mêmes Cours ou tribunaux. — C. procéd. civ., art. 480, 6°.

182. — Ainsi, mêmes parties, mêmes moyens, même objet, mêmes tribunaux, telles sont les conditions exigées pour qu'il y ait ouverture à requête civile. Toutes ces conditions doivent concourir. L'absence de l'une d'elles est un obstacle à l'admission de la requête civile. — Poncet, t. 2, p. 221 à 224; Carré et Chauveau, quest 1751.

183. — Boitard (t. 3, p. 206) enseigne que la requête civile peut être ouverte dans le cas de contrariété entre deux jugemens, dont le dernier serait rendu en dernier ressort, tandis que le premier n'aurait acquis l'autorité de la chose jugée qu'au moyen de la péremption, comme s'ils étaient l'un et l'autre en dernier ressort. Mais cette interprétation est contraire au texte même de l'art. 480-6°, qui exige que les jugemens soient *en dernier ressort*. Il ne pourrait y avoir lieu, dans le cas indiqué par Boitard, qu'au recours en cassation. — Demiau-Crouzilhac, p. 342; Chauveau sur Carré, *loc. cit.*

184. — De la nécessité du concours des circonstances indiquées, il résulte que l'identité de cause entre les mêmes parties et sur la même chose, contrairement jugée, ne suffirait pas pour donner ouverture à la requête civile; elle ne serait qu'un moyen de cassation. — Chauveau sur Carré, *loc. cit.* — *Contrà*, Thomines-Desmazures, t. 1er, p. 739.

185. — Par exemple, il n'y a pas ouverture à requête civile contre un arrêt qui a pris pour base de sa décision un fait sur lequel la même chambre de la Cour avait, dans une contestation analogue et entre les mêmes parties, ordonné une preuve qui n'a point été fournie. — *Paris*, 3 mai 1810, de Rouvers c. Duchilleau.

186. — Il n'y a pas lieu non plus à requête civile contre deux jugemens contraires rendus pour chose indivisible. Ainsi, la partie qui a succombé par un premier jugement, tandis que l'autre a réussi par le second, ne peut attaquer par cette voie le premier jugement, sur le fondement de contrariété entre ce jugement et le second dans lequel elle n'a pas été partie. — Pigeau, *Comment.*, t. 2, p. 74; Chauveau sur Carré, quest. 1751 *bis*.

187. — Il ne suffit même pas, pour qu'il y ait lieu à la requête civile, que les jugemens contraires aient été rendus *entre les mêmes parties;* il faut de plus que les parties aient agi *dans les mêmes qualités*. Par exemple, la requête civile n'est pas admissible, lorsque, des deux jugemens contraires, l'un a été rendu contre une personne sous la qualité de tuteur, et l'autre contre elle personnellement. — Poncet, t. 2, p. 221; Carré, quest. 1752.

188. — Mais, par ces mots *mêmes parties*, il faut entendre les héritiers, ayans cause, ou tous autres qui représentent les personnes qui ont figuré dans la première instance. — Chauveau sur Carré, quest. 1752.

189. — Quant aux moyens, ils sont considérés comme étant les mêmes, non-seulement lorsqu'ils portent sur les mêmes actes, les mêmes raisons, les mêmes exceptions, mais encore lorsque, depuis le premier jugement, les parties sont restées dans le même état de cause et que rien n'a changé leur position ni la face de l'affaire. — Carré et Chauveau, quest. 1753.

190. — Il n'y aurait pas contrariété entre deux jugemens ou arrêts, si, lors du second jugement ou arrêt, l'on avait agité des questions nouvelles. — Mêmes auteurs, *loc. cit.*

191. — Ainsi, il n'y a pas *contrariété*, de nature à autoriser la requête civile, entre deux jugemens d'un tribunal de commerce, dont l'un, rendu par défaut, condamne une société de commerce à payer des lettres de change, et dont le second, contradictoire, déclare nulle cette société et rejette la demande en paiement d'autres billets, surtout si la nullité de la société n'a pas été agitée lors du premier jugement. — *Paris*, 28 juill. 1826, Gallois c. Souchet-Besançon.

192. — Il est évident aussi que la contrariété doit exister entre deux arrêts définitifs. Il ne peut donc y avoir contrariété, lorsqu'un arrêt définitif s'est écarté d'un arrêt préparatoire. — *Paris*, 3 mars 1810, Cavoillon-Destillières c. Ouvrard.

193. — Il est indispensable également, pour qu'il y ait contrariété de jugement ou arrêt, en matière de requête civile, que l'objet sur lequel ces jugemens ou arrêts ont statué soit identique. Il n'y a en effet de contradiction véritable entre deux arrêts ou jugemens que lorsqu'ils se détruisent réciproquement et ne peuvent être exécutés simultanément. — V. motifs de l'arrêt de *Rennes*, 2 (et non 6) janv. 1834, B...

194. — Il résulte de là que la contrariété doit exister dans le dispositif des deux jugemens ou arrêts, et non dans leurs motifs. — *Paris*, 6 août 1825, hospices de Paris c. Brullé.

195. — Par exemple, il n'y a pas lieu à requête civile pour cause de contrariété contre un arrêt qui a refusé d'accorder à un failli un secours définitif, sur le motif qu'il était de mauvaise foi, bien qu'un arrêt précédent lui eût accordé un secours provisoire, en se fondant sur sa bonne foi. — *Rennes*, 2 (et non 6) janv. 1834, B....

196. — Il n'y a pas contrariété entre deux arrêts, émanés de la même Cour, dont l'un rejette une fin de non-recevoir, et l'autre, tout en l'admettant, prononce sur le fond de la cause. — *Cass.*, 13 janv. 1836, Lafaix-Travailly c. Corsange.

197. — Les jugemens ou arrêts rendus par deux chambres d'un même tribunal ou d'une même Cour ne doivent pas être considérés comme étant émanés de tribunaux ou Cours différens, mais bien des mêmes tribunaux ou Cours, et, dès lors, peuvent donner ouverture à requête civile, s'ils sont contraires. Les termes de l'art. 480-6° ne nous paraissent laisser aucun doute à cet égard. — Merlin, *Rép.*, vo *Requête civile*, § 3, p. 893; Carré et Chauveau, quest. 1754.

198. — Il a même été jugé que les jugemens rendus en cause d'appel, dans la même affaire, par un tribunal de district, et, depuis l'organisation judiciaire de la loi de vent. an VIII, par un tribunal d'appel remplaçant le tribunal de district, étaient censés émaner de la même Cour; en conséquence, que la contrariété entre ces jugemens donnait lieu à requête civile et non à cassation. — *Cass.*, 22 mai 1816, Faulconnier c. Dewit.

199. — Mais la contrariété entre un jugement passé en force de chose jugée, rendu par un tribunal de première instance, et un arrêt confirmatif d'un jugement postérieur, émané du même tribunal, ne peut être considérée comme existant entre des décisions rendues par le même tribunal, et, par suite, ne peut donner lieu à requête civile, mais seulement au recours en cassation. — *Paris*, 3 mars 1835, Guerreau c. Cathrein. — Bioche et Goujet, vo *Requête civile*, no 46.

200. — Il est incontestable que la contrariété des jugemens ou arrêts ne peut constituer une ouverture de requête civile qu'autant qu'elle est le résultat d'une erreur involontaire. Si cette contrariété est l'effet non d'une erreur, mais de la volonté du juge, on doit alors se pourvoir en cassation, et non par requête civile. — *Cass.*, 21 avr. 1813, Urbain.

201. — Ainsi : il y a lieu à pourvoi en cassation, et non à requête civile, lorsque, de deux jugemens ou arrêts rendus par un même tribunal, ou par une même Cour, l'un viole l'autorité de la chose jugée par le premier, dont on excipe. — *Cass.*, 8 avr. 1812, Le Roy c. Billoir; 8 juin 1814, Lecarpentier c. Enfantin; 18 déc. 1815, Hémery c. Pouillaude. — Carré et Chauveau, quest. 1756.

102. — Dans le cas de contrariété entre deux jugemens ou arrêts, le dernier peut seul être attaqué par la voie de requête civile. Autrement, ce serait méconnaître l'autorité de la chose jugée. — Pigeau, *Comment.*, t. 2, p. 79; Chauveau sur Carré, quest. 1753 *bis*.

203. — Mais si la partie au préjudice de laquelle a été rendu le second jugement, rétractant le premier, a laissé passer les délais sans attaquer le second jugement par requête civile, c'est alors ce dernier jugement qui seul doit conserver force exécutoire. — Chauveau sur Carré, quest. 1756 *bis*.

204. — Nous ferons enfin remarquer qu'il n'est pas nécessaire, pour que la requête civile soit admise dans le cas de contrariété de jugement, que les deux jugemens soient en dernier ressort. La loi ne s'occupe, pour les qualités de contradictoire et de dernier ressort, que du second jugement et non du premier. Il suffit, pour l'admissibilité de la requête civile, que le premier jugement ne puisse plus être attaqué, soit par suite d'acquiescement, soit par suite d'expiration de délais. — Boitard, t. 3, p. 206; Chauveau sur Carré, t. 4, p. 361, note. — *Contrà*, Demiau-Crouzilhac, p. 346; Carré, *loc. cit.*

§ 6. — *Contrariété de dispositions.*

205. — Comme l'ordonnance de 1667, le Code de procédure civile admet, pour ouverture de requête civile, l'existence dans un même jugement ou arrêt de dispositions contraires. — Art. 480-7°.

206. — Il y a contrariété de dispositions dans un même jugement ou arrêt lorsque deux dispositions de ce jugement ou arrêt sont diamétralement contradictoires, de telle sorte qu'elles ne puissent exister ensemble, être exécutées simultanément, que l'une détruise l'autre. — Carré et Chauveau, quest. 1757.

207. — Ainsi : l'arrêt qui en déclarant des actes simulés ou frauduleux, n'en a pas prononcé la nullité, mais en a déterminé la nature et les véritables effets, ne contient pas de dispositions contraires. De ce qu'un acte, en effet, est simulé ou collusoire, il ne suit pas nécessairement qu'il soit nul. Par exemple : un acte qui a la forme d'une vente peut être une donation, sans que, pour cela, la donation soit nulle. — *Paris*, 3 mars 1810, Caroillon-Destillières c. Ouvrard.

208. — De même : ne peut donner lieu à requête civile pour contrariété de dispositions, le jugement qui, par une de ses dispositions, annule la donation d'une partie des biens d'une succession; et qui, par une autre, charge le donataire de toutes les dettes de cette succession, parce qu'il en a recueilli tous les biens. — *Cass.*, 2 sept. 1806, Deheems c. Papejans.

209. — ... Le jugement dont l'un des chefs donne mainlevée définitive d'une saisie réelle pratiquée par un créancier, et dont l'autre déclare n'y avoir lieu de statuer à l'égard d'autres créanciers mis en cause et contre lesquels le saisi n'a point pris de conclusions. — *Cass.*, 4 fruct. an VIII, Sellier c. Durand.

210. — Il a été jugé, sous l'ordonnance de 1667, qu'on ne pouvait, sous prétexte de contrariété, se pourvoir contre un jugement par voie de requête civile, lorsque cette contrariété prétendue tombait sur les motifs, mais nullement sur les dispositions du jugement. — *Cass.*, 4 germin. an XIII, Basterot c. Cheyron.

211. — Cette décision doit également être suivie sous le Code de procédure, qui exige, comme nous l'avons vu, que la contrariété existe dans les *dispositions*. Or, les motifs ne sont pas des dispositions, ils peuvent être erronés ou contraires, quoique le dispositif soit à l'abri de tout reproche. C'est donc la contrariété dans le dispositif seul qui peut donner ouverture à requête civile. — Merlin, *Répert.*, vo *Contradiction*; Pigeau, *Comment.*, t. 2, p. 75; Boitard, t. 3, p. 208; Carré et Chauveau, quest. 1757. — Nous avons dit aussi précédemment que la contrariété dans les motifs de deux jugemens ou arrêts n'était point une cause de requête civile. — V. *suprà* no 193.

§ 7. — *Défaut de communication au ministère public.*

212. — Sous l'ordonnance de 1667, l'omission de communication au ministère public, dans les causes intéressant des mineurs, n'était pas un

moyen de requête civile.—*Toulouse*, 27 août 1817, de Lusignan c. Carrère.

213. — Le jugement ou arrêt rendu avant la mise en activité du Code de procédure, par exemple dans une cause où il s'agissait de rentes dont une femme mariée réclamait la totalité comme foncière, n'a pu être attaqué, depuis la promulgation du Code de procédure, pour défaut de communication au ministère public, que par la voie du recours en cassation.

214. — Mais, encore bien que le procès eût pris naissance sous l'ordonnance de 1667, si l'arrêt est intervenu après la publication du Code de procédure, le défaut de communication préalable au ministère public ou de son audition n'a pu fournir contre cet arrêt qu'un moyen de requête civile. — *Cass.*, 8 avr. 1811, Genard c. Bosquet.

215. — Il y a lieu à requête civile, d'après l'art. 480-8° C. proc. civ. : si, dans les cas où la loi exige la communication au ministère public, cette communication n'a pas été faite, et que le jugement ait été rendu contre celui pour qui elle était ordonnée.

216.—Ainsi, aujourd'hui, il est constant qu'un jugement ou qu'un arrêt rendus sans communication préalable au ministère public, dans les causes où il devait être entendu, ne peuvent être attaqués par voie de cassation, mais uniquement par voie de requête civile. — *Cass.*, 26 avr. 1808, sociétaires du théâtre Feydeau; 22 mars 1809, Swan c. Lubbert; 12 janv. 1831, Mailfer c. Mardin; 25 avr. 1833, Maillé-Landry c. Dibarrard; 9 févr. 1836, Gaffet c. Fayez-Bouthors. — Merlin, *Quest. de droit*, v° *Cassation*, § 38; Demiau-Crouzilhac, p. 343; Pigeau, *Comment.*, t. 1er, p. 632; Carré et Chauveau, quest. 1758.

217. — Spécialement, donne ouverture à requête civile, et non à cassation, le défaut de communication au ministère public dans les affaires où il s'agit de biens dotaux. — *Cass.*, 21 juin 1837 (t. 1er 1837, p. 609), Lajonie c. Imbert.

218. — ...Dans les causes où sont intéressées des femmes mariées non autorisées de leurs maris, alors même qu'il ne s'agirait pas de leur dot. — *Florence*, 16 août 1810, Gozzini.

219. — ...Dans les causes qui intéressent les mineurs. — *Cass.*, 22 nov. 1837 (t. 2 1837, p. 505), Levie c. Ramolino.

220. — La demande formée contre les syndics d'une faillite doit être communiquée au ministère public, s'il y a des créanciers mineurs; et, dès lors, le jugement qui a été rendu sans être précédé de cette communication, peut être attaqué par la voie de la requête civile. — *Bourges*, 10 févr. 1813, Préaux.

221. — Le défaut de conclusions du ministère public sur un incident à une procédure d'ordre donne ouverture à requête civile, et ne peut constituer un moyen de cassation. — *Cass.*, 30 mars 1842 (t. 2 1842, p. 60), Luot c. Gardet.

222. — Jugé, toutefois, que le créancier qui, dans une instance d'ordre, a procédé en son nom et dans son intérêt exclusif, ne peut, surtout s'il est majeur, se faire un moyen de requête civile, contre l'arrêt de condamnation, du défaut d'audition du ministère public en cause d'appel. — *Paris*, 9 août 1817, Travers c. Stevens. — V. aussi, en ce sens, Persil, *Quest. hypothéc.*, t. 2, p. 432; Bioche et Goujet, v° *Ordre entre créanciers*, n° 168; Chauveau sur Carré, quest. 1741, n° 2.

223. — Il y a lieu à requête civile, et non à cassation, lorsqu'une Cour d'appel a reçu un appel incident irrégulièrement interjeté, ou que sur cet appel incident le ministère public n'a pas été entendu. — *Cass.*, 19 juill. 1809, Jusseraud et Vernière c. Verny. — V. *suprà* n° 221.

224. — Il a été décidé que lorsqu'un arrêt gardait le silence sur la communication au ministère public on devait présumer qu'elle n'avait pas eu lieu, et qu'alors la voie de la requête civile était ouverte. — *Cass.*, 25 avril 1833, Maillé-Landry c. Dibarrard.

225. — Mais si l'omission des conclusions du ministère public avait eu lieu en première instance, et qu'elle eût été invoquée devant la Cour comme un grief d'appel; si l'arrêt avait refusé d'y faire droit : cette omission ne serait plus alors un moyen de requête civile, mais un moyen de cassation. — *Cass.*, 30 janv. 1839 (t. 1er 1839, p. 354), Ramel c. Salvagri.

226. — Dans le cas où la communication au ministère public est ordonnée uniquement dans l'intérêt de l'ordre public, comme dans les questions de compétence, il semble que le défaut de communication doive également donner lieu à requête civile. Cette communication, en effet, intéresse nécessairement toutes les parties. D'ailleurs, l'art. 480 ne distingue pas. — V., en ce sens, Ortolan, *Du ministère public*, t. 1er, p. 293; Bioche et Goujet, v° *Ministère public*, n° 128.

227. — Il y a ouverture à requête civile pour défaut de communication au ministère public, même dans le cas où il était présent à l'audience, s'il n'a pas été entendu en ses conclusions. — *Cass.*, 12 janv. 1831, Mailfer c. Martin.

228. — Le défaut de communication au ministère public ne peut pas être proposé par toutes les parties indistinctement, comme moyen de requête civile. Il résulte des termes mêmes de l'art. 480-8° qu'il ne peut être invoqué que par celle des parties pour qui elle était ordonnée et contre laquelle a été rendu le jugement ou l'arrêt, et non par son adversaire. — V., en ce sens, *Paris*, 25 flor. an X, Gilles c. hospice de Pontoise.

229. — Ainsi, dans une cause intéressant un mineur, il ne peut être proposé que par le mineur, et non par la partie adverse. — *Cass.*, 25 avril 1833, Maillé-Landry c. Dibarrard.

230. — L'adversaire d'une femme mariée, envers laquelle il a été condamné, ne peut pas davantage se prévaloir de ce moyen. — *Cass.*, 29 mars 1815, Chenu c. Husson.

§ 8. — *Pièces fausses.*

231. — La requête civile est recevable, si l'on a jugé sur pièces reconnues ou déclarées fausses depuis le jugement. — C. proc. civ., art. 480 9°.

232. — Il ne suffit pas, pour l'application de la disposition précitée, qu'il ait été fait usage, dans le cours de l'instance, des pièces reconnues ou déclarées fausses; il faut que ces pièces aient servi de base au jugement. — *Cass.*, 13 févr. 1838 (t. 1er 1838, p. 268), Vidal c. Grandpré; *Bordeaux*, 17 août 1847 (t. 1er 1848, p. 719), Dupuy c. de Puthod.—Poncet, t. 2, p. 198; Boitard, t. 3, p. 211; Carré et Chauveau, quest. 1759.

233. — Si la pièce entachée de faux n'a influé en rien sur la décision, la requête civile n'est pas admissible. Par exemple il n'y a pas ouverture à requête civile contre un jugement qui a reconnu qu'une pièce avait été falsifiée dans sa date et non dans son contexte, lorsque, d'ailleurs, la date de cette pièce n'a influé en rien sur les dispositions du jugement. — *Paris*, 23 juin 1810, de France c. Wittersheims.

234. — Il en doit être de même si les motifs du jugement ont été puisés en entier dans la partie du contexte de la pièce tout à fait indépendante du faux reconnu ensuite dans une autre partie.

235. — Jugé aussi que, bien qu'une pièce reconnue ou déclarée fausse ait été appréciée dans la décision attaquée par la voie de requête civile, et qu'elle en ait constitué un des motifs; on ne peut la considérer comme lui ayant servi de *base* lorsqu'il est reconnu que cette décision reposait sur d'autres faits, d'autres actes, d'autres élémens de la cause, et que le véritable motif qui lui servait de *base* était indépendant de cette pièce. — *Cass.*, 13 févr. 1838 (t. 1er 1838, p. 268), Vidal c. Grandpré.

236.—Au surplus, les juges saisis de la requête civile sont arbitres souverains de l'influence qu'ont euc les pièces fausses sur la décision attaquée.—*Cass.*, 21-22 pluv. an IX, Beyon c. Méjean; arrêt précité du 13 févr. 1838, Vidal c. Grandpré.

237. — On ne serait donc pas recevable à soutenir, devant la Cour de cassation, que les pièces fausses sur lesquelles la requête civile était fondée avaient été sans influence au fond, pour faire casser, par cette circonstance, l'arrêt qui avait admis la requête civile. — Carré et Chauveau, quest. 1760.

238. — Ce n'est, d'après la disposition précitée de l'art. 480, que le faux des pièces qui puisse fournir à requête civile. — La requête civile ne peut être fondée sur un faux reproché au jugement lui-même. — *Cass.*, 11 vent. an XI, Guibert c. de Vautenel. — Carré et Chauveau, quest. 1759.

239. —On est non recevable à se pourvoir par requête civile contre un arrêt, en se fondant sur la nullité ou la fausseté des jugemens sur lesquels cet arrêt est intervenu, lorsque la Cour a statué par jugement nouveau et infirmé les sentences dont était appel.—*Cass.*, 9 avril 1835, Commune d'Abriès c. Commune d'Aiguilles.

240. — ...Ou sur ce qu'une expédition énonce faussement que le jugement a été signé par le juge et le greffier, quoique la minute ne porte aucune signature, si ce jugement a été reconnu par toutes les parties et exécuté par elles.—Même arrêt.

241. — Sous l'ordonnance de 1667, dont l'art. 34 (tit. 35) portait qu'il y avait lieu à requête civile seulement *si on avait jugé sur pièces fausses*, il n'était pas nécessaire, pour que la requête civile pût être formée, que les pièces eussent été reconnues ou déclarées fausses par un jugement préalable. — *Cass.*, 21-22 pluv. an IX, Beyon c. Méjean.

242.—Il en est autrement sous le Code de procédure, qui exige formellement que les pièces aient été *reconnues* ou *déclarées fausses*. — La reconnaissance ou déclaration de fausseté doit avoir été faite depuis le jugement et avant la requête civile.—*Cass.*, 9 avril 1835, Commune d'Abriès c. Commune d'Aiguilles.

243. — Mais comment cette reconnaissance ou déclaration doit-elle être faite? Ne peut-elle résulter que d'un jugement préalable? — Pigeau (*Comm. sur le Code de proc. civ.*, t. 2, p. 76) fait, à cet égard, la distinction suivante : « Si, dit-il, l'acte ne peut être déclaré faux que sur inscription, c'est-à-dire s'il est authentique, il faut un jugement préalable; si la pièce est privée, alors les juges peuvent, après l'avoir examinée et *reconnue fausse*, la déclarer telle et admettre la requête civile par le *même jugement.* » — Ainsi, d'après cet auteur, la reconnaissance ou déclaration de fausseté ne pourrait jamais résulter que d'un jugement. Cette interprétation ne saurait être suivie.

244. — Si, en effet, le législateur eût voulu qu'il en fût ainsi, il suffisait qu'il exigeât que les pièces eussent été *déclarées* fausses, sans se servir en même temps du mot *reconnues*. Ces deux mots *déclarées* ou *reconnues* ne peuvent donc signifier la même chose. Le premier désigne une constatation juridique; le second ne s'entend que d'une reconnaissance par la partie elle-même, de son aveu. — *Rouen*, 18 févr. 1846 (t. 2 1846, p. 431), Domaine c. Renard. — V., en ce sens, Chauveau sur Carré, quest. 1760 *bis*.

245. — Toutefois, pour l'admissibilité de la requête civile, la pièce qui a servi de base au jugement ne doit pas seulement être reconnue fausse par la partie ou déclarée telle par le juge, il faut encore, ainsi que nous l'avons déjà fait remarquer (V. n° 241), que la reconnaissance par la partie précède la demande en requête civile, que la déclaration du juge ait lieu par un jugement préalable et distinct de celui qui statue sur cette demande. — V. aussi, dans ce sens, *Paris*, 11 mars 1836, Charles X c. de Pfaffenhoffen; *Cass.*, 2 mai 1837 (t. 1er 1837, p. 332), mêmes parties; 13 févr. 1838 (t. 1er 1838, p. 268), Vidal c. Grandpré; *Aix*, 8 févr. 1839 (t. 1er 1839, p. 408), Assurances c. Boy de Latour. — Chauveau sur Carré, *loc. cit.*

246. — Spécialement, la reconnaissance faite par une partie appelée comme témoin dans une procédure de faux principal qu'une pièce qui a motivé un jugement rendu en sa faveur était fausse peut servir de base à une requête civile. — *Bordeaux*, 17 août 1847 (t. 1er 1848, p. 719), Dupuy c. de Puthod.

247. — La réponse du jury qui, en déclarant l'accusé non coupable, résout affirmativement la question de fausseté et de fabrication d'un testament, ne constitue pas une décision civile, sur la fausseté ou la vérité dudit testament, qui puisse donner ouverture à requête civile contre l'arrêt qui, reconnaissant le testament comme vrai, en a ordonné l'exécution relativement à un légataire. — *Cass.*, 16 août 1847 (t. 1er 1848, p. 648), Domaine c. Renard.

248. — Un jugement ou arrêt rendu en pays étranger, qui serait déclaratif de la fausseté de pièces qui auraient servi de base à un jugement prononcé par un tribunal français, ne saurait, tant qu'il n'aurait pas été revisé, autoriser la voie de la requête civile contre le jugement français. — *Aix*, 8 févr. 1839 (arrêt cité au numéro qui précède).—*Contrà*, *Aix*, 28 févr. 1822, N... c. Gazzano.

249. — Le dol consistant à vouloir faire juger valable une pièce fausse ou simulée, n'est point une ouverture à requête civile contre le jugement statuant sur la fausseté de cette pièce. — *Cass.*, 4 prair. an IX, Lacrosse c. Mallard.

§ 9. — *Rétention de pièces.*

250. — Avant le C. de proc. : la voie de la requête civile était ouverte à la partie condamnée au paiement d'une rente, si elle justifiait que les titres constatant qu'elle l'avait remboursée étaient retenus par son adversaire. — *Cass.*, 20 août 1791, Brangiei c. Labroue.

251. — Le Code de procédure (art. 480 10°) veut également qu'il y ait ouverture à requête civile, si, depuis le jugement, il a été recouvré

des pièces décisives et qui auraient été retenues par le fait de la partie.

252. — Le concours de toutes les conditions mentionnées au § 10 de l'art. 480 est absolument nécessaire pour qu'au cas prévu par ce paragraphe la requête civile soit admissible. L'absence de l'une de ces conditions serait une fin de non-recevoir. — Carré et Chauveau, quest. 1761.

253. — Mais, en dehors de ce cas spécial, la *simple dissimulation* d'une pièce décisive, par une partie, peut, suivant les circonstances, prendre le caractère d'un dol personnel et donner lieu à requête civile. — *Cass.*, 19 févr. 1823, Lafayette c. Commune d'Ecuelles. — Chauveau sur Carré, *loc. cit.*

254. — Particulièrement, lorsqu'une partie a attaqué un jugement par voie de cassation, qu'il y a eu rejet par la section des requêtes, que la même partie a attaqué ensuite le même jugement par voie d'opposition et de tierce opposition, sans révéler l'existence de l'arrêt de rejet, inconnu à l'adversaire, arrêt qui cependant eût été pièce décisive contre l'une et l'autre espèce de recours, il y a ouverture à requête civile contre le jugement qui admet soit l'opposition, soit la tierce opposition. — Même arrêt de cassation, 19 févr. 1823.

255. — De même, la dissimulation, par une partie, du retrait des offres réelles qu'elle avait déposées constitue un dol personnel donnant ouverture à requête civile contre la décision qui, se fondant sur ses conclusions et sur le dépôt qu'elles relatent, a déclaré les offres réelles bonnes et valables, fait mainlevée d'une saisie immobilière et autorisé le saisissant à retirer le montant des offres. — *Paris*, 16 janv. 1846 (t. 1er 1846, p. 690), Marchand et Lhomme c. Thomas.

256. — Jugé, au contraire, que la réticence d'un arrêt qui a ordonné une preuve qui n'a point été fournie dans une contestation analogue et entre les mêmes parties, devant la chambre qui a rendu l'arrêt définitif attaqué, ne peut être assimilée à la réticence, par la partie, des pièces décisives recouvrées depuis le jugement. — *Paris*, 3 mai 1810, de Rouvers c. Duchilleau.

257. — Pour qu'il y ait lieu à ouverture à requête civile, dans le cas du § 10 de l'art. 480, il faut que la pièce retenue par la partie et recouvrée, depuis le jugement, soit *décisive*. Or, par *pièce décisive*, on ne doit pas entendre, en cette matière, celle qui, si un débat nouveau avait lieu, conduirait à la confirmation du premier jugement, mais uniquement celle qui, si elle eût été connue des juges, les eût déterminés à juger autrement. Il faut donc que la pièce nouvellement produite soit de nature à faire rétracter le jugement, à faire donner gain de cause à la partie qui, en l'absence de cette pièce, avait perdu son procès. — *Motifs* de l'arrêt de Paris, du 1er févr. 1810, Michel c. Hainguerlot. — Carré et Chauveau, quest. 1762.

258. — Ainsi : un débiteur ne peut se pourvoir en requête civile parce que son créancier a tenu cachée la cession de sa créance et a plaidé comme s'il eût conservé cette qualité, par la raison que la connaissance qu'eût eue le débiteur de la cession de la créance ne pouvait en aucune manière influer dans les décisions du procès ni pour le fond ni pour la forme. — Arrêt de Paris du 1er févr. 1810, cité au n° qui précède.

259. — Ainsi encore une Cour d'appel a pu, sans encourir la cassation, déclarer qu'on ne pouvait regarder comme pièces *décisives* en matière de requête civile, une transaction passée par les échevins se disant mandataires de la commune et promettant une ratification qui n'a pas été réalisée. — *Cass.*, 25 nov. 1828, Commune de Chazelot c. Commune de Rougemont.

260. — La partie qui supposerait qu'il existe entre les mains de son adversaire des pièces décisives, ne pourrait, en général, forcer celui-ci à les lui remettre pour s'en faire un moyen de requête civile. Mais il en serait autrement si elle prouvait que son adversaire avait enlevé ou soustrait ces pièces frauduleusement. — Carré, quest. 1763.

261. — Si la requête civile est admissible lorsque des pièces décisives ont été retenues par l'adversaire, cela n'est vrai, toutefois, que dans le cas où la partie qui veut user de cette voie n'a pu, avant le jugement, se procurer ces pièces. Une partie n'est donc pas recevable à fonder un moyen de requête civile sur la rétention de pièces dont elle a négligé de demander communication à son adversaire ou qu'elle a pu se procurer autrement que par une demande en communication. — *Paris*, 28 nov. 1810, Hervé c. Vincent; *Cass.*, 20 nov. 1832, Manby et Wilson c. Winsor. — Carré et Chauveau, quest. 1763.

262. — Ainsi, dans une contestation entre associés, on ne peut considérer comme retenus par le fait de l'un d'eux des actes et titres dont il se trouve nanti, mais qui appartiennent à la société. Ces pièces étant *communes* par leur nature, chacun des associés avait le droit d'en exiger la représentation et d'y puiser les renseignemens qui lui étaient nécessaires. — Arrêt de Paris du 28 nov. 1810, cité au n° qui précède. — Carré, *loc cit.*

263. — Il a été décidé également, par suite du même principe, qu'une requête civile n'était pas admissible pour retenue de pièces, si le demandeur avait pu les consulter dans les registres publics sur lesquels elles étaient consignées. — *Paris*, 28 flor. an XII, Duparc c. Chibon. — V. aussi, en ce sens, Carré, édit. Chauveau, t. 4, p. 345, note.

264. — ... Qu'une partie ne peut se faire un moyen de requête civile du défaut de production d'une pièce dont elle a pu se procurer la communication, telle qu'une pièce consignée dans des registres ou dépôts publics : un arrêté administratif notamment déposé dans les archives d'une préfecture. — *Colmar*, 5 mars 1845 (t. 2 1845, p. 269), Ostentag c. Ratisbonne.

265. — Le § 10 de l'art. 480 suppose que les pièces ont été retenues, avec connaissance de cause, avec intention, frauduleusement. Il prévoit un cas spécial de dol. Si, au contraire, les pièces avaient été retenues simplement par ignorance, par exemple si la partie les possédait sans le savoir, le fait de la rétention ne pourrait alors donner lieu à requête civile. — Chauveau sur Carré, quest. 1763. — *Contrà*, Pigeau, *Comm.*, t. 2, p. 87.

266. — Si le défendeur à la requête civile s'inscrit en faux contre les pièces nouvellement produites, il doit être sursis au jugement de la requête civile jusqu'à ce qu'il ait été statué sur le faux. Car, par suite de l'inscription de faux, les pièces découvertes ne peuvent plus être considérées comme décisives. — Carré et Chauveau, quest. 1764.

§ 10. — *Absence de défense et défense incomplète.*

267. — L'État, les communes, les établissemens publics et les mineurs sont reçus à se pourvoir par requête civile, s'ils n'ont été défendus ou s'ils ne l'ont été valablement. — C. proc. civ., art. 481.

268. — Sous l'empire de l'ordonnance de 1667 la voie de la requête civile était également ouverte aux mineurs contre les jugemens rendus sans qu'ils eussent été défendus. — Tit. 35, art. 35. — *Cass.*, 18 pluv. an II, Bigot.

269. — L'ordonnance de 1667, dont l'art. 35 (tit. 35) a été reproduit par l'art. 481 du C. proc. civ., n'avait pas précisé les cas dans lesquels l'Etat, les communes, les établissemens publics, les mineurs pouvaient être réputés n'avoir pas été défendus ou ne l'avoir pas été valablement. On suivait pour règle à cet égard une disposition non écrite dans l'ordonnance, mais rédigée pour en faire partie et se trouvant dans le projet de cette ordonnance.

270. — Il résultait de cette disposition que l'Etat, les communes, les établissemens publics et les mineurs étaient réputés n'avoir pas été défendus lorsqu'ils avaient été jugés par défaut ou par forclusion, et n'avoir pas été valablement défendus quand les principales défenses de fait et de droit avaient été omises, quoique les jugemens des arrêts eussent été contradictoires, s'il paraissait que l'omission de ces défenses eût donné lieu à ce qui a été jugé, et qu'il aurait été autrement jugé si les parties dont il s'agit eussent été défendues ou que les défenses eussent été complétement fournies.

271. — Le Code de procédure civile n'a pas non plus précisé les cas dans lesquels l'art. 481 serait applicable. Mais la disposition qui, sous l'ordonnance de 1667, servait de guide aux juges, peut aussi être suivie aujourd'hui. Au surplus, la question de savoir s'il y a eu ou non défense ou valable défense étant plutôt une question de fait que de droit, sa solution est abandonnée à l'appréciation des tribunaux, qui décideront d'après les circonstances. — Chauveau sur Carré, quest. 1767.

272. — Il a été jugé spécialement qu'une commune condamnée par un arrêt à la réparation d'un dommage, en vertu de la loi du 10 vendém. an IV, était recevable à se pourvoir contre cet arrêt, par requête civile, *pour non valable défense*, lorsqu'on avait négligé d'opposer dans son intérêt qu'une partie du dommage avait eu lieu sur un territoire étranger à sa circonscription, encore qu'un arrêté de préfet eût déclaré, avant le dommage, réunir ce territoire à celui de la commune, si cet arrêté n'avait été sanctionné que depuis par l'autorité supérieure. — *Cass.*, 23 mars 1830, Comm. de Montagnac c. Cazelles.

REQUÊTE CIVILE, sect. 4e, § 10.

273. — ... Que la découverte de pièces constituant un titre formel, qui n'étaient pas connues au moment du procès, donnait, en faveur d'une commune, ouverture à requête civile, comme n'ayant pas été valablement défendue, bien que ce titre reposât aux archives de la commune, et qu'une expédition en existât entre les mains d'un des anciens maires. — *Metz*, 20 août 1840 (t. 2 1841, p. 731), Commune de Serrouville c. l'Etat.

274. — ... Que même il suffirait qu'un arrêt eût été rendu contre des mineurs, pour qu'il y eût ouverture à la requête civile sur le fondement de non valable défense; et qu'on ne pouvait, dans le but de faire déclarer leur demande non recevable, leur opposer qu'ils avaient fait usage des moyens proposés par leur père, au lieu duquel ils avaient repris l'instance. — *Turin*, 21 mars 1812, Salussoglia c. Rolando.

275. — Toutefois, il n'est pas nécessaire, pour qu'un mineur soit réputé valablement défendu, de prendre des conclusions expresses sur chaque moyen; il suffit qu'on propose dans son intérêt tous les moyens et toutes les exceptions que fournit sa cause. — *Cass.*, 8 niv. an XI, Bérulle. — *Contrà*, *Paris*, 20 flor. an X (arrêt cassé par celui de *Cass.*, du 8 niv. an XI).

276. — Ainsi : il n'y a pas lieu à requête civile, en faveur d'un mineur, pour non valable défense, lorsque son tuteur a exposé tous ses moyens de défense, mais n'a pas pris expressément toutes les conclusions auxquelles ces moyens pouvaient donner lieu. — *Cass.*, 11 vent. an XI, Guibert c. de Vautenet. — Merlin, *Question de droit*, v° *Requête civile*, § 6; Carré et Chauveau, quest. 1770.

277. — Mais il en serait autrement si, au lieu de proposer, soit par écrit, soit dans les plaidoiries, les moyens de défense du mineur, le tuteur s'était borné à les alléguer, sans s'y arrêter ni les présenter aux juges comme devant déterminer leur décision. Dans ce cas, il y aurait réellement omission de défense. — Pigeau, *Comm.*, t. 2, p. 77 et 78; Poncet, t. 2, p. 225 et suiv.; Chauveau sur Carré, *loc. cit.*

278. — L'omission de proposer un moyen de forme n'est pas une ouverture de requête civile pour cause de non valable défense, si ce moyen n'eût pas été décisif : c'est-à-dire n'eût pas empêché la perte du procès. — Carré et Chauveau, quest. 1771.

279. — Sous l'ordonnance de 1667, la commune qui, plaidant contre une autre commune, avait négligé d'opposer une péremption d'instance dûment acquise, ne pouvait pas proposer cette omission comme moyen de requête civile : sous prétexte qu'il y avait défaut de défense valable. — *Toulouse*, 23 juin 1806, Communes de Salles et d'Antignac c. Commune de Gouaux.

280. — Mais si l'omission d'un moyen de forme avait entraîné la perte du fond, comme dans le cas, par exemple, où le tuteur aurait omis de faire valoir la nullité d'une assignation donnée à un mineur, la veille du jour où une prescription devait s'accomplir à son profit, nullité qui, si elle eût été proposée, eût rendu l'interruption de la prescription sans effet; le mineur pourrait user de la requête civile, en se fondant sur ce qu'il n'avait pas été valablement défendu. — Chauveau sur Carré, quest. 1771.

281. — La voie de la requête civile pour non-défense ou non valable défense est ouverte, même aux mineurs émancipés. — *Turin*, 21 mars 1812, Salussoglia c. Rolando.

282. — Spécialement : la requête civile formée au nom d'un mineur et fondée sur ce qu'il n'a *pas été défendu* ou qu'il *ne l'a pas été valablement* est admissible, alors même que le jugement attaqué par cette voie a été consenti par le mineur émancipé et autorisé à faire le commerce. — *Aix*, 17 janv. 1823, Clément c. Lézac. — Merlin, *Rép.*, v[is] *Requête civile*, § 1er, et *Enregistrement*, § 54; Pigeau, *Comm.*, t. 1er, p. 599, n° 5; Berriat, *Proc. civ.*, t. 2, p. 450, et t. 1er, p. 364, et Carré, quest. 1583.

283. — Il a même été décidé qu'un mineur devenu majeur pouvait se pourvoir par requête civile pour non valable défense contre un arrêt d'expédient rendu pendant sa minorité, quoique cet

arrêt présentât toutes les apparences d'une décision contradictoire. — *Toulouse*, 1er mars 1830, Comm. de Cagnac c. Daulon.

284. — Dans l'espèce de cet arrêt, l'affaire était restée dans l'état incomplet et imparfait où elle se trouvait pendant la minorité. Mais si, depuis sa majorité, le mineur avait fourni des écritures, complété l'instruction, fait des actes approbatifs de la procédure, il serait alors non recevable à attaquer par voie de requête civile pour cause de non valable défense le jugement rendu ultérieurement. — Carré et Chauveau, quest. 1769.

285. — Si un majeur ne peut se pourvoir par requête civile contre un jugement pour non valable défense, il peut cependant, lorsque sa cause est liée à celle des mineurs dont les droits reposent sur le même titre, et qu'il a été actionné cumulativement avec eux, profiter de leur demande en requête civile. — *Turin*, 21 mars 1812, Salusseglia c. Rolando.

286. — Sous l'ordonnance de 1667, la voie de la requête civile pour défaut de défense n'était pas ouverte aux interdits. — *Besançon*, 9 therm. an XI, Dumont c. Balland.

287. — Aujourd'hui, il n'en est plus de même. L'interdit étant assimilé au mineur par l'art. 509 du Code civil, se trouve compris dans l'art. 481 du Code de procédure civile. — Carré et Chauveau, quest. 1772. — *Contrà*, Poncet, t. 2, p. 216; Boitard, t. 3, p. 218.

288. — Mais ce dernier article ne peut être étendu à la femme mariée. — Carré et Chauveau, *loc. cit.*

289. — L'art. 481 du Code de procédure civile ne suppose pas que la requête civile soit la seule voie qu'un mineur puisse prendre contre un jugement rendu contre lui, sans que son tuteur ait été appelé. Il a le choix, en effet, entre la tierce opposition et la requête civile; mais il ne peut jamais les cumuler. — Carré et Chauveau, quest. 1768.

Sect. 5e. — *Tribunal compétent.*

290. — Sous l'ordonnance de 1667, s'il s'agissait d'un jugement interlocutoire ou d'un jugement dans lequel le demandeur en requête civile n'eût pas été partie, la connaissance en était attribuée au tribunal où le jugement était produit. — Mais la requête civile contre un jugement définitif, contradictoire ou par défaut entre les mêmes parties, devait être portée devant le tribunal qui l'avait rendu, à moins que les parties ne consentissent à se soumettre au tribunal devant lequel elles se trouvaient. — Ordonn. de 1667, tit. 35, art. 20.

291. — Ce système avait pour inconvénient principal de soumettre quelquefois à l'appréciation, à l'examen de juges inférieurs les décisions de magistrats supérieurs. D'une exécution difficile, il était d'ailleurs diversement appliqué. Aussi, il a fini par tomber en désuétude.

292. — L'art. 20 précité du titre 35 de l'ordonnance de 1667, fut, au surplus, formellement abrogé par la loi du 18 février 1791, dont l'art. 1er était ainsi conçu : « La requête civile doit être portée de la même manière et dans les mêmes formes que les appels devant l'un des tribunaux d'appel de celui qui a rendu le jugement attaqué par cette voie. »

293. — Ainsi, d'après cet article, le rescindant de la requête civile (autrement la demande en requête civile) devait être porté au même tribunal qui aurait été saisi de l'appel du jugement attaqué, et, d'après l'art. 2 de la même loi, si ce tribunal remettait les parties au même état où elles étaient avant ce jugement, le rescisoire ne pouvait être jugé ni par le tribunal dont le jugement sur le fond avait été rescindé, ni par celui qui l'avait rescindé.

294. — Le tribunal saisi d'une demande en requête civile contre un jugement qu'il avait rendu devait, en conséquence, se déclarer incompétent et renvoyer les parties devant qui de droit. Il ne pouvait, sans suspendre le cours de la justice, commettre un déni de justice et excès de pouvoir, ordonner un référé au Corps législatif. — *Cass.*, 1er niv. an VII, ministère public.

295. — Faite pour un ordre judiciaire dans lequel les tribunaux d'appel et ceux qui étaient appelés à connaître des requêtes civiles devaient être déterminés par la volonté des parties et choisis parmi plusieurs tribunaux entre eux, la loi du 18 févr. 1791 a été abrogée par les lois postérieures organiques de l'ordre judiciaire avec lequel elle était inconciliable. — *Cass.*, 18 prair. an X, Espert c. Olivier, 10 pluv. an XII, Lambin c. Seygle; 18 therm. an XII, Sartin c. Dormoy et Desjobert.

296. — Dès lors, depuis la réorganisation judiciaire établie par la loi du 7 vent. an VIII, la requête civile a dû être portée, non à la Cour d'appel, mais devant le tribunal même dont le jugement était attaqué par cette voie, et le rescisoire jugé par le même tribunal que le rescindant. — Mêmes arrêts. — C'était un retour à l'ordonnance de 1667.

297. — Les art. 490 et 491 C. proc. civ. ont également admis le principe consacré par l'ordonnance de 1667, et qui consistait à saisir de la requête civile le tribunal même qui avait rendu le jugement attaqué. Mais ces articles n'ont pas reproduit la disposition de l'ordonnance qui permettait aux parties de soumettre la requête civile au tribunal devant lequel le jugement attaqué était produit.

298. — L'art. 490, qui prévoit le cas où la requête civile est principale, est ainsi conçu : « La requête civile sera portée au même tribunal où le jugement attaqué aura été rendu; il pourra y être statué par les mêmes juges. »

299. — Si, aux termes de cet article, il est nécessaire de porter la requête civile au tribunal qui a rendu le jugement attaqué, il ne l'est pas qu'elle soit jugée *par les mêmes juges*. C'est ce qui résulte de l'expression *pourra* employée dans cet article, expression qui évidemment constitue une simple faculté. — Chauveau sur Carré, sur l'article 491, no 404 *in fine*.

300. — Lorsqu'un tribunal de première instance a été investi par les parties du droit de juger en dernier ressort une affaire qui n'était susceptible de l'être que sauf appel, la requête civile doit encore être portée devant ce tribunal et non devant la Cour d'appel. Car si les parties ont pu reconnaître le tribunal de première instance capable de juger le fond en dernier ressort, elles l'ont par là même implicitement reconnu capable de juger la requête civile. — Pigeau, *Comment.*, t. 2, p. 80; Chauveau sur Carré, quest. 1777 *quinquiès*.

301. — Si le Code de procédure, dans les diverses formalités qu'il prescrit en matière de requête civile, n'a eu principalement en vue que les tribunaux ordinaires, ces formalités doivent néanmoins être appliquées en matière commerciale en tant qu'elles sont compatibles avec l'organisation des tribunaux de commerce. Or il n'existe aucun obstacle à ce que la requête civile dirigée contre un jugement commercial, soit portée, comme en matière civile, devant le tribunal de commerce qui a rendu ce jugement. — *Bruxelles*, 23 janv. 1812, Bunel c. Coghen; *Cass.*, 24 août 1819, Dehay c. Faille-Delabre; *Paris*, 28 juill. 1826, Gallois c. Souchet-Besançon.

302. — Quant à la requête civile, dirigée contre une sentence arbitrale, rendue en matière d'arbitrage volontaire ou forcé, elle doit être portée devant le tribunal qui eût été compétent pour connaître de l'appel. — C. proc. civ., art. 1026. — Motifs de l'arrêt de *Lyon* du 31 août 1825, Thomas c. Dumoulin. — Chauveau sur Carré, quest. 1777 *quater*. — V., au surplus, ARBITRAGE, nos 1132 et suiv.

303. — L'art. 491 C. proc. civ. prévoit le cas où la requête civile est formée incidemment. « Si une partie, porte cet article, veut attaquer par la requête civile un jugement produit dans une cause pendante en un tribunal autre que celui qui l'a rendu, elle se pourvoira devant le tribunal qui a rendu le jugement attaqué; et le tribunal saisi de la cause dans laquelle il est produit pourra, suivant les circonstances, passer outre ou surseoir. »

304. — La loi s'en rapporte à l'appréciation du tribunal sur le point de savoir s'il convient de passer outre ou de surseoir. Il se détermine à cet égard par l'influence que peut avoir le jugement de la requête civile sur la cause principale dont il est saisi. — Carré et Chauveau, quest. 1779.

305. — Lorsque la requête civile est formée incidemment, elle n'est recevable, toutefois, qu'autant que la demande est faite dans les mêmes délais que ceux dans lesquels elle eût pu être présentée si elle eût été formée principale. — Chauveau sur Carré, quest. 1780. — *Contrà*, Pigeau, *Comment.*, t. 1er, p. 612; Carré, *loc. cit.*

306. — Si le tribunal qui a rendu le jugement attaqué ne subsistait plus; il faudrait s'adresser, alors, à la Cour de cassation, qui désignerait un autre tribunal pour statuer sur la demande en requête civile. — Merlin, *Rép.*, vo *Requête civile*, § 1er, no 8; Carré et Chauveau, quest. 1778.

307. — Ainsi que nous l'avons fait remarquer (V. *suprà* no 293), la loi du 18 févr. 1791, qui avait dérogé en cela à l'ordonnance de 1667, voulait que le rescisoire fût porté devant d'autres juges que ceux qui avaient prononcé sur le rescindant. Aujourd'hui, comme sous l'ordonnance et la législation postérieure à la loi de 1791 (V. *suprà* no 296), le rescindant et le rescisoire sont soumis aux mêmes juges. L'art. 502 C. proc. civ. est, en effet, conçu dans les termes suivans : « Le fond de la contestation sur laquelle le jugement rétracté aura été rendu, sera porté au même tribunal qui aura statué sur la requête civile. »

308. — C'est par application de cette disposition qu'il a été décidé que les juges qui avaient statué sur une requête civile, d'après le renvoi qui leur en avait été fait par arrêt de la Cour de cassation, devaient statuer aussi sur le rescisoire ou le fond du procès. — *Cass.*, 3 août 1809, Swan c. Lubbert.

309. — Le rescindant et le rescisoire ne peuvent être cumulés, c'est-à-dire décidés par le même jugement, lorsque les ouvertures de requête civile sont étrangères au fond même de la contestation, comme, par exemple, lorsque la requête civile est fondée sur la violation de formes prescrites à peine de nullité. — Chauveau sur Carré, quest. 1795 *bis*.

310. — Il n'y a pas cumul du rescindant et du rescisoire par cela seul que le jugement de rescindant autorise le demandeur à reprendre la propriété et jouissance des biens attribués au défendeur par l'arrêt rétracté, alors que cette autorisation n'est que provisoire et qu'un jugement postérieur rendu sur le rescisoire vient prononcer définitivement quant à cette propriété et jouissance. — *Cass.*, 5 juin 1839 (t. 2 1839, p. 264), de Goyon c. de Marcillac.

311. — Mais si les moyens de requête civile sont essentiellement liés au fond, comme dans le cas où elle est fondée sur la contrariété de jugemens ou de dispositions d'un même jugement, sur le défaut de défense ou sur défense incomplète, ou, enfin, sur rétention de pièces décisives, le mérite du rescindant ne pouvant alors être jugé, sans qu'on examine en même temps le rescisoire, il peut être statué sur l'un et sur l'autre par un seul et même jugement. — Chauveau sur Carré, quest. 1795 *bis*; Boitard, t. 3, p. 235.

312. — Jugé que la partie qui a conclu à ce que sa demande en requête civile fût jointe à une instance en règlement de dommages-intérêts, est non recevable à se plaindre de ce que le tribunal a statué par un seul et même jugement sur les dommages-intérêts et sur la requête civile; alors surtout qu'aucune des parties n'a réclamé plus tard la disjonction des deux instances, et qu'au contraire elles ont pris l'une et l'autre des conclusions au fond. — *Cass.*, 20 nov. 1832, Manby Wilson c. Winsor.

Sect. 6e. — *Délai de la requête civile.*

313. — « La requête civile doit être signifiée dans les trois mois, à l'égard des majeurs, du jour de la signification à personne ou domicile, du jugement attaqué. » — C. proc. civ., art. 483.

314. — Cette disposition est applicable lorsque les jugemens attaqués sont définitifs, provisoires ou interlocutoires. A l'égard des jugemens purement préparatoires la signification à personne ou domicile ne ferait point courir le délai de la requête civile, qui ne commence à courir que du jour de la signification du jugement définitif.

315. — Pour les jugemens par défaut contre lesquels la requête civile est admise, le délai court, comme dans le cas d'appel, à partir du jour où l'opposition n'est plus recevable. — Chauveau sur Carré, art. 483, no 401; Bioche, vo *Requête civile*, no 80.

316. — Il est bien entendu que le délai ne court contre chaque partie qui a succombé que du jour de la signification qui lui est faite du jugement, et non de celle qu'elle a fait faire en son nom.

317. — Il court contre les créanciers de la faillite avant et après le contrat d'union à partir de la signification du jugement aux syndics de la faillite. — Favard de Langlade, *Répert.*, vo *Appel*, sect. 1re, § 2, no 7.

318. — Sous l'ordonnance de 1667, le délai pour se pourvoir par requête civile contre les arrêts au sujet desquels il y avait eu désaveu, ne courait que du jour où le désaveu avait été jugé valable. — *Cass.*, 18 août 1807, Alaine c. Robert et Riquet.

319. — Le délai général, fixé par l'art. 483 précité du Code de procédure, court, comme la

prescription (C. civ., art. 2227), contre l'Etat, les communes et les établissemens publics. — Pigeau, *Comment.*, t. 2, p. 90; Merlin, *Quest. de droit*, v° *Requête civile*, § 1er; Demiau-Crouzilhac, p. 346; Bioche, v° *Requête civile*, n° 81; Carré et Chauveau, quest. 1774.

320. — « Lorsque le jugement est rendu contre un mineur, le délai de trois mois qui lui est accordé pour l'attaquer par la voie de la requête civile ne court que du jour de la signification qui lui est faite de ce jugement, depuis sa majorité, à personne ou domicile. — C. proc. civ., art. 484. »

321. — Ainsi, il ne suffirait pas, pour faire courir le délai de trois mois, que le jugement eût été signifié au subrogé tuteur. Le législateur a pensé qu'il n'y avait, pour le mineur condamné, de ressource assurée que dans le droit qui lui était réservé de se pourvoir en requête civile, lorsqu'il était devenu majeur. — Carré, art. 484, n° 402. — Cependant, l'art. 484 ne s'oppose point à ce que le tuteur puisse durant la minorité, s'il y a lieu, se pourvoir en requête civile contre un jugement rendu en dernier ressort contre le mineur.

322. — Il a été jugé, sous l'empire de l'ordonnance de 1667, que la disposition de cette ordonnance, suivant laquelle le délai de la requête civile ne courait contre les mineurs que du jour de la signification du jugement faite depuis leur majorité, s'appliquait aux jugemens de simple instruction comme aux jugemens définitifs. — *Cass.*, 1er germ. an XI, préfet de l'Aisne c. Bellisle. — Cette solution devrait être également suivie aujourd'hui.

323. — Cette prorogation de délai a lieu aussi à l'égard du mineur émancipé et autorisé à faire le commerce, comme à l'égard du mineur non émancipé et non autorisé à faire le commerce. — *Aix*, 17 janv. 1823, Clément c. Lézac.

324. — Par suite de l'assimilation de l'interdit au mineur, établie par l'art. 509 C. civ., nous avons dit précédemment (V. *suprà* n° 287) que l'art. 481 C. procéd. civ. lui était applicable. Le même motif doit le faire jouir de la suspension de délai accordée au mineur par l'art. 484. Le jour où la liberté civile lui est rendue est pour lui le jour de sa majorité. Le jugement doit donc lui être signifié dans les trois mois du jour où il a recouvré la liberté civile. — Bioche, v° *Requête civile*, n° 85; Chauveau sur Carré, quest. 1777 *bis*. — *Contrà*, Poncet, t. 2, p. 216.

325. — Si l'interdiction ne finit que par le décès de l'interdit, le délai continuera à être suspendu jusqu'à la signification du jugement à ses héritiers. — Arg. art. 487 C. procéd. civ. — Bioche, v° *Requête civile*, n° 85.

326. — A défaut de signification au mineur depuis sa majorité, le délai qui lui serait imparti pour attaquer par requête civile le jugement rendu contre lui s'étendrait jusqu'à trente ans, mais non au delà, à partir de sa majorité. — Merlin, *Quest. de droit*, v° *Requête civile*, § 7; Bioche, v° *Requête civile*, n° 84; Carré et Chauveau, quest. 1776.

327. — Il ne nous paraît pas douteux que le majeur ne puisse pas profiter du délai accordé au mineur, quoiqu'ils aient un intérêt commun et indivisible. Ainsi, après le délai fixé par l'art. 485, c'est-à-dire de trois mois à partir de la signification du jugement qui lui est faite à personne ou domicile, le majeur ne peut plus se pourvoir par la voie de requête civile, encore bien que cette voie soit restée ouverte au profit du mineur son colitigant. Mais, si, sur la demande du mineur, la requête civile était admise, le majeur pourrait être reçu intervenant dans l'instance sur le rescisoire. — Carré, quest. 1777. — *Contrà*, Chauveau, *eâd. quest.*

328. — « Lorsque le demandeur est absent du territoire européen du pays, pour un service de terre ou de mer, ou employé dans les négociations extérieures pour le service de l'Etat, il a, outre le délai ordinaire de trois mois depuis la signification du jugement, le délai d'une année. » — C. procéd. civ., art. 485.

329. — « Ceux qui demeurent hors de la France continentale ont, outre le délai de trois mois, depuis la signification du jugement, le délai des ajournemens réglé par l'art. 73 ci-dessus. — C. procéd. civ., art. 486. »

330. — Si la partie condamnée vient à décéder dans les délais ci-dessus fixés pour se pourvoir, ces délais sont alors suspendus; et ils ne peuvent reprendre leur cours qu'après la signification du jugement faite au domicile du défunt, conformément à l'art. 61 C. procéd. civ., et à compter de l'expiration des délais pour faire inventaire et délibérer, si le jugement a été signifié avant que ces derniers délais fussent expirés. — C. procéd. civ., art. 487 et 447.

331. — La disposition précitée des art. 487 et 447 combinés est applicable non-seulement en faveur des héritiers, mais encore en faveur de tous les successeurs universels et des ayans cause. Elle ne peut toutefois être étendue aux successeurs à titre particulier. Ainsi ces derniers ne jouissent pas de la prorogation de délai résultant du décès de la partie condamnée. — Chauveau sur Carré, quest. 1777 *ter*.

332. — « Lorsque les ouvertures de requête civile sont le faux, le dol, ou la découverte de pièces nouvelles, les délais ne courent que du jour où, soit le faux, soit le dol, auront été reconnus, ou les pièces découvertes; pourvu que, dans ces deux derniers cas, il y ait preuve par écrit, et non autrement. » — C. proc. civ., art. 488.

333. — Ainsi, la découverte de la fausseté des pièces qui ont servi de base au jugement ne fait pas courir le délai de la requête civile. Ce délai est suspendu jusqu'à la reconnaissance par les parties de la fausseté des pièces ou jusqu'à ce que cette fausseté ait été déclarée par un jugement définitif et passé en force de chose jugée. — Bioche, v° *Requête civile*, n° 80.

334. — Le délai de trois mois ne court contre le mineur que du jour où, depuis sa majorité, il a eu connaissance du dol donnant ouverture à la requête civile. — *Cass.*, 5 juin 1839 (t. 2 1839, p. 264), de Goyon c. de Marcillac.

335. — Le délai pour notifier une requête civile, fondée sur la découverte de pièces nouvelles, court seulement du jour de la signification du jugement attaqué et non du jour de la découverte des pièces nouvelles, si ce jugement n'avait pas encore été signifié lorsqu'elles ont été découvertes. — *Cass.*, 30 avr. 1834, Campels c. Barboton.

336. — Toutefois, le législateur n'a pas voulu que de simples soupçons de dol ou d'existence de pièces non produites fussent suffisans pour autoriser la requête civile et faire courir le délai. Il a exigé que ce délai ne pût courir qu'à partir du jour où les faits de dol ou la découverte des pièces auraient été constatés par écrit. — Pigeau, *Comment.*, t. 2, p. 94; Bioche, v° *Requête civile*, n° 80.

337. — Il avait été jugé, sous l'ordonnance de 1667, par application des art. 5 et 12 (tit. 35), que la requête civile formée *plus de six mois* après la signification du jugement contre lequel elle était dirigée n'était pas recevable, si la partie ne rapportait aucune preuve écrite du jour auquel elle prétendait avoir découvert les pièces nouvelles qui servaient de fondement à son pourvoi. — *Cass.*, 16 pluv. an XII, Vernay c. Lamordieu. — Cette décision est encore parfaitement applicable, sauf la modification en ce qui concerne le délai.

338. — L'enregistrement des pièces peut-il servir à établir légalement le jour de leur découverte? Cette question doit se résoudre par une distinction. Les pièces desquelles le demandeur prétend induire la preuve étaient-elles ou non en sa possession? Dans le dernier cas, l'indication faite de la date de leur enregistrement et la constatation de leur substance dans un acte dressé à la requête de tiers par des officiers publics doivent constituer une preuve par écrit suffisante et fixer le point légal de départ du délai de trois mois. Mais il n'en saurait être de même dans le premier cas, parce que, possesseur des pièces, le demandeur a été le maître d'en faire faire l'enregistrement et la constatation au moment qu'il lui a plu de choisir. — Chauveau sur Carré, sur l'art. 488, n° 402 *bis*.

339. — Cette distinction a été formellement consacrée par arrêt de la Cour de cassation du 26 août 1835 (Galos c. Guyon). Il a été, en effet, décidé par cet arrêt que, lorsque la requête civile est fondée sur le dol personnel, dont la preuve résulte de pièces qui n'étaient pas en la possession du demandeur, il y a présomption que celui-ci n'a reconnu le dol que par l'enregistrement de ces pièces et leur dépôt dans un lieu public et que, dès lors, ce n'est que du jour de l'enregistrement et du dépôt des pièces découvertes que court le délai de trois mois pendant lequel doit être formée la requête civile.

340. — Ainsi, par exemple, lorsque les pièces découvertes, desquelles le demandeur prétend faire résulter la preuve du dol ou du faux, sont des lettres missives adressées à des tiers, la date de l'enregistrement de ces pièces et de leur constatation dans un acte public peut servir à fixer le point de départ du délai. — Bioche, v° *Requête civile*, n° 80; Chauveau sur Carré, *loc. cit.* — V. *infrà* n° 343.

341. — Jugé, cependant, que l'enregistrement des pièces nouvelles, dont la découverte est, aux termes de l'art. 480 C. proc. civ., une ouverture à requête civile, n'établit pas légalement le jour de la découverte de ces pièces et ne peut tenir lieu de la preuve écrite exigée par l'art. 488 pour que le délai de la requête civile coure à partir seulement de ce jour, et non du jour de la signification du jugement. — *Bourges*, 18 déc. 1844 (t. 1er 1846, p. 321), Taschard c. Roblin.

342. — On doit le décider ainsi surtout lorsque les circonstances rendent invraisemblable que le demandeur n'ait eu connaissance des pièces que du jour où elles ont été enregistrées. — Même arrêt.

343. — Décidé aussi que la requête civile n'est point admissible, si la preuve du jour auquel le dol aurait été reconnu ou les pièces découvertes ne résulte que d'une lettre missive écrite au demandeur par un tiers; ce n'est point là la *preuve écrite* exigée par l'art. 488 C. procéd. — *Bruxelles*, 24 janv. 1822, Degendt c. Huart. — V. *suprà* n° 340.

344. — Au surplus : même dans le cas où les faits allégués ou produits constituent la preuve écrite imposée par l'art. 488, le défendeur est toujours recevable à prouver que la reconnaissance du dol ou du faux a eu lieu antérieurement. — *Cass.*, 26 août 1835, Galos c. Guyon.

345. — Toutefois : la preuve contraire ne peut résulter de simples conjectures tendant à établir qu'il serait possible que le demandeur eût reconnu le dol à une époque antérieure à celle de l'enregistrement, par exemple; car ce serait imposer au demandeur l'obligation de faire la preuve presque toujours impossible d'un fait négatif. — Chauveau sur Carré, art. 488, n° 402 *bis*.

346. — Décidé, au contraire, que c'est au demandeur à prouver que le jour de l'enregistrement est réellement celui où il a connu pour la première fois les pièces, et non au défendeur à établir que le demandeur en a eu connaissance antérieurement. — *Bourges*, 18 déc. 1844 (t. 1er 1846, p. 321), Taschard c. Roblin.

347. — Le défendeur à une requête civile fondée sur faux reconnu ne saurait prétendre que le demandeur s'est pourvu hors du délai, parce que, depuis longtemps, il aurait connu, par les écrits signifiés, la reconnaissance du faux par le défendeur, si cette reconnaissance n'avait pas un caractère positif et explicite. — *Bordeaux*, 17 août 1847 (t. 1er 1848, p. 719), Dupuy c. de Puthod.

348. — En cas de contrariété de jugemens, le délai de la requête civile ne doit courir que du jour de la signification du dernier jugement à partie, à personne ou à domicile. — C. proc. civ., art. 489.

349. — Pigeau (*Comment.*, t. 2, p. 79) enseigne à tort que si le premier jugement n'avait pas été signifié encore bien que le second l'eût été, le délai ne courrait pas. Car la partie qui se pourvoit en requête civile contre le second jugement qui l'a condamnée avait nécessairement obtenu gain de cause par le premier jugement. Son adversaire, débouté par ce jugement, n'était nullement tenu de le faire signifier. La partie gagnante avait seule intérêt à cette signification. Le défaut de signification du premier jugement ne peut donc, lorsque le second jugement a été signifié, influer sur l'application de l'art. 489. — Chauveau sur Carré, sur l'art. 489, n° 403.

350. — Si la partie condamnée par le second jugement ignorait complétement le premier, au mépris duquel son adversaire a frauduleusement obtenu gain de cause contre elle, ce qui ne peut guère arriver que lorsque cette partie étant décédée se trouve représentée par ses héritiers ou ayans cause, on rentrerait alors dans un cas de *dol personnel*, régi par l'art. 488 C. procéd. civ. — Chauveau sur Carré, *loc. cit.*

351. — Les délais fixés par les art. 483 et suiv. C. proc. civ., pour la présentation de la requête civile, sont de rigueur, et leur expiration emporte déchéance. — Chauveau sur Carré, quest. 1785. — V. aussi *suprà*, n° 313.

352. — Il n'existe plus aujourd'hui, comme sous l'ordonnance de 1667, de cas où l'on puisse être relevé de cette déchéance. — Merlin, *Rép.*, v° *Requête civile*, § 3, notes.

Sect. 7e. — *Forme de la requête civile. — Procédure. — Jugement.*

353. — Ainsi que nous l'avons dit précédemment, la requête civile peut être principale et incidente. La forme de la requête civile n'est pas la même dans les deux cas.

354. — Lorsque la requête civile est *principale*, elle doit être *signifiée avec assignation*. — C. proc.

 REQUÊTE CIVILE, sect. 7e. REQUÊTE CIVILE, sect. 7e.

civ., art. 483. — L'art. 492 du même Code, complétant cette disposition, est ainsi conçu : « La requête civile sera formée par assignation au domicile de l'avoué de la partie qui a obtenu le jugement attaqué, si elle est formée dans les six mois de la date du jugement; après ce délai, l'assignation sera donnée au domicile de la partie. »

355. — Il s'est élevé, au sujet de la forme de la requête civile, une question qui a divisé la jurisprudence et les auteurs, et qui consiste à savoir s'il doit être, préalablement à l'assignation, présenté au tribunal dont émane la décision attaquée une requête qui n'aurait d'effet qu'autant qu'elle serait répondue d'une ordonnance portant permis d'assigner.

356. — Le système par lequel on soutient qu'il est nécessaire qu'une requête soit préalablement présentée aux juges, se fonde sur ce que 1° l'art. 480 C. proc. civ. porte que les jugemens contradictoires rendus en dernier ressort pourront être rétractés *sur la requête* de ceux qui y auront été parties ; 2° l'art. 483 de ce Code dispose que la *requête civile* sera *signifiée* avec assignation : ce qui suppose formellement que la requête civile est distincte de l'assignation ; 3° l'art. 494 même Code veut, comme on le verra plus loin, que la requête civile d'aucune partie ne soit reçue si, *avant que cette requête ait été présentée*, il n'a été consigné une somme de 300 francs pour amende : disposition de laquelle on induit encore la distinction entre la *requête* et la *signification avec assignation;* et enfin 4° sur ce que l'art. 78 du tarif met au nombre des requêtes qui ne peuvent être grossoyées la *requête civile principale*, pour laquelle 7 fr. 30 cent. sont alloués à l'avoué et non à l'huissier. — V., à l'appui de ce système, Pigeau, *Comment.*, t. 1er, p. 618 ; Thomines-Desmazures, p. 202 et 203 ; Demiau-Crouzilhac, p. 348 ; Boitard, t. 3, p. 317 ; Chauveau sur Carré, quest. 1775 et 1781.

357. — Ce système a été consacré aussi par arrêt de la Cour de cassation du 9 juin 1814 (Pescheur c. Villoreille), qui décide en conséquence : que la requête civile principale doit, *à peine de nullité*, être formée par une requête présentée au tribunal dont émane le jugement attaqué, préalablement à l'assignation prescrite par l'art. 483 C. proc. civ.

358. — Dans l'opinion contraire, on dit que par les mots *requête civile*, employés dans le Code de procédure, on doit entendre l'action qui est formée et non l'*acte* par lequel cette action est introduite; qu'il est facile de s'en convaincre si on fait attention que, dans les art. 490, 491, 493, 498, 500 et 501 C. proc., il est dit tantôt que la *requête civile sera formée*, tantôt qu'*elle sera portée, communiquée ou admise;* que, d'après ces expressions, il est clair que, lorsqu'il est dit dans l'art. 480 que les jugemens pourront être rétractés sur la *requête* de ceux qui y auront été parties, » il faut l'entendre sur la *demande* ou sur la *réquisition* de ces personnes; qu'à l'égard de l'art. 483, il n'est pas rare de trouver dans le Code de procédure l'action considérée comme une chose distincte et séparée de l'acte qui sert à l'introduire; qu'ainsi, dans l'art. 456, l'appel est distingué de l'exploit par lequel il est formé ; que si on est forcé de convenir que l'art. 494 est plus difficile à concilier, cependant l'argument qu'on en peut tirer n'est fondé que sur l'inexactitude des termes employés par le législateur ; que, d'ailleurs, les dispositions de l'art. 492 ne laissent aucun doute à cet égard.

359. — La Cour de cassation, après avoir, comme on l'a vu (n° 357), par un arrêt du 9 juin 1814, consacré la nécessité d'une requête préalable, a, par un arrêt postérieur, du 2 juill. 1826 (Carrère c. de Lusignan), décidé, conformément à la seconde opinion, qu'il n'est pas nécessaire à peine de nullité que la requête civile principale soit formée par une requête préalable à l'assignation. — V. aussi, en ce sens, *Paris*, 3 mars 1810, Garoillon-Destillières c. Ouvrard.

360. — Carré (quest. 1775), tout en reconnaissant qu'il était plus conforme au vœu de la loi de procéder par voie de requête suivie d'assignation, avait d'abord pensé que, comme aucun article ne l'exigeait *à peine de nullité*, un pourvoi par requête civile ne pouvait être déclaré nul, s'il avait été formé par assignation seulement. — Mais, plus loin (quest. 1781), il a abandonné ce système et a prétendu qu'il ne suffisait pas d'une assignation pour introduire valablement la demande, et qu'une requête devait être préalablement adressée aux juges.

361. — Quant à nous : il nous semble que la première opinion émise par Carré, consacrée en définitive par la Cour de cassation, est la seule qui puisse se concilier avec les principes de la loi, en matière de nullité de procédure. En effet, aux termes de l'art. 1030 C. proc. civ., aucun acte de procédure ne peut être déclaré nul que dans les cas où la nullité est formellement prononcée par la loi. Or, s'il est conforme au vœu du législateur qu'en matière de requête civile l'assignation soit précédée d'une requête; on ne saurait cependant déclarer nulle la signification de la requête par assignation, puisque aucune disposition de la loi n'a attaché la peine de nullité à l'omission de la requête préalable. — V., sur cette interprétation, NULLITÉS DE PROCÉDURE, nos 2 et suiv.

362. — On s'est demandé si l'assignation dont parlent les art. 483 et 492 C. proc. civ. pouvait être faite au domicile élu lors de la signification du jugement attaqué. La solution négative ne saurait être douteuse. Relative uniquement à l'exécution du jugement, l'élection de domicile dont il s'agit doit être restreinte, dans ses effets, aux actes d'exécution. On ne saurait user de cette élection de domicile pour un acte qui a un but tout opposé à l'exécution du jugement. D'ailleurs, les termes des articles précités sont formels. — Pigeau, *Comment.*, t. 2, p. 290; Chauveau sur Carré, quest. 1774 *bis;* Bioche, v° *Requête civile*, n° 99.

363. — La requête civile n'étant pas une demande introductive d'instance est dispensée du préliminaire de conciliation. — Pigeau, *Comm.*, t. 2, p. 82; Chauveau sur Carré, quest. 1781 *bis.*

364. — Si la requête civile est *incidente*, la forme de l'introduire varie suivant qu'elle est formée devant le tribunal compétent pour en connaître ou devant un autre tribunal que celui qui a rendu le jugement.

365. — Si la requête civile est formée incidemment devant le tribunal compétent pour en connaître, elle le sera par requête d'avoué à avoué ; mais si elle est incidente à une contestation portée dans un autre tribunal que celui qui a rendu le jugement, elle sera formée par assignation devant les juges qui ont rendu le jugement. — C. proc. civ., art. 493.

366. — Ainsi : la requête civile formée incidemment devant le tribunal qui a rendu le jugement attaqué, s'introduit par un simple avenir ou autre acte d'avoué à avoué, comme toute demande incidente. — Boitard, t. 3, p. 225. — Si elle est formée devant un autre tribunal, l'assignation doit être donnée de la même manière que si elle était principale.

367. — Certaines formalités ont été prescrites pour empêcher que la requête civile ne devienne un moyen téméraire d'agression contre les décisions judiciaires, et ces formalités sont applicables aussi bien dans le cas où la requête civile est principale que lorsqu'elle est incidente.

368. — « La requête civile, porte d'abord l'article 494 C. proc. civ., d'aucune partie autre que celle qui stipule les intérêts de l'Etat, ne sera reçue si, avant que cette requête ait été présentée, il n'a été consigné une somme de 300 fr. pour amende, et 150 fr. pour les dommages-intérêts de la partie, sans préjudice de plus amples dommages-intérêts, s'il y a lieu : la consignation sera de moitié si le jugement est par défaut ou par forclusion, et du quart s'il s'agit de jugemens rendus par les tribunaux de première instance. »

369. — Cet article, fort mal rédigé, doit être entendu de la manière suivante : le taux de 300 fr. pour amende et de 150 fr. pour dommages-intérêts n'est exigé que lorsque la requête civile est dirigée contre un *arrêt contradictoire* de Cour d'appel. — Chauveau sur Carré, quest. 1783 *bis.*

370. — Lorsqu'elle est dirigée contre un *jugement contradictoire de première instance* rendu en dernier ressort, le demandeur n'est tenu de consigner que le quart de l'amende et des dommages-intérêts dont la consignation est requise contre un arrêt de Cour d'appel. — *Cass.*, 17 nov. 1817, Pluchard c. Rossi-Ivois. — Chauveau sur Carré, *loc. cit.*

371. — Lorsque l'*arrêt* a été rendu par défaut ou par forclusion, la consignation pour l'amende et les dommages-intérêts est de moitié de celle exigée dans le cas où il a été rendu contradictoirement; s'il s'agit d'un *jugement de première instance* rendu par défaut ou par forclusion, il semblerait que la consignation ne dût être, comme dans le cas précédent, que du quart de cette dernière somme. Mais M. Chauveau (*loc. cit.*) fait remarquer que, la disposition relative à une décision par défaut précédant ce qui concerne les tribunaux de première instance, il est difficile de poser une règle applicable aux deux hypothèses qui précèdent, et conseille alors de faire la même consignation aussi bien lorsque le jugement attaqué est par défaut que dans le cas où il est contradictoire.

372. — Aucune partie, si ce n'est celle qui stipule les intérêts de l'Etat, n'est affranchie de la consignation. Les indigens n'en sont pas dispensés. Ainsi, il ne peut être, de leur part, suppléé à cette consignation par un certificat d'indigence. — *Cass.*, 22 mars 1810, Gallois de l'Epée c. Barrois. — Avis du Conseil d'Etat du 13-20 mars 1810. — Merlin, *Quest. de droit*, v° *Requête civile*, § 12; Bioche, v° *Indigent*, n° 22; Carré et Chauveau, quest. 1784.

373. — La consignation doit avoir lieu quel que soit l'objet de la contestation sur laquelle est intervenue la décision attaquée. — Pigeau, *Comment.*, t. 1er, p. 725; Bioche, v° *Requête civile*, n° 94.

374. — Toutefois : il n'est pas nécessaire de consigner autant d'amendes qu'il y a de jugement dont la rétractation est demandée, si les juges mens postérieurs ont été prononcés par voie de conséquence. — *Bruxelles*, 24 janv. 1822, Degendt c. Huart.

375. — Une seule consignation suffit aussi, lorsqu'il y a plusieurs parties : si elles ont le même intérêt. Mais si les intérêts sont distincts, il faut autant de consignations qu'il y a de demandeurs. — Pigeau, *Comment.*, t. 2, p. 81 ; Chauveau sur Carré, sur l'art. 494, quest. 404 *bis.*

376. — La consignation doit nécessairement précéder l'acte introductif de la requête civile. — Chauveau sur Carré, *loc. cit.*

377. — Elle doit être faite à la caisse d'amortissement, entre les mains de ses préposés. — Chauveau sur Carré, *ibid.*

378. — ...Ou entre les mains du receveur de l'enregistrement du lieu du domicile du demandeur. Il n'est pas indispensable qu'elle soit faite entre les mains du receveur établi dans le lieu où siége la Cour qui doit connaître de la requête civile. — *Cass.*, 21 avril 1847 (t. 1er 1847, p. 609), Serafino c. Durazzo.

379. — Il suffit même, pour la recevabilité de la requête civile, que la partie ait témoigné, autant qu'il était en elle, de sa volonté de remplir la condition de consignation imposée par la loi; et, dès lors, un arrêt ne peut repousser une pareille requête, comme non recevable, sous prétexte du défaut de consignation, lorsque le demandeur justifie, par une déclaration signifiée en tête de sa demande, qu'il s'est présenté, la veille de cette demande, devant le receveur du lieu de son domicile et que ce receveur, se croyant incompétent, a refusé de recevoir sa consignation. — Même arrêt.

380. — La quittance délivrée par le receveur doit être signifiée en tête de la demande en requête civile. — C. proc. civ., art. 495.

381. — L'ord. de 1667 et la loi du 11-18 févr. 1791 (art. 1er) interdisaient de recevoir la requête civile, si, au préalable, elle n'avait été conseillée par une consultation délibérée par trois avocats exerçant depuis dix ans au moins près un tribunal.

382. — Mais la formalité d'une consultation préalable, nécessaire pour se pourvoir en requête civile, a été supprimée par la loi du 19 août 1793. — *Cass.*, 21 frim. an IX, Pannetier et Amyot c. Mosqueron.

383. — Il a même été jugé que, depuis cette loi, un tribunal n'avait pu annuler une demande en requête civile, pour défaut de consultation préalable, encore bien que la demande eût été formée sous l'empire de lois antérieures. — *Cass.*, 17 pluv. an III, Garrelon.

384. — Le Code de procédure civile exige, au contraire, comme l'ordonnance de 1667 et la loi du 18 févr. 1791, la formalité d'une consultation préalable à l'acte introductif de la requête civile. Cette consultation doit être délibérée par trois avocats exerçant depuis dix ans au moins près un des tribunaux du ressort de la Cour d'appel dans laquelle le jugement a été rendu. Elle doit contenir déclaration qu'ils sont d'avis de la requête civile, et énoncer aussi les ouvertures. En l'absence de cette consultation, la requête civile ne peut être reçue. — C. proc. civ., art. 495.

385. — Par cette disposition le législateur n'a pas voulu, lorsqu'il s'agit d'un jugement de première instance, conférer le droit de signer la consultation aux avocats exerçant près les tribunaux de première instance, à l'exclusion de ceux qui exercent près la Cour d'appel. Ainsi, tous les avocats exerçant depuis plus de dix ans dans un tribunal du ressort de la Cour, ou près la Cour elle-même, ont également le droit de signer la consultation exigée. — *Cass.*, 17 nov. 1817, Plu-

chart c. Rossi-Ivois. — Chauveau sur Carré, quest. 1785 *ter*.

386. — L'avocat qui plaide ou a plaidé pour la partie demanderesse en requête civile peut même être au nombre des signataires de la consultation. — *Bruxelles*, 10 juill. 1812, Lorent c. Tricot; 24 janv. 1822, Degendt c. Huart. — Chauveau sur Carré, quest. 1785 *quater*.

387. — Mais l'exercice de dix ans ne doit pas avoir été interrompu. Ainsi, on ne peut compter comme temps d'exercice de la profession d'avocat, à l'un des signataires de la consultation qui doit précéder une requête civile, le temps pendant lequel, depuis son inscription au tableau, il a exercé des fonctions de magistrature. — *Poitiers*, 13 août 1834, Laurence. — Chauveau sur Carré, quest. 1785 *ter*.

388. — La consultation ne peut pas davantage être signée par un avocat qui aurait exercé ses fonctions, même pendant plus de vingt ans, dans le ressort de la Cour où se trouve le tribunal qui a rendu le jugement attaqué, si, au moment où la consultation est faite, il a changé de ressort. — Chauveau sur Carré, *loc. cit.*

389. — La requête civile doit être rejetée si la consultation ne réunit pas les conditions énumérées dans l'art. 495 précité. — Chauveau sur Carré, quest. 1785 *quater*.

390. — Au nombre de ces conditions ne figure pas la nécessité de l'enregistrement de la consultation; ni l'art. 495, ni aucune autre loi ne l'assujettissent à cette formalité. — *Paris*, 3 mars 1810, Caroillon-Destillières c. Ouvrard. — Chauveau sur Carré, t. 4, p. 370, note 2.

391. — De même que la consignation de l'amende et des dommages-intérêts, la formalité de la consultation est imposée à tout demandeur en requête civile. La partie qui stipule les intérêts de l'État dispensée de la consignation, ne l'est pas de l'obligation de joindre une consultation à sa requête. — Chauveau sur Carré, quest. 1785.

392. — Spécialement: la consultation exigée en matière de requête civile doit avoir lieu, même dans les affaires d'enregistrement. — *Cass.*, 30 août 1809, Deflorenne c. Enregistrement. — Pigeau, *Comment.*, t. 2, p. 84; Poncet, t. 2, p. 239; Carré et Chauveau, *loc. cit.*

393. — La consultation, prescrite par l'art. 495 du Code de procédure civile, doit, comme la quittance de la consignation, être signifiée, à peine de déchéance, en tête de l'assignation. — Bioche, v° *Requête civile*, n° 100; Poncet, *loc. cit.*; Chauveau sur Carré, quest. 1785 *bis*.

394. — Une autre précaution a été prise encore par le législateur, pour maintenir le cours de la justice et l'autorité des jugemens contre l'abus de la requête civile. Cette précaution consiste dans la nécessité de la communication de toute requête civile au ministère public. — C. procéd. civ., art. 498.

395. — Mais à quel moment cette communication doit-elle être faite? Les auteurs qui pensent que l'assignation doit être précédée d'une requête préalable répondue par ordonnance du président, enseignent que la communication au ministère public doit être faite avant la signification avec assignation. — V. Pigeau, *Comment.*, t. 1er, p. 649; Carré et Chauveau, quest. 1789.

396. — Jugé, au contraire, qu'aucune disposition du Code de procédure sur les formalités de la requête civile n'impose l'obligation au demandeur de communiquer sa demande au ministère public avant de la signifier au défendeur, et que le vœu de la loi est pleinement rempli par la communication au ministère public avant les plaidoiries. — *Rennes*, 2 déc. 1833, B... c. Audrieux. — Bioche, v° *Requête civile*, n° 103.

397. — La communication au ministère public est une formalité d'ordre public, dont l'omission entraîne la nullité du jugement: laquelle doit être prononcée par la Cour de cassation, si le jugement attaqué était en dernier ressort; et par la Cour d'appel, s'il était en premier ressort. — Chauveau sur Carré, quest. 1789 *bis*.

398. — Partie jointe dans l'instance en requête civile, le ministère public n'a pas le droit de demander la nullité du jugement pour défaut de communication. Ce droit n'appartient qu'à la partie intéressée. — Bioche, v° *Requête civile*, n° 103.

399. — Si la requête civile est signifiée dans les six mois de la date du jugement, l'avoué de la partie qui a obtenu le jugement est constitué de droit, sans nouveau pouvoir. — C. proc. civile, art. 496.

400. — La partie qui a obtenu le jugement attaqué peut fournir réponse à la requête civile, qu'elle soit incidente ou principale. — *Tarif*, art. 75. — Boitard, t. 3, p. 229; Pigeau, *Comment.*, t. 1er, p. 623; Carré et Chauveau, quest. 1782.

401. — La réponse est autorisée, même dans le cas où l'affaire serait de nature à être jugée comme matière sommaire. — Pigeau, Carré et Chauveau, *loc. cit.*; Bioche, v° *Requête civile*, n° 101.

402. — Mais toute instance sur requête civile est considérée et jugée comme matière *ordinaire*, quand même le fond serait de nature à être jugé comme matière sommaire. — Chauveau sur Carré, quest. 1783.

403. — Ainsi elle est jugée sur plaidoiries et non sur mémoires, même dans le cas où l'instance au fond est liée avec la régie de l'enregistrement. La Cour de cassation a décidé, en effet, par arrêt du 30 août 1809 (Deflorenne c. Enregistrement), que l'art. 17 de la loi du 27 ventôse an IX, qui défend les plaidoiries dans les affaires que suit la régie, ne peut être étendu à l'action en requête civile, qui a ses formes particulières et spéciales, et qui, étant une voie extraordinaire, ne comporte pas le mode commun d'*instruction sommaire* établi par la loi du 27 ventôse. — Boitard, t. 3, p. 230; Carré et Chauveau, *loc. cit.*

404. — Lorsque la requête civile est portée devant une Cour d'appel, l'instance doit être jugée en audience ordinaire et non en audience solennelle. — *Rennes*, 27 avril 1836, Poulet c. Administration des mines de Montrelais.

405. — L'ordonnance de 1667 permettait au demandeur en requête civile de présenter, sous le titre d'*ampliation*, les nouveaux moyens qu'il venait à découvrir après l'introduction de sa demande, sans l'assujettir à une nouvelle consultation. La requête d'*ampliation* pouvait être fournie même dans le cours de la plaidoirie. — Art. 29 et 31.

406. — Au contraire, l'art. 499 du Code de procédure civile veut qu'aucun moyen autre que les ouvertures de requête civile énoncées en la consultation ne puisse être discuté à l'audience ni par écrit.

407. — Ainsi, spécialement, lorsqu'une requête civile est basée, dans la consultation, sur le dol personnel, le demandeur ne peut lui donner pour motif la dénégation par son adversaire des faits qui ont été reconnus vrais. — *Besançon*, 10 déc. (et non 10 sept.) 1810, Darecot c. Doyen.

408. — On ne peut même proposer par un simple acte avec une seconde consultation, des ouvertures de requête civile autres que celles énoncées dans la première consultation et découvertes depuis. L'art. 499 a voulu, en effet, renfermer la discussion des ouvertures de requête civile dans celles exclusivement énoncées par la consultation. Autrement ce serait faire revivre la *requête ampliative* autorisée par l'ordonnance, avec tous les abus qui en étaient la conséquence et que le législateur a voulu proscrire. — Boitard, t. 3, p. 231; Demiau-Crouzilhac, p. 350; Thomines-Desmazures, t. 1er, p. 747; Carré et Chauveau, quest. 1790. — *Contrà*, Pigeau, *Comment.*, t. 1er, p. 630; Poncet, t. 2, p. 258.

409. — Cependant, bien que la consultation des avocats, en signalant comme ouverture à requête civile le dol personnel, ne parle que du dol imputable aux auteurs du défendeur; l'article 499 C. proc. civ., qui défend de discuter aucun moyen autre que les ouvertures de requête civile énoncées dans la consultation, ne met pas obstacle à ce que l'arrêt qui admet la requête se fonde également sur le dol imputable au défendeur lui-même. — *Cass.*, 5 juin 1839 (t. 2 1839, p. 264), de Goyon c. de Marcillac.

410. — Si la requête civile est rejetée, le demandeur doit être condamné, par le jugement qui la rejette, à l'amende et aux dommages-intérêts ci-dessus fixés; sans préjudice de plus amples dommages-intérêts, s'il y a lieu. — C. proc. civ., art. 500.

411. — Il résulte de cet article que l'amende ou les dommages-intérêts ne sont acquis qu'autant que la requête civile est *rejetée*. En conséquence: la partie qui avant tout acte tendant à introduire une instance en requête civile, a consigné l'amende exigée par la loi, peut en obtenir la restitution, si elle renonce au projet qu'elle avait de se pourvoir par cette voie. — *Cass.*, 12 oct. 1808, Enregistrement c. Delacroix. — Carré et Chauveau, quest. 1791; Bioche, v° *Requête civile*, n° 95.

412. — La consignation exigée ne peut même avoir pour effet de lier la partie à ce point qu'elle ne puisse transiger ou se désister avant toute décision de justice. Le demandeur qui justifie d'une transaction intervenue sur la demande en requête civile avant qu'il ait été statué par le tribunal, a droit également à la restitution de l'amende. — Thomines-Desmazures, t. 1er, p. 750; Bioche, *loc. cit.*; Carré, édit. Chauveau, t. 4, p. 378, note 2; Chauveau sur Carré, quest. 1791 *bis*.

413. — Mais il n'y a pas lieu à restitution si le demandeur ne s'est désisté que pour vice de forme. — Chauveau sur Carré, *loc. cit.*

414. — En établissant le droit de la partie à des dommages-intérêts, les art. 494 et 500 C. proc. civ. ne lui ont ouvert qu'une faculté qu'elle peut à son gré exercer ou ne pas exercer. Il suit de là que le demandeur en requête civile ne peut être condamné aux dommages-intérêts qu'autant que la partie adverse a formellement conclu à ce qu'ils lui fussent alloués. — *Bruxelles*, 29 avr. 1819, Motte et Deverchin c. Fontaine-Spitaels.

415. — ... Et que, par contre, le tribunal qui rejette une requête civile doit ordonner, au profit du demandeur, la restitution de la somme de 150 fr. qu'il a consignée pour les dommages-intérêts envers le défendeur, si celui-ci n'a pas conclu à ce que cette somme lui fût adjugée. — *Aix*, 8 févr. 1839 (t. 1er 1839, p. 605), Simon c. Dombasles. — Chauveau sur Carré, quest. 1791 *ter*.

416. — Quand un arrêt déclare une requête civile non recevable et ordonne la restitution de l'amende consignée, la partie qui retire l'amende est censée acquiescer à cet arrêt et se rend non recevable à l'attaquer par la voie de cassation. — *Cass.*, 13 therm. an XII, Berger c. Simonet. — Chauveau sur Carré, t. 4, p. 379, note.

417. — Lorsque la requête civile est admise, le jugement attaqué est rétracté en entier ou en partie, suivant qu'il y avait ouverture à requête civile contre le jugement entier, ou seulement contre un chef de ce jugement indépendant des autres. — C. proc. civ., art. 482 et 501.

418. — Ainsi, lorsque la requête civile a été dirigée contre un arrêt qui, après avoir prononcé la nullité d'un emprisonnement, a omis de prononcer sur la demande en dommages-intérêts formée par le débiteur, il n'y a pas lieu, dans ce cas, à la rétractation du chef de l'arrêt qui a déclaré l'emprisonnement nul. — *Florence*, 25 mai 1809, Terreni c. Kerfbyl.

419. — Mais si le chef d'un arrêt ou jugement en dernier ressort, contre lequel a été dirigée la requête civile, n'est pas distinct des autres, leur est essentiellement subordonné, l'arrêt ou le jugement doit alors être rétracté en entier; autrement, il y aurait contrariété entre les diverses dispositions d'un même arrêt ou jugement. — Poncet, t. 2, p. 185; Pigeau, *Comm.*, t. 1er, p. 636; Carré et Chauveau, quest. 1773.

420. — Si le jugement sur requête civile est rendu par défaut, il est susceptible d'opposition. En dehors des règles spéciales à la procédure en requête civile, le droit commun doit en effet être observé. — Poncet, t. 2, p. 253; Chauveau sur Carré, quest. 1799 *bis*.

Sect. 8e. — *Effets de la requête civile.*

421. — Relativement aux effets de la requête civile, il faut distinguer entre la demande en requête civile et le jugement qui statue sur cette demande.

422. — Préoccupé des moyens de prévenir l'abus des requêtes civiles, le législateur n'a pas voulu que la demande en requête civile pût être un obstacle à l'exécution du jugement attaqué. « La requête civile, porte l'art. 497 C. proc. civ., n'empêchera pas l'exécution du jugement attaqué, nulles défenses ne pourront être accordées; celui qui aura été condamné à délaisser un héritage ne sera reçu à plaider sur la requête civile, qu'en rapportant la preuve de l'exécution du jugement au principal. »

423. — Cet article contient une disposition absolue, il ne distingue pas entre le jugement interlocutoire et le jugement définitif. Si donc le jugement ou l'arrêt attaqué avait ordonné un interlocutoire, l'exécution de cet interlocutoire ne serait point entravée par la demande en requête civile. — Chauveau et Carré, quest. 1787.

424. — L'art. 497 prévoit lui-même un cas d'exécution; c'est celui du délaissement d'un héritage. L'exécution de la condamnation, dans ce cas, n'offre guère de dangers, l'immeuble délaissé pouvant toujours être retrouvé. Mais la disposition de l'art. 497 ne saurait être étendue au cas d'un objet mobilier. Ainsi il n'est pas nécessaire, pour que le condamné soit admis à poursuivre sur la requête civile, qu'il justifie avoir exécuté le jugement en faisant la remise de cet objet. — Carré et Chauveau, quest. 1788; Boitard,

t. 3, p. 227. — *Contrà*, Pigeau, *Comment.*, t. 1er, p. 520.

425. — La requête civile dirigée contre un arrêt qui annule un mariage, fait-elle obstacle à ce que le défendeur contracte une nouvelle union? Il est difficile de supposer que le législateur ait prévu ce cas. Il ne paraît guère s'être occupé que de l'état civil. Toutefois, quelque désirable qu'il soit d'accorder dans l'hypothèse dont il s'agit à la requête civile un effet suspensif, on ne peut s'empêcher néanmoins de reconnaître que le texte de la loi est formel; et si le nouveau mariage était célébré, il devrait être maintenu. Mais l'officier de l'état civil peut se refuser à passer outre à la célébration du mariage, jusqu'à ce qu'il ait été statué sur la requête civile. — Pigeau, *Comment.*, t. 2, p. 101; Chauveau sur Carré, quest. 1786 *bis.*

426. — L'art. 497 n'est pas applicable cependant lorsque la requête civile est fondée sur la contrariété de jugemens ou de dispositions d'un même jugement. L'impossibilité d'agir emporte nécessairement la suspension de l'exécution. — Boitard, t. 3, p. 228.

427. — La requête civile incidente ne suspend pas la décision du procès dans le cours duquel elle se produit; mais elle autorise le juge à surseoir, si les circonstances l'exigent. — C. proc. civ., art. 491. — Peu importe que le tribunal devant du procès pendant lequel la requête civile est formée, doive ou non en connaître. — Pigeau, *Comment.*, t. 1er, p. 736; Bioche, v° *Requête civile*, n° 105.

428. — Avant le Code de proc., le tribunal qui annulait des lettres de requête civile devait remettre les parties dans l'état antérieur à son jugement. — *Cass.*, 31 mai 1793, Dessauze c. Gauberot et Douheret.

429. — Les effets de la requête civile, lorsqu'elle est admise, sont également aujourd'hui de remettre les parties dans le même état où elles étaient avant le jugement attaqué. La requête civile ne tend donc pas immédiatement et ne doit pas à remplacer un jugement par un autre. Son but, en principe, est de faire rétracter le jugement contre lequel elle est dirigée, en laissant entier le fond sur lequel il est statué dans une instance tout à fait distincte. — Carré et Chauveau, sur l'art. 501 C. proc. civ., n° 409.

430. — C'est, du reste, ce qui résulte de la disposition même de l'art. 401, § 1er, qui est ainsi conçu : « Si la requête civile est admise, le jugement sera rétracté, et les parties seront remises même état où elles étaient avant ce jugement; les sommes consignées seront rendues, et les objets ou condamnations qui auront été perçus, en vertu du jugement rétracté, seront restitués. »

431. — Si le jugement rétracté n'est que préparatoire ou interlocutoire, les dépens dont la restitution doit être ordonnée sont ceux seulement qui ont été faits depuis ce jugement inclusivement. — Carré et Chauveau, quest. 1793.

432. — Par une conséquence nécessaire de la rétractation du jugement attaqué, on doit comprendre, dans les dépens qui sont adjugés lors du jugement de requête civile, ceux qui ont été faits lors du premier procès, et que la partie qui a été obligée de payer en exécution du jugement rétracté. — Chauveau sur Carré, quest. 1793.

433. — Lorsque, par suite de l'admission d'une requête civile fondée sur le dol personnel, un jugement a été annulé et les parties remises au même état qu'avant ce jugement, la Cour peut ordonner la restitution des fruits perçus en vertu de même jugement, sans qu'il soit nécessaire de constater préalablement qu'ils ont été perçus de mauvaise foi. — *Cass.*, 5 juin 1839 (t. 2 1839, p. 264), de Goyon c. de Marcillac.

434. — Les juges d'appel qui, après avoir réformé une requête civile un précédent arrêt, ordonnent la restitution des fruits perçus en conséquence de cet arrêt, peuvent, au lieu de renvoyer la reddition du compte de ces fruits devant le tribunal de première instance, retenir eux-mêmes la connaissance de ce compte. — Même arrêt.

435. — Les parties étant replacées, lorsque la requête civile est admise, dans le même état où elles étaient avant le jugement, il y a lieu alors à une seconde instance, qui a pour but de faire juger de nouveau les juges que la loi détermine sur le rescindant, le même de l'affaire qui se trouve encore en cause. — Sur le point de savoir quels sont les juges compétens pour statuer sur le rescisoire, *suprà*, n° 307 et suiv.

436. — Lorsqu'une requête civile a été admise la cause au fond est reportée devant les

mêmes juges qui ont rendu la décision rescindée, les avoués qui ont occupé dans la première affaire sont, sans nouvelle constitution, considérés comme constitués dans la nouvelle instance sur le fond. — En conséquence, si elle est reprise par assignation à la partie, non au-domicile de son avoué, mais à son domicile réel, les frais de cette assignation sont réputés inutiles et frustratoires. — *Toulouse*, 29 nov. 1808, Pujol c. Faduille. — Carré et Chauveau, quest. 1792.

437. — Mais l'assignation en reprise de l'instance au fond devrait être donnée à personne ou domicile, s'il y avait eu révocation des avoués qui avaient précédemment occupé, ou si le défendeur avait fait défaut. — Carré et Chauveau, *loc. cit.*

438. — Le défendeur à la requête civile ne peut se plaindre de ce qu'il a été prononcé sur le rescisoire avant que le jugement sur le rescindant n'ait été levé ni signifié, alors qu'à l'audience indiquée pour statuer sur le rescisoire il a conclu au fond sans exciper du défaut de signification. — *Cass.*, 5 juin 1839 (t. 2 1839, p. 264), de Goyon c. de Marcillac.

439. — En matière de requête civile, on est censé acquiescer au jugement rendu sur le rescindant : par le seul fait qu'on plaide sur le rescisoire. — *Cass.*, 11 mars 1819, Kiquandon et Lacoudré c. Astorg.

440. — Le § 2 de l'art. 501 du C. proc. contient une exception au principe posé dans le § 1er, qui admet deux instances : le rescindant et le rescisoire. Ainsi, aux termes de l'art. 501, § 2, lorsque la requête civile est enterinée, pour raison de contrariété de jugemens, le jugement qui enterine la requête civile doit ordonner que le premier jugement sera exécuté selon sa forme et teneur.

441. — Mais, lorsqu'il y a contrariété entre les dispositions d'un même jugement, on ne doit pas appliquer ici, par analogie, la disposition du § 2 de l'art. 501, et ordonner l'exécution de la première disposition. Aucune des deux dispositions contradictoires n'est, en effet, un droit acquis. L'une et l'autre doivent être rétractées, sauf à faire statuer sur le fond par un jugement nouveau. — Boitard, t. 3, p. 236; Carré et Chauveau, quest. 1794.

442. — Lorsqu'une décision en dernier ressort attaquée par requête civile devant les juges qui l'ont rendue a été rétractée, le nouveau jugement n'est point susceptible d'appel. — Dans ce cas : la compétence du tribunal reste fixée pour la demande originaire, sans qu'on puisse y ajouter les frais faits et les intérêts courus depuis le jour de la demande. — *Paris*, 3 févr. 1847 (t. 1er 1847, p. 335) Roger c. Huet.

REQUÊTES DE L'HOTEL.

1. — On appelait ainsi un tribunal tenu au palais par les maîtres des requêtes, qui y jugeaient certaines affaires privilégiées dont les ordonnances leur attribuaient la connaissance.

2. — Parmi les affaires dont la connaissance était dévolue au tribunal des requêtes, les unes étaient jugées souverainement et en dernier ressort et les autres en première instance seulement.

3. — Lorsque la cause était de nature à être jugée en dernier ressort, le tribunal des requêtes ne pouvait en être saisi qu'en vertu d'un arrêt du conseil; et sa décision dans ce cas était qualifiée d'arrêt. — Merlin, *Rép.*, v° *Requêtes de l'hôtel.*

4. — On ne pouvait se pourvoir contre des arrêts des requêtes de l'hôtel que par requête civile ou par opposition. — Même auteur.

5. — Les actions dont les requêtes de l'hôtel connaissaient en première instance étaient celles qu'on pouvait intenter en vertu du droit de *committimus*. — V. COMMITTIMUS. — On pourrait induire de là que les requêtes de l'hôtel avaient la concurrence, relativement à ces actions, avec des requêtes du palais. — V. REQUÊTES DU PALAIS, n° 1er.

6. — L'appel des sentences rendues par les requêtes de l'hôtel en première instance ressortissait au Parlement de Paris.

7. — Le tribunal des requêtes de l'hôtel a été supprimé par l'art. 13 de la loi du 7-12 septembre 1790.

REQUÊTES DU PALAIS.

1. — Chambres, tenues par des membres du Parlement, où l'on jugeait en première instance

les causes civiles personnelles, possessoires ou mixtes de ceux qui avaient droit de *committimus* au grand et au petit sceau. — V. COMMITTIMUS, PARLEMENT, n° 44.

2. — Cette juridiction, supprimée par un édit enregistré au lit de justice tenu à Versailles sous Louis XV le 13 avril 1771, avait été rétablie par un autre édit du mois de juillet 1775, enregistré au Parlement le 2 août suivant.

3. — Les requêtes du palais n'existaient pas seulement au Parlement de Paris, il y en avait aussi dans la plupart des Parlemens de province.

4. — Elles ont été définitivement supprimées avec les Parlemens par l'art. 13 de la loi du 7-12 septembre 1790. — V. REQUÊTES DE L'HOTEL.

RÉQUISITIONS.

1. — Demandes, faites par l'autorité, de prestations en nature ou même de services personnels destinés soit à remédier à des accidens ou fléaux calamiteux, soit à pourvoir, dans des cas urgens et extraordinaires, à la fourniture d'objets nécessaires aux troupes ou à la défense de l'État, ou des services publics.

2. — Les réquisitions ont été autorisées, dans certains cas, par des dispositions législatives expresses, notamment par les décrets des 26-29 juillet 1792 et 18-24 juin 1792 pour les voitures, charrettes, chevaux, bêtes de somme ou de trait, pailles, fourrages, vivres militaires, etc. — V. aussi les lois des 26 vendém. an III, 19 brum. et 6 frim. même année.

3. — La loi du 3 pluviôse an III, dont les dispositions ont été étendues à des cas nouveaux par celle du 26 ventôse suivant, prononce quelques peines contre ceux qui refuseraient d'obtempérer aux réquisitions légales qui leur sont faites. Ces peines consistent, le plus souvent, dans une amende, parfois en un emprisonnement.

4. — Cette législation, n'ayant été abrogée par aucune loi, doit être considérée comme toujours en vigueur, et serait sans doute appliquée par les tribunaux de répression, même quant aux dispositions pénales.

5. — La désobéissance aux réquisitions faites en cas d'inondations, incendies et autres fléaux calamiteux, est punie par l'art. 745 du Code pénal. — V., à cet égard, REFUS DE SERVICES ET DE SECOURS.

6. — Quant aux réquisitions adressées à des ouvriers pour l'exécution des arrêts criminels, V. EXÉCUTION DES JUGEMENS CRIMINELS.

7. — Le prix des fournitures faites ou des services rendus est réglé, aux termes des 3 vendémiaire an V, 16 brumaire an V, 19 thermidor an VII, 27 brumaire an VIII — et par la loi des consuls des 22 germinal et 9 floréal an VII.

RÉQUISITIONS D'UN CHEF DE MAISON.

V. FLAGRANT DÉLIT.

RÉQUISITION DU MINISTÈRE PUBLIC.

V. MINISTÈRE PUBLIC.

RÉQUISITIONNAIRE.

V. CONSCRIPTION, RECRUTEMENT.

RÉQUISITOIRE.

V. MINISTÈRE PUBLIC.

RESCINDANT.

V. REQUÊTE CIVILE.

RESCISION.

Table alphabétique.

Délai, 38 s.
Délit, 20 s.
Divisibilité, 33, 65.
Dol, 9 s., 40, 47, 53.
Droit ancien, 40.
Droits successifs, 66.
Effet, 57.
Emprunt, 23.
Erreur, 9.
Exception, 49.
Expertise, 52 s.
Femme mariée, 26.
Fin de non-recevoir, 34 s.
Fraude, 40, 53.
Fruits, 63.
Héritier, 32.
Incapable, 60.
Indivisibilité, 65 s.
Interdit, 23, 26 s.
Lésion, 6 s., 11, 40, 52 s.
Loi applicable, 42 s.
Majeur, 9, 28.
Mineur, 10 s., 26, 46 s. — émancipé, 11.
Nullité, 2 s., 10 s., 41. — de forme, 13, 24.
Obligation naturelle, 22.
Partage, 7, 29, 35, 48.
Partage d'ascendant, 29.
Perte de la chose, 61.
Pouvoir du juge, 14, 52 s.
Présomption, 39 s.
Preuve, 51, 64.
Procès, 15.
Profit, 12, 16, 25, 60, 62 s., 68.
Quasi-délit, 20 s.
Quittance, 12, 46.
Ratification, 24, 36 s.
Remboursement, 60 s.
Résolution, 4.
Restitution, 11 s., 57.
Revendication, 59.
Simulation, 47.
Tiers détenteur, 68 s.
Transaction, 5 s., 23.
Tuteur, 67.
Vente, 7, 29, 62 s.
Violence, 9 s.

RESCISION. — 1. — C'est l'action que l'on a pour se faire restituer contre une convention ou un acte.

§ 1er. — *Caractères de la rescision. — Cas où elle a lieu* (no 2).

§ 2. — *A qui appartient l'action en rescision. — Sa durée. — Jugement* (no 26).

§ 3. — *Effets de la rescision* (no 57).

—

§ 1er. — *Caractères de la rescision. — Cas où elle a lieu.*

2. — Le Code civil semble avoir confondu art. 1117 et 1234) l'action en rescision avec l'action en nullité : actions qu'il a soumises, en outre, aux mêmes règles, quant à leur forme, leur résultat et leur durée; et qu'il déclare effacées par les mêmes fins de non-recevoir. — Toutefois, il existe entre l'une et l'autre des différences réelles. — V. NULLITÉ.

3. — Ainsi, on a vu que la nullité résulte surtout d'un vice de forme; tandis que la rescision provient d'un vice du fond : vice qui rend bien la convention annulable, mais ne l'empêche pas d'être valable jusqu'à ce que la rescision en ait été prononcée. Les vices du fond sont l'erreur, le dol, la fraude, la violence, la lésion, etc. — Quand il y a lésion, la loi se sert exclusivement du mot rescision; et le défendeur peut arrêter l'action en offrant d'indemniser le demandeur, et empêcher ainsi la rescision. — Duranton, t. 12, no 526; Solon, *Théorie des nullités*, t. 1er, no 277; Rolland de Villargues, *Rép. du not.*, vis *Nullité*, nos 2 et suiv., *Rescision*, nos 1er et suiv.; Zachariæ, t. 2, p. 425.

4. — Il ne faut pas confondre non plus la *rescision* avec la *résolution* des contrats. La résolution suppose que c'est une cause non inhérente mais postérieure à l'acte qui anéantit celui-ci valable dans son origine. — V. RÉSOLUTION.

5. — La rescision ne peut jamais exister dans les contrats aléatoires : par exemple, dans les transactions, les assurances, etc. — C. civ., art. 2052. — Solon, *Théorie des nullités*, t. 1er, no 264.

6. — La transaction faite sur des *difficultés réelles* n'est point rescindable pour cause de lésion. — Rolland de Villargues, vo *Rescision*, no 72. — V. TRANSACTION.

7. — Mais l'action en rescision, pour cause de lésion, d'un acte contenant une vente et un partage opérés sous forme de transaction, peut être exercée même par le copartageant et vendeur qui a déclaré y renoncer expressément. Une telle déclaration est nulle. — *Pau*, 12 janv. 1826, Paucis c. Pelleport.

8. — Au surplus, l'art. 1304 C. civ. n'est point limitatif des cas où l'action en rescision est admise. — *Rouen*, 30 déc. 1823, Bougaut.

9. — La rescision existe entre majeurs aussi bien qu'entre mineurs. Toutefois, elle n'a lieu en faveur des premiers que dans les cas où l'acte qu'ils ont consenti est infecté d'un vice entraînant la nullité comme le dol, l'erreur, la violence, etc. Pour ce qui est de la lésion dont souffriraient les majeurs, elle ne serait pour eux une cause de rescision que dans les cas et sous les conditions spécialement exprimés par le Code. — C. civ., art. 1313.

10. — Quant aux mineurs, leurs engagemens sont nuls toutes les fois qu'on n'a pas rempli les formalités exigées par la loi pour la validité de ces engagemens. Si, au contraire, ces formalités ont été observées, les conventions ne sont plus nulles, mais elles peuvent être sujettes à rescision. Ceci pourrait arriver non-seulement dans les cas où il y a lieu à restituer les majeurs, comme dans les cas de dol, d'erreur, de violence, de lésion de plus du quart en cas de partage, ou de plus des sept douzièmes en cas de vente, mais même dans le cas de *simple lésion*. — Toullier, t. 7, no 573; *Thémis*, t. 5, p. 135; Rolland de Villargues, *Rép. du notar.*, vo *Rescision*, nos 3 et suivans.

11. — En effet, l'art. 1305 C. civ. porte : « La *simple lésion* donne lieu à la rescision en faveur du mineur non émancipé, contre toutes sortes de conventions; et en faveur du mineur émancipé, contre toutes conventions qui excèdent les bornes de sa capacité. » — Si les conventions n'excédaient pas les bornes de la capacité du mineur émancipé, il ne serait restituable que dans les cas où le serait le majeur lui-même. — Toullier, t. 7, nos 575 et 576.

12. — Le mineur non émancipé est restituable *contre toutes sortes d'actes* : par exemple contre une quittance, s'il n'a pas profité des deniers; contre un titre récognitif, si l'acte primitif pouvait être contesté. — Delvincourt, t. 2, p. 593, note.

13. — Si l'engagement consenti par le mineur était nul en la forme, il ne serait pas besoin de se prévaloir de la lésion. L'acte, même émané du mineur, mais dans lequel il n'aurait pas été représenté légalement, serait nul en la forme. Il n'est donc pas nécessaire pour que le mineur soit restitué, qu'il y ait tout à la fois incapacité et lésion. — *Cass.*, 16 janv. 1837 (t. 1er 1837, p. 108), Brunet c. Phalouzat. — Toullier, t. 6, no 106; t. 7, nos 527, 573 et suiv.; *Thémis*, t. 5, p. 135 et suiv.; Rolland de Villargues, *Rép. du not.*, vo *Rescision*, nos 6 et suiv.; Demante, *Cours de droit civ. franç.*, t. 2, nos 780 et 782. — V., cependant, *Poitiers*, 12 messid. an XI, Liguier (cet arrêt a été rendu sous les anciens principes); *Toulouse*, 13 févr. 1830, Laserre c. Bordères; *Bastia*, 26 mai 1834, Mattagli c. Marcoturchino. — Locré, t. 12, p. 391, no 174, et p. 494, no 61; Duranton, t. 10, nos 280 et 288; Proudhon, *Cours de droit français*, t. 2, p. 289 et suiv.; Zachariæ, t. 2, p. 434 (note 7).

14. — Mais quelle lésion suffit pour faire restituer le mineur lésé? Cette question est nécessairement abandonnée à la prudence du magistrat. — Toutefois on peut dire que la moindre lésion, *minima*, suffirait, si l'engagement contracté par le mineur pouvait affecter ses immeubles et le contraindre à les vendre. Il ne serait même pas besoin de prouver ici la lésion : un pareil effet de l'engagement serait une raison suffisante pour faire prononcer la rescision. — Duparc-Poulain, *sur la Coutume de Bretagne*, art. 493, note 1re; Toullier, t. 7, no 577.

15. — Il ne serait pas besoin non plus d'invoquer la lésion, si l'engagement dont se plaint le mineur l'exposait à des procès et à des frais. — L. 6, ff., *De minor.* — Toullier, t. 7, no 578; Solon, t. 1er, no 281.

16. — Le mineur ne pourrait, dans aucun cas, tirer profit de la restitution au détriment de l'autre contractant, cette restitution n'ayant pour but que de réparer la lésion. — Solon, t. 1er, no 284.

17. — Toutefois, la faculté accordée au mineur de se faire restituer comporte plusieurs exceptions. Ainsi, le mineur ne peut pas se faire restituer : 1o contre des engagements qu'il a pris à raison de son commerce ou de son art, lorsqu'il est commerçant, banquier, ou artisan. — Cod. civ., art. 1308.

18. — ... 2o Pour cause de lésion, lorsqu'elle ne résulte que d'un événement casuel et imprévu. — C. civ., art. 1306.

19. — ... 3o Contre les conventions portées en son contrat de mariage, lorsqu'elles ont été faites avec le consentement et l'assistance de ceux dont le consentement est requis pour la validité de son mariage. — C. civ., art. 1309 et 1398.

20. — ... 4o Contre les obligations résultant de son délit ou quasi-délit. — C. civ., art. 1310.

21. — Le mineur serait cependant restituable contre l'obligation résultant de son délit ou quasi-délit, si l'obligation, dégagée du délit ou quasi-délit, était par elle-même sujette à rescision. Par exemple, si le mineur avait sciemment vendu un immeuble appartenant à autrui. — Toullier, t. 7, no 586.

22. — Si le mineur avait satisfait à une obligation naturelle, il ne serait pas restituable contre cette action. — Solon, *Théorie des nullités*, nos 291 et suiv.

23. — ... 5o Lorsque les formalités prescrites pour les aliénations d'immeubles ou pour partage de succession ont été remplies, que dans les cas où un majeur pourrait l'être. Les mineurs sont alors considérés comme s'ils avaient fait ces actes en majorité. Ce que nous venons de dire des mineurs s'appliquerait aux interdits (C. civ., art. 1314). En outre, il faudrait appliquer l'exception aux emprunts et aux transactions passés dans les formes légales. — C. civ., art. 457, 467, 2052.

24. — Les mineurs ne pourraient, excepté dans les cas où les actes sont nuls de plein droit, attaquer, soit pour incapacité, en cas de vices de formes, soit pour lésion, les engagemens ratifiés par eux en majorité. — C. civ., art. 1311, 1338 et 1340.

25. — Le mineur serait restitué contre un autre mineur comme il le serait contre un majeur, la qualité du créancier ne devant pas rendre plus mauvaise la condition du débiteur. — Domat, *Lois civiles*, *Des rescisions*, sect. 2, no 22; Delvincourt, t. 2, p. 593; Toullier, t. 7, no 591; Rolland de Villargues, vo *Rescision*, nos 31 et suiv.; Solon, t. 1er, no 279.

§ 2. — *A qui appartient l'action en rescision. — Sa durée. — Jugement.*

26. — La rescision peut être demandée par tous ceux au profit desquels la loi ouvre une pareille action. Ainsi, elle peut être demandée par les mineurs à compter du jour de leur majorité, par les interdits à compter du jour où l'interdiction est levée, par les femmes mariées non autorisées à compter du jour de la dissolution du mariage. — C. civ., art. 1304.

27. — L'action en rescision pour simple lésion est ouverte à l'interdit pour condamnation à peine afflictive comme elle l'est à l'interdit pour cause de démence, de fureur ou d'imbécillité. — *Liége*, 5 juill. 1819, Pioch c. le Sueur. — Merlin, *Quest.*, vo *Rescision*, § 3.

28. — Le majeur ne peut invoquer le privilége de minorité pour faire rescinder la convention qu'il a faite avec un mineur. — *Cass.*, 16 févr. 1814, Méardi; 30 août 1815, de Vaudreuil c. Sallonier. — *Incivile est ea quæ in favorem quorumdam introducta sunt contra eos retorqueri.*

29. — La rescision peut également être exercée par tous ceux à qui des dispositions spéciales de la loi accordent un pareil droit : par exemple en matière de vente, de partage, de partage d'ascendant, etc. — V. ces différens mots.

30. — La caution du débiteur peut, comme ce dernier, exercer l'action en rescision (C. civ., art. 2036). Il importerait peu si le cautionnement avait été donné après coup, et avec pleine connaissance de cause du vice de l'obligation principale. Mais il en serait autrement au cas du cautionnement d'une obligation susceptible d'être anéantie par suite d'une exception purement personnelle à l'obligé; par exemple, dans le cas de minorité. — C. civ., art. 2012. — Rolland de Villargues, *Rép. du not.*, vo *Rescision*, nos 35 et suiv. — V. CAUTIONNEMENT.

31. — Le cessionnaire a le droit d'exercer les actions rescindables et rescisoires qui dépendent du droit cédé. — Rolland de Villargues, no 38. — V. cependant Rousseau de Lacombe, vo *Transport*, no 6; Proudhon, *Droit français*, t. 1er, p. 19[illegible]. — V. TRANSPORT.

32. — L'action en rescision passe aux héritiers qui ont, pour l'exercer, le temps qui restait à leur auteur (L. 3, § 9; L. 18, § 5; L. 19, ff. *De minor.*); ou les dix ans qu'accorde l'art. 1304, si l'auteur était mort avant l'ouverture du délai. — V. NULLITÉ.

33. — L'action en rescision appartenant à deux personnes qui ont vendu conjointement est divisible. — *Cass.*, 30 mai 1814, Fargès et Pontcarré c. Lagrange.

34. — Mais différentes fins de non-recevoir peuvent être élevées contre celui qui forme l'action en rescision.

35. — Ainsi, en matière de partage, le vice de l'acte est purgé par l'aliénation que fait l'héritier de tout ou partie de son lot, depuis la cessation de la violence et la découverte du dol. — C. civ., art. 892. — V. PARTAGE.

36. — ... Et, en général, la ratification, de même que l'exécution volontaire, même partielle, de l'acte entaché de dol ou violence rend non recevable à l'attaquer. — Toullier, t. 7, nos 564 et 572; Duranton, t. 12, nos 558 et suiv.; Rolland de Villargues, vo *Rescision*, nos 69 et 70. — V. RATIFICATION.

37. — Mais la ratification, que ferait le débiteur, d'une obligation susceptible de rescision, n'enlèverait pas à la caution le droit d'attaquer l'obligation comme nulle. — Rolland de Villargues, no 77.

38. — L'action en rescision qui, dans le principe, durait trente ans, fut limitée à dix par une ordonnance de Louis XII, du mois de juin 1510, ordonnance renouvelée par deux autres sous François Ier, la première rendue en 1535, et la seconde, de Villers-Cotterets, en 1539. C'est ce délai de dix ans que le Code civil a admis.

39. — En effet l'art. 1304 porte : « Dans tous les cas où l'action en nullité ou en rescision d'une convention n'est pas limitée à un moindre temps par une loi particulière, cette action dure dix ans. »

40. — Dans l'ancien droit, les actions en rescision de contrat pour dol, fraude et lésion, se prescrivaient par dix ans, de même que sous le Code civil. — *Cass.*, 28 mars 1820, Adenot.

41. — On a exposé vo NULLITÉ tout ce qui concerne les principes communs à ces deux matières. Il faut donc se reporter à ce mot. Toutefois, nous ajouterons ici quelques décisions concernant particulièrement la rescision. — V. aussi PARTAGE, PARTAGE D'ASCENDANS, VENTE.

42. — L'action en rescision d'un contrat, pour cause de lésion, naissant du jour où le contrat a été passé, c'est de ce jour même que la prescription de cette action commence à courir. Conséquemment, c'est par la loi sous l'empire de laquelle l'adjudication a été faite, et non par le Code civil, que doit se régler la prescription de la demande en rescision du mineur, bien qu'il ne soit devenu majeur qu'après la loi nouvelle. — Ainsi, par exemple, un mineur dont l'immeuble a été vendu avant le Code civil, sous une législation qui accordait dix années pour former la demande en rescision pour cause de lésion, peut exercer cette action pendant les dix années qui suivent sa majorité, alors même qu'il ne serait devenu majeur que depuis le Code civil. — *Cass.*, 15 déc. 1825, Blanc c. Mathieu.

43. — De même l'action en rescision pour lésion est régie, quant à sa durée, non par la loi en vigueur au moment où cette action est intentée, mais par la loi sous l'empire de laquelle l'acte a été passé. — *Pau*, 4 févr. 1830, Garonne c. Baron.

44. — Les dix ans ne courent, en cas de violence, que du jour où elle a cessé; dans le cas d'erreur ou de dol, que du jour où ils ont été découverts; et, pour les actes passés par les femmes mariées non autorisées, du jour de la dissolution du mariage. — Le temps ne court, à l'égard des actes faits par les interdits, que du jour où l'interdiction est levée; et à l'égard de ceux faits par les mineurs, que du jour de la majorité. — C. civ., art. 1304.

45. — La prescription de l'action en rescision de la vente faite par des mineurs, sans les formalités voulues, court à partir de la majorité des vendeurs, alors même qu'ils auraient été frauduleusement déterminés à vendre par leur tuteur. On ne saurait faire courir la prescription, seulement de la découverte du dol. — *Cass.*, 5 déc. 1826, Douceur c. Pointel.

46. — Un mineur devenu majeur n'a que dix ans, à partir de sa majorité pour se pourvoir en restitution contre une quittance par lui signée en minorité, au profit de son tuteur, sans autorisation et sans l'accomplissement des formalités nécessaires à sa validité. — *Angers*, 27 déc. 1815, Lepondal c. Milscent.

47. — L'enfant n'a qualité, pour attaquer les actes faits par ses père et mère, en rescision, pour cause de dol et de simulation, que du jour de leur décès. Ce n'est qu'à partir de cette époque que peut courir le délai de prescription de dix ans. — *Orléans*, 29 nov. 1822, Doisaut c. Chevalier.

48. — La prescription de l'action en rescision pour lésion n'est pas interrompue par la demande en partage de divers biens parmi lesquels se trouve l'immeuble qui donne lieu à cette action. — *Cass.*, 5 déc. 1842 (t. 1er 1843, p. 479), Fornel de Mainzac c. de Lamberteru.

49. — Lorsque la demande en rescision, au lieu d'être formulée par voie d'action, l'est par voie d'exception, elle est alors perpétuelle, c'est-à-dire qu'on peut l'opposer tant que dure l'action. — *Tamdiù durat exceptio quamdiù durat actio.* — V. NULLITÉ, PRESCRIPTION.

50. — L'action en rescision doit être formée devant le tribunal du domicile du défendeur, ou devant le juge de la situation de l'objet litigieux, au choix du demandeur. — C. procéd., art. 59. — Mais on doit mettre en cause les tiers détenteurs, afin que le jugement à intervenir soit exécutoire contre eux. — Si la chose, objet de la demande en restitution, était purement personnelle ou mobilière, le demandeur devrait l'intenter devant le juge du domicile du défendeur. — Merlin, *Rép.*, vo *Rescision*, no 8; Rolland de Villargues, vo *Rescision*, nos 64 et suiv.

51. — Les faits sur lesquels on base la rescision doivent être prouvés. Si l'acte est nul pour vice de formes, la preuve est facile, il n'y a qu'à le présenter pour que l'annulation en soit prononcée. Si l'acte est attaqué pour cause d'incapacité, la preuve se fait par la production d'un acte de l'état civil. S'il s'agit d'un vice caché, comme le dol, la violence, l'erreur, il faut procéder à une instruction, et la preuve testimoniale est généralement admise. — Rolland de Villargues, *Rép. du not.*, vo *Rescision*, nos 78 et suiv.

52. — Les juges peuvent prononcer la rescision pour cause de lésion, sans avoir préalablement ordonné d'expertise. — *Limoges*, 14 févr. 1827 (sous *Cass.*, 15 déc. 1830), Blanc c. Dupuy; *Riom*, 5 août 1840 (t. 1er 1841, p. 339), Durand c. Reboisson (solut. implic.). — C'était là un principe constant dans l'ancienne jurisprudence (Faber, *Cod.*, lib. 4, tit. 30, déf. 33), et il est, de plus, adopté par M. Troplong, *Vente*, no 831; Duvergier, *Vente*, no 106. — V. *contrà*, Delvincourt, t. 3, p. 166, notes.

53. — De même, les juges peuvent, sans expertise préalable, et alors même qu'il s'agit de l'intérêt d'un mineur, prononcer le rejet d'une action en rescision pour cause de lésion, lorsque la nature et les circonstances de l'acte leur paraissent devoir écarter toute présomption de dol ou de fraude. — *Cass.*, 7 déc. 1819, Bosch c. Pujarnicle.

54. — En tous cas, les juges ne sont pas, en matière de rescision pour cause de lésion, obligés de suivre l'avis des experts. — *Cass.*, 31 mars 1840 (t. 1er 1840, p. 556), Desbois c. Lecorgne.

55. — Ils peuvent suppléer à l'insuffisance du rapport de ces experts par leurs connaissances personnelles et par les inductions tirées des documens mis sous leurs yeux. — *Cass.*, 2 janv. 1828, Gauthier c. Brivasac.

56. — Ils peuvent même, s'ils le jugent convenable, ordonner une nouvelle expertise. — *Nîmes*, 12 pluv. an XIII, Valady c. Bourdon.

§ 3. — *Effets de la rescision.*

57. — La rescision détruit le contrat dès son principe. Elle remet les choses dans l'état où elles étaient avant la convention. D'où résulte qu'il faut restituer tout ce qui a été payé ou perçu, et qu'il y a anéantissement des charges créées et des aliénations consenties par celui dont le contrat est rescindé. — V. NULLITÉ.

58. — Le principe que la rescision a son effet contre les tiers qui représentent celui dont le contrat est déclaré nul, ou possèdent les biens objet de ce contrat, est général et s'applique à toutes les rescisions. — Pothier, *Vente*, no 371; Toullier, t. 7, no 548; Rolland de Villargues, vo *Rescision*, no 91.

59. — L'action en revendication contre les tiers détenteurs est une suite de l'action en rescision ou en nullité. Cette dernière action suit les choses en quelque main qu'elles passent. L'action en revendication n'est toutefois pas admise en matière de meubles. — C. civ., art. 2279. — Rolland de Villargues, nos 41 et 42.

60. — Lorsque les incapables sont admis comme tels à se faire restituer contre leurs engagemens; le remboursement de ce qui aurait été, en conséquence de ces engagemens, payé pendant l'incapacité, ne peut en être exigé : à moins qu'il ne soit prouvé que ce qui a été payé a tourné à leur profit. — C. civ., art. 1312.

61. — Les choses que le mineur a possédées pendant un temps quelconque, mais qu'il n'a plus au moment de sa demande en rescision, doivent être remboursées par lui, s'il en a profité pendant un instant de raison, bien que par la suite elles aient péri par cas fortuit. — Rolland de Villargues, vo *Rescision*, no 94.

62. — Si le prix d'une vente de biens de mineurs faite sans formalités, a profité aux mineurs; ainsi, par exemple, si elle les a soustraits aux poursuites d'un créancier, ils doivent, en obtenant la nullité de la vente, restituer le prix payé par l'acquéreur. — *Cass.*, 5 déc. 1826, Douceur c. Pointel.

63. — Il suffit, pour que l'acquéreur de biens de mineurs vendus sans formalités doive être réputé de bonne foi et ait fait les fruits siens jusqu'au jour de la demande en nullité, que la vente ait, lors du contrat, paru utile aux mineurs; tel est le cas, par exemple, où elle a eu pour objet de les soustraire aux poursuites d'un créancier, alors même que la créance, cause des poursuites, aurait depuis été déclarée fausse et frauduleuse. — Même arrêt.

64. — La preuve de l'emploi utile peut se faire par tous les modes; car il n'a pas été permis au demandeur de se procurer une preuve écrite. — Toullier, t. 9, no 105; Rolland de Villargues, vo *Rescision*, no 95.

65. — Si l'acte dont on poursuit la rescision contient plusieurs chefs indépendans les uns des autres, la rescision ne s'appliquerait qu'aux chefs préjudiciables et ne s'étendrait pas aux autres parties de l'acte. — L. 29, § 1er, ff., *De minor.* — Si les différentes parties dépendaient, au contraire, les unes des autres, la rescision s'étendrait à l'acte entier. — Toullier, t. 6, no 778; t. 7, no 593; Rolland de Villargues, *Rép. du not.*, vo *Rescision*, nos 98 et 99.

66. — Jugé que la cession, pour un seul et même prix, des droits héréditaires dans plusieurs successions, a pu être déclarée indivisible, en ce sens que la rescision de l'acte n'a pu être demandée à l'égard d'une succession sans l'être à l'égard des autres. — *Cass.*, 26 nov. 1833, Poulard c. Rivals-Dumas.

67. — Si un tuteur avait vendu un fonds qui lui appartenait en commun avec le mineur, et que celui-ci obtînt ensuite d'être restitué contre cette vente, l'acquéreur aurait le droit de forcer le tuteur à reprendre la portion qui lui appartenait personnellement; car on ne saurait forcer l'acquéreur à diviser l'effet de son contrat et à garder une portion qu'il a pu ne pas vouloir acheter séparée de l'autre. — L. 47, § 1er, ff., *De minor.* — Toullier, t. 6, no 778; t. 7, no 593; Rolland, no 99.

68. — La restitution du mineur ne profite pas au majeur, son consort, à moins que l'engagement ne fût indivisible. — Merlin, *Rép.*, vo *Rescision*, no 10; Rolland, *Rép. du not.*, vo *Rescision*, no 100.

69. — Lors même que le mineur obtient la rescision de son contrat, celui qui l'a cautionné ne peut se prévaloir de la restitution. — *Cass.*, 16 févr. 1814, Méardi. — Rolland, vis *Rescision*, no 101 et *Stipulation pour autrui*, no 27; Toullier, t. 6, no 156.

RESCISOIRE.

V. REQUÊTE CIVILE.

RESCRIPTION.

C'est la même chose que le mandat de paiement. — V. ce mot.

RESCRITS (Droit romain).

V. CONSTITUTIONS DES EMPEREURS ROMAINS.

RÉSERVE, RÉSERVE LÉGALE.

On appelle ainsi la portion de biens dont la loi défend de disposer, à titre gratuit, au préjudice de certains héritiers qui sont les descendans et les ascendans, et qu'on nomme, pour cette raison, héritiers à réserve. — V. QUOTITÉ DISPONIBLE.

RÉSERVE (Quart de).

1. — On appelait ainsi autrefois la partie des bois appartenant aux gens de mainmorte qui avait été marquée et réservée pour croître en futaie. — Ordonn. 1669, tit. 24, art. 2. — Merlin, *Rép.*, vo *Réserve* (*Quart de*).

2. — On donne aujourd'hui le même nom au quart des bois des communes, des hospices et autres établissemens publics qui doit, dans certains cas, être distrait pour croître également en futaie. — C. for. 21 mai 1827, art. 93. — V. AFFOUAGE, BIENS COMMUNAUX, DÉFRICHEMENT, FORÊTS.

RÉSERVES (Procédure).

1. — On entend par ce mot la déclaration que si l'on n'exerce pas immédiatement tel ou tel droit on ne l'abandonne pas pour cela.

2. — La matière a été traitée v° PROTESTATIONS ET RÉSERVES. On n'ajoutera ici que quelques mots.

3. — Les tribunaux ne doivent pas donner acte de réserves se rapportant à des difficultés éventuelles. — *Bordeaux*, 26 mars 1841 (t. 2 1841, p. 668), Larrisson c. de Grailly.

4. — Lorsqu'une partie fait une déclaration dans le cours de la plaidoirie, l'autre doit, à peine de déchéance, en demander acte à l'instant même. — *Metz*, 6 janv. 1818, Germain c. Mathelin.

V., en outre, ACQUIESCEMENT, ACTION PUBLIQUE, APPEL, ARBITRAGE, CASSATION (mat. civ.), CASSATION (mat. crim.), CHOSE JUGÉE, DÉSISTEMENT, DIFFAMATION, ENQUÊTE, EXCEPTION, EXÉCUTION DES ACTES ET JUGEMENS, EXPERTISE, FIN DE NON-RECEVOIR, FRAIS, INVENTAIRE, JUGEMENT (mat. civ.), JUGEMENT PAR DÉFAUT, MINISTÈRE PUBLIC, NON BIS IN IDEM, NULLITÉ DE PROCÉDURE, OBLIGATION, PROTÊT.

RÉSERVES COUTUMIÈRES.

1. — On entendait par ces mots les portions de biens que les coutumes déclaraient indisponibles et qu'elles assuraient, par ce moyen, aux héritiers.

2. — Il y en avait de deux sortes. — Les unes n'avaient lieu qu'en faveur des descendans. Telles étaient celles des coutumes d'égalité parfaite et des pays où la dévolution était établie en faveur des enfans dont le père ou la mère avait convolé à de secondes noces. — Merlin, *Rép.*, v° *Légitime*, sect. 2, § 3, n° 1er; Toullier, t. 5, n° 98. — V. DÉVOLUTION COUTUMIÈRE.

3. — Les autres réserves étaient celles que les coutumes avaient introduites pour les collatéraux, comme pour les enfans et c'étaient les plus ordinaires. — Merlin, *ibid.*; Toullier, *ibid.*

4. — De plus : certaines coutumes limitaient les réserves aux dispositions de dernière volonté, tandis que d'autres les étendaient aux donations entre-vifs. — Merlin, *ibid.*; Toullier, *ibid.*

5. — Suivant quelques auteurs, les réserves coutumières devaient être entièrement assimilées à la légitime; mais le plus grand nombre était d'avis que si les deux matières avaient des dispositions communes, elles différaient essentiellement sur beaucoup d'autres. — Merlin, *ibid.*, nos 2 et 3. — V. LÉGITIME.

6. — Ainsi, suivant ces derniers, les réserves coutumières différaient de la légitime, en ce que 1° la légitime ne pouvait être demandée que par l'héritier en ligne directe, au lieu que les réserves coutumières appartenaient à toute sorte d'héritiers, soit directs, soit collatéraux ; 2° la légitime était préférée à toute espèce de dispositions soit entre-vifs, soit testamentaires, au lieu que les réserves coutumières pouvaient être entamées par des dispositions entre-vifs; 3° la légitime affectait tous les biens, tandis que les réserves n'affectaient que les propres; 4° l'héritier légitimaire devait imputer sur sa légitime tout ce qu'il avait reçu du défunt, au lieu que les réserves coutumières s'exerçaient sans aucune imputation. — Merlin, *ibid.*; Rolland de Villargues, *Rép. du not.*, v° *Réserve légale*, n° 10.

7. — En Nivernais, les biens dits *bordeliers* étaient sujets aux réserves coutumières. — *Bourges*, 27 thermid. an XI, Cougnaud. — V. BORDELAGE.

RÉSERVE DE DISPOSER.

1. — Se dit du cas où un donateur se réserve de disposer d'un objet compris dans la donation.

2. — Cette réserve est stipulée principalement dans les institutions contractuelles ou donations par contrat de mariage. — V. DONATION PAR CONTRAT DE MARIAGE, nos 438 et suiv.

3. — Elle a aussi lieu dans les donations ordinaires. — V. DONATION ENTRE-VIFS, nos 564 et suiv.

V. aussi DONATION A CAUSE DE MORT, DONATION ENTRE ÉPOUX, LEGS.

RÉSIDENCE.

1. — C'est, au point de vue des fonctionnaires et officiers ministériels, le lieu de séjour obligé pour l'exercice de leur charge ou fonction. — V. AGENT DE CHANGE, AVOCAT, AVOUÉ, CASSATION (mat. civ.), CAUTIONNEMENT (fonct.), COMMISSAIRE-PRISEUR, CONSISTOIRE ISRAÉLITE, CONSISTOIRE PROTESTANT, CONSUL, COURTIERS INTERPRÈTES, ÉVÊQUES, FONCTIONNAIRES PUBLICS, HUISSIER, HUISSIER AUDIENCIER, JUGE, JUSTICE DE PAIX, NOTAIRE, OFFICE. — V. aussi DISCIPLINE, etc.

2. — Dans un sens plus général, la résidence est l'habitation réelle d'un individu par opposition à son domicile. — V. DOMICILE, nos 4 et suiv. — V. aussi ALGÉRIE, CITOYEN FRANÇAIS, COMMISSIONNAIRE, COMMUNE, CONTRIBUTIONS DIRECTES, DÉLITS DE PRESSE, DIFFAMATION, DROITS CIVILS, ÉLECTIONS, ÉTRANGER, FRANÇAIS, PATENTE, PRUD'HOMMES, SÉPARATION DE CORPS, SURVEILLANCE, etc.

RÉSIGNATION D'OFFICE.

On appelait ainsi autrefois la démission que donnait le titulaire d'un office. — Par suite, celui qui se démettait avait le nom de *résignant*; et celui au profit de qui la démission était donnée, le nom de *résignataire*. — V. OFFICE.

RÉSILIATION.

1. — C'est l'acte par lequel les parties consentent à ce qu'un acte précédent soit considéré comme non avenu.

2. — La résiliation ne doit pas être confondue avec la résolution proprement dite. Celle-ci anéantit le premier contrat comme s'il n'avait jamais existé, tandis que la résiliation forme un nouveau contrat qui n'anéantit pas les effets du précédent pour le passé. La véritable résolution est, suivant le langage des anciens auteurs, plutôt *distractus que novus contractus*. — Toullier, t. 7, n° 551; Rolland de Villargues, *Rép. du notar.*, v° *Résiliation*, n° 2. — V. RÉSOLUTION.

3. — La résiliation volontairement consentie ne saurait porter préjudice aux droits acquis à des tiers, et il n'y a pas lieu de lui appliquer cette maxime que la résolution du droit du cédant emporte la résolution du droit du cessionnaire : *Soluto jure solventis, solvitur jus accipientis*. — Duvergier, *Vente*, t. 2, n° 5; Rolland de Villargues, n° 5.

4. — Dès lors, la résiliation n'entraînerait pas l'extinction des hypothèques, servitudes ou autres droits cédés à des tiers. — Rolland de Villargues, n° 8.

5. — L'immeuble qu'elle ferait rentrer entre les mains du vendeur ne lui serait pas propre, mais deviendrait acquêt. — Pothier, *Vente*, n° 330; Troplong, *Vente*, n° 199; Championnière et Rigaud, *Des dr. d'enregistr.*, n° 332.

6. — Enfin, la résiliation donne lieu à un nouveau droit de mutation. — V. ENREGISTREMENT. — V. aussi ABONNEMENT (contrib. indir.), ASSURANCE TERRESTRE, BAIL, BAIL ADMINISTRATIF, CHARTE PARTIE, CONCILIATION, DEGRÉ DE JURIDICTION, DEMANDE NOUVELLE, FAILLITE, FRET, LOUAGE D'INDUSTRIE, MARCHÉS DE FOURNITURES, PAPIER MONNAIE.

RÉSILIATION (Bail).

1. — Tout ce qui concerne la résiliation des baux est traité v° BAIL. — Nous nous bornerons à mentionner quelques décisions rendues depuis la publication de cet article.

2. — Il a été jugé que, lorsque, par le sous-bail passé entre eux, le locataire principal et ses sous-locataires ont eu pour but commun de porter atteinte aux stipulations du bail principal, l'inexécution concertée des clauses de ce bail, étant un fait personnel à chacun d'eux, entraîne, avec la résiliation du bail principal et la responsabilité du premier locataire, la résiliation même du sous-bail et la responsabilité des sous-preneurs. — *Cass.*, 15 avril 1844 (t. 1er 1845, p. 652), Grangier c. Barre.

3. — ... Que la résiliation du bail principal prononcée contre le preneur, pour cause d'inexécution des engagemens de ce dernier envers le bailleur, entraîne avec elle la résiliation du sous-bail. Qu'il ne suffirait pas au sous-preneur, pour éviter cette résiliation, dépendant de la première, d'alléguer qu'il a rempli ses engagemens personnels envers le preneur, surtout s'il apparaît que le sous-bail, sous l'apparence d'un acte sérieux, n'a eu pour but que de favoriser l'inexécution du premier bail. — *Bordeaux*, 25 juill. 1844 (t. 1er 1845, p. 653), Morié c. Laloubière. — V., sur le point de savoir si la résolution du bail principal entraîne celle des sous-baux, v° BAIL, nos 830 et suiv.

4. — ... Que, lorsque la modicité du prix fixé pour le bail d'une carrière de pierres démontre que, dans l'intention des parties, il devait être extrait une quantité considérable de pierres pour procurer au bailleur un revenu convenable, la résiliation du bail peut être demandée, pour inexécution de la convention, si la lenteur de l'exploitation est telle qu'il n'en doit résulter qu'un trop modique revenu pour le bailleur. — *Bordeaux*, 4 mai 1846 (t. 2 1848, p. 279), Normand c. Crosillac. — V. BAIL, n° 1003 et suiv.

5. — ... Que la faillite du locataire n'est pas par elle-même une cause de résiliation du bail. Qu'ainsi, le bail doit être maintenu lorsque la masse des créanciers offre d'en faire, aux enchères, céder le droit à une personne notoirement solvable qui sera tenue de toutes les obligations du preneur envers le bailleur. — *Caen*, 25 août 1846 (t. 2 1847, p. 422), Elie c. Berrurier.

6. — Jugé, d'un autre côté, que la faillite du preneur entraîne la résiliation du bail, lorsque les syndics ne présentent pas des garanties suffisantes pour l'exécution à venir des clauses du contrat. — *Paris*, 20 févr. 1847 (t. 1er 1847, p. 374), Chabbal c. Camus. — V., au reste, BAIL, nos 1003 et suiv.

7. — ... Que les tribunaux civils sont compétens, même en cas de faillite, pour connaître de la demande à fin d'exécution d'un acte de résiliation du bail fait au failli, lors même que les syndics soutiennent que cet acte a été fait en fraude des droits des créanciers. Le tribunal civil saisi de cette demande ne doit pas surseoir à y statuer jusqu'à ce que le tribunal de commerce ait prononcé sur la demande à lui soumise en nullité dudit acte. — *Amiens*, 4 déc. 1846 (t. 1er 1847, p. 458), Lemaire c. Delvigne.

8. — ... Que, lorsque la destination de la chose louée a été stipulée entre les parties comme condition sans laquelle le bail n'aurait pas lieu, les circonstances de force majeure, qui rendent impossible cette destination, doivent être prises en considération, et peuvent, surtout en matière commerciale, donner lieu à la résiliation du bail. — Que spécialement, lorsqu'un navire a été affrété pour aller d'abord à une première destination, puis, après y avoir chargé les marchandises désignées, se rendre à une seconde destination, où les deux frets seraient payés, s'il est reconnu que, dans l'intention commune des parties, le voyage à la seconde destination avait pour but spécial le transport du chargement à faire à la première, c'est avec raison qu'on a décidé que l'impossibilité, par suite de blocus, de charger à la première destination les marchandises indiquées, rendait le fréteur non recevable à exiger le paiement du second des deux frets. — *Cass.*, 1er mai 1848 (t. 1er 1848, p. 706), Oucheille c. Goyetche. — V. BAIL, nos 992 et suiv., et FRET, nos 57 et suiv.

9. — ... Que les tribunaux civils sont compétens pour statuer sur une demande en résiliation de bail avec dommages-intérêts, formée par le preneur contre une compagnie de chemin de fer qui s'est rendue acquéreur des terrains à lui précédemment loués. Que la compagnie, dans ce cas, ne saurait, pour décliner la compétence de l'autorité judiciaire, se prévaloir des dispositions des lois des 28 pluv. an VIII et 16 sept. 1807, qui placent dans les attributions de l'autorité administrative le règlement des indemnités dues par suite d'occupation temporaire de terrains nécessaires à l'exécution de travaux publics, et la connaissance des contestations relatives à ce règlement. — *Douai*, 24 juin 1848 (t. 1er 1849, p. 665), Rugeau c. Dubois et Compagnie du chemin de fer du Nord. — V. COMPAGNIE ADMINISTRATIVE, n° 355.

10. — ... Que la clause d'un bail portant que la faculté de résiliation aura lieu au profit du propriétaire dans le cas « où les lieux ne seraient pas garnis ou cesseraient d'être garnis de meubles suffisans pour répondre des loyers, comme aussi dans le cas où un mois se serait écoulé après l'échéance d'un terme non payé, nonobstant les six mois payés d'avance, lesquels seraient acquis au propriétaire à titre d'indemnité, » doit recevoir son exécution alors même que la disparition du mobilier serait le résultat de la vente opérée après le décès du preneur mort en état de succession vacante. Que l'autorisation, obtenue en référé par le propriétaire, de sous-louer les lieux aux risques et périls du locataire, ne saurait être considérée comme une renonciation à l'action en résiliation. — *Paris*, 30 nov. 1848 (t. 1er 1849, p. 97), Bontemps c. Butiau.

V. ASSURANCE MARITIME, ASSURANCE SUR LA VIE, ASSURANCE TERRESTRE.

RÉSILIEMENT.

Terme employé dans la loi du 22 frim. an VII, sur l'enregistrement; il signifie la même chose que *résiliation*. — V. ce mot. — V. aussi ENREGISTREMENT.

RÉSINES, MATIÈRES RÉSINEUSES.

1. — Établissemens où s'opère le travail en grand des résines et de toutes les matières résineuses : soit pour la fonte et l'épuration de ces matières, soit pour en extraire la térébenthine. — Première classe des établissemens insalubres, V. ce mot (nomenclature).

2. — Marchands en gros de résines et autres matières analogues, marchands en détail. — Patentables les premiers de 4re classe, et les derniers de 8e. — Droit fixe basé sur la population; droit proportionnel, pour les premiers du 45e et pour les derniers du 20e de la valeur locative de l'habitation et des lieux servant à l'exercice de la profession.

3. — Quant aux fabricans de résines, brais, goudrons, poix et autres matières analogues; ils sont soumis à un droit fixe de 25 fr. et à un droit proportionnel du 20e sur le loyer d'habitation et sur les magasins de vente complétement séparés de l'établissement, et du 25e sur l'établissement industriel. — V. PATENTE.

RÉSOLUTION.

1. — C'est l'action de rendre non avenu ce qui précédemment existait, et spécialement un contrat.

2. — Le droit d'obtenir la résolution constitue l'action résolutoire.

3. — La résolution ne doit pas être confondue avec la rescision. Celle-ci suppose un vice inhérent au contrat, tandis que la résolution fait cesser une convention valable. Elle provient d'une cause postérieure qui fait que ce qui a subsisté n'existe plus. C'est donc à tort que l'art. 4658 C. civ. met la rescision pour lésion au nombre des causes de résolution de la vente. — Domat, *Lois civiles*, liv. 4er, tit. 2, sect. 12; Toullier, t. 7, n° 551; Troplong, *Vente*, t. 2, n° 689; Duranton, n° 552. — V. RESCISION, VENTE.

4. — Généralement, on dit que la résolution du droit du cédant emporte celle du concessionnaire: *Resoluto jure dantis, resolvitur jus accipientis.* Cet axiome vrai dans le cas où c'est par une cause étrangère à la volonté du cédant que le droit de celui-ci a été résolu, ne l'est, au cas où le cédant a pu empêcher ou prévenir le fait, que si, en faisant ce qu'il a donné lieu à la résolution, il n'a pas eu pour objet direct et immédiat de faire résoudre son droit. — Merlin, *Rép.*, v° *Résolution*, n° 2.

5. — La résolution pour défaut d'exécution du contrat a lieu dans trois cas différens : 4° celui prévu par la loi, 2° celui prévu par la convention, 3° celui de la cassation des jugemens et arrêts. — Duranton, t. 42, n° 552.

6. — En général, la résolution est une condition sous-entendue dans les contrats synallagmatiques, pour le cas où l'une des deux parties ne satisfera point à son engagement. — C. civ., art. 1184. — V. CONDITION.

7. — Spécialement, dans la vente, si l'acheteur ne paie pas le prix, le vendeur peut demander la résolution du contrat. — C. civ., art. 1654. — V.

8. — De même, le contrat de louage se résout par le défaut d'exécution du bailleur et du preneur de remplir leurs engagemens.—C. civ., art. 1741. — V. BAIL.

9. — La loi prononce aussi la résolution dans certains contrats unilatéraux. Ainsi, l'art. 953 C. civ. déclare la donation résoluble pour inexécution des conditions sous lesquelles elle aura été faite, etc. — V. DONATION ENTRE-VIFS.

10. — L'action en résolution n'a pas lieu dans les actes de partage, ni pour défaut de paiement du prix d'une licitation, à moins que, dans ces actes, la résolution n'eût été expressément stipulée. — Rolland de Villargues, *Rép. du not.*, v° *Résolution*, n° 28 et suiv. — V. LICITATION, PARTAGE.

11. — Car la résolution peut être stipulée dans toutes espèces de contrats.—C. civ., art. 1184.

12. — Dans le cas où la résolution a lieu par le consentement mutuel des parties, elle se nomme *résiliation*. — V. RÉSILIATION.

13. — La résolution n'a pas lieu de plein droit : elle doit être demandée en justice, et il peut être accordé au défendeur un délai suivant les circonstances. — C. civ., art. 956 et 1184.

14. — Une loi qui introduirait pour les contrats des causes nouvelles de résolution, ne serait pas applicable aux contrats passés sous l'empire d'une loi différente. — *Cass.*, 4 mars 1828, Janson c. Kelly. — Rolland de Villargues, v° *Résolution*, n° 34. — V. au surplus LOIS.

15. — Les modifications apportées par la loi à une convention, tellement qu'elle ne soit plus entièrement exécutée, ne sont pas cause de résolution, comme l'inexécution procédant de la volonté de l'une des parties. — *Cass.*, 2 févr. 1834, Dutréhan c. Joulin.

16. — La force majeure qui, en cas d'inexécution, affranchit le débiteur des dommages-intérêts, ne l'affranchit pas en même temps de la résolution du contrat. — *Fau*, 30 mars 1833, Commune de Luby c. Bagnères.

17. — Dans un contrat synallagmatique, la partie envers laquelle l'engagement n'a point été exécuté a le choix, ou de forcer l'autre à l'exécution de la convention lorsqu'elle est possible, ou d'en demander la résolution avec dommages-intérêts. — C. civ., art. 1184. — On comprend que cette faculté ne puisse être accordée qu'au créancier; autrement il dépendrait de la seule volonté du débiteur d'anéantir son obligation, ce que la raison se refuse à admettre. — Toullier, t. 6, n° 574; Rolland de Villargues, v° *Résolution*, n° 35.

18. — La résolution peut être exercée par celui qui est aux droits d'une partie, comme elle pourrait l'être par cette partie elle-même. — Rolland de Villargues, n° 37.

19. — La résolution ne peut plus être invoquée lorsqu'on y a renoncé tacitement ou expressément, ou lorsqu'il y a prescription. — V. PRESCRIPTION, RENONCIATION.

20. — L'action en résolution dure trente ans, à la différence de l'action en rescision qui se prescrit par dix ans. — Duranton, t. 42, n° 552. — V. RESCISION.

21. — L'action en résolution peut être intentée contre les tiers acquéreurs d'un immeuble; mais, en matière d'échange, la chose ne peut être répétée qu'entre les copermutans, et non contre les tiers. — V. ÉCHANGE, VENTE.

22. — La résolution a pour effet de remettre les choses au même état que si l'obligation n'avait jamais existé. — C. civ., art. 1183. — C'est l'effet rétroactif de la condition, effet général pour toutes les conditions.— Toullier, t. 6, n° 563, t. 7, n° 539 et 543; Troplong, *Vente*, t. 2, n° 654; Duvergier, t. 2, n° 492; Rolland de Villargues, n° 111. — V. au surplus CONDITION.

23. — Lorsqu'un contrat est résolu pour vice *prout ex tunc*, même à l'égard des tiers; en conséquence, les tiers ne peuvent se prévaloir des droits par eux acquis dans l'intervalle du contrat à la résolution. — *Paris*, 14 août 1812, Lamiral c. Rivière.

24. — La résolution prononcée, toutes les charges créées, toutes les hypothèques, toutes les aliénations consenties s'évanouissent. La propriété retourne sur la tête du propriétaire précédent, comme si elle y fût toujours restée. Il est censé avoir toujours été propriétaire et possesseur. Le créancier doit rendre aussi tout ce qu'il a reçu. — C. civ., art. 1183. — Toullier, t. 6, n° 575, t. 7, n° 549; Troplong, *Vente*, t. 2, n° 651; Rolland de Villargues, n° 114 et suiv.

25. — Toutefois, la résolution n'atteindrait pas les baux consentis de bonne foi, par suite de l'obligation imposée par le Code au successeur particulier de maintenir les baux que son prédécesseur a passés. — Toullier, t. 6, n° 576; Troplong, *loc. cit.*; Duvergier, n° 457; Rolland de Villargues, n° 117. — V. BAIL.

26. — Le conjoint auquel appartenait l'immeuble le reprend comme propre. — Toullier, t. 42, n° 491; Bellot, *Contrat de mariage*, t. 4er, p. 467; Rolland de Villargues, n° 118.

27. — La renonciation que ferait le créancier d'une résolution qui se serait opérée de plein droit ne pourrait porter préjudice aux tiers à qui cette résolution avait fait acquérir quelques droits.—C. civ., art. 1467. — Toullier, t. 6, n° 572.

V., en outre, ACTION (Droit français), ASSURANCE MARITIME, ASSURANCE TERRESTRE, BAIL A CHEPTEL, CHOSE JUGÉE, COMPÉTENCE COMMERCIALE, CRÉANCIER, DEGRÉ DE JURIDICTION, DEMANDE NOUVELLE, EMPHYTÉOSE, ENREGISTREMENT, EXPROPRIATION POUR UTILITÉ PUBLIQUE, FAILLITE, FOLLE ENCHÈRE, HYPOTHÈQUE, HYPOTHÈQUE CONVENTIONNELLE, NOVATION, OFFRE.

RÉSOLUTION (Vente).

1. — La résolution d'une vente est l'anéantissement, soit volontaire, soit prononcé en justice, du contrat intervenu entre le vendeur et l'acheteur.

2. — La résolution suppose qu'il a existé un contrat: elle ne doit donc pas être confondue avec la *rescision*, qui suppose, au contraire, qu'il n'en a existé que l'apparence. C'est donc à tort que l'art. 1658 C. civ. signale la vileté du prix comme une cause de résolution de la vente.— Toullier, t. 7, n° 551; Duvergier, *Vente*, t. 2, n° 2; Troplong, *Vente*, n° 689.

3. — L'exercice de la faculté de réméré est une cause de résolution du contrat de vente. — V. VENTE A RÉMÉRÉ.

4. — Il en est de même soit de l'inexécution des conditions sous lesquelles la vente a été faite, soit du défaut de paiement du prix. — V. VENTE.

5. — La résolution prononcée en justice, ou même convenue amiablement (si elle a une *cause nécessaire*), emporte avec elle l'anéantissement de tous les droits que le cédant aurait pu conférer au cessionnaire, d'après le principe *Resoluto jure dantis, resolvitur jus accipientis*.

6. — La résolution, dans les cas où le contrat ou la loi l'autorise, peut être poursuivie tant contre l'acquéreur direct que contre le tiers détenteur.

7. — V., au surplus, sur tous ces points et sur ce qui se rattache à la résolution et à ses effets en matière de vente, v° VENTE.

RESPONSABILITÉ.

Table alphabétique.

RESPONSABILITÉ. — 1. — La responsabilité est l'obligation où l'on est de répondre d'un fait et de réparer le tort qu'il a occasionné.

2. — Cette obligation se forme sans qu'il intervienne aucune convention ni de la part de celui qui s'oblige, ni de la part de celui envers lequel il est obligé. Elle résulte surtout des délits et des quasi-délits. — C. civ., art. 1370. — V. ENGAGEMENT, no 16 et suiv.

3. — En général, tout fait quelconque de l'homme qui cause à autrui un dommage, oblige celui par la faute duquel il est arrivé à le réparer. — C. civ., art. 1382.

4. — On est responsable du dommage causé par son fait, sa négligence ou son imprudence, mais encore de celui qui est causé par le fait des personnes dont on doit répondre, ou celui des choses que l'on a sous sa garde. — C. civ., art. 1383, 1384 et 863.

5. — Un individu ne peut être déclaré responsable du dommage causé à autrui qu'autant qu'il est formellement constaté que ce dommage résulte de son fait personnel, de sa négligence ou de son imprudence, ou bien encore du fait des personnes dont il doit répondre. — Ainsi, la déclaration alternative qu'un individu fait ou laisse faire certains actes préjudiciables à autrui est insuffisante pour motiver contre lui une condamnation en réparation du dommage causé. — Cass., 16 déc. 1845 (t. 1er 1846, p. 299), Roussin c. Jacob.

6. — De là trois sortes de responsabilité: 1e responsabilité personnelle, 2e responsabilité du fait d'autrui, 3e responsabilité des choses qu'on a sous sa garde.

7. — La responsabilité civile est plus particulièrement celle qui résulte du délit de l'une des personnes dont on doit répondre.

8. — Les dispositions des art. 1382 et 1383 du Code civil sont tellement étendues qu'il est presque impossible d'énumérer tous les cas où elles doivent s'appliquer. Il suffit de bien développer le principe et de donner des exemples de son application. Ceux que nous fournit la jurisprudence sont les plus propres à nous faire connaître exactement l'esprit et la portée de la loi.— Toullier, t. 14, no 453 et suiv.

9. — Le principe que tout dommage causé à autrui exige une réparation de la part de son auteur s'applique, comme toutes les dispositions fondées sur l'équité naturelle, à toutes les matières régies par le Code civil, mais à celles soumises à des lois spéciales : à moins que ces lois n'y dérogent expressément. — Cass., 1er juill. 1828, Dupin de Valène c. Mille.

10. — Ainsi, les art. 1382 et 1383 du Code civil sont applicables en matière commerciale. — Douai, 8 juill. 1841 (t. 1er 1842, p. 12), Deherrypont c. Hovelt.

11. — Les mêmes dispositions s'appliquent également, sauf les modifications qui résultent de dispositions spéciales aux fonctionnaires, administrateurs publics et aux officiers ministériels, relativement aux fautes qu'ils commettent dans l'exercice de leurs fonctions. Il faut, à cet égard, se reporter à chacun des mots spéciaux.

SECT. 6e. — *Responsabilité du commerçant à l'égard des faits du préposé* (no 416).

SECT. 7e. — *Responsabilité des administrations publiques à l'égard des faits de leurs agens* (no 445).

SECT. 8e. — *Responsabilité des instituteurs et artisans à l'égard des faits de leurs élèves ou apprentis* (no 461).

CHAP. III. — *Responsabilité des choses que l'on a sous sa garde* (no 471).

SECT. 1re. — *Responsabilité des animaux* (no 472).

SECT. 2e. — *Responsabilité des choses inanimées* (no 598).

—

CHAPITRE Ier. — *Responsabilité personnelle.*

12. — On est personnellement responsable du préjudice que l'on a causé. Les faits desquels résulte le préjudice sont de deux espèces : les uns constituent des délits, les autres se nomment quasi-délits.

Sect. 1re. — *Responsabilité de l'auteur d'un délit.*

13. — Le mot *délit* a, en droit civil, une signification différente de celle qui lui est attribuée en droit criminel. Il n'est pas pris seulement sous le point de vue de la vindicte publique, sous le rapport des peines que la loi prononce contre qui s'en est rendu coupable. Il est considéré au contraire sous le rapport de l'action privée à diriger contre l'auteur du fait, pour obtenir la réparation civile du dommage causé, et cette action existe aussi bien quand la loi criminelle n'a pas prononcé de peine que quand elle en a établi une. — Le mot *délit* signifie donc ici tout fait illicite de l'homme préjudiciant à autrui, et commis avec intention de nuire. Il comprend, conséquemment, les *crimes*. — Ce terme a enfin le sens qu'y attachait le Code *des délits et des peines* du 3 brumaire an IV, sous l'empire duquel le Code civil a été promulgué. — Proudhon, *Droits d'usufruit*, etc., t. 3, no 1481 ; Duranton, t. 13, nos 697, 698 et 699 ; Zachariæ, *Cours de dr. civ. français*, t. 3, p. 188 ; Delvincourt, t. 3, p. 224.

14. — Les délits civils ne comprennent pas tous les délits de droit criminel. En effet, il est des actes que punit la loi criminelle, bien qu'ils ne causent aucun dommage à autrui. — C'est ainsi que la loi pénale incrimine la simple tentative de certains délits (C. pén., art. 2 et 3). — Réciproquement, les délits criminels ne renferment pas tous les délits civils. Par exemple, le stellionat n'est pas poursuivi par la loi pénale, quoiqu'il soit, en certains cas, un véritable délit civil. — C. civ., art. 2059. — Zachariæ, t. 3, p. 189.

15. — Les dispositions de la loi pénale, en ce qui concerne les demandes en réparation du dommage causé par les faits qu'elle incrimine, ne s'appliquent aux délits civils, qui ne sont pas en même temps des délits de droit criminel, qu'autant que cette extension se justifie par le motif sur lequel elle s'appuie. — C. instr. crim., art. 1er à 4, 635 et suiv. ; C. pén., art. 51 à 55, 468 et 469. — Zachariæ, t. 3, p. 189.

16. — Le délit peut consister dans un fait négatif ou d'omission aussi bien que dans un fait positif ou de commission. — Proudhon, *Usufruit*, t. 3, no 1489 ; Toullier, t. 11, no 117 ; Zachariæ, t. 3, p. 189.

17. — Il n'y aurait pas délit dans le fait de celui qui ne ferait qu'user de son droit ou accomplir une obligation légale : *Nullus videtur dolo facere qui suo jure utitur* (l. 55, ff., *De reg. jur.*). — Toullier, t. 11, no 119 ; Duranton, t. 13, no 699 ; Proudhon, *Usufruit*, t. 3, nos 1485 et 1486 ; Zachariæ, t. 3, p. 190.

18. — Un fait ne peut constituer un délit que quand on peut l'imputer à son auteur, c'est-à-dire que quand il peut être considéré comme le résultat d'une libre détermination de sa part. En conséquence, l'insensé, ainsi que l'enfant privé de discernement, ne peuvent commettre un délit et être responsables du dommage causé par eux. Si l'insensé avait commis le délit pendant un intervalle lucide, il est évident qu'il en devrait répondre, bien qu'il eût été antérieurement interdit. — *Bruxelles*, 3 juill. 1830, D... c. S... — Pothier, *Obligations*, no 118 ; Proudhon, *Usufruit*, t. 3, nos 1525 et 1526 ; Delvincourt, t. 3, p. 452 (notes) ; Merlin, *Rép.*, vo *Blessé*, § 3 ; Zachariæ, t. 3, p. 190.

19. — Le délit n'existe donc qu'à la condition que l'auteur du fait a agi sciemment et avec intention de préjudicier à autrui. C'est par ce caractère que les délits (*facta dolosa*) diffèrent des simples quasi-délits (*facta culposa*). — Zachariæ, t. 3, p. 190.

20. — Tout délit oblige son auteur à réparer le dommage qui en est résulté pour autrui. — C. civ., art. 1382.

21. — Ainsi, la femme mariée sous le régime dotal n'est pas affranchie de la responsabilité et des obligations résultant des délits commis par elle. En conséquence, les deniers provenant de la vente de l'immeuble dotal sont saisissables pour le recouvrement des dépens dont la condamnation a été prononcée au profit de l'État par l'arrêt qui a condamné la femme pour crime. — *Cass.*, 14 mars 1845 (t. 2 1846, p. 387), Enregistrement c. Petit. — V., au surplus, DOT, nos 577 et suiv.

22. — L'auteur du délit n'en pourrait rejeter la responsabilité, sous prétexte qu'il ne l'a commis que par ordre ou comme représentant d'un autre.

23. — Jugé ainsi que l'exception de mandat ne peut être opposée par l'auteur d'un fait qualifié délit par la loi. — Le gérant d'une propriété peut, en conséquence, être condamné personnellement à des dommages-intérêts à raison d'un pareil fait. — *Cass.*, 9 janv. 1833, Beauguillot c. Caillemer.

24. — L'action en réparation du dommage causé par un délit appartient à tous ceux qui ont souffert de ce dommage, même indirectement, et ceux-ci peuvent intenter leur action soit civilement, soit devant les tribunaux criminels. — Duranton, t. 13, nos 701 et suiv. ; Zachariæ, t. 3, p. 191 ; Rauter, *Cours de législation criminelle*, t. 2, p. 444. — V. ACTION CIVILE.

25. — La réparation du dommage étant due même à celui qui en a souffert indirectement, il s'ensuit que le mari a une action personnelle en dommages-intérêts à raison des injures faites à sa femme, et que les parens en ont une à raison de celles faites à leurs enfans. Il serait même dû des dommages-intérêts au fils dont le père aurait été victime d'un homicide, bien que, par suite de son âge, le père imposât à son fils l'obligation de l'entretenir, charge dont celui-ci se trouverait désormais affranchi. — Zachariæ, t. 3, p. 191 ; Rauter, *Cours de législation criminelle*, t. 1er, p. 133, t. 2, p. 686 ; Chassan, *Des délits et contraventions de la parole, de l'écriture et de la presse*, t. 2, p. 72. — V. aussi *Paris*, 29 févr. 1812, de S... c. L... — V., au surplus, ACTION CIVILE, nos 38 et suiv.

26. — Le père a qualité pour intenter une action en dommages-intérêts contre l'auteur de la mort de son fils. — *Colmar*, 3 mars 1810, Erhard c. Vitwiller ; *Cass.*, 29 févr. 1828, Voëlklin.

27. — Le frère peut également réclamer des dommages-intérêts contre l'auteur de la mort de son frère. — *Rennes*, 25 avril 1836, Paillusson c. Huet (sol. impl.).

28. — C'est là un préjudice matériel appréciable en argent. — *Cass.*, 29 févr. 1828, Voëlklin.

29. — La renonciation du mari victime d'un accident à toute action en indemnité contre l'auteur de l'accident ne peut pas être opposée après sa mort, occasionnée par cet événement, comme fin de non-recevoir à une demande en dommages-intérêts formée par la veuve tant pour elle que pour ses enfans mineurs. — *Paris*, 9 avril 1847 (t. 1er 1847, p. 607), Collet c. Mézinguel.

30. — Un mari est recevable à poursuivre en dommages et intérêts le complice des désordres de sa femme. — *Aix*, 27 janv. 1829, Buès c. Engalfred.

31. — Le complice de la femme adultère peut également être condamné à des dommages-intérêts envers le mari. — V. ADULTÈRE, no 185 et suiv.

32. — En effet, l'honneur ou la réputation d'une personne peuvent être la matière d'un délit. — Zachariæ, t. 3, p. 190, note 3.

33. — Jugé cependant que le préjudice moral causé par un délit ne peut donner lieu à une réparation pécuniaire. — *Assises de la Moselle*, 17 févr. 1819, Saint-Joire c. Maire de Corny. — V. *infrà* nos 191.

34. — La famille de celui qui a été tué en duel a une action en dommages-intérêts contre l'auteur de l'homicide. — V. DUEL, nos 55 et suiv.

35. — L'individu prévenu d'avoir porté des coups et fait des blessures qui a été acquitté au criminel comme atteint de monomanie, n'en reste pas moins soumis aux dommages-intérêts qui peuvent être réclamés contre lui par voie civile alors qu'il est constant que, si le juge criminel n'a pas trouvé que le prévenu eût agi avec une volonté assez libre pour encourir la pénalité, il avait cependant conservé une conscience suffisante de ce qu'il faisait. — Dans ce cas, l'action en dommages-intérêts ne se prescrit que par trente ans. — *Paris*, 6 juill. 1844 (t. 2 1844, p. 93), Colin c. Thomazin. — V., au surplus, CHOSE JUGÉE, nos 688 et suiv.

36. — L'obligation de réparer le dommage causé par un délit pèse solidairement sur tous ceux qui y ont pris part comme auteurs ou comme complices, encore que le fait ne fût pas incriminé par la loi pénale. — C. pén., art. 55. — Zachariæ, t. 3, p. 192. — V. DOMMAGES-INTÉRÊTS, nos 165 et suiv.

37. — Jugé également que lorsque, dans une même poursuite criminelle, les uns ont été condamnés pour crime et les autres seulement pour délit, la condamnation aux dommages-intérêts envers la partie civile peut être prononcée *solidairement* contre tous, lorsqu'il est constant qu'ils ont tous participé en commun au fait qui a donné naissance au préjudice. — *Cass.*, 3 déc. 1836 (t. 1er 1838, p. 37), Demiannay.

38. — Le commissionnaire qui se charge d'introduire en fraude des marchandises prohibées et le commettant qui lui en donne la commission, doivent supporter, chacun pour moitié, le dommage résultant de la saisie et de la confiscation des marchandises. — *Trèves*, 13 therm. an XI, Lambert c. Rasella. — V., au surplus, DOUANES, nos 547 et suiv.

39. — Un individu traduit en police correctionnelle comme auteur d'un délit, ne peut être condamné comme civilement responsable ; le tribunal ne peut changer ainsi l'objet de la poursuite. — *Bourges* (et non *Bordeaux*), 5 juin 1828, Angonnet.

40. — Les actions en dommages-intérêts pour réparation d'un délit sont transmissibles aux héritiers collatéraux de la partie lésée. — *Colmar*, 4 févr. 1837 (t. 1er 1837, p. 384), Masson c. Parmentier.

41. — De plus, cette même action peut être dirigée contre les héritiers et successeurs universels des auteurs ou complices de ce délit. — Zachariæ, t. 3, p. 193.

42. — La réparation du dommage matériel ou moral, causé par un délit, se résout en une indemnité pécuniaire ou dommages-intérêts équivalant, en général, à la perte qu'on a faite et au gain dont on a été privé, *damnum emergens et lucrum cessans* (C. civ., art. 1149), sauf, toutefois, s'il y a lieu, la restitution de l'objet qui a fait la matière du délit.

43. — Les art. 1146, 1150 et 1151 du Code civil, relatifs à la fixation des dommages-intérêts, ne s'appliquent qu'au cas d'inexécution des obligations, et non au préjudice occasionné par un délit. — *Cass.*, 30 janv. 1826, Teutsch ; *Paris*, 8 mars 1837 (t. 1er 1837, p. 377), Chauvière c. Poisat.

44. — Jugé, ainsi, que les manœuvres frauduleuses ayant eu pour résultat des bénéfices illicites, à l'aide desquels le prévenu a dû attirer à lui les opérations les plus nombreuses et les plus importantes, et a pu abaisser ses prix de fabrication de manière à établir une concurrence à laquelle ceux qui exerçaient loyalement la même industrie n'ont pu résister qu'en faisant des sacrifices ruineux, donnent lieu, au profit de ceux-ci, à une indemnité égale aux bénéfices dont ils ont été frustrés, et aux sacrifices qu'ils ont dû faire pour le maintien de leur industrie. Ils ont, de plus, droit à des dommages, à raison de toutes les dépenses faites pendant le cours du procès, pour amener la manifestation de la vérité. — *Paris*, 8 mars 1837 (t. 1er 1837, p. 377), Chauvière c. Poisat.

45. — Au surplus, la loi abandonne à la conscience des magistrats, en cas de préjudice occasionné par un délit, l'arbitrage du dommage résultant de l'infraction. — *Cass.*, 9 déc. 1830, Duval c. Roy ; *Paris*, 8 mars 1837 (t. 1er 1837, p. 377), Chauvière c. Poisat.

46. — Ainsi : le jugement qui se fonde, pour accorder des dommages-intérêts plus élevés, sur ce que le préjudice éprouvé reçoit des fonctions éminentes dont est revêtue la personne lésée une aggravation qui doit influer sur leur fixation,

est à l'abri de la cassation. — *Cass.*, 9 déc. 1830, Duval c. Roy.

47.—Le tribunal devant lequel a été formée une demande en dommages-intérêts par la partie civile ne peut s'abstenir de prononcer sur ces dommages-intérêts, sous le prétexte que la demande n'a pas été faite d'une manière spéciale pour le fait reconnu; la demande en réparation n'ayant pas son fondement dans la qualification donnée originairement au fait de la prévention, mais dans le fait lui-même et dans le préjudice qui a pu en résulter. — *Cass.*, 22 oct. 1819, Devilliers c. Routhier.

48. — La condamnation en dommages-intérêts prononcée contre le complice d'un vol, au profit de la personne volée, ne fait pas obstacle à ce que celle-ci forme une demande en restitution contre le voleur, s'il n'a pas été mis en cause dans le premier procès. — *Paris*, 12 mai 1813, Jumelin c. de Bonnaire.

49.—Les condamnations prononcées contre un délit civil qui n'est pas en même temps un délit de droit criminel, ne sont exécutoires par la voie de la contrainte par corps qu'autant que le juge était autorisé par la loi à la prononcer. — C. civ., art. 2059 et suiv.; C. proc., art. 126. — Cette contrainte ne passe pas contre les héritiers du délinquant. — Zachariæ, t. 3, p. 192; Proudhon, *Usufruit*, t. 3, n° 1535.

50. — Depuis la promulgation de la loi du 5 sept. 1807, il n'y a plus lieu à l'application de la disposition de l'art. 5 de la loi du 18 germin. an VII, portant que les indemnités accordées à ceux qui avaient souffert un dommage résultant d'un délit seraient prises sur les biens des condamnés, avant les frais adjugés à l'Etat. — Carnot, *C. instr. crimin.*, t. 2, p. 761, n° 25, et p. 572, n° 4. — V., au surplus, ACTION CIVILE.

Sect. 2e. — *Responsabilité de l'auteur d'un quasi-délit.*

§ 1er. — *Quasi-délit. — Faute.*

51. — Celui qui, sans intention de nuire, a cependant par son fait préjudicié à autrui, est tenu de réparer le dommage arrivé par sa faute. — C. civ., art. 1382.

52. — Si le fait n'était pas le résultat d'une faute, ou s'il n'était pas illicite, il n'y aurait pas quasi-délit, et, en pareil cas, aucune réparation ne pourrait être demandée à l'auteur.

53. — Tel serait le cas où l'acte proviendrait d'un cas fortuit ou de force majeure. Mais il faudrait décider autrement si le cas fortuit ou de force majeure avait été précédé de quelque faute sans laquelle il ne fût pas résulté de dommage pour autrui. — Merlin, *Rép.*, v° *Quasi-délit*, nos 1er et 12, et v° *Couvreur;* Zachariæ, *Cours de droit civil franç.*, t. 3, p. 194; Favard de Langlade, *Rép.*, v° *Délit et quasi-délit*, n° 1er. — V. aussi Domat, *Lois civiles*, liv. 2, tit. 8.

54. — De même, les fous, les furieux, les idiots ne sont pas responsables; car il ne peut y avoir faute et conséquemment responsabilité là où il n'y a pas eu conscience du fait commis. — Pothier, *Obligations*, n° 118.

55. — Jugé ainsi qu'un individu en démence, quelque action qu'il puisse commettre, ne peut jamais être considéré comme coupable, soit sous le rapport criminel ou correctionnel, soit dans le sens d'un quasi-délit; dès lors, il ne peut être tenu d'aucune responsabilité. — *Bruxelles*, 3 juill. 1830, D... c. S...

56. — Les mineurs, arrivés à un certain âge, peuvent parfaitement sentir si leur action est ou non illicite; les juges les déclareront donc responsables suivant qu'il leur sera ou non démontré que les mineurs ont agi avec conscience de la moralité du fait incriminé. — Toullier, t. 11, nos 260 et 270; Delvincourt, t. 3, p. 452, notes; Proudhon, *Usufruit*, nos 1526 et 1527; Rolland de Villargues, nos 7 et 8; Zachariæ, t. 3, p. 190; Favard de Langlade, *Rép.*, v° *Délit et quasi-délit*, n° 1er; Merlin, *Rép.*, v° *Quasi-délit*, n° 13.

57. — Le prodigue n'est pas soustrait par son conseil judiciaire à la responsabilité de ses faits personnels; car il peut très-bien sentir la portée de ses actes. — Pothier, *Obligations*, n° 120; Delvincourt, t. 3, p. 452, notes; Merlin, *Rép.*, v° *Quasi-délit*, n° 13.

58. — L'ivresse n'est pas un obstacle à ce que la responsabilité soit prononcée. — Merlin, *Rép.*, v° *Quasi-délit*, n° 13; Delvincourt, t. 3, p. 452, notes. — V. IVRESSE.

59. — La femme mariée sous le régime dotal n'est pas affranchie de la responsabilité et des obligations résultant de quasi-délits commis par elle. — En conséquence, les deniers provenant de la vente de l'immeuble dotal sont saisissables pour le recouvrement des dommages-intérêts auxquels elle a été condamnée, pour réparation du préjudice causé par son quasi-délit, résultant, par exemple, d'un détournement de valeurs opéré au préjudice des créanciers de la faillite de son mari. — *Cass.*, 4 mars 1845 (t. 2 1846, p. 387), Cacheux.

60. — Toute faute ou erreur grave, commise dans l'exercice d'un devoir, devient un quasi-délit et s'assimile au dol pour donner lieu à des dommages-intérêts envers celui au préjudice duquel la faute et l'erreur se trouvent commises : « *Lata culpa est nimia negligentia, nimia negligentia est gravis culpa, gravis culpa dolus est* (L. 213 et 216, ff., *De verb. sign.*). » — *Cass.*, 14 déc. 1825, Rebattu c. Durepas.

61. — La faute peut avoir lieu *in faciendo vel in omittendo ;* en d'autres termes, elle peut consister dans un fait, dans une imprudence, ou ne provenir que d'une négligence. — Duranton, t. 13, nos 712, 713; Toullier, t. 11, nos 117 et 118; Proudhon, *Usufruit*, nos 1524, 1525. — V. FAIT, FAUTE. V. aussi *infrà*.

62. — Jugé que celui qui cause à autrui un dommage par son fait n'est obligé à le réparer que lorsqu'il est arrivé par sa faute : soit *in faciendo*, soit *in omittendo*. — *Bruxelles*, 21 janv. 1820, Tallon c. Ville de Louvain.

63. — On est personnellement responsable du fait que l'on a causé par sa faute : sans pouvoir prétendre qu'en agissant on n'a fait qu'obéir aux ordres d'un autre, ou comme représentant de celui-ci. — *Cass.*, 9 janv. 1833, Beauguillot c. Cailmer. — V. MANDAT.

64. — En général : la faute, d'après l'art. 1382, est celle qu'on commet en faisant ce qu'on n'avait pas le droit de faire, ou en négligeant de faire ce à quoi on était tenu. Mais quelles sont les choses qu'on a ou qu'on n'a pas le droit de faire? Cette question trouve sa solution dans le grand principe posé par l'Assemblée constituante, art. 5 de la *Déclaration des droits de l'homme :* « Tout ce qui n'est pas défendu par la loi est permis et ne peut être empêché. » La liberté de nos actions n'a d'autres bornes que celles qui assurent aux autres citoyens l'exercice et la jouissance de leurs droits. — Toullier, t. 11, nos 119 et suiv.; Duranton, t. 13, n° 243; Proudhon, *Usufruit*, nos 1485 et 1486; Rolland de Villargues, *Rép. du notar.*, v° *Dommage*, n° 20.

65. — Aussi, je peux faire tout ce qui ne m'est pas défendu, encore que par là je nuise à autrui, si, en agissant ainsi, je ne fais qu'user de mon droit : *Nemo damnum facit nisi qui id facit quod facere jus non habet* (L. 151, ff., *De reg. jur.*). — Je pourrais, par exemple, en fouillant mon terrain, détourner la source alimentant le puits du voisin ou couper les racines d'un arbre de son enclos qui s'étendraient dans ma propriété, sans qu'on pût me poursuivre en réparation du dommage causé par le dessèchement du puits ou la mort de l'arbre. — Toullier, t. 11, nos 119 et 144; Duranton, t. 13, n° 699.

66. — La défense légitime de soi-même étant autorisée par la loi positive comme par la loi naturelle, et excluant toute faute : il n'en peut résulter une action en dommages-intérêts en faveur de celui qui l'a rendue nécessaire par son agression. — *Cass.*, 19 déc. 1817, Carmaniet c. Court.

67. — Jugé, de même, que l'accusé, acquitté comme ayant agi dans le cas de légitime défense, n'est soumis à aucune responsabilité civile et ne peut être condamné à des dommages-intérêts envers la partie lésée ou ses représentans. — *Rennes*, 25 avr. 1836, Paillusson c. Huet. — Jousse (*Just. crim.*, t. 1er, p. 128) pense que dans tous les cas où le dommage fait par l'accusé l'a été à son corps défendant, et dans la nécessité d'une juste défense, il ne doit point être tenu d'aucuns intérêts civils; mais que, s'il a excédé le cas d'une légitime défense, il doit être puni et condamné à des intérêts civils, mais seulement *pro ratione excessûs*. — Son opinion est adoptée par Chauveau et Hélie (*Théorie du droit pénal*, t. 1er, p. 281). — V. aussi Mangin, *Traité de l'action publique*, t. 2, p. 433; Merlin, *Questions*, v° *Réparation civile*, § 2, n° 6; Carnot sur l'art. 328 *C. pén.*, t. 2, p. 95, n° 1er.

68. — Jugé cependant que l'accusé peut quoique déclaré non coupable par le jury, comme ayant agi dans le cas de légitime défense, être condamné à des dommages-intérêts envers la partie civile, s'il y a, de sa part, une faute préjudiciable à autrui. — Cour d'assises de l'*Aveyron*, 13 nov. 1835, Gineste c. Bourgade. — V., au surplus, CHOSE JUGÉE, nos 668 et suiv.

69. — Il n'y a pas faute de la part de celui qui ne fait qu'user de son droit. — L. 55, ff. *De reg. juris.* — Toullier, t. 11, n° 119; Duranton, t. 13, n° 699.

70. — Dès lors : l'acte de tuer ou blesser un chien étranger introduit dans un parc ou clos ne constitue pas, nécessairement et dans tous les cas, une faute de la part du propriétaire de ce parc ou de son préposé, ce fait pouvant être légitimé, dans une certaine mesure, tant par la défense de soi-même ou d'autrui que par la gravité des dégâts causés à la propriété. — Dès lors : un jugement ne peut, sans encourir la cassation, considérer le seul fait de la blessure du chien comme cause nécessaire d'une réparation civile, s'il ne constate pas en même temps que ce fait n'était nullement légitimé. — *Cass.*, 21 avril 1840 (t. 1er 1840, p. 596), de Bréant c. Chéron.

71. — Le créancier qui a pratiqué une saisie-arrêt sur son débiteur, n'est point responsable de la perte des sommes dues par les tiers saisis provenant de l'insolvabilité de ceux-ci pendant la durée de l'opposition. — *Cass.*, 26 juill. 1836 (t. 1er 1837, p. 263), Morel c. Loth.

72. — La liberté d'exercer sur mon fonds tous les actes de propriété qu'il me plaît, ne va pas jusqu'à me permettre de faire arriver chez le voisin quelque chose de nuisible : comme serait la fumée d'un four, d'un tuyau de poêle, dirigée devant une de ses fenêtres, ou l'odeur méphitique qui proviendrait d'une fosse mal construite, d'une préparation infecte : *In suo hactenùs facere licet, qualenùs nihil in alienum immittat* (L. 8, § 5, ff, *Si servitus vind.*). — Toullier, t. 11, nos 144 et suiv.; Rolland de Villargues, v° *Dommage*, n° 21. — V. *infrà*, n° 84.

73. — Jugé ainsi que le droit qu'a un propriétaire d'user et d'abuser de sa chose est limité dans son exercice au préjudice qui en résulte pour ses voisins, et ceux-ci sont fondés à le prévenir et à le faire réparer. — *Bordeaux*, 30 janv. 1839, Pannetier c. Boucherie.

74. — Ainsi, un propriétaire peut être tenu de disposer le pavé de sa cour de manière que les eaux ne puissent pas s'infiltrer dans une cave située immédiatement au-dessous et appartenant à un autre propriétaire. — *Cass.*, 13 mars 1827, Anglade c. Dumont.

75. — Mais celui qui possède une carrière voisine d'une autre carrière ne peut être tenu à réparer le dommage causé par l'infiltration de ses eaux, ou à obvier à ce dommage : surtout si la carrière voisine est la moins ancienne. — *Rennes*, 13 avril 1825, Franco c. Chatellier.

76. — On est responsable lorsque entre plusieurs manières d'exercer son droit on a choisi dans le dessein de nuire à autrui celle qui pourrait lui préjudicier. Il y aurait ici lieu à appliquer le brocard *Malitiis non est indulgendum* (L. 38, ff., *De rei vind.*). — A celui qui use de son droit d'une manière vexatoire, on ne peut appliquer la maxime *Nul n'attente qui use de son droit.* — Toullier, t. 11, n° 119.

77. — Ainsi, le préjudice résultant pour l'intimé d'un appel interjeté mal à propos peut faire de sa part l'objet d'une demande en dommages-intérêts. — Spécialement : si un appel jugé sans fondement a empêché le retrait immédiat d'une somme déposée à la caisse des consignations, l'appelant peut, à titre de dommages-intérêts, être condamné à payer à l'intimé, outre les dépens, la différence entre le taux des intérêts payés par la caisse des consignations et le taux légal à partir du jugement de première instance. — *Cass.*, 22 août 1839 (t. 1er 1840, p. 240), Magaud c. Bousquet.

78. — Par la même raison : la Cour qui en déboutant de son appel un appelant défaillant a déclaré qu'il n'y avait lieu à le condamner à des dommages-intérêts, peut néanmoins en prononcer contre lui si, par pure vexation, et pour entraver des droits incontestables, il fait opposition à l'arrêt par défaut obtenu par l'intimé. — *Cass.*, 23 nov. 1836 (t. 1er 1837, p. 201), Jamet c. Chollet.

79. — Enfin : des difficultés élevées de mauvaise foi peuvent donner lieu à une condamnation à des dommages-intérêts, en même temps qu'aux dépens. — *Cass.*, 3 mai 1836, Delacroix c. Crouland; 11 janv. 1837 (t. 1er 1837, p. 497), Hébert c. Delaisement.

80. — ... Et il en est de même, à plus forte raison, quand une partie a par de longues et nombreuses contestations mal fondées et sans intérêt légitime, causé un préjudice à son adversaire —

Cass., 13 juill. 1841 (t. 2 1843, p. 425), Laurey c. Lavareille.

81. — Le créancier qui par des contredits mal à propos élevés retarde la clôture de la distribution par contribution, peut être condamné, à titre de dommages-intérêts, à payer aux créanciers colloqués la différence entre l'intérêt payé par la caisse des consignations et l'intérêt légal. — *Bordeaux*, 21 févr. 1839 (t. 1er 1840, p. 240), Perquer c. Barthès.

82. — Jugé encore qu'une saisie illégale et faite dans le but de nuire, donne lieu à des dommages-intérêts contre le saisissant. — *Bordeaux*, 11 avril 1834, Bouger c. Vandais. — Bioche et Goujet, vº *Dommages-intérêts*, nº 10.

83. — Mais une faute, quelle qu'elle soit, ne peut donner lieu à une action en dommages-intérêts qu'autant qu'elle a réellement préjudicié à celui qui s'en plaint. — On ne saurait donc intenter une action en dommages-intérêts contre un avoué pour n'avoir pas notifié en temps utile un contrat d'acquisition, alors qu'il a été établi judiciairement depuis que l'acte était frauduleux et qu'il est démontré que le prix à dénoncer n'eût pas manqué d'être couvert par une surenchère. — *Lyon*, 13 août 1845 (t. 1er 1845, p. 155), Larochelle c. Dulac.

84. — Le propriétaire qui userait de sa chose d'une manière préjudiciable à son voisin serait responsable, envers ce dernier, du dommage qu'il lui causerait, encore que l'usage qu'il ferait de sa propriété eût été autorisé par l'administration.

85. — Lorsqu'un four n'a pas été construit d'après les règles de l'art, et que ce vice de construction cause un dommage au voisin, dommage provenant de l'élévation excessive de la température, les juges peuvent ordonner la démolition de ce four, bien qu'aucune loi ou règlement n'ait prescrit la distance à observer pour la construction des fours ou les ouvrages à faire pour ne pas préjudicier au voisin. — *Cass.*, 29 janv. 1829, Corréas c. Coulet.

86. — Le propriétaire qui a autorisé ou toléré de la part d'un de ses locataires une construction contre les règles de l'art, et *spécialement* l'établissement d'un fourneau contre un mur à pan de bois, sans que les précautions exigées par les lois et réglemens aient été prises, commet une faute grave qui le rend responsable, à l'égard des autres locataires, du préjudice qu'ils ont souffert à la suite d'un incendie causé par le vice de la construction. — *Paris*, 21 déc. 1812, Power c. Moreau. — V. cependant *Grenoble*, 17 janv. 1823, Brun c. Bagriot.

87. — Le syndic qui après avoir repris une instance existant avant la faillite, a déclaré, à défaut de titres et de renseignemens, s'en rapporter à justice, n'est pas responsable de la perte du procès s'il a agi consciencieusement. — *Cass.*, 13 mars 1833, Ricard c. Delalande.

88. — De même, aucune inculpation ne peut être dirigée contre les syndics qui ont convoqué une assemblée de créanciers pour délibérer sur le point de savoir si le procès serait intenté. — *Rennes*, 1er juill. 1819, Gautron. — V., au surplus, FAILLITE, nºs 917 et suiv.

89. — Les créanciers d'une faillite et les syndics ne sont pas personnellement responsables des conditions insérées au cahier des charges de la vente des immeubles du failli. L'acquéreur n'a, pour l'exécution de ces conditions, de recours que contre la masse et jusqu'à concurrence seulement des forces de la faillite. — *Cass.*, 17 mars 1840 (t. 1er 1840, p. 546), Barbereux c. Jamin.

90. — Lorsqu'un avoué, qui, comme mandataire, soit du créancier, soit du débiteur, a reçu de celui-ci une somme en assignats pour opérer sa libération, a gardé ces assignats entre ses mains, il a pu être déclaré garant et responsable du paiement de la somme que le créancier avait droit d'exiger. C'est en vain qu'il offrait de remettre les assignats suivant leur valeur, aux époques où il les a reçus, ou qu'il alléguait qu'il n'était qu'un dépositaire volontaire. — *Cass.*, 18 fruct. an XII, Crignon-Bonvallet c. Girancourt.

91. — L'omission de la date dans la notification d'un écrou, dont elle entraîne la nullité, est, de la part du garde du commerce, chargé d'opérer l'arrestation, une faute grave dont il est responsable envers la partie lésée. — *Paris*, 10 nov. 1834, Délape c. Moreau. — V. GARDE DU COMMERCE, nºs 46 et suiv.

92. — Le capitaine qui par sa faute a fait couler bas son navire, est responsable envers l'État des frais occasionnés à ce dernier pour rendre la rivière navigable à l'endroit où le naufrage a eu lieu. — Cour d'assises de la Gironde, 31 déc. 1831 (V. sous *Cass.*, 1er mars 1832), Decombe. — V., au surplus, CAPITAINE DE NAVIRE.

93. — Le principe général de la responsabilité établie par l'art. 1382 C. civ., en cas de préjudice causé par faute ou négligence, n'est applicable au juge, suivant l'art. 505 C. procéd., que lorsque la loi le déclare et en cas de déni de justice légalement établi. — *Grenoble*, 15 févr. 1828, Labbé c. Perret. — V. DÉNI DE JUSTICE, PRISE A PARTIE.

94. — L'acquéreur d'un bien affecté à une hypothèque légale non inscrite, cesse, par la revente qu'il fait de son immeuble à un tiers qui remplit les formalités de purge légale, d'être responsable, vis-à-vis du créancier hypothécaire, des paiemens qu'il aurait faits à son vendeur, sans avoir égard à l'existence des hypothèques. — On doit le déclarer ainsi, alors même que cet acquéreur aurait eu connaissance de l'hypothèque et de ses causes. Dans ce cas, au contraire, le créancier à hypothèque légale ne peut pas dire que les paiemens faits, au mépris de ses droits, par le premier acquéreur, lui ont causé un préjudice dont il lui est dû réparation aux termes des articles 1382 et 1383 du Code civil. — *Cass.*, 20 janv. 1836, Forjounel c. liste civile.

95. — Si légère que soit la faute, on doit la réparer. On serait même responsable du dommage causé par un fait licite et inoffensif qui, sans nuire immédiatement, cause du préjudice par ses suites imprévues, même par cas fortuit, si on avait négligé de prendre les précautions nécessaires pour prévenir ces suites : *Nam et qui occasionem præstat, damnum fecisse videtur* (L. 30, § 3, ff., *Ad leg. Aquil.*). — Le dommage est ici une suite de la négligence, de l'imprudence ou de la faute de l'auteur du fait. — Toullier, t. 11, nºs 153 et 154.

96. — Le préjudice causé par la chute de pierres qu'un charretier aurait mal rangées sur sa voiture, devrait être réparé par lui. — L. 27, § 33, ff., *Ad leg. Aquil.* — Toullier, t. 11, nº 153; Rolland de Villargues, vº *Dommage*, nº 37.

97. — Si l'on entreprend une chose au-dessus de ses forces, on est responsable du dommage qui résulte de l'entreprise. La faiblesse est considérée ici comme faute : *Infirmitas culpæ adnumeratur.* Par exemple : un voiturier, un conducteur, qui n'a pas la force de diriger son cheval trop fougueux, est tenu du dommage qui arrivera. — L. 8, § 1er, ff., *Ad leg. Aquil.* — Toullier, t. 11, nº 153.

98. — L'ignorance des choses qu'on devrait savoir est aussi assimilée à la faute : *Imperitia culpæ adnumeratur.* L'artisan qui par ignorance de sa profession commet une faute dommageable à autrui, est tenu de la réparer; car il doit connaître son métier : il est en faute d'exercer une profession qu'il ignore. — Toullier, t. 11, nº 153; Merlin, *Rép.*, vº *Impéritie* et vº *Quasi-délit*, nº 12.

99. — Ainsi, un ouvrier qui n'a pas construit un fourneau suivant les règles de l'art est responsable des suites de l'incendie causé par la mauvaise construction du fourneau. — *Paris*, 21 déc. 1812, Power c. Moreau.

100. — C'est ce même principe qui a fait déclarer responsables pendant dix ans les architectes et entrepreneurs de l'édifice construit à prix fait, si celui-ci périt en tout ou en partie par le vice de la construction, même par le vice du sol. — C. civ., art. 1792. — V. LOUAGE D'OUVRAGE ET D'INDUSTRIE, nºs 111 et suiv.

101. — La responsabilité imposée aux architectes, relativement aux constructions qu'ils font élever pour le compte d'un tiers, a pu, sans qu'il y ait matière à cassation, être déclarée non applicable à un individu qui n'a été chargé que d'une simple direction de travaux. — *Cass.*, 1er févr. 1830, Bonnard c. Croizet.

102. — L'erreur de surmesure de plus d'un vingtième commise par un arpenteur dans l'arpentage préliminaire à l'adjudication d'une coupe, a pu être déclarée ne pas entraîner de préjudice pour l'adjudicataire, et, dès lors, ne donner lieu en sa faveur à aucun recours en garantie contre cet arpenteur, alors que, la vente ayant été effectuée à tant l'hectare, il a été stipulé que le prix définitif ne serait fixé, en plus ou en moins, que d'après un réarpentage contradictoire. — *Cass.*, 31 août 1841 (t. 1er 1842, p. 137), Husson c. Bert.

103. — L'inexactitude à remplir un engagement est aussi une faute pouvant donner lieu à des dommages-intérêts. Par exemple, le vendeur en retard de délivrer la chose vendue peut, indépendamment de la valeur de l'objet, être tenu à des dommages-intérêts. — Merlin, *Rép.*, vº *Quasi-délit*, nº 12.

104. — On n'est pas censé en faute en faisant ce que l'on croyait avoir le droit de faire. Si donc celui qui a reçu en paiement une somme qu'il croyait de bonne foi lui être due la laisse périr par sa négligence, il ne sera pas responsable envers le propriétaire lorsque celui-ci, l'erreur reconnue, agira en répétition : *quia qui quasi rem suam neglexit, nulli querelæ subjectus est.* — Toullier, t. 11, nº 119. — V. DOMMAGE, nº 18; RÉPÉTITION DE L'INDU.

105. — Mais celui qui se croyant, à tort et par erreur, cessionnaire d'une créance, en touche le montant par l'entremise d'un mandataire, cause par ce fait au véritable propriétaire de la créance un préjudice dont il est personnellement responsable vis-à-vis de lui, et qu'il peut être condamné à réparer, en lui restituant à la fois le montant de la somme indûment perçue ainsi que les intérêts à compter du jour de la perception, et les faux frais par lui faits pour obtenir paiement. — Il prétendrait à tort qu'ayant agi sans fraude, il ne peut être poursuivi qu'en cas d'insolvabilité du mandataire entre les mains de qui le paiement effectif a eu lieu. — *Cass.*, 21 août 1837 (t. 2 1837, p. 391), Campana c. Podesta.

106. — Celui au nom duquel a été remplie une procuration en blanc adressée à un notaire, et qui a laissé toucher par ce dernier les fonds remboursés en vertu du mandat, n'est point responsable de la somme envers le mandant, si d'ailleurs il n'y a eu de sa part ni faute ni imprudence. — *Paris*, 22 juin 1843 (t. 2 1843, p. 202), Cyre c. Dupujet; 6 juill. 1843 (t. 2 1843, p. 202), Delmas c. de Lachana.

107. — On n'est pas réputé éprouver du dommage quand on ne l'éprouve que parce qu'on le veut bien, alors même qu'une personne a agi en dehors de son droit. — Merlin, *Quest.*, vº *Intérêt*, § 2; Rolland de Villargues, nº 30.

§ 2. — *Fait positif.*

108. — Le mot *fait* est pris ici dans le sens le plus étendu. Il comprend non-seulement toutes les actions et omissions nuisibles à autrui, mais encore les réticences. Ainsi : celui qui reçoit en paiement ce qu'il sait ne lui être pas dû, commet une faute ou un dol par réticence; il doit des dommages-intérêts pour le préjudice qu'éprouve celui qui l'a payé par erreur. — Toullier, t. 11, nº 117.

109. — Le mot *fait* comprend aussi la faute que commet celui qui ne s'oppose pas à l'action nuisible qu'il pouvait empêcher. Il est censé l'avoir faite lui-même. — L. 44 et 45, ff., *Ad leg. Aquil.*; L. 121, ff., *De reg. jur.*; L. 4, *Cod. de nox. act.* — Domat, *Lois civ.*, liv. 2, tit. 8, sect. 4, nº 8; Toullier, t. 11, nº 117. — Le Code prussien (1re part., tit. 6, nº 59) porte : « Celui qui souffre sciemment ce qu'il pouvait et devait empêcher, en répond, comme s'il l'avait ordonné. »

110. — Un des faits les plus nuisibles à un citoyen consiste dans sa dénonciation. Aussi, la constatation de la fausseté de celle-ci rend celui qui en a été l'auteur passible de dommages-intérêts.

111. — Jugé, par suite, qu'un accusé absous par un tribunal militaire peut poursuivre son accusateur en dommages-intérêts, devant les tribunaux civils. — Il y a lieu à dommages-intérêts par cela seul qu'il a été déclaré qu'il y avait eu témérité dans l'accusation. — *Cass.*, 1er therm. an X, Peyton c. Laporte.

112. — Mais l'individu dénoncé par la clameur publique et acquitté par le jury de jugement ne peut exiger de dommages et intérêts de la partie lésée, lorsque celle-ci a fourni des renseignemens et des témoins contre lui. — *Paris*, 2 mai 1808, Goupil c. Monget.

113. — De même, lorsque les poursuites ont été faites d'office et qu'il est reconnu que la dénonciation n'était point calomnieuse; le dénonciateur ne peut être condamné à aucuns dommages-intérêts envers l'inculpé renvoyé des poursuites par ordonnance du directeur du jury. — *Paris*, 16 nov. 1811, Malo c. Renaudon. — Legraverend, t. 1er, ch. 1er, p. 9, note 5. — V., au surplus, DÉNONCIATION CALOMNIEUSE, nºs 151 et suiv.

114. — L'ordonnance de renvoi d'un directeur du jury est une présomption de l'innocence de la personne inculpée, suffisante pour autoriser une demande en réparation. — *Paris*, 29 févr. 1812, de S... c. L.... — V., cependant, *Rome*, 21 mars 1811, Menichelli c. Celani.

115. — Le ministère public ne peut être condamné aux dépens ou à des dommages-intérêts

envers le prévenu acquitté, sur sa poursuite. — Mangin, *De l'action publique*, t. 1er, n° 148. — V. MINISTÈRE PUBLIC.

116. — Jugé ainsi qu'il n'est jamais dû de dommages-intérêts par suite d'une instruction requise par les magistrats ou le ministère public d'après le commandement exprès de la loi et dans l'intérêt de la vindicte publique. — *Cass.*, 17 sept. 1825, armateurs et capitaine de la goëlette *la Marie-Madeleine*.

117. — L'agent ou le syndic qui, en donnant au procureur de la République les renseignemens exigés par la loi sur l'état de la faillite, porte inconsidérément atteinte à la moralité du failli, est tenu de dommages-intérêts envers ce dernier lorsque, par suite des erreurs graves qu'il a commises dans son rapport, le failli a été renvoyé devant la Cour d'assises, qui l'a néanmoins acquitté. — *Cass.*, 14 déc. 1825, Rebattu c. Durepas.

118. — Car tout fonctionnaire, tout mandataire comme tout agent auquel la loi départ une mission, contracte le devoir de la remplir avec exactitude, avec attention, impartialité et avec vérité, de manière à ne porter atteinte et préjudice inconsidérément ou arbitrairement à autrui, et il importe peu que le dommage causé soit l'effet de la malice ou de l'impéritie, parce que le premier soin de tout homme qui accepte des fonctions est d'apprendre et de savoir les obligations qui lui sont imposées : « *Eo ipso quod acceptat officium videtur se asserere sufficientem et peritum.* » — Même arrêt.

119. — L'affiche des jugemens et arrêts hors le cas où elle est ordonnée par les tribunaux, constitue un fait illégal. — En conséquence, ce fait, s'il est dommageable pour la partie qui s'en plaint, doit donner lieu, à son profit, à une réparation. — *Paris*, 23 févr. 1839 (t. 1er 1839, p. 328), Pouet c. Leroux-Dufié.

120. — Jugé que la publicité des jugemens par voie d'affiches, ordonnée par les tribunaux conformément à l'art. 1036 C. proc., est une peine extraordinaire prononcée contre celui qui succombe, et qui en conséquence, doit être restreinte dans les limites et dans les formes dans lesquelles elle a été prononcée. — Plus spécialement, le propriétaire d'un brevet d'invention qui a été autorisé à faire afficher, à un certain nombre d'exemplaires, un jugement qu'il a obtenu contre un contrefacteur ne peut, en outre, faire imprimer et distribuer ce jugement, sous prétexte qu'il constitue son titre de propriété, sans être passible de dommages-intérêts envers le contrefacteur. — *Paris*, 1er juin 1831, Dumont c. Sommier.

121. — Le gérant d'un journal est responsable du dommage causé par la publication d'une fausse annonce, encore qu'il l'ait faite de bonne foi. — *Bordeaux*, 2 déc. 1840 (t. 2 1843, p. 553), Coudert c. Poyart.

122. — Celui qui, par dol ou supercherie, a empêché un mourant de tester et de disposer au profit d'une personne déterminée, ainsi qu'il en avait bien positivement manifesté la volonté, peut être tenu de payer, à titre de dommages-intérêts, à la personne privée du legs une somme égale au bénéfice qu'elle en aurait tiré, si elle n'en eût pas été privée. — *Turin*, 13 avr. 1808, Formica c. Buscaglione.

123. — La clause qui exclut un parent de la succession, pour cause *d'indignité*, ne renferme pas, par suite de cette désignation, une imputation calomnieuse, le testateur ne s'étant servi de ce mot dans aucune des acceptions que la loi y attache, mais seulement d'après l'impression d'un sentiment personnel. Aussi le caractère et la réputation du parent exclu n'a pu recevoir par là aucune atteinte capable de donner lieu à une action en dommages-intérêts. — *Angers*, 27 août 1824, Fournier.

124. — L'attestation faite devant notaire de la majorité d'une partie contractante, qui, dans le vrai, était mineure, et ajoutée à l'attestation de son individualité, ne peut donner lieu à des dommages-intérêts contre le témoin qui l'a faite, dans le cas où l'obligation vient à être annulée pour cause de minorité; la preuve du fait de majorité ne pouvant résulter que de l'acte même de naissance du contractant, et ne devant, en aucun cas, être suppléée par la preuve testimoniale. — *Paris*, 11 févr. 1826, de Saint-Etienne c. Martin.

125. — Le conseil donné par un avocat, dans le secret du cabinet, ne peut autoriser contre lui une poursuite correctionnelle, lorsque le fait qu'il a conseillé ne constitue point par lui-même un délit. — *Cass.*, 23 juill. 1806, Deboileau c. Dubellay. — V. AVOCAT.

126. — Mais celui qui a aidé de ses conseils les prévarications et détournemens commis au préjudice de la succession par l'époux survivant, tuteur légal de ses enfans, et qui, devenu depuis subrogé tuteur, n'a exercé aucune action pour faire rentrer à la succession les objets soustraits est responsable de leur valeur, même vis à-vis des tiers. — *Paris*, 1er mai 1807, Barabé c. Maire. — Domat, *Lois civ.*, liv. 2, tit. 10.

127. — Celui qui a écrit une simple lettre de recommandation en faveur d'un interdit n'est point responsable des faits de ce dernier. — *Aix*, 5 juin 1818, Portarlier c. Buzoni.

128. — Le fait d'avoir mis à exécution le jugement qu'on a obtenu est susceptible de dommages-intérêts, si celui-ci est réformé en appel. — *Bruxelles*, 2 juin 1814, Vandoscelle c. Piens.

129. — Lorsque la signification d'un jugement à personne et domicile reproduit fidèlement le texte du jugement signifié, mais que, dans la signification à l'avoué, il s'est glissé une erreur de copiste, qui tendrait à faire croire que la partie condamnée a obtenu une garantie qui, dans la réalité, ne lui a pas été accordée par le tribunal, la partie condamnée n'a pas droit à des dommages-intérêts contre son adversaire, en ce que celui-ci l'aurait induite en erreur et serait cause qu'elle n'aurait pas interjeté appel du jugement qu'elle aurait cru lui être favorable. On doit surtout le décider ainsi lorsque, même dans la copie fautive du jugement, des motifs étendus, en opposition avec le dispositif inexact, indiquent que la garantie demandée par la partie à l'avoué de laquelle la signification est faite, lui a été refusée. — *Cass.*, 25 avril 1831, Gayde-Roger c. Gavet.

130. — Une action contre un huissier en reddition de compte d'une somme qu'il avait été chargé de recouvrer donne lieu à des dommages-intérêts, s'il est reconnu que le compte avait été rendu et soldé. Le fait de l'avoir, sans raison, conduit devant les tribunaux pour une action de son ministère, lui a causé un préjudice dont il lui est dû réparation. — *Liége*, 3 févr. 1824, Brundseaux c. Matheu.

131. — L'arrestation d'un individu portant le même nom et demeurant dans la même rue que le débiteur condamné par corps, mais qui n'offre pas la preuve complète qu'il n'est pas le signataire des effets constitutifs de la créance, ne saurait donner lieu à des dommages-intérêts, surtout lorsque ce débiteur n'a pas usé du moyen que la loi lui offrait d'en arrêter l'effet. Dans ce cas, l'huissier qui a fait l'emprisonnement en vertu d'un pouvoir spécial et d'après les instructions du créancier incarcérateur n'est pas responsable de son erreur. — *Paris*, 19 janv. 1808, Cornu-Beaufort c. Garnier.

132. — Le mandataire qui a chargé, au nom du mandant, un huissier de signifier un acte nul et l'huissier qui a fait cette signification sont responsables envers le mandant des suites de la nullité de cet acte, et passibles envers lui de dommages-intérêts. — *Paris*, 18 avril 1836, Hersent c. Lorée.

133. — L'huissier qui frauduleusement accorde mainlevée d'une saisie-exécution est passible de dommages-intérêts, lors même que l'avoué de sa partie lui en aurait donné le mandat. — *Besançon*, 23 mars 1808, Gravier c. Meunier.

134. — L'avoué qui chargé de poursuivre la vente, par licitation, de biens indivis entre majeurs et mineurs n'a pas mis en cause le subrogé tuteur des mineurs, est responsable de la nullité qui en résulte. Il ne peut repousser la responsabilité par le motif qu'il s'agirait d'une erreur de droit, et non d'un vice de procédure. — *Aix*, 8 févr. 1838 (t. 2 1838, p. 143), E... c. Verne.

135. — L'avoué qui se rend adjudicataire, en vertu d'une procuration régulière en apparence, pour une personne que plus tard on reconnaît ne pas exister, devient, alors qu'il y a faute de sa part, responsable des suites de l'adjudication; notamment à l'égard de celui qui a prêté des fonds au mandataire de cet acquéreur supposé pour payer le prix de vente. — *Cass.*, 17 déc. 1844 (t. 1er 1845, p. 341), Ravel c. Reyne.

136. — Et cette responsabilité encourue par l'avoué pour s'être rendu, au nom d'une personne imaginaire, adjudicataire d'un immeuble vendu aux enchères publiques, a lieu dans le cas de vente volontaire aussi bien que dans le cas d'expropriation forcée. — *Cass.*, 15 mai 1848 (t. 2 1848, p. 277), Ravel c. Chaffin. — V., au surplus, AVOUÉ, nos 359 et suiv.

137. — En tous cas, une procédure vicieuse ne donne pas toujours nécessairement lieu à une action en dommages-intérêts. — *Rennes*, 9 déc. 1817, Desbrouck c. Vrignaud.

138. — La séduction pratiquée à l'égard d'une fille ne peut, surtout en l'absence de toute reconnaissance de paternité, fonder en faveur de celle qui s'en prétend victime une action en dommages-intérêts contre le séducteur. — *Cass.*, 10 mars 1808, Mayre c. Monty.

139. — Jugé, au contraire, que celui qui délaisse une fille après l'avoir séduite peut être condamné envers elle à des dommages-intérêts à raison du préjudice qu'il lui a causé par cette séduction et cet abandon. En vain, si la fille séduite est devenue mère, soutiendrait-on que constater judiciairement le fait de la séduction, et en faire contre le séducteur la base d'une condamnation à des dommages-intérêts, c'est décider contre lui une question de paternité en dehors des règles déterminées par la loi, puisqu'une pareille condamnation, fondée uniquement sur l'art. 1382 C. civ., ne pourrait ni profiter ni nuire à l'enfant. — *Cass.*, 24 mars 1845 (t. 2 1845, p. 521), Labia c. Baysse.

140. — Quoi qu'il en soit : le séducteur qui se vante d'avoir abusé d'une jeune fille et détruit son honneur lui cause par là un préjudice dont il lui doit réparation, et qui peut donner lieu contre lui à une condamnation en dommages-intérêts. — *Cass.*, 5 mai 1832, Gombault c. Laguoguey.

141. — L'individu qui, par acte notarié, a déclaré que l'enfant dont une fille est enceinte est de ses œuvres, a donné pouvoir de le reconnaître et a promis mariage à la mère, est passible de dommages-intérêts envers elle, s'il manque à sa promesse; il est de plus tenu de contribuer, selon ses facultés, à la nourriture et à l'éducation de l'enfant reconnu. — *Riom*, 11 juill. 1818, Guibail c. Dnépoux.

142. — Celui qui reconnaît pour sien un enfant naturel est tenu, par cela seul, de payer au tiers qui s'est chargé volontairement et sans condition de l'entretien de cet enfant les frais faits antérieurement à la reconnaissance. Par le fait de la paternité, on contracte en effet l'obligation de pourvoir à la subsistance de son enfant depuis sa naissance; et la négligence qu'aurait mise le père à remplir ce devoir peut être, de plus, considérée comme un fait dommageable à la personne qui a recueilli l'enfant, et dont réparation lui est due par l'auteur de ce fait. — *Metz*, 8 janv. 1833, Huet c. Taton.

143. — Les soins donnés à un enfant par une personne qui paraît avoir eu le secret de sa naissance ne peuvent devenir contre les héritiers de cette personne le principe d'une action en dommages-intérêts. — *Paris*, 20 févr. 1810, Hippolyte c. de Raray.

144. — Un tuteur qui, sous prétexte de défendre les intérêts du mineur, commet des dégradations entraînant des réparations civiles, peut être condamné en son nom personnel. — *Cass.*, 17 avr. 1827, Pinette c. Lault.

145. — Pareillement : le tuteur qui émet un appel évidemment mal fondé, doit être condamné personnellement aux dépens. — *Nîmes*, 9 juill. 1829, Chayard c. Millet. — V., au surplus, FRAIS ET DÉPENS (mat. civ.).

146. — Un maire est passible de dommages-intérêts lorsque, sous prétexte qu'une femme de la commune tenait une conduite répréhensible, quand cependant aucun procès-verbal de délit ni de contravention n'avait été dressé contre elle, il s'est transporté dans sa maison, accompagné de la force armée, et, après l'en avoir chassée, il a mis à la porte son enfant au berceau et ses effets, fermé la maison et en a emporté la clef. — *Rennes*, 24 avril (et non juillet) 1817, Buin c. Delangle.

147. — Par cela que l'autorité municipale a invité par écrit un directeur de spectacle à éloigner de la scène un de ses artistes, ce directeur n'a pas le droit de rompre, sans dommages-intérêts, pour cause de force majeure, l'engagement qu'il a contracté avec cet artiste; alors surtout que ce dernier, qui a terminé ses débuts, et même a joué postérieurement, n'a ni négligence ni incapacité à s'imputer. — *Toulouse*, 28 nov. 1824, L... c. Mi...

148. — Mais la décision du ministre de l'intérieur, qui interdit la représentation d'une pièce de théâtre, peut être considérée comme une force majeure qui empêche le directeur de remplir l'engagement qu'il avait pris vis-à-vis de l'auteur de faire jouer la pièce et l'affranchir de tous dommages-intérêts, lors même que cette pièce aurait été jouée sur un autre théâtre. — *Paris*, 29 déc. 1835, Jousselin de la Salle c. Dumas.

149. — Bien qu'un acteur n'ait pas été agréé par le public, le directeur du théâtre qui l'a engagé n'en est pas moins tenu à des dommages-

intérêts envers lui lorsqu'il résulte des faits de la cause : qu'avant l'arrivée de cet acteur un second engagement, pour le même emploi, avait été contracté avec un autre, et que la chute du premier avait été préparée d'avance. — Le directeur ne saurait se soustraire à ces dommages-intérêts sous prétexte qu'un certain nombre d'actionnaires lui ont imposé le choix d'un autre acteur, et que, d'ailleurs, il a reçu du maire l'injonction de ne plus permettre que l'acteur qui n'a pas réussi continuât à jouer. — *Nîmes*, 1er juill. 1828, Rolland c. Campigny.

150. — L'appréciateur d'un mont-de-piété qui s'est soumis au règlement d'administration qui mettait à sa charge la différence en moins entre les prix d'évaluation et le prix de vente des effets, peut être, le cas échéant, déclaré responsable, quoiqu'il n'ait pas, ainsi que l'exigeait le règlement, signé la mention des estimations sur les registres des prêts; alors d'ailleurs qu'il est constant que c'est lui qui a fait les évaluations, et encore bien qu'il paraîtrait que, sous divers rapports, l'administration se serait immiscée dans les fonctions de l'appréciateur. — *Cass.*, 5 nov. 1834, Goubert c. mont-de-piété de Strasbourg.

151. — Un changeur n'est responsable de la fausseté de billets qu'on prétend avoir été vendus par lui qu'autant que l'identité des billets vendus est constatée d'une manière positive soit par la signature du changeur sur les billets, soit par un bordereau détaillé avec l'indication de leurs numéros. — *Paris*, 3 janv. 1846 (t. 1er 1846, p. 593), Brown c. Monteaux.

152. — La Caisse hypothécaire peut être condamnée à des dommages-intérêts lorsque, par son fait, et contrairement à l'art. 50 de ses statuts, l'emprunteur n'a pu lui demander l'escompte des obligations par elle délivrées, et a été obligé, lors de la négociation de ces obligations à un tiers, de payer un escompte plus élevé que celui fixé par les statuts de la Caisse hypothécaire. — *Cass.*, 16 juill. 1838 (t. 2 1838, p. 178), Caisse hypothécaire c. Samazeuilh.

153. — Les administrateurs d'un pénitentier militaire qui ont fait, en cette qualité, et dans les limites de leurs pouvoirs, un traité soumis à l'approbation ministérielle, ne peuvent être condamnés personnellement à des dommages-intérêts, pour inexécution du traité, lorsque le ministre a refusé de le ratifier. — *Cass.*, 21 août 1843 (t. 1er 1844, p. 428), administrateurs du pénitentier militaire de Saint-Germain c. Tarbouriech-Nadal.

154. — Les conscrits qui pendant les cent-jours ont refusé de servir sous les drapeaux de Bonaparte, sont obligés de rembourser aux haut-taxés de leur commune les sommes que ceux-ci ont été obligés de payer à la colonne mobile envoyée contre les conscrits réfractaires. — *Agen*, 12 juin 1822, habitans de la commune de Toujet c. conscrits réfractaires.

155. — Les tribunaux peuvent condamner à des dommages-intérêts celui qui par des travaux a troublé la possession d'autrui, encore bien qu'antérieurement à l'action un arrêté municipal ait maintenu ces travaux pour cause d'ordre et de sûreté publique. — *Cass.*, 22 mars 1837 (t. 2 1837, p. 67), Delaplace-Girardin c. Pasquier.

156. — Lorsque l'administration a fait exécuter sur une rivière, des travaux dont l'effet a été de diminuer la force motrice des moulins qui y sont situés : il y a lieu contre elle à une action en indemnité et c'est aux tribunaux qu'il appartient de statuer sur les dommages-intérêts réclamés par les propriétaires des usines, et cela en vertu du principe de droit commun établi dans l'art. 1382 du Code civil; et sans qu'il soit nécessaire de s'astreindre aux formes prescrites par les lois des 8 mars 1810 et 7 juillet 1833, qui ne sont applicables qu'en cas d'expropriation pour cause d'utilité publique. — *Paris*, 1er août 1835, préfet de Seine-et-Oise c. Truffaut.

157. — Le mémoire fourni par un propriétaire, devant l'autorité administrative, pour faire rejeter la demande formée par son voisin à fin d'être autorisé à faire les travaux nécessaires à la jouissance d'un droit constitue un véritable trouble à la propriété, de nature à donner lieu à une action judiciaire en reconnaissance du droit de propriété et en dommages-intérêts. — *Cass.*, 5 avril 1837 (t. 2 1837, p. 80), Durand c. Cornu.

158. — Lorsque les habitans d'une commune se servent d'un chemin vicinal pratiqué sur les flancs d'une montagne, en se conformant, à cet égard, aux prescriptions de l'autorité municipale; ils ne peuvent être *personnellement* passibles de dommages-intérêts envers les *propriétaires du dessous* à raison des éboulemens de terre ou des dégradations causés à leurs propriétés par l'ébranlement du sol, résultant du passage : dans ce cas, c'est à l'autorité administrative qu'ils doivent avoir recours pour faire prévenir ou réparer les dommages. — *Angers*, 23 févr. 1843 (t. 1er 1844, p. 156), Gallé c. Robin.

159. — L'administration d'un chemin de fer qui a loué à une entreprise spéciale de voitures un terrain attenant à l'embarcadère et dépendant de la concession à elle faite ne peut être déclarée responsable, par voie de dommages-intérêts envers cette entreprise, de la rupture du bail résultant de la nécessité d'obtempérer à un arrêté pris par l'autorité compétente dans un intérêt général de police et de sûreté publique, et ordonnant à la compagnie de livrer le local à l'usage commun de plusieurs entreprises. — Un pareil arrêté constitue un cas de force majeure. — *Cass.*, 3 mars 1847 (t. 1er 1848, p. 152), Compagnie du chemin de fer de Strasbourg à Bâle c. Gros.

160. — L'accident causé par la fermeture vicieuse d'une carrière rend passible de dommages-intérêts le premier propriétaire, auteur de cette fermeture vicieuse, et non le propriétaire actuel. — *Douai*, 1er juill. 1835, Santerne c. Bastien.

161. — Un naturaliste n'est point passible de dommages-intérêts pour avoir mal empaillé un animal qui lui a été confié, lorsqu'il ne lui a été fourni ni un modèle exact ni les matériaux promis. — *Paris*, 7 janv. 1809, Becœur c. Ferrand.

162. — L'ingénieur-mécanicien qui s'est obligé à construire et faire agir une machine hydraulique destinée à apporter de notables améliorations à une usine ne peut être attaqué, comme responsable, en ce que cette machine ne donnerait pas les résultats qu'on espérait, alors que, construite d'après les règles de l'art, elle est capable, au dire d'experts, d'utiliser la force motrice du cours d'eau. — *Douai*, 17 nov. 1841 (t. 1er 1844, p. 787), Halette c. Compagnie de Chaintrix.

§ 3. — *Imprudence.*

163. — Celui qui par son imprudence a porté préjudice à autrui, a, par là, commis une faute dont il encourt la responsabilité. — C. civ., 1383.

164. — Il y a imprudence donnant lieu à des dommages-intérêts de la part de celui qui porte son fusil chargé dans une direction telle que, s'il vient à partir, même par un accident imprévu, un tiers peut être blessé du coup. — *Bordeaux*, 14 févr. 1831, Lagrappe c. Tisseau.

165. — L'incendie d'un bâtiment occasionné parce qu'on y a fumé en le réparant, donne lieu à une action en responsabilité contre le fumeur ou son maître ou commettant. — *Paris*, 15 avril 1847 (t. 1er 1847, p. 658), Chibon c. Delafontaine.

166. — Il n'y a pas exception en matière de chasse, ni au profit des chasseurs, les uns à l'égard des autres, au principe qui soumet une personne à réparer le dommage qu'elle a causé par sa négligence ou son imprudence. — *Amiens*, 4 févr. 1826, Delamustière c. Pollet.

167. — Un entrepreneur de travaux publics ne peut pas être déclaré coupable d'imprudence, et, par suite, responsable, à raison des blessures occasionnées aux ouvriers qu'il emploie par l'usage qu'impose la nécessité d'instrumens dangereux (par exemple d'épinglettes en fer pour les opérations du minage), lorsque l'ouvrier a été averti du danger et instruit des moyens à prendre pour éviter les accidens. — *Bourges*, 15 juill. 1840 (t. 1er 1843, p. 262), Ruitz et Liépe c. Zorraquin.

168. — Celui qui lors d'une course publique permise par l'autorité, et dans le lieu destiné à la course, blesse quelqu'un par l'impétuosité de ses chevaux, n'est passible d'aucun dommages-intérêts. C'était au spectateur à se tenir sur ses gardes pour éviter tout danger, averti qu'il était du lieu et de l'heure de la course. — *Turin*, 26 août 1809; Ottino c. Cortina.

169. — De même, lorsqu'un arrêté administratif fait défense de passer à certaines heures dans les environs d'une exploitation, à cause du danger que présente l'explosion des mines, et que l'entrepreneur s'est conformé aux mesures prescrites par l'autorité; si un individu passant à une des heures prohibées vient à être blessé, il ne doit imputer cet accident qu'à son imprudence et il ne saurait en rendre l'entrepreneur responsable. — *Lyon*, 16 févr. 1826, Maggia c. Randu.

170. — Un accident dont la cause première est inconnue peut néanmoins engager la responsabilité de celui qui par imprudence, ou par violation des règlemens, en a aggravé les conséquences. — *Douai*, 26 déc. 1846 (t. 1er 1847, p. 375), Pellet.

171. — Le voiturier, qui, pouvant suivre la grande route, prend, pour abréger son trajet, un chemin de traverse et passe sur un pont public, qui se rompt sous le poids de sa voiture, n'a pas, à raison du tort qui lui est occasionné par cette rupture, d'action en dommages-intérêts, ni contre la commune, ni contre le particulier chargé de l'entretien du pont. — La commune et le particulier copropriétaire de ce pont n'ont pas davantage, en ce cas, action en indemnité contre le voiturier. — *Paris*, 25 therm. an XII, Garnier c. Commune de Germinon.

172. — Lorsqu'un arrêté préfectoral a prescrit aux voituriers de tenir la droite sur les routes, le fait par le voiturier d'avoir contrevenu à cet arrêté en tenant la gauche élève contre lui, en cas de rencontre de sa voiture avec une autre marchant en conformité de l'arrêté, une présomption légale d'imprudence qui le rend responsable du dommage occasionné par cette rencontre; et les juges ne peuvent relaxer ce voiturier de la demande en dommages-intérêts, sous prétexte qu'aucune faute ou imprudence ne lui serait imputable. — *Cass.*, 5 juill. 1843 (t. 2 1843, p. 588), Kapp. c. Baumer.

173. — La compagnie d'assurances qui s'est obligée à garantir l'assuré des conséquences pouvant résulter des accidens occasionnés par la maladresse ou la mauvaise direction donnée à ses voitures est tenue de cette garantie, sans qu'il y ait lieu de rechercher si l'accident provient d'une imprudence plus ou moins caractérisée. Il suffit qu'il ne soit pas volontaire. — *Paris*, 8 janv. 1846 (t. 1er 1846, p. 198), Lepeut c. Compagnie la Parisienne.

174. — Le courrier d'une malle-poste et le postillon qui la conduit sont responsables des accidens occasionnés par leur imprudence, et passibles solidairement des dommages-intérêts envers les voyageurs blessés par la chute de la voiture. — *Aix*, 30 août 1845 (t. 1er 1846, p. 450), Hugon c. Pons. — V. POSTES, nos 900 et suiv.

175. — Lorsqu'un accident n'est que le résultat d'une imprudence légère et qui se rapproche beaucoup du cas fortuit, les juges peuvent, en accordant des dommages-intérêts, les arbitrer à une somme modique. — *Liége*, 20 févr. 1810, Verviers c. Constant. — Domat, *Lois civiles*, liv. 2, tit. 8, sect. 4e; Burlamaqui, *Elémens du droit naturel*, part. 3e, liv. 2, p. 105 et 106, et Toullier, *Dr. civ.*, t. 11, no 153.

§ 4. — *Négligence ou omission.*

176. — La négligence est une faute de soin ou d'attention, qui rend responsable celui qui l'a commise. — C. civ., art. 1383.

177. — Le courrier d'une malle-poste et le postillon qui la conduit sont responsables aussi bien dans le cas de négligence que dans celui d'imprudence. Les conséquences sont les mêmes quant à eux dans l'un et l'autre cas. — V. l'arrêt d'*Aix*, 30 août 1845, cité *suprà*, no 174.

178. — Le directeur d'une maison de santé dans laquelle un jugement a ordonné qu'un individu détenu pour dettes serait transféré en état d'arrestation, accepte le mandat judiciaire, en recevant le prisonnier dans sa maison, et est responsable des suites de sa négligence dans l'exercice de son mandat. Il doit donc répondre de l'évasion du prisonnier, s'il ne prouve pas qu'elle ait eu lieu par l'effet de la force majeure, et tenir compte au créancier du préjudice qu'il éprouve, préjudice qui est, pour ce dernier, la perte de tout ou partie de sa créance. — *Paris*, 5 juill. 1820 (et non 1819), Lambert c. Cartier.

179. — Jugé de même, que le directeur d'une maison de santé qui a consenti à recevoir un détenu pour dettes est responsable de l'évasion de ce détenu; à moins qu'il ne prouve que cette évasion a eu lieu par suite de force majeure, ou que toutes les précautions nécessaires pour la prévenir avaient été prises. — *Paris*, 30 nov. 1841 (t. 2 1841, p. 699), de Boucheporn c. Reddet.

180. — Mais le créancier qui n'a recommandé son débiteur incarcéré qu'*après* son évasion de la maison de santé où il avait été déposé pour cause de maladie, n'est pas fondé à réclamer contre le chef de cette maison, sous prétexte de négligence dont il serait responsable, le remboursement de sa créance. — *Paris*, 3 juill. 1832, Reboul c. Laury.

181. — Un garde champêtre peut être déclaré responsable envers la partie lésée des délits qu'il

a négligé de constater. — Tribunal de *Troyes*, 16 mai 1839 (sous *Cass.*, 29 mars 1841 [t. 2 1841, p. 150]), maire de Villemoiron c. Dumet.

182. — Le capitaine d'un navire ne devient pas responsable de l'incendie survenu à son bord par cela seul qu'il ne peut en indiquer la cause directe, alors d'ailleurs que cette preuve est impossible par la force même des choses. Il suffit, en pareille occurrence, d'établir qu'il n'y a ni faute ni négligence imputable soit à lui, soit aux gens de l'équipage. Les juges peuvent, dans ce cas, admettre que l'incendie a été occasionné par des matières inflammables données en charge au capitaine sous une fausse dénomination. — *Rouen*, 3 mai 1844 (t. 2 1844, p. 391), assureurs maritimes c. Frébourg. — V., au surplus, CAPITAINE DE NAVIRE, nos 482, 547 et suiv.

183. — Le donataire, au cas de rapport à succession, doit compte des dégradations et détériorations qui ont diminué la valeur de l'immeuble, par son fait ou par sa faute et négligence. — C. civ., art. 863. — V. RAPPORT A SUCCESSION.

184. — Le mari répond, en ce qui concerne les biens dotaux, des prescriptions et détériorations qu'entraîne sa négligence. — C. civ., art. 1562. — V. DOT.

185. — Le *negotiorum gestor* est responsable des suites de sa négligence dans les limites qu'il appartient au juge de déterminer d'après les circonstances. Cette décision s'applique au mandataire. — C. civ., art. 1374, 1991 et 1992. — V. GESTION D'AFFAIRES.

186. — Si le mandataire auquel des effets de commerce sont adressés pour en faire l'encaissement, avec recommandation de *poursuivre sans délai, en cas de non-remboursement*, néglige de faire protester les effets ou reçoit en paiement d'autres billets; il est responsable du non-paiement de ces derniers effets, surtout s'il exige un droit de commission sur les effets par lui renvoyés à son commettant. — *Grenoble*, 29 mars 1832, Gérin c. Amet.

187. — L'arrêt qui appréciant les circonstances de la cause reconnaît, en fait, que c'est par la négligence d'un banquier que de faux billets ont été mis en circulation par un de ses commis, échappe à la censure de la Cour de cassation en le déclarant responsable envers ceux qui ont payé les faux mandats et le condamnant, par conséquent, à les rembourser. — *Cass.*, 25 nov. 1845 (t. 1er 1846, p. 304), Patureau c. Tarnaud.

188. — Celui qui, par négligence, laisse périr une chose qu'il croyait à tort lui appartenir, n'est pas responsable de la perte : *Quia qui quasi rem suam neglexit, nulli querelæ subjectus est.*

189. — Un jugement portant condamnation en dommages-intérêts pour négligence doit être cassé lorsqu'il ne constate pas que la négligence a réellement existé, et ne prononce pas sur les faits articulés par la partie condamnée pour justifier de ses diligences. — *Cass.*, 9 mars 1836, Gasville c. Létang.

§ 5. — *Exercice et effets de l'action en responsabilité pour cause de quasi-délit.*

190. — L'action en responsabilité pour cause d'un quasi-délit peut être exercée par tout individu qui a éprouvé un dommage dans sa fortune ou dans sa personne, ou par celui qui a qualité pour représenter la personne lésée.

191. — De plus : l'action en dommages-intérêts appartient à tout individu qui est fondé à se plaindre soit d'atteintes injustement portées à son honneur, soit de tout autre fait de nature à lui causer un préjudice moral. — *Rennes*, 29 juill. 1826, Gaudin c. Lemerle. — V. cependant *suprà* no 33.

192. — Ainsi, le notaire contre un acte duquel une inscription de faux a été suivie peut, alors même que celle-ci est rejetée et reconnue n'avoir porté aucune atteinte à son honneur et à son crédit, obtenir cependant des dommages-intérêts si cette inscription, témérairement formée, lui a causé un préjudice réel et appréciable. — *Cass.*, 24 juill. 1840 (t. 2 1843, p. 551), Mirault.

193. — De même, le préjudice moral doit être réparé même par ceux auxquels on ne reproche que de l'imprudence ou de la négligence; ainsi, par exemple, le père du mari qui connaissait le premier mariage de son fils peut être déclaré responsable, en cas de second mariage de celui-ci avant la dissolution du premier. — *Rennes*, 29 juill. 1826, Gaudin c. Lemerle.

194. — Spécialement, il est dû des dommages-intérêts à la femme devenue l'épouse d'un

homme déjà engagé dans les liens du mariage. — Même arrêt.

195. — De même, l'époux contre lequel la nullité du mariage est prononcée a droit à des dommages-intérêts contre son conjoint, si ce dernier, qui connaissait le vice du mariage, l'a laissé ignorer à l'époux défendeur. — *Aix*, 8 févr. 1821, Kinchant c. Damblard.

196. — Le préjudice souffert dans ce cas n'est pas suffisamment réparé par la disposition de l'art. 203 C. civ., qui veut que le mariage déclaré nul produise des effets civils en faveur de l'époux de bonne foi. — *Rennes*, 29 juill. 1826, Gaudin c. Lemerle.

197. — L'action en responsabilité peut être intentée contre celui qui a causé du dommage indirectement aussi bien que contre celui qui en a causé directement.

198. — Jugé, en effet, que celui qui a été la cause directe ou indirecte du tort fait à la réputation d'autrui, doit une réparation à la personne offensée. — *Paris*, 29 févr. 1812, de S... c. L....

199. — L'héritier relevé de l'acceptation qu'il a faite de la succession, parce que cette acceptation est la suite d'un dol, peut poursuivre la réparation du tort qu'il a souffert, non-seulement contre tous les auteurs du dol, mais encore contre tous ceux qui, par leur faute, ont facilité le dol et contribué à le faire réussir. — *Cass.*, 5 déc. 1838 (t. 2 1838, p. 617), Boullé c. Bourdonnais.

200. — Lorsque l'acceptation de la part d'une veuve commune et d'héritiers majeurs et mineurs n'a été que la suite d'une erreur, ceux qui, par leur dol ou par leur faute, ont été la cause de cette erreur, et qui, par suite, sont actionnés comme responsables, ne peuvent exciper, pour repousser l'action en restitution dirigée contre eux, de ce qu'il n'aurait pas été fait d'inventaire. — Même arrêt.

201. — Il n'y a lieu à adjuger des dommages-intérêts qu'autant qu'il y a eu un préjudice de causé.

202. — De plus, c'est à celui qui allègue le quasi-délit ou la faute comme lui étant préjudiciable à en faire la preuve. — *Bruxelles*, 21 janv. 1820, Talon c. ville de Louvain.

203. — Ainsi, le propriétaire dans la maison duquel a éclaté un incendie qui s'est communiqué à une maison voisine, n'est pas présumé coupable de faute ou d'imprudence; dès lors il n'est pas responsable du dommage causé au propriétaire voisin, et tenu de prouver le cas fortuit ou la force majeure. — C'est, au contraire, au propriétaire voisin qui réclame des dommages-intérêts à prouver que l'incendie a été causé par la faute, la négligence ou l'imprudence du propriétaire chez lequel il s'est d'abord manifesté. — *Cass.*, 18 déc. 1827, Compagnie du Phénix c. de Behague et Pignes (2 arr.); 1er juill. 1834, Feuillet c. Thouvenin. — Merlin, *Rép.*, vo *Incendie*; Proudhon, *Usufruit*, t. 4, p. 16; Grün et Joliat, *Assurances terrestres*, no 184.

204. — De même, le propriétaire d'une maison brûlée ou dégradée, par suite de l'incendie qui a éclaté dans une maison voisine; ne peut réclamer des dommages-intérêts contre son voisin qu'en prouvant que l'incendie a eu lieu par l'imprudence ou la négligence de ce dernier. — *Paris*, 27 janv. 1824, Compagnie d'assurances générales c. Toublant (2 arrêts).

205. — Les juges ne pourraient se fonder pour accorder des dommages-intérêts, en cas de dol spécialement, sur de simples présomptions ou allégations. — *Cass.*, 3 prair. an IX, Beaumont c. Cornède; *Paris*, 27 janv. 1824, Assurances générales c. Toublant.

206. — Toutefois, le préjudice, pour être réparé, n'a pas besoin d'être apparent, s'il est d'ailleurs constaté. — *Paris*, 5 janv. 1838 (t. 1er 1838, p. 218), Lecars c. Clément.

207. — D'un autre côté, tant que le dommage causé peut être constaté, et qu'il n'a pas été mis à couvert par la prescription, celui qui l'a souffert peut en poursuivre la réparation. — *Cass.*, 19 juill. 1826, Porry c. Arbaud.

208. — La réparation civile et pécuniaire du quasi-délit consiste dans des dommages-intérêts qui, comme en matière de contrat, sont en général de la perte qu'a éprouvée la partie lésée, et du gain dont elle a été privée. — C. civ., art. 1149. — V. DOMMAGES-INTÉRÊTS.

209. — Ainsi, par exemple, lorsqu'il s'agit d'apprécier les dommages-intérêts dus par un individu à la personne qu'il a blessée par imprudence, on doit comprendre non-seulement les frais occasionnés pour la guérison et la cessation

du travail pendant la maladie, mais encore la réparation du dommage que la personne blessée éprouvera pour l'avenir, par suite de sa blessure. — *Bruxelles*, 6 janv. 1820, Pardon c. Defiletle.

210. — De même, celui qui est responsable des suites d'un incendie est passible de toutes les pertes occasionnées par les mesures que la police a prises pour arrêter le feu. — *Pau*, 6 juill. 1825, Lalanne c. Lamorère.

211. — Toutefois, lorsqu'une faute fait sortir son effet à une autre précédente, elle ne rend pas l'auteur de cette seconde faute responsable vis-à-vis de l'auteur de la faute primitive. — *Cass.*, 11 nov. 1825, Jochaud c. Lavergne.

212. — La responsabilité du directeur d'une maison de santé qui a laissé évader un détenu pour dettes qu'il avait reçu, ne s'élève pas, de plein droit, au montant de la créance de l'incarcérateur; mais elle se règle d'après les circonstances et en raison du dommage causé. — *Paris*, 30 nov. 1841 (t. 2 1841, p. 699), de Boucheporn c. Reddet.

213. — Jugé, en ce sens, qu'un directeur n'a pu être condamné envers le créancier à des dommages-intérêts excédant les moyens de solvabilité du débiteur. — *Paris*, 5 juill. 1820 (et non 1812), Lambert c. Cartier.

214. — Enfin, les juges ayant le droit d'arbitrer les dommages-intérêts d'après les circonstances, ils peuvent, suivant le plus ou moins de gravité de la faute, accorder une indemnité plus ou moins forte. — *Liége*, 20 févr. 1810, Verviers c. Constant.

215. — Lorsque le légataire universel a déchiré un écrit trouvé sur le testateur, au moment de son décès, et que les héritiers naturels du défunt prétendent être un écrit contenant révocation du legs universel, il peut être condamné à des dommages-intérêts envers eux, encore bien qu'il y ait incertitude sur la nature et le caractère de l'écrit lacéré. — *Cass.*, 27 févr. 1827, Carpentier c. Pigny.

216. — Mais la circonstance que le testateur aurait été empêché par violence ou tout autre moyen illicite de refaire son testament, serait insuffisante pour entraîner la révocation des legs faits au profit de personnes qui n'auraient eu aucune part à cette manœuvre, surtout si le testateur n'avait pas fait connaître quelles étaient celles de ses dispositions qu'il entendait révoquer ou maintenir. — *Pau*, 10 juill. 1828, Lay-Delaborde c. curé de Bordères.

217. — Les dispositions relatives aux dommages-intérêts résultant de l'inexécution des obligations (C. civ., art. 1146, 1150, 1151 et 1153) sont inapplicables aux cas où il s'agit de la réparation d'un dommage, aux termes de l'art. 1382 du C. civ.; ces derniers peuvent donc être accordés du jour du fait même, et non pas seulement du jour de la demande ou d'une mise en demeure. — *Cass.*, 30 janv. 1826, Domaines c. Teutsch; 8 août 1832, préfet du Jura c. Commune de Champagnole; 23 juill. 1835, Rochoux c. Jonas. — V., au surplus, DOMMAGES-INTÉRÊTS, nos 154 et suiv.

218. — Jugé, dans le même sens, que le propriétaire d'une fabrique dont l'établissement, autorisé par l'administration, a causé du dommage aux propriétés voisines, peut être condamné à des dommages-intérêts non-seulement à partir de la demande en justice, mais encore à dater du moment où le préjudice a commencé, encore bien qu'il allègue qu'avant l'assignation il n'a pu y avoir de sa part ni faute, ni imprudence, ni négligence. — *Cass.*, 19 juill. 1826, Porry c. Arbaud.

219. — La condamnation aux dommages-intérêts doit-elle être prononcée solidairement contre les auteurs du quasi-délit? La jurisprudence et les auteurs sont partagés.

220. — Pour la négative, on invoque l'art. 55 du C. pén., qui ne parle que des délits, et l'art. 1202 qui porte que la solidarité ne se présume pas. — *Cass.*, 3 déc. 1827, Bordier c. Raty; *Bordeaux*, 16 févr. 1829 (et non 1809), Duchol c. Tournier. — Toullier, t. 11, no 151; Duranton t. 11, no 194. — V., au surplus, DOMMAGES-INTÉRÊTS, nos 174 et suiv.

221. — Mais l'affirmative est plus généralement adoptée. — Merlin, *Quest.*, vo *Solidarité*, § 11, et Pigeau, t. 2, p. 604; Bioche et Goujet, *Dictionn. de proc.*, vo *Dommages-intérêts*, no 35. — V. DOMMAGES-INTÉRÊTS, nos 171 et suiv., à quoi il faut ajouter :

222. — Que la réparation d'un quasi-délit ou d'un fait de fraude est due solidairement par tous ceux qui en sont les auteurs ou y ont concouru. — *Aix*, 14 mai 1825, Rigaud c. Bourguignon; *Cass.*, 3 févr. 1829, Bourdin c. Maret.

223. — ... Qu'il doit y avoir solidarité dans la

condamnation en dommages-intérêts prononcée contre les héritiers naturels, pour avoir soustrait un testament olographe dont l'existence est prouvée par une enquête, et qui contenait des dispositions particulières en faveur de non-successibles. — *Montpellier*, 23 mai 1832, Payre c. Viguier.

224. — ... Que, dans le cas où la lacération d'un testament a été effectuée par la femme du légataire universel, qui, dans l'intérêt de son mari, habitait la maison du testateur, la condamnation en dommages-intérêts prononcée contre les deux époux peut être solidaire. — *Cass.*, 27 févr. 1827, Carpentier c. Pigny.

225. — La condamnation solidaire aux dépens peut également être prononcée lorsque ces dépens sont adjugés à titre de dommages-intérêts. — V. FRAIS ET DÉPENS (mat. civ.), nos 288 et suiv.

226. — La solidarité peut être imposée aux auteurs du fait dommageable dans des proportions différentes, suivant la part qu'ils y ont prise. — *Colmar*, 4 févr. 1837 (t. 1er 1837, p. 384), Masson c. Parmentier.

227. — Toutefois, lorsqu'un dommage a été causé par plusieurs personnes, et spécialement celui résultant des émanations de plusieurs fabriques, sans qu'il soit possible de déterminer la part que chacune d'elles a prise dans le fait qui l'a occasionné, les tribunaux peuvent condamner tous les propriétaires de ces fabriques solidairement à payer la réparation. — *Cass.*, 11 juill. 1826, Rigaud c. Bourguignon.; 8 nov. 1836 (t. 1er 1837, p. 8), Lefebvre c. Lefebvre-Soyez.

CHAPITRE II. — *Responsabilité du fait d'autrui.*

Sect. 1re. — *Dispositions générales.*

228. — Les fautes sont personnelles, et l'auteur d'une offense en doit seul la réparation à l'offensé. Aussi, en général, ne peut-on agir contre celui qui n'est auteur ni complice du fait ou de la faute qui a causé le dommage. On ne peut donc nous imputer les actions d'autrui que si nous y avons concouru. — Toullier, t. 11, no 230; Rolland de Villargues, *Rép. du notar.*, vo *Responsabilité*, no 1er.

229. — Ainsi, jugé que les art. 1370 et 1382 C. civ. ne s'appliquent qu'à la responsabilité du fait personnel et non au fait d'un tiers. — *Cass.*, 25 mars 1824, Phénix c. Cullen.

230. — On serait, toutefois, responsable, en général, du fait d'autrui, encore qu'on n'y eût pas concouru, si on pouvait l'empêcher; car on doit, autant qu'on le peut, ne pas laisser les autres commettre une mauvaise action. — Toullier, t. 11, no 230; Merlin, *Rép.*, vo *Quasi-délit*, no 12.

231. — La loi du 10 vendémiaire an IV, sur la police intérieure des communes, a consacré une limitation au principe qu'on n'est pas responsable du fait d'autrui: « Tous citoyens, porte cette loi, habitant la même commune, sont garans civilement des attentats commis sur le territoire de la commune, soit envers les propriétés, » etc. — V. COMMUNES, nos 1501 et suiv.

232. — Une limitation du même principe est consacrée par l'art. 1384 C. civ., qui porte: « On est responsable non-seulement du dommage que l'on cause par son propre fait, mais encore de celui qui est causé par le fait des *personnes dont on doit répondre*, ou des choses qu'on a sous sa garde. »

233. — Mais quelles sont les personnes dont on doit répondre? On n'est tenu de répondre du fait d'autrui qu'en vertu de la convention (expresse ou tacite) ou en vertu de la loi. On répond en vertu de la convention, d'une convention expresse, lorsqu'on s'est, par exemple, porté fort que telle personne fera telle chose dont l'omission serait préjudiciable. — Toullier, t. 11, nos 243 et suiv.; Rolland de Villargues, *Rép. du not.*, vo *Responsabilité*, nos 4 et 5. — V. CAUTIONNEMENT.

234. — On est responsable du fait d'autrui, par suite d'une convention tacite, dans le cas des marchés à prix fait avec un entrepreneur, qui répond alors de ceux qu'il emploie. — C. civ., art. 1797, 1799. — V. LOUAGE D'OUVRAGE ET D'INDUSTRIE.

235. — C'est aussi en vertu d'une convention tacite que le mandataire répond de celui qu'il s'est substitué dans sa gestion, quand il n'a pas reçu le pouvoir de se substituer quelqu'un. — C. civ., art. 1994. — V. MANDAT.

236. — C'est encore par suite d'une pareille convention que les hôteliers ou aubergistes répondent des délits et quasi-délits commis dans leurs hôtelleries. — C. civ., art. 1952. — V. HOTELIER. — Il en est de même pour les voituriers et entrepreneurs de voitures publiques, qui sont responsables des délits et quasi-délits commis sur les objets transportés pendant la durée du transport. — Domat, *Lois civiles*, liv. 1er, tit. 16, sect. 1re; Toullier, t. 11, no 248; Rolland de Villargues, vo *Responsabilité*, no 10. — V. COMMISSIONNAIRE DE TRANSPORTS, TRANSPORTS (entrepreneur de), VOITURIER.

237. — On répond enfin du fait d'autrui en vertu de la loi; mais pour cela, il faut que la disposition de la loi soit formelle. Cette responsabilité étant, en effet, contraire au droit commun, ne peut être étendue, par analogie, à d'autres personnes. — Toullier, t. 11, no 258; Rolland de Villargues, vo *Responsabilité*, no 11; Zachariæ, *Cours de droit civil français*, t. 3, p. 202.

238. — L'art. 1384 C. civ. rend responsables « le père et la mère, après le décès du mari, du dommage causé par leurs enfans mineurs habitant avec eux; les maîtres et les commettans, du dommage causé par leurs domestiques et préposés dans les fonctions auxquelles ils les ont employés; les instituteurs et les artisans, du dommage causé par leurs élèves et apprentis, pendant le temps qu'ils sont sous leur surveillance. La responsabilité ci-dessus a lieu, à moins que les père et mère, instituteurs et artisans, ne prouvent qu'ils n'ont pu empêcher le fait qui donne lieu à cette responsabilité. »

239. — La responsabilité civile est, comme on l'a vu, plus particulièrement celle qui résulte du délit de l'une des personnes dont on doit répondre, et elle indique par son nom que l'action civile seule, et non l'action criminelle provenant du délit, frappe la personne responsable.

240. — Mais les personnes civilement responsables peuvent être condamnées à des dommages-intérêts plus élevés que ceux prononcés contre les auteurs du délit. — *Poitiers*, 6 janv. 1838 (t. 1er 1838, p. 192), Carpentier c. Cognac.

241. — Dans les cas déterminés par l'art. 1384, et, en général, dans tous ceux où la responsabilité civile a lieu, celle-ci ne dégage point les auteurs des faits entraînant cette responsabilité. La partie lésée peut donc agir directement contre ces derniers, qui peuvent, en outre, être poursuivis en garantie par les personnes qui ont eu à réparer le dommage provenant de leur fait. — Zachariæ, *Cours de droit civil français*, t. 3, p. 202. — V. aussi Toullier, t. 11, no 271; Duranton, t. 13, nos 722 et 725.

242. — L'action en responsabilité civile peut aussi être régulièrement exercée contre la personne responsable, sans qu'il soit besoin de mettre en cause l'auteur du préjudice. — *Grenoble*, 13 mars 1834, Douanes c. Muretin.

243. — Mais nul ne peut être cité devant *les tribunaux de répression*, comme civilement responsable, s'il n'y a une action régulière intentée en même temps contre le prévenu. — *Cass.*, 11 sept. 1818, Laroyenne c. Vuillemain; 19 déc. 1822 (réglement de juges), Ronnat; 15 déc. 1827, Michault; 29 févr. 1828, Pagès; 2 août 1828, Delamarre. — V., au surplus, ACTION CIVILE, nos 158 et suiv. — V. aussi ACTION PUBLIQUE, no 226.

244. — La partie civilement responsable ne peut être appelée en cause qu'accessoirement à l'action principale, et ne peut subir de condamnations civiles que lorsqu'il y a eu condamnation contre le prévenu, à raison du fait incriminé. Aussi, si l'action est éteinte contre la personne coupable du délit ou de la contravention, le tribunal ne viole aucune loi en s'abstenant de prononcer sur l'action formée contre le civilement responsable. — *Cass.*, 2 août 1828, Delamarre.

245. — Mais s'il est vrai, en droit, que la partie responsable civilement ne peut être condamnée par un tribunal de répression qu'autant qu'il y a des prévenus en cause, il n'en est pas ainsi en matière de simple police, et quand il ne s'agit, par conséquent, ni de crimes, ni de délits commis par les domestiques, lorsque le maître ne méconnaît pas que ses domestiques ou gens de travail n'ont commis la contravention que par suite des ordres à eux donnés. En conséquence, le maître cité devant le tribunal de police comme civilement responsable de son domestique, ne peut se faire un moyen de cassation de ce qu'il a été condamné hors la présence de l'auteur de la contravention, alors que, en convenant du fait incriminé lorsqu'il a comparu volontairement devant le juge, et en n'articulant pas que ce fait avait eu lieu sans ses ordres, il a, par là, assumé sur lui la responsabilité de ce fait, en s'en déclarant seul coupable. — *Cass.*, 24 mars 1848 (t. 2 1848, p. 142), Abonneau.

246. — L'auteur responsable de l'événement n'est pas soumis à une double action de la part de la famille, sauf aux membres de cette famille à s'entendre pour partager le montant des sommes obtenues par l'un d'eux. — *Paris*, 22 juill. 1837 (t. 2 1837, p. 457), Mugneret c. Dailly (sol. impl.)

247. — Ainsi, les père et mère d'un individu mort des suites d'une chute sur la voie publique, occasionnée par une voiture, ne sont pas fondés à poursuivre en dommages-intérêts le propriétaire de la voiture, lorsque ce propriétaire a déjà subi une condamnation de même nature, à la requête d'un enfant naturel du défunt, et lors surtout que les demandeurs n'établissent pas suffisamment qu'ils ont éprouvé réellement un dommage appréciable. — Même arrêt.

248. — La responsabilité civile s'applique même à raison d'actes qu'on ne saurait imputer à leur auteur, comme seraient ceux commis par un insensé; mais alors on ne peut pas plus agir en garantie que directement contre celui qui a causé l'acte dommageable. — Zachariæ, t. 3, p. 202.

249. — Toute personne civilement responsable d'un fait prévu par la loi pénale est recevable à intervenir devant le tribunal de répression (même devant le tribunal de police), pour opposer une exception justifiant le fait poursuivi (par exemple, l'exception de propriété), et le tribunal de répression est compétent pour accueillir cette intervention. — *Cass.*, 10 mai 1845 (t. 1er 1846, p. 243), Burnel.

250. — Pas plus en matière civile qu'en matière criminelle, la responsabilité pour faits d'autrui ne s'étend aux peines prononcées contre les délinquans, les peines étant exclusivement personnelles. La responsabilité civile ne s'étend conséquemment pas aux amendes, celles-ci ayant le caractère des peines. — Merlin, *Rép.*, vo *Responsabilité civile des délits*; Toullier, t. 11, nos 289 et 290; Delvincourt, t. 3, p. 454, notes; Zachariæ, t. 3, p. 202; Rolland de Villargues, *Rép. du not.*, vo *Responsabilité*, no 15; Carnot, sur l'art. 80 C. instr. crim., et sur l'art. 55 C. pén., no 11; Chauveau et Hélie, *Théorie du Code pénal*, t. 1er, p. 251. — On verra plus loin de nombreux exemples de l'application du principe aux espèces particulières de responsabilité.

251. — En thèse générale, la responsabilité à laquelle sont soumis des tiers étrangers aux délits qui donnent lieu à des condamnations est restreinte aux dommages causés par ces délits, et ne peut pas être étendue aux amendes. — *Cass.*, 16 vendém. an IX, Dufresne; 13 mai 1813, Bonnard; 14 juill. 1814, Rolland (deux arrêts).

252. — Ainsi l'individu civilement responsable d'un délit rural ne peut pas être condamné à l'amende, qui est une peine. — *Cass.*, 15 déc. 1827, Michault.

253. — Pareillement, en matière criminelle, correctionnelle ou de police, la responsabilité civile ne peut, à moins d'une disposition expresse, être étendue aux peines et amendes que la loi prononce contre les auteurs ou complices du délit. — *Spécialement*, aucune loi n'a soumis les personnes civilement responsables d'un délit rural aux peines encourues par ceux qui s'en sont rendus coupables. — *Cass.*, 11 sept. 1818, Laroyenne c. Vuillemain.

254. — De même, en matière de délits ruraux prévus par la loi du 28 sept.-6 oct. 1791, la responsabilité civile ne peut pas être étendue à l'amende, qui est une peine personnelle. — *Cass.*, 25 févr. 1820, Forêts c. Jacques Vieux.

255. — Quoi qu'il en soit, l'art. 7, tit. 2, l. 28 sept.-6 oct. 1791, qui déclare les maris, pères, mères, tuteurs, maîtres, responsables civilement des délits ruraux commis par leurs femmes, enfans mineurs, pupilles et domestiques, a été modifié par la dernière disposition de l'art. 1384 C. civ. qui les décharge de cette responsabilité, lorsqu'ils prouvent qu'ils n'ont pas pu empêcher le délit. — *Douai*, 24 août 1832, Delecours.

256. — Mais si, en thèse générale, la responsabilité civile des délits et quasi-délits est restreinte aux frais et dommages-intérêts et ne peut s'étendre aux amendes encourues pour ces délits, il en est autrement dans le cas où des lois spéciales, telles que l'ordonnance de 1669, ont voulu que la responsabilité civile embrassât les amendes. — *Bruxelles*, 8 sept. 1835, duc d'Aremberg c. Meeus. — V. FORÊTS.

257. — De même, en cas de contravention aux lois sur les douanes, les amendes sont, par exception, considérées comme la réparation du dommage causé à l'Etat, et la responsabilité civile leur est applicable. — Toullier, t. 11, no 290. — V. DOUANES, nos 1285 et suiv.

258. — L'amende, prononcée pour non-acquittement de droits de poste, ayant le caractère de dommages-intérêts, peut être prononcée contre le civilement responsable. — *Cass.*, 20 déc. 1834, Jourdan c. Ricard. — V. POSTES, nos 756 et suiv.

259. — Il n'en est pas des frais comme des amendes ; ils ne peuvent être regardés comme peines. — Jugé ainsi que, lorsqu'il y a délit, les personnes civilement responsables doivent être condamnées aux frais qui sont la restitution des avances faites pour la poursuite du délit et non une peine. — *Nîmes*, 16 juin 1826, Castelnau c. Darchet ; *Metz*, 29 janv. 1827, N... c. Muller ; *Cass.*, 18 avr. 1827, intérêt de la loi, Maës ; 26 mai 1836, Bellay ; 2 sept. 1837 (t. 1er 1840, p. 142), Ladreyt de la Charrière.

260. — Décidé, de même, qu'en matière criminelle, comme en matière civile, les dépens sont assimilés aux réparations civiles, et doivent être mis à la charge des personnes civilement responsables. — *Cass.*, 18 oct. 1827, Delépine ; 28 (et non 25) nov. 1828 (trois arrêts), Bonfils ; 4 févr. 1830, Haudeboult. — Merlin, *Rép.*, vo *Responsabilité civile des délits* ; Zachariæ, t. 3, p. 202 ; Toullier, t. 11, no 290. — V., au surplus, FRAIS ET DÉPENS (mat. crim.), nos 178 et suiv.

261. — ... Et il en est ainsi lors même qu'il n'y aurait pas de partie civile en cause. — *Cass.*, 8 mars 1821, Panier.

262. — Par suite, l'individu mis en cause par le ministère public, comme civilement responsable d'un délit, doit être condamné aux frais de poursuite solidairement avec le prévenu, encore bien qu'il n'y ait pas partie civile en cause. — *Cass.*, 28 fév. 1823.

263. — La responsabilité, si elle ne s'étend pas aux peines, comprend, par exemple, la valeur totale des objets perdus ou volés ; seulement, l'estimation en est abandonnée à l'appréciation des juges. — *Lyon*, 15 mai 1839 (t. 1er 1839, p. 624), Tourraton c. Déal.

264. — L'action en responsabilité passe contre les héritiers de la personne assujettie à la responsabilité, même lorsqu'elle n'a pas été intentée avant sa mort. — Toullier, t. 11, no 291.

265. — L'action en responsabilité du fait d'autrui se prescrit par le même temps que l'action principale. Si donc la responsabilité civile provient d'un crime, d'un délit, d'une contravention, l'action se prescrit comme le crime, le délit ou la contravention qui y donne lieu. — C. instr. crim., art. 637, 638 et 640. — Toullier, t. 11, no 292 ; Rolland de Villargues, vo *Responsabilité*, no 21.

266. — Si elle ne provient que d'un fait qui n'est ni crime, ni délit, ni contravention, elle dure autant que l'action principale, dont elle n'est que l'accessoire. Par exemple, le subrogé tuteur qui ne prend pas inscription, pour le mineur, sur les biens du tuteur, est responsable de l'éviction qu'un tiers, acquéreur de bonne foi des biens du tuteur par l'ignorance où il était, faute d'inscription, de la qualité de ce dernier, subirait ensuite par l'exercice de l'hypothèque légale du mineur sur les biens de son tuteur. Mais le tiers aurait contre le subrogé tuteur une action récursoire dont la durée serait la même que celle du mineur contre son tuteur. — Toullier, t. 11, nos 294 et 295 ; Rolland de Villargues, vo *Responsabilité*, no 23. — V., au surplus, ACTION CIVILE.

267. — Les personnes civilement responsables ne sont pas contraignables par corps, bien que la contrainte ait lieu contre l'auteur du fait incriminé. — Proudhon, *Usufruit*, t. 3, no 1535 ; Merlin, *Rép.*, vo *Quasi-délit*, no 14. — V. CONTRAINTE PAR CORPS, nos 574 et suiv.

268. — Jugé cependant que la voie de la contrainte par corps pour l'exécution des condamnations en dommages-intérêts prononcées en matière correctionnelle au profit de la partie lésée peut être ordonnée contre la partie civilement responsable lorsque ces dommages-intérêts excèdent 300 fr. — *Bordeaux*, 11 juin 1847 (t. 2 1847, p. 479), Gélot c. Dussaut.

Sect. 2e. — *Responsabilité des père et mère à l'égard des faits de leurs enfans.*

269. — Dans l'ancien droit romain, le père était tenu de payer le dommage causé par le fait de son enfant, à moins qu'il ne voulût l'abandonner à la partie lésée. Cette disposition rigoureuse fut abrogée dans le dernier âge de la législation romaine, et les pères furent affranchis de toute responsabilité. — V. Instit., § 7, *De nox. act.*, et les commentateurs, sur ce paragraphe, ainsi que le titre *De nox. act.* au digeste.

270. — En Belgique, suivant Voët (liv. 9, tit. 4, no 10), le père n'était garant du méfait de son enfant qu'au cas où il avait pu l'empêcher.

271. — Chez nous il n'existait, avant le Code, aucune loi générale sur la matière. Mais l'art. 656 de la nouvelle coutume de Bretagne portait : « Si l'enfant fait tort à autrui tant qu'il sera au » pouvoir de son père, le père doit payer l'amende » civile, parce qu'il doit châtier ses enfans. » — Cet article devint le droit commun de la France.

272. — Cependant cet article avait, par sa généralité, soulevé de vives critiques. Entre autres raisons, on trouvait injuste de punir un père pour un dommage qu'il n'avait pas été en son pouvoir d'empêcher, surtout si l'on songe combien certains naturels sont pervers et indomptables, et inaccessibles à toutes les remontrances. — Barthole, Cujas, *in leg.* 1, § 21, ff., *De collat. bon.* ; d'Argentré, sur l'art. 611 de l'ancienne coutume de Bretagne. — Néanmoins la jurisprudence appliqua rigoureusement le principe, et ne se relâcha de sa sévérité que quand le dommage provenait du fait d'un impubère, encore incapable de discerner le bien du mal. — Puffendorf, liv. 1er, chap. 1er, § 25 ; Pothier, *Oblig.*, no 1186 ; Nouv. Denisart, vo *Délit*, § 3, no 5.

273. — Aujourd'hui, l'art. 1384 C. civ. porte : « Le père, et la mère, après le décès du mari, sont » responsables du dommage causé par leurs en- » fans mineurs habitant avec eux, à moins que » les père et mère ne prouvent qu'ils n'ont pu » empêcher le fait qui donne lieu à cette respon- » sabilité. »

274. — Les pères sont donc civilement responsables des délits commis par leurs enfans mineurs, quand ils ne prouvent pas qu'ils n'ont pas pu les empêcher de commettre ces délits. — *Cass.*, 23 déc. 1818, Rigaud c. Chevalier.

275. — En général, l'absence du père est, pour lui, un cas d'excuse ; car absent il n'a pu empêcher le fait dommageable. — Toullier, t. 11, no 264.

276. — Ainsi la responsabilité imposée aux pères et mères, à l'égard des dommages causés par leurs enfans mineurs, cesse lorsqu'ils n'ont pas été à portée d'empêcher le fait qui, pendant leur absence et hors de leur domicile, a donné lieu à l'action en réparation intentée par la partie lésée. — *Angers*, 25 avr. 1818, Bigot c. Peccat.

277. — De même, un père n'est pas civilement responsable de la mort donnée en duel par son fils mineur, alors qu'ignorant le duel et ses causes, il n'a pas dépendu de lui de l'empêcher. — *Toulouse*, 7 déc. 1832, Décamps c. Rivière.

278. — Mais le père ne peut invoquer l'absence comme excuse qu'autant qu'aucune faute antérieure, si légère qu'elle fût, ne pourrait lui être imputée. Du moment où sa conduite est susceptible de reproches, il encourt la responsabilité. Ainsi, il serait civilement responsable, malgré l'absence, s'il avait par trop de faiblesse excusé, même par le silence, ou autorisé par sa conduite la faute dont son enfant se serait rendu coupable ; s'il avait négligé de surveiller un enfant qu'il savait d'un caractère vicieux ou pétulant ; s'il avait laissé sortir son enfant alors qu'il devait le garder à la maison ; s'il l'avait mal élevé, etc. — Tout dépend des circonstances, dont l'appréciation est abandonnée à la sagesse du juge. — Toullier, t. 11, no 264 ; Duranton, t. 13, nos 715 et 718 ; Delvincourt, t. 3, p. 455 (note) ; Zachariæ, t. 3, p. 199.

279. — En conséquence, il a été jugé, et avec raison, par un arrêt du Parlement de Paris, au mois de mars 1784, qu'un armurier qui avait laissé dans un tiroir non fermé à clef, et placé dans une chambre où jouait son enfant, âgé de sept à huit ans, avec un autre du même âge, un pistolet chargé, avec lequel son enfant avait blessé l'autre, était civilement responsable, bien que l'accident fût arrivé pendant son absence. — Nouveau Denisart, vo *Délit*, § 6, no 5 ; Toullier, t. 11, no 263 ; Duranton, t. 13, no 718.

280. — De même, pour que le père soit dégagé de la responsabilité du dommage causé par son fils mineur, habitant avec lui, il ne suffit pas qu'il n'ait pu empêcher le fait, par la seule impossibilité physique, par exemple, parce qu'il était absent, il faut en outre que le fait n'ait été précédé d'aucune faute, négligence ou imprudence de sa part. — *Bruxelles*, 29 juin 1826, Limbosch c. Vanderhoeven.

281. — Pareillement, lors même qu'un père n'a pas été présent à la querelle dans laquelle son fils mineur et demeurant avec lui s'est porté à des voies de fait envers un individu, il est néanmoins responsable du dommage causé par son fils, si les écarts de celui-ci ne peuvent être attribués qu'au relâchement de la discipline domestique. — *Bourges*, 9 mars 1821, Saignol c. Guillier.

282. — Jugé de même que les pères et mères sont civilement responsables des voies de fait commises par leurs enfans mineurs sur d'autres enfans, quoiqu'ils n'aient pas été à même de les empêcher au moment où elles ont eu lieu, s'il est établi que ces écarts sont le résultat du relâchement de la discipline et des exemples que les enfans ont reçus de leurs parens. — *Bordeaux*, 1er avr. 1829 (et non 1819), Boisrousseau c. Audouin.

283. — ... Que le père est civilement responsable des réparations résultant d'un crime commis par son fils mineur habitant avec lui, quoique, au moment de ce crime, il fût atteint d'une maladie mortelle qui le mît dans l'impossibilité physique de surveiller son fils, s'il est d'ailleurs établi que, par sa conduite antérieure, il ne pouvait ignorer les désordres de son fils, et qu'il n'a pas usé des moyens qui étaient en son pouvoir pour réprimer ses écarts. — *Cass.*, 29 mars 18[illegible], Pestel c. Gogin.

284. — Le mari qui laisse à sa femme la direction de son enfant mineur peut être déclaré responsable du dommage causé par cet enfant, sans que l'arrêt qui le décide ainsi, par appréciation des circonstances, et en le déclarant en faute pour avoir laissé son fils sous la direction de son épouse, tombe sous la censure de la Cour de cassation. — *Cass.*, 16 août 1841 (t. 2 1841, p. 6[illegible]), Porcher c. Ranton.

285. — Il faut assimiler au cas d'absence du père celui où il se trouverait en état de démence ou d'interdiction légale. — Duranton, t. 13, no 716.

286. — Le père n'est civilement responsable que si l'enfant est mineur et que s'il habite, en outre, avec lui. Ainsi, il ne répondrait pas de l'enfant majeur, encore que celui-ci habitât la maison du père, et il ne serait pas tenu de réparer le dommage causé par le fait de l'enfant mineur qui ne demeurerait pas avec lui. — Duranton, t. 13, no 715.

287. — Les mots *habitant avec eux*, dont se sert l'art. 1384, sont synonymes de ceux *logeant sous le même toit*. Ces mots ne doivent pas être pris au pied de la lettre. Ainsi, il n'est pas douteux que les parens seraient responsables s'ils avaient laissé leurs enfans s'abandonner à une vie vagabonde. Il ne faut donc pas considérer l'*habitation commune* comme la condition *sine quâ non* de la responsabilité des pères et mères. C'est aux tribunaux qu'il appartient d'apprécier les caractères de l'éloignement de l'enfant du lieu habité par ses parens, pour décider si ces caractères étaient de nature à relever ces derniers de l'obligation de surveillance que la loi leur impose.

288. — Ainsi, le père ne cesse pas d'être responsable civilement du dommage causé par son fils mineur par cela seul que ce fils n'habite pas avec lui, mais bien avec sa mère, si son éloignement à l'époque du dommage était peu considérable. Du moins, l'arrêt qui, en pareil cas, et par appréciation des circonstances, déclare le père responsable, échappe à la censure de la Cour de cassation. — *Cass.*, 16 août 1841 (t. 2 1841, p. 6[illegible]), Porcher c. Ranton.

289. — Le père n'est pas civilement responsable des faits de maraudage de bois commis dans une forêt par son enfant majeur non préposé par lui à cet effet, quoique demeurant avec lui. — *Cass.*, 23 juin 1826, Duchesne.

290. — Le père n'étant responsable des faits de son enfant mineur que si celui-ci *habite avec lui*, il en résulte que sa responsabilité cesse lorsque l'enfant a été placé par lui dans une maison d'instruction ; c'est alors le chef de l'établissement qui répond civilement des actions de ce dernier. — C. civ., art. 1384, § 4.

291. — D'ailleurs, l'art. 79 du décret du 15 nov. 1811 sur le régime de l'Université, porte que pour les délits commis par les élèves dans les sorties, « l'action en réparation sera dirigée contre le chef de l'établissement auquel l'élève appartiendra, lequel chef sera civilement responsable. » Cette disposition est conforme au Code, mais l'article ajoute : « Sauf son recours contre les pères et mères, ou tuteurs, en établissant qu'il n'a pas dépendu des maîtres de prévenir ou d'empêcher le délit. » Ceci est contraire à l'art. 1384. Si le maître n'a pu empêcher le délit, comment le père ou le tuteur, demeurant peut-être à une très-grande distance, l'auraient-ils pu ? Comment donc alors agir contre eux dans un cas où le Code les dégage de toute responsabilité ? Et, du reste, si les maîtres n'ont pu empê-

cher le délit, l'art. 1384 les déclare irresponsables. Pourquoi alors un recours? Il est donc juste de décider que ce recours ne saurait être admis, malgré la disposition du décret qui n'a pu ni déroger au Code, ni l'abroger. — Toullier, t. 11, nos 266 et 267.

292. — Le père serait même responsable dans le cas où l'enfant aurait été mis en pension, si l'enfant se trouvait chez lui au moment du fait, et cela quoique le fait n'eût pas été commis dans sa maison, mais au dehors. Il devait alors surveiller l'enfant. — Duranton, t. 15, no 715.

293. — Le père serait également responsable si l'enfant était confié à un professeur venant au domicile paternel. La responsabilité du père doit généralement être prise dans un sens étendu; car c'est lui qui est le plus particulièrement chargé d'élever l'enfant.

294. — Ainsi jugé que le père est civilement responsable de l'accident causé par son fils mineur habitant avec lui, bien qu'au moment où celui-ci a commis le dommage il fût placé momentanément sous la surveillance d'un instituteur. — *Cass.*, 29 déc. 1831, Bertrand c. Massel.

295. — Mais le père ne serait pas responsable du fait dommageable commis par son enfant pendant que celui-ci travaillait chez un maître. Dans ce cas, la responsabilité pèserait sur ce dernier. — *Metz*, 13 nov. 1833, Forêts c. Lelaurent. — Delvincourt, t. 3, p. 454, notes; V. aussi Toullier, t. 11, no 268.

296. — Un père qui emploie son fils comme domestique n'est point civilement responsable, si le fait qui a causé le dommage est étranger au service que celui-ci remplit. — *Angers*, 25 avr. 1818, Bigot c. Peccat.

297. — Mais le père est civilement responsable des faits de ses enfans majeurs, lorsque ceux-ci travaillent pour son compte, par ses ordres et sous sa surveillance; ils sont alors réputés ses préposés. — *Toulouse*, 7 sept. 1822, Cabal c. Combes.

298. — Par la même raison, la responsabilité civile ne doit pas être prononcée contre le père pour les faits commis par son fils mineur lorsqu'ils l'ont été dans l'exercice des fonctions à lui confiées par ceux auxquels il louait ses services. — *Bordeaux*, 9 févr. 1839 (t. 2 1839, p. 335), Grangé c. Gauthier.

299. — On a vu (*suprà*, no 272), que, sous l'ancienne législation, le père n'était pas responsable du dommage causé par un enfant impubère incapable de discernement. Toullier (t. 11, nos 270 et 273) pense que ce principe, suivant lui fondé sur la raison, n'a pas cessé d'être en vigueur. Le père, pour repousser l'action en responsabilité, n'a qu'à prouver que l'âge de l'enfant n'a pu lui permettre d'agir avec discernement, et si le demandeur, pour faire rejeter l'excuse, prétendait que le père pouvait empêcher le dommage, il devrait en fournir la preuve. — Mais on peut répondre pour l'opinion contraire, que le père n'en est que plus répréhensible pour n'avoir pas suffisamment surveillé un enfant dont l'âge exigeait un redoublement de surveillance. D'ailleurs, dans le doute, l'obligation du père doit être appliquée de la manière la plus étendue.

300. — Aussi, a-t-il été décidé, dans ce dernier sens, que, bien que le fils en démence soit majeur, le père est responsable du fait de celui-ci, si, connaissant son infirmité, il l'a gardé chez lui sans provoquer son interdiction, et surtout s'il n'a pas pris, pour prévenir le dommage causé, les mesures que suggérait la prudence. — *Bruxelles*, 3 juill. 1830, D... c. S....

301. — ...Que les parens sont responsables civilement des dommages-intérêts résultant des actes de leurs enfans insensés non interdits. — *Lyon*, 27 mai 1840 (t. 2 1840, p. 636), Lamure c. Desclas.

302. — La loi ne distingue pas, en ce qui concerne la responsabilité civile, entre l'enfant légitime et l'enfant naturel reconnu. — Duranton, t. 13, no 715; Zachariæ, t. 3, p. 198.

303. — ... Ni entre le mineur émancipé et celui qui ne l'est pas. Toutefois, comme la responsabilité se base sur la puissance paternelle, ce qui fait que le père mort elle passe à la mère, et comme cette puissance cesse par l'émancipation (C. civ., art. 372), Toullier (t. 11, no 277) enseigne que le père ne peut être responsable de l'enfant émancipé. — Mais on répond que la responsabilité se tire aussi de la surveillance que le père doit exercer, et qu'il a eu précisément tort d'émanciper l'enfant, s'il en était indigne. Les parens ne peuvent, au surplus, par un acte aussi inconsidéré, s'affranchir de la responsabilité qui leur est imposée par la loi. — Duranton, t. 13, no 715; Zachariæ, t. 3, p. 197, note 3.

304. — Toutefois, le doute ne pourrait s'élever si l'émancipation avait eu lieu par mariage. L'enfant est ici dans un état d'indépendance bien différent de celui d'un enfant qui ne devrait son émancipation qu'à une simple déclaration du père devant le juge de paix. On ne peut reprocher au père d'avoir marié son enfant lorsque l'occasion s'est offerte. L'enfant est devenu lui-même chef de famille, ce qui le soustrait complétement à l'autorité du père. — Duranton, *ibid.*; Zachariæ, *ibid.*

305. — Les père et mère qui aident leur fille à déserter la maison conjugale et lui fournissent le moyen de se cacher, sont passibles de dommages-intérêts envers leur gendre. — *Bourges*, 3 juill.-22 août 1806, Bejaud c. Dardeau.

306. — Les peines étant personnelles, et l'amende ayant le caractère d'une peine, le père ne serait pas tenu des amendes prononcées contre son enfant mineur habitant avec lui. — V. *suprà*, no 250 et suiv. — Ainsi, jugé que la responsabilité civile du père ne s'étend pas aux amendes encourues par son enfant. — *Cass.*, 12 pluv. an X, Garrier; 14 janv. 1819, intérêt de la loi, Gilles.

307. — De même, le père ne peut pas être condamné à l'amende comme civilement responsable d'une contravention de police commise par son fils. — *Cass.*, 29 févr. 1828, Pagès.

308. — Pareillement, la responsabilité du père à raison d'un délit rural prévu par le Code pénal, commis par ses enfans, ne comprend que les dommages-intérêts et les frais; et ne peut pas être étendue à l'amende, qui a un caractère pénal. — *Cass.*, 4 sept. 1823, intérêt de la loi, Thiébaut; 15 déc. 1827 (intérêt de la loi), Michault.

309. — En un mot, les pères et mères ne sont assujettis qu'à la réparation civile du dommage résultant des contraventions commises par leurs enfans mineurs habitant avec eux. Quant aux peines encourues à raison desdites contraventions, elles doivent porter exclusivement sur les enfans. — *Cass.*, 28 sept. 1838 (t. 2 1843, p. 526), Fribourg.

310. — Mais dans les cas où l'amende est considérée non comme une peine, mais comme la réparation du dommage, par exemple en matière de douanes, le père en est-il civilement responsable? — V. DOUANES, nos 1295 et suiv.

311. — L'amende prononcée pour non acquittement de droits de poste ayant le caractère de dommages-intérêts; le père peut être condamné solidairement avec son fils mineur, dont il est responsable. — *Cass.*, 20 décemb. 1834, Jourdan c. Ricard.

312. — Les frais et dépens, à la différence des amendes, ne peuvent être considérés comme des peines, aussi les pères et mères en sont-ils tenus.

313. — Ainsi jugé que le père qui est déclaré responsable civilement d'un délit commis par son fils, doit nécessairement être condamné aux frais du procès, qui ne sont point une peine, et qui sont au contraire rangés dans la classe des dommages-intérêts. — *Cass.*, 8 mars 1821, Panier; 28 févr. 1828, Goguillon.

314. — De même les pères et mères civilement responsables du dommage causé par les délits de leurs enfans mineurs doivent être condamnés aux frais des poursuites à titre de dommages-intérêts, lors même qu'aucune autre réparation civile ne serait prononcée contre eux. — *Metz*, 29 janv. 1827, N... c. Muller.

315. — Mais, jugé qu'en matière criminelle, les personnes civilement responsables ne peuvent être passibles des frais qu'autant qu'elles ont été condamnées à des restitutions ou dommages-intérêts. — *Amiens*, 29 févr. 1836, Bellay.

316. — Jugé encore que le père ne peut être condamné comme civilement responsable aux frais d'une poursuite exercée contre son fils mineur reconnu coupable d'un délit, s'il n'y a pas de partie civile et s'il est établi qu'aucun préjudice n'a été occasionné. — *Cass.*, 15 juin 1832, Royet.

317. — Suivant l'art. 28 de la loi du 3 mai 1844, le père et la mère sont civilement responsables des délits de chasse commis par leurs enfans mineurs non mariés demeurant avec eux; sauf tout recours de droit. — V. CHASSE, nos 532 et suiv.

318. — La responsabilité du père n'est qu'un cautionnement légal et forcé, une garantie imposée par la loi pour que la conduite de l'enfant soit mieux surveillée et devienne ainsi moins dommageable à autrui.

319. — Mais l'enfant dont le fait a été préjudiciable n'en est pas moins personnellement tenu de le réparer. Son obligation est la principale; celle du père n'est que l'accessoire. Si celui-ci est obligé de payer, c'est pour son enfant: aussi a-t-il le droit de répéter contre celui-ci ce qu'il a payé pour lui; et s'il ne le fait pas, ce dernier en devra le rapport à la succession du père. — Duparc-Poullain, *Principes du droit*, t. 4, p. 240, no 309; Toullier, t. 11, no 271; Duranton, t. 13, no 717.

320. — Si le père est excusé, parce qu'il aurait prouvé que sa conduite est à l'abri de tout reproche; son excuse ne dégage pas l'enfant, qui doit toujours réparer le dommage qu'il a causé. La partie lésée pourrait même faire condamner ce dernier sans avoir besoin d'appeler le père en cause, si le dommage provenait d'un crime ou délit. Elle n'aurait qu'à se porter partie civile devant le tribunal criminel, aux termes de l'art. 3 du Code d'instruction criminelle. — Toullier, t. 11, no 272.

321. — Quoique les pères et mères soient civilement responsables des délits commis par leurs enfans mineurs, néanmoins ceux-ci doivent être cités et mis en cause. — *Cass.*, 16 prair. an VII, Quetel. — V. *suprà*, no 241. — V. aussi ACTION CIVILE, nos 158 et suiv.

322. — Il est bien entendu que si l'enfant était impubère, sans discernement, la partie lésée ne pourrait agir contre lui, puisqu'on ne saurait lui imputer le fait. — Toullier, t. 11, no 273.

323. — On conçoit aussi que si le père était condamné pour n'avoir pas empêché l'action d'un impubère, alors qu'il pouvait le faire, ou parce qu'il aurait commis une faute sans laquelle le fait dommageable ne fût pas arrivé, il ne pourrait alors répéter la somme payée, et l'enfant ne serait pas tenu de la rapporter à la succession du père; car ce n'était pas la dette du fils, qui n'était pas obligé, que le père aurait acquittée. — Toullier, t. 11, no 274.

324. — Le père peut-il, par la faute de son enfant, être condamné à une somme excédant la légitime? Ne peut-on pas dire qu'alors le père, la famille entière pourraient se voir ruinés par la faute d'un seul individu, et qu'ainsi les innocens seraient punis pour le coupable? La généralité de l'art. 1384 ne permet pas d'adopter cette opinion, si juste qu'elle paraisse. C'est le *dommage* et non une partie du dommage qu'il ordonne de réparer. — Toullier, t. 11, no 275.

325. — Un arrêt du Parlement de Bretagne, de 1607, décida que le père n'était pas tenu de rendre les sommes volées par son fils, la coutume n'astreignant le père qu'à la réparation civile du délit et non à la restitution des objets volés, ce qui était différent. Une pareille subtilité n'aurait pas chance d'être admise sous l'empire du Code. — Toullier, t. 11, no 276.

326. — *Après le décès du père*, la mère devient responsable du dommage causé par l'enfant mineur habitant avec elle; parce que ce n'est qu'alors qu'elle exerce la puissance paternelle (C. civ., art. 373). Cependant elle pourrait être responsable avant ce décès, en cas d'absence déclarée ou présumée du père et aussi au cas où il se trouverait en état de démence ou d'interdiction légale. Elle serait aussi responsable pendant le simple emprisonnement du père et en cas de séparation de corps, si c'était à sa garde que l'enfant eût été confié. — Duranton, t. 13, no 716; Vazeille, *Du mariage*, t. 2, p. 427.

327. — La responsabilité pèserait encore sur la mère, suivant Toullier (t. 11, nos 278 et 281), si, pendant l'absence du père, l'enfant en bas âge avait commis, sans discernement, un fait dommageable que la mère pouvait prévenir. Et cette responsabilité, ajoute-t-il, pèserait sur la mère seule; car le père étant absent n'a pu empêcher le mal, et on ne peut lui imputer à faute d'avoir laissé l'enfant sous la surveillance de sa mère. — Mais une pareille opinion se trouve repoussée par les termes de l'art. 1384. — Zachariæ, *Cours de droit civil français*, t. 3, p. 197, note 2; Bellot, t. 1er, p. 451.

328. — La condamnation pécuniaire qu'encourt le mari, par suite du fait d'un enfant, est à la charge de la communauté, et cela encore que l'enfant qui a causé le dommage soit d'un premier lit. — Bellot, t. 1er, p. 448, 450 et 458.

Sect. 3e. — *Responsabilité du tuteur à l'égard des faits du pupille.*

329. — Le Code n'indique nulle part que le tuteur est responsable du dommage causé par le mineur demeurant avec lui. Mais, comme l'art. 450 du Code civil le charge de prendre soin du mineur, et que l'art. 468, même Code, lui attri-

bue le pouvoir de le faire corriger, il doit être responsable du dommage causé par son pupille, à moins qu'il ne prouve qu'il n'a pu l'empêcher, et qu'il n'y a rien de sa faute. — Duranton, t. 13, no 719; Zachariæ, t. 3, p. 198, note 7. — V. aussi Pothier, *Oblig.*, no 121.

330. — Suivant l'art. 28 de la loi du 3 mai 1844, le tuteur est civilement responsable des délits de chasse commis par son pupille demeurant avec lui; sauf tout recours de droit. — V. CHASSE, no 532 et suiv.

331. — Si le mineur avait agi avec discernement, le tuteur ferait entrer dans le compte de tutelle la somme qu'il aurait été obligé de payer pour le mineur. — Duranton, *ibid.*; Zachariæ, *ibid.*

332. — Dans aucun cas, le tuteur ne serait responsable si le mineur n'habitait pas avec lui, encore qu'il ne fût ni en pension ni en apprentissage, mais chez quelqu'un qui l'aurait recueilli, et l'on devra toujours se montrer plus facile que pour les parens sur l'admission de l'excuse que le tuteur prétendrait invoquer. Il serait, en tout cas, impossible de ne pas placer le tuteur sur la même ligne que les instituteurs. — Duranton, *ibid.*; Zachariæ, *ibid.*

333. — Les gardiens d'un insensé, les personnes chargées de le surveiller, sont responsables du dommage qu'il causerait à des tiers, si la surveillance avait été négligée.

Sect. 4e. — *Responsabilité respective des époux.*

334. — L'art. 1384 du C. civ. n'ayant pas compris les maris dans la nomenclature des personnes qu'il soumet à une responsabilité civile à l'égard de leurs femmes, il semblerait que cette responsabilité ne saurait avoir lieu.

335. — Cependant, dit Toullier (t. 11, nos 279 et 280), la femme est en la puissance du mari; il peut lui commander, elle doit lui obéir. Ainsi le veulent les lois divines et humaines. Il doit donc diriger ses actions. Mais quand doit-il en répondre envers les tiers? Quand il est en faute de ne l'avoir pas dirigée, quand il pouvait empêcher et n'a pas empêché le dommage qu'elle a causé (*Qui scit et prohibere potuit fecisse videtur.* — L. 1re, § 1er, ff., *Si fam. furt.*, etc.) ou bien encore quand elle l'a causé dans les fonctions auxquelles il l'a employée. Voilà ce que dit la raison. — Conf. Pothier, *De la puiss. mar.*, no 52. — Delvincourt (t. 3, p. 454) va encore plus loin; il dit, mais sans motiver son opinion, que le mari répond dans tous les cas du fait de sa femme.

336. — Merlin (*Quest.*, vo *Mari*, § 2) repousse au contraire la responsabilité du mari. « L'art. 1384, dit-il, porte bien qu'on est responsable du dommage causé par des personnes dont on doit répondre. Mais ces personnes, quelles sont-elles? Ce sont, à l'égard des pères et mères, leurs enfans mineurs, etc.; à l'égard des maîtres et des commettans, leurs domestiques et préposés, etc. Dans cette nomenclature, pas un mot des maris et des femmes. Et que sera-ce si, au silence de cet article sur les délits commis par les femmes mariées, vous joignez l'argument qui sort de l'art. 1424 en faveur de la non-responsabilité des maris? »

337. — Jugé, dans ce dernier sens, que le mari n'est pas civilement responsable de sa femme, et, par suite, des condamnations qu'elle a encourues pour injures par elle proférées. — *Cass.*, 28 brum. an IX, Lebrousse; 9 juill. 1807, Ponsin; 13 juill. 1807, N...; 5 oct. 1810, Freret; 6 juin 1811, Rambaudon; 16 août 1811, Lambert; 13 mai 1813, Bonnard; 18 nov. 1824, Romagnac.

338. — Décidé de même, par la Cour de cassation, sur le réquisitoire de M. Mourre, dont elle adoptait les motifs, que la responsabilité civile du mari, à l'égard des faits de la femme, n'est autorisée par aucune loi; qu'elle est prohibée implicitement par les art. 1384 et 1424 du Code civil, et 74 du Code pénal; qu'on trouve seulement une disposition spéciale et exceptionnelle dans le Code rural de 1791, exception qu'il n'est pas permis d'étendre. — *Cass.*, 20 janv. 1825, Mercier.

339. — Toutefois, on est généralement d'accord que le mari est responsable du délit de sa femme, si, pouvant empêcher ce délit, il l'a laissé commettre. En effet, il est, à cet égard, dans la même position que toute autre personne. — C'est ainsi qu'il a été jugé que le mari qui n'a pu ignorer, qui a toléré les vols commis par sa femme, et qui en a profité, doit être déclaré civilement responsable de cette dernière et condamné solidairement avec elle. — *Rennes*, 9 mai 1825, Douceret c. Moisan. — Duranton, t. 13, no 720; Merlin, *Rép.*, vo *Délit*, § 8; Legraverend, t. 2, chap. 1er, § 10, p. 44; Carnot, sur l'art. 55 C. pén., t. 1er, p. 194, no 11.

340. — Suivant l'art. 7, tit. 2 de la loi du 28 septembre-6 octobre 1791, *sur les biens et usages ruraux et sur la police rurale*, « les maris sont responsables des délits commis par leurs femmes. » — Cette loi de 1791 n'a pas été abrogée par le Code. — Toullier, t. 11, no 279.

341. — Jugé au contraire que cet article de la loi de 1791 a été, en ce qui concerne la responsabilité des maris, modifié par la dernière disposition de l'art. 1384, qui décharge de la responsabilité quand on prouve qu'on n'a pu empêcher le délit. — *Douai*, 24 août 1832, Delcourt.

342. — Que depuis l'adjonction à l'art. 471 du Code pénal, du no 15, les maris ne sont plus responsables des délits ruraux commis par leurs femmes, spécialement pour glanage, en vertu de l'art. 7, tit. 2 de la loi du 18 septembre-6 octobre 1791, cet article ayant cessé virtuellement de régir le glanage depuis que ledit Code en a réglé de nouveau la police et la pénalité. — *Cass.*, 14 nov. 1840 (t. 2 1841, p. 440), Frénard.

343. — Dans certains cas, la femme peut être réputée préposée de son mari; alors celui-ci est nécessairement responsable.

344. — Ainsi, le mari est responsable des dommages-intérêts résultant d'un incendie qui a éclaté en son absence par l'imprudence de sa femme. — *Bordeaux*, 25 nov. 1831, Charriol c. Louis.

345. — De même, le débitant de boissons qui laisse, en son absence, sa femme à son domicile est réputé agir lui-même par le ministère de sa femme et doit être poursuivi personnellement à raison des contraventions commises par elle ou constatées en sa présence. — *Cass.*, 15 janv. 1820, Contrib. ind. c. Ferréol Silger. — V., au surplus, CONTRIBUTIONS INDIRECTES, nos 134 et suiv.

346. — Toutefois, en cas de contravention commise par une femme, en matière de contributions indirectes, pour fabrication de cigares de contrebande; le mari n'est point responsable, s'il est constant qu'il vivait séparé d'elle et qu'il n'a nullement participé au délit. — *Bordeaux*, 29 janv. 1845 (t. 1er 1848, p. 664), Contrib. indir. c. Niblats.

347. — Bien que le mari ne soit pas le tuteur de sa femme interdite, la loi ne lui en impose pas moins l'obligation de veiller à la conservation des droits de cette dernière; et ainsi il ne pourrait se prévaloir de la négligence qu'il aurait apportée à l'accomplissement de cette obligation. — *Cass.*, 22 févr. 1841 (t. 2 1841, p. 166), Georgy c. Sturel.

348. — La femme dont le mari paraît être en état de démence ou de fureur n'est pas tenue de provoquer son interdiction, sous peine d'être responsable, correctionnellement ou civilement du dommage par lui causé dans un de ses accès. — *Cass.*, 26 juin 1806, Gouget.

349. — Le mari qui a autorisé sa femme à se défendre, serait tenu des dommages-intérêts en cas de communauté. — En autorisant sa femme, il consent à l'obligation qu'elle contracte de payer les frais. — Du reste, si la femme était acquittée, elle obtiendrait des dommages-intérêts, qui tomberaient dans la communauté; le mari courant, conséquemment, la chance de gagner, doit aussi courir celle de perdre. — Merlin, *Rép.*, vo *Mari*; Bellot des Minières, *Contrat de mariage*, t. 1er, p. 483.

350. — La communauté qui aurait profité du délit de la femme, serait tenue de réparer celui-ci jusqu'à due concurrence de ce dont elle aurait bénéficié. — Ceci aurait encore lieu en cas de complicité du mari, de condamnation des deux époux pour le même délit, et de la perpétration de celui-ci commise en commun. — Bellot des Minières, *Contrat de mariage*, t. 1er, p. 433 et 434. — V. COMMUNAUTÉ, nos 451, 529 et suiv.

351. — Les obligations contractées par une femme mariée pour des fournitures de toilette ne sont valables, en l'absence de l'autorisation maritale, qu'autant qu'elles ne sont pas excessives, et que les fournisseurs ont agi de bonne foi et dans la persuasion que le mari ferait honneur aux engagemens de sa femme. — *Riom*, 21 nov. 1846 (t. 1er 1847, p. 501), S... c. H... — V., au surplus, AUTORISATION DE FEMME MARIÉE, nos 200 et suiv.

Sect. 5e. — *Responsabilité des maîtres à l'égard des faits de leurs domestiques ou ouvriers.*

352. — « Les maîtres sont responsables du dommage causé par leurs domestiques dans les fonctions auxquelles ils les ont employés. » — C. civ., art. 1384, al. 3.

353. — Cette disposition est éminemment raisonnable. En commandant une action à son domestique ou à son ouvrier, le maître se l'assimile; il en devient donc responsable comme de son propre fait.

354. — Un entrepreneur de travaux est civilement responsable du dommage résultant d'un incendie occasionné par l'un de ses ouvriers en fumant dans le bâtiment qu'il était chargé de réparer. — *Paris*, 15 avril 1847 (t. 1er 1847, p. 658), Chibon c. Delafontaine.

355. — L'action en réparation peut être intentée directement contre le maître, sans qu'il soit besoin d'appeler le domestique en cause; et ce dernier pourrait même se faire mettre hors de cause s'il avait été assigné. Il pourrait de plus, si l'assignation avait été donnée à lui seul, appeler son maître en garantie. La responsabilité du maître diffère, on le voit, de celle du père, en ce que cette dernière n'est qu'accessoire; tandis que la première est principale. — Toullier, t. 11, no 282.

356. — Jugé ainsi que la responsabilité civile du maître à raison des délits de son domestique est principale et non subsidiaire ou subordonnée à l'insolvabilité de son domestique. — *Cass.*, 11 juin 1808, Forcis c. Aubert.

357. — Le domestique ne pourrait plus obtenir d'être mis hors de cause ou appeler son maître en garantie, si le fait était criminel en soi. Car alors il ne devait pas obéir au maître. *Mandato in re vetitâ parendum non fuit.* Dans ce cas, la condamnation pèserait sur le domestique et sur le maître, qui seraient tenus solidairement, sans pouvoir recourir l'un contre l'autre. — *Cass.*, 6 oct. 1832, Roby. — Toullier, t. 11, no 282, note 1.

358. — Le maître étant civilement responsable des contraventions de police commises par son domestique, il ne peut, lorsqu'il a été cité seul, parce que son domestique est resté inconnu, être renvoyé de la poursuite encore qu'il eût fait connaître le nom du délinquant. Il doit rester dans l'instance, et l'on ne peut refuser au ministère public un délai pour mettre en cause le domestique. — *Cass.*, 18 oct. 1827, Delépine.

359. — Lorsqu'il est établi par un procès-verbal régulier qu'un individu s'est rendu coupable d'une contravention de police, le tribunal ne peut, sur l'allégation de cet individu que la contravention a été commise par son domestique, prononcer une peine contre ce dernier, qui n'est représenté à l'audience que par un prétendu mandataire verbal, sans avoir été régulièrement cité, et se borner à condamner le maître aux réparations civiles. — *Cass.*, 2 août 1828, Chabanneaux.

360. — Le maître qui a acquiescé au jugement de condamnation rendu contre lui, comme civilement responsable d'un délit commis par son domestique, et qui a payé les frais et les dommages, ou qui en a fait des offres réelles, ne peut pas être tenu des frais de l'appel interjeté par son domestique seul. — Mais le maître qui a eu connaissance de l'appel interjeté par son domestique et qui n'a point acquiescé au jugement, ni satisfait à ses dispositions, est responsable civilement des frais de cet appel, quoiqu'il ne se soit pas rendu lui-même appelant. — *Nîmes*, 16 juin 1826, Castelnau c. Darchet.

361. — Par suite du principe qu'un tribunal répressif ne peut connaître de l'action civile que s'il est saisi en même temps de l'action publique pour l'application de la peine, le maître, en cas de crime, délit ou contravention commis par le domestique, ne peut être poursuivi isolément en dommages-intérêts comme civilement responsable. Il faut, pour pouvoir agir utilement contre lui, que le domestique coupable soit mis en cause. — *Cass.*, 11 sept. 1818, Laroyenne c. Vuillemain.

362. — Toutefois, le maître peut être condamné à raison d'une contravention de police commise par ses domestiques, quoique ces derniers ne soient pas en cause, lorsqu'il reconnaît qu'ils n'ont agi que par suite de ses ordres; ou même lorsqu'en convenant du fait il en assume sur lui la responsabilité, en ne les désavouant pas. — *Cass.*, 21 sept. 1820, Servoize.

363.—Lorsque le maître est traduit seul et directement en police correctionnelle pour avoir donné l'ordre à son domestique de commettre un délit, il ne peut pas être question, devant le tribunal, de la responsabilité civile que fait encourir au maître le délit de son subordonné. — *Cass.*, 11 juin 1808, Forêts c. Aubert. — Merlin, *Rép.*, v° *Délits forestiers*, § 8.

364.— Lorsque le tribunal de police correctionnelle a définitivement statué sur l'action publique exercée contre un domestique, sa juridiction étant épuisée, le maître ne peut être traduit devant le tribunal, comme civilement responsable de son domestique, quoiqu'il ait été primitivement mis en cause avec lui, mais par une exception irrégulière dont la nullité a été prononcée ; la juridiction civile reste seule compétente pour connaître de la responsabilité civile. — *Douai*, 31 août 1832, Lehouoq c. Douanes.

365.— En matière de contributions indirectes, la responsabilité civile pèse sur le maître pour les faits de son domestique, sans qu'il soit nécessaire de le mettre personnellement en cause, ni même de lui notifier copie du procès-verbal dressé contre le domestique, et légalement signifié à celui-ci. — *Cass.*, 26 avr. 1839 (t. 2 1839, part), Becq.

366.— La responsabilité du maître ne s'étend aux peines, il n'en serait autrement que si la loi spéciale en avait prononcé une. — Chauveau et Hélie, *Théor. C. pén.*, t. 1er, p. 251.

367.— Jugé que qu'en principe général la responsabilité des maîtres et commettants, à raison des crimes, délits et contraventions commis par leurs préposés, est essentiellement civile, et ne peut, hors les cas formellement exceptés par la loi, être étendue aux peines que leurs préposés auraient encourues. — En conséquence, un entrepreneur de messageries ne peut pas être condamné personnellement à l'amende et à l'emprisonnement pour des contraventions à la police de roulage commises par ses préposés, auxquelles il est demeuré étranger. — *Cass.*, 18 nov. 1815, Jailloux (3 arrêts).

368.— Jugé, de même, que la responsabilité du maître, en matière de contravention de police, ne s'étend pas à l'amende encourue par le domestique, celle-ci ayant le caractère d'une peine. — *Cass.*, 18 oct. 1827, Delépine.

369.— Ainsi, le maître n'est pas civilement responsable de l'amende encourue pour contravention à un règlement de police municipale par le fait personnel de son domestique. — *Cass.*, 1er juin 1832, Desvignes.

370.— De même, le maître comme civilement responsable des faits de son berger qui a contrevenu à un règlement municipal ne peut pas être tenu du paiement de l'amende. — *Cass.*, 21 avr. 1815.

371.— Pareillement, la responsabilité civile du maître dont le pâtre a gardé à vue le troupeau dans les récoltes d'autrui ne comprend que le dommage causé et ne peut pas être étendue à l'amende. — *Cass.*, 14 frim. an XIV, Collin c. Rivière ; 30 juill. 1825, Martin ; 18 oct. 1827, Delépine.

372.— Jugé encore, dans ce sens, que la responsabilité civile du maître, à raison d'un délit rural commis par son domestique, ne comprend que les dommages-intérêts et les frais de la poursuite et non l'amende, qui est une peine. — *Cass.*, 8 août 1823, Postel.

373.— Pareillement, le maître n'est pas responsable civilement des amendes encourues par son domestique, pour injures verbales. — *Cass.*, 14 juin 1811, Rambaudon.

374.— De même, la responsabilité des maîtres, à raison des contraventions commises par leurs domestiques, ne peut être étendue à l'amende qu'au cas qu'une loi spéciale l'a expressément ordonné. — *Cass.*, 29 févr. 1848, Pagès ; 19 mars 1836, Girard.

375.— Mais jugé toutefois que le principe général qui veut que le maître ne soit pas personnellement tenu seulement civilement responsable des faits de son domestique, reçoit exception dans le cas prévu par le n° 3 de l'art. 475 C. pén. — En conséquence, en cas d'abandon sur la voie publique d'une voiture attelée ; les poursuites peuvent être dirigées et la répression prononcée contre le maître de cette voiture, si le conducteur est resté inconnu : sauf à ce maître, s'il veut se mettre à l'abri de toutes poursuites personnelles, de dénoncer le conducteur. — *Cass.*, 2 oct. 1840 (t. 2 1847, p. 111), Metayer.

376.— Jugé aussi que, avant l'abolition de l'esclavage, la responsabilité des maîtres pour les faits de leurs esclaves était générale et absolue, et s'appliquait aux dommages causés par ceux-ci, soit pour des faits dont le caractère purement civil n'intéressait que les particuliers, soit pour ceux dont le caractère criminel intéressait la vindicte publique et entraînait contre l'esclave lui-même des peines corporelles. — Elle ne pouvait être restreinte aux faits des serviteurs ou domestiques dans les cas prévus par le Code civil. — Ainsi le maître était toujours responsable des actes de ses esclaves, sans aucune exception pour le temps de repos accordé aux esclaves ; ni pour la journée du dimanche, où ils avaient le droit d'assistance au service. — Le maître était donc responsable de l'amende encourue par l'esclave trouvé porteur de marchandises de contrebande ; sauf à lui à faire, pour se libérer, l'abandon noxal de l'esclave, ainsi que l'y autorisait l'art. 74 C. pén. colonial. — *Cass.*, 8 févr. 1839 (t. 2 1839, p. 219), Douanes c. Huc.

377.— Si la responsabilité du maître ne s'étend pas aux amendes encourues par son domestique, elle s'étend aux dépens ; ceux-ci n'étant pas une peine. — *Cass.*, 18 oct. 1827, Delépine ; 18 avril 1828, Maës ; 19 mars 1836, Izoard.

378.— Les maîtres et commettants sont personnellement passibles des frais dont le trésor public a fait l'avance pour assurer la répression des contraventions dont leurs domestiques et préposés se sont rendus coupables dans les fonctions auxquelles ils les ont employés. — *Cass.*, 2 sept. 1837 (t. 1er 1840, p. 412), Ladreyt de la Charrière.

379.— Ainsi, le maître, civilement responsable d'une contravention commise par son domestique, tandis qu'il le conduisait sa voiture, c'est-à-dire dans les fonctions auxquelles il était préposé, doit être condamné aux frais de la poursuite exercée contre ce dernier à raison de la dite contravention. — Le tribunal ne pourrait se dispenser de prononcer cette condamnation sur le motif que la loi ne soumet le maître à la responsabilité des faits des domestiques qu'en ce qui concerne les contraventions rurales, forestières et douanières. — *Cass.*, 9 janvier 1845 (t. 2 1848, p. 257), Salis.

380.— Mais le cocher loué avec les chevaux de son maître (au mois dans l'espèce) ne peut pas être considéré comme le domestique de la personne qui l'a pris à loyer. Il reste le préposé du loueur de voitures. — En conséquence, celui au service duquel ce cocher se trouvait momentanément ne peut être déclaré civilement responsable des faits dudit cocher. — *Paris*, 13 juin 1846 (t. 1er 1847, p. 756), de Galiffet c. Fontaine, Clérot et Garson.

381.— Bien qu'une contravention commise par un domestique n'ait causé aucun préjudice donnant lieu à une action civile en dommages-intérêts, le maître n'en est pas moins passible, comme civilement responsable, des frais et dépens occasionnés par l'exercice de l'action publique. — *Cass.*, 14 juin 1836 (t. 1er 1837, p. 419), Goderis.

382.— Si le domestique n'avait fait, en agissant, qu'obéir aux ordres positifs du maître, il n'est pas douteux que la responsabilité du fait pèserait sur ce dernier. — Toullier, t. 11, n° 283 et 284.

383.— Jugé ainsi que le maître qui donne l'ordre à un domestique d'ébrancher des arbres appartenant à autrui, encourt la peine de police correctionnelle : à raison de sa culpabilité personnelle résultant de cet ordre. Il peut, en ce cas, être poursuivi directement, et sans que le domestique soit mis en cause. — *Cass.*, 11 (et non 18) juin 1808, Forêts c. Aubert (sol. impl.). — Carnot, sur l'art. 60 C. pén., t. 1er, p. 236, n° 1er.

384.— Pareillement, celui dont le pré a été fauché, par son ordre, au mépris d'un arrêté municipal portant fixation du ban, doit être condamné, non comme civilement responsable des ouvriers, mais comme auteur de la contravention, quoiqu'il n'ait pas assisté à la fauchaison. — *Cass.*, 24 sept. 1829, Servoize ; 6 mars 1834, Leblan.

385.— Jugé, cependant, que lorsque le domestique et les ouvriers d'un individu ont commis personnellement une contravention à un arrêté municipal, le tribunal de police ne peut les renvoyer de la contravention, sous le prétexte qu'ils ont agi par les ordres de leur maître, et condamner ce dernier seulement à l'amende, bien qu'il ne soit que civilement responsable du fait incriminé.—Le tribunal ne peut se dispenser de faire droit aux conclusions du ministère public, tendant à faire ordonner le rétablissement des lieux en l'état où ils étaient avant la contravention. — *Cass.*, 6 octobre 1832, Roby.

386.— Il ne serait pas besoin de prouver que le domestique a été chargé de l'affaire par le maître. Il suffit qu'on l'ait vu occupé à des travaux auxquels on l'emploie habituellement, ou travaillant avec les autres domestiques de la maison. Dans ce cas, le maître ne peut exercer aucun recours contre ses domestiques, à la différence de ce que peut le père contre ses enfans, pour se faire rendre ce qu'il a payé par suite du fait qui engageait sa responsabilité. — *Toullier*, t. 11, n° 282.

387.— Par la même raison le législateur n'admet pas les maîtres, comme les pères et mères, instituteurs et artisans, à décliner la responsabilité qui pèse sur eux, en offrant de prouver qu'ils n'ont pu empêcher le fait dommageable. Cependant, l'arrible, dans un discours au Corps législatif, accordait ce droit aux maîtres et commettans. Mais son opinion est généralement repoussée. — *Malleville*, sur l'art. 1384 ; Toullier, t. 11, n° 283 ; Duranton, t. 13, n° 724 ; Zachariæ, t. 3, p. 499 ; Locré, *Légial. civ. et comm.*, t. 13, p. 42, n° 14. — En effet, en pareil cas, le maître ou le commettant était libre dans son choix ; il doit s'imputer d'avoir donné sa confiance à des gens qui en étaient indignes. — Bertrand de Greuille, *Rapport au tribunat*.

388.— Jugé ainsi que le maître est civilement responsable du dommage causé par son domestique dans les fonctions auxquelles il l'a employé, alors même qu'il ne pourrait n'avoir pas pu empêcher le fait qui a donné lieu à la responsabilité. — *Cass.*, 25 (et non 23) nov. 1813 (et non 1815), Guillot c. Blanchet ; 11 juin 1836 (t. 1er 1837, p. 149), Goderis. — Merlin, *Rép.*, v° *Voi*, sect. 4, § 3, n° 4.

389.— Le maître est civilement responsable des contraventions commises par ses domestiques et préposés dans l'exercice des fonctions auxquelles il les emploie. Il ne saurait être renvoyé de l'action dirigée à ce sujet contre lui, sur le motif qu'il n'avait pas ordonné ce qui a été fait ; et qu'en ayant eu connaissance, il a manifesté son improbation. — *Cass.*, 3 déc. 1846 (t. 1er 1847, p. 602), Bousquet.

390.— Jugé, néanmoins, que le maître n'est pas responsable civilement des coups portés par son domestique au fermier d'un bac, dans une rixe par lui suscitée à ce dernier, à l'occasion du passage des voitures sur son maître. — *Metz*, 23 juill. 1821, Monfranc c. Nauroy.

391.— La responsabilité est encourue par le maître, soit que le domestique ait agi par son ordre, soit qu'il ait commis le dommage de son propre mouvement, sans que, dans l'un ou l'autre cas, il ait de recours contre son domestique. Cependant, si celui-ci était en faute, s'il avait agi par imprudence, ignorance ou maladresse, si, par exemple, un cocher maladroit ou malintentionné blesse un passant, le maître n'en serait pas moins responsable, et principal obligé, quand même il eût été absent, car il y a toujours faute, et conséquemment responsabilité, à employer des hommes maladroits ou méchans : dans ce cas, le maître a son recours contre le domestique ou ouvrier, auteur du dommage. — Toullier, t. 11, n° 284 et 285 ; Duranton, t. 13, n° 725.

392.— Cette dernière proposition est formellement consacrée par l'art. 8, tit. 2, de la loi du 6 octobre 1791 sur la police rurale : « Les domestiques, ouvriers..... ou autres subordonnés, seront à leur tour responsables de leurs délits envers ceux qui les emploient. » Cette disposition est juste, car les domestiques et ouvriers sont soumis au principe de l'art. 1382 : que chacun doit réparer le dommage arrivé par sa faute.

393.— Le maître est civilement responsable de la perte d'un effet confié à son domestique pour en opérer le transport, lors même que cet effet a été remis, selon l'usage, à son insu. — *Pau*, 20 avr. 1822, Lasserre c. Lagardère.

394.— Si les délits ou quasi-délits ont été commis par les domestiques en dehors de leurs fonctions, le maître n'en est pas tenu par le Code. Il en était de même sous l'ancienne législation. Pothier, *Traité des obligations*, n° 422 ; Toullier, t. 11, n° 286 ; Duranton, t. 13, n° 724 ; Zachariæ, *Cours de droit civil français*, t. 3, p. 200 ; Merlin, *Rép.*, v° *Délit*, § 9.

395.— Jugé ainsi que la responsabilité des maîtres, pour les faits de leurs domestiques, est strictement bornée aux cas désignés par le Code civil. — *Cass.*, 9 juill. 1807, Ponsin.

396.— Pareillement, le maître n'aurait pas à répondre des rixes, injures verbales dont les domestiques se rendraient coupables, non plus des délits de chasse qu'ils auraient commis à son insu. — Toullier, t. 11, n° 288 et 289 ; Duranton, t. 13, n° 724.—V., cependant, pour le dernier cas de chasse, le Nouv. Denisart, v° *Délit*, n° 3.

397. — Le maître, si on ne pouvait lui reprocher aucune imprudence, ne serait pas non plus responsable du vol commis au dehors par son domestique; car ce n'est pas là un dommage causé par celui-ci dans l'exercice de ses fonctions. Duranton, t. 13, n° 724.

398. — Une administration de diligences serait bien responsable du détournement qu'un conducteur de diligence aurait commis de tout ou partie des effets d'un voyageur, alors même que le détournement aurait eu lieu dans une maison où s'arrête la diligence pour le repas des voyageurs. Mais il en serait autrement, si le vol avait été commis dans toute autre maison. L'administration serait aussi responsable, si le dommage avait eu lieu par suite d'une rixe née à l'occasion du service de la diligence. *Secùs* si la rixe n'avait pas été causée par ce service. — Duranton, t. 13, n° 724.

399. — Le principe que le maître n'est pas responsable du dommage causé par le domestique en dehors de ses fonctions cesserait d'être applicable dans les matières régies par des lois spéciales, telles que les forêts. — V. FORÊTS, nos 2739 et suiv.

400. — Le maître qui ayant eu connaissance des délits commis par ses domestiques en dehors de leurs fonctions, les aurait soufferts, alors qu'il pouvait les empêcher, ne serait plus admis à décliner la responsabilité civile. — L. 3 et 4, ff., *De noxal. act.* — Pothier, *Obligations*, n° 456; Toullier, t. 11, n° 287; Zachariæ, t. 3, p. 200, note 13.

401. — Le maître ne serait tenu de payer les marchandises prises en son nom à crédit par le domestique, que s'il avait coutume d'acheter de la sorte et que si les fournitures faites n'étaient pas telles qu'on pût les considérer comme dépassant les besoins de la maison. — Delvincourt, t. 3, p. 454, note 7. — V., au surplus, MANDAT, nos 59 et suiv., 420.

402. — Les chefs d'atelier qui emploient des ouvriers, sont, relativement au dommage causé par ceux-ci pendant leur travail, soumis à la même responsabilité que les maîtres à l'égard des faits de leurs domestiques. — *Cass.*, 8 mars 1841, Bourgeat.

403. — Mais lorsque des ouvriers sont employés ensemble au genre de travail qui leur est spécial, l'accident arrivé par l'imprudence de l'un d'eux ne peut ouvrir, au profit de l'ouvrier qui en a été victime, une action en responsabilité contre le maître pour lequel ils ont travaillé. Ici ne s'applique pas l'art. 1384 C. civ. — *Lyon*, 29 déc. 1836 (t. 2 1837, p. 161), Pittet c. Montagne.

404. — Pareillement, la responsabilité imposée au maître par l'art. 1384 C. civ. ne s'applique pas au cas où deux individus salariés au même titre ont accepté des travaux dont les suites peuvent entraîner des accidens par l'imprudence de l'un envers l'autre. Dans ce cas, il n'y a lieu qu'à la responsabilité des ouvriers entre eux. — *Toulouse*, 26 janv. 1839 (t. 1er 1839, p. 512), Plazen c. Reygasse.

405. — Jugé, au contraire, que le maître est responsable des dommages et blessures causés à l'un de ses domestiques par le fait, l'imprudence et la négligence d'un autre individu salarié au même titre dans un travail qu'il les avait chargés d'exécuter en commun. — *Cass.*, 28 juin 1841 (t. 1er 1843, p. 263), Reygasse c. Plazan.

406. — ... Qu'un entrepreneur doit être condamné, comme civilement responsable, à réparer le dommage causé par un de ses ouvriers à un autre ouvrier qu'il employait également. — *Paris*, 24 nov. 1842 (t. 1er 1843, p. 263) Compagnie du chemin de fer de Paris à Rouen c. Lefèvre.

407. — Un ouvrier ne peut être considéré comme domestique, comme préposé de celui qui l'occupe, et n'engage ainsi la responsabilité de ce dernier qu'autant qu'il travaille habituellement pour celui-ci, et non s'il est un de ces ouvriers qu'on n'emploie que pour un temps et pour un travail donné.

408. — Ainsi, un ouvrier d'une profession reconnue, et publiquement employé comme tel, ne peut être considéré dans ses rapports avec celui qui l'emploie comme domestique ni préposé; lorsque, d'ailleurs, aucun fait particulier n'établit entre eux un rapport plus intime. Spécialement, un tonnelier, employé par un négociant, et en cette qualité, dans un entrepôt public de marchandises, n'étant point considéré comme domestique; ce négociant n'est point responsable du fait du tonnelier, notamment de l'incendie occasionné par la faute de celui-ci, pendant qu'il l'employait à l'entrepôt, selon l'usage des négocians entrepositeurs. — *Cass.*, 25 mars 1824, Phénix c. Cullen.

409. — Pareillement, celui qui a préposé un portefaix au transport d'un objet, sans lui prescrire le mode du transport, n'est pas responsable civilement du dommage causé par la chute de cet objet, que le porteur a lancé dans la rue, par la croisée, hors la présence du mandant. — *Cass.*, 3 nov. 1826, Corré.

410. — De même, le propriétaire ou fermier qui fait réparer la toiture de son habitation par un ouvrier couvreur payé à la journée ne peut être rendu civilement responsable de l'homicide par maladresse ou imprudence commis par cet ouvrier à l'occasion des travaux dont il l'a chargé. — *Douai*, 25 juin 1841 (t. 1er 1842, p. 89), Platel c. Pichon.

411. — Un propriétaire (spécialement une compagnie de chemin de fer) n'est pas civilement responsable du dommage causé par un ouvrier qui n'est pas son employé immédiat, mais qui est seulement l'employé d'un entrepreneur auquel il a concédé des travaux de terrassement. — *Paris*, 24 nov. 1842 (t. 1er 1843, p. 263), Compagnie du chemin de fer de Paris à Rouen c. Lefèvre.

412. — Les ouvriers qui exécutent des travaux d'après les ordres de l'autorité locale, ne peuvent être poursuivis en justice par celui qui prétend que ces travaux lui causent du dommage. — *Liége*, 9 oct. 1828, Lamok.

413. — Le maître ne peut être déclaré responsable d'un fait qu'on prétend provenir de la négligence de l'un de ses domestiques ou ouvriers que si la négligence est prouvée. — *Paris*, 16 mai 1825, et *Cass.*, 18 déc. 1827, Compagnie du Phénix c. Pigne.

414. — Lorsqu'un enfant travaille chez un maître au moment où il a commis un fait dommageable, c'est le maître, et non le père, qui est civilement responsable. — *Metz*, 13 nov. 1833, Forêts c. Lelaurent.

415. — Si, en pareil cas, l'enfant causait du dommage à son père, le maître n'en serait pas responsable; car, pour être partagée avec celle d'un autre, la surveillance du père n'en doit pas moins subsister. — Toullier, t. 11, n° 268. — *Contrà*, Delvincourt, t. 3, n° 685, note.

Sect. 6e. — *Responsabilité du commettant à l'égard des faits du préposé.*

416. — La même responsabilité qui pèse sur les maîtres à l'égard de leurs domestiques pèse sur les commettans à l'égard de leurs préposés. — C. civ. 1384, al. 3.

417. — Les officiers de louveterie sont civilement responsables des dommages causés par leurs piqueurs; mais cette responsabilité n'entraîne pas la contrainte par corps. — *Nancy*, 31 janv. 1844 (t. 2 1844, p. 38), Forêts c. Leclerc.

418. — Mais les commissaires et sociétaires d'un bal sur la demande desquels un poste militaire, rétribué par eux, a été établi à la porte de la salle de danse, pour le maintien du bon ordre, ne sont pas civilement responsables des crimes et délits commis par les militaires, qui ne sont point les hommes de leur choix, et sur lesquels ils n'exercent aucune autorité. — *Cass.*, 5 févr. 1828, Faucon c. Sauvan.

419. — Le directeur d'une prison pour dettes n'est point responsable du préjudice résultant d'une évasion facilitée par le fait seul de la corruption d'un gardien, lorsque d'ailleurs aucun acte personnel de négligence ou d'imprudence ne lui est imputé. — *Paris*, 2 juill. 1846 (t. 2 1846, p. 401), Creton c. Lepreux. — Car, en pareil cas, le gardien n'est ni le domestique ni le préposé du directeur de la prison.

420. — Lorsque le fils d'une veuve, préposé à l'établissement de commerce de cette dernière, achète des marchandises qu'il débite ensuite dans le magasin de sa mère, il y a en faveur du vendeur présomption que l'achat a eu lieu pour le compte de celle-ci. — En conséquence, en cas de faillite du préposé, la mère ne peut se refuser au paiement du prix, en prétendant qu'en tout cela le préposé n'a agi que pour son compte particulier. — *Bruxelles*, 10 janv. 1811, Delorme c. Arthoëzonnet.

421. — Le fait, par le premier commis d'un banquier, son fondé de pouvoir, d'avoir laissé le papier-billet, les timbres et le poinçon de la maison, à la disposition d'un autre employé qui s'en est servi pour fabriquer de faux mandats en contrefaisant la signature de ce premier commis, constitue, de sa part, une imprudence ou négligence qui rend le banquier responsable envers ceux qui, sur de trompeuses apparences et par suite de l'erreur dans laquelle ils ont dû tomber, ont payé les faux mandats. — *Bourges*, 13 déc. 1841 (t. 2 1842, p. 529), Patureau c. Tarnaud.

422. — Le commettant, comme le maître, est responsable, qu'il ait ou non commandé à son préposé le fait incriminé. Seulement, si le préposé est en faute, le commettant a son recours contre lui.

423. — Jugé que le commettant est civilement responsable du dommage causé par son préposé, quand bien même ce dommage résulterait d'un crime pour lequel aucun mandat n'avait été donné à ce préposé; il suffit, pour qu'il y ait lieu à responsabilité, qu'un mandat ait été donné au préposé à l'égard des faits civils lors desquels le crime a été commis. — *Cass.*, 19 juill. 1826, Octroi c. Lieutaud.

424. — Toutefois, la responsabilité à laquelle l'art. 1384 C. civ. soumet les commettans ne dépend pas seulement de ce qu'ils ont choisi leurs préposés, mais suppose en outre qu'ils ont le droit de leur donner des ordres et instructions sur la manière de remplir les fonctions auxquelles ils les emploient. — En conséquence, une compagnie de chemin de fer qui a traité à forfait avec un entrepreneur pour l'exécution de certains travaux, dont elle ne s'est pas réservé d'ailleurs la direction, ne peut être considérée comme un commettant responsable des faits de cet entrepreneur. — *Cass.*, 20 août 1847 (t. 1er 1848, p. 60), Compagnie du chemin de fer du Nord c. Pubelier; *Orléans*, 24 nov. 1847 (t. 1er 1848, p. 254), mêmes parties.

425. — Bien qu'un entrepreneur de travaux civilement responsable des suites d'un incendie occasionné par l'un de ses ouvriers en fumant dans le bâtiment qu'il réparait, ait été choisi par le propriétaire du bâtiment incendié; il n'en résulte pas que ce dernier soit, vis-à-vis du locataire, responsable de l'imprudence de l'ouvrier. — *Paris*, 15 avr. 1847 (t. 1er 1847, p. 655), Chibon c. Delafontaine.

426. — L'individu dont le préposé a été condamné comme complice du crime de faux commis par un employé des douanes au préjudice de son administration, n'a, bien que civilement responsable du fait dudit préposé vis-à-vis de cette administration, aucune action récursoire contre elle à raison de la condamnation prononcée contre son propre employé. — *Cass.*, 2 janv. 1845 (t. 2 1848, p. 238); Douanes c. Wigdalh et Vandrunen.

427. — La responsabilité du commettant est, comme celle du maître, toute civile, et ne s'étend pas aux peines; excepté aux cas où la loi a pu décider le contraire.

428. — Dès lors le commettant n'est pas tenu de l'amende encourue par son préposé, mais il répond des dépens et frais de poursuite.

429. — Il n'existe aucune loi générale et spéciale qui déclare les fermiers de pêche responsables des amendes prononcées contre des porteurs de licences délivrées par ces fermiers. — *Cass.*, 14 juill. 1814, Roland. — Cette décision est toujours applicable sous l'empire de la loi du 15 avr. 1829; la responsabilité civile ne pourrait même être prononcée pour les frais, sans une convention particulière : car, si l'on considérait le fermier comme un *commettant*, on ne pourrait pas considérer le porteur de licence comme son *subordonné*, et cette loi (art. 74) ne contient pas d'autre disposition dont on puisse argumenter.

430. — Le commettant, non plus que le maître, ne répond pas des délits ou quasi-délits reprochés au préposé, lorsque celui-ci a agi en dehors de ses fonctions.

431. — En effet, le commettant n'est responsable des faits de son préposé qu'autant qu'ils se rattachent nécessairement aux fonctions qui lui sont confiées. — Spécialement, le recours accordé par l'art. 1384 C. civ. ne peut être exercé contre une compagnie à raison de ce qu'un de ses employés aurait, dans une affaire personnelle, et non par suite de ses fonctions, remis à un tiers des obligations de cette compagnie revêtues de fausses signatures. — *Paris*, 19 mai 1848 (t. 1er 1848, p. 717), Chapelle c. Compagnie du chemin de fer de Rouen au Havre.

432. — La personne à qui le préjudice a été causé peut agir directement contre le commettant, sans appeler en cause le préposé; et si celui-ci y a été mis et qu'il n'y ait eu de sa part ni délit ni quasi-délit, il peut demander à être renvoyé de la poursuite. — *Bordeaux*, 20 févr. 1845 (t. 2 1845, p. 192), Mespoulède c. Messageries nationales.

433. — Le commettant ne saurait être admis, comme le père, à invoquer comme excuse l'im-

possibilité où il s'est trouvé d'empêcher le dommage. Il est, à cet égard, dans la même position que le maître.

434. — Sur la responsabilité civile des maîtres de poste relativement à leurs préposés ou postillons, V. POSTES, nos 656 et suiv., 902 et suiv.

435. — Sur celle des entrepreneurs de voitures publiques à l'égard de leurs préposés, V. TRANSPORTS (entrepreneur de).

436. — On peut avoir choisi pour préposés, des officiers ministériels. Est-on alors responsable comme si l'on avait préposé de simples particuliers? Ici, la solution devient plus difficile.

437. — Par exemple, en ce qui concerne la responsabilité relative aux huissiers, V. HUISSIER, nos 258 et suiv.; auxquels il faut ajouter:

438. — Un saisissant est responsable des extorsions commises par l'huissier qu'il a chargé d'instrumenter. — *Bruxelles*, 10 mars 1808, Dassonville c. Decaters.

439. — L'avoué chargé de diriger une poursuite en expropriation forcée ne peut être déclaré responsable des nullités commises par l'huissier dans le commandement qui précède le procès-verbal de saisie immobilière. — *Metz*, 2 juill. 1819, N... c. Misset; *Cass.*, 21 févr. 1821, Misset c. Roland-Wateler. — V., au surplus, AVOUÉ, nos 363 et suiv.

440. — Par la même raison, l'avoué chargé par l'acquéreur de notifier le contrat aux créanciers inscrits est responsable de l'irrégularité des notifications; même pour les actes qui sont du ministère de l'huissier, surtout si celui-ci les a soumis à son examen. — *Metz*, 31 mars 1821, Hermann c. Printz.

441. — Le notaire est responsable de ses clercs lorsqu'ils ont agi comme ses préposés. — V. NOTAIRE, nos 998 et suiv.

442. — Il en est de même de l'avoué. — V. AVOUÉ, nos 375 et suiv.

443. — Relativement à la responsabilité du mandataire à l'égard du mandant et du mandant à l'égard du mandataire, V. MANDAT.

444. — Pour le *negotiorum gestor*, il n'est pas responsable des sommes autres que celles qu'il a perçues. — *Rennes*, 24 déc. 1811, Hamon Kernello c. Suant. — V. GESTION D'AFFAIRES.

Sect. 7e. — *Responsabilité des administrations publiques à l'égard des faits de leurs agens.*

445. — La disposition de l'art. 1384 sur la responsabilité des commettans à l'égard de leurs préposés s'étend aux administrations publiques à l'égard de leurs agens.

446. — Jugé ainsi que les administrations publiques sont responsables du dommage causé par le fait de leurs agens ou préposés dans l'exercice de leurs fonctions. — *Cass.*, 22 janv. 1835, Douanes c. Boyer.

447. — Spécialement, la responsabilité du dommage causé par ses agens dans l'exercice de leurs fonctions est encourue par l'administration de l'octroi. — *Cass.*, 19 juill. 1826, Octroi c. Lieutaud. — V. OCTROI, nos 278 et suiv., 321 et suiv.

448. — Sur la responsabilité civile de l'administration des contributions indirectes, V. CONTRIBUTIONS INDIRECTES, nos 77 et suiv. — A quoi il faut ajouter:

449. — L'administration des contributions indirectes est civilement responsable des employés de l'octroi, lorsqu'ils sont préposés par elle et qu'ils agissent dans son intérêt. — *Cass.*, 30 janv. 1833, Contributions indirectes c. Paul.

450. — Mais elle n'est pas responsable du dommage qui peut être la suite des mesures nécessitées par l'exercice légal du ministère de ses préposés. — *Douai*, 24 janv. 1832, Contrib. ind. c. Hudes.

451. — Sur la responsabilité civile de l'administration des douanes, V. DOUANES, nos 1302 et suiv.

452. — Décidé, toutefois, que l'administration des douanes ne peut être tenue des dépens d'une poursuite exercée d'office contre un de ses préposés prévenu d'avoir, dans l'exercice de ses fonctions, blessé un délinquant; poursuite à laquelle elle n'a pris aucune part, si ce n'est pour autoriser la mise en jugement de ce préposé. — *Cass.*, 19 mars 1830, Douanes c. Baumann.

453. — L'administration des postes n'est responsable de la perte des lettres qu'autant qu'elles ont été chargées, lors même qu'elles auraient été soustraites par un employé de cette administration. — *Colmar*, 6 août 1829, Bouque c. Postes. — V. POSTES, nos 144 et suiv.

454. — L'administration des postes peut être déclarée responsable de l'accident causé par un postillon et résultant d'une infraction aux règlemens, alors que le courrier de la malle, qui pouvait et devait empêcher cette infraction, s'y est associé en la tolérant et a partagé la faute par son défaut de surveillance. — *Cass.*, 30 janv. 1844 (t. 1er 1844, p. 605), Postes et Dutailly c. Berthaud. — V., au surplus, POSTES, nos 902 et suiv.

455. — Le trésor public est responsable du paiement irrégulier d'arrérages d'une inscription de rente, qui a lieu par suite d'abus de fonctions de l'un de ses employés. — *Paris*, 3 mars 1834, trésor public c. Rivière.

456. — De même, le trésor public, dont l'un des employés a soustrait une inscription de rente sur l'État, laquelle se trouvait être entre ses mains par suite de ses fonctions, est responsable de la soustraction vis-à-vis du propriétaire de l'inscription. — *Cass.*, 29 févr. 1836, trésor public c. Schumann.

457. — Toutefois les paiemens faits par le trésor public sur pièces falsifiées sont libératoires, quand il n'est pas établi que la falsification a été opérée par l'un des agens dans les bureaux. Spécialement, lorsqu'une procuration à l'effet de toucher un cautionnement, contenant l'indication de la demeure du mandataire, a été adressée au directeur de la dette inscrite; s'il arrive que le cautionnement soit remis à un individu qui, à l'aide d'une falsification, est devenu possesseur de la procuration, le Trésor n'est pas responsable du paiement. — *Paris*, 27 févr. 1836, Pelissière c. trésor public.

458. — L'État répond aussi du dommage causé par ses agens dans l'exercice de leurs fonctions.

459. — Jugé que lorsqu'un bateau a échoué dans un canal et par suite éprouvé des avaries dans sa cargaison, l'État ne peut être astreint à la réparation du dommage qu'autant qu'il aurait été imputable à ses agens; le demandeur en réparation est tenu de prouver la faute ou la négligence des préposés à l'entretien du canal: il ne suffit pas d'établir que l'accident a été causé par l'existence d'un pieu caché sous l'eau, si rien ne justifie que les préposés de l'administration aient eu connaissance de l'existence de ce pieu. — *Cass.*, 27 juin 1832, Frenoy-Tassart c. préfet de la Somme. — Toutefois, cette décision n'est pas à l'abri de toute critique. En effet, les agens de l'administration étant préposés à la garde et surveillance d'une voie publique; comment dire qu'il n'y ait pas faute ou négligence de leur part, s'ils laissent subsister une cause cachée de dommage? Y aurait-il donc pour eux d'autres règles de responsabilité que pour les simples particuliers?

460. — Un régiment n'est pas responsable des dégâts commis par quelques-uns des militaires qui le composent; et le conseil d'administration du régiment n'a pas capacité pour répondre à une demande en dommages-intérêts dirigée contre lui, comme représentant le régiment. — *Aix*, 2 juin 1832, Ambroix c. Commune de Tarascon et le 2e régiment de chasseurs.

Sect. 8e. — *Responsabilité des instituteurs et artisans à l'égard des faits de leurs élèves et apprentis.*

461. — Les instituteurs et les artisans sont responsables du dommage causé par leurs élèves et apprentis pendant le temps qu'ils sont sous leur surveillance, à moins qu'ils ne prouvent qu'il n'a pas été en leur pouvoir d'empêcher le fait qui a occasionné le dommage. — C. civ., art. 1384, al. 4 et 5.

462. — Il faut entendre ici par instituteurs toutes les personnes chargées d'une manière permanente, à quelque titre que ce soit, de l'éducation ou de la surveillance d'enfans ou de jeunes gens.

463. — Ainsi: la personne qui, conformément à l'usage suivi en Alsace, a reçu chez elle un enfant mineur pour qu'il s'instruisît dans la langue allemande, en échange de ce qu'elle a confié son fils pour qu'il apprît la langue française, est civilement responsable du dommage causé par ce mineur, bien que le délit ait été commis hors de sa présence et que l'enfant ait été provoqué. — *Colmar*, 14 juin 1830, Schœrrer c. Harnist.

464. — On ne devrait pas considérer comme instituteurs, dans le sens de l'art. 1384, les personnes qui donnent des leçons pendant une ou plusieurs heures de la journée. — *Cass.*, 29 déc. 1831, Bertrand c. Massel.

465. — La responsabilité des instituteurs et artisans fait cesser celle des pères et mères. Mais cette dernière reprend son empire aussitôt que les enfans ne sont plus sous la première, et les parens sont alors responsables pendant le temps que ne dure pas la responsabilité des artisans et instituteurs.

466. — La responsabilité des instituteurs et artisans diffère de celle des pères et mères, en ce que les premiers sont responsables encore que les élèves ou apprentis fussent majeurs; la loi ne distingue pas. Ils ne doivent pas les garder, s'ils ne peuvent les surveiller. Le père, au contraire, ne peut renvoyer son enfant, même majeur, puisqu'il lui doit des alimens. — Duranton, t. 13, no 721.

467. — Les instituteurs et artisans cessant d'être responsables, s'ils prouvent qu'ils n'ont pu empêcher le dommage, leur responsabilité n'a conséquemment pas lieu dans le cas où l'élève ou l'apprenti se trouvait chez ses parens au temps du délit ou quasi-délit. — Duranton, t. 13, no 721.

468. — Lorsque l'élève ou l'apprenti a agi avec discernement, l'instituteur ou l'artisan a un recours contre lui pour la somme qu'il a dû payer aux personnes qui ont souffert le dommage. Il n'en serait plus de même si l'élève ou l'apprenti avaient agi sans conscience du fait reproché; car on peut dire ici qu'il y a faute de la part de l'instituteur ou de l'artisan pour n'avoir pas mieux surveillé l'enfant, puisqu'il était payé pour cela. — Duranton, t. 13, no 722.

469. — Mais alors l'instituteur ou l'artisan pourrait-il diriger son recours contre le père ou la mère? Il faut distinguer. Si l'enfant a agi sans discernement, le recours doit être rejeté; car l'instituteur ou l'artisan étant payé pour surveiller l'enfant, c'est sa faute si la surveillance a été insuffisante. Il n'en serait différemment que si les parens étaient convenus de rester responsables de tout le dommage que leur enfant pourrait commettre. Si l'enfant avait, au contraire, agi avec discernement, la décision serait moins facile. La question se résoudrait alors suivant les circonstances. Elle dépendrait d'abord de la nature de la faute, du plus ou moins de discernement de l'élève ou de l'apprenti, du plus ou moins de négligence apportée par l'instituteur ou l'artisan dans la surveillance dont ils étaient tenus. — Duranton, t. 13, no 723.

470. — L'instituteur, bien que civilement responsable des faits et des délits de ses élèves, ne peut être déclaré non recevable à exercer contre eux aucune action à raison de ces mêmes faits et délits. — *Bourges*, 18 août 1838 (t. 1er 1839, p. 232), B... c. Miot.

CHAPITRE III. — *Responsabilité des choses que l'on a sous sa garde.*

471. — La défense de causer des dommages à autrui ne nous oblige pas seulement à ne pas nuire personnellement à qui que ce soit, mais encore à tenir les choses que nous possédons en tel état qu'elles ne préjudicient à personne. — Ce n'est donc pas seulement de ses propres actions que l'on est responsable, ni de celles des personnes dont on doit répondre, mais encore des *choses que l'on a sous sa garde*. — C. civ., art. 1384, al. 1er. — Les art. 1385 et 1386 C. civ. nous fournissent des applications de ce principe.

Sect. 1re. — *Responsabilité des animaux.*

472. — « Le propriétaire d'un animal, ou celui » qui s'en sert, pendant qu'il est à son usage, est » responsable des dommages que l'animal a » causés, soit que l'animal fût sous sa garde, soit » qu'il fût égaré ou échappé. » — C. civ., art. 1385.

473. — Le droit romain accordait, en beaucoup de cas, au maître de l'animal, la faculté de l'abandonner pour se dispenser de payer le dommage, *noxæ dedere*. Mais il lui refusait ce droit s'il avait une faute à se reprocher. Quelques coutumes, notamment celle de Bretagne, avaient adopté ces dispositions de la loi romaine. Mais celles-ci étaient rejetées par le droit commun de la France, consacré, en cela, par l'art. 1385. — Toullier, t. 11, nos 298 et suiv. et 316; Merlin, *Rép.*, vo *Quasi-délit*, no 10.

474. — Il importe peu que l'animal ait causé le dommage en suivant son instinct, comme fe-

rait un bœuf qui brouterait les récoltes d'autrui, ou en s'écartant des habitudes naturelles à son espèce, ce qui aurait lieu si ce bœuf blessait quelqu'un avec ses cornes : vice qui n'est pas naturel chez cet animal. — Le maître est responsable dans un cas comme dans l'autre.—Toullier, t. 11, nos 297 et 316.

475. — Le fait d'un chien-lévrier, de race pure ou croisée, qui, guidé par son instinct, parcourt la campagne, recherche et poursuit le gibier, peut donner lieu, contre le propriétaire de cet animal, à la responsabilité du dommage qu'il aura causé.—*Nancy*, 11 févr. 1846 (t. 2 1846, p. 74), Belin.

476. — Le propriétaire d'un taureau est responsable du dommage causé par la férocité de cet animal, surtout quand il a négligé de prendre les précautions nécessaires pour prévenir le danger. — *Paris*, 24 mai 1810, Geoffroy c. Huart.

477. — Mais il en serait autrement si le taureau ayant été placé dans un champ clos il eût blessé une personne qui eût, sans nécessité, franchi la clôture, et à plus forte raison si cette même personne l'avait provoqué. — Toullier, t. 11, no 316.

478. — Ainsi il n'y aurait pas une provocation suffisante dans le fait de caresser un cheval, de le palper légèrement. Toutefois, l'imprudence que commet une personne en s'approchant d'un cheval dont il connaît le naturel fougueux le rend personnellement responsable du préjudice qui peut en résulter pour autrui. — Toullier, t. 11, no 316.

479. — Il y aurait toujours aussi imprudence de la part d'un étranger qui sans connaître un animal, un cheval, par exemple, s'en approcherait trop près sans nécessité, lui mettrait la main sur la croupe, en se tenant à portée d'une ruade. — En cas d'accident la question de responsabilité dépendrait des circonstances, dont l'appréciation est laissée à la sagesse des juges.—Domat, *Lois civiles*, liv. 2, tit. 8, sect. 2, no 7 ; Toullier, t. 11, no 316, note.

480. — Le propriétaire d'un animal, par exemple d'un cheval, ou celui qui s'en sert, n'est point responsable du dommage que l'animal a causé, s'il prouve qu'il n'y a eu aucune faute de sa part. — *Bruxelles*, 11 mars 1829, V... c. S....

481. — Le propriétaire qui donne imprudemment son cheval à conduire à un tiers, bien qu'il connaisse sa vivacité, est responsable des blessures que cause cet animal pendant qu'il est sous la conduite du tiers.—*Bordeaux*, 28 janv. 1841 (t. 2 1843, p. 558), Gratereau.

482. — La responsabilité des faits d'un animal cesserait aussi si le dommage avait été amené par suite d'un événement de force majeure : *Casum nemo præstat.*

483. — On est responsable du préjudice causé par l'animal, que celui-ci l'ait fait par lui même ou à l'aide de quelque autre chose : comme serait le cas d'un cheval qui écraserait quelqu'un avec la voiture à laquelle il serait attelé.

484. — Si le dommage avait été causé parce qu'un tiers aurait excité l'animal, l'aurait effarouché ; ce sera ce tiers, et non le propriétaire, qui sera responsable. — L. 11, § 5, ff., *Ad leg. aquil.* ; L. 1, § 6, ff., *Si quadr.* — Delvincourt, t. 3, p. 454, notes ; Toullier, t. 11, no 316 ; Merlin, *Rép.*, vo *Quasi-délit*, no 9.

485. — Le tiers serait encore responsable, si, par dol, il m'avait amené à m'approcher trop de l'animal qui m'aurait alors blessé. — L. 7, § 6, ff., *De dolo malo.* — Toullier, t. 11, no 316.

486. — Si un animal n'avait commis le dommage qu'excité ou effarouché par un autre, c'est le maître de ce dernier qui serait responsable. — Toullier, t. 11, no 316; Merlin, *Rép.*, vo *Quasi-délit*, no 9.

487. — Au cas où deux animaux s'étant attaqués l'un a été tué par l'autre; le propriétaire de celui qui survit ne sera tenu d'aucune réparation, si c'est l'animal agresseur qui a succombé. *Secùs* au cas contraire. Dans le doute : le propriétaire du cheval tué en supportera la perte, qu'on considérera comme amenée par cas fortuit. — L. 1, § 11, ff., *Si quadr.* — Toullier, t. 11, no 316; Delvincourt, t. 3, p. 453, notes; Merlin, *Rép.*, vo *Quasi-délit*, no 9.

488. — Lorsqu'un cheval a été placé, dans l'écurie d'une auberge, à côté d'un autre, sans en être séparé par des barres, et que cet autre lui a cassé la cuisse, est-ce le propriétaire du cheval qui a causé le dommage ou est-ce l'aubergiste qui est responsable? Cette question se résoudra suivant les circonstances, car l'art. 1385 est susceptible de modifications, suivant les faits, dont les juges ont la souveraine appréciation. Cependant, dans un cas pareil, le parlement de Grenoble avait déclaré, par arrêt du 3 déc. 1776, l'hôtelier responsable. — Toullier, t. 11, no 316; Merlin, *Rép.*, vo *Dommages*.

489. — Il peut encore se présenter d'autres cas où il y aura lieu à exiger une réparation du propriétaire d'un animal. Les principes que nous avons posés serviront à les résoudre. En outre, il existe dans toutes les provinces des règlemens particuliers établis pour prévenir les dommages que peuvent causer les animaux et rendre leurs maîtres plus soigneux et plus diligens. L'art. 484 du Code pénal en ordonne l'observation dans toutes les matières qu'il ne règle pas. Il y a toujours faute dans leur inobservation, et, par conséquent, motif à prononcer la responsabilité du maître. — Toullier, t. 11, no 316.

490. — Le propriétaire de l'animal serait responsable du dommage que celui-ci causerait, encore qu'il fût échappé ou égaré. Le propriétaire est toujours en faute de ne l'avoir pas mieux surveillé. Il suit aussi de là que la responsabilité aurait encore lieu contre celui qui se servait de l'animal au moment où le dommage a été causé, bien qu'il n'eût pu l'empêcher, et sauf, s'il y a lieu, le recours contre le propriétaire. — Arg. de l'art. 1721, C. civ. — Tel serait le cas où le préjudice proviendrait d'un cheval ombrageux qu'il aurait été impossible de retenir. On est toujours en faute de se servir d'un pareil cheval. — Delvincourt, t. 3, p. 453, notes. — V., au surplus, ANIMAUX.

491. — Si l'individu qui se servait de l'animal ou qui en avait la jouissance au moment où l'accident ou le dégât est arrivé, n'était pas solvable; la partie lésée pourrait-elle agir en réparation contre le propriétaire? L'affirmative était prononcée par le Code rural du 16 oct. 1791, tit. 2, art. 12, pour les dégâts causés aux champs. Mais nous ne croyons pas qu'on puisse étendre cette disposition, par voie d'analogie, aux dommages d'une autre nature. — Zachariæ, *Cours de droit civil français*, t. 3, p. 203, no 4.

492. — La responsabilité civile du dommage causé par le taureau d'un troupeau communal doit peser sur celui qui s'est chargé, par bail administratif, de la fourniture et de l'entretien du taureau et non sur la commune ou sur le pâtre de la commune, auquel on ne peut reprocher ni imprudence ni défaut de surveillance. — *Colmar*, 27 juin 1833, ville de Neuf-Brisach c. Glenat.

493. — Le propriétaire de la chose détruite ou endommagée par l'animal n'a pas seul droit à demander la réparation du dommage. L'action appartient aussi à quiconque y a un légitime intérêt. Ainsi, elle pourrait être intentée par celui qui, ayant emprunté la chose, serait tenu d'en répondre.

494. — La réparation peut être demandée soit par action publique, soit par la voie civile. Ainsi, on peut agir par la voie civile pour obtenir la réparation de la perte d'une brebis causée par un chien; et le juge de paix est dès lors compétent pour connaître de l'action civile formée devant lui, en réparation d'un délit dont la loi attribue la connaissance au tribunal de police. — *Cass.*, 12 déc. 1809, Gedeau c. Grenet.

495. — Le maître du terrain où l'animal cause du dégât a le droit de saisir cet animal et de le conduire en fourrière.—L. 6 oct. 1791, tit. 2, art. 12. — V. FOURRIÈRE.

496. — Il peut, d'après cette même loi, tuer les volailles qui lui causent du dommage, mais seulement sur le lieu et au moment du dégât. Il a le droit, s'il ne l'a pas fait, d'actionner le propriétaire de ces animaux en réparation du dommage. — Toullier, t. 11, nos 300 et suiv.

497. — La disposition de l'art. 1385 du Code civil s'applique non-seulement aux animaux domestiques, mais aussi aux animaux sauvages : comme pigeons, lapins. — V. LAPINS, PIGEONS.

Sect. 2. — *Responsabilité des choses inanimées.*

498. — La disposition de l'art. 1384 du Code civil, qui rend responsable du dommage causé par le fait des choses que l'on a sous sa garde, s'applique même aux choses inanimées. — Ce principe, également consacré par la loi romaine, était développé au *Digeste*, sous le titre *De damno infecto*. — Toullier, t. 11, no 317; Merlin, *Rép.*, vo *Quasi-délit*, no 11. — V. aussi Domat, *Lois civ.*, liv. 2, tit. 8, sect. 3.

499. — L'art. 1386 du Code civil fournit un exemple spécial de responsabilité relativement aux choses inanimées. « Le propriétaire d'un bâtiment, porte cet article, est responsable du dommage causé par sa ruine, lorsqu'elle est arrivée par une suite du défaut d'entretien ou par le vice de sa construction. »

500. — Cet article est, on le voit, une conséquence des art. 1382 et 1383 C. civ., car il y a faute et dès lors cause de responsabilité de la part du propriétaire dont l'édifice est tombé par défaut d'entretien ou par vice de la construction. Le propriétaire devait, en effet, l'entretenir, au premier cas, de manière qu'il ne pût nuire au voisin, et, au second, le faire démolir. — Toullier, t. 11, no 317.

501. — Le propriétaire pourrait être responsable encore qu'il n'y eût ni défaut d'entretien ni vice de construction, comme serait le cas où le défaut d'étais suffisans ferait écrouler la maison que ce propriétaire faisait réparer. — Delvincourt, t. 3, p. 452, notes.

502. — Ceux qui font quelque nouvel œuvre, quelque changement à l'état des lieux, doivent prendre les précautions nécessaires pour ne pas nuire aux droits des autres personnes intéressées au changement. — L. 1re, § 11, ff., *De oper. nov. nunt.* — Domat, liv. 2, tit. 8, sect. 3, no 8. — Mais si, en nuisant au voisin, on ne faisait qu'user de son droit, sans blesser ni loi, ni titre, ni usage, on ne serait pas tenu du dommage qui pourrait arriver. — Merlin, *Rép.*, vo *Quasi-délit*, nos 11 et 12.

503. — L'exécution des travaux prescrits par le cahier des charges pour la construction d'un pont n'affranchit pas la compagnie concessionnaire de l'obligation, imposée d'ailleurs à tout entrepreneur, de prendre toutes les précautions d'usage pour garantir la sûreté des personnes. — En conséquence : la compagnie concessionnaire, en cas d'accident arrivé par l'absence de quelqu'une de ces précautions, n'en peut imputer la faute qu'à elle-même, et doit réparer personnellement le préjudice qu'elle a ainsi occasionné. — *Lyon*, 16 nov. 1841 (t. 2 1842, p. 179), Michalon c. Compagnie concessionnaire du pont de Saint-Just-sur-Loire.

504. — Le propriétaire obligé de reculer ses nouvelles constructions pour se conformer à l'alignement qui lui a été donné par la police n'est point responsable des dégâts que ce reculement cause aux bâtimens contigus, lorsqu'il a fait des ouvrages au moyen desquels il a pourvu autant qu'il dépendait de lui à la solidité des maisons voisines. — *Bordeaux*, 25 nov. 1831, Ladouès c. Battut.

505. — Si la ruine provenait d'un vice de construction ou de celui du sol, on pourrait, comme ces vices ne sont pas apparens, déclarer le propriétaire excusable. Mais dans ces deux cas la responsabilité pèserait pendant dix années, aux termes de l'art. 1792 du Code civil, sur les architectes et entrepreneurs. Conséquemment : si l'édifice tombait avant le temps fixé par l'art. 1792, le propriétaire aurait son recours contre eux. S'il ne tombait qu'après dix années, cela n'aurait guère lieu sans que des signes apparens ne vinssent à l'avance faire connaître le danger. — Toullier, t. 11, no 317. — V. LOUAGE D'INDUSTRIE.

506. — Un entrepreneur de travaux n'est pas responsable de l'écroulement d'une maison construite par lui, si l'écroulement est occasionné par des travaux entrepris ultérieurement par le propriétaire lui-même; quand bien même ces travaux postérieurs auraient été exécutés avec les matériaux et par un ouvrier de l'entrepreneur, s'il n'est pas toutefois établi que celui-ci ait agi comme entrepreneur à prix fait de ces mêmes travaux. — *Bourges*, 10 mars 1837 (t. 1er 1837, p. 574), Pivert c. Picard.

507. — Nonobstant la clause du cahier des charges qui interdit à l'adjudicataire de travaux communaux de faire, sans un ordre écrit de l'architecte, aucune modification aux devis arrêtés, les changemens opérés sur un ordre verbal de cet architecte peuvent être considérés par les juges, à raison des actes et documens produits, comme engageant sa responsabilité; sans que leur décision puisse tomber sous la censure de la Cour de cassation. — Dans le cas de l'art. 1792 du Code civil, les juges du fond peuvent déterminer souverainement la part de responsabilité qui doit être à la charge : soit de l'architecte, soit des entrepreneurs. — *Cass.*, 23 nov. 1842 (t. 1er 1843, p. 452), Maillet-Duboullay c. Letellier.

508. — Si l'édifice dont la chute a été dommageable à autrui appartenait à plusieurs personnes, elles ne seraient pas solidairement tenues du dommage; mais chacune n'en devrait répondre que pour la part qu'elle avait dans l'édifice. — L. 40, § 3, ff., *De damno inf.* — Toullier, t. 11, no

317; Delvincourt, t. 3, p. 433, notes; Merlin, *Rép.*, v° *Quasi-délit*, n° 11.

509. — Le propriétaire de la maison tombée en ruines pouvait, à Rome, se dispenser de réparer le dommage en abandonnant les matériaux (L. 6 et 7, § 2, ff., *De damno inf.*). — La généralité de l'art. 1386 ne permet pas d'admettre, chez nous, une semblable décision. — Toullier, t. 11, n° 317; Rolland de Villargues, v° *Dommages*, n° 97.

510. — Mais l'estimation du dommage devrait être modérée. — L. 40, ff., *De damno inf.* — Ainsi dans le cas où la chute du bâtiment aurait détruit, dans la maison voisine, des ornemens superflus, des peintures, par exemple, l'estimation de ce dommage devrait se faire avec modération, et d'après les circonstances. — Si les peintures, les ornemens avaient été détruits parce que le propriétaire aurait voulu exhausser ou rendre plus fort le mur mitoyen sur lequel ils étaient établis, il ne serait dû aucune réparation pour ces ornemens au copropriétaire, celui-ci ayant dû s'attendre à ce que le voisin demanderait l'exhaussement. — Domat, sect. 3, n° 5; Merlin, *Rép.*, v° *Quasi-délit*, n° 11; Toullier, t. 11, n° 317.

511. — Si la chute avait eu lieu par cas fortuit, le propriétaire ne serait responsable qu'autant que ce cas fortuit aurait été occasionné par le mauvais état de la maison. — Domat et Merlin, *loc. cit.*; Toullier, t. 11, n° 317.

512. — La responsabilité établie par l'art. 1386 a lieu en faveur de tous ceux qui ont souffert du dommage : la loi n'établit aucune distinction. Le propriétaire doit donc réparation à ses locataires du dommage que leurs meubles ont éprouvé. — Toullier, t. 11, n° 317.

513. — Relativement à l'usufruitier, le propriétaire de la maison n'est responsable à son égard que suivant certaines distinctions. Si la ruine était arrivée depuis l'ouverture de l'usufruit par suite du défaut d'entretien, le nu propriétaire ne serait tenu d'aucune indemnité envers l'usufruitier : celui-ci serait même responsable, envers le premier, des dégâts qu'il aurait pu occasionner par sa faute à la maison. — Mais si c'était un vice du sol ou de construction qui avait causé la chute du bâtiment, le propriétaire en répondrait envers l'usufruitier comme envers le voisin. — Si le défaut d'entretien qui a causé la ruine remontait à une époque antérieure à l'ouverture de l'usufruit, il y aurait lieu à une nouvelle distinction. — Si l'usufruitier sachant, lors de son entrée en jouissance, que l'édifice menaçait ruine, est venu l'habiter sans y faire les réparations nécessaires ou l'a loué sans avertir le locataire du danger; il devra seul répondre du dommage, suite de son imprudence. Si le propriétaire se refusait à faire ces réparations, il devrait y procéder lui-même; sauf à s'en voir tenir compte à l'expiration de son usufruit. — Mais quant aux voisins, c'est le propriétaire qui est tenu de réparer le dommage qu'ils ont éprouvé; car c'est lui que l'art. 1386 rend responsable, et la loi ne distingue pas. — Toullier, t. 11, n° 317.

514. — Ce qui est dit du dommage causé par la chute d'un bâtiment s'applique au dommage résultant de la chute d'un arbre. S'il y a de la part du propriétaire faute ou négligence, il peut être responsable. — Toullier, t. 11, n° 317.

515. — Le projet du Code civil contenait, après l'art. 1383, deux autres articles dont l'un portait que si, d'une maison habitée par plusieurs personnes, il avait été jeté quelque chose qui eût causé du dommage à autrui, la responsabilité en pesait solidairement sur tous ceux qui habitaient l'appartement d'où la chose avait été jetée, à moins qu'ils ne fissent connaître l'auteur du dommage, auquel cas ce dernier était seul tenu de la réparation. — Le second article portait que ceux qui n'habitaient la maison qu'en passant n'étaient tenus du dommage qu'autant qu'ils en étaient reconnus les auteurs. Mais celui qui les logeait devait réparer ce dommage. — Ces deux articles furent supprimés comme n'étant que des exemples du principe établi par l'art. 1382 C. civ. — Delvincourt, t. 3, p. 452, notes; Toullier, t. 11, nos 148 et suiv.; Merlin, *Rép.*, v° *Quasi-délit*, nos 4 et 8. — V. JET.

516. — Dans le cas où quelque chose de suspendu à un toit, de placé sur une fenêtre ou un balcon, vient à tomber et cause du dommage, celui qui habite la maison ou l'appartement est tenu de réparer ce dommage; outre la peine de l'amende qu'il encourt. — L. 3, § 12, ff., *De his qui effud.* — Mais si des tuiles, par le seul effet d'un orage, tombaient d'un toit en bon état, le dommage qui en résulterait étant la suite d'un cas fortuit, aucune responsabilité ne pèserait sur le propriétaire ou le locataire. — Si le toit était en mauvais état, celui qui devait y pourvoir pourrait, suivant les circonstances, être tenu du dommage. — L. 24, § 3; L. 43, ff., *De damno inf.*

517. — Si un propriétaire ne peut pas se plaindre lorsque son voisin, par l'exercice de son droit de propriété, lui cause seulement quelques désagrémens ou incommodités, cependant il ne saurait être forcé à tolérer des choses qui lui porteraient un préjudice réel et notable. — *Colmar*, 16 mai 1827, Robert c. Scherrer. — V., à ce sujet, ÉTABLISSEMENS INSALUBRES, nos 253 et suiv.

518. — Ainsi : le boulanger dont le four laisse échapper par son tuyau une fumée noire et épaisse, ainsi que des parcelles de charbon enflammé, qui dégradent les appartemens et les meubles du voisin, et peuvent faire craindre un incendie, doit la réparation du dommage, encore bien qu'il se soit conformé, pour la construction de son four, aux règles de l'art et aux prescriptions de l'administration. — *Bordeaux*, 30 janv. 1839 (t. 2 1843, p. 552), Pennetier c. Boucherie. — V., dans le même sens, *Colmar*, 16 mai 1827, Robert c. Scherrer.

519. — De même, lorsque la substitution d'une machine à vapeur à un manége mû par des chevaux porte préjudice à un tiers; cela suffit pour que celui-ci puisse exiger des dommages-intérêts, bien que cette substitution ait été autorisée par l'autorité administrative. — *Lyon*, 27 août 18›3, Didier c. Bisaillon.

520. — Les compagnies d'éclairage par le gaz qui, n'étant point pourvues de l'autorisation préalable du préfet de police, fournissent du gaz sans que les appareils aient été visités par les agens de l'administration, sont responsables envers les abonnés des accidens occasionnés par ces appareils. — Dans ce cas, elles ne peuvent opposer comme moyen de défense que les appareils ne proviennent pas d'elles et que l'abonné a à s'imputer de n'avoir pas fait lui-même les déclarations prescrites par les règlemens de police. — *Paris*, 23 avr. 1844 (t. 1er 1844, p. 649), Compagnie française d'éclairage par le gaz c. Milois.

521. — Lorsqu'un tribunal a reconnu en fait que l'inondation causée par un cours d'eau qui fait tourner un moulin sur le fonds inférieur ne provient d'aucun fait imputable au propriétaire de ce fonds, il a pu rejeter la preuve offerte de la cause du dommage et déclarer inapplicables les art. 1382 et 1383 C. civ. ainsi que l'art. 16 de la loi du 28 sept. 1791. — *Cass.*, 18 déc. 1838 (t. 2 1843, p. 770), Commerçon c. Bruys.

522. — La responsabilité est-elle encourue à raison du dommage éventuel et imminent : par exemple, par le propriétaire dont le bâtiment menace ruine? En d'autres termes, l'action *damni infecti* du droit romain est-elle admise par le Code civil? — V. DOMMAGE ÉVENTUEL, à quoi il faut ajouter :

523. — Qu'on doit considérer comme préjudice actuel : même celui qui dépend d'un fait éventuel, mais dont la possibilité suffit pour causer un dommage. (Rés. impl.) — *Paris*, 5 janv. 1838 (t. 1er 1838, p. 218), Lecars c. Clément.

524. — Ainsi les riverains peuvent demander la suppression d'une digue établie sur un cours d'eau, non navigable ni flottable, bien que cette digue ne leur ait encore porté aucun préjudice, si elle est de nature à leur nuire. — *Riom*, 10 févr. 1830, Richard c. Gire.

525. — Ainsi encore, on ne peut appliquer les peines prononcées par la loi pour inondation des propriétés d'autrui à celui qui n'a fait que les y exposer par l'élévation de son déversoir et qui ne leur a causé aucun dommage. — Le surhaussement ne constituerait à lui seul un délit qu'autant qu'il aurait été défendu par une autorité compétente. — *Cass.*, 16 frim. an XIV, Drieu c. Delaumont.

RESPONSABILITÉ CIVILE.

C'est l'obligation imposée à certaines personnes de répondre du dommage causé par les crimes et délits commis par un autre. — V. RESPONSABILITÉ.

RESPONSABILITÉ DES COMMUNES.

V. COMMUNES.

RESPONSABILITÉ DES MINISTRES ET AUTRES AGENS DU POUVOIR.

1. — Le principe qui attache une responsabilité pénale aux abus que font de leur pouvoir les ministres et les autres agens du gouvernement, a été introduit en France par la révolution de 1789 et se trouve dans toutes nos lois fondamentales.

2. — La Constitution du 3-14 sept. 1791 avait prévu quelques cas de responsabilité ministérielle. Aux termes de l'art. 5, sect. 4, chap. 2, de cette Constitution : les ministres étaient responsables de tous les délits par eux commis contre la sûreté nationale et la Constitution, de tout attentat à la propriété et à la liberté individuelle, et de toute dissipation des deniers destinés aux dépenses de leur département.

3. — Déclarant les ministres responsables de toute dissipation des deniers destinés aux dépenses de leur département, la Constitution du 3-14 sept. 1791 devait les assujettir à présenter, chaque année, au Corps législatif l'aperçu des dépenses à faire dans leur département et à rendre compte de l'emploi des sommes qui y étaient destinées. Cette obligation leur était, en effet, imposée par l'art. 7 de la sect. 4 précitée.

4. — Les ministres devaient, en outre, indiquer au Corps législatif les abus qui pouvaient s'introduire dans les différentes parties du gouvernement. — Même art. 7. — L'inaccomplissement de cette obligation pouvait aussi constituer un cas de responsabilité.

5. — Toutefois, sous l'empire de cette Constitution, aucune action en responsabilité ne pouvait être dirigée contre un ministre sans l'autorisation du Corps législatif. « Aucun ministre en place, ou hors de place, portait, en effet, l'art. 8, sect. 4, ne peut être poursuivi, en matière criminelle, pour fait de son administration, sans un décret du Corps législatif. »

6. — L'ordre du roi, verbal ou par écrit, ne pouvait, en outre, dans aucun cas, soustraire un ministre à la responsabilité. — Même Const., art. 6, sect. 4.

7. — Les ministres poursuivis pour faits de responsabilité à raison de leurs fonctions, étaient, sous l'empire de la Constitution de 1791, justiciables de la Haute Cour de justice nationale. — V. HAUTE COUR, nos 29 et suiv.

8. — Sous la Constitution du 24 juin 1793, qui confiait à un conseil exécutif, composé de vingt-quatre membres, la direction et la surveillance de l'administration générale; ce conseil, dont les membres remplissaient les fonctions de ministres, était également responsable de l'inexécution des lois et des décrets, et des abus qu'il ne dénonçait pas. — Art. 72.

9. — En cas de prévarication, les membres du conseil étaient *accusés* par le Corps législatif (art. 71). — D'après cette disposition, le Corps législatif ne devait plus seulement autoriser la poursuite : c'était à lui qu'il appartenait de dresser l'acte d'accusation.

10. — La Constitution du 5 fructidor an III (22 août 1795) s'était bornée à consacrer le principe de la responsabilité des ministres. L'art. 152 de cette Constitution était ainsi conçu : « Les ministres sont respectivement responsables, tant de l'inexécution des lois que de l'inexécution des arrêtés du Directoire. » Cette disposition était la seule que contînt, sur la responsabilité ministérielle, la Constitution précitée.

11. — La Constitution du 22 frimaire an VIII (13 déc. 1799) contenait, au contraire, sur cette matière, des dispositions plus complètes. Elle distinguait, relativement à la responsabilité des ministres, les délits personnels ou privés dont ils se rendaient coupables et les faits qui étaient relatifs à leurs fonctions.

12. — A l'égard des délits privés : s'ils emportaient peine afflictive ou infamante, les ministres qui en étaient prévenus étaient considérés comme membres du Conseil d'Etat. — Art. 71.

13. — Ils ne pouvaient, par conséquent, être poursuivis, à raison de ces délits, que devant les tribunaux ordinaires, et qu'après qu'une délibération du Conseil d'Etat avait autorisé les poursuites. — Art. 70.

14. — Sur le second point, l'art. 72 de la Constitution du 22 frimaire an VIII était conçu en ces termes : « Les ministres sont responsables : 1° de tout acte de gouvernement signé par eux et déclaré inconstitutionnel par le Sénat; 2° de l'inexécution des lois et des règlemens de l'administration publique; 3° des ordres particuliers qu'ils ont donnés, si ces ordres sont contraires à la Constitution et aux règlemens. »

15. — Dans ces différens cas, le Tribunat dénonçait le ministre par un acte sur lequel le Corps législatif délibérait, dans les formes ordinaires, après avoir entendu ou appelé le dénoncé. Le ministre mis en jugement par un décret du Corps législatif était jugé par une Haute Cour, sans appel et sans recours en cassation. — Art. 73. — Sur la composition de la Haute Cour, V. HAUTE COUR, n°s 43 et suiv.

16. — Le sénatus-consulte organique du 28 floréal an XII (18 mai 1804) indiquait aussi le cas de responsabilité des ministres ou des conseillers d'Etat chargés d'une partie quelconque d'administration publique. — Ces cas étaient ceux où ils avaient donné des ordres contraires aux constitutions et aux lois de l'empire, et ceux où il y avait eu, de la part du Sénat, déclaration de fortes présomptions de détention arbitraire ou de violation de la liberté de la presse. — Art. 110 et 112.

17. — Les ministres ou conseillers d'Etat étaient poursuivis sur la dénonciation du Corps législatif. — Les faits compris dans la dénonciation étaient discutés en séance publique, à moins que le comité secret ne fût demandé. — Le ministre ou le conseiller d'Etat dénoncé n'était point appelé à s'expliquer. La dénonciation était votée par la voie du scrutin. — Art. 113 et suiv.

18. — Comme la Constitution du 22 frimaire an VIII, le sénatus-consulte du 28 floréal an XII avait attribué à la Haute Cour la connaissance et le jugement des délits de responsabilité d'office commis par les ministres et les conseillers d'Etat chargés spécialement d'une partie d'administration publique. — Art. 101.

19. — Mais, à la différence de cette Constitution qui, comme nous l'avons dit (V. *suprà*, n° 12), déférait aux tribunaux ordinaires les délits personnels ou privés commis par les ministres, le sénatus-consulte du 28 floréal an XII voulait qu'ils fussent jugés par la Haute Cour impériale. — Même article.

20. — D'après la Charte du 4 juin 1814, le droit d'accuser les ministres appartenait à la Chambre des députés. Mais les ministres ne pouvaient être accusés que pour fait de *trahison* ou de *concussion* (art. 55 et 56). — Ce dernier article ajoutait que des lois particulières devaient spécifier cette nature de délits et en déterminer la poursuite.

21. — Différens projets de loi ont été, à cet égard, soumis aux Chambres législatives en 1814, 1817 et 1819, mais ils n'ont jamais été convertis en loi.

22. — La Charte de 1814 n'avait déféré le jugement des accusations portées contre des ministres, ni à une Haute Cour de justice, ni aux tribunaux ordinaires. — D'après l'art. 55 de cette Charte, les ministres accusés devaient être traduits devant la Chambre des pairs, qui seule avait le droit de les juger. — La Cour des pairs a, elle-même, spécialement consacré ce principe par arrêt du 21 décembre 1830. — Aff. Polignac et Peyronnet.

23. — Il a été jugé aussi, par le même arrêt, et par application de l'art. 56 de la Charte de 1814, que les ministres qui avaient contre-signé les ordonnances du 25 juillet 1830, lesquelles violaient manifestement la Charte précitée, les lois sur les élections et la liberté de la presse, et s'étaient efforcés d'en assurer l'exécution en faisant couler, par l'emploi des armes, le sang des citoyens, s'étaient rendus coupables du crime de trahison prévu par l'art. 56.

24. — La circonstance que le peuple, dans l'exercice de sa souveraineté, avait banni du territoire français et déclaré déchus du trône le roi et sa famille, n'empêchait pas que le crime existât et que la condamnation pût être prononcée. — Même arrêt.

25. — La Constitution de 1791 avait seule prévu le cas où le fait donnant lieu à poursuite contre un ministre avait été ordonné par le pouvoir exécutif, et elle avait refusé à cet ordre l'effet de décharger le ministre de sa responsabilité (V. *suprà* n° 6). La Cour des pairs a elle-même encore par l'arrêt précité appliqué ce principe, en décidant que les ministres de Charles X n'avaient pu être affranchis de la responsabilité légale, par la raison que la volonté personnelle du roi avait pu entraîner leur détermination.

26. — Si la Charte de 1814 avait indiqué comme faisant naître la responsabilité ministérielle les faits de trahison et de concussion, elle n'avait pas, toutefois, déterminé les peines que devaient entraîner ces crimes et il n'avait non plus été pourvu à cette omission par aucune loi postérieure. D'où il suit que la Cour des pairs a dû y suppléer, et qu'elle a pu infliger aux ministres qu'elle reconnaissait coupables du crime de trahison la prison perpétuelle avec ou sans les effets de la mort civile. — Arrêt précité de la Cour des pairs du 21 déc. 1830.

27. — La Charte du 14 août 1830 avait aussi attribué à la Chambre des députés le droit d'accuser les ministres, et réservé également à la Chambre des pairs celui de juger les ministres accusés. — Art. 47.

28. — Mais elle n'avait pas reproduit la disposition de l'art. 56 de la Charte de 1814 qui indiquait la trahison et la concussion comme cas de responsabilité ministérielle. L'art. 69 de la Charte de 1830 disposait seulement qu'il serait pourvu par une loi spéciale, et dans le plus court délai possible, à la responsabilité des ministres et des autres agens du pouvoir.

29. — Pour remplir cette promesse, deux projets ont été, mais inutilement, présentés et discutés en 1832 et 1834 ; un troisième projet fut présenté à la Chambre des députés le 1er décembre 1834 ; un quatrième fut soumis à la Chambre des pairs le 28 janvier 1836, puis à celle des députés le 7 janvier 1837 ; mais aucun d'eux ne reçut la consécration législative.

30. — Lorsque, sous la monarchie, une accusation était portée contre des ministres, la Chambre des députés avait le droit d'exercer, soit par elle-même, soit par une commission qu'elle choisissait dans son sein, les fonctions appartenant aux juges d'instruction et aux chambres du conseil. — Cette solution, émanée de la Chambre des députés, à l'occasion de l'accusation portée contre les ministres de Charles X, a été ratifiée par un arrêt de la Cour des pairs du 1er octobre 1830, rapporté avec celui du 21 décembre suivant (V. à cette date), Polignac.

31. — Elle pouvait, en conséquence, décerner des mandats d'amener, de comparution et de dépôt, interroger les ministres inculpés, entendre les témoins et réunir, en un mot, toutes les pièces et documens qui pouvaient l'éclairer sur l'accusation. — Cour des pairs, arrêt précité du 21 déc. 1831.

32. — Les prévenus avaient également le droit, en vertu de l'art. 217 C. instr. crim., de produire devant la Chambre des députés les mémoires qu'ils jugeaient convenables, et ces mémoires devaient être lus à la Chambre réunie en séance publique, avant qu'elle arrêtât sa résolution sur l'accusation. — Même arrêt.

33. — La Chambre des députés, statuant sur la mise en accusation des ministres, agissait comme corps politique, et, dès lors, c'était par le vote au scrutin secret que devait se former sa résolution. Mais elle devait ouvrir un scrutin particulier sur les questions individuelles relatives à chacun des inculpés. — Même arrêt.

34. — Après avoir statué sur la mise en accusation des ministres, la Chambre des députés nommait par un scrutin de liste les commissaires qu'elle chargeait de faire, en son nom, toutes les réquisitions nécessaires, de suivre, soutenir et mettre à fin devant la Chambre des pairs l'accusation portée contre les ministres. — Même arrêt.

35. — Lorsque la Chambre des députés avait, par un message, notifié à la Chambre des pairs la résolution par laquelle elle accusait (de trahison, par exemple) les ministres, la Chambre des pairs devait se constituer en Cour de justice, sans qu'il fût besoin d'une ordonnance du roi qui la convoquât, et sans qu'il y eût lieu par elle de renvoyer à une commission l'examen de la résolution à prendre. — Même arrêt. — V. COUR DES PAIRS.

36. — Cependant, la Cour des pairs, avant de passer au jugement de l'accusation portée par la Chambre des députés contre des ministres, avait le droit de vérifier et de régler l'état de l'instruction et de la procédure ; en conséquence, elle pouvait ordonner que par son président et tels pairs qu'elle jugerait convenable de commettre pour l'assister et le remplacer, s'il y avait lieu, il serait procédé à l'examen des pièces transmises par la Chambre des députés, ensemble à tous les actes d'instruction qui pourraient être nécessaires pour l'éclaircissement et la qualification des faits, ainsi que pour la mise en état de la procédure. — Même arrêt.

37. — Il n'y avait pas lieu de constituer près de la Cour des pairs un procureur général du roi, les fonctions du ministère public devant appartenir tout entières aux commissaires que la Chambre des députés avait délégués pour soutenir l'accusation. — Même arrêt.

38. — Les commissaires de la Chambre des députés ne pouvaient être présens aux actes d'instruction auxquels procédait la commission de la Cour des pairs ; ces actes devaient seulement leur être communiqués pour par eux être faites telles réquisitions qu'ils jugeaient convenables. — Même arrêt.

39. — Mais ils avaient le droit d'assister au rapport fait en séance secrète à la Cour des pairs, par la commission déléguée par elle pour procéder à l'instruction. — Même arrêt.

40. — Enfin, les arrêts de la Cour des pairs, soit sur la culpabilité des ministres accusés, soit sur l'application de la peine, ne pouvaient être rendus qu'à la majorité des cinq huitièmes des voix. — Même arrêt.

41. — Tel était l'état de la législation et de la jurisprudence, lorsque, quelques jours avant la révolution du 24 février 1848, une proposition fut faite à la Chambre des députés de déclarer en état d'accusation les ministres de Louis-Philippe pour violation des lois sur la liberté de la presse, du droit de réunion, et pour trahison. La révolution du 24 février, en abolissant la Chambre des pairs, a saisi la justice ordinaire de cette accusation. Une instruction fut faite, et une ordonnance de la chambre du conseil du tribunal de la Seine décida qu'il n'y avait lieu à suivre.

42. — A l'inviolabilité royale couverte par la responsabilité ministérielle, la révolution du 24 février 1848 a substitué la responsabilité directe du président de la République (V. PRÉSIDENT DE LA RÉPUBLIQUE. — V. aussi POUVOIR EXÉCUTIF), et maintenu la responsabilité des ministres et des autres agens du pouvoir.

43. — L'art. 68 de la Constitution du 4 nov. 1848 est, en effet, ainsi conçu : « Le président de la République, les *ministres*, les *agens* et *dépositaires de l'autorité publique* sont responsables, chacun en ce qui le concerne, de tous les actes du gouvernement et de l'administration. »

44. — En disant que *chacun* est responsable *en ce qui le concerne*, la Constitution a établi la responsabilité individuelle de chaque fonctionnaire, depuis le président jusqu'aux degrés inférieurs de la hiérarchie des agens du pouvoir. — Laferrière, *Cours de droit public*, 3e édit., t. 1er, p. 167.

45. — Mais la responsabilité n'est pas seulement *personnelle*, *individuelle* ; elle est aussi *collective* à l'égard du président de la République et des ministres. C'est ce qui résulte de l'art. 67 Const. 4 nov. 1848, qui veut que les actes du président de la République n'aient d'effet que s'ils sont *contre-signés* par les ministres. En exigeant la formalité du *contre-seing*, la Constitution n'a pas voulu que le président puisse agir *seul*. Elle a voulu le concours de la volonté des ministres avec celle du président, pour prémunir l'Etat contre l'action personnelle de ce dernier. — Laferrière, p. 169.

46. — Les accusations contre les ministres sont portées par l'Assemblée nationale devant une Haute Cour de justice qui juge sans appel ni recours en cassation. — Const. 4 nov. 1848, art. 91. — C'est ce qui avait lieu également, comme nous l'avons vu, sous les constitutions antérieures à la restauration.

47. — Mais, à la différence du président de la République, qui n'est justiciable que de la Haute Cour de justice (Const. 4 nov. 1848, art. 100), les ministres peuvent, suivant les circonstances, être renvoyés par l'Assemblée nationale soit devant la Haute Cour de justice, soit devant les tribunaux ordinaires, pour les réparations civiles. — Même Const., art. 98.

48. — La responsabilité des ministres peut dériver de deux sources ; des actes du gouvernement et des actes d'administration préjudiciables à l'intérêt public. — Laferrière, p. 172.

49. — C'est à l'Assemblée nationale qu'il appartient d'apprécier, de décider si les actes qui donnent lieu à la responsabilité ministérielle se rattachent à l'intérêt public ou atteignent seulement des intérêts privés. Cette appréciation doit servir de base au renvoi à prononcer en vertu de l'art. 98 précité.

50. — Jugé que lorsqu'aucun traité ni aucune convention diplomatique n'ouvre un droit précis à une indemnité, un Français ne peut, en raison d'avanies qu'il aurait subies de la part d'un gouvernement étranger, intenter une action contre le gouvernement français en la personne du ministre des affaires étrangères pour obtenir une indemnité. — 20 déc. 1836, Brun.

51. — A l'égard des actes qui n'ont aucun rapport avec les attributions légales des ministres, ils rentrent dans la classe des actes privés ordinaires et ne peuvent rendre les ministres justiciables que des tribunaux ordinaires. — Laferrière, p. 173.

52. — Les simples fonctionnaires, agens et dépositaires de l'autorité publique sont également

soumis à la responsabilité chacun en ce qui le concerne (Const. 4 nov. 1848, art. 68). — Mais, quoique la Constitution de 1848 n'ait pas reproduit l'art. 75 de la Constitution de l'an VIII, qui porte que les agens du gouvernement ne peuvent être poursuivis pour les faits relatifs à leurs fonctions qu'en vertu d'une décision du Conseil d'Etat, cet article a continué néanmoins, jusqu'à présent, à être appliqué. — V., du reste, sur les cas constitutifs de la responsabilité des fonctionnaires publics, agens ou dépositaires de l'autorité publique, et sur les formes à suivre pour la poursuite, le mot FONCTIONNAIRES PUBLICS.

53. — Au surplus, l'art. 68, § 4, de la Constitution, porte qu'une loi doit déterminer les cas de responsabilité du président de la République, des ministres et des autres agens de l'autorité publique, ainsi que les formes et les conditions de la poursuite.

54. — En exécution de cette disposition, un premier projet fut déposé par M. Crémieux, le 15 février 1849, au nom de la commission chargée par l'Assemblée constituante de préparer la loi organique sur la responsabilité du président de la République, des ministres et des autres agens ou dépositaires de l'autorité publique.

55. — L'Assemblée constituante s'étant séparée sans avoir pu statuer sur ce projet, il a été repris, sous l'Assemblée législative actuelle, par M. Pradié, qui y a annexé, comme s'y rattachant, au point de vue de la responsabilité, des dispositions tendant à organiser la résistance légale en cas d'insurrection, usurpation ou coup d'État.

56. — La proposition présentée par M. Pradié a été renvoyée à la sixième commission d'initiative parlementaire, qui a conclu à la prise en considération de la proposition de M. Pradié, ainsi que cela résulte du rapport fait au nom de cette commission par M. de Montigny, et déposé à la séance de l'Assemblée législative du 6 mars 1850.

57. — Les six premiers titres de cette proposition concernent les causes, le mode et la fin des poursuites à exercer dans l'ordre criminel et civil contre le président de la République et les ministres. Le titre 7 traite de la responsabilité des autres dépositaires ou agens de l'autorité publique. Enfin, le titre 8 a pour objet de pourvoir au cas où par surprise, coup d'Etat ou insurrection, l'Assemblée nationale et le président de la République, ou l'Assemblée nationale seulement, seraient dans l'impossibilité d'exercer leurs pouvoirs.

RESSORT.

V. DEGRÉS DE JURIDICTION. — V. aussi APPEL, COUR D'APPEL, TRIBUNAUX, etc.

RESSORTS (Fabricans de).

1. — Fabricans pour leur compte de ressorts de bandage pour les hernies, fabricans pour leur compte de ressorts de montres et de pendules. — Patentables de 6e classe. — Droit fixe basé sur la population, — droit proportionnel du 20e de la valeur locative de l'habitation et des lieux servant à l'exercice de la profession.

2. — Les mêmes, à façon, ne sont rangés que dans la 7e classe des patentables. — Même droit fixe que les précédens, sauf la différence de classe; — droit proportionnel du 40e de la valeur locative de tous les locaux qu'ils occupent, mais seulement dans les communes de 20,000 âmes et au-dessus. — V. PATENTE.

RESTAURATEURS.

1. — Restaurateurs à la carte, restaurateurs et traiteurs à la carte et à prix fixe, restaurateurs et traiteurs à prix fixe seulement. — Patentables les premiers de 3e, les seconds de 4e, les derniers de 5e classe. — Droit fixe basé sur la population, — droit proportionnel du 20e de la valeur locative de l'habitation et des lieux servant à l'exercice de la profession.

2. — Les restaurateurs sur coches et bateaux à vapeur sont imposés à un droit fixe de 50 fr., et à un droit proportionnel du 15e de la valeur locative du loyer d'habitation seulement. — V. PATENTE.

RESTITUTION.

1. — On appelle ainsi l'action de rendre une chose qu'on n'avait pas le droit d'exiger ou de posséder. — V. entre autres mots : ABSENCE, ABUS DE CONFIANCE, ACTION CIVILE, AMNISTIE, ANTICHRÈSE, ARMEMENT EN COURSE, BAIL, BAIL A CHEPTEL, CASSATION (mat. civ.), CHOSE JUGÉE, CONDITION, CONTRAINTE PAR CORPS, DEMANDE NOUVELLE, DÉPOT, DETTE PUBLIQUE, DONATION DÉGUISÉE, DONATION ENTRE-VIFS, DOT, DOUANES, ÉCHANGE, ÉGLISE, ÉMIGRÉS, ENREGISTREMENT, ERREUR, FRUITS, GAGE, GREFFE (droits de), HUISSIERS, INTÉRÊT, JUGEMENT (mat. civ.), LEGS, LETTRE DE CHANGE, MONNAIES, NULLITÉS, OBLIGATION SOLIDAIRE, PRESCRIPTION CRIMINELLE, PRÊT, RÉPÉTITION DE L'INDU, VENTE, VOL.

2. — On entend encore par le même mot l'action de se faire relever d'un engagement qu'on a contracté. — V. ERREUR, MINEUR, NULLITÉS, OBLIGATION DIVISIBLE ET INDIVISIBLE, RESCISION, RESTITUTION EN ENTIER.

RESTITUTIONS CIVILES.

1. — On donne ce nom, en droit criminel, aux objets matériels dont le plaignant a été dépouillé par suite d'un crime, d'un délit ou d'une contravention, et dont il obtient la restitution par le jugement ou l'arrêt de condamnation qui déclare la culpabilité de celui contre lequel il a porté sa plainte.

2. — Si la restitution de ces objets ne peut plus être opérée en nature, le spoliateur peut être condamné, sur la demande de la partie lésée, à lui en payer la valeur, telle que les débats du procès criminel permettent aux juges de l'apprécier, et l'objet de cette condamnation reçoit également le nom de *restitutions civiles*. — V. DOMMAGES-INTÉRÊTS.

3. — La condamnation aux peines établies par la loi est toujours prononcée sans préjudice des restitutions civiles, lorsque les parties lésées le réclament. — C. pén., art. 10. — V. ACTION CIVILE.

4. — Ainsi, les parties peuvent réclamer des restitutions et des dommages-intérêts, et elles ont pour cela une action qu'elles peuvent porter, à leur choix, soit principalement devant les tribunaux civils, soit accessoirement aux poursuites intentées au nom de la société devant les tribunaux criminels. — C. instr. crim., art. 1er et 3. — V. ACTION CIVILE.

5. — Cette action peut donc être exercée contre les représentans du prévenu, aussi bien que contre lui-même; seulement, dans le premier cas, on conçoit qu'elle ne puisse être introduite que par la voie civile.

6. — La loi distingue les restitutions civiles des dommages-intérêts. Il y a en effet cette différence que les premiers s'appliquent aux objets mêmes dont la partie a été privée, tandis que les dommages-intérêts représentent uniquement le tort moral ou matériel qui résulte pour elle du délit. — Jousse, t. 1er, n° 128.

7. — Il résulte de là que les actions spéciales à chacune de ces réclamations peuvent être intentées par la partie lésée simultanément ou successivement, sans qu'on puisse jamais la repousser, lorsqu'elle exerce l'une d'elles, sur le motif que déjà elle a agi pour l'autre. — Chauveau et Hélie, *Théor. C. pén.*, t. 1er, p. 269.

8. — En général, l'action en condamnation, pour restitution civile, s'exerce par l'intermédiaire du ministère public, si c'est l'Etat qui a été spolié.

9. — Lorsque la spoliation accompagne un délit commis dans les bois ou forêts soumis au régime forestier, l'administration forestière est chargée, tant dans l'intérêt de l'Etat que dans l'intérêt des particuliers propriétaires de ces bois et forêts, de poursuivre, concurremment avec les officiers du ministère public, la condamnation aux restitutions civiles, aussi bien qu'aux autres réparations. — C. forest., art. 159.

10. — Il a encore été décidé que la restitution des objets enlevés en fraude dans les bois des particuliers devait toujours être prononcée en faveur du propriétaire, alors même qu'il n'était pas en cause. — *Cass.*, 24 mai 1832, Vaussy. — Cette condamnation ne doit toutefois être prononcée que si elle est expressément requise. — V. FORÊTS.

11. — Les agens spéciaux institués par le gouvernement pour la recherche ou la constatation des délits en matière de pêche fluviale exercent, concurremment avec les officiers du ministère public, l'action en condamnation aux restitutions civiles, dans les cas où il y a lieu à ces restitutions. — V. PÊCHE FLUVIALE.

12. — Jugé que l'action que le ministère public a le droit d'opérer, concurremment avec l'administration des forêts, à raison des délits forestiers, comprend non-seulement l'application de la peine, mais encore la condamnation aux restitutions et aux dommages-intérêts. — *Cass.*, 8 mai 1835, Riff.

13. — La loi accorde même aux parties lésées un privilége sur les biens des condamnés, pour l'obtention des restitutions civiles qu'elles se font adjuger contre eux par les jugemens de condamnation. Ces restitutions obtiennent la préférence sur les amendes, en cas de concurrence, lorsque les biens du condamné sont insuffisans pour satisfaire à toutes les condamnations prononcées contre lui. — C. pén. art. 54 et 468.

14. — Quant au point de savoir si les condamnations aux restitutions civiles obtiennent aussi la préférence sur les condamnations aux frais, V. FRAIS ET DÉPENS (mat. civ.), n° 468.

15. — Nonobstant la rédaction incorrecte de l'article 51 du Code pénal, il n'est pas indispensable qu'il y ait lieu à restitution pour que le coupable puisse être, en outre, condamné à des indemnités ou dommages-intérêts envers la partie lésée, si celle-ci le réclame. Il résulte seulement des termes de cet article que la condamnation qui soumet le coupable à des restitutions civiles n'est point un obstacle à ce qu'il soit en outre condamné à des indemnités ou dommages-intérêts dont la détermination est laissée à la justice des tribunaux, quand la loi elle-même ne les a pas réglés. — C. pén., art. 51, 172, 10; — Conf. Jousse, *Justice crimin.*, t. 1er, p. 117, n° 227; Locré, *Procès-verbaux du Cons. d'Etat*, t. 29, p. 168; Chauveau, *Code pén. prog.*, p. 177. — V. DOMMAGES-INTÉRÊTS.

16. — C'est le tribunal saisi de la plainte qui doit prononcer, s'il y a lieu, la condamnation aux restitutions civiles, et il doit statuer, à cet égard, par le jugement même qui déclare la culpabilité de celui contre lequel la plainte a été portée. — C. instr. crim., art. 161, 366.

17. — Cette disposition s'applique aux condamnations que les tribunaux de police correctionnelle prononcent pour délits, quoiqu'il n'existe point, pour le cas, au Code d'instruction criminelle, de texte analogue à la disposition expresse des art. 161 et 366 pour les jugemens des tribunaux de simple police et pour les arrêts des cours d'assises.

18. — Et si le tribunal qui a statué sur la prévention n'a rien décidé quant aux restitutions dans son jugement définitif, la partie qui veut les faire prononcer doit le saisir de ce point et obtenir une décision spéciale. — Chauveau et Hélie, *Théorie du Code pénal*, t. 1er, p. 270.

19. — Lorsque l'objet dont la restitution peut être demandée par la partie spoliée a été déposé comme pièce de conviction, la restitution ne peut être ordonnée que sauf l'appel ou le pourvoi en cassation, et elle ne peut s'effectuer qu'après l'expiration du délai accordé pour l'exercice de ces deux modes de recours. — C. instr. crimin., art. 366.

20. — Dans le cas où au nombre des accusés se trouve un contumace, la Cour peut ordonner, après le jugement de ses coaccusés présens, la remise des effets déposés au greffe comme pièces de conviction, lorsqu'ils sont réclamés par les propriétaires ou ayans droit. Elle peut imposer à cette restitution la condition de les représenter, s'il y a lieu, et il est dressé à cet effet un procès-verbal de description par le greffier, lors de la remise, sous peine de 100 francs d'amende. — C. instr. crimin., art. 474.

21. — Les objets déposés comme pièces de conviction ne peuvent être restitués au prévenu, même acquitté, que lorsque le jugement d'acquittement l'a ainsi ordonné. Une ordonnance du président ne peut tenir lieu de ce jugement. — *Cass.*, 1er juill. 1820, Spréaffico. — Chauveau et Hélie, *Théorie du Code pénal*, t. 1er, p. 271.

22. — Les restitutions civiles ne peuvent être ordonnées qu'au profit des parties en cause qui y concluent expressément. Cependant, dans la pratique, on ordonne souvent la restitution des objets déposés comme pièces de conviction, sur la demande de plaignans ou de témoins qui ne se sont pas constitués parties civiles, lorsqu'il est résulté des débats qu'ils en sont bien propriétaires. — On ordonne même quelquefois la restitution au profit de personnes qui n'ont point porté plainte, et qui n'ont point été entendues comme témoins, lorsque leur droit de propriété paraît bien établi.

23. — Si les dommages-intérêts, pour être accordés, doivent être demandés, il n'en est pas de même de la restitution des effets pris, que la Cour d'assises peut d'office ordonner en faveur de celui qu'elle en reconnaît propriétaire, lors même qu'il s'agirait d'objets prétendus volés, et que l'individu accusé de ce vol serait acquitté. — *Cass.*, 30

mars (t. 2 1843, p. 250), Romanet.—Ainsi, si dans une accusation de vol, la Cour d'assises doit ordonner la restitution des objets volés, lorsqu'ils sont retrouvés en nature, elle ne peut, sans excès de pouvoirs, lorsqu'il n'y a pas de partie civile ni de conclusions à fin de dommages-intérêts, attribuer à la partie lésée des objets ou valeurs saisis autres que ceux provenant du vol et retrouvés en nature.— *Cass.*, 6 juin 1844 (t. 2 1848, p. 604), Affenaer.

24.— Ces décisions ne semblent devoir être admises que lorsqu'il y a eu consentement au moins tacite des condamnés en présence desquels les restitutions ont été ordonnées. L'exception indiquée (*supra*, n° 10) est la seule qui s'appuie sur un texte, et que confirme une décision de la Cour suprême.

25.— C'est une question grave et très-controversée que celle de savoir si le jugement de condamnation rendu par un tribunal criminel établit preuve suffisante du vol devant un tribunal civil, au profit de celui qui n'était pas partie à ce jugement, et si celui qui, se prétendant propriétaire des objets volés, porte sa demande en revendication devant un tribunal civil, trouve à son profit l'autorité de la chose jugée, dans le jugement criminel pour faire ordonner contre le condamné la restitution de ces objets.

26.— La question devient plus grave encore, si les objets sur lesquels porte la demande en revendication sont en la possession d'une personne étrangère aux condamnations prononcées par le tribunal criminel.

27.— La solution de ces questions dépend de celle qui doit être donnée de cette question capitale: Quelle est, devant les tribunaux civils, l'influence de la chose jugée par les tribunaux criminels?— V. à cet égard, CHOSE JUGÉE, POSSESSION, PRESCRIPTION, VOL.

28.— Les restitutions civiles ordonnées par des jugements rendus en matière de délits forestiers ou de délits de pêche fluviale appartiennent aux propriétaires des bois, rivières, fermiers de la pêche, porteurs de licence, etc., si les délits ont été commis à leur préjudice. Si les délits ont été commis par eux au préjudice de l'État, les restitutions civiles appartiennent à l'État.— C. forest., art. 204; L. du 15 avr. 1829, art. 73.

29.— L'exécution des condamnations à des restitutions civiles peut être poursuivie par la voie de la contrainte par corps.—C. pén., art. 52 et 69; C. forest., art. 211, 212 et 215.— V. CONTRAINTE PAR CORPS.

30.— L'art. 55 C. pén. soumet les condamnations aux réparations civiles et aux dommages-intérêts à la même solidarité, entre les condamnés pour un même crime ou pour un même délit, que l'amende et les frais; les règles d'application doivent donc être les mêmes.

31.— L'étendue de la solidarité du complice, quant aux réparations civiles et dommages-intérêts dus aux parties lésées, est réglée par les art. 56, 60 et 62 C. pén., qui n'admettent aucune distinction entre les faits personnels à l'auteur principal et ceux personnels au complice.—*Paris*, 2 févr. 1843 (t. 1er 1843, p. 249), Roux c. Chavignier.—V., au surplus, SOLIDARITÉ.

32.— La responsabilité civile, dans les cas où la loi l'établit, s'étend aux restitutions civiles aussi bien qu'aux dommages-intérêts.— V. RESPONSABILITÉ.

RESTITUTION DE DROITS.

V. ENREGISTREMENT, HYPOTHÈQUE, INSCRIPTION HYPOTHÉCAIRE.

RESTITUTION EN ENTIER.

1.— On appelait ainsi autrefois l'action accordée par la loi à une partie pour se faire relever d'un engagement dans lequel elle a été lésée, et qu'il y a lieu d'annuler. La partie qui avait éprouvé un dommage devait être remise au même état où elle se trouvait avant l'acte.

2.— En droit romain, on entendait en général par *restitutio in integ*. le rétablissement complet d'un droit ou d'une chose, fondé soit sur un motif d'équité, soit sur une pure faveur, alors que la perte de ce droit ou de cette chose résultait de l'application stricte des principes juridiques.— *Pauli sent. rec.*, 1, 7, § 1er; L. 2 in fine, C. In quib. caus. in int. rest. necessaria non est, 2, 1.— Dans un sens plus large, on donnait le nom de restitution à toutes les actions et réparations fondées sur l'équité.—Burchardi, t. 1er, § 1er, p. 7 et seg., nos 1 et 2, E. G.

3.— Bien que quelques causes de restitution en entier eussent été introduites par les édiles (L. 1, § 1; L. 60, D., *De ædil. edicto*, 21, 1), par le droit civil (L. 8, § 9, D., *Ad sen.-cons. Vellei.*, 16, 1), et par les constitutions impériales (L. 33, D., *De re jud.*, 42, 1; L. 31, D., *De jurejur.*, 12, 2; L. 2, C., *De resc. vend.*, 4, 44; L. 6, C., *De repud. vel abst.*, *her.* 6, 31), on peut cependant reconnaître que presque tous les principes de cette matière sont puisés dans l'édit du préteur (Schræter, t. 10, t. 10, p. 150; Schneider, 1, 1, p. 257 et suiv.).

4.— Les restitutions en entier prétoriennes pouvaient se classer en sept espèces: 1° Pour violence [*ob vim et metum*] (D., 4, 2, *Quod metus causa gest. exit*; C., 2, 20, *De his quæ vi metusve causa gesta sunt*); 2° Pour dol [*ob dolum malum*] (D., 4, 3; C., 2, 21, *De dolo malo*); 3° en faveur des mineurs (D., 4, 4; C., 2, 22); 4° en faveur de ceux qui, après avoir fait un contrat ou une affaire, avaient éprouvé la petite diminution de tête (D., 4, 5, *De capit. minutis*); 5° pour cause d'erreur (L., 1, § 2; D., *De in int. restit.*, 4, 1); 6° en faveur des absens (D., 4, 6; C., 2, 54, *Ex quib. causis majores viginti quinque annis in int. rest.*); 7° enfin, toutes les fois que le préteur reconnaissait une juste cause de restitution [*ex clausula generali*] (L. 1, § 1 in fine; L. 26, § 1; L. 33, pr.; D. *Ex quib. caus. major. vig.*).

5.— Pour qu'il y eût lieu à restitution, il fallait: 1° Que celui qui réclamait eût éprouvé une lésion, que cette lésion eût quelque importance (L. 9, pr.; D., *De minoribus*, 4, 4; L. 49, eod.; L. 9 in fine; D., *De dolo malo*, 4, 3; L. 16, § 4; D., *De min.*; L. 54, D., *De minor.*) sauf pourtant, exception faite, 18, 4.— V., cependant, Moodi, Comment. sur le tit. des Pandectes, *De in integ. rest.*; de Jongleers, tit. 4, § 32, qui s'appuie surtout sur la D., *hoc tit.*, V. la réponse de Mühlenbruch, *Doctrina pandect.*, § 159, not. 1er; 2° que celui qui réclamait la restitution n'eût commis lui-même ni faute ni dol (L. 7, pr. in fine; D., *De in int. restitut.*). Il y avait lieu, toutefois, à excepter les mineurs de 25 ans, qui pouvaient être restitués, alors même que, par inexpérience, ils auraient eux-mêmes occasionné un dommage (L. 44, D., *De minor.*); 3° que le lésé n'eût aucun autre moyen de protection (L. 16, pr.; D., *De minor.*); 4° enfin, qu'il y eût une cause de restitution spécifiée par la loi (*Pauli sent. rec.*, 1, 7, § 2).

6.— En France, le roi seul pouvant suppléer au silence de la loi, avait seul le droit d'accorder la restitution en entier. Dans la suite, le roi délégua ce pouvoir aux juges, par des *lettres de rescision* qu'on obtenait en présentant requête aux chancelleries placées auprès des Cours. Ces chancelleries ayant été abolies en 1790, on n'a plus besoin d'obtenir autorisation pour intenter l'action en restitution ou rescision; et celle-ci se poursuit de la même manière que celle en nullité.— V. NULLITÉ, RESCISION.

RESTRICTION.

Clause qui limite quelques dispositions. — V. ASSURANCE TERRESTRE, AVAL, CAUTIONNEMENT, CONTRAT JUDICIAIRE, DÉSISTEMENT, DONATION ENTRE-VIFS, HABITATION (droit d'), HYPOTHÈQUE, INTERPRÉTATION DES CONVENTIONS, RADIATION D'INSCRIPTIONS.

RÉSUMÉ DES DÉBATS.

V. COUR D'ASSISES.

RETARD.

Se dit du temps qu'un débiteur laisse écouler sans exécuter son obligation. — V. MISE EN DEMEURE. — V. aussi, entre autres mots, BAIL, COMMISSIONNAIRE, COMMISSIONNAIRE DE TRANSPORTS, CONSERVATEUR DES HYPOTHÈQUES, DOMMAGES-INTÉRÊTS, ENREGISTREMENT, ÉQUIPAGE (gens d'), EXPROPRIATION POUR UTILITÉ PUBLIQUE, FORÊTS, FRET, LETTRE DE VOITURE, MARCHÉS DE FOURNITURES, OBLIGATION AVEC CLAUSE PÉNALE, ORDRE, PRÊT, PROTÊT.

RÉTENTION (Droit de).

V. ANTICHRÈSE, COMMISSIONNAIRE DE MARCHANDISES, FAILLITE, GAGE, PRIVILÈGE, RAPPORT A SUCCESSION, TRANSPORTS (entrepreneurs de). — V. aussi, ARBITRAGE, AVOCATS, AVOUÉS, FRAIS ET DÉPENS, etc.

RÉTENTION FRAUDULEUSE.

V. ABUS DE CONFIANCE, ESCROQUERIE, VOL.

RETENUE (Rentes).

Table alphabétique.

RETENUE (Rentes).—**1.**—La retenue consiste, en matière de rentes, dans une portion d'arrérages ou d'intérêts que le débiteur est autorisé à retenir en compensation des contributions dont il peut être tenu envers l'État.

2.— Le droit à la retenue a été établi par d'anciens édits, et notamment par l'édit de 1749. Voici, suivant Merlin (*Quest. de droit*, v° Contribution foncière, § 2), quelle était la théorie de ces dispositions.

3.— « Ces lois, notamment l'art. 9 de l'édit de 1749, soumettaient les intérêts et les rentes comme les biens-fonds, à l'imposition du vingtième; mais il n'eût pas été juste qu'un même bien payât deux fois la même charge. Le vingtième des intérêts se prenaient également sur les revenus du débiteur; ils formaient ensemble une sorte de délibation de ces revenus que servait d'un côté la rente publique, de l'autre dans la bourse du créancier. Et comme *Bona non intelliguntur nisi deducto ære alieno*, il est évident que c'eût été un double emploi que d'exiger le vingtième du revenu foncier et le vingtième des intérêts dont ce revenu était grevé. Il fallait donc, pour ramener les choses aux principes de justice et d'équité, que le vingtième des intérêts se confondît avec le vingtième du revenu foncier et que celui-ci servît à l'acquittement de celui-là, c'est aussi ce que portaient les lois précitées.»

4.— Jugé qu'avant la loi du 1er déc. 1790, la loi générale en France autorisait la retenue des impositions sur les rentes, spécialement sur les rentes viagères, et défendait même la stipulation de non-retenue. — *Cass.*, 14 vent. an VIII, Bordenave c. Bordenave.

5.— Toutefois, il paraît constant que les parties pouvaient toujours stipuler que la rente serait servie sans retenue: 4° En ce qui concerne la rente foncière; car, sans cette stipulation, le bailleur n'aurait cédé son héritage qu'à la charge d'une rente plus forte. — Merlin, *Rép.*, v° Vingtième, § 4, et *Quest. de droit*, v° Contribution foncière, n° 2.

6.— 2° Quant à la rente viagère, parce que le taux des rentes de cette espèce est absolument arbitraire et qu'on peut le considérer comme *jactus retis*. — Merlin, *ibid.*; Rolland de Villargues, *loc. cit.*

7.— Mais la non-retenue ne pouvait être stipulée en matière de rente constituée à prix d'argent, dans tous les cas où la non-retenue aurait fait excéder le taux légal du capital aliéné; car une pareille stipulation était considérée comme usuraire et devait être annulée. — Pothier, *Constitut. de rente*, n° 13, 80 et suiv.; Merlin, *Quest. de droit*, v° Contribution foncière, § 2; Rolland de Villargues, *loc. cit.*

8.— Jugé que le débiteur d'une rente constituée, créée antérieurement à l'édit de 1749, peut exiger la retenue des impositions, malgré la

stipulation contraire insérée dans le contrat. — Cass., 9 brumaire an XIII, Majorel c. Martin et Deserres; 21 vent. an XIII, Majorel c. Deserres; Riom, 25 août 1813, de Jugeat c. Darnis; 5 mai 1814, Coiffier c. Duvernin; *Agen*, 6 déc. 1824, Pignères c. Lacavalerie. — Merlin, *Rép.*, v° *Contribution foncière*, § 2; Rolland de Villargues, *Rép. du not.*, v° *Retenue*, n° 1er.

9. — Lorsqu'une rente a été constituée antérieurement aux lois qui ont autorisé la retenue des impositions, cette retenue ne peut avoir lieu sur les arrérages échus sous l'empire de ces nouvelles lois. — *Amiens*, 26 janv. 1820, Clouet c. Vandeuil; *Grenoble*, 19 juill. 1827, de Pisançon et Saint-Vallier c. Goubernard.

10. — Lorsque la retenue devait avoir lieu, le débiteur n'était fondé à la faire qu'autant qu'il avait payé, en impositions des dixièmes ou vingtièmes, une somme au moins égale à celle qu'il voulait retenir au créancier, et il devait justifier des quittances. — Art. 9 de l'édit de 1749. — S'il n'avait pas été employé dans les rôles, soit comme ne possédant aucun héritage, soit par omission, il ne pouvait rien retenir. S'il n'y était employé que pour une somme moindre que celle à laquelle montaient le dixième ou le vingtième de la rente, il ne pouvait retenir que la somme qu'il avait payée. — Pothier, n° 126; Merlin, *Quest. de droit*, v° *Contribution foncière*, § 2, et *Rép.*, v° *Vingtième*, n° 5.

11. — Les lois des 23 novembre-1er décembre 1790, 7-10 juin 1791 (art. 1er et 3), 30 juillet-2 août 1792 et 3 août 1793, ont modifié le taux de la retenue; et les lois des 12 janvier 1795, 3 février 1797, 23 novembre 1798 et 3 frimaire an VII, ont fixé la retenue au cinquième : sauf stipulation contraire. — Merlin, *Quest. de droit*, v° *Contribution foncière*, § 2.

12. — La loi du 23 novembre-1er décembre 1790 contient, sur la retenue, les dispositions suivantes : — V. tit. 2.

13. — ... Art. 6. — Les propriétaires dont les fonds sont grevés de rentes ci-devant seigneuriales ou foncières, d'agriers, de champarts ou d'autres prestations, soit en argent, soit en denrées, soit en quotité de fruits, feront, en acquittant ces rentes ou prestations, une retenue proportionnelle à la contribution, sans préjudice de l'exécution des baux à rente faits sous la condition de la non retenue des impositions royales.

14. — ... Art. 7. — Les débiteurs d'intérêts de rentes perpétuelles constituées avant la publication du présent décret, et qui étaient autorisés à faire la retenue des impositions royales, feront la retenue à leurs créanciers, dans la proportion de la contribution foncière.

15. — ... Art. 8. — Les débiteurs de rentes viagères constituées avant la même époque, et sujettes aux mêmes conditions, ne feront la retenue que dans la proportion de l'intérêt que le capital eût porté en rentes perpétuelles, lorsque ce capital sera connu; et quand le capital ne sera pas connu, la retenue sera la moitié de la proportion de la contribution foncière.

16. — ... Art. 9. — A l'avenir, les stipulations entre les contractans sur la retenue de la contribution foncière seront entièrement libres; mais elle aura toujours lieu, à moins que le contrat ne porte la condition expresse de non-retenue.

17. — Il résulte de ces dispositions : 1° Que la législation ancienne a dû continuer d'être appliquée à toutes les rentes créées antérieurement au 1er décembre 1790, sauf le changement de la quotité de la retenue.

18. — ... 2° Mais que, pour l'avenir, la stipulation de non-retenue a été permise, sans restriction, pour les rentes constituées comme pour les rentes foncières et viagères. C'est une première dérogation à l'ancienne législation.

19. — La clause de non-retenue devait être expresse : elle ne pouvait s'induire de circonstances particulières, ni même du paiement fait sans retenue pendant plusieurs années. — *Cass.*, 13 germin. an X, Rey c. Pellet; 2 vent. an XI, Spinner c. Voyer.

20. — Jugé, depuis, que l'on peut faire résulter du paiement de plusieurs années d'arrérages d'une rente, fait intégralement, et de l'offre de compenser les arrérages restant dus avec des fruits ou intérêts, la reconnaissance ou l'aveu que la rente a été constituée sans retenue. — *Cass.*, 17 janv. 1825, Delamothe c. Pillant.

21. — Les redevances emphytéotiques étaient, à moins de stipulation expresse, sujettes à la retenue autorisée par la loi pour les prestations foncières. — *Cass.*, 14 vent. an VIII, Bordenave c. Joubert; 13 germin. an X, Roy c. Pellet; 29 germin. an X, Deschamps c. Beuvard; 1er pluv. an X, Prieur c. Camus; 2 vent. an XI, Spinner c. Voyer; 2 vent. an XI, Enregistrement c. Veymeranger. — Et la note sur le caractère des baux emphytéotiques. — Rolland de Villargues, n° 16. — Avis du *Cons. d'Etat*, 22 janv. 1809.

22. — C'est à l'autorité judiciaire à décider si un particulier, en vertu d'une emphytéose, est fondé à faire retenue, bien que l'autorité administrative soit compétente pour décider si la contribution foncière est due par un particulier et quelle en doit être la qualité. — En conséquence, l'autorité administrative ne peut pas décider si un particulier n'a droit à aucune retenue sur une rente emphytéotique par lui due à la régie du domaine comme ayant succédé à la contribution foncière imposée sur un terrain concédé à bail et autrefois exempt d'impôts. — Décret du *Cons. d'Etat*, 23 nov. 1808, Orcel.

23. — Les redevances emphytéotiques sont sujettes à la retenue de la contribution foncière aussi bien que les rentes foncières, à moins que le contraire n'ait été expressément stipulé, et il ne suffit pas, pour les en exempter, de la clause vague que le preneur jouira, ainsi que cela est de droit et d'usage, quoique, d'après l'usage, il soit tenu d'acquitter les contributions. Cette obligation n'empêche pas qu'il ne puisse en faire la retenue au bailleur. — *Cass.*, 2 vent. an XI, Spinner c. Voyer. — Merlin, *Rép.*, v° *Contr. publiq.*, § 5. — Avis du *Cons. d'Etat*, 22 janv. 1809.

24. — De même l'obligation imposée au preneur à bail emphytéotique de ne pouvoir, dans aucun cas, hors celui où il prouverait les ravages de guerre, demander une diminution du canon emphytéotique, n'équivalait pas à la clause de non-retenue de la contribution foncière. — *Colmar*, 27 mars 1806, Kehrling c. Lacombe.

25. — Toutefois, la clause de non-retenue des impositions territoriales, dans un bail emphytéotique antérieur à la loi du 1er déc. 1790, doit avoir son effet pour la contribution foncière. — *Cass.*, 17 pluv. an VIII, Domaine c. le Petit-Monfleury.

26. — La clause d'un bail à rente passé sous l'ancien régime, par laquelle le preneur s'est obligé à payer, outre la rente foncière convenue entre lui et le bailleur, les vingtièmes qui pourraient être imposés à l'avenir sur les biens arrentés, fait obstacle à la retenue que le preneur voudrait faire aujourd'hui de la contribution foncière. — *Cass.*, 29 vend. an XIV, Guichard. — Merlin, *ibid.*, § 6.

27. — Le rendage pour bail à locatairie perpétuelle n'est point susceptible de la retenue du cinquième. — Merlin, *Rép.*, v° *Louage à culture perpétuelle*, n° 8.

28. — Quoique, dans un contrat constitutif de rente foncière antérieur aux édits sur les vingtièmes, le preneur se fût obligé à payer la taille à l'Etat, cependant la rente n'en a pas moins été soumise, depuis la loi du 23 nov.-1er déc. 1790, à la retenue des contributions, alors d'ailleurs que l'acte de constitution ne renfermait pas la clause expresse de non-retenue. — *Cass.*, 9 brum. an XIII, Majorel c. Martin; *Rennes*, 30 déc. 1819, Derien c. Toulgoet; *Agen*, 6 déc. 1824, Pignères c. Lacavalerie.

29. — Le défaut de stipulation de la clause de non-retenue dans un acte de constitution de rente passé dans un pays où le système des contributions publiques n'était pas établi, ne peut faire obstacle à la retenue des contributions lorsque, par sa réunion à la France, ce pays est devenu soumis au système des contributions publiques. — *Nîmes*, 15 févr. 1813, N...; *Limoges*, 31 juill. 1813, Maison c. Mazeau.

30. — Dans ce cas, la retenue ne peut être exercée si, par un acte récognitif postérieur à la réunion, le débiteur de la rente a reconnu qu'elle était exempte de retenue. — Mêmes arrêts.

31. — Une rente constituée dans la ci-devant Belgique n'est point devenue, par la réunion de cette province à la France, susceptible de la retenue pour contribution établie par les lois des 1er déc. 1790 et 3 frim. an VII. — *Cass.*, 4 flor. an XIII, Enregistrement c. Couturier; 26 mai 1812, Caissoti c. Blanqui; *Grenoble*, 19 juill. 1827, de Pisançon c. Goubernard.

32. — Aux termes d'un décret du 7-10 juin 1791, il a été décidé que les débiteurs autorisés par les art. 6 et 7 du tit. 2 du décr. du 23 nov.-1er déc. 1790 à faire la retenue sur les rentes ci-devant seigneuriales ou foncières, sur les intérêts de rentes perpétuelles constituées avant la publication de ladite loi, soit en argent, soit en denrées, et de prestations en quotités de fruits à raison de la contribution foncière, la feraient au cinquième du montant desdites rentes ou prestations pour l'année 1791, et pour tout le temps pendant lequel la contribution foncière resterait dans les proportions fixées pour ladite année, sans préjudice de l'exécution des baux à rente ou autres contrats faits sous la condition de la non-retenue des impositions royales.

33. — Quant aux rentes ou pensions viagères non stipulées exemptes de la retenue, ce droit devait être d'un cinquième, mais seulement sur le revenu que le capital, s'il était connu, pouvait produire au denier vingt; et, dans le cas où le capital n'était pas connu, la retenue ne se faisait qu'au dixième du montant de la rente ou pension viagère, conformément à l'art. 8 du décret du 23 nov.-1er déc. 1790. La retenue s'effectuait au moment où le débiteur acquittait la rente ou prestation, soit en argent sur celles en argent, soit en nature sur les rentes et denrées et sur les prestations en quotité de fruits.

34. — Bien que les anciens édits ne renferment aucune disposition analogue en ce qui concerne les rentes viagères, ces règles paraissent avoir été en usage même antérieurement à la loi du 1er déc. 1790, ainsi que le constatent plusieurs arrêts anciens ou l'opinion des auteurs. — V., sur ce point, Poullain-Duparc, *Principes de droit*, t. 3, p. 101. — Parlement de Rouen, arrêt du 2 juin 1752; Parlement de Lorraine, arrêt du 14 avril 1768. — Merlin, *Rép.*, v° *Vingtième*, n° 3.

35. — La loi du 3 frim. an VII (23 nov. 1798) contient plusieurs dispositions sur la retenue des rentes, qui méritent d'être rapportées; car elle exige une stipulation expresse pour que la retenue, *bien que non autorisée par les anciennes lois et usages*, n'ait pas lieu sur les rentes et autres prestations foncières non supprimées. Voici, du reste, comment sont conçues ces diverses dispositions :

36. — ... Art. 97. « L'évaluation du revenu imposable à la cotisation des propriétés foncières de toute nature seront faites sans avoir égard aux rentes constituées ou foncières et autres prestations dont elles se trouveraient grevées, sauf aux propriétaires à s'indemniser par des retenues, comme il est dit ci-après, et dans les cas y déterminés. »

37. — ... Art. 98. « Les propriétaires débiteurs d'intérêts de rentes ou autres prestations perpétuelles constituées à prix d'argent ou foncières, créées avant la publication du décret du 20-22-23 nov. 1790 (la loi du 1er déc. 1790), concernant la contribution foncière, et qui étaient autorisés à faire la retenue des impositions alors existantes, feront la retenue à leurs créanciers dans la proportion de la contribution foncière. »

38. — ... Art. 99. « Ils feront aussi la retenue, dans la même proportion, sur les rentes et autres prestations foncières non supprimées, dont leurs fonds, édifices et usines se trouvent encore grevés, et dont la création est antérieure à la publication du décret précité du 20-22-23 novembre 1790, quoique non autorisés à la faire par les anciennes lois ou usages, sans préjudice néanmoins de l'exécution des baux à rentes faits sous la condition expresse de la non-retenue des impositions publiques, ou avec toute autre clause de laquelle résulte la volonté conventionnelle des parties que les contributions publiques soient à la charge du preneur, en sus de la rente ou prestation. »

39. — Les art. 100 et 101 reproduisent littéralement les dispositions de l'art. 8 de la loi du 1er déc. 1790, sauf, toutefois, cette déclaration qui termine l'art. 101 : que les différends auxquels pourraient donner lieu les contrats passés depuis la publication du décret du 20-22-23 nov. 1790 continueraient à être réglés d'après ce décret, auquel le législateur n'entendait rien innover.

40. — Jugé que les rentes créées sous l'empire d'une loi qui n'admettait pas la retenue du cinquième ne sont pas passibles de cette retenue depuis la loi du 3 frim. an VII, qui l'a autorisée. — *Cass.*, 26 mai 1812, Caissoti c. Blanqui; *Limoges*, 31 juill. 1813, Maison c. Mazeau.

41. — Il n'y a pas lieu à la retenue du cinquième sur une rente foncière lorsqu'il a été stipulé dans le contrat que le débiteur paierait et les impositions et la rente. — *Limoges*, 27 mai 1822, Déserce c. Radenne.

42. — De même, lorsqu'une rente créée en argent en 1780 a été stipulée payable *quitte de tous frais et charges*; le débiteur n'est point fondé à retenir chaque année le cinquième des arrérages. — *Rennes*, 30 déc. 1819, Derien c. Toulgoet.

43. — Jugé, en outre, que lorsque, dans un bail à rente passé sous l'ancien régime, le preneur s'est obligé d'acquitter les vingtièmes qui pour-

raient être imposés à l'avenir sur les biens arrentés, une pareille clause empêche la retenue que le preneur voudrait faire aujourd'hui de la contribution foncière. — *Cass.*, 20 vend. (et non 8) an XIV, Henrop c. Guichard. — Merlin, *Rép.*, v° *Contributions publiques*, § 6; Fœlix et Henrion, *Traité des rentes foncières*, p. 117.

44. — Le débiteur d'une rente constituée antérieurement à la loi du 3 frim. an VII ne peut exiger la retenue des impositions sur les arrérages. — *Cass.*, 4 flor. an XIII, Enregistrement c. Couturier; 26 mai 1812, Caissoti c. Blanqui; *Grenoble*, 19 juill. 1827, de Pisançon c. Goubernard.

45. — La clause de non-retenue des impositions territoriales dans un bail à rente antérieur aux nouvelles lois, s'étend à la contribution foncière. — *Cass.*, 17 pluv. an VIII, Domaine c. Lepetit-Montfleury.

46. — La clause de non-retenue, stipulée en 1745 dans un contrat de constitution de rente à prix d'argent, et qui n'était pas valable alors, ne l'est pas devenue par les lois postérieures; celle du 3 frim. an VII n'ayant ordonné l'exécution des clauses de non-retenue que relativement aux prestations et rentes foncières. — *Cass.*, 9 brum. an XIII, Majorel. — Merlin, *Répert.*, v° *Intérêts*, § 6.

47. — Les débiteurs d'une rente, créée avec la condition de non-retenue doivent la servir ainsi encore bien que le propriétaire de cette rente l'ait acquise pendant qu'elle était de fait soumise à la retenue, et que son prix ait été calculé en conséquence. — *Cass.*, 8 déc. 1812, Durein c. Becker-Volmer. — Fœlix et Henrion, *Des rentes foncières*, p. 118; Merlin, *Répert.*, v° *Rente foncière*, § 1er, art. 3, 4 et 5.

48. — Les arrérages d'une rente viagère n'étaient assujettis qu'à la retenue du dixième, de même que les arrérages du douaire. — *Paris*, 6 messid. an XI, Massot c. Faure.

49. — Les intérêts conventionnels n'ont pu, à moins d'une stipulation expresse, être exemptés de la retenue sous l'empire des lois du 1er décembre 1790 et du 3 frimaire an VII. — *Cass.*, 13 germ. an X, Pellet, et 29 germ. an X, Deschamps. — Merlin, *Quest. de droit*, v° *Contributions foncières*.

50. — L'édit de mai 1749, la loi du 1er déc. 1790 (art. 7, tit. 2) et celle du 3 frim. an VII (art. 98) ne s'appliquaient pas à des intérêts provenant de dettes commerciales. — *Cass.*, 17 mars 1824, Belin.

51. — N'est pas susceptible de la retenue d'un cinquième pour contributions la rente assignée à l'un des successibles, pour sa part héréditaire, par un partage testamentaire postérieur à la loi du 3 septembre 1807. — *Rennes*, 5 févr. 1820, Rogon.

52. — La retenue autorisée par la loi du 3 frimaire an VII ne s'applique qu'aux intérêts de rentes ou autres prestations constituées à prix d'argent entre particuliers, et non aux redevances annuelles établies à titre de pure libéralité par donations ou par testamens. — *Caen*, 8 janv. 1821, Salles c. Lavigne; *Angers*, 13 juill. 1826, hospice de Montfaucon c. Macé.

53. — Ainsi, une rente rémunératoire et alimentaire n'est point passible de la retenue du dixième. — *Angers*, 3 déc. 1823, Gabeau c. Drouault. — Rolland de Villargues, *Rép. du not.*, v° *Retenue des contributions*, n° 23.

54. — La rente viagère léguée à un domestique à titre rémunératoire n'est pas sujette à retenue. — *Caen*, 30 juin 1819, Bacon c. Mallet; 8 janv. 1821, Salles c. Lavigne; 3 avr. 1824, de Loucy c. Mézérac; *Cass.*, 19 janv. 1825, Delamothe c. Pillant; *Rouen*, 17 mars 1825, Vedie c. Beaudouin; 22 avr. 1825, de la Rouvraye c. de Triquerville.

55. — Est réputée rémunératoire et alimentaire une rente viagère, constituée par testament au profit d'une domestique par son maître; en conséquence, on ne peut donc opérer la retenue des contributions sur cette rente. — *Angers*, 3 déc. 1823, Gabeau c. Drouault.

56. — La retenue du cinquième autorisée par l'art. 6, L. 23 nov.-1er déc. 1790, peut être exercée sur une rente que le donataire perçoit en représentation des fruits de l'immeuble donné qu'il ne doit recueillir qu'à la mort du donateur. — *Cass.*, 17 juill. 1832, Lanvin c. Rohan. — Merlin, *Rép.*, v° *Vingtième*, n° 5, et *Quest.*, v° *Contribution foncière*, § 2.

57. — N'est passible d'aucune retenue une rente léguée pour faire dire des messes, elle doit être considérée comme un salaire; mais les intérêts produits par les arrérages cumulés sont soumis à la retenue du cinquième. — *Nîmes*, 4 mars 1814, Bosanquet c. hospice de Beaucaire.

58. — Il faut exclusivement consulter les termes de l'acte qui contient la libéralité et l'intention de son auteur manifestée par les expressions dont il s'est servi pour décider si la redevance qui en fait l'objet doit ou non être soumise à la retenue. — *Angers*, 13 juill. 1826, hospice de Montfaucon c. Macé.

59. — Le débiteur d'une rente peut être autorisé à faire une retenue sur ses paiemens et une réduction suivant l'échelle de dépréciation. — *Rennes*, 3 janv. 1818, Perron c. Léon.

60. — Le preneur à bail emphytéotique ayant la propriété utile du fonds pouvait faire sur sa redevance la retenue des impositions autorisée par la loi du 3 frim. an VII pour les prestations foncières. — *Paris*, 1er pluv. an X, Prieur c. Camus; *Cass.*, 2 vent. an XI, Spinner c. Voyer; 16 mess. an XI, Hasenforder c. Voyer.

61. — Dans tous les cas où la retenue a lieu, le débiteur est obligé, comme il l'était sous l'empire de l'édit de 1749, de justifier qu'il a payé sur ses biens la contribution foncière qu'il prétend retenir sur les intérêts. — Merlin, *loc. cit.*, § 2; Fœlix et Henrion, *ibid.*, p. 66.

62. — Lorsque le débiteur d'une rente sujette à retenue a négligé de la faire pendant plusieurs années, il peut répéter ce qu'il a payé de trop. En effet, tout paiement suppose une dette, et ce qui a été payé sans être dû est sujet à répétition. — C. civ., art. 1235, 1377. — Pothier, *Pandectes*, liv. 22, tit. 6, n° 5; Toullier, t. 6, p. 87, et t. 11, n° 75; Merlin, *Question de droit*, v° *Contributions foncières*, § 1er; Fœlix et Henrion, n° 36.

63. — Toutefois, lorsque le débiteur d'une rente sujette à retenue s'est libéré des arrérages sans exercer le droit de rétention; il est censé y avoir renoncé pour le passé, et, dans ce cas, il ne peut s'en prévaloir que pour l'avenir sur les arrérages qu'il doit encore au créancier poursuivant. — *Cass.*, 25 nov. 1839 (t. 1er 1840, p. 348), Sermet c. Veyan.

64. — Ainsi, le débiteur d'une rente emphytéotique, qui a volontairement acquitté l'intégralité de la rente portée par le contrat, n'est point fondé à répéter contre le créancier le cinquième pour la contribution foncière: il doit être réputé, soit avoir acquitté une obligation naturelle, soit avoir renoncé à la faculté d'exercer une retenue, quant aux paiemens effectués. — *Cass.*, 10 janv. 1831, Frœlich c. ville de Strasbourg.

65. — Ne contrevient à aucune loi l'arrêt qui le décide ainsi en se fondant sur la nature spéciale du contrat d'emphytéose, la modicité de la rente stipulée, le long paiement intégral et sans réserve, et enfin sur la clause de non-décroissement portée au contrat. — *Cass.*, 10 janv. 1831, Braegel c. Landsperg.

66. — Dans le cas, au contraire, où le débiteur de rentes a fait la retenue du cinquième, sans aucune réclamation du créancier, à une époque où il était encore incertain en jurisprudence si des rentes de la nature de celles dont il était débiteur étaient ou non sujettes à la retenue, il ne peut être recherché plus tard en répétition, sous prétexte que la retenue aurait eu lieu par suite d'une erreur de droit. — *Paris*, 22 févr. 1809, Jans c. Limborgh.

67. — Le débiteur d'une rente foncière stipulée franche de la retenue du cinquième, peut, en ne payant pas pendant trente ans ce cinquième, prescrire le droit d'exercer cette retenue, quoique dans l'intervalle il y ait eu titre nouvel, qui, tout en accordant au débiteur le droit de ne pas payer ce cinquième, a réservé, en faveur du créancier, tous les droits résultant du titre primitif. — Un tel titre ne devrait pas même être réputé interruptif de prescription. — *Paris*, 29 janv. 1834, Roger c. Corrou.

68. — D'après la loi du 3 septembre 1807, la retenue n'est plus de droit commun; elle ne peut être opérée qu'autant qu'elle a été expressément stipulée dans le contrat de constitution de la rente. — Tit. 2, art. 6.

69. — Jugé que depuis la loi du 3 septembre 1807, portant (art. 1er) que le taux de l'intérêt de l'argent est fixé à 5 0/0 en matière civile et à 6 0/0 en matière de commerce, *le tout sans retenue*, les arrérages d'une rente viagère sont de plein droit exempts de retenue s'il n'y a clause contraire. Et que, d'ailleurs, même sous l'empire des lois de décembre 1790 et de frimaire an VII, on pouvait faire résulter la reconnaissance ou l'aveu que la rente avait été constituée en exemption de retenue du paiement intégral de la première année de la rente viagère, lors de la signature du contrat de constitution de ladite rente. — *Cass.*, 19 janv. 1825, Delamothe c. Pillant.

70. — Et que la loi du 3 sept. 1807 doit être considérée comme contenant une disposition générale qui s'étend aux rentes constituées, foncières ou viagères, comme aux prêts temporaires, exempts de droit de la retenue, à raison de la contribution foncière. — *Rouen*, 17 mars 1825, Vidée c. Baudouin; 22 avril 1825, de la Rouvraye c. de Triquerville. — Rolland de Villargues, v° *Retenue des contributions*, n° 23.

71. — La loi du 3 sept. 1807, qui fixe le taux de l'intérêt conventionnel à 5 p. 0/0, sans retenue, n'est pas applicable aux rentes constituées antérieurement à sa publication. — *Limoges*, 31 juill. 1813, Maison c. Mazeau; *Riom*, 25 août 1813, de Jugeat c. Darnis; *Grenoble*, 30 août 1817, Roybet c. Goubert; *Cass.*, 25 févr. (et non 27) 1818, Capin c. Cotival; *Grenoble*, 19 juill. 1827, de Pisançon c. Goubernard; *Paris*, 26 mars 1831, Boucheseiche c. Driois; *Cass.*, 5 mars 1834, Mermet c. Dornier. — Merlin, v° *Intérêts*, § 6; Rolland de Villargues, *Rép. du not.*, v° *Retenue des contributions*, n° 15.

72. — Jugé, en outre, dans le même sens, que, par la loi du 3 sept. 1807, la retenue imposée par l'édit de 1749 a été abolie et ne peut s'exercer, à l'égard des rentes créées, sans clause expresse de retenue, antérieurement à cet édit, que sur les arrérages courus sous l'empire de cet édit. — *Caen*, 30 juin 1819, Bacon c. Mallet; *Amiens*, 26 janv. 1820, Clouet c. Vendeuil.

73. — Mais la loi du 3 sept. 1807, en fixant, pour l'avenir, le taux de l'intérêt conventionnel à 5 p. 0/0, sans retenue, n'a voulu porter aucune atteinte à l'effet des stipulations antérieures qui sont restées dans les termes où les avait placées, soit la convention des parties, soit les lois précédentes; en conséquence, une rente constituée en 1745 n'a point été dégagée par la loi du 3 sept. 1807 de la retenue à laquelle elle se trouvait assujettie par l'esprit de l'édit de 1749 et des lois subséquentes, telles que celle du 1er déc. 1790. — *Cass.*, 25 févr. 1818, Capin.

74. — Avant la loi du 4 sept. 1807, les intérêts conventionnels fixés par transaction étaient sujets à la retenue des impositions, à moins de stipulation contraire. — *Cass.*, 13 germ. an X, Rep c. Pellet; 29 germ. an X, Deschamps c. Reuvard. Merlin, *Quest.*, v° *Contribution foncière*, § 1er.

75. — Les intérêts résultant de loyers de condamnations judiciaires échus avant la loi du 3 sept. 1807, sont susceptibles de la retenue du cinquième établie par les lois anciennes. — *Paris*, 26 mars 1831, Boucheseiche c. Driois.

76. — Les intérêts des capitaux exigibles, depuis la loi du 3 sept. 1807, ne sont pas soumis à la même retenue, quoique le titre de créance soit antérieur. — *Cass.*, 13 mai 1817, Ser c. Delpon; *Rennes*, 5 févr. 1820, Rogon; *Cass.*, 22 mars 1820, Langloys c. hospice de Saint-Rambert; *Grenoble*, 19 déc. 1821, Bailly c. Bonnevaux. — Quant aux titres de créances postérieures à la loi de 1807, la non-retenue a lieu de plein droit en cas de silence des parties. — *Caen*, 30 juin 1819, Bacon c. Mallet; *Angers*, 3 déc. 1823, Gabeau c. Drouault; *Cass.*, 25 févr. 1818, Capin c. Contival.

77. — La loi du 3 sept. 1807, qui a établi une nouvelle fixation de l'intérêt légal, est applicable aux intérêts d'une créance antérieure à cette loi, qui sont échus après sa promulgation, lorsque ces intérêts n'ont pas été fixés par une convention particulière. — Ainsi, les intérêts d'un capital légué avant la loi du 3 sept. 1807, mais qui sont échus seulement depuis cette loi, ne sont pas sujets à la retenue du vingtième autorisée par l'édit du mois de mai 1749 et lois subséquentes. — *Cass.*, 22 mars 1820, Langlois c. hospice de Saint-Rambert. — V., toutefois, *Limoges*, 2 juill. 1817, Pineau c. Boussely, et *Cass.*, 25 févr. 1818, Capin c. Contival; mais il s'agissait, dans l'espèce de cet arrêt, d'intérêts fixés par convention.

78. — Il n'y a pas lieu à retenue sur des intérêts courus depuis la loi du 3 sept. 1807, bien que ces intérêts aient été conventionnels dans le principe, si plus tard, et par de nouvelles conventions ou de nouveaux événemens, ils ont pris le caractère d'intérêts moratoires. — *Caen*, 3 avr. 1824, de Loncy c. Mézérac.

RETENUE (Traitemens).

1. — On donne le nom de *retenue* au prélèvement fait sur le traitement des fonctionnaires ou agens des divers services de l'administration publique.

2. — Les retenues sur les traitemens peuvent être permanentes ou accidentelles.

3. — Les retenues permanentes ont été établies sur presque tous les fonctionnaires ou agens, à l'effet de former une caisse commune, laquelle est destinée à subvenir aux frais de pension soit de ces mêmes agens, lorsqu'ils se retirent du service,

soit de leurs veuves ou enfans, s'ils viennent à décéder.

3. — Le taux de ces retenues varie du reste suivant les administrations, comme aussi suivant les fonctions; il existe, sur ce point, des règlemens spéciaux, dont nous avons, au surplus, eu lieu de parler dans un précédent article de ce répertoire et auquel il nous suffit de renvoyer. — V. PEN-SIONS.

4. — Notons seulement encore, avec les auteurs du *Dictionnaire général d'administration* (v° *Rete-nue*), que quelquefois les pensions payées sur le budget de l'État sont soumises à une retenue proportionnelle, laquelle toutefois ne peut être faite qu'en vertu d'une loi.

5. — Les besoins de l'État ont en outre motivé quelquefois, et nous en avons eu l'exemple depuis la dernière révolution de 1848, des retenues tem-poraires sur les traitemens de certains fonction-naires ou agens.

6. — Ajoutons que les mêmes causes peuvent amener également, dans toutes les administra-tions publiques, ainsi spécialement dans l'admi-nistration des communes, des réductions tempo-raires de traitemens.

7. — Enfin il arrive encore que des retenues sont opérées sur les traitemens des fonctionnaires insolvables à la requête des créanciers personnels. La retenue, dans ce cas, peut, même, en principe, atteindre leurs pensions.

8. — Comment s'opère cette opposition des créanciers, sur quelles sortes de traitemens ou de pensions peut-elle frapper, dans quelles circon-stances doit-elle être admise ou rejetée? — V. sur ces points, SAISIE-ARRÊT.

RÉTICENCE.

V. ASSURANCE MARITIME, ASSURANCE TERRES-TRE, ASSURANCE SUR LA VIE, DOL, ESCROQUERIE, FAUX TÉMOIGNAGE.

RETOUR.

C'est la somme qui est payée pour rendre les portions égales, dans un échange ou dans un par-tage. — V. ces mots. — V. aussi ENREGISTREMENT, PRIVILÈGE.

RETOUR (droit de).

1. — C'est en général le droit en vertu duquel un individu recouvre la propriété d'une chose dont il s'était dessaisi.

2. — Spécialement en matière de donation entre-vifs, le donateur peut, en vertu du droit de retour, recouvrer la propriété des choses qu'il avait données.

3. — Ce retour est de deux sortes : *légal*, lors-qu'il résulte de la loi seule (C. civ., art. 747); con-*ventionnel*, lorsqu'il a été stipulé par les parties. — C. civ., art. 951. — V. RETOUR CONVENTIONNEL, RETOUR LÉGAL.

4. — Le droit de retour peut encore résulter de contrats à titre onéreux. — V. principalement PACTE DE PRÉFÉRENCE, VENTE, VENTE A RÉMÉRÉ.

RETOUR CONVENTIONNEL.

Table alphabétique.

RETOUR CONVENTIONNEL. — **1.** — C'est le retour qui résulte, au profit du donateur, d'une stipula-tion faite dans l'acte de donation.

2. — Ce retour diffère ainsi du retour légal, le-quel a lieu, au profit du donateur par la seule disposition de la loi, et constitue un véritable droit successif. — V. RETOUR LÉGAL.

3. — Le donateur, porte l'art. 951 C. civ., pour-ra stipuler le droit de retour des objets donnés soit pour le cas du prédécès du donataire seul, soit pour le cas du prédécès du donataire et de ses descendans. — Ce droit ne pourra être stipulé qu'au profit du donateur seul. »

4. — La clause de retour n'a jamais été consi-dérée que comme un pacte personnel : *pactum in personam*, limité à la personne même du dona-teur; et c'est par une véritable aberration que notre ancienne jurisprudence en autorisait la stipulation au profit des héritiers du disposant. Cette stipulation devenait, dès lors, un pacte réel et changeait la nature du droit de retour, telle-ment que les legs réversibles au profit des héri-tiers étaient considérés comme une vraie sub-stitution et étaient sujets à l'insinuation. Les termes de l'art. 951 ont rétabli les vrais princi-pes. — Toullier, t. 5, n° 412; Rolland de Villar-gues, *Rép. du notar.*, v° *Retour conventionnel*, n° 2.

5. — Le droit de retour, comme on vient de le voir, ne peut être stipulé qu'au profit du dona-teur seul. — C. civ., art. 951.

6. — Il suit de là qu'il ne peut être stipulé au profit d'un tiers ni même au profit des héritiers du donateur. — Toullier, t. 5, n° 287.

7. — Cependant, si une pareille stipulation avait eu lieu, y aurait-il là une substitution pro-hibée, dont la nullité entraînait celle de la do-nation même ? La clause sera-t-elle seulement réputée non écrite, et la donation devra-t-elle être maintenue? — V. SUBSTITUTION.

8. — Toutefois, jugé qu'autrefois, un droit de retour n'était pas transmissible aux héritiers du donateur sans stipulation. — *Riom*, 24 juill. 1809, Delsol c. Vigier-Dorcet.

9. — Le droit de retour peut être stipulé soit pour le cas de prédécès du donataire seul, soit pour le cas du prédécès du donataire et de ses descendans. — C. civ., art. 951.

10. — Lorsque donc que le droit de retour a été stipulé en cas de prédécès du donataire, le dona-taire est réputé n'avoir voulu que la personne du donataire. La donation est donc résolue, bien qu'il laisse des enfans, si le donateur lui survit. — Grenier, *Donat.*, t. 1er, n° 32; Toullier, t. 5, n° 286.

11. — Cependant le donateur a ordinai-nairement pour les enfans du donataire les mêmes sentimens d'affection qu'il a pour celui-ci, il faut une stipulation bien précise pour que la donation ne produise pas son effet tout à la fois pour le donataire et pour ses enfans. Le cas où elle doit être réversible, par l'effet du retour, n'étant qu'un cas d'exception, doit être clairement exprimé. — Grenier, *ibid.*

12. — La stipulation de retour en cas de pré-décès du donataire et de *ses enfans* doit s'appli-quer aux descendans de quelque degré qu'ils soient. — L. 220, D., *De verb. signif.* — V. ENFANT, n° 7.

13. — Aussi, a-t-il été jugé que le retour sti-pulé dans le ressort de l'ancien Parlement de Bordeaux, conformément à la coutume locale, au profit du donateur et de ses *enfans*, devait profiter à ses descendans en quelque degré qu'ils fussent. — *Cass.*, 20 décemb. 1625, Darripe c. de Noguès.

14. — S'il y a eu stipulation de retour pour le cas où le donataire prédécèderait sans enfans ou sans postérité; il ne peut plus être exercé du mo-ment que le donataire a laissé des enfans, quand même ils viendraient à mourir avant le dona-teur. — Grenier, n° 31; Toullier, t. 5, n° 286; Du-ranton, t. 8, n° 491; Delvincourt, t. 2, p. 278.

15. — Peu importe que, dans ce cas même, les enfans du donataire aient renoncé à la succession. — Delvincourt, *ibid.*

16. — Lorsque le retour a été stipulé, pour le cas du prédécès du donataire et de ses descen-dans, il ne s'opère qu'après le décès de tous les petits-enfans. On ne peut prétendre l'exercer

pour les portions de chacun des petits-enfans qui meurent avant l'aïeul donateur. — Rolland de Villargues, *Rép. du notar.*, v° *Retour conven-tionnel*, n° 18.

17. — Jugé en conséquence, que la clause par laquelle le donateur stipule le droit de retour dans le cas de prédécès du donataire et de ses descendans ne fait point obstacle à ce que, pen-dant la vie du donateur, une portion des biens donné tombe dans la succession de l'un des en-fans du donataire décédé et soit recueillie par sa mère. — *Amiens*, 29 juill. 1826, Gauduin c. Guerville.

18. — Les enfans naturels ne sont pas, à moins de clause contraire, compris dans une stipula-tion du droit de retour faite pour le cas de prédécès du donataire et de ses descendans. — Arg. C. civ., art. 960; Duranton, t. 8, n° 488.

19. — Il en doit être de même de l'enfant adop-tif du donataire dans une stipulation de retour faite avant l'adoption. Le cas d'adoption est si extraordinaire que les parties ne peuvent être réputées l'avoir eu en vue. D'ailleurs, l'adoption n'opère point la révocation pour survenance d'enfans. — *Cass.*, 27 juin 1822, Ressein c. An-durain. — Duranton, n° 489.

20. — La mort civile donne ouverture au droit de retour aussi bien que la mort naturelle. — Arg. art. 25 C. civ. qui déclare qu'en ce cas la succession est ouverte. — Grenier, t. 1er, n° 39 et 40; Toullier, t. 5, n° 291; Delvincourt, t. 2, p. 277; Vazeille, sur l'art. 951, n° 8; Poujol, n° 4. — *Contrà*, Duranton, t. 8, n° 490.

21. — Pour apprécier là s'il y a stipulation de re-tour, il faut rechercher l'intention présumée du donateur et du donataire. — Poujol, *Donat.*, art. 951, n° 5.

22. — Dès lors, quand, en dotant sa fille, un père a stipulé le droit de retour, *le cas y échéant*, cela suffit pour qu'il y ait lieu à l'application, non de l'art. 747 du Code civil sur le retour légal, mais de l'art. 951 sur le retour conventionnel. — *Nîmes*, 26 mars 1827, Lhermitie c. Danis ; *Cass.*, 7 août 1839 (t. 2 1839, p. 301), Thorte c. Marsan. — Merlet, *Traité sur le retour légal et conventionnel*, p. 233; Guilhon, *Donat.*, t. 2, n° 868 ; Coin-Delisle, *Comment.* sur l'art. 951, n° 3.

23. — Du moins, l'arrêt qui, dans ces circon-stances, admet le donateur à exercer le retour sur les biens donnés, en considérant la réserve stipulée, comme constituant le retour conven-tionnel, par appréciation des termes de la dona-tion et de l'intention des parties, échappe à la censure de la Cour de cassation. — *Cass.*, 7 août 1839 (t. 2 1839, p. 301), Thorte c. Marsan.

24. — En supposant que le vague d'une pa-reille stipulation eût faite valoir la prétention du père donateur à l'exercice du droit de retour, en cas de décès du donataire laissant des enfans cette prétention est admissible si la réclamation n'est faite qu'après le décès de ces derniers eux-mêmes sans testament. On ne saurait conclure de ce rapport, qu'on se fait dans l'unique intérêt des héritiers, au droit de retour, qu'il n'y a lieu que dans l'intérêt exclusif du donateur. — Delvin-court, t. 2, p. 278 ; Vazeille, sur l'art. 951, n° 6 ; Coin-Delisle, sur le même art.; *Annales du notar.*, t. 49, p. 456 ; Conflans, *Jurispr. des success.*, sur l'art. 747, n° 4.

26. — Jugé donc en ce sens que la donation faite en avancement d'hoirie ne renferme pas virtuellement une stipulation du droit de retour au profit du donateur. — *Nîmes*, 14 mai 1819, Soulier c. Nury; *Grenoble*, 8 avril 1829, Clément c. Didier; *Bordeaux*, 19 juill. 1831, Gouges; *Mont-pellier*, 11 janv. 1833, Deltour c. Pons; 4 déc. 1835, Manicabal c. Cavallié; *Limoges*, 46 janv. 1841 (t. 2 1841, p. 465), Chaumont c. Chauzenoux.

27. — Que la stipulation du droit de retour ne peut non plus être considérée comme implici-citement contenue dans un partage d'ascendant. — *Montpellier*, 11 janv. 1833, Deltour c. Pons.

28. — Et qu'il faut que le droit de retour soit expressément stipulé. — *Montpellier*, 4 déc. 1835, Manicabal c. Cavallié.

29. — Jugé, au contraire, que la donation faite par contrat de mariage et stipulée en avance-ment d'hoirie peut, à raison de cette stipulation,

être assimilée dans ses effets, à la donation dans laquelle le donateur a stipulé le droit de retour. — *Montpellier*, 19 nov. 1836, Granier c. Coste.

30. — ... Que sous l'empire de la loi du 17 nivôse an II, la clause d'une donation portant qu'elle était faite en avancement d'hoirie et à compte de ce qui pourrait revenir après le décès du donateur, contenait une stipulation suffisante du droit de retour. — *Nîmes*, 20 août 1808, Duffés c. Fajon; *Grenoble*, 18 mai 1818, Brizon c. Chollet; *Montpellier*, 22 juin 1829, Miquel c. Faure.

31. — ... Qu'enfin on a pu, d'après les expressions des parties et les circonstances de la cause, décider, sans qu'une pareille décision pût donner ouverture à cassation, que, sous l'empire de la loi du 17 nivôse an II, il y avait stipulation de retour dans une clause par laquelle un donateur déclarait que le don qu'il faisait était à titre d'avancement d'hoirie et de droits successifs. — *Cass.*, 11 brum. an XI, Ménard c. Guyot; 10 août 1820, Brizon c. Chollet; 28 juin 1834, Girald c. Miquel.

32. — En général, on ne peut stipuler le retour d'un bien autre que celui donné.—En effet, l'art. 951 autorise seulement la clause du retour des *objets donnés*.—D'un autre côté, il ne peut y avoir retour qu'autant qu'une chose rentre dans la possession de celui à qui elle appartenait. — Rolland de Villargues, n° 20.

33. — Néanmoins, lorsque dans une donation d'une somme d'argent, contenant stipulation de retour, il est dit que la somme sera remplacée en immeubles, et que le donateur sera, au remplacement, les immeubles acquis sont subrogés à la somme donnée, en telle sorte que ces immeubles sont seuls soumis au droit de retour. — *Rouen*, 19 janv. 1822, de Flavigny c. Lecarpentier.

34. — Le droit de retour ne peut avoir lieu qu'autant que le donateur a été réellement dessaisi de la propriété des biens donnés. — Dès lors, il ne saurait être stipulé dans les donations de biens à venir faites par contrat de mariage (C. civ., 1082). Le prédécès du donataire rend la disposition caduque, sans qu'il soit besoin d'aucune clause à cet égard.

35. — Jugé, dès lors, qu'on n'a pas pu stipuler, dans un contrat de mariage, un droit de retour, tant pour une donation que pour une institution. — *Riom*, 24 juill. 1809, Delsol c. Vigier.

36. — La stipulation du droit de retour insérée dans le contrat de mariage de l'un des enfants, par le mandataire du père donateur, doit recevoir son exécution, encore bien qu'elle n'ait pas été rappelée dans un partage d'ascendant fait postérieurement.—*Montpellier*, 11 janv. 1833, Deltour c. Pons.

37. — Jugé, au contraire, qu'en pareil cas, les père et mère faisant le partage de tous leurs biens entre leurs enfants et les obligeant au rapport, soit en nature, soit fictif des objets contenus dans la donation, le droit de retour ne continue pas à subsister. — *Cass.*, 19 janv. 1836, Pons.

38. — Le retour conventionnel peut être cédé avant qu'il soit ouvert. — Troplong, *Vente*, n° 250.

39. — L'ascendant donateur, ayant stipulé de retour, peut, s'il est en même temps héritier du donataire, peut exercer son droit de retour, avant le partage de la succession. — *Bordeaux*, 24 mars 1840 (t. 2 1840, p. 672), Giré c. Gaudini. — Merlin, *Rép.*, v° *Réserve*, sect. 3, § 2; Grenier, *Donat.*, t. 2, p. 341; Chabot, n° 47; Duranton, *Droit français*, t. 6, n° 229; Toullier, *Droit civil*, t. 5, n° 289; Delvincourt, t. 2, p. 19, n° 4; Favard de Langlade, *Rép.*, v° *Succession*, sect. 3, § 2, n° 6; Delaporte, *Pand. franç.*, sur l'art. 747.

40. — L'effet du droit de retour est de résoudre toutes les aliénations des biens donnés et de faire revenir ces biens au donateur francs et quittes de toutes charges et hypothèques. — C. civ., art. 952.

41. — Jugé dès lors que la circonstance que le donataire aurait disposé par testament des biens donnés ne fait pas obstacle à l'exercice du droit de retour. — *Cass.*, 7 août 1839 (t. 2 1839, p. 304), Thorte c. Marsan.

42. — Si le donateur avait simplement réservé son droit de retour sur les biens donnés, cela ne serait point un obstacle à l'aliénation de ces mêmes biens; mais il pourrait interdire d'aliéner tant que la condition du retour pourrait se réaliser. — Vazeille, sur l'art. 952, n° 4.

43. — Néanmoins, l'hypothèque de la dot et des conventions matrimoniales continue de subsister, si les autres biens de l'époux donataire ne suffisent pas, et dans le cas seulement où la donation lui aura été faite par le même contrat de

--- (col 2) ---

mariage duquel résultent ces droits et hypothèques. — C. civ., art. 952.

44. — On présume qu'en pareil cas le donateur s'est préféré à lui-même l'épouse du donataire, du moins pour assurer la dot et l'effet des conventions matrimoniales. — Rolland de Villargues, n° 28.

45. — Toutefois, le donateur pourrait stipuler qu'en cas de retour les biens donnés ne seraient pas soumis à l'hypothèque des conventions matrimoniales. — Grenier, n° 38; Toullier, t. 5, n° 289; Bellot, t. 1er, n° 338.

46. — Quoi qu'il en soit, l'exception ne saurait s'appliquer aux stipulations que la femme aurait faites en faveur de son mari par son contrat de mariage.—Poujol, sur l'art. 952, n° 4.

47. — La seconde femme du donataire n'aurait point hypothèque sur les biens donnés en contrat de mariage passé entre son mari et sa première femme, à moins que le donateur n'y consentît expressément. Mais alors ce ne serait plus une hypothèque légale; mais bien une hypothèque conventionnelle; soumise, par conséquent, aux règles et aux effets des hypothèques de cette espèce. — Delvincourt, t. 2, p. 279. — Néanmoins, Vazeille (sur l'art. 952, n° 8) fait observer que la loi exempte de l'inscription l'hypothèque résultant de toutes conventions matrimoniales.

48. — Le recours accordé à la femme du donataire n'étant que subsidiaire, il s'ensuit que, si, en cas d'aliénation des biens de son mari pendant le mariage, la femme avait négligé de conserver son hypothèque légale (C. civ., art. 2193 et suiv.), elle serait mal fondée à vouloir exercer son recours sur les biens rentrés dans la main du donateur. — Il en serait de même encore si elle avait formellement renoncé à cette même hypothèque. — Grenier, *Donat.*, n° 37, et *Hypoth.*, n° 363; Toullier, n° 299; Bellot-Desminières, t. 1er, p. 337; Delvincourt, t. 2, p. 279; Vazeille, sur l'art. 952, n° 2.

49. — Le donataire n'est point obligé de faire l'avance des frais de la discussion des biens du donataire. Il n'en est pas de lui comme d'une caution personnellement obligée. — Duranton, t. 8, n° 494; Poujol, sur l'art. 952, n° 5.

50. — Il résulte des termes de l'art. 952, que sa seconde disposition est limitative. M. Coin-Delisle (*Donat.*), sur cet article, en conclut que la femme n'a aucun droit, en cas de retour, si la donation est mobilière.

51. — Jugé cependant, que lorsqu'une somme mobilière a été constituée en dot pour la condition de retour en cas de prédécès du donataire, le donateur ne peut exercer le retour qu'après que la femme a exercé les reprises et conventions matrimoniales. Ici s'applique la règle établie dans l'art. 952 C. civ., comme s'il s'agissait d'une dot immobilière. — *Paris*, 17 juill. 1839 (t. 2 1839, p. 79), Dumesnil.

52. — « Mais, dans cette espèce, ajoute M. Coin-Delisle, il avait été formellement stipulé que le retour de la dot mobilière avait lieu en conformité des dispositions contenues aux art. 951 et 952 C. civ. D'où les juges ont conclu que les père et mère donateurs avaient évidemment voulu donner, par rapport à eux, la préférence à la femme pour le recouvrement des droits qu'elle tiendrait de son contrat de mariage. »

53. — Le retour s'opère de plein droit et sans qu'il soit besoin d'une action en justice. Il s'agit ici d'une condition casuelle et non d'une condition potestative, lorsque le contrat n'est pas résolu de plein droit et où le juge peut même résoudre des délais pour l'exécution. — Quand une fois le donateur a prouvé que l'événement s'est réalisé, les héritiers du donataire n'ont plus de raison pour garder les biens. — Delvincourt, t. 2, p. 279; Vazeille, sur l'art. 952, n°s 6 et 7.—*Contra*, Toullier, t. 5, n° 292; Poujol, n° 7. — Ces deux derniers auteurs pensent qu'une action en justice est nécessaire.

54. — L'action en retour conventionnel dure trente ans, à partir du jour où le droit s'est ouvert. — Duranton, t. 8, n° 495. — Toutefois : le tiers détenteur prescrit contre la clause de retour par dix ou vingt ans, s'il est de bonne foi.—C. civ., art. 2265. — V. au surplus, PRESCRIPTION.

55. — Le délai de la prescription court contre les héritiers du donataire, du jour même de son prédécès; et contre les tiers détenteurs, du jour de leur acquisition.—Duranton, t. 8, n° 496; Poujol, sur l'art. 952, n° 6. — Suivant Vazeille (n° 8), la prescription doit toujours courir du jour où le droit de retour est ouvert par le décès du donataire.

56. — Quant aux fruits des biens restitués, ils

--- (col 3) ---

ne sont dus par les tiers qu'à partir de la notification du prédécès du donataire. Mais les héritiers de celui-ci les doivent à compter de son décès; car ils sont censés ne pas l'ignorer. Ils diffèrent en cela du donataire dans le cas de survenance d'enfants; lequel peut ne pas connaître l'événement, et doit, par suite, être réputé possesseur de bonne foi jusqu'à la notification. Delvincourt, t. 2; p. 279.

RETOUR LÉGAL.

Table alphabétique.

RETOUR LÉGAL. — 1. — C'est celui que la loi seule accorde aux ascendans donateurs dans la succession du donataire prédécédé sans postérité.

2. — Ainsi il est opposé au retour conventionnel qui résulte de la convention seule. — V. RETOUR CONVENTIONNEL.

3. — On donne encore au droit de retour légal le nom de *droit de réversion*.

4. — L'art. 747 C. civ., qui établit ce droit, porte : « Les ascendans succèdent, à l'exclusion de tous autres, aux choses par eux données à leurs enfans ou descendans décédés sans postérité, lorsque les objets donnés se retrouvent en nature dans la succession. — Si les objets ont été aliénés, les ascendans recueillent le prix qui peut en être dû. Ils succèdent aussi à l'action en reprise que pouvait avoir le donataire. »

—

§ 1er. — *Historique. — Dispositions générales.*

5. — Le retour légal a son origine dans le droit romain (L. 6, ff., *De jure dot.*, L. 4, C. *Solut. matrim.*); il est fondé sur deux motifs : l'un, d'épargner aux ascendans le désagrément de supporter la double perte de leurs enfans et des biens dont ils s'étaient dépouillés en leur faveur (L. 6, ff., *De jure dot.*, L. 4, C. *Solut. matr.*); l'autre, de ne pas refroidir la bienfaisance des ascendans par cette double perte. — L. 2, C., *De bon. quæ lib.* — Toullier, t. 4, n° 227; Chabot, *Success.*, sur l'art. 747.

6. — Toutefois : le droit de retour n'était accordé qu'aux ascendans paternels, en vertu de la puissance paternelle; il ne s'exerçait que sur les dots et les donations en faveur de mariage.

7. — A l'égard des étrangers, il était expressément décidé, par la loi 1, § 13, C., *De rei uxoriæ actione*, et par la loi 9, C., *De pactis conventis*, que la dot ne pouvait retourner sans stipulation particulière. — Papon, liv. 15, tit. 4, art. 10; Automne, *Conférence*, t. 2, p. 223; Catelan, liv. 5, chap. 8.

8. — En France et dans les pays de coutume, le droit de retour légal fut converti en un véritable *droit de succession*; on lui en donna le nom et les effets. — Cout. de Paris, art. 313. — Le donateur ne pouvait exercer ce droit que sur les choses qui existaient dans la succession. — Lebrun, *Des success.*, liv. 1er, ch. 5, sect. 2, nos 60 et 70; Boucheul, *Des convent. de succéder*, ch. 12, nos 72 et 73; Merlin, *Rép.*, v° *Réversion*.

9. — Dans le ci-devant comtat Venaissin il y avait retour de droit de la dot, en faveur du père constituant, par la dissolution du mariage. — *Nîmes*, 3 messid. an XII, Milhaud c. Crémieu.

10. — Toutefois, d'après la jurisprudence du parlement de Dauphiné, le mari, en cas de retour légal, ne devait les intérêts de la dot que du jour de la demande seulement, et non du jour du décès, lorsqu'il avait joui de bonne foi en vertu d'un titre dont il ignorait les vices. — *Cass.*, 15 juill. 1833, Dallen c. Leclet.

11. — Le retour légal des dots n'était pas autorisé par la coutume de Dax. — *Cass.*, 23 nov. 1825, d'Olce c. Laharrague.

12. — Le droit de retour légal avait lieu en pays de droit civil et spécialement en Dauphiné, au profit du père donateur, pour le cas de prédécès du donataire sans postérité, que la donation eût été faite par contrat de mariage ou de toute autre manière. — *Grenoble*, 16 janv. 1828, Cret c. Pion.

13. — De plus, le droit de retour était généralement étendu à la mère et à tous les ascendans paternels pour toutes espèces de donations entre-vifs faites aux descendans. — La Rouvière, *Traité du droit de retour*, liv. 1er, chap. 4; Catelan, liv. 5, chap. 8; La Rocheflavin, liv. 3, tit. 9, art. 1er et 2, au mot *Retour*; Automne, sur l'art. 64 cout. de Bordeaux; Duperrier, t. 2, p. 474; Boniface, t. 1er, p. 447; *Plaidoyers célèbres dédiés à M. de Nesmond*, p. 431. — V. toutefois, Basset, t. 2, liv. 6, tit. 5, chap. 1er, et Bretonnier sur Henrys, liv. 8, ch. 5, quest. 30.

14. — Ainsi jugé que dans le ressort du parlement de Provence, le droit de retour avait lieu en faveur de la mère donatrice. — *Grenoble*, 16 juin 1829 (V. sous *Cass.*, 15 juillet 1833), Dallen c. Leclet.

15. — Jugé, au contraire, que dans les pays de droit écrit, et spécialement en Dauphiné, le retour légal n'avait pas lieu au profit de la mère donatrice. — *Grenoble*, 16 janvier 1828, Cret c. Pion.

16. — Dans quelques coutumes et suivant la jurisprudence de certaines provinces de droit écrit, notamment celle du Parlement de Toulouse, les collatéraux recouvraient aussi les choses par eux données en faveur du mariage — V. Ferrière sur Duranty, quest. 1re; Graverol sur La Rocheflavin, liv. 3, tit. 9, art. 1er; Catelan, liv. 5, ch. 8; Vedel, *ibid.*; Cambolas, liv. 1er, ch. 5; d'Olive, liv. 4, ch. 7. — V., toutefois, Automne, sur l'art. 64 de la coutume de Bordeaux.

17. — Le droit de retour des biens patrimoniaux établi par certaines coutumes au profit des héritiers collatéraux de l'époux donateur, quand il n'y avait point d'enfans issus du mariage, ne formait pas le droit général de la France, et n'avait pas conséquemment le caractère d'un principe d'ordre public auquel les conventions particulières ne pouvaient porter atteinte. — Spécialement, deux époux mariés sous l'empire de la coutume de Blois, qui prescrivait le droit de retour, ont pu, dans leur acte de mariage, contenant donation mutuelle de la moitié de leurs héritages patrimoniaux, stipuler valablement qu'il n'y aurait lieu à aucune réversion au profit de leurs héritiers collatéraux. — *Cass.*, 18 juill. 1836, Pornay c. Angineau.

18. — L'art. 15, tit. 9 de la coutume de Labour, qui dispose que si l'enfant né d'un mariage pour lequel l'époux décédé avait assigné des biens, décède lui-même sans enfans, frères et sœurs, ces biens retournent au plus prochain habile à succéder, doit être entendu en ce sens qu'il ne constitue pas un droit de retour ou de réversion au profit du donateur ou de ses héritiers, en cas de décès sans postérité; mais qu'il appelle à la succession le plus proche héritier, à l'extinction de l'usufruit du survivant. — *Cass.*, 11 juill. 1833, Berindoagne.

19. — La loi du 17 nivôse an II n'autorisait pas le retour légal, mais simplement les stipulations de retour. — Rolland de Villargues, *Rép. du not.*, v° *Retour légal*, n° 4.

20. — Dès lors les ascendans du donataire décédé sous l'empire de la loi du 17 nivôse an II, après avoir transmis sa succession à ses enfans, ne peuvent exercer le droit de reprise des choses par eux données, contre la succession de leurs petits-fils morts depuis la publication du Code civil, lorsque la donation ne contenait point de clause de retour. — *Agen*, 28 (et non 20) févr. 1807, Cathus c. Martin.

21. — Cependant les lois des 17 nivôse et 23 ventôse an II n'ont point aboli le droit de retour conventionnel légal, applicable aux donations antérieures au 5 brumaire an II. — *Cass.*, 24 août 1824, Camoin.

22. — Le droit de retour d'une dot constituée par un ascendant au profit de l'un de ses descendans, dans un contrat de mariage, passé sous l'ancienne législation, est régi par la loi du lieu du contrat par préférence à la loi du domicile du mari. — *Cass.*, 15 juill. 1833, Dallen c. Leclet.

23. — Et lorsque cette règle, *Locus regit actum*, a été appliquée pour l'exercice du droit de retour de la dot constituée sous l'ancienne législation, par un ascendant, la décision est plutôt de fait que de droit, et par conséquent souverainement rendue par la Cour d'appel. — Même arrêt.

24. — La révocation de la donation par droit de retour légal doit se régler d'après les lois existant à l'époque de la donation. — Dans ce cas on n'est pas astreint à s'en rapporter aux lois de la même époque relativement aux circonstances propres à établir la présomption de vie ou de mort de l'absent, et servant, en conséquence, à caractériser l'événement qui peut donner ouverture au droit de retour. — *Limoges*, 25 mars 1822, Bonnet c. Maury.

25. — Tout ce qui concerne aujourd'hui le retour légal se trouve renfermé dans un seul article du Code civil. Cette matière est évidemment incomplète. Elle a été peu discutée au Conseil d'Etat; et si l'on s'y est entendu sur les bases, la discussion, suivant Maleville, y est demeurée fort obscure : du moins à en juger d'après le procès-verbal.

26. — Le retour légal ne peut avoir lieu qu'à l'égard des biens transmis par donation entre-vifs. — Chabot, sur l'art. 747, n° 1er.

27. — Ainsi, il ne peut avoir lieu à l'égard des biens transmis par des actes qui bien que qualifiés donation entre-vifs sont, en réalité, des contrats à titre onéreux. — *Nancy*, 31 janv. 1833, Baradel c. Demange.

28. — Ainsi, encore, il ne saurait avoir lieu à l'égard des biens donnés par suite d'une convention passée entre la supérieure d'une communauté religieuse et le père d'une jeune fille qui veut faire profession dans cette communauté, convention par laquelle le père s'oblige à payer, entre les mains de la supérieure, une somme déterminée, à titre d'aumône dotale, et la supérieure à pourvoir à tous les besoins de la jeune fille; car une pareille convention a les caractères d'un contrat commutatif, et non ceux d'une donation : alors même qu'elle serait ainsi qualifiée. — *Agen*, 12 juill. 1836 (t. 1er 1837, p. 81), Communauté des Ursulines de Sousseyrac c. Daynac.

29. — Quant aux donations dont il s'agit dans les art. 1082, 1084 et 1086 C. civ., le retour est réglé d'une manière différente par l'art. 1089, et les dispositions testamentaires ont aussi une règle particulière dans l'art. 1039.

30. — S'il s'agit d'une donation faite avec charge de substitution, suivant les art. 1075 et suiv. C. civ., l'ascendant grevé qui a fait l'abandon anticipé a le droit d'exercer le retour légal sur les biens substitués. — Rolland de Villargues, n° 10.

31. — Lorsqu'une dot a été constituée conjointement par deux époux à l'enfant commun chacun d'eux a droit à la réversion, quoiqu'il s'agisse de biens propres de l'un ou de l'autre; ou quant à la femme, de biens dépendant de la communauté à laquelle elle a renoncé. — Chabot, n° 6; Rolland de Villargues, n° 10 *bis*.

§ 2. — *A quel titre et dans quel cas s'exerce le retour légal.*

32. — « Les ascendans *succèdent*..., » porte l'art. 747 C. civ. — C'est donc à titre successif que la chose donnée retourne à l'ascendant. Ainsi celui-ci est héritier *in re singulari* relativement aux choses données. — Chabot, sur l'art. 747, n° 1; Delvincourt; t. 2, p. 34; Toullier, t. 4, n° 226; Duranton, t. 6, n° 215; Grenier, *Donat.*, n° 598; Vazeille, sur l'art. 747, n° 2. — Ainsi, le retour légal est une sorte de succession *anomale*. — Boucheul, *Tr. des conventions de succéder*, p. 183. — *Contrà*, Siméon Malleville, sur ledit art.

33. — De ce que le retour légal constitue un véritable droit successif il suit : qu'à la différence du retour conventionnel, il y a lieu de faire la déclaration des biens et de payer le droit proportionnel de mutation par décès. — Duranton, t. 6, n° 215; Delvincourt, t. 2, p. 18, note 3; Vazeille, sur l'art. 747, n° 2. — V. ENREGISTREMENT, nos 3097 et suiv.

34. — La mort civile du donataire donne, comme la mort naturelle, ouverture au retour légal. — Merlin, *Rép.*, v° *Réversion*, sect. 1re, § 2, art. 1er; Toullier, t. 4, n° 242; Duranton, t. 6, n° 207; Vazeille, sur l'art. 747, n° 14.

35. — Jugé que la mort civile du donataire, avec confiscation de ses biens, donne ouverture au droit de retour en faveur de l'ascendant donateur, bien que le donataire ait des enfans. — *Cass.*, 13 messid. an XIII, Romieu.

36. — La circonstance que l'ascendant donateur ne serait pas appelé à la succession générale du légataire ne fait point obstacle à l'exercice du droit de retour. — Chabot, sur l'art. 747, n° 16; Grenier, n° 498; Vazeille, sur l'art. 747, n° 3.

37. — De ce que l'ascendant est considéré comme reprenant la chose à titre successif, il suit que le retour légal n'a lieu qu'entre des personnes qui ont des rapports de successibilité : c'est-à-dire qui peuvent être héritières l'une de l'autre. — Rolland de Villargues, n° 14.

38. — Ainsi le retour légal ne saurait être exercé par l'ascendant du père ou de la mère de l'enfant naturel. Si donc il avait doté cet enfant, l'art. 747 ne serait pas applicable. La reconnaissance du père ou de la mère est un acte étranger à l'aïeul, qui, aux yeux de la loi, n'est pas même censé parent ou ascendant de l'enfant reconnu. — V. Chabot, sur l'art. 747, nos 4 et 7; Delaporte, *Pand. franç.*, sur l'art. 747; Duranton, t. 6, nos 221 et 222; Delvincourt, t. 2, p. 19; Vazeille, sur l'art. 747, n° 12. — V. *contrà*, Malpel, n° 166.

39. — Mais le père ou la mère d'un enfant naturel légalement reconnu, peut exercer le droit de retour légal sur les choses données à cet enfant. — Mêmes auteurs. — Poujol, *Success.*, art. 841, n° 10; Benoît, *De la dot*, t. 2, n° 89. — *Contrà*, Malpel, *ibid.*; Lebrun, *Des successions*, liv. 1er, chap. 5, sect. 2.

40. — Il faut que le donataire soit décédé sans postérité. — C. civ., art. 747. — Que doit-on entendre par ce mot de *postérité*?

41. — Jugé que le mot de *postérité* de l'art. 747 C. civ. ne doit s'entendre que des enfans et descendans légitimes. — *Cass.*, 3 juill. 1832, Lépine. — *Contrà*, *Amiens*, 12 juin 1829, mêmes parties.

42. — De même, d'après les principes suivis en Béarn, la prorogation du droit de réversion jusqu'à l'extinction de la postérité du donataire, n'avait lieu qu'au profit de sa descendance légitime. — *Cass.*, 24 août 1824, Camoin.

43. — Jugé, en conséquence, que le droit de réversion ou de retour que les ascendans peuvent

exercer sur les biens par eux donnés à leurs descendans qui décèdent sans postérité a lieu, quand bien même ces descendans laisseraient des enfans naturels reconnus. — *Cass.*, 3 juill. 1832, Lépine.

44. — Toutefois, la doctrine se prononce, en général, en faveur de l'enfant naturel : seulement, la loi ne lui attribuant dans le cas où il concourt avec l'ascendant, qu'une moitié de ce qu'il aurait eu s'il était légitime, on pense qu'il ne doit être admis que pour cette proportion dans le partage des biens de l'ascendant, qui prend l'autre moitié. — *Amiens*, 12 janv. 1829, Lépine. — Delvincourt, t. 2, p. 197, n° 7; Chabot, sur l'art. 747, n°s 4 et 14; Duranton, t. 6, n° 219; Malpel., n° 134; Favard de Langlade, sect. 3, § 2, n° 8; Toullier, t. 4, n° 240; Vazeille, sur l'art. 747, n° 17.

45. — Bien que l'enfant *adoptif* ne puisse être compris sous l'expression de *postérité* dont se sert l'art. 747, cependant il empêche le retour légal ; car l'art. 350 lui donne sur la succession de l'adoptant les mêmes droits que les enfans légitimes. — Duranton, t. 6, n° 220 ; Chabot, sur l'art. 747, n° 13; Toullier, t. 4, n° 240; Delvincourt, t. 2, p. 40. — *Contrà*, Benoît, t. 2, n° 104.

46. — La déclaration d'absence donne ouverture au droit de retour légal des biens donnés à l'absent, de même que s'il était décédé. — *Nancy*, 31 janv. 1833, Baradel c. Demange.

47. — L'enfant consanguin ou utérin fait obstacle à l'exercice du retour légal aussi bien que l'enfant issu du mariage contemporain de la donation. — Chabot, sur l'art. 747, n° 10; Duranton, n° 217; Toullier, n° 222; Vazeille, sur l'art. 747, n° 15; Poujol, t. 1er, p. 219.

48. — Jugé que les biens donnés par un père à son fils dans le second contrat de mariage de celui-ci qui se remarie ayant des enfans d'un premier lit ne retournent pas au donateur par le prédécès du donataire sans enfans de son second mariage. — *Agen*, 10 févr. 1806, Bordes c. Dapouy.

49. — Bien que les enfans laissés par le donataire ne soient pas issus du mariage en faveur duquel la donation a été consentie, ils empêchent le retour légal. — V. Chabot, sur l'art. 747, n° 10; Toullier, t. 4, n° 240; Duranton, t. 6, n° 217.

50. — Si les descendans du donataire sont incapables ou indignes de succéder ou s'ils ont renoncé à la succession, il y a lieu à l'exercice du droit de retour ; car c'est comme si le donataire n'avait pas laissé de postérité. — Chabot, sur l'art. 747, n° 11; Vazeille, sur l'art. 747, n° 18; Toullier, t. 4, n° 241; Duranton, t. 6, n° 218; Delvincourt, t. 2, n° 18; Benoît, *De la dot*, t. 2, n° 105; Poujol, t. 1er, p. 222 et 223.

51. — Lorsque les enfans du donataire qui faisaient obstacle à la réversion décèdent sans postérité avant l'ascendant donateur, celui-ci peut-il exercer le retour des choses données qui se retrouvent encore en nature dans la succession de ses enfans. Cette question était autrefois et est encore controversée.

52. — Dans les pays de coutume, on était généralement favorable à l'ascendant. — Lebrun, t. 1er, ch. 5, sect. 2, n° 33 et 34; Pothier, *Des successions*, ch. 2; Ricard, *Donat.*, part. 3, n°s 980 et suiv. ; Ferrière, sur l'art. 313 Cout. de Paris; Duplessis, *ibid.* ; Lemaistre, *ibid.*, tit. 15, ch. 2.

53. — Dans les pays de droit écrit, les auteurs et la jurisprudence variaient tellement que la Cour suprême a déclaré facultative pour les juges et mis à l'abri de la cassation telle ou telle interprétation des lois romaines. — *Cass.*, 28 therm. an XI, Delarivière c. Chosson.

54. — Jugé dès lors qu'un tribunal d'appel avait pu décider qu'avant la loi du 17 niv. an II, lorsque les enfans étaient décédés sans postérité après leur mère dotée ou donataire de biens dont elle avait successivement disposé, il n'y avait pas lieu à l'exercice du droit de retour en faveur de l'aïeul donateur. — Même arrêt.

55. — Sous le Code civil, la jurisprudence et la doctrine se sont en général prononcées contre l'ascendant donateur. — *Agen*, 28 févr. 1807, Cathus c. Martin; *Toulouse*, 9 janv. 1815, Pelissier ; *Cass.*, 18 août 1818, Grellet-Desprades c. Chantreau; *Nîmes*, 14 mai 1819, Soulier c. Nury; *Cass.*, 30 nov. 1819, Ringvald c. Gonneau; *Bastia*, 25 juin 1838 (t. 2 1840, p. 23), Luccioni c. Alessandri; *Agen*, 9 nov. 1847 (t. 1er 1848, p. 135), Delafaye c. Lespasse; *Bastia*, 21 août 1848 (t. 2 1848, p. 526), Renelli c. Beretti. — Chabot, sur l'art. 747, n° 12; Merlin, v° *Réserve*, sect. 2, § 2, n° 3 6°, et v° *Succession*, sect. 2, § 1er, n° 1er; Grenier, t. 2, n° 598; Favard, *Rép.*, v° *Succession*, sect. 3, § 2, n° 7; Malpel, n° 133; Duranton, t. 6, n° 216 ; Poujol, sur l'art. 747, n° 22; Conflans, *Espr. de la jurispr.*, sur l'art. 747, n° 3; Rolland de Villargues, *Rép.*, v° *Retour légal*, n° 21. — V. *Contrà*, *Toulouse*, 16 avr. 1810, Picot-Baxère c. Lartigue; *Metz*, 1er mars 1816, Maucoulin. — Malleville, t. 2, p. 217; Vazeille, sur l'art. 747, n° 19; Toullier, t. 4, n° 243; Delaporte, *Pand. français*, t. 3, p. 76; Delvincourt, t. 2, p. 40; Maret, *Droit de retour*, p. 156.

§ 3. — *Mode, conditions et effets de l'exercice du retour légal.*

56. — L'ascendant peut, comme tout autre héritier, n'accepter la succession aux choses par lui données, que sous bénéfice d'inventaire. — Chabot, sur l'art. 747, n° 15; Duranton, t. 6, n° 209; Vazeille, sur l'art. 747, n° 6.

57. — S'il avait accepté cette succession purement et simplement, il serait tenu des dettes dans la proportion de son émolument et même *ultra vires*. — Lebrun, liv. 1er, ch. 5, sect. 2, n° 67; Roussaud-Lacombe, v° *Réversion*, n° 1er; Merlin, *ibid.*, sect. 2, § 2; Toullier, t. 4, n° 246; Delvincourt, t. 2, p. 18, note 4; Chabot, Duranton, Vazeille, *loc. cit.*; Favard de Langlade, v° *Succession*, sect. 3, § 2, note 4; Poujol, *Success.*, t. 1er, p. 217.

58. — Jugé dès lors que l'ascendant auquel les biens par lui donnés font retour par suite du prédécès du donataire est tenu d'acquitter les legs dont la succession de ce dernier est grevée, bien que, par la donation, cet ascendant se fût réservé l'usufruit avec défense au donateur d'aliéner, de quelque manière que ce soit, tout ou partie des biens donnés. — *Cass.*, 2 janv. 1838 (t. 1er 1838, p. 553), Bercher c. Amiot.

59. — Mais lorsque le contrat de mariage porte que le survivant des époux jouira des biens et droits du prédécédé, la femme survivante ne peut prétendre que l'immeuble donné au mari en usufruit seulement, et qui a fait retour par suite du décès du donataire sans postérité, doit demeurer grevé du droit de jouissance qui lui est assuré par les conventions matrimoniales. — *Cass.*, 12 juin 1832, Bergay.

60. — Comme le droit de retour est un véritable droit de succession, et que ce n'est qu'à titre d'héritier qu'il s'exerce, l'ascendant donateur ne peut renoncer au droit de retour légal soit dans l'acte de donation, soit dans un acte postérieur fait pendant la vie du donataire. — Chabot, sur l'art. 747, n° 7 et 8; Vazeille, sur l'art. 747, n° 30; Troplong, *Vente*, n° 250.

61. — Mais l'ascendant donateur appelé à la succession générale du donataire peut-il renoncer à cette succession générale et rester héritier des choses données, ou réciproquement? Les auteurs sont partagés sur ce point. Selon les uns, l'ascendant a deux titres, deux vocations très-distinctes. La maxime *Hæreditas pro parte adiri nequit* ne serait applicable qu'autant que le donateur n'aurait laissé qu'une seule et même hérédité. — Lebrun, liv. 1er, ch. 5, sect. 2, n° 4; Ferrière sur l'art. 313 de la coutume de Paris, § 3, n° 3; Duparc-Poullain, *Sur la Coutume de Bretagne*, t. 3, p. 683, note *a*, et *Principes de droit*, t. 4, p. 254; Chabot, sur l'art. 747, n° 16; Merlin, *Rép.*, v° *Réversion*, § 2; Duranton, t. 6, n° 240; Favard de Langlade, sect. 3, § 2, n° 5; Vazeille, sur l'art. 747, n° 3. — Pour l'opinion contraire les autres invoquent la maxime précitée, et l'indivisibilité de la qualité d'héritier. — Pothier, *Success.*, ch. 2, sect. 2, art. 3, § 2; Duplessis, *ibid.*, liv. 3, ch. 2; Toullier, t. 4, n° 219; Delvincourt, t. 2, p. 18, note 4.

62. — D'un autre côté : quand le donateur ne borne pas expressément son acceptation aux choses par lui données, doit-il être censé avoir accepté pour le tout? — Oui : Toullier, n° 237. — Non : Vazeille (sur l'art. 747, n° 4), qui pense que dans le doute l'acceptation ne doit se référer qu'à la succession particulière. Suivant M. Duranton (n° 240, note), la question dépend des circonstances.

63. — L'ascendant succède, *à l'exclusion de tous autres*, aux choses par lui données... — C. civ., art. 747.

64. — Dès lors l'ascendant donateur appelé à la succession concurremment avec d'autres héritiers, commence par prélever hors part toutes les choses par lui données, et prend ensuite la portion qui lui est attribuée par la loi dans le surplus des biens. — Toullier, t. 4, n° 238; Vazeille, sur l'art. 747, n° 3; Rolland de Villargues, n° 28.

65. — Par la même raison, l'ascendant donateur exclut dans la succession de la chose donnée un parent plus proche dans sa ligne : tel que le père ou la mère du défunt, qui sont appelés de préférence à lui à la succession générale. Le terme générique *ascendans* et les mots *enfans ou descendans* de l'art. 747 font cesser, à cet égard, les grandes controverses de l'ancien droit. — Lebrun, liv. 1er, ch. 5, sect. 2, n° 14; Pothier, *Des success.*, ch. 2, § 2; Charondas, sur l'art. 313 cout. de Paris; Lalande, sur l'art. 325 de celle d'Orléans; Chabot, sur l'art. 747, n° 3; Delvincourt, t. 2, p. 19, note 6; Duranton, t. 6, n° 204; Toullier, t. 4, n° 217; Delaporte, *Pand. franç.*, sur l'art. 747; Vazeille, sur l'art. 747, n° 3.

66. — Il semble résulter du même principe que, dans le cas où les autres biens sont insuffisans, la chose donnée n'est pas soumise à la réserve légale des ascendans d'une autre ligne, ou d'un ascendant plus proche de sa ligne : au père par exemple; il faut que le retour soit plein et entier. — Merlin, *Rép.*, v° *Réserve*, sect. 2, § 1; Grenier, *Donat.*, t. 2, p. 341; Chabot, sur l'art. 747, n° 17; Duranton, t. 6, n° 229; Delvincourt, t. 2, p. 19, n° 1er; Favard de Langlade, v° *Succession*, sect. 3, § 2, n° 6; Delaporte, *Pand. franç.*, sur l'art. 747; Toullier, t. 5, n° 129; Vazeille, sur l'art. 747, n° 9; Rolland de Villargues, n° 30.

67. — Il faudrait encore décider que les mêmes biens ne s'imputent pas sur la réserve qui revient au donateur dans la succession générale du donataire. — Grenier, t. 2, n° 598; Favard de Langlade, p. 331; Vazeille, sur l'art. 747, n° 11; Rolland de Villargues, n° 31. — *Contrà*, Chabot, sur l'art. 747, n° 15, 6°; Duranton, t. 6, n° 228; Delvincourt, t. 2, p. 19, n° 2.

68. — Le droit de l'ascendant donateur étant exclusivement attaché à sa personne n'est transmissible à ses héritiers ou ayans cause qu'autant que la succession du donataire était ouverte avant son décès. — C. civ., art. 781. — Chabot, sur l'art. 747, n° 7.

69. — Dès lors, quand un enfant naturel est décédé après son père; les enfans légitimes de ce dernier ne peuvent exercer le retour légal auquel leur auteur aurait eu droit dans la succession de l'enfant naturel, à l'exclusion de la mère survivante de ce dernier. — *Dijon*, 1er août 1818, Lantissier c. Deschamps.

70. — Les ascendans succèdent aux choses par eux données, lorsque les objets se retrouvent en nature dans la succession. — C. civ., 747.

71. — Le mot *choses* a ici l'acception la plus étendue, et il s'applique aux choses mobilières comme aux choses immobilières. Il est vrai que l'art. 313 cout. de Paris s'interprétait pour les immeubles seulement ; mais cela venait de ce que l'article précédent restreignait le sens du mot *choses* aux propres, et qu'on ne considérait comme propres que les immeubles. — Lebrun, liv. 1er, ch. 5, sect. 2, n° 491. — Le Code civil a fait disparaître cette distinction entre les propres et les acquêts, et il permet : même de succéder au prix de l'objet donné, qui est chose mobilière. — V. Delvincourt, t. 2, p. 18, n° 3; Duranton, t. 6, n° 201 ; Delaporte, *Pand. franç.*, t. 1, p. 73; Discussion au Conseil d'Etat, Locré, *Législ. civ.*, t. 10, p. 80; Poujol, t. 1er, p. 218.

72. — Quant à la condition que les objets donnés se retrouvent *en nature* dans la succession : il faut dire que la pensée du législateur est qu'il soit possible de distinguer la chose donnée, des autres biens de la succession. — Rolland de Villargues, n° 32.

73. — Le droit de retour existe au profit de l'ascendant donateur : 1° Lorsqu'il a donné de l'argent et qu'il se trouve de l'argent dans la succession, alors même qu'il n'y a pas identité; 2° lorsqu'il a donné des obligations, des billets, des effets publics et qu'il se trouve du numéraire dans la succession, ou *vice versâ* (V. *Rouen*, 11 janv. 1816, et *Cass.*, 30 juin 1817, Lemarchand. — Maleville, t. 2, p. 221; Delaporte, *Pand. franç.*, t. 3, p. 75); 3° lorsque le donataire a employé l'argent, les obligations, billets ou effets publics qui lui avaient été donnés à acheter des fonds, ou lorsqu'il a employé le prix des biens qui lui avaient été donnés à acheter d'autres biens, ou enfin, comme il est dit plus haut, lorsqu'il a échangé les biens donnés contre d'autres biens qui se trouvent dans la succession. — Chabot, sur l'art. 747, n° 22; Vazeille, sur l'art. 747, n° 24; Favard de Langlade, v° *Retour*, sect. 3, § 2, n° 4; Malpel, n° 135; Toullier, t. 4, n° 245; Grenier, n° 598. — *Contrà*, Duranton, t. 6, n°s 234 et suiv.; Delvincourt, t. 2, p. 242 et suiv.; Poujol, *Des success.*, sur l'art. 747, n° 20.

74. — Jugé, cependant : que la disposition de l'art. 747 C. civ. n'est pas applicable au cas où la chose donnée est une somme d'argent; surtout lorsqu'il s'est écoulé un long temps entre la donation et le décès du donataire, qui, dans l'intervalle, a fait des acquisitions. — *Bruxelles*, 2 juill. 1828, P.... c. C....

75. — Au cas d'acquisition d'immeubles, il est

indispensable pour que le retour ait lieu que le donataire ait expressément mentionné dans l'acte qu'il a payé avec les deniers donnés. — Toullier, t. 4, n° 245; Duranton, t. 6, n° 240.

76. — Jugé, toutefois, que l'ascendant donateur ne peut exercer le droit de retour légal pour raison de sommes mobilières par lui constituées en dot à sa fille, sur le prix d'un immeuble à elle abandonné en paiement de ces mêmes sommes par son mari. — *Cass.*, 7 févr. 1827, Saurain.

77. — Si la donation comprenait un immeuble et que le donataire l'eût échangé contre un autre, le fonds reçu en échange serait soumis au retour comme subrogé à celui de la donation. — Delvincourt, t. 2, p. 38; Chabot, sur l'article 747, n° 22; Vazeille, sur l'article 747, n° 23; Malpel, n° 135. — Toutefois, il est indispensable que le contrat même contienne une déclaration formelle d'emploi. — Chabot, Toullier, Duranton, *loc. cit.*; Rolland de Villargues, n° 38. — Suivant Malpel (n° 135) et Vazeille (n° 24), il suffirait que la preuve de l'emploi résultât de l'ensemble des circonstances.

78. — Si le donataire avait employé la somme donnée à acquitter une dette, l'ascendant n'aurait rien à réclamer par droit de retour, car cet emploi équivaut à une aliénation, quoiqu'il ait procuré de l'utilité au donataire. — Toullier, t. 4, n° 245.

79. — Suivant Malleville, les mots *en nature* de l'art. 747 devant être interprétés dans le sens le plus large; il s'ensuit que le droit de retour ne doit cesser que lorsque la chose donnée « a péri dans les mains du donataire, ou a été dissipée par lui sans emploi utile : *Nemo debet locupletari cum damno alterius.* » Mais tous les auteurs repoussent cette interprétation comme s'écartant trop du texte de l'art. 747, et apportant trop peu de restrictions au droit de retour de l'ascendant. — V. Grenier, Toullier, Duranton, *loc. cit.*

80. — C'est une opinion unanimement adoptée que la disposition entre-vifs de la chose donnée qu'aura faite le descendant enlève tout retour à l'ascendant donateur.

81. — Ainsi, les ascendans dotateurs n'ont point droit à l'exercice du retour légal, lorsque par le contrat de mariage même l'époux auquel la dot a été constituée en a fait la donation à son conjoint, et que celui-ci ayant survécu se trouve appelé à recueillir le bénéfice de la donation. — *Toulouse*, 21 déc. 1821, Armengaud c. Pons.

82. — Mais les dispositions que le donataire fait par testament des objets donnés font-elles obstacle à l'exercice du droit de retour?

83. — Dans les pays de droit écrit, le testament n'empêchait point l'exercice du retour légal. Jugé ainsi dans le ressort du Parlement de Toulouse, relativement aux choses données par le père *ante* ou *propter nuptias*. — *Riom*, 1er déc. 1818, Meissoux c. Icher-Labarthe.

84. — Il en était autrement dans les pays coutumiers. — Lebrun, liv. 1er, ch. 5, sect. 2, n° 63; Ricard, *Donat.*, part. 3, nos 768 et suiv.; Boucheul, *Des convent. de succéder*, ch. 12, nos 75 et suiv.

85. — Jugé, en ce sens, que, dans le ressort de l'ancien Parlement de Paris, les ascendans ne reprenaient les biens par eux donnés à leurs descendans qu'à titre de succession, et dans le cas seulement où le donataire n'en avait pas disposé, même par testament. — *Riom*, 1er déc. 1818, Meissoux c. Icher-Labarthe.

86. — Sous le Code civil, l'opinion la plus généralement suivie est que le droit accordé par l'art. 747 aux ascendans sur les biens par eux donnés à leurs enfans décédés sans postérité, lorsque les biens se retrouvent en nature dans la succession de ceux-ci, constitue un droit successif et non un droit de réserve; les ascendans ne peuvent donc exercer ce droit qu'autant que l'enfant donataire n'a pas disposé des biens donnés, ni par acte entre-vifs, ni même par *testament*. Le droit des ascendans, en pareil cas, ne saurait entraver d'aucune manière la libre disposition des biens donnés : les ascendans ne sont que de simples héritiers *ab intestat* relativement à ce droit. — *Cass.*, 17 déc. 1812, Noailhes c. ...; *Riom*, 12 févr. 1824, Saint-Massal c. ...; *Montpellier*, 31 mai 1825, Reboul c. An...; *Bruxelles*, 24 juill. 1828, P... c. C...; *Besançon*, 30 juill. 1828, Thurel c. Nabot; *Grenoble*, ... avr. 1829, Clément c. Didier-Carrichon; *Cass.*, ... mars 1830, Sombal c. Falques; *Bordeaux*, 19 ... 1831, Gouges; 15 févr. 1832, Amouroux c. Sombal; *Lyon*, 2 avr. 1840 (t. 1er 1843, p. 461), Na... c. Cortey. — Lebrun, *Success.*, liv. 1er, chap. 5, sect. 2, n° 63; Boucheul, *Des convent. de succéder*, ...; Merlin, *Rép.*, v° *Réversion*, sect. 1re, § 2, art. 2; Favard de Langlade, *Rép.*, v° *Réversion*, sect. 3, n° 10; Locré, *Législ. civ.*, t. 10, p. 30; Duranton, t. 6, nos 223-227; Teissier, *Dot*, t. 1er, p. 67 et 68; Poujol, sur l'art. 841, n° 16; Delvincourt, t. 2, p. 18, n° 5; Chabot, *Success.*, sur l'art. 747, n° 20; Grenier, *Donat.*, n° 598; Toullier, *Droit civ.*, t. 4, n° 234; Malpel, n° 136; Vazeille, sur l'art. 747, n° 7; Coin-Delisle, *Comment.* sur l'art. 951, n° 4, et Conflans, *Jur. des succ.*, p. 60; Bilhard, *Du bénéfice d'inv.*, n° 137. — V., *contrà*, *Agen*, 13 mars 1817, Roques c. Bosq; 11 déc. 1827, Amouroux c. Sombal. — Benoît, *Dot*, t. 2, n° 107, qui cite Larocheflavin, liv. 3, t. 9, art. 1er; Maynard, t. 2, ch. 90; Henrys, t. 1er, liv. 6, ch. 13, et t. 2, liv. 5, quest. 60.

87. — Et il en est ainsi, lors même que la donation aurait été faite en avancement d'hoirie. — *Grenoble*, 8 avr. 1829, Clément c. Didier-Carrichon.

88. — Du reste, il importe peu que les dispositions faites par le donataire l'aient été sous une forme universelle; et ce ne sont pas seulement les dispositions spéciales des choses reçues en don qui emportent leur aliénation au préjudice du retour. — Chabot, sur l'art. 747, n° 20; Duranton, nos 225 et 226; Vazeille, sur l'art. 747, n° 8; Rolland de Villargues, n° 40.

89. — Si les objets ont été aliénés, les ascendans recueillent le prix qui peut en être dû. — C. civ., art. 747.

90. — Lorsque les biens donnés, aliénés d'abord par le donataire, sont ensuite rentrés dans son patrimoine et se retrouvent dans sa succession, sont-ils soumis au retour légal de l'ascendant donateur? Il faut distinguer. Si les biens ne sont rentrés dans les mains du donataire que par suite d'une action en rescision du contrat d'aliénation, ou d'une action en réméré, et, en général, d'une action résolutoire, l'affirmative n'est pas douteuse; car alors les biens se retrouvent dans la succession au même titre qu'ils y étaient avant l'aliénation. — Lebrun, *Succ.*, liv. 1er, chap. 5, sect. 2, nos 58 et suiv.; Merlin, *Rép.*, v° *Réversion*, sect. 2, § 2; Rolland de Villargues, n° 42.

91. — Mais *quid* si les biens aliénés par le donataire sont rentrés dans son patrimoine par rachat ou disposition gratuite de l'acquéreur? Les opinions sont partagées. En faveur du retour, on dit : qu'en prescrivant le retour des biens qui se retrouvent en nature la loi n'excepte pas le cas où ces biens auraient été temporairement aliénés; que, d'ailleurs, le doute doit s'interpréter en faveur du donateur, dont la cause est toute favorable. — Toullier, t. 4, n° 245; Delvincourt, t. 2, p. 19, note 4; Duranton, t. 6, n° 232; Vazeille, sur l'art. 747, n° 23; Benoît, t. 2, n° 108. — Pour l'opinion contraire, on répond que les biens ne se trouvent plus au même titre dans la succession; or, *mutatione personæ mutatur qualitas et conditio rei.* — Lebrun et Merlin, *loc. cit.*; Chabot, sur l'art. 747, n° 21; Favard de Langlade, sect. 3, § 3, n° 9; Malpel, n° 135; Rolland de Villargues, n° 41.

92. — Si les objets donnés ont été aliénés sans remploi, le retour légal n'a plus lieu. Le donateur ne peut revendiquer les biens dans les mains des tiers détenteurs. Le donataire qui en était propriétaire incommutable, en vertu d'une donation entre-vifs, a pu les aliéner valablement. — Chabot, sur l'art. 747, n° 21.

93. — Cependant, les ascendans recueillent le prix qui peut en être dû (même art.), de quelque manière qu'il ait été fixé, soit en numéraire, soit en rente, en observant que l'ascendant n'aura droit à aucun des arrérages ou intérêts échus du vivant du donataire, et qui tomberont dans sa succession. — Chabot, *ibid.*, n° 18.

94. — *Quid*, si le donataire avait aliéné l'objet donné moyennant une somme d'argent, et qu'il eût ensuite consenti à laisser cette somme entre les mains de l'acquéreur à constitution de rente? Le doute vient de ce qu'alors il y a novation; mais l'on doit se prononcer pour le retour, parce que le législateur paraît n'exiger qu'une chose, savoir; que l'objet donné ou son prix ne soit pas confondu avec les autres biens du donataire; or, il est évident qu'ici il n'y a pas confusion. — Delvincourt, t. 2, p. 39, notes.

95. — En cas d'aliénation des objets, les ascendans donateurs succèdent aussi à l'action en reprise que pouvait avoir le donataire (art. 747), par exemple contre son conjoint. — V. Chabot, *ibid.*, n° 19; Bellot, t. 2, p. 440 et suiv.; Duranton, t. 6, n° 242.

96. — L'ascendant succède également à l'action en reprise que peut avoir le donataire dans le cas où celui-ci s'est constitué l'objet en dot ou l'a fait entrer en communauté, mais avec droit de le reprendre soit d'une manière absolue, soit dans tel ou tel cas. — V., à cet égard, Delvincourt, t. 2, p. 33; Chabot, sur l'art. 747, n° 23; Duranton, n° 242; Vazeille, sur l'art. 747, nos 25 et 28; Rolland de Villargues, n° 45. — V. aussi Bellot-Desminières, t. 2, p. 440 et suiv.

97. — L'ascendant succède encore à l'action en réméré, en rescision pour cause de lésion, et à toutes autres actions en résolution ou en nullité qu'avait le donataire contre les actes d'aliénation des choses données. — Chabot, sur l'article 747, n° 24; Duranton, nos 243 et 244; Delvincourt, t. 2, p. 10, notes; Vazeille, sur l'art. 747, n° 28; Rolland de Villargues, n° 46.

98. — En exerçant son droit de retour, l'ascendant donateur doit supporter les droits d'usufruit, d'usage, de servitudes dont le donataire peut avoir grevé le fonds donné. — Il doit également souffrir les hypothèques que ce dernier a pu consentir. Toutefois, comme il n'est tenu des dettes du défunt que proportionnellement à ce qu'il retire de la succession, il aurait recours contre ses cohéritiers pour ce qu'il aurait payé au delà de cette portion. — Duranton, t. 6, nos 243 et 244; Proudhon, n° 1958; Grenier, n° 263; Delvincourt, t. 2, p. 18, note 6; Vazeille, sur l'art. 747, n° 20.

99. — Quoique l'ascendant donateur soit chargé d'une part des dettes correspondant à la valeur des biens qu'il reprend, les créanciers de la succession peuvent cependant attaquer chaque héritier pour sa part héréditaire, sauf à ceux-ci à exercer leur recours contre l'ascendant donateur. — Duranton, t. 6, n° 241.

100. — Le donateur ne peut réclamer d'indemnité pour les dégradations que le donataire a pu commettre, pour les servitudes qu'il a accordées, pour les prescriptions qu'il n'a pas empêchées. — Chabot, sur l'art. 747, n° 25; Vazeille, sur l'art. 747, n° 20; Toullier, t. 4, n° 232; Duranton, t. 6, n° 245; Rolland de Villargues, n° 49.

101. — L'ascendant donateur ne devrait aucune indemnité pour les améliorations survenues aux biens par accession naturelle; mais il serait tenu de payer la plus-value des impenses *utiles* faites par le donataire (arg. C. civ., art. 861), et à plus forte raison de rembourser les impenses *nécessaires* (art. 862). Les impenses *usufruitières* et d'entretien sont les seules dont il ne devrait pas compte. — Chabot, sur l'art. 747, n° 25; Duranton, t. 6, n° 246. — *Contrà*, Toullier, t. 4, n° 232.

102. — Il a droit aux récoltes pendantes sur les immeubles donnés; mais il est obligé de faire compte aux héritiers des frais de culture et de semence. — Vazeille, sur l'art. 747, n° 22; Rolland de Villargues, n° 51. — *Contrà*, sur ce dernier point, Toullier, t. 4, n° 232.

103. — Les biens recouvrés par le retour reprennent la nature de propres ou de biens de communauté qu'ils avaient auparavant. — Bellot-Desminières, t. 1er, p. 162 et suiv.

RÉTRACTATION.

V. APPEL COMME D'ABUS, ASSURANCE MARITIME, AVEU, COMPÉTENCE ADMINISTRATIVE, DÉSISTEMENT, DIFFAMATION, ENQUÊTE, ENREGISTREMENT, FAILLITE, FAUX TÉMOIGNAGE, FIEF, LETTRE DE CHANGE, LETTRE MISSIVE, OFFICE, OFFRES RÉELLES, REQUÊTE CIVILE, SERMENT JUDICIAIRE ET EXTRAJUDICIAIRE, TÉMOINS.

RETRAIT CONVENTIONNEL.

1. — On appelle retrait conventionnel l'exercice de la faculté de rachat réservée au vendeur par le contrat de vente. — V. VENTE A RÉMÉRÉ.

2. — Pothier (*Traité des retraits*) donne aussi ce nom au droit qui naît d'une convention apposée lors de l'aliénation qui a été faite d'un héritage, par laquelle le vendeur a stipulé que lui ou ses successeurs auraient le droit, toutes les fois que l'héritage serait vendu soit par l'acquéreur, soit par ses successeurs, d'avoir la préférence sur les acheteurs et de prendre leur marché (V. n° 532). — Cette convention de retrait a quelque analogie avec le pacte chez nous connu sous le nom de *pacte de préférence.*

RETRAIT DE BIENSÉANCE.

C'est le même que le retrait de communion ou d'indivision. — Merlin, *Rép.*, *hoc verb.* — V. RETRAIT DE COMMUNION.

RETRAIT DE COMMUNION.

V. RETRAIT D'INDIVISION.

RETRAIT D'INDIVISION ou PARTIAIRE.

1. — On appelait anciennement ainsi la faculté

que les copropriétaires par indivis d'un même bien avaient, chez les Romains, et dans quelques-unes de nos anciennes coutumes, de se faire subroger dans l'achat qu'un étranger avait fait d'une portion de ce bien vendue par un de leurs consorts.—Rolland de Villargues, *Rép. du not.*, *hoc verb.*

2. — Merlin dit qu'il existait une constitution d'un empereur d'Allemagne par laquelle il était enjoint à tous ceux qui voudraient aliéner une maison, un champ, une vigne, ou un autre immeuble, d'offrir d'abord à leurs parens et ensuite à leurs communiers de les leur vendre à juste prix. — *Rép.*, vº *Retrait partiaire.*

3. — Ce droit, appelé aussi *retrait de bienséance, de communion* ou *de convenance*, n'avait, du reste, lieu que dans un très-petit nombre de coutumes qui l'admettaient expressément. — Merlin (*Rép. de Guyot*, vº *Retrait*) déclare que ces coutumes ne sont qu'au nombre de sept, savoir : Bayonne, Acqs, Langle en Artois, Bergues Saint-Winock, Bourbourg, la Gorgue, Hainaut.

4. — Quelques-unes de ces coutumes, notamment les deux premières, allaient jusqu'à exiger que le communiste qui se proposait de vendre sa part dans la chose commune fût tenu de faire offre préalable au copropriétaire, lequel était tenu, s'il voulait devenir acquéreur, d'accepter, dans les vingt-quatre heures, s'il s'agissait de meubles, mais dans les neuf jours seulement quant aux immeubles. — En Normandie, ce droit paraissait admis pour les navires.

5. — Et telle était même la faveur que ces coutumes établissaient en faveur de ce retrait, qu'elles préféraient le communiste tout à la fois au lignager et au seigneur. — Moins généreuse, au contraire, la coutume de la Gorgue préférait le retrait lignager.

6. — Quoi qu'il en soit, ce retrait a été aboli par la loi du 13-18 juin 1790. — Merlin, *Rép.*, vº *Retrait de communion ou d'indivision.*

7. — Aujourd'hui, on peut encore donner ce nom au droit accordé à la femme, lors de la dissolution de la communauté, de retirer l'immeuble dont son mari s'est rendu acquéreur, en son nom personnel, et dans lequel la femme avait un droit indivis. — C. civ., 1408. — Rolland de Villargues, *loc. cit.* — V. COMMUNAUTÉ.

RETRAIT FÉODAL.

1. — On appelait ainsi la faculté accordée aux seigneurs de retirer les domaines situés dans leur mouvance, lorsqu'ils avaient été vendus ou aliénés par un acte équipollent à vente. — V. FÉODALITÉ, nº 40 ; FIEF, nº 37.

2. — Comme le retrait lignager, le retrait féodal s'était introduit par l'usage. Mais à la différence du retrait lignager, il était à la fois légal et conventionnel, et pouvait être cédé. — Tout ce qui concerne le retrait féodal, ses caractères et ses effets, a été traité vº FIEF. — V. ce mot, nºs 302 et suiv.

3. — Le retrait féodal fut aboli par la loi du 15-18 mars 1790 (tit. 1er, art. 10), qui fit remonter l'effet de cette abolition jusqu'au jour de la publication des lettres patentes du 3 novembre 1789, portant envoi aux tribunaux des décrets du 4 août 1789 (tit. 2, art. 33). — V. FIEF, sect. 8.

RETRAIT LIGNAGER.

1. — On appelait autrefois retrait lignager le droit que la loi accordait aux parens du vendeur d'un héritage, lorsqu'il était vendu à un étranger, de s'en rendre acheteur à sa place, et en conséquence de l'obliger à le leur délaisser à la charge de l'indemniser du prix et de tout ce qui lui en avait coûté pour l'acquisition. — Pothier, *Traité des retraits*, nº 3. — Le nom de *lignager* venait de ce que la loi l'accordait aux lignagers, c'est-à-dire aux parens de la ligne ou famille dont l'héritage était advenu au vendeur.

2. — Le fondement de ce droit était dans l'attachement que nos pères éprouvaient pour les biens qui leur étaient venus de leurs ancêtres.

3. — Le retrait lignager est de pur droit français. — Il est vrai que les Romains eurent pendant quelque temps une loi plus rigoureuse encore qui ne permettait de vendre qu'à ses proches ; mais cette loi fut abrogée par Valentinien et Théodose. — L. 14, C. *De contrah. empt.*

4. — Le retrait lignager était admis dans presque toutes les coutumes, et même par plusieurs coutumes particulières des provinces régies par le droit écrit. — L'édit d'Henri III de nov. 1581 avait ordonné qu'il aurait lieu *dans tout le royaume* ; mais il paraît que cet édit ne fut pas exécuté : même dans le ressort du Parlement de Paris, où il a été enregistré. — V. Pothier (nº 5), qui rapporte un arrêt de 1609 jugeant que le retrait n'avait pas lieu dans les pays de droit écrit.

5. — Aucune clause des contrats ne pouvait porter atteinte directement ou indirectement à l'exercice du retrait lignager. — Pothier, nºs 8 à 16.

6. — L'action de retrait lignager était réelle et pouvait dès lors être intentée non-seulement contre les acquéreurs directs, mais aussi contre les tiers détenteurs. — Pothier, ch. 5, art. 3.

7. — Elle appartenait, suivant les coutumes, qui, sur ce point, contenaient des dispositions différentes, soit au plus diligent de la famille, soit selon l'ordre de parenté. — D'après ces coutumes, en outre, elle était transmissible ou non, cessible ou non, dans certaines hypothèses. — Pothier, ch. 2, nºs 17 et suiv., et ch. 5, art. 2, § 1er, 2 et 3. — V. aussi, sur le point de savoir à quelle famille du vendeur le droit était accordé, même auteur, ch. 5, art. 1er, § 2.

8. — La plupart des coutumes (V. notamment Paris 129, Orléans 369) n'accordaient le retrait lignager qu'à la famille de celui qui avait *vendu son héritage*. — Il n'y avait donc que les immeubles ou les droits réputés immobiliers et réels qui y fussent soumis. — Au surplus, à ce dernier égard, les coutumes variaient suivant la nature et l'importance des droits. — Mais les meubles et droits mobiliers n'étaient pas soumis au retrait. — Pothier, ch. 3, de 28 à 46.

9. — Les coutumes variaient sur la question de savoir si, pour être soumis au retrait de la famille, les héritages devaient avoir la qualité de propres, ou si les acquêts y étaient soumis. Sur ce point et sur celui de savoir quand, relativement à l'exercice du retrait, un héritage devait être considéré comme propre, V. Pothier, ch. 3, art. 2, nºs 46 à 67.

10. — En droit commun, les choses non sujettes par elles-mêmes au retrait lignager n'y devenaient pas soumises bien que vendues, par un même marché, avec un héritage qui y était sujet. — Cout. Meaux, art. 104 ; Melun, art. 140 ; Mantes, art. 87 ; Péronne, art. 246 ; Touraine, art. 174, etc. — *Contrà* : cout. Orléans (art. 395), qui donnait le droit de retrait pour le tout.

11. — Les contrats et actes qui donnaient ouverture au retrait étaient les contrats de vente (soit volontaire, soit forcée ou sur saisie réelle) et autres équipollens dans lesquels la nature du contrat de vente prédominait. Ainsi, par exemple, les contrats de vente à rente viagère, l'échange contre choses mobilières, la dation en paiement, les donations rémunératoires ou onéreuses, le bail à rente rachetable. — Mais on ne réputait pas tel l'échange d'immeuble contre immeuble, le bail à rente non rachetable, le contrat de société et de l'ameublissement, la donation, la transaction (s'il n'y a fraude. — Cout. Maine, art. 370), la licitation entre copropriétaires, les actes résolutoires de ventes. — Pothier, ch. 4.

12. — L'exercice du retrait lignager devait avoir lieu dans un délai déterminé, que la plupart des coutumes fixaient à un an. — D'autres n'accordaient qu'un temps moins long (Auvergne, trois mois de prise de possession ; Bourbonnais, trois ou six mois (suivant qu'il s'agissait d'immeubles corporels ou incorporels) ; Berry, soixante jours depuis le contrat. — D'autres (Paris-Orléans) accordaient l'*an et jour* : c'est-à-dire une année non compris le jour du terme. — Au surplus, les coutumes variaient beaucoup sur les conditions exigées pour faire courir le temps du retrait. — Pothier, ch. 7, art. 2 et suiv.

13. — Le retrait s'exerçait par un exploit de demande que le lignager devait donner contre l'acheteur ou le tiers détenteur, par-devant le juge compétent, aux fins de délaissement de l'héritage et aux offres de rendre à l'acheteur le prix de son acquisition et les loyaux coûts. — Mais les coutumes variaient sur le moment auquel les offres devaient avoir lieu et sur leur mode, ainsi que sur les formalités de l'assignation. — Suivant quelques coutumes, la consignation d'une ou plusieurs pièces de monnaie d'or ou d'argent, avec offre de parfaire, était nécessaire. — Bordeaux, cap. 2, art. 17 ; Saintonge, tit. 6, art. 48 ; cout. de la Marche. — Pothier, chap. 8.

14. — Le remboursement du prix de la part du retrayant devait avoir lieu dans un terme très-court que les coutumes fixaient, la plupart à vingt-quatre heures, d'autres à un délai plus long qui ne paraît pas avoir excédé vingt jours. — Pothier, chap. 9, art. 6, § 1er. — Quant aux loyaux coûts et jugemens, les coutumes, en général, ne fixaient pas de délai fatal pour leur remboursement. — C'était le juge qui, sur la poursuite de l'acquéreur, déterminait ce délai par une seconde sentence, faute d'avoir été satisfait à la première.

15. — L'acquéreur était tenu au délaissement et, en outre, à certaines prestations, par rapport tant aux fruits par lui perçus qu'aux dégradations faites par sa faute dans l'héritage. — Pothier, chap. 10.

16. — Les effets du retrait lignager, relativement tant à la résolution des droits conférés par l'acquéreur, que relativement à la qualité de propre ou d'acquêt que l'héritage retrayé est censé avoir en la personne du retrayant, tant par rapport à la communauté conjugale que par rapport à sa succession et à celle de ses héritiers, sont expliqués au traité de Pothier, chap. 11.

17. — Dans les coutumes qui appelaient au retrait les lignagers indistinctement sans égard au degré de parenté, il suffisait qu'*avant toute demande* l'héritage fût retourné à la famille pour que l'action fût éteinte. — Mais la revente soit au vendeur, soit à un parent, après une demande engagée, laissait subsister l'action. — Dans les coutumes qui accordaient l'action aux parens les plus proches, la revente à un parent plus éloigné n'éteignait pas cette action. — La perte de l'héritage faisait disparaître le droit de retrait.

18. — On connaissait encore ce qu'on appelait le retrait *mi-denier*, lequel avait lieu lorsque deux conjoints par mariage et communs en biens, dont l'un était lignager du vendeur et l'autre étranger, avaient acheté, durant la communauté, un héritage propre du vendeur. Dans ce cas, la coutume de Paris (art. 155) et celle d'Orléans (art. 381) accordaient, après la dissolution du mariage, au conjoint lignager ou à ses héritiers lignagers, et, à leur refus, aux autres lignagers, le retrait de la moitié du conjoint étranger ou de ses héritiers étrangers, moyennant le remboursement de la moitié, tant du prix que des loyaux coûts et mises. — Pothier, chap. 13 ; Merlin, *Rép.*, vº *Retrait de mi-denier.*

19. — Pour prévenir les fraudes qui auraient pu être commises par les lignagers contre les acheteurs en exerçant le retrait pour d'autres auxquels ils ne faisaient que prêter leurs noms, plusieurs coutumes avaient accordé à l'acheteur l'action en répétition du retrait. — Quelques coutumes présumaient la fraude, en cas de revente dans l'année par le lignager (Anjou, art. 388 ; Maine, art. 408 ; Tours, art. 171. — *Contrà*, Pothier, *Tr. des retraits*, nº 528), sauf les circonstances.

20. — Le retrait lignager ainsi que celui de mi-denier a été aboli par la loi du 19 juill. 1790 : cette loi a même déclaré que toute demande qui n'aurait pas été consentie ou adjugée, en dernier ressort, avant la publication de cette loi, serait et demeurerait comme non avenue.

21. — Une demande en retrait lignager n'était pas adjugée en dernier ressort, au moment de la loi de juill. 1790, dès qu'il y avait encore à statuer sur des contestations relatives à l'exécution du retrait. En conséquence, cette demande a dû être considérée comme non avenue. — *Cass.*, 25 janv. 1793, Debure c. Menilglaise ; 7 juin 1793, Giraux c. Cousinot.

22. — Jugé que le retrait connu autrefois dans le pays de Liége, sous le nom de *retrait Carolin*, a été compris dans l'abolition des retraits. — *Cass.*, 23 flor. an VII, Garcia ; 9 messid. an VII, Coppin.

23. — ... Et que le droit de *rapprochement*, autrefois en vigueur dans le pays de Liége, était une espèce de retrait qui a été compris dans l'abolition de tous les retraits et droits de rabattement. — *Cass.*, 21 niv. an X, Delacourt c. Mertens.

RETRAIT LITIGIEUX.

1. — Ce qui concerne la matière a été traité vº DROITS LITIGIEUX.

2. — Un arrêt rendu depuis la publication de cet article a jugé que le retrait litigieux n'a été introduit qu'en faveur du débiteur, et non en faveur de ses créanciers, et que, dans tous les cas, le principe qu'il peut être opposé en tout état de cause n'est vrai qu'à l'égard du débiteur lui-même ou de ses représentans légaux : d'où la conséquence qu'il serait exercé tardivement en appel par ses créanciers. — *Cass.*, 6 juill. 1847 (t. 2 1848, p. 667), Chassinat c. Bourdin. — V. DROITS LITIGIEUX, nºs 133 et suiv.

V. AUTORISATION DE PLAIDER.

RETRAIT PARTIAIRE.

V. RETRAIT D'INDIVISION.

RETRAIT DE PIÈCES.

V. AVOUÉ, nos 345 et suiv.; COMMUNICATION DE PIÈCES, INSTRUCTION PAR ÉCRIT.

RETRAIT SUCCESSORAL.

Table alphabétique.

RETRAIT SUCCESSORAL. — **1.** — C'est la faculté accordée aux héritiers d'écarter du partage l'étranger qui s'est rendu cessionnaire des droits de l'un d'eux, en lui remboursant le prix de la cession.

---

§ 1er. — *Dispositions générales. — Questions transitoires* (n° 2).

§ 2. — *Par qui le retrait successoral peut être exercé* (n° 21).

§ 3. — *Contre qui il peut être exercé* (n° 59).

§ 4. — *Exercice et effets du retrait successoral* (n° 148).

---

§ 1er. — Dispositions générales. — Questions transitoires.

2. — En se rendant cessionnaire des droits d'un héritier, l'étranger aurait, comme cet héritier lui-même, le droit de s'immiscer dans les affaires de la succession et de pénétrer les secrets de la famille. De plus, son intervention aurait souvent pour effet de porter le trouble et la dissension dans les opérations du partage. C'est pour prévenir ces inconvénients qu'a été établie, au profit des héritiers, la faculté connue sous le nom de *retrait successoral.* — Merlin, *Success.,* sur l'art. 841, n° 1er; Chabot, *Success.,* sur l'art. 841, n° 1er; Toullier, t. 4, n° 435; Poujol, t. 2, sur l'art. 841, n° 1er; Duranton, t. 7, n° 485.

3. — L'art. 841 C. civ. porte donc : « Toute personne, même parente du défunt qui n'est pas son successible, et qui a un cohéritier aurait cédé son droit à la succession, peut être écartée du partage, soit par tous les cohéritiers, soit par un seul, en lui remboursant le prix de la cession. »

4. — Quoiqu'on donne communément le nom de retrait successoral à cette faculté établie par l'art. 841 C. civ., cependant la loi, comme on vient de le voir, agit dans un tout autre but de conserver les biens dans les familles. — Rolland de Villargues, *Rép. du not.,* v° *Retrait successoral,* n° 3.

5. — Autrefois, on s'accordait assez généralement à considérer le retrait successoral comme une extension donnée aux L. 22 et 33 C. *mandati vel contra,* connues sous le nom de L. *per diversas* et *ab Anastasio,* qui permettaient aux débiteurs de créances litigieuses cédées à des tiers d'écarter les cessionnaires, en leur remboursant le prix des cessions.

6. — Cette faculté était admise dans le ressort de plusieurs Parlemens et notamment dans celui du Parlement de Paris ; mais elle ne l'était pas partout. — Merlin, *Rép.,* v° *Droits successifs,* n° 8; Lebrun, *Success.,* liv. 4, chap. 2, sect. 3; Denizart, v° *Cession de droits successifs.*

7. — Ainsi jugé que les lois *per diversas* et *ab Anastasio,* établies spécialement pour les cessionnaires de droits litigieux, ont été étendues par la jurisprudence de presque tous les Parlemens et notamment par la jurisprudence du Parlement de Rouen, aux acquéreurs de droits successifs, même non litigieux. — Cass. 20 mars 1828, Delivet c. Morin.

8. — Le retrait successoral avait-il été aboli par la législation intermédiaire ? Le doute est né dans cette législation intermédiaire et par l'art. 19 juillet 1790 et de deux décrets des 2 et 30 sept. 1793, desquels on avait prétendu induire l'abolition des retraits de toute espèce et par conséquent du retrait successoral. Un décret du 19 flor. an II avait même été rendu dans ce sens, mais il ne fut pas inséré au *Bulletin des lois.*

9. — Jugé que ce décret du 19 flor. an II, n'ayant point été légalement inséré, n'est pas devenu loi de l'État. — Cass., 20 mars 1828, Delivet c. Morin.

10. — Il fut donc décidé que le retrait successoral n'avait point été aboli par la législation intermédiaire. — Amiens, 13 mars 1806, Roussel c. Wargemont; Paris, 26 févr. 1816, Tardif c. Daru et Bazin. — Merlin, *Rép.,* v° *Droits successifs,* n° 9; Toullier, t. 4, n° 434 et suiv.; Malleville, *Analyse du C. civ.,* art. 841.

11. — ... Spécialement, que le retrait successoral n'avait point été compris dans l'abolition des retraits prononcée par les décrets des 2 et 30 sept. 1793 et 19 flor. an II. — Cass., 11 germin. an X, Meyrat c. N...; Paris, 11 janv. 1809, Voyenne c. Huau ; Cass., 28 janv. 1828, Boussin c. Parisot. — Un tribunal, décidant le contraire, a commis un excès de pouvoir et un empiétement sur le

pouvoir législatif.—Cass., 11 germin. an X, Meyrat c. N...

12. — ... Que, de même, dans les provinces de France où la jurisprudence avait introduit le retrait successoral, et spécialement dans la Normandie, ce retrait n'a été aboli, ni par les lois des 13 juin et 19 juill. 1790, ni par le décret du 19 flor. an II. — Cass., 20 mars 1828, Delivet c. Morin.

13. — Jugé, au contraire, que le retrait successoral avait été aboli dans l'intervalle par la loi du 13 juin 1790. — Limoges, 24 déc. 1828 (sous Cass., 27 juin 1832), Jaudier c. Tardy.

14. — Le retrait successoral qu'autorise l'art. 841 C. civ. n'est point applicable à une vente de droits successifs faite sous les lois intermédiaires. — Angers, 27 pluv. an XII, Jamet c. Martineau.

15. — Mais le retrait successoral permis par l'art. 841 C. civ. est applicable à une cession de droits ouverts avant la publication de ce Code, si la cession n'en a été faite que postérieurement. — Cass., 1er déc. 1806, Roussel c. de Wargemont.

16. — De même, lorsque, sous l'empire de la coutume de Bourbonnais et des lois des 19 sept. 1793 et 19 flor. an II, il y a eu cession à un tiers des droits d'un cohéritier par un individu qui n'en était pas propriétaire, et que cette cession n'a été ratifiée que depuis le Code civil, les cohéritiers ont pu invoquer contre le cessionnaire l'art. 841 de ce Code et exercer le retrait successoral.—Cass., 12 déc. 1810, Gagnon c. Duvergier.

17. — Le retrait successoral peut être exercé soit que la succession soit purement mobilière, soit qu'elle comprenne des immeubles. En effet, les motifs qui l'ont fait établir s'appliquent aux uns comme aux autres. Et, d'ailleurs, l'art. 841 ne distingue pas. — Vazeille, *Success.,* sur l'art. 841, n° 4; Chabot, sur l'art. 841, n° 4.

18. — Considéré en lui-même, le retrait successoral constitue plutôt une exception qu'une action : car il donne aux héritiers le moyen de défendre la succession contre l'intervention d'un étranger. Ce retrait n'est pas un retrait proprement dit ; car celui qui l'exerce ne retire pas, il empêche que le cessionnaire ne retire. — Chabot, sur l'art. 841, n° 2; Merlin, *Rép.,* v° *Droits successifs,* n° 8; Benoît, *Traité du retrait successoral,* n° 4; Malpel, *Des success.,* p. 540.

19. — Le retrait successoral autorisé par l'art. 841 C. civ. peut être exercé par voie d'action principale comme par voie d'exception.—Cass., 9 août 1830, Baron c. Laloy; Colmar, 23 juill. 1835, Woefflin c. Huber.

20. — Les cohéritiers du cédant peuvent écarter le cessionnaire non successible sans attendre que celui-ci provoque le partage ou s'y présente, et agir par action directe pour être subrogés aux droits par lui acquis. — Bastia, 23 mars 1835, Limazola c. Pieve.

§ 2. — Par qui le retrait successoral peut être exercé.

21. — L'exercice du retrait successoral est un droit qui appartient à tous les héritiers. L'art. 841 ne fait entre eux aucune distinction.

22. — Dès lors il peut être exercé par l'héritier bénéficiaire comme par l'héritier pur et simple. — Amiens, 13 mars 1806, Roussel c. Wargemont; Bordeaux, 14 mars 1832, Mothe c. Jalby; Limoges, 13 juill. 1844 (t. 2 1845, p. 358), Rilhac c. Mazabeaud. — Delvincourt, t. 2, p. 346, note 1er; Delaporte, *Pand. franç.,* t. 3, p. 277; Chabot, *Success.,* t. 3, sur l'art. n° 13; Toullier, t. 4, n° 437; Duranton, t. 7, n° 485; Vazeille, *Success.,* sur l'art. 841, n° 12; Billard, *Bénéfice d'inventaire,* n° 108. — *Contra,* Benoît, *Retrait successoral,* n° 10.

23. — ... Et cela sans que l'exercice de ce retrait constitue de sa part un acte d'héritier pur et simple. — Limoges, 13 juill. 1844 (t. 2 1845, p. 358), Rilhac c. Mazabeaud.

24. — La faculté de retrait successoral appartient non seulement aux héritiers proprement dits, mais à tous les successibles, c'est-à-dire à tous ceux qui, en vertu soit d'une donation, soit d'un testament, soit d'une disposition particulière de la loi, sont appelés à recueillir une quote-part de la succession. En effet, d'après la loi 128, § 1er, ff., *De regul. juris,* sont réputés héritiers tous ceux qui succèdent à l'universalité des droits du défunt, *hi qui in universum*

jus succedunt, heredis loco habentur. Comme les héritiers, ils sont tenus des dettes et charges en proportion de leur émolument, et même *ultra vires* s'ils n'ont pas fait inventaire; comme les héritiers, ils ont, à compter du décès, la propriété de leurs parts et portions dans les biens; comme les héritiers, enfin, ils ont droit au partage, et tous les articles de la section intitulée : *De l'action en partage et de sa forme* leur sont également applicables.— Chabot, *Success.*, sur l'art. 841, nos 6 et suiv.; Merlin, *Rép.*, v° *Droits successifs*, § 13 *in fine;* Duranton, t. 7, n° 189; Toullier, t. 4, n° 439; Malpel, *Success.*, n° 247; Rolland de Villargues, *Rép.*, v° *Retrait success.*, n° 10; Conflans, *Jurisprud. des success.*, p. 345, n° 8; Poujol, *Success.*, t. 2, sur l'art. 841, n° 2; Benoît, *Du retrait success.*, n° 6.

25. — Ainsi, jugé que l'héritier testamentaire peut, aussi bien que l'héritier légitime, exercer le retrait successoral.— *Grenoble*, 2 avril 1818, Sève c. Desayes; *Lyon*, 17 juin 1825, Champavère c. Montagnier; *Cass.*, 5 déc. 1833, Guibert de Govin c. Piquot-Lamarre.

26. — Le légataire à titre universel est assimilé au légataire universel dans la proportion de son legs, et peut, comme lui et comme tout autre héritier, exercer le retrait successoral. — *Bastia*, 23 mars 1835, Limazola c. Piève.

27. — Il en est de même du légataire universel ou à titre universel de l'usufruit. — *Bastia*, 23 mars 1835, Limazola c. Piève; *Bourges*, 4 mars 1843 (t. 1er 1844, p. 156), Lamy c. Germinet.

28. — Jugé au contraire que le privilége accordé par l'art. 841 ne profite pas au légataire universel. — *Bourges*, 27 mai 1812, Mollet c. Luquet.

29. — Quoi qu'il en soit, le droit d'exercer le retrait successoral ne passe point à celui qui a été institué légataire universel du cohéritier défunt. — *Toulouse*, 20 août 1819, Groc c. Doumayrou.

30. — Et à plus forte raison on ne peut y faire participer le donataire ou le légataire du légataire. — *Bourges*, 27 mai 1812, Mollet c. Luquet.

31. — La femme donataire, par contrat de mariage, d'une quote-part de la succession de son mari, est successible dans le sens de l'art. 841 C. civ.; elle peut, en conséquence, exercer le retrait ou action en subrogation autorisé par cet article. — *Bordeaux*, 19 juill. 1826, Lacaze c. Larrige.

32. — Jugé, au contraire, que la veuve n'a pas, bien qu'elle soit commune en biens et donataire universelle en usufruit de la succession de son mari, qualité pour exercer le retrait successoral contre le cessionnaire des droits successifs d'un héritier. On ne saurait, même, en ce cas, la considérer comme successible dans le sens de l'art. 841 C. civ. — *Cass.*, 24 nov. 1847 (t. 1er 1848, p. 106), Lefèvre c. Durand.

33. — Les enfans naturels reconnus peuvent exercer le retrait successoral, ils ont droit à une quote-part des biens, ils sont en conséquence successeurs, quoiqu'ils n'aient ni le titre ni la qualité d'héritiers. — Poujol, *Success.*, sur l'art. 841, n° 2; Toullier, t. 4, *Success.*, n° 439; Chabot, *Success.*, sur l'art. 841, n° 6; Benoît, *Retrait successoral*, n° 7.

34. — Ainsi jugé que bien que l'art. 756 C. civ. porte que l'enfant naturel n'est pas héritier, cependant il est successible dans le sens de l'art. 841 C. civ. — Dès lors l'enfant naturel reconnu peut exercer le retrait successoral contre un étranger cessionnaire des héritiers de ses père et mère. — *Nîmes*, 4 déc. 1823, Journet c. Bachelas; *Cass.*, 8 juin 1826, mêmes parties; 15 mars 1831, Verneau c. Flavin.

35. — Le retrait successoral peut être exercé par le curateur à la succession vacante d'un cohéritier. — *Montpellier*, 8 juin 1848 (t. 1er 1849, p. 48), Alaux c. de Canceris.

36. — Pour que les successibles puissent exercer le retrait, il faut qu'ils soient appelés pour une quote-part; ils n'y seraient point admis s'ils ne succédaient qu'à titre particulier.

37. — Ainsi, l'enfant réduit à une simple légitime qu'il peut exiger en corps héréditaire est héritier dans le sens de l'art. 841 C. civ.; par conséquent, il est recevable à exercer le retrait successoral. — *Cass.*, 3 mai 1830, Larguier c. Thomas. — Benoît, *Retrait successoral*, n° 8.

38. — Mais l'héritier donataire du quart de deux immeubles désignés, est donataire à titre particulier, et dès lors, s'il renonce à la succession pour s'en tenir à sa donation, il est sans qualité pour exercer le retrait successoral contre le cessionnaire des droits successifs de ses cohéritiers. — *Bourges*, 29 janv. 1827, Bossu c. Gaget; *Cass.*, 2 déc. 1829, mêmes parties.

39. — De même le successible non-réservataire, qui n'a droit, dans la succession, qu'à un legs particulier, ne peut exercer le retrait successoral contre le cessionnaire du légataire universel. — *Nîmes*, 3 mai 1827, Thomas c. Larguier.

40. — Dans le cas où un héritier à réserve n'a pas exercé le retrait successoral contre le cessionnaire de son cohéritier, et a accepté un legs d'usufruit qui lui avait été fait pour tenir lieu de sa réserve légale, ses héritiers ne sont pas recevables à exercer le retrait, du chef de leur auteur. — Même arrêt.

41. — Le retrait successoral ne peut être exercé par l'héritier qui a cédé à un tiers ses droits dans la succession. — *Toulouse*, 22 févr. 1840 (t. 2 1845, p. 392), Rivière c. Bichon.

42. — Bien plus : le cohéritier qui a transmis ses droits successifs à un tiers n'est pas recevable à exercer le droit de retrait soit pour la cession par lui consentie, soit pour les aliénations faites par ses cohéritiers.— *Bastia*, 23 mars 1835, Limazola c. Piève.

43. — Quoi qu'il en soit, un cohéritier est non recevable à exercer de son chef le retrait successoral, lorsque la cession a été faite non par son cohéritier, mais par leur auteur commun. — *Cass.*, 27 juin 1832, Jaudier c. Tardy.

44. — Il peut se faire que la succession soit divisée entre les deux lignes paternelle et maternelle; dans ce cas, les héritiers d'une ligne ont-ils le droit d'exercer le retrait contre le cessionnaire des droits d'un héritier de l'autre ligne?

45. — Jugé que lorsque la succession est encore indivise, le retrait successoral peut être exercé par l'héritier d'une ligne contre le cessionnaire de l'héritier de l'autre ligne. — *Paris*, 14 févr. 1834, Rignon c. Garouget. — Merlin, *Rép.*, v° *Droits successifs;* Delvincourt, t. 2, p. 347; Duranton, t. 7, n° 188; Vazeille, art. 841, n° 23; Malpel, n° 246; Poujol, art. 841, n° 8; Marcadé, *ibid.*, n° 3; Zachariæ, t. 2, § 359 *ter*.

46. — Suivant Chabot (*Success.*, sur l'art. 841, n° 17) et Toullier (t. 4, n° 445), ce n'est qu'à défaut d'autres héritiers dans la ligne du cédant, ou, dans le cas où ceux-ci ne voudraient pas faire usage de leurs droits, que l'autre ligne doit être admise à l'exercice du retrait. Mais cette distinction est généralement combattue. — V., entre autres, Duvergier, dans ses notes sur Toullier.

47. — Lorsqu'un premier partage a fait cesser l'indivision entre les deux lignes appelées à recueillir une succession, les héritiers de l'une de ces lignes ne peuvent exercer le retrait successoral contre le cessionnaire des droits des héritiers de l'autre ligne. — *Riom*, 9 mars 1846 (t. 2 1846, p. 439), Andraud c. Guyot.

48. — Mais *quid* si la cession avait été faite par l'un des successibles d'une ligne à l'un des successibles de l'autre, les cosuccessibles du cédant pourraient-ils exercer le retrait? Non; car il n'y a plus alors d'étranger à écarter de la succession.

49. — Jugé donc que dans une succession divisible entre la ligne paternelle et la ligne maternelle, les héritiers dans l'une de ces lignes, n'ont pas le droit d'exercer l'action en retrait successoral, à l'égard d'une cession faite entre les cohéritiers de l'autre ligne.— *Rouen*, 21 juill. 1807, Lamaury c. Hulot; *Grenoble*, 3 juill. 1824, Fernand c. Constant.

50. — En pareil cas, dit Chabot (sur l'art. 841, n° 18), on ne pourrait appliquer à ce cohéritier cessionnaire ni les termes ni les motifs de l'art. 841. On ne pourrait lui en appliquer les termes, puisqu'il est *successible*. On ne pourrait lui en appliquer les motifs, puisque, indépendamment de la cession, il aurait le droit d'assister au partage, d'examiner tous les papiers, de prendre part à toutes affaires et de connaître tous les secrets de la famille. — Duranton, *Droit français*, t. 7, n° 188. — Cependant, Toullier (t. 4, n° 444) pense que si la cession était postérieure au partage consommé entre les lignes, la question souffrirait de la difficulté, parce qu'alors les héritiers d'une ligne sont devenus étrangers à ceux de l'autre ligne.

51. — Le retrait successoral peut être exercé par tous les cohéritiers, ou il ne peut l'être que par un seul. — Et c'est là une action personnelle qu'il a droit d'exercer en son propre nom.— Arg. *Cass.*, 28 juin 1836, Thorel c. Mignot.

52. — Dans le premier cas, chacun d'eux en profite en proportion de ses droits dans la succession; mais, dans le second cas, c'est-à-dire lorsque le retrait successoral a été exercé par un seul des héritiers, est-il obligé de faire part à ses cohéritiers des bénéfices du retrait, ou peut-il, au contraire, les conserver pour lui seul? — Cette question est controversée.

53. — Merlin (*Quest.*, v° *Retrait successoral*, § 1er) soutient avec force que les cohéritiers du retrayant ont le droit, en supportant leur part des charges, de réclamer leur part des bénéfices du retrait.

54. — Mais on répond et il a été jugé : que la faculté de retrait successoral a été instituée uniquement parce qu'il importe à la morale et à l'ordre public que des spéculateurs étrangers à une succession ne soient point associés aux affaires des cosuccessibles, et admis à pénétrer dans des secrets de famille auxquels ils ne doivent pas participer. — Ce but unique de la loi, suivant laquelle chaque cosuccessible a une action qui lui est personnelle pour exercer en son propre nom le retrait successoral, rend inapplicable au retrait le principe qui veut qu'un cohéritier fasse une affaire commune à ses cosuccessibles, lorsque le traité qu'il passe avec un étranger est relatif à la succession.

55. — En d'autres termes : le retrayant, en vertu de l'art. 841 du Code civil, ne peut être contraint par les autres successibles à leur communiquer le bénéfice du retrait qu'il a exercé en son nom personnel, si, par la cession seule, le but de cet article se trouve atteint; c'est-à-dire si les étrangers introduits dans le partage par la cession antérieure de l'un des cohéritiers, s'en trouvent exclus par l'exercice du retrait. — C'est ici le cas d'appliquer non les art. 841 et 1699 du Code civil, mais l'art. 1701. — *Riom*, 21 janv. 1809, Santoire; *Besançon*, 12 janv. 1808, Pecaud c. Trehant; *Montpellier*, 7 juill. 1824, Bouteille; *Cass.*, 28 juin 1836, Thorel c. Mignot. — Favard de Langlade, v° *Droits successifs*, n° 13; Chabot, *Success.*, art. 841, n° 15; Duranton, t. 7, n° 199; Toullier, t. 4, n° 438; Malpel, *Success.*, n° 247; Rolland de Villargues, *Rép.*, v° *Retrait successoral*, nos 18 et suiv.; Vazeille, *Success.*, art. 841, n° 21; Poujol, *Traité des success.*, art. 841, n° 7.

56. — Par la même raison, lorsque, sans agir directement contre un cessionnaire de droits successifs, des cohéritiers se sont bornés à intervenir dans l'instance en retrait successoral formée par un autre cohéritier, et à conclure à être admis à participer au bénéfice du retrait successoral; cette prétention a pu, sur la demande du cohéritier retrayant, être rejetée comme mal fondée en droit et en équité. — *Cass.*, 29 déc. 1829, Brechard c. Chamonot.

57. — Cette raison que l'unique but du législateur a été d'écarter l'étranger, et non pas de procurer un bénéfice aux héritiers, porte M. Duranton (*loc. cit.*) à penser que, dès que l'un des héritiers a fait sommation au cessionnaire de le subroger, les autres héritiers ne peuvent plus venir concurremment exercer leur action. Mais les autres auteurs ne vont pas aussi loin. Suivant eux, il serait immoral que le bénéfice du retrait fût en quelque sorte le prix de la course. Tant donc que le retrait n'est pas consommé par le remboursement du prix de la cession, les autres cohéritiers peuvent utilement exercer leur droit; sans que l'antériorité de l'action formée par l'un d'eux, n'établisse en sa faveur aucun droit de préférence.— Chabot (sur l'art. 841, n° 16), Toullier, Malpel, Rolland de Villargues, Poujol, Favard de Langlade (*loc. cit.*) pensent que les cohéritiers peuvent se joindre au retrayant jusqu'à ce qu'un jugement définitif soit intervenu entre lui et l'étranger cessionnaire. — Jugé, cependant, que les cohéritiers qui ne se sont pas joints aux autres pour demander le retrait successoral devant les premiers juges ne peuvent plus y conclure en appel. — *Riom*, 9 mai 1846 (t. 2 1846, p. 439), Andraud c. Guyot.

58. — Le retrait successoral est indivisible à l'égard du cessionnaire, en ce sens que l'un des successibles peut demander la subrogation pour la totalité des droits cédés. Cette demande en subrogation doit être admise pour le tout, dans le cas même où d'autres cohéritiers sont en instance sur une pareille demande devant un autre tribunal. — *Cass.*, 14 juin 1820, Larivière c. Reynaud-Delage.

§ 3. — *Contre qui le retrait successoral peut être exercé.*

59. — Toute personne, même parente du défunt, qui n'est pas son successible et à laquelle un cohéritier aurait cédé son droit à la succession, peut être écartée du partage. — C. civ., art. 841.

60. — Mais toutes les cessions de droits successifs ne sont pas indistinctement soumises au retrait successoral; les unes en sont exemptes à raison de leur nature, les autres à raison de la

qualité des cessionnaires. — Chabot, t. 3, sur l'art. 841, n° 8.

61. — Le mot *successible* ne s'entend pas seulement des héritiers légitimes, il doit être pris, mais, dans son acception la plus étendue et comprendre tous les individus qui tiennent lieu d'héritiers. Ainsi, le retrait successoral ne peut être exercé contre les héritiers institués ou légataires universels ou à titre universel, et les donataires universels de tous les biens ou d'une quote-part des biens présens et à venir par contrat de mariage, puisqu'aux yeux de la loi ils sont successeurs. — Poujol, sur l'art. 841, n° 2; Chabot, t. 3, art. 841, n° 6; Vazeille, sur l'art. 841, n° 5; Toullier, t. 4, n° 439.

62. — Les enfans naturels reconnus ayant droit à une quote-part des biens, sont successibles, bien qu'ils n'aient ni le titre, ni la qualité d'héritiers; le retrait successoral ne saurait donc être exercé contre eux. — Poujol, *Success.*, art. 841, n° 2; Chabot, art. 841, n° 6; Toullier, t. 4, n° 439.

63. — L'étranger *donataire* de tout ou partie des droits successifs d'un héritier ne peut être soumis au retrait successoral, qui ne s'applique qu'au cas de cession et non de donation. Le donataire, d'ailleurs, ne pourrait rembourser le prix de la cession, comme l'exige l'art. 841, puisqu'une donation n'a pas de prix. — Duranton, t. 7, *Success.*, n° 194; Chabot, t. 3, art. 841, n° 10; Toullier, t. 4, n° 446; Favard de Langlade, *Rép.*, v° *Droits successifs*, n° 10; Poujol, art. 841, n° 5.

64. — Ainsi, jugé que le donataire de droits successifs ne peut, comme le cessionnaire, être écarté du partage par le retrait successoral. — *Lyon*, 17 juin 1825, Champavère c. Montagnier.

65. — De même, le cessionnaire de droits successifs, qui est en même temps donataire d'une portion des biens, ne peut être écarté du partage par le retrait successoral. — Même arrêt.

66. — Enfin le retrait successoral n'est point admissible lorsque l'acquéreur a le droit de figurer au partage comme donataire des droits d'un cohéritier de celui qui les lui a vendus. — *Toulouse*, 7 mai 1840 (t. 2 1840, p. 89), Blanc.

67. — Le légataire du mobilier en toute propriété et des immeubles en usufruit, ou son représentant, qui vient au partage comme acquéreur des droits d'une partie des héritiers, ne peut être écarté par le retrait successoral. — *Cass.*, 21 avril 1830, Thillaye c. Thorel; Morin c. Thorel (2 arrêts).

68. — Jugé, au contraire, que le donataire ou légataire universel ou à titre universel en usufruit n'est pas un successible dans le sens de l'art. 841. Dès lors, s'il s'est rendu cessionnaire des droits de l'un des héritiers naturels, il peut être écarté du partage par l'action en retrait successoral. — *Dijon*, 8 juill. 1826, Perrinot; *Cass.*, 17 juill. 1843 (t. 2 1843, p. 315), Gerber c. Jaccoud.

69. — Le donataire, le légataire ou l'héritier institué à *titre particulier* seulement, qui serait cessionnaire d'un héritier, doit être soumis au retrait successoral; car il n'est pas successible, et son droit se borne à demander aux héritiers la délivrance de son legs. — Poujol, art. 841, n° 3; Chabot, *Success.*, t. 3, art. 841, n° 7.

70. — De même encore, l'héritier qui renoncerait à la succession pour s'en tenir au don ou au legs qui lui aurait été fait *à titre particulier* pourrait être soumis au retrait successoral s'il venait comme cessionnaire d'un cohéritier; il ne serait plus un successible aux yeux de la loi, puisqu'il aurait renoncé à cette qualité. — Poujol, art. 841, n° 3; Chabot, *Success.*, t. 3, art. 841, n° 7.

71. — Si le donataire cédait ses droits à un tiers, celui-ci ne se trouvant plus dans la même position que son cédant, puisqu'il n'aurait plus le titre de donataire, pourrait être écarté du partage. — Toullier, t. 4, n° 446; Chabot, t. 3, art. 841, n° 10; Vazeille, art. 841, n° 3; Favard de Langlade, *Rép.*, v° *Droits successifs*, n° 10.

72. — Jugé, en ce sens, que le retrait successoral peut avoir lieu contre le cessionnaire du donataire universel de l'héritier. — *Amiens*, 13 mars 1806, Roussel c. Wargemont; *Cass.*, 1er déc. 1806, mêmes parties.

73. — De même, le cessionnaire de l'action en supplément de légitime, héritier pour partie de celui qui devait la légitime, ne saurait exciper de cette qualité d'héritier pour repousser la demande en retrait. — *Montpellier*, 16 juin 1840 (t. 2 1840, p. 346), Deltrieu c. Bosc.

74. — Si un successible, après avoir renoncé à une succession pour s'en tenir à la donation qui lui a été faite par le défunt, fait cession de cette donation à un étranger, son cessionnaire n'est pas soumis au retrait successoral. On ne peut dire qu'il y ait cession de droits successifs, puisque le cédant a renoncé à la succession. Ce n'est pas comme héritier, mais bien comme donataire à titre particulier, qu'il a cédé, et le retrait successoral ne s'applique qu'à la cession de droits successifs. — Poujol, art. 841, n° 3; Chabot, t. 3, art. 841, n° 11.

RETRAIT SUCCESSORAL, § 3.

75. — Par suite du même principe, si l'héritier qui serait en même temps donataire *par préciput* cédait à un tiers ses droits successifs et le don qu'il aurait reçu du défunt : l'action en subrogation ne pourrait être exercée contre son cessionnaire que pour les droits successifs seulement; et dans le cas où il n'aurait été stipulé qu'un seul prix pour cette double cession, il faudrait avoir recours à une ventilation pour déterminer le prix de la cession des droits successifs. — Chabot, t. 3, art. 841, n° 11; Poujol, art. 841, n° 3.

76. — Cependant s'il paraissait qu'il n'y a pas eu de donation réelle et qu'on a cherché à déguiser sous ce nom une véritable cession pour la soustraire au retrait, les tribunaux pourraient déclarer la fraude et ordonner la subrogation. — Vazeille, art. 841, n° 13.

77. — Le retrait successoral ne peut être exercé contre la veuve commune en biens, et légataire, à titre universel, du défunt. — *Paris*, 31 juill. 1810, Laroque c. Vassel.

78. — De même n'est pas soumise au retrait successoral la veuve, légataire en usufruit de tous les biens de son mari, qui s'est rendue cessionnaire des droits de plusieurs héritiers dans la succession de ce dernier. — La veuve commune en biens qui s'est fait céder les droits de plusieurs de ses copartageans dans la communauté, n'est pas soumise au retrait autorisé par l'art. 841 C. civ. — *Paris*, 2 août 1821, Savoie c. Morlot.

79. — Le retrait successoral n'est point non plus admissible contre la veuve légataire en usufruit de tous les biens de son mari pour les portions en nue propriété par elle acquises de l'un des héritiers de ce dernier. Si cette veuve est morte avant le partage, l'action en retrait ne peut être exercée contre son héritier ou son légataire universel. — *Nîmes*, 30 mars 1830, Canson c. Meyssonnier. — Delvincourt, t. 2, p. 137, note 6.

80. — Le droit qu'ont les cohéritiers d'exercer le retrait successoral ne s'étend pas aux cessions qu'une femme a faites des droits d'usufruit que lui avait donnés son mari et des créances qu'elle avait à exercer contre lui. — *Agen*, 1er juill. 1813, Soulés c. Drouilhet.

81. — Le retrait successoral peut être exercé contre le mari cessionnaire des droits de divers cohéritiers de sa femme, encore qu'en sa qualité de mari il ait le droit d'assister au partage. — *Pau*, 10 juin 1830, Fitte c. Saint-Hilaire; *Cass.*, 25 juill. 1844 (t. 1er 1845, p. 48), de Montriol c. Gaillard; *Riom*, 9 mars 1846 (t. 2 1846, p. 439), Andraud c. Guyot.

82. — De même le retrait successoral peut être exercé contre le mari de la femme qui est elle-même héritière, alors même qu'il serait commun en biens et que l'exercice du retrait n'aurait lieu qu'après le décès de cette femme. — *Bordeaux*, 28 juin 1844 (t. 2 1845, p. 393), Dereix c. Lacour.

83. — De même encore le mari commun en biens, ou son héritier, qui s'est fait céder les droits successifs d'un des héritiers de sa femme avant le partage de la communauté peut, nonobstant cette dernière circonstance, et lorsque la femme a laissé des biens propres, être écarté du partage de la succession par un autre héritier qui offre de lui rembourser le prix de la cession. — *Colmar*, 16 avr. 1834, Wilhelm c. Parmentier.

84. — Jugé, au contraire, que le mari commun en biens qui s'est rendu cessionnaire des droits afférens à l'un des cohéritiers de sa femme ne peut être écarté du partage par l'exercice du retrait successoral. On doit, à raison de sa qualité de copropriétaire de la communauté, dans laquelle viennent se réunir l'usufruit de tous les droits cohéréditaires de sa femme et la propriété de la portion mobilière de ces mêmes droits, le considérer comme successible dans le sens de l'art. 841 C. civ. — *Grenoble*, 7 avr. 1840 (t. 2 1845, p. 394), Giroud c. Comte.

85. — Lorsque le mari légataire des meubles et de l'usufruit des immeubles de sa femme décédée est devenu cessionnaire d'une part héréditaire dans la nue propriété des immeubles, il peut être écarté du partage de cette nue propriété par l'exercice du retrait successoral. — *Caen*, 17 févr. 1843, Fouet c. Duhamel.

86. — En pareil cas, le retrait successoral peut surtout être exercé contre les héritiers du mari. — Même arrêt.

87. — Le retrait successoral peut être exercé contre l'époux donataire de l'usufruit de tous les biens de son conjoint, lequel s'est rendu cessionnaire d'une partie des droits des cohéritiers. — *Riom*, 23 av. 1818, Perrier c. Gervoy.

RETRAIT SUCCESSORAL, § 3.

88. — La femme ne pourrait, au moyen du retrait d'indivision que lui accorde l'art. 1408 C. civ., soustraire son mari au retrait successoral. — *Cass.*, 25 juill. 1844 (t. 1er 1845, p. 48), de Montriol c. Gaillard; 9 mars 1846 (t. 2 1846, p. 439), Andraud c. Guyot.

89. — Le retrait successoral ne peut être exercé contre le cessionnaire des droits successifs, qui est successible, mais qui est exclu par un testament. — *En d'autres termes*, il faut entendre par *successible* celui qui est appelé par la loi, encore qu'il soit exclu par la volonté du défunt, et que de fait il ne recueille pas ses biens. — *Lyon*, 17 juin 1826, Champavère c. Montagnier.

90. — Le retrait successoral ne peut être exercé contre l'acquéreur des droits d'un cohéritier, lorsque cet acquéreur était lui-même habile à succéder, quoiqu'il ne vienne pas effectivement à partage. — *Limoges*, 14 mai 1819, Verrier c. Bordes. — Chabot, t. 3, art. 841, n° 18; Toullier, t. 4, n° 444.

91. — Lorsqu'un héritier s'est fait céder par d'autres héritiers leurs droits immobiliers dans la même succession, il ne peut être écarté du partage par le retrait successoral, sous prétexte que, suivant la coutume sous laquelle la succession s'est ouverte, cet héritier n'avait droit qu'à la propriété de tout le mobilier et à l'usufruit des immeubles. — Le légataire universel de cet héritier ne peut, non plus que lui, être écarté du partage par le retrait successoral. — *Angers*, 13 avril 1820, Renard c. Robereau.

92. — Lorsque dans une succession divisée entre les collatéraux des lignes paternelle et maternelle, il s'est élevé des contestations entre les parens de l'une des lignes concernant leur qualité d'héritiers, et qu'il intervient un acte par lequel les uns renoncent, au profit des autres, moyennant une somme, à toutes leurs prétentions, un pareil acte peut être regardé comme une transaction, et non comme une cession de droits successifs; dès lors, les héritiers de l'autre ligne ne sont pas fondés à exercer le retrait successoral. — *Grenoble*, 3 juill. 1824, Fernand c. Constant.

93. — Jugé encore que le retrait successoral ne peut être exercé contre le cessionnaire de droits successifs, lorsque la succession dont partie a été cédée est indivise avec une autre succession dans laquelle le cessionnaire a des droits personnels à exercer; par exemple, un droit de légitime. — *Cass.*, 14 mars 1810, Tassy.

94. — « En effet, dit M. Duranton (t. 7, n° 188), le motif de la loi n'est plus applicable; un étranger ne viendra pas pénétrer les secrets de la famille. Il est vrai que le cessionnaire prendra dans une ligne à laquelle il n'appartient pas, la part du cédant; mais les principaux inconvéniens que la loi a voulu prévenir n'en auront pas moins été évités. En un mot, il est cohéritier et l'art. 841 n'autorise pas à exclure celui qui vient à partage comme successible (*Droit français*). » — V. aussi Merlin, *Rép.*, v° *Droits successifs*, n° 9 *bis*; Delaporte, *Pand. franç.*, t. 3, n° 278; Delvincourt, *Cours de droit civil*, t. 2, p. 346, n° 11.

95. — Lorsque dans le partage d'une succession il a été convenu que certains immeubles resteraient dans l'indivision, le retrait successoral peut être exercé à l'égard de ces immeubles, encore indivis, si la succession elle-même se composait de deux hérédités distinctes, précédemment recueillies, et si l'hérédité dont les biens vendus font partie est restée en dehors du partage. — *Bourges*, 3 janv. 1844 (t. 1er 1845, p. 705), Paris c. Dhouet.

96. — Le retrait successoral ne peut être exercé contre l'héritier d'un cohéritier défunt, à l'égard des portions héréditaires qu'il pourrait avoir acquises dans les successions auxquelles ce dernier était appelé à prendre part. — *Toulouse*, 23 janv. 1841 (t. 1er 1842, p. 274), Daroles c. Laborde.

97. — Le retrait successoral ne peut être exercé contre l'héritier qui après avoir cédé ses droits à un étranger, est rentré dans ces mêmes droits par l'effet d'une rétrocession. — *Grenoble*, 6 juin 1826, Badillon c. Louvat-Canada et Cuzel; *Orléans*, 29 févr. 1832, Chevalier c. Nottin; *Dijon*, 11 janv. 1847 (t. 2 1848, p. 110), Jondot c. Lejeune. — Merlin, *Rép.*, v° *Droits successifs*, § 14.

98. — A plus forte raison, la vente de droits successifs faite par un cohéritier à un autre cohéritier qui avait déjà fait cession de ses droits personnels n'est pas sujette au retrait successoral. — *Amiens*, 11 janv. 1839 (t. 2 1839, p. 148), Desemery c. Maunier.

99. — Mais le successible qui, après avoir re-

noncé à la succession, aurait acquis les droits d'un héritier, pourrait être écarté du partage. L'effet de sa renonciation est de le rendre étranger à l'hérédité, et même, d'après l'art. 785 du Code civil, il est censé n'avoir jamais été héritier.—Chabot, art. 841, n° 5; Vazeille, n° 7; Poujol, n° 3.

100. — Pour l'admissibilité du retrait successoral, faut-il que la cession embrasse la totalité des droits de l'héritier cédant ou suffit-il qu'il y ait cession d'une quote-part de ces droits? — La raison de douter est tirée des expressions générales de l'art. 841 du Code civil, *son droit à la succession*, qui sembleraient indiquer qu'il n'y a lieu au retrait successoral que quand la cession comprend la totalité des droits. — Mais une pareille interprétation serait contraire à l'esprit de la loi qui a voulu empêcher l'acquéreur étranger de s'immiscer dans les affaires de la succession; or, cet inconvénient subsisterait toujours si le cessionnaire d'une quote-part seulement n'était pas soumis à l'action en subrogation. — Chabot, art. 841, n° 8; Rolland de Villargues, *Rép. du not.*, v° *Retrait successoral*, n° 36; Poujol, n° 4; Merlin, *Rép.*, v° *Droits successifs*, n° 11; Benoît, *Retrait successoral*, n° 63.

101. — Ainsi, jugé que le retrait successoral peut être exercé contre l'étranger cessionnaire d'un ou plusieurs cohéritiers, soit que la cession embrasse l'universalité des droits successifs, soit qu'elle n'en renferme qu'une partie. — *Bourges*, 14 juin 1844, Martin c. Laurent.

102. — De même, le retrait successoral peut être exercé, lors même que la cession ne comprend pas l'universalité des droits successifs, si cependant, pour obtenir ce qui lui a été vendu, le cessionnaire peut exiger qu'on lui donne connaissance de toutes les affaires de la succession. — *Riom*, 3 mars 1814, Foucault c. Devaux.

103. — De même encore, le retrait successoral peut être exercé, bien que la cession ne comprenne qu'une quote-part des immeubles de la succession, lorsque le cédant a abandonné tous ses droits, moyens, raisons et actions résultant de sa qualité d'héritier sur ces immeubles. — *Cass.*, 15 mai 1833, Frebault c. Petot.

104. — Par la même raison, le retrait successoral peut être exercé, quand bien même la cession comprendrait d'autres objets que les droits successifs, et serait faite moyennant un prix unique pour le tout. En ce cas, il y a lieu seulement d'ordonner une ventilation. —*Riom*, 2 mars 1827, Peyrot c. Graillot.

105. — Jugé cependant que l'action en retrait successoral ne peut être écartée sur le motif que dans la cession se trouvent compris des biens étrangers à la succession, et qu'il est impossible de déterminer la somme pour laquelle les droits successifs sont entrés dans le prix. — *Cass.*, 3 mai 1830, Larguier c. Thomas.

106. — ... Que lorsqu'un légataire universel a cédé tous ses droits dans la succession du testateur, qui se composait des biens acquis par ce dernier et de ceux que lui avait laissés son père, un cohéritier du testateur qui aurait pu, à ce titre, exercer le retrait successoral contre le cessionnaire, à raison des biens provenant de la succession de l'auteur commun, est non recevable dans son action, si la cession de tous les biens légués a été faite par un seul et même acte, pour un seul et même prix, sans distinction des biens acquis par le testateur et de ceux que lui avait transmis son père. — *Nîmes*, 3 mai 1827, Thomas c. Larguier.

107. — Si la cession ne portait que sur des droits indivis, dans des objets certains et déterminés, le cessionnaire ne pourrait être soumis à l'action en subrogation, parce que, dans ce cas, il n'a pas le droit de s'immiscer dans toutes les affaires de famille, il suffit qu'il soit appelé au partage des objets déterminés dont il s'est rendu acquéreur. — Chabot, art. 841, n° 9; Poujol, art. 841, n° 4; Toullier, t. 4, n° 447; Vazeille, *Success.*, art. 841, n° 18; Duranton, t. 7, n° 201.

108. — Jugé donc que le retrait successoral ne peut être exercé contre l'étranger acquéreur d'une part indivise dans un ou plusieurs objets déterminés d'une succession. — *Dijon*, 20 therm. an XII, Munier c. Labruère; *Cass.*, 9 sept. 1806, Paysan Lafosse c. Glaizot; 22 avr. 1808, Fournier c. Dacquin; *Paris*, 21 juin 1813, Lepelletier Saint-Fargeau c. Legé; *Bruxelles*, 2 déc. 1817, Wandels c. Luttens; *Liége*, 21 oct. 1824, Malpas c. Grandjean; *Rennes*, 18 déc. 1826, Lenormand c. Cozic; *Lyon*, 17 mai 1831, Parat c. Richerand; *Riom*, 13 nov. 1846 (t. 2 1847, p. 86), Echavidre c. Lachaise; *Cass.*, 16 mai 1848 (t. 2 1848, p. 113), Denéchaud c. Vauloup.

109. — Et il en est ainsi surtout lorsque les objets certains et déterminés de la succession ont été vendus par adjudication publique. — *Paris*, 14 juin 1834, Creuzés c. de Laquenille; *Cass.*, 14 août 1840 (t. 2 1840, p. 228), mêmes parties.

110. — Doivent être considérés comme déterminés les immeubles qu'on déclare consister dans tels biens, situés dans tel arrondissement.— *Lyon*, 17 mai 1831, Parat d'Aubert c. Richerand.

111. — Au surplus, la question de savoir si une vente dont les objets ont été désignés dans l'acte est une vente d'objets certains et déterminés ou au contraire une vente de droits successifs est une question d'appréciation de faits et, par conséquent, ne peut donner ouverture à cassation. — *Cass.*, 1er déc. 1806, Roussel c. Wargemont.

112. — Jugé, au contraire, que le retrait successoral peut être exercé à l'égard de la vente faite par un cohéritier de tous les immeubles qui lui sont échus dans la succession, encore bien que ces immeubles soient désignés et déterminés dans l'acte.—*Pau*, 19 août 1837 (t. 1er 1839, p. 426), Dalis c. Souleyran.

113. — ... Que le retrait successoral peut être exercé contre un étranger qui a acquis, avant le partage, des objets certains et déterminés de la succession. — *Bourges*, 12 mess. an XIII, Bizot c. Garvin; *Turin*, 18 mars 1808, Martelli c. Mondino; *Pau*, 14 mai 1830, Latxagne c. Villenave; *Bourges*, 18 mai 1844 (t. 2 1845, p. 166), Derangère c. Laferté-Meung.

114. — ... Qu'il en est de même vis-à-vis de celui qui ne s'est rendu acquéreur que des droits indivis résultant, au profit du vendeur, de sa qualité d'héritier dans un immeuble déterminé dépendant d'une succession non partagée, alors que la délivrance de cet immeuble ne pourrait être faite sans que l'acheteur intervînt dans les opérations du partage et pénétrât dès lors dans les affaires de la succession. — *Bourges*, 9 mars 1842 (t. 2 1843, p. 99), Martin c. Goulet.

115. — Toutes les fois que l'acquéreur a la possibilité, par suite de la cession, d'intervenir au partage et de s'immiscer dans les affaires de famille, il peut être évincé par le retrait successoral; en conséquence, ce retrait peut être exercé contre le cessionnaire des droits d'un cohéritier dans un immeuble déterminé si cet immeuble compose à lui seul toute la succession. — *Rennes*, 17 févr. 1831, Mardellé c. le Vannier; *Bourges*, 10 déc. 1833, Remou c. Berat.

116. — Néanmoins, les héritiers sont obligés de prouver que cet immeuble constitue l'universalité des biens de la succession.—*Liége*, 21 oct. 1824, Malpas c. Grandjean.

117. — De même, le retrait successoral peut être exercé, même à l'égard de la vente d'une portion dans un objet déterminé de la succession, si c'était là tout ce que les vendeurs avaient à recueillir dans l'hérédité. — *Rennes*, 21 févr. 1818, Lesieur c. Daniel.

118. — De même encore il y a lieu à retrait quand la cession quoique désignant des biens déterminés, s'est étendue à l'universalité de l'hérédité mobilière ou immobilière. — *Cass.*, 16 mai 1848 (t. 2 1848, p. 113), Denéchaud c. Vauloup.

119. — Toutefois, le retrait successoral ne peut être exercé contre le non-successible qui a acquis la part indivise d'un cohéritier dans un immeuble, et qui se trouvait déjà propriétaire d'une partie du même immeuble, encore bien que cet immeuble compose toute la succession à partager. — *Toulouse*, 16 janv. 1835, Saintgès c. Ponteau.

120. — Une vente générale faite à un tiers par des héritiers, de tous leurs droits, tant mobiliers qu'immobiliers, est soumise au retrait successoral, bien que les cédans n'aient, dans l'hérédité, que des objets déterminés, tels qu'un immeuble et une rente viagère. — *Cass.*, 28 août 1827, Fabre c. Gouilly.

121. — Mais la vente faite par un cohéritier, de tous les droits qui lui sont échus dans la succession ne peut être considérée comme transmettant des droits universels et donnant lieu, par conséquent, à l'exercice du retrait successoral, lorsque ces expressions sont accompagnées de la déclaration que les droits cédés s'appliquent à des immeubles désignés. — *Riom*, 19 déc. 1822, Bourrète c. Delolme.

122. — Celui qui est en même temps cessionnaire des droits certains et déterminés de quelques-uns des cohéritiers et cessionnaire des droits successifs d'un autre cohéritier, n'est passible du retrait successoral qu'à l'égard de la cession des droits successifs. — *Limoges*, 24 déc. 1828 (V. sous *Cass.*, 27 juin 1832), Jaudier c. Tardy.

123 — Quand la cession qui donne lieu au retrait successoral comprend en même temps une quotité fixe dans des objets déterminés et l'universalité des immeubles dépendant de la succession dont il s'agit d'écarter le cessionnaire, cette cession doit être réputée à titre universel et, par conséquent, de nature à donner ouverture à l'action en retrait successoral. — *Cass.*, 9 août 1830, Baron c. Laloy.

124. — N'y a point lieu d'exercer le retrait successoral lorsque les droits de chaque cohéritier ont été fixés et déterminés par des jugemens, et qu'il ne reste plus que les immeubles à partager d'après des bases fixes. — *Grenoble*, 6 juin 1826, Budillon c. Louvat-Canada et Cuzel.

125. — La donation entre-vifs par un héritier à un étranger moyennant une rente viagère sur deux têtes et autres conditions onéreuses, n'est pas réputée vente dont le cohéritier ait droit de s'autoriser, en vertu des lois *Per diversas* et *Ab Anastasio*, pour écarter le donataire en lui remboursant le prix y énoncé. — Le cohéritier n'est pas recevable à exciper de ces lois contre le donataire et à demander la subrogation, en lui remboursant le prix ou valeur de la cession, s'il n'a formé l'action en retrait qu'après le jugement définitif qui a ordonné le partage, quoiqu'il eût fait auparavant des réserves expresses à cet égard. — *Cass.*, 4 juin 1834, Menaud c. Parisot.

126. — L'action en subrogation, n'ayant pour objet que d'écarter du partage les cessionnaires étrangers, ne peut être admise contre les cessions faites après le partage de la succession, elle ne pourrait donc pas avoir lieu contre celui qui après le partage aurait acquis la part d'un héritier dans des biens restés indivis. — Chabot, art. 841, n° 12.

127. — Jugé donc que le retrait successoral ne peut être exercé vis à vis de l'acquéreur d'immeubles restés indivis entre les cohéritiers, après le partage de la succession. — *Rouen*, 24 mars 1806, Paysan-Lafosse c. Glaizot; *Cass.*, 9 sept. 1806, mêmes parties; 22 avril 1808, Fournier c. d'Acquin; *Besançon*, 31 janv. 1809, Dambiet et Dornier c. Roussel; *Bruxelles*, 2 déc. 1817, Wandels c. Luttens; *Rennes*, 7 déc. 1819, Laour c. Hamou; *Bourges*, 29 févr. 1820, Teissier c. Maillard; *Rennes*, 18 déc. 1826, Lenormand c. Cozic; *Bourges*, 12 juill. 1831, Gallois c. Febvre; *Cass.*, 27 juin 1832, Jaudier c. Tardy; *Toulouse*, 3 juin 1834, Hardi c. Hérisson.

128. — Il en est de même à plus forte raison si le cohéritier n'a cédé ses droits que dans un immeuble nommément désigné et qui lui est attribué par un acte de partage. — *Paris*, 9 vent. an XII, Pillin c. Lafontaine.

129. — On ne saurait non plus considérer comme sujette au retrait successoral la vente détaillée de plusieurs meubles et immeubles de la succession faite par un cohéritier à un étranger, mais après un partage verbal reconnu entre les cohéritiers, encore bien que l'acte porte que la cession comprend tous les autres immeubles appartenant au cédant dans trois communes désignées, et qui auraient pu être oubliés dans l'acte. — *Riom*, 2 mars 1814, Bathier c. Prévost.

130. — En tout cas il n'est pas nécessaire qu'un acte de partage en forme soit représenté, lorsqu'il est reconnu que l'indivision des biens de la succession a cessé depuis long-temps. — *Rennes*, 18 déc. 1826, le Normand c. Cozic.

131. — Néanmoins, le retrait successoral peut être exercé sur un acte de vente de droits successifs fait après le partage; s'il résulte des circonstances que cet acte n'a fait qu'un avec un autre acte de vente passé avant le partage, mais résilié dans la vue d'éluder l'exercice du retrait. *Cass.*, 4 déc. 1820, Mouville c. Vire.

132. — Dans le cas où le second acte contiendrait cession de droits successifs paternels et maternels, tandis que le premier n'avait pour objet que la vente des droits paternels; le retrait successoral ne doit s'appliquer qu'aux droits paternels dont il est question dans les deux actes, et non aux droits maternels : lesquels se trouvent n'avoir été cédés que depuis le partage. — Même arrêt.

133.—S'il avait été formé une demande en rescision ou en nullité du partage; l'étranger qui postérieurement à cette demande se serait rendu acquéreur de la part d'un des héritiers pourrait être écarté du nouveau partage, par la raison que, s'il y était admis, il pourrait s'immiscer dans les affaires de la famille. — Vazeille, art. 841, n° 17. — On pourrait même lui faire l'application de l'art. 1699 C. civ., comme acquéreur de droits légitimes; car son acquisition aurait eu lieu à une époque où le partage était attaqué. — Chabot, *loc. cit.*

134. — Dans le cas où l'acquisition aurait eu lieu avant la demande en nullité du partage, le cessionnaire aurait le droit d'assister, comme représentant de l'héritier cédant, au nouveau

partage; parce qu'il aurait acquis non des droits successifs, mais des objets certains et déterminés formant le lot de son cédant et qui n'étaient pas litigieux.—Toullier, t. 4, n° 449; Chabot, n° 12. — *Contrà*, Duranton, t. 7, n° 187

135.—Le retrait successoral s'applique aussi bien au cas où l'acquisition de droits successifs a eu lieu par voie d'adjudication judiciaire qu'au cas où elle proviendrait de cession volontaire.—*Lyon*, 17 juill. 1843 (sous *Cass.*, 25 juill. 1844 [t. 1er 1845, p. 48]), de Montviol c. Guillard.

136.—Le retrait successoral peut avoir lieu lorsque la vente quoique comprenant l'universalité des droits successifs, désigne certains objets dans lesquels une part indivise est cédée. — *Amiens*, 13 mars 1806, Roussel c. Wargemont; *Cass.*, 1er déc. 1806, mêmes parties.

137. — Il peut avoir lieu même pour les objets qui appartenaient à titre de préciput, à l'héritier vendeur.—Mêmes arrêts.

138.—La cession de droits successifs opérée par voie d'échange avec un étranger, n'empêche pas l'exercice du retrait successoral. Mais le retrayant n'est tenu de payer au cessionnaire que le prix d'estimation de l'immeuble donné en échange. Il ne dépend pas de lui de rendre l'immeuble, puisqu'il est possédé par un tiers. Sans doute c'est un inconvénient pour le cessionnaire, mais il ne peut l'imputer qu'à lui seul; car il n'ignorait pas que l'art. 841 pourrait être invoqué contre lui. — Favard de Langlade, *Rép.*, v° *Droits successifs*, n° 14; Poujol, art. 841, n° 12; Duranton, t. 7, n° 197; Delvincourt, t. 2, p. 346, note 1re.

139.—Jugé, en ce sens, que le retrait successoral peut être exercé, lors même que le cessionnaire des droits successifs a donné des immeubles en paiement par voie d'échange.—En ce cas, il n'est pas nécessaire de rendre l'immeuble donné en échange; il suffit d'en rembourser le prix.—*Limoges*, 15 janv. 1812, Gorgeon c. Robinet; *Cass.*, 19 oct. 1814, mêmes parties.

140.—Le retrait successoral peut être exercé même contre celui auquel une cession de droits héréditaires n'a été faite que pour le remplir de ce que lui devait le cédant.—*Bourges*, 18 juill. 1808, Bodin c. Cougny.

141.—Il peut également être exercé contre toute cession d'une universalité de droits successifs, encore que cette cession, faite au moyen d'un prix déterminé et de la renonciation du cessionnaire à réclamer au cédant le paiement d'une dette de la succession, puisse être considérée comme une transaction entre les parties. — *Colmar* (sol. impl.), 16 avr. 1834, Wilhelm c. Parmentier.

142.—Le retrait peut aussi s'exercer à l'égard d'une cession de droits successifs déguisée sous les apparences d'une vente de quote-part d'un bien déterminé.—*Bastia*, 23 mars 1835, Limazola c. Piève.

143.—La résiliation que le cédant et le cessionnaire feraient de la cession depuis la demande en subrogation, devrait être présumée un acte simulé qui ne saurait empêcher l'effet du retrait.—Vazeille, sur l'art. 841, n° 27; Merlin, *Rép.*, v° *Droits successifs*, nos 14 et 15.

144.—Jugé, en ce sens, que, lorsqu'il a été reconnu, par une Cour d'appel, que, sous la forme d'une procuration, les parties ont eu l'intention de déguiser une vente de droits successifs, l'exercice du retrait successoral ne saurait être entravé par la révocation du prétendu mandat dans lequel la Cour a reconnu les caractères d'une cession de droits héréditaires. — *Cass.*, 23 nov. 1842 (t. 1er 1843, p. 625), Nadaud c. Chauveau.

145.—Le retrait successoral autorisé par l'art. 841 C. civ. ne s'applique qu'au partage de la succession et non au partage de la communauté. Dès lors, les héritiers de l'un des conjoints prédécédé ne peut l'exercer contre le cessionnaire des droits de l'autre époux dans la communauté. —*Metz*, 17 mai 1820, Schoumacker c. Kieffer; *Bordeaux*, 19 juill. 1826, Lacaze c. Lajarrige; *Bourges*, 12 juill. 1831, Gallois c. Febvre.

146.—Jugé, au contraire, que les dispositions de l'art. 841 C. civ. sont générales et absolues et s'appliquent sans distinction à tous les cas de liquidation et de partage entre parties cohéritières ou copartageantes, notamment aux cessions de droits dans la communauté. — Ce retrait peut être exercé lorsque la cession porte uniquement sur un immeuble déterminé, si cet immeuble est le seul de la communauté.—*Riom*, 18 nov. 1848 (t. 1er 1849, p. 99), Martin c. Fournier.—Delvincourt, t. 3, p. 291; Vazeille, *Success.*, art. 841, n° 26.

147.—L'art. 841 C. civ., relatif au retrait successoral, n'est pas applicable en matière de société. Dès lors, le cessionnaire de droits indivis dans une société, ne peut être écarté du partage par les coassociés du cédant.—*Paris*, 7 juill. 1836, Greffulhe c. Mille.

§ 4. — *Exercice et effets du retrait successoral.*

148.—Le Code civil, en admettant l'action en subrogation ne trace pas de règles pour son exercice. Aucune forme, aucun délai n'est assigné à cet égard. L'art. 841 porte également que «le cessionnaire de droits successifs peut être écarté du partage...»

149.—Cela signifie-t-il que la demande en subrogation doive être exercée avant le partage? Oui.—Chabot, art. 841, n° 19.—«C'est avant le partage, dit-il, que l'action en subrogation doit être formée, puisqu'elle n'a d'autre but que de faire écarter du partage les cessionnaires étrangers.» —Vazeille, art. 841, n° 17; Toullier, t. 4, n° 449; Delvincourt, t. 3, p. 345, note 10; Merlin, *Rép.*, v° *Droits successifs*, n° 10.

150.—Suivant M. Duranton (t. 7, n° 203), l'action en subrogation peut être exercée, tant que le partage n'est pas consommé, lors même que le cessionnaire lui-même aurait d'abord été admis à figurer dans le partage.—«Sa présence, dit-il, a pu dès le commencement n'offrir aucun inconvénient; mais on a pu depuis découvrir quelques secrets qu'on veuille lui cacher.»

151.—Jugé, en ce sens, que le retrait peut être exercé jusqu'au partage, et est, par conséquent, admissible après l'expertise que, sur la demande du cessionnaire, le tribunal a ordonnée pour faire estimer les biens de la succession.—*Cass.*, 22 juill. 1848 (t. 1er 1849, p. 522), Liegard c. Lebreton.

152.—La loi ne fixe pas de délai fatal à la durée de l'action en subrogation, les héritiers peuvent donc l'exercer tant que les choses sont entières.—Chabot, art. 841, n° 20.

153.—Ainsi, le cohéritier a toujours le droit d'exercer le retrait contre le cessionnaire jusqu'au partage.—*Paris*, 26 févr. 1816, Tardif c. Darce.

154.—... Ou du moins jusqu'à l'accomplissement de tous les travaux nécessaires pour y parvenir.—*Cass.*, 15 mai 1833, Frebaut c. Petot.

155.—Jugé même qu'il faut que le partage soit entièrement consommé pour que le retrait cesse d'être admissible.—*Cass.*, 14 juin 1820, Larivière c. Reynaud-Delage; *Colmar*, 16 avril 1834, Wilhelm c. Parmentier.

156.—Mais le retrait cesse d'être admissible du moment que les lots ont été faits et tirés au sort.—*Metz*, 17 mai 1820, Schoumacker c. Kieffer.—Chabot, n° 19.

157.—Sous l'ancienne jurisprudence on admettait le cohéritier à l'exercice du retrait successoral, même après que le partage avait été exécuté et consommé.—Lebrun, dans son *Traité des successions*, t. 2, p. 367, s'exprime ainsi: «Je pense que cette subrogation des héritiers a lieu au cas même que la vente soit faite après que le partage a été exécuté et consommé, par la même raison qu'il peut survenir des difficultés et des garanties.»

158.—Cependant le retrait successoral, n'étant admis que lorsqu'il s'agit du partage d'une succession ouverte, ne peut être exercé, dans le cas de déclaration d'absence, qu'après l'envoi en possession définitive, mais non pendant la durée de la possession provisoire des héritiers présomptifs.—*Grenoble*, 3 juin 1846 (t. 2 1848, p. 411), Lagoy c. Riondet.

159.—Lors même que le partage ne serait pas encore consommé, il est cependant un cas où le retrait successoral ne serait plus admissible; c'est le cas où les cohéritiers auraient renoncé à l'exercer.

160.—Ainsi, le retrait successoral ne peut plus être exercé par le cohéritier qui a exécuté ou approuvé d'une manière quelconque la cession de droits successifs faite par son cohéritier à un non-successible.—*Toulouse*, 14 avr. 1812, Lapeyronnie c. Vidal.

161.—Il en est de même quand les héritiers ont traité avec le cessionnaire ou l'ont admis aux opérations du partage.—Toullier, t. 4, n° 448; Chabot, *Success.*, t. 3, art. 841, n° 19.

162.—Ainsi, le retrait successoral ne peut plus être exercé lorsque les choses ne sont plus entières, par exemple lorsque les copartageans ont admis le cessionnaire à concourir avec eux à des actes définitifs d'administration ou d'aliénation. —*Orléans*, 18 mai 1839 (t. 2 1839, p. 405), Chauvot c. Bourdin.

163.—Cependant toutes les opérations auxquelles le cessionnaire aurait été admis ne sauraient être considérées comme emportant, de la part des cohéritiers, renonciation ou retrait successoral; cela dépendra nécessairement des circonstances.

164.—Jugé qu'il y a renonciation implicite à l'exercice du retrait successoral de la part de l'héritier qui dans l'instance en licitation d'un immeuble reconnu impartageable, fait cause commune avec le cessionnaire.—*Rennes*, 20 janv. 1849 (t. 2 1849, p. 158), Durand-Vaugaron c. Mac-Anliffe.

165.—... Que le cessionnaire qui a précédemment, en vertu d'une autre cession, concouru aux premières opérations du partage, ne peut plus être écarté par l'exercice du retrait successoral.—*Toulouse*, 22 févr. 1840 (t. 2 1845, p. 393), Rivière c. Bichon.

166.—Jugé, au contraire, qu'il n'y a pas renonciation implicite par un cohéritier à l'exercice du retrait successoral, par cela seul qu'il a admis le cessionnaire aux opérations préliminaires du partage.—*Agen*, 8 avr. 1845 (t. 2 1848, p. 104), Lafaurée c. Drouille.

167.—Que le seul fait de la part du cohéritier d'un successible qui a cédé ses droits à un tiers non successible, d'avoir admis ce cessionnaire aux actes préparatoires et préliminaires du partage, ne le rend pas non recevable à exercer ultérieurement contre lui l'action en retrait successoral.—*Bordeaux*, 28 juin 1844 (t. 2 1845, p. 393), Dereix-Desgraviers c. Lacour-Dumazat.

168.—Quoi qu'il en soit, la renonciation ne saurait être présumée ni résulter de ce que le cessionnaire aurait été appelé à des actes préalables au partage qui auraient eu pour objet de faire connaître la valeur des biens de la succession et d'éclairer les héritiers sur les inconvéniens du concours d'un étranger.—*Paris*, 26 févr. 1816, Tardif c. Darce.

169.—De même le cessionnaire opposerait en vain qu'il a concouru avec les héritiers à un compromis, lorsque ce compromis n'avait pas pour objet d'assurer le partage, mais seulement la justification des qualités des parties, et surtout lorsque le cessionnaire y figurait comme mandataire de son cédant.—*Cass.*, 15 mai 1833, Frebaut c. Petot.

170.—Le retrait successoral reposant sur des motifs d'ordre public, aucune stipulation entre le cédant et le cessionnaire, même celle de la garantie de toute éviction, ne peut soustraire le cessionnaire à l'application du retrait. En conséquence, le cessionnaire ne peut repousser l'action en retrait dirigée contre lui par des cohéritiers de son cédant: en se fondant sur ce que ceux-ci sont, depuis la vente, devenus héritiers du cédant, ou sur ce que le cédant avait promis la garantie de toutes évictions.—*Cass.*, 15 mai 1844 (t. 1er 1844, p. 736), Lachazée c. Lameloize.

171.—Pour que le cessionnaire puisse être écarté du partage, il faut qu'on lui rembourse le prix de la cession.—C. civ., art. 841.

172.—Lorsque ce prix paraît avoir été exagéré dans le but d'empêcher les héritiers d'exercer le retrait successoral, la preuve de la fraude doit être admise; autrement les dispositions de l'art. 841 deviendraient illusoires.—Chabot, *Success.*, t. 3, art. 841, n° 22; Poujol, art. 841, n° 11; Duranton, t. 7, n° 195; Vazeille, art. 841, n° 30; Delvincourt, t. 2, p. 138 des notes, note 9.

173.—Ainsi, jugé que le cohéritier qui veut exercer le retrait successoral peut arguer de simulation le prix exprimé dans l'acte de cession. *Aix*, 5 déc. 1809, Mallet c. Guizot; *Bastia*, 23 mars 1835, Limazola c. Piève.

174.—Dès lors les héritiers qui exercent le retrait successoral peuvent être admis à prouver tant par titres que par témoins que le prix porté en l'acte de cession a été exagéré dans le but d'empêcher l'exercice du retrait.—*Nîmes*, 4 déc. 1823, Journet c. Bachalas; *Paris*, 14 févr. 1834, Rignon c. Carouget; *Cass.*, 1er juill. 1835, mêmes parties.—Pothier, *Obligations*, n° 776; Merlin, *Rép.*, v° *Simulation*, § 3.

175.—Lorsque l'héritier retrayant, à l'aide de présomptions établit la simulation du prix, sans pouvoir déterminer précisément l'importance de la somme payée, il appartient aux magistrats d'apprécier, suivant leurs lumières et leur conscience, la somme que celui qui a voulu frauder a pu et dû donner dans les circonstances où les parties se trouvaient placées.—*Paris*, 14 févr. 1834, Rignon c. Carouget; *Cass.*, 1er juill. 1835, mêmes parties.

176.—Les héritiers ont même le droit de déférer le serment au cessionnaire pour connaître le véritable prix de la cession.—Chabot, *Success.*, t. 3, art. 841, n° 22; Vazeille, art. 841, n° 30; Du-

ranton, t. 7, n° 195; Delvincourt, t. 2, p. 347, note 3.

177. — Ainsi jugé que l'héritier qui veut user du bénéfice de l'art. 841 C. civ. et se faire subroger à la cession que son cohéritier aurait faite de ses droits successifs à un étranger, peut déférer le serment à ce dernier sur la sincérité du prix de la cession. — *Grenoble*, 11 juill. 1806, Gazagne c. Renaud; *Aix*, 5 déc. 1809, Mallet c. Guizot; *Bourges*, 16 déc. 1833, Remon c. Berat.

178. —... Et cela, lors même que la cession aurait eu lieu par acte public. — *Grenoble*, 11 juill. 1806 Gazagne c. Renaud.

179. — Mais il ne pourrait exiger le serment du cohéritier qui a cédé ses droits. — Même arrêt.

180. — Le remboursement du prix de la cession comprend non-seulement la somme principale, mais encore les frais et coût de l'acte. — Toullier, t. 4, n° 450; Vazeille, art. 841, n° 29; Chabot, t. 3, art. 841, n° 21; Poujol, art. 841, n° 10.

181. — On doit même y ajouter les intérêts à partir du jour du paiement. Le cessionnaire doit être indemne, et il ne le serait pas s'il perdait les intérêts des sommes qu'il a payées. — Chabot, t. 3, art. 841, n° 21; Poujol, art. 841, n° 10; Benoît, *Retrait successoral*, n° 113. — Ainsi le prescrivait la loi *Per diversas*, Cod., *Mandati vel contrà*.

182. — Les héritiers ne sont pas obligés de faire au cessionnaire des offres réelles du montant de la cession au moment de la demande en subrogation. Il suffit d'offrir le remboursement du prix tel qu'il sera reconnu exister. — Chabot, t. 3, art. 841, n° 23; Duranton, t. 7, n° 200.

183. — Le retrayant peut n'être tenu des intérêts de la somme qu'il doit rembourser qu'à partir du jour où la cession lui a été notifiée, alors que de son côté le cessionnaire n'est condamné à rendre les fruits qu'à compter de la même époque. — *Cass.*, 15 janv. 1840 (t. 2 1843, p. 227), Bougeard c. Dunoday.

184. — Lorsqu'il s'agit d'une succession grevée d'usufruit, les héritiers doivent tenir compte au cessionnaire des intérêts des sommes qu'il a déboursées; non-seulement depuis le décès de l'usufruitier, mais même depuis le jour du transport. — *Paris*, 11 janv. 1809, Voyenne c. Huau.

185. — Le cessionnaire doit restituer les fruits à compter du jour de la demande et non à partir seulement du jugement qui prononce le retrait, encore bien que les cohéritiers demandeurs aient laissé s'écouler un long intervalle sans continuer leurs poursuites. — *Poitiers*, 3 juin 1823, Baudry c. Poitevin.

186. — Le cessionnaire à l'égard duquel le retrait est exercé n'est tenu de restituer les fruits que du jour où il est remboursé des sommes qu'il a réellement payées. — *Bastia*, 23 mars 1835, Limazola c. Piève.

187. — Dans l'exercice du retrait successoral, l'obligation de rembourser les frais légitimement faits ne s'applique point aux frais et honoraires purement relatifs au cessionnaire. — *Cass.*, 1er juill. 1835, Rignon c. Carouget. — Conflans, *Jurispr. des success.*, p. 372.

188. — Le retrait peut être admis quoique le retrayant ne soit pas en état de rembourser avec son propre argent le prix de la cession, et qu'il n'exerce le retrait que dans l'intention de revendre à d'autres les biens héréditaires. — *Bastia*, 23 mars 1835, Limazola c. Piève.

189. — Pour obtenir le remboursement des sommes qu'il a payées comme prix de la cession des droits successifs à l'égard desquels on veut exercer le retrait successoral, le cessionnaire n'a pas seulement à prouver que les paiemens assignés ont été effectués. S'il est établi que des sommes payées ont profité à un tiers qui n'avait point droit de les réclamer, ces sommes ne doivent pas être remboursées par l'héritier. En d'autres termes, la discussion des paiemens est permise. — *Douai*, 30 juill. 1834, Cousin c. N....

190. — Pour exercer le retrait de droits successifs, il n'est pas besoin de faire préalablement des offres réelles. — *Besançon*, 31 janv. 1809, Damblet et Dornier c. Roussel; *Pau*, 10 juin 1830, Pitte c. Saint-Hilaire; *Bourges*, 16 déc. 1833, Remon c. Berat; *Bastia*, 23 mars 1835, Limazola c. Piève.

191. — Ce n'est que lorsque le prix a été définitivement déterminé que le cohéritier est tenu d'en offrir le montant au cessionnaire. — *Aix*, 5 déc. 1809, Mallet c. Guizot.

192. — Il suffit pour la validité des offres de remboursement, qu'elles comprennent le prix de la cession avec les intérêts et loyaux coûts du contrat; sans qu'il soit nécessaire qu'elles s'étendent à une dette de la succession, dont le cessionnaire s'était interdit de réclamer le paiement. — *Colmar*, 16 avril 1834, Wilhelm c. Parmentier.

193. — Le cohéritier qui a offert, en justice, au cessionnaire des droits successifs de son cohéritier le remboursement du prix de la cession, a, dès ce moment, et quoique son offre n'ait point été acceptée, un droit acquis à la subrogation : droit qui ne peut être compromis par les actes faits ultérieurement entre le cédant et le cessionnaire. Plus spécialement une demande en retrait successoral ne peut être écartée par le motif que le cessionnaire d'une partie des droits successifs d'un cohéritier est en même temps donataire d'une autre partie de ces droits, lorsque la donation qui lui confère cette dernière qualité est postérieure à la demande en retrait. — *Cass.*, 4 mai, 1829, Montagnier c. Champavère. — Conflans, *Jurisprudence sur les successions*, p. 342.

194. — Par la même raison il n'y a pas moins lieu à l'exercice du retrait successoral, encore bien que, postérieurement à la demande qui en est faite par l'héritier, le cessionnaire de droits successifs rétrocède ces droits au cohéritier qui les lui avait vendus. Le retrayant a, par sa seule demande, un droit acquis que ne peut lui enlever une résolution de la cession, qui paraîtrait le résultat d'un concert entre le cédant et le cessionnaire. — *Paris*, 16 mai 1823, Quenedey c. Levacher de la Feuterie.

195. — Le cessionnaire évincé par l'exercice du retrait successoral est complétement désintéressé par le remboursement du prix de la cession, et il ne peut dès lors exercer une action en garantie ou en recours contre son vendeur pour cause d'éviction. — *Cass.*, 15 mai 1844 (t. 1er 1844, p. 736), Lachazée c. Lameloize.

196. — En effet, l'héritier qui cède à un tiers ses droits indivis dans une succession n'est pas tenu de garantir son cessionnaire contre l'exercice du retrait successoral. — Même arrêt.

197. — L'acquéreur de la part de l'un des héritiers dans une maison dépendant de la succession et qu'à l'époque de l'acquisition il occupait à titre de locataire, peut, quoiqu'il n'y ait pas lieu au retrait successoral, et nonobstant sa qualité de copropriétaire, être expulsé de cette maison par les autres héritiers, si son bail est expiré. — Il n'est pas recevable à provoquer d'abord la division partielle de cet immeuble avant que le partage total de la succession ait eu lieu. L'action *communi dividundo* doit être précédée de l'action *familiæ erciscundæ*. — *Bruxelles*, 2 déc. 1817, Wandels c. Luttens.

198. — Les héritiers subrogés prennent tous les droits du cessionnaire; ils sont censés avoir traité directement avec le cédant; ils profitent de tous les avantages éventuels survenus dans l'intervalle de la cession au retrait. — Par exemple, si une cession a été consentie moyennant une rente viagère, et que le cédant vienne à mourir soit avant, soit après l'action en subrogation; les héritiers profitent de l'extinction de la rente, et ne sont tenus qu'au remboursement des arrérages échus jusqu'au décès du cédant. — Chabot, art. 841, n° 24; Vazeille, n° 31; Toullier, t. 4, n° 451.

199. — Ainsi jugé que celui qui exerce le retrait doit profiter des chances actives attachées aux conditions de la vente; par exemple, de l'extinction d'une rente viagère survenue dans l'intervalle de la cession à la subrogation. — *Amiens*, 18 mars 1806, Roussel c. Wargemont; *Cass.*, 1er déc. 1806, mêmes parties.

RETRAITE.

C'est une nouvelle lettre de change au moyen de laquelle le porteur d'une lettre de change protestée se rembourse sur le tireur ou sur l'un des endosseurs, tant du principal de la lettre de change que de ses frais et du nouveau change qu'il paie. — C. comm., 178. — V. RECHANGE.

RETRAITE (Pensions de).

V. ARMÉE, PENSIONS, etc.

RETRANCHEMENT.

V. QUOTITÉ DISPONIBLE, et, sous un autre point de vue, PLACE DE GUERRE.

RÉTRIBUTION UNIVERSITAIRE.

V. CONTRIBUTIONS DIRECTES.

RÉTROACTIVITÉ.

V. LOIS.

RÉTROCESSION.

1. — C'est l'acte par lequel nous remettons à un autre le droit qu'il nous avait cédé auparavant.

2. — Ce terme ne se trouve pas dans nos codes, mais il en est fait usage dans la pratique. — De plus, il est employé par la loi du 22 frimaire an VII sur l'enregistrement. — V. ENREGISTREMENT.

3. — La rétrocession n'est, à proprement parler, qu'une cession ou une vente, un acte de la nature de celui par lequel le rétrocédant avait acquis ses droits. — Il y a donc lieu d'appliquer aux rétrocessions les dispositions légales relatives aux ventes et aux transports. Celui qui rétrocède est un véritable cédant ou vendeur, et le terme de *rétrocession* indique seulement qu'il cède ou vend la chose à celui-là même qui la lui avait cédée ou vendue. — *Dict. des droits d'enregistr.*, v° *Rétrocession*, n° 2. — V. TRANSPORT, VENTE.

V. aussi DROITS LITIGIEUX, FIEF, RETRAIT SUCCESSORAL.

RÉUNION (Ile de la).

1. — Un arrêté du Gouvernement provisoire du 7 mars 1848 a rendu à l'île Bourbon son nom républicain d'*Ile de la Réunion*. — V. BOURBON (île).

2. — Quant aux changemens apportés, depuis l'avénement de la République, dans le système politique et administratif de l'île de la Réunion, comme pour les principales colonies en général, on peut consulter l'analyse qui en est présentée v^is MARTINIQUE et NOIRS.

RÉUNION (Droit de).

1. — Nous avons déjà traité, sous le mot ASSOCIATIONS ILLICITES, du droit d'association. Quant au droit de réunion, on sait que son exercice a été l'objet de discussions très-vives et que c'est de ces discussions qu'est sortie la Révolution de février 1848. — Nous en dirons donc quelques mots, en remontant à l'origine de la polémique à laquelle il a donné naissance.

2. — L'art. 3-tit. 2 de la loi du 16-24 août 1790 est ainsi conçu : « Les objets de police confiés à la vigilance et à l'autorité des corps municipaux sont tout ce qui intéresse la sûreté et la commodité ... § 2. Le soin de réprimer, de punir les délits contre la tranquillité publique, tels que les rixes, les disputes accompagnées d'ameutement dans la rue, le tumulte excité dans les lieux d'assemblée publique, les bruits, les attroupemens nocturnes qui troublent le repos des citoyens ... § 3. Le maintien du bon ordre dans les endroits où il se fait de grands rassemblemens d'hommes, tels que les foires, marchés, réjouissances, cérémonies publiques, spectacles, jeux, cafés, églises et autres lieux publics. »

3. — De tout temps on a admis que cette disposition de la loi du 16-24 août 1790 comprend tous les lieux publics, de quelque nature qu'ils fussent, où, soit pour des rapports de commerce, soit sous le prétexte de plaisir, de grands rassemblemens d'hommes pouvaient s'opérer. Aussi a-t-il été déjà décidé qu'elle s'appliquait aux *bals publics*, bien qu'ils n'y fussent pas nominativement désignés. — V. BALS PUBLICS. — V., aussi, sur ce qu'on entend par lieux publics, v° DÉLITS DE PRESSE ET DE PUBLICATION.

4. — Mais le législateur de 1790 avait-il compris dans sa disposition *même les réunions politiques*?

5. — Vers la fin de 1847, et au commencement de 1848, il fut organisé, comme l'on sait, dans plusieurs départemens, des banquets où assistèrent des membres de la Chambre des députés, et où les questions politiques à l'ordre du jour furent examinées. Le gouvernement s'émut de l'importance de ces réunions publiques, et donna des ordres aux préfets pour qu'ils les empêchassent. — Mais la question de la légalité, du droit absolu des réunions politiques publiques, fut portée à la tribune, dans la séance de la Chambre des députés du 8 févr. 1848, par M. de Malleville. Il

prétendit que la loi du 16-24 août 1790 n'interdisait point aux citoyens le droit de se réunir librement; que cette loi, loin de permettre au pouvoir de prévenir, d'empêcher les réunions politiques accidentelles, l'obligeait, au contraire, à prêter aide et assistance pour tenir ces réunions, lorsque les officiers municipaux avaient été instruits du temps, du lieu et du sujet de ces réunions, et enfin que le droit de se réunir accidentellement résultait encore de l'art. 291 C. pén., et de la loi de 1834 sur les associations. — M. Duchâtel, ministre de l'intérieur, soutint que l'autorité chargée de la police avait le droit d'interdire, quand on les croyait dangereuses pour l'ordre, les réunions politiques, et que ce droit était basé sur la loi de 1790 combinée avec celle de 1791.

6. — M. Odilon-Barrot combattit en ces termes le système du ministre : «... Il y a dans ce débat une question de légalité, question haute, qui implique un des droits fondamentaux de la Constitution... Est-ce que vous croyez que nous consentirons à discuter cette question comme s'il s'agissait d'un bal public ou d'un mauvais lieu placé sous l'inspection de la police? Est-ce que vous croyez que nous consentirons à descendre dans les bas-côtés de la discussion cette immense question du droit de réunion des citoyens, quand ils ont à pétitionner ou à faire des adresses aux pouvoirs officiels du pays?... La loi du 24 août 1790, que M. le ministre de l'intérieur a citée, n'autorise pas ce qu'il croit pouvoir être autorisé par la police; la loi de 1790 charge l'autorité municipale de maintenir l'ordre, d'empêcher le désordre dans les lieux où se font de grands rassemblemens d'hommes, tels que églises, foires, marchés et autres lieux publics.» — Mais M. Odilon-Barrot fit remarquer qu'il ne s'agissait pas ici d'une question de police, mais du droit politique qu'avaient les citoyens de se réunir pour exercer un droit constitutionnel, pour délibérer en commun une pétition, par exemple..., pour arrêter une liste de candidats, examiner en commun leurs intérêts respectifs, qu'il s'agisse de candidatures politiques ou municipales. «Je maintiens, a-t-il dit, que, si vous subordonnez ce droit à la faculté arbitraire de la police de permettre ou de ne pas permettre la réunion, vous faites dégénérer toute liberté politique dans un pays en questions de police; vous mettez la police au dessus de la Charte, vous soumettez à son sceau l'accomplissement, l'exercice de tous les droits politiques... Dans cette législation même que vous nous opposez, on vous l'a déjà cité, mais on ne pourrait le citer trop souvent, dans cette législation que vous nous opposez, je trouve la reconnaissance formelle de ce droit politique. Il y est dit tout au long : les directoires (mettez les préfets) veilleront de même à ce que les citoyens ne soient pas troublés dans la faculté de se réunir paisiblement et sans armes, en assemblée publique, pour rédiger des adresses, des pétitions, lorsque ceux qui voudront s'assembler auront instruit les officiers municipaux du temps, du lieu et du sujet de ces assemblées...» Ainsi, a ajouté M. Odilon-Barrot en terminant la partie légale de la discussion, l'Assemblée constituante, qui venait d'inaugurer la liberté politique dans le pays, avait compris que la liberté sans les moyens, sans les instrumens, sans le droit de se réunir, était un véritable non-sens, une dérision. Aussi a-t-elle écrit, à côté même des attributions confiées à l'administration, cette mission spéciale de protéger le droit politique des citoyens de se réunir en assemblée pour délibérer en commun les actes qu'ils doivent faire...»

7. — M. Hébert, ministre de la justice, répondit que M. Odilon-Barrot s'était mépris sur l'objet et sur le sens de la loi de 1790; que cette loi, en principe, interdisait aux citoyens de s'assembler, de se réunir, de délibérer sur les affaires publiques, et commandait aux autorités de mettre obstacle à de pareilles réunions; qu'elle ne leur permettait de se réunir que pour exercer le droit de pétition, la pétition collective n'étant pas reçue si elle n'était le résultat d'une délibération préalable entre les pétitionnaires, et n'enjoignait que pour ce cas aux autorités de protéger ces mêmes réunions; — que la Constitution elle-même de 1791 reconnut et déclara le droit pour tous les citoyens de se réunir et de s'assembler pour délibérer à leur gré sur les affaires publiques, mais que l'exercice illimité de ce droit ayant conduit au bout de quelques mois à des abus, à des excès, l'Assemblée constituante elle-même en vint à essayer de lui enlever ce qu'il avait de plus important et de plus nuisible en même temps; qu'elle conserva ce droit aux citoyens, mais à la condition que le compte-rendu des délibérations, les discours que l'on prononcerait dans les sociétés ne seraient pas publiés dans les journaux; que toutes les dispositions fondamentales garanties par la Constitution de 1791 avaient pris place en termes équivalens dans la Charte de 1830, et qu'on n'avait laissé de côté que ce qui était condamné par l'expérience et par la droite raison; que, si, donc, aujourd'hui des citoyens s'assemblaient publiquement, en quelque forme et sous quelque prétexte que ce fût, pour délibérer sur les affaires publiques, la loi du 16-24 août 1790 viendrait s'appliquer sans aucun doute et sans aucune difficulté; que les réunions publiques dont la politique était l'objet avaient un caractère d'autant moins rassurant qu'elles tendaient à s'occuper des sujets les plus propres à exciter les hommes réunis, à pervertir leurs intentions et à les animer les uns contre les autres; — qu'enfin l'arrêté des consuls de l'an VIII et celui de l'an IX, qui organisèrent à Paris les attributions du préfet de police, lui conféraient expressément le droit de *prévenir* ou de dissiper les rassemblemens ou les *réunions publiques* qui pourraient porter atteinte à la tranquillité ou à l'ordre publics.

8. — MM. Feuilhade-Chauvin et Ledru-Rollin, notamment, prirent encore part à la discussion pour démontrer que ni la loi de 1790, ni celle de 1834 sur les associations, ni aucune autre, n'autorisaient les prétentions du gouvernement à s'opposer aux banquets.

9. — A la suite de cette discussion, qui dura pendant trois séances, un nouveau banquet fut organisé pour avoir lieu à Paris même. Le jour en fut fixé au 22 février. La veille, M. Odilon-Barrot interpella de nouveau le ministère sur ses intentions à l'occasion de ce banquet. Le ministère persista à soutenir qu'il avait le droit de l'empêcher, s'il le jugeait utile. — Quatre jours après, la République était inaugurée. Depuis, le droit de réunion ne put être contesté.

10. — Et la Constitution de 1848 (art. 8) reconnaît aux citoyens le « droit de s'associer, de s'assembler paisiblement et sans armes, » en ajoutant que l'exercice de ces droits n'a pour limites que les droits ou la liberté d'autrui et la sécurité publique.

11. — Ainsi, le droit de réunion, comme tous les autres, est sujet à réglementation. Au reste, dès avant la promulgation de la Constitution, on avait compris la nécessité de réglementer le droit de réunion. — De là 1° la nouvelle loi sur les attroupemens (V. RASSEMBLEMENT) et 2° la loi du 28 juill. 1848 sur les clubs. — Voici les dispositions de cette loi.

12. — Les citoyens ont le droit de se réunir en se conformant aux dispositions suivantes. — Art. 1er. — L'ouverture de tout club ou réunion de citoyens sera précédée d'une déclaration faite par les fondateurs : à Paris, à la préfecture de police; et dans les départemens, au maire de la commune et au préfet. Cette déclaration aura lieu quarante-huit heures au moins avant l'ouverture de la réunion. Elle indiquera les noms, qualités et domiciles des fondateurs, le local, les jours et heures des séances. Il sera immédiatement donné acte de la déclaration.—Aucun club ne pourra prendre une dénomination autre que celle du lieu de ses séances.—Les édifices publics ou communaux ne pourront être affectés, même temporairement, à ces réunions. — Art. 2.

13. — Les clubs seront publics et ne pourront, dans aucun cas, ni restreindre la publicité par aucuns moyens directs ou indirects, ni se constituer en comité secret. — Pour assurer cette publicité, un quart au moins des places sera réservé aux citoyens étrangers au club. — Les femmes et les mineurs ne pourront être membres d'un club ni y assister. — Les séances des clubs ne pourront se prolonger au delà de l'heure fixée par l'autorité pour la fermeture des lieux publics. — Art. 3.

14. — L'autorité qui aura reçu la déclaration pourra toujours déléguer, pour assister aux séances des clubs, un fonctionnaire de l'ordre administratif ou judiciaire.—Ce fonctionnaire y prendra une place spéciale, à son choix, et devra être revêtu de ses insignes. — Art. 4.

15. — Un procès-verbal sera dressé, et signé, à la fin de chaque séance, par tous les membres du bureau; il contiendra : 1° les noms des membres qui auront fait partie du bureau; 2° le résumé exact de tout ce qui se sera passé à la séance. Il sera représenté à toute réquisition de l'autorité publique. — Le fonctionnaire présent à la séance pourra requérir l'insertion au procès-verbal de toutes les constatations qu'il jugera nécessaires, sans préjudice du droit qui lui appartient de dresser procès-verbal de toute contravention à la loi. — Art. 5.

16. — Les membres du bureau ne peuvent tolérer la discussion d'aucune proposition contraire à l'ordre public et aux bonnes mœurs ou tendant à provoquer un acte déclaré crime ou délit par la loi, ni des dénonciations contre les personnes ou attaques individuelles. — Les discours, cris ou menaces proférés dans un club sont considérés comme proférés dans un lieu public, et demeurent soumis à la même responsabilité. — Il en sera de même de tous imprimés ou emblèmes distribués dans l'intérieur du club. — Art. 6.

17. — Sont interdits : les rapports, adresses et toutes autres communications de club à club; les députations ou délégations de commissaires faites par un club, quel que soit l'objet de la mission des députés ou délégués. — Sont également interdits : toutes affiliations entre clubs, tous signes extérieurs d'association et toutes affiches, proclamations et pétitions collectives de clubs.— Il est interdit à tous clubs ou réunions de prendre des résolutions dans la forme de lois, décrets, arrêtés, ordonnances, jugemens ou autres actes de l'autorité publique. — Art. 7.

18. — Quiconque se présentera dans un club avec des armes apparentes ou cachées sera puni d'un emprisonnement de trois mois à six mois, et de la privation des droits civiques pendant trois ans au moins et dix ans au plus. — Seront punis de la même peine : 1° les membres du bureau qui auront provoqué le fait, ou qui, en étant informés, ne l'auront pas empêché en ordonnant l'expulsion immédiate des individus armés; 2° tous ceux qui par des discours proférés publiquement, ou par des écrits publiés ou affichés, auront provoqué les citoyens à se rendre en armes au club, ou à s'armer au dehors. — Art. 8.

19. — Toute contravention aux articles 2, 3, 4 et 5 sera punie d'une amende de 100 à 500 francs, et, s'il y a lieu, de la privation, en tout ou en partie, pendant un an au moins et trois ans au plus, de l'exercice des droits civiques mentionnés dans l'art. 42 du Code pénal. Ces peines seront prononcées contre les président, secrétaires et autres membres du bureau qui auront assisté aux séances sans que les règles prescrites par les articles précités aient été observées. — Art. 9.

20. — Toute contravention aux dispositions des articles 6 et 7 sera punie d'une amende de 100 à 500 francs, et, suivant les cas, d'un emprisonnement de quinze jours à trois mois et de la privation des droits civiques de un à cinq ans. — Ces peines seront prononcées contre les président, secrétaires et autres membres du bureau qui auront autorisé les contraventions prévues par ces articles, et, en outre, contre les membres qui auront pris une part active à ces contraventions. — Art. 10.

21. — Le tribunal, en prononçant les peines édictées par les trois articles qui précèdent, pourra, en outre, selon la gravité des circonstances, ordonner la fermeture des clubs. — Dans les cas de délits ou contraventions constatés par un procès-verbal et ayant donné lieu à un réquisitoire à fin de poursuites, la chambre du conseil pourra, par une ordonnance spéciale, rendue sur les réquisitions du ministère public et le rapport du juge d'instruction, ordonner la fermeture immédiate et provisoire du club ou de la réunion jusqu'au jugement définitif des délits ou contraventions. — Cette ordonnance ne sera sujette à aucun recours. — Art. 11.

22. — En cas de réunion d'un club après la dissolution ou suspension prononcées la peine contre les contrevenans sera de six mois à un an d'emprisonnement, et de la privation des droits civiques de cinq à dix ans. — Art. 12.

23. Les sociétés secrètes sont interdites. Ceux qui seront convaincus d'avoir fait partie d'une société secrète seront punis d'une amende de 100 à 500 francs, d'un emprisonnement de six mois à deux ans, et de la privation des droits civiques de un à cinq ans. — Ces condamnations pourront être portées au double contre les chefs ou fondateurs desdites sociétés. — Ces peines seront prononcées sans préjudice de celles qui pourraient être encourues pour crimes ou délits prévus par les lois.—Art. 13.

24. — Les citoyens peuvent fonder, dans un but non politique, des cercles ou réunions non publics, en faisant préalablement connaître à l'autorité municipale le local et l'objet de la réunion, et les noms des fondateurs, administrateurs et directeurs. A défaut de déclaration, ou en cas de fausse déclaration, la réunion sera fermée immé-

RÉUNION (Droit de).
RÉUNION (Droit de).

diatement, et ses membres pourront être poursuivis comme ayant fait partie d'une société secrète. — Les dispositions qui précèdent ne sont point applicables aux associations industrielles ou de bienfaisance. — Art. 14.

25. — Les réunions non publiques dont le but sera politique ne pourront se former qu'avec la permission de l'autorité municipale et aux conditions qu'elle déterminera, sauf recours, en cas de refus, à l'autorité supérieure. — L'administration pourra toujours révoquer les autorisations accordées et faire fermer les réunions qui n'en seraient pas pourvues. — En cas de contravention, les membres, chefs et fondateurs seront punis des peines prononcées par l'art. 13. — Art. 15.

26. — Les infractions aux formalités prescrites par le présent décret pour l'ouverture des clubs et la tenue de leurs séances, seront déférées aux tribunaux de police correctionnelle. — Toutes les autres infractions seront soumises au jugement du jury. — Art. 16.

27. — En cas de conviction de plusieurs crimes ou délits commis dans les réunions publiques ou non publiques, la peine la plus forte sera seule appliquée aux faits antérieurs à la poursuite. — Art. 17.

28. — L'art. 463 du Code pénal pourra être appliqué à toutes les infractions prévues par le présent décret. — Lorsque les circonstances atténuantes seront admises, la Cour ou le tribunal appliquera l'art. 401 du Code pénal. Néanmoins, la durée de l'emprisonnement pourra être réduite au minimum fixé par la présente loi. — La liberté provisoire pourra, dans tous les cas, être accordée avec ou sans caution. — Art. 18.

29. — Les dispositions du présent décret ne sont pas applicables aux réunions ayant pour objet exclusif l'exercice d'un culte quelconque, ni aux réunions électorales préparatoires. — Art. 19.

30. — Comme on le voit, l'article 19 de ce décret affranchit de l'accomplissement des formalités qu'il prescrit les réunions électorales préparatoires. Toutefois le gouvernement, pensant que ces réunions devaient être soumises, comme toute autre réunion publique, à la surveillance de la police, enjoignit aux commissaires de police d'assister à celles qui se tenaient dans leur quartier, et d'y verbaliser, si quelque délit venait à s'y manifester. La circulaire du ministre de l'intérieur portant cet ordre contient ce qui suit : « La loi affranchit les réunions électorales des dispositions restrictives exigées à l'égard des clubs, des réunions politiques publiques ou non publiques. Mais il serait facile aux partisans de désordre d'éluder les prescriptions de la loi et d'organiser, sous prétexte de réunion électorales préparatoires, de véritables clubs, d'autant plus dangereux qu'ils ne seraient assujettis à aucune surveillance. L'autorité a donc incontestablement le droit de vérifier, en toute circonstance, si une réunion électorale préparatoire n'est pas détournée de son objet, et si, à l'abri d'un texte légal, on ne cherche pas à constituer des sociétés secrètes ou des clubs illicites. Dans ce but, les citoyens qui formeront des réunions électorales préparatoires devront être prévenus qu'un agent de l'autorité aura mission d'assister à la séance et de consigner dans un rapport à l'administration supérieure tous les incidens qui paraîtraient de nature à provoquer des poursuites judiciaires, tous les faits qui présenteraient le caractère d'un délit. Il ne sera pas nécessaire que ces agens de l'autorité soient revêtus de leurs insignes. Toutefois l'agent devra faire reconnaître de cette manière sa mission et sa présence, lorsqu'un incident se produira de nature à exiger son intervention officielle. Le commissaire de police est électeur. A ce titre seul il aurait le droit de se faire admettre dans une réunion électorale. De plus il est officier de police judiciaire, et la surveillance des lieux publics ne saurait lui être contestée. La présence d'un agent de l'autorité ne pourra, en aucune façon, nuire à la liberté que chaque électeur doit avoir de proposer ses candidats ou de discuter les mérites des diverses candidatures. J'ajouterai que, dès aujourd'hui, les réunions électorales qui voudraient se former en vue des prochaines élections générales devront être considérées comme préparatoires, et qu'à ce titre, toutes réserves faites pour le droit de surveillance, il y aura lieu de les tolérer. »

31. — Cette circulaire devint le sujet d'interpellations qui furent adressées, dans la séance de l'Assemblée nationale du 11 avril 1849, par M. Ledru-Rollin au ministère. Il s'agissait de savoir, comme nous l'avons dit, si le gouvernement pouvait légalement prétendre exercer un droit de surveillance sur les réunions préparatoires électorales. M. Ledru-Rollin soutient d'abord que le droit de réunion, droit sacré, naturel, primordial, en dehors de la Constitution, n'avait pu être anéanti par une loi de police concernant les marchés, les rassemblemens. « Voyons, dit-il, d'où procédait cette fameuse loi de 1790. Elle procédait d'une loi du 14 déc. 1789... Dans cette loi de décembre 1789 on déclarait déjà que la municipalité avait le droit de faire des arrêtés pour tout ce qui concerne la voirie, la sécurité publique et l'ordre dans les rassemblemens. Voilà ce que disait la loi de 1789. Maintenant, que trouvons-nous dans son art. 62? Ceci : « Les citoyens actifs ont le droit de » se réunir paisiblement et sans armes, en assem» blées particulières, pour rédiger des adresses, » pétitions, soit aux corps municipaux, soit aux » administrations de département, soit au Corps » législatif. La seule condition sera de déclarer le » jour de leur réunion. » Voilà donc que la loi de 1789 qui existait, bien entendu, avant celle de 1790, voilà que cette loi consacre d'une façon indiscutable le droit de réunion pour les citoyens! Or, quand le droit de réunion a été créé par le décret de 1789, vous oseriez aujourd'hui soutenir que le droit a disparu dans la loi de 1790, et qu'il a disparu par ces mots vagues et élastiques; « et autres lieux » publics! » Cela ne peut pas être. » — L'orateur s'attache alors à démontrer que la loi de 1790 n'a pas le sens qui lui a été donné dans la circulaire précitée du ministre de l'intérieur, qu'elle n'a jamais pu s'étendre aux réunions politiques. Il fonde son argumentation sur une circulaire explicative de la loi de 1790 et sur un décret de l'Assemblée nationale, en date du 15 déc. 1790. Il s'est, du reste, sur ce point, exprimé ainsi : « La loi de 1790 a été accompagnée d'une circulaire explicative, en l'adressant aux corps constitués. Il y a eu un commentaire, il y a eu la circulaire qui expliquait la loi, et, dans cette circulaire, que décrète-t-on? On décrète que la loi de 1790 ne peut pas s'appliquer aux réunions politiques. Vous comprenez bien la question? Quel est l'argument qu'on vous fait? On vous dit : Cette loi de 1790 a déféré au gouvernement le droit de surveillance partout; en conséquence, même des réunions politiques. — Et je vous réponds : La loi de 1790 a été accompagnée d'une circulaire dans laquelle on a déclaré nettement que les réunions politiques sont exceptées, et que la loi de 1790 ne peut les atteindre. Est-ce clair? Vous me demandez..., l'honorable président du conseil me demande, dans un aparté, que je produise des textes. Je viens d'en indiquer un, la circulaire... — Maintenant, voici un fait et un texte : Il y a eu à Dax une poursuite qui a été faite contre une société populaire. Ceci se passait au 15 nov. 1790. La société populaire se plaint à l'Assemblée nationale de ce que la police intervient dans son sein, de ce qu'on a troublé l'ordre de sa discussion, et de ce qu'on a pris ses papiers. L'Assemblée nationale de cette époque, qui s'occupait beaucoup de ces questions, qui trouvait que c'était quelque chose de très-capital qu'une atteinte portée au droit de réunion, écrit trois fois à la municipalité de Dax pour lui déclarer qu'il lui est impossible de troubler une réunion politique, que la loi de 1790 ne touche pas à ces sortes de réunions. La loi est invoquée; voulez-vous le décret? Le voici. Je reprends un peu plus haut dans le *Moniteur* : Ces sociétés propagent l'esprit public (c'est le rapporteur qui parle) et le patriotisme dans les départemens; les municipalités ne peuvent les dissoudre que dans le cas où elles formeraient dans leur sein des complots contre l'exécution des lois et troubleraient l'ordre public, encore faudrait-il, dans ce cas, agir avec des précautions infinies. Deux lettres successives, écrites par votre comité à la municipalité de Dax, sont demeurées sans réponse. Quoiqu'on lui ait rappelé le décret qui autorise tous les citoyens à se réunir paisiblement et sans armes pour délibérer sur leurs intérêts, elle a persisté dans le refus de restituer à la société des Amis de la Constitution les papiers qu'elle lui avait enlevés. — Voici le décret : L'Assemblée nationale, — Considérant que, par son décret du 14 déc. 1789, il est libre à tous les citoyens de se réunir paisiblement et sans armes, en informant simplement la municipalité du lieu de leurs séances, — Décrète que la municipalité de Dax n'a pu troubler la société établie dans cette ville, ni lui défendre de tenir ses séances, encore moins lui enlever ses papiers, et qu'elle sera tenue de les restituer sur-le-champ..... — Voici d'abord l'argument qu'on doit en tirer nécessairement, impérieusement. Vous prétendez que la loi de 1790, par ces mots : « et autres lieux publics, » a compris les réunions politiques. Je vous réponds : Cela n'est pas possible; car la loi de 1790 avait, avant elle, une loi de 1789 qui autorisait les réunions publiques. Or, quand une loi de cette importance existe, ce n'est pas par voie de réticence, par voie de silence, qu'on aurait pu l'anéantir. Il faudrait donc montrer, dans la loi de 1790, un texte formel pour supprimer le premier texte. — Maintenant voici la deuxième partie de l'argumentation. En 1790, au mois de décembre, l'Assemblée nationale est consultée sur la question de savoir si une réunion politique a pu exister. Est-ce que, par hasard, l'Assemblée nationale répond : Ah! mais aux termes de la loi de 1790, vous ne pouvez pas exister; aux termes de la loi de 1790, la police peut intervenir; aux termes de la loi de 1790 que vous invoquez, la surveillance est nécessaire : or, vous, municipalité de Dax, loin d'avoir tort, vous avez raison, car vous avez pour vous la loi de 1790, qui déclare formellement que la police peut intervenir dans toutes les réunions politiques. Voilà ce qu'il faut trouver dans votre argument. Eh bien! je n'ai qu'un mot à vous répondre, mais il est décisif. — La loi de 1790, n'oubliez pas cette date, c'est toute la question, la loi de 1790 est du 16 août, et le décret de l'Assemblée nationale est du 15 déc. 1790. Or, quand l'Assemblée nationale a été consultée sur cette question : La municipalité a-t-elle pu intervenir par sa police pour surveiller une réunion politique? quel a été le rôle de l'Assemblée nationale? A-t-il été de répondre : Oui, la police a pu intervenir; oui, la police a pu surveiller; car il y a une loi de 1790 qui a été faite au mois d'août, laquelle loi déclare que la surveillance est absolue, que la surveillance s'étend non-seulement aux réunions publiques, non seulement aux marchés, mais aux réunions politiques? Non, l'Assemblée nationale rend un décret qui répond tout le contraire, un décret qui vient vous dire : La loi applicable, ce n'est pas la loi de 1790, qui est faite depuis trois mois; la loi applicable, c'est la loi de 1789, qui déclare que les citoyens peuvent se réunir, que les réunions politiques ne peuvent pas être frappées de surveillance... » — M. Ledru-Rollin combat ensuite l'objection tirée de ce qu'une réunion dite électorale peut déguiser un club. Selon lui, tant qu'on n'a pas fait la preuve que c'est un club, la présomption est que c'est une réunion électorale; et il en conclut que soumettre, en l'absence de cette preuve, une réunion dite électorale à la surveillance de la police, ce serait violer la Constitution.

32. — M. Odilon Barrot, ministre de la justice, sans s'expliquer sur la question de l'applicabilité ou l'inapplicabilité de la loi de 1790 aux réunions électorales, question qui était alors pendante devant la Cour de cassation, répond, d'une part, qu'on ne doit pas confondre le droit de surveiller une réunion électorale, d'y assister pour maintenir l'ordre, avec le droit de l'empêcher, de la troubler, de la dissoudre; et, de l'autre, que, si la réunion est publique, l'autorité doit y être admise non-seulement pour empêcher le désordre, mais pour s'assurer que le titre de réunion électorale n'est pas une enseigne tendant à éluder la loi sur les clubs. Il s'est, notamment sur ce dernier point, exprimé de la manière suivante : — « Quant aux réunions publiques, le droit permanent de l'autorité est de veiller au maintien de l'ordre, de pénétrer comme tous les citoyens dans les lieux publics, et plus que tous les citoyens, parce que, indépendamment de son droit, elle y a un devoir à remplir, une mission, une responsabilité. Le droit de l'autorité ne peut être nié. — Maintenant il y a un droit spécial, indépendamment de ce droit de l'autorité de veiller au maintien de l'ordre dans tous les lieux publics, dans tous les lieux où il y a un rassemblement; il y a le droit spécial dont la loi des clubs investit l'autorité. Ce n'est plus le droit général de l'autorité de pénétrer dans les lieux publics : c'est un droit spécial, c'est le droit de vérifier si la réunion s'est conformée aux prescriptions de la loi des clubs, si elle a prévenu l'autorité, si elle a un bureau, si un procès-verbal est dressé; c'est le droit pour l'autorité de s'enquérir de toutes ces conditions, et, si elles sont violées, indépendamment de tout désordre et de tout trouble, de déférer aux tribunaux les contraventions à la loi. Ce droit spécial, l'autorité ne peut l'exercer qu'autant que la réunion électorale est un voile mensonger, qui n'a été imaginé que pour éluder la loi sur les clubs. — Voilà le droit, voilà les principes; ce n'est pas nous qui les appliquons les premiers. Nous avons eu déjà des élections; eh bien! il s'est passé précisément ce qui se passe aujourd'hui. Des élec-

tions sont annoncées : assurément, comme le disait l'un des prédécesseurs de M. le ministre de l'intérieur, les jurisconsultes des clubs sont assez bien avisés pour ne pas laisser échapper une si belle occasion de s'affranchir tout à coup, d'une manière générale et absolue, de toutes les entraves que la loi de 1848 leur impose. Et alors, comme vous le trouverez consigné dans des rapports, dont je ne veux pas fatiguer l'Assemblée, tous les clubs deviennent des réunions électorales. A l'instant même, et par cela même, si la doctrine qui a été très-énergiquement développée à cette tribune était acceptée, il faudrait dire que la loi de 1848 sur les clubs est suspendue, ou plutôt qu'elle est complétement subordonnée à la déclaration de ceux qui tiennent ce club. Enlevez à l'autorité le droit de s'enquérir : si le prétexte est mensonger, si l'on traite dans la réunion autre chose que des questions électorales; il en résulte que ceux qui composent la réunion sont à couvert. — Messieurs, ce n'est pas ainsi que les lois s'entendent et s'exécutent : il faut abroger les lois, ou il faut qu'elles soient sérieuses; il ne faut pas qu'elles dégénèrent en des dispositions dérisoires qui sont à la discrétion de ceux-là mêmes contre lesquels elles sont faites. »

33. — M. Ledru-Rollin insiste de nouveau sur l'impossibilité d'appliquer aux réunions électorales soit la surveillance préventive prescrite pour des réunions non politiques, soit celle organisée par la loi sur les clubs. « De ce débat, dit-il en terminant, il résulte ceci : une loi de 1790 qui ne s'applique pas aux réunions politiques, une loi de 1790 qui a été interprétée par un décret de décembre 1789 qui déclare que les réunions politiques sont mises en dehors : et ce qui reste par-dessus tout, c'est un texte inexpugnable, le texte de la loi sur les clubs, qui déclare que les réunions électorales sont exceptées, qu'elles ne sont pas frappées par la loi sur les clubs, qu'elles restent en dehors, pourvu qu'elles ne soient pas permanentes, pourvu qu'elles soient préparatoires. Je dis que c'est là un texte auquel vous ne pouvez pas répondre : je dis qu'il est certain que cela était tellement dans l'esprit de l'Assemblée, que si le jour où la loi sur les clubs a été discutée, on était venu dire que la police pourrait assister aux réunions électorales, vous auriez trouvé ici un soulèvement d'indignation contre une pensée qui n'était pas même venue à la restauration. Ainsi vous déciderez que la loi des clubs est applicable aux réunions électorales, et vous le déciderez contre un texte. Et remarquez bien qu'alors nous aurions le droit de dire ce que disait M. de Malleville sur la question des banquets, ce que disait M. Odilon Barrot sur les banquets : Oui, il faut obéir au pouvoir quand il n'est pas arbitraire; mais quand le pouvoir viole la loi, il n'y a plus que le droit de résistance. » — M. le ministre de la justice, reprenant la parole, fit remarquer que le droit, le devoir pour l'autorité de veiller à ce que le bon ordre soit maintenu dans toute réunion où se fait un grand rassemblement d'hommes, ou dans tout lieu public, ne saurait cesser par cela seul que les hommes qui convoquent le public, qui le réunissent en nombre plus ou moins considérable, s'intitulent réunion électorale, surtout quand les passions politiques ont été plus excitées, qu'il y a plus d'occasions peut-être de trouver de l'effervescence; mais elle ne doit l'exercer qu'avec une grande réserve, que lorsqu'il y a utilité, prévoyance d'un trouble ou d'un désordre. Ce n'est plus alors, ajoute M. Odilon Barrot, la question du droit, c'est la question de conduite. — « Transportez, poursuit-il, la question à un autre exemple, pour vous rendre plus sensible à quelles conséquences absurdes, contraires à toutes notions d'ordre, de décence publique, vous arriveriez si vous interprétiez ainsi la loi. — Ce ne sont pas seulement les réunions électorales qui sont affranchies de l'application et de l'exécution spéciale de la loi des clubs, ce sont les réunions des cultes, ce sont les réunions pour s'exercer à telle ou telle pratique religieuse. Eh bien! admettez-vous que la loi, et ne confondez pas les attributions spéciales avec les attributions générales, admettrez-vous que la loi ne donne pas à l'autorité le droit d'intervenir! Je suppose que pour l'exercice d'un culte des citoyens se réunissent, qu'ils appellent le public, qu'il y ait des femmes, des enfans; que, dans l'enceinte, il puisse se passer des désordres, qu'il puisse y avoir de ces provocations immorales que toute société doit prévenir et réprimer : eh bien! vous ne voulez pas que l'autorité soit présente, et vous dites que le culte en sera troublé; il n'en sera pas plus troublé que vos réunions politiques, si vous ne voulez en faire qu'un usage régulier et légitime. — Arrière donc toutes ces confusions, toutes ces équivoques. Oui, la loi électorale est inapplicable, la loi des clubs est inapplicable dans ses dispositions spéciales, exceptionnelles, réglementaires, qui entravent les réunions, quand la réunion est électorale, quand elle l'est sincèrement... et ce sont les tribunaux qui en jugent.... Mais quand la réunion est publique, qu'il s'agisse de cultes, qu'il s'agisse de droit électoral ou de tout autre droit, par cela seul qu'elle est publique le devoir, le droit de l'autorité est écrit dans toutes les lois. »

34. — M. Ledru-Rollin avait proposé un ordre du jour motivé, qui était ainsi conçu : « L'Assemblée nationale, considérant qu'aucune loi n'autorise l'introduction de la police dans les réunions électorales, passe à l'ordre du jour. » Mais l'Assemblée nationale le rejeta implicitement, en adoptant l'ordre du jour pur et simple.

35. — Postérieurement à cette discussion, la Cour de cassation a jugé que ni la Constitution de 1848, ni le décret du 28 juillet même année, sur les clubs, n'ont abrogé les dispositions de la législation antérieure qui placent les réunions publiques sous la surveillance de l'autorité municipale. Les expressions *et autres lieux publics* qui se trouvent dans l'art. 3, tit. 2, de la loi du 16-24 août 1790, sont générales et absolues; elles désignent tous les lieux où se tiennent publiquement des assemblées politiques quelconques. En conséquence, les réunions électorales publiques dites préparatoires, quoique dispensées par le décret du 28 juillet 1848 de l'accomplissement des formalités et des conditions imposées aux clubs, n'en sont pas moins toujours soumises à la surveillance autorisée par l'art. 3, tit. 2, de la loi du 16-24 août 1790. Par suite, les commissaires de police ont droit d'assister à ces réunions; non pas seulement comme simples citoyens électeurs, mais aussi en leur qualité et revêtus des insignes de leurs fonctions. — *Cass.*, 20 avr. 1849 (t. 2 1849, p. 89).

36. — Depuis cet arrêt, et dans la séance du 28 avril 1849, de nouvelles interpellations furent adressées à l'Assemblée nationale, au ministère, au sujet de l'exécution qui avait été donnée à la loi de 1790. M. Pierre Leroux proposa qu'on substituât à la surveillance du commissaire de police le compte-rendu des séances des réunions par la sténographie. Mais cette proposition n'eut aucune suite.

37. — On sait qu'à la suite de la journée du 13 juin 1849, il est intervenu le 19 du même mois une loi ainsi conçue : « Art. 1er. Le gouvernement est autorisé, pendant l'année qui suivra la promulgation de la présente loi, à interdire les clubs et autres réunions publiques qui seraient de nature à compromettre la sécurité publique. Art. 2. Avant l'expiration de ce délai, il sera présenté à l'Assemblée nationale un projet de loi qui, en interdisant les clubs, réglera le droit de réunion. Art. 3. Il sera rendu compte à l'Assemblée nationale, à l'expiration de ce délai, de l'exécution qu'aura reçue la présente loi. »

V., en outre, ASSOCIATIONS ILLICITES, DÉLIT DE PRESSE ET DE PUBLICATION.

RÉUNION ARMÉE.

V. ASSOCIATION DE MALFAITEURS, ATTENTAT, ATTROUPEMENT, BANDES ARMÉES, MOUVEMENT INSURRECTIONNEL, RÉBELLION, VOL.

RÉUNION PUBLIQUE.

V. ASSOCIATIONS ILLICITES, DÉLIT DE PRESSE ET DE PUBLICATION, RÉUNION (droit de).

RÉVÉLATION.

1. — Action de révéler des faits dont on a connaissance.

2. — La révélation est quelquefois récompensée, quelquefois punie. Elle est récompensée dans le cas prévu par l'art. 108 C. pén. actuel, et punie dans celui que prévoit l'art. 378 du même Code.

3. — Dans l'art. 108 précité, il s'agit de la révélation des crimes ou complots qui compromettent la sûreté intérieure et extérieure de l'Etat; et dans l'art. 378, de la révélation de secrets librement acceptés. Il n'est question ici que de la révélation des crimes ou complots. Pour ce qui concerne la révélation des secrets, V. DIVULGATION DE SECRETS; MÉDECINE ET CHIRURGIE, nos 98 et suiv.

4. — Sous l'empire du Code pénal de 1810, la révélation de crimes ou complots contre la sûreté de l'Etat ne devait pas être confondue avec la délation. La révélation était ordonnée par la loi, elle était forcée; et la non-révélation constituait suivant les circonstances un crime ou un délit, tandis que la délation est toujours volontaire. Mais, par suite de l'abrogation par la loi de 1832 des art. 103 et suiv. C. pén. de 1810, qui rendaient la révélation obligatoire, et du maintien de l'art. 108, qui la récompense, il n'existe plus de différence caractéristique entre la révélation et la délation.

5. — Aux termes de l'art. 103 C. pén. de 1810, les personnes qui, ayant eu connaissance de complots formés ou de crimes projetés contre la sûreté intérieure ou extérieure de l'Etat, ne faisaient pas la déclaration de ces complots ou crimes et ne révélaient pas au gouvernement ou aux autorités administratives ou de police judiciaire les circonstances qui en étaient venues à leur connaissance, le tout dans les vingt-quatre heures qui suivaient ladite connaissance, devaient être, lors même qu'elles étaient reconnues exemptes de toute complicité, punies pour le seul fait de la non-révélation de la manière et selon les distinctions suivantes :

6. — S'il s'agissait du crime de lèse-majesté, c'est-à-dire d'attentat ou de complot contre la vie ou la personne du roi, l'individu qui, dans le cas de l'article précédent, n'avait pas fait la déclaration qu'il prescrit, était puni de la réclusion. — C. pén. de 1810, art. 104.

7. — A l'égard des autres crimes ou complots mentionnés au ch. 1er, tit. 1er du liv. 3 C. pén., la personne qui, en étant instruite, ne faisait pas les déclarations prescrites par l'art. 103, était punie d'un emprisonnement de deux à cinq ans, et d'une amende de 500 fr. à 2000 fr. — Art. 105.

8. — De la combinaison des art. 104 et 105 précités, il résultait qu'il n'y avait qu'un seul crime, celui de lèse-majesté, dont la non-révélation soumît le coupable à la peine afflictive et infamante de la réclusion; la non-révélation des autres crimes contre la sûreté de l'Etat n'entraînerait que des peines correctionnelles. — *Cass.*, 12 sept. 1816, Richer.

9. — En conséquence, la déclaration du jury portant d'une manière générale : que l'accusé était coupable de non-révélation d'un complot formé et de crimes projetés *contre la sûreté intérieure de l'Etat*, ne suffisait pas pour autoriser l'application de la peine de la réclusion. — Même arrêt.

10. — La déclaration de non-culpabilité des accusés de complot, prononcée par le jury, n'empêchait pas que la condamnation pour non-révélation de complot ne pût être prononcée, si la déclaration du jury consacrait implicitement l'existence du crime de complot. — *Cass.*, 20 mai 1831, Geslain et Duez. — Mais il est évident que cette condamnation n'eût pu être prononcée, si le jury avait déclaré qu'aucun complot n'avait existé.

11. — L'art. 106 C. pén., dont la disposition générale embrassait tous les genres de crimes énoncés aux art. 104 et 105, repoussait toute espèce d'excuse que le prévenu prétendait tirer : soit de ce qu'il n'avait pas approuvé le complot, soit de ce qu'il avait cherché à en dissuader les auteurs, soit même de ce qu'il s'était opposé à son exécution.

12. — Les époux, les ascendans ou descendans, les frères ou sœurs, ou alliés aux mêmes degrés, étaient exceptés des dispositions de l'art. 103. Ainsi, si l'auteur du complot ou crime était époux, ascendant ou descendant, frère ou sœur, ou allié aux mêmes degrés, de la personne prévenue de réticence, celle-ci n'était point sujette aux peines portées par les articles précédens. Mais elle pouvait être mise, par l'arrêt ou le jugement, sous la surveillance de la haute police pendant un temps qui ne devait point excéder dix ans.

13. — Les art. 103, 104, 105, 106 et 107 précités du Code pénal de 1810 ont été abrogés par la loi du 28 avr. 1832. Mais cette abrogation ne s'est point étendue jusqu'à l'art. 108, qui, pour encourager l'accomplissement d'un devoir que l'intérêt public commande, mais qu'une certaine répugnance accompagne toujours, récompense la révélation. — V. DÉNONCIATION, n° 12.

14. — Cet art. 108 est ainsi conçu : « Seront exemptés des peines prononcées contre les auteurs de complots ou autres crimes attentatoires à la sûreté intérieure ou extérieure de l'Etat, ceux des coupables qui avant toute exécution ou tentatives de ces complots ou de ces crimes, et avant toutes poursuites commencées, auront les premiers donné au gouvernement ou aux autorités administratives ou de police judiciaire, connaissance de ces complots ou crimes, et de

leurs auteurs ou complices, ou qui, même depuis le commencement des poursuites, auront procuré l'arrestation desdits auteurs ou complices. — Les coupables qui auront donné ces connaissances ou procuré ces arrestations pourront néanmoins être condamnés à rester pour la vie ou à temps sous la surveillance de la haute police.»

15. — Ainsi, d'après cet article, le révélateur jouit de l'exemption des peines dans deux cas bien distincts : 1° lorsque, avant tout commencement d'exécution du complot ou crime et toute poursuite commencée, il a le premier donné connaissance du complot ou du crime, et 2° lorsque, après l'exécution et depuis le commencement des poursuites, il a procuré l'arrestation des auteurs. — Chauveau et Hélie, *Théorie du Code pénal*, 1re édit., t. 3, p. 68.

16. — Tant que des poursuites n'ont pas été ordonnées par l'autorité, celle-ci doit être présumée avoir été dans l'ignorance du complot ou du crime projeté. D'où il suit que, quoique l'autorité ait déjà été instruite du complot ou du crime, la révélation ultérieure précédant toute poursuite, n'en doit pas moins encore être considérée comme étant la *première* et faire jouir le révélateur de l'exemption prononcée par l'art. 108. — Carnot, *Comment. sur le Code pénal*, 2e édit., t. 1er, sur l'art. 108, n° 8.

17. — La révélation du complot seul suffit pour exempter de la peine le révélateur, la révélation des noms des conspirateurs constituant un cas distinct d'exemption. Le révélateur d'un complot ne pourrait donc être puni, par cela seul qu'il n'aurait pas en même temps révélé toutes les circonstances du complot et notamment les noms des conspirateurs. Le tribunal d'appel de Blois l'avait décidé ainsi, sous l'empire du Code pénal de 1810, par jugement du 23 août 1816, major Chousserie, et cette décision est encore parfaitement applicable.

18. — Le prévenu qui se trouverait déjà détenu, en vertu d'un mandat de comparution, de dépôt ou d'arrêt, à raison du fait incriminé, ne pourrait, en faisant des révélations, invoquer en sa faveur le bénéfice des dispositions du § 1er de l'art. 108. Car il ne serait pas évidemment le *premier* qui aurait donné connaissance à l'autorité du crime ou du complot avant le commencement des poursuites. — Carnot, sur l'art. 108, n° 5; Chauveau et Hélie, t. 3, p. 68 et 69.

19. — Mais il devrait être fait application de l'art. 108 au prévenu déjà détenu qui aurait *procuré l'arrestation* des auteurs ou des complices du complot ou du crime. La loi n'attache, en effet, que cette condition à l'acquittement du prévenu révélateur. — Carnot, *loc. cit.*, n° 8; Chauveau et Hélie, t. 3, p. 69.

20. — Quoique l'art. 108 semble exiger que le révélateur ait procuré l'arrestation de *tous* les auteurs ou complices, il ne doit pas cependant être entendu d'une manière aussi absolue. Autrement, ce serait presque rendre impossible, irréalisable la faveur dont parle cet article. Nous croyons donc qu'il suffirait, pour affranchir le révélateur de toute peine, qu'il eût procuré l'arrestation de quelques-uns des auteurs ou des complices, et même d'un seul. — Carnot, *loc. cit.*, n° 7; Chauveau et Hélie, *loc. cit.*

21. — Mais cet article ne peut jamais s'appliquer qu'à ceux qui après les poursuites commencées ont procuré l'arrestation d'auteurs ou de complices autres qu'eux-mêmes. — *Cass.*, 23 sept. 1831, Blanchard.

22. — La révélation, comme toute autre circonstance qui se lie au fait de l'accusation et peut augmenter ou diminuer la peine, ne doit être considérée que comme constituant une excuse légale (V. EXCUSE, nos 24 et 25), et ne justifie pas le révélateur de l'accusation portée contre lui. Il suit de là que ce n'est point à la Cour d'assises, mais au jury qu'il appartient de prononcer sur les circonstances constitutives de la révélation; par exemple sur le point de savoir si elle a été faite en temps utile. — *Cass.*, 29 avril 1819, Lequével. — Carnot, sur l'art. 108, n° 4; Chauveau et Hélie, t. 3, p. 69.

23. — Dans une accusation de complot attentatoire à la sûreté de l'État la Cour d'assises ne peut donc, à peine de nullité de son arrêt, exempter de la peine, par application de l'art. 108 du C. pén., ceux des coupables qui avant toutes poursuites ont procuré l'arrestation des auteurs ou complices du crime, qu'autant que le jury a été interrogé et a fait une réponse affirmative sur l'existence de cette circonstance. — Arrêt précité de *Cass.*, du 29 avril 1819. — V. *Cass.*, 6 août 1812, Rey.

24. — Mais lorsque les jurés ont déclaré qu'il n'y avait point de complot, ils n'ont aucune réponse à faire sur la question relative à la révélation. Leur refus de donner cette réponse et celui de la Cour d'assises de les y obliger ne présentent, dès lors, aucune violation de l'art. 108 du Code pénal. — *Cass.*, 31 janv. 1847, Pigerier.

25. — Au surplus, la disposition de l'art. 108 est spéciale et ne s'applique qu'aux crimes et attentats contre la sûreté de l'État. Mais elle s'étend indistinctement aux attentats contre la sûreté extérieure et à ceux contre la sûreté intérieure de l'État. — Chauveau et Hélie, t. 3, p. 70.

26. — En ce qui concerne la révélation des crimes de fausse monnaie, de contrefaçon du sceau de l'État, de contrefaçon ou de falsification des effets émis par le trésor public avec son timbre, ou des effets de banque autorisés par la loi, V. CONTREFAÇON DES EFFETS PUBLICS ET BILLETS DE BANQUE, n° 22; CONTREFAÇON DES SCEAUX ET TIMBRES DE L'ÉTAT, n° 9. — V. aussi FAUSSE MONNAIE, nos 117 et suiv.

RÉVÉLATION DE SECRETS.

V. DIVULGATION DE SECRETS.

REVENDEUSES A LA TOILETTE.

Revendeuses pour leur compte. Patentables de 7e classe. Droit fixe basé sur la population; droit proportionnel du 40e de la valeur locative de tous les locaux qu'elles occupent, mais seulement dans les communes de 20,000 âmes et au-dessus. — V. PATENTE.

REVENDICATION.

1. — La revendication est l'action par laquelle on réclame une chose dont on se prétend propriétaire et qui est dans les mains d'un autre.

2. — La revendication a lieu aussi bien en matière de meubles qu'en matière d'immeubles.

3. — Lorsqu'elle s'adresse à un immeuble elle peut avoir pour objet la propriété, la possession ou la simple détention. — V. POSSESSION.

4. — L'action en revendication peut être exercée même par celui qui n'est propriétaire que sous condition.

5. — L'héritier bénéficiaire qui revendique un immeuble illégalement vendu pendant sa minorité ne peut être repoussé par l'exception de garantie dont était tenu le vendeur..., sauf à l'acquéreur à se faire indemniser par la succession bénéficiaire. — *Bastia*, 27 déc. 1843 (t. 2 1844, p. 169), Santa-Maria c. Pinelli.

6. — La revendication peut encore être exercée par ceux qui n'auraient que le domaine utile, tels que l'emphytéote et l'engagiste. — V. EMPHYTÉOSE, NANTISSEMENT.

7. — Les lois des 28 août 1792 et 10 juin 1793 n'ayant pas eu pour effet d'intervertir de plein droit le caractère de la possession des communes, celles qui n'avaient qu'une jouissance d'usagères (jouissance précaire) ont été déchues du droit de revendication quant à la propriété à défaut d'action intentée dans le délai légal de cinq années. — *Cass.*, 12 nov. 1844 (t. 2 1844, p. 498), de Cordoue c. Commune d'Autheron. — V. COMMUNES, TERRES VAINES ET VAGUES.

8. — L'action en revendication appartient, dans certains cas, à l'acquéreur de la chose d'autrui, contre celui qui lui a fait perdre sa possession. C'est ce qu'on appelait autrefois l'*action publicienne*. — V. VENTE.

9. — L'action en revendication s'exerce non-seulement contre celui qui s'en est mis indûment en possession, mais encore contre les tiers détenteurs. — V. VENTE.

10. — Lorsque l'un des communistes a excédé, dans l'aliénation par lui faite d'immeubles indivis, la portion qui lui revenait dans ces immeubles, l'autre communiste, qui veut se remplir de sa part au moyen de l'action en revendication, peut agir contre les acquéreurs dans l'ordre de leur contrat, en commençant par les aliénations les plus récentes. Il n'est pas tenu d'agir contre tous les acquéreurs indistinctement. — *Grenoble*, 11 déc. 1846 (t. 2 1847, p. 49), Franchant c. Joly-Chêne. — Il y a une grande analogie entre ce cas et celui dont parle l'art. 930 du Code civil, relatif à l'action en revendication autorisée contre les tiers détenteurs pour arriver à la réduction des donations; seulement l'arrêt explique que le mode de partage et de discussion qu'il autorise dans l'intérêt du communiste est facultatif pour celui-ci et ne pourrait lui être imposé s'il était manifestement contraire à cet intérêt, tandis que l'art. 930 prescrit, quant à des actions à diriger contre les tiers détenteurs des immeubles donnés, un ordre rigoureux qui doit être suivi.

11. — Celui qui, dans une demande en revendication d'un immeuble, n'a point conclu à la restitution des fruits, peut réclamer ultérieurement cette restitution par action séparée. — Ici n'est point applicable la disposition de l'art. 1346 C. civ., qui, pour les obligations résultant des contrats, veut que toutes les demandes non justifiées par écrit soient formées par un seul exploit. — *Douai*, 15 mai 1847 (t. 1er 1848, p. 218), de Forceville c. Commune de Merlimont.

12. — En matière de meubles, la revendication peut avoir lieu : 1° lorsqu'il s'agit d'une chose perdue ou volée, qui se trouve entre les mains d'un acquéreur de bonne foi. — V. POSSESSION. — V. aussi PRESCRIPTION.

13. — ... 2° Dans le cas de perte d'une chose qui est encore entre les mains de celui qui l'a trouvée. — V. POSSESSION.

14. — ... 3° En cas de non-paiement d'une chose vendue. — V. VENTE et PRIVILÉGE.

15. — ... 4° En cas de faillite de l'acheteur de la chose non payée.

16. — Le droit de revendication établi par l'art. 576 C. comm. au profit du vendeur non payé ne peut être exercé qu'en cas de faillite de l'acheteur existant au moment même de l'action en revendication, quelles que soient d'ailleurs les inquiétudes du vendeur sur le paiement futur de sa créance. — *Rouen*, 9 déc. 1847 (t. 2 1848, p. 80), Crouzet c. Charreau et Ray.

17. — Pour que le vendeur ait le droit de revendiquer ses marchandises, il suffit qu'il y ait eu tradition réelle et mise en possession au profit de l'acheteur. Il n'est pas nécessaire que les marchandises aient été expédiées au failli et mises en route pour être transportées dans ses magasins. Spécialement, lorsqu'un propriétaire a vendu à un marchand du bois de sa forêt; que l'acheteur, après avoir agréé ce bois, l'a fait, du consentement du propriétaire, dresser et empiler sur les lieux mêmes où il a été coupé, le vendeur, en cas de faillite de l'acheteur, a le droit de revendiquer sa chose, pourvu qu'il n'y ait pas de doute sur l'identité de la marchandise. Dans cette hypothèse, on ne saurait considérer le terrain du vendeur sur lequel le bois est empilé comme un emplacement assimilé aux magasins ou aux chantiers de l'acheteur. — *Limoges*, 16 févr. 1844 (t. 1er 1847, p. 75), Prouilhac c. Bufflère et Magnaud.

18. — En cas de faillite de l'adjudicataire d'une coupe de bois le vendeur n'a pas le droit de revendiquer les bois coupés et façonnés, bien qu'ils soient encore déposés sur l'emplacement de la vente. Le parterre ou emplacement d'une coupe de bois doit, dans ce cas, être considéré comme le chantier ou magasin de l'adjudicataire. — Le vendeur ne peut, par des stipulations insérées dans le cahier des charges, déroger à l'art. 550 C. comm., qui dispose que le droit de revendication établi par le n° 4 de l'art. 2102 C. civ. n'est point admis en cas de faillite. — *Amiens*, 12 janv. 1849 (t. 1er 1849, p. 599), liquidateur de la liste civile c. Lefèvre-Lobbée.

19. — Le vendeur d'une coupe de bois qui a poursuivi par voie de saisie-exécution le paiement du prix de la vente ne s'est pas, par ce seul fait, rendu non recevable à exciper du droit de revendication des bois existant en nature sur le parterre de la coupe; et cette exception peut être présentée par lui incidemment à la demande principale en nullité de la saisie devant le tribunal civil dont la compétence n'a pas été déclinée, et qui, d'ailleurs, est essentiellement compétent : cette revendication se rattachant à un acte qui n'était pas commercial de la part du vendeur. Il ne peut plus, toutefois, exercer le droit de revendication lorsque l'acquéreur a pris une possession complète des bois en les coupant et en en fabriquant diverses natures de marchandises. Le parterre d'une coupe de bois peut, d'ailleurs, être considéré comme le magasin de l'acheteur, et, sous ce rapport, la revendication est encore inadmissible. — *Cass.*, 9 juin 1845 (t. 1er 1847, p. 77), Bussières c. Bonneval; *Paris*, 8 août 1845 (t. 1er 1847, p. 79), Daligre c. Blot; *Orléans*, 30 déc. 1845 (t. 1er 1847, p. 80), Bourguignon c. prince d'Essling.

20. — La femme dotale dont l'immeuble a été exproprié pour cause d'utilité publique sous le nom de son mari, considéré, par erreur, comme propriétaire, et tombé depuis en faillite, peut revendiquer, dans la faillite, le prix de cet immeuble, représenté par un mandat ordonnancé également par erreur, sous le nom de son mari.

La demande dirigée par la femme contre le mari en revendication du bordereau ordonnancé ou de son montant et celle en validité de saisie-arrêt formée pour assurer l'effet de cette demande, sont valablement portées devant le tribunal civil. — En tous cas, le moyen tiré de l'incompétence du tribunal civil ne pourrait être proposé pour la première fois devant la Cour de cassation. — *Cass.*, 11 déc. 1848 (t. 1er 1849, p. 1. Bourse. — V., au surplus, FAILLITE.

21. — Elle peut être encore exercée par le propriétaire à l'égard des meubles qui garnissaient sa maison ou sa ferme. — V. SAISIE-REVENDICA-TION.

22. — Est en premier ressort le jugement qui statue sur une action en revendication d'objets mobiliers d'une valeur indéterminée, bien que la loi d'une valeur indéterminée, bien que la France objet de la saisie soit inférieur à 1,500 fr. — *Poitiers*, 5 mars 1845 (t. 2 1848, p. 64). V.er c. Boniol.

23. — Le mot *revendication* s'applique aussi à celte par lequel l'autorité administrative réclame la connaissance d'une affaire portée devant un tribunal. L'art. 128 C. pén. contient des peines contre les magistrats qui malgré cette revendication, passeraient outre au jugement avant la décision de l'autorité supérieure. — V. CON-FLITS.

REVENTE.

V. ENREGISTREMENT, nos 2538 et suiv.; VENTE.

RÉVERSIBILITÉ, RÉVER-SION.

Ces mots désignent l'effet de certaines dispositions légales ou de diverses clauses en usage dans les contrats qui est de faire retourner un avantage, soit aléatoirement sur la tête de celui qui l'avait consenti, soit aléatoirement sur la tête de l'une des parties contractantes, soit même enfin sur la tête d'un tiers. — V. principalement COMMUNAUTÉ, DO-MAINE DE L'ÉTAT, DOMAINE EXTRAORDINAIRE, DO-NATION ENTRE-VIFS, ENREGISTREMENT, MAJORAT, RETOUR CONVENTIONNEL, RETOUR LÉGAL, STIPULA-TION POUR AUTRUI.

RÉVERSION (Droit de).

Synonyme de *droit de retour*. — On appelle ainsi le droit en vertu duquel un donateur recueille au décès du donataire, les choses qu'il lui avait données. — V. RETOUR CONVENTIONNEL, RETOUR LÉGAL.

RÉVISION DE COMPTES.

V. COMPTE, REDDITION DE COMPTE.

RÉVISION DE PROCÈS (Mat. civ.).

1. — Nouvel examen d'un procès jugé en dernier ressort, et contre lequel aucun recours n'est possible.

2. — Le droit romain permettait aux parties qui se croyaient injustement condamnées, de demander au préfet du prétoire, de soumettre leur cause à un nouvel examen par une voie nommée *supplication*. — L. 1, Cod. *De sent. præfert. prat.*; L. 1, Cod. *De prec. imper. offer.*; Nov. 119, cap. 5.

3. — La supplication devait être adressée au chef du prétoire qui avait rendu la décision attaquée, dans les dix jours du jugement; ou l'empereur, dans les deux ans de ce jugement.

4. — Dans la législation moderne une faculté analogue fut accordée aux plaideurs sous le nom de *révision* ou *proposition d'erreur*.

5. — Toutefois, l'examen de cette faculté fut soumis à des règles diverses dans les différentes provinces.

6. — Ainsi, dans beaucoup de contrées, notamment en Belgique, la demande en révision devait être fondée sur une erreur de fait comme sur une erreur de droit. — Merlin, *Rép.*, vo Ré-vision de procès, § 1er, nº 2.

7. — En France, au contraire, on ne pouvait demander la révision d'un arrêt qu'en le présentant comme le produit d'une erreur sur un fait. — Merlin, *ibid.*

8. — La révision différait cependant essentiellement de la requête civile, en ce que celle-ci était motivée sur le fait, dol personnel, fraude ou erreur des parties; tandis que la révision était

admise pour réparer l'erreur de fait commise par les juges. — Brodeau sur Louet, *lett. E.*, § 12.

9. — Du reste, en Belgique comme en France la révision était jugée par le tribunal qui avait rendu la décision attaquée. Seulement on adjoignait aux magistrats qui avaient concouru à la première sentence, d'autres magistrats pris dans la même compagnie ou dans les tribunaux supérieurs les plus voisins.

10. — Le seul Parlement de Franche-Comté était excepté de cette règle. Avant la réunion à la France, les demandes en révision de ses arrêts étaient portées au grand conseil de Malines.

11. — La forme et le délai du pourvoi en révision variaient selon les provinces.

12. — En France on obtenait des lettres royales dans les chancelleries établies près les Cours. Il fallait que ces lettres fussent signifiées dans un délai qui fut d'abord fixé à deux années, réduit ensuite à un an par l'ord. de 1539, et enfin limité à six mois par une déclaration de Charles IX. — Merlin, *ibid.*, nº 4.

13. — Le droit de révision fut abrogé dans l'intérieur de la France par l'art. 42, tit. 35 de l'ord. de 1667.

14. — Il fut également aboli dans le ressort du Parlement de Besançon par un édit du mois d'août 1682.

15. — Mais il subsista dans le ressort du Parlement de Douai, dans la Belgique, et dans les pays gouvernés par les constitutions sardes, jusqu'aux époques où les nouvelles lois sur l'organisation judiciaire y furent mises en activité.

16. — Ces lois ont supprimé d'une manière absolue toute espèce de révision en matière civile. Les jugemens rendus en dernier ressort ne peuvent plus être attaqués aujourd'hui que par tierce opposition, requête civile, cassation et prise à partie. — V. ces mots et JUGEMENT, nos 1797 et suiv.

RÉVISION DE PROCÈS (Mat. crim.).

Table alphabétique.

Renvoi, 80. — après cas-sation, 70 s., 85 s. — à une nouvelle Cour, 93, 95.
Révision gracieuse, 53 s.
Révision provoquée d'offi-ce, 52.

Sursis à l'exécution de la condamnation, 65 s., 87.
Témoin à charge, 35 s.
Témoin condamné, 99 s.
Tribunaux militaires, 14 s., 101 s.

§ 1er. — *Historique.* — *Législation* (nº 1).
§ 2. — *Dans quels cas peut avoir lieu la de-mande en révision* (nº 13).
§ 3. — *Demande.* — *Formalités.* — *Compé-tence.* — *Arrêt.* — *Renvoi* (nº 57).

---

§ 1er. — Historique. — Législation.

RÉVISION (mat. crim.). — 1. — L'ordonnance de 1670 permettait la révision des procès criminels. Il fallait, à cet égard, s'adresser au prince, lequel renvoyait le procès à la même Cour, qui avait statué, lorsqu'il ne s'élevait pas contre elle de justes sujets de suspicion, et que, dans l'ins-truction, il ne s'était pas glissé des vices assez graves pour lui en faire ôter la connaissance.

2. — L'autorisation de poursuivre la révision d'un procès criminel était accordée par des lettres de révision qui devaient s'obtenir au grand sceau. Ces lettres pouvaient toujours être accor-dées. Il n'existait point de délai dans lequel elles dussent être demandées, ni notifiées lorsqu'elles avaient été obtenues.

3. — La révision d'un procès criminel pouvait même, sous l'empire de cette ordonnance, être ordonnée après la mort du condamné, sur la de-mande de ses proches, aux fins d'obtenir la réhabilitation de sa mémoire.

4. — Le Code pénal du 25 sept.-6 oct. 1791 ne renfermait aucune disposition relative à la ré-vision des procès criminels. L'Assemblée consti-tuante ne crut pas cette révision compatible avec l'établissement du jury. Elle se borna à autoriser la réhabilitation des condamnés.

5. — Mais, le 18 août 1792, l'Assemblée législa-tive rendit un décret par lequel elle autorisa la Cour de cassation à prononcer sur les demandes en révision qui se trouvaient pendantes au con-seil au moment de sa suppression, et sur celles qui avaient été formées contre des jugemens rendus antérieurement à la publication de la loi du mois d'octobre 1789.

6. — Par un décret du 15-18 mai 1793, la Con-vention nationale autorisa la révision des juge-mens criminels par lesquels deux accusés avaient été condamnés comme auteurs du même délit et dont les condamnations ne pouvaient se concilier et faisaient preuve de l'innocence de l'une ou de l'autre partie. — Art. 1er.

7. — Si c'était le même tribunal qui avait rendu lesdits jugemens, il était compétent pour en or-donner la révision. Il devait, à cet effet, renvoyer les accusés devant le tribunal criminel le plus voisin, sur leur propre demande, ou sur la réqui-sition du ministère public, lequel était tenu, en pareil cas, d'agir d'office pour faire ordonner la révision. — Même décr., art. 2.

8. — Lorsque lesdits jugemens avaient été ren-dus par des tribunaux différens, l'accusateur pu-blic ou les parties intéressées devaient en ins-truire le ministre de la justice. Celui-ci dénonçait le fait au tribunal de cassation, qui cassait les jugemens dénoncés, si les deux condamnations ne pouvaient se concilier, et renvoyait, en consé-quence, les accusés en un même tribunal crimi-nel le plus voisin du lieu du délit; mais qui ne pouvait être choisi parmi ceux qui avaient rendu les jugemens en cassation, nos 75.

9. — Le Code du 3 brumaire an IV ne contenait pas plus que celui de 1791 de disposition sur la révision. L'art. 594 de ce Code portant que les dis-positions des deux premiers livres devaient servir, à l'avenir, à régler l'instruction et la forme tant de procéder que de juger, relativement aux délits de toute nature; que les lois des 16 et 29 sep-tembre 1791 concernant la police de sûreté, la justice criminelle et l'établissement des jurés, étaient rapportées, *ainsi que toutes celles qui avaient été rendues depuis, pour les interpréter ou les modifier*, pouvait faire supposer que le dé-cret du 15 mai 1793 avait été compris dans l'abro-gation.

10. — Mais il a été décidé que ce décret portant sur une matière différente de celle qui réglait la forme de procéder et de juger les auteurs du délit, suivant l'institution des jurés, n'avait ni modifié ni interprété les lois des 16 et 29 septembre 1791, et que, par conséquent, il n'était point abrogé par l'art. 594 du Code du 3 brumaire an IV. — *Cass.*, 9 vendém. an IX, Fischer.

11. — Tel était l'état de la législation, lorsque le sénatus-consulte du 14 thermidor an X (art. 86) accorda au premier consul le droit de faire grâce. — Mais le rétablissement de cette prérogative dans la personne du souverain n'a pu anéantir le droit de révision, que le Code d'instruction criminelle est venu formellement consacrer, et aux dispositions duquel à cet égard il n'a point été dérogé depuis.

12. — On ne peut cependant se dissimuler que les dispositions du Code d'instruction criminelle sur cette matière ne soient imparfaites et susceptibles d'amélioration. Aussi une pétition fut-elle présentée à la Chambre des députés, pendant la session de 1815, pour l'inviter à supplier le roi de proposer une loi sur cette matière. Mais il ne fut rien statué sur cette pétition.

§ 2. — *Dans quels cas peut avoir lieu la demande en révision.*

13. — Les demandes en révision ne peuvent être formées qu'en matière criminelle. Les procès correctionnels ou de police ne sont pas susceptibles de révision. La raison en est que ces procès sont soumis à deux degrés de juridiction, et que, d'ailleurs, ils n'entraînent pas l'infamie que le législateur a surtout voulu permettre d'éviter par la révision. — Bourguignon, *Jurispr. des Codes crimin.* sur l'art. 443, n° 4; Legraverend, *Législ. crimin.*, t. 2, p. 740; Carnot, *Code d'instr. crimin.*, 2e édit., *Observations prélim.* sur le chapitre *Des demandes en révision*, n° 8; Rauter, *Droit crim.*, t. 2, n° 809; Le Sellyer, *Traité des actions publiques et privées*, t. 4, n° 1409.

14. — Mais, dès qu'il s'agit de condamnations à des peines afflictives ou infamantes, il peut y avoir lieu à révision, quel que soit le tribunal qui les ait prononcées. Ainsi, quoique le Code d'instruction criminelle, au chapitre *Des demandes en révision*, ne parle que de la révision des *arrêts*, et des *Cours* qui les ont rendus, les jugemens émanés des tribunaux militaires de terre et de mer peuvent et doivent néanmoins être revisés dans les même cas. — Bourguignon, *loc. cit.*; Carnot, *loc. cit.*, n° 10; Le Sellyer, n° 1410; Rauter, *loc. cit.*

15. — Jugé spécialement que la voie de la révision, qui est ouverte par l'art. 443 du Code d'instruction criminelle, dans le cas où il est intervenu contre deux individus des condamnations inconciliables, est ouverte aussi bien contre les condamnations prononcées par les conseils de guerre pour délits militaires que contre les condamnations prononcées par les tribunaux ordinaires pour crimes. — *Cass.*, 30 déc. 1842 (t. 1er 1843, p. 745), Didier.

16. — Carnot (n° 9) fait remarquer avec raison que la révision dont s'occupe le Code d'instruction criminelle ne doit pas être confondue avec celle des jugemens émanés des conseils de guerre de terre et de mer, que les conseils de révision établis dans ces matières par des lois spéciales remplissent les fonctions déléguées à la Cour de cassation dans les matières ordinaires, et que, par conséquent, les jugemens émanés des conseils militaires de révision ne peuvent mettre obstacle à la demande en révision dans le Code d'instruction criminelle. — V. aussi, en ce sens, Legraverend, t. 2, p. 729, note 1re; Rauter, n° 809; Le Sellyer, n° 1411.

17. — Il en est de ces jugemens comme des arrêts rendus par la Cour de cassation en rejet du recours exercé par le condamné. Ces arrêts, en effet, n'empêchent pas qu'une demande en révision ne soit recevable. C'est, du reste, ce que décident positivement les art. 443 et 445 du Code d'instruction criminelle. La révision est donc entièrement distincte du recours en cassation.

18. — Mais la révision étant un moyen extraordinaire, la demande ne peut jamais être admise que lorsque l'arrêt ou le jugement qu'il s'agit de reviser est définitif et ne peut plus être attaqué par aucune voie légale. — Legraverend, t. 2, p. 737 et 738; Rauter, n° 809; Le Sellyer, t. 4, n° 1408.

19. — Quelque favorable que soit la révision, elle ne pouvait cependant être autorisée dans tous les cas. Il fallait empêcher non-seulement des demandes indiscrètes, mais aussi l'établissement d'un second degré de juridiction en matière criminelle. Le Code d'instruction criminelle a, en conséquence, déterminé les cas dans lesquels la révision peut être demandée.

20. — Ces cas sont au nombre de trois. Le premier, qui est celui d'existence de deux condamnations inconciliables, fait l'objet de l'art. 443 du Code d'instruction criminelle, dont le § 1er est ainsi conçu : « Lorsqu'un accusé aura été condamné pour un crime, et qu'un autre accusé aura aussi été condamné par un autre arrêt comme auteur du même crime; si les deux arrêts ne peuvent se concilier et sont la preuve de l'innocence de l'un ou de l'autre condamné, l'exécution des deux arrêts sera suspendue quand même la demande en cassation de l'un ou de l'autre arrêt aurait été rejetée. »

21. — Ainsi, d'après cet article, pour qu'il y ait lieu à surséance et à révision pour cause d'existence de deux condamnations inconciliables, trois conditions sont nécessaires. Il faut 1° que les condamnations aient été prononcées par deux arrêts différens; 2° qu'elles aient été prononcées à raison du même crime; et 3° qu'il soit impossible de les concilier, de telle sorte qu'il résulte de leur rapprochement la preuve de l'innocence de l'un ou de l'autre des condamnés.

22. — Lorsque deux condamnations ont été prononcées contre deux accusés par le même arrêt, quelque peu conciliables que paraissent ces condamnations; le législateur n'en a point permis la révision, parce qu'il a supposé que les jurés avaient été suffisamment éclairés par les débats sur la culpabilité des deux accusés. — Carnot, sur l'art. 443, n° 3; Le Sellyer, t. 4, n° 1419.

23. — Il a été décidé spécialement, mais sous l'empire du décret du 15 mai 1793, que le jugement criminel qui condamnait trois individus, comme auteurs d'un vol, et celui qui en condamnait un quatrième, comme auteur du même délit, n'étaient point inconciliables et ne donnaient point lieu à la révision du procès, s'il n'était pas établi que ce vol n'avait été commis que par trois personnes. — *Cass.*, 9 vendém. an IX, Fischer. — Cette décision serait encore parfaitement applicable aujourd'hui.

24. — Jugé aussi, par application de l'art. 443 du Code d'instruction criminelle, que l'arrêt qui condamne un individu pour un vol commis de complicité n'est pas inconciliable avec celui qui condamne un autre individu pour le même vol mais en déclarant que le fait de la complicité n'est pas constant, et qu'en conséquence il n'y a pas lieu à révision du procès. — *Cass.*, 23 oct. 1812 (et non 1813), Castagneri et Bruno. — Merlin, *Rép.*, v° *Révision de procès*, § 3, art. 2, n° 10; Legraverend, t. 2, ch. 17, p. 732; Carnot, sur l'art. 443, n° 3; Le Sellyer, t. 4, n° 1413.

25. — Mais lorsqu'il est constant qu'une tentative de vol n'a été commise que par quatre individus, le même jour, à la même heure, dans le même lieu, sur la même personne, et que cependant il y en a eu cinq de condamnés par trois arrêts différens, il y a lieu d'annuler les trois arrêts comme inconciliables et de procéder à la révision du procès. — *Cass.*, 8 avril 1842 (t. 2 1842, p. 461), Lopez et Algaras.

26. — De même, il y a lieu à révision du procès pour cause d'inconciliabilité lorsque, par des arrêts différens, trois individus ont été condamnés pour un même crime qui n'a été commis que par deux personnes. — *Cass.*, 24 juin 1830, Aumage.

27. — ... Ou lorsque deux individus ont été condamnés par deux arrêts pour le même crime, si ces deux arrêts sont inconciliables et offrent la preuve de l'innocence de l'un ou de l'autre des condamnés. — *Cass.*, 20 janv. 1831 (2 arrêts), Lecomte et Mallet, Leroux et Azelle; 21 avril 1836, Legras et Charles.

28. — S'il faut nécessairement deux arrêts de condamnation pour provoquer la révision, il peut y avoir lieu cependant de surseoir à l'exécution d'un seul arrêt rendu contre un premier accusé : tel serait le cas, par exemple, où l'auteur du crime qui a motivé le premier arrêt n'aurait été arrêté que depuis sa prononciation. Car si le nouvel accusé est condamné, la révision des deux arrêts devra être autorisée. — Carnot, sur l'art. 443, n° 4; Le Sellyer, t. 4, n° 1420.

29. — Le second cas de révision est prévu par l'art. 444 C. instr. crimin. Ce cas est celui où, postérieurement à une condamnation pour homicide, des pièces sont représentées et sont propres à faire naître de suffisans indices sur l'existence de la personne dont la mort supposée a donné lieu à la condamnation.

30. — Des pièces déjà produites et appréciées ne peuvent devenir un motif de révision, parce que, autrement, ce serait ouvrir une voie indirecte de recours contre la déclaration du jury. — Carnot, sur l'art. 444, n° 3; Bourguignon, *Jurispr. du C. crimin.*, sur l'art. 444, n° 1er; Legraverend, t. 2, p. 735; Le Sellyer, t. 4, n° 1427 3°.

31. — L'art. 444 n'exigeant que des indices suffisans pour établir la présomption d'existence de la personne homicidée, il s'ensuit qu'il n'est pas nécessaire, pour qu'il y ait lieu à révision, que la personne prétendue homicidée se présente. Cette personne peut être décédée postérieurement à l'époque indiquée pour le prétendu homicide ou se trouver dans des pays fort éloignés. Il suffit qu'il soit établi d'une manière quelconque qu'elle a réellement existé depuis le jour où le condamné a été prévenu de l'avoir homicidée. — Carnot, sur l'art. 444, n° 10; Le Sellyer, t. 4, n° 1427 1° et 2°. — V. cependant Rauter (n° 812), qui exige que la personne ait été interrogée.

32. — Enfin l'art. 445 C. instr. crimin. détermine le troisième cas de révision, qui est celui de condamnation, pour faux témoignage, contre l'un des témoins à charge entendu dans un procès criminel.

33. — Jugé, par application de cet article, que lorsqu'un témoin, entendu dans le procès d'un individu condamné pour crime, a été déclaré, depuis, coupable de faux témoignage à charge contre cet individu, il n'y a lieu à révision qu'autant que le premier arrêt de condamnation est inconciliable avec celui rendu contre le faux témoin. — *Cass.*, 20 janvier 1831, Lecomte et Mallet.

34. — La révision, dans ce cas, doit être soigneusement distinguée de la suspension de l'exécution de la condamnation prononcée contre l'accusé. La révision ne peut être autorisée que lorsque le témoin a été *condamné* pour faux témoignage à charge; tandis que la suspension de l'exécution de la condamnation prononcée contre l'accusé a lieu, de plein droit, dès que l'accusation en faux témoignage a été admise, ou même dès qu'il a été décerné un mandat d'arrêt contre le témoin. — C. instr. crimin., art. 445. — Carnot, sur cet article, n° 2; Le Sellyer, t. 4, n° 1437.

35. — On entend, dans la pratique, par *témoins à charge*, ceux qui ont été appelés à la requête du ministère public et de la partie civile. Mais, dans l'art. 445, les mots *témoins à charge* n'ont pas été employés dans un sens aussi restreint. Ils comprennent même les témoins appelés à la requête de l'accusé et sur la déposition desquels la condamnation a été prononcée. — Legraverend, t. 2, p. 736; Bourguignon, *Jurispr. du C. crimin.*, sur l'art. 445, n° 1er; Carnot, sur l'art. 445, n° 6; Le Sellyer, n° 1438.

36. — L'art. 445 précité suppose que le témoin à charge a été poursuivi et condamné pour faux témoignage, après la condamnation de l'accusé. Mais le témoin peut être poursuivi avant cette condamnation et pendant les débats, par application de l'art. 330 C. instr. crim. Si, dans ce cas, le renvoi à la session suivante n'ayant pas été ordonné, comme il pouvait l'être aux termes de l'art. 331 même Code, l'accusé a été condamné, et que le témoin prévenu de faux témoignage ait lui-même ensuite été condamné, y a-t-il lieu également de surseoir à l'exécution de la condamnation de l'accusé et d'ordonner la révision?

37. — Carnot (sur l'art. 445, n° 4, et *Observ. addit.*, n° 1er) se prononce pour l'affirmative, par la raison que l'application rigoureuse de cet article rendrait presque toujours illusoire pour le condamné le bienfait de la révision, dans le cas de faux témoignage porté à charge contre lui, puisque le témoin mis en prévention de faux témoignage n'en a pas moins fait sa déposition aux débats. On peut citer en faveur de cette interprétation les motifs de l'arrêt de cassation du 29 août 18 , Jourdan c. Mirabel.

38. — Mais l'art. 445 est formel, il ne permet la révision que lorsque les poursuites contre le faux témoin ont commencé *après* la condamnation. D'un autre côté, l'arrestation du faux témoin, pendant les débats, a dû nécessairement éveiller l'attention du jury et ne pas rester étrangère à sa déclaration. Enfin, on ne peut douter que le législateur n'ait rapproché les dispositions de l'art. 445 de celles des art. 330 et 331; d'où il suit que s'il eût voulu autoriser la révision, dans le cas prévu par ces articles, il se serait formellement expliqué à cet égard. Il nous semble, d'après ces raisons, que la révision ne peut être autorisée dans l'hypothèse que nous avons

supposée. C'est aussi l'avis de MM. Le Sellyer (t. 4, n° 1439) et Rauter (n° 811).

39. — Au surplus, les cas de révision, étant des exceptions au principe général de l'art. 350 C. instr. crim., ne peuvent être étendus. Ceux que prévoit le Code d'instruction criminelle, par ses art. 443, 444 et 445, sont donc les seuls dans lesquels cette mesure puisse être appliquée.

40. — Ainsi, il n'y a pas lieu à révision lorsque les pièces à charge sur lesquelles des arrêts de condamnation ont été rendus ont été ultérieurement reconnues et jugées fausses. On avait proposé, lors de la discussion du projet du Code d'instruction criminelle, d'ajouter ce cas à ceux déjà prévus. Mais cette proposition fut rejetée par le motif que lorsque, dans le cours d'un procès criminel, une pièce à charge, fausse, est produite, l'accusé ne manque pas de l'attaquer. — Le Sellyer, t. 4, n° 1405.

41. — La révision ne peut pas davantage être ordonnée lorsque le dénonciateur récompensé par la loi (V. RÉVÉLATION) a été entendu comme témoin aux débats, sans que le jury ait été instruit de sa qualité. — Carnot sur l'art. 445, n° 8.

42. — L'art. 447 C. instr. crim. a prévu le cas où le condamné pour homicide commis sur une personne qu'on prétend encore exister venait à mourir avant que la révision de l'arrêt de condamnation eût été provoquée, et il résulte des dispositions de cet article que la mort du condamné ne met point obstacle à la révision.

43. — Mais les dispositions de cet article ne peuvent être étendues au cas de révision dont parle l'art. 443 C. instr. crim. Ainsi, dans le cas d'existence de deux condamnations inconciliables, si l'un des condamnés est décédé, la révision ne peut plus être ordonnée. — Carnot, sur l'art. 447, n° 1er; Le Sellyer, t. 4, n° 1425.

44. — Il n'y aurait pas lieu non plus à révision, au cas prévu par l'art. 445 C. instr. crim., si le témoin prévenu de faux témoignage venait à mourir avant d'avoir été *condamné*, quoi qu'il fût en état de mandat d'arrêt. — Bourguignon, *Jurisp. des Cod. crim.*, sur l'art. 445, n° 3; Legraverend, t. 2, p. 738 et 740; Carnot, sur l'art. 445, n° 3, et *Observat. addit.*, n° 2, où cet auteur cite comme ayant jugé en ce sens un arrêt de Cass. du 17 mai 1828, et sur l'art. 447, n° 1er; Rauter, n° 811; Le Sellyer, t. 4, n° 1441.

45. — ...Ni si le témoin prévenu de faux témoignage, ayant été condamné, décédait étant encore dans le délai utile pour se pourvoir en cassation; ou même après s'être pourvu, mais avant que la Cour de cassation eût statué. Car, dans ces deux cas, le témoin meurt dans l'intégrité de ses droits; il n'y a point de preuve légale du crime qui lui est imputé, preuve à laquelle la loi a subordonné l'admissibilité de la révision. — Legraverend, t. 2, p. 738; Le Sellyer, t. 4, n° 1442. — *Contrà*, Bourguignon, *Jurispr. des Cod. crim.*, sur l'art. 445, n° 3.

46. — ...Ni dans le cas où la Cour de cassation, ignorant le décès du prévenu, aurait prononcé sur le pourvoi et confirmé la condamnation, comme si le témoin ne fût pas mort; l'action publique étant éteinte par la mort du prévenu, l'arrêt rendu postérieurement par la Cour de cassation est considéré comme non avenu. — Le Sellyer, *loc. cit.* — *Contrà*, Legraverend, *loc. cit.*

47. — Il en serait différemment si le témoin prévenu de faux témoignage décédait après que l'arrêt de condamnation était devenu définitif, mais avant que cet arrêt eût été mis à exécution. Si, en effet, la mort du témoin ne permet plus que la peine puisse être subie, elle ne fait pas disparaître la conséquence qui est nécessairement résultée de la condamnation : à savoir que l'accusé a été condamné sur la foi d'un faux témoignage. — Carnot, *Observat. addit.*, sur l'art. 445, n° 2.

48. — La prescription de l'action publique relativement au crime de faux témoignage doit produire, à l'égard de la révision, le même effet que la mort du témoin survenue avant qu'il ait été statué sur les poursuites — Legraverend, t. 2, p. 743; Le Sellyer, t. 4, n° 1443.

49. — Le Code d'instruction criminelle, en autorisant la révision, ne s'est pas expliqué sur le point de savoir si les condamnations devaient être contradictoires. Mais il est facile de suppléer à son silence à cet égard. Supposons d'abord que de deux arrêts de condamnation rendus dans le cas de l'art. 443 du Code d'instruction criminelle, l'un ait été prononcé par contumace. Que décider relativement à la révision? Cette mesure ayant été instituée pour remédier à la condamnation d'un innocent, il nous semble que la circonstance que l'une des condamnations a été prononcée par contumace ne doit influer en rien sur la solution de la question. Le seul fait auquel on doive s'attacher est celui de la contrariété existant entre les deux condamnations. S'il arrivait, et c'est ce que l'on saura seulement par le résultat de la révision, que l'innocent fût précisément le condamné contradictoirement, il y aurait d'ailleurs une souveraine injustice à le priver de cette voie de salut sur le seul motif que la condamnation du contumax n'est pas définitive. Cette condamnation ne pouvant devenir définitive que par la prescription de la peine, il faudrait donc attendre cette époque pour rendre au condamné la justice qui lui est due! La révision, pour n'être pas illusoire, doit évidemment avoir lieu, quoique l'une des condamnations ait été prononcée par contumace. — *Cass.*, 22 mai 1819, Cornu. — Bourguignon, *Jurispr. du C. crim.*, sur l'art. 444, n° 5; Carnot, sur l'art. 443, n°s 9 et 10, et *Observ. addit.* sur le même art., n° 3; Le Sellyer, t. 4, n° 1416.

50. — Il n'est pas nécessaire, comme semble l'exiger M. Rauter (n° 810), pour que, dans le cas précité, la révision puisse être admise, que le condamné par contumace se trouve sous la main de la justice au moment de la demande en révision. Car, ainsi que le fait remarquer avec raison M. Le Sellyer (*loc. cit.*), le retour du condamné anéantissant de plein droit la condamnation prononcée contre lui, il ne peut plus y avoir lieu à révision pour existence de deux condamnations inconciliables. Mais il doit être sursis à l'exécution de la condamnation contradictoire, jusqu'à ce qu'il ait été statué sur le nouveau procès contre le contumax.

51. — Au contraire, dans le cas de l'art. 444, le condamné, s'il est contumax, n'a pas besoin d'avoir recours à une demande en révision pour faire tomber la condamnation, tant du moins qu'il est dans le délai utile pour purger la contumace. Sa présence suffit pour anéantir cette condamnation. — Carnot, sur l'art. 444, n° 11; Le Sellyer, n° 1436.

52. — Mais c'est au condamné seul, tant qu'il ne s'est pas mis en état, qu'est interdite la voie de la révision. Son absence n'empêche pas le ministre de la justice de provoquer d'office la révision de l'arrêt, si des indices suffisans établissent l'existence de la personne prétendue homicidée. — Carnot et Le Sellyer, *loc. cit.*

53. — Nous avons vu que les cas dans lesquels la révision peut être ordonnée avaient été limités par le Code d'instruction criminelle. Cependant, Carnot a prétendu (*Observ. prélim. sur le chapitre des Demandes en révision*, n° 8, et *Observ. addit.*, n° 2) que du droit de faire grâce appartenant au chef du pouvoir exécutif résultait le droit d'ordonner, *en forme gracieuse*, la révision hors les trois cas énoncés au Code d'instruction criminelle; et il a invoqué, à l'appui de son opinion, des lettres patentes du 20 déc. 1813 qui autorisèrent la révision, en forme gracieuse, d'une affaire.

54. — Mais, depuis la révolution de 1830, la question s'étant élevée à l'occasion de la requête présentée par madame la maréchale Ney et ses enfans pour demander la révision du procès jugé par arrêt de la Cour des pairs du 7 déc. 1815, a reçu une solution contraire à l'opinion émise par Carnot. « Si, a dit le ministre de la justice dans le rapport adressé au roi le 15 févr. 1832 sur cette demande, pour ordonner une révision la volonté gracieuse du monarque suffisait, il existerait, dans cette volonté, un degré supérieur de juridiction criminelle qui pourrait s'ouvrir ou se fermer arbitrairement dans tous les cas. Nos institutions ne permettent pas que l'ordre des pouvoirs soit ainsi troublé. La révision gracieuse, sous quelques honorables motifs qu'elle s'introduisît, constituerait une double usurpation : l'une sur le pouvoir législatif, qui seul peut prévoir les cas de révision; l'autre sur le pouvoir judiciaire, qui seul a le droit de reviser. » — V. *Moniteur* du 16 févr. 1832. — Ce rapport a fixé définitivement la solution que la question de révision gracieuse devait recevoir. — V., dans le même sens, Le Sellyer, t. 4, n° 1454.

55. — La grâce accordée par le pouvoir exécutif à un condamné n'empêcherait pas ce dernier, s'il se trouvait dans l'un des trois cas prévus par le Code d'instruction criminelle, de pouvoir obtenir la révision de l'arrêt qui aurait prononcé sa condamnation. La grâce, en effet, laisse subsister la condamnation, tandis que la révision peut faire triompher l'innocence du condamné. — *Cass.*, 30 nov. 1840, Bonelli. — Bourguignon, *Jurisprud. du C. crim.*, sur l'art. 443, n° 6; Legraverend, t. 2, p. 744; Carnot (2e édit.), *Observ. prélim.* sur le chap. *Des demandes en révision*, n° 6, et *Observ. addit.* sur l'art. 443, n°s 4 et 5; Rauter, n° 809; Le Sellyer, t. 4, n° 1455.

56. — Il en serait autrement au cas d'amnistie. Par l'amnistie, en effet, le crime et la condamnation sont entièrement effacés, ils sont désormais considérés comme n'ayant jamais existé. La révision de la condamnation ne peut plus, dès lors, avoir lieu, quel que soit d'ailleurs l'intérêt que celui à qui l'amnistie est accordée ait à prouver son innocence. — Le Sellyer, t. 4, n° 1456.

§ 3. — *Demande. — Formalités. — Compétence. — Arrêt. — Renvoi.*

57. — Dès qu'une condamnation injuste a été prononcée dans l'un des cas prévus par les art. 443, 444, 445, la révision peut toujours être admise quel que soit le laps de temps qui se soit écoulé depuis la condamnation. L'intérêt public exige, en effet, qu'il n'y ait aucun délai après l'expiration duquel la demande en révision ne puisse être recevable. — Carnot, *Observat. prélim.* sur le chap. *Des demandes en révision*, n° 13; Le Sellyer, n° 1448.

58. — La Cour de cassation (section criminelle) est seule compétente pour statuer sur les demandes en révision. — Arg. des art. 443 et 444 C. instr. crim.

59. — Elle ne peut, toutefois, être saisie *directement* de ces demandes, soit par les condamnés, soit par les procureurs généraux. Ceux-ci n'ont que le droit de provoquer la révision en adressant, à cet égard, leur réclamation au ministre de la justice, auquel seul il appartient de prendre l'initiative de cette mesure. — Carnot, sur l'art. 443, n° 5, et *Observat. addit.* sur le même art., n° 2.

60. — C'est, d'ailleurs, ce qui résulte formellement de l'art. 443, dont le § 2 est ainsi conçu : « Le ministre de la justice, soit d'office, soit sur la réclamation des condamnés ou de l'un d'eux, ou du procureur général, chargera le procureur général près la Cour de cassation de dénoncer les deux arrêts à cette Cour. »

61. — Jugé, par application de cette disposition, que la Cour de cassation ne peut statuer sur une demande en révision formée par un condamné, si elle n'en est saisie par un réquisitoire du procureur général donné en vertu d'ordre du ministre de la justice. — *Cass.*, 21 nov. 1816, Neyret. — Le Sellyer, n° 1414; Rauter, n° 809.

62. — Mais il est à remarquer que la disposition précitée est impérative. Le ministre *chargera*..., y est-il dit en effet. D'où il suit qu'il ne lui est pas simplement facultatif de dénoncer à la Cour de cassation, la demande en révision qui lui est adressée. Autrement il se constituerait appréciateur, juge de cette demande, sur laquelle il n'appartient, ainsi que nous l'avons dit, qu'à la Cour de cassation de prononcer. — Carnot, sur l'art. 443, n° 4 *in fine*.

63. — La manière de procéder dont nous venons de parler doit également être suivie dans les deux autres cas de révision mentionnés aux art. 444 et 445 C. instr. crim. — Legraverend, t. 2, p. 733 et 734; Rauter, *loc. cit.*; Le Sellyer, n° 1415.

64. — L'art. 445 ne présente même aucun doute à cet égard. « Si les témoins, porte en effet le § 2 de cet article, sont condamnés pour faux témoignage à charge, le ministre de la justice, soit d'office, soit sur la réclamation de l'individu condamné par le premier arrêt, ou du procureur général, chargera le procureur général près la Cour de cassation de dénoncer le fait à cette Cour. »

65. — Il n'en est pas, relativement aux pouvoirs du ministère public, de la suspension de l'exécution de la condamnation, comme de la demande en révision. Dans le cas de l'art. 443, la suspension de l'exécution des deux arrêts résulte du fait seul de l'impossibilité de les concilier. Mais, en général, le ministère public doit surseoir à l'exécution de la condamnation, dès qu'il parvient à sa connaissance qu'il existe ou peut exister un cas de révision. Il n'a besoin d'aucun ordre, pour l'exercice de ce droit; il n'est pas même nécessaire qu'il attende que le condamné ait formé sa demande en révision. La loi s'en rapporte à sa sagesse pour ordonner le sursis. Mais, dans le cas où il surseoit à l'exécution, il doit en référer au ministre de la justice. — Carnot, sur l'art. 443, n° 2, et sur l'art. 444, n° 11; Le Sellyer, t. 4, n°s 1449 à 1452.

66. — Cette doctrine, non contestable pour le cas des art. 443 et 445, a été contestée pour le cas de l'art. 444, dont le § 2 est ainsi conçu : « L'exécution de la condamnation sera de plein droit suspendue par l'ordre du ministre de la justice, jusqu'à ce que la Cour de cassation ait prononcé; et, s'il y a lieu, ensuite, par l'arrêt préparatoire de cette Cour. »

67. — Des auteurs ont pensé qu'il résultait du texte de cette disposition que ce n'était que sur l'ordre du ministre de la justice qu'il pouvait être, dans le cas qu'elle prévoit, sursis à l'exécution de la condamnation. — Legraverend, t. 2, p. 734; Rauter, n° 812, note 2, et n° 816. — Mais l'ordre dont parle cette disposition n'est pas un ordre spécial de suspension, émanant du ministre. C'est uniquement celui qu'il donne à l'effet d'adresser à la Cour de cassation les pièces nouvellement produites; et c'est cet ordre qui entraîne de plein droit la suspension de l'exécution de la condamnation. — Bourguignon, *Jurispr. du Cod. crim.*, sur l'art. 444, n° 2; Carnot, sur l'art. 444, n° 7; Le Sellyer, t. 4, n°s 1432 et 1450.

68. — La Cour de cassation prononce sur la demande en révision, dont elle est saisie, après avoir entendu le rapport qui doit lui être fait par l'un des conseillers, et les conclusions du ministère public. — Carnot, sur l'art. 443, n° 5.

69. — Aucune loi n'ayant dérogé pour le cas de demande en révision à la règle générale qui veut que les jugemens soient rendus publiquement, il s'ensuit que la Cour de cassation doit dans ces matières, comme dans les autres, prononcer en séance publique. — Carnot, *loc. cit.*; Le Sellyer, n° 1421.

70. — Dans le cas prévu par l'art. 443, la Cour de cassation, après avoir vérifié que les deux condamnations ne peuvent se concilier, casse les deux arrêts et renvoie les accusés, pour être procédé sur les actes d'accusation subsistans, devant une Cour autre que celles qui ont rendu les deux arrêts. — Art. précité, § 3.

71. — Quoique le § 3 précité de l'art. 443, en parlant du renvoi que doit prononcer la Cour de cassation, se borne à dire que ce renvoi aura lieu devant une *Cour* autre que celles qui ont rendu les deux arrêts inconciliables, ce renvoi ne peut cependant être fait que devant une Cour d'assises comme dans le cas des art. 444 et 445. — Carnot, *Observat. prélimin.*, sur le chap. *Des demandes en révision*, n° 11; Le Sellyer, t. 4, n° 1417.

72. — Le choix de la Cour d'assises devant laquelle les accusés doivent être renvoyés ne peut résulter que d'une délibération spéciale de la Cour de cassation prise en la Chambre du conseil, conformément à l'art. 430 C. instr. crim. — Carnot, sur l'art. 443, n° 6; Le Sellyer, t. 4, n° 1422.

73. — La décision de la Cour de cassation oblige la Cour à laquelle le renvoi est fait à examiner l'affaire. Ainsi elle ne peut refuser de procéder aux débats, sous le prétexte, dans le cas de renvoi pour existence de deux condamnations inconciliables, que les deux arrêts annulés ne lui paraissent renfermer rien d'inconciliable. — Carnot, sur l'art. 443, n° 7; Le Sellyer, n° 1423.

74. — Si, dans le cas précité, l'un des condamnés venait à mourir après le renvoi prononcé par la Cour de cassation, mais avant que la Cour devant laquelle le renvoi a été prononcé eût pu juger l'affaire; le procès devrait néanmoins être suivi à l'égard du condamné survivant. Car, par la cassation des deux arrêts inconciliables, les condamnés sont devenus accusés; et la mort d'un accusé, avant les débats, n'empêche pas de continuer les poursuites contre ses coaccusés. — Carnot, sur l'art. 443, n° 8; Rauter, n° 810; Le Sellyer, t. 4, n° 1425. — V., cependant, Legraverend, t. 2, p. 738.

75. — L'arrêt qui intervient sur le renvoi prononcé dans le cas de deux condamnations inconciliables peut, comme tous ceux qui émanent des Cours d'assises, être attaqué par la voie ordinaire du recours en cassation, s'il y a lieu. — Carnot, sur l'art. 443, n° 11; Le Sellyer, n° 1426.

76. — Dans le cas de révision qui fait l'objet de l'art. 444 C. instr. crim., les pièces représentées postérieurement à la condamnation pour homicide et propres à faire naître de suffisans indices sur l'existence de la personne dont la mort supposée a donné lieu à la demande en révision sont, de l'ordre exprès du ministre de la justice, adressées à la Cour de cassation (section criminelle). Sur cet envoi la Cour de cassation peut préparatoirement désigner une Cour d'appel pour reconnaître l'existence et l'identité de la personne homicidée, et les constater par l'interrogatoire de cette personne, par audition de témoins, et par tous les moyens propres à mettre

en évidence le fait destructif de la condamnation. — Art. 444, § 1er.

77. — L'indication de la Cour d'appel chargée de reconnaître l'existence et l'identité de la personne homicidée, est laissée au choix de la Cour de cassation. — Carnot, sur l'art. 444, n° 4.

78. — L'art. 444 ne dit pas à quelle chambre de la Cour d'appel il appartient de prononcer sur l'identité. MM. Carnot (*loc. cit.*) et Le Sellyer (n° 1428) pensent que ce droit rentre dans les attributions de la chambre d'accusation. Mais M. Legraverend (t. 2, p. 733) fait observer que rien n'empêche que le renvoi soit fait devant la chambre des appels de police correctionnelle, ou devant l'une des chambres civiles.

79. — Nous avons dit précédemment (V. *suprà* n° 29) qu'il n'était pas nécessaire, pour l'application de l'art. 444, que la personne prétendue homicidée fût présente. Il n'est pas non plus nécessaire, pour que la Cour de cassation prononce le renvoi devant une Cour d'appel à l'effet de constater l'identité, que cette identité soit démontrée pour la Cour de cassation. Il suffit qu'il y ait des indices suffisans pour faire présumer l'existence de la personne prétendue homicidée. — Le Sellyer, t. 4, n° 1427 1°.

80. — Dès que la Cour de cassation reconnaît la suffisance des indices, c'est pour elle une obligation, et non pas seulement une faculté, de prononcer le renvoi. Mais la suffisance des pièces produites, des preuves, des indices est abandonnée à son appréciation. C'est en ce sens que doit être pris le mot *pourra* employé dans le § 1er de l'art. 444. — Legraverend, t. 2, p. 733; Le Sellyer, *loc. cit.*, 4°.

81. — La Cour d'appel désignée par la Cour de cassation prononce simplement sur l'identité ou la non-identité de la personne. — C. instr. crim., art. 444, § 3.

82. — Bien que la loi ne l'ait point exigé, la recherche, la vérification de l'identité de la personne prétendue homicidée doit néanmoins se faire contradictoirement avec le condamné, lorsqu'il existe et peut être appelé. — Carnot, sur l'art. 444, n° 8; Le Sellyer, t. 4, n° 1433. — *Contrà*, Rauter, n° 816.

83. — En conséquence, si le condamné subit sa peine, soit au bagne, soit dans une maison centrale, il doit être transféré à la maison de justice établie près la Cour devant laquelle le renvoi a été fait. — Carnot, *loc. cit.*

84. — La nécessité de la présence du condamné à la procédure de vérification ressort manifestement de l'art. 447 C. instr. crim. Cet article (§ 1er) veut, en effet, que lorsqu'il y a lieu de reviser une condamnation, pour la cause exprimée en l'art. 444, et que cette condamnation a été portée contre un individu mort depuis, la Cour de cassation crée un curateur à sa mémoire avec lequel se fait l'instruction et qui exerce tous les droits du condamné. Si l'instruction doit se faire avec le curateur du condamné décédé, à plus forte raison doit-elle se faire avec le condamné lui-même lorsqu'il est vivant.

85. — L'arrêt de la Cour devant laquelle le renvoi a été fait doit être transmis, avec la procédure, à la Cour de cassation. Celle-ci peut alors casser l'arrêt de condamnation, et même renvoyer, s'il y a lieu, à une Cour d'assises autre que celles qui en auraient primitivement connu. — C. instr. crim., art. 444, § 3.

86. — Cette disposition doit être entendue de la manière suivante : Si la Cour d'appel à laquelle le renvoi a été fait n'a pas reconnu l'identité, la Cour de cassation doit déclarer purement et simplement qu'il n'y a pas lieu à révision. — Carnot, sur l'art. 444, n° 5; Le Sellyer, t. 4, n° 1430.

87. — Et alors le sursis est levé de droit, et l'arrêt de condamnation est exécuté, ainsi que le dit spécialement l'art. 445, § 4, pour le cas où les accusés de faux témoignage sont acquittés.

88. — Si, au contraire, la Cour d'appel déclare l'identité, c'est alors que s'ouvre, pour la Cour de cassation, la faculté de casser l'arrêt de condamnation et même de renvoyer l'affaire à une autre Cour d'assises. La Cour de cassation décidera, à cet égard, d'après les circonstances du procès, dont elle est souveraine appréciatrice. Si, par exemple, elle reconnaît qu'il y a eu homicide commis mais erreur dans la désignation de la personne homicidée, elle renverra devant une autre Cour d'assises. — Carnot, sur l'art. 444, n° 6; Le Sellyer, *loc. cit.*

89. — L'art. 444 suppose, comme on l'a vu, que plusieurs Cours d'assises ont pu connaître primitivement de l'affaire. Ce qui peut arriver lorsque, un premier arrêt ayant été cassé par la Cour de cassation sur le pourvoi du condamné, il inter-

vient, par suite, un second arrêt contre lequel est formée la demande en révision.

90. — D'après l'art. 444 : lorsque, l'identité étant reconnue, la Cour de cassation juge à propos de renvoyer devant une Cour d'assises, le renvoi ne peut jamais avoir lieu devant l'une des Cours qui ont déjà connu de l'affaire. Mais rien n'empêche que la Cour de cassation ne désigne une des Cours d'assises du ressort de la Cour d'appel qui a statué sur l'identité. — Carnot, sur l'art. 444, n° 9; Le Sellyer, t. 4, n° 1434.

91. — Si l'arrêt qui a prononcé sur l'identité est attaqué par la voie du recours en cassation, la Cour de cassation doit statuer d'abord sur le pourvoi. Dans le cas où elle croit devoir casser cet arrêt elle ordonne le renvoi devant une autre Cour d'appel, pour prononcer de nouveau sur l'identité. — Carnot, sur l'art. 444, n° 5; Le Sellyer, t. 4, n° 1431.

92. — Nous avons vu précédemment que lorsque la condamnation à reviser a été portée, pour la cause exprimée en l'art. 444, contre un individu mort depuis, la Cour de cassation devait nommer un curateur au condamné pour assister à la reconnaissance de l'identité. L'art. 447 (§ 2) ajoute : Si, par le résultat de la nouvelle procédure, la première condamnation se trouve avoir été portée injustement, le nouvel arrêt déchargera la mémoire du condamné de l'accusation qui avait été portée contre lui.

93. — L'application de cette dernière disposition a donné lieu à une difficulté qui consiste à savoir si la Cour de cassation a le droit de décharger elle-même la mémoire du condamné, ou si elle ne doit pas renvoyer devant une autre Cour d'assises pour qu'il soit procédé à de nouveaux débats. Il nous semble résulter de la combinaison des art. 444 et 447 C. instr. crim. que la Cour de cassation n'a plus la faculté, dans le cas de l'art. 447, de prononcer le renvoi devant une autre Cour d'assises, que ce renvoi n'est permis que dans le cas où le condamné est vivant. S'il en était autrement, qui représenterait l'accusé aux nouveaux débats? Ce ne pourrait être évidemment le curateur, puisque la loi ne lui donne de mandat que pour assister à la reconnaissance de l'identité. De nouveaux débats ne peuvent donc, dans le cas dont il s'agit, s'ouvrir devant une nouvelle Cour d'assises. — Le Sellyer, t. 4, n° 1445.

94. — Voici alors comment il est procédé : Si l'existence et l'identité de la personne homicidée sont reconnues, la Cour de cassation annule la condamnation pour homicide, puisque, évidemment, elle a été portée injustement, et elle décharge, alors, la mémoire du condamné. Si, au contraire, la preuve de l'existence et de l'identité de la personne prétendue homicidée n'est pas acquise, la Cour de cassation maintient la première condamnation. — Le Sellyer, *loc. cit.*

95. — Cependant, M. Legraverend (t. 2, p. 740) pense que la Cour de cassation pourrait renvoyer devant une autre Cour d'assises, pour instruire une nouvelle procédure et établir un nouveau débat, lorsque la reconnaissance d'identité ne lui paraît pas offrir la preuve évidente de l'innocence du condamné. Mais cette interprétation est contraire non-seulement aux termes, comme nous l'avons vu, des art. 444 et 447 combinés, mais aussi au principe qui veut qu'il ne puisse s'établir de débats que contradictoirement ou par contumace; et à l'art. 2 C. instr. crim., d'après lequel la mort du prévenu éteint toute action publique à son égard.

96. — Lorque la mémoire du condamné est déchargée de l'accusation portée contre lui, la condamnation à des dommages-intérêts, prononcée contre le défunt au profit de la partie civile, comme accessoire de la peine et comme conséquence du crime, se trouve par là même anéantie, et la partie civile doit restituer les dommages-intérêts, si elle les a déjà touchés. — Carnot, sur l'art. 447, n°s 4 et 5; Le Sellyer, n° 1446.

97. — Dans le cas de l'art. 445, la Cour de cassation, saisie de la demande en révision, après avoir vérifié la déclaration du jury, sur laquelle est intervenu l'arrêt de condamnation contre un témoin pour faux témoignage à charge, annule l'arrêt rendu contre l'accusé condamné sur ce faux témoignage et elle renvoie ensuite devant une Cour d'assises, autre que celles qui ont rendu soit le premier, soit le second arrêt, pour être procédé, contre l'accusé, sur l'acte d'accusation subsistant. — Art. 445, § 3.

98. — Quel que soit le cas pour lequel la révision est demandée : lorsque la Cour de cassation prononce le renvoi de l'affaire, il n'y a pas lieu de soumettre de nouveau cette affaire à la cham-

titre d'accusation ; les accusés sont traduits directement devant la Cour d'assises à laquelle le renvoi est fait. Il résulte, en effet, des art. 443, 444 et 445 : que l'acte d'accusation primitivement dressé continue à subsister, et que c'est sur cet acte qu'il est procédé. — Carnot, *Observat. prélim.* sur le chap. *Des demandes en révision*, n° 12 ; Le Sellyer, t. 4, n° 1418.

99. — Lorsque, par suite de la condamnation de témoins pour faux témoignage à charge, l'affaire est renvoyée devant une autre Cour d'assises, les témoins condamnés ne peuvent être entendus dans les nouveaux débats. — C. instr. crim., art. 446.

100. — Ces témoins ne peuvent être entendus, même, à titre de renseignemens, en vertu du pouvoir discrétionnaire accordé au président des assises par les art. 269 C. instr. crim. et 34 C. pén. — Carnot, sur l'art. 446 ; Rauter, n° 815 ; Le Sellyer, t. 4, n° 1444.

101. — Ainsi que nous l'avons dit plus haut (n° 14), les jugemens rendus par les tribunaux militaires sont susceptibles de révision dans les cas déterminés par le Code d'instruction criminelle. Mais devant quel tribunal le renvoi doit-il être prononcé ? Est-ce devant un tribunal de la même nature que le premier mais autre que celui-ci, ou bien est-ce devant une Cour d'assises ?

102. — Si l'une des condamnations émane d'une Cour d'assises et l'autre d'un tribunal militaire, il n'est pas douteux que le renvoi ne doive être fait devant une Cour d'assises : par la raison que les tribunaux militaires n'ont de compétence qu'autant que tous les accusés sont leurs justiciables ou par la qualité des personnes ou par la nature du délit. — Carnot, *Observat. prélim.* sur le chap. *Des demandes en révision*, n° 11 ; Legraverend, t. 2, p. 744 et suiv. ; Le Sellyer, t. 4, n° 1453.

103. — Si les deux condamnations ou l'unique condamnation à reviser sont émanées de tribunaux militaires, M. Carnot (*loc. cit.*) enseigne que, la révision des procès criminels n'ayant pas été mise dans les attributions des tribunaux militaires, l'affaire doit dans tous les cas être renvoyée devant une Cour d'assises. — Mais cette opinion est combattue par M. Legraverend (*loc. cit.*), qui fait remarquer avec raison qu'on ne peut, en l'absence de texte précis, dépouiller les tribunaux militaires d'une affaire de leur compétence et soumettre les condamnés à une juridiction que la nature du délit qui leur est imputé ou la qualité de leur personne ne leur permettait pas de réclamer. Nous croyons donc avec M. Legraverend que le renvoi ne peut être fait que devant un tribunal militaire. — C'est aussi l'avis de M. Le Sellyer (*loc. cit.*).

104. — Ainsi lorsque la Cour de cassation casse, en vertu de l'art. 443 C. instr. crim., comme inconciliables, deux jugemens rendus par deux conseils de guerre, elle doit renvoyer les accusés non pas devant une Cour d'assises mais bien devant un conseil de guerre autre que ceux qui ont rendu les deux jugemens annulés. — *Cass.*, 30 déc. 1842 (t. 1er 1843, p. 745), Didier.

RÉVOCATION.

1. — C'est, en général, la résolution, l'anéantissement d'un acte ou d'une disposition quelconque, dans les cas déterminés ou autorisés par la loi.

2. — Les règles concernant les révocations tiennent en général à la manière d'éteindre les obligations : elles diffèrent suivant l'espèce de contrat qui est l'objet de la révocation. — Rolland de Villargues, *Rép. du not.*, v° *Révocation*, n° 1er. — V. OBLIGATION.

3. — Les conventions ne peuvent être révoquées que par le consentement mutuel des parties ou pour les causes que la loi autorise. — C. civ., art. 1134. — V. OBLIGATION.

4. — Sous le Code, l'adoption est irrévocable. Ce point n'est sujet à aucune contestation. C'est également ce qui a été jugé à l'égard des adoptions faites dans l'intervalle de la loi du 18 janvier 1792 au Code civil. — V. ADOPTION, TUTELLE OFFICIEUSE.

5. — Sur les différentes espèces de révocation, V. les mots suivans : DISPOSITION A TITRE GRATUIT, DON MANUEL, DON MUTUEL, DONATION A CAUSE DE MORT, DONATION DÉGUISÉE, DONATION ENTRE ÉPOUX, DONATION ENTRE-VIFS, DONATION PAR CONTRAT DE MARIAGE, DONATION RÉMUNÉRATOIRE, DOT, PARTAGE D'ASCENDANT.

6. — V. aussi : ACTION, ADOPTION, AFFECTATION, ARBITRAGE, AVOUÉ, COMMERÇANT, COMMISSIONNAIRE, CONSEIL D'ÉTAT, DÉLÉGATION, DÉSAVEU, DOMAINES ENGAGÉS, ENFANT NATUREL, ENREGISTREMENT, ÉTABLISSEMENS INSALUBRES, EXPERTISE, FONCTIONNAIRES PUBLICS, FORÊTS, GARDE FORESTIER, GARDIEN JUDICIAIRE, GREFFIER, IMPRIMEUR, MANDAT, OFFICE, PENSIONS.

RÉVOLTE.

V. ASSURANCE MARITIME, ATTENTAT, ATTROUPEMENS, MOUVEMENT INSURRECTIONNEL, RASSEMBLEMENT, RÉBELLION.

REZ-DE-CHAUSSÉE.

1. — Partie des édifices et bâtimens placée au niveau du sol. — V. ALIGNEMENT, SERVITUDES, VOIRIE. — V. aussi BALAYAGE ET NETTOIEMENT DE LA VOIE PUBLIQUE, CLOTURE.

2. — Quant aux obligations des propriétaires ou usufruitiers ou usagers de rez-de-chaussée, en cas de séparation de propriété, de jouissance ou d'usage, à l'égard des propriétaires, usufruitiers ou usagers des autres parties des bâtimens, V. ESCALIER, HABITATION, PROPRIÉTÉ, SERVITUDES, TOITURES, USUFRUIT.

RHIN.

1. — Le Rhin n'est pas, à proprement parler, un fleuve français ; il ne traverse, comme on le sait, aucune partie de notre territoire, qu'il borde seulement le long de deux départemens qui lui ont emprunté leur nom.

2. — De là une première question : Quels sont les droits de la France sur le Rhin, et jusqu'où s'étend sa propriété ? Les traités diplomatiques se sont chargés de résoudre ce point et de déterminer quel était le *thalweg* c'est-à-dire la ligne qui, dans le lit du fleuve, devait être réputée séparatrice de la France et de l'Allemagne. Nous n'avons donc point à arrêter notre attention sur ce point.

3. — Notons seulement que par suite du caractère particulier de propriété, sinon indivise quant au lit du fleuve, du moins véritablement commune quant à l'usage des eaux, la pêche dans le Rhin jouit de la liberté la plus grande ; tandis que dans les autres fleuves et rivières la pêche est soumise à certaines restrictions, aux termes de la loi du 15 avril 1829.

4. — Ainsi, elle y est permise en tout temps. — Ordonn. 15-19 nov. 1830, art. 4. — V. PÊCHE FLUVIALE, n° 197.

5. — Les pêcheurs n'y sont non plus assujettis à aucune restriction dans l'emploi des engins et filets. — Ordonn. 15-19 nov. 1830, art. 4. — V. PÊCHE FLUVIALE, n° 246.

6. — *Navigation du Rhin.* — Mais comment concilier le principe de la libre navigation du Rhin avec l'exercice de la souveraineté de chacun des nombreux Etats riverains de ce fleuve, telle est la grave difficulté qui depuis des siècles a été agitée entre ces Etats.

7. — Notre intention n'est pas assurément de reproduire ici le texte des anciens traités diplomatiques, qui, du reste, en fait, avaient perdu toute importance lorsqu'au commencement de ce siècle tous les pays limitrophes du Rhin se trouvèrent réunis partie sous l'autorité directe, partie sous la haute protection de celui qui au nombre de ses titres prenait celui de *médiateur de la Confédération germanique*.

8. — La chute de l'Empire vint raviver ces questions, que le congrès de Vienne entreprit de résoudre.

9. — Mais le traité de Vienne ayant éprouvé des difficultés par suite de la manière dont les gouvernemens riverains, et notamment celui des Pays-Bas, avaient entendu appliquer les principes généraux à la navigation de la partie inférieure du fleuve pour gagner la mer, de nouvelles négociations furent entamées ; par suite desquelles fut arrêtée le 31 mars 1831, et ratifiée le 28 mai 1831, une convention qui, publiée par ordonnance en date du 16 juillet 1833, forme le code complet de la navigation du Rhin.

10. — Nous allons indiquer sommairement les prescriptions diverses de cette convention complétée depuis ou modifiée en quelques points secondaires en vertu de divers protocoles arrêtés d'un commun accord, et publiés en France par l'ordonnance du 31 octobre 1842.

11. — Le titre 1er contient les prescriptions générales sur les arrangemens et concessions réciproques des différens Etats. — Aux termes de l'art. 1er, la navigation dans tout le cours du Rhin, du point où il devient navigable jusqu'à la mer, soit en descendant, soit en remontant, est entièrement libre et ne peut, sous le rapport du commerce, être interdite à personne en se conformant toutefois aux règlemens de police, exigés pour le maintien de la sûreté générale, et aux dispositions arrêtées par le règlement. — Convention 31 mai 1831, art. 1er.

12. — Les art. 2 à 7 déterminent les engagemens que le roi des Pays-Bas prend à l'égard des embouchures du Rhin, en ce qui concerne l'entrée ou la sortie des bâtimens appartenant aux nations riveraines et faisant partie de la navigation rhénane.

13. — L'art. 8 déclare toutefois qu'il n'est en rien dérogé au droit de tonnage maritime, ni aux frais de fanal, de pilotage et autres de cette nature, que tout bâtiment de mer est tenu d'acquitter à l'entrée ou à la sortie par mer dans les Pays-Bas, et dont la perception se règle d'après la législation ordinaire de ce pays, en observant toutefois la disposition de l'art. 12.

14. — En échange des stipulations favorables contenues aux art. 2 à 7 les hauts gouvernemens des Etats riverains s'engagent à étendre en faveur des Pays-Bas l'exemption générale du droit de transit, déjà convenue au congrès de Vienne pour tout le cours du Rhin, aux transports par eau des marchandises qui en quittant le Rhin entrent dans les rivières, canaux et autres communications intérieures navigables, pour traverser ensuite lesdits Etats riverains, pour autant que cela pourra se faire, sans changer le transport par eau contre un transport par terre. — Ce dernier cas arrivant, les marchandises sont soumises au régime de la législation ordinaire des gouvernemens respectifs. — Art. 9.

15. — Les bateliers quittant le Rhin pour se servir des communications intérieures navigables des Etats riverains sont assujettis dans tous les cas aux formalités qui y sont en vigueur pour le transit, afin d'empêcher la fraude, ainsi qu'au paiement des droits de péage, ponts, écluses, etc., qui sont établis, et ce sur le même pied que le sont de pareils bâtimens des Etats riverains respectifs. — Art. 9.

16. — L'art. 10 énumère les villes situées sur les bords du Rhin qui sont déclarées ports libres. Le gouvernement français déclare Strasbourg port libre.

17. — Ce même article 10 et les articles 11 à 13 contiennent encore des prescriptions, fort détaillées, contenant arrangemens et concessions réciproques entre les Etats riverains, et notamment avec les Pays-Bas.

18. — L'art. 14 veut que tout individu exerçant la navigation sur le Rhin soit tenu de payer, sous le titre de droit de navigation : 1° Un droit de reconnaissance pour chaque embarcation du port de 50 quintaux et au-dessus ; 2° un droit sur le chargement, à raison du poids des marchandises.

19. — Tout ce qui a trait à l'assiette et aux moyens d'assurer la perception de ces droits de navigation est contenu dans les art. 15 à 35, formant, avec l'art. 14, le titre 2 du traité. Il nous suffit d'y renvoyer.

20. — Mentionnons seulement cette prescription de l'art. 27 : « Tout patron ou conducteur est tenu, avant de prendre charge, ou au moins avant de partir du lieu de son chargement, de se faire délivrer une lettre de voiture ou de connaissement, constatant la nature et la quantité des marchandises, avec désignation de la personne à qui l'expédition en est faite. Il est tenu de donner à tous les bureaux sur la route connaissance de son chargement, par la représentation des lettres de voiture et d'un manifeste. Les chargemens ou déchargemens partiels qui pourraient avoir lieu en route sont également annotés sur le manifeste et certifiés, s'il y a lieu, comme le manifeste principal. »

21. — Le titre 13, comprenant les art. 36 à 41, a pour but d'assurer l'application des lois sur les douanes des Etats riverains, tout en respectant le principe de la libre navigation.

22. — Le droit d'exercer la navigation sur le Rhin est réglé par le titre 4. Dans un intérêt d'ordre public, la navigation sur le Rhin exigeant beaucoup d'expérience et de connaissances locales, on ne doit, et c'est là une prescription fort importante, admettre à son exercice que des patrons ou des conducteurs expérimentés, qui ont préalablement fait preuve de leurs connaissances, sans pouvoir cependant les soumettre à de nouvelles justifications. Chaque gouvernement riverain est chargé de prendre les mesures nécessaires pour s'assurer de la capacité des personnes auxquelles il confie l'exercice de la navigation du Rhin. — Art. 42.

23. — Les patentes ne peuvent néanmoins être

délivrées qu'à des sujets reconnus être des départemens du Rhin, et les bâtimens sont signalés dans les patentes. — Art. 42. — Le nombre des patrons est indéterminé. — Art. 45.

24. — Le patron ou conducteur admis à la navigation sur le Rhin et y naviguant, ne peut nulle part être contraint à décharger malgré lui ou à transférer son chargement sur d'autres embarcations; tous priviléges, droits et usages contraires ont été abrogés. — Art. 43.

25. — Toutes les associations et corporations de patrons-conducteurs ayant subsisté jusqu'alors sont déclarées supprimées. — Art. 44.

26. — Le transport des personnes, chevaux, voitures, effets et autres objets d'une rive à l'autre, et ce qui tient au commerce de ces deux rives, n'a rien de commun avec le présent règlement non plus qu'avec la navigation d'un patron ou conducteur restreint à l'exercice dans l'enceinte du territoire de son pays, sans en dépasser les limites : un tel patron ou conducteur n'étant assujetti qu'aux autorités du pays où il exerce son métier. — Art. 46.

27. — Le gouvernement du pays où le patron est domicilié a seul le droit de lui retirer, pour des motifs graves, la patente qui lui a été délivrée. Cependant, cette disposition n'exclut pas le droit qu'a tout État riverain de faire poursuivre et juger tout patron ou conducteur prévenu d'un délit ou crime commis sur son territoire; et demander même, suivant les circonstances, aux autorités de son domicile, que sa patente lui soit retirée. — Art. 47.

28. — Les articles 48 et suivans, qui forment le titre 5 du traité, règlent tout ce qui concerne le fret et le tour de rôle.

29. — Les règlemens de police pour la sûreté de la navigation et du commerce, sont contenus au titre 6 (art. 53 et 70).

30. — Le titre 7 (art. 71 à 80) contient les mesures propres à prévenir, réprimer ou punir la fraude des droits de navigation.

31. — Le titre 8 (art. 81 et suivans) est intitulé : *Du jugement des contestations en matière de navigation sur le Rhin.* Il prescrit l'établissement dans chaque État de premier ressort et d'un tribunal d'appel chargé de statuer sur les poursuites, et prescrit en même temps la procédure et les formes du jugement exécutoires dans tous les États riverains. Elle admet du reste la possibilité pour les parties condamnées en première instance de se pourvoir à volonté soit devant le tribunal d'appel, soit devant la commission centrale dont il sera parlé ci-après.

32. — Les juges de navigation du Rhin connaissent : 1° de toutes les contraventions au règlement de la navigation du Rhin ; 2° de toutes les contestations au sujet du paiement de la quotité des droits de navigation et autres ; 3° de toutes les entraves que les particuliers auraient mises à l'usage des chemins de halage établis sur le même fleuve ; 4° des plaintes portées contre les propriétaires de chevaux de trait employés à la remonte des bateaux sur le cours dudit fleuve, pour dommages causés aux propriétaires, et généralement toute autre plainte pour dommage causé par la négligence des conducteurs de bateaux et trains pendant leur voyage ou en abordant. — L. 21 avril 1832, art. 1er.

33. — Les fonctions de juge des droits de navigation sur le Rhin sont remplies en première instance par les juges de paix des cantons contigus au fleuve. — Art. 2.

34. — Les jugemens rendus par eux sont définitifs jusqu'à 50 francs, au delà de cette somme l'appel peut être porté devant le tribunal de Strasbourg ; lequel juge civilement ou correctionnellement, selon les cas. — Art. 3. — Toutefois l'appel peut être également porté devant le commissaire central à Mayence. — Art. 4. — V. *infrà*, n° 40.

35. — Les jugemens rendus par les juges des droits de navigation résidant sur un territoire étranger, sont, sans nouvelle instruction et dès qu'ils sont passés en force de chose jugée, rendus exécutoires par le tribunal de Strasbourg. — Art. 5.

36. — Aucun recours en cassation n'est admissible contre les jugemens rendus par les juges des droits de navigation du Rhin. — Art. 7.

37. — Les étrangers demandeurs ou intervenans ne sont pas tenus de donner caution. — Art. 8.

38. — C'est ici du reste le lieu de rappeler quelques-unes des prescriptions de la loi du 21 avril 1832, qui bien qu'elle ait précédé d'une année la promulgation du traité dont nous analysons les dispositions, fut cependant à vrai dire, rendue en vue d'appliquer les principes y contenus.

39. — Enfin, le titre 9 (art. 89 à 107) du traité du 28 mai 1831 a pour objet de déterminer les attributions et devoirs des diverses autorités préposées à l'exécution du règlement.

40. — Chaque État envoie annuellement un commissaire à la commission centrale qui se réunit le 1er septembre de chaque année à Mayence, et est tenue de terminer dans le mois les affaires qui lui sont soumises. — Si le nombre des affaires ne permet pas de les terminer dans un mois, les commissaires se concertent pour une réunion extraordinaire. — Art. 90 modifié.

41. — Concourent, chacun dans son ressort, à l'exécution du règlement : 1° la commission centrale ; 2° l'inspecteur en chef de la navigation du Rhin ; 3° quatre inspecteurs ; 4° les receveurs et autres employés placés aux bureaux de perception ou ailleurs. — Art. 89.

42. — La commission centrale est appelée à décider de toutes les questions d'intérêt général, et à proposer les modifications nouvelles à intervenir. Elle prononce en outre en dernier ressort sur les pourvois en appel portés devant elle. — Art. 93.

43. — Elle prend ses décisions à la pluralité absolue des voix, qui sont émises dans une parfaite égalité. La présidence est déférée par la voie du sort. Le secrétaire chargé de veiller à l'expédition des résolutions arrêtées par la commission est élu. — Art. 94 et 95.

44. — Les frais de la commission, ainsi que le traitement de l'inspecteur en chef, sont à la charge de tous les États riverains. — Art. 96.

45. — L'inspecteur en chef est nommé à vie par la commission centrale, en conformité des prescriptions du traité de Vienne. — La voix de chaque commissaire compte ainsi qu'il suit : la France pour douze ; la Prusse pour vingt-quatre ; les Pays-Bas pour douze ; les États allemands pour vingt-quatre, subdivisées ainsi qu'il suit : Bade, onze ; Hesse Grand-Ducale, six ; Bavière, quatre ; Nassau, trois. — Total général, soixante-douze.

46. — L'inspecteur en chef, qui jouit de la franchise de port de lettres et d'un traitement de 12,000 francs, réside à Mayence, et est chargé de la surveillance générale. — L'art. 98 contient sur ce point les prescriptions les plus détaillées.

47. — Sous ses ordres agissent quatre inspecteurs : le premier nommé par la France et le duché de Bade, son district d'inspection s'étend depuis l'endroit où le Rhin devient navigable jusqu'à la Lauter ; celui du second, qui est nommé par la Bavière, la Hesse Grand-Ducale et Nassau, va de la Lauter à l'embouchure de la Nahe ; celui du troisième, nommé par la Prusse, de l'embouchure de la Nahe à la frontière des Pays-Bas ; enfin, celui du quatrième comprend le reste du fleuve. — Le traitement et la résidence de ces inspecteurs sont fixés par les États qui les nomment. — Art. 101.

48. — Le nombre, le traitement et les attributions des receveurs et autres employés sont également abandonnés à la libre volonté de chaque État riverain (art. 103 et suiv.). — V., en ce qui concerne la France, l'art. 42 de la loi du 21 avril 1832 précitée.

49. — Mentionnons enfin en terminant cette prescription finale du traité : « S'il arrive, ce qu'à Dieu ne plaise, que la guerre vienne à avoir lieu entre quelques-uns des États situés sur le Rhin, la perception des droits de navigation continuera à se faire librement, sans qu'il y soit apporté d'obstacle de part ni d'autre. — Les embarcations et personnes employées au service des droits de navigation jouiront de tous les priviléges de la neutralité; il sera accordé des sauvegardes pour les bureaux et les caisses des droits de navigation. » — Art. 108.

50. — *Endigage et fascinages du Rhin.* — La nécessité de préserver les parties riveraines du Rhin des envahissemens de ce fleuve, a conduit le législateur français à établir, à l'égard de ces mêmes propriétés riveraines, une servitude qui pèse sur tous les bois environnans et que le Code forestier détermine dans les articles 135 à 143 la nature et l'étendue. — V., au surplus, à cet égard, FORÊTS, chap. 10, sect. 2.

RISCONTRE.

C'est, en matière commerciale, l'opération par laquelle un débiteur qui n'a point de son chef de compensation à opposer à son créancier, mais qui trouve parmi ses propres débiteurs une personne envers qui ce créancier est redevable, ou, ce dernier parmi ses créanciers une personne débitrice de son propre débiteur, s'entendent réciproquement et soldent, par des paiemens

fictifs, ce qu'ils se doivent les uns aux autres. Cette opération s'appelle aussi *virement.* — Pardessus, *Dr. commerc.*, n° 236.

RISQUES.

Dangers, dommages auxquels une chose est exposée. — V. ASSURANCE MARITIME, ASSURANCE SUR LA VIE, ASSURANCE TERRESTRE, BAIL, BAIL A CHEPTEL, CAISSE DES CONSIGNATIONS, CONSIGNATAIRE, COMMISSIONNAIRE DE TRANSPORT, CONSIGNATION, OBLIGATION, PRÊT, PRÊT A LA GROSSE, TRANSPORTS (entrepreneur de), VOITURIER.

RISQUES ET PÉRILS.

Se dit particulièrement de toutes les chances bonnes ou mauvaises attachées à une affaire dont on se charge. Souvent on stipule une clause expresse à ce sujet. — C. civ., art. 1629. — V., entre autres mots, DROITS SUCCESSIFS, MARCHÉS DE FOURNITURES, OFFICE, PARTAGE, VENTE.

RISTOURNE.

1. — C'est le nom qu'on donne à la résolution totale ou partielle du contrat d'assurance maritime ou de prêt à la grosse : soit lorsque la convention est réputée nulle dans certains cas, soit lorsqu'elle ne peut pas recevoir son exécution.

2. — Ce mot est de création assez récente; on ne le trouve pas dans le *Guidon de la mer*, ni dans l'ordonnance de 1681. Si on le trouve à peine dans Valin; mais depuis il a été employé par Pothier et surtout par Emerigon (ch. 16), qui en donne la signification : « Le *Guidon de la mer* (chap. 2, art. 1) et chap. 3, art. 3) appelait *ressortiment* ce qu'on appelle aujourd'hui *stourny* ou *ristourne*. Cleirac observe que, lorsque les premières assurances remplissent l'objet assuré, les derniers assureurs *ressortient*, c'est-à-dire se tirent du péril. » — V. ASSURANCE MARITIME, PRÊT A LA GROSSE, ASSURANCE TERRESTRE.

RIVAGE DE LA MER.

V. DOMAINE PUBLIC, LAIS ET RELAIS DE LA MER, MER.

RIVIÈRE.

V. ALLUVION, CHEMIN DE HALAGE, COURS D'EAU.

RIXE.

V. BLESSURES ET COUPS, DUEL, JUGE DE PAIX, JUSTICE DE PAIX.

ROGNURES DE PEAUX (Marchands de).

Patentables de 8e classe. — Droit fixe basé sur la population ; droit proportionnel du 40e de la valeur locative de tous les locaux qu'ils occupent ; mais seulement dans les communes de 20,000 âmes et au-dessus. — V. PATENTE.

ROGUES.

1. — Marchands en gros de rogues ou œufs de morue ; marchands en détail. — Patentables, les premiers de 4re classe et les derniers de 9e. Droit fixe basé sur la population ; droit proportionnel : pour les premiers du 45e et pour les derniers du 20e de la valeur locative de l'habitation et des lieux servant à l'exercice de la profession. — V. PATENTE.

2. — Quant aux dépôts de salaisons liquides connues sous le nom de *rogues*, ils sont rangés dans la 2e classe des établissemens insalubres. — V. ce mot (nomenclature).

ROI.

1. — Monarque qui commande seul et souverainement à un peuple. C'est en ces termes que les anciens auteurs définissent le roi absolu. Le roi constitutionnel règne mais ne gouverne pas.

2. — Les rois de France, jusqu'à Philippe-Auguste, prirent le titre de *roi des Français*. Louis XVI le reçut de l'Assemblée constituante. Napoléon prit le titre d'*empereur des Français*. Louis XVIII

avait, en 1814, adopté celui de *roi de France* porté par ses prédécesseurs depuis Philippe-Auguste; en 1830, Louis-Philippe Ier, appelé au trône, reprit le titre de *roi des Français*.

3. — Avant 1789, la souveraineté des rois de France ne reconnaissait que Dieu au-dessus d'elle. C'était alors une puissance absolue et perpétuelle donnée à un seul sur tous les hommes du pays.

4. — Aussi, et pour manifester cette transmission divine, le roi, immédiatement après avoir été sacré, prenait lui-même l'épée sur l'autel, parce que l'autorité dont le glaive était le signe venait immédiatement de Dieu qui la lui avait confiée et à qui seul il en était comptable.

5. — C'est ce qu'exprimait cette maxime : *Le roi ne tient que de Dieu et de l'épée;* et c'est aussi ce que signifiait le symbole des anciennes médailles de nos rois : le sceptre et l'épée, l'un désignait le commandement et l'autre le pouvoir souverain.

6. — Sous les deux premières races, les Français élisaient pour roi le prince le plus digne de les commander. Ceux qui étaient issus par les mâles du sang royal étaient les seuls qui pussent être choisis. C'est à cette liberté de choix que les chefs des races carlovingienne et capétienne durent d'être choisis, bien qu'ils ne fussent pas les plus proches parens de leurs prédécesseurs.

7. — Dans la troisième race, les princes du sang royal ont toujours été appelés au trône selon l'ordre et la prérogative de leur naissance.

8. — Une disposition des lois saliques a été citée comme justifiant cet ordre de successibilité, en lui imprimant un caractère de constitutionnalité comme on dirait aujourd'hui. Nous voulons parler de la première partie de l'art. 4, tit. 62, *Des alleux*, rapporté par MM. Teulet, d'Auvilliers et Sulpicy, *Codes français annotés*, Législation politique.

9. — « Aucune portion de la terre salique ne passera aux femmes; cette terre appartiendra tout entière aux mâles. » Tel est le passage dans lequel on a voulu lire que les femmes étaient exclues de la succession au *trône* de France.

10. — Presque tous les auteurs s'accordèrent d'abord à penser que les terres saliques étaient des dotations faites à la charge du service militaire, des espèces de fiefs auxquels les femmes ne pouvaient succéder ; et que comme la couronne était elle-même un grand fief militaire, la loi salique s'y appliquait naturellement.

11. — Mais Montesquieu (*Esprit des lois*, liv. 18, chap. 22) prouve que la terre salique n'était autre chose qu'un certain espace qui entourait habituellement la maison des Francs, et que ceux-ci possédaient en *franc-alleu;* qu'à l'époque de la loi salique l'hérédité des fiefs n'existait pas encore; que la loi qui donnait la terre aux enfans mâles, à l'exclusion des filles, avait en vue la condition postérieure de celles-ci, qui étaient destinées à passer dans une autre maison par le mariage tandis que les mâles restaient au manoir paternel. — M. Guizot (*Cours d'histoire moderne* 1828-1829, 9e leçon) a jeté le plus grand jour sur le caractère et la portée de la loi salique. Il a démontré que cette loi est un véritable code pénal dans lequel se trouvent jetées au hasard quelques dispositions civiles sans système, sans ensemble, et surtout sans but politique. — V., cependant, aussi, sur le caractère de ces lois, Lehuërou, *Essai sur l'établissement monarchique des Mérovingiens*, p. 59 et suiv., placé en tête du tome 1 du *Recueil des anciennes lois françaises*.

12. — Jusqu'en 1317 il ne fut fait aucune application de cette loi pour exclure les femmes de la succession à la couronne de France. Voici à quelle occasion il fut pour la première fois fait mention dans notre histoire de la loi salique.

13. — ...Philippe-le-Bel avait laissé trois fils : Louis-le-Hutin, Philippe-le-Long et Charles-le-Bel. Louis mourut après un an de règne, laissant une fille et la reine enceinte. Philippe-le-Long, alors comte de Poitiers, prit la régence, et peu après, le 17 juillet 1316, conclut avec Eudes, duc de Bourgogne, oncle de la princesse Jeanne, fille de Louis-le-Hutin, un traité qui devait régler les droits éventuels de cette princesse à la succession et lui assurait la Navarre et la Champagne moyennant sa renonciation au trône de France. La reine Clémence de Hongrie accoucha, le 15 novembre 1316, d'un fils qui fut nommé Jean et mourut le 19 novembre 1316. Philippe-le-Long, sans attendre que sa nièce fût en âge de manifester sa volonté, se fit sacrer à Reims le dimanche après les Rois; et à son retour à Paris il convoqua pour le jour de la Purification une assemblée des évêques, seigneurs et bourgeois de Paris, qui, en présence du cardinal d'Arablay, décida que la loi salique ne permettait pas qu'une femme succédât à la couronne de France. — Cont. de Guill. de Nangis, spicil. III, 72. — Cet acte n'a pas été retrouvé. C'est la première fois que depuis Hugues Capet la couronne tomba en collatérale. — Velly, VIII, 67.

14. — Il est clair qu'on prêta alors à la loi salique un sens qu'elle n'avait pas. L'erreur s'est perpétuée : en février 1327, un arrêt de la Cour des pairs et des Etats adjugea la régence à Philippe de Valois, à l'exclusion d'Edouard III, roi d'Angleterre; et le trône, au cas que la reine, veuve de Philippe-le-Bel, accouchât d'une fille. — Mémoires de l'Académie des inscriptions et belles-lettres, t. 17, p. 372, et t. 20, p. 469.

15. — Le principe d'exclusion des femmes appliqué en 1593 en faveur de Henri IV, a passé dans les constitutions modernes. — V. la Constitution de 1791, ch. 2, sect. 1re, art. 1er, le sénatus-consulte du 28 flor. an XII, art. 3, la Charte de 1830, art. 65, et la déclaration du 7 août 1830.

16. — La maxime de droit *Le mort saisit le vif* avait lieu pour la succession au trône comme pour celle des particuliers. Quand le roi mourait, son successeur était dans l'instant même investi de la puissance souveraine, et des droits attachés à la royauté, sans qu'il fut besoin du consentement des sujets ni du couronnement, c'est ce qui a fait dire : « Le roi ne meurt point en France. » C'est ce qu'a jugé le Parlement de Paris par un arrêt célèbre de 1498, dont parle Bodin.

17. — Suivant M. Hello (*Essai sur le rég. constit.*, p. 104), *l'institution règne*, c'est elle qui développe le principe de l'immortalité politique du prince dans toute sa portée. Selon ce publiciste, il faut oublier que le prince est un homme, et ne voir en lui qu'une partie intégrante de l'institution dans laquelle sa personne disparaît et s'anéantit, ou supposer que la monarchie s'est faite homme pour se perpétuer sans interruption dans une succession d'individus dont l'existence particulière est finie et dont l'existence politique ne l'est pas.

18. — « Le royaume, dit Loyseau (*Traité des offices*, liv. 2, chap. 2), n'est pas tout à fait patrimonial, ni la couronne purement héréditaire. La loi de l'Etat appelle successivement les mâles les plus proches de la lignée royale pour régner; c'est une espèce de substitution graduelle faite par cette loi en faveur des princes du sang, ni plus ni moins que disposent nos lois des fidéicommis laissés aux familles sans charge d'aucune dette; aussi nos rois ne sont-ils pas chargés des dettes personnelles des rois leurs prédécesseurs, non réalisées au royaume, ni plus ni moins qu'un successeur à l'office n'est tenu des dettes de son prédécesseur qui sont contractées au profit perpétuel de l'office, et ce que nos rois en paient, c'est par honneur et dévotion sans en être tenus. »

19. — Ce que nous venons de dire sur l'hérédité de la couronne constitue la règle générale qui reçoit son application dans les circonstances normales; mais il faut ajouter que les manquemens à la foi jurée et les violations du pacte constitutionnel ont motivé la déchéance du souverain. — V. la déclaration du Sénat du 5 avril 1814, prononçant la déchéance de l'empereur Napoléon, et le préambule de la déclaration de la Chambre des députés inscrite en tête de la Charte du 7 août 1830, qui déclare que le trône est vacant en fait et en droit et qu'il est indispensable d'y pourvoir.

20. — M. Dupin aîné, rapporteur du projet modificatif de la Charte, a terminé son rapport en ces termes : « La proposition a pour objet d'asseoir et de fonder un établissement nouveau quant à la personne appelée, et surtout quant au mode de vocation. Ici la loi constitutionnelle n'est pas un octroi du pouvoir qui croit se dessaisir, c'est tout le contraire; c'est une nation en pleine possession de ses droits qui dit avec autant de dignité que d'indépendance au noble prince auquel il s'agit de déférer la couronne : « A ces conditions écrites dans la loi, voulez-vous régner sur nous? » — Un procès-verbal de la séance de la Chambre des pairs et de la Chambre des députés du 9 août 1830 (inséré au *Bulletin des Lois*, IX, B. IV, n° 58) contient l'acceptation par le duc d'Orléans de la délibération de la Chambre des députés et de l'adhésion de celle des pairs et la prestation du serment royal.

21. — Ainsi, la Chambre des députés proclama alors le principe de la souveraineté nationale, elle supprima les formules et qualifications qui imprimaient à la royauté un caractère féodal, elle lui fit subir une sorte de rénovation et dans ses qualifications et dans ses principes. L'avénement de la nouvelle royauté ne fut pas fondé sur une abdication qui avait été envoyée aux Chambres avec le projet évident d'en faire dériver le droit de la royauté nouvelle ou sur le seul fait matériel du départ de la France des membres de la branche aînée, mais il le fut surtout et spécialement sur les *droits appartenant essentiellement aux Français*.

22. — Le trône pouvait devenir vacant par abdication, c'est-à-dire par renonciation à la couronne. Le droit d'abdication de la part d'un roi ne pouvait être mis en question, mais il était entièrement personnel et ne préjudiciait en rien au successeur naturel. Le souverain qui abdiquait conservait quelquefois des droits honorifiques, mais il ne pouvait plus exercer de droit de souveraineté ni aucune espèce de juridiction. — Magnitot et Delamarre, *Dict. de dr. administ.*, v° *Roi*.

23. — Dans le cas où la couronne tombait par succession à un prince mineur, il y avait lieu de créer une régence. — V. ce mot.

24. — Sur l'âge auquel était fixée la majorité des rois de France, V. RÉGENCE.

25. — La personne du roi était inviolable et sacrée; ses ministres étaient responsables. — Charte 1830, art. 12. — V. MINISTRES.

26. — De ce que le prince n'était plus un homme, il résultait qu'il ne pouvait agir; il était politiquement incapable d'aucune action immédiate, ce qui faisait qu'on lui donnait des agens sous le nom de ministres. — Hello, *Essai sur le régime constitutionnel*, p. 117.

27. — C'est par une conséquence de ce principe constitutionnel, et non plus simplement pour rehausser l'éclat du rang suprême, que le prince était admis à plaider par procureur. C'est par une raison politique et nécessaire qu'il ne pouvait plaider autrement, c'est une incapacité qui n'atteignait que le prince; la reine était dans le droit commun, elle était capable de plaider en son nom. — Hello, *Essai sur le régime constitutionnel*, p. 107.

28. — Un arrêt du Parlement de Paris, rendu, le 27 mai 1699, sur les conclusions de d'Aguesseau, alors avocat général, a fait défense aux juges de Bar et à tous les habitans du Barrois d'ajouter au nom du roi le surnom de *roi très-chrétien* dans les plaidoiries; il leur a enjoint de parler du roi dans les termes qu'il convient que des sujets emploient en parlant de leur souverain seigneur. Un autre arrêt rendu au même Parlement, le 13 juin 1735, sur les conclusions de M. l'avocat général Gilbert des Voisins, a fait semblables défenses à l'archevêque de Cambrai de donner au roi le surnom de *très-chrétien*, ainsi qu'il avait fait dans une instruction pastorale supprimée. — Denizart, en rapportant ces deux décisions (*Collect. de jurisp.*, v° *Roi*, n°s 16 et 17), justifiait cette décision, par ces motifs que cette manière de parler semble annoncer qu'il s'agit d'un prince étranger.

29. — La première règle de l'ancien droit français disait : *Qui veut le roi si veut la loi*. La loi résidait alors dans la personne du roi. Depuis la révolution de 1789, le roi n'était plus qu'un des élémens correctifs de la puissance législative. — V. POUVOIR LÉGISLATIF.

30. — Mais le roi seul sanctionnait et promulguait les lois. — Charte, art. 18.

31. — A lui seul appartenait la puissance exécutive. — Charte 1830, art. 12.

32. — Le roi était le chef suprême de l'Etat; il commandait les forces de terre et de mer, déclarait la guerre, faisait les traités de paix, d'alliance et de commerce, nommait à tous les emplois d'administration publique, et faisait les réglemens et ordonnances nécessaires pour l'exécution des lois, sans cependant pouvoir jamais ni suspendre les lois elles-mêmes, ni dispenser de leur exécution. — Charte 1830, art. 13.

33. — Toute justice émanait du roi; elle s'administrait en son nom par des juges qu'il nommait et qu'il instituait. — Charte 1830, art. 48.

34. — Cette maxime que toute justice émane du roi avait un sens particulier sous la monarchie absolue; elle signifiait que le roi, en évoquant à lui les appels des Cours seigneuriales, était devenu la source unique et première du droit de juridiction : car, si les Cours seigneuriales existaient encore en 1789, ce n'était plus comme attribut de la souveraineté, mais comme une concession du prince.

35. — La monarchie absolue permettait de faire entre la justice déléguée et la justice im-

médiate une distinction que par un abus de mots on continue à reproduire. La justice immédiate était légalement possible sous un prince qui pouvait tout par lui-même. Aussi la tenue des lits de justice faisait-elle cesser les pouvoirs des juges, parce que la présence du prince rappelait virtuellement à lui tous les pouvoirs qui en émanaient : *Adveniente principe, cessat magistratus.*

36. — Où la justice immédiate était légalement possible, on concevait facilement la justice déléguée. Toute délégation suppose le droit de faire remonter à sa source le pouvoir délégué; et puisque le prince pouvait administrer la justice par lui-même, c'était véritablement lui qui commettait à des magistrats le soin de l'administrer à sa place.

37. — Mais sous un régime où le prince ne pouvait rien par lui-même, ou aurait dû adopter d'autres idées et se faire un autre langage.

38. — La justice déléguée ne saurait en effet se concevoir quand la justice immédiate est défendue. Qu'est-ce qu'un pouvoir délégué que le déléguant ne peut ni exercer lui-même ni révoquer? Et quand on dit qu'il ne peut s'exercer, il ne s'agit pas seulement de l'impossibilité physique où est un seul homme de rendre la justice à un grand peuple, impossibilité qui se rencontrait dans la monarchie absolue comme dans la monarchie constitutionnelle, et qui n'empêchait pas le *droit* inhérent à la personne du roi; il s'agit d'une incapacité légale : telle que s'il n'y avait qu'un seul jugement à rendre, le prince devrait s'en abstenir. Dans un Etat ainsi constitué comment le prince serait-il la source d'un pouvoir dont non-seulement l'exercice lui est physiquement impossible, mais encore dont le principe lui est légalement interdit?

39. — Le roi avait le droit de faire grâce et celui de commuer les peines. — Charte de 1830, art. 58. — V. AMNISTIE, GRACE.

40. — Sur la réunion au domaine de l'Etat des biens personnels du prince qui parvenait au trône, V. DOMAINE.

V. POUVOIR EXÉCUTIF, POUVOIR LÉGISLATIF, PRÉSIDENT DE LA RÉPUBLIQUE.

ROLE.

1. — Ce mot comporte plusieurs significations. Il s'applique tantôt à un feuillet ou deux pages d'écritures en grosse, tantôt à un registre tenu par les greffiers ou par certains préposés en matière de contributions directes.

2. — *Rôle d'écriture.* — Chaque rôle de requête d'avoué à avoué, servant de défense aux demandes, contient vingt-cinq lignes à la page et douze syllabes à la ligne, ou six cents syllabes par rôle. — Décr. 16 févr. 1807, art. 72, § 1er.

3. — On remarquera que le tarif n'a pas déterminé quel serait le nombre de rôles des requêtes dont il s'agit. C'eût été entraver la défense. — L'art. 75, § 45, décr. précité, porte seulement que le nombre des rôles de la requête en réponse n'excédera pas celui fixé pour la requête en demande. Il suit de là que les avoués ont, ce cas excepté, un pouvoir discrétionnaire. — V. REQUÊTE.

4. — A l'égard des rôles d'expédition délivrés par les greffiers, les notaires, les commissaires-priseurs, les conditions varient.

5. — Ainsi, quand l'expédition émane d'un greffier de justice de paix, le rôle ne doit contenir que vingt lignes à la page et dix syllabes à la ligne. — Décr. 16 févr. 1807, art. 9.

6. — Si elle est délivrée par un greffier de première instance, de commerce et de Cour d'appel, le rôle ne contient que vingt lignes à la page et huit à dix syllabes à la ligne, compensation faite des unes avec les autres. — L. 21 vent. an VII, art. 6.

7. — Cependant, en matière d'expropriation pour cause d'utilité publique, le rôle contient vingt-huit lignes à la page et quinze à seize syllabes à la ligne. — Ordonnance du 18 sept. 1833, art. 9.

8. — Le rôle des notaires est de vingt-cinq lignes à la page et seize syllabes à la ligne. — Décr. 16 févr. 1807, art. 174.

9. — Celui des commissaires-priseurs est de vingt-cinq lignes à la page et de quinze syllabes à la ligne. — L. 18 juin 1843, art. 1er, § 4.

10. — Le prix des rôles de requête d'avoué à avoué servant de défense aux demandes est fixé pour l'original à 3 francs devant les Cours d'appel de Paris, Lyon, Bordeaux et Rouen, et à 2 fr. 70 c. devant les autres Cours; à 2 fr. devant les tribunaux de première instance de Paris, Lyon, Bordeaux et Rouen, à 1 fr. 80 c. devant les tribunaux de première instance dans les villes où siége une Cour d'appel et dont la population excède 30,000 âmes, et à 1 fr. 50 c. dans les autres tribunaux. — Décr. 16 févr. 1807, art. 72, § 1er; art. 75, § 46.

11. — En outre, il est dû par chaque rôle de copie, suivant les distinctions ci-dessus, 75 c., 67 c. 1/2, 50 c., 45 c., 37 c. 1/2. — *Ibid.*

12. — Le rôle des greffiers de justice de paix est payé 50 c. dans le ressort des tribunaux de première instance séant à Paris, Lyon, Bordeaux et Rouen; 45 c. dans celui où siége une Cour d'appel, dans une ville excédant 30,000 âmes de population, et 40 c. partout ailleurs. — Décr. 16 fév. 1807, art. 9.

13. — Mais pour l'expédition d'un procès-verbal de non-conciliation il n'est dû qu'un droit fixe. — V. CONCILIATION (Préliminaire de).

14. — Le rôle des jugemens interlocutoires, préparatoires et d'instruction rendus par les tribunaux de première instance; des enquêtes, interrogatoires, rapports d'experts, etc., et généralement de tous actes faits ou déposés au greffe, est payé uniformément 1 fr. 10 c. — L. 21 vent. an VII, art. 9; L. 6 prair. an VII, art. 1er.

15. — Ceux des jugemens définitifs rendus par les mêmes tribunaux, soit par défaut, soit contradictoires, soit en premier ou en dernier ressort, ainsi que des sentences arbitrales, des jugemens sur appel de sentence de justice de paix, et des ventes, sont payés 1 fr. 37 c. 1/2. — *Ibid.*

16. — Devant les Cours d'appel, le rôle des expéditions des procès-verbaux d'enquête, interrogatoire, etc., et des actes du greffe en général est taxé à 1 fr. 10 c. — *Ibid.*

17. — Quant aux expéditions des arrêts, on distingue entre les arrêts préparatoires et interlocutoires et les arrêts définitifs soit par défaut, soit contradictoires. Dans le premier cas, le droit est de 1 fr. 10 c.; et dans le second, de 2 fr. 20 c. — *Ibid.*

18. — En matière d'expropriation, le droit des greffiers ne s'élève qu'à 40 c. — Ordonn. 18 sept. 1833, art. 10.

19. — Il est dû par chaque rôle d'expédition délivré par un notaire dans le ressort des tribunaux de première instance de Paris, Lyon, Bordeaux et Rouen, 3 fr.; dans celui des villes où siége une Cour d'appel, dans un chef-lieu, ayant plus de 30,000 âmes de population, 2 fr. 70 c.; dans les autres villes, 2 fr.; dans les cantons ruraux, 1 fr. 50 c. — Décr. 16 févr. 1807, art. 174.

20. — Les commissaires-priseurs ont droit à 1 fr. 50 c. par chaque rôle d'expédition. — L. 18 juin 1843, art. 1er, § 4.

21. — La loi est muette sur le cas où les expéditions délivrées par les greffiers contiendraient une fraction de rôle, et il a été décidé par une solution de l'administration des domaines et de l'enregistrement insérée dans la circulaire n° 1537, et qui a reçu l'approbation du ministre des finances, que le droit entier était dû pour une fraction de rôle. — Boucher d'Argis, *Taxe*, v° *Rôle de grosse*, p. 290.

22. — Convient-il d'appliquer cette décision ministérielle aux rôles des avoués, des notaires et des commissaires priseurs? La négative nous paraît constante, parce qu'il ne s'agit là que d'une disposition fiscale et sans caractère légal, et que les termes du tarif sont trop formels pour qu'on puisse y déroger. Le tarif définit ce qu'on entend par un rôle, et il ne rétribue que le rôle. Une lettre du garde des sceaux du 10 oct. 1835 s'est prononcée dans ce sens. — Boucher, *eod.*

23. — *Rôle, registre.* — Aux termes de l'art. 3 L. du 21 vent. an VII, les greffiers doivent tenir un registre destiné à l'insertion des causes qui sont introduites par exploit. Celles introduites par requête ne sont pas inscrites. — Circ. de l'adm. de l'enregist. et du dom. 14 prair. an VII, n° 1577. — Les référés ne sont pas non plus inscrits. — D. 12 juill. 1808, art. 5. — V. RÉFÉRÉ.

24. — Le rôle dont nous parlons en ce moment est le rôle général qui comprend toutes les causes portées devant un même tribunal, et sur lequel il est procédé à leur distribution aux diverses chambres. — Art. 19 et 55 D. 30 mars 1808.

25. — Mais quand un tribunal se compose de plusieurs chambres, le greffier de chaque chambre tient un rôle particulier pour l'inscription des causes qui sont renvoyées devant elle par suite de la distribution. — Art. 24 et 60 D. 30 mars 1808. — V., au surplus, MISE AU ROLE.

26. — L'usage des rôles était très-ancien au parlement de Paris. Ils étaient appelés *rotuli placitorum*, *regesti curiæ seu juridictionis in quo referebantur lites, judicia et decreta illius curiæ.* — Merlin, *Rép.*, v° *Rôle*, n° 1er, p. 571.

27. — Enfin : en matière de contributions, la loi prescrit la tenue de certains registres appelés rôles. — V. CONTRIBUTIONS DIRECTES, nos 228, 231, 292, 304, 321, 443, 446, 519, 564, 907 et suiv.; 191, 196, 632 et suiv.; 806, 550, 1215, 641, 481, 703, 754, 809, 241.

ROLE D'ÉQUIPAGE.

1. — C'est l'état certifié de toutes les personnes qui se trouvent à bord d'un navire.

2. — Cette pièce paraît avoir été créée pour parer aux désertions des matelots et les empêcher d'échapper à l'inscription maritime. C'est probablement pour ce motif que le rôle d'équipage est inconnu à plusieurs nations commerçantes, telles que les Etats-Unis. — Beaussant, *Code maritime*, t. 1er, n° 165.

3. — L'art. 1er du titre 14 de l'ord. de 1784 porte : « Les capitaines, maîtres ou patrons des » bâtimens qui seront armés pour la course, le » commerce ou la pêche, présenteront aux bu» reaux des classes les gens de mer qu'ils auront » engagés, pour être inscrits sur les rôles d'équi» page, et ne pourront embarquer que ceux qui » y auront été portés, à peine de 300 livres d'a» mende pour chaque homme non compris dans » lesdits rôles. »

4. — En portant à 300 livres l'amende pour chaque homme embarqué sans mention sur le rôle, l'ordonnance de 1784 a abrogé en cela les ordonnances citées par Valin et qui prononçaient une amende de 60 fr. — Règlemens des 31 août 1722, 23 janv. 1727; décl. du roi des 18 déc. 1728, 19 mai 1745, 22 juin 1753, et ord. du 13 avril 1757. — Beaussant, t. 1er, n° 165.

5. — Le rôle d'équipage est exigé même pour les bateaux de pêche ou de passage; les bateaux non pontés reçoivent un simple permis de navigation. — Circ. min. ventôse an XIII. — Le cabotage, ainsi que les chaloupes de passage et les bateaux de pêche reçoivent leur rôle pour un an. Dans la navigation au long cours, il faut un rôle pour chaque voyage. — Beaussant, t. 1er, n° 170.

6. — Est passible de contravention le patron d'une embarcation, qui, se livrant à la navigation intérieure, n'a ni rôle d'équipage ni permis de navigation. — *Bordeaux*, 6 janv. 1848, Cazeneuve.

7. — Enfin, les bateaux de plaisance et canots d'agrément sont eux-mêmes soumis à l'obligation du rôle d'équipage. — *Cass.*, 12 janv. 1850 (intérêt de la loi), Pagelet. — *Contrà*, *Rennes*, 10 sept. 1847 (*ibid.*), même affaire. — Beaussant, n° 170.

8. — Le rôle d'équipage doit également mentionner le nom des passagers embarqués, et l'art. 7 de la déclaration du roi du 18 déc. 1728 prononce une amende de 60 livres contre le capitaine qui embarque des passagers non portés au rôle. Mais le capitaine ne peut inscrire sur le rôle que les passagers qui lui ont montré leurs passeports. — Lettre minist. 25 mars 1817. — Beaussant, n° 166. — V., au surplus, CAPITAINE DE NAVIRE.

9. — Jugé, en conséquence, que les capitaines de navires sont passibles d'une amende de 60 fr., si le rôle de leur équipage n'énonce pas les noms de tous les patrons ou passagers embarqués. — *Cass.*, 22 juill. 1825, Rougon.

10. — Plus tard, cependant, une décision ministérielle du 11 août 1836 excepta les capitaines des paquebots à vapeur de l'obligation de faire inscrire leurs passagers au rôle d'équipage. Mais plusieurs consuls ayant réclamé à ce sujet, une nouvelle décision, du 23 janvier 1837, ordonna que les capitaines de bateaux à vapeur spécialement affectés au transport des passagers fussent tenus de clore, au moment d'appareiller du port de départ ou de relâche, et de faire remettre, dans les vingt-quatre heures de leur départ, au bureau de l'inscription, ou à la chancellerie du consulat, une liste, signée et affirmée par eux, contenant l'indication des noms, prénoms, âge, qualité, lieu de naissance et de domicile des passagers. — Toutefois cette mesure n'a lieu que pour les transports à l'étranger, et nullement pour les petits trajets sur le littoral. — Beaussant, n° 166.

11. — Le rôle d'équipage est délivré, par le commissaire de marine, sur des feuilles numérotées par série commençant chaque année, et envoyées de Paris, où elles sont timbrées. — On fait le rôle double; un exemplaire est laissé au commissaire des classes, et l'autre est remis au capitaine. On n'en ajoute un troisième, pour le trésorier des invalides, que lorsqu'il y a eu, lors de l'armement, des avances sur lesquelles la retenue a dû s'exercer. — Beaussant, t. 1er, n° 170.

12. — N'est pas recevable à réclamer des dommages-intérêts contre l'administration l'armateur à qui un nouveau rôle d'équipage a été refusé, si toutes les obligations qui lui étaient imposées envers l'Etat, et résultant d'une première expédition, n'ont pas été par lui entièrement remplies. — *Cons. d'Etat*, 15 août 1834, Mayne.

13. — La mention sur le rôle d'équipage des gens de mer et passagers est faite en France par le commissaire des classes, et en pays étranger par les consuls; et s'il n'y a pas de consul dans le lieu où se fait l'embarquement, on fait faire la mention au premier port de relâche. — Beaussant, t. 1er, no 166.

14. — Le rôle sert également pour faire exécuter toutes les mesures relatives à la police de la navigation : telles que l'embarquement d'un chirurgien, d'un certain nombre de mousses dans les cas prescrits. — Les conditions de l'engagement des gens de mer y sont inscrites. — C. comm., art. 250. — V. ÉQUIPAGE (gens d'). — Beaussant, t. 1er, nos 167 et 168.

15. — Il mentionne également les avances reçues et les à-compte payés, afin d'établir la perception de la retenue pour la caisse des invalides. — Ord. 1784, art. 10, tit. 14. — Beaussant, t. 1er, no 169.

16. — Le rôle d'équipage sert encore à inscrire l'original des actes de l'Etat civil, et reçoit la mention de remise des testamens aux autorités compétentes. — Beaussant, no 169. — V. au surplus CAPITAINE DE NAVIRE, TESTAMENT.

V. encore ABSENT (militaire) ASSURANCE MARITIME, BATEAU A VAPEUR, CAISSE DES INVALIDES DE LA MARINE, CONSUL, ENREGISTREMENT, PRISES MARITIMES.

ROLES D'OLERON.

1. — Recueil d'anciennes coutumes ou usages maritimes nommés aussi *jugemens d'Oleron*.

2. — Les opinions ont été longtemps partagées sur la question de savoir dans quel pays et à quelle époque ce recueil a été composé. Aujourd'hui, on est à peu près d'accord pour reconnaître qu'il a une origine française; et que si le nom de l'auteur est resté inconnu, ce recueil a été rédigé par écrit à la fin du XIe siècle. — De Miltitz, *Manuel des consuls*, liv. 1er, chap. 3, sect. 5.

3. — Les rôles d'Oleron ont été confirmés en France par Charles V en 1364, par Charles VI en 1391, 1397 et 1405, par Charles VII en 1423 et 1435, et par Louis XI en 1479. — Toutes les législations des villes maritimes de la Méditerranée se sont conformées aux principes consignés dans ces rôles. — En Angleterre, ils sont encore aujourd'hui considérés comme droit subsidiaire. — De Miltitz, *ibid.*

ROMAINE (Poids).

V. POIDS ET MESURES.

ROSEAUX (March. de).

Patentables de 7e classe. — Droit fixe basé sur la population; — droit proportionnel du 40e de la valeur locative de tous les locaux qu'ils occupent, mais seulement dans les communes de 20,000 âmes et au-dessus. — V. PATENTE.

ROTE (Trib. de la).

1. — Le tribunal de la rote est établi à Rome, près le saint-siége; autrefois sa juridiction s'étendait sur toutes les nations, aujourd'hui les juges de la rote sont réduits à juger les procès qui naissent dans l'Etat-Ecclésiastique. — *Lettre du ministre plénipotentiaire au ministre des relations extérieures*, 4 vent. an XI. — Vuillefroy, *Tr. de l'administration du culte cath. en France*, vo *Rote* (Auditeur de), p. 471.

2. — Ce tribunal est composé de douze membres, qui prennent le titre d'auditeurs. La France, l'Autriche, l'Espagne présentent chacune au pape un sujet de leur nation pour remplir les fonctions d'auditeur de rote, et sur cette présentation le pape rend un bref pour nommer et installer le nouvel auditeur. — Vuillefroy, *Tr. de l'administration du culte cath. en France*, vo *Rote* (Auditeur de).

3. — Autrefois, le budget du ministre des cultes contenait une allocation destinée à l'*auditeur de rote* nommé sur la présentation de la France; mais le budget voté pour l'année 1849 a supprimé cette allocation.

ROTISSEURS.

Patentables de 5e classe. — Droit fixe basé sur la population, — droit proportionnel du 20e de la valeur locative de l'habitation et des lieux servant à l'exercice de la profession. — V. PATENTE.

ROTURE.

1. — La roture était autrefois la condition des personnes qui n'étaient point nobles. On appelait *rotarii, ruptarii* ou *ruptuarii* ceux qui travaillaient à rompre la terre : de là le nom de roturiers qui leur a été donné. — V. Janum à Castor, *Ad capitul. cæterum, extra., De judiciis*, p. 310; D. Marcum, *In historiâ Bearn.* lib. 2, cap. 14; Besquetum, *Ad epistolam* 92 *Innocentii*, p. 234; Dominicum, *De prærogat. allodior.*, cap. 91; Besly, *Histoire des comtes de Poitou*, p. 181; Championnière, *De la propriété des eaux courantes*, no 138. — Plus tard, le nom de roturiers a été donné indistinctement à tous ceux qui vivaient dans l'état de roture : soit qu'ils habitassent les villes, soit qu'ils demeurassent dans les campagnes. « Les roturiers, dit Loysel (*Inst. coutum.*, règle 26), sont bourgeois ou vilains. » On qualifiait encore de roturiers les biens tenus à titre de roture. — Merlin, *Rép.*, vo *Roture*, et *Encyclopédie méthod.*, partie de jurisprudence, *eod. verb.*; Guyot, *Rép.*, *ibid.*

2. — Dans l'origine, la possession d'un fief n'anoblissait pas les roturiers; elle les affranchissait seulement tant qu'ils demeuraient dessus. — V. Des Fontaines, ch. 3, art. 4, 5 et 6; Beaumanoir, ch. 48, et Bouteiller, liv. 2, tit. 1er, p. 656. — « Les roturiers qui acquéraient des fiefs, dit Davot (*Ass. de Jérusalem*, t. 1er, p. 298, édit. Beugnot), ne devenaient point nobles pour cela, et pour avoir la permission de posséder ces terres nobles, il leur fallait payer une tenance au roi, qui est appelée *droit de franc-fief*. » — V. FRANC-FIEF.

3. — Mais, par une ordonnance du mois de novembre 1470, Louis XI anoblit en Normandie tous ceux qui possédaient des fiefs, avec leur postérité. — V. Guy-Pape, *Jurisprudence*, p. 123, art. 14. — V. aussi Laurière (sur Loysel, *Institutes coutumières*, édit. Dupin et édit. Laboulaye, règle 27).

4. — Toutefois, même avant cette ordonnance, et à la tierce fois, ceux qui étaient issus de roturiers acquéreurs de fiefs étaient réputés nobles. — Laurière, *ibid.* — Poggius (*De nobilitate*) s'exprime à ce sujet en ces termes : « *Mercatorum, vel opificium filii qui divitiis præstant, aut empto prædio rus se conferunt, urbe relictâ, atque hujus fructu contenti, semi nobiles evadunt, suisque posteris nobilitatem præbent. Ità plus illis rura et nemus conferunt ad consequendam nobilitatem quàm urbes.* »

5. — C'est précisément à cause de cette faculté qu'avaient les roturiers de s'anoblir par un long temps, qu'il ne leur était pas permis de tenir fief sans congé ou permission du prince; ainsi que l'explique Bouteiller (*Somme rurale*, tit. *Des acquêts des non nobles*, p. 654) : « Et la raison si est que nul ne se peut anoblir sans l'autorité du roy en son royaume, qui ne vient d'extraction noble, et par acquerre nobles tenemens, il semble qu'ils se anobliraient par longtemps de tenir, et l'acqueste qui noble serait par eux envieillie en leur main. »

6. — Cependant lorsque le fief leur était échu par succession, ils le pouvaient garder. — Beaumanoir, ch. 48, nos 10 et 11; Coutume de Bretagne, art. 357 avec les notes de M. de Perchambault; Charte de la Coutume de Roye, *in fine*; ancienne Coutume de Bourges, art. 28; Coquille, quest. 256 *in fine*; Coutume de Troyes, art. 16, et de Chaumont, art. 10; *Olim*, t. 2, p. 726, no 22.

7. — Le droit de franc-fief tomba en désuétude. « Aujourd'hui, dit Laurière (sur Loysel, *Instit. coutum.*, édit. Dupin et édit. Laboulaye, règle 29), toute personne peut tenir fiefs, aussi n'anoblissent-ils point s'il n'y avait titre de grande dignité approuvée par le roi. » Dumoulin confirme ainsi cette règle : *Dixi novum possessorem feudi nobilis non nobilitari quandò est infeudatus à superiore. Intelligo autem superiorem, nedum ratione feudi, sed etiam in potestate nobilitandi, quæ spectat ad solum regem* », etc. — V. *Ancienne Coutume de Paris*, § 9, glose 3, no 3. — V. aussi Bacquet, *Du droit d'anoblissement*, ch. 20. — Ordonn. de Blois, art. 258.

8. — Les roturiers étaient justiciables des seigneurs sur le territoire desquels ils étaient domiciliés, ou, suivant l'expression consacrée, dont ils étaient couchans et levans. — *Instit. coutum.* de Loysel (édit. précitée), règles 36 et 37. — V. aussi Coutume de Poitou, art. 42 et 46; Ancienne Coutume de Normandie, feuillet 106; *Etablissemens*, liv. 2, chap. 32, et Des Fontaines dans son *Conseil*, ch. 4, art. 18; Marnier, *Ancienne Coutume de Picardie*, ch. 18, p. 19; Bouteiller, *Somme rurale*, liv. 1er, tit. 3; Beaumanoir, ch. 7, no 16; *Olim*, tit. 2, p. 238. — « Sinon, ajoute Loysel (*ibid.*, règle 38), qu'il soit question d'héritages qu'ils tiennent ailleurs ou qu'ils soient bourgeois du roi. » — V. aussi règle 39.

9. — L'infériorité des roturiers apparaissait du reste dans une foule de circonstances. Ainsi, par exemple, les délais d'ajournement devant les différens tribunaux n'étaient point les mêmes. Le roturier était *semond* ou ajourné du matin au soir ou du soir au matin. Au noble il fallait quinzaine, suivant Des Fontaines (chap. 3, art. 6 et 7; chap. 4, art. 17; chap. 13, art. 1er), Bouteiller (*op. cit.*, liv. 1er, tit. 3, p. 16 *in fine*), Beaumanoir (chap. 30, no 43); ou huitaine, selon Desmares (décis. 384). Mais cet usage fut aboli par l'ordonnance de 1667, tit. 3.

10. — Le noble était majeur à vingt-un ans; le roturier l'était à quatorze, à moins qu'il ne possédât un héritage noble : auquel cas il était majeur quant à son héritage seulement à vingt-un ans. — De même le noble, quant aux choses roturières ou tenues en vilenage, était majeur à quatorze ans. — V. Fleta, lib. 1er, cap. 9, § 4, et cap. 11, § 7; *Miroir de Souabe*, I, chap. 50; Sainte-Palaye, *Mémoires sur l'ancienne chevalerie* (prem. mém.); *Assises de la Haute-Cour* (Ed. B), I, 114, 259; Coke *On Littleton*, sect. 103; Cowellum, lib. 1, *Inst. juris anglicani*, t. 22, *in principio*; Desmares, déc. 249.

11. — De même, dans le principe, les femmes roturières n'avaient pas, comme les femmes nobles, le droit de renoncer à la communauté; mais ce privilége leur fut accordé par l'intervention de maître Jean-Jacques de Mesmes, lieutenant civil et maître des requêtes. — V. *Instit. coutum.* (*loc. cit.*), règles 112 et 113.

12. — Un père roturier qui n'était pas bourgeois après le décès de sa femme, n'avait point le bail de son fils. « En roture n'y a bail, » dit Loysel (*loc. cit.*, règle 189). — Il en était autrement à l'égard du père noble. — V. Beaumanoir, chap. 15, nos 7 et 23; *Etablissemens*, liv. 2, chap. 18 *in fine*; *Cout. de Clermont*, art. 170, 176; de Vermandois, art. 26; d'Anjou, art. 88.

13. — Dans la plupart des coutumes, l'aîné était aussi privé de tout préciput sur les biens de roture. — V. *Encyclopédie méth.*, vo *Roture*.

14. — Les roturiers étaient encore exclus des guerres privées lorsqu'elles étaient en usage; car, comme dit Beaumanoir (chap. 59) : *autres que gentilshoms ne peunt guerroier*.

15. — Dans les duels ordonnés en justice, une distinction était aussi faite, entre le noble et roturier, en ce qui concernait les armes. — Lorsque les roturiers combattaient avec les roturiers ou les nobles avec les nobles, ils avaient toujours armes égales. Mais si c'était un roturier qui accusât un homme noble et l'appelât en duel, le noble ne quittait point ses armes et combattait à cheval et le roturier combattait à pied; mais si le noble appelait le roturier, le noble était obligé comme lui de combattre à pied. — V. *Etablissemens de Saint Louis*, liv. 1er, chap. 80; Beaumanoir, *Cout. du Beauvoisis*, chap. 64; *Des présentations*, no 2; Des Fontaines, dans son *Conseil*, chap. 22, no 7; Hotomannum, *De duello*, p. 901.

16. — Depuis l'abolition des titres de noblesse par les décrets des 19 juin 1790 et 27 septembre 1791 il n'existe plus de roture ni quant aux biens ni quant aux personnes, et l'art. 107 de la Constitution de 1848 a achevé d'effacer toute distinction entre les nobles et les roturiers. — V., au surplus, NOBLE, NOBLESSE.

ROUANNAGE.

1. — Opération qui consiste à imprimer sur l'objet auquel on l'applique, une marque au moyen d'un instrument appelé rouanne, afin de prévenir toute fraude. — On emploie surtout le rouannage en matière de *douanes*, de contributions indirectes, etc.

2. — Jugé que les préposés des douanes ont le droit de rouanner les tonnes de morue après l'opération du repaquage. — *Cass.*, 12 févr. 1845 (t. 1er 1845, p. 205), Beck c. Douanes. — V. REPAQUAGE.

ROUE (Supplice de la).

1. — C'était une des peines capitales admises par l'ancien droit. Elle était infligée, notamment, aux parricides, aux assassins et voleurs de grand chemin. — Toutefois, elle ne l'était jamais aux femmes, et cela, nous dit Guyot (*Rép.*, vo *Roue*), par des motifs de décence et d'honnêteté publique.

3. — Le condamné à la roue subissait sa peine sur un échafaud dressé en place publique. Quelquefois on l'attachait directement sur une grande roue de charrette où on lui brisait les membres.
— Le plus souvent l'exécuteur l'attachait à deux morceaux de bois disposés en forme de croix, et lui assenait des coups de barre de fer sur les bras, les cuisses, les jambes et la poitrine; après quoi il le plaçait, pour le laisser expirer, sur une petite roue de carrosse soutenue par un poteau.

3. — Le juge avait le droit de diminuer, jusqu'à un certain point, ce que cette peine avait d'excessif. Il pouvait ordonner que le condamné fût étranglé pendant l'exécution; c'est ce qu'il faisait le plus souvent au moyen d'un *retentum* apposé au bas de l'arrêt de condamnation.

4. — La peine de la roue, comme la plupart des autres peines de l'ancien droit, a été abrogée par le Code pénal de 1791. C'est ce qui résulte des art. 1er et 35 du titre 1er de la première partie de ce Code. — Elle n'a été reproduite plus tard ni par le Code du 3 brumaire an IV, ni par celui de 1810, revu en 1832.

ROUETTES ou HARTS.

Marchands de rouettes ou harts pour lier les trains de bois. — Patentables de 7e classe. — Droit fixe basé sur la population; — droit proportionnel du 40e de la valeur locative de tous les locaux qu'ils occupent, mais seulement dans les communes de 20,000 âmes et au dessus. — V. PATENTE.

ROUGE A POLIR.

Marchands de rouge à polir ou émeri.—Patentables de 8e classe. — Droit fixe basé sur la population;—droit proportionnel du 40e sur le loyer de tous les locaux qu'ils occupent, mais seulement dans les communes de 20,000 âmes et au dessus. — V. PATENTE.

ROUGE DE PRUSSE.

1. — Fabrique de rouge de Prusse à vases ouverts. — 1re classe des établissemens insalubres.

2. — Mêmes fabriques à vases clos. — 2e classe seulement des établissemens insalubres. — V. ce mot (nomenclature).

ROUISSAGE.

1. — Opération qui consiste à plonger et à laisser séjourner dans l'eau le lin et le chanvre pour faciliter la séparation des parties ligneuses et des parties textiles.

2. — Cette opération occasionne des exhalaisons insalubres, et, quand elle se fait en grand, les lieux où elle se pratique, appelés *routoirs*, sont rangés, par le décret du 15 oct. 1810 et l'ordonnance du 14 janv. 1815, dans la première classe des *établissemens insalubres*.—V. ce mot.

3. — Dans les autres cas, les maires, en vertu de l'art. 3, nos 4er et 5, tit. 11, de la loi du 24 août 1790, prennent les mesures nécessaires pour prévenir les inconvéniens qui pourraient en résulter.

4. — Il a été jugé qu'on doit réputer illégal, comme ne rentrant pas dans la sphère des attributions départies à l'autorité administrative, le règlement préfectoral qui, dans le seul intérêt de la conservation du poisson, interdit d'une manière générale le rouissage du chanvre et du lin dans les rivières navigables et flottables ainsi que dans les ruisseaux qui y affluent.—Mais le rouissage pourrait être interdit par des considérations de salubrité publique, dans les lieux voisins des habitations agglomérées. — Cass., 5 févr. 1847 (t. 1er 1849, p. 549), Jolly. — V. POUVOIR MUNICIPAL.

ROULAGE (Police du).

Table alphabétique.

Abrogation, 21.
Adjoint, 73, 75, 199.
Affirmation, 195 s.
Affouage, 109.
Agriculture, 79, 124, 135 s., 155 s.

Ambulance, 182.
Amende, 62 s., 74, 78, 83, 126 s., 132, 186, 213. — (attribution d') 217. — (remise d'), 87, 216, 218. — fixe, 214.

Ane, 41 s., 45.
Approvisionnement, 161.
Arbre, 174.
Arrestation, 81.
Arrêt du conseil, 46.
Artillerie, 178 s. — nationale, 179.
Assistance, 193.
Attelage, 39 s.
Autorités civiles et militaires, 76.
Avant-train, 61.
Aven, 105.
Bâchage, 106.
Bandes, 13.
Bêtes de trait, 39 s.
Bœufs, 46 s.
Bonne foi, 87.
Boue, 106.
Brancard, 141.
Caissons de vivres militaires, 182.
Canons, 177.
Cantonnier chef, 188.
Caractères frappés ou gravés, 144.
Carrières, 175.
Caution, 84.
Certificat, 116 s., 153.
Champ, 156.
Chargement, 13, 15, 17, 29, 80, 84, 176.—(excès de), 62. — (mode de), 128. — léger, 111.
Charrette, 3, 29.
Charron, 118.
Chaussée pavée, 185.
Chef lieu, 118.
Chemin plus court, 89.
Chemins vicinaux, 12, 172.
Cheval de renfort, 37, 60 s.
Chevaux (nombre de), 3 s., 8, 27, 33, 38 s., 48, 109 s., 134, 137.
Circulation, 30, 110, 147.
Clous à tête de diamant, 131 s.
Code pénal, 24, 127, 130.
Co is, 17.
Colon partiaire, 161 s.
Commissionnaire de roulage, 118.
Compétence, 203 s.
Concussion, 215.
Conditions, 82.
Conducteur, 84, 88, 190 s.
Conseil de préfecture, 208, 211 s.
Consignation, 74, 83, 187 s.
Construction, 161.
Contestations, 210.
Contravention, 62 s., 187 s. — momentanée, 143.
Contre-sassoire, 61.
Côte rapide, 51 s.
Coupe de bois, 169.
Cultivateur, 156.
Cumul, 213.
Déchargement, 90.
Décision ministérielle, 52.
Déclaration, 77, 105.
Dégel, 185 s.
Dégradation, 184.
Délai, 196.
Délégation, 71.
Denrées, 159, 161, 167.
Déplacement, 73.
Dépôt, 77, 156.
Détour, 88 s.
Distance, 36.
Domestique, 192.
Domicile des agens, 197 s.
Dommages-intérêts, 78, 82.
Engrais, 161.
Énonciations, 122, 123, 171.
Enregistrement, 194.
Entrepreneur, 173. — de transports, 183.
Entretien, 161.
Équipage militaire, 182.
Erreur, 154.
Essieux, 11, 124 s.

État, 180.
Évaluation, 94 s., 100 s., 104. — (refus d'), 103.
Exception, 67, 136, 155 s., 165, 171.
Excuse, 120 s., 145 s., 171.
Exécution provisoire, 210.
Exemption, 35.
Exploitati n, 157 s.
Fatigue, 121.
Faux nom, 148 s.
Ferme, 156, 159.
Fermier, 158, 161 s.
Feuille de route, 180 s.
Foi, 104.
Forçat, 184.
Force, 39 s.
Force majeure, 108.
Forêts, 175.
Fourgon, 29.
Fourrière, 74, 81, 84.
Frais, 67.
Garde champêtre, 189.
Gendarme, 77.
Gouvernement, 9 s.
Greffe, 77.
Humidité, 106 s., 152.
Impunité, 209.
Ingénieur des ponts et chaussées, 70.
Inscription, 140 s.
Insulte, 78.
Intérêt de la loi, 219.
Jantes, 5 s. — (largeur des), 8, 14 s., 20 s., 31, 53, 60, 109 s., 119 s. — étroites, 33 s., 48, 120 s., 122, 176. — larges, 57 s.
Jauge, 114, 118.
Juge de paix, 197.
Juridiction, 211. — administrative, 203 s.
Jurisprudence, 165 s.
Lecture, 202.
Législation, 23.—ancienne, 3 s., 165.—nouvelle, 7 s., 19 s.
Lettre de voiture, 99, 175.
Lieu du délit, 197 s.
Lieu isolé, 83, 113.
Main-forte, 76.
Maire, 12, 73, 75, 198, 210 s.
Maître de forges, 118.
Marbre, 174.
Marchandises, 26.
Marché, 159, 161.
Maréchal, 118.
Matériaux, 26, 161.
Mauvais traitemens, 78.
Mention, 201.
Messageries, 35 s., 65.
Mesurage, 123.
Ministre des finances, 219.
Modération, 214.
Moyens, 125, 127.
Mulet, 43 s.
Nom, 139, 191.
Objet indivisible, 174 s.
Paiement, 215, 217.
Panneau, 140.
Papier, 142.
Parcours, 38, 113, 163.
Partage de récoltes, 162.
Pas, 33.
Passavant, 83.
Patente, 2.
Pénalité, 36.
Pesage, 35, 66 s., 71, 79, 88. — (refus du), 91 s., 180, 208. — volontaire, 85 s.
Pièces de vin, 95.
Pierres, 168, 174.
Piqueur des ponts et chaussées, 188.
Place publique, 169.
Plaque, 133 s., 179, 181. — (défaut de), 145 s., 209. — (perte de), 151. — en bois, 153. — illisible, 152.
Plûe, 106 s.
Poids, 7, 9, 17, 20 s., 24, 28, 53 s., 59, 61, 64 s.,

111, 137, 160. — intermédiaires, 56.
Pont à bascule, 7, 38, 63, 66 s.
Poursuites, 76, 78, 192.
Pouvoir administratif, 9 s.
Préfet, 129, 175, 185, 212.
Préposé des ponts à bascule, 68 s., 112, 187 s., 215.
Présomption, 80, 91, 93, 103.
Prestation en nature, 172.
Preuve, 93, 105, 117.
Prévenu, 171.
Procès-verbal, 63, 73, 77, 102, 104, 117, 122, 154, 187 s., 191.
Propriétaire, 85, 140, 150, 154, 158, 161 s., 190, 192.
Récoltes, 155 s., 166.
Recours, 210, 219.
Rédaction, 193.
Règlemens, 9 s. — municipaux, 12. — de police, 22, 129 s.
Relais, 31, 36.
Répression, 204.
Résidence, 197.
Responsabilité, 70.
Ressorts métalliques, 31.
Roues, 82 s.
Roulage (suspension du), 185 s.
Roulier, 85, 116, 118.
Route, 49, 89, 163, 204. — en mauvais état, 92.
Sac, 96.
Saison, 3, 7, 53 s., 58. — d'hiver, 54, 59.
Salaire, 64.
Sassoire, 61.
Serment, 200.
Signature, 102, 201.
Surcharge, 64, 80, 91, 93, 103 s.
Sûreté publique, 129, 205 s.

Surveillance, 72, 112, 149.
Tarifs, 56, 164.
Timbre, 194.
Tolérance, 55, 60 s., 84 s., 106 s., 115, 119, 164
Tournée, 77.
Transport, 26, 170. — de blé, 158. — sur les bras, 75. — militaire, 181.— de récoltes, 155 s. — du roulage, 166.
Travaux publics, 173.
Tribunal de police, 207 s.
Trot, 33.
Usage, 120. — habituel, 30, 170.
Vergias, 92.
Vérification, 112.—volontaire, 116.
Viabilité, 22.
Ville, 82.
Vin, 166.
Violences, 76.
Voirie, 130. — (grande), 25, 187, 206. — (petite), 25, 206.
Voiture, 7. — brisée, 162. —cellulaire, 184.— (exploitation, 79, 124, 135 s., 155 s. — neuve, 146 s.—prête, 150.— publique, 23 s. — attachée à une autre, 29. — à deux roues, 160. — à quatre roues, 61 s., 31, 61, 65, 180. — à six roues, 60.—suspendue, 31. — à vide, 80, 111. — à voies inégales, 5, 18, 20, 34.
Voitures voyageant ensemble, 138.
Voiturier, 84, 88, 116, 118, 139, 145.
Voyageur, 22, 26, 96.

ROULAGE (POLICE DU). — **1.** — On entend par cette dénomination l'ensemble des règlemens pris pour préserver les routes des dégradations que pourrait leur occasionner la circulation des voitures servant au transport des transports de toute nature.

2. — Les entrepreneurs de roulage sont soumis à la patente, et par suite imposés: 4e à un droit fixe de 300 fr., à Paris; de 200 fr. dans les villes de 50,000 âmes et au dessus; de 150 fr. dans les villes de 30,000 à 50,000 âmes, et dans celles de 15,000 à 30,000 âmes qui ont un entrepôt réel; de 100 fr. dans les villes de 15,000 à 30,000 âmes, et dans les villes d'une population inférieure à 15,000 âmes qui ont un entrepôt réel; enfin de 75 fr. dans toutes les autres communes. — A un droit proportionnel du 45e de la valeur locative du loyer d'habitation et du 40e des locaux servant à l'exercice de la profession. — V. PATENTE.

§ 1er. — *Historique. — Notions générales* (no 3).

§ 2. — *Voitures soumises à la police du roulage; attelage* (no 26).

§ 3. — *Poids des voitures de roulage* (no 53).

§ 4. — *Largeur des jantes* (no 109).

§ 5. — *Longueur des essieux et des moyeux; clous des bandes* (no 124).

§ 6. — *Obligation de la plaque* (no 133).

§ 7. — *Exceptions* (no 155).

§ 8. — *Interdiction du roulage pendant le dégel* (no 185).

§ 9. — *Constatation des délits; procès-verbaux; poursuites; compétence* (no 187).

§ 1er. — *Historique. — Notions générales.*

3. — Les premières dispositions réglementaires du roulage remontent à 1724. Une ordonnance du 17 novembre de cette année interdit d'atteler aux charrettes plus de trois chevaux en hiver et plus de quatre en été. Cette défense fut renouvelée depuis par divers règlemens du bureau des finances, et par un arrêt du conseil du 7 août 1771.

4. — Plus tard, un arrêt du conseil du 14 nov. 1783 reproduisit les mêmes prohibitions en les étendant aux voitures à quatre roues.

5. — Il fut disposé par cet arrêt, dernier règlement complet, antérieur à 1789, qu'aucun voiturier ne pourrait atteler, en toutes saisons, plus de trois chevaux aux voitures à deux roues, ni plus de six aux voitures à quatre roues et à flèche, ou plus de quatre quand ils seraient attelés en file. — On avait ajouté que les voitures de roulage portées sur des roues de six pouces (0 m. 162) de largeur de jantes pourraient être attelées de quatre chevaux si elles étaient à deux roues, et de huit chevaux si elles étaient à quatre roues. Ces dernières pouvaient même en recevoir un plus grand nombre, si les voies étaient inégales.

6. — Ces dispositions, assez rigoureuses, furent toutefois tempérées bientôt après par un autre arrêt du conseil, du 28 déc. de la même année, qui introduisit de nombreuses exceptions au système que l'on vient de résumer. Au nombre de ces exceptions et comme point de départ de la faveur accordée, encore aujourd'hui, aux larges jantes, il faut remarquer la disposition qui accorde une liberté illimitée aux voitures à jantes de cinq pouces (0 m. 136) de largeur.

7. — La loi du 25 floréal an X est la base de la législation actuelle. Elle détermine pour chacune des saisons d'hiver et d'été le poids des voitures à deux ou quatre roues, pour les largeurs de jantes inférieures à 0 m. 25 et pour celles qui atteignent cette fixation. — Elle pose le principe de la vérification des poids au moyen des ponts à bascule.

8. — Une autre pensée donna, plus tard, naissance à la loi du 7 ventôse an XII, qui vint fixer à nouveau la largeur des jantes, pour les voitures à deux et à quatre roues, d'après le nombre de chevaux composant l'attelage; système qui, depuis, a été abandonné, ainsi qu'on le verra tout à l'heure.

9. — La même loi du 7 ventôse an XII a donné d'ailleurs au gouvernement le pouvoir de modifier le tarif du poids des voitures, fixé par la loi du 29 floréal an X, d'après les résultats des expériences qui seraient faites sur les roues à large bande; de régler par suite la largeur des jantes; enfin, de fixer la longueur des essieux, la forme des bandes, etc. — L. 7 vent. an XII, art. 7.

10. — Il a été reconnu que cette disposition donnait au gouvernement le droit de faire tous les règlemens relatifs à l'établissement et à la circulation des voitures de roulage sur les routes, sans que la légalité de ces règlemens pût être contestée.

11. — C'est ainsi notamment qu'il a été jugé que l'ordonnance réglementaire du 29 octobre 1828, portant fixation de la longueur de saillie des essieux des voitures de roulage, était parfaitement dans les limites du pouvoir donné à l'administration par la loi précitée du 7 ventôse an XII. — *Cons. d'Etat*, 19 déc. 1838, Delamarre; 21 août 1839, Rossignol; 1er juill. 1840, Jeulot; 11 août 1841, min. des trav. publ.; 18 mars 1842, Thiéblemont; 28 août 1844, Sambel; 16 janv. 1846, Dominique; 8 avril 1846, Gindre.

12. — Mais il importe de remarquer que ce droit de réglementation n'appartient qu'au gouvernement, sans pouvoir être étendu aux fonctionnaires et administrations qui en dépendent et notamment aux administrations municipales. Ainsi, par exemple, un maire ne peut, par voie de règlement municipal, limiter le chargement des voitures qui circulent sur les chemins vicinaux de la commune. — *Cass.*, 4 sept. 1847 (t. 2 1847, p. 590), Descamps et Broutin.

13. — La disposition dont nous venons de parler a donné naissance au règlement le plus important que nous ayons encore actuellement sur la police du roulage. C'est le règlement du 23 juin 1806 qui a reproduit, en le complétant, le système de la loi du 29 floréal an X, et qui détermine le chargement des diverses espèces de voitures, d'après la largeur des bandes, sans se préoccuper du nombre des chevaux.

14. — Une échelle très-étendue des largeurs des jantes fut alors adoptée; échelle variant, suivant le poids des voitures, de 0m 11 à 0m 25 pour les voitures à deux roues, et de 0m 11 à 0m 22 pour les voitures à quatre roues.

15. — L'ensemble de ce système repose sur cette pensée que le poids d'une voiture se répartit sur toute la largeur des bandes des roues, et qu'en conséquence, plus cette largeur est grande, plus on peut impunément pour l'état des routes autoriser l'augmentation des chargemens.

16. — Par une disposition renouvelée de l'arrêt du Conseil du 14 novembre 1783, et qui depuis a été abrogée, le décret de 1806 admit, d'ailleurs, en la favorisant, une classe particulière de voitures à quatre roues, les chariots à *voies inégales*, que l'on regardait alors comme moins susceptibles de dégrader les routes que les autres véhicules, par la raison qu'ayant des frayés différens on pensait que les dégradations causées par leur avant-train se trouveraient naturellement effacées et comme réparées par le passage de leur arrière-train.

17. — On en vint par suite à autoriser pour toutes les voitures des chargemens considérables: chargemens qui pour les chariots ordinaires ou voitures à quatre roues à voies égales ne s'élevaient pas à moins de 9,500 kilog., et pour les chariots à voies inégales allaient jusqu'à 11,400 kilogrammes.

18. — Mais de longues et patientes expériences ont aujourd'hui démontré que les théories sur lesquelles on s'était appuyé étaient en contradiction avec les faits. On a reconnu, notamment, que les bandes des roues, lorsqu'elles sont très-larges, s'usent beaucoup plus rapidement sur les bords; de sorte que la surface cylindrique que peuvent former ces bandes dans le principe est bientôt remplacée par une surface arrondie et convexe qui n'est en contact avec la route que sur une largeur beaucoup moindre. Ainsi, par exemple, il a été constaté qu'une jante de 0m 17 se réduit au bout de quelques mois, pour la route, à une largeur effective de 0m 10 à 0m 12, et qu'il est par conséquent inutile de dépasser pour les jantes cette dernière dimension.

19. — De là des nécessités évidentes de réforme qui, en attendant l'émission d'une nouvelle loi, ont amené les deux ordonnances royales des 15 février 1837 et 2 octobre 1844, par lesquelles le décret du 23 juin 1806 a été sensiblement modifié.

20. — La première de ces deux ordonnances, celle du 15 février 1837, a eu pour principal objet de restreindre l'échelle des largeurs des jantes, auxquelles elle a assigné pour limite extrême la bande de 0m 17. Elle a, d'ailleurs, appliqué uniformément à toutes les jantes le même poids par centimètre de largeur. Ce poids est pour les deux saisons d'hiver et d'été de 123 à 145 kil. pour les voitures à deux roues; de 100 et 119 kil. pour les voitures à quatre roues. Elle a supprimé les avantages précédemment accordés aux chariots à voies inégales.

21. — L'ordonnance du 2 octobre 1844, rendue dans la même pensée, maintient l'échelle de largeurs des jantes adoptée par l'ordonnance du 15 février 1837; mais elle élève, d'après le vœu des commissions législatives, le poids accordé par centimètre de largeur de jantes, en appliquant, toutefois, le principe de la proportionnalité aux voitures à deux roues dont le poids se trouve ainsi réglé à raison de 140 et 160 kil. pour les deux saisons d'été et d'hiver. Elle admet pour les voitures à quatre roues une sorte de progression décroissante et, par conséquent, en sens inverse de celle qu'avait adoptée le décret de 1806. Il résulte de là que le *maximum* de chargement des voitures à quatre roues, pendant la saison d'été, est réduit à 7,800 kil., c'est-à-dire aux deux tiers environ du *maximum* admis par ce décret.

22. — Les lois et règlemens sur la police du roulage ayant pour but unique la viabilité et la conservation des routes, c'est à tort qu'on les confond quelquefois avec les lois et règlemens de police qui par des dispositions analogues, il est vrai, mais conçues dans un autre but se sont occupées de pourvoir à la sûreté publique ou à celle des voyageurs.

23. — Nous examinerons tout ce qui concerne ce dernier point v° VOITURES PUBLIQUES. Faisons seulement remarquer ici que, quelque rapport qui paraisse exister entre les lois et règlemens appartenant aux deux ordres d'idées, on doit toujours les considérer comme marchant parallèlement, sans s'affaiblir ou s'abroger réciproquement.

24. — C'est ainsi qu'il a été fréquemment jugé que la loi du 28 juin 1829 et le nouveau Code pénal de 1832 (art. 475) ne s'occupant du poids des voitures que sous le rapport de la sûreté des voyageurs, ont laissé en vigueur toute la législation antérieure qui s'est occupée du même objet sous le rapport de la viabilité des routes. — *Cons. d'Etat*, 7 juin 1836, Messag. royal.; 26 mai 1837, Cotalt; 11 mai 1838, minist. trav. publ.; 29 janv. 1841, Odent; 4 mai 1843, Philbert. — Serrigny, *Comp. et proc. admin.*, t. 2, n° 679.

25. — Il suit de là que le même fait peut à la fois constituer une contravention de petite voirie et une contravention de grande voirie, et être par conséquent passible de deux peines différentes. — V. Serrigny, *ut suprà*. — Mais la contradiction que l'on voudrait induire de cette double pénalité est plus apparente que réelle, et disparaît complètement si l'on considère qu'en matière de grande voirie les amendes n'ont, en général, qu'un caractère de réparation et de dommages-intérêts et ne sauraient être, dès lors, exclusives de la répression par la voie pénale. — V. encore, sur ce point, *infrà*, n° 206 *in fine*.

§ 2. — *Voitures soumises à la police du roulage; attelage.*

26. — La loi n'a pas défini d'une manière positive ce qu'il faut entendre par *voiture de roulage*. On entend en général par là toutes les voitures qui sont employées à des transports de matériaux, de marchandises ou de voyageurs.

27. — Seulement, d'après les dispositions combinées de la loi du 7 ventôse an XII et du décret du 23 juin 1806, on ne doit réellement considérer comme voitures de roulage susceptibles de l'application des règlemens que les voitures servant à des transports, qui sont attelées de plus d'un cheval.

28. — Dans le système de précautions organisé par la loi, la force d'un cheval a été prise comme l'expression du maximum de poids supposé inoffensif. Toute voiture attelée d'un seul cheval échappe, par ce seul fait, aux prescriptions réglementaires. — Dufour, *Droit administr.*, t. 4, n° 3004.

29. — Pour les voitures qui sont attelées de plus d'un cheval, lorsque d'après le mode de leur construction elles ne peuvent servir qu'à des transports, comme sont, par exemple, les charrettes, les fourgons, etc., elles sont soumises à toutes les obligations imposées aux voitures de roulage, du moment qu'elles sont trouvées en circulation, quels que soient la nature et le poids de leur chargement et lors même qu'elles sont à vide. — V. *infrà*, nos 39 et suiv.

30. — Mais, en général, et lorsqu'il s'agit de voitures chargées, le mode de construction des voitures et l'usage habituel auquel elles sont destinées sont sans importance. Quant au point de savoir si l'on doit ou non les considérer comme voitures de roulage: c'est le genre de transport auquel ces voitures sont employées au moment même où elles sont rencontrées par les agens de la police des routes, que l'on doit avant tout considérer. — *Cons. d'Etat*, 25 févr. 1841, Hamard; 8 avril 1842, Dalcsme; 23 déc. 1842, Cazeau. — Dufour, *Droit admin.*, t. 4, n° 3001.

31. — Une exception est faite néanmoins à l'égard: 1° des voitures publiques employées au transport des voyageurs, suspendues sur ressorts métalliques, allant au trot, avec relais, ou ne parcourant au trot et sans relais qu'une distance de trois myriamètres, pourvu qu'elles soient attelées de trois chevaux au plus et montées sur quatre roues ayant sept centimètres au moins de largeur de bandes; 2° des mêmes voitures publiques attelées de quatre chevaux au plus et montées sur quatre roues ayant au moins neuf centimètres de largeur de bandes. — Ces voitures sont affranchies de la vérification de leur poids. — Ord. 15 févr. 1837, art. 2 et 3; 5 oct. 1843, art. 3. — V., en outre, *infrà*, nos 155 et suiv..

32. — Mais, pour jouir de cette exception, il faut que les voitures réunissent toutes les conditions voulues par les dispositions qui viennent d'être indiquées, autrement elles rentrent nécessairement dans la classe des voitures ordinaires de roulage.

33. — Ainsi il a été jugé que la défense d'atteler plus d'un cheval aux voitures de roulage à jantes étroites, s'applique même aux voitures suspendues, mais qui vont au pas, et ne réunissent pas ainsi toutes les conditions voulues par l'ordonnance du 15 févr. 1837. — *Cons. d'Et.*, 30 août 1843, Bertrand, Basquin et Blériot.

34. — Il a encore été jugé qu'une voiture à quatre roues attelée de plus d'un cheval doit être considérée comme circulant en contravention, lorsque, sur ces quatre roues, deux seule-

ment ont la largeur voulue et que les deux autres ont des jantes de moins de 11 centim.— *Cons. d'Etat*, 15 juill. 1842, Colson.

35. — Du reste la dispense de la formalité du pesage et généralement les tolérances accordées par l'ordonnance du 15 févr. 1837 aux voitures qui transportent des voyageurs dans les conditions indiquées par cette ordonnance sont applicables à ces voitures, encore bien qu'outre les voyageurs elles transportent des effets de messagerie. — *Cons. d'Etat*, 14 janv. 1842, Toulouse; 11 mars 1843, Briard; 6 déc. 1844, Toulouse; 9 mai 1845, Toulouse.

36. — Les seules voitures portant des voyageurs qui ne soient pas comprises dans l'exception, sont celles qui parcourent sans relais une distance de plus de 20,000 mètres. — Instr. min. 5 avr. 1837.

37. — Mais si, sur un point quelconque de leur route, les voitures affranchies de l'obligation du pesage prennent des chevaux de renfort, elles rentrent dans le droit commun; et tout agent chargé de concourir à l'exécution des lois et règlemens sur la police du roulage a droit de les suivre jusqu'au plus prochain lieu de vérification et de les soumettre au pesage. — *Cons. d'Etat*, 8 juill. 1840, Berlines du commerce.

38. — Ainsi, la voiture qui se présente à un pont à bascule attelée seulement à quatre chevaux ne peut néanmoins réclamer le bénéfice de l'exemption résultant de l'art. 3 de l'ordonnance du 15 févr. 1837, encore bien qu'elle réunisse d'ailleurs les autres conditions voulues par cette disposition, s'il est constaté qu'avant de se présenter au pont à bascule et dans son parcours précédent elle était attelée de cinq chevaux. — *Cons. d'Etat*, 7 janv. 1842, Briard.

39. — Toutes les fois qu'une voiture est attelée de *plus d'un cheval*, a-t-il été dit plus haut, elle est soumise à toutes les conditions imposées aux voitures de roulage, et notamment aux conditions de poids et de largeur de jantes qui seront examinées plus loin. Mais il ne faut pas croire que ces expressions *voitures attelées de plus d'un cheval* ne s'appliquent qu'aux attelages de chevaux. Les dispositions de la loi embrassent tous les attelages d'animaux dont les forces réunies dépassent celles d'un cheval.

40. — Il n'est même point nécessaire pour que les voitures qui ne réunissent pas toutes les conditions prescrites soient réputées en contravention, qu'elles soient attelées de deux chevaux, ou plus, ou d'animaux dont les forces réunies atteindraient la force de deux chevaux. La contravention existe dès que la force d'un cheval se trouve dépassée. — Dufour, *Dr. administ.*, t. 4, n° 3005.

41. — Ainsi, il a été jugé que la règle ci-dessus est applicable à une voiture attelée d'un cheval et d'un âne. — *Cons. d'Etat*, 10 mars 1843, Hamberg. — V., toutefois, *contrà*, 4 mars 1830, Maquin.

42. — ... A plus forte raison, à une voiture attelée d'un cheval et de deux ânes. — *Cons. d'Etat*, 26 nov. 1841, Barachet.

43. — ... A une voiture attelée d'un cheval et d'un mulet. — *Cons. d'Etat*, 10 févr. 1843, Lebout.

44. — ... A une voiture attelée de deux mulets. — *Cons. d'Etat*, 27 août 1840, Fleury; 10 déc. 1840, Artaud; 27 avr. 1841, Lavaud; 8 avr. 1842, Caros; 26 août 1842, Chagniat et Blondeau; 9 juin 1843, Mouleau.

45. — ... A une voiture attelée d'un mulet et de deux ânes. — *Cons. d'Etat*, 26 déc. 1840, Bergès; 15 juill. 1841, Pascal; 8 juin 1842, Cadin et Oppeseau.

46. — Relativement aux attelages de bœufs, d'anciens arrêts du Conseil, en date des 20 avril et 28 décembre 1783, ont établi qu'un attelage de deux bœufs seulement devait être mis sur la même ligne qu'un simple attelage à un cheval et le Conseil d'État a consacré cette règle. — *Cons. d'Etat*, 23 déc. 1842, Garsaud et Villasse; 10 févr. 1843, Guisluin-Balasse.

47. — Mais il a aussi jugé, et par le même motif, que toutes les fois que le nombre des bœufs d'un attelage dépassait le nombre de deux, il y avait lieu à application des lois et règlemens sur le roulage; et notamment à l'égard des voitures ou chariots attelés de quatre ou de six bœufs. — *Cons. d'Etat*, 9 janv. 1843, Tabouret et Boulon; 9 juin 1843, Virlogeux; 6 juill. 1843, Bollet; 30 août 1843, Bouret; 6 sept. 1843, Cardin; 30 déc. 1843, Aufrère.

48. — On ne peut, du reste, frauder la loi, en rattachant une voiture attelée d'un seul cheval et qui ne remplit pas les conditions prescrites aux voitures de roulage à une autre voiture qui remplit ces conditions. Ainsi, il y a contravention dans le fait du voiturier qui rattache par des chaînes ou par des cordes une voiture à jantes étroites à une autre voiture attelée de plusieurs chevaux. — *Cons. d'Etat*, 14 juill. 1841, min. trav. publ.; 25 nov. 1842, Dupont; 22 juin 1843, Delpey.

49. — La défense d'atteler plus d'un cheval aux voitures qui ne remplissent pas les conditions prescrites aux voitures de roulage, s'applique même au cas où les routes sont en mauvais état. — *Cons. d'Etat*, 20 janv. 1843, Roche; 10 févr. 1843, Leroy.

50. — ... Encore bien que l'attelage d'un second cheval n'aurait lieu que pour un trajet fort court. — *Cons. d'Etat*, 20 janv. 1843, Roche.

51. — La jurisprudence du Conseil d'État avait même posé en principe que l'attelage d'un second cheval constituait une contravention, encore qu'il n'eût lieu que momentanément et pour franchir une côte rapide. — *Cons. d'Etat*, 10 mars 1843, Cassebois.

52. — Mais une décision ministérielle est venue tempérer la rigueur de cette règle, en disposant que les rouliers qui se servent de voitures à jantes étroites pourraient désormais y atteler un cheval de renfort sur les rampes qui ont cinq centimètres d'inclinaison par mètre et plus. — Décis. ministér. 24 nov. 1842; instruct. 8 déc. 1842.

§ 3. — *Poids des voitures de roulage.*

53. — Le poids des voitures de roulage et autres employées à des transports, y compris voiture, chargement, paille, cordes et bâche, est limité à raison des roues, de la largeur des bandes des roues et est réglé, ainsi qu'il suit, par l'art. 1er de l'ordonnance royale du 2 octobre 1844, dernier acte réglementaire du roulage, savoir :

LARGEUR des BANDES.	VOITURES A 2 ROUES.		VOITURES A 4 ROUES.	
	Du 20 nov au 1er avril.	Du 1er av au 20 nov.	Du 20 nov au 1er avril.	Du 1er av au 20 nov.
	kil.	kil.	kil.	kil.
De 11 à 14 centimètres.....	3,400	3,600	5,000	5,800
De 14 à 17.....	4,000	4,600	6,000	7,000
De 17 et au-dessus.........	4,800	5,600	6,700	7,800

54. — La disposition ci-dessus, qui fixe la saison d'hiver à partir du 20 novembre au 1er avril, doit être entendue en ce sens que le 20 novembre est compris dans cette saison, et n'appartient plus à la saison d'été, qui expire ainsi le 19 novembre au soir. — Instr. ministér. 2 juin 1843.

55. — Il est accordé en toute saison, sur les poids énoncés au tableau ci-dessus, une tolérance de 200 kilogrammes pour les voitures à deux roues et de 300 kilogrammes pour les voitures à quatre roues. — Ordonn. 2 octobre 1844, art. 2.

56. — Mais, la loi ne confère pas aux entrepreneurs de voitures le droit d'introduire des termes intermédiaires entre ceux dont se composent les tarifs arrêtés par le gouvernement.— *Cons. d'Etat*, 2 décemb. 1829, Leloir-Ducler et Peigné.

57. — Afin de laisser aux entrepreneurs de roulage le moyen d'user le matériel qu'ils avaient établi à grands frais sous l'empire des règlemens antérieurs, l'art. 5 de la même ordonnance du 2 oct. 1844 a disposé que les voitures de dix-sept centimètres de largeur de jantes et au-dessus ne seraient soumises aux poids déterminés par le tableau ci-dessus que dans un délai de deux ans après la promulgation de cette ordonnance. Ce délai successivement prorogé par les ordonn. des 22 sept. 1846 et 1er sept. 1847, a été indéfiniment prolongé, jusqu'à l'adoption de la nouvelle loi à intervenir sur la police du roulage, par un décret du 1er oct. 1849.

58. — Cette exception, que les ordonnances des 15 févr. 1837 et 2 févr. 1843 avaient déjà consacrée, laisse, quant aux conditions de poids, les voitures à jantes de dix-sept centimètres et au-dessus de largeur sous l'empire des dispositions combinées du décret du 23 juin 1806 et de l'ord. du 15 févr. 1837. Le poids de ces voitures se trouve, en définitive, ainsi fixé, savoir : pour celles qui sont à deux roues, 4800 kilogr. du 1er nov. au 1er avr., et 5,800 kilogr. du 1er avr. au 1er nov.; — pour celles à quatre roues, 6700 kil. du 1er nov. au 1er avr., et 8,100 kilogr. du 1er avr. au 1er nov. — Décr. 23 juin 1806, art. 3; ord. 15 févr. 1837, art. 1er et 4; ord. 2 févr. 1843.

59. — Observons, d'ailleurs, que, par suite de ce maintien des anciens règlemens, les saisons, changées par les ordonnances de 1837 et de 1844, doivent rester, à l'égard des voitures dont il s'agit, fixées comme précédemment. — Ainsi, la saison d'hiver fixée au 1er nov. par le décret du 23 juin 1806, et au 20 nov. par l'ordonnance royale du 15 juill. 1837, doit toujours être considérée comme fixée au 1er nov. pour ces voitures, à l'égard desquelles l'obligation des nouveaux tarifs de poids établis par l'ord. du 15 juill. 1837 a été indéfiniment suspendue par l'art. 4 de cette ordonnance et par celle du 2 févr. 1843. — *Cons. d'Etat*, 26 août 1842, Deschamps.

60. — Les voitures à six roues suspendues sur ressorts métalliques et marchant au trot peuvent circuler en toute saison avec les poids suivans : 4,500 kilogr. lorsqu'elles ont des roues à bandes de 7 centimètres; 5,250 kilogr. avec des bandes de 8 centimètres; 6,000 kilogr. avec des bandes de 9 centimètres; 6,750 kilogr. avec des bandes de 10 centimètres. — Il leur est accordé en sus de ces poids, une tolérance de 800 kilogr. — Décis. minist. 12 mars 1844, circ. 16 du même mois.

61. — Le poids des voitures publiques à quatre roues peut être porté de 4,500 kilogr. à 4,700 kil, tolérance non comprise; lorsqu'elles ont des bandes de 10 centimètres et qu'elles sont pourvues à l'avant-train de deux pièces en fer dites *sassoire* et *contre-sassoire*, formant chacune, au moins, un demi-cercle de 1 mètre 15 centimètres de diamètre, ayant la cheville ouvrière pour centre. — Ord. royale 29 oct. 1845.

62. — Les contraventions relatives au poids des voitures pour excès de chargement au delà des quantités fixées par les règlemens sont punies des amendes ci-après, savoir : Pour excès de chargement de 20 à 60 myriagrammes, 25 fr.; de 60 à 120 myriag., 50 fr.; de 120 à 180 myriag., 75 fr.; de 180 à 240 myriag., 100 fr.; de 240 à 300 myriag., 150 fr., et au-dessus de 300 myriag., 300 fr. — Décr. 23 juin 1806, art. 27.

63. — Une amende de 30 fr. est d'ailleurs prononcée pour chaque contravention qui est constatée par procès-verbaux rédigés soit au passage sur les ponts à bascule, soit sur tout autre point des grandes routes parcourues par les rouliers en fraude. — Décr. 23 juin 1806, art. 31.

64. — On ne doit considérer comme surcharge que le poids qui excède celui fixé par les règlemens, augmenté de la tolérance.—*Conseil d'Etat*, 27 déc. 1844, Messageries Laffitte; 5 juin 1845 et 14 mai 1847, mêmes parties.

65. — Ainsi, par exemple, il a été jugé qu'une voiture à quatre roues à jantes de dix centimètres, laquelle, d'après l'ordonnance du 5 oct. 1843, ne devait avoir que le poids de 4,500 kilogrammes, sur lequel il était accordé une tolérance de 200 kilog., et qui était trouvée chargée d'un poids de 5,000 kilog., devait être considérée comme n'étant en surcharge que des 300 kilog. excédant le poids total composé des 4,500 kilog. fixés par l'ordonnance et des 200 kilog. accordés par la tolérance. — *Ibid.*

66. — Le poids des voitures est constaté au moyen de ponts à bascule établis sur les routes, dans les lieux fixés par le gouvernement.— L. 29 flor. an XI, art. 3.

67.— La vérification est faite gratuitement sur les ponts à bascule. — Décr. 23 juin 1806, art. 10.

68. — Les préposés commis au service des ponts à bascule sont chargés de la garde, entretien, conservation et manœuvre de ces ponts. — Décr. 23 juin 1806, art. 13.

69. — Les salaires de ces préposés sont réglés par le directeur général des ponts et chaussées, sur la proposition des préfets. La fixation a lieu proportionnellement à l'importance de la route et à l'espèce des voitures qui la fréquentent habituellement. — *Ibid.*, art. 14.

70. — Moyennant ces salaires, les préposés sont tenus de faire le service des ponts à bascule; ils sont responsables de tous les dommages qui surviennent à ces ponts et à leurs bureaux, autres que ceux provenant de force majeure, de vice de construction et de dépérissement causé par l'usage. Les réparations qui ont été occasionnées ou par leur fait ou par leur négligence sont à leur charge. Les ingénieurs des ponts et chaussées sont chargés de constater et de faire exécuter ces réparations. Le préfet en fait poursuivre le recouvrement. — Décr. 23 juin 1806, art. 15.

71. — Les préposés assermentés des ponts à bascule ont seuls le droit d'opérer le pesage des voitures, et ne peuvent, en leur absence, déléguer ce droit à des tiers; par exemple, soit à leurs femmes, soit à leurs enfants, soit aux ouvriers qui leur servent à manœuvrer les ponts. — Instr. min. 18 juill. 1838.

72. — Ils ont, en outre, qualité pour exercer leur surveillance partout ailleurs qu'au passage des voitures sur les ponts. — *Conseil d'Etat*, 26 déc. 1840, Messageries royales.

73. — Néanmoins, ils ne peuvent être distraits ni déplacés de leur bureau pour suivre les contestations; ils ne sont tenus que d'adresser au maire ou à son adjoint un procès-verbal de la contravention. — Décr. 23 juin 1806, art. 39.

74. — Ils doivent retenir la voiture jusqu'au paiement dû ou à la consignation de l'amende. — *Ibid.*

75. — Le maire ou son adjoint peut se transporter au bureau, lorsqu'il le croit nécessaire, pour reconnaître les faits. — *Ibid.*, art. 40.

76. — Les autorités civiles et militaires sont tenues de protéger les préposés des ponts à bascule, de leur prêter main-forte, de poursuivre et faire poursuivre, suivant la rigueur des lois, les auteurs et complices des violences commises envers eux; et ce, tant sur la clameur publique que sur les procès-verbaux dressés par les préposés, par eux affirmés, et remis par eux à la gendarmerie. — Décr. 23 juin 1806, art. 41.

77. — Il est, en conséquence, ordonné à tout gendarme en fonctions de s'arrêter dans sa tournée, à chaque pont à bascule qui se trouve sur sa route, de recevoir les déclarations que les préposés auraient à lui faire et de se charger des procès-verbaux des délits qui auraient été commis contre eux, pour les déposer au greffe. — *Ibid.*, art. 42.

78. — Toute insulte ou mauvais traitement envers les préposés au service des ponts à bascule est passible de 100 francs d'amende, sans préjudice des dommages-intérêts et de poursuite extraordinaire s'il y a lieu. — L. 3 niv. an VI, tit. 2; décr. 23 juin 1806, art. 35.

79. — Lorsqu'il y a lieu à la vérification du poids des voitures employées à la culture, elle se fait également par le moyen des ponts à bascule si elles passent sur le point où ils sont placés. — Décr. 23 juin 1806, art. 11.

80. — Les voitures vides et celles dont la modicité du chargement apparent ne donne lieu à aucune présomption de surcharge, ne sont point assujetties à passer sur les ponts à bascule. — Décr. 23 juin 1806, art. 11.

81. — Toute voiture de roulage dont la circulation est interdite, doit être arrêtée au premier pont à bascule où la contravention est constatée. — L. 7 vent. an XII, art. 4; décr. 23 juin 1806, art. 1er.

82. — Si ce pont est placé ou si la voiture est arrêtée aux portes d'une ville, les roues doivent être brisées, d'après un arrêté pris à cet effet par le sous-préfet de l'arrondissement, et le voiturier doit payer les dommages fixés par la loi. — *Ibid.*

83. — Dans le cas où le pont à bascule est placé ou la voiture arrêtée dans un lieu isolé, le voiturier pris en contravention peut consigner les dommages entre les mains du préposé saisissant et continuer sa route; mais seulement jusqu'à la ville la plus voisine, qui lui est désignée par un passavant délivré par le préposé. Dans cette ville, les roues doivent être brisées : conformément à ce qui a été dit ci-dessus. — L. 7 vent. an XII, art. 4; décr. 23 juin 1806, art. 2.

84. — Tout voiturier ou conducteur pris en contravention pour excédant du poids fixé, ne peut, d'ailleurs, continuer sa route qu'après avoir réalisé le paiement des dommages et déchargé sa voiture de l'excédant du poids constaté; jusque-là les chevaux doivent être tenus en fourrière à ses frais, à moins qu'il ne fournisse caution. — Décr. 23 juin 1806, art. 44.

85. — Les propriétaires de voitures et les rouliers peuvent, avant de commencer leur voyage, se présenter aux ponts à bascule pour s'assurer du poids, soit des voitures vides, soit des voitures chargées, et éviter par là de s'exposer à la contravention. Dans ce cas, ils doivent payer aux préposés, à titre d'indemnité, 50 centimes pour une voiture vide; et 1 franc pour une voiture chargée. — Décr. 23 juin 1806, art. 12.

86. — Mais cette faculté de se présenter au pont à bascule avant de commencer le voyage pour s'assurer du poids de la voiture, n'est applicable qu'autant qu'il existe des ponts à bascule au lieu même du départ. Un voiturier qui n'a pu être vérifié au lieu même de son départ et qui, au premier pont à bascule qu'il rencontre, est reconnu en surcharge, ne peut se prévaloir de la disposition précitée pour échapper à la condamnation. — *Cons. d'Etat*, 9 juin 1843, Gulot; 13 déc. 1845, Sursol.

87. — Si, cependant, il est reconnu que ces voituriers étaient de bonne foi, il y a lieu à remise entière de l'amende. — *Cons. d'Etat*, 4 juin 1823, N....

88. — Tout voiturier ou conducteur qui pour éviter de passer au pont à bascule, se détournerait de sa route, est tenu, sur la réquisition des préposés, de la gendarmerie ou autres agens qui surveillent le service des ponts à bascule, de conduire sa voiture pour être pesée sur le pont. — Décr. 23 juin 1806, art. 43.

89. — Jugé, par application de cette disposition, que le voiturier qui quitte la route nationale pour prendre un chemin vicinal, qui lui évite de passer devant le pont à bascule, ne peut refuser de reprendre la grande route sur la réquisition du préposé, en alléguant que le chemin qu'il suit est plus court. — *Cons. d'Etat*, 8 sept. 1842, Lecat.

90. — Il y a également contravention donnant lieu au maximum de l'amende, dans le fait du voiturier qui après avoir passé devant le pont à bascule, place sur sa voiture le chargement d'une petite voiture qui le suivait, et refuse, sur la réquisition du préposé, de revenir sur le pont à bascule. — *Cons. d'Etat*, 30 déc. 1843, Audoury.

91. — Le refus du conducteur d'une voiture de passer sur le pont à bascule, entraîne une présomption de surcharge qui donne lieu à application du maximum de l'amende. — *Cons. d'Etat*, 8 juill. 1840, Berlines du commerce; 20 août 1840, Bruneau; 18 déc. 1840, Giraudeau; 29 janv. 1841, Odent; 25 févr. 1841, minist. trav. publ.; 7 janv. 1842, Dubois; 30 mars 1842, Messageries roy.; 15 juin 1842, Lelièvre; 6 sept. 1842, Lecat; 4 mai 1843, Philbert; 23 août 1843, Messageries générales; 28 août 1844, Menaut; 14 mars 1845, Paisant; 5 sept. 1846, Rouzé.

92. — ... Alors même que lors de l'invitation du préposé, le conducteur aurait dépassé le pont à bascule de 25 à 30 mètres, et se fonderait pour ne pas revenir sur ses pas, sur ce que le verglas rendrait la route dangereuse. — *Cons. d'Etat*, 30 août 1843, Thiseau.

93. — Toutefois la présomption du maximum de surcharge qui résulte du refus fait par le conducteur de se soumettre au pesage sur le pont à bascule, peut être combattue par la preuve contraire. — *Cons. d'Etat*, 3 févr. 1843, Prévost; 17 nov. 1843, Bitton.

94. — Si l'on peut être fixé sur le poids par l'évaluation des objets que le voiturier a pris en plus après avoir passé sur le pont à bascule, il n'y a pas lieu, malgré son refus de faire peser de nouveau sa voiture, d'appliquer la présomption de maximum de surcharge. — Il faut seulement ajouter le poids des objets pris en plus au poids constaté par le pesage, et c'est sur le poids total que l'on doit apprécier s'il y a ou non contravention. — *Cons. d'Etat*, 8 juin 1842, Badot; 19 mai 1843, Planche.

95. — Ainsi, par exemple, lorsqu'un voiturier chargé d'un certain nombre de pièces de vin en a déposé une partie avant de se soumettre à la vérification, et que cette quantité de pièces soustraites au pesage est connue; on doit pour établir le poids total de la voiture, et déterminer en conséquence l'étendue de la contravention, ajouter le poids des pièces retirées à celui des pièces restées dans la voiture, en évaluant le poids des pièces retirées d'après le poids moyen de l'hectolitre de vin : soit à raison de 98 kilogrammes l'hectolitre. — *Cons. d'Etat*, 19 mai 1843, Planche.

96. — Ainsi encore un voiturier dont le chargement était au moment du pesage inférieur de 100 kilogrammes au poids fixé par les règlemens et qui au sortir du pont à bascule prend en plus deux sacs d'avoine, ne doit pas être constitué en contravention par cela seul qu'il refuse de revenir sur le pont à bascule. Le poids de ces deux sacs pouvant être évalué et n'étant, terme moyen, que de 80 à 90 kilogrammes, on ne peut dire qu'il y ait excès de chargement. — *Cons. d'Etat*, 8 juin 1842, Badot.

97. — Au cas où ce sont des colis qui ont été déchargés avant le pont à bascule pour être rechargés plus loin, on doit également écarter la présomption de maximum de surcharge si le poids des colis soustraits au pesage peut être reconnu par les énonciations du procès-verbal. — *Cons. d'Etat*, 8 juin 1842, Badot; 11 mars 1843, minist. trav. publics; 12 janv. 1844, Messag. roy.

98. — Lorsqu'il est constaté qu'avant le pesage d'une voiture de messageries, des voyageurs sont descendus pour remonter au delà du pont à bascule : on doit non pas appliquer la présomption du maximum de surcharge; mais évaluer le poids des voyageurs à raison de 75 kilogrammes pour chacun, et déterminer l'étendue de la surcharge d'après cette base. — *Cons. d'Etat*, 19 juill. 1837, les Jumelles; 11 mars 1843, 12 janv. et 28 août 1844, Messageries royales; 5 juin 1845, Messageries royales; 7 mars 1849, Caillard.

99. — A défaut de pont à bascule, il est d'ailleurs de règle que les agens de l'autorité peuvent réclamer du voiturier la production de ses lettres de voiture et établir par ce moyen le poids de son chargement.

100. — On peut même suppléer à la vérification des lettres de voiture par la constatation du nombre des objets de chargement faite d'accord avec le conducteur, et par l'évaluation de leur poids faite au moyen d'indications suffisantes pour l'établir. — *Cons. d'Etat*, 20 août 1840, Becante; 28 janv. 1841, min. des fin.; 14 févr. 1849, Fournier.

101. — Jugé encore, dans ce sens, que si le voiturier refuse de faire la production de ses lettres de voiture, ou si ces lettres paraissent contenir de fausses énonciations, le poids du chargement peut être valablement constaté au moyen d'une estimation faite contradictoirement avec le voiturier ou en sa présence. — *Cons. d'Etat*, 2 mai 1845, Lemoine et Baron.

102. — Mais on ne peut considérer comme suppléant à ce dernier moyen de vérification un procès-verbal dans lequel est seulement constatée la déclaration du conducteur sans que sa signature ait été apposée ni même requise, et sans que la production des lettres de voiture ait été demandée. — *Cons. d'Etat*, 19 mars 1840, Albrecht.

103. — Le refus fait par le conducteur de laisser constater le poids de sa voiture par la vérification du chargement, constitue, en l'absence de toute justification qui établisse la quotité de ce chargement, une présomption de surcharge qui entraîne le maximum de l'amende. — *Cons. d'Etat*, 14 févr. 1849, Fournier et Laveaux.

104. — Lorsque la surcharge d'une voiture n'est établie que par l'évaluation des agens qui en vérifient le poids, le conseil de préfecture peut rejeter cette évaluation sans méconnaître pour cela la foi due au procès-verbal des agens qui ont constaté la surcharge. — *Cons. d'Etat*, 29 juin 1842, Gaillard.

105. — Mais lorsque, outre l'évaluation des agens rédacteurs du procès-verbal, le conducteur déclare lui-même un poids qui le constitue en surcharge, le conseil de préfecture ne peut écarter cet aveu sans mentionner les preuves contraires qui le détruiraient. — *Cons. d'Etat*, 29 juin 1842, Hue.

106. — La tolérance accordée sur le poids des voitures de roulage a pour but de suppléer aux cas où les roues et les voitures seraient surchargées de boue, et où leur bâchage et même leur chargement seraient imprégnés d'eau. — Décr. 23 juin 1806, art. 5.

107. — Par suite : l'excès de chargement d'une voiture de roulage ne peut être excusé sous le prétexte que l'excédant de poids doit être attribué à des circonstances atmosphériques, comme, par exemple, à la pluie ou à l'humidité. — *Cons. d'Etat*, 19 mars 1840, Grand; 26 nov. 1840, Finet; 14 janv. 1842, Rocquigny; 2 juin 1843, Genton; 30 août 1843, Robert; 12 avr. 1844, Barré.

108. — Un conseil de préfecture ne doit pas non plus excuser une contravention de surcharge sur le motif que cette contravention serait le résultat d'un accident de force majeure, par exemple dans le cas où un voiturier conduisant plusieurs voitures et en ayant eu une brisée en chemin aurait rejeté son chargement sur les autres. — Du moment que la surcharge est régulièrement établie, le conseil de préfecture doit appliquer l'amende encourue; sauf, après la condamnation, à recommander le contrevenant à la justice gracieuse du gouvernement. — Lettre du min. des trav. publ. au préfet du Loiret, 11 déc. 1844.

§ 4. — *Largeur des jantes.*

109. — Le décret du 23 juin 1806, en proportionnant le chargement des voitures de roulage à la largeur de leurs jantes, a rendu inapplicables les dispositions de la loi du 17 vent. an XII, qui réglaient la largeur des jantes d'après le nombre des chevaux attelés. — *Cons. d'Etat*, 18 déc. 1840, min. trav. publ.

110. — L'obligation concernant la largeur des bandes doit donc être appliquée indistinctement à toute voiture rencontrée en circulation avec un attelage de plus d'un cheval.

111. — ... Et cette obligation s'applique non-seulement aux voitures chargées des poids déterminés pour le roulage, mais encore à celles dont le poids est plus léger et même à celles qui seraient rencontrées circulant à vide. — *Cons. d'Etat*, 27 août 1840, ministre des travaux publics; 1er mars 1842, Romeu; 10 févr. 1843, Tempette; 9 juin 1843, Mouleau; 6 juill. 1843, Clat.

112. — Les préposés des ponts à bascule sont aussi chargés de vérifier la largeur des bandes des roues. — Décr. 23 juin 1806, art. 19.

113. — Cette vérification n'interdit pas les autres moyens de vérification qui peuvent être employés pendant le trajet parcouru et sur des points éloignés. — *Cons. d'Etat*, 4 févr. 1824, Besse; 2 janv. 1825, Péaron.

114. — La vérification se fait gratuitement au moyen des jauges en fer qui sont remises à chaque bureau par l'administration des ponts et chaussées. — Décr. 23 juin 1806, art. 19.

115. — Il est accordé, lors de cette vérification, une tolérance d'un centimètre sur la largeur des bandes des voitures de roulage, et d'un demi-centimètre sur celle des voitures de messagerie. — Décr. 23 juin 1806, art. 20.

116. — Les propriétaires de voitures et les rouliers peuvent faire vérifier, par les préposés des ponts à bascule, la largeur des bandes de leur voiture et en retirer un certificat pour lequel ils paient 1 franc, timbre du papier compris. — Décr. 23 juin 1806, art. 21.

117. — Toutefois, ce certificat ne vaut que pour servir de règle privée aux rouliers et ne peut être opposé comme preuve contraire dans les procès-verbaux de contravention sur la largeur des bandes. — Décr. 23 juin 1806, art. 22.

118. — Indépendamment des jauges distribuées aux préposés chargés des ponts à bascule, le ministre des travaux publics en fait déposer dans les chefs-lieux des départemens et des arrondissemens; afin que tous maîtres de forges, charrons, maréchaux, commissionnaires de roulage, propriétaires de voitures et rouliers puissent s'en pourvoir pour leur usage : elles sont délivrées au simple prix de leur fabrication. Ces jauges portent en timbre la marque du gouvernement. — Décr. 23 juin 1806, art. 23.

119. — Les conseils de préfecture ne peuvent admettre sur la largeur des jantes d'autre tolérance que celle accordée par l'art. 20 du décret du 23 juin 1806 (1 centimèt. pour les voitures de roulage, un 1/2 centimèt. pour les voitures de messagerie). — *Cons. d'Etat*, 6 sept. 1842, Bourhis; 6 juin 1844, Mazé.

120. — Ainsi, lorsque les jantes d'une voiture de roulage à deux chevaux se trouvent avoir moins de 10 centimèt.; ils ne peuvent relaxer le propriétaire de la contravention, sous prétexte que l'usage autoriserait la réduction des jantes au-dessous de cette largeur. — *Cons. d'Etat*, 6 juin 1844, Mazé.

121. — La contravention résultant du défaut de largeur des jantes ne peut non plus être excusée sur le motif que les jantes auraient été réduites par la fatigue au-dessous de leur largeur. — *Cons. d'Etat*, 11 août 1841, min. trav. publ.; 30 déc. 1841, min. trav. publ.; 26 août et 6 sept. 1842, Perol, Bourhis.

122. — L'énonciation dans un procès-verbal qu'une voiture attelée de plusieurs chevaux avait des *jantes étroites* suffit pour établir que la largeur de ces jantes était inférieure à 11 centimètres, et pour entraîner, en conséquence, condamnation. — *Cons. d'Etat*, 19 mai 1843, Bourgeois; 7 déc. 1843, Mercier; 12 avr. 1844, Riverain.

123. — Il n'est, d'ailleurs, pas nécessaire pour la validité des procès-verbaux qui constatent une contravention résultant du défaut de largeur des bandes, que les agens mentionnent dans ces actes qu'ils ont mesuré les jantes. — *Cons. d'Etat*, 16 juill. 1842, Virelon.

§ 5. — *Longueur des essieux et des moyeux; clous des bandes.*

124. — La longueur des essieux de toute espèce de voiture, même de culture et labourage, ne peut jamais excéder 2 mèt. 50 centimèt. entre les deux extrémités, et chaque bout ne peut saillir au delà des moyeux de plus de 6 centimètres. — Décr. 23 juin 1806, art. 16.

125. — Cette disposition a été plus tard complétée par l'ordonnance royale du 29 octobre 1828 qui dispose que toute charrette, voiture de roulage ou autre, ne peut circuler, dans toute l'étendue de la France, qu'avec des moyeux dont la saillie, en y comprenant celle de l'essieu, n'excède pas de 12 centimètres un plan passant par la face extérieure des jantes. — Ord. 29 oct. 1828, art. 1er.

126. — Les contraventions à la longueur des essieux sont punies de l'amende de 15 fr., conformément à ce qui était précédemment ordonné par le règlement du 4 mai 1624. — Décr. 23 juin 1806, art. 28.

127. — Les contraventions aux dispositions de l'ordonnance royale du 29 octobre 1828 relatives à la saillie des moyeux des voitures de roulage sont passibles de l'amende de 15 francs établie par l'art. 28 du décret du 23 juin 1806, et non de celle portée par l'art. 471 C. pén. — *Cons. d'Etat*, 19 déc. 1838, Delamarre; 22 août 1839, Rossignol; 1er juill. 1840, Jeulot; 11 août 1841, min. trav. publ.; 18 mars 1842, Thièblemont; 28 août 1844, Sambet; 16 janv. 1846, Dominique; 8 avr. 1846, Gindre. — V. encore *suprà*, n° 124.

128. — Les voitures dont les chargemens sont disposés de manière à dépasser la saillie des moyeux ne doivent pas, pour cela, être assimilées à celles dont les moyeux sont trop saillans, et ne sont pas en conséquence passibles des amendes portées par l'ordonnance du 2 oct. 1828. — *Cons. d'Etat*, 29 janv. 1839, Favier.

129. — Il ne s'ensuit pas, toutefois, que l'administration soit complétement désarmée à cet égard. Les préfets sont fondés à se prévaloir des pouvoirs généraux qu'ils tiennent de la loi du 22 sept. 1789, sect. 3, art. 2, pour défendre, dans l'intérêt de la sûreté publique, de donner aux chargemens plus d'une certaine largeur. — Dufour, *Droit adm*, t. 4, n° 3041.

130. — Seulement, les règlemens pris à cet effet n'appartiennent pas à la police de la voirie. Ils n'ont à attendre leur sanction que de l'art. 470 du C. pén. et de l'intervention des juges du droit commun. — *Cons. d'Etat*, 22 févr. 1838, ministère des travaux publics. — Dufour, *ubi suprà*.

131. — Il est expressément défendu d'employer des clous à tête de diamant. Tout clou des bandes doit être rivé à plat, et ne peut, lorsqu'il a été posé à neuf, former une saillie de plus d'un centimètre. — Décr. 23 juin 1806, art. 18.

132. — Les contraventions sur le fait des clous des bandes sont punies également de l'amende de 15 fr., conformément à l'arrêt du Conseil d'Etat du 28 déc. 1783. — Décr. 23 juin 1806, art. 29.

§ 6. — *Obligation de la plaque.*

133. — Tout propriétaire de voitures de roulage est tenu de faire peindre sur une plaque de métal, en caractères apparens, son nom et son domicile; cette plaque doit être clouée en avant de la roue et au côté gauche de la voiture; et ce, à peine de 25 francs d'amende; l'amende est double si la plaque porte soit un nom, soit un domicile faux ou supposé. — Décr. 23 juin 1806, art. 34.

134. — Les voitures attelées d'un seul cheval ne sont pas dispensées de l'obligation de la plaque. — *Cons. d'Etat*, 27 août 1840, min. des travaux publics.

135. — Il semblerait que la même obligation devrait être imposée, et à plus forte raison, aux voitures d'agriculture, malgré les exceptions établies en leur faveur (V. *infrà*, nos 155 et suiv.); ces voitures restant susceptibles, sur certains points, de l'application des lois et règlemens concernant le roulage, et la plaque devant servir à en faire reconnaître le propriétaire : et c'est effectivement ce qu'a jugé un arrêt du Conseil d'Etat. — *Cons. d'Etat*, 8 avril 1842, Dalesme.

136. — Néanmoins le Conseil d'Etat a également jugé que l'exception faite en faveur des voitures d'agriculture par l'art. 8 de la loi du 7 ventôse an XII, s'applique à l'obligation de la plaque aussi bien qu'à celles relatives au nombre des chevaux et au poids du chargement; qu'ainsi une voiture susceptible d'être considérée comme voiture d'agriculture, n'est pas soumise à peine de contravention à la nécessité d'être munie d'une plaque. — *Cons. d'Etat*. 20 févr. 1846, Gillot-Agis.

137. — Il a été jugé encore qu'une voiture d'exploitation, traînée par un seul cheval, et non chargée de plus de 4,000 kilogr., n'est pas soumise à l'obligation d'avoir une plaque. — *Cons. d'Etat*; 21 mars 1821, Sirey.

138. — Une voiture qui marche avec une autre voiture munie de la plaque, n'est pas pour cela affranchie de l'obligation d'en être elle-même garnie. — *Cons d'Etat*, 5 sept. 1840, Lahire; 30 déc. 1841, min. des travaux publics; 21 janv. 1842, Arnassan; 15 juill. et 5 déc. 1842, Thénard, Borel; 31 juill. 1843, Grangier.

139. — Par la même raison, il y a contravention dans le fait du voiturier qui au nombre des voitures qu'il conduit en a une dont la plaque porte un autre nom que le sien. — *Cons. d'Etat*, 5 déc. 1842, Françon.

140. — La plaque de métal ne peut être suppléée par l'inscription sur le panneau de la voiture, des nom et domicile du propriétaire. — *Cons. d'Etat*, 10 mars 1843, Perbal.

141. — ....Non plus que par une inscription faite au pinceau sur le brancard de la voiture. — *Cons. d'Etat*, 11 août 1841, minist. des travaux publics.

142. — ....Ni par une feuille de papier portant les nom et domicile du propriétaire. — *Cons. d'Etat*, 15 juill. 1842, Thénard; 10 mars 1843, Valès.

143. — ....Alors même que l'emploi de cette feuille de papier aurait lieu tout momentanément. — *Cons. d'Etat*, 11 août 1841, min. des trav. publ.; 30 déc. 1841, min. trav. publ.; 16 juillet 1842, Pontet; 5 déc. 1842, Durogat.

144. — Mais l'inscription du nom et du domicile du propriétaire d'une voiture de roulage sur la plaque que la loi lui prescrit d'avoir est suffisamment faite au moyen de caractères frappés ou gravés, s'ils sont d'ailleurs apparens et lisibles. — *Cons. d'Etat*, 24 janv. 1827, N....

145. — Le défaut de la plaque prescrite par les règlemens ne peut être excusé sur le motif que le contrevenant ne serait pas voiturier de profession. — *Cons. d'Etat*, 26 nov. 1841, min. des trav. publ.; 18 août 1842, Binès; 26 août 1842, Pujos.

146. — ....Ni sur le motif que la voiture était neuve et que le voiturier n'avait pas eu le temps de se pourvoir d'une plaque. — *Cons. d'Etat*, 5 déc. 1842, Poulet.

147. — ... Ou sur ce que le voiturier prétendrait qu'au moment où il a été rencontré il la conduisait dans un lieu quelconque, avec l'intention d'y faire mettre une plaque. — *Cons. d'Etat*, 20 janv. 1843, Modion.

148. — Jugé encore, dans le même sens, que la mise en circulation d'une voiture de roulage sur une route avec une plaque portant un nom et un domicile autres que ceux du propriétaire constitue une contravention, même au cas où la voiture récemment achetée porterait encore la plaque du précédent propriétaire. — *Cons. d'Etat*, 20 janv. 1843, Cuzin.

149. — La contravention résultant de ce que la plaque apposée à une voiture de roulage porterait un nom et un domicile autres que ceux du propriétaire de cette voiture ne peut, d'ailleurs, être excusée, sous le prétexte que cette fausse indication n'aurait pas été faite dans le but d'échapper à la surveillance de l'autorité. — *Cons. d'Etat*, 20 janv. 1843, N...; 8 avr. 1846, Moquet.

150. — Dans tous les cas le propriétaire dont le nom est sur la plaque peut être condamné, même alors qu'il n'aurait fait que prêter sa voiture. — *Cons. d'Etat*, 11 août 1841, min. trav. publ.

151. — Le défaut de plaque ne peut non plus être excusé sur le motif que le voiturier l'aurait perdue. — *Cons. d'Etat*, 4 août 1841, min. trav. publ.; 26 nov. 1841, Tourte.

152. — L'illisibilité d'une plaque ne peut être excusée sur le motif que la plaque aurait été corrodée par l'humidité ou autres circonstances. — *Cons. d'Etat*, 13 avr. 1842, Cornu.

153. — Jugé encore que le conducteur d'une voiture munie d'une plaque en bois sur laquelle, d'après le procès verbal, ne se trouvait aucun nom apparent et lisible, ne peut échapper à la condamnation par la production d'un certificat du maire de sa commune constatant que la plaque ayant été nettoyée présentait une inscription lisible. — *Cons. d'Etat*, 7 déc. 1843, Laurent.

154. — L'erreur dans l'indication du nom porté sur une plaque de voiture et, par suite, dans l'énonciation du procès-verbal dressé contre le voiturier n'empêche pas qu'il soit donné suite au procès-verbal contre le véritable conducteur de la voiture, lorsque celui-ci est d'ailleurs connu. — *Cons. d'Etat*, 30 août 1843, Bressieux.

§ 7. — *Exceptions.*

155. — Sont exceptées des dispositions relatives à la largeur des bandes des roues et à la vérification des poids les voitures employées à la cul-

ture des terres, au transport des récoltes et à l'exploitation des fermes. — L. 7 vent. an XII, art. 8; ord. roy. 2 oct. 1844, art. 3.

156. — Jouissent de l'exception qui vient d'être énoncée toutes les voitures qui se rendent de la ferme aux champs ou des champs à la ferme, ou qui servent au transport des objets récoltés du lieu où ils ont été recueillis jusqu'à celui où, pour les conserver ou les manipuler, le cultivateur les dispose ou les rassemble. — Ordonn. 2 oct. 1844, art. 3.

157. — Avant l'ordonnance de 1844, et sous l'empire des lois antérieures, la jurisprudence du Conseil d'Etat avait restreint sévèrement l'exception dont il s'agit aux transports exécutés pour l'exploitation des terres proprement dites.

158. — C'est ainsi que le Conseil d'Etat avait jugé qu'on ne devait pas considérer comme voiture d'agriculture une voiture par laquelle un fermier transporte du blé chez son propriétaire. — *Cons. d'Etat*, 20 janv. 1843, Cuzin.

159. — ... Ni même les voitures employées à transporter des denrées d'une ferme à un marché voisin. — *Cons. d'Etat*, 20 juin 1846, Soivin.

160. — Mais l'ordonnance de 1844 est venue étendre le bénéfice de l'exemption à toutes les voitures employées aux transports, que l'on peut considérer comme tenant presque nécessairement à l'exploitation; pourvu que leur poids, y compris voiture et chargement, n'excède pas 2,500 kilogr. si elles sont à deux roues, et 4,000 si elles sont à quatre roues.

161. — Ce sont les voitures qui sont employées 1° aux transports exécutés directement par les propriétaires, fermiers et colons partiaires, pour la vente de leurs denrées aux marchés voisins, ainsi que pour leur approvisionnement en denrées, amendement, engrais et matériaux destinés à l'entretien et à la reconstruction des bâtimens d'exploitation rurale. — Ordonn. du 2 oct. 1844, art. 4.

162. — ... 2° Aux transports exécutés par les fermiers et colons partiaires, pour la livraison au propriétaire de la part qui lui est afférente. — *Ibid.*

163. — Les voitures dont il vient d'être parlé ne profitent néanmoins, dans les divers cas indiqués, de l'exception établie en leur faveur, qu'autant qu'elles n'empruntent les routes nationales ou départementales que pour une distance de 3 myriam. au plus. — Ordonn. du 2 oct. 1844, art. 4.

164. — Elles sont d'ailleurs soumises lorsque leur poids n'excède pas le poids exceptionnel déterminé *suprà*, n° 53, aux règles du tarif du roulage; mais, dans ce dernier cas, la tolérance accordée par le second paragraphe de l'art. 2 de l'ordonn. du 2 oct. 1844 (V. *suprà*, n° 55), est augmenté de moitié en sus. — Ordonn. du 2 oct. 1844, art. 4.

165. — Nonobstant l'extension de la faveur accordée à l'agriculture, nous pensons qu'il faut regarder encore aujourd'hui comme applicables diverses solutions rendues sous l'empire de la législation antérieure.

166. — Ainsi, nous pensons qu'aujourd'hui encore comme avant l'ordonnance de 1844, il faudrait décider qu'il y a transport de roulage et non transport de récolte, lorsqu'un propriétaire fait transporter du vin de sa récolte chez l'individu à qui il l'a vendu. — *Cons. d'Etat*, 15 juill. 1841, Loysel.

167. — On ne doit pas non plus considérer comme une voiture d'agriculture exempte de l'application des lois sur la police du roulage, et notamment des obligations concernant la largeur des jantes des roues, une voiture employée par son propriétaire à transporter des denrées de l'une de ses résidences à une habitation où il passe quelques mois de l'année. — *Cons. d'Etat*, 25 avril 1845, Baudenet.

168. — ... Non plus qu'une voiture employée par son propriétaire à transporter sur une place publique des pierres qui encombraient ses champs et nuisaient à la culture. — *Cons. d'Etat*, 11 déc. 1845, Constant.

169. — Mais la voiture employée par un particulier au transport de sa portion affouagère dans une coupe de bois faite par sa commune, doit être considérée comme voiture transportant une récolte et est, à ce titre, exemptée de l'obligation concernant la largeur des jantes. — *Cons. d'Etat*, 23 fév. 1841, minist. des trav. publ.

170. — Du reste, pour l'application de l'exception établie en faveur des voitures d'agriculture, on doit considérer non l'usage habituel et le mode de construction des voitures, mais le transport auquel elles sont employées au moment même où elles sont rencontrées par les agens de la police des routes. Par suite, une voiture qui est habituellement employée aux transports de l'agriculture perd le bénéfice de l'exception toutes les fois qu'elle est employée à d'autres transports. — *Cons. d'Etat*, 25 févr. 1841, Hamard; 23 déc. 1842, Cazeau; 30 juin 1843, Ribourg.

171. — Il faut remarquer aussi que l'exemption ne peut être appliquée qu'autant qu'elle ressort des circonstances. — Un conseil de préfecture ne peut pas relaxer le prévenu d'une contravention en matière de roulage, sur le motif que le procès-verbal n'établit pas que les objets transportés par lui ne provenaient pas de sa récolte; si d'ailleurs le prévenu lui-même n'invoque pas l'exemption. — *Cons. d'Etat*, 22 janv., 20 août et 5 sept. 1840, Stravins, Calandras, Duché; 3 avril 1841, min. trav. publ.

172. — Par suite des nouvelles tolérances admises par l'ordonnance royale du 2 octobre 1844, les voitures employées aux travaux de prestations pour les chemins vicinaux peuvent circuler non avec des roues à bandes de moins de 11 centimètres de largeur, quel que soit d'ailleurs le nombre des chevaux attelés, pourvu qu'aux termes de l'art. 4 de la même ordonnance leur poids n'excède pas 2,500 kilogrammes si elles sont à deux roues, et 4,000 kilogrammes si elles sont à quatre roues, et qu'elles n'empruntent pas les routes nationales et départementales pour une distance de plus de trois myriamètres. — Décis. min. 30 juill. 1846, circ. 15 sept. suiv.

173. — Mais les voitures employées par les entrepreneurs de travaux publics au transport de leurs matériaux ne jouissent pas de la même faveur; elles ne sont affranchies ni de l'obligation de la plaque, ni de la défense d'avoir plus d'un cheval avec des jantes étroites. — *Cons. d'Etat*, 9 juin et 6 juill. 1843, Belot et Mathey.

174. — Les objets indivisibles, tels que pierres, marbres, arbres et autres dont le poids ne peut être diminué, sont également exceptés des dispositions concernant le poids et la largeur des jantes des voitures, et peuvent être transportés par des voitures dont la dimension des jantes serait inférieure aux largeurs déterminées. — Décr. 23 juin 1806, art. 9.

175. — Néanmoins, les préfets sont autorisés à appliquer les dispositions de la loi aux voitures habituellement employées à l'exploitation des carrières et à celle des forêts. Les propriétaires de ces voitures sont tenus d'obtempérer aux règlemens des préfets sous les peines portées contre les autres voitures. — *Ibid.*

176. — L'exception établie pour les objets indivisibles ne s'applique d'ailleurs qu'aux chargemens des voitures dont les jantes ont au moins 11 centimètres de largeur. — *Cons. d'Etat*, 6 sept. 1843, Cordin; 30 déc. 1843, Bonhomme; 19 avril 1844, Chaussat.

177. — Jugé qu'un chargement composé de deux pièces de canon ne peut être considéré comme indivisible. — *Cons. d'Etat*, 5 déc. 1842, Délicieux.

178. — Les voitures de l'artillerie ne sont assujetties ni à la fixation du poids, ni à la largeur des jantes, ni à la longueur des essieux, fixées par les règlemens sur le roulage. — Décr. 23 juin 1806, art. 26.

179. — Ne sont considérées comme voitures d'artillerie que celles qui portent, en caractères apparens sur une plaque de métal, clouée en avant de la roue et au côté gauche de la voiture, les mots *Artillerie nationale*. — *Ibid.*

180. — Les conducteurs des voitures doivent être munis d'une feuille de route certifiant que ces voitures sont une propriété de l'Etat, et indiquant le lieu de leur départ, celui de leur destination et celui de leur chargement. — *Ibid.*

181. — Ne sont pas non plus soumis aux règlemens sur la police du roulage, les chariots, fourgons, appartenant aux corps militaires et voyageant à leur suite, lorsque ces voitures sont munies d'une plaque indiquant le nom du corps, et lorsque leurs conducteurs sont porteurs d'une feuille de route conforme à celle prescrite pour les voitures d'artillerie. — *Ibid.*

182. — La même disposition est commune aux voitures et chariots d'ambulance des hôpitaux militaires, caissons des vivres et équipages militaires appartenant à l'Etat. — *Ibid.*

183. — Mais ne peuvent, dans aucun cas, être considérées comme voitures d'artillerie, des corps, des hôpitaux militaires ou des autres services, celles que les entrepreneurs des transports emploient pour le service des corps, de l'artillerie, des hôpitaux militaires ou des autres services. — *Ibid.*

184. — Les voitures cellulaires employées au transport des forçats sont exemptes des vérifications prescrites par les règlemens sur la police du roulage. — Décr. min. 20 sept. 1838.

§ 8. — *Interdiction du roulage pendant le dégel.*

185. — Le roulage peut être momentanément suspendu pendant les jours de dégel sur les chaussées pavées, d'après l'ordre des préfets. — L. 29 flor. an X, art. 6.

186. — Les contraventions pour excès de chargement en temps de dégel, dans la circonscription marquée par les barrières de dégel, entraînant la dégradation des routes, donne lieu à l'amende, à titre de dommages, en vertu des articles 4 et 5 de la loi du 29 flor. an X. — Ordonn. 23 déc. 1816, art. 7.

§ 9. — *Constatation des délits; procès-verbaux; poursuites; compétence.*

187. — Les délits et contraventions relatifs à la police du roulage sont constatés, indépendamment des préposés aux ponts à bascule, par tous les agens chargés de constater les contraventions en matière de grande voirie. Il n'existe à cet égard aucune disposition spéciale.

188. — Il suit de là que les piqueurs des ponts et chaussées et les cantonniers chefs commissionnés et assermentés ayant reçu de la loi du 23 mars 1842 (art. 2) le pouvoir de constater les délits de grande voirie, concurremment avec les fonctionnaires et agens déjà investis de cette faculté, ont, par cela même, qualité pour constater les contraventions aux lois et règlemens sur la police du roulage. — *Cons. d'Etat*, 18 avril 1845, Minist. des trav. publ. — Instr. min. 23 juill. même année.

189. — Les gardes champêtres étant également au nombre des agens appelés à la répression des contraventions en matière de grande voirie, ont aussi qualité pour constater les contraventions en matière de roulage. — *Cons. d'Etat*, 1er mars 1842, Moussu.

190. — Les poursuites à raison d'une contravention à la police du roulage sont valablement dirigées contre le propriétaire de la voiture, alors même que cette contravention puisse être particulièrement imputée au conducteur; comme, par exemple, dans le cas où la poursuite a lieu pour excès présumé de chargement, par suite du refus fait par le conducteur de passer sur le pont à bascule. — *Cons. d'Etat*, 29 anv. 1841, Odent; 15 juin 1842, Lelièvre.

191. — Par suite, il n'est pas nécessaire, à peine de nullité, que le nom du conducteur soit mentionné dans le procès-verbal. Il suffit que le nom du propriétaire de la voiture soit indiqué dans cet acte. — *Cons. d'Etat*, 30 juin 1842, Jehenne.

192. — Jugé encore dans le sens de ces solutions que le propriétaire d'une voiture trouvée en contravention aux lois sur la police du roulage est directement passible des poursuites de l'administration, encore bien qu'au moment où la contravention a été constatée, la voiture fût placée sous la conduite d'un domestique, et que le procès-verbal ait été dressé contre ce dernier. — *Cons. d'Etat*, 25 avril 1845, Baudenet.

193. — Il n'est pas nécessaire pour la validité des procès-verbaux en cette matière que les préposés aient été assistés dans leur rédaction. — *Cons. d'Etat*, 22 janv. 1823, minist. int.

194. — Ces procès-verbaux ne doivent pas à peine de nullité être timbrés et enregistrés. — *Cons. d'Etat*, 29 août 1821, minist. de l'intér.; 31 oct. 1821, min. de l'int.; 30 déc. 1822, minist. des fin.; 18 janv. 1826, Vien.

195. — Mais pour toutes les contraventions qui sont du ressort des conseils de préfecture, ils sont nécessairement soumis à la formalité de l'affirmation. — On ne saurait tirer aucune induction contraire de la jurisprudence qui déclare exempts de l'affirmation les procès-verbaux de surélévation d'impériale dressés par les préposés des ponts à bascule, et qui tombent sous la juridiction des tribunaux de simple police. Il faut considérer que, dans ce dernier cas, le procès-verbal se trouve soumis par la forme du jugement à un débat public, tandis que ceux qui sont déférés aux conseils de préfecture, échappant à cette publicité, ne peuvent acquérir un caractère authentique qu'au moyen de l'affirmation. — Lettre du ministre des travaux publics au préfet du Loiret, 2 août 1844.

RÉP. GÉN. — XI. 35

196. — L'affirmation doit avoir lieu dans les trois jours. — *Cons. d'Etat*, 26 mai 1837, minist. des trav. publ.; 1er juill. 1840, Alonque; 23 juill. 1841, Voillereau; 30 juin 1842, Jehenne et Pignet. — Instr. minist. 30 nov. 1837.

197. — ... Elle peut être faite indistinctement devant le juge de paix du lieu du délit, ou devant celui du domicile de l'affirmant. — *Cons. d'Etat*, 15 juin 1842, Lelièvre.

198. — ... Comme devant les maires de l'un ou l'autre lieu. — *Ibid.*, 7 déc. 1843, Ravel.

199. — ... Elle peut être faite devant les adjoints des maires. — *Cons. d'Etat*, 30 mai 1821, N...

200. — Il suffit d'ailleurs que l'affirmation ait lieu devant le magistrat compétent. Il n'est pas nécessaire qu'elle soit faite sous serment. — *Ibid.*, 12 févr. 1849, Hirigoyen.

201. — La mention de l'affirmation à la suite des procès-verbaux n'a pas besoin d'être revêtue de la signature des affirmans. L'authenticité de l'affirmation est suffisamment établie par la signature du fonctionnaire public qui la reçoit. — *Cons. d'Etat*, 7 déc. 1843, Palisson.

202. — Il n'est pas non plus nécessaire, pour la validité de l'affirmation, que lecture soit donnée des procès-verbaux aux agens qui les présentent. — *Cons. d'Etat*, 7 déc. 1843, Goudey.

203. — Les contraventions aux lois et règlemens sur la police du roulage sont jugées par la voie administrative. — Loi 29 flor. an X, art. 4; décret 23 juin 1806, art. 38.

204. — Le principe de la compétence administrative en cette matière repose sur les mêmes considérations qui l'ont fait prévaloir en matière de grande voirie, en général; c'est d'obtenir une répression prompte et économique de tous les faits nuisibles aux grandes routes, qui font partie du domaine public. — Serrigny, *Compét. et proc. adm.*, t. 2, n° 674.

205. — Suivant le même auteur, il faut faire à l'égard des contraventions à la police du roulage la distinction qui se fait à l'égard des contraventions de grande voirie, en général. « — Les unes, dit M. Serrigny, ont pour effet de nuire à la route, et sont de la compétence du conseil de préfecture : comme tenant à la grande voirie. Il en est d'autres, ajoute-t-il, qui sont des violations aux lois et règlemens faits pour la sûreté des voyageurs, ces lois ont pour but de réprimer des contraventions qui s'adressent plutôt aux personnes qu'aux choses; et, en conséquence, ces contraventions rentrent dans la petite voirie, et sont de la compétence des tribunaux de simple police. » — Serrigny, *ubi suprà*, t. 2, n° 678.

206. — Sans méconnaître ce que cette distinction a de judicieux et même de fondé au point de vue sous lequel elle se trouve placée, nous pensons qu'elle confond à tort les règlemens du roulage, c'est-à-dire les règlemens qui intéressent la viabilité des routes, avec les règlemens faits pour la police des voitures, en général, et dans l'intérêt de la sûreté publique; règlemens qui sont applicables aussi bien dans les chemins et rues dépendant de la petite voirie, que sur les routes appartenant à la grande voirie. Il y a là deux ordres d'idées essentiellement différens.

207. — C'est dans le sens de cette observation que le Conseil d'Etat a jugé qu'à l'administration seule appartient la connaissance des contraventions aux règlemens sur la police du roulage et que les tribunaux de police sont incompétens. — *Cons. d'Etat*, 4 mars 1819, N...

208. — Jugé, en tout cas, qu'en l'absence de règlemens sur la police du roulage pris conformément à l'art. 475, n° 4 du Code pénal, c'est exclusivement aux conseils de préfecture à connaître du refus fait par des rouliers de passer sur le pont à bascule. — *Cass.*, 4 juill. 1846 (t. 2 1846, p. 711), Guérin.

209. — La contravention résultant du défaut de plaque est de la compétence du conseil de préfecture, bien qu'elle ne détruise pas la route; parce qu'elle pourrait assurer l'impunité à ceux qui la dégradent. — Serrigny, *Compét. et proc. adm.*, t. 2, n° 677.

210. — Les contraventions qui peuvent s'élever, porte le décret du 23 juin 1806, sur l'exécution des règlemens concernant la police du roulage, et notamment sur le poids des voitures, sur l'amende et sur sa quotité, sont portées devant le maire de la commune, et par lui jugées sommairement, sans frais et sans formalités; ses décisions sont exécutées provisoirement, sauf le recours au conseil de préfecture comme pour les matières de voirie. — Décr. 23 juin 1806, art. 38.

211. — Mais les attributions données au maire en cette matière ne créent, à l'égard de ce fonctionnaire, aucune juridiction. Le maire est seulement chargé de prendre une décision provisoire, dont le seul but est de faire assurer sans retard l'exécution de la loi et de faire consigner l'amende qui peut être encourue. — Décr. 23 juin 1806, art. 38; ordonn. roy. 22 nov. 1820. — Serrigny, *Compét. et proc. adm.*, t. 2, n° 676.

212. — Le conseil de préfecture doit, dans tous les cas, ultérieurement statuer que les contrevenans exercent ou n'exercent pas le recours que leur ouvre la loi.

213. — Chaque contravention en matière de roulage donne lieu à l'application d'une amende. Ici ne peut s'appliquer la disposition de l'art. 365 du Code d'instruction criminelle, qui veut qu'en cas de connexité de plusieurs crimes ou délits la peine la plus forte soit seule prononcée. — *Conseil d'Etat*, 15 juill. 1841, minist. trav. publ.; 17 nov. 1843, Rozé.

214. — Les conseils de préfecture ne peuvent, d'ailleurs, réduire ou modérer les amendes fixes prononcées par les règlemens. — *Conseil d'Etat*, 21 juin 1826, N...; 26 nov. 1841, Voltier.

215. — Il est défendu aux préposés au service des ponts à bascule de recevoir eux-mêmes les amendes ni d'exiger des contrevenans rien au-dessus de l'amende, à peine de destitution et d'être poursuivis comme concussionnaires. — Décr. 23 juin 1806, art. 36.

216. — Il est défendu aux mêmes préposés de faire aucune remise du montant de l'amende ni de traiter ou transiger avec les contrevenans, sous peine de destitution et d'une amende égale à celle qui aurait été encourue. — Décr. 23 juin 1806, art. 37.

217. — Il appartient un quart dans les amendes à celui des agens qui a constaté la contravention et qui a affirmé et déposé son procès-verbal; l'amende est versée dans la caisse de la commune où la contravention a été constatée. Les trois quarts sont versés par le receveur de la commune au receveur de l'enregistrement; et le dernier quart est payé à l'agent qui a constaté la contravention sur le mandat du préfet et sans autre forme. — Décr. 23 juin 1806, art. 32.

218. — En vertu de cette disposition, il est en quelque sorte de règle pour l'administration que, lorsque, par la voie gracieuse, remise est faite des amendes à ceux qui les ont encourues, il est fait exception de la portion de l'amende attribuée à l'agent qui a constaté la contravention.

219. — Le ministre des finances qui se pourvoit, dans l'intérêt de la loi, contre un arrêté de condamnation rendu en matière de roulage, n'a pas qualité pour demander que la partie condamnée soit déchargée de l'amende. En conséquence, si cette partie ne se présente pas elle-même, le conseil d'Etat, tout en annulant l'arrêté dans l'intérêt de la loi, laisse subsister, malgré les conclusions du ministre, la disposition relative à l'amende. — *Conseil d'Etat*, 18 déc. 1840, minist. des trav. publ.

ROULEAUX (Tourneurs de).

Patentables de 8e classe. — Droit fixe basé sur la population; droit proportionnel du 40e de la valeur locative de tous les locaux qu'ils occupent, mais seulement dans les communes de 20,000 âmes et au-dessus. — V. PATENTE.

ROULEMENT.

1. — C'est la répartition annuelle et successive des magistrats dans les différentes chambres des Cours et tribunaux.

2. — *Cour de cassation.* — D'après l'art. 2 de la loi du 2 brumaire an IV, cinq juges devaient sortir tous les six mois, et à tour de rôle, de chaque section pour passer dans une autre; et, par l'arrêté du 3 germinal an V, les mois de prairial et de frimaire furent fixés comme l'époque où devait s'opérer cette mutation.

3. — La loi du 27 ventôse an VIII a modifié ces dispositions. Ce ne sont plus cinq membres mais quatre qui sortent des deux sections, et le roulement est annuel. — V. COUR DE CASSATION, nos 137 et suiv.

4. — *Cours d'appel.* — L'ordonnance du 11 octobre 1820 règle le roulement de ces tribunaux. Cette ordonnance a dérogé à tous les décrets antérieurs sur la matière. — *Paris*, 17 déc. 1829, Chatelain. — Elle est constitutionnelle. — *Cass.*, 4 mars 1830, *France méridionale*.

5. — Une commission composée du premier président, des présidens et du plus ancien conseiller de chacune des chambres, d'après l'ordre du tableau, doit, dans la dernière quinzaine qui précède les vacances, fixer, le procureur général entendu, le roulement des conseillers dans les chambres dont est composée la Cour. — Art. 1er.

6. — Ce roulement peut être ultérieurement modifié, et il doit avoir lieu à l'époque fixée.

7. — A la même époque, les présidens se partagent entre eux le service civil et le service criminel de l'année judiciaire suivante. — Art. 2.

8. — Le premier président préside habituellement la première chambre civile, mais il peut présider les autres chambres lorsqu'il le juge à propos. Il doit même les présider au moins une fois dans l'année, selon le vœu de l'art. 7 du décret du 6 juillet 1810.

9. — Le roulement d'une chambre civile à l'autre s'opère par tiers. — Art. 15.

10. — Les chambres criminelles doivent être composées de la moitié au moins des conseillers qui en ont déjà fait le service. Il n'est pas nécessaire, au surplus, que ces conseillers soient des *membres sortans;* il suffit qu'ils aient fait le service, à quelque époque que ce soit. — Carré, *Comp.*, t. 1, p. 38; Bioche, v° *Roulement*, n° 9.

11. — Sont compris dans le roulement les conseillers délégués pour présider les Cours d'assises dans le ressort de la Cour. — Art. 17.

12. — Ces conseillers entrent dans les chambres auxquelles ils se trouvent appelés, à l'expiration de leurs fonctions temporaires. — Art. 18.

13. — Quant à ceux qui se trouvent, au moment du roulement, chargés de quelques rapports dans une chambre civile, ils peuvent, bien que n'appartenant plus à cette chambre, y faire leur rapport en temps et lieu. — Art. 16.

14. — L'art. 5 du décret du 30 mars 1808 portait que le doyen des conseillers serait dispensé du roulement et resterait attaché à la chambre présidée habituellement par le premier président. — Mais l'ordonnance de 1820 n'a pas renouvelé cette disposition, qui cependant continue à être observée dans un grand nombre de Cours. — Bioche, v° *Roulement*, n° 11.

15. — Les magistrats composant la chambre des mises en accusation, excepté toutefois à Paris, font en outre le service des autres chambres (ordonn. 5 août 1844). — Néanmoins le président de la chambre des mises en accusation est exclusivement attaché à cette chambre. — Bioche, *ibid.*

16. — A propos de cette ordonnance, il a été décidé que l'art. 50 de la Charte a eu pour objet de soustraire à l'action des ordonnances et de placer sous la garantie des lois, seulement ce qui touche soit à la juridiction ou à la compétence des Cours et tribunaux, soit à leur constitution ou à leur organisation hiérarchique du pouvoir judiciaire; mais qu'il a laissé en dehors de ces dispositions tout ce qui peut se rattacher à la discipline et à l'ordre du service intérieur des Cours et tribunaux, et n'a, par conséquent, porté aucune atteinte à l'art. 5 de la loi du 20 avril 1810 : que dès lors l'ordonnance a été rendue dans les limites du pouvoir exécutif, et que le refus de s'y conformer consigné dans la délibération d'une Cour constitue un excès de pouvoir que la Cour de cassation doit réprimer, par la voie de l'annulation, aux termes de l'art. 80 de la loi du 27 ventôse an VIII. — *Cass.*, 19 août 1844 (t. 2 1844, p. 129), procureur général. — Bioche, v° *Roulement*, n° 12.

17. — Chaque année le tableau de la répartition arrêté par la commission dont il a été parlé n° 5, est soumis à l'approbation des chambres assemblées. — Art. 6.

18. — Une circulaire ministérielle du 17 août 1820 exige l'envoi au garde des sceaux de la délibération relative au roulement, et du tableau de répartition.

19. — Il est fait, en outre, chaque année une liste de service indiquant la composition de chaque chambre, et dont on peut obtenir copie des greffiers. — Décret 30 mars 1808, art. 7.

20. — En cas de dissentiment entre la commission et l'assemblée des chambres, le garde des sceaux est chargé de statuer. — *Ibid.*

21. — L'intervention du garde des sceaux, en pareil cas, consiste seulement à statuer sur les difficultés. Il y aurait excès de pouvoirs s'il allait jusqu'à remanier le travail entier; car c'est aux magistrats eux-mêmes qu'a été attribué le droit de déterminer la composition des chambres. — Bioche, v° *Roulement*, n° 7.

22. — En cas de dissentiment, il importe que l'assemblée des chambres statue à titre provisoire; sauf au ministre à prononcer définitivement. — Bioche, *ibid.*

.... —Lorsqu'une modification au travail de la commission est arrêtée d'accord, le ministère public ne doit pas être entendu de nouveau.— Décret. minist. 17 août 1820.

.... —Nous nous sommes expliqué v° cour royale, n° 84 et suiv., sur la manière dont devait être interprété l'art. 3 de l'ordonnance, portant qu'aucun président ou conseiller ne pourra être forcé de rester plus d'un an dans chacune des chambres civiles. Nous avons dit que cet article devait être combiné avec l'art. 4, qui veut que les chambres criminelles soient toujours composées, au moins pour la moitié, de conseillers n'ayant fait le service dans la chambre. Enfin, nous avons cité la circulaire du garde des sceaux, 15 octobre 1820, d'après laquelle il n'est pas nécessaire que les membres de la Cour passent alternativement du service civil au service criminel; sauf à eux à l'exiger, s'ils le jugent à propos.

.... —Il a été décidé que, d'après l'ordonnance du 31 oct. 1820 sur le roulement, il n'y a de changement obligé entre la composition des chambres civiles des Cours d'appel que pour les membres qui y ont siégé plus de deux ans, et qui le réclament. — *Paris*, 24 déc. 1829, *Journal des* ...

.... — Quant au nombre des conseillers dont se composent les chambres civiles et criminelles, V. cour royale, n° 60 et suiv.

37. — *Tribunaux de première instance.* — L'ordonnance du 11 oct. 1820 ne forme pas la seule règle à suivre en pareil cas. Les tribunaux composés de deux chambres restent régis par l'art. 14 décr. du 30 mars 1808; ceux composés d'un plus grand nombre de chambres par le décret du 30 août 1810, art. 6 et 7 : ainsi qu'on va le voir.

38. — Le roulement est fixé, comme pour les Cours d'appel, dans la quinzaine précédant les vacances, par une commission composée du président, du vice-président, du doyen de chacune des chambres, le ministère public entendu.— Décr. 30 mars 1808, art. 7 et suiv.—Il semblerait résulter d'un arrêt de cassation du 45 juin 1831, que ce soit dans la huitaine avant les vacances que la commission devrait délibérer; mais le décret du 30 mars 1808 a été modifié, sur ce point, par l'ordonnance.

.... —Il ne doit être fait qu'un seul roulement pour toute l'année par les tribunaux, lors de l'assemblée générale; ainsi, ils ne peuvent, en dehors de pouvoir, en arrêter deux distincts : pour chaque semestre. — *Cass.*, 9 nov. 1831, procureur général à la Cour de cassation.

.... —L'époque fixée est de rigueur, et la désignation ne peut être reportée arbitrairement à d'autres époques.— *Cass.*, 45 juin 1831, N....

41. —Une exception n'est possible que si un fait postérieur nécessite la révision du roulement, comme, par exemple, lorsqu'un magistrat nouvellement nommé se trouve appelé à siéger dans la même chambre qu'un de ses parents ou alliés. — Bioche, n° 20.

.... — Ou bien encore, lorsque le roulement a été opéré irrégulièrement. Alors le garde des sceaux peut, sur l'avis qui lui est transmis par le ministère public, inviter la compagnie à rectifier son travail; et, sur le refus de celle-ci, en déférer à la censure de la Cour suprême.

.... — Tout ce qui a été dit plus haut concernant la soumission du tableau de répartition à l'assemblée des chambres, au recours au garde des sceaux en cas de dissentiment, à l'envoi de délibération du tableau de roulement et à la reprise de service, est applicable ici. — V. n°s 47 et suiv.

.... — Les suppléans étaient autrefois admis à participer à la délibération sur le roulement.— Déc. 1er nov. 1834 et 16 févr. 1835, intérêt de la loi. Mais, depuis la loi du 11 avril 1832, ce droit ne leur est accordé que lorsqu'ils remplacent un juge, et l'assemblée doit être composée au moins de la moitié des juges en titre.

45. — ..., dit M. Bioche (n° 19), dans les tribunaux composés de 9 juges cinq au moins sont nécessaires, et il leur suffit de s'adjoindre un suppléant pour que la délibération soit valable. — Loi min. 1er juin 1838.

.... — Au surplus, voix consultative est toujours due aux suppléans. — *Ibid.*, art. 11.

.... — Le président préside la chambre à laquelle il veut s'attacher. C'est ordinairement la première chambre. Il a, au surplus, le droit de remplacer les autres quand il le croit convenable. — Décr. 30 mars 1808, art. 46.

.... —A la même époque, les vice-présidens se partagent entre eux le service civil et correctionnel.— Circ. min. 1er juin 1838, art. 8, et décr. 30 mars 1808, art. 50.

39. — A Paris, les vice-présidens doivent présider pendant deux ans la chambre à laquelle ils ont été attachés. — Ord. 24 juill. 1825, art. 6.

40.—Dans les tribunaux composés de deux chambres seulement, les juges font consécutivement le service de toutes les chambres.— Décr. 30 mars 1808, art. 50.

41.— Il ne suit pas de cette disposition que le roulement doive avoir lieu intégralement; en d'autres termes, que tous les membres doivent passer d'un service dans l'autre.

42.— Ce roulement est un roulement partiel qui fait seulement sortir la majorité des juges d'une chambre pour les répartir dans l'autre, de façon que chacun d'eux soit successivement appelé à faire le service des deux chambres; et la décision du tribunal qui consacrerait un roulement partiel doit être cassée dans l'intérêt de la loi. — *Cass.*, 8 janv. 1834, int. de la loi.

43.— M. Bioche (v° *Roulement*, n° 17 *in fine*) se fonde sur l'art. 50 du décret du 30 mars 1808 ne porte pas, comme l'art. 5 qui réglait avant l'ordonnance de 1820 le roulement des Cours d'appel, que la majorité des membres de la chambre doit en sortir, pour conclure que les tribunaux sont libres d'en faire sortir un moindre nombre s'ils le jugent utile au service. La solution contraire résulte de l'arrêt précité.

44.— Dans les tribunaux composés de plus de deux chambres, les juges sont répartis de telle manière qu'il n'y en ait pas moins de trois ni plus de six dans chaque chambre.— Décr. 18 août 1810, art. 6.

45.— Dans le roulement, sont compris les suppléans.— Art. 7.

46.— Il est nécessaire, devant le tribunal de la Seine, que dans chaque chambre il reste au moins deux juges en titre, parmi ceux ayant fait le service l'année précédente, lorsque le vice-président est attaché à une autre chambre, et un au moins, lorsqu'il continue à présider, et ce non compris les juges d'instruction, qui sont répartis, entre les diverses chambres, suivant les besoins du service.— Ord. 24 juill. 1825, art. 1er, 2 et 4.

47.— *Recours contre le roulement.*—On a vu (*suprà* n° 31) qu'il ne pouvait être apporté de modification au travail du roulement que dans des circonstances exceptionnelles. Et que, dans le cas d'irrégularité, le garde des sceaux pouvait après s'être vainement adressé à la compagnie, déférer ses actes à la Cour suprême. — V. n° 32.

48.— Mais les parties ont-elles le droit de se prévaloir de l'irrégularité du roulement?

49.— Les partisans de l'affirmative soutiennent que les magistrats ne trouvent pas dans leur seule qualité de membres d'un tribunal le droit de participer à un jugement, et ils invoquent, sur ce point, les décisions des auteurs et de la jurisprudence. D'après un jugement est nul lorsqu'il a été appelé sans nécessité un juge d'une autre chambre, ou lorsqu'un magistrat d'une même chambre a été appelé à en remplacer un autre dont l'empêchement n'est pas constaté, ou bien lorsque l'ordre des magistrats n'a pas été suivi, non plus que celui des avocats et des avoués; lorsqu'une affaire a été jugée en audience ordinaire quand elle aurait dû l'être en audience solennelle.—V. audience solennelle (mat. civ.), jugement.—On soutient que le roulement n'est pas une mesure d'ordre intérieur, car il a pour effet de donner tels juges aux parties; que ce n'est pas un objet purement réglementaire; car la division des chambres, l'affectation qui leur est faite de certaines causes, touche à l'ordre public.

50.— Néanmoins, deux fois la Cour de Paris a refusé aux parties le droit de tirer avantage de l'irrégularité du roulement.—*Paris*, 47 nov. 1829, Chatelain, et 24 déc. suiv., *Journal des Débats*.—Et la Cour de Toulouse s'est également prononcée en ce sens. — *Toulouse* (sous *Cass.*, 4 mars 1830), 14 janv. 1830, *France méridionale*.

ROUTES.

Table alphabétique.

ROUTE. — 1. — Voies de communication destinées à faciliter les relations d'une contrée, d'une ville, d'un lieu quelconque avec une autre contrée, une autre ville, un autre lieu.

§ 1er. — *Historique et notions générales.*

2. — Le régime des grandes routes est resté longtemps soumis à des règlemens purement locaux, variant nécessairement de province en province. Ce n'est que dans l'ordonnance de 1669 et dans deux arrêts du conseil des 3 mai 1720 et 6 févr. 1776, que l'on trouve les premières dispositions générales qui, dans l'ancien droit, régissaient cette matière.

3. — D'après l'édit du 6 févr. 1776, les routes étaient divisées en quatre classes.

4. — La 1re classe comprenait les routes traversant la totalité du royaume ou conduisant de la capitale dans les principales villes, ports ou entrepôts de commerce; leur largeur, non compris les fossés, ni les empiétemens des talus et glacis, devait être de 42 pieds (environ 14 mètres).

5. — La 2e classe comprenait les routes de communication entre les provinces et entre les principales villes du royaume, ou même entre des villes considérables, bien que moins importantes que les villes principales; leur largeur était fixée à 35 pieds (environ 12 mètres).

6. — La 3e classe comprenait les routes de communication entre les villes principales d'une même province ou des provinces voisines; leur largeur devait être de 30 pieds (environ 10 mètres).

7. — Enfin la 4e classe se composait des chemins particuliers pour la communication des petites villes ou bourgs; la largeur de ces chemins était fixée à 24 pieds (environ 8 mètres).

8. — Les largeurs qui viennent d'être indiquées pour les différentes classes de routes ne doivent pas néanmoins être considérées comme établissant d'une manière absolue l'état des anciennes routes. Elles étaient susceptibles de varier en raison de nombreuses circonstances.

9. — Ainsi, le même arrêt de 1776 permettait de réduire les largeurs dans les pays de montagnes et dans les endroits où la construction des chemins présentait des difficultés extraordinaires. — Arr. 6 févr. 1776, art. 6.

10. — Des largeurs plus grandes étaient aussi autorisées aux abords de la capitale et des villes d'un grand commerce, à raison de la grande affluence des voitures, sans cependant que la largeur pût être en aucun cas portée au delà de 60 pieds (environ 20 mètres). — *Ibid.*, art. 6 et 7.

11. — Enfin, il était défendu d'apporter aucun changement aux routes précédemment ouvertes et terminées, encore que leur largeur excédât celles que l'édit fixait. — *Ibid.*, art. 10.

12. — D'un autre côté, cette législation sur le classement et la largeur des routes, n'a jamais reçu une exécution rigoureuse et constante, parce que, selon les besoins du commerce, on a plusieurs fois porté une route d'une classe à une autre, sans qu'il fût possible de changer ses dimensions. D'ailleurs, en 1776, il existait sur les routes beaucoup de lacunes, et quand elles ont été l'objet de constructions nouvelles, il était assez naturel de les coordonner aux dimensions des portions de routes antérieurement exécutées. Enfin, les pays d'états administraient les travaux de leurs grandes routes, et il n'était pas facile, alors, de les faire renoncer à leurs anciens usages. — Tarbé de Vauxclairs, vo *Routes*.

13. — M. Dufour induit avec raison de cet ancien état de choses que, dans les contestations relatives à la propriété des anciennes routes et de leurs dépendances, les documens les plus propres à suppléer au défaut de titres réguliers, sont empruntés aux projets qui ont servi de base à l'exécution des travaux, et plus particulièrement aux plans conservés, soit dans les archives des départemens, soit au dépôt de l'administration des ponts et chaussées. — Dufour, *Droit administ.*, t. 4, no 2891.

14. — En l'absence de ces plans ou de toute autre preuve écrite, il est sage de s'en rapporter à la disposition des lieux et aux profils qu'affecte la route, par suite des ouvrages qui la constituent. — Dufour, *ubi suprà*.

15. — Il est, du reste, de règle que les terrains dépendans des grandes routes sont limités par l'arête extérieure des fossés, par le pied des talus en remblai ou la crête des talus en déblai. — *Cons. d'Etat*, 22 août 1838, Lumpérière.

16. — Les routes ou voies de communication qu'embrasse notre législation actuelle sont : 1o les routes nationales, qui se divisent en trois classes; 2o les routes départementales; 3o les chemins vicinaux de grande communication; 4o les chemins vicinaux ordinaires ou chemins communaux; 5o les routes stratégiques; 6o les chemins de fer.

17. — Tout ce qui concerne les chemins de grande et de petite vicinalité, et les chemins de fer, a donné lieu, dans nos précédens volumes, à des articles spéciaux (V. CHEMINS DE FER, CHEMINS VICINAUX). Il nous reste donc seulement à parler ici des routes nationales et départementales, et des routes stratégiques.

§ 2. — *Classification et classement des routes.*

18. — Les routes nationales sont de trois classes. — Décr. 16 déc. 1811, art. 2.

19. — Les routes de la première classe forment les lignes principales conduisant de Paris à l'étranger, ainsi qu'aux grands ports maritimes. — Husson, *Traité de la législation des travaux publics et de la voirie*, t. 2, p. 114.

20. — Les routes de deuxième classe se dirigent également de Paris vers les frontières ou les ports. — *Ibid.*

21. — Enfin, les routes de la troisième classe communiquent de Paris à quelques villes de l'intérieur et relient entre elles les villes les plus importantes. — *Ibid.*

22. — Toutes les fois qu'une route nouvelle est ouverte, le décret qui en ordonne la construction indique la classe à laquelle elle doit appartenir. — Décr. 16 déc. 1811, art. 4.

23. — Les routes départementales sont toutes les grandes routes qui ne sont pas comprises dans celles ci-dessus, et qui, jusqu'au décret du 16 déc. 1811, étaient connues sous la dénomination de routes de troisième classe. — Décr. 16 déc. 1811, art. 3.

24. — Depuis le décret de 1811, les départemens ont ouvert, entièrement à leurs frais, de nombreuses voies de communication, qui doivent être également rangées parmi les routes départementales. Toutefois, il y a à faire entre les unes et les autres une distinction assez essentielle.

25. — Ainsi, les anciennes routes nationales de troisième classe, déclarées routes départementales par le décret du 16 déc. 1811, ont continué de faire partie du domaine public, le sol n'en ayant point été concédé aux départemens; mais les nouvelles routes ou portions de routes départementales acquises ou construites avec des fonds départementaux sont la propriété des départemens. — Avis du Conseil d'Etat du 27 août 1834.

26. — Les routes départementales ont, comme les routes nationales, une classification par ordre de numéros. — Décr. 7 janv. 1813.

27. — La création d'une route nationale exige des formalités différentes, selon qu'il s'agit de la construction d'une route nouvelle, ou d'élever simplement une route qui n'était point jusqu'alors à la charge de l'Etat, comme, par exemple, une route départementale au rang de route nationale.

28. — Dans le premier cas, il y a lieu à l'accomplissement des formalités prescrites pour les travaux publics en général, et, le plus souvent, à l'application des règles prescrites pour l'expropriation pour utilité publique. — V. EXPROPRIATION POUR UTILITÉ PUBLIQUE, TRAVAUX PUBLICS.

29. — Dans le second cas, il est toujours indispensable de recourir à une loi, la représentation nationale devant nécessairement intervenir du moment qu'il s'agit d'aggraver les charges de l'Etat. — L. 21 avr. 1832, art. 10.

30. — Observons, toutefois, que l'art. 4 ci-dessus reproduit du décret du 16 déc. 1811 a continué de rester en vigueur, et que c'est à l'administration qu'il appartient toujours d'indiquer la classe de la nouvelle route, d'en déterminer la direction et la largeur et de pourvoir à son alignement, dans la traversée des villes, bourgs et villages. — Décr. 16 déc. 1811, art. 4. — Dufour, *Dr. admin.*, t. 4, no 2892.

31. — Les routes départementales sont créées sur le vote des conseils généraux, par un décret du chef du gouvernement.

32. — Aucune route ne peut être classée au nombre des routes départementales sans que le vote du conseil général ait été précédé d'une enquête; cette enquête est faite par l'administration, ou d'office, ou sur la demande du conseil général. — Ordonn. roy. 20 mars 1835.

33. — Toute demande pour l'ouverture, la reconstruction ou l'entretien des routes départementales, formée par des arrondissemens, des communes, des particuliers ou des associations de particuliers, est présentée à la plus prochaine session du conseil général du département, lequel délibère : 1o sur l'utilité des travaux demandés; 2o sur la part que doivent supporter respectivement dans les dépenses les départemens, les arrondissemens et les communes, en proportion de leur intérêt dans les travaux proposés; 3o sur les offres faites par des particuliers ou associations de particuliers ou communes, et sur les conditions auxquelles ces offres seraient faites. — Décr. 16 déc. 1811, art. 18.

34. — La délibération du conseil général est communiquée aux conseils d'arrondissement, aux conseils municipaux, aux particuliers ou associations de particuliers dont il vient d'être parlé, lesquels sont tenus de fournir leurs observations, dans le délai qui leur est fixé par le préfet. — Décr. 16 déc. 1811, art. 19.

35. — Lorsqu'une proposition, pour l'ouverture, la reconstruction ou l'entretien d'une route départementale intéresse plusieurs départemens, le ministre des travaux publics fait communiquer cette proposition aux conseils généraux de tous les départemens intéressés, et il est procédé dans chacun de ces départemens ainsi qu'il a été dit tout à l'heure. — Décr. 16 déc. 1811, art. 20.

36. — Les délibérations définitives des conseils généraux sont, avec l'avis du préfet et les observations de l'ingénieur en chef du département, adressées par l'intermédiaire du directeur général des ponts et chaussées au ministre des travaux publics, d'après le rapport duquel il est statué par acte du gouvernement. — Décr. 16 déc. 1811, art. 21.

37. — Dans le cas où le conseil général d'un département n'aurait reçu aucune demande pour l'établissement, la réparation ou l'entretien des routes départementales, et jugerait cependant nécessaire qu'il fût rendu des décrets pour assurer l'existence de tout ou partie de ces routes, il peut prendre une délibération dans la forme indiquée plus haut (no 33), sur laquelle est faite l'instruction préalable qui doit ensuite avoir lieu (no 34), pour être ensuite statué par le gouvernement, selon qu'il y a lieu. — Décr. du 16 déc. 1811, art. 22.

38. — La réunion des conseils généraux et d'arrondissement, pour délibérer sur les divers points qui se rattachent à cet objet, doit être spécialement autorisée par le ministre de l'intérieur. Sa durée et l'objet de chacune de ces sessions extraordinaires sont déterminés par l'arrêté de convocation du ministre, et il ne peut y être traité d'aucun autre objet. — Décr. du 16 déc. 1811, art. 23.

§ 3. — *Dépenses.*

39. — Les dépenses de construction, de reconstruction et d'entretien des routes nationales sont entièrement à la charge de l'Etat. — Décr. du 16 déc. 1811, art. 5; L. des 25 mars 1817 et 15 mai 1819.

40. — Ce principe est absolu en ce qui a trait aux ouvrages constitutifs de la route. Les communes aussi bien que les particuliers demeurent étrangères à toutes les dépenses que ces routes peuvent nécessiter. — Dufour, *Droit administ.*, t. 4, no 2896.

41. — Ainsi, l'Etat ne peut, même dans la traversée des villes, bourgs et villages, se prévaloir des usages sur l'établissement et l'entretien du pavé, envisagé même comme charge communale, pour faire concourir la généralité des habitans ou les propriétaires au pavage de la route. — *Cons. d'Etat*, 10 févr. 1821, Calvimont et Dupérier. — Dufour, *ubi suprà*.

42. — La construction, la reconstruction et l'entretien des routes départementales demeurent à la charge des départemens, arrondissemens et communes qui sont reconnus participer plus particulièrement à leur usage. — Décr. du 16 déc. 1811, art. 7.

43. — Lorsqu'un pont se trouve situé sur une route départementale et appartient également au territoire de deux départemens limitrophes, les frais de réparation doivent être mis par moitié à la charge des deux départemens. — *Cons. d'Etat*, 25 janv. 1831, préfet de la Seine.

44. — Les dépenses de construction, de reconstruction et d'entretien des routes nationales sont fixées chaque année par les lois de finances.

45. — Il est statué sur la construction, la reconstruction, la plantation et l'entretien des routes départementales par des règlemens d'admi-

nistration publique rendus pour chacune de ces routes. — Décr. du 16 déc. 1811, art. 16.

46. — Ces décrets prononcent 1° sur l'époque à laquelle la route devra être achevée, plantée, s'il y a lieu, et mise à l'état de simple entretien; 2° sur la somme nécessaire à cet effet; 3° sur celle qu'exigera l'entretien annuel; 5° sur la part contributive dans lesdites sommes à supporter par les départemens, arrondissemens et communes intéressés à l'existence de la route; 4° sur les offres faites par des propriétaires ou des associations de propriétaires, ou des communes, pour contribuer à la construction, à la reconstruction ou à l'entretien de cette route. — Décr. du 16 déc. 1811, art. 17.

47. — Les travaux de construction, de reconstruction et d'entretien des routes départementales sont projetés, les devis sont faits, discutés et approuvés dans les formes et les règles suivies pour les routes nationales, et les travaux sont exécutés par les ingénieurs des ponts et chaussées. — Décr. du 16 déc. 1811, art. 24.

48. — Il est exercé une surveillance spéciale sur les travaux des routes départementales, dans l'intérêt des départemens, arrondissemens, communes, particuliers et associations de particuliers qui auraient contribué à fournir les fonds nécessaires. A cet effet, le préfet doit nommer, parmi les membres des conseils de département, arrondissemens et communes, et parmi les particuliers et associations de particuliers, une commission dont il désigne les président et secrétaire, à laquelle il est donné communication préalable du cahier des charges, et qui assiste aux adjudications ainsi qu'à la réception des matériaux et des travaux, et donnera ses observations sur le tout. — Décr. du 16 déc. 1811, art. 25.

49. — Les fonds provenant des contributions extraordinaires, cotisations ou donations de capitaux ou de rentes, établies ou acceptées par suite des décrets rendus sur les routes départementales, sont déposés dans la caisse du receveur général du département, pour être employés comme fonds spécial, sur les mandats du préfet, et d'après les ordonnances du ministre des travaux publics. — Décr. 16 déc. 1811, art. 26.

50. — Le compte de l'emploi de ces fonds est présenté chaque année à la commission indiquée n° 48, elle donne son avis sur ledit compte; lequel doit être soumis, pour la partie qui le concerne, à chaque conseil général intéressé, qui le vérifie et y joint ses observations : le tout est transmis par le préfet au directeur général des ponts et chaussées, et soumis à toutes les formes établies pour la comptabilité des travaux. — Décr. 16 déc. 1811, art. 27.

§ 4. — *Entretien des routes.*

51. — L'entretien des routes pavées et non pavées est divisé en deux parties, savoir : 1° la fourniture des matériaux, qui est donnée à l'entreprise; 2° leur emploi et les autres travaux de l'entretien. — Décr. 16 déc. 1811, art. 28.

52. — L'emploi des matériaux et les autres travaux d'entretien sont exécutés par des cantonniers, qui, primitivement, étaient entrepreneurs de ce service par voie d'adjudication (décr. 16 déc. 1811, art. 28 à 30, 32, 36 à 48, 52); mais qui, aujourd'hui, sont sous les ordres de l'administration des ponts et chaussées, et salariés d'une manière fixe. — Instr. min. 10 févr. 1835.

53. — Les adjudications des matériaux d'entretien ont lieu dans les formes usitées pour les adjudications des travaux publics en général. — V. TRAVAUX PUBLICS.

54. — Les baux d'adjudication sont soumis à l'approbation du directeur général des ponts et chaussées. — Décr. 16 déc. 1811, art. 31.

55. — Les baux pour la fourniture des pavés sont de six ans au moins; ceux pour l'extraction, le transport et le cassage des matériaux destinés à la réparation des routes non pavées ne peuvent être moindres d'une année ni excéder trois années. — Décr. 16 déc. 1811, art. 33.

56. — Ces baux doivent stipuler une amende, payable au profit de l'Etat, du tiers de la valeur des pavés ou autres matériaux qui auraient dû être approvisionnés et qui ne seraient point déposés à l'époque fixée sur la route, et ce indépendamment du remplacement aux frais de l'entrepreneur de tous les matériaux non fournis. — Décr. 16 déc. 1811, art. 34.

57. — Avant de délivrer aucun mandat de paiement aux adjudicataires des matériaux, le préfet peut faire vérifier, par tous les moyens qu'il juge convenables, la réalité des quantités de matériaux annoncées comme fournies d'après le certificat délivré à l'entrepreneur par l'ingénieur en chef. — Décr. 16 déc. 1811, art. 35.

58. — Pour l'exécution des travaux d'entretien comme pour la fourniture des matériaux qu'ils demandent, les routes, soit nationales, soit départementales, sont divisées en cantons dont l'étendue est réglée par la nature du sol et la facilité ou la difficulté des travaux. — Décr. 16 déc. 1811, art. 37.

59. — Les limites des cantons sont, autant que possible, celles des relais de postes aux chevaux. — Toutefois, chaque relai de poste peut comprendre plusieurs cantons de route, suivant la nature du sol et les convenances du travail. — Décr. 16 déc. 1811, art. 38.

60. — La résiliation des baux d'entretien, pour quelque cause que ce soit, est prononcée par le préfet et approuvée par le ministre des travaux publics, sur le rapport du directeur général des ponts et chaussées. — Décr. 16 déc. 1811, art. 45.

61. — Les conseils de préfecture n'ont pas le pouvoir de prononcer ces résiliations. — *Cons. d'Etat*, 2 août 1826, Rue.

62. — Ils restent compétens, toutefois, pour statuer sur les indemnités auxquelles, par suite, les entrepreneurs peuvent prétendre. — V. au surplus TRAVAUX PUBLICS.

63. — Les cantonniers exécutent leurs travaux sous la direction des ingénieurs et conducteurs des ponts et chaussées et sous la surveillance des maires, des sous-préfets et des préfets. — Décr. 16 déc. 1811, art. 47 et suiv., 57 et suiv.

64. — Ils doivent prêter aide et assistance aux voituriers et voyageurs, et donner avis au maire et à la gendarmerie de tout ce qui peut intéresser la sûreté et la tranquillité publique. — *Ibid.*, art. 55.

§ 5. — *Plantations.*

65. — Relativement à la plantation des routes on doit distinguer les plantations qui ont été faites anciennement sur le sol même des routes, de celles qui ont été effectuées sur le terrain des propriétaires riverains.

66. — Les arbres qui existent sur le sol même des routes nationales ou départementales appartiennent aux propriétaires riverains, lorsqu'ils justifient les avoir légalement acquis à titre onéreux, ou les avoir plantés à leurs frais, en exécution des anciens règlemens. — L. 12 mai 1825, art. 1er.

67. — A défaut de cette justification, les arbres doivent, au contraire, être réputés la propriété de l'Etat. — Décr. 16 déc. 1811, art. 86. — Dufour, *Droit adm.*, t. 4, n° 2902.

68. — Et il faut appliquer cette règle, même aux arbres qui auraient été plantés, en vertu de concessions formelles et onéreuses du gouvernement, avant 1789. A cet égard, la loi est non pas déclarative mais transmissive du droit de propriété. — *Cons. d'Etat*, 29 mai 1813, Flamen.

69. — Il faut observer d'ailleurs que, lors même que les arbres existant sur le sol des routes sont reconnus appartenir aux propriétaires riverains, leur abattage ne peut avoir lieu que lorsqu'ils donnent des signes de dépérissement et sur une permission de l'administration. — L. 12 mai 1825, art. 1er. — V. encore *infrà* n° 90.

70. — La permission de l'administration est également nécessaire pour opérer l'élagage des mêmes arbres. — *Ibid.*

71. — Les contestations qui peuvent s'élever entre l'administration et les particuliers, relativement à la propriété des arbres plantés sur le sol des routes, doivent être portées devant les tribunaux ordinaires. Les droits de l'Etat y sont défendus à la diligence de l'administration des domaines. — L. 12 mai 1825, art. 1er.

72. — Mais, une fois la propriété reconnue en faveur de l'Etat, c'est à la juridiction administrative, aux conseils de préfecture qu'il appartient de statuer sur la contravention résultant de l'abattage ou de l'élagage non autorisés.

73. — Tous les arbres plantés jusqu'à la publication du décret du 16 décembre 1807, le long des routes et sur les terrains des propriétés communales et particulières sont reconnus appartenir aux communes ou particuliers propriétaires du terrain. — Décr. 16 déc. 1811. — Dufour, *Droit adm.*, t. 4, n° 2902.

74. — Les riverains peuvent se prévaloir de cette disposition, même au cas où il existerait, au profit de tiers, d'anciens titres de concession par le roi, se considérant comme propriétaire, par suite de plantations royales.

75. — A l'égard des plantations nouvelles, c'est-à-dire de celles qui ont été effectuées depuis le décret du 16 décembre 1811, et qui se font journellement, le décret précité a introduit un nouveau système, qui, en prescrivant les plantations sur les routes, oblige les propriétaires riverains à les faire sur leur propre terrain et à leurs frais.

76. — La constitutionnalité du décret, sur ce point, plusieurs fois attaquée, a été reconnue incontestable. Ses dispositions ont donc encore aujourd'hui force de loi. — *Cons. d'Etat*, 28 oct. 1831, Pelletier; 1er févr. 1833, Jaupitre. — Dufour, *Dr. adm.*, t. 4, n° 2903.

77. — Les plantations se font sur un arrêté du préfet, revêtu de l'approbation du ministre, et qui détermine, d'après l'avis des ingénieurs, l'alignement à suivre, la qualité, l'âge, l'essence des arbres, l'intervalle à laisser d'un arbre à l'autre, la distance à observer à partir du bord extérieur des fossés, et le délai dans lequel l'opération doit être faite. — Décr. 16 déc. 1811, art. 90 et 91.

78. — Les plantations doivent être faites au moins à la distance d'un mètre du bord extérieur des fossés, et suivant l'essence des arbres. — Décr. 16 déc. 1811, art. 90.

79. — Le particulier qui planterait sans avoir observé la distance fixée par cette disposition et par un arrêté règlementaire du préfet, serait constitué, par ce seul fait, en contravention de grande voirie. — *Cons. d'Etat*, 28 oct. 1831, Pelletier.

80. — Les arbres doivent être reçus par les ingénieurs des ponts et chaussées, qui sont chargés de surveiller toutes les opérations et de s'assurer que les propriétaires se sont conformés en tout aux dispositions de l'arrêté du préfet. — Décr. 16 déc. 1811, art. 92.

81. — Tous les arbres morts ou manquans doivent être remplacés, dans les trois derniers mois de chaque année, sur la simple réquisition de l'ingénieur en chef. — Décr. 16 déc. 1811, art. 93.

82. — Lorsque les plantations s'effectuent au compte et par les soins des communes propriétaires, les maires surveillent, de concert avec les ingénieurs, toutes les opérations. — Décr. 16 déc. 1811, art. 94.

83. — Dans ce cas l'entreprise de la plantation doit être donnée, au rabais et à la chaleur des enchères, par voie d'adjudication publique, à moins d'une autorisation formelle du préfet de déroger à cette disposition. — *Ibid.*

84. — L'adjudicataire doit garantir pendant trois ans la plantation, et reste chargé tant de son entretien que du remplacement des arbres morts ou manquans pendant ce temps. La garantie de trois années se prolonge d'autant pour les arbres remplacés. — *Ibid.*

85. — A l'expiration du délai fixé pour la plantation d'une route, le préfet fait constater, par des ingénieurs, si des particuliers ou des communes propriétaires n'ont pas fait effectuer les plantations à leur charge ou ne se sont pas conformés aux dispositions prescrites pour les alignemens et pour l'essence, la qualité, l'âge des arbres à fournir. — Décr. 16 déc. 1811, art. 95.

86. — Le préfet ordonne, s'il y a lieu, et sur le rapport de l'ingénieur en chef, l'adjudication des plantations non effectuées ou mal exécutées par les particuliers ou les communes propriétaires. Le prix de l'adjudication est avancé sur les fonds des travaux des routes. — *Ibid.*

87. — Les dispositions qui précèdent sont d'ailleurs applicables à tous les particuliers ou communes propriétaires qui n'ont pas remplacé leurs arbres morts ou manquans, ainsi qu'il a été dit plus haut. — Décr. 16 déc. 1811, art. 96.

88. — Tous les particuliers ou communes aux lieu et place desquels il a été effectué des plantations en vertu des dispositions qui précèdent, sont passibles d'une amende d'un franc par pied d'arbre que l'administration a planté, à leur défaut, et indépendamment du remboursement de tous les frais de plantation. — Décr. 16 déc. 1811, art. 97.

89. — Tous les arbres qui sont plantés le long des routes, soit qu'ils se trouvent sur le sol même de la route ou sur le terrain des propriétaires riverains, soit qu'ils appartiennent à l'Etat ou aux communes ou propriétaires riverains, ne peuvent être coupés et arrachés qu'avec l'autorisation du directeur général des ponts et chaussées, accordée sur la demande du préfet, laquelle ne peut d'ailleurs être formée qu'en cas de dépérissement des arbres, constaté par les ingénieurs, et toujours à la charge du remplacement immédiat. — Décr. 16 déc. 1811, art. 99.

90. — Tout propriétaire qui est reconnu avoir coupé, sans autorisation, arraché ou fait périr les arbres plantés sur son terrain, est passible d'une amende égale à la triple valeur de l'arbre détruit. — Décr. 16 déc. 1811, art. 101.

91. — L'élagage de tous les arbres plantés sur les routes est exécuté toutes les fois qu'il en est besoin, sous la direction des ingénieurs des ponts et chaussées, en vertu d'un arrêté du préfet, pris sur le rapport de l'ingénieur en chef, et qui contient les instructions nécessaires sur la manière dont l'élagage doit être fait. — Décr. 16 déc. 1811, art. 102.

92. — Les particuliers ne peuvent procéder à l'élagage des arbres qui leur appartiennent sur les grandes routes qu'aux époques et suivant les indications contenues dans cet arrêté, et toujours sous la surveillance des agens des ponts et chaussées, sous peine de poursuites comme coupables de dommages causés aux plantations des routes. — Décr. 16 déc. 1811, art. 105.

93. — La conservation des plantations des routes est confiée à la surveillance et à la garde spéciale des cantonniers, gardes champêtres, gendarmes, agens et commissaires de police, et des maires, chargés par les lois de veiller à l'exécution des règlemens de grande voirie. — Décr. 16 déc. 1811, art. 106.

94. — Un tiers des amendes prononcées pour peine des dégâts et dommages causés aux plantations des grandes routes appartient aux agens qui ont constaté le dommage, un deuxième tiers appartient à la commune du lieu des plantations, et l'autre tiers, versé comme fonds spécial au Trésor, est affecté au service des ponts et chaussées. — Décr. 16 déc. 1811, art. 107.

95. — Toutes condamnations pour contraventions aux diverses dispositions ci-dessus, qui régissent les plantations des routes, sont poursuivies et prononcées et les amendes recouvrées comme en matière de grande voirie. — Décr. 16 déc. 1811, art. 108.

§ 6. — *Fossés.*

96. — Les routes sont bordées de fossés dans tous les cas où cette mesure est jugée nécessaire soit pour garantir la route des empiétemens des riverains, soit pour faciliter l'écoulement des eaux.

97. — Les fossés doivent avoir 6 pieds au moins (2 mètres) dans le haut, 3 pieds (1 mètre) dans le bas, et la profondeur de 3 pieds (1 mètre), en observant les pentes nécessaires pour l'écoulement des eaux. — Edit d'août 1667, tit. 28; arr. du Conseil du 3 mai 1720, art. 2.

98. — Le curage et l'entretien des fossés qui font partie de la propriété des routes nationales et départementales sont opérés par les soins de l'administration et sur les fonds affectés au maintien de la viabilité de ces routes. — L. 12 mai 1825, art. 2.

99. — Néanmoins, les propriétaires riverains sont astreints à recevoir sur leurs fonds, sans avoir à réclamer aucune indemnité, les terres provenant du curage. — Instr. min. 30 juill. 1835. — Duvergier, *Collection des lois*, notes sur la loi du 12 mai 1825.

100. — Cette disposition a été critiquée comme asservissant injustement la propriété privée aux exigences fiscales, contrairement à la maxime qui veut que le droit de propriété ne cède devant l'intérêt public que moyennant une juste indemnité. M. Dufour pense, par suite, qu'aux termes de la loi du 12 mai 1825, les propriétaires riverains doivent être considérés comme affranchis de toute obligation relativement au curage des fossés creusés au bord des routes. — Dufour, t. 4, n° 2898.

101. — Quoi qu'il en soit, les propriétaires ne peuvent se refuser à recevoir les eaux qui proviennent de la route. Ils ne peuvent en interrompre le cours, ni par l'exhaussement ni par la clôture de leur terrain, sauf à eux à construire des aqueducs ou fossés propres à les débarrasser de ces eaux, conformément aux dimensions à eux indiquées par l'administration; le tout à peine de 50 francs d'amende et de réparation de l'œuvre. — Ord. 13 juin 1741, 23 juin 1751; L. 12 mai 1825.

102. — C'est au conseil de préfecture à prononcer, comme en matière de grande voirie, sur la contravention résultant du fait du propriétaire qui, au moyen d'ouvrages exécutés sur son terrain, aurait fait refluer les eaux sur une route. — *Cons. d'Etat*, 25 avril 1833, minist. trav. publ.

§ 7. — *Bornes ; poteaux.*

103. — Des signes indicateurs sont placés de distance en distance sur les routes et servent à en faciliter l'usage. Ce sont les bornes milliaires, les bornes départementales, les bornes cantonales et les poteaux indicateurs des différens chemins.

104. — Les bornes milliaires plantées de mille toises en mille toises, c'est-à-dire à 1,949 mètres environ l'une de l'autre, indiquent par des numéros d'ordre la distance de la capitale, mesurée du centre pris au parvis Notre-Dame. — Husson, *Législation de la voirie*, t. 2, p. 216.

105. — Entre ces bornes, d'autres bornes marquent les fractions de distance : les quarts, les demi-mille et les trois quarts de mille. La borne *demi-mille* est, comme la milliaire, de forme cylyndrique, mais plus petite; les bornes *quart* et *trois quarts* sont de forme triangulaire. La base du triangle de la borne *quart* est posée vers la route; celle du triangle de la borne *trois quarts* est tournée du côté opposé, c'est-à-dire vers les champs. — Husson, *ubi suprà;* Perrot, *Dictionn. de voirie*, v° *Bornes*.

106. — Les routes départementales sont également garnies de petites bornes destinées à faciliter le service des cantonniers.

107. — Les bornes départementales sont posées sur la limite des départemens, et elles portent des inscriptions indiquant le nom du département que l'on quitte, et celui du département dans lequel on entre, ainsi que le numéro et la désignation de la route où elles sont situées. Ces bornes déterminent l'étendue des services départementaux. — Instr. min. 14 févr. 1813. — Husson, *ubi suprà*.

108. — Les bornes cantonales sont destinées à prévenir les contestations qui peuvent s'élever entre les cantonniers, sur les points de départ des parties de routes dont ils sont chargés; elles sont plantées, sur les routes, du côté opposé aux bornes kilométriques. — *Ibid.*

109. — Les poteaux indicateurs qui s'élèvent aux carrefours des routes marquent aux voyageurs la direction qu'ils ont à suivre. Le temps ayant amené la destruction des poteaux anciennement posés, l'administration, par une mesure générale, a prescrit l'érection de nouveaux poteaux indicateurs d'un certain modèle aux points d'intersection des routes nationales, soit entre elles, soit avec les routes départementales, dans les localités éloignées des habitations. — Instr. min. 5 nov. 1833, et 15 avr. 1835. — Husson, *ubi suprà*.

110. — A l'entrée et à la sortie des villes, bourgs et villages ces poteaux sont remplacés par des tableaux indicateurs apposés ou tracés sur les murs des maisons. — *Ibid.*

111. — Dans la plupart des départemens, les routes départementales sont également garnies de poteaux indicateurs.

§ 8. — *Déclassement des routes.*

112. — Lorsque, par suite du changement de tracé ou d'ouverture d'une nouvelle route, il se trouve des portions d'une route nationale qui sont délaissées, ces portions peuvent, sur la demande ou avec l'assentiment des conseils généraux des départemens ou des conseils municipaux des communes intéressées, être classées, par actes du gouvernement, soit parmi les routes départementales, soit parmi les chemins vicinaux de grande communication, soit parmi les simples chemins vicinaux. — L. 24 mai 1842, art. 1er.

113. — Au cas où ce classement n'est pas ordonné les terrains délaissés sont remis à l'administration des domaines, qui est autorisée à les aliéner. — L. 24 mai 1842, art. 2.

114. — Néanmoins, il est réservé, s'il y a lieu, eu égard à la situation des propriétés riveraines, et par arrêté du préfet en conseil de préfecture, un chemin d'exploitation dont la largeur ne peut excéder cinq mètres. — *Ibid.*

115. — Les propriétaires sont, du reste, mis en demeure d'acquérir, chacun en droit soi, dans les formes tracées par l'art. 61 de la loi du 3 mai 1841, les parcelles attenantes à leurs propriétés. — L. 24 mai 1842, art. 3.

116. — A l'expiration du délai fixé par l'article précité de la loi du 3 mai 1841, il peut être procédé à l'aliénation des terrains selon les règles qui régissent les aliénations du domaine de l'Etat, ou par application de l'art. 4 de la loi du 20 mai 1836, c'est-à-dire à titre d'échange et par voie de compensation de prix aux propriétaires des terrains sur lesquels les parties de routes neuves doivent être exécutées. — *Ibid.*

117. — L'acte de cession, dans ce dernier cas, doit être soumis à l'approbation du ministre des finances, lorsqu'il s'agit de terrains abandonnés par des routes nationales. — L. 20 mai 1836, art. 4.

118. — Le déclassement des routes départementales se fait d'après les mêmes règles que celui des routes nationales et entraîne des conséquences analogues.

119. — Remarquons seulement que le déclassement ne peut avoir lieu sur le simple vote du conseil général, et exige toujours un acte du gouvernement. — Dumesnil, *Attrib. des conseils généraux*, t. 2, p. 465; Dufour, *Droit adm.*, t. 4, n° 2927.

120. — S'il s'agit de faire passer la route dans la classe des chemins vicinaux de grande communication, ou même dans celle des simples chemins vicinaux; un décret du gouvernement autorise la transformation, sur la proposition faite par le conseil général, après une enquête et l'accomplissement de toutes les formalités prescrites pour le classement des chemins vicinaux de grande ou de petite communication, suivant le cas.

121. — S'il s'agit d'un déclassement pur et simple emportant suppression de la voie de communication, le sol de la route est vendu, s'il y a lieu, sur la délibération du conseil général du département. — L. 10 mai 1828, art. 4, n° 2.

122. — Bien que la loi ci-dessus analysée du 24 mai 1842 n'ait disposé qu'à l'égard des routes nationales sans faire aucune mention des routes départementales, il est admis généralement que les propriétaires riverains de ces dernières routes sont, comme les riverains des routes nationales, fondés à se prévaloir du droit de préemption établi par la loi précitée. — Dufour, *Droit admin.*, t. 4, p. 2926.

V. ALIGNEMENT, EXPROPRIATION POUR UTILITÉ PUBLIQUE, MARCHÉS DE FOURNITURES, TRAVAUX PUBLICS, VOIRIE (grande).

ROUTES STRATÉGIQUES.

1. — On appelle ordinairement ainsi celles qui ont pour principal objet de favoriser les opérations militaires.

2. — Toutefois, ce nom a été donné par la loi du 27 juin 1833, sur les travaux publics, à un nouveau système de routes construites dans la Vendée. Ce système fut conçu dans le but de créer, pour la surveillance de l'autorité militaire, des communications plus faciles, dans un pays couvert de bois et de bruyères et coupé de nombreux ravins. — Magnitot et Delamarre, *Dict. de dr. administr.*, v° *Routes stratégiques*.

3. — Il sera établi dans les départemens de l'Ouest, porte l'art. 6 de la loi du 27 juin 1833, un système de routes stratégiques, distinctes des routes royales, départementales et communales. — Le nombre et la direction de ces routes seront successivement arrêtés par des ordonnances royales.

4. — Les travaux des routes stratégiques, en ce qui concerne les occupations permanentes ou temporaires de terrains et bâtimens sont assimilés aux travaux militaires et régis par les mêmes lois. — Art. 8.

5. — A cet effet, une circulaire du directeur général des ponts et chaussées invite les préfets à recourir préalablement aux dispositions de la loi du 7 juill. 1833 (aujourd'hui 3 mai 1841), sauf les modifications contenues en l'art. 66, attendu que le mode indiqué par la loi du 30 mars 1831, qui semble, au premier aperçu, le plus prompt et le plus expéditif, avait été constamment la cause de nombreux retards. — Magnitot et Delamarre, *loc. cit.* — V., au surplus, EXPROPRIATION POUR UTILITÉ PUBLIQUE.

6. — Dès qu'une des routes stratégiques est terminée, les frais d'entretien sont supportés concurremment par les communes, les départemens et le Trésor, dans des proportions arrêtées par des règlemens d'administration publique, après avoir entendu les conseils municipaux et les conseils généraux des départemens. — L. 27 juin 1833, art. 9.

7. — Les départemens ont été appelés à concourir aux frais de l'entretien de ces routes dans la proportion de deux tiers pour l'Etat et d'un tiers pour les départemens. — L. 1er avr. 1837.

8. — L'évaluation de ces frais doit être faite par états dressés par les ingénieurs de chaque

département et approuvés par le directeur général des ponts et chaussées. Ces états doivent être
communiqués au conseil général, afin qu'il vérifie la somme mise à la charge du département.—
Dumesnil, *Traité des attributions des conseils
généraux*, t. 2, p. 63.

2.—La quote-part imposée aux départemens,
entre les frais d'entretien des routes stratégiques,
est, pour eux, une dépense obligatoire.—*Ibid.*

3.—Du reste, les routes stratégiques sont
placées sous le même régime que les routes nationales. Une fois créées, elles servent, comme
les autres voies publiques, aux usages généraux;
perdent peu à peu le caractère de leur destination primitive, pour rentrer dans la classe
des chemins ordinaires de grande circulation.—
Traité de Vauxclairs, v° *Routes royales et départementales*; Husson, *Législation de la voirie*, t. 2,
p. 118; Dufour, *Droit admin.*, t. 4, n° 2916.

ROUTOIRS.

Les routoirs servant au rouissage du chanvre
et du lin font partie de la 1re classe des établissemens insalubres.—V. ce mot (nomenclature).—
Aussi CHANVRE, LIN, ROUISSAGE.

RUBANS.

Marchands en gros de rubans pour modes;—
marchands en demi-gros;—marchands en détail;—patentables, les premiers de 1re classe,
les seconds de 2e classe, et les derniers de 4e
classe.—Droit fixe basé sur la population,
droit proportionnel pour les premiers du 15e et
pour les seconds et les derniers du 20e de la valeur locative de l'habitation et des lieux servant
à l'exercice de la profession.—V. PATENTE.

RUCHES.

Fabricans pour leur compte de ruches pour
les abeilles;—fabricans à façon:—patentables
les premiers de 7e et les derniers de 8e classe.
—Droit fixe basé sur la population; droit proportionnel du 40e de la valeur locative de tous les
locaux qu'ils occupent, mais seulement dans les
communes de 20,000 âmes et au-dessus.—V. PA-
TENTE.

RUE.

1.—La rue est un chemin placé entre des maisons ou murailles, qu'il soit du reste établi dans
l'enceinte d'une ville ou dans un bourg ou village.

2.—Les rues qui servent de grandes routes
font partie de la grande voirie.—V. ROUTES,
VOIRIE.

3.—Les autres rues appartiennent à la petite
voirie.—V. CHEMINS VICINAUX, VOIRIE.

4.—Les unes et les autres demeurent soumises
à des règlemens, soit généraux, soit particuliers,
en ce qui concerne leur entretien ou leur police.
—V. ALIGNEMENT, BALAYAGE ET NETTOYAGE DE
LA VOIE PUBLIQUE, BATIMENT, CONSTRUCTION,
DIVAGATION D'ANIMAUX, ÉCLAIRAGE, EMBARRAS DE
LA VOIE PUBLIQUE, PAVAGE, POUVOIR MUNICIPAL,
SALUBRITÉ PUBLIQUE, TRAVAUX PUBLICS, VOITURES.
—V. surtout VOIRIE.

5.—Les rues de la ville de Paris qui font
partie de la grande voirie sont l'objet de règlemens particuliers.—V. VILLE DE PARIS.

RUISSEAUX.

V. COURS D'EAU, FLOTTAGE.

S

SABLE.

1.—Les marchands de sable sont rangés dans
la 2e classe des patentables.—Droit fixe basé sur
la population;—droit proportionnel du 40e de
la valeur locative des locaux qu'ils occupent,
mais seulement dans les communes de 20,000
âmes et au-dessus.

2.—Pour le mode et les conditions d'exploitation des carrières de sable, V. CARRIÈRE.—
Quant aux extractions et enlèvemens de sable
dans les forêts, V. FORÊTS.

SABOTS, SABOTIERS.

1.—Marchands de sabots en gros.—Patentables de 4e classe.—Droit fixe basé sur la population, droit proportionnel du 20e de la valeur
locative de la maison d'habitation et des locaux
servant à l'exercice de la profession.

2.—Fabricans-sabotiers:—marchands de sabots en détail:—patentables de 8e classe. Même
droit fixe que les précédens, sauf la différence de
classe;—droit proportionnel du 40e de la valeur
locative de tous les locaux qu'ils occupent, mais
seulement dans les communes de 20,000 âmes et
au-dessus.—V. PATENTE.

3.—Ateliers à enfumer les sabots et dans lesquels il est brûlé de la corne ou d'autres matières animales, dans les villes.—1re classe des établissemens insalubres.

4.—Les simples ateliers à enfumer les sabots
sont rangés que dans la 3e classe des mêmes
établissemens.—V. ÉTABLISSEMENS INSALUBRES
(nomenclature).

5.—Quant à l'interdiction pour les sabotiers
d'établir leur atelier dans un certain rayon des
bois, V. FORÊTS.

SACRILÉGE.

1.—Dans le droit romain, on comprit d'abord
sous le nom de *sacrilége* le vol ou larcin des choses
sacrées.—V. L. 4, ff., *Ad legem Juliam peculatus
et sacrilegii*.

2.—Plus tard, on comprit, sous ce nom, tout
crime commis contre la loi divine: soit par mépris, soit même par ignorance.—V. L. 1, C. *De
crimine sacrilegii*.

3.—Les coupables étaient mis à mort par le
fer, par le feu, ou livrés aux bêtes féroces.

4.—Le droit canon considérait comme sacrilége tout vol: soit d'une chose sacrée dans un
lieu sacré ou non, soit d'une chose non sacrée
dans un lieu sacré.—C. *Si quis contumax*; C.
quæst 17, quest. 4, Julius Clarus, § *Sacrilegium*,

5.—Les impuretés, les vols et autres crimes
commis dans les édifices consacrés étaient également réputés crimes de sacrilége.

6.—Dans l'ancien droit français était qualifiée
sacrilége toute profanation des choses saintes:
telles que les églises, les cimetières, les monastères, les vases sacrés, les sacremens et les cérémonies de l'Église, etc., etc.

7.—Suivant l'ordonnance de 1670, tit. 11, le
sacrilége commis avec effraction était réputé
cas royal.—Rousseaud-Lacombe, *Mat. crim.*,
p. 144.

8.—En France, la peine du sacrilége était arbitraire; elle dépendait des circonstances du
crime, du lieu, du temps et de la qualité de l'accusé: sauf le cas de sacrilége joint à la supersti-
tion et à l'impiété, qui entraînait nécessairement
la peine de mort.—Edit de juillet 1682, art. 3.—
Jousse (*Tr. de just. crim.*, t. 4, p. 99 et suiv.) rapporte plusieurs condamnations prononcées pour
sacrilége.

9.—Déjà, depuis longtemps, le mot sacrilége
avait disparu de notre législation, lorsque la loi
du 20 avr. 1825 vint faire revivre cette incrimination. Cette loi qualifie sacrilége la « profanation des vases sacrés et des hosties consacrées. »

10.—Elle comprenait trois titres, dont le premier traitait du sacrilége proprement dit; le
deuxième, du vol sacrilége; le troisième, des délits commis dans les églises ou sur les objets consacrés à la religion.

11.—En ce qui concerne le sacrilége proprement dit, l'art. 2 de ladite loi déclarait « profanation » toute voie de fait commise volontairement
et par haine ou mépris de la religion sur les
vases sacrés ou sur les hosties consacrées.

12.—Il y avait preuve légale de la consécration des hosties, lorsqu'elles étaient placées dans
le tabernacle ou exposées dans l'ostensoir; ou
lorsque le prêtre donnait la communion ou portait le viatique aux malades. Il y avait preuve légale de la consécration du ciboire, de l'ostensoir,
de la patène, du calice employés aux cérémonies
de la religion au moment du crime. Il y avait également preuve légale de la consécration du ciboire
ou de l'ostensoir enfermés dans le tabernacle de
l'église ou dans celui de la sacristie.—Art. 3.

13.—La profanation des vases sacrés était
punie de mort: 1° Si les vases renfermaient au
moment du crime des hosties consacrées; 2° si
la profanation avait été commise publiquement,
et la profanation était réputée commise publiquement lorsqu'elle avait été commise dans un
lieu public et en présence de plusieurs personnes.—Art. 4.

14.—La profanation des vases sacrés était punie des travaux forcés à perpétuité, lorsqu'elle
était accompagnée de l'une des circonstances
énoncées dans l'art. 5.—Art. 5.

15.—La profanation des hosties consacrées
était punie de mort; l'exécution devait être précédée de l'amende honorable, faite par le condamné devant la principale église du lieu où le
crime aurait été commis ou du lieu où aurait
siégé la Cour d'assises.—Art. 6.

16.—La même loi du 20 avril 1825 contenait,
comme nous l'avons dit, des dispositions spéciales relatives aux vols commis dans les églises.
Ainsi, l'art. 7 disposait qu'on devait comprendre
au nombre des édifices énoncés dans l'art. 381
C. pén. (habités ou servant à l'habitation): les
édifices consacrés à l'exercice de la religion catholique, apostolique et romaine; et, qu'en conséquence, devait être puni de mort quiconque
aurait été déclaré coupable du vol commis
dans l'un de ces édifices, lorsque le vol aurait,
d'ailleurs, été commis avec la réunion des autres
circonstances déterminées par l'art. 381 C. pén.

17.—L'art. 8 prononçait la peine des travaux
forcés à perpétuité contre quiconque aurait été
déclaré coupable d'avoir, dans un édifice consacré à l'exercice de la religion de l'État, volé, avec
ou même sans effraction du tabernacle, des vases
sacrés qui s'y étaient renfermés.—Et l'art. 9 punissait de la même peine: 1° le vol des vases sacrés
commis dans un édifice consacré à l'exercice de
la religion de l'État, avec la circonstance déterminée par l'art. 8; mais avec deux des circonstances prévues par l'art. 381 C. pén. (V. VOL);
2° tout autre vol commis dans les mêmes lieux
à l'aide de violences et avec deux des quatre premières circonstances énoncées audit art. 381.

18.—D'un autre côté, l'article 10 punissait de
la peine des travaux à temps tout individu
coupable d'un vol de vases sacrés, si le vol avait
été commis dans un édifice consacré à la religion de l'État, quoiqu'il n'eût été accompagné
d'aucune des circonstances comprises dans l'art.
381 C. pén.;—et, pour le même cas, il punissait
de la réclusion tout individu coupable d'un vol
d'autres objets destinés à la célébration du
même religion.

19.—Enfin, suivant l'art. 11, devait être puni
de la réclusion tout individu coupable de vol, si
ce vol avait été commis la nuit ou par deux ou
plusieurs personnes dans un édifice consacré à
la religion de l'État.

20.—Il est à remarquer que l'art. 16 rendait
les art. 7, 8, 9, 10 et 11, relatifs aux vols dans les
églises, applicables aux crimes et délits commis
dans les édifices consacrés au culte légal établi
en France.

21. — Il a été jugé sous cette loi que, dans une accusation de vol de vases consacrés, le fait de la consécration ne constituait point un fait principal, mais une circonstance aggravante sur laquelle la Cour d'assises n'était point appelée à délibérer lorsque le jury l'avait résolue à la majorité simple de sept voix contre cinq. — *Cass.*, 24 déc. 1829, Tessier. — La question ne peut plus se présenter : soit parce que la loi du 20 avril 1825 a été abrogée par celle du 11 oct. 1830 (V. *infrà*), soit parce que la loi de sept. 1835 permet seulement à la Cour d'assises de renvoyer l'affaire à une autre session dans le cas de l'art. 351 C. instr. crim. — V. COUR D'ASSISES.

22. — Lorsque le jury, interrogé sur le point de savoir si l'accusé était coupable d'avoir *volé*, dans l'armoire d'une sacristie, *un vase sacré*, avait répondu : *Oui l'accusé est coupable* mais sans aucune des circonstances aggravantes, il n'y avait plus lieu, au moyen de cette réponse claire et complète, de faire expliquer le jury sur la question de savoir si le vase volé était ou non un ciboire. — *Cass.*, 15 sept. 1825, Desenne.

23. — Jugé encore que la question nouvelle résultant des débats doit être ajoutée et, non pas substituée à celle résultant de l'acte d'accusation. Sous la même loi, la question posée comme résultant des débats et consistant à savoir si l'accusé était coupable du vol d'un vase sacré ne dispensait pas de soumettre au jury la question principale, résultant de l'acte d'accusation, ayant pour objet de savoir si l'accusé était coupable du vol d'un vase destiné aux cérémonies de la religion catholique. — Même arrêt.

24. — L'art. 12 de la même loi de 1825 punissait d'un emprisonnement de trois à cinq ans et d'une amende de 500 à 10,000 francs toute personne qui serait reconnue coupable d'outrage à la pudeur, lorsque ce délit aurait été commis dans un édifice consacré à la religion de l'Etat.

25. — L'art. 13 punissait d'une amende de 16 à 300 francs, et d'un emprisonnement de six jours à trois mois, ceux qui, par des troubles ou désordres, commis même à l'extérieur d'un édifice consacré à l'exercice de la religion de l'Etat, auraient retardé, interrompu ou empêché les cérémonies de la religion.

26. — Suivant l'art. 14, dans les cas prévus par l'art. 257 du C. pén., si les monumens, statues ou autres objets détruits, abattus, mutilés ou dégradés, étaient consacrés à la religion de l'Etat, le coupable devait être puni d'un emprisonnement de six mois à deux ans, et d'une amende de 200 à 2,000 francs. La peine devait être d'un an à cinq ans d'emprisonnement, et de 1,000 à 5,000 francs d'amende, si ce délit avait été commis dans l'intérieur d'un édifice consacré à la religion de l'Etat.

27. — Jugé, sous l'empire de la loi de 1825, que la cloche destinée à annoncer les diverses cérémonies du culte, et dont on fait cependant un fréquent usage pour des objets purement civils, ne faisait point, suivant la loi, partie des choses consacrées. Le bris de cette cloche ne pouvait, dès lors, être passible que des peines édictées par l'art. 257 C. pén. — *Cass.*, 1er avril 1826, Simonin.

28. — L'art. 15 déclarait l'art. 463 C. pén. inapplicable aux délits prévus par les art. 12, 13 et 14 de la loi, non plus qu'aux délits prévus par l'art. 401 C. pén. (V. VOL), lorsqu'ils auraient été commis dans l'intérieur d'un édifice consacré à la religion de l'Etat.

29. — Remarquons, au reste, que, aussi bien que les art. 9, 10 et 11, les art. 12, 13, 14 et 15 étaient applicables aux crimes et délits commis dans les édifices consacrés aux cultes légalement établis en France.

30. — Toutes ces dispositions ont pris fin depuis l'abrogation qui a été faite de la loi du 20 avr. 1825 par celle du 11 oct. 1830. — Par suite, le Code pénal a repris son empire : ainsi les vols commis dans les églises sont rentrés sous l'application de la loi ordinaire. — V. VOL. — L'outrage à la pudeur commis dans l'enceinte d'un édifice consacré au culte ne diffère plus des autres cas d'outrage public à la pudeur. — V. OUTRAGE A LA PUDEUR. — Enfin quant aux destructions et mutilations des objets ou édifices destinés au culte, elles sont, quant à leur répression, rentrées sous l'application de l'art. 257 C. pén. — V. DÉGRADATION ET DESTRUCTION DE MONUMENS, ÉDIFICES ET CONSTRUCTIONS.

31. — Au surplus, les cultes et les ministres des différens cultes ne sont pas restés sans protection spéciale. — V., à cet égard, v° CULTE, n°s 498 et suiv., 507 et suiv., 532 et suiv., 552 et suiv.; DÉLIT DE PRESSE, OUTRAGE, n°s 229 et suiv.

32. — On comprend quelquefois dans l'idée de sacrilége le fait du *blasphème*. Tout ce qui concerne ce manquement au respect dû à la divinité et à la religion a été traité v° BLASPHÈME.

SACS DE TOILE.

Fabricans et marchands de sacs de toile. — Patentables de 6e classe. — Droit fixe basé sur la population, — droit proportionnel du 20e de la valeur locative de l'habitation et des locaux servant à l'exercice de la profession.

SAFRAN (March. de).

1. — Marchands de safran en gros. — Patentables de 1re classe. — Droit fixe basé sur la population, — droit proportionnel du 15e de la valeur locative de l'habitation et des locaux servant à l'exercice de la profession.

2. — Les marchands en demi-gros ne sont rangés que dans la 4e classe des patentables. — Même droit fixe, sauf la différence de classe, que les précédens, — droit proportionnel du 20e de la valeur locative de l'habitation et des locaux servant à l'exercice de la profession. — V. PATENTE.

SAGES-FEMMES.

1. — Indépendamment des docteurs en médecine et des officiers de santé auxquels la pratique des accouchemens est permise, la loi du 19 vent. an XI a établi une troisième classe de personnes à laquelle est concurremment dévolue cette spécialité : ce sont les sages-femmes.

2. — La réception des sages-femmes a lieu suivant des règles spéciales.

3. — A cet égard, l'art. 30 de la loi du 19 vent. an XI porte que, outre l'instruction donnée dans les écoles de médecine, il est établi, dans l'hospice le plus fréquenté de chaque département, un cours annuel et gratuit d'accouchement théorique et pratique destiné particulièrement à la formation des sages-femmes.

4. — Avant de se présenter à l'examen, les sages-femmes doivent avoir suivi au moins deux de ces cours et vu pratiquer pendant neuf mois ou pratiqué elles-mêmes les accouchemens pendant six mois dans un hospice ou sous la surveillance du professeur. — Art. 31.

5. — Elles sont examinées par un jury médical sur la théorie et la pratique des accouchemens, sur les accidens qui peuvent les précéder, les accompagner et les suivre, et sur les moyens d'y remédier. Lorsqu'elles ont satisfait à leur examen, il leur est délivré gratuitement un diplôme. — Art. 32.

6. — En outre de ce qui vient d'être dit de l'instruction donnée dans les hospices départementaux, il est ouvert à l'hospice de la Maternité, à Paris, une école d'accouchement destinée à former des élèves sages-femmes pour tous les départemens de France. On y enseigne, 1° la théorie et la pratique des accouchemens; 2° la vaccination; 3° la saignée; 4° la connaissance des plantes usuelles plus particulièrement destinées aux femmes enceintes ou en couche.

7. — Cette école se recrute : 1° des élèves que les préfets y envoient, moyennant paiement de pension sur les fonds mis à leur disposition; 2° de celles qui se présentent à leurs frais.

8. — Les élèves ne peuvent être choisies par les préfets que parmi les femmes ou filles du département qui se destinent à l'état d'accoucheuses, ayant l'âge de 18 à 35 ans; il n'y a d'exception, pour l'âge, qu'à l'égard des femmes qui exerçant déjà l'état d'accoucheuses depuis un certain nombre d'années, et se trouvant rejetées par le jury médical, seraient envoyées à l'hospice de la Maternité pour y compléter leur instruction.

9. — Les élèves sages-femmes doivent pour obtenir leur nomination : 1° savoir lire et écrire; 2° produire leur acte de naissance et celui de leur mariage, si elles sont femmes, ou celui du décès de leur époux, si elles sont veuves; 3° témoigner de bonne vie et mœurs par un certificat du maire de la commune énonçant l'état des père et mère et celui du mari.

10. — On peut lire dans le *Guide admin.* de M. Habert et dans la *Jurisprudence de la méd.* par M. Trébuchet (p. 463 et suiv., note), des détails relatifs à l'instruction des élèves sages-femmes dans l'hospice de la Maternité.

11. — A la fin de l'année scolaire il est procédé à l'examen de capacité par un jury composé d'un professeur, du médecin et du chirurgien de l'hospice, d'un membre de la faculté de médecine, et d'un commissaire nommé par le conseil général. Des certificats de capacité sont délivrés gratuitement aux élèves reconnues en état d'exercer; ces certificats sont échangés contre des diplômes de sages-femmes, sans examen et sans frais, par les jurys médicaux des départemens.

12. — M. Trébuchet (p. 467, note) résume ainsi les différens modes d'admission des sages-femmes : « Deux sortes d'examens, dit-il, sont offerts aux élèves sages-femmes : 1° devant les jurys médicaux, où elles ont à répondre, aux questions qui leur sont faites, en exécutant sur le fantôme les opérations les plus simples des accouchemens, et expliquant les accidens qui peuvent les précéder, les accompagner et les suivre, ainsi que les moyens d'y remédier. Lorsqu'elles ont répondu d'une manière satisfaisante, il leur est délivré gratuitement un diplôme d'après lequel elles peuvent exercer mais seulement dans le département où elles ont été examinées et reçues; 2° devant trois professeurs d'une faculté de médecine où elles sont soumises à deux examens, l'un sur la théorie, l'autre sur la pratique des accouchemens, après avoir prouvé qu'elles ont suivi au moins deux des cours de l'école ou de l'hospice de la Maternité. En vertu du diplôme qui leur est accordé par suite de ces épreuves, les sages-femmes peuvent exercer dans toute la France. »

13. — L'art. 33 de la loi de ventôse porte : « Les sages-femmes ne pourront employer des instrumens, dans les cas d'accouchemens laborieux, sans appeler un docteur, ou un médecin ou un chirurgien anciennement reçu. » L'inobservation de cette disposition, lorsqu'elle n'est pas suivie d'accident grave, ne constitue qu'une simple infraction sans sanction pénale, puisque l'art. 33 n'en prononce aucune. Mais lorsque cette inobservation a eu pour résultat la mort de la mère ou de l'enfant dans le travail de l'enfantement, l'application de la loi pénale est évidente; il y a eu inobservation des réglemens et homicide pour cette cause. Cette doctrine est enseignée par MM. Chauveau et Hélie (*Th. C. pén.*, p. 483) et a été consacrée par un arrêt de la Cour de cassation du 18 sept. 1817 (David). — V., au reste, ce qui a été dit, pour une situation analogue, v¹s HOMICIDE, n°s 199 et suiv., et OFFICIER DE SANTÉ, n°s 33 et suiv.

14. — L'art. 34 oblige les sages-femmes, comme les médecins et officiers de santé, à faire enregistrer leur diplôme au tribunal de première instance et à la sous-préfecture de l'arrondissement où elles s'établissent et où elles ont été reçues, et la liste des sages-femmes reçues pour chaque département doit être dressée et envoyée comme il a été dit v¹s MÉDECINE ET CHIRURGIE et OFFICIER DE SANTÉ.

15. — Les sages-femmes qui exercent sans diplôme sont passibles des peines portées par les art. 35 et 36 de la loi du 19 vent. an XI. — V. MÉDECINE ET CHIRURGIE.

16. — ... Alors même qu'elles n'exigeraient aucun salaire. — *Cass.*, 20 févr. 1834, Constant.

17. — ... A moins toutefois qu'il ne fût prouvé que la sage-femme munie d'un diplôme se trouvait, par maladie ou autrement, dans l'impossibilité d'assister aux accouchemens opérés sans diplôme, et qu'ainsi il y avait force majeure. — Même arrêt (dans ses motifs). — V. MÉDECINE ET CHIRURGIE, n°s 44 et suiv.

18. — Jugé également que le refus fait par une sage-femme d'accoucher une femme ne constitue point la contravention punie par l'art. 475-n° 12 du C. pén., et ne rentre même dans aucune autre disposition des lois pénales. — *Cass.*, 4 juin 1830, Pérard. — V. REFUS DE SECOURS ET DE SERVICES.

19. — L'art. 56 du Code civil prescrit aux sages-femmes, en ce qui concerne les déclarations de naissance, certaines obligations dont nous avons parlé v° ACTES DE L'ÉTAT CIVIL, n°s 269 et suiv.

20. — Aux arrêts cités n° 295 il faut ajouter celui qui juge que la sage-femme qui, ayant assisté à un accouchement, n'a pas fait la déclaration de la naissance à l'officier de l'état civil, ne peut être excusée sous le prétexte que l'enfant était mort-né s'il était suffisamment formé pour reconnaître à quel sexe il appartenait. — *Besançon*, 31 déc. 1844 (t. 2 1845, p. 406), Corret.

21. — Tout ce qui a été dit, sous ce mot, relativement à la combinaison, pour les gens de l'art, de l'obligation de déclarer la naissance avec celle de respecter le secret médical, est également applicable aux sages-femmes. Les sages-femmes sont en effet comprises dans l'art. 378 du C. pén., relatif au secret. — V. DIVULGATION DE SECRETS, n° 55.

22. — L'art. 317 du C. pén., qui prévoit le cas où les moyens d'avortement ont été indiqués ou

administrés par les médecins, chirurgiens et autres *officiers de santé*, comprend dans la généralité de ce sexe tous les individus de l'un et l'autre sexe investis d'un caractère légal pour se livrer à la guérison des maladies, et spécialement les sages-femmes. — *Cass.*, 9 janv. 1847 (t. 1er 1847, p. 558), Forint. — Telle est la jurisprudence.

— Au surplus, pour plus amples détails, v° AVORTEMENT, nos 27 et suiv.

33. — Les sages-femmes sont quelquefois appelées par la justice criminelle. En ce cas *leurs visites* leur sont payées (art. 48 du Tarif du 18 juin 1811) au taux de 3 francs pour Paris et de 5 francs pour toutes les autres villes ou communes, sans préjudice 1° des frais de fournitures nécessaires pour les opérations; 2° des droits de transport, lesquels sont fixés, en cas de transport à 1 kilom. de leur ressort, à 1 fr. en sus; pour chaque myriamètre parcouru en allant et en revenant; 3° des droits de séjour forcé en route, lesquels sont fixés à 1 fr. 50 c. par jour; 4° de l'indemnité de séjour obligé dans la ville où se fait l'instruction, et qui n'est pas celle de leur résidence; laquelle est fixée pour Paris, à 3 fr.; dans les villes de 40 mille habitants et au-dessus, à 2 francs; dans les autres villes et communes, à 1 fr. 50 cent. — V., au reste, pour plus amples détails relatifs à ces diverses allocations, v° MÉDECINE ET CHIRURGIE, nos 182 et suiv.—M. Trébuchet (t. 248 et suiv.) fait observer que l'art. 48 du Tarif ne parlant, en ce qui concerne les sages-femmes, que de *sauf les visites*, il y a toujours lieu, dans les cas difficiles, d'appeler les hommes de l'art.

34. — Les sages-femmes ne peuvent être assimilées aux aubergistes, logeurs ou loueurs de maisons garnies, ni tenues des obligations imposées à ceux-ci par les lois et règlements de police. Dès lors, l'arrêté du préfet qui ordonne à une propriétaire de toute maison d'accouchement de tenir un registre sur lequel seront inscrites toutes les femmes ou filles qui y séjourneront, pendant leur grossesse ou pour y faire leurs couches, est illégal : non-seulement en ce qu'il assimile ces maisons à des lieux publics, mais encore comme emportant la violation des secrets dont les sages-femmes sont dépositaires (division de leur profession.—*Cass.*, 30 août 1833, Laveaux; 22 août 1845 et 18 juin 1846 (L. 2 1846, 330), Loisif c. Lhote; 12 sept. 1846 (t. 1er, 1849, 335), Dercy.

35. — Les sages-femmes ne sont pas, comme les femmes, soumises à la patente.—L. 25 avril 1844, art. 43, n° 3.—Mais il en est autrement ici en fin d'accouchement.— Circul. min. fin. 14 août 1844.

V. ACTES DE L'ÉTAT CIVIL, AVORTEMENT, DIVULGATION DE SECRET, MÉDECINE ET CHIRURGIE, OFFICIER DE SANTÉ, PATENTE.

SAINT-DOMINGUE (Ile de).

Table alphabétique.

§ 1er. — *Historique. — Sursis accordés aux colons* (n° 1).

§ 2. — *Indemnité accordée aux anciens colons* (n° 39).

---

§ 1er. — *Historique. — Sursis accordés aux colons.*

1. — Cette île, découverte en 1492 par Christophe Colomb, fut attaquée en 1586 par les Anglais, qui s'emparèrent de la principale ville : San-Domingo. En 1625, les Anglais et les Français attaquèrent l'île de concert et se la partagèrent. Deux gouverneurs y établirent plusieurs Cours de justice en 1684, et un conseil suprême au *Petit Goave*. Les Espagnols cédèrent en 1697 la partie occidentale de l'île aux Français. La partie du sud fut cédée par le gouvernement à une compagnie dite de Saint-Louis (1698), laquelle rétrocéda, en 1754, son privilège à la compagnie des Indes.

2. — Au premier bruit de la convocation des états généraux en France, la colonie forme des assemblées et nomme 18 députés. Six seulement sont admis (8 mars 1790.— v. COLONIES). En 1791, l'insurrection éclata ; elle fut difficilement comprimée par l'envoi de plusieurs commissaires successifs et de troupes nombreuses. A la paix du 22 juillet 1795 entre la France et l'Espagne, la partie espagnole de l'île fut cédée à perpétuité à la France. Les troubles continuèrent par l'incendie et les massacres.

3. — En 1795, les Anglais reconnurent Saint-Domingue comme *puissance indépendante et neutre*. En 1801, le général Leclerc tenta de replacer Saint-Domingue sous l'autorité de la France. Le 2 décembre 1803, les Français évacuèrent l'île ; et les naturels lui rendirent le nom d'*Haïti*. Les blancs restés dans l'île furent massacrés. Enfin, le 8 octobre 1804, Dessalines se fit couronner sous le nom de Jacques Ier.

4. — Après la restauration, il y eut des négociations entamées à l'effet de ressaisir cette colonie. Elles échouèrent. En 1820, la France fit déclarer qu'elle était décidée à reconnaître l'indépendance d'Haïti : *sauf le droit de souveraineté qu'elle réclamait, avec des indemnités pour la cession du territoire et des propriétés*. La première partie de ces réserves fut repoussée unanimement : il n'y eut plus qu'à s'entendre sur la seconde.

5. — Les négociations traînèrent en longueur. Enfin, une ordonnance du 17 avril 1825 concéda aux habitants de la partie française de Saint-Domingue l'indépendance pleine et entière de leur gouvernement à la charge de payer aux anciens colons une indemnité de 150 millions; laquelle serait livrée à la caisse des dépôts et consignations de France en cinq termes égaux d'année en année, le premier échéant au 31 déc. 1825. — V. *infra*, nos 39 et suiv.

6. — Cependant l'état de guerre presque toujours permanent entre la France et Saint-Domingue, depuis le moment de l'insurrection, n'avait pas permis aux colons expatriés soit d'exercer, comme propriétaires ou comme créanciers, leurs droits contre les habitants de l'île, soit de pouvoir répondre eux-mêmes aux engagements qu'ils avaient contractées. Différentes mesures législatives furent prescrites à cet égard. Ces mesures n'ayant plus aujourd'hui d'objet, il serait inutile d'en retracer l'analyse; nous nous bornerons seulement à rappeler celles qui ont donné lieu à des décisions judiciaires.

7.—Un arrêté du 19 fruct. an X portait, art. 1er : « Il est sursis jusqu'au 1er vendém. an XVI, tant envers les débiteurs principaux qu'envers leurs cautions, à toutes poursuites pour le paiement des créances antérieures au 1er janv. 1792 causées pour vente d'habitations, de maisons et de nègres à Saint-Domingue ainsi que pour avances faites à la culture dans ladite colonie. »

8. — L'héritier bénéficiaire d'un colon de Saint-Domingue a pu, comme le colon lui-même, réclamer le sursis accordé par l'arrêté du 49 fruct. an X, pour dettes coloniales. — *Cass.*, 23 mai 1815, Delestage c. Contade; 18 nov. 1816, mêmes parties.

9.— ... Alors même qu'il aurait existé, entre les parties, un traité opérant une réduction d'intérêts sur la créance. — *Cass.*, 23 mai 1815, Delestage c. Contade.

10. — La suspension de poursuites prononcée par l'arrêté du 19 fruct. ne s'étendait pas aux frais de transport de denrées coloniales du lieu de l'habitation, dans les magasins. — *Cass.*, 11 fruct. an XII, Grenier c. Alquier.

11.—Elle ne pouvait non plus être invoquée par celui qui après avoir acheté une maison à Saint-Domingue l'avait revendue et ne possédait plus aucun immeuble dans la colonie. — *Cass.*, 1er brum. an XIII, Dubor c. Villeneuve. — V., cependant, *infra* n° 25, *Cass.*, 30 juill. 1811, Demontis c. Houdaïque.

12. — Jugé, au contraire, que la suspension de la prescription était applicable à toutes créances quelconques et non privativement à celles provenant de la vente de nègres et d'avances à la culture. — *Cass.*, 27 nov. 1831, Delaunay-Mahé c. Da Sylva.

13.— Durant le même délai, les créanciers des colons de Saint-Domingue, pour toutes autres causes ci-dessus énoncées, ne pourront poursuivre le paiement de leurs créances sur les biens situés dans la colonie.—Arr. 19 fruct. an X, art. 2.

14.— Le sursis prononcé par l'art. 2 de l'arrêté du 49 fruct. an X n'était applicable qu'aux actions réelles à exercer sur les biens coloniaux, et non aux créances personnelles dont le recouvrement avait pu être poursuivi sur tous les biens de colon situés ailleurs que dans la colonie. — *Cass.*, 23 févr. 1832, Tourlon c. Régnier.

15. — Lorsque, ni devant les premiers juges, ni en appel, le débiteur n'a pas contesté que l'arrêté du 49 fruct. an X était opposé, n'avait contesté que la créance fût de la nature de celles auxquelles cet arrêté s'appliquait, il n'a pu proposer pour la première fois ce moyen devant la Cour de cassation.— *Cass.*, 6 mai 1835, Prier c. Portelance.

16. — Dans le cas où les créanciers de quelque colon, pour autres causes que celles exprimées en l'art. 1er, exerceraient des poursuites sur les biens dudit colon situés en France, le sursis énoncé en l'art. 1er sera levé, et tous les créanciers exerceront concurremment leurs poursuites sur les biens situés en France. — Arr. 19 fruct. an X, art. 3.

17. — Les poursuites dirigées par certains créanciers contre un colon de Saint-Domingue sur ses biens de France durant le sursis accordé par l'arrêté du 49 fruct. an X, n'ont pas eu pour effet de faire courir la prescription, quant aux biens situés à Saint-Domingue, au préjudice des créanciers qui n'ont point pris part à ces poursuites. — *Cass.*, 25 nov. 1839 (t. 1er 1840, p. 20), De France c. Marinier.

18. — Le temps de la suspension accordée en vertu des articles ci-dessus ne pourra jamais être compté pour la prescription. — Arr. 19 fructid. an X, art. 4.

19. — Dans les engagements nouveaux qui seront contractés par les propriétaires-débiteurs, et pour les causes susénoncées; il sera loisible de stipuler, au profit des nouveaux prêteurs, un privilège sur le revenu des habitations, lequel privilège cessera avec le sursis accordé pour raison des anciennes créances.—*Ibid.*, art. 5.

20. — Pourront, au surplus, les anciens créanciers, pour les causes exprimées dans l'art. 1er, faire tous actes conservatoires de leurs droits, même les faire régler en justice s'il y a lieu; sauf suspension à l'exécution des jugemens, conformément aux précédentes dispositions. — Art. 6.

21. — Cet art. 6 a été complété par l'art. 1er de l'arrêté du 23 germin. an XI, qui porte : « Ne sont pas compris au nombre des actes conservatoires autorisés par l'art. 6 de l'arrêté du 19 fruct. an X les actes qui empêcheraient l'effet de surséance : tels que saisies mobilières ou réelles, oppositions à la délivrance des revenus, fruits, denrées et autres effets mobiliers. »

22. — L'arrêté du 19 fruct. an X a suspendu la prescription des titres, qu'ils fussent ou non exécutoires. — *Cass.*, 21 févr. 1832, de Kerquisec c. Fortin.

23. — ... Et sans que les créanciers aient été obligés de faire, durant le sursis, des actes conservatoires. — *Cass.*, 21 févr. 1832, de Kerquisec c. Fortin; 3 juill. 1833, de Luynes c. Vioménil; 6 mai 1835, Prier c. Portelance. — V. aussi *infrà* no 30.

24. — Le décret du 20 juin 1807 porte, art. 1er : « Jusqu'à l'expiration des six mois qui suivront la promulgation de la paix maritime, il continuera à être sursis, tant envers les débiteurs principaux qu'envers leurs cautions, à toutes poursuites pour le paiement de créances antérieures au 1er janvier 1792 causées pour vente d'habitations, de maisons et de nègres à Saint-Domingue ainsi que pour avances faites à la culture dans ladite colonie. »

25. — La suspension de poursuites prononcée par l'arrêté du 19 fructidor an X et le décret du 20 juin 1807, pouvait être invoquée même par ceux qui après avoir acheté des propriétés dans la colonie les avaient revendues et avaient ainsi cessé d'y être propriétaires. — *Cass.*, 30 juill. 1811, Demontis c. Houdaigue. — V., cependant, *suprà*, no 11, *Cass.*, 1er brum. an XIII, Dubor c. Villeneuve.

26. — Les arrêtés des 19 fructidor an X et 23 germinal an XI continueront d'être exécutés, sauf en ce qui concerne l'obligation imposée aux colons (par l'art. 2 du dernier de ces deux arrêtés) de justifier que les capitaux qu'ils auront reçus ont été employés à l'exploitation ou amélioration d'une habitation dans la colonie; laquelle disposition restera provisoirement suspendue. — Décret 20 juin 1807, art. 2.

27. — Le décret du 11 juillet 1811 enjoint aux porteurs des titres de créance de Saint-Domingue sur la marine, de produire dans le délai de deux mois les pièces justificatives de leur réclamation.

28. — La loi du 2 décembre 1814 proroge jusqu'à la fin de la session des Chambres de 1815 le sursis accordé aux colons de Saint-Domingue et à leurs cautions par les arrêtés et décrets du dernier gouvernement, ainsi que les dispositions desdits décrets et arrêtés en faveur des créanciers. — Art. 1er.

29. — La loi du 21 février 1816 provoqua le même sursis jusqu'à la fin de la session des Chambres de 1817 (art. 1er). — Et la loi du 25 avril 1818, jusqu'à la fin de la session de 1819.

30. — Les lois qui ont sursis à toutes poursuites contre les débiteurs-colons de Saint-Domingue, pendant un certain temps, ont interrompu, en même temps, la prescription des actions des créanciers, même en ce sens que ces créanciers ont été dispensés, pendant la durée du sursis, de tous actes conservatoires. — *Cass.*, 6 juill. 1831, Dolle c. de Rosières; *Bordeaux*, 7 mai 1832, Poupet c. Mesnier; *Cass.*, 29 août 1832, Gradis c. Artau; 11 déc. 1833, Roberjot c. Bullet; 18 mars 1834, Coypel c. Dulphé. — Conf. *suprà*, no 23.

31. — La suspension de la prescription a été générale, quelle que fût la cause de la créance, si les poursuites étaient exercées sur les biens situés dans la colonie. — *Cass.*, 11 déc. 1833, Roberjot c. Bullet; 18 mars 1834, Coypel c. Dulphé.

32. — La disposition de l'art. 6 de l'arrêté du 19 fructidor an X relative aux actes conservatoires des créanciers, constituait à leur profit une mesure facultative et non une obligation impérative. — Mêmes arrêts.

33. — Les lois de sursis relatives aux colons, qui ont suspendu, dans leur intérêt, l'action en paiement du prix de vente d'habitations n'ont pas eu pour conséquence de suspendre également l'exception relative à la résolution de la vente qu'ils auraient à faire valoir et ne les ont pas dispensés, dès lors, de faire des actes conservatoires. — *Paris*, 14 avril 1831, Ducayla c. Viard.

34. — Le créancier d'un colon de Saint-Domingue qui n'a point opposé à son débiteur invo-

quant la prescription les lois et arrêtés prononçant le sursis aux poursuites dirigées contre les colons, n'est pas recevable, lorsque les juges ont déclaré sa créance prescrite, à se pourvoir pour violation de ces lois et arrêtés. — *Cass.*, 15 nov. 1830, Dureau c. Narbonne.

35. — Cependant, tout en accordant des sursis aux anciens colons de Saint-Domingue, le législateur avait songé à concilier les droits de tous. Un décret du 24 juin 1808 portait, art. 1er : « Tout créancier pour une des causes prévues par l'art. 1er du décret du 20 juin 1807 pourra, en justifiant de son indigence, faire payer à son débiteur une provision alimentaire et annuelle qui ne pourra excéder l'intérêt du capital à lui dû, et qui sera arbitrée dans cette limite par les tribunaux d'après la position respective du créancier et du débiteur. »

36. — C'est donc avec raison qu'il a été jugé que la pension alimentaire dont les acquéreurs étaient tenus en pareil cas envers leurs vendeurs, avait dû être déterminée d'après la position respective des créanciers et des débiteurs. — *Paris*, 29 déc. 1809, Lépinay c. de Nayrac.

37. — D'après les usages généralement reçus, les avances et le traitement dus au mandataire qui a géré des propriétés situées à Saint-Domingue n'ont pu être prélevés que sur le produit des propriétés gérées. — *Rennes*, 4 juin 1835, Lincé c. Ducollet.

38. — On a pu, sans violer les dispositions du droit romain ni celles du Code civil, décider que le mandataire n'avait pas droit aux intérêts des sommes avancées par lui pour le compte de son mandant avant la promulgation du Code civil lorsque ces avances avaient été faites à Saint-Domingue, qui était soumis au droit coutumier et où, dans le silence de la coutume, il n'y avait point de jurisprudence fixe et certaine qui fît recourir au droit romain. — *Cass.*, 16 mai 1836 (t. 1er 1837, p. 147), Chabert c. Astier.

§ 2. — *Indemnité accordée aux anciens colons.*

39. — On a vu (*suprà* no 5) que le gouvernement français avait, par ordonnance du 17 avril 1825, reconnu l'indépendance du gouvernement de Saint-Domingue, à la charge de payer aux anciens colons une indemnité de 150,000,000 fr.

40. — Une ordonnance royale du 1er septembre 1825 institua une commission chargée de proposer les mesures nécessaires pour faire droit aux réclamations que formeraient les anciens colons. Le travail de cette commission a, sauf dans quelques dispositions, servi de base à la loi du 30 avril 1826, laquelle a déterminé le mode et les conditions de la répartition de l'indemnité de la manière suivante :

41. — La somme de cent cinquante millions de francs affectée par l'ordonnance du 17 avril 1825 aux anciens colons de Saint-Domingue sera répartie entre eux intégralement et sans aucune déduction au profit de l'Etat pour les propriétés publiques ainsi que pour les propriétés particulières qui lui seraient échues par déshérence. — L. 30 avr. 1826, art. 1er.

42. — Ont été admis à réclamer l'indemnité énoncée dans l'article précédent les anciens propriétaires de biens-fonds situés à Saint-Domingue, ainsi que leurs héritiers, légataires, donataires ou ayans cause. Les répudiations d'héritiers ne pouvaient être opposées aux réclamans, si ce n'est par les héritiers qui avaient accepté. La mort civile, résultant des lois sur l'émigration, ne pouvait non plus leur être opposée. — Art. 2.

43. — C'est par le Code civil que doit être régi le legs universel fait en 1810, en France, par un colon dépossédé lors de la révolution de Saint-Domingue, d'une propriété qu'il possédait dans cette colonie. Ainsi : ce légataire a droit à la totalité de l'indemnité que le testateur aurait été appelé à recueillir lui-même à cause des biens dont il a été dépouillé, encore que ces biens, par leur nature de propres, n'eussent été disponibles, selon la Coutume de Paris, loi de la colonie, que pour un cinquième seulement. — *Cass.*, 1er août 1831, Rubat c. Leroux.

44. — Il n'y a pas eu lieu à la liquidation de l'indemnité au profit des héritiers légitimes, légataires particuliers d'un individu, lorsque des légataires universels étaient en possession de ses biens, et qu'ils étaient placés dans la classe des gens de couleur. — *Conseil d'Etat*, 19 juillet 1833, Viala.

45. — Dans aucun cas les individus ayant la faculté d'exercer le droit de propriété dans l'île de Saint-Domingue n'étaient admis à réclamer

l'indemnité soit en leur nom personnel, soit comme héritiers ou représentans de personnes qui auraient été habiles à réclamer. — Art. 3.

46. — Les réclamations devaient être formées, à peine de déchéance, sans égard pour les déclarations sommaires déjà faites, dans le délai, à partir de la promulgation de la loi, savoir : 1o d'un an pour les habitans du royaume, 2o de dix-huit mois pour ceux habitant dans les autres Etats de l'Europe, 3o de deux ans pour ceux demeurant hors d'Europe. — Art. 4.

47. — La répartition de l'indemnité devait être faite par une commission spéciale nommée par la loi. — Art. 5. — V. *infrà* nos 79 et suiv.

48. — L'indemnité devait être délivrée aux réclamans par cinquième et d'année en année. Chaque cinquième devait porter intérêt, après que la partie correspondante des 150 millions affectés à l'indemnité totale aurait été versée dans la caisse des dépôts et consignations. — Art. 8.

49. — « Les créanciers des colons de Saint-Domingue, porte l'art. 9, ne pourront former saisie-arrêt sur l'indemnité que pour un dixième du capital de leur créance. » Le projet de loi se bornait à cette partie de l'article, mais les deux alinéa suivans furent ajoutés sur la proposition de la Chambre des députés. « En cas de concurrence entre plusieurs créanciers, celui à qui est dû le prix ou une portion du prix du fonds qui donnera lieu à l'indemnité sera payé avant tous autres du dixième du capital de sa créance. Les créanciers seront payés aux mêmes termes que les colons recevront leur indemnité.

50. — En cas d'inexécution de la condition sous laquelle les créanciers ont, par un concordat, fait remise à leur débiteur d'une quotité de leur créance, les créanciers sont, dès lors, rentrés dans l'exercice de l'intégralité de leurs droits et doivent, en conséquence, obtenir, sur l'indemnité à laquelle a droit la succession du failli, ancien colon de Saint-Domingue, en vertu de la loi du 30 avril 1826, le dixième de leurs créances totales et non pas seulement le dixième du dividende fixé par le concordat. — *Paris*, 4 nov. 1828, Gatinel c. Daubray.

51. — Les modifications apportées par la loi à une convention, tellement qu'elle ne soit plus entièrement exécutée, ne sont pas cause de résolution, comme l'inexécution procédant de la volonté de l'une des parties. — Ainsi le créancier dont les droits, quant à la faculté de saisir, sont restreints par l'art. 9 de la loi du 30 avril 1826, n'est pas fondé à se prévaloir de cette restriction pour soutenir que la convention étant inexécutée doit être résolue et le créancier et le colon remis au même état qu'avant leur convention. — *Cass.*, 2 févr. 1831, Dutréhan c. Joulin.

52. — En disposant que les créanciers d'un colon de Saint-Domingue ne pourraient exercer leurs droits sur l'indemnité accordée à ces derniers que jusqu'à concurrence du dixième de leur créance, la loi du 30 avril n'a pas eu l'effet de détruire ou de modifier les conventions aléatoires antérieurement arrêtées entre les parties. — Au contraire, de pareils traités doivent recevoir leur exécution; et les tribunaux ont pu décider, sans contrevenir à la loi du 30 avril 1826, qu'un créancier qui, par une convention antérieure, avait affranchi les biens d'Europe et restreint l'exercice de ses droits sur ceux d'Amérique, était fondé à exiger, sur les biens de Saint-Domingue, ou sur l'indemnité qui les représente, le paiement intégral de sa créance. — *Cass.*, juin 1829, Marbœuf c. de Ravenel; 29 juin 18.., Aquart c. Colas.

53. — L'art. 9 l. 30 avril 1826, qui réduit au dixième les droits des créanciers sur l'indemnité attribuée aux colons de Saint-Domingue, a été applicable, sans distinction, à tous les créanciers, aussi bien aux créanciers postérieurs à la loi qu'aux créanciers antérieurs. — *Paris*, 11 févr. 1834, Montaudon c. Raingeard.

54. — Bien que l'art. 9 l. 30 avril 1826 ne permette aux créanciers des colons de Saint-Domingue de former de saisie-arrêt sur l'indemnité que jusqu'à concurrence du dixième de leurs créances, cependant, si, par une transaction antérieure à cette loi, l'un de ces colons a abandonné à son créancier les biens de Saint-Domingue avec pouvoir de les vendre, au moyen de quoi le créancier a renoncé à tous ses droits sur les biens possédés en France par le débiteur, une Cour d'appel peut décider, sans violer la loi, que le créancier a, par suite, le droit d'exiger sur l'indemnité allouée au débiteur l'intégralité de sa créance. — *Cass.*, 7 août 1834, Valette c. Crevon.

55. — La disposition de l'art. 9 l. 30 avril 18.. n'établit aucune exception et s'applique, mêm

au vendeur à qui est dû le prix du fonds à raison duquel l'indemnité est accordée : si cette disposition peut cesser d'être applicable au créancier qui par une transaction, antérieure à la loi, avait restreint le gage de sa créance aux biens de Saint-Domingue, c'est seulement dans le cas où il serait reconnu et déclaré, en fait, par appréciation de cette transaction et des circonstances particulières qui se rattachent à cet acte, que l'affectation intégrale des biens de Saint-Domingue à l'exclusion des autres biens avait formé, d'après l'intention des parties, une condition telle qu'elle équivalait à une affectation volontaire et exceptionnelle de l'indemnité pour la totalité de la créance. — A cet égard, l'appréciation des juges du fond échappe à la censure de la Cour de cassation. — *Cass.*, 2 févr. 1831, Dutréhan c. Moulin.

56. — Le créancier du prix de vente d'une habitation de l'ancienne colonie de Saint-Domingue doit être payé, par préférence, sur les fonds de l'indemnité, de la totalité du dixième de sa créance primitive, et il ne peut être réduit à ne toucher ce dixième qu'en proportion de ce qui a été versé par l'Etat sur l'indemnité. — *Cass.*, 25 nov. 1839 (t. 1er 1840, p. 20), De France c. Marinier.

57. — En déléguant aux créanciers des colons l'indemnité revenant à ces derniers jusqu'à concurrence du dixième des créances, la loi du 30 avril 1826 n'a pas eu pour effet d'affranchir les autres biens des colons de tout paiement. — *Paris*, 14 avril 1834, Ducayla c. Viard.

58. — Les héritiers bénéficiaires des colons de Saint-Domingue sont tenus de comprendre dans le compte de leur administration le montant intégral de l'indemnité due à la succession en vertu de la loi du 30 avril 1826, et de fournir caution de la valeur de cette indemnité s'ils en sont requis par les créanciers. L'art. 9 de cette loi, qui restreint le droit des créanciers des colons au dixième de l'indemnité, n'a trait qu'au colon et ne concerne point l'héritier, qui reste à cet égard dans le droit commun. — *Bordeaux*, 6 juin 1828, Viard c. Franc ; *Cass.*, 26 mai 1830, Dulard c. Lemarne ; 23 mars 1831, Viard c. Franc.

59. — Jugé également que bien que les créanciers des colons ne puissent saisir l'indemnité, dans les caisses du Trésor, au delà du dixième de leurs créances, le paiement de ce dixième n'affranchit pas le débiteur et le surplus de l'indemnité sorti des mains du Trésor peut être frappé de nouvelles poursuites des créanciers. — *Cass.*, 13 mai 1840 (t. 2 1840, p. 431), Rousseau c. Girodet de Sainte-Agathe.

60. — Par conséquent, l'héritier bénéficiaire est comptable envers eux du reste de l'indemnité. — *Cass.*, 26 mai 1830, Dulary c. Lemasne ; *Paris*, 20 mai 1835, Poullain c. de Césèles ; 3 janv. 1843 (t. 1er 1843, p. 142), de Vaucresson c. de Bouteiller.

61. — ... Et, par suite, il peut être astreint à fournir caution de représenter ce surplus dans le compte de bénéfice d'inventaire. — *Cass.*, 13 mai 1840 (t. 2 1840, p. 431), Rousseau c. Girodet de Sainte-Agathe ; *Paris*, 3 janv. 1843 (t. 1er 1843, p. 142), de Vaucresson c. de Bouteiller.

62. — Jugé, au contraire, que l'héritier bénéficiaire d'un colon de Saint-Domingue n'est comptable, aussi bien que l'héritier pur et simple, vis-à-vis des créanciers de la succession, que du dixième de l'indemnité. — *Paris*, 19 juill. 1828, Robert c. Périgny ; 7 avr. 1832, Greffin c. d'Autichamps ; 24 déc. 1833, Ségur c. Chantal ; 10 févr. 1835, d'Héliand c. de Beauvernet.

63. — Les légataires particuliers des colons ne peuvent réclamer sur l'indemnité affectée aux colons, que le dixième de leur legs. Ils sont en cela assimilés aux créanciers. — *Cass.*, 9 juin 1830, Vaucouleurs c. Guilbert ; *Toulouse*, 18 juill. 1833, Brutaut c. Sarrère.

64. — Jugé, au contraire, que le légataire particulier a le droit de demander la totalité de son legs au légataire universel de ce colon, sur l'indemnité dévolue à la succession de celui-ci ; et qu'on ne saurait l'assimiler aux créanciers et restreindre son droit d'opposition sur cette indemnité au dixième du legs. — *Cass.*, 24 août 1830, Clément c. Piver.

65. — ... Que le légataire particulier d'un colon de Saint-Domingue est fondé à réclamer, sur l'indemnité accordée au colon, le paiement de l'intégralité de son legs, encore bien que la succession n'aurait été acceptée que sous bénéfice d'inventaire, alors surtout qu'il se trouve en présence des héritiers seulement. — *Paris*, 2 déc. 1831, Lebœuf c. de la Taste ; *Paris*, 14 juin 1834, Mullenheim c. Bauduy. — *Contrà*, *Cass.*, 29 janv. 1834, mêmes parties.

66. — Mais il n'en serait pas de même, si les créanciers étaient intervenus dans l'instance. — *Cass.*, 29 janv. 1834, Lebœuf c. de la Taste (sol. implic.).

67. — Le légataire de la jouissance, pendant un temps, des habitations d'un colon de Saint-Domingue a pu, quoiqu'il ne fût pas expressément créancier d'un capital, former saisie-arrêt sur l'indemnité coloniale, comme représentative des produits des habitations. — *Paris*, 14 avr. 1829, Delpeux c. Dubois.

68. — En supposant que les donataires des colons de Saint-Domingue puissent être assimilés à leurs créanciers, en ce qu'ils n'auraient le droit de former de saisies-arrêts que jusqu'à concurrence du dixième de leurs créances ; cette assimilation ne pourrait être opposée devant la Cour de cassation à un donataire antérieur par un donataire postérieur, qui, devant la Cour d'appel, aurait demandé et obtenu en cette qualité collocation intégrale. — *Cass.*, 2 févr. 1842 (t. 1er 1842, p. 365), Henneguy c. Bauduy.

69. — Le créancier d'un ancien colon de Saint-Domingue, qui, sur l'autorisation de justice, fait liquider aux lieu et place de son débiteur, et ordonnancer en son nom personnel, l'indemnité totale revenant à ce dernier, n'acquiert aucun droit de préférence sur les autres créanciers qui ont fait en temps utile leurs saisies-arrêts et oppositions. — *Paris*, 24 nov. 1835, Gombert c. Micaut ; *Cass.*, 18 juill. 1838 (t. 2 1838, p. 99), Ingrand c. de Noiré ; 18 juill. 1838 (t. 2 1838, p. 101), Gombert c. Micault ; *Paris*, 10 mai 1842 (t. 1er 1842, p. 737), Gohin c. Delpeux et Benoît.

70. — Il est réputé avoir agi dans l'intérêt commun de tous les créanciers et n'acquiert, ainsi, aucun droit exclusif de propriété ou de privilége sur cette indemnité, même à l'égard de ceux qui n'ont réclamé qu'après la liquidation. — *Cass.*, 18 juill. 1838 (t. 2 1838, p. 99), Ingrand c. de Noiré.

71. — Le jugement qui valide la créance et autorise le créancier à en poursuivre le paiement en faisant liquider l'indemnité due au colon, ne confère pas non plus à ce créancier un droit de préférence sur l'indemnité. — En conséquence, les autres créanciers du colon peuvent, même après ce jugement, ou après la liquidation, réclamer leur part contributive dans l'indemnité. *Paris*, 10 mai 1842 (t. 1er 1842, p. 737), Gohin c. Delpeux et Benoît.

72. — Mais si la créance du poursuivant se trouvant inférieure à l'indemnité, il lui en était alloué seulement une portion égale à sa créance et que le surplus de l'indemnité tombât en péremption par défaut de poursuite des autres créanciers ; il semble que ces derniers ne pourraient partager la part allouée au seul créancier diligent qu'en lui tenant compte de la perte occasionnée par leur négligence.

73. — De ce qu'un jugement confirmé sur l'appel a validé pour le dixième d'une créance en principal les oppositions formées sur l'indemnité accordée à un colon de Saint-Domingue, il ne s'ensuit pas qu'il ait été reconnu que les intérêts de cette même créance fussent dus ni qu'il y ait chose jugée à cet égard. — *Cass.*, 16 mai 1836 (t. 1er 1837, p. 147), Chabert c. Astier.

74. — L'indemnité accordée aux anciens colons de Saint-Domingue est purement mobilière, quoiqu'elle ait lieu à titre de dédommagement de la perte des biens immeubles qu'ils possédaient dans cette colonie ; on ne peut la considérer comme *représentative* de ces immeubles. — *Cass.*, 1er août 1831, Rubat c. Leroux ; 21 nov. 1831, Laurent c. Langlade.

75. — En conséquence l'art. 1674 du Code civil relatif à la rescision des immeubles pour cause de lésion est inapplicable au transport consenti par un colon, du montant de son indemnité. — *Cass.*, 21 nov. 1831, Laurent c. Langlade.

76. — Par conséquent encore, en admettant que les immeubles du mari soient affectés hypothécairement au douaire préfix des enfans ; ce droit d'hypothèque ne saurait s'étendre sur l'indemnité accordée par la loi de 1826 aux colons de Saint-Domingue, cette indemnité n'étant pas la représentation des immeubles des colons. — *Cass.*, 17 nov. 1845 (t. 2 1845, p. 552), Volant c. Garesché.

77. — « Il ne sera perçu, porte l'art. 10 de la loi du 30 avril 1826, aucun droit de succession sur l'indemnité attribuée aux anciens colons de Saint-Domingue. Les titres et actes de tout genre qui seront produits par les réclamans ou leurs créanciers, soit devant la commission, soit devant les tribunaux, pour justifier de leurs qualités et de leurs droits, seront dispensés de l'enregistrement et du timbre. — V. ENREGISTREMENT, TIMBRE.

78. — Toutefois, cet art. 10 ne dispensait pas de l'amende à consigner par le demandeur en cassation. — *Cass.*, 7 août 1834, Valette c. Crevon.

79. — On a vu (*suprà*, n° 47) que la répartition de l'indemnité devait être faite par une commission spéciale nommée par le roi. — Cette commission était divisée en trois sections. — En cas d'appel, les deux sections qui n'avaient pas rendu la décision devaient se réunir et se former en commission d'appel pour statuer. — L. 30 avril 1826, art. 5.

80. — Les décisions de la commission de liquidation ne pouvaient être déférées au Conseil d'Etat que pour cause d'incompétence ou d'excès de pouvoir. — *Cons. d'Etat*, 24 août 1832, Thevenard ; 17 mai 1833, Lassus ; 22 juill. 1835, Gamichon.

81. — La commission était seule investie du droit de statuer définitivement sur les liquidations. En conséquence : les décisions de cette commission ne pouvant être attaquées que pour leur compétence devant le Conseil d'Etat, ne pouvaient lui être soumises par voie d'évocation. — *Cons. d'Etat*, 11 août 1838, Vergent.

82. — L'appel devait être interjeté, au secrétariat de la commission, dans les trois mois du jour où la décision avait été notifiée. — L. 30 avril 1826, art. 5.

83. — Décidé que les recours au Conseil d'Etat contre les décisions de la commission de liquidation, devaient aussi, à peine de déchéance, être formés dans les trois mois de la notification de ces décisions. — *Cons. d'Etat*, 22 juin 1836, de Gajal.

84. — La commission devait statuer sur les réclamations d'après les actes et documens qui étaient produits devant elle, même par voie d'enquête si elle le jugeait convenable, et apprécier les biens suivant leur consistance à l'époque de la perte, et d'après la valeur commune des propriétés dans la colonie en 1789. — L'indemnité était du dixième de cette valeur. — L. 30 avril 1826, art. 6.

85. — La commission de liquidation n'excédait pas ses pouvoirs en décidant qu'il n'y avait pas lieu de statuer sur une indemnité déjà liquidée. — *Cons. d'Etat*, 17 mai 1833, Lassus.

86. — ... En adoptant, pour base de son évaluation, un document plutôt qu'un autre. — *Cons. d'Etat*, 11 août 1833, Nadalie.

87. — ... En déclarant que des pièces produites à l'appui d'une demande étaient insuffisantes pour l'établir. — *Cons. d'Etat*, 22 juill. 1835, Gamichon.

88. — ... Ou pour justifier de l'existence des biens à raison desquels l'indemnité était demandée. — *Cons. d'Etat*, 26 déc. 1834, Touzalin.

89. — ... Ou pour établir un fait de dépression. — *Cons. d'Etat*, 16 mai 1834, Casse.

90. — Il y avait près de la commission un commissaire du roi chargé : 1° De requérir le renvoi devant les tribunaux du jugement des questions d'état ou de propriété qui seraient ou pourraient être opposées aux réclamans. — L. 30 avr. 1826, art. 7.

91. — La commission de liquidation était donc incompétente pour statuer sur les questions de propriété, et ces questions devaient être portées devant les tribunaux. — *Cons. d'Etat*, 24 août 1832, Thévenard ; 11 août 1833, Vergne.

92. — Par la même raison, lorsqu'à l'appui d'une prétention soutenue devant la commission un acte privé était invoqué ; cette commission devait, au lieu de statuer sur la validité et les effets dudit acte, surseoir ; et renvoyer les parties devant les tribunaux pour y être par eux statué. — *Cons. d'Etat*, 17 juin 1835, Fagalde.

93. — Lorsqu'il s'élèvera, ajoute l'art. 11 L. 30 avr. 1826, des contestations entre divers prétendans droit à la succession d'un colon qui n'avait pas de domicile en France, et qui n'y est pas décédé, ou entre eux et ses créanciers, elles seront attribuées au tribunal du domicile du défendeur ; et s'il y en a plusieurs, au tribunal du domicile de l'un d'eux au choix du demandeur.

94. — ... 2° De proposer, dans chaque affaire, et spécialement sur la valeur attribuée aux immeubles, et sur la quotité des indemnités réclamées, toutes les réquisitions qu'il jugeait utiles aux intérêts de la masse. — 3° D'agir et de procéder, en se conformant aux lois, partout où il y avait lieu, pour la conservation de ces intérêts, et d'interjeter appel des décisions rendues par les sections qui lui paraissaient blesser ces intérêts. — L. 30 avr. 1826, art. 7.

95. — Les dispositions de la loi du 30 avr. 1826 furent complétées par l'ordonnance d'exécution du 9 mai suivant.

96. — Jugé que la marche tracée par l'ordon-

nance du 9 mai 1826 (art. 45), aux créanciers des anciens colons de Saint-Domingue, pour former opposition sur les fonds de l'indemnité, doit être suivie encore qu'il existe une instance en bénéfice d'inventaire relative aux biens de France du débiteur. — En d'autres termes : lorsqu'au moment où le créancier d'un ancien colon de Saint-Domingue veut former opposition sur les fonds de l'indemnité, il existe une instance en bénéfice d'inventaire relative aux biens de France ayant appartenu au débiteur décédé; cette opposition doit être adressée non entre les mains de l'héritier bénéficiaire chargé de faire rentrer toutes les valeurs de la succession, mais entre celles du directeur de la caisse des dépôts. — *Cass.*, 25 nov. 1839 (t. 1er 1840, p. 20), De France c. Marinier.

97. — L'ordonnance du 9 mai 1826 fut elle-même modifiée par d'autres ordonnances des 23 déc. 1827, 20 sept. 1828, 6 janv. et 25 avr. 1831.

98. — Décidé à ce sujet que les dispositions de l'ordonnance du 6 janvier 1831 qui avait réorganisé la commission de liquidation, avaient pu être attaquées, pour incompétence, par recours au Conseil d'Etat. — *Cons. d'Etat*, 24 août 1832, Thevenard.

99. — D'après l'art. 17 de la loi du 21 avr. 1832, les avances faites par l'Etat, pour subvenir aux frais de liquidation de l'indemnité affectée aux anciens colons, doivent être remboursées par privilége et préférence sur les intérêts produits par les capitaux versés à la caisse des consignations pour ladite indemnité. En conséquence, toute liquidation d'intérêts en faveur des ayans droit a dû être suspendue jusqu'à la fin de la liquidation.

100. — A partir de la loi du 21 avr. 1832, il ne put être reçu par la commission de liquidation aucune demande nouvelle ou supplémentaire. La commission a dû juger toutes les affaires dans l'état où elles se sont trouvées à cette époque; elle n'a pu accorder aux réclamans d'autres délais que ceux déterminés par la loi du 30 avril et l'ordonnance du 9 mai 1826. — L. 21 avr. 1832, art. 18.

101. — La commission de liquidation a donc dû juger toutes les affaires relatives à cette indemnité dans l'état où elles se trouvaient au moment de la promulgation de la loi du 21 avril 1832. — *Cons. d'Etat*, 8 janv. 1836, Maillard.

102. — Cette commission a pu, sans excéder ses pouvoirs, appliquer à la cause la disposition d'un jugement produit devant elle et contre lequel on ne s'était pourvu par tierce opposition que postérieurement au 21 avr. 1832. — Même décision.

103. — Toutefois, en déclarant la commission de liquidation dissoute la loi du 21 avr. 1832 n'a pas attribué aux tribunaux les fonctions dont cette commission était précédemment investie par la loi du 30 avr. 1826. — En conséquence, il n'appartient pas aux tribunaux d'ordonner la délivrance des indemnités que la commission n'a pas pu liquider par suite de la suppression. — *Cons. d'Etat*, 14 nov. 1834, Vergne.

104. — Cependant le gouvernement de Saint-Domingue s'étant trouvé dans l'impossibilité d'acquitter les obligations par lui prises en 1825, un nouveau traité fut fait avec ce gouvernement le 12 févr. 1838. — Ce traité est ainsi conçu : « Le solde de l'indemnité due par la République d'Haïti demeure fixé à la somme de 60 millions de francs. Cette somme sera payée conformément au mode ci-après : pour chacune des années 1838 à 1843, 1,500,000 fr.; pour chacune des années 1843 à 1847, 1,600,000 fr.; pour chacune des années 1848 à 1852, 1,700,000 fr.; pour chacune des années 1853 à 1857, 1,800,000 fr.; pour chacune des années 1858 à 1862, 2,400,000 fr.; et pour chacune des années 1863 à 1867, 3,000,000 de fr. Lesdites sommes seront payées dans les six premiers mois de chaque année. Elles seront versées à Paris en monnaie de France, à la caisse des dépôts et consignations. Le paiement de l'année 1838 sera effectué immédiatement. »

105. — Par suite de ce traité, une loi du 18 mai 1840 contient les dispositions suivantes : « Les sommes versées ou à verser par le gouvernement d'Haïti à la caisse des dépôts et consignations, en exécution du traité du 12 févr. 1838, seront, au fur et à mesure des versemens, réparties au marc le franc des liquidations faites en exécution de la loi du 30 avr. 1826, entre les anciens colons de Saint-Domingue, leurs héritiers ou ayans cause. — Art. 1er.

106. — Les créanciers des colons exerceront leurs droits fixés par l'art. 9 de la loi du 30 avr. 1826, dans la même proportion et aux mêmes époques que les colons les exerceront eux-mêmes d'après le traité précité du 12 févr. — Art. 2.

107. — Les 60 millions formant le solde de l'indemnité due par le gouvernement d'Haïti, aux termes du traité du 12 févr. 1838, seront divisés en quatre parties égales de 15 millions chacune, lesquelles représenteront les quatre derniers cinquièmes de l'indemnité telle qu'elle a été divisée par l'ordonn. royale du 17 avr. 1825 et la loi du 30 avr. 1826. — Art. 3.

108. — La caisse des dépôts et consignations est autorisée à délivrer aux anciens colons de Saint-Domingue, leurs héritiers, créanciers ou ayans cause, des certificats constatant le montant de leurs droits aux liquidations faites en exécution de la loi du 30 avr. 1826, et conformément aux dispositions précédentes. — Art. 4.

109. — Ces certificats seront au porteur et négociables. Ils formeront à l'avenir le seul titre en vertu duquel les porteurs seront admis à réclamer, à la caisse des dépôts à Paris, ou à celle de ses correspondans dans les départemens, leur part afférente dans les versemens effectués ou à effectuer par Haïti, en exécution du traité du 12 févr. 1838. — Art. 5.

110. — Dans les six mois de la promulgation de la présente loi, les colons liquidés en vertu de la loi du 30 avr. 1826, leurs héritiers, créanciers ou ayans cause, devront produire à la caisse les titres constatant leurs droits aux sommes versées ou à verser par Haïti en exécution du traité précité, avec demande en délivrance d'un certificat de liquidation. — Art. 6.

111. — Dans le cas où les ayans droit n'auraient pas produit leurs titres dans le délai ci-dessus fixé, avec demande en délivrance d'un certificat de liquidation, si lesdits titres, ayant été produits, sont reconnus insuffisans, ou si quelques-uns des réclamans pour la même liquidation prétendent à des droits de privilége ou de préférence au préjudice d'autres ayans droit, le certificat de liquidation sera expédié pour le montant de la partie litigieuse ou non réclamée de l'indemnité liquidée, et restera pendant dix ans, à partir de l'expiration des six mois fixés par l'art. 6, en dépôt à la caisse, à la disposition des parties intéressées. Ledit certificat formera, dans ce cas, un titre unique et indivisible, sauf aux ayans droit à s'entendre entre eux comme ils l'aviseront. — Art. 7.

112. — Après le délai de dix ans fixé par l'article précédent, les certificats de liquidation qui n'auraient pas été retirés de la caisse des dépôts seront annulés, et les sommes versées ou à verser seront intégralement réparties au marc le franc entre tous les ayans droit porteurs de certificats de liquidation. — Art. 8.

113. — Un mois après la promulgation de la présente loi, il ne sera plus reçu aucune opposition ni signification ou transport sur l'indemnité mise à la charge du gouvernement d'Haïti par le traité du 12 févr. 1838, non plus que sur le premier cinquième de l'indemnité versée ou à verser, en exécution de l'ordonnance royale du 17 avril 1825 et de l'engagement du gouvernement d'Haïti du 12 févr. 1838, sans préjudice toutefois des oppositions et significations qui pourraient être faites en renouvellement de celles précédemment formées, conformément aux art. 14 et 15 de la loi du 9 juill. 1836 et 11 de la loi du 8 juill. 1837. — Art. 9.

114. — L'art. 10 de la loi du 30 avril 1826 est déclaré applicable aux sommes versées ou à verser par Haïti à la caisse des dépôts et consignations ainsi qu'aux titres produits, soit devant les tribunaux, soit devant la caisse, pour l'exécution de la présente loi. — Art. 10.

115. — Il n'est rien innové aux règles et au mode suivi jusqu'à ce jour pour la délivrance du premier cinquième de l'indemnité versée ou à verser par le gouvernement d'Haïti. — Art. 11.

116. — La loi du 30 avril 1826 est abrogée dans toutes ses dispositions qui seraient contraires à la présente loi. — Art. 12.

117. — Le ministre des finances est autorisé à statuer, sauf appel au conseil d'Etat, sur les demandes formées en exécution de la loi du 30 avr. 1826, dont le rejet aurait été prononcé par arrêtés de la commission de liquidation créée par cette loi, lesquels ont été annulés postérieurement à la suppression de ladite commission par ordonnances rendues en conseil d'Etat. — Les pièces justificatives des droits des réclamans devront être produites au ministère des finances dans les trois mois de la promulgation de la présente loi, à peine de forclusion. Passé ce délai, le ministre des finances statuera, sans qu'aucune nouvelle pièce puisse être admise. — Le délai de six mois fixé par l'art. 6 ci-dessus ne courra, à l'égard des réclamans auxquels la disposition du présent article est applicable, qu'à partir du jour où il ne sera plus possible de se pourvoir contre la décision du ministre des finances, ou de la date de l'ordonnance royale rendue en Conseil d'Etat par le pourvoi. — Art. 13.

118. — Une ordonnance royale, en date du 26 mai 1840, rendue en exécution de la loi qui précède, contient, entre autres dispositions, les suivantes :

119. — Aussitôt qu'un versement aura été effectué par le gouvernement d'Haïti à la caisse des dépôts et consignations, en exécution du traité du 12 févr. 1838, les porteurs de certificats de liquidation en seront informés par un avis inséré au *Moniteur* à la diligence du directeur général de la caisse. Cet avis indiquera le marc le franc dans la répartition à faire entre eux. — A partir de l'insertion au *Moniteur*, tout porteur de certificat de liquidation pourra réclamer, à la caisse des dépôts à Paris, ou à celle des préposés, les receveurs généraux et particuliers, dans les départemens, sa part afférente dans la somme qui aura été versée par le gouvernement d'Haïti. Le paiement sera effectué sur la quittance du porteur du certificat de liquidation, qui devra indiquer son domicile, et mention du paiement sera faite au dos dudit certificat. — Art. 8.

120. — A l'expiration des dix ans fixés par l'art. 8 de la loi du 18 mai 1840, tous les certificats de liquidation qui n'auront pas été retirés seront annulés et le montant des répartitions auxquelles ils auraient été appelés accroîtra la première répartition qui sera faite. Ce montant sera indiqué dans l'avis qui sera inséré au *Moniteur* conformément à l'art. 8. — Art. 9.

121. — Lors de la répartition du dernier paiement qui sera effectué par Haïti, la caisse des dépôts retiendra et annulera les certificats de liquidation au fur et à mesure qu'ils lui seront produits. — Art. 10.

V. aussi ACTE CONSERVATOIRE, ACTES DE L'ÉTAT CIVIL, ACTE DE NOTORIÉTÉ, BIENS, CAISSE DES DÉPÔTS ET CONSIGNATIONS, COLONIES, ENREGISTREMENT, NOTAIRE, PRESCRIPTION.

SAINT-PIERRE ET MIQUELON (Iles).

1. — Ce ne sont pas, à proprement parler, des colonies, mais de simples établissemens de pêcheurs. Il paraît certain que, vers le milieu du XIVe siècle, longtemps avant que Christophe Colomb découvrît l'Amérique, la partie septentrionale de ce continent était fréquentée par des Basques, qui s'y livraient à la pêche de la baleine. Lorsque Jacques Cartier découvrit le Canada et toucha à Terre-Neuve, les baies et les caps de cette île portaient des noms français.

2. — La France, qui a longtemps possédé le Canada, a eu des établissemens fixes à Terre-Neuve. Elle y a renoncé par le traité d'Utrecht (1743), et ne s'est réservé que le droit de pêche sur le grand banc qui en dépend. Le traité de 1763 n'a laissé à la France que l'île Saint-Pierre et les deux îles Miquelon (la grande et la petite), qui forment un groupe au S.-E. de Terre-Neuve, à l'embouchure du golfe Saint-Laurent.

3. — D'après la loi du 24 avril 1833 sur le régime législatif des colonies, l'établissement de pêche de Saint-Pierre et Miquelon doit continuer d'être régi par ordonnances. — Art. 25.

4. — Le commandement et l'administration supérieure des îles Saint-Pierre et Miquelon sont confiés à un commandant résidant à Saint-Pierre. — Ord. 18 sept. 1844, art. 1er.

5. — Un officier du commissariat de la marine et un chef du service judiciaire dirigent sous des ordres du commandant, les différentes parties du service. — Art. 2.

6. — Un inspecteur colonial veille à la régularité du service administratif, et requiert à cet effet l'exécution des lois, ordonnances et règlemens. — Art. 3.

7. — Un conseil d'administration placé près du commandant, éclaire ses décisions, et statue en certains cas comme conseil du contentieux administratif. — Art. 4.

8. — La justice est administrée : 1° par deux tribunaux de paix siégeant aux deux chefs-lieux Saint-Pierre et Miquelon. — Ordonn. 26 juill. 1833, art. 1er et 5.

9. — Chaque juge de paix rend seul la justice, sans assistance de greffier et sans ministère public dans les affaires de police. Il fait, lorsqu'il y a lieu, les actes de greffier. — Art. 8.

10. — ... 2° Par un tribunal de première instance siégeant à Saint-Pierre. — Art. 21.

12. — Le tribunal est composé d'un seul juge, qui peut cumuler ses fonctions avec celles de juge de Saint-Pierre. — Art. 22.

13. — Il y a un commis greffier assermenté. — Art. 23.

13. — ... 3° Par un conseil d'appel siégeant à Saint-Pierre. — Art. 28.

14. — Ce conseil est composé d'un magistrat nommé par le chef de l'État, président (ordonn. 5 mars 1843; —auparavant, c'était le commandant de la colonie); du chirurgien chargé du service de santé; du capitaine du port. L'officier d'administration ou le commis de la marine chargé de l'inspection y remplit les fonctions du ministère public. Le commis-greffier du tribunal de première instance y tient la plume. — Ord. 26 juill. 1833, art. 43.

15. — Lorsqu'il s'agit du jugement d'un crime emportant peine afflictive et infamante, ou de crimes et délits maritimes, le conseil doit s'adjoindre quatre notables avec lesquels il doit prononcer en commun sur la position des questions, sur toutes les questions posées et sur l'application de la peine. — Ord. 26 juillet 1833, art. 34, 36, 44 et 45; 6 avr. 1835, art. 1er.

16. —Les jugements et arrêts peuvent être attaqués par voie d'annulation ou de cassation, dans les cas spécifiés par l'ordonnance. — Art. 2. — Le délai pour se pourvoir en cassation est d'un an. — Art. 129.

17. — Le Code d'instruction criminelle et le Code pénal, tels qu'ils ont été modifiés par la loi du 25 avr. 1832, le Code civ. et les Codes de proc. civ. et de commerce, sont observés dans toutes les dispositions qui ne sont pas modifiées par l'ordonnance ou qui ne sont pas contraires aux règlemens actuellement en vigueur dans la colonie. Art. 4.

18. —Le ministère d'huissier est rempli par la gendarmerie ou tout autre agent de la force publique. — Art. 9 et 23.

19. — 4° Enfin, dans les matières administratives, par le conseil du contentieux administratif, lequel est composé du commandant, du chef du service administratif, du chef du service judiciaire, du juge de première instance et d'un habitant notable. — L'inspecteur colonial exerce auprès les fonctions de ministère public.—Ordonn. 8 sept. 1844, art. 89.

20. —Les arrêtés ou ordonnances qui concernent les îles Saint-Pierre et Miquelon ne se rapportent guère qu'aux concessions de grèves et au gouvernement pour l'encouragement et l'accroissement de la pêche de la morue. — Un arrêté du 48 ventose an XI avait maintenu les concessions faites jusqu'en 1793 inclusivement, à condition par les concessionnaires de justifier de leurs droits dans un délai fixé; déclarant qu'à défaut de cette justification les grèves feraient retour au domaine de la République. Cet arrêté était resté sans exécution.

21. — Le 42 mai 1819, une ordonnance, en rappelant l'oubli dans lequel était tombé l'arrêté précédent, proclama le maintien : 1° des concessions faites en faveur de divers colons par les administrateurs de Saint-Pierre et Miquelon jusqu'à l'année 1793 inclusivement; 2° des ventes ou des anciens concessionnaires qui avaient pu être faites. — Art. 1er.

22.—Puis, l'art. 2 ajoute : « Les individus qui sont en possession des grèves dont il s'agit, soit par concession, soit par achat, auront à justifier de leurs droits, par-devant le commandant de Saint-Pierre et Miquelon, d'ici au 1er novembre 1820. À défaut de justification dans le délai, les dites grèves retourneront au domaine. »

23.—Cette ordonnance du 42 mai 1819, qui a prescrit, sous peine de déchéance, aux concessionnaires des grèves, de produire leurs titres avant le 1er novembre 1820, est obligatoire quoiqu'elle n'ait pas été insérée au Bulletin des lois, et doit être appliquée aux concessionnaires dépossédés par les Anglais et rétablis en possession en 1815 par l'autorité française. — En conséquence, si ces concessionnaires n'ont pas fait valoir ces grèves et en l'intérêt du commerce de la pêche de la morue, et qu'elles aient laissées sans emploi pendant plus de deux ans, la déchéance doit être prononcée par l'art. 3 de l'ordonnance précitée. — Cons. d'État, 9 juin 1824, Fichet.

24.—Seront également réunies au domaine les grèves, acquises ou à acquérir, soit à titre de concession, soit à titre d'achat, qui, après la publication de la présente ordonnance, resteront sans emploi pendant deux années consécutives, sauf le cas de force majeure. — Art. 3.

25.—Le 26 juillet 1833, une ordonnance royale

a été rendue concernant les concessions de grèves et de terrain et le régime hypothécaire aux îles Saint-Pierre et Miquelon.

26.—Un bureau a été créé à Saint-Pierre pour la conservation des hypothèques (art. 16); et les fonctions de conservateur ont été attribuées à l'officier d'administration de la marine, lequel a été chargé de plus de l'exécution des formalités prescrites pour la consolidation des mutations de propriétés immobilières (art. 47). — Les registres sont cotés et paraphés par le commandant. — Art. 18.

27. — Le règlement du 48 août 1825, particulier aux îles du banc de Terre-Neuve, qui autorise le paiement en morue sèche des fournitures de pêche et des billets ou obligations payables dans la colonie, n'est pas applicable au paiement des salaires d'ouvriers. En conséquence, les salaires doivent être payés en argent. — Cass., 10 août 1840 (t. 2 1840, p. 285), Campion et Théroulde c. Duquesnel.

28.— Ordonnance royale du 47 août 1835, relative à l'organisation de la gendarmerie coloniale.

29. — Autre ordonnance du 4 septembre 1846, qui règle les dépenses et les recettes des îles Saint-Pierre et Miquelon pour l'année 1847.

30.— Relativement aux primes d'encouragement pour la pêche de la morue aux îles de Saint-Pierre et Miquelon, V. PÊCHE MARITIME.

31.—Quant aux changemens survenus dans le système politique et administratif de toutes les colonies en général par suite de l'avénement de la République, V. MARTINIQUE, n° 42 et suiv.—V. aussi NOIRS.

V. encore ACTES DE L'ÉTAT CIVIL, COLONIES.

SAINTES (Iles).

V. GUADELOUPE (île de la). — Pour l'indication des lois survenues depuis l'avénement de la République, V. aussi MARTINIQUE, n°s 42 et suiv.; NOIRS, SÉNÉGAL.

SAINTE-MARIE.

1. — Cette île est une des dépendances de l'île de la Réunion, autrefois île Bourbon. — V. BOURBON (île).

2. — Relativement aux changemens apportés à l'organisation politique et administrative de Sainte-Marie et de l'île de la Réunion, par suite de l'avénement de la République, on peut consulter les lois énoncées V° MARTINIQUE, n°s 42 et suiv., et NOIRS.

3. — Dans l'indemnité que la loi du 49 janv.-23-30 avril 1849 accorde aux colons par suite de l'affranchissement des esclaves, il est attribué à Nossi-Bé et à Sainte-Marie, savoir, en rente 5 p. 0/0 sur le grand-livre de la dette publique, 41,673 fr. 81 cent., et en numéraire une somme de 41,673 fr. 81 cent. — Pour les détails de cette loi, V. SÉNÉGAL.

SAINT-MARTIN (île de).

V. GUADELOUPE (île de la). — Pour l'indication des lois survenues depuis l'avénement de la République, V. aussi MARTINIQUE, n°s 42 et suiv.; NOIRS, SÉNÉGAL.

SAISIE.

1. — Mise sous la main de l'autorité ou de la justice d'objets, meubles ou immeubles, dont le possesseur ou propriétaire ne doit pas rester en possession.

2. — La saisie a lieu, soit dans un intérêt public, fiscal ou de sûreté générale, soit dans un intérêt particulier; mais, quel qu'en soit le motif, elle ne peut jamais avoir lieu que dans les cas et selon les formes expressément prévus et déterminés par la loi.

3. — La saisie a lieu dans un intérêt de sûreté générale, lorsque les objets qui la motivent ont servi à la perpétration du fait incriminé, ou lorsque leur détention seule constitue un acte punissable, ou lorsque la représentation en peut être jugée utile à la constatation ou à la découverte de crimes, délits ou contraventions, ou de détention d'armes prohibées, de poudres et munitions de guerre, etc. — V. ARMES, CHASSE, DÉLIT DE PRESSE, FAUX, FLAGRANT DÉLIT, FORÊTS, INSTRUCTION CRIMINELLE, PÊCHE, POUDRES ET MUNITIONS DE GUERRE, etc. — V. aussi BREVETS D'INVENTION,

IMPRIMERIE, LIVRES D'ÉGLISE, PROPRIÉTÉ ARTISTIQUE, PROPRIÉTÉ INDUSTRIELLE, PROPRIÉTÉ LITTÉRAIRE.

4. — Elle est opérée dans un intérêt purement fiscal en matière de contributions directes ou indirectes, de douanes, d'octroi, de roulage, de voitures publiques, de voirie, lorsqu'il s'agit de matières d'or et d'argent, etc. — V. ces mots.

5. — Enfin, elle est autorisée dans des intérêts privés, lorsque des créanciers n'ont plus d'autre moyen d'assurer le recouvrement de leurs créances ou d'empêcher le détournement de ce qui leur en est le gage. — V. SAISIE-ARRÊT, SAISIE-BRANDON, SAISIE CONSERVATOIRE, SAISIE-EXÉCUTION, SAISIE FORAINE, SAISIE-GAGERIE, SAISIE IMMOBILIÈRE, SAISIE DE NAVIRES, SAISIE-REVENDICATION.

6. — La saisie n'a parfois pour but que de paralyser le droit qu'a le propriétaire des objets saisis d'en disposer; tels sont notamment les cas de saisie-arrêt, saisie-gagerie, saisie-revendication, etc.

7. — Mais, le plus souvent, cette mesure tend à réaliser la nature de ces objets ou biens, afin d'en faire servir le prix à l'acquittement des dettes de celui auquel ils appartiennent; ainsi les saisies : exécution, immobilière, des rentes, etc.

8. — Dans ce cas qui précède, le saisi n'est pas proprement dessaisi; car le saisi est simplement empêché d'aliéner... [texte peu lisible] Dans les deux cas, la restitution peut leur en être faite. — V. RESTITUTIONS CIVILES.

SAISIE-ARRÊT.

Table alphabétique.

§ 1er. — Notions générales.

2. — Autrefois, la saisie-arrêt était connue en France sous différentes dénominations. En Flandre, on la désignait sous le nom de clain, en Languedoc, sous celui de banniment, en Dauphiné, sous celui d'arrestation, en Bretagne, sous celui de gagement, et en Provence, sous celui d'arrêtement. — Roger, De la saisie-arrêt, no 3, en note; Carré, loc. cit.

3. — Le mot saisie-arrêt et le mot opposition n'avaient pas partout, dans l'ancien droit, la même signification. Le premier s'employait particulièrement pour désigner la saisie pratiquée sur un objet spécialement désigné dans le procès-verbal, et le second, la saisie qui frappait également sur tout ce qui revenait entre les mains du tiers-saisi.— Carré, loc. cit., note 3.

4. — Selon Pigeau (Comment., t. 2, p. 151), la différence entre la saisie-arrêt et l'opposition tenait de ce que, pour la première, un titre exécutoire était nécessaire, tandis qu'il ne l'était pas pour la seconde.

5. — Quoi qu'il en soit, le Code de procédure, supprimant toutes les anciennes dénominations, a confondu la saisie-arrêt et l'opposition et attribué à l'une et à l'autre les mêmes effets.

6. — Aussi on ne se sert indifféremment aujourd'hui du mot saisie-arrêt ou du mot opposition. On dit saisie-arrêt, parce qu'on arrête la somme ou la chose entre les mains de celui qui la doit ou qui la détient, et opposition, parce qu'on s'oppose à ce qu'il s'en dessaisisse avant que le juge ne l'ait ordonné.— Carré, loc. cit., note 3.

7. — Envisagée sous ce dernier rapport, ou sous les mains d'un tiers, la conservation d'objets appartenant à un débiteur, la saisie-arrêt peut être dite conservatoire.—V. SAISIE-CONSERVATOIRE.

8. — Mais la saisie-arrêt n'est pas seulement conservatoire; elle est aussi et principalement un mode d'exécution forcée sur les meubles. Elle a, en effet, en dernière analyse, pour objet de faire

payer à celui qui l'a exercée la somme saisie-arrêtée ou d'en opérer la distribution entre lui et les autres créanciers qui auraient également fait saisir-arrêter, ou, s'il s'agit d'objets mobiliers, de les faire vendre pour le prix en être employé de la même manière.

9. — Le créancier à la requête duquel la saisie-arrêt ou l'opposition est faite se nomme *saisissant;* le débiteur de ce créancier, *saisi;* et la personne qui doit la somme ou retient la chose arrêtée, *tiers saisi.*

§ 2. — *Qui peut saisir-arrêter.*

10. — Tout créancier peut, en vertu de titres authentiques ou privés, saisir-arrêter entre les mains d'un tiers les sommes et effets appartenant à son débiteur, ou s'opposer à leur remise. — C. proc. civ., art. 557.

11. — S'il n'y a pas de titre, le juge du domicile du débiteur, et même celui du domicile du tiers saisi, pourront, sur requête, permettre la saisie-arrêt et opposition. — Art. 558.

12. — Ainsi, il ne suffit pas, pour que la saisie-arrêt soit valable, que celui qui la forme soit créancier, il faut de plus qu'il ait un titre soit authentique, soit privé, qui établisse sa créance, ou que, à défaut de titre, il ait obtenu du juge la permission de saisir-arrêter. En l'absence de l'une ou de l'autre de ces conditions, la saisie doit être annulée. — *Rennes*, 25 mars 1820, de Chefontaines c. Domaines; *Paris*, 8 avril 1836, du Creuzot c. Chagot.

13. — Le créancier qui veut exercer les droits de son débiteur en vertu de l'art. 1166 du Code civil, doit régulièrement agir par voie de saisie-arrêt, ou tout au moins mettre celui-ci en cause. — *Orléans*, 3 juill. 1847 (t. 2 1847, p. 495), Guerche c. Boucard.

14. — En donnant à *tout créancier* le droit de saisir-arrêter, l'art. 557 n'a pas non plus entendu déroger aux règles relatives à la capacité. Ainsi ce droit ne saurait appartenir aux incapables proprement dits, c'est-à-dire aux mineurs, aux interdits et aux femmes mariées. — Chauveau sur Carré, quest. 1923 *ter.*

15. — La femme, créancière de son mari défunt, a pu cependant valablement pratiquer une saisie-arrêt entre les mains des débiteurs de ce dernier, en vertu d'une ordonnance du juge, pourvu qu'elle ait obtenu la subrogation aux droits de son mari avant de faire valider l'opposition. — *Colmar*, 15 juin 1831, Schauembourg c. Bloch. — Roger, n° 42.

16. — Mais les personnes morales, comme les communes, les bureaux de bienfaisance, pouvant faire des actes conservatoires, sont en droit de saisir-arrêter les sommes qui leur sont dues. L'art. 55 de la loi du 18 juillet 1837 accorde formellement ce droit aux représentans légaux des communes; et un arrêt de la Cour de cassation, du 10 juillet 1828 (Davy c. Bureau de charité de Villedieu), l'a également consacré en faveur d'un bureau de bienfaisance à raison de sommes qui lui avaient été léguées. La saisie-arrêt n'est pas moins valable, quoiqu'elle ait précédé l'autorisation d'ester en justice, cette autorisation n'étant nécessaire que pour intenter l'action en validité ou défendre à celle en mainlevée. — Chauveau, *loc. cit.*; Roger, n° 379.

17. — Quant aux créanciers des communes, ils ne peuvent faire des saisies-arrêts entre les mains des débiteurs de celles-ci, ni former des oppositions sur les fonds leur appartenant et déposés dans la caisse d'amortissement. C'est à l'administration chargée d'autoriser les dépenses des communes et de régler leur budget annuel, que ces créanciers doivent s'adresser pour obtenir leur paiement. — Avis du Cons. d'Etat, des 18 juill. 1807, 11 mai 1813 et 29 oct. 1826. — Boitard, t. 3, p. 339; Roger, n°s 257 et 258; Carré et Chauveau, quest. 1924.

18. — Il en est de même des créanciers des hospices, des fabriques et de tous établissemens publics. Les dettes des hospices, fabriques et établissemens publics doivent être payées par règlement de l'autorité administrative. — Roger, n°s 259 et 262; Chauveau sur Carré, *loc. cit.*

19. — Mais on peut saisir comme entre les mains des particuliers, dans les caisses des communes, hospices, etc., les sommes dues à des tiers. — *Bruxelles*, 13 mai 1830, Hospice d'Anvers c. N... — Chauveau sur Carré, *loc. cit.*

20. — Le mari peut, pour contraindre sa femme à réintégrer le domicile conjugal, saisir-arrêter ses revenus. — *Riom*, 13 août 1810, Bachelier; *Toulouse*, 24 août 1818, N...; *Colmar*, 10 juill. 1833, X...; *Paris*, 14 mars 1833, Geiger. — Roger, n° 202 *bis;* Chauveau sur Carré, quest. 1923 *quater.*

21. — La faillite du débiteur n'exclut point la saisie-arrêt, lorsqu'il y a lieu; mais elle doit alors être formée entre les mains des syndics, et non entre celles du failli. — *Douai*, 5 mars 1835, Froideval c. Dubois. — Roger, n°s 31 et 216.

22. — Ainsi, c'est entre les mains des syndics que le propriétaire des lieux loués par le failli peut faire saisir-arrêter les sommes consignées par les sous-locataires. — Roger, n°s 218 et 219.

23. — Jugé aussi qu'est valable la saisie-arrêt pratiquée par l'administration des douanes sur un failli entre les mains de ses syndics. — *Rennes*, 29 janv. 1811, Douanes c. B... et Brossard. — Roger, n° 220.

24. — Sur la question de savoir si, en cas de faillite du débiteur, le droit de ses créanciers peut être exercé par ses créanciers, V., au surplus, FAILLITE, n°s 445, 844, 885 et 1708 et suiv.

25. — L'art. 557 C. proc. civ. ne prévoit que le cas de saisie-arrêt entre les mains d'un *tiers*. Cependant les saisies-arrêts sur soi-même, en ses propres mains comme en mains tierces, ont toujours été en usage, et aucune disposition du Code ne les prohibe formellement. Cette prohibition ne saurait s'induire de ce que l'article précité a supposé que la saisie était faite entre les mains d'un *tiers*. La saisie-arrêt sur soi-même nous paraît donc devoir être validée, si d'ailleurs les formes et conditions prescrites par la loi ont été observées. — *Bruxelles*, 20 déc. 1810, Debouquères c. Liébart; 13 juin 1815, Minn c. Vanlrachen; *Liége*, 7 août 1811, Blaimont c. Stévart; *Lyon*, 15 juin 1825, Morel c. Jacob. — Pigeau, *Comment.*, t. 2, p. 153; Bioche et Goujet, *Dict. de procéd.*, v° *Saisie-arrêt*, n° 21; Chauveau sur Carré, quest. 1925. — *Contrà*, *Rouen*, 13 juill. 1816, Ricard c. Labbé; *Amiens*, 5 août 1826, Michon; *Bordeaux*, 12 déc. 1834, Maisonnobe; *Paris*, 8 avr. 1836, du Creuzot c. Chagot. — Roger, n°s 113 et suiv.; Carré, quest. 1925.

26. — Le créancier qui, pour sûreté de sa créance, fait saisir-arrêter dans ses mains un meuble de son débiteur, dont il était accidentellement détenteur, ne peut répéter des frais de garde. — *Bordeaux*, 31 janv. 1827, Cardoze c. Dupuy et Pierlot.

27. — Le cessionnaire qui, lors de la signification de son transport, trouve des oppositions pratiquées sur son cédant, ne peut, avant le jugement de ces oppositions, procéder par voie de saisie-exécution, contre le débiteur cédé, mais peut faire tous actes conservatoires contre lui, par exemple, former des saisies-arrêts entre les mains de ses locataires. — *Paris*, 2 vent. an XI, Grimond c. Caqué.

28. — Les créanciers de l'Etat ne peuvent, pour sûreté de leurs créances, pratiquer des saisies-arrêts sur les deniers dus à leur débiteur par des tiers, de quelque nature que soient ces deniers, et de quelque cause qu'ils proviennent. — *Cass.*, 16 therm. an X, Enregistrement c. Metz; 31 mars 1819, Jousselin; *Paris*, 2 mars 1831, Bouvet de Lozier c. Préfet de la Seine. — Roger, n°s 253 à 255; Pigeau, *Comment.*, t. 2, p. 154; Boitard, t. 3, p. 339; Carré et Chauveau, quest. 1923.

29. — Les créanciers d'un gouvernement étranger ne peuvent pas non plus saisir-arrêter, en France, les sommes appartenant à ce gouvernement. — Chauveau sur Carré, quest. 1923 *bis.* — *Contrà*, *Paris*, 7 janv. 1825, Ardoin c. Balguerie.

30. — Mais la prohibition de saisir les deniers de l'Etat entre les mains de ses débiteurs n'emporte pas celle de saisir, dans les caisses de l'Etat, les sommes qu'il doit à des tiers. — Boitard, t. 3, p. 340; Chauveau sur Carré, *loc. cit.*

31. — La principale condition exigée pour former une saisie-arrêt étant d'être créancier personnellement du saisi, il en résulte qu'un créancier ne peut saisir-arrêter, au nom de son débiteur, les sommes dues aux débiteurs de ce dernier. Mais il en serait autrement, s'il s'était fait judiciairement subroger aux droits de son débiteur. Cette subrogation lui donnerait, en effet, un titre personnel. — *Bordeaux*, 3 janv. 1839 (t. 1er 1839, p. 424), Delage c. Puybonnieu. — Pigeau, *Comm.*, t. 2, p. 154; Bioche et Goujet, *Dict. de procéd.*, v° *Saisie-arrêt*, n° 18; Roger, n° 127; Zachariæ, *Cours de droit civil*, t. 2, p. 333; Proudhon, *De l'usufruit*, 1re édit., n°s 2236 et suiv.; Chauveau sur Carré, quest. 1929 *bis.*

32. — Il n'est pas nécessaire pour pouvoir former une saisie-arrêt, que le créancier ait épuisé les autres moyens d'exécution qui sont en son pouvoir. — Roger, n° 43; Chauveau sur Carré, quest. 1928 *bis.*

33. — Ainsi, lorsqu'il s'agit d'un remboursement de prêt fait, en France, par un étranger à un autre étranger, et qu'il paraît constant que l'emprunteur a offert, pour sûreté de la somme prêtée, des hypothèques sur des biens situés dans son pays (un mort-gage sur un domaine d'Irlande), le créancier n'est par pour cela réduit à ne pouvoir employer d'autres moyens pour obtenir son paiement que d'exercer ses poursuites sur l'immeuble affecté, l'acte de prêt ne faisant pas mention que le créancier ne pourrait exercer de droit que sur les immeubles de son débiteur situés hors de France. En conséquence, une saisie-arrêt faite par le créancier ès mains d'un tiers demeurant en France, et débiteur de celui auquel la somme a été prêtée est valable, et les tiers saisis peuvent être assignés en déclaration affirmative. — *Orléans*, 17 déc. 1817, N....

§ 3. — *Titres en vertu desquels on peut saisir-arrêter. — Permission du juge.*

34. — Un créancier ne peut, ainsi que nous l'avons vu (*suprà* n°s 10 et suiv.), en vertu de sa seule qualité, pratiquer une saisie-arrêt. Il doit justifier de l'existence du titre, soit authentique, soit sous seing privé, en vertu duquel il saisit. On ne pourrait saisir-arrêter en vertu d'un jugement qu'on n'exhiberait point, à moins qu'il ne fût relaté dans un acte émané du débiteur, ou dans un arrêt rendu contre lui. — Roger, n° 131.

35. — Jugé cependant que la mention, dans un inventaire, que le défunt est créancier d'un tiers, en vertu d'un compte arrêté entre eux, a pu être considérée comme ne constituant pas un titre suffisant pour constituer une saisie-arrêt, à défaut de représentation de l'arrêté de compte. — *Cass.*, 12 mai 1830, Cairon c. Beaunay.

36. — L'extrait d'une délibération prise par des commissaires de la trésorerie nationale, qui fixe le débet d'un comptable, ne peut autoriser ses héritiers, après qu'ils ont payé ce débet à l'Etat, à faire une saisie-arrêt sur un commis chargé, après la mort de leur auteur, de continuer la perception des deniers publics. — *Bordeaux*, 1er juill. 1813, Ducluzeau c. Lamy. — Roger, n° 126.

37. — Le titre en vertu duquel on pratique une saisie-arrêt doit porter condamnation ou obligation contre le saisi. — Même arrêt.

38. — Toutefois, est suffisant pour fonder une saisie-arrêt un arrêt qui, quoique n'étant pas rendu contre la partie saisie, sert, contre elle, de titre constitutif de créance par suite d'une subrogation légale au profit du saisissant. — *Cass.*, 18 mars 1839 (t. 2 1839, p. 262), Cabrère c. Schilt et Dupouy.

39. — La méconnaissance par le débiteur du titre sous seing privé qui sert de fondement à la saisie, n'est pas un motif suffisant pour empêcher que la saisie n'ait lieu. Mais, en ce cas, le tribunal saisi de la demande en validité de la saisie-arrêt doit surseoir jusqu'au jugement de la validité du titre, et si, en définitive, l'acte en vertu duquel la saisie-arrêt a été faite a été reconnu comme émanant du débiteur, la saisie-arrêt doit être validée. — *Bruxelles*, 12 déc. 1815, N..... — Roger, n° 54 *in fine* et n° 132.

40. — L'inscription de faux, au contraire, contre un acte authentique pourrait, soit empêcher la saisie-arrêt, soit obliger les juges à surseoir au jugement de la validité. Ainsi, on ne peut former une saisie-arrêt en vertu d'un acte authentique déjà frappé d'une plainte en faux principal, mais la saisie-arrêt antérieure à la plainte continue à subsister jusqu'à décision sur le faux. — C. civil, art. 1319. — Roger, n° 132.

41. — Un jugement qui condamne à des dommages-intérêts peut servir de base à une saisie, quoique l'évaluation n'en ait point été faite dans ce moment. Le saisissant peut suppléer à l'omission du jugement par une évaluation provisoire. — V. cependant *Liége*, 7 août 1811, Blaimont c. Stévart.

42. — Une saisie-arrêt ne doit pas être précédée d'un commandement. — *Montpellier*, 5 août 1807, Joly c. Delmas. — Roger, n°s 138 et 139.

43. — Faut-il au moins que le jugement ou l'acte en vertu duquel la saisie-arrêt est faite ait été préalablement signifié au débiteur? Pour les titres autres que les jugemens, cette signification n'est pas nécessaire. Mais il est nécessaire que le titre en vertu duquel on saisit soit relaté en entier dans le procès-verbal de saisie.

44. — Quant aux jugemens, comme ils ne peuvent être exécutés qu'après la signification qui en est faite (C. proc. civ., art. 545), il s'ensuit que

la saisie-arrêt formée en vertu d'un jugement non signifié devrait être annulée.—Roger, n° 86.

45.—Il a même été jugé que la saisie-arrêt serait nulle, si elle était faite en vertu d'un jugement signifié au débiteur, mais par un autre que le saisissant. — *Besançon*, 3 mai 1809, Calf. — V. aussi, en ce sens, Roger, *loc. cit.*

46. — Jugé, au contraire, qu'une saisie-arrêt étant moins un acte d'exécution qu'un acte conservatoire, peut être formée en vertu d'un jugement contradictoire non signifié ni expédié. — *Rouen*, 21 nov. 1845 (t. 2 1846, p. 698), Chardine c. Leroux.

47. — Quoique l'acte, soit authentique, soit privé, ne doive pas être signifié au débiteur, et que la saisie ne doive pas être précédée d'un commandement, il est utile cependant de mettre le débiteur en demeure par une sommation. Car si le débiteur, soit au moment même du procès-verbal de saisie, soit sur la demande en validité, payait, faisait des offres ou consignait, les frais de saisie-arrêt, de dénonciation et de demande en validité devraient retomber comme frustratoires à la charge du créancier saisissant. C'est ce qui paraît résulter d'un arrêt rendu par la Cour de Rennes le 12 août 1814 (Soupe c. Fercoq). — V. Cependant Roger (n° 135), qui exige, à peine de nullité, une sommation préalable.

48. — On peut faire, en France, des saisies-arrêts au préjudice d'une maison de commerce située à l'étranger, quoiqu'un jugement étranger lui ait accordé un sursis aux poursuites de ses créanciers, si ce jugement n'a pas été rendu exécutoire par les autorités françaises. — *Bordeaux*, 5 févr. 1813, Beneke c. Mulk. — Roger, n° 88.

49. — Sur le point de savoir si l'on peut pratiquer, en France, une saisie-arrêt, en vertu d'un jugement prononcé par un tribunal étranger ou d'un acte passé en pays étranger, s'ils n'ont pas été rendus exécutoires en France, V., au surplus, ÉTRANGERS, n° 564 et suiv., 619 et 635.

50. — Une saisie-arrêt n'étant pas nécessairement un acte d'exécution, mais aussi une mesure conservatoire, peut être formée, même en vertu d'un jugement frappé d'appel. — *Rouen*, 14 juin 1828, Delapleignière c. Duboc et Defréville. — Carré, quest. 1928. — *Contrà, Bordeaux*, 28 août 1827, Valade c. Agard. — Roger, n° 64; Chauveau sur Carré, quest. 1928.

51. —Spécialement, on peut, en vertu d'un jugement provisoire du tribunal de commerce, former une saisie-arrêt, quoique ce jugement soit attaqué par appel. — *Rennes*, 24 avril 1815, Ruelle c. Crucy.

52. — Et la saisie-arrêt peut porter aussi bien sur les capitaux que sur les revenus dus au saisi. La Cour de Paris n'a cependant, par arrêt du 8 juill. 1808 (Guillot c. Leboutellier), admis, en ce cas, la saisie qu'à l'égard des revenus. Mais il est difficile de justifier cette distinction.

53. — Lorsque le titre en vertu duquel la saisie-arrêt a été faite a été déclaré nul, les juges doivent prononcer la mainlevée de la saisie, sans examiner si le saisissant est ou n'est pas créancier du saisi. Ainsi, est nulle la saisie-arrêt faite en vertu d'un jugement postérieurement annulé par la Cour de cassation, à la suite d'un règlement de juges.—*Paris*, 22 nov. 1841, Dumonchet c. Lebourguignon.

54. — Mais, lorsqu'un jugement a annulé une saisie-arrêt par le motif que le saisi a argué de nullité le titre en vertu duquel elle était pratiquée, sans prononcer expressément la nullité de ce titre, une nouvelle saisie-arrêt peut être pratiquée en vertu du même acte, et les tribunaux ne peuvent la déclarer nulle comme contraire à la chose jugée. — *Cass.*, 15 germ. an VII, Delespierre c. Isbrand-Lindoney.

55. — A défaut de titre authenthique ou privé, il y est suppléé par l'autorisation accordée par le juge du domicile du débiteur ou par celui du domicile du tiers saisi. — V. *suprà*, n° 11. — Cette autorisation doit être délivrée, non par le tribunal entier, mais par le président ou par le juge qui le remplace, en cas d'absence ou d'empêchement.— Boitard, t. 3, p. 336; Roger, n° 143; Carré et Chauveau, quest. 1930.

56. —L'ancienne jurisprudence permettait aux juges consulaires d'autoriser les saisies-arrêts. On ne pourrait davantage aujourd'hui contester ce pouvoir au président du tribunal de commerce, dans les matières qui sont de la compétence de ce tribunal. — *Turin*, 17 janv. 1810, Clareton c. Bagard. — Pigeau, *Comment.*, t. 2, p. 155; Roger, n° 141; Thomine-Desmazures, sur l'art. 558 du C. proc., t. 2, p. 64; Chauveau sur Carré, quest. 1930 *bis*.

57. — Toutefois, le président du tribunal de commerce n'est point exclusivement compétent pour autoriser la saisie-arrêt en matière commerciale. Cette permission peut être accordée par le président du tribunal civil, aussi bien que par le président du tribunal de commerce. — *Turin*, 30 mars 1813, Graglia c. Pollone; *Aix*, 29 déc. 1834, Solhe c. Albruht.— Chauveau sur Carré, *loc. cit.*

58. — Un juge de paix peut également permettre de saisir-arrêter dans les matières qui sont de sa compétence. — Roger, *Saisie-arrêt*, n° 142; Thomine-Desmazures, t. 2, p. 65; Carré et Chauveau, quest. 1933. — V. *contrà*, Pigeau, *Comment.*, t. 2, p. 155.

59. — Mais la permission de saisir-arrêter, accordée par un juge ou tribunal étranger, ne peut produire effet, en France, à l'égard d'un Français. — *Bruxelles*, 18 nov. 1816, Engels c. Godefroy. — Chauveau sur Carré, quest. 1933 *bis*.

60. — Sur le point de savoir si la permission de saisir-arrêter peut avoir effet en France entre étrangers, ou si un juge français peut l'accorder à un étranger contre un étranger, V. ÉTRANGERS, n°s 427 et suiv. — *Adde*, dans le sens de l'incompétence du juge français, Chauveau sur Carré, *loc. cit.*

61. — La faculté, accordée au juge, de permettre une saisie-arrêt, en l'absence d'un titre, ne peut s'entendre que du cas où les droits du saisissant sont apparens et peuvent se trouver en péril. — *Bordeaux*, 26 nov. 1845 (t. 1er 1846, p. 262), Compagnie royale d'assurances contre l'incendie c. Tastet.

62. — Ainsi, elle ne peut s'étendre au cas où la créance n'est point certaine, lorsque l'opposition a pour but, par exemple, d'assurer l'exécution d'une condamnation qui pourrait être prononcée par suite d'une demande. — *Caen*, 4 mai 1847 (t. 2, 1847, p. 136), Boullin c. Lavenas, Bourgeois et Barré.

63. — L'art. 1733 C. civ. qui, en cas d'incendie, donne une action au bailleur contre le locataire, établit en même temps une exception en faveur de ce dernier, et, tant que les droits respectifs n'ont pas été jugés, il n'y a pas lieu d'autoriser une saisie-arrêt au profit du bailleur..., alors d'ailleurs que ses droits ne sont pas en péril. — *Bordeaux*, 26 nov. 1845 (t. 1er 1846, p. 262), Compagnie royale d'assurances contre l'incendie c. Tastet.

64. — L'ordonnance portant permis de saisir-arrêter doit énoncer la somme pour laquelle la saisie-arrêt est faite. Mais il a été jugé, avec raison, que cette énonciation, lorsqu'elle se trouvait dans la requête, était virtuellement comprise dans l'ordonnance rendue sur cette requête. — *Turin*, 17 janv. 1810, Clareton c. Bagard; *Douai*, 3 mars 1830, Lequens. — V. aussi, en ce sens, Roger, n° 159; Carré et Chauveau, quest. 1935.

65. — Le juge à qui l'on demande la permission de saisir-arrêter, quand il n'y a pas de titre, peut apprécier les droits du créancier et accorder ou refuser la permission, suivant qu'ils lui paraissent ou non certains et évidens. L'art. 558 C. proc. civ. est, en effet, conçu en termes facultatifs.— Roger, n° 144; Carré et Chauveau, quest. 1931.

66. — Mais il ne pourrait refuser l'évaluation provisoire d'une créance fondée en titre.—Roger, n° 145.

67. — Si le juge ne trouvant pas la requête suffisamment justifiée refuse d'accorder la permission de saisir-arrêter, comment le créancier doit-il alors se pourvoir? Carré (quest. 1932), pense qu'il doit s'adresser au tribunal entier. — Roger (n° 148) lui accorde également cette voie, ou celle de l'appel devant la Cour. Mais cette opinion est combattue par M. Chauveau, dans ses observations sur Carré (*loc. cit.*). Selon cet auteur, aucun recours n'est possible contre l'ordonnance portant refus de permettre la saisie-arrêt, si ce n'est dans le cas où cette ordonnance émane du président du tribunal de commerce, et alors le requérant doit se pourvoir par forme de requête devant la Cour d'appel.

68. — Quant au débiteur contre lequel l'ordonnance a été rendue, le droit de l'attaquer ne saurait lui être contesté. Mais quelle est la voie qu'il doit employer? Il doit, ce nous semble, être considéré comme ayant été condamné sans avoir été entendu, et prendre la voie de l'opposition. Selon M. Chauveau (sur Carré, quest. 1932), cette opposition doit être portée devant le juge qui a rendu l'ordonnance, et, si l'opposition n'est plus recevable, le débiteur doit se pourvoir par appel devant la Cour. Mais il a été jugé, et avec plus de raison, selon nous, que l'opposition devait être portée devant le tribunal même, et qu'il fallait épuiser ce premier degré avant de s'adresser à la Cour. — *Bruxelles*, 23 oct. 1816, Godefroid c. Simons; *Bordeaux*, 16 août 1817, Lewis c. Williams; *Metz*, 24 nov. 1819, Armand c. Guérin.—V. aussi, en ce sens, Boncenne, *Théor. de la procéd.*, t. 2, p. 162; Pigeau, *Comment.*, t. 2, p. 157; Roger, n°s 146 et suiv.

69.— Décidé, au contraire, que ce n'était point par la voie de l'opposition, mais par celle de l'appel que le débiteur devait se pourvoir contre l'ordonnance du président. — *Bordeaux*, 24 août 1829, Montoto c. Ezenarro.

70. — Le président, pouvant refuser l'autorisation de saisir-arrêter peut aussi ne l'accorder que sous condition, et se réserver de statuer en référé sur les difficultés auxquelles peut donner lieu la permission de saisir-arrêter. — *Paris*, 15 févr. 1836, N...; 22 déc. 1837 (t. 1er 1838, p. 132), Bircklé c. Lacour; *Rouen*, 2 févr. 1841 (t. 1er 1841, p. 310), Capitaine Cullin et compagnie anglaise de navigation c. Compagnie française du Phénix; *Paris*, 9 sept. 1841 (t. 2 1841, p. 546), Belot c. Grémion; 9 déc. 1841 (t. 1er 1842, p. 100), Bouyn c. Mirault; 7 fév. 1842 (t. 1er 1842, p. 278), Courcy c. Beavan. — Chauveau sur Carré, *loc. cit.* — *Contrà*, *Paris*, 25 mai 1833, Villers c. Regnac; 28 juin 1833, Girault c. Ganneron.

71. —Et sur le référé, le président peut, modifiant les causes de la saisie, soit rapporter l'ordonnance qu'il a précédemment rendue sous condition, soit évaluer la créance du saisissant à une somme inférieure à celle portée dans sa première ordonnance. — Mêmes arrêts.

72. — L'ordonnance de référé qui prescrit le versement à la caisse des consignations de la somme saisie-arrêtée, avec affectation spéciale de ladite somme, conformément aux conclusions du débiteur maître de ses droits, et du créancier saisissant, opère au profit de celui-ci, alors qu'il n'existe pas d'autre opposition, une délégation privilégiée qui ne peut être attaquée ni par les tiers, ni par le débiteur, ni par les syndics de la faillite de ce dernier, ultérieurement survenue.— *Paris*, 23 juin 1841 (t. 2 1841, p. 330), Tribon c. Soyer.

73. — Lorsque le président, sur le référé introduit par le débiteur a maintenu ou modifié sa première ordonnance, sa seconde ordonnance, comme toute autre ordonnance de référé, peut être attaquée par la voie de l'appel et non par celle de l'opposition. — *Paris*, 22 déc. 1837 (t. 1er 1838, p. 132), Bircklé c. Lacour; *Rouen*, 2 fév. 1841 (t. 1er 1841, p. 310), Cullin et Compagnie anglaise de navigation c. Comp. française du Phénix; *Paris*, 9 sept. 1841 (t. 2 1841, p. 546), Belot c. Grémion; 7 fév. 1841 (t. 1er 1842, p. 278), Courcy c. Beavan. — *Contrà*, *Paris*, 3 déc. 1841 (t. 1er 1842, p. 100), Bouyn c. Mirault; 25 mars 1844 (t. 1er 1844, p. 673), Stella c. Antomarchi; 25 août et 6 déc. 1845 (t. 1er 1846, p. 113), Lambert c. Ménard, et Corréard c. Caumont-Laforce; 18 mars 1847 (t. 1er 1847, p. 489), Pilotet c. de Raury.

74. — La non-recevabilité de l'appel, dans ce cas, si elle n'est pas demandée par les parties, peut être suppléée par la Cour, comme intéressant l'ordre des juridictions. — *Paris*, 3 déc. 1841 (t. 1er 1842, p. 100), Bouyn c. Mirault.

§ 4. — *Créances pour sûreté desquelles on peut saisir-arrêter.*

75.—Les conditions exigées pour qu'une créance puisse servir de base à une saisie-arrêt sont au nombre de trois. Il faut 1° que la créance soit certaine; 2° qu'elle soit liquide; 3° qu'elle soit exigible. — C. proc. civ., art. 551 et 557.

76. — *Créance certaine.* — Il est hors de doute que, pour pouvoir donner lieu à la saisie-arrêt, la créance doit être certaine, et que la saisie-arrêt pratiquée pour une créance non certaine est frappée de nullité. — *Orléans*, 22 juill. 1819, Lebrun c. N.... — Mais que doit-on entendre par *créance certaine?*

77. — La créance est certaine lorsqu'elle est existante au moment où la saisie est pratiquée. — Chauveau sur Carré, quest. 1927. — Ainsi, il ne suffirait pas, pour justifier la saisie, qu'elle eût pris naissance plus tard, même avant le jugement sur la demande en validité.

78. — Un droit, quoique contesté en justice, n'en peut pas moins servir de fondement à la saisie-arrêt. Car la contestation peut être téméraire, mal fondée. Le jugement qui intervient sur cette contestation et valide la créance ne lui donne pas naissance; il en reconnaît, au contraire, l'existence. Si, d'ailleurs, le créancier devait attendre, pour faire un acte conservatoire de ses droits, le jugement sur la contestation, il pourrait en résulter pour lui un grave préju-

dice. Le gage de sa créance pourrait disparaître. Quant au débiteur, n'a-t-il pas la ressource de l'action en dommages-intérêts contre le prétendu créancier qui a témérairement formé une saisie-arrêt. Aussi l'opinion que nous soutenons ici a été enseignée par M. Chauveau, sur Carré, *loc. cit.* — V. cependant Roger, nos 54 et suiv.

79. — Mais la saisie-arrêt que la partie civile a formée contre le prévenu pendant l'instance criminelle, sur la seule présomption que ce prévenu sera déclaré coupable et condamné envers elle à des dommages-intérêts, doit être annulée. — *Paris*, 9 mai 1812, Saurine c. Receveur; *Bordeaux*, 23 août 1831, D... c. Ducasse.

80. — Il a été décidé aussi qu'un mandataire comptable, ou qu'un individu en compte courant avec un autre, ne peuvent former une saisie-arrêt, avant que leur compte ait été apuré ou que la balance en ait été faite, et que les tribunaux, sans être obligés de surseoir et d'attendre que le compte ait été liquidé, doivent prononcer la nullité de la saisie-arrêt. Alors, en effet, la créance ne peut être considérée comme certaine; elle n'est pas non plus liquide. — *Bordeaux*, 1er août 1817, Laclotte et Lamarque c. Ferrière; *Rouen*, 10 févr. 1829, Levillain c. Brouck et Platel; *Paris*, 27 févr. 1838, Richard c. Chemin. — Chauveau sur Carré, quest. 1926 et 1927 *in fine*; Roger, nos 57 et 58.

81. — On ne peut donc pratiquer une saisie-arrêt pour sûreté du reliquat éventuel d'un compte qui n'est pas encore réglé. — *Toulouse*, 22 mai 1809, Dauriac c. Dedebat; *Bruxelles*, 25 juin 1829, V... c. Nicuport.

82. — Celui qui a des répétitions à exercer contre quelqu'un ne peut saisir-arrêter les deniers appartenant à ce dernier lorsqu'il est lui-même son débiteur, et qu'aucun compte n'a déterminé entre eux lequel était le débiteur ou créancier. — *Bourges*, 21 août 1811, Blondeau.

83. — Une saisie-arrêt ne pouvant être valablement exercée qu'en vertu d'un droit certain et évident, elle ne saurait non plus être autorisée pour sûreté d'un droit dépendant du résultat éventuel d'une liquidation. — *Douai*, 4 mars 1833, Violet c. Leducq.

84. — Ainsi, lorsqu'une société est en liquidation, un des associés ne peut, jusqu'au règlement définitif des comptes, et tant que leur résultat est encore incertain, se dire créancier de son coassocié et former sur lui une saisie-arrêt à raison de la société. — *Bordeaux*, 24 mai 1837 (t. 2 1837, p. 555), Laloubère c. Teycheney.

85. — Une saisie-arrêt formée en vertu d'une créance qui se rattache à un compte social pour lequel les parties sont devant arbitres doit être déclarée nulle, et ne peut même être maintenue provisoirement jusqu'à la liquidation ou l'apurement du compte. — *Bordeaux*, 15 juill. 1846 (t. 1er 1847, p. 596), Dupuy c. Soubiran.

86. — La Cour d'Orléans a jugé, de même, qu'un héritier ne peut faire une saisie-arrêt en excipant d'un titre commun à la succession avant toute liquidation ou partage. — *Orléans*, 28 mai 1823, Damotte c. Doré. — Roger, no 61.

87. — Le cessionnaire d'un héritier ne peut avoir des droits plus étendus que son cédant, et les exercer avant que tous les cohéritiers soient remplis de leur portion héréditaire. En conséquence, est nulle une saisie-arrêt formée à la requête de ce cessionnaire avant tout précompte avec les cohéritiers de son cédant. — *Rennes*, 4 mars 1821, Camper c. Hospices d'Auray. — Roger, no 96.

88. — Mais lorsque la créance, résultant d'un compte ou d'une liquidation, a été reconnue et liquidée avant le jugement qui statue sur la validité de la saisie-arrêt, il nous semble que les tribunaux ne peuvent plus annuler la saisie; car, si, au moment où la saisie a été pratiquée, le montant de la créance était incertain, l'événement a prouvé que son existence ne l'était pas. Il en doit être de ce cas comme de celui où la créance qui donne lieu à la saisie est l'objet d'une contestation en justice déjà née. — V. cependant Carré et Chauveau, quest. 1926.

89. — Les juges saisis de la question de savoir si la créance est ou non certaine, peuvent même ne pas invalider la saisie, s'ils reconnaissent qu'il existe des présomptions en faveur de l'existence de la créance, dont le montant seul serait indéterminé. Mais si l'existence de la créance ne peut se justifier par aucune présomption, ils doivent immédiatement déclarer nulle la saisie. — *Bruxelles*, 2 mai 1829, Beuwens c. Peeters. — Roger, no 59.

90. — Si, à l'expiration des délais qui lui ont été accordés, le saisissant n'a pas encore obtenu de titres, la nullité de la saisie doit être prononcée quand même il existerait à son profit des présomptions comme s'il rapportait un avis d'experts nommés en exécution d'un jugement. — *Toulouse*, 23 déc. 1831, Sabatier c. Carol.

91. — Au surplus, la permission du juge n'empêcherait pas les tribunaux de déclarer nulle la saisie-arrêt formée pour sûreté d'une créance non certaine. — *Toulouse*, 22 mai 1809, Dauriac c. Dedebat. — Roger, no 56.

92. — L'ouvrier qui s'est engagé à faire certains travaux moyennant un prix déterminé, sans fixer d'époque de paiement, ne peut rien exiger, et conséquemment, pratiquer aucune saisie-arrêt avant la confection définitive de ces travaux. — Ainsi, il ne peut, lorsque les travaux sont en partie réguliers et en partie défectueux, demander immédiatement le paiement du prix des premiers, ni pratiquer de saisie-arrêt pour obtenir ce paiement. Il ne le pourra que lorsqu'il aura refait ceux reconnus défectueux. — *Bordeaux*, 15 mars 1834, Canteloup c. Dufau et Villegente.

93. — La saisie-arrêt que fait la femme demanderesse en séparation de biens des revenus de ses propres, même antérieurs à la demande, peut être validée encore bien qu'ils appartiennent au mari, si ce dernier ne présente aucune solvabilité immobilière. Les juges peuvent aussi, dans ce cas, ordonner le séquestre des revenus postérieurs à la demande en séparation. — *Caen*, 16 mars 1825, Huard.

94. — *Créance liquide.* — La saisie-arrêt n'étant pas simplement un acte conservatoire, mais en même temps un acte d'exécution, il s'ensuit qu'elle ne peut, aux termes de l'art. 551 C. procéd., même en supposant que la créance soit certaine, être formée qu'autant que la créance est liquide, ou qu'elle a été, aux termes de l'art. 559, provisoirement évaluée par le juge. — *Paris*, 8 mai 1809, Parain c. Poujaud; *Riom*, 3 mai 1816, Fuzon c. Lasteyras; *Douai*, 10 déc. 1836, Desgraviers c. Rouzé. — Roger, *Saisie-arrêt*, no 100.

95. — Une saisie-arrêt ne peut être maintenue qu'autant que le saisissant qui en demande la validité justifie tout à la fois qu'il est créancier du débiteur saisi et que son droit est liquide. — *Bordeaux*, 26 août 1839 (t. 1er 1840, p. 336), Otard c. Tilmann et Sommers.

96. — Que faut-il entendre par créance liquide? Une dette est liquide lorsqu'il est certain qu'il est dû, et combien il est dû : *Cùm certum est, et quantùm debeatur.* Une dette peut être liquide, lors même qu'elle n'est point évaluée en argent. Il n'est pas nécessaire, en effet, pour la validité de la saisie, que l'évaluation soit faite en argent, parce que le débiteur peut offrir et déposer, si le créancier refuse ses offres et par conséquent se libérer. — Roger, no 103.

97. — Mais les causes de la saisie doivent, en définitive, être appréciées en numéraire. Le but de la saisie étant de permettre au saisissant de se faire payer par le tiers saisi ce qui est dû par celui-ci au débiteur saisi, il faut bien que la créance du saisissant soit évaluée en numéraire, pour pouvoir être acquittée par le tiers saisi. Les juges, en validant la saisie évalueront ou feront évaluer par experts la créance, quand même elle aurait été déjà provisoirement évaluée par le juge. — Roger, no 104.

98. — On ne peut donc saisir-arrêter pour sûreté d'une créance non liquide, à moins qu'elle n'ait été provisoirement évaluée par le juge, lors même que cette créance est constatée par un titre. Les termes de l'art. 559 C. procéd. ne laissent aucun doute à cet égard. — *Riom*, 3 mai 1816, Fuzon c. Lasteyras. — Roger, no 106.

99. — Lorsque la loi permet de saisir-arrêter sans titre et en vertu de la permission du juge, même pour une créance non liquide, elle suppose néanmoins qu'il existe une créance certaine et actuelle, et que, sur la demande en validité, le saisissant pourra, sans délai, en établir la preuve. — *Bruxelles*, 7 janv. 1833, Duchatel c. Cousin.

100. — La reconnaissance par laquelle un mandant avoue les avances faites par son mandataire, et ajoute que, par suite de leurs opérations, celui-ci lui doit diverses sommes, n'établit point en faveur du mandataire un titre liquide, en vertu duquel il puisse faire des saisies-arrêts au préjudice du mandant; il est même, en sa qualité de comptable, présumé débiteur tant que la balance de leurs comptes n'est pas définitivement établie. — *Bordeaux*, 1er août 1817, Laclotte et Lamarque c. Ferrière; *Paris*, 27 févr. 1828, Richard c. Chemin. — Roger, nos 57 et 58.

101. — L'arrêt qui ne fait qu'ordonner une liquidation dont il pose seulement les bases, sans rien préjuger sur ses résultats, ne peut constituer une créance liquide ou certaine en faveur de la partie qui l'a obtenu, ni, par suite, servir de fondement à une saisie-arrêt. — *Cass.*, 10 déc. 1839 (t. 2 1840, p. 13), Bourdonnais-Duclésio et Durand-Vaugaron c. Boullé.

102. — Bien qu'en thèse générale la saisie-arrêt doive être considérée non comme un simple acte conservatoire, mais comme un acte d'exécution qui ne peut être valablement poursuivi qu'en vertu d'une créance certaine et liquide, néanmoins lorsqu'il y a une forte présomption de croire que le saisissant sera, en résultat, créancier de la partie saisie, et qu'il y aurait danger pour lui si on prononçait de suite la mainlevée de l'opposition, il peut être sursis à statuer sur la validité de la saisie-arrêt, toutes choses demeurant en état jusqu'à ce que le droit du saisissant soit définitivement fixé, surtout lorsque ce saisissant est mineur. — *Paris*, 14 déc. 1825, Defreytag c. Danrosay.

103. — Mais lorsqu'un précédent jugement a condamné le débiteur saisi à rendre un compte au saisissant, il n'y a pas lieu de surseoir à prononcer sur la validité de la saisie jusqu'à l'apurement de compte, s'il résulte des élémens de la cause et du compte même qui a été présenté, la présomption que le saisi, loin d'être débiteur du saisissant, est au contraire son créancier. — *Bordeaux*, 26 août 1839 (t. 1er 1840, p. 336), Otard c. Tilmann et Sommers.

104. — De même, les juges ne peuvent surseoir à statuer sur la validité d'une saisie-arrêt jusqu'à la reddition d'un compte que le saisi a été condamné à rendre, et par suite duquel il est débiteur présumé des causes de la saisie, alors surtout que, s'agissant d'un compte de société, l'instance est soumise à des arbitres. — *Bruxelles*, 7 janv. 1833, Duchatel c. Cousin.

105. — Une saisie-arrêt dont la cause a été déterminée ne peut ensuite être étendue à une autre créance. — Ainsi, la saisie-arrêt pratiquée en vertu d'une créance regardée comme liquide, ne peut être maintenue provisoirement jusqu'à l'apurement d'un compte réclamé par le saisissant au saisi. — *Orléans*, 22 déc. 1820, Broutin. — Roger, nos 62 et 111.

106. — Il a été jugé que les tribunaux peuvent, en même temps qu'ils surseoient à statuer sur la demande en validité de saisie-arrêt, accorder la mainlevée provisoire de la saisie, en prenant les précautions nécessaires pour mettre les droits des intéressés à couvert. — *Toulouse*, 14 avril 1810, Maurelly c. Mondion. — *Contrà*, Roger, no 530.

107. — *Créance exigible.* — Un créancier ne peut former une saisie-arrêt pour sûreté d'une dette à terme non échue. La saisie-arrêt n'est permise qu'au créancier qui peut immédiatement exécuter. — *Grenoble*, 23 juill. 1818, Mollard c. Cerleau; *Bourges*, 17 mars 1826, Boivin c. Berger. — Pigeau, *Comment.*, t. 2, p. 150 et 151; Thomine-Desmazures, t. 2, p. 62; Roger, nos 117 et suiv.; Boitard, t. 3, p. 387; Carré et Chauveau, quest. 1926.

108. — Il en serait autrement si le terme avait été stipulé dans l'intérêt du créancier. — Seulement, ainsi que le fait remarquer avec raison M. Roger (*loc. cit.*), la saisie-arrêt, dans ce cas, serait une renonciation implicite de la part du créancier à se prévaloir du bénéfice du terme.

109. — La saisie-arrêt pourrait encore être formée avant le terme, si le débiteur tombait en déconfiture, ou diminuait par son fait la sûreté du créancier. — Dans l'un et l'autre cas, le débiteur perdant le bénéfice du terme, la saisie-arrêt deviendrait possible. — *Bruxelles*, 28 juill. 1829, D... c. P... — Roger, no 121.

110. — Le créancier qui prétend que son débiteur est en état de déconfiture peut, pendant le temps nécessaire pour arriver à en fournir la preuve, pratiquer à ses risques et périls une saisie-arrêt sur ce débiteur. — *Bruxelles*, 28 juill. 1829, D... c. P...

111. — La saisie-arrêt serait-elle valablement faite avant l'expiration du terme de grâce accordé au débiteur? — Le doute naît de ce que le terme de grâce suspend toutes poursuites contre le débiteur, jusqu'à son expiration. — Cependant, Toullier (t. 6, no 673) pense que la saisie-arrêt est valable, sauf aux juges à ne condamner le tiers saisi à vider ses mains en celles du créancier saisissant qu'à l'expiration des délais. — V. aussi, en ce sens, Bioche et Goujet, vo *Acte conservatoire*, no 32; Roger, no 119; Carré et Chauveau, quest. 1926.

112. — Quant à la créance conditionnelle, elle doit être placée sur la même ligne que la créance à terme. Il y a même une raison plus forte pour décider que la créance conditionnelle ne peut motiver une saisie-arrêt. C'est que tant que la condition ne s'est pas réalisée, on peut dire

qu'il n'y a ni créance ni créancier. — *Lyon*, 3 juin 1841 (t. 2 1841, p. 595), Chabassel c. Saint-Cire. — Pigeau, *Comment.*, t. 2, p. 150; Bioche et Goujet, v° *Saisie-arrêt*, n° 5; Roger, n°s 94 et suiv.; Carré et Chauveau, quest. 1926.

§ 5. — *Choses qui peuvent ou non être saisies-arrêtées. — Dispositions générales. — Décisions diverses.*

113. — La saisie-arrêt ne peut s'appliquer qu'à des objets mobiliers, corporels ou incorporels. — Roger, n° 167; Chauveau sur Carré, quest. 1924 *bis*.

114. — L'usufruit d'un immeuble étant immobilier, ne peut être saisi-arrêté; il doit être saisi immobilièrement. Mais il en est autrement des fermages dus à l'usufruitier par le fermier ou locataire de l'immeuble usufructuaire. — Roger, n° 169.

115. — Parmi les objets mobiliers, ceux-là seuls sont susceptibles d'être saisis qui peuvent être vendus ou peuvent d'une manière quelconque produire une somme d'argent qui serve à désintéresser le saisissant. Ainsi il a été jugé et avec raison, que ce n'était pas par voie de saisie-arrêt entre les mains du receveur de la douane qu'un créancier pouvait s'opposer à la délivrance des lettres d'expédition de navire. — *Rennes*, 28 févr. 1824, Haranchipy c. Ficher-Desmaisons. — Roger, n° 163; Carré et Chauveau, quest. 1928 *ter*.

116. — Pour saisir-arrêter une chose, il faut qu'un tiers soit en possession de cette chose; or, le droit qu'a la douane de s'opposer au départ d'un navire constitue seulement une mesure de police, et non un fait de détention qui puisse la faire considérer comme étant réellement en possession du navire. — *Rouen*, 2 févr. 1841 (t. 1er 1841, p. 310), Cullin et Compagnie anglaise de navigation c. Compagnie française du Phénix.

117. — Une règle non moins constante est qu'il faut que les sommes dues par le tiers ou les objets mobiliers, corporels ou incorporels, qu'il détient, appartiennent au débiteur. Cependant tous effets mobiliers, même convertissables en argent, appartenant au débiteur, ne peuvent être frappés de saisie-arrêt. Pour que cette voie d'exécution puisse être suivie, la propriété du débiteur doit présenter certains caractères.

118. — Ainsi, d'abord, les biens doivent être disponibles. S'ils étaient déjà affectés à une destination, la saisie ne pourrait en être faite. Par exemple, ne peut être saisie la somme destinée au paiement d'ouvrages entrepris en exécution d'un marché. — Chauveau sur Carré, quest. 1924 *bis* 1°.

119. — La saisie-arrêt serait également sans effet, si elle portait sur des objets remis antérieurement à titre de gage par le débiteur à un autre de ses créanciers, pour sûreté de la créance de ce dernier. — Chauveau sur Carré, *loc. cit.*

120. — Jugé spécialement que la saisie pratiquée par un créancier sur les objets remis en gage par le débiteur commun à un autre créancier, peut être déclarée nulle, si ces objets n'excédaient pas la valeur de la créance qu'ils garantissent, si le saisissant n'a pas désintéressé ou offert de désintéresser le créancier-gagiste, et s'il a perçu le prix de la vente. — *Cass.*, 31 juill. 1832, Cardonnel c. Delfou.

121. — ... Qu'un créancier ne peut saisir-arrêter les marchandises qui sont la propriété de son débiteur, lorsque, d'après les conventions entre eux arrêtées, le prix de ces marchandises seulement a été affecté au paiement de la créance, et que les marchandises ont été laissées entre les mains du débiteur, avec faculté expresse de les vendre. — *Aix*, 6 janv. 1831, Rindi c. Marré et Pagano. — Roger, n° 205.

122. — Celui qui détient des objets appartenant au débiteur doit, de plus, pour que ces objets puissent être saisis entre ses mains, être un *tiers* à l'égard du saisi, et non à l'égard du saisissant. Ainsi, les deniers qu'un huissier a touchés soit par suite de l'exécution d'un jugement, soit par suite de la vente de meubles sur saisie-exécution, peuvent être valablement saisis-arrêtés entre ses mains par les créanciers de son commettant, l'huissier étant un tiers dans le sens de l'art. 557 du Code de procédure civile. — *Liége*, 14 avril 1823, Pitry c. Collin; *Bruxelles*, 12 févr. 1828, V... c. A... et Lombard. — Pigeau, *Comment.*, t. 2, p. 100; Roger, n° 22.

123. — Une saisie-arrêt peut également être formée entre les mains des commissaires-priseurs sur les sommes qu'ils détiennent pour le compte du débiteur, par suite de la vente par eux faite d'objets mobiliers lui appartenant. — Pigeau, *Comment.*, t. 2, p. 199.

124. — Mais le commis, facteur ou serviteur du saisi, n'est point un *tiers* à son égard, et, dès lors, ce ne serait point par voie de saisie-arrêt, mais par voie de saisie-exécution, qu'il faudrait s'opposer à la remise des sommes ou objets détenus par eux. — Pardessus, *Dr. comm.*, t. 1er, n° 38, et t. 2, n° 533; Roger, n° 22. — On ne doit considérer comme tiers, à l'égard du saisi, que les personnes qui ne sont point sous sa dépendance.

125. — Jugé aussi qu'on ne peut saisir-arrêter le montant d'un effet négociable au préjudice du tiers porteur qui n'est point le débiteur du saisissant. — *Bruxelles*, 10 mai 1808 (et non 1810), Huwaert c. Poorter.

126. — En cas de vente volontaire, les créanciers hypothécaires ne peuvent saisir-arrêter *sur l'acquéreur, et comme due au vendeur*, la partie du prix excédant le montant des inscriptions consignée entre les mains d'un tiers. — *Bruxelles*, 19 avr. 1821, Roels c. Devreese. — Roger, n° 124. — La raison en est que l'acquéreur n'est pas débiteur du saisi de la somme consignée entre les mains d'un tiers.

127. — Lorsqu'un immeuble a été saisi et vendu par voie d'expropriation forcée, les créanciers chirographaires peuvent former une saisie-arrêt entre les mains de l'adjudicataire, afin que ce qui restera libre après les collocations hypothécaires leur soit remis. Mais aucune saisie-arrêt ne pourrait être formée sur le poursuivant, parce que ce dernier ne détient rien qui appartienne au débiteur. — Chauveau sur Carré, quest. 1924 *bis*, 2°.

128. — Néanmoins, si les créances hypothécaires absorbent la valeur de l'immeuble, les créanciers chirographaires du vendeur ne peuvent former utilement opposition au paiement du prix entre les mains de l'acquéreur; et, si une saisie-arrêt a été pratiquée, elle n'empêche pas que l'acquéreur qui a conservé son prix n'en doive les intérêts. — *Nancy*, 16 mars 1838 (t. 2 1840, p. 538), Lippmann c. Catoire.

129. — Le vendeur d'un immeuble revendu par l'un des successibles de son acquéreur dans le lot duquel il était tombé, ne peut faire entre les mains du tiers détenteur une saisie-arrêt pour la totalité de sa créance. Il ne le peut que pour la part de ce successible. — *Agen*, 24 janv. 1812, Courtès c. Dulin. — Roger, n° 178.

130. — S'il est nécessaire, comme nous l'avons vu, que la créance du saisissant soit liquide et exigible, il ne l'est pas que la créance saisie ait les mêmes qualités. La saisie-arrêt manquerait presque toujours son but, si elle ne pouvait mettre obstacle au paiement, avant même qu'il fût devenu possible. — *Cass.*, 2 févr. 1820, Courby c. Audrodias de Murol; *Paris*, 27 mai 1848 (t. 2 1848, p. 233), Lombard c. Lherbette. — Roger, n° 170.

131. — Un créancier a donc le droit de faire arrêter les capitaux dus à son débiteur, quoique le remboursement n'en soit exigible qu'après le décès d'un usufruitier. — *Orléans*, 21 nov. 1822, Gaumier c. Sineau et Robichon.

132. — On peut, à plus forte raison, saisir une créance en partie liquide, jusqu'à concurrence de la quotité liquidée. — *Rennes*, 26 déc. 1821, Leborgne de Pompilio c. de Kerigonan. — Roger, n°s 170 et suiv.

133. — Une saisie-arrêt est une voie d'exécution qui ne peut être employée avant l'échéance du terme ou lorsqu'il y a un compte à faire. — *Bordeaux*, 13 août 1846 (t. 2 1847, p. 417), Depierris et Seurin c. Mazard.

134. — Cependant, il a été jugé qu'on ne peut, sous prétexte de mesure conservatoire, faire saisir-arrêter, soit le capital et les intérêts, soit même le capital seul d'une rente viagère payable après le décès de l'individu qui l'a constituée, si cet individu n'est pas encore décédé et si la rente est nécessairement soumise à la condition de survie. — *Bruxelles*, 18 janv. 1832, Dessart c. Brassine.

135. — Les biens doivent être la propriété du débiteur au moment où la saisie-arrêt est exercée. Il semble, dès lors, qu'un créancier du mari ne puisse, durant le mariage, former une saisie-arrêt entre les mains de la femme, sur les reprises que le mari peut être en droit d'exercer. Car, jusqu'à la dissolution de la communauté, rien n'est assuré, le droit de reprise peut même être détruit. — Roger, n° 200; Chauveau sur Carré, quest. 1924 *bis*, 3°. — V., cependant, *Riom*, 2 juin 1830, Basset c. Chauliaguet.

136. — Mais les créanciers d'un légataire universel peuvent saisir-arrêter les sommes dues à la succession à laquelle il est appelé, quoiqu'il n'ait pas encore demandé la délivrance de son legs aux héritiers à réserve du testateur. — *Cass.*, 15 mai 1839 (t. 1er 1839, p. 595), Guenot c. Jeannoutot. — Roger, n°s 170 et 176. — Dans ce cas, en effet, la chose léguée est la propriété du légataire dès le jour du décès du testateur.

137. — Dans tous les cas, lorsque la saisie de choses non encore dues au débiteur, mais qui pourront lui être dues par la suite, a été déclarée valable par un jugement passé en force de chose jugée, le saisi ne peut plus disposer des choses qui en font l'objet. — *Cass.*, 2 fév. 1820, Courby c. Audrodias de Murol. — Roger, n° 170.

138. — Jugé que la saisie-arrêt faite sur les deniers dotaux ne doit arrêter entre les mains du tiers saisi que les capitaux et les intérêts échus au moment de la saisie; le surplus étant inaliénable. — *Agen*, 11 mars 1833, Boutan et Ferrein c. Capuran.

139. — Par suite du principe qu'on ne peut saisir-arrêter que ce qui appartient au débiteur, si ce dernier fait partie d'une société, la saisie-arrêt ne peut porter que sur ce que cette société lui doit, mais non sur ce qui est dû à la société elle-même. — *Colmar*, 27 juill. 1829, Dischbein c. Strashlenheim. — Roger, n° 178.

140. — Le créancier personnel d'un associé ne peut donc arrêter, par des oppositions, le paiement de ce qui est dû aux autres associés qui ne sont pas ses débiteurs. — *Cass.*, 11 mars 18[illegible], Santerre et Thomas c. Bohet. — Roger, *loc. cit.*

141. — Lorsqu'une saisie-arrêt a été pratiquée par un mandant entre les mains d'un débiteur de son mandataire, pour sûreté du paiement du reliquat du compte de gestion de ce dernier, et qu'il y a contestation sur la quotité de la somme due par le mandataire, il y a lieu de maintenir, comme mesure conservatoire, jusqu'à la décision définitive à intervenir sur le compte de gestion, la saise-arrêt dans les limites déterminées par le juge qui l'a autorisée. — *Caen*, 20 août 1847 (t. 1er 1849, p. 318), Pain c. Pannier-Lachaussée.

142. — Mais s'il s'agit d'une succession échue à un débiteur, comme les créances aussi bien que les dettes se partagent de plein droit entre les héritiers, le créancier pourra saisir-arrêter entre les mains des débiteurs de la succession, jusqu'à concurrence de la part revenant à son débiteur. — Roger, n° 176; Chauveau sur Carré, quest. 1924 *bis*, 5°. — *Contrà*, *Paris*, 3 janv. 18[illegible], Trélat c. Mouillard.

143. — Les créanciers d'une succession acceptée bénéficiairement peuvent-ils saisir-arrêter les sommes dues à cette succession? La Cour de Paris s'est prononcée pour la négative, par la raison que la gestion des biens de la succession est attribuée à l'héritier bénéficiaire, que cette gestion est autant dans l'intérêt de l'héritier que dans celui des créanciers, et qu'elle ne peut être entravée par des saisies-arrêts formées entre les mains du débiteur de la succession. — V. arrêts des 30 juill. 1816, Berchone c. de Feuillens, et 27 juin 1820, Hermel c. Bourguignon.

144. — Mais cette solution est combattue par un grand nombre d'auteurs qui soutiennent qu'on peut saisir-arrêter entre les mains des débiteurs d'une succession acceptée bénéficiairement, aussi bien que lorsqu'elle a été acceptée purement et simplement. — Duranton, t. 7, n° 37; Vazeille, *Successions*, art. 803, n° 4; Chauveau sur Carré, quest. 1924 *bis*, 4°; Bioche et Goujet, v° *Saisie-arrêt*, n° 19; Roger, n° 180; Fouet de Conflans, *Espr. de la jurispr. sur les success.*, p. 236. — Et il a été jugé que les créanciers d'une succession bénéficiaire peuvent saisir *immobilièrement* les biens qui en dépendent. — V. SAISIE IMMOBILIÈRE.

145. — Cette doctrine a été appliquée spécialement en matière de saisie-arrêt par la Cour de Rennes. Cette Cour a décidé, en effet, qu'aucune loi ne défend de saisir-arrêter les valeurs d'une succession bénéficiaire, (sauf aux autres créanciers à former opposition au dessaisissement des valeurs saisies, et à provoquer une distribution. — Arrêt du 28 mai 1845 (t. 2 1845, p. 252), le Denmat-Kervern c. Bourdonnay-Duclésio.

146. — Au surplus, les créanciers de la succession ne peuvent pas saisir-arrêter les créances personnelles de l'héritier bénéficiaire. — Roger, n° 181.

147. — Il ne faut pas confondre avec la saisie-arrêt l'opposition dont parle l'art. 808 C. civ. Ainsi, le créancier d'une succession acceptée bénéficiairement, qui forme opposition sur le prix de la vente des meubles de la succession entre les mains du commissaire-priseur, n'est point astreint à remplir les formalités de la saisie-arrêt. — *Douai*, 11 janv. 1827, Marcelin c. Evrard. — Roger, n° 181.

148. — L'héritier bénéficiaire créancier lui-

même de la succession n'a besoin de former sur lui-même ni une saisie-arrêt, ni une simple opposition. — Roger, n° 182; Bioche et Goujet, v° *Saisie-arrêt*, n° 23.

149. — Mais il pourrait pratiquer une saisie-arrêt entre les mains des débiteurs de la succession, si d'autres créanciers que lui en avaient déjà formé. — Roger, n° 183.

150. — La saisie-arrêt des noms, droits et actions d'un débiteur, ne comprend point la saisie des rentes foncières qui lui appartiennent. On ne peut donc annuler le remboursement d'une rente foncière faite au préjudice d'une pareille saisie-opposition — *Nîmes*, 13 niv. an XI, Baucel c. Faix. — Roger, n° 438, note 2.

151. — Les saisies-arrêts formées entre les mains de débiteurs de rentes sur *tous arrérages et sur toutes sommes* que chacun d'eux doit ou devra à la partie saisie, frappent non-seulement les arrérages, mais encore les capitaux, et empêchent, au préjudice du saisissant, tout transport ultérieur, lors même qu'on n'aurait point rempli les formalités prescrites pour la saisie-arrêt. — *Liége*, 18 déc. 1819, Demeuse c. Vanloon. — Roger, n° 438.

152. — En l'absence d'un locataire, son propriétaire ne peut faire saisir ses livres, titres de créance et papiers de commerce; il ne peut que requérir leur mise sous le scellé. — *Bordeaux*, 11 avril 1835, Bouyer c. Vandais. — Roger, n°s 9 et 168.

153. — Le créancier d'un prévenu ne peut saisir-arrêter, entre les mains du greffier, les papiers saisis sur ce prévenu pendant le cours de l'instruction. — *Paris*, 1er juin 1838 (t. 2 1838, p. 95), P... c. Dubarret.

§ 6. — *Traitemens et pensions.*

154. — Les traitemens et pensions dus par l'État ne peuvent, aux termes de l'art. 580 du C. proc. civ., être saisis que pour la portion déterminée par les lois ou par les règlemens et ordonnances du gouvernement.

155. — Les traitemens des fonctionnaires publics et employés civils sont saisissables jusqu'à concurrence du cinquième sur les premiers 1,000 francs et sur toutes les sommes au-dessous; du quart sur les 5,000 francs suivants, et du tiers sur la portion excédant 6,000 francs, à quelque somme qu'elle s'élève. — L. du 21 vent. an IX.

156. — On convient généralement que la loi doit être interprétée de cette façon : lorsque le traitement est de 9,000 francs, on peut saisir 1° le cinquième des premiers 1,000 francs ou 200 francs; 2° le quart des 5,000 francs suivans ou 1,250 francs; 3° le tiers des 3,000 francs restans ou 1,000 francs. De sorte qu'on pourra saisir sur un traitement de 9,000 francs 2,450 fr. — Roger, n° 275.

157. — Les traitemens des instituteurs communaux sont saisissables dans les proportions établies par la loi du 21 vent. an IX. — Déc. cons. de l'instruction publ., 20 juin 1835 et 9 janv. 1836.

158. — Cette loi est également applicable aux percepteurs des contributions et aux receveurs des hospices ou des communes. — Instr. génér. 13 juin 1810. — Roger, n° 281.

159. —... Et aux employés des octrois. — Ordonn. 9 déc. 1814, art. 61.

160. — Le traitement que reçoit de la ville un officier de la garde nationale pour son service, ne peut être saisi que jusqu'à concurrence de la quotité fixée par la loi du 21 vent. an IX. — *Bordeaux*, 31 mai 1826, Marmajour c. Mann.

161. — Les traitemens des militaires ne sont, dans tous les cas, saisissables que pour un cinquième. — L. 19 pluv. an III. — Ils ne peuvent d'ailleurs être saisis que pour ce qui excède 600 francs. — L. 8-10 juill. 1791, tit. 3, art. 65.

162. — Mais le ministre peut prescrire une retenue plus forte sur la solde des officiers pour la subsistance de leurs femmes ou enfans. — Ordonn. 19 mars 1823; instr. 28 août 1825. — Roger, n° 293.

163. — La retenue ordonnée par le ministre pour les femmes et enfans porte sur la partie insaisissable du traitement, de sorte que le cinquième reste, nonobstant cette retenue, saisissable par les créanciers. — Roger, n° 293. — *Paris*, 4 déc. 1813, Vandevoorde c. de Vaugrigneuse.

164. — Le ministre a d'ailleurs un pouvoir discrétionnaire pour accorder une retenue à la femme ou aux enfans du militaire, et il peut la leur refuser, quoiqu'un jugement ait accordé à la femme une pension alimentaire. — Roger, n° 293.

165. — Les indemnités de logement et de fourrage et les gratifications accordées aux militaires pour leur donner les moyens d'entrer en campagne sont insaisissables. — Déc. min. de la guerre, 28 frim. an XIII; déc. du min. du trésor, 13 frim. an XI; ord. 19 mars 1823; 13 mai 1818; 29 oct. 1820; règl. 21 nov. 1823. — Roger, n° 294.

166. — La saisie-arrêt de ce qui est et sera dû à un militaire énonce suffisamment l'objet saisi. — *Paris*, 4 déc. 1813, Vandevoorde c. de Vaugrigneuse.

167. — Les sommes liquidées en vertu des lois des 23 sept. 1814 et 28 avril 1816, au profit de militaires créanciers de l'arriéré à raison de leurs services, ne sont saisissables que pour un cinquième, comme les appointemens des militaires en activité. — *Cass.*, 8 juin 1831, Aymard c. Onfroy et le Trésor. — Roger, n° 302. — *Contrà*, *Cass.*, 31 mars 1828, mêmes parties.

168. — Mais la créance de l'arriéré due par le Trésor à un militaire, peut être cédée par ce dernier, même quant aux quatre cinquièmes que la loi déclare insaisissables. — *Cass.*, 8 juin 1831, Aymard c. Onfroy et le Trésor.

169. — Les traitemens des employés civils à la suite des armées sont saisissables conformément à la loi du 21 vent. an IX. — Roger, n° 299.

170. — L'ordonnance du 1er nov. 1745, renouvelée par l'art. 37 de celle du 1er juill. 1816, déclare insaisissable les gages et salaires des matelots, à moins que leurs créances ne soient causées pour loyers de maison, subsistances ou hardes de ces matelots et de leurs familles avec autorisation du commissaire des classes. — Pardessus, *Dr. comm.*, t. 3, n° 701.

171. — Les parts de prise des matelots sont insaisissables comme leurs salaires. — V. arrêtés des 24 pluv. et 2 prair. an XI, règlement gén. 17 juill. 1816, avis Cons. d'Etat, 21 oct. 1818. — Roger, n° 298.

172. — Mais les salaires des capitaines marins sont saisissables aussi bien que ceux du pilote ou des officiers marins. Le privilége de l'insaisissabilité est limité à cette classe de gens de mer qu'on nomme matelots. — *Aix*, 3 juin 1829, Don c. Bournichon; 24 janv. 1834, Hesse c. Barbarowich. — Pardessus, *ibid.*; Roger, n° 298.

173. — De même, le privilége d'insaisissabilité établi par l'ord. du 1er nov. 1745 pour la solde des matelots, ne peut s'étendre à la commission due à un capitaine sur le produit de la vente des prises. — *Cass.*, 11 vent. an IX, Malleux.

174. — Le traitement des membres de la Légion d'honneur est insaisissable pour cause d'alimens de la part de leurs femmes et de leurs enfans, et ceux-ci n'ont que le droit de s'adresser au ministre de la guerre pour obtenir une retenue. — *Paris*, 27 juin 1835, Chorel. — Roger, n° 312.

175. — Les traitemens des ministres du culte sont complétement insaisissables, soit qu'il s'agisse des ministres du culte catholique, soit qu'il s'agisse des ministres du culte protestant. — Arrêtés des 18 niv. an XI et 15 germ. an XII. — Il en doit être de même du traitement des ministres du culte israélite. — Roger, n° 288.

176. — Sur le point de savoir si le traitement des représentans du peuple est saisissable et dans quelle proportion, V. REPRÉSENTATION NATIONALE, n°s 296 et suiv.

177. — Quant aux pensions, comme elles ont un caractère essentiellement alimentaire, elles sont, en principe, insaisissables. Une déclaration du 7 janvier 1779 (art. 12), avait déjà défendu de saisir ou de céder les pensions sur l'État. La loi du 22 flor. an VII renouvela cette prohibition.

178. — Il en est ainsi lors même que les pensions sont payées sur les fonds provenant de la retenue des appointemens faite aux employés. — Ordonn. 27 août-12 sept. 1817 et 30 avril-16 mai 1823. — La question s'était présentée avant ces ordonnances et avait été résolue dans le même sens par la Cour de cassation, suivant arrêt du 28 août 1815, Delarue c. Dubignon. — V., cependant, *Liége*, 13 juin 1813, Vignon c. Récalde. — Roger, n° 305; Chauveau sur Carré, quest. 1984.

179. — Jugé toutefois qu'on pouvait saisir-arrêter, mais seulement jusqu'à concurrence d'un cinquième, la pension d'un employé de l'enregistrement. — *Grenoble*, 2 févr. 1813, Blanc-Gaillat c. Massas. — Mais il en est autrement depuis l'ordonnance du 27 août 1817.

180. — Les pensions de retraite des militaires de l'armée de terre et de mer sont saisissables en cas de débet envers l'Etat jusqu'à concurrence du cinquième, et jusqu'à concurrence du tiers pour alimens dus à la famille, dans les circonstances prévues par les art. 203 et 205 du C. civ. — L. 11 avr. 1831, art. 28; 18 avr. 1831, art. 30.

181. — Dans ces cas, on pourrait saisir-arrêter la pension des militaires, sans être obligé de recourir au ministre de la guerre, comme pour la retenue sur les traitemens. — Roger, n° 309.

182. — A l'égard des pensions accordées à titre de récompenses nationales, notamment aux combattans et aux veuves des combattans de juillet 1830, on doit les regarder comme pensions alimentaires de leur nature (*Cons. d'Etat*, 7 août 1835, Jeanne) et, comme telles, insaisissables. — Carré et Chauveau, quest. 1984. — La même solution doit s'appliquer aux pensions accordées aux combattans et aux veuves des combattans de février et de juin 1848.

183. — La loi du 21 vent. an IX comprend dans ses termes tous les employés des administrations publiques, salariés ou non par l'Etat. Mais les lois qui déclarent les pensions insaisissables pour la totalité ne parlent que des pensions dues par l'Etat. D'où il faut conclure que les pensions, aussi bien que les traitemens dus par des administrations publiques autres que l'Etat, sont saisissables jusqu'à concurrence du cinquième. — *Bruxelles*, 7 janv. 1825, N...

184. — Jugé, au contraire, que la pension de retraite due par un établissement particulier ne peut être assimilée à une pension due par l'Etat, et, comme celle-ci, déclarée insaisissable pour une partie; sauf aux tribunaux à en réserver une quotité annuellement pour pourvoir aux besoins du débiteur malheureux et de bonne foi. — *Lyon*, 13 mai 1839 (t. 1er 1840, p. 132), Heinz c. Rousseau.

185. — De même, la saisie-arrêt pratiquée par les créanciers d'un acteur sur les termes de son traitement échus et à échoir peut, sur l'opposition de la part du directeur du théâtre avec lequel cet acteur est engagé, être réduite dans ses effets à une quotité seulement, déduction faite de la portion rigoureusement nécessaire pour sa subsistance et les dépenses journalières et présumées de son emploi. — *Lyon*, 26 juin 1837 (t. 1er 1838, p. 188), Provence c. Ayasse et Seguy.

186. — Jugé également que les créanciers ont droit de saisir-arrêter les salaires d'un individu employé à raison d'une certaine somme par jour; mais que les juges peuvent fixer la quotité que le saisissant touchera de ces salaires jusqu'à extinction de sa créance. — *Paris*, 29 juill. 1811, Paux c. Collin. — Roger, n° 303.

§ 7. — *Choses insaisissables. — Provisions et pensions alimentaires.*

187. — Seront insaisissables, 1° les choses déclarées insaisissables par la loi; 2° les provisions alimentaires adjugées par justice; 3° les sommes ou objets disponibles déclarés insaisissables par le testateur ou donateur; 4° les sommes et pensions pour alimens. — C. proc. civ., art. 581.

188. — Au nombre des choses déclarées insaisissables par la loi, il faut placer les traitemens ou pensions dus par l'Etat. Ainsi que nous l'avons vu, en effet (n°s 154 et suiv.), ces traitemens ou pensions seront insaisissables, suivant les circonstances, soit pour la totalité, soit pour partie.

189. — Les lettres confiées à la poste sont également insaisissables. — Décr. 10 avr. 1790-10 janv. 1791. — Roger, n° 207.

190. — Ainsi, on ne peut saisir-arrêter une lettre missive, sous le prétexte qu'elle est fausse; on peut seulement en dénier l'écriture, et en demander la vérification. — *Rennes*, 9 janv. 1811, Sevestre c. N...

191. — Mais il en est autrement des envois d'argent confiés à l'administration des postes. — Roger, n°s 207 et 322.

192. — Parmi les choses insaisissables figurent aussi les deniers appartenant à l'Etat. — V. *suprà*, n° 28.

193. — Sont considérées comme deniers de l'Etat les sommes appartenant aux condamnés par contumace, tant que dure le séquestre. — *Poitiers*, 7 août 1835, Domaines c. de Carcouet. — Roger, n° 255.

194. — Les deniers de la liste civile avaient été déclarés insaisissables comme ceux de l'Etat par l'art. 29 de la loi du 2 mars 1832.

195. — Nous avons dit aussi, précédemment, que les deniers appartenant aux communes, aux fabriques, aux hospices, et généralement à tous les établissemens publics, n'étaient pas saisissables, et que les créanciers devaient, pour obtenir le paiement de ce qui leur était dû, s'adresser à l'autorité administrative chargée de régler leur budget. — V. *suprà*, n°s 17 et suiv.

196. — Les sommes dues par l'Etat à des par-

ticuliers ne sont pas frappées d'insaisissabilité entre les mains des comptables. — V. *suprà*, n° 30. — Ce principe n'est pas cependant applicable d'une manière absolue, sans modification.

197. — Ainsi, jusqu'à la réception des travaux, les créanciers particuliers des entrepreneurs de travaux publics, autres que les ouvriers employés à l'entreprise, ou ceux qui ont fourni des matériaux et autres objets servant à la construction des ouvrages, ne peuvent former de saisies-arrêts sur les entrepreneurs entre les mains de l'Etat. — L. 26 pluv. an II.

198. — Et si, après la réception des travaux, ils peuvent former des saisies-arrêts, ils ne doivent toutefois être payés qu'après l'acquittement des créanciers privilégiés. — Décr. 26 pluv. an II, art. 4. — Roger, n° 268.

199. — Par conséquent, les créanciers non privilégiés d'un entrepreneur de travaux publics ne peuvent saisir les à-compte qui lui sont dus par l'Etat pendant que ces travaux sont en cours d'exécution. — *Poitiers*, 28 févr. 1837 (t. 1er 1838, p. 54), Lombard c. Lavigne. — Roger, nos 264 et suiv.

200. — Les payeurs des départemens ne doivent point avoir égard aux oppositions des créanciers non privilégiés des entrepreneurs, formées contrairement aux dispositions qui précèdent. — Ravinet, *Code des ponts et chaussées*, t. 1er, p. 607; Roger, n° 266.

201. — Les sommes dues par l'Etat à des particuliers peuvent être frappées d'opposition entre les mains des mandataires de ces derniers. — *Cass.*, 21 juin 1832, Bastide c. Thorel.

202. — Un avis du Conseil d'Etat du 12 février 1819, tout en déclarant que la loi du 26 pluviôse an II a continué d'être en vigueur, renvoie aux art. 2101 et 2103 du C. civil pour l'ordre des priviléges entre ouvriers et fournisseurs, sur les sommes restant dues à l'entrepreneur après la réception des travaux.

203. — Lorsque la saisie-arrêt formée par un créancier personnel d'un entrepreneur de travaux publics sur les sommes dues à celui-ci par l'Etat a été validée par un jugement passé en force de chose jugée, les ouvriers ne peuvent exercer sur ces sommes, et au préjudice du saisissant, le privilége qui leur est accordé par le décret du 26 pluv. an II, pour le paiement de leurs salaires, qu'en faisant préalablement rétracter ce jugement par voie de tierce opposition. — *Cass.*, 24 avril 1844 (t. 1er 1845, p. 557), Martinet c. Lemur.

204. — Une ordonnance du 13 mai 1829 a appliqué les dispositions de la loi du 26 pluviôse an II aux créanciers des entrepreneurs de travaux publics dans les colonies.

205. — Jugé que les art. 1er et 2 du décret du 26 pluviôse an II, qui défendent aux créanciers particuliers des entrepreneurs et adjudicataires de travaux publics, de former opposition sur les sommes qui peuvent être dues à ces derniers, à raison de leurs travaux, ne sont pas applicables à un entrepreneur ou adjudicataire de travaux pour le compte d'une commune, encore que, par une clause du cahier des charges, il se soit soumis à être traité comme entrepreneur de travaux publics. — *Cass.*, 12 déc. 1831, Doré c. Fradin.

206. — Sur le point de savoir si les rentes sur l'Etat sont saisissables, V. SAISIE DES RENTES.

207. — A l'égard des sommes inscrites sur les registres des caisses d'épargne, la loi du 5 juin 1835 a formellement reconnu qu'elles pouvaient être l'objet d'une saisie-arrêt. — V. CAISSES D'ÉPARGNE, nos 99 et suiv.

208. — Sur la question de savoir si le cautionnement des fonctionnaires publics ou officiers ministériels est susceptible de saisie-arrêt, V. CAUTIONNEMENT (fonct., etc.), nos 231 et suiv.

209. — Les provisions alimentaires adjugées par justice sont insaisissables, si ce n'est pour cause d'alimens. — C. proc. civ., art. 581 et 582.

210. — Par alimens pour lesquels la provision peut être saisie, on doit comprendre tout ce qui est nécessaire à la vie, non-seulement la nourriture, mais encore le logement, le vêtement, même les visites des médecins et les médicamens. — Roger, n° 345; Carré et Chauveau, quest. 1986.

211. — La *provision alimentaire* diffère de la *pension alimentaire*, en ce qu'elle n'a qu'une durée provisoire, limitée, et ne préjuge rien pour l'avenir, tandis que la pension alimentaire a une durée définitive, sauf changement de fortune entre les parties. Ce n'est que la *provision alimentaire* qui peut être saisissable pour cause d'alimens. — Roger, n° 341; Chauveau sur Carré, quest. 1986 *bis*. — *Contrà*, Duranton, t. 2, n° 426.

212. — La loi exige que la provision alimentaire soit adjugée par justice. Si elle a été réglée à l'amiable, elle est considérée alors comme une pension pour alimens, et devient saisissable dans les mêmes cas. — Duranton, *loc. cit.*

213. — Tous les créanciers qui ont fourni des alimens peuvent saisir-arrêter la provision, sans qu'on ait à examiner s'ils les ont fournis antérieurement ou postérieurement à l'adjudication de la provision. — Duranton, t. 2, n° 426; Roger, n° 343.

214. — M. Roger (n° 346) enseigne que la provision alimentaire ne peut être saisie que par celui qui a fourni des alimens, et non par ceux à qui le créancier de la provision en doit. Cependant l'art. 581 ne distingue pas; ses termes s'appliquent à l'un et à l'autre cas. Aussi Boitard (t. 3, p. 385 et suiv.) et M. Chauveau sur Carré (quest. 1986) pensent, contrairement à l'opinion émise par M. Roger, que la provision alimentaire peut être également saisie par ceux à qui le créancier de la provision doit des alimens.

215. — L'avoué qui a avancé des frais, pour obtenir une pension alimentaire, ne peut être considéré comme créancier pour cause d'alimens, et ne peut, dès lors, saisir-arrêter la pension qu'il a obtenue. — *Paris*, 8 juill. 1836, Lemaire c. de Saur. — Roger, n° 347.

216. — Un donateur ou testateur, pouvant apposer à sa libéralité les conditions que bon lui semble, peut déclarer insaisissables les choses par lui données ou léguées. — C. proc., art. 581.

217. — Les créanciers antérieurs au testament ou à la donation ne peuvent critiquer une pareille disposition. Quant aux créanciers postérieurs, la saisie leur est permise, mais seulement en vertu d'une permission du juge et pour la portion qu'il détermine. — C. proc., art. 582.

218. — Cette permission est nécessaire encore que la somme léguée l'ait été ou non à titre d'alimens, la loi ne distinguant pas. — Roger, n° 353.

219. — Toutefois, un père ne pourrait frapper d'insaisissabilité la portion réservée dans sa succession à ses enfans; et si ceux-ci renonçaient à la succession pour se tenir à la donation qui leur est faite, les créanciers pourraient attaquer la renonciation comme faite en fraude de leurs droits. — Roger, n° 351.

220. — Quoique le donateur ou testateur n'ait pas déclaré insaisissable la somme ou la pension donnée ou léguée, elle le sera néanmoins si elle a lieu pour cause d'alimens. — C. proc., art. 581 4°.

221. — Dès avant le Code de procédure, une rente viagère léguée par testament à titre de donation alimentaire n'avait pas besoin d'avoir été expressément déclarée insaisissable pour l'être en effet. — *Aix*, 27 mars 1806, Aubany.

222. — Il n'est pas même nécessaire que le mot *alimens* ait été prononcé : il suffit qu'il résulte de l'acte et des circonstances que l'intention du testateur a été d'assurer au légataire des alimens pendant sa vie. — *Turin*, 3 déc. 1808, Aligio c. Jeaudet et Ballada. — Roger, n° 357.

223. — Mais la loi ne déclare insaisissable que les provisions ou dispositions alimentaires proprement dites. — C'est donc avec raison qu'il a été décidé qu'un usufruit constitué par une femme à son mari dans leur contrat de mariage, avec la clause *Que c'est pour lui procurer les moyens d'exister avec le plus d'aisance possible*, ne peut être rangé dans la classe des dispositions alimentaires que la loi déclare insaisissables. — *Cass.*, 17 nov. 1818, Dumont. — Roger, n° 359.

224. — L'usufruit qui a été légué à titre d'alimens, et déclaré insaisissable par le testament, peut néanmoins être saisi en partie par les créanciers postérieurs, en vertu de permission du juge. — *Toulouse*, 18 nov. 1823, Paulinier c. Cattary; *Cass.*, 15 févr. 1825, mêmes parties.

225. — Mais le débiteur est réservé dans tous ses droits, pour le cas où le fonds sujet à l'usufruit cesserait, par une circonstance quelconque, de produire un revenu suffisant pour satisfaire tout à la fois aux alimens qui lui seraient dus et aux droits des créanciers. — *Cass.*, 15 févr. 1825, Paulinier c. Cattary. — Roger, n° 363.

226. — Comme aussi le créancier pourrait faire augmenter la portion qu'il a été autorisé à saisir, s'il était survenu des ressources nouvelles au débiteur saisi.

227. — Lorsque, sur une demande en réduction des libéralités exercées par un père envers son enfant adultérin, intervient jugement qui prononce la réduction, et néanmoins conserve, en faveur de l'enfant, une portion des libéralités *à titre d'alimens*, cette portion n'est pas insaisissable dans sa totalité, de la part des créanciers de l'enfant postérieurs à la donation. — Au contraire, aux termes de l'art. 582 du Code de procédure, ces créanciers ont le droit de saisir la rente ainsi déclarée alimentaire, et les juges, celui de déterminer, dans ce cas, la portion purement alimentaire jusqu'à concurrence de laquelle seulement elle ne pourra être saisie. — *Paris*, 22 mars 1825, Deschamps c. de Follainville.

228. — La loi n'a point tracé de limites au pouvoir du juge, relativement à la fixation de la portion de la pension alimentaire qui peut être saisie. Cependant la saisie ne peut jamais être autorisée que pour partie, et non pour la totalité. — *Cass.*, 18 avril 1836, Delahaye c. Hubert. — Carré et Chauveau, quest. 1990.

229. — Au surplus, la fixation faite par le juge n'est que provisoire; et ce sera le tribunal qui déterminera définitivement la portion de la pension alimentaire dont le créancier pourra s'emparer, lorsqu'il statuera sur l'instance en validité. Roger, n° 371.

230. — La permission peut être accordée à deux créanciers successivement; mais alors, quoique les parts qu'ils ont été autorisés à saisir-arrêter soient inégales, ils viendront par contribution sur ces parts réunies. — Roger, nos 373 et 374.

231. — Les sommes et pensions pour alimens, désignées au n° 4, art. 581 du Code de procédure, ne sont pas virtuellement comprises dans les provisions alimentaires désignées au n° 2, même article, et ne sont pas saisissables, comme celles-ci, pour cause d'alimens seulement. — *Cass.*, 13 déc. 1827, Marguet c. Melchior. — Roger, n° 384.

232. — La permission du juge dont il est question dans l'art. 582 est demandée par requête. — *Tarif*, 77. — Il serait utile qu'elle ne pût être portée que devant le juge du domicile du débiteur, mieux placé qu'aucun autre pour apprécier la faveur que mérite la demande. Cependant la loi ne contient aucune disposition à cet égard; et, dès lors, la demande qui serait adressée, conformément à l'art. 558 C. proc. civ., au juge du domicile du tiers saisi, ne pourrait être rejetée. — V. cependant Chauveau sur Carré, quest. 1988 *bis*.

233. — En cas de refus du président de permettre la saisie-arrêt, le créancier n'a aucun moyen de recours. Ce refus, du reste, ne lui cause aucun préjudice, puisque, lors de l'instance en validité, il pourra reproduire sa demande à fin d'autorisation de saisir-arrêter. — Chauveau sur Carré, quest. 1990 *bis*. — M. Roger (nos 146 et 372), au contraire, pense qu'il peut s'adresser immédiatement au tribunal.

234. — Une rente viagère ne peut être stipulée insaisissable que lorsqu'elle a été constituée à titre gratuit. — C. civ., art. 1981. — V. RENTE VIAGÈRE.

235. — Cependant, il a été jugé que la prestation d'alimens en nature, constituée à titre onéreux, était insaisissable à cause du caractère tout personnel de la prestation. — *Cass.*, 3 févr. 1825, Michau c. Bréant-Dufournel.

236. — Le créancier dont la saisie-arrêt a été annulée comme portant sur une pension alimentaire insaisissable, ne peut attaquer l'arrêt qui a prononcé la nullité de cette saisie, sur le motif qu'elle aurait dû être validée jusqu'à concurrence des arrérages échus de la pension, d'après la maxime *Nemo vivit in præteritum*, quand il ne s'est engagé aucun débat sur ce point, ni en première instance ni en appel. — Le refus de valider la saisie-arrêt des arrérages échus d'une pension insaisissable ne donnerait pas ouverture à cassation. — *Cass.*, 27 avr. 1824, Tézénas c. Varanchan de Saint-Géniez.

237. — Il n'y a pas lieu à la cassation d'un arrêt qui, sur une demande en validité d'opposition pour sûreté du paiement des arrérages d'une rente et en remboursement de cette même rente, se borne à déclarer l'opposition non recevable, par le motif que la *créance* qui en a été frappée est *insaisissable*, et sur le surplus des demandes, fins et conclusions des parties, *les met hors de cour*. — Même arrêt.

238. — Lorsque, dans une instance en validité de saisie-arrêt, le créancier a demandé qu'une prestation en nature due au débiteur fût convertie en argent, et que cette prétention a été rejetée par le motif que la prestation dont il s'agit était un droit personnel insaisissable, l'arrêt qui, d'après le même principe, rejette une demande en expropriation dirigée ultérieurement par le même créancier contre la même prestation, ne fait que se conformer à l'autorité de la chose jugée. — *Cass.*, 3 févr. 1825, Michau c. Bréant-Dufournel.

§ 8. — *Exploit de saisie-arrêt. — Formalités.*

239. — Tout exploit de saisie-arrêt, outre les formalités ordinaires des exploits, doit contenir : 1° l'énonciation du titre en vertu duquel la saisie est faite, ou de l'ordonnance qui l'autorise, si elle a lieu en vertu de permission du juge ; il doit être, dans ce dernier cas, donné copie de l'ordonnance en tête de l'exploit ; 2° l'énonciation de la somme pour laquelle la saisie est faite, et, si la créance n'est pas liquide, l'évaluation provisoire faite par le juge ; 3° une élection de domicile dans le lieu où demeure le tiers saisi, si le saisissant n'y demeure pas : le tout à peine de nullité. — C. proc., art. 559.

240. — La loi exige l'énonciation et non la copie du titre. Cependant on donne ordinairement copie du titre pour éviter toute difficulté ; mais le défaut de copie n'entraînerait pas nullité de l'exploit. Quant à ce que doit contenir l'énonciation, la loi ne l'a point déterminé. Il faudra qu'elle soit suffisante pour que le saisi et le tiers saisi ne puissent se tromper sur l'acte en vertu duquel on saisit ; par conséquent, qu'elle contienne sa date, les obligations qu'elle crée au profit du saisissant, et, s'il est authentique, le nom de l'officier qui l'a reçu. — Roger, n° 386 ; Boitard, t. 3, p. 341 ; Chauveau sur Carré, quest. 1938.

241. — L'erreur dans l'énoncé de la date du titre qui sert de base à une saisie-arrêt n'annule pas cette saisie. — *Cass.*, 6 août 1824, Scaillette c. Barré. — Roger, n° 386.

242. — Surtout lorsque l'énonciation du titre est telle que la partie saisie n'a pu se méprendre sur celui en vertu duquel la saisie est pratiquée. — *Bruxelles*, 2 juill. 1831, Bruynbrock c. Dehanesterde.

243. — L'exploit d'une saisie-arrêt, faite sur soi comme sur un tiers, doit énoncer la somme pour laquelle la saisie est faite, ou une évaluation provisoire de la créance pour laquelle elle est pratiquée. — *Bruxelles*, 13 juin 1815, Minn c. Vanlaechen. — Roger, n° 396.

244. — Quoique la loi exige l'énonciation de la somme, le chiffre de cette somme n'a cependant pas toujours besoin d'être indiqué, par exemple, la saisie-arrêt pratiquée pour obtenir le paiement des arrérages échus d'une rente est valable, pourvu qu'on ait indiqué le nombre de termes dus, quoiqu'on n'en ait pas fixé le montant. — Roger, n° 389 ; Thomine-Desmazures, t. 2, p. 67 ; Chauveau sur Carré, quest. 1936 *bis*, *in fine*.

245. — Lorsque la dette ne consiste point en argent, mais en grain, légumes, etc., il n'est pas nécessaire de la faire préalablement évaluer en numéraire. Il suffit d'indiquer la quantité, afin que le saisi connaisse la créance pour laquelle on saisit-arrête, et puisse faire des offres au créancier. — Roger, n° 388 ; Chauveau sur Carré, *loc. cit.*

246. — L'art. 551 porte que si la dette exigible n'est pas d'une somme d'argent, il sera sursis après la saisie à toutes poursuites ultérieures jusqu'à ce que l'appréciation en ait été faite. Il suit de là, selon M. Roger (n° 391), que le créancier doit, autant que possible, faire liquider sa créance avant la dénonciation, qui est le premier acte de poursuite. Mais la dénonciation devant être faite dans la huitaine, si ce délai n'était pas suffisant pour faire faire l'évaluation exacte et définitive, il en sera fait une provisoire par le juge (même auteur, n° 403), sauf à faire évaluer définitivement la créance dans le jugement qui validera la saisie. — V. aussi Chauveau sur Carré, *loc. cit.*

247. — Le défaut d'évaluation provisoire par le juge d'une créance *certaine*, mais non *liquide*, entraîne la nullité de la saisie-arrêt pratiquée en vertu de cette créance. — *Riom*, 15 déc. 1846 (t. 1er 1847, p. 597)), Lyonnet c. Paulet.

248. — La copie du titre ou celle de l'ordonnance portant la somme pour laquelle le créancier est autorisé à saisir-arrêter peut servir à suppléer à l'omission de l'énonciation de la somme. Il suffit, en effet, que cette somme soit exprimée d'une façon ou d'autre dans la signification. — Roger, n° 392 ; Chauveau sur Carré, *loc. cit.*

249. — Une saisie-arrêt ne devrait pas même être annulée par cela seul qu'elle aurait été pratiquée pour une somme supérieure à celle due par le saisi. — Roger, n° 393.

250. — La nullité ne pouvant se suppléer, la saisie ne serait pas nulle non plus à défaut par le créancier d'avoir donné copie de l'ordonnance contenant l'évaluation provisoire de la créance, lorsque d'ailleurs le montant de cette créance peut être évalué à l'aide du titre qui a été signifié. L'art. 559 du C. procéd. exige seulement qu'on donne copie de l'ordonnance portant permission de saisir-arrêter. — Roger, n° 394.

251. — L'obligation, pour le saisissant, d'élire domicile dans le lieu où demeure le tiers saisi, est la consécration par le Code de procédure d'un usage constant sous l'ordonnance de 1667. Elle a pour but de permettre la signification au lieu même où la saisie est faite de tous les actes tendant à en obtenir la mainlevée. Cette élection est aussi bien dans l'intérêt du tiers saisi que dans celui du saisi, et rien ne peut dispenser le saisissant de l'insérer dans l'exploit. — Roger, n° 398 ; Chauveau sur Carré, quest. 1936.

252. — D'après cela, l'appel d'un jugement qui a validé une saisie-arrêt peut être notifié au domicile élu par l'exploit de saisie-arrêt. — *Contrà, Bruxelles*, 9 avril 1812, Danxieux c. Trésor. — Roger, *loc. cit.*

253. — Un tiers saisi peut signifier au domicile élu dans la saisie l'appel du jugement qui annule la déclaration affirmative. — *Liége*, 12 juin 1812, Chainaie-Raymond c. Denis. — Roger, n° 349 ; Chauveau sur Carré, quest. 1936.

254. — Par *lieu* où demeure le tiers saisi il faut entendre la commune même où il réside. Il ne suffirait donc pas que l'élection de domicile fût faite dans l'arrondissement. — Thomine-Desmazures, t. 2, p. 68 ; Roger, n° 400 ; Chauveau sur Carré, *loc. cit.*

255. — Le saisissant n'est pas dispensé par l'élection de domicile de faire connaître dans l'exploit de saisie-arrêt son domicile réel ; cette indication est aussi exigée à peine de nullité. — *Colmar*, 27 juill. 1829, Dischbein c. Straiblenheim. — Roger, n° 401.

256. — L'Etat, les administrations et établissemens publics, sont astreints, comme les simples particuliers, à élire domicile dans le lieu où la saisie est pratiquée. — Roger, n° 402 ; Chauveau sur Carré, quest. 1936 *in fine*.

257. — L'exploit de saisie-arrêt est, en outre, assujetti aux règles ordinaires des exploits qui sont compatibles avec lui. Par conséquent, il doit être remis au tiers saisi lui-même, ou à son domicile. — C. proc., 68 et 70. — Il est nul s'il a été signifié au domicile de son mandataire. — *Paris*, 18 juin 1810, Dappel Voisin c. Moinot. — Roger, n° 404 ; Boitard, t. 3, p. 342 et 343 ; Chauveau et Carré, quest. 1939.

258. — Spécialement, est nulle l'opposition formée sur les appointemens d'un employé de théâtre entre les mains du caissier de l'administration ; une pareille opposition ne peut être formée qu'entre les mains du directeur, qui seul est débiteur ; et la nullité de cette opposition peut être présentée pour la première fois en cause d'appel, bien que le tiers saisi ait fait sa déclaration affirmative. — *Paris*, 18 juin 1831, Lhenry c. Geoffroy. — Roger, n° 416 ; Thomine-Desmazures, t. 2, p. 69 ; Carré et Chauveau, *loc. cit.*

259. — La saisie-arrêt entre les mains de personnes non demeurant en France sur le continent, ne pourra point être faite au domicile du procureur de la République ; elle devra être signifiée à personne ou à domicile. — C. proc., art. 560.

260. — Elle peut donc être faite à la personne du tiers saisi étranger, en France, s'il s'y trouve, ou à son domicile en France, s'il en a un. Seulement, dans ce dernier cas, les paiemens faits à son domicile par ses commis avant qu'il ait pu leur donner avis de l'opposition seront valables à l'égard du saisissant. — Roger, n° 407.

261. — La saisie faite entre les mains d'un étranger au domicile du procureur de la République rendrait-elle nul le paiement fait au saisi, si d'ailleurs le tiers saisi étranger avouait avoir connu la saisie-arrêt ? La négative est soutenue par M. Roger, sur le motif que l'art. 560 ne prononce pas la nullité. — V. n° 409. — Toutefois, cette opinion n'est pas exempte de critique. Quoique l'art. 560 ne prononce point la nullité, ses termes, en effet, sont impératifs. La saisie, y est-il dit, ne pourra être faite au domicile du procureur de la République. Le débiteur saisi pourrait donc contraindre le tiers saisi à le payer, nonobstant l'opposition dont il s'agit. — V. Chauveau sur Carré, quest. 1940 *bis*.

262. — Il n'est pas nécessaire, dans aucun cas, de mentionner l'heure où la saisie-arrêt est faite. L'ordonnance de Blois (art. 173) l'exigeait autrefois, et les lois du 14-19 fév. 1792 (art. 8), 30 mai et 8 juin 1793 reproduisaient cette disposition pour les saisies faites en mains du trésor public ; mais ces lois ont été abrogées en ce point par le Code de procédure. — Décr. 18 avr. 1807.

263. — Ainsi, une opposition formée au Trésor est valable quoiqu'elle ne mentionne pas l'heure à laquelle elle a été faite, et que l'original n'en ait pas été visé dans les vingt-quatre heures de la notification. — *Bordeaux*, 15 juin 1827, Dumoulin-Descoutancerie c. Pastoureau de Labrandière.

264. — Les saisies faites entre les mains des commissaires-priseurs sur le prix des ventes faites par leur ministère, doivent être visées par eux sur l'original, à peine de rester sans effet. En cas d'absence ou de refus, le visa est donné par le syndic de leur compagnie. — L. 27 vent. an IX, art. 3 et 4 ; ord. 26 juin 1816, art. 6 et 7. — Roger, n° 420.

265. — L'art. 562 C. procéd. civ. veut que l'huissier soit tenu, s'il en est requis, de justifier de l'existence du saisissant à l'époque où le pouvoir de saisir lui a été donné, à peine d'interdiction et de dommages-intérêts des parties.

266. — Il n'est pas nécessaire que l'huissier soit porteur d'un pouvoir spécial. La simple remise des pièces suffira. — Roger, n° 423 ; Carré sur l'art. 562. — *Contrà*, Delaporte sur le même article.

267. — Pour remplir le but de cette disposition, l'huissier doit se faire attester le nom, l'état et la demeure du saisissant par deux citoyens français sachant signer et ayant leur domicile dans la commune où le saisissant réside. — Thomine-Desmazures, t. 2, p. 70 ; Boitard, t. 3, p. 247 ; Roger, n° 426 ; Carré et Chauveau, quest. 1942.

268. — Mais, de cette obligation imposée à l'huissier, il ne résulte pas qu'il ait besoin d'un pouvoir spécial pour opérer la saisie. — Roger, n° 424 ; Carré et Chauveau, quest. 1944.

269. — Si l'huissier est requis par un mandataire, il lui suffira de justifier de l'existence de celui-ci. — Thomine-Desmazures, *loc. cit.* ; Roger, n° 425 ; Carré et Chauveau, quest. 1943.

270. — Si le créancier était mort dans l'intérim, entre le moment où a été donné le pouvoir pour saisir et celui de la signification de l'exploit, l'huissier n'encourrait aucune responsabilité, à moins qu'il ne fût de mauvaise foi. — Roger, n° 423 ; Chauveau sur Carré, quest. 1944 *bis*. — Mais, dans tous les cas, la saisie serait nulle.

271. — L'art. 561 C. proc. civ. indique une formalité particulière, à l'égard des saisies-arrêts faites entre les mains des receveurs, dépositaires ou administrateurs des caisses et deniers publics. Il veut que la saisie ne soit point valable, si l'exploit n'est fait à la personne préposée pour le recevoir, et s'il n'est visé par elle sur l'original, ou, en cas de refus, par le procureur de la République. Mais cette formalité n'est pas la seule à remplir ; d'autres sont exigées par le décret du 18 août 1807.

272. — Avant ce décret, les lois du 19 févr. 1792 et 30 mai 1793 prescrivaient les formalités à remplir pour les oppositions à former aux mains du Trésor ; et il avait été jugé que ces formalités ne devaient pas être nécessairement observées pour les oppositions faites entre les mains des délégués des fournisseurs de la marine. — *Cass.*, 3 prair. an IX, Pouètre c. Servières.

273. — Indépendamment des formalités ci-dessus indiquées, l'exploit de saisie-arrêt entre les mains des receveurs, etc., doit indiquer clairement les noms et qualités de la partie saisie. — Décr. 18 août 1807, art. 1er.

274. — Cependant, l'opposition formée sur l'indemnité d'un émigré décédé est valable quoiqu'elle n'indique que le nom du défunt et non ceux de ses héritiers. — *Bordeaux*, 15 juin 1827, Dumoulin-Descoutancerie c. Pastoureau de Labrandière.

275. — L'exploit doit en outre contenir la désignation de l'objet saisi (décr. 18 août 1807, art. 1er) et l'énonciation de la somme pour laquelle la saisie-arrêt est faite, ainsi que la copie ou l'extrait en forme du titre du saisissant. — Art. 2.

276. — La saisie-arrêt n'aura effet que jusqu'à concurrence de la somme portée en l'exploit. — Art. 4. — Le paiement fait par l'Etat au saisi de l'excédant des causes de la saisie est valable.

277. — Il en serait de même du paiement fait par l'Etat de l'excédant des causes de la saisie au cessionnaire du saisi. Ce paiement ne pourrait donner lieu à aucune garantie contre l'Etat au profit du saisissant, quand même il surviendrait postérieurement de nouvelles oppositions. — *Paris*, 15 juill. 1838 (t. 1er 1839, p. 273), Emaire c. Clerdonnet et le Trésor.

278. — En tout cas, la garantie ne pourrait être demandée contre le Trésor que par action principale et non par une action incidente dans

la contribution des sommes restant à distribuer. —Même arrêt.

279. — Par suite du principe que la saisie n'a d'effet que jusqu'à concurrence de la somme portée en l'exploit, la compensation s'opérerait de plein droit entre l'État et le saisi, sur l'excédant des causes de la saisie, pour les sommes dont le saisi serait devenu débiteur envers l'État postérieurement à la saisie. — C. civ., art. 1298. — V. cependant l'arrêt de *Paris*, du 15 juill. 1838, cité au numéro précédent.

280. — Quant aux sommes arrêtées par la saisie et que l'État doit garder, elles ne seront point exclusivement attribuées au premier saisissant; mais elles devront, s'il survient des oppositions nouvelles postérieurement au paiement de l'excédant des causes de la première saisie, être distribuée par contribution et au marc le franc entre tous les opposans. — Même arrêt.

281. — Mais, en cas de transport par le saisi, de l'excédant des causes de sa saisie, le cessionnaire serait tenu d'indemniser le premier saisissant du tort que lui causait la saisie postérieure. — Même arrêt.

282. — Si le cessionnaire était lui-même créancier du saisi, il pourrait, en formant une opposition sur les sommes rendues indisponibles entre les mains de l'État par la première saisie, se faire comprendre pour ce qui lui reste dû par le saisi, dans la distribution de ces sommes. V. cependant l'arrêt précité.

283. — Au surplus, les créanciers antérieurs ne peuvent demander que par voie d'action principale au cessionnaire la restitution des sommes par lui touchées; ils ne peuvent le faire par action incidente dans la contribution des sommes restant à distribuer. — Même arrêt.

284. — Il n'est pas nécessaire à peine de nullité de la saisie, que le visa du préposé soit apposé le jour même de la notification de l'exploit. — En tout cas le saisi est non recevable à invoquer l'irrégularité du visa, si l'administration elle-même ne réclame pas. — *Cass.*, 25 janv. 1825, Bizet c. Cornaton. — Roger, n° 419. — V. *suprà*, n° 271.

285. — L'exploit d'une saisie-arrêt formée sur le cautionnement d'un officier ministériel, est valablement visé par le sous-chef du bureau des oppositions, au lieu de l'être par le chef de ce bureau, lorsqu'il est constant en fait que le sous-chef était préposé pour recevoir et viser ces exploits. — Même arrêt. — Roger, n° 417.

286. — Il avait été jugé que la saisie-arrêt reçue par le ministre des finances à Paris, devait empêcher tout paiement à faire par le payeur du département qui en était chargé, quelque éloigné que fût ce département de la capitale, et qu'en conséquence le Trésor n'était pas libéré par le paiement fait par le payeur. — *Cass.*, 8 mai 1833, Trésor c. Fonds; *Paris*, 4 déc. 1833, Trésor c. Chartrez; *Cass.*, 21 déc. 1835, même parties.

287. — Mais, pour éviter cet inconvénient, la loi de finances du 9 juillet 1836 a exigé que toute saisie-arrêt ou opposition sur des sommes dues par l'État, toute signification de cession ou transports desdites sommes, et toutes autres ayant pour objet d'en arrêter le paiement, fussent faites entre les mains des payeurs, agens ou préposés sur la caisse desquels les ordonnances ou mandats seront délivrés. Néanmoins, à Paris, et pour les paiemens à effectuer à la caisse du payeur central au trésor public, elles doivent être faites exclusivement entre les mains du conservateur des oppositions au ministère des finances. Toutes autres significations sont nulles.

288. — Les préfets ne devant pas être rangés dans la classe des receveurs, dépositaires ou administrateurs de caisses ou deniers publics, on ne peut saisir entre leurs mains les sommes dont l'État serait débiteur envers des particuliers. — Dans tous les cas, les préfets ne seraient astreints qu'à délivrer des certificats constatant les sommes dues; sans que l'on pût les assigner en déclaration affirmative, et, sur leur refus, les faire déclarer débiteurs purs et simples des saisies-arrêts. — *Cass.*, 11 févr. 1834, Laugé c. Préfet des Hautes-Pyrénées. — Roger, n° 415; Bioche et Goujet, v° *Saisie-arrêt*, n° 140.

289. — L'art. 14 de la loi précitée du 9 juill. 1836 porte que les saisies-arrêts ou oppositions n'auront d'effet que pendant cinq années à compter de leur date, à moins qu'elles n'aient été renouvelées dans ce délai; quels que soient d'ailleurs les actes, traités ou jugemens intervenus sur ces oppositions. En conséquence, elles seront rayées d'office des registres dans lesquels elles auraient été inscrites et ne seront pas comprises dans les certificats prescrits par l'art. 14

de la loi du 19 févr. 1792 et par les art. 7 et 8 du décret du 18 août 1807.

290. — Les saisies-arrêts antérieures au 9 juill. 1836 ont dû être renouvelées dans l'année à partir de la publication de la loi du 9 juillet 1836, sous peine de rester sans effet et d'être rayées des registres. — L. 9 juill. 1836, art. 15.

291. — Les saisies-arrêts sur des officiers de l'armée doivent être faites entre les mains du trésorier du régiment (ord. 19 mars 1823), celles faites entre les mains de l'administration des postes doivent être signifiées aux inspecteurs dans les départemens et à Paris au directeur de cette administration (instr. gén. sur les postes de 1833, art. 858); celles faites sur les remises des percepteurs sont signifiées aux receveurs des finances. — Roger, n° 416.

292. — Les saisies-arrêts des cautionnemens sont faites directement à la caisse d'amortissement ou au greffe des tribunaux dans le ressort desquels les titulaires exercent leurs fonctions, savoir : pour les officiers ministériels au greffe des tribunaux civils; pour les agens de change et courtiers soit à la caisse d'amortissement, soit au greffe des tribunaux de commerce. — L. 25 niv. an XIII, avis du Conseil d'État du 12 août 1807. — Roger, n° 414, note 1re.

293. — La saisie entre les mains des dépositaires des deniers publics ne doit pas à peine de nullité, être signifiée en parlant à leur personne. Elle peut être signifiée en parlant à un commis qui viserait l'original. — Roger, n° 417; Pigeau, *Comment.*, t. 2, p. 159; Carré et Chauveau, question 1944.

294. — Mais la signification doit être faite au préposé à son bureau et non dans sa demeure. — Roger, n° 418.

295. — Il ne s'agit, dans la loi du 18 août 1807 et dans les art. 561 et 569 C. procéd., que des saisies-arrêts faites sur des particuliers entre les mains de l'État. On ne peut jamais faire une saisie-arrêt sur le fisc lui-même entre les mains de ses débiteurs. Ainsi, on a jugé que la saisie-arrêt faite par le porteur d'un jugement rendu contre la régie entre les mains de l'un de ses receveurs ou de tout autre dépositaire de deniers publics n'est pas valable. — *Cass.*, 31 mars 1819, Enregistrement c. Jousselin. — Roger, n° 253.

296. — Les nullités résultant de l'inobservation des formes dans un exploit de saisie-arrêt peuvent-elles être invoquées par le saisi et le tiers saisi? Il faut distinguer : quant aux nullités intrinsèques, telles que le défaut d'énonciation de la somme pour laquelle la saisie-arrêt est faite, ou le défaut d'élection de domicile, la nullité peut être invoquée aussi bien par l'un que par l'autre. — *Paris*, 30 août 1811, N.... — Roger, n° 381; Chauveau sur Carré, quest. 1939 *bis*.

297. — Mais quant aux nullités extrinsèques, comme si l'exploit de saisie-arrêt n'a pas été signifié au tiers saisi à son domicile, elles ne peuvent être invoquées que par le débiteur saisi. — Roger et Chauveau, *loc. cit.*

298. — Sous l'édit de 1771, l'opposition au paiement d'une rente foncière était périmée par discontinuation de poursuites pendant trois ans. — *Nîmes*, 13 niv. an XI, Bancel c. Faix. — Il en serait de même aujourd'hui de l'exploit de saisie-arrêt. — V. n° 315.

§ 9. — *Dénonciation. — Assignation en validité. — Contre-dénonciation.*

299. — Dans la huitaine de la saisie-arrêt ou opposition, outre un jour par trois myriamètres de distance entre le domicile du tiers saisi et celui du saisissant, et un jour par trois myriamètres de distance entre le domicile de ce dernier et celui du débiteur saisi, le saisissant sera tenu de dénoncer la saisie-arrêt ou opposition au débiteur saisi et de l'assigner en validité. — C. procéd. civ., art. 563.

300. — L'opposition formée entre les mains du Trésor est, comme toute autre, soumise à la dénonciation au débiteur saisi, avec assignation en validité. — *Lyon*, 24 août 1827, de Curnieu c. Froget. — Roger, n° 484; Chauveau sur Carré, t. 4, p. 588, note.

301. — En accordant, pour la demande en validité d'une saisie-arrêt, un jour par trois myriamètres, la loi doit être entendue, en ce sens que le délai ne serait pas augmenté pour une fraction de myriamètre. — *Poitiers*, 20 févr. 1827, Ducerrier c. Dumoulin. — *Contrà*, Roger, n° 459; Chauveau sur Carré, quest. 1945 *ter*.

302. — L'augmentation de délai accordée au

saisissant, pour dénoncer une saisie-arrêt au saisi, quand il ne demeure pas dans la même ville, a lieu, lors même que la dénonciation serait faite à la personne du saisi trouvée dans la ville du saisissant. — *Bruxelles*, 16 nov. 1830, Dewael c. Arnot. — Roger, *Saisie-arrêt*, n° 458; Chauveau sur Carré, quest. 1945 *bis*.

303. — Lorsque le tiers saisi ou le saisi demeurent hors de France, on doit appliquer pour la dénonciation et l'assignation en validité les délais prescrits par l'art. 73 C. proc. pour les ajournemens. — Roger, n° 460.

304. — Le délai de huitaine accordé au saisissant par l'art. 563 n'est pas franc. On est unanimement d'accord que l'art. 1033 ne s'applique qu'aux délais accordés à ceux à qui un acte est signifié, et non aux délais dans lesquels ceux qui ont fait un acte le doivent faire suivre d'un second. — *Turin*, 14 mai 1808, Rastelli c. Raffino. — Thomine-Desmazures, t. 2, p. 74; Roger, n° 456; Pigeau, *Comment.*, t. 2, p. 160; Carré et Chauveau, quest. 1945.

305. — Ce délai, de plus, ne doit pas être augmenté d'un jour, si le huitième est un dimanche. — *Toulouse*, 22 mars 1827, Salvignol.

306. — La forme dans laquelle la saisie doit être dénoncée n'a point été déterminée par la loi. Il est sans doute plus régulier de donner copie entière de l'exploit de saisie-arrêt, ainsi que de l'ordonnance en vertu de laquelle elle a été faite. Cependant cette formalité n'est point indispensable; il suffit que le débiteur soit mis en état de connaître le créancier arrêtant, le titre, la somme pour laquelle on a pratiqué la saisie, et le tiers entre les mains duquel elle est faite. — Roger, n° 459 *bis*; Thomine-Desmazures, t. 2, p. 74; Chauveau sur Carré, quest. 1945 *quater*.

307. — Ainsi jugé que la dénonciation peut ne pas contenir littéralement copie de la saisie. — Particulièrement, elle n'est pas nulle si elle ne contient pas les noms et l'immatricule de l'huissier qui a dressé le procès-verbal de saisie. — *Caen*, 10 avril 1827, Huard-Cadet c. Fesq. — Roger et Chauveau, *loc. cit.*

308. — Jugé aussi que l'exploit de dénonciation ne peut être déclaré nul, s'il ne renferme pas la copie de l'ordonnance portant permission de saisir-arrêter. — *Cass.*, 25 nov. 1839 (t. 1er 1840, p. 20), Defrance c. Marinier. — *Contrà*, *Lyon*, 1er août 1839 (t. 2 1841, p. 126), Saint-Cyre c. Blanc.

309. — La dénonciation de la saisie-arrêt est d'ailleurs assujettie aux mêmes formalités que tous les autres exploits. Si la saisie-arrêt est pratiquée sur un Français établi en pays étranger, elle doit être signifiée avec assignation au parquet du procureur de la République et non par affiche à la porte du tribunal. — Roger, n° 455; Chauveau sur Carré, quest. 1945 *quinquies*.

310. — Mais, la saisie-arrêt pratiquée sur un étranger peut lui être dénoncée au domicile qu'il a élu en France. — *Aix*, 3 août 1832, Massery c. Naon. — Roger et Chauveau, *loc. cit.*

311. — Il est absolument indispensable que la saisie soit dénoncée par le saisissant à la partie saisie elle-même. Le saisissant ne pourrait s'en dispenser sous prétexte qu'il l'aurait signifiée à un autre saisissant pour obtenir mainlevée de l'opposition de celui-ci, ou sur le motif qu'elle aurait été dénoncée au saisi par le tiers saisi. — Pigeau, *Comment.*, t. 2, p. 160; Roger, n° 461.

312. — Un tiers n'est pas fondé à exciper du droit du mari en ce sens qu'il puisse attaquer de nullité la saisie-arrêt pratiquée sur une femme séparée de biens, sous prétexte qu'elle n'aurait été dénoncée aux époux que par une seule copie donnée à la femme au domicile du mari. — *Paris*, 26 avril 1822, Hœring c. Desbrosses et Bertrand.

313. — Dans les délais accordés pour la dénonciation, le saisi doit être assigné en validité. Ordinairement la dénonciation et l'assignation en validité se font par le même acte. On pourrait les faire dans des actes séparés, seulement la demande en validité ne passerait pas en taxe. — *Tarif*, art. 29. — Roger, 462; Chauveau sur Carré, quest. 1945 *sexies*.

314. — Lorsqu'un créancier a pratiqué des saisies-arrêts sur la même personne, entre les mains de plusieurs individus, il doit demander la validité de ces saisies par un seul exploit, s'il assigne son débiteur pour le même jour, à raison de chaque demande en validité; s'il signifiait autant d'exploits qu'il y a de tiers saisis, un seul lui serait passé en taxe. — *Bruxelles*, 13 mai 1830, Hospice d'Anvers c. N... — Roger, n° 464.

315. — L'ordonnance de 1629, qui déclarait les saisies-arrêts sujettes à péremption, ne s'appliquait pas aux oppositions, qui ne pouvaient être considérées comme saisies-arrêts. — *Cass.*, 1er frim. an X, Trouillebert c. Baron. — Aujourd'hui l'in-

tance en validité de saisie-arrêt serait périmée par discontinuation de poursuites pendant trois ans. — V. PÉREMPTION D'INSTANCE.

316. — La demande en validité de saisie-arrêt est dispensée du préliminaire de conciliation, lors même qu'elle comprend une demande en reconnaissance du titre de la saisie et en condamnation de la somme due. — C. proc., art. 567. — Roger, n° 465.

317. — Le tribunal saisi de l'instance en validité d'une saisie-arrêt pratiquée sur l'indemnité allouée à des émigrés pour le paiement des créances consistant en capital et intérêts peut, après avoir validé cette opposition seulement pour le capital, condamner les débiteurs saisis à payer les intérêts, quoique cette condamnation ait été demandée dans l'instance en validité d'opposition par de simples conclusions, et même sans préliminaire de conciliation, alors que la demande a été dirigée contre plus de deux parties. — *Cass.*, 12 mars 1833, Guy c. Dupin, et Ségur c. Legouart.

318. — L'assignation en validité doit être formée dans la huitaine, *à peine de nullité*. L'art. 565 ne rappelle pas textuellement l'art. 563; mais il est clair que ces deux articles doivent se combiner. — *Toulouse*, 22 mars 1827, Salvignol. — Roger, n°s 463 et 481; Carré et Chauveau, quest. 1946.

319. — La saisie-arrêt qui n'est pas suivie d'une demande en validité est nulle et doit être considérée comme non avenue, sans qu'il soit besoin de mettre en cause le saisissant. — *Rennes*, 11 juin 1820, Lorois c. Vergé.

320. — Le tiers saisi peut être contraint par le saisi à vider ses mains, lorsque le saisissant n'a point formé de demande en validité et n'a fait aucune dénonciation ni au saisi ni au tiers saisi. — *Bruxelles*, 23 mars 1824, D... c. Devos; *Cass.*, 4 fév. 1834, Abaufret c. Audebert. — V. cependant Chauveau sur Carré, quest. 1946.

321. — La nullité de l'assignation en validité de saisie-arrêt ne peut être proposée qu'après le jugement du déclinatoire opposé par le saisi. — *Paris*, 28 nov. 1811, Dautent c. Périac.

322. — Quand, sur le mérite d'une action en validité de saisie-arrêt, le défendeur oppose qu'il ne pouvait être assigné que comme débiteur du chef de son père, à la succession duquel il a renoncé, tant qu'il n'y a pas eu de conclusions formelles tendant à détruire cette renonciation, elle subsiste comme fin de non-recevoir, et paralyse le titre dont excipe le saisissant. — *Orléans*, 16 mars 1825, Nappart c. Quirit-Delamothe. — Bioche et Goujet, v° *Saisie-arrêt*, n° 54.

323. — Dans un délai de huitaine, outre l'augmentation à raison des distances, à partir de la demande en validité, cette demande doit être dénoncée, à la requête du saisissant, au tiers saisi, qui ne sera tenu de faire aucune déclaration avant que cette dénonciation lui ait été faite. — C. proc., art. 564.

324. — Lorsque la dénonciation au saisi et la demande en validité ont été faites par actes séparés, le délai de huitaine court également du jour de l'acte qui contient la demande en validité. — Chauveau sur Carré, quest. 1946 *ter*.

325. — Dans l'usage, on donne copie entière de la dénonciation dans la contre-dénonciation. Cependant cette copie n'est pas expressément exigée. Mais elle est utile et doit même passer en taxe. — Roger, n° 470; Chauveau sur Carré, quest. 1946 *bis*. — *Contrà*, Bioche et Goujet, v° *Saisie-arrêt*, n° 71.

326. — Si la demande en validité de saisie n'a pas été dénoncée au tiers saisi dans le délai fixé par l'art. 564 C. proc., il a pu se dessaisir des objets ou des sommes arrêtés en ses mains. — *Cass.*, 28 déc. 1813, Latini c. Amati.

§ 10. — *Tribunal compétent pour statuer sur la demande en validité ou en mainlevée de saisie-arrêt.*

327. — Le tribunal compétent pour juger de la validité d'une saisie-arrêt est exclusivement le tribunal civil. Ainsi, les tribunaux de commerce sont incompétens pour prononcer sur la validité de la saisie, lors même que la créance serait commerciale, et que l'ordonnance portant permission de saisir-arrêter aurait été rendue par le président d'un tribunal de commerce. — *Bruxelles*, 28 mai 1807, Andrews et Kooke c. Mertens; *Paris*, 31 déc. 1811, Amelin c. Duriens; *Turin*, 30 mars 1813, Graglia c. Pollone; *Aix*, 29 déc. 1824, Bolhe c. Albruht; 6 janv. 1831, Rindi c. Marré et Pagano; 29 nov. 1832, Bretmayer c. Ferry. — Roger, n° 493; Chauveau et Carré, quest. 1953. — *Contrà*, *Turin*, 17 janv. 1810, Clareton c. Bagard; *Nîmes*, 3 déc. 1812, Grand c. Fusy; *Aix*, 6 janv. 1831, Rindi c. Marré et Pagano.

328. — Le tribunal civil saisi d'une demande en validité de saisie doit, avant de juger la saisie, la maintenir provisoirement, sauf le renvoi devant les juges compétens, pour faire statuer sur le mérite de l'obligation commerciale qui lui sert de base. — *Rennes*, 28 déc. 1820, Angove c. Pepin et l'Abbé. — Roger, n°s 521 et suiv.

329. — Lorsque, dans une faillite, le créancier de la masse, déclaré tel par jugement du tribunal de commerce, a formé saisie-arrêt entre les mains du syndic caissier, c'est devant le tribunal civil que doit être portée la demande en validité. — *Cass.*, 27 juin 1821, Dumont et Gillot c. Poullain.

330. — Le tribunal de commerce ne peut connaître de la validité d'une saisie-arrêt pratiquée par le trésor public, entre les mains du débiteur d'un comptable. — *Rennes*, 27 mai 1814, agent du Trésor c. Lecrosnier.

331. — Lorsque le porteur d'un effet de commerce, en saisissant le tribunal civil d'une demande en validité de saisie-arrêt, a conclu à la reconnaissance du titre et au paiement de sa créance sur les deniers saisis, il ne peut ensuite se pourvoir devant le tribunal de commerce, à l'effet d'obtenir la condamnation par corps. — *Colmar*, 23 nov. 1815, Dockes. — Chauveau sur Carré, quest. 1953 *bis*.

332. — Le juge des référés est incompétent pour statuer, même provisoirement, sur une demande en mainlevée de saisie-arrêt. — *Orléans*, 28 mars 1849 (t. 1er 1849, p. 39), Gouin, Chagot et Boislevé.

333. — La demande en validité et la demande en mainlevée formée par la partie saisie seront portées devant le tribunal du domicile de la partie saisie. — C. proc., art. 567.

334. — S'il y a plusieurs défendeurs, la demande en validité peut être portée indifféremment devant le tribunal de l'un d'eux. — C. proc., art. 59. — Roger, n° 492.

335. — C'est en vertu d'une exception fondée sur la loi du 22 frimaire an VII, que la demande en validité d'une saisie-arrêt formée par la régie de l'enregistrement et des domaines, doit être portée devant le tribunal du lieu où la contrainte a été décernée, et non devant celui du domicile de la partie saisie. — *Paris*, 21 juill. 1810, Enregistrement c. Selves. — Roger, n° 519; Chauveau sur Carré, quest. 1952 *ter*.

336. — Il en est ainsi quand même le redevable n'aurait pas formé opposition à la contrainte, et quoiqu'on ne puisse pas dire, dans ce cas, qu'il y a contestation sur la contrainte. — *Cass.*, 14 déc. 1810, Enregistrement c. Meyer.

337. — Mais l'administration n'est dispensée d'assigner au domicile du saisi qu'autant que la saisie a été précédée d'une contrainte. — Roger, n° 519.

338. — C'est le tribunal du lieu de la situation des biens qui doit connaître de la demande en validité de saisies-arrêts pratiquées par la régie, en exécution d'une contrainte décernée pour le paiement des arrérages d'une rente foncière appartenant au domaine. — *Cass.*, 8 juill. 1823, Domaine c. Ledo.

339. — La demande en mainlevée des oppositions à la délivrance des expéditions d'un navire, formée sur le capitaine entre les mains de l'administration des douanes, doit être portée devant le tribunal du lieu où le navire se trouve. — *Metz*, 15 août 1819, Baudry c. Compagnie d'assurances générales. — Roger, n° 514.

340. — Le tribunal devant lequel des frais ont été faits par un officier ministériel, est incompétent pour statuer sur le mérite de la saisie-arrêt qui a été pratiquée pour sûreté de ces frais. Le tribunal du domicile du débiteur est seul compétent pour connaître de cette saisie-arrêt, à la charge, néanmoins, de surseoir jusqu'à ce qu'il ait été statué sur le mérite de la demande en paiement des frais par le tribunal devant lequel ils ont été faits. — *Cass.*, 17 févr. 1817, Garde c. Ferrand. — Roger, n° 510.

341. — Lorsque, par suite d'une exception à la demande en validité d'une saisie-arrêt, le débiteur saisi a fait des offres réelles à son créancier, ce n'est pas devant le tribunal du domicile de ce créancier, mais bien devant celui qui doit statuer sur le mérite de la saisie que doit être portée la demande en validité des offres. — *Paris*, 9 flor. an XI, Sinetty c. Brancas. — Roger, n° 517; Chauveau sur Carré, quest. 1956 *quater*.

342. — L'art. 567, en attribuant la compétence pour juger de la validité de la saisie, au tribunal du saisi, suppose que la demande est formée par lui ou contre lui. Mais s'il s'agit d'une demande en mainlevée formée contre le saisissant par des tiers qui se prétendent propriétaires des sommes arrêtées, la demande peut alors être portée devant le tribunal du défendeur, c'est-à-dire du saisissant. — Roger, n° 515.

343. — Cependant, jugé qu'en cas d'opposition par un tiers sur une somme cédée, le cessionnaire doit porter sa demande en mainlevée devant le tribunal de son propre domicile, et non devant celui du créancier opposant, alors surtout que ce tribunal est encore celui du domicile déclaré par le cédant et celui du bureau du Trésor où on a formé l'opposition. — *Paris*, 17 juin 1825, Barrioche c. Pairon.

344. — En tout cas, lorsque le tribunal du domicile du débiteur sur lequel une saisie-arrêt a été pratiquée, est déjà investi de la demande en validité de cette saisie, les tiers qui se prétendent propriétaires de sommes arrêtées doivent en demander la mainlevée à ce tribunal et non devant le leur propre. — *Trèves*, 30 oct. 1812, Brissac c. Veiser.

345. — Celui au préjudice duquel une saisie-arrêt est pratiquée pour sûreté d'un fournissement de légitime, doit assigner en mainlevée devant son propre tribunal, et non devant celui du saisissant, lorsque surtout le premier de ces tribunaux est déjà saisi de la demande en fournissement. — *Paris*, 19 déc. 1809, de Montdragon c. Silly.

346. — Le tribunal de l'ouverture de la succession est compétent pour connaître des demandes qui seraient intentées par les créanciers du défunt avant le partage. — Par conséquent, si une saisie-arrêt était formée par les créanciers du défunt sur les biens de la succession avant le partage, la demande en validité devrait être portée devant le tribunal de l'ouverture de la succession. — *Cass.*, 20 juill. 1821, Bernoude-Salins c. de Lacoupe. — Roger, n° 511; Chauveau sur Carré, sur l'art. 567, n° 452.

347. — Doit être portée au tribunal de l'ouverture de la succession la demande en validité d'une saisie-arrêt faite en vertu d'une sentence arbitrale, qui a réglé les droits de chaque héritier, mais sans former les lots ni les attribuer. — *Rennes*, 10 janv. 1812, Bourgeois c. Cambry. — Roger, n° 512.

348. — Si, pour sûreté de ses droits, les tuteur et subrogé tuteur de l'enfant naturel ont fait des saisies-arrêts entre les mains des débiteurs de la succession du défunt, et assigné en validité devant le tribunal de cette succession, et que la veuve comme tutrice de sa fille légitime les ait de son côté assignés en mainlevée devant son propre tribunal, autre que celui de la succession, la connaissance de ces demandes en validité et en mainlevée appartient au tribunal de la succession, comme étant connexes à la demande principale de l'enfant naturel dont il est saisi. — *Cass.*, 25 août 1813, Destaing. — Roger, n°s 10 et suiv.

349. — Lorsque, par suite d'un jugement de séparation de biens, des immeubles ont été attribués à la femme, la demande en validité ou en mainlevée de la saisie-arrêt qu'elle a fait pratiquer sur les revenus de ces immeubles doit être portée devant le tribunal du lieu de leur situation, et non devant celui qui a prononcé la séparation. — *Cass.*, 15 mars 1842 (t. 2 1842, p. 165), Sirey.

350. — Sur le point de savoir devant quel tribunal doit être portée la demande en validité ou en mainlevée de la saisie-arrêt faite en France sur un étranger, V. ÉTRANGERS, n°s 531 et 532.

§ 11. — *Déclaration affirmative.*

351. — Autrefois, dès que la saisie-arrêt avait été pratiquée, le saisissant pouvait, en la dénonçant au débiteur, assigner le tiers saisi pour faire sa déclaration. D'après l'art. 568 C. procéd. civ., le saisissant ne peut assigner le tiers saisi en déclaration que s'il y a titre authentique, ou qu'après avoir fait déclarer valable par un jugement la saisie-arrêt.

352. — Mais, lorsqu'il y a titre authentique, il peut assigner le tiers saisi en déclaration par l'exploit même de saisie-arrêt en même temps qu'il dénonce la saisie au saisi. — Thomines-Desmazures, t. 2, p. 75; Roger, n° 550; Chauveau sur Carré, quest. 1956 *quinquies*.

353. — Une convention faite au bureau de paix a le caractère d'un titre authentique, autorisant le saisissant à assigner le tiers saisi en déclaration affirmative avant le jugement de la validité de la saisie. — Roger, n° 550.

354. — Le jugement qui intervient sur la de-

mande en validité de la saisie-arrêt ne crée évidemment de titre en faveur du saisissant que contre le débiteur saisi. Dès lors, la présence du tiers saisi à ce jugement ne saurait être nécessaire. Il n'y a donc pas lieu de le mettre en cause. —*Contrà*, *Bordeaux*, 27 févr. 1829, Hervé c. Roussille.

355. — Tout tiers saisi peut être assigné en déclaration affirmative. Il est fait cependant exception à l'égard des fonctionnaires publics désignés en l'art. 561. La loi veut seulement que ces fonctionnaires délivrent un certificat constatant s'il est dû à la partie saisie, et énonçant la somme si elle est liquide. — C. procéd. civ., art. 569.

356. — Les notaires et les huissiers n'étant pas compris parmi ces fonctionnaires publics, peuvent, comme les simples particuliers, être assignés en déclaration. — Roger, nº 585; Carré et Chauveau, quest. 1957.

357. — Le certificat dont parle l'art. 569 peut être exigé immédiatement après la saisie, s'il y a titre authentique. Autrement, il ne peut l'être qu'après le jugement de validité. — Pigeau, *Comment.*, t. 2, p. 166; Roger, p. 351, note; Chauveau sur Carré, quest. 1957 *bis*.

358. — Ce certificat est requis par une sommation d'avoué. — *Tarif*, art. 91. — Carré et Chauveau, quest. 1958.

359. — Le saisissant n'est point assujetti à former la demande en déclaration affirmative dans un délai déterminé. — Roger, nº 551; Chauveau sur Carré, quest. 1956 *sexies*. — Cette demande est, de plus, dispensée du préliminaire de conciliation. — C. procéd. civ., art. 570.

360. — Lorsque sur l'assignation donnée simultanément au saisi et au tiers saisi, ce dernier ne comparaît pas, les juges ne sont pas tenus de joindre le profit du défaut à la cause, et peuvent déclarer la saisie valable contre le saisi. — *Besançon*, 3 mai 1809, Calf. — Roger, nº 37.

361. — L'assignation donnée au tiers saisi est assujettie aux formes ordinaires des exploits, et ainsi la régie de l'enregistrement, quoique dispensée de constituer avoué contre des redevables, est tenue de le faire dans les contestations entre elle et les tiers saisis, sur sa déclaration affirmative. — *Cass.*, 29 avril 1818, Enregistrement c. Boy. — Roger, nº 551. — *Contrà*, *Cass.*, 28 juill. 1812, Enregistrement c. Bougué.

362. — L'assignation en déclaration affirmative n'est pas toujours nécessaire. Ainsi, s'il ne s'élève aucune contestation relativement aux sommes dont le tiers saisi est débiteur, il suffit que le saisissant signifie à ce dernier le jugement de validité ainsi que le certificat de l'avoué et du greffier constatant qu'il n'existe ni opposition ni appel, avec sommation de payer. — Thomines-Desmazures, t. 2, p. 75; Roger, nº 552; Chauveau sur Carré, quest. 1956 *septies*.

363. — Le tiers saisi doit être assigné devant le tribunal qui doit prononcer ou qui a déjà prononcé sur la validité de la saisie, sauf à lui, si sa déclaration est contestée, à demander son renvoi devant son juge. — C. procéd. civ., art. 570.

364. — Et les tribunaux devront l'ordonner, quelle que soit la nature de la contestation. — *Turin*, 30 janv. 1808, Falletti c. Derossi. — Roger, nº 599; Carré et Chauveau, quest. 1959.

365. — Mais un tiers saisi assigné en déclaration affirmative devant le tribunal où la cause principale est portée, ne peut demander son renvoi devant les juges de son domicile et opposer le défaut de citation en conciliation, que lorsque sa déclaration est contestée. — *Paris*, 9 therm. an X, N....

366. — La contestation doit porter sur la sincérité des faits déclarés. Le tiers saisi ne pourrait demander son renvoi devant ses juges naturels, si sa déclaration était contestée seulement pour vice de forme. — *Bordeaux*, 23 mars 1813, Jenings c. Hollande. — Roger, nº 599.

367. — Ainsi, la faculté accordée par l'art. 570 C. proc. au tiers saisi de demander son renvoi devant le tribunal de son domicile, si la déclaration est contestée, ne s'étend pas au cas où le saisissant se borne à réclamer l'accomplissement d'une formalité qui n'est que le complément de la déclaration affirmative, par exemple le dépôt des pièces justificatives à l'appui de la déclaration. — *Paris*, 9 août 1841 (t. 2 1841, p. 259), Courrier c. Noury.

368. — Le tribunal civil du lieu du domicile du tiers saisi est toujours compétent pour connaître de la déclaration affirmative, bien que cette instance soit connexe à une autre précédemment engagée devant le tribunal de commerce. — *Cass.*, 12 oct. 1814, Kock c. Brinlano et l'agent judiciaire du Trésor.

369. — En matière de saisie-arrêt, le saisissant ne peut distraire le tiers saisi de ses juges naturels, sous le prétexte de litispendance. — *Paris*, 14 févr. 1814, Astruc c. Volpelière.

370. — Le tiers saisi fera sa déclaration au greffe, avec l'assistance d'un avoué (*Tarif*, art. 92), s'il est sur les lieux, sinon, devant le juge de paix de son domicile, sans qu'il soit besoin, dans ce cas, de réitérer l'affirmation au greffe. — C. proc., art. 571.

371. — Le greffe dont il s'agit dans l'art. précité est celui du tribunal qui doit connaître de la validité de la saisie.

372. — Lorsque la déclaration est faite au greffe de la justice de paix du tiers saisi, ce n'est pas au juge de paix à la transmettre au greffe du tribunal saisi de la demande. Le tiers saisi doit en lever une expédition et l'adresser à son avoué près le tribunal devant lequel il a été assigné, et qui en fera le dépôt. — Roger, nº 562; Bioche et Goujet, vº *Saisie-arrêt*, nº 89; Thomines-Desmazures, t. 2, p. 78; Chauveau sur Carré, quest. 1962 *quater*.

373. — Le tiers saisi peut aussi faire la déclaration et l'affirmation par un mandataire (C. proc., art. 572). Il n'est pas nécessaire que la procuration soit authentique. — Bioche et Goujet, vº *Saisie-arrêt*, nº 87; Carré et Chauveau, quest. 1963; Thomines-Desmazures, t. 2, p. 78; Roger, nº 564. — *Contrà*, Pigeau, *Comm.*, t. 2, p. 168.

374. — L'affirmation n'a pas besoin d'être faite sous serment. — Thomines-Desmazures et Roger, *loc. cit.*; Carré et Chauveau, quest. 1964.

375. — Le délai pour faire la déclaration affirmative n'a point été fixé par la loi. Mais l'exploit par lequel le saisissant demande cette déclaration étant considéré comme introductif d'instance, il en résulte qu'elle doit être faite dans les délais fixés au titre des ajournemens. — Roger, nº 553; Carré et Chauveau, quest. 1962.

376. — Ainsi le tiers saisi demeurant à la Guadeloupe doit être déclaré débiteur pur et simple des causes de la saisie formée entre ses mains, s'il n'a pas fait de déclaration affirmative avant l'expiration de l'échéance de l'assignation en validité. — *Cass.*, 25 mars 1833, Marchais c. de Ligny.

377. — Jugé, au contraire, que le tiers saisi n'est pas déchu du droit de faire sa déclaration affirmative par cela seul qu'elle n'a point été faite dans les délais de l'assignation. — *Cass.*, 28 déc. 1813, Latini c. Amati.

378. — La déclaration doit énoncer les causes et le montant de la dette, les paiemens à-compte, s'il en a été fait, l'acte ou les causes de libération, si le tiers-saisi n'est plus débiteur, et, dans tous les cas, les saisies-arrêts ou oppositions formées entre ses mains. — C. procéd. civ., art. 573.

379. — Les pièces justificatives de la déclaration seront annexées à cette déclaration; le tout sera déposé au greffe, et l'acte de dépôt sera signifié par un seul acte contenant constitution d'avoué. — C. procéd., art. 574.

380. — Dans l'usage, on signifie non-seulement copie de l'acte de dépôt, mais encore copie de la déclaration affirmative, et quelquefois même des pièces justificatives. Cependant, la loi n'exige que la signification de l'acte de dépôt, et le saisissant doit prendre communication, au greffe, de la déclaration et des pièces. — Roger, nº 573; Chauveau sur Carré, quest. 1968 *sexies*.

381. — Quand la saisie-arrêt porte sur des effets mobiliers, le tiers saisi doit joindre à sa déclaration un état détaillé de ces effets, et contenant une désignation suffisante pour que le saisissant ne puisse se tromper sur la nature de la chose due par le tiers saisi. — Roger, nº 576.

382. — Le tiers saisi qui ne doit rien au débiteur saisi n'en est pas moins tenu de faire la déclaration exigée par la loi. Mais on ne peut exiger qu'il apporte la preuve qu'il ne doit rien. — *Orléans*, 17 nov. 1814, Pothier c. Pagot. — Roger, nº 565 4º; Carré et Chauveau, quest. 1968.

383. — Il a été même jugé qu'il n'est pas nécessaire que la déclaration du tiers saisi soit accompagnée de comptes ou quittances pour établir la libération, et que les juges peuvent induire cette libération des circonstances de la cause. — *Lyon*, 7 déc. 1825, Bacheville c. Raucin. — Roger, nº 565.

384. — Mais le tiers saisi qui déclare qu'il ne doit rien à la partie saisie, sans expliquer positivement s'il en était ainsi quand la saisie-arrêt a été faite, n'a pas fait une déclaration affirmative complète et régulière, telle que la loi l'exige. — *Paris*, 1ᵉʳ août 1825, Séguin c. Demachy.

385. — Le tiers saisi peut, suivant les circonstances, être admis à dire qu'il ignore s'il est débiteur du saisi. L'appréciation de la sincérité d'une telle déclaration est abandonnée à la sagesse des juges. — Chauveau sur Carré, quest. 1968 *bis*.

386. — Jugé spécialement qu'on ne peut faire déclarer débiteur pur et simple des causes d'une saisie-arrêt le tuteur tiers saisi, en qualité de tuteur, qui a déclaré qu'il ignorait si son pupille était débiteur du saisi, et qu'il attendrait qu'on produisît des titres de créance à sa charge. — *Besançon*, 28 fév. 1815, N.... — V. aussi, en ce sens, Roger, nº 565 5º.

387. — Mais si le tiers saisi reconnaît avoir été débiteur, ou si on prouve qu'il l'a été, et s'il se prétend libéré, c'est à lui qu'est imposée l'obligation d'établir sa libération, le saisissant ne pouvant être tenu de prouver la non-extinction de la dette. — *Orléans*, 21 juin 1831, Bernard c. Gary. — Roger, nº 567.

388. — Ainsi, lorsque le tiers saisi a été mandataire du saisi, et n'a pas encore rendu son compte, il peut être contraint par le saisissant à le rendre, encore bien qu'on puisse induire des circonstances de la cause que, par le résultat de ce compte, il se trouvera définitivement créancier du saisi. — *Orléans*, 17 nov. 1814, Pothier c. Pagot. — Roger, nº 566.

389. — Le tiers saisi ne peut opposer, avec ce qu'il doit, la compensation d'une créance née antérieurement à la saisie, mais qui n'était alors ni liquide ni exigible. — *Amiens*, 10 mai 1822, Gadiffert c. Heurtault. — Duranton, t. 12, nº 442; Roger, nº 443.

390. — Mais le tiers saisi qui, avant la saisie-arrêt, était créancier légitime du saisi, peut opposer au saisissant la compensation jusqu'à due concurrence, lorsque les dettes respectives sont liquides et exigibles. — *Cass.*, 14 août 1809, Lambert c. Rampal. — Roger, *loc. cit.*

391. On a même jugé que lorsque le tiers saisi, assigné en déclaration affirmative, se trouvait, au moment de l'opposition, créancier du saisi pour des sommes liquides et exigibles supérieures à celles dont lui-même était débiteur, et qui étaient également liquides et exigibles, il s'est opéré, jusqu'à due concurrence, une compensation de plein droit qui le dispensait de déclarer tout ce qu'il devait au saisi, sans qu'on puisse le réputer débiteur pur et simple des causes de l'opposition. — Si, dans ce cas, le créancier saisissant conclut, subsidiairement en appel, à ce qu'il soit sursis au jugement du mérite de son opposition, jusqu'à ce qu'il ait été prononcé sur la liquidation des droits du tiers saisi à l'égard du saisi, il y a lieu de rejeter cette demande en sursis, lorsqu'il est d'ailleurs certain que le tiers saisi est créancier du saisi, sauf au saisissant à intervenir, si bon lui semble, dans l'instance en liquidation. — *Bordeaux*, 6 avr. 1820, Rault c. Saulereau.

392. — Quand il résulte de la déclaration du tiers saisi qu'il est débiteur de sommes exigibles, le délai convenu postérieurement à la saisie-arrêt entre le tiers saisi et le débiteur pour le paiement, ne peut être opposé au créancier saisissant. — *Paris*, 25 mars 1831, Dedreux c. Mathis. — Roger, nº 368.

393. — Le saisissant n'étant, à l'égard du tiers saisi, que l'ayant cause du saisi, le tiers saisi peut, par conséquent, lui opposer, à l'appui de sa déclaration affirmative, toutes les preuves qu'il pourrait opposer au saisi lui-même. — Roger, nº 567; Chauveau sur Carré, quest. 1967.

394. — En conséquence les quittances sous seing privé données par le débiteur sont opposables au saisissant, alors même qu'elles n'auraient acquis date certaine que postérieurement à la saisie. — *Orléans*, 18 déc. 1816, N...; *Colmar*, 8 janv. 1830, Adam c. Bottin; *Bourges*, 3 fév. 1836, Marotte-Bussy c. Corlet; *Toulouse*, 7 déc. 1838 (t. 2 1840, p. 436), Galand et Pelch; 5 juin 1840 (t. 2 1840, p. 303, de Carrière c. Miquel; *Riom*, 25 fév. 1845 (t. 1ᵉʳ 1846, p. 445), Poncillon c. Chastel. — Roger, nº 568; Duranton, t. 10, nºˢ 544 et suiv.; Merlin, *Quest. de dr.*, vº *Tiers*; Toullier, t. 8, nºˢ 245 et suiv.; Chauveau sur Carré, *loc. cit.*

395. — Le fermier tiers saisi qui déclare avoir payé les termes échus de son bail, sans produire de quittances, doit être cru, sur son affirmation, vis-à-vis du saisissant, la présomption étant pour l'exécution du contrat. Mais, à l'égard des paiemens qu'il prétend avoir anticipés, il est obligé de les prouver par titres à l'époque de la saisie. — *Agen*, 5 juill. 1806, le Domaine c. Teyssier. — Roger, nº 568.

396. — Lorsqu'un jugement qui déclarait un tiers saisi libéré a été réformé sur l'appel d'une partie des créanciers opposans, le tiers saisi peut être condamné, même envers les créanciers non appelans, au paiement de la somme dont il est

reconnu débiteur. — *Cass.*, 30 nov. 1826, Delahaut c. Lalberleau.

397. — Ne donne point ouverture à cassation l'arrêt qui décide, en fait, qu'une saisie-arrêt faite entre les mains d'un tiers, dépositaire de sommes appartenant au saisi, doit être déclarée sans effet, quant à ces sommes, par le motif que le tiers saisi, qui ne les avait reçues qu'à charge d'en faire un emploi déterminé, par exemple de les affecter au paiement de quelques débiteurs du saisi, avait, à cette époque, fait ces paiemens, bien que les quittances qui les établissent n'aient pas été enregistrées. —*Cass.*, 5 août 1839 (t. 2 1839, p. 443), Colomb-Ménard c. Bechard-Chapelle.

398. — La déclaration à laquelle le tiers saisi n'a pas annexé les pièces justificatives, est insuffisante. — *Rennes*, 26 nov. 1814, Guillot c. N....

399. — Est nulle la déclaration affirmative d'un tiers saisi, faite par acte d'avoué, avec offre de communiquer les pièces. — *Bourges*, 3 mars 1832, Thomas-Varenne c. Marchand et Martin.

400. — Une déclaration affirmative est également nulle, bien qu'ayant été faite au greffe, si elle n'a pas été suivie de l'affirmation et du dépôt des pièces à l'appui. — Même arrêt.

401. — Lorsqu'un tiers saisi n'a fait qu'une déclaration conditionnelle, par exemple en ne se reconnaissant débiteur envers le saisi qu'autant qu'il ne serait pas condamné à payer la somme saisie, à un tiers avec lequel il est en procès, il ne peut, en vertu de cette déclaration seule, et bien qu'il ait succombé dans cette instance, être condamné à payer une seconde fois la somme au saisissant. — *Cass.*, 13 avril 1831, Bertrand c. Varlet. — Roger, n° 565.

402. — Un tiers saisi ne peut rétracter la déclaration affirmative qu'il a consignée sur l'exploit de saisie; mais elle ne fait foi que jusqu'à preuve contraire, malgré l'authenticité de cet exploit — *Besançon*, 16 nov. 1808, N....

403. — La preuve de la fraude est toujours réservée au saisissant. — *Orléans*, 18 déc. 1816, N...; *Colmar*, 8 janv. 1830, Adam c. Bottin.

404. — Mais la fraude ne se présume pas, et lorsqu'un tiers saisi produit des quittances à l'appui du paiement qu'il déclare avoir fait avant la saisie-arrêt à la partie saisie, et que les saisissans contestent la date de ces quittances, les juges doivent mettre à la charge de ceux-ci la preuve qu'elles sont postérieures à la saisie. — *Bruxelles*, 18 janv. 1816, Sauvage c. Vandewalle. — Roger, n° 568.

405. — Lorsque le tiers saisi, à l'appui de sa déclaration affirmative, a produit un acte de libération sous seing privé, émané du saisi ou de son cessionnaire, mais n'ayant point de date certaine antérieure à la saisie, les juges ont pu décider que cet acte ne justifiait pas suffisamment la déclaration du tiers saisi, et par suite déclarer celui-ci débiteur pur et simple des causes de la saisie. — *Cass.*, 15 mars 1832, Reglon c. Bidot.

406. — Lors même que l'acte aurait date certaine antérieure à la saisie, le saisissant serait admis à prouver par témoins ou autrement que cet acte est frauduleux. — Roger, n° 569.

407. — La loi n'a fixé au saisissant aucun délai pour contester la déclaration affirmative, et, par conséquent, le tiers saisi dont la déclaration n'a pas été contestée dans le principe n'est pas fondé à prétendre, dans le cas où il serait recherché par la suite, que tout est terminé à son égard, que les causes et la procédure de la saisie-arrêt sont éteintes. — *Metz*, 21 juin 1822, Dhermange c. Plier. — Roger, n° 578.

408. — La déclaration faite par le tiers saisi qu'il est nanti de sommes suffisantes pour acquitter les causes de la saisie en principal, intérêts et frais, et l'acquiescement par lui donné en conséquence au jugement qui le condamne envers le créancier en sa qualité de tiers saisi n'ont pas pour effet de le rendre débiteur personnel du saisissant, l'art. 577 C. proc. n'attachant ce résultat qu'à l'absence de déclaration ou des justifications de droit. Dès lors, le saisissant ne peut former contre lui une demande en capitalisation des intérêts produits par sa créance. — *Cass.*, 24 nov. 1846 (t. 2 1846, p. 669), Tabouillot c. Cabre.

409. — S'il survient de nouvelles saisies-arrêts ou oppositions, le tiers saisi est tenu de les dénoncer à l'avoué du premier saisissant par un extrait contenant les noms et élection de domicile des saisissans et les causes de ces nouvelles saisies. — C. proc., art. 575.

410. — Le tiers saisi n'est point obligé de faire une déclaration affirmative sur chaque nouvelle saisie, il se bornera à signifier aux nouveaux saisissans celle qu'il a déjà faite. — Roger, n° 581 ; Carré et Chauveau, quest. 1969.

411. — S'il y a plusieurs saisissans, ils n'auront tous ensemble qu'une seule communication des pièces justificatives; cette communication sera faite au saisissant le plus ancien. — Roger, n° 582; Carré et Chauveau, quest. 1970.

412. — Les juges ne peuvent se dispenser de statuer sur la contestation à laquelle donne lieu la déclaration d'un tiers saisi. — *Rennes*, 17 nov. 1813, Chevalier c. Germain. — Roger, n° 595.

413. — Si le tiers saisi ne fait pas de déclaration affirmative ou ne fait pas les justifications ordonnées par les art. 573 et 574, il sera déclaré débiteur pur et simple des causes de la saisie. — C. proc. civ., art. 577.

414. — Cet article, toutefois, n'est pas applicable au tiers saisi auquel aucune justification n'a été demandée, et auquel on ne peut reprocher ni fraude ni mauvaise foi. — *Metz*, 21 juin 1822, Dhermange c. Plier.

415. — Jugé aussi que l'art. 577 C. proc. civ. ne s'applique point à un cas autre que ceux qu'il prévoit expressément, et spécialement au cas où ce tiers a fait une déclaration inexacte ou incomplète, ou même frauduleuse, laquelle peut être rectifiée ou complétée jusqu'au dernier moment. — Néanmoins, si le saisissant a subi un préjudice par le fait de la fausse déclaration du tiers saisi, il a le droit d'exiger de celui-ci une indemnité, et, spécialement, de demander directement devant la Cour d'appel, à titre de dommages-intérêts, la somme par lui réclamée devant les juges de première instance. Ce n'est point là une demande nouvelle. — *Paris*, 16 juin 1849 (t. 2 1849, p. 69), Morin c. Bernard Feissal.

416. — ... Que l'art. 577 ne peut être appliqué par analogie hors des hypothèses qu'il énonce. — En conséquence le tiers saisi qui, après avoir déclaré le chiffre exact de sa dette, prétend s'en être libéré, et produit des pièces à l'appui de cette prétention, ne peut, lors même que la prétendue libération est reconnue mal fondée, frauduleuse et collusoire, être déclaré débiteur pur et simple des causes de la saisie. — Dans ce cas le saisissant a droit seulement, suivant les circonstances, de réclamer contre le tiers saisi des dommages-intérêts proportionnés au préjudice que celui-ci a pu lui causer. — *Cass.*, 1er févr. 1848 (t. 1er 1848, p. 357), Morin c. Bernard Feissal.

417. — Le tiers saisi qui constitue avoué conserve le pouvoir de faire sa déclaration jusqu'au jugement. — Roger, nos 555 et 556. — Dans l'usage, l'avoué du demandeur attend que la déclaration soit faite, pour suivre contre le tiers saisi, et si on tarde trop à la faire, il donne avenir à l'avoué du tiers saisi pour se voir condamner à la faire dans un délai qui sera fixé par le tribunal, passé lequel, le tiers saisi sera réputé débiteur pur et simple des causes de la saisie. — Même auteur.

418. — Ainsi jugé que les tribunaux ne peuvent immédiatement déclarer débiteur des causes de la saisie le tiers saisi qui n'a pas fait de déclaration dans le délai à lui donné par l'assignation en déclaration et qui prétend ne point devoir, qu'il doit, dans tous les cas, lui être ordonné de faire sa déclaration, et que ce n'est qu'à défaut d'accomplissement de cette obligation primitive qu'il y a lieu de lui faire l'application de la disposition pénale de la loi. — *Bruxelles*, 22 févr. 1821, Pascal c. Vanmous.

419. — Décidé, de même, qu'encore bien qu'un arrêt porte que, faute par le tiers saisi de faire sa déclaration affirmative dans un délai déterminé, il sera réputé débiteur pur et simple des causes de la saisie, il peut néanmoins, après le délai, faire encore valablement sa déclaration, sauf à supporter les frais, un pareil délai devant être considéré comme purement comminatoire. — *Paris*, 30 août 1810, Fouet et Chaudeau c. Gallois; 24 mars 1823, Desbarreaux c. Degannay. — Roger, n° 559.

420. — Le principe général qui régit cette matière, et dont l'application a été faite par un grand nombre d'arrêts, c'est que le tiers saisi est recevable à compléter sa déclaration tant qu'il n'est pas intervenu un jugement passé en force de chose jugée qui le condamne comme débiteur pur et simple des causes de la saisie. — *Rennes*, 26 nov. 1814, Guillet c. N...; *Bruxelles*, 14 janv. 1815, Laire c. N...; 12 juin 1819, Thermann c. Lechanguelle; *Paris*, 1er août 1825, Seguin c. Demachy; *Colmar*, 8 janv. 1830, Adam c. Bottin; *Bordeaux*, 25 mars 1831, Dunogués de Castelgaillard c. Gaudin; 21 juin 1831, Bernard c. Gary. — *Contrà*, *Paris*, 16 mai 1810, Robert c. Cyrènes.

421. — Jugé, de même, que le délai dans lequel le tiers saisi doit déposer les pièces justificatives de sa déclaration, n'est pas fatal, et il peut les déposer jusqu'à ce qu'il soit intervenu un jugement définitif. — V., outre les arrêts de *Rennes*, 26 nov. 1814, *Bruxelles*, 12 juin 1819, et *Bordeaux*, 25 mars 1831, cités au numéro précédent, *Rennes*, 14 janv. 1833, Hay des Nétumières c. Homon et Teyssot. — Roger, n° 577.

422. — Condamné par un jugement par défaut, le tiers saisi peut encore, en y formant opposition, faire sa déclaration comme si aucun jugement n'avait été rendu. — *Turin*, 27 févr. 1808, Daziano c. Alice; 27 févr. 1809, Daziano c. Botte; *Paris*, 25 mars 1831, Dedreux c. Mathis.

423. — Si le jugement est contradictoire, le tiers saisi peut également sur l'appel faire tomber le jugement en faisant sa déclaration affirmative. — *Grenoble*, 8 mars 1810, Chaix c. Bernard; *Paris*, 12 mars 1811, Laclotte et Lamarque c. Isquierdo; *Grenoble*, 29 mai 1813, Cret c. Vierdy; *Poitiers*, 16 juin 1818, Petiteau c. Grenouilleau et Meyer; *Bourges*, 3 mars 1832, Thomas-Varenne c. Marchand et Martin; *Bordeaux*, 24 août 1841 (t. 1er 1842, p. 29), Dussutour c. Vendais; *Lyon*, 3 avr. 1848 (t. 2 1848, p. 256), Léquillier c. Linage.

424. — Mais la condamnation doit être maintenue lorsque le tiers saisi se borne, sur l'appel, à soutenir qu'il ne doit rien au saisi, sans justifier de cette assertion, et sans se conformer aux prescriptions de la loi. — *Bordeaux*, 24 août 1841 (t. 1er 1842, p. 29), cité au numéro qui précède.

425. — Le tiers saisi qui n'a pas fait sa déclaration affirmative peut obtenir de la Cour un nouveau délai pour la faire, si les droits du saisissant sont assurés. — *Bourges*, 9 déc. 1814, Alloury c. Thevenet; *Douai*, 5 mars 1835, Froideval c. Dubois.

426. — En tous cas, le tiers saisi ne peut être déclaré débiteur pur et simple des causes de la saisie, comme n'ayant pas fait de déclaration affirmative, si le jugement ou l'arrêt qui lui ordonne de la faire ne lui a pas été notifié. — *Paris*, 29 juill. 1811, Paux c. Collin.

427. — Mais lorsque le tiers saisi, au lieu de faire sa déclaration sur les premières poursuites, laisse prendre des jugemens contre lui, et ne la fait que sur l'opposition ou l'appel, tous les frais occasionnés par sa déclaration tardive doivent rester à sa charge. — *Paris*, 12 mars 1811, Laclotte et Lamarque c. Isquierdo; 1er août 1825, Seguin c. Demachy; *Colmar*, 8 janv. 1830, Adam c. Bottin; *Bourges*, 3 mars 1832, Thomas-Varenne c. Marchand et Martin.

428. — Cependant le tiers saisi, assigné en déclaration affirmative, dans une instance où il y a plusieurs parties en cause, qui conteste et succombe, ne peut être condamné qu'aux frais de l'incident qui le concerne, et non à la totalité des dépens. — *Metz*, 29 mai 1818, Pierret et Kurce c. Gouguenheim.

429. — Le tiers saisi, qui a soutenu sur sa déclaration affirmative une contestation dans laquelle il a succombé, doit, sans doute, être condamné aux dépens de cette contestation, mais il doit néanmoins être autorisé à retenir, sur ce qu'il doit, les frais de sa déclaration affirmative. — *Amiens*, 10 mai 1822, Gadiffert c. Heurtault.

430. — Lorsque le jugement est passé en force de chose jugée, le tiers saisi ne peut plus être admis à faire sa déclaration, quand même il offrirait de supporter les frais occasionnés par son retard. Il est définitivement débiteur pur et simple. — *Cass.*, 11 juin 1823, Benissein c. Gendarme; *Lyon*, 19 juin 1830, Coignet c. Desvignes. — Roger, n° 558.

431. — Il a même été jugé qu'après la mise en délibéré de l'affaire, le tiers saisi n'est plus à temps pour éviter, en faisant sa déclaration affirmative, d'être déclaré débiteur pur et simple des causes de la saisie. — *Bourges*, 12 févr. 1822, Domaines c. Thevenet.

432. — Le tiers saisi ne peut être admis à critiquer, devant la Cour de cassation, le jugement qui le condamne à payer au saisissant le montant de sa créance, sous le prétexte que les sommes, dont lui tiers saisi est débiteur, sont également le gage des autres créanciers du saisi, qui ont formé des oppositions, et que ce jugement aurait dû ordonner une distribution par contribution. — *Cass.*, 11 juin 1823, Benissein c. Gendarme. — Roger, n° 558.

433. — Le débiteur sur qui une saisie-arrêt a été formée en vertu de titres qu'il n'a pas contestés n'est pas non plus recevable à demander la cassation de l'arrêt qui condamne le tiers saisi à payer les causes de la saisie, pour défaut de déclaration affirmative dans le délai légal. — *Cass.*, 25 mars 1833, Marchais c. de Ligny.

434. — Quoique la peine du tiers saisi qui ne fait pas une déclaration suffisante consiste dans

la condamnation comme débiteur pur et simple des causes de la saisie, si cependant le saisissant reconnaît que le tiers saisi ne doit au saisi qu'une somme inférieure à ces causes, on ne le condamnera à payer au saisissant que cette somme. — Roger, n° 587.

435. — Ainsi le tiers saisi, qui déclare ne plus rien devoir au saisi et omet de signifier l'acte de dépôt des pièces justifiant sa déclaration, ne doit pas, par cela seul, être déclaré débiteur pur et simple des causes de la saisie, mais peut être condamné à payer au saisissant le montant de ce qu'il devait au saisi et dont le saisissant a reconnu lui-même la quotité. — *Bordeaux*, 16 juin 1814, Bourbon-le-Blanc c. Administration des postes. — Roger, n° 587.

436. — D'ailleurs, le tiers saisi, quoique condamné en son nom personnel comme débiteur pur et simple des causes de la saisie, n'est tenu au paiement de la dette que de la même manière que le débiteur originaire, et peut opposer au saisissant les mêmes exceptions que le saisi serait recevable à invoquer. — *Cass.*, 11 juin 1835, Hacquart c. Duplessis.

437. — Le débiteur à terme qui, par suite d'une saisie-arrêt pratiquée entre ses mains, a été déclaré débiteur pur et simple de cette saisie, comme n'ayant pas fait de déclaration affirmative, et s'est trouvé, par là, forcé de payer au saisissant avant le terme stipulé, n'a droit, à raison de cette anticipation de terme, à aucune garantie de la part de son créancier. — *Agen*, 17 juin 1831, Laborde c. Daguzan. — Roger, n° 624.

§ 12. — *Procédure.*

438. — Nous avons vu précédemment que les tribunaux civils sont seuls compétens pour statuer sur les demandes en validité et en mainlevée de saisie-arrêt. — Il suit de là qu'on ne peut faire ordonner par le juge tenant l'audience des référés, qu'un tiers saisi paiera provisoirement ce qu'il doit au saisi, avant que l'instance sur l'opposition ne soit vidée. — *Turin*, 15 juill. 1809, Fassi c. Avite et Brachi; *Paris*, 30 mars 1810, Corbière et Sarrans c. d'Hérisson; 1er juin 1811, Lefèvre c. Renon.

439. — Néanmoins, le tiers saisi qui a payé en vertu d'une ordonnance de référé exécutoire par provision, est valablement libéré, encore bien que, sur l'appel, cette ordonnance ait été annulée. — V., outre l'arrêt de Turin du 15 juill. 1809, cité au n° précédent, *Cass.*, 8 juin 1831, Aymard c. Onfroy et le Trésor. — Roger, n° 622.

440. — La demande en validité ou en mainlevée de saisie-arrêt est instruite et jugée comme toute autre demande. — Les parties procèdent par le ministère d'avoué. — La régie elle-même de l'enregistrement, qui peut, en général, aux termes de la loi du 27 ventôse an IX, se pourvoir par simples mémoires, ne peut agir contre le tiers saisi que par le ministère d'un avoué. — *Cass.*, 29 avril 1818, Enregistrement c. Boy. — Roger, n° 526.

441. — La demande en validité d'une saisie-arrêt pratiquée pour une somme inférieure au taux du premier report, n'est pas susceptible de deux degrés de juridiction, quelle que soit la valeur de la somme arrêtée, et quoique le saisi méconnaisse la nature du titre en vertu duquel la saisie est faite. — *Grenoble*, 20 mars 1812, N... — Roger, n° 545.

442. — Cette demande doit être jugée en dernier ressort, lors même qu'elle aurait donné lieu à une demande reconventionnelle en dommages et intérêts supérieurs au taux du dernier report, et que, d'autre part, les valeurs saisies-arrêtées excéderaient ce taux. — *Bordeaux*, 27 juill. 1830, Ducarpe-Lille et Cordouc c. Pinaud.

443. — Les demandes en validité ou en mainlevée de saisie-arrêt doivent être jugées comme matières ordinaires, surtout si à la demande en validité de saisie-arrêt est jointe une demande en condamnation contre le saisi, qui doit être jugée comme matière ordinaire. Mais, hors ce cas, il appartient aux juges d'apprécier si l'instance doit être jugée avec célérité ou doit subir les lenteurs du rôle. — *Paris*, 25 mai 1808, Selves c. Burgraff; *Rennes*, 2 oct. 1813, N... — Chauveau, *Comment. du Tarif*, t. 2, p. 103, n° 20; Roger, n° 528.

444. — La chambre des vacations d'une Cour d'appel ne peut statuer sur l'appel d'un tiers saisi qui se prétend créancier du saisi, si sa demande n'est ni sommaire ni urgente. — *Rennes*, 2 oct. 1813, N....

445. — Il avait été jugé aussi, avant l'ordonnance du 28 sept. 1828, qu'une demande en validité d'une saisie-arrêt formée pour une somme supérieure à 1,000 fr. sur une succession bénéficiaire, n'était pas nécessairement sommaire, de sorte que la chambre des appels de police correctionnelle de la Cour d'appel peut en connaître. — *Cass.*, 10 août 1829, Bizet c. Paté.

446. — La saisie-arrêt formée pour une dette liquide résultant d'un titre exécutoire ne peut être combattue au moyen d'une demande en nullité de ce titre formée soit reconventionnellement en première instance, soit pour la première fois en appel. — Ce n'est pas là une demande en compensation rentrant dans les termes de l'article. — *Rennes*, 19 juillet 1847 (t. 2 1847, p. 487), Davodeau c. Meslin.

447. — Un débiteur sur lequel une saisie-arrêt est pratiquée, peut appeler du jugement qui valide cette saisie, sans être tenu d'appeler d'un second jugement exécutoire par provision, qui ordonne que les sommes arrêtées seront versées entre les mains du saisissant. — *Bordeaux*, 29 août 1832, Laurens c. Brian.

448. — Est en dernier ressort le jugement qui déclare valable une saisie-arrêt formée pour une créance inférieure à 1,500 fr., encore bien qu'il ordonne en même temps la vente de la chose saisie. — *Orléans*, 23 mai 1846 (t. 2 1846, p. 172), Mereaux c. Martellière.

449. — La partie saisie appelante du jugement qui prononce la validité de la saisie-arrêt peut étendre son appel à l'ordonnance du président du tribunal qui a fixé la somme à concurrence de laquelle la saisie-arrêt a été autorisée. — *Toulouse*, 22 mai 1809, Dauriac c. Dedebat. — Roger, n° 544.

450. — Lorsque les causes d'une saisie-arrêt viennent à cesser, par suite d'arrangement entre le créancier et le débiteur, la saisie et l'instance en validité cessent de droit d'exister entre les parties. — En conséquence, bien qu'il se soit écoulé plus de trois ans sans poursuites, il devient inutile pour le saisi d'en demander la péremption. — Toutefois, comme elle peut faire obstacle à ce que le tiers saisi se libère, le saisi doit demander contre le saisissant, non la péremption de l'instance en validité, mais la mainlevée de la saisie-arrêt. — *Bordeaux*, 30 août 1841 (t. 1er 1842, p. 434), Puygerole et Pujol c. Jossot.

§ 13. — *Effets de la saisie. — Arrêt.*

451. — L'exploit de saisie-arrêt a pour effet d'arrêter les sommes dues au saisi, ou les objets qui lui appartiennent, entre les mains du tiers saisi. Le paiement fait par le tiers saisi au préjudice d'une opposition n'est pas valable à l'égard des créanciers opposans qui peuvent le contraindre à payer de nouveau, sauf son recours contre le saisi. — Roger, n° 427 et 428.

452. — Peu importe qu'au moment où la saisie a été faite la créance fût exigible et que le tiers saisi eût déjà dû la payer au débiteur saisi. Ainsi, le trésor public doit être condamné à payer une seconde fois entre les mains du saisissant, s'il a payé l'indemnité due à un émigré, au préjudice d'une opposition formée par un tiers, même après l'époque où le dernier cinquième de l'indemnité était devenu exigible pour cet émigré. — *Paris*, 9 août 1833, Trésor c. de Pully. — Roger, n° 174.

453. — Toutefois le tiers saisi qui paie au mépris des oppositions, n'est obligé envers les opposans que jusqu'à concurrence de ce qui appartenait à leurs débiteurs dans les deniers arrêtés. — *Cass.*, 11 mars 1806, Santerre et Thomas c. Bohet. — Roger, n° 627.

454. — Il a même été jugé que le paiement fait par le tiers saisi, au préjudice d'une opposition n'est pas nul de plein droit et qu'il engage seulement sa responsabilité, en le soumettant à l'obligation de justifier que le paiement a été nécessaire soit pour satisfaire un créancier privilégié, soit pour conserver le gage des opposans. — *Cass.*, 18 nov. 1829, Lesage c. Amiot; 29 déc. 1841 (t. 1er 1842, p. 472), Lerat c. Commune de Caudebec-lez-Elbeuf.

455. — Le tiers saisi (la caisse des dépôts et consignations) qui n'a pas été partie au jugement qui prononce la mainlevée de la saisie-arrêt formée entre ses mains peut refuser le paiement tant qu'on ne lui représente pas le certificat de non-opposition ni appel prescrit par l'art. 548 C. proc. civ. Peu importerait qu'on lui justifiât d'un acquiescement. — *Cass.*, 15 mars 1847 (t. 1er 1847, p. 388), Caisse des dépôts et consignations c. Humbert-Quicard.

456. — Une saisie-arrêt, même valable et fondée, ne dépossède pas le débiteur saisi, tant qu'un jugement n'a pas ordonné que le tiers saisi se viderait les mains dans celles du saisissant. Ainsi la partie saisie conserve, malgré la saisie-arrêt, ses droits et sa liberté d'action contre le tiers saisi. Ce dernier ne peut se soustraire aux poursuites dirigées contre lui qu'en consignant la somme dont il est débiteur. — *Limoges*, 4 févr. 1847 (t. 2 1847, p. 158), Goutenègre c. Besse-Lagrave.

457. — L'opposition, en retenant les sommes dues entre les mains du tiers saisi, ne peut lui nuire; ainsi, il a toujours le droit de faire au saisi des offres réelles, à la charge de rapporter mainlevée de l'opposition, et de se libérer en consignant. — Roger, n° 430.

458. — Seulement, si le tiers saisi forme contre le saisi une demande en validité d'offres réelles, il doit mettre en cause les saisissans. S'il ne les appelait pas, ceux-ci pourraient attaquer par la voie de la tierce opposition le jugement qui validerait la consignation. — *Cass.*, 24 janv. 1828, Balguerie c. Ferbor. — Roger, n° 432.

459. — Bien qu'en thèse générale, le tiers saisi ne soit pas admis à faire des offres réelles au saisissant, cependant le tiers saisi, sous-locataire du locataire principal, partie saisie, se trouvant personnellement obligé envers le propriétaire saisissant, peut faire à celui-ci des offres réelles, au lieu d'une déclaration affirmative, et sans attendre même qu'il soit assigné à cet effet. — *Paris*, 23 mars 1829, Travers c. Samson.

460. — Lorsqu'à une époque où le créancier était domicilié en pays étranger, une saisie-arrêt a été formée entre les mains de son débiteur, et qu'il y a eu instance sur la validité de cette saisie devant un tribunal étranger, le créancier ne peut, à son retour en France, obliger son débiteur au remboursement de sa créance, sans rapporter mainlevée de cette saisie-arrêt. En pareil cas, le débiteur est valablement libéré par des offres réelles faites au créancier, sous la condition de rapporter cette mainlevée, et par le dépôt du montant des offres à la caisse des consignations. — *Cass.*, 9 juin 1819, Bruyères c. Malaizé. — Roger, n° 430.

461. — Au surplus, si le tiers saisi est libéré par la consignation, son créancier ne l'est pas à l'égard des opposans, lorsqu'il n'a pas fait procéder entre eux à la distribution de la somme consignée. Ainsi, cette somme venant à périr, parce que la consignation aurait été faite en assignats aujourd'hui sans valeur, la perte doit être supportée par le saisi. — *Cass.*, 16 juin 1813, Sorin c. Brunetière. — Roger, n° 630.

462. — Le tiers saisi ne peut être contraint à payer sa dette au mépris d'une opposition formée entre ses mains, alors surtout que cette opposition a été validée par un jugement passé en force de chose jugée. — *Orléans*, 1er févr. 1845 (t. 1er 1845, p. 710), Chaudesais.

463. — De même que le tiers saisi peut consigner, le débiteur saisi conserve aussi le droit de veiller à ses intérêts; et, dans le cas où il craindrait l'insolvabilité du tiers saisi, de le contraindre à consigner, si la dette est liquide et exigible.

464. — Le cessionnaire d'une créance saisie entre les mains du débiteur par les créanciers du cédant peut, lorsqu'il n'a point été appelé dans l'instance en validité des oppositions, et qu'il est d'ailleurs porteur d'un titre exécutoire, faire saisir les meubles du tiers saisi pour le contraindre à consigner immédiatement, avant même que, sur la demande en validité, il soit intervenu un jugement qui fixe ce que ce tiers saisi devra rapporter. — *Cass.*, 19 mars 1827, Cazabonne c. Jacomet; *Bordeaux*, 6 mars 1830, même affaire. — *Contrà*, *Pau*, 11 déc. 1822, Cazabonne c. Jacomet.

465. — Lorsqu'au bas de l'exploit de dénonciation d'une saisie-arrêt le saisi déclare qu'il est réellement débiteur et qu'il consent que le tiers saisi vide ses mains en celles du créancier saisissant, il n'y a là ni transport ni délégation parfaite. Dès lors, la signification de ce consentement au tiers saisi n'empêche pas l'effet des saisies ultérieures pratiquées par d'autres créanciers du débiteur commun. — *Cass.*, 9 janv. 1838 (t. 1er 1838, p. 134), Thomas c. Gaignoux et Duclusieux.

466. — Le tiers saisi n'est pas obligé, même sur l'offre d'une caution, à lui faite par son créancier, partie saisie, de le payer au préjudice des saisies-arrêts pratiquées sur ce dernier, et il peut se refuser au paiement tant qu'il n'a pas mainlevée des oppositions. — *Turin*, 19 juill. 1806, Sandigliani c. Gay. — Roger, n° 530.

467. — Le créancier opposant, porteur de ti-

tres authentiques, ne peut, non plus, sur sa demande en déclaration affirmative, se faire payer du tiers saisi, avant d'avoir fait juger le mérite de son opposition. — *Paris*, 25 mars 1831, Dedreux c. Mathis. — Roger, n° 491.

468.—Le créancier qui a saisi-arrêté les loyers d'une maison ne peut y placer des locataires. Le saisi reste en possession de ce droit. — *Cass.*, 26 juill. 1836 (t. 1er 1837, p. 263), Morel c. Loth.

469. — La saisie-arrêt pratiquée pour assurer le paiement d'une rente annuelle ne peut produire d'effet que pour les arrérages échus ou qui doivent incessamment échoir, mais elle ne saurait en avoir pour l'avenir. — *Bourges*, 3 août 1844 (t. 1 1845, p. 165), Bidault c. Allegrain.

470. — La saisie-arrêt prive seulement la partie saisie de la libre disposition de sa créance. Ainsi le cessionnaire ne peut réclamer le bénéfice intégral du transport qui lui a été consenti depuis la saisie. Il n'acquiert, par la signification qu'il en fait, d'autre droit que celui de venir à contribution avec les opposans antérieurs et postérieurs. Les oppositions antérieures à la signification du transport conservent en effet, pour tous les créanciers, même pour les opposans postérieurs, la chose saisie. — *Paris*, 15 janv. 1814, Bourdelot c. Vateau; 28 mars 1820, Lechesneau c. Lefevre. — Thomine-Desmazures, t. 2, p. 67, n° 619; Bioche et Goujet, v° *Saisie-arrêt*, n° 135.

471. — Toutefois, la saisie-arrêt ne frappe d'indisponibilité la créance saisie-arrêtée que jusqu'à concurrence de la somme pour laquelle elle est formée. — *Caen*, 17 fév. 1846 (t. 1er 1849, p. 285), Notté et Sancié c. Lottin. — En conséquence l'excédant de cette somme peut être valablement transporté par le débiteur, et les créanciers opposans postérieurs au transport n'ont aucun droit sur la somme cédée. — *Cass.*, 26 fév. 1834, Duprat c. Laroque et Ferrand; *Paris*, 30 mai 1835, Brochet c. Guibert et Maron; 9 févr. 1837 (t. 1er 1837, p. 584), Mathis c. Delongpré; 22 juin 1837 (t. 1er 1837, p. 585), Letors et Rabourdin c. le Bourgeois du Cherran; 14 mars 1839 (t. 1er 1839, p. 271), Hyet c. Jarousse; *Nîmes*, 19 juin 1839 (t. 2 1839, p. 44), Boss c. Villars; *Aix*, 21 mars 1844 (t. 2 1844, p. 273), Bonhomme c. Chaillet. — Roger, nos 249 et suiv.

472. — Il paraît aujourd'hui également constant que le premier saisissant a droit à la somme saisie-arrêtée, à l'exclusion des saisissans postérieurs. — V. arrêts cités au n° qui précède. — Ce système est conforme à la fois à l'équité et à la loi. Il est juste, en effet, que le créancier diligent ne souffre pas de la négligence de ses cocréanciers —V. cependant *Toulouse*, 7 déc. 1838 (t. 2 1840, p. 436), Galaup et Pech c. Salze; *Bourges*, 3 fév. 1836, Marotte-Bussy c. Cortet.

473. — Si, depuis la saisie-arrêt, le débiteur a transporté les sommes excédant les causes de la saisie, et qu'ensuite il survienne de nouvelles saisies-arrêts, le premier saisissant doit être payé comme il l'eût été s'il n'y avait pas eu de cessions, puis on doit prélever le montant des cessions, et enfin viennent les autres opposans ultérieurs. Toutefois les cessions peuvent être réputées faites en fraude des droits des autres créanciers, et, par suite, les cessionnaires n'être considérés que comme des créanciers opposans, si ces cessions ont été consenties par un débiteur déjà en déconfiture, et qui n'a donné son consentement que sous l'influence de la contrainte et de l'obsession.— *Aix*, 21 mars 1844 (t. 2 1844, p. 273), Bonhomme c. Chaillet.

474.—Lorsqu'une première saisie a été formée, que le saisi a depuis transporté sa créance, et que, postérieurement au transport, des oppositions nouvelles sont survenues, on s'est demandé ce qui arriverait si la première saisie devenait sans effet, soit parce que la nullité en serait prononcée, soit parce que le saisissant en donnerait mainlevée. Jugé, avec raison, que la mainlevée de la saisie-arrêt ne peut rendre la somme disponible et priver de leurs droits sur cette somme les créanciers postérieurs même au transport. — *Paris*, 30 mai 1835, Brachet c. Guibert et Maran.

475.—Mais des saisies-arrêts annulées soit pour défaut de qualité de la part des saisissans, soit pour irrégularités dans la procédure ne peuvent produire aucun effet. En conséquence, des saisissans postérieurs ne peuvent pas se prévaloir de ces saisies annulées pour soutenir qu'elles avaient mis sous la main de justice les sommes arrêtées et que, dès lors, le débiteur ne pouvait plus en faire le transport à un tiers. — *Nîmes*, 19 juin 1839 (t. 2 1839, p. 44), Boss c. Villars.

476. — La Cour de Bordeaux a jugé, dans une espèce où un débiteur était devenu cessionnaire d'une créance contre son propre créancier, que l'existence d'une saisie-arrêt entre les mains du cessionnaire au moment de la cession, n'empêcherait pas que la compensation ait pu s'opérer, si plus tard il a été donné mainlevée de cette saisie-arrêt, et alors même que cette mainlevée ne serait intervenue que postérieurement à une deuxième cession.— Arrêt du 14 avril 1829, Rousset et Desgorces c. d'Hugonneau.

477. — Jugé, au contraire, qu'en cas de transport et de saisies-arrêts intervenus le même jour et sur la même créance, il y a lieu de colloquer concurremment le cessionnaire et les saisissans, surtout quand rien n'indique dans la cause quel est l'acte qui a été signifié le premier. — *Paris*, 26 avril 1822, Hoering c. Desbrosses et Bertrand; *Nîmes*, 19 juin 1839 (t. 2 1839, p. 44), Boss c. Villars. — Troplong, *Vente*, n° 903; Roger, nos 213 et 383; Duvergier, *Vente*, t. 2, n° 187; Duranton, t. 16, n° 503.

478. — Lorsque la saisie-arrêt et la notification au débiteur du transport de la créance ont été faites le même jour, et que la preuve de l'antériorité de l'un des deux actes ne résulte pas du contexte des exploits, la preuve de cette antériorité peut se faire par témoins. — *Grenoble*, 30 déc. 1837 (t. 2 1839, p. 44), Bret c. Taverdon.

479. — Le créancier qui veut obtenir le paiement qui lui est dû sur des fonds appartenant à son débiteur, et qui se trouvent aux mains de personnes tierces, ne peut intervenir sur des saisies-arrêts ou oppositions déjà existantes. Il doit former lui-même une saisie-arrêt. — *Rennes*, 29 janv. 1817, Beucher c. Lemême et Brulon; 26 déc. 1821, Leborgne de Pompelio c. Kerigonan. — Roger, n° 38; Carré, sur l'art. 575 C. proc.

480. — Mais lorsque des créanciers ont été admis intervenans sur une saisie-arrêt, sans réclamations de la part des parties, le saisi, quand même il eût sans cesse fait défaut, est non recevable à tirer de là un moyen de cassation, sous prétexte que ces créanciers n'avaient le droit que de former opposition à la distribution des deniers. — *Cass.*, 29 déc. 1834, Porcheur c. Robbe.

481. — Si, depuis la saisie-arrêt, le tiers saisi, conservant entre ses mains le montant des causes de la saisie, a payé l'excédant au saisi, et qu'ensuite il survienne de nouvelles saisies-arrêts, les nouveaux saisissans ont le droit de prendre part à une distribution par contribution avec celui qui les a devancés; mais ce dernier doit obtenir, dans la somme réservée, toute la part que la distribution par contribution lui aurait attribuée dans la somme entière originairement saisie-arrêtée. En tous cas, il est incontestable que l'excédant de la somme arrêtée entre les mains du tiers saisi devient disponible lorsque le saisissant est approprié de la partie de la somme saisie-arrêtée correspondant à sa créance, non-seulement par un paiement effectif, mais par un jugement passé en force de chose jugée, ou par un transport signifié, quand même le débiteur saisi n'aurait acquiescé ou consenti audit transport que sous la condition qu'il serait ultérieurement reconnu ou jugé que le saisissant était réellement créancier de la somme par lui réclamée.—*Caen*, 17 févr. 1846 (t. 1er 1849, p. 285), Notté et Sancié c. Lottin de Lapeichardière.

482.—Une saisie-arrêt pratiquée par un créancier qui a été depuis désintéressé devient caduque et est censée n'avoir jamais existé. Dès lors, elle ne peut profiter à d'autres créanciers au préjudice de cessions faites sans fraude postérieurement à cette saisie et régulièrement notifiées. — *Grenoble*, 19 nov. 1847 (t. 1er 1848, p. 271), Dumolard et Desmoulin c. Pourret.

483. — Lorsqu'on a saisi-arrêté des objets mobiliers qui doivent être vendus, les créanciers non-saisissans peuvent se contenter de former opposition sur le prix entre les mains de l'officier public chargé de la vente sans remplir les formalités de la saisie-arrêt (C. proc., art. 609). Cependant cette opposition n'équivaut pas complétement à une saisie-arrêt; car leur opposition resterait sans effet si la première saisie-arrêt n'étant pas validée, on ne vendait pas les objets saisis. — Roger, nos 38 et 39.

484. — Le jugement qui prononce la validité d'une saisie-arrêt et ordonne la délivrance au saisissant des deniers arrêtés n'opère pas saisine au profit de ce dernier tant qu'il n'a pas acquis irrévocablement l'autorité de la chose jugée et que les deniers n'ont pas été délivrés, et ne met pas obstacle à ce que, s'il survient de nouvelles oppositions avant la libération du tiers saisi, les sommes arrêtées soient distribuées par contribution entre les divers opposans. — Il n'est pas nécessaire, dans ce cas, que les nouveaux opposans forment tierce opposition au jugement qui a déclaré valable la saisie-arrêt. — *Rennes*, 19 juill. 1820, Souppe c. Chauveau; *Montpellier*, 21 janvier 1839 (t. 1er 1842, p. 155), Rovira c. Laromiguières.

485. — Mais, lorsque le jugement de validité a acquis l'autorité de la chose jugée, il produit, encore bien qu'il ait été rendu en l'absence du tiers saisi, une novation dans la dette de ce dernier, au profit de celui qui a obtenu le jugement, et les oppositions postérieures sont sans effet à son égard.—*Bourges*, 27 juin 1820, B... c. Marie; *Cass.*, 28 févr. 1822, Pourchet c. Royannet; *Nancy*, 23 août 1824, Priout Robin c. Antoine; *Besançon*, 23 mars 1827, Bonnet c. Montrond; *Lyon*, 24 août 1829, de Curnieu c. Froget; *Angers*, 3 avril 1830, Miette c. Odilard et Fouet; 8 févr. 1832, Martin c. Bezard et Germain; *Rennes*, 24 mars 1835, Garnier c. Cabaillot; *Montpellier*, 27 mai 1835, Vidal c. Caffort; *Cass.*, 31 janv. 1842 (t. 1er 1842, p. 157), Desaix et Thabaud c. Renault; *Orléans*, 6 mars 1847 (t. 1er 1847, p. 506), Niodot c. Hauquelin.

486. — Ainsi, lorsqu'un jugement a déclaré une saisie-arrêt valable, et a ordonné que le tiers saisi verserait ce qu'il doit entre les mains du saisissant, ce dernier est saisi de la propriété des deniers, de telle sorte que d'autres créanciers du même débiteur, dont les titres seraient postérieurs à la première saisie, ne peuvent plus faire saisir-arrêter les mêmes sommes, ni en faire ordonner la distribution par contribution. — *Cass.*, 14 juin 1826, Moussillac c. Bouclé.

487. — Il en est ainsi, même à l'égard de créanciers antérieurs au jugement de validité si leur créance n'a pas une date certaine antérieure à ce jugement. — *Lyon*, 22 mars 1830, Poncet c. Nesme. — Roger, n° 645.

488. — Décidé également que le jugement de validité de saisie ayant pour effet de transporter au saisissant ce qui est dû par le tiers saisi, ne peut être attaqué par la voie de la tierce opposition de la part des créanciers qui n'y ont pas été parties. — *Cass.*, 23 févr. 1822, Pourchet c. Royannet. — *Contrà*, Roger, nos 642 et suiv.

489. — La saisine s'opère aussi bien à l'égard d'une créance à terme qu'à l'égard d'une créance exigible, sauf au nouveau propriétaire à subir, vis-à-vis du débiteur tiers saisi, les délais d'exigibilité. Il importe peu que, par l'effet d'autres saisies-arrêts, le bénéfice de la saisine doive se partager entre plusieurs, puisque, vis-à-vis du débiteur saisi, le dessaisissement n'en est pas moins irrévocable, qu'il doive profiter soit à un, soit à plusieurs saisissans. — *Orléans*, 6 mars 1847 (t. 1er 1847, p. 506), Niodot c. Hauquelin.

490. — Jugé, au contraire, que le jugement de validité n'attribue aucun droit de préférence au créancier saisissant sur les sommes arrêtées, alors surtout qu'il n'a point été rendu avec le tiers saisi, et n'a encore été suivi d'aucune déclaration affirmative.— *Paris*, 24 juin 1836, Groufier. — Roger, nos 642 et suiv.

491. — ... Et même que le jugement qui, *contradictoirement avec le tiers saisi et la partie saisie*, déclare une saisie-arrêt valable, et autorise le saisissant à toucher du tiers saisi le montant de sa créance, n'opère point, en sa faveur, la saisine des deniers arrêtés, et par suite, le privilége d'être payé de préférence aux saisissans postérieurs. — *Paris*, 30 juin 1826, Hèbre c. agent judiciaire du Trésor; *Montpellier*, 27 mai 1835, Vidal c. Caffort. — Roger, n° 642.

492. — ... Que le jugement de validité d'une saisie-arrêt n'opère point novation dans la dette du tiers saisi, en telle sorte que si ce dernier est un acquéreur, et qu'il opère le délaissement de l'immeuble, il échappe à l'obligation de payer le prix saisi-arrêté.— *Cass.*, 15 janv. 1839 (t. 1er 1839, p. 523), Blanchet c. Bosc.

493. — Lorsque des créanciers ont formé opposition sur leur débiteur entre les mains d'un tiers propriétaire d'un immeuble affecté à leur créance, lorsque, d'ailleurs, cette saisie a été jugée valable, si le tiers saisi vient à vendre l'immeuble en chargeant son acquéreur de payer les créanciers saisissans, cet acquéreur ne peut se libérer à leur préjudice, même au profit d'autres créanciers directement saisissans entre ses mains. — *Cass.*, 24 janv. 1828, Balguerie c. Ferbos.

494.— Dans ce cas, les premiers opposans peuvent former tierce opposition au jugement qui aurait prononcé en leur absence, mais en présence de leur débiteur, la validité de la consignation du prix faite par l'acquéreur. On peut dire que le débiteur représentant son créancier, celui-ci est non recevable à former tierce opposition. — Même arrêt.

495. — La saisie-arrêt faite entre les mains du tiers acquéreur d'un immeuble, par un créancier chirographaire du vendeur, et le jugement de validité de la saisie qui le condamne à payer à ce créancier le restant du prix de son acquisition, ne font pas obstacle à ce qu'il puisse se libérer

valablement entre les mains d'un créancier ayant hypothèque sur cet immeuble qui, plus tard, lui a fait sommation de payer sa créance ou de délaisser. On ne peut dire que l'exécution de ce jugement par le tiers acquéreur qui a payé l'intérêt des sommes saisies au créancier saisissant constitue de sa part une obligation personnelle en faveur de ce dernier, et qu'il soit tenu de lui payer une seconde fois son prix, nonobstant le paiement qu'il en a effectué à un créancier hypothécaire. — Ce dernier est recevable à former tierce opposition au jugement qui ordonne à l'acquéreur de payer son prix à un créancier chirographaire, et lors duquel il n'a été ni entendu ni appelé. — *Bourges*, 16 nov. 1821, Cirodde et Boité c. Pidoux.

496. — Le jugement, passé en force de chose jugée, qui a validé des saisies-arrêts pratiquées entre les mains des acquéreurs des biens du mari, sur les reprises de la femme, au nombre desquelles se trouve son douaire, peut être opposé, après le décès du mari, par les créanciers saisissans, à la femme qui réclame son douaire, comme lui ayant enlevé tous droits à cet égard. — *Cass.*, 9 déc. 1835, Lange-Comnène c. Beaurivier.

497. — Les saisies postérieures au jugement de validité seraient également sans effet, alors même que les sommes saisies-arrêtées seraient non échues, non liquidées ou même éventuelles. — *Cass.*, 31 janvier 1842 (t. 1er 1842, p. 157), Desaix, Thalbaud c. Renault. — *Contrà*, *Angers*, 3 avril 1830, Albiette c. Odilard et Fouet.

498. — Le jugement qui déclare bonne et valable la saisie-arrêt d'une créance hypothécaire, et qui, après avoir fixé le montant de la dette du tiers saisi, ordonne à celui-ci de vider ses mains en celles du saisissant, rend ce dernier propriétaire de la créance saisie-arrêtée, et lui donne, dès lors, le droit de renouveler, en son nom, l'inscription nécessaire à la conservation de la créance ; il n'est pas nécessaire que ce renouvellement ait lieu au nom du saisi. — *Cass.*, 20 mai 1839 (t. 1er 1842, p. 156), Serré c. Lafond-Cazaing.

499. — Le créancier saisissant, au cas où son droit sur les créances à terme de son débiteur pourrait s'exercer par voie de vente forcée, ainsi qu'il a lieu pour les ventes forcées, eût dû, en assignant en validité de saisie-arrêt, conclure, non à la délégation judiciaire, mais à la vente de la créance arrêtée ; en agissant autrement il a mis volontairement obstacle à ce droit, et s'est créé une position légale qu'il ne lui est plus loisible de changer au préjudice de personnes intéressées à la conserver. — *Orléans*, 6 mars 1847 (t. 1er 1847, p. 506), Niodot c. Hauquelin.

500. — Le paiement fait par un tiers saisi, au préjudice d'une opposition existant entre ses mains, n'ayant pour effet de changer ni la position de ce tiers saisi vis-à-vis des opposans, ni les droits de ceux-ci, n'apporte aucune novation dans la créance. — Le seul résultat de ce paiement est de permettre aux opposans, selon leur droit, de contraindre le tiers saisi à payer de nouveau. — En conséquence, s'il s'agit d'une opposition formée entre les mains d'un comptable public, celui-ci peut exciper, contre l'opposant qui le poursuit pour avoir payé malgré la saisie-arrêt formée par lui, de ce qu'il n'a pas, en conformité de la loi du 9 juill. 1836, renouvelé cette saisie-arrêt dans le délai d'un an. — Peu importerait que les paiemens faits au mépris de cette saisie-arrêt fussent antérieurs à ladite loi. — *Cass.*, 8 nov. 1847 (t. 2 1847, p. 530), Leguay c. Chevrel.

501. — Jugé que l'insolvabilité du tiers saisi, même postérieure au jugement de validité, retomberait sur le débiteur saisi, et que c'est à lui à prendre toutes les mesures conservatoires nécessaires. — *Bourges*, 27 juin 1820, B... c. Marie.

502. — Au surplus, le tiers saisi peut concourir, comme juge, à la décision de la contestation entre le saisissant et le saisi, sur la question de savoir qui doit supporter la perte de la chose consignée, surtout si les parties n'ont exercé contre lui aucune récusation. — *Cass.*, 16 juin 1813, Sorin c. Brunetière.

503. — La saisie-arrêt déclarée valable produirait surtout novation si, par une convention expresse entre le saisissant et le saisi, le premier avait déclaré qu'il entendait décharger le second, et alors la perte de la chose saisie-arrêtée et l'insolvabilité du tiers saisi retomberaient sur le saisissant. — Duranton, t. 12, n° 322.

504. — Mais le créancier qui a pratiqué une saisie-arrêt sur son débiteur n'est point responsable de la perte des sommes dues par les tiers saisis provenant de l'insolvabilité de ceux-ci pendant la durée de l'opposition. — Il ne peut être tenu ni d'exécuter dans les quinze jours le jugement déclarant la saisie-arrêt valable, ni de demander dans le mois la forclusion des saisies postérieures à la sienne. — *Cass.*, 26 juill. 1836 (t. 1er 1837, p. 263), Morel c. Loth.

505. — Le tiers saisi qui paierait le débiteur saisi, après avoir fait sa déclaration affirmative, et après que le jugement de validité a renvoyé les créanciers à procéder à la distribution, et clos ainsi l'instance en saisie-arrêt, ne pourrait se faire considérer comme créancier du saisi pour se faire au moins comprendre dans la distribution. — *Montpellier*, 27 mai 1835, Vidal c. Caffort.

506. — Lorsque, sur une demande en validité de saisie-arrêt, un jugement a ordonné que les sommes arrêtées seraient versées entre les mains du créancier saisissant, ce jugement n'a point fait novation de la dette au profit du saisi ; et le tiers saisi, qui a été condamné à payer au saisissant, nonobstant un paiement par lui fait précédemment au saisi, n'est recevable à intenter contre ce dernier une action en répétition ou remboursement, qu'autant qu'il justifie qu'il a payé une seconde fois au saisissant, en vertu du jugement qui l'y a condamné. — *Nîmes*, 24 avril 1828, Digonet.

507. — Le tiers saisi, lors même qu'il n'a pas été partie au procès, ne peut, sur la signification à lui faite du jugement qui a annulé la saisie-arrêt et ordonné l'exécution provisoire, se refuser à payer les sommes arrêtées entre ses mains, en se prévalant de l'appel interjeté par le saisissant du jugement qui a rejeté son opposition. — *Bordeaux*, 21 août 1839 (t. 1er 1841, p. 428), Hirigoyen et Barincou c. Desmaries.

508. — Il ne peut, surtout après le jugement sur la validité de la saisie rendu entre le saisissant et le saisi, se prévaloir de nullités personnelles à ce dernier, et notamment de celle résultant du défaut de titre suffisant. — *Paris*, 9 août 1833, Trésor c. de Pully. — Roger, n° 127.

509. — Jugé, au contraire, que la règle qui veut qu'un jugement mal à propos qualifié en dernier ressort soit exécutoire, nonobstant appel, n'est applicable qu'aux parties et ne concerne pas les tiers ; et que, spécialement, l'appel d'un jugement qui déclare nulle une saisie-arrêt suffit pour autoriser le tiers saisi à refuser de payer au créancier, lors même que ce jugement a été qualifié en dernier ressort, et que des défenses de l'exécuter n'ont pas été obtenues de la Cour d'appel. — *Pau*, 22 mars 1834, Casabat c. Canerie.

510. — Le créancier saisissant qui, par un jugement passé en force de chose jugée, a fait déclarer sa saisie-arrêt bonne et valable, et s'est fait autoriser à toucher des mains du tiers saisi la créance à terme dont celui-ci s'est reconnu débiteur, n'est plus recevable à poursuivre en justice la vente de cette créance, alors même que cette vente serait autorisée par la loi. — *Orléans*, 6 mars 1847 (t. 1er 1847, p. 506), Niodot c. Hauquelin.

511. — Le jugement rendu entre le créancier saisissant et le tiers saisi ne fait pas autorité de chose jugée contre la partie saisie, lorsqu'il n'a pas été déclaré commun avec elle. — *Orléans*, 27 janv. 1849 (t. 1er 1849, p. 183), Daveau c. Rouillé.

512. — Une saisie-arrêt formée en vertu d'ordonnance du juge, n'est pas sans effet par cela seul que l'arrêt postérieur qui a envoyé le saisissant en possession de deniers arrêtés a été annulé par la Cour de cassation. — *Paris*, 18 mars 1813, Boudard c. Selves.

513. — L'opposition du tiers saisi au jugement qui a validé la saisie-arrêt fait continuer l'instance sur cette saisie, et il y a lieu d'y joindre celle qui serait introduite par une demande en distribution des deniers saisis. — *Rennes*, 19 juill. 1820, Souppe c. Chauveau.

514. — Une saisie illégale faite dans le but de nuire, donne lieu à des dommages-intérêts contre le saisissant. — *Bordeaux*, 11 avril 1834, Bouyer c. Vandais.

515. — Une saisie-arrêt annulée peut donner lieu à des dommages-intérêts, pour toutes les pertes qu'elle a causées, soit directement, soit indirectement. — *Bruxelles*, 2 mai 1807, Vandinter c. Vanbommel.

516. — Ainsi celui qui, par une saisie-arrêt mal fondée, a empêché le paiement des intérêts échus d'un capital, est responsable des intérêts et doit être condamné à les payer ; mais seulement à partir du jour de la demande. — *Metz*, 10 juin 1812, Tornaco c. Vandernoot. — Roger, n° 632.

517. — La mainlevée d'une saisie-arrêt apposée par l'associé jugé débiteur entre les mains du débiteur de l'autre associé, peut donner lieu à des dommages-intérêts au profit de ce dernier. — *Rennes*, 29 mars 1815, Ferrand c. Rousseau. — Roger, n° 178.

518. — Jugé que celui qui a demandé et obtenu judiciairement la mainlevée des oppositions pratiquées sur lui, ne peut intenter contre le saisissant une nouvelle action en paiement des intérêts des sommes arrêtées, qu'il n'a pas réclamés en demandant la mainlevée des saisies-arrêts. — *Paris*, 28 janv. 1814, Roulin et Garaud c. Delpont.

519. — Il n'est pas dû de dommages-intérêts au capitaine de navire aux mains duquel la saisie a été apposée, lorsque l'instance n'apporte aucun retard au départ du navire. — *Rennes*, 28 déc. 1820, Angove c. Pepin et Abbé.

V., au surplus, ALIMENS, n° 157 ; APPEL, n° 475 ; ASSURANCES ; BANQUE DÉPARTEMENTALE, n° 10 ; CAISSE, n° 7 ; CAISSE DES DÉPÔTS ET CONSIGNATIONS, n° 63 ; COMPÉTENCE (mat. civ.), n° 65 ; CONSIGNATION, n° 46 ; CRÉANCE, n° 30 ; DEGRÉS DE JURIDICTION, n° 569 ; DETTE PUBLIQUE, n° 130 ; DOMAINE DE L'ÉTAT, n°s 528 et 531 ; DOMMAGES-INTÉRÊTS, n° 44 ; EFFET SUSPENSIF, n° 7 ; EXÉCUTION DES ACTES ET JUGEMENS, n° 52 ; INSTRUCTION PRIMAIRE, n° 162 ; JOURS FÉRIÉS, n° 91 ; JUGEMENT PAR DÉFAUT, n°s 137 et 722 ; JUSTICE DE PAIX, n° 788 ; MINISTÈRE PUBLIC, n° 313 ; ORDONNANCE DU JUGE, n°s 9, 32, 38 et 68.

SAISIE-BRANDON.

1. — Acte par lequel un créancier fait mettre sous la main de la justice les fruits pendans par racines, appartenant à son débiteur, afin qu'ils soient conservés jusqu'à la maturité, pour être vendus ensuite et le prix distribué aux créanciers. — Carré, édit. Chauveau, t. 4, p. 769, *Observations gén.* sur le titre *De la saisie-brandon.*

2. — Cette dénomination de *saisie-brandon* vient de ce que, dans certains pays, il était d'usage de placer sur le champ saisi des faisceaux de paille appelés *brandons*, suspendus à des pieux fichés en terre. Le Code n'a pas maintenu cet usage, et par conséquent on n'est plus tenu de le suivre. — Carré, *loc. cit.*, et Chauveau, quest. 2108.

3. — La saisie-brandon ne peut avoir lieu que pour les fruits encore pendans par racines ; s'ils étaient détachés du sol, ils ne pourraient plus être l'objet de cette saisie : on devrait alors procéder par voie de saisie-exécution. — Carré et Chauveau, quest. 2109.

4. — Il n'y a aucune contradiction entre l'art. 626 C. procéd. civ., qui autorise la saisie-brandon, et les art. 682 et suiv. du même Code, d'après lesquels les fruits échus après la dénonciation de la saisie immobilière sont immobilisés. En effet, ces derniers articles supposent que les fruits ont été compris dans la saisie immobilière et en constituent séquestre judiciaire le saisi propriétaire du sol. — Carré et Chauveau, quest. 2107 ; Thomine-Desmazures, t. 2, p. 145.

5. — Mais on peut pratiquer une saisie-brandon sur les fruits d'un immeuble frappé de saisie immobilière, si les fruits n'ont pas été compris dans cette saisie. — *Cass.* (belge), 14 mars 1833, Schrockaert c. Nechelput. — Chauveau sur Carré, *loc. cit.* — V. SAISIE IMMOBILIÈRE.

6. — Par fruits pendans par racines on entend tous ceux qui sont susceptibles de récolte, comme les blés, les foins, les légumes, les divers fruits des arbres, non encore recueillis. — Chauveau sur Carré, quest. 2109 *bis*.

7. — L'art. 4, sect. 3, tit. 1er de la loi du 28 sept. 1791, déclara, cependant, insaisissables les vers à soie pendant leur travail, et la *feuille du mûrier* qui leur est nécessaire pendant leur éducation. Une déclaration du 6 février 1732, l'avait déjà décidé ainsi.

8. — Les bois proprement dits et les arbres de haute futaie ne pouvant être assimilés aux récoltes dont la mobilisation se réalisant toujours à des époques fixes, offre, pour certains créanciers, danger de fraude. ne sont pas susceptibles de saisie-brandon. — Thomine-Desmazures, t. 2, p. 146 ; Chauveau sur Carré, quest. 2109 *bis*.

9. — Cette solution n'est pas toutefois applicable aux arbres en pépinière, qu'on doit considérer comme fruits dont l'époque de maturité est fixée à six ans à partir de la plantation. Ces arbres peuvent donc être l'objet d'une saisie-brandon lorsqu'ils sont parvenus à maturité. — *Rouen*, 1er mars 1839 (t. 2 1839, p. 461), Legendre c. Debras. — Chauveau sur Carré, *loc. cit.*

10. — On peut saisir-brandonner des récoltes sur un usufruitier ; mais le décès de celui-ci avant la coupe de ces récoltes a pour effet nécessaire d'annuler la saisie. — C'est ce qui résulte de l'art. 585 C. civ. — Chauveau sur Carré, quest. 2109 *ter*.

11. — Les récoltes provenant de biens de mineurs, dont le débiteur a la jouissance légale, aux termes de l'art. 384 C. civ., peuvent également être saisies pour dettes de ce dernier, sauf,

pour les enfans, le droit de demander la distraction de provisions suffisantes pour l'accomplissement des charges auxquelles l'art. 385 C. civ. a subordonné l'usufruit. — Chauveau sur Carré, quest. 2111 *sexies*.

12. — Jugé qu'un créancier peut faire saisir et vendre les fruits pendans par racine dont son débiteur n'est que copropriétaire, quoique sur une exécution faite sur les meubles il ait été sursis jusqu'après partage. — *Agen*, 18 (et non 8) févr. 1824, Thorre c. Gesse.

13. — Encore bien que les fruits d'un colon ou fermier aient été saisis pour une dette des propriétaires, on peut néanmoins saisir pour une dette personnelle du premier les pailles qui sont sur les terres. — Carré et Chauveau, quest. 2110.

14. — Le saisissant doit faire toutes les avances nécessaires pour la culture, sauf à les comprendre parmi les frais. — Carré et Chauveau, quest. 2111.

15. — La saisie-brandon ne pourra être faite que dans les six semaines qui précéderont l'époque ordinaire de la maturité des fruits, et elle sera précédée d'un commandement, avec un jour d'intervalle. — C. procéd. civ., art. 626.

16. — Ces mots *ne pourra* de l'art. 626 précité emportent prohibition absolue de saisir-brandonner six semaines avant l'époque ordinaire de la maturité des fruits. La saisie antérieure à cette époque devrait être déclarée nulle, quoique la loi ne prononce pas pour ce cas textuellement la nullité de la saisie. Si la saisie, étant faite dans les six semaines, avait été précédée d'une vente, même authentique, cette vente pourrait être annulée comme entachée de fraude. — Pigeau, *Comment.*, t. 2, p. 213; Thomine-Desmazures, t. 2, p. 148; Chauveau sur Carré, quest. 2114. — Carré, au contraire, pense (*ibid.*) que la saisie pourrait être faite avant les six semaines, sauf au saisissant à supporter jusque-là les frais de garde. — Mais cette opinion est contraire aux termes mêmes de l'art. 626.

17. — Il a été jugé, toutefois, que l'acquéreur de bonne foi d'une récolte peut s'opposer à la saisie qu'en voudrait faire ultérieurement un créancier du vendeur. — *Colmar*, 18 brum. an XI, Diemer c. Rumpler. — Quoique rendue avant la promulgation du Code de procédure, cette décision serait encore parfaitement applicable.

18. — Autrefois, l'époque à laquelle les fruits pouvaient être saisis variait suivant chaque localité. — Le Code de procédure, en fixant un délai uniforme n'a pas voulu cependant priver les tribunaux du droit de décider si la saisie avait été faite en temps opportun. — Carré et Chauveau, quest. 2112.

19. — Nous avons vu qu'il devait s'écouler un intervalle d'un jour entre le commandement et la saisie. Ce délai doit être d'un jour franc. — Pigeau, *Comment.*, t. 2, p. 117; Demiau-Crouzilhac, p. 413; Thomine-Desmazures, t. 2, p. 148; Carré et Chauveau, quest. 2113.

20. — Sur le point de savoir si ce délai doit être augmenté à raison des distances, V. DÉLAI et SAISIE-EXÉCUTION.

21. — Le Code de procédure a indiqué quelques formalités particulières à la saisie-brandon, et prescrit, pour le surplus, l'observation des règles spéciales à la saisie-exécution. — C. procéd. civ., art. 634. — Quoique placé après ceux où l'on détermine les formalités de la vente des objets saisis-brandonnés, cet article se rapporte néanmoins à toutes les dispositions du titre de la saisie-brandon. — Thomine-Desmazures, t. 2, p. 153; Carré et Chauveau, quest. 2124.

22. — Non-seulement, la saisie-brandon doit être précédée d'un commandement, comme nous l'avons fait remarquer, mais elle ne peut même être faite qu'en vertu d'un titre exécutoire, et pour une créance exigible, certaine et liquide. — Chauveau sur Carré, quest. 2111 *bis*.

23. — Mais une saisie-brandon n'est pas nulle, quoiqu'elle ait été pratiquée pour une somme supérieure à celle due au créancier par le débiteur qu'il poursuit. — *Bruxelles*, 14 mars 1833, Schroeckert c. Nechelput. — Chauveau sur Carré, quest. 2109 *quater*.

24. — Quant au titre en vertu duquel la saisie-brandon a lieu, il en doit être donné copie en tête du commandement, à moins qu'il n'ait été précédemment notifié. — Chauveau, *Comm. du Tarif*, t. 2, p. 140, n° 2, et sur Carré, quest. 2111 *ter*.

25. — Le procès-verbal de saisie doit contenir l'indication de chaque pièce, sa contenance et sa situation, ainsi que deux au moins de ses tenans et aboutissans, et la nature des fruits. — C. proc. civ., art. 627.

26. — Il est évident que, pour que le vœu de cet article soit rempli, l'huissier doit se transporter sur les lieux où se trouvent les objets saisis. La saisie serait nulle, s'il était prouvé que l'huissier eût rédigé son procès-verbal sans se transporter sur les lieux. Mais le seul défaut de mention du transport dans le procès-verbal n'entraîne pas nullité de la saisie. — Chauveau sur Carré, quest. 2115.

27. — Mais il n'est pas nécessaire que l'huissier qui procède à une saisie-brandon soit assisté de deux témoins. — *Agen*, 8 juin 1836 (t. 2 1837, p. 427), Rispals c. Lasmartres. — *Tarif*, art. 43, § 3. — Carré et Chauveau, quest. 2115.

28. — L'indication de la contenance peut n'être qu'approximative; car le législateur n'a pas dû être plus rigoureux en ce cas que pour la saisie-immobilière. — V. SAISIE-IMMOBILIÈRE. — Cependant, pour prévenir toute difficulté, l'huissier fera bien de se procurer un extrait de la matrice du rôle, afin de mentionner la contenance d'après cette base. — Carré et Chauveau, quest. 2116; Demiau-Crouzilhac, p. 414.

29. — L'omission même de la formalité de l'énonciation de la contenance ne devrait pas entraîner la nullité du procès-verbal. — Chauveau sur Carré, *loc. cit.*

30. — Le procès-verbal de saisie-brandon qui ne contient pas la mention du domicile réel du saisissant est nul. L'indication du domicile élu est insuffisante. — *Bordeaux*, 17 mars 1829, Dassis c. Roy.

31. — Un gardien est établi à la saisie. — Ce gardien est le garde champêtre, à moins qu'il ne se trouve compris dans l'exclusion portée par l'art. 598 C. proc. civ., c'est-à-dire qu'il ne soit conjoint, parent, allié jusqu'au degré de cousin issu de germain inclusivement, ou domestique, soit du saisissant, soit du saisi. S'il n'est pas présent au moment de la saisie, elle lui est signifiée; il est aussi laissé copie du procès-verbal au maire de la commune de la situation, qui vise l'original. Si les communes sur lesquelles les biens sont situés sont contiguës ou voisines, il est établi un seul gardien, autre néanmoins qu'un garde champêtre. Le visa est donné par le maire de la commune du chef-lieu de l'exploitation, et s'il n'y en a pas, par le maire de la commune où est située la majeure partie des biens. — C. proc. civ., art. 628.

32. — Dans le cas où le garde champêtre est constitué gardien par la loi, il ne peut en être commis un autre par l'huissier, même sur la réquisition du saisissant. Mais ce dernier peut commettre à ses frais un autre gardien. — Chauveau sur Carré, quest. 2117. — *Contrà*, Thomine-Desmazures, t. 2, p. 150.

33. — Quoique l'art. 628 C. proc. civ. n'exige la signification au garde champêtre que lorsqu'il n'est pas présent, il ne s'ensuit pas que s'il est sur les lieux l'huissier soit dispensé de lui donner copie. Seulement, dans ce dernier cas, la copie lui est remise de suite. — Carré et Chauveau, quest. 2118.

34. — Une copie du procès-verbal de saisie doit également être remise à la partie saisie. — *Tarif*, art. 44. — Carré et Chauveau, quest. 2119.

35. — Le gardien doit signer le procès-verbal de saisie, ou il doit être fait mention de la cause qui l'empêche de signer. Toutefois, cette mention n'a rien de substantiel, et son omission ne saurait être une cause de nullité de la saisie. — Chauveau sur Carré, quest. 2120 *bis*.

36. — Le garde champêtre constitué gardien a droit à un salaire. — *Tarif*, art. 45. — Carré et Chauveau, quest. 2120.

37. — La vente est ensuite annoncée par des placards affichés huitaine au moins avant la vente: 1° à la porte du saisi; 2° à celle de la maison commune, et s'il n'y en a pas, au lieu où s'apposent les actes de l'autorité publique; 3° au principal marché du lieu, et s'il n'y en a pas, au marché le plus voisin; et 4° à la porte de l'auditoire de la justice de paix. — C. proc. civ., art. 629.

38. — La huitaine qui doit s'écouler entre l'apposition des placards et la vente est franche. — Pigeau, *Comment.*, t. 2, p. 104; Thomine-Desmazures, t. 2, p. 151; Carré et Chauveau, quest. 2121.

39. — Les placards désignent les jour, heure et lieu de la vente, les noms et demeures du saisi et du saisissant, la quantité d'hectares et la nature de chaque espèce de fruits, la commune où ils sont situés, sans autre désignation. — C. proc. civ., art. 630. — L'apposition de ces placards est constatée de la même manière que pour la saisie-exécution. — C. procéd. civ., art. 631. — V. SAISIE-EXÉCUTION.

40. — La vente est faite un jour de dimanche ou de marché (C. proc. civ., art. 632), soit sur les lieux mêmes, ou sur la place de la commune où est située la majeure partie des objets saisis, soit sur le marché du lieu, ou, s'il n'y en a pas, sur le marché le plus voisin. — Art. 633.

41. — Le choix des jours et des lieux de la vente est tout à fait abandonné à l'arbitraire du saisissant. — Carré et Chauveau, quest. 2122.

42. — La régie a pu, nonobstant l'opposition du saisi, faire vendre valablement des fruits saisis-brandonnés sur un redevable, si cette opposition, au lieu d'être signifiée au domicile élu par le receveur dans le commandement qui a précédé la saisie l'a été au domicile du directeur. — *Cass.*, 10 déc. 1821, Pinard c. Enregistrement.

43. — Quant à la vente, elle est faite comme en matière de saisie-exécution (V. ce mot). Nous ferons seulement remarquer ici, et cette observation est spéciale à la saisie-brandon, que s'il ne se présente pas d'acquéreurs, le saisissant peut se faire autoriser par un jugement sur requête à récolter lui-même et à vendre la récolte. — Carré et Chauveau, quest. 2125.

44. — Si des grains saisis se trouvent en état d'être coupés avant qu'on puisse en faire la vente, le saisissant doit traduire le saisi en référé devant le président du tribunal civil, pour être autorisé à faire récolter lui-même et à engranger par compte et nombre, en présence du saisi ou lui dûment appelé. — Carré et Chauveau, quest. 2123.

SAISIE CONSERVATOIRE.

1. — La saisie conservatoire est une mainmise faite par un créancier sur les marchandises ou effets de son débiteur pour sûreté de sa créance. Elle n'est admise qu'en matière commerciale.

2. — On peut considérer comme une saisie conservatoire celle qui est prévue par l'art. 417 du Code de procédure, relatif à la procédure devant les tribunaux de commerce: « Dans tous les cas qui requerront célérité, porte cet article, le président du tribunal pourra permettre d'assigner, même de jour à jour et d'heure à heure, et de saisir les effets mobiliers; il pourra, suivant l'exigence des cas, assujettir le demandeur à donner caution ou à justifier de solvabilité suffisante. Ses ordonnances seront exécutoires, nonobstant opposition ou appel. »

3. — Le débiteur qui n'aurait pas comparu devant le président pourrait former opposition à l'ordonnance de ce magistrat qui aurait autorisé la saisie. C'est devant le président et non devant le tribunal de commerce que l'opposition devrait être portée. — Goujet et Merger, *Dictionn. de dr. commerc.*, v° *Saisie conservatoire*, n° 7. — V., cependant, *infrà*, n° 13.

4. — L'ordonnance pourrait aussi être frappée d'appel par celle des parties à laquelle son exécution porterait préjudice, soit que le président du tribunal de commerce eût autorisé la saisie conservatoire, soit qu'il eût refusé l'autorisation demandée. — V., cependant, *Bruxelles*, 17 mars 1812, Revers c. Nèves.

5. — La permission de saisir conservatoirement pourrait aussi être donnée par le tribunal de commerce. — *Turin*, 30 mars 1813, Graglia c. Pollone. — Vincens, *Jurispr. comm.*, t. 1er, p. 177.

6. — La saisie conservatoire peut être pratiquée soit sur les effets mobiliers qui sont en la possession du débiteur, soit sur ceux qui se trouvent entre les mains des tiers. — Carré et Chauveau, *Lois de la proc. civ.*, quest. 1495; Boitard, *Leçons sur la proc. civ.*, t. 2, p. 491; Thomine-Desmazures, *Proc. civ.*, t. 1er, p. 642. — Dans ce dernier cas, elle a le caractère d'une véritable saisie-arrêt. — *Turin*, 17 janv. 1810, Clariton c. Bagard; 30 mars 1813, Graglia c. Pollone; *Aix*, 6 janv. 1831, Rindi c. Marré et Pagano.

7. — La saisie conservatoire peut être autorisée au profit d'un étranger comme au profit d'un Français. — *Aix*, 6 janv. 1831, Rindi c. Marré et Pagano.

8. — La saisie conservatoire ne peut être pratiquée qu'en cas d'urgence, et le président du tribunal de commerce est seul juge du point de savoir si cette urgence existe. Ce magistrat pourrait accorder la permission de saisir, en limitant cette faculté à certains effets qu'il indiquerait par son ordonnance.

9. — Si le président n'autorisait la saisie conservatoire qu'à la charge de donner caution, la caution serait reçue dans la forme indiquée par l'art. 440 du C. proc. civ. — V. RÉCEPTION DE CAUTION.

10. — Rien n'empêcherait même le président d'autoriser la saisie sur requête signée du créancier et de la caution. — Thomine-Desmazures, n° 465; Pigeau, *Comm.*, t. 1er, p. 712.

11. — Lorsque le président exige que le créancier prouve sa solvabilité, ce dernier peut établir ce fait par tous les documens desquels il pourrait résulter.

12. — La saisie conservatoire n'est pas précédée d'un commandement. Quant à la forme dans laquelle le procès-verbal doit être rédigé, on doit décider, dans le silence de la loi, qu'il faut observer les mêmes formalités qu'en matière de saisie-exécution. — V. SAISIE-EXÉCUTION.

13. — Le président du tribunal de commerce dans le ressort duquel se trouvent les objets mobiliers appartenant au débiteur est, dans les cas qui requièrent célérité, compétent pour autoriser la saisie conservatoire de ces objets, bien que le débiteur ait son domicile dans le ressort d'un autre tribunal, et que, par suite, et par le même motif, ce tribunal est compétent pour statuer sur l'opposition à l'ordonnance du président et sur la demande formée par le saisissant contre le saisi en condamnation au paiement des sommes dues par celui-ci. — *Bordeaux*, 2 mai 1845 (t. 1er 1846, p. 556), Fauché c. Guillet et Baynaud.

14. — La saisie conservatoire n'a pas besoin d'être validée. Elle a un caractère purement provisoire, et son but principal est de donner au créancier le temps d'obtenir un titre exécutoire. Lorsque ce titre existe, le créancier doit abandonner la saisie conservatoire et pratiquer une saisie-exécution, ce qui lui permettra de faire vendre immédiatement les objets sur le prix desquels il veut se faire payer. — C'est le conseil que donnent avec raison MM. Goujet et Merger, nos 14 et suiv.

15. — Si cependant le créancier voulant arriver à la vente des objets, sans abandonner la saisie conservatoire, entendait demander la conversion de cette saisie en saisie-exécution, il est certain que c'est devant le tribunal civil et non devant le tribunal de commerce qu'une semblable demande devrait être portée. — *Nîmes*, 4 janv. 1819, Maury c. Demaffey; *Orléans*, 26 août 1830, Jahau c. Tissard. — En effet, les tribunaux de commerce ne connaissent pas de l'exécution de leurs jugemens.

16. — Le Code de commerce a prévu un cas spécial de saisie conservatoire. Suivant l'art. 172 de ce Code, le porteur d'une lettre de change protestée faute de paiement peut, en obtenant la permission du juge, saisir conservatoirement les effets mobiliers des tireur, accepteurs et endosseurs. Le même droit appartient au porteur d'un billet à ordre. — *Orléans*, 26 août 1830, Jahau c. Tissard. — V., à cet égard, vo PROTÊT, nos 319 et suiv.

SAISIE-EXÉCUTION.

Table alphabétique.

SAISIE-EXÉCUTION. — **1.** — Acte par lequel un créancier fait mettre sous la main de la justice le mobilier corporel et saisissable de son débiteur, à l'effet de le faire vendre, pour le prix en être employé au paiement de la dette en distribué entre le saisissant et les autres créanciers du saisi.

§ 1er. — *Titres en vertu desquels et créances pour lesquelles on peut saisir exécuter* (no 2).

§ 2. — *Objets susceptibles ou non de saisie-exécution* (no 23).

§ 3. — *Formalités préalables à la saisie-exécution. — Commandement. — Délai* (no 84).

§ 4. — *Comment il est procédé à la saisie. — Procès-verbal* (no 135).

§ 5. — *Gardien à la saisie. — Gérant à l'exploitation* (no 199).

§ 6. — *Vente des objets saisis. — Formalités* (no 227).

§ 7. — *Incidents en matière de saisie-exécution* (no 284).

---

§ 1er. — *Titres en vertu desquels et créances pour lesquelles on peut saisir-exécuter.*

2. — En principe, on ne peut procéder à la saisie-exécution qu'en vertu d'un titre exécutoire, selon la règle générale de l'art. 551 C. proc. civ. Ce n'est que pour la saisie-arrêt qu'il suffit d'un titre privé ou d'une permission du juge. — Thomine-Desmazures, L. 2, p. 87; Carré et Chauveau, quest. 2001. — Sur ce qu'il faut entendre par *titre exécutoire*, V. EXÉCUTION DES ACTES ET JUGEMENS.

3. — Spécialement, on peut pratiquer une saisie-exécution en vertu d'un jugement ou d'un arrêt qui prononce une subrogation judiciaire. — *Rennes*, 14 juin 1845, B... c. N...

4. — ... Et même, en vertu d'un arrêt contre lequel la partie condamnée a formé un pourvoi en cassation. — *Orléans*, 20 nov. 1845, Chevalier c. Leclercq.

5. — Mais une copie de jugement qui ne forme pas un titre exécutoire au profit de la partie à qui elle a été signifiée, et ne peut, par conséquent, servir de base à la saisie-exécution. — Chauveau sur Carré, quest. 2001 bis.

6. — Est nulle la saisie-exécution faite en vertu d'une seconde grosse d'obligation, délivrée...

ordonnance du président du tribunal, mais sans sommation préalable au débiteur, parce que cette seconde grosse est sans force exécutoire.—*Rennes*, 3 déc. 1824, Lebourg c. Lefloch.

7. — ... Ainsi que celle qui a lieu en vertu d'un jugement non exécutoire par provision, et dont il a été interjeté appel. — *Turin*, 8 août 1810, Bonavia c. Ronco.

8. — Le jugement obtenu contre l'un des débiteurs solidaires étant censé obtenu contre l'autre, encore bien que celui-ci n'ait pas été appelé, il s'ensuit qu'on peut, en vertu de ce jugement, procéder à la saisie-exécution contre ce dernier. — Chauveau sur Carré, quest. 2001 *bis*.

9. — Une saisie-exécution ne saurait être annulée par le motif que l'acte en vertu duquel l'exécution a été faite dans un ressort autre que celui dans lequel il a été passé n'a pas été légalisé, surtout si ce débiteur a reconnu la validité de cet acte en faisant des offres réelles de la somme stipulée dans ce contrat. — *Poitiers*, 15 janv. 1822, Garreau c. Martin.

10. — Il est fait exception au principe qu'une saisie-exécution ne peut avoir lieu sans titre exécutoire pour les cas où la régie des domaines et de l'enregistrement poursuit la rentrée des créances dues à l'Etat. Mais la même exception ne peut être étendue aux administrations municipales et aux commissions des hospices et des bureaux de bienfaisance. — *Bruxelles*, 26 mai 1810, Ives c. hospices d'Anvers. — Carré et Chauveau, quest. 2002.

11. — A défaut de titre exécutoire, le créancier ne peut y suppléer par une permission du juge. Dans ce cas, la saisie-exécution lui est interdite. Il n'a, pour conserver son gage sur le mobilier de son débiteur, que la ressource de la saisie-arrêt entre les mains des tiers chez lesquels ce débiteur a caché ses effets mobiliers, ou de la saisie-gagerie. — Carré et Chauveau, quest. 2003.

12. — La saisie faite en vertu d'un titre éteint, mais provisoirement, serait évidemment nulle; car, tant que subsiste le jugement qui a déclaré la dette provisoirement éteinte, il n'y a pas de titre exécutoire. — Carré et Chauveau, quest. 2001.

13. — Il ne suffit pas qu'il y ait un titre exécutoire. Il faut, de plus, que la créance pour laquelle on agit soit certaine et liquide. — Chauveau sur Carré, quest. 2001.

14. — Lorsque les causes de la saisie-exécution sont absorbées par les répétitions du saisi, la poursuite est nulle, encore que le saisissant oppose d'autres créances, si elles ne sont pas encore liquides et certaines. — *Orléans*, 15 mai 1818, Boissy c. Bodard.

15. — Jugé aussi que, lorsque le titre a été annulé pour partie, et maintenu en ce qu'il a de relatif à des droits héréditaires non liquides afférens au saisissant, les poursuites antérieures à cette décision doivent être déclarées nulles, au lieu d'être simplement suspendues jusqu'à la liquidation des droits. — *Cass.*, 29 août 1832, Lagarde c. Bordenave.

16. — Mais lorsqu'il y a titre exécutoire, et que la créance est liquide et certaine, aucune circonstance ne peut mettre obstacle à la saisie-exécution. — Ainsi, lorsqu'un fils, qui a obtenu une pension alimentaire contre son père, a transporté sa créance à celui qui a pourvu à ses besoins, celui-ci peut pratiquer une saisie-exécution chez son père. — *Rennes*, 24 sept. 1814, B... c. Laplanche. — Chauveau sur Carré, t. 4, p. 681, note.

17. — Les conditions nécessaires pour la validité de la saisie-exécution doivent exister dès le début des poursuites. — La saisie-exécution faite à la requête d'une partie qui n'avait pas qualité, doit être annulée, encore bien que pendant l'instance d'appel, elle ait acquis cette qualité. — *Rennes*, 22 avril 1817, N... c. Tanouarn. — Chauveau sur Carré, quest. 2001 *in fine*.

18. — Jugé, cependant, que la nullité d'un commandement à fin de saisie-exécution résultant de ce que des mineurs saisissans y ont été qualifiés majeurs est couverte par la reconnaissance faite postérieurement par le saisi de la véritable qualité des saisissans et par la défense au fond. — *Rennes*, 3 janv. 1835, Potier c. Ducouédic.

19. — Il est nécessaire enfin, pour que la saisie-exécution puisse avoir lieu, que les objets mobiliers appartenant au débiteur se trouvent dans son domicile ou dans les mains de personnes dont l'individualité se confonde avec celle du débiteur. Autrement ce serait la voie de la saisie-arrêt qui devrait être employée. — Chauveau sur Carré, quest. 1928 *bis*.

20. — Par exemple, lorsqu'une femme s'est réservé en propres des meubles, le mari étant simplement préposé à leur conservation, et n'en ayant pas la détention qui continue à rester dans les mains de la femme, les créanciers de celle-ci devront, à l'égard de ces meubles, procéder par voie de saisie-exécution, et non par voie de saisie-arrêt. — Chauveau sur Carré, *loc. cit.*

21. — Mais les mandataires ou dépositaires du débiteur étant à son égard de véritables *tiers*, la saisie-arrêt, et non la saisie-exécution, devra être employée contre eux. — Chauveau sur Carré, *loc. cit.* — V. SAISIE-ARRÊT.

22. — Au surplus, lorsqu'il y a doute sur le choix à faire, entre la saisie-arrêt et tout autre mode d'exécution, il faut recourir à la première de ces voies comme étant moins dure pour le débiteur. — Thomine-Desmazures, t. 2, p. 59; Roger, *Saisie-arrêt*, n° 10; Chauveau sur Carré, quest. 1928 *bis* 4°.

§ 2. — *Objets susceptibles ou non de saisie-exécution.*

23. — En règle générale, tous les objets qui peuvent être saisis-exécutés sont ceux que l'art. 535 du Code civil comprend sous la dénomination de biens meubles ou effets mobiliers. Sont donc susceptibles d'être saisis l'argent comptant, l'argenterie, les instrumens de sciences et arts, les marchandises, et, plus généralement, tout ce qui fait l'objet d'un commerce. — Chauveau sur Carré, quest. 2034 *bis*.

24. — Jugé, par application de ce principe, que le fonds d'une pharmacie peut être l'objet d'une saisie-exécution. — *Turin*, 18 sept. 1811, Ponso c. Cimosa.

25. — Jugé aussi que le directeur propriétaire d'un bureau de nourrices ne peut être assimilé à un fonctionnaire public, bien que l'exercice de sa profession soit soumis à l'approbation de l'autorité, et que, dès lors, son établissement peut être saisi et vendu par ses créanciers. — Seulement, l'établissement ne peut être acquis qu'à la charge par l'acquéreur d'obtenir pour lui ou pour un tiers l'approbation de l'autorité. — *Lyon*, 13 mars 1838 (t. 2 1838, p. 548), Poujol c. Gagnoux.

26. — Il faut excepter des objets saisissables les papiers appartenant au saisi (Chauveau sur Carré, art. 591, n° 462). — Les billets souscrits au profit du saisi ne peuvent davantage être l'objet d'une saisie-exécution. La seule voie d'exécution contre les créances consiste dans la saisie-arrêt ou la saisie des rentes. — Thomine-Desmazures, t. 2, p. 104; Roger, n° 168; Carré et Chauveau, quest. 2030. — Il n'y a pas lieu, ce nous semble, de distinguer, à cet égard, entre les obligations civiles et les effets de commerce. — *Contrà*, *Riom*, 29 juin 1819, Chazaud c. Haste.

27. — Mais les billets de la Banque de France, de ses succursales et des autres banques de même nature autorisées par la loi, étant considérés comme une monnaie courante, peuvent être saisis. — Chauveau sur Carré, quest. 2030 *in fine*.

28. — Sur la question de savoir si un manuscrit peut faire l'objet d'une saisie-exécution, V. PROPRIÉTÉ LITTÉRAIRE, n° 187 et suiv. — *Adde* aux autorités qui y sont citées, en faveur de la solution négative, Chauveau sur Carré, quest. 2042 *bis*.

29. — Jugé qu'un créancier ne peut faire saisir sur son débiteur les meubles dont celui-ci n'est que locataire. — *Paris*, 13 janv. 1810, Cousin c. Simon.

30. — ... Que les tournans et travaillans d'un moulin appartiennent au propriétaire, bien que la prisée en ait été faite; dès lors, ils ne peuvent être saisis par les créanciers du fermier. — *Paris*, 8 juill. 1833, Beauget c. Sauvage.

31. — Des motifs d'humanité ont déterminé le législateur à déclarer certains objets comme ne pouvant être compris dans la saisie-exécution. Ces objets sont désignés dans l'art. 592 C. procéd. civ. Toutefois, cette insaisissabilité ne doit pas être, comme le prétend Carré (quest. 2032), considérée comme étant d'ordre public. Elle n'a été établie que dans l'intérêt privé du saisi, qui, selon les circonstances, peut consentir à ce que ces objets soient saisis et vendus. — Chauveau sur Carré, *ibid.*

32. — Il a été jugé sous l'empire de l'ordonnance de 1667 que la saisie qui comprenait des objets déclarés insaisissables par la loi n'était pas nulle, et que la vente qui en était faite par suite de la saisie devait être maintenue; mais que le saisissant pouvait être condamné à des dommages-intérêts pour n'avoir pas laissé à la partie saisie les objets déclarés insaisissables. — *Cass.*, 1er therm. an XI, Dumarzet c. N.... — Il en serait de même aujourd'hui. — Carré, quest. 2034.

33. — Il a même été décidé que l'huissier qui avait fait la saisie et opéré la vente pouvait être condamné à des dommages-intérêts envers la partie saisie, et qu'il ne pouvait prétendre que la responsabilité, en ce cas, dût remonter jusqu'au créancier à la requête duquel la saisie avait été pratiquée, parce que ce créancier, en donnant mandat de poursuivre, l'avait nécessairement donné sous la condition de se conformer aux dispositions de la loi. — *Paris*, 22 avr. 1838 (t. 1er 1838, p. 512), L.... c. D....

34. — Mais le saisi ne peut en appel demander des dommages-intérêts contre l'huissier intervenu devant les premiers juges, en ce que des meubles non compris dans la saisie auraient été vendus, lorsqu'il s'est borné, en première instance, à en demander contre le saisissant. — *Rennes*, 21 avr. 1820, Legrand c. Auvinet.

35. — Si la vente des objets insaisissables n'avait pas encore eu lieu, le saisi pourrait même l'empêcher en formant une demande en distraction. — *Metz*, 10 mai 1825, Freminet c. Gentet. — Bioche, v° *Saisie-exécution*, n° 54; Pigeau, *Comment.*, t. 2, p. 185; Thomines-Desmazures, t. 2, p. 110; Chauveau sur Carré, *eâd. quest.* — Cette demande en distraction ne compromet en rien la validité de la saisie pour le reste.

36. — Le saisi qui veut réclamer la distraction d'effets mobiliers compris dans une saisie-exécution, comme étant au nombre de ceux que la loi déclare insaisissables, est tenu de former sa demande au moment même de la saisie, ou au plus tard avant la vente; il n'est plus à temps pour exercer sa réclamation lorsque les objets saisis ont été vendus, quoique le produit de la vente n'ait pas encore été distribué entre les créanciers. — Dans ce cas, il ne peut obtenir sur le prix l'allocation de la somme jusqu'à concurrence de laquelle s'étendait l'insaisissabilité. — *Toulouse*, 5 mars 1837 (t. 2 1837, p. 569), Sens c. Brun. — Chauveau sur Carré, quest. 2041 *ter*.

37. — Des meubles indivis peuvent être saisis avant que le partage en soit effectué Mais les copropriétaires non débiteurs des saisissans peuvent s'opposer à la vente, en formant une demande en distraction. Alors la vente de la portion du débiteur saisi ne pourra être effectuée qu'après le partage opéré. — Carré et Chauveau, quest. 1994.

38. — Les meubles qui ont été vendus par le débiteur, mais qui n'ont pas encore été livrés, ne sont plus susceptibles d'être saisis-exécutés. — *Douai*, 5 fév. 1848 (t. 2 1849, p. 621), Humbert et Manier c. Wattré.

39. — Voyons maintenant quelles sont les choses qui sont frappées par la loi d'insaisissabilité. Ce sont d'abord les objets que la loi déclare immeubles par destination. — C proc. civ., art. 592 1°. — Or, par *immeubles par destination* il faut entendre les objets que le *propriétaire* d'un fonds y a placés pour le service et l'exploitation de ce fonds. Ces objets sont énumérés dans les art. 524 et 525 C. civ. — Comme on le voit, la loi n'attribue le caractère d'immeubles par destination qu'aux objets placés par le propriétaire. Il suit de là que les objets placés par le fermier sur un domaine pour son exploitation peuvent être saisis mobilièrement. — Carré et Chauveau, quest. 2035.

40. — Ainsi, un four construit par le locataire qui doit l'enlever à la fin de son bail, est meuble, et en cette qualité, peut être l'objet d'une saisie-exécution. — Ce four, alors même qu'il appartient à un boulanger, ne doit pas être considéré comme insaisissable. — *Lyon*, 14 janv. 1832, Sériziat et Rambaud c. Charvet.

41. — De même, les bestiaux placés par un fermier pour l'exploitation de la ferme ne sont pas immeubles par destination, ils ne peuvent être frappés de saisie-exécution. Ils n'ont ce caractère que lorsqu'ils ont été destinés à l'exploitation par le propriétaire même de la ferme. — *Liége*, 14 fév. 1824, Stefens c. Reding.

42. — Toutefois la saisissabilité des objets placés par le locataire ou fermier doit souffrir exception dans le cas où il est prouvé par actes authentiques ou par actes sous seings privés ayant date certaine, ou même par la nature des choses, que le bail n'a été consenti qu'à la condition que ces objets resteraient à la fin du bail, au propriétaire. — Carré, édit. Chauveau, t. 4, p. 715, note.

43. — Du reste, il ne suffit pas non plus pour que des animaux soient réputés immeubles par destination, et par conséquent insaisissables, qu'on les ait placés sur un fonds, qu'ils soient

SAISIE-EXÉCUTION, § 2.
SAISIE-EXÉCUTION, § 2.

propres à la culture, et que le propriétaire déclare qu'ils y sont attachés; il faut qu'ils soient *rigoureusement nécessaires* à l'exploitation du fonds. — *Orléans*, 11 déc. 1817, Néry c. Baranger; *Limoges*, 15 juin 1820, Cubertafond c. Villemoneix. — Henrequin, *Traité de législation*, p. 23; Chauveau sur Carré, quest. 2035, t. 4, p. 715.

44. — Mais la défense de saisir les objets que la loi déclare immeubles par destination cesse nécessairement dans le cas où ces objets ne peuvent plus être employés à la culture à laquelle ils étaient destinés. Ainsi, les bestiaux attachés à une ferme peuvent être saisis, lorsque le propriétaire a rendu impossible l'usage de ces animaux par la vente des charrues, charrettes, pailles et fourrages. — *Bourges*, 9 fév. 1830, Oppin c. Binet.

45. — Sont immeubles par destination, et par conséquent insaisissables, les troupeaux de brebis attachés aux biens des landes, qui ne sont productifs que par les engrais que ces animaux procurent. — *Bordeaux*, 14 déc. 1829, Delains-Durand c. Durand.

46. — Quoique l'exploitation d'un domaine étant peu considérable, les bestiaux qu'il contient soient employés à d'autres travaux que ceux de cette exploitation, ils n'en sont pas moins attachés à la culture dans le sens de la loi, et par suite insaisissables. — *Bourges*, 10 fév. 1821, Bruneau-Vitry c. Desvareilles.

47. — Au surplus, la prohibition de saisir-exécuter les immeubles par destination ne s'oppose pas à ce qu'ils soient, de la part du créancier qui a fait une surenchère sur l'immeuble principal, s'il a de justes raisons de craindre que l'acquéreur ne commette quelque détournement, l'objet d'une saisie conservatoire. — *Bordeaux*, 17 mai 1831, Charrier c. Sieuzac. — Chauveau sur Carré, quest. 2035.

48. — La loi du 28 sept.-6 oct. 1791 (tit. 1er, sect. 2, art. 4) déclarait les vers à soie insaisissables, ainsi que la feuille de mûrier destinée à leur éducation. Aujourd'hui une distinction doit être faite: ou les vers à soie font partie d'une exploitation rurale, et alors ils sont immeubles par destination, comme les abeilles, les pigeons, les lapins (C. civ., art. 524); ou ils sont élevés par un individu qui, n'ayant pas de propriété, achète les feuilles de mûrier, et, dans ce cas, il y a lieu encore d'appliquer la loi de 1791, qui, en ce point, a continué d'être en vigueur. — Chauveau sur Carré, quest. 2035 *bis*.

49. — Le cheval et la charrette d'un brasseur de bière, de quelque utilité que ces objets soient à l'exploitation de la brasserie, ne sont point immeubles par destination; en conséquence, ils peuvent être saisis-exécutés. — *Bruxelles*, 21 juin 1807, S... c. N.... — Carré, quest. 2036.

50. — Jugé également que le cheval et la charrette d'un meunier ne sont pas mis au nombre des outils des artisans nécessaires à leurs occupations personnelles; qu'on ne peut pas assimiler ces objets à ceux dont la conservation est nécessaire à l'existence des artisans, et indispensable à la mise en activité du moulin; et, qu'en conséquence, il est permis de les saisir. — *Orléans*, 20 nov. 1823, N.... — Mais, selon M. Chauveau sur Carré (quest. 2036), le cheval et la charrette d'un brasseur ou d'un meunier doivent être considérés comme ustensiles servant à l'exploitation de la profession du saisi, et rentrent à ce titre dans le § 4 de l'art. 592.

51. — Jugé que le bailleur ne peut s'opposer à la saisie et à la vente par les créanciers du preneur des bestiaux qui composent le cheptel de fer, lorsqu'il ne lui est dû aucun fermage, que le preneur n'est pas en déconfiture, et que la saisie ne doit pas empêcher le cheptel d'être au complet. — *Cass.*, 8 déc. 1806, Debar c. Dechizelles.

52. — Le propriétaire peut saisir le cheptel fourni par un tiers à son fermier, si cette circonstance ne lui a pas été dénoncée avant l'entrée du fermier. — *Nîmes*, 7 août 1812, Quinzart c. Monier; *Cass.*, 9 août 1815, Monier c. Quinzart; *Paris*, 31 juill. 1818, Muguet de Varanges c. Boullinois.

53. — Les matériaux provenant de la démolition d'un bâtiment sont meubles, bien que le bâtiment n'ait été démoli que pour être reconstruit; et tant qu'ils ne sont pas incorporés au nouvel édifice, ils peuvent être frappés de saisie-exécution. — *Lyon*, 23 déc. 1811, Savoye et Molière c. Durand. — Duranton, t. 4, no 11; Toullier, t. 3, no 19.

54. — En principe, les bateaux étant réputés meubles, aux termes de l'art. 531 C. civ., sont susceptibles de saisie-exécution. Mais l'art. 215 C. comm. ne permet de saisir les bateaux sur mer, quand ils sont prêts à mettre à la voile, que pour dettes contractées au sujet du voyage. Cette exception ne peut, toutefois, être étendue aux bateaux sur rivière. — *Cass.*, 25 oct. 1814, Proust c. Noyer. — Chauveau sur Carré, quest. 2036 *bis*.

55. — Ne peuvent être saisis le coucher nécessaire des saisis, ceux de leurs enfans vivant avec eux, et les habits dont les saisis sont vêtus et couverts. — C. proc. civ., art. 592 2o. — Le lit déclaré insaisissable par cette disposition est le coucher ordinaire du saisi, c'est-à-dire le lit de la maison où il fait sa résidence habituelle, et non celui de son domicile légal, quand il ne l'occupe point. — *Orléans*, 24 août 1822, Leflois c. Guéret.

56. — Quant au point de savoir quels sont les objets compris dans le *coucher nécessaire*, il est abandonné au pouvoir discrétionnaire des tribunaux qui prendront pour base de leur décision la position, la fortune, l'âge et l'état de santé du débiteur. — Thomines-Desmazures, t. 2, p. 108; Carré et Chauveau, quest. 2037.

57. — Il n'est laissé qu'un lit pour le mari et la femme, s'ils sont valides et bien portans. Mais si l'un est infirme, l'humanité commande d'en laisser deux. — Demiau-Crouzilhac, no 398; Carré et Chauveau, quest. 2038.

58. — Il convient également de laisser à chaque enfant, quel que soit son âge, le lit que lui a destiné le père de famille. — Carré et Chauveau, *loc. cit.*

59. — Le coucher des ascendans et autres personnes à qui le saisi doit des alimens doit aussi être conservé. — Thomine-Desmazures, t. 2, p. 108; Bioche, vo *Saisie-exécution*, no 24.

60. — Le coucher des domestiques n'est saisissable qu'autant que le saisi peut se servir lui-même; mais il y a lieu de le lui laisser si les soins d'un serviteur lui sont indispensables. — Chauveau et Carré, quest. 2038, *in fine*; Bioche, vo *Saisie-exécution*, no 25.

61. — Relativement aux habits, le Code ne distingue pas entre ceux qui sont nécessaires et ceux qui ne le sont pas. Ainsi on ne peut dépouiller le saisi, sa femme ou ses enfans, des habits et vêtemens dont ils sont couverts. — Carré et Chauveau, quest. 2039; Thomine-Desmazures, t. 2, p. 108; Bioche, vo *Saisie-exécution*, no 26.

62. — Le coucher et les habits ne peuvent, en aucun cas, être saisis, quelle que soit la nature de la dette. — C. proc. civ., art. 593 *in fine*.

63. — L'art. 592, 3o et 4o, déclare aussi insaisissables les livres relatifs à la profession du saisi jusqu'à concurrence d'une valeur de 300 francs, à son choix; et les machines et instrumens servant à l'enseignement, pratique ou exercice des sciences et arts, jusqu'à concurrence de la même somme, et au choix du saisi.

64. — La partie saisie est autorisée à choisir les livres et instrumens qu'elle veut conserver, mais elle n'a pas la faculté d'en apprécier la valeur. Cette faculté n'appartient pas non plus à l'huissier. Ce dernier et la partie saisie peuvent s'entendre pour l'évaluation; mais s'ils ne s'accordent pas, il doit être nommé un expert par le juge qui est saisi de l'incident par la voie du référé. — Pigeau, *Comment.*, t. 2, p. 185; Thomine-Desmazures, t. 2, p. 109; Carré et Chauveau, quest. 2040.

65. — Le saisi a droit de retenir cumulativement les livres et les instrumens, en sorte que ces objets lui restent jusqu'à concurrence d'une somme de 600 fr. — Thomine-Desmazures, t. 2, p. 108; Carré et Chauveau, quest. 2041; Bioche, vo *Saisie-exécution*, no 43.

66. — Il a été jugé qu'un failli ne pouvait réclamer la délivrance des instrumens ou des livres relatifs à sa profession. — *Rouen*, 4 févr. 1828, Bertout. — Cette décision a été rendue sous l'empire du Code de commerce. Mais il en serait de même sous la loi du 28 mai 1838, dont l'art. 529 contient des dispositions analogues aux art. 529 et 530 anciens. — Chauveau sur Carré, quest. 2041 *bis*. — V. FAILLITE.

67. — La déclaration du 13 août 1704, qui défendait de procéder par voie de saisie-exécution sur les métiers, moulins et ustensiles servant à certaines fabrications et préparations, ne s'appliquait qu'aux ustensiles proprement mobiliers et transportables. — *Paris*, 1er floréal an X, Montulé c. Baudrier.

68. — Par *instrumens* l'art. 592 C. proc. civ. n'a eu en vue que les ustensiles servant au travail personnel du saisi, et qui sont pour lui l'unique moyen de gagner son pain de tous les jours. Le matériel d'une imprimerie ne rentre pas dans la catégorie des instrumens dont parle cet article. — *Toulouse*, 5 mars 1837 (t. 2 1837, p. 569), Sens c. Brun. — Chauveau sur Carré, quest. 2041 *ter*.

69. — Il en est de même des machines, décorations et autres effets mobiliers d'un théâtre. Ces objets peuvent être saisis en entier. Vainement on prétendrait aussi qu'ils sont immeubles par destination. — Carré et Chauveau, quest. 2036, *in fine*, et 2041 *ter*.

70. — Mais le cheval et la voiture d'un porteur d'eau sont insaisissables jusqu'à concurrence de 300 francs; ils font, en effet, partie des instrumens nécessaires à son industrie. — Chauveau sur Carré, quest. 2036 *bis in fine*, où cet auteur cite, comme ayant jugé en ce sens, un arrêt de *Paris* du 4 déc. 1829.

71. — Au contraire, le voiturier par terre qui se charge du transport de marchandises loue seulement ses services et non les chevaux et les voitures qu'il emploie au transport. En conséquence ces chevaux et voitures peuvent être saisis et vendus par les créanciers du voiturier, même pendant le cours du voyage. — *Toulouse*, 14 déc. 1818, Bories c. Martel; *Orléans*, 18 déc. 1839 (t. 1er 1840, p. 683), Pasquier c. Ballureau.

72. — On doit laisser à un ecclésiastique les vases et les ornemens nécessaires au service divin, et de plus, jusqu'à concurrence de 300 francs, les autres choses indispensables à l'exercice de son ministère. — Thomine-Desmazures, t. 2, p. 109; Carré et Chauveau, quest. 2042.

73. — Sont insaisissables les équipemens militaires, suivant l'ordonnance et le grade. — C. proc. civ., art. 592-5o. — Mais cette insaisissabilité n'est pas absolue. Les *habits* et le *coucher* sont seuls déclarés insaisissables pour toute créance. Quelque faveur que méritent les objets d'équipement militaire et quelque analogie qui existe entre eux et les habits, il n'y a pas lieu, néanmoins, de les comprendre dans la restriction contenue dans la dernière disposition de l'art. 593 C. proc. — Carré et Chauveau, quest. 2043.

74. — Mais les décorations sont absolument insaisissables, comme objets hors du commerce. — Thomine-Desmazures, t. 2, p. 109; Chauveau sur Carré, *loc. cit.*

75. — Peu importe que le saisi soit un militaire en retraite ou en activité. Ainsi sont insaisissables le sabre d'ordonnance et les armes d'honneur décernés à un militaire, bien qu'il soit actuellement en retraite. — *Paris*, 22 avr. 1838 (t. 1er 1838, p. 512), L.... c. D....

76. — L'art. 592-6o déclare encore insaisissables les outils des artisans, nécessaires à leurs occupations personnelles, et il est à remarquer que la loi ne se préoccupe pas, dans ce cas, de la valeur des outils. Elle les réserve tous, quand même leur valeur excéderait 300 francs.

77. — De ce que la loi ne déclare insaisissables que les outils nécessaires aux occupations *personnelles* des artisans, il en résulte que les outils d'un atelier, destinés aux ouvriers du saisi, peuvent être l'objet d'une saisie-exécution. — Pigeau, *Comment.*, t. 2, p. 185, Carré et Chauveau, quest. 2044.

78. — Sont également insaisissables les farines et menues denrées nécessaires à la consommation du saisi et de sa famille pendant un mois. — C. proc., art. 592-7o. — A défaut de farines ou menues denrées, on doit laisser sur les deniers comptans une somme équivalente à la valeur de ces objets.

79. — Par *menues denrées* il faut entendre les volailles, gibier, viandes coupées, pain et autres objets destinés à la nourriture de la famille. Mais la prohibition de saisir ayant été restreinte à ce qui est nécessaire pour la subsistance pendant un mois, c'est à l'huissier à proportionner la quantité au nombre d'enfans et de personnes composant le ménage du saisi. — Carré et Chauveau, quest. 2045. — En cas de débat entre l'huissier et le saisi, il est statué par les tribunaux.

80. — Enfin, ne peuvent être saisis une vache ou trois brebis, ou deux chèvres, au choix du saisi, avec les pailles, fourrages et grains nécessaires pour la litière et la nourriture desdits animaux pendant un mois. — Art. 592-8o. — Cette réserve doit être faite en dehors du nombre des bestiaux attachés à la culture.

81. — Les objets stipulés sous les nos 3 et suiv. peuvent néanmoins être saisis pour alimens fournis à la partie saisie, ou sommes dues aux fabricans ou vendeurs desdits objets, ou à celui qui a prêté pour les acheter, fabriquer ou réparer; pour fermages ou moissons des terres à la culture desquelles ils sont employés, loyers des manufactures, moulins, pressoirs, usines dont ils dépendent, et loyers des lieux servant à l'habitation personnelle du débiteur. — C. proc., art. 593.

82. — Par les mots *fermages* et *moissons* employés dans l'art. précité, il faut entendre non seulement les loyers à payer en argent et ceux qui se paient en nature; mais aussi les créan-

ces des ouvriers qui ont fait les récoltes. — Carré et Chauveau, quest. 2047.

83. — La créance basée sur la réparation d'un meuble ordinairement insaisissable est aussi favorable que celle du vendeur de cet objet; et, par conséquent, la saisie de ce meuble peut être faite pour paiement de cette créance.—Carré et Chauveau, quest. 2046; Bioche, v° *Saisie-exécution*, n° 50.

§ 3. — *Formalités préalables à la saisie-exécution. — Commandement. — Délai.*

84. — La saisie-exécution étant véritablement un acte d'expropriation, elle ne peut avoir lieu avant que le débiteur n'ait été constitué en demeure d'acquitter la dette. Cette mise en demeure résulte du commandement qui doit lui être signifié. — C. proc., art. 593. — La saisie serait nulle, si elle n'avait point été précédée de ce commandement.—*Rennes*, 29 août 1816, Domaine c. Lecornec.

85. — L'administration des domaines est, comme tout autre créancier, soumise à la formalité du commandement préalable. — Arrêt de *Rennes* cité au n° qui précède.— Bioche, v° *Saisie-exécution*, n° 58. — Il est même douteux que la signification d'une contrainte puisse tenir lieu du commandement.

86. — Le commandement doit être signifié à la personne ou au domicile du débiteur, être fait au moins un jour avant la saisie, et contenir notification du titre, s'il n'a déjà été notifié.—C. proc., art. 583.

87. — Le créancier n'est pas dispensé de faire signifier le commandement exigé par l'article précité, lors même qu'il ignore quel est le domicile du débiteur; si, par exemple, ce dernier a changé son domicile, sans faire aucune déclaration à la municipalité du lieu de son ancien domicile, et à celle du lieu où il est venu s'établir. — *Pau*, 3 juill. 1807, Bareigt c. Lauret. — Dans ce cas, le commandement doit être signifié dans la forme prescrite au n° 8 de l'art. 69 C. proc. civ.— Carré et Chauveau, quest. 1999.

88. — La signification du commandement peut être faite au domicile élu pour l'exécution de l'obligation. — C. civ., art. 111; Chauveau sur Carré, *loc. cit.*— V. cependant Thomine-Desmazures, t. 2, p. 92.

89. — Le commandement doit être signifié à chacun des débiteurs individuellement, si la saisie porte sur des meubles qui leur sont communs. Si cependant le mobilier commun se trouvait en la possession de l'un d'eux seulement, il suffirait que le comandement fût signifié à celui-ci; parce que la possession qu'il en a le fait considérer comme propriétaire. — Carré et Chauveau, quest. 1992; Thomine-Desmazures, t. 2, p. p. 91.

90. — Mais il a été jugé, et avec raison, parce qu'on ne doit pas multiplier sans nécessité les actes de procédure, qu'un seul commandement de payer, sous peine d'y être contraint par les voies de droit, suffit à la validité de plusieurs espèces de saisies successivement exercées pour la même créance, si la première saisie a été reconnue insuffisante. — *Turin*, 7 août 1809, Boralis c. Sola. — Carré et Chauveau, quest. 1998.

91. — Ainsi un commandement de saisie immobilière, encore bien qu'il ne contienne la réserve d'aucune autre voie de contrainte, peut tenir lieu du commandement qui doit précéder une saisie-exécution, alors même qu'il s'est écoulé plus de trois mois depuis la signification de ce commandement. — *Cass.*, 27 mars 1821, Richard c. Lenoir-Dufresne. — A plus forte raison, le commandement qui n'énonce point le mode d'exécution qu'on se propose d'employer est valable pour tous ceux que la loi autorise.— Carré, édit. Chauveau, t. 4, p. 678, note 1re.

92. — Décidé aussi que lorsqu'un commandement a été fait à un voiturier par eau aux fins de saisir les marchandises qui sont dans les bateaux, le saisissant peut, sans nouveau commandement, pratiquer une saisie-exécution sur d'autres marchandises emmagasinées par le débiteur. — *Orléans*, 24 janv. 1817, N....—Chauveau sur Carré, quest. 1998 *in fine*.

93. — Mais lorsqu'un débiteur a formé opposition au jugement par défaut, en vertu duquel ses meubles ont été saisis; il est nécessaire de lui signifier un nouveau commandement, si l'on veut procéder à une nouvelle saisie en vertu du jugement qui l'a débouté de son opposition. — Chauveau sur Carré, quest. 1997 *bis*.

94. — Nous avons vu que le commandement doit contenir notification du titre. Cette notification est exigée à peine de nullité. — *Limoges*, 26 avril 1823, Dumas c. Peliniaud. — Chauveau sur Carré, quest. 2004 *bis in fine*.

95. — Mais si le titre a déjà été signifié, il est inutile d'en donner de nouveau copie en tête du commandement. Il suffit d'énoncer la date, de mentionner qu'il a été précédemment notifié, et d'indiquer la nature et le *quantum* de la créance. — *Orléans*, 2 juin 1809, N.... — Carré et Chauveau, quest. 2000.

96. — Lorsqu'il y a lieu de notifier le titre, il ne suffit pas d'en donner un extrait. La notification doit comprendre un copie *entière* du titre.— Ainsi est nulle la saisie-exécution faite en vertu d'un arrêt dont la notification ne contenait ni les points de fait ni les points de droit ni les motifs.—*Rennes*, 29 août 1816, Domaine c. Lecornec. — Carré et Chauveau, quest. 1991; Thomines-Desmazures, t. 2, p. 93. — De même, il y aurait nullité du commandement, si l'on avait omis dans la copie du titre celle de la formule exécutoire. — Carré, *loc. cit.*

97. — Le commandement doit contenir, en outre, élection de domicile jusqu'à la fin de la poursuite, dans la commune, où doit se faire l'exécution, si le créancier n'y demeure; et le débiteur peut faire à ce domicile élu toutes significations, même d'offres réelles et d'appel. — C. proc., art. 584.

98. — Si l'exécution doit avoir lieu dans plusieurs communes, il faut faire élection de domicile dans chacune d'elles. — Chauveau sur Carré, quest. 2006.

99. — Si le saisissant qui demeurait dans la commune où l'exécution devait avoir lieu venait à changer de domicile avant que l'exécution fût consommée, sans faire une élection de domicile dans la commune de l'exécution, le saisi ne serait pas tenu de faire les significations des actes relatifs à la saisie à son nouveau domicile. — Carré (*loc. cit.*) pense que, dans ce cas, l'ancien domicile du créancier tiendrait lieu du domicile qu'il eût dû élire dès le commencement des poursuites, s'il n'avait pas demeuré dans la commune. — V. aussi, en ce sens, Chauveau sur Carré, *ibid.*

100. — Quelque importante que soit l'élection de domicile, l'omission de cette formalité n'entraînerait point cependant la nullité ni du commandement ni de la saisie. La loi n'a point attaché, en effet, la peine de nullité à cette omission. On ne peut donc la suppléer.—*Orléans*, 10 mars 1810 N...; *Colmar*, 4 juill. 1810, Hanck c. Gluck; *Turin*, 1er févr. 1811, Ponte Lombriasco c. Mo.— Carré et Chauveau, quest. 2204 *bis*; Thomines-Desmazures, t. 2, p. 97.

101.—Sous l'ordonnance de 1667, au contraire, une saisie-exécution était nulle, si l'élection de domicile dans la commune où on procédait à la saisie n'était faite que pour vingt-quatre heures. — *Colmar*, 18 brum. an XI, Diemer c. Rumpler; 16 fév. 1813, Levy c. Heim.

102. — En admettant même que le commandement pût être annulé pour défaut d'élection de domicile, cette nullité serait couverte par l'élection de domicile qui serait faite postérieurement, dans le procès-verbal de saisie. — *Colmar*, 4 juill. 1810, Hanck c. Gluck. — Carré et Chauveau, quest. 2005.

103. — Lorsque le commandement avec élection de domicile a été fait à la requête d'une commune, d'une administration ou établissement public, l'exploit que le saisi fait signifier à ce domicile élu n'est pas soumis au visa prescrit par l'art. 69, § 5, C. proc., qui n'y assujettit que les exploits d'ajournement signifiés aux administrations et établissemens publics. — Chauveau sur Carré, quest. 2006 *bis*.

104. — Il n'est pas nécessaire que l'huissier soit assisté, pour le commandement, de recors ou témoins. — Carré et Chauveau, quest. 2007.

105. — L'art. 584 C. proc. civ., en permettant de signifier l'acte d'appel au domicile élu dans le commandement tendant à saisie-exécution, contient une exception à la règle générale de l'art. 456, même Code, qui veut que l'appel soit signifié à personne ou domicile. Cette exception a été consacrée par de nombreuses décisions. — V., à cet égard, v° DOMICILE, n°s 370 et suiv., où elles se trouvent citées.

106. — Sur la question de savoir si l'exception établie par l'art. 584 doit être restreinte à l'appel des jugemens rendus sur les incidens occasionnés par les poursuites qui ont suivi le commandement, ou si elle est applicable à l'appel dirigé contre les jugemens antérieurs, et notamment contre celui qui a ordonné la saisie-exécution, V. aussi DOMICILE, n°s 380 et suiv.

107. — Du reste la faculté pour un saisi de signifier un acte d'appel au domicile élu dans la saisie-exécution pratiquée par son créancier, n'a lieu qu'autant que le saisissant ne demeure pas dans la ville où cette saisie a été faite. — *Paris*, 5 janv. 1809, Lesselin c. Follope; *Douai*, 30 janv. 1815, Deschodt c. Marescaux.—... Et qu'autant que l'élection a été faite dans le lieu où pouvait se faire l'exécution. — *Nîmes*, 18 févr. 1823, Pelet c. Deleuze.

108. — Lorsque le commandement à fin de saisie-exécution contient une double élection de domicile, l'une chez l'avoué du saisissant, l'autre au lieu du domicile du débiteur, où doit se faire l'exécution, l'acte d'appel ne peut être signifié qu'à ce dernier domicile, et non au premier. — *Montpellier*, 1er juill. 1828, Caussanet.

109. — De la disposition de l'art. 584 C. proc. il résulte d'une manière certaine que l'appel d'un jugement de débouté d'opposition à un commandement tendant à saisie-exécution ne peut être valablement interjeté au domicile élu dans l'exploit de signification de ce jugement. — *Bourges*, 26 nov. 1839 (t. 1er 1840, p. 321), de Saint-Sauveur c. Labot-Bouchot. — Il doit être signifié au domicile élu dans le commandement. — *Bourges*, 1er juin 1814, Hérault c. Senneterre. — Sur la question de savoir si l'exception établie par l'art. 584 relativement à l'appel peut être étendue à des cas autres que celui qu'il prévoit, V. APPEL, n°s 910 et suiv.

110. — Les offres réelles peuvent aussi être valablement faites au domicile élu dans le commandement tendant à saisie-exécution. — V., à cet égard, OFFRES RÉELLES, n°s 102 et suiv.

111. — L'exception contenue dans l'art. 584 C. proc. s'étend à toutes significations autres que celles d'appel et d'offres réelles. Ainsi, la demande en péremption d'une instance qui avait eu pour cause le titre en vertu duquel la saisie-exécution a été pratiquée n'étant qu'un incident à cette saisie, on doit considérer comme régulière l'assignation donnée derechef au domicile élu dans le commandement. — *Douai*, 27 juin 1835, Becq c. Legrand.

112. — Jugé aussi que l'exploit d'assignation tendant à la péremption de l'instance relative à une saisie-arrêt peut être valablement donné au domicile élu dans un commandement et un acte de saisie-exécution postérieurs à cette saisie-arrêt, mais relatifs à la même dette. — *Cass.*, 20 juin 1838 (t. 2 1838, p. 346), Becq c. Legrand.

113. — Dans le cas où plusieurs cointéressés ont élu un seul domicile dans le commandement tendant à saisie-exécution, les significations ne peuvent y être adressées en une seule copie; elles doivent être faites en autant de copies que de cointéressés. — *Poitiers*, 10 mai 1814, Lavergne c. Laugier; *Cass.*, 15 févr. 1815, de Turenne c. Canthouni. — *Contrà*, *Limoges*, 14 juill. 1813, Canthouni c. Turenne; *Bruxelles*, 14 juill. 1815, Goossens c. Beel; 6 oct. 1815, Lippens c. N.... — Chauveau sur Carré, quest. 2008 *ter*.

114. — L'opposition à la vente des objets saisis, ainsi que l'assignation en validité de cette opposition, est valablement signifiée au domicile que le saisissant a pris dans le commandement, lors même que ce ne serait pas là son véritable domicile. — *Bordeaux*, 8 mai 1830, Gorsse c. Chicou-Bourbon.

115. — Il en est de même de l'opposition sur les deniers de la vente, autorisée par l'art. 609 du Code de procédure civile. — *Bruxelles*, 7 mai 1822, Talboom c. Vambersie. — Chauveau sur Carré, quest. 2007 *bis in fine*.

116. — Si le commandement contient l'élection de deux domiciles, l'un dans la commune de l'exécution, l'autre dans un autre lieu, les significations peuvent indifféremment être adressées à l'un ou à l'autre de ces domiciles. — *Nîmes*, 6 août 1822, Rey c. Paulet; *Metz*, 11 mars 1826, N...; *Cass.*, 21 août 1828, Sapey c. Goudret; 20 juin 1838 (t. 2 1838, p. 346), Becq c. Legrand. — Chauveau sur Carré, quest. 2008 *bis*.

117. — Spécialement, en cas de double élection de domicile dans un commandement à fin de saisie-exécution, l'une chez l'huissier instrumentaire, l'autre chez le maire de la commune du saisi, on doit réputer valable l'assignation donnée au saisissant au domicile de l'huissier, encore que l'huissier ne soit pas domicilié dans la commune du saisi, l'élection de domicile dans cette commune n'étant exigée que dans l'intérêt du saisi et non dans celui du saisissant. — *Douai*, 27 juin 1835, Becq c. Legrand.

118. — Jugé aussi que, lorsque, dans un com-

mandement, il a été fait élection de domicile dans un lieu où se font les poursuites, et que, dans l'acte en vertu duquel le créancier agit, il a été établi un autre domicile pour son exécution, le débiteur a le droit de porter sa demande en nullité devant le tribunal du domicile exprimé dans l'acte. — *Paris*, 6 janv. 1825, Voguet c. Legendre.

119. — Au reste, la faculté de signifier au domicile élu dans le commandement n'est qu'une faveur accordée au débiteur. Elle ne déroge pas à la règle générale qui permet d'adresser toutes significations au domicile réel du saisissant. — Chauveau, *loc. cit.*

120. — Il a même été jugé que cette faculté était établie exclusivement en faveur du débiteur, que lui seul avait le droit de faire des significations au domicile élu dans le commandement, et qu'ainsi le gardien qui demandait sa décharge ne pouvait assigner le saisissant au domicile élu par celui-ci dans le commandement tendant à saisie-exécution. — *Poitiers*, 25 févr. 1834, Seigneuret c. Ruillier.

121. — ... Et que le tiers qui revendiquait tout ou partie des objets saisis devait faire signifier sa demande en revendication au domicile réel du saisissant, et non au domicile élu. — *Paris*, 26 juin 1811, Hospice de Tonnerre c. Sebillant; *Cass.*, 3 juin 1812, Dossmann c. Zahn; *Toulouse*, 26 févr. 1828, Gresse c. Blanc.

122. — Mais cette jurisprudence est avec raison critiquée par M. Thomines-Desmazures (t. 2, p. 94 et suiv.), qui fait ressortir l'injustice qu'il y aurait à traiter moins favorablement le gardien, le revendiquant et les opposans que le saisi lui-même. La disposition de l'art. 584 ne peut être, en effet, restreinte, dans son application, au débiteur. Aussi, la Cour de Bruxelles a sainement interprété cet article en décidant que l'opposition d'un créancier sur le prix de la vente de meubles saisis-exécutés pouvait être valablement notifiée au domicile élu par le saisissant dans le commandement. — V. aussi, en ce sens, Chauveau sur Carré, quest. 2009. — *Contrà* Carré, *loc. cit.*

123. — L'élection de domicile, suffisante pour déterminer le lieu où les offres réelles doivent être faites, ne donne pas, par elle-même, à celui qui habite le domicile élu, pouvoir de recevoir les offres; l'acceptation n'en peut être faite qu'en vertu d'une procuration spéciale. — Pigeau, *Comment.*, t. 2, p. 179; Chauveau sur Carré, quest. 2010.

124. — Spécialement, lorsque, par le commandement qui précède une saisie-exécution, l'huissier a fait élection de domicile chez l'avoué du créancier, et commandement de payer à ce domicile, l'avoué n'acquiert pas, par cela seul, qualité suffisante pour recevoir les sommes dues par le saisi. — *Bruxelles*, 9 janv. 1812, Rullens c. Derasse.

125. — Mais l'huissier a nécessairement qualité pour recevoir paiement au moment où il signifie le commandement, quand bien même l'exploit ne contiendrait pas, selon l'usage, *commandement de payer à l'instant entre les mains de nous huissier porteur des pièces*. — *Colmar*, 21 déc. 1832, Hirsch c. Freudenreich. — Carré et Chauveau, quest. 2010 *ter*. — *Contrà*, *Aix*, 13 fév. 1833, Barras c. Gleize.

126. — Toutefois, le mandat que la loi confère à l'huissier de recevoir le montant des titres dont il poursuit l'exécution ne l'autorise point à recevoir un paiement conditionnel. — Carré et Chauveau, *loc. cit.* — Ce mandat ne doit pas non plus être étendu au delà du moment où l'huissier instrumente. Ainsi le paiement fait à l'huissier ne libère point le débiteur, s'il a eu lieu dans un temps où les poursuites étaient suspendues par une opposition de ce dernier; et où le créancier avait constitué un avoué, chez lequel il avait élu domicile. — *Colmar*, 25 janv. 1820, Werner c. Dietz. — Pigeau, *Comment.*, t. 2, p. 178; Carré et Chauveau, *loc. cit.*

127. — L'art. 583 C. proc. civ. veut que la saisie soit précédée du commandement *au moins d'un jour*. Ainsi, il ne suffirait pas qu'il se fût écoulé entre le commandement et la saisie un intervalle de 24 heures. Le jour doit être franc, c'est-à-dire se compter depuis le temps qui s'écoule depuis minuit jusqu'à l'autre minuit. — *Bourges*, 2 juill. 1825, Roi c. Marquet. — Thomines-Desmazures, t. 2, p. 92; Pigeau, *loc. cit.*; Chauveau sur Carré, quest. 1995. — V. cependant Carré, *eâd. quest.*; Demiau-Crouzilhac, p. 394.

128. — Le délai qui doit s'écouler entre le commandement et la saisie est également susceptible d'augmentation à raison des distances, conformément à l'art. 1033 C. proc. civ. — Thomines-Desmazures, *loc. cit.*; Chauveau sur Carré, quest. 3410. — *Contrà* Carré, quest. 1996.

129. — Le commandement tendant à saisie-exécution n'est pas sujet à tomber en péremption, comme ceux qui ont pour objet l'emprisonnement ou la saisie immobilière — *Pau*, 29 juin 1821, N.... — En conséquence le saisissant peut faire procéder à la saisie-exécution après le délai fixé par l'art. 583 C. proc. civ., sans renouveler le commandement. — Thomines-Desmazures, *loc. cit.*; Carré et Chauveau, quest. 1997.

130. — Il a même été jugé qu'un commandement qui contient la menace d'une saisie immobilière, sans énoncer ni réserver aucune autre voie de contrainte, bien qu'il ait plus de trois mois de date, et bien qu'il soit périmé relativement à la saisie immobilière, suffit pour autoriser à procéder à une saisie-exécution. — *Cass.*, 27 mars 1821, Richard c. Lenoir-Dufresne.

131. — Cependant un nouveau commandement serait nécessaire dans le cas où il résulterait de faits survenus depuis le premier que le créancier aurait renoncé à ses poursuites, si, par exemple, il avait reçu un à-compte et accordé terme pour le surplus. — Chauveau sur Carré, quest. 1997.

132. — Il nous semble aussi qu'un nouveau commandement devrait être fait, si la saisie était pratiquée en vertu d'un jugement qui aurait débouté le débiteur de l'opposition par lui formée à l'enlèvement de ses meubles saisis en vertu d'un jugement par défaut. — Chauveau sur Carré, quest. 1997 *bis*.

133. — Lorsqu'un créancier saisit des meubles appartenant à une veuve et à ses enfans mineurs auxquels il a fait un prêt : si l'un des débiteurs s'oppose à la saisie en alléguant qu'il a des droits sur une partie du mobilier commun et qu'il est nécessaire de les constater, le délai que le tribunal accorde pour procéder à l'inventaire est de rigueur; aussitôt après son expiration, le créancier peut continuer ses poursuites. — *Orléans*, 28 mai 1812, N...

134. — La suspension des poursuites en expropriation forcée ne met pas obstacle à la poursuite sur saisie immobilière. — *Rennes*, 20 janv. 1812, Martel c. Perrin.

§ 4. — *Comment il est procédé à la saisie. — Procès-verbal.*

135. — L'huissier chargé de procéder à la saisie doit être assisté de deux témoins français, majeurs, non parens ni alliés des parties ou de l'huissier, jusqu'au degré de cousin issu de germain inclusivement, ni leurs domestiques; il énoncera, sur le procès-verbal, leurs noms, professions et demeures : les témoins signeront l'original et les copies.

136. — Sous l'ordonnance de 1667, et sous les constitutions piémontaises, le défaut d'assistance de témoins à un procès-verbal de saisie-exécution en entraînait la nullité. — *Dijon*, 15 pluv. an XI, Vaudrimey c. Lamaillanderie; *Cass.*, 28 mars 1809, Barbero. — Il en serait de même sous l'empire du Code de procédure civile. L'assistance de deux témoins est, en effet, une formalité substantielle de la saisie. — Carré et Chauveau, quest. 2014. — Et ce moyen de nullité pourrait être, comme sous l'ordonnance (V. arrêt de *Dijon*, précité), proposé pour la première fois sur l'appel.

137. — Les témoins qui assistent l'huissier doivent être Français, à peine de nullité de la saisie. Ainsi, l'étranger qui même aurait été admis à fixer son domicile en France ne pourrait servir de témoin. — *Bourges*, 9 mars 1821, Laty c. Pongault. — Bioche et Goujet, v° *Saisie-exécution*, n°s 93 et 94; Carré et Chauveau, quest. 2011. — *Contrà*, *Bordeaux*, 5 juin 1832, Lamarque c. Percepteur de la commune de Blanquefort.

138. — Mais il n'est pas nécessaire que les témoins soient *citoyens* français. L'art. 585 C. proc. n'exige pas qu'ils aient cette qualité. — Carré et Chauveau, *loc. cit.*

139. — L'art. 585 n'excluant comme témoins que les *domestiques*, il s'ensuit que le *clerc* d'un huissier, bien que logé et nourri chez son patron, peut assister comme témoin à une saisie-exécution. La profession de clerc exclut l'idée de domesticité. — *Paris*, 14 janv. 1825, Bouvel c. Dubarle. — Chauveau sur Carré, quest. 2011 *bis*.

140. — Le procès-verbal de saisie-exécution doit contenir la mention que les témoins sont Français, majeurs, non parens ni alliés, ni domestiques des parties ou de l'huissier. Il suffit, toutefois, pour que cette formalité puisse être considérée comme accomplie, que l'huissier, à la fin du procès-verbal, indique les noms, professions et demeures des témoins. — *Rennes*, 21 déc. 1812, N....

141. — La loi exigeant que les témoins signent l'original et les copies, il est nécessaire qu'ils sachent signer. — La saisie serait irrégulière, si le procès-verbal contenait seulement la mention que les témoins ne savent ou ne peuvent signer. — Carré et Chauveau, quest. 2012.

142. — Jugé cependant qu'une saisie exécution peut être valable, bien que les témoins n'aient pas les qualités requises par l'art. 585. — *Rennes*, 21 déc. 1812, N....

143. — Décidé aussi qu'un procès-verbal de saisie-exécution n'est pas nul, parce que l'huissier n'y a pas énoncé la profession des témoins dont il était assisté. — *Metz*, 10 mai 1825, Fréminet c. Gentet. — Ou par le défaut de signature des témoins sur la copie donnée au saisi. — *Bourges*, 6 août 1825, Labrousse c. Boursier. — Surtout si la copie mentionne que la signature a été apposée sur l'original. — *Besançon*, 15 mars 18[illegible], N.... — Ou sur le procès-verbal même de saisie-exécution. — *Bordeaux*, 13 avr. 1832, Labraize c. Verdier.

144. — L'ordonnance de 1667 exigeait que l'huissier mentionnât dans son procès-verbal l'heure à laquelle il procédait, afin qu'on pût déterminer quel était le premier saisissant dans le cas où il y aurait eu plus d'une saisie le même jour. Aujourd'hui cette mention n'est plus exigée. Cependant, l'huissier fera bien d'énoncer l'heure à laquelle il procède; non-seulement afin de fournir un moyen de déterminer quelle est la première saisie, mais aussi afin de fournir la preuve qu'il n'a pas agi à une heure indue. — Demiau-Crouzilhac, p. 395; Carré et Chauveau, quest. 2015.

145. — Nous avons vu que l'art. 585 veut que le saisissant ne puisse être présent à la saisie. Cette défense emporte même interdiction pour le saisissant d'envoyer quelqu'un à sa place, de se faire représenter par un tiers. L'huissier doit être le seul représentant du créancier pour lequel il agit. — Thomines-Desmazures, t. 2, p. 98; Carré et Chauveau, quest. 2013. — *Contrà*, Bioche, v° *Saisie-exécution*, n° 100.

146. — Les formalités des exploits, c'est-à-dire celles qui sont communes à tous les exploits, comme la date, l'immatricule, la désignation des parties, mais non celles qui sont particulières aux ajournemens, comme la constitution d'avoué (*Rennes*, 19 mai 1820, de Kerouartz c. Coatruau), doivent d'ailleurs être observées dans les procès-verbaux de saisie-exécution. — C. proc., art. 586. — Carré sur cet article, n° 460. — Mais la peine de nullité n'étant point attachée à l'omission de ces formalités, il n'y aurait lieu d'annuler le procès-verbal qu'autant que les formalités qui n'auraient point été observées seraient des formalités substantielles. L'omission des formalités non substantielles motiverait seulement une opposition à la vente, exposerait l'huissier à l'amende portée par l'art. 1030 C. proc., et pourrait servir de base à une action en dommages-intérêts de la part du saisi. — Carré et Chauveau, quest. 2018 et 2019.

147. — Le procès-verbal de saisie-exécution doit contenir, en outre, itératif commandement, si la saisie est faite en la demeure du saisi. — C. proc., art. 586. — Mais si elle est faite hors du domicile réel du saisi, par exemple, sur des marchandises déposées par lui en magasin, l'itératif commandement n'est pas nécessaire. — *Orléans*, 26 déc. 1816, N.... — Il en serait autrement cependant si le saisi se trouvait présent sur le lieu et au moment de la saisie. — Thomines-Desmazures, t. 2, p. 100; Carré et Chauveau, quest. 2016.

148. — Si, la saisie étant faite en la demeure du saisi, celui-ci est absent, il y a lieu néanmoins à réitérer le commandement dans la personne de ceux qui le remplacent. On n'est dispensé de ce commandement qu'autant qu'il n'est trouvé personne au domicile du saisi. — Thomines-Desmazures, *loc. cit.*; Carré et Chauveau, quest. 2017. — V. cependant Demiau-Crouzilhac, p. 395.

149. — L'itératif commandement doit être constaté par le procès-verbal même de saisie. S'il était fait par acte séparé, il ne passerait pas en taxe. — Chauveau sur Carré, quest. 2016 *in fine*.

150. — La loi n'ayant point exigé à peine de nullité l'itératif commandement, il semble, d'après le principe que les nullités ne peuvent être suppléées, que l'absence de ce commandement ne saurait être invoquée comme une cause de nullité de la saisie. C'est du reste ce qui a été jugé par la Cour de Toulouse, suivant arrêt du 16 avril 1819, Durand.

151. — Si les portes de la maison dans laquelle la saisie-exécution doit être pratiquée sont fermées ou si l'ouverture en est refusée, l'huissier pourra établir gardien aux portes pour empêcher le divertissement; il se retirera sur-le-champ, sans assignation, devant le juge de paix, ou, à son défaut, devant le commissaire de police, et, dans les communes où il n'y en a pas, devant le maire, et, à son défaut, devant l'adjoint, en présence desquels l'ouverture des portes, même celles des meubles fermans, sera faite au fur et à mesure de la saisie. L'officier qui se transportera ne dressera point de procès-verbal; mais il signera celui de l'huissier, lequel ne pourra dresser du tout qu'un seul et même procès-verbal. — C. proc., art. 587.

152. — L'huissier n'est pas obligé de présenter une requête au fonctionnaire dont il réclame l'assistance pour l'ouverture des portes. Une demande verbale suffit. — Chauveau sur Carré, quest. 2019 *bis*; même auteur, *Comment. du Tarif*, t. 2, p. 116; Bioche, *Saisie-exécution*, n° 112.

153. — L'huissier n'est pas tenu non plus, relativement au fonctionnaire qu'il peut requérir, de suivre l'ordre hiérarchique tracé par l'art. 587. Il peut s'adresser indifféremment à l'un ou à l'autre. Ainsi, jugé qu'un adjoint peut être requis dans le cas d'empêchement du maire, encore bien que l'empêchement du juge de paix n'ait point été constaté. — *Cass.*, 1er avr. 1813, Carle. — V. aussi en ce sens Thomines-Desmazures, t. 2, p. 101; Carré et Chauveau, quest. 2019 *bis*; Bioche, v° *Saisie-exécution*, n° 114. — V. cependant Pigeau, *Comment.*, t. 2, p. 182.

154. — Un des conseillers municipaux peut être également requis, puisque, d'après l'art. 5 de la loi du 21 mars 1831, ces conseillers remplissent, d'après l'ordre du tableau, les fonctions de maire en l'absence de celui-ci et de son adjoint. Mais le conseiller municipal appelé devrait exiger que, préalablement, l'empêchement du maire et de l'adjoint fussent constatés. — Chauveau sur Carré, quest. 2019 *ter*.

155. — La parenté du fonctionnaire requis avec l'une des parties ou avec l'huissier ne serait point un obstacle à ce qu'il procédât. — *Metz*, 20 nov. 1818, Médard c. Chaubard. — Chauveau sur Carré, quest. 2019 *bis*.

156. — Si l'huissier qui trouve les portes fermées s'introduisait sans l'assistance d'un magistrat, il y aurait nullité de la saisie, encore bien que l'ouverture eût été faite sans fracture. — *Poitiers*, 7 mai 1818, Jardonnet c. Horry. — Chauveau sur Carré, quest. 2019 *quater*; Siret, *Des nullités*, t. 2, p. 169; Bioche, v° *Saisie-exécution*, n° 111.

157. — Le fonctionnaire requis pour l'ouverture des portes doit rester avec l'huissier, jusqu'à ce que celui-ci ait achevé la saisie. — Thomines-Desmazures, t. 2, p. 101; Carré et Chauveau, quest. 2021. — Ainsi l'huissier qui, après le refus de l'ouverture des portes, continue à saisir sans l'assistance du juge de paix, commet un abus de pouvoir qui cause un préjudice à la réparation duquel il doit être condamné. — *Rennes*, 27 avril 1835, Gauguet c. Desson de Saint-Aignan.

158. — L'huissier ne pouvant s'introduire dans le domicile dont les portes sont fermées, pour pratiquer une saisie-exécution, sans l'assistance de l'un des fonctionnaires désignés dans l'art. 587, il est évident que si ces fonctionnaires refusaient leur assistance l'huissier devrait, sous peine de dommages-intérêts, surseoir à l'exécution. Mais le saisissant ne serait pas sans recours contre le fonctionnaire qui aurait sans motifs légaux refusé son assistance. Si c'est le juge de paix, son refus peut donner lieu à prise à partie contre lui. Contre tout autre fonctionnaire, le saisissant a action en dommages-intérêts. — Carré et Chauveau, quest. 2020.

159. — Mais l'assistance du greffier de la justice de paix, quand c'est le juge de paix ou son suppléant qui a été requis, n'est pas nécessaire, et cette assistance ne donnerait lieu à aucune vacation au profit du greffier. — Bioche, v° *Saisie-exécution*, n° 113.

160. — Les réclamations élevées par la partie saisie n'empêcheraient pas l'huissier de continuer la saisie. Ces réclamations ne peuvent faire l'objet d'un référé. — C. procéd. civ., art. 607. Cet article s'applique à tout espèce de réclamation faite par le saisi, même à celle qui serait fondée sur une exception de paiement prouvée par écrit. Toutefois, et par exception, l'huissier devrait surseoir si le jugement par défaut en vertu duquel il procède était frappé d'opposition, ou si le jugement étant contradictoire mais non exécutoire nonobstant appel il était attaqué par cette voie. — Carré et Chauveau, quest. 2066; Thomines-Desmazures, t. 2, p. 122.

161. — Quoique, hors les deux exceptions précitées, il semble résulter du texte de l'art. 607 que l'huissier doive passer outre et continuer la saisie, il peut cependant s'arrêter, si les réclamations lui paraissent fondées ou d'une gravité assez sérieuse. Mais il n'est pas dans l'obligation d'avoir égard à ces réclamations. — Carré et Chauveau, quest. 2065. — *Contrà*, Thomine-Desmazures, *loc. cit.*

162. — L'huissier qui procède à une saisie-exécution malgré l'assurance verbale du saisi qu'une opposition existe entre ses mains, n'encourt aucuns dommages-intérêts. — *Bruxelles*, 18 nov. 1816, Engels c. Godefroy.

163. — Il est à remarquer que l'art. 607 ne refuse qu'aux réclamations du saisi l'effet de suspendre la saisie. Un tiers, au contraire, peut, en assignant l'huissier ou le saisissant en référé, arrêter immédiatement les poursuites. — Pigeau, *Comment.*, t. 2, p. 196; Thomine-Desmazures, t. 2, p. 122; Chauveau sur Carré, quest. 2066 *bis*. — V. cependant Carré, quest. 2069 et 2070.

164. — Le saisissant peut se pourvoir par appel contre l'ordonnance du président qui, sur une simple requête non communiquée, accorde un sursis à la saisie-exécution, hors sa présence. — *Bruxelles*, 4 janv. 1813, Backer c. Demeuse.

165. — Après avoir fait l'itératif commandement prescrit par l'art. 586, et s'il ne s'est élevé aucune réclamation de nature à faire suspendre les poursuites, l'huissier procède à la saisie. Il doit dans le procès-verbal désigner d'une manière détaillée les objets saisis; s'il y a des marchandises, elles sont pesées, mesurées ou jaugées, suivant leur nature. — C. procéd., art. 588.

166. — En exigeant une désignation aussi complète que possible des objets saisis, le législateur a eu pour but de rendre impossible les détournemens frauduleux. Il a été décidé spécialement que la saisie en bloc de *tous les meubles et effets* du débiteur ne remplissait pas le but de la loi et était nulle. — *Bruxelles*, 23 pluv. an IX, Debeer.

167. — Mais s'il s'agit d'une certaine quantité d'objets de même nature, l'huissier peut les saisir sans les détailler. Ainsi quand on saisit une certaine quantité de cercles en magasin, le procès-verbal de récolement, constatant qu'ils ont été trouvés en bon état, suffit pour la validité de la procédure. — *Orléans*, 15 août 1818, Boissy c. Bodard.

168. — Jugé aussi que la pesée des marchandises saisies n'est pas prescrite à peine de nullité du procès-verbal de saisie-exécution. — *Besançon*, 15 mars 1822, N....

169. — Lorsqu'on saisit une bibliothèque, il est nécessaire de désigner les principaux ouvrages qui la composent; mais non le titre et tous les livres quand ils ont peu de valeur. La loi n'attache point la peine de nullité au défaut de désignation des livres saisis, quoique cette irrégularité soit une faute dont le résultat puisse, selon les circonstances, tomber sur l'officier ministériel qui a dirigé les poursuites. — *Orléans*, 24 août 1822, Leflois c. Guéret.

170. — Au surplus, il appartient aux tribunaux d'apprécier, selon les circonstances, si le but de la loi a été rempli par le genre de désignation que l'huissier a employé dans son procès-verbal. — Chauveau sur Carré, quest. 2022.

171. — Mais l'obligation imposée à l'huissier de détailler les objets saisis ne peut jamais l'autoriser à fouiller le débiteur ou les personnes qui lui sont attachées. « Rien de plus odieux que ces actes, » dit Carré (quest. 2023). — L'huissier qui se laisserait aller à un pareil acte se rendrait passible de dommages-intérêts. — Chauveau sur Carré, *ibid.*

172. — Quant à l'argenterie, l'art. 589 du Code de procédure veut qu'elle soit spécifiée par pièces et par poinçons et pesée. — Par ces mots *spécifiée par poinçons* il faut entendre que l'huissier doit énoncer le poinçon du titre, c'est-à-dire l'empreinte apposée sur chaque pièce d'argenterie pour en déterminer le titre. — Si l'huissier ne connaissait pas le poinçon, il devrait s'efforcer de donner toutes les indications de nature à faire reconnaître les objets saisis. — Thomine-Desmazures, t. 2, p. 103; Carré et Chauveau, quest. 2025.

173. — S'il y a des deniers comptans, l'huissier fait mention du nombre et de la qualité des espèces et les dépose au lieu établi pour les consignations; à moins que le saisissant et la partie saisie, ensemble les opposans, s'il y en a, ne conviennent d'un autre dépositaire. — C. proc. civ., art. 590. — Quoique cet article ne fasse aucune exception, l'huissier peut et doit même ne pas saisir tous les deniers comptans qu'il trouve et laisser au saisi la somme nécessaire pour sa subsistance et celle de sa famille pendant un certain temps. — Carré et Chauveau, quest. 2026.

174. — Si l'huissier négligeait de désigner les espèces monnayées par leur nombre et leur qualité, il résulterait de cette omission que le dépositaire serait tenu, dans le cas où les espèces seraient diminuées de valeur, de rendre toujours la même valeur au temps du dépôt. — Carré et Chauveau, quest. 2027; Thomine-Desmazures, t. 2, p. 103.

175. — Le dépôt des deniers comptans qui ont été saisis n'est pas exigé à peine de nullité; mais l'huissier en la possession duquel les deniers sont restés en demeure responsable. — *Rennes*, 26 févr. 1818, N.... — Carré et Chauveau, quest. 2028.

176. — Si le saisi n'est pas présent à la saisie, et que, dans quelque pièce ou meuble, l'huissier trouve des papiers, il doit requérir l'apposition des scellés par le fonctionnaire qui a été appelé pour l'ouverture. — C. proc., art. 591. — Cette apposition de scellés n'est requise que dans l'intérêt du débiteur, afin qu'aucun de ses papiers ne soit diverti puisqu'ils sont insaisissables. — V. *suprà*, n° 26.

177. — L'apposition de scellés sur les papiers dans le cas précité ne doit pas être constatée seulement par le procès-verbal de saisie; il doit être dressé séparément par le fonctionnaire un procès-verbal d'apposition. — Carré et Chauveau, quest. 2031.

178. — Lorsque le saisi revient à son domicile et qu'il veut rentrer dans la possession de ses papiers, il s'adresse verbalement au fonctionnaire qui a dressé le procès-verbal d'apposition; et il lui suffit d'en requérir la levée pour l'obtenir, sans être tenu d'appeler, soit le saisissant, soit les créanciers opposans. — Thomine-Desmazures, t. 2, p. 104; Pigeau, *Comment.*, t. 2, p. 184; Carré et Chauveau, sur l'art. 591, n° 462. — La levée des scellés se fait sans description et aux frais du saisi. — Carré et Chauveau, quest. 2031.

179. — Le procès-verbal doit contenir indication du jour de la vente (C. proc. art. 595), laquelle, comme nous le verrons plus loin, ne peut avoir lieu que huit jours après la signification de la saisie. — Mais l'omission du jour de la vente dans le procès-verbal de saisie n'est point une cause de nullité. — Cette omission peut être réparée par la signification d'un acte subséquent. Si elle ne l'était pas, il y aurait lieu seulement à des dommages-intérêts. — Thomine-Desmazures, t. 2, p. 111; Chauveau sur Carré, quest. 2050. — V., cependant, *Besançon*, 26 juin 1824, N....

180. — Le procès-verbal est fait *sans déplacer*; il est signé par le gardien en l'original et à la copie. Si le gardien ne sait signer, il en est fait mention, et il lui est laissé copie du procès-verbal. — C. procéd. civ., art. 599. — Ces mots *sans déplacer* signifient non que les objets saisis ne peuvent être déplacés; mais que l'huissier doit rédiger son procès-verbal, *uno contextu*: c'est-à-dire *sans divertir à d'autres actes, sur le lieu et non ailleurs*. Il ne résulte pas de là, toutefois, que, si la saisie est trop considérable, l'huissier ne puisse pas l'interrompre et remettre la vacation au lendemain. — Thomine-Desmazures, t. 2, p. 113; Carré et Chauveau, quest. 2055.

181. — Lorsque l'huissier emploie plusieurs vacations, il est régulier de clore chaque jour le procès-verbal. Si cependant l'huissier omettait de signer à la fin de chaque vacation, il n'y aurait pas, pour cela, nullité de la saisie. — Carré et Chauveau, quest. 2056.

182. — Si l'huissier, après perquisition, ne trouve pas d'objets saisissables, ou même si ceux qu'il trouve sont insuffisans pour couvrir les frais de vente; il dresse un procès-verbal de *carence*; lequel est réputé acte d'exécution et empêche la péremption d'un jugement par défaut. — *Colmar*, 27 nov. 1824, Sée c. Steib.

183. — L'huissier doit, dans le procès-verbal de carence, constater qu'il s'est introduit dans le domicile du débiteur, et qu'il n'y a rien trouvé de saisissable. Le procès-verbal de carence rédigé sur la simple déclaration d'un voisin qu'il n'existe pas de meubles au domicile du débiteur, est nul. — *Limoges*, 18 mai 1822, Vincent c. Juge. Chauveau sur Carré, quest. 2024.

184. — Ainsi, la perquisition est de toute nécessité. Mais rien ne s'oppose à ce que le procès-verbal soit dressé hors du domicile du débiteur, dès lors qu'il est constaté qu'il y a eu perquisition. — *Cass.*, 13 avril 1831, Ravoux c. Joumard. — Chauveau, *loc. cit.*

185. — Le défaut de signature du procès-verbal, sous l'ordonnance de 1667, emportait nullité de la saisie-exécution. — *Colmar*, 16 févr. 1813, Levy c. Heim. — Mais, sous l'empire du Code de procédure, l'omission de la signature du gardien ne saurait vicier le procès-verbal, l'art. 599 n'attachant point la peine de nullité à cette omission. — *Toulouse*, 1er sept. 1820, N... *Besançon*, 17 déc. 1824, N...; *Bordeaux*, 13 avril 1832, Labraize c. Verdier. — Carré et Chauveau, quest. 2057; Bioche et Goujet, vº *Saisie-exécution*, nº 114. — A plus forte raison n'y aurait-il pas nullité si l'omission ne se rencontrait que sur la copie. — *Bourges*, 26 août 1825, Labrousse c. Boursier. — Thomine-Desmazures, t. 2, p. 113; Chauveau sur Carré, *loc. cit.* — V. cependant *Pau*, 20 déc. 1836 (t. 1er 1837, p. 457), Cavaré c. Figarol.

186. — Jugé cependant que le défaut de signature du procès-verbal de carence, par les témoins qui ont accompagné l'huissier (à la Guadeloupe, par le recors qui les remplace), emporte nullité de ce procès-verbal. Cette signature étant de l'essence même de l'acte, la nullité qui résulte de son absence existe, alors même que la loi ne l'a pas expressément prononcée. — *Cass.*, 20 juin 1837 (t. 2 1837, p. 271), Ramondencq c. Gaigneron.

187. — Si la saisie est faite au domicile de la partie, copie lui est laissée, sur-le-champ, du procès-verbal, signée des personnes qui ont signé l'original; si la partie est absente, copie est remise au maire ou adjoint, ou au magistrat qui, en cas de refus de portes, a fait faire ouverture, et qui vise l'original. — C. proc. civ., art. 601.

188. — Deux cas d'absence de la partie saisie peuvent se présenter : 1º absence avec portes fermées, et 2º absence avec ouverture de portes. Dans l'un et l'autre cas d'absence, il semble que la copie puisse être valablement remise au maire ou adjoint. En permettant, dans le cas particulier où il y a eu refus d'ouverture, de la remettre au magistrat qui a été appelé à faire faire ouverture, l'art. 601 ne crée-t-il pas simplement une faculté? L'affirmative a été décidée par la Cour d'Orléans. — Arrêt du 23 avril 1819, Macabo c. O'Conor. — V. aussi, en ce sens, Carré, quest. 2060.

189. — Jugé aussi que lorsqu'au moment de la saisie-exécution la partie saisie n'est pas dans son domicile, la copie du procès-verbal doit être remise au maire et non aux parens ou serviteurs du saisi qui peuvent être présens à son domicile. — *Amiens* (et non *Agen*), 24 juin 1822, Mille c. Dupont.

190. — Mais décidé, au contraire, que la copie du procès-verbal de saisie-exécution doit, à peine de nullité, être laissée, en l'absence du saisi, à ses parens ou serviteurs préposés à la garde de son domicile, et que ce n'est qu'autant qu'il n'y est trouvé aucun de ses parens ou serviteurs que la copie doit être remise au maire. — *Rennes*, 27 août 1835, Gauguet c. Desson de Saint-Aignan. — Il résulte même d'un arrêt de *Liége*, du 14 févr. 1824 (et non 1814) [Steffens c. Reding], que la copie peut être remise aux voisins. — V. aussi, en ce sens, Thomine-Desmazures, t. 2, p. 117.

191. — Cette dernière opinion peut, il est vrai, se justifier par les termes de l'art. 586 C. proc., qui, comme nous l'avons vu, veut que toutes les formalités des exploits soient observées dans les procès-verbaux de saisie. Cependant, il est difficile, ainsi que le fait remarquer avec raison M. Chauveau dans ses observations sur Carré (quest. 2060), de ne pas convenir que l'art. 601 contient une exception formelle à la règle générale de l'art. 586. Nous croyons donc qu'on ne devrait pas prononcer la nullité de la saisie, si la copie, dans le cas dont il s'agit, était laissée au maire, quoique le saisi fût représenté à son domicile par ses parens ou domestiques. C'est, du reste, ce qui a été décidé par un arrêt de la Cour d'appel de la Guadeloupe, du 24 déc. 1835, rapporté avec l'arrêt de cassation du 20 juin 1837 (t. 2 1837, p. 271), Ramondencq c. Gaigneron.

192. — Lorsque le saisi est présent à la saisie, la copie des procès-verbaux doit, à peine de nullité, lui être remise sur-le-champ. — *Rennes*, 22 sept. 1810, Fortin c. Quédillac. — Thomine-Desmazures, t. 2, p. 117; Chauveau sur Carré, quest. 2060 *bis*.

193. — Toutefois, si le procès-verbal dure plusieurs jours, il n'est pas nécessaire de le signifier au saisi, après chaque séance. Il suffit de lui signifier copie du procès-verbal entier, après la clôture définitive de la saisie. — *Nancy*, 14 déc. 1820, Olry c. A... — Thomine-Desmazures et Chauveau, *loc. cit.*; Bioche, vº *Saisie-exécution*, nº 140.

194. — S'il y a plusieurs débiteurs saisis, même solidaires, chacun d'eux doit recevoir séparément copie du procès-verbal, afin qu'il sache

qu'il a été saisi et quels objets ont été saisis. — Carré et Chauveau, quest. 2061.

195. — Il n'est pas nécessaire que la copie signifiée au saisi fasse mention de la notification du procès-verbal au gardien. Il suffit que l'original de ce procès-verbal constate que cette formalité a été remplie. — *Rennes*, 19 mai 1820, de Kerouatz c. Caatneu. — Carré et Chauveau, quest. 2060 *ter*.

196. — Lorsque la saisie-exécution est faite hors du domicile et en l'absence du saisi, copie lui est notifiée dans le jour : outre un jour pour 3 myriamètres; sinon les frais de garde et le délai pour la vente ne courent que du jour de la notification. — C. proc., art. 602.

197. — Jugé que la saisie-exécution faite hors du domicile du saisi ne doit pas être notifiée dans le jour à peine de nullité. — *Colmar*, 23 nov. 1814, Geyer c. Bloch.

198. — Lorsqu'une saisie mobilière est pratiquée en vertu d'un arrêt de la Cour qui a retenu l'exécution, c'est au parquet du procureur général que doivent être faites les diverses significations pour le saisi demeurant à l'étranger et non au procureur de la République près le tribunal de première instance. Les significations faites au procureur de la République ne donnent pas cours aux délais. — *Aix*, 9 juill. 1835, Rostan c. Lambert.

§ 5. — *Gardien à la saisie. — Gérant à l'exploitation.*

199. — Un gardien doit être nommé à la saisie. Ce gardien peut être désigné par le saisi, ou choisi par l'huissier. « Si la partie saisie offre un gardien solvable, porte l'art. 596 C. proc., et qui se charge volontairement et sur-le-champ, il sera établi par l'huissier. » Et l'art. 597 ajoute : « Si le saisi ne présente gardien solvable et de la qualité requise, il en sera établi un par l'huissier. »

200. — Il résulte de ces deux articles qu'en principe, il ne doit être établi qu'un seul gardien. Si cependant la saisie était faite en divers lieux, ou bien s'il était impossible qu'une seule personne suffît à la garde de tous les effets saisis, il y aurait lieu alors d'en établir plusieurs. — Bioche, vº *Saisie-exécution*, nº 149.

201. — La solvabilité du gardien n'est pas la seule condition exigée. Le gardien doit en outre être contraignable par corps. — C'est ce qui résulte de l'art. 2060 C. civ. — Au surplus, sur le point de savoir qu'elles sont les conditions qu'on doit réunir pour pouvoir être gardien, et quelles personnes peuvent être chargées de la garde des objets qui ont été frappés de la saisie-exécution, V. GARDIEN JUDICIAIRE, nºs 2 et suiv.

202. — La loi a, d'ailleurs, exclu des fonctions de gardiens certaines personnes dont la position ne présentait pas des garanties suffisantes. Ainsi, ne peuvent être établis gardiens : le saisissant, son conjoint, ses parens et alliés jusqu'au degré de cousin issu de germain inclusivement et ses domestiques. Mais le saisi, son conjoint, ses parens, alliés et domestiques, peuvent être établis gardiens, de leur consentement et de celui du saisissant. — C. proc., art. 598. — On s'est demandé si les prohibitions de la loi pouvaient être étendues. — V., à cet égard, GARDIEN JUDICIAIRE, nºs 16 et suiv.

203. — Nous avons déjà vu que la loi ne prononçait formellement aucune nullité pour l'omission des formalités prescrites en matière de saisie-exécution. Elle n'attache pas davantage la peine de nullité à l'inobservation de l'art. 598 précité. D'où il suit que la violation des prohibitions portées en cet article ne peut entraîner la nullité de la saisie, qu'autant qu'elle a eu lieu dans une intention de fraude, qu'elle a occasionné un dommage, et qu'enfin aucune circonstance ne peut la justifier. — Chauveau sur Carré, quest. 2503 *bis*.

204. — Ainsi, lorsque les objets saisis exigent une vigilance et une expérience particulières, spécialement lorsque la saisie frappe sur des animaux composant une ménagerie, le saisi peut, même contre le gré du saisissant, être constitué gardien. — *Bordeaux*, 1er juill. 1833, Lavignac et Lagleine c. Lobel-Bruck et Daufeld. — Chauveau, *loc. cit.* — Il en peut être de même, lorsque les objets saisis sont de si peu d'importance que leur valeur serait absorbée par les frais de garde. — Thomines-Desmazures, t. 2, p. 112.

205. — Du reste, lorsque le saisissant consent à ce que le saisi soit constitué gardien, le consentement n'a pas besoin d'être donné par écrit, il suffit qu'il soit énoncé dans le procès-verbal. — Carré et Chauveau, quest. 2054.

206. — La partie qui répond à l'huissier n'avoir pas d'argent pour payer, qui laisse saisir ses meubles, se charge des objets saisis et s'engage à les représenter, acquiesce au jugement en vertu duquel la saisie est faite, et ne peut plus en relever appel. — *Agen*, 18 janv. 1828, Duffau c. Laborde.

207. — Relativement aux droits et obligations du gardien, V. GARDIEN JUDICIAIRE, nºs 25 et suiv.

208. — En ce qui concerne la responsabilité du gardien, le principe général, en cette matière, est qu'il doit, s'il ne représente pas les effets saisis, être condamné à en payer la valeur. Mais il n'est pas tenu des causes de la saisie. — *Bourges*, 15 therm. an VIII, Luisanton c. Lebœuf. — V., du reste, également, sur l'étendue de la responsabilité du gardien, le mot GARDIEN JUDICIAIRE, nºs 45 et suiv.

209. — La responsabilité, en matière de saisie-exécution, s'étend même à l'huissier. Ainsi, l'huissier est tenu solidairement avec le gardien qu'il a choisi au paiement des effets soustraits par suite de la négligence de ce dernier. — *Cass.*, 11 avr. 1827, Gauthier c. Loison.

210. — Jugé aussi que l'huissier peut, d'après les circonstances, être déclaré responsable du gardien qu'il a commis à la garde des objets saisis; par exemple, s'il a choisi un individu insolvable, qui se trouve dans la nécessité d'être habituellement en course, comme porteur de contraintes des contributions indirectes. — *Poitiers*, 7 mars 1827, Augereau c. Adrien.

211. — Cependant l'huissier ne peut être responsable des infidélités ou soustractions du gardien, si on ne peut lui reprocher ni fraude, ni négligence, ni aucune faute personnelle. — *Cass.*, 25 janv. 1836, Pionnier c. Dumort.

212. — Quant au saisissant, il ne peut être responsable des fautes commises par le gardien des effets saisis. — *Rennes*, 8 janv. 1834, Fischet c. Bailly.

213. — Au surplus, le gardien d'une saisie est valablement déchargé des effets à lui confiés par la dénonciation qu'il fait de l'enlèvement au saisissant. — *Bourges*, 12 janv. 1821, Boulanger c. Lebel.

214. — La personne choisie par l'huissier pour être gardien qui a refusé d'accepter cette mission et de suivre l'huissier dans la maison du saisi pour procéder au récolement, n'est tenue de représenter au saisissant les objets saisis qu'autant que l'huissier les a fait transporter au domicile du gardien. — *Toulouse*, 31 juill. 1832, Vérines c. Cousy. — Bioche, vº *Saisie-exécution*, nº 139.

215. — Le gardien peut demander sa décharge si la vente n'a pas été faite au jour indiqué par le procès-verbal, sans qu'elle ait été empêchée par quelque obstacle; et, en cas d'empêchement, la décharge peut être demandée deux mois après la saisie, sauf au saisissant à faire nommer un autre gardien. — C. procéd. civ., art. 605. — Quoique cet article assigne le terme de deux mois à la durée des obligations du gardien, ce dernier pourrait néanmoins, avant l'expiration de ce délai, en être déchargé si des circonstances majeures lui rendaient impossible l'accomplissement de ses devoirs. — Thomine-Desmazures, t. 2, p. 120; Chauveau sur Carré, quest. 2063 *sexies*.

216. — La décharge est demandée contre le saisissant et le saisi, par une assignation en référé devant le juge du lieu de la saisie. Si elle est accordée, il est préalablement procédé au récolement des effets saisis, parties appelées. — C. procéd., art. 606.

217. — Sous l'ordonnance de 1667, la décharge du gardien s'opérait de plein droit s'il s'était écoulé plus d'un an sans poursuites depuis la cessation de ses fonctions. — *Colmar*, 16 févr. 1813, Levy c. Heim. — Mais aujourd'hui il n'en saurait être de même; la décharge du gardien ne peut plus avoir lieu de plein droit. L'art. 606 précité veut, en effet, qu'elle soit demandée. Or, si le gardien ne demande pas sa décharge, l'action du saisissant contre lui ou contre ses héritiers, à l'effet d'obtenir la représentation des objets saisis, ne peut se prescrire que par trente ans. — *Nîmes*, 20 déc. 1820, Ladet c. Charrier. — Chauveau sur Carré, quest. 2064 *bis*.

218. — Quant au récolement à faire par suite de la demande en décharge formée par le gardien, il y est procédé de la manière suivante : L'huissier, sans assistance de témoins, dresse un procès-verbal par lequel il constate qu'il a trouvé tous les objets détaillés dans la saisie, ou que tels ou tels qu'il décrit ne sont pas représentés; il est laissé copie de ce procès-verbal au gardien qui a

obtenu sa décharge, à celui qui le remplace, au saisissant et au saisi. — *Tarif* art. 35. — Carré et Chauveau, quest. 2064. — V., au surplus, GARDIEN JUDICIAIRE, nos 63 et suiv., pour ce qui concerne la demande en décharge et le récolement.

219. — Tout ce qui est relatif au salaire du gardien ou aux frais de garde et aux frais de changement de gardien, a été également traité au mot GARDIEN JUDICIAIRE (nos 67 et suiv.).

220. — En cas de saisie d'animaux et d'ustensiles servant à l'exploitation des terres, le juge de paix peut, sur la demande du saisissant, le propriétaire et le saisi entendus ou appelés, établir un gérant à l'exploitation. — C. procéd. civ., art. 594.

221. — Cette mesure, toutefois, à la différence de la nomination d'un gardien, n'est pas commandée par la loi. L'art. 594 est purement facultatif. C'est au juge de paix qu'il appartient d'apprécier s'il y a de suffisantes raisons pour craindre que le saisi ne néglige l'exploitation et pour rendre nécessaire l'établissement d'un gérant. — Carré, sur l'art. 594, no 464.

222. — L'art. 594 ne doit pas être restreint au cas spécial qu'il prévoit. Ainsi, on doit, par analogie, l'appliquer au cas où ce sont les ustensiles d'une usine, d'un moulin ou d'un pressoir qui ont été saisis. La nomination d'un gérant peut quelquefois, en effet, être nécessaire pour empêcher que le service de ces établissemens ne soit suspendu. — Thomine-Desmazures, p. 110; Carré et Chauveau, quest. 2048.

223. — Le gérant, nommé en vertu de l'art. 594, est soumis, en outre, aux mêmes obligations que le gardien qu'il remplace. — Carré et Chauveau, quest. 2049.

224. — Ceux qui, par voies de fait, empêchent l'établissement du gardien, ou qui enlèvent et détournent les effets saisis, sont poursuivis conformément au Code pénal. — C. procéd. civ., art. 600.

225. — Sur les peines encourues par les auteurs d'enlèvemens ou de détournemens d'objets saisis, et sur le mode de poursuites de ces faits, V. ABUS DE CONFIANCE, nos 73 et suiv., et VOL.

226. — Lorsque des obstacles sont apportés à l'établissement du gardien, l'huissier doit en dresser procès-verbal afin de constater le délit. Autrement, il deviendrait souvent difficile de le poursuivre. — Demiau-Crouzilhac, p. 400; Thomine-Desmazures, t. 2, p. 116; Carré et Chauveau, quest. 2059.

§ 6. — *Vente des objets saisis. — Formalités.*

227. — Le législateur a voulu laisser au débiteur le moyen de contester la saisie et de prévenir la vente en désintéressant le créancier. De là l'art. 613 C. procéd. civ., qui veut qu'il y ait au moins huit jours entre la signification de la saisie au débiteur et la vente.

228. — Le délai de huit jours fixé par l'art. 613 doit être franc. Ce délai est même de rigueur en ce sens qu'il ne peut être moindre de huit jours, mais non en ce sens qu'il faille nécessairement faire la vente à son expiration. La vente peut donc être faite postérieurement à l'expiration du délai de huitaine, sans qu'il soit besoin de faire une nouvelle saisie. — Pigeau, *Comment.*, t. 2, p. 104 et 105; Thomine-Desmazures, t. 2, p. 130; Carré et Chauveau, quest. 2083.

229. — Il est cependant un cas où la vente pourrait avoir lieu avant l'expiration du délai de huitaine; c'est celui où les objets saisis seraient susceptibles de se corrompre. Toutefois, il ne pourrait, dans ce cas, être procédé à la vente, avant l'expiration du délai de huitaine, sans une ordonnance du juge rendue en référé. — Carré, édit. Chauveau, t. 4. p. 757, note.

230. — Le Code de procédure a tracé le délai avant lequel la vente ne peut être faite. Mais il n'a point déterminé celui dans lequel elle doit être faite. Il en résulte qu'une saisie-exécution peut durer trente ans. — Pigeau, *Comment.*, t. 2, p. 194; Bioche, vo *Saisie-exécution*, no 263. — Déjà, sous l'ordonnance de 1667, il avait été jugé qu'une saisie-exécution, non suivie de poursuites pendant un an, n'était point périmée. — *Paris*, 13 germin. an XI, Thierry c. Huguier. — V. *suprà* no 228.

231. — Ainsi que nous l'avons vu précédemment (no 179), le procès-verbal de saisie-exécution doit contenir le jour de la vente; lequel, par conséquent, est connu du débiteur, par la signification qui lui est faite du procès-verbal. Mais, si la vente se fait à un jour autre que celui indiqué par la signification, la partie saisie doit être appelée, avec un jour d'intervalle, outre un jour pour trois myriamètres en raison de la distance du domicile du saisi, et du lieu où les effets sont vendus. — C. proc., art. 614.

232. — La partie saisie est appelée à la vente par une sommation à personne ou domicile (*Tarif*, art. 29); et le délai entre cette sommation et la vente doit être d'un jour franc. — Pigeau, *Comment.*, t. 2, p. 203; Carré et Chauveau, quest. 2084.

233. — Autrefois, les opposans, dans le cas prévu par l'art. 614, devaient être également appelés à la vente par une sommation. L'art. 615 C. proc. civ. a supprimé cet usage. Aujourd'hui, les opposans ne doivent plus être appelés. Le législateur a pensé qu'ils étaient suffisamment avertis par les placards qui doivent précéder la vente.

234. — La vente doit être précédée d'un procès-verbal de récolement, qui ne contient aucune énonciation des effets saisis; mais seulement ceux en déficit, s'il y en a. — C. proc. civ., art. 616. — A la différence du récolement prescrit en cas de décharge du gardien (V. *suprà* no 218), celui dont il s'agit ici doit être fait devant témoins et il n'en est pas donné copie. — *Tarif*, art. 37. — Carré et Chauveau, quest. 2085.

235. — C'est au moment où il est procédé au récolement que la partie saisie doit faire ses réclamations, si elle en a à faire: il doit être prononcé en référé, sous peine à la partie saisie de ne pouvoir, plus tard, élever de contestation sur déficit ou défaut de soins par action principale. Il en doit être ainsi, même lorsqu'il n'y a pas eu récolement avant la vente; la partie saisie dûment appelée ayant été d'accord sur ce point avec les autres intéressés. — *Rennes*, 12 mai 1832, Dupasquier, Dominé et hospice de Redon c. Merdrignac.

236. — Le saisissant peut faire rétablir sous la saisie les objets qui en ont été enlevés, dans quelques mains qu'ils soient passés, lorsqu'il en forme la réclamation dans le délai de trois mois. — *Rennes*, 11 juill. 1814, N....

237. — L'art. 617 C. proc. civ. indique les endroits et les jours où la vente doit avoir lieu. « La vente, porte cet article, sera faite au plus prochain marché public, aux jour et heure ordinaires des marchés, ou un jour de dimanche: pourra néanmoins le tribunal permettre de vendre les effets en un autre lieu plus avantageux. » La permission de vendre en un autre lieu que le prochain marché est demandée par requête, présentée non pas au président seul; mais au tribunal, qui y fait droit par une ordonnance. — *Tarif*, art. 76. — Pigeau, *Comment.*, t. 2, p. 109; Thomine-Desmazures, t. 2, p. 134; Carré et Chauveau, quest. 2087.

238. — Sous l'ordonnance de 1667, dont les dispositions devaient être observées à peine de nullité, la saisie-exécution était nulle, lorsque l'huissier avait indiqué, dans son procès-verbal, un marché autre que le plus voisin pour la vente des objets saisis; mais cette nullité ne s'étendait pas aux actes antérieurs à celui par lequel la vente était indiquée. — *Bruxelles*, 12 flor. an XII, N.... — Mais, aujourd'hui, le Code de procédure ne prononçant pas la peine de nullité, pour la violation de la disposition précitée de l'art. 617, une indication de la nature de celle dont il s'agit dans le procès-verbal, donnerait lieu seulement à des dommages-intérêts. — Pigeau, *Comment.*, t. 2, p. 205, Thomine-Desmazures, t. 2, p. 132; Chauveau sur Carré, quest. 2086. — *Contrà*, Carré, *loc. cit.*

239. — Si l'huissier ne peut vendre tous les effets dans le jour où se tient le marché, il ne doit pas continuer le lendemain; mais renvoyer au plus prochain jour de marché. — Carré et Chauveau, quest. 2090.

240. — Quel que soit le lieu où la vente doive être faite, elle est annoncée un jour auparavant par quatre placards au moins, affichés, l'un au lieu où sont les effets, l'autre à la porte de la maison commune, le troisième au marché du lieu, et, s'il n'y en a pas, au marché voisin, le quatrième à la porte de l'auditoire de la justice de paix; et si la vente se fait dans un lieu autre que le marché ou le lieu où sont les effets, un cinquième placard sera apposé au lieu où se fera la vente. La vente est, en outre, annoncée par la voie des journaux, dans les villes où il y en a. — C. proc. civ., art. 617.

241. — Les placards indiquent les lieu, jour et heure de la vente, et la nature des objets sans détail particulier. — C. proc. civ., art. 618. — L'apposition est constatée par exploit, auquel est annexé un exemplaire du placard. — C. proc., art. 619. — L'huissier doit, dans le procès-verbal d'apposition, désigner les lieux où les placards ont été apposés. — Demiau-Crouzilhac, p. 406; Chauveau sur Carré, art. 619, no 475. — *Contrà*, Pigeau, *Comment.*, t. 2, p. 207. — Mais il ne doit pas donner copie du procès-verbal d'apposition. — *Tarif*, art. 39. — Chauveau, *loc. cit.*; Carré, quest. 2089.

242. — Quant à l'insertion dans les journaux, on en justifie par la reproduction d'un numéro revêtu de la signature légalisée de l'imprimeur. — Bioche, vo *Saisie-exécution*, no 285. — Et l'insertion est valable, bien qu'elle ait été faite dans un journal qui n'ait pas rempli les formalités auxquelles sont astreints les journaux pour paraître légalement. — *Toulouse*, 14 déc. 1829, Falquières c. Pélissier.

243. — Il en est du défaut d'observation des formalités relatives à l'insertion dans les journaux et l'apposition de placards, comme de l'inobservation de la disposition de l'art. 617 concernant l'indication du lieu où la vente doit être faite (V. *suprà*, no 238). — L'omission de l'insertion et de l'apposition n'opère pas nullité, puisque la loi ne l'a pas prononcée. Mais elle peut soumettre le saisissant et celui qui a fait la vente à des dommages-intérêts envers le saisi et les autres créanciers. — Chauveau sur Carré, quest. 2086 *bis*.

244. — Astreint seulement à la garde et à la conservation des choses saisies, le gardien n'est point obligé de les transporter au lieu où elles doivent être vendues. C'est le saisissant qui doit faire effectuer ce transport, et l'huissier est remboursé des frais qu'il occasionne sur les quittances qu'il en représente; ou sur sa simple déclaration, si les voituriers ou gens de peine ne savent pas écrire. — Carré et Chauveau, quest. 2088.

245. — Jugé que le propriétaire créancier pour loyers, n'est pas fondé à contester la collocation, par préférence à lui, des frais faits pour préparer et opérer la vente. — *Liége*, 14 avril 1823, Pitry c. Collin.

246. — S'il s'agit de barques, chaloupes et autres bâtimens de mer du port de dix tonneaux et au-dessous, bacs, galiotes, bateaux et autres bâtimens de rivière, moulins et autres édifices mobiles assis sur bateaux ou autrement, il est procédé à leur adjudication sur les ports, gares ou quais où ils se trouvent : il est affiché quatre placards au moins, conformément à l'art. 617; et il est fait, à trois divers jours consécutifs, trois publications au lieu où sont lesdits objets, la première publication n'est faite que huit jours au moins après la signification de la saisie. Dans les villes où il s'imprime des journaux, il est suppléé à ces trois publications par l'insertion qui est faite au journal, de l'annonce de ladite vente, laquelle annonce est répétée trois fois dans le cours du mois précédant la vente. — C. procéd. civ., art. 620

247. — Toutefois il est à remarquer que les dispositions de l'article précité ont cessé d'être en vigueur en ce qui concerne les bâtimens de mer, dont la saisie et la vente sont soumises à des formes qui ont été déterminées par le Code de commerce (art. 207), postérieur au Code de procédure. — Thomine-Desmazures, t. 2, p. 136; Carré et Chauveau, quest. 2091.

248. — Une déclaration du 14 décembre 1689, confirmée par des règlemens postérieurs, voulait que la vaisselle d'argent comprise parmi les effets saisis, fût portée à l'hôtel des monnaies le plus voisin, pesée en présence du saisi, et payée à l'instant à l'huissier par le directeur de la monnaie, si le saisi ne le pouvait sur la sommation qui lui était faite. — Cette déclaration a été abrogée par l'art. 621 du Code de procédure, ainsi conçu :

249. — « La vaisselle d'argent, les bagues et joyaux de la valeur de 300 francs, au moins, ne peuvent être vendus qu'après placards apposés conformément à l'art. 617, et trois expositions, soit au marché, soit dans l'endroit où sont lesdits effets, sans que néanmoins, dans aucun cas, lesdits objets puissent être vendus au-dessous de leur valeur réelle, s'il s'agit de vaisselle d'argent, ni au-dessous de l'estimation qui en aura été faite par des gens de l'art s'il s'agit de bagues et joyaux. — Dans les villes où il s'imprime des journaux, les trois publications sont suppléées par l'insertion de l'annonce faite dans les journaux. » — C. procéd. civ., art. 621.

250. — L'exposition des objets mentionnés en l'article précité doit être faite à trois marchés différens, ainsi que le voulait l'ordonnance de 1667, tit. 33, art. 13. — *Tarif*, art. 41. — Thomine-Desmazures, t. 2, p. 137; Pigeau, *Comment.*, t. 2, p. 209; Carré et Chauveau, quest. 2092; Bioche, vo *Saisie-exécution*, no 291. — Mais il n'y a pas d'intervalle fixé entre les trois expositions. — Pigeau, *loc. cit.*

251. — L'estimation des bijoux se fait sur le procès-verbal d'exposition, par un expert qui signe ce procès-verbal. — Pigeau, *Comment.*, t. 2, p. 111 ; Carré et Chauveau, quest. 2095.

252. — Les frais de cette estimation sont avancés par le saisissant ou par l'huissier, si l'expert l'exige. — Il n'est pas alloué de vacation à l'huissier pour y assister, parce qu'elle est faite en présence du gardien. — Bioche, v° *Saisie-exécution*, n° 294; Chauveau, *Comment. du tarif*, t. 2, p. 135.

253. — Sous l'ordonnance de 1667, la formalité des trois expositions avait été étendue aux carrosses, harnais, vins, etc.; mais aujourd'hui il n'est pas douteux que l'art. 621 ne doive être restreint aux objets qu'il désigne. — Carré et Chauveau, quest. 2093.

254. — On peut, à la troisième exposition, vendre les objets mentionnés en l'art. 621, puisque l'art. 41 du tarif comprend cette exposition dans la vacation de vente. — Carré et Chauveau, quest. 2094 et 2094 *bis*; Pigeau, *Comment.*, t. 2, p. 209.

255. — La loi ne s'explique pas sur l'intervalle qui doit exister entre la vente et la saisie, lorsqu'on fait les trois publications dans les journaux. Il s'ensuit qu'il suffit qu'elle soit faite à des jours différens, sans autre intervalle. — Pigeau, *Comment.*, t. 2, p. 208; Chauveau sur Carré, quest. 2094 *bis*.

256. — Lorsque les effets saisis par un créancier consistent en objets précieux dont la vente publique et trop précipitée causerait un préjudice réel au débiteur et à ses autres créanciers, les tribunaux peuvent, sur la demande de ces derniers, ordonner un sursis à la vente et même à la contrainte par corps du débiteur s'ils ont intérêt à ce qu'il maintienne son établissement et liquide ses affaires. — *Paris*, 7 août 1809, Béhagues c. Piranesy.

257. — La saisie-exécution doit nécessairement se résoudre par la vente des objets saisis. Ainsi, un créancier ne peut, à la suite d'une saisie pratiquée à sa requête chez son débiteur, demander que les objets mobiliers dont celui-ci n'a que l'usufruit soient donnés en bail à son profit. — *Bourges*, 6 juin 1817, Moureux-Raillard c. Masseron.

258. — Le débiteur sur lequel une saisie-exécution a été pratiquée est non recevable à assigner quelques jours avant la vente le créancier en référé pour obtenir terme et délai pour le paiement. — Le juge des référés est incompétent pour statuer sur une pareille demande tardivement formée, qui n'offre aucun caractère d'urgence ni aucune difficulté se rattachant à l'exécution d'un titre. — *Bordeaux*, 23 mai 1835, Cathelan c. Limouzin.

259. — La vente a lieu à la requête du créancier saisissant. Faute, cependant, par le saisissant de faire vendre dans les délais fixés par les articles 617, 618, 619, 620 et 621 C. proc. civ., tout opposant ayant titre exécutoire peut, sommation préalablement faite au saisissant, et sans former aucune demande en subrogation, faire procéder au récolement des effets saisis, sur la copie du procès-verbal de saisie que le gardien est tenu de représenter, et de suite à la vente. — C. proc. art. 612.

260. — Avant de procéder à la vente, l'officier instrumentaire est tenu d'en faire la déclaration au bureau d'enregistrement du lieu sous peine de 20 francs d'amende. — Il lui est donné un récépissé de sa déclaration, sur une feuille timbrée de 35 centimes et sans autre droit. — Il doit la transcrire en tête du procès-verbal de vente. — L. 22 pluv. an VII, art. 2 et 7; 16 juin 1824, art. 10.

261. — Si l'huissier ne fait pas lui-même la vente, il remet les objets saisis au commissaire-priseur, ou à l'officier qui en est chargé, et constate cette remise par un procès-verbal signé de celui qui s'en charge. — L'huissier a droit à une vacation pour la réquisition qu'il adresse au commissaire-priseur chargé de la vente. — *Tarif*, art. 39. — Bioche, v° *Saisie-exécution*, n° 297.

262. — Aux termes de l'art. 622 C. proc. civ., lorsque la valeur des objets saisis excède le montant des causes de la saisie et des oppositions il n'est procédé qu'à la vente des objets suffisant à fournir la somme nécessaire pour le paiement des créances et frais. — Cet article doit être entendu en ce sens qu'il y a lieu d'arrêter la vente, dès l'instant où les objets vendus ont produit une somme suffisante pour payer : 1° les causes de la saisie, 2° les sommes dues aux créanciers opposans, 3° les frais de la saisie et de la vente. — Demiau-Crouzilhac, p. 411; Thomine-Desmazures, t. 2, p. 231; Carré et Chauveau, quest. 2096.

263. — Les frais sont taxés par le juge sur la

minute du procès-verbal de vente. — *Tarif*, art. 37 et 42. — Carré et Chauveau, quest. 2098.

264. — L'huissier n'est pas tenu de remettre d'office et sans réquisition au percepteur la somme due par le saisi pour les contributions. Peu importe le privilége de cette créance; l'huissier ne peut savoir s'il est dû quelque chose, il n'est pas, d'ailleurs, l'agent du percepteur négligent. — V. l. 12 nov. 1808, art. 2. — Bioche, v° *Saisie-exécution*, n° 332.

265. — La présence ou le défaut de comparution de la partie saisie sont constatés sur le procès-verbal. — C. proc., art. 623. — Mais en cas d'absence du saisi, l'huissier n'est pas tenu de le faire représenter. — *Tarif*, art. 40. — Carré et Chauveau, quest. 2099.

266. — L'adjudication est faite au plus offrant, en payant comptant. — C. proc., art. 624.

267. — Si le prix n'est pas payé comptant, l'huissier peut, aux termes de l'art. 624 C. procéd., revendre à l'instant, à la folle enchère de l'adjudicataire, et sans ordonnance du juge, l'objet non payé. — Thomine-Desmazures, t. 2, p. 140; Carré et Chauveau, quest. 2101; Pigeau, *Comm.*, t. 2, p. 211.

268. — L'officier préposé à la vente ne peut se rendre adjudicataire des meubles qu'il vend. — Ord. 1667, tit. 33, art. 18; arr. 31 juill. 1775, cité par Merlin, *Rép.*, v° *Huissier*; C. civ., art. 1596. — Carré et Chauveau, quest. 2100. — L'officier qui se rendrait adjudicataire serait passible de dommages-intérêts, de suspension et même de destitution. — Carré et Chauveau, *loc. cit.*

269. — Toutefois, les incapacités établies pour les ventes d'immeubles par l'art. 711 C. proc. civ. ne peuvent être étendues à la vente mobilière. — Pigeau, *Comm.*, t. 2, p. 210 et 211; Chauveau sur Carré, *loc. cit.*

270. — Si le prix de la revente est inférieur à à celui de la première adjudication, l'adjudicataire doit acquitter la différence. On applique ici par analogie les dispositions de l'art. 740 C. proc. civ., à l'exception, toutefois, de celle qui soumet l'adjudicataire à payer sous peine de contrainte par corps. — Carré et Chauveau, quest. 2102.

271. — Mais on ne peut, en vertu du procès-verbal de vente, le contraindre à payer cette différence, il faut qu'il intervienne un jugement. — Pigeau, *Comm.*, t. 2, p. 214; Carré et Chauveau, quest. 2103.

272. — Les commissaires-priseurs et huissiers qui procèdent à la vente, sont personnellement responsables du prix des adjudications; ils doivent faire mention dans leurs procès-verbaux, des noms et domiciles des adjudicataires. — Ils ne peuvent recevoir d'eux aucune somme au-dessus de l'enchère, à peine de concussion. — C. proc. civ., art. 625.

273. — Ils sont responsables par corps du prix des adjudications. — C. civ., art. 2060, § 7; Pigeau, *Comment.*, t. 2, p. 211; Carré et Chauveau, quest. 2106.

274. — Le procès-verbal doit désigner les adjudicataires; encore bien que ceux-ci paient comptant; afin qu'il soit constaté que l'enchère a été sérieuse. — Si l'acheteur qui offre de payer comptant ne veut pas dire son nom, l'officier public est en droit de remettre l'objet aux enchères. — Pigeau, *Comment.*, t. 2, p. 212; Thomine-Desmazures, t. 2, p. 141; Chauveau sur Carré, quest. 2105 *bis*.

275. — Si le prix de la vente est plus considérable que ce qui est dû, l'excédant doit être remis au saisi; à moins qu'il n'y ait opposition. — Carré et Chauveau, quest. 2097.

276. — Quant aux objets non vendus, ils sont également remis au saisi qui en donne décharge en signant le procès-verbal de l'huissier. — Bioche, v° *Saisie-exécution*, n° 301.

277. — Bien qu'on ne puisse vendre les meubles que jusqu'à concurrence des causes de la saisie, on peut régulièrement former, entre les mains de l'huissier qui a fait la vente, des oppositions sur la totalité du prix qui en provient. — *Liége*, 14 avril 1823, Pitry c. Collin.

278. — Lorsqu'après la vente des objets saisis il survient des oppositions sur le prix entre les mains de l'huissier, le saisissant ne reste pas garant de la solvabilité de cet officier public vis-à-vis des autres créanciers. — *Orléans*, 23 mars 1820, N....

279. — L'huissier qui procède à une saisie, et à la vente qui en a été la suite, ne peut être regardé comme le mandataire de la partie poursuivante, de sorte que celle-ci ne peut être déclarée responsable des opérations de cet officier ministériel. — *Rennes*, 12 mai 1832, Dupasquier, Dominé et Hospice de Redon c. Merdrignac. — Carré

et Chauveau, quest. 2077 5° — V., cependant, *Bruxelles*, 10 mars 1808, Dassonville c. Decaters et Debruyn.

280. — Un arrêt de liquidation des frais qui n'a porté que sur les émolumens ou le salaire à accorder à l'huissier ou au gardien des objets saisis, ne peut être opposé comme fin de non-recevoir à une action dirigée contre cet huissier ou ce gardien à raison de leurs malversations. — L'huissier et le gardien sont également responsables des objets saisis envers le saisi. — Arrêt de *Rennes*, précité, du 12 mai 1832.

281. — L'huissier n'est tenu que des fautes lourdes, surtout dans le cas où la saisie est considérable et où les obstacles nombreux apportés par la partie saisie rendent l'opération difficile. — Même arrêt.

282. — Le créancier qui, nonobstant les offres, a passé outre à la vente des meubles du débiteur, en vertu d'une ordonnance de référé, mais attaquée par la voie de l'appel, est passible de dommages-intérêts. — *Paris*, 11 août 1806, Bourdon de Septenville c. Baisnée.

283. — Le procès-verbal de vente reste comme minute entre les mains de l'officier instrumentaire; et il est délivré en expédition aux parties qui le réclament, mais à leurs frais. — Bioche, v° *Saisie-exécution*, n° 318. — Il est dû à l'huissier 40 centimes par rôle, comme aux greffiers de justice de paix. — *Tarif*, art. 9.

§ 7. — *Revendication des objets saisis.*

284. — Sous l'empire de l'ordonnance, il était permis aux tiers d'arrêter le cours de la saisie par de simples oppositions qui subsistaient tant que le créancier n'en avait pas obtenu la main-levée. Aujourd'hui, une simple opposition ne suffit plus. Il faut que le tiers signifie son opposition au gardien, et la dénonce au saisissant et au saisi par exploit contenant assignation; en d'autres termes, qu'il y ait introduction d'une instance. — C. proc. civ., art. 608.

285. — Lorsqu'un objet n'appartenant pas au saisi a été compris parmi les objets saisis, la revendication en doit être faite par le propriétaire même. Ainsi, le saisi n'a pas qualité pour prétendre que les meubles ne lui appartiennent pas. — Chauveau sur Carré, quest. 2075 *bis*.

286. — La partie sur laquelle la saisie-exécution a été faite et qui a figuré sans réclamation dans le jugement qui a fixé le mode de vente ne peut appeler de ce jugement, en se fondant sur ce qu'elle n'est pas propriétaire des objets saisis. — *Paris*, 13 janv. 1814, Palierne c. Saint-Céran et Pilette.

287. — Mais ce n'est pas seulement celui qui se prétend propriétaire des objets saisis qui peut former l'opposition; c'est encore toute personne qui a un droit réel sur la chose, tel, par exemple, un usufruitier. — Pigeau, *Comment.*, t. 2, p. 197; Chauveau sur Carré, quest. 2068 *ter*.

288. — Cependant la revendication ne peut nuire au propriétaire de la maison ou de la ferme qui saisit pour prix du loyer les meubles la garnissant; car il a privilége, d'après l'art. 2102 du Code civil, sur tous les meubles garnissant les lieux, qu'ils soient ou non la propriété de son locataire ou fermier : sauf le cas prévu par l'article 820 C. proc. civ. — *Rennes*, 19 août 1817, Quillevert c. N.... — Chauveau sur Carré, quest. 2068 *ter*.

289. — Il n'y a pas de délai fatal pour former la demande en revendication. — Pigeau, *Comment.*, t. 2, p. 198; Thomine-Desmazures, t. 2, p. 124; Chauveau sur Carré, quest. 2068 *quater*.

290. — En conséquence, l'opposition est recevable après l'affiche des placards et les publications des journaux; mais le revendiquant pourrait être passible des frais que son retard a occasionnés. — Bioche, *Saisie-exécution*, n° 239.

291. — Elle peut même être utilement formée tant que la vente ne s'est pas consommée. — *Grenoble*, 21 fév. 1832, Trapet c. Brunard. — Spécialement, il n'y a pas de délai fatal pour dénoncer l'opposition faite entre les mains du gardien. Cette dénonciation peut être faite tant qu'il n'a pas été rendu de jugement sur l'opposition. — Même arrêt.

292. — Si, après que les meubles d'un locataire ont été vendus, par suite d'une saisie-exécution pratiquée par le locataire, un tiers réclame un des objets compris dans la vente comme lui appartenant, le locataire n'est pas tenu à lui restituer l'effet; mais il doit lui en compter la valeur. — *Bruxelles*, 12 mars 1816, Demidleer.

293. — Avant le Code de procédure, l'opposi-

...tion d'un tiers à la vente des objets saisis sur un débiteur pouvait être faite entre les mains de l'huissier qui avait pratiqué la saisie et les poursuites en revendication des objets pouvaient être dirigées contre cet officier ministériel. — *Bruxelles*, ... therm. an IX, Masquelier c. Marcou. — Aujourd'hui, l'opposition doit être formée par exploit signifié au gardien et dénoncé au saisissant et au saisi. — C. proc., art 608.

294. — L'opposition serait nulle, si elle n'avait pas été dénoncée au saisissant. — *Rouen*, 9 août 1839. — Chauveau, quest. 2068 4°.

295. — Nul doute que le gardien ne doive pas être appelé devant le tribunal. Il est sans intérêt dans le débat. On n'est pas même tenu de libeller l'opposition qui lui est signifiée, ni d'y énoncer les preuves de la propriété. Si les termes de l'art. 608 sont équivoques, l'art. 39 du *Tarif* tranche toute controverse. — *Metz*, 19 juin 1819, Perrin c. Bertrand. — Thomine-Desmazures, t. 2, p. 124; Pigeau, *Comment.*, t. 2, p. 198; Favard de Langlade, t. 5, p. 33; Carré et Chauveau, quest. 2071.

296. — Quant aux créanciers opposans, ils ne sont pas mis en cause; sauf à eux à intervenir à leurs frais, s'ils le jugent à propos. — Carré et Chauveau, quest. 2074; Pigeau, *Comment.*, t. 2, p. 198; Demiau-Crouzilhac, p. 403.

297. — La revendication doit contenir assignation libellée et l'énonciation des preuves de propriété, et ce à peine de nullité. — Art. 608. — Mais celui qui se prétend propriétaire d'objets mobiliers saisis sur un tiers satisfait suffisamment au vœu de la loi qui exige que l'exploit contienne l'énonciation des preuves de sa propriété, si, devant le tribunal, il déclare fonder sa demande en mainlevée sur un testament qui lui lègue les objets saisis. — *Bordeaux*, 19 juill. 1816, Soulard c. Administration des contributions indirectes. — Chauveau sur Carré, quest. 2074 *bis*.

298. — Jugé aussi qu'un exploit de revendication satisfait au vœu de l'art. 608 C. proc. civ., en ce qui touche l'énonciation des preuves de propriété, lorsque les bestiaux qu'ils revendiquent leur appartiennent, comme ayant été placés par eux dans une métairie exploitée par le saisi; et ... de l'agrément du saisissant propriétaire de cette métairie. — *Limoges*, 17 déc. 1839 (t. 1er 1840, p. 532), Hubert c. Biré et Lasseron.

299. — Mais l'énonciation du bail des lieux où la saisie a été faite est insuffisante par elle seule, si ces lieux étaient habités par le saisi et non par le tiers revendiquant. — Chauveau sur Carré, quest. 2071 *bis*.

300. — Le mode prescrit par l'art. 608 C. proc. pour la réclamation des meubles saisis-exécutés ne doit pas être, à l'exclusion de tout autre, observé à peine de nullité. — *Bordeaux*, 31 août 1831, Martin c. Riveaux. — Cette interprétation est fausse. En effet, si l'art. 608 porte que « l'on pourra s'opposer à la vente, » etc., le mot *pourra* n'est relatif qu'à la faculté de s'opposer à la vente, à l'exercice du droit; mais il ne porte aucune atteinte aux conditions dans lesquelles doit se produire l'action. — Chauveau sur Carré, quest. 2068 *quater*.

301. — Dès lors, le tiers qui se prétend propriétaire des objets saisis ne peut intervenir dans l'instance à laquelle la saisie donne lieu qu'autant qu'il a formé opposition à la vente. — *Paris*, ... janv. 1814, Palierne c. Saint-Ceran et Pilette.

302. — A plus forte raison, la revendication serait-elle non recevable si elle était formée par forme d'intervention en appel dans un procès existant entre le saisissant et le saisi; en effet, l'intervention en cause d'appel n'est permise qu'à ceux qui pourraient attaquer l'arrêt par tierce opposition. — C. proc. civ., art. 466. — Chauveau sur Carré, quest. 2068 *quater*.

303. — Jugé néanmoins que le tiers qui se prétend propriétaire de meubles saisis peut intervenir en cause, pour les réclamer. — *Rennes*, 23 ...r. 1819, Hourmant c. Guensu.

304. — L'art. 608 s'applique uniquement au cas de revendication d'objets mal à propos compris dans une saisie-exécution, et non au cas d'une demande en mainlevée d'une saisie-gagerie comme faite *super non domino*. — *Metz*, 13 juin 18.., André c. Leinden.

305. — Au surplus la nullité résultant de l'omission de l'une des formalités prescrites par l'art. 608, par exemple, de l'omission de l'énonciation des preuves de la propriété, sera couverte par la défense au fond. — *Orléans*, 18 janv. 1818, ...haire c. Baudouin.

306. — L'assignation est donnée aux délais ordinaires, s'ils n'ont pas été abrégés par ordonnance du président du tribunal du lieu. — Chauveau sur Carré, quest. 2075 *ter*.

307. — En matière de saisie-exécution, le délai que doit donner le revendiquant au saisi, en assignant celui-ci, doit être proportionné à l'éloignement du domicile du saisi et réglé non-seulement par l'art. 1033 mais encore par l'art. 72 C. proc. — *Besançon*, 30 avril 1814, N....

308. — Avant le Code de procédure, le propriétaire demandeur en revendication d'objets saisis pouvait assigner le saisissant au domicile élu dans le procès-verbal de saisie mobilière. — *Paris*, 13 pluv. an XIII, Viteux c. Chassaigne. — Il en est de même aujourd'hui. — V. *suprà* n° 114.

309. — Il est statué par le tribunal du lieu de la saisie, comme en matière sommaire (art. 608). En effet, c'est là une difficulté relative à l'exécution; et il est de principe que le tribunal du lieu de l'exécution connaisse de ces sortes de difficultés. — *Paris*, 13 pluv. an XIII, Viteux c. Chassaigne.

310. — Peu importe que la demande en revendication intervienne sur la saisie d'un contribuable en retard de payer ses impôts. Le tribunal civil du lieu de la saisie est seul compétent à l'exclusion de la justice administrative. — Chauveau sur Carré, quest. 2075 5°.

311. — Ce n'est pas le juge de référé, mais le tribunal qui a seul qualité pour statuer sur l'opposition formée à la vente de meubles saisis et ordonner que, nonobstant une revendication, il sera passé outre à la vente. — *Liége*, 13 juill. 1824, Priou c. Duysters.

312. — Si la demande en revendication est rejetée, le tiers peut être condamné en des dommages-intérêts envers le saisissant. — C. procéd. civ., art. 608.

313. — Un débiteur ne peut se mettre à l'abri des poursuites de ses créanciers, en faisant paraître à chaque saisie-exécution un tiers revendiquant comme propriétaire, en vertu d'un titre authentique, les choses saisies dont le saisi ne serait que locataire. Pour que la revendication soit admise, il faut que l'identité de la chose du réclamant et de celle réclamée soit constatée de manière à ne laisser aucun doute. — *Paris*, 1er juin 1807, Vallet c. de l'Arbre.

314. — Un tiers ne peut, en vertu d'un acte enregistré postérieurement à la saisie, empêcher la vente des objets saisis par un créancier légitime, en se disant propriétaire de ces objets. — *Paris*, 18 nov. 1809, Robert c. Poulet.

315. — Les poursuites du propriétaire à qui il est dû des loyers et les effets de la saisie par lui pratiquée sur les meubles et effets garnissant les lieux ne peuvent être paralysés par la revendication que ferait un tiers, de ces meubles, comme en étant propriétaire, par suite de la résolution d'une vente non exécutée. — Même arrêt. — V. PRIVILÉGE.

316. — Quand une partie saisie dans ses meubles habitait en commun avec des personnes qui revendiquent les objets saisis comme leur appartenant, celles-ci doivent prouver qu'elles sont réellement propriétaires. — *Rennes*, 4 août 1815, Lombard c. Pincé.

317. — La revendication doit être rejetée, si elle repose sur un titre simulé. — *Bordeaux*, 31 août 1831, Martin c. Riveaux.

318. — La voie de la tierce opposition est ouverte au gardien contre le jugement qui, en admettant au préjudice du saisissant la demande en revendication formée par un tiers, a statué sur les frais de garde. — *Bordeaux*, 17 mars 1831, Avoustin c. Lafont et Monmarsan.

319. — *Saisie sur saisie.* — L'huissier qui, se présentant pour saisir, trouverait une saisie déjà faite et un gardien établi, ne pourra pas saisir de nouveau; mais il pourra procéder au récolement des meubles et effets sur le procès-verbal, que le gardien est tenu de lui représenter: il saisira les effets omis, et fera sommation au premier saisissant de vendre le tout dans la huitaine. Le procès-verbal de récolement vaudra opposition sur les deniers de la vente. — C. proc., art. 611.

320. — L'art. 611, qui règle la conduite que doit tenir l'huissier, dans le cas d'une première saisie, suppose évidemment que l'huissier est averti que les meubles et effets qu'il vient saisir sont déjà sous la main de justice; par conséquent, elle ne peut s'appliquer au cas où l'officier ministériel ne trouve sur les lieux ni gardien, ni qui que ce soit, ni aucun signe extérieur qui l'instruise de l'état des choses. Dans cette dernière hypothèse, l'huissier n'est nullement répréhensible; son procès-verbal ne peut être déclaré nul, ce qui serait une peine: il doit valoir au moins comme procès-verbal de récolement. D'ailleurs, c'est dans l'intérêt du débiteur et pour lui épargner des frais frustratoires que la loi a établi la sage disposition de l'art. 611. C'est donc à lui, dans l'absence du gardien, à s'opposer au ministère de l'huissier, en lui justifiant de la première saisie. Il serait absurde que, par son silence ou sa mauvaise foi, le créancier fût passible d'aucune peine.

321. — Jugé en conséquence que, quand deux saisies ont été pratiquées successivement sur les mêmes effets, la seconde saisie peut être convertie en un procès-verbal de récolement et non déclarée nulle, si l'huissier n'avait aucune connaissance de la première. — *Limoges*, 18 déc. 1813, Roux c. Villoudiers.

322. — La forme du récolement est celle de toute saisie: seulement, l'huissier y constate la déclaration du gardien, la remise du premier procès-verbal; il y mentionne les objets omis dans la première saisie et ceux qui manquent. — Demiau-Crouzilhac, p. 404; Thomine-Desmazures, t. 2, p. 128; Carré et Chauveau, quest. 2078.

323. — Un créancier peut, nonobstant une première saisie, lors de laquelle il n'y a pas eu de gardien constitué, pratiquer une seconde saisie-exécution et faire procéder à la vente. — *Caen*, 10 avril 1827, Langlois c. Welter.

324. — Lorsque celui qui, ayant un titre exécutoire, a fait procéder à une saisie sur des marchandises appartenant à son débiteur a trouvé une autre saisie préalablement établie, et a fait vendre les objets nouvellement saisis après l'accomplissement des formalités légales, le créancier poursuivant a le droit de faire prononcer l'exécution provisoire du jugement rendu sur l'opposition du premier saisissant. — *Orléans*, 31 janv. 1821, N....

325. — Si le gardien refusait de représenter sa copie à l'huissier du second saisissant, cet huissier ne pourrait que procéder à la saisie. Ce serait le seul moyen de préserver de toute atteinte les droits de son client. — Chauveau sur Carré, quest. 2078.

326. — La sommation au premier saisissant, à l'effet de vendre dans la huitaine, est faite par le procès-verbal même. — *Tarif*, art. 36. — Carré et Chauveau, quest. 2079. — Si le premier saisissant n'est pas présent au moment du récolement, la copie du récolement et la sommation peuvent être signifiées au domicile élu dans le commandement. — Chauveau sur Carré, *loc. cit.*

327. — Toutefois, l'art. 611 n'est pas applicable au cas où l'huissier trouve une simple saisie conservatoire. Il peut, en ce cas, passer outre. — Carré et Chauveau, quest. 2078 *bis*.

328. — *Opposition sur le prix de la vente.* — Autrefois, les créanciers du saisi pouvaient former des oppositions à la vente. Mais le Code de procédure a supprimé cet usage. — Aux termes de l'art. 609 de ce Code, les créanciers du saisi, pour quelque cause que ce soit, même pour loyers, ne peuvent former opposition que sur le prix de la vente; leurs oppositions en contiennent les causes, elles sont signifiées au saisissant et à l'huissier ou autre officier chargé de la vente, avec élection de domicile dans le lieu où la saisie est faite, si l'opposant n'y est pas domicilié: le tout à peine de nullité des oppositions et de dommages-intérêts contre l'huissier, s'il y a lieu.

329. — Il résulte nettement des termes de cet article, que le propriétaire et le principal locataire, tout en ayant privilége sur les meubles de leur locataire, n'ont pas le droit de s'opposer à leur enlèvement et à leur vente. — Carré et Chauveau, quest. 2076; Thomine-Desmazures, t. 2, p. 125.

330. — L'opposition serait nulle si elle n'était formulée que sur le procès-verbal de saisie, ou seulement entre les mains de l'huissier. — Chauveau sur Carré, quest. 2077 *ter*. — V. cependant Thomine-Desmazures, t. 2, p. 126.

331. — Il n'est pas nécessaire qu'elle soit basée sur un titre ou sur une ordonnance du juge, comme en matière de saisie-arrêt. En ce cas, l'art. 558 est inapplicable. — Thomine-Desmazures, t. 2, p. 125; Chauveau, *Comment. sur le tarif*, t. 2, p. 128, n° 63, à la note; Carré et Chauveau, quest. 2077.

332. — Le créancier opposant ne peut faire aucune poursuite, si ce n'est contre le saisi et pour obtenir condamnation: il n'en est fait aucune contre lui; sauf à discuter les causes de son opposition, lors de la distribution des deniers. — C. proc., art. 610.

333. — *Demande en nullité.* — En matière de saisie-exécution, la loi n'a pas nominativement attaché la peine de nullité à l'inobservation d'un grand nombre de ses dispositions. On ne peut donc suppléer à son silence, qu'autant que l'ir-

régularité commise porte sur l'omission d'une formalité substantielle. — Carré et Chauveau, quest. 2014; Thomine-Desmazures, t. 2, p. 118.

334. — La demande en nullité ne peut émaner que du saisi; sa femme, par exemple, serait sans intérêt, et par suite sans qualité, pour demander la nullité, à raison de ce qu'elle serait propriétaire des meubles saisis. En ce cas, elle a seulement l'action en revendication. — *Bruxelles*, 3 juillet 1809, Depaen c. Schordeyns. — Carré et Chauveau, quest. 2075. — *Contrà*, *Bordeaux*, 31 août 1831, Martin c. Reveaux.

335. — Le tiers qui se prétend propriétaire d'objets saisis est également non recevable, lorsque l'opposition qu'il a formée à la vente a été annulée, à arguer la saisie de nullité, pour faire tomber la demande en nullité de son opposition. — L'action en nullité de la saisie n'appartient qu'au saisi ou à ses ayans cause. — *Bordeaux*, 16 mai 1829, Drouard c. Hostein.

336. — Un débiteur ne peut demander la nullité d'une saisie, après avoir prié l'huissier instrumentaire d'user de tous les ménagemens possibles pour sauver sa réputation et déclaré qu'il tient pour valables les formalités des poursuites. — *Bruxelles*, 23 pluv. an IX, Debeer.

337. — En règle générale, la demande en nullité doit être formée par assignation à personne ou à domicile. — Un simple acte de conclusions, une requête d'avoué à avoué suffiraient cependant, si la saisie était poursuivie en vertu d'un jugement rendu par le tribunal même qui peut connaître de son exécution, pourvu que la saisie ait eu lieu dans l'année de sa prononciation. — Art. 1028 C. proc. civ. — Carré et Chauveau, quest. 2068.

338. — Lorsqu'une demande en nullité d'une saisie-exécution est pendante devant le tribunal de première instance, le président ne peut en référé ordonner la continuation des poursuites. — *Liége*, 7 août 1824, Beaugrand c. Cantineau.

339. — Le tribunal ne pourrait pas, non plus, statuer sur la validité de la saisie, s'il n'était saisi que par une ordonnance de référé; car, dans ce cas, sa décision serait purement provisoire, comme l'ordonnance. — Chauveau sur Carré, n° 2068.

340. — Jugé que le tribunal saisi d'un référé par un tiers opposant à une saisie-exécution et qui a été renvoyé à l'audience, ne peut statuer sur le mérite de la saisie et la déclarer nulle. — *Paris*, 18 sept. 1812, Chauveau c. Damerval.

341. — Ces demandes sont dispensées du préliminaire de conciliation (art. 49, § 7, C. proc. civ.) et sont jugées comme matières sommaires.

342. — La nullité du titre en vertu duquel il a été procédé à une saisie-exécution peut être invoquée aux termes de l'art. 464 C. procéd. pour la première fois en appel par le garant du saisi. — *Cass.*, 29 août 1832, Laborde c. Bordenave.

343. — La partie saisie a une action pour les dommages et intérêts résultant de la nullité d'une saisie-exécution, non-seulement contre l'huissier, mais encore contre le saisissant. — *Bruxelles*, 2 juin 1807, Mathie Bourgogne c. Deweghter.

344. — Mais jugé que si la saisie n'est déclarée nulle que pour vices de formes, le saisi n'a pas le droit d'obtenir des dommages-intérêts. — *Metz*, 18 déc. 1812, N...; *Rennes*, 29 août 1816, Domaine c. Lecornec.

345. — La saisie pratiquée par un créancier sur les objets remis en gage par le débiteur commun à un autre créancier peut être déclarée nulle, si ces objets n'excédaient pas la valeur de la créance qu'ils garantissent, si le saisissant n'a pas désintéressé ou offert de désintéresser le créancier-gagiste, et s'il a perçu le prix de la vente. — *Cass.*, 31 juill. 1832, Chardonnel c. Delfou.

SAISIE FORAINE.

1. — Tout créancier, même sans titre, peut, sans commandement préalable, mais avec permission du président du tribunal de première instance et même du juge de paix, faire saisir les effets trouvés en la commune qu'il habite, appartenant à son débiteur forain. — C. proc., art. 822.

2. — Par les expressions *débiteur forain*, la loi n'entend pas désigner particulièrement les marchands forains, colporteurs, voituriers et autres personnes qui, menant une vie ambulante, n'ont presque jamais de domicile certain. Ces expressions s'appliquent d'une manière générale à tout débiteur qui habite hors de la commune, c'est-à-dire à celui qui, n'ayant ni domicile ni habitation dans la commune du créancier, ne se trouve sur son territoire qu'accidentellement, quelle que soit, du reste, la profession de ce débiteur. — Cout. de Paris, art. 173; Cout. de Bruxelles, art. 70. — Ferrière, *Dict.*, v° *Forain*; Thomine-Desmazures, t. 2, n° 959; Pigeau, t. 2, p. 512; Carré et Chauveau, *Lois de la proc. civ.*, quest. 2807 *ter*; Merlin, *Rép.*, v° *Saisie-arrêt de meubles*, § 7; Demiau-Crouzilhac, *Proc.*, p. 500.

3. — Décidé qu'il faut entendre par débiteur forain tout débiteur étranger au pays habité par ce créancier, quelles que soient la profession et la qualité de ce créancier. — *Bruxelles*, 7 juill. 1819, N....

4. — Mais par cela seul qu'un débiteur a quitté son domicile d'origine sans en faire de déclaration, et qu'il n'en a pas fait non plus à la municipalité du lieu où il est venu habiter, il ne saurait être déclaré forain dans le sens de l'art. 822, alors surtout que les circonstances démontrent évidemment son intention d'habiter dans le dernier de ces endroits. — *Pau*, 3 juill. 1807, Bareigt c. Lauret.

5. — L'étranger non domicilié en France et qui n'y possède ni immeubles ni établissement doit être considéré comme débiteur forain, et peut, dès lors, être soumis à la saisie prévue par l'art. 822 C. proc. — *Paris*, 25 août 1842 (t. 1er 1843, p. 67), Carlier d'Abaunza c. Abrassart.

6. — Et un tribunal français est compétent pour statuer sur une saisie foraine apposée par un étranger sur les marchandises d'un autre étranger. — *Rennes*, 28 déc. 1820, Angove c. Pepin et Labbé.

7. — Le président du tribunal et le juge de paix compétens pour permettre la saisie foraine sont ceux du lieu où se trouvent les objets qu'on entend saisir.

8. — Le juge de paix peut autoriser la saisie, quel que soit le chiffre de la créance de celui qui requiert cette autorisation. — Caron, *Comp. des juges de paix*, n° 223.

9. — L'art. 822 permet d'autoriser la saisie foraine, même lorsqu'il n'y a pas de titre de la créance. S'il existait un titre, le créancier pourrait agir par voie de saisie-exécution; ce qui le dispenserait de faire valider ensuite la saisie par jugement. Mais, dans ce cas, la saisie-exécution aurait cet inconvénient que le commandement dont elle est nécessairement précédée pourrait donner l'éveil au débiteur et le décider à quitter immédiatement la commune. — Bioche, v° *Saisie foraine*, n° 4.

10. — Le saisissant est gardien des effets, s'ils sont entre ses mains. — Art. 823. — Cette disposition étant impérative, l'on doit décider que le saisissant pourrait être constitué gardien même malgré lui. Il n'a d'ailleurs aucun motif de s'excuser de conserver la garde d'effets qu'il détient déjà. — Delaporte, t. 2, p. 823.

11. — L'huissier ne pourrait constituer le créancier gardien si les effets n'étaient pas dans les mains de ce dernier. On retomberait alors sous l'application du principe général qui interdit au saisissant d'accepter les fonctions de gardien des objets saisis. — C. proc. civ., art. 598.

12. — La loi ne permet pas, en matière de saisie foraine, de confier au saisi la garde des effets comme elle le fait en matière de saisie-gagerie. En effet, on ne pourrait, sans aller contre le but de la saisie foraine, donner au saisi la possibilité de disparaître avec les objets arrêtés dans ses mains; ce qui aurait lieu, s'il en était constitué gardien. — Carré et Chauveau, quest. 2810; Pigeau, t. 2, p. 512.

13. — Le créancier qui, pour sûreté de sa créance, a fait saisir, dans ses mains, un meuble de son débiteur, qu'il détenait accidentellement, a droit à des frais de garde; et il peut répéter ces frais contre le débiteur. — Chauveau sur Carré, quest. 2810 *bis*. — C'est à tort que le contraire a été jugé par la Cour de Bordeaux le 31 janv. 1827, Cardoze c. Dupuy et Pierlot.

14. — Il ne peut être procédé à la vente sur saisie foraine qu'après que la saisie a été déclarée valable. Le saisissant, dans le cas de l'art. 823, ou le gardien, s'il en a été établi, sont condamnés par corps à la représentation des effets. — C. proc. civ., art. 824.

15. — La demande en validité de la saisie foraine doit être portée devant le tribunal du lieu où les effets ont été saisis. Il serait contraire à la nature et au but de cette saisie que le créancier fût contraint de porter cette demande devant le tribunal du lieu du domicile du saisi, domicile qui peut être très-éloigné. — Carré et Chauveau, quest. 2811; Thomine-Desmazures, t. 2, p. 420. — *Contrà*, Pigeau, t. 2, p. 513.

16. — Le tribunal civil saisi d'une demande en validité de saisie foraine doit, avant de juger la saisie, la maintenir provisoirement, sauf le renvoi devant les juges compétens pour faire statuer sur le mérite de l'obligation commerciale qui lui sert de base. — *Rennes*, 28 déc. 1820, Angove c. Pepin et Labbé.

17. — Lorsqu'une saisie foraine a été pratiquée pour une somme inférieure au taux du dernier ressort et que le saisi demande la nullité de la saisie, par le motif qu'elle n'est pas foraine dans le sens de la loi, et son renvoi devant les juges de son domicile, le tribunal saisi de cette action peut statuer en dernier ressort. — *Bruxelles*, 11 janv. 1822, Letellier c. Flament.

18. — On observe, du reste, pour les ventes sur saisie foraine et la distribution des deniers en provenant les règles prescrites pour le cas où il s'agit de saisie-exécution. — C. proc. civ., art. 825. — V. SAISIE-EXÉCUTION.

SAISIE-GAGERIE.

1. — Acte par lequel le propriétaire ou principal locataire arrête, pour sûreté des loyers ou fermages qui lui sont dus, les meubles qui garnissent les lieux loués ou les fruits qui se trouvent sur la ferme.

2. — Les propriétaires et principaux locataires de maisons ou biens ruraux, porte l'art. 819 C. procéd., soit qu'il y ait bail, soit qu'il n'y en ait pas, peuvent, un jour après le commandement, et sans permission du juge, faire saisir-gager, pour loyers et fermages échus, les effets et fruits étant dans lesdites maisons ou bâtimens ruraux et sur les terres. Ils peuvent même faire saisir-gager à l'instant, en vertu de la permission qu'ils en auront obtenue, sur requête, du président du tribunal de première instance. Ils peuvent aussi saisir les meubles qui garnissaient la maison ou la ferme, lorsqu'ils ont été déplacés, sans leur consentement, et ils conservent sur eux leur privilége, pourvu qu'ils en aient fait la revendication, conformément à l'art. 2102 du Code civil.

3. — Le droit de saisir-gager ne peut appartenir à celui qui a cessé d'être propriétaire, encore bien qu'il s'agisse de droits à lui acquis lorsqu'il était propriétaire. — *Nîmes*, 31 janv. 1820, Champanhet c. Hilaire.

4. — Le même droit ne peut être exercé par l'ancien propriétaire, lors même qu'il s'agirait de loyers échus antérieurement à la vente et que le vendeur se serait expressément réservé son privilége sur le prix des effets garnissant les lieux. — *Orléans*, 23 nov. 1838 (t. 1er 1839, p. 127), Vidy c. Percheron. — Chauveau sur Carré, *Lois de la procédure civile*, t. 6, quest. 2793 *bis*.

5. — Le bailleur qui, pour les loyers à lui dus, accepte un billet payable à une époque déterminée, ne peut, avant l'échéance, pratiquer de saisie-gagerie au préjudice du débiteur. — *Bordeaux*, 31 juillet 1839 (t. 1er 1840, p. 35), Delure c. Levesque.

6. — Il est permis de saisir-gager pendant les délais accordés à l'héritier du locataire pour faire inventaire et délibérer. — Carré et Chauveau, quest. 2796.

7. — Peuvent les effets des sous-fermiers et sous-locataires garnissant les lieux par eux occupés et les fruits des terres qu'ils sous-louent être saisis-gagés pour les loyers et fermages dus par le locataire ou fermier de qui ils tiennent; mais ils obtiennent mainlevée en justifiant qu'ils ont payé sans fraude et sans qu'ils puissent opposer les paiemens faits par anticipation. — C. procéd., art. 820.

8. — Dans ce cas, la saisie-gagerie ne peut produire d'effets contre le sous-locataire ou sous-fermier que jusqu'à concurrence du prix de sa sous-location dont il peut être débiteur au moment de la saisie. Les paiemens faits par lui, soit en vertu d'une stipulation portée dans son bail, soit en conséquence de l'usage des lieux, ne sont pas réputés faits par anticipation. — C. civ., art. 1753. — V. BAIL, nos 819 et suiv.

9. — L'art. 593 C. procéd. déclare qu'on ne peut saisir, pour avoir paiement de loyers, le coucher nécessaire du saisi, ceux de ses enfans vivant avec lui et les habits dont le saisi est vêtu ou couvert. Ces divers objets ne peuvent donc être compris dans une saisie-gagerie.

10. — Pour que le propriétaire puisse pratiquer une saisie-gagerie entre les mains du sous-fermier ou sous-locataire, il suffit que la sous-location existe en fait. Peu importerait qu'elle ne fût pas authentique ou qu'elle n'eût pas date certaine. — Demiau-Crouzilhac, p. 490; Favard, t. 5, p. 49.

11. — Décidé que le propriétaire qui fait une

saisie-gagerie sur les meubles occupés par un locataire manufacturier ne peut l'étendre aux ustensiles nécessaires à l'exploitation de l'usine, par la raison que, quel que puisse être le privilége du bailleur sur les objets qui garnissent la maison louée, il ne comprend pas les machines et les instrumens d'arts et métiers. — *Orléans*, juin 1821, M....

12. — Le propriétaire d'une maison n'a pas le droit de faire saisir-gager les effets qui n'auraient été confiés au locataire qu'à titre de dépôt ou de prêt (*Cass.*, 22 juill. 1823, Gallien c. Sellier et Leroy; 21 mars 1826, Pécoul c. Lafitte et Coulon), pourvu qu'il ait été instruit que ces effets n'appartenaient pas au locataire au moment où ils ont été introduits dans les lieux loués. — *Paris*, 26 mai 1814, Delavigne c. Delaborie.

13. — La saisie-gagerie pratiquée chez un maître de pension ne devrait pas comprendre les meubles appartenant à l'un des élèves. — *Poitiers*, 30 juin 1825, Gairaud c. Richard.

14. — De même, un maître d'hôtel garni ne peut faire saisir-gager les objets mobiliers loués par un tiers à son locataire et introduits dans les lieux après l'entrée de ce dernier. — *Paris*, 2 mars 1829, Faivret c. Pleyel. — V. PRIVILÉGE.

15. — Une saisie, qualifiée à tort *saisie-gagerie*, pratiquée par un voiturier sur les marchandises transportées pour la conservation de son privilége, peut être validée comme n'ayant que les effets d'une simple opposition. — *Cass.*, 13 avr. 1840 (t. 1er 1840, p. 398), Vassal c. Compagnie des petites rivières.

16. — Bien que l'art. 819 ne parle expressément que des loyers et fermages échus comme donnant lieu à pratiquer une saisie-gagerie, sa disposition doit être étendue à tout ce qui concerne l'exécution du bail. — *Besançon*, 3 juin 1824, N... — Cette doctrine est approuvée par Victor Augier, *Supplément*, v° *Saisie-gagerie*, n° 12, et Caron, *Jurid. civ. des juges de paix*, n° 201.

17. — La Cour de cassation a cependant décidé que la saisie-gagerie ne peut être pratiquée que pour loyers ou fermages échus; qu'elle ne peut, en cas d'annulation du bail, être formée par le bailleur pour sûreté des sommes représentant les fruits dont la valeur devrait lui être rendue. — *Cass.*, 25 août 1841 (t. 2 1841, p. 646), Cahours c. Tourangin.

18. — La saisie-gagerie formée par le bailleur sur les meubles du preneur s'étend, en cas de résiliation du bail par la faute de celui-ci, aux loyers à échoir pendant le temps nécessaire à la relocation. — *Cass.*, 16 mai 1849 (t. 2 1849, p. 508), Serragne c. Dauphin.

19. — Le propriétaire qui a fait saisir les meubles de son locataire, pour loyers dont il a été payé depuis, peut faire vendre les meubles saisis pour les loyers échus depuis la saisie, et desquels il n'a pas été payé. La réitération d'une saisie-gagerie, à chaque terme nouvellement échu, entraînerait des frais frustratoires. — *Paris*, 6 avr. 1830, Masson c. Pluart.

20. — Mais le texte de l'art. 819 ne permet pas de saisir-gager pour des loyers à échoir. — *Bourges*, 16 déc. 1837 (t. 2 1838, p. 36), Grosset c. Boyer. — C'est à tort que le contraire a été jugé par la Cour de *Nancy*, 5 déc. 1837 (t. 2 1840, p. 720), Claudel c. Lebrun. — Bioche, v° *Saisie-gagerie*, n° 13.

21. — La dernière disposition de l'art. 819 autorise la saisie-gagerie sur les meubles qui ont été déplacés sans le consentement du propriétaire. Cette disposition ne paraît pas s'appliquer aux fruits qui se trouvent dans la ferme. L'art. 819 ne fait que rappeler le texte de l'art. 2102 (§ 1er *in fine*) du Code civil et ce texte ne parle que des meubles. — D'ailleurs, si le propriétaire pouvait faire saisir les fruits après leur déplacement de la ferme, il n'y aurait plus de sûreté pour les acquéreurs de grains et autres denrées. — Thomine-Desmazures, t. 2, p. 414; Tarrible, *Rép.*, v° *Privilége*, p. 810 et 811. — V. cependant *Nancy*, 5 déc. 1837 (t. 2 1840, p. 720), Claudel c. Lebrun. — Troplong, *Hypoth.*, n° 165.

22. — La loi ne paraît pas subordonner le droit, pour le propriétaire, de faire saisir les meubles déplacés sans son consentement, à la circonstance que les loyers seraient échus. — Thomine-Desmazures, t. 2, p. 413.

23. — La Cour de Paris a jugé que, lorsqu'un locataire d'une maison en a enlevé des meubles, le propriétaire a le droit de faire rétablir les meubles enlevés dans les lieux, lors même que ceux que le locataire n'avait pas déplacés seraient d'une valeur suffisante pour garantir tous les loyers échus et à échoir. — *Paris*, 2 oct. 1806, Leix c. de Gallo. — Demiau-Crouzilhac, p. 489; Carré et Chauveau, quest. 1798.

24. — Si le locataire cherchait à soustraire, peu à peu, son mobilier aux poursuites du propriétaire par une série de détournemens partiels, ce dernier pourrait faire résilier le bail et ordonner l'expulsion du locataire, même lorsqu'il n'y aurait pas de loyers échus. En effet, le locataire diminuerait, par une telle conduite, les sûretés du propriétaire et ce serait le cas de déclarer le premier déchu du bénéfice du terme. Mais il faudrait que l'intention frauduleuse du locataire fût bien établie. — Carré et Chauveau, quest. 2799.

25. — Bien que l'art. 819 C. procéd. parle d'une *revendication* à exercer sur les meubles déplacés, le propriétaire qui veut faire saisir ces meubles doit procéder : non par voie de *saisie-revendication*, conformément aux art. 826 et suiv. C. procéd., mais par voie de saisie-gagerie, conformément au même art. 819. C'est par le procès-verbal de saisie-gagerie que doit s'exercer la revendication, toutes les fois du moins que les meubles sont restés en la possession du locataire. — *Rennes*, 7 mai 1816, Elias c. Gérard; 19 août 1827, Guillevéré. — Pigeau, t. 2, p. 841; Carré et Chauveau, quest. 2800; Thomine-Desmazures, t. 2, p. 415.

26. — Mais lorsque le locataire qui a déplacé les meubles en a en même temps transporté la propriété ou la possession à un tiers, soit par vente, soit autrement, le propriétaire doit agir par la voie de la saisie-revendication entre les mains de ce tiers. — Mêmes autorités.

27. — La saisie-gagerie se fait en la même forme que la saisie-exécution; et s'il y a des fruits, elle doit être faite dans la forme des saisies-brandons. — Art. 821. — Le saisi peut être constitué gardien. — Même art. — V. SAISIE-BRANDON et SAISIE-EXÉCUTION.

28. — La saisie-gagerie ne doit pas être précédée d'un commandement, lorsqu'elle est autorisée par ordonnance du président; cette formalité n'étant exigée que pour le cas où il n'est intervenu aucune ordonnance. — *Bordeaux*, 2 déc. 1831, Gaudichand c. Mauduy.

29. — Le procès-verbal de saisie-gagerie doit, à peine de nullité, contenir élection de domicile dans la commune où se fait l'exécution. — *Rennes*, 22 sept. 1810, Furtin c. Queditlac.

30. — Le saisi ne pourrait être constitué gardien sans le consentement du saisissant. — Chauveau sur Carré, quest. 1806. — *Contrà*, Carré, même quest.

31. — Une saisie-gagerie pratiquée sur les meubles du locataire, à la requête du propriétaire, est nulle, si ce dernier a été établi gardien des objets saisis. — *Paris*, 19 mars 1825, Carlotti c. Breuillard.

32. — La saisie-gagerie ne pouvant produire ses effets sans avoir été déclarée valable par jugement, il est constant qu'on ne doit pas indiquer au procès-verbal le jour où aura lieu la vente des objets saisis. — *Rennes*, 23 févr. 1819, Hourmant c. Grensu; *Bordeaux*, 3 avr. 1830, Maissonnade c. Dielard.

33. — L'huissier qui procède à une saisie-gagerie de fruits peut prendre pour témoin le garde-champêtre et le constituer ensuite gardien de la saisie, conformément à l'art. 628. — Même arrêt.

34. — L'art. 626 C. procéd., suivant lequel la saisie-brandon ne peut être faite que dans les six semaines qui précèdent l'époque ordinaire de la maturité des fruits, ne s'applique pas à la saisie-gagerie des fruits. — Même arrêt

35. — Il n'y a lieu de saisir-gager des fruits qu'autant que le propriétaire n'aurait pas de titre exécutoire. Dans le cas contraire le propriétaire pourrait pratiquer une saisie-brandon proprement dite, et une pareille saisie n'aurait pas besoin d'être validée. — V. SAISIE-BRANDON.

36. — Il ne peut être procédé à la vente sur saisie-gagerie qu'après que la saisie a été déclarée valable. Le gardien, quel qu'il soit, est condamné à la représentation des objets. — Art. 824.

37. — Lorsque le loyer est inférieur à 400 fr., à Paris, et à 200 fr. partout ailleurs, c'est devant le juge de paix que doivent être portées les demandes en validité de saisie-gagerie. Ce magistrat connaît de ces demandes, sans appel, jusqu'à concurrence de 100 fr., et, à charge d'appel, à quelques sommes qu'elles puissent se monter. — L. 25 mai 1838, art. 3. — C'est à lui qu'on doit s'adresser, dans les mêmes cas, pour obtenir permission de saisir-gager à l'instant. S'il y a opposition, de la part des tiers, pour des causes et des sommes qui, réunies, excéderaient cette compétence, le jugement en appartient au tribunal de première instance. — Même loi, art. 10.

38. — Le pouvoir du juge de paix de statuer sur les oppositions formées par les tiers comprend également et les demandes en revendication formées par un prétendu propriétaire qui tendent en elles-mêmes à empêcher la vente, et les oppositions formées par des créanciers dans le but de conserver les droits de ceux-ci sur le prix que la vente produira. — Chauveau sur Carré, quest. 2802 *bis*.

39. — Dans ce dernier cas, la compétence du juge de paix n'est pas la compétence exceptionnelle qui lui appartient en matière de saisie-gagerie; mais sa compétence ordinaire, telle qu'elle est définie par l'art. 1er de la loi de 1838. — En effet, il s'agit alors non d'une action en paiement de loyers ou de fermages ou en validité de saisie-gagerie; mais d'une question de propriété, de privilége ou de validité de créance, qui s'agite uniquement entre le saisissant et l'opposant. — Curasson, *Comp. des juges de paix*, t. 1er, n° 78; Caron, *Jurid. civ. des juges de paix*, t. 1er, p. 315. — *Contrà*, Benech, *Traité des just. de paix*, p. 141. — V. JUSTICE DE PAIX, nos 524 et suiv., 598 et suiv.

40. — Lorsque la demande en validité de la saisie-gagerie doit être portée devant le tribunal de première instance, la compétence appartient au tribunal du lieu où la saisie a été pratiquée; ainsi que la loi le veut en matière de saisie-exécution. — C. proc., art. 608. — Lepage, *Quest.*, p. 550.

41. — Est en dernier ressort le jugement qui statue sur une demande en nullité de saisie-gagerie, en validité d'offres réelles et en dommages-intérêts, lorsque la cause de la saisie et la somme offerte n'excèdent ni l'une ni l'autre le taux du dernier ressort. — En pareille circonstance, c'est le saisissant qui est demandeur et le montant de la saisie qui fixe l'importance du litige. — *Orléans*, 25 août 1847 (t. 2 1847, p. 416), Morest c. Lauson.

42. — Le propriétaire qui, pour sûreté des loyers qui lui sont dus, a fait saisir les meubles de son locataire, peut, nonobstant la faillite du locataire survenue depuis la saisie, poursuivre la vente, sans être tenu d'attendre la clôture des opérations de la faillite. — *Rouen*, 17 mai 1826, Valentin c. Langlois; *Paris*, 20 avril 1831, Rhiva c. Desnoyers.

43. — La créance du propriétaire sur les meubles garnissant les lieux loués n'est pas, en cas de faillite du locataire, soumise aux formalités de la vérification et de l'affirmation. — *Paris*, 28 sept. 1836 (t. 1er 1837, p. 226), Desclozet c. Marchand.

44. — La faillite du locataire n'est du reste une cause de résiliation du bail que lorsque des sûretés ne sont pas données au propriétaire pour le paiement des loyers jusqu'à son expiration. — *Paris*, 16 mars 1840 (t. 1er 1840, p. 398), Pierron c. Guillemot et Dalouzé. — V. BAIL, nos 1006 et suiv.

45. — Si le propriétaire porteur d'un titre exécutoire pratiquait une saisie-gagerie en vertu de ce titre, au lieu de prendre la voie de la saisie-exécution, comme il le pourrait, cette saisie-gagerie n'en devrait pas moins être validée par jugement. La loi ne distingue pas. — Pigeau, t. 2, p. 483. — *Contrà*, *Rennes*, 7 mars 1816, Elias c. Gérard. — Bioche, n° 29.

46. — L'appel d'un jugement qui a statué sur une demande en validité de saisie-gagerie pourrait être signifié au domicile élu dans le commandement. C'est du moins ce qui paraît résulter du rapprochement des art. 584 et 821 du Code de procédure. — Chauveau sur Carré, quest. 2812 *bis*.

47. — On observe, pour les saisies-gageries, les règles prescrites en matière de saisie-exécution, pour la vente et la distribution des deniers en provenant. — Art. 825.

48. — Aucune loi ne prononce la péremption ou la nullité d'une saisie-gagerie, à défaut de poursuites sur ladite saisie dans un temps déterminé. En conséquence les poursuites sont valablement exercées plusieurs années après que la saisie a été formée, et cela, bien que dans l'intervalle la partie saisie ait été déclarée en faillite et ait obtenu un concordat. Si les lieux dans lesquels se trouvent les objets saisis ayant changé de maître depuis la saisie, un combat de privilége s'élève entre l'ancien et le nouveau propriétaire, cette discussion est étrangère au locataire, qui n'a pas qualité pour en exciper. — *Paris*, 12 janv. 1848 (t. 1er 1848, p. 146), Druard c. Desprez.

49. — Est synallagmatique et non pas seulement unilatéral, l'acte sous seing privé par le-

quel le locataire frappé d'une saisie-gagerie promet de laisser vendre son mobilier sans opposition, et consent, en outre, à ce que cet acte soit tenu pour résilié, s'il ne paie pas dans un délai fixé. Dès lors pour être valable et pour faire obstacle à la demande en nullité de la saisie-gagerie formée par le locataire, un pareil acte doit être fait en double original. — Il ne pourrait non plus, à défaut de rédaction en double original, servir de commencement de preuve écrite pour établir par témoins le fait qui en était l'objet (l'approbation de la saisie). — *Bordeaux*, 31 juill. 1839 (t. 1er 1840, p. 35), Deluze c. Levesque.

SAISIE IMMOBILIÈRE.

Table alphabétique.

SAISIE IMMOBILIÈRE. — 1. — La saisie immobilière est une procédure au moyen de laquelle un créancier fait mettre sous la main de justice un immeuble appartenant à son débiteur, pour arriver à la vente publique de cet immeuble et au paiement de sa créance sur le prix payé par l'adjudicataire.

CHAP. Ier. — *Historique, législation et principes généraux* (n° 2).

SECT. 1re. — *Historique et législation* (n° 2).

SECT. 2e. — *Principes généraux* (n° 18).

§ 1er. — *Par qui et sur qui la saisie immobilière peut être pratiquée* (n° 18).

§ 2. — *En vertu de quelles créances et de quels titres il peut être procédé à cette saisie* (n° 89).

§ 3. — *Sur quels biens elle peut être faite* (n° 125).

CHAP. II. — *Formalités de l'expropriation* (n° 177).

SECT. 1re. — *Du procès-verbal de saisie et des formalités extrinsèques qui s'y réfèrent. — Effets de la saisie* (n° 177).

ART. 1er. — *Procédure* (n° 177).

§ 1er. — *Commandement tendant à saisie immobilière* (n° 177).

§ 2. — *Procès-verbal de saisie* (n° 257).

§ 3. — *Dénonciation du saisi et transcription aux hypothèques* (n° 387).

ART. 2. — *Effets de la saisie et de sa transcription* (n° 420).

SECT. 2e. — *Moyens de publicité qui précèdent l'adjudication* (n° 499).

§ 1er. — *Dépôt du cahier des charges* (n° 499).

§ 2. — *Sommations au saisi et aux créanciers inscrits d'en prendre communication* (n° 537).

§ 3. — *Publication du cahier des charges. — Jugement qui statue sur les contestations* (n° 570).

§ 4. — *Insertion dans les journaux et apposition de placards* (n° 606).

SECT. 3e. — *De l'adjudication* (n° 663).

ART. 1er. — *Formalités relatives à l'adjudication et au jugement qui la prononce* (n° 663).

§ 1er. — *A quelle époque l'adjudication a lieu* (n° 663).

§ 2. — *Quelles personnes peuvent se rendre adjudicataires* (n° 697).

§ 3. — *Formalités de l'adjudication. — Déclaration du nom de l'adjudicataire. — Son acceptation* (n° 734).

§ 4. — *Délivrance du jugement d'adjudication. — Sa signification. — Mention aux hypothèques* (n° 749).

ART. 2. — *Effets de l'adjudication* (n° 775).

CHAP. III. — *Des incidens sur la poursuite de saisie immobilière* (n° 830).

SECT. 1re. — *Dispositions générales* (n° 830).

SECT. 2e. — *Jonction de plusieurs saisies* (n° 857).

SECT. 3e. — *Subrogation dans la poursuite. — Radiation d'une précédente saisie* (n° 878).

SECT. 4e. — *Des demandes en distraction* (n° 934).

SECT. 5e. — *Des demandes en nullité* (n° 984).

SECT. 6e. — *Des moyens de se pourvoir contre les jugemens qui statuent sur les incidens* (n° 1027).

SECT. 7e. — *Des demandes en conversion* (n° 1089).

CHAPITRE Ier. — *Historique, législation et principes généraux.*

Sect. 1re. — *Historique et législation.*

2. — Une procédure qui a des effets aussi importans, a dû être soumise, dans tous les temps, à des règles spéciales destinées à protéger, en les conciliant, les droits et les intérêts du créancier, ceux du débiteur et ceux des tiers dont l'immeuble pourrait être le gage spécial.

3. — Dans l'ancien droit français, les expropriations forcées étaient régies principalement par l'édit de François Ier, de 1539, et par celui de Henri II, de 1551, connu sous le nom d'*Édit des criées.* Il faut y ajouter les règlements des Cours souveraines, les déclarations générales ou particulières, les coutumes ou usages, etc.

4. — En général, il n'y avait aucun délai déterminé entre le commandement et la saisie. Celle-ci entraînait la dépossession du débiteur, et l'huissier établissait un commissaire pour régir l'immeuble. — Bioche, *Diction. de procéd.*, v° *Saisie immobilière, n° 4*). — V. dans Carré et Chauveau (*Lois de la procédure*, t. 5, p. 55 et suiv.) le rapport de M. Pascalis à la Chambre des députés, sur le projet de la loi du 2 juin 1841. — L'expropriation s'opérait alors par *décret forcé.* On appelait ainsi

le jugement d'audience qui prononçait l'adjudication définitive de l'immeuble au profit de l'acquéreur. La procédure qui précédait ce jugement était accompagnée de divers moyens de publicité; mais les publications n'étaient pas notifiées au saisi (si ce n'est sous les coutumes de Vitry et de Ponthieu), et l'instance n'était contradictoire avec lui qu'au moment de l'adjudication.

5. — Il était de principe que l'adjudicataire ne pouvait être recherché par les créanciers hypothécaires qui ne s'étaient pas rendus opposans, soit dans le cours des criées ou avant l'adjudication.

6. — Le décret volontaire n'était guère que l'accomplissement des mêmes formalités par suite d'un accord entre les parties. Il avait pour but de purger les hypothèques et droits réels dont l'immeuble pouvait être grevé. — V., du reste, Denizart, v° *Décret d'immeuble* et *Saisie réelle*; Pothier, *Procédure*, ch. 2, sect. 5, et *Décret d'immeuble*. — V. aussi ADJUDICATIONS A LA BARRE DE LA COUR et ADJUDICATIONS A LA BAGUETTE.

7. — Nous avons dit ailleurs comment le régime ruineux du décret volontaire fut remplacé par des lettres de ratification (V. HYPOTHÈQUE, n°s 23 et suiv., et LETTRES DE RATIFICATION). — Quant au décret forcé, il se maintint jusqu'à la loi du 2 messidor an III qui fut bientôt remplacée par celle du 11 brumaire an VII.

8. — Le législateur de l'an VII, frappé des inconvéniens qu'entraînaient les formalités sans nombre dont les saisies immobilières étaient surchargées sous la législation précédente, prit à tâche de simplifier autant que possible cette procédure, qui se trouva réduite aux formalités suivantes : Le créancier signifiait un commandement, qui devait être visé par le juge de paix auquel copie en était laissée. — Art. 1er. — On apposait des affiches contenant la désignation de l'immeuble, l'évaluation de son revenu et les conditions de l'adjudication. — Art. 4. — Cette apposition d'affiches valait saisie. — Art. 5. — Un exemplaire en était déposé au greffe du tribunal. Les affiches étaient notifiées au saisi et aux créanciers inscrits dans les cinq jours de la date du dernier procès-verbal d'affiches. Les originaux des procès-verbaux et des exploits de notification étaient visés par les juges de paix et inscrits au bureau des hypothèques. — Art. 6. — Un mois, au plus tard, après les notifications, il était procédé à l'adjudication. — Art. 7.

9. — Lorsque les rédacteurs du Code de procédure de 1807 durent tracer les règles de la procédure de saisie-immobilière, le régime de la loi du 11 brum. an VII ne leur parut pas offrir des garanties suffisantes de protection pour le débiteur saisi, à raison de la rapidité avec laquelle cette loi permettait que l'expropriation fût mise à fin, et ils pensèrent servir les intérêts de la propriété en créant des délais considérables dans la procédure et en prescrivant des formalités nouvelles.

10. — La procédure de saisie-immobilière telle que l'avait organisée le Code de 1807, se composait : 1° du commandement; 2° du procès-verbal de saisie; 3° de la transcription de la saisie au bureau des hypothèques; 4° de la transcription au greffe du tribunal; 5° de la dénonciation au saisi; 6° de l'insertion d'un extrait de la saisie au tableau placé dans l'auditoire du tribunal; 7° de l'insertion de cet extrait dans les journaux; 8° de l'affichage dans divers lieux; 9° de la notification aux créanciers inscrits du placard d'affiches; 10° de la transcription de ce placard; 11° du dépôt du cahier des charges au greffe; 12° de la publication à l'audience du cahier des charges, de quinzaine en quinzaine, trois fois au moins avant l'adjudication préparatoire; 13° de nouvelles annonces dans les journaux et de nouveaux placards, huit jours au moins avant l'adjudication préparatoire; 14° de l'adjudication préparatoire; 15° de nouvelles annonces et de nouveaux placards dans les quinze jours de cette adjudication; 16° enfin, de l'adjudication définitive.

11. — Le Code de procédure fut complété par la loi du 14 nov. 1808 et par le décret du 2 févr. 1811. La loi de 1808 permit de saisir simultanément des immeubles situés dans des arrondissemens différens, lorsque leur valeur n'était pas suffisante pour payer les créanciers inscrits. — Le décret de 1811 était relatif aux effets de l'adjudication préparatoire et aux nullités de procédure.

12. — Ce système de procédure fut bientôt l'objet de plaintes nombreuses. La jurisprudence qui exigea la signification du jugement d'adjudication préparatoire fit plus vivement sentir l'inutilité de cette formalité. Par une circulaire en date du 22 mai 1817, le garde des sceaux invita toutes les Cours à transmettre des observations motivées sur les améliorations dont le titre des saisies immobilières serait susceptible. En août 1829, il sortit des bureaux de la chancellerie un projet en 183 articles qui fut soumis à tous les corps de magistrature et aux facultés de droit. Depuis, deux autres projets ont été préparés : l'un par M. Debelleyme, de concert avec plusieurs magistrats du tribunal de la Seine; l'autre par une commission nommée, le 16 mars 1838, par le garde des sceaux, et présidée par M. Parent. Le travail de cette dernière commission fut encore envoyé aux Cours et tribunaux, et ce n'est qu'après que leurs observations eurent été recueillies qu'un projet définitif fut présenté à la Chambre des pairs.

13. — Le rapport de la loi du 2 juin 1841 a été soumis à la Chambre des pairs par M. Persil, nommé rapporteur de la commission de cette Chambre. Le projet, amendé par la Chambre, a été envoyé à la Chambre des députés, le 18 mai 1840, et le rapport de la commission de cette Chambre a été présenté par M. Portalis. Quelques amendemens ayant été adoptés dans la discussion qui s'éleva sur ce rapport, le projet est revenu à la Chambre des pairs. Un second rapport a été déposé par M. Persil, le 5 mars 1841. Enfin le projet fut porté, pour la seconde fois, à la Chambre des députés, qui, sur le rapport de M. Portalis, adopta la loi, sans aucune modification, le 19 avril. — L. 2 juin 1841. — Chauveau sur Carré, préface.

14. — Les formalités adoptées ou maintenues par la loi nouvelle sont les suivantes : 1° le commandement; 2° la saisie; 3° la dénonciation au saisi; 4° la transcription au bureau des hypothèques; 5° le dépôt du cahier des charges au greffe; 6° une sommation au saisi d'assister à la lecture et à la publication de ce cahier; 7° pareille sommation aux créanciers inscrits; 8° transcription de cette sommation en marge de la transcription de la saisie; 9° jugement qui donne acte de la publication, statue sur les incidens, et fixe le jour de l'adjudication; 10° annonce, dans le journal, à ce destiné, du jour, des conditions de l'enchère et de l'adjudication; 11° affiches et placards contenant la même indication; 12° l'adjudication.

15. — Dans son premier rapport à la Chambre des pairs, M. Persil faisait ressortir, dans les termes suivans, la supériorité de la loi nouvelle sur le Code de 1807 : « Tout se suit, tout se lie, disait-il, dans la procédure nouvelle, qui renferme tout ce qu'il faut pour mettre le débiteur en demeure et lui laisser le temps de se libérer; pour donner aux créanciers les moyens de surveiller et de faire valoir leurs gages; pour instruire et appeler les tiers au concours d'une adjudication publique vers laquelle tous les intérêts doivent désormais converger. On n'y trouve plus ces inutilités que les hommes pratiques n'avaient pas cessé de signaler, telles que la transcription de la saisie au greffe et l'insertion au tableau placé dans la salle d'audience. Les registres du greffe ne sont pas publics, et les tableaux d'audience, presque aussitôt encombrés qu'ouverts, n'offrent aucun avantage réel. Il en était de même des trois insertions dans les journaux, des trois affiches successives, des trois publications à l'audience, auxquelles personne n'assistait et qui ne se faisaient même pas. L'adjudication préparatoire n'était elle-même qu'une vaine forme qui ne servait souvent qu'à dissimuler et à faire perdre de vue le jour où le débiteur devait être définitivement dépouillé. En appelant le saisi et les créanciers inscrits à une seule publication, on met tous les intéressés en présence; chacun fera valoir ses droits. Le jugement qui en sortira réglera définitivement les conditions des enchères et l'époque certaine et non arbitraire de l'adjudication. Il ne restera plus qu'à faire connaître les unes et les autres aux tiers et au public, dont il importe de stimuler le concours; et des insertions, une fois faites dans un journal spécial, et des appositions d'affiches, une fois placardées, mais qui, par des précautions sagement combinées, ne seront pas aussitôt enlevées, donneront toutes les garanties d'une véritable publicité.

16. — La loi nouvelle réduit la dépense entraînée par une saisie-immobilière, de 700 fr., en moyenne, à 300 fr. environ, et la durée de la poursuite de huit mois à quatre mois environ. — Rapport de M. Portalis. — Bioche, n° 8. — Ces avantages sont incontestables. La loi a-t-elle apporté, du reste, toutes les améliorations désirables au régime préexistant, c'est ce que nous indiquerons dans le cours de cet article en nous occupant des formalités successives de la poursuite.

17. — Les ventes sur saisie immobilière commencées avant la promulgation de la loi de 1841 ont continué à être régies par les dispositions du Code de procédure et du décret du 2 févr. 1811. On a dû considérer la vente comme commencée lorsque le procès-verbal de saisie était transcrit avant cette promulgation. — L. de 1841, art. 3.

Sect. 2e. — *Principes généraux.*

§ 1er. — *Par qui et sur qui la saisie immobilière peut être pratiquée.*

18. — Il est de règle générale que tous les biens du débiteur étant le gage commun de ses créanciers, chacun d'eux a le droit d'employer aussi bien la voie de la saisie immobilière, que toute autre, pour obtenir le paiement de sa créance.

19. — Ainsi, un créancier hypothécaire inscrit ne peut être déclaré non recevable à poursuivre une expropriation bien qu'il soit évident, d'après le prix de l'immeuble et le rang de l'inscription, qu'il ne pourrait être utilement colloqué et que la totalité de la somme à distribuer doit être absorbée par le tiers détenteur créancier inscrit en rang utile. — *Cass.*, 10 févr. 1818, Vimard c. Dupont. — La Cour de Limoges a jugé à tort le contraire, 28 avr. 1818, Lasaye c. Parouty.

20. — Les simples créanciers chirographaires ont le droit de faire saisir les immeubles appartenant à leur débiteur, de même que les créanciers hypothécaires inscrits sur ces immeubles. Les différences qui tiennent à la qualité de chaque créance ou aux garanties qui y sont attachées n'ont aucune influence sur le droit de mise à exécution qui peut être exercé sur les biens du débiteur. — C. civ., art. 2204. — Pigeau, t. 2, p. 271; Chauveau sur Carré, quest. 2198, § 1, n° 2; Persil fils, t. 1er, n° 57.

21. — Cependant, la saisie immobilière est, avant tout, une mainmise sur les immeubles d'un débiteur en faveur de ses créanciers hypothécaires. La loi ne se préoccupe de la position d'un créancier chirographaire que dans un seul cas, c'est lorsque ce créancier est poursuivant ou saisissant.

22. — Le trésor public a, comme tout créancier, le droit d'exproprier le redevable pour paiement des contributions directes, indépendamment de son privilége sur les fruits et revenus. — *Cass.*, 23 mars 1820, Migneau.

23. — Il en est de même de l'Université, aux termes du décret du 12 sept. 1811.

24. — Le tuteur peut faire pratiquer une saisie immobilière sur le débiteur de son pupille, sans avoir besoin de l'autorisation du conseil de famille; car il ne s'agit, dans ce cas, que du recouvrement d'une créance mobilière. — *Bruxelles*, 12 nov. 1806, Selis et Dereymakers c. Grez. — Persil fils, *Comment.*, t. 1er, p. 48, n° 57; Chauveau sur Carré, quest. 2198, § 1er, n° 1er; Paignon, t. 1er, p. 44.

25. — Il faut appliquer le même principe aux communes et aux établissemens publics. — Paignon, *loc. cit.*; Lachaize, *Expropriation forcée*, t. 1er, p. 63, n°s 53 et suiv. — Mais s'il s'élevait des contestations sur la saisie, l'autorisation administrative deviendrait nécessaire.

26. — Jugé que le mari ne peut, pendant la communauté, faire saisir les immeubles de sa femme. — *Paris*, 1er août 1820, Marsanche c. Monnot. — V. COMMUNAUTÉ.

27. — Quand il s'agit du recouvrement d'une créance appartenant à une femme mariée, la poursuite appartient exclusivement à son mari. La femme ne pourrait agir par elle-même qu'autant qu'elle serait séparée de biens ou qu'il s'agirait de ses biens paraphernaux. — Persil fils, t. 1er, n° 59; Paignon, t. 1er, p. 44. — Et encore faudrait-il, dans ce cas, qu'elle fût autorisée par son mari. — V. COMMUNAUTÉ, SÉPARATION DE BIENS.

28. — Lorsqu'une femme mariée fait saisir immobilièrement son débiteur et que le mari poursuit conjointement avec elle, cette communauté dans les poursuites équivaut à une autorisation maritale. — *Paris*, 16 nov. 1815, Huguet c. Gavaudan.

29. — Décidé que l'autorisation donnée par justice à une femme séparée de biens pour obtenir jugement de condamnation contre un de ses débiteurs, lui suffit pour poursuivre par la

...role de la saisie immobilière l'exécution de ce jugement. — *Poitiers*, 10 juin 1823, Boulanger c. Guyon. — V. AUTORISATION DE FEMME MARIÉE.

30. — Le syndic d'une faillite peut faire saisir immobilièrement un débiteur de la faillite, sans l'autorisation du juge-commissaire. Du moins le débiteur ne pourrait se plaindre de l'absence d'une autorisation qui ne pourrait être demandée que dans l'intérêt de la masse. — *Besançon*, 14 août 1811, N....

31. — Un étranger peut-il poursuivre, sans donner caution, une saisie immobilière en France? V. CAUTION JUDICATUM SOLVI, nos 41 et suiv.

32. — Les créanciers d'une succession bénéficiaire, lorsqu'ils ont un titre exécutoire, peuvent saisir les immeubles de la succession, sans attendre que l'héritier bénéficiaire ait provoqué lui-même la vente de ces immeubles. Leurs poursuites ne seraient même pas paralysées par les tentatives qu'aurait faites ce dernier, antérieurement, pour arriver à la vente. — *Cass.*, 29 oct. 1807, Daguillard c. Debon; *Toulouse*, 17 août 1822, Daubanès; 23 juill. 1833, Dupin c. de Saint-Pierre; *Paris*, 11 févr. 1834, Horville c. Georges. — *Contrà, Paris*, ... fruct. an XII, Rohan-Guéménée c. Rohan-Rochefort; 20 sept. 1821, duc de Bourbon c. Lefebvre-Bourha.

33. — On peut poursuivre une saisie immobilière par l'entremise d'un mandataire; mais il faut que ce mandataire soit muni d'un pouvoir spécial. — Chauveau sur Carré, quest. 2198, § 1er, no 3. — V. MANDAT, nos 92 et 146.

34. — Jugé qu'un débiteur saisi immobilièrement ne peut opposer au créancier poursuivant le défaut de qualité résultant de ce qu'il aurait cédé ses droits à un tiers, si cette cession ne lui a pas été notifiée. — *Besançon*, 17 déc. 1808, N....

35. — Celui au profit duquel une créance a été stipulée, dans un contrat de vente, sans intervention de sa part, peut poursuivre l'expropriation des biens affectés à cette créance sur l'acquéreur. — *Rennes*, 20 janv. 1812, Martel c. Perrin.

36. — Lorsqu'un immeuble a été vendu par deux personnes copropriétaires par indivis, chacune d'elles a le droit de le faire saisir en totalité pour le paiement de la part qui lui revient dans le prix. — *Bordeaux*, 30 avril 1841 (t. 2 1841, p. 189), ...rbonne c. Faure.

37. — *Sur qui la saisie doit-elle ou peut-elle être pratiquée?* — Lorsque l'immeuble n'a pas été vendu par le propriétaire débiteur, c'est sur lui que la saisie immobilière doit être pratiquée.

38. — Jugé qu'est valable la saisie immobilière dirigée contre le donataire d'un immeuble, qui est personnellement obligé au paiement de la créance; bien que, depuis, il ait renoncé à la donation, — s'il y a instance sur la validité de cette renonciation. — *Paris*, 13 oct. 1813, de Neuville c. N....

39. — Les héritiers du débiteur qui ont renoncé à la succession étant par l'effet de cette renonciation tout à fait étrangers à la dette, les poursuites de saisie immobilière dirigées contre eux seraient radicalement nulles. — *Nîmes*, 8 nov. 18..7, Dayre et Lisbonne c. Moustadier.

40. — Mais il n'y aurait pas nullité si les poursuites étant commencées, le débiteur mourait et qu'après sa mort elles fussent continuées sous son nom, si d'ailleurs le décès n'avait pas été notifié au poursuivant. — *Cass.*, 23 vent. an XI, Lacombe c. Lambert.

41. — Le créancier inscrit sur des immeubles d'une succession possédés par un seul des héritiers de son débiteur peut diriger des poursuites en expropriation après commandement signifié à cet héritier. Il n'est pas tenu de lui faire, comme à un tiers détenteur, sommation de payer ni de faire commandement à ses cohéritiers comme débiteurs originaires. — *Cass.*, 19 juill. 1837 (t. 2 1837, p. 296), Celani c. Serafino. — Grenier, *Des hypoth.*, t. 1er, no 173; Troplong, *ibid.*, t. 3, nos 811, ...; Persil, *Régime hypoth.*, sur l'art. 2169; Berriat, *Cours de procéd.*, t. 2, p. 635; Chabot, *Des success.*, t. 3, p. 578; Merlin, *Rép.*, vo *Expropriation forcée*, no 2 (article de Tarrible); Duranton, t. 20, no 257.

42. — L'héritier contre lequel un créancier poursuit l'expropriation d'un immeuble de la succession, affecté hypothécairement à sa créance par un titre émané du défunt, peut obtenir un sursis aux poursuites, pendant les délais accordés par la loi pour faire inventaire et délibérer. — *Angers*, 17 août 1848 (t. 1er 1849, p. 487), Malinas c. ...tin.

43. — Lorsque l'immeuble hypothéqué a été vendu par le débiteur, les créanciers hypothécaires peuvent faire vendre l'immeuble sur le tiers détenteur trente jours après commandement fait au débiteur originaire et sommation faite au tiers détenteur de payer la dette exigible ou de délaisser l'héritage. — C. civ., art. 2169. — Ce dernier ne peut empêcher l'expropriation qu'en payant toutes les créances hypothécaires à mesure qu'elles deviennent exigibles ou en remplissant les formalités voulues par la loi pour purger l'immeuble. — V. HYPOTHÈQUE, PURGE DES PRIVILÉGES ET HYPOTHÈQUES, TIERS DÉTENTEUR. — L'application de l'art. 2169 a donné lieu à plusieurs difficultés de procédure.

44. — On s'est demandé contre qui les poursuites en expropriation doivent être dirigées, lorsque l'immeuble a passé entre les mains d'un acquéreur.

45. — La Cour de cassation a décidé que la saisie d'immeubles possédés par un tiers détenteur doit être poursuivie contre le tiers détenteur lui-même et non contre le débiteur originaire. — *Cass.*, 4 janv. 1837 (t. 1er 1838, p. 446), Giraud c. Vauvielle. — V. aussi *Bordeaux*, 8 mai 1832, mêmes parties.

46. — Ces arrêts paraissent faire une application exacte de la disposition de l'art. 2169 qui autorise les créanciers à faire vendre *sur* le tiers détenteur, et c'est à tort que Lachaize (t. 2, no 510) prétend que la saisie doit être faite sur le débiteur originaire. Ce qui prouverait au besoin que le tiers détenteur est partie essentielle dans la poursuite, c'est que, lorsqu'il a délaissé, l'art. 2174 veut qu'on nomme pour le remplacer un curateur sur lequel la vente doit être poursuivie. — Carré, quest. 2201. — M. Chauveau (quest. 2198, § 2, no 7) est d'avis que la poursuite doit être faite en double, c'est-à-dire dirigée en même temps contre le débiteur et contre le détenteur. Ce système peut paraître satisfaisant, en ce sens que le débiteur a un intérêt incontestable à ce que les actes de poursuite soient portés à sa connaissance; mais nous pensons qu'il ne résulterait pas nullité de ce qu'on ne lui aurait pas signifié ces actes.

47. — La sommation de payer ou de délaisser faite par l'un des créanciers hypothécaires au tiers détenteur fait courir le délai d'un mois à l'égard de tous les autres créanciers. — *Riom*, 31 mai 1817, Barnicaud et Engelvin c. Tixeron; *Cass.*, 30 juill. 1822, Garnier c. Melin. — Troplong, *Hypothèques*, t. 3, no 795 *bis*; Grenier, t. 2, p. 342; Lachaize, t. 2, no 503.

48. — La sommation de payer ou de délaisser dont parle l'art. 2169 est-elle la même que celle qui est indiquée dans l'art. 2183 comme étant le point de départ du délai dans lequel le tiers détenteur doit purger? — V. PURGE DES PRIVILÉGES et HYPOTHÈQUES. — V. aussi, pour ce qui concerne le délaissement par hypothèque, Carré et Chauveau, quest. 2203, 2212 et 2218, et TIERS DÉTENTEUR.

49. — *Contre qui la saisie peut-elle être dirigée?* — L'expropriation des immeubles qui font partie de la communauté se poursuit contre le mari débiteur, seul, quoique la femme soit obligée à la dette. Celle des immeubles de la femme qui ne sont pas entrés en communauté se poursuit contre le mari et contre la femme, laquelle, au refus du mari de procéder avec elle, ou si le mari est mineur, peut être autorisée en justice. — C. civ., art. 2208.

50. — En cas de minorité du mari et de la femme, ou de minorité de la femme seule, si son mari majeur refuse de procéder avec elle, il est nommé par le tribunal un tuteur à la femme, contre lequel la poursuite est exercée. — Même article.

51. — Bien que les poursuites doivent être dirigées contre le mari seul, lorsqu'il s'agit d'immeubles dépendant de la communauté; cependant une saisie immobilière n'est pas nulle, parce que, s'agissant de biens de la communauté, elle a été faite tant contre la femme que contre son mari: surtout, lorsque, avant le jugement, le saisissant a abandonné les poursuites contre la femme. — *Paris*, 13 prair. an XI, Meriton c. Desquervois; *Limoges*, 31 juin 1816, Jaucourt; *Cass.*, 4 mai 1825, Carayon c. Bineau-Sebille.

52. — Jugé aussi que la saisie immobilière d'un héritage qui fait partie de la communauté, poursuivie contre le mari et la femme, n'est pas nulle, parce qu'il n'a pas été laissé à chacun des époux une copie séparée des actes de la procédure. — *Bruxelles*, 4 janv. 1821, Vorbist c. Binnemans.

53. — Quand l'immeuble qu'un créancier veut saisir est un propre de la femme, les poursuites doivent être dirigées contre le mari et la femme simultanément. — *Colmar*, 2 déc. 1806, Soutter c. Matavan; *Cass.*, 18 nov. 1828, Planard c. Sarret.

54. — Décidé de même, que le créancier qui poursuit l'expropriation d'immeubles de la femme qui ne sont pas entrés en communauté doit, pour la validité de sa poursuite, faire notifier au mari et à la femme tous les actes qui s'y rapportent; et que, lorsqu'il s'est ainsi conformé à la loi, il ne peut être responsable ni du défaut de comparution du mari sur la poursuite, ni du défaut d'autorisation de la femme. — *Rouen*, 26 févr. 1835, Melissent c. Magnier; *Cass.*, 11 nov. 1839 (t. 2 1839, p. 516), Vasseur c. Petit et de Raimecourt. — Merlin, *Rép.*, vo *Autorisation maritale*; Hautefeuille, p. 488; Biret, *Traité des nullités*, t. 1er, p. 183.

55. — La Cour de Bordeaux a cependant décidé que tous les actes d'une saisie immobilière faits contre la femme avant l'adjudication sont valables, bien qu'elle ne soit pas autorisée de son mari; mais que l'adjudication ne peut être prononcée contre elle, sans cette autorisation ou celle de la justice. — *Bordeaux*, 4 août 1829, Guichard c. Ruduteau. — Cette décision ne peut être approuvée, car la femme a grand intérêt à pouvoir proposer des moyens de nullité, s'il y a lieu, avant l'adjudication.

56. — L'autorisation maritale est nécessaire à la femme poursuivie immobilièrement, quand même la saisie serait pratiquée en vertu d'un jugement rendu contre elle avec l'autorisation de son mari. — Chauveau sur Carré, quest. 2198, § 2, no 3.

57. — *Femme, autorisation.* — Décidé cependant que la loi n'obligeant, dans aucun cas, le saisissant d'appeler le saisi devant la justice, il n'est pas nécessaire que la femme contre laquelle est dirigée une expropriation soit autorisée par son mari ou par justice et que cette autorisation ne serait nécessaire qu'au cas où la femme se rendrait intervenante et formerait une demande incidente aux poursuites. — *Amiens*, 11 nov. 1838, rapporté avec l'arrêt *Cass.*, 11 nov. 1839 (t. 2 1839, p. 516), Vasseur c. Petit; *Agen*, 4 janv. 1844 (t. 1er 1845, p. 615), Verdier c. Labrunie-Laprade. — Carré, quest. 2911; Proudhon, t. 1er, p. 271; Duranton, t. 2, p. 46. — V. néanmoins les observations de M. le conseiller rapporteur dans l'arrêt de cassation cité ci-dessus. — *Paris*, 24 août 1840 (t. 2 1840, p. 270 et 743), Grenot c. Guènebague.

58. — Jugé qu'on peut, avant l'adjudication préparatoire, se dispenser de faire autoriser une femme mariée à ester en jugement, et qu'il n'y a pas même nécessité de le faire si, par cette adjudication postérieure, la femme a concouru avec son mari. — *Bordeaux*, 22 juin 1840 (t. 2 1840, p. 270), Ducan-Nibout c. Desbal.

59. — Jugé que la femme sur laquelle un immeuble a été saisi réellement n'a pas besoin, pour y défendre, de provoquer l'autorisation de son mari dans les formes prescrites par l'art. 861 C. proc. civ. et que, si le mari, auquel le procès-verbal de saisie a été dénoncé, et qui se trouve ainsi en demeure d'autoriser sa femme, ne constitue pas avoué, sa non-comparution équivaut à un refus, et l'autorisation doit être conférée d'office par le tribunal. — *Orléans*, 5 mai 1849 (t. 1er 1849, p. 565), Jaulneau.

60. — Lorsque le mari est interdit judiciairement ou légalement, celui qui poursuit l'expropriation d'un immeuble de la femme doit l'assigner, afin de la faire déclarer autorisée de justice, à l'effet de défendre; et en vertu du jugement d'autorisation il peut agir, contre la femme seule, sans aucune intervention de l'interdit ou du condamné.

61. — Le tuteur n'a pas besoin de l'autorisation du conseil de famille pour défendre à des poursuites en expropriation forcée dirigées contre son pupille. — *Paris*, 19 prair. an XII, Héomet c. Mailler. — Persil père, *Quest.*, t. 2, p. 308.

62. — Le Code civil consacre en faveur des mineurs une exception qui leur est toute personnelle en matière d'expropriation forcée. Les immeubles d'un mineur, même émancipé, ou d'un interdit, porte l'art. 2206, ne peuvent être mis en vente avant la discussion du mobilier.

63. — Il en était déjà ainsi sous l'ancienne jurisprudence; car, suivant la loi 15, § 1er, ff., *De re jud.*, la vente des meubles du débiteur devait précéder celle des immeubles. Le même principe avait d'abord été reçu en France. Mais l'ordonn. de 1539 (art. 74) est venue, qui a dispensé le saisissant de cette discussion, souvent illusoire, et lui a permis de faire vendre l'immeuble du débiteur, sans être tenu d'aucune discussion préalable du mobilier : à moins qu'il ne s'agît d'un immeuble appartenant à un mineur, car, dans ce cas, la discussion était indispensable; et si elle n'avait pas eu lieu, le mineur était toujours reçu à faire casser le décret. Aussi un arrêt rendu en forme de règlement, aux grands jours de Clermont, le 30 janvier 1666, porte: « Si les criées se poursuivent des biens de mineurs, avant de

procéder à l'adjudication soit faite discussion du mobilier desdits mineurs; et à cet effet, le tuteur sera tenu de rendre compte. » — Denisart rapporte un arrêt, du 19 juin 1720, qui, avant de faire droit sur l'appel d'une sentence portant adjudication par décret des biens d'un mineur, ordonna que l'adjudicataire justifierait d'une discussion de meubles, quoique cette procédure fût étrangère à l'adjudicataire, et qu'elle ne dût regarder que le poursuivant. — Ces principes étaient appuyés sur des raisons tellement puissantes que malgré le silence, sur ce point, de la loi du 11 brum. an VII, ils devaient encore être appliqués.

64. — La Cour de cassation a, en effet, décidé que, sous la loi du 11 brum. an VII, le créancier qui poursuivait l'expropriation d'un immeuble appartenant à un mineur n'était pas dispensé de la discussion préalable de son mobilier. — *Cass.*, 10 niv. an XIV, Branlart c. Loyseau.

65. — Jugé que l'exception de discussion des meubles du mineur avant l'expropriation de ses immeubles, ne peut pas être proposée utilement en appel, quand elle ne l'a pas été en première instance. — *Cass.* (et non *Lyon*), 13 avr. 1812, Lassay-Lassaveur c. Brossay et Saint-Marc. — Bioche et Goujet, v° *Discussion*, n° 23; Lachaize, t. 1er, n° 115.

66. — Le mot *mobilier* doit être pris ici dans son sens le plus large, et il comprend tous les objets réputés meubles par la loi. — *Bordeaux*, 20 janv. 1812, Leygne c. Bouscaillon.

67. — Mais la discussion préalable des biens du mineur n'est pas nécessaire, quand il est constaté, par un acte antérieur, qu'il n'y avait pas de meubles ou qu'ils étaient insuffisans. — *Paris*, 2 août 1814, Bardoullot c. Gouré. — Merlin, *Rép.*, v° *Saisie*, § 3.

68. — Décidé que les immeubles appartenant à un mineur ne doivent être expropriés qu'après la discussion de tous les objets que la loi répute meubles, et même des dettes actives, fussent-elles survenues au mineur, seulement depuis le commencement des poursuites de saisie immobilière. — *Turin*, 14 août 1811, Guglielmini c. Rossi.

69. — Il faut remarquer avec MM. Carré et Chauveau (quest. 2198, § 2, n° 2), qu'à l'époque où le Code civil a été décrété, et jusqu'à la publication du Code de procéd., la saisie était en même temps une mise en vente; car, aux termes de l'art. 5 de la loi du 11 brum. an VII, il suffisait d'une simple apposition d'affiches pour annoncer la vente. — Aussi ne faudrait-il pas conclure des mots *mis en vente* qui se trouvent dans l'art. 2206 que le créancier d'un mineur pourrait signifier à son débiteur un commandement tendant à saisie immobilière, sans avoir préalablement discuté son mobilier et sauf à faire cette discussion avant l'adjudication. Cette condition doit être remplie avant toute poursuite. — Persil fils, t. 1er, n° 18; Berriat Saint-Prix, p. 573. — Pigeau (p. 201) est seul d'avis contraire, et il existe un arrêt de Gênes (18 juill. 1812, del Vecchio c. Crovara) qui a consacré sa doctrine.

70. — Le créancier doit pour la discussion du mobilier de son débiteur mineur, sommer son tuteur de lui déclarer quels sont les biens appartenant au mineur qui sont susceptibles d'être discutés. Si, après un certain délai, le tuteur ne répond pas à cette sommation, le créancier peut passer outre; pourvu, toutefois, qu'il n'ait pas d'autre moyen de savoir en quoi consiste la fortune du mineur. — Thomines-Desmazures, t. 2, p. 196; Persil fils, t. 1er, n° 22.

71. — Jugé que le créancier poursuivant qui, après avoir fait sommation à son débiteur de produire, en sa qualité de tuteur de ses enfans mineurs, engagés avec lui du chef de leur mère décédée, soit l'inventaire dressé après la mort de celle-ci, soit un état sommaire du mobilier, a obtenu un jugement qui a déclaré que le saisi devrait satisfaire à cette sommation dans un délai déterminé, peut, après ce délai, passer outre à l'expropriation des immeubles des mineurs, sans qu'il y ait lieu de le contraindre à poursuivre préalablement la liquidation de leurs droits, et à procéder à une discussion réelle de leur mobilier. — *Bourges*, 11 juin 1841 (t. 1er 1842, p. 661), Pigenet c. de Choiseuil.

72. — M. Thomines-Desmazures (t. 2, p. 197) dit avec raison que c'est au mineur qui propose l'exception à prouver que son mobilier eût été suffisant pour payer la dette.

73. — L'exception doit être proposée trois jours, au plus tard, avant la publication du cahier des charges. — C. proc., art. 728. — V. *infrà* nos 74 et suiv.

74. — Si le tuteur n'avait pas opposé l'exception de discussion du mobilier de son pupille, ce dernier pourrait jusqu'à l'adjudication demander un sursis aux poursuites; mais ce ne serait pas un cas de requête civile. — Persil fils, t. 1er, n° 20. — V. cependant, sur la recevabilité de la requête civile en pareil cas : *Amiens*, 28 pluv. an X, préfet de l'Aisne c. de Bellisle, sous *Cass.*, 1er germ. an XI, et Thomines-Desmazures, t. 2, p. 197.

75. — La discussion du mobilier n'est pas requise, avant l'expropriation des immeubles possédés par indivis entre un majeur et un mineur ou interdit, si la dette leur est commune, ni dans le cas où les poursuites ont été commencées contre un majeur ou avant l'interdiction. — C. civ., art. 2207.

76. — Jugé, avec raison, que les formalités prescrites par les art. 953 et suiv. C. proc. pour l'aliénation des biens de mineurs, ne doivent pas être observées en matière de saisie immobilière. — *Paris*, 7 août 1811, L'Homme c. Grammont. — V. VENTE DE BIENS DE MINEUR.

77. — *Failli.* — Avant la loi du 18 mai 1838 sur les faillites, il s'était élevé des doutes sur le point de savoir contre qui devait se poursuivre l'expropriation des immeubles du failli. Depuis que cette loi a refondu le titre Des faillites dans le Code de commerce, il ne peut plus s'élever de difficultés à cet égard.

78. — Jugé que, sous l'art. 494 C. comm. de 1808, une saisie immobilière intentée contre le failli pouvait être valablement suivie contre lui après la faillite déclarée, surtout si les syndics n'avaient pas mis le saisissant à même de diriger contre eux les poursuites. — En conséquence, l'adjudication définitive après surenchère formée par suite de la saisie immobilière était valable bien que prononcée en l'absence des syndics. — *Cass.*, 20 mai 1844 (t. 2 1844, p. 96), Delalu-Huguet c. Trouvé.

79. — Aux termes de l'art. 443 C. comm., à partir du jugement déclaratif de la faillite toutes les actions tant mobilières qu'immobilières et les voies d'exécution tant sur les meubles que sur les immeubles ne peuvent être suivies que contre les syndics. Le failli peut seulement intervenir, si le tribunal l'y autorise.

80. — À partir de la même époque les créanciers ne peuvent poursuivre l'expropriation des immeubles sur lesquels ils n'ont pas d'hypothèque. — C. comm., art. 571. — S'il n'y a pas de poursuite en expropriation commencée avant l'époque de l'union, les syndics seuls sont admis à poursuivre la vente. — Art. 572.

81. — M. Chauveau sur Carré (quest. 2198, § 2, n° 4) pense qu'en se servant du mot *poursuivre* l'article 571 entend dire qu'on ne peut commencer de poursuites, mais qu'il n'interdit pas de *continuer* celles qui auraient été introduites par les créanciers chirographaires avant le jugement déclaratif de la faillite. — V. FAILLITE.

82. — *Militaires.* — La loi du 6 brum. an V défendait de poursuivre l'expropriation des biens appartenant à des militaires en activité de service jusqu'à la paix générale. Du moins, c'est ainsi que cette loi était interprétée par la jurisprudence de la Cour de cassation. — V. ABSENT (militaire), nos 53 et suiv. — Cette loi n'a plus d'application depuis les traités de 1814 et 1815. — Thomines-Desmazures, t. 2, p. 198; Paignon, t. 1er, p. 49.

83. — *Débiteurs solidaires.* — On peut poursuivre cumulativement et par les mêmes actes la saisie immobilière des biens de plusieurs débiteurs solidaires. — *Cass.*, 20 frim. an XII, Delmas c. Tartière; *Riom*, 24 fév. 1813, de Douhet c. Amel et Badal. — Berriat, t. 2, p. 572, note 24, n° 1er; Carré, quest. 2213, et Chauveau sur Carré, quest. 2198, § 2, n° 6.

84. — Mais jugé aussi que chacun des débiteurs a le droit de demander la séparation des ventes et des charges vis-à-vis de ses créanciers propres. — *Riom*, 24 fév. 1813, de Douhet c. Amel et Badal. — Cette solution est incontestable, car leur obligation solidaire à l'égard du poursuivant ne doit pas aggraver leur position vis-à-vis des autres.

85. — Les poursuites en expropriation dirigées contre tous les enfans d'un des codébiteurs solidaires sont valables contre les autres débiteurs. — Il en serait autrement si elles n'étaient faites que contre l'un des enfans; elles ne vaudraient alors que pour la part et portion de cet enfant dans la dette, et elles ne dispenseraient pas le créancier d'agir séparément contre les autres enfans et contre les codébiteurs de leur auteur. — Arg. art. 2249 C. civ. — Chauveau sur Carré, quest. 2198, § 2, n° 6; Carré, quest. 2214. — V. SOLIDARITÉ.

86. — *Mort civilement.* — On ne pourrait signifier valablement un commandement tendant à saisie immobilière à un individu mort civilement. — *Nîmes*, 6 juill. 1812, Boyer c. Reginel et de Blacas.

87. — Mais la signification serait valable si elle était faite à un homme condamné par contumace, car dans ce dernier cas il n'y a pas dessaisissement définitif des biens. — *Cass.*, 3 niv. an IV, Meizesse c. Thiculaine. — Avis du Conseil d'Etat, 20 sept. 1809. — Merlin, *Rép.*, v° *Contumace*, § 1er, n° 4; C. pén., art. 29 et 30. — V. CONTUMACE, n° 146.

88. — Les individus interdits par suite de condamnations criminelles, ne peuvent, du reste, invoquer d'exception tirée de ce qu'il y aurait lieu de discuter préalablement leur mobilier. — Persil fils, *Comm.*, t. 1er, n° 17; Thomine-Desmazures, t. 2, p. 196.

§ 2. — *En vertu de quelles créances et de quels titres il peut être procédé à cette saisie.*

89. — La vente forcée des immeubles ne peut être poursuivie qu'en vertu d'un titre authentique et exécutoire, pour une dette certaine et liquide. — Si la dette est en espèces non liquidées, la poursuite est valable; mais l'adjudication ne peut être faite qu'après la liquidation. — C. civ., art. 2213.

90. — L'art. 551 du Code de procédure complète cette règle en disposant que si la dette exigible n'est pas d'une somme en argent, il sera sursis, après la saisie, à toutes poursuites ultérieures, jusqu'à ce que l'appréciation en ait été faite.

91. — La saisie immobilière pratiquée en vertu de deux titres n'est pas annulée par l'irrégularité de l'un des titres, si l'autre est valable. — *Nancy*, 9 juill. 1824, Villemain c. Delsop.

92. — Une ouverture de crédit n'est qu'une obligation éventuelle. En conséquence, lorsqu'elle n'est pas accompagnée d'un arrêté de compte justifiant que le souscripteur en a fait usage, et que, tous comptes faits, il est resté débiteur, elle ne constitue pas un titre suffisant pour autoriser la saisie de l'immeuble hypothéqué à sa garantie. — *Orléans*, 9 janv. 1849 (t. 1er 1849, p. 133), Vérité et Gosset c. Moisson.

93. — Jugé qu'un jugement obtenu dans les dix jours qui ont précédé l'ouverture de la faillite du débiteur peut être un titre pour saisir immobilièrement (*Nancy*, 9 juill. 1834, Villemain c. Delsop), et qu'il en est ainsi surtout si ce jugement ne fait que débouter le débiteur de son opposition à un jugement par défaut rendu avant ce délai. — *Orléans*, 7 juill. 1826, Traversa c. Blanche.

94. — Le titre du créancier poursuivant devant être authentique et exécutoire, on ne pourrait pratiquer une saisie immobilière en vertu d'une sentence arbitrale qui n'aurait pas la forme exécutoire; bien qu'elle fût suivie de l'ordonnance d'*exequatur*. — *Colmar*, 11 mars 1835, Gilg c. Meyer et Oriot.

95. — Est nulle la saisie immobilière faite en vertu d'une seconde grosse qui n'a pas été délivrée avec les formalités exigées par la loi. — *Bourges*, 17 août 1816, Salonnyer c. Busson. — Carré et Chauveau, quest. 2198, p. 415.

96. — Décidé, cependant, mais à tort, que la saisie immobilière pratiquée en vertu d'une seconde grosse qui n'a pas été délivrée suivant les formes prescrites par l'art. 844 du Code de procédure ne peut être déclarée nulle lorsque l'obligation n'est pas méconnue. — *Metz*, 6 juin 1817, Caourze c. Pierret.

97. — ... Et qu'on peut saisir immobilièrement en vertu de la copie d'un arrêt signifié à l'avoué de la partie saisissante par l'avoué d'une autre partie ayant le même intérêt, lorsque la Cour a, par une ordonnance, permis de saisir sur copie. — *Toulouse*, 17 déc. 1829, Ducros.

98. — Ces deux derniers arrêts sont critiqués avec raison par Chauveau sur Carré (quest. 2198, § 4, n° 2) et par Persil fils (t. 1er, n° 45). — V. aussi au *Journal du Palais*, la note sous la décision de la Cour de Toulouse.

99. — Ainsi, une expropriation forcée est valable bien qu'elle ait été poursuivie en vertu de plusieurs actes dont quelques-uns seulement sont revêtus de la forme exécutoire. — *Cass.*, 18 prair. an XI, Legendre c. Mauger.

100. — Le créancier porteur d'un bordereau de collocation peut, à défaut de paiement par l'adjudicataire, poursuivre contre lui l'expropriation de l'immeuble vendu. — *Bruxelles*, 14 juill. 1810, Stryckwant c. Bullens.

101. — Une saisie immobilière ne pourrait être annulée par le motif que l'acte en vertu duquel elle a été faite ayant été passé dans un ressort

...re que celui où il a été exécuté, cet acte de-vait être légalisé. — *Poitiers*, 15 janv. 1822, Gar-...eau c. Martin.

102. — Le titre sous seing privé qu'on dépo-serait chez un notaire deviendrait authentique et exécutoire à partir de l'acte de dépôt.

103. — On ne pourrait saisir immobilièrement en vertu d'un jugement non exécutoire par pro-vision frappé d'appel. — *Paris*, 29 mai 1809, Lia-...n-Worth c. Holmboe.

104. — La créance est liquide et certaine bien qu'elle ait été réduite par les à-compte donnés par le débiteur, et elle peut dès lors servir de base à une poursuite de saisie immobilière. — *Cass.*, 7 oct. 1807, Vauquerin c. Ducros; *Metz*, 21 août 1811, Jaget c. N.... — V., du reste, sur ce qu'il faut entendre par une créance liquide, COMPEN-SATION, nos 40 et suiv., et SAISIE-EXÉCUTION.

105. — La Cour de Bordeaux a décidé que lors-qu'on poursuit une saisie immobilière pour une dette payable en denrées, l'appréciation de cette dette en argent ne doit pas être faite, à peine de nullité, avant la publication du cahier des char-ges. — Arrêt 8 févr. 1817, Ithier c. Toyon. — Persil fils, t. 1er, no 50. — *Contrà*, Lachaize, t. 1er, n. 181; Paignon, t. 1er, p. 59; Duranton, t. 21, n. 41.

106. — L'évaluation doit être faite en justice. Cependant on peut liquider au moyen des mer-curiales les denrées qui sont susceptibles de ce mode d'évaluation. — Lachaize, t. 1er, p. 183; Chauveau sur Carré, quest. 2198, § 4, no 1er; Pai-gnon, t. 1er, p. 59.

107. — Jugé que la femme peut, en vertu des clauses de son contrat, poursuivre le paiement de ses reprises par saisie immobilière des biens du mari aux mains des tiers détenteurs; sauf à sur-seoir à l'adjudication jusqu'à la liquidation de ses reprises, si elles ont été constituées en papier-monnaie. — *Cass.*, 21 mars 1827, Brouard c. Bau-doin.

108. — Une créance basée sur des factures et connaissemens non contestés est une dette li-quide, à raison de laquelle on peut poursuivre l'expropriation forcée des immeubles du débi-teur. — *Cass.*, 18 pluv. an XII, Bonnet d'Egoutes c. N....

109. — Décidé que le créancier poursuivant la saisie d'un immeuble qui reçoit, pendant les poursuites, le principal et les intérêts de sa créance sous la réserve des frais, ne peut conti-nuer la poursuite pour se faire payer de ces frais s'ils ne sont pas liquidés. — *Paris*, 4 févr. 1833, ...ville c. Levert; 2 janv. 1834, Gentil c. Garnier ...rille.

110. — Mais lorsqu'un débiteur saisi immobi-lièrement a fait des offres réelles, dans lesquel-les il n'a offert qu'une certaine somme, *sauf à parfaire*, pour les frais de poursuite, et qu'après la signification qui lui a été faite de la taxe des frais il ne s'est pas entièrement libéré, on peut poursuivre contre lui l'adjudication. — *Paris*, 18 avr. 1826, Barrier c. Rinet et Archinard.

111. — L'échéance du terme survenue après la saisie immobilière pratiquée, ne saurait légiti-mer une exécution formée pour une somme non exigible. — *Bruxelles*, 5 déc. 1811, Turk c. Neefs. — Boulay-Paty, *Faillites et banqueroutes*, no 108.

112. — On peut poursuivre l'expropriation d'un débiteur pour intérêts échus, bien que le capital ne soit pas encore exigible. — *Bruxelles*, 4 janv. 1821, Vorbert c. Binneman; *Lyon*, 22 nov. 1838 (t. 2 1839, p. 185), Charbonnet c. Cailleteau.

113. — Et malgré le remboursement du capi-tal, les poursuites de saisie immobilière peuvent être continuées pour les intérêts du capital dus avant le remboursement et pour des frais liqui-dés. — *Cass.*, 25 janv. 1837 (t. 1er 1840, p. 289), Gar-nier-Perille c. Gentil. — Chauveau sur Carré, *loc. cit.*

114. — Le créancier porteur de plusieurs titres qui n'a fait la saisie immobilière des biens de son débiteur que pour une seule de ses créances peut, malgré le paiement qui lui en a été fait pendant la poursuite, continuer l'expropriation, à raison de ses autres créances exigibles et non acquittées. — *Grenoble*, 14 juill. 1809, Vandat c. ...od. — Carré, t. 2, no 3241; Huet, *De la Saisie immobilière*, p. 233, no 4. — V., *Contrà*, Roger, *Dissertation du Journal des Avoués*, t. 44, p. 404.

115. — La faillite du débiteur, en rendant les dettes exigibles, donne au créancier le droit de pratiquer une saisie immobilière. — *Bruxelles*, 5 ...é. 1815, Turk c. Neef; *Bordeaux*, 22 août 1827, ...é c. Raba.

116. — Quand il a été convenu entre les parties qu'une créance ne pourrait être exigée qu'après un avertissement donné au moins quinze jours à l'avance au débiteur, le commandement qui a été signifié sans qu'aucun avertissement l'eût précédé est nul et entraîne la nullité de la saisie immobilière. — *Angers*, 13 juin 1845 (t. 2 1845, p. 426), Cosson c. Lemarchand.

117. — L'annulation du titre entraînerait né-cessairement la nullité de la saisie. Aussi a-t-il été décidé qu'on doit réputer nulle la saisie im-mobilière pratiquée en vertu d'un acte jugé faux par un arrêt, même rendu par contumace. — *Montpellier*, 6 févr. 1832, Galzin c. Treille.

118. — Si une saisie commencée en vertu d'un titre régulier avait été annulée pour vice de forme et reprise ensuite en vertu d'une transac-tion par laquelle la partie aurait renoncé au bé-néfice du jugement d'annulation, cette saisie se-rait valable; car elle s'appuierait non sur la transaction, mais sur le titre originaire.

119. — La poursuite peut avoir lieu, porte l'art. 2215 C. civ., en vertu d'un jugement provi-soire ou définitif, exécutoire par provision non-obstant appel; mais l'adjudication ne peut se faire qu'en vertu d'un jugement définitif, en der-nier ressort ou passé en force de chose jugée. — La poursuite ne peut s'exercer en vertu de jugemens par défaut pendant le délai de l'opposition.

120. — Avant la loi du 2 juin 1841, la Cour de Limoges avait jugé que la disposition de l'art. 2215 ne s'appliquait pas à l'adjudication prépa-ratoire. — 5 juill. 1828, Faure-Laloude c. Ter-rasson.

121. — Il ne faut pas prendre à la lettre les ex-pressions du deuxième paragraphe de l'art. 2215, en ce qui concerne les jugemens par défaut contre partie. L'opposition à ces jugemens étant rece-vable jusqu'à leur exécution, il en résulterait, si l'on appliquait rigoureusement ce paragraphe, qu'on ne pourrait jamais saisir dans ce cas. Tout au contraire l'art. 159 C. procéd. suppose qu'on peut saisir, car il répute le jugement exécuté par la notification au débiteur de la *saisie* d'un de ses immeubles. — Persil père, *Quest.*, t. 2, p. 158; Pigeau, t. 2, p. 203; Persil fils, t. 1er, no 55.

122. — Si le débiteur justifie, par baux authen-tiques, que le revenu net et libre de ses immeu-bles pendant une année suffit pour le paiement de la dette en capital, intérêts et frais, et s'il en offre la délégation au créancier, la poursuite peut être suspendue par les juges, sauf à être reprise s'il survient quelque opposition ou obstacle au paiement. — C. civ., art. 2212.

123. — Il résulte de la rédaction même de l'art. 2212, que l'application de cet article est fa-cultative pour les tribunaux. — *Bruxelles*, 22 mai 1821, Delmez c. Debakker.

124. — L'existence d'un bail sous seing privé n'offrirait pas une garantie suffisante au créan-cier poursuivant, qui n'aurait pas, alors, de titre exécutoire en vertu duquel il pût exercer les droits de son débiteur (V. Bloche et Goujet, *Dict. de procéd.*, no 24). Ce sursis, ainsi demandé et ob-tenu, constitue un acquiescement qui couvre les nullités des poursuites antérieures.

§ 3. — *Sur quels biens elle peut être faite.*

125. — Suivant l'art. 2204 du Code civil, les biens immobiliers et leurs accessoires réputés immeubles appartenant en propriété au débiteur, et l'usufruit auquel il aurait droit sur des biens de même nature, peuvent être l'objet d'une ex-propriation forcée.

126. — La jurisprudence de la Cour de cassa-tion considère comme compris dans la saisie immobilière d'une usine le mobilier immobilisé par destination, qui se compose des objets indis-pensables à l'exploitation de l'usine. — *Cass.*, 27 mars 1821, Richard c. Lenoir-Dufresne; 21 avril 1833, Guntzenbach c. Kartmann. — V. *infrà* sur l'art. 675 C. procéd.

127. — Une coupe de bois non abattus est im-meuble et peut dès lors être l'objet d'une expro-priation. — *Dijon*, 30 janv. 1819, Lamnain c. Main-vielle.

128. — Le créancier hypothécaire peut faire saisir et vendre les bois pendans par racines sur le sol hypothéqué, nonobstant la vente consentie par son débiteur, antérieurement à la saisie, d'une ou plusieurs coupes de ces mêmes bois, surtout lorsqu'il ne s'agit ni d'une coupe ordi-naire de bois taillis, ni d'une partie de bois mise en coupes réglées, mais d'une vente faite par anticipation et avec un long terme pour la cou-pe. — L'acquéreur ne peut prétendre que la vente ayant fait cesser l'accession, a mobilisé les cou-pes et les a, en conséquence, rendues insuscepti-bles d'hypothèque et du droit de suite du créan-cier hypothécaire. — *Cass.*, 10 juin 1841 (t. 2 1841, p. 97), Porte et Brun c. Jauffret. — V. BIENS, nos 28 et suiv.

129. — Mais jugé que la vente de fruits pen-dans par racines et destinés à être coupés faite séparément du fonds est, à titre de vente *mobi-lière*, opposable aux tiers et, notamment, aux créanciers hypothécaires auxquels le fonds est affecté, encore qu'elle n'ait pas été soumise à la transcription; en d'autres termes, que les fruits pendans par racines deviennent meubles par la vente qui en est faite, sans fraude, séparément du fonds. — *Cass.*, 10 vendém. an XIV, Schott c. Wolff.

130. — Les créanciers hypothécaires pour-raient-ils exproprier le propriétaire d'une action en revendication d'un immeuble qu'il aurait droit d'exercer? MM. Tarrible (*Rép.*, vo *Expro-priation*, p. 42), Persil, *Quest.*, t. 2, p. 379 et suiv.), Berriat Saint-Prix (p. 570), Chauveau sur Carré (quest. 2198, § 3) décident cette question par la négative. On ne peut considérer, disent-ils, une action en revendication comme un accessoire de l'immeuble dans le sens de l'art. 2204, et la vente par expropriation d'un droit semblable présen-terait d'ailleurs des difficultés presque insurmon-tables. Les créanciers doivent, dans cette hypo-thèse, exercer eux-mêmes l'action en vertu de l'art. 1166 et saisir ensuite l'immeuble lorsqu'il est rentré dans les mains du débiteur. — Pigeau (t. 2, p. 207) enseigne, au contraire, que les ac-tions en revendication étant immobilières peu-vent être l'objet d'une expropriation forcée.

131. — La Cour de cassation a décidé dans le sens de l'opinion des premiers auteurs, que l'ac-tion en rescision d'une vente d'immeuble ne peut être la matière d'une expropriation forcée. — *Cass.*, 14 mai 1806, Fabré c. Blanquière-Li-moux.

132. — Jugé qu'un droit de réméré ne peut être l'objet d'une saisie immobilière. — *Orléans*, 27 janv. 1842 (t. 1er 1842, p. 231), Bigot-Barrat c. Lambert.

133. — Plusieurs arrêts ont décidé qu'une jouis-sance emphytéotique pouvait être saisie immo-bilièrement. — *Paris*, 10 mai 1831, Bony c. Mormo de Mora; *Cass.*, 19 juill. 1832, mêmes parties; *Douai*, 15 déc. 1832, Huard. — Cette doctrine est admise par Favard de Langlade (vo *Emphytéose*, § 3), Merlin (*Rép.*, vo *Emphytéose*, no 4), Battur (*Hypothèque*, t. 2, no 246), Persil père (art. 2118, no 15), M. Duranton (t. 4, no 78 et 80. — Elle est re-poussée au contraire par Toullier (t. 3, no 101), Malleville (art. 2118), M. Chauveau sur Carré (quest. 2198, § 3), Grenier (t. 1er, no 143), Delvin-court (t. 3, p. 185), Proudhon (t. 1er, no 99). — Nous croyons que l'art. 1204 ne mentionnant pas l'em-phytéose parmi les choses qui peuvent être sai-sies immobilièrement, bien que la législation antérieure contienne des dispositions formelles à cet égard, il faut conclure de ce silence que les rédacteurs du Code civil ont entendu abandonner le principe consacré antérieurement sur ce point. — V., sur la nature du droit d'emphytéose, vo EMPHYTÉOSE.

134. — Suivant M. Persil fils (t. 1er, no 9), lorsque des constructions ont été élevées par un autre que le propriétaire elles doivent être saisies im-mobilièrement sur lui s'il déclare vouloir les garder; elles ne pourraient être saisies que mo-bilièrement au contraire, si le propriétaire vou-lait contraindre le constructeur à les enlever. Mais pour empêcher le débiteur d'user de cette dernière faculté, les créanciers peuvent déclarer qu'ils retiennent les constructions, comme exer-çant les droits du propriétaire, et saisir ensuite immobilièrement.

135. — Décidé que les constructions élevées par le preneur sur le terrain qui lui a été donné à bail ne peuvent être saisies immobilièrement par ses créanciers alors surtout qu'il a été convenu qu'à l'expiration du bail ces constructions demeu-reraient la propriété du bailleur au prix d'esti-mation. Et que peu importe d'ailleurs que l'esti-mation ne dût être faite qu'à la fin du bail. — *Besançon*, 22 mai 1845 (t. 1er 1847, p. 741), Berger c. Thurel et Mondragon. — Le pourvoi contre cet arrêt a été rejeté. — *Cass.*, 14 févr. 1849 (t. 1er 1849, p. 252). — V. ACCESSION.

136. — Les créanciers pourraient saisir les im-meubles, bien qu'un donateur ou testateur les ait déclarés insaisissables. Ils pourraient également exécuter sur ceux qui auraient été légués ou don-nés pour alimens. En effet, il n'est pas permis aux simples particuliers de créer des cas d'insai-sissabilité qui n'ont pas été prévus par la loi. — Chauveau sur Carré, *loc. cit.*; Favard de Langlade, t. 2, p. 493. — V. cependant Pigeau, t. 2, p. 272.

137. — Bien que les termes de l'art. 2204 pa-raissent absolus, il est quelques cas exception-

nels dans lesquels les créanciers ne peuvent saisir les immeubles de leur débiteur. C'est ainsi qu'ils ne peuvent exécuter sur les biens dotaux. — V. DOT. — MM. Paignon (t. 1er, p. 48) et Lachaize (t. 1er, p. 99) pensent avec raison que l'usufruit attribué par la loi aux père et mère sur les biens de leurs enfans ne peut être saisi, parce qu'il est grevé des frais de nourriture et d'entretien des enfans; et qu'il en est de même de l'usufruit du mari sur les immeubles dotaux, cet usufruit étant destiné à l'entretien du ménage. — V. DOT, USUFRUIT LÉGAL.

138. — L'art. 2205 dispose que la part indivise d'un cohéritier dans une succession ne peut être mise en vente par ses créanciers personnels avant le partage ou la licitation.

139. — Jugé que le créancier à qui un cohéritier a hypothéqué sa part indivise dans un immeuble dépendant de la succession ne peut poursuivre la vente de cette part qu'après avoir provoqué le partage de la succession entière et non pas seulement le partage de l'immeuble en question, et qu'il en doit être ainsi lors même que les cohéritiers ont eux-mêmes, et avant partage, vendu en commun l'immeuble hypothéqué. Cette vente collective confère bien la propriété à l'acquéreur, mais n'est, à l'égard des héritiers, qu'une opération provisoire qui ne constitue pas la licitation ni partage. — Cass., 16 janv. 1833, Boissé c. Guichené et l'État.

140. — La Cour de cassation a d'abord jugé que la part indivise d'un cohéritier dans les immeubles d'une succession peut être mise sous la main de la justice par une saisie réelle, avant le partage ou la licitation, pourvu qu'il soit sursis jusque-là à la vente de l'immeuble. — Cass., 14 déc. 1819, Besson c. Dumont; Lyon, 9 janv. 1830, Pain; Poitiers, 20 août 1835, Rublin c. Ledoux; Nîmes, 15 mai 1838 (t. 2 1838, p. 421), Hébrard c. Lavie.

141. — Jugé également que l'art. 2205 ne défend que la mise en vente de la part indivise, et non les actes préliminaires de poursuites: en conséquence, il n'y a pas lieu de déclarer nulle la saisie qui aurait été pratiquée; mais seulement de surseoir aux poursuites ultérieures, jusqu'après l'événement du partage. — Paris, 18 déc. 1841 (t. 1er 1842, p. 745), Manceau c. Dubois.

142. — Mais depuis son premier arrêt la Cour de cassation a jugé, au contraire, que l'art. 2205 du Code civil, en disposant que la part indivise d'un cohéritier, dans les immeubles d'une succession, ne peut être mise en vente par ses créanciers personnels, prohibe par là tous les actes de la poursuite en expropriation forcée, sauf le commandement qui précède cette poursuite. — Besançon, 21 juin 1810, Cretin c. Saint-Oyant; Cass., 22 juill. 1822, Rabaud de la Chaussade c. Guyol; Nîmes, 10 févr. 1823, Dardailhon c. Cass., 3 juill. 1826, Berger c. Dardailhon; Pau, 10 déc. 1832, Bordes c. Sonirat; Riom, 29 mai 1843 (t. 2 1845, p. 355), Roux-Laval c. Pelissier. — Tarrible, v° Saisie immobilière, p. 249; Pigeau, t. 2, p. 214; Persil père, Quest., t. 2, p. 495; Persil fils, Comment., t. 1er, n° 43; Berriat Saint-Prix, p. 573.

143. — Il faut remarquer que l'art. 2205 s'applique uniquement au cas où l'on voudrait saisir la part indivise d'un héritier dans l'immeuble successif, pour une dette personnelle à cet héritier. — Bruxelles, 5 mars 1820, Ernest c. Dumont.

144. — Un créancier du défunt pourrait saisir avant le partage la portion indivise de chacun des cohéritiers dans l'immeuble. — Persil fils, t. 1er, n° 12. — Lyon, 14 févr. 1841 (t. 1er 1841, p. 562), Serandin c. Champion.

145. — La nullité résultant de ce qu'un créancier personnel d'un des cohéritiers a saisi la part indivise de ce dernier dans l'immeuble successif peut être invoquée par le saisi comme par les autres héritiers. — Besançon, 21 juin 1810, Cretin c. Saint-Oyant; Nîmes, 10 févr. 1823, Dardailhon; Lyon, 9 janv. 1830, Pain. — Persil fils, t. 1er, n° 14; Chauveau sur Carré, quest. 2198, § 3, n° 4. — Contrà, Paris, 23 août 1816, Nivenheim c. Chailla.

146. — Lorsqu'une saisie immobilière a frappé sur des immeubles indivis, mais que l'indivision a cessé au moment de l'adjudication; la saisie reste intacte pour les immeubles qui sont tombés dans le lot de l'héritier débiteur du créancier poursuivant. — Grenoble, 14 juill. 1812, Planel c. Falaise.

147. — Le créancier personnel de l'héritier ne pourrait mettre en vente la part indivise de cet héritier dans un immeuble de la succession, lors même que ce créancier serait lui-même copropriétaire de l'immeuble. L'art. 2205 ne fait aucune exception pour ce cas. — Chauveau sur Carré, quest. 2198, § 3, n° 1er.

148. — L'état d'indivision est par lui-même un obstacle à la saisie immobilière, car, tant que cet état subsiste, il est impossible de déterminer exactement ce qui appartient au débiteur. Tous les cas d'indivision dont au reste placés sur le même rang par la loi. Aussi faut-il n'étendre le principe écrit dans l'art. 2205 à toutes les hypothèses où il existe une indivision entre copropriétaires. — Colmar, 17 frim. an XIII, Thiébaud-Clerc c. Broc; Metz, 12 juill. 1822, Gravy c. Tailly; Pau, 10 déc. 1832, Bordes c. Bonirat; Lyon, 9 janv. 1833, Pain; Colmar, 26 mars 1838 (t. 2 1838, p. 584), Harter c. Schaeffer; Lyon, 14 févr. 1839 (t. 1er 1841, p. 24), Chetail c. Dulac. — Chauveau sur Carré, loc. cit.; Persil fils, t. 1er, n° 41; Tarrible, loc. cit.

149. — Juge que l'art. 2205 C. civ., qui ne permet pas aux créanciers personnels d'un cohéritier de mettre en vente la part indivise de leur débiteur dans les immeubles d'une succession, avant le partage ou la licitation qu'ils peuvent provoquer s'ils le jugent convenable, est applicable au cas d'indivision entre communistes. — Paris, 18 déc. 1841 (t. 1er 1842, p. 745), Manceau c. Dubois. — Persil, Quest. hyp., t. 2, p. 168; Berriat Saint-Prix, t. 2, p. 572; Delvincourt, t. 5, p. 90, n° 6.

150. — Plusieurs arrêts ont cependant décidé, au contraire, que l'art. 2205 devait être appliqué à la lettre et qu'il ne pouvait être étendu aux cas où les copropriétaires indivis ne sont pas des cohéritiers. — Paris, 1er juin 1807-13 août 1816, Nivenheim c. Chailla; Lyon, 25 janv. 1831, Themister c. Hanlet. — Thomines-Desmazures, t. 2, p. 198; Favard de Langlade, t. 2, p. 493; Paignon, t. 1er, p. 51; Lachaize, t. 1er, p. 446.

151. — Lorsque le jugement d'adjudication, rendu sur l'expropriation de la part indivise d'un débiteur dans les immeubles d'une succession, est passé en force de chose jugée, le débiteur ne peut pas opposer, comme fin de non-recevoir, à la demande en délaissement formée par l'adjudicataire, cette circonstance qu'avant toute poursuite ses créanciers n'ont pas provoqué le partage ou la licitation. — Bruxelles, 25 mai 1822, Taymans c. N....

152. — La partie appelée à la propriété indivise des biens saisis ne peut s'opposer à la poursuite sans prendre la qualité qui doit déterminer et réaliser sa copropriété. — Paris, 29 août 1815, Thomas c. Sutil.

153. — L'immeuble indivis et hypothéqué à la sûreté de la dette commune aux copropriétaires peut être saisi, sans que le partage en soit préalablement provoqué. — Bruxelles, 5 mars 1810, Ernest c. Dumont.

154. — La saisie qui porte non pas seulement sur la part indivise du débiteur dans un immeuble, mais bien sur la totalité de cet immeuble, est valable, sauf l'exercice du droit de revendication ou distraction de la part du communiste non débiteur. — Bordeaux, 29 nov. Marchand c. Destal.

155. — Insuffisance des biens hypothéqués. — Aux termes de l'art. 2209 C. civ., le créancier ne peut poursuivre la vente des immeubles qui ne lui sont pas hypothéqués que dans le cas d'insuffisance des biens qui lui sont hypothéqués.

156. — Il n'est pas indispensable que le créancier qui veut saisir tout à la fois des biens hypothéqués à sa créance et des biens non hypothéqués discute préalablement les premiers pour en établir l'insuffisance, lorsque cette insuffisance est notoire ou qu'elle peut être prouvée facilement. — Cass., 27 juin 1827, Venes c. Thomassin. — Pigeau, t. 2, p. 214; Lachaize, t. 1er, p. 442; Persil fils, t. 1er, n° 30; Paignon, t. 1er, p. 53.

157. — Jugé aussi que, dans le cas d'une saisie frappant à la fois sur des biens hypothéqués et sur d'autres non hypothéqués à la créance du saisissant, la loi n'ayant pas dit à qui, du créancier ou du débiteur, incombe la charge de prouver la suffisance ou l'insuffisance de valeur des biens hypothéqués, il appartient aux juges de faire cette appréciation d'après les élémens qui leur sont soumis. — Pau, 9 mai 1837, (t. 1er 1838, p. 297), Froué c. Lahore.

158. — Cette preuve de l'insuffisance peut résulter de ce que les biens soumis à l'hypothèque spéciale du créancier sont grevés d'inscriptions nombreuses. — Agen, 29 mars 1841, Baptistat c. Cassé et Chayssel. — Pigeau, t. 2, p. 221; Thomines-Desmazures, t. 2, p. 99; Tarrible, Rép., v° Saisie immobilière, § 3; Berriat, p. 572, note 22; Bioche, v° Saisie immobilière; Persil père, Quest. hypoth., t. 2, p. 294; Lachaize, t. 1er, p. 442; Persil, Comment., t. 1er, n° 31, n° 30, Paignon, t. 1er, p. 53.

159. — Jugé de même, que la saisie immobilière qui comprend à la fois des immeubles hypothéqués et des biens non hypothéqués n'est

point nulle s'il résulte des nombreuses inscriptions qui priment le saisissant que l'immeuble hypothéqué serait insuffisant pour le paiement de sa créance. Et que cette saisie doit être maintenue, alors même que le créancier, au contraire, avoir fait mention des biens hypothéqués, n'aurait point énoncé les biens non hypothéqués. — Bordeaux, 10 janv. 1846 (t. 1er 1846, p. 474), Dubourdine c. Sarraute.

160. — La Cour de cassation a même décidé que c'est au débiteur à prouver la suffisance des biens hypothéqués. — Cass., 7 oct. 1807, Vouqueron c. Ducros.

161. — M. Chauveau sur Carré (quest. 2198, n° 2) fait observer qu'alors même que plusieurs immeubles seraient hypothéqués à la même créance il est hors de doute que si la vente de quelques-uns d'entre eux suffit évidemment pour l'acquitter, le créancier ne peut faire procéder à la saisie des autres; et que si, après l'avoir fait, il cède ses droits à un second créancier inscrit en rang inutile sur le premier immeuble, celui-ci ne pourra pas non plus poursuivre la vente du second immeuble en vertu de la saisie pratiquée par une partie qui n'en avait pas le droit.

162. — Décidé qu'en matière d'expropriation forcée les biens spécialement affectés doivent, à peine de nullité des poursuites, être saisis et vendus avant ceux sur lesquels le même créancier poursuivant a une hypothèque générale, et qu'il n'est permis de saisir ceux-ci qu'en cas d'insuffisance des autres. — Toulouse, 23 avr. 1812, Martin c. Bugan. — Persil, Quest., t. 2, p. 294; Pigeau, t. 2, p. 214; Merlin, Rép., v° Saisie immobilière, § 3; Lachaize, t. 1er, n° 125.

163. — Le créancier qui a une hypothèque spéciale sur les immeubles de son débiteur, non affectés à sa créance, pour assurer le paiement d'intérêts que ne garantit pas suffisamment son hypothèque. — Cass., t. 1er 1844, p. 62), Lenud c. Desgenélais.

164. — Biens situés dans différens arrondissemens. — La vente forcée des biens situés dans différens arrondissemens ne peut être provoquée que successivement, à moins qu'ils ne fassent partie d'une seule et même exploitation. Elle doit être suivie devant le tribunal dans le ressort duquel se trouve le chef-lieu de l'exploitation, ou, s'il n'y a faut de chef-lieu, la partie de biens qui présente le plus grand revenu d'après la matrice du rôle. — C. civ., art. 2210.

165. — La règle générale écrite dans l'art. 2210 est limitée par la loi du 14 nov. 1808, suivant laquelle on peut, moyennant permission du tribunal du débiteur, saisir simultanément plusieurs domaines situés dans des arrondissemens différens lorsque leur valeur totale est inférieure au montant réuni des sommes dues tant au saisissant qu'aux autres créanciers inscrits.

166. — Jugé que la vente ne doit être visée, lorsque la saisie ne justifie pas des immeubles distribués en plusieurs exploitations sont, aux termes de l'art. 2210, situés dans plusieurs arrondissemens. — Cass., 7 octobre 1822, Vaquerin c. Ducros.

167. — Si les biens hypothéqués au créancier et les biens non hypothéqués à ce créancier dans divers arrondissemens, font partie d'une seule et même exploitation, la vente des uns et des autres est poursuivie ensemble, si le débiteur le requiert, et ventilation se fait du prix de l'adjudication, s'il y a lieu. — C. civ., art. 2211.

168. — Suivant Carré (quest. 2255), est mort de l'art. 2211, s'il le requiert, n'empêche pas le créancier de saisir les divers biens situés dans des arrondissemens différens.

169. — Deux créanciers différens peuvent diriger simultanément deux saisies contre les biens du même débiteur situés dans plusieurs arrondissemens. — Cass., 12 nov. 1828, Froué c. Mussidan.

170. — Compétence. — L'expropriation est portée devant le tribunal de la situation des biens. Nous avons vu que, aux termes de l'art. 2210 C. civ., lorsqu'elle est dirigée contre des immeubles situés dans des arrondissemens différens, quoique faisant partie de la même exploitation, le tribunal compétent est celui dans le ressort duquel se trouve le chef-lieu de l'exploitation, ou à défaut de chef-lieu, la partie de biens qui présente le plus grand revenu.

171. — Dans ce cas où, conformément à l'art. 2 de la loi du 14 nov. 1808, le créancier peut saisir simultanément des immeubles situés dans des arrondissemens différens, les procédures de l'expropriation doivent être portées devant les tribunaux respectifs de la situation des biens. 4 de la loi.

172. — Le tribunal compétent pour connaître

des poursuites de saisie immobilière l'est également pour statuer sur les offres réelles que ferait le débiteur et sur les incidens de la saisie. — Cass., 16 déc. 1807, Cambier c. Diedman.

173. — *Clause de voie parée.* — Toute convention portant qu'à défaut d'exécution des engagemens pris envers lui, le créancier aura le droit de faire vendre les immeubles de son débiteur sans remplir les formalités prescrites pour la saisie immobilière est nulle et non avenue. — C. proc. civ., art. 742 (nouveau). — La convention proscrite par cette disposition constitue ce qu'on appelait la *clause de voie parée*.

174. — La validité de la clause de voie parée était l'objet de grandes controverses avant la loi de 1841. Cette validité était défendue par Auger (*Cours du notariat*, p. 570 et suiv.), Carré (quest. 2119), Thomines-Desmazures (sur l'ancien art. 747), Rolland de Villargues (*Dict. du notariat*, v° *Inscription hypoth.*), Gagneraux (*Comm. de la loi sur le notariat*, art. 1er), Delvincourt (t. 3, p. 443), et Troplong (*Vente*, t. 1er, n° 77). — La clause était considérée comme nulle par Merlin (*Quest. de droit*, v° *Expropriation forcée*, § 1er), Persil (*Quest. hypoth.*, t. 2, p. 302), Favard de Langlade (v° *Expropriation*, § 1er, n° 4) et Duranton (t. 18, n° 557).

175. — La même divergence existait dans la jurisprudence. Cependant la Cour de cassation décidait qu'on devait considérer comme valable la convention par laquelle le créancier était autorisé, en cas de non-paiement à l'échéance, à faire vendre les immeubles hypothéqués à sa créance aux enchères par-devant notaire, après commandement et affiches indiquant la vente et sans autre formalité, pourvu que la clause conservât au débiteur la triple garantie de la mise en demeure, de la publicité et de la concurrence. — *Cass.*, 20 mai 1840 (t. 2 1840, p. 372), Podesta c. Aimant. — C'est avec raison que la loi nouvelle a proscrit une convention qui permettait à un créancier de se soustraire aux prescriptions de la loi commune.

176. — La vente qui aurait eu lieu en vertu de la clause de voie parée et par suite d'actes signifiés conformément à cette clause serait radicalement nulle. Cependant Chauveau sur Carré (quest. 2433) pense que la vente serait valable si le débiteur avait expressément consenti, depuis l'annonce de la vente, à ce qu'elle eût lieu de telle manière et s'il n'avait pas manifesté de changement de volonté jusqu'à l'accomplissement de la vente, parce que dans ce cas le créancier vendrait comme mandataire. Mais nous ne pouvons partager cette opinion, et nous croyons qu'on ne pourrait considérer comme valable un mandat dont l'exécution amènerait le résultat que l'art. 742 a voulu prévenir.

CHAPITRE II. — *Formalités de l'expropriation.*

Sect. 1re. — *Du procès-verbal de saisie et des formalités extrinsèques qui s'y réfèrent. — Effets de la saisie.*

ART. 1er. — *Procédure.*

§ 1er. — *Commandement tendant à saisie immobilière.*

177. — La saisie immobilière, porte l'art. 673 (nouveau) C. proc. civ., sera précédée d'un commandement à personne ou domicile, en tête de cet acte il sera donné copie entière du titre en vertu duquel elle est faite. Ce commandement contiendra élection de domicile dans le lieu où siége le tribunal qui devra connaître de la saisie, si le créancier n'y demeure pas; il énoncera que faute de paiement, il sera procédé à la saisie des immeubles du débiteur. L'huissier ne se fera pas assister de témoins; il fera, dans le jour, viser l'original par le maire du lieu où le commandement sera signifié.

178. — Cet article diffère de l'ancien art. 673 C. proc. civ., en ce que ce dernier se terminait de la manière suivante: L'huissier ne se fera pas assister de témoins; il fera, dans le jour, viser l'original par le maire ou l'adjoint du domicile du débiteur, et il laissera une seconde copie à celui qui donnera le visa. — La loi nouvelle veut que dans tous les cas le visa soit donné par le maire de la commune où se fait la signification, que le débiteur

demeure ou non dans cette commune, et elle supprime l'inutile formalité de la seconde copie au maire ou adjoint.

179. — Le commandement n'est pas nul parce que le créancier aurait poursuivi pour une somme supérieure à celle qui était réellement due. — C. civ., art. 2216.

180. — Cet acte est soumis aux formalités générales qui sont prescrites par la loi pour les significations d'exploit. — V. EXPLOIT.

181. — Il doit contenir la date des jour, mois et an où il est signifié. Une omission ou erreur de mot ou de chiffre ne serait cependant pas une cause de nullité, si la date pouvait être fixée avec certitude par des énonciations de l'acte lui-même. — *Besançon*, 14 août 1811, N...; *Cass.*, 2 févr. 1830, Terrasse c. Couderc.

182. — Jugé que le commandement n'est pas nul, par cela seul qu'on lit dans la copie qu'*à défaut de paiement il sera procédé dans trente jours à la saisie des meubles*, au lieu de dire *immeubles*, si d'ailleurs le contexte de l'acte prouve que l'omission de la première syllabe du mot *immeubles* est une omisssion de copiste. — *Toulouse*, 14 déc. 1814, Combes-Carcenac c. Bru.

183. — Une saisie pratiquée pour les intérêts d'une créance n'est pas nulle par cela seul que par erreur on aurait énoncé, dans le titre transcrit en tête du commandement, que cette créance est de 18,000 fr. exigibles, tandis qu'elle n'est pas exigible et qu'elle ne s'élève qu'a 1,800 fr. — *Cass.*, 8 févr. 1832, Hardyan c. Ledru.

184. — L'erreur dans les prénoms des créanciers poursuivans ne vicie pas le commandement. — *Paris*, 31 mars 1806, Piètre c. Maugis; *Bruxelles*, 19 janv. 1811, N... — Lachaize, *Traité de l'expropriation forcée*, t. 1er, n° 173.

185. — Décidé, avec raison, que le commandement tendant à l'expropriation forcée doit, à peine de nullité, énoncer le domicile du poursuivant, au moment où il est signifié. Il ne suffit pas d'indiquer le domicile ancien, lors même que le créancier aurait continué d'habiter la même commune. — *Paris*, 17 flor. an XIII, Vervin c. Mévolhon.

186. — Il n'est pas nécessaire à peine de nullité, que le commandement contienne les prénoms de la partie saisie. — *Toulouse*, 8 mars 1815, Barthélemy c. Pujol; *Nîmes*, 17 nov. 1819, Fabre c. Novis.

187. — Le commandement doit être signifié à personne ou domicile. — Jugé que le commandement à fin d'expropriation forcée signifié à la requête d'un créancier qui détient son débiteur en prison en vertu d'une contrainte par corps, n'est pas nul pour avoir été fait au domicile et non à la personne même du détenu. — *Paris*, 25 vend. an XIV, Suret c. Brou. — Rodier, sur l'ordonn. de 1667, t. 2, art. 3, quest. 10; Domat, liv. 1er, tit. 16, sect. 3, note 14; Pigeau, *Comment.*, t. 2, p. 276, note 2; *Praticien français*, t. 4, p. 328, alin. 4; Carré sur l'art. 68.

188. — Décidé, mais d'une manière trop absolue, qu'en matière de saisie immobilière, les significations sont régulièrement notifiées au domicile ancien de la partie saisie : tant que son changement de domicile n'a pas été manifesté soit par les déclarations expresses prescrites par l'art. 104 C. civ., soit par des circonstances de fait. — *Montpellier*, 10 mars 1812, Barral c. Courbettes.

189. — L'erreur dans la désignation de la rue où demeure le débiteur n'est pas une cause de nullité, lorsque la personne de ce débiteur est du reste indiquée d'une manière certaine. — *Lyon*, 4 juin 1833, Desprès c. Copin (sous *Cass.*, 12 nov. 1836).

190. — Lorsque le domicile actuel du débiteur n'est point connu, le commandement préalable à la saisie immobilière est valablement signifié par affiche à la porte du tribunal de l'arrondissement de son dernier domicile et par copie laissée au parquet. — *Paris*, 3 févr. 1812, Astruc c. de Selves.

191. — Mais est nul le commandement tendant à saisie immobilière dont la copie a été laissée au ministère public, si le débiteur, dans le titre donnant lieu à la saisie, a indiqué son domicile dans un lieu et, de plus, élu domicile dans un autre pour l'exécution de l'acte. — *Poitiers*, 22 nov. 1833, de Beaupine c. Caisse hypothécaire.

192. — Le commandement tendant à saisie immobilière peut, en effet, être valablement signifié au domicile élu dans l'acte en exécution duquel on se propose de procéder à la saisie. — *Nîmes*, 21 mai 1808, Duroure c. Andryane; *Cass.*, 5 févr. 1811, de Châteaubourg c. Chaulet; *Bourges*, 5 juin 1812, Gilbert c. Gurbin; *Cass.*, 24 janv. 1816, Jouenne c. Saint-Julien; *Bourges*, 27 juin 1823, Blanchard c. Paya. — Persil fils, t. 1er, n° 66;

Carré et Chauveau, quest. 2199. — C'est, du reste, ce qui a été formellement reconnu dans la discussion de la loi du 2 juin 1841, tant à la Chambre des députés qu'à celle des pairs.

193. — Quant aux significations postérieures au commandement, à l'égard desquelles un mode particulier n'a pas été prescrit, le créancier conserve le droit de les adresser à un domicile différent de celui auquel il a notifié son commandement.

194. — En cas de faillite du débiteur, le commandement tendant à saisie immobilière doit être signifié au syndic. — V. *suprà*.

195. — Les poursuites en saisie immobilière dirigées contre l'héritier du débiteur sont nulles si le commandement n'a pas été précédé de la signification du titre faite huit jours auparavant. — *Bruxelles*, 10 mai 1810, Berckmans c. Vandertrucht; *Rennes*, 5 juill. 1817, Rossary c. Bahuand; *Grenoble*, 22 juin 1826, Monier c. Gallet de Montdragon.

196. — Lors de la discussion de la loi du 2 juin 1841 la commission du gouvernement avait introduit dans le projet de loi une disposition spéciale pour dispenser le créancier de la signification, qui, aux termes de l'art. 877 C. civ., doit être faite à l'héritier du débiteur huit jours avant toute exécution; mais cette disposition n'a pas été maintenue. — V. EXÉCUTION DES ACTES ET JUGEMENS, nos 143 et suiv.

197. — La Cour de cassation a décidé que la saisie immobilière faite sur l'héritier, en vertu d'un titre exécutoire obtenu contre le défunt, doit, à peine de nullité, être précédée d'une double notification de ce titre, savoir : 1° d'une notification faite huit jours avant le commandement, conformément à l'art. 877 C. civ.; 2° d'une notification faite en tête du commandement, conformément à l'art. 673 C. proc. civ. — *Cass.*, 31 août 1825, Sacaze c. Oustalet.

198. — Copie entière du titre devrait être donnée en tête du commandement, lors même que le titre aurait été précédemment signifié. Sous ce rapport il n'en est pas en matière de saisie immobilière comme en matière de saisie-exécution, où une signification antérieure dispense de donner copie du titre avec le commandement. — Carré et Chauveau, quest. 2200 *bis*; Pigeau, t. 2, p. 193.

199. — Jugé qu'on doit réputer copie entière, et remplissant le vœu de l'art. 673 C. proc. civ., celle où les signatures des notaires mises à la suite de la formule exécutoire de l'acte en vertu duquel est fait le commandement sont relatées après la copie de la procuration annexée à la minute de cet acte. Dans ce cas, la copie de la grosse et la copie de l'annexe ne forment qu'un tout. — *Cass.*, 12 juin 1839 (t. 2 1839, p. 88), Saint-Hérant c. Ruille.

200. — Lorsque c'est en vertu d'un jugement que la saisie immobilière est pratiquée, c'est ce jugement qui est le titre; et il serait inutile de donner copie dans le commandement, des titres sur lesquels le jugement est intervenu. — *Rouen*, 17 mars 1815, Racine c. Gendry.

201. — Toutefois, selon M. Chauveau sur Carré (quest. 2201), si, dans ce cas, il était donné copie des titres, cette copie pourrait cependant entrer en taxe s'il résultait de circonstances particulières qu'elle a eu quelque utilité.

202. — Le commandement à fin de saisie immobilière fait en vertu d'un jugement par défaut est valable, quoiqu'il ne contienne pas copie de l'acquiescement que le débiteur a pu donner à ce jugement. — *Toulouse*, 28 avril 1826, Delpoux c. Mariés; *Bordeaux*, 20 mai 1828, Pardiac c. Dufour. — V. aussi Bioche et Goujet, *Dict. de proc.*, v° *Saisie immobilière*, n° 40.

203. — Jugé que le commandement tendant à saisie immobilière n'est pas nul pour ne pas contenir tous les titres originaires de la créance, si, par un contrat exécutoire, le débiteur s'est obligé à payer directement; il suffit, en ce cas, de signifier le dernier titre. — *Bordeaux*, 4 août 1829, Guichard c. Auduteau.

204. — Il n'est pas nécessaire de donner en tête du commandement copie de la procuration en vertu de laquelle a été consentie l'obligation dont l'exécution est poursuivie. — *Bourges*, 11 janv. 1822, Lock c. Becqueret. — Thomines-Desmazures, t. 2, p. 200; Lachaize, t. 2, p. 306.

205. — Lorsqu'une saisie immoblière est pratiquée contre un tiers saisi, en vertu d'un jugement qui, à défaut de déclaration affirmative de sa part, le répute débiteur pur et simple, il suffit de donner copie du jugement rendu contre le tiers saisi; il n'est pas nécessaire de notifier les titres établissant la créance du saisissant contre le débiteur saisi-arrêté, et du débiteur saisi-ar-

rêté contre le tiers saisi.—*Bordeaux*, 20 mars 1835, Lalune c. Maury.

206.—L'héritier qui poursuit une saisie immobilière en vertu d'un titre exécutoire consenti au profit de son auteur, n'est pas tenu de signifier copie des pièces justificatives de sa qualité d'héritier.—*Paris*, 31 mars 1806, Piètre c. Maugis; *Bruxelles*, 19 juin 1811, N...; *Bordeaux*, 25 mars 1829, Furt c. Bonny.

207. — Mais si le débiteur élève des doutes sur la qualité d'héritier que s'attribue le poursuivant, alors la justification devient indispensable et faute de l'avoir faite le poursuivant peut voir annuler sa saisie.—Lachaize, *Traité de l'expropriation forcée*, t. 1er, no 185; Carré et Chauveau, no 2201.

208. — Pareillement, le légataire universel n'est pas tenu de donner, en tête du commandement tendant à saisie immobilière, copie entière du testament avec la copie de l'obligation originaire dont il devient propriétaire par l'effet du legs.—*Rouen*, 31 janv. 1823, Guillebon c. Archambault.

209. — Jugé, dans le même sens, que, dans le cas où une expropriation forcée est faite à la requête d'un individu qui est à la fois héritier légitime pour partie et légataire universel du créancier, la procédure n'est pas nulle, s'il n'a pas été donné copie du testament dans la sommation signifiée au tiers détenteur sur la tête duquel la saisie est pratiquée.—*Toulouse*, 7 avril 1829, Soulérat c. Féraud.

210. — Dans le cas d'une saisie immobilière poursuivie par le créancier d'une rente viagère, il est laissé à la prudence des juges d'apprécier la validité et la suffisance du certificat de vie signifié avec le commandement tendant à ladite saisie. — *Paris*, 4 juin 1807, Parain c. Poujaud; *Cass.*, 18 juin 1817, Bretocq c. Montbosq; 18 déc. 1841 (t. 1er 1842, p. 745), Manceau c. Dubois.

211. — Il suffit de justifier du certificat de vie dans le cours de l'instance.—Chauveau sur Carré, quest. 2201.

212. — Est nul un commandement tendant à saisie fait sans notification des titres, quoiqu'il soit prouvé que les parties poursuivies avaient connaissance de la créance.—*Pau*, 8 sept. 1829, Ballade c. Dupoy.—Chabot, *Des success.*, sur l'art. 877, no 2; Duranton, t. 7, no 650.

213. —Si, en signifiant le titre en tête du commandement, on ne copiait pas la formule exécutoire dont il doit être revêtu, la copie ne serait pas entière dans le sens de l'art. 673 et il y aurait nullité. — *Besançon*, 18 mars 1808, Marchand c. Colombet; *Bruxelles*, 16 févr. 1809, Senet c. Groeninck; *Riom*, 25 mai 1813, Touvin c. Barrier. —Pigeau, t. 2, p. 277; Carré et Chauveau, quest. 2204; Lachaize, t. 1er, no 184.

214. — L'omission d'un mot dans la copie du jugement en vertu duquel on fait une saisie immobilière, ne suffit pas pour rendre cette copie incomplète. — *Bordeaux*, 20 mai 1828, Pardiac c. Dufour.

215. — Le défaut d'énonciation de la date du titre de créance dans la copie donnée en tête du commandement tendant à saisie immobilière n'emporte pas nullité, si cette date est rappelée dans le commandement. — *Paris*, 17 mars 1813, Rossignol c. Jourdeuil.

216. — Pareillement, l'erreur commise dans le commandement tendant à saisie réelle, sur la date du titre, dont au reste il a été donné copie entière, n'opère pas nullité. — Cette erreur répétée dans le procès-verbal de saisie et dans le cahier des charges, est également indifférente.—*Paris*, 29 août 1815, Thomas c. Sutil; *Bordeaux*, 8 déc. 1831, Camarsac c. Darrigaud.

217. — Au reste, si la loi exige que l'huissier donne copie entière des titres en vertu desquels la saisie est faite; elle n'exige nullement qu'il énonce à peine de nullité, que cette copie est entière. — *Bordeaux*, 25 mars 1829, Furt c. Bonny.

218. — Suivant l'art. 2214 du Code civil, le cessionnaire d'un titre exécutoire ne peut poursuivre l'expropriation qu'après que la signification du transport a été faite au débiteur. — Aucun délai du reste n'est prescrit entre la signification du transport et le commandement des poursuites. Cette signification pourrait donc être faite immédiatement avant le commandement.—Carré et Chauveau (quest. 2202) pensent même qu'il suffirait de donner copie de la cession en tête du commandement. C'est aussi l'opinion de Lachaize (t. 2, no 85).

219.—Jugé, dans ce sens, que le cessionnaire qui agit par voie d'expropriation, en vertu du titre de son cédant, n'est pas obligé de signifier son transport avant de faire commandement au débiteur; il suffit que la signification en soit faite en même temps que le commandement. — *Agen*, 26 févr. 1806, Capoulade c. Rossignol; *Nîmes*, 2 juill. 1809, Perochel c. Leplay. — *Contrà*, Persil fils, t. 1er, no 72.

220. — Quand la cession a été notifiée avant le commandement, il ne paraît pas qu'il soit nécessaire d'en donner copie avec cet acte. Il est vrai que l'art. 673 C. proc. civ. exige que copie soit donnée du titre *en vertu duquel* on agit; mais le titre sur lequel la poursuite est basée n'est alors, en réalité, que le titre originaire. L'acte de cession ne change pas la créance vis-à-vis du débiteur, et cette créance ne résulte que de l'obligation qu'il a contractée. — *Colmar*, 12 mai 1809, Tessier c. Kiener; *Bordeaux*, 1er août 1834, Dubreuilh c. Gourgues. — Carré et Chauveau, *loc. cit.*; Lachaize, t. 2, no 85.

221. — La Cour de cassation a décidé en effet que le cessionnaire qui a fait signifier son transport au débiteur originaire avant de lui faire le commandement tendant à l'expropriation de ses biens, n'est pas tenu de lui donner, dans ce commandement postérieur, une nouvelle copie du transport et de sa signification; et qu'il n'est pas davantage obligé à donner copie du transport et de sa signification dans la sommation qu'aux termes de l'art. 2169 du Code civil il est tenu de faire au tiers détenteur, avant de poursuivre sur lui la vente de l'immeuble hypothéqué. — *Cass.*, 16 avril 1821, Rambaut et Martinon c. Guyennot.

222. — Mais la doctrine contraire a été embrassée par plusieurs Cours. — *Metz*, 12 févr. 1817, Fourcard c. Misset; *Toulouse*, 29 avr. 1820, Roques c. Massiol, et 21 déc. 1837 (t. 1er 1838, p. 664), Arnal c. Savy-Bugaret.

223.—Persil père (*Quest.*, t. 2, p. 180), MM. Chauveau (quest. 2202) et Persil fils (t. 1er, no 64) sont d'avis que les transports que l'on signifie avec le commandement n'ont pas besoin d'être en forme exécutoire. — V. *Pau*, 25 janv. 1832, Lacaze c. Gaillard. — *Contrà*, *Rouen*, 3 therm. an X, N... c. Poullain.

224. — Le cessionnaire par acte sous seing privé d'un titre authentique et exécutoire peut, en vertu de ce titre, poursuivre l'expropriation des immeubles du débiteur après lui avoir fait signifier son transport; il n'a pas besoin d'une cession authentique. — *Cass.*, 16 nov. 1840 (t. 2 1840, p. 674), Girardot-Dupré c. Mouzat-Vauzelle. — V., en ce sens, Persil, *Hypothèques*, t. 2, p. 180. — *Contrà*, Tarrible, *Répert. de jurisprud.*, vo *Saisie immobilière*, § 5, no 2; Battur, *Hyp.*, t. 4, no 621.

225. — L'élection de domicile qui, aux termes de l'art. 673 du C. proc. civ., doit être faite dans le commandement, a pour but de donner au débiteur les moyens de faire signifier à ce domicile les actes qu'il croit utiles à sa défense. — Bioche, *Dictionn. de proc.*, vo *Saisie immobilière*, no 109.

226. — Elle doit être faite dans la ville même ou siége le tribunal devant lequel se poursuit la saisie, à l'exclusion de tout autre lieu du ressort de ce tribunal.—*Bordeaux*, 23 mai 1846 (t. 1er 1847, p. 415), Chavoin c. Puthod.

227. — La nullité, résultant du défaut d'élection régulière de domicile dans le commandement, ne serait pas réparée au moyen d'une élection régulière dans le procès-verbal de saisie. — Même arrêt.

228. — Jugé que la nécessité en matière de saisie immobilière de faire élection de domicile dans le lieu où se trouvent les immeubles saisis entraîne juridiction devant le tribunal de la situation de ces immeubles. — *Metz*, 22 mai 1845 (t. 2 1845, p. 577), Collignon c. Dupont; *Limoges*, 30 janv. 1847 (t. 2 1847, p. 244), Moreau c. Truffy.

229. — Mais les offres réelles ne pourraient être signifiées à ce domicile, car, aux termes de l'art. 1258 du Code civil, ces offres doivent toujours être faites au domicile réel ou à celui qui a été élu pour l'exécution de la convention. — *Rouen*, 25 juin 1812, de Frondeville c. Godard. — Carré, no 2010; Berriat-Saint-Prix, p. 568, note 17; Tarrible, vo *Saisie*, § 6, art. 1er. — *Contrà*, *Nîmes*, 23 janv. 1827, Lattier c. Mandrin.

230. — La Cour de Rouen a jugé en effet que l'exception introduite par l'art. 584 du C. proc. civ., en cas de saisie-exécution, ne peut s'étendre au cas de saisie immobilière, et qu'ainsi des offres réelles, dont le but serait d'arrêter les suites d'un commandement tendant à saisie immobilière, ne peuvent être valablement faites qu'à la personne du créancier, à son domicile ou au domicile élu pour l'exécution de la convention, de pareilles offres seraient irrégulières et nulles si elles avaient été faites à un autre domicile élu dans un commandement tendant à la fois à saisie-exécution et à saisie immobilière.—*Rouen*, 13 juin 1845 (t. 2 1845, p. 249), de Saint-Aignan c. Donon.

231. — L'opposition à une saisie immobilière peut être faite au domicile élu par le commandement. — *Nîmes*, 24 mess. an XIII, Roquemartine c. Fauchet. — Huet, *De la saisie immob.*, p. 77, note *f*, no 1er.

232. — Mais cette élection de domicile n'est pas faite dans l'intérêt des tiers. Ainsi les tiers détenteurs d'immeubles auxquels il est fait des sommations hypothécaires dans un exploit de commandement à fin de saisie immobilière, ne peuvent signifier un appel au domicile élu dans cet exploit. — *Grenoble*, 16 janv. 1826, Trolliet c. Chanteur.

233. — Il suffit, pour la validité du commandement, qu'il y soit déclaré que faute par le débiteur de payer, il sera passé outre à la saisie de ses immeubles sans désignation d'aucun immeuble en particulier. — Carré et Chauveau, quest. 2206; Persil fils, t. 1er, no 76.

234. — L'ancien art. 673 exigeait que le visa du commandement fût donné par le maire du *domicile du débiteur*; on avait alors soulevé la question de savoir s'il était nécessaire de requérir le *visa* de l'officier municipal de ce domicile, même lorsque la signification était faite au débiteur trouvé dans une autre commune.

235. — La Cour de cassation décidait que, lorsque le commandement à fin de saisie immobilière était signifié à la personne du débiteur lui-même, mais dans un autre lieu que celui de son domicile, il pouvait être visé par le maire du lieu où était faite la signification. — *Cass.*, 13 janv. 1815, Mariette c. Prunelé.

236. — Mais cette opinion était combattue par Carré (quest. 2202), Pigeau (t. 2, p. 215), Persil (*Quest.*, t. 2, p. 316) et Merlin (*Rép.*, vo *Saisie immobilière*, § 6, art. 1er).

237. — C'est pour faire cesser ces embarras que la loi de 1841 exige seulement le *visa* du maire de la commune où se fait la signification.

238. — Le visa prescrit par l'art. 673 C. proc. civ. sur l'original du commandement à personne ou domicile qui précède la saisie immobilière est un acte purement personnel à l'huissier, dans lequel il ne peut se faire suppléer par aucun individu. La loi du 2 juin 1841, qui, pour simplifier la procédure, a supprimé de l'art. 673 la disposition relative à la remise d'une copie au maire ou à l'adjoint, qui donne le visa, n'a pas affranchi l'huissier de l'obligation de présenter lui-même l'original du commandement au visa du maire. Il contrevient, en conséquence, à l'art. 45 du décret du 14 mai 1813, lorsqu'il fait requérir ce visa par un recors. — *Cass.*, 7 oct. 1842 (t. 2 1842, p. 738), Didier et Greliche. — V. HUISSIER.

239. — En cas d'absence ou d'empêchement du maire ou de l'adjoint, le visa du commandement devrait être donné par l'adjoint ou celui des adjoints qui est le premier dans l'ordre du tableau, ou les conseillers municipaux dans le même ordre, conformément à l'art. 5 de la loi du 21 mars 1831 et à l'art. 14 de la loi du 18 juill. 1837. — *Bordeaux*, 10 févr. 1832, Pineau c. Ducarpe; 2 janv. 1834, mêmes parties. — Persil fils, t. 1er, no 77.

240. — Lorsque l'adjoint remplit les fonctions de maire, il y a présomption suffisante que le maire est absent ou empêché; aussi n'est-il pas nécessaire que l'huissier qui fait viser l'original du commandement constate l'absence ou l'empêchement du maire. C'est ce qui a été jugé par la Cour de cassation, 12 juin 1839 (t. 2 1839, p. 88), Saint-Hérant c. Ruillé. — Carré et Chauveau, quest. 2209.

241. — Les mots *dans le jour*, dont se sert l'art. 673, doivent être interprétés rigoureusement. Il ne suffirait pas que le *visa* fût requis dans les vingt-quatre heures à partir du moment où la signification est faite, il doit être obtenu dans la même journée. — *Paris*, 29 août 1815, Thomas c. Sutil. — Carré, quest. 2210.

242. — Jugé, cependant, mais à tort, que le délai de vingt-quatre heures accordé pour le visa ne court que du moment de la remise de la copie. — *Rennes*, 28 oct. 1816, N....

243. — Il y aurait irrégularité manifeste si au lieu d'être donné sur l'original, le visa était apposé sur la copie. — *Rennes*, 28 oct. 1816, N...; *Metz*, 29 fév. 1820, de Sepecourt c. N...; *Cass.*, 2 fév. 1830, Terrasse c. Couderc.

244. — Le visa peut être donné par le débiteur lui-même, s'il est maire de sa commune. — *Douai*, 3 janv. 1825, Tréen c. Dujat. — Carré et Chauveau, quest. 2212.

245. — Lachaize (*Traité de l'expropriation forcée*, t. 1er, no 239) dit, il est vrai : « Si le greffier, le maire ou l'adjoint étaient eux-mêmes ou le créancier poursuivant ou la partie saisie, alors il y

aurait pour eux empêchement légal et absolu de viser l'original et de recevoir la copie ; et la raison de cet empêchement se tire de ce principe éternel de justice, que nul ne peut être juge dans sa propre cause. » — Mais on peut répondre qu'il ne s'agit pas ici d'être *juge*. Le devoir du greffier ou du maire qui vise en recevant la copie est bien évidemment, d'après l'intention du législateur, d'assurer, comme le dit l'arrêt que nous rapportons, la remise de cette copie au débiteur saisi ; or, il est bien certain que ce but est immédiatement rempli quand la partie saisie signe en qualité de maire le récépissé de la copie de l'exploit.

246. — Jugé, en tous cas, que le visa pourrait également être donné par le maire, bien qu'il fût parent du débiteur. — *Nîmes*, 6 fév. 1828, Marsol c. Doux. — Favard de Langlade, t. 5, p. 49.

247. — Quoique le commandement ne soit qu'une formalité pour parvenir à l'exécution, on peut néanmoins en demander la nullité par voie d'opposition.

248. — L'opposition à un commandement tendant à saisie immobilière est recevable quand son but est de faire déclarer la créance éteinte. — *Besançon*, 13 août 1817, N... ; 23 avril 1825, Roy c. Vivier-Deslandes.

249. — Mais jugé que le débiteur ne peut former opposition à un commandement tendant à saisie immobilière, sous le prétexte qu'il existe des saisies-arrêts pratiquées entre ses mains, par les créanciers de son créancier, pour des sommes supérieures à celles dont il est lui-même débiteur. — *Poitiers*, 30 déc. 1841 (t. 1er 1842, p. 255), Poulard-Dupalais c. Opterre.

250. — ... Et qu'un cohéritier ne peut former opposition au commandement à lui fait de payer une dette de la succession et tendant à saisie immobilière, en se fondant sur ce que les biens de cette succession n'ont pas encore été partagés. — *Agen*, 8 fév. 1833, Amouroux c. Brossin.

251. — On sait, en effet, que si l'art. 2205 C. civ. interdit aux créanciers de *saisir* la part indivise de leur débiteur, les créanciers peuvent faire un commandement.

252. — Décidé que, lorsque le débiteur a formé opposition à un commandement tendant à saisie immobilière, et que le créancier l'a assigné en mainlevée de cette opposition, sans toutefois que l'une ni l'autre des parties ait comparu sur cette assignation, le créancier peut, après l'expiration des délais fixés pour la péremption du premier commandement, et en déclarant s'en désister ainsi que de tout ce qui l'a suivi, faire signifier un nouveau commandement, et poursuivre l'expropriation, sans avoir préalablement fait prononcer par le tribunal la mainlevée de l'opposition formée au premier commandement. — *Bruxelles*, 3 nov. 1810, de Schuytener c. Brouwet.

253. — Il est à remarquer que, dans l'espèce de cet arrêt, le poursuivant s'était désisté du premier commandement et de ce qui l'avait suivi, avant de notifier le second. Mais le simple laps de temps de trois mois n'aurait pas suffi, selon nous, pour autoriser l'abandon du premier commandement et de ses erremens, car l'opposition formée par le débiteur à ce commandement est suspensive de la péremption. — *Cass.*, 7 juill. 1818, Villecourt c. Coste.

254. — Il est nécessaire de faire statuer sur l'opposition survenue au commandement de saisie immobilière avant de passer outre à la saisie ; autrement, la nullité de la saisie pratiquée au mépris de l'opposition peut être demandée. — *Cass.*, 1er fév. 1830, Lelein c. Gangloff. — Carré et Chauveau, quest. 2215.

255. — Lorsqu'un tiers se prétend propriétaire des immeubles menacés de saisie par un commandement, ce tiers ne doit pas employer la voie de l'opposition au commandement. Il doit attendre que la saisie soit faite et procéder ensuite par demande en distraction.

256. — La demande en nullité d'un commandement tendant à saisie immobilière doit être portée devant le tribunal de la situation des biens dont la saisie est poursuivie, et non devant le tribunal qui a rendu le jugement en vertu duquel le commandement est notifié. — *Bruxelles*, mai 1821, Venderlinden c. Tremelet.

§ 2. — *Procès-verbal de saisie.*

257. — *Epoque de la saisie.* — La saisie immobilière, porte l'art. 674 C. proc., ne pourra être faite que trente jours après le commandement ; si le créancier laisse écouler plus de quatre-vingt-dix jours entre le commandement et la saisie, il sera tenu de le réitérer dans les formes et avec les délais ci-dessus.

258. — Cette disposition ne diffère de l'ancien art. 674 du C. proc., qu'en ce que cet article déclarait le commandement périmé lorsqu'il s'était écoulé plus de *trois mois* sans saisie. La loi du 2 juin 1841 a substitué à ces mots *trois mois* les mots *quatre-vingt-dix jours*. Ainsi a disparu la question qui s'était élevée de savoir si l'on devait compter le délai de trois mois fixé par le Code de procédure en calculant de quantième à quantième, ou bien en comptant par mois de trente jours.

259. — M. Duvergier (*Coll. des lois*, t. 41, p. 221) exprime l'opinion qu'il est également regrettable qu'un délai de trente jours sépare nécessairement le commandement de la saisie, et qu'après quatre-vingt-dix jours le commandement reste sans effet ; suivant ce jurisconsulte, ces deux dispositions empruntées au Code de procédure auraient dû, dans l'intérêt du crédit foncier, c'est-à-dire dans l'intérêt bien entendu des propriétaires d'immeubles, être, sinon abrogées, du moins modifiées d'une manière notable. Il fait remarquer qu'en général les délais établis par la loi, par bienveillance pour le débiteur hypothécaire, lui sont plus nuisibles que profitables, en ce que plus la réalisation du gage comporte de lenteurs et de difficultés, et plus les créanciers inscrits se montrent exigeans.

260. — Le délai de trente jours qui doit séparer le commandement de la saisie doit être franc. — Favard de Langlade, v° *Saisie-immobilière*, t. 5, p. 47 ; Persil fils, t. 1er, n° 81 ; Carré et Chauveau, quest. 2217 ; Lachaize, t. 1er, p. 222. — Il ne doit pas être augmenté à raison des distances.

261. — Le délai de quatre-vingt-dix jours, que le créancier saisissant peut laisser écouler entre le commandement et la saisie, est aussi un délai franc, dans lequel le jour du commandement et celui de la saisie ne comptent pas. Si entre ces deux époques il ne s'est écoulé que quatre-vingt-dix jours et non plus, la saisie est faite en temps utile. — *Rouen*, 16 mai 1842 (t. 1er 1842, p. 610), Lechardeur c. Petit.

262. — Jugé que le délai d'un mois exigé entre le commandement et la saisie court du jour de la notification du commandement et non pas seulement du jour où l'héritier, sur la réquisition du débiteur, aurait justifié de sa qualité. — *Paris*, 31 mars 1806, Piètre c. Maugis.

263. — Les deux dispositions de l'art. 674 s'appliquent aussi bien à la sommation faite au tiers détenteur qu'au commandement signifié au débiteur originaire. La saisie ne peut être pratiquée ni avant les trente jours ni après les quatre-vingt-dix jours, à partir de cette sommation. Les doutes qui s'étaient élevés, sur ce point, doivent se dissiper en présence des explications données par M. Persil, dans son rapport à la Chambre des pairs sur le projet de la loi du 2 juin 1841. — Chauveau sur Carré, quest. 2218. — V. cependant Duvergier, t. 41, p. 222.

264. — La Cour de cassation s'était prononcée dans le sens opposé sur la question de péremption. Elle jugeait, avant la loi de 1841, que la sommation faite au tiers détenteur, en vertu de l'art. 2169, n'était pas périmée de droit après trois mois écoulés depuis le commandement fait au débiteur, et que le créancier n'était pas tenu de la réitérer, ainsi que ce commandement, dans le délai prescrit par l'art. 674 (8 mars 1836 [t. 1er 1837, p. 12], Camus c. Quenisset) ; et que le tiers détenteur ne pouvait opposer la péremption résultant de ce que la saisie n'aurait été faite sur lui que plus de trois mois après le commandement fait au débiteur originaire, les art. 673 et 674 ne s'appliquant qu'à la saisie sur ce débiteur. — *Cass.*, 23 mars 1841 (t. 1er 1841, p. 671), Sabaté c. Boileau. — *Contrà*, *Cass.*, 14 mai 1839 (t. 1er 1839, p. 539), Cure c. Nouveau.

265. — La loi du 11 brum. an VII laissait aussi un intervalle d'un mois entre le commandement et la saisie. — Art. 1er. — Le Code de Genève donne le même délai. — Art. 520. — Le Code belge le porte à quarante jours. — Art. 449. — La même loi du 11 brum. an VII ne prononçait la péremption qu'après six mois. — Art. 4, n° 8. — Le Code belge et le Code de Genève la déclaraient accomplie par un an. — Art. 449 et 520.

266. — Jugé que, sous la loi du 11 brum. an VII, si le délai de six mois à dater du commandement était expiré, lors de l'apposition des secondes affiches, il n'était pas nécessaire, à peine de nullité, de faire un nouveau commandement avant de procéder à cette apposition. — *Nîmes*, 15 déc. 1809, George c. Bancourt.

267. — ... Et qu'on doit déclarer nulle la saisie faite depuis la publication du Code de procédure civile, plus de trois mois après le commandement, bien que ce commandement ait été notifié sous la loi du 11 brumaire an VII, qui autorisait un délai de six mois entre le commandement et la saisie. — *Agen*, 31 déc. 1807, Pourterie c. Chanteloube.

268. — Plusieurs arrêts ont jugé que les contestations élevées entre le créancier et le débiteur, qui forment obstacle à une saisie immobilière, suspendent le cours de la péremption du commandement. — *Cass.*, 7 juill. 1818, Villecourt c. Coste ; *Lyon*, 10 mai 1839 (t. 1er 1840, p. 173), Berne et Prunier c. Richarme ; *Rouen*, 16 mai 1842 (t. 1er 1842, p. 610), Lechardeur c. Petit.

269. — Décidé, dans le même sens, que le délai de trois mois à partir du commandement en saisie immobilière durant lequel l'art. 674 C. proc. civ. exige qu'il soit procédé à la saisie ne court pas, tant que le saisissant est dans l'impossibilité d'agir, par le fait de la partie saisie, par exemple dans le cas d'opposition au commandement. Et que, dans ce cas, le délai de trois mois ne continue de courir que du jour de la signification de l'arrêt qui a statué définitivement sur l'opposition. — *Lyon*, 22 nov. 1838 (t. 2 1839, p. 185), Charbonnet c. Cailleteau.

270. — ... Et que le cours de la péremption du commandement qui doit précéder la saisie immobilière peut être suspendu par une opposition du débiteur ou par un fait de sa part qui forme un obstacle réel à la poursuite, tel qu'une instance en licitation pendante entre les copropriétaires saisis, alors que l'adjudication sur cette licitation doit être plus rapprochée que celle qui pourrait être la suite de la saisie immobilière. — *Cass.*, 23 mars 1841 (t. 1er 1841, p. 671), Sabaté c. Boileau.

271. — La Cour suprême a même jugé que l'opposition au commandement tendant à saisie immobilière ne suspend pas seulement, mais interrompt le délai de trois mois dans lequel il doit être suivi de saisie ; en d'autres termes, qu'il faut qu'un délai de trois mois se soit écoulé en entier depuis le jugement définitif qui a statué sur l'opposition pour qu'un nouveau commandement soit nécessaire. — *Cass.*, 19 juill. 1837 (t. 2 1837, p. 296), Celani c. Serafino. — Persil, *Quest.*, t. 2, p. 318 ; Huet, p. 89 et 90 ; Carré, quest. 2219 ; Berriat, p. 569 ; Favard de Langlade, v° *Saisie-immobilière*, t. 5, p. 17.

272. — La péremption du commandement par l'expiration des trois mois n'est pas absolue ; elle n'atteint l'acte qu'autant qu'il est considéré comme un préliminaire d'une saisie immobilière. Mais cet acte continue d'être valable à d'autres titres, notamment comme interruptif de prescription, conformément à l'art. 2244. — Merlin, *Rép.*, v° *Commandement*, t. 2, p. 481 ; Thomines-Desmazures, t. 2, p. 205.

273. — Il a même été jugé que le commandement, tendant à saisie immobilière, qui a plus de trois mois de date, suffit pour autoriser à procéder à une saisie-exécution, bien qu'il ne contienne aucune réserve pour procéder à cette dernière voie de contrainte. — *Cass.*, 27 mars 1821, Richard c. Lenoir-Dufresne.

274. — Il est évident que les frais du commandement périmé sont à la charge du créancier qui a laissé la péremption s'accomplir.

275. — La péremption prévue par l'art. 674 n'est appliquée par cet article qu'au commandement ; on ne pourrait l'appliquer par extension à un autre acte de la procédure. — Chauveau sur Carré, quest. 2221. — Nous croyons que c'est à tort que Carré (même question) exprime l'opinion contraire.

276. — Jugé avec raison que l'art. 674, en obligeant le créancier de réitérer le commandement, lorsqu'il a laissé écouler plus de trois mois entre cet acte et la saisie, n'exige pas, par cette disposition, que la saisie soit terminée dans ce délai. — *Bordeaux*, 20 déc. 1833, Brien c. Rougier. — Carré et Chauveau, quest. 2223 ; Thomines-Desmazures, t. 2, p. 205 ; Bioche, n° 154.

277. — ... Et qu'un procès-verbal de saisie immobilière qui a été commencé dans les quatre-vingt-dix jours de la date du commandement, et continué sans interruption, n'est pas nul parce qu'il a été achevé après l'expiration de ce délai. — *Orléans*, 29 juin 1847 (t. 2 1847, p. 50), de Gasville c. Fouret ; *Cass.* 31 janv. 1848 (t. 1er 1848, p. 533), mêmes parties.

278. — *Procès-verbal de saisie.* — *Pouvoir de l'huissier.* — L'huissier qui procède à une saisie immobilière doit être muni d'un pouvoir spécial. — C. proc. civ., art. 556. — V. HUISSIER.

279. — La nullité résultant de ce que l'huissier n'avait pas de pouvoir spécial au moment où il a dressé le procès-verbal de saisie ne peut être

couverte par la ratification faite après coup par les saisissans. — *Cass.*, 6 janv. 1812, Chauffer-Toulaville c. Collette.

280. — L'existence du pouvoir spécial au moment de la saisie doit être justifiée; aussi a-t-il été jugé que ce pouvoir doit avoir une date certaine antérieure à celle du procès-verbal. — *Bourges*, 6 mai 1812, Reuillon c. Rossignol; *Colmar*, 3 juin 1812, Poirson c. Sengel; *Rouen*, 1er juin 1812, Lecourt c. Forestier; *Lyon*, 27 avril 1827, Duplany c. Clemarot; *Orléans*, 6 déc. 1833, Barbery c. d'Arquian; 11 août 1838 (t. 2 1838, p. 263), Audierne c. Toury; *Bruxelles*, 25 oct. 1820, Levecq c. Noël.

281. — ...Et qu'il ne suffit pas de produire sur l'appel un pouvoir sous seing privé, qui n'a reçu date certaine par l'enregistrement qu'après la sentence des premiers juges. — *Bruxelles*, 25 oct. 1820, Levecq c. Noel.

282. — Cependant, la Cour de cassation a jugé, au contraire, que l'art. 556 C. procéd. civ. n'exige pas que le pouvoir conféré à l'huissier de pratiquer une saisie immobilière soit donné par acte authentique, ni qu'il soit enregistré avant la saisie, et qu'il suffit pour remplir le vœu de la loi que cet acte puisse être représenté à la première réquisition du débiteur. — *Cass.*, 10 août 1814, Poirson c. Sengel; 12 juill. 1814, Siraudin c. Gauthier; 15 avr. 1822, Barbery c. d'Arquian. — Cette dernière doctrine nous paraît plus juridique.

283. — On ne peut considérer comme constituant un pouvoir spécial, une procuration générale portant pouvoir de faire procéder à toute saisie immobilière, sans indication des noms et des biens du débiteur, et donnée avant le jugement qui a servi de base aux poursuites. — *Orléans*, 11 août 1838 (t. 2 1838, p. 263), Audierne c. Toury. — V., cependant, *Paris*, 2 août 1814, Bardoullot c. Gouré.

284. — Une *saisie immobilière* faite à la requête de deux créanciers n'est pas nulle, parce que le pouvoir spécial prescrit par l'art. 556 C. proc. civ. n'a été signé que par l'un d'eux. — *Cass.*, 20 avr. (et non 10) 1818, Houssmann c. Weyl, Marx.

285. — Le pouvoir spécial dont l'huissier doit être porteur pour établir une saisie immobilière ne doit pas, à peine de nullité, émaner du saisissant lui-même. Un mandataire général peut conférer ce pouvoir à l'huissier au nom du mandant. — *Paris*, 28 déc. 1820, Dephelines c. de Boessac; *Bruxelles*, 5 janv. 1822, Buylairt.

286. — Il n'est pas nécessaire que le procès-verbal de saisie immobilière constate que l'huissier avait un pouvoir de la faire. — *Paris*, 2 août 1814, Bardoullot c. Gouré; 16 nov. 1815, Bourdillon et Huguet c. Garaudan. — C'est ce qui a été déclaré formellement par M. Persil dans son rapport.

287. — Décidé que l'huissier qui, muni d'un pouvoir, a procédé à une saisie immobilière, peut, en vertu du même pouvoir, procéder à une seconde saisie, lorsque la première a été abandonnée, et qu'il ne doit pas, à peine de nullité, donner au saisi copie de son pouvoir. — *Cass.*, 4 oct. 1814, Joannès c. Pomme et Nicolas; 12 janv. 1820, Tardy c. Giraud-Durtaud.

288. — Le pouvoir spécial de l'huissier n'est nécessaire que pour la saisie immobilière; dès lors il n'est pas besoin qu'il précède le commandement, ni qu'il s'applique aux autres actes de la poursuite qui pourront être faits par tout autre huissier. — *Besançon*, 16 déc. 1812, Champreux c. Raime.

289. — *Formes du procès-verbal.* — Le procès-verbal de saisie doit contenir, outre les formalités communes à tous les exploits : 1° l'énonciation du titre exécutoire en vertu duquel la saisie est faite; 2° la mention du transport de l'huissier sur les biens saisis; 3° l'indication des biens saisis, savoir : si c'est une maison, l'arrondissement, la commune, la rue, le numéro, s'il y en a, et dans le cas contraire, deux au moins des tenans et aboutissans; si ce sont des biens ruraux, la désignation des bâtimens, quand il y en aura, la nature et la contenance approximative de chaque pièce, le nom du fermier ou colon, s'il y en a, l'arrondissement et la commune où les biens sont situés; 4° la copie littérale de la matrice du rôle de la contribution foncière pour les articles saisis; 5° l'indication du tribunal où la saisie sera portée; 6° et enfin, la constitution d'avoué chez lequel le domicile du saisissant sera élu de droit. — C. proc. civ., art. 675.

290. — Cette disposition reproduit l'ancien art. 675 C. proc. civ. à de très-légères différences de rédaction près. Le changement le plus important apporté à l'ancien texte consiste en ce que l'article nouveau exige la copie littérale de la matrice du rôle, tandis que l'article du Code de 1807 ne

prescrivait que l'insertion au procès-verbal d'un extrait de cette matrice.

291. — L'art. 675 soumet le procès-verbal de saisie aux formalités communes à tous les exploits. Ces expressions doivent s'entendre : 1° des dates du jour, mois et an; 2° des nom, profession et domicile du créancier; 3° des nom, demeure et immatricule de l'huissier; 4° des nom et demeure du débiteur. — V. EXPLOIT.

292. — L'énonciation de la profession du poursuivant n'est pas absolument nécessaire dans le procès-verbal de saisie, si d'ailleurs le saisissant est désigné de manière que le débiteur ne puisse ignorer à la requête de qui il est poursuivi. — *Cass.*, 19 août 1814, Gleizes c. Rivière.

293. — Lorsque plusieurs vacations sont employées à une saisie immobilière, il suffit que l'immatricule de l'huissier soit énoncé dans le procès-verbal de la première vacation. — *Bordeaux*, 20 janv. 1812, Leygne c. Bouscaillon.

294. — L'huissier qui procède à une saisie réelle n'est pas tenu, à peine de nullité, d'énoncer les prénoms de la partie saisie. — *Paris*, 20 août 1814, P... c. Fouchard.

295. — Décidé que l'art. 61 C. proc. civ., qui exige, dans un exploit d'ajournement, la mention du domicile de l'assigné, n'est pas applicable à un procès-verbal de saisie immobilière, en telle sorte que ce procès-verbal n'est pas nul à raison du défaut de cette mention, si, d'ailleurs il contient des énonciations équipollentes de ce domicile. — *Cass.*, 24 mars 1835, Maillard c. Ruffier.

296. — Dans l'incertitude du véritable domicile du saisi, il faut décider pour le domicile indiqué dans des actes extrajudiciaires alors surtout que le saisi, sommé de déclarer quel était son véritable domicile, a négligé ou refusé de le faire connaître. — *Bourges*, 15 juin 1835, Villemandy c. Dupin de la Guerivière.

297. — La qualité donnée au saisi dans une procédure de saisie réelle est suffisante quand l'indication est telle, qu'il ne peut y avoir aucune méprise sur la personne objet des poursuites. — *Lyon*, 29 déc. 1840 (t. 2 1841, p. 624), Golliet c. Bertholey. — V. EXPLOIT.

298. — L'ancien art. 675 voulait que le procès-verbal contînt l'énonciation du *jugement* ou titre exécutoire en vertu duquel la saisie était faite. Le mot *jugement* a été supprimé avec raison par la loi nouvelle, les jugemens étant nécessairement compris parmi les titres exécutoires.

299. — *Transport de l'huissier.* — La loi exige que le procès-verbal fasse mention du transport de l'huissier sur les biens saisis. Ce transport est donc indispensable; mais il n'est pas nécessaire que le procès-verbal ait été écrit par l'huissier lui-même, ni qu'il ait été rédigé sur les lieux. — *Paris*, 20 janv. 1813, Benoît c. Robeis; 28 déc. 1820, Dephelines c. de Boissag. — Pigeau, t. 2, p. 281; Persil fils, t. 1er, n° 96; Lachaize, t. 1er, n° 202; Carré et Chauveau, quest. 2226; Thomines-Desmazures, t. 2, p. 207.

300. — C'est à tort qu'il a été décidé qu'est valable le procès-verbal de saisie immobilière, qui, sans contenir la déclaration que l'huissier s'est transporté sur les lieux qu'il désigne, mentionne que l'huissier s'est transporté dans la commune de la situation, décrit tous les objets immobiliers compris dans la saisie et porte le visa des maires des communes où sont situés les immeubles saisis. — *Besançon*, 20 nov. 1816, N....

301. — L'huissier ne doit pas se faire assister de témoins, pour dresser son procès-verbal. — *Tarif* de 1841, art. 4, § 3.

302. — *Désignation, contenance.* — En principe, toutes les portions des biens saisis susceptibles d'une indication spéciale doivent être désignées d'une manière distincte; cependant on peut considérer comme tacitement compris dans la désignation des parties principales les objets qui en sont des accessoires ou des dépendances nécessaires.

303. — Ainsi, lorsqu'un terrain est la dépendance nécessaire d'un bâtiment saisi, par exemple, s'il sert de communication entre ce bâtiment et la grande route, il peut être réputé compris dans la saisie, alors même qu'il n'est pas spécialement désigné sur le procès-verbal et dans le cahier de charges par ses tenans et aboutissans, et suivant les prescriptions de l'art. 675. — *Cass.*, 29 janv. 1838 (t. 1er 1838, p. 534), Marais c. Ozanne.

304. — De même, il n'est pas absolument nécessaire que le procès-verbal de saisie réelle, ou les affiches apposées pour parvenir à la vente, contiennent l'énonciation en détail des objets mobiliers devenus immeubles fictifs par destination. — Ces immeubles sont suffisamment indiqués dans ces actes par les termes *circonstances et*

dépendances. — *Cass.*, 10 janv. 1814, Lévrier Delisle c. Meslie.

305. — Est à l'abri de la cassation l'arrêt déclarant que la saisie immobilière d'une usine pratiquée par le créancier au profit duquel cette usine et les objets industriels en dépendant, et spécifiés dans son titre, étaient hypothéqués, comprend même les machines de cet établissement acquises depuis le contrat, et ce, lors même que le procès-verbal de saisie ne désignerait que les objets spécialement hypothéqués. — *Cass.*, 11 avril 1833, Guntzenbach c. Kartmann.

306. — La saisie d'un corps de domaine comprend aussi la saisie des immeubles par destination, et par exemple les bestiaux qui, servant à l'exploitation de ce domaine, en sont l'accessoire et la dépendance, sans qu'il soit besoin de les y comprendre expressément. — *Toulouse*, 24 avril 1834, Lafforgue c. Castex-Hoste.

307. — Jugé aussi que les bestiaux donnés à cheptel, les semences, fourrages, pailles et engrais, étant immeubles par destination, ces objets dépendent tellement du domaine principal, qu'ils sont présumés de droit compris dans la saisie et l'adjudication de ce domaine, encore qu'ils ne se trouvent mentionnés ni dans le procès-verbal de saisie, ni dans le cahier des charges, ni dans le jugement d'adjudication. — Ces objets, dans le cas où le domaine saisi est divisé en plusieurs lots, doivent être exclusivement attribués au lot qui, par sa nature et son importance, en réclame le service et l'usage. — *Riom*, 30 août 1820, Couhert c. Desmichels et Fougerousse.

308. — Il n'est pas nécessaire que le procès-verbal de saisie, outre la nature et la situation des biens, indique les servitudes actives dont ils jouissent. — *Nîmes*, 22 juin 1808, Calamel c. Bontoux.

309. — ... Ni toutes les dépendances d'un corps de logis principal. — Même arrêt. Lachaize, t. 1er, n° 206.

310. — Jugé cependant que les tuyaux, chaudières, baignoires, robinets et autres objets mobiliers attachés au service d'un établissement de bains, étant immeubles par destination, pour que le procès-verbal de saisie immobilière de ces objets soit valable, l'huissier doit les désigner spécialement; il ne suffit pas qu'il décrive l'extérieur des bâtimens où se trouvent les salles de bains. — *Rennes*, 19 mars 1821, Carouge c. Cochet.

311. — ... Et que le cheptel garnissant un domaine et les autres objets accessoires réputés immeubles par destination ne sont pas compris de droit dans la saisie et dans l'adjudication de ce domaine, s'ils n'ont pas été désignés nommément dans le procès-verbal de saisie, ainsi que dans les placards et autres publications légales faites pour parvenir à la vente. — *Limoges*, 26 juill. 1847 (t. 1er 1848, p. 252), Maury c. Dumas. — V. BIENS, nos 63 et suiv.

312. — Les pièces de terre ou maisons qui seraient distinctes d'autres objets saisis devraient être désignés explicitement dans le procès-verbal. Autrement, ils ne seraient compris ni dans la saisie, ni, par suite, dans l'adjudication, et le débiteur saisi pourrait, même après l'adjudication, opposer le moyen résultant du silence du procès-verbal pour faire déclarer que l'adjudicataire n'en a pas acquis la propriété. — Carré et Chauveau, quest. 2227 *bis*.

313. — L'omission dans le procès-verbal d'une partie des biens du saisi ne pourrait d'ailleurs entraîner aucune nullité; car aucune loi ne force les créanciers à saisir simultanément tous les biens de leurs débiteurs. — *Bourges*, 8 janv. 1814, Prit; *Bordeaux*, 21 mai 1816, Esbens c. Collineau. — Carré et Chauveau, quest. 2231; Persil, *Quest.*, t. 2, p. 296; Favard de Langlade, *Rép.*, t. 5, p. 48.

314. — Décidé, avant la loi nouvelle, qu'une pièce de terre, même incorporée à un immeuble, n'était point valablement comprise dans la saisie de cet immeuble, si elle n'avait pas été portée dans l'extrait de la matrice du rôle des contributions contenu dans le procès-verbal de saisie. — *Aix*, 5 juill. 1832, Christin c. Blancard.

315. — Si le procès-verbal de saisie comprenait des biens qui n'appartinssent pas au saisi, cette circonstance ne serait pas une cause de nullité. Seulement, le tiers propriétaire de ceux des biens qui ont été saisis par erreur aurait le droit de former une demande en distraction, conformément à l'art. 725. — *Nîmes*, 22 juin 1808, Calamel c. Bontoux; 17 nov. 1819, Fabre c. Noris.

316. — La loi exige l'indication dans le procès-verbal de l'arrondissement et de la commune où sont situés les biens saisis. Jugé qu'un procès-

verbal de saisie immobilière est nul par cela seul qu'il ne désigne pas l'arrondissement dans lequel les biens saisis ont leur assiette, encore qu'il énonce la commune chef-lieu de cet arrondissement. — *Aix*, 25 fév. 1808, Couture c. Nicolas; *Trèves*, 7 janv. 1809, Ilienne c. Puder. — Berriat Saint-Prix, p. 374, note 27, nº 1er; Huet, p. 97, nº 3; Carré et Chauveau, quest. 2230; Persil fils, t. 1er, nº 109. — Il a été cependant décidé en sens contraire que l'arrondissement dans lequel une maison saisie immobilièrement est située, est suffisamment désigné dans le procès-verbal de saisie par l'indication de la ville où elle existe. — *Rennes*, 14 août 1813, Depincé c. Guillot.

317. — ... Et qu'un procès-verbal de saisie n'est pas nul pour défaut de désignation expresse de l'arrondissement dans lequel sont situés les biens saisis, si les objets sont d'ailleurs désignés de manière à ne laisser aucun doute. — *Caen*, 18 fév. 1829, Collin c. Failleul.

318. — Jugé encore qu'il n'est pas absolument nécessaire, dans l'exploit de saisie d'une maison située à Paris, de nommer la commune où elle est située, quand on a énoncé l'arrondissement. — *Paris*, 24 janv. 1815, Leblond c. Surcouf.

319. — Le défaut d'indication de l'arrondissement dans lequel quelques-uns des immeubles saisis sont situés, ne suffit pas pour faire annuler la saisie, lorsque le procès-verbal fait connaître que toutes les pièces saisies font partie de la même commune, et qu'un premier procès-verbal indique l'arrondissement dont cette commune fait partie. — *Paris*, 8 juin 1812, Parisot c. Flogny.

320. — Décidé par la Cour de cassation que la désignation de la maison saisie, par portes et fenêtres, rues, tenans et aboutissans, n'est obligée que pour les maisons de ville, et non pour celles qui sont situées à la campagne; que l'erreur dans le nom du fonds saisi n'est pas une cause de nullité, lorsque les tenans et aboutissans sont indiqués d'une manière exacte, et que, dans tous les cas, la disposition par laquelle un arrêt déclare en fait qu'il y a désignation suffisante des immeubles saisis échappe à la censure de la Cour de cassation. — *Cass.*, 8 fév. 1832. Hardyau c. Ledru. — La dernière partie de cette décision nous paraît trop absolue; car les formalités prévues par l'art. 675 sont prescrites d'une manière impérative.

321. — Jugé encore que le procès-verbal de saisie d'une maison de ville doit désigner l'extérieur de la maison saisie et, par exemple, faire mention des fenêtres. — *Grenoble*, 3 sept. 1814, Sollin c. N.... — Thomines-Desmazures, t. 2, p. 251; Carré, quest 2229; Huet, *Traité de la saisie immob.*, quest. 95, nº 3; Berriat Saint-Prix, p. 574, note 27, nº 1er; Persil, *Quest.*, t. 2, p. 206; Lachaize, t. 1er, p. 231: Bioche, vº *Saisie immobilière*, nº 105.

322. — L'indication de l'extérieur de la maison ne serait pas valablement remplacée par l'indication du faubourg où la maison est située. — *Besançon*, 17 déc. 1808, N....

323. — La fausse indication de la rue dans laquelle est situé un bâtiment saisi entraîne la nullité de la saisie, mais à l'égard seulement de ce bâtiment. — *Paris*, 8 juin 1812, Parisot c. Flogny.

324. — Décidé que lorsque le terrain sur lequel on a commencé à bâtir une maison est saisi avec d'autres héritages, il n'est pas nécessaire d'énoncer les tenans et aboutissans de cette maison qui n'est encore que commencée. — *Paris*, 6 fév. 1813, Dumesnil c. Fitz.

325. — La loi n'exige de désignation de contenance que pour les biens ruraux; d'où il faut conclure qu'il ne pourrait y avoir nullité parce que le procès-verbal ne mentionnerait pas la contenance approximative d'un bien *urbain*, lors même que ce serait un jardin de produit pour les fruits et les légumes situé dans l'intérieur d'une ville. Toutefois, M. Chauveau sur Carré (quest. 2232) fait observer avec raison que, dans ce dernier cas, l'huissier agira prudemment en mentionnant la contenance approximative et en indiquant les tenans et aboutissans.

326. — Dans les procès-verbaux de saisie immobilière de biens ruraux, il suffit de désigner les bâtimens, sans faire la description de l'extérieur des objets saisis; il suffit également de faire cette désignation en termes généraux. — *Bordeaux*, 13 mars 1832, Thiac c. Fourcade. — Mais il est convenable d'indiquer, dans ce cas, la destination de chacune des parties de l'immeuble, surtout si c'est une ferme. — Carré, nº 2232; Berriat Saint-Prix, p. 575, note 27, nº 6.

327. — Des terres sont suffisamment qualifiées dans un procès-verbal de saisie par ces expressions, pièces de terre en nature d'agrément, surtout si elles le sont dans les mêmes termes par la matrice du rôle cadastral. — *Bordeaux*, 14 août 1832, Halgan c. Gérus.

328. — Lorsque les immeubles saisis sont en un seul tenant, que la nature de chacun d'eux est désignée par la nature de sa culture, il suffit d'indiquer les confrontations, non de chaque pièce de terre en particulier, mais de leur ensemble. — *Bordeaux*, 31 janv. 1832, Montaxier c. Valla.

329. — Jugé qu'il y a désignation suffisante lorsque, dans le procès-verbal de saisie, l'huissier déclare qu'il s'est transporté au hameau de..., commune de..., canton de..., arrondissement de..., sur les biens appartenant à..., dont la désignation suit. — *Cass.*, 12 nov. 1828, Foulon c. Moussot.

330. — Une légère erreur de contenance ne peut constituer une nullité. — *Bordeaux*, 20 déc. 1833, Brien c. Rougier; 3 févr. 1837 (t. 1er 1837, p. 615), Cros c. Malbec.

331. — Mais en exigeant que la contenance indiquée au procès-verbal soit *approximative*, la loi indique suffisamment qu'une erreur considérable dans la contenance serait une cause de nullité. — Lachaize, t. 1er, nº 215; Persil fils, t. 1er, nº 106.

332. — Il a été cependant jugé par la Cour d'Agen que le procès-verbal de *saisie immobilière* n'est pas nul pour donner aux terrains saisis une contenance bien inférieure à leur contenance réelle, mais telle qu'elle est indiquée par la matrice du rôle. Et que, particulièrement, lorsque l'erreur provient de ce que la contenance a été augmentée par des acquisitions contiguës, quoique ces acquisitions aient été faites par un acte public suivi de transcription, on peut imputer à la partie saisie de ne s'être pas fait charger, sur la matrice du rôle, de sa nouvelle propriété, et d'être ainsi non recevable à se plaindre de la fausse indication. — *Agen*, 12 mars 1810, Despeaux c. Fromingué.

333. — Le procès-verbal doit mentionner la nature et la contenance de chaque pièce. L'huissier doit indiquer quelle est la mesure de chaque pièce, et s'il a saisi un pré, une terre labourable, une vigne ou un bois. — Rapport de M. Portalis à la Chambre des députés.

334. — Du reste, il n'est pas nécessaire d'indiquer dans un procès-verbal de saisie tous les produits de l'immeuble. Il suffit de désigner les principaux. — *Bordeaux*, 7 mai 1829, La Chapelle la Reynier c. Lajambertie.

335. — Lorsqu'il est procédé à la saisie d'un bois, il est inutile de mentionner au procès-verbal les diverses essences d'arbres dont ce bois se compose. — *Bordeaux*, 13 mars 1832, Thiac c. Fourcade.

336. — L'absence d'indication de deux des tenans et aboutissans d'une pièce de terre rend nulle la saisie, mais seulement à l'égard de cette pièce de terre. — *Paris*, 8 juin 1812, Parisot c. Flogny.

337. — De même la fausse désignation de la nature d'un héritage n'entraîne pas la nullité de la saisie pour le tout, mais seulement quant à cet héritage. — *Besançon*, 8 mai 1810, Grosperrin c. N...; *Paris*, 22 août 1811, Lemoine c. S....

338. — Jugé encore que la nullité du procès-verbal d'une saisie immobilière résultant de ce qu'il désigne d'une manière insuffisante quelques-uns des articles saisis, ne s'étend pas à ceux qui ont été suffisamment désignés, s'ils peuvent être séparés des autres sans perdre de leur valeur. — *Bordeaux*, 3 févr. 1837 (t. 1er 1837, p. 615), Cros c. Malbec.

339. — Ce n'est que par la production d'un acte authentique que la partie saisie peut prouver l'inexactitude des tenans et aboutissans énoncés dans le procès-verbal de saisie. — *Paris*, 8 juin 1812, Parisot c. Flogny.

340. — Il n'y a pas nullité de la saisie, parce que les biens ont été divisés en un plus grand nombre d'articles qu'il n'y a d'exploitations, surtout si, d'après le cahier d'enchère, tous ces biens doivent être vendus en un seul lot. — *Liége*, 13 juin 1809, D... c. H....

341. — Il est de toute évidence que la partie saisie n'est pas recevable à se plaindre de ce que les objets saisis ne sont pas suffisamment désignés, quand c'est par son fait, par exemple à cause des menaces et des violences exercées par elle sur l'huissier, qu'une désignation plus détaillée n'a pas été insérée au procès-verbal de saisie. — *Rennes*, 1er mai 1819, Greguen c. Hens.

342. — *Nom du fermier et du colon.* — L'indication au procès-verbal du nom du fermier ou colon est une formalité indispensable; la saisie serait nulle si le procès-verbal ne contenait pas cette indication ou si le nom était faussement énoncé. On ne devrait cependant pas annuler la saisie parce que le nom véritable aurait été légèrement altéré par le rédacteur du procès-verbal, si cette altération n'était pas telle qu'on pût se méprendre sur l'identité du fermier ou colon.

343. — Si la loi exige la mention au procès-verbal du nom du fermier, c'est pour rendre plus complète et plus précise la désignation des biens saisis. Il n'est donc nécessaire de désigner le fermier qu'autant qu'il serait en possession des biens; car c'est seulement par cette possession ostensible que sa qualité peut être connue dans l'arrondissement. — *Bordeaux*, 8 févr. 1817, Ithier c. Toyon. — Lachaize, t. 1er, nº 218; Carré et Chauveau, quest. 2236; Persil fils, t. 1er, nº 107.

344. — Jugé qu'il suffit, pour la validité de la saisie, que l'huissier indique les colons qui exploitent ou les exploitans apparens. — *Bourges*, 15 juin 1835, Villemandy c. Dupin de la Guerivière. — Carré (quest. 2283) est d'avis qu'il n'y a pas lieu de donner le nom du fermier qui n'a pas encore pris possession.

345. — Une saisie immobilière n'est pas nulle, parce que l'huissier, dans son procès-verbal, a désigné comme exploité par la partie saisie un pré qui est affermé, si le bail n'était pas notoirement connu. — *Bourges*, 30 juill. 1814, N...; 10 févr. 1816, Rabuteau.

346. — De même, lorsque dans un procès-verbal de saisie immobilière, l'huissier a indiqué le nom d'un fermier par bail authentique non encore expiré, le procès-verbal n'est pas nul, quoique l'immeuble saisi ait été affermé à un autre fermier également par un bail authentique, si rien ne constate que le premier bail ait été résilié. — *Bordeaux*, 7 mai 1829, La Chapelle la Reynier c. Lajambertie.

347. — Lorsqu'une partie des biens saisis est affermée, et que le procès-verbal n'énonce pas le nom du fermier, la saisie immobilière est nulle, mais seulement quant aux biens affermés. — *Riom*, 30 mai 1819, Nanton c. Anglade.

348. — Jugé que, dans le cas de saisie d'une maison d'habitation située dans la campagne, l'huissier n'est pas tenu d'indiquer le nom de celui à qui le bail a été consenti, bien qu'à l'égard des biens ruraux, il doive encore énoncer le nom du fermier ou colon, aux termes de l'art. 675. — *Bordeaux*, 9 mai 1829, Pezat-Désarnaud c. Boisset.

349. — La saisie de biens ruraux ne doit pas indiquer les noms des ouvriers ou journaliers employés à leur culture; cette formalité n'est prescrite qu'à l'égard des fermiers ou colons. — *Bordeaux*, 8 févr. 1817, Ithier c. Toyon.

350. — *Matrice du rôle.* — L'art. 675 nouveau exige que l'huissier insère dans son procès-verbal une copie littérale de la matrice du rôle de la contribution foncière, pour les articles saisis. On a pensé que l'*extrait* de la matrice du rôle dont l'ancien article du Code de procédure se contentait était insuffisant pour éclairer les acquéreurs et qu'une copie littérale était nécessaire. — *Moniteur* du 5 janv. 1841.

351. — Sous la loi du 11 brum. an VII, l'évaluation des revenus de l'immeuble saisi pouvait être faite d'après les rôles des contributions, comme d'après la matrice des rôles elle-même. — *Cass.*, 7 oct. 1808, Vauguerin c. N....—Huet, *Traité de la saisie immobilière*, p. 100, note *J*.

352. — Lorsqu'il n'existe pas de matrice de rôle pour l'année courante, au moment où la saisie immobilière est pratiquée, un extrait du rôle de la contribution, inséré dans le procès-verbal de saisie, remplit suffisamment le vœu de l'art. 675. — *Turin*, 6 déc. 1809, Gallina c. Massora; *Cass.*, 2 mars 1819, Vandenforestan; *Bordeaux*, 27 mars 1833, Sureau c. Landrau.

353. — Dans ce cas, le saisissant n'est pas obligé de provoquer, auprès de l'autorité administrative, une mesure provisoire et supplétive de la matrice. — *Cass.*, 24 mars 1819, Poursillié c. Garrigou.

354. — Décidé que, dans le cas cependant où le saisissant aurait sollicité auprès du préfet une expertise destinée à remplacer provisoirement la matrice du rôle, les tribunaux ne peuvent interpréter l'arrêté pris à ce sujet, dans un sens autre que celui de la pétition sur laquelle il statuait, sans empiéter sur le pouvoir administratif. — *Cass.*, 24 mars 1819, Poursillié c. Garrigou.

355. — Lorsque la matrice du rôle est dans un état tellement défectueux qu'il a été impossible d'en obtenir un extrait, il suffit que le certificat du maire constatant ce fait soit inséré dans le procès-verbal de saisie immobilière. — *Cass.*, 26 janv. 1831, Chervin c. Brunet. — Merlin, *Rép.*, t. 12, p. 263; Persil, *Quest.*, t. 2, p. 325.

356. — Jugé qu'on doit réputer conforme à la

loi le procès-verbal qui rapporte la matrice du rôle contenant l'évaluation du revenu des héritages saisis, quoique la cotisation à la contribution foncière n'y soit pas exprimée. — *Limoges*, 30 juin 1816, Jacourt c. N....

357. — Jugé, avant la loi du 2 juin 1841, qu'il n'y avait pas nullité quand, en matière d'expropriation forcée, l'évaluation du revenu des biens était faite d'après les rôles seulement, au lieu de l'être d'après la matrice de ces mêmes rôles. — *Cass.*, 7 oct. 1807, Vauguerin c. Ducros.

358. — Un procès-verbal de saisie immobilière n'est pas nul, parce que l'extrait de la matrice du rôle n'est pas relatif à tous les objets saisis, si l'omission existe sur la matrice du rôle elle-même. — *Paris*, 29 août 1811, Rousseau c. N...; *Bordeaux*, 20 déc. 1833, Briou c. Rougier. — Berriat Saint-Prix, p. 576, note 28, n° 2.

359. — On ne peut faire résulter un moyen de nullité de ce que la copie de la matrice du rôle n'est pas certifiée par une autorité compétente, lorsque cette copie se trouve exactement conforme à l'original délivré d'une manière légale. — *Limoges*, 12 juin 1812, Delbos c. Lagarde.

360. — Décidé, dans le même sens, que le procès-verbal de saisie n'est point irrégulier par cela seul qu'il contiendrait quelques omissions sur la classe des parcelles de terre saisies, lorsque, d'ailleurs, il est d'accord avec la matrice du rôle de la contribution foncière. — *Bordeaux*, 10 janv. 1846 (t. 1er 1846, p. 474), Dubourdine c. Sarrante.

361. — Si même la copie de la matrice du rôle délivrée par le maire ou par le directeur des contributions était inexacte, la saisie ne serait pas nulle pour cela; car l'huissier ne s'en serait pas moins conformé à la loi, et l'inexactitude de la copie ne pourrait être imputée ni à lui ni, par suite, au saisissant. — *Bordeaux*, 25 mars 1829, Furt c. Bonny.

362. — Lorsqu'une saisie immobilière porte sur plusieurs immeubles indépendans et séparés, le défaut de mention au procès-verbal de la matrice du rôle de la contribution foncière de quelques immeubles, n'entraîne nullité qu'à l'égard de la saisie de ces immeubles et non pour le tout. — *Cass.*, 31 janv. 1825, Médard c. Bouques. — *Contrà*, *Bourges*, 10 févr. 1816, Rabuteau; *Toulouse*, 20 juin 1822, Devezy c. Delfau.

363. — La copie de la matrice du rôle ne doit pas spécifier chacun des articles saisis, mais indiquer seulement la cote d'imposition pour la totalité de ces articles. — *Riom*, 12 mai 1808, Bourgoin c. Montal; *Bordeaux*, 30 janv. 1812, Leygne c. Bouscaillou; *Paris*, 6 févr. 1813, Dumesnil c. Fity; *Lyon*, 17 janv. 1833, Bron c. Gourd; *Cass.*, 2 janv. 1834, Ducarpe c. Pinault.

364. — Mais le procès-verbal qui, au lieu de contenir la matrice du rôle de la contribution foncière pour l'immeuble saisi, donne seulement l'extrait du rôle des contributions de toute nature que paie le saisi, doit être annulé comme insuffisant pour faire connaître la valeur de l'objet saisi. — *Rennes*, 18 déc. 1834, Biron c. Vauvery.

365. — Si le maire de la commune où sont situés les biens saisis refusait de donner copie de la matrice du rôle déposée à la mairie, l'huissier devrait se transporter à la direction des contributions directes du chef-lieu du département et se faire délivrer une copie par le directeur. — Chauveau sur Carré, quest. 2237. — En cas de refus du directeur des contributions directes, ce dernier serait passible de dommages-intérêts si la saisie était annulée. — V. cependant, sur ce dernier point, Persil fils, n° 111, et Paignon, t. 1er, n° 11.

366. — Il est incontestable que le directeur des contributions directes peut délivrer la copie de la matrice du rôle. — *Bordeaux*, 21 juill. 1832, Ducarpe-Lille c. Pascault; 1er août 1834, Dubreuille c. Gourgues.

367. — Le maire qui refuse de délivrer copie de la matrice du rôle ne peut être assigné devant les tribunaux sans autorisation préalable de l'autorité administrative. — *Cass.*, 26 avril 1830, Triposu c. Cornebise. — Chauveau sur Carré, quest. 2237.

368. — La Cour de cassation a jugé que la matrice du rôle qui doit être insérée dans le procès-verbal d'une saisie immobilière, peut être remplacée par un extrait du rôle du percepteur des contributions, si le maire, saisi et cohéritier des autres parties saisies, a refusé de délivrer l'extrait de la matrice sous prétexte qu'elle était incomplète, et si, à défaut de maire, il n'y avait pas d'adjoint auquel on pût en demander la délivrance. — *Cass.*, 1er déc. 1832, Mazoyer-Laboche c. Laurent.

369. — Un procès-verbal de saisie immobilière n'est pas nul parce que les extraits de la matrice du rôle qui y sont insérés sont d'une date postérieure à celle du procès-verbal de saisie, si cette date est d'ailleurs antérieure à celle de la dénonciation au saisi. — *Rennes*, 4 avril 1810, Viaud c. Perrandeau.

370. — Ainsi, lorsqu'un procès-verbal de saisie immobilière portant la date du 10 contient un extrait du rôle de la contribution foncière, daté du lendemain 11, ce procès-verbal ne peut être déclaré nul comme ne contenant pas l'extrait du rôle, par le motif que ces énonciations impliqueraient contradiction. — *Cass.*, 7 mars 1827, Chéron c. Lepage. — Carré et Chauveau, quest. 2238.

371. — La matrice qui doit être copiée dans le procès-verbal est celle de l'année dans laquelle la saisie est pratiquée. — Thomines-Desmazures, t. 1er, p. 208.

372. — Une nouvelle matrice de rôle non encore employée pour l'assiette des impositions, peut même valablement être prise pour base de l'évaluation du revenu des biens. — *Cass.*, 6 fruct. an XI, Crespin c. Lecomte.

373. — Jugé, sous l'empire du Code de procédure, que l'extrait de matrice exigé, à peine de nullité par l'art. 675 du C. proc. civ., était l'extrait de la matrice détaillée, composé du relevé des états de sections, d'après la loi du 3 frim. an VII, et non l'extrait de la matrice générale sommaire des quatre contributions directes, établie par la circulaire ministérielle du 25 janv. 1817. — *Poitiers*, 27 avril 1826, Voularnière c. Rocheron.

374. — *Élection de domicile*. — L'art. 675 porte que le domicile du saisissant sera élu *de droit* chez l'avoué qui doit être constitué par le procès-verbal de saisie. Cette élection de domicile emporte, dèslors, révocation de celle qu'avait pu faire le saisissant, dans le commandement, chez une personne autre que l'avoué. Mais le saisi n'ayant légalement connaissance de toutes les énonciations du procès-verbal de saisie qu'à partir du jour où il lui a été dénoncé, il pourra, jusqu'à cette dénonciation, faire valablement toutes significations au domicile élu dans le commandement. — Pigeau, t. 2, p. 193 et 205; Lachaise, t. 1er, n° 233; Persil fils, t. 1er, n° 110.

375. — L'art. 675 n'impose pas l'obligation d'ajourner le saisi devant le tribunal. — *Bordeaux*, 25 févr. 1809, Maitre c. Cannaud. — Carré, quest. 2242; Berriat Saint-Prix, p. 574, note 26; Huet, p. 93, note B.

376. — L'indication du jour où se fera la publication n'est pas prescrite dans le procès-verbal de saisie. — *Pau*, 19 janv. 1811, Pouyet.

377. — Lorsque l'opération prescrite par l'art. 675, touchant la désignation des biens saisis, a duré plusieurs séances, il n'est pas exigé à peine de nullité que le procès-verbal mentionne l'ouverture et la clôture de chaque séance. — *Paris*, 20 janv. 1813, Benoist c. Robeis; *Metz*, 29 févr. 1820, de Sepecourt c. N....

378. — La nullité résultant de l'omission de certaines formalités pourrait être invoquée par le saisi, lors même qu'il aurait signé le procès-verbal. — Carré et Chauveau, quest. 2241.

379. — Deux saisies pratiquées simultanément par la même personne sur les mêmes immeubles et contre le même individu sont entièrement nulles. La seconde saisie ne devient pas valable à raison de la nullité dont la première saisie était entachée, alors que cette nullité n'a été reconnue et qu'il n'y a eu désistement de la première saisie que postérieurement à la poursuite de la seconde. — *Rouen*, 15 mai 1844 (t. 1er 1845, p. 359), Blard c. Leheurteux et Dangu. — Chauveau, *Comment. de la loi du 2 juin 1841*, t. 1er, p. 475.

380. — M. Duvergier (t. 41, p. 224) pense qu'on aurait pu supprimer sans inconvénient la formalité du procès-verbal de saisie. Il se livre, sur ce point, à une dissertation dans laquelle il propose un système dont il résume les diverses parties de la manière suivante : « On ne ferait pas de procès-verbal de saisie, dit-il; on dresserait le cahier des charges; on y insérerait toutes les énonciations qu'on croirait convenable d'ajouter à celles qu'il renferme déjà; on le transcrirait; on le dénoncerait au saisi avec mention de la transcription; puis les art. 681 et suiv. recevraient leur application. Dans ce système, les trente jours, à compter du commandement, seraient employés à préparer le cahier des charges; le lendemain du jour où ils seraient expirés, la transcription pourrait avoir lieu, la dénonciation au saisi suivrait immédiatement, et enfin on arriverait au dépôt au greffe prévu par l'art. 690. Personne n'aurait raison de se plaindre de ce mode de procéder, il serait utile à tous; car il conduirait plus vite, et à moins de frais, à la vente, sans enlever ni droits ni garanties. » — Nous avons vu que la loi de brum. an VII remplaçait le procès-verbal de saisie par des affiches. C'est aussi ce que fait le Code de Genève.

381. — *Visa du procès-verbal*. Le procès-verbal de saisie, porte l'art. 676 C. proc. civ., sera visé, avant l'enregistrement, par le maire de la commune dans laquelle sera situé l'immeuble saisi; et si la saisie comprend des biens situés dans plusieurs communes, le visa sera donné successivement par chacun des maires à la suite de la partie du procès-verbal relative aux biens situés dans sa commune.

382. — Ce texte diffère d'une manière notable de l'ancien art. 676 du Code de 1807, lequel était ainsi conçu : « Copie entière du procès-verbal de saisie sera, avant l'enregistrement, laissée aux greffiers des juges de paix et aux maires ou adjoints des communes de la situation de l'immeuble saisi, si c'est une maison; si ce sont des biens ruraux, à ceux de la situation des bâtimens, s'il y en a, et s'il n'y en a pas, à ceux de la situation de la partie des biens à laquelle la matrice du rôle de la contribution foncière attribue le plus de revenus. Les maires ou adjoints et greffiers viseront l'original du procès-verbal, lequel fera mention des copies qui auront été laissées. » — La copie, qui, d'après cet article, devait être laissée au maire et au greffier, et le visa du greffier ont été retranchés avec raison par la loi du 2 juin 1841 comme étant des formalités inutiles.

383. — La Cour de cassation jugeait que la saisie immobilière n'était pas nulle, parce que le procès-verbal avait été visé et que la copie en avait été reçue par le commis greffier de la justice de paix en l'absence du greffier. — *Cass.*, 6 nov. 1817, N....

384. — Il résulte de la nouvelle rédaction de l'art. 676 que l'huissier doit faire viser le procès-verbal par chacun des maires des communes où serait située la plus petite parcelle des biens saisis. L'article de l'ancien Code de procédure exigeait seulement le *visa* du maire de la commune où étaient les bâtimens, ou, s'il n'y avait pas de bâtimens, celui du maire dans la commune duquel étaient situés les biens produisant le plus grand revenu.

385. — Si les biens saisis étaient situés dans une ville divisée en plusieurs arrondissemens, il suffirait de requérir le visa du maire dans l'arrondissement duquel ils seraient placés. — Lachaize, t. 1er, n° 241; Pigeau, t. 2, p. 184; Persil fils, n° 119; Carré et Chauveau, quest. 2246; Huet, p. 105.

386. — S'il s'était glissé une erreur dans la date du visa, il faudrait distinguer. Si la date indiquée était antérieure à l'enregistrement, il n'y aurait pas de nullité; si cette date était postérieure à l'enregistrement, on pourrait échapper à la nullité, en prouvant l'erreur. — Persil fils, n° 122.

§ 3. — *Dénonciation au saisi et transcription aux hypothèques.*

387. — Aux termes de l'art. 677 C. proc. civ., la saisie-immobilière doit être dénoncée au saisi dans les quinze jours qui suivront celui de la clôture du procès-verbal, outre un jour par cinq myriamètres de distance entre le domicile du saisi et le lieu où siége le tribunal qui doit connaître de la saisie. L'original doit être visé, dans le jour, par le maire du lieu où l'acte de dénonciation a été signifié. — L'art. 678 ajoute : « La saisie-immobilière et l'exploit de dénonciation seront transcrits, au plus tard, dans les quinze jours qui suivront celui de la dénonciation, sur le registre à ce destiné, au bureau des hypothèques de la situation des biens, pour la partie des objets saisis qui se trouve dans l'arrondissement.

388. — Les deux dispositions qui précèdent remplacent les art. 677 et 681 du Code de 1807. L'art. 677 portait : « La saisie-immobilière sera transcrite dans un registre à ce destiné au bureau des hypothèques de la situation des biens pour la partie des objets saisis qui se trouve dans l'arrondissement. » Suivant l'art. 681, la saisie immobilière devait être dénoncée au saisi dans la quinzaine du jour du dernier enregistrement, outre un jour par trois myriamètres de distance entre le domicile du saisi et la situation des biens. Elle contenait la date de la première publication. L'original de la dénonciation était visé, dans les vingt-quatre heures, par le maire du domicile du saisi, et enregistré dans la huitaine, outre un jour par trois myriamètres, au bureau de la conservation des hypothèques de la situation des biens, et mention en devait être faite en marge de l'enregistrement de la saisie.

389. — Le système de la loi nouvelle diffère, ous plusieurs rapports, de celui des art. 677 et de l'ancien Code de procédure. D'après le exte de ces articles : 1° l'exploit de dénonciation était seulement enregistré aux hypothèques après la transcription de la saisie ; 2° la transcription précédait la dénonciation au saisi, d'où résultait que le débiteur était le dernier à connaître l'existence de la saisie ; 3° aucun délai n'était assigné au saisissant pour faire transcrire la saisie ; 4° le délai de distance pour la dénonciation était d'un jour pour trois myriamètres entre le domicile du saisi et la situation des biens ; 6° l'exploit de dénonciation devait être visé par le maire du domicile du saisi. Actuellement, l'exploit de dénonciation est *transcrit* aux hypothèques comme la saisie et en même temps qu'elle. Cette double transcription doit être faite dans la quinzaine de la dénonciation. Le délai de distance pour la dénonciation est d'un jour par cinq myriamètres entre le domicile du saisi et le lieu où siége le tribunal qui doit connaître de la saisie. Enfin, le visa doit être donné par le maire du lieu où l'acte de dénonciation a été signifié.

390. — Jugé, sous le Code de 1807, qu'il n'était pas nécessaire qu'il fût donné copie à la partie saisie des certificats de transcription du procès-verbal de saisie-immobilière au bureau des hypothèques et au greffe du tribunal ; qu'il suffisait qu'il fût fait mention, dans la dénonciation du procès-verbal de saisie, de ces transcription et enregistrement. — *Cass.*, 14 juin 1836, Plagnol c. Chambon.

391. — Un vice de rédaction de l'ancien article 691 faisait naître la question de savoir si l'indication de la date de la première publication du cahier des charges devait être donnée par le procès-verbal de saisie ou par l'acte de dénonciation. La jurisprudence avait décidé que cette formalité devait être remplie dans l'acte de dénonciation. — *Cass.*, 17 juin 1812, Pouget ; 10 avril 1812, Juillet c. Parisot ; 1er déc. 1813, Clairet c. Gourone ; 2 mars 1819, Vanderforesten ; 12 janv. 1820, Tardy c. Giraud-Duclaud. — Depuis la loi de 1841, la date de la publication du cahier des charges ne doit être donnée ni par le procès-verbal de saisie, ni par l'acte de dénonciation.

392. — L'observation des délais prescrits par les art. 677 et 678 est prescrite *à peine de nullité*. — C. procéd., art. 715 (nouveau).

393. — L'art. 682 du Code de 1807 prescrivait l'insertion d'un extrait de la saisie dans un tableau placé, à cet effet, dans l'auditoire du tribunal. Cette formalité ne donnait aucune publicité utile à la vente, aussi a-t-elle été supprimée par la loi nouvelle. Il en est de même de la transcription au greffe que prescrivait l'ancien art. 680 et qui a également disparu.

394. — Jugé, sous l'empire de l'ancien art. 680, qu'on ne devait pas comprendre dans le délai de quinzaine déterminé par cet article, pour la transcription de la saisie immobilière au greffe du tribunal, le jour auquel la transcription a été faite au bureau des hypothèques. — *Cass.*, 16 janv. 1823, Marchal c. Texon.

395. — Le délai de distance prévu par l'art. ... peut être abrégé par le poursuivant ; car il n'a été créé qu'en sa faveur. Si donc le poursuivant recevait l'original de l'exploit de dénonciation avant l'expiration de ce délai, il pourrait faire transcrire immédiatement cet exploit avec la saisie elle-même. — V. le rapport de M. Persil à la Chambre des députés.

396. — La dénonciation de la saisie peut être faite soit au domicile réel du débiteur soit au domicile par lui élu pour l'exécution de l'obligation. — *Rouen*, 10 févr. 1834, Lambert c. Riant. — Persil fils, n° 123. — Dans la discussion de la loi de 1841, on avait proposé un article pour désigner un seul domicile pour toutes les significations à faire par le créancier au débiteur, de sorte que le choix du créancier une fois fait l'aurait enchaîné pour toutes les significations subséquentes ; mais cette proposition a été repoussée.

397. — Elle est valablement faite au domicile indiqué par le saisi dans les actes extrajudiciaires signifiés à sa requête, alors même que ce ne serait pas son véritable domicile. — *Cass.*, 2 mars 1819, Vanderforsten.

398. — La dénonciation serait parfaitement valable, si elle était faite à la personne même du saisi, après l'expiration du délai de quinzaine, mais avant celle du délai de distance. — Carré et Chauveau, quest. 2252.

399. — Mais il y aurait nullité, si le visa du maire n'était pas donné dans le jour, comme le veut l'art. 677.

400. — L'original de la dénonciation doit être visé par le maire, soit qu'on ait trouvé le saisi à son domicile, soit qu'on ne l'y ait pas trouvé, et il n'y a lieu de laisser une copie au maire que lorsqu'on se trouve dans l'hypothèse de l'art. 68 C. proc. civ. : c'est-à-dire lorsque le débiteur n'ayant pas été trouvé chez lui, aucun de ses voisins ne veut recevoir la copie. — V. EXPLOIT.

401. — Il n'y a pas lieu d'énoncer sur la copie de l'acte de dénonciation que l'original est présenté au *visa* du maire. — Persil fils, n° 127.

402. — Le délai de quinzaine dans lequel le procès-verbal de saisie immobilière doit être dénoncé au saisi, est suspendu pendant l'instance qui s'engage sur l'opposition formée par le saisi aux poursuites. — *Riom*, 7 mai 1818, Ruines c. Solignat. — Lachaize, t. 1er, p. 285 ; Paignon, t. 1er, p. 78 ; Carré, quest. 2256.

403. — Décidé qu'en matière d'expropriation la force majeure est une cause suffisante pour dispenser le poursuivant de signifier dans la quinzaine le procès-verbal de saisie, et que l'occupation militaire et par l'ennemi des lieux à parcourir peut être réputée force majeure et justifier le défaut de signification dans le délai prescrit. — *Cass.*, 24 nov. 1814, Gouly c. Charruel. — Lachaize, t. 1er, p. 285 ; Paignon, t. 1er, p. 78.

404. — L'exploit de dénonciation de la saisie réelle doit contenir la copie entière du procès-verbal. — *Cass.*, 5 août 1812, Léon c. Jouve. — Carré, quest. 2257 ; Huet, *Traité de la saisie immobilière*, p. 118, note *a*, n° 2 ; Berriat, p. 578, note 36, n° 2 ; Pigeau, *Comm.*, t. 2, p. 292 ; Favard de Langlade, v° *Saisie-immobilière*, t. 5, p. 51, n° 3 ; Lachaize, t. 1er, p. 288 ; Thomines-Desmazures, t. 2, p. 214 ; Persil fils, *Comm.*, p. 106, n° 124.

405. — Lorsque, dans le procès-verbal dénoncé au saisi, plusieurs articles sont omis, la saisie n'est pas nulle pour le tout, mais seulement pour les articles omis. — *Bourges*, 9 févr. 1829, Boiset c. Barbat.

406. — Il n'est pas nécessaire de répéter, dans la dénonciation d'une saisie immobilière, la constitution d'avoué contenue au procès-verbal. — *Rennes*, 4 avr. 1810, Viaud c. Perrandeau. — Berriat Saint-Prix, p. 578, note 35, n° 2, et Huet, p. 119, n° 5.

407. — On a décidé que l'erreur de date commise dans la copie de la dénonciation d'une saisie immobilière ne constitue pas une nullité, si l'original est régulier. — *Liége*, 29 août 1810, Renard c. Bureau de bienfaisance d'Andenne. — V., sur les erreurs de date, en matière d'exploit, EXPLOIT, nos 122 et suiv.

408. — Les ratures et surcharges qui se trouvent dans la copie de la dénonciation du procès-verbal de saisie, n'entraînent pas nullité, s'il n'en résulte aucune ambiguïté. — *Besançon*, 8 mai 1810, Grosperrin c. N....

409. — Jugé que la dénonciation d'une saisie immobilière est nulle si elle est faite, non au tuteur, mais au mineur saisi lui-même, encore bien que l'exploit ait été remis au domicile et en parlant à la personne du tuteur. — *Bastia*, 22 mai 1823, Christiani c. Guelfucci.

410. — Mais la nullité d'une semblable dénonciation à l'égard de l'un des cohéritiers saisis, n'entraîne pas la nullité de la saisie à l'égard de tous les autres. — Même arrêt.

411. — Lorsque la dénonciation de la saisie était soumise à un simple enregistrement aux hypothèques, les conservateurs avaient deux registres : l'un pour la transcription de la saisie, l'autre pour l'enregistrement de la dénonciation. Maintenant le procès-verbal et la dénonciation se transcrivent sur le même registre, et le conservateur perçoit un droit d'un franc par rôle sur le tout. — *Tarif de* 1841, art. 2, § 2.

412. — Le conservateur des hypothèques pourrait faire la transcription à sa propre requête. — Même arrêt. — Lachaize, t. 1er, p. 277 et 282 ; Chauveau sur Carré, quest. 2261.

413. — La transcription de la saisie serait valablement faite un jour de fête légale ; car aucune loi ne l'interdit. — *Riom*, 12 mai 1808, Bourgoin c. Montal.

414. — Si le conservateur ne peut procéder à l'inscription de la saisie à l'instant où elle lui est présentée, il fera mention, sur l'original qui lui sera laissé, des heure, jour, mois et an auxquels il aura été remis et, en cas de concurrence, le premier présenté sera transcrit. — Art. 679.

415. — S'il y a eu précédente saisie, le conservateur constatera son refus en marge de la seconde ; il énoncera la date de la précédente saisie, les noms, demeures et professions du saisissant et du saisi, l'indication du tribunal où la saisie est portée, le nom de l'avoué du saisissant et la date de la transcription. — Art. 680. — Ces deux dispositions ne font que reproduire les anciens art. 678 et 679 du Code de 1807.

416. — L'observation de l'art. 679 n'est pas prescrite à peine de nullité. Si le conservateur ne délivrait pas la mention qui est prescrite par cet article, la procédure n'en serait pas moins valable, pourvu que la transcription fût faite. Mais s'il était prouvé que le conservateur a interverti l'ordre des transcriptions et que, par suite, la poursuite d'expropriation a été donnée à une partie qui ne devait pas l'avoir, celui qui a souffert de cette irrégularité pourrait prétendre des dommages-intérêts contre le conservateur.

417. — La saisie qui serait transcrite par erreur ou fraude, bien qu'une autre saisie eût été transcrite antérieurement, serait nulle, sauf la responsabilité du conservateur. — Carré et Chauveau, quest. 2265 ; Tarrible, p. 652. — V. CONSERVATEUR DES HYPOTHÈQUES.

418. — Si deux saisies étaient présentées en même temps à la transcription ; les avoués devraient se retirer devant le président du tribunal, qui trancherait la difficulté par une ordonnance mise en marge de celle des deux saisies qu'il ordonnerait de transcrire. — Thomines-Desmazures, t. 2, p. 211 ; Paignon, t. 1er, n° 22 ; Lachaize, t. 1er, p. 275 ; Persil fils, n° 133.

419. — Le conservateur devrait transcrire immédiatement la saisie qui lui serait présentée, bien qu'il fût à sa connaissance personnelle qu'une autre saisie a été déjà pratiquée sur le même immeuble. — Delaporte, t. 2, p. 285.

ART. 2. — *Effets de la saisie et de sa transcription.*

420. — La saisie immobilière produit plusieurs effets importans, à partir du moment où elle a été transcrite au bureau des hypothèques. Ainsi : 1° elle enlève au saisi le droit d'aliéner l'immeuble ; 2° elle peut amener la dépossession du saisi ; 3° elle immobilise les fruits naturels, industriels et civils produits par l'immeuble ; 4° elle rend annulables les baux qui n'avaient pas date certaine avant le commandement.

421. — *Prohibition d'aliéner.* — La partie saisie ne peut, à compter du jour de la transcription de la saisie, aliéner les immeubles saisis, à peine de nullité et sans qu'il soit besoin de la faire prononcer. — Art. 686.

422. — L'ancien art. 692 du Code de proc. portait : « La partie saisie ne peut, à compter de la *dénonciation* à elle faite de la saisie, aliéner les immeubles, à peine de nullité et sans qu'il soit besoin de la faire prononcer. » La loi nouvelle a pris la transcription pour point de départ parce que cette formalité peut seule avertir les tiers et qu'il a paru impossible d'annuler des ventes qui avaient pu être consenties dans une ignorance complète de la saisie.

423. — Néanmoins, ajoute l'art. 687, l'aliénation ainsi faite aura son exécution si, avant le jour fixé pour l'adjudication, l'acquéreur consigne somme suffisante pour acquitter, en principal, intérêts et frais, ce qui est dû aux créanciers inscrits ainsi qu'au saisissant, et s'il leur signifie l'acte de consignation.

424. — Si les deniers ainsi déposés ont été empruntés, les prêteurs n'auront d'hypothèques que postérieurement aux créanciers inscrits lors de l'aliénation. — Art. 688. — A défaut de consignation avant l'adjudication, il ne pourra être accordé, sous aucun prétexte, de délai pour l'effectuer. — Art. 689. — Ces trois dernières dispositions remplacent les anciens articles 693 et 694.

425. — Bien que l'art. 686 n'annule que les ventes consenties par le saisi postérieurement à la transcription, il est certain que les aliénations antérieures qui auraient le caractère de la fraude pourraient être annulées. — C. civ., art. 1167. — Quant à celles consenties avant ou depuis la faillite, V. FAILLITE.

426. — Il est certain que la saisie immobilière doit être annulée si le débiteur excipe d'un acte authentique de vente antérieur à l'hypothèque du saisissant, et si cet acte n'est pas argué de nullité. — *Montpellier*, 18 févr. 1811, Gorry c. Vié-Jannis ; *Colmar*, 26 juill. 1831, Dresch c. Nottinger.

427. — Jugé que la prise de possession d'héritages saisis faite en vertu d'un titre antérieur à la dénonciation de la saisie (aujourd'hui à la transcription), ne constitue pas une aliénation prohibée. — *Cass.*, 18 mai 1818, Meynadier c. Pintard.

428. — Jugé, sous l'empire de l'ancien art. 692

C. proc. civ., qu'après la dénonciation de la saisie immobilière un tiers qui se faisait déclarer copropriétaire de l'immeuble ne pouvait, de concert avec le saisi, procéder, en l'absence du poursuivant, à la vente de la propriété commune. — *Lyon*, 28 déc. 1810, Aynard c. Lanchenich et Aussenac; *Riom*, 20 janv. 1830, Clavière c. Champagne. — Carré, quest. 2332; Berriat Saint-Prix, p. 580, note 41, nº 4, et Huet, p. 152.

429. — Le partage fait entre le saisi et ses copropriétaires, dans le cours de la procédure de saisie immobilière, est nul, lorsqu'il a eu lieu hors la présence du créancier poursuivant. — *Cass.*, 11 nov. 1840 (t. 1er 1841, p. 114), Randouin c. Petiteau. — Carré et Chauveau, quest. 2292; Lachaize, t. 1er, nº 266.

430. — La nullité de la vente faite par le saisi, après la transcription de la saisie, ne peut être invoquée que par les créanciers; elle ne peut l'être par l'acquéreur. — *Cass.*, 5 déc. 1827, Chambonneau c. Bizat-Puy-de-l'Homme; *Paris*, 9 déc. 1833, Madden c. Feutrier. — Thomines-Desmazures, t. 2, p. 229; Persil fils, nº 149; Chauveau sur Carré, quest. 2294. — *Contrà*, *Angers*, 2 déc. 1818, Rocton; *Lyon*, 16 janv. 1819, N.... — Lachaize, t. 1er, nº 264.

431. — Les créanciers chirographaires ne seraient pas recevables à demander la nullité de la vente, dans ce cas. — *Rouen*, 29 avr. 1820, Coignard c. Levallois. — Le saisi ne le pourrait davantage. — Mêmes autorités.

432. — La loi défend l'aliénation de l'immeuble par le saisi après la transcription de la saisie; mais elle ne lui défend pas d'hypothéquer l'immeuble après cette transcription. — Favard de Langlade, vº *Saisie-immobilière*, t. 5, p. 54; Lachaize, t. 1er, nº 292; Paignon, t. 1er, nº 43; Persil fils, p. 131; Chauveau sur Carré, quest. 2295. — Cependant, sous l'empire de l'art. 692 du C. de 1807, Carré (même quest.) exprimait l'opinion contraire. Mais nous croyons avec les premiers auteurs que le mot *aliéner* doit être pris, dans l'art. 686, dans son sens propre, et qu'on ne peut l'entendre d'une constitution d'hypothèque.

433. — Nous pensons aussi avec M. Chauveau (sur Carré, quest. 2296), et contrairement à l'opinion de M. Paignon (t. 1er, p. 101), que le créancier poursuivant aurait le droit de se faire rembourser des frais qu'il aurait faits jusqu'à la vente qu'aurait consentie le saisi avant la transcription; car, en pratiquant une saisie immobilière sur le débiteur, ce poursuivant n'a fait qu'user de son droit, et il ne peut souffrir de ce que le saisi a vendu l'immeuble pendant le cours des poursuites.

434. — Il faut remarquer avec M. Persil fils (nº 144) que si le saisi qui n'a pas vendu l'immeuble avant la transcription perd, après cette formalité, le droit d'aliénation, il ne continue cependant pas moins d'être propriétaire de l'immeuble, et que, dès lors, c'est contre lui que les tiers doivent diriger leurs actions.

435. — Décidé, dans ce sens, avant la loi de 1841, que si la dénonciation du procès-verbal de saisie immobilière modifiait l'exercice de la propriété dans les mains du débiteur saisi, elle n'opérait pas sa dépossession qui ne résultait que de la sentence d'adjudication. — *Cass.*, 6 février 1815, Gras de Preigne c. Diouloufet.

436. — ... Et que, même après la dénonciation de la saisie immobilière, le saisi avait qualité pour défendre seul, et sans le saisissant, à une demande en résolution formée contre lui pour défaut de paiement du prix, par le vendeur de l'immeuble, et qu'il pouvait aussi acquiescer au jugement par défaut qui prononçait cette résolution; le saisissant, ainsi représenté par le saisi, était non recevable à former tierce opposition à ce jugement par défaut. — *Amiens*, 30 janv. 1825, Denis c. Tirrard.

437. — L'art. 686 disant que le saisi perd le droit d'aliéner à partir du jour de la transcription, on peut en conclure que la vente qui serait faite le jour même où la saisie est transcrite serait nulle, lors même qu'elle aurait précédé la transcription de quelques heures. — Persil fils, nº 146.

438. — Décidé, dans ce sens, que la vente faite par le saisi, le jour même de la dénonciation de la saisie immobilière (aujourd'hui, de la transcription) est nulle. — *Limoges*, 29 mai 1834, Bertout et Jumeaud c. Berland. — Chauveau, quest. nº 2298; Persil fils, p. 135, nº 116; Bioche et Goujet, *Dict. de procéd.* vº *Vente sur saisie immobilière*, nº 192.

439. — Toutefois, quelques-uns pensent que si l'acquéreur, malgré cette concurrence de date, parvenait à établir que la transcription est postérieure à la vente, si même il parvenait à susciter seulement des doutes en sa faveur, la vente devrait être maintenue.

440. — Les art. 687 et 689 ne sont pas dans une conformité parfaite de rédaction en ce que le premier exige que la consignation de l'acquéreur amiable soit faite avant le jour de l'adjudication; tandis que l'art. 689 semble dire que le délai n'expire qu'au moment même où l'adjudication aurait eu lieu, s'il y avait été procédé. Mais il paraît résulter de la discussion à la Chambre des députés qu'on n'a voulu considérer l'acquéreur comme forclos qu'autant qu'il n'aurait pas consigné son prix avant le moment fixé pour l'adjudication. — Chauveau sur Carré, quest. 2300. — V., cependant, Persil fils, nº 167.

441. — La consignation de l'acquéreur amiable ne doit pas être précédée d'offres réelles. — Pigeau, t. 2, p. 313; Carré et Chauveau, quest. 2301; Persil fils, nº 157.

442. — L'art. 687 parle du *saisissant*. D'où il faut conclure que si plusieurs saisies avaient été pratiquées successivement sur l'immeuble, la consignation devrait être d'une somme suffisante pour désintéresser tous les créanciers saisissans. Si une seconde ou troisième saisie n'était pratiquée par un créancier chirographaire qu'après le dépôt du cahier des charges, il faudrait, suivant M. Chauveau (sur Carré, quest. 2303), distinguer entre le cas où les saisies ont été jointes et celui où leur jonction n'a pas été ordonnée. — Dans le premier cas, l'acquéreur devra désintéresser les poursuivans dont la procédure aura été jointe; dans le second, comme la seconde saisie n'est transcrite que pour les objets non compris dans la première saisie, le second ne sera considéré comme poursuivant que si l'acquéreur achète aussi ces nouveaux objets.

443. — Si l'adjudication était annulée par suite de folle enchère ou de surenchère, l'acquéreur amiable serait encore reçu à consigner avant la nouvelle adjudication. — Demiau-Crouzilhac, p. 451; Lepage, *Quest.*, p. 412; Persil fils, nº 163.

444. — Il ressort de la discussion qui s'est élevée à la Chambre des députés sur le sens et la portée des art. 687, 688 et 689 que le législateur a entendu consacrer la doctrine que la consignation est un véritable paiement de la somme consignée aux créanciers inscrits et aux saisissans. Les mots *ainsi qu'au saisissant* qui se trouvent dans le nouvel art. 687 sont du reste une innovation; ils ne figuraient pas dans l'ancien art. 693.

445. — L'acquéreur qui a consigné ne peut critiquer le mérite de l'hypothèque de chacun des créanciers inscrits. Il peut seulement faire juger que tel créancier a reçu le montant de sa créance en tout ou en partie.

446. — Lorsque le créancier poursuivant est simplement chirographaire, les autres créanciers chirographaires ne peuvent former, à son préjudice, aucune saisie-arrêt sur la somme déposée à la caisse des consignations. La consignation valant paiement, cette somme appartient à ce poursuivant. — Chauveau sur Carré, quest. 2306.

447. — La disposition de l'art. 1261 du Code civil, qui porte: « Tant que la consignation n'a pas été acceptée par le créancier, le débiteur peut la retirer; » ne s'applique pas au cas prévu par les art. 687 et suiv. C. proc. civ. La consignation du prix n'a pas besoin d'être acceptée par les créanciers inscrits et les saisissans.

448. — Chaque créancier aura le droit de retirer de la caisse les consignations faites en sa faveur, en représentant la copie de la signification de l'acte de consignation qui lui a été faite aux termes de l'art. 687. Si le saisi ou l'acquéreur avaient formé opposition sur la somme consignée; ce serait une instance entre eux et chacun des créanciers dont la créance serait contestée, sauf au tribunal à condamner à des dommages-intérêts le saisi ou l'acquéreur qui élèverait des contestations mal fondées. — Chauveau, *loc. cit.*

449. — Les créanciers au profit desquels la consignation a été faite auraient le droit de retirer la partie des fonds qui leur est attribuée, lors même qu'une surenchère aurait été formée par un autre créancier. L'attribution faite à leur profit est définitive.

450. — L'acquéreur qui a consigné peut invoquer le bénéfice de la disposition de l'art. 1251 C. civ. (§ 2), suivant lequel la subrogation a lieu de plein droit au profit de l'acquéreur d'un immeuble qui emploie le prix de son acquisition au paiement des créanciers auxquels cet héritage était hypothéqué. La subrogation s'opérerait même dans les droits du créancier chirographaire saisissant, qui serait désintéressé par suite de la consignation. C'est ce qu'a déclaré M. Portalis dans son rapport à la Chambre des députés. — V. SUBROGATION.

451. — Il est un cas dans lequel l'acquéreur qui n'a pas consigné peut obtenir la remise de

l'adjudication de l'immeuble pour faire cette consignation. C'est lorsque l'une des créances auxquelles elle doit s'appliquer n'est pas liquide. Ce principe a été reconnu par la Cour de Cassation le 10 janv. 1838 ([t. 1er 1838, p. 110] Caisse hypothécaire c. Chevalier). On ne peut en effet faire vendre un immeuble sur expropriation forcée pour avoir paiement d'une créance qui n'est pas encore liquidée. — C. civ., art. 2213. — V. *suprà* nº 89.

452. — La consignation pourrait du reste être remplacée par le consentement donné à la vente par tous les créanciers inscrits et le saisissant, ou par l'acceptation des offres qui leur sont faites. — Persil fils, nº 161.

453. — *Administration de l'immeuble.* — « Si les immeubles saisis ne sont pas loués ou affermés, porte l'art. 681 C. proc., le saisi restera en possession jusqu'à la vente, comme séquestre judiciaire, à moins que, sur la demande d'un ou plusieurs créanciers, il n'en soit autrement ordonné par le président du tribunal, dans la forme des ordonnances sur référé. Les créanciers pourront néanmoins, après y avoir été autorisés par ordonnance du président, rendue dans la même forme, faire procéder à la coupe et à la vente, en tout ou en partie, des fruits pendans par les racines. — Les fruits seront vendus aux enchères ou de toute autre manière autorisée par le président, dans le délai qu'il aura fixé, et le prix sera déposé à la caisse des dépôts et consignations. »

454. — L'ancien art. 688 du Code de procédure, bien moins complet que le nouvel art. 681, portait seulement: « Si les immeubles saisis ne sont pas loués ou affermés, le saisi en restera en possession jusqu'à la vente, comme séquestre judiciaire, à moins qu'il ne soit autrement ordonné par le juge sur la réclamation d'un ou plusieurs créanciers. Les créanciers pourront néanmoins faire faire la coupe et la vente, en tout ou en partie, des fruits pendans par les racines.

455. — Dans le cas prévu par l'art 681, le saisi étant séquestre judiciaire, peut être contraint par corps à la restitution des fruits. — C. civ., art. 1936, 1958, 1963 et 2060 (§ 4).

456. — Suivant M. Chauveau (sur Carré, quest. 2269), c'est à partir du jour de la dénonciation au saisi que ce dernier commence à jouer le rôle de séquestre judiciaire. Les fruits qu'il a perçus avant cette dénonciation lui appartiennent. — V. aussi Persil, *Quest.*, t. 2, p. 201; Tarrible, p. 629; Berriat-Saint-Prix, p. 579. — Les créanciers peuvent seulement agir, avant cette dénonciation, par voie de saisie-arrêt ou de saisie-brandon sur ces fruits. Mais nous croyons que, depuis la loi nouvelle, qui n'immobilise les fruits qu'à partir de la transcription, on ne peut, sans contradiction, donner un autre point de départ que cette dernière formalité aux fonctions du saisi comme séquestre.

457. — Lorsqu'un créancier veut faire déposséder le saisi de l'administration des biens saisis, il doit appeler devant le président du tribunal le saisissant et le saisi. Lorsque c'est le saisissant lui-même qui veut prendre cette mesure, il doit appeler le saisi en *référé*.

458. — Le référé doit être introduit par une assignation à personne ou domicile. La demande doit être motivée sur la mauvaise gestion du saisi ou sur les dégradations qu'il aurait commises, ou sur toute autre raison grave. — Hautefeuille, p. 374; Thomines-Desmazures, p. 263; Demiau, p. 438; Carré et Chauveau, quest. 2270.

459. — Jugé, sous l'empire de l'ancien art. 688 du Code de procédure, que l'appel d'un jugement qui statuait sur une demande en dépossession d'un saisi dans le cours d'une saisie immobilière pouvait être frappé d'appel pendant trois mois à compter du jour de la signification à personne ou domicile. — *Orléans*, 19 avr. 1809, N....

460. — Les règles qui s'appliquent aux ordonnances sur référé doivent être suivies en pareil cas; ainsi, l'ordonnance qui statue sur une demande en dépossession du saisi n'est pas susceptible d'opposition, si elle a été rendue par défaut, et elle est soumise à l'appel. C'est ce qui résulterait au besoin de la discussion de la loi de 1841 aux Chambres. — V. RÉFÉRÉ.

461. — Le président doit apprécier en référé quelles mesures il y a lieu de prendre pour l'administration des biens après la dépossession du saisi. Il pourra nommer un gérant séquestre, autoriser un bail judiciaire, ou procéder de toute autre manière qui lui paraîtrait convenable. — Pigeau, t. 2, p. 213; Carré et Chauveau, quest. 2271.

462. — Le séquestre nommé en référé a droit à un salaire. — C. civ., art. 1962. — Ce salaire varie suivant l'importance des biens. Lorsqu'il s'agit

...e maison, il consiste ordinairement en une re...nue de 5 pour cent sur le produit des loyers. A ...ris, le séquestre qui perçoit les loyers retient ...ne certaine somme pour son salaire lorsqu'il ...ient à rendre ses comptes.—Bioche, n° 297.

...63. — Les expressions *fruits pendans par les ra...* dont se sert l'art. 681 ne s'appliquent pas aux ...upes de bois.

464. — La loi autorise le président à faire ven...re les fruits aux enchères *ou de toute autre ma...re*. M. Persil disait à la Chambre des pairs : « Il ...ut éviter, pour les produits qui pourraient, ...ivant la mercuriale, ou de gré à gré, se vendre ...0, 50 ou 100 francs, des droits de fisc, des frais ...affiches, d'annonces et des rétributions allouées ...ux officiers ministériels qui réduiraient presque ...rien ces produits. Ainsi, dans la pensée du lé...slateur, le président a le droit non-seulement ...e changer le mode de vente, mais d'enlever les ...ntes aux officiers publics qui avaient le privi...ge de les faire.

465. — Décidé, sous l'empire de la loi du 11 ...rumaire an VII, que la vente de fruits pendans ...r racines et destinés à être coupés faite sépa...ément du fonds était, à titre de vente *mobilière*, ...pposable aux tiers et, notamment, aux créan...iers hypothécaires auxquels le fonds est affecté, ...ncore qu'elle n'ait pas été soumise à la transcrip...ion; qu'en d'autres termes, les fruits pendans ...r racines devenaient meubles par la vente qui ...était faite, sans fraude, séparément du fonds.— ...ss., 10 vendém. an XIV, Michel Schoot c. Wolff. ...Toullier, t. 8, n° 11; Duranton, t. 4, n° 42; Mer...in, *Rép.*, v° *Fruits*.

466. — Le créancier ne peut, sans l'autorisation ...u président, faire procéder à la coupe et à la ...nte des fruits pendans par racines sur les im...eubles saisis, le saisi ne pouvant être privé, ...'avec l'autorisation du juge, de sa qualité de ...équestre judiciaire.—*Grenoble*, 3 juill. 1827, Fine ...Violin. — Carré, quest. 2313; Bioche et Goujet, *...ict. de proc.*, v° *Saisie immobilière*, n° 160.

467. — Jugé que la partie saisie, constituée sé...uestre judiciaire de l'immeuble saisi, ne peut ...endre à l'amiable les fruits échus depuis la dé...onciation de la saisie, lors même que cette vente ...aurait lieu qu'après l'adjudication de l'immeu...le dans laquelle ces fruits n'ont pas été compris. —*Bourges*, 17 janv. 1821, Chaix c. Archambault.

468. — Pendant les poursuites de la saisie im...obilière, le président peut ordonner le séques...e des fruits, même contre le tiers détenteur de ...immeuble saisi, et il n'est pas nécessaire, dans ...e cas, d'obtenir préalablement une condamna...on personnelle contre ce tiers détenteur. — ...ss., 4 oct. 1814, Joannis c. Pomme et Nicolas.

469. — Si le saisi faisait des dépenses pour la ...nservation de l'immeuble pendant le temps ...'il est séquestre judiciaire, les créanciers de...raient l'indemniser. — Persil fils, n° 138.

470. — Le droit de demander la dépossession ...u saisi appartient à tous les créanciers inscrits ...non sur l'immeuble, pourvu qu'ils aient un ...tre exécutoire et qu'ayant fait commandement ...débiteur ils aient le droit de saisir. — Thomi...es-Desmazures, t. 2, p. 225.

471. — Le saisi ne peut faire aucune coupe de ...ois ni dégradation, à peine de dommages-inté...ts auxquels il serait contraint par corps sans ...réjudice, s'il y avait lieu, des peines portées ...r les art. 400 et 434 du Code pénal. — Art. 683 ...ncien art. 690). — V. ABUS DE CONFIANCE, ...GRADATION, DESTRUCTION, DOMMAGE, INCENDIE, ...OL.

472. — L'art. 690 du Code de 1807 portait, en ...rmes généraux, que le saisi pourrait même être ...oursuivi par la voie criminelle, suivant la gra...té des circonstances. Cette rédaction vague est ...mplacée par un renvoi à deux articles du Code ...nal. L'art. 400 du Code pénal punit le saisi qui ...grade ou enlève des objets existans sur les ...eux saisis, comme s'il avait commis tantôt un ...us de confiance, s'il est séquestre judiciaire, ...ntôt un vol, s'il n'est pas séquestre judiciaire. ...'art. 434 punit celui qui, méchamment et pour ...ire à autrui, incendie sa propriété.

473. — Non-seulement le saisi ne pourrait faire ...coupe de bois, mais il ne pourrait même ...attre un seul arbre, sans se rendre coupable ...dégradation ou de vol, ainsi que le prévoit ...art. 400 du Code pénal. — Lachaize, t. 1er, p. 347.

474. — L'adjudicataire ne pourrait avoir au...n recours contre les créanciers pour se faire ...demniser des dégradations commises par le ...isi pendant la procédure; car les créanciers ne ...euvent jouer le rôle de vendeur vis-à-vis de ...l'adjudicataire ni être grevés de la responsa...ilité attachée à ce titre. — Pigeau, t. 2, p. 308; Favard de Langlade, v° *Saisie-immobilière*, t. 5, p. 54.

475. — Les créanciers, au contraire, peuvent réclamer des dommages-intérêts au saisi, ainsi que l'art. 683 les y autorise. — Carré et Chauveau, quest. 2279; Thomines-Desmazures, t. 2, p. 227: Lachaize, nos 308 et 309.

476. — Si les objets réputés immeubles par destination, saisis et vendus avec le fonds, avaient été soustraits par le saisi, l'adjudicataire pourrait demander la rescision de la vente ou une réduction du prix. — Carré et Chauveau, quest. 2299.

477. — Pendant le cours des procédures, le poursuivant peut se faire autoriser à établir gardien, pour empêcher le divertissement du mobilier faisant partie de l'adjudication et les dégradations des bâtimens, et à faire réintégrer le mobilier déjà enlevé. — *Paris*, 16 févr. 1816, Demalard c. Aubineau.

478. — *Immobilisation des fruits.* — Le principe de l'immobilisation des fruits a été introduit pour que le produit des fruits fût placé dans les mêmes conditions que le prix de l'immeuble et pour que le tout fût compris dans la même distribution. L'immobilisation des fruits naturels ou industriels est régie par l'art. 682, et celle des fruits civils par l'art. 685.

479. — Les fruits naturels et industriels recueillis postérieurement à la transcription ou le prix qui doit en provenir, sont immobilisés pour être distribués avec le prix de l'immeuble par ordre d'hypothèque. — Art. 682.

480. — Lors même que les créanciers n'auraient pas cru devoir provoquer la dépossession du saisi, les fruits échus depuis la transcription de la saisie sont immobilisés (Lachaize, t. 1er, p. 340; Favard de Langlade, v° *Saisie immobilière*, t. 5, p. 53), et le débiteur en est comptable. — « Si les créanciers laissent le saisi jouir des fruits, disait M. Portalis dans son rapport à la Chambre des pairs, c'est à lui qu'ils doivent en demander compte. » — Toutefois, il ressort des termes du rapport, que la disposition de l'art. 681 a été introduite dans un but d'humanité, et il faut décider, dès lors, que le saisi fait les fruits siens jusqu'à concurrence de ses besoins personnels. — Persil fils, n° 137; Lachaize, t. 1er, n° 301.

481. — Les fruits naturels ou industriels échus depuis la transcription étant immobilisés par la seule force de la loi, il ne dépendrait pas d'un créancier d'empêcher cette immobilisation, en pratiquant sur ces fruits une saisie-brandon conformément à l'art. 626 du Code de procédure, postérieurement à la transcription. Mais si la saisie avait été faite avant la transcription, l'immobilisation n'aurait pas lieu; car la saisie des fruits pratiquée avant qu'ils ne soient coupés les distrait du fond, et leur confère la nature de meubles. — Carré et Chauveau, quest. 2277; Paignon, t. 2, p. 90. — V., cependant, Bioche, n° 309.

482. — M. Chauveau (*loc. cit.*) fait observer que la question ne peut pas s'élever pour les fruits civils qui ne peuvent être saisis-arrêtés avant d'être échus.

483. — L'art. 685 du Code de procédure porte : « Les loyers et fermages seront immobilisés à partir de la transcription de la saisie pour être distribués avec le prix de l'immeuble par ordre d'hypothèque. Un simple acte d'opposition à la requête du poursuivant ou de tout autre créancier vaudra saisie-arrêt entre les mains des fermiers et locataires qui ne pourront se libérer qu'en vertu de mandemens de collocation, ou par le versement de loyers ou fermages à la caisse des consignations. Ce versement aura lieu à leur réquisition ou sur la simple sommation des créanciers. — A défaut d'opposition, les paiemens faits au débiteur seront valables, et celui-ci sera comptable, comme séquestre judiciaire, des sommes qu'il aura reçues. — V., ci-dessus, le texte de l'ancien art. 691.

484. — Les loyers et fermages ne seraient immobilisés que pour la portion du terme qui a couru depuis la transcription; c'est une conséquence du principe que les fruits civils s'acquièrent jour par jour. — Quant aux fruits naturels ou industriels, ils seraient immobilisés pour le tout s'ils étaient échus depuis la même époque. — Carré et Chauveau, quest. 2287.

485. — Bien que l'art. 685 dise seulement que les loyers et fermages seront distribués par ordre d'hypothèque, il est incontestable que les priviléges, lorsqu'il en existe, s'exercent avant tout sur les fruits civils immobilisés.

486. — Le simple acte d'opposition dont parle l'art. 685 doit contenir seulement la date de la saisie, la dénonciation, la transcription et le motif de l'acte.

487. — La faillite du débiteur déclarée avant la transcription de la saisie immobilière n'empêche pas cette transcription de produire tous ses effets. Elle ne s'oppose donc pas à ce que les loyers et fermages soient immobilisés. — Chauveau sur Carré, quest. 2290.

488. — La Cour de Paris a jugé, sous l'empire de l'art. 691 du Code de 1807, que les créanciers hypothécaires qui avaient pratiqué une saisie immobilière sur les biens de leur débiteur, pouvaient, nonobstant la faillite postérieure de celui-ci, faire saisir-arrêter les fermages de l'immeuble saisi, et demander qu'ils fussent immobilisés à leur profit. — *Paris*, 18 avril 1833, Montholon c. Agerony.

489. — Décidé encore avant la loi du 2 juin 1841 que l'héritier bénéficiaire ne pouvait s'opposer à l'immobilisation des loyers que le créancier poursuivant la saisie immobilière avait fait arrêter. — *Paris*, 16 août 1832, sous *Cass.*, 9 déc. 1835, Périer c. Veyrassat.

490. — ... Et que dans le cas de saisie immobilière, le locataire de l'immeuble saisi devait payer aux créanciers inscrits les loyers échus *depuis la dénonciation* faite au saisi, sans pouvoir opposer, pour ce que lui devait ce dernier, une compensation résultant d'un acte de société passé entre eux avant la saisie, mais devenu depuis sans effet par la faillite du contractant. — *Rouen*, 17 mai 1825, Sénégal c. Lemercier.

491. — *Baux annulables.* — Les baux qui n'ont pas acquis date certaine, avant le commandement, peuvent être annulés, si les créanciers ou l'adjudicataire le demandent (art. 684). — Cette disposition remplace l'ancien art. 691 qui portait : « Si les immeubles sont loués par bail dont la date ne soit pas certaine avant le commandement, la nullité pourra en être prononcée si les créanciers ou l'adjudicataire le demandent. — Si le bail a une date certaine, les créanciers pourront saisir et arrêter les loyers et fermages, et, dans ce cas, il en sera des loyers et fermages échus depuis la dénonciation faite au saisi comme des fruits mentionnés en l'art. 689.

492. — La disposition de l'art. 684, qui maintient les baux ayant date certaine avant le commandement, est générale, et elle s'applique même à ceux qui ont une longue durée ou qui auraient été faits par anticipation pour avoir effet les uns à la suite des autres. — Tarrible, *Rép.*, v° *Tiers détenteur*. — Les créanciers ne seraient pas recevables à faire réduire ou annuler de semblables baux. — Locré, *Espr. C. proc.*, t. 3, p. 494; Carré et Chauveau, quest. 2281. — *Contrà*, Pigeau, t. 2, p. 226.

493. — Décidé que les paiemens de loyers d'un immeuble saisi faits par anticipation, en vertu d'une clause du bail, sont opposables aux créanciers inscrits, alors surtout que rien ne démontre que leurs inscriptions soient antérieures au bail, et qu'il est constant qu'il n'y a pas eu fraude. — *Rouen*, 4 avril 1843 (t. 1er 1844, p. 400), d'Arpentigny c. Blain Gaulhier. — V., sur les effets de l'anticipation en matière de paiement de loyers, BAIL, nos 530 et suiv. — Toullier, *Droit civ. français*, t. 6, n° 365, et t. 7, n° 81; Duvergier, *Du louage*, n° 464.

494. — Mais si les baux ayant date certaine avant le commandement avaient été faits par le débiteur pour frauder les créanciers, il est incontestable que ceux-ci pourraient faire preuve de la fraude, et obtenir, en cas de succès, l'annulation de ces baux, conformément à l'art. 1167 du Code civil. — Carré et Chauveau, *loc. cit.*; Locré, *loc. cit.*; Persil fils, n° 143: Thomines-Desmazures, t. 2, p. 227, Lachaize, t. 1er, n° 311; Paignon, t. 1er, nos 37 et 39.

495. — Décidé avec raison que le bail antérieur à une saisie immobilière doit être annulé, en cas de fraude, lors même que le preneur offre de réduire la durée du bail et d'en modifier les dispositions. — *Paris*, 3 mai 1810, Moret c. Vaury; *Dijon*, 26 nov. 1816, Geuvre c. Cornu; *Rouen*, 28 avril 1824, Lesellier c. Meurger. — Bioche et Goujet, *Dict. de proc.*, v° *Saisie immobilière*, n° 181. — V. BAIL.

496. — Les mots *date certaine* employés par l'art. 684 sont pris dans le même sens que dans l'art. 1328 du Code civil; aussi est-ce à tort que Thomines-Desmazures (t. 2, p. 228) considère l'entrée en jouissance du locataire avant le commandement, comme pouvant être une preuve de l'existence du bail à la même époque. — Chauveau, quest. 2283. — V. ACTE SOUS SEING PRIVÉ.

497. — L'art. 684 du Code de procédure consacre au profit de l'adjudicataire un droit que

ne lui donnait pas le droit commun. En effet, les art. 1743 et 1750 du Code civil obligeraient cet adjudicataire de subir tous les baux ayant date certaine antérieure à l'adjudication, si l'art. 684 ne lui donnait les moyens de critiquer ceux qui n'ont pas acquis date certaine avant le commandement.

498.—Jugé que lorsque, dans une poursuite d'expropriation forcée, le fermier des biens saisis a dénoncé son bail au créancier poursuivant, et que celui-ci, obtempérant au réquisitoire du fermier, a imposé à l'adjudicataire par le cahier des charges la condition d'exécuter le bail, cet adjudicataire n'a pas pu se mettre en possession des biens à lui adjugés, au mépris de cet acte et sans avoir fait statuer sur sa validité.—L'annulation du bail ne peut être demandée tant que le fermier n'aura pas manqué à ses engagements. —*Amiens*, 20 août 1825, Fruitier c. Martin.

Sect. 2e. — *Moyens de publicité qui précèdent l'adjudication.*

§ 1er. — *Dépôt du cahier des charges.*

499.—Dans les vingt jours au plus tard après la transcription, porte l'art. 690, le poursuivant déposera au greffe du tribunal le cahier des charges, contenant : 1° l'énonciation du titre exécutoire en vertu duquel la saisie a été faite, du commandement, du procès-verbal de saisie, ainsi que des autres actes et jugemens intervenus postérieurement; 2° la désignation des immeubles telle qu'elle a été insérée dans le procès-verbal; 3° les conditions de la vente; 4° une mise à prix de la part du poursuivant.

500.—Le cahier des charges est un acte destiné à faire connaître au saisi, aux créanciers inscrits et aux prétendans à l'acquisition, les conditions de la vente. Il doit, suivant la loi nouvelle, être déposé dans les vingt jours, à partir de la transcription. La fixation de ce délai est une innovation destinée à rendre la procédure plus rapide. L'ancien art. 697 se contentait de prescrire ce dépôt quinze jours au moins avant la première publication.

501.—Jugé que le délai de quinzaine qui devait s'écouler entre le dépôt du cahier des charges et la première publication n'était pas un délai de quinze jours francs. — *Cass.*, 26 janv. 1831, Chervin c. Brunet.

502.—La loi de 1841 ne s'est pas contentée de fixer un délai dans lequel le dépôt du cahier des charges doit avoir lieu. Elle a supprimé une série de formalités qui, dans l'ordre de la procédure, se plaçaient avant ce dépôt ou à une époque contemporaine de sa date. Ces formalités étaient : 1° l'insertion d'un extrait de la saisie au tableau placé dans l'auditoire du tribunal (art. 682 Cod. proc. civ.); 2° l'insertion de pareil extrait dans un journal (art. 683); 3° l'affiche d'un semblable extrait imprimé en forme de placard (art. 684 et 685); 4° la notification du procès-verbal d'affiche à la partie saisie (art. 687); 5° la notification d'un exemplaire du placard aux créanciers inscrits (art. 695); 6° l'enregistrement de cette dernière notification aux hypothèques en marge de la saisie.

503. — Décidé, par application de l'ancien art. 682, que l'extrait du procès-verbal de saisie immobilière, qui devait, aux termes de cet article, contenir la date de la saisie *et des enregistremens*, devait contenir, non l'énonciation de l'acte qui constate la perception du droit fiscal payé à l'administration des domaines, mais la mention des transcriptions opérées, en exécution des art. 677 et 680 Cod. proc. civ., au bureau de la conservation des hypothèques de la situation des biens et au greffe du tribunal où devait se faire la vente. — *Aix*, 2 déc. 1837 (t. 1er 1838, p. 100), Saint-Benoît c. Jollivet.

504.—La Cour de cassation jugeait aussi que, depuis le décret du 26 sept. 1814, il suffisait que l'extrait, dont l'art. 683 Cod. proc. prescrivait l'insertion dans l'un des journaux imprimés dans le lieu où siégeait le tribunal devant lequel la saisie se poursuivait, fût inséré seulement dans le journal du chef-lieu du département, quoique dans le chef-lieu de l'arrondissement où la saisie avait été pratiquée il s'imprimât une feuille périodique. — *Cass.*, 11 avril 1834, Blavignac c. Lacazade.

505. — La loi nouvelle exigeant le dépôt du cahier des charges dans les vingt jours au plus tard après la transcription, il résulte de cette rédaction que le jour de la transcription n'est

pas compris dans le délai; le dépôt pourrait avoir lieu le dernier jour du délai, c'est-à-dire le vingtième jour sans compter celui de la transcription. — Souquet, *Dict. des temps légaux*, introduction, p. 10.

506. — Le cahier des charges doit être rédigé par l'avoué du poursuivant. — Le *Tarif* de 1841 (art. 11) accorde un émolument à l'avoué pour sa rédaction. Le greffier dresse acte du dépôt. — Lachaize, t. 1er, p. 380. — Il est grossoyé. — Même art. du *Tarif*.

507. — Le dépôt au greffe du cahier des charges n'est pas suffisamment constaté par acte énonçant que l'avoué du poursuivant a *produit* au greffe le cahier des charges. — *Bastia*, 16 nov. 1822, Cantini c. G....

508. — Lorsqu'une saisie immobilière est pratiquée en vertu de plusieurs jugemens rendus au profit de différens créanciers, il n'est pas nécessaire que le cahier d'enchères relate chacun de ces jugemens séparément pour chaque créancier en particulier; il suffit qu'il les indique par leur date, quoique par une seule et même disposition. — *Bordeaux*, 20 mars 1835, Lalune c. Maury.

509. — Il y aurait nullité si le cahier des charges ne contenait pas l'indication de la dénonciation au débiteur et de la transcription de la saisie. — *Besançon*, 18 mars 1808, Marchand c. Colombet; *Nîmes*, 28 juin 1809, Pie c. Mar; *Metz*, 21 août 1811, Jayer; *Toulouse*, 4 mai 1813, Caussade c. Decours; *Orléans*, 7 juill. 1826, Traversa c. Blanche.

510. — Les jugemens dont parle l'article 690 (no 1er) et qui peuvent avoir été rendus avant le dépôt du cahier des charges, et que cet acte doit énoncer, sont, par exemple, ceux qui seraient intervenus sur l'appel de celui en vertu duquel la saisie a été faite, ou sur la demande en nullité de la saisie. — Carré et Chauveau, quest. 2316.

511. — Le poursuivant n'est obligé d'énoncer dans le cahier des charges ni les titres de propriété des objets saisis, ni le pouvoir spécial donné à l'huissier pour saisir, ni l'état des inscriptions. Des observations ont été faites dans la discussion de la loi du 2 juin 1841 pour faire insérer dans l'art. 690 des dispositions spéciales sur ces différens points; mais ces observations n'ont pas été accueillies. — Chauveau sur Carré, quest. 2317.

512. — Le cahier des charges serait irrégulier s'il se bornait à désigner d'une manière générale les objets saisis sans reproduire tous les détails de la désignation qui a été faite dans le procès-verbal de saisie. — Pigeau, t. 2, p. 318; Lachaize, t. 1er, p. 385; Thomines-Desmazures, t. 2, p. 234.

513. — On jugeait sous l'empire de l'ancien article 697 C. proc. civ. (mais ces décisions peuvent souffrir difficulté) : 1° que la partie saisie ne pouvait se plaindre de ce que le cahier des charges renfermait la désignation entière et détaillée des biens saisis, bien que la loi ne prescrivît qu'une désignation sommaire. — *Cass.*, 12 janv. 1815, Mariette c. Prunelé. — L'art. 697 était conçu, quant à la désignation des biens, comme l'art. 690 nouveau.

514. — ... 2° Que lorsque le cahier des charges et les affiches ne contenaient pas l'indication des biens en autant d'articles qu'il y avait d'exploitations, cette irrégularité pouvait être rectifiée, sans qu'il fût nécessaire d'ordonner un nouveau cahier des charges et de nouvelles affiches. — *Cass.*, 14 janv. 1816, de Croy c. Louchet.

515. — La Cour de Bordeaux a jugé que l'erreur qui s'est glissée dans le cahier des charges sur la contenance d'un immeuble saisi ne peut vicier la procédure, si d'ailleurs cet immeuble est bien désigné par sa nature et ses tenans et aboutissans. — *Bordeaux*, 8 déc. 1831, Camarsac c. Darrigaud. — On ne devrait approuver cette décision qu'autant qu'il s'agirait d'une erreur peu importante dans l'indication de la contenance.

516. — Tous les immeubles désignés dans le cahier des charges d'une saisie immobilière font partie de l'adjudication, bien que quelques-uns d'entre eux ne figurent pas sur les placards. — *Caen*, 25 mai 1846 (t. 1er 1848, p. 359), Macé et Leriche c. Quesnée.

517. — Les formalités postérieures au dépôt du cahier des charges ne doivent pas être mentionnées à la suite de cet acte à mesure de leur observation. C'est ce qui résulterait au besoin du texte de l'art. 695, aux termes duquel le jugement qui ordonne l'adjudication doit être porté sur le cahier des charges à la suite de la mise à prix ou des dires des parties; ce qui ne laisse pas de place pour la mention des formalités postérieures au dépôt.

518. — Sous l'empire du Code de procédure (art. 699), il était indispensable de mentionner sur le cahier des charges les dires, publications et adjudications, parce que ces énonciations devaient figurer plus tard dans le jugement d'adjudication lui-même. On jugeait, du reste, que la relation sur le cahier des charges des autres formalités postérieures à son dépôt n'était pas exigée à peine de nullité. — *Paris*, 22 août 18[illegible] Lemoine; *Douai*, 3 janv. 1825, Trun c. Dujat[illegible]; *Poitiers*, 27 avril 1826, Voularnière c. Sylvain; *Rouen*, 4 mai 1827, Chevallier c. Lefèvre.

519. — Le poursuivant de vente par expropriation forcée a seul le droit de stipuler les charges de l'adjudication, sauf aux parties intéressées à faire réformer par jugement les clauses du cahier d'enchères qu'elles jugeraient leur être préjudiciables. — *Cass.*, 25 juill. 1837 (t. 2 1837, p. 130), de Joannis c. Rivière.

520. — Le poursuivant peut énoncer dans le cahier des charges des conditions de vente toutes spéciales, s'il y a lieu, pourvu que ces conditions ne puissent nuire ni au saisi, ni aux autres créanciers inscrits. — Thomines-Desmazures, t. 2, p. 234.

521. — Lorsque la radiation ou la modification d'une clause insérée par lui dans cet acte est réclamée par l'un des intéressés, le tribunal doit statuer en appréciant la nature de la clause critiquée et l'influence qu'elle peut exercer sur l'adjudication.

522. — Jugé que la clause du cahier des charges suivant laquelle l'adjudicataire devra consigner le prix de l'adjudication si un ou plusieurs créanciers le réclament, est obligatoire pour les créanciers et l'adjudicataire, sans que ce dernier soit fondé à arguer de nullité la folle enchère dont il a été l'objet, sous le prétexte qu'il aurait fallu d'abord, conformément à l'art. [illegible] § 10 de l'ordonnance du 3 juill. 1816, faire décider par jugement que la consignation devait avoir lieu. — *Bordeaux*, 23 juin 1840 (t. 2 1840, p. 287), Siey c. Soubiran.

523. — Mais les tribunaux peuvent ordonner qu'une clause portant que le jugement d'adjudication sera signifié aux créanciers inscrits sera rayé du cahier des charges. — *Paris*, 18 déc. 18[illegible], Durand et Barnier c. Oudinot. — V. *infrà* l'article 716, no 770.

524. — La clause qui n'admettrait à enchérir que les tiers qui donneraient caution serait nulle. — *Colmar*, 25 févr. 1834, Schwartz c. Rischmann. — V. cependant Persil fils, no 177.

525. — Jugé, avant la loi nouvelle, que la clause insérée au cahier des charges d'une vente sur saisie immobilière, portant que l'adjudicataire fournirait caution, ne pouvait être critiquée par le débiteur après l'adjudication préparatoire, ni rétractée sans le consentement de ses créanciers. — *Grenoble*, 22 août 1832, Clément c. Berthier.

526. — On peut insérer dans le cahier des charges une clause portant que les frais extraordinaires de poursuite seront prélevés sur le prix. — *Riom*, 3 août 1826, Servant c. Longevialle.

527. — On pourrait énoncer, comme condition de la vente, que l'adjudicataire ne changera pas l'état des lieux jusqu'après la clôture de l'ordre et le paiement du prix, ou bien que l'adjudicataire devra déposer son prix à la caisse des dépôts et consignations. — Lachaize, t. 1er, p. 38[illegible]

528. — La clause portant que la vente sera faite sans garantie de mesure serait valable. — *Cass.*, 18 nov. 1828, Lacroix c. Travaux.

529. — Lorsque l'immeuble a été précédemment vendu à charge de rente viagère, mais sous la condition formelle que le vendeur rentrerait dans sa propriété, à défaut de paiement de deux termes de la rente, le cahier des charges doit faire mention de la clause résolutoire stipulée au contrat. — *Paris*, 18 juin 18[illegible], Gomet c. Thierriet de Grand-Pré.

530. — La nature des clauses qui auraient été insérées dans un cahier des charges ne peut du reste pas être une cause de nullité de l'acte lui-même. Il peut seulement y avoir lieu à rectification. La rectification pourrait même être faite par le poursuivant lui-même par un dire avant toute contestation.

531. — Il a été jugé que les clauses du cahier des charges peuvent être modifiées par le tribunal, sur la demande du débiteur saisi, et malgré la résistance du poursuivant. — *Colmar*, 14 avr. 1812, Berry c. Peter.

532. — Cet arrêt a été critiqué, et c'est à tort suivant nous. Le saisi est partie dans l'instance en saisie immobilière et, dès lors, ses réclamations peuvent s'élever devant le tribunal, qui

…ra bien en faire justice, si elles sont inspirées …r le seul désir de nuire aux créanciers, mais …il s'empressera de les accueillir si elles ont …ur but de repousser une clause onéreuse. La …atique du palais a, par un constant usage, ra…fié cette opinion. La partie qui veut demander …réformation du cahier des charges fait un dire …greffe sur le cahier même, avenir est donné, …le tribunal statue. — Berriat, p. 588, note 70, …Demiau-Crouzilhac, p. 447. — Suivant Lachaize …, n° 333), le tribunal pourrait d'office or…nner la suppression des clauses qui lui paraî…aient contraires aux lois et aux intérêts des …arties. — Un étranger pourrait même, d'après …et (p. 163, n° 3), intervenir et faire consigner …cahier des charges une clause relative à une …rvitude qui lui serait due.

533. — La loi ne fixe aucune base pour la …ise à prix. Sa détermination est donc aban…nnée à l'appréciation du poursuivant, sauf à …ix des créanciers inscrits qui voudraient cri…quer son chiffre à demander la subrogation …ns les poursuites. — Chauveau sur Carré, …uest. 2321.

534. — Thomines-Desmazures (t. 2, p. 235) es…ime que la mise à prix, si elle ne doit pas être …ale à la valeur réelle de l'objet à vendre, doit …anmoins offrir un prix sérieux, par ce motif …e ce poursuivant demeurera adjudicataire sur …mise à prix faute d'enchère (V. *infrà* l'art. 706, …n° 738), et qu'on ne peut concevoir une vente …où il n'y a qu'un prix illusoire. Cette opinion …combattue par M. Chauveau, *loc. cit.*

535. — Après avoir partagé les objets saisis en …sieurs lots dans le cahier des charges, avec …e mise à prix pour chaque lot, on peut ajouter …e l'adjudication ne deviendra définitive que …rsque la masse entière ayant été mise à l'en…ère on n'aura pas obtenu un prix supérieur à …lui des ventes partielles. — *Cass.*, 14 janv. 1816, …Croy c. Louchet.

536. — Il n'y a pas lieu de signifier le cahier …s charges au saisi et aux créanciers inscrits. …e pareille signification serait frustratoire.

…2. — *Sommations au saisi et aux créanciers inscrits d'en prendre communication.*

537. — Dans les huit jours, au plus tard, après …dépôt au greffe du cahier des charges, outre …jour par cinq myriamètres de distance entre …domicile du saisi et le lieu où siége le tribu…l, sommation est faite au saisi, à personne ou …micile, de prendre communication de ce ca…er des charges, de fournir ses dires ou obser…tions, et d'assister à la lecture et publication …qui en sera faite, ainsi qu'à la fixation du jour de …adjudication. Cette sommation indique les jour, …u et heure de la publication. — Art. 691.

538. — C'est à partir de cette disposition que …mmence le développement du nouveau sys…me, dont l'effet est de rendre la procédure plus …pide et moins coûteuse. Il consiste à rempla…r les trois publications et l'adjudication prépa…toire par le règlement judiciaire, entre les …rties intéressées, des clauses et conditions du …hier d'enchères et par l'indication du jour où …adjudication sera faite.

539. — La sommation au saisi peut être signi…e indifféremment au domicile réel ou au do…icile élu pour l'exécution de la convention.

540. — Lorsque le poursuivant a fait signifier …la partie saisie la sommation prescrite par …rt. 691, il n'y a pas lieu, pour la régularité du …gement, qui donne acte au poursuivant des …ture et publication du cahier des charges et …e le jour de l'adjudication, de donner à l'avoué …saisi un avenir au jour où ce jugement doit …re rendu. — *Rouen*, 4 juin 1842 (t. 2 1842, p. …), Letellier c. Camel et hospice de Gisors.

541. — Jugé, aussi, que le défaut de significa…ion dudit jugement à avoué et à domicile ne …ut non plus en faire annuler l'exécution. — …me arrêt.

542. — Pareille sommation est faite dans le …me délai de huitaine aux créanciers inscrits …r les biens saisis, aux domiciles élus dans les …scriptions. Si parmi les créanciers inscrits se …ouve le vendeur de l'immeuble saisi, la som…ation à ce créancier doit porter, qu'à défaut de …rmer sa demande en résolution, et de la noti…r au greffe avant l'adjudication, il sera défini…ivement déchu, à l'égard de l'adjudicataire, du …roit de la faire prononcer. — Art. 692.

543. — Les formalités prescrites par les art. …1 et 692 doivent être observées à peine de nul…ité. La nullité peut être invoquée par tous ceux

qui y ont intérêt. — Art. 715 nouveau. — V. *infrà*, n° 828.

544. — La sommation prévue par l'art. 692 ne devrait être faite qu'aux créanciers inscrits, à l'époque où elle doit être signifiée. Le poursuivant n'est pas tenu de rechercher les créanciers qui ne seraient pas inscrits à cette époque. — Chauveau sur Carré, quest. 2326.

545. — Aussi a-t-il été jugé que le défaut des notifications prescrites par l'art. 692, à l'un des créanciers, omis dans l'état des inscriptions, n'entraîne point la nullité de la saisie. — *Poitiers*, 26 févr. 1846 (t. 1er 1847, p. 605), Garnier c. Geneuil.

546. — Mais M. Bioche pense que « si le défaut de sommation est le résultat d'une omission ou d'une fausse indication dans l'état des inscriptions, le créancier omis ou mal désigné n'a qu'une action en dommages-intérêts contre le conservateur. » — Bioche, *Dict. de proc.*, v° *Saisie immobilière*, n° 358.

547. — Sommation ne doit pas être faite aux créanciers ayant une hypothèque légale non inscrite au moment du dépôt du cahier des charges. Nous avons dit ailleurs comment la doctrine qui considère l'expropriation forcée comme ne purgeant pas les hypothèques légales non inscrites a prévalu en jurisprudence. — V. PURGE DES PRIVILÉGES ET HYPOTHÈQUES.

548. — La sommation devrait du reste être signifiée à tous les créanciers inscrits, sans distinction. Ainsi, elle doit l'être aux créanciers du vendeur comme à ceux du saisi. Elle doit l'être aux créanciers du tiers détenteur, lorsque c'est sur ce dernier que la saisie immobilière est pratiquée. — Carré et Chauveau, quest. 2329.

549. — On a jugé néanmoins, avant la loi de 1841, que le saisissant n'était pas tenu de notifier les placards à des créanciers qui n'étaient pas directement ceux de son débiteur, ou que le titre de sa créance ne lui avait pas donné les moyens de connaître, et que spécialement le saisissant qui n'avait qu'un jugement pour titre hypothécaire n'était pas tenu, à peine de nullité, de faire aux créanciers inscrits du précédent propriétaire de l'immeuble exproprié la notification prescrite par l'art. 695 du C. proc. civ. — *Cass.*, 13 nov. 1827, Lemoine c. Godard de Préville.

550. — Carré (*Lois de la proc.*, quest. 2333 et suiv.) pense que l'art. 695 (ancien) était général; qu'il n'était point restreint aux créanciers inscrits sur le débiteur personnel; que cette restriction serait d'ailleurs directement contraire à l'intention du législateur, qui a voulu instruire des poursuites tous les créanciers inscrits sur le fonds, afin qu'ils conservent leurs intérêts, soit en surenchérissant, soit de toute autre manière : d'où ce commentateur concluait que l'on devait notifier indistinctement le placard à tout créancier qui se trouvait inscrit sur l'immeuble, ce qui comprenait les créanciers des précédens propriétaires. A l'appui de son opinion, Carré invoque un arrêt de la Cour de cassation, du 27 nov. 1811 (Lefèvre c. Gouyer), qui l'aurait ainsi jugé. Mais il convient de faire remarquer d'abord que la question n'est point tranchée par l'arrêt cité, puisqu'il juge que le saisi ne peut se prévaloir du défaut de notification aux créanciers inscrits des précédens vendeurs, dans le cas où c'est lui-même qui a causé cette omission en dissimulant certaines hypothèques. Or, ce n'est pas là juger nettement la question. En second lieu, il convient d'ajouter que Carré et l'arrêt lui-même raisonnent dans l'hypothèse d'un saisissant qui agit en vertu d'une hypothèque conventionnelle, parce qu'il a le moyen de connaître les hypothèques antérieures en exigeant de son débiteur la déclaration de toutes celles qui existent sur l'immeuble, déclaration que ce dernier est obligé de faire complète et entière sous les peines du stellionat, tandis qu'il n'en est pas de même de celui qui n'a pour titre hypothécaire qu'un jugement qui ne peut lui indiquer ni les anciens propriétaires ni les créanciers inscrits sur eux. Ainsi, quand l'arrêt du 27 nov. 1811 jugerait, comme on le suppose, qu'en thèse générale le poursuivant n'est pas dispensé de faire aux créanciers inscrits sur les anciens propriétaires de l'immeuble saisi la notification prescrite par l'art. 695 du C. procéd. civ., il est certain que cet arrêt pourrait très-bien se concilier avec celui de l'espèce actuelle, lequel décide seulement que cette notification n'est pas prescrite à peine de nullité de la poursuite, dans le cas particulier où le saisissant, n'ayant d'autre titre hypothécaire qu'un jugement, n'a pu connaître le précédent propriétaire ni ses créanciers. — V. aussi Bioche et Goujet, *Dict. de proc.*, v° *Vente sur saisie immobilière*, n° 280.

551. — Lachaize (t. 1er, p. 368 et 378) estime que si le poursuivant ne connaissait pas les noms des vendeurs, le conservateur des hypothèques devrait faire les relevés et travaux nécessaires pour que l'art. 692 pût être exécuté. — V. aussi Chauveau, *loc. cit.*

552. — Si le même créancier avait plusieurs inscriptions hypothécaires, et que dans cette inscription il eût élu des domiciles différens, il pourrait arriver qu'on dût lui signifier plusieurs copies de la sommation. Cette difficulté avait été soulevée dans le sein de la commission du gouvernement, mais elle n'a pas été tranchée explicitement.

553. — Les créanciers auxquels la sommation, prescrite par l'art. 692, n'aurait pas été signifiée, pourraient demander plus tard la nullité de l'adjudication. — *Cass.*, 13 oct. 1812, Tournier c. Salis.

554. — Les dispositions des art. 691 et 692 ont de l'analogie avec la notification du procès-verbal d'apposition d'affiche à la partie saisie et avec la notification de placard aux créanciers inscrits du Code de 1807 (art. 687 et 695). Les exploits de ces notifications ne devaient cependant contenir aucune sommation. Nous avons dit comment ces formalités ont été supprimées par la loi du 2 juin 1841.

555. — Les second et troisième procès-verbaux d'apposition de placard ne devaient pas, comme le premier, être notifiés à la partie saisie. — *Cass.*, 12 oct. 1814, Lambertye c. N....; 10 mars 1819, Machard; 12 mars 1828, Terson c. Batut; 12 juin 1839 (t. 2 1839, p. 88), Saint-Hirant c. Ruillé. — V. cependant *Aix*, 5 janv. 1809, Gelly; *Toulouse*, 20 nov. 1809, Dupuy c. Chirac.

556. — Le poursuivant n'était pas tenu de notifier le placard imprimé à la femme du saisi qui n'avait pas fait inscrire son hypothèque légale. — *Cass.*, 5 déc. 1811, Boursier c. N...; 27 nov. 1811, Lefebvre c. Gouyer; 21 nov. 1821, Freysse c. Brucher.

557. — La notification du placard ne devait pas, comme le placard lui-même, contenir nécessairement l'indication de la première publication. Dès lors, si cette indication avait été faite surabondamment dans la notification, l'erreur qui s'y était glissée n'était une cause de nullité de la saisie qu'autant qu'il avait pu en résulter méprise, ignorance ou incertitude sur la date véritable de cette publication. — *Cass.*, 19 janv. 1842 (t. 1er 1842, p. 111), Varenne c. de Laruelle.

558. — Jugé que le saisi ne pouvait se prévaloir du défaut de notification à ses créanciers, dans le cas où il avait juré et affirmé, dans le contrat, que l'immeuble qu'il affectait n'était grevé qu'au profit de certaines personnes, et où, par conséquent, l'omission procédait de son fait. — *Cass.*, 27 nov. 1811, Lefebvre c. Gouyer.

559. — Du reste, la nullité de l'extrait du placard qui devait être notifié aux créanciers inscrits n'opérait pas la nullité de la saisie. — *Cass.*, 4 oct. 1814, Joannis c. Pomme et Nicolas; 4 mai 1825, Carayon c. Bineau-Sebille.

560. — La notification de placards ne dispensait pas les créanciers à qui elle était faite de renouveler leurs inscriptions hypothécaires. — V. INSCRIPTION HYPOTHÉCAIRE, nos 561 et suiv. — On devrait décider de même pour la sommation prescrite par l'art. 692.

561. — Mention de la notification prescrite par les deux articles précédens, porte l'art. 693, sera faite dans les huit jours de la date du dernier exploit de notification en marge de la transcription de la saisie au bureau des hypothèques. Du jour de cette mention la saisie ne pourra plus être rayée que du consentement des créanciers inscrits ou en vertu de jugemens rendus contre eux.

562. — L'ancien texte du Code de procédure, qui exigeait une notification de placards au saisi et une autre aux créanciers inscrits, ne prescrivait cependant que l'enregistrement de cette dernière notification au bureau des hypothèques en marge de la saisie. La loi du 2 juin 1841 veut que *mention* soit faite en marge de la saisie tout à la fois de la sommation au saisi et de celle qui a été faite aux créanciers inscrits.

563. — Le défaut de mention aux hypothèques des sommations au saisi et aux créanciers ne serait pas une cause de nullité de ces sommations, car l'omission d'une formalité ne peut entraîner la nullité d'actes antérieurs qui sont réguliers. — V. *infrà* l'art. 728, n° 981. — Mais le saisi et les créanciers pourraient demander la nullité de la procédure postérieure à cette omission.

564. — Les créanciers inscrits dont parle l'art. 693 (§ 2) ne peuvent être que ceux dont les titres sont inscrits au moment où le conservateur fait

la mention des notifications en marge de la transcription de la saisie. Sur le consentement de ces créanciers la saisie doit être rayée, et cette radiation est définitive quand même d'autres créanciers se feraient inscrire postérieurement. — Carré et Chauveau, quest. 2335.

565. — Lorsque la mention n'a pas encore été faite il suffit du consentement du saisissant pour que la radiation de la saisie doive être faite, et à partir de cette radiation le saisi recouvre la faculté d'aliéner l'immeuble.

566. — Si après la mention aux hypothèques le créancier poursuivant était désintéressé, et que les autres ne voulussent pas consentir à l'abandon des poursuites; il serait procédé à l'adjudication sur la demande de l'un d'eux, sans même que celui qui provoquerait la vente fût obligé de se faire subroger. — V. l'art. 702 *infrà*, n° 663.

567. — L'art. 693 veut qu'après la mention des notifications aux hypothèques la saisie ne puisse être rayée que du consentement des créanciers inscrits ou en vertu de jugemens rendus *contre eux*. Ces dernières expressions indiquent qu'un jugement rendu entre le saisissant et le saisi sur la validité de la procédure, ne serait pas opposable aux autres créanciers qui n'y auraient pas été appelés. — Chauveau sur Carré, quest. 2236. — *Contrà*, Lachaize, t. 1er, p. 373.

568. — Bien que le créancier poursuivant ne puisse, lorsqu'il est désintéressé, faire rayer la saisie par sa seule volonté lorsque la mention aux hypothèques a été faite, il est certain qu'il ne peut se refuser à donner mainlevée de son inscription hypothécaire. — Thomines-Desmazures, t. 2, p. 232; Persil fils, n° 184.

569. — Le créancier porteur de plusieurs titres de créances mais qui n'aurait saisi que pour une seule, peut, après avoir été payé de cette créance, continuer les poursuites à raison de celles qui n'ont pas été acquittées. — *Grenoble*, 14 juill. 1809; Vandat c. Baud. — Carré et Chauveau, quest. 2337; Lachaize, t. 1er, p. 376.

§ 3. — *Publication du cahier des charges. — Jugement qui statue sur les contestations.*

570. — Trente jours au plus tôt et quarante jours au plus tard après le dépôt du cahier des charges, porte l'art. 694, il sera fait à l'audience et au jour indiqué, publication et lecture du cahier des charges. — Trois jours au plus tard avant la publication, le poursuivant, la partie saisie et les créanciers inscrits seront tenus de faire insérer, à la suite de la mise à prix, leurs dires et observations ayant pour objet d'introduire des modifications dans ledit cahier. Passé ce délai, ils ne seront plus recevables à proposer de changemens, dires ou observations.

571. — L'art. 695 ajoute: Au jour indiqué par la sommation faite au saisi et aux créanciers, le tribunal donnera acte au poursuivant des lecture et publication du cahier des charges, statuera sur les dires et observations qui y auront été insérés, et fixera les jour et heure où il procédera à l'adjudication. Le délai entre la publication et l'adjudication sera de trente jours au moins et de soixante au plus. Le jugement sera porté sur le cahier des charges à la suite de la mise à prix ou des dires des parties.

572. — Sous l'empire de l'ancien Code de procédure, le cahier des charges était publié à l'audience, de quinzaine en quinzaine, trois fois au moins avant l'adjudication préparatoire. — Article 702. — La première publication avait lieu un mois au moins et six semaines au plus après la notification du procès-verbal d'affiches à la partie saisie. — Art. 700 et 701. — La même publication devait être faite quinzaine au moins après le dépôt du cahier des charges. — Art. 697.

573. — L'intervalle de quinzaine prescrit entre les diverses publications du cahier des charges ne s'entendait que de deux semaines et non de quinze jours francs. Ainsi, lorsque la première publication avait eu lieu le 6 sept., la seconde pouvait avoir lieu le 20 sept. et la troisième le 4 oct. — *Bourges*, 30 mars 1808, N...; *Nîmes*, 21 mai 1808, Daroure c. Audriane; *Cass.*, 18 mars 1812, Duperthuis-Duperchet; 10 sept. 1812, Juillet c. Parisot. — Carré, quest. 2354; Berriat Saint-Prix, p. 580; Huet, p. 166; Pigeau, t. 2, p. 243; Bioche, v° *Saisie immobilière*, n° 268; Lachaize, t. 1er, n° 336.

574. — Était nulle la saisie immobilière quand la première publication ayant été faite le samedi 13 févr., la seconde n'avait eu lieu que le 5 mars suivant, lors même que cette marche aurait été conforme à l'usage adopté par le tribunal et à

l'ordre de ses audiences. — *Cass.*, 18 mars 1812, Duperthuis c. Popot.

575. — Si le jour indiqué pour l'une des trois publications prescrites par l'art. 702 C. procéd. civ. était un jour férié, le défaut de publication ce même jour n'entraînerait pas la nullité de la saisie, ou du moins celle des publications précédentes. — *Cass.*, 4 oct. 1814, Joannis c. Pomme et Nicolas.

576. — Lorsque la première publication de l'enchère avait été retardée par un incident, on n'était pas tenu d'observer de nouveau, pour cette publication, les délais fixés par l'art. 701, si déjà ils avaient été observés avant l'incident qui avait fait suspendre la poursuite. — *Cass.*, 12 janv. 1820, Tardy c. Giraud-Duclaud.

577. — Sous l'ancienne loi, l'on pouvait insérer des dires dans le cahier des charges et demander des modifications à cet acte jusqu'à l'adjudication définitive, de telle sorte que les conditions de la vente pouvaient être changées jusqu'au moment où elle avait lieu. La loi de 1841 remédie à ce grave inconvénient en disposant, par l'art. 694, que les dires et observations tendant à modifier le cahier des charges, doivent y être insérés, au plus tard, trois jours avant la publication.

578. — Les formalités prescrites par l'art. 694 sont prescrites à peine de nullité; mais il n'en est pas de même de celles qui sont prévues par l'article 695. — V. *infrà* l'art. 715, n° 828.

579. — Le projet du gouvernement voulait qu'il fût fait une publication et lecture *entière* du cahier des charges. Le mot *entière* a été supprimé par la commission du gouvernement, parce que cette mesure *serait d'une exécution trop peu probable*. La lecture entière n'est donc pas plus que sous le Code de procédure prescrite à peine de nullité.

580. — La publication se fait par l'huissier de service sur la note que lui remet le greffier. — *Tarif* de 1841, art. 10. — Bioche, n° 370. — Dans l'usage, l'huissier se borne à appeler les noms des parties et à indiquer les immeubles à vendre. Le greffier dresse, sur le cahier, acte de la publication qu'il signe avec le juge.

581. — Le cahier des charges peut être publié à l'audience des vacations. — Persil fils, n° 186.

582. Suivant M. Chauveau sur Carré (quest. 2243), lorsqu'un créancier demande par un dire que le cahier des charges soit réformé, il est inutile que pour faire statuer sur ce dire il donne avenir par acte d'avoué aux autres intéressés; il suffit de se présenter le jour de la publication et de proposer devant le tribunal la rectification requise par le dire. Il paraît résulter, au reste, du rapport de M. Persil que le jugement qui statue sur un dire n'a pas été considéré comme l'un des incidens dont parle l'art. 718, et qui doivent être liés soit par acte d'avoué, soit par acte signifié à la partie.

583. — Le tribunal ne pourrait rectifier le cahier des charges d'office. Les rectifications doivent être demandées soit par les créanciers, soit par le saisi.

584. — Si par suite des dires et du jugement qui a statué sur les demandes diverses des intéressés, les conditions de la vente étaient changées de telle sorte que la mise à prix fixée par le poursuivant lui parût trop élevée; celui-ci pourrait ne pas requérir l'adjudication et se désister de la poursuite, sauf à un autre créancier à demander la subrogation. — Chauveau sur Carré, quest. 2344.

585. — Il pourrait se faire qu'à raison de l'importance des contestations proposées devant le tribunal au jour indiqué pour la publication, le jugement ne pût être rendu immédiatement; le tribunal pourrait alors renvoyer à une autre audience pour prononcer jugement. A la nouvelle audience, le tribunal statuerait, donnerait acte de la publication, et fixerait le jour de l'adjudication.

586. — Il n'est nécessaire ni de lever ni de signifier le jugement qui donne acte de la publication et fixe le jour de l'adjudication. — *Rouen*, 4 juin 1842 (t. 2 1842, p. 366), Letellier c. Camel et hospice de Gisors.

587. — Décidé que l'affaire est en état du jour du jugement qui donne acte de la publication du cahier des charges et fixe le jour de l'adjudication. — En conséquence, le changement d'état du saisi postérieur à ce jugement, notamment sa faillite, ne peut donner lieu à reprise d'instance, ni obliger à appeler les syndics à l'adjudication. Ceux-ci ne peuvent dès lors, en pareil cas, demander la nullité de ladite adjudication, lors surtout qu'ils n'ont proposé aucun moyen contre la procédure dans le délai légal. — *Angers*, 19 mai 1847 (t. 2 1847, p. 328), Beslin et Lavallée c. Tireaux.

588. — Le jugement qui statue sur les dires peut être frappé d'appel. Si sur l'appel il était infirmé, ce serait à la Cour qu'il appartiendrait de fixer le jour de l'adjudication. Si le jugement était confirmé, cette fixation serait faite par le tribunal.

589. — Mais faudrait-il alors qu'un délai de trente jours au moins et de soixante jours au plus s'écoulât entre le jour de cette fixation et celui de l'adjudication? — V. *infrà*, aux Observations sur les demandes en nullité, art. 728 et 731, nos 981 et suiv.

590. — Si l'appel avait été jugé et le jugement signifié avant l'échéance du terme originairement fixé pour la vente, cette désignation tiendrait : sauf au tribunal à accorder une remise, comme l'art. 703 le lui permet.

591. — La publication et la lecture du cahier des charges est un fait du juge que la partie ne peut empêcher, même lorsqu'elle a l'intention d'interjeter ensuite appel du jugement. Aussi ne pourrait-on opposer à l'appel une fin de non-recevoir tirée de ce que ces lecture et publication auraient constitué une exécution du jugement. — Persil fils, n° 192. — *Orléans*, 26 mai 1809, N...

592. — La loi n'ayant pas expliqué de quelle manière ni à quel moment le saisi et les créanciers doivent constituer avoué, rien ne s'opposerait à ce que la constitution d'avoué se fît à l'audience même où se fait la publication.

593. — Il faut remarquer que depuis la suppression de l'adjudication préparatoire, la publication du cahier des charges produit un effet très-important qui était attaché à cette adjudication par le Code de 1807. Suivant l'art. 733 de ce Code, les moyens de nullité contre la procédure antérieure à l'adjudication préparatoire, ne pouvaient plus être proposés lorsque cette adjudication avait eu lieu. Sous la loi nouvelle, les moyens de nullité contre la procédure antérieure à la publication du cahier des charges doivent, selon l'art. 728 (V. *infrà*, n° 981), être proposés trois jours au plus tard avant cette publication. L'adjudication préparatoire n'avait du reste pas d'autre utilité que de servir ainsi de terme fatal pour certaines demandes en nullité, et cette onéreuse formalité a pu être supprimée sans inconvénient dès lors qu'on lui substituait, sous ce rapport, un autre acte de la procédure.

594. — Bien que la formalité de l'adjudication préparatoire ait été supprimée, nous croyons devoir rappeler ici comment certaines conditions de validité de cette adjudication avaient été réglées par la jurisprudence.

595. — Jugé qu'il pouvait être procédé à cette adjudication le jour même de la troisième publication du cahier des charges. — *Poitiers*, 30 nov. 1826, Brissonneau c. Perrault; *Paris*, 29 août 1813, Thomas c. Sutil; *Poitiers*, 10 févr. 1837 (t. 1er 1838, p. 177), Messien c. Motaud.

596. — ... Qu'une adjudication préparatoire à laquelle il n'avait pu être procédé au jour fixé, à cause de la longueur des plaidoiries, et qui avait été ajournée au lendemain, était régulièrement prononcée ce dernier jour, quoiqu'il n'y eût eu ni affiches ni annonces nouvelles. — *Cass.*, 10 juill. 1817, Jouenne c. Saint-Julien.

597. — ... Que de même, la partie saisie n'était pas recevable à se plaindre de ce que l'adjudication préparatoire avait été remise au lendemain du jour indiqué par les annonces, si ce retard avait été occasionné par un délibéré du tribunal sur une demande en nullité par elle formée, et si en fait il ne lui avait causé aucun préjudice. — *Bordeaux*, 11 juill. 1835, Lemoine-Reclus c. Gérard.

598. — Une question qui divisait la jurisprudence était celle de savoir si le jugement d'adjudication préparatoire devait, alors même qu'il ne statuait pas sur des moyens de nullité contre la procédure antérieure à cette adjudication, être signifié à avoué ou à partie à peine de nullité. Un assez grand nombre d'arrêts avaient jugé que cette signification n'était pas indispensable. — *Bourges*, 22 févr. 1825, Didier c. Boussard; *Riom*, 7 juin 1825, Ponderoux c. Berton; *Amiens*, 11 avr. 1826, N...; *Cass.*, 13 févr. 1827, Lamouroux c. Grivet et Guilhot; *Grenoble*, 20 juill. 1827, Jallud c. Riboud; *Paris*, 19 juill. 1828, Crespin. — Mais l'opinion contraire avait prévalu, et la jurisprudence de la Cour de cassation considérait la signification de ce jugement à la partie saisie comme prescrite dans tous les cas à peine de nullité. — *Cass.*, 8 déc. 1823, Darolis c. Langa; 27 déc. 1826, Ristout c. Chanceul; 14 févr. 1827, Derosne c. Verdavaine-Huzard; 3 juin 1828, Vacherie c. Dardant; 23 juill. 1828, Hubert c. Rousseau; 27 avr. 1831, Blanvillain c. Rabasse; *Lyon*, 17 juill. 1834, Chagny c. Depinay; 30 mars 1840 (t. 1er 1840, p. 467), Duteil c. Duru et Bourrat.

599. — Jugé que lorsque le saisi n'élevait aucune contestation, l'adjudication préparatoire n'était plus qu'un simple procès-verbal contre lequel on ne pouvait former ni opposition ni appel. — *Cass.*, 22 déc. 1828, Nadau c. Genessaux.

600. — ... Et que, dans le cas contraire, le jugement d'adjudication préparatoire était un véritable jugement susceptible d'appel comme tous les autres. — *Lyon*, 14 févr. 1839 (t. 1er 1841, p. 24), Chelail c. Dulac.

601. — Comme tous les jugemens, celui qui prononçait l'adjudication préparatoire avait l'autorité de la chose jugée lorsqu'il n'avait pas été attaqué dans les délais. — *Cass.*, 6 juill. 1841 (t. 2 1841, p. 196), Desvalée.

602. — Jugé qu'on devait considérer l'adjudication préparatoire et même la dénonciation de la saisie comme des actes équipollens à une opposition au partage de l'immeuble saisi. — Dès lors le partage fait entre le saisi et ses copropriétaires, postérieurement à l'adjudication préparatoire ou à la dénonciation de la saisie, était nul, alors qu'il avait eu lieu hors la présence du créancier poursuivant. — *Cass.*, 11 nov. 1840 (t. 1er 1841, p. 114), Randouin c. Petiteau.

603. — Il n'y avait pas lieu à reprise d'instance avant de poursuivre l'adjudication définitive, lorsqu'il y avait eu appel du jugement d'adjudication préparatoire. — *Cass.*, 10 juill. 1817, Jouenne c. Saint-Julien.

604. — Une adjudication préparatoire n'était pas nulle pour avoir été prononcée à une audience tenue à une heure insolite. — *Bourges*, 26 août 1831, Michonnet c. Blandin.

605. — Décidé que l'art. 2215 C. civ., qui défend de passer à l'adjudication en vertu d'un jugement provisoire, ne s'appliquait qu'à l'adjudication définitive, qui seule dépouille le saisi de la propriété, et non à l'adjudication préparatoire. — *Cass.*, 8 mai 1832, Faure-Lalande c. Faure.

§ 4. — *Insertions dans les journaux et apposition de placards.*

606. — *Insertions dans les journaux.* — Quarante jours au plus tôt et vingt jours au plus tard avant l'adjudication, porte l'art. 696, l'avoué du poursuivant fera insérer dans un journal publié dans le département où sont situés les biens, un extrait signé de lui et contenant : 1° la date de la saisie et de sa transcription ; 2° les noms, professions, demeures du saisi, du saisissant et de l'avoué de ce dernier ; 3° la désignation des immeubles, telle qu'elle a été insérée dans le procès-verbal ; 4° la mise à prix ; 5° l'indication du tribunal où la saisie se poursuit, et des jour, lieu et heure de l'adjudication. — A cet effet, les Cours d'appel, chambres réunies, après un avis motivé des tribunaux de première instance respectifs, et sur les réquisitions écrites du ministère public, désigneront, chaque année, dans la première quinzaine de décembre, pour chaque arrondissement de leur ressort, parmi les journaux qui se publient dans le département, un ou plusieurs journaux où devront être insérées les annonces judiciaires. Les Cours régleront en même temps le tarif de l'impression de ces annonces. Néanmoins, toutes les annonces judiciaires relatives à la même saisie seront insérées dans le même journal.

607. — L'original de l'extrait est signé de l'avoué et enregistré. L'enregistrement donne les moyens de mentionner l'extrait dans les dires et dans les appositions de placards. — Dans l'usage, une copie sur papier libre est envoyée au bureau du journal pour l'insertion. Une seconde copie, également sur papier libre, est transmise à l'imprimeur pour l'impression des placards. Ces deux copies sont habituellement signées de l'avoué pour la garantie du directeur du journal et de l'imprimeur. — Bloche, v° *Saisie immobilière*, n° 394.

608. — La désignation des journaux dans lesquels doivent être insérées les annonces judiciaires est une mesure d'ordre public dont l'expédition a lieu par voie non contentieuse. En conséquence, lorsque les Cours d'appel procèderont à cette désignation, le ministère public doit assister à la délibération et au vote. — *Cass.*, 18 août 1842 (t. 2 1842, p. 251), intérêt de la loi.

609. — Les Cours d'appel désignant tous les ans un journal pour l'insertion des annonces de vente sur saisie-immobilière, ainsi que le veut l'art. 696, le poursuivant ne peut faire d'insertion que dans le journal désigné. Si donc, pendant le cours des poursuites, la Cour d'appel indiquait un nouveau journal, c'est dans celui-là seulement qu'on pourrait faire de nouvelles insertions, lors même que le journal désigné antérieurement continuerait à paraître. — Chauveau sur Carré, quest. 2352.

610. — Si le journal désigné par la Cour d'appel cessait de paraître avant la fin de l'année judiciaire, les insertions pourraient être faites valablement dans un autre journal. Paignon (t. 1er, n° 77) conseille cependant de s'adresser, dans ce cas, au président du tribunal, et de lui demander une ordonnance contenant désignation provisoire d'un nouveau journal. Mais il est difficile de comprendre comment le président pourrait faire une indication que la Cour seule a le droit de régler aux termes de la loi.

611. — La désignation une fois faite a ses effets pendant toute l'année, et la Cour ne pourrait, avant l'année suivante, désigner un nouveau journal, à moins que celui qui a été choisi ne vienne à cesser de paraître. Dans ce dernier cas, la Cour pourrait se réunir extraordinairement pour faire une nouvelle indication, et jusqu'à ce que le nouveau choix ait été fait, l'insertion pourrait paraître, ainsi que nous venons de le dire, dans l'un des journaux du département. — Persil fils, n° 197.

612. — L'erreur qui se serait glissée dans une première insertion pourrait être réparée par une simple rectification dans le numéro subséquent. — Chauveau sur Carré, quest. 2355 ; Persil fils, n° 195.

613. — Jugé que la nullité de l'extrait inséré dans les journaux peut être rectifiée au moyen d'un *erratum* inséré dans le journal en temps utile. — *Cass.*, 13 janv. 1813, Mazelier c. N.... — Berriat Saint-Prix, p. 585, note 62e, n° 2.

614. — Il n'est pas nécessaire de faire enregistrer, pour lui donner date certaine, le journal dans lequel est inséré l'extrait ; sa date est suffisamment assurée par sa publication au jour indiqué pour chaque feuille. — *Rennes*, 4 janv. 1813, N....

615. — Lorsque, indépendamment des insertions prescrites par l'art. 696, le poursuivant, le saisi, ou l'un des créanciers inscrits estiment qu'il y a lieu de faire d'autres annonces de l'adjudication par la voie des journaux, le président du tribunal devant lequel se poursuit la vente peut, si l'importance des biens paraît l'exiger, autoriser cette insertion extraordinaire. Les frais n'entrent en taxe qu'autant que cette autorisation a été accordée. L'ordonnance du président n'est soumise à aucun recours. — Art. 697.

616. — Il est justifié de l'insertion aux journaux par un exemplaire de la feuille contenant l'extrait énoncé en l'article précédent ; cet exemplaire porte la signature de l'imprimeur légalisée par le maire. — Art. 698.

617. — Il n'est pas exigé, à peine de nullité, que l'imprimeur qui signe l'extrait soit pourvu d'une patente, pourvu qu'il soit expressément reconnu comme imprimeur par le maire qui a légalisé sa signature. — *Cass.*, 5 oct. 1812, Campantico.

618. — La signature de l'adjoint pourrait remplacer celle du maire pour la légalisation de la signature de l'imprimeur. Peu importerait, du reste, que l'imprimeur fût parent du maire ou de l'adjoint.

619. — Aussi a-t-il été décidé que la signature de l'imprimeur placée au bas de l'extrait d'une saisie immobilière insérée dans le journal du département, est valablement légalisée par la signature de l'adjoint donnée *pour le maire*, et que, dans ce cas, la délégation ou l'empêchement du maire sont présumés de droit. — *Corse*, 16 nov. 1832, Cantini c. G....

620. — Et que l'adjoint du maire, bien que père et associé de l'imprimeur du journal dans lequel a été publié l'extrait du procès-verbal de saisie, peut légaliser la signature de celui-ci. — *Rennes*, 6 juin 1814, Lefer de la Saudre c. Gaultier.

621. — *Apposition de placards.* — « Extrait pareil à celui qui est prescrit par l'art. 696, porte l'art. 699, sera imprimé en forme de placard et affiché, dans le même délai : 1° à la porte du domicile du saisi ; 2° à la porte principale des édifices saisis ; 3° à la principale place de la commune où le saisi est domicilié, ainsi qu'à la principale place de la commune où les biens sont situés, et de celle où siége le tribunal devant lequel se poursuit la vente ; 4° à la porte extérieure des mairies du domicile du saisi et des communes de la situation des biens ; 5° au lieu où se tient le principal marché de chacune de ces communes, et lorsqu'il n'y en a pas, au lieu où se tient le principal marché de chacune des deux communes les plus voisines dans l'arrondissement ; 6° à la porte de l'auditoire du juge de paix de la situation des bâtimens, et, s'il n'y a pas de bâtimens, à la porte de l'auditoire de la justice de paix où se trouve la majeure partie des biens saisis ; 7° aux portes extérieures des tribunaux du domicile du saisi, de la situation des biens et de la vente. L'huissier attestera, par un procès-verbal rédigé sur un exemplaire du placard, que l'apposition a été faite aux lieux déterminés par la loi, sans les détailler. Le procès-verbal sera visé par le maire de chacune des communes, dans lesquelles l'apposition aura été faite. »

622. — La disposition qui précède reproduit, avec quelques améliorations, le texte de l'ancien art. 684. La nouvelle rédaction est plus explicite et plus complète. L'art. 687 du Code de procédure voulait que l'apposition du placard fût notifiée à la partie saisie. Cette formalité est supprimée. — V. *suprà*, n° 502.

623. — L'art. 686 du même Code portait : « Les originaux du placard et le procès-verbal d'apposition ne pourront être grossoyés sous aucun prétexte. » On entendait par original de placard un exemplaire au pied duquel l'avoué du saisissant apposait la date et sa signature. Cet exemplaire était enregistré. L'art. 699 nouveau exige seulement qu'un extrait semblable à celui dont parle l'art. 696 soit imprimé en forme de placard. Il résulte de cette rédaction qu'il n'y a plus maintenant d'original de placard. L'avoué du poursuivant doit seulement dresser un original de l'extrait prévu par l'art. 696, et cet original sert pour l'insertion dans le journal et pour l'impression du placard.

624. — Décidé qu'une saisie immobilière n'était pas nulle parce que l'avoué du poursuivant n'avait pas rédigé un original du placard contenant la mention du jour où devait avoir lieu la première publication, si l'indication de ce jour se trouvait consignée dans les exemplaires du placard apposés, annexés aux procès-verbaux et notifiés aux intéressés. — *Metz*, 6 févr. 1840 (t. 1er 1840, p. 729), Lenfant Lemoine c. Capitaine.

625. — ... Et qu'il suffisait, lorsqu'un original du placard avait été dressé, que la date de la première publication s'y trouvât inscrite au crayon. — Même arrêt.

626. — Sous la loi du 11 brum. an VII, il n'était pas nécessaire, à peine de nullité, que toutes les affiches fussent apposées dans les six mois à partir du commandement ; il suffisait que la plupart des affiches eussent été placardées avant l'expiration de ce délai. — *Cass.*, 19 germ. an XIII, Arthuys c. Bironneau. — V. (*suprà*, n° 8) l'analyse que nous avons donnée des dispositions de cette loi.

627. — Le Code de procédure voulait que l'extrait du procès-verbal de saisie fût placardé à trois reprises différentes, la première fois avant la première publication pour annoncer cette publication (art. 684), la seconde huit jours au moins avant l'adjudication préparatoire pour annoncer cette formalité (art. 703), et la troisième dans les quinze jours de l'adjudication préparatoire, avec indication du jour de l'adjudication définitive (art. 704). Les trois appositions de placards se faisaient ainsi en même temps et dans les mêmes conditions que les trois insertions dans les journaux. La loi nouvelle n'admet qu'une insertion dans un journal et qu'une apposition d'affiches.

628. — Les placards peuvent être apposés avant ou après l'insertion de l'extrait dans les journaux ; la loi ne détermine pas l'ordre de ces deux formalités, dont elle exige seulement l'observation. — *Cass.*, 5 oct. 1812, Campatico ; *Bruxelles*, 29 nov. 1822, Van Beetee c. Lagrelle. — Pigeau, t. 2, p. 249 ; Lachaize, t. 1er, n° 278.

629. — Décidé que les nom, profession et demeure de l'avoué du saisissant dans le placard sont suffisamment indiqués lorsque ce placard porte en tête la mention du nom et de la profession de cet officier ministériel, qu'il indique, après la désignation des biens, le tribunal devant lequel la vente doit avoir lieu, et qu'enfin il est clos par la signature autographe dudit avoué. — *Toulouse*, 2 juill. 1842 (t. 1er 1845, p. 333), Larlet c. Parissot.

630. — Bien que l'extrait destiné à être affiché doive être imprimé en entier, l'avoué poursuivant peut, sur les placards imprimés, faire à la main quelques changemens ou insertions nécessaires pour régulariser la procédure. — *Rennes*, 5 déc. 1812, N... ; *Cass.*, 16 janv. 1822, Marchal c. Texon ; *Bordeaux*, 31 janv. 1832, Montaxier c. Valla. — Pigeau, t. 2, p. 131 ; Lachaize, t. 1er, n° 280 ; Carré et Chauveau, quest. 2359 ; Thomines-Desmazures, t. 2, p. 220.

631. — Les affiches ou placards dressés en matière de saisie immobilière, sont assujettis au timbre de dimension prescrit par l'art. 12, n° 1,

tit. 3 de la loi du 13 brum. an VII.— *Cass.*, 2 avr. 1818, Jardin c. Enregistrement.

632.—L'art. 699 parle d'appositions d'affiches qui doivent être faites à la porte du domicile du saisi; la loi veut parler du domicile réel. C'est du moins ce qui résulterait de ces paroles de M. Persil à la Chambre des pairs: « Ce sera le *domicile réel qui se trouve indiqué dans le titre* et quand on aura affiché à ce domicile, il n'y aura pas de tribunal qui puisse annuler la saisie, parce que l'affiche n'aurait pas eu lieu au domicile du saisi. »—Cependant M. Chauveau sur Carré (quest. 2360) fait observer, avec raison, qu'on ne peut afficher régulièrement au domicile indiqué dans le titre qu'autant que ce domicile est véritablement celui du saisi, et que, si dans les titres plusieurs domiciles différents lui étaient attribués, il ne suffirait pas d'afficher à l'un des endroits indiqués pris au hasard.

633.—Bien que la loi veuille que l'apposition d'affiche ait lieu à la porte du domicile du saisi, il n'y aurait aucune nullité si l'affiche était placée non sur la porte même, mais à un autre endroit apparent. Il suffit que les regards doivent se porter sur l'affiche lorsqu'on entre dans le domicile.—Lachaize, t. 1er, no 282.

634.—Ainsi, l'affiche du placard est régulièrement apposée à la porte extérieure du bâtiment où se trouve le logement du saisi, lorsque ce logement n'a pas lui-même de porte extérieure.—*Cass.*, 10 juill. 1817, Jouenne c. Saint-Julien.

635.—Lorsque l'affiche a été apposée à l'extérieur du principal édifice d'un domaine ou d'une ferme, il n'est pas nécessaire de l'apposer également sur les petits édifices qui en dépendent. —*Cass.*, 6 fruct. an XI, Crespin c. Lecomte.

636.—De même sous l'empire de la loi du 11 brumaire an VII, lorsque tous les bâtimens et édifices expropriés formaient des dépendances de l'habitation principale, il suffisait d'apposer une seule affiche à la porte principale et extérieure desdits édifices. — *Bruxelles*, 3 nov. 1810, De Schuytener c. Brouwet.

637.—Les marchés et foires n'existent régulièrement qu'autant que leur tenue a été permise par l'autorité administrative. Aussi, suivant M. Persil fils (no 213) et Lachaize (t. 1er, no 291), l'huissier n'est-il pas obligé d'apposer une affiche au lieu où se tient un marché non autorisé, et l'apposition faite à un semblable marché serait elle-même une cause de nullité. — V. aussi Chauveau sur Carré, quest. 2362.

638. — Cependant la Cour de cassation a jugé qu'il n'y a pas lieu d'annuler les poursuites de saisie immobilière, parce qu'au lieu d'avoir été affichés aux deux marchés les plus voisins du lieu de la situation des immeubles, les placards l'ont été dans deux villes également voisines qui, sans avoir un *marché légal*, servent pourtant de lieu de réunion aux habitans des endroits circonvoisins, à des époques fixes, pour faire des achats et des ventes de denrées et de marchandises. — *Cass.*, 6 avril 1824, Magne de Saint-Victor c. Robillot.

639.—Il suffit, du reste, que les marchés où les placards ont été apposés aient été reconnus comme tels par l'autorité administrative, peu importe qu'ils soient plus ou moins fréquentés et qu'ils existent plus en droit qu'en fait. — *Toulouse*, 12 avril 1825, Roquan.

640. — Pour prévenir toute erreur, l'huissier pourrait, avant de faire son procès-verbal, obtenir un certificat du préfet ou du sous-préfet constatant qu'il existe un marché dans les communes où il doit faire des appositions.

641.—Lorsqu'une commune est divisée en plusieurs sections, il suffit d'apposer l'extrait du procès-verbal de saisie immobilière dans le lieu où se tient le principal marché, quoique les biens saisis ne soient pas situés dans cette section.—*Montpellier*, 14 janv. 1833, Durand-Villaret c. Barascud.—Delaporte, t. 2, p. 292.

642. — L'art. 699, § 5, veut que l'apposition d'affiches soit faite au lieu où se trouve le principal marché de chacune des trois communes, et lorsqu'il n'y en a pas, au lieu où se tient le principal marché de chacune des deux communes les plus voisines dans l'arrondissement. Si l'on prenait à la lettre le membre de phrase «lorsqu'il n'y en a pas, » on serait amené à penser que lorsqu'il n'y a pas de *principal* marché dans l'une des trois communes; mais que, cependant, il existe un marché dans la même commune, il faut afficher aux marchés des communes les plus voisines. Mais tel n'est pas le sens de la loi. On ne doit afficher dans les deux communes les plus voisines qu'autant qu'il n'existe aucun marché dans l'une de celles qu'indique la loi.—Lachaize, t. 1er, no 289; Carré et Chauveau, quest. 2365.

643.—Il résulte, du reste, des termes de la loi que le saisissant est tenu de faire apposer des placards aux deux marchés les plus voisins, non-seulement lorsqu'il n'existe de marché dans aucune des communes spécifiées par la loi, mais même lorsqu'il n'y en a pas dans l'une d'elles. — *Poitiers*, 9 juin 1809, N.....

644.—Jugé que par ces mots : *au principal marché desdites communes*, l'art. 684, § 4, Cod. proc. (ancien), désignait le principal marché de chacune desdites communes; en conséquence, s'il n'existait pas de marché dans la commune du domicile du saisi, on doit faire apposer un exemplaire du placard aux deux marchés les plus voisins de cette commune, bien que les placards aient été apposés aux marchés des communes de la situation des immeubles saisis et du tribunal devant lequel la vente doit avoir lieu.—*Toulouse*, 12 avril 1825, Roquan.

645. — ... Et l'extrait doit être affiché dans les deux marchés les plus voisins de *chacune* des communes soit du domicile du saisi, soit de la situation des biens, soit du tribunal où se fait la vente, si aucune de ces trois communes n'a de marché. — *Aix*, 2 déc. 1837 (t. 1er 1838, p. 100), Saint-Benoit c. Jollivet. —Lachaize, t. 1er, no 289.

646. — Plusieurs arrêts avaient décidé qu'en matière de saisie immobilière, lorsqu'il y a lieu d'apposer des placards ou affiches aux deux marchés les plus voisins, on peut préférer au marché qui est exactement le plus voisin, un autre marché plus éloigné, mais plus fréquenté par les habitans de l'arrondissement. — *Bourges* 8 janv. 1814, Prit c. N...; *Cass.*, 29 nov. 1816, de Piennes c. Charles; *Bourges*, 11 mai 1822, Rosier c. Sonadet; *Douai*, 3 janv. 1825, Trien c. Dujat; *Bordeaux*, 15 févr. 1833, Lafaye-Maluvart c. Bachet.

647. — Mais la jurisprudence plus récente reconnaît que c'est aux deux marchés *les plus voisins* de la commune où il n'existe pas de marché, que doivent, à peine de nullité, être apposées les affiches en matière de saisie immobilière, et qu'il ne suffirait pas que l'apposition eût lieu aux deux marchés les *plus importans dans le voisinage*, —*Cass.*, 8 mai 1838 (t. 2 1838, p. 228), Varenne c. Delaruelle. — Cette dernière doctrine est seule en harmonie avec le texte de l'ancien art. 684 et de l'art. 699 nouveau. —Persil fils, no 211; Chauveau sur Carré, quest. 2366.

648. — Tout au plus pourrait-on admettre que l'on peut ne pas afficher dans les deux marchés les plus voisins, à raison de l'importance de deux marchés les plus éloignés, lorsqu'il n'y a entre les distances qu'une légère différence. — *Toulouse*, 15 avr. 1828, Fauroux c. Lamouroux; *Bordeaux*, 1er août 1834, Dubreuilh c. Gourgnis.

649. — La nullité résultant de ce que les appositions d'affiches relatives à certains biens compris avec d'autres dans une même procédure de saisie immobilière auraient été faites aux deux marchés les plus importans du voisinage, au lieu de l'être aux deux marchés les plus proches, n'entraîne pas nécessairement la nullité de la procédure tout entière, et l'arrêt qui n'annule cette procédure qu'en ce qui concerne ces biens, en se fondant sur ce qu'ils ne font pas corps avec les autres, qu'ils ont été saisis séparément, et qu'ils peuvent être vendus divisément sans que les intérêts du saisi aient à en souffrir, ne contient violation d'aucune loi.—*Orléans*, 13 juill. 1839 (t. 2 1839, p. 400), Varenne c. Delaruelle; *Cass.*, 19 janv. 1842 (t. 1er 1842, p. 111), mêmes parties.

650. — Une *saisie immobilière* dont l'extrait a été affiché à deux marchés voisins de la commune de la situation des biens saisis est nulle, lorsqu'il existe un marché plus voisin que l'un de ceux où l'affiche a été apposée. — *Nîmes*, 16 mars 1810, Lhermet c. Latullière.

651. — La loi veut que l'affiche soit posée *au lieu où se tient* le principal marché, mais elle n'exige pas qu'elle soit placardée un jour de marché et pendant la tenue du marché. L'ancien art. 684, § 4, portait seulement que l'affiche devait être posée au *principal marché*, et cependant la jurisprudence presque unanime admettait qu'il n'était pas nécessaire d'afficher un jour de marché. — *Paris*, 3 févr. 1812, Astruc c. de Selves; *Montpellier*, 10 mars 1812, Barral c. Courbettes; *Cass.*, 19 nov. 1812, Branchard c. Labauche; *Paris*, 17 mars 1813, Rossignol c. Jourdheuil; *Rennes*, 28 oct. 1816, N...; *Riom*, 26 mars 1817, Chamelle c. Collanger; *Cass.*, 12 janv. 1820, Tardy c. Giraud-Duclaud; — *Contrà*, *Caen*, 2 juill. 1811, N.... — Le nouveau texte fait disparaître toute difficulté sur ce point.

652. — La loi prescrivait d'une manière générale l'apposition de placards à la porte extérieure des tribunaux du domicile du saisi, de la situation des biens et de la vente, il paraît nécessaire de faire afficher un placard à la porte du tribunal de commerce, lorsqu'il en existe un, aussi bien qu'à celle du tribunal civil. Cependant il faut reconnaître que la pratique est généralement contraire à ce mode de procéder. — Lachaize, no 291 *bis*.

653. — Le procès-verbal d'apposition d'affiches ne doit pas détailler les lieux où les placards ont été apposés. Il n'y aurait cependant pas de nullité du procès-verbal parce qu'il contiendrait l'énumération de ces diverses localités. — Huet, p. 145; Carré et Chauveau, quest. 2369; Persil fils, no 216; Pigeau, p. 221.

654. — Le procès-verbal d'apposition de placards, qui après l'indication des communes où l'huissier s'est transporté, ajoute que ces placards ont été affichés dans tous les endroits apparens et habitués à recevoir les affiches des placards, remplit le vœu de la loi. — *Cass.*, 23 nov. 1836, Copier c. Desprez. — Bioche et Goujet, *Dict. de proc.*, vo *Vente sur saisie immobilière*, no 263.

655. — Il est évident que dans chaque commune les placards ne peuvent être apposés que par un huissier ayant le droit d'instrumenter sur le territoire de la commune. — Delaporte, t. 2, p. 293; Persil fils, no 217. — Le saisissant pourrait même faire apposer les placards par plusieurs huissiers différens dans la même circonscription, seulement on rejetterait de la taxe les procès-verbaux qui n'auraient pas été nécessaires si l'on avait employé un seul huissier. — Tarrible, *Rép.*, vo *Saisie immobilière*, p. 657.

656. — En l'absence du maire, le visa du procès-verbal pourrait incontestablement être donné par l'adjoint. Il peut y avoir d'autant moins de difficulté sur ce point que dans la loi nouvelle le mot maire est pris dans le sens de membre du corps municipal, ainsi que l'ont reconnu M. Persil et M. Portalis, dans leurs rapports aux Chambres.

657. — Sous le Code de procédure (ancien), il était déjà de jurisprudence que le visa apposé par l'adjoint sur le procès-verbal d'apposition des placards établissait par lui-même, jusqu'à preuve contraire, présomption de l'absence du maire, et qu'il n'était pas nécessaire que cette absence fût constatée dans l'exploit par une mention spéciale — *Rennes*, 6 juin 1814. Lefer de la Sandre c. Gauthier; *Caen*, 5 févr. 1822, Foucher c. Dupont; *Metz*, 14 nov. 1823, Grillet; *Cass.*, 23 nov. 1836, Copier c. Desprez.

658. — Décidé qu'il n'y a point nullité de la saisie immobilière pour défaut de visa du maire de la commune sur le procès-verbal d'apposition de placards si, cette apposition ayant eu lieu sur la place principale dépendant de deux arrondissements, le visa a été donné par le maire de l'arrondissement sur lequel le placard a été apposé. *Paris*, 25 août 1840 (t. 1er 1840, p. 740), Brunon c. Simonet.—Cette question ne trouve guère d'application qu'à Paris, où la place principale de la commune, celle de l'Hôtel de ville, appartient en partie au 7e arrondissement, et pour l'autre moitié, au 9e arrondissement.

659. — La Cour de Grenoble a jugé que le certificat par lequel le maire constate au bas du procès-verbal de l'huissier que les placards ont été apposés, tient lieu du visa du procès-verbal. — *Grenoble*, 19 juill. 1808, Jacolin c. Treilhard. — Mais nous croyons avec M. Chauveau (sur Carré, quest. 2373), et contrairement à l'opinion de M. Persil fils (no 218), que de pareils équipollens ne sont pas admissibles.

660. — Si les placards avaient été enlevés frauduleusement par le poursuivant, il y aurait lieu de prononcer la nullité de la poursuite; de même que si l'enlèvement provenait du fait de l'adjudicataire, ce serait une cause de nullité de l'adjudication. — Lachaize, no 297 *bis*. — Mais si le fait n'était imputable qu'à des tiers, il n'entacherait pas les opérations de nullité, sauf aux parties intéressées à se pourvoir en dommages-intérêts contre les auteurs de la fraude. — V. AFFICHE.

661. — Selon la nature et l'importance des biens, il peut être passé en taxe jusqu'à cinq cents exemplaires des placards, non compris le nombre d'affiches prescrit par l'art. 699. — Art. 700. — Cette disposition introduite dans la loi de 1841 fait cesser les doutes qui s'élevaient sur le nombre de placards qu'il y avait lieu de passer en taxe.

662. — L'art. 701 porte : «Les frais de poursuite seront taxés par le juge, et il ne pourra être rien exigé au delà du montant de la taxe. Toute stipulation contraire, quelle qu'en soit la forme, sera nulle de droit. Le montant de la taxe sera

publiquement annoncé avant l'ouverture des enchères et il en sera fait mention dans le jugement d'adjudication. » — Ce texte a pour but de faire cesser l'usage abusif qui s'était introduit dans la pratique d'insérer dans le cahier des charges une clause qui mettait à la charge de l'adjudicataire une somme fixe déterminée d'avance et qui dépassait souvent le chiffre véritable des frais de poursuite.

Sect. 3e. — *De l'adjudication.*

Art. 1er. — *Formalités relatives à l'adjudication et au jugement qui la prononce.*

§ 1er. — *A quelle époque l'adjudication a lieu.*

663. — « Au jour indiqué pour l'adjudication, suivant l'art. 702, il y sera procédé sur la demande du poursuivant, et, à son défaut, sur celle de l'un des créanciers inscrits. » — Art. 702.

664. — « Néanmoins l'adjudication pourra être remise sur la demande du poursuivant, ou de l'un des créanciers inscrits, ou de la partie saisie, mais seulement pour causes graves et dûment justifiées. Le jugement qui prononcera la remise fixera de nouveau le jour de l'adjudication qui ne pourra être éloigné de moins de quinze jours ni de plus de soixante. Ce jugement ne sera susceptible d'aucun recours. » — Art. 703.

665. — Dans ce cas, l'adjudication sera annoncée huit jours au moins à l'avance par des insertions et placards, conformément aux art. 696 et 699.

666. — L'ancien art. 706 du Code de procédure se contentait de dire que l'adjudication définitive serait prononcée au jour qui avait été indiqué lors de l'adjudication préparatoire, et que le délai entre les deux adjudications ne pouvait être moindre de six semaines, mais il n'indiquait pas sur la réquisition de qui il devait être procédé à cette adjudication définitive. La loi nouvelle comble cette lacune.

667. — Le même art. 706 avait été modifié par l'art. 1er du décret du 2 févr. 1811, suivant lequel les deux adjudications devaient être séparées par un délai de deux mois au moins. Du reste, le délai entre l'adjudication préparatoire et l'adjudication définitive, prescrit par la loi dans son minimum, ne l'était pas pour son maximum. — *Aix*, 14 mai 1825, Bouyon c. Armand.

668. — Lorsque les délais de deux mois entre les deux adjudications, et de quarante jours depuis l'apposition des derniers placards jusqu'à l'adjudication définitive, avaient été observés dans la procédure ordinaire, il n'était pas nécessaire que ces délais fussent réitérés en totalité, parce que des incidens auraient retardé l'adjudication définitive et nécessité de nouvelles procédures. — *Cass.*, 22 févr. 1819, François et Debosque c. Bessière et Sabatier.

669. — Lorsque la partie saisie avait interjeté appel du jugement d'adjudication préparatoire, le tribunal ne pouvait, avant qu'il eût été statué sur cet appel par la Cour d'appel, passer outre à l'adjudication définitive, sur le prétexte que l'appel n'était pas recevable. — *Bordeaux*, 25 août 1810, Roborel c. Corneillant; *Cass.*, 7 janv. 1818, Gravel c. Marcy; *Paris*, 27 mars 1830, Bellecote c. Belly; *Toulouse*, 16 mars 1844 (t. 2 1844, p. 388), Arnal c. Andorre. — Pigeau, t. 2, p. 162; Merlin, *Rép.*, v° *Saisie immobilière*, § 6, art. 2, n° 11; Lachaize, t. 2, n° 490; Berriat Saint-Prix, p. 598.

670. — Décidé encore que lorsqu'un jugement d'adjudication préparatoire était frappé d'appel, le tribunal ne pouvait, avant la décision sur l'appel, procéder à l'adjudication définitive, sous prétexte que l'appel n'aurait pas été interjeté dans les délais, et que, de plus, il n'y aurait point eu d'appel d'un jugement postérieur qui avait fixé le jour de l'adjudication définitive. — *Cass.*, 10 nov. 1834, Saint-Marc c. Descoubès.

671. — Quand par suite d'incident du fait du saisi, l'adjudication définitive n'avait pu avoir lieu au jour indiqué par le jugement d'adjudication préparatoire, le saisissant n'était pas tenu, à peine de nullité, de recourir au tribunal pour la fixation d'un autre jour. — L'indication qu'il avait faite lui-même du jour de l'adjudication dans les placards et affiches était régulière et suffisante, lorsque, d'ailleurs, il avait observé les délais et les solennités requises par la loi. — *Cass.*, 29 avril 1829, Derome c. Verdavainne-Hazard.

672. — L'adjudication définitive faite le quarante-deuxième jour après l'adjudication préparatoire remplissait le vœu de la loi. — Ainsi, lorsque la première adjudication avait eu lieu un jeudi, l'adjudication qui avait été remise à six semaines devait être prononcée le sixième jeudi. — *Paris*, 23 août 1808, Martz c. Tourton et Ravel.

673. — Il n'était pas nécessaire que le délai prescrit entre l'adjudication préparatoire et l'adjudication définitive fût augmenté d'un jour par trois myriamètres de distance entre le lieu où l'expropriation était poursuivie et le domicile de la partie saisie, conformément à l'art. 1033 du Code de procédure. — *Cass.*, 21 août 1816, Sanné c. Ayral.

674. — Le jugement qui prononçait la remise de l'adjudication définitive à un autre jour que celui fixé lors de l'adjudication préparatoire devait être signifié à avoué, à peine de nullité de ce qui s'était ensuivi, surtout lorsque cette adjudication avait été renvoyée à un temps moins long que celui qui avait été demandé, et lorsqu'il prononçait une condamnation aux frais occasionnés par ce renvoi. — *Lyon*, 5 juill. 1824, sous *Cass.*, 14 juin 1826, Cognet c. Mauvernay.

675. — Le droit pour les créanciers inscrits de requérir l'adjudication est la conséquence de la règle que la saisie ne peut plus être rayée après la mention des sommations aux hypothèques. — Les créanciers chirographaires n'ont pas ce droit. Les Cours d'Amiens, de Metz et de Douai demandaient qu'on donnât cette faculté à ces derniers créanciers, mais ce vœu n'a pas été accueilli.

676. — Le ministère d'un avoué est nécessaire pour requérir l'adjudication.

677. — Les dispositions des nouveaux art. 702 et 703 ne sont pas prescrites à peine de nullité. Il en est autrement de celles de l'art. 704. — Art. 715.

678. — Le jugement qui refuse d'accorder la remise de l'adjudication sur saisie immobilière n'est pas plus que celui qui prononce cette remise susceptible d'aucun recours. — *Rennes*, 1er déc. 1843 (t. 1er 1844, p. 455), Provost c. Guillot; *Bordeaux*, 16 janv. 1846 (t. 1er 184, p. 478), Barraud c. Pelletier et Moreau; *Paris*, 18 oct. 1848 (t. 2 1848, p. 151), Pelletier c. Pompon. — Bioche, v° *Saisie immobilière*, n° 447. — *Contrà*, Persil fils, *Comment.*, n° 223.

679. — Dans le cas prévu par l'art. 703, la remise est facultative, et le tribunal peut refuser de la prononcer. Au contraire, lorsque l'adjudication est retardée par un incident, ainsi que le prévoit l'art. 741, la remise est forcée, et il n'est même pas besoin de s'adresser au tribunal pour la faire prononcer. — Chauveau sur Carré, n° 497.

680. — Les juges ne peuvent pas suspendre la poursuite en expropriation, à la demande du curateur à une succession vacante, par le motif qu'il est tenu avant tout d'en faire constater l'état par un inventaire. — *Bruxelles*, 2 juillet 1817, Vanderhoffstad c. Crombrugge.

681. — Décidé que les tribunaux ne doivent surseoir à l'adjudication d'immeubles dont la vente se poursuit devant eux qu'avec la plus grande circonspection, et lorsqu'il est manifeste qu'ils seraient adjugés à vil prix, tandis qu'un délai peut faire espérer d'en obtenir un plus avantageux. Mais qu'une partie ne peut les contraindre à prononcer un sursis, par le motif qu'il s'agit des biens d'un militaire absent pour un service public, les lois portées en faveur des militaires ayant cessé d'avoir effet à la paix générale. — *Besançon*, 29 avril 1818, Garnier c. Morand.

682. — Une inscription de faux incident ne peut empêcher l'adjudication d'être prononcée. — *Cass.*, 1er déc. 1813, Ponte de Lombriasco c. Rosano.

683. — Lorsque la poursuite de saisie immobilière est en état, le jugement ne peut être différé par la mort de l'une des parties. — *Paris*, 11 juill. 1812, Josson c. Clouet. — Carré, *Lois procéd.*, t. 1er, p. 806, note 2.

684. — Jugé, avant la loi de 1841, que l'affaire est en état sur une instance de saisie immobilière, lorsque le jugement d'adjudication préparatoire n'a pas été attaqué dans les délais, et que toutes les formalités ont été accomplies. En cette matière, il n'est pas nécessaire que les conclusions soient contradictoirement prises à l'audience. — *Cass.*, 6 juill. 1841 (t. 2 1841, p. 196), Desvalée.

685. — Le saisi ne peut pas obtenir un sursis à l'adjudication sur la simple allégation qu'il y a eu, entre le saisissant et divers particuliers que le saisi ne désigne pas, un concert pour ne surenchérir qu'au nom du saisissant. — *Amiens*, 23 mars 1826, Beaucousin c. Pruvot.

686. — La remise pourrait être demandée par de simples conclusions prises à la barre. — Chauveau, quest. 2378. — Si l'une des parties voulait demander le renvoi avant le jour de l'audience, elle devrait appeler les parties intéressées par une assignation, et il ne suffirait pas de former cette demande par simple requête non communiquée. — Persil fils, n° 226.

687. — Quand il y a lieu à donner une assignation, cet acte doit être soumis aux formalités ordinaires des exploits. — *Besançon*, 31 janv. 1817, Pacot. — V. EXPLOIT.

688. — Le tribunal ne pourrait remettre l'adjudication d'office. La remise doit être demandée. — Paignon, t. 1er, n° 91 — V. le rapport de M. Portalis.

689. — Le tribunal pourrait prononcer la remise même pendant que les enchères ont lieu, pourvu, bien entendu, que trois bougies ne se fussent pas éteintes sur la dernière enchère, et que l'avoué, dernier enchérisseur, n'eût pas conclu à ce que les biens lui fussent adjugés. — *Pau*, 9 nov. 1831, Ricaud c. Galan-Bayle.

690. — La remise pourrait être accordée plusieurs fois de suite. — Chauveau sur Carré, quest. 2378 *quater*. — L'appréciation de la gravité des causes de remise est abandonnée aux tribunaux.

691. — Il pourrait arriver qu'en l'absence de tout jugement de remise, l'adjudication n'eût pourtant pas eu lieu au jour indiqué. Dans ce cas, Persil fils (n° 232) pense qu'il faudrait déclarer nul tout ce qui s'est fait depuis la publication du cahier des charges. Mais nous croyons que cet auteur va trop loin, et qu'il suffirait pour la régularité de la procédure de faire de nouvelles insertions et de nouvelles appositions de placards. — Nous avons dit que les art. 702 et 703 ne sont pas prescrits à peine de nullité.

692. — L'art. 704 renvoie seulement aux art. 696 et 699. — C'est une manière abrégée d'indiquer qu'il doit être procédé de nouveau aux publications par insertions et affiches. Mais la loi se réfère aussi aux dispositions complémentaires de ces articles. — Chauveau, quest. 2380.

693. — Une chambre des vacations peut procéder à une adjudication sur expropriation forcée. — *Cass.*, 18 prair. an XI, Legendre c. Mauger; *Paris*, 28 thermidor an XII, Legrand c. Girardy; *Cass.*, 16 floréal an XIII, Conigé c. Riaux Peyrone; *Bordeaux*, 8 mai 1811, Deslandes-Combettes c. Thomas; *Paris*, 27 août 1811, Boileau c. Raboulin. — Pigeau, p. 243, 8e observ.; Carré, t. 2, p. 638, note 2, n° 1er; Bioche et Goujet, v° *Vente sur saisie immobilière*, n° 301; Lachaize, t. 2, n° 418; Merlin, *Rép.*, v° *Vacations* (*Chambre des*), n° 4.

694. — Si la chambre des vacations pensait que l'époque des vacances n'est pas favorable aux ventes judiciaires et qu'il y a lieu de renvoyer par ces motifs l'adjudication après le 1er nov., elle pourrait le faire incontestablement. Il y aurait alors cause grave de remise dans le sens de l'art. 703. Telle était la pensée de la commission de la Cour de cassation. — Persil fils, p. 189; Paignon, t. 2, p. 213.

695. — Jugé que le juge qui tient l'audience des criées est compétent pour décider seul, et alors qu'il ne s'élève aucune contestation de la part du saisi (faisant défaut), la question de savoir si la division des lots doit ou non avoir lieu lors de l'adjudication. — *Cass.*, 9 janv. 1839 (t. 1er 1838, p. 48), Varenne c. Froger-Deschênes. — Rogron, p. 874. — M. Chauveau (quest. 2381) estime que si toutes les parties, le saisi, le poursuivant et les créanciers inscrits présentaient une demande tendante à la division par lots, cette division pourrait être ordonnée par le juge au moment de l'adjudication.

696. — Lorsque des immeubles d'origine différente ont été adjugés d'abord en trois lots, mais que, conformément à la réserve exprimée au cahier des charges, ils ont été, à la suite de nouvelles enchères, définitivement réadjugés en bloc, les adjudications partielles doivent être considérées comme provisoires, et en conséquence la remise proportionnelle allouée à l'avoué poursuivant doit être calculée non sur le prix de l'adjudication provisoire de chacun des lots, mais sur le prix de l'adjudication définitive des trois lots réunis. — *Cass.*, 14 mai 1844 (t. 1er 1844, p. 683), Pennetier c. Pottier. — V. TARIF.

§ 2. — *Quelles personnes peuvent se rendre adjudicataires.*

697. — Les avoués ne peuvent enchérir pour les membres du tribunal devant lequel se pour-

suit la vente, à peine de nullité de l'adjudication ou de la surenchère et de dommages-intérêts. Ils ne peuvent, sous les mêmes peines, enchérir pour le saisi ni pour les personnes notoirement insolvables. L'avoué poursuivant ne peut se rendre personnellement adjudicataire ni surenchérisseur, à peine de la nullité de l'adjudication ou de la surenchère et de dommages-intérêts envers toutes les parties. — Art. 711.

698. — L'art. 712 du Code de 1807 étendait la prohibition d'acheter aux procureurs généraux, avocats généraux et substituts des procureurs généraux. Le nouvel art. 711 limite l'interdiction aux membres du tribunal devant lequel se poursuit la vente. D'un autre côté, le nouveau texte range l'avoué poursuivant parmi les personnes incapables d'enchérir, ce que ne faisait pas le Code de procédure. Enfin, l'art. 711 fait une innovation en défendant aux personnes dont il parle non-seulement de se rendre adjudicataires, mais aussi de surenchérir. L'ancien texte ne prévoyait pas le cas de surenchère.

699. — Jugé, par application de l'ancien art. 713, qu'un conseiller de Cour d'appel pouvait se rendre adjudicataire d'immeubles vendus par expropriation devant un tribunal du ressort de la Cour à laquelle il appartenait. — *Bourges*, 5 déc. 1840 (t. 1er 1842, p. 218), Pinoteau c. Jaquemet.

700. — Aujourd'hui, le doute n'est plus même permis; l'art. 711 actuel du Code de procédure, par lequel la loi du 2 juin 1841 sur les ventes judiciaires de biens immeubles, a remplacé l'ancien art. 713, ayant supprimé la prohibition même à l'égard des magistrats remplissant les fonctions du ministère public près les Cours d'appel, se conformant en cela à l'opinion de MM. Carré, quest. 2398; Pigeau, t. 2, p. 151; Locré, 19, 2, 168; Bioche et Goujet, *Dictionnaire de procédure*, v° *Vente sur saisie immobilière*, n° 395.

701. — L'art. 711 ne paraît pas contenir une énumération complète des cas dans lesquels il est interdit à certaines personnes de se rendre adjudicataires ou de surenchérir sur une poursuite d'expropriation. Ainsi, aux termes de l'art. 1596 C. civ., ne peuvent se rendre adjudicataires, sous peine de nullité, ni par eux-mêmes, ni par personnes interposées, les tuteurs, des biens de ceux dont ils ont la tutelle, les mandataires, des biens qu'ils sont chargés de vendre; les administrateurs, de ceux des communes ou des établissemens publics confiés à leurs soins. Cependant, l'applicabilité de cette disposition aux ventes sur saisies immobilières est contestée par Thomines-Desmazures (t. 2, p. 258), Bioche (n° 491) et M. Persil fils (n° 267), parce que l'art. 711 C. proc. civ. ne reproduit pas les prescriptions de l'art. 1596 du C. civil et parce que ce dernier article ne devrait être appliqué qu'aux ventes volontaires. Bioche (*loc. cit.*) ajoute qu'en ce qui concerne le tuteur, le motif qu'avait le législateur de le frapper d'une prohibition n'existe plus en matière de vente forcée, la publicité de la procédure, dans ce dernier cas, sauvegardant suffisamment les intérêts du mineur. Toutefois, MM. Carré et Chauveau (quest. 2395) et Lachaize (n° 370) pensent que les dispositions de l'art. 1596 doivent être considérées comme des principes généraux qui s'appliquent à tous les cas, l'expression *adjudicataire*, qu'emploie cet article, indiquant que ses effets ne doivent pas être bornés aux ventes volontaires. — V., quant au mandataire chargé de vendre, *Cass.*, 10 mars 1817, Poty c. Buy (motifs). — V. VENTE.

702. — Cette dernière opinion a été embrassée par la Cour de Paris (28 janvier 1826, Durocher c. Putois). — V. cependant, *Colmar*, 16 févr. 1808, Carty c. Monart, dans une espèce où il s'agissait de l'application d'un statut local.

703. — Dans tous les cas, la prohibition pour le tuteur de se rendre adjudicataire ne s'étendrait pas au cas où, étant lui-même créancier de son pupille, il poursuivrait la vente. — *Toulouse*, 4 févr. 1825, Laforque c. Rozès. — Lachaize, n° 341; Rogron, p. 889. — V. VENTE.

704. — Il faudrait décider de même que le magistrat du tribunal où se poursuit la vente qui serait lui-même créancier inscrit pourrait se rendre adjudicataire. Cette hypothèse est en dehors des prévisions de l'art. 711. — Troplong, *Vente*, t. 1er, n° 190; Lachaize, t. 1er, p. 485; Bioche, n° 488. — *Contrà*, Thomines-Desmazures, t. 2, p. 257; Paignon, n° 116; Persil fils, n° 266.

705. — Jugé ainsi que la prohibition pour le juge de devenir adjudicataire des immeubles dont la vente est poursuivie devant le tribunal dont il fait partie ne s'applique pas au cas où le juge est créancier inscrit, et surtout créancier poursuivant. — *Grenoble*, 19 avril 1823, Rochas c. Rougive; *Montpellier*, 23 mai 1835, Vezian c. Allcot. — *Contrà*, Thomines-Desmazures, sur l'art. 713, et Bioche et Goujet, *Dict. de procéd.*, v° *Vente sur saisie immobilière*, n° 394.

706. — Il faut comprendre parmi les membres du tribunal les juges suppléans, les greffiers et les commis greffiers. — V. le rapport fait par M. Parent en 1838; Rogron, p. 888; Thomines-Desmazures, t. 2, p. 256; Lachaize, t. 1er, p. 483; Persil fils, n° 268. — Mais les avoués ne font évidemment pas partie du tribunal. — Mêmes autorités.

707. — Lachaize fait observer que lorsqu'une saisie a été pratiquée sur l'immeuble dotal d'une femme mariée, le mari ne peut se rendre adjudicataire, car il est saisi comme propriétaire des revenus. — T. 1er, n° 358.

708. — Décidé que n'est pas nulle l'adjudication des biens expropriés faite au profit de la femme du saisi qui n'est elle-même ni partie saisie ni débitrice du poursuivant. — *Besançon*, 12 mars 1811, Hubert c. Dechevrand.

709. — Jugé encore que, sous l'empire de la loi de brum. an VII, la femme mariée sous le régime dotal, mais dont la dot était purement mobilière, pouvait, alors qu'elle était créancière et autorisée de son mari, se rendre adjudicataire des biens saisis sur celui-ci. — *Aix*, 23 févr. 1807, Athanoux c. Rey.

710. — Mais jugé aussi que la femme commune en biens ne peut se rendre adjudicataire pour le compte de la communauté des immeubles saisis sur son mari. — *Bruxelles*, 26 mars 1812, Grenier c. Tabon.

711. — On s'est demandé si un avoué pourrait se rendre adjudicataire pour le tiers détenteur sur lequel la saisie immobilière serait pratiquée, faute par lui d'avoir payé ou d'avoir délaissé.

712. — Il a été jugé que le tiers détenteur sur lequel on exerce l'action hypothécaire peut enchérir et se rendre adjudicataire. — *Colmar*, 21 juin 1811, Jehlé c. Schmitt et Reil. — Cette opinion est celle de Persil père, t. 2, p. 148 et 332; Lachaize, t. 1er, p. 369; Persil fils, n° 271; Thomines-Desmazures, t. 2, p. 255.

713. — MM. Favard de Langlade (t. 5, p. 68), Carré et Chauveau (quest. 2395), et Decamps (p. 68), estiment au contraire et avec raison, selon nous, que le tiers détenteur ne peut se rendre adjudicataire. En effet, si la loi ne permet pas au débiteur saisi de se rendre adjudicataire, c'est parce qu'on ne peut croire que le propriétaire qui se laisse exproprier par les créanciers inscrits ait les moyens de payer un prix de vente représentant la valeur de son immeuble. Les mêmes raisons s'appliquent au tiers détenteur qui se laisse poursuivre immobilièrement et qui ne paie pas son prix. D'ailleurs la qualification de *saisi* convient aussi au tiers détenteur, car c'est *sur lui* qu'on fait vendre. — C. civ., art. 2169.

714. — L'adjudicataire d'un immeuble n'est point tenu d'établir sa solvabilité; c'est à celui qui demande la nullité de la vente pour cause d'insolvabilité à démontrer le fait et la notoriété de cette insolvabilité. — *Bordeaux*, 21 févr. 1829, Supsol c. Ducot; *Aix*, 25 nov. 1836 (t. 2 1837, p. 68), Fussiage c. Castelmuro.

715. — Un adjudicataire doit être considéré comme notoirement insolvable, quoique non entièrement dépourvu de moyens, si ses facultés sont notoirement insuffisantes, comparées au montant de l'enchère ou de l'adjudication. Il faut, en d'autres termes, considérer l'insolvabilité relative et non l'insolvabilité absolue. — *Rouen*, 30 mai 1823, Georges c. Petit.

716. — Il a été décidé par la Cour de Lyon que la femme qui ne possède que des biens dotaux inaliénables, est insolvable dans le sens de l'art. 713 (711). — *Lyon*, 27 août 1813, Bessaire c. Crépit. — Cette décision doit être approuvée.

717. — Un individu notoirement insolvable ne pourrait enchérir même en offrant de donner caution. — *Cass.*, 31 mars 1819, Gignoux de Regnerie. — Mais, ainsi que le fait observer M. Chauveau (quest. 2396), il faudrait peut-être décider autrement si, au lieu de se contenter d'offrir une caution, l'enchérisseur en avait réellement fourni une. — *Caen*, 9 juill. 1833, Fauconnier c. Sandrine; *Grenoble*, 11 juin 1835, Magnin c. Trolliet.

718. — L'interposition de personnes ne paraît pas être une cause de nullité de l'adjudication prononcée au nom d'une personne capable agissant en réalité dans l'intérêt d'une autre personne incapable d'enchérir. En effet, l'adjudication ostensible réunissant toutes les conditions voulues par la loi et offrant toutes garanties aux créanciers inscrits, ces derniers n'ont pas d'intérêt à critiquer la convention qu'il aurait faite avec un tiers. On pourrait donc considérer comme valable le traité par lequel une personne s'engage à enchérir pour le saisi. — Thomines-Desmazures, t. 2, p. 256; Persil fils, n° 270; Paignon, n° 114; Bioche, n° 500; Lachaize, t. 1er, p. 442.

719. — Décidé, dans ce sens, que la prohibition faite aux avoués de se rendre adjudicataires pour le saisi, ne s'oppose pas à ce qu'un avoué qui demeure adjudicataire en son nom personnel, s'engage à remettre les immeubles au saisi, sous des conditions arrêtées entre eux d'avance. — *Lyon*, 7 mars 1832, Biesse c. Grindon.

720. — Jugé, de même, qu'il n'y a rien de contraire à la loi dans la convention par laquelle un tiers s'engage à se rendre adjudicataire de biens expropriés pour les faire rentrer dans la possession du saisi, après avoir satisfait aux clauses de l'adjudication. — ... Et qu'une pareille convention entre le saisi et un tiers ne peut être critiquée par les créanciers qu'autant que leurs droits auraient été frauduleusement lésés. — *Colmar*, 12 juill. 1825, Loriot c. Armand.

721. — Il en est de même du traité par lequel un tiers s'oblige de surenchérir un immeuble déjà adjugé et de subroger ensuite à ses droits le débiteur saisi, à la charge de toutes les obligations résultant de la surenchère. — *Paris*, 10 mars 1812, Huyard c. Guitard. — Bioche et Goujet, *Dict. de procéd.*, v° *Vente sur saisie immobilière*, n° 332.

722. — La Cour de cassation, admettant une distinction, a décidé que s'il est vrai qu'un adjudicataire sérieux est maître de disposer, au profit du saisi, de la chose dont il s'est rendu adjudicataire, ce droit ne saurait être invoqué lorsqu'il est constant en fait que c'est le saisi lui-même et non un tiers qui s'est rendu adjudicataire par prête-nom en violation de l'art. 711. — *Cass.*, 18 févr. 1846 (t. 2 1846, p. 19), Mandron.

723. — Les principes sont plus absolument rigoureux à l'égard des membres du tribunal et de l'avoué poursuivant, parce que leur incapacité d'enchérir est le résultat d'une méfiance de la loi à leur égard.

724. — Ainsi, il a été décidé que l'adjudication sur saisie immobilière ne pouvant pas être faite au profit d'un juge du tribunal devant lequel elle se poursuit, elle ne peut davantage être faite au profit du fils de ce juge, qui doit être considéré, à l'égard de son père, comme personne interposée. — *Montpellier*, 26 juin 1817, N... c. Devic.

725. — ... Que l'avoué poursuivant ne pourrait enchérir sous le nom de sa femme. — *Toulouse*, 16 mars 1833, Dulon.

726. — L'adjudicataire incapable et l'avoué qui aurait surenchéri pour lui pourraient être condamnés solidairement à des dommages-intérêts. L'avoué encourrait de plus des peines disciplinaires. Du reste, l'art. 711 a pour sanction la nullité de l'adjudication ou de la surenchère dans les cas qu'il prévoit, et les dommages-intérêts, s'il y a lieu. Mais on ne pourrait déclarer adjudicataire, personnellement, l'avoué qui aurait enchéri pour un incapable. — *Paris*, 20 mai 1835, Pottier c. Blondeau. — Pigeau, t. 2, p. 141; Thomines-Desmazures, t. 2, p. 259; Persil fils, n° 275.

727. — Jugé que le jugement d'adjudication sur saisie immobilière est moins un jugement qu'un procès-verbal. Dès lors, c'est par action principale en nullité et non par voie de requête civile que la réformation fondée sur l'incapacité de l'adjudicataire doit être poursuivie. — *Cass.*, 27 avr. 1826, Mallet c. Mestreau; 18 févr. 1846 (t. 2 1846, p. 19), Mandron. — Persil fils, *Comm.*, n° 27[illegible]; Paignon, t. 1er, n° 121.

728. — L'avoué qui poursuit une vente en expropriation forcée, et qui n'a pas reçu de mandat de son client pour enchérir, peut se rendre adjudicataire pour un tiers. — *Cass.*, 4 germin. an XIII, Bocquet c. Brasseur.

729. — Sous le Code de procédure, l'avoué des créanciers poursuivant la saisie immobilière pouvait valablement se rendre adjudicataire en son nom personnel des immeubles dont il poursuivait la vente. — *Bourges*, 15 févr. 1815, Fl... — *Cass.*, 10 mars 1817, Poty c. Bey.

730. — La nullité attachée à la violation de l'art. 711 n'est pas absolue. Elle n'est pas non plus de plein droit. Ces deux points, enseignés par Thomines-Desmazures (t. 1er, p. 259), Bioche (n° 504), Paignon (n° 118), ont été reconnus par M. Persil dans son rapport.

§ 3. — *Formalités de l'adjudication. — Déclaration du nom de l'adjudicataire. — Son acceptation.*

731. — Les enchères sont faites par le ministère d'avoués et à l'audience. « Aussitôt, dit l'art. 705, que les enchères seront ouvertes, il sera allumé successivement des bougies préparées de manière que chacune ait une durée d'environ une minute. L'enchérisseur cesse d'être obligé si son enchère est couverte par une autre, lors même que cette dernière serait déclarée nulle. » — Cet article est la reproduction textuelle de l'art. 707 de l'ancien Code.

732. — La loi du 11 brumaire an VII voulait que les bougies fussent préparées de manière que chacune eût une durée d'environ cinq minutes (art. 13). — S'il s'éteignait deux bougies sans qu'il fût survenu d'enchère qui eût porté le prix à plus de quinze fois le revenu auquel le bien était évalué par la matrice du rôle de la contribution foncière, le tribunal était tenu de remettre l'adjudication à vingt jours au moins et trente jours au plus, pendant lequel temps le poursuivant devait faire apposer de nouvelles affiches (art. 14). — Dans le cas où soit à la première séance, soit à la subséquente, il y avait eu des enchères pendant la durée des deux premières bougies, il en était allumé successivement jusqu'à ce qu'il s'en fût éteint une sans nouvelle enchère, et l'adjudication était prononcée au profit du dernier enchérisseur.

733. — Sous le Code de procédure (ancien), Lachaize (t. 1er, p. 435) pensait qu'avant l'adjudication définitive il fallait donner une nouvelle lecture du cahier des charges, parce que l'art. 105 de l'ancien *Tarif* accordait à l'huissier un émolument à cet effet. Actuellement il faut tenir pour constant qu'une semblable lecture n'est pas exigée par la loi à peine de nullité. — V. le *Tarif* du 10 oct. 1841, art. 6, § 3, qui est moins explicite que celui de 1807, et le travail de M. Portalis, de 1838.

734. — Le tribunal ne peut se refuser à prononcer l'adjudication d'un immeuble faite régulièrement après l'ouverture des enchères et l'extinction du nombre de feux voulu par la loi, et remettre l'adjudication à un autre jour. — *Pau*, 9 nov. 1831, Ricaud c. Galan-Bayle.

735. — L'art. 705 veut que l'enchérisseur cesse d'être obligé si son enchère est couverte par une autre, lors même que cette dernière serait déclarée nulle. En effet, une fois que le contrat est rompu il ne peut être renoué que par une nouvelle mise aux enchères. Ainsi le premier enchérisseur ne pourrait faire revivre son enchère et se faire adjuger l'immeuble en faisant annuler celle par laquelle la sienne a été couverte. — Favard de Langlade, vo *Saisie immobilière*, t. 5, p. 61; Persil fils, t. 2, p. 199; Thomines-Desmazures, t. 2, p. 247.

736. — Un enchérisseur ne pourrait rétracter son enchère sous le prétexte que celle qu'il aurait couverte serait nulle, car ce n'est pas par l'intermédiaire du premier enchérisseur qu'il a contracté. — Persil fils, p. 200; Tarrible, *Rép.*, vo *Transcription*, t. 13, p. 94; Carré et Chauveau, quest. 2382 *ter*.

737. — On s'est demandé à la Chambre des députés ce qui arriverait s'il se présentait à la vente plus d'enchérisseurs qu'il n'y a d'avoués près le tribunal. Cette difficulté est restée sans solution. Ce sera donc au tribunal à procéder comme il le jugera convenable. Il pourra autoriser des avoués à enchérir nominativement pour tel enchérisseur ou permettre aux cliens eux-mêmes d'enchérir sans intervention d'avoué. — Décamps, p. 63; Thomines-Desmazures, t. 2, p. 246; Carré et Chauveau, quest. 2382 *quater;* Persil fils, p. 197.

738. — « L'adjudication ne pourra être faite, porte l'art. 706, qu'après l'extinction de trois bougies allumées successivement. S'il ne survient pas d'enchères pendant la durée de ces bougies, le poursuivant sera déclaré adjudicataire pour la mise à prix. Si pendant la durée d'une des trois premières bougies, il survient des enchères, l'adjudication ne pourra être faite qu'après l'extinction de deux bougies sans nouvelle enchère survenue pendant leur durée.

739. — L'avoué dernier enchérisseur sera tenu, dans les trois jours de l'adjudication, de déclarer l'adjudicataire et de fournir son acceptation, sinon de représenter son pouvoir, lequel demeurera annexé à la minute de sa déclaration; faute de ce faire, il sera réputé adjudicataire en son nom sans préjudice des dispositions de l'art. 711 (art. 707). — Les prescriptions de cet article trouvent leur sanction dans la disposition qui déclare l'avoué adjudicataire.

740. — Le taux des enchères est facultatif. Une enchère doit donc être reçue, si faible qu'elle soit. Sous la loi du 11 brumaire an VII (art. 16), les enchères ne pouvaient être moindres de 25 fr. lorsque la première mise à prix excédait 2,000 fr., ni moindres de 5 fr. pour les objets inférieurs.

741. — L'art. 707 veut que la déclaration de l'avoué soit faite dans les trois jours. Le délai n'est donc pas franc. — Thomines-Desmazures, t. 2, p. 249; Rogron, p. 878; Decamps, p. 63; Persil fils, no 243.

742. — La déclaration doit être faite au greffe et être écrite sur le cahier des charges, à la suite de l'adjudication. Elle est signée par l'avoué et par l'adjudicataire qui fait son acceptation. Ce dernier pourrait se faire remplacer par un mandataire, et, dans ce cas, la procuration timbrée et enregistrée serait annexée à la déclaration. — Pigeau, t. 2, p. 141; Carré et Chauveau, quest. 2384 *bis ;* Demiau-Crouzilhac, p. 452; Persil fils, no 247.

743. — Il ne faut pas confondre la déclaration que l'avoué doit faire dans les trois jours de l'adjudication du nom de l'adjudicataire avec la déclaration de command que cet adjudicataire peut faire au profit d'un tiers dans les vingt-quatre heures de l'adjudication aux termes de la loi du 22 frimaire an VII. La jurisprudence a concilié ces deux dispositions en décidant qu'au regard de l'adjudicataire l'adjudication n'était parfaite qu'à partir du moment où il accepte la déclaration faite par son avoué. — *Cass.*, 25 févr. 1823, Catonnet c. Enregistrement. — V. DÉCLARATION DE COMMAND, ENREGISTREMENT, VENTE.

744. — La déclaration de command et la déclaration de l'avoué ne pourraient plus être faites utilement si les choses n'étaient plus entières, si, par exemple, l'avoué ou l'adjudicataire avait fait acte de propriétaire sur les biens adjugés. — Lachaize, t. 2, no 386.

745. — Lorsque, par suite de l'absence de toute enchère, le poursuivant est adjudicataire pour la mise à prix, il est inutile que son avoué fasse de déclaration.

746. — Il peut arriver que l'adjudicataire ne soit pas domicilié dans le ressort du tribunal qui a procédé à la vente; il n'est pas indispensable, dans ce cas, que l'avoué élise pour lui un domicile dans le ressort. — Chauveau, quest. 2384 et suiv.

747. — L'art. 707 dispose que l'avoué dernier enchérisseur sera réputé adjudicataire en son nom personnel, s'il ne fournit pas l'acceptation de son client ou s'il ne représente pas son pouvoir. D'un autre côté, l'art. 711 interdit à l'avoué du poursuivant de se rendre personnellement adjudicataire. Il ne serait pas impossible que l'avoué poursuivant, voulant acheter personnellement l'immeuble, feignît de ne pouvoir représenter sa procuration et obtînt ainsi le résultat que l'art. 711 a voulu prévenir. L'avoué se rendrait alors passible de peines disciplinaires. C'est pour prévenir toute antinomie entre ces deux dispositions qu'on a placé à la fin de l'art. 707 les mots *sans préjudice des dispositions de l'art. 711.* — Rogron, p. 880.

748. — Toute personne peut, dans les huit jours qui suivent l'adjudication, faire, par le ministère d'un avoué, une surenchère, pourvu qu'elle soit du sixième au moins du prix principal de la vente. — Art. 708. — V. SURENCHÈRE.

§ 4. — *Délivrance du jugement d'adjudication. — Sa signification. — Mention aux hypothèques.*

749. — Le jugement d'adjudication n'est autre chose que la copie du cahier des charges rédigé ainsi qu'il est dit en l'art. 699. Il est revêtu de l'intitulé des jugemens et du mandement qui les termine, avec injonction à la partie saisie de délaisser la possession aussitôt après la signification du jugement, sous peine d'y être contrainte même par corps. — Art. 712.

750. — Le jugement qui prononce l'adjudication n'est pas à proprement parler un jugement, puisqu'il ne statue sur aucune contestation. Aussi n'est-il pas soumis aux règles qui doivent être observées pour les jugemens, notamment en ce qui concerne la rédaction des qualités, défauts, etc. — Lachaize, no 408; Paignon, no 121; Persil fils, no 277; Bioche, no 514; Merlin, *Quest.*, vo *Expropriation*, § 3.

751. — Décidé qu'en matière de saisie immobilière, il y a dérogation à la règle générale prescrite par l'art. 141, sur la forme des jugemens ordinaires, et qu'en conséquence, un jugement d'adjudication n'est pas nul pour n'être pas motivé. — *Toulouse*, 31 janv. 1826, Boussac c. Guitges.

752. — En général, on peut tenir pour règle qu'il est inutile de mentionner au procès-verbal d'adjudication tous les détails de l'opération. Lachaize, t. 1er, p. 438 et 446; Rogron, p. 876; Thomines-Desmazures, t. 2, p. 247; Pigeau, t. 2, p. 327; Favard de Langlade, vo *Saisie immobilière*, t. 5, p. 61; Persil fils, p. 198.

753. — Il suffit que le procès-verbal d'adjudication constate que des bougies ont été allumées, sans qu'il soit nécessaire de mentionner le temps de leur durée. — *Cass.*, 10 pluv. an XIII, Gobert c. Joslain; *Lyon*, 2 août 1811, Picarles c. Ardain. — Berriat Saint-Prix, p. 592, note 83; Lachaize, t. 1er, no 361.

754. — L'énonciation que deux autres bougies ont été successivement allumées sans qu'il soit survenu d'autres enchères établit suffisamment que chaque bougie n'a été allumée qu'après l'extinction de la précédente. — *Lyon*, 24 janv. 1834, Mathon c. Perroud.

755. — Lorsque des immeubles sont adjugés en détail, il suffit que le jugement d'adjudication mentionne, par énonciations générales, que chaque adjudication a été précédée de l'extinction de trois bougies; il n'est pas nécessaire d'énoncer l'extinction des feux immédiatement après la constatation de chaque adjudication partielle. — *Colmar*, 31 août 1811, Balladard c. Jacob.

756. — Le jugement d'adjudication doit contenir les dires qui ont été insérés au cahier des charges, conformément à l'art. 694. — Favard de Langlade, vo *Saisie immobilière*, t. 5, p. 68; Thomines-Desmazures, t. 2, p. 160.

757. — Le jugement d'adjudication doit contenir la mention de la taxe. — C. proc. art. 701.

758. — Mais la mention des insertions et appositions de placards prescrites par les art. 696 et 699, ne doit pas figurer sur l'expédition du jugement. Il en était autrement sous le Code de procédure. — Chauveau sur Carré, quest. 2397.

759. — Du reste, l'inobservation de ces diverses règles n'annulerait pas le jugement d'adjudication; car l'art. 712 n'est pas prescrit, à peine de nullité.

760. — Le jugement d'adjudication ne doit comprendre que les biens qui ont été réellement adjugés. Il ne comprend pas nécessairement et virtuellement tout ce qui est énoncé dans le cahier des charges, donc l'adjudicataire n'est pas autorisé à réclamer les objets omis dans ce jugement comme faisant partie du cahier des charges. — Il faut décider de même dans la double circonstance où le saisi a déclaré, par acte public, acquiescer au jugement d'adjudication, et a reconnu que les objets omis avaient fait partie des deux adjudications successives, si depuis, la partie saisie a réclamé contre cette reconnaissance, sous prétexte de surprise. — *Cass.*, 13 mai 1833, Perès et Dupouey c. Fourcade.

761. — La vente faite en justice n'est pas nulle, parce qu'il existe entre la désignation de l'immeuble consignée dans le cahier des charges et celle mentionnée dans le jugement d'adjudication une légère différence. — *Cass.*, 30 juin 1824, Mioche c. Bouchet.

762. — Décidé sous l'ancien Code de procédure qu'un jugement d'adjudication ne devait pas, à peine de nullité, rapporter textuellement les publications du cahier des charges et l'adjudication préparatoire, et qu'il suffisait pour sa régularité qu'il fît mention que toutes les formalités voulues par la loi avaient été remplies. — *Cass.*, 20 févr. 1816, Robin c. N....

763. — Bien que les art. 2064 et 2066 du Code civil ne permettent pas que la contrainte par corps soit prononcée contre les mineurs, les septuagénaires et les femmes, sauf le cas de stellionat pour ces deux dernières classes de personnes (V. CONTRAINTE PAR CORPS), nous croyons cependant que l'art. 712 doit être appliqué à toutes personnes sans distinction, car la contrainte par corps dont entendent parler ces deux articles du Code civil, et qui est un emprisonnement, diffère essentiellement de celle que prévoit l'art. 712 du Code de procédure, puisque ce dernier article veut parler seulement d'une expulsion de l'immeuble saisi. — Chauveau sur Carré, quest. 2397 *bis*. — *Contrà*, Thomines-Desmazures, t. 2, p. 261.

764. — Jugé qu'un jugement d'adjudication rendu, même par défaut, à la suite d'une saisie immobilière, peut être exécuté aussitôt après sa

signification, et sans attendre le délai de huitaine indiqué par l'art. 449 C. proc. — *Bordeaux*, 6 avr. 1817, Moureau c. Beysselance.

765. — Le jugement d'adjudication n'est délivré à l'adjudicataire qu'à la charge par lui de rapporter au greffier quittance des frais ordinaires de poursuite, et la preuve qu'il a satisfait aux conditions du cahier des charges qui doivent être exécutées avant cette délivrance. La quittance et les pièces justificatives demeurent annexées à la minute du jugement, et sont copiées à la suite de l'adjudication. Faute par l'adjudicataire de faire ces justifications dans les vingt jours de l'adjudication, il y est contraint par la voie de la folle enchère (V. FOLLE ENCHÈRE), sans préjudice des autres voies de droit.—Art. 713.

766. — Les frais ordinaires de saisie immobilière sont ceux qu'il a fallu faire pour parvenir à l'expropriation, tels que la saisie, sa dénonciation, sa transcription, le dépôt du cahier des charges, les sommations, la publication, etc. Les frais extraordinaires sont ceux qui sont occasionnés par des incidens. — Huet, p. 207; Lachaize, t. 2, p. 58; Persil fils, n° 281; Decamps, p. 70. — Suivant M. Paignon (n° 122), le coût des insertions et des affiches supplémentaires doit être compris parmi les frais extraordinaires. M. Chauveau sur Carré (quest. 2397) classe, au contraire, le coût de ces formalités parmi les frais ordinaires, parce qu'en y ayant recours le poursuivant n'a fait qu'user d'un droit que la loi lui donnait.

767. — Les conditions imposées par le cahier des charges qui peuvent être exigibles avant la délivrance du jugement d'adjudication, sont, par exemple, l'obligation de consigner le prix ou celle de payer certains créanciers. — Lepage, *Traité des saisies*, t. 2, p. 103; Pigeau, t. 2, p. 595.

768. — L'art. 713 porte que l'adjudicataire sera contraint par la voie de la folle enchère, *sans préjudice des autres voies de droit*. Ainsi, il pourra être poursuivi par voie de saisie-exécution ou de saisie-arrêt. — Persil fils, n° 283; Rogron, p. 892. — *Paris*, 20 mars 1810, Guyot-Mouton c. Grandin; *Riom*, 23 juin 1821, Rolland c. Moulin.

769. — Au contraire, sous la loi du 11 brum. an VII, l'adjudicataire d'un immeuble vendu par expropriation forcée ne pouvait être contraint par voie de saisie-exécution à payer le prix de l'adjudication aux créanciers utilement colloqués. — *Cass.*, 20 juill. 1808, Puy c. Clanchon.

770. — Le jugement d'adjudication n'est signifié qu'à la personne ou au domicile de la partie saisie; mention sommaire du jugement d'adjudication doit être faite en marge de la transcription de la saisie à la diligence de l'adjudicataire. — Art. 716.

771. — Ainsi que l'a dit M. Portalis, dans son rapport, en déclarant que la signification du jugement d'adjudication ne doit être faite qu'au saisi, l'art. 716 n'a fait que convertir en texte de loi une décision passée en jurisprudence. Il est donc bien certain désormais que le jugement ne doit pas être signifié aux créanciers inscrits. Il ne doit pas être signifié davantage à l'avoué du saisi.

772. — Ce n'est qu'après beaucoup d'hésitation et de controverses que l'opinion qui considérait comme inutile et frustratoire la signification du jugement d'adjudication aux créanciers inscrits avait prévalu en jurisprudence. — V. dans ce sens, *Metz*, 22 mars 1817, Fortier c. Menusson; *Rouen*, 8 déc. 1824, Therigny c. Roque et Adeline; *Grenoble*, 25 juill. 1827, Glandet c. Jail; *Cass.*, 7 nov. 1826, Berthelin c. Therigny; 13 juill. 1829, Dessauz c. Vittault et Pugeault; *Paris*, 18 déc. 1833, Durand et Barnier c. Oudinot; — et en sens contraire, *Paris*, 12 déc. 1812, Ronesse c. Hennequin; *Grenoble*, 7 fév. 1824, Davin c. Ducros-Silvain; 20 juill. 1825, Allard; *Orléans*, 26 nov. 1827, Arnault c. Bachelier.

773. — La disposition de l'art. 716 qui prescrit que mention sera faite du jugement en marge de la transcription de la saisie est une innovation. « Les tiers, a dit M. Persil à la Chambre des pairs, trouveront, dans cette mesure, le complément des procédures et une révélation suffisante de la transmission de la propriété amenée par la saisie immobilière. »

774. — La dispense que crée l'art. 716 au profit de l'adjudicataire de signifier le jugement aux parties en cause, comme le voudrait le droit commun, n'est pas un obstacle à ce que l'adjudicataire fasse les notifications de purge prescrites par les art. 2193 et suiv. du Code civil. — V. PURGE DES HYPOTHÈQUES.

ART. 2. — *Effets de l'adjudication.*

775. — L'adjudication, porte l'art. 717, ne transmet à l'adjudicataire d'autres droits à la propriété que ceux appartenant au saisi. Néanmoins l'adjudicataire ne pourra être troublé dans sa propriété par aucune demande en résolution fondée sur le défaut de paiement du prix des anciennes aliénations, à moins qu'avant l'adjudication la demande n'ait été notifiée au greffe du tribunal où se poursuit la vente. Si la demande a été notifiée en temps utile, il sera sursis à l'adjudication, et le tribunal, sur la réclamation du poursuivant ou de tout créancier inscrit, fixera le délai dans lequel le vendeur sera tenu de mettre à fin l'instance en résolution. Le poursuivant pourra intervenir dans cette instance. Ce délai expiré sans que la demande en résolution ait été définitivement jugée, il sera passé outre à l'adjudication, à moins que, pour des causes graves et dûment justifiées, le tribunal n'ait accordé un nouveau délai pour le jugement de l'action en résolution. Si, faute par le vendeur de se conformer aux prescriptions du tribunal, l'adjudication avait eu lieu avant le jugement de la demande en résolution, l'adjudicataire ne pourrait pas être poursuivi à raison des droits des anciens vendeurs, sauf à ceux-ci à faire valoir, s'il y avait lieu, leurs titres de créances, dans l'ordre et distribution du prix d'adjudication.

776. — Le premier paragraphe de l'art. 707 n'est que la reproduction de l'art. 731 du Code de 1807, et il n'a donné lieu à aucune difficulté dans la discussion aux Chambres. Mais toute la suite et la fin du même art. 707 est de création nouvelle et modifie d'une manière importante les principes qu'on appliquait antérieurement à l'action en résolution que pouvaient exercer d'anciens vendeurs en matière d'expropriation forcée.

777. — Sous l'empire de la loi précédente, dit M. Duvergier (*Collect. des lois*, t. 41, p. 162, note 3), l'action en résolution subsistait tant que l'adjudicataire ou ses successeurs n'avaient pas prescrit la propriété. En conséquence, un adjudicataire achetait en présence et sous l'autorité de la justice; il lui était impossible de connaître l'origine de la propriété, de la suivre dans ses mutations successives, de savoir si le prix des aliénations antérieures avait été acquitté, parce que le cahier des charges ne contient presque toujours aucun renseignement à cet égard. Un ordre s'ouvrait, le vendeur gardait le silence; la justice forçait l'adjudicataire de payer les créanciers munis de bordereaux de collocation. Puis, quelque temps après, le vendeur pouvait se présenter et mettre l'acheteur dans l'alternative de payer une seconde fois ou de délaisser l'immeuble qu'il avait accepté des mains de la justice. C'est pour prévenir le retour de semblables surprises faites volontairement ou involontairement à la bonne foi de l'adjudicataire et pour remédier à la défaveur que la crainte de pareils dangers pouvait amener sur les ventes forcées que la loi nouvelle force les anciens vendeurs à former leurs demandes en résolution avant l'adjudication, à peine de déchéance.

778. — Le système de l'art. 717 est en harmonie avec la disposition de l'art. 692 suivant laquelle la sommation de prendre communication du cahier des charges faite à un ancien vendeur doit contenir la mention que faute par lui de former sa demande en résolution et de la notifier au greffe avant l'adjudication, il sera définitivement déchu à l'égard de l'adjudication du droit de la faire prononcer.

779. — L'art. 717 prononce une forclusion seulement contre le vendeur qui n'a pas formé sa demande en résolution avant l'adjudication. On ne pourrait étendre cette disposition, tout exceptionnelle, aux personnes qui prétendraient des droits de servitude, d'usage ou d'habitation sur l'immeuble saisi, ou qui voudraient exercer une action en revendication par suite de pétition d'hérédité ou pour autre cause.

780. — Les incapables, tels que les femmes mariées et les mineurs, doivent, comme tous autres, former leur demande en résolution, conformément à l'art. 717. Un amendement qui avait été proposé dans le but de créer une dispense en leur faveur n'a pas été adopté. — Paignon, t. 1ᵉʳ, n° 136; Duvergier, *eod. loc.*, t. 41, p. 265.

781. — Lorsque le vendeur n'a pas fait transcrire son contrat, qu'il n'a pas pris d'inscription ni fait la notification, conformément à l'art. 717, il perd tout à la fois son droit de résolution et son privilége. Il ne conserve plus qu'une simple créance chirographaire contre le saisi. C'est ce qu'a déclaré le garde des sceaux dans la discussion, en se référant à des principes universellement reconnus. — C. civ., art. 2106, 2108 et 2113.

782. — Si la première vente de l'immeuble avait été faite à terme et que le prix ne fût pas encore exigible, lors de la revente forcée opérée sur l'acheteur, ce vendeur n'en devrait pas moins notifier sa demande en résolution avant l'adjudication à peine de déchéance. L'acheteur devrait être alors considéré comme déchu du terme. — Duvergier, *eod. loc.*, t. 41, p. 264.

783. — L'art. 717 veut que la *demande* soit notifiée au greffe. Il ne suffirait donc pas de notifier un acte dans lequel on manifesterait simplement l'intention de former une demande en résolution. Cette demande doit être intentée contre le saisi seul et dans les formes ordinaires.

784. — L'instance en résolution n'est pas en réalité un incident de la saisie immobilière. Cette instance doit être sommaire ou ordinaire selon la quotité de la somme pour laquelle la résolution est demandée. Mais l'intervention du créancier poursuivant pour faire fixer un délai conformément à l'art. 717, § 2 donnerait à la procédure le caractère d'un incident dans le sens des art. 718, 731 et suiv. (V. *infrà*), et cette réclamation devrait être portée devant le tribunal saisi de la poursuite en expropriation, lors même qu'en exécution d'une clause de l'acte de vente primitif, la demande en résolution aurait été portée devant un autre tribunal. — Chauveau sur Carré, quest. 2405 *quater*.

785. — Jugé que la demande à fin de révocation d'une donation d'immeuble introduite depuis la saisie de cet immeuble a bien pour effet, lorsqu'elle a été notifiée au greffe avant l'adjudication, conformément à l'art. 717 du Code de procédure civile, d'arrêter la poursuite pendant un temps, mais qu'elle n'en conserve pas moins le caractère d'une demande principale entièrement distincte de cette poursuite tant qu'aucun jugement n'a prononcé la jonction de l'une et de l'autre. — Jugé, en conséquence, que s'il est vrai que l'art. 717 précité, en attribuant au créancier qui poursuit la vente le droit d'intervenir dans l'instance à fin de résolution, autorise implicitement le demandeur en résolution à appeler lui-même le créancier poursuivant dans cette instance, cet appel en cause ne peut cependant être effectué que par un exploit régulier d'assignation à personne ou domicile, et non par un simple acte de conclusions signifié d'avoué à avoué. — *Bordeaux*, 7 août 1844 (t. 1ᵉʳ 1846, p. 571), Daumont c. Saunier et Dutaste.

786. — L'intervention dans la poursuite d'expropriation par le demandeur en résolution ne peut avoir pour objet la distraction immédiate de l'immeuble saisi, mais seulement la suspension de la poursuite et l'obtention d'un délai pour la mise à fin de l'action résolutoire avant l'adjudication. — Les parties ne peuvent donc, dans cette situation, conclure qu'à la fixation de ce délai, et non requérir qu'il soit enjoint par le tribunal de plaider au fond sur la demande résolutoire. — Même arrêt.

787. — Décidé même que la demande en résolution, bien que distincte de la demande en distraction prévue et réglée par l'art. 725 du Code de procédure civile, tend cependant, par ses conséquences ultérieures, à la distraction de l'immeuble saisi, et ne peut, en conséquence, être jugée en la seule présence du créancier qui poursuit la vente, sans qu'il y ait violation dudit article. — Même arrêt.

788. — La loi veut que le tribunal sursoie à prononcer l'adjudication et fixe un délai dans lequel la demande en résolution devra être jugée. Le tribunal ne pourrait pas, dès lors, avoir le droit de se refuser au sursis, quand même la demande en résolution lui paraîtrait peu sérieuse. Il pourra seulement, dans ce cas, fixer un délai aussi court que possible, si la demande en résolution était le résultat d'un concert frauduleux entre le saisi et un tiers pour retarder l'adjudication. Le poursuivant pourrait se pourvoir en dommages-intérêts contre ce tiers, et le faire condamner aux frais amenés par sa réclamation.

789. — Il n'est pas nécessaire que la notification au greffe contienne constitution d'avoué; car cette notification n'est pas la demande proprement dite.

790. — M. Chauveau (quest. 2405 *sexies*) estime avec raison qu'il est nécessaire d'appeler le demandeur en résolution à l'audience pour la fixation du délai dans lequel la demande doit être mise à fin.

791. — Le jugement qui rejetterait la demande en résolution est soumis à toutes les règles ordinaires sur la signification des jugemens. Il doit être signifié au demandeur en résolution, soit par le saisi, soit par le poursuivant, soit par un créancier inscrit.

792. — Si la demande en résolution n'a pas été mise à fin dans le délai fixé par le tribunal, elle tombe par cela même; et si c'est par la faute du vendeur que les choses se sont passées ainsi, il est incontestable que les frais de l'instance commencée par cette demande doivent être supportés par lui. Il y aurait plus de difficulté s'il était certain qu'aucun reproche ne peut lui être adressé. — M. Chauveau (quest. 2406 *ter*) est d'avis que, dans ce cas, le vendeur pourrait obtenir jugement en paiement de frais, avec collocation au taux de sa créance sur l'immeuble saisi.

793. — Si le jugement qui a rejeté la demande en résolution était annulé par la Cour de cassation, cette annulation donnerait le droit de faire juger de nouveau cette demande, soit que l'adjudication eût été prononcée, soit qu'elle ne l'eût pas été.

794. — Il paraît résulter d'une observation faite par M. Persil à la Chambre des pairs, que c'est par le poursuivant qu'il doit être donné connaissance à l'adjudicataire des notifications de demandes en résolution faites au greffe. Aussi l'avoué du poursuivant agira-t-il prudemment en requérant, avant l'adjudication, un certificat du greffier, constatant qu'aucune notification semblable n'a été faite au greffe.

795. — L'adjudication ne transmettant à l'adjudicataire que les droits que pouvait avoir le saisi sur l'immeuble vendu (art. 717), il est constant que, même après l'adjudication, le tiers qui se prétendrait propriétaire de l'immeuble et qui ne donnerait une tout autre qualité que celle de vendeur, pourrait le revendiquer. — *Cass.*, 28 juin 1819, Canel; *Paris*, 9 mars 1811, Duval c. Willot; *Toulouse*, 11 août 1823, Sainfraix c. Cabanial.

796. — Celui qui prétend un droit de propriété dans un immeuble vendu par suite d'expropriation forcée, ne peut pas se pourvoir par la voie de la tierce opposition contre le jugement d'adjudication : c'est par une action en délaissement dirigée contre l'adjudicataire, qu'il doit obtenir sa réintégration dans sa propriété. — *Toulouse*, 5 déc. 1831, Laye c. Daffis. — Chauveau sur Carré, quest. 2408. — *Contrà*, Persil fils, n° 293; Thomines-Desmazures, t. 2, p. 282.

797. — L'adjudicataire qui serait évincé de l'immeuble pourrait-il répéter contre les créanciers inscrits la partie de son prix qui a été versée entre leurs mains, en ce qu'il leur aurait payé ainsi ce qu'il ne leur devait pas? — MM. Duvergier (*Vente*, t. 1er, n° 346), Troplong (*Vente*, t. 1er, nos 432 et 496), Favard de Langlade (v° *Saisie immobilière* [t. 5, p. 73]) enseignent l'affirmative. Mais jugé que c'est seulement comme ayant reçu ce que l'adjudicataire ne devait pas, et non comme vendeurs de l'immeuble, qu'ils devraient faire cette restitution. — *Colmar*, 22 mars 1836 (t. 1er 1837, p. 386), Westerwald c. Pabst.

798. — Jugé, au contraire, qu'en cas d'éviction l'adjudicataire sur expropriation forcée n'a pas d'action en garantie soit contre le créancier poursuivant, auquel il n'y a pas de mauvaise foi imputable, soit contre ceux entre les mains desquels le prix d'adjudication a été versé. — *Cass.*, 16 déc. 1828, Giraud c. Martin.

799. — ...Que l'adjudicataire sur saisie immobilière n'a pas, en cas d'éviction, d'action en garantie à exercer contre le poursuivant, lorsque la cause de cette éviction ne provient pas d'un vice de la procédure de saisie immobilière, mais bien d'un vice de la propriété saisie. — *Colmar*, 22 mars 1836, Westerwald c. Pabst. — Duvergier, *Vente*, t. 1er; *Continuation de Toullier*, t. 16, n° 345; Despeisses, t. 1er, part. 1re, tit. 1er, sect. 5, n° 29; Pigeau, t. 2, p. 252; Duranton, t. 16, n° 265; Troplong, *Vente*, t. 1er, sur l'art. 1626, n° 432 et suiv. — *Contrà*, Persil, t. 2, p. 217. — ...Mais que le poursuivant serait tenu de la garantie en cas d'inobservation des formalités prescrites pour la régularité de la poursuite. — *Colmar*, 22 mars 1836 (t. 1er 1837, p. 386), Westerwald c. Pabst.

800. — ... Que dans les adjudications par suite d'expropriation forcée, c'est la justice, et non le créancier poursuivant, qui vend au nom du débiteur saisi. Dès lors, ce n'est pas au poursuivant que l'acquéreur peut s'adresser pour obtenir la délivrance de l'objet vendu; et le poursuivant auquel aucun dol ne peut être imputé n'est pas davantage responsable envers l'adjudicataire des objets compris dans la vente ou de leur valeur, sauf à ce dernier à demander la rescision de la vente ou une diminution de prix proportionnelle au déficit qu'il éprouve dans la consistance de la chose vendue. — *Bruxelles*, 12 déc. 1807, Drapier c. Godard. — Pigeau, *Commentaire*, t. 2, p. 308, n° 2; Merlin, *Rép.*, v° *Saisie immobilière*, § 7; Huet, p. 130, n° 1er.

801. — Décidé cependant que le poursuivant est, à titre de vendeur, garant de toute éviction à l'égard de l'adjudicataire. — *Toulouse*, 24 janv. 1826, Custos c. Lavabre et Delmas; *Caen*, 7 déc. 1827, Thorel c. d'Astier.

802. — Mais jugé aussi d'un autre côté, que le poursuivant ne vend pas; dès lors il ne peut être tenu que de ses faits personnels vis-à-vis de l'adjudicataire. C'est ce qu'a jugé la Cour de *Caen*, 28 juin 1847 (t. 1er 1848, p. 101), Dolleris c. Blanchard et Fourneaux.

803. — La qualité de vendeur appartiendrait plutôt au saisi. Toutefois M. Troplong (n° 431) soutient, contrairement à l'opinion de M. Duvergier (nos 345 et 347), que la vente ayant été forcée et ayant été réalisée malgré lui, on ne pourrait le déclarer garant à titre de vendeur comme dans le cas de vente volontaire. Mais il serait tenu de restituer la partie du prix qu'il aurait touchée, car il aurait ainsi reçu ce qui ne lui était pas dû. — V. VENTE.

804. — Il n'y a point faute de la part du poursuivant ou de la part de l'huissier qui a agi à sa requête par cela que le procès-verbal de saisie ne désignerait pas d'une manière suffisamment claire les immeubles saisis, si l'obscurité dans la désignation donnée résultait de l'état même des lieux. — Toutefois le poursuivant mis en cause sur l'action en revendication peut être condamné à une partie des dépens si les chefs de demande qu'il a formés sont jugés mal fondés. — *Caen*, 28 juin 1847 (t. 1er 1848, p. 101), Dolleris c. Blanchard et Fourneaux.

805. — L'adjudicataire sur saisie immobilière qui, lors de l'action en revendication dirigée par un tiers, se borne simplement à former un recours contre le poursuivant, afin d'être indemnisé de la perte qui doit résulter pour lui de la distraction des immeubles, est réputé par là acquiescer à la demande en revendication. Dès lors, il est non recevable à attaquer par une voie quelconque la décision rendue à ce sujet. — Même arrêt.

806. — Suivant l'art. 1636 du Code civil, lorsque l'acquéreur n'est évincé que d'une partie de la chose, mais que cette partie est de telle conséquence, relativement au tout, qu'il n'eût pas acheté sans la partie dont il a été évincé, il peut faire résilier la vente. Nous croyons avec MM. Carré et Chauveau (quest. 2410) et Favard de Langlade v° *Saisie immobilière* (t. 5, p. 73) que cette disposition doit être appliquée aux adjudicataires sur expropriation forcée Il est, du reste, incontestable que l'adjudicataire aurait droit à une diminution de prix à raison des immeubles qu'une revendication aurait distraits de l'adjudication. — Même arrêt.

807. — Mais jugé que cette ventilation ne peut se faire qu'à l'ordre et contradictoirement avec tous les créanciers inscrits; et que le poursuivant n'a point qualité pour défendre seul à cette demande, lors même qu'il se trouverait le premier créancier inscrit, et que sa créance devrait absorber tous les deniers à distribuer. — Même arrêt.

808. — Décidé qu'il faut appliquer aux adjudicataires sur saisie immobilière la disposition de l'art. 1637 du Code civil suivant laquelle, en cas d'éviction, on doit rembourser la valeur de la partie dont on est évincé suivant estimation à l'époque de l'éviction, et non proportionnellement au prix total de la vente. — *Toulouse*, 21 janv. 1826, Curtos c. Lavabre et Delmas. — V. au reste, sur la garantie en cas d'éviction, v° VENTE.

809. — Lorsque le jugement d'adjudication a été frappé d'appel, et qu'il a été confirmé par arrêt, l'adjudicataire doit être réputé avoir été propriétaire non pas seulement à partir du jour de l'arrêt confirmatif, mais à partir de celui du jugement. L'appel n'a fait que suspendre l'effet de ce jugement, et l'arrêt confirmatif, en levant cette suspension, a laissé au jugement toute sa force. — *Cass.*, 18 août 1808, de Saint-Laurent c. Bertier.

810. — Quand le jugement d'adjudication a été confirmé sur l'appel, il y a lieu de restituer à l'adjudicataire les droits d'enregistrement qu'il avait payés. — Championnière et Rigaud, *Dict. de l'enregistrement*, v° *Restitution*, § 2, n° 19.

811. — Mais le jugement qui, sans statuer sur aucun incident, prononce l'adjudication, n'est susceptible ni d'opposition ni d'appel. — V. *infrà.*

812. — L'adjudicataire a droit à la perception des fruits existans sur le fonds et non encore coupés au moment où l'adjudication a été prononcée. Mais, comme cette adjudication ne peut avoir d'effet rétroactif, les fruits qui ont été recueillis avant le jour où elle a été prononcée appartiennent aux créanciers inscrits, au profit desquels ils ont été immobilisés. — *Agen*, 26 juill. 1808, Souques c. Verdier. — Carré et Chauveau, quest. 2404.

813. — La Cour de Riom a décidé que les bestiaux donnés à cheptel, les semences, les fourrages, pailles et engrais font tellement partie d'un domaine vendu sur saisie immobilière qu'ils sont présumés de droit compris dans la saisie et l'adjudication de ce domaine, encore qu'ils ne se trouvent mentionnés ni dans le procès-verbal de saisie, ni dans le cahier des charges, ni dans le jugement d'adjudication. — *Riom*, 30 août 1820, Couhert c. Desmichels et Fougerousse. — Cet arrêt est critiqué avec raison par MM. Carré et Chauveau (*loc. cit.*). Ce qui n'a pas été saisi expressément est exclu de la saisie; et l'adjudicataire n'a pas dû croire que des immeubles par destination sur lesquels toute la procédure gardait le silence, étaient compris dans l'adjudication.

814. — Mais une avenue d'arbres conduisant à un château est comprise dans l'adjudication de cet immeuble, bien qu'elle ne soit pas nominativement désignée dans le procès-verbal de saisie et d'adjudication. — *Bourges*, 17 janv. 1831, Bonnault c. Proulleroy.

815. — Jugé que lorsque le créancier poursuivant insère dans une saisie immobilière deux clauses contraires l'une à l'autre, et dont l'exécution simultanée est impossible, l'adjudicataire qui n'exécute pas l'obligation que lui impose l'une de ces clauses, n'est pas passible des peines attachées par une clause formelle du cahier des charges à cette exécution. — *Rennes*, 30 déc. 1824, Laurent c. Coataudon.

816. — L'adjudicataire qui, après avoir rempli toutes les charges de l'adjudication, obtient une réduction sur le prix, parce que l'affiche indiquant la vente a donné aux objets vendus une contenance plus considérable que celle qu'ils ont réellement, peut retenir par privilége sur son prix le montant des frais qu'il a faits pour obtenir la réduction et l'excédant des droits qu'il a payés. — *Paris*, 6 février 1810, Danger c. Vavin.

817. — L'adjudicataire a le droit de provoquer la résiliation d'un bail collusoire qui l'empêche de jouir du bien qui lui a été adjugé. — *Paris*, 26 juin 1810, Cordier c. Micquet; *Liége*, 9 nov. 1812, Sevenick c. Burghaus.

818. — Mais il ne pourrait contraindre le locataire à payer les loyers courus depuis le jour de l'adjudication, si celui-ci prouvait les avoir payés par anticipation à l'ancien propriétaire, en vertu d'un bail sous signature privée, mais ayant acquis date certaine avant l'adjudication, alors même que le cahier des charges ne ferait pas mention de ces paiemens anticipés; lorsque, surtout, le locataire n'a été mis en demeure par aucun acte de veiller, par une insertion dans ce cahier des charges, à la conservation de ses droits. — *Turin*, 14 déc. 1810, Demonte c. Ballado. — V. ACTE SOUS SEING PRIVÉ.

819. — D'un autre côté le saisi peut demander des dommages-intérêts à l'adjudicataire de l'immeuble dont il a été exproprié, si, par ses manœuvres, cet adjudicataire a écarté les enchérisseurs et obtenu l'immeuble à un prix inférieur à sa valeur. — Dans cette hypothèse, le défendeur n'est pas fondé à opposer comme fin de non-recevoir que son adversaire n'a pas surenchéri. — *Colmar*, 7 mai 1836, Ritzenthaler, Kœnig et Chauffour c. Balzinger.

820. — Un adjudicataire ne peut se prévaloir des nullités de l'adjudication qui sont de son fait. — *Cass.*, 13 févr. 1827, Crucy c. de Chalabre.

821. — Il pourrait arriver qu'après la signification du jugement d'adjudication, le saisi ne voulût pas enlever les meubles qu'il avait placés dans l'immeuble vendu. M. Persil fils (n° 279) croit que l'adjudicataire pourrait faire mettre ces meubles sur le carreau. M. Chauveau (*loc. cit.*) conseille de s'adresser au président du tribunal et d'obtenir une ordonnance qui autorise à faire transporter les meubles du saisi dans un local loué à cet effet.

822. — Les frais extraordinaires de poursuite sont payés par privilége sur le prix, lorsqu'il en a été ainsi ordonné par jugement. — Art. 714.

823. — Le tribunal doit ordonner que les frais extraordinaires seront payés par privilége sur le prix, par exemple, lorsque des incidens ont été amenés par des causes qui ne sont imputables à aucune des parties, ou lorsque la partie

saisie les a occasionnés et a succombé (Lepage, t. 2, p. 102), ou lorsqu'ils ont eu lieu dans l'intérêt commun des créanciers (Favard de Langlade, t. 5, p. 70), ou lorsque celui qui a fait naître l'incident, bien qu'ayant succombé, a pu croire de bonne foi qu'il y avait lieu d'élever une contestation (Lachaize, t. 2, p. 60; Paignon, t. 1er, p. 180).

824. — Jugé que la disposition de l'art. 716 (714) suivant laquelle les frais extraordinaires de poursuite d'une saisie immobilière doivent être payés par privilége sur le prix, lorsqu'il en a été ainsi ordonné par jugement, s'applique aux dépens faits par le poursuivant sur l'appel du jugement d'adjudication. — *Amiens*, 5 déc. 1839 (t. 2 1840, p. 707), Lamotte c. Lefort.

825. — ... Et que le vœu du même article est également rempli, soit que le paiement privilégié des frais extraordinaires de poursuite ait été ordonné par le jugement rendu sur les incidens qui ont donné lieu à ces frais, soit qu'il ait été ordonné par un jugement postérieur. — *Toulouse*, 16 mai 1831, Boursinhac c. Clarenc. — V., sur ce dernier point, Demiau-Crouzilhac, p. 440; Persil fils, n° 285; Thomines-Desmazures, t. 2, p. 263; Carré et Chauveau, quest. 2399 *bis*.

826. — Lorsqu'un tribunal a ordonné que les frais de poursuite seraient employés comme frais extraordinaires, ces expressions indiquent suffisamment que ces frais doivent être payés par privilége sur le montant de l'adjudication. — *Riom*, 3 août 1826, Serviant c. Longevialle. — Chauveau sur Carré, quest. 2399 *ter*.

827. — Le même arrêt a jugé qu'on pouvait stipuler dans le cahier des charges que les frais extraordinaires seraient payés par privilége sur le prix de l'adjudication. — Mais cette décision ne paraît pas devoir être suivie ; car, aux termes de l'art. 714, le privilége n'existe, pour ces frais, qu'autant qu'il a été reconnu par un jugement.

828. — L'art. 715 du Code de procédure porte : « Les formalités et délais prescrits par les art. 673, 674, 675, 676, 677, 678, 690, 691, 692, 693, 694, 696, 698, 699, 704, 705, 706, 789, § 1er et 3, seront observés à peine de nullité. La nullité prononcée pour défaut de désignation de l'un ou de plusieurs des immeubles compris dans la saisie, n'entraînera pas nécessairement la nullité de la poursuite en ce qui concerne les autres immeubles. Les nullités prononcées par le présent article pourront être proposées par tous ceux qui y auront intérêt. »

829. — L'art. 715 ne comprend pas, parmi les dispositions prescrites à peine de nullité, l'art. 695 relatif à la publication du cahier des charges et à la fixation du jour de l'adjudication. — Si l'on décidait cependant que le texte de cet article ne doit pas être exécuté à peine de nullité, il en résulterait que tout le système de la loi de 1841 sur l'enchaînement des délais et des formalités se trouverait rompu. Mais il paraît résulter de la discussion de la loi aux Chambres que si cet article ne figure pas dans l'énumération de l'art. 715, c'est par suite d'une omission matérielle. — Chauveau sur Carré, quest. 2400.

CHAPITRE III. — *Des incidens sur la poursuite de saisie immobilière.*

Sect. 1re. — *Dispositions générales.*

830. — Pendant la poursuite de saisie immobilière, il peut s'élever des difficultés et des contestations de plusieurs genres. — Pour empêcher que la poursuite ne fût entravée par ces contestations plus que cela n'était nécessaire, le Code de procédure et la loi du 2 juin 1841 ont prévu et réglé, quant à la procédure, celles qui se présentent le plus fréquemment : ce sont les *incidens* sur la poursuite de saisie immobilière.

831. — Les incidens de la saisie qui sont prévus par la loi sont au nombre de huit, savoir : 1° les cas où plusieurs saisies doivent être jointes en une seule (art. 719 et 720); 2° celui où l'un des saisissans veut se faire subroger dans les poursuites (art. 721 à 723); 3° la radiation d'une première saisie (art. 724); 4° les demandes à fin de distraction (art. 725 à 727); 5° les demandes en nullité des poursuites (art. 728 et 729); 6° l'appel des jugemens dans les cas où il peut avoir lieu (art. 730 à 732); 7° la folle enchère (art. 733 à 740); 8° et la conversion de la saisie en vente volontaire (art. 743 à 748).

832. — Avant de s'occuper des règles spéciales à chacun des incidens, la loi détermine comment les demandes par lesquelles ils sont introduits doivent être instruites et jugées. — « Toute demande incidente à une poursuite en saisie immobilière, porte l'art. 718, sera formée par un simple acte d'avoué à avoué, contenant les moyens et les conclusions. — Cette demande sera formée contre toute partie n'ayant pas d'avoué en cause, par exploit d'ajournement à huit jours, sans augmentation de délai à raison des distances, si ce n'est dans le cas de l'art. 726 (celui de la demande en distraction), et sans préliminaire de conciliation. — Ces demandes seront instruites et jugées comme affaires sommaires. Tout jugement qui interviendra ne pourra être rendu que sur les conclusions du ministère public. »

833. — M. Rogron (p. 901) fait observer que l'art. 718 renvoie à l'art. 726 quant au délai de distance. Il eût été préférable de renvoyer à l'art. 725 qui parle le premier de la demande en distraction.

834. — L'ancien art. 718 disposait seulement que toute demande incidente à une poursuite de saisie immobilière serait jugée sommairement et sans citation en conciliation.

835. — Le Code de 1807 voulait que les moyens de nullité contre la procédure postérieure à l'adjudication préparatoire fussent proposés par requête d'avoué à avoué (art. 735). Il ne s'expliquait pas sur le mode suivant lequel on devait demander la nullité de la procédure antérieure à cette adjudication (art. 733). — On décidait que, dans ce dernier cas, on pouvait procéder par voie de requête d'avoué à avoué (*Bruxelles*, 28 nov. 1811, Neefs c. de Turck), mais qu'on pouvait également assigner la partie par exploit à personne ou domicile. — *Bruxelles*, 23 août 1810, Michez c. Bourg ; *Grenoble*, 3 sept 1811, Jullin ; *Poitiers*, 18 mai 1824, Begouin c. Guesdon. — V., dans ce sens, Carré, quest. 2413 et 2484. — *Contrà*, *Riom*, 26 mars 1810, Isnard c. Marty. — Huet, p. 288.

836. — Plusieurs arrêts avaient aussi jugé que les moyens de nullité contre la procédure antérieure à l'adjudication préparatoire pouvaient être proposés verbalement et à l'audience. — *Bordeaux*, 21 janv. 1811, Loyal c. Brunet; *Bourges*, 6 mai 1812, Reuillon c. Rossignol; *Poitiers*, 26 août 1836 (t. 1er 1837, p. 388), Coutant c. Billard.

837. — L'art. 718 ne s'applique pas seulement aux huit incidens de saisie immobilière sur lesquels s'explique le Code de procédure modifié par la loi du 2 juin 1841. « S'il s'en présentait d'autres, disait M. Persil dans son rapport, ils devraient être instruits et jugés d'après la règle générale de l'art. 718, et suivant les principes que nous allons développer... » — Paignon, t. 1er, n° 137.

838. — On doit considérer comme demande incidente, dans le sens de l'art. 718, toute demande relative à la poursuite et formée par l'une des parties qui y sont naturellement présentes. — Peu importe, du reste, que l'incident soit élevé pour demander la nullité de la procédure ou qu'il soit relatif à la qualité des personnes ou aux titres de créance. Mais le poursuivant, le saisi et les créanciers inscrits ne pourraient pas agir conformément à cet article contre un tiers pour le faire intervenir dans l'instance. On ne pourrait procéder contre ce tiers que par action principale introductive d'instance sujette au préliminaire de conciliation. — Chauveau sur Carré, quest. 2412 *bis*.

839. — Jugé que la demande en péremption d'une poursuite de saisie immobilière n'est pas un incident. — *Metz*, 12 avr. 1826, Lhoste-Renet c. Rolland.

840. — En matière de saisie immobilière, les demandes formées incidemment à la poursuite, telles que les demandes en reprise d'instance ou en constitution de nouvel avoué, doivent être réglées par les règles générales de la procédure, et suspendent l'adjudication des biens saisis. — *Nîmes*, 6 juill. 1819, Marsal c. Bonnefoi.

841. — La compensation opposée, ou les offres réelles faites par le débiteur pendant le cours d'une saisie immobilière, sont des exceptions préjudicielles sur lesquelles il faut statuer avant de procéder à l'adjudication. Si l'on a adjugé avant de prononcer sur ces exceptions, le jugement postérieur qui les rejette ne purge pas la nullité de l'adjudication. — *Cass.*, 23 juill. 1811, Tredicini c. Modesti.

842. — La commission du gouvernement de 1838 avait émis l'opinion que les contestations qui surgissent après le commandement, mais avant la saisie, ne constituent pas des incidens de la poursuite. Tel est l'avis de Chauveau, *loc. cit.* — V., cependant, *Cass.*, 16 déc. 1807, Cambier c. Diedman.

843. — Le tribunal compétent pour connaître des incidens sur la procédure de saisie est incontestablement celui devant lequel la poursuite a été portée. Cette compétence résulterait au besoin des termes de l'art. 718 qui veut que les incidens soient proposés par simple acte d'avoué à avoué. D'ailleurs, les demandes incidentes doivent être en droit commun portées devant le juge de l'action principale. — *Cass.*, 16 déc. 1807, Cambier c. Diedman.

844. — Il est des incidens pour lesquels la loi a déterminé de quelle manière et contre qui ils doivent être introduits. Ce sont les demandes en distraction et les conversions en ventes volontaires. Mais il en est d'autres pour lesquels elle n'a tracé aucune règle sous ce rapport. Il faut en conclure que, pour ces derniers incidens, tout doit être discuté entre le demandeur, le poursuivant et le saisi. Si, plus tard, un créancier inscrit s'opposait à ce que la saisie fût rayée, en vertu du jugement qui aurait été rendu sur l'incident hors sa présence, ce serait un nouvel incident qui serait instruit entre ce créancier et la partie qui aurait obtenu le jugement. — Chauveau sur Carré, quest. 2412 *ter*.

845. — Bien que la loi nouvelle veuille que les incidens soient formés par simple acte d'avoué à avoué, il ne paraît pas qu'on doive annuler la procédure relative à l'incident, parce qu'il aurait été proposé par exploit signifié à une partie ayant un avoué. En effet, l'art. 718 n'est pas prescrit à peine de nullité. Il en serait autrement, cependant, si le domicile du défendeur à l'incident se trouvait tellement éloigné qu'il lui fût impossible d'envoyer dans la huitaine l'assignation à son avoué. — Chauveau sur Carré, quest. 2412.

846. — Si, par suite d'erreurs ou omissions commises dans le procès-verbal ou dans les insertions et placards relativement à la désignation des biens saisis, ou si, par suite d'une indication erronée du jour de l'adjudication, il était à craindre que les biens saisis ne fussent pas portés par les enchères à leur véritable valeur, le saisi pourrait prouver ces divers faits par témoins. — *Dijon*, 28 févr. 1818, Rennevier c. Bruet-Cretinet; *Rennes*, 23 nov. 1819, N... c. Ninot. — Berriat Saint-Prix, p. 780, n° 50. — *Contrà*, *Paris*, 8 juin 1812, Parisot c. Flogny ; *Bordeaux*, 8 déc. 1831, Camarsac c. Darrigaud.

847. — Décidé qu'en matière de saisie réelle, les avoués ne sont pas tenus, à peine de nullité, de signifier leurs conclusions trois jours au moins avant de se présenter à l'audience. — *Paris*, 9 août 1815, Thomas c. Sutil.

848. — La disposition de l'art. 718, portant que tout jugement qui interviendra ne pourra être rendu que sur les conclusions du ministère public, est impérative, et elle doit être observée à peine de nullité par cela même. La nullité résultant de ce que le ministère public n'a pas été entendu serait proposable en appel, ou en cassation, ou par voie de requête civile, selon que le jugement serait susceptible d'un de ces modes de recours. — Bioche, n° 589.

849. — Les incidens doivent être jugés comme en matière sommaire, c'est-à-dire sans écritures avant le jugement : conformément à l'art. 405 Cod. proc. L'ancien art. 718 portait que les incidens seraient jugés *sommairement*. Cette expression avait un tout autre sens ; car littéralement elle signifiait seulement qu'aucune instruction par écrit ne pourrait être ordonnée. — V. le rapport de M. Portalis de 1838. — V. MATIÈRE SOMMAIRE.

850. — Les incidens sont matière sommaire, même lorsqu'ils portent sur le fond du droit du saisissant ou lorsqu'ils sont proposés en appel. — Rogron, p. 901.

851. — Les incidens de la saisie immobilière constituant des affaires sommaires, ainsi que le déclare l'art. 718, il en résulte que les avoués ne peuvent les plaider. — V. AVOUÉS, nos 266 et suiv.

852. — On s'est demandé si les jugemens qui statuent sur des incidens de saisie immobilière, doivent réunir toutes les conditions et contenir les énonciations qui sont requises pour les jugemens ordinaires. M. Persil fils (n° 299) résout cette question négativement. Mais nous croyons, avec M. Chauveau sur Carré (quest. 2412 *sexies*), qu'il y a lieu de distinguer entre les jugemens qui, n'étant pas susceptibles d'appel, s'exécutent sans signification (tels que ceux qui rejettent des moyens de nullité proposés contre la procédure postérieure à la publication du cahier des charges, art. 730) et ceux qui peuvent être frappés d'appel ou d'un pourvoi en cassation. Dans ces derniers cas, si le jugement ne contenait pas un point de fait, et un point de droit et les qualités,

il pourrait être impossible à la Cour d'appel ou à la Cour de cassation d'apprécier si le tribunal a bien ou mal jugé.—*Nîmes*, 2 vent. an XII, Mauris, Sainte-Cécile c. N...; *Rennes*, 4 janv. 1813, ...; *Riom*, 5 avril 1824, Chasson c. Dupin.

853.—Décidé que la rédaction des jugemens qui statuent sur des incidens de saisie immobilière ne doit pas être faite sur les qualités signifiées entre les parties, conformément à l'art. 142 C. proc.—*Toulouse*, 7 avr. 1829, Soulérat c. Féraud.

854.—Les tribunaux peuvent, en matière de saisie immobilière, ordonner l'exécution provisoire de leurs jugemens.—*Rennes*, 15 janv. 1820, ...

855.—L'action en résolution d'un contrat de vente faite sur adjudication n'est pas incidente des poursuites réelles; elle est principale, et n'est point, en conséquence, assujettie aux délais fixés par le Code de procédure pour les incidens sur saisie immobilière. — *Colmar*, 26 déc. 1821, Scheer c. Mertian.—V. *suprà*, l'art. 717.—V. aussi *Limoges*, 30 août 1838 (t. 1er 1839, p. 579), Larmet c. Picot.

856.—Le saisi qui multiplie les incidens à chaque pas de la procédure, peut être condamné, par corps, à des dommages-intérêts. — *Caen*, 15 nov. 1824, Chantepie c. Accarin.

Sect. 2e. — *Jonction de plusieurs saisies.*

857.—Aux termes de l'art. 719, si deux saisissans ont fait transcrire deux saisies de biens différens poursuivies devant le même tribunal, elles seront réunies sur la requête de la partie la plus diligente, et seront continuées par le premier saisissant. La jonction sera ordonnée, encore que l'une des saisies soit plus ample que l'autre, mais elle ne pourra, dans aucun cas, être demandée après le dépôt du cahier des charges : en cas de concurrence, la poursuite appartiendra à l'avoué porteur du titre le plus ancien; et si les titres sont de la même date, à l'avoué le plus ancien.

858.—Il est bien entendu qu'on ne peut joindre deux saisies qu'autant qu'elles sont pratiquées sur des biens appartenant au même débiteur.

859.—En disant que la jonction sera ordonnée, encore que l'une des saisies soit plus ample que l'autre, l'art. 719 entend exprimer qu'il y a lieu à jonction, encore que la valeur des biens compris dans l'une des saisies soit plus considérable que celle des biens compris dans l'autre. Cette partie de l'article peut être considérée comme une superfétation, car il est presque impossible que deux saisies de biens différens comprennent des immeubles de même valeur.—Portalis, rapp. de 1838.

860. — Il ne paraît pas que le tribunal ait le droit de joindre deux saisies d'office. C'est en ce sens que s'était prononcée sur ce point la commission de 1838. — Chauveau sur Carré, quest. 2413. — *Contrà*, Paignon, no 199; Decamps, p. 79.

861. — Le droit de demander la jonction des saisies appartiendrait à tous les intéressés et même aux créanciers chirographaires. Ces derniers créanciers ont intérêt à ce que les frais soient diminués autant que possible, et ils peuvent agir comme exerçant les actions de leur débiteur. — C. civ., art. 1166. — Persil fils, no 301; Carré et Chauveau, quest. 2413 *bis*; Pigeau, t. 2, p. 254; Decamps, p. 79; Favard de Langlade, vo *Saisie immobilière*, t. 5, p. 70.

862. — Paignon (no 141) et Lachaize (nos 423 et suiv.) sont d'avis qu'il y a lieu d'appeler le saisi au jugement de jonction et de lui signifier ce jugement.

863. — La demande en jonction étant un incident doit être formée par un simple acte motivé dont le papier timbré et l'enregistrement passeront seuls en taxe.—Decamps, no 80; Bioche, no 600.

864. — En disant que la jonction ne peut plus être demandée après le dépôt au greffe du cahier des charges, l'art. 719 n'entend pas parler nécessairement du cahier des charges de la première saisie. Il suffit que cette formalité ait été remplie pour l'une des deux saisies pour que la jonction ne puisse plus être requise. — Pigeau, t. 2, p. 153; Hautefeuille, p. 389; Thomines-Desmazures, t. 2, p. 269; Carré et Chauveau, quest. 2414 *quater*; Delaporte, t. 2, p. 320.

865. — Si une seconde saisie, présentée à la transcription, est plus ample que la première, elle est transcrite pour les objets non compris dans la première saisie; et le second saisissant est tenu de dénoncer la saisie au premier saisissant, qui poursuit sur les deux, si elles sont au même état, sinon il sursoit à la première et suit sur la seconde jusqu'à ce qu'elle soit au même degré. Elles sont alors réunies en une seule poursuite, qui est portée devant le tribunal de la première saisie. — Art. 720.

866. — L'art. 720 prévoit le cas où la seconde saisie est plus ample que la première, mais en supposant qu'il s'agit dans toutes deux des mêmes biens. Si les deux saisies avaient été pratiquées sur des immeubles différens, l'hypothèse serait régie par l'art. 719.

867. — M. Persil fils (no 311) croit que l'application de l'art. 720 peut présenter des difficultés en ce que la compétence que cet article établit ne s'accorderait pas avec les dispositions de l'art. 2210 du Code civil et de la loi du 14 nov. 1808. Mais Thomines-Desmazures (t. 2, p. 289) avait déjà fait remarquer que l'art. 720 ne prévoit pas la même hypothèse que ces deux dernières dispositions. — L'art. 2210 C. civ. suppose que les biens saisis sont différens entre eux et situés dans plusieurs arrondissemens; tandis que dans le cas prévu par l'art. 720 il s'agit de deux saisies faites sur les mêmes biens, l'une de ces deux saisies étant plus ample que l'autre. Dans ce dernier cas, la compétence ne peut appartenir qu'à un seul tribunal; tandis que dans les diverses hypothèses régies par l'art. 2210 et par la loi de 1808 elle appartient quelquefois à des tribunaux différens.

868. — Il résulte clairement de la rédaction de l'art. 720 que la jonction prescrite par cet article ne peut pas être demandée; et qu'elle est opérée par la loi elle-même, lorsque la seconde saisie est dénoncée au premier saisissant. Si ce dernier ne réunissait pas les deux saisies en une seule poursuite, comme le veut le même article, il n'en résulterait pas cependant la nullité des saisies, car l'art. 720 n'est pas prescrit à peine de nullité; mais le poursuivant devrait supporter les frais frustratoires occasionnés par deux poursuites séparées. — Thomines-Desmazures, t. 2, p. 269; Persil fils, no 305; Paignon, no 140; Carré et Chauveau, quest 2414 *ter*; Demiau-Crouzilhac, p. 455.

869. — Si le cahier des charges de la première saisie était déjà déposé au greffe lorsque la seconde est présentée à la transcription il n'y aurait pas lieu de joindre les saisies, et il faudrait appliquer à ce cas les prescriptions de l'art. 719. La plus grande partie des frais étant déjà faits sur les deux saisies, la jonction n'aurait plus d'intérêt. — Persil fils, no 306; Paignon, no 140; Thomines-Desmazures, t. 2, p. 169. — Cependant, si le tribunal estimait que la jonction peut avoir quelque utilité, il pourrait l'ordonner sur la demande d'une des parties. — Chauveau, quest. 2414 *quater*.

870. — La jonction de deux saisies étant l'un des incidens de saisie immobilière réglés par le Code de procédure, et la dénonciation de la second saisie au poursuivant étant le premier acte de cet incident, cette dénonciation doit être signifiée par acte d'avoué, conformément à l'art. 718. — Decamps, p. 81.

871. — Le défaut de dénonciation de la seconde saisie aurait pour effet de mettre à la charge du second saisissant les frais frustratoires résultant de deux poursuites séparées, mais la seconde saisie n'en continuerait pas moins à être valable. Il n'y a, du reste, aucun délai fatal pour cette dénonciation, sauf la responsabilité du second saisissant en cas de négligence de sa part. — Thomines-Desmazures, t. 2, p. 270; Bioche, nos 608, 609; Persil fils, no 308.

872. — Nous avons vu que lorsque deux saisies semblables ont été pratiquées sur les mêmes biens, le conservateur ne doit transcrire que la première qui lui est présentée (art. 680). Jugé, cependant, qu'on peut saisir réellement des immeubles déjà saisis, lorsque les premières poursuites ont été abandonnées depuis plusieurs années. — *Cass.*, 27 juin 1827, Venes c. Thomassin.

873. — Si, après la jonction de deux saisies, et dans le cours de la poursuite ultérieure, l'une de ces deux saisies est jugée nulle, toutes les poursuites faites postérieurement au jugement de jonction sont nulles, et la partie à laquelle cette saisie annulée appartient doit supporter tous les dépens; mais la nullité de cette poursuite n'entraîne pas la nullité de celle à laquelle elle a été jointe, parce qu'avant la jonction il y avait des poursuites, des intérêts distincts et séparés, et la partie dont la saisie est valable doit reprendre ses poursuites à partir de l'état dans lequel elles étaient avant la jonction. — *Orléans*, 9 févr. 1810, N... c. N... — V. Hautefeuille, p. 390, alin. 2e; Thomines-Desmazures, t. 2, p. 270; Bioche, no 614; Carré et Chauveau, quest. 2414 *septies*; Persil fils, no 309.

874. — Carré (quest. 2414), Hautefeuille (no 390), et Persil fils (no 307), sont d'avis que lorsque les biens compris dans l'une des deux poursuites paraissent suffisans pour le paiement des créanciers, le tribunal doit ordonner un sursis à la poursuite sur l'autre saisie. Mais Chauveau (quest. 2414 *octies*) fait observer avec raison que ce système pourrait être dangereux pour les créanciers, l'appréciation de la suffisance des biens pour couvrir toutes les dettes étant souvent difficile. D'ailleurs, une disposition qui avait pour but de donner au tribunal le droit d'ordonner un sursis dans ce cas a été écartée.

875.—Lorsqu'une saisie nouvelle ne comprend pas des biens totalement différens de ceux qui ont fait l'objet d'une saisie précédente, en ce sens que chacun des poursuivans n'a pas exclusivement saisi des immeubles non compris dans la saisie de l'autre, on doit regarder la seconde saisie comme seulement plus ample que la première, et, d'après cela, on peut la réunir et poursuivre sur le tout, sans faire juridiquement prononcer la jonction. Il suffit que le procès-verbal de la première saisie soit reconnu valable, ainsi que le commandement qui l'a précédé, pour qu'on puisse y réunir la saisie postérieure. — *Orléans*, 7 juill. 1826, Traversa c. Blanche.

876. — La Cour de Lyon a jugé que si, en thèse générale, un premier saisissant est préféré à un second, bien que celui-ci ait fait une saisie plus ample, on ne peut admettre cependant l'application de ce principe à une saisie antérieure, insuffisante pour amener l'adjudication unique des objets saisis. Que, spécialement, la vente d'un chemin de fer ne pouvant avoir lieu par portions séparées en cas de saisie immobilière, la poursuite doit appartenir au premier qui a mis sous la main de justice la véritable chose aliénable, c'est-à-dire la totalité du chemin. — *Lyon*, 20 févr. 1840 (t. 2 1840, p. 633), Chemin de fer de Roanne c. Dugas.

877. — Décidé avant la loi du 2 juin 1841 que dans le cas de concours de deux saisies immobilières, la seconde, plus ample que la première, ne devait pas être, à peine de nullité, transcrite au greffe du tribunal où devait se faire la vente, dans la quinzaine du jour de la transcription au bureau des hypothèques, lorsque la première saisie y avait été déjà transcrite dans ce délai. — *Cass.*, 14 déc. 1819, Besson c. Dumont; *Orléans*, 18 déc. 1839 (t. 1er 1840, p. 565), Cagnat c. Villard.

Sect. 3e. — *Subrogation dans la poursuite. — Radiation d'une précédente saisie.*

878. — L'un des incidens qui s'élèvent le plus fréquemment dans le cours des poursuites de saisie immobilière, est celui qui résulte d'une demande en subrogation formée par l'un des intéressés pour obtenir la direction de la procédure d'expropriation aux lieu et place du poursuivant auquel il veut se faire substituer.

879. — Faute par le premier saisissant d'avoir poursuivi sur la seconde saisie à lui dénoncée, conformément à l'art. 720, le second saisissant peut, par un simple acte, demander la subrogation. — Art. 721.

880. — La subrogation peut également être demandée s'il y a collusion, fraude ou négligence, sous la réserve, en cas de collusion ou fraude, des dommages-intérêts envers qui il appartiendra. Il y a négligence lorsque le poursuivant n'a pas rempli une formalité ou n'a pas fait un acte de procédure dans les délais prescrits.—Art. 722.

881. — Le droit de demander la subrogation n'appartient pas seulement à ceux des créanciers qui sont saisissans. Il peut être exercé par tous les créanciers inscrits sans distinction. — *Cass.*, 15 germ. an XI, Girourst c. Versepuy et Laboullée; 10 pluv. an XII, Levavasseur c. Nepoux; *Aix*, 7 avril 1808, Grevin c. Dufour et Carraire; *Riom*, 21 mars 1816, Delbouis de Salbrune c. Favier; *Rennes*, 24 avril 1817, de Pincé c. Chalmel; *Grenoble*, 27 juin 1817, Marion c. Mignot; *Toulouse*, 2 août 1827, de Thèse c. Herard; *Caen*, 12 mars 1828, Nelet c. Yvon; *Orléans*, 19 août 1842 (t. 2 1842, p. 531), Lecaron de Fleury c. Guillemot et Billard. — Carré et Chauveau, quest. 2416 *ter*; Lepage, p. 170; Pigeau, t. 2, p. 155.

882.—Un créancier dont l'inscription ne frappe qu'une portion indivise de l'immeuble saisi n'en peut pas moins demander la subrogation à la poursuite, en cas de négligence de la part du saisissant. — *Besançon*, 26 janv. 1828, Reverchon

c. Poget.—Bioche et Goujet, vo *Vente sur saisie immobilière*, no 482.

883. — Les créanciers inscrits non-saisissans ont le droit de demander la subrogation non-seulement lorsqu'il y a collusion, fraude ou négligence de la part du poursuivant, mais encore dans l'hypothèse de l'art. 721, c'est-à-dire lorsqu'une seconde saisie plus ample que la première doit être dénoncée au poursuivant. Dans ce cas, si le poursuivant ne régularise pas la procédure, comme le veut la loi, pour comprendre les deux saisies dans une seule poursuite, le second saisissant obtient la subrogation de préférence aux autres créanciers; mais si ce dernier ne fait aucune diligence pour se faire subroger, les autres créanciers peuvent se pourvoir pour obtenir la subrogation. — V. les arrêts et les autorités qui précèdent.

884. — Les simples créanciers chirographaires porteurs d'un titre exécutoire peuvent demander la subrogation. Ce droit dérive de celui qui leur appartient de pratiquer une saisie immobilière, comme s'ils étaient créanciers hypothécaires. — *Cass.*, 12 août 1844 (t. 1er 1844, p. 526), Lecaron De Fleury c. Guillemot et Billard; *Besançon*, 30 janv. 1845 (t. 1er 1846, p. 420), Brulefort c. Galiot, Bonnet et Grillot, et 12 mai 1845 (t. 2 1846, p. 601), Fournier c. Blandin et Jacquin.—Carré et Chauveau, quest. 2416 *ter*; Paignon, no 145.

885. — Jugé à tort que le créancier dont la saisie immobilière n'a pu être transcrite à cause de la transcription préexistante d'une autre saisie est non recevable à intervenir dans cette autre saisie pour demander la subrogation dans la poursuite. — *Amiens*, 3 déc. 1822, Legenne c. Beauclar.

886. — L'intervention d'un créancier inscrit dans une poursuite de saisie immobilière pour se joindre au poursuivant est non recevable s'il n'y a ni faute ni négligence à reprocher au poursuivant. — *Metz* (et non *Nîmes* ou *Riom*), 6 fév. 1818, Delorme c. Riocourt.

887. — Lorsqu'un créancier, ayant deux débiteurs solidaires, a frappé leurs immeubles d'une *même saisie*, et qu'ensuite, regardant comme suffisantes les poursuites dirigées contre l'un de ses débiteurs, il a abandonné celles exercées contre l'autre, il y a lieu d'admettre la subrogation réclamée par un créancier de ce dernier, nonobstant l'offre du saisissant de reprendre les poursuites abandonnées. — *Bourges*, 18 août 1826, Sadron c. Gaudichard.

888. — Décidé, avant la loi du 2 juin 1841, que le créancier dont le titre n'avait été inscrit que postérieurement à la notification des placards prescrite par l'art. 695 C. proc., pouvait demander à être subrogé aux poursuites en expropriation. — *Nancy*, 2 mars 1818, de Choiseul-Stainville c. Nicolas.

889. — La saisie pouvant être rayée sans le consentement des créanciers inscrits tant que la mention des sommations à ces créanciers et au saisi n'a pas été faite en marge de la transcription de la saisie (art. 692, 693), il ne paraît pas que les créanciers puissent empêcher la radiation avant cette mention même, en formant une demande à l'effet de se faire subroger. Si le saisissant, étant désintéressé, avait donné mainlevée de la saisie, la radiation ne serait donc pas arrêtée par la demande en subrogation. Il y aurait, au contraire, lieu d'admettre la subrogation, suivant M. Chauveau (quest. 2416 *septies*), s'il y avait seulement abandon des poursuites par le saisissant.

890. — Jugé, en effet, avant la loi nouvelle, qu'un créancier était non recevable à demander la subrogation dans une poursuite de saisie immobilière convertie en vente sur publications judiciaires, quoique non rayée, lorsque le jugement de conversion avait été rendu avant l'enregistrement au bureau des hypothèques de la dénonciation des placards aux créanciers inscrits. *Paris*, 21 mars 1840 (t. 1er 1840, p. 681), Riario-Sforza c. Gillet.

891. — Cette décision était la conséquence du principe qui voulait que les créanciers ne devinssent parties dans l'instance que du jour de l'enregistrement de la notification des placards à eux faite. Mais avant l'enregistrement, au contraire, le saisissant restait maître de la saisie, il pouvait en donner mainlevée, et, s'il le faisait, le conservateur devait le rayer immédiatement. —Pigeau, t. 2, p. 223; Carré, quest. 2340; Bioche et Goujet, vo *Vente sur saisie immobilière*, t. 4, no 250.

892. — La conversion de la saisie en vente sur publications volontaires ne fait pas obstacle à la demande en subrogation. — *Cass.*, 12 août 1844

(t. 2 1844, p. 526), Lecaron de Fleury c. Guillemot et Billard.

893. Un créancier autre que le poursuivant ne peut, lorsque l'adjudication intervenue sur une première saisie a été annulée, recommencer une nouvelle saisie, il peut seulement demander à être subrogé aux droits du poursuivant et requérir la fixation d'un jour pour l'adjudication. — *Colmar*, 5 déc. 1821, Georges c. Barberet. — Lepage, p. 439; Berriat Saint-Prix, p. 603; Huet, p. 292, et Carré, t. 2, p. 586.

894. — Du reste, l'appréciation du cas de subrogation est exclusivement dans le domaine des juges du fond. — Pigeau, t. 2, p. 359; Persil fils, no 317; Favard de Langlade, vo *Saisie immobilière*, t. 5, p. 70.

895. — Ainsi, un arrêt qui, sur une demande en subrogation en matière de saisie immobilière, déclare la demande mal fondée, en ce qu'il n'apparaît aucune négligence de la part du poursuivant, et que la connivence ou la collusion ne sont pas suffisamment établies, échappe à la censure de la Cour de cassation comme reposant sur une appréciation de faits. — *Cass.*, 23 janv. 1833 (et non 1832), Beslan c. Tellier. — *Contrà*, *Bourges*, 18 avril 1826, Sadron c. Gaudichard. — Demiau-Crouzilhac, p. 436.

896. — Jugé que le créancier poursuivant qui n'a été que partiellement rempli de ce qui lui est dû doit conserver la poursuite en expropriation, alors même que sa créance serait contestée. — *Caen*, 11 nov. 1844 (t. 1er 1845, p. 572), Cottun c. Chrétien et Jacquelin-Lamenardière.

897. — Même lorsqu'il ne s'agit pas directement d'une demande en subrogation, tous les créanciers, et notamment la femme qui a eu hypothèque légale sur les biens saisis qui appartiennent à son mari, ont le droit d'intervenir pour la conservation de leurs droits dans la poursuite en expropriation des immeubles de leur débiteur. — *Pau*, 21 févr. 1824, B... c. Lechaud.

898. — La demande en subrogation doit être signifiée au saisi à personne ou domicile s'il n'a pas d'avoué. Le saisi est en effet partie à l'instance, et rien ne doit être fait à son insu. — *Caen*, 12 févr. 1828, Lemière-Duplessis c. Fourneaux. — Carré et Chauveau, quest. 2415 *bis*; Lachaize, t. 2, p. 92. — *Contrà*, *Dijon*, 24 mars 1828, Moine c. Mion-Bouchard.—Persil fils, no 316; Pigeau, t. 2, p. 359.

899. — Décidé que le désistement d'une saisie immobilière fait par le créancier saisissant au profit d'un autre créancier qui demande la subrogation est valable, quoique fait à la barre et hors la présence du débiteur légalement appelé, mais qui n'a point comparu. — *Cass.*, 12 mai 1813, Cauchois c. Johanne.

900. — La Cour de cassation a jugé qu'une demande en subrogation pouvait être formée pour la première fois en appel dans une espèce et où il s'agissait tout à la fois d'une subrogation dans les poursuites de saisie et d'une subrogation dans l'instance d'appel. — *Cass.*, 26 déc. 1820, Vimar c. Leglé.—V. Persil fils, no 325, et Lachaize, no 428.—M. Chauveau (quest. 2416 *quinquies*) pense que cette doctrine doit être restreinte au cas où la subrogation est demandée également dans l'instance d'appel, ainsi que l'a jugé cet arrêt, mais qu'en principe les demandes en subrogation pour collusion, fraude ou négligence doivent subir les deux degrés de juridiction.

901. — Jugé qu'une demande en subrogation peut être formée par des conclusions prises à la barre, et qu'il n'est pas nécessaire qu'elle le soit par avenir ou sommation. — *Lyon*, 1er mars 1831, Villette c. Bruyas.

902. — Jugé (avant la loi de 1841) que lorsqu'au jour indiqué pour une adjudication s'élevait une demande en subrogation aux poursuites, et que cette demande était accueillie par le tribunal, l'adjudication pouvait avoir lieu au même instant sur la poursuite du créancier subrogé, sans que le saisi pût se plaindre qu'on y eût procédé sans lui avoir signifié préalablement le jugement de subrogation. — *Cass.*, 8 juill. 1828, Bourlier-Dubreuil c. Perron; *Lyon*, 1er mars 1831, Villette c. Bruyas; *Cass.*, 5 mars 1838 (t. 1er 1838, p. 354), Thomas-Varenne c. de Neuchèze et Roure.—Ce point ne peut plus faire de doute aujourd'hui : car, aux termes de l'art. 702, il est procédé à l'adjudication sur la demande du poursuivant, et, à son défaut, sur celle de l'un des créanciers inscrits.

903. — Plusieurs demandes en subrogation pourraient être formées le même jour par divers créanciers. La poursuite devrait être accordée dans ce cas à l'avoué porteur du titre le plus ancien; et si les titres avaient la même date, à l'avoué le plus ancien. — Paignon, no 144.

904. — On ne pourrait refuser la subrogation à un créancier, par le motif qu'il n'aurait pas

signifié au poursuivant une sommation d'activer les poursuites. La loi n'établit pas de fin de non-recevoir de ce genre. Néanmoins Carré (quest. ...) et Pigeau (t. 2, p. 153) estiment qu'un créancier ferait bien de se faire connaître directement du poursuivant par un acte quelconque, pour que ce dernier n'oppose pas à ce créancier son silence pendant les poursuites.

905. — L'avoué qui demande la subrogation dans une poursuite de saisie immobilière, n'a pas besoin d'un pouvoir spécial; il n'en est pas de lui comme de l'huissier qui pratique la saisie. — *Cass.*, 5 mars 1838 (t. 1er 1838, p. 354), Thomas-Varenne c. de Neuchèze et Roure. — Lachaize, t. 2, p. 407; Persil fils, no 314.

906.—Il est évident que le créancier qui forme une demande en subrogation n'est pas obligé de signifier un commandement. — Même arrêt.

907. — Celui qui demande la subrogation n'est pas tenu de procéder par voie d'intervention, conformément à l'art. 339 C. procéd. — *Rennes*, 1er déc. 1828, Claude de Resmé c. N...

908. — Dans l'hypothèse des art. 720 et 721, lorsque le second saisissant s'est fait subroger dans les poursuites, il suit à la fois sur les deux saisies, et si la seconde n'est pas au même degré que la première, il doit surseoir sur celle-ci, conformément à l'art. 720, jusqu'à ce que toutes deux soient au même état.

909. — Si, après que la seconde saisie lui a été dénoncée, le premier saisissant faisait un nouvel acte sur la première saisie sans commencer les poursuites sur la seconde, ce serait le cas pour le second saisissant de demander la subrogation. — Delaporte, t. 2, p. 221.

910. — En prévoyant les cas de collusion, fraude ou négligence, l'art. 722 ne paraît pas avoir voulu faire une énumération limitative des cas dans lesquels la subrogation peut être demandée. Aussi a-t-il été jugé que, lorsque, à cause des contestations élevées au fond entre la partie saisie et le saisissant, le tribunal a ordonné un sursis, la subrogation dans la poursuite peut être prononcée au profit d'un second saisissant, encore bien qu'il n'y ait aucune négligence de la part du poursuivant. — *Lyon*, 21 mars 1817, Machard c. Barbe et Gallet.

911. — ... Que lorsqu'il est intervenu entre le créancier saisissant et le saisi un traité par lequel celui-ci a renoncé à proposer des moyens de nullité contre la saisie immobilière, et que le créancier a accordé au débiteur un délai de deux ans, sous la condition qu'à l'expiration de ce délai les poursuites pourraient être reprises à dater du dernier acte de la procédure, tout créancier, même postérieur au traité, a le droit de demander la subrogation et de faire continuer la saisie immobilière. — *Montpellier*, 23 nov. 18.., Hospices de Narbonne c. Hue et Marrel.

912. — ....Et qu'on doit déclarer recevable la demande en subrogation aux poursuites d'une saisie immobilière fondée sur ce que l'expropriation du débiteur est arrêtée par une contestation élevée sur la créance du poursuivant. — *Lyon*, 1er mars 1831, Villette c. Bruyas.—Pigeau, t. 2, p. 361, no 7.

913. — La subrogation peut être admise au cas de désistement, comme en cas de collusion, fraude ou négligence, de la part du poursuivant. — *Riom*, 21 mars 1816, Delbouis de Salbrune c. Favier.

914. — Aux termes de l'art. 722, § 2, il y a négligence lorsque le poursuivant n'a pas rempli une formalité ou n'a pas fait un acte de procédure dans les délais prescrits, et dans ce cas il y a lieu à subrogation. — D'autre part, suivant l'article 715, § 2, il y a nullité dans les mêmes cas. D'où plusieurs auteurs ont conclu que ces deux dispositions étaient inconciliables. — Persil fils, no 321; Huet, p. 286; Paignon, no 148. — Mais nous croyons, avec M. Chauveau (sur Carré, question 2416 *sexiès*), que ces deux textes se concilient, lorsqu'on se reporte à l'art. 728, § 2, suivant lequel, lorsque les moyens de nullité contre la procédure qui précède la publication du cahier des charges sont admis, la poursuite peut être reprise à partir du dernier acte valable. La subrogation peut en effet être accordée dans le cas où il y a nullité d'une partie de la procédure. Lorsqu'un créancier veut se faire subroger, il doit examiner tous les actes de la poursuite et reprendre la procédure, à partir du dernier acte valable, en faisant annuler les actes entachés de nullité par le jugement qui lui accordera la subrogation; car il a intérêt à asseoir sa procédure d'une manière solide.

915. — Si la procédure tout entière était nulle, il est certain qu'aucune demande en subrogation ne serait admissible; car on ne peut

concevoir une subrogation à ce qui n'existe plus. — *Paris*, 29 mai 1809, Leaven-Worth c. Holmbac; *Nancy*, 19 mars 1827, Guyot c. Rachin et Adrian.

916. — Jugé qu'un créancier inscrit ne peut être subrogé à une poursuite de saisie immobilière dont la validité est attaquée par le motif que le poursuivant l'a faite sans titre. — *Amiens*, juill. 1822, Gaudissart c. Beuvrier et Dhallert.

917. — La partie qui succombe sur la demande en subrogation, porte l'art. 723, est condamnée personnellement aux dépens.

918. — Le même article (§ 2) ajoute que le poursuivant contre lequel la subrogation aura été prononcée, sera tenu de remettre les pièces de la poursuite au subrogé, sur son récépissé, et qu'il ne sera payé de ses frais de poursuite qu'après l'adjudication, soit sur le prix, soit par l'adjudicataire.

919. — Le premier paragraphe de cet article a pour but d'empêcher que les frais faits par celui qui a succombé sur la demande en subrogation ne soient employés comme frais privilégiés de poursuite, ainsi que cela avait lieu quelquefois au moyen de jugemens passés d'accord entre les officiers ministériels. — Rapp. de M. Pascalis à la Chambre des députés.

920. — Les frais faits par la partie qui a eu gain de cause sur la demande en subrogation peuvent être employés comme frais privilégiés de poursuite conformément à l'art. 714, s'il en est ainsi ordonné par le tribunal. L'emploi avec privilége devra être ordonné lorsque celui qui a exposé ces frais court le danger de ne pas en être remboursé, par exemple, si son adversaire est insolvable. — Carré et Chauveau, quest. 2417.

921. — Lorsque les frais de poursuite se sont ainsi augmentés de ceux qui ont été faits par celui qui a obtenu gain de cause sur la demande en subrogation, les créanciers sur qui les fonds manqueraient ou le saisi peuvent poursuivre celui qui a été condamné aux dépens sur ses biens personnels pour obtenir le paiement des frais qui ont été supportés par la masse. — *Ibid.*

922. — Le tribunal devrait ordonner que l'avoué du poursuivant qui succombe sur la demande en subrogation sera tenu de remettre les pièces de la poursuite au subrogé. Mais si le jugement qui prononce la subrogation ne contenait aucune disposition semblable, il ne paraît pas que l'avoué du poursuivant puisse être contraint à remettre directement les pièces au subrogé, car il n'est mandataire que de son client de qui il tient ces pièces. — Persil fils, no 329; Pigeau, t. 2, p. 364.

923. — Décidé que le poursuivant contre lequel la subrogation est prononcée, doit être condamné à remettre au subrogé les pièces de la procédure, faute de quoi le subrogé doit être autorisé à se les procurer aux frais du saisissant. — *Bordeaux*, 10 juin 1828, Ducarpe c. Lafargue.

924. — On pourrait forcer le poursuivant à remettre les pièces au subrogé en condamnant le premier à plus de 300 francs de dommages-intérêts, ce qui entraînerait la contrainte par corps. Une condamnation à une certaine somme par chaque jour de retard pourrait aussi être prononcée. — Thomines-Desmazures, t. 2, p. 275; Pigeau, t. 2, p. 364; Bioche, no 639.

925. — L'art. 723 veut que le poursuivant contre lequel la subrogation a été obtenue ne soit payé de ses frais de poursuite qu'après l'adjudication, *soit sur le prix, soit par l'adjudicataire.* Ces expressions ne paraissent avoir aucune portée particulière. On a voulu seulement exprimer que le poursuivant ne pourra pas demander immédiatement son remboursement au subrogé.

926. — Lorsqu'une saisie immobilière a été rayée, le plus diligent des saisissans postérieurs peut poursuivre sur sa saisie encore qu'il ne se soit pas présenté le premier à la transcription. — Art. 724. — « En vertu de la règle *Saisie sur saisie ne vaut*, dit M. Paignon (no 151), un saisissant postérieur n'a pu poursuivre; mais celui à qui la loi donnait la préférence n'a pas donné suite à l'action, ou bien sa poursuite a été déclarée nulle : le titre du créancier nanti d'un procès-verbal de saisie doit alors revivre, car il ne peut dépendre du fait d'un seul de paralyser le droit d'un autre créancier déjà manifeste et public. »

927. — Il a été décidé par la Cour de Riom qu'une saisie annulée par un jugement ne doit pas être rayée si ce jugement n'a pas ordonné expressément la radiation. — *Riom*, 23 déc. 1809, Vaulin c. Chaussade. — Tel est l'avis de M. Persil fils (no 333). L'opinion contraire est embrassée par M. Chauveau (quest. 2418).

928. — Tant que la première saisie subsiste on ne peut opposer au second saisissant aucune déchéance résultant de ce que ce dernier n'a pas suivi sur sa propre saisie; mais il en serait autrement à partir du jour où la première saisie a été rayée. Le second saisissant doit alors observer tous les délais légaux à peine de nullité. — Thomines-Desmazures, t. 2, p. 276.

929. — Un créancier qui n'aurait pas saisi ne pourrait poursuivre sur la saisie rayée. — Delaporte, t. 2, p. 324.

930. — L'observation d'un délai quelconque entre la radiation d'une saisie immobilière et le procès-verbal d'une saisie ultérieure n'est pas prescrite par la loi. — *Cass.*, 24 mars 1835, Maillard c. Ruffier.

Sect. 4e. — *Des demandes en distraction.*

931. — La demande en distraction de tout ou partie des objets saisis, porte l'art. 725, sera formée tant contre le saisissant que contre la partie saisie, elle sera formée aussi contre le créancier premier inscrit et au domicile élu dans l'inscription. Si le saisi n'a pas constitué avoué durant la poursuite, le délai prescrit pour la comparution sera augmenté d'un jour par cinq myriamètres de distance entre son domicile et le lieu où siége le tribunal, sans que ce délai puisse être augmenté à l'égard de la partie qui serait domiciliée hors du territoire continental de la République.

932. — Lorsque des immeubles saisis ont été antérieurement aliénés par le saisi, le droit d'en demander la distraction n'appartient pas au saisi, mais seulement à l'acquéreur. — *Amiens*, 10 mai 1837 (t. 1838, p. 93), Legrand c. Damoisné.

933. — Les droits réels, tels que les servitudes, les droits d'usufruit, d'usage et d'habitation sur l'immeuble saisi peuvent être l'objet d'une demande en distraction. — Decamps, p. 86; Favard de Langlade, vo *Saisie immobilière*, t. 5, p. 72; Rapport de M. Pascalis en 1838.

934. — Il a été cependant décidé que les formalités prescrites par le Code de procédure pour les demandes en distraction de tout ou partie de l'objet saisi, ne sont pas applicables au cas où il s'agit de la réclamation d'un droit de servitude; et qu'un pareil droit n'opérant aucun démembrement de la propriété, il suffit qu'il soit invoqué verbalement à l'audience et sans requête d'avoué, alors surtout que la réclamation a été préalablement consignée sur le cahier des charges. — *Cass.*, 6 déc. 1835, Mation c. Perroud.

935. — ... Et que la demande en partage intentée par un cohéritier durant le cours d'une saisie pratiquée sur un immeuble indivis entre ce cohéritier et le saisissant, constitue une demande principale et non une demande en distraction; qu'en conséquence, le délai pour appeler du jugement qui y fait droit est de trois mois, et non pas seulement de quinzaine; et que ce jugement est valable quoique le premier créancier inscrit n'ait pas été mis en cause. — *Cass.*, 22 août 1837 (t. 2 1837, p. 411), Barzun c. Vergès; *Colmar*, 26 mars 1838 (t. 2 1838, p. 584), Hœrter c. Schaeffer.

936. — Celui qui possède un droit réel sur les immeubles saisis peut donc intervenir dans la procédure pour faire déclarer ce droit dans le cahier des charges et dans le procès-verbal d'adjudication. — Tarrible, p. 521 et 522; Thomines-Desmazures, p. 269, note 108. — C'est ce qu'on appelait autrefois une demande à fin de charges. — *Paris*, 18 juin 1811, Gomet c. Thierriet de Grand-Pré.

937. — Jugé que celui qui a vendu un immeuble à charge de rente viagère, mais sous la condition formelle qu'il rentrerait dans sa propriété à défaut de paiement de deux termes de la rente, n'a pas le droit de demander la distraction de cet immeuble, saisi sur son acquéreur, si une ordonnance du juge postérieure au procès-verbal de saisie l'a rétabli en possession. — Même arrêt.

938. — Une action possessoire pourrait être intentée dans les termes de l'art. 23 du Code de procédure par celui qui prétendrait avoir droit à la possession de l'immeuble saisi, mais cette action ne pourrait être portée que devant le juge de paix. Le tribunal devant lequel se poursuit la vente pourrait surseoir dans ce cas. — Carré et Chauveau, quest. 2429 *quater*.

939. — Suivant M. Chauveau (sur Carré quest. 2419 *sexies*), celui qui a la jouissance de l'immeuble saisi à titre d'emphythéose ne peut former de demande en distraction, à moins que l'immeuble ne soit situé dans un pays où les baux emphythéotiques sont considérés comme de véritables aliénations perpétuelles.

940. — L'action en rescision pour cause de lésion d'une vente d'immeuble formée par le vendeur contre l'acquéreur sur lequel cet immeuble est saisi, peut être intentée par voie de demande en distraction. — Chauveau, quest. 2419 *sexies*. — *Contrà*, Carré, *ibid.*

941. — On peut valablement poursuivre par voie de demande en distraction et incidemment à une saisie immobilière la résolution d'un acte constitutif de rente foncière, ainsi que le partage auquel il faut recourir pour reconnaître le droit indivis réclamé dans les immeubles saisis. — *Caen*, 29 déc. 1845 (t. 1er 1846, p. 765), Levasseur dit Lacoudrais.

942. — Jugé que lorsqu'un immeuble a été saisi sur celui qui n'en est pas propriétaire, le véritable maître peut, sans être tenu de former une demande en distraction, disposer des fruits de son héritage, en justifiant de son droit de propriété. — *Bourges*, 25 févr. 1839 (t. 1er 1840, p. 347), Léonard Derangère c. Cas.

943. — Du reste, rien n'oblige le véritable propriétaire à se faire connaître pendant les poursuites. Ses droits sont sauvegardés par l'art. 717, suivant lequel l'adjudication ne transmet à l'adjudicataire que les droits qui appartenaient au saisi. — Berriat-Saint-Prix, p. 600, note 106 *in fine*.

944. — Le créancier qui prétend que les objets par lui compris dans une saisie immobilière, et dont la distraction est demandée, sont échus à son débiteur par suite d'un partage, est recevable à prouver, à l'aide de présomptions ayant le caractère voulu par la loi, l'existence de ce même partage, dont, par l'effet d'un concert frauduleux, il ne peut reproduire la constatation écrite. — *Toulouse*, 23 nov. 1843 (t. 1er 1845, p. 365), Sicre c. Monié.

945. — Quand une saisie immobilière porte sur des biens qui n'appartiennent point au saisi, mais qu'il avait donnés en hypothèque au saisissant, les autres créanciers inscrits du saisi, également créanciers hypothécaires du tiers dont les biens ont été compris à tort dans la saisie doivent, pour faire réparer l'erreur, prendre la voie de la demande en distraction, et non celle de la demande en partage. — *Poitiers*, 16 janv. 1824, Desmiers c. Vesque et Amiet.

946. — Décidé que celui qui, sans être débiteur, est appelé comme partie saisie, peut rester en cause pour revendiquer les objets saisis qui sont sa propriété. — *Rennes*, 12 févr. 1818, N... c. Duvau.

947. — La demande en distraction est un obstacle à ce que l'adjudication soit prononcée, mais elle n'empêche pas que les formalités de la poursuite ne soient accomplies dans les délais légaux. Cependant le poursuivant peut obtenir un sursis.

948. — Lorsque partie d'un immeuble saisi est revendiquée par un tiers qui en demande la distraction, les créanciers inscrits sont recevables à intervenir dans l'instance et à demander la nullité du titre produit à l'appui de l'action en revendication, bien que, ce titre leur ayant été notifié antérieurement, il n'y ait pas eu surenchère de leur part. — *Paris*, 24 juill. 1848 (t. 2 1848, p. 225), Rocher-Lambin.

949. — Après l'adjudication, ce n'est plus par voie de distraction que doit procéder le tiers qui se prétend propriétaire de tout ou partie des objets saisis. Il doit intenter une action en revendication contre l'adjudicataire. — *Metz*, 12 juill. 1822, Gravy c. Tailly; *Toulouse*, 11 août 1823, Sainfraix c. Cabanial; *Colmar*, 20 janv. 1831, Bichler c. Wolbrett.

950. — Cette revendication peut être admise, bien que le vrai propriétaire de l'immeuble saisi ait connu la poursuite en expropriation et n'en ait pas signalé la nullité, et que d'un autre côté la saisie eût pu être faite sur lui comme caution de la partie saisie. Mais l'adjudicataire peut, dans ce cas, demander sa décharge et se faire garantir par le poursuivant de toutes les condamnations prononcées contre lui. — *Paris*, 9 mars 1811, Duval c. Willot et préfet de la Seine.

951. — Les demandes en distraction se forment conformément aux prescriptions générales de l'art. 718. — Rogron, p. 907; Chauveau sur Carré, quest. 2419 *bis*; Decamps, p. 86. — Ces demandes peuvent être intentées jusqu'à l'adjudication. — *Bastia*, 21 févr. 1838 (t. 2 1840, p. 81), Galeazzini c. Luiggi. — Lachaize, t. 2, p. 112; Thomines-Desmazures, t. 2, p. 279.

952. — L'ancien art. 727 se contentait de dire que la demande en distraction serait formée par exploit contre celle des parties qui n'aurait pas avoué en cause. Le nouveau texte s'explique sur les délais de distance, qui ne doivent pas être augmentés lorsque le saisi demeure hors du territoire continental de la France.

953. — La signification de la demande en distraction, au saisissant, au saisi et au créancier premier inscrit, est une formalité tellement nécessaire que, si l'on avait omis de faire cette signification à l'une de ces personnes, la demande

devrait être considérée comme nulle.—Decamps, p. 86.

954. — Décidé avant la nouvelle loi que l'appel d'un jugement qui avait statué sur une demande en distraction, était non recevable, s'il n'avait pas été signifié dans la quinzaine au premier inscrit. — *Nîmes*, 12 mars 1828, Montbournoux c. Bon; *Toulouse*, 18 nov. 1829, Sirre c. Avignon; *Pau*, 7 juill. 1813, Anglade c. Bizé et Barhaupé; *Colmar*, 13 févr. 1838 (t. 2 1838, p. 601), Martha c. Bilger.

955. — Mais la Cour de cassation a jugé que lorsque le demandeur en distraction qui a succombé en première instance après avoir mis en cause le saisissant, la partie saisie et le premier créancier inscrit, omet de comprendre dans son appel l'une de ces parties, il ne s'ensuit pas que l'appel doive être déclaré non recevable à l'égard de toutes, ni que l'auteur de la demande soit déchu de son appel et de son droit.—*Cass.*, 9 févr. 1835, Gadoud c. Roche.

956. — Lorsque le premier créancier inscrit est le poursuivant lui-même, la demande en distraction doit être signifiée au second créancier inscrit. — *Colmar*, 22 août 1835, Picquart c. Klein.—Rogron, p. 907.

957. — Jugé que le saisissant qui, considérant à tort comme une demande en distraction la demande en partage de l'immeuble saisi, met en cause le premier créancier inscrit, peut, après avoir gagné son procès en première instance, et s'il succombe en appel, être condamné aux dépens envers ce créancier mis hors de cause par la Cour d'appel, quoique celui-ci ait été mis en cause sur l'appel, non par lui, mais par le demandeur en partage. — *Cass.*, 22 août 1837 (t. 2 1837, p. 411), Barzun c. Vergès.

958.—On doit même trouver dans la demande la désignation des biens revendiqués, ainsi que l'exige l'art. 64 pour les exploits de demande en matière réelle.—Decamps, p. 86; Favard de Langlade, vo *Saisie immobilière*, t. 5, p. 72; Thomines-Desmazures, p. 262.

959. — La demande en distraction doit contenir l'énonciation des titres justificatifs qui sont déposés au greffe, et la copie de l'acte de dépôt (art. 725).

960.—Si la demande en distraction était fondée non sur des titres mais sur un fait, la prescription de l'art. 726 serait impossible à exécuter, et cependant la demande n'en serait pas moins valable.—*Poitiers*, 15 déc. 1825, Gire c. Gatineau.—Paignon, no 257.—On ne pourrait non plus opposer cet article à un tiers qui prendrait la voie de l'action possessoire.

961.—Le dépôt au greffe des titres à l'appui de la demande en distraction ayant moins d'importance que la demande elle-même, il ne paraît pas, dans le silence de la loi, que ce dépôt soit prescrit à peine de nullité.

962. — Si la distraction demandée n'est que d'une partie des objets saisis (porte l'art. 727), il sera passé outre, nonobstant cette demande, à l'adjudication du surplus des objets saisis. Pourront néanmoins les juges, sur la demande des parties intéressées, ordonner le sursis pour le tout. Si la distraction partielle est ordonnée, le poursuivant sera admis à changer la mise à prix portée au cahier des charges.

963. — Lorsque la distraction est demandée pour la totalité des biens saisis, le sursis est inévitable.—Rogron, p. 908.

964.—Dans le cas où la distraction n'est demandée que pour une partie des biens saisis, il n'est pas nécessaire que toutes les parties soient d'accord pour requérir le sursis; le tribunal peut l'ordonner sur la demande de l'une d'elles. — Pigeau, t. 2, p. 157; Paignon, no 160; Thomine-Desmazures, t. 2, p. 280.

965.—..... Mais il ne pourrait l'ordonner d'office.—Persil fils, no 346.

966. — Si toutes les parties étaient d'accord pour demander le sursis dans l'hypothèse de l'art. 727, M. Chauveau (sur Carré quest. 2421 *ter*) pense que le tribunal ne pourrait refuser de l'accorder. Tel est aussi l'avis de Paignon (no 160); mais nous croyons, avec Bioche (no 669) et M. Persil fils (no 346), qu'on ne peut limiter ainsi le pouvoir du tribunal.

967.—Le jugement qui statue sur la demande en distraction pouvant être frappé d'appel, il est prudent de ne passer outre à l'adjudication, qu'autant qu'il serait passé en force de chose jugée (*Pau*, 20 nov. 1813, Lacaze c. Pocque). Cependant, la loi n'exige pas que l'adjudication soit ainsi retardée, et il est même d'usage de passer outre, si la partie condamnée ne justifie pas qu'elle ait interjeté appel.—Persil fils, no 344, Carré et Chauveau, quest. 2421 *quater*.

968.—Jugé cependant qu'en matière d'expropriation forcée, un tribunal ne peut passer outre à l'adjudication de tous les objets saisis, malgré la demande en distraction de plusieurs d'entre eux, avant que le jugement qui rejette cette demande soit passé en force de chose jugée. — *Cass.*, 8 vent. an XIII, Simorre c. Séguy.

969.—Décidé, au contraire, que le tribunal, après avoir rejeté la demande en distraction formée incidemment à une saisie immobilière, peut, à la même audience et par le même jugement, prononcer l'adjudication définitive, tant des héritages dont la distraction a été demandée que des autres objets saisis. — *Riom*, 31 mai 1816, Dorson c. Chalbos; *Nîmes*, 2 mai 1838 (t. 2 1838, p. 160), Dousson et Salomon c. Ledret.

970.—Jugé aussi par le même arrêt du 31 mai 1816, que la signification de ce jugement faite, non par le poursuivant, mais à la requête de l'adjudicataire, suffit pour faire courir le délai d'appel contre le tiers qui a formé la demande en distraction.

971. — Lorsque, sur l'appel d'un jugement qui rejette une demande en distraction d'immeubles saisis et fixe le jour de l'adjudication, il est intervenu avant ce même jour un arrêt confirmatif, on a pu procéder valablement à l'adjudication au jour indiqué, bien que l'arrêt confirmatif n'ait été signifié qu'à avoué. Le jugement qui rejette une demande en distraction ne pouvant être réputé avoir prononcé une condamnation contre le saisi, celui-ci ne peut se plaindre de ce qu'on ne le lui a pas signifié à personne ou domicile.—*Cass.*, 2 janv. 1844 (t. 2 1844, p. 299), Monseingeon c. Foudreton. — Carré et Chauveau, 611.

972. — La vente faite par le saisi depuis la poursuite en expropriation ne pouvant être opposée aux créanciers, la revendication que voudrait exercer le tiers acquéreur dans ce cas n'aurait pas l'effet de suspendre l'adjudication de l'immeuble saisi, jusqu'à ce qu'il ait été statué sur la revendication par un jugement en dernier ressort ou passé en force de chose jugée. — *Cass.*, 21 juill. 1806, Duval et Sapinault c. Maisoncelle.

973. — Sous la loi du 11 brum. an VII, lorsque, incidemment à une poursuite d'expropriation, était formée une demande en revendication d'une partie des biens saisis, le tribunal qui la rejetait ne pouvait procéder à l'adjudication immédiatement après la sentence de rejet, et avant que cette sentence eût acquis l'autorité de la chose jugée—*Cass.*, 1er juin 1807, Colette c. Toulaville.

974.—Bien que la dernière partie de l'art. 725 ne s'applique directement qu'au saisi, elle doit être étendue au créancier inscrit contre lequel la demande en distraction doit être formée.

975. — L'annulation de la demande en distraction pour irrégularité ou vice de forme n'entraîne pas la perte du droit du tiers qui avait formé cette demande. — Thomine-Desmazures, t. 2, p. 280; Persil fils, no 343.

976. — Le demandeur en distraction ne doit être condamné aux dépens qu'autant qu'il succombe sur sa revendication. — *Grenoble*, 4 févr. 1829, Masson c. Lassale. — Persil fils, no 338.

977. — Il ne doit donc pas supporter les dépens même lorsqu'il n'aurait pas fait mettre l'immeuble sous son nom sur la matrice du rôle, et que, par suite, la saisie aurait eu lieu sur son vendeur.—*Amiens*, 18 nov. 1823, Leydier c. Spery; *Grenoble*, 4 févr. 1829, Masson c. Spery. — V., cependant, Pigeau, no 162.

978. — Mais, dans ce dernier cas, le poursuivant ne pourrait être victime d'une erreur involontaire, et les frais faits sur la demande en distraction pourraient être déclarés privilégiés par le jugement du tribunal et par suite être compris dans la taxe.—Chauveau, quest. 2419 *undecies*.

979. — Jugé que lorsqu'un immeuble a été, à tort, compris dans une saisie, les frais de la demande en distraction doivent rester à la charge du saisissant, encore bien que cet immeuble n'ait été aliéné par le saisi que dans l'intervalle d'une première saisie déclarée nulle à une seconde. — *Rouen*, 15 mai 1844 (t. 1er 1845, p. 359), Leheurteux et Dangu.

980. — On ne pourrait considérer comme une demande en distraction une simple sommation extrajudiciaire signifiée par un tiers. Dans ce cas, le saisissant pourrait passer outre aux formalités de la procédure et à la vente sans être obligé de lier un incident avec ce tiers. Dans tous les cas, ils ne pourraient le forcer à intervenir, car on n'admet pas d'intervention forcée en matière de saisie immobilière. — Chauveau, quest. 2419 *septies*.

Sect. 5e. — *Des demandes en nullité.*

981. — Les moyens de nullité, porte l'art. 728, tant en la forme qu'au fond, contre la procédure qui précède la publication du cahier des charges, devront être proposés, à peine de déchéance, trois jours au plus tard avant cette publication. S'ils sont admis, la poursuite pourra être reprise à partir du dernier acte valable; et les délais pour accomplir les actes suivans courront à dater du jugement ou arrêt qui aura définitivement prononcé sur la nullité. S'ils sont rejetés, il sera donné acte, par le même jugement, de la lecture et publication du cahier des charges, conformément à l'art. 695.

982. — Les moyens de nullité contre la procédure postérieure à la publication du cahier des charges seront proposés, sous la même peine de déchéance, au plus tard trois jours avant l'adjudication. Au jour fixé pour l'adjudication, et immédiatement avant l'ouverture des enchères, il sera statué sur les moyens de nullité. S'ils sont admis, le tribunal annulera la poursuite, à partir du jugement de publication, en autorisera la reprise, à partir de ce jugement, et fixera de nouveau le jour de l'adjudication. S'ils sont rejetés, il sera passé outre aux enchères et à l'adjudication.—Art. 729.

983. — Le Code de 1807 contenait aussi des dispositions spéciales pour le jugement des nullités. L'art. 733 portait : « Les moyens de nullité contre la procédure qui précède l'adjudication préparatoire ne pourront être proposés après ladite adjudication, ils seront jugés avant ladite adjudication; et si les moyens de nullité sont rejetés, l'adjudication préparatoire sera prononcée par le même jugement. » L'art. 735 ajoutait : « La partie saisie sera tenue de proposer, par requête, avec avenir à jour indiqué, ses moyens de nullité, si aucuns elle a, contre les procédures postérieures à l'adjudication provisoire, vingt jours au moins avant celui indiqué pour l'adjudication définitive. Les juges seront tenus de statuer sur les moyens de nullité dix jours au moins avant ladite adjudication définitive. »

984. — Suivant l'art. 2 du décret du 2 févr. 1811, aucune demande en nullité de procédure postérieure à l'adjudication préparatoire ne pouvait être reçue si le demandeur ne donnait caution suffisante pour le paiement des frais résultant de l'incident, et si ladite demande n'avait été proposée quarante jours au moins avant le jour fixé pour l'adjudication définitive. La demande devait être jugée trente jours au plus tard avant l'adjudication définitive. Ces dispositions avaient modifié l'art. 735 C. procéd. — Art. 3.— Le décret de 1811 a été abrogé par l'art. 1er de la loi du 2 juin 1841, et cette loi n'impose plus au demandeur en nullité l'obligation de donner caution.

985. — Il avait été décidé, sous l'empire de ce décret, qu'un acte d'offre de caution pour une somme modique, et, notamment, celui fait par la partie saisie pour le paiement des frais d'un incident qu'elle avait élevé, ne devait pas nécessairement, et à peine de nullité, être précédé du dépôt au greffe des titres constatant la solvabilité de la caution, et contenir l'énonciation de ces titres. — *Cass.*, 24 juin 1834, Sabot c. Meyr...

986. — Tous les moyens de nullité contre la procédure postérieure à l'adjudication préparatoire devaient être proposés avant l'adjudication définitive, sans distinction des nullités survenues, soit avant, soit dans les quarante jours qui précédaient cette adjudication. — *Cass.*, 14 juin 1826, Cognet c. Mauvernay.

987. — Mais la demande en nullité de la procédure postérieure à l'adjudication préparatoire n'était pas nulle pour n'avoir pas été formée quarante jours avant l'adjudication définitive, conformément à l'art. 2 du décret du 2 février 1811, lorsqu'elle était fondée sur le défaut de titre exécutoire de la part du poursuivant. — *Bordeaux*, 8 juin 1830, Martignon c. Mallet.

988. — La nullité d'une saisie immobilière résultant de l'incapacité du poursuivant comme héritier bénéficiaire devait être proposée avant l'adjudication définitive. — *Cass.*, 18 juill. 18.., Mezan.

989. — Sous l'empire de la loi du 11 brumaire an VII, et sous le Code de procédure civile (ancien), le saisi ne pouvait plus, après l'adjudication définitive, proposer aucun moyen de nullité contre les poursuites d'expropriation, et la règle était applicable aux moyens de nullité du fond comme à ceux qui se rattachaient à...

forme, notamment au moyen tiré de ce qu'un créancier d'une succession aurait fait saisir les biens personnels de l'héritier bénéficiaire. — Elle était applicable au cas où l'adjudication aurait été prononcée au profit du poursuivant comme celui où elle l'aurait été au profit d'un tiers.— Cass., 18 mai 1841 (t. 2 1841, p. 82), de Puyferrat c. de Serigny.

990. — Le débiteur saisi qui n'avait pas proposé avant l'adjudication définitive les nullités postérieures à l'adjudication préparatoire, était censé avoir renoncé à s'en prévaloir, et ces nullités étaient couvertes. — *Grenoble*, 18 mars 1834 Dreveton c. Pochon et Vignon.

991. — Il résulte du rapprochement des textes du Code de procédure et du décret de 1811 avec ceux de la nouvelle loi, que les deux périodes du Code de procédure, l'adjudication préparatoire et l'adjudication définitive, sont remplacées par la publication du cahier des charges et l'adjudication. — Lorsque les moyens de nullité sont dirigés contre les actes antérieurs à la publication du cahier des charges, la nullité n'atteint plus toute la procédure, et elle ne frappe que les actes irréguliers. — Les moyens de nullité doivent actuellement être proposés trois jours avant chacune des deux formalités, ce qui donne au poursuivant un temps suffisant pour préparer sa défense.

992. — En général, l'instance en saisie immobilière n'est pas indivisible entre les intéressés. — Ainsi, lorsqu'une poursuite à fin d'expropriation forcée est dirigée contre plusieurs cohéritiers, l'un d'eux ne peut valablement opposer les nullités relatives à son cohéritier qui ne se plaint pas. — *Cass.*, 18 prair. an XI, Legendre c. Maurer; *Paris*, 10 mai 1810, Ablon et Lavincé c. Roger.

993. — Jugé de même que lorsqu'une saisie immobilière est poursuivie contre plusieurs personnes, l'une d'elles ne peut se prévaloir de la nullité commise à l'égard de l'autre. — *Rennes*, 6 juin 1814, Lefer de la Saudre c. Gautlier.

994. — Mais il en serait autrement si les créanciers ou les débiteurs étaient solidaires entre eux. Dans ce cas, les nullités commises par l'un d'eux ou contre l'un d'eux nuiraient ou profiteraient aux autres. — Chauveau, quest. 2422 14°.

995. — L'adjudication paraît être, au contraire, un fait indivisible, et sa nullité prononcée à l'égard d'une des parties serait opposable à toutes les autres (*Bourges*, 22 févr. 1825, Didier c. Boussard). — C'est ce qu'on devrait décider, du moins si sa divisibilité avait pour effet de donner à un des intéressés ou à plusieurs des obligations contradictoires entre elles.

996. — Décidé que lorsque sur la demande de créanciers qui n'avaient pas été mis en cause, l'adjudication est annulée, cette annulation profite à ceux qui avaient été légalement interpellés. — *Cass.*, 13 oct. 1812, Tournier c. Salis.

997. — ... Que lorsque l'appel du jugement d'adjudication émis par le saisi est déclaré nul relativement aux créanciers poursuivans, cette nullité doit profiter à l'adjudicataire. — *Cass.*, 14 juin 1813, Gauthier c. Arnaud.

998. — Jugé cependant que la saisie immobilière poursuivie contre un héritier bénéficiaire sur ses propres héritages, quoique nulle à l'égard du créancier, ne peut être annulée à l'égard de l'adjudicataire, s'il n'y a eu en temps utile appel interjeté contre lui. — *Paris*, 8 janv. 1808, Georgeon c. Fougeron.

999. — Le délai fixé par l'art. 728 pour proposer les nullités antérieures à la publication ne pourrait être invoqué par le poursuivant qui se serait rendu adjudicataire malgré la nullité de son titre, ou quoiqu'il fût désintéressé par un paiement. — La fin de non-recevoir résultant de l'expiration du délai n'est établie que dans l'intérêt des tiers adjudicataires et non dans celui du poursuivant lui-même devenu adjudicataire. — *Cass.*, 3 avril 1837, Gounelle c. Bedoc; *Nîmes*, 11 févr. 1839 (t. 1er 1839, p. 527 et 558), Rocher c. Agnier.

1000. — Dans l'hypothèse de l'art. 728, la procédure est censée arrêtée au dernier acte valable. Ainsi, lorsque la sommation au saisi prescrite par l'article 691 est faite plus de huit jours après le dépôt au greffe du cahier des charges, cette sommation doit être annulée et un nouveau délai de huitaine est accordé au poursuivant, pour la recommencer. Ce délai court, non à partir du jour du jugement ou arrêt, comme le dit le même article, mais à partir de sa signification à avoué. Dans le cas prévu par l'art. 729, la signification est inutile.

1001. — Les expressions de l'art. 728, *procédure qui précède la publication du cahier des charges*, ne s'appliquent pas à l'instance qui se serait engagée avant toute saisie et sur l'opposition formée par le débiteur au commandement que lui aurait signifié le créancier. Le débiteur devrait agir alors en signifiant, avec l'opposition, une demande principale introductive d'instance, et une pareille contestation ne serait pas soumise aux règles tracées par le titre 13, relatif aux incidens sur la poursuite de saisie immobilière. Mais si la saisie avait été opérée, les nullités de forme contre le commandement seraient soumises aux mêmes règles que toutes les autres nullités de la poursuite. — Chauveau sur Carré, quest. 2422 *bis*.

1002. — Jugé, avec raison, que l'opposition à un commandement ne suffit pas pour arrêter la saisie immobilière. — *Bourges*, 23 avr. 1825, Roi c. Vivier-Deslandes.

1003. — L'art. 728 décide que l'acte nul ou tardif sera recommencé, en vertu du jugement ou de l'arrêt qui l'aura annulé et que le délai pour le refaire court à partir du jour du jugement ou de l'arrêt. Mais cet article n'indique pas ce que le saisi doit faire lorsque le poursuivant laisse écouler les délais sans faire des actes nécessaires, et lorsqu'aucun créancier ne demande la subrogation. Il faut décider, avec Pigeau (t. 1er, p. 360), que, dans ce cas, le saisi ne peut qu'attendre l'expiration du délai de péremption.

1004. — Suivant le même article, on doit proposer trois jours au plus tard avant la publication tous moyens de nullité *tant en la forme qu'au fond*. La jurisprudence antérieure à la loi de 1841 admettait déjà que les moyens de nullité, tenant au fond même du droit, devaient être proposés avant l'adjudication préparatoire. — *Cass.*, 12 nov. 1826, Guelfucci c. Cristiani; *Nancy*, 19 mars 1827; 11 janv. 1839 (t. 1er 1839, p. 497), Lalba c. Devaux; *Nîmes*, 22 févr. 1839 (t. 1er 1839, p. 527), Rocher c. Agnier; *Toulouse*, 25 juin 1839 (t. 2, 1839, p. 334), Galy c. Tarbouriech; *Bordeaux*, 22 juill. 1841 (t. 1er 1841, p. 653), Dubouais c. Debande.

1005. — Le saisi pourrait demander par action principale la nullité du titre du créancier pendant la procédure de saisie immobilière, mais une pareille demande n'arrêterait pas les poursuites. Si le saisi voulait faire annuler les poursuites pratiquées en vertu du titre nul, il devrait attaquer le titre en se conformant aux prescriptions de l'article 728 et en présentant cette demande sous forme d'incident. — Carré et Chauveau, quest. 2422 *ter*.

1006. — L'art. 728, en exigeant que les moyens de nullité contre la procédure qui précède la publication du cahier des charges soient proposés, à peine de déchéance, trois jours au plus tard avant cette publication, entend parler de trois jours francs. Par suite les moyens de nullité signifiés le 15 alors que la publication du cahier des charges doit être faite le 18, doivent être rejetés comme tardivement proposés. — *Bordeaux*, 4 févr. 1846 (t. 1er 1846, p. 741), Blavignac c. Caisse hypothécaire.

1007. — Mais est recevable la demande en nullité de saisie immobilière qui n'a été signifiée que deux jours avant la publication du cahier des charges, si elle avait été proposée près de quinze jours auparavant dans un dire inséré à la suite de ce même cahier des charges. — *Dijon*, 26 janv. 1847 (t. 2 1848, p. 12), de Mandelot c. Bonnardel.

1008. — La jurisprudence de la Cour de cassation et de plusieurs Cours d'appel considère l'art. 173 du Code de procédure comme applicable à la poursuite de saisie immobilière, et décide, en conséquence, que les nullités doivent, en cette matière, être proposées avant toute défense ou exception autre que les exceptions d'incompétence. — *Cass.*, 10 juill. 1817, Jouenne c. Saint-Julien; *Rennes*, 14 juin 1817, Hairault c. Queneau-Desseinse; 19 août 1817, N...; *Toulouse*, 10 mars 1824, Villeneuve c. Deumiers; *Cass.*, 3 avr. 1827, Beauqueue c. Lecharpentier; *Riom*, 21 janv. 1832, Fouilloux c. Reynard. — Rogron, p. 909. — *Contrà*, *Paris*, 13 oct. 1811, Bardet c. Rousseau; *Pau*, 3 sept. 1829, Ballade; *Bordeaux*, 29 nov. 1833, Marchand c. Destal. — Chauveau sur Carré, quest. 1422 *quinquies*; Lachaize, t. 2, p. 72.

1009. — La Cour de cassation a persisté dans sa jurisprudence, en jugeant que le débiteur qui, menacé d'expropriation, forme opposition au commandement et demande la nullité de la procédure de saisie immobilière, en se fondant uniquement sur le vice du titre en vertu duquel il est poursuivi, sans même faire aucune réserve de présenter d'autres moyens de nullité, se rend par là non recevable à exciper plus tard des nullités de forme que peut renfermer la procédure en expropriation. — *Cass.*, 14 août 1838 (t. 2 1838, p. 384), Biron c. Plinguet.

1010. — Il faut remarquer que l'art. 728 en disant que si les moyens de nullité sont rejetés, il sera donné acte par le même jugement de la lecture et de la publication du cahier des charges, n'a pas entendu exprimer que le tribunal ne pourrait statuer sur les nullités proposées que par le jugement de lecture : si, au lieu d'être proposée à l'époque de ce jugement, une nullité était invoquée longtemps avant par le débiteur, le tribunal pourrait statuer sur la difficulté au moment où elle lui serait déférée sauf à rendre plus tard le jugement de lecture et publication du cahier des charges. — Favard de Langlade, v° *Saisie immobilière*, t. 5, p. 77, n° 4; Fenet, p. 293; Thomines-Desmazures, t. 2, p. 288.

1011. — Si le jour de la publication avait été retardé par suite d'un incident, les nullités de la procédure pourraient être proposées trois jours au plus tard avant le nouveau jour indiqué pour cette publication. — *Nîmes*, 22 juin 1808, Calamel c. Bontoux; *Cass.*, 22 nov. 1826, Guelfucci c. Cristiani.

1012. — Les moyens de nullité antérieurs à la publication pourraient même être jugés après cette publication, si le tribunal n'en avait pas été saisi au moment où elle a eu lieu. — *Cass.*, 25 avr. 1814, de Croy-Chanel c. Moyèle. — Fenet, p. 292, n° 13; Favard de Langlade, v° *Saisie immobilière*, t. 5, p. 74, n° 2; Bioche, n° 696.

1013. — La Cour de cassation avait jugé avant la loi de 1841 qu'après avoir proposé sans réserve des moyens de nullité contre la procédure postérieure à l'adjudication préparatoire, on n'était pas admissible à se pourvoir contre les jugemens qui avaient statué sur des nullités antérieures. — *Cass.*, 4 févr. 1811, Garde c. Rebattu.

1014. — Le saisi qui, à aucune époque de la poursuite en saisie immobilière, n'a proposé de moyens de nullité, est non recevable à en proposer aucun sur l'appel du jugement d'adjudication. — *Riom*, 10 août 1844 (t. 1er 1845, p. 47), Deval c. Combaneire.

1015. — En matière de saisie immobilière, les tribunaux n'ont aucun pouvoir d'office; aussi doit-on décider qu'un tribunal ne pourrait prononcer d'office la nullité d'une procédure. Le ministère public ne pourrait non plus requérir d'office l'annulation de certains actes. — Chauveau sur Carré, quest. 2422 *octies*.

1016. — Les prescriptions des art. 728 et 729, relatives aux délais dans lesquels les nullités doivent être proposées, ne sont pas opposables aux créanciers ou au saisi qui n'auraient pas reçu les sommations prescrites par les art. 691 et 692. — Persil fils, n° 351; Fenet, p. 277, n° 2; Thomines-Desmazures, t. 2, p. 189.

1017. — Jugé, sous le Code de 1807, que la femme dont les immeubles dotaux sont compris dans une saisie immobilière peut demander la nullité de la saisie, en ce qui concerne ses biens, même après l'adjudication préparatoire (la publication) sans être soumise à la déchéance portée par l'art. 733 (728) C. proc., encore que cette adjudication ait été prononcée depuis le décès du mari, sans opposition de la part de la femme. — *Rouen*, 26 juin 1824, Nourry Vallée c. Vernay; *Cass.*, 11 juin 1828, Bonnecarrère c. Soulié. — En effet, lorsque la poursuite est critiquée par le motif que l'immeuble saisi n'appartenait pas au débiteur, la demande par laquelle cette prétention est manifestée est une demande en distraction régie non par les art. 728 et 729, mais par l'art. 725. — V., cependant, *Agen*, 22 août 1834, Guignard c. Caisse hypothécaire; *Lyon*, 10 juill. 1837 (t. 2 1837, p. 521), Castanet c. Bredoux.

1018. — Lorsque rien ne révèle aux tiers les droits de propriété indivise de la femme sur une partie de l'immeuble saisi sur son mari, celle-ci ne peut demander la nullité de la saisie en se fondant sur ce qu'une action en partage aurait dû être intentée préalablement; elle peut seulement former une demande en distraction. — Il en est ainsi alors même que la femme produirait un acte établissant que le mari lui a abandonné en remploi le surplus de l'immeuble dont il était propriétaire, si cet acte est postérieur à la transcription de la saisie. — *Caen*, 20 août 1847 (t. 1er 1848, p. 72), Giffard c. Choisne.

1019. — La demande en nullité fondée sur ce que l'immeuble constitue un majorat ou sur ce qu'il serait grevé de substitution, devrait aussi être considérée comme une demande en distraction.

1020. — Mais jugé que la demande formée par

le créancier poursuivant, en nullité de la vente consentie par son débiteur, postérieurement à la saisie, mais antérieurement à la dénonciation, ne constitue pas une demande en distraction, mais une demande principale en nullité. — *Limoges*, 30 août 1838 (t. 1er 1839, p. 579), Larmat c. Picot.

1021. — Mais dans ce cas l'adjudication serait cependant maintenue si les créanciers du débiteur dépossédé le demandaient, parce que le poursuivant était leur mandataire. — *Bordeaux*, 26 avr. 1839 (t. 2 1839, p. 161), Dalbavie et Raymond c. Lautignac.

1022. — Les vices ou irrégularités résultant de l'inobservation des règles tracées par les articles 2204 et suiv. du Code civil sont des nullités du fond, qui doivent être proposées conformément à l'art. 728. Cependant les tribunaux pourraient, dans certains cas, accorder un sursis fondé sur l'une de ces dispositions, même après la publication; l'art. 703 leur en donne le droit, ainsi que nous l'avons vu.

1023. — Suivant M. Chauveau (*loc. cit.*), l'exception tirée du paiement de la dette ne pourrait elle-même être proposée après la publication, sauf au saisi à consigner avant l'adjudication somme suffisante pour désintéresser les créanciers, ce qui empêcherait l'adjudication d'avoir lieu.

1024. — L'exception qui serait tirée de la fausseté du titre serait recevable après la publication si cette fausseté n'avait pu être reconnue plus tôt. Le tribunal pourrait, dans le même cas, accorder un délai. — *Montpellier*, 6 fév. 1832, Galzin c. Treille.

1025. — Les délais déterminés par les art. 728 et 729 sont francs.

1026. — Lorsque le jugement qui a statué sur une nullité est frappé d'appel et que par suite de l'appel le poursuivant a été obligé de suspendre la procédure, il doit demander au tribunal la fixation d'un nouveau jour pour l'adjudication, et se conformer aux prescriptions des articles 696 et suiv.

Sect. 6e. — *Des moyens de se pourvoir contre les jugemens qui statuent sur les incidens.*

1027. — Ne pourront être attaqués par la voie de l'appel, porte l'art. 730, 1° les jugemens qui statueront sur la demande en subrogation contre le poursuivant, à moins qu'elle n'ait été intentée pour collusion ou fraude; 2° ceux qui, sans statuer sur des incidens, donneront acte de la publication du cahier des charges ou prononceront l'adjudication, soit avant, soit après surenchère; 3° ceux qui statueront sur des nullités postérieures à la publication du cahier des charges.

1028. — L'appel de tous autres jugemens sera considéré comme non avenu, s'il est interjeté après les dix jours à compter de la signification à avoué; ou, s'il n'y a pas d'avoué, à compter de la signification à personne ou au domicile soit réel, soit élu. Ce délai sera augmenté d'un jour par 5 myriam. de distance, conformément à l'art. 725, dans le cas où le jugement aura été rendu sur une demande en distraction. Dans le cas où il y aura lieu à l'appel, la Cour statuera dans la quinzaine. Les arrêts rendus par défaut ne seront pas susceptibles d'opposition. — Art. 731.

1029. — L'appel sera signifié au domicile de l'avoué, et, s'il n'y a pas d'avoué, au domicile réel ou élu de l'intimé; il sera notifié en même temps au greffier du tribunal et visé par lui. La partie saisie ne pourra, sur l'appel, proposer des moyens autres que ceux qui auront été présentés en première instance. L'acte d'appel énoncera les griefs, le tout à peine de nullité. — Art. 732.

1030. — Le Code de 1807 avait des dispositions spéciales pour les appels des différens incidens. L'appel du jugement qui avait statué sur une demande en subrogation n'était recevable que dans la quinzaine du jour de la signification à avoué (art. 723). Celui d'un jugement rendu sur une demande en distraction devait être interjeté avec assignation dans la quinzaine du jour de la signification à personne ou domicile, outre un jour par trois myriamètres, en raison de la distance du domicile réel des parties (art. 730). L'appel d'un jugement rendu sur les nullités de la procédure antérieure à l'adjudication préparatoire devait être formé avec intimation dans la quinzaine de la signification du jugement à avoué. Cet appel était notifié au greffier et visé par lui (art. 734). Enfin l'appel du jugement qui avait statué sur les nullités de la procédure postérieure à l'adjudication préparatoire, n'était pas recevable après la huitaine de la prononciation; il devait être notifié au greffier et visé par lui. La partie saisie ne pouvait, sur l'appel, proposer d'autres moyens de nullité que ceux présentés en première instance. — Art. 736.

1031. — Décidé, avant la loi nouvelle, que le délai de quinzaine fixé par l'art. 734 C. proc. pour l'appel des jugemens qui avaient statué sur des moyens de nullité concernant la procédure qui précédait l'adjudication préparatoire, ne devait pas être augmenté du délai supplémentaire déterminé, à raison des distances, par l'art. 1033 du même Code. — *Cass.*, 8 août 1809, Barbier c. Dubois. — Berriat, p. 603, note 113, n° 3; Favard de Langlade, v° *Saisie immobilière*, t. 5, p. 78; Carré, quest. 2448; Bioche et Goujet, v° *Saisie immobilière*, n° 480; Huet, p. 230; Merlin, *Quest.*, v° *Domicile élu*, § 3, n° 6.

1032. — ... Et que la prohibition de présenter, sur l'appel d'un jugement d'adjudication définitive, des moyens de nullité autres que ceux présentés en première instance, ne s'appliquait pas aux nullités et incidens survenus dans les vingt jours qui précédaient l'adjudication définitive. — *Cass.*, 2 janv. 1844 (t. 2 1844, p. 299), Monseingeon c. Foudrelon.

1033. — Bien que suivant l'art. 730 certains jugemens rendus en matière immobilière ne puissent être attaqués par la voie de l'appel, il est certain que ceux qui émaneraient d'un tribunal incompétent pourraient être réformés par la juridiction supérieure. Les règles de compétence dominent toutes les matières.

1034. — Le jugement qui donne acte des lecture et publication du cahier des charges n'est susceptible d'appel qu'autant qu'il statue sur des difficultés. D'un autre côté l'art. 695, qui trace les formalités qui y sont relatives, n'est pas prescrit à titre de nullité, de telle sorte que la voie de la demande en nullité ne pourrait être employée directement en cas d'irrégularité. Mais les parties ne seraient cependant pas sans moyen d'action dans ce cas. Si la publication avait lieu à un autre jour que celui qui a été indiqué, on pourrait se pourvoir en nullité, en vertu de l'art. 694, qui contient la même prescription que l'art. 695, et qui est prescrit à titre de nullité. Si le tribunal omettait de statuer sur les dires ou de fixer le jour de l'adjudication, le saisi pourrait élever un incident pour forcer le poursuivant à venir à l'audience et à réparer l'omission. Le jugement qui interviendrait serait susceptible d'appel.

1035. — Le jugement qui prononce l'adjudication en l'absence de toute contestation ayant le caractère d'un simple procès-verbal, on ne peut l'attaquer que par la voie d'action principale en nullité dirigée contre l'adjudicataire. Cette action n'est prescriptible que par trente ans, conformément au droit commun. Toutes les fois donc que l'adjudication sera nulle, soit comme n'ayant pas été précédée des moyens de publicité prescrits par la loi, soit comme n'ayant pas eu lieu au jour indiqué, soit parce que l'adjudicataire aurait écarté frauduleusement les enchérisseurs, soit parce que les formalités intrinsèques de cette adjudication n'auraient pas été accomplies, etc., c'est par la voie de l'action en nullité que devra se pourvoir celui auquel la nullité de l'adjudication préjudicie. — *Cass.*, 27 avril 1826, Mallet c. Mestreou. — Pigeau, t. 2, p. 344; Thomines-Desmazures, t. 2, p. 260; Persil fils, n° 276.

1036. — Si la demande en nullité était accueillie, il faudrait annoncer par des insertions et des affiches le nouveau jour de l'adjudication. Chauveau (quest. 2423 *quinquiès*) pense même avec raison que si un long temps s'était écoulé entre l'adjudication et la déclaration de nullité, il serait utile de recommencer les sommations prescrites par les art. 691 et 692.

1037. — Avant la loi nouvelle, les jugemens d'adjudication préparatoire et d'adjudication définitive étaient soumis à l'appel.

1038. — On décidait que l'appel du jugement qui, après avoir prononcé l'adjudication préparatoire, fixait le jour auquel il devait être procédé à l'adjudication définitive, devait, à peine de nullité, être interjeté dans la quinzaine de la signification à avoué. — *Bourges*, 22 févr. 1825, Didier c. Boussard; *Paris*, 20 mai 1829, Foulon c. Werlin et Lavocat; *Poitiers*, 26 janv. 1842 (t. 1er 1842, p. 757), Philippe c. Bregeon. — Mais V. *contrà*, *Paris*, 26 août 1814, Ducoudray c. Lepau; *Bordeaux*, 17 mai 1833; Doucet c. Mounay. — Depuis la loi du 2 juin 1841, d'après laquelle l'adjudication préparatoire a été supprimée dans les saisies immobilières, cette question n'offre plus qu'un intérêt assez médiocre.

1039. — ... Mais que le délai pour interjeter appel d'un jugement d'adjudication définitive était de trois mois à partir de la signification à personne ou à domicile, et non de huitaine à partir de la prononciation du jugement. — *Cass.*, 6 avr. 1830, Danville c. Moutier.

1040. — ... Que l'appel du jugement d'adjudication préparatoire devait, à peine de nullité, être signifié à personne ou à domicile. Qu'il ne pouvait être formé par une simple requête d'avoué à avoué. — *Cass.*, 10 juill. 1827, Randon et Seur c. Hung et Gourjon. — Et qu'il en était de même des jugemens d'adjudication définitive. — *Cass.*, 20 mars 1820, de Balz c. de Frondeville.

1041. — L'appel du jugement qui avait rejeté une demande en sursis à l'adjudication définitive devait être interjeté dans la huitaine. — *Cass.*, 4 janv. 1837 (t. 1er 1838, p. 446), Giraud c. Vauvielle. — *Contrà*, *Lyon*, 18 déc. 1841 (t. 2 1842, p. 78), Machard c. Maissiat. — Maintenant cet appel est interdit. — Art. 703.

1042. — Suivant l'art. 731, *tous autres jugemens* que ceux mentionnés dans l'art. 730 sont soumis à l'appel. Cette disposition doit être entendue dans le sens le plus général. Elle s'applique aux jugemens rendus sur la validité d'une surenchère. — Chauveau sur Carré, quest. 2424. — Mais l'appel du jugement en vertu duquel la saisie a été pratiquée n'est pas régi par cette disposition. Cet appel peut être formé dans les trois mois, conformément au droit commun. — *Rennes*, 26 avril 1849, Legrand c. Carrel.

1043. — On s'est demandé si l'appel était permis en matière d'incident sur la poursuite de saisie immobilière, lorsque la créance en vertu de laquelle la saisie a été pratiquée est inférieure par son taux aux limites du dernier ressort.

1044. — La Cour de cassation a décidé qu'il fallait alors déterminer le premier et le dernier ressort non par la valeur de la créance, mais par celle des immeubles qui sont l'objet de la poursuite, et que dès lors, lorsque l'importance de ces immeubles était supérieure au dernier ressort, l'appel était recevable, quel que fût le taux de la créance. — *Toulouse*, 20 mai 1828, Fonquernie c. Causson; *Cass.*, 22 mai 1833, Lainné c. Bouchez; 23 août 1836, Ducarpe de Lille c. Pinault; *Douai*, 8 juin 1841 (t. 1er 1842, p. 79), Goyer de Sennecourt c. Seneppart; *Agen*, 9 juin 1842 (t. 2 1843, p. 255), Desvignes c. Marbottin, (motifs); *Grenoble*, 1er juill. 1846 (t. 1er 1847, p. 743), Guillermond c. Grobon; *Limoges*, 24 juill. 1847 (t. 2 1848, p. 683), Desfarges c. Freyssinaud.

1045. — D'autres arrêts ont décidé, au contraire, que le taux du dernier ressort devait être fixé uniquement par le chiffre de la créance du poursuivant ou du contestant, la procédure de saisie immobilière n'ayant d'autre but que d'obtenir le paiement des créanciers du débiteur commun. — *Bordeaux*, 5 déc. 1834, Jean-Jacquet c. Caze; 6 févr. 1846 (t. 1er 1846, p. 678), Doublen c. Déguiral; 31 mai 1848 (t. 2 1849, p. 36) de Saint-Mimix c. de Pulhod.

1046. — Nous croyons que, pour résoudre cette question, il faut rechercher dans quel but l'incident a été soulevé. Lorsque la demande en nullité de la saisie immobilière se fonde sur une critique du titre lui-même en vertu duquel la saisie a été opérée, le jugement qui intervient est en premier ressort, suivant nous, si la créance est inférieure à 1,500 fr. Mais lorsque le tribunal est appelé seulement à décider si la procédure est ou non régulière, le jugement intervient sur une demande indéterminée, puisqu'on ne peut l'évaluer en chiffre. Il n'y a plus à s'occuper de la valeur de la créance pour fixer le dernier ressort, car ce n'est pas sur cette créance que porte la contestation. Les immeubles auxquels s'attache la procédure de saisie immobilière sont d'ailleurs d'une valeur indéterminée, et c'est une nouvelle raison pour que le jugement qui intervient puisse être frappé d'appel.

1047. — Décidé que le jugement qui statue sur une demande en radiation de saisie immobilière, fondée sur la nullité du titre en vertu duquel elle est poursuivie, est en premier ressort, bien que le commandement qui a précédé la saisie ait été signifié pour une cause inférieure au taux du dernier ressort, alors qu'en ajoutant au capital porté dans ce commandement les intérêts échus jusqu'au jour de la demande, et exigibles, la somme alors due s'élevait au-dessus de ce taux. — *Cass.*, 8 déc. 1841 (t. 2 1841, p. 679), Desvignes c. Marbottin; *Bordeaux*, 17 août 1847 (t. 2 1847, p. 713), Caisse hypothécaire c. Agard.

1048. — ... Et que le jugement qui déclare nulle une saisie immobilière, à raison de l'extinction de la créance qui formait la cause de la poursuite, est en dernier ressort lorsque cette créance était

importance inférieure à 1,500 fr., et que, plus, il n'existait sur l'immeuble saisi aucune autre inscription. — *Toulouse*, 22 avril 1845 (t. 1er 1846, p. 351), Castel-Cabanan c. Tarbouriech.

1049. — En matière de saisie immobilière, comme en matière ordinaire, un acquiescement exprès ou tacite donné au jugement serait une cause de fin de non-recevoir contre l'appel. — *Paris*, 16 nov. 1818, Damien c. Marc; *Rennes*, 18 juin 1819, N....

1050. — Mais on ne peut toujours former un appel incident. — *Bourges*, 10 fév. 1816, N... c. Rabuteau; *Montpellier*, 14 janv. 1833, Durand-Villaret. c. Durseaud.

1051. — L'appel, dit M. Persil fils(n° 356), ne peut évidemment être interjeté que par ceux qui ont été parties au jugement et contre ceux qui ont figuré en première instance. Ceux qui auraient régulièrement cités, seraient seuls admis à se plaindre de ce que toutes les parties n'auraient été appelées devant la Cour. Les intérêts de toutes ces personnes sont distincts.

1052. — Jugé que le créancier premier inscrit, qui, sur une demande en distraction d'immeubles saisis représente les autres créanciers inscrits, a la qualité pour interjeter appel du jugement qui intervient sur cette demande. Les créanciers postérieurs sont donc non recevables à interjeter personnellement appel. Ils n'ont, le cas échéant, que le droit de se faire subroger à la poursuite. — *Cass.*, 22 fév. 1819, François c. Bessière; *Poitiers*, 1 août 1824, Dubuissonnet c. Fève; *Toulouse*, 18 nov. 1839, Sivre c. Avignon. — *Contrà*, *Paris*, 28 août 1814, Ducoudray c. Lepau.

1053. — Lorsque l'appel est interjeté d'un jugement qui a statué sur une demande en distraction, on doit appeler devant la Cour le saisi, le poursuivant et le premier créancier inscrit, conformément à l'art. 725. Lorsque le premier créancier inscrit est le poursuivant lui-même, il y a lieu d'intimer le second créancier inscrit.

1054. — Dans le cas où un ancien vendeur a formé une demande en résolution conformément à l'art. 717, le jugement qui fixe le délai dans lequel cette demande doit être jugée peut être frappé d'appel par celle des parties qui aurait à se plaindre de l'étendue du délai fixé. — *Lachaize*, n° 480; Bioche, n° 730.

1055. — Si les créanciers inscrits se sont rendus parties dans la saisie, l'appelant doit intimer l'avoué le plus ancien de ces créanciers. — *Pigeau*, t. 2, p. 750.

1056. — Lorsque le jugement de première instance a statué sur une demande en subrogation, il y a lieu d'intimer sur l'appel, non le poursuivant, mais le créancier qui prétend se faire subroger. — *Lyon*, 22 mars 1817, Machard Barbe et Gallet.

1057. — Le délai de dix jours dans lequel l'appel doit être formé et franc. — *Besançon*, 27 déc. 1807, Griffon c. Chappelut. — Rogron, p. 916.

1058. — Si la saisie avait été pratiquée en vertu d'un jugement en premier ressort, conformément à l'art. 22f5 C. civ., l'appel de ce jugement devrait être formé dans les trois mois, conformément au droit commun. En effet, l'art. 726 du Code de 1807, qui n'exigeait que dans ce cas l'appel fût décboré trois jours au moins avant le jour du cahier des charges au greffe n'a pas été reproduit par la nouvelle loi. Cet appel pourrait donc être interjeté après la publication du cahier des charges, mais il ne serait pas une cause de nullité de la procédure antérieure. Il serait seulement y avoir lieu à surseoir. — Nouveau sur Carré, quest. 2422 *undecies*.

1059. — La signification du jugement qui repousse une demande en distraction faite à la poursuite du créancier poursuivant sur la publicité immobilière profite non-seulement à ce créancier, mais encore à toutes les parties qui ont le même intérêt que lui, dans l'intérêt de la partie saisie, et doit courir le délai d'appel en leur faveur. — *Caen*, 30 janv. 1846 (t. 1er 1846, p. 303), Bon, dit Gilbert, c. Guillon.

1060. — Cet arrêt, rendu sous l'ancien art. 736 du C. proc., conserverait son autorité sous les articles 735 et 731 du nouveau Code. — L. du 2 juin.

1061. — Mais il a été jugé le 9 fév. 1835 par la Cour de cassation (aff. Gadou c. Roche) que, lorsque le demandeur en distraction qui a succombé en première instance qui avait mis en cause, aux termes de l'art. 727 du Code de procéd., le poursuivant, la partie saisie, le créancier premier inscrit et l'avoué adjudicataire provisoire, ne comprendre dans son appel une de ces parties, il serait non-seulement pas que l'appel doive être déclaré non recevable à l'égard de toutes, et l'auteur de la demande déchu de son appel et de son droit.

1061. — L'appel d'un jugement rendu sur un incident de saisie immobilière peut être interjeté dans la huitaine de sa prononciation. — Les dispositions de l'art. 499 C. proc. ne sont point applicables à ce cas. — *Besançon*, 16 déc. 1812, Champreux c. Rainé; *Bordeaux*, 6 avr. 1827, Moureau c. Beysselance; *Paris*, 5 juill. 1834, Cousin c. Decauville; *Bordeaux*, 26 avr. 1839 (t. 2 1839, p. 464), Daiburie et Raymond c. Lantillac; *Paris*, 3 nov. 1839 (t. 1er 1840, p. 128), Dimauger c. Tresse. — *Contrà*, *Bourges*, 45 mai 1812, Gillot c. Bazire.

1062. — Décidé, sous l'empire de l'art. 734 du Code de 1807, qu'en matière de saisie immobilière, l'appel du jugement qui prononçait sur les nullités opposées au titre en vertu duquel la poursuite avait lieu devait être formé dans la quinzaine de la signification qui en était faite à l'avoué, comme de celui qui aurait statué sur les nullités de la procédure. — *Cass.*, 19 juill. 1824, Giron c. Lassie; 8 nov. 1825, Obissacq c. Parsy; 28 déc. 1836 (t. 1er 1837, p. 362), Lévy c. Traesch. — Carré, quest. 2496; Thomines-Desmazures, t. 2, p. 289; Berriat, p. 603, note 143, n° 2; Lachaize, t. 2, n° 483, et Bioche et Goujet, v° *Saisie immobilière*, n° 496.

1063. — La Cour doit statuer dans la quinzaine, porte l'art. 734. Ce délai de quinzaine court à partir du jour où l'appel a été interjeté. Il n'y aurait du reste aucune nullité si l'arrêt était rendu après l'expiration de la quinzaine.

1064. — L'arrêt qui aurait rejeté l'appel devrait être signifié à avoué avant que la procédure ne fût reprise. — *Pau*, 21 nov. 1818, Labat c. de Mérignac.

1065. — La Cour de cassation a cependant décidé que lorsque l'adjudication a été indiquée au lendemain du jour où la Cour prononce sur l'appel d'un jugement relatif à un incident, la Cour peut ordonner l'exécution sur minute de son arrêt. — *Cass.*, 10 janv. 1814, Leocier-Delisle c. Meslie.

1066. — L'acte d'appel doit être signifié au domicile de l'avoué; et il semble même résulter de la rédaction de l'art. 732 que lorsqu'il y a avoué constitué, une signification à personne ne serait pas régulière. La jurisprudence antérieure à la loi de 1841 validait la signification de l'acte d'appel au domicile de l'avoué. — *Cass.*, 23 mai 1815, Delestage c. Contade; *Bourges*, 17 août 1816, Sallonnyer c. Busson; *Montpellier*, 22 juill. 1822, Laurcilion et Faure c. Molacan; *Rouen*, 29 avril 1834, Levasseur c. Paris; *Poitiers*, 7 déc. 1825, Duran-Denlare c. Meunier; *Orléans*, 13 déc. 1837 (t. 1er 1838, p. 158), Naudic c. Toury; *Toulouse*, 45 juin 1839 (t. 2 1839, p. 334), Guly c. Tarbouriech; *Lyon*, 4 févr. 1844 (t. 1er 1844, p. 568), Siraudin c. Champion.

1067. — Jugé, depuis la loi de 1841, que lorsqu'au cours d'une poursuite de saisie immobilière, les saisissants ayant assigné le vendeur de l'immeuble saisi pour voir dire qu'il sera déchu de la faculté de réméré qu'il s'était réservée, ce vendeur a comparu, a conclu dans l'instance et procédé comme en matière d'incident sur saisie immobilière, l'appel qu'il interjette ne peut, aux termes des art. 734 et 732 C. proc. civ., et spécialement s'il n'a pas été signifié au domicile des avoués en cause, et notifié au greffier du tribunal. — *Cass.*, 13 avr. 1847 (t. 1er 1849, p. 247), Dupare c. Loiseller.

1068. — M. Chauveau sur Carré (quest. 2425 *bis*) et Lachaize (t. 1er, p. 213) enseignent que l'appel du jugement en vertu duquel la saisie a été faite peut être signifié au domicile élu dans la commandement tendant à saisie immobilière. Les auteurs appliquent la même doctrine à la signification d'offres réelles que voudrait faire le débiteur, la saisie immobilière devant être mise sous le rapport sur la même ligne que la saisie exécution. — V., en sens contraire, *Grenoble*, 16 janv. 1826, Trollet c. Chanteur. — Persil fils, n° 369.

1069. — En disant que l'acte d'appel doit être signifié à l'avoué et *en même temps* au greffier du tribunal, l'art. 732 veut exprimer seulement que les deux significations doivent être faites dans le même délai. Il n'est pas nécessaire qu'elles soient faites par le même acte. — Pigeau, t. 2, p. 459.

1070. — L'art. 732 ne dit pas dans quel délai l'intimé doit comparaître sur l'assignation. La Cour doit seulement statuer dans la quinzaine s'il était impossible à l'intimé de comparaître en temps utile à raison de l'éloignement de son domicile, la Cour donnerait sans doute un court délai plutôt que de prononcer un arrêt par défaut ne serait pas susceptible d'opposition. — V. *infrà* n° 4076.

1071. — La disposition du même article portant qu'il ne pourra être fait usage, en cause

---

d'appel, d'aucun moyen de nullité non proposé en première instance, s'applique aux créanciers comme à la partie saisie. — *Amiens*, 23 mai 1812, Boutochaux de Chabannes c. Dubois. — *Lachaize*, n° 483; Favard de Langlade, v° *Saisie immobilière*, t. 54, p. 80; Bioche, n° 750.

1072. — En décidant qu'on ne peut sur l'appel d'un jugement rendu en matière de saisie immobilière proposer des moyens qui n'auraient pas été soulevés en première instance, la loi de 1841 ne fait que donner la force législative à une solution presque unanimement reçue en jurisprudence. — V. notamment, *Cass.*, 19 nov. 1817, Tardif c. Cottun; 23 mars 1823, Migneau c. Joly; *Bordeaux*, 12 févr. 1831, Chatard c. Paupardin; 31 janv. 1832, Montaxier c. Vaile; *Cass.*, 44 avr. 1837 (t. 1er 1837, p. 500), Bruneau de la Souchais c. Boudin. — Ces mêmes arrêts décidaient que la règle s'appliquait aussi bien aux nullités tenant au fond du droit qu'à celles qui étaient prétendues contre les actes de la procédure.

1073. — Le ministère public ne pourrait, en appel, soulever d'office des moyens de nullité qui n'auraient pas été proposés en première instance. — Chauveau, quest. 2425 *sexties*. — *Contrà*, Persil fils, n° 372.

1074. — L'arrêt qui se borne à rejeter des moyens de nullité proposés contre une procédure de saisie immobilière ne peut être considéré comme prononçant une condamnation. En conséquence, il suffit qu'il soit signifié à avoué, sans l'être à personne ou à domicile. — *Cass.*, 8 déc. 1840 (t. 2 1840, p. 795), Bellot c. Compère.

1075. — L'appel est suspensif en matière de saisie immobilière comme en matière ordinaire, et il a pour effet d'arrêter la procédure. Il ne serait pas suspensif cependant s'il était formé après les dix jours. — *Paignon*, n° 171; Rogron, p. 945.

1076. — Suivant l'art. 734, les arrêts par défaut qui statuent sur des appels de jugemens rendus sur des incidens, ne sont pas susceptibles d'opposition. Le projet présenté aux Chambres contenait une disposition semblable pour les jugemens eux-mêmes; mais cette disposition a disparu du texte de l'article, quoique personne ne l'eût critiquée, et qu'au contraire tout le monde parût d'accord pour accueillir cette innovation, sur laquelle M. Pascalis s'expliquait spécialement dans son rapport. Aussi plusieurs auteurs, considérant cette lacune comme un accident tout matériel, pensent-ils que l'opposition à un jugement par défaut ne serait pas recevable. — Persil fils, n° 362; Paignon, n° 174; Bioche, n° 746. — Au contraire, MM. Chauveau sur Carré (quest. 2433), Rogron (p. 944), et Duvergier (*Coll. des lois*, t. 44, p. 268, note 3), estiment que dans le silence de la loi on ne peut priver le défendeur d'un droit que lui confère le droit commun.

1077. — Décidé que les jugemens par défaut rendus sur des incidens de saisie immobilière ne sont pas susceptibles d'opposition. — *Rouen*, 4 juin 1842 (t. 2 1842, p. 366), Letellier c. Camel et hospice de Gisors; *Paris*, 23 avr. 1845 (t. 1er 1845, p. 880), Satley c. Boudot.

1078. — L'art. 3 du décret du 2 février 1811 disposait que les jugemens rendus par défaut sur les demandes en nullité de procédure, postérieure à l'adjudication préparatoire, ne pourraient être attaqués que par la voie de l'appel. L'art. 4 interdisait aussi l'opposition aux arrêts par défaut qui pouvaient être rendus sur l'appel de ces jugemens. Mais ce décret est abrogé par la loi de 1841, ainsi que nous avons dit.

1079. — La disposition qui précède du décret de 1841, relative aux jugemens par défaut, avait été étendue par la jurisprudence aux nullités antérieures à l'adjudication préparatoire, de telle sorte qu'il était généralement reconnu que les jugemens par défaut rendus sur les demandes en nullité ne pouvaient être frappés d'opposition. — *Bourges*, 27 mai 1831, Brunet c. Grosset; *Montpellier*, 10 févr. 1832, Dalbis c. Mazarin; *Colmar*, 18 mars 1837 (t. 2 1837, p. 59), Sée c. Weyh; *Bourges*, 1er févr. 1841 (t. 2 1841, p. 594), Chauvat c. Fascaud.

1080. — Mais jugé que la disposition de l'art. 4 du décret du 2 février 1844 qui, à l'égard des arrêts par défaut rendus en matière de saisie immobilière, interdisait à la partie condamnée le droit d'opposition, ne s'appliquait qu'aux arrêts rendus sur l'appel de jugemens qui avaient statué sur des nullités postérieures à l'adjudication préparatoire, et non aux arrêts statuant sur l'appel de jugemens qui portaient sur le rejet de nullités antérieures. — *Bordeaux*, 26 avril 1839 (t. 2 1839, p. 461), Dalbavie et Raymond c. Lanlignac; *Amiens*, 30 sept. 1840 (t. 2 1842, p. 498),

de Crouy-Chanel c. Compagnie d'assurances hypothécaires.

1081. — ... Et que l'opposition était recevable contre un arrêt par défaut rendu sur l'appel d'un jugement qui avait tout à la fois rejeté des moyens de nullité proposés contre une procédure de saisie immobilière, et prononcé l'adjudication définitive des immeubles saisis. — *Cass.*, 13 mars 1838 (t. 1er 1838, p. 362), Lamothe c. Lefort; *Amiens*, 5 déc. 1839 (t. 2 1840, p. 707), mêmes parties.

1082. — En admettant que les jugemens par défaut statuant sur des incidens puissent être frappés d'opposition, il est certain que cette voie de recours ne pourrait être employée contre le jugement de publication du cahier des charges ni contre celui qui prononce simplement l'adjudication; car ces actes ne sont à proprement parler que des procès-verbaux judiciaires.

1083. — De même sous le Code de 1807 le jugement d'adjudication, soit préparatoire, soit définitive, n'était pas susceptible d'opposition. — *Cass.*, 30 mars 1840 (t. 1er 1840, p. 467), Dutheil c. Duru et Bourrat.

1084. — Les arrêts par défaut n'étant pas susceptibles d'opposition aux termes de l'art. 731, il n'y aurait pas lieu par la Cour de rendre un arrêt de défaut profit joint si de deux parties assignées l'une faisait défaut et l'autre comparaissait. — *Rouen*, 4 juin 1842 (t. 2 1842, p. 366), Letellier c. Camel et Hospice de Gisors; *Caen*, 24 déc. 1845 (t. 1er 1846, p. 765), Levasseur c. Lacoudrais. — C'est à tort que le contraire a été jugé par la Cour de *Toulouse*, 15 janv. 1842, (t. 2 1842, p. 467), Resseguier c. Calvet.

1085. — Jugé qu'il n'y a pas lieu davantage de requérir un *jugement* de défaut profit joint lorsque l'un des défendeurs ne comparaît pas; qu'un pareil jugement constitue une formalité frustratoire, et que dès lors les dépens doivent être supportés par la partie à la requête de laquelle il a été rendu. — *Grenoble*, 5 avril 1848 (t. 1er 1849, p. 438), Tortel c. Bodia et Séguin.

1086. — On pourrait se pourvoir par requête civile contre un jugement rendu sur un incident d'une poursuite de saisie immobilière, si l'on se trouvait dans l'un des cas pour lesquels la loi ouvre cette voie de recours. — *Cass.*, 4 mai 1825, Carayon c. Bineau-Sébille. — V. REQUÊTE CIVILE.

1087. — En matière de saisie immobilière, tous les jugemens qui violeraient une disposition de loi pourraient être cassés par la Cour suprême. Le jugement qui prononce la remise de l'adjudication, conformément à l'art. 703, pourrait même être déféré à la Cour de cassation, quoiqu'aux termes de cet article ce jugement soit à l'abri de tout recours; car la loi, en s'exprimant ainsi, paraît n'avoir voulu parler que de l'opposition et de l'appel. Mais aucun pourvoi ne serait admis si le jugement auquel il s'applique n'avait été préalablement signifié même dans les cas où la signification est interdite par le Code de procédure. — *Cass.*, 4 fév. 1811, Garde c. Rebattu; 2 déc. 1813, Ponte de Lombriasco c. Losano; 4 oct. 1814, Joannis c. Pomme et Nicolas (implic.). — Paignon, no 166; Bioche, no 759; Rogron, p. 914; Thomine-Desmazures, t. 2, p. 290.

1088. — La procédure de folle enchère est comprise parmi les incidens sur la poursuite de saisie immobilière dont traite le titre 13 que nous analysons. — V. FOLLE ENCHÈRE.

Sect. 7e. — *Des demandes en conversion.*

1089. — Suivant l'art. 743 du Code de procédure civile, les immeubles appartenant à des majeurs, maîtres de disposer de leurs droits, ne peuvent, à peine de nullité, être mis aux enchères en justice lorsqu'il ne s'agit que de ventes volontaires.

1090. — Néanmoins, ajoute le même article, lorsqu'un immeuble aura été saisi réellement, et lorsque la saisie aura été transcrite, il sera libre aux intéressés, s'ils sont tous majeurs et maîtres de leurs droits, de demander que l'adjudication soit faite aux enchères, devant notaire ou en justice, sans autres formalités et conditions que celles qui sont prescrites aux art. 958, 959, 960, 961, 962, 964 et 965, pour la vente des biens immeubles appartenant à des mineurs. — V. VENTE DE BIENS DE MINEURS.

1091. — Enfin, le même article dispose que « seront regardés comme seuls intéressés, avant la sommation aux créanciers prescrite par l'article 692, le poursuivant et le saisi, et, après la sommation, ces derniers et tous les créanciers inscrits; si une partie seulement des biens dépendant d'une même exploitation avait été saisie, le débiteur pourra demander que le surplus soit compris dans la même adjudication.

SAISIE IMMOBIL., ch. 3, sect. 7e.

1092. — Le premier § de l'art. 743 n'est que la reproduction de l'ancien art. 746 du Code de procédure. Son seul but est d'empêcher que les ventes volontaires ne soient enlevées aux compagnies de notaires, dans les attributions desquelles elles rentrent, pour être portées aux enchères du tribunal, qui ne peuvent être requises que par le ministère d'avoués. Le principe consacré par cette disposition avait rencontré de l'opposition chez plusieurs membres de la commission du gouvernement de 1838.

1093. — Le même art. 743 doit être observé *à peine de nullité*, ainsi qu'il le porte. Il est à regretter que le législateur n'ait pas expliqué à quoi s'appliquerait la nullité qu'il prononce. Suivant M. Chauveau sur Carré (quest. 2434), il est certain que la nullité n'atteindrait pas la vente elle-même, si elle avait eu lieu, car le contrat de vente est purement consensuel, et il existe indépendamment de la forme extérieure qui lui a été donnée; mais on a voulu conférer au tribunal le droit d'annuler d'office la procédure dans ce cas et de se refuser à prononcer l'adjudication. Les notaires pourraient seulement demander des dommages-intérêts aux avoués qui ont concouru à la vente. Nous croyons cette interprétation conforme à l'esprit de la loi, tel qu'il est révélé par les travaux de la commission du gouvernement.

1094. — Il résulte du texte même de l'art. 743 que la conversion de la saisie immobilière en vente volontaire ne peut être demandée avant la transcription de la saisie.

1095. — Il avait été décidé, sous l'empire du Code de 1807, que la conversion d'une saisie immobilière en vente sur publications volontaires pouvait, avant la notification des placards aux créanciers inscrits, être consentie par le saisissant et la partie saisie, sans le concours des autres créanciers. — *Cass.*, 8 janv. 1833, Rigoult c. de Perthuis; *Colmar*, 26 juill. 1833, Rigoult c. Bodia de Saint-Laurent et de Perthuis.

1096. — La conversion n'anéantit pas la saisie, elle en suspend seulement les effets. Cet incident n'amène de changement que dans quelques formalités et dans le mode d'adjudication. Mais en cas de négligence, la poursuite de saisie immobilière pourrait être reprise. — Lachaize, t. 2, p. 237; Paignon, t. 1er, no 197; Persil fils, nos 394 et 401.

1097. — Jugé que par la conversion de la saisie immobilière en vente volontaire, la saisie emprunte seulement une autre forme, sous la surveillance du saisissant, sans être ni annulée ni rayée, et que dès lors, lorsqu'il n'y a ni fraude, ni collusion, ni négligence, les créanciers sont sans intérêt et, par suite, non recevables à faire ordonner que le poursuivant reprendra la forme des ventes forcées. — *Cass.*, 8 janv. 1833, Rigoult c. de Perthuis.

1098. — L'expropriation forcée ne purge les hypothèques inscrites qu'autant que les créanciers qui ont droit à ces hypothèques ont reçu la sommation prescrite par l'art. 692 C. proc. civ. Cette sommation seule, en les rendant parties dans la poursuite, les met en demeure de veiller à la conservation de leurs droits. Il résulte de là que lorsque la conversion a été obtenue avant que cette sommation fût signifiée aux créanciers, elle ne purge pas les hypothèques. Il en est autrement lorsqu'elle ne s'opère qu'après que la signification a été faite. — Persil fils, no 401; Bioche, no 799. — Ce dernier auteur pense avec raison que, même dans ce dernier cas, il est cependant plus prudent de purger. — V. PURGE DES PRIVILÉGES ET DES HYPOTHÈQUES.

1099. — Il ne paraît pas que la vente sur conversion puisse avoir pour effet de dispenser les créanciers de renouveler leurs inscriptions hypothécaires. — V. INSCRIPTION HYPOTHÉCAIRE, nos 561 et suiv.

1100. — Jugé que les créanciers qui ont été appelés ou sont intervenus dans l'instance en conversion d'une saisie immobilière en vente sur publications volontaires ne peuvent pas faire à l'adjudicataire la sommation de payer ou de délaisser autorisée par l'art. 2169 C. civ. — Persil fils, nos 394 et 401; Bioche et Goujet, vo *Vente d'immeubles*, no 567; Chauveau sur Carré, quest. 2436 et 2403. — V., en sens contraire, Thomines-Desmazures, t. 2, p. 302. — Et que la seule faculté qui reste à ces créanciers est celle de faire dans la huitaine de l'adjudication une surenchère d'un sixième, conformément aux dispositions de l'art. 965 C. proc. civ. — *Dijon*, 24 mars 1847 (t. 2 1847, p. 633), Mayer-David c. Berlotty.

SAISIE IMMOBIL., ch. 3, sect. 7e.

1101. — Après la conversion le saisissant continue à être privilégié pour ses frais de poursuites, quand même le nouveau cahier des charges ne dirait rien à cet égard. — Paignon, no 197.

1102. — Lorsque la vente sur conversion a lieu aux criées du tribunal, on doit observer les dispositions des art. 958 et suiv. relatifs à la vente des biens de mineurs; articles auxquels renvoie l'art. 743. Mais si la vente était faite par un notaire, les parties pourraient encore simplifier la procédure. Toutefois M. Chauveau (quest. 2440) fait observer avec raison que, même dans le premier cas, les parties qui auraient consenti à des changemens dans la procédure ne pourraient en demander ensuite la nullité comme n'étant pas conforme aux art. 958 et suiv.

1103. — L'art. 743 renvoie à l'art. 964. Ce dernier article déclare applicables aux ventes de biens de mineurs certaines dispositions des titres 12 et 13 qui font l'objet du présent travail. Ces dispositions concernent : 1o l'annonce publique de la taxe (art. 701); 2o le mode des enchères (art. 705, 706, 707 et 711); 3o la rédaction du jugement d'adjudication (art. 712 et 713); 4o la procédure en folle enchère (art. 733 à 740); 5o les nouvelles affiches et annonces en cas d'incident (art. 741); 6o enfin la prohibition de suivre d'autres formalités que celles suivies par la loi (article 742). Ces divers articles s'appliquent donc à la procédure de conversion. L'art. 965 est relatif à la surenchère.

1104. — L'art. 715, relatif aux nullités de la procédure, et l'art. 717, qui oblige les anciens vendeurs à former leur demande en résolution et à la faire juger avant l'adjudication, sont étrangers tous deux au cas où une conversion a été opérée. Il est facile alors d'établir la propriété au moyen des titres qui sont entre les mains du débiteur. L'adjudicataire peut donc connaître quels sont les anciens vendeurs et l'action de ces derniers rentre dans le droit commun. — Paignon, t. 1er, no 205; Rogron, p. 930.

1105. — L'art. 743 ne renvoie à aucune autre disposition qui prescrive l'établissement d'un cahier des charges. Il y a sous ce rapport une lacune dans la loi. Les parties doivent, en même temps qu'elles demandent d'un commun accord la conversion, dresser le cahier des charges, fixer la mise à prix et se mettre d'accord sur toutes les difficultés que présenterait l'établissement de la propriété. — Paignon, no 199; Chauveau sur Carré, quest. 2442.

1106. — Le poursuivant n'est plus, en matière de conversion, adjudicataire forcé pour le montant de la mise à prix, lorsqu'il ne se présente pas d'enchérisseur. — *Bordeaux*, 3 août 1843 (t. 2 1844, p. 402), Brown c. Laroze. — La poursuite est du reste attribuée à celui que les parties intéressées auront désigné, et le saisi lui-même peut être poursuivant. Le tribunal ne pourrait modifier les conventions des parties à cet égard, qu'autant que la subrogation aurait été demandée.

1107. — Le dernier paragraphe de l'art. 743 autorise le débiteur dont on a saisi certains biens dépendant d'une exploitation à demander que le surplus des immeubles qui sont compris dans la même exploitation soient vendus avec les biens saisis. Bien que cette disposition soit placée au milieu d'autres qui ne s'occupent que de la vente sur conversion, elle paraît contenir un principe général applicable aussi au cas de vente forcée. Elle est en harmonie du reste avec l'art. 2211 du Code civil. — V. le chapitre 1er ci-dessus.

1108. — La demande *en plus ample saisie* devrait être formée par le débiteur, conformément à l'art. 718, car elle élèverait un incident sur la poursuite. Le poursuivant serait l'adversaire du saisi. Si elle était formée avant le dépôt du cahier des charges, on ferait une addition à ce cahier pour y comprendre la totalité des biens compris dans l'exploitation. Si la demande était formée après la publication du cahier des charges, Chauveau sur Carré (quest. 2445) estime qu'il n'y aurait pas lieu d'annoncer de nouveau les biens non saisis; et que, seulement, le jour de l'adjudication, une addition serait faite au cahier des charges, la mise à prix serait changée et le public serait prévenu que les enchères porteront sur la totalité des immeubles désignés.

1109. — Le jugement qui aurait statué sur une semblable demande serait sujet à l'appel, conformément à l'art. 731.

1110. — Si une conversion en vente volontaire avait été ordonnée sans que tous les intéressés eussent été appelés à y consentir, les créanciers qui n'y auraient pas concouru pourraient attaquer le jugement d'adjudication par la voie de l'action principale en nullité. Ils pourraient aussi former tierce opposition au jugement s'il leur

était opposé. — Chauveau sur Carré, quest. 2446.

1111. — L'art. 744 porte : « Pourront former les mêmes demandes (prévues par l'art. 743) ou s'y adjoindre : le tuteur du mineur ou interdit, spécialement autorisé par un avis des parens ; le mineur émancipé, assisté de son curateur ; et généralement tous les administrateurs légaux des biens d'autrui. »

1112. — L'avis de parens qui doit autoriser le tuteur du mineur ou de l'interdit n'a pas besoin d'être homologué. — Pigeau, t. 2, p. 403 ; Favard de Langlade, vo *Saisie immobilière*, t. 5, p. 83 ; Paignon, t. 1er, no 201 ; Persil fils, no 404 ; Bioche, no 779.

1113. — Parmi les administrateurs légaux des biens d'autrui dont parle l'art. 744, il faut ranger les curateurs aux successions vacantes, les syndics de faillite, les administrateurs d'établissemens publics et les fonctionnaires qui représentent les communes, les départemens et l'État, les conseils judiciaires des prodigues. — Chauveau sur Carré, quest. 2449. — Un mari pourrait aussi agir conformément à l'art. 743, si sa femme était créancière ou débitrice. — Carré, quest. 2539.

1114. — Le directeur gérant d'une société commerciale a droit de demander la conversion des poursuites de saisie immobilière en vente sur publications judiciaires ; et il conserve ce droit, malgré sa démission, non publiée, lorsque d'ailleurs il a continué à prendre la qualité de gérant dans les actes de la procédure. — *Cass.*, 23 août 1836, Actionnaires de l'Ambigu-Comique c. Commissaires des créanciers de ce théâtre.

1115. — Lorsqu'un mineur a une part de propriété dans l'immeuble, on doit appeler à la vente le subrogé tuteur conformément à l'art. 962.

1116. — Les demandes autorisées par les art. 743, § 2, et 744, sont formées par une simple requête présentée au tribunal saisi de la poursuite. Cette requête est signée par les avoués de toutes les parties. — Elle contient une mise à prix, qui doit servir d'estimation. — Art. 745.

1117. — Le jugement qui ordonne la vente sur conversion est rendu sur le rapport d'un juge et sur les conclusions du ministère public. Si la demande est admise, le tribunal fixe le jour de la vente et renvoie, pour procéder à l'adjudication, soit devant un notaire, soit devant un juge du siége ou devant un juge de tout autre tribunal. Le jugement n'est pas signifié et il n'est susceptible ni d'opposition ni d'appel. — Art. 746.

1118. — Les avoués n'ont pas besoin d'un pouvoir spécial pour demander la conversion. — Chauveau sur Carré, quest. 2450.

1119. — La loi ne fixant aucun terme après lequel il serait interdit de demander la conversion, le tribunal pourrait accueillir, à toutes les époques de la poursuite et jusqu'au jour de l'adjudication, la demande qui lui serait présentée pour l'obtenir. — Delaporte, t. 2, p. 339.

1120. — Le tribunal pourrait refuser d'ordonner la conversion quand même toutes les parties seraient d'accord. C'est ce qui résulte des expressions de l'art. 746 *Si la demande est admise.* — Rogron, p. 930 ; Bioche, no 793 ; Persil fils, no 440.

1121. — On jugeait déjà avant la loi de 1841 que le tribunal saisi d'une demande à fin de conversion d'une saisie immobilière en vente sur publications volontaires a le droit d'en apprécier l'opportunité et l'avantage pour les parties, de l'admettre ou de la refuser d'après cette appréciation, comme aussi de déterminer, en cas d'admission, si la vente aura lieu à sa barre ou devant notaire, et que l'accord des parties à cet égard ne lie pas le tribunal. — *Orléans*, 3 mars 1838 (t. 2 1838, p. 146), Chauvin c. Gateillier.

1122. — Si le tribunal a le droit de rejeter la requête de conversion, à bien plus forte raison peut-il modifier les conventions des parties. C'est à tort que le contraire avait été jugé avant la loi nouvelle. — *Orléans*, 29 nov. 1826, Noailles c. Michelet. — Chauveau, quest. 2450 *quinquiès.*

1123. — Décidé cependant qu'en cas de conversion de la saisie immobilière en vente sur publication volontaire, le tribunal ne peut réduire la mise à prix si le débiteur s'y oppose. — *Bordeaux*, 3 août 1843 (t. 2 1844, p. 402), Brown c. Laroze.

1124. — ... Et que la conversion d'une saisie immobilière en vente sur publication volontaire ne peut être ordonnée par le tribunal, si la condition sur laquelle le créancier poursuivant l'a consentie n'est pas exécutée et, par exemple, si le notaire désigné par le poursuivant n'est pas agréé par le saisi. — *Paris*, 2 mars 1834, Legonas c. Lorée.

1125. — L'ancien texte du Code de procédure n'expliquait ni comment devait s'instruire la demande en conversion, ni devant quel tribunal elle devait être portée. Ces lacunes sont comblées par la loi de 1841. — La demande se forme par requête présentée au tribunal saisi de la poursuite, ainsi que le dit l'art. 746. — Tout autre tribunal devant lequel la demande serait formée devrait donc se déclarer incompétent d'office. — Persil fils, no 409.

1126. — Sur la question de compétence, la Cour de cassation décidait déjà sous le Code de 1807 que le tribunal saisi de la poursuite pouvait seul connaître de la demande en conversion. — *Cass.*, 25 avril 1832, Beslan c. Sinett ; *Paris*, 30 avril 1834, Delespinatz c. Michel ; 18 mars 1837 (t. 1er 1837, p. 293), Gerathwohl c. de Galbois ; *Bordeaux*, 6 avril 1838 (t. 2 1838, p. 210), Lapeyrière c. Ducretel et Bault ; *Cass.*, 29 mai 1838 (t. 2 1838, p. 68), Giroud c. de Brossard. — Mais il existait des arrêts en sens contraire. — *Paris*, 1er août 1835, de Brossard c. Thierry ; 5 déc. 1835, Aufrère de la Preugne c. Pajot de Juvisy ; 22 août 1838 (t. 2 1838, p. 145), Michon c. Beaufrère ; 22 févr. 1839 (t. 1er 1839, p. 472), Delandine de Saint-Esprit c. David.

1127. — Le jugement de conversion qui émanerait d'un tribunal incompétent pourrait être frappé d'appel conformément au droit commun. — C. proc. civ., art. 454.

1128. — Le tribunal peut renvoyer devant un juge de tout autre tribunal pour l'adjudication. — Cette disposition de l'art. 746 était nécessaire pour indiquer que la juridiction saisie de la poursuite ne devait pas nécessairement prononcer l'adjudication. — Mais lorsque la vente aura eu lieu, c'est devant cette juridiction qu'il faudrait revenir pour l'ouverture de l'ordre. — Chauveau sur Carré, quest. 2452.

1129. — Bien que le jugement de conversion ne doive pas être signifié, il est nécessaire de le lever ; car il faut que le poursuivant puisse en justifier aux tiers qui voudraient acheter. — Si la vente était renvoyée devant un notaire, cet officier public aurait besoin de la même pièce pour son opération.

1130. — Le juge ou le notaire délégué n'a d'autre mission que de prononcer l'adjudication. Aussi les difficultés qui s'élèveraient au moment de cette adjudication devraient-elles être renvoyées devant le tribunal de qui émanerait la délégation, ce tribunal étant seul compétent pour en connaître.

1131. — Le jugement de conversion forme un obstacle à toute saisie postérieure à sa date sur l'immeuble. C'est ce qui résulte d'une observation faite par M. Debelleyme à la Chambre des députés. — V., *infrà*, l'art. 748, no 1141.

1132. — Les créanciers du saisi peuvent demander qu'il soit nommé un séquestre à l'immeuble dont la saisie a été suivie de conversion, si le débiteur suscite des incidens pour retarder l'adjudication, et s'est d'ailleurs volontairement mis dans un état d'insolvabilité apparente, en plaçant tout son mobilier sous le nom d'un tiers. — *Paris*, 3 avril 1834, de Villemain c. de Nirande.

1133. — « Si, après le jugement, porte l'art. 747, il survient un changement dans l'état des parties, soit par décès ou faillite, soit autrement, ou si les parties sont représentées par des mineurs, des héritiers bénéficiaires ou autres incapables, le jugement continuera à recevoir sa pleine et entière exécution. »

1134. — Le changement d'état qui, au lieu d'arriver après le jugement de conversion, comme le suppose cet article, serait antérieur à ce jugement, serait un obstacle à la conversion, jusqu'à ce qu'un consentement régulier pût être obtenu. — Decamps, p. 110.

1135. — Lorsque c'est après le jugement de conversion qu'un changement d'état arrive, il suffit de notifier l'état de la procédure au nouveau représentant de la partie qui s'est effacée. — Toute autre procédure serait frustratoire. — Chauveau sur Carré, quest. 2454 ; Decamps, *loc. cit.*

1136. — Si la partie qui est devenue poursuivante, par suite du consentement de tous les intéressés, devenait coupable de négligence, une autre partie pourrait se faire subroger dans les poursuites. — *Orléans*, 19 août 1842 (t. 2 1842, p. 531), Lecaron de Fleury c. Guillemot et Billard. — Berriat Saint-Prix (p. 609), MM. Paignon (no 497), Bioche (no 810) et Lachaize (t. 2, p. 237) pensent même, dans ce cas, que l'ancien poursuivant pourrait reprendre la procédure de saisie immobilière ; car n'ayant consenti à la conversion qu'à la condition que la vente serait mise à fin rapidement, il n'est plus lié par le jugement de conversion si cette condition n'est pas remplie. Mais nous croyons que cette dernière opinion doit être accueillie avec une très-grande réserve, et qu'à moins de circonstances exceptionnelles les tribunaux ne se montreront pas disposés à l'admettre.

1137. — Lorsqu'il ne se présente pas d'enchérisseur, les parties intéressées doivent s'entendre pour la fixation d'une nouvelle mise à prix. En cas de contestation sur ce point, le tribunal déciderait. Il y a lieu alors de faire de nouvelles insertions et de poser de nouvelles affiches. — Paignon, no 203.

1138. — Jugé que lorsqu'une saisie immobilière, sans autres actes préalables que le procès-verbal et sa dénonciation au saisi, a été convertie en vente volontaire par jugement rendu seulement entre le saisissant et le saisi, ces deux parties, à défaut d'enchère, ont le droit de s'entendre pour abaisser le chiffre de la première mise à prix qu'elles avaient fixé entre elles. — *Angers*, 9 juin 1847 (t. 2 1847, p. 327), Deforges c. Delaunay.

1139. — Jugé aussi que, bien qu'en cas de tentative infructueuse d'adjudication sur conversion de saisie immobilière le poursuivant n'ait pas le droit de réduire la mise à prix de sa propre autorité et sans le consentement de l'autre partie ou celui de la justice, cependant, si avant l'adjudication définitive il intervient un jugement qui ratifie et approuve la baisse de mise à prix ainsi faite spontanément, cette ratification opère effet *ex tunc* et valide l'accomplissement des formalités suivies régulièrement depuis lors pour arriver à l'adjudication. — ... Que, du moins, l'arrêt confirmatif du jugement qui a décidé qu'il serait procédé à l'adjudication définitive sur la mise à prix ainsi fixée et au jour indiqué (fût-ce deux jours seulement après ledit jugement) dans les affiches précédemment apposées, en se fondant d'ailleurs sur ce que le saisi n'a pas protesté contre la baisse de mise à prix aussitôt qu'elle lui a été connue, et sur ce qu'il ne résulte de la procédure suivie aucun préjudice pour l'une ou l'autre des parties, ne viole aucune loi. — *Cass.*, 18 janv. 1842 (t. 1er 1842, p. 76), Dumoulin c. Armonville et Valin.

1140. — Suivant M. Bioche (nos 807 et 808), lorsque la mise à prix n'est point couverte, il y a lieu d'ordonner un sursis. La vente ne pourrait être opérée instantanément au dessous du chiffre fixé. C'est par jugement rendu avec tous les intéressés que la mise à prix est baissée. Une nouvelle fixation émanée des parties ne suffirait pas. M. Duvergier (*Collect. des lois*, 1841, p. 275, n. 4) pense même que le tribunal n'a pas le droit de baisser la mise à prix lorsque des mineurs sont intéressés dans la vente, parce que l'art. 963 C. procéd. civ. n'est point rappelé dans l'art. 744.

1141. — Dans la huitaine du jugement de conversion, porte l'art. 748, mention sommaire en sera faite, à la diligence du poursuivant, en marge de la transcription de la saisie. Les fruits immobilisés, en exécution des dispositions de l'art. 682, conserveront ce caractère, sans préjudice du droit qui appartient au poursuivant de se conformer, pour les loyers et fermages, à l'art. 685. Sera également maintenue la prohibition d'aliéner faite par l'art. 686.

1142. — Le renvoi que fait cette disposition à l'art. 685 a pour but de dispenser le poursuivant de l'obligation de signifier le jugement de conversion aux fermiers ou locataires, s'il y a lieu de former saisie-arrêt entre leurs mains. Une simple opposition suffira. Le poursuivant n'est même pas obligé de faire signifier cette opposition, car la loi lui donne seulement la faculté de le faire. — Duvergier, *Collect. des lois*, t. 41, p. 278, note 1re.

SAISIE DES NAVIRES.

V. NAVIRE, nos 44 et suiv.

SAISIE DES RENTES.

Table alphabétique.

SAISIE DES RENTES. — **1.** — Les rentes constituées sur particuliers sont de nature mobilière. Ce sont des meubles incorporels comme les créances ordinaires. Cependant, lorsqu'on considère l'importance qu'elles ont souvent comme valeur, on peut les assimiler aux immeubles, ainsi qu'on le faisait dans l'ancienne législation. C'est en se plaçant à ce double point de vue que le législateur a réglé la saisie et la vente des rentes sur particuliers.

2. — Cette procédure présente tout à la fois l'application des règles de la saisie-arrêt et celle des principes de la saisie immobilière. Lorsqu'il s'agit de placer la rente sous la main de justice, on suit des formes analogues à celles de la saisie-arrêt. Lorsque, la rente étant saisie, il y a lieu de la vendre aux enchères, on procède conformément aux règles de l'expropriation d'immeubles.

3. — Le Code de procédure de 1807 avait introduit dans la saisie des rentes les mêmes formalités coûteuses et inutiles qu'il avait prescrites pour les ventes forcées d'immeubles, telles que les trois publications du cahier des charges, l'adjudication préparatoire, le renouvellement des appositions d'affiches et des insertions dans les journaux, etc. Après la réforme apportée par la loi du 2 juin 1841 dans la procédure de saisie immobilière, telle qu'elle était réglée par les titres 12 et 13 du liv. 5, part. 1re du Code de procéd. (V. SAISIE IMMOBILIÈRE), on sentit que les dispositions de ce Code seraient disparates entre elles, si l'on ne mettait le titre 10, relatif à la saisie des rentes constituées, en harmonie avec la loi nouvelle, en y introduisant les mêmes améliorations. C'est pour réaliser ce vœu que M. Martin (du Nord), garde des sceaux, a présenté, le 23 février 1842, à la Chambre des pairs, un projet qui est devenu la loi du 24 mai 1842.

4. — Cette loi a pour double but l'économie dans les frais de poursuite, par la suppression de formalités inutiles, et une augmentation dans la rapidité de la procédure par l'abréviation de certains délais. Le rapport de la commission de la Chambre des pairs a été présenté par M. Romiguières; celui de la commission de la Chambre des députés l'a été par M. Pascalis, qui avait déjà rempli une mission semblable pour le projet de la loi du 2 juin 1841. Nous examinerons le texte du Code de procédure sur les saisies de rentes tel qu'il a été remanié par cette loi de 1842.

5. — La saisie d'une rente constituée en perpétuel ou en viager, porte l'art. 636 C. procéd. civ., moyennant un capital déterminé, ou pour prix de la vente d'un immeuble ou de la cession de fonds immobiliers, ou à tout autre titre onéreux ou gratuit, ne peut avoir lieu qu'en vertu d'un titre exécutoire. Elle sera précédée d'un commandement fait à la personne ou au domicile de la partie obligée ou condamnée, au moins un jour avant la saisie, et contenant notification du titre, si elle n'a déjà été faite.

6. — Le texte de l'ancien article 636 était beaucoup moins explicite, car il parlait seulement de la saisie d'une *rente constituée*. Aussi des doutes s'étaient-ils élevés sur le point de savoir si ces expressions pouvaient être appliquées aux rentes viagères et aux rentes foncières. — Carré (quest. 2126), Pigeau (*Comment.*, t. 2, p. 220), Thomines-Desmazures (t. 2, p. 154), Favard de Langlade v° *Saisie de rentes constituées sur particuliers*, t. 5, p. 84) s'étaient prononcés pour l'affirmative, mais l'opinion contraire était soutenue par Delaporte (t. 2, p. 221) et Berriat-Saint-Prix (p. 552, note 35). La jurisprudence s'était prononcée dans le premier sens. — *Caen*, 21 juin 1814, Coisson c. Thibout; *Paris*, 2 juin 1823, de Choiseuil-Musse c. Walkier.

7. — En déclarant les rentes viagères saisissables, la loi de 1842 n'a pas entendu déroger à l'art. 581 du C. proc. civ. qui reconnaît l'insaisissabilité des sommes et pensions constituées pour alimens. C'est ce qui a été nettement expliqué dans la discussion à la Chambre des députés.

8. — Il faut en dire autant des rentes viagères constituées à titre gratuit et stipulées insaisissables, ainsi que le permet l'art. 1981 C. civ. — Bioche, v° *Saisie de rentes constituées sur particuliers*, n° 11.

9. — De même, l'art. 636, malgré la généralité de ses expressions, ne porte aucune atteinte au principe de l'insaisissabilité des rentes sur l'État. — V. RENTES SUR L'ÉTAT.

10. — Aux rentes foncières dont parle l'art. 636, il faut assimiler les rentes emphytéotiques. — Rapport de M. Pascalis.

11. — Les formalités prescrites par les art. 636 et suiv., ne doivent être suivies que si l'on veut vendre le corps même de la rente, c'est-à-dire le droit de la percevoir à l'avenir à la place du débiteur. Si l'on voulait saisir seulement les intérêts ou arrérages produits par la rente, une saisie-arrêt suffirait.

12. — Un amendement avait été présenté par M. Persil au projet de la loi de 1842, pour faire étendre aux actions commerciales et industrielles les dispositions du projet relatives à la saisie des rentes; mais cet amendement a été rejeté. Il est donc certain qu'on ne peut saisir et vendre les titres de cette nature dans les formes prescrites par les art. 636 et suiv. Il faut en dire autant de la saisie des baux soit sur les propriétaires ou usufruitiers, soit sur les fermiers ou locataires par leurs créanciers respectifs. — Chauveau sur Carré, quest. 2126 *ter*; Pigeau, *Comment.*, t. 2, p. 221, soutenait la doctrine contraire avant la loi nouvelle.

13. — L'art. 2205 du Code civil, qui déclare insaisissable la part indivise d'un cohéritier dans les immeubles de la succession, ne paraît pas pouvoir être appliqué aux rentes qui sont mobilières de leur nature. — Chauveau sur Carré, quest. 2126 *ter*. — V. cependant Pigeau, t. 2, part. 5, tit. 4, ch. 1er, sect. 2.

14. — Il n'est pas nécessaire que le saisissant fasse une élection de domicile dans le commandement. — Thomines-Desmazures, t. 2, p. 157.

15. — La rente est saisie entre les mains de celui qui la doit, par exploit contenant, outre les formalités ordinaires, l'énonciation du titre constitutif de la rente, de sa quotité, de son capital, s'il y en a un, et du titre de la créance du saisissant; les nom, profession et demeure de la partie saisie, élection de domicile chez un avoué près le tribunal devant lequel la vente est poursuivie, et assignation au tiers saisi en déclaration devant le même tribunal. — Art. 637.

16. — L'exploit au moyen duquel une rente doit être saisie entre les mains de celui qui la doit a la plus grande analogie avec un exploit de saisie-arrêt; les rentes étant des choses mobilières incorporelles, la loi ne pouvait prescrire la forme du procès-verbal. — Carré sur l'art. 637, n° 479.

17. — La loi exige que l'acte par lequel une rente est saisie contienne l'énonciation du titre constitutif de la rente, de sa quotité et de son capital. Il pourrait arriver que le saisissant manquât des renseignemens nécessaires pour faire ces diverses énonciations. Il devrait alors saisir-arrêter *préalablement* les arrérages de la rente entre les mains de celui qui en fait le service. Ce dernier serait par suite de cette procédure contraint de faire une déclaration affirmative, dans laquelle le tiers créancier trouverait les éclaircissemens dont il aurait besoin pour pouvoir saisir ensuite la rente elle-même. Il faut remarquer seulement que la saisie-arrêt devrait être faite en termes généraux, et que le créancier devrait y déclarer qu'il saisit-arrête toutes sommes dues à son débiteur et notamment les arrérages de rentes échus ou à échoir.—Berriat, p. 547; Chauveau sur Carré, quest. 2129; Thomines-Desmazures, t. 2, p. 159.

18. — La saisie serait nulle si elle était pratiquée entre les mains du propriétaire de l'immeuble grevé de la rente, si ce propriétaire n'était en même temps le débiteur.

19. — Il en serait autrement cependant à l'égard des rentes foncières créées avant le Code civil sans obligation personnelle de la part du débiteur primitif, ou de celles qui, anciennement constituées, seraient payées par le détenteur de l'immeuble aux lieu et place du débiteur personnel qui n'aurait pas été retrouvé. — Chauveau sur Carré, quest. 2129 *bis*; Pigeau, *Comment.*, t. 2, p. 223.

20. — Suivant Carré (quest. 2130), Thomines-Desmazures (p. 126) et Demiau-Crouzilhac (p. 429), l'élection de domicile chez un avoué, dans l'exploit de saisie, vaut constitution de cet avoué pour le saisissant. Berriat-Saint-Prix (p. 548, note 11) est d'avis contraire. Quoi qu'il en soit de cette question, nous croyons qu'il serait imprudent d'omettre la constitution d'avoué dans l'acte.

21. — Lorsque la saisie est pratiquée sur une rente viagère, il convient de donner copie dans l'exploit de saisie du certificat de vie du créancier.

22. — Il est inutile que l'huissier se fasse assister de deux témoins ou recors, lorsqu'il signifie l'acte de saisie.

23. — On se demandait sous l'empire du Code de 1807, si les mots *à peine de nullité*, qui terminaient l'ancien article 637 s'appliquaient à l'article 636, dans lequel ils ne se trouvaient pas. La loi nouvelle a tranché cette difficulté. Les dispositions des art. 636 et 637 sont prescrites à peine de nullité. — Art. 655.

24. — L'art. 638 porte : Les dispositions contenues aux art. 570, 571, 572, 573, 574, 575 et 576, relatives aux formalités que doit remplir le tiers saisi, seront observées par le débiteur de la rente (V. SAISIE-ARRÊT). Si ce tiers ne fait pas sa déclaration, s'il la fait tardivement, ou s'il ne fait pas les justifications ordonnées, il pourra, selon les cas, être condamné à servir la rente faute d'avoir justifié de sa libération, ou à des dommages-intérêts résultant soit de son silence, soit du retard apporté à faire sa déclaration, soit de la procédure à laquelle il aura donné lieu.

25. — Les divers articles visés par cette disposition, sont relatifs à l'assignation en déclaration affirmative à donner au tiers saisi en matière de saisie-arrêt, aux formalités de la déclaration, aux pièces justificatives qui doivent y être annexées, à son affirmation et à la dénonciation au saisissant des nouvelles saisies-arrêts qui seraient formées.

26. — On ne peut opposer au créancier d'un rentier qui a formé une saisie-arrêt entre les mains du débiteur de la rente un acte sous seing privé constatant le remboursement de cette rente, alors surtout qu'il ne constate pas que le titre en ait été restitué comme de coutume au débiteur.—*Bruxelles*, 31 déc. 1819, Perhaegen c. Biebuyck. — Demiau-Crouzilhac (p. 419) pense, avec raison, qu'une quittance sous seing privé, constatant le remboursement du capital de la rente, ne serait opposable au saisissant qu'autant qu'elle aurait date certaine.

27. — La saisie entre les mains de personnes non demeurant en France, sur le continent, doit être signifiée à personne ou domicile; l'on observe, pour la citation, les délais prescrits par l'art. 73 C. procéd. civ. — V. EXPLOIT. — Art. 639.

28. — Le projet de la loi de 1842 voulait qu'il n'y eût pas de délais particuliers de distance lorsque le débiteur demeurait hors du territoire continental de la France, ainsi que le prescrit l'art. 725 C. proc. civ. pour le cas où une demande en distraction est formée dans le cours d'une saisie immobilière; mais cette innovation a été rejetée.

29. — L'exploit de saisie vaut toujours saisie-arrêt des arrérages échus et à échoir jusqu'à la distribution. — Art. 640.

30. — Dans les trois jours de la saisie, outre un jour par cinq myriamètres de distance entre le domicile du débiteur de la rente et celui du saisissant, et pareil délai en raison de la distance entre le domicile de ce dernier et celui de la partie saisie, le saisissant est tenu de la dénoncer à la partie saisie et de lui notifier le jour de la publication du cahier des charges. Lorsque le débiteur de la rente est domicilié hors du continent de la France, le délai pour la dénonciation ne court que du jour de l'échéance de la citation au tiers saisi. — Art. 641.

31. — Le nouvel article 641 diffère de l'ancien texte : 1° en ce qu'il n'accorde comme délai de distance qu'un jour par cinq myriamètres au lieu de trois, suivant en cela les erremens de la loi du 2 juin 1841 sur la saisie immobilière; 2° en ce que l'acte de dénonciation doit énoncer le jour de la publication du cahier des charges et non de la *première* publication, comme le portait le Code de 1807 (nous avons dit que la loi nouvelle

dmet qu'une publication du cahier des charges, comme en matière de saisie immobilière). ...on, on a fondu en un seul article les anciens articles 641 et 642 en substituant, aux mots *citation au saisi*, qui terminaient l'article 642, les mots *citation au tiers saisi*.

33. — Suivant l'art. 565 C. procéd. civ., lorsque l'acte de dénonciation de la saisie-arrêt au débiteur n'a pas été contredénoncé, dans les délais, au tiers saisi, les paiemens faits par ce dernier jusqu'à la contredénonciation sont valables. — V. SAISIE-ARRÊT. — Il paraît certain que cette disposition ne saurait recevoir d'application en matière de saisie de rentes, la loi n'exigeant pas, dans ce dernier cas, que l'acte de dénonciation soit contredénoncé au tiers saisi. Aussi y aurait-il nullité des paiemens qui auraient été faits par le débiteur de la rente postérieurement à la signification qui lui a été faite de l'acte de saisie. — Chauveau sur Carré, quest. 2133; Favard, de Langlade, *ibid.*, t. 5, p. 85. — *Contrà*, Carré, *loc. cit.*; Pigeau, t. 2, part. 5, tit. 4, ch. 1er, sect. 2.

...s. — Il est certain qu'à partir de la dénonciation au saisi, ce dernier ne peut vendre la rente à un tiers. — Suivant Thomines-Desmazures (t. 2, p. 162), et M. Chauveau (sur Carré, quest. 2135 *bis*) la prohibition de vendre devrait même exister, pour le propriétaire de la rente, à partir du jour de la signification de l'exploit de saisie au débiteur de cette rente. On peut objecter à cette opinion qu'en général le législateur de 1842 a entendu régler la saisie des rentes conformément aux principes appliqués à la saisie des immeubles par la loi du 2 juin 1841. — Or, en matière de saisie immobilière, le propriétaire débiteur conserve le droit d'aliéner jusqu'à la transcription de la saisie et de sa dénonciation. Art. 678 et 686 du C. proc. civ. — On ne peut se dissimuler toutefois qu'il existe entre les deux cas cette différence très-importante que lorsque le propriétaire d'un immeuble l'a vendu postérieurement à la saisie pratiquée par un créancier hypothécaire, ce créancier n'en conserve pas moins son droit de suite sur l'immeuble aliéné; tandis que si le propriétaire d'une rente auquel une saisie aurait donné l'éveil avait le droit de l'aliéner avant la dénonciation, il pourrait arriver souvent que le créancier saisissant, n'ayant aucun droit de suite sur une chose mobilière, fût complétement désarmé. Aussi croyons-nous que l'opinion de ces deux auteurs doit être suivie.

34. — La dénonciation de la saisie devant se faire trois jours au plus tard de sa date et le dépôt du cahier des charges ayant lieu quinze jours au plus tard après la dénonciation, il en résulte que ce dépôt peut être séparé de la saisie par un intervalle de dix-huit jours. Pendant ce délai, le tiers saisi a dû faire sa déclaration affirmative; si la procédure était annulée par l'effet de sa négligence, sa responsabilité serait engagée conformément à l'art. 638.

35. — L'inobservation du délai de distance pour la dénonciation serait une cause de nullité. — V. *infrà*, art. 655, no 59.

36. — Dix jours au plus tôt, quinze jours au plus tard après la dénonciation à la partie saisie, outre le délai des distances, tel qu'il est réglé par l'art. 641, le saisissant doit déposer au greffe du tribunal devant lequel se poursuit la vente le cahier des charges contenant les noms, professions et demeures du saisissant, de la partie saisie et du débiteur de la rente, la nature de cette rente, sa quotité, celle du capital s'il y en a un, la date et l'énonciation du titre en vertu duquel elle est constituée, l'énonciation de l'inscription, si le titre contient hypothèque et si cette hypothèque a été inscrite pour sûreté de la rente, les nom et demeure de l'avoué du poursuivant, les conditions de l'adjudication et la mise à prix, avec indication du jour de la publication du cahier des charges. — Art. 642.

37. — Le délai de quinzaine au plus tard, à partir de la dénonciation, dans lequel le dépôt au greffe du cahier des charges doit être effectué, n'est susceptible d'aucune augmentation à raison des distances. — Carré et Chauveau, quest. 2138.

38. — Si la rente a été saisie par deux créanciers, la poursuite appartient à celui qui le premier l'a dénoncé; en cas de concurrence, au porteur du titre le plus ancien; et si les titres sont de même date, à l'avoué le plus ancien. — Art. 653.

39. — En cas de contestation entre les créanciers sur la poursuite, le président du tribunal ...derait.

40. — Dix jours au plus tôt, vingt jours au plus tard après le dépôt au greffe du cahier des charges, il est fait, à l'audience et au jour indiqué, lecture et publication de ce cahier des charges. Le tribunal en donne acte au poursuivant. — Art. 643.

41. — Le tribunal statue immédiatement sur les dires et observations qui ont été insérés au cahier des charges, et fixe les jour et heure où il procédera à l'adjudication. Le délai entre la publication et l'adjudication est de dix jours au moins et de vingt jours au plus. Le jugement est porté à la suite de la mise à prix ou des dires des parties. — Art. 644.

42. — Après la publication du cahier des charges, et huit jours au moins avant l'adjudication, un extrait de ce cahier, contenant, outre les renseignemens énoncés en l'art. 642, l'indication du jour de l'adjudication, doit être affiché 1° à la porte du domicile du saisi, 2° à la porte du domicile du débiteur de la rente, 3° à la principale porte du tribunal, 4° à la principale place du lieu où la vente se poursuit. — Art. 645.

43. — Pareil extrait est inséré, dans le même délai, au journal indiqué pour recevoir les annonces judiciaires, conformément à l'art. 696. — Art. 646.

44. — Il est justifié des affiches et de l'insertion au journal, conformément aux articles 698 et 699; et il peut être passé en taxe un plus grand nombre d'affiches et d'insertions aux journaux, dans les cas prévus par les art. 697 et 700. — Art. 647. — V. SAISIE IMMOBILIÈRE.

45. — Il y aurait nullité si les affiches et insertions n'étaient pas justifiées conformément aux règles admises en matière de saisie immobilière. A la vérité, l'art. 647 n'est pas rangé par l'art. 655 parmi les dispositions qui doivent être observées à peine de nullité; mais le même art. 647 renvoie aux art. 698 et 699, qui sont prescrits à peine de nullité : ce qui lève tous les doutes sur ce point.

46. — Si le débiteur de la rente était domicilié à une grande distance de l'arrondissement du tribunal où se poursuivait la vente, il ne serait pas indispensable d'apposer un placard à la porte de sa demeure. — Carré et Chauveau, quest. 2142; Favard de Langlade, *ibid.*, t. 5, p. 85. — V. le rapport de M. Romiguières à la Chambre des pairs.

47. — Les règles et formalités prescrites, au titre de la saisie immobilière, par les art. 701, 702, 703, 704, 705, 706, 707, 711, 712, 713, 714 et 741, sont observées pour l'adjudication des rentes. — Art. 648. — V. SAISIE IMMOBILIÈRE.

48. — L'adjudication doit être faite à extinction de feux, à peine de nullité. — Art. 648 et 706.

49. — Le jugement d'adjudication devant être copié sur le cahier des charges, il est nécessaire que ce cahier contienne le sommaire de toute la procédure. — Thomines-Desmazures, t. 2, p. 166.

50. — Le jugement d'adjudication doit être signifié au saisi et au débiteur de la rente. — Pigeau, t. 2, p. 155.

51. — Faute par l'adjudicataire d'exécuter les clauses de l'adjudication, la rente est vendue à la folle enchère et il est procédé ainsi qu'il est dit aux art. 734, 735, 736, 739 et 740. Néanmoins, le délai entre les nouvelles affiches et l'adjudication est de cinq jours au moins et de dix jours au plus, et la signification prescrite par l'art. 736 doit précéder de cinq jours au moins le jour de la nouvelle adjudication. — Art. 649. — V. FOLLE ENCHÈRE.

52. — Les dispositions qui précèdent ont modifié d'une manière essentielle les art. 644 et suiv. du Code de procédure de 1807. Suivant l'ancien texte, extrait du cahier des charges, devait être, huitaine avant le dépôt de ce cahier, inséré au tableau placé dans l'auditoire du tribunal (art. 644). Il devait être fait trois publications successives du cahier des charges. Lors de la seconde publication, il était procédé à l'adjudication préparatoire; lors de la troisième, l'adjudication définitive était prononcée (art. 648, 649). Les appositions d'affiches et les insertions dans les journaux étaient faites deux fois (art. 645, 646, 650). Dans le système simplifié qu'adopte la loi de 1842, il n'y a plus qu'une publication du cahier des charges, une seule insertion dans les journaux et une apposition de placards trois jours avant l'adjudication, et l'adjudication elle-même vingt jours au plus après la publication.

53. — La partie saisie est tenue de proposer ses moyens de nullité contre la procédure antérieure à la publication du cahier des charges un jour au moins avant le jour fixé pour cette publication, et contre la procédure postérieure un jour au moins avant l'adjudication; le tout à peine de déchéance. Il est statué par le tribunal sur un simple acte d'avoué; et si les moyens sont rejetés, il est immédiatement procédé soit à la publication du cahier des charges, soit à l'adjudication. — Art. 650.

54. — Aucun jugement ou arrêt par défaut, en matière de saisie de rentes constituées sur particuliers, n'est sujet à opposition. L'appel des jugemens qui statuent sur les moyens de nullité, tant en la forme qu'au fond, ou sur d'autres incidens, et qui sont relatifs à la procédure antérieure à la publication du cahier des charges, est considéré comme non avenu s'il est interjeté après les huit jours à compter de la signification à avoué, ou, s'il n'y a pas d'avoué, à compter de la signification à personne ou domicile, soit réel, soit élu, et la partie saisie ne peut, sur l'appel, proposer des moyens autres que ceux qui ont été présentés en première instance. L'appel est signifié au domicile de l'avoué, et, s'il n'y a pas d'avoué, au domicile réel ou élu de l'intimé. Il est notifié en même temps au greffier du tribunal, et visé par lui. L'acte d'appel énonce les griefs. — Art. 651.

55. — Décidé que le jugement qui statue sur une demande formée par un tiers en revendication d'une rente saisie n'est pas régi par l'art. 651 C. proc. civ., qui fixe à huit jours le délai pour appeler des jugemens rendus sur des moyens de nullité ou incidens relatifs à la procédure; et que le délai d'appel, dans ce cas, est de trois mois, comme en matière ordinaire. — *Douai*, 12 juin 1846 (t. 1er 1847, p. 162), Henneguier c. Dubois.

56. — Ne peuvent être attaqués par la voie de l'appel : 1° les jugemens qui, sans statuer sur des incidens, donnent acte de la publication du cahier des charges, ou qui prononcent l'adjudication; 2° ceux qui statuent sur des nullités postérieures à la publication du cahier des charges. — Art. 652.

57. — Bien que le titre de la saisie des rentes constituées renvoie directement à certaines dispositions du titre de la saisie immobilière, il ne faudrait pas croire qu'il a été dans l'intention du législateur de n'appliquer à la saisie des rentes que les règles de la saisie d'immeubles explicitement rappelées par la loi. Toutes les fois que dans le cours d'une saisie de rentes il s'élève des difficultés non prévues par le titre que nous expliquons, il y a lieu de procéder conformément aux principes qui régissent les expropriations d'immeubles. — Rapport de M. Pascalis à la Chambre des députés.

58. — Il faut remarquer, cependant, que la surenchère, bien qu'admise en matière de saisie immobilière, ne paraît pas pouvoir être étendue au cas où il s'agit d'une vente de rentes sur saisie. La surenchère est une voie tout exceptionnelle, qui ne peut être employée que dans les cas où le législateur s'est expliquée formellement à son égard. Or, le Code de proc. civ. et la loi de 1842 ont gardé un silence complet sur cette procédure, quant aux saisies de rentes, et ce silence vient sans doute de ce que les rentes ont généralement une importance moindre que les immeubles pour les créanciers. — Pigeau, t. 2, p. 143; Thomines-Desmazures, t. 2, p. 170; Carré et Chauveau, quest. 2152.

59. — Les formalités prescrites par les art. 636, 637, 639, 641, 642, 643, 644, 645, 646 et 651 doivent être observées à peine de nullité. — Art. 655. — Cette disposition comble une lacune du Code de procédure.

60. — La distribution du prix doit être faite ainsi qu'il est prescrit au titre de la distribution par contribution, sans préjudice, néanmoins, des hypothèques établies antérieurement à la loi du 11 brum. an VII. — Art. 654. — V. DISTRIBUTION PAR CONTRIBUTION. — Cette loi a disposé que les rentes ne pourraient plus être hypothéquées à l'avenir. — Art. 42. — Elle a, en outre, prescrit l'inscription dans les trois mois de la promulgation des hypothèques antérieurement acquises sur des rentes. — Art. 37.

61. — En général, le tribunal compétent pour ordonner la vente sur saisie d'une rente, est celui du domicile du débiteur saisi. Cependant, lorsqu'un domicile a été élu dans l'acte constitutif de la rente pour l'exécution de cet acte, le commandement peut être signifié à ce domicile, et le tribunal dans le ressort duquel il se trouve peut être saisi des poursuites. — Rapport de M. Pascalis.

SAISIE-REVENDICATION.

1. — Acte par lequel celui qui se prétend propriétaire ou possesseur légal d'effets mobiliers, les saisit, comme siens, entre les mains de ceux qui les détiennent.

2. — La saisie-revendication peut être utilement employée dans l'hypothèse de l'art. 2279 C. civ., c'est-à-dire lorsque celui qui a perdu ou auquel il a été volé une chose mobilière veut la

revendiquer dans les trois ans à compter du jour de la perte ou du vol. Mais le propriétaire de la chose perdue ou volée ne peut plus saisir-revendiquer entre les mains des tiers, lorsqu'il a fait condamner le premier détenteur à des dommages-intérêts qui ont été payés.

3. — Le vendeur d'effets mobiliers qui veut revendiquer ces effets entre les mains de l'acheteur dans la huitaine de la livraison, conformément à l'art. 2102, § 4 C. civ., peut également procéder par saisie-revendication. — Bioche, *Dict. de procéd.*, v° *Saisie-revendication*, n° 8.

4. — L'art. 2102, n° 1er, al. 5 C. civ., et l'art. 819 C. procéd., autorisent le propriétaire à revendiquer les meubles qui garnissaient la maison ou la ferme lorsqu'ils ont été déplacés sans son consentement. Cette revendication se fait dans la même forme que la saisie-gagerie, lorsque les meubles sont encore en la possession du locataire qui les a enlevés. Lorsque, au contraire, la possession a été conférée à un tiers, le propriétaire doit se pourvoir par la voie de la saisie-revendication.—V. SAISIE-GAGERIE.

5. — Les papiers et titres peuvent être saisis-revendiqués comme les autres effets mobiliers. — Pigeau, *Comment.*, t. 2, p. 486.

6. — On peut poser, en principe général, que la saisie-revendication peut être faite par tous ceux qui ont intérêt à la conservation de la chose. Tels sont le créancier-gagiste, l'emprunteur, le locataire, l'usufruitier. — Chauveau sur Carré, quest. 2812 *ter;* Pigeau, *Comment.*, t. 2, p. 514.

7. — Il ne peut être procédé à aucune saisie-revendication qu'en vertu d'ordonnance du président du tribunal de première instance, rendue sur requête; et ce, à peine de dommages-intérêts tant contre la partie que contre l'huissier qui aura procédé à la saisie. — C. procéd. civ., art. 826.

8. — Le président du tribunal compétent pour autoriser la saisie-revendication est celui du tribunal du domicile de la personne qui a les effets entre ses mains. Et il en est ainsi, lors même que la saisie serait incidente à une instance pendante devant un autre tribunal. — Carré et Chauveau, quest. 2816.

9.—La loi du 25 mai 1838, art. 10, qui donne au juge de paix le droit d'autoriser des saisies-gageries dans les limites de sa compétence n'a pas porté atteinte à la compétence exclusive du président du tribunal de première instance pour permettre les saisies-revendications. — Bioche, *Traité des justices de paix*, p. 137. — Mais nous croyons le juge de paix compétent pour autoriser, dans les mêmes limites, la revendication que veut faire un propriétaire des meubles déplacés par le locataire lorsque ces meubles sont encore en la possession de ce dernier; car, dans ce cas, la revendication n'est qu'une saisie-gagerie. — Caron, *Juridict. civ. des juges de paix*, t. 1er, n° 210.

10. — Toute requête à fin de saisie-revendication désigne sommairement les effets. — Art. 827.

11. — Le président peut permettre la revendication même les jours de fête légale. — Art. 828.

12. — Si celui chez lequel sont les effets qu'on veut revendiquer refuse les portes ou s'oppose à la saisie, il en est référé au juge, et cependant il est sursis à la saisie, sauf au requérant à établir garnison aux portes. — Art. 829. —L'ordonnance du président doit être écrite sur le procès-verbal. — Pigeau, *Comment.*, t. 2, p. 515.

13. — Si, par suite du refus du détenteur des effets, d'ouvrir les portes à l'huissier, le président rendait une seconde ordonnance prescrivant une perquisition domiciliaire, cette perquisition ne pourrait avoir lieu qu'en présence du juge de paix, ou, à son défaut, devant le commissaire de police, le maire ou l'adjoint. — Bioche, n° 18.

14. — La saisie-revendication se fait en la même forme que la saisie-exécution, si ce n'est que celui chez qui elle est faite peut être constitué gardien. — Art. 830. — V. SAISIE-EXÉCUTION.

15. — La demande en validité de la saisie-exécution est portée devant le tribunal du domicile de celui sur qui elle est faite; et si elle est connexe à une instance déjà pendante, elle doit être portée devant le tribunal saisi de cette instance. — Art. 831.

16. — En disant que la demande en validité de la saisie-revendication doit être portée devant le tribunal de celui sur qui elle est faite, l'art. 831 indique que la compétence doit appartenir au tribunal du lieu de la saisie, ainsi que la loi le veut en matière de saisie-exécution (C. proc. civ., art. 608) — Chauveau sur Carré, quest. 2822. — Cependant Carré (même question) pense que lorsque celui entre les mains duquel se trouvaient les effets au moment de la saisie ne prétend aucun droit sur ces objets, la demande en validité doit être portée devant le tribunal du domicile du tiers qui s'en prétend propriétaire.

17. — Décidé que c'est devant le tribunal du domicile du tiers sur lequel la saisie-revendication est faite que doivent être portées les contestations qui s'élèvent entre la partie saisissante et la partie saisie relativement à la propriété des objets saisis-revendiqués.— *Nancy*, 18 janv. 1833, Gérardin c. Collignon de Widelange.

18. — La Cour de cassation a jugé que l'état d'indivision s'opposant à la possibilité d'une saisie-revendication qui ne porterait que sur la fraction des choses revendiquées appartenant au saisissant, cette saisie-revendication, nécessairement valable pour la fraction due, est nécessairement aussi valable pour le tout. — *Cass.*, 30 déc. 1835, de Gallifet c. Peloquin et d'Arcussia.

19. — Est susceptible d'appel, comme statuant sur une demande dont la valeur est indéterminée, le jugement qui prononce sur le mérite d'une opposition à une saisie-revendication d'effets mobiliers non évalués par le saisissant, alors même que l'opposant aurait arbitrairement attribué aux objets saisis une valeur inférieure à 1500 fr. — *Agen*, 7 janv. 1848 (t. 2 1848, p. 264), Moliné c. Philippon.

20. — Quant à la revendication d'effets saisis-exécutés, elle ne peut être formée par le propriétaire revendiquant que conformément à l'art. 608 C. proc. civ., c'est-à-dire par exploit signifié au gardien et dénoncé au saisissant et au saisi. — *Poitiers*, 21 août 1832, Chasseloup c. Guillot.

21.—Les art. 826 et suiv. C. proc. civ. ne s'appliquent pas aux revendications qui s'exercent en matière de faillite. — V. FAILLITE, nos 2390 et suivans.

SAISINE.

1. — C'est la possession d'une chose.

2. — Il y a la saisine de fait et la saisine de droit.

3. — La première suppose une possession réelle de fait. — V. ACTION (dr. fr.), ACTION POSSESSOIRE.

4. — La seconde a lieu par le seul effet : 1° ou de la loi, comme dans le cas de la maxime *Le mort saisit le vif* (V. SUCCESSION); 2° ou de la volonté de l'homme, comme, par exemple, dans le cas d'exécution testamentaire, de legs, etc. — V. EXÉCUTEUR TESTAMENTAIRE, LEGS.

V. aussi DON MANUEL, DONATION PAR CONTRAT DE MARIAGE, DOUAIRE, FIDUCIE, HYPOTHÈQUE, JUGEMENT (mat. civ).

SALAIRE.

Somme payée pour un travail ou un service.— V. AVOUÉ, COMMIS, COMMISSAIRE-PRISEUR, CONSERVATEUR DES HYPOTHÈQUES, CONTRIBUTIONS, ENQUÊTE, ENREGISTREMENT, FAILLITE, FRAIS ET DÉPENS, GARDE DU COMMERCE, GREFFIER, HUISSIER, OUVRIER, PRESCRIPTION, PRIVILÉGE, SAISIE.

SALAISONS, SALEURS.

1. — Ateliers pour la salaison et pour le saurage des poissons. — Dépôts de salaisons. — Dépôts de salaisons liquides connues sous le nom de *rogues*. — 2e classe des établissemens insalubres. — V. ce mot (nomenclature).

2. — Saleurs de viande. — Saleurs d'olives. — Patentables, les premiers, de 3e classe, et les autres de 5e classe. — Droit fixe, basé sur la population. — Droit proportionnel du 20e de la valeur locative de l'habitation et des locaux servant à l'exercice de la profession.

SALINES.

V. SEL.

SALLES D'ASILE, CRÈCHES.

§ 1er. — *Salles d'asile.*

1.—« C'est, dit M. Cochin (*Manuel des salles d'asile*, n° 7), pour suppléer aux impressions, aux enseignemens que chaque enfant devrait recevoir de la présence, de l'exemple et des paroles de sa mère, qu'il a paru nécessaire d'ouvrir des salles d'hospitalité et d'éducation du premier âge. »

2.—L'institution des salles d'asile est d'origine assez récente. Le premier essai d'établissement de ce genre eut lieu, au siècle dernier, dans une vallée des Vosges; il fut de nouveau tenté au commencement de ce siècle par Mme de Pastoret.

3. — Quoi qu'il en soit, ces premières tentatives restèrent sans résultat, jusqu'à ce qu'enfin l'Angleterre en ayant fait l'heureuse application, Mme de Pastoret renouvela son essai, et cette fois avec plus de bonheur, dans le cours de l'année 1825, dans une maison dépendant de l'hospice des Ménages, dont le conseil général des hospices accorda à cet effet la jouissance avec un premier don de 3,000 francs.

4. — L'intervention du conseil des hospices indique que, dans l'origine, les salles d'asile n'étaient considérées que comme établissemens purement charitables, fondés et entretenus par la charité privée aidée des dons de la charité légale.

5. — Cependant, les allocations municipales que les progrès de l'institution rendaient nécessaires ne tardèrent pas à lui donner un caractère municipal. En même temps l'autorité remarqua que les enfans n'étaient pas seulement recueillis et surveillés, ils étaient élevés. Les salles d'asile formaient, en réalité, le premier degré de l'éducation de l'enfance; elles devaient passer sous le contrôle de l'administration, dont la mission est de veiller à la direction intellectuelle et morale de l'éducation à tous les âges et dans toute la France. — Rapport sur l'ordonnance du 22 déc. 1837.

6.—Cette intervention de l'Etat était-elle, de sa nature, parfaitement justifiée, et l'opinion ainsi émise par M. de Salvandy ne devait-elle pas au contraire être regardée comme exagérant les pouvoirs de l'Etat : telle fut, en effet, la pensée des dames charitables dont le dévouement avait créé les salles d'asile, et la cause d'un conflit auquel mit fin l'ordonnance du 22 déc. 1837 dont nous allons reproduire les dispositions encore aujourd'hui en vigueur.

7. — *Des salles d'asile en général.* — Les salles d'asile ou écoles du premier âge sont des établissemens charitables où les enfans des deux sexes peuvent être admis jusqu'à l'âge de six ans accomplis, pour recevoir les soins de surveillance maternelle et de première éducation que leur âge réclame. — Art. 1er.

8. — Il y a, dans les salles d'asile, des exercices qui comprennent nécessairement les premiers élémens de l'instruction religieuse et les notions élémentaires de la lecture, de l'écriture, du calcul verbal. On peut y joindre des chants instructifs et moraux, des travaux d'aiguille et tous les ouvrages de mains. — *Ibid.*

9. — Les salles d'asile sont publiques ou privées. — Art. 2.

10. — Les salles d'asile publiques sont celles que soutiennent en tout ou en partie les communes, les départemens ou l'Etat. — Art. 3.

11. — Nulle salle d'asile n'est considérée comme publique qu'autant qu'un logement et un traitement convenables ont été assurés à la personne chargée de tenir l'établissement, soit par des fondations, donations ou legs, soit par des délibérations du conseil général ou du conseil municipal dûment approuvées. — Art. 4.

12. — *De la direction des salles d'asile.* — Les salles d'asile peuvent être dirigées par des hommes. Toutefois, une femme y est toujours préposée. Ces adjonctions sont permises dans des circonstances et des limites soigneusement déterminées. L'autorisation du recteur de l'Académie est nécessaire ; elle n'est donnée que sur une demande du comité local et sur l'avis du comité de l'arrondissement, de l'inspecteur des écoles primaires et du curé ou pasteur du lieu. — Art. 5.

13. — Les directeurs et directrices des salles d'asile prennent le nom de surveillans et de surveillantes. — Les dispositions des art. 5, 6 et 7 de la loi du 28 juin 1833 sont applicables aux surveillans et surveillantes des salles d'asile. — Art. 6.

14. — A l'avenir, on ne pourra être surveillant ou surveillante de salle d'asile à moins d'être âgé de vingt-quatre ans accomplis; sont exceptés de

Cette disposition la femme ou la fille, les fils, frères ou neveux du surveillant ou de la surveillante, lesquels pourront être employés, sous son autorité, à l'âge de dix-huit ans accomplis. Toute autre exception exige l'autorisation du recteur. — Art. 7.

15. — Tout candidat aux fonctions de surveillant ou de surveillante d'asile, outre la justification de son âge, doit présenter les pièces suivantes : 1° un certificat d'aptitude ; 2° un certificat de moralité ; 3° une autorisation pour un lieu déterminé. — Art. 8.

16. — Le certificat d'aptitude est délivré conformément aux dispositions de la loi du 28 juin 1833, après les épreuves soutenues devant les commissions d'examen spécifiées au titre suivant. — Nul n'est admis devant la commission d'examen sans avoir produit, au préalable, son acte de naissance et le certificat de moralité. — Art. 9.

17. — Les certificats de moralité constatent que l'impétrant ou l'impétrante est digne, par sa bonne conduite ou sa bonne réputation, de se livrer à l'éducation de l'enfance. — Les certificats de moralité sont délivrés conformément à l'art. de l'ordonnance du 23 juin 1836. — Le certificat donné dans la dernière résidence ne peut avoir plus d'un mois de date. — Art. 10.

18. — Sur le vu et le dépôt de ces pièces, l'autorisation d'exercer dans un lieu déterminé est délivrée par le recteur de l'académie, en se conformant aux dispositions des art. 7 et 11 de l'ordonnance du 23 juin 1836. — Art. 11.

19. — Les pièces ci-dessus ne sont pas exigées pour l'autorisation dans les cas prévus par l'art. 13 de l'ordonnance du 23 juin 1836. — Art. 12. — Cet article 13 de l'ordonnance de 1836 admet, à l'égard des religieuses appartenant à des communautés régulièrement établies, les lettres d'obédience comme équivalentes au brevet de capacité.

20. — Jugé que le fait d'avoir, contrairement aux prescriptions des art. 5 et 11 de l'ordonnance du 22 déc. 1837, pris la direction d'une salle d'asile régulièrement ouverte dans une commune, sans avoir préalablement obtenu l'autorisation du recteur de l'académie, constitue une contravention de police, rentrant sous l'application de l'art. 471 n° 15, C. pén., et non un délit de la compétence du tribunal correctionnel. Ici ne peuvent s'appliquer les art 5, 6 et de la loi du 28 juin 1833 sur les écoles primaires de garçons. — *Cass.*, 26 mai 1848 (t. 2 1848, p. 275), Sainte-Ange.

21. — Vainement la personne coupable d'une telle contravention se prévaudrait-elle pour être affranchie de toute peine, de ce qu'elle appartiendrait à une congrégation religieuse reconnue. Cette circonstance la dispense seulement de produire des certificats de capacité et de moralité, mais laisse subsister, à son égard, l'obligation d'obtenir l'autorisation du recteur. — Même arrêt.

22. — *Des commissions d'examen.* — Il y a, dans chaque département, une ou plusieurs commissions de mères de famille chargées d'exercer, en ce qui touche l'examen des candidats aux fonctions de surveillans ou de surveillantes d'asile, les attributions conférées par l'art. 25 de la loi du 28 juin 1833 aux commissions d'examen pour l'instruction primaire. — Ces commissions délivrent les certificats d'aptitude prescrits par l'art. 8 de la présente ordonnance. — Elles en prononcent le retrait dans les cas prévus en l'art. 21. — Ordonn. 22 déc. 1837, art. 13.

23. — Les commissions d'examen sont prises parmi les dames inspectrices dont il sera parlé au titre suivant. Leur nombre ne peut être moindre de cinq. — Le préfet les nomme. — Chaque commission est placée sous la présidence d'un membre du conseil académique ou de la commission d'examen pour l'instruction primaire. Le président est à la nomination du recteur ainsi que le secrétaire. A Paris, il prend séance dans la commission supérieure dont il est parlé ci-après. — Art. 14.

24. — Les commissions se réunissent à des époques déterminées par le recteur ; elles reçoivent de lui les programmes d'examen et toutes les instructions nécessaires. — Art. 15.

25. — Il est institué une commission supérieure d'examen pour les salles d'asile, chargée de rédiger, pour toute la France, le programme des examens d'aptitude, celui de la tenue des salles d'asile, des soins qui y sont donnés et des exercices qui y ont lieu. Ces programmes sont soumis au Conseil de l'instruction publique, et doivent être approuvés par le ministre de l'instruction publique. La commission supérieure des asiles donne son avis sur les livres qui peuvent être considérés comme particulièrement propres aux salles d'asile entre ceux qui sont approuvés par le Conseil pour l'instruction primaire. Dans aucune salle d'asile, à quelque titre et par quelques personnes qu'elle soit tenue, il ne peut être fait usage de livres autres que ceux qui ont été ainsi déterminés. — La commission supérieure peut également, sous l'autorité du ministre, préparer toutes les instructions propres à propager l'instruction des salles d'asile, à assurer l'uniformité des méthodes, et à fournir des directions pour le premier établissement des salles qui sont fondées soit par les particuliers, soit par les communes. — Art. 16.

26. — La commission supérieure des salles d'asile est composée de dames faisant ou ayant fait partie des commissions d'examen. Elle est nommée par le ministre de l'instruction publique, et placée sous la présidence d'un membre du Conseil de l'instruction publique qu'il désigne ainsi que le secrétaire. La commission supérieure siége au chef-lieu de l'Université. — Art. 17.

27. — *Des autorités préposées aux salles d'asile.* — Les comités locaux, les comités d'arrondissement et, à Paris, le comité central, exercent sur les salles d'asile toutes les attributions de surveillance générale, de contrôle administratif et de pouvoir disciplinaire dont ils sont revêtus par la loi sur l'instruction primaire, sauf les dérogations qui sont contenues aux art. 21 et 22 de la présente ordonnance. — Art. 18.

28. — Des dames inspectrices sont chargées de la visite habituelle et de l'inspection journalière des salles d'asile. Il y a une dame inspectrice pour chaque établissement. Elles peuvent se faire assister par des dames déléguées qu'elles choisissent ; elles font connaître leur choix au maire, à la diligence de qui les comités en sont informés. — Art. 19.

29. — Les dames inspectrices sont nommées sur la présentation du maire, président du comité local, par le préfet, qui a seul le droit de les révoquer. Les dames déléguées font partie, de droit, des listes de présentation. — Art. 20.

30. — Les dames inspectrices surveillent la direction des salles d'asile, en ce qui touche à la santé des enfans, à leurs dispositions morales, à leur éducation religieuse et aux traitemens employés à leur égard. — Elles provoquent, auprès des commissions d'examen, le retrait des brevets d'aptitude de tout surveillant ou de toute surveillante d'asile dont les habitudes, les procédés et le caractère ne sont pas conformes à l'esprit de l'institution. Les présidens des comités sont informés, au préalable, de la proposition des dames. — Les dames inspectrices peuvent, en cas d'urgence, suspendre provisoirement les surveillans et surveillantes, en rendant compte sur-le-champ de la suspension et de ses motifs au maire, qui en réfère dans les vingt-quatre heures, le comité local entendu, au président du comité d'arrondissement, et, à Paris, au président du comité central, qui maintient, abroge, limite la suspension. — Art. 21.

31. — Dans tous les cas de négligence habituelle, d'inconduite ou d'incapacité notoires et de fautes graves signalées par les dames inspectrices, le comité d'arrondissement, ou, à Paris, le comité central, mande l'inculpé et lui applique les peines de droit. — Art. 22.

32. — Les dames inspectrices sont chargées de l'emploi immédiat de toutes les offrandes destinées par les comités, par les conseils municipaux et départementaux, par l'administration centrale ou par les particuliers, aux salles d'asile de leur ressort, sauf, à l'égard des deniers publics, l'accomplissement de toutes les formalités prescrites pour la distribution de ces deniers. — Art. 23.

33. — Les dames inspectrices font, au moins une fois par trimestre, et plus souvent si les circonstances l'exigent, un rapport au comité local, qui en réfère au comité d'arrondissement, et, à Paris, au comité central. Ce rapport comprend tous les faits et toutes les observations propres à faire apprécier la direction matérielle et morale de chaque salle d'asile et ses résultats de toute nature. Ce rapport peut contenir toutes les réclamations qu'elles croient devoir élever dans l'intérêt de la discipline, de la religion, de la salubrité, de la bonne administration de l'établissement confié à leurs soins. En cas d'urgence, elles adressent directement leurs réclamations aux autorités compétentes. — Art. 24.

34. — Les dames inspectrices, quand elles le jugent utile, ont la faculté d'assister à la discussion de leurs rapports dans les comités ; elles y ont, en ce cas, voix délibérative. — Art. 25.

35. — Il peut y avoir des dames inspectrices permanentes rétribuées sur les fonds départementaux ou communaux. Elles portent le titre de déléguées spéciales pour les salles d'asile. Les déléguées spéciales sont nommées par le recteur sur la présentation des comités d'arrondissement, et, à Paris, par le ministre de l'instruction publique, sur la présentation du comité central, elles peuvent siéger avec voix délibérative dans les comités et dans les commissions d'examen. — Art. 26.

36. — Il y a, près la commission supérieure, une inspectrice permanente rétribuée sur les fonds du ministère de l'instruction publique, laquelle porte le titre de déléguée générale pour les salles d'asile, et est nommée par le ministre de l'instruction publique. Elle a droit d'assister, avec voix délibérative, à toutes les séances de la commission supérieure et des autres commissions d'examen. — Art. 27.

37. — Les salles d'asile sont spécialement soumises à la surveillance des inspecteurs et sous-inspecteurs de l'instruction primaire. Les inspecteurs d'académie doivent les comprendre dans le cours de leurs tournées. — Art. 28.

38. — Dans les cas prévus par les § 2 et 3 de l'art. 21 et par l'art. 22, les membres des comités exercent l'autorité spécifiée auxdits articles et dans les mêmes formes. — Art. 29.

39. — Cette ordonnance, disait M. de Salvandy (*loc. cit.*), ne fait que reproduire exactement la loi du 22 juin 1833, mais avec les modifications exigées par ce qu'il y a de spécial dans l'institution. Elle n'a pas institué d'autorités nouvelles, et les autorités existantes restent indépendantes. »

40. — Six mois plus tard, le conseil général de l'instruction publique arrêtait, le 24 avr. 1838, un règlement général sur les salles d'asile, règlement fort détaillé qui ne comprend pas moins de cinquante-deux articles.

41. — Nous ne parlerons point ici de quelques règlemens spéciaux intervenus sur des points secondaires, et ayant en général pour objet de régulariser la position des surveillans et surveillantes d'asile.

42. — Nous ne ferons non plus que mentionner l'arrêté par lequel M. Carnot, ministre de l'instruction publique sous le Gouvernement provisoire, crut devoir changer le nom de *salles d'asile* en celui d'*écoles maternelles*, dénomination qui n'a pas prévalu.

43. — Mais des modifications beaucoup plus graves sont celles qui résultent de la nouvelle loi sur l'instruction publique, loi qui sera sans doute la base de changemens nombreux dans l'institution et le gouvernement des salles d'asile. — V., à cet égard, UNIVERSITÉ.

§ 2. — *Des crèches.*

44. — Les crèches sont des établissemens où, moyennant une faible rétribution, les mères peuvent déposer leurs enfans au berceau, à l'effet de vaquer à leurs travaux en toute liberté.

45. — Les crèches sont d'institution beaucoup plus récente que les salles d'asile, elles n'existent en effet que depuis quelques années ; l'essai en a été tenté par M. Marbeau, adjoint au maire du 1er arrondissement de Paris.

46. — Accueillie d'abord avec faveur, encouragée même par des subventions municipales, l'institution des crèches a rencontré depuis des contradictions nombreuses, fondées principalement sur cette considération : que la crèche a pour résultat d'affaiblir le sentiment de l'affection maternelle, en ne lui laissant d'autre obligation envers son enfant que le fait matériel de l'allaitement à certaines heures. On a fait remarquer, en outre, la crainte de mortalité résultant de la présence simultanée d'un grand nombre d'enfans dans le même local.

47. — De là est venue la pensée d'établir ce qu'on a appelé des *crèches à domicile*, c'est-à-dire une œuvre ayant pour but non pas de recevoir l'enfant dans un local disposé *ad hoc* avec un plus ou moins grand nombre d'autres enfans ; mais de permettre à la mère, en lui venant en aide, de veiller elle-même et d'une manière plus suivie et dans son propre domicile sur son enfant.

48. — Nous n'avons point à examiner ici laquelle de ces deux institutions doit prévaloir ; seulement nous ne pouvons nous empêcher de

craindre quelque exagération dans les appréhensions dont les crèches paraissent être l'objet, et quelques abus dans l'emploi des moyens proposés pour y remédier : l'avenir seul, du reste, peut résoudre cette question.

49. — Nous nous bornerons à signaler ce seul fait, c'est que jusqu'ici les crèches sont, à la différence des salles d'asile, toujours demeurées œuvres de charité *privée*, du moins à Paris, et, si, en province, quelques essais ont été tentés par les villes, l'État n'est nullement intervenu dans la création ni dans l'administration de ces établissemens demeurés purement municipaux.

SALPÊTRE, SALPÊTRIERS.

1. — Établissemens consacrés à la fabrication et au raffinage du salpêtre. — 3e classe des établissemens insalubres. — V. ce mot (nomenclature). — V. aussi POUDRES et SALPÊTRES.

2. — Les salpêtriers sont rangés dans la 6e classe des patentables. — Droit fixe basé sur la population et droit proportionnel du 20e de la valeur locative de tous les locaux qu'ils occupent.

SALTIMBANQUES.

V. BATELEURS.

SALUBRITÉ.

1. — Le soin de veiller à toutes les mesures qui peuvent assurer la salubrité publique est confié par la loi du 24 août 1790, tit. 11, art. 3, à la vigilance et à l'autorité des corps municipaux. — V., à cet égard, POUVOIR MUNICIPAL, n° 159 et suiv.

2. — Tout ce qui concerne cette matière a été traité sous un grand nombre de mots auxquels il suffit de renvoyer. — V. ABATTOIR, ALIGNEMENT, BALAYAGE ET NETTOIEMENT DE LA VOIE PUBLIQUE, BOISSONS FALSIFIÉES OU NUISIBLES, BOUCHER, BOUES ET LANTERNES, CHARCUTIER, CLOAQUE, COMESTIBLES ET DENRÉES CORROMPUS OU NUISIBLES, DISSECTION, EAUX MÉNAGÈRES ET DES FUMIERS, ÉGOUTS, ÉPIZOOTIES, ÉTABLISSEMENS INSALUBRES OU INCOMMODES, FOSSÉS, FOSSES D'AISANCE, FUMIERS, JET ET EXPOSITION D'OBJETS NUISIBLES, PRÉFET DE POLICE, VIDANGE.

3. — Aux arrêts cités sous ces différens mots, il faut ajouter les suivans : jugé que les maires ont le droit de défendre aux habitans de faire aucun dépôt de boues et d'immondices et de continuer d'en transporter, sans autorisation, sur un point quelconque de la commune. Quand bien même il existerait un terrain où depuis longtemps ces sortes de dépôts étaient en usage, on ne pourrait considérer ce terrain comme un des établissemens insalubres maintenus par le décret du 15 oct. 1810. — *Cass.*, 6 oct. 1832, Gurrut. — V. ÉTABLISSEMENS INSALUBRES ET INCOMMODES.

4. — Faire ses ordures sur la voie publique le long d'un mur particulier, c'est se mettre en contravention au règlement local qui défend de faire sur la voie publique des dépôts de paille, fumier... et immondices autres que ceux provenant des balayures. — *Cass.*, 8 sept. 1837 (t. 1er 1840, p. 251), Cayssial.

5. — L'arrêté municipal qui défend de laisser couler dans le ruisseau d'une rue les eaux grasses ou salies dans l'intérieur comprend dans ses prohibitions les eaux infectes provenant du tannage des peaux dans une mégisserie, quand bien même cette mégisserie existerait depuis longtemps sans titre. Il ne suffirait pas jusque-là à aucune plainte. — *Cass.*, 16 juin 1832, Éloy Thierry.

6. — Le juge ne doit pas s'arrêter à l'exception préjudicielle tirée par le prévenu de ce qu'il serait propriétaire du terrain sur lequel a été fait un dépôt prohibé dans l'intérêt de la salubrité publique. — *Cass.*, 6 févr. 1823, Darrigaux et Latrubesse; 22 oct. 1899, Aubové.

7. — ... Encore moins pourrait-il considérer comme illégaux les arrêtes. — *Cass.*, 19 prair. an XII (int. de la loi), Carel; 21 juill. 1838 (t. 1er 1839, p. 356), Bastandúdier.

8. — Mais, en l'absence d'un règlement municipal, s'il était constaté par le jugement qu'une fosse destinée à recevoir de la vase, creusée sur une propriété privée, est séparée de la voie publique par une barrière, que la pente très-rapide sur laquelle elle se trouve ne permet pas aux eaux d'y séjourner, et que le peu de vase qui y reste ne répand pas d'exhalaisons nuisibles, le juge ne violerait aucune loi en prononçant l'ac-

quittement du prévenu. — *Cass.*, 15 oct. 1825, Vincent.

9. — Les arrêtés municipaux n'étant exécutoires pour les tribunaux que lorsqu'ils statuent dans le cercle des attributions déterminées par la loi du 24 août 1790, un maire n'aurait pas le droit d'accorder à un habitant la jouissance privée d'une partie de la voie publique et de l'autoriser à y creuser un vaste trou pour y déposer un tas de fumier répandant des exhalaisons insalubres. — *Cass.*, 28 sept. 1827, Pons.

10. — La liberté de l'industrie n'est point un obstacle aux arrêtés que les maires peuvent prendre dans un intérêt de salubrité publique. Ainsi est exécutoire l'arrêté qui, pour prévenir les exhalaisons fétides des eaux corrompues, défendrait aux épiciers et marchands de poissons de tenir, étaler et vendre dans leurs boutiques et magasins, de la morue trempée ou tout autre poisson salé et trempé. — *Cass.*, 26 janv. 1821, Ollier. — V. au reste, sur les pouvoirs de l'autorité municipale à l'égard de la liberté d'industrie, POUVOIR MUNICIPAL, nos 35 et suiv.

11. — L'arrêté municipal qui défendrait à un distillateur de donner aux eaux de son établissement, un écoulement nuisible à la salubrité publique, ne pourrait pas être éludé sous prétexte qu'il ne serait point obligatoire, comme ne prescrivant point une mesure générale. — Si la mesure est individuelle dans son application, elle est générale quant aux effets qui doivent en résulter. — *Cass.*, 2 oct. 1834, Malaignon. — V. POUVOIR MUNICIPAL, n° 38 et suiv.

12. — L'exécution que les arrêtés municipaux, pris dans l'intérêt de la salubrité publique, peuvent recevoir après la constatation de la contravention ne font pas disparaître celle-ci, et l'enlèvement des immondices ou la suppression du bourbier ordonnés par l'autorité municipale mais exécutés postérieurement à la rédaction du procès-verbal, ne peuvent être considérés par le juge que comme circonstances propres à faire modérer la peine. — *Cass.*, 20 oct. 1826, Peyras; 27 déc. 1828, Bourdigeacon.

SANG DES ANIMAUX.

Dépôts et ateliers pour la cuisson et la dessiccation du sang des animaux destiné à la fabrication du bleu de Prusse. — 1re classe des établissemens insalubres. — V. ce mot (nomenclature).

SANGSUES (March. de).

Marchands de sangsues en gros. — Patentables de 4re classe. — Droit fixe, basé sur la population; droit proportionnel du 15e de la valeur locative de l'habitation et des locaux servant à l'exercice de la profession.

SANTÉ.

V. ASSURANCES SUR LA VIE, CONSUL, POLICE SANITAIRE.

SAPEURS-POMPIERS.

1. — Le décret du 18 sept. 1811 a créé, pour la ville de Paris, un corps de sapeurs-pompiers, lequel est chargé spécialement du service des pompes à incendie.

2. — Ce décret a été suivi de deux ordonnances, des 7 novembre 1821 et 28 août 1822, concernant l'administration et l'organisation du corps. — L'ordonnance de 1822, citée à tort dans quelques livres comme de 1832, est insérée dans la Collection de Duvergier, 12, p. 110.

3. — Le corps des sapeurs-pompiers est sous les ordres et l'administration du préfet de police et sous l'autorité du ministre de l'intérieur. — Décr. 1811 art. 1er ord. 28 août 1822.

4. — Le même décret et l'ordonnance de 1822 contiennent une série de dispositions qui règlent tout ce qui concerne l'organisation, la solde, les masses, l'habillement, l'équipement, l'armement, l'administration et le service du corps des sapeurs-pompiers.

5. — Le corps des sapeurs-pompiers compte dans l'armée de Paris; toutefois, il est entretenu aux frais de la ville de Paris. — Ordonn. du 7 nov. 1821, art. 1er.

6. — Il se recrute par voie d'enrôlement volontaire, parmi les sous-officiers et soldats de l'armée munis de congés en bonne forme, et reconnus aptes à ce service, et parmi tous les citoyens non sujets au recrutement qui ont les qualités nécessaires. — Décr. 18 septemb. 1811, art. 18.

7. — La nomination aux grades est faite par le chef du pouvoir exécutif sur la proposition du préfet de police, approuvée par le ministre de l'intérieur. — Décr. 18 sept. 1811, art. 20 et suiv; ordonn. 7 nov. 1821, art. 3 et suiv.

8. — Les officiers du grade de lieutenant sont choisis parmi les sous-officiers du corps ou les officiers des différens corps de l'armée, qui demandent à y être admis. — Même ordonn., art. 4.

9. — Les officiers du corps roulent entre eux pour l'avancement soit au choix, soit à l'ancienneté. La nomination du commandant a toujours lieu au choix entre les lieutenans-colonels ou les chefs de bataillon de l'armée et les capitaines du corps. — Même ordonn., art. 5.

10. — Les officiers prennent rang dans l'armée d'après leur ancienneté de grade. — Même ordonn., art. 6.

11. — Les sous-officiers sont choisis par le préfet de police, sur la présentation du commandant, parmi les sapeurs-pompiers qui remplissent les conditions déterminées pour l'avancement dans l'armée. — Leur nomination est soumise à l'approbation du ministre de la guerre. — Même ordonn., art. 7.

12. — Le trésorier, le chirurgien-major, l'aide-chirurgien et le garde-magasin sont nommés par le préfet de police, et leur nomination est soumise au ministre de l'intérieur. — Même ordonn., art. 8.

13. — La durée des engagemens volontaires pour les sapeurs-pompiers est fixée à huit ans; celle des rengagemens à deux, quatre ou huit ans. — Même ordonn., art. 9.

14. — En cas d'insuffisance des enrôlemens volontaires, le corps est complété au moyen des hommes des divers corps de l'armée, qui s'en désirent à y achever leur temps de service, d'après le mode prescrit par l'ordonnance du 3 avril 1820 sur le recrutement de la gendarmerie. — Même ordonn., art. 10.

15. — Ce qui concerne l'administration du corps des sapeurs-pompiers, les récompenses et encouragemens, les pensions et les retraites est réglé par les titres 7, 8, 9, 10, 11, 12 du décret du 18 septembre 1811, et aussi par l'ordonnance du 28 août 1822. — V. aussi, en ce qui concerne le casernement et la distribution des postes, conformément aux dispositions législatives précitées, le tableau, contenant l'état des postes des sapeurs-pompiers à Paris, joint à l'ordonnance du 24 novembre 1843.

16. — Les sapeurs-pompiers sont soumis aux lois, règlemens et arrêtés relatifs à la discipline, police et justice militaire, de la même manière que les compagnies de réserve le sont sous l'autorité des préfets. — Décr. 18 sept. 1811, art. 11. — V. COMPÉTENCE MILITAIRE, DÉLITS MILITAIRES, TRIBUNAUX MILITAIRES.

17. — Nous avons déjà dit (v° INCENDIES (mesures contre les)) que les sapeurs-pompiers doivent être prévenus aussitôt qu'un incendie se manifeste. — V. ce mot, n° 51 et suiv.

18. — L'instruction annexée à l'ordonnance du 24 novembre 1843, sur les incendies, renferme, indépendamment des dispositions qui se trouvent consignées v° INCENDIES (mesures relatives au travail des sapeurs pompiers. — Il résulte de cette instruction que le poste qui a connaissance d'un incendie doit se rendre immédiatement sur le lieu avec la pompe, et que le chef de ce poste doit faire prévenir le commissaire de police. — Les mesures propres à éteindre l'incendie sont prises de concert entre le commandant des sapeurs-pompiers et le commissaire de police. — Ce magistrat s'occupe plus spécialement des mesures à prendre dans l'intérêt de l'ordre, de la conservation des propriétés et de la sûreté publique. — Quant aux secours, c'est le commandant des sapeurs-pompiers qui en prend la direction. — Les troupes appelées sur le théâtre de l'incendie, elles ne doivent être généralement employées qu'au maintien du bon ordre, à former des chaînes ou à manœuvrer les balanciers des pompes, la direction des secours et de toutes mesures pr-

ses pour combattre les incendies devant être laissée au corps des sapeurs-pompiers.

19. — Le général commandant la 1re division militaire et le préfet de police se concertent pour assurer, en cas d'incendie, aux officiers et sapeurs-pompiers, l'autorité nécessaire, attendu qu'à eux seuls appartient la direction des moyens d'extinction. — Ordonn. 28 août 1822, art. 25.

20. — Le préfet de police règle les dépenses relatives au matériel des incendies, et détermine le nombre et la répartition des pompes, tonneaux, agrès et appareils nécessaires au service des incendies. — Ordonn. 28 août 1822, art. 22.

21. — Outre le service des incendies, les sapeurs-pompiers font le service dans les spectacles, les bals publics, les fêtes particulières. Ils concourent aussi au service de police de sûreté. — Décr. 18 sept. 1811, art. 33 et 61, et ordonn. 1822, art. 23.

22. — Le préfet de police règle la rétribution qui est due pour le service des spectacles, bals, etc. — Le montant de la rétribution est la propriété des officiers, sous-officiers et sapeurs-pompiers qui ont fait le service. Néanmoins, en ce qui concerne les hommes de troupe, la moitié seulement leur est remise immédiatement, et l'autre moitié est versée à la masse d'entretien; et il leur en est fait décompte, s'il y a lieu. — Même ordonn., art. 24.

23. — Les officiers, sous-officiers et sapeurs-pompiers sont retraités d'après les bases déterminées pour l'armée, et les pensions auxquelles ils ont droit sont imputées sur les fonds généraux affectés au paiement des retraites de l'armée. — Même ord. art. 26. — V. PENSIONS.

24. — Partout où il n'existe pas de corps soldé de sapeurs-pompiers, il en est formé, autant que possible, dans la garde nationale. — Loi 22 mars 1831, art. 40.

25. — Il existe, aux dates des 7 mars 1808 et 1 mars 1813, un arrêté concernant le service des pompiers, et une ordonnance concernant l'instruction et le service des sapeurs-pompiers de la ville de Paris.

V. en outre INCENDIES (Mesures contre les).

SARDAIGNE.

1. — Sous cette dénomination sont compris l'île de Sardaigne, le Piémont et la Savoie. Les lois qui régissent ces trois États, soit dans les rapports des sujets de ces États entre eux, soit dans leurs rapports avec les étrangers, ont été réunies en un recueil et forment ce qu'on appelle les *Constitutions sardes*.

2. — Les droits dont jouissent en France les sujets du roi de Sardaigne, et en Sardaigne les Français, ont été réglés, déterminés par un traité conclu à Turin le 24 mars 1760, entre la France et la Sardaigne.

3. — Déjà, antérieurement à ce traité, il existait des lettres patentes, du 5 février 1566, en faveur des Savoisiens qui, pendant l'occupation de leur pays, étaient venus résider en France; d'autres, sous la date du 3 février 1606, en faveur des pays échangés par le traité de Lyon du 17 janvier 1601 (V., au surplus, à cet égard, DOMAINES ENGAGÉS ET ÉCHANGÉS, nos 249 à 252); d'autres, enfin, de juillet et décembre 1669 et février 1674, à l'égard des Savoisiens, en vertu desquelles ils étaient même reconnus habiles à posséder des bénéfices en Savoie. — Gaschon, *Code diplomatique des aubains*, liv. 5, chap. 1er, p. 78.

4. — Le traité du 24 mars 1760, ratifié en France par lettres patentes du 24 août de la même année, enregistrées au Parlement de Paris, le 6 septembre suivant, a été confirmé depuis par les traités conclus entre les mêmes gouvernements les 15 mai 1796, 5 avril 1797 et 30 mai 1814.

5. — Suspendu pendant la réunion de la Sardaigne à la France, le traité de 1760 a repris toute sa vigueur, après la séparation des deux États, sans qu'une nouvelle promulgation eût été nécessaire. C'est ce qui a été formellement décidé par arrêts de la Cour de Paris du 3 mai 1843 (t. 2 1843, p. 168), Domaine c. Meyrand, et 15 juillet 1843, Néville c. Cambiaggio (*Gaz. des Tribunaux* du 16 juillet). — Paillet, *Manuel complémentaire des Codes français et des Collections de lois*, t. 1er, p. 366, note b; Fœlix, *De l'effet et de l'exécution des jugements dans les pays étrangers*, p. 75 et 77. — V., au surplus, ÉTRANGER, nos 385 et 386.

6. — L'art. 21 de ce traité est ainsi conçu: « Pour cimenter toujours plus l'union et la correspondance intime que l'on désire de perpétuer entre les sujets des deux cours, le droit d'aubaine, et tous autres qui pourraient être contraires à la liberté des successions, restent désormais supprimés et abolis pour tous les États des deux puissances. »

7. — D'après cette disposition, les sujets du roi de Sardaigne jouissent en France, relativement à la capacité d'acquérir ou de transmettre, des mêmes droits que les regnicoles et la réciprocité a lieu en faveur des Français. — Gaschon, p. 76.

8. — Cette disposition, comme on le voit, est générale. Il ne paraît pas qu'elle doive comporter de distinction. Elle doit profiter à tous les Français comme à tous les Sardes, sans distinction de personnes et de cultes. Ainsi des Français israélites ne peuvent être exclus, dans les États sardes, de la succession de leur aïeul converti au catholicisme. La réciprocité de succession, établie par le traité du 24 mars 1760, est fondée sur les liens naturels et civils de la parenté, et indépendante de la conversion du défunt à telle ou telle religion. S'il n'en était ainsi, une certaine classe de Français se trouverait privée, en Sardaigne, des privilèges dont les Sardes ont le droit de jouir en France. Ce serait là évidemment une violation du traité précité. — V. à cet égard *Gazette des Tribunaux* du 14 juin 1844 (*Chronique*, étranger).

9. — L'art. 22 du même traité contient en outre les dispositions suivantes: « Pour étendre, y est-il dit, la réciprocité qui doit former le nœud de cette correspondance aux matières contractuelles et judiciaires, il est encore convenu: 1° que de la même manière que les hypothèques établies en France par actes publics ou judiciaires sont admises dans les tribunaux du roi de Sardaigne, l'on aura aussi pareil égard dans les tribunaux de France pour les hypothèques qui seront constituées à l'avenir par contrats publics, soit par ordonnances ou jugemens, dans les États du roi de Sardaigne; 2° que, pour favoriser l'exécution réciproque des décrets et jugemens, les Cours suprêmes déféreront de part et d'autre *à la forme du droit* aux réquisitions qui leur seront adressées à ces fins, même sous le nom desdites Cours. »

10. — Les jugemens ou arrêts rendus, soit par les tribunaux français, soit par les tribunaux sardes, ne sont pas cependant exécutoires *de plano* en France ou dans les États de Sardaigne. Il n'est pas sans utilité de faire connaître ici la marche à suivre pour obtenir l'exécution dans les États sardes d'un jugement rendu par un tribunal français, et comment cette exécution est ordonnée.

11. — On doit, à cet égard, distinguer entre les jugemens rendus par les tribunaux français contre un sujet sarde, et ceux rendus contre un étranger résidant dans les États sardes.

12. — D'abord, dans l'un et l'autre cas, il ne suffit pas que le tribunal ou la Cour qui a rendu le jugement ou l'arrêt dont l'exécution doit avoir lieu en Sardaigne, adresse au Sénat (ou Cour d'appel) une commission rogatoire; celui au profit duquel la décision a été rendue doit présenter au Sénat, dans le ressort duquel l'exécution doit avoir lieu, une requête tendant à déclarer la décision exécutoire. — Fœlix, p. 71.

13. — Maintenant, dans le premier cas, le Sénat, saisi par la requête qui lui a été présentée après avoir constaté la réciprocité, examine: 1° si le jugement ne porte pas atteinte à la juridiction des tribunaux sardes, et si le tribunal qui l'a prononcé était compétent, soit à raison de la matière, soit à raison de la personne du défendeur; 2° si la partie qui a succombé a été légalement représentée et entendue dans ses moyens de défense, et 3° au fond, si le jugement ne renferme pas une injustice. — Fœlix, p. 72.

14. — Si le Sénat trouve le jugement régulier sous tous rapports il en ordonne l'exécution, selon sa forme et teneur, et commet, pour cette exécution, le tribunal de préfecture (de première instance) dans le ressort duquel l'exécution doit avoir lieu. — Fœlix, *loc. cit.*

15. — Si, au contraire, le Sénat trouve le jugement défectueux, il ordonne alors l'assignation devant lui de la partie qui a succombé, à l'effet de proposer ses exceptions et moyens de défense. — Fœlix, p. 73.

16. — Dans le second cas, c'est-à-dire lorsqu'il s'agit d'un jugement rendu par un tribunal français au préjudice d'un étranger résidant dans les États sardes, l'examen du Sénat se borne à vérifier si le jugement ne contient rien de contraire à la juridiction des tribunaux sardes. — Fœlix, *loc. cit.*

17. — Ainsi, en Sardaigne, ces termes du traité: « les Cours suprêmes déféreront réciproquement aux réquisitions qui leur seront faites en la forme du droit » sont interprétés en ce sens que les jugemens français n'y reçoivent pas leur exécution sur une simple autorisation. Les tribunaux du pays, ayant le droit d'examen et de révision, peuvent même refuser l'exécution des jugemens.

18. — De même, en France, les tribunaux ne sont pas tenus de déférer aux réquisitions des Sénats sardes tendant à l'exécution des jugemens rendus en Sardaigne. Le droit d'examen et de révision sur ces jugemens leur appartient également. Aussi l'exécution n'en est-elle ordonnée qu'autant qu'ils ne violent point les règles de compétence et qu'ils ne sont point contraires aux lois d'ordre public en vigueur en France. — V., du reste, à cet égard, ÉTRANGERS, nos 587 et suiv.

19. — Les Français et les sujets sardes qui plaident devant les tribunaux sardes ou les tribunaux français ne sont point soumis à d'autres formalités qu'aux formalités ordinaires en usage en Sardaigne ou en France. « Pour être admis en jugement, porte en effet l'art. 22, § 3 du traité du 24 mars 1760, les sujets respectifs ne seront tenus, de part et d'autre, qu'aux mêmes cautions et formalités qui s'exigent de ceux du propre ressort, suivant l'usage de chaque tribunal. »

20. — Ainsi, les Sardes et les Français sont exempts de la caution *judicatum solvi*. — Guichard, *Traité des droits civils*, p. 175. — V., au surplus, CAUTION JUDICATUM SOLVI, n° 30.

21. — Le traité précité, du 24 mars 1760, conclu entre la France et la Sardaigne, est également applicable pour le Piémont. — *Paris*, 15 juill. 1843, Néville c. Cambiaggio (V. *Gazette des tribunaux*, du 16 juill.).

22. — Spécialement, l'étranger qui a obtenu en Piémont, contre un autre étranger, un jugement de condamnation pour affaire contractée en Piémont, a le droit d'obtenir l'exécution en France de ce jugement, au moyen de lettres rogatoires accordées par le Sénat de Turin. — Même arrêt.

23. — Le Piémontais qui introduit une instance en France est aussi, par conséquent, affranchi de la caution *judicatum solvi*.

24. — Il n'a été dérogé à aucune des dispositions du traité du 24 mars 1760 par les ordonnances, lois et constitutions du roi de Sardaigne publiées en 1770.

25. — L'art. 2 du tit. 12 du liv. 6 de ces lois et constitutions est, il est vrai, ainsi conçu: « Déclarons pour incapables de succéder à nos sujets, tant dans les fiefs que dans les biens allodiaux, soit par testament ou *ab intestat*, ou par quelque autre acte de dernière volonté que ce puisse être, les étrangers, de quelque état, qualité et condition qu'ils soient, qui n'habitent pas dans nos États, de même que ceux qui, y ayant leur habitation, n'auront pas obtenu des lettres de naturalité. Voulons que toutes les dispositions que l'on pourrait faire en leur faveur soient considérées comme nulles, comme si elles n'avaient pas été faites. »

26. — Mais l'art. 3 exempte de cette disposition les étrangers en faveur desquels la réciprocité de la succession, entre eux et les Sardes, est établie et observée en vertu de quelque traité.

27. — Et l'art. 4 ajoute: « On observera à l'égard des étrangers qui ne sont pas naturalisés et qui mourront dans nos États, après avoir testé ou *ab intestat*, le même traitement dont on use dans leur pays envers nos sujets. »

28. — « La réciprocité des traitemens envers nos sujets et les étrangers, porte l'art. 5, aura également lieu pour le paiement des droits que l'on exige de nos sujets dans les pays étrangers, soit pour raison de succession, soit pour quelque autre cause que ce puisse être. »

29. — Enfin, les art. 6 et 7 du même titre des constitutions sardes, qui interdisent à tout étranger d'acquérir, de qui que ce soit, des fiefs dans les États du roi de Sardaigne ou tout autre bien situé à une distance moindre de deux milles des frontières, sous peine de confiscation, et défendent à tous les Sardes qui possèdent des biens dans cette distance de les donner en gage ou à ferme à toutes personnes étrangères, sous la peine de vingt-cinq écus et de la nullité de l'acte, ne sauraient être applicables aux Français, par suite du principe de réciprocité maintenu par le traité du 24 mars 1760, qui a été d'ailleurs ratifié, comme nous l'avons vu (*suprà*, n° 4), par des traités postérieurs à la publication faite en 1770 des lois et constitutions sardes.

30. — Les tribunaux français n'ont pas seulement à s'occuper de questions concernant les Sardes au point de vue international. Ils peuvent aussi quelquefois être appelés à connaître de questions les intéressant à un point de vue pure-

ment privé. —C'est ainsi que, par arrêt du 7 déc. 1847 (t. 1er 1848, p. 29, de Favre), la Cour de Paris a jugé que la loi sarde n'accordait au survivant des époux une part dans la succession de son conjoint prédécédé qu'autant que celui-ci n'avait pas disposé par testament de la totalité de sa succession.

21.—D'après la loi sarde, les droits de la veuve dans la succession de son mari sont d'un quart en propriété lorsqu'il n'y a pas de descendans légitimes et seulement d'un quart en usufruit lorsqu'il existe des enfans. Toutefois, et indépendamment du cas précité, la veuve ne peut réclamer ces droits qu'à la condition qu'elle n'aura point apporté de dot en mariage, et qu'elle ne réclamera point de reprises au décès de son mari.

SARRAUX ou BLOUSES (Marchande de).

1. — Marchands de sarraux ou blouses en gros. — Patentables de 3e classe.—Droit fixe basé sur la population et droit proportionnel du 20e de la valeur locative de l'habitation et des locaux servant à l'exercice de la profession.

2. — Les marchands de sarraux en détail sont rangés dans la 6e classe des patentables. — Même droit fixe que les précédens, sauf la différence de classe, et même droit proportionnel.

SAUF-CONDUIT.

V. AMNISTIE, CONTRAINTE PAR CORPS, FAILLITE.

SAUVETAGE.

1.—On appelle ainsi l'ensemble des opérations qui ont pour but le salut du navire ou de sa cargaison compromis par suite de naufrage ou autre fortune de mer.

2.—Tout ce qui concerne le sauvetage se trouve nécessairement sous le vo NAUFRAGE (V. ce mot). — A quoi il faut ajouter :

3. — Les frais faits pour décharger et relever un bateau naufragé ne peuvent être à la charge du chargeur que jusqu'à concurrence de la valeur de sa marchandise. — Cons. d'État, 25 avril 1812, Herbinière c. Bourzaul.

V. aussi ASSURANCE MARITIME, ASSURANCE TERRESTRE, AVARIES, CAPITAINE DE NAVIRE, CONSUL, ÉPAVES, ÉQUIPAGE (Gens d'), FRET, PRÊT A LA GROSSE.

SAVETIERS.

Les savetiers sont exempts de la patente. — L. 25 avril 1844, art. 13, n° 6, § dernier.

SAVONS, SAVONNERIES.

1. — Les savonneries sont rangées dans la troisième classe des établissemens insalubres. — V. ce mot (nomenclature).

2. — Fabricans de savons. — Patentables. — Droit fixe de 30 fr. pour une ou plusieurs chaudières ayant une capacité minimum de 30 hectolitres; et 1 fr. en plus par chaque hectolitre excédant le chiffre de 30, jusqu'au maximum de 100 fr. — Droit proportionnel du 20e de la valeur locative de l'habitation, des magasins de vente complétement séparés de l'établissement, et du 25e de la valeur locative de cet établissement.

3. — Quant aux conditions de fabrication des savons, aux marques qu'ils doivent porter, etc., V. PROPRIÉTÉ INDUSTRIELLE.

SCEAU.

1. — Type sur lequel sont gravés soit les armes ou signes d'une personne, soit ceux de l'État ou d'une autorité publique. — On appelle également ainsi l'empreinte produite par l'apposition du sceau.

2. — Chez les anciens peuples, l'apposition d'un sceau ou cachet particulier tenait lieu de signature. — C'était la preuve de l'acquiescement qu'avait donné à l'acte celui à qui la marque appartenait. — Loyseau, Offices, liv. 2, chap. 4, n° 5. —V. SIGNATURE.

3. — L'usage des sceaux particuliers est encore consacré par notre législation actuelle, dans certains cas; par exemple, en matière de testament mystique. — C. civ., art. 976. — V. TESTAMENT.

4. — Il y a aussi des sceaux particuliers dont les maisons de banque et de commerce sont autorisées à faire usage. — Arrêté du 23 nivôse an IX, décr. 3 sept. 1810; C. pén., art. 442 et 155. —Rolland de Villargues, Rép., du notar., vo Sceau, n° 3.

5. — Quant aux sceaux publics, il ne paraît pas que les Romains en aient fait usage. Les édits des empereurs et ceux des préteurs étaient signés et non scellés. — Loyseau, loc. cit., n°s 10 et suiv.

6. — En France, au contraire, l'apposition du sceau sur un acte destiné à être public a toujours été regardé comme nécessaire pour que cet acte fût réputé l'expression de la volonté du souverain. Dans l'origine même on ne faisait que sceller les actes publics aussi bien que les actes privés, on ne les signait point. «Leur cachet [des juges], dit Loyseau (ibid., n°s 15 et suiv.), était beaucoup plus reconnaissable que n'eût été leur seing.» A ce sujet il cite une ordonnance de Philippe-le-Long de 1319. — V. aussi le 5e plaidoyer de d'Aguesseau. — Rolland de Villargues, ibid., n° 5.

7. — Les sceaux de justice appartenaient alors aux juges, qui en changeaient la forme à leur gré. — Loyseau, n°s 20 et 21. — «Mais, ajoute-t-il (n° 22), le même Philippe-le-Long ayant adjoint à son domaine les sceaux des justices royales, aussi bien que les écritures, c'est-à-dire les greffes et notariats, pour être les uns et les autres baillés à ferme à son profit (ordonn. juill. 1319), les sceaux sont devenus non-seulement publics tout à fait, mais aussi royaux et domaniaux; même ont tous été faits semblables en tous lieux, à savoir gravés des armes de France.»

8. — L'édit du mois de novembre 1696, portant création de garde-sceels, s'exprimait ainsi : «Comme la justice qui s'exerce dans les juridictions de notre royaume prend sa force entière de notre autorité, les rois nos prédécesseurs ont cru qu'il était nécessaire, pour en imprimer une marque authentique aux sentences, commissions, mandemens et actes que s'y expédient, d'y apposer notre scel, comme aussi aux contrats qui se passent par les notaires et tabellions.»

9. — Toutefois, l'on distingue plusieurs sortes de sceaux. Il y avait d'abord le grand sceau de France, c'est-à-dire le grand sceau de France, le sceau des chancelleries des Parlemens et des présidiaux, et les sceaux de justice, qu'on appelait petits sceaux et qui s'appliquaient sur les sentences et les contrats. — Edits de juin 1568, novembre 1696, etc. — Loyseau, liv. 2, ch. 4, n° 23 et suiv.; Rolland de Villargues, n° 8.

10.—Il y avait ensuite les sceaux authentiques, qui étaient ceux des seigneurs; car les droits de justice et de tabellionage emportaient le droit de scel. Les sentences émanées des justices seigneuriales et les contrats reçus par les notaires de ces mêmes justices étaient donc scellés du sceau du seigneur. — Loyseau, liv. 1er, ch. 6, n°s 104 et 105, et liv. 2, ch. 4, n° 28 et suiv.; Rolland de Villargues, ibid., n° 9.

11. — Les sentences et contrats scellés du sceau royal étaient exécutoires par tout le royaume (ordonn. août 1539, art. 65); tandis que les sentences et contrats scellés du sceau authentique n'étaient exécutoires hors de la seigneurie, au moins sans un pareatis du juge dans la juridiction duquel l'exécution devait se faire. — Rolland de Villargues, n° 12. — V. PAREATIS.

12.—De plus, parmi les sceaux de justice royale, le sceau du Châtelet de Paris jouissait d'un grand privilège; c'était d'être attributif de juridiction et d'attirer de tout le royaume au Châtelet, à l'exclusion de tout autre tribunal, toutes les actions qui naissaient des sentences et contrats qui en étaient scellés. — Lettres patentes 8 févr. 1367, 6 oct. 1447, etc. — Rolland de Villargues, Code du notar., p. 414, et Rép. du notar., vo Sceau, n° 13.

13. — A partir de la révolution de 1789, les sceaux de l'État et des différentes autorités publiques furent successivement l'objet de diverses lois ou décrets qui en déterminèrent les formes. — V. entre autres décr. 15 août 1792, 19 août-

3 sept. 1792, 22-25 sept. 1792, arrêté 1 compl. an VI, L. 6 pluv. an XIII, décr. 29 vent. an XII, ordonn. 13 et 14 août 1830.

14. — En ce qui concernait spécialement le notaires, l'art. 27 de la loi du 25 ventôse an XI portait sur chaque notaire serait tenu d'avoir un cachet ou sceau particulier, portant ses nom, qualité et résidence, et d'après une même forme le type de la République française.—Cette disposition ne faisait que renouveler celles des anciennes ordonnances sur le notariat et, en dernier lieu, des édits de décembre 1697 et d'août 1706.

15. — Le sceau de l'État, ainsi que les sceaux, timbres et cachets des Cours, tribunaux, justices de paix et notaires, ont nécessairement changé d'empreinte sous chaque nouveau gouvernement.

16. — Sous le gouvernement de juillet, ces empreintes avaient été fixées par deux ordonnances des 13-14 août-19 nov. 1830 et 16 févr. 1831; mais ces ordonnances ont été rapportées par un arrêté du chef du Pouvoir exécutif du 8 sept. 1848 : lequel a déterminé les nouvelles empreintes.

17. — Le sceau de l'État a varié suivant les gouvernemens. Un arrêté du Pouvoir exécutif, en date du 8 sept. 1848, a décidé qu'à l'avenir il porterait, d'un côté, pour type la figure de la Liberté et pour légende Au nom du peuple français; de l'autre côté, une couronne de chêne et d'olivier liée par une gerbe de blé : pour exergue République française, démocratique, une et indivisible et pour légende Liberté, Egalité, Fraternité.

18. — D'après le même arrêté, les sceaux, timbres et cachets des Cours, tribunaux, justices de paix, notaires doivent porter pour type la figure de la Liberté, telle qu'elle forme un des côtés du sceau de l'État; pour exergue République française et pour légende le titre des autorités ou officiers publics par lesquels ils sont employés.

19. — Les sceaux de l'État ont en tout temps été apposés sur toutes les lettres décernées en chancellerie, telles que lettres de ratification, lettres de noblesse, lettres patentes, lettres de naturalisation, etc.

20. — Aujourd'hui encore, les autorisations de changemens ou d'additions de noms, les dispenses pour mariage, les lettres de naturalisation, et d'autres actes analogues sont revêtus du sceau de l'État.

21. — Un conseil spécial du sceau avait été institué, sous l'Empire, pour prononcer sur toutes les demandes relatives aux collations, confirmations, reconnaissances des titres de noblesse, aux changemens de nom, aux concessions d'armoiries, à l'érection des majorats, aux dotations et à l'expédition des brevets d'inscription des successeurs des titulaires.

22. — Sous la Restauration, les attributions de ce conseil furent confiées à une commission du sceau chargée, en outre, du sceau de lois, des lettres patentes, des diplômes pour déclaration de naturalité, dispenses d'âge et de parenté pour mariage et autorisation de service dans les armées étrangères. — V. COMMISSION DU SCEAU.

23. — Cette commission fut, à son tour, après la révolution de 1830, remplacée par un conseil d'administration institué auprès du garde des sceaux.—Ordonn. 31 oct. 1830.

24. — Les grosses et expéditions des notariés doivent porter l'empreinte du sceau ou cachet du notaire. — L. 25 vent. an XI, art. 27. EXPÉDITION, GROSSE.

25. — Sous le mot expéditions la loi entend ici toutes copies authentiques délivrées par les notaires; ainsi les extraits, les copies collationnées doivent également être revêtus du cachet. — Lorel, sur l'art. 27 L. 25 vent. an XI; Rolland de Villargues, vo Sceau notarial, n° 5.

26. — Les actes délivrés en brevet doivent être également scellés et l'usage est conforme.—Rolland de Villargues, ibid., n° 6.

27. — Il en est de même des certificats de vie. — V. CERTIFICAT DE VIE, n° 61.

28. — L'apposition du sceau a toujours été faite à la partie de la marque correspondant à la signature de l'officier public. En effet, il faut que cette attestation gouverne tout l'acte; de même que le fait la signature réelle et effective, les deux attestations doivent donc se correspondre et être en face l'une de l'autre.—Lorel, ibid.; Rolland de Villargues, ibid., n° 9.

29. — L'apposition du sceau ou cachet, en ce

concerne les actes notariés, n'a pas besoin d'être accompagnée d'une mention qui constate l'observation de cette formalité. — Autrefois il était d'usage de mettre au-dessous de l'empreinte ces mots *scellé lesdits jour et an* avec la signature qui su le paraphe du notaire. Alors l'empreinte n'était pas absolument nécessaire, et l'on se contentait de la mention. La loi nouvelle n'exigeant plus cette formalité, Rolland de Villargues (v° *Sceau notarial*, n° 40) pense qu'elle ne peut être appliquées; et il se fonde en cela sur la pratique. — *Contrà*, Loret, *ibid.*

— Les notaires n'ont droit à aucun honoraire pour l'apposition du sceau. — Les notaires de Paris ayant, dans l'origine, eu, moyennant une somme considérable, le titre de garde-scels, titre depuis supprimé, avaient le droit de percevoir un droit de scel qui s'élevait de 5 sols à 13 sols, suivant la nature de l'acte. D'après un tarif arrêté en conseil de finances du 27 nov. 1696. Ce droit a été aboli par la loi du ... 1790. — Rolland de Villargues, v° *Sceau notarial*, n° 44.

— Le sceau n'est point essentiel pour la réfection des sentences et contrats, non plus que pour la preuve. — Loyseau, liv. 2, ch. 4, n° et suiv.

— Mais le sceau est-il nécessaire pour l'exécution parée? Loyseau (*ibid.*, n° 38 et 39) se prononce pour l'affirmative, se fondant en cela principalement sur les édits de juin 1568, nov. 1696 et 1705.—Mais la nullité n'étant point prononcée par la loi du 25 vent. an XI ne saurait être suppléée. D'un autre côté, l'art. 545 C. procéd., postérieur à cette loi, n'exige rien autre chose pour mettre les actes et jugemens à exécution si ce n'est qu'ils portent le même intitulé que les actes et jugemens de justice, etc. Cependant, comme la nullité est un moyen de plus pour prévenir le faux, le saisi pourrait peut-être demander une mainlevée scellée. Les juges pourraient l'ordonner pour fixer un délai pour le rapporter; ils le devraient même, s'il s'élevait quelque soupçon sur la sincérité de la grosse non scellée. — Toullier, t. 8, n° 66: Rolland de Villargues, v° *Sceau*, n° ... — V. aussi EXÉCUTION DES ACTES ET JUGEMENS, 267 et suiv.

— Chaque notaire démissionnaire est tenu de remettre à la chambre le cachet ou sceau qu'il a employé pendant son exercice. Cette remise doit être faite dans la huitaine du jour de la prestation de serment du successeur, entre les mains et sur le récépissé du secrétaire. — Lors du décès d'un notaire en exercice, son cachet notarial doit être retiré par les syndics au moment de l'apposition des scellés sur les minutes.—Les cachets remis ou retirés en vertu des deux dispositions précédentes doivent de suite être brisés et annulés.—Enfin il doit être tenu, par inventaire, un état de ces cachets, lequel reste déposé aux archives. — Stat. not. Paris, 15 oct. 1842.—Rolland de Villargues, v° *Sceau notarial*, n° 43.

V. AUSSI ACTE AUTHENTIQUE, ACTE NOTARIÉ, COMMISSION ROGATOIRE (mat. civ.), EMPRISONNEMENT, EXÉCUTION DES ACTES ET JUGEMENS, FAUX, MACE, MANDAT D'EXÉCUTION, NOTAIRE, PRÉFETS MARITIMES.

SCEAU (Droit de).

1. — Droit perçu à l'occasion de l'empreinte du sceau de l'État sur les lettres patentes émanées du roi et qui se délivrent en chancellerie. —V. LETTRES PATENTES.

2. — Le droit de sceau, autrefois droit de scel, fut supprimé par l'Assemblée constituante. Rétabli par Napoléon sous le droit de sceau par deux ordonnances des 8 oct. et 26 déc. 1814, il fut définitivement consacré par la loi du 28 avr. 1816, qui l'a augmenté d'un vingtième pour droit d'enregistrement.

3. — Une ordonnance du 31 oct. 1830, qui a mis la commission du sceau des titres au milieu de la justice, porte que les droits de sceau seront, à l'avenir, perçus pour le compte du trésor public.

4. — Nous avons indiqué (v° LETTRES PATENTES) ce qui concerne tout à la fois le droit de sceau et le droit d'enregistrement sauf le tableau de la quotité de ces droits, que nous donnons ci.—V. ce mot.

5. Nature des Lettres Patentes scellées.		DROIT du sceau.	DROIT d'enregistrement à 30 p. 100.
Renouvellement de lettr. patentes portant confirmation du même titre et changement d'armoiries :	de comte.	100	20
	de baron.	50	10
	de chevalier.	15	3
Collation du titre de duc.		»	3,000
Collation du titre héréditaire de marquis, comte, vicomte et baron, lettres patentes de chevalier et lettres de noblesse :	de marquis et comte.	6,000	1,200
	de vicomte.	4,000	800
	de baron.	3,000	600
	de chevalier.	60	12
	lettres de noblesse	600	120
Grandes lettres de naturalisation.		gratis	»
Lettres de déclaration de naturalité.		100	20
Lettres portant autorisation de se faire naturaliser ou de servir à l'étranger.		500	100
Dispense d'âge pour mariage.		100	20
Dispense de parenté pour mariage.		200	40
Lettres portant renouvellement d'anciennes armoiries :	Pour les villes de 1re classe.	150	30
	Pour les villes de 2e classe.	100	20
	Villes et communes de 3e classe.	50	10
Lettres accordant des armoiries aux villes qui n'en ont pas encore :	Villes de 1re classe	600	120
	Celles de 2e classe.	400	80
	Celles de 3e classe.	200	40

SCEL.

Synonyme de sceau. — V. ce mot.

SCELLÉ.

Table alphabétique.

SCELLÉ. — 1. — C'est une mesure qui consiste à appliquer le sceau d'un juge ou d'un officier public sur des effets mobiliers pour en empêcher le détournement.

2. — Le scellé se met sur les coffres, cabinets et portes de cabinets, par le moyen d'une bande de papier qui est attachée aux deux bouts par des sceaux ou cachets en cire d'Espagne, de manière que cette bande de papier couvre les serrures et empêche d'ouvrir les portes et autres lieux fermés sur lesquels le scellé est apposé. — Quelquefois, pour empêcher que le scellé apposé à une porte extérieure ne soit endommagé par inadvertance ou autrement, on le couvre d'une plaque de tôle attachée avec des clous.

3. — L'usage des scellés nous vient des Romains; il en est parlé dans la loi *Scimus*, C. *De jure deliberandi*. — Plusieurs de nos anciennes coutumes renferment aussi quelques dispositions sur le fait des scellés. Telles sont les coutumes du Bourbonnais, d'Auvergne, de Clermont, de Sens, de Blois, de Bretagne, d'Anjou et du Maine. Mais la plupart des règles qu'on suit relativement à cette matière ne sont fondées que sur les ordonnances, arrêts et règlemens. Les règles de l'ancienne jurisprudence sur les scellés, sont ou renouvelées ou modifiées par les lois nouvelles.

SECT. 1re. — *Apposition des scellés* (no 4).

§ 1er. — *Cas où il y a lieu à apposition de scellés* (no 4).

§ 2. — *Qui peut requérir l'apposition des scellés* (no 22).

§ 3. — *Formes de l'apposition des scellés* (no 81).

SECT. 2e. — *Oppositions aux scellés* (no 134).

SECT. 3e. — *Levée des scellés* (no 151).

§ 1er. — *Qui peut requérir la levée des scellés* (no 151).

§ 2. — *Qui peut assister à la levée des scellés* (no 167).

§ 3. — *Formes de la levée des scellés* (no 186).

Sect. 1re. — *Apposition des scellés.*

§ 1er. — *Cas où il y a lieu à apposition de scellés.*

4. — L'apposition de scellés a lieu : 1o Après la mort naturelle ou civile. — C. procéd., art. 907; C. civ., art. 25, 769, 773, 1031.

5. — ... 2o Quand un individu disparaît et qu'il n'y a personne pour veiller à la conservation de ses effets et papiers. — Arg. C. civ., art. 114. — Carré, sur l'art. 907. — Mais l'apposition des scellés sur les papiers d'un individu, sous prétexte qu'il est absent et qu'il est dépositaire de titres, peut, suivant les circonstances, donner lieu à des dommages-intérêts. — *Paris*, 7 déc. 1809, G.... c. Porrini. — Carré, *Lois de procéd.*, et Berriat Saint-Prix, p. 310. — Il semble résulter de cet arrêt qu'on a seulement le droit d'assigner le dépositaire en restitution de titres.

6. — ... 3o Lors d'une demande en interdiction, quand il n'y a personne près du défendeur pour veiller à la conservation de ses effets. — Pigeau, t. 2, p. 610; Carré, t. 3, p. 477.

7. — ... 4o Dans le cas de demande en séparation de corps ou de biens. — Arg. C. civ., 270, 307. — Carré, t. 3, p. 420.

8. — ... 5o En cas de faillite. — C. comm., 455 et suiv. — V. FAILLITE.

9. — ... 6o Lorsque le décédé était dépositaire public. — C. civ., 819; C. proc., 911.

10. — Cependant les scellés ne devaient pas être apposés sur un greffe après le décès du greffier, bien que celui-ci soit bien réellement dépositaire public. — Massabiau, t. 1er, no 1088.

11. — Les scellés peuvent aussi être apposés entre associés, lorsque la société vient à être dissoute. — *Bruxelles*, 1er déc. 1825, N....

12. — La clause d'un acte de société passé entre un père et quelques-uns de ses enfans, et par laquelle il est stipulé que les héritiers de l'associé prédécédé ne pourront pas requérir l'apposition des scellés sur les biens de la société, est nulle à l'égard de l'héritier à réserve qui n'est pas au nombre des associés, et auquel on ne peut interdire le droit d'obvier au détournement possible des valeurs de la succession. — Mais cette clause est valable à l'égard des héritiers collatéraux de l'associé prédécédé. — *Nancy*, 24 janv. 1846 (t. 2 1846, p. 735), Lallemand c. Bignaud.

13. — Aussitôt après le décès d'un officier général ou officier supérieur de toute arme, d'un commissaire-ordonnateur, inspecteur aux revues, intendant ou sous-intendant militaire, officier de santé en chef des armées, retirés ou en activité de service, les scellés doivent être apposés sur les papiers, cartes, plans et mémoires militaires, autres que ceux dont le décédé est l'auteur, par le juge de paix du lieu du décès, en présence du maire de la commune ou de son adjoint, lesquels sont respectivement tenus d'en instruire de suite le général commandant la division militaire et le ministre de la guerre (arrêté 13 niv. an X, art. 1er). — Le général commandant la division nomme, dans les dix jours qui suivent, un officier pour être témoin à la levée des scellés et à l'inventaire des objets ci-dessus mentionnés. — *Ibid.*, art. 2.

14. — D'après quelques auteurs anciens, il y avait encore lieu à apposition de scellés, lorsqu'un particulier étant arrêté par l'ordre du juge, ses meubles et effets se trouvaient à la merci de ses domestiques ou des étrangers. — Rousseaud-Lacombe, *Mat. crim.*, p. 328; Serpillon, *C. crim.*, t. 1er, p. 533; Duverger, *Man. du juge d'instr.*, t. 2, no 153.

15. — Les scellés sont enfin apposés par les agens de l'autorité ou les magistrats, soit sur les lieux interdits dans un intérêt d'ordre public, soit sur les objets saisis par suite de crimes, délits ou contraventions, lorsque l'identité de ces objets doit être scrupuleusement constatée.

16. — Quelle que soit la cause de l'apposition des scellés, les règles du droit commun pour y procéder sont celles tracées dans le Code de procédure (art. 907 et suiv.) pour le cas de décès. — Elles doivent être suivies, à moins qu'une loi particulière n'y déroge. — V. Favard de Langlade, Carré, Berriat Saint-Prix et Rolland de Villargues.

17. — Les scellés ne peuvent être apposés lorsque l'inventaire est terminé, à moins que cet inventaire ne soit attaqué comme irrégulier et frauduleux (V. *Bruxelles*, 28 mars 1810, Deguislain. — Carré, quest. 3091, et Berriat Saint-Prix, *Proc. civ.*, p. 689, note 4), et qu'il n'en soit ainsi ordonné par le président du tribunal (C. proc., art. 923). — Si l'inventaire n'est pas terminé, l'apposition n'a lieu que sur les objets non inventoriés. — Même art.

18. — On n'appose les scellés que sur les effets dont on a à craindre la soustraction. — A l'égard des autres objets qu'on peut laisser en évidence, il suffit d'une description sommaire (arg. C. proc., art. 914, 984). — Il en est de même pour les effets mobiliers nécessaires à l'usage des personnes qui restent dans la maison (C. proc., art. 924). — Mais cette description, en aucun cas, ne saurait remplacer l'inventaire. — Bioche et Goujet, *Dict. de proc.*, vo *Scellé*, no 3.

19. — S'il n'y a aucun effet mobilier, le juge de paix est autorisé à dresser un procès-verbal de carence (C. proc., art. 924). — Ainsi se trouve abrogée la disposition du décret du 6 mars 1793, qui attribuait au notaire la confection du procès-verbal. Il doit constater le serment prescrit par l'art. 914 9o du Code de procédure. — Pigeau, t. 2, p. 629; Carré, no 3094.

20. — Si l'on s'attachait rigoureusement à la lettre de l'art. 924, il n'y aurait presque jamais lieu à procès-verbal de carence; les personnes les plus pauvres laissent toujours quelques effets mobiliers, ne fût-ce que quelques vieilles hardes, un grabat, etc. Mais il semble raisonnable (et tel est l'usage) de dresser un procès-verbal de carence si la valeur des effets mobiliers n'excède pas 30 fr. — Augier, vo *Carence*, no 3. — D'où il suit que le juge de paix a le droit soit de faire un simple procès-verbal de carence, soit un procès-verbal contenant la description sommaire avec prisée du faible mobilier d'un indigent. — *Ibid.*, no 4.

21. — Enfin le juge de paix dresse aussi un procès-verbal de description des effets qui peuvent être sous le scellé apposé après le décès d'un militaire, arrivé sur le territoire français, en présence d'un officier chargé par le conseil d'administration, qui doit signer ce procès-verbal. — Cet acte tient lieu d'inventaire. La vente de ces effets a lieu publiquement; le produit, déduction faite des frais constatés, en est remis au conseil d'administration pour être versé à la caisse du corps. — Art. 123, tit. 3. — Instr. minist. de la guerre 15 déc. 1809, approuvée par un décret. — Augier, *ibid.*, no 6.

§ 2. — *Qui peut requérir l'apposition des scellés.*

22. — L'apposition des scellés peut être requise : 1o par tous ceux qui prétendent droit dans la succession ou dans la communauté. — C. proc., art. 909 1o.

23. — Les prétendans droit dans une succession sont : 1o l'héritier; 2o l'enfant naturel (il en est autrement de l'enfant adultérin, il n'a droit qu'à des alimens : C. civ., art. 762; *contrà*, Demiau, p. 613); 3o à défaut d'héritier, l'époux survivant ou l'Etat; 4o le donataire universel ou particulier en propriété ou en usufruit; 5o le légataire universel, à titre universel ou à titre particulier en propriété ou en usufruit. — Carré, sur l'article 910; Toullier, t. 4, no 410.

24. — Des héritiers au degré successible peuvent encore faire apposer les scellés et requérir l'inventaire, lorsqu'il n'y a d'institués que des légataires à titre universel. — *Bruxelles*, 6 mai 1818, Heylen.

25. — L'héritier légitime a le droit de faire apposer les scellés, bien qu'il y ait un légataire universel saisi de la succession, aux termes de l'art. 1006 C. civ., si ce légataire ne lui a pas notifié son titre. — *Amiens*, 7 mai 1806, Vallet c. Vallet; *Nîmes*, 27 déc. 1818, Boyer c. Sévenne.

26. — Il en est de même lorsque le testament qui a institué ce légataire est olographe ou mystique. — *Bruxelles*, 27 déc. 1810, Boyer c. Sévenne.

27. — Lorsque le défunt n'a point laissé d'héritier à réserve, et qu'il a institué un légataire universel par acte authentique, ses héritiers collatéraux n'ont pas le droit de faire apposer les scellés sur les effets de la succession. — *Paris*, 18 mess. an XI, Surgères c. Beaumanoir.

28. — Il en est de même, à plus forte raison, quand l'héritier non-réservataire n'attaque point le testament authentique, et qu'il se borne à faire de simples réserves. — *Bruxelles*, 12 nov. 1829, Buydens.

29. — La saisine déférée à l'héritier testamentaire ou au légataire universel institué, soit par testament mystique, soit par testament olographe, n'empêche point les héritiers du sang de requérir l'apposition des scellés et l'inventaire des effets, titres et papiers de la succession. — Toullier, t. 4, no 504; Pigeau, *Comment.*, t. 2, p. 617; Favard de Langlade, *Rép.*, vo *Scellés*, § 1er, no 1er.

30. — Jugé en ce sens que nonobstant la saisine déférée au légataire universel à défaut d'héritiers réservataires, l'héritier légitime peut toujours requérir, à titre de mesure conservatoire, l'apposition des scellés sur les effets et papiers de la succession : sauf à en supporter les frais si le testament sort en définitive effet. — *Douai*, 28 mai 1845 (t. 2 1848, p. 209), Philippo c. Franchomme; *Nîmes*, 27 déc. 1847 (t. 1er 1849, p. 647), Roland.

31. — Il en est ainsi surtout quand le légataire universel n'a d'autre titre qu'un testament olographe non encore enregistré ni déposé après ouverture. — *Nîmes*, 27 déc. 1847 (t. 1er 1849, p. 647), Roland.

32. — Toutefois, lorsque le légataire universel a été envoyé en possession, le juge peut refuser l'apposition des scellés, s'il résulte pour lui de l'appréciation des faits que cette formalité serait complétement inutile et frustratoire. — *Nîmes*, 27 déc. 1847 (t. 1er 1849, p. 647), Roland.

33. — De même quand le légataire universel a été envoyé en possession de son legs, et a consenti à ce que le juge de paix fît toutes les recherches convenables; les héritiers légitimes non-réservataires sont non recevables à requérir l'apposition des scellés, lors même qu'ils prétendraient qu'il pourrait exister un second testament qui révoquerait le premier. — *Bordeaux*, 15 déc. 1828, Boucheron.

34. — Toutefois, les parens les plus proches du défunt peuvent demander l'apposition des scellés, encore bien qu'il existe un testament qui attribue la succession à des tiers, si ce testament est contesté. — *Bruxelles*, 28 nov. 1810, Struyens c. Roef.

35. — L'apposition des scellés n'étant qu'une mesure conservatoire, le porteur d'un testament

...graphe peut la requérir contre celui qui pos... la succession en vertu d'un testament anté... — *Orléans*, 4 juin 1823, Archambault c. De...otte.

...— Les donataires, les légataires à titre uni...versel peuvent requérir l'apposition des scellés; ...is il ne leur suffit pas, pour cela, d'alléguer ...istence possible d'un testament, il faut qu'ils ...ifient de son existence.

37. — Le légataire particulier a également le ...oit de requérir l'apposition des scellés sur les ...ubles de la succession. — *Bruxelles*, 26 avril ..., Deridder c. Maenhoudt.

38. — Encore bien que le légataire en usufruit ...été dispensé par le testateur de faire inven...ire et de donner caution, les héritiers ont le ...oit de faire apposer les scellés à leurs frais. — ...*xelles*, 18 déc. 1811, Vandendriessch c. Loo...; 10 juin 1812, Régole. — V. USUFRUIT.

39. — Lorsqu'un héritier qui avait d'abord re... contre le légataire à titre universel du mo...ier, l'apposition des scellés sur les meubles, ...res et papiers de la succession, restreint en...is sa réquisition aux titres et papiers, et exé... le jugement qui a statué en conséquence de ...te restriction, il est non recevable à demander ...érieurement l'apposition des scellés sur les ...ubles, sous le prétexte que ce jugement con...drait réserve de tous les droits, moyens et ...ions des parties. — *Amiens*, 13 févr. 1821, de La ...querie.

40. — L'apposition des scellés peut encore être ...quise par la femme qui intente une action en ...aration de corps et de biens. — Carré, t. 3, p. ...et 349; Duranton, t. 2, p. 563.

41. — ... Par le mari défendeur à une sépara...n de corps, et cela sur les meubles et effets ...son épouse, qui garnissent son domicile tem...raire pendant l'instance en séparation de ...rps. — *Angers*, 16 juill. 1817, G... — Carré, t. 3, ...906, no 1er. — *Contrà*, *Paris*, 9 janv. 1823, Du...ndeau.

42. — Les héritiers de la femme prédécédée ...ont aucun droit de faire apposer les scellés sur ...mobilier du mari, alors que les époux se sont ...riés avec exclusion de communauté, et que ...apports de la femme, consistant seulement ...une somme déterminée et en meubles esti...és à prix d'argent, ont été garantis par une ...vention expresse. — *Bourges*, 26 oct. 1839 ...1840, p. 234), Chevalier c. Barberaud.

43. — L'exécuteur testamentaire doit faire ap...ser les scellés lorsqu'il y a des héritiers mi...urs, interdits ou absens. — C. civ., art. 1031.

44. — L'exécuteur testamentaire peut faire ap...ser les scellés non-seulement pour les léga...res, mais encore pour les héritiers. — C. civ., ...1031; C. procéd., art. 909, 910 et 911. — Carré, ...est. 3068; Berriat Saint-Prix, p. 590, no 5. ...*Contrà*, Pigeau, t. 2, p. 547.

45. — Toutefois, il n'a plus ce droit lorsque les ...ritiers lui offrent des sommes suffisantes pour ...quitter les dettes et les legs. — *Bruxelles*, 16 ...1811, Geerinch c. Vanmalcotte. — Carré, ...*justices de paix*, p. 243. — Ou, suivant Pigeau ...p. 614), si les héritiers mineurs ou interdits ... des tuteurs. — Arg. C. procéd., art. 910 et 911.

46. — En cas de contestation sur la question ...savoir à la requête de qui, de l'héritier ou de ...écuteur testamentaire même avec saisine des ...es, les scellés doivent être apposés, l'apposi...n doit se faire à la requête de l'héritier. — ...*xelles*, 9 août 1808, Venfrasson c. Keller.

47. — L'apposition des scellés peut être re...ise: 2o par tous créanciers fondés en titre exé...toire ou autorisés par une permission soit du ...sident du tribunal de première instance, soit ...juge de paix du canton où le scellé doit être ...posé. — C. civ., art. 820; C. procéd., art. 909, 2o.

48. — Ainsi, les créanciers à terme non échu ...uvent requérir l'apposition des scellés sur les ...ns de leur débiteur décédé. — *Besançon*, 9 févr. ..., Vuiller c. Maire. — Rolland de Villargues, ...*ict. du not.*, vo *Scellés*, no 26; Bioche et Gou..., *Dict. de proc.*, vis *Scellés*, no 11 et *Inventaire*, ...55.

49. — Il suffit qu'un créancier de la succession ...une apparence de droit pour qu'il puisse faire ...poser les scellés sur tous les objets qui sont ...uvés au domicile du défunt. — *Rouen*, 31 août ...(t. 1er 1841, p. 299), Biard c. Amuland.

50. — Toutefois, faut-il justifier de titres ou ...une possession d'état qui puisse au moins faire ...sumer que le requérant a droit à la succession ...défunt. — *Rouen*, 10 avril 1837 (t. 1er 1841, ...), Lachèvre c. David.

51. — D'un autre côté jugé que le magistrat ...argé par la loi d'accorder à un créancier la permission d'apposer les scellés dans le domicile de son débiteur décédé, peut la lui refuser si la créance n'est pas liquide, et s'il lui est démontré qu'il y a toute sûreté pour le paiement de cette créance. — *Paris*, 28 avril 1825, Demautort c. Valton.

52. — Les créanciers personnels de l'un des héritiers ont-ils le droit de requérir l'apposition des scellés? Cette question est controversée.

53. — Pour la négative, on dit que ces créanciers n'ont aucun droit sur les portions de la succession qui doivent être dévolues à des cohéritiers non personnellement obligés envers eux; et comme l'apposition des scellés, à leur requête, frapperait à la fois et sur des biens qui ne leur sont pas affectés et sur des individus contre lesquels ils n'ont aucune action à exercer, l'on conclut qu'ils n'ont pas droit de la requérir. — *Nancy*, 9 janv. 1817, Lebel c. Cahen; *Gand*, 24 déc. 1833, C. c. N...; *Caen*, 12 mai 1845 (t. 2 1845, p. 454), Lechartier c. Madeline. — Bourjon, t. 2, p. 698; Chabot, sur l'art. 820; Favard de Langlade, *Rép.*, vo *Scellés*, § 1er, no 3; Thomine-Desmazures, no 1074.

54. — Mais on répond pour l'affirmative que si les créanciers de la succession requièrent l'apposition des scellés de leur chef et en vertu de l'art. 820 C. civ., les créanciers de l'héritier ont le droit d'agir par représentation de leur débiteur et en vertu de l'art. 1166. L'intérêt est le même de part et d'autre : empêcher la dilapidation de l'actif, qui est le gage de tous les créanciers. Il est bien entendu d'ailleurs que, dans tous les cas, il faudra un titre exécutoire ou permission de juge. Sans doute cette mesure aura un plus grand avantage pour les créanciers de la succession qui voudront demander la séparation des patrimoines, avantage qui est refusé aux créanciers de l'héritier; mais dans le principe, ce n'est qu'une mesure conservatoire. Vainement on oppose que des créanciers de l'héritier sont exclus de l'inventaire (C. proc. civ., art. 931 et 934), et que, s'ils avaient le droit de requérir l'apposition des scellés, ils devraient avoir celui d'en requérir la levée et d'assister à l'inventaire. Il est de toute justice qu'ils n'aient pas le droit de pénétrer dans les affaires du défunt auquel ils sont étrangers. Mais du moment qu'on ne leur conteste pas le droit éventuel aux choses de la succession, on ne saurait non plus leur contester le droit de prendre des mesures conservatoires à ce sujet. D'ailleurs ils ont le droit d'intervenir au partage. — *Bourges*, 16 mai 1842 (t. 1er 1843, p. 240), Usquin. — Toullier, t. 4, no 411; Delaporte, *Pandectes françaises*, t. 3, no 233; Pigeau, *Proc. civ.*, t. 2, p. 617; Chauveau sur Carré, quest. 3062; Delvincourt, t. 2, p. 292; Malpel, *Des successions*, no 257; Vazeille, sur l'art. 820, no 3; Poujol, *ibid.*, no 8.

55. — Dans le cas de cette dernière opinion, il faudrait dire que l'apposition de scellés pourrait également être requise par les créanciers d'un créancier du défunt. — Arg. du C. civ., art. 1166. Longchamps, *Dict. des Just. de paix*, vo *Scellés*, no 9.

56. — Dans le cas de séparation de biens, le créancier du mari ne peut, pour la conservation de ses droits, faire apposer les scellés sur les effets de la communauté. — *Paris*, 21 déc. 1831, Pleumartin c. Manainville.

57. — En cas d'absence, soit du conjoint, soit des héritiers ou de l'un d'eux, l'apposition des scellés peut être requise par les personnes qui demeurent avec le défunt, et par ses serviteurs et domestiques. — C. proc., art. 909 3o. — Absence se prend ici dans le sens de non-présence. — Carré, art. 911 du C. proc.

58. — En cas de minorité des prétendans droit à la succession ou communauté et des créanciers, l'apposition des scellés peut être requise par le mineur sans l'assistance de son curateur, s'il est émancipé. — C. proc., art. 910. — Par son tuteur, s'il n'est pas émancipé. — C. proc., art. 910. — Par un de ses parens, s'il n'a pas de tuteur ou que son tuteur soit absent. — *Ibid.*

59. — Le scellé doit être apposé, soit à la diligence du ministère public, soit sur la déclaration du maire ou adjoint de la commune, et même d'office par le juge de paix : 1o Si le mineur est sans tuteur et que le scellé ne soit pas requis par un parent. — C. proc., art. 911 1o.

60. — Si, au contraire, le mineur est pourvu d'un tuteur légal, le juge de paix ne doit pas apposer les scellés *d'office* et malgré l'opposition d'un parent. Il ne lui est pas permis de prévenir la vigilance d'un tuteur responsable de l'omission de cette formalité, qui peut être jugée, en certains cas, inutile, et qui pourrait souvent aggraver la douleur de la famille du défunt. — Lett. min. just. 5 nov. 1808. — Merlin, *Rép.*, vo *Scellés*; Augier, t. 5, p. 8. — Il en serait autrement si le tuteur n'était pas présent. — Carré, sur l'art. 912.

61. — Mais le juge de paix peut-il faire d'office, dans l'intérêt d'un héritier *mineur* ou *absent*, l'apposition des scellés, malgré la représentation d'un testament contenant un legs universel? — La négative a été décidée par M. le garde des sceaux. — Circul. 20 janv. 1829. — Le ministre a reconnu de graves inconvéniens dans cette mesure, qui ne doit être prise qu'avec une grande prudence par le juge de paix. — Bioche et Goujet, *Dict. de procéd.*, vo *Scellé*, no 12.

62. — Les mineurs n'ont aucun recours contre le juge de paix ou le ministère public qui n'ont pas provoqué l'apposition des scellés en leur faveur. — *Bruxelles*, 20 mars 1810, N.... — Vazeille, *Des successions*, art. 819, no 6.

63. — Les scellés doivent encore être apposés sur la réquisition des mêmes magistrats, lorsqu'il n'y a personne auprès de celui qu'on veut faire interdire pour veiller à la conservation de ses effets mobiliers. — Pigeau, t. 2, p. 544.

64. — Mais pendant l'instance en interdiction, l'administrateur est sans droit pour requérir l'apposition des scellés (*contrà*, Augier, t. 5, p. 10); il peut seulement, s'il en a été apposé, en demander la mainlevée.

65. — ... 2o si le conjoint ou si les héritiers ou l'un d'eux sont absens. — C. proc., art. 911 2o; C. civ., art. 819.

66. — Si l'absent est représenté par un mandataire, le juge de paix doit attendre une réquisition de ce mandataire. — S'il y a *absence déclarée* et des envoyés en possession provisoire *présens*, c'est à eux qu'appartient le droit de requérir l'apposition des scellés. — Augier, t. 5, p. 9.

67. — Un inventaire informe dressé sans le concours des héritiers présomptifs absens, ne peut empêcher l'apposition des scellés. — *Bruxelles*, 28 mars 1810, Deguislain. — Carré, quest. 3091; Berriat, *Procéd. civ.*, p. 689, note 4e.

68. — En tout cas, l'absent n'a aucun recours contre le juge de paix ou le ministère public qui n'ont pas provoqué l'apposition des scellés en sa faveur. — *Bruxelles*, 20 mars 1810, N.... — Vazeille, *Succession*, art. 819, no 6.

69. — ... 3o Si le défunt était dépositaire public, auquel cas le scellé ne doit être apposé que pour raison de ce dépôt et sur les objets qui le composent. — C. proc., art. 913 3o.

70. — Par exemple, en cas de décès d'un curé sur le mobilier et les papiers dépendans de la cure (sans rétribution pour le juge de paix ni pour le greffier, sauf le remboursement du papier timbré). Les scellés sont ensuite levés à la requête des héritiers, ou du trésorier de la fabrique. — Décr. 6 nov. 1813, art. 16 à 19.

71. — S'il s'agit d'un notaire, d'un greffier, ou de tout autre dépositaire de minutes, le scellé ne doit être apposé que sur les papiers. — L. 25 vent. an XI, art. 61.

72. — Lors du décès d'un notaire, le juge de paix doit, dans l'intérêt public, veiller au dépôt des minutes du notaire pour ses héritiers; sans que, cependant, il ait le droit d'en constater l'état matériel. — *Orléans*, 11 janv. 1815, Gauthier c. N....

73. — Il doit même apposer d'office les scellés. S'il négligeait cette apposition, elle pourrait être requise par le procureur de la République. La chambre de discipline pourrait et devrait même avertir ce magistrat, s'il était nécessaire. Ce soin concernerait particulièrement les syndics. — Statuts des notaires de Paris du 3 brum. an XIII.

74. — Lors du décès d'un individu qui, par la nature des fonctions qu'il a exercées accidentellement, telles que celles de membre du Directoire, peut être présumé dépositaire de papiers appartenant à l'Etat, le gouvernement a titre apparent suffisant pour requérir l'apposition des scellés sur les papiers du défunt, à l'effet de rechercher si, parmi ces papiers, il n'en est pas qui appartiennent à l'Etat. — *Paris*, 8 mai 1829, Barras c. préfet de la Seine.

75. — Les scellés sont encore apposés *d'office* en cas de décès d'un officier supérieur de toutes armes. — Instruct. minist. 8 mars 1823. — V. *suprà*, no 13.

76. — En matière de faillite, les scellés peuvent être apposés par le juge de paix, même avant le jugement qui ordonne l'apposition, soit d'office, soit sur la réquisition d'un ou plusieurs créanciers, mais seulement dans le cas de disparition du débiteur ou de détournement de tout ou partie de son actif. — C. comm., art. 457 nouv.

77. — D'après l'ancienne loi, le juge de paix

pouvait également apposer les scellés *sur la notoriété acquise.* — C. comm., art. 450 anc.—Mais la nouvelle loi ayant déterminé dans son art 457 les cas dans lesquels le juge de paix peut apposer les scellés, sans attendre le jugement du tribunal de commerce; il en résulte que la notoriété acquise ne suffirait pas pour l'y autoriser, en l'absence de l'une des circonstances spéciales indiquées par cet article.

78. — Jugé autrefois que ce n'est pas par un seul juge mais par le tribunal en corps qu'a dû être, à peine de nullité, ordonnée l'apposition des scellés sur les biens d'un commerçant requise par ses créanciers. — *Riom*, 4 juill. 1809, Serendat. — V., au surplus, FAILLITE, nos 639 et suiv.

79. — Les scellés peuvent toujours être apposés, avec l'autorisation du juge, comme mesure conservatoire, lorsqu'il y a plainte en détournement ou même soupçon. Ainsi, le successeur d'un notaire qui accuse son prédécesseur d'avoir conservé par devers lui des expéditions, des actes imparfaits et même des minutes de l'étude, peut, alors même qu'il n'agit que par voie de plainte criminelle en détournement, requérir et obtenir le droit d'apposer les scellés sur les meubles indiqués comme recélant ces pièces. — *Bourges*, 16 août 1836 (t. 1er 1837, p. 344), Desfosses c. Achet.

80. — Dans le cas où le juge de paix doit apposer les scellés d'office, il est responsable des dommages-intérêts s'il refuse de déférer à l'invitation qui lui serait faite par les parens du mineur, ou autres personnes, de remplir cette charge de son ministère. — Carré, quest. 3074. — Dans tous les autres cas, il doit attendre la réquisition des parties.

§ 3. — *Formes de l'apposition des scellés.*

81. — L'apposition des scellés doit être faite par le juge de paix des lieux et à son défaut par ses suppléans. — C. proc., art. 907 et 912.

82. — En cas d'absence ou d'empêchement d'un juge de paix et de ses suppléans c'est au président du tribunal civil, et non pas au tribunal lui-même, qu'il faut s'adresser pour obtenir la désignation du juge de paix d'un canton voisin, à l'effet d'opérer une apposition de scellés; dans cette circonstance même, il n'est pas nécessaire d'appeler les parties intéressées pour être présentes à cette désignation. —*Bourges*, 16 mai 1842 (t. 1er 1843, p. 240), Usquin.

83. — L'ordonnance qui, en pareil cas, désigne un juge de paix, ne peut être considérée comme une ordonnance de référé contre laquelle on puisse se pourvoir par appel; mais bien comme un acte entièrement discrétionnaire de la part du magistrat qui l'a rendue. — Même arrêt.

84. — Un juge ne saurait être commis par le tribunal pour cette opération, à peine de nullité. — Carré, no 3059.

85. — Néanmoins, le mari qui, au cas d'une demande en divorce, a assisté, sans élever aucune réclamation, à l'apposition des scellés faite par un des membres du tribunal commis à cet effet, n'est pas recevable à demander ultérieurement la nullité de cette apposition, sous prétexte qu'elle était de la compétence exclusive du juge de paix. — *Bruxelles*, 12 floréal an XII. — Carré, t. 3, p. 286.

86. — Cependant il est certains cas où les scellés sont apposés par d'autres officiers que par le juge de paix.

87.—Ainsi, au cas de saisie-exécution d'un individu absent, et alors que l'huissier a été obligé de requérir l'ouverture des pièces ou meubles, l'apposition des scellés sur les papiers qui peuvent se trouver doit être faite par l'officier appelé pour l'ouverture. — C. proc., art. 591.

88. — A l'égard des officiers décédés en campagne ou sur le champ de bataille, les scellés sont apposés par les intendans ou sous-intendans militaires. — Arrêté 13 niv. an X, art. 4; ord. 29 juill. 1817. — Au surplus, les règles particulières pour l'apposition et la levée des scellés après le décès des militaires, sont contenues dans l'instruction du 13 nov. 1809, confirmée par celle du 8 mars 1823.

89. — Lorsqu'un passager à bord d'un navire vient à décéder en mer, c'est l'administration de la marine qui est chargée exclusivement aux juges de paix d'apposer les scellés sur leurs effets. — Massabiau, t. 1er, no 1088.

90. — En matière de prise maritime, les scellés sur les objets des vaisseaux capturés doivent être apposés par l'officier d'administration de la marine du port dans lequel les prises sont amenées. — L. 16 germ. an VIII, art. 8. — V. PRISES MARITIMES.

91. — En cas de décès d'un Espagnol en France, c'est au consul de sa nation à apposer les scellés à son domicile à moins de réquisition, de la part soit d'un créancier, soit d'un légataire, soit d'un héritier français, auprès des autorités françaises. — Traité d'Utrecht, art. 34; convention supplétive du 13 mai 1769, art. 8. — *Paris*, 26 sept. 1839 (t. 2 1839, p. 336), Bustamente c. Juge de paix de Versailles.

92. — Autrefois, lorsqu'il y avait lieu d'apposer et de lever les scellés après le décès du roi, des princes ou des princesses de la maison royale, ils étaient apposés et levés par le chancelier, suivant les règles du Code de procédure civile. Toutefois, il pouvait déléguer un conseiller d'Etat lorsqu'il y avait lieu de se transporter dans tout autre lieu que le palais de la résidence royale. — Ord. 25 avr. 1820, art. 7 et suiv.

93. — D'après l'article 2 de l'ordonnance du 20 août 1817, s'il échéait d'apposer ou lever les scellés dans l'intérieur des palais, châteaux, maisons royales et dépendances, les officiers de justice qui en étaient chargés devaient se présenter au gouverneur ou à celui chargé de la surveillance en son absence, lequel devait pourvoir immédiatement à ce qu'aucun empêchement ne fût donné, et devait même leur faire prêter tout secours au besoin.

94. — En cas de mort violente, le magistrat qui procède aux premiers actes de l'instruction investigatoire peut, à défaut du juge de paix, si la victime laisse des héritiers mineurs ou absens, apposer sur ses effets un scellé provisoire dont il doit faire mention dans son procès-verbal.—Morin, *Dict. de droit crim.*, vo *Scellés.*

95. — Dans les cas d'apposition de scellés par l'autorité, par suite de saisie ou d'interdiction d'un local quelconque dans un intérêt d'ordre public, ce sont les fonctionnaires ou agens qui ont opéré la saisie ou ordonné la fermeture de locaux particuliers qui apposent les scellés ou les font apposer par des agens sous leurs ordres.

96. — Si, hors les cas spécialement exceptés par la loi, tout autre officier que le juge de paix ou son suppléant apposait les scellés, le juge de paix pourrait, de sa seule autorité, les briser pour les réapposer immédiatement. — Déc. minist.—Carré, quest. 3059.

97. — Le juge de paix compétent est celui des lieux (C. procéd., art. 912) où sont les effets, et non pas, comme autrefois, celui du lieu de l'ouverture de la succession. — Pigeau, t. 2, p. 622; Carré, art. 912; Levasseur, p. 128.

98. — En cas de faillite d'une société en nom collectif, les scellés sont apposés non-seulement dans le siége principal de la société, mais encore dans le domicile de chacun des associés. — C. comm., art. 458 nouv., art. 452 anc. — Lorsqu'il s'agit de société en commandite, au domicile des associés solidaires; et dans le cas de société anonyme, sur les établissemens, magasins et effets qui appartiennent à cette société.—Pardessus, *Dr. comm.*, no 1146.

99. — Les scellés peuvent être apposés après le décès d'un individu, non-seulement dans la maison où il est mort, mais dans celle d'un tiers, qu'il avait cessé depuis peu de temps d'habiter, s'il existe de graves présomptions qu'elle contient des effets appartenant à la succession.—*Bourges*, 17 janv. 1831, Simonet c. Bouzique.

100. — Jugé, toutefois, qu'on ne peut, après le décès d'un individu, faire apposer les scellés dans un domicile qui n'est pas le sien, fût-il même constant qu'il y a dans ce lieu des meubles appartenant au défunt.—*Amiens*, 6 déc. 1811, Madeleine c. Lognon de Beaupré.—Berriat, *Procéd. civile*, p. 698, note 44, no 8; Carré, t. 3, p. 287, note 1re.

101. — Les scellés peuvent être apposés sur tous les effets garnissant la maison où demeurait le défunt, encore bien que cette maison paraisse appartenir à un tiers qui l'habitait également, et que des actes sous seing privé par lui produits semblent établir que le défunt en occupait seulement une partie à titre de bail. Il en est surtout ainsi quand les titres de propriété sont attaqués comme frauduleux et par des motifs qui semblent sérieux. — *Rouen*, 9 janv. 1841 (t. 1er 1841, p. 300), Levarlet c. de Sacquépée.

102. — Mais l'héritier ne peut faire apposer les scellés que sur les meubles et effets dont le défunt était en possession au moment de son décès, et non sur ceux placés dans la même maison, il est vrai, mais appartenant à des tiers, alors surtout qu'un acte d'incommunauté a été dressé. — *Caen*, 2 mai et 18 juin 1845 (t. 2 1845, p. 454), Prémesnil c. Madeline.

103. — Celui qui a requis le juge de paix d'apposer les scellés sur le mobilier d'une succession ne doit pas de dommages-intérêts à l'individu qui demeurait dans la même maison que le défunt, parce que, faute de désignation, les scellés ont été apposés sur ses propres effets. — *Rennes*, 24 nov. 1817, Memel.

104. — Lorsque l'apposition est nécessaire, on doit la faire le plus tôt possible; tellement que, si elle n'a lieu qu'après l'inhumation, le juge de paix doit constater, par son procès-verbal, le moment où il a été requis de faire l'apposition, et les causes qui ont retardé soit la réquisition, soit l'apposition. — C. proc., art. 913.

105. — Sur la réquisition de toute partie intéressée, le juge de paix doit faire, avant l'apposition des scellés, la perquisition du testament dont l'existence est annoncée; et, s'il le trouve, il procède comme il est dit dit ci-après. — C. proc., art. 917.

106. — Quant à l'apposition matérielle des scellés, la loi sainement entendue n'astreint pas le juge de paix à faire lui-même l'application des bandes de papier, lorsqu'il appose les scellés, elle veut seulement qu'il préside à l'opération et qu'elle ne se fasse que par le concours de sa volonté. — *Cass.*, 17 mars 1812, Buq...

107. — Le procès-verbal d'apposition doit contenir : 1o la date des an, mois, jour et heure, même l'heure à laquelle chaque séance commence et finit (décis. 10 brum. an XIV, art. 1er); — 2o les motifs de l'apposition; — 3o les nom, profession et demeure du requérant, s'il y en a, et son élection de domicile dans la commune où le scellé est apposé, s'il n'y demeure; — 4o s'il n'y a pas de partie requérante, le procès-verbal énonce que le scellé a été apposé d'office ou sur le réquisitoire ou sur la déclaration de l'un des fonctionnaires dénommés dans l'art. 911; — 5o l'ordonnance qui permet le scellé, s'il en a été rendu; — 6o les comparutions et dires des parties; — 7o la désignation des lieux, bureaux, coffres, armoires, sur les ouvertures desquels le scellé a été apposé; — 8o une description sommaire des effets qui ne sont pas mis sous les scellés, ce qui s'applique aux gros meubles en évidence ou aux objets nécessaires à l'usage des personnes qui restent dans la maison du défunt (arg. C. procéd., art. 924); 9o le serment, lors de la clôture de l'apposition, par ceux qui demeurent dans le lieu, qu'ils n'ont rien détourné, ni vu ni su qu'il ait été rien détourné directement ou indirectement; — 10o l'établissement du gardien présenté s'il a les qualités requises, sauf, s'il ne les a pas ou s'il n'en est pas présenté, à en établir un d'office par le juge de paix (C. proc., art. 914). — Bloche et Goujet, *Dict. de procéd.*, vo Scellé, no 36.

108. — La circonstance que le procès-verbal d'apposition des scellés n'aurait pas été rédigé à l'instant même, ne peut opérer la nullité des scellés apposés; parce que ce procès-verbal ne peut être confondu avec les scellés eux-mêmes. — *Cass.*, 17 mars 1812, Buq....

109. — Les clefs des serrures sur lesquelles les scellés ont été apposés restent entre les mains du greffier du juge de paix, qui doit faire mention, sur le procès-verbal, de la remise qui lui en a été faite; et, jusqu'à la levée des scellés, ni le juge de paix, ni le greffier ne peuvent, à peine d'interdiction, aller dans la maison, encore bien qu'elle soit habitée (Carré, t. 3, quest. 3066, 3068, 3072, 3073 et 3874; Pigeau, t. 2, p. 620; Berriat-Saint-Prix, p. 689, et Demiau, p. 613), à moins qu'ils n'en soient requis, ou que leur transport n'ait été précédé d'une ordonnance motivée. — C. proc., art. 915.

110. — On ne peut choisir pour gardiens des scellés que des individus contraignables par corps.—C. proc., art. 914.—Carré, quest. 3078; Delaporte, t. 2, p. 439; Thomines-Desmazures, t. 2, no 1079. — *Contrà*, Pigeau, t. 2, p. 556.

111. — La loi ne désigne pas les qualités requises de la part du gardien; en conséquence, une femme peut être constituée gardienne des scellés. — Pigeau, t. 2, p. 623. — Mais alors on renonce à exercer la contrainte par corps prononcée par la loi contre les gardiens (C. civ., art. 2060), les femmes en étant dispensées. — Art. 2066, même Code. — Les femmes choisies pour être gardiennes sont souvent intéressées à la conservation des valeurs de la succession, par exemple, une veuve commune ou donataire, une servante légataire. — Thomines-Desmazures, no 1079. — Toutefois elles ne sauraient être désignées pour la garde des scellés, s'il s'agit d'effets mobiliers appartenant à l'Etat, ou en matière criminelle. — Décr. 6 vend. an III.

112. — En général, il est plus prudent de ne constituer pour gardiens que des individus qui

réunissent les qualités exigées dans le cas de saisie-exécution. — Carré, quest. 3078; Thomines-Desmazures, art. 914.

113. — Les juges de paix ont le droit de taxer les frais d'un gardien qu'ils ont établi pour la conservation des scellés, à quelque taux que ces frais puissent s'élever. — *Cass.*, 15 mars 1814, — Berriat Saint-Prix, p. 693; et Chauveau, *Comment. du tarif*, t. 2, p. 427, n° 38.

114. — Si, lors de l'apposition, il est trouvé un testament ou autres papiers cachetés, le juge de paix en doit constater la forme extérieure, le sceau et la suscription, s'il y en a; parapher l'enveloppe avec les parties présentes, si elles le savent ou le peuvent, et indiquer les jour et heure où le paquet sera par lui présenté au président du tribunal de première instance; mention est faite du tout sur son procès-verbal, lequel est signé des parties; sinon mention est faite de leur refus. — C. proc., art. 916.

115. — Le juge de paix ne pouvant, hors les cas prévus par l'art. 911 C. proc., rien faire dans les appositions de scellés après décès, que sur la réquisition des parties intéressées, il ne lui est pas permis de chercher de lui-même à connaître le contenu des papiers cachetés; s'il est autorisé à faire des perquisitions pour découvrir un testament, ce n'est qu'autant que le testament lui a été annoncé, et qu'il en est requis par la partie intéressée. — *Aix*, 28 (et non 18) juillet 1830, Rousseau c. Juge de paix de Tarascon.

116. — Aux jour et heure indiqués, sans qu'il soit besoin d'aucune assignation, les paquets trouvés cachetés sont présentés par le juge de paix au président du tribunal de première instance, lequel en fait l'ouverture, en constate l'état et en ordonne le dépôt si le contenu concerne la succession. — C. proc., art. 918.

117. — La présentation doit se faire au président du tribunal du lieu de l'ouverture de la succession, et non du lieu où l'apposition est faite. — Arg. C. civ., art. 1007. — Si donc le testament est trouvé dans un arrondissement différent, le juge de paix doit, après en avoir constaté l'état, l'adresser au greffier du tribunal compétent. — Carré, quest. 3082; Pigeau, t. 2, p. 625. — *Contrà*, Hautefeuille; Lepage, quest. 667; Augier, t. 5, p. 24.

118. — Si les paquets cachetés paraissent, par leur suscription ou par quelque autre preuve écrite, appartenir à des tiers, le président ordonne que ces tiers seront appelés dans un délai qu'il fixe pour qu'ils puissent assister à l'ouverture; il la fait au jour indiqué, en leur présence ou à leur défaut, et si les papiers sont étrangers à la succession, il les leur remet sans en faire connaître le contenu, ou les cachète de nouveau pour leur être remis à leur première réquisition. — C. proc., art. 919.

119. — Si un testament est trouvé ouvert, le juge de paix en constate l'état et observe ce qui est prescrit en l'art. 916. — C. proc., art. 920.

120. — Toutefois, ces formalités ne sont point applicables aux expéditions de testamens notariés; il n'y a pas nécessité d'en constater l'état; la minute est entre les mains du notaire. — Pigeau, t. 2, p. 625.

121. — Si les portes sont fermées, s'il se rencontre des obstacles à l'apposition des scellés, s'il s'élève, soit avant, soit pendant le scellé, des difficultés, il doit y être statué en référé par le président du tribunal. A cet effet, il est sursis, et établi par le juge de paix garnison extérieure, même intérieure, si le cas y échet; et il en réfère sur-le-champ au président du tribunal. — Néanmoins le juge de paix peut, s'il y a péril dans le retard, statuer par provision, sauf à en référer ensuite au président du tribunal. — C. proc., art. 921.

122. — Les parties sont suffisamment intimées devant le président du tribunal par le renvoi que fait le juge de paix, en vertu de l'art. 921 C. proc. — *Orléans*, 4 juin 1823, Archambaut c. Delamotte.

123. — Jugé, au contraire, que lorsque le juge de paix renvoie en référé devant le président du tribunal de première instance, sur des protestations faites par les parties, il faut, à peine de nullité de l'ordonnance, que les parties soient régulièrement appelées. — *Douai*, 23 mars 1825, Lecy.

124. — Au surplus, les dispositions de l'article 921 C. proc., qui font un devoir au juge de paix d'en référer au président du tribunal, s'il s'élève des difficultés soit avant, soit pendant le scellé, ne s'appliquent pas au cas où les difficultés surviennent lors de la levée des scellés. Ainsi, nonobstant toutes oppositions à ce qu'il soit donné suite à des opérations de scellés, le juge de paix peut se dispenser de surseoir. — *Cass.*, 17 avril 1828, Becq. — « Cependant la pratique est contraire, » dit Rolland de Villargues, *Rép. du not.*, v° *Scellés*, n° 74.

125. — Alors même qu'il s'agit de difficultés sur l'apposition des scellés dont le président du tribunal ait le droit de connaître comme juge en référé, il peut toujours renvoyer à l'audience de ce tribunal le jugement de ces difficultés. — *Cass.*, 6 mars 1834, Lehir c. Dancel.

126. — S'il se trouve des deniers comptans, le juge de paix, en cas de difficultés sur le choix de la personne à laquelle ils seront remis, doit en référer au président du tribunal (arg. C. proc., art. 921) et le dépôt en être ordonné à la Caisse des *dépôts et consignations*. — Bioche et Goujet, *Dict. de proc.*, v° *Scellé*, n° 47.

127. — Dans tous les cas où il est référé par le juge de paix au président du tribunal, ce qui est fait et ordonné doit être constaté sur le procès-verbal dressé par le juge de paix. Le président signe ses ordonnances sur ledit procès-verbal. — C. proc., 922.

128. — Tant que l'apposition des scellés sur tous les biens d'une succession n'est point terminée, c'est au président seul du tribunal qu'il appartient de connaître des difficultés élevées au sujet des objets qui sont déjà sous les scellés, aussi bien qu'au sujet de ceux qui n'y sont point encore. — *Bruxelles*, 26 janv. 1832, Debrier c. Engels.

129. — Mais la demande en nomination d'un gérant, formée après l'apposition des scellés, doit être portée devant le tribunal civil et non devant le juge des référés. — *Cass.*, 27 avril 1825, Albarel c. Guillard.

130. — L'action dirigée par un juge de paix et par son greffier en paiement des frais faits pour apposition de scellés doit être, sans égard au chiffre de la somme demandée, portée devant le tribunal civil dans le ressort duquel les opérations ont eu lieu, et non devant le tribunal de paix. — *Cass.*, 25 avril 1848 (t. 1er 1848, p. 407), de Pecqueult c. Amoure.

131. — Dans les communes où la population est de 20,000 âmes et au-dessus, il doit être tenu, au greffe du tribunal de première instance, un registre d'ordre pour les scellés, sur lequel sont inscrits, d'après la déclaration que les juges de paix de l'arrondissement sont tenus d'y faire parvenir dans les vingt-quatre heures de l'apposition : 1° les noms et demeures des personnes sur les effets desquelles le scellé a été apposé; 2° le nom et la demeure du juge qui a fait l'apposition; 3° le jour où elle a été faite. — C. proc., 925.

132. — D'un autre côté, aussitôt que les scellés sont apposés sur les effets délaissés par les pères, mères des officiers de santé et autres parens dont sont héritiers les défenseurs de la patrie, les officiers de santé et autres employés aux armées, le juge de paix qui les a apposés doit leur en donner avis s'il sait à quel corps ou armée ils sont attachés. Il en instruit pareillement le ministre de la guerre, et il inscrit ses lettres à la suite de son procès-verbal. — L. 11 vent. et 16 fruct. an II.

133. Un procès-verbal d'apposition de scellés, contenant description des effets de la communauté, ne peut remplacer l'inventaire pour la constatation desdits effets, et, dès lors, les omissions commises dans un tel acte, dressé, d'ailleurs, malgré l'opposition de la femme, ne peuvent avoir contre elle les mêmes conséquences que si elles existaient dans un inventaire régulier fait à sa requête. — *Rennes*, 22 déc. 1847 (t. 1er 1849, p. 19), Rouget c. Lemoine.

Sect. 2e. — *Oppositions aux scellés.*

134. — Les oppositions aux scellés sont des actes conservatoires par lesquels toute personne prétendant droit dans la succession s'oppose à la levée des scellés, afin qu'elle soit différée, qu'on n'y procède qu'en sa présence, ou qu'on prenne, en la faisant, telle mesure ou précaution nécessaire à ses intérêts.

135. — Ainsi on est recevable à former opposition à la levée des scellés apposés après le décès d'un individu dont on n'est ni le créancier direct ni l'héritier, mais contre lequel cependant on a un droit apparent à exercer. — *Paris*, 5 therm. an XII, Dunois c. Remy.

136. — Jugé cependant que lorsqu'un légataire universel par testament authentique a été saisi de plein droit de la succession à défaut d'héritiers à réserve, les héritiers naturels du testateur ne peuvent s'opposer à la levée des scellés et requérir la confection d'un inventaire, sous prétexte qu'ils sont créanciers de la succession, que des papiers de famille sont restés au pouvoir du testateur, et que, d'ailleurs, ils ont le projet de demander la nullité du testament. — *Riom*, 31 déc. 1827, Lespineux c. Ducreuzet.

137. — Les créanciers d'un des cohéritiers peuvent former opposition à la levée des scellés, quand ils ont été apposés. — *Nancy*, 9 janv. 1847, Lebel c. Cahen.

138. — Les oppositions aux scellés peuvent être faites soit par une déclaration par le procès-verbal de scellés, soit sur exploit signifié au greffier du juge de paix. — C. proc., 926.

139. — Dans le premier cas elle doit être signée de l'opposant ou de son fondé de pouvoirs (Carré, quest. 3097); dans le second il faut s'adresser au greffier du juge de paix, qui vise l'original (Carré, quest. 3100). — Les huissiers du canton de la justice de paix sont seuls compétens pour faire la signification, à moins que le juge de paix n'en ait commis un autre dans la circonstance prévue par l'art. 4 du Code de procéd. — Tarrible, quest. 21; Carré, quest. 3101; Demiau, art. 926.

140. — Autrefois les oppositions aux scellés apposés après le décès du roi, des princes ou des princesses de la maison royale devaient être faites entre les mains du garde des archives de la Chambre des pairs, ou bien du maître des requêtes faisant fonctions de greffier. — Ordonn. 25 avril 1820, art. 7 et suiv.

141. — L'opposition aux scellés peut être formée sans titre et sans qu'il soit besoin d'une permission du juge. — Carré, quest. 2099.

142. — Le juge de paix ne peut, sous aucun prétexte, se refuser à recevoir les oppositions qui seraient formées. — Ici son ministère est passif; car il n'est que le conservateur des droits réclamés, quels qu'ils puissent être. — Carré, quest. 2131.

143. — Toutes oppositions à scellés doivent contenir, à peine de nullité, outre les formalités communes à tout exploit, 1° élection de domicile dans la commune ou dans l'arrondissement de la justice de paix où le scellé est apposé, si l'opposant n'y demeure pas; 2° l'énonciation précise de la cause de l'opposition. — C. procéd., art. 927.

144. — L'opposition à scellés faite dans la forme prescrite par l'art. 926 C. procéd., c'est-à-dire par déclaration sur le procès-verbal de scellés, n'a pas besoin d'être notifiée à tous les cohéritiers, parce que son insertion sur le procès-verbal les avertit suffisamment de son existence. — *Cass.*, 2 juill. 1838 (t. 2 1838, p. 253), Pothier de la Berthelière. — Carré, quest. 3098.

145. — Il en est de même de l'opposition formée par exploit, entre les mains du greffier du juge de paix. — *Orléans*, 1er déc. 1837 (t. 1er 1838, p. 17), Pothier de la Berthelière.

146. — Quand cette opposition a pour objet la conservation de créances contre la succession, elle a toute la force et les effets d'une opposition à partage. — Même arrêt; *Cass.*, 2 juill. 1838 (t. 2 1838, p. 253), mêmes parties.

147. — Quand elle est seulement formée pour assurer le paiement d'une créance personnelle à l'un des cohéritiers, elle a pour effet d'arrêter la part qui doit échoir à cet héritier, et le met dès lors dans l'impossibilité d'en disposer jusqu'à ce que les droits de l'opposant aient été jugés. — *Cass.* 2 juill. 1838 (t. 2 1838, p. 253), Pothier de la Berthelière.

148. — L'opposition aux scellés, signifiée en la personne du greffier du juge de paix, a pour effet d'interrompre la prescription. — *Paris*, 7 août 1829, Boullanger c. Tournard; *Cass.*, 11 déc. 1833, Tournard et Théodon c. Boullanger. — Bioche et Goujet, *Dict. de procéd.*, v° *Scellés*, n° 71.

149. — Lorsque, dans une affaire d'opposition à la levée des scellés, le président du tribunal a renvoyé le référé à l'audience, toutes choses demeurant en état, le tribunal peut, sans porter atteinte à l'ordonnance du président, maintenir les défenseurs dans la possession provisoire des objets de la succession. — *Cass.*, 6 mars 1834, Lehir c. Dancel.

150. — Jugé que l'appel d'un jugement rendu sur des contestations relatives à l'opposition à une levée de scellés, peut être signifié au domicile élu dans cette opposition. — *Bourges*, 24 août 1808, Rebecqui c. Ducruet.

Sect. 3e. — *Levée des scellés.*

§ 1er. — *Qui peut requérir la levée des scellés.*

151. — La levée des scellés peut être requise par tous ceux qui ont droit de les faire apposer : excepté toutefois les serviteurs et domestiques du défunt, et les personnes qui demeuraient avec lui ; auxquels la loi permet de requérir l'apposition en cas d'absence soit du conjoint, soit des héritiers ou de l'un d'eux. — C. de proc., art. 909 3°, et 930.

152. — Ainsi, les créanciers, les parens ou alliés du mineur, le tuteur ou le subrogé tuteur, le mineur lui-même sont autorisés à requérir la levée des scellés. — Carré, t. 3, p. 292.

153. — Si l'apposition des scellés a été requise par un parent ou par le ministère public pour un mineur sans tuteur, ce n'est point à ces personnes, mais au tuteur nommé postérieurement, qu'il appartient d'en requérir la levée. — Arg. C. proc., art. 929. — Berriat Saint-Prix, p. 695, n° 31 ; Pigeau, t. 2, p. 581 ; Carré, quest. 3111.

154. — Le mineur émancipé peut-il faire lever les scellés sans l'assistance de son curateur ? Il peut requérir l'apposition sans cette assistance, mais il en a besoin pour la levée. Dans le premier cas, il ne fait qu'un acte conservatoire ; dans le second, il pourrait nuire à ses intérêts. — Carré, quest. 3112 ; Pigeau, t. 2, p. 576 et 582.

155. — Les héritiers légitimes mais non-réservataires du défunt peuvent demander la levée des scellés et la confection d'un inventaire encore bien qu'il existe un testament qui attribue la succession à des tiers, si ce testament est contesté. — *Bruxelles*, 28 nov. 1810, Struyens c. Roef.

156. — La veuve donataire universelle du mobilier par contrat de mariage et légataire universelle a le droit de faire procéder, par préférence aux héritiers collatéraux, à la levée des scellés et à l'inventaire, quoique les héritiers aient formé une demande en nullité du mariage et du testament. — *Paris*, 7 déc. 1829, Périn-Sérigny.

157. — Le mari défendeur en séparation de corps peut faire lever les scellés apposés sur une succession échue à l'épouse demanderesse, s'il prétend que sous les scellés sont des titres nécessaires à l'administration de la succession. On objecterait en vain qu'il est possible que, par l'événement du procès, le mari se trouve sans intérêt. — *Angers*, 16 juill. 1817, G....

158. — En cas de contestation sur la question de savoir à la requête de qui, de l'héritier ou de l'exécuteur testamentaire, même avec saisie des biens, les scellés doivent être levés, la levée doit se faire à la requête de l'héritier. — *Bruxelles*, 9 août 1808, Ventrasson c. Keller. — V., au surplus, EXÉCUTEUR TESTAMENTAIRE, nos 84 et suiv.

159. — L'exécuteur testamentaire qui a reçu du testateur le mandat de vendre tous les biens de la succession, ne peut néanmoins exiger la levée des scellés lorsque les héritiers, maîtres de leurs droits, offrent une somme suffisante pour payer les legs. — *Bruxelles*, 16 mars 1811, Geerinch c. Vanmalcotte. — V. EXÉCUTEUR TESTAMENTAIRE, n° 105.

160. — Dans le cas où les scellés ont été apposés par suite de disparition d'une personne, à la requête du ministère public ou d'office, ils ne peuvent être levés qu'à la requête des héritiers qui auraient fait déclarer l'absence et obtenu l'envoi en possession provisoire, en ayant soin de faire faire la description ou l'inventaire des biens composant la succession, en présence du procureur de la République, ou d'un juge de paix requis par ce dernier. Si l'absent reparaît, ils ne peuvent être levés sans description.

161. — Le juge de paix doit encore refuser la levée des scellés : 1° Si la partie requérante lui est inconnue et qu'elle ne justifie pas de ses droits et qualités dans la succession ; 2° s'il y a des absens non représentés, intéressés dans la succession. — Carré, quest. 3106.

162. — Avant le Code un individu qui se prétendait propriétaire en vertu d'actes sous seing privé, non avérés ou reconnus, des meubles d'une personne décédée, ne pouvait ni empêcher la levée des scellés à la requête des héritiers, ni obtenir que les meubles fussent séquestrés, ni enfin se refuser à la remise des clefs des bâtimens dépendant de la succession. — *Toulouse*, 13 mess. an IX, Dubruel c. Deshoms.

163. — L'arrêté d'une administration centrale de département, qui, sur la demande d'un héritier apparent, ordonne la levée des scellés apposés sur les titres et effets de la succession d'un détenu révolutionnairement ne fait point obstacle à ce que des tiers fassent valoir leurs droits à cette succession. — *Cons. d'Etat*, 3 sept. 1836, Violage.

164. — Les difficultés sur le droit de provoquer la levée des scellés sont soumises au tribunal de première instance où les scellés ont été apposés et non pas au tribunal de commerce, encore bien que la cause soit connexe au partage d'une société commerciale. — *Bruxelles*, 21 juill. 1812, Vaneezel c. Vandenbrock.

165. — Un tribunal peut, sur la requête d'une partie, ordonner en la chambre du conseil la levée des scellés, sans que l'autre partie ait été appelée, alors surtout que celle-ci est chargée de la vérification d'un testament dont elle a méconnu l'écriture. — *Bruxelles*, 10 (et non 20) juill. 1815, Demaffle c. d'Hérissem.

166. — Jugé que l'appel d'un jugement rendu sur des contestations relatives à une demande en mainlevée de scellés est valablement signifié au domicile élu dans l'acte d'opposition aux scellés. — *Bourges*, 24 août 1808, Rebecqui c. Ducruet.

§ 2. — *Qui peut assister à la levée des scellés.*

167. — Le conjoint, l'exécuteur testamentaire, les héritiers, les légataires universels et ceux à titre universel ont le droit d'assister à toutes les vacations de la levée des scellés, en personne ou par un mandataire. — C. proc., art. 932.

168. — Toutefois, le légataire universel envoyé en possession n'est pas tenu d'appeler à la levée des scellés les héritiers naturels non-réservataires. — *Dijon*, 30 frim. an XII, Coquard.

169. — Un enfant naturel reconnu doit-il être appelé ? — Oui, suivant Carré (*Lois de la procédure*, quest. 3116). « Quelque nom, dit-il, que l'on donne au droit de cet enfant, il n'en est pas moins vrai qu'il a le même droit qu'un légataire à titre universel ; qu'il a une quotité déterminée dans l'universalité des biens, et que l'on peut, en conséquence, présumer avec fondement que le législateur a entendu le comprendre sous le nom d'héritier. D'ailleurs, il suffit qu'il y ait, pour décider en sa faveur, la même raison d'après laquelle la loi a exigé qu'on appelât le légataire à titre universel. » — V., en outre, Favard de Langlade, *Rép.*, v° *Scellés*, t. 5, p. 95 ; Le *Praticien français*, t. 5, p. 234 ; Toullier, t. 4, p. 281.

170. — Un enfant né après le divorce des époux et dont l'état peut être contesté, a droit d'assister à la levée des scellés apposés après le décès de l'un d'eux. — *Paris*, 6 août 1811, Quesney c. Lerouge.

171. — L'héritier qui a fait cession d'une partie de ses droits successifs n'en conserve pas moins le droit d'assister à la levée des scellés pour le maintien du surplus de ces droits. — *Douai*, 23 mars 1825, Becy.

172. — Le prétendant droit à une succession, qui demande à assister à la levée des scellés, peut être écarté, s'il ne justifie de sa qualité d'héritier par aucune présomption ou apparence de droit. — *Cass.*, 25 nov. 1818, Laboissière c. Martinelly ; *Rouen*, 10 avr. 1837 (t. 1er 1841, p. 299), Lachèvre c. David.

173. — Il en serait autrement si le prétendant droit avait un titre apparent, quoique contesté. — Carré, quest. 3116 ; Favard de Langlade, *Rép.*, v° *Scellés*, t. 5, p. 96 ; Pigeau, *Comment.*, t. 2, p. 638 ; Le *Praticien français*, t. 5, p. 234 ; Rolland de Villargues, *Rép. du not.*, vis *Inventaire*, n° 126, et *Scellés*, n° 64.

174. — Les collatéraux non-héritiers n'ont pas droit d'intervenir à la levée des scellés, sous prétexte de la possibilité d'existence d'un testament en leur faveur ; et lorsque les parties sont, sur une telle prétention, renvoyées par le juge de paix devant le tribunal de première instance, celui-ci doit statuer sans qu'il soit besoin du préliminaire de conciliation. — *Bruxelles*, 18 mai 1807, Borremans.

175. — On doit appeler à la levée des scellés toutes les personnes intéressées qui demeurent dans la distance de cinq myriamètres. — C. proc., art. 931. — Mais, lorsqu'ils demeurent hors de cette distance, on appelle pour eux à la levée des scellés et à l'inventaire, un notaire nommé d'office par le président du tribunal de première instance. — C. proc., art. 928 et 931.

176. — Toutefois, en prescrivant que le président du tribunal nomme d'office un notaire pour représenter, tant à la levée des scellés qu'à l'inventaire, les parties qui ont droit d'y assister et qui ne sont pas présentes, l'art. 928 C. proc. suppose que l'existence de ces parties est constante et reconnue. Il n'y aurait donc pas lieu à commettre un notaire pour représenter des héritiers ou intéressés inconnus jusqu'à présent, mais qui pourraient se faire connaître plus tard. — *Rouen*, 28 déc. 1843 (t. 1er 1844, p. 118), Delaplace.

177. — La nomination d'un notaire, hors des cas prévus par la loi, pour représenter une ou plusieurs parties intéressées aux opérations relatives à la levée des scellés, ne les rend pas nulles ; on peut seulement mettre à la charge de celui qui l'aurait provoquée les frais qu'elle a occasionnés. — *Cass.*, 17 avr. 1828, Becq. — Bioche et Goujet, *Dict. de proc.*, v° *Scellé*, n° 74.

178. — Les opposans ne peuvent assister, soit en personne, soit par un mandataire, qu'à la première vacation ; ils sont tenus de se faire représenter aux vacations suivantes par un seul mandataire pour tous ; s'ils ne peuvent en convenir, il est nommé d'office par le *juge de paix*. — C. proc., art. 932.

179. — Si parmi les mandataires se trouvent des avoués près le tribunal de première instance du ressort, ils justifient de leurs pouvoirs par la représentation du titre de leur partie ; et l'avoué le plus ancien, suivant l'ordre du tableau des créanciers fondés en titre authentique, assiste de droit pour tous les opposans. Si aucun des créanciers n'est fondé en titre authentique, l'avoué le plus ancien des opposans fondés en titre privé doit assister. L'ancienneté doit être réglée définitivement à la première vacation. — C. proc., art. 932.

180. — Si l'un des opposans avait des intérêts différens de ceux des autres, ou des intérêts contraires ; il pourrait assister en personne ou par un mandataire particulier, à ses frais. — C. proc., art. 933.

181. — Les procurations sont annexées au procès-verbal du juge de paix ; dans le cas d'inventaire, elles sont remises au notaire. — Circ. du garde des sceaux, 28 avr. 1832.

182. — Les opposans pour la conservation des droits de leur débiteur ne peuvent assister à la première vacation, ni concourir au choix d'un mandataire comme pour les autres vacations. — C. proc., art. 934.

183. — Jugé, en conséquence, que le créancier personnel d'un héritier qui a formé opposition à la levée des scellés apposés sur les effets de la succession n'a pas le droit d'assister à cette levée de scellés. — *Douai*, 26 mars 1824, Platel c. Becq.

184. — Les employés de l'enregistrement n'ont pas le droit d'assister à la levée des scellés ni à l'inventaire des papiers particuliers d'un notaire décédé. La vérification qui serait faite à cette époque pourrait être déclarée intempestive, surtout par rapport aux actes sous seing privé non enregistrés que l'on trouverait dans l'étude. Il convient, dans ce cas, d'attendre que le dépôt en soit fait entre les mains d'un officier public contre lequel on puisse agir comme dépositaire. — Décis. du minist. des fin. du 12 janv. 1818.

185. — Quoi qu'il en soit, lorsqu'une partie ne s'est point opposée à ce que des individus qu'elle prétend postérieurement sans qualité, assistassent à la levée des scellés, elle ne peut plus se faire un grief de leur présence à l'opération. — *Douai*, 23 mars 1825, Becy.

§ 3. — *Formes de la levée des scellés.*

186. — La levée des scellés ne peut avoir lieu que trois jours après l'inhumation, si le scellé a été apposé auparavant, et trois jours après l'apposition si elle a été faite depuis l'inhumation, à peine de nullité des procès-verbaux de levée de scellés et inventaires et de dommages-intérêts contre ceux qui les auraient faits ou requis. — C. procéd., art. 928.

187. — Toutefois il peut en être autrement ordonné par le président du tribunal de première instance pour des causes urgentes dont il est fait mention dans son ordonnance. — Même article.

188. — Est nulle la levée générale des scellés opérée avant les trois jours de l'inhumation au mépris d'une ordonnance du président du tribunal qui n'autorisait à faire qu'une levée partielle, dans un but déterminé. — L'inventaire fait à la suite est également nul, bien qu'il ait été commencé après les trois jours de l'inhumation. —

Pédent, 19 déc. 1845 (t. 2 1848, p. 49), Pardessus et Roussin.

180. — Si les héritiers ou quelques-uns sont mineurs non émancipés, il ne peut être procédé à la levée des scellés, qu'ils n'aient été ou préalablement pourvus de tuteurs, ou émancipés. — C. procéd., art. 929.

190. — En cas de *minorité* ou *d'interdiction*, le tuteur doit requérir la levée des scellés *dans les dix jours de sa nomination* dûment connue de lui, et faire procéder immédiatement à l'inventaire, à peine de dommages-intérêts. — C. civ., art. 450 et 509), à peine de dommages-intérêts. — V. INVENTAIRE.

191. — En cas de tutelle légale du survivant des père et mère, ou du mari d'une femme interdite, comment se comptent les dix jours? — Suivant les uns, ce délai court à dater du décès, si le tuteur légal est présent, — ou de la notification de ce décès, s'il ne l'est pas. — Au cas d'interdiction d'une femme mariée, son mari tuteur légal doit faire procéder à la levée des scellés dans les dix jours de la date du jugement définitif, s'il est rendu à sa requête, ou du jour de la notification qui lui en est faite, s'il n'a pas été rendu à sa requête. — Cette opinion rigoureuse n'est pas suivie dans la pratique; on ne peut obliger le mari à faire procéder dans un délai si rapproché de la mort de son mari, aux formalités pénibles d'un inventaire. D'ailleurs l'art. 453 dispense les père et mère de faire procéder dans le délai de la clôture de l'inventaire à la vente du mobilier. — Enfin, il est souvent impossible (à la différence de ce qui a lieu en cas de tutelle dative (C. civ., art., 434]) de faire nommer un subrogé tuteur dans les dix jours du décès. — Bioche et Goujet, *Dict. de procéd.*, vº *Scellé*, nº 64.

192. — En matière de faillite, les syndics doivent requérir la levée des scellés dans les trois jours de leur nomination. — C. comm., art. 479. — V. FAILLITE, nº 786 et suiv.

193. — La levée des scellés est nécessairement faite par les mêmes officiers qui avaient qualité pour les apposer. — V. *supra*, nº 81 et suiv.

194. — En matière de crimes, délits ou contraventions, les scellés sont levés autant que possible en présence des témoins ou accusés qui peuvent ainsi contrôler l'identité des objets scellés; ils signent ou sont mis en demeure de signer, lorsqu'ils sont présents, le procès-verbal qui est dressé de cette opération.

195. — Dans les matières civiles, pour parvenir à la levée des scellés, il faut: 1º une réquisition à cet effet consignée sur le procès-verbal du juge de paix (cette réquisition peut être faite par un avoué (*Tarif*, art. 34]); 2º une ordonnance du juge, indicative des jour et heure où la levée sera faite; 3º une sommation d'assister à cette levée, faite au conjoint survivant, aux héritiers présomptifs, à l'exécuteur testamentaire, aux légataires universels à titre universel, s'ils sont connus, et aux opposans. Il n'est pas besoin d'appeler les intéressés demeurant hors de la distance de cinq myriamètres, mais on appelle pour à la levée et à l'inventaire un notaire nommé d'office par le président du tribunal de première instance. — Les opposans sont appelés aux domiciles par eux élus. — C. procéd., art. 931.

196. — Après avoir reconnu que les scellés sont sains et entiers, le juge de paix procède à la levée, en les rompant successivement, afin de remettre les objets à la disposition des ayans droit.

197. — Si les scellés n'étaient pas sains et entiers, le juge de paix devrait constater le corps du délit avec beaucoup d'exactitude, interpeller le tuteur qu'il a nommé, et prendre tous les renseignemens possibles pour tâcher d'en découvrir les auteurs et d'éclairer les juges criminels chargés de l'application des dispositions pénales. Il dresserait immédiatement du tout au procès-verbal de la République, en lui transmettant la copie du procès-verbal qui y est relative.

FINS DE SCELLÉS.

198. — La levée des scellés a lieu en une seule fois ou successivement, selon qu'elle se fait avec ou sans description. — Bioche et Goujet, *Dict. de procéd.*, vº *Scellé*, nº 57.

199. — La levée des scellés peut n'être que partielle et provisoire: 1º Pour la remise des titres appartenant à des tiers. — Décr. 6 pluv. an XII, art. 1er et 3. — 2º Pour extraire les effets à courte échéance et les livres d'un failli. — C. comm.,

200. — Elle ne fait rien préjuger ni sur les droits, ni sur les qualités des parties intéressées. Il suffit de reconnaître les scellés que l'on suppose être, après l'extraction des pièces, le tout en présence des parties ou elles dûment appelées. — C. proc. L. 3, p. 495, note.

201. — Elle est pure et simple, lorsque toutes

---

les parties sont d'accord et majeures ; elle est à la charge d'inventaire ou description dans tous les cas où cette précaution est prescrite par la loi ou requise par l'une des parties, et toutes les fois qu'il y a des mineurs. — Carré, t. 3, p. 334, 332 et 333.

201. — Ce n'est qu'à la requête des parties intéressées que les scellés peuvent être levés ; et il est défendu au juge de paix et greffier d'aller, sans cela, dans la maison, jusqu'à la levée, à peine d'interdiction. — C. procéd., art. 945.

202. — Toutefois, il peut se faire que des circonstances urgentes obligent le juge de paix à se transporter dans la maison. Son transport doit alors être précédé d'un réquisitoire ou d'une ordonnance motivée (C. procéd., art. 945) ; à moins que l'urgence ne soit extrême, comme si le feu prenait dans la maison, si un animal avait été enfermé sans nourriture, etc. — Pigeau, t. 2, p. 572.

203. — Le juge de paix qui procède à la levée des scellés après le décès du titulaire d'un majorat, est tenu de se faire représenter, avant la levée des scellés, le certificat constatant la notification du décès au commissaire du sceau des titres, et de faire mention dudit certificat dans l'intitulé dudit procès-verbal de levée des scellés, à peine d'interdiction. — Décr. 4 mai 1809, art. 12. — V. INVENTAIRE, nº 390 et suiv.

204. — La levée des scellés doit, selon les cas, être opérée avec ou sans description. — C. procéd., art. 940.

205. — Les difficultés sur la question de savoir si les scellés doivent être levés avec ou sans description sont soumises au tribunal de l'arrondissement où les scellés ont été apposés. — *Paris*, 8 mai 1811, Cormier c. Tassin.

206. — La levée des scellés a lieu avec description dans tous les cas où cette formalité est prescrite par la loi ou requise par une des parties.

207. — La levée des scellés se fait sans description : 1º Si la cause de l'apposition cesse avant qu'ils soient levés ou pendant le cours de leur levée. — C. procéd., art. 940.

208. — Par exemple, si depuis l'apposition des scellés sur les meubles d'une succession échue à un mineur, ce mineur a été pourvu d'un tuteur et d'un subrogé tuteur, il y a lieu de lever les scellés sans description. — *Bruxelles*, 16 mars 1821, Desluyver c. N....

209. — 2º Si les successeurs universels sont majeurs et s'accordent pour demander cette levée sans description, afin d'éviter les frais et d'empêcher de pénétrer le secret des affaires de la succession. — Pigeau, t. 2, p. 644.

210. — Jugé même que la levée des scellés apposés sur les effets d'une succession dans laquelle est intéressé un mineur pourvu d'un tuteur, n'a pas besoin d'être faite avec description, si personne ne le requiert. — *Aix*, 28 (et non 18) juill. 1830, Rousseau c. juge de Tarascon. — Toutefois Carré (quest. 3140) semble adopter l'opinion contraire, sur le motif que les scellés ayant été une fois apposés doivent profiter à tous ceux qui pourraient y avoir intérêt.

211. — Mais serait insuffisant le consentement émané du notaire nommé d'office pour représenter des héritiers non présens, — ou du mandataire chargé seulement de requérir la levée des scellés. — Bioche et Goujet, *Dict. de procéd.*, vº *Scellé*, nº 84.

212. — Lorsque les scellés ont été apposés à la requête d'un individu qui prétend avoir des droits sur la succession en vertu d'un titre contesté par l'héritier, celui-ci ne peut faire procéder à la levée des scellés sans description. — *Paris*, 1er déc. 1808, Pauquet c. Picat.

213. — Lorsqu'il n'y a d'institués que des légataires à titre universel, la levée ne peut être ordonnée qu'avec description. — *Bruxelles*, 6 mai 1813, Heylen.

214. — Un juge de paix a qualité pour appeler personnellement d'une ordonnance de référé portant qu'il y a lieu de lever des scellés sans description. — *Bruxelles*, 16 mars 1821, Desluyver c. N.... — Bioche et Goujet, vº *Référé*, nº 12 et 24.

215. — Le procès-verbal de levée des scellés doit contenir : 1º la date ; 2º les nom, profession, demeure et élection de domicile du requérant ; 3º l'énonciation de l'ordonnance délivrée pour la levée ; 4º l'énonciation de la sommation prescrite par l'art. 931 ; 5º les comparutions et dires des parties ; 6º la nomination des notaires, commissaires-priseurs et experts qui doivent opérer ; 7º la reconnaissance des scellés, s'ils sont sains et entiers, s'ils ne le sont pas, l'état des altérations sauf aux parties intéressées à se pour-

---

voir (dans l'ancien droit, le juge de paix devait surseoir) ; 8º les réquisitions à fin de perquisition, le résultat de ces perquisitions, et toutes les autres demandes sur lesquelles il y a lieu de statuer. — C. procéd., art. 936.

216. — Les scellés sont levés successivement et au fur et à mesure de la confection de l'inventaire ; ils sont ensuite réapposés à la fin de chaque vacation. — C. proc., art. 937.

217. — Lorsque des objets de même nature ont été réunis pour être inventoriés successivement suivant leur ordre, ils le sont, dans ce cas, replacés sous les scellés. — C. proc., art. 938.

218. — S'il est trouvé des objets et papiers étrangers à la succession et réclamés par des tiers, ils doivent être remis aux ayans droit; s'ils ne peuvent être remis à l'instant (par exemple, si les héritiers s'opposent à cette remise), et qu'il soit nécessaire d'en faire la description, elle doit être faite sur le procès-verbal de levée des scellés, et non dans l'inventaire. — C. proc., art. 937.

219. — Si lors de la levée des scellés il se trouve des objets étrangers à la succession, le juge de paix doit les remettre à leur propriétaire ; et dans le cas où cette remise n'est pas possible, les décrire dans son procès-verbal si c'est nécessaire : mais cette remise ne peut avoir lieu qu'autant qu'elle est réclamée par ceux à qui elle appartient. — *Aix*, 28 (et non 18) juill. 1830, Rousseau c. juge de paix de Tarascon.

220. — Lorsque après le décès d'un ancien notaire on trouve, en levant les scellés, des papiers inutiles à la succession et appartenant à des tiers qui ne les réclament point, il n'y a pas lieu d'en dresser un état descriptif ; alors est inapplicable la disposition de l'art. 939, qui est relative aux seulement où des papiers étrangers à la succession seraient réclamés par des tiers et ne pourraient être remis à l'instant. — *Paris*, 8 sept. 1825, Paragot.

221. — Du reste, le juge de paix (à moins qu'il n'en soit requis) n'a pas le droit de faire l'examen des papiers qui se trouvent sous les scellés. — Locré, *Espr. C. procéd.*, t. 4, p. 239. — *Contrà*, Longchampt, *Des justices de paix*, nº 95.

222. — Enfin si lors d'une levée de scellés le juge de paix assiste à l'inventaire, ce n'est que pour vérifier l'intégrité des scellés et les réapposer sur des effets non encore inventoriés ; et dès que les scellés ne sont plus nécessaires ou qu'ils doivent être levés sans description, il doit se retirer. — *Aix*, 28 (et non 18) juill. 1830, Rousseau c. juge de paix de Tarascon.

223. — A Paris il est d'usage que les juges de paix se retirent quand le mobilier est inventorié et qu'on s'occupe de l'analyse des papiers. — Bioche et Goujet, *Dict. procéd.*, vº *Scellé*, nº 79.

224. — Le président du tribunal civil de première instance à qui appartient, comme juge en référé, la connaissance des difficultés survenues dans le cours des opérations de levée des scellés, peut renvoyer à l'audience du tribunal le jugement de ces difficultés. — *Cass.*, 6 mars 1834, Lehir c. Dancel.

225. — Le juge des référés est compétent pour connaître d'une demande en décharge de la garde des scellés et en paiement des frais de garde. — *Amiens*, 16 août 1825, Henry c. Codevelle.

226. — Les frais de garde sont fixés *pendant les douze premiers jours*, à Paris, *pour chaque jour*, à 2 fr. 50 c.; dans les villes où il existe un tribunal, à 2 fr.; dans les autres villes et cantons ruraux, à 1 fr. 50 c. — Pour les autres jours, 1 fr. 80 c. et 60 c. — *Tarif*, art. 25.

227. — Les frais de scellés sont à la charge de la succession (C. civ., art. 810 et 1034), lors même que ces mesures conservatrices auraient été provoquées par les créanciers de l'héritier. — Toullier, t. 4, nº 414. — *Contrà*, Chabot, *Success.*, t. 3, p. 96, qui pense que les frais sont à la charge de l'héritier-débiteur.

228. — Jugé dans le sens de la première opinion que lorsqu'une succession est échue à des individus tous majeurs, si l'un d'eux seulement a fait apposer les scellés et a exigé qu'il fût procédé à un inventaire, les autres n'en doivent pas moins supporter leur part dans les frais. — *Caen*, 22 févr. 1820, N....

229. — Les frais de scellés sont considérés comme frais de justice et colloqués par privilège. — Arg. C. civ., art. 2101.

V. aussi, entre autres mots, AGENT DIPLOMATIQUE, ANNEXE DE PIÈCES, COMPÉTENCE COMMERCIALE, CONSUL, DIVORCE, ENREGISTREMENT, ÉVÊQUE, GARDIEN JUDICIAIRE, GREFFE (droits de), GREFFIER DE JUSTICE DE PAIX, INVENTAIRE, JUSTICE DE PAIX, LEGS, NOTAIRE, PRISES MARITIMES, PRUD'HOMMES.

SCHISTES.

Ateliers destinés à la carbonisation et préparation des schistes bitumineux pour fabriquer le noir minéral. — Deuxième classe des établissemens insalubres. — V. ce mot (nomenclature).

SCIES, SCIEURS, SCIERIES.

1. — Fabricans de scies. — Patentables. — Droit fixe de 25 fr. pour dix ouvriers et au dessous; plus, 3 fr. par ouvrier en sus, jusqu'au maximum de 300 fr. — Droit proportionnel du 20e de la valeur locative de l'habitation, des magasins de vente complétement séparés de l'établissement, et du 40e de la valeur locative de cet établissement.

2. — Scieries mécaniques. — Imposées à un droit fixe de 5 fr. par chaque cadre, jusqu'au maximum de 150 fr. (ce droit est réduit de moitié pour les fabriques qui sont forcées de chômer pendant au moins quatre mois de l'année, par manque ou crue d'eau). — Même droit proportionnel que les précédens.

3. — Scieurs de long. — Patentables de 7e classe. — Droit fixe, basé sur la population, et droit proportionnel du 40e de la valeur locative de tous les locaux qu'ils occupent, mais seulement dans les communes de 20,000 âmes et au-dessus.

4. — Quant à la prohibition d'introduire des scies dans les forêts et aux conditions d'établissement de scieries dans leur voisinage, V. FORÊTS.

SCULPTEURS.

1. — Sculpteurs en bois pour leur compte. — Patentables de 6e classe. — Droit fixe, basé sur la population, et droit proportionnel du 20e de la valeur locative de l'habitation et des locaux servant à l'exercice de la profession.

2. — Sculpteurs en bois, à façon. — Patentables de 7e classe. — Même droit fixe que les précédens, sauf la différence de classe, et droit proportionnel du 40e de la valeur locative de tous les locaux qu'ils occupent, mais seulement dans les communes de 20,000 âmes et au-dessus.

3. — Quant aux artistes sculpteurs ne vendant que le produit de leur art, ils sont exempts de la patente. — L. 25 avril 1844, art. 13, n° 3, § 3.

4. — Pour tout ce qui concerne la propriété des œuvres de sculpture, leur contrefaçon, etc., V. PROPRIÉTÉ ARTISTIQUE.

SCRUTIN.

V. ÉLECTIONS DÉPARTEMENTALES, n°s 264, 279 et 288; ÉLECTIONS LÉGISLATIVES, ch. 5, sect. 3 et 4; ÉLECTIONS MUNICIPALES, ch. 3, sect. 2, § 3; POUVOIR LÉGISLATIF, n° 17; REPRÉSENTATION NATIONALE, n°s 444 et suiv.

SEAUX (Fabricans de).

1. — Fabricans de seaux à incendie. — Patentables de 5e classe. — Droit fixe, basé sur la population, et droit proportionnel du 20e de la valeur locative de l'habitation et des locaux servant à l'exercice de la profession.

2. — Les fabricans de seaux ou baquets à sapin, pour leur compte, et les fabricans à façon sont patentables, les premiers de 7e et les derniers de 8e classe. — Même droit fixe que les précédens, sauf la différence de classe. — Droit proportionnel du 40e de la valeur locative de tous les locaux qu'ils occupent, mais seulement dans les communes de 20,000 âmes et au-dessus.

SÉCHAGE DES ÉPONGES.

Établissemens de lavage et de séchage des éponges. — 2e classe des établissemens insalubres. — V. ce mot (nomenclature).

SECONDE GROSSE.

V. GROSSE, n°s 60 et suiv.

SECONDES HERBES.

V. ACTION POSSESSOIRE, CHASSE, COMMUNE, PARCOURS ET VAINE PATURE, PASSAGE SUR LE TERRAIN D'AUTRUI, SERVITUDES.

SECONDES NOCES.

V. NOCES (secondes).

SECOURS A DOMICILE.

V. BUREAUX DE BIENFAISANCE, DOMICILE DE SECOURS, ÉTABLISSEMENS DE BIENFAISANCE.

SECOURS PUBLICS.

1. — La dénomination de secours publics s'applique aux différens modes d'assistance émanant de l'administration générale, départementale ou communale.

2. — Les secours publics de la première classe consistent principalement en des subventions ou subsides affectés chaque année au budget de différens ministères, et notamment de celui de l'intérieur, et dont la répartition appartient au ministre compétent.

3. — La plus grande partie des fonds dont le ministre de l'intérieur a la disposition est appliquée à subventionner les efforts charitables des communes et même des associations particulières.

4. — En outre, le ministre de l'intérieur a la direction spéciale des établissemens généraux de bienfaisance et d'utilité publique. — V. ÉTABLISSEMENS GÉNÉRAUX DE BIENFAISANCE ET D'UTILITÉ PUBLIQUE.

5. — Enfin il convient encore de rappeler que c'est au ministre de l'intérieur qu'est dévolu le soin de distribuer le crédit spécial ouvert chaque année en faveur des réfugiés étrangers. — V. RÉFUGIÉS.

6. — Les secours publics émanant des départemens consistent soit dans la création et l'entretien d'établissemens, tels, par exemple, que les maisons d'aliénés et les dépôts de mendicité (V. ALIÉNÉS, MENDICITÉ; soit dans les subventions inscrites au budget départemental pour encourager les efforts charitables des communes ou des associations charitables. On peut citer comme exemple de ces encouragemens les allocations faites par plusieurs conseils généraux en faveur de la colonie pénitentiaire de Mettray.

7. — Comme les départemens, les communes jugent quelquefois à propos de venir en aide à des associations charitables; et c'est notamment ce qui a lieu chaque année à Paris, où le conseil municipal affecte à diverses œuvres de la capitale des subventions dont le taux est par lui déterminé pour chacune. — V. VILLE DE PARIS.

8. — Mais, au résumé, c'est la commune qui se charge d'ordinaire elle-même, et pour la plus grande partie, de l'assistance qu'elle exerce par un double mode.

9. — Le premier est le secours donné à domicile; nous avons consacré à ce mode de secours un mot spécial. — V. BUREAUX DE BIENFAISANCE.

10. — Les hôpitaux et hospices dans lesquels sont recueillis pour la vie ou admis temporairement les malades, vieillards, enfans ou infirmes, constituent la seconde espèce de secours publics donnés directement par les communes. — V. HOSPICES. — V., au surplus, COMMUNE.

SECRET.

1. — Tout ce qui concerne, dans certains cas spécifiés par la loi, l'obligation du secret, a été examiné v° ABUS D'AUTORITÉ, AGENT DE CHANGE, DIVULGATION DE SECRET, LETTRE MISSIVE.

2. — Depuis la publication du mot AGENT DE CHANGE le tribunal correctionnel de Lyon a eu à juger si le secret imposé aux agens de change par l'art. 9 de l'arrêté du gouvernement du 17 prairial an X doit s'entendre seulement du secret de client à client, ou s'il autorise l'agent de change à refuser à la justice les explications qu'elle lui demande sur ses opérations. — Cette question, sur laquelle ne s'est pas expliqué le tribunal, a été examinée et résolue seulement dans le réquisitoire du ministère public. Le ministère public a pensé que, lorsque la justice demande à un agent de change des renseignemens sur ses opérations, il doit les compléter, et ne peut se réfugier, pour les refuser, derrière l'obligation d'un secret qui ne lui a évidemment été imposé que vis-à-vis de ses cliens et uniquement dans des intérêts privés. — V. t. 1er 1848, p. 6, N....

SECRET (Mise au).

1. — Interdiction de laisser communiquer un détenu soit avec les autres détenus, soit avec les personnes du dehors.

2. — Lorsque la mise au secret est nécessaire dans l'intérêt de l'instruction, elle ne peut être ordonnée que par le juge d'instruction; il puise à cet égard, son pouvoir dans les art. 613, 615 et 618 du Code d'instruction criminelle, et dans l'art. 80 des constitutions de l'an VIII.

3. — Le procureur de la République n'a le droit que de la requérir. — Massabiau, n° 2874. — V. PRISONS, n° 86 et suiv.

4. — Mais si elle est motivée par un acte d'insubordination ou de violence, commis soit par un inculpé, soit par un condamné, elle est prononcée par l'autorité administrative. — V. inst. crim., art. 614. — V. PRISONS, n°s 92, 93, 94.

5. — L'emprisonnement provisoire ne peut être ordonné par les magistrats que dans le concours de certaines circonstances qui sont notamment, la gravité de la peine, le défaut de garantie de la part du prévenu, et une accusation qui paraît raisonnablement établie; on doit considérer cette détention préalable comme une sacrifice fait à l'intérêt public, comme une précaution contre la fuite : dès lors, tout ce qu'elle ferait de plus, quand les circonstances ne l'exigent pas d'une manière impérieuse, notamment tout ce qui tendrait à isoler les prévenus, à gêner leurs relations de famille, à gêner leurs moyens de défense, constituerait un abus de fonction d'autant plus grave qu'il nuirait au véritable objet de la société civile.

6. — « Pour justifier le secret, dit Mayer (t. 4, p. 337), il faut la réunion de deux circonstances: atrocité du crime contre la chose publique, impossibilité qu'il ait été commis par les individus saisis sans la participation d'autres complices. En laissant alors au juge le pouvoir d'empêcher le prévenu de communiquer, le législateur croit à ce juge une autorité très-étendue, et il est en droit d'exiger un compte scrupuleux de l'usage qu'il en fait. Le secret étant une exception à la règle générale, c'est à juste titre qu'on peut imposer au magistrat qui pense avoir des raisons plausibles pour s'écarter de la règle, non-seulement le devoir de rendre une ordonnance spéciale à cet effet, mais encore d'y indiquer les raisons qui l'ont conduit à restreindre la faveur accordée par la loi aux prévenus. »

7. — L'ordonnance dont parle le savant auteur des *Institutions judiciaires* est, en effet, nécessaire aux termes des dispositions citées plus haut, et de l'art. 82 de la Constitution du 22 frim. an VIII, qui qualifie crimes toutes rigueurs employées dans les arrestations, détentions ou exécutions autres que celles autorisées par les lois. — En conséquence il faut un ordre écrit pour que l'existence même de l'ordre émané du juge ne puisse être contestée, et que la représentation de cette pièce mette le gardien de la maison d'arrêt à l'abri de réclamations mal fondées.

8. — En une matière si importante, la précision et l'exactitude des détails ne contribuent-elles pas à alléger, d'ailleurs, la responsabilité des magistrats? Ainsi, l'ordonnance prescrite devrait toujours limiter la durée du secret; sauf à la prolonger ultérieurement selon les cas, et à déterminer l'interdiction de communiquer, sera ou totale ou partielle : puisqu'il peut résulter, soit d'après la nature de l'affaire, soit d'après l'état même de la prison, secret total rempli sse au delà de but nécessaire à la justice.

9. — Jamais on ne peut aggraver la durée déjà si grande de ce moyen d'instruction par des gênes accessoires, et le prévenu momentanément privé de communications doit être, à tout autre égard, traité comme les autres détenus.

10. — Aucune des phases de l'information ne comporte davantage que l'on rappelle au magistrat-instructeur l'obligation qui lui est imposée par l'art. 427 du Code d'instruction criminelle, de rendre compte à la chambre du conseil des affaires qu'il suit. Car si, en thèse générale, ces rapports successifs sur des procédures non terminées passent pour inutiles, néanmoins, et en particulier de la mise au secret des prévenus, le juge ne peut mieux faire que d'exécuter fidèlement la loi; le tribunal appuiera les motifs de cette mesure extraordinaire, de même qu'il pourvait prévenir par son autorité, tout ce que l'ordonnance d'interdiction de communiquer aurait d'irrégulier, d'injuste ou de vexatoire.

11. — Ces rapports partiels sont ordonnés par une instruction du ministre de la justice aux procureurs généraux en date du 40 février 1818, où l'on remarque ce passage : « Et, afin d'empêcher que ces rapports ne dégénèrent en une vaine formalité, vous aurez soin qu'il me soit envoyé, chaque mois, un état exact de toutes les procédures dont il aura été ainsi rendu compte.

compte provisoire à chacun des tribunaux de votre ressort, avec l'indication de la durée de l'interdiction de communiquer, de l'époque où elle aura cessé, et des raisons qui auront déterminé à la prescrire ou à la prolonger.»

12. — De ce qui précède il ne faudrait pas conclure que le tribunal puisse jamais ordonner ou lever les mises au secret; ce droit appartient au juge d'instruction seul, sous sa responsabilité. — Paris, 27 juill. 1838 (t. 2 1838, p. 91), Ancquetin.— Carnot, *C. instr. crim.*, art. 613; Legraverend, t. 1er, p. 335 et suiv., ch. 8, *De l'arrestation.*

13. — Le juge d'instruction ne peut même pas déléguer au juge d'instruction d'un autre arrondissement le droit de rendre des ordonnances d'interdiction de communiquer.

14. — Jugé que l'attribution conférée aux Cours d'appel par l'art. 235 C. instr. crim., ne peut devenir applicable à des objets qui ne constitueraient ni crime, ni délit, ni contravention et qui ne seraient passibles d'aucune peine; ainsi une chambre d'accusation excède ses pouvoirs en ordonnant à son procureur général de prendre des renseignemens sur les motifs qui ont déterminé la mise au cachot d'un prévenu.—*Cass.*, 16 déc. 1825, Ponsart.

15. — « Cet arrêt, dit Legraverend (t. 1er, ch. 8, p. 336, note 2), est d'un bien dangereux exemple, en ce qu'il proclame que l'abus des magistrats dans la mise au secret, et même au cachot, ne peut pas devenir l'objet de la censure et de l'examen des Cours d'appel, et que l'art. 82 (L. 22 frim. an VIII) ne permet pas même cette surveillance prescrite par l'humanité, quand l'art. 75 de cette loi, qui ne permet pas de poursuivre un administrateur sans l'autorisation du gouvernement, continue d'être exécuté. »

16. — Carnot (sur l'art. 236 C. instr. crim., n° 1er) fait des réflexions analogues. « Serait-il donc vrai, dit-il, qu'il n'y ait plus, dans l'état actuel de la législation, de délit punissable, lorsque, dans la détention des prévenus, il a été usé de voies qui ne sont pas autorisées par la loi? Serait-il donc vrai que l'art. 82 act. de frimaire an VIII, qui a qualifié crime une pareille action ne soit plus aujourd'hui en vigueur? cet article ne se trouve-t-il pas inséré au Code d'instruction criminelle comme étant le complément de l'article 615? »

17. — Ces critiques ne sont pas fondées; l'article 235 C. instr. crim. n'investit les Cours d'appel du droit d'ordonner des informations que sur les affaires susceptibles d'une instruction judiciaire, c'est-à-dire sur des faits qui présentent le caractère d'un crime ou d'un délit. L'art. 11 L. 20 avr. 1810 est même encore plus précis à cet égard. On lit, à la vérité, dans la Constitution du 22 frim. an VIII, art. 82, que « toutes rigueurs employées dans les arrestations, détentions ou exécutions, autres que celles autorisées par les lois sont des crimes; » mais, d'abord, cette disposition est restreinte aux rigueurs *autres que celles autorisées par la loi*, et, en second lieu, le principe qu'elle pose ne dispense pas de produire un texte de loi qui ait spécialement prévu les rigueurs dont on se plaint et déterminé la peine applicable: or, non-seulement, le délit n'était point caractérisé, dans l'espèce actuelle, mais la mise au cachot et même aux fers se trouve formellement autorisée par l'art. 614 C. instr. crim. Quel pouvait donc être l'objet d'une information, lorsqu'il était constant, dès l'origine, qu'elle n'aboutirait à aucune condamnation? Legraverend a senti toute la force de l'objection, et il n'a fait que l'éluder en attribuant aux Cours d'appel un droit d'examen et de censure sur les abus des magistrats dans la mise au secret ou au cachot. La mise au cachot rentre dans la police des prisons conférée à l'autorité administrative par l'art. 61 C. instr. crim., l'autorité judiciaire ne peut, sous aucun rapport, s'immiscer dans la connaissance des actes de l'administration. Quant à la mise au secret; elle est placée, comme les magistrats dont elle émane, sous la surveillance du procureur général, qui prend au besoin contre eux telle mesure disciplinaire qu'il juge convenable (C. instr. crimin., art. 27 et 57; L. 20 avr. 1810, art. 60, etc.). Ainsi, le système de Legraverend ne pourrait avoir d'autre résultat que de déplacer entièrement les attributions.

18. — Jugé même, que, la mise au secret étant une mesure facultative d'instruction, dont la durée comme le motif dépendent des circonstances particulières de chaque affaire, il n'appartient pas à la Cour de cassation d'apprécier si elle a été strictement renfermée dans la limite de l'intérêt de vérité et de justice qui l'a rendue nécessaire. — En conséquence, le grief tiré de ce que le prévenu aurait été retenu au secret postérieurement à l'ordonnance de la chambre du conseil ne saurait constituer une violation du droit de défense de nature à donner ouverture à cassation. — *Cass.*, 10 déc. 1847 (t. 1er 1848, p. 471), Bonafoux, dit Léotade.

SECRET DE FABRIQUE.

1. — L'art. 418 C. pén. est ainsi conçu: « Tout directeur, commis, ouvrier de fabrique qui aura communiqué à des étrangers ou à des Français résidant en pays étrangers, des secrets de la fabrique où il est employé, sera puni de la réclusion et d'une amende de 500 à 20,000 fr. — Si ces secrets ont été communiqués à des Français résidant en France, la peine sera d'un emprisonnement de trois mois à deux ans et d'une amende de 16 à 200 fr. »

2. — La communication du secret est, comme on le voit, réputée plus ou moins coupable selon qu'elle nuit uniquement à une fabrique en particulier ou aux fabriques nationales en général. — Faite à un étranger ou à un Français fixé à l'étranger, elle constitue un acte de trahison envers le pays; puisqu'elle prive la nation d'une source de richesses. — C'est en se plaçant à ce point de vue que le législateur la place au rang des crimes. — Chauveau et Hélie, *Théor. C. pén.*, t. 7, p. 456.

3. — La condition essentielle de ce délit, disent MM. Chauveau et Hélie (*Théorie C. pén.*, t. 7, p. 456), est que les moyens de fabrication qui ont été l'objet de la communication soient des *secrets*, c'est-à-dire appartiennent exclusivement à la fabrique, aient été inventés pour elle, lui aient été spécialement appliqués. Il est évident, ajoutent-ils, que si le fabricant n'a fait qu'établir dans sa manufacture des instrumens ou des moyens déjà employés ailleurs, la communication de ces moyens ne peut lui causer aucun préjudice; ils sont connus, ils ne lui appartiennent pas en propre.

4. — Le délit prévu et puni par l'art. 418 se confond-il avec le fait (réprimé par la loi du 5 juill. 1844) qui consiste de la part d'un ouvrier à avoir donné connaissance à un contrefacteur des procédés décrits au brevet? — V., à cet égard, BREVET D'INVENTION, n° 564.

5. — Il faut que la communication ait été *frauduleuse*: si l'agent avait agi de bonne foi, son action, quoique de nature à engager sa responsabilité civile, ne constituerait pas un délit. — Chauveau et Hélie, *loc. cit.*

6. — La peine édictée par l'art. 418 ne concerne que les *directeurs, commis, ouvriers* de l'établissement industriel. Cette qualité, constitutive du délit, doit être mentionnée dans le jugement. — Ceux-là seulement qui connaissent les secrets de la fabrique, à raison de leurs fonctions, trahissent leurs devoirs en les communiquant.

7. — Il a été jugé que la communication qu'un individu fait à un autre de procédés industriels ne constitue pas un dépôt; et que l'abus de ce secret ne peut donner lieu contre celui à qui il a été confié, à l'application de l'art. 403 du C. pén. — *Cass.*, 29 avril 1848 (t. 2 1848, p. 650), Machard c. Saglio.

SÉCRÉTAGE DES PEAUX.

Etablissemens consacrés au sécrétage des peaux ou poils de lièvres ou de lapins, 2e classe des établissemens insalubres. — V. ce mot (nomenclature).

SECRÉTAIRES.

1. — Dans son acception la plus usuelle, ce mot sert à désigner ceux qui sont chargés de tenir la correspondance et en général les écritures d'une autre personne.

2. — Il désigne aussi celui qui rédige le procès-verbal des séances d'une assemblée délibérante. Ainsi, les secrétaires de l'Assemblée nationale, le secrétaire perpétuel de l'Académie française, le secrétaire d'une commission, d'un comité, le secrétaire d'un conseil général, d'un conseil municipal, d'une chambre des notaires, etc. — Leur nomination appartient, en règle générale, à ces assemblées elles-mêmes. — On peut encore citer dans la même classe de secrétaires celui qui dresse le procès-verbal d'une opération électorale.

3. — Ce mot s'applique encore à certains fonctionnaires salariés par l'Etat, qui, sous la surveillance de chefs supérieurs, sont chargés de l'administration matérielle des établissemens publics auxquels ils sont attachés. Tels sont les secrétaires des écoles de droit, des écoles de médecine, des académies, etc.

4. — On appelle encore *secrétaire d'ambassade* celui qui est nommé par le chef du gouvernement, et qui reçoit un traitement de l'Etat pour faire et écrire les dépêches de l'ambassade. — V. AGENT DIPLOMATIQUE, nos 25 et suiv., 206, 275, 278 et suiv.

5. — Le *secrétaire de la mairie* est celui qui est chargé de tenir les registres de la mairie et d'en délivrer des extraits. L'ancienne législation avait institué les secrétaires de mairie avec un caractère public qui les rendait les auxiliaires obligés du maire.

6. — « Mais, disent les auteurs du *Dict. de dr. publ. et adm.*, un secrétaire de mairie n'est autre chose qu'un employé du maire sans aucun caractère public. C'est donc au maire seul qu'appartient le droit de le nommer et de le révoquer; car lui seul est responsable des faits de cet employé, et il ne serait pas juste de lui imposer pour secrétaire quelqu'un qui n'aurait pas sa confiance. » C'est en ce sens que paraît se prononcer l'art. 12 de la loi du 18-22 juill. 1837.

7. — Les secrétaires de mairie n'étant plus fonctionnaires publics, n'ont donc aucune attribution qui leur soit propre. Ils ne font que ce que les maires leur indiquent de faire et sous leur responsabilité, à moins qu'ils n'aient reçu une délégation spéciale approuvée par l'autorité supérieure. — Souquet, *Dict. des temps légaux*, tab. 716, col. 5, n° 6.

8. — Tout secrétaire de mairie qui détruit, supprime, soustrait ou détourne les actes et titres dont il est dépositaire en cette qualité, ou qui lui ont été remis à raison de ses fonctions, est passible des peines portées en l'art. 173 du C. pén.

9. — Il a été jugé que les secrétaires des mairies étant des agens ou préposés d'administrations publiques, celui qui s'est laissé corrompre dans l'exercice des attributions qui lui ont été faites pour la délivrance des passe-ports est passible des peines portées par l'art. 177 du C. pén. — *Cass.*, 17 juill. 1828, Dumas; 10 oct. 1828, même partie.

10. — Le *secrétaire du parquet* est celui qui est attaché aux bureaux du procureur de la République, et qui reçoit de ce magistrat le travail qu'il doit faire. — Dans quelques siéges il est accordé au procureur de la République un secrétaire, dont le traitement est payé par le département. Le procureur de la République de la Seine est le seul à qui il soit alloué des frais de secrétaire sur les fonds généraux de l'Etat.

SECRÉTAIRE D'ÉTAT.

1. — Le titre de secrétaire d'Etat s'ajoute au titre de ministre pour le compléter. C'est ainsi qu'on dit le ministre secrétaire d'Etat de la justice, de l'intérieur, etc... Cette dénomination indique la capacité et l'obligation commune à tous les ministres et n'appartenant spécialement à aucun d'eux, de contre-signer les actes du pouvoir exécutif relatifs à leurs départemens respectifs.

2. — Un arrêté du 28 niv. an VIII, sur la promulgation des lois, avait chargé un secrétaire d'Etat de recevoir les décrets du Corps législatif, et de les tenir en dépôt jusqu'au moment de la promulgation, et d'adresser alors l'expédition officielle de la loi signée, contre-signée et scellée au ministre de la justice. — Napoléon éleva ce secrétaire d'Etat au rang de ministre, et le chargea du contre-seing de tous les actes du pouvoir exécutif.

3. — A ces attributions relatives au contreseing vinrent sous l'Empire s'en joindre d'autres plus importantes. Le secrétaire d'Etat était, en effet, chargé de réunir les travaux des départemens ministériels pour les transmettre à l'empereur, et de distribuer les ordres qu'il recevait de ce dernier entre les différens ministères. Il avait enfin toutes les affaires de gouvernement qui n'étaient pas spécialement attribuées aux autres ministres. — La Restauration a supprimé les fonctions de secrétaire d'Etat, contre lesquelles s'étaient élevées depuis longtemps de nombreuses réclamations de la part des autres ministères.— V. MINISTRES.

SECRÉTAIRE GÉNÉRAL.

1. — On donne le titre de secrétaire général soit à un fonctionnaire attaché à un ministère et venant immédiatement après le ministre, soit

à un agent auxiliaire établi auprès d'un préfet.

2. — Le secrétaire général de ministère est, à cause de l'importance de ses fonctions, nommé directement par le chef du pouvoir exécutif; il est, par là, moins dépendant du ministre.—Dans les ministères où il n'existe pas de secrétaire général, c'est un chef de bureau qui le remplace.

3. — Ses fonctions consistent principalement dans la direction des bureaux ou du personnel. Ainsi, elles embrassent : la réception et l'ouverture des dépêches, leur enregistrement et leur analyse, leur répartition entre les divisions du ministère; le personnel des employés; la surveillance générale sur les travaux et l'impulsion à donner pour l'examen et la décision des affaires; l'expédition de la correspondance ministérielle; la garde du sceau du ministère, les archives du ministère, le répertoire et la conservation de tous les actes législatifs, ministériels, ou émanés du chef de l'Etat; les dépenses intérieures, etc.

4. — Le secrétaire général de préfecture, qui n'existe plus aujourd'hui, du moins en titre principal, que dans le département de la Seine, était autrefois, comme le préfet, nommé par le pouvoir exécutif. Il avait la garde des papiers de la préfecture, et était chargé de contre-signer les actes administratifs. — L. 28 pluv. an VIII, art. 7.

5. — Lorsque le préfet venait à s'absenter, le secrétaire général correspondait avec lui et le représentait. — L. 17 pluv. an VIII, art. 6. — Le traitement du secrétaire général était du tiers de celui du préfet auprès duquel il se trouvait, sans pouvoir toutefois être au-dessous de 3,000 fr. ni au-dessus de 6,000. — *Ibid.*, art. 7.

6. — En cas d'absence ou de maladie du secrétaire général, le préfet pouvait pourvoir provisoirement à son remplacement. — L. 18 prair. an XIII.

7. — L'ordonnance du 9-14 avr. 1817 vint supprimer, à partir du 1er mai suivant, les secrétaires généraux de préfecture (art. 1er), et disposa que le doyen des conseillers de préfecture, et, à son défaut, le plus ancien après lui, signerait comme secrétaire général les expéditions, et veillerait à la bonne tenue des archives, dont tous les frais de garde et de conservation continueraient d'être imputés sur le fonds d'abonnement des préfets (art. 2); ajoutant que ce conseiller de préfecture veillerait aussi à ce que les registres des arrêtés et décisions du préfet et des délibérations des conseils de préfecture fussent constamment à jour, et à ce que les actes que ces registres contiendraient fussent signés à mesure qu'ils y seraient inscrits. — Art. 3.

8. — Rétablis par l'ordonnance du 1er-22 sept. 1820, les secrétaires généraux de préfecture furent de nouveau supprimés par l'ordonnance du 1er-8 mai 1832; on conserva seulement ceux de six départemens, des Bouches-du-Rhône, de la Gironde, du Nord, du Rhône, de la Seine et de la Seine-inférieure.— Ordonn. 1er-8 mai 1832. — Leurs fonctions devaient être remplies dans les autres départemens par un conseiller de préfecture désigné par le ministre de l'intérieur, et recevant, à ce titre, une indemnité égale au quart de son traitement. — Art. 2.

9. — Enfin est intervenu l'arrêté du 15-20 déc. 1848, qui porte (art. 5) : Les places de secrétaire général de préfecture sont supprimées dans les départements des Bouches-du-Rhône, de la Haute-Garonne, du Nord, du Rhône et de la Seine-Inférieure, à partir du 1er décembre présent mois. — Conformément à l'ordonnance du 1er mai 1832, un conseiller de préfecture désigné par le ministre de l'intérieur sera chargé, dans chacun de ces départements, des fonctions de secrétaire général de préfecture et recevra, à ce titre, une indemnité égale au quart de son traitement. Il ne reste donc plus aujourd'hui qu'un seul secrétaire général de préfecture, celui du département de la Seine.

10. — La suppression des secrétaires généraux de préfecture, à laquelle on a toujours eu recours comme à un moyen d'économie, a trouvé de nombreux adversaires. — « L'institution d'un secrétaire général de préfecture placé à côté du préfet, disait M. Boulatignier à l'Assemblée nationale (séance 18 nov. 1848), m'a toujours paru une heureuse institution, non pas s'il s'agissait de réduire ce fonctionnaire à la garde des archives, à la tenue des registres des arrêtés de la préfecture, à la délivrance des expéditions, mais parce que, dans la mobilité plus ou moins inévitable du personnel des préfets, il me paraîtrait nécessaire qu'il y eût dans chaque préfecture un fonctionnaire, en quelque sorte permanent, gardien des traditions administratives et des plus chers intérêts des localités. » — V., au surplus, CONSEILS DE PRÉFECTURE.

SECRÉTAIRE-INTERPRÈTE DU GOUVERNEMENT.

1. — Les secrétaires-interprètes sont des agens salariés par l'Etat et chargés de traduire pour le gouvernement des discours ou des actes en langue orientale.

2.— On appelle encore quelquefois secrétaires-interprètes, mais plus communément *drogmans*, des fonctionnaires attachés aux missions françaises près les gouvernemens orientaux, et chargés de faire la traduction des actes dont l'Etat peut avoir besoin. — Les drogmans sont nommés par le chef du pouvoir exécutif sur la présentation du ministre des affaires étrangères; ils sont choisis parmi les élèves-drogmans employés dans le Levant, qui eux-mêmes sont nommés par arrêté du ministre des affaires étrangères parmi les élèves de l'école des langues orientales à Paris dite *Ecole des jeunes de langue*.—V. ce mot.—Ord. 20 août 1833, art. 23, 26, 27, 28. — V. AGENT DIPLOMATIQUE, nos 31 et suiv.

3. — C'est parmi les drogmans que sont pris les secrétaires-interprètes proprement dits.—Ils sont nommés par le chef du pouvoir exécutif, sur la présentation du ministre des affaires étrangères; ils sont au nombre de trois, et l'un d'eux porte le titre de premier secrétaire-interprète du gouvernement. — Ord. 20 août 1833, art. 23 et suiv.

SECRÉTAIRE DU ROI.

1. — C'était un officier établi pour signer les lettres qui s'expédiaient dans la grande chancellerie et dans les petites chancelleries, et pour signer les arrêts et mandemens des Cours souveraines. Appelé d'abord référendaire du roi, référendaire du palais, chancelier, il avait ensuite été qualifié tantôt de clerc du roi, tantôt de clerc-notaire, tantôt de notaire simplement, tantôt de notaire secrétaire du roi, enfin le titre de secrétaire du roi lui était resté.

2. — Les offices de secrétaire du roi étaient créés par le roi lui-même. Le nombre n'en était pas limité, il varia d'une époque à l'autre. Il était de 104 sous le roi Jean, en 1727 il fut élevé à 300.—Pour être admis à un office de secrétaire du roi, il fallait avoir été examiné par le Parlement qui était appelé à juger *si on était suffisant pour faire lettres, tant en latin qu'en français*, et qui en faisait son rapport.—Lett. de Philippe de Valois, 8 avr. 1342. — Il était défendu de recevoir pour ces offices aucune personne faisant trafic et marchandise, banque, ferme ou autre négociation mécanique. — Déclar. 7 juill. 1588.

3. — Les secrétaires du roi étaient nommés à vie; il n'y avait lieu à leur remplacement qu'en cas de décès, de résignation ou de forfaiture. Ils avaient la faculté de résigner leur charge à leur fils ou à leur gendre.

4.—Dans les derniers temps ils recevaient une rétribution fixe, ils étaient *à gages* et à manteaux; de plus ils avaient chacun une *bourse*, c'est-à-dire une part de l'émolument du sceau. — Ils jouissaient enfin de nombreux honneurs, priviléges et exemptions. — Charles VIII (lettres de février 1484) les avait déclarés nobles et égaux aux barons. — Guyot, *Rép. de jurisprud.*, vo *Secrétaire du roi*.

5. — Les offices de secrétaire du roi ont dû disparaître avec les chancelleries.—Les petites chancelleries ont été définitivement supprimées par l'art. 20 L. 7 sept. 1790, la grande chancellerie l'a été par la loi du 27 nov. 1790, avec les offices des membres qui la composaient, et elle n'a été recréée en 1814 qu'en ce sens que le titre de chancelier a été rétabli.

SECTION DE COMMUNE.

V. AUTORISATION DE PLAIDER, COMMUNE.

SECTION DES TRIBUNAUX.

V. AUDIENCE, CASSATION, JUGEMENT, ORGANISATION JUDICIAIRE, ROLE, ROULEMENT, TRIBUNAUX.

SÉDITION.

1. — La sédition comprend tout acte ou toute démonstration publics d'insubordination envers le gouvernement, commis à main armée ou par un moyen de publicité.

2. — Tout ce qui concerne les attaques à main armée contre le gouvernement a été traité vis ATTENTAT, ATTROUPEMENT, BANDES ARMÉES, COMPLOT, CRIMES CONTRE LA SURETÉ DE L'ÉTAT, MOUVEMENT INSURRECTIONNEL, RASSEMBLEMENT.—V. aussi ASSOCIATIONS ILLICITES, RÉBELLION.

3. — Quant aux démonstrations séditieuses par la voie de la presse ou au moyen de cris, exposition d'emblèmes, etc., V. CRIS SÉDITIEUX, DÉLIT DE PRESSE, DISCOURS SÉDITIEUX, EMBLÈME, PRESSE.

4. — Remarquons néanmoins que, depuis la publication de la plupart de ces articles, la loi du 9 septembre 1835 a cessé d'exister et a été remplacée par celles des 11 août 1848 et 27 juill. 1849.—L'art. 6 de la première de ces lois punit d'un emprisonnement de quinze jours à deux ans et d'une amende de 100 à 4,000 fr. l'exposition dans des lieux ou réunion publics, la distribution ou mise en vente de tous signes ou symboles propres à propager l'esprit de rébellion ou à troubler la paix publique.

5. — L'art. 4, tit. 8 de la loi du 21 brumaire an V (Code des délits et des peines pour les troupes de la République) porte que la révolte, la sédition ou la désobéissance combinée de la part des habitans du pays ennemi occupé par les troupes de la République sera punie de mort, soit que la désobéissance se soit manifestée contre les chefs militaires, soit que la révolte ou sédition ait été dirigée contre tout ou partie des troupes de la République. — Le même article ajoute : « Sera puni de la même peine tout habitant du pays ennemi, convaincu d'avoir excité le mouvement de révolte, sédition ou désobéissance, quand même il n'y aurait pas autrement pris part ou que ses efforts pour l'exciter auraient été sans succès. »

6. — Aux termes de l'art. 5 de la même loi, en cas d'attroupement de la part des militaires ou autres individus attachés à l'armée et à sa suite, les supérieurs commanderont, au nom de la loi, que chacun se retire; si le rassemblement n'est pas dispersé par le commandement fait au nom de la loi, les supérieurs sont autorisés à employer tous les moyens de force qu'ils jugeront nécessaires pour le dissiper. Les auteurs d'un attroupement (au nombre desquels seront toujours compris les officiers et sous-officiers qui en feront partie) seront aussitôt saisis et traduits au Conseil de guerre et punis de mort. — V. DÉLITS MILITAIRES, TRIBUNAUX MILITAIRES.

SÉDUCTION.

V. ATTENTAT A LA PUDEUR, ATTENTAT AUX MOEURS, PROMESSE DE MARIAGE, RAPT, VIOL.

SEIGNEUR, SEIGNEURIE.

1. — Le titre de *seigneur* était donné autrefois au possesseur d'un fief, et indiquait sa supériorité sur les personnes et les propriétés relevant de son autorité.—On appelait *seigneurie* la puissance de celui qui avait une terre seigneuriale. — Rolland de Villargues, vo *Seigneur*; Guyot, *Répert.*, vo *Seigneur, Seigneurie*; *Encyclopédie méthod.*, vo *Seigneur*; Merlin, vo *Seigneur, Seigneurie*.

2. — Ces dénominations viennent du mot latin *senior*, nom qui fut donné d'abord aux seigneurs. Il est, du reste, à remarquer que, dans presque toutes les langues anciennes, les magistrats étaient désignés par un nom dérivé d'un mot exprimant l'idée de vieillard. Ainsi, chez les Hébreux on les désignait sous le nom d'*anciens* ou *vieillards du peuple*; à Rome, on les nommait *sénateurs* ou *pères*; les Italiens et les Espagnols se servent presque du même mot, ils disent *signor* et *senor* dans le même sens; enfin, d'après le témoignage du père Lafiteau (*Mœurs des sauvages*, t. 2 de l'édit. in-12, p. 172), l'un des noms que les tribus de l'Amérique septentrionale donnent à leur chef est celui de *roksten-goa*, qui signifie le vieillard ou l'ancien par excellence.

3. — Le mot *senior*, tant qu'il fut usité, n'exprimait autre chose que la suprématie engendrée par le contrat du séniorat, c'est-à-dire du fief, et ne servit nullement à désigner le propriétaire d'un droit de justice. — Le terme *seigneur* eut d'abord la même signification; régulièrement il n'en eut même jamais d'autre, et d'Argentré fait observer que cette dénomination est très-improprement appliquée par la coutume à des choses qui sont de justice et non de fief : *Hæc vox*, dit-il, *cùm sit correlativa ad vassalum ut respectu ejus prædicatur de rebus vassalitiis non aptè hic posita est, cùm hæc dispositio ad materiam subjectum-*

*feudale restringi non debeat, sed... porrigatur in
ejus jurisdictio. — In art.* 10, n° 2. — V. Championnière, *De la propriété des eaux courantes,* n°

4.—Ce dernier auteur fait remarquer que l'i-
dée de propriété s'attachait si complètement au
terme *senior* ou *seigneur* que, soit parce que telle
était sa signification primitive, soit à cause du
droit dont il comportait l'existence, la langue
féodale n'eut point d'autre mot qui exprimât
les absolument la propriété, même à l'égard
des choses qui ne supposaient aucune suprématie
seigneuriale. — Championnière, *loc. cit.*

5.— « Le mot seigneur, dit également Loyseau
(Traité des seigneuries, chap. 1er), emporte toujours
quelque propriété, voire que c'est aujourd'hui le
seul le plus usité que nous ayons pour signifier la propriété de quelque chose, de l'appeler
signeurie, qui devrait être appelé *sieurie.* »

6.— Mais lorsque le seigneur justicier et le
seigneur féodal tendirent à se confondre par
suite des causes que nous avons signalées v° JUS-
TICE SEIGNEURIALE, le mot générique *seigneur*
servit à désigner indistinctement l'un et l'autre.

7.—En ce qui concerne l'origine des seigneuries, plusieurs systèmes ont été soutenus. Nous
renverrons rien à ce qui a été dit à ce sujet
v° FIEF et JUSTICE SEIGNEURIALE.

8.—La plénitude de la seigneurie consistait
dans la réunion de la directe et de la justice sur
un certain territoire ; mais, ainsi que nous l'a-
vons vu v° JUSTICE SEIGNEURIALE, ces deux démembremens ne point toujours et nécessairement ensemble. D'autre part, des distinctions
furent établies entre le haut, le moyen et le bas justicier, et dès lors s'éleva la question de savoir
quel était le véritable seigneur de tel ou de tel

9.—La seigneurie n'étant autre chose que la
puissance, c'est-à-dire l'autorité publique en
propriété, ce le seigneur haut justicier étant le
véritable propriétaire de l'autorité publique dans
le territoire soumis à sa juridiction, il s'ensuivait
qu'il avait seul le droit de se qualifier purement
et simplement de seigneur du lieu ; et si dans
une paroisse il y avait plusieurs seigneurs hauts
justiciers, celui-là seul pouvait s'en qualifier seigneur qui avait l'église dans son territoire. —
Loyseau, *Traité des seigneuries,* chap. 1er. — V.
aussi Guyot (v° *Seigneur, Seigneurie,* sect. 4), qui
cite à l'appui de ce principe un grand nombre
d'arrêts rendus dans le même sens.

10.—De ce principe il résultait que tous les
seigneurs soit féodaux, soit justiciers du surplus
de la paroisse ne pouvaient pas même se qualifier seigneur en partie. — Une seule exception
fut apportée à cette règle : dans le cas où le
droit était seul haut justicier du village, les moyens
et bas justiciers qui avaient l'église dans l'étendue de leurs fiefs pouvaient, par possession, se
qualifier *seigneur de la paroisse.* — V. Maréchal,
ibid., 1er, § 38. — V. aussi Guyot, *ibid.*

11.—Mais si la qualité de seigneur ne pouvait
être prise que par celui qui avait une église particulière sur le sol de la haute justice, tout autre
haut justicier pouvait, en général, prendre la
qualification de *seigneur en partie* ou de *coseigneur.*
V. Guyot, *loc. cit.* ; *Encyclopédie méthod., ibid.*

12.—Loyseau divisait les seigneuries en trois
ordres : les grandes, les médiocres et les petites.
Les grandes étaient celles qui avaient un titre caractéristique de souveraineté, comme les duchés, mar-
quisats, comtés et principautés. Les médiocres
étaient celles dont le titre, bien qu'étant de
dignité, n'était pas capable de souveraineté,
comme les baronnies, vicomtés, vidamés et châ-
tellenies. Enfin, les petites seigneuries étaient
celles qui n'avaient même aucun titre de dignité,
étaient les hautes, moyennes et basses justices.

13.—Ces trois degrés de seigneuries relevaient,
en général, les unes des autres, savoir : les médiocres seigneuries des grandes, et les petites des
médiocres. Mais cette règle subissait de nombreuses exceptions. — Loyseau, *ibid.,* n° 42, et v°
FINANCE [sect. dernière].

14.—Parmi les diverses sortes de seigneurs
se distinguait : le *seigneur bannier* ou *seigneur du
ban,* auquel était réservé le droit de faire proclamer la vendange dans son territoire. — Cout.
Bourbernais, tit. 13. — Guyot, *Rép. de jurispr.,*
Seigneur, Seigneurie ; Encyclopédie *méthod.,* v°
BAN. — V. aussi BAN DE VENDANGES.

15.— « Le *seigneur bourdelier,* à qui était dû
le droit de bourdelage. — *Ibid.,* et v° BOURDE-

16.— « Le *seigneur censier* ou *censual,* auquel
le cens était dû par suite de l'abandon d'un hé-

ritage qu'il avait fait à la charge de ce cens. —
V. CENS.

17.—«... Le *seigneur direct* ou celui duquel rele-
vait un héritage soit en fief, soit en censive.—V.
CENSIVE, FIEF.—On lui donnait aussi le nom de
seigneur immédiat, de *seigneur proche* ou *prochain ;*
et dans la coutume de Bayonne, celui de *seigneur
de prinfef.*—V. cette coutume, tit. 5, art. 10 et 11.

18.—«... Le *seigneur domanier,* nom donné, dans
quelques coutumes, au propriétaire d'un fonds,
par opposition au seigneur direct.

19.—«... Le *seigneur dominant,* qui avait la directe
immédiate sur un fief.—V. FÉODALITÉ, FIEF, JUS-
TICE SEIGNEURIALE.

20.—«... Le *seigneur ecclésiastique* ou le *bénéficier,*
qui possédait quelque seigneurie attachée à son
bénéfice.—V. FRANCHE AUMÔNE, IMMUNITÉS.

21.—«... Le *seigneur emphytéotique,* ou *emphytéotique,* qui avait donné son bien à emphytéose.
Dans certains pays on appelait aussi de ce nom
le seigneur censuel.—V. EMPHYTÉOSE.

22.—«... Le *seigneur-engagiste,* c'est-à-dire qui
tenait quelque terre ou une justice du domaine
à titre d'engagement.—V. ENGAGEMENT et ENGA-
GISTE.—On le nommait aussi, dans certaines
coutumes, seigneur *gagier.*

23.—«... Le *seigneur féodal ;* on appelait ainsi tout
seigneur direct, ou, plus particulièrement, celui
qui avait la directe sur un fief. — V. FÉODALITÉ,
FIEF, JUSTICE SEIGNEURIALE.

24.—«... Le *seigneur de fief,* ou le propriétaire
d'un fief.—V. FIEF.

25.—«... Le *seigneur des fleurs de lis.* On donnait
ce nom à tous ceux qui tenaient le Parlement,
parce qu'ils siégeaient sur les fleurs de lis.

26.—«... Le *seigneur foncier* ou *très-foncier* ou
encore *seigneur plus près du fonds,* qui avait la
plus ancienne redevance foncière sur un héritage.—V. TRÈS-FONDS.

27.—«... Les *seigneurs justiciers* (haut, bas et
moyen), que l'on appelait ainsi suivant qu'ils
étaient propriétaires d'une haute, basse ou
moyenne justice. — V. JUSTICE SEIGNEURIALE,
nos 122 et suiv. — En Dauphiné, celui qui avait la
justice haute ou moyenne prenait le nom de
SEIGNEUR JURIDICTIONNEL. — V. *Jurisprudence de
Guy-Pape,* p. 92.

28.—«... Le *seigneur libre* ou *libre seigneur,* titre
que prenait le seigneur de Saint-Maurice dans
le Mâconnais ; terre possédée depuis plus de six
cents ans, par la maison de Chevriers, avec une
partie du péage de Mâcon, en fief lige. « Ce titre
de *libre seigneur,* dit M. Gastelier de la Tour (V.
Encyclopédie), peut signifier que cette terre est
un franc alleu ou qu'elle n'est tenue qu'à simple
hommage et non en fief lige comme la portion
du péage de Mâcon, que le même seigneur tient
en fief lige. » — V. Guyot, *Rép.,* v° *Seigneur, seigneurie,* sect. 3.

29.—«... Le *seigneur lige,* auquel était dû l'hommage lige. On donnait aussi ce nom quelquefois,
en Bretagne, par exemple, au seigneur direct ou
immédiat ; dans quelques pays, on désignait
ainsi le seigneur qui avait la directe sur l'aîné
dans l'espèce de parage qu'on appelait *juvei-
gneurie.* — Coutume de Bretagne, tit. 17.

30.—«... Le *seigneur de loi ;* nom qui servait à
désigner une personne versée dans la science
des lois, un jurisconsulte.—V. Guyot, *loc. cit.*

31.—«... Le *seigneur de paroisse,* dans la haute
justice duquel une église était bâtie...

32.—«... Le *seigneur en partie* ou *coseigneur,* c'est-
à-dire le copropriétaire d'une seigneurie.

33.—«... Le *seigneur profitable,* qui désignait dans
certains pays le propriétaire d'un fonds tenu à
titre de cens ou de fief.—V. Guyot, *loc. cit.*

34.—«... Le *seigneur spirituel ;* nom donné à ceux
qui avaient la juridiction ecclésiastique, tels que
les évêques, les abbés, etc.

35.—«... Le *seigneur subalterne.* Cette dénomination était appliquée à tous les seigneurs justiciers autres que le roi.— Coutume de Berry,
tit. 2, art. 14 et 26.

36.—«... Le *seigneur suzerain,* qui n'avait qu'une
mouvance médiate ce qui concernait la directe ou ressort médiat s'il s'agissait de justice.
— V. FIEF, FÉODALITÉ, JUSTICE SEIGNEURIALE,
SUZERAINETÉ.

37.—«... Le *seigneur taillablier,* qui était, suivant
la coutume du Bourbonnais, celui qui avait droit
de taille seigneuriale.

38.—«... Le *seigneur temporel,* qui avait la seigneurie profane, par opposition au *seigneur spirituel.*—
V. *suprà* n° 34.

39.—«... Le *seigneur utils.* —C'était le propriétaire
d'un fonds, considéré par opposition au *seigneur
direct.*—V. FÉODALITÉ, FIEF.

40.—«... Le *seigneur vicomtier,* nom donné dans

quelques coutumes au seigneur moyen justicier ;
et dans le plus grand nombre, au seigneur propriétaire d'une vicomté.

41.— Au titre de seigneur étaient attachés un
grand nombre de droits qui, généralement,
étaient réglés par les coutumes et les usages des
lieux, mais seulement en cas d'absence de titres
qui devaient être d'abord consultés et qui pouvaient modifier les droits des seigneurs.

42.— Les droits des seigneurs étaient de deux
espèces : honorifiques ou utiles. Les droits honorifiques étaient non-seulement les honneurs dont
les seigneurs jouissaient à l'église, mais aussi
ceux qu'ils étaient en droit d'exiger de leurs vassaux.—V. Guyot, *Répert.,* v° *Seigneur, seigneurie,*
sect. 5.

43.— Les droits utiles concernaient soit les-
fiefs, soit les censives ; c'étaient, par exemple, les
cens, les terrages, les lods et ventes, rachats, reliefs ou autres droits de mutation, le retrait féodal ou censuel, la commise, etc. — V. ces différens mots et DROITS SEIGNEURIAUX.

44.— Le titre de seigneur et toutes les prérogatives qui y étaient attachées ont été abolis par
les lois du 4 août 1789.

— V. FÉODALITÉ, FIEF, JUSTICE SEIGNEURIALE,
MAJORATS, NOBLE, NOBLESSE, ROTURE, ROTURIERS.

SEL, SALINES.

Table alphabétique.

SEL, SALINES. — 1. — Le sel est un produit naturel extrait des mines ou des eaux qui le con-

tiennent, et employé soit à la conservation de certaines denrées, soit à la préparation des alimens, soit même en agriculture et dans la nourriture des bestiaux.

2. — Le sel est soumis à des règlemens différens selon qu'il provient d'origine française ou d'importation étrangère.

SECT. 1re. — *Sels français* (no 3).

§ 1er. — *Impôt du sel* (no 3).

§ 2. — *Extraction. — Fabrication. — Circulation* (no 41).

SECT. 2e. — *Sels étrangers* (no 130).

—

Sect. 1re. — *Sels français.*

§ 1er. — *Impôt du sel.*

3. — La consommation du sel national est soumise, en principe, et sauf certaines exceptions, à un impôt spécial.

4. — Nous avons vu, vo GABELLE, quelle est l'origine de cet impôt et les réclamations violentes et multipliées auxquelles il a, de tout temps, donné lieu. Ces réclamations, ainsi que le faisait remarquer M. Dessauret, le 21 juin 1846, à la Chambre des députés, dans son rapport sur la proposition d'abolition de l'impôt du sel présentée par M. Demesmay, poussées, sous l'ancien régime, jusqu'à la sédition quelquefois, et bien que injustifiables, sous ce rapport, puisaient cependant, dans les circonstances du temps, une sorte d'excuse qui en atténuait les torts. Non-seulement, en effet, elles étaient fondées sur toutes les raisons invoquées de nos jours contre une taxe affectant la consommation dans un de ses élémens les plus nécessaires; mais elles avaient, en outre, pour motifs la révoltante inégalité des droits de gabelle entre les provinces du royaume, le monopole ou la vente exclusive réservée au gouvernement, la contrainte imposée aux consommateurs d'acheter des quantités déterminées, quels que fussent leurs besoins, leurs convenances ou leurs facultés; l'excessive sévérité des peines appliquées aux moindres contraventions, la délation et l'espionnage hautement avoués, soldés, organisés pour en découvrir les auteurs; les moyens de recouvrement les plus vexatoires, en un mot, mis par l'arbitraire au service de la plus odieuse fiscalité.

5. — Aussi, continue le même rapport (dans lequel nous trouvons, à cet égard, les documens les plus sûrs et les plus précis), la suppression de la gabelle fut-elle considérée comme un immense bienfait, quand la loi du 21-30 mars 1790 en fit la libérale et juste concession aux vœux de la France entière. Il est à regretter que, plus tard, le souvenir de la reconnaissance universelle qui accueillit cette mesure ait été perdu, et que l'on ait pu concevoir l'impolitique pensée d'accroître les ressources du Trésor en rétablissant un impôt dont la surcharge écrase sous son poids les classes si pauvres et si nombreuses des ouvriers et des cultivateurs.

6. — Ce ne fut point sans quelque pudeur, cependant, que le gouvernement impérial prit une telle détermination; il essaya d'en pallier l'effet, en offrant à l'esprit public l'appât d'une immunité d'un certain prix : celle de la taxe, non moins impopulaire, peut-être, établie pour l'entretien des routes; il voulut que le nouvel impôt sur le sel n'atteignît pas un taux trop élevé, et qu'il pesât également sur toutes les zones du territoire; il proposa un système de perception moins oppressif que celui de l'ancien régime. Il ne se réserva aucun monopole. Il n'autorisa la constatation de la fraude et des contraventions que par les moyens légaux et selon les formes prescrites en matières de douanes et de droits réunis; il en commit la répression à la justice ordinaire, et ne les punit qu'avec modération. — Ces précautions et l'étrange faiblesse des argumens développés devant le Corps législatif lors de la présentation de la loi du 24 avril 1806, faiblesse que le talent si remarquable de l'orateur (M. Cretet) ne parvint point à dissimuler, attestent que le gouvernement impérial lui-même avait le sentiment profond de l'intolérable froissement dont le rétablissement de cette contribution serait, pour les populations, la cause malheureuse. Toutefois, le Corps législatif ne savait plus rien refuser aux volontés du maître : la loi fut accueillie et votée ainsi qu'on devait s'y attendre, et la France n'eut plus qu'à se soumettre et obéir.

7. — La concession obtenue avec les tempéramens que nous venons d'indiquer, porta ses fruits; et lorsque, sept années plus tard, les calamités d'une guerre funeste eurent épuisé les finances, l'impôt sur le sel fut doublé en vertu d'un décret impérial qui en éleva la taxe, déjà si lourde, de 2 à 4 décimes par kilogramme. — Décr. 11 nov. 1810.

8. — La Restauration comprit l'impopularité de cet impôt, et, pour se concilier l'opinion, elle réduisit à 3 décimes, par la loi relative aux douanes, du 17 déc. 1814, la taxe établie sur le sel.

9. — Toutefois, cette mesure n'avait qu'un caractère provisoire. Il était convenu que la matière serait bientôt remise en délibération. Le droit de 3 décimes ne devait être perçu que jusqu'au 1er janvier 1816. — Cependant, lors de la discussion de cette loi, des hommes graves protestèrent contre le maintien d'un impôt quelconque à percevoir sur une telle denrée. Presque tous les orateurs, en réservant le principe, n'en consentirent le sacrifice momentané qu'en considération des besoins de l'époque, et ils insistèrent, en s'appuyant sur ceux de la consommation et de l'agriculture, pour un abaissement immédiat de la taxe à 2 décimes seulement. La majorité ne crut pas devoir se rendre à cet avis, et accepta les propositions du gouvernement. Mais les désastres d'une seconde invasion ne permirent plus de réduire le chiffre des crédits destinés à pourvoir aux dépenses obligées qui grevèrent le trésor public; et les lois de finance qui se succédèrent tous les ans, autorisèrent la perception totale consentie en 1814.

10. — Aussi de fréquentes réclamations ne cessèrent-elles de protester contre un pareil état de choses. Chaque année, des pétitionnaires nombreux les adressaient aux chambres. Beaucoup de conseils municipaux, d'arrondissement et généraux se firent l'écho des vœux de la population qu'ils représentaient; des membres de la représentation nationale appartenant aux diverses nuances de l'opinion se dévouèrent à leur triomphe. Plusieurs ministres des finances n'hésitèrent point à reconnaître, quelque préoccupés qu'ils fussent des intérêts du fisc, que l'impôt du sel était un de ceux qu'il y avait le plus d'urgence, sinon de supprimer, au moins de réduire considérablement. La question paraissait donc résolue dans tous les esprits; on n'invoquait plus guère, pour éloigner une réalisation reconnue équitable, que l'inopportunité, les nécessités du budget, les exigences des charges et l'insuffisance des ressources publiques.

11. — Déjà, quelques mois avant le rapport de M. Dessauret et en exécution de l'art. 1er de la loi du 17 juin 1840, l'ordonnance du 26 févr. 1846 avait réduit de 3 décimes à 1 décime par kilogramme le sel destiné à l'alimentation des bestiaux, sous la condition, toutefois, de certains mélanges déterminés par l'ordonnance.

12. — M. Demesmay, auteur de la proposition sur laquelle était appelée à délibérer la Chambre des députés, proposait la réduction de l'impôt à 2 décimes. La commission, allant plus loin encore, descendit jusqu'au chiffre de 1 décime.

13. — Quoi qu'il en soit, accueillie plusieurs fois par la Chambre des députés, la proposition de réduction de l'impôt du sel, renouvelée à chaque session par M. Demesmay, avait été constamment repoussée par la Chambre des pairs, lorsque survint la révolution de 1848, à la suite de laquelle, le 15 avril, le Gouvernement provisoire décrétait (art. 1er) qu'à partir du 1er janvier 1849 l'impôt du sel était aboli.

14. — Mais ce décret ne devait produire aucun effet; les besoins du Trésor, rendus plus pressans par les événemens politiques, déterminèrent l'Assemblée constituante à retarder encore l'abolition de l'impôt du sel, et, par une loi du 31 décembre 1848 (art. 1er), elle déclara abrogé le décret du 15 avril.

15. — Néanmoins, à dater du 1er janvier 1849, l'impôt du sel fut réduit à 10 fr. par 100 kilogrammes. — Même décret, art. 2.

16. — Et le décret ajoute ces mots (art. 6) : « La différence entre la taxe perçue sur les sels qui se trouveront dans le commerce à la date du 1er janv. 1849 et la taxe nouvelle établie par la présente loi sera remboursée sous les conditions et selon les formes que déterminera un règlement d'administration publique.

17. — Les franchises et modérations de droits actuellement en vigueur sont maintenues. — Art. 7. — Ce sont ces franchises et modérations que nous allons mentionner.

18. — Des règlemens d'administration publique détermineront les conditions auxquelles peuvent être autorisés l'enlèvement, le transport et l'emploi, en franchise, ou avec modération de droits, du sel *de toute origine*, des eaux salées ou des matières salifères, à destination des exploitations agricoles ou manufacturières, et de la salaison, soit en mer, soit à terre, des poissons de toute sorte. — L. 17 juin 1840, art. 12. — Les mots *de toute origine* ont été ajoutés par la commission de la Chambre des députés.

19. — Toute infraction aux conditions sous lesquelles la franchise ou la modération de droits a été accordée, en vertu de l'article précédent, est punie de l'amende prononcée par l'article 10 de la loi du 17 juin 1840, et, en outre, du paiement du double droit sur toute quantité de sel pur ou contenu dans les eaux salées et les matières salifères qui aura été détournée en fraude. — L. 17 juin 1840, art. 13.

20. — La disposition précédente est applicable aux quantités de sel que représentent, d'après les allocations qui auront été déterminées, les salaisons à l'égard desquelles il a été contrevenu aux règlemens. — *Ibid.*

21. — Les fabriques ou établissemens, ainsi que les salaisons en mer ou à terre, jouissant déjà de la franchise, sont également soumis aux dispositions du présent article. — *Ibid.*

22. — Quant aux salaisons qui jouissent du droit d'employer le sel étranger, le double droit à payer pour amende est calculé à raison de 60 fr. pour 100 kilogr. sans remise. — *Ibid.*

23. — Il serait aussi fastidieux qu'inutile de reproduire ici les diverses ordonnances qui ont, à toutes les époques, accordé des franchises ou modérations de droits. Nous ne pouvons cependant nous dispenser de rappeler les grandes raisons indiquées dans le rapport précité de M. Dessauret à l'appui du maintien des franchises des droits dans certains cas.

24. — « Dans l'état actuel des choses, disait l'honorable rapporteur, la grande et la petite pêche maritime, les ateliers de salaison, les grandes usines industrielles jouissent de l'immunité des droits.

25. — » Les populations de nos côtes ne vivent que des produits de la mer. Assez de peines et de périls leur en rendent l'acquisition difficile. Les priviléges dont elles sont en possession tournent, à tout prendre, au profit de l'Etat. L'inscription maritime cesserait de fournir des matelots expérimentés en assez grand nombre pour le service de la flotte, si on tarissait imprudemment l'une des principales sources des spéculations de nos armateurs. Pour stimuler leur ardeur, au contraire, on est entré, dès longtemps, dans un large système de primes accordées à la grande pêche. Pourquoi reprendrait-on d'une main les encouragemens prodigués de l'autre? Il faut à la France une marine puissante. L'intérêt politique exige donc que rien ne ralentisse l'essor de la navigation. Et puis, c'est aux colonies que se consomme la plus grande partie des provenances de nos pêcheries lointaines. Il faut donc se garder d'y causer le renchérissement d'une denrée devenue l'indispensable élément de la nourriture des noirs. Ce serait y porter le trouble.

26. — » Plusieurs de ces considérations s'appliquent à la petite pêche, dont le produit entre d'ailleurs essentiellement dans l'alimentation des classes pauvres. A quoi bon réduire un impôt qui leur est particulièrement onéreux, si, d'un autre côté, on leur fait payer plus cher le poisson dont elles se nourrissent? Comment, enfin, supprimer les franchises accordées aux ateliers de salaison? Leurs établissemens se lient intimement à la pêche maritime, dont ils sont les dépendances obligées : ils doivent donc jouir de la même protection. »

27. — En ce qui concerne le mode de perception du droit sur les sels, il a été pendant longtemps régi par les dispositions du décret du 11 juin 1806.

28. — Jugé, sous l'empire de ce décret, que les dispositions ayant pour objet d'assurer la perception de l'impôt sur le sel n'ont pas pu être restreintes par celles antérieures de la loi du 8 flor. an XI, rendue à une époque où cet impôt n'existait pas encore. — *Cass.*, 31 mars 1808, Van Kamer; 15 avril 1808, Van Loock.

29. — ... Que, lorsque le chargeur, après avoir disposé de ses sels, réclamait contre le mesurage

fait à l'arrivée du navire, dans le lieu de sa destination, avec une mesure différente de celle du lieu du chargement, et prétendait qu'il y avait eu erreur dans le calcul du résultat des deux manières de mesurer, les juges ne pouvaient pas ordonner que, pour procéder à la vérification des deux manières de mesurer, il serait pris d'autres sels dans le même lieu et de la même qualité. — Cass., 18 juin 1813, Larroulet.

30. — ... Que, quoique l'art. 62 décr. 11 juin 1806 ait disposé que les négocians ne paieraient qu'à l'époque de la vente pour la consommation les droits dus sur les sels inventoriés dans l'intérieur, ces droits n'en étaient pas moins dus dès le jour de l'inventaire, et que les négocians ne pouvaient se dispenser de les acquitter sous le prétexte d'événemens imprévus qui avaient fait baisser le prix des sels. — *Cass.*, 15 juill. 1818, Maillard.

31. — ... Que, quoiqu'un receveur des douanes ait eu, d'après l'art. 53 l. 24 avr. 1806, la faculté d'admettre, en paiement des droits dus sur des sels, des obligations suffisamment cautionnées à diverses échéances, il n'a pu cependant transformer les acheteurs redevables du droit en de simples cautions, et les soustraire au privilége accordé par la loi à la régie sur les meubles des redevables. — *Cass.*, 14 mai 1816, Charvet.

32. — ... Que le tribunal de commerce saisi de la demande en paiement de ces billets n'a pu connaître de l'exception par laquelle les souscripteurs se refusaient à payer sous le prétexte que le décret de 1808 ayant aboli les droits sur le sel, les billets, quoique souscrits pour une cause antérieure, n'étaient pas réellement exigibles. — *Cass.*, 28 mai 1811, Léonardi.

33. — ... Que lorsque des billets à ordre avaient été souscrits par des marchands en paiement de droits de douanes sur les sels, la régie pouvait décerner des contraintes contre les signataires pour obtenir le recouvrement de ces effets. — *Rennes*, 3 juill. 1810, Berthelot; *Cass.*, 28 mai 1811, Léonardi; 13 juill. 1813, Masuberti.

34. — Les règlemens autorisaient une déduction de 5 p. 0/0 pour déchet sur la totalité des expéditions déclarées.

35. — Par interprétation de ces règlemens, la Cour de cassation jugeait que ce n'était que pour le règlement du droit à payer qu'il devait être fait une déduction de 5 p. 0/0 pour déchet sur la totalité des sels compris dans les déclarations et acquits à caution; et que cette déduction ne devait pas avoir lieu sur les quantités excédant celles portées aux expéditions et déclarations. — Cass., 15 avr. 1808, Van Loock.

36. — Aujourd'hui, aux termes de l'art. 20 de l'ordonnance du 26 juin 1841, la taxe est perçue sur les sels enlevés pour la consommation intérieure, sous la seule déduction de l'allocation qui sera fixée pour déchet en exécution de l'art. 15 de la loi du 17 juin 1840. — V. *infrà* n° 93.

37. — Le paiement est effectué soit au comptant, sous l'escompte de 6 pour 0/0 pour les sommes de 300 francs et au-dessus; soit en traites ou obligations dûment cautionnées, à trois, six et neuf mois, lorsque le droit s'élève à plus de 600 francs. — *Ibid.*

38. — Les sels qui, après avoir été employés à la salaison des poissons, ont été, par des procédés de raffinage, ramenés à leur état primitif et rendus à la consommation, continuent à jouir de l'exemption de droits prononcée par les art. 55 de la loi du 24 avr. 1806 et 12 de la loi du 17 juin 1840. On ne saurait assimiler le raffinage à la fabrication. — *Cass.*, 16 mars 1848 (t. 1er 1848, p. 380), Tocu c. Administration des contributions indirectes.

39. — Jugé, dans un cas spécial, que si l'ordonnance du 30 oct. 1816 donne à l'administration des douanes le droit de vérifier l'emploi du sel accordé en franchise aux saleurs pour le repaquage des morues, cette ordonnance ne lui permet pas de refuser le sel demandé quand le saleur se soumet aux vérifications ordonnées. — Cass., 28 févr. 1844 (t. 1er 1844, p. 712), Douanes c. Collot-Taverne.

40. — ... Que dès lors l'administration fondée à refuser le sel demandé par un saleur qui s'opposait à l'entrée des employés dans son atelier, a pu motiver sur ce refus la clôture du compte du saleur et décider qu'il ne lui serait accordé du sel que pour les opérations dont il justifierait à l'avenir. — Même arrêt.

§ 2. — *Extraction. — Fabrication. — Circulation.*

41. — La loi du 17 juin 1840 complétée par l'ordonnance réglementaire du 26 juin 1841 forme aujourd'hui le Code complet de la législation sur l'extraction, la fabrication et la circulation du sel; en un mot, sur tout ce qui constitue l'exploitation de ce minéral.

42. — Mais, avant d'en donner l'analyse, il importe de résumer ici les différens régimes qui ont précédé la promulgation de cette loi.

43. — Longtemps le gouvernement ne se préoccupa que des salines situées dans les départemens de l'Est et exploitées dans l'origine par voie de régie.

44. — Après la dissolution de la régie des salines domaniales, qui eut lieu en 1806, l'exploitation des salines de l'Est demeura confiée à une compagnie foncière, laquelle s'engageait à payer à l'État une redevance annuelle qui ne pouvait être inférieure à 3 millions par an; chiffre qui fut diminué de 600,000 francs après les événemens de 1814, qui enlevaient à la France la fourniture des pays distraits.

45. — « Mais, dit M. Duvergier (sur l'art. 18 de la loi du 17 juin 1840), une découverte inattendue portait déjà à cette époque la perturbation dans un état de choses si régulier et si commode pour nos finances. Un grand nombre de puits salés à un degré supérieur à celui des puits du gouvernement avaient été découverts dans le département de la Meurthe. Un fait aussi grave venait déranger tous les calculs. »

46. — Intervint, le 6 avril 1825, une loi qui autorisa le gouvernement à faire concession au domaine de l'État de la mine de sel existant dans les dix départemens de la Meurthe, du Bas-Rhin, de la Haute-Saône, du Doubs, du Jura, de la Meuse, de la Moselle, du Haut-Rhin, des Vosges, de la Haute-Marne. Elle l'autorisait, en outre, à la concéder pour quatre-vingt-dix-neuf ans à une seule compagnie à titre de régie intéressée, ainsi que les sources salées déjà exploitées par la compagnie de l'Est. — *Ibid.*

47. — Cette loi, qui ne passa qu'avec peine dans les deux Chambres, fut suivie de l'ordonnance du 21 août 1825. Une autre ordonnance, du 15 septembre, résilia le bail de la compagnie des salines. Enfin, le 10 janvier 1826, la nouvelle régie accepta le cahier des charges rédigé par le ministre.

48. — Mais « les résultats, dit M. Duvergier (*ubi suprà*), ne répondirent pas aux espérances que l'on avait conçues. Le marché, au lieu de s'étendre, se resserra par suite de la découverte faite en Allemagne de mines de sel gemme. Les habitudes des consommateurs ne permirent pas de leur livrer une grande quantité de sel gemme, ils voulaient du sel produit par l'évaporation, et celui extrait de la mine dut être consacré en grande partie à saturer l'eau des puits salés pour rendre les évaporations moins coûteuses. »

49. — Le 31 octobre 1825, l'État fit concession, par ordonnance, du puits salant de Saltzbourg au sieur Delhon. Le pourvoi dirigé contre cette ordonnance fut rejeté par le conseil d'État le 25 février 1829. C'était déclarer formellement qu'à l'avenir tous les puits et fontaines salés compris dans la concession pourraient être exploités.

50. — Le monopole de la fabrication des sels reçut ainsi une rude atteinte; et les conséquences en furent telles qu'une forte réduction fut d'abord accordée sur le prix du bail.

51. — « L'incertitude des droits privilégiés de la compagnie s'accrut par les attaques hardies de quelques industriels... La justice fit droit; mais de sa décision même ressortit l'insuffisance des lois existantes... Il fallait combler cette lacune. » — *Rapport* de M. Laurence du 14 mai, 1838.

52. — D'un autre côté rien dans les lois en vigueur ne portait obstacle au libre transport des eaux salées, même au plus haut degré. Il fallait suppléer à leur silence; car le taux élevé de la taxe était un encouragement excessif pour la fraude, qui prenait de toutes parts un développement alarmant. Les propriétaires des marais salans, dit encore M. Laurence, réclamaient avec chaleur contre l'impuissance de la répression, qui suscitait à leurs sels des concurrens d'autant plus dangereux que, la valeur intrinsèque de la denrée étant presque nulle, la moindre parcelle soustraite au droit procurait au fraudeur un bénéfice énorme.

53. — En même temps les habitans des dix départemens de l'Est faisaient entendre les plaintes les plus vives contre le régime exceptionnel auquel ils étaient assujettis. Ils payaient, disaient-ils, le sel à un plus haut prix que les autres parties de la France, bien qu'il se produisît au milieu d'eux, qu'il existât presque partout sous leurs pieds.... Cette élévation était le résultat du monopole conféré à la compagnie.

54. — « Pour donner satisfaction à ces intérêts divers, il eût fallu se résoudre à d'importans sacrifices; le gouvernement pensa autrement. Il ne s'occupa que de la protection du revenu public. Dans la session de 1833, quand elle touchait à son terme, le 17 juin, il présenta un projet de loi dont le but unique était l'assimilation des eaux salées à la mine pour le régime de surveillance des eaux salées et de la fabrication des sels. Ce projet ne fut pas suivi de rapport. » — Rapport de M. Laurence.

55. — Telle fut la première origine de la loi du 27 juin 1840, laquelle ne devait être votée qu'après l'épreuve, bien rare, de sept présentations de la part du gouvernement. — Nous allons analyser ses dispositions.

56. — L'art. 1er dispose que nulle exploitation de mines de sel, de sources ou de puits d'eau salée, naturellement ou artificiellement, ne peut avoir lieu qu'en vertu d'une concession consentie par ordonnance délibérée en Conseil d'État. — L. 17 juin 1840, art. 1er.

57. — Les lois et règlemens généraux sur les mines sont applicables aux exploitations des mines de sel. Un règlement d'administration publique détermine, selon la nature de la concession, les conditions auxquelles l'exploitation sera soumise. Le même règlement détermine aussi les formes des enquêtes qui devront précéder les concessions de sources ou de puits d'eau salée. — Sont applicables à ces concessions les dispositions des titres V et X de la loi du 21 avril 1810. — L. 17 juin 1840, art. 2.

58. — L'art. 3 dispose : « Les concessions seront faites de préférence aux propriétaires des établissemens légalement existans. »

59. — Cet article, ajouté par la dernière commission de la Chambre des députés, contenait d'abord un premier paragraphe ainsi conçu; il portait : « Nul ne peut obtenir une concession pour l'exploitation d'une source ou d'un puits d'eau salée, *s'il n'est propriétaire du sol sur lequel l'établissement doit se former.* La Chambre ne voulut pas consacrer le droit exclusif de propriétaire, qui eût eu pour résultat d'assimiler les sources ou puits d'eau salée aux minières.

60. — Il n'est donc plus vrai de dire aujourd'hui que les propriétaires de sources salées sont seulement astreints à demander la permission de les exploiter, et qu'à cet égard l'administration n'a qu'un droit de surveillance, et ne peut pas refuser la permission d'exploiter aux propriétaires de la surface, lorsqu'ils la demandent. — C'est ce que le Cons. d'État avait décidé le 19 avril 1806, affaire Kalb.

61. — En outre, une modification grave fut apportée au second paragraphe de l'art. 3 de la loi du 17 juin 1840 par l'addition du mot *légalement*, introduit sur la proposition de M. Teste, à l'effet d'exclure du droit de préférence les établissemens interdits ou suspendus par mesures administratives ou par décisions judiciaires.

62. — Les concessions ne peuvent excéder 20 kilom. carrés, s'il s'agit d'une mine de sel; et 1 kilom. carré pour l'exploitation d'une source ou d'un puits d'eau salée. Dans l'un et l'autre cas, les actes de concession règlent les droits du propriétaire de la surface conformément aux art. 6 et 42 de la loi du 21 avril 1810. — V. MINES. — Aucune redevance proportionnelle n'est exigée au profit de l'État. — L. 17 juin 1840, art. 4.

63. — Il a été convenu dans l'une et l'autre Chambre que nul ne pourrait faire de recherches ou creuser de puits dans le périmètre d'une mine de sel concédée.

64. — Les concessionnaires de mines de sel, de sources ou de puits d'eau salée sont tenus 1° de faire, avant toute exploitation ou fabrication, la déclaration prescrite par l'art. 51 de la loi du 24 avril 1806; 2° d'extraire ou de fabriquer au minimum et annuellement une quantité de 500 mille kilogr. de sel pour être livrés à la consommation intérieure et assujettis à l'impôt. — L. 17 juin 1840, art. 5. — « La valeur de la matière imposable étant avec l'impôt dans le rapport de 1 à 10 ou même 12, l'intérêt du Trésor devait ici l'emporter sur celui de la libre fabrication. Il était donc nécessaire de fixer un minimum, afin que la surveillance indispensable ne fût pas obligée de trop se diviser et que cette division même n'entraînât pas, outre les embarras dont elle serait accompagnée, des dépenses telles qu'elles absorberaient une partie des droits à percevoir. » — Duvergier, sur l'art. 15.

65. — Toutefois, une ordonnance peut, dans des circonstances particulières, autoriser la fabrication au-dessous du minimum. Cette autori-

RÉP. GÉN. — XI. 47

sation peut toujours être retirée. — Même loi, art. 15. — Cette exception, temporaire de sa nature, destinée à rendre la transition moins pénible aux établissemens qui ne pourraient atteindre la limite légale, a été introduite particulièrement en vue des salines des Basses-Pyrénées.

66. — Des règlemens d'administration publique déterminent, dans l'intérêt de l'impôt, les conditions auxquelles l'exploitation et la fabrication sont soumises, ainsi que le mode de surveillance à exercer; de manière que le droit soit perçu sur les quantités de sel réellement fabriquées. — L. 17 juin 1840, art. 5.

67. — Les dispositions de l'art. 5 ont été déclarées applicables aux exploitations et fabriques existant au moment de la promulgation de la loi. — L. 17 juin 1840, art. 5.

68. — Un député, M. Genoux, avait, en outre, proposé qu'une ordonnance pût, suivant les circonstances et les localités, déterminer le maximum du prix auquel le sel pourrait être livré à la consommation. Mais cette proposition ne fut pas adoptée.

69. — L'emploi des chaudières et autres ustensiles ou appareils en cuivre pour la fabrication et le raffinage du sel marin est interdit par une ordonnance du 26 juin 1830.

70. — Tout concessionnaire ou fabricant qui veut cesser d'exploiter ou de fabriquer est tenu d'en faire la déclaration au moins un mois d'avance. — Le droit de consommation sur les sels extraits ou fabriqués qui seraient encore en la possession du concessionnaire ou du fabricant un mois après la cessation de l'exploitation ou de la fabrication, est exigible immédiatement. — L'exploitation ou la fabrication ne peuvent être reprises qu'après un nouvel accomplissement des obligations mentionnées en l'art. 5. — L. 17 juin 1840, art. 6.

71. — Toute exploitation ou fabrication de sel entreprise avant l'accomplissement des formalités prescrites par l'art. 5, demeure frappée d'interdiction par voie administrative; le tout sans préjudice, s'il y a lieu, des peines portées en l'art. 10. — Les arrêtés d'interdiction rendus par les préfets sont exécutoires par provision, nonobstant tout recours de droit. — L. 17 juin 1840, art. 7.

72. — Tout exploitant ou fabricant de sel dont les produits n'ont pas atteint le minimum déterminé par l'art. 5, est passible d'une amende égale au droit qui aurait été perçu sur les quantités de sel manquant pour atteindre le minimum. — L. 17 juin 1840, art. 8.

73. — « Le projet de 1838, dit M. Duvergier, frappait en outre la fabrique d'interdiction par voie administrative. Mais cette nouvelle pénalité a été regardée comme excessive. M. le ministre des finances a d'ailleurs fait remarquer qu'en ce qui concerne le fabricant, l'article pourrait devenir illusoire; car rien ne l'empêcherait de fournir, quelques jours après, une nouvelle déclaration, et de fabriquer de nouveau. »

74. — Un député, M. Dietrich, ayant, d'un autre côté, demandé ce qui arriverait dans le cas où sans la faute du fabricant, le produit annuel serait inférieur à 500,000 kilogrammes : M. le ministre des finances s'empressa de répondre qu'évidemment l'administration considérerait toujours la force majeure comme une excuse; que, d'ailleurs, l'administration conservait le droit de transiger. — Nous n'hésitons pas à penser avec M. Duvergier, que, même à l'avance et dans la prévision des causes qui peuvent l'empêcher de fabriquer les quantités exigées, le fabricant pourra s'adresser à l'autorité.

75. — L'enlèvement et le transport des eaux salées et des matières salifères sont interdits pour toute destination autre que celle d'une fabrique régulièrement autorisée, sauf l'exception portée en l'art. 12. — Des règlemens d'administration publique déterminent les formalités à observer pour l'enlèvement et la circulation. — L. 17 juin 1840, art. 9.

76. — « Pour bien comprendre, dit M. Duvergier (sur la loi du 17 juin 1840), l'utilité de cette disposition, il est nécessaire de rapporter un extrait de l'exposé des motifs du projet de loi lors de sa première présentation : « Partout, disait » le ministre, le transport des matières salifères » et des eaux salées s'opère impunément; l'ad» ministration ne peut atteindre les fraudeurs » que par des visites à domicile, mais l'on sait » de combien de difficultés elles sont entourées. » Quel effet, d'ailleurs, pourrait-on en attendre, » quand l'appareil légal qui les précède est, pour » chaque contrevenant, un avertissement de faire » disparaître les traces de son délit; quand les » fabrications clandestines existent déjà par mil» liers; quand, pour constater leur existence, il » faudrait multiplier les exercices au delà de » toute mesure et augmenter les agens de sur» veillance dans une proportion ruineuse? Et, si » l'on parvient, néanmoins, à constater quelque » contravention, la peine encourue est tellement » hors de proportion avec les bénéfices de la » fabrication illicite, qu'il suffit d'avoir vendu » en fraude 4 à 500 kilogrammes de sel pour se » procurer de quoi subvenir au paiement des » condamnations. — Aussi les établissemens qui » se soumettent à l'impôt succombent-ils sous » une concurrence désormais impossible à sou» tenir et qui envahit chaque jour davantage » leurs marchés habituels... C'est là surtout que » la législation en vigueur laisse le plus à dési» rer, et qu'il importe le plus de la compléter. »

77. — Toute contravention aux dispositions des art. 5, 6, 7 et 9 et des ordonnances qui en règlent l'application est punie de la confiscation des eaux salées, matières salifères, sels fabriqués, ustensiles de fabrication, moyens de transport, d'une amende de 500 francs à 5,000 francs et, dans tous les cas, du paiement du double droit sur le sel pur, mélangé ou dissous dans l'eau, fabriqué, transporté ou soustrait à la surveillance. — En cas de récidive, le maximum de l'amende est prononcé. L'amende peut même être portée jusqu'au double. — L. 17 juin 1840, art. 10.

78. — Il a été expressément convenu lors de la discussion, que l'administration pouvait valablement transiger avec les délinquans.

79. — Les dispositions des art. 5, 6, 7, 9 et 10, *sauf l'obligation du minimum de fabrication*, sont applicables aux établissemens de produits chimiques dans lesquels il se produit en même temps du sel marin. — Dans les fabriques de salpêtre qui n'opèrent pas exclusivement sur les matériaux de démolition et dans les fabriques de produits chimiques, la quantité de sel marin résultant des préparations est constatée par les exercices des employés des contributions indirectes. — L. 17 juin 1840, art. 11.

80. — M. le ministre des finances expliquait ainsi la disposition du premier paragraphe de l'art. 11 de la loi du 17 juin 1840, introduit pour la première fois dans le projet présenté en 1838 : « Les progrès de la science ont fait reconnaître la possibilité du sel marin dans la fabrication de certains produits chimiques, surtout dans les salpêtrières. Il faut donc que les établissemens de produits chimiques dans lesquels on obtient en même temps du sel marin, soient assujettis à un régime qui garantisse la perception de l'impôt. Le précédent projet ne contenait rien à cet égard, nous avons jugé nécessaire d'y ajouter une disposition nouvelle... Il est superflu de dire que la fabrication du sel n'étant qu'une industrie accessoire dans les établissemens de cette nature, le gouvernement aura nécessairement égard à cette position en usant toujours pour eux de la faculté que lui accorde l'art. 3 (aujourd'hui art. 5) de réduire le minimum de la fabrication obligatoire dans les établissemens ordinaires. »

81. — Quant au second paragraphe, il fut ajouté par la dernière commission de la Chambre des députés; et M. Laurence, comme rapporteur, exposait en ces termes les motifs de cette addition : « On nous avait proposé, dit M. le rapporteur, d'autoriser la fixation de gré à gré. Les conséquences de la tolérance ou de l'erreur à l'égard d'une matière imposable dont la valeur, dans les cas les plus favorables, est dix fois moindre que la taxe à laquelle elle est assujettie, ne nous ont pas permis d'autoriser des compositions toujours hasardeuses. L'exemple d'abonnemens accordés à d'autres produits également exercés n'est pas admissible, le rapport de l'impôt à la valeur de la chose imposée étant généralement inverse de celui qui a été signalé plus haut. Dans tous les autres cas, en effet, la taxe n'est qu'une partie de la valeur; ici, au contraire, la valeur n'est qu'une faible partie de la taxe. »

82. — Les art. 12 et 13 de la loi sont relatifs à la franchise des droits, nous avons déjà eu lieu de les analyser plus haut. — V. *suprà* nos 18 et suiv.

83. — Les contraventions prévues par la présente loi sont poursuivies devant les tribunaux de police correctionnelle, à la requête de l'administration des douanes *ou* de celle des contributions indirectes. — L. 17 juin 1840, art. 14. — Dans le projet on lisait : de l'administration des douanes *et* de celle des contributions indirectes. Sur la proposition du ministre des finances, le mot *et* remplace celui *ou*.

84. — C'est à l'autorité judiciaire de statuer sur la question de savoir si l'impôt sur le sel est dû par ceux qui exploitent des sources d'eau salée, et d'appliquer les peines encourues pour le défaut de paiement ou la résistance à l'exercice des employés. — *Cons. d'Etat*, 23 avr. 1836, Laplace; 11 janv. 1838, Caubotte.

85. — La dernière disposition générale de la loi du 17 juin 1840 est ainsi conçue : « Les salines, salins et marais salans sont cotisés à la contribution foncière, conformément au décret du 15 octobre 1810, savoir : les bâtimens qui en dépendent, d'après leur valeur locative; et les terrains et emplacemens, sur le pied des meilleures terres labourables. La somme dont les salines, salins et marais salans ont été dégrévés par suite de cette cotisation, a été reportée sur l'ensemble de chacun des départemens où ces propriétés sont situées. » — L. 17 juin 1840, art. 17.

86. — Jugé, au surplus, avant la loi de 1840, que lorsqu'il résulte de l'instruction que des parcelles de terrain sont en totalité affectées à la fabrication du sel, et forment, avec le reste du salin, un seul et même système d'exploitation, il y a lieu d'imposer la totalité de ces parcelles sur le pied des meilleures terres labourables. — *Cons. d'Etat*, 28 févr. 1831, Commune d'Agde c. Portalès.

87. — Rappelons que les propriétaires et fermiers des marais salans sont exempts de la patente. — L. 25 avr. 1844, art. 13, no 4.

88. — Déjà avant la loi de 1844 c'était un point constant que ces sources et ces puits ne pouvaient être, quant à leur exploitation, soumis à une patente. — L. 1er brum. an VII, art. 3 et 29; L. 25 mars 1817, art. 64 et suiv. — *Cons. d'Etat*, 17 avr. 1834, Parmentier.

89. — Mais les raffineries de sel sont imposées à un droit fixe de patente de 100 fr. et à un droit proportionnel du 20e de la valeur locative de l'habitation, des magasins de vente complétement séparés de l'établissement, et du 25e de la valeur de cet établissement.

90. — Les marchands de sel en gros et en demi-gros sont patentables les premiers de 1re classe et les autres de 2e classe. — Droit fixe basé sur la population, droit proportionnel pour les premiers du 15e et pour les derniers du 20e de la valeur locative de l'habitation et des locaux servant à l'exercice de la profession.

91. — Quant aux marchands de sel en détail, ils ne sont patentables que de 7e classe. — Même droit fixe que les précédens, sauf la différence de classe; droit proportionnel du 40e de la valeur locative de tous les locaux qu'ils occupent, mais seulement dans les communes de 20,000 âmes et au-dessus. — V. PATENTE.

92. — En outre des prescriptions générales que nous venons d'indiquer, la loi du 17 juin 1840 contenait plusieurs dispositions d'une application transitoire; deux sont d'un intérêt très-secondaire : elles sont conformes aux art. 15 et 16.

93. — « Avant le 1er juillet 1841, porte l'art. 15, une ordonnance réglera la remise accordée, à titre de déchet, en raison des lieux de production, et après les expériences qui auront constaté la déperdition réelle des sels, sans que dans aucun cas cette remise puisse excéder cinq pour cent. Il n'est rien changé aux autres dispositions des lois et règlemens relatifs à l'exploitation des marais salans. »

94. — Et l'article 16 porte : « Jusqu'au 1er janvier 1851, des ordonnances régleront : 1o l'exploitation des petites salines des côtes de la Manche; 2o les allocations et franchises sur le sel dit *de troque* dans les départemens du Morbihan et de la Loire-Inférieure. A cette époque toutes les ordonnances rendues en vertu du présent article cesseront d'être exécutoires, et toutes les salines seront soumises aux prescriptions de la présente loi. »

95. — Les art. 18 et 19 ont eu pour but d'assurer l'exécution du traité passé le 21 mars 1838 entre la compagnie des salines de l'Est et l'Etat pour la résiliation du bail du 21 oct. 1825 et la dissolution de la société.

96. — « Les clauses, porte l'art. 18, et conditions du traité consenti entre le ministre des finances et la compagnie des salines et mines de sel de l'Est, pour la résiliation du bail passé le 31 oct. 1825, sont et demeurent approuvées. Ce traité restera annexé à la présente loi. (Il contient 18 articles.) — Le ministre des finances est autorisé à effectuer les paiemens ou restitutions qui devront être opérés pour l'exécution dudit traité. Il sera tenu un compte spécial où les dépenses seront successivement portées, ainsi que les recouvremens qui seront opérés jusqu'au terme de l'exploitation. Il est ouvert au ministre

des finances, sur l'exercice 1841, un crédit de cinq millions, montant présumé de l'excédant de dépense qui pourra résulter de cette liquidation, dont le compte sera présenté aux Chambres.»

97. — L'art. 19 ajoute : « Les dispositions de la présente loi qui pourraient porter atteinte aux droits de la concession faite au domaine de l'État en exécution de la loi du 6 avril 1825 n'auront effet, dans les départemens dénommés en ladite loi, qu'après le 1er oct. 1841. Jusqu'à cette époque, les lois et règlemens existans continueront à recevoir leur application dans lesdits départemens.»

98. — Par une lettre du 17 févr. 1840, le comité d'administration de la compagnie des salines et mines de sel de l'Est a fait connaître au ministre des finances qu'il consentait à ce que le traité de résiliation du 21 mars 1838 fût remis en vigueur dans toutes ses parties, en reculant de deux années les différentes dates qui se rapportent à son exécution.

99. — Il ne nous reste plus maintenant, pour terminer ce qui a trait à cette matière, qu'à transcrire les dispositions de l'ordonnance réglementaire du 26 juin 1841, lesquelles n'ont besoin d'aucun commentaire.

100. — *Obligations des fabricans de sel et des concessionnaires de mines de sel, de sources ou puits d'eau salée.* — Art. 1er. Un mois au moins avant toute exploitation ou fabrication, les concessionnaires de mines de sel, de sources ou de puits d'eau salée, autorisés en vertu de la loi du 17 juin 1840, doivent faire une déclaration au plus prochain bureau des douanes, pour les mines, sources ou puits situés dans les quinze kilomètres des côtes et dans les vingt kilomètres des frontières de terre; et au bureau le plus prochain des contributions indirectes, pour les mines, sources ou puits situés dans l'intérieur du royaume. La déclaration des fabricans n'est admise qu'autant qu'ils justifient que la construction de l'usine a été autorisée conformément à l'ordonnance réglementaire du 7 mars 1841, rendue pour l'exécution de l'article 2 de la loi du 17 juin 1840. — Doit être faite au même bureau la déclaration à laquelle sont tenus, aux termes de l'art. 6 de la loi précitée, les concessionnaires qui voudront cesser d'exploiter ou de fabriquer.

101. — Art. 2. Tout fabricant exploitant des mines de sel ou des eaux salées doit entourer les puits, galeries, trous de sonde et les sources, ainsi que les bâtimens de son usine, d'une enceinte en bois ou en maçonnerie de trois mètres d'élévation, ayant à l'intérieur et à l'extérieur un chemin de ronde de deux mètres au moins de largeur, avec accès sur la voie publique par une seule porte ou entrée. — L'administration peut exiger que l'enceinte en bois soit remplacée par une clôture en maçonnerie, dans tout établissement, usine ou exploitation où il a été commis une contravention aux dispositions de la loi du 17 juin 1840 ou à celles des ordonnances qui en règlent l'application.

102. — Art. 3. Il doit y avoir dans l'intérieur de chaque fabrique : 1° Un ou plusieurs magasins destinés au dépôt des sels fabriqués; ces magasins sont sous la double clef de l'exploitant et des agens de la perception ; 2° un local convenable, près de l'entrée de l'établissement, pour le logement et le bureau de deux employés au moins ; le loyer de ce logement est supporté par l'administration et fixé de gré à gré, ou, à défaut de fixation amiable, réglé par le préfet du département; 3° des poids et balances pour la pesée des sels, ainsi que des mesures de capacité pour la vérification du volume des eaux salées.

103. — Art. 4. Si, à cause de l'éloignement, quelques puits ou galeries servant à l'exploitation du sel en roche, ne peuvent pas être compris dans l'enceinte d'une usine, ils doivent être entourés d'une clôture particulière établie comme il est dit à l'art. 2, et de manière à enfermer les appareils d'extraction et les haldes. Le sel doit être déposé dans un magasin exclusivement destiné à cet usage et disposé conformément au premier paragraphe de l'article précédent.

104. — Art. 5. Doivent être entourés d'une semblable clôture, les trous de sonde servant à l'exploitation par dissolution, ainsi que les sources et puits d'eau salée qui ne pourront pas, à cause de l'éloignement, être compris dans l'enceinte d'une usine.

105. — *Exercice des fabriques et surveillance des mines, sources ou puits.* — Art. 6. Toute exploitation ou fabrique de sel est tenue en exercice par les employés des contributions indirectes ou des douanes, suivant le lieu où elle est située.

106. — Art. 7. Les exploitans et fabricans sont soumis aux visites et vérifications des employés, et tenus de leur ouvrir, à toute réquisition, leurs fabriques, ateliers, magasins, logement d'habitation, caves et celliers, et tous autres bâtimens enclavés dans l'enceinte des fabriques, ainsi que de leur présenter les sels, eaux salées et résidus qu'ils auront en leur possession. Ces visites et vérifications peuvent avoir lieu, même de nuit, dans les ateliers et magasins, si le travail se prolonge après le coucher du soleil.

107. — Art. 8. Les employés sont autorisés à faire toutes les recherches nécessaires pour s'assurer si les puits, les trous de sonde, les sources d'eau salée et les galeries, situés soit dans l'intérieur ou à l'extérieur des fabriques, n'ont pas de conduits clandestins.

108. — Art. 9. Les sels, après qu'ils sont parvenus à l'état solide ou concret, ne peuvent être retirés des poêles ou chaudières que pour être déposés immédiatement soit sur les bancs d'épuration, les égouttoirs ou les séchoirs, soit dans des étuves, soit enfin dans des vases quelconques désignés d'avance aux employés. Ils ne peuvent recevoir aucune manipulation subséquente ayant pour objet d'en compléter la fabrication, que sous la surveillance des employés, qui sont autorisés à prendre toutes les mesures nécessaires pour qu'il ne puisse en être soustrait.

109. — Art. 10. Les eaux-mères, schlots, crasses de sel et autres déchets de fabrication, les cendres, curins et débris de fourneaux des fabriques de sel, doivent être détruits, à moins que l'enlèvement et le transport n'en aient été préalablement autorisés, conformément à l'art. 12 de la loi du 17 juin 1840.

110. — Art. 11. Les sels fabriqués sont pris en charge au fur et à mesure que la fabrication en est complètement achevée. Ceux qui ne sont pas expédiés immédiatement doivent être placés dans les magasins désignés à l'art. 3. Il est donné décharge des quantités enlevées, soit pour la consommation, soit pour l'exportation aux colonies ou à l'étranger, soit en exécution de l'article 12 de la loi du 17 juin 1840, soit enfin pour les salaisons en mer. Les sels qui ont été déclarés pour la consommation ne peuvent séjourner dans l'enceinte de la fabrique, et doivent en sortir immédiatement.

111. — Art. 12. Tous les trois mois, il est fait un inventaire des sels en magasin, et le fabricant est tenu de payer sur-le-champ le droit sur les quantités manquantes en sus de la déduction accordée pour déchets de magasin. Cette déduction est fixée à 8 p. 100 sur les quantités entrées en magasin après fabrication.

112. — Les raffineries de sel doivent être surveillées par les employés des contributions indirectes; car si, le plus ordinairement, on n'y prépare que des sels de mer déjà atteints par l'impôt, on peut y introduire d'autres substances contenant du sel, ou y purifier les sels ou saumures qui ont déjà servi à la conservation de diverses substances. — Circ. direct. contr. indir., 7 fév. 1842.

113. — Toutefois, les raffineurs ne sont point assujettis à déposer en magasin les produits de leur fabrication, lorsqu'il est bien démontré qu'ils n'emploient que des sels qui ont été soumis à l'impôt. — Même circ.

114. — Les employés de la régie, en procédant à l'inventaire des sels existant dans les magasins ou fabriques, doivent en constater la quantité par la voie du pesage et non par une simple opération géométrique. — *Cass.*, 25 juill. 1821, Maréchal.

115. — *Surveillance et formalités à l'enlèvement et à la circulation des sels, eaux salées et matières salifères.* — Art. 13. La surveillance des préposés des douanes et des contributions indirectes s'exerce, pour la perception de la taxe sur les sels, dans un rayon de quinze kilomètres des mines, des puits et sources salés, et des usines qui en exploitent les produits.

116. — Art. 14. Les fabricans ne peuvent laisser sortir les sels des fabriques ou des enceintes désignées à l'art. 4, sans qu'il en ait été fait une déclaration préalable au bureau le plus prochain du lieu d'extraction, et sans qu'il ait été pris, soit un acquit à caution, un congé ou un passavant, soit un acquit de paiement en tenant lieu. Les concessionnaires de puits ou de sources ne peuvent non plus laisser enlever d'eau salée sans qu'il ait été pris un acquit à caution. Les conducteurs de sels, d'eaux salées ou de matières salifères, sont tenus d'exhiber, à toute réquisition des employés dans le rayon de quinze kilomètres des mines, puits et sources salés, et des usines qui en exploitent les produits, les expéditions dont ils doivent être porteurs.

117. — Art. 15. Les déclarations à faire pour obtenir les expéditions mentionnées en l'article précédent doivent contenir le nom de l'expéditeur et celui du destinataire, la quantité de sel ou d'eau salée qui devra être enlevée, le degré de densité de l'eau, le nom du voiturier ou maître de l'embarcation qui effectuera le transport, le lieu de destination et la route à suivre.

118. — Art. 16. Les sels, eaux salées ou matières salifères, ne peuvent circuler dans les quinze kilomètres soumis à la surveillance des préposés, sans être accompagnés d'un acquit à caution, d'un congé, d'un passavant ou d'un acquit de paiement en tenant lieu. Les transports de sels, d'eaux salées ou de matières salifères, ne peuvent avoir lieu avant le lever ou après le coucher du soleil, lors même qu'ils seraient accompagnés d'une expédition régulière, qu'autant que cette expédition mentionne expressément la permission de les faire circuler pendant la nuit.

119. — Art. 17. L'eau salée extraite des puits ou sources ne peut être expédiée à destination d'une fabrique autorisée que lorsque le transport en aura lieu dans des vases qui peuvent être jaugés. — L'extraction n'a lieu que de jour, en présence des employés, lesquels vérifieront et mentionneront, dans l'acquit à caution, le degré que l'eau salée marquera au densimètre. Les fabriques en exploitation au moment de la promulgation de l'ordonnance et à destination desquelles l'eau parvient par des conduits ou tuyaux ont pu être autorisées à jouir de cet avantage, sous les conditions déterminées par le ministre des finances.

120. — Art. 18. Les sels expédiés à des destinations qui dispensent du paiement du droit au départ sont renfermés dans des sacs d'un poids uniforme, ayant toutes les coutures à l'intérieur et plombés par les employés aux frais du fabricant. Le prix du plomb et de la ficelle est fixé à 25 centimes. La ficelle doit passer par les plis du col du sac. L'arrivée des sels à destination est garantie par un acquit à caution dont le prix est payé à l'administration des contributions indirectes ou à l'administration des douanes, conformément à la loi du 28 avril 1816.

121. — Tout ce qui concerne les acquits à cautionnemens délivrés pour le transport des sels, eaux salées et matières salifères, est régi par les dispositions de la loi du 22 août 1791. Néanmoins, la pénalité est réglée conformément à l'art. 10 de la loi du 17 juin 1840. En cas de déficit, soustraction ou substitution, la confiscation sera établie, et le droit est calculé sur une quantité de sel égale à celle non représentée. Si la différence porte sur le volume ou sur le degré de l'eau salée, la quantité de sel dissous dans l'eau est évaluée, pour un hectolitre d'eau salée, à raison de 1,650 grammes de sel pour chaque degré de densimètre au-dessus de la densité de l'eau pure.

122. — L'art. 20 relatif au paiement du droit a été indiqué plus haut. — V. *suprà*, n° 36.

123. — *Des fabriques de produits chimiques.* — Art. 21. Les dispositions des art. 6, 7, 11, 12, 14, 15, 18, 19 et 20, sont applicables à toutes les fabriques de produits chimiques dans lesquelles il est obtenu du chlorure de sodium (sel marin) soit pur, soit mélangé d'autre sels.

124. — Les fabricans de ces produits sont, en outre, tenus, chaque fois que leurs préparations devront produire ce sel : 1° De déclarer par écrit, au bureau le plus voisin, au moins vingt-quatre heures d'avance, le jour et l'heure où commence et finit le travail dans leurs ateliers ; 2° d'avoir, dans l'intérieur de leur fabrique, un magasin destiné au dépôt du sel. Ce magasin est sous la double clef de l'exploitant et des agens de la perception.

125. — Art. 22. Les chlorures de sodium obtenus dans les fabriques de produits chimiques, soit purs, soit mélangés d'autres sels ou d'autres matières, ne peuvent être admis dans la consommation, même sous le paiement de la taxe, que sur la représentation d'un certificat constatant que ces sels ne contiennent aucune substance nuisible à la santé publique.

126. — Le ministre de l'agriculture et du commerce détermine le mode de délivrance des certificats dont il s'agit.

127. — *Dispositions générales.* — Art. 23. Toute infraction aux dispositions de la présente ordonnance est punie des peines portées par l'art. 10 de la loi du 17 juin 1840.

128. — Rappelons en terminant que les raffineries de sel, fabriques de sel de soude sec (sous-carbonate de soude sec), les fabriques de sel de Saturne (acétate de plomb), sont rangées dans la troisième classe des établissemens insalubres.

— V. ÉTABLISSEMENS INSALUBRES (nomenclature).

129. — ...Et enfin, qu'aux termes de l'art. 674 du Code civil, aucun magasin de sel ne peut être établi sans laisser les distances et faire les ouvrages prescrits par les règlemens.

Sect. 2e. — Sels étrangers.

130. — La loi du 22 mai 1790 avait prohibé d'une manière absolue l'entrée des sels étrangers en France.

131. — Tant que dura le régime impérial, cette prohibition fut maintenue; les idées du gouvernement d'alors étaient, comme on le sait, loin d'être favorables à l'introduction de tous produits étrangers.

132. — Jugé sous l'empire de ces lois prohibitives que celui qui, avant les changemens opérés en 1814 dans la ligne des frontières, avait des sels d'origine française sur une commune étrangère, n'a pas été soumis à les réexporter après la réunion de cette commune à la France. En conséquence, un tribunal a pu, à raison des circonstances, ordonner une expertise à l'effet de vérifier si les sels dont il s'agissait avaient été fabriqués en France. — Cass., 9 janv. 1816, Beclaert.

133. — Le gouvernement de la Restauration crut devoir se départir des principes si rigoureux du régime qui l'avait précédé. — Dès les premiers jours, la loi du 17 décembre 1814 autorisa l'introduction, moyennant un droit, du sel gemme ou fossile provenant de l'étranger, et encore en masses solides.

134. — En outre, les besoins de la pêche maritime, devenue libre de tout obstacle par suite de la paix générale, avaient déjà dicté les prescriptions de l'ordonnance du 11 novembre 1814, qui autorisa l'introduction dans les ports de la quantité de sel étranger nécessaire pour les armemens.

135. — Ces sels, après leur entrée, doivent, aux termes de la même ordonnance, être après vérification du poids, mis en entrepôt sous la clef des douanes, et ne peuvent en sortir que pour être embarqués à bord des bâtimens auxquels ils sont destinés.

136. — Ceux qui n'ont pas été consommés et qui sont rapportés sont réintégrés en entrepôt et pris en déduction des quantités qu'on pourrait se procurer pour la campagne suivante. — Ibid.
— V. ENTREPÔT.

137. — Jugé par application des lois et ordonnances précitées, qu'en matière de douanes, le paiement des droits sur les sels transportés par eau ne devient définitif qu'après la vérification faite au dernier bureau, en sorte que, lorsque des droits ont été perçus au bureau d'embarquement, il y a lieu à la restitution d'une partie de ces droits, proportionnelle à la quantité de sels avariés. — Cass., 16 mars 1820, Douanes c. Glammont.

138. — ...Que cette restitution doit avoir lieu à l'égard des sels transportés par rivière, comme à l'égard des sels transportés par mer, alors surtout qu'il est reconnu que la rivière sur laquelle le transport a été effectué, éprouve les influences de la mer, et se trouve sujette aux mêmes sinistres. — Même arrêt.

139. — Celui qui n'a fait aucune réclamation ni demandé aucune vérification au moment de l'arrivée d'un bâtiment chargé de sels pour son compte, et qui, au contraire, après les avoir fait décharger et emmaganiser, a effectué le paiement des droits, en obligations à terme, n'est plus recevable à demander une diminution sur le montant des droits, en alléguant de prétendues avaries qui n'ont pour appui que ses livres de commerce et une simple preuve testimoniale. — Cass., 22 mars 1820, Sandoz.

140. — Dans l'intérêt de l'abaissement du prix de consommation, le Gouvernement provisoire abolit, par l'art. 2 du décret du 15 avril 1848, la prohibition d'entrée de sels étrangers.

141. — Toutefois, le même article ajoutait : « Il est perçu sur les sels étrangers une taxe de 25 centimes par 100 kilogrammes à leur importation par terre; de 50 centimes à leur importation par mer sous pavillon français, et de 2 francs à leur importation sous pavillon étranger. »

142. — La loi du 31 décembre 1848 a modifié le tarif que nous venons de rapporter. À partir du 1er janvier 1849, les sels étrangers sont admis en France moyennant l'acquittement d'un droit de douane fixe ainsi qu'il suit : par terre et par les frontières de Belgique, en payant par 100 ki-

logrammes 2 francs; par terre et les frontières de l'Est et du Midi, par 100 kilogrammes 50 centimes; par mer, sous pavillon français, par 100 kilogrammes, 50 centimes; par mer, sous pavillon étranger, par 100 kilogrammes, 1 franc. — L. 31 déc. 1848, art. 3.

143. — Bien entendu que les sels de l'Algérie et des autres possessions d'outre-mer sont exempts, à l'importation en France, de tous droits de douane sous pavillon français. — Même loi, art. 4.
L'art. 3 du décret du Gouvernement provisoire n'imposait même pas cette dernière condition.

144. — Les sels étrangers, nationalisés par le paiement des droits d'entrée, et le sel de l'Algérie et autres possessions françaises d'outre-mer, avant d'être livrés à la consommation en France, sont passibles de la taxe de consommation établie par l'art. 2 de la présente loi, sans déduction d'une remise à titre de déchet. — L. 31 déc. 1848, art. 7.

145. — Le décret du Gouvernement provisoire portait encore : « Les sels étrangers destinés à l'approvisionnement des navires français armés pour la pêche de la morue sont affranchis de toute taxe. » — Art. 4.

146. — Aux termes de la loi du 29 novembre 1848, cette franchise se trouve rapportée, si ce n'est toutefois en ce qui concerne les sels employés à la salaison en mer ou repaquage des morues des pêches d'Irlande et du Dogger-Banck. Dans les autres cas, le sel est soumis à un droit de douane de 50 centimes par 100 kilogrammes.
V. CONTRIBUTIONS INDIRECTES, DOUANES, IMPOT, PÊCHE MARITIME.

SEL AMMONIAC ou MURIATE D'AMMONIAQUE.

Fabriques de sel ammoniac ou muriate d'ammoniaque extrait des eaux de condensation du gaz hydrogène, ou par le moyen de la distillation des matières animales; 1re classe des établissemens insalubres. — V. ÉTABLISSEMENS INSALUBRES (nomenclature).

SEL ou MURIATE D'ÉTAIN.

Fabriques de sel ou muriate d'étain, 2e classe des établissemens insalubres. — V. ÉTABLISSEMENS INSALUBRES (nomenclature).

SELLIERS.

1. — Selliers-carossiers, selliers-harnacheurs. — Patentables les premiers de 3e, les autres de 5e classe. — Droit fixe basé sur la population, — droit proportionnel du 20e de la valeur locative de l'habitation et des locaux servant à l'exercice de la profession.
2. — Les selliers à façon sont patentables de 7e classe seulement. — Même droit fixe que les précédens, sauf la différence de classe; — droit proportionnel du 40e de la valeur locative de tous les locaux qu'ils occupent, mais seulement dans les communes de 20,000 âmes et au-dessus.

SEMAILLES.
V. BAIL.

SEMI-PREUVE

On appelle ainsi ou preuve *semi-pleine* un commencement de preuve. — V. PREUVE, n° 5.

SÉMINAIRES.

Table alphabétique.

SÉMINAIRES. — 1. — Maisons d'instruction pour ceux qui se destinent à l'état ecclésiastique. — Vuilfefroy, *Traité de l'administration du culte catholique*, n° 1er.
2. — La loi organique donne aussi le nom de séminaires aux écoles préparatoires aux fonctions du ministère pastoral dans les cultes protestans. — V. CONSISTOIRE PROTESTANT, art. 70.

CHAP. Ier. — *Séminaires catholiques* (n° 3).
SECT. 1re. — *Grands séminaires* (n° 4).
§ 1er. — *Organisation.* — *Enseignement. — Personnel des maîtres et élèves* (n° 11).
§ 2. — *Dotation. — Acquisition. — Propriété. — Régie des biens* (n° 46).
SECT. 2e. — *Ecoles secondaires ecclésiastiques ou petits séminaires* (n° 73).
CHAP. II. — *Séminaires protestans* (n° 118).

CHAPITRE Ier. — *Séminaires catholiques.*

3. — On comprend sous le nom de séminaires catholiques deux sortes d'établissemens : 1° les séminaires proprement dits ou *grands séminaires*, qui sont consacrés principalement aux études théologiques; 2° les *écoles secondaires ecclésiastiques* (connues aussi, dans le langage ordinaire, sous la dénomination de *petits séminaires*), où les jeunes gens destinés à entrer dans les grands séminaires reçoivent l'instruction littéraire et scientifique. — Vuillefroy, *loc. cit.*

Sect. 1re. — *Grands séminaires.*

4. — Avant la révolution de 1789, on comptait en France 188 séminaires; réduits d'abord par le décret du 12 juill. 1790, à un par diocèse, suivant la nouvelle circonscription religieuse du royaume, les séminaires furent compris par le décret du 18 août 1792 dans les corporations ou congrégations religieuses, et supprimés comme tels.
5. — Le rétablissement officiel du culte catholique devait naturellement amener la fondation de nouveaux séminaires distincts. L'article 11 de la loi du 18 germinal an IX fit mention expresse de leur rétablissement.
6. — Le décret du 20 prair. an X ordonna à cet effet la restitution des anciens édifices des séminaires non aliénés aux diocèses.
7. — Seulement, comme dans ces premiers

temps, les sujets manquaient aux vocations ecclésiastiques, aussi bien que les maîtres à l'enseignement, la loi du 23 vent. an XII (art. 1er) prescrivit l'établissement d'un séminaire seulement par chaque arrondissement métropolitain.

8. — Depuis, les besoins spirituels des diocèses ont nécessité l'accroissement du nombre des séminaires et cet accroissement a eu lieu à mesure que les ressources le permettaient. Aujourd'hui on compte autant de séminaires que de diocèses. Rien ne s'oppose au reste à ce que plusieurs séminaires existent dans le même diocèse, si cette mesure paraît utile. — V. DIOCÈSE, n° 46.

9. — Du reste, en encourageant l'établissement des séminaires, les gouvernemens nouveaux n'ont fait que se conformer aux traditions de l'ancienne monarchie; l'ordonnance de Blois, art. 24; l'édit de Melun, art. 1er; l'ordonn. de 1629, art. 6, et enfin la déclaration du 15 déc. 1698 exhortaient et même enjoignaient à tous les archevêques et évêques d'établir incessamment des séminaires dans les diocèses où il n'y en avait point, pour former des ecclésiastiques.

10. — Nous examinerons séparément ce qui a trait : 1° à l'organisation et au régime des séminaires, 2° à leur dotation et aux biens dont ils peuvent être propriétaires.

§ 1er. — *Organisation. — Enseignement. — Personnel des maîtres et élèves.*

11. — *Organisation, enseignement.* — Aux termes de l'ordonnance du 7 juin 1659, aucun séminaire ne pouvait être établi ou organisé par un évêque sans l'autorisation du roi; l'art. 1er de l'édit du mois d'août 1749 avait confirmé cette nécessité des lettres patentes. — Portalis, *Rapport sur les articles organiques*, t. 1er, p. 242.

12. — La loi organique eut pour but de rétablir ce régime. L'article 11 porte, en effet, que « les évêques seront chargés de l'organisation de leurs séminaires, et les réglemens de cette organisation seront soumis à l'approbation du premier consul. » — V. CULTE, n° 208.

13. — Cette prescription est rappelée par le décret du 17 mars 1808, lequel porte, dans son article 3, que les évêques seront tenus de se conformer aux règlemens pour les séminaires approuvés par le gouvernement.

14. — L'article 2 de la loi du 23 vent. an XII porte en termes formels que l'on enseignera dans les séminaires la morale, le dogme, l'histoire ecclésiastique, et les maximes de l'Eglise gallicane, et qu'on y donnera les règles de l'éloquence sacrée.

15. — Et l'article 3 ajoute qu'il y aura des examens ou exercices publics sur les différentes parties de l'enseignement.

16. — Cette immixtion si directe et si complète du pouvoir temporel dans le gouvernement d'un enseignement théologique paraît contraire aux principes de la séparation des pouvoirs; on comprend que l'Etat exige pour la collation de certaines dignités ecclésiastiques qu'il confère la justification de certains grades, mais on ne comprend pas qu'allant plus loin, il vienne, comme par la loi du 23 ventôse an XII, régler *à priori* l'enseignement théologique : responsable de l'orthodoxie de l'enseignement, l'évêque ne doit-il pas être libre dans la direction qu'il donne à ce même enseignement?

17. — *Directeurs et professeurs.* — La loi organique et différens décrets ou règlemens ultérieurs ont établi, en ce qui concerne le choix des directeurs et professeurs des grands séminaires, les prescriptions suivantes, qu'il convient de rapporter; car elles ont donné lieu à de sérieuses controverses.

18. — Aux termes de l'article 6 de la loi du 23 ventôse an XII, les directeurs et professeurs sont nommés par le chef de l'Etat sur la présentation de l'évêque; quant au décret du 17 mars 1808, son article 3 porte que l'évêque nomme et révoque les directeurs et professeurs.

19. — D'un autre côté, l'article 24 de la loi organique porte : « Ceux qui seront choisis pour l'enseignement dans les séminaires souscriront la déclaration faite par le clergé de France en 1682, et publiée par un édit de la même année; ils se soumettront à y enseigner la doctrine qui y est contenue, et les évêques adresseront une expédition en forme de cette soumission au conseiller d'Etat (depuis le ministre) chargé de toutes les affaires concernant les cultes. »

20. — Depuis, le décret du 25 février 1810 a renouvelé la même injonction, en déclarant formellement lois de l'Etat la déclaration de 1682 et l'édit de Louis XIV sur cette déclaration, dont, le 2 mars 1810, le gouvernement renouvelait à chacun des évêques de France l'envoi d'un exemplaire officiel, comme il l'avait fait déjà le 26 avril 1808.

21. — Vingt années environ plus tard, l'ordonnance du 16 juin 1828, dont nous aurons occasion de parler plus bas (V. *infrà* nos 104 et suiv.), imposait aux directeurs et professeurs des séminaires la nécessité de l'affirmation préalable qu'ils n'appartenaient à aucune congrégation religieuse non légalement établie en France; mesure édictée, sinon uniquement, du moins principalement, contre les jésuites.

22. — Enfin vers la même époque, une circulaire ministérielle du 20 juin 1827, a disposé que les directeurs et professeurs des séminaires ne sauraient être en même temps titulaires d'une paroisse, ni recevoir un traitement en cette même qualité. — M. Blanchet (*Commentaire sur le concordat* de 1801, n° 276) ajoute : *Ils ne peuvent non plus être vicaires*, ce que l'on doit entendre uniquement des fonctions de vicaires rétribuées sur les fonds de l'Etat ou communaux.

23. — On peut se demander s'il entrait bien dans les attributions d'une circulaire ministérielle de décider s'il y a ou non incompatibilité entre le ministère pastoral et l'enseignement dans un séminaire? Quoi qu'il en soit, jamais aucune difficulté ne paraît s'être élevée sur ce chef de la circulaire du 20 juin 1827 qui n'a fait du reste que confirmer ce qui, à part de très-rares exceptions, a toujours été pratiqué.

24. — En présence des discussions récentes qui ont eu lieu dans le sein de l'Assemblée législative, lors de la discussion de la loi de l'enseignement (V. *infrà* nos 115 et suiv.), il est certain qu'il n'y a plus lieu de s'occuper des exigences de l'ordonnance du 16 juin 1828.

25. — Quant à la déclaration, imposée par l'article 24 de la loi organique, d'adhésion à la déclaration de 1682, elle est en fait, et depuis longtemps, tombée en désuétude.

26. — Il en est de même de la prescription de la loi du 23 ventôse an XII, qui confie au chef de l'Etat la nomination des supérieurs et directeurs de séminaires; en fait, et conformément au texte de l'ordonnance du 17 mars 1808, l'évêque nomme directement les directeurs et professeurs.

27. — *Elèves.* — Nous avons dit précédemment (V. CULTE, n° 686) que, chaque année, l'évêque est tenu d'envoyer au ministre des cultes l'état des personnes qui étudient pour se destiner à l'état ecclésiastique. — Rien ne nous paraît, même implicitement, avoir rapporté cette prescription de l'art. 25 de la loi organique.

28. — Le décret du 9 (et non 7) avril 1809 enjoignait aux évêques de ne recevoir désormais dans leurs grands séminaires que les élèves qui justifieraient du grade de bachelier ès lettres. En fait, cette injonction, qui pouvait nuire au recrutement du sacerdoce, et qui n'avait d'autre but que de contraindre tous les pères de famille à soumettre leurs enfans à l'enseignement universitaire, seule voie légale pour arriver au baccalauréat, est depuis longtemps tombée en désuétude. A plus forte raison, en présence de la situation nouvelle qui vient d'être faite à l'Université, le décret du 7 avril 1809 semble-t-il maintenant d'une application impossible. D'ailleurs, pourquoi l'Etat se croirait-il fondé à apporter à l'admission dans les séminaires une entrave qu'il n'a pas établie pour la plupart de ces écoles spéciales : ainsi notamment les écoles polytechnique et militaire?

29. — Dans l'intérêt du recrutement du sacerdoce, qui exige de longues études préparatoires, la dispense du service militaire est accordée aux élèves des grands séminaires.

30. — Sont considérés comme ayant satisfait à l'appel, porte l'art. 14 de la loi du 21 mars 1832, et comptés numériquement dans le contingent à former, les *élèves des grands séminaires, régulièrement autorisés à continuer leurs études ecclésiastiques*, désignés par leur numéro pour faire partie dudit contingent. — L. 21 mars 1832, art. 14.

31. — Il convient de remarquer 1° que la dispense ne s'applique qu'aux élèves des grands séminaires; les termes de la loi sont formels, et l'on ne saurait donc plus, comme on l'a fait avant la loi de 1832, dispenser l'élève placé dans tout autre établissement : par exemple un petit séminaire. — V. RECRUTEMENT.

32. — ... 2° Qu'il faut que les élèves justifient qu'ils sont régulièrement autorisés à continuer leurs études. Cette autorisation ne peut être donnée que par l'évêque. La pièce à produire est donc un certificat du prélat, dont la signature est visée pour légalisation par le préfet; lequel certificat établit que le réclamant est élève d'un grand séminaire, et qu'il est autorisé à continuer ses études ecclésiastiques. — Circ. minist. du 25 mai 1832.

33. — Du reste, cette dispense n'est que conditionnelle et subordonnée à l'entrée ultérieure dans les ordres sacrés majeurs. « Si, dit l'article précité de la loi, les élèves des grands séminaires ne sont pas entrés dans les ordres majeurs à vingt ans accomplis, ils sont tenus d'accomplir le temps de service prescrit par la loi. »

34. — Et si, avant l'âge de vingt-cinq ans, ils cessent de suivre la carrière ecclésiastique, ils sont tenus d'en faire la déclaration au maire de leur commune, dans l'année où ils ont cessé leurs études, et de retirer expédition de cette déclaration. — *Ibid.*

35. — Faute par eux de faire la déclaration ci-dessus indiquée, et de la soumettre au visa du préfet dans le délai d'un mois, ils sont passibles des peines prévues par la loi pour omission volontaire des tableaux de recensement, sans préjudice de l'obligation où ils sont d'accomplir leur temps de service en entier, sans déduction du temps écoulé depuis la cessation de leurs études.

36. — Au surplus, pour mieux assurer les prescriptions édictées par la loi du 21 mars 1832, et prévenir toutes fraudes de la part des jeunes gens ou de leurs familles, une circulaire déjà citée, en date du 25 mai 1832, a demandé aux évêques l'envoi annuel au ministre des cultes 1° de l'état des élèves auxquels il a été délivré des certificats destinés à les exempter du service militaire; 2° l'état des élèves qui, ayant déjà été dispensés, n'auraient pas ensuite rempli les conditions de la dispense, c'est-à-dire qui ne seraient pas entrés dans les ordres majeurs à l'expiration de leur vingt-cinquième année, ou qui auraient abandonné avant cet âge les études ecclésiastiques. — V. ARMÉE, RECRUTEMENT.

37. — Les élèves des grands séminaires sont dispensés du service de la garde nationale. — L. 22 mars 1831, art. 12. — V. GARDE NATIONALE.

38. — Un encouragement véritable a été donné au développement des séminaires par l'établissement des bourses et demi-bourses créées sur les fonds de l'Etat, et qui permettent aux évêques d'assurer, pour le sacerdoce, des jeunes gens dont les vocations sérieuses auraient pu échouer devant l'absence de ressources pécuniaires. — Décr. 30 sept. 1807. — V. BOURSES D'ÉCOLE, n° 11.

39. — Ces bourses et demi-bourses, dont les séminaires ont constamment joui depuis le 1er janv. 1808, furent, dans l'origine, fixées par le décret du 30 sept. 1807 à huit cents bourses et seize cents demi-bourses. Mais, ainsi que le fait remarquer M. Vuillefroy dans son *Traité de l'administration du culte catholique*, publié en 1842, le nombre des bourses et, par conséquent, le chiffre de la dépense se sont élevés d'année en année. Originairement, il n'était que de 400,000 fr.; depuis 1831, il est demeuré à peu près fixé dans le chiffre d'un peu plus d'un million : ce qui suppose trois mille boursiers ou demi-boursiers environ.

40. — Rien, du reste, n'a été changé aux taux originaires des bourses et demi-bourses, tels que les avait déterminés l'art. 3 du décret du 30 sept. 1807; le trésor public paie 400 fr. par bourse, 200 fr. par demi-bourse.

41. — Les bourses et demi-bourses sont accordées par le chef de l'Etat, sur la présentation des évêques. — Décr. 30 sept. 1807, art. 2.

42. — A cet effet, les évêques doivent présenter un tableau détaillé des candidats, indiquant les noms, prénoms, date, commune et département de la naissance, commune et département du domicile des parens; une colonne particulière renferme les observations sur l'aptitude, le mérite et les dispositions personnelles des candidats. — Décis. minist. 21 déc. 1814.

43. — Il est de règle que le tableau envoyé par les évêques contienne une liste triple du nombre de candidats nécessaires pour chaque bourse ou demi-bourse vacante. — Décis. minist. 21 déc. 1814.

44. — Si l'élève à qui le bénéfice de la bourse est accordé est déjà au séminaire, la jouissance de cette bourse court du jour même de la concession; dans le cas contraire, cette jouissance demeure suspendue jusqu'au jour de l'entrée au séminaire. — Ord. 2 nov. 1835.

45. — Chaque trimestre, le montant des bourses d'un même séminaire est mandaté au nom du trésorier du séminaire, sur le vu d'un état nominatif, certifié par l'évêque, constatant, en

ce qui concerne chacun des boursiers, l'entrée au séminaire et la continuation des études. — *Ibid.*

§ 2. — *Dotation.* — *Acquisition.* — *Propriété.* — *Régie des biens.*

46. — Si le gouvernement consulaire apporta des restrictions au libre enseignement dans les séminaires par les décrets que nous avons précédemment rapportés, en même temps, et souvent par d'autres articles de ces mêmes décrets, il se montra plein de munificence pour la création et l'entretien des séminaires.

47. — Ainsi, en outre de la création des bourses et demi-bourses dont nous avons parlé tout à l'heure, il intervint, le 20 prair. an X, un arrêté qui déclara que les séminaires demeuraient à la charge de l'Etat. Depuis lors, il en a toujours été ainsi.

48. — Par suite, l'art. 7 de la loi du 23 vent. an XII déclare qu'il serait consacré à chaque séminaire une maison nationale et une bibliothèque, et qu'il serait assigné une somme convenable pour l'entretien et les frais desdits établissemens. Les séminaires sont donc des établissemens publics. — V. ÉTABLISSEMENS PUBLICS, n° 14.

49. — Quant à la question de propriété des séminaires, il suffit de se reporter à ce que nous avons dit précédemment, dans une matière analogue, où tout ce qui concerne les édifices consacrés au culte ou aux ministres du culte a été l'objet d'un examen approfondi. — V. ÉGLISE, nos 47 et suiv.

50. — Les séminaires peuvent, comme tous autres établissemens ecclésiastiques reconnus par la loi, et sous les mêmes conditions, acquérir à titre onéreux et gratuit; quelques séminaires ont en effet aujourd'hui des propriétés assez considérables, provenant principalement de dons et legs. — V. ÉTABLISSEMENS PUBLICS. — Jugé que l'autorisation accordée par le gouvernement à un établissement public, tel qu'un séminaire, d'accepter le legs d'une somme d'argent qui lui a été fait, à la charge de placer cette somme en rentes sur l'Etat, ne confère point au légataire universel le droit de surveiller ce placement. — En conséquence, lorsque aucune condition n'a été d'ailleurs imposée par le testateur au paiement de la somme léguée, le légataire universel ne peut se prévaloir de la condition imposée par l'autorisation précitée, pour refuser de remettre cette somme aux mains du trésorier du séminaire, chargé de recevoir et de fournir quittance. — *Agen*, 17 janv. 1849 (t. 2 1849, p. 35), Séminaire de Cahors c. Lescole.

51. — Les biens des séminaires doivent être régis d'après les règles générales sur la régie des biens des établissemens publics. Toutefois, le décret du 6 nov. 1813 contient, en ce qui les concerne, quelques règles spéciales que nous devons reproduire.

52. — Et d'abord, il doit être formé, pour l'administration des biens du séminaire de chaque diocèse, un bureau composé de l'un des vicaires généraux, qui préside en l'absence de l'évêque; du directeur et de l'économe du séminaire, et d'un quatrième membre remplissant les fonctions de trésorier, qui est nommé par le ministre des cultes sur l'avis de l'évêque et du préfet. Il n'y a aucune rétribution attachée aux fonctions de trésorier. — Décr. 6 nov. 1813, art. 62.

53. — Le secrétaire de l'archevêché ou évêché est en même temps secrétaire de ce bureau. — Art. 63.

54. — Il est important, dans l'intérêt des séminaires eux-mêmes, que les évêques exécutent ces dispositions avec exactitude, notamment en ce qui concerne les trésoriers, puisque, d'un côté, faute d'y avoir satisfait, les personnes qui exerceraient ces fonctions n'auraient aucun titre légal pour faire les actes de comptabilité ainsi que les poursuites qui leur compétent, et que, d'un autre côté, elles ne pourraient être assujetties à la responsabilité qu'imposent ces mêmes fonctions. — Circ. minist. 8 janv. 1824, 26 juill. 1831.

55. — Il y a aussi, pour le dépôt des titres, papiers et renseignemens, des comptes, des registres, des sommiers, des inventaires, conformément à l'art. 54 du règlement des fabriques, une caisse ou armoire à trois clefs, qui sont entre les mains des trois membres du bureau. — Décr. 6 nov. 1813, art. 65.

56. — Ce qui a été ainsi déposé ne peut être retiré que sur l'avis motivé des trois dépositaires des clefs, et approuvé par l'archevêque ou évêque : l'avis ainsi approuvé reste dans le même dépôt. — Art. 66.

57. — Tout notaire devant lequel il a été passé un acte contenant donation entre-vifs ou disposition testamentaire au profit d'un séminaire ou d'une école secondaire ecclésiastique, est tenu d'en instruire l'évêque, qui doit envoyer les pièces, avec son avis, au ministre des cultes afin que, s'il y a lieu, l'autorisation pour l'acceptation soit donnée en la forme accoutumée. — Ces dons et legs ne sont assujettis qu'au droit fixe d'un franc. — Art. 67.

58. — Les remboursemens et les placemens des deniers provenant des dons ou legs aux séminaires ou aux écoles secondaires sont faits conformément aux décrets et décisions sur les fabriques. — Art. 68. — V. DONATION ENTRE-VIFS, n° 278.

59. — Les maisons et biens ruraux des séminaires et des écoles secondaires ecclésiastiques ne peuvent être loués ou affermés que par adjudication aux enchères, à moins que l'archevêque ou évêque et les membres du bureau ne soient d'avis de traiter de gré à gré aux conditions dont le projet signé d'eux est remis au trésorier et ensuite déposé dans la caisse à trois clefs. Il en est fait mention dans l'acte. — Pour les baux excédant neuf ans, les formalités prescrites par l'art. 9 du même décret pour les biens des séminaires doivent être remplies — Art. 69.

60. — Nul procès ne peut être intenté, soit en demandant, soit en défendant, sans l'autorisation du conseil de préfecture, sur la proposition de l'archevêque ou évêque, après avoir pris l'avis du bureau d'administration. — Art. 70. — V. AUTORISATION DE PLAIDER, nos 342 et 346; CONSEIL DE PRÉFECTURE, n° 359.

61. — L'économe est chargé de toutes les dépenses. Celles qui seraient extraordinaires ou imprévues doivent être autorisées par l'archevêque ou évêque, après avoir pris l'avis du bureau. Cette autorisation est annexée au compte. — Art. 71.

62. — Il est toujours pourvu aux besoins du séminaire principal, de préférence aux autres écoles ecclésiastiques, à moins qu'il n'y ait, soit pour l'institution de ces écoles secondaires, soit par des dons ou legs postérieurs, des revenus qui leur auraient été spécialement affectés. — Art. 72.

63. — Tous deniers destinés aux dépenses des séminaires, et provenant, soit de revenus de biens-fonds ou de rentes, soit de remboursemens, soit des secours du gouvernement, soit des libéralités des fidèles, et, en général, quelle que soit leur origine, sont, à raison de leur destination pour un service public, versés dans une caisse à trois clefs, établie dans un lieu sûr, au séminaire. Une de ces clefs est entre les mains de l'évêque ou de son vicaire-général, l'autre entre celles du directeur du séminaire, et la troisième dans celles du trésorier. — Art. 73.

64. — Ce versement est fait le premier jour de chaque mois par le trésorier, suivant un état ou bordereau qui comprend la recette du mois précédent, avec indication d'où provient chaque somme, sans, néanmoins, qu'à l'égard de celles qui ont été données, il soit besoin d'y mettre les noms des donateurs. — Art. 74.

65. — Le trésorier ne peut faire, même sous prétexte de dépenses urgentes, aucun versement, que dans ladite caisse à trois clefs. — Art. 75.

66. — Quiconque aurait reçu pour le séminaire une somme qu'il n'aurait pas versée, dans les trois mois, entre les mains du trésorier, et le trésorier lui-même qui n'aurait pas, dans le mois, fait les versemens à la caisse à trois clefs, sont poursuivis conformément aux lois concernant le recouvrement des deniers publics. — Art. 76.

67. — La caisse acquitte, le premier jour de chaque mois, les mandats de la dépense à faire dans le courant du mois, lesdits mandats signés par l'économe et visés par l'évêque. En tête de ces mandats, sont les bordereaux indiquant sommairement les objets de la dépense. — Art. 77.

68. — La commission administrative du séminaire transmet au préfet, au commencement de chaque semestre, les bordereaux de versement par les économes, et les mandats des sommes payées. Le préfet en donne décharge, et en adresse les *duplicata* au ministre des cultes avec ses observations. — Art. 78.

69. — Le trésorier et l'économe de chaque séminaire rendent, au mois de janvier, leurs comptes en recette et en dépense, sans être tenus de nommer les élèves qui auraient eu part aux deniers affectés aux aumônes. L'approbation donnée par l'évêque à ces sortes de dépenses leur tient lieu de pièces justificatives. — Art. 79.

70. — Les comptes sont visés par l'évêque, qui les transmet au ministre des cultes; et, si aucun motif ne s'oppose à l'approbation, le ministre les renvoie à l'évêque, qui les arrête définitivement et en donne décharge. — Art. 80.

71. — Tel est l'ensemble des règles contenues au décret du 6 nov. 1813 en ce qui concerne la régie des séminaires. Le ministre, dans sa circulaire du 4 déc. 1813, dit à cet égard : « Il ne résulte des dispositions prises, à cet égard, aucune atteinte à l'autorité légitime des évêques pour l'administration de leurs séminaires, ils sont toujours, et sans aucun doute, regardés comme des établissemens qui doivent rester sous leur autorité; mais le gouvernement a considéré que tous les établissemens publics, sans exception doivent être soumis à un mode de comptabilité uniforme et régulier. »

72. — Il paraît, cependant, que, pendant longtemps, l'exécution des prescriptions du décret du 6 déc. 1813 a rencontré de l'opposition dans une partie de l'épiscopat; et c'est ce qui motiva, en dernier lieu, l'avis du Conseil d'Etat suivant, en date du 25 févr. 1835 : « Les séminaires, quoique placés, comme établissemens religieux, sous l'administration immédiate des évêques, sont soumis, comme tous les établissemens publics dont ils font partie, à la haute tutelle du gouvernement, à sa surveillance, de même qu'ils jouissent de sa protection. Le gouvernement a non-seulement le droit mais le devoir de prescrire les mesures nécessaires pour la conservation des biens de ces établissemens, pour la garantie de leur gestion, de fixer les règles de leur comptabilité, et de tenir la main à l'exécution de ces mesures et de ces règles. Le décret du 6 nov. 1813 est un règlement d'administration publique rendu en vertu des lois de l'Etat. Il a toute l'autorité des lois elles-mêmes. Il n'a jamais cessé d'être en vigueur; et il ne renferme que les dispositions nécessaires pour assurer une comptabilité régulière des biens des séminaires, analogue à celle qui a été établie pour les fabriques par le décret du 30 déc. 1809. »

Sect. 2e. — *Ecoles secondaires ecclésiastiques ou petits séminaires.*

73. — On s'est demandé depuis longtemps s'il convient qu'il existe, en dehors des séminaires, des établissemens spéciaux, destinés à instruire dans les lettres et les sciences les jeunes gens destinés à entrer, plus tard, dans les grands séminaires; et si, en admettant que des établissemens de cette nature puissent exister, il n'y a pas lieu de les soumettre à des règlemens spéciaux. Cette question est débattue depuis plus de quarante ans, et elle a donné particulièrement lieu, pendant les dernières années du gouvernement de 1830, à d'ardentes controverses. Il n'est pas sans intérêt de suivre rapidement les phases de cette lutte, en même temps que nous exposerons la législation sur les écoles secondaires ecclésiastiques.

74. — *Régime impérial.* — Le principe de liberté de l'enseignement n'avait point, on le sait, trouvé place dans le décret du 17 mars 1808, lequel, constituant l'Université, déclarait que nul ne pourrait ouvrir d'écoles, ni enseigner publiquement sans être membre de l'Université impériale et gradué par l'une de ses facultés.

75. — Le décret du 9 avr. 1809, édicté spécialement en vue des écoles secondaires ecclésiastiques, s'exprimait d'une manière plus formelle encore. L'art. 9 portait : Aucune école, sous quelque dénomination que ce puisse être, ne peut exister en France, si elle n'est régie par les membres de l'Université impériale et soumise à ses règles.

76. — Toutefois, l'art. 4 du même décret reconnaissait que le grand-maître de l'Université et son conseil pourraient accorder un intérêt spécial aux écoles secondaires que les départemens, les villes, les évêques ou les particuliers voudraient établir pour être consacrées plus spécialement aux élèves qui se destinent à l'état ecclésiastique. En outre, l'art. 5 admet que la permission du port de l'habit ecclésiastique pouvait être accordée aux élèves desdites écoles.

77. — Mais, au résumé, ces écoles n'en demeuraient pas moins soumises, quant à leur établissement et à l'enseignement, à l'approbation pré-

...ble et souveraine de l'Université, qui pouvait lui refuser toute existence. — *Ibid.*

— Jamais, du reste, sous ce régime, aucune fondation ne fut consentie par l'Etat en faveur des établissemens fondés par les évêques, ni des élèves entretenus dans ces établissemens. De plus, ce n'était que dans les écoles secondaires de l'Etat ou lycées, que le grand-maître pouvait autoriser les fondations de bourses, demi-bourses ou toutes autres dotations pour des élèves destinés à l'état ecclésiastique. — Décret du 9 avr. 1809, art. 6.

— Le décret du 15 nov. 1811, concernant le régime de l'Université, maintint et étendit même les prescriptions du décret du 9 avril 1809. Voici quelles en furent les dispositions.

— « Toutes ces écoles, dit l'art. 25, seront gouvernées par l'Université; elles ne pourront être organisées que par elle, régies que sous son autorité, et l'enseignement ne pourra y être donné que par des membres de l'Université étant à la disposition du grand-maître. »

— Les prospectus et les règlemens de ces écoles, ajoute l'art. 26, seront rédigés par le conseil de l'Université, sur la proposition du grand-maître.

— Les art. 27 et suiv. contiennent les prescriptions suivantes : Il ne pourra pas y avoir plus d'une école secondaire ecclésiastique par département. Le grand-maître désignera, avant le 15 décembre prochain, celles à conserver; toutes les autres seront fermées à dater du 1er janvier.

— A dater du 1er juill. 1812, toutes les écoles secondaires ecclésiastiques qui ne seraient point placées dans les villes où se trouve un lycée ou un collége, seront fermées. — Art. 28.

— Aucune école secondaire ecclésiastique ne pourra être placée à la campagne. — Art. 29.

— Toutes les maisons et meubles des écoles ecclésiastiques qui ne seront pas conservés, seront saisis par l'Université, pour être employés pour les établissemens d'instruction publique. — Art. 30.

— Les préfets et procureurs généraux tiendront la main à ce que l'Université fasse exécuter les dispositions contenues dans les quatre articles précédens. — Art. 31.

— En outre, l'art. 32 statue que : 1° Dans tous les lieux où il y a des écoles ecclésiastiques, les élèves de ces écoles seront conduits au lycée ou au collége pour y suivre leurs classes; 2° que les élèves des écoles secondaires ecclésiastiques porteront l'habit ecclésiastique; 3° que tous les exercices se feront au son de la cloche.

— L'art. 64 du décret du 6 novembre 1813, sur l'administration et la conservation des biens du clergé, porte : « Le bureau d'administration du séminaire (V. *suprà* n° 52) principal a en même temps l'administration des autres écoles ecclésiastiques du diocèse. »

— *Régime de* 1814. — A peine le régime impérial eut-il pris fin que, sur les réclamations pressantes de l'épiscopat, le roi Louis XVIII, dans l'intérêt du recrutement des grands séminaires et dans celui du sacerdoce, rendit l'ordonnance du 5 octobre 1814, laquelle est ainsi conçue :

— Art. 1er. Les archevêques et évêques de notre royaume pourront avoir, dans chaque département, une école ecclésiastique dont ils nommeront les chefs et les instituteurs, et où ils feront élever et instruire dans les lettres, des jeunes gens destinés à entrer dans les grands séminaires.

— Art. 2. Ces écoles pourront être placées à la campagne et dans des lieux où il n'y aura ni lycée ni collége communal.

— Art. 3. Lorsqu'elles seront placées dans des villes où il y aura un lycée ou un collége communal, les élèves, après deux ans d'études, seront tenus de prendre l'habit ecclésiastique. Ils seront dispensés de fréquenter les leçons desdits lycées et colléges.

— Art. 4. Pour diminuer autant qu'il sera possible les dépenses de ces établissemens, les élèves seront exempts de la rétribution due à l'Université par les élèves des lycées, colléges, institutions et pensionnats.

— Art. 5. Les élèves qui auront terminé leurs cours d'études pourront se présenter à l'examen de l'Université pour obtenir le grade de bachelier ès lettres. Ce grade leur sera conféré gratuitement.

— Art. 6. Il ne pourra être érigé dans un département une seconde école ecclésiastique qu'en vertu de notre autorisation donnée sur le rapport de notre ministre secrétaire d'Etat de l'intérieur, après qu'il aura entendu l'évêque et le grand-maître de l'Université.

96. — Art. 7. Les écoles ecclésiastiques sont susceptibles de recevoir des legs et des donations, en se conformant aux lois existantes sur cette matière.

97. — L'ordonnance du 5 octobre 1814 abrogeait, comme on le voit, les rigueurs des décrets impériaux : pourtant, ce n'était point la liberté complète que le roi Louis XVIII avait voulu établir; loin de là, le préambule de l'ordonnance mentionnait formellement la volonté du souverain que les écoles secondaires ecclésiastiques ne devaient pas se multiplier sans motifs légitimes.

98. — De plus, une ordonnance du 5 juin 1816 créa, aux frais de l'Etat, mille bourses pour les élèves des séminaires.

99. — Enfin, l'ordonnance du 27 février 1821, art. 28, allant plus loin encore que l'ordonnance du 5 oct. 1814, autorisa les curés de campagne et les desservans à se charger de former deux ou trois jeunes gens pour les petits séminaires; à la charge d'en faire la déclaration au recteur de l'académie, qui devait veiller à ce que ce nombre ne fût pas dépassé. Ils étaient affranchis de toute rétribution annuelle et universitaire. — V. ENSEIGNEMENT.

100. — Mais les idées de l'époque étaient, comme l'on sait, loin d'être favorables à l'enseignement dirigé par le clergé : aussi une guerre très-vive s'engagea-t-elle contre l'ordonnance de 1814 dans la presse périodique; la tribune nationale se rendit elle-même l'écho de ces attaques répétées, et, cédant à ce mouvement, le roi Charles X rendit les deux ordonnances du 16 juin 1828.

101. — Dans les considérans qui précèdent le dispositif de la première ordonnance, il fut dit : 1° que parmi les établissemens connus sous le nom d'*écoles secondaires ecclésiastiques* il en existait huit qui s'étaient écartés du but de leur institution, en recevant des élèves dont le plus grand nombre ne se destinait pas à l'état ecclésiastique; 2° que ces huit établissemens étaient dirigés par des personnes appartenant à une congrégation religieuse non légalement établie en France.

102. — En conséquence, ladite ordonnance portait : Art. 1er. A dater du 1er octobre prochain, les établissemens connus sous le nom d'*écoles secondaires ecclésiastiques* dirigés par des personnes appartenant à une congrégation religieuse non autorisée, et actuellement existant à Aix, Billom, Bordeaux, Dôle, Forcalquier, Montmorillon, Saint-Acheul et Sainte-Anne d'Auray, seront soumis au régime de l'Université.

103. — Art. 2. A dater de la même époque, nul ne pourra être ou demeurer chargé soit de la direction, soit de l'enseignement, dans une des maisons d'éducation dépendantes de l'Université, ou dans une des écoles secondaires ecclésiastiques, s'il n'a affirmé par écrit qu'il n'appartient à aucune congrégation religieuse non légalement établie en France. — C'était évidemment décréter implicitement la fermeture des huit écoles mentionnées en l'art. 1er.

104. — La seconde ordonnance du 16 juin 1828, plus générale dans ses dispositions, embrasse toutes les écoles ecclésiastiques fondées ou à fonder. Il importe d'en reproduire le texte en entier.

105. — Art. 1er. Le nombre des élèves des écoles secondaires ecclésiastiques instituées par l'ordonn. du 5 oct. 1814 sera limité dans chaque diocèse, conformément au tableau que, dans le délai de trois mois à dater de ce jour, notre ministre secrétaire d'Etat des affaires ecclésiastiques soumettra à notre approbation. Ce tableau sera inséré au *Bulletin des lois*, ainsi que les changemens qui pourraient être ultérieurement réclamés, et que nous nous réservons d'approuver, s'il devenait nécessaire de modifier la première répartition. — Toutefois, le nombre des élèves placés dans les écoles secondaires ecclésiastiques ne pourra excéder vingt mille.

106. — Art. 2. Le nombre de ces écoles et la désignation des communes où elles seront établies seront déterminés par nous d'après la demande des archevêques et évêques, et sur la proposition de notre ministre des affaires ecclésiastiques.

107. — Art. 3. Aucun externe ne pourra être reçu dans lesdites écoles. — Sont considérés comme externes les élèves n'étant pas logés et nourris dans l'établissement même.

108. — Art. 4. Après l'âge de quatorze ans, tous les élèves admis depuis deux ans dans lesdites écoles seront tenus de porter l'habit ecclésiastique. Le gouvernement n'a jamais contraint à l'exécution stricte de cette prescription.

109. — Art. 5. Les élèves qui se présenteront pour obtenir le grade de bachelier ès lettres ne pourront, avant leur entrée dans les ordres sacrés, recevoir qu'un diplôme spécial, lequel n'aura d'effet que pour parvenir aux grades en théologie; mais il sera susceptible d'être échangé contre un diplôme ordinaire de bachelier ès lettres après que les élèves seront engagés dans les ordres sacrés.

110. — Art. 6. Les supérieurs ou directeurs des écoles secondaires ecclésiastiques seront nommés par les archevêques et évêques, et agréés par nous. — Les archevêques et évêques adresseront, avant le 1er octobre prochain, les noms des supérieurs ou directeurs actuellement en exercice à notre ministère des affaires ecclésiastiques, à l'effet d'obtenir notre agrément.

111. — Art. 7. Les écoles secondaires ecclésiastiques dans lesquelles les dispositions de la présente ordonnance et de notre ordonnance en date de ce jour ne seront pas exécutées, cesseront d'être considérées comme telles, et rentreront sous le régime de l'Université.

112. — Le seul dédommagement accordé au clergé, en échange des restrictions si nombreuses insérées dans l'ordonnance, consistait dans la disposition suivante : « Il est créé dans les écoles secondaires ecclésiastiques 8,000 demi-bourses à 150 francs chacune. La répartition de ces 8,000 bourses entre les diocèses sera réglée par nous, sur la proposition de notre ministre des affaires ecclésiastiques. Nous déterminerons ultérieurement le mode de présentation et de nomination à ces bourses. — Art. 7.

113. — *Régime de* 1830. — Le régime de 1830 n'a rien changé à l'état de choses constitué en dernier lieu, sous la Restauration par les ordonnances de 1828, si ce n'est toutefois que l'ordonnance du 30 sept. 1830 a supprimé les 8,000 demi-bourses établies en 1828. — V. CULTE, nos 311, 318.

114. — Du reste, quelque incessantes qu'aient été, surtout dans les dernières années, les réclamations de la presse religieuse et de l'épiscopat, réclamations dont les tribunes des deux Chambres retentirent plus d'une fois, les écoles secondaires ecclésiastiques demeurèrent toujours sous l'empire des ordonnances de 1828.

115. — *Régime républicain de* 1848. — Le gouvernement républicain paraît suivre une autre voie; déjà l'abolition des certificats d'études, prononcée par un décret du président de la République, permet, par cela même, aux élèves des petits séminaires de subir l'épreuve du baccalauréat ès lettres.

116. — La nouvelle loi organique de l'enseignement qui vient d'être votée abroge virtuellement toutes les dispositions restrictives de l'établissement des petits séminaires, la liberté leur est accordée; ils rentrent dans le droit commun, et ne se distinguent plus en rien des autres établissemens d'instruction secondaire. — Ainsi disparaît complètement la seconde ordonnance du 16 juin 1828.

117. — Il faut en dire autant de la première de ces ordonnances; les discussions qui ont eu lieu dans le sein de l'Assemblée législative, et qui ont eu pour résultat à la deuxième délibération le rejet de l'amendement présenté par M. Bourzat, et à la troisième, le rejet de l'article additionnel proposé par M. Laurent (de l'Ardèche), ne laissent aucun doute sur ce point. Les personnes attachées à des congrégations religieuses, même non reconnues, demeurent, comme individus, et sous les conditions communes imposées à tous, ceux qui veulent enseigner, aptes à donner l'enseignement.

CHAPITRE II. — *Séminaires protestans.*

118. — La loi organique des cultes protestans contient à l'égard des séminaires protestans les prescriptions suivantes.

119. — Il y aura deux académies ou séminaires dans l'est de la France pour l'instruction des ministres de la confession d'Augsbourg. — Loi organique, art. 9.

120. — Il y aura un séminaire à Genève pour l'instruction des ministres des églises réformées. — Art. 10. — Le siége de ce séminaire est changé depuis que Genève ne fait plus partie de la France.

121. — Le décret du 17 mars 1808, établissant une faculté de théologie protestante à Strasbourg, n'a point prononcé la suppression du sé-

minaire protestant établi dans cette ville. Il a été déclaré *collège mixte* et soumis à la surveillance et à l'inspection de l'Université. — Les élèves qui ne se destinent pas à la carrière évangélique paient la rétribution universitaire. — Avis du Cons. d'État du 26 oct. 1823.

122. — La loi organique porte encore : « Les professeurs de toutes les académies ou séminaires protestans seront nommés par le premier consul. » — Art. 44.

123. — Les réglemens sur l'administration et la police intérieure des séminaires, sur le nombre et la qualité des professeurs, sur la manière d'enseigner et sur les objets d'enseignement, ainsi que sur la forme des certificats ou attestations d'étude, de bonne conduite et de capacité, seront approuvés par le gouvernement.—Art. 14.
— V. **CONSISTOIRE PROTESTANT**, n° 30.

124. — L'art. 14 (n° 5) de la loi du 21 mars 1832 a dispensé sous certaines conditions les élèves des séminaires protestans du service militaire.
— V. **CONSISTOIRE PROTESTANT**, n° 34, **RECRUTEMENT.** — Ajoutons que cette dispense s'étend évidemment au service de la garde nationale.

V. **COMMUNAUTÉS RELIGIEUSES, CONCORDAT, CONSISTOIRES PROTESTANS, CULTE, ECCLÉSIASTIQUES, ÉCOLES SECONDAIRES, ENSEIGNEMENT, ÉTABLISSEMENS ECCLÉSIASTIQUES, ÉTABLISSEMENS PUBLICS, ÉVÊCHÉ, ÉVÊQUE, UNIVERSITÉ.**

SÉNAT, SÉNAT CONSERVATEUR, SÉNATUS-CONSULTE.

1.—L'origine de l'institution du sénat remonte aux premiers temps des Romains. — En effet, Romulus, après avoir fondé la ville de Rome, composa un conseil chargé de régler les affaires publiques et particulières, et qui fut appelé *sénat*.

2. — Dans le principe, les sénateurs étaient élus par le peuple, qui les choisissait parmi les personnes à qui leur âge donnait le plus d'expérience et de prudence. Mais l'élection des sénateurs avait fini par être dévolue exclusivement aux rois, et, après l'expulsion des rois, elle appartint aux consuls, puis aux censeurs. La dignité de *prince* du sénat était conférée par les censeurs, à celui qu'ils en jugeaient le plus digne.

3. — Les décrets rendus par le sénat romain étaient appelés *sénatus-consultes*.

4. — En important dans les Gaules, après la conquête qu'ils en firent, leurs institutions et leurs lois, les Romains y laissèrent aussi la trace de l'institution du sénat. Ainsi, longtemps après que les Romains se furent retirés des Gaules, des tribunaux souverains, appelés du nom de *sénat*, restèrent établis dans les pays qu'ils avaient subjugués.

5. — Il y eut aussi, autrefois, à Strasbourg deux juridictions intitulées l'une le *grand sénat*, l'autre le *petit sénat*.

6. — La première était composée de trente citoyens, dont dix devaient être gentilshommes et les vingt autres bourgeois. Elle connaissait des affaires civiles et criminelles. Les affaires civiles y étaient jugées à la charge de l'appel à la chambre des Treize, et les affaires criminelles, sauf l'appel, au Conseil souverain de Colmar.

7. — La seconde était formée de vingt-deux juges, dont six étaient tirés du corps des nobles et seize des tribus d'artisans. Elle n'avait de compétence que pour les affaires civiles peu importantes. Les appels de ses jugemens étaient portés à la Chambre des Treize.

8. — Le grand et le petit sénat de Strasbourg furent supprimés par l'art. 13 de la loi du 7-12 sept. 1790.

9. — Un sénat fut institué plus tard par la Constitution du 22 frim. an VIII (13 déc. 1799) pour remplacer le Conseil des Anciens établi par la Constitution du 5 fruct. an III.

10. — Mais, à la différence du sénat romain, qui, comme nous l'avons vu, s'occupait à la fois des affaires publiques et des affaires particulières, le sénat établi par la Constitution de l'an VIII n'était chargé que des affaires publiques.

11.—Il fut appelé *sénat conservateur* parce qu'il avait pour mission principale de veiller au maintien et à la conservation des lois et de la Constitution.

12. — D'après l'art. 15 de la Constitution du 22 frim. an VIII, le sénat conservateur était composé de quatre-vingts membres, inamovibles et à vie, âgés de quarante ans au moins.

13. — Il fut abord, pour la formation de ce sénat, nommé soixante membres par les deux consuls sortans et les deux consuls nouveaux

nommés par la Constitution précitée. Le sénat se compléta ensuite lui-même et pourvut aux places de sénateur qui devinrent ultérieurement vacantes. — Art. 15 et 24.

14. — Pour la nomination aux places de sénateurs, le sénat choisissait entre trois candidats présentés, le premier par le Corps législatif, le second par le Tribunat, et le troisième par le premier consul. Il ne choisissait qu'entre deux candidats, si l'un d'eux était proposé par deux des trois autorités présentantes. Il était tenu d'admettre celui qui était proposé à la fois par les trois autorités. — Art. 16.

15. — Le premier consul sortant de place, soit par l'expiration de ses fonctions, soit par démission, devenait sénateur de plein droit et nécessairement. Les deux autres consuls, durant le mois qui suivait l'expiration de leurs fonctions, pouvaient prendre place dans le sénat, mais ils n'étaient pas obligés d'user de ce droit. Ils ne l'avaient point quand ils quittaient leurs fonctions consulaires par démission.—Art. 47.

16. — Un sénateur était à jamais inéligible à toute autre fonction publique. — Art. 48.

17. — Le sénat devait élire les législateurs, les tribuns, les consuls, les juges de cassation, et les commissaires de la comptabilité.—Art. 20.

18. — Son choix ne pouvait s'exercer que sur les citoyens compris sur la liste des éligibles aux fonctions publiques dressée par les citoyens portés dans la liste électorale de chaque département. — Art. 49.

19. — Le sénat était en outre chargé de maintenir la Constitution, et d'annuler tous les actes qui lui étaient déférés comme inconstitutionnels par le Tribunat ou par le gouvernement. Les listes des éligibles étaient comprises dans ces actes. — Art. 21.

20. — Les séances du sénat n'étaient pas publiques. — Art. 43.

21. — Le traitement annuel de chacun des membres du sénat était égal au vingtième de celui du premier consul, et il se prenait sur les revenus des domaines nationaux affectés aux dépenses du sénat. — Art. 22.

22.—Le sénatus-consulte organique du 16 thermidor an X (4 août 1802) éleva à cent vingt le nombre des membres du sénat. — Art. 63.

23. — Les membres du grand conseil de la Légion d'honneur furent, par l'art. 62 de ce sénatus-consulte, déclarés membres du sénat, quel que fût leur âge.

24. — Le droit de se compléter, de pourvoir aux places vacantes, d'après le mode établi par la Constitution de l'an VIII, fut maintenu au sénat. — Art. 61. — Mais l'art. 63 du sénatus-consulte précité conféra aussi au premier consul le droit de nommer au sénat, sans présentation préalable par les collèges électoraux de département, des citoyens distingués par leurs services et leurs talens, à condition néanmoins qu'ils eussent l'âge requis.

25. — Le droit de nommer les consuls fut également réservé au sénat (art. 40, 49 et suiv. et 55), dont les attributions reçurent d'ailleurs une extension plus grande que celle qui leur avait été donnée par la Constitution de l'an VIII.

26. — Ainsi, d'après l'art. 54 du sénatus-consulte organique du 16 therm. an X, le sénat était chargé de régler : 1° la Constitution des colonies; 2° tout ce qui n'avait pas été prévu par la Constitution, et qui était nécessaire à sa marche, et 3° d'expliquer les articles de la Constitution qui donnaient lieu à différentes interprétations.

27. — Les actes qui émanaient du sénat dans les circonstances qui viennent d'être indiquées étaient appelés *sénatus- consultes organiques.* — Art. 54.

28. — D'après l'art. 55 du même sénatus-consulte organique du 16 thermid. an X, c'était au sénat qu'il appartenait aussi : 1° de suspendre les fonctions de jurés dans les départemens où cette mesure était nécessaire; 2° de déclarer, quand les circonstances l'exigeaient, des départemens hors de la Constitution ; 3° de proclamer le temps dans lequel des individus arrêtés pour crime de conspiration contre l'État devant être traduits devant les tribunaux, lorsqu'ils ne l'avaient pas été dans les dix jours de leur arrestation (Const. 22 frim. an VIII, art. 46); 4° d'annuler les jugemens des tribunaux, lorsqu'ils étaient attentatoires à la sûreté de l'État; et 5° de dissoudre le Corps législatif et le Tribunat.

29. — Dans ces différens cas, comme dans celui où il s'agissait de la nomination des consuls, les actes du sénat étaient intitulés *sénatus-consultes.* — Art. 55.

30. — Les projets de *sénatus-consultes organiques* et de *sénatus-consultes* étaient discutés dans un Conseil privé composé des consuls, de deux ministres, de deux sénateurs, de deux conseillers d'État, et de deux grands officiers de la Légion d'honneur. — Art. 57.

31. — Ils étaient ensuite délibérés par le sénat sur l'initiative du gouvernement. Une simple majorité suffisait pour les sénatus-consultes; il fallait les deux tiers des voix des membres présents pour un sénatus-consulte organique. — Art. 56.

32. — Les ministres avaient séance au sénat, mais sans voix délibérative, s'ils n'étaient sénateurs. — Art. 65.

33. — Le premier consul, auquel était dévolu le droit de ratifier les traités de paix et d'alliance, après avoir pris l'avis du Conseil privé, ne pouvait toutefois les promulguer sans en prendre préalablement connaissance au sénat. — Art. 58.

34. — Comme sous la constitution du 22 frim. an VIII, le sénat nommait aussi, sous l'empire du sénatus-consulte du 16 therm. an X, les membres du Corps législatif, du Tribunat et du tribunal de cassation. L'acte de nomination s'intitulait *Arrêté.* — Art. 59.

35. — Les actes du sénat relatifs à sa police et à son administration intérieure s'intitulaient *Délibérations.* — Art. 60.

36. — Comme nous l'avons vu (*suprà*, n° 16), la Constitution du 22 frim. an VIII interdisait d'une manière absolue le cumul des fonctions de sénateur avec toute autre fonction publique. Au contraire d'après l'art. 64 du sénatus-consulte organique du 16 therm. an X, les sénateurs pouvaient être consuls, ministres, membres de la Légion d'honneur, inspecteurs de l'instruction publique et employés dans les missions extraordinaires et temporaires.

37. — Le sénatus-consulte organique du 16 therm. an X succéda celui du 28 flor. an XII (18 mai 1804), qui modifia la composition du sénat ainsi que ses attributions.

38. — Aux termes de l'art. 57 de ce sénatus-consulte, le sénat se composait : 1° des princes français ayant atteint leur dix-huitième année; 2° des titulaires des grandes dignités de l'Empire; 3° des quatre-vingts membres nommés sur la présentation de candidats choisis par l'empereur sur les listes formées par les collèges électoraux de département, et 4° des citoyens que l'empereur jugeait convenable d'élever à la dignité de sénateur.

39. — D'après le nouveau mode de composition du sénat le nombre des sénateurs pouvait excéder celui de cent vingt, qui avait été fixé au sénatus-consulte organique du 16 therm. an X. —V. *suprà* n° 22. — De la faculté reconnue à l'empereur d'élever à la dignité de sénateur tous les citoyens qu'il en croyait dignes, il résultait même que le nombre des sénateurs était désormais illimité.

40. — Le président du sénat était nommé par l'empereur et choisi parmi les sénateurs. Ses fonctions duraient un an. — Sén.-cons. org. 28 flor. an XII, art. 58.

41. — Au président seul du sénat appartenait le droit de le convoquer. Cette convocation avait lieu ou sur la propre mouvement de l'empereur ou sur la demande soit d'un sénateur, soit de commissions instituées par le sénat. Mais le président était tenu de convoquer l'empereur pour nommer le rendre compte, à la demande des commissions du sénat, de leur objet et des résultats des délibérations du sénat.—Art. 59.

42. — Deux commissions de sept membres chacune nommée par le Sénat, et choisis dans son sein, furent instituées à l'effet de veiller à ce qu'aucune atteinte ne fût portée soit à la liberté individuelle, soit à la liberté de la presse. La première était appelée *Commission sénatoriale de la liberté individuelle* et la seconde *Commission sénatoriale de la liberté de la presse.* — Art. 60 et 64.

43. — La commission sénatoriale de la liberté individuelle prenait connaissance, sur la communication qui lui en était donnée par les ministres, des arrestations effectuées pour crime de conspiration contre l'État, conformément à l'art. 46 de la Constitution du 22 frimaire an VIII, lorsque les personnes arrêtées n'avaient pas été traduites devant les tribunaux dans les dix jours de leur arrestation.—Art. 60.

44. — Toutes les personnes arrêtées et non mises en jugement après les dix jours de leur arrestation pouvaient recourir directement, par elles, leurs parens ou leurs représentans, et par voie de pétition, à la commission sénatoriale de la liberté individuelle.—Art. 61.

45. — Lorsque la commission estimait que

détention prolongée au delà des dix jours de l'arrestation n'était pas justifiée par l'intérêt de l'Etat, elle invitait le ministre qui avait ordonné l'arrestation à faire mettre en liberté la personne détenue ou à la renvoyer devant les tribunaux ordinaires.—Art. 62.

46. — Si, après trois invitations consécutives, renouvelées dans l'espace d'un mois, la personne détenue n'était pas mise en liberté ou renvoyée devant les tribunaux ordinaires, la commission demandait alors une assemblée du sénat, qui était convoqué par le président et qui rendait, s'il y avait lieu, la déclaration suivante : « Il y a de fortes présomptions que N... est détenu arbitrairement. » Cette déclaration entraînait, de la part du Corps législatif, une dénonciation contre le ministre qui avait refusé la mise en liberté. — Sén.-cons. org. 28 flor. an XII, art. 63 et 112.

47. — La Constitution du 24 juin 1793 (V. DÉCLARATION DES DROITS, art. 7) et celle du 5 fructidor an III (art. 353) avaient posé en principe que nul ne pouvait être empêché de dire, écrire, imprimer et publier, soit par la voie de la presse, soit de toute autre manière, sa pensée, ses opinions. — Le sénatus-consulte organique du 28 floréal an XII laissa subsister ce principe, et institua même une commission sénatoriale chargée de veiller à la liberté de la presse. Ce fut cette commission qu'on appela *Commission sénatoriale de la liberté de la presse*. — Art. 64.

48. — Toutefois, les ouvrages qui s'imprimaient et se distribuaient par abonnement et à des époques périodiques n'étaient pas compris dans les attributions de cette commission. — Même art.

49. — Les auteurs, imprimeurs ou libraires qui se croyaient fondés à se plaindre d'empêchemens mis à l'impression ou à la circulation d'un ouvrage pouvaient recourir directement et par voie de pétition à la commission sénatoriale de la liberté de la presse. — Art. 65.

50. — Lorsque la commission estimait que les empêchemens n'étaient pas justifiés par l'intérêt de l'Etat, elle invitait le ministre qui avait donné l'ordre à le révoquer. — Art. 66.

51. — Si, après trois invitations consécutives, renouvelées dans l'espace d'un mois, les empêchemens subsistaient, la commission demandait une assemblée du sénat, qui était convoqué par le président, et qui rendait, s'il y avait lieu, la déclaration suivante : « Il y a de fortes présomptions que la liberté de la presse a été violée. » — Cette déclaration motivait, de la part du Corps législatif, une dénonciation contre le ministre, comme dans le cas de détention arbitraire.—Art. 67 et 112.

52. — Un membre de chacune des commissions sénatoriales cessait ses fonctions tous les quatre mois. — Art. 68.

53. — Par suite du principe que le sénat devait veiller au maintien des lois et de la Constitution, le sénatus-consulte organique du 28 floréal an XII voulut que les projets de lois décrétés par le Corps législatif fussent transmis, le jour même de leur adoption, au sénat et déposés dans ses archives. — Art. 69.

54. — ... Et que tout décret rendu par le Corps législatif pût être dénoncé au sénat par un sénateur : 1° comme tendant au rétablissement du régime féodal ; 2° comme contraire à l'irrévocabilité des ventes des domaines nationaux ; 3° comme n'ayant pas été délibéré dans les formes prescrites par les constitutions de l'Empire, les réglemens et les lois ; et 4° comme portant atteinte aux prérogatives de la dignité impériale et à celles du sénat. — Art. 70.

55. — Aux termes de l'art. 37 de la Constitution du 22 frimaire an VIII, tout décret du Corps législatif devait être promulgué le dixième jour après son émission ; à moins que, dans ce délai, il n'y eût recours au sénat, pour cause d'inconstitutionnalité. — D'après le sénatus-consulte organique du 28 floréal an XII (art. 71), le sénat saisi de l'examen du projet de loi décrété par le Corps législatif, par l'envoi qui lui en était fait (V. *suprà*, n° 53), pouvait, de son propre mouvement, sans y avoir été provoqué par aucun recours, exprimer l'opinion qu'*il n'y avait pas lieu à promulguer la loi*.

56. — Le président du sénat portait la délibération à l'empereur (art. 71), qui, après avoir entendu le Conseil d'Etat, déclarait, par un décret, son adhésion à la délibération du sénat ou faisait promulguer la loi. — Art. 72.

57. — Toute loi dont la promulgation, dans cette circonstance, n'avait pas été faite avant l'expiration du délai de dix jours, ne pouvait plus être promulguée si elle n'avait été de nouveau délibérée et adoptée par le Corps législatif. — Art. 73.

58. — Les sénatus-consultes organiques, les sénatus-consultes et en général tous les actes du sénat devaient, de même que les lois, être promulgués le dixième jour qui suivait leur émission. — Sénatus-consulte organ. 28 flor. an XII, art. 137.

59. — Le sénat a existé jusqu'à la charte de 1814, qui l'a remplacé par la Chambre des pairs. — V. CHAMBRE DES PAIRS.

60. — Sur le point de savoir quelle est la force obligatoire qui est due aujourd'hui aux sénatus-consultes et aux actes du sénat, V. LOIS.

61. — Il n'existe plus, chez nous, d'institution, soit politique, soit judiciaire, qui soit appelée sénat. — Mais à Turin, à Nice et à Chambéry les Cours d'appel qui rendent la justice en dernier ressort au nom du roi de Sardaigne se nomment sénats. — V. SARDAIGNE.

SÉNATORERIE.

1. — Dignité qui était conférée à certains sénateurs et à laquelle étaient attachés certains priviléges.

2. — Les sénatoreries avaient été créées par un sénatus-consulte du 14 nivôse an XI (4 janv. 1803).

3. — Aux termes de l'article 5 de ce sénatus-consulte les sénatoreries étaient conférées par le premier consul sur la présentation du sénat, qui, pour chacune, désignait trois sénateurs.

4. — Il y avait une sénatorerie par arrondissement de tribunal d'appel. — Art. 1er.

5. — Chaque sénatorerie était dotée d'une maison, et d'un revenu annuel, en domaines nationaux, de 20 à 25,000 francs. — Art. 2.

6. — Les sénatoreries devaient être possédées à vie ; les sénateurs qui en étaient pourvus étaient tenus d'y résider au moins trois mois chaque année. — Art. 3.

7. — Ils remplissaient les missions extraordinaires que le premier consul jugeait à propos de leur donner dans leur arrondissement, et ils lui en rendaient compte directement. — Art. 4.

8. — Le revenu de la sénatorerie tenait lieu au sénateur nommé de toute indemnité pour frais de déplacement et dépenses de représentation.— Art. 6.

9. — Les biens affectés à la dotation annuelle des sénatoreries avaient été désignés par arrêtés en date des 18 fructidor an XI (15 sept. 1803), 5 vendémiaire an XII (28 sept. 1803) et 6 brumaire an XII (29 oct. 1803).

10. — Un arrêté du 3 vendémiaire an XII avait réglé l'entrée en possession et le mode d'administration des biens formant la dotation des sénatoreries.

11. — Les procès relatifs aux propriétés de chaque sénatorerie devaient être suivis sous la direction du chancelier du sénat. — Sénatus-consulte 14 niv. an XI, art. 13.

12. — Les sénateurs auxquels des sénatoreries avaient été conférées avaient rang, dans les cérémonies publiques, après les grands officiers de l'Empire. — Décret 24 messid. au XII (13 juill. 1804), art. 1er.

13. — Des honneurs militaires et civils leur étaient rendus toutes les fois qu'ils venaient faire leur résidence annuelle dans leur sénatorerie ou faisaient leur première entrée dans une place de l'arrondissement de leur sénatorerie.—Même décret, tit. 9, sect. 1re et 2.

14. — Les sénatoreries furent implicitement supprimées par la Constitution du 6-9 avril 1814. Cette Constitution, en maintenant l'institution du sénat, fixa le nombre des sénateurs à 150 ou 200 au plus et déclara que les sénateurs actuels faisaient partie de ce nombre, et que la dotation du sénat et des sénatoreries leur appartenait.— Art. 6.

15. — Une ordonnance du 4-10 juin 1814 réunit au domaine de la couronne la dotation des sénatoreries, mais conserva aux membres du sénat nés Français une pension annuelle de 36,000 francs, et à leur veuve une pension de 6,000 francs, si toutefois elle leur était nécessaire pour soutenir leur état.

16. — Enfin une ordonnance du 17 janvier 1830 autorisa l'inscription au trésor public des pensions accordées aux anciens sénateurs et aux veuves d'anciens sénateurs.

SÉNATUS-CONSULTE TRÉBELLIEN.

1. — Décret rendu par le sénat de Rome sous l'empire de Néron sur la proposition du consul Trébellien, et d'après lequel la restitution d'un fidéicommis, sans ôter au restituant la qualité d'héritier, transférait tous les effets de cette qualité sur la personne du fidéicommissaire ; de telle sorte que les actions héréditaires, qui, en principe (*jure civile*), ne pouvaient être intentées que par l'héritier et contre lui, devaient, après la restitution de l'hérédité, être intentées par et contre le fidéicommissaire.

2. — Ce sénatus-consulte avait pour but de rendre efficaces les substitutions fidéicommissaires ; pour engager l'héritier institué à accepter l'hérédité, il lui annonçait qu'il serait à l'abri de tout risque après la restitution. Mais ce sénatus-consulte, ne faisant que garantir l'héritier de toute perte, sans lui procurer aucun avantage, devait être insuffisant ; car l'héritier était peu empressé à accepter une hérédité quand il ne devait en tirer aucun profit. Aussi, fut bientôt décrété le sénatus-consulte Pégasien ; ainsi appelé du nom du consul Pégasus, qui en avait fait la proposition au sénat. Il étendit aux fidéicommis le principe de la loi Falcidie, c'est-à-dire le droit de rétention du quart au profit de l'héritier.

3. — Le sénatus-consulte Pégasien n'abrogea pas le sénatus-consulte Trébellien, il ne fit que le modifier dans ses applications. Le sénatus-consulte Trébellien devait être appliqué toutes les fois que c'était possible ; dans le cas, par exemple, où le testateur aurait institué l'héritier qu'il chargeait d'un fidéicommis pour un quart ou plus de l'hérédité.

4. — Justinien réunit ces deux sénatus-consultes, ou plutôt il prit dans chacun d'eux les dispositions qui lui parurent les plus sages pour en former une règle unique applicable à tous les cas. D'après cette règle, l'héritier institué devait toujours restituer l'hérédité à l'héritier fidéicommissaire aussi bien dans le cas où le testateur lui avait laissé le quart ou plus du quart que dans le cas où il ne lui avait laissé absolument rien ou une partie moindre que le quart. Seulement, dans ce dernier cas, il lui était permis soit de retenir le quart ou ce qui manquait du quart, soit de demander cette même quotité au fidéicommissaire s'il lui avait restitué le fidéicommis. Quant aux charges de la succession, Justinien voulait qu'elles fussent partagées entre l'héritier et le fidéicommissaire proportionnellement à leur part respective dans les biens laissés par le défunt. — *Institut. de Just.*, liv. 2, tit. 23, § 7.

5. — Ce quart de la succession que le droit romain réservait à l'héritier chargé d'un fidéicommis universel de l'hérédité ou d'une partie de l'hérédité fut appelé par les interprètes la *quarte trébellianique*. — V. QUARTE TRÉBELLIANIQUE.

6. — Pour pouvoir demander la quarte trébellianique, il fallait être héritier ; peu importait, du reste, que ce fût en vertu d'un testament ou en vertu de la loi. — Loi 5, ff., *Ad senatus-consultum Trebellianum*. — Le légataire chargé d'un fidéicommis ne pouvait pas en profiter. — L. 22, ff., *ibid.*

7. — La quarte trébellianique, comme la majeure partie des principes du droit romain, fut adoptée et suivie dans les provinces de droit écrit. Il y avait controverse sur le point de savoir si elle n'était pas également admise dans certains pays coutumiers. — Merlin, *Rép.*, v° *Quarte trébellianique*, § 2, n° 2.

8. — Aujourd'hui, il ne peut plus être question de quarte trébellianique. La loi du 12 nov. 1792 a, en effet, prohibé les substitutions fidéicommissaires, et le Code a maintenu cette prohibition ; sauf deux exceptions : les majorats (art. 896) et les dispositions permises au donateur ou testateur en faveur de ses petits-enfans ou des enfans de ses frères et sœurs (art. 1048 à 1074), pour lesquels existent des règles spéciales excluant toute application de la quarte trébellianique.

SÉNATUS-CONSULTE VELLÉIEN.

1. — Décret du sénat qui annulait les obligations contractées par les femmes pour autrui. Il était fondé sur l'état de faiblesse et de légèreté (*sexus imbecillitas*) qui ne permettait pas à ces

personnes de réfléchir profondément à la portée de leurs actes.

2. — Sous Auguste et Claude, des édits avaient interdit aux femmes de cautionner leurs maris : *Ne femina pro viris suis intercederent* (L. 2, ff., *Ad senat.-consulto Velleianum*). — Plus tard intervint le sénatus-consulte dont nous parlons, qui étendit les édits d'Auguste et de Claude à toutes les obligations que les femmes pourraient contracter pour autrui.

3. — Ce sénatus-consulte s'appliquait à toute obligation : *Omnis omnino obligatio senatus-consulto Velleiano comprehenditur, sive verbis, sive re, sive quocumque alio contractu intercesserint feminæ.* L. 2, ff., *Ad s.-c. Velleianum.* — Mais, dit Ulpien (lib. 29, *Ad edictum*), il cessait d'être applicable dans le cas où une femme voulant donner à Titius, m'aurait emprunté une somme d'argent qu'elle aurait en effet donnée à Titius ; de même dans le cas où voulant faire un avantage à quelqu'un, elle aurait payé le créancier de celui-ci. Car, dit-il, *senatus obligatæ mulieri succurrere voluit, non donanti ; hoc ideò : quia facilius se mulier obligat, quam alieni donat.*

4. — Un point plus généralement admis, c'est que le sénatus-consulte Velléien ne pouvait profiter aux femmes qui en s'obligeant, avaient agi de mauvaise foi : *Deceptis, non decipientibus opitulatur.* C'est là ce que déclaraient formellement des rescrits d'Antonin et de Sévère : *Infirmitas enim feminarum, non calliditas auxilium demit.* — L. 2, ff., *Ad. s.-c. Velleinum.*

5. — Dans beaucoup d'autres cas encore la femme n'était pas reçue à invoquer le bénéfice du sénatus-consulte : ce devait être, comme on le voit au Digeste (lib. 16, tit. 1er), dans les cas où les motifs qu'auraient dû admettre ce sénatus-consulte venaient eux-mêmes à manquer ; dans les cas où tombait la présomption que la femme, en s'obligeant, avait agi sans examen, victime de quelque entraînement. — Justinien lui-même permit aux femmes de renoncer au bénéfice du sénatus-consulte Velléien. — *Novelle* 134, ch. 8.

6. — Les provinces des pays de droit écrit suivirent pendant longtemps le système du sénatus-consulte Velléien. — Quelques-unes augmentèrent le nombre des cas exceptionnels où il ne devait pas être appliqué. — Merlin, *v° Sénatus-consulte Velléien*, § 1er, n° 3. — D'autres, au contraire, l'admirent et le conservèrent avec toute la rigueur qu'il avait dans le droit romain. Telle était la province de Normandie.

7. — Aussi était-il jugé que la femme normande pouvait demander la nullité du cautionnement qu'elle avait souscrit pour tirer son fils de prison. — Cass. 2 niv. an IX, Renard et Lenormand c. Paysant. — Cette décision était contraire à la jurisprudence admise dans beaucoup d'autres provinces, mais elle résultait de l'application exacte de la loi 2 *in fine*, ff., *Ad sen.-consultum Velleianum.*

8. — C'est ainsi qu'on décidait encore, dans le ressort du Parlement de Bordeaux, que la veuve qui, avant sa renonciation à la société d'acquêts, s'était obligée comme associée aux acquêts de son mari, pouvait, après avoir renoncé, en vertu du sénatus-consulte Velléien, se faire décharger de ses obligations. — Cass., 22 vent. an IX, Lagarélie c. Dupin.

9. — L'édit de 1606 avait aboli en France le sénatus-consulte Velléien ; mais cet édit ne fut pas enregistré dans tous les Parlemens : notamment dans ceux de Grenoble, Bordeaux, Aix, Rouen, Toulouse, où l'on continua de suivre les maximes du droit romain. On avait de la Cour de cassation du 2 niv. an IX, dans ses considérans, s'appuie, en effet, sur ce que l'édit de 1606 n'avait pas été enregistré par le Parlement de la province de Normandie.

10. — Le Code civil a, par son art. 1123, abrogé le sénatus-consulte Velléien dans les pays où il avait été conservé. — Merlin, *Rép., v° Sénatus-consulte Velléien*, § 3, n° 1er.

11. — La femme mariée peut aujourd'hui s'obliger pour autrui en se conformant aux conditions qui lui sont imposées par la loi. Ainsi elle cautionne valablement un tiers avec l'autorisation de son mari ; avec cette autorisation seule elle peut encore cautionner son mari lui-même, et cela quoiqu'elle ait contracté mariage sous l'empire du sénatus-consulte Velléien. — Cass., 27 août 1810, Levacher c. Lejeune ; 5 mars 1811, Leduc c. Worbe ; 17 août 1843, Caron c. Roussel. — Merlin, *Rép., v° Sénatus-consulte Velléien*, § 3 et 4.

12. — Mais le sénatus-consulte Velléien a pu être invoqué, sous le Code, par la femme qui s'était rendue caution d'un tiers avant sa publication. — *Paris*, 11 frim. an XIV, Mesnager

c. Sautet. — Décidé implicitement en ce sens par les trois arrêts cités sous le numéro précédent. — Merlin adopte aussi cette manière de voir (*Rép.*, v° *Sénatus-consulte Velléien*, § 3, n° 2), et combat vivement (*Quest. de droit*, v° *Effet rétroactif*, sect. 3, § 3, art. 1er, n° 8) l'opinion contraire émise par Meyer dans ses *Questions transitoires.*

SÉNÉCHAL, SÉNÉCHAUSSÉE.

1. — Le nom de sénéchal était donné, dans les derniers temps de notre ancien droit, à certains magistrats chargés de rendre la justice soit au nom du roi, soit au nom des seigneurs dont ils relevaient.

2. — On appelait sénéchaussée soit l'étendue de la juridiction des sénéchaux, soit cette juridiction elle-même. Dans le langage ordinaire on appliquait aussi la même dénomination à l'hôtel où le sénéchal exerçait ses fonctions.

3. — Il n'existait de sénéchaussées que dans les provinces de droit écrit. Elles correspondaient aux juridictions qui, dans les pays coutumiers, étaient appelées bailliages. Entre le bailliage et la sénéchaussée, le bailli et le sénéchal il existait de tels rapports de ressemblance que, dans certaines provinces, on employait ces noms l'un pour l'autre. — V. BAILLI.

4. — En remontant dans les temps reculés, on ne trouve point un juge dans le sénéchal. Ce n'était, en effet, qu'un officier attaché à la maison du roi ou de quelque grand seigneur. Les fonctions dont il était chargé variaient d'une époque à l'autre ; mais elles acquièrent insensiblement de l'importance jusqu'au point de comprendre, en dernier lieu, l'administration de la justice.

5. — Les grands sénéchaux, ceux qui étaient chez les princes, nous dit Guyot (*Rép. de jurisp.*, v° *Sénéchal*), avaient l'intendance de leur maison en général et spécialement de leur table, ce qui leur fit donner le titre de *dapifer*. Mais le grand sénéchal ne portait les plats que dans les grandes cérémonies, laissant ce soin aux sénéchaux ordinaires ; et encore souvent ne portait-il que le premier ; l'on voit même qu'en plusieurs circonstances il servait à cheval.

6. — Usant de l'influence que leur donnait cette première fonction, les grands sénéchaux parvinrent successivement à faire partie des grands du royaume, à être appelés aux plaids du roi, à souscrire les chartes qu'il donnait, à commander les armées et à porter dans les combats la bannière du prince.

7. — La dignité de maire du palais ayant été éteinte, celle de grand sénéchal de France en prit la place. Le grand sénéchal avait sous lui un autre sénéchal qu'on appelait simplement sénéchal de France. Le dernier qui remplit la place de grand sénéchal fut Thibaut, dit le Bon, comte de Blois et de Chartres, sous Louis VII ; il mourut en 1191. — Guyot, *Rép. de jurisp.*, v° *Sénéchal.*

8. — Les seigneurs, non moins que les rois, avaient leurs sénéchaux. C'est à eux qu'ils confiaient les fonctions les plus importantes. Ceux d'entre eux qui avaient droit de justice sur leurs terres chargeaient même ces officiers de parcourir le pays pour veiller à ce que la justice fût bien rendue par les prévôts, vicomtes et viguiers.

9. — Plus tard, au lieu de faire de leurs sénéchaux de simples inspecteurs de la justice, ils en firent des juges proprement dits, leur assignant un lieu de résidence et déterminant l'étendue de leur juridiction. Cette nouvelle organisation dans l'administration de la justice, servit de modèle aux rois lorsqu'ils instituèrent des sénéchaux pour rendre la justice dans les terres qui leur étaient propres. — V. JUSTICE SEIGNEURIALE, n°s 159 et suiv. — Aussi, quand les provinces de droit écrit furent réunies à la couronne, on conserva le premier officier de justice, en lui laissant même son titre de sénéchal.

10. — Le sénéchal, comme le bailli, était officier d'épée ou de robe courte ; comme lui, il avait le droit de convoquer et de commander le ban et l'arrière-ban dans la sénéchaussée. — V. BAILLI, n°s 6 et 7.

11. — Cette nouvelle fonction de juges, et de juges placés au-dessus des autres, valut aux sénéchaux un peu d'indépendance, surtout quand ils ne reconnurent que le roi pour leur maître. Aussi, non contents d'avoir été érigés en titre d'office, et même d'avoir été déclarés irrévocables sous Louis XI, cherchèrent-ils à rendre leurs charges héréditaires.

12. — Mais le pouvoir royal vint à temps déjouer les tendances qui pouvaient lui être funestes. — V. JUSTICE SEIGNEURIALE. — Un des moyens qu'il employa fut d'adjoindre aux séné-

chaux des lieutenants de robe longue, pour rendre la justice sous leur nom. Les sénéchaux choisirent eux-mêmes, dans le principe, ces lieutenans, mais seulement parmi certaines personnes déterminées ; enfin, en 1491, on les leur imposa. Présentement, dit Guyot (*ibid.*), il ne leur reste plus, de même qu'aux baillis, que la séance à l'audience, et l'honneur que les sentences et contrats passés sous le scel de la sénéchaussée sont intitulés de leur nom.

13. — Le décret du 11 août 1789 a supprimé les sénéchaux et les sénéchaussées, par la disposition de son art. 4 ainsi conçu : « Toutes les justices seigneuriales sont supprimées sans aucune indemnité. »

SÉNÉGAL ET GORÉE.

Table alphabétique.

§ 1er. — *Historique et législation.*

SÉNÉGAL ET GORÉE. — 1. — Le Sénégal fut cédé à la France par la compagnie des Indes occidentales en 1763, lors de sa révocation. Cependant, dès 1758, les Anglais s'étaient emparés du Sénégal et de Gorée. Ce dernier établissement fut restitué par le traité de 1763, et, le 30 janv. 1779, les Français reprirent le Sénégal.

2. — Les Anglais s'emparèrent du Sénégal en 1800 et de Gorée le 14 juill. 1800. Ces établissemens furent rendus en 1811, et la France en a repris possession le 25 janv. 1817.

3. — Une ordonnance du 17 août 1825 fit abandon à la colonie du Sénégal de ses revenus locaux, pour ses dépenses intérieures.

4. — Le C. civil a été introduit par arrêté du 28 sept. 1805, par ordonnance du 7 janv. 1822, et rendu obligatoire par arrêté local du 5 nov. 1830.

5. — Avant le Code civil, la coutume de Paris formait le droit commun du Sénégal. — *Cass.*,

22 août 1825, Isambourg c. Fourgassié.—On y suivrait aussi l'édit du 24 nov. 1781 sur les successions vacantes.

6. — Le Code de procédure civile, introduit en partie par l'ordonnance du 7 janv. 1822 ainsi que le décret du 30 mars 1808 et par deux arrêtés locaux des 24 avr. et 22 juin 1823, puis encore promis au Sénégal par l'art. 42 de l'ord. du 24 mai 1837, a été enfin déclaré applicable à la colonie par l'art. 37 de l'ordonn. du 27 mars 1844.

7. — Le Code de commerce a été appliqué par une ordonnance locale du 4 juin 1819.

8. — Le Code d'instruction criminelle a été déclaré applicable par l'ordonnance du 29 mars 1836, puis par celle du 14 févr. 1838.

9. — Le Code pénal et les modifications de 1832 ont été appliqués par une ordonnance du 29 mars 1836.

10. — La conservation des hypothèques a été instituée en 1820. — V. aussi un arrêté local du 25 déc. 1832.

11. — La loi du 24 avr. 1833 sur le régime législatif des colonies a déclaré (art. 25) que les établissemens français en Afrique et par conséquent le Sénégal continueraient d'être régis par ordonnances.

12. — Toutes les dispositions législatives concernant la suppression de la traite des noirs ont dû recevoir leur application à l'égard du Sénégal principalement. — V. TRAITE DES NOIRS.

13. — Jugé que les agens de l'administration du Sénégal autorisés par le gouvernement ont seuls pu traiter avec des bâtimens de commerce pour le transport des gens de couleur qui ont voulu quitter la colonie ; d'où il suit que de pareilles conventions lorsqu'elles ont été passées sans l'intervention de ces mêmes agens ne constituent que des obligations personnelles aux contractans, lesquels ne peuvent rien réclamer au ministère français pour frais de transport exécuté alors même que ce serait ce ministère qui aurait provoqué la mesure de la translation. — *Cons. d'Etat*, 6 sept. 1826, Valentin.

14. — Le renversement de la monarchie et l'avénement de la République ont nécessairement amené des changemens dans la situation politique et administrative du Sénégal comme des autres colonies. Pour le détail des dispositions législatives intervenues à ce sujet, V. MARTINIQUE, nos 12 et suiv. — A quoi il faut ajouter :

15. — ... Le décret du 27 avril 1848 qui a aboli l'esclavage dans les colonies et possessions françaises (V. NOIRS, nos 5 et suiv.), et qui porte en outre que le système d'engagement à temps établi au Sénégal est supprimé.—Art. 2.

16. — ... La loi des 19 janv., 23 et 30 avr. 1849 sur l'indemnité coloniale par suite de l'affranchissement des esclaves, qui alloue une indemnité aux colons dépossédés dans les colonies de la Martinique, la Guadeloupe et dépendances, la Guiane, la Réunion, le Sénégal et ses dépendances, Nossibé et Sainte-Marie.—Art. 1er.

17. — Cette indemnité est fixée à une rente de 6 millions 5 p. 0/0 sur le grand-livre de la dette publique et à 6 millions payables en numéraire. — Art. 2.

18. — Tous les noirs affranchis en vertu des décrets des 4 mars et 27 avr. 1848, donnent droit à l'indemnité. — Sont exceptés les noirs qui auraient été introduits dans les colonies postérieurement à la promulgation de la loi du 4 mars 1831. — Les engagés à temps du Sénégal libérés par le décret du 27 avril, donnent aussi droit à une indemnité.—Art. 3.

19. — Sur la rente de 6 millions, il est attribué au Sénégal 105,503 fr. 41 c.; et sur les 6 millions à payer en numéraire, la somme de 105,503 fr. 41 c. — Art. 4.

20. — L'indemnité payable en numéraire devra être distribuée aux colons en proportion approximative de leurs droits. Les paiemens auront lieu aux colonies, nonobstant toute opposition, si le débiteur offre une caution agréée par le créancier ou admise par la justice statuant en référé. — En déléguant pour son indemnité en rente une somme équivalant au capital et aux intérêts de la créance, l'indemnitaire sera dispensé de fournir caution.—Art. 6.

21. — Tout traité, antérieur à la présente loi, aliénant la part d'un ayant droit dans l'indemnité, est nul à la charge par le vendeur de rembourser le capital reçu, les intérêts et les frais. — L'action en nullité doit être intentée, à peine de déchéance, dans les trois mois de la publication de la loi, dans la colonie où l'indemnité doit être payée.—Art. 10.

22. — Tous actes judiciaires ou extrajudiciaires relatifs à l'indemnité seront enregistrés gratis ainsi que les actes notariés et les jugemens. —

Toutes actions relatives à l'indemnité seront jugées sommairement, à moins qu'il ne s'élève une question d'Etat.—Art. 11.

23. — La répartition et la sous-répartition de l'indemnité coloniale ont été réglementées par un décret du 24 nov. 1849.

§ 2. — *Gouvernement et administration générale.*

24. — Ce qui concerne le gouvernement et l'administration générale du Sénégal a été réglé par l'ordonnance du 7 sept. 1840; laquelle a été modifiée, dans quelques-unes de ses dispositions, par deux autres ordonnances, des 9 janv. 1842 et 26 avr. 1845.

25. — Le commandement et la haute administration de la colonie du Sénégal et de ses dépendances sont confiés à un gouverneur résidant à Saint-Louis. — Ordonn. 7 sept. 1840, art. 1er, 6 et suiv.

26. — Un commissaire de la marine et le chef du service judiciaire dirigent, sous les ordres du gouverneur, les différentes parties du service. — Ordonn. 7 sept. 1840, art. 2, 66 et suiv. — V. aussi COLONIES, nos 445 et suiv.

27. — Un inspecteur colonial veille à la régularité du service administratif et requiert à cet effet, l'exécution des lois, ordonnances et règlemens.—Art. 3, 86 et suiv.—V. aussi COLONIES, nos 455 et suiv.

28. — Un conseil d'administration placé près du gouverneur éclaire ses décisions, et statue, en certains cas, comme conseil du contentieux administratif. — Art. 4, nos 97 et suiv.—V. aussi COLONIES, nos 462 et suiv., 576 et suiv., et CONSEIL PRIVÉ (colonies).

29. — Un conseil général séant à Saint-Louis et un conseil d'arrondissement séant à Gorée donnent annuellement leur avis sur les affaires qui leur sont communiquées, et font connaître les besoins et les vœux de la colonie. — Ordonn. 7 sept. 1840, art. 5, 116 et suiv.; 13 avr. 1847, art. 1er et 2. — V. aussi COLONIES, nos 70 et suiv.

30. — Le conseil général nomme un délégué et un suppléant, qui sont tenus de résider à Paris. — Ordonn. 7 sept. 1840, art. 120 et suiv. — V. DÉLÉGUÉ DES COLONIES.

31. — Mais le décret du 27 avr. 1848 a supprimé les conseils généraux du Sénégal et des établissemens français dans l'Inde ainsi que les fonctions de délégué des colonies.

32. — Ordonnance du 24 avril 1837, portant qu'il sera établi à l'île de Sor, dépendant du Sénégal, une ville sous le nom de Saint-Philippe.

33. — Autre ordonnance, du 31 oct. 1840, qui fixe les traitemens des principaux fonctionnaires du Sénégal.

34. — Ordonnance du 18 mai 1843, relative aux toiles de l'Inde, dites *guinées*, susceptibles d'être expédiées au Sénégal. — Cette ordonnance a été modifiée par une autre du 1er sept. suivant.

§ 3. — *Organisation judiciaire et administration de la justice.*

35. — L'organisation judiciaire du Sénégal a été successivement fixée par des ordonnances des 7 janv. 1822, 20 mai 1830, 24 mai 1837, 19 nov. 1840, 27 mars 1844 et 12 oct. 1847.

36. — La justice est rendue au Sénégal : 1° par deux tribunaux de première instance séant à Saint-Louis et à Gorée et composés, le premier, d'un juge national, du substitut du procureur général et d'un commis greffier assermenté; et le second d'un juge national, du second substitut du procureur général et d'un greffier. — Ordonn. 4 déc. 1847, art. 1er.

37. — ... 2° Par une Cour d'appel séant à Saint-Louis et composée du procureur général, un président, deux conseillers, deux conseillers auditeurs, le premier substitut du procureur général, un greffier. — Même art.

38. — Le juge national rend seul la justice dans les matières qui sont de la compétence des tribunaux de première instance, statuant en matière civile, commerciale et correctionnelle. — Art. 2.

39. — Un des conseillers auditeurs désigné à cet effet par le gouverneur tient à Saint-Louis les

audiences du tribunal de simple police. — Art. 3.

40. — Un des conseillers auditeurs, désigné comme il est dit ci-dessus, est chargé à Saint-Louis d'employer sa médiation pour concilier, autant que possible, les parties; il remplit les fonctions et fait les actes tutélaires attribués aux juges de paix, tels que les appositions et levées de scellées, les avis de parens, les actes de notoriété et autres dans l'intérêt des familles. — Art. 4.

41. — Trois juges au moins sont nécessaires à la Cour d'appel pour statuer sur les appels en matière civile, correctionnelle ou de police. Le conseiller auditeur qui a tenu les audiences de police ne peut connaître des appels en cette matière. — Art. 5.

42. — Jugé que la Cour d'appel ne peut, en aucun cas, comme dans la métropole, statuer d'office en matière correctionnelle, ni être saisie directement, *omisso medio*, de l'action du ministère public. — *Cass.*, 25 juill. 1839 (t. 2 1839, p. 488), Pesnel et Moreau.

43. — Lorsque le nombre des juges pour rendre arrêt est incomplet, le président y pourvoit en appelant des fonctionnaires suivant l'ordre du tableau. A cet effet, le gouverneur est chargé de dresser chaque année une liste de huit fonctionnaires. — Ordonn. 12 oct. 1847, art. 5.

44. — La chambre d'accusation est composée d'un conseiller, d'un conseiller auditeur et d'un des fonctionnaires désignés dans l'art. 5. — Si la chambre se trouve incomplète, le magistrat qui la préside la complète de la manière indiquée dans le même article. — Art. 10.

45. — Les arrêts de la chambre d'accusation peuvent être attaqués en cassation, mais dans l'intérêt de la loi seulement. — Art. 11.

46. — Jugé, cependant, qu'au Sénégal le recours en cassation n'est pas ouvert au ministère public, même dans l'intérêt de la loi, contre les arrêts portant n'y avoir lieu à suivre contre les personnes, quelle qu'ait pu être l'erreur des magistrats sur la qualification des faits. — *Cass.*, 26 févr. 1847 (t. 1er 1847, p. 314), Lisboa.

47. — Le président d'un tribunal correctionnel, et spécialement le président du tribunal de Gorée, est sans qualité pour déclarer sans effet le recours formé par le procureur de la République contre une ordonnance de la chambre du conseil qui renvoie des prévenus devant le tribunal correctionnel. — C'est à la chambre d'accusation de la Cour d'appel (et dans l'espèce à la chambre d'accusation du tribunal de Saint-Louis) qu'il appartient de statuer sur la validité du recours du ministère public. — *Cass.*, 28 mai 1847 (t. 1er 1847, p. 624 [intér. de la loi]), caïque brésilienne *Saint-Alpha.*

48. — Il n'a pu être dérogé, par une ordonnance rendue pour les colonies, et spécialement pour le Sénégal, au principe que le pourvoi en cassation n'est recevable que contre les jugemens en dernier ressort. — *Cass.*, 25 juillet 1839 (t. 2 1839, p. 488), Pesnel et Moreau.

49. — ... 3° Par une Cour d'assises composée du président de la Cour d'appel, du conseiller et du conseiller auditeur qui ne font pas partie de la chambre d'accusation, d'un fonctionnaire porté au tableau dont il est parlé en l'art. 5, de trois assesseurs du procureur général ou d'un de ses substituts et du greffier. — Ord. 12 oct. 1847, art. 12.

50. — Les assesseurs sont tirés au sort parmi les seize dont se compose leur collége, d'après la nomination qui en a été faite chaque année dans la première quinzaine de janvier par le gouverneur en conseil d'administration sur la liste générale dressée à cet effet. Cette liste comprend tous les fonctionnaires publics jouissant d'un traitement de 2,000 fr. au moins, et tous les habitans notables et commerçans de la colonie. — Ord. 27 mars 1844, art. 32, 33 et 35.

51. — Il ne doit être procédé qu'une seule fois avant l'ouverture des assises au tirage au sort des trois assesseurs et de l'assesseur supplémentaire pour le service de la session; c'est alors que chaque accusé peut exercer son droit de récusation. Les assesseurs une fois désignés par le sort sont seuls chargés du service de toute la session, sans qu'un nouveau tirage doive avoir lieu pour chaque affaire. — *Cass.*, 17 mai 1839 (t. 2 1843, p. 285), Suleman.

52. — Le président des assises ayant dans les colonies le droit de statuer seul sur les incidens de droit ou de procédure qui s'élèvent avant l'ouverture et pendant le cours des débats, a par cela même le droit de prononcer seul sur un déclinatoire proposé. — Même arrêt.

53. — ... 4° Par un tribunal musulman, dont un arrêté du ministre de la marine du 22 avril

1848 a ordonné la création à Saint-Louis en ajoutant que la composition et le mode de procéder de ce tribunal seraient provisoirement réglés par le gouverneur après délibération en conseil.

54. — Si, en règle générale, la juridiction de chaque État pour la poursuite des crimes est bornée par les limites du territoire, et si les art. 5, 6 et 7 C. instr. crim. contiennent les seules exceptions qu'il ait admises, ces principes du droit international supposent nécessairement l'existence de rapports constans et réguliers qui unissent les peuples entre eux, dont la réciprocité est le fondement, et assurent à chaque peuple la protection et les satisfactions que les autres obtiennent de lui. Ces conditions manquant lorsqu'il s'agit de crimes commis au sein de tribus indépendantes ou de peuplades à demi barbares, étrangères au principe du droit des gens, et spécialement dans le voisinage du Sénégal, la France conserve toujours pour la protection de ses nationaux les droits qu'elle tient de la légitime défense et de la souveraineté attachée à la conquête. En conséquence, elle peut se saisir des coupables et les livrer à la justice de ses tribunaux. — Cass., 17 mai 1839 (t. 2 1843, p. 285), Suleman et Samba-Dantyllia.

55. — *Ministère public.* — Le procureur général est chef du service judiciaire. En cas d'empêchement momentané, il est remplacé par son substitut; et dans d'autres cas déterminés, par un magistrat du choix du gouverneur. — Ordonn. 4 déc. 1847, art. 43.

56. — Les fonctions du ministère public dans toute la colonie sont spécialement et personnellement confiées au procureur général. Et celui-ci exerce l'action de la justice criminelle dans toute l'étendue de son ressort, soit par lui-même, soit par un de ses substituts. — Art. 44.

57. — De plus, les dispositions de l'ordonnance du 7 février 1842 sur l'organisation judiciaire des établissemens français de l'Inde sont applicables au Sénégal en ce qui concerne les conditions d'âge et de capacité, la nomination et la prestation de serment des membres de la Cour et des tribunaux, les peines de discipline et la manière de les infliger, le rang de service aux audiences, le costume et les honneurs. — Ord. 12 oct. 1847, art. 48. — V. INDE (Établissemens de l').

58. — *Conseils commissionnés.* — Il y a près des tribunaux des conseils commissionnés dont le ministère est entièrement facultatif de la part des parties. La nomination de ces conseils appartient au gouverneur, qui règle par des arrêtés spéciaux rendus en conseil d'administration tout ce qui a rapport à leur nombre, à leurs attributions et émolumens. — Art. 47.

V. aussi ACTES DE L'ÉTAT CIVIL, n° 28; CABOTAGE, CASSATION CIVILE, COLONIES.

SENTES, SENTIERS.

V. CHEMINS RURAUX. — V. aussi ACTIONS POSSESSOIRES, SERVITUDES.

SENTENCE.

Jugement rendu par des juges inférieurs. — V. ARBITRAGE, JUGEMENT.

SENTENCE ARBITRALE.

1. — Tout ce qui concerne la sentence arbitrale a été expliqué par détail v° ARBITRAGE et COMPROMIS. — Nous nous bornerons à mentionner ici quelques décisions rendues sur la matière depuis la publication de nos premiers articles.

2. — Jugé que les tribunaux de commerce sont incompétens pour connaître des contestations sur l'exécution d'une sentence arbitrale rendue par des arbitres forcés. — *Lyon*, 3 avril 1846 (t. 2 1846, p. 590), Ruire c. Valesque.

3. — ... Qu'une sentence arbitrale qui a été déposée au greffe, et dont par conséquent l'existence est certaine, peut être opposée par voie d'exception dans une instance, bien qu'elle n'ait pas été suivie d'une ordonnance d'exequatur. — *Riom*, 27 avril 1847 (t. 2 1847, p. 331), Pigot c. Mignot. — V. ARBITRAGE, n° 932, et COMPROMIS, n° 60, 460 et suiv.

4. — ... Qu'on doit réputer non recevable l'appel d'une sentence arbitrale émanée d'arbitres constitués par les parties amiables compositeurs. — *Paris*, 25 août 1847 (t. 2 1847, p. 535), Leroyer c. Vauvré. — V. ARBITRAGE, n° 742.

5. — ... Que le juge du lieu où le débiteur a été incarcéré ne peut connaître que des nullités de forme postérieures au jugement de condamnation, et tenant exclusivement à l'arrestation. — En conséquence, il est incompétent pour décider si les juges qui ont rendu ce jugement (dans l'espèce, des arbitres amiables compositeurs) avaient autorité pour prononcer la contrainte par corps, s'ils avaient qualité pour commettre un huissier à l'effet d'exécuter cette contrainte et enfin si le juge qui a rendu l'ordonnance d'exequatur était compétent pour la rendre. — Toutes ces questions sont de la compétence exclusive du juge supérieur du lieu où la sentence arbitrale a été rendue. — *Orléans*, 34 août 1847 (t. 2 1847, p. 546), Gardin c. Pellé et Gois.

6. — ... Qu'une sentence arbitrale n'est pas nulle par cela que le tiers arbitre a assisté conjointement avec les deux autres arbitres aux actes qui ont eu pour objet l'instruction du litige, lorsqu'il est constant qu'à la suite de ces actes il s'est retiré pour laisser les deux arbitres rendre leur jugement. — *Limoges*, 9 nov. 1847 (t. 4er 1848, p. 294), Vaury c. Mailly. — V., sur le tiers arbitrage, ARBITRAGE, n°s 752 et suiv.

7. — ... Que la nullité d'un compromis consenti par un mineur, ou par son tuteur agissant en son nom, n'est pas une nullité absolue et d'ordre public, mais seulement une nullité relative introduite dans l'intérêt particulier du mineur. — En conséquence, cette nullité ne peut être invoquée, par le majeur avec lequel a contracté le mineur ou son tuteur, pour faire tomber la sentence arbitrale intervenue par suite du compromis. — *Cass.*, 14 févr. 1849 (t. 4er 1849, p. 234), de Ribérolles-Beaucène c. Rudel-Dumirail-Jeudi. — V. COMPROMIS, n°s 420 et suiv.

SÉPARATION DE BIENS.

Table alphabétique.

SÉPARATION DE BIENS. — 1. — On distingue deux sortes de séparation de biens, la séparation *conventuelle* et la séparation *judiciaire*. La première est stipulée par le contrat de mariage et est irrévocable. On a traité des dispositions qui la concernent sous le mot COMMUNAUTÉ (V. ce mot). La seconde se prononce par jugement pendant le mariage; elle rompt la communauté que l'un ou l'autre des deux époux avait établie entre eux, ou, s'il n'y avait pas communauté, elle rend à la femme l'administration et la jouissance de ses biens dotaux et propres. C'est de cette dernière séparation qu'il s'agit ici.

2. — La séparation judiciaire et la séparation contractuelle ont ensemble la plus grande analogie, mais elles diffèrent sous plusieurs rapports. — Ainsi 1° la séparation judiciaire peut cesser pendant le mariage du consentement réciproque des époux, tandis que la séparation volontaire est irrévocable comme le contrat qui l'a stipulée; — 2° dans la séparation contractuelle la contribution de la femme aux charges du mariage ne dépend jamais de la fixation du juge, tandis qu'elle en dépend toujours dans le cas de séparation judiciaire. — Enfin dans la séparation contractuelle la part contributive de la femme doit être versée entre les mains du mari, qui est le chef du ménage; il n'en est pas toujours ainsi dans la séparation judiciaire, où l'inconduite du mari peut faire prendre des mesures de précaution pour que la part de la femme ne soit pas livrée à la dissipation. — Troplong, *Du contrat de mariage*, n° 2287.

§ 1er. — Quelles personnes peuvent demander la séparation de biens (n° 3).

§ 2. — Des causes pour lesquelles la séparation de biens peut être demandée. — Preuve des faits servant de base à cette demande (n° 26).

§ 3. — Demande en séparation de biens. — Formalités. — Actes conservatoires. — Prononciation du jugement de séparation (n° 74).

§ 4. — Publicité et exécution du jugement de séparation de biens. — Nullité de ce jugement (n° 141).

§ 5. — Quelles personnes peuvent invoquer la nullité du jugement de séparation de biens, et quand elle peut être proposée. — Droits des créanciers du mari après la prononciation de ce jugement (n° 228).

§ 6. — Des effets du jugement de séparation de biens (n° 290).

§ 7. — De la rétroactivité de ces effets (n° 460).

§ 8. — Comment la séparation de biens peut cesser (n° 494).

---

§ 1er. — Quelles personnes peuvent demander la séparation de biens.

3. — Le droit de demander la séparation de biens n'appartient qu'à la femme: c'est ce qui résulte de l'art. 1443 du Code civil.

4. — La femme peut provoquer cette mesure toutes qu'elle y a intérêt, soit qu'elle soit mariée

sous le régime de communauté légale ou conventionnelle (art. 1443), soit qu'elle ait adopté le régime dotal (art. 1563). — Cass., 17 mars 1847 (t. 1er 1847, p. 665), de Valençay. — Troplong, *Du Contrat de mariage*, n° 1313.

5. — Elle peut également, lorsqu'elle est mariée sous le régime exclusif de la communauté, se pourvoir en séparation de biens pour mettre ses propres biens à l'abri de la mauvaise administration de son mari. — Colmar, 19 nov. 1839 (t. 1er 1840, p. 180), Rueff.

6. — L'abandon par la femme du domicile conjugal, ou son refus d'y rentrer sur la sommation du mari, quelque prolongé que soit ce refus, ne la rend pas non recevable à demander la séparation de biens. — La loi n'a point en effet subordonné l'exercice du droit de demander la séparation à une cohabitation continue de la femme avec le mari. — Grenoble, 1er août 1817, Fayard c. Tournier; *Paris*, 24 janv. 1826, Frin; *Amiens*, 18 août 1826, Beaurain; *Angers*, 22 févr. 1828, Tessier; *Poitiers*, 15 août 1836 (t. 2 1837, p. 78), Renaud; *Paris*, 27 mai 1837 (t. 2 1838, p. 149), Blanchet. — Chauveau sur Carré, *Lois de la proc. civ.*, quest. 2932 bis; Troplong, n° 1335; Odier, *Contr. de mariage*, t. 1er, n° 375; Rodière et Pont, t. 2, n° 807. — Contra, *Turin*, 8 déc. 1810, Dépétris; *Rennes*, 23 juill. 1812, Josse. — Benoît, *Traité de la dot*, t. 1er, n° 297.

7. — Dès lors, le mari ne peut demander qu'il soit sursis à statuer sur la demande en séparation de biens formée par la femme jusqu'à ce qu'elle ait réintégré le domicile conjugal. — *Paris*, 19 avr. 1817, Lauré.

8. — A plus forte raison en doit-il être ainsi lorsque le mari lui-même a reconnu à sa femme un domicile autre que celui qu'il habite, et, dans ce cas, il n'est pas plus admissible à se prévaloir de ce fait pour attaquer les actes d'exécution que la femme qui a obtenu sa séparation de biens a fait ultérieurement signifier. — Cass., 30 mars 1825, Rodde.

9. — Il a même été décidé que la femme qui avait diverti des effets de la communauté avant sa dissolution n'en conservait pas moins le droit de demander sa séparation de biens. — *Paris*, 16 mars 1810, Ponelle-Chrétien et Corvol c. Billardon.

10. — La femme qui a échoué dans une première demande en séparation de biens n'est pas déchue du droit d'en former une seconde en s'appuyant sur des faits et documens nouveaux; l'exception de chose jugée ne saurait en effet lui être opposée, puisque ces faits et documens n'existant pas, lors du premier procès, la question qui en résulte n'a pu être jugée la première fois. — V., en ce sens, Toullier, t. 13, n° 35; Merlin, *Rép.*, v° *Séparation de biens*, sect. 2, § 4er, n° 14.

11. — Quant aux créanciers de la femme, ils ne peuvent demander la séparation de biens qu'avec son consentement. — C. civ., 1446.

12. — Si la femme avait consenti à ce que ses créanciers formassent une demande en séparation de biens, pourrait-elle retirer son consentement? M. Troplong (n° 1393) se prononce pour l'affirmative, par le motif que le consentement ne constitue de sa part qu'un mandat qu'elle peut toujours révoquer.—Tel est aussi l'avis de MM. Rodière et Pont (t. 2, n° 811); seulement, ces auteurs pensent qu'en pareil cas la femme devrait indemniser les créanciers des frais avancés par eux par suite de son consentement irréfléchi. — Mais M. Troplong hésite à admettre cette conséquence, au moins d'une manière absolue; car il est possible que la femme, en se désistant, fasse un acte de sagesse, auquel il ne faut pas apporter d'entraves. — « On sent, d'ailleurs, dit M. Troplong, qu'il y a des différences très-grandes entre le cas où le mandataire est allé au-devant du mandant et celui où c'est le mandant qui est allé au-devant du mandataire. — De là l'auteur conclut que la question ne peut être résolue que d'après les circonstances.

13. — Quand les créanciers agissent du consentement de la femme, doivent-ils exercer l'action au nom de celle-ci? — Troplong, n° 1393; Odier, t. 1er, n° 374.

14. — Bien que les créanciers de la femme ne puissent demander la séparation de biens que du consentement; l'art 1446 ajoute que, lorsque le mari est tombé en faillite ou en déconfiture, la femme ne veut pas provoquer sa séparation, les créanciers de celle-ci sont autorisés à exercer les droits de leur débitrice jusqu'à concurrence du montant de leur créance. — C. civ., art. 1446.

15. — Divers auteurs enseignent que l'art. 1446 qui précède confère aux créanciers de la femme la faculté de faire liquider ses droits, comme si

la séparation de biens avait été réellement prononcée et la *communauté dissoute*. — V. Duranton, t. 14, n° 449; Zachariæ, *Cours de dr. civ. franç.*, t. 3, p. 470 et 471, et Aubry et Rau, ses annotateurs, p. 471, note 3. — Il semble néanmoins que l'art. 1446, consacrant un droit exceptionnel, doit être restreint au seul cas qu'il a prévu, c'est-à-dire à l'exercice par les créanciers de la femme des *reprises* qui lui appartiendraient si la séparation de biens avait réellement eu lieu; qu'ainsi ils ne peuvent demander le partage de la communauté, puisque le partage continuant d'appartenir tout entiers tant aux créanciers qu'aux créanciers personnels du mari: puisque ce n'est qu'à la dissolution réelle de la communauté que la femme ou ses créanciers peuvent en demander le partage. — Bellot des Minières, *Du contrat de mariage*, t. 2, p. 433 et suiv.

16. — Du reste, comme dans le cas de l'art. 1446, la séparation de biens n'est que fictive; ce n'est que sur la nue propriété des objets tant meubles qu'immeubles constituant les reprises de la femme, que les créanciers de celle-ci peuvent poursuivre leur action. La jouissance de ces objets doit être conservée au mari et à ses propres créanciers. — V. Duranton, t. 14, n° 420 et 421.

17. — De quels signes apparens fera-t-on résulter la déconfiture du mari? Nous verrons plus bas qu'un simple procès-verbal de carence ne suffit pas pour l'établir. — V. *infra* n° 65. — M. Troplong (n° 1398) pense que cet état ne ressortira que d'une situation de ruine générale dans laquelle seront venues s'engloutir toutes les ressources du mari. « La fuite, l'incarcération, la saisie réelle, la basse énorme des dettes, les aveux des époux, l'abandon aux créanciers, la notoriété même, tout cela, dit-il, renferme les preuves les plus certaines de la décadence du chef de la famille. »

18. — Il a été jugé aussi qu'une instance en séparation de biens ne pouvait être reprise par les héritiers collatéraux de la femme, la demande en séparation étant une action qui lui est personnelle. — *Douai*, 23 mars 1831, Dupuis c. Vasseur. — Contra, *Zachariæ*, t. 3, p. 470.

19. — En ce qui concerne le mari et ses créanciers, ils ne sont admis, en aucun cas, à poursuivre la séparation de biens. — Pothier, *De la communauté*, t. 2, n° 502; Merlin, *Rép.*, v° *Séparation de biens*, sect. 2, § 2, n° 1er; Toullier, t. 13, n° 37; Duranton, t. 14, n° 401; Benoît, t. 1er, n° 283; Zachariæ, t. 3, p. 470.

20. — Mais, dans une instance en séparation de biens, la conclusion entre époux étant présumable (*Cass.*, 18 nov. 1835, Béchard c. Nicas), le législateur a voulu que les créanciers du mari pussent au moins intervenir dans cette instance, soit pour contredire les prétentions de la femme, si elles leur paraissent inadmissibles ou exagérées, soit seulement pour veiller à ce qu'il ne fût rien fait de contraire à leurs intérêts. Ce droit d'intervention a été consacré par les art. 1447 C. civ. et 871 C. proc. Ce dernier article est ainsi conçu: « Les créanciers du mari pourront, jusqu'au jugement définitif, sommer l'avoué de la femme, par acte d'avoué à avoué, de leur communiquer la demande en séparation et les pièces justificatives, même intervenir pour la conservation de leurs droits, sans préliminaire de conciliation. »

21. — Il n'est pas nécessaire, pour la recevabilité de l'intervention des créanciers dans une demande en séparation de biens, d'examiner si l'époux défendeur y résiste ou non; il suffit que cette intervention soit régulière. — *Metz*, 18 juin 1818, N...

22. — Il n'y a pas lieu non plus de distinguer entre les créanciers actuels du mari et ceux dont la créance n'est qu'éventuelle. Les dispositions du Code de procédure relatives à l'intervention sont applicables en matière de séparation de biens. — Cass., 27 juin 1810, Cayron c. Coste; *Liége*, 3 juill. 1830, Jobard. — Benoît, t. 1er, n° 283; Bellot des Minières, t. 2, p. 413; Carré et Chauveau, quest. 2942; Troplong, n° 1401; Rodière et Pont, n° 832.

23. — Mais l'intervention des créanciers du mari devrait être rejetée, si l'une des causes donnant lieu à la séparation de biens existait réellement. — *Besançon*, 26 avr. 1806, Outhier c. Magrin.

24. — Enfin, il a été jugé que les créanciers pouvaient, après la demande en séparation de biens, comme durant l'instance, se prévaloir de l'art. 871 C. proc. pour obtenir la communication des pièces justificatives des demandes de la femme. — *Grenoble*, 29 déc. 1817, de Pernety c. Montlovier.

25. — Les créanciers de la femme peuvent-ils, comme ceux du mari, user du droit d'intervention ouvert par l'art. 1447? Cet art. et l'art. 873 C. proc. civ. supposent la négative. En effet, dit Troplong, n° 1402, ils ont intérêt à ce que la séparation ait lieu et non à s'y opposer.

§ 2. — *Des causes pour lesquelles la séparation de biens peut être demandée. — Preuve des faits servant de base à cette demande.*

26. — La séparation de biens ne peut être prononcée que lorsque la dot est mise en péril, ou lorsque le désordre des affaires du mari donne lieu de craindre que les biens de celui-ci ne soient pas suffisans pour remplir les droits et reprises de la femme. — *Rennes*, 23 juill. 1812, Josse.

27. — Il a été jugé qu'il y avait lieu aussi à séparation de biens, quand le douaire de la femme était mis en péril. — *Rouen*, 27 sept. 1814, et *Cass.*, 11 mars 1816, Morin.

28. — La femme peut demander la séparation de biens, quoique le mari n'ait pas encore touché la dot. Il suffit, pour qu'elle ait ce droit, que le mari puisse, à sa volonté, recevoir cette dot à tout instant, et qu'il donne de justes sujets de craindre qu'elle ne soit pas en sûreté dans ses mains. — *Bordeaux*, 1er mai 1848 (t. 2 1848, p. 320), Mercier.

29. — La dot peut être considérée comme mise en péril, quand le mari n'a pas fait le remploi exigé par le contrat de mariage des deniers qui ont été constitués en dot et n'offre d'ailleurs aucune garantie pour la restitution de la dot. — Pothier, *De la communauté*, t. 2, n° 500; Merlin, *Rép.*, v° *Séparation de biens*, sect. 2, § 1er, n° 6; Benoît, t. 1er, n° 281.

30. — S'il présentait des immeubles libres de toute autre hypothèque que celle de la femme et suffisans pour répondre de la dot, s'il justifiait, en un mot, d'une solvabilité réelle, la séparation de biens ne devrait point être prononcée. — Troplong, n° 1332. — V., cependant, Toullier, t. 13, n° 31; Rodière et Pont, t. 2, n° 798.

31. — En l'absence de toute garantie, le mari ne pourrait empêcher la séparation, en offrant de faire un remploi, si le contrat de mariage avait fixé un délai pour le remploi et que ce délai fût expiré. — Toullier, *ibid.*

32. — La mise en péril de la dot, par défaut de sûretés, provenant du fait de la femme, par exemple : de ce qu'elle a renoncé à ses hypothèques en consentant à la vente des immeubles de son mari, donne lieu également à la séparation de biens. — Toullier, t. 13, n° 34.

33. — Toutefois, le seul défaut de fortune du mari ne peut être une cause de séparation de biens (Merlin, *ubi suprà*, n° 4). Il a été décidé, en effet, que la séparation ne pouvait être prononcée, quoique la dot fût mise en péril, si la femme avait épousé, sans contrat de mariage, un homme qui n'avait pas de fortune, qui ne présentait, par conséquent, d'autre garantie que sa probité, et si elle ne pouvait pas lui imputer des faits de dissipation et d'inconduite. — *Metz*, 18 juin 1818, N.... — Troplong, n° 1329.

34. — Jugé aussi que l'insuffisance des biens du mari pour garantir les droits et reprises de la femme ne peut faire prononcer la séparation de biens, si elle n'a point pour cause la mauvaise conduite ou la mauvaise administration du mari; ou des dettes contractées depuis le mariage. — *Turin*, 23 mars 1811, Bussolino.

35. — Mais la séparation de biens pourrait être prononcée, encore que le mari ne possédât rien lors du mariage, si son inconduite et sa dissipation donnaient des craintes sérieuses à la femme. — Troplong, n° 1330.

36. — Une simple négligence de la part du mari dans l'administration de son patrimoine, quelques faits de dissipation ou d'inconduite, quelques spéculations lui ayant occasionné des pertes légères, ne sauraient non plus suffire pour autoriser l'application de l'art. 1443 C. civ. On doit éviter, par respect pour la puissance maritale, que la séparation de biens ne dégénère en une investigation vexatoire. — Cochin, *Plaidoyer pour le marquis de Pont-du-Château*, t. 5, p. 718; édit de 1775; Benoît, t. 1er, n° 274.

37. — M. Troplong (n° 1332) pose aussi en principe qu'il faut bien se garder d'encourager les tracasseries d'une femme qui n'a rien à craindre pour sa dot et qui cependant fatigue le mari de ses plaintes.

38. — Des coupes et exploitations de bois faites par le mari sur les biens dotaux de sa femme peuvent ne pas avoir un caractère de dissipation et de dégradation devant entraîner la séparation de biens, lorsque, par l'ensemble de la conduite du mari, on ne prouve pas le dérangement de ses affaires et qu'il présente des sûretés plus que suffisantes pour remplir les reprises de sa femme. — *Riom*, 3 mars 1815, Allezaix c. Belmont.

39. — Si la dot consiste en biens-fonds, comme le mari n'a pas le droit de l'aliéner ni de l'hypothéquer (C. civ., art. 1554), ou s'il n'y a pas lieu de craindre que ses biens deviennent insuffisans pour remplir les droits et reprises de la femme, le désordre de ses affaires, quelque notoire qu'il soit, ne peut pas davantage servir de base à une séparation de biens alors que le mari pourvoit convenablement aux besoins de la famille et aux dépenses du ménage. — Cochin et Merlin, *ubi suprà*; Toullier, t. 13, n° 29.

40. — Mais, lorsque le mari dissipe les revenus de la dot de sa femme ou les emploie à payer les dettes auxquelles sa mauvaise administration a donné naissance; la séparation doit être prononcée, encore bien que le capital de la dot, garanti par des droits de nue propriété appartenant au mari, ou par une hypothèque légale frappant sur des immeubles d'une valeur de beaucoup supérieure, ne soit pas réellement en péril. — *Pau*, 9 déc. 1820, Saint-Gès; *Agen*, 28 juin 1832, Marrouch c. Delpech; *Montpellier*, 22 janv. 1833, C... c. B... — Bellot des Minières, t. 2, p. 100; Benoît, t. 1er, n° 275; Troplong, n° 1315.

41. — Jugé encore que la séparation de biens peut être prononcée alors même que la dot de la femme est garantie par son hypothèque légale, si, par suite du désordre des affaires du mari, les revenus de cette dot sont détournés de leur destination légale et ne sont plus employés aux besoins de la famille. — *Orléans*, 7 août 1845 (t. 2 1845, p. 346), Lebon; *Cass.*, 17 mars 1847 (t. 1er 1847, p. 665), de Valençay.

42. — Jugé également qu'il y a lieu de prononcer la séparation de biens quoique le capital de la dot ne soit pas en péril, dans le cas où le mari apporte dans l'administration des biens dotaux une négligence et une inhabileté telles que leur ruine devient inévitable; où il compromet ainsi l'existence de la famille, et la prive des revenus de la dot. — *Cass.*, 28 fév. 1842 (t. 1er 1842, p. 722), Barnavon.

43. — Le seul fait par le mari de payer des dettes avec les revenus des biens propres de la femme ne suffirait pas pour faire prononcer la séparation de biens, s'il s'agissait de dettes, antérieures au mariage ou postérieures, ayant une cause honnête; car, en pareil cas, il n'y a pas d'inquiétude possible pour la femme, et il lui suffit de restreindre ses dépenses pour supporter patiemment cette gêne momentanée. Mais il en est autrement, s'il s'agit de dettes résultant de légèreté et d'inconduite; car, en pareil cas, il n'est pas convenable qu'elle supporte des privations pendant que le mari fait tourner les revenus de ses propres à des fantaisies dispendieuses. — Troplong, n° 1317.

44. — Le mari pourrait-il empêcher la séparation de biens d'être prononcée en donnant caution? La Cour de *Rouen*, 21 nov. 1812 (Largillère), a jugé la négative.

45. — Jugé également par la Cour de cassation que l'arrêt qui constate en fait que la dot constituée à la femme, lors de son contrat de mariage, et comptée par elle à son mari, a été dissipée et a péri dans les mains de ce dernier, et, en outre, que le mari est, par ses affaires personnelles, hors d'état de remplir les droits et reprises de sa femme, ne peut refuser de prononcer la séparation de biens sollicitée par celle-ci, sous prétexte que la garantie de cette restitution résulterait d'une caution hypothécaire, jugée suffisante, fournie à cet effet par le père du mari. — *Cass.*, 27 avr. 1847 (t. 1er 1847, p. 667), Basterol c. Beynaguet.

46. — Godefroy repoussait la séparation pour le cas où la dot était garantie par une caution. — « *Satis locuples videtur*, disait-il, *qui cavet idoneè.* » — M. Troplong se range à l'opinion de Godefroy, mais à une condition : c'est que le mari sera en état de procurer à sa femme un entretien convenable. « Mais, ajoute-t-il, s'il est dans l'impossibilité de remplir son obligation, s'il laisse sa femme vivre dans les privations et dans l'indigence, peu importe que le capital de la dot soit assuré pour plus tard; si ce capital est improductif, si les revenus ne reçoivent plus leur destination, il faut subsister en attendant, et le moyen d'y parvenir c'est la séparation. » — Aussi M. Troplong pense-t-il que l'arrêt de la Cour de cassation se justifie par le motif que, dans l'espèce, la femme était privée de toutes ressources actuelles.

47. — Lorsque l'une ou l'autre des deux causes de séparation de biens indiquées par l'art. 1443, c'est-à-dire la mise en péril de la dot ou le désordre des affaires donnant lieu de craindre que les biens du mari ne soient insuffisans pour remplir les droits et reprises de la femme, existe réellement, il n'y a pas à distinguer si cette mise en péril ou ce désordre provient d'une mauvaise gestion de la part du mari ou de circonstances qui lui sont étrangères; par exemple, d'un événement malheureux qu'il n'a pu prévoir ni prévenir. — Pothier, *De la communauté*, t. 2, n° 499; Merlin, *loc. cit.*, n° 5; Toullier, t. 13, n° 33; Benoît, t. 1er, n° 277 et 278; Zachariæ, t. 3, p. 472; Troplong, n° 1333; Rodière et Pont, n° 794. — *Contrà*, Lebrun, p. 285, n° 29.

48. — Il semblerait, d'après cela, que l'art. 1443 dût être applicable au cas où le beau-père qui est resté détenteur de la dot, l'a mise en péril par ses mauvaises affaires. La Cour de Toulouse l'a décidé ainsi dans une espèce où le beau-père qui avait reçu la dot s'en était déclaré responsable, et où les affaires du mari étaient également en désordre. — *Toulouse*, 15 janv. 1818, Lacube c. Doumenc. — V. aussi *Turin*, 9 fructid. an XIII, Ricci.

49. — Y a-t-il cause de séparation de biens lorsque la fortune du mari se trouve compromise par les spoliations, dissipations ou malversations de la femme? Peut-on dire que c'est au mari, maître de la communauté, à s'imputer sa négligence? — *Paris*, 15 déc. 1815, Joly; *Rennes*, 17 juill. 1816, Briand et Houssays c. N...; 9 févr. 1818, Duchesne; *Angers*, 22 févr. 1828, Tessier. — Bellot des Minières, t. 2, p. 101 et 102.

50. — M. Troplong (n° 1334) pense qu'en pareille matière, les circonstances ont une grande influence. « Si les torts du mari et de la femme sont réciproques, dit-il, si le mari n'est pas meilleur ménager que la femme, s'il est pour sa part de dissipation dans la ruine de la communauté, je conçois que l'on applique l'art. 1443; toutes les conditions qu'il requiert se trouvent réunies. Mais si le mari n'est coupable que d'une faiblesse pour sa femme, dont on peut espérer qu'il se corrigera, j'avoue que j'inclinerais à courir les chances de la résipiscence, et à laisser la fortune entre ses mains, plutôt que de la remettre à la femme, dont les mauvaises habitudes sont connues, et qui la dissipera certainement. On dit que le mari ne peut trouver une fin de non-recevoir dans son incurie. La femme peut-elle trouver un principe d'action dans son inconduite? »

51. — Jugé que si le désordre des affaires du mari provenait de la mauvaise administration de la femme, placée elle-même socialement à la tête du commerce dont se compose la fortune des époux, l'équité s'oppose à ce qu'elle puisse s'en prévaloir pour faire prononcer la séparation de biens. — *Metz*, 18 juin 1818, N....

52. — L'interdiction du mari n'est pas, par elle-même, un motif de séparation de biens. — *Nîmes*, 3 avr. 1832, Pugnère; *Lyon*, 20 juin 1845 (t. 2 1846, p. 550), Namiand. — Benoît, t. 1er, n° 280; Magnin, *Des minorités*, etc., t. 1er, n° 881; Zachariæ, t. 3, p. 473; Toullier, t. 2, n° 1343.

53. — ... Sauf, toutefois, le cas où la femme est obligée, par suite de cette interdiction, de chercher dans sa propre industrie les ressources qu'elle ne trouve plus dans celle de son mari, et celui où le tiers nommé tuteur de l'interdit n'a pas employé les revenus communs aux besoins de la tutelle et à ceux du ménage. — *Lyon*, 20 juin 1845 (t. 2 1846, p. 550), Namiand.

54. — L'art. 1443 n'exige pas, pour son application, que la femme se soit expressément réservé la faculté de reprendre ses apports, dans le cas de renonciation à la communauté; qu'un de ses immeubles ait été aliéné pendant le mariage, ni qu'elle ait des effets réalisés par son contrat de mariage. La part qu'elle doit prendre dans la communauté, lors de sa dissolution, si elle persévère jusqu'à cette époque, dans l'association conjugale, représente, en effet, pour elle, des reprises qu'elle aurait stipulées. — *Liége*, 3 juill. 1830, Jobard. — Toullier, t. 13, nos 27 et 28; Duranton, t. 14, n° 403; Bellot des Minières, t. 2, p. 99 et 100; Zachariæ, t. 3, p. 472.

55. — La séparation de biens peut même être demandée par une femme à laquelle il n'a pas été constitué de dot, qui n'a pas recueilli de biens depuis le mariage, qui n'a aucune reprise à exercer, si, possédant un talent ou une industrie qui lui procure des moyens d'existence, le désordre notoire des affaires de son mari l'expose à perdre tout le fruit de son travail. Son talent ou son

…ndustrie sont, pour elle, sa dot, et, en en dissi-…ant les produits, le mari la met en péril. Si …art. 1443 n'a point mentionné ce cas, c'est, …mme le fait avec raison remarquer un auteur, …arce qu'il arrive rarement qu'une femme n'ap-…orte absolument rien en mariage. — *Angers*, 16 …rs 1808, Lefoulon; *Rennes*, 22 janv. 1812, Bi-…ard; 23 nov. 1820, Prigent; *Liége*, 23 avr. 1831, …illy; 5 juin 1833, Lebrun; *Colmar*, 11 mai 1835, … — Pothier, t. 2, n° 501; Toullier, t. 13, n° 28; …uranton, t. 19, n° 404; Bellot des Minières, t. 2, …400; Zachariæ, t. 3, p. 472, et Aubry et Rau, ses …notateurs, *ibid.*, note 7; Troplong, n° 1329. — …Toutefois, en sens contraire, Benoît, t. 1er, n° …6. — *Paris*, 9 juill. 1841, Fontaine.

56. — La femme qui, n'ayant rien apporté en …ariage, n'articule pas que son mari s'empare …s produits de son industrie personnelle pour …s dissiper, n'est pas fondée à demander la sé-…paration de biens lors même que son mari a placé …fonds perdu, sur sa tête seule, la majeure partie …la fortune commune. — *Metz*, 14 avr. 1821, Wan-…sson c. Klein.

57. — Si, n'ayant rien apporté ni recueilli, elle …avait ni art ni profession, pourrait-elle, en allé-…uant le désordre des affaires du mari, faire pro-…noncer la séparation à l'effet de conserver sa …art éventuelle dans la communauté? M. Bellot …pense que, tout alors appartenant au mari, il est …ibre de disposer de sa fortune comme bon lui …mble; et que si ses prodigalités et ses dissipa-…tions compromettent l'existence de la famille, la …mme a la ressource de l'interdiction ou de la …omination d'un conseil judiciaire. — Bellot des …inières, t. 2, p. 101.

58. — M. Troplong (n° 1321) hésite à adopter …tte solution. Il serait dur, selon lui, de laisser …mari consommer la ruine de la communauté …enlever à la femme et aux enfans l'unique es-…pérance de leur avenir. Si la femme n'a rien ap-…porté en dot, si elle n'a pas non plus une indus-…trie lucrative, il y a, de sa part, une collabora-…tion de tous les jours, qui a sa représentation …ns l'actif social, parce qu'elle est censée avoir …ntribué à former cet actif, à l'entretenir, à …méliorer. « La femme, ajoute M. Troplong, ap-…porte ses bras, son économie, ses soins domesti-…ques; voilà son capital, voilà sa dot. Et il faudra …que tout cela soit employé en pure perte, à cause …s dissipations du mari! Je ne le pense pas. Il …semble que, sans forcer le sens des mots, on …peut trouver ici le péril de la dot, qui est la con-…dition de l'art. 1443. La femme a pour dot ses …avaux ménagères; on en compromet les avan-…tages, en lui refusant la séparation. » — *Junge* …coutume de Bretagne, qui n'établit la com-…munauté que jusqu'à ce que le mari soit trouvé …usant.

59. — La preuve de la mise en péril de la dot, …du désordre des affaires du mari, présentant …caractère voulu par l'art. 1443 C. civ., est à la …charge de la femme. Cette preuve peut se faire …par titres que par témoins. — Pothier, t. 2, …505; Toullier, t. 13, nos 67 et 68; Benoît, t. 1er, …296; Carré et Chauveau, sur l'art. 870 C. proc., …quest. 2940.

60. — L'aveu seul du mari ne peut suffire pour …établir. — C. proc., art. 870. — C'est une consé-…quence forcée de la prohibition de toute sépara-…tion volontaire. — C. civ., art. 1443, § 2.

61. — Il ne suffirait même pas, s'il concourait …avec l'aveu des créanciers présens dans l'instan-… Car ce serait offrir le moyen de dépouiller les …enfans et donner à la mère la faculté de conférer, …par des voies indirectes, des avantages que la loi …prouve. — V. Berlier, *Exposé des motifs* du livre …de la 2e partie du Code de procédure; Merlin, …, v° *Séparation de biens*, sect. 2, § 3, art. 2, … *in fine*.

62. — Jugé toutefois que, même en matière de …mande en séparation de biens, et quoique, dans …causes de cette nature, l'aveu du mari ne fasse …preuve au profit de la femme, la Cour d'appel …confirme le jugement attaqué en se fondant …lement sur cette considération, que l'appelant …voulu ni plaider ni conclure, et sans consta-…spécialement qu'elle a vérifié la demande ori-…naire, ne viole aucune loi. — *Cass.*, 31 mars 1845 …1846, p. 224), Lemière. — V. JUGEMENT PAR …FAUT.

63. — L'existence d'inscriptions hypothécaires …les biens du mari pour une somme excédant …valeur, peut être une preuve suffisante du …péril de la dot ou du désordre des affaires du …mari. — *Rennes*, 9 févr. 1818, Duchesne.

64. — Il en est de même de la faillite du mari. …*Liége*, 3 juill. 1830, Jobard.

65. — … De sa déconfiture. Mais l'état de décon-…fiture du mari n'est pas suffisamment constaté par un procès-verbal de carence; il faut que, sur des poursuites dirigées contre lui, ses biens, tant meubles qu'immeubles, aient été vendus. — *Cass.*, 21 mars 1822, Lamarque c. Mille.

66. — A défaut d'autres moyens de justification, la femme peut provoquer un inventaire de la communauté et une liquidation provisoire de ses reprises. — Zachariæ, t. 3, p. 473 *in fine*.

67. — Au surplus, l'appréciation des circonstances qui constituent le péril de la dot, ou le désordre des affaires du mari, rentrant exclusivement dans le pouvoir souverain des juges du fond; ceux-ci ont le droit de suppléer par tous les moyens qu'ils jugent convenables au vague et à l'insuffisance des preuves administrées par la femme, et leur décision échappe à la censure de la Cour de cassation. — *Cass.*, 6 janv. 1808, Daveluy. — Benoît, t. 1er, n° 296; Chauveau sur Carré, quest. 2940, Zachariæ, t. 3, p. 472.

68. — Ils peuvent voir dans le fait seul d'une saisie l'existence du péril de la dot ou du désordre des affaires du mari, comme aussi ils peuvent refuser de la reconnaître malgré les actes de poursuites dirigées contre le mari. — *Rennes*, 17 juill. 1816, Briand et Houssays c. N.... — Benoît, t. 1er, n° 279; Zachariæ, t. 3, p. 472.

69. — Il a même été décidé que la séparation de biens pouvait être prononcée quoique aucune saisie n'eût encore été faite au moment où était formée la demande, si des saisies avaient eu lieu postérieurement et que le droit de les pratiquer existât antérieurement. — *Douai*, 22 déc. 1835, Debret c. Fleuricourt.

70. — Du reste, le législateur n'autorisant la femme à former une demande en séparation de biens que lorsque sa dot est mise en péril; il est, abstraction faite de certains cas, de la prudence et du devoir des tribunaux, dans une matière aussi importante, de comparer l'actif et le passif du mari, afin de ne point confondre un simple état de gêne avec le véritable péril dont la loi a entendu parler. — *Bourges*, 29 mars 1814, Champton.

71. — Jugé, d'après ces principes, que l'arrêt qui repousse une action en séparation de biens en se fondant sur ce que la dot de la femme n'est pas en péril, et sur ce que cette action est formée seulement dans le but de faire sanctionner par la justice, à l'aide d'une division complète d'intérêts, la séparation de corps existant déjà de fait entre les époux, échappe, comme statuant en fait, à la censure de la Cour de cassation. — *Cass.*, 7 juill. 1847 (t. 2 1847, p. 47), d'Antoine.

72. — Lorsque des faits de spoliation sont reprochés à la femme; l'appréciation de ces faits appartient aussi aux tribunaux, qui peuvent, d'après cette appréciation, accorder ou refuser la séparation. — *Rennes*, 17 juill. 1816, Briand et Houssays.

73. — L'art. 311 du Code civil, qui dispose que la séparation de corps emportera toujours la séparation de biens, fait exception à l'art. 1443 précité. Ainsi, qu'il y ait ou non péril de la dot, désordre dans les affaires du mari, la séparation de biens est toujours et nécessairement la conséquence de la séparation de corps. — Benoît, t. 1er, n° 282.

§ 3. — *Demande en séparation de biens. — Formalités. — Actes conservatoires. — Prononciation du jugement de séparation.*

74. — Avant le Code civil, une séparation de biens était valablement opérée entre époux par un simple contrat. — *Cass.*, 30 germin. an X, Murat c. Cassina; *Turin*, 28 mars 1806, Nigra; *Cass.*, 11 juill. 1809, Quarré c. Leroux. — V. cependant Troplong, n° 1337.

75. — La femme pouvait se prévaloir de cette séparation contre les héritiers du mari (V. l'arrêt précité de *Cass.*, du 30 germ. an X), mais non contre ses créanciers. — V. l'arrêt précité de *Turin*, 28 mars 1806.

76. — Au contraire, une séparation de biens, consentie entre époux, avant le Code civil, par une transaction homologuée en justice, pouvait être opposée par la femme aux créanciers du mari. — *Cass.*, 6 prair. an X, Dubayon c. Destouches.

77. — Une séparation de biens pouvait être aussi valablement prononcée par une sentence arbitrale rendue en vertu d'un compromis passé entre les époux, et des créanciers n'ont pu l'attaquer, par la voie de la tierce opposition, après son exécution légale et publique. — *Paris*, 10 vent. an XIII, Boisseuil c. Chalendray.

78. — Mais, depuis le Code civil, une séparation de biens entre époux n'a pu être prononcée par des arbitres. C'est ce qui résulte de l'art. 1443, § 2, C. civ., qui prohibe toute séparation volontaire, et de l'art. 1004 C. proc., qui défend de compromettre sur les *séparations* entre mari et femme : ce qui comprend les séparations de biens comme les séparations de corps. — *Paris*, 24 avril 1813, Bourcier c. Vée; *Colmar*, 22 avr. 1817, Dryon. — Carré et Chauveau, quest. 3262; Mongalvy, *De l'arbitrage*, t. 1er, n° 295; de Vatimesnil, *Encyclopédie du droit*, par Sebire et Carteret, v° *Arbitrage*, n° 132. — V. aussi ARBITRAGE, COMPROMIS.

79. — Toutefois. l'art. 1443 C. civ., qui déclare nulle toute séparation de biens volontaire, n'a pas révoqué une séparation de biens prononcée avant le Code civil par un simple contrat. — *Turin*, 26 mars 1806, Nigra.

80. — Lorsque la séparation de biens a été prononcée par un jugement par défaut, si le mari a fait à ce jugement une opposition dont il s'est ensuite désisté, sa veuve ne peut prétendre que la séparation par elle obtenue est volontaire, et faire annuler le règlement de ses droits qui s'en est suivi, et qu'elle a exécuté elle-même après la mort de son mari. — *Cass.*, 29 août 1827, Couturier c. Bellet.

81. — La séparation de biens volontaire peut être attaquée non-seulement par les époux et par leurs créanciers pendant le mariage, mais encore, après la dissolution du mariage, par le conjoint survivant et les créanciers et les héritiers du conjoint prédécédé. — Toullier, t. 13, n° 39.

82. — Il suit de là que les acquisitions faites depuis cette séparation sont considérées comme acquêts de communauté; il n'y a que les fruits consommés qui ne seront pas sujets à répétition : ils sont la satisfaction des besoins personnels. — Troplong, n° 1338; Rodière et Pont, t. 2, n° 705.

83. — Si, à la suite de la séparation volontaire, il y avait eu un partage réalisé et des remises faites, ne devrait-on tenir aucun compte des faits accomplis? M. Troplong pense : 1° que si les époux étaient mariés sous le régime dotal le mari ne pourrait être tenu de rendre une seconde fois ce qu'il aurait remis à la femme une première fois, que si les deniers ainsi remis avaient péri dans les mains de la femme; 2° que si les époux étaient mariés sous un autre régime, il faudra, pour décider de la validité de la remise, examiner si la séparation a été motivée en fait et si elle a été réelle ou fictive. — Ce n'est que dans ce dernier cas qu'il admet pour la femme le droit de demander une seconde fois son paiement. — Troplong, nos 1341 et suiv.

84. — Jugé dans une espèce où les époux étaient mariés sous le régime de la communauté réduite aux acquêts que lorsqu'après une séparation volontaire, la femme a remis au mari quittance de sa dot et de son trousseau, cette quittance peut valablement lui être opposée, surtout s'il est constant que les objets reçus par elle ont tourné à son profit. — *Lyon*, 17 déc. 1830, Maime.

85. — Jugé, d'un autre côté, dans une espèce où les époux étaient mariés sous le régime dotal que lorsqu'en exécution d'une séparation de corps volontaire, le mari a remboursé à la femme le montant de sa dot, la quittance donnée par celle-ci, qui était incapable de recevoir, est radicalement nulle. — *Caen*, 14 nov. 1825, Lebourgeois.

86. — La séparation de biens ne pouvant avoir lieu qu'en justice, on a agité la question de savoir si la demande devait être soumise à la communication au ministère public. L'affirmative nous a paru résulter de l'art. 83 C. proc., qui y soumet les causes qui intéressent l'ordre public, l'état des personnes, et celles des femmes non autorisées par leurs maris. Les demandes en séparation de biens sont en effet de ce nombre. — C. proc., art. 865 et 879. — Chauveau sur Carré, quest. 2928 *bis*; de Vatimesnil, *ubi suprà*. — *Contrà*, Carré, sur l'art. 1004, quest. 3261; Mongalvy, *loc. cit.*

87. — Néanmoins, la nullité du jugement de séparation pour défaut de communication au ministère public n'est que relative. La partie dans l'intérêt de laquelle la communication a été ordonnée a seule le droit de s'en prévaloir pour faire tomber le jugement rendu contre elle. Si elle ne le fait pas, cette nullité est couverte et ne peut être proposée par le ministère public ni suppléée d'office par les juges. — Chauveau sur Carré, *ubi suprà*.

88. — La demande en séparation de biens est

dispensée du préliminaire de conciliation. — C. proc., art. 49, § 7.

89. — Mais, avant de la former, la femme doit obtenir l'autorisation de la justice. « Aucune demande en séparation de biens, porte l'art. 865 C. proc., ne pourra être formée sans une autorisation préalable, que le président du tribunal devra donner sur la requête qui lui sera présentée à cet effet. Pourra néanmoins le président, avant de donner l'autorisation, faire les observations qui lui paraîtront convenables. »

90. — Dans la requête qu'elle présente au président du tribunal, la femme a le droit de détailler ses reprises et de conclure à ce que son mari soit obligé de lui en tenir compte ; parce que si la demande se trouve en état, à cet égard, les juges pourront les lui adjuger en prononçant sa séparation, et, de cette manière, les frais seront moins considérables. — Chauveau sur Carré, quest. 2929.

91. — Le président du tribunal ne peut refuser l'autorisation nécessaire à la femme pour former sa demande en séparation de biens. Il doit la lui accorder, alors même qu'il reconnaîtrait insuffisans les motifs énoncés dans sa requête. L'art. 865 précité est conçu en termes impératifs : *le président devra.* Le législateur a voulu, en effet, qu'il n'y eût que le tribunal qui pût statuer sur la demande en séparation. — *Lyon*, 22 mars 1836, Taty. — Carré, quest. 2930 ; Benoît, t. 1er, n° 289 ; Bellot des Minières, t. 2, p. 105 ; Troplong, n° 1350.

92. — De ce que l'art. 865 C. proc. autorise le président à faire à la femme demanderesse en séparation de biens telles observations qu'il jugera convenables, on en a conclu que la femme devait elle-même présenter sa requête et ne pas se borner à la faire présenter par un avoué. — Toullier, t. 13, n° 41. — Mais, pour repousser ce système, on dit que, l'art. 865 n'exigeant pas la comparution en personne, il n'est pas permis de créer des formalités là où la loi ne les a pas prescrites, et que, d'ailleurs, les observations dont il parle ne sont pas de rigueur comme dans le cas de l'art. 237 C. civ. par exemple. Nous nous rangeons à cette dernière doctrine, qui est professée par M. Chauveau (quest. 2928 *ter*) et a été consacrée par un arrêt de *Bruxelles*, 7 mars 1832, G....

93. — Les observations que l'art. 865 autorise le président à faire à la femme demanderesse en séparation n'étant point exigées à peine de nullité, il s'ensuit que, dans le cas où le président croit devoir faire ses observations, il n'est pas tenu d'en dresser procès-verbal. — Bellot des Minières, t. 2, p. 105 ; Carré, quest. 2930.

94. — Si la femme est mineure, l'autorisation du juge suffit pour l'habiliter à suivre l'instance en séparation ; il n'est pas nécessaire qu'elle soit en outre pourvue d'un curateur. C'est ce qui est généralement enseigné par les auteurs. — Toullier, t. 13, n° 43 ; Merlin, *Rép.*, v° *Séparation de biens*, sect. 2, § 3, art. 2, n° 2 ; Benoît, t. 1er, n° 290 ; Chauveau sur Carré, quest. 2932 ; Troplong, n° 1351. — V., cependant, Carré, *loc. cit.* ; Pigeau, t. 4, p. 493 ; Rodière et Pont, t. 2, n° 819.

95. — Mais si la femme demanderesse en séparation de biens était mariée sous le régime dotal et qu'elle eût des capitaux mobiliers à recevoir, elle devrait nécessairement, pour les toucher, être assistée d'un curateur. — Benoît, *ibid.* ; Bellot des Minières, t. 2, p. 106 et 107.

96. — Dans tous les cas, lorsque l'assistance d'un curateur est jugée nécessaire, ce curateur doit être nommé par le conseil de famille, et non par le tribunal. — Mêmes auteurs ; Troplong, n° 1351.

97. — La femme qui a succombé en première instance n'a pas besoin d'une nouvelle autorisation pour interjeter appel du jugement. — Carré, quest. 2931 ; Bellot des Minières, t. 2, p. 105.

98. — La requête présentée par la femme, conformément à l'art. 865 C. procéd., ne constituant pas la demande (*Cass.*, 5 déc. 1832, Enregistrement c. Boulangier), la femme qui a obtenu, sur cette requête, l'autorisation du président, doit, si elle veut poursuivre sa séparation, assigner son mari devant le tribunal de son domicile : ce tribunal étant seul compétent pour connaître de la demande en séparation. — *Cass.*, 18 nov. 1835, Béchard c. Nicas-Benoît, t. 1er, n° 287 ; Bellot des Minières, t. 2, p. 104 ; Carré et Chauveau, quest. 2927.

99. — Lorsque la demande en séparation a été portée devant un tribunal autre que celui du domicile du mari, les créanciers intervenus dans l'instance ont le droit d'opposer l'incompétence de ce tribunal alors même que le mari a acquiescé à la juridiction. — V. l'arrêt de *Cass.* du 18 nov. 1835 précité.

100. — Les créanciers sont, dans une pareille instance, de véritables défendeurs appelés par la loi elle-même en déclaration de jugement commun, et auxquels toutes les exceptions deviennent communes. — Même arrêt.

101. — La demande en séparation de biens, une fois formée, et quel que soit le régime sous lequel est mariée la femme qui l'intente (Carré et Chauveau, quest. 2934), est soumise à plusieurs formalités qui sont destinées à la rendre publique, à la faire connaître des créanciers du mari, et dont l'observation est prescrite à peine de nullité. — C. procéd., art. 869.

102. — Ainsi, d'abord, aux termes de l'art. 866 C. procéd., le greffier du tribunal devant lequel la demande est portée doit inscrire, sans délai, dans un tableau placé à cet effet dans l'auditoire un extrait de la demande en séparation contenant : 1° la date de la demande ; 2° les noms, prénoms, professions et demeure des époux ; 3° les nom et demeure de l'avoué constitué, qui est tenu de remettre, à cet effet, ledit extrait au greffier dans les trois jours de la demande.

103. — Ce délai de trois jours doit être observé à peine de nullité. L'art. 869 C. procéd., qui prononce cette peine pour le cas d'omission des formalités qui doivent accompagner la demande en séparation, ne fait, en effet, aucune distinction. — Carré et Chauveau, sur l'art. 866, quest. 2932 *quinquies*.

104. — Un extrait pareil à celui dont parle l'art. 866 doit être inséré dans les tableaux placés, à cet effet, dans l'auditoire du tribunal de commerce, dans les chambres d'avoués de première instance et dans celles de notaires, le tout dans les lieux où il y en a. Lesdites insertions seront certifiées par les greffiers et par les secrétaires des chambres. — C. procéd., art. 867.

105. — Lorsqu'il n'existe pas de tableau dans l'auditoire du tribunal, le but de la loi est rempli par l'affiche dans la partie de l'auditoire destinée aux insertions. — Benoît, t. 1er, n° 292 ; Carré et Chauveau, quest. 2935. — Mais l'extrait ne pourrait être affiché dans le greffe. — Benoît, *ubi suprà*.

106. — L'art. 868 C. procéd. prescrit la même insertion, à la poursuite de la femme, dans l'un des journaux qui s'impriment dans le lieu où siége le tribunal ; et, s'il n'y en a pas, dans l'un de ceux établis dans le département, s'il y en a. — Ladite insertion doit être justifiée, ainsi qu'il est dit au titre *De la saisie immobilière* (art. 698) ; c'est-à-dire par un exemplaire de la feuille contenant l'insertion signé de l'imprimeur, dont la signature est légalisée.

107. — Pour constater l'accomplissement des autres formalités l'avoué garde par devers lui un extrait au bas duquel chaque greffier des tribunaux civils et de commerce et les secrétaires des chambres des avoués et des notaires certifient avoir reçu un extrait conforme et l'avoir affiché au tableau. On fait ensuite, pour assurer l'authenticité de la date, enregistrer cet extrait. Ainsi, nul besoin de procès-verbal de dépôt au greffe. — Carré et Chauveau, sur l'art. 868, quest. 2936.

108. — Quant aux extraits d'une demande en séparation de biens, dont l'affiche aux greffes et secrétariats des chambres et l'insertion sont prescrites par le Code de procédure, ils ne sont point assujettis au droit d'enregistrement, lorsqu'ils ne sont autres que ceux de l'assignation. — *Cass.*, 5 déc. 1832, Enregistrement c. Boulangier.

109. — La nullité de la demande pour inobservation des formalités qui doivent l'accompagner peut être opposée par le mari ou ses créanciers. — C. pr., art. 869.

110. — Toutefois, celle qui résulte de l'omission de l'insertion dans les journaux est susceptible d'être couverte par une renonciation expresse ou tacite de ceux en faveur desquels elle est établie. — Chauveau sur Carré, quest. 2932 *octiès*.

111. — Ainsi le mari, qui, dans une instance en séparation de biens, a exécuté un jugement obtenu par sa femme, ou qui a défendu au fond, ne peut, en cause d'appel, se prévaloir, pour faire annuler ce jugement, de ce que l'extrait de la demande formée contre lui n'a pas été inséré dans les journaux. — *Riom*, 9 juin 1809, Chabaud.

112. — Les dispositions des art. 866, 867 et 868 C. proc., sont déclarées communes aux demandes en séparation de biens formées par les femmes de marchands, banquiers et commerçans. — C. comm., art. 65.

113. — Mais elles ne sont pas applicables au cas d'une demande en séparation de corps entraînant nécessairement la séparation de biens. Il suffit ici de se conformer aux art. 307 C. civ. et 875 et suiv. C. proc. — Carré, quest. 2933.

114. — L'ordonnance d'autorisation nécessaire à la femme qui veut poursuivre sa séparation de biens ne peut, après l'annulation, pour défaut de publicité, de l'instance préalablement à laquelle elle avait été obtenue, servir de base à une seconde demande en séparation. — *Nîmes*, 21 mars 1848 (t. 2 1848, p. 467), Marcel c. Granier.

115. — La femme qui a provoqué la séparation de biens ne peut se désister de la *demande* sans acceptation de la part de son mari ; mais elle peut, sans son consentement, et même sans autorisation de justice, se désister de l'*action* : de manière qu'elle ne puisse plus fonder une nouvelle demande que sur de nouveaux faits. — Chauveau sur Carré, quest. 2932 *quater*.

116. — Lorsqu'un jugement qui a prononcé la séparation de corps et de biens entre deux époux a été frappé d'appel par le mari, le désistement de ce dernier et la réconciliation des époux n'empêchent pas la femme de poursuivre, plus tard, par voie d'action nouvelle, la séparation de biens contre son mari. — *Paris*, 27 mai 1837 (t. 2 1838, p. 149), Blanchet.

117. — On s'est demandé si la demande en séparation de biens avait pour effet d'entraîner de la part de la femme ratification de la vente faite sans son consentement, avant la promulgation du Code civil, par son mari, d'un immeuble qui lui avait été stipulé propre ; cette question a été résolue négativement, encore bien que la femme n'eût fait, à cet égard, aucune réserve. — *Bourges*, 30 nov. 1814, Guérin c. Gestat.

118. — La ratification ne peut pas davantage résulter d'une transaction postérieure au jugement de séparation, dans laquelle la femme, sans aucune réserve à l'égard de la vente de ses biens, se constitue créancière du prix au respect de son mari et reçoit un à-compte sur ce prix. — Même arrêt.

119. — L'accomplissement des formalités prescrites par les art. 866, 867 et 868 C. proc., ne suffit pas pour que le tribunal puisse prononcer la séparation de biens ; il faut encore qu'il se soit écoulé un délai d'un mois depuis l'observation de ces formalités. — C. proc., art. 869.

120. — Mais, dans l'intervalle de la demande en séparation de biens au jugement qui prononce cette séparation, le mari conserve l'administration des biens personnels de sa femme. — C. civ., art. 1428, 1449, 1549 et 1562. — Il n'en est dépouillé que par le jugement de séparation passé en force de chose jugée. — *Rennes*, 2 janv. 1808, Frangeul ; *Poitiers*, 21 mai 1823, Gilbert c. Danglure. — Toullier, t. 13, n° 61 ; Benoît, t. 1er, n° 300 ; les annotateurs de Zachariæ, t. 3, p. 479, note 38.

121. — Il peut faire, par conséquent, dans le cours de l'instance, tous les actes que nécessite cette administration. Ainsi il peut percevoir les revenus et faire les récoltes, renouveler les baux et en passer de nouveaux. — V. l'arrêt de *Rennes* précité et Benoît, *ubi suprà*.

122. — Et la femme est non recevable, après sa séparation, à demander la nullité du bail consenti par le mari en sa qualité d'administrateur de ses biens. — V. l'arrêt de *Poitiers* précité du 21 mai 1823, Gilbert c. Dauglure.

123. — ...Encore bien que ce bail contienne une stipulation de fermages par anticipation, fermages qui auraient été délégués par le mari à ses créanciers, si cette stipulation n'a eu pour objet que de le remplir des sommes qu'il a payées en l'acquit des dettes dont les biens dotaux de la femme étaient grevés. — *Agen*, 12 nov. 1829, Castaing c. Rigarde.

124. — Mais il en serait autrement si cette stipulation ou toute autre clause du bail était préjudiciable à la femme. — *Angers*, 16 août 1820, Roulois c. Rocton. — Toullier, t. 13, n° 62 ; Benoît, t. 1er, n° 300.

125. — Le législateur a veillé lui-même à ce que le mari qui pouvait se trouver blessé par la demande en séparation ne pût punir sa femme de l'avoir intentée, en abusant du droit qu'il conservait. Il a en effet permis, dans l'art. 869 C. proc., à la femme demanderesse en séparation de biens de faire, durant l'instance, tous actes conservatoires, c'est-à-dire tous actes tendant à lui conserver les droits qu'elle pourra exercer quand sa séparation aura été prononcée.

126. — Ainsi, elle peut faire saisir-arrêter les sommes dues à la communauté ou à son mari. —

Rennes, 22 juill. 1814, N..., *Caen*, 16 mars 1825, Huard. — Merlin, *Rép.*, v° *Séparation de biens*, sect. 2, § 3, art. 2, n° 3; Benoît, t. 1er, n° 299; Carré, sur l'art. 869, quest. 2939; Bellot des Minières, t. 2, p. 111.

137. —...Faire saisir-gager les meubles et effets garnissant la maison conjugale et dépendant de la communauté, même ceux que le mari aurait aliénés antérieurement, avec l'intention de frauder ses droits, mais dont l'acheteur ne serait pas encore en possession. — *Bourges*, 23 messid. an X, Heurtaut-Précy; *Cass.*, 30 juin 1807, Brisard c. Lecomte; *Limoges*, 7 mars 1823, Veyrinas. — Toullier, t. 13, n° 64, et tous les auteurs cités précédemment.

128. — La fausse qualification de saisie-exécution donnée dans l'acte à cette saisie-gagerie ne l'empêche pas d'être valable. — V. l'arrêt de *Bourges* ci-dessus.

129. — Mais, pour pouvoir exercer une saisie, la femme doit obtenir la permission du président. Cette permission peut lui être accordée sur la requête même par laquelle elle demande à être autorisée à se pourvoir en séparation de biens ou sur une requête postérieure. Dans tous les cas, elle ne doit l'être qu'avec beaucoup de réserve; par exemple lorsqu'il y a un commencement de preuve ou au moins une espèce de notoriété du dérangement des affaires du mari. — V. tous les auteurs précités.

130. — Dans le cas d'une saisie-arrêt opérée entre les mains des débiteurs de la communauté ou du mari, celui-ci ne peut en obtenir la mainlevée qu'en établissant qu'elle a été pratiquée sans nécessité : par exemple parce que les reprises et créances de la femme sont assurées par l'importance de ses immeubles (*Paris*, 20 nov. 1835, Foubert. — Chauveau sur Carré, quest. 2939 *bis*); ou qu'en donnant caution. Si le mari ne pouvait fournir caution, la femme aurait le droit de faire ordonner le dépôt ou la consignation des sommes arrêtées à l'échéance des termes. — Toullier, t. 13, n° 63.

131. — La dénomination générique d'*actes conservatoires* comprend également la faculté pour la femme de requérir, après autorisation, l'apposition des scellés sur les effets de la communauté. — *Rennes*, 22 juill. 1814, N.... — Toullier, t. 13, n° 99; Carré, quest. 2939; Bellot des Minières, t. 2, p. 112.

132. — Ce droit n'appartient point aux créanciers du mari, en vertu de l'art. 1447 C. civ. — *Paris*, 21 déc. 1831, Pleumartin c. Manainville.

133. — Le mari peut faire lever les scellés apposés sur les effets de la communauté, à la requête de sa femme demanderesse en séparation de biens, en faisant inventorier lesdits effets, parce qu'alors il est tenu de les représenter ou répond de leur valeur comme gardien judiciaire. — Toullier, t. 13, n° 103.

134. — Au contraire, le créancier porteur d'un titre exécutoire contre la communauté peut obtenir mainlevée des scellés apposés à la requête de la femme demanderesse en séparation, sans être obligé de faire faire inventaire : cette obligation n'étant imposée qu'au mari. — *Rennes*, 8 août 1810, Le Boueté.

135. — La femme peut aussi, en vertu de l'art. 869 du C. proc., être autorisée à faire les vendanges et même à faire exécuter sur minute, vu l'urgence, l'ordonnance qui l'habilite à faire tels actes conservatoires. — *Rennes*, 22 juill. 1814, N....

136. — Les mesures conservatoires dont parle l'art. 869 du C. proc. étant dirigées contre le mari, il s'ensuit que la femme n'est pas obligée de les provoquer contradictoirement avec lui. Il est indispensable, en effet, pour l'efficacité de ces mesures, qu'elles aient lieu à l'insu du mari et avant qu'il soit averti. — Chauveau sur Carré, quest. 2939 *bis*.

137. — La femme demanderesse en séparation de biens a-t-elle le droit de réclamer une provision alimentaire? Non, en principe, puisqu'elle doit continuer d'habiter et de vivre avec son mari. Cependant, si elle avait été forcée de quitter le domicile conjugal, les juges pourraient, eu égard aux circonstances, lui accorder une provision, et leur décision échapperait à la censure de la Cour de cassation. — Chauveau sur Carré, quest. 2932 *ter*.

138. — Le jugement de séparation de biens ne peut être prononcé, ainsi que nous l'avons dit précédemment, qu'un mois après l'accomplissement des formalités. Ce délai a été établi uniquement dans l'intérêt des créanciers du mari, afin de leur donner le temps de prendre des renseignemens exacts, de demander la communication de la procédure et d'intervenir dans l'instance, en un mot d'empêcher une séparation frauduleuse et collusoire. On ne doit pas faire entrer dans la composition de ce délai le jour auquel la dernière des formalités prescrites a été remplie. — V. Carré et Chauveau, quest. 2937; Bellot des Minières, t. 2, p. 110 et 111.

139. — Mais ce délai n'est pas susceptible d'être augmenté à raison de la distance des lieux où sont domiciliés les créanciers du mari; la femme n'est pas censée les connaître. — Bellot des Minières, *ubi suprà*; Benoît, t. 1er, n° 302; Carré et Chauveau, quest. 2938.

140. — Dans les pays de droit écrit, le jugement qui autorisait la femme à répéter sa dot mise en péril, par suite du désordre des affaires de son mari, équivaut à un jugement de séparation de biens. — *Cass.*, 19 août 1829, Courbeau c. Fabron.

§ 4. — *Publicité et exécution du jugement de séparation de biens. — Nullité de ce jugement.*

141. — Sous l'empire de l'ordonnance de 1673, la séparation de biens prononcée devait être déclarée nulle lorsqu'elle n'avait été ni publiée ni affichée. — *Rennes*, 18 août 1818, Dacosta de la Fleuriais.

142. — Le Code civil (art. 1445, § 1er) exige seulement qu'avant son exécution toute séparation de biens soit rendue publique par l'affiche sur un tableau à ce destiné dans la principale salle du tribunal de première instance, et de plus, si le mari est marchand, banquier ou commerçant, dans celle du tribunal de commerce du lieu de son domicile; et ce, à peine de nullité de l'exécution.

143. — Le Code de procédure, au titre *Des séparations de biens*, prescrit la même publicité. Les formalités qui doivent précéder l'exécution du jugement de séparation de biens y sont énumérées plus complètement dans l'art. 872, lequel est ainsi conçu : « Le jugement de séparation sera lu publiquement, l'audience tenante, au tribunal de commerce du lieu, s'il y en a. Extrait de ce jugement, contenant la date, la désignation du tribunal où il a été rendu, les noms, prénoms, profession et demeure des époux, sera inséré sur un tableau à ce destiné et exposé pendant un an dans l'auditoire des tribunaux de première instance et de commerce du domicile du mari, même lorsqu'il ne sera pas négociant; et s'il n'y a pas de tribunal de commerce, dans la principale salle de la maison commune du domicile du mari. Pareil extrait sera inséré au tableau exposé en la chambre des avoués et notaires, s'il y en a.

144. — La femme ne pourra commencer l'exécution du jugement que du jour où les formalités ci-dessus auront été remplies, sans que néanmoins il soit nécessaire d'attendre l'expiration du susdit délai d'un an; le tout sans préjudice des dispositions portées en l'art. 1445 C. civ.

145. — Cet art. 1445 a été modifié par l'art. 872 précité : 1° en ce que ce dernier n'exige que l'affiche de l'extrait du jugement de séparation, tandis que le premier exigeait l'affiche du jugement entier; 2° en ce qu'il ordonne l'affiche de l'extrait dans l'auditoire du tribunal de commerce alors même que le mari n'est pas commerçant, tandis que l'art. 1445 ne prescrivait cette formalité que lorsque le mari était négociant. — *Cass.*, 14 mars 1837 (t. 1er 1837, p. 372), Mandron c. Muteau.

146. — Sous l'empire de l'art. 1445, si le mari qui avait été commerçant, ne l'était plus au moment de la séparation, la publication au tribunal de commerce du jugement de séparation cessait d'être nécessaire. — *Paris*, 13 germ. an X, Sapin.

147. — Les formalités exigées par l'art. 872 C. proc. pour l'affiche et la publication du jugement de séparation de biens doivent être observées à peine de nullité. L'art. 872 n'attache point, il est vrai, formellement cette peine à l'inobservation des formalités qu'il prescrit. Mais par la phrase qui le termine : « Le tout sans préjudice des dispositions portées en l'art. 1445 C. civ., » il s'est tacitement référé à la peine de nullité prononcée par cet article. Il ne contient en effet aucune disposition qui ne se trouve dans l'art. 1445, si ce n'est celle qui est relative à la pénalité.

148. — Jugé, en ce sens, que les formalités prescrites pour la publication des jugemens de séparation de biens doivent être observées à peine de nullité de l'exécution, et, par voie de conséquence, du jugement même de séparation. — *Amiens*, 21 déc. 1825, Sarrazin c. Jumel; *Caen*, 15 juill. 1828, Bunot c. Barbey; *Cass.*, 14 mars 1837 (t. 1er 1837, p. 372), Mandron c. Muteau; *Angers*, 10 août 1839 (t. 1er 1843, p. 371), Mille c. Bruneau; *Caen*, 16 janv. 1846 (t. 1er 1846, p. 732), Henri c. Edet. — Benoît, t. 1er, n° 304; Bellot des Minières, t. 2, p. 122 et 123; Carré et Chauveau, quest. 2946 *bis* et 2948; Bioche, *Dict. proc.*, v° *Séparation de biens*, n° 25.

149. — Il importe alors de bien déterminer ce que l'on doit entendre par les mots *tribunal de commerce du lieu, tribunal de commerce du domicile du mari*, dont s'est servi l'art. 872 C. proc. Ces termes ambigus ont fait naître deux systèmes différens. Le premier consiste à dire que, par ces expressions, le législateur n'a voulu indiquer que le tribunal de commerce du lieu où réside le mari, de telle sorte que s'il n'y a pas, dans ce lieu, de tribunal de commerce il ne sera pas fait lecture du jugement de séparation; et que ce jugement devra être affiché dans la principale salle de la maison commune de ce lieu. Ce premier système a été consacré par la Cour de Montpellier. — V. 11 juill. 1826, Nombel et Germain c. Gavoy; 18 mars 1831, Bertrand c. Durand.

150. — Dans le second système on dit que les expressions ci-dessus ont le même sens que celles de *tribunal de commerce du ressort, de l'arrondissement*. Indépendamment de ce que ces expressions ont été plusieurs fois employées avec cette signification par le législateur lui-même (V. notamment art. 50 et 64 C. proc.), cette manière de les interpréter nous paraît en outre plus favorable à la publicité dont il a voulu, dans l'intérêt des créanciers du mari, environner les jugemens de séparation de biens. — Troplong, *Tribunal de commerce*, n° 1378; Rodière et Pont, t. 2, n° 838; Chauveau sur Carré, quest. 2946.

151. — Jugé, en ce sens, qu'à défaut de tribunal de commerce, dans le lieu du domicile du mari; s'il en existe un dans l'arrondissement, le jugement de séparation de biens doit, à peine de nullité, être lu à l'audience de ce tribunal. — *Toulouse*, 18 juin 1835, Lacoste c. Laingues.

152. — Lorsque, dans le domicile du mari, le tribunal civil remplit les fonctions de tribunal de commerce, il ne suffit pas que l'extrait du jugement soit affiché dans l'auditoire de ce tribunal seulement; il faut, de plus, et à peine de nullité, qu'il soit affiché dans la principale salle de la maison commune. On ne peut dire que le tribunal civil remplace, pour ce cas, le tribunal de commerce. — *Amiens*, 21 déc. 1825, Sarrazin c. Jumel; *Toulouse*, 18 juin 1835, Lacoste; *Limoges*, 2 août 1837 (t. 1er 1838, p. 47), Hébrard c. Vergnaud. — V., cependant, en sens contraire, *Toulouse*, 23 août 1827, Montant c. Garnaud; *Bruxelles*, 26 juin 1828, M.... c. D...

153. — Quand il n'existe pas dans l'auditoire d'un tribunal un tableau destiné à l'insertion des jugemens en séparation de biens, le vœu de l'art. 872 est rempli par l'affiche de ces mêmes jugemens dans la partie de l'auditoire affectée à cette destination. — *Turin*, 4 janv. 1811, Demarchi c. Giay.

154. — Cette affiche peut être apposée avant la signification du jugement au mari. — Même arrêt.

155. — Quant à l'insertion d'un extrait de tout jugement de séparation de biens dans les chambres des notaires et avoués, elle ne doit être faite que dans le cas où ces chambres ont un local spécial destiné à leurs séances et dans lequel se trouve un tableau placé pour recevoir cette insertion. — *Colmar*, 10 juin 1834, Billig.

156. — L'exposition dans les chambres des avoués et des notaires, lorsqu'elle peut avoir lieu, doit durer aussi longtemps (c'est-à-dire un an) que celle qui est faite dans l'auditoire des tribunaux de première instance et de commerce, encore bien que l'art. 872 ne l'exige pas. — Bellot des Minières, t. 2, p. 123; Carré et Chauveau, quest. 2949.

157. — Mais l'art. 872 ne prescrivant pas l'insertion dans les journaux du jugement prononçant une séparation de biens (V., cependant, l'art. 92 du *Tarif*), il s'ensuit que ce défaut d'insertion ne saurait entraîner la nullité de la séparation. — *Bordeaux*, 30 juill. 1833, Deschamps c. Binaud. — Chauveau sur Carré, quest. 2948 *bis*; Rodières et Pont, n° 842; Troplong, n° 1380.

158. — Les formalités prescrites par les art. 1445 C. civ. et 872 C. procéd. doivent être remplies dans la quinzaine qui suit la prononciation du jugement, encore qu'il soit par défaut. Si, avant l'expiration de la quinzaine, le jugement de séparation rendu par défaut a été attaqué par la voie de l'opposition, ou si, étant con-

tradictoire, il a été frappé d'appel, comme il demeure non avenu jusqu'à ce qu'il ait été statué sur cette opposition ou sur cet appel, le délai, pour remplir les formalités de publicité exigées par la loi, ne court que du jour où a été rendu le jugement qui a statué sur l'opposition, s'il l'a rejeté, ou l'arrêt, s'il est confirmatif, et ce jugement et cet arrêt doivent être lus et publiés avec le jugement de séparation. — Benoît, t. 1er, nos 306 et 307; Bellot des Minières, t. 2, p. 124 et 125; Carré et Chauveau, quest. 2943 et 2944.

159. — Toutefois, les actes de publicité faits dans le délai de quinzaine, mais avant l'opposition ou l'appel, n'ont pas besoin d'être renouvelés. Il suffit de les compléter dans la quinzaine qui suit le jugement qui a rejeté l'opposition, ou l'arrêt confirmatif. — Carré et Chauveau, quest. 2956 et 2957.

160. — Ce n'est que lorsque les formalités prescrites par les art. 1445 C. civ. et 872 C. procéd. ont été remplies que la femme peut procéder à l'exécution du jugement qui prononce la séparation de biens (art. 1445), et, pour suivre cette exécution, elle n'a pas besoin d'une autorisation nouvelle. — *Cass.*, 11 avr. 1842 (t. 1er 1843, p. 630), Baloffet.

161. — Si l'exécution du jugement de séparation de biens avait lieu sans avoir été précédée des lecture et affiche dont il est fait mention dans les art. 1445 C. civ. et 872 C. proc., la séparation devrait être déclarée nulle. — *Poitiers*, 9 janv. 1807, Maixandeau c. Stival; *Riom*, 13 juill. 1814, Estien c. Auguttes et Escudier; *Besançon*, 15 mai 1818, Maire; *Rouen*, 1er déc. 1825, Ruault; *Caen*, 15 juill. 1828, Bunot c. Barbey; *Toulouse*, 7 févr. 1831, Baron c. Cazeaux.

162. — Jugé, en ce sens, que l'assignation à fin de liquidation de ses droits matrimoniaux donnée par la femme à son mari, en vertu d'un jugement de séparation de biens, constitue un acte d'exécution de ce jugement, et que, dès lors, elle est nulle si elle a lieu avant la publication du jugement. — *Angers*, 10 août 1839 (t. 1er 1843, p. 371), Mille c. Bruneau.

163. — L'acquiescement que le mari aurait donné à cette exécution prématurée ne pourrait être opposé à ses créanciers. — *Caen*, 15 juill. 1828, Bunot c. Barbet.

164. — Jugé que l'acte de liquidation intervenu entre le mari et la femme à la suite d'un jugement de séparation de biens est valable quoique fait le jour même où a eu lieu la publication prescrite par l'art. 872 C. proc., s'il n'est pas établi que la liquidation a été effectuée avant la publication. — *Riom*, 27 août 1844 (t. 1er 1845, p. 137), Jarrige c. Douplat-Daber. — Entre deux actes faits le même jour le plus ancien doit être préféré, *si de horâ constat*... Dans le doute, et à défaut de preuve contraire, la nature des actes peut seule établir un droit de préférence. — L'acte tendant au maintien de ce qui existe prévaudra sur l'acte introductif d'un changement : l'acte venant à l'appui du droit commun sera préféré à l'acte emportant une prescription ou une péremption. — Ces principes, enseignés par MM. Bioche et Goujet (*Dict. de proc.*, v° *Date*, n° 19), en matière de signification d'exploits, doivent, à plus forte raison, recevoir leur application alors qu'il s'agit, comme dans l'espèce, d'actes dont l'un n'est valable qu'autant qu'il a été précédé de l'autre. A défaut de preuve directe, les juges, dans ce cas, doivent se décider d'après les présomptions.

165. — Sous l'ancienne jurisprudence, l'exécution du jugement de séparation de biens n'était assujettie à aucun délai fatal. L'effet du jugement était suspendu jusqu'à cette exécution. — *Paris*, 13 germ. an X, Sapin.

166. — Jugé cependant que, suivant le statut de Strasbourg, la liquidation des droits de la femme qui demandait la séparation de biens devait précéder le jugement qui la prononçait. — *Colmar*, 18 niv. an XI, Frantz c. Vernier.

167. — L'art. 1444 C. civ. veut que la séparation de biens prononcée en justice soit nulle si elle n'a point été exécutée par le paiement réel des droits et reprises de la femme effectué par acte authentique jusqu'à concurrence des biens du mari, ou au moins par des poursuites *commencées dans la quinzaine qui a suivi le jugement* et non interrompues depuis; et l'art. 872 C. proc., après avoir prescrit la lecture du jugement de séparation et exigé qu'il demeure pendant un an affiché dans l'auditoire des tribunaux civil et de commerce, etc., ajoute, comme nous l'avons vu, la disposition suivante : « La femme ne pourra commencer l'exécution du jugement que du jour où les formalités ci-dessus auront été remplies, *sans que néanmoins il soit nécessaire d'attendre l'expiration du susdit délai d'un an.* »

168. — On ne doit pas induire de ces derniers mots de l'art. 872 que la femme ait un an pour commencer l'exécution du jugement de séparation. Ils y ont été insérés, sur une observation faite au Conseil d'État par la section du Tribunat, dans le but d'*empêcher qu'on ne pensât que la femme dût attendre l'expiration de l'année pour commencer l'exécution*, mais non de déroger à l'art. 1444 C. civ. Si le législateur eût voulu déroger à la disposition si importante de ce dernier article, il se fût certainement exprimé d'une manière plus formelle. L'exécution du jugement de séparation de biens doit donc, à peine de nullité, conformément à cet article, être commencée dans la quinzaine qui suit sa prononciation. — *Cass.*, 11 déc. 1810, Rieffel; *Colmar*, 11 déc. 1811, Hirtz c. Kieffer; *Riom*, 13 juill. 1814, Estienne c. Auguttes et Escudier; *Metz*, 28 juin 1815, Hoffmann c. Noisette; *Rouen*, 27 avr. 1816, Delaroche; *Cass.*, 11 juin 1818, Delaroche c. Deshaies et Bourguignolle; 13 août 1818, Savoye c. Daire; *Rennes*, 23 fév. 1820, du Bouilly du Fretay c. Besnier; *Rouen*, 19 avr. 1839 (t. 1er 1839, p. 542), Peteau c. Rossey. — Toullier, t. 13, nos 79 et suiv.; Benoît, t. 1er, n° 309; Duranton, t. 14, n° 411; Bellot des Minières, t. 2, p. 126 et suiv.; Carré et Chauveau, quest. 2950; les annotateurs de Zachariæ, Aubry et Rau, t. 3, p. 476, note 21; Troplong, nos 1358 et suiv.; Rodière et Pont, nos 843 et suiv.; Odier, t. 1er, n° 383. — V. toutefois, en sens contraire, *Limoges*, 24 déc. 1811, Guillot c. Gannivard; 10 avr. 1812, Bonnet; *Grenoble*, 18 mai 1820, Got c. Cordeil.

169. — Les jugemens par défaut qui prononcent une séparation de biens doivent, tout aussi bien que les jugemens contradictoires, être exécutés dans la quinzaine, à peine de nullité de la séparation. L'art. 155 C. proc., qui veut que l'exécution d'un jugement par défaut ne puisse avoir lieu avant l'expiration de la huitaine à partir du jour de la signification à avoué en cas de défaut *faute de plaider*, et du jour de celle faite à personne ou domicile, en cas de défaut *contre partie*, n'est pas applicable aux jugemens par défaut en matière de séparation de biens. — *Amiens*, 19 fév. 1824, Delatte. — Bellot des Minières, t. 2, p. 125 et 126; Zachariæ, t. 3, p. 476, et ses annotateurs, *ibid.*, note 25; Carré et Chauveau, quest. 2943 et 2944.

170. — Mais si, avant l'expiration de la quinzaine, le jugement par défaut a été attaqué par la voie de l'opposition, ce n'est que du jour où est rendu le jugement qui statue sur cette opposition, que court le délai de quinzaine dans lequel la femme doit commencer ou continuer les poursuites d'exécution. — Bellot des Minières, t. 2, p. 124; Carré et Chauveau, quest. 2943, 2944, 2956 et 2957.

171. — La séparation de biens prononcée en justice n'étant, sous l'ancienne jurisprudence, soumise pour son exécution à aucun délai fatal (V. *suprà*, n° 165), il en résulte que, si cette séparation n'avait point encore été exécutée lors de la promulgation du Code civil, on ne pourrait lui appliquer la peine de nullité prononcée par l'art. 1444 du Code civil pour défaut d'exécution dans la quinzaine. — *Cass.*, 19 août 1829, Courbeau c. Fabron.

172. — L'exécution exigée par cet article peut avoir lieu de deux manières : ou amiablement (V. *Cass.*, 29 août 1827, Couturier c. Bellet; *Poitiers*, 4 mars 1830, Cornuau-Pasquier c. Rivière. — Troplong, n° 1360), par le paiement réel des droits et reprises de la femme effectué par acte authentique; ou judiciairement, par des poursuites commencées dans la quinzaine mais non interrompues depuis.

173. — Et, d'abord, la femme qui après la séparation de biens a retiré tout ou partie de son trousseau en nature n'est pas admissible à faire comprendre dans la liquidation de ses reprises la valeur estimative de ce trousseau, et à cumuler ainsi, comme autrefois, la chose et le prix; elle ne pourrait même se faire allouer, à cet égard, une somme quelconque, qu'en prouvant que les objets qu'elle a retirés sont inférieurs en valeur au trousseau qui lui avait été constitué. — *Grenoble*, 6 juin 1829, Brun c. Marchand.

174. — Mais elle a le droit d'exiger que l'indemnité des dettes qu'elle a contractées solidairement avec son mari soit comprise dans la liquidation, bien qu'elles n'aient pas été encore acquittées. — *Bourges*, 5 mai 1830, Oppin c. Binet.

175. — N'est pas soumise au préliminaire de la conciliation la demande formée par la femme en vertu du jugement qui a prononcé la séparation de biens, à fin de liquidation de ses droits et reprises. — *Limoges*, 25 févr. 1845 (t. 1er 1847, p. 619), B....

176. — Revenons maintenant à l'examen des deux moyens d'exécution du jugement de séparation que nous avons indiqués.

177. — Dans le premier cas il n'est pas nécessaire, à peine de nullité du jugement, que l'exécution ait été entièrement consommée dans le délai de quinzaine; c'est-à-dire que l'intégralité du paiement ait lieu dans ce délai, il suffit qu'une partie de ce paiement ait été effectuée. — *Cass.*, 3 févr. 1834, Tulasne c. Bourbeau-Vaugelade; *Bordeaux*, 29 août 1838 (t. 2 1838, p. 643), Gauthier c. Martial; *Orléans*, 16 mars 1839 (t. 1er 1839, p. 648), Bruère-Dallaire c. Reverdy. — Chauveau sur Carré, quest. 2950 *ter*; Troplong, n° 1361.

178. — L'exécution est valablement faite par une cession volontaire opérée dans la quinzaine suivant acte authentique, des immeubles du mari jusqu'à concurrence des droits et reprises de la femme. — *Cass.*, 23 août 1825, Menwel c. Dubois; *Bourges*, 5 mai 1830, Oppin c. Binet. — Carré, sur l'art. 872, quest. 2955; Bellot des Minières, t. 2, p. 116.

179. — M. Troplong se demande néanmoins si on ne devrait pas considérer la cession comme suffisante alors même qu'elle n'aurait eu lieu que par acte sous seing privé, si cet acte, d'ailleurs, était sérieux et sincère (n° 1360); — et il invoque, à l'appui de cette interprétation plus douce, les termes de l'arrêt précité du 23 août 1825, qui paraissent admettre de la part de la Cour de cassation, en ce qui concerne le fait de l'exécution, un pouvoir souverain d'appréciation.

180. — Il y a exécution suffisante dès que la liquidation des droits et reprises a eu lieu dans la quinzaine, alors même que la femme aurait accordé à son mari un délai modéré pour se libérer. — V. l'arrêt de Bordeaux précité du 29 août 1838 (t. 2 1838, p. 643), Gauthier c. Martial. — V. aussi Toullier, t. 13, n° 77.

181. — Peu importe aussi que cette liquidation n'ait été homologuée que plusieurs mois après le jugement, si ce retard ne provient pas du fait de la femme. — *Colmar*, 31 août 1812, Stuppher c. Schoengrun.

182. — Mais la séparation serait nulle, si le jugement qui l'a prononcée n'avait été exécuté dans la quizaine que de la manière suivante : Abandon par le mari à sa femme de certaines valeurs mobilières en déduction de sa constitution dotale, sauf à celle-ci à se faire payer du surplus sur les biens de son mari *quand elle le voudrait*. — *Bordeaux*, 11 août 1840 (t. 2 1840, p. 744), Desjadeaux. — Troplong, n° 1364.

183. — Dans le second cas, c'est une question qui n'est point exempte de difficultés que de savoir quelles poursuites la femme est obligée d'exercer dans le délai de quinzaine pour n'être point déchue du bénéfice du jugement de séparation.

184. — Il a été plusieurs fois décidé que la simple signification du jugement dans la quinzaine de sa date était un commencement d'exécution dans le sens de l'art. 1444 C. civ. — *Cass.*, 9 juill. 1828, Dublan-Delahet c. Baltus; *Bordeaux*, 30 juill. 1833, Deschamps c. Binaud; 20 mars 1840 (t. 2 1841, p. 298), Dumergue c. Lebeigue.

185. — Les auteurs enseignent, au contraire, que la simple signification du jugement ne doit pas être considérée comme un commencement d'exécution. Cette simple signification n'annonce que l'intention de faire des poursuites, mais n'en est pas une. — Carré, quest. 2952; Toullier, t. 13, n° 77; Benoît, t. 1er, n° 311; Bellot des Minières, t. 2, p. 116; Zachariæ, t. 3, p. 476. — Nous pensons avec M. Chauveau (quest. 2952) que cette question ne peut être résolue d'une manière absolue. Il faut, à cet égard, consulter l'intention des parties. L'appréciation de cette intention est spécialement réservée aux magistrats, qui pourront, suivant les circonstances, voir ou non dans la simple signification du jugement un commencement de poursuites. — V. aussi, Troplong, n° 1363.

186. — La citation en conciliation donnée par la femme à son mari, en exécution du jugement de séparation, ne constitue point un commencement de poursuites dans le sens de l'art. 1444, si elle n'est suivie d'une assignation en justice dans le mois à compter de la non-conciliation. — *Nîmes*, 21 mai 1819, Charrière c. Pellier. — Bellot des Minières, t. 2, p. 116.

187. — Le jugement de séparation qui condamne le mari à payer à la femme une somme liquide pour ses droits et reprises est généralement considéré comme suffisamment exécuté lorsque dans la quinzaine de sa prononciation il a été signifié au mari avec commandement d'y satisfaire ou sommation d'y obéir ou de s'y conformer sous peine d'être contraint par toutes les voies de droit, encore bien que les autres poursuites

…aient été faites qu'à des intervalles éloignés. — Riom, 22 avr. 1822, Cohendi et Margota c. Sauret; Amiens, 17 mars 1826, Pinaguet c. Obré; *Rennes*, … mai 1827, Doucet et Ronsard c. Maigret; *Grenoble*, 24 mars 1835, Genissieux. — Toullier, Benoît et Zachariæ, *ubi suprà*. — V. *contrà*, *Limoges*, … juill. 1839 (t. 1er 1840, p. 736), Constant c. Bac.

188. — Est aussi valablement exécuté le jugement de séparation de biens que la femme a fait signifier à son mari, dans la quinzaine, avec commandement de payer les frais, alors que la femme a repris la possession et l'administration de ses biens; et que c'est parce que les juges ont ordonné une instruction plus ample sur la liquidation des reprises, qu'elle n'en a pas obtenu le paiement. — *Cass.*, 30 mars 1825, Rodde. — Carré, sur l'art. 872, note 1re.

189. — Il en est de même du jugement qui a été signifié au mari avec commandement et suivi d'un procès-verbal de carence dressé en temps utile. — *Bordeaux*, 19 mai 1832, Hosten c. Robert; *Amiens*, 25 nov. 1841 (t. 1er 1843, p. 496), Hangard. — Bellot des Minières, t. 2, p. 120; Carré et Chauveau, quest. 2951.

190. — Si le jugement de séparation ne condamne pas le mari, comme dans l'hypothèse des numéros qui précèdent, à payer une somme liquide pour les droits et reprises de la femme, celle-ci satisfait au vœu de l'art. 1444 en donnant, dans l'exploit de signification, une assignation à son mari devant le tribunal compétent, ou en lui faisant sommation de se présenter chez un notaire, à l'effet de procéder à la liquidation de ses reprises et droits. — *Colmar*, … août 1811, Wittmor c. Omagor; *Angers*, 10 … 1839 (t. 1er 1843, p. 371), Mille c. Bruneau; *Orléans*, 4 juill. 1843 (t. 2 1843, p. 368), Cornedecerf c. Desmarets. — Toullier, t. 13, n° 77; Carré et Chauveau, quest. 2945; Zachariæ, t. 3, p. 476.

191. — Une pareille sommation doit surtout être considérée comme un acte d'exécution, lorsque le mari a comparu et a concouru à la liquidation. — *Orléans*, 4 juill. 1843 (t. 2 1843, p. 368), Cornedecerf c. Desmarets.

192. — Un jugement de séparation de biens est exécuté par acte authentique dans le sens de l'art. 1444 C. civ., lorsque le paiement des reprises de la femme est constaté par l'huissier sur le commandement fait au mari pour arriver à cette exécution. — *Cass.*, 12 août 1847 (t. 1er 1848, p. 62), …gras c. Riqueur. — En effet, comme il s'agit d'un acte d'exécution, l'exploit, faisant foi de l'opération elle-même, doit produire le même effet par rapport à tous les actes qui s'y rattachent nécessairement. — Bioche et Goujet, v° *Huissier*, n° 27. — V. aussi Boncenne, t. 2, p. 245. — V. encore EXPLOIT, n° 930.

193. — Le tribunal compétent en cette matière est celui qui a prononcé la séparation de biens. Cependant il a été jugé qu'en cas de faillite la liquidation des reprises de la femme séparée ne pouvait être poursuivie que devant le tribunal de la faillite. — *Metz*, 28 avr. 1815, Bataille.

194. — Une saisie-arrêt peut encore être envisagée comme constituant une exécution suffisante du jugement qui prononce la séparation de biens. C'est ce qu'enseigne M. Chauveau, sur l'art. 872 (quest. 2952 *ter*), contrairement à l'opinion émise par Carré.

195. — Lorsque le mari est en faillite, ce n'est plus contre lui que doivent être dirigées les poursuites exigées par l'art. 1444 C. civ.; mais contre ses syndics, dont la femme est autorisée en ce cas à provoquer la nomination. — *Bourges*, … mai 1826, Lafela c. Creuzet. — Chauveau sur Carré, quest. 2947.

196. — Ces poursuites peuvent avoir pour objet la reprise d'un immeuble qu'elle a mis dans la communauté, si, par son contrat de mariage, elle s'est réservé, en cas de renonciation à ladite communauté, le droit de le reprendre, dans le cas de faillite, franc et quitte. — *Bruxelles*, 2 juill. 1815, N…

197. — Mais il n'est pas nécessaire, en cas de faillite, qu'il y ait eu, dans la quinzaine, de la part de la femme séparée de biens, d'autre acte d'exécution que la remise entre les mains des syndics de ses titres de propriété ou de l'état de ses droits et reprises. — Carré, *ubi suprà*; Bellot des Minières, t. 2, p. 120.

198. — Elle ne pourrait être astreinte à une exécution plus complète, alors même que le jugement de séparation aurait été rendu contradictoirement avec les syndics de la faillite. — *Orléans*, 12 nov. 1817, de Tenre c. Burou. — Chauveau sur Carré, quest. 2947 *bis*.

199. — Exiger d'elle, surtout en matière commerciale, une liquidation réelle et complète de ses reprises, serait souvent vouloir la chose impossible. — Même arrêt.

200. — En principe, l'exécution incomplète de l'art. 1444 ne peut donc être imputée à la femme lorsque cette inexécution provient de circonstances qui sont tout à fait indépendantes de sa volonté. — Carré et Chauveau, quest. 2950. — *Bordeaux*, 1er fév. 1845 (t. 2 1845, p. 189), Chassain c. Luzier-Lamothe.

201. — Ainsi le jugement par défaut qui prononce la séparation de biens est valablement exécuté par la production à l'ordre ouvert sur les immeubles du mari, si cette production est le seul moyen pour la femme d'obtenir le paiement de ses reprises. — *Grenoble*, 24 mars 1835, Genissieur.

202. — Il a été jugé aussi que la femme qui n'avait pas exercé les poursuites prescrites par l'art. 1444 dans le délai qu'il détermine, ne pouvait être déclarée non recevable à les intenter après ce délai, si le jugement qui avait prononcé la séparation de biens ne contenait pas la liquidation de ses droits et reprises, mais seulement un appointement de preuves relatif à cette liquidation. — *Besançon*, 30 juin 1809, Gopowiche c. Jacquet.

203. — Le délai de rigueur imparti à la femme par l'art. 1444 du Code civil pour l'exécution du jugement obtenu doit, d'ailleurs, être restreint aux poursuites qui lui sont imposées contre son mari ou les syndics de sa faillite; il ne peut pas être étendu aux tiers acquéreurs des biens de son mari, alors surtout que la femme n'a pu les connaître et qu'ils n'ont pas fait transcrire leurs titres de propriété. — *Aix*, 7 déc. 1837 (t. 1er 1838, p. 304), Crépin-Aiguillon et Omar c. Pouleau; *Orléans*, 16 mars 1839 (t. 1er 1839, p. 648), Bruère-Dallaire c. Reverdy.

204. — Il n'est pas nécessaire non plus pour exécuter contre les tiers détenteurs de ses immeubles le jugement de séparation de biens qu'elle a obtenu contre son mari que la femme suive l'ordre des aliénations qu'il a faites, en commençant par la dernière en date et en remontant successivement aux plus anciennes en cas d'insuffisance. — *Bordeaux*, 29 nov. 1833, Marchand c. Destal.

205. — Lorsque la femme qui a fait prononcer la séparation de biens n'a ni droits ni reprises à exercer contre son mari, elle satisfait suffisamment à l'art. 1444 C. civ. en demandant acte, par le jugement, de ce qu'elle renonce à prétendre aucun droit sur son mari ou en lui faisant sommation de se trouver en l'étude d'un notaire pour voir dresser acte contradictoirement de ce qu'elle déclare n'avoir aucune reprise à exercer contre lui et en faisant effectivement dresser cet acte dans le délai de quinzaine. — Carré et Chauveau, quest. 2954.

206. — Si la femme, au lieu de renoncer à la communauté, hypothèse en vue de laquelle seulement l'art. 1444 C. civ. a été rédigé, voulait l'accepter, et elle peut, nonobstant le désordre des affaires du mari, avoir, dans certains cas, intérêt à le faire (V. Pothier, *De la communauté*, t. 2, n° 509), elle remplirait également le but de l'art. 1444 en poursuivant, dans la quinzaine de la prononciation du jugement, la liquidation de la communauté; mais, si elle avait des doutes, la loi n'a pu lui refuser le moyen de s'éclairer. L'art. 174 C. proc., qui donne à la femme commune divorcée ou *séparée de biens* trois mois pour faire inventaire et quarante jours pour délibérer, a nécessairement dérogé, pour ce cas, à l'art. 1444 C. civ. Dès lors, lorsque la femme n'aura pu prendre parti avant l'expiration de la quinzaine, il suffira qu'elle ait fait commencer l'inventaire dans ce délai, sauf à elle à arrêter sa détermination dans les délais de l'art. 174. — Duranton, t. 14, n° 411; Bellot des Minières, t. 2, p. 117; Carré et Chauveau, quest. 2963.

207. — Si cet inventaire était dressé d'une manière irrégulière par le fait du mari, la femme pourrait même, avant d'être tenue de prendre parti, obtenir un nouveau délai pour faire refaire un second inventaire. — *Angers*, 15 juill. 1808, Aurat.

208. — Toutefois, il ne suffit pas, pour l'observation de l'art. 1444, que des poursuites aient été commencées dans la quinzaine de la prononciation du jugement; il faut, de plus, que ces poursuites n'aient point été *interrompues* depuis. L'interruption des poursuites d'exécution équivaudrait à une renonciation de la part de la femme au bénéfice du jugement de séparation. — *Cass.*, 28 fév. 1833, Lalette c. Ballu et Norbin-l'Héritier.

209. — Sous l'empire des coutumes de Paris et d'Orléans, les poursuites d'exécution d'une sentence de séparation de biens ne pouvaient pas davantage être interrompues dès qu'une fois elles avaient été commencées. — Même arrêt.

210. — La femme qui a obtenu la séparation de biens sous l'empire des anciens principes et commencé des poursuites d'exécution, ne peut plus aujourd'hui, si elle a interrompu ces poursuites pendant plus de vingt ans, être recevable à agir contre les détenteurs des immeubles de son mari. — Même arrêt.

211. — Mais l'art. 1444 C. civ. n'a point défini ce que l'on doit considérer comme *interruption de poursuites*. Quand donc y aura-t-il interruption de poursuites dans le sens de cet article?

212. — Il a été jugé qu'une femme séparée de biens n'était point censée interrompre les poursuites par elle commencées dans la quinzaine du jugement de séparation, par cela seul qu'ayant à combattre un créancier de son mari elle avait cessé d'agir directement contre ce dernier, pour plaider contre le créancier en présence de son mari, alors surtout que les poursuites de ce créancier pouvaient préjudicier au droit de rétention qui lui était accordé sur les biens de son mari par la coutume sous laquelle elle s'est mariée et que n'a point abrogé la loi du 11 brumaire an VII. — *Cass.*, 23 mars 1819, Magneur c. Victoria. — V. aussi, en ce sens, Chauveau sur Carré, quest. 2953 *ter*.

213. — L'expiration des délais après lesquels la loi autorise la femme à faire des actes d'exécution, sans continuation de poursuites de sa part, peut, quelque long que soit le temps pendant lequel la femme est demeurée inactive, ne pas constituer une interruption de poursuites dans le sens de l'art. 1444 C. civ., s'il n'y a eu de la part de la femme ni mauvaise foi ni intention de frauder. Le fait de continuation ou d'interruption des poursuites rentre dans le domaine des magistrats. C'est à eux qu'il appartient d'apprécier la conduite de la femme. — *Grenoble*, 24 mars 1835 (motifs), Genissieux. — Benoît, t. 1er, n° 312; Bellot des Minières, t. 2, p. 119; Carré et Chauveau, quest. 2953; Zachariæ, t. 3, p. 476; Odier, t. 1er, n° 385; Troplong, n° 1366.

214. — Et l'arrêt qui décide en fait qu'un jugement de séparation de biens a été suffisamment exécuté ou que tels actes ne sont pas des actes d'exécution échappe à la censure de la Cour de cassation. — *Cass.*, 23 mars 1825, Menwel c. Dubois; 28 févr. 1833, Lalette c. Ballu et Norbin-Lhéritier.

215. — C'est par suite du pouvoir accordé aux tribunaux de prononcer, en cette matière, suivant les circonstances, qu'il a été jugé : 1° que l'interruption pendant deux ans des poursuites d'exécution commencées dans la quinzaine du jugement de séparation rendait ce jugement sans effet. — *Poitiers*, 9 janv. 1807, Maixandeau c. Stival.

216. — …2° Qu'on ne pouvait, au contraire, considérer comme interruption propre à entraîner la nullité d'une séparation de biens la suspension de poursuites pendant deux mois, après un commandement tendant à l'exécution du jugement. — *Amiens*, 9 déc. 1825, Cottard.

217. — …3° Qu'un jugement de séparation de biens devait être tenu pour exécuté, dans le sens de l'art. 1444 C. civ., encore que la femme n'eût fait à son mari commandement de lui restituer sa dot que dans la quinzaine postérieure à celle de la signification du jugement, et que, de ce commandement au procès-verbal de carence, il se fût écoulé un espace de plus de cinq mois sans poursuites intermédiaires, si d'ailleurs il était constant que ces interruptions n'avaient pas été occasionnées par la mauvaise foi des époux et n'avaient point nui à des tiers. — *Cass.*, 6 déc. 1830, Remieu c. Torcat.

218. — …4° Que les poursuites commencées dans la quinzaine du jugement de séparation pouvaient être considérées comme n'ayant pas été légalement interrompues bien que la vente des biens du mari n'eût été provoquée par la femme qu'un an après, si dans l'intervalle elle avait eu d'autres procès à soutenir contre lui. — *Cass.*, 2 mai 1831, Colombe c. Guérard.

219. — Le fait, de la part de la femme, d'avoir, après la signification d'un commandement faite dans la quinzaine du jugement qui a prononcé sa séparation de biens, discontinué ses poursuites pendant plusieurs mois, peut ne pas être considéré comme une interruption de nature à entraîner, dans le sens de l'art. 1444 C. civ., la nullité du jugement, alors qu'il est établi que la femme s'est trouvée dans des circonstances telles qu'il lui était impossible de faire aucun autre acte utile d'exécution : par exemple, si aucunes valeurs mobilières n'existaient; si le mari, en fuite pour échapper à la contrainte par corps, était en

déconfiture et est plus tard tombé en faillite, et si, peu de temps après, ses immeubles ont été saisis. — *Bordeaux*, 16 août 1838 (t. 1er 1839, p. 164), de Balathier c. de Saint-Benoît; 15 mai 1839 (t. 2 1841, p. 651), Platon c. Lafaye.

220. — Jugé encore qu'une séparation de biens, d'ailleurs sérieuse, et fondée sur le péril évident de la dot de la femme, n'est pas nulle à défaut de poursuites commencées dans la quinzaine du jugement et non interrompues depuis, lorsque l'interruption de ces poursuites a été forcée par des motifs indépendans de la volonté de la femme. Tel est le cas où le dénûment du mari est tel, que la valeur des objets mobiliers saisis sur lui par sa femme serait insuffisante pour couvrir les frais de vente; et où si les immeubles étaient expropriés, la femme ne pourrait être colloquée utilement sur leur prix à cause des frais d'expropriation et des créances privilégiées. — *Bordeaux*, 1er févr. 1845 (t. 2 1845, p. 189), Chassain c. Luzier-Lamothe).

221. — Décidé que la femme, demanderesse en séparation de biens, qui, volontairement, suspend momentanément ses poursuites, n'a droit aux intérêts de ses créances dotales, pendant cette suspension, qu'autant qu'elle aurait été séparée de fait, et qu'elle justifierait avoir fourni à sa nourriture et à son entretien pendant cet intervalle. — *Grenoble*, 14 mai 1832, Mignardet c. Riondet.

222. — Lorsque la séparation de biens prononcée en justice n'a point été exécutée dans la quinzaine, la nullité qui résulte de ce défaut d'exécution s'applique non-seulement au jugement de séparation; mais encore à tous les actes de la procédure sur laquelle il est intervenu. — *Cass.*, 11 juin 1823, Angonnet c. Hervé; *Amiens*, 19 févr. 1824, Delatte; *Cass.*, 3 avr. 1848 (t. 1er 1848, pag. 615), Cantagrel c. Arlabosse. — Benoît, tom. 1er, n° 314; Bellot des Minières, t. 2, p. 114; Chauveau sur Carré, quest. 2955 *bis;* Zachariæ, t. 3, p. 475, et ses annotateurs, *ibid.*, note 19.

223. — En conséquence, la femme qui veut faire de nouveau prononcer la séparation de biens doit, à peine de nullité du second jugement, recommencer toute la procédure. — *Bordeaux*, 22 janv. 1834, Piet c. Blondet; *Cass.*, 3 avr. 1848 (t. 1er 1848, p. 615), Cantagrel c. Arlabosse. — Benoît, t. 1er, n° 314; Troplong, n° 1376.

224. — Doit également être déclarée nulle la collocation faite en vertu d'un jugement de séparation de biens non suivi d'exécution. — *Poitiers*, 9 juin 1837 (t. 2 1842, p. 316), Desplaces c. Dumonteil.

225. — Dans le cas où la séparation de biens serait déclarée nulle faute d'exécution dans la quinzaine, si le fait de cette inexécution provenait de la négligence de l'avoué de la femme, celle-ci ne pourrait l'en rendre responsable qu'autant qu'il serait constant qu'elle a placé en lui toute sa confiance, qu'il l'a dirigée seul dans son action en séparation et qu'il est resté nanti des pièces de la procédure. — *Limoges*, 11 juill. 1839 (t. 1er 1840, p. 736), Constant c. Bac.

226. — Après avoir établi, au mot *Séparation de biens*, que le jugement qui prononce une séparation de biens entre époux doit, à peine de nullité, être exécuté dans la quinzaine, aux termes de l'art. 1444 C. civ., M. Pigeau ajoute ce qui suit au mot *Séparation de corps* (t. 2, p. 574) : « La séparation de corps emportant la séparation de biens, *tout* ce que l'on a dit (p. 532 et suiv.) touchant l'*exécution* et les effets de la séparation de biens s'applique ici. » Et ainsi, dans l'opinion de cet auteur, la séparation de biens qui ne sera prononcée que comme conséquence de la séparation de corps serait également nulle à défaut d'exécution dans la quinzaine. Mais le contraire est enseigné par Carré (n° 2986), et son opinion est confirmée par un arrêt de la Cour de Bordeaux du 4 févr. 1841 (Delabarre c. Royer) et par un autre arrêt d'Orléans du 28 févr. 1843 (t. 1er 1844, p. 492 [Robiez]). — V., en ce sens, Duranton, t. 14, n° 412; Bellot des Minières, t. 2, p. 184; les annotateurs de Zachariæ, t. 3, p. 476, note 24.

227. — En effet, l'art. 1444 C. civ. ne concerne que la séparation de biens prononcée en justice. Or, dans le cas de séparation de corps, elle n'a pas même besoin d'être prononcée, car elle est une suite et un effet nécessaires de la séparation de corps. Elle a donc lieu de plein droit, par la seule force de la loi, et indépendamment de la volonté des parties. Il est même impossible qu'il en soit autrement, car il est évident que la communauté de biens est incompatible avec la séparation d'habitation. Ensuite, dans le cas de séparation de biens, les époux continuant d'habiter ensemble, il fallait nécessairement empêcher les séparations simulées, et, pour garantir les droits des tiers, forcer la femme à exécuter son jugement. Mais ce motif n'existe pas lorsque les époux sont séparés de corps, parce que le fait de leur habitation dans un domicile séparé est pour les tiers un avertissement suffisant que la communauté de biens est dissoute. Enfin, si le défaut d'exécution du jugement qui prononce la séparation de biens a pour effet d'annuler cette séparation, il est certain que la non-exécution de ce jugement n'aurait pas pour conséquence d'annuler la séparation de corps : car, encore une fois, l'existence de la communauté est tout à fait incompatible avec la séparation d'habitation, et c'est aussi par ce motif que l'art. 1445, qui déclare que la communauté est dissoute par la séparation de corps, ne fait pas, comme l'art. 1464, dépendre cette dissolution de l'exécution du jugement. Donc, puisque la séparation de corps subsiste toujours, elle doit continuer de produire ses effets.

§ 5. — *Quelles personnes peuvent invoquer la nullité du jugement de séparation de biens, et quand elle peut être proposée. — Droits des créanciers du mari après la prononciation de ce jugement.*

228. — L'art. 1444 du Code civil, en prononçant la nullité de la séparation de biens pour défaut d'exécution ou de commencement d'exécution dans la quinzaine, ne s'est point expliqué à l'égard des personnes qui peuvent exciper de cette nullité. De là, d'abord, la question de savoir si le mari a le droit de l'opposer à sa femme. — La Cour de cassation, devant laquelle cette question s'est présentée, ne l'a point résolue. — *Cass.*, 30 mars 1825, Rodde.

229. — Mais, par arrêt ultérieur, du 11 avril 1837, elle a posé en principe de droit que la nullité d'une séparation de biens faute d'exécution dans les termes et délais de la loi n'est prononcée que dans l'intérêt des créanciers. — V. t. 2 1837, p. 25, Vellut c. Barrois.

230. — En ce sens on dit que s'il était permis au mari de se prévaloir de la nullité dont il s'agit, cette nullité deviendrait souvent pour les époux une occasion de colluder au préjudice des créanciers. — *Grenoble*, 14 mai 1818, Fayard; *Colmar*, 8 août 1820, Lewy c. Richert. — Benoît, t. 1er, n° 315; Chauveau sur Carré, art. 873, quest. 2957 *bis*.

231. — Jugé en ce sens que la nullité de la séparation de biens prononcée par l'art. 1444 du Code civil, si elle n'a point été exécutée par le paiement réel des droits et reprises de la femme, ou au moins par des poursuites commencées dans la quinzaine qui a suivi le jugement, et non interrompues depuis, n'est pas une nullité d'ordre public, absolue et intéressant la généralité des conjoints; elle est purement relative, et ne peut être invoquée que par les tiers auxquels l'inexécution du jugement de séparation pourrait porter préjudice. — *Limoges*, 25 févr. 1845 (t. 1er 1847, p. 619), B....

232. — A ce système on répond que sans doute le législateur a dû vouloir prévenir les fraudes; mais que la séparation de biens modifiant essentiellement les droits du mari, il a dû aussi veiller à ce qu'il ne dépendît pas de la volonté de la femme de le laisser dans une position incertaine. — C'est cette raison qui, jointe à la généralité des termes de l'art. 1444, a engagé certains auteurs dont l'opinion a été consacrée par divers arrêts, à ranger le mari au nombre de ceux qui ont intérêt à invoquer la nullité établie par cet article. — *Amiens*, 19 févr. 1824, Delatte; 9 déc. 1825, Cottard; *Bordeaux*, 17 juill. 1833, Bernard; 11 août 1840 (t. 2 1840, p. 744), Desjadeaux. — Toullier, t. 13, n° 76; Zachariæ, t. 3, p. 477, et ses annotateurs, *ibid.*, note 29; Troplong, n° 1371; Odier, t. 1er, n° 387; Delvincourt, t. 2, p. 110; Rodière et Pont, t. 2, n° 850.

233. — Jugé, en tout cas, que la nullité de la séparation de biens ne peut plus être opposée, soit à la femme, soit aux tiers, par le mari, qui, après le délai de quinzaine, a exécuté le jugement de séparation ou laissé consommer cette exécution sans s'y opposer et donné ou reconnu ensuite à sa femme la qualité de séparée de biens. — *Colmar*, 26 déc. 1826, Worms c. Lange et Bruckert; *Poitiers*, 4 mars 1830, Cornuau-Pasquier c. Rivière. — Les annotateurs de Zachariæ, t. 3, p. 478, note 33; Troplong, n° 1372.

234. — On pourrait peut-être induire aussi de la généralité des termes de l'art. 1444 du Code civil, comme l'a fait la Cour de Rouen par arrêt du 9 novembre 1836 (V., à cette date, Duval c. Auber), que la femme a également la faculté d'opposer aux créanciers de son mari ou aux tiers avec lesquels elle a contracté, comme séparée, la nullité de la séparation de biens pour défaut d'exécution du jugement dans la quinzaine.

235. — Cependant, comme c'est la femme qui doit faire exécuter le jugement de séparation, et qu'elle ne saurait exciper de sa propre négligence, il nous paraît plus conforme aux principes de décider qu'elle n'a pas qualité pour demander pour cause de non-exécution la nullité de ce jugement. — *Grenoble*, 8 avril 1835, Bresson c. Boutard. — Toullier, t. 13, n° 82; Benoît, t. 1er, n° 315; Chauveau sur Carré, quest. 2957 *bis*; Zachariæ, t. 3, pag. 477, et ses annotateurs, *ibid.*, note 30.

236. — ... Alors surtout qu'elle a exécuté, bien que tardivement, le jugement de séparation. — *Colmar*, 8 août 1820, Lewy.

237. — Elle ne peut pas davantage opposer à des tiers de bonne foi l'irrégularité de l'exécution du jugement de séparation, si, après avoir exécuté ce jugement, elle a pris constamment dans des actes la qualité de femme séparée de biens et que le mari ait aussi exécuté le jugement. — *Nîmes*, 4 juin 1835, Briant c. Auzas.

238. — Jugé encore qu'elle ne peut, pour faire annuler l'obligation qu'elle a contractée en qualité de femme séparée de biens, exciper du défaut d'exécution du jugement de séparation, alors que l'état de faillite du mari, au moment de la séparation, la réduisait à suivre le sort des autres créanciers, l'empêchait de poursuivre utilement la liquidation et le paiement de ses reprises, et qu'il est en outre constaté que l'obligation dont elle poursuit la nullité a été le résultat d'un concert frauduleux entre elle et son mari. — *Cass.*, 27 juin 1842 (t. 2 1842, p. 309), Duval c. Aubert.

239. — Et que si, depuis le jugement de séparation de biens, annulé postérieurement faute d'exécution, la femme a toujours agi en son nom personnel, comme autorisée par justice, sans le concours de son mari, et si elle a constamment administré ses biens personnels et touché ses capitaux, elle ne peut s'autoriser de l'annulation qui est prononcée pour soutenir que, la communauté n'ayant pas été dissoute, elle a le droit d'exercer contre son mari les mêmes reprises que s'il fût resté, de fait, administrateur de ses biens. — *Cass.*, 11 avr. 1837 (t. 2 1837, p. 25), Vellut c. Barrois.

240. — M. Troplong (n° 1373) pense qu'en principe la femme peut opposer la nullité de la séparation de biens. — A moins qu'elle n'ait exécuté le jugement hors des délais, ou qu'elle ait pris la qualité de femme séparée. — V. aussi Rodière et Pont, n° 850.

241. — Il a été décidé aussi que la femme qui avait acheté des meubles de son mari par acte sous seing privé, et en vertu d'un jugement de séparation de biens, qui n'avait pas été lu à l'audience du tribunal de commerce ni inséré au tableau, ne pouvait opposer cette vente aux créanciers de son mari, encore que son contrat de mariage portât clause de non-communauté. — *Paris*, 18 mars 1814, Lussant c. Leclerc.

242. — M. Troplong examinant en outre la question de savoir *si les époux* peuvent opposer aux créanciers la nullité de la séparation de biens pense que les époux sont recevables dans le cas où il n'y a eu aucune exécution, parce que, maîtres de se désister de la séparation, ils peuvent dire qu'ils l'ont abandonnée pour revenir à leur contrat de mariage. — Mais que s'il y a eu exécution même tardive, ils ne peuvent opposer la nullité parce qu'ils se sont constitués en possession de l'état d'époux séparés (n° 1375). — Mais V. *suprà* les décisions qui considèrent le droit de demander la nullité comme créée exclusivement dans l'intérêt des créanciers, nos 229 et suiv.

243. — En ce qui concerne les créanciers du mari, le droit d'exciper contre la femme de la nullité résultant du défaut d'exécution du jugement de séparation dans la quinzaine ne saurait leur être contesté. — C. civ., art. 1447; C. comm., art. 66; C. proc., art. 873. — Il a même été décidé, comme nous l'avons vu plus haut, que la nullité établie par l'art. 1444 C. civ., n'avait été prononcée que dans leur intérêt. — *Grenoble*, 8 avr. 1835, Bresson c. Boutaud; *Cass.*, 11 avr. 1837 (t. 2 1837, p. 25), Vellut c. Barrois. — V. *suprà* n° 229.

244. — Les créanciers qui demandent la nullité du jugement de séparation de biens pour vices de forme ou inaccomplissement de quelques-unes des formalités exigées par les art. 1445 C. civ. et 872 C. proc., ne doivent-ils pas, pour être recevables, prouver que la séparation a eu lieu en fraude de leurs droits? L'affirmative paraît résulter de l'art. 1447 C. civ., ainsi conçu : « Les

créanciers du mari peuvent se pourvoir contre la séparation de biens prononcée et même exécutée en fraude de leurs droits. » On peut dire, en effet, que les mots *en fraude de leurs droits* s'appliquent aussi bien à la prononciation qu'à l'exécution du jugement. — *Bruxelles*, 26 juin 1828, M... c. D...; *Limoges*, 2 août 1837 (t. 1er 1838, p. 47), Hébrard c. Vergnaud.

245. — Il a été jugé aussi que, lorsqu'un jugement de séparation de biens n'a pas été exécuté dans les délais et avec les formalités déterminées par l'art. 1444 C. civ., et que les actes intervenus entre le mari et la femme portent des caractères de fraude et de dol, les juges appelés à statuer sur la validité d'une saisie-arrêt formée par les créanciers du mari sur les créances cédées à la femme peuvent décider que la sentence de séparation de biens ne saurait faire obstacle aux poursuites du créancier saisissant. — Ce n'est pas violer le principe qu'il n'y a pas de nullités de plein droit. — *Cass.*, 15 févr. 1843 (t. 1er 1843, p. ...), Plalarel et Thevenon c. Durand.

246. — Dans le cas où le mari est tombé en faillite, le droit d'attaquer le jugement par lequel la femme a fait prononcer sa séparation de biens n'appartient qu'aux syndics comme représentant la masse des créanciers. — *Montpellier*, 1 juin et 7 juill. 1825, Teyssier.

247. — Ceux qui n'étaient point créanciers à l'époque du jugement en séparation de biens ou dont les droits n'étaient point ouverts avant l'exécution de ce jugement, seraient surtout non recevables à attaquer ce jugement ou son exécution. — V. arrêts de Montpellier précités; *Colmar*, 26 déc. 1826, Worms c. Lange et Bruckel. — Benoît, t. 1er, n° 327; Chauveau sur Carré, art. 873, quest. 2957 *quater*; Troplong, n° 1368.

248. — Les art. 1444 et 1447 C. civ. ne concernent que les créanciers existant lors de la séparation, ou au moins lors de son exécution. — V. l'arrêt de Colmar ci-dessus. — *Contrà*, Toullier, t. 13, n° 74.

249. — Les créanciers postérieurs à l'exécution ne pourraient, même en exerçant les droits du mari, dans la supposition où celui-ci pourrait exciper des nullités commises en cette matière, attaquer la séparation comme prononcée et exécutée en fraude de leurs droits. — Même arrêt. — V., toutefois, Benoît et Chauveau, *ubi suprà*.

250. — Lorsque les formalités prescrites par les art. 1444 et 1445 C. civ. et 865 et suiv. C. proc. ont été observées, les créanciers qui veulent, conformément à l'art. 1447 précité, attaquer le jugement de séparation, par le motif qu'il a été prononcé ou exécuté en fraude de leurs droits, doivent agir par voie de la tierce opposition et non par voie de la simple opposition. — *Colmar*, ... août 1811, Wittmer c. Omayer; *Riom*, 27 mai 1819, Grenier c. Laboulaye. — Et ce, avant l'expiration de l'année pendant laquelle le jugement de séparation doit rester affiché conformément à l'art. 872 C. proc. — Même Code, art. 873. — Toullier, t. 13, n° 93; Rodière et Pont, n° 852; Odier, t. 1er, n° 390; Troplong, n° 1400.

251. — Sous l'ancienne jurisprudence, des créanciers ne pouvaient attaquer par la voie de la tierce opposition la séparation de biens prononcée par une sentence arbitrale, rendue en vertu d'un compromis passé entre les époux, après que cette séparation avait été légalement publiée et exécutée. — *Paris*, 10 vent. an XIII, Boisseuil c. Chalendray.

252. — L'art. 873 C. proc., qui n'accorde aux créanciers le droit de former tierce opposition au jugement de séparation de biens que pendant le délai d'un an, ne s'applique qu'au cas où il s'agit d'attaquer le jugement en lui-même, et non à celui où, sans en examiner le bien ou mal jugé, on se borne à en opposer la caducité résultant de l'inobservation des formalités légales. — *Bordeaux*, 22 janv. 1834, Piet c. Blondet; *Caen*, ... janv. 1846 (t. 1er 1846, p. 732), Henri c. Edet. — Toullier, t. 13, n° 94; Merlin, *Rép.*, v° *Séparation de biens*, sect. 2, n° 5, Battur, n° 643.

253. — ... Cet article est sans application, spécialement quand le jugement de séparation n'a pas été exécuté, ou a été exécuté incomplètement, dans la quinzaine. — Bellot des Minières, t. 2, p. 145.

254. — Dans ce cas, la nullité du jugement peut être proposée après le délai d'un an pendant lequel le jugement doit rester affiché conformément à l'art. 872 C. proc. — *Besançon*, 15 mai 1818, Maire; *Cass.*, 13 août 1818, Savoye c. Daire; *Bourges*, 15 févr. 1823, Guénot c. Billardon; et les arrêts de Caen et de Bordeaux, cités au n° 253. Duranton, t. 14, n° 443.

255. — Mais pendant quel temps l'action en nullité pour défaut d'exécution dans la quinzaine ou d'accomplissement des formalités requises peut-elle être reçue? — Merlin (*Rép.*, v° *Séparation de biens*, sect. 2, § 2, art. 2, n° 5 *in fine*) et Bellot des Minières (t. 2, p. 137) enseignent qu'elle est recevable *en tout temps*. — Ces mots *en tout temps* renferment quelque chose de trop général. Il importe de spécialiser davantage. Or, les actions en nullité sont prescriptibles de deux manières : par dix ans (C. civ., art. 1304), ou par trente ans (art. 2262). A laquelle de ces deux prescriptions l'action en nullité dont il s'agit doit-elle être soumise?

256. — Nous pensons que c'est à la prescription de trente ans; car l'art. 1304 C. civ. n'est relatif qu'aux demandes en nullité ou rescision d'une convention, et sa disposition limitative ne peut être étendue. — *Cass.*, 9 juill. 1828, Dublan-Delahet c. Baltus. — Benoît, t. 1er, n° 330; Zachariæ, t. 3, p. 477; Chauveau et Carré, quest. 2958; Troplong, n° 1370. — *Contrà*, Toullier, t. 13, n° 94.

257. — La nullité du jugement de séparation de biens, pour inaccomplissement de formalités ou défaut d'exécution dans la quinzaine, n'a pas besoin non plus d'être proposée *in limine litis*. — *Caen*, 15 juillet 1828, Bunot c. Barbey.

258. — C'est un moyen du fond qui peut être opposé à la femme en tout état de cause. — *Cass.*, 11 juin 1818, Delaroche c. Deshais et Bourguignolle.

259. — ... Et même pour la première fois en appel, lorsqu'elle n'a pas été proposée devant les premiers juges. — *Toulouse*, 7 févr. 1831, Baron c. Cazeaux. — Chauveau sur Carré, quest. 2957 *ter*.

260. — Jugé cependant que lorsqu'un jugement de séparation de biens est attaqué pour défaut d'exécution en temps utile, la nullité du procès-verbal de carence sur lequel se fonde cette exécution est tardivement proposée pour la première fois en appel. — *Amiens*, 25 nov. 1841 (t. 1er 1843, p. 496), Hangard.

261. — De même, la nullité d'un jugement de séparation de biens, fondée sur ce qu'il aurait été statué sur une procédure irrégulière est une fin de non-recevoir qui peut être proposée en tout état de cause, même après une défense au fond. — *Bordeaux*, 22 janv. 1834, Piet c. Blondet.

262. — Mais il nous semble qu'elle ne pourrait être aujourd'hui proposée à la barre par des conclusions verbales. — V. toutefois *Colmar*, 9 août 1814, Levy c. Hueber.

263. — La nullité pour irrégularité de l'exécution donnée à un jugement de séparation de biens peut aussi être couverte à l'égard des tiers qui, en ayant connaissance, ont donné pleine force à l'exécution du jugement. Les dispositions des art. 1444 et 1445 C. civ. et 872 C. proc. ne sont pas d'ordre public. — *Douai*, 19 août 1840 (t. 2 1840, p. 387), Petit-Divuy.

264. — Les créanciers se rendent également non recevables à opposer le défaut d'exécution s'ils ouvrent l'ordre sur le prix d'une vente faite par le mari à sa femme, et s'ils laissent écouler plus d'un an sans contester la qualité ou attaquer la sentence. — *Riom*, 22 avril 1822, Cohendi et Margota c. Sauret. — Zachariæ, t. 3, p. 477. — *Contrà*, *Toulouse*, 7 févr. 1831, Baron c. Cazeaux.

265. — Un acte d'appel du jugement de séparation couvre les nullités des actes d'exécution. — *Amiens*, 9 déc. 1825, Cottard.

266. — Mais l'opposition pure et simple formée à l'arrêt par défaut sur laquelle on oppose la nullité de la séparation de biens pour défaut d'exécution, ne peut avoir pour effet de couvrir cette nullité. — *Amiens*, 19 févr. 1824, Delalle.

267. — Lorsque les formalités, soit de publicité, soit d'exécution, ont été accomplies, le délai d'un an à compter du jour où le jugement de séparation de biens a été rendu, imparti aux créanciers par l'art. 873 C. proc. pour former tierce opposition à ce jugement, est de rigueur; ce délai passé, les créanciers ne sont plus recevables. — *Riom*, 13 juill. 1814, Estien c. Augultes et Escudier.

268. — Les syndics de la faillite du mari, quoique non appelés dans l'instance en séparation de biens, doivent aussi attaquer le jugement de séparation dans l'année. — *Bourges*, 24 mai 1826, Lafeta c. Creuset. — *Contrà*, Chauveau sur Carré, art. 873, quest. 2957 *sexiès*.

269. — Mais si, alors que toutes les formalités ont été ponctuellement observées et la séparation exécutée dans la quinzaine, les créanciers du mari découvraient, après l'expiration du délai d'un an, que la séparation obtenue a été le résultat d'un *dol* concerté entre la femme et son mari, ils ne devraient pas être non recevables à attaquer le jugement de séparation par la voie de tierce opposition. L'art. 873 C. pr. n'a pu modifier, pour ce cas, l'art. 1447 C. civ., qui ne fixe aucun délai pour l'admission du pourvoi qu'il autorise. La règle commune en matière de dol a conservé ici tout son empire. Ainsi les créanciers pourront, dans le cas de dol, se pourvoir pendant trente ans, à partir du jour où ils en auront eu connaissance, contre le jugement de séparation. — V., en ce sens, Carré et Chauveau, quest. 2959. — *Contrà*, Toullier, t. 13, n° 95; Bellot des Minières, t. 2, p. 138 et suiv., et p. 183.

270. — L'art. 1447 C. civ. confère aux créanciers du mari non-seulement le droit de se pourvoir contre le jugement même qui prononce la séparation; mais encore celui d'intervenir dans la liquidation à faire entre les parties en exécution de ce jugement, sans que cette intervention doive demeurer à leurs frais. — *Metz*, 1er avril 1819, Dubois de Riocourt c. Morin.

271. — Dès lors, si la liquidation des droits et reprises de la femme a eu lieu hors de leur présence; ils peuvent l'attaquer comme étant le résultat d'un concert frauduleux entre les époux ou comme renfermant des articles non suffisamment justifiés, encore bien que le jugement de séparation ne puisse être lui-même annulé. — *Bordeaux*, 29 août 1838 (t. 2 1838, p. 643), Gauthier c. Martial; *Bourges*, 12 févr. 1842 (t. 2 1842, p. 297), de Montferrand c. Bernard.

272. — Et, dans ce cas, la femme est recevable à faire la preuve par témoins à leur égard comme à l'égard de son mari de la consistance et de la valeur des meubles par elle apportés. — *Riom*, 2 févr. 1820, Lafon.

273. — Jugé que de simples présomptions non étayées de preuves ne suffisent point pour autoriser un créancier à critiquer l'acte de liquidation intervenu entre la femme de son débiteur et celui-ci après leur séparation de biens. — *Angers*, 17 juill. 1846 (t. 2 1848, p. 640), Perardel-Brochard c. Barré.

274. — ... Et que lorsque le jugement de séparation de biens portant liquidation des reprises de la femme est frappé de tierce opposition par les créanciers du mari, la femme peut former une demande supplémentaire des reprises qu'elle aurait omis de réclamer lors de ce jugement. — *Bordeaux*, 27 août 1847 (t. 1er 1848, p. 212), Lassou c. Mattet.

275. — Si les créanciers contestaient que la dot même eût été payée, la femme pourrait être tenue, suivant les circonstances, de justifier du paiement par des quittances encore bien qu'il se fût écoulé plus de dix ans depuis la célébration du mariage ou l'échéance des termes convenus pour le paiement. — *Riom*, 11 fév. 1815, Chazelon c. Monier.

276. — Mais dans quel délai les créanciers sont-ils tenus de se pourvoir contre la liquidation des droits et reprises de la femme, doivent-ils, à peine de déchéance, l'attaquer dans le même délai que celui dans lequel l'art. 873 du C. proc. leur prescrit d'attaquer le jugement même de séparation? A cet égard, deux hypothèses peuvent se présenter : ou le jugement même de séparation contient la liquidation des droits et reprises de la femme, ou cette liquidation est faite par un jugement postérieur.

277. — Lorsque la tierce opposition est dirigée seulement contre le chef du jugement qui liquide les droits et reprises de la femme, la question de savoir si la déchéance prononcée par l'art. 873 du C. proc. doit être appliquée est l'objet d'une vive controverse. — Pour l'affirmative, on dit que le législateur a voulu faire de la séparation de biens et de la liquidation un seul tout, dont il a circonscrit le commencement et le terme dans les mêmes délais, afin de ne pas laisser dans l'indécision la situation réciproque des époux. — V., en faveur de cette solution, *Colmar*, 31 août 1811, Wettmer c. Omayer; *Cass.*, 4 déc. 1815, Trésor c. Collin et Jalladon; *Dijon*, 6 août 1817, Michel c. Dumont; *Riom*, 26 déc. 1817, Dubois c. Jourda-Devaux et Mauret-Lachapelle; *Cass.*, 26 mars 1833, Tournilhon c. Thibert. — Benoît, t. 1er, n° 331; Duranton, t. 14, n° 413; Bellot des Minières, t. 2, p. 139 et suiv.; Chauveau sur Carré, quest. 2960; Toullier, t. 13, n° 36; Thomine-Desmazures, *Comm. C. proc.*, t. 2, n° 1002; Merlin, v° *Séparat. de biens*, sect. 2, § 3, n° 5.

278. — La négative se soutient en disant que l'art. 873 du C. proc. n'a fait exception au principe général qui accorde aux créanciers le délai de trente ans pour former tierce opposition aux jugemens qui préjudicient à leurs droits que pour le chef même du jugement qui prononce la séparation, et non pour la partie de ce jugement relative à la liquidation. Ces deux

parties du même jugement, dit-on, diffèrent essentiellement dans leur forme, leur substance et leurs effets. Ainsi, le jugement de séparation est rendu public; il concerne l'état des personnes, lequel ne peut rester longtemps incertain : tandis que la liquidation, étrangère à l'état des personnes, n'est assujettie à aucune formalité spéciale. D'après cette dernière opinion, qui nous paraît être la plus conforme à l'esprit de la loi, ce n'est donc que par la prescription de trente ans que les créanciers peuvent être déchus du droit d'attaquer le chef du jugement de séparation concernant les reprises de la femme. C'est en ce sens que la jurisprudence paraît se fixer. — *Rouen*, 12 mars 1817, Hébert c. Langlois; *Grenoble*, 24 mars 1827, Gérin c. Odier; 3 juill. 1828, Guillermy c. Volland; 8 juin 1829, Brun c. Marchand; *Toulouse*, 7 déc. 1832, Delpech c. Prévot de Saint-Cyr; *Cass.*, 11 nov. 1835, Bourdon c. Préaux et Donnet; 26 janv. 1836, Perrot c. Fradet; *Aix*, 7 déc. 1837 (t. 1er 1838, p. 304), Crépin-Aiguillon et Omar c. Pouleau; *Poitiers*, 18 juin 1838 (t. 2 1845, p. 383), Perrot c. Fradet; *Riom*, 9 juin 1845 (t. 2 1845, p. 384), Enjolras c. Joave. — Rodière et Pont, t. 2, n° 854; Odier, t. 1er, n° 390; Troplong, n° 1400; Zachariæ, t. 3, p. 474, et ses annotateurs, *ibid.*, note 16; Rodière, *Proc. civ.*, t. 3, p. 374; Massol, *Séparation de corps*, p. 141, *ad notam*.

279. — Ils conservent le droit de contester pendant trente ans les créances ou les hypothèques qu'un jugement de séparation aurait mal attribuées à la femme, alors surtout que celle-ci n'a point poursuivi l'exécution de la sentence de séparation dans la quinzaine, aux termes de l'art. 1444 du C. civ. — *Grenoble*, 6 juin 1817, Dusserre c. Ranc; 11 févr. 1819, Jars c. Bérard et Dalmas.

280. — A plus forte raison l'art 873 du C. proc. ne peut-il être appliqué lorsque la liquidation des droits et reprises de la femme a été faite par un jugement ou un acte, non rendu public, postérieur au jugement de séparation. Les créanciers sont recevables à attaquer cette liquidation quand on vient la leur opposer. — *Bordeaux*, 20 juin 1826 et 20 juin 1835, Ferchat c. Faure; *Paris*, 25 avril 1835, Barrois c. Vellut. — Toullier, t. 13, n° 87; Benoît, t. 1er, n° 332; Duranton, t. 14, n° 413; Bellot des Minières, t. 2, p. 144; Chauveau sur Carré, quest. 2960; Zachariæ, t. 3, p. 474, *in fine*; Troplong, *loc. cit.* — Toutefois, M. Duranton (*loc. cit.*) n'admet cette solution qu'autant que la liquidation postérieure au jugement de séparation n'aurait pas reçu la publicité voulue par l'art. 872; si, au contraire, cette publicité lui a été donnée, il déclare, mais à tort, le délai d'un an applicable.

281. — Ils ne sont pas tenus non plus à peine de déchéance, de se pourvoir dans le délai d'un an contre le jugement qui annule ou modifie la liquidation opérée par la sentence même de séparation. Le droit de tierce opposition n'est soumis en ce cas qu'à la prescription des actions ordinaires. — *Cass.*, 26 mars 1833, Tournilhon c. Thibert.

282. — Si la qualité des créanciers qui interviennent dans la liquidation des droits et reprises de la femme était contestée par celle-ci, le tribunal qui a prononcé la séparation de biens et ordonné la liquidation serait compétent pour statuer sur l'incident auquel donnerait lieu cette contestation. — *Cass.*, 5 janv. 1825, Levacher-Durelé c. de Saint-Denis.

283. — La faculté de former tierce opposition au jugement de séparation de biens est accordée aussi aux *acquéreurs* des immeubles du mari, troublés par l'hypothèque légale de la femme. Ils sont compris dans l'expression de *créanciers* employée par l'art. 1447 du C. civ. — *Agen*, 20 août 1824, Destat c. Bergougnan; *Aix*, 7 déc. 1837 (t. 1er 1838, p. 304), Crépin-Aiguillon et Omar c. Pouleau.

284. — On peut considérer comme une véritable tierce opposition à ce jugement, dans le sens de l'art. 873 du Code de procédure, l'opposition que forme l'acquéreur des biens d'un mari aux poursuites exercées contre lui par la femme du vendeur après séparation de biens, alors que cette opposition est motivée expressément sur la nullité du jugement de séparation. — *Cass.*, 28 août 1833, Brun c. Marchand.

285. — Le jugement de séparation de biens en attribuant à la femme le droit d'exercer ses reprises, met le tiers détenteur d'un immeuble du mari, grevé de l'hypothèque légale de la femme, en danger *présent* d'éviction. D'où il suit que ce tiers ne doit pas attendre pour former tierce opposition contre le jugement de séparation, qu'il ait été poursuivi hypothécairement par la femme. Il n'a pour agir que le délai d'un an accordé à tous les créanciers du mari par l'art. 873 du Code de procédure. — *Dijon*, 6 août 1817, Michel c. Dumont. — Bellot des Minières, t. 2, p. 146; Chauveau sur Carré, quest. 2957 *quinquiès*.

286. — Jugé au contraire que les tiers détenteurs des immeubles d'un mari poursuivis par la femme de celui-ci en vertu du jugement qui la déclare séparée de biens, et l'autorise à exercer ses reprises, peuvent attaquer ce jugement pendant trente ans, à moins qu'ils n'aient figuré dans un ordre où ils ont laissé colloquer la femme pour ses créances. — *Agen*, 19 août 1824, Chauvin c. Gélas; *Grenoble*, 28 nov. 1832, Mathieu c. Finet.

287. — Du reste, la limitation du délai de tierce opposition, telle qu'elle est établie par l'art. 873 du Code de procédure, ne peut être opposée aux créanciers (ou tiers détenteurs) qui ne sont pas intervenus dans l'instance en séparation de biens portée devant un tribunal autre que celui du domicile du mari; ces créanciers (ou tiers détenteurs) conservent au contraire une faculté indéfinie de tierce opposition contre le jugement de séparation ainsi rendu. — *Cass.*, 18 nov. 1835, Béchard c. Nicas.

288. — Enfin, il a été jugé que la séparation de biens ne donnait pas aux créanciers du mari le droit de demander la nullité des avantages qu'il aurait faits à sa femme par le contrat de mariage. — *Colmar*, 31 août 1811, Wittmer c. Omayer.

289. — Il a encore été jugé qu'une sentence du 14 mai 1778, qui a prononcé une séparation de biens, ne pouvait, après avoir été exécutée, être attaquée pour défaut d'inventaire ou par le motif que, depuis, la femme aurait contracté une obligation solidaire avec son mari sans prendre la qualité de femme séparée. — *Rennes*, 18 juin 1814, Dubot du Grego c. Bonté.

§ 6. — *Des effets du jugement de séparation de biens.*

290. — Les effets de la séparation de biens doivent être réglés par la loi en vigueur au moment où cette séparation est prononcée. — *Lyon*, 25 mars 1820, Samoel c. Centagneux; *Grenoble*, 22 juill. 1830, Arnaud c. Vial.

291. — Le principal effet que le Code civil attribue à la séparation de biens est de dissoudre la communauté (art. 1441), que la femme a la faculté d'accepter ou de répudier.

292. — La femme séparée de biens peut toujours, pourvu qu'elle ne se soit pas immiscée, renoncer à la communauté, quoiqu'elle n'ait pas fait inventaire. — *Rouen*, 10 juill. 1826, N...; *Grenoble*, 12 févr. 1830, Rostaing c. Eyme et Boncir.

293. — Réclamer ses hardes et meubles lors de la liquidation de ses droits, n'est pas un acte qui, de sa part, emporte immixtion. — V. l'arrêt de Rouen précité.

294. — Il a été jugé aussi que la femme séparée de biens qui avait diverti ou recélé quelques effets de la communauté, n'était point déchue du droit d'y renoncer; à elle ne s'applique pas l'art. 1460 C. civ. — *Toulouse*, 23 août 1827, Montaut c. Garnau.

295. — Nul temps précis n'étant marqué pour la renonciation à la communauté, cette renonciation faite après la demande, mais avant le jugement de séparation, est valable. — *Orléans*, 14 nov. 1817, de Tenre c. Basson; *Colmar*, 3 juill. 1846 (t. 1er 1847, p. 438), Nemis c. Bonef. — Chauveau, sur l'art. 874 C. proc. civ.

296. — Suivant Renusson (*De la communauté*, part. 1re, chap. 9, n° 4, p. 152), la femme devait être déclarée non recevable dans sa demande en séparation si, en même temps, elle ne déclarait pas renoncer à la communauté. — Mais cette opinion est repoussée par M. Troplong, n° 1391.

297. — La femme séparée de biens qui veut renoncer à la communauté doit faire sa renonciation au greffe du tribunal qui a été saisi de la demande en séparation. — C. proc., art. 874.

298. — Toutefois cette formalité n'est établie que dans l'intérêt des tiers, qui, seuls, peuvent se prévaloir de son inobservation; par conséquent, la femme et ses héritiers sont non recevables à demander la nullité de la renonciation faite d'une autre manière à l'effet de provoquer ultérieurement le partage de la communauté. — *Cass.*, 6 nov. 1827, Virot.

299. — En dissolvant la communauté, la séparation donne à la femme le droit de réclamer ses droits et reprises, quelles que soient ses conventions matrimoniales (*Grenoble*, 17 juin 1815, Bouquin c. Rabilloud), et lui rend la libre administration de ses biens. — C. civ., art. 1449, § 1er.

300. — Ce pouvoir d'administrer ses biens que le jugement de séparation confère à la femme, lui appartient aussi bien quand elle est mineure que lorsqu'elle est majeure. Car le mariage produit l'émancipation, et le mineur émancipé est capable des actes d'administration. — Vazeille, *Du mariage*, t. 2, n° 321.

301. — Ainsi la femme commune dont la séparation de biens a été prononcée, peut faire tous les actes de simple administration relatifs à son patrimoine : comme, par exemple, louer ou affermer ses immeubles pour une période de neuf ans, toucher ses revenus et généralement recevoir et poursuivre le remboursement de tous capitaux mobiliers et en donner quittance. — Toullier, t. 13, n° 106; Proudhon *De l'état des personnes*, édit. de 1842 revue par M. Valette, t. 1er, p. 461; Duranton, t. 14, nos 426 et 427; Benoît, t. 1er, n° 318; Zachariæ, t. 3, p. 480.

302. — L'art. 1449 porte aussi que la femme peut également disposer de son mobilier et l'aliéner. — C. civ., art. 1449, § 2.

303. — Jugé spécialement que la femme peut sans autorisation de son mari, aliéner des créances. — *Lyon*, 7 mai et 13 juin 1847 (t. 1er 1848, p. 118), Wileyko.

304. — ...Et qu'elle peut aliéner, sans autorisation de son mari ou de la justice, ses droits mobiliers dans une succession. — *Colmar*, 8 août 1820, Lewy c. Richert. — V. AUTORISATION DE FEMME MARIÉE, nos 495 et suiv.

305. — Toutefois, on aurait tort d'induire de la généralité des termes de l'art. 1449 précité, comme on l'a fait quelquefois, que la femme séparée de biens puisse indéfiniment, pour quelque cause que ce soit, sans l'autorisation de son mari ou de justice, aliéner son mobilier ou s'obliger jusqu'à concurrence de la valeur de ce mobilier et des revenus de ses immeubles. — *Cass.*, 16 mars 1813, Cisterne c. Blatin; *Rennes*, 23 déc. 1813, Bonté; *Cass.*, 18 mai 1819, Bréard c. Goulay de Labrière; *Poitiers*, 19 août 1824, Quintard c. Chappard; *Paris*, 23 août 1825, Delannoy c. Bourgoin; *Besançon*, 31 janv. 1827, Faivre c. Martin; *Paris*, 3 mars 1832, Dosset c. Fay. — L'art. 1449 C. civ. doit être restreint dans de justes limites. Le législateur n'a pu en effet, par cet article, conférer à la femme séparée le pouvoir de faire des emprunts illimités et de contracter des obligations qui pourraient opérer sa ruine ou la plonger dans un état de gêne indéterminé. Les obligations qu'elle contracte sans l'autorisation de son mari ne doivent donc être valables qu'autant qu'elles ont eu pour objet l'administration et une sage administration, de ses biens, ou de pourvoir aux besoins de la famille. — *Nîmes*, 4 juill. 1823, Charve c. Gilly; *Grenoble*, 14 juin 1825, Durand c. Ballefin; *Cass.*, 12 fév. 1828, Belonde c. Delabrière; 18 mars 1828, Chambon et Gilbert c. Vallade; 5 mai 1829, Charve c. Fabre et Lisbonne; 7 déc. 1829, Roux c. Siot de Saint-Pol; 7 déc. 1830, Charve c. Lisbonne; *Grenoble*, 13 déc. 1831, Blanc-Duclos c. Rolland; *Nancy*, 1[illegible] juin 1842 (t. 2 1842, p. 651), Sibylle c. Creuzat. — Vazeille, *Du mariage*, t. 2, n° 318.

306. — M. Troplong (n° 1410) enseigne aussi que cette liberté qui lui est laissée ne porte nulle atteinte au droit commun écrit dans l'art. 217 C. civ. (V. AUTORISATION DE FEMME MARIÉE), et qu'elle doit être entendue en ce sens qu'il s'agit uniquement des aliénations de mobilier qui portent le caractère d'actes d'administration et non de celles dont le caractère est plus grave pour la femme et qui sont le résultat d'engagemens personnels non autorisés par le mari.

307. — Jugé également que la capacité de s'engager, sans l'autorisation de son mari, accordée à la femme séparée de biens par l'art. 234 de la coutume de Paris, était restreinte aux actes portant avec eux la preuve qu'ils n'étaient que des actes d'administration : tels que baux, transports, délégations de revenus, arrêtés de mémoires, de fournitures et ouvrages. — *Paris*, [illegible] mai 1810, Honnet c. Durfort; *Cass.*, 29 déc. 1817, Vente c. de Courcy. — Mais ce dernier arrêt est conçu en termes moins explicites que le précédent.

308. — La femme qui, mariée en pays de droit écrit, n'avait que des biens paraphernaux, et qui, depuis le Code civil, a été séparée judiciairement de corps et de biens, ne peut pas davantage, sans l'autorisation de son mari, souscrire des obligations qui excéderaient les bornes des actes d'administration. — *Aix*, 25 juin 1824, Charve c. Vigne.

309. — Si la femme séparée de biens est marchande publique, elle peut, au contraire, s'obliger sur ses biens mobiliers pour une certaine somme, relativement à son commerce, sans l'autorisation de son mari ni de la justice. — *Paris*, 7 déc. 1824, Derivière c. Ledat.

310. — Mais, hors ce cas, toute obligation contractée par la femme séparée de biens, sans l'autorisation de son mari, au delà des limites de l'administration de ses biens, pour une cause étrangère à cette administration, doit être déclarée nulle, quelque modique qu'en soit l'objet comparativement à ses revenus; elle ne peut donc être exécutée même seulement jusqu'à concurrence de son mobilier. — *Paris*, 2 mai 1810, Hon... c. Durfort; 7 août 1820, Goulay Delabrière c. Bréard; 1er juin 1824, Desnoyers c. Dubuisson; *Rouen*, 18 nov. 1825, Delabrière c. Bellonde; *Montpellier*, 11 juill. 1826, Nombel et Germain c. ...roy. — Toullier, t. 13, n° 106; Duranton, t. 14, ...; Zachariæ, t. 3, p. 482, et ses annotateurs, ..., note 54; Marcadé, *Explication du Code civil*, ..., p. 264 (sur l'art. 219); Valette, *Observat.* sur Proudhon: *De l'état des personnes*, édit. de 1843, t. ..., p. 463.

311. — Une obligation nulle en ce qu'elle a été souscrite par une femme séparée de biens, sans le consentement de son mari, ne peut même être validée par l'approbation donnée postérieurement par le mari, alors surtout que la ratification a eu lieu sans le concours et au préjudice de la femme. — *Cass.*, 12 fév. 1828, Bellonde c. Delabrière.

312. — La femme séparée de biens ne pouvant s'obliger de toute autre manière que par des actes d'administration, il en résulte qu'elle ne peut, sans autorisation, accepter un mandat pour les affaires d'un tiers. Un tel acte, en effet, outre qu'il est étranger à l'administration de ses biens, serait d'ailleurs, pour elle, du plus grand danger, en ce qu'il pourrait l'exposer à se charger de ...lles fort considérables dont il lui aurait été impossible d'apercevoir toute l'importance. — Valette, *Observat.* sur Proudhon, t. 1er, p. 463.

313. — ... Ni accepter une succession. — Proudhon, t. 1er, p. 456; Zachariæ, t. 3, p. 484.

314. — Lorsqu'une obligation contractée par la femme séparée, sans l'autorisation de son mari, excède les limites d'une administration raisonnable, les tribunaux, au lieu de l'annuler, peuvent seulement la réduire. — *Nancy*, 10 juin 1842 (t. 2 1842, p. 651), Sibylle c. Creuzat.

315. — ... Encore bien que la femme ait, pour sûreté de cette obligation, consenti une hypothèque sur ses biens; car la nullité de l'hypothèque ne saurait entraîner la nullité de l'obligation pour le tout. — *Rennes*, 26 juin 1812, Boisorhan c. Bazerque.

316. — La preuve que l'obligation excède la simple administration peut résulter non-seulement du rapprochement de cette obligation avec le montant des revenus de la femme, mais encore de ce que, dans peu d'années, la femme aurait souscrit un grand nombre d'autres obligations dont la masse excéderait de beaucoup ses revenus annuels. — *Aix*, 25 juin 1824, Charve c. ...igne.

317. — A défaut d'autres renseignemens, les tribunaux peuvent admettre la preuve par témoins des faits tendant à établir que la femme séparée de biens a excédé la quotité pour laquelle elle pouvait s'obliger. — *Rennes*, 26 juin 1812, Boisorhan c. Bazerque.

318. — La question de savoir si l'obligation souscrite par une femme séparée constitue un acte de sage administration rentre d'ailleurs dans le domaine exclusif des tribunaux, et l'arrêt qui décide en fait cette question échappe à la censure de la Cour de cassation. — *Cass.*, 18 mars 1839, Chambon et Gilbert c. Vallade; 21 août 1839 (t. 2 1839, p. 204), de Feuchères c. Mojon.

319. — Ainsi le fait, par une femme séparée de biens, d'avoir donné, sans l'autorisation de son mari, un capital à rente viagère, a pu être considéré comme un acte de pure administration, n'excédant pas les facultés qui lui ont été légalement conférées. — *Paris*, 17 mai 1824, et 17 mai 1824, Baron c. Dufort. — En effet, dit M. Troplong (n° 1422), si le contrat à rente viagère renferme une aliénation de capital, comme la rente reçue en échange peut lui procurer le bien-être et l'aisance, on ne saurait dire qu'elle se dépouille, qu'elle perd: « Elle remplace une valeur par une autre; elle place son argent; elle administre sa fortune; il est juste de lui laisser une certaine latitude. »

320. — Il en est de même de l'obligation contractée par une femme séparée de biens de payer à son médecin et à ses enfans une somme annuelle de 10,000 fr. à la charge par celui-ci de lui donner, pendant toute sa vie et en tel lieu qu'il lui plaira de résider, les soins de son art, encore bien que dans les 10,000 fr. promis 5,000 aient été affectés à la femme du médecin pour l'éducation de la nièce de l'obligée. — *Cass.*, 21 août 1839 (t. 2 1839, p. 204), de Feuchères.

321. — Mais l'arrêt qui valide une obligation de la femme séparée de biens comme souscrite dans les limites d'une simple administration doit positivement, sous peine d'être cassé, déclarer ce fait, alors même que des circonstances de la cause on pourrait induire que l'obligation n'avait rien d'excessif eu égard aux revenus de la femme. — *Cass.*, 5 mai 1829, Charve c. Fabre et Lisbonne.

322. — Jugé, cependant, que la femme séparée de biens qui a déjà cédé les fermages de ses domaines ne peut, sans l'autorisation de son mari ou de justice, en faire une nouvelle cession, avec promesse d'en garantir le paiement; et que l'arrêt qui valide une pareille obligation doit être cassé, encore qu'il déclare en fait que l'obligation est mobilière et purement relative à l'administration des biens. — *Cass.*, 3 janv. 1831, Charve c. Lisbonne.

323. — Lorsque la vente d'un immeuble dotal a été faite par une femme séparée de biens judiciairement, et qu'elle est annulée faute d'autorisation de justice; la femme ne doit pas une garantie à l'acquéreur sur les revenus de sa dot, lors même qu'elle s'y serait soumise dans le contrat de vente. Cette obligation excède les bornes d'une administration. — *Riom*, 26 avr. 1827, Berthonnet c. Roux-Pertel.

324. — L'art. 1449 C. civ. autorisant la femme séparée de biens à faire divers actes, notamment à aliéner son mobilier, sans l'autorisation de son mari, si elle est mariée sous le régime de la communauté, ou si elle est mariée sous le régime dotal, son mobilier paraphernal et la portion des revenus de ses biens dotaux excédant les besoins du ménage, rien n'empêche, dans le cas où elle abuserait du droit que la loi lui a rendu, qu'elle ne puisse être interdite ou pourvue d'un conseil judiciaire. — *Montpellier*, 14 déc. 1841 (t. 2 1842, p. 333), D... c. L....

325. — Si, après la séparation de corps ou de biens, le mari retenait les titres des biens appartenant à sa femme et la mettait, par là, dans l'impossibilité de jouir de ses revenus, il pourrait être condamné envers elle à des dommages-intérêts. — *Angers*, 30 août 1809, Dubois.

326. — Le jugement qui prononce la séparation de biens autorise suffisamment la femme à faire un commerce distinct et séparé de celui de son mari, et à devenir ainsi propriétaire du mobilier fruit de ses économies et de son commerce. Il y a lieu d'appliquer, dans ce cas, la règle: En fait de meubles, possession vaut titre. En conséquence, par suite de cette présomption légale de propriété, est nulle la saisie-exécution pratiquée par un créancier du mari sur ce mobilier, déposé dans les lieux dont la femme est locataire, à moins que le créancier ne prouve qu'il y a eu dol ou fraude. — *Caen*, 4 déc. 1844 (t. 1er 1845, p. 468), Brunon c. Vauquelin.

327. — Le droit accordé à la femme séparée de biens de jouir et de disposer de ses revenus est cependant soumis à une restriction fondée sur ce que la séparation de biens laisse intacts le mariage et les droits et obligations respectifs des époux. Cette restriction résulte de l'art. 1448 C. civ., et consiste dans l'obligation imposée à la femme séparée de biens de contribuer proportionnellement à ses facultés et à celles de son mari aux dépenses du ménage et aux frais d'éducation des enfans communs. — *Cass.*, 26 févr. 1834, Charpentier c. Buisson.

328. — Mais, par l'art. 1448 précité, le législateur n'a point entendu autoriser implicitement les juges à attribuer au mari une administration partielle des biens de la femme. Le mari a seulement le droit de faire fixer par le tribunal la somme pour laquelle la femme devra contribuer. — *Bordeaux*, 27 avr. 1831, Guyonnet.

329. — Cette somme doit être fixée d'après l'appréciation des facultés de la femme, faite dans la supposition qu'elle habite le domicile commun bien que, en réalité, elle vive séparée de son mari. — *Paris*, 4 avr. 1835, Duchesne.

330. — Il a été décidé, au contraire, que, lorsque la femme a quitté le domicile conjugal, la contribution aux charges du ménage ne doit lui être imposée qu'à dater du jour de sa rentrée à ce domicile. — *Rennes*, 30 janv. 1816, Bellingant.

331. — Dans le cas où il ne reste aucune fortune au mari, la femme doit supporter entièrement les frais du ménage. — C. civ., art. 1448.

332. — Jugé, par application de ce principe, que l'obligation pour alimens et frais d'éducation des enfans étant commune aux deux époux, la femme séparée de biens est tenue, comme obligée solidaire, de les acquitter pour la totalité en cas d'insolvabilité de son mari survenue depuis. — *Grenoble*, 28 janv. 1836, Tourette c. Mallet; *Paris*, 13 juin 1836, Buisson c. Chatel.

333. — Et l'exécution de cette obligation peut être poursuivie non-seulement par le mari, mais encore par les tiers. — *Paris*, 21 avr. 1830, Montholon c. Angot. — Troplong, n° 1440.

334. — Cependant M. Troplong (n° 1439 et suiv.) semble n'admettre ce principe qu'autant que la femme reste dispensatrice de sa part contributive; autrement, et si la femme remettait sa part contributive au mari, il pense que c'est contre le mari que les tiers auraient action: « Si le mari fait emploi, dit-il, lui seul est débiteur. »

335. — Quant aux fournitures alimentaires faites à des époux avant leur séparation de biens, comme elles sont une charge de la communauté, elles ne peuvent être réclamées contre la femme renonçante, sous le prétexte qu'elles lui ont profité. — *Paris*, 21 avr. 1830, Montholon c. Angot.

336. — Le mari peut-il demander que la part contributoire de la femme dans les charges du ménage soit versée entre ses mains? Oui, en principe, parce qu'il continue à être le chef du ménage. — Merlin, *Rép.*, v° *Séparation de biens*, sect. 2, § 5, n° 8; Benoît, t. 1er, n° 323; Bellot des Minières, t. 2, p. 149; Zachariæ, t. 3, p. 480; Troplong, n° 1435.

337. — Mais il en est autrement s'il y a lieu de craindre qu'il ne la détourne de sa destination. — *Paris*, 5 août 1807, Montmorency; *Cass.*, 28 juill. 1808, mêmes parties; 6 mai 1835, Lechevallier. — Troplong, *loc. cit.*; Odier, n° 401; Chardon, *Puiss. marit.*, n° 337; Rodière et Pont, t. 2, n° 875.

338. — Spécialement, lorsque le mari est sans moyens d'existence et hors d'état de fournir à la femme une habitation et ce qui est nécessaire aux besoins de la vie; l'arrêt qui prononce la séparation de biens pour cause de mauvaise gestion de la part du mari peut attribuer à la femme l'administration de ses biens, en se bornant à la condamner à payer au mari une pension annuelle pour subvenir à ses besoins personnels. — V. l'arrêt de *Cass.* précité du 6 mai 1835.

339. — C'est ce qui a lieu lorsque le mari n'a qu'une habitation indigne de la femme, et mettant obstacle au ménage commun. « Alors, dit M. Troplong (n° 1436), l'obligation de contribuer au ménage se transforme en une obligation de payer au mari une pension alimentaire proportionnée à ses besoins et, cette pension soldée, la femme est quitte envers lui. C'est elle seule qui paie directement l'éducation de ses enfans et toutes ses dépenses personnelles. »

340. — Si le mari appréhendait que la femme ne dissipât ses revenus et ne pût pas fournir sa part contributoire aux dépenses communes, il ne pourrait exiger d'elle une caution (*Riom*, 5 fév. 1821, Maurin. — Benoît, t. 1er, n° 324), ni la forcer de déposer à la Caisse des consignations, ou de placer les capitaux nécessaires pour produire annuellement les intérêts égaux au montant de sa contribution. — *Poitiers*, 17 févr. 1842 (t. 1er 1842, p. 223), Jamet. — La loi ne veut pas, en effet, d'autres garanties de cette contribution que l'obligation personnelle de la femme et sa bonne foi. — Troplong, n° 1438; Odier, n° 400; Delvincourt, t. 2, p. 111, note 8.

341. — S'il s'était écoulé un laps de temps considérable depuis la séparation, la femme ne pourrait être contrainte, pour établir sa contribution, de justifier de quittances de libération. — *Paris*, 2 mess. an XI, Nicolaï.

342. — Lorsque les époux sont unis en second mariage, la séparation de biens entraîne extinction, pour chacun d'eux, de l'obligation de fournir des alimens aux enfans du premier lit de son conjoint. Chacun d'eux doit seul, sur ses biens séparés, subvenir à leurs besoins. Mais si les secours de l'un deviennent insuffisans, par suite de l'assistance qu'il porte à ses enfans, il peut en réclamer de son conjoint. — Vazeille, *Du mariage*, t. 2, n° 497. — V. cependant Bellot des Minières, t. 2, p. 149.

343. — Ce n'est, comme nous l'avons vu, que sur les revenus de la femme que peut être exécutée l'obligation que lui impose l'art. 1448 de contribuer aux dépenses du ménage. Néanmoins le jugement que les tiers obtiennent, après la mort du mari, relativement à ces dépenses contre la femme séparée, sont susceptibles de conférer hypothèque sur ses immeubles. — *Besançon*, 31 janv. 1827, Faivre c. Martin.

344. — Lorsque, après la séparation de biens, la femme a laissé à son mari la jouissance de ses biens, elle est censée lui avoir abandonné ses revenus: pour l'aider à soutenir les charges du mariage, surtout si c'est effectivement lui qui les

a supportées seul. — *Bordeaux*, 26 janv. 1831, Deyme c. Dufau.

345. — Dans ce cas, les tiers qui ont payé entre les mains du mari les intérêts des capitaux par eux dus à la femme sont valablement libérés. Ils peuvent invoquer contre la femme ou ses héritiers les quittances du mari, bien qu'elles n'aient pas date certaine : si d'ailleurs il n'est pas établi qu'il y ait eu fraude. — *Bourges*, 8 mai 1841 (t. 1er 1842, p. 696), Mathieu c. Rigny.

346. — Il a été jugé que la femme qui a fait prononcer sa séparation de biens ne peut, même à l'égard des créanciers du mari, répéter les intérêts de ses reprises matrimoniales, lorsqu'elle a toujours habité avec son mari : ces intérêts devant être compensés avec la dépense faite dans la maison maritale. — *Riom*, 11 fév. 1815, Chazelon c. Monier.

347. — ... Mais que le mari est tenu, envers la femme ou ses héritiers, à la représentation des fruits existans, lorsqu'il en est fait la demande. L'art. 1539 C. civ. concernant la séparation de biens conventionnelle est également applicable à la séparation de biens judiciaire. — *Bourges*, 15 juill. 1829, Bayvet; *Bordeaux*, 26 janv. 1831, Deyme. — Zachariæ, t. 3, p. 481.

348. — Jugé aussi que les héritiers de la femme séparée qui réclament du mari la restitution des revenus qu'il aurait touchés du consentement de la femme doivent prouver que ces revenus n'ont pas été consommés pendant le mariage. — *Bourges*, 8 mai 1841 (t. 1er 1842, p. 696), Mathieu c. Rigny.

349. — Jugé néanmoins que lorsque la femme séparée de biens est tenue de contribuer aux charges du ménage, cette contribution, n'étant pas liquide, ne peut être compensée avec les intérêts liquides de la dot qui doit être restituée à la femme. — Ces mêmes intérêts de la dot destinés à fournir des alimens pour lesquels la femme a été autorisée à aliéner même une partie du capital de sa dot, ne peuvent pas non plus être compensés avec la dette contractée par la femme pendant le mariage. — *Bordeaux*, 1er févr. 1845 (t. 2 1845, p. 189), Chassain c. Luzier-Lamothe.

350. — M. Troplong, examinant cette question de compensation, dit que le système consacré par l'arrêt du 11 février 1815 serait bon si on savait à quoi s'en tenir sur la quote-part de la femme dans les dépenses du ménage ; mais, ajoute-t-il, quand rien n'est connu ni arrêté, la compensation est impossible. — La Cour de Bordeaux (arrêt 1er février 1845 précité) paraît donc avoir pris le parti le plus légal.

351. — Nous avons dit précédemment que la séparation de biens ne dissolvait pas le lien conjugal. D'où il suit que la femme en faveur de laquelle cette séparation a été prononcée n'est point affranchie de l'obligation de demeurer avec son mari. — Vazeille, *Du mariage*, t. 2, n° 294 ; Toullier, t. 13, n° 109 ; Merlin, *Rép.*, v° *Séparation de biens*, sect. 2, § 5, n° 7 ; Bellot des Minières, t. 2, p. 148 ; Chauveau sur Carré, quest. 2942 *bis*.

352. — Elle doit le suivre partout où il lui plaît de résider. — *Colmar*, 12 juill. 1806, Bertsch.

353. — Et le mari peut l'y contraindre en faisant saisir ses revenus. — *Colmar*, 10 juill. 1833, X....

354. — Cependant la femme séparée de biens pourrait être dispensée d'habiter avec son mari, s'il ne lui offrait pas une demeure convenable et décente. — *Rouen*, 21 nov. 1812, Largillères. — Chauveau, *ubi suprà*. — V. MARIAGE.

355. — La femme demeurant, malgré la séparation de biens, soumise à la puissance maritale, continue à avoir besoin de l'autorisation de son mari ou de celle de la justice pour les actes que les femmes mariées sont, en général, incapables de faire sans autorisation.

356. — Ainsi elle ne peut, sans autorisation, ni disposer entre-vifs à titre gratuit de tout ou partie de son mobilier (C. civ., art. 905), ni accepter une donation entre-vifs (art. 217). — Duranton, t. 14, n° 425 ; Zachariæ, t. 3, p. 484, et ses annotateurs, *ibid.*, note 56.

357. — ... Ni ester en justice (C. civ., art. 215), quand même l'action qu'elle voudrait intenter ou qui serait dirigée contre elle aurait pour objet ses revenus, qu'elle est autorisée à toucher, ou des capitaux mobiliers dont elle a le droit de poursuivre le remboursement. — Zachariæ, *ubi suprà*. — V., toutefois, Merlin, *Rép.*, v° *Séparation de biens*, sect. 2, § 5, n° 10. — V. aussi AUTORISATION DE FEMME MARIÉE.

358. — Elle ne peut, sans autorisation de son mari ou de justice, former une demande en nullité d'une adjudication par surenchère d'un acquêt de la communauté. — *Rennes*, 24 nov. 1819, Pougeolle c. Roullier.

SÉPARATION DE BIENS, § 6.

359. — ... Ni, au commencement des plaidoiries, demander une autorisation de justice, sans avoir rempli les formalités prescrites par l'art. 861 du Code de procédure. — Même arrêt.

360. — Elle ne peut, sans la même autorisation, interjeter appel. — *Rennes*, 2 juill. 1819, Dacosta ; 17 nov. 1819, Pougeolle c. Lamarselle. — Duranton, t. 2, n° 459.

361. — ... Ni se désister d'un appel ou transiger sur une contestation concernant ses biens dotaux. — *Cass.*, 12 févr. 1828, Belloncle c. Delabrière.

362. — ... Ni acquiescer à un jugement. — *Paris*, 16 mars 1839 (t. 1er 1839, p. 447), Alléon.

363. — L'autorisation à l'effet d'acquiescer à un jugement qui déclare valables les offres de sa dot à elle faites par son mari ne résulte pas de l'autorisation de justice qui lui a été donnée dès l'origine du procès en séparation pour la poursuite de ses droits. — Même arrêt.

364. — Mais la femme séparée de biens qui a été autorisée à poursuivre la liquidation de ses droits et reprises peut, par suite de cette première autorisation, se présenter à l'ordre ouvert sur son mari tombé en déconfiture. — *Colmar*, 3 avril 1816, Erhard.

365. — Jugé aussi, d'un autre côté, que la femme séparée de biens, et qui, dès lors, a l'administration de ses biens, peut valablement compromettre, relativement à cette administration, sans l'autorisation de son mari. — *Caen*, 28 août 1845 (t. 2 1848, p. 22), Pellecat c. Guérard. — Carré, quest. 3232 ; Boitard, *Leçons de procéd.*, t. 3, p. 410 ; Bellot des Minières, *De l'arbitrage*, t. 1er, p. 87. — V., cependant, Chauveau sur Carré, *loc. cit.* ; Thomines-Desmazures, t. 2, nos 1007 et 1207 ; Rodière, *Proc. civ.*, t. 3, p. 7 ; Bioche, *Dict. de procéd.* (3e édit.), v° *Arbitrage*, n° 43. — V. COMPROMIS.

366. — Jugé que la femme séparée de biens ne peut valablement contracter un emprunt, sans l'autorisation de son mari ou de justice, à moins que cet emprunt n'ait pour cause l'administration de ses biens. — *Caen*, 6 mars 1844 (t. 2 1845, p. 585), Catherine c. Lemarinier.

367. — La femme séparée de biens qui n'a point été autorisée à accepter une succession ne peut valablement céder, sans autorisation, les droits successifs à elle échus, alors même qu'il serait constant que la succession est purement mobilière. — *Paris*, 9 mai 1844 (t. 1er 1844, p. 778), Foulley c. Valley.

368. — Mais la femme séparée de biens qui, après avoir accepté une succession, sans l'autorisation de son mari, a concouru à tous les actes et procédures faits entre les cohéritiers, se disant autorisée de justice, et a, depuis, reçu de son mari une autorisation en vertu de laquelle elle a continué de procéder, ne peut, devant la Cour, au moment des répliques, demander l'annulation de toutes les procédures, actes et partages auxquels elle a concouru en soutenant n'avoir jamais été autorisée de justice. — *Rennes*, 6 juill. 1820, Marcel c. Gauchet.

369. — Sous la coutume de Paris, en matière personnelle, la signification faite à la femme séparée de biens était valable, encore qu'elle n'eût pas été faite en même temps au mari. — *Paris*, 8 févr. 1808, Giard c. Basmarin.

370. — Au contraire, sous le Code civil et le Code de procédure, en matière mobilière comme en matière immobilière, lorsque des significations sont faites au mari et à la femme séparés de biens, procédant en justice, la femme en son nom personnel, et le mari pour l'autoriser, il doit, pour la validité de ces significations, leur être laissé à chacun d'eux une copie séparée de l'exploit. Il ne suffirait pas qu'ils fussent assignés tous les deux conjointement par un même exploit. — *Cass.*, 7 sept. 1808, Berthier c. Villemenant ; *Rennes*, 13 févr. 1808, Pougeolle c. Lamarzelle ; *Nancy*, 7 juin 1833, Chapelot c. Pierre. — V., toutefois, *Paris*, 13 juill. 1811, Gentil c. Beaugé ; *Bordeaux*, 1er août 1834, Dubreuilh c. Gourgues.

371. — Dans tous les cas, des époux communs en biens, à l'époque de l'aliénation qu'ils ont faite confusément de leurs propres, et qui, depuis, ont été séparés de biens, ne peuvent arguer de nullité l'exploit d'offres réelles faites par l'un des acquéreurs, sous prétexte qu'il ne leur a été donné qu'une copie de cet exploit, lorsqu'ils n'ont pas notifié à cet acquéreur le jugement de séparation de biens. — *Paris*, 16 mai 1816, Porlier c. Portefin.

372. — Si l'action intentée par la femme séparée de biens était nulle pour défaut d'autorisation, la mort du mari, survenue depuis, ne pourrait avoir pour effet de la valider. — *Cass.*,

SÉPARATION DE BIENS, § 6.

11 juin 1818, Delaroche c. Deshais et Bourguignolle.

373. — Enfin, il a été jugé que la séparation de biens ne donnait point à la femme qualité pour proposer une fin de non-recevoir sur un appel relevé seulement contre son mari. — *Rennes*, 12 déc. 1817, Troguendi c. Banté.

374. — La femme séparée de biens a besoin de l'autorisation de son mari ou de justice non-seulement pour procéder en jugement, mais encore pour contracter une société commerciale. La société commerciale qu'elle contracte sans autorisation, est radicalement nulle. En conséquence les sommes par elle versées doivent lui être intégralement restituées ; et les coïntéressés dans cette association sont tenus de cette restitution solidairement et par corps. — *Paris*, 19 janv. 1838 (t. 1er 1838, p. 173), Tory c. Poissant et Bulos.

375. — Jugé, en ce sens, qu'un acte d'ouverture de crédit n'est point un des actes d'administration qu'aux termes de l'art. 1449 C. civ. la femme séparée de biens puisse faire sans l'autorisation de son mari. — Un pareil acte est également nul en ce qu'il aurait pour objet de constituer marchande publique la femme qui n'a point été autorisée à faire le commerce. — *Paris*, 29 déc. 1847 (t. 1er 1848, p. 365), Deschamps c. Debarambure.

376. — La femme séparée de biens ne peut également sans autorisation de son mari ou de justice hypothéquer ses immeubles (Toullier, t. 13, n° 107 ; Bellot des Minières, t. 4, p. 106), ni les aliéner. — C. civ., art. 1449, § 3.

377. — Dans l'intervalle de la publication du Code civil au Code de commerce, une femme marchande publique, séparée de biens, a pu cependant vendre sans autorisation les immeubles qu'elle avait acquis des bénéfices de son commerce. — *Cass.*, 8 sept. 1814, Montanier c. Bassier.

378. — On peut, au reste, sur les autorisations nécessaires à la femme séparée de biens, soit pour contracter, soit pour ester en justice, consulter le mot AUTORISATION DE FEMME MARIÉE.

379. — Lorsque la femme s'est fait autoriser par justice à aliéner ses immeubles, le mari n'est point garant du défaut d'emploi ou de remploi du prix ; à moins qu'il n'ait concouru au contrat ou qu'il ne soit prouvé que les deniers ont été reçus par lui, ou ont tourné à son profit. Il est garant du défaut d'emploi ou de remploi, si la vente a été faite en sa présence et de son consentement ; il ne l'est point de l'utilité de cet emploi. — C. civ., art. 1450.

380. — Si le mari est responsable du défaut d'emploi ou de remploi du prix lorsque l'aliénation a été faite en sa présence et de son consentement, c'est qu'en pareil cas le mari est présumé avoir reçu les deniers provenant de la vente. Mais la même supposition peut-elle avoir lieu quand il n'a fait que donner son consentement, et que la femme a reçu les capitaux des mains des acquéreurs ? Le consentement seul du mari à l'aliénation ne suffirait-il pas pour motiver l'application de l'art. 1450 du Code civil ? Bellot des Minières (t. 2, p. 156 et suiv.) exige la double condition de la présence du mari à l'acte et de son consentement. — V. aussi Duranton, t. 14, n° 429. — Mais M. Troplong (n° 1447) pense qu'il suffit de l'autorisation donnée par le mari à sa femme, pour engager sa responsabilité envers elle : cette autorisation supposant à la fois sa présence et son consentement. — V. aussi Rodière et Pont, n° 804. — M. Troplong cite, comme rendu en ce sens, un arrêt de la Cour de cassation du 1er mai 1848.

381. — Mais M. Troplong (n° 1448) pense qu'à l'égard de l'acheteur de l'immeuble propre de la femme, la simple autorisation du mari ne suffit pas pour le rendre garant de la vente.

382. — Quand la femme, au lieu de vendre, donne un immeuble et que le mari concourt à cette libéralité par son autorisation et son consentement, il n'est garant d'aucun remploi ou emploi. — Suivant la règle « Ce qui a été donné n'est pas sujet à remploi. » — Troplong, n° 1449.

383. — M. Troplong (n° 1451) enseigne que pour faire cesser la présomption écrite dans l'art. 1450, le mari n'a qu'un moyen, c'est de justifier d'un emploi ou d'un remploi ; mais qu'il ne peut, comme le pense M. Benech (*De l'emploi et du remploi*, n° 148), être admis à prouver qu'il n'a pas reçu les deniers de la vente et qu'il n'en a pas profité.

384. — D'où il suit, dit-il, que le mari peut s'opposer à ce que la femme reçoive les fonds sans en faire emploi. — Induct. de *Poitiers*, 28 fév. 1834, Maudineau.

385. — Ce n'est que lorsque le mari ayant perçu

les deniers a fait lui-même le placement qu'il en est responsable, tant que sa femme ne l'a pas agréé; mais dès que la femme s'est rendu le placement propre par son adhésion et son consentement, le mari est déchargé de toute responsabilité. — Troplong, n° 1453.

386. — M. Troplong pense que l'art. 1450 est applicable au cas de séparation contractuelle, comme à celui de séparation judiciaire. — *Contrà*, *Toulouse*, 15 mai 1844, Deffès c. Besse. — Odier, n° 989 et suiv.

387. — Il doit en être de même, selon M. Troplong (n° 1458), dans le cas où après la séparation de biens, la femme vend son immeuble dotal avec l'autorisation et le consentement de son mari. — Ou bien encore en cas de vente par la femme et le mari d'un bien paraphernal. — Troplong, n°s 1459 et suiv.

388. — L'art. 1449-§ 3, qui, comme nous l'avons vu, autorise la femme séparée de biens à aliéner ses immeubles avec le consentement du mari ou l'autorisation de justice, ne s'applique qu'au cas où il s'agit d'immeubles personnels à la femme mariée sous le régime de la communauté, ou d'immeubles extradotaux appartenant à une femme mariée sous le régime dotal. La faculté d'aliéner que cet article accorde à la femme séparée de biens ne s'étend donc pas aux immeubles dotaux. Ces immeubles conservent, nonobstant la séparation, leur nature de dotalité, et restent soumis à la disposition de l'art. 1554 C. civ., qui les déclare inaliénables, sauf les exceptions portées par les art. suivans. — *Aix*, 18 févr. 1813, Mouret; *Grenoble*, 3 juin 1818, Trollier c. Escoffier et Allier; *Rouen*, 25 juin 1818, Delamarre c. Turmolle; *Cass.*, 19 août 1819, mêmes parties; 9 nov. 1826, Duroux c. Chaumeil; 26 fév. 1834, Charpentier c. Buisson. — Vazeille, *Du mariage*, t. 2, n° 319; Benoît, t. 1er, n° 319. — *Contrà*, *Nîmes*, 23 avr. 1812, Madinier c. Dupeloux.

389. — Il a été décidé cependant que la femme pouvait être autorisée à aliéner le fonds dotal pour payer les frais de la séparation et de la liquidation de ses droits. — *Caen*, 6 juill. 1842 (t. 1er 1843, p. 245), Vallée. — Néanmoins, cette aliénation ne paraît nécessaire que lorsque le mari ne possède rien. Car s'il a des immeubles, les dépens faits pour parvenir à la séparation de biens étant des accessoires qui doivent être colloqués au même rang que les créances dotales et extradotales (*Riom*, 5 févr. 1821, Maurin), la femme trouvera facilement à emprunter pour subvenir aux frais de la séparation. — V. toutefois *Rouen*, 29 fév. 1840 (t. 1er 1840, p. 538), Drivrac c. Pufray.

390. — Hors le cas dont il vient d'être question, lorsque l'immeuble dotal a été aliéné, la femme séparée de biens est recevable à en demander la nullité. — *Bordeaux*, 22 nov. 1832, Benquarel c. Casse.

391. — ...Et à revendiquer son immeuble, encore bien que l'aliénation ait été faite par elle conjointement avec son mari. — *Grenoble*, 3 juin 1818, Trollier c. Escoffier et Allier; *Bordeaux*, 9 nov. 1839 (t. 1er 1839, p. 384), Durand et de Bryas c. Rouhier.

392. — La femme séparée de biens en vertu d'un jugement émané d'un tribunal de France a pu réclamer les effets de cette séparation dans les Pays-Bas et contre des Belges, aux fins de faire annuler une vente consentie par le mari postérieurement au jugement qui prononce la séparation de biens. — *Bruxelles*, 16 mars 1825, de B....

393. — La femme séparée de biens ne peut même renoncer à l'action en nullité et en revendication que lui donne la loi pour se faire colloquer dans l'ordre ouvert sur les biens de son mari, pour le prix de l'immeuble dotal aliéné. — *Grenoble*, 3 juill. 1828, Guillermy c. Volland; *Montpellier*, 7 janv. 1831, Bestien c. Espinas.

394. — ...Ce qui exclut, par conséquent, la possibilité, de sa part, de ratifier la vente de cet immeuble. — *Bordeaux*, 26 févr. 1835, P... c. Bonnefond.

395. — Jugé encore que la femme ne peut, après sa séparation de biens, poursuivre le remboursement du prix de ses immeubles dotaux aliénés par son mari; autrement, ce serait la priver du droit qui lui appartient, et qu'elle ne peut exercer que lors de la dissolution du mariage, d'opter entre l'action en revendication de ses immeubles dotaux et l'action hypothécaire sur les biens de son mari à raison de la vente desdits immeubles. — *Riom*, 6 déc. 1848 (t. 1er 1849, p. 628), Chouvier c. Chanès. — V. DOT.

396. — Lorsque l'aliénation de l'immeuble dotal résulte d'une adjudication prononcée à la suite de la saisie de cet immeuble, la femme qui veut attaquer cette adjudication doit se conformer aux règles prescrites par la loi sur la saisie immobilière et notamment à celles relatives au délai dans lequel doivent être proposés les moyens de nullité contre ladite saisie. Ainsi elle ne peut demander la nullité de l'adjudication, lorsqu'elle n'a proposé auparavant aucun moyen de nullité. — *Rouen*, 14 nov. 1840 (t. 1er 1841, p. 265), Buisson c. Lange.

397. — Si le contrat de mariage confère au mari l'autorisation de vendre le bien dotal, à charge de remploi; cette autorisation n'est point révoquée par le jugement de séparation de biens, alors surtout qu'il n'y a été suivi d'aucune exécution. — *Riom*, 28 avr. 1824, Didier c. Chomeil.

398. — Dans ce cas, la femme séparée de biens a, pour le remploi de ses immeubles qui ont été aliénés, soit avant la séparation de biens, soit depuis, et dont le prix n'a pas été remployé, une hypothèque légale sur tous les biens de son mari. — *Bordeaux*, 28 mai 1830, Desforges c. Furt. — Merlin, *Quest. de droit*, v° *Remploi*, § 9, n° 2.

399. — Si elle faisait porter limitativement son inscription sur l'un des immeubles seulement de son mari, elle serait réputée avoir renoncé, par là même, à toute hypothèque sur les autres biens de ce dernier. — *Aix*, 1er févr. 1811, Gazan c. Martin.

400. — Lorsque le mari, contrairement à un jugement de séparation de biens, n'a pas restitué en nature les effets mobiliers estimés au contrat de mariage, avec déclaration que l'estimation n'en vaut pas vente, la femme conserve une hypothèque légale sur les biens de son mari pour le prix de ces effets suivant leur estimation. — *Aix*, 22 nov. 1836, Morand.

401. — Jugé que, après la séparation de biens et la liquidation des reprises de la femme, l'acquéreur d'un immeuble du mari pouvait, pour obtenir la mainlevée de l'hypothèque légale de la femme de son vendeur, opposer l'extinction, par voie d'imputation, des droits de celle-ci antérieurs à son acquisition, avec les dettes que la liquidation a reconnues être à la charge de cette femme. — *Amiens*, 18 janv. 1840 (t. 2 1841, p. 469), Gardez c. Droy.

402. — Mais, indépendamment de l'action hypothécaire sur les biens de son mari ou en paiement du prix contre l'acquéreur, la femme séparée de biens, dont les immeubles dotaux ont été aliénés sans remploi, a de plus, contre les tiers acquéreurs de ses immeubles, une action en révocation ou en nullité de la vente, qu'elle peut exercer, sans être tenue d'épuiser, au préalable, l'action hypothécaire. — *Bordeaux*, 28 mai 1830, Desforges c. Furt; *Limoges*, 21 août 1840 (t. 2 1840, p. 763), Taucheport c. Dumonteil et Leyman. — Merlin, *ubi suprà*. — *Contrà*, *Grenoble*, 17 déc. 1835, Delaloy c. Clapisson.

403. — Elle peut intenter cette action, en révocation ou en nullité, encore bien que les acquéreurs déclarent tenir le prix à sa disposition et offrent de le verser, si elle fait un remploi valable. — V. l'arrêt de *Limoges* précité et Merlin, *ibid.*

404. — Décidé, aussi, que la circonstance que, depuis le jugement qui a prononcé la séparation de biens et ordonné la liquidation des reprises de la femme contre son mari, il a été passé des actes ayant pour objet de valider des ventes d'immeubles dotaux, antérieurement faites par le mari, ne saurait constituer une exception de chose jugée contre la demande en annulation desdites ventes, formée par la femme, pour défaut de remploi du prix de l'aliénation. — *Cass.*, 12 mai 1840 (t. 2 1840, p. 153), Arragon et Cure c. de Montlogis.

405. — Sous l'empire des lois romaines, la femme séparée de biens judiciairement n'avait qu'un délai de dix ans, à partir de l'acte d'aliénation par elle fait postérieurement à sa séparation, pour former sa demande en *désistat* du fonds dotal qu'elle avait vendu. — *Cass.*, 24 mai 1824, Dupuy c. Flandin.

406. — C'est dans le même délai que la femme normande séparée de biens doit exercer l'action révocatoire des aliénations faites sous le Code civil, sans avis de parens ou autorité de justice. — *Caen*, 17 juill. 1823, Vaumousse c. Deslogettes.

407. — Le Code civil, en attribuant à la séparation de biens l'effet de rendre l'immeuble dotal prescriptible (art. 1561), n'a pas déterminé la durée de la prescription. Dans ce silence de la loi, doit-on considérer cette prescription comme devant s'accomplir seulement par le laps de trente années, qui est la durée ordinaire des actions réelles et personnelles (article 2262), ou bien par le laps de dix ans conformément à l'art. 1304 C. civ.? — V., à cet égard, v° DOT, n°s 817 et suiv.

408. — La Cour de cassation a décidé que l'action en nullité de la vente d'un immeuble dotal, ouverte au profit de la femme par l'article 1560 du Code civil, se prescrit par dix ans, conformément à l'art. 1304, et non par trente ans, et que cette prescription commence à courir seulement du jour de la dissolution du mariage, et non du jour du contrat, alors même que, la vente ayant été faite par la femme après la séparation de biens, et sans l'autorisation maritale, l'action qu'elle intenterait ne serait pas de nature à réfléchir contre son mari. — *Cass.*, 1er mars 1847 (t. 1er 1847, p. 382), Gervais c. Cadot. — V. le mot DOT, *loc. cit.*

409. — L'art. 1561 C. civ., qui déclare les biens dotaux de la femme prescriptibles après la séparation de biens, ne s'applique pas à l'action en nullité ou en rescision spécifiée par l'art. 1304, mais à la prescription résultant de la possession ou d'un titre non émané de la femme elle-même. — *Cass.*, 1er mars 1847 (t. 1er 1847, p. 382), Gervais c. Cadot.

410. — L'art. 1449, § 1er, C. civ., en rendant à la femme séparée de biens la libre administration de sa fortune, lui a donné la faculté de recevoir et de poursuivre contre les tiers le remboursement de ses capitaux mobiliers et dotaux, faculté qu'elle n'avait pas auparavant (*Colmar*, 26 décembre 1826, Worms c. Lange et Bruckert), sans qu'elle ait besoin de requérir contre eux un jugement particulier de condamnation, ni d'obtenir l'autorisation de son mari ou de justice. — *Grenoble*, 20 mars 1816, Bernard c. Castanet; *Riom*, 10 févr. 1830, Bariole; *Nîmes*, 12 juill. 1831, Latourfondue c. Giscard; *Bourges*, 25 févr. et 25 août 1840 (t. 2 1840, p. 654), Garsault c. Delorme, Petit-Jean c. Beguin.

411. — Si les tiers débiteurs des deniers mobiliers et dotaux de la femme séparée de biens étaient en même temps créanciers du mari, ils ne pourraient, pour arrêter les poursuites en recouvrement exercées par la femme, la forcer d'accepter en déduction ou compensation de sa dot les sommes dont ils seraient débiteurs. — *Bordeaux*, 9 janv. 1839 (t. 1er 1839, p. 384), Durand et de Bryas c. Rouhier.

412. — Il a été décidé cependant que les intérêts des dettes contractées par la femme avec l'autorisation du mari antérieurement à la séparation de biens étant une charge du mariage et les revenus n'étant attribués au mari que pour subvenir à cette nature de charge, le paiement de ces intérêts devait être imputé, non sur le prix principal des biens dotaux, mais sur les intérêts de ce prix qui pouvaient être encore dus par l'acquéreur. — *Cass.*, 14 févr. 1843 (t. 1er 1843, p. 607), Berne.

413. — De ce que la femme séparée de biens n'a besoin d'aucune autorisation pour poursuivre le recouvrement de sa dot mobilière, il s'ensuit qu'elle peut également, en exerçant son hypothèque légale, former, sans autorisation, contre le tiers détenteur, une surenchère sur un immeuble aliéné par son mari. — V. l'arrêt de *Bourges* précité du 25 août 1840 (t. 2 1840, p. 564), Petit-Jean c. Beguin.

414. — La femme séparée qui reçoit des capitaux est-elle tenue d'en faire emploi? — Non, si elle est mariée sous le régime de la communauté. — Troplong, n° 1424.

415. — Mais la femme dotale séparée de biens, capable de toucher le montant de sa dot mobilière, peut-elle en disposer librement, comme elle peut, aux termes de l'art. 1449, § 2, C. civ., aliéner son mobilier, lorsqu'elle est mariée sous le régime de la communauté? Non : comme les immeubles dotaux, la dot mobilière conserve, en effet, nonobstant la séparation de biens, son caractère d'inaliénabilité. Constituée pour aider à supporter les charges du mariage, la jouissance en a été acquise au mari et aux enfans dès le jour de ce mariage; et le législateur n'eût pu, sans commettre une grave inconséquence, autoriser l'extension à ce cas de l'art. 1449, § 2. On ne doit donc pas conclure, pour la forme, du droit de reprendre la dot, au droit de l'aliéner. — *Grenoble*, 2 mars, 1819, N...; *Nîmes*, 21 juin 1821, Bassayet c. Auquier. — Solon, *Théorie sur les nullités de droit*, t. 1er, n° 112; Bellot des Minières, t. 4, p. 237; Benoît, t. 1er, n° 319; Vazeille, *Du mariage*, t. 2, n° 320.

416. — La dot mobilière étant inaliénable même après la séparation de biens, on s'est demandé si la femme peut obtenir le remboursement sans être tenue de faire emploi ou de fournir caution. — V., dans le sens de la négative, *Montpellier*, 22 juin 1819, Romain; 24 mai 1823, Arnaud c. Fraissinet; *Paris*, 14 août 1821, Ducayla; *Aix*, 6 déc.

1822, Peyreferry-Chabas; *Rouen*, 11 avril 1825, de Cairon; *Limoges*, 1er sept. 1834, Cacatte c. Marcoul de Loute; 29 nov. 1831, Second c. Nozeran. — Solon et Vazeille, *ubi suprà*; Benoît, t. 1er, no 321.

417. — Mais la jurisprudence paraît fixée en ce sens que la femme mariée sous le régime dotal, qui a obtenu la séparation de biens, peut exiger et recevoir le remboursement de sa dot mobilière, sans être tenue d'en faire emploi ou de donner caution. — *Toulouse*, 21 août 1811, Deffès c. Roubichon et Goffres; *Grenoble*, 29 mars 1816, Bernard c. Castanet; *Riom*, 5 févr. 1821, Maurin; *Caen*, 4 juill. 1821, de Guernon; *Riom*, 5 juin 1822, Jugé c. Vivier; 10 févr. 1830, Bariol; *Grenoble*, 22 juill. 1830, Arnaud c. Vial; *Bordeaux*, 19 juin 1834, Massé c. Bouton; 8 avril 1835, Clauzel c. Seignan; *Caen*, 9 déc. 1836 (t. 1er 1837, p. 452), Vincent; *Cass.*, 23 déc. 1839 (t. 1er 1840, p. 64), Buisson c. Mutel-Cavelan; *Nîmes*, 14 juill. 1840 (t. 2 1840, p. 548), Pradel, Barthelmi; *Cass.*, 11 avr. 1842 (t. 1er 1843, p. 630), Baloffet; *Rouen*, 7 juill. 1842 (t. 2 1842, p. 376), Banque de Rouen c. Rouland; *Paris*, 25 févr. 1843 (t. 1er 1843, p. 630), Salles c. Caisse des consignations. — Merlin, *Quest. de droit*, vo *Remploi*, § 10; Toullier, t. 14, nos 176 et suiv.; Duranton, t. 15, nos 455 et 488; Bellot des Minières, t. 4, p. 145 et 433; Troplong, no 1423.

418. — ... Alors surtout que les capitaux mobiliers, faisant partie de sa dot, qu'elle est appelée à toucher, représentent des meubles et effets mobiliers à son usage. — V. l'arrêt de *Caen* précité du 9 déc. 1836 (t. 1er 1837, p. 452), Vincent.

419. — ... A moins cependant qu'elle n'y ait été assujettie par le jugement de séparation. — Arg. de l'arrêt de *Riom* du 5 juin 1822, Jugé c. Vivier.

420. — ... Ou que le mari n'y ait été lui-même formellement astreint par le contrat de mariage; auquel cas le détenteur des biens hypothéqués à la sûreté des sommes dotales, doit, lorsqu'il rembourse ces sommes, surveiller l'emploi sous peine de payer deux fois. — *Cass.*, 23 déc. 1839 (t. 1er 1840, p. 64), Buisson c. Mutel-Cavelan. — Troplong, no 1428; Rodière et Pont, no 430. — V. cependant *Grenoble*, 28 févr. 1832, Macaire c. Vassieux. — Benech, *Emploi et remploi*, nos 2, 5 et 6.

421. — Mais il a été décidé que la condition imposée au mari, dans un testament fait en faveur de sa femme, de ne pouvoir toucher les sommes léguées qu'au moyen d'emploi ou d'hypothèques, n'était pas obligatoire pour la femme séparée de biens; qu'en conséquence les débiteurs du legs qui avaient payé à la femme étaient valablement déchargés. — *Grenoble*, 8 avr. 1835, Bresson c. Boutaud.

422. — Pour justifier ce dernier système, celui d'après lequel la femme séparée de biens peut toucher le montant de sa dot mobilière sans remploi ni caution, on dit qu'il n'y a pas, dans cette remise des valeurs mobilières dotales à la disposition de la femme, aliénation du fonds dotal. — *Nîmes*, 14 juill. 1840 (t. 2 1840, p. 548), Barthelmi. — Cela est vrai, si l'on entend parler d'une aliénation directe du fonds dotal. Mais maîtresse absolue de ces valeurs, la femme ne pourrait-elle pas les dissiper et éluder ainsi le but de la loi? — Il importe, dans l'intérêt du mari et des enfans, comme dans celui de la femme elle-même, de veiller à ce que la dot soit toujours intacte. Or quel moyen plus efficace peut-on exiger que de soumettre la femme à en faire remploi ou à donner caution?

423. — La Cour de Limoges a jugé que la femme dotale qui a obtenu la séparation de biens ne peut toucher sa dot mobilière sans fournir hypothèque ou sûreté suffisante, bien que le contrat de mariage n'ait soumis le mari à aucune condition d'emploi ou de remploi; lorsque, du reste, au jour du mariage le mari possédait des immeubles libres d'une valeur supérieure à la constitution dotale de la future, lesquels ont été affectés à la restitution de la dot. — ... Et qu'en pareil cas les tribunaux peuvent décider, par interprétation de l'intention des contractans, que, la dot n'ayant été délivrée au mari qu'en considération des garanties que présentaient ses biens personnels, la femme, si elle veut, après la séparation, toucher sa dot, doit offrir les mêmes moyens de conservation que ceux qui existaient à l'époque du mariage. — *Limoges*, 14 juill. 1847 (t. 1er 1848, p. 75), Doumand c. Masgnaux.

424. — Comme on le voit, cet arrêt réduit la question bien moins à un point de droit qu'à un point de fait ou d'intention et telle était, au reste, la solution qui résultait déjà des motifs d'un arrêt de la même Cour du 1er sept. 1834 (Carcatte). Ainsi, lorsqu'en 1834 elle décida que la femme dotale devait être soumise à des garanties, bien que le contrat de mariage fût muet sur l'obligation d'emploi ou de remploi de la part du mari, la Cour de Limoges se fonda, en partie, sur ce qu'il résultait de l'ensemble de cet acte que le père de la future n'avait pas voulu confier la dot au mari de sa fille; qu'il en avait fait remise au père de ce dernier, qui lui présentait plus de garanties que son fils; et que, dès lors, dispenser la femme de l'obligation d'emploi, ce serait méconnaître les intentions du père de famille. Aujourd'hui c'est en se fondant sur des motifs de même nature, que la Cour, malgré le silence du contrat de mariage, astreint la femme à fournir des sûretés. — V. cependant les motifs de l'arrêt de cassation du 23 déc. 1839 précité (t. 1er 1840, p. 64, Buisson c. Mutel-Cavelan), desquels il résulte que la condition de fournir caution ou de faire emploi en biens immeubles ou autrement doit être écrite au contrat de mariage et ne se supplée pas.

425. — Le jugement qui en prononçant la séparation de biens entre deux époux autorise la femme mariée sous le régime dotal à contraindre par toutes les voies de droit son mari au paiement de ses reprises, met obstacle à ce que ce dernier demande plus tard, et alors que ce jugement a acquis l'autorité de la chose jugée, que la femme ne puisse toucher sa dot mobilière qu'à la condition de remploi. — *Cass.*, 11 avr. 1842 et *Paris* (1re espèce), 25 févr. 1843 (t. 1er 1843, p. 630), Baloffet.

426. — Lorsque dans un contrat de mariage par lequel les époux se sont soumis au régime dotal il a été stipulé que « le futur pourrait recevoir les capitaux ou valeurs de toute nature qui appartiendraient à la future épouse, à charge d'en fournir le remploi, soit en immeubles, soit en placemens au profit de ladite future, *sans que les débiteurs aient à s'immiscer dans l'emploi*, les quittances du futur époux devant les libérer valablement; » la femme qui a obtenu sa séparation de biens a qualité pour toucher seule les capitaux qui lui appartiennent, sans que les débiteurs de ces capitaux puissent exiger qu'elle en fasse emploi. — *Caen*, 18 juill. 1848 (t. 1er 1849, p. 646), Vincent c. Legrip.

427. — Dans le système qui exige l'emploi, on décide que le remploi est valablement effectué par des prêts hypothécaires sur des actions du canal des deux mers. — *Toulouse*, 13 août 1812, Fajole.

428. — ... Mais non en rentes sur l'Etat. — *Toulouse*, 19 mai 1824, Boyer-Fonfrède.

429. — Du reste l'inaliénabilité de la dot souffre exception, dans le cas où les meubles dont elle se compose sont affectés par privilége au paiement des loyers. Le propriétaire peut alors les faire saisir et vendre pour obtenir le paiement de ses loyers. — *Paris*, 2 juin 1831, Buisson c. Leroy.

430. — L'inaliénabilité de la dot s'étend-elle d'une manière absolue aux intérêts ou aux revenus des deniers ou des immeubles dotaux?

431. — Il paraît reconnu en principe que les fruits et revenus des immeubles dotaux échus depuis la séparation de biens participent de l'inaliénabilité des immeubles mêmes, et que, dès lors, ces fruits et revenus ne peuvent être saisis, même partiellement, pour l'exécution des obligations contractées par la femme antérieurement à la séparation, alors même qu'ils seraient plus que suffisans pour l'entretien du ménage. — *Cass.*, 11 févr. 1846 (t. 1er 1846, p. 542), Moutier c. Motte; *Rennes*, 9 juin 1847 (t. 2 1847, p. 337), mêmes parties.

432. — Jugé encore que la femme ne peut pas plus aliéner ses revenus dotaux avant sa séparation de biens que les biens dotaux eux-mêmes. — Dès lors, les revenus de la dot ne peuvent, après la prononciation de ladite séparation, être affectés, pour aucune partie, à l'exécution d'obligations que la femme aurait contractées antérieurement, alors même que ces revenus dépasseraient les besoins de la famille. — *Caen*, 22 déc. 1845 (t. 1er 1846, p. 763), Jouis c. Durantel et Lainé-Courville.

433. — ... Et que l'obligation contractée par la femme mariée sous le régime dotal avec constitution de tous biens présens et à venir, et avant sa séparation de biens, quoique valable en elle-même, ne peut être exécutée ni sur lesdits biens frappés ainsi d'inaliénabilité, ni sur les fruits et revenus qui n'en sont que l'accessoire. — Il en est ainsi même pour la portion de ces revenus excédant les besoins du ménage, et alors qu'ils seraient échus depuis la séparation de biens. — *Caen*, 26 mars 1845 (t. 1er 1847, p. 638), Philippe c. Féret.

434. — ... Qu'en admettant que les fruits et revenus dotaux, échus depuis la séparation de biens, puissent être saisis, pour l'exécution des obligations contractées par la femme postérieurement à la séparation, sauf la portion des revenus nécessaire à l'entretien du ménage, il n'en est point de même pour les obligations contractées antérieurement à la séparation. Dans ce cas, les fruits et revenus sont inaliénables comme le fonds dotal lui-même. — *Paris*, 3 mars 1849 (t. 1er 1849, p. 570), Dugabé c. de Villemur.

435. — Par un autre arrêt, la Cour de cassation a posé en principe que si les fruits et revenus des immeubles dotaux échus depuis la séparation de biens peuvent être saisis pour l'exécution des obligations contractées par la femme postérieurement à cette séparation, sauf néanmoins la portion nécessaire à l'entretien du ménage, il n'en est pas de même lorsque les obligations ont été contractées par la femme antérieurement à la séparation. Dans ce cas, ces fruits et revenus ne peuvent être frappés d'aucune saisie, même partielle. — *Cass.*, 4 nov. 1846 (t. 2 1846, p. 628), Moutier c. Motte.

436. — Cette décision, par laquelle la Cour a débouté le défendeur en cassation de son opposition à un précédent arrêt par défaut du 11 févr. 1846 (V. *suprà* no 431), diffère de ce dernier arrêt en ce qu'elle pose en principe la saisissabilité des fruits échus depuis la séparation de biens, lorsque la cause de la saisie est elle-même *postérieure* à la séparation. Or, ce principe, admis par un arrêt de la Cour de cassation du 26 févr. 1834 (Charpentier c. Buisson), qui fait seulement réserve, comme celui du 4 nov. 1846, pour la portion de revenus nécessaire au ménage (V. aussi *Paris*, 14 févr. 1832, Buisson c. Charpentier), paraissait repoussé par un arrêt postérieur du 1er déc. 1834 (Mourellon c. Bouland).

437. — Voici, au reste, quels sont, sur cette dernière question, les élémens fournis par la jurisprudence : Divers arrêts ont jugé que l'obligation régulièrement contractée par la femme séparée de biens donne à ses créanciers le droit de poursuivre leur paiement non-seulement sur son mobilier, mais encore, si elle est séparée de biens, sur les revenus de ses biens dotaux et les intérêts de ses sommes dotales. — *Riom*, 12 juill. 1821, Tartière c. Amigon; *Cass.*, 9 avr. 1823, Cibiel c. Lacombe; *Grenoble*, 24 déc. 1828, Potaillier c. Bontoux. — Benoît, t. 1er, no 322; Bellot des Minières, t. 2, p. 131. — V., cependant, *Agen*, 15 janv. 1824, Girard c. Cassassoles; *Cass.*, 1er déc. 1834, Mourellon c. Bouland.

438. — Mais on a pensé également qu'en ce qui concerne l'exercice des droits des créanciers qui ont la femme séparée de biens pour obligée, on doit, eu égard à la destination légale des revenus du fonds dotal ou des intérêts des deniers dotaux, distinguer entre la portion de ces revenus et intérêts qui est nécessaire pour faire face aux besoins du ménage, à l'éducation des enfans communs, et celle qui excède ces besoins. Car la portion des revenus et intérêts qui est indispensable à la subsistance de la famille est frappée de la même inaliénabilité que le fonds dotal ou les deniers dotaux. Ce n'est que la seconde portion qui, seule, est aliénable et peut être soumise à l'action des créanciers porteurs d'une obligation consentie par la femme séparée de biens, ou d'un jugement de condamnation solidaire obtenu contre elle et son mari, et être l'objet d'une saisie pratiquée à leur requête. — *Grenoble*, 14 juin 1825, Durand c. Balleflin; *Cass.*, 26 févr. 1834, Charpentier c. Buisson; *Bordeaux*, 21 août 1835, et 12 avr. 1836, Dunoguès c. Guéraud; *Limoges*, 16 févr. 1839 (t. 1er 1839, p. 604), Ganet c. Monbelet; *Cass.*, 3 juin 1839 (t. 1er 1839, p. 601), Ribard c. Lefebvre; 6 janv. 1840 (t. 1er 1840, p. 26), Fougeul c. Truchy-Grenier; *Lyon*, 4 juin 1841 (t. 2 1841, p. 613), Pirony c. Martin. — Bellot des Minières, t. 2, p. 131.

439. — Jugé aussi que, si tous les revenus et intérêts qui ont été frappés d'une saisie sont nécessaires pour subvenir aux dépenses du ménage, on doit les déclarer inaliénables, et décider que nulle saisie n'a pu les atteindre ni les détourner de leur destination. — V., outre l'arrrêt de *Limoges* précité du 16 févr. 1839, *Paris*, 10 janv. 1842 (t. 1er 1842, p. 115), Brigville c. Duplessis.

440. — La question de savoir si tout ou partie des revenus dotaux est ou non nécessaire à la subsistance de la famille et, dès lors, jusqu'à quelles limites peuvent être étendus les effets de l'aliénation ou de la saisie, rentre dans l'appréciation absolue et exclusive des juges du fond. — V. les arrêts de *Cass.* des 3 juin 1839 et 6 janv. 1840, et de *Paris* du 10 janv. 1842, cités aux numéros 438 et 439.

441. — V., au reste, sur cette question, vo *Dot*, nos 550 et suiv., 565 et suiv. — On peut également, pour plus amples détails sur les droits de la

femme séparée de biens, en ce qui concerne la disposition de ses biens dotaux, consulter le mot dot.

442. — Le mobilier abandonné par le mari à sa femme, après la séparation de biens, pour la remplir de ses reprises dotales, est essentiellement et absolument dotal. Il ne peut, dès lors, être saisi par les créanciers de la femme. — *Rouen*, 18 nov. 1846 (t. 2 1847, p. 632), Vieillot c. Golle. — V., sur le point de savoir si l'immeuble cédé par le mari à la femme, après séparation de biens, en paiement de sa dot mobilière, est dotal, et s'il peut être saisi par les créanciers de la femme, DOT, nos 58 et suiv., et *Grenoble*, 1er juill. 1846 (t. 1er 1847, p. 742), Gatercrod c. Grobord.

443. — Il nous reste à examiner quels sont les effets de la séparation de biens relativement aux droits de survie stipulés par le contrat de mariage au profit de la femme.

444. — A l'égard de la femme mariée sous la coutume normande, la séparation de biens prononcée sous le Code civil suffit pour donner ouverture au douaire établi en sa faveur. — V. COUTUME DE NORMANDIE et FEMME NORMANDE.

445. — Mais pour les femmes mariées sous l'empire du Code civil, les droits de survie ne s'ouvrent qu'à la mort du mari. L'art. 1452 du Code civil est en effet ainsi conçu : « La dissolution de communauté opérée par le divorce ou par la séparation soit de corps et de biens, soit de biens seulement, ne donne pas ouverture aux droits de survie de la femme; mais celle-ci conserve la faculté de les exercer lors de la mort naturelle ou civile de son mari. »

446. — Jugé que, néanmoins, la femme peut, en vertu de cet article, en cas de vente des immeubles du mari, se faire colloquer pour la conservation de ses droits de survie, bien qu'éventuels. — *Metz*, 18 juill. 1820, Morin c. Dubois de Riocourt.

447. — Jugé qu'en cas de séparation de biens il y a lieu de porter au crédit de la femme le gain de survie stipulé en sa faveur, sauf à ne le lui allouer qu'éventuellement. — *Bordeaux*, 27 août 1847 (t. 1er 1848, p. 212), Lassou c. Masset. — Conf. sous la jurisprudence du Parlement de Bordeaux. — *Bordeaux*, 9 juill. 1841 (t. 1er 1842, p. 18), Milhe c. Véron. — V. GAINS DE SURVIE.

448. — M. Troplong est également d'avis que la femme peut prendre des mesures conservatoires pour sûreté de ses gains de survie (no 1486). — V. aussi Rodière et Pont, t. 2, no 903.

449. — Décidé, au contraire, que la femme séparée de biens n'a pas le droit d'exiger caution de son mari, pour sûreté de ses gains de survie éventuels. — *Metz*, 9 févr. 1811, Levy.

450. — En admettant que le mari puisse conférer à sa femme un gage pour sûreté de ses gains de survie, au moins est-il certain qu'une pareille convention n'est valable qu'autant que les choses comprises dans le gage demeurent, jusqu'à l'ouverture des gains de survie, la propriété du mari. — En conséquence, s'il a été convenu entre le mari et la femme qu'une somme d'argent provenant des deniers personnels du mari serait placée en nue propriété au nom de la femme, pour garantie des droits de survie de celle-ci, et que le mari se bornerait à en percevoir les intérêts pendant sa vie; une telle convention étant nulle comme portant atteinte aux droits de propriété du mari, l'arrêt qui lui donne force et exécution doit être cassé comme violant l'art. 1452 du Code civil. — ... Une pareille convention n'est pas rendue valable par la séparation de biens prononcée au profit de la femme, cette séparation ne donnant pas ouverture aux gains de survie. — *Cass.*, 18 mars 1846 (t. 1er 1846, p. 529), de Monestrol. — V. aussi Troplong, *loc. cit.*

451. — Jugé que la femme qui a obtenu sa séparation de biens est fondée à faire figurer dans ses reprises la valeur d'arbres coupés par son mari sur un fonds à elle propre, lorsque ces arbres, susceptibles d'être convertis en madriers, étaient, comme futaie, en dehors du droit d'usufruit de celui-ci. — *Bordeaux*, 27 août 1847 (t. 1er 1848, p. 212), Gassou c. Mallet. — V. COMMUNAUTÉ, nos 183 et suiv., 748 et suiv., 795.

452. — Bien que l'art. 1452 du Code civil ne parle que du gain de survie de la femme, il est certain qu'il est applicable au cas où il s'agit du gain de survie du mari. — Troplong, no 1482; Rodière et Pont, no 904.

453. — Si le contrat de mariage portait que le préciput stipulé au profit de la femme serait payé dans tous les cas de dissolution de la communauté, les juges pourraient alors, au cas de séparation de biens, autoriser la femme à prélever ce préciput. L'art. 1452 du C. civil, n'étant ni limitatif, ni restrictif, ne met pas obstacle à l'exécution d'une pareille clause. — *Cass.*, 6 janv. 1808, Daveluy. — Merlin, *Rép.*, vo *Séparation de biens*, sect. 2, § 5, no 6 *in fine*; Troplong, no 1483.

454. — La femme peut-elle renoncer, après la séparation de biens, à son gain de survie, moyennant une somme d'argent payée actuellement? — Oui, dit M. Troplong (no 1485), lorsque le gain de survie n'a qu'un simple caractère de créance. — *Cass.*, 22 fév. 1831, Bellet c. Couture. — Toullier, t. 13, no 122. — Non, si le gain de survie avait, par ses combinaisons et ses alliances, le caractère d'une institution contractuelle. — *Lyon*, 16 janv. 1838 (t. 1er 1839, p. 110), Jeautet c. Reydellet; *Cass.*, 16 août 1841 (t. 2 1841, p. 611), mêmes parties. — Troplong, *loc. cit.*

455. — Il n'y a aucune contravention aux lois prohibitives de la vente des grains en vert dans la clause de l'acte de liquidation dressé entre le mari et la femme, après leur séparation de biens, qui abandonne à la femme les blés en herbe, à la charge par elle de payer le fermage. — *Angers*, 17 juill. 1846 (t. 2 1848, p. 646), Perardel-Brochard c. Barré. — V. BLÉS EN VERT.

456. — La femme ne peut pas revendiquer la propriété d'objets mobiliers que lui a abandonnés son mari en paiement de ses droits à la suite du jugement prononçant la séparation de biens, lorsque ces objets ont été saisis pendant l'instance en séparation par les créanciers du mari. — *Paris*, 14 juin 1844 (t. 1er 1845, p. 293), Camus c. Pivion.

457. — Les acquéreurs de biens vendus par un mari peuvent, s'ils sont poursuivis en paiement des droits et reprises de la femme séparée de biens, exiger qu'il soit fait défalcation sur la créance de celle-ci et au marc le franc du prix des biens par elle vendus conjointement avec son mari depuis la séparation et à l'égard desquels elle se trouve avoir renoncé à son hypothèque légale, et s'être mise dans l'impossibilité de subroger les premiers acquéreurs dans l'effet de cette hypothèque (C. civ., art. 2231, no 3); mais ils ne peuvent exiger aucune défalcation à l'égard du prix des biens vendus par la femme et le mari conjointement avant la séparation. — *Poitiers*, 18 juin 1838 (t 2 1845, p. 383), Perrot c. Fradet.

458. — En cas de faillite du mari et de séparation de biens obtenue par la femme, celle-ci ne peut, en paiement de ses reprises, ni retenir ni s'attribuer exclusivement des rentes sur l'Etat, immatriculées en son nom, mais reconnues, par jugement passé en force de chose jugée, appartenir à la communauté. La Cour saisie de ce litige peut bien, sur la demande des syndics, ordonner l'immatriculation des rentes au nom du mari, mais non la vente et la distribution du prix, ce sont là des opérations qui se rattachent à la faillite, et sur lesquelles il n'appartient pas, dans de telles circonstances, à la Cour de statuer. — *Orléans*, 29 juill. 1848 (t. 2 1848, p. 516), Lhuillier.

459. — Jugé que les diamans achetés par le mari pendant le mariage et remis par lui à sa femme demeurent sa propriété, alors qu'il résulte des circonstances qu'il ne les a donnés à celle-ci que pour son usage et non d'une manière réelle et définitive. — *Lyon*, 3 juill. 1846 (t. 1er 1847, p. 264), Lelong. — Les auteurs sont généralement d'avis que les diamans et bijoux ne doivent pas être compris parmi les linges et hardes à son usage que la femme est autorisée à reprendre dans le cas de renonciation à la communauté ou dans celui de l'art. 1566. — Toullier, t. 13, no 283, et t. 14, no 269; Duranton, t. 14, no 510; Zachariæ, t. 3, § 521, note 2; Bellot des Minières, t. 2, p. 560, et t. 4, p. 527; Sériziat, *De la dot*, nos 265 et suiv.; Odier, *Traité du contrat de mariage*, t. 1er, no 574. — V. COMMUNAUTÉ, nos 1130 et suiv.

§ 7. — *De la rétroactivité des effets du jugement de séparation de biens.*

460. — La séparation de biens prononcée en justice remonte, quant à ses effets, au jour de la demande. — C. civ., art. 1445, § 2.

461. — Il en est ainsi lorsque la séparation de biens est prononcée directement, comme lorsqu'elle n'est que la conséquence de la séparation de corps. — *Bruxelles*, 28 mars 1810, S...; *Rennes*, 21 août 1816, N...; *Limoges*, 17 juin 1835, Cacatte c. Deloutte. — Merlin, *Rép.*, vo *Séparation de corps*, § 4, no 4; Toullier, t. 2, no 776; Duranton, t. 2, no 622; Massol, *De la séparation de corps*, p. 203, no 13. — *Contrà*, Valette, *Observat. sur Proudhon, De l'état des personnes*, t. 1er, p. 541, note *a*; Marcadé, *Explication du Code civil*, sur l'art. 311, no 4, t. 2, p. 355.

462. — Il résulte de là : que la communauté étant dissoute le jour même de la demande (Merlin, *Rép.*, vo *Séparation de biens*, sect. 2, § 5, no 2), la femme a pu valablement y renoncer depuis sa demande en séparation et avant le jugement. — *Orléans*, 14 nov. 1817, de Tenre c. Basson et Princé.

463. — ... Que, si elle l'accepte, le partage de cette communauté doit se faire, non d'après son état à l'époque du jugement, mais d'après son état au jour de la demande. — Bellot des Minières, t. 2, p. 131.

464. — Jugé qu'il résultait du principe de rétroactivité consacré par l'art. 1445 précité, que c'est à *compter du jour de la demande*, et non à compter du jour du jugement, que le mari doit restituer à sa femme les fruits provenant de ses immeubles et les intérêts de sa dot. — *Bruxelles*, 28 mars 1810, S....; *Limoges*, 17 juill. 1835, Cacatte c. Deloutte.

465. — Mais ce système, condamné par arrêt de la Cour de Riom, du 17 juin 1846, a été également repoussé par l'arrêt en cassation, du 28 mars 1848, qui a rejeté le pourvoi. Ces arrêts jugent que, dans le cas de séparation de biens, les intérêts de la dot que le mari est tenu de restituer ne courent qu'à partir du jugement de séparation, et non à partir du jour de la demande (t. 2 1848, p. 300, Cisternes c. Dupin). — — La raison de cette décision est que les intérêts n'étant accordés au créancier qu'à raison du retard du débiteur (art. 1153), et le mari ne pouvant être réputé en retard pour n'avoir pas acquiescé à la demande et ne pas s'être libéré du capital, puisque toute séparation volontaire est nulle (art. 1443), c'est seulement du jour de la séparation que les intérêts peuvent courir. — V., en ce sens, Troplong, no 1384.

466. — Par un précédent arrêt, la Cour de cassation avait jugé que les intérêts de la dot ne courent pas du jour de la demande en séparation de biens, lorsque l'instance a été interrompue par le fait de la femme et par suite d'une transaction en exécution de laquelle une pension lui a été servie par son mari pendant la suspension de l'instance. Les intérêts de la dot ne doivent alors être comptés à la femme qu'à dater du jour où l'instance a été reprise. — *Cass.*, 4 févr. 1846 (t. 1er 1847, p. 55), Lutz.

467. — Jugé, en tous cas, que la restitution ne doit se faire que sous la déduction, s'il y a lieu, des alimens qui ont pu être fournis à la femme depuis le temps et de la part pour laquelle elle a dû contribuer aux charges du ménage. — *Paris*, 14 août 1821, Ducayla; *Cass.*, 14 févr. 1843 (t. 1er 1843, p. 607), Berne. — Pothier, *De la communauté*, t. 2, no 510; Toullier, t. 13, no 105; Merlin, *loc. cit.*, no 3; Bellot des Minières, t. 2, p. 128; Zachariæ, t. 3, p. 479. — V. *contrà*, sous la jurisprudence du Parlement de Bordeaux, *Limoges*, 19 nov. 1811, Laumonerie; *Cass.*, 19 nov. 1816, Faucon c. Daigremont.

468. — M. Troplong (no 1385) pense que le principe qui ne met les intérêts de la dot à la charge du mari qu'à partir du jugement, doit recevoir son application alors même que les longueurs du procès viennent du mari : il combat sous ce rapport l'opinion de Pothier, qui, en pareil cas, consent à faire courir les intérêts du jour de la demande, sauf les déductions.

469. — Jugé que, de même que la femme séparée de biens a droit aux intérêts de ses reprises à partir du jour de la demande en séparation (V., à cet égard, *suprà*, no 461), de même, et par réciprocité, elle doit, à partir du même jour, les intérêts des indemnités ou récompenses dont elle est tenue envers la communauté. — *Bordeaux*, 27 août 1847 (t. 1er 1848, p. 212), Lassou c. Matet.

470. — Jugé aussi que la femme demanderesse en séparation de biens qui suspend volontairement ses poursuites, n'a droit aux intérêts de ses créances dotales, pendant cette suspension, qu'autant qu'elle aurait été séparée de fait et qu'elle justifierait avoir fourni à sa nourriture et à son entretien pendant cet intervalle. — *Grenoble*, 14 mars 1832, Mignardet c. Riondet.

471. — Jugé qu'en cas de séparation de biens les intérêts de la dot ne produisent eux-mêmes des intérêts qu'à partir du jour où ceux-ci sont demandés. Par suite : ces intérêts d'intérêts ne sont pas garantis par l'hypothèque légale de la femme comme les intérêts de la dot, qui courent de plein droit. — *Cass.*, 28 mars 1848 (t. 2 1848, p. 302), Cisternes c. Dupin (et *Riom*, 17 déc. 1846, mêmes parties).

472. — Quoi qu'il en soit, il est certain que l'art. 1445, § 2, C. civ. n'a pas voulu dépouiller le mari durant l'instance de l'administration des biens de sa femme. Nous avons déjà fait observer, en effet, que le mari conservait cette ad-

ministration jusqu'à ce que le jugement de séparation eût acquis l'autorité de chose jugée, et que la femme était liée par les actes d'administration qu'il passait; à moins qu'ils ne lui fussent préjudiciables.—V. *supra*, n° 420; Troplong, n° 4382.—V, cependant, *Zachariæ, loc. cit.*

473.—Jugé que le bail consenti par le mari d'un immeuble de la femme pendant l'instance en séparation de biens avec stipulation de paiement du fermage par anticipation, peut être annulé, même à l'égard du fermier, comme frauduleux et collusoire. — *Angers*, 16 août 1820, Roulois c. Rocton.

474. — Jugé aussi qu'un bail des biens dotaux de la femme consenti par le mari durant l'instance en séparation de biens peut être annulé, lorsque cette séparation est obtenue, encore qu'il ne soit pas frauduleux quant au prix, s'il constitue un acte de mauvaise administration relativement à la position de la famille. — Troplong, n° 4383.

475. — Mais ce ne sont que les actes d'administration strictement nécessaires que le mari a le droit de faire pendant l'instance en séparation. Aussi a-t-il encore été jugé que la femme pouvait, d'après les dispositions de l'art. 1445 C. civ., faire ensuite la vente du fonds de commerce et de son achalandage que le mari aurait faite pendant l'instance, sans son autorisation, en sa seule qualité de chef et d'administrateur de la communauté. — *Rennes*, 3 juill. 1841 (t. 2 1841, p. 494), Lenoir.

476. —... Qu'elle pouvait attaquer, en cas d'insuffisance des biens de son mari pour la remplir de ses reprises, lorsqu'elle a renoncé à la communauté, les actes simulés par lesquels son mari a antérieurement disposé des valeurs dépendant de la communauté, pour s'avantager au préjudice de la femme. — *Orléans*, 29 juill. 1822, Lhuillier.

477. — Du principe de rétroactivité écrit dans l'art. 345 il résulte que les successions mobilières échues à la femme durant l'instance ne tombent point dans la communauté. — Pothier, Bellot des Minières et Zachariæ, *ubi suprà*; Duranton, t. 14, n° 444; Carré, quest. 2946; Troplong, n° 4380.

478. — Les effets du jugement qui prononce la séparation de biens peuvent remonter au jour de la demande non-seulement en ce qui concerne les époux eux-mêmes, mais encore à l'égard des tiers. En effet, d'abord, l'art. 1445, § 2 est conçu en termes généraux qui ne comportent aucune distinction. En second lieu, les formalités qui doivent accompagner la demande en séparation de biens ayant été uniquement exigées pour mettre les tiers à même de connaître cette demande; ceux qui ont, nonobstant, suivi la foi du mari, ont à se reprocher l'imprudence d'avoir traité avec lui. Enfin, sans cette rétroactivité, ne pourrait-il pas souvent dépendre du mari de rendre absolument inefficace ou illusoire le remède de la séparation? Dès lors la circonstance que les tiers auraient traité de bonne foi avec le mari ne saurait même empêcher la rétroactivité prononcée par l'art. 1445. Il suffit, pour l'application de cet article, que l'acte consenti par le mari durant l'instance soit nuisible à la femme, ou ne puisse être considéré comme un acte nécessaire d'administration. — V., dans le sens de cette opinion, Toullier, t. 43, n° 400 et 404; Benoît, t. 4er, n° 325; Zachariæ, t. 3, p. 478, et ses annotateurs, *ibid.*, note 34; Troplong, n° 4389; Rodière et Pont, n°s 865 et 868.

479.—Jugé en ce sens que l'art. 1445 C. civ. qui fait remonter les effets de la séparation de biens au jour de la demande, s'applique aussi bien aux tiers qu'au mari. En conséquence, la femme a le droit de revendiquer en nature un propre immobilier adjugé sur saisie postérieurement à sa demande de séparation de biens. Peu importe, dans ce cas, que la demande n'ait été formée qu'après la transcription et la dénonciation de la saisie. La femme n'en est pas moins fondée à réclamer l'immeuble même, et non pas seulement le prix qui a été réalisé par l'adjudication. — *Colmar*, 3 juill. 1846 (t. 4er 1847, p. 438), Heinis c. Bonef.—Conf., sur le principe, Toullier, t. 43, n° 400; Zachariæ, t. 3 p. 513; Battur, n° 650.— Conf. *Bordeaux*, 11 mai 1841 (t. 3, 1844; suppl. à sa date).

480. — Jugé encore que la femme séparée de biens n'est point tenue, pour revendiquer ses propres adjugés depuis sa demande en séparation, d'attaquer le jugement d'adjudication par voie de tierce opposition : l'annulation en est prononcée comme conséquence de l'annulation de la saisie, et par application du principe de la

rétroactivité des effets de la séparation. — *Colmar*, 3 juill. 1846 (t. 4er 1847, p. 438), Heinis c. Bonef. — Chauveau, quest. 2408.

481. — Que, de ce que le jugement qui prononce la séparation de biens remonte, dans ses effets, au jour de la demande, il résulte que la saisie-arrêt pratiquée par un créancier du mari postérieurement à cette demande sur les valeurs apportées par la femme, et que le jugement de séparation l'autorise à reprendre, doit être considérée comme nulle. Dès lors, la décision qui ordonne la continuation des poursuites dont cette saisie-arrêt était le premier acte doit être cassée. — *Cass.*, 22 avril 1845 (t. 4er 1845, p. 660), Benoît c. Audidier.

482. — ... Que les effets de la séparation de biens légalement exécutée remontent au jour de la demande; de sorte que, si le mari avait, antérieurement à l'exécution complète du jugement de séparation, formé opposition à une saisie-brandon pratiquée sur les biens de sa femme par les créanciers de celle-ci, l'entière exécution de ce jugement rendrait nulle l'opposition comme faite par une personne sans qualité à cet égard. — *Toulouse*, 7 mars 1845 (t. 4er 1846, p. 561), Vignol c. Fontaine.

483. — La femme qui a obtenu sa séparation de biens a le droit de répéter les fruits de ses immeubles donnés en antichrèse par son mari à compter du jour de la demande en séparation.— Le créancier antichrésiste ne peut se soustraire à cette répétition, en invoquant sa bonne foi, alors qu'il savait que les biens donnés en antichrèse étaient la propriété de la femme et qu'il a connu les causes de la demande en séparation et la demande elle-même. — *Caen*, 11 juill. 1844 (t. 4er 1846, p. 536), Lepelletier c. Vautier.—V. ANTICHRÈSE, n°s 38, 110 et 111.

484.—Comme conséquence du même principe, les auteurs enseignent que si, avant le jugement de séparation et après la demande, les créanciers du mari ont fait saisir les fruits ou le montant des fermages des immeubles dotaux; la femme a le droit, la séparation prononcée, de demander mainlevée de cette saisie, et elle ne saurait lui être refusée. — Merlin, *Rép.*, v° *Séparation de biens*, sect. 2, § 5, n° 4.

485. — L'opinion contraire, c'est-à-dire celle d'après laquelle les effets du jugement de séparation de biens ne remontent au jour de la demande qu'à l'égard des époux et non à l'égard des tiers, et par conséquent les créanciers du mari, qui ont des droits sur les revenus de la dot à l'exclusion de la femme, peuvent valablement les faire saisir pendant l'instance en séparation de biens, est professée par Pigeau (t. 2, p. 544 et 542, 3e édit.) et Bellot des Minières (t. 2, p. 429 et suiv.) et a été consacrée par les arrêts suivans : *Riom*, 34 janv. 1826, Roussel c. Fouilloux; *Rouen*, 9 août 1839 (t. 2 1839, p. 513), Pilette c. Marsollet.

486. — Du reste, dans le premier système, si la saisie pratiquée par les créanciers du mari était antérieure à la demande en séparation de biens, la femme ne pourrait en obtenir la mainlevée : encore bien que cette saisie ait atteint des valeurs mobilières auxquelles propres de la femme que le contrat de mariage.— *Paris*, 45 avr. 1837 (t. 4er 1837, p. 492), Langlois c. Duguet.

487.—M. Troplong (*loc. cit.*) admet également que le principe de rétroactivité ne pourrait être opposé aux tiers, s'il s'agissait de simples actes d'administration. C'est la conséquence de ce qui a été dit plus haut.—V. *supra*, n° 478.

488. — Le système de la rétroactivité étant fondé, en partie, comme nous l'avons vu, sur la publicité qui est donnée à la demande en séparation de biens; on s'est demandé s'il devrait être étendu au cas où la séparation de biens est le résultat de la séparation de corps, la demande en séparation de corps ne recevant pas de publicité.—L'affirmation résulte des arrêts de *Limoges*, 17 juin 1835, Cacatte c. Daloutte, et *Bruxelles*, 28 mai 1834. — Troplong, n°s 4386 et suiv.— *Contrà*, Rodière et Pont, n° 869.

489.—Il est certain, en tous cas, que si les tiers étaient convaincus d'avoir eu connaissance de la demande en séparation de corps, la femme aurait le droit de demander la nullité des conventions qu'ils auraient conclues avec son mari, durant l'instance en séparation, dans le cas où elles lui seraient nuisibles.— Massol, *De la séparation de corps*, p. 318 et suiv.

490.—Décidé, en effet, que si les actes sous seing privé souscrits par le mari durant l'existence de la communauté, et même depuis la demande en séparation de corps, font foi par eux-mêmes de leur date à l'égard de la femme, ils peuvent, toutefois, être rejetés de la liquidation pour cause de dol, de fraude ou de simula-

tion. Ainsi, bien qu'une quittance en paiement d'intérêts, délivrée par le prétendu créancier, ait été trouvée au domicile conjugal lors de la levée des scellés, les juges peuvent, malgré la reconnaissance formelle de la dette faite en justice par le mari, rejeter une obligation en la déclarant entachée de simulation à l'égard de la femme. — *Douai*, 22 mai 1838 (t. 4er 1840, p. 610), Boisleux c. Haudouard.

§ 8. — *Comment la séparation de biens peut cesser.*

491.—La séparation de biens peut cesser et la communauté être rétablie du consentement des deux parties. Mais ce consentement doit être manifesté dans une certaine forme. Il faut qu'il soit constaté par un acte passé devant notaire et avec minute, dont une expédition sera affichée ainsi qu'il est dit en l'art. 1445 (C. civ.). Il importe en effet que les tiers puissent être instruits du retour des époux à leurs conventions matrimoniales primitives.—Art. 1451, § 1er et 2.

492. — Lorsque la séparation de biens est la conséquence de la séparation de corps, la réconciliation survenue entre les époux ne peut non plus en détruire de plein droit les effets. Ces effets ne peuvent cesser aussi, dans ce cas, que par un acte authentique, rendu public. La loi ne fait aucune distinction.— *Paris*, 16 avr. 1807, Charpy c. La Porterie; *Grenoble*, 4 juin 1810 (t. 4er 1841, p. 620), Jarante d'Orgeval.

493. — V., au reste, sur le rétablissement de la communauté et sur la publicité exigée pour porter ce rétablissement à la connaissance des tiers, v° COMMUNAUTÉ, n° 595 et suiv. — C'est aussi sous ce mot que nous examinons le point de savoir à partir de quelle époque revit la communauté rétablie. — *Eod.* v°, n° 973 et suiv.

V. APPEL, AUTORISATION DE FEMME MARIÉE, AYANT CAUSE, CONTRAT DE MARIAGE, COMMUNAUTÉ, DOT, INVENTAIRE, JUGEMENT PAR DÉFAUT, RÉGIME DOTAL, SERMENT JUDICIAIRE ET EXTRAJUDICIAIRE.

SÉPARATION DE CORPS.

Table alphabétique.

SÉPARATION DE CORPS. — **1.** — C'est la faculté accordée par justice aux deux époux de se dégager de l'obligation de vivre en commun que leur
imposait le mariage.

2. — Il ne sera question dans cet article que
de la séparation de corps proprement dite. Tout
ce qui concerne le divorce a été expliqué vo DI-
VORCE.

—

Sect. 1re. — *Des causes pour lesquelles la
séparation de corps peut être prononcée.*

3. — La séparation de corps peut être prononcée dans les mêmes cas que ceux où il y avait
lieu au divorce pour cause déterminée (C. civ.,
art. 306), le consentement mutuel excepté.—Art.
307.—V. DIVORCE. — Ces cas sont au nombre de
trois : 1o l'adultère de l'un des époux (art. 229 et
230) ; 2o les excès, sévices ou injures graves contre
son conjoint (art. 231) ; 3o sa condamnation à une
peine infamante (art. 232). Nous allons les examiner successivement.

§ 1er. — *De l'adultère.*

4. — L'adultère de la femme, dans quelque
lieu qu'il ait été commis, autorise le mari à demander la séparation de corps. — C. civ.,
art. 229.
5. — La preuve de cet adultère peut se faire
par tous les genres d'adminicules.—Paris, 26 août
1830, G....
6. — Ainsi, la séparation de corps doit être
prononcée, encore bien que le délit d'adultère
n'ait pu être matériellement constaté, s'il est établi par des présomptions positives et claires, propres à opérer la conviction morale. Les juges
sont, dans ce cas, de véritables jurés, à la sagesse
desquels la libre appréciation des faits est abandonnée. — V., outre l'arrêt de Paris précité,
Bordeaux, 27 févr. 1807, L...; Riom, 9 nov. 1840,
G...; Colmar, 20 juill. 1812, N....
7. — Quant à l'adultère du mari, le législateur
a voulu qu'il ne pût être une cause de séparation de corps qu'autant que le mari aurait tenu sa
concubine dans la maison commune. — C. civ.,
art. 230.
8.—On doit considérer comme concubine toute
femme que le mari entretient dans la maison commune, cette femme ne serait-elle que domestique.
—Rennes, 13 févr. 1817, Rapinel.—V. les annotateurs de Zachariæ, MM. Aubry et Rau, Cours de
droit civ. franç., t. 3, p. 352, note 2.—Peu importe
aussi par elle y ait été introduite, fût-ce même par la femme (Massol, De la séparation de
corps, p. 33, note 2.—Rennes, 17 févr. 1835, J...] et
contre la volonté du mari. — M. Marcadé (Explication du Code civil, sur l'art. 306, no 1, 2, p.
330) enseigne, au contraire, que les relations,
mêmes fréquentes, que le mari aurait eues avec
une servante qui ne serait entrée et restée dans
la maison que sous l'autorité et la surveillance
de la femme, ne sauraient donner lieu à l'application de l'art. 230 précité. Mais il est combattu
par M. Demolombe, no 372.
9. — Peu importe à quel titre la concubine ait
été introduite et se trouve dans la maison,—
servante, institutrice, dame de compagnie ou
autre ; — à fortiori s'il c'est à titre de parente, de
sœur, par exemple, ou de fille. Car, ainsi que l'a
dit M. Demolombe (no 372), « l'adultère ne saurait
invoquer comme excuse l'inceste même qui l'aggrave. » — Cass., 26 juill. 1813, Montarches.—Merlin, Rép., t. 15, vo Adultère, no 8 bis; Allemand,
no 1363.

10. — Mais la loi exigeant que la concubine ait été *tenue* par le mari dans la maison commune, quelques auteurs ont pensé que la femme n'aurait pas le droit de demander la séparation de corps, si l'adultère du mari n'était qu'une action fortuite, s'il avait été commis avec une femme qui ne se serait trouvée qu'accidentellement dans la maison commune. — Duranton, t. 2, n° 547; Massol, p. 34, n° 9; les annotateurs de Zachariæ, t. 3, p. 352, note 2; Demolombe, *Cours de C. civ.*, t. 4, n° 370.

11. — Toutefois, il n'est pas nécessaire qu'au moment où la femme intente sa demande en séparation le mari tienne encore sa concubine dans la maison commune; il suffit qu'il l'y ait tenue, et qu'il n'y ait pas eu de réconciliation. — Duranton, t. 2, n° 546.

12. — Il a même été décidé qu'il n'était pas nécessaire, pour que l'adultère du mari pût entraîner contre lui la séparation de corps, qu'il eût introduit sa concubine dans la maison conjugale, et qu'il l'y eût entretenue au su et au vu de sa femme; mais qu'il suffisait qu'il eût tenté de séduire plusieurs de ses domestiques dans le domicile conjugal. — *Rennes*, 17 fév. 1835, J....

13. — En tous cas l'introduction fréquente, quoique momentanée, de concubines dans le domicile conjugal, constitue une série d'injures assez graves pour motiver de la part de la femme une séparation de corps. — *Dijon*, 9 janv. 1846 (t. 2 1847, p. 38), L.... — Massol (n° 9). — « En exigeant, dit cet auteur, que la concubine soit tenue dans la maison commune, l'art. 330 suppose un séjour de sa part; l'introduction d'une concubine, lorsqu'elle n'y fixe pas sa demeure, ne donnerait pas lieu à l'application de cette loi. Cependant si la même personne venait plusieurs fois dans le domicile conjugal, ou *si d'autres femmes y étaient conduites*, quoiqu'elles n'y établissent pas leur habitation, l'épouse aurait raison de se croire injuriée; elle pourrait nantir les tribunaux d'une demande en séparation de corps. » — V. aussi le paragraphe suivant.

14. — Les expressions *maison commune*, qui se trouvent dans l'art. 230, ont été employées pour désigner non pas seulement la maison où les deux époux habitent réellement; mais aussi celle qu'habite le mari, dans laquelle il a le droit de forcer sa femme à venir, et où il peut être obligé de la recevoir, c'est-à-dire la *maison conjugale*. Peu importe que la femme ne réside pas dans cette maison au moment où le mari y a introduit sa concubine; soit parce que la femme a quitté elle-même cette maison auparavant, soit parce que le mari, abandonnant sa femme, s'est choisi un autre domicile. Les auteurs et la jurisprudence sont unanimes sur ce point. — *Limoges*, 2 juill. 1810, Gorsas; *Cass.*, 21 déc. 1818, Dupuis; 27 janv. 1819, Peignard; 17 août 1825, Thevenez; *Orléans*, 16 août 1820, Ladureau; *Agen*, 27 janv. 1824, N...; 9 mai 1821, Ladureau; *Bruxelles*, 14 oct. 1830, D.... — Duranton, t. 2, n° 545; Vazeille, t. 2, n° 535; Zachariæ, t. 3, p. 352, et ses annotateurs, *ib.*, note 3; Massol, p. 32; Valette, *Observat.* sur Proudhon, *Etat des personnes*, édit. de 1843, t. 1er, p. 531, note *a*, n° 2; Demolombe, nos 374, 375 et suiv.; Allemand, *Tr. du mariage*, n° 1363.

15. — Spécialement, on doit considérer comme *maison commune* l'hôtel garni où réside le mari, si c'est là que se trouve le domicile *légal* de la femme, quoique celle-ci n'y réside pas. — V. l'arrêt de *Cass.* précité du 17 août 1825.

16. — Jugé aussi que le fait par le mari de vivre, avec sa concubine, dans une maison qui leur appartient par indivis constitue l'entretien dans la maison commune de nature à entraîner la séparation de corps pour adultère, alors surtout qu'ils y ont un ménage commun. — *Toulouse*, 12 avr. 1825, S... c. M....

17. — De même la femme peut demander la séparation de corps pour adultère, lorsque le mari a tenu sa concubine dans une dépendance de la maison commune (*Besançon*, 9 avril 1808, Lanchet) : par exemple si c'est dans un logement sous le même toit, quoique en dehors de l'appartement conjugal (Massol, p. 38), ou si la concubine a été placée dans une maison de campagne habitée par les époux pendant une partie de l'année (V. l'arrêt ci-dessus de Besançon; les annotateurs de Zachariæ, t. 3, p. 353, note 3); ou occupée jusqu'alors seulement par le mari, mais où la femme peut se rendre d'un jour à l'autre. — Valette, *ubi suprà*.

18. — M. Demolombe (n° 371) admet bien que si les époux habitent une maison entière et ses dépendances, cette maison et ses dépendances constitueront la maison commune. — Mais il pense que si les époux occupaient seulement le premier étage et la concubine le deuxième étage, ou bien encore s'ils demeuraient au même étage, porte à porte, la concubine ne pourrait être réputée être tenue dans la maison commune, sauf le cas où, par un certain arrangement de lieux, le mari tiendrait, en réalité, sa concubine dans l'appartement commun.

19. — Il a été décidé que l'adultère du mari n'était pas une cause de séparation, dès qu'il n'avait pas tenu sa concubine dans la maison commune; et qu'il importait peu qu'il l'eût reçue de jour et de nuit dans une campagne, s'il n'y habitait pas avec sa femme. — *Nîmes*, 14 mars 1842 (t. 1er 1842, p. 750), Sag....

20. — Jugé qu'il n'y a pas non plus, de la part du mari, entretien de la concubine dans la maison commune, dans le fait de la tenir dans un bâtiment d'exploitation à lui appartenant, et attenant au domicile conjugal, alors que ce bâtiment affermé, à titre de colonage, au père de la concubine n'a ni issue ni jour direct du côté de la maison commune des époux, dont elle est même séparée par une clôture fermée par une porte. — *Limoges*, 21 mai 1835, de Bruyère. — Demolombe, n° 371.

21. — Jugé que le domicile pris par le mari après qu'il a abandonné sa femme doit toujours être réputé le domicile conjugal, alors même que cette dernière n'y aurait jamais demeuré. En conséquence, l'entretien par le mari, dans ce domicile, d'une étrangère, qu'il fait passer pour sa femme, donne à la femme légitime une action en séparation de corps. — *Aix*, 28 avril 1843 (t. 1er 1844, p. 404), R....

22. — Lorsqu'il y a entretien par le mari de sa concubine dans la maison commune, ce moyen peut être présenté pour la première fois en appel. — *Lyon*, 6 févr. 1833, Chavanne.

23. — L'adultère du mari peut-il, alors même qu'il n'y a pas eu entretien de la concubine dans la maison commune, et qu'il ne soit pas, dès lors, par lui-même, une cause de séparation de corps, constituer une injure grave suffisante pour faire prononcer cette mesure? V. *infrà*, n° 68.

§ 2. — *Des excès, sévices ou injures graves.*

24. — Les excès, sévices ou injures graves de l'un des époux envers l'autre sont la seconde cause de séparation de corps. — C. civ., art. 231.

25. — « Les excès, dit M. Demolombe (n° 383), sont les actes qui dépassent toute mesure, ou, plus précisément, les attentats qui compromettent l'existence même de celui qui en est victime. — Les sévices sont des actes de cruauté, de méchanceté, moins violens, mais en général plus habituels; les voies de fait, mauvais traitemens, etc., etc. — Les injures graves résultent de paroles, d'écrits ou faits outrageans par lesquels l'un des époux attente à l'honneur et à la considération de l'autre, et témoigne pour lui des sentimens de haine, d'aversion et de mépris. — Au reste la loi ne pouvait donner, à cet égard, aucune définition; car il s'agit essentiellement de faits abandonnés à l'appréciation discrétionnaire des magistrats.

26. — Pour que les excès ou sévices de l'un des époux envers l'autre puissent être de nature à motiver la séparation de corps il faut qu'ils soient habituels et assez graves pour rendre la vie commune insupportable. — *Besançon*, 13 pluv. an XIII, Faivre; 1er juin 1811, C....

27. — Il n'est pas nécessaire qu'ils aient mis en danger la vie de l'époux qui s'en plaint. — *Besançon*, 15 vendém. an XIII, Roy; *Toulouse*, 30 janv. 1821, N....

28. — Il a même été décidé qu'il n'était pas nécessaire pour l'admission de la demande en séparation de corps que les mauvais traitemens dont une femme se plaignait, surtout s'il s'agissait d'une personne ayant reçu une certaine éducation, eussent été continus, réitérés et poussés à l'excès, alors d'ailleurs qu'ils étaient graves et de nature à inquiéter pour l'avenir de la femme. — *Besançon*, 9 avril 1808, Lanchet. — Massol, p. 38, n° 2.

29. — Jugé que, lorsqu'ils présentent le degré de gravité que la loi considère comme suffisant pour faire prononcer la séparation, la qualité qu'a le mari, par exemple celle de simple cultivateur, ne saurait les excuser. — *Bordeaux*, 2 août 1842 (t. 2 1842, p. 698), Chauvin.

30. — A plus forte raison, des actes de violence exercés sur la personne de la femme et qui menacent ses jours, doivent-ils l'autoriser à faire prononcer sa séparation de corps, quels que soient le rang et l'état du mari. — *Bordeaux*, 10 avril 1826, Poitevin.

31. — Les injures de nature à motiver une demande en séparation de corps sont de deux sortes : elles sont verbales ou réelles. Les premières sont celles qui ont lieu par paroles ou par écrit; elles comprennent les propos insultans, les termes de mépris, les imputations diffamatoires et calomnieuses. Les secondes embrassent tous les faits qui renferment par eux-mêmes une insulte, un outrage ou une marque de mépris.

32. — On peut ranger dans la première classe d'injures celles que les époux profèrent l'un contre l'autre devant un tribunal. — Massol, p. 39, n° 3.

33. — ... Même devant le tribunal qui est appelé à statuer sur une première demande en séparation, quoique les faits sur lesquels reposait cette première demande n'aient pas été établis. — *Rouen*, 13 mars 1846, Tréforêt.

34. — Dans ce cas et si les injures ont été mutuelles et d'une égale gravité, la séparation peut être prononcée au profit de chacun des époux contre l'autre. — Même arrêt. — *Contrà*, Massol, p. 39, n° 4.

35. — Plus spécialement, le reproche d'inconduite non prouvée, adressé par la femme à son mari, en réponse à la demande en séparation de corps qu'il a formée contre elle, rend la femme coupable d'une injure grave de nature à motiver la séparation de corps. — *Gênes*, 19 août 1811, M....

36. — De même la femme peut, sous prétexte que c'est une diffamation publique, demander acte et se faire un moyen nouveau de séparation de corps de ce que son mari l'aurait, dans le cours de la procédure, taxée d'une conduite plus que légère, qu'il aurait prétendue prouvée par la contre-enquête. — *Orléans*, 11 avril 1832, B....

37. — Doit également être considérée comme une injure grave, capable d'entraîner la séparation de corps, l'accusation de vol que le mari a dirigée à tort, verbalement ou par écrit, contre sa femme, alors même que cette accusation n'aurait eu lieu que devant les tribunaux civils. — *Besançon*, 1er fév. 1806, Lami.

38. — ... L'accusation capitale ou infamante portée mal à propos contre la femme par son mari. — Merlin, *Répert.*, v° *Séparation de corps*, § 1er, n° 4; Duranton, t. 2, p. 511, note 1re. — Mais, dans ce cas, la demande en séparation ne pourrait plus, comme sous l'ancienne jurisprudence, être intentée incidemment à cette accusation. — Merlin, *ubi suprà*.

39. — Il en est de même de l'interprétation faussement dirigée par un mari contre sa femme, d'être atteinte d'une maladie honteuse. — *Rennes*, 17 fév. 1835, J....

40. — ... De la plainte en adultère portée par le mari contre sa femme, si cette plainte est reconnue être basée sur des faits faux. — *Paris*, 17 mars 1826, Duf....

41. — Mais il en serait autrement, si la plainte, sans être appuyée de preuves suffisantes, n'en était pas tout à fait dépourvue; ou s'il existait contre le prétendu calomniateur des circonstances d'atténuation ou d'excuse. — Vazeille, *Du mariage*, t. 2, n° 550.

42. — Peut aussi être considérée comme une injure grave, suffisante pour faire prononcer la séparation de corps, l'accusation d'adultère dirigée contre sa femme par le mari demandeur en séparation, dans le cas où elle ne se trouve pas justifiée. — *Metz*, 7 mai 1807, P.... — Duranton, t. 2, n° 594; Massol, p. 39, n° 3.

43. — ... Et celle qui est portée par exception à la demande en séparation formée contre lui, par sa femme, pour sévices et injures graves. — *Paris*, 14 déc. 1810, Haillot.

44. — Jugé que lorsque le mari a faussement accusé sa femme d'adultère, cette accusation entraîne la séparation de corps quels que soient le rang et l'état des époux; la loi veut seulement que l'accusation ait été rendue publique. — *Bordeaux*, 10 avr. 1826, Poitevin.

45. — Nous croyons, toutefois, que, suivant le rang et l'état des époux, il pourrait suffire que l'imputation calomnieuse faite contre la femme de fautes qui la déshonoreraient, si elles étaient réelles, eût été exercée dans l'intérieur du ménage. — V., en ce sens, Merlin, *Répert.*, v° *Séparation de corps*, § 1er, n° 4; Vazeille, t. 2, n° 549; Zachariæ, t. 3, p. 355.

46. — Décidé, au contraire, que les reproches et imputations que l'époux défendeur, à la demande en séparation de corps, emploie pour sa défense, ne doivent pas être considérés comme des injures de nature à faire prononcer la séparation. — *Angers*, 3 juin 1813, Caillat.

47. — Quant à la demande en nullité du ma-

…ige, elle ne peut jamais être, comme la demande en séparation pour cause d'adultère, lorsque l'époux demandeur succombe, une cause de séparation de corps. Cette demande atteste en effet, il est vrai, le peu d'affection du demandeur pour son conjoint; mais la loi n'a pas mis au nombre des causes de séparation de corps le défaut d'attachement.—Merlin, *Répert.*, vº *Séparation de corps*, § 1er, nº 5; Duranton, t. 2, nº 57.—M. Demolombe professe aussi cette opinion; mais il ajoute que la question dépendra beaucoup des circonstances, de la cause surtout pour laquelle la nullité du mariage aura été demandée et des moyens qu'on aura mis en œuvre pour la faire réussir.—Nº 391.

48. — Si les accusations ou imputations calomnieuses et outrageantes sont contenues dans des lettres écrites par l'un des époux à son conjoint, ces lettres peuvent être elles-mêmes une cause de séparation de corps. C'est ce qui a été jugé à l'occasion de lettres écrites par le mari à sa femme. — *Dijon*, 30 pluv. an XIII, Benon. — Demolombe, nº 393.

49. — Il en doit être ainsi, alors même que ces lettres n'ont eu aucune publicité. — *Poitiers*, … juill. 1806, Gareau. — Il suffit qu'elles établissent de la part du mari l'intention arrêtée d'affliger sa femme. — Massol, p. 41, nº 5; Demolombe, *loc. cit.*

50. — De même: des lettres écrites par une femme à son mari peuvent autoriser la séparation de corps, quoiqu'elles n'aient reçu aucune publicité de la part de la femme. — *Cass.*, 9 nov. 1830, Montal.

51. — Et l'arrêt qui, dans ce cas, prononce la séparation de corps pour injures adressées par une femme à son mari, justifie suffisamment le caractère de ces injures, lorsque, sans reproduire textuellement les expressions prétendues injurieuses, il se borne à déclarer que la femme, dans les lettres adressées à son mari, lui a reproché d'avoir encouru le mépris et la haine des gens de bien. — Même arrêt.

52. — Décidé, au contraire, qu'on ne peut considérer comme injures assez graves pour entraîner la séparation de corps le reproche d'adultère contenu dans des lettres confidentielles écrites par le mari à sa femme, encore bien que ces lettres aient été rendues publiques, si elles ne l'ont été que par la volonté de la femme, et si, d'ailleurs, le mari est un homme sans éducation et que la femme, par sa conduite antérieure au mariage, ait donné lieu à des soupçons de la part du mari. — *Bourges*, 4 janv. 1825, Charlot.

53. — Une seule lettre suffirait-elle, ou, au contraire, en faudrait-il plusieurs? Cette question dépend des circonstances. M. Demolombe (nº 393) dit avec raison que sans doute la pluralité des lettres aggravera l'outrage, mais qu'il n'est pas impossible qu'il suffise d'une seule lettre pour porter la désolation et la haine dans le cœur de l'époux.

54. — A l'égard des lettres qui auraient été écrites confidentiellement par un mari à un tiers, au père de sa femme, par exemple, et dans lesquelles il aurait dirigé contre elle des imputations injurieuses, comme celle d'adultère, pourraient-elles être utilement invoquées par la femme à l'appui de la demande en séparation de corps? Jugé négativement. — *Limoges*, 17 juin 18…, Toly; *Aix*, 17 déc. 1834, E….

55. — Jugé que des lettres écrites par une femme à un procureur de la République, et contenant des injures contre son mari, peuvent aussi être déclarées confidentielles et écartées du procès, nonobstant la demande du mari tendant à ce qu'elles soient produites. — V. l'arrêt d'*Agen*, du 19 déc. 1829, rapporté avec l'arrêt de *Cass.*, du 9 nov. 1830, Montal. — *Contrà*, Massol, p. 42, nº 6.

56. — Mais jugé, d'un autre côté, que, bien qu'une lettre missive soit la propriété de la personne à laquelle elle est adressée, l'autorité publique ou toute autre partie intéressée peuvent, quel qu'en soit le propriétaire et même contre sa volonté, la produire en justice et s'en prévaloir, lorsqu'elle tend à prouver l'existence d'un crime, d'un délit ou fait dommageable, et que spécialement le mari, après une décision qui a prononcé la séparation de corps entre lui et sa femme pour des torts réciproques, peut, en cause d'appel, se prévaloir contre sa femme, pour prouver le désordre de sa conduite, d'une lettre à elle adressée, et que le hasard a fait tomber entre ses mains. — *Cass.*, 31 mai 1842 (t. 1 1842, p. 645), Smith; *Aix*, 10 févr. 1846 (t. 2 1846, p. 231), Baudeuf.

57. — Jugé aussi que l'époux qui a été outragé par des lettres confidentielles écrites par son conjoint à des tiers peut exciper de ces lettres, lorsque leur multiplicité a rendu la diffamation publique. — *Dijon*, 30 pluv. an XIII, Benon.

58. — M. Demolombe (nº 394) pense: 1º que toute lettre, même confidentielle, adressée à un tiers par l'époux défendeur, peut être produite par l'époux demandeur, de quelque manière d'ailleurs qu'il en ait obtenu la possession; 2º qu'il peut, s'il ne la possède pas, en exiger la production du tiers ou le faire interroger comme témoin sur le contenu de la lettre qui ne serait pas produite.

59. — Il en doit être de même si les lettres ne présentent pas un caractère purement confidentiel, par exemple si l'époux qui les a écrites a eu l'intention qu'elles soient communiquées à l'autre. — *Nîmes*, 30 avr. 1834, Galeron.

60. — Ce ne sont pas seulement les injures directes de l'un des époux envers l'autre qui autorisent les tribunaux à prononcer la séparation de corps; ainsi, une femme abreuvée de mépris et d'insultes de la part des domestiques de sa maison, que son mari s'obstine à garder, n'en a pas moins, à raison de ce fait, le droit de demander sa séparation. — *Cass.*, 19 avr. 1825, de Lamarthonie. — Allemand, nº 1369.

61. — Il est une autre classe d'injures qui se compose de tous les faits qui sont en eux-mêmes une insulte, un outrage ou une marque de mépris.

62. — Cette classe comprend le refus par le mari, dont les facultés sont suffisantes, de fournir à sa femme les choses nécessaires à la vie. — Vazeille, t. 2, nº 548; Duranton, t. 2, nº 551.

63. — … Le refus réitéré de la femme d'habiter avec son mari (Massol, p. 47, nº 7; Duranton, t. 2, nº 555; les annotateurs de Zachariæ, t. 3, p. 354, note 8; Demolombe, nº 388), ou celui du mari de recevoir sa femme dans le domicile conjugal (mêmes auteurs), lors même que la femme aurait précédemment, par tolérance du mari et sans causes légitimes, abandonné pendant plusieurs années le domicile conjugal (*Angers*, 8 avr. 1829, Montaron), ou que le mari offrirait de subvenir aux besoins de son épouse. — Massol, *loc. cit.*

64. — Le mari qui a permis à sa femme de prendre un domicile séparé du domicile conjugal, et qui l'a abandonnée ainsi pendant un long espace de temps, peut être réputé avoir commis envers elle une injure grave de nature à motiver la séparation de corps, surtout s'il résulte des faits que c'est lui qui a voulu la cessation de toute cohabitation. — *Bourges*, 4 févr. 1835, d'Harcourt c. Bayvet.

65. — Mais il a été jugé que l'abandon de l'un des époux par l'autre n'était pas par lui-même une cause de séparation de corps, s'il était séparé de tous faits constitutifs d'excès, sévices et injures graves, et qu'on ne saurait, d'ailleurs, voir un abandon proprement dit, là où ne se trouverait pas la manifestation de volonté de vivre séparés, et la rupture de tous rapports et communications. — *Rouen*, 16 juill. 1828, A… — Vazeille, t. 2, nos 545 et suiv.

66. — Jugé que, bien que l'abandon par la femme du domicile conjugal, considéré isolément, ne soit pas un motif suffisant pour faire prononcer la séparation de corps, il en est autrement lorsqu'il est démontré que cet abandon n'est point le résultat d'un concert entre les époux, et que d'ailleurs il a été accompagné et suivi de circonstances qui présentent le caractère d'injure grave pour le mari. — *Paris*, 23 févr. 1847 (t. 1er 1847, p. 435), L…

67. — Peut aussi être considérée comme une injure grave, de nature à motiver la séparation de corps, le fait du mari qui, après avoir provoqué, par ses désordres, la saisie et la vente du mobilier de sa femme, a lui-même, lors de la saisie, dirigé les recherches des huissiers pour faire fouiller en sa présence tous les meubles, et amener la saisie des objets auxquels elle pouvait rattacher des souvenirs. — *Rouen*, 30 déc. 1840 (t. 1er 1841, p. 284), S….

68. — Bien que l'adultère du mari ne soit pas, par lui-même, une cause de séparation de corps, parce qu'il n'y a pas eu entretien de la concubine dans la maison commune, ce fait peut néanmoins également, par les circonstances qui l'accompagnent (par exemple si le mari a publiquement affiché son inconduite et en a fait rougir sa femme en public chaque fois que celle-ci s'est vue en butte aux outrages de la concubine), constituer une injure grave, suffisante pour faire prononcer la séparation. — *Bordeaux*, 19 mai 1828, Dufourq; *Limoges*, 21 mai 1835, de Bruyère; *Cass.*, 14 juin 1836, de Brugière de Farsac; *Nîmes*, 14 mars 1842 (t. 1er 1842, p. 750), Sag…. — Marcadé, sur l'art. 306, nº 3, t. 2, p. 331; Demolombe, nº 377.

69. — Jugé encore que l'abandon prolongé de la femme par le mari qui l'a constamment laissée, chargée d'un enfant, sans lui envoyer aucun secours ni lui donner de ses nouvelles, et la déclaration faite par lui devant l'officier de l'état civil, dans l'acte de naissance d'un enfant, que cet enfant est né de lui et d'une concubine qu'il qualifie d'épouse, constitue contre la femme légitime une injure grave de nature à entraîner *de plano* la séparation de corps. — *Aix*, 28 avril 1843 (t. 1er 1844, p. 404), R….

70. — Le mari qui, par exception à une demande en séparation de corps, fait usage à l'audience de pièces de nature à compromettre l'honneur de sa femme, se rend encore, par là même, coupable d'une injure suffisante pour faire prononcer la séparation. — *Paris*, 25 févr. 1811, Busqueta.

71. — Il en est de même du mari qui exerce contre sa femme une détention arbitraire. — *Rouen*, 8 avril 1824, de Cairon. — Duranton, t. 2, nº 556.

72. — Mais le simple abus que le mari ferait de ses droits sur la personne de sa femme ne saurait être considéré comme suffisant pour faire prononcer la séparation de corps, alors que cet abus ne constituerait aucun acte ou tentative contre nature et se réduirait même à des caresses entre époux. — *Rennes*, 13 déc. 1841 (t. 1er 1842, p. 464), Duveau.

73. — Le seul fait du mari d'avoir été atteint du mal vénérien, même à plusieurs reprises, sans l'avoir jamais communiqué à sa femme, est-il une cause de séparation de corps? — Négat. *Nîmes*, 14 mars 1842 (t. 1er 1842, p. 750), Sag….

74. — La communication du mal vénérien par le mari à la femme doit-elle entraîner, par elle-même, la séparation de corps? Sous l'ancienne jurisprudence, l'affirmative avait été décidée, notamment par un arrêt du Parlement de Paris du 16 déc. 1771, rendu sur un plaidoyer du célèbre Linguet (V. Merlin, *Rép.*, vº *Séparation de corps*, § 1er, nº 9). Cependant nous devons faire observer que, dans l'espèce sur laquelle est intervenu cet arrêt, la maladie vénérienne, invétérée chez le mari, avait empoisonné sans retour les jours d'une femme jeune et irréprochable. — Aujourd'hui, la jurisprudence et les auteurs paraissent généralement exiger, pour que la communication du mal vénérien par le mari à la femme donne lieu à la séparation de corps, qu'elle soit accompagnée de circonstances aggravantes qui lui impriment le caractère de sévices ou d'injures graves. La raison de ce système, c'est que la communication du mal vénérien peut le plus souvent s'opérer involontairement: le mari n'ayant pas une connaissance suffisante de son état. — *Pau*, 3 févr. 1806, et *Cass.*, 16 févr. 1808, Labrouche; *Rennes*, 19 mars 1817, N…; *Lyon*, 4 avr. 1818, V… — Merlin, *ubi suprà;* Toullier, t. 2, nº 757; Vazeille, t. 2, nº 552; Marcadé, sur l'art. 306, nº 3, t. 2, p. 331; Massol, p. 48, nº 8; les annotateurs de Zachariæ, t. 3, p. 354, note 8.

75. — Jugé spécialement que la communication du mal vénérien de la part du mari à sa femme constitue pour celle-ci une injure grave, lorsqu'elle a lieu par récidive. — *Paris*, 9 mars 1838 (t. 1er 1838, p. 392), L…

76. — … Ou lorsque le fait de la communication a été rendu public: par exemple, par la production du mari, sur l'état de distribution ouvert entre ses créanciers, du mémoire du pharmacien qui a fourni les médicamens. — *Caen*, 30 déc. 1840 (t. 1er 1841, p. 284), S….

77. — Cependant deux arrêts (l'un de *Besançon*, du 1er févr. 1806, Lami, et l'autre de *Toulouse*, du 30 janv. 1821, N…), quoique rendus dans des espèces où la communication du mal vénérien n'était pas le seul motif de séparation de corps, ne semblent pas exiger, en principe, le concours d'autres circonstances. La communication même du mal vénérien n'offre-t-elle pas, en effet, l'attentat le plus affligeant pour les mœurs et le plus effrayant pour les familles! Quel outrage plus sanglant peut-il y avoir pour une femme que celui qui résulte du fait même de cette communication! Toutefois, on ne peut, à cet égard, selon nous, tracer aucune règle fixe. C'est aux tribunaux qu'il doit appartenir de décider si le fait seul de la communication du mal vénérien constitue ou non pour la femme une injure grave. Le législateur, en ne définissant pas l'*injure grave* leur a laissé ce pouvoir. Ils prendront en considération la jeunesse de la femme, son inexpérience, son caractère, sa conduite, sa position (si elle est enceinte) et le rang de sa famille. Il n'est

pas nécessaire que les circonstances aggravantes émanent du mari. — Duranton, t. 2, n° 534.

78. — Lorsque c'est la femme qui a communiqué à son mari le mal vénérien, cette communication étant une preuve évidente que la femme s'est rendue coupable d'adultère, suffit seule pour motiver la demande du mari en séparation de corps. C'est ce qu'enseigne aussi M. Massol (p. 48, n° 8). On peut néanmoins élever des doutes sur l'opinion de cet auteur, qui pense qu'il en doit être ainsi même alors que la femme a pris cette maladie honteuse avant son mariage. Le mari n'a-t-il pas dû connaître la conduite antérieure de celle qu'il se choisissait pour épouse et vouloir excuser ses torts?

79. — Le mal d'épilepsie ou une maladie contagieuse (comme la gale) ne doivent pas pouvoir servir de fondement à une demande en séparation de corps. Le législateur n'a point entendu, en effet, ranger dans la classe des sévices ou injures, des infirmités accidentelles qu'on peut reprocher à la nature, mais qui ne dépendent jamais de notre volonté : c'est le cas de plaindre et non pas de blâmer l'infortuné qui en est la victime. — Merlin, *Rép.*, v° *Séparation de corps*, § 1er, n° 8.

80. — La folie ou la fureur du mari ne sont pas non plus pour la femme des causes légitimes de séparation de corps.—Merlin, *ubi suprà*, n° 10.

81. — Du reste, le législateur en se bornant à poser le principe, en ne définissant pas ce qu'il fallait entendre par excès, sévices ou injures graves, s'en est rapporté sur ce point à l'interprétation et au discernement des juges. C'est à eux exclusivement qu'il appartient d'apprécier les faits et de décider s'ils constituent ou non les excès, sévices ou injures graves. Pour cela, ils prendront en considération la position sociale des époux, l'éducation qu'ils ont reçue, leur caractère, la moralité de l'époux offensé. En effet, tels sévices et injures insuffisans à l'égard des uns, pour entraîner une séparation, auront quelquefois assez de gravité pour la rendre indispensable à l'égard d'autres personnes. Dans tous les cas, la décision des magistrats échappe à la censure de la Cour de cassation. — *Cass.*, 12 fév. 1806, Delabarre; 25 mai 1808, Desmorandais; *Toulouse*, 30 janv. 1821, N...; 10 juin 1824, Poutard; 16 nov. 1825, de Cairon; 14 juin 1836, de Brugière de Farsac; 11 janv. 1837 (t. 1er 1840, p. 225), Barberaud; — Duranton, t. 2, nos 552 et 553; Vazeille, t. 2, n° 541; Marcadé sur l'art. 306, n° 3, t. 2, p. 331; Massol, p. 38, n° 2; Zachariæ, t. 3, p. 354 et 355.

82. — ... Et les tribunaux qui prononcent une séparation de corps pour causes de sévices et injures graves, motivent suffisamment leur jugement lorsqu'ils se fondent d'une part, sur ce que la femme a été abreuvée de mépris et d'insultes par les domestiques de la maison, que le mari ne veut pas renvoyer, et d'autre part, sur ce qu'il résulte soit des plaidoiries de la cause, soit des pièces produites, preuve suffisante des mauvais traitemens du mari, qui (sans entrer dans plus de détails) rendent la vie commune insupportable. — *Cass.*, 19 avr. 1825, de Lamarthonie.

83. — Si, à l'appui d'une demande en séparation de corps, fondée sur la diffamation, plusieurs faits de cette nature sont proposés; il n'est pas nécessaire que l'arrêt qui intervient exprime des motifs spéciaux pour chaque fait en particulier, il suffit que les motifs par lesquels il repousse le grief unique, c'est-à-dire la diffamation, s'appliquent également à tous les faits dont il se compose. — *Cass.*, 7 mars 1838 (t. 1er 1838, p. 350), Tilon.

84. — Le fait par un mari de refuser, après le mariage civil, de se présenter à l'église pour la consécration du mariage religieux est-il un motif de séparation de corps? M. Demolombe se prononce pour l'affirmative, du moins selon les circonstances. — M. Thieriet (*Revue de législation*, 1846, t. 2) dit, il est vrai : qu'il ne peut y avoir d'injure sans intention de la part de celui qui la commet; qu'*il y a une autre manière de voir, et voilà tout.* — M. Demolombe dit, au contraire, et avec raison, que l'époux *félon* blesse profondément son conjoint *en violant sa foi expresse ou tacite*; et que lorsque la célébration religieuse a été promise, et que l'autre époux a dû y compter, le refus de son conjoint envers lui est un manque de foi qui peut constituer une injure grave, puisque ce conjoint veut le forcer à vivre dans un état qui, à ses yeux, ne serait qu'un concubinage.

85. — Mais un pareil refus ne serait pas une cause de nullité de mariage. — V. MARIAGE.

86. — Le changement de religion de la part d'un des époux ne serait pas une cause de séparation de corps; car ce fait ne suppose la violation d'aucune promesse et constitue l'exercice d'un droit reconnu par les lois; s'il peut contrister le conjoint, il ne saurait, en général, être considéré comme un outrage envers lui.—Pothier, n° 513; Duranton, t. 2, n° 582; Zachariæ, t. 3, p. 537; Demolombe, n° 390.

87. — M. Demolombe (*loc. cit.*) pense qu'il faut en dire autant du refus fait par le père de faire baptiser ses enfans, quoique ce soit là un abus déplorable de l'autorité paternelle. Il présente la même observation à l'égard de l'obstacle que le mari mettrait à l'exercice des devoirs religieux de sa femme; et il termine en disant : « *Les tribunaux apprécieront.* » Et, en effet, ils devront apprécier; car il pourrait se faire que de pareils actes de la part du mari, constituassent une cause sérieuse de séparation.

88.—Suivant M. Duranton, la découverte, faite après le mariage, que la femme était antérieurement enceinte peut donner lieu à l'action en désaveu (V. LÉGITIMITÉ); mais non à la séparation de corps.—Duranton, t. 2, n° 541.—V. cependant M. Demolombe (n° 392), qui pense que, selon les circonstances, les juges peuvent voir dans ce fait une *injure grave*. En vain dirait-on qu'il s'agit d'un fait *antérieur*. — « L'injure est contemporaine du mariage, elle serait consommée avec la célébration, elle s'est prolongée encore depuis. »

§ 3. — *De la condamnation de l'un des époux à une peine infamante.*

89. — La troisième cause de séparation de corps est la condamnation de l'un des époux à une peine infamante. — C. civ., art. 232 et 306.

90. — Quoique la loi n'ait parlé que des peines infamantes, on doit étendre sa disposition aux peines qui sont à la fois afflictives et infamantes. Les mots *peine infamante* n'ont été employés que pour exclure du nombre des causes de séparation de corps toute condamnation à une peine qui serait simplement afflictive. — Vazeille, t. 2, n° 553; les annotateurs de Zachariæ, t. 3, p. 355, note 15; Demolombe, n° 398.

91. — Ainsi, jugé que la femme qui a formé sa demande en séparation de biens peut incidemment, et par requête signifiée à l'avoué constitué par son mari, former une demande additionnelle en séparation de corps fondée sur ce que son mari a été condamné à une peine afflictive et infamante.—*Paris*, 6 août 1840 (t. 2 1840, p. 370), Gibier.

92. — Mais la condamnation à une peine correctionnelle prononcée contre l'un des époux ne peut autoriser l'autre conjoint à provoquer la séparation de corps encore bien que le fait imputé à son époux dût entraîner une condamnation à une peine infamante, et que l'admission de circonstances atténuantes eût seule converti cette peine en une peine simplement correctionnelle. — *Paris*, 16 juill. 1839 (t. 2 1839, p. 81), Vincent. — Demolombe, n° 396; Allemand, n° 1376.

93. — L'art. 232 du Code civil a donné lieu à la question de savoir si la condamnation de l'un des époux à une peine afflictive et infamante, pour entraîner la séparation de corps, devait être encourue pendant le mariage, ou s'il ne suffisait pas qu'elle eût été prononcée antérieurement? — Les auteurs qui ont adopté ce dernier système font une distinction : Ou la condamnation antérieure a été connue de l'autre conjoint, ou il l'a ignorée. Au premier cas, le conjoint de l'époux condamné doit être non recevable à poursuivre, pour cette cause, la séparation de corps; car c'est volontairement qu'il s'est associé au déshonneur de la personne avec laquelle il s'unissait. Dans le second cas, au contraire, il est fondé à invoquer son erreur pour faire prononcer la séparation de corps. — Duranton, t. 2, nos 561 et 562; Massol, p. 53, n° 5. — A ce système on oppose, avec raison, que, dans l'art. 232 précité, le législateur n'a parlé que de la condamnation de *l'un des époux*, termes qui impliquent nécessairement l'idée d'une condamnation postérieure au mariage; que, d'ailleurs, l'autre époux a pu ou dû connaître la condition de son conjoint, qu'enfin la raison se refuse à ce que l'on admette des causes de séparation de corps antérieures à la célébration du mariage. — Toullier, t. 2, n° 673; Vazeille, t. 2, n° 560; Zachariæ, t. 3, p. 355, et ses annotateurs, *ibid.*, note 16; Marcadé, sur l'art. 306, n° 4, t. 2, p. 332; Proudhon, t. 1er, p. 491; Favard de Langlade, *Rép.*, v° *Séparation entre époux*, sect. 2, § 1er, n° 5.

94. — M. Demolombe (n° 392) pense que si les juges reconnaissent que l'époux a été victime d'une déception cruelle, et que la vie lui serait désormais insupportable, ils pourront considérer l'existence d'une *injure grave*, et, dès lors, prononcer la séparation de corps. — Delvincourt, t. 1er, p. 78, note 7; Allemand, n° 1379.

95. — La condamnation à une peine infamante antérieure au mariage serait-elle du moins une cause de nullité du mariage? — V. MARIAGE, nos 83 et suiv.

96. — Toutefois, pour que la condamnation à une peine infamante, encourue pendant le mariage par l'un des époux, soit une cause de séparation de corps, il ne suffit pas qu'elle ait été prononcée; il faut que la sentence ne soit plus susceptible d'être réformée par aucune voie légale, en d'autres termes qu'elle ait acquis la force de chose jugée. Ainsi, lorsque la condamnation a été prononcée contradictoirement, la demande en séparation de corps ne peut être formée qu'après l'expiration des trois jours accordés pour le pourvoi en cassation, ou qu'après le rejet de ce pourvoi.

97. — Lorsque la condamnation est par contumace, il faut attendre que les vingt années données pour purger la contumace soient expirées. — *Cass.*, 17 juin 1813, Valada; *Paris*, 6 août 1840 (t. 2 1840, p. 370), Gibier. — Duranton, t. 2, n° 560; Vazeille, t. 2, n° 554; Zachariæ, t. 3, p. 356, et ses annotateurs, *ibid.*, note 17; Massol, p. 52, n° 1er; Demolombe, n° 397; Allemand, n° 1375.

98. — Mais la révision est une voie trop extraordinaire pour que la seule possibilité légale de ce recours soit considérée comme un motif de suspension.—Vazeille, t. 2, n° 556; Zachariæ, t. 3, p. 356; Demolombe, n° 397.

99. — La grâce, la commutation de la peine infamante en une peine non infamante, et l'expiration de la peine, ne détruisant pas l'effet de la condamnation, laissent subsister le droit qu'a le conjoint de l'époux condamné de demander la séparation de corps. — *Grenoble*, 17 août 1822, Vivier. — Duranton, t. 2, n° 559; Vazeille, t. 2, nos 557 et 559; Zachariæ, *loc. cit.*, et ses annotateurs, note 19; Massol, p. 53, n° 3; Demolombe, n° 396; Allemand, n° 1377.

100. — Mais la réhabilitation faisant disparaître l'infamie, rendrait l'autre conjoint non recevable à poursuivre ultérieurement la séparation de corps. — V. l'arrêt de *Grenoble* précité. — Duranton, t. 2, n° 572; Vazeille, t. 2, n° 558; Zachariæ, *ubi suprà*, et ses annotateurs, p. 357, note 20; Massol, p. 53, n° 4; Demolombe, *loc. cit.*; Allemand, n° 1378.

Sect. 2e. — *Des mesures provisoires et conservatoires auxquelles donne lieu la demande en séparation de corps.*

§ 1er. — *De l'indication d'un domicile provisoire dans lequel la femme peut être autorisée à se retirer pendant l'instance en séparation.*

101. — Avant le Code de procédure civile, la femme n'était pas tenue, pour suivre sur sa demande en séparation de corps, de se faire indiquer par le tribunal une maison de retraite. — *Cass.*, 13 brum. an XIV, Royer.

102. — La femme demanderesse en séparation de corps a également aujourd'hui la faculté de continuer à résider avec son mari. Cependant la prudence exigeait qu'elle pût aller habiter ailleurs pendant le temps de l'instruction. De là la disposition de l'art. 878 du Code de procédure qui accorde au président le droit de l'autoriser à se retirer provisoirement dans telle maison dont les parties conviendront, ou qu'il indiquera d'office, et d'ordonner que les effets à son usage journalier lui soient remis.

103. — Cette disposition est applicable même au cas où la femme est défenderesse. — *Cass.*, 25 mars 1828, Chatelier. — Vazeille, t. 2, n° 569; Zachariæ, t. 3, p. 369; Massol, p. 156, n° 8; Demolombe, n° 455.

104. — Et, dans ce cas comme dans le précédent, c'est au président, et non au tribunal, qu'il appartient de déterminer la maison qu'elle habitera. — Massol, p. 157, note 1re; Marcadé, sur l'art. 307, n° 2, t. 2, p. 338; Demolombe, *loc. cit.* — *Contrà*, Vazeille, *loc. cit.*

105. — Jugé que le domicile de la femme peut, d'après les circonstances, être provisoirement fixé au domicile conjugal, avec défense au mari de continuer à y résider. — *Paris*, 2 août 1841 (t. 2 1841, p. 243), Carpentier. — Debelleyme, Ord.

sur référés, t. 1er, p. 65; Demolombe, n° 457. — V., toutefois, *Paris*, 27 juin 1810, Busqueta.

106. — Jugé néanmoins que le pouvoir conféré au président par l'art. 878 du Code de procédure, d'autoriser la femme à prendre une habitation séparée de celle de son mari, pendant l'instance en séparation de corps, ne saurait s'étendre jusqu'à expulser le mari du domicile conjugal. — Peu importerait d'ailleurs que la maison où serait établi ce domicile fût une propriété paraphernale de la femme. — *Limoges*, 21 mai 1845 (t. 1er 1846, p. 340), Dumont c. Gérald.

107. — ... Et que le mari ne saurait être réputé avoir acquiescé à l'ordonnance du président qui lui enjoindrait de sortir du domicile conjugal par cela seul que, sommé par l'huissier de vider les lieux, il aurait demandé un délai de quelques jours, alors surtout que requis de signer sa réponse il a refusé. En conséquence, et malgré cette réponse, il est encore recevable à se pourvoir contre l'ordonnance du président. — *Limoges*, 21 mai 1845 (t. 1er 1846, p. 340), Dumont. c. Gérald.

108. — Mais jugé aussi que la femme a le droit, pendant l'instance en séparation de corps par elle engagée contre son mari, de consentir bail d'une maison qu'elle possède à titre paraphernal, alors même que cet immeuble aurait jusqu'à cette époque servi de domicile conjugal. — Le mari peut donc être contraint par le preneur de sortir de cette maison, sauf aux tribunaux à lui accorder un délai convenable pour se procurer une autre habitation. — *Limoges*, 7 juill. 1845 (t. 1er 1846, p. 341), Dumont c. Zabillon-d'Her.

109. — Mais la femme peut-elle être autorisée à fixer sa résidence hors de l'arrondissement dans lequel le mari a son domicile? — Un arrêt de la Cour de Paris du 4 décembre 1810 (Jouenne) a résolu cette question négativement. — Delvincourt, t. 1er, p. 84, note 4. — Cette décision, exacte en principe, ne saurait cependant être considérée comme une règle absolue. — En effet, l'art. 878 du Code de procédure est conçu en termes généraux et semble laisser toute latitude quant à la désignation de la résidence où la femme doit se retirer. — Si, par exemple, les père et mère de la femme habitaient hors de l'arrondissement du domicile conjugal, et qu'elle n'eût pas, dans cet arrondissement, d'autres protecteurs, le mari pourrait-il se plaindre de ce qu'elle aurait été autorisée à retourner auprès d'eux? Quoi de plus équitable et de plus convenable à la fois! La solution de la question que nous avons posée doit donc dépendre beaucoup des circonstances. — V. Massol, p. 58; Carré et Chauveau, *Lois de la procédure*, quest. 2974; Demolombe, n° 456.

110. — La Cour de cassation a elle-même consacré ce système. Elle a jugé, en effet, par arrêt du 14 mars 1816 (Arnaud), que la femme autorisée à habiter avec ses père et mère, qui, lors de l'autorisation, résidaient, mais momentanément, dans l'arrondissement du domicile du mari, pouvait les suivre là où ils jugeaient convenable d'aller établir définitivement leur domicile, fût-ce même hors de l'arrondissement du domicile conjugal.

111. — La femme pourrait-elle être autorisée à se retirer provisoirement chez son père en pays étranger (*Colmar*, 31 mai 1811, Meyer)? — La décision de cette question nous paraît devoir être abandonnée à la sagesse du président et des tribunaux.

112. — Dans tous les cas, le mari qui aurait exécuté l'ordonnance autorisant sa femme demanderesse en séparation de corps à se retirer chez ses parens, ne pourrait attaquer cette ordonnance comme lui faisant grief, en ce que les parens de sa femme habiteraient en pays étranger. — V. l'arrêt de Colmar ci-dessus.

113. — L'ordonnance du président qui, dans une demande en séparation de corps, fixe provisoirement le domicile de la femme, doit-elle être considérée, non comme ayant le caractère de jugement, mais comme émanant du pouvoir discrétionnaire du juge, et, dès lors, doit-on la réputer non susceptible d'être attaquée par la voie de l'appel? — *Paris*, 2 août 1841 (t. 2 1841, p. 243), Carpentier. — V. *contrà*, *Pau*, 18 janv. 1830, N...; *Limoges*, 21 mai 1845 (t. 1er 1846, p. 340), Dumont c. Gerald.

114. — Jugé, dans le premier sens, que l'ordonnance du président qui, en matière de séparation de corps, fixe la résidence de la femme, est une mesure provisoire pouvant être soumise à l'appréciation du tribunal, mais non susceptible d'appel. — *Rouen*, 3 mai 1847 (t. 1er 1849, p. 459), Dupuy.

115. — L'arrêt précité, du 2 août 1841 (t. 2 1841, p. 243 [Carpentier]), a, en effet, jugé que le tribunal est compétent pour statuer sur cette question de domicile, laquelle doit être considérée comme un incident à l'instance en séparation de corps; et il ne peut refuser de prononcer, sur le motif qu'il n'est pas encore saisi de la demande principale à laquelle se rattache cet incident.

116. — En donnant à la femme l'autorisation qu'elle demandait, le tribunal ne peut condamner immédiatement le mari aux dépens. — *Paris*, 4 déc. 1810, Jouenne.

117. — L'ordonnance du président, qui, en matière de séparation de corps, autorise la femme à quitter le domicile de son mari, et lui désigne une autre résidence, attribue domicile à la femme, provisoirement et vis-à-vis du mari, au lieu où cette résidence a été indiquée. C'est à ce lieu, dès lors, que le mari doit, à peine de nullité, faire à la femme la notification de tous les actes qu'il a à lui signifier, et notamment de l'acte d'appel du jugement qui prononce la séparation de corps. — *Nîmes*, 13 août 1841 (t. 2 1846, p. 166), Guérin.

§ 2. — *Du droit réciproque pour les époux de réclamer de chacun d'eux une provision alimentaire.*

118. — L'art. 268 C. civ., qui permettait à la femme demanderesse ou défenderesse en divorce de réclamer, durant l'instance, une provision alimentaire de son mari, est également applicable en cas de séparation de corps; et l'art. 878 C. proc. veut que les demandes en provision soient portées à l'audience. D'où il suit que ces demandes doivent être appréciées par le tribunal entier, et non par le président, comme les demandes à l'effet de quitter le domicile conjugal. — Zachariæ, t. 3, p. 369; Massol, p. 156, n° 9.

119. — Toutefois, pour que la femme ait droit à une provision alimentaire, il faut qu'elle ait abandonné le domicile conjugal, soit avec autorisation de justice (*Angers*, 18 juill. 1808, Dubois), soit même sans cette autorisation. — *Aix*, 29 frim. an XIII, Amic.

120. — Si elle avait continué à demeurer dans le domicile conjugal, elle ne pourrait réclamer qu'une provision pour pourvoir à ses besoins personnels et aux frais de son action en séparation. — *Amiens*, 4 prair. an XII, Tattegrain.

121. — ... Encore bien qu'elle eût été autorisée à aller habiter ailleurs, l'art. 878 C. proc. ne créant pas, pour la femme, une simple faculté de quitter ou de ne pas quitter le domicile marital. Les juges peuvent donc n'adjuger à la femme une pension alimentaire qu'à la condition de quitter le domicile marital pour aller habiter dans un lieu déterminé, et à partir du jour où elle procédera ainsi. — *Bruxelles*, 16 mai 1831, C....

122. — Le mari a même le droit d'exiger qu'elle justifie de sa résidence dans la maison qui lui a été indiquée. — *Amiens*, 5 pluv. an XIII, Tattegrain.

123. — La provision alimentaire doit être proportionnée aux facultés du mari. — Même arrêt.

124. — « Il est entendu, dit M. Demolombe (n° 458), que la provision pécuniaire ne doit être accordée à la femme qu'autant qu'elle en a effectivement besoin, et non si ses biens personnels y suffisent : comme dans le cas de séparation de biens ou de régime dotal avec des biens paraphernaux. » — Allemand, n° 1420.

125. — Lorsqu'une demande en provision alimentaire n'a point été formée en première instance, elle peut néanmoins être présentée, pour la première fois, durant l'instance d'appel (*Bordeaux*, 3 janv. 1826, Chenaud; *Dijon*, 10 mars 1841 [t. 1er 1845, p. 481], N...); alors surtout qu'elle a lieu en raison de besoins nés pendant l'instruction même de l'appel. — *Cass.*, 14 juill. 1806, Laturbie. — Massol, p. 159, n° 11; Demolombe, n° 459; Allemand, n° 1420. — V. cependant *Rennes*, 2 mai 1812, N....

126. — Jugé encore qu'il y a lieu, de la part de la Cour d'appel, d'augmenter la provision *ad lites* accordée par les premiers juges à la femme demanderesse en séparation de corps, alors que l'appel interjeté l'a rendue insuffisante. — *Douai*, 11 juin 1847 (t. 2 1847, p. 440), Huriaux.

127. — ... Et que la femme peut demander en appel une nouvelle provision, attendu que ce n'est pas là une demande nouvelle. — *Paris*, 17 févr. 1845 (t. 1er 1845, p. 390), Serre.

128. — Jugé, d'un autre côté, que la femme demanderesse en séparation de corps qui n'a point formé en temps utile appel du jugement déterminant sa provision alimentaire, ne peut appeler de ce jugement incidemment à l'appel du jugement définitif qui a statué sur la séparation demandée. — Il en est de même en ce qui concerne le jugement qui a alloué une provision pour les frais du procès. — *Douai*, 19 nov. 1846 (t. 2 1848, p. 490), Lebas.

129. — D'ailleurs, décide le même arrêt, c'est devant les premiers juges, et non devant la Cour d'appel, que doit être portée la demande de la femme en supplément de la provision *ad lites*, si cette provision devient insuffisante par suite des frais des enquêtes et autres actes de procédure. — Mais la Cour d'appel est valablement saisie de la demande nouvelle de provision *ad lites* lorsque cette demande a trait aux frais d'appel. — Allemand, n° 1420.

130. — Il peut être statué séparément sur la demande en provision et au fond, quoique le fond soit en état. Il est fait exception en matière de séparation de corps à la règle prescrite par l'art. 134 C. proc. — *Besançon*, 20 déc. 1816, Magny.

131. — Par conséquent, le mari poursuivi en séparation de corps qui conteste à tort la demande en provision formée par sa femme peut dès à présent, et sans attendre le jugement du fond, être condamné aux dépens de cet incident. — *Colmar*, 31 mai 1811, Meyer.

132. — La provision alimentaire qui a été allouée à la femme plaidant en séparation de corps ne constitue ni une reprise, ni une indemnité à son profit. — Dès lors, le droit de la femme qui n'a pas touché cette provision se borne à faire exécuter le jugement; elle ne pourrait, après la séparation prononcée et lors de la liquidation, produire ce jugement comme un titre constitutif d'une reprise ou d'une indemnité contre la communauté. — *Paris*, 28 août 1837 (t. 1er 1838, p. 666), Sergent.

133. — Les sommes reçues par la femme à titre d'arrérages de cette provision se compensent avec les intérêts de ses reprises, sans restitution de la part de la femme, ni imputation à son préjudice, dans le cas où les arrérages excédaient les intérêts. — Même arrêt.

134. — Divers auteurs enseignent que quoique les art. 268 C. civ. et 878 C. proc. ne prévoient que le cas où la provision est demandée par la femme, ces articles doivent néanmoins, suivant les circonstances, être étendus au mari. Celui-ci peut, en effet, n'avoir pas de revenus qui lui permettent de pourvoir à ses besoins.

135. — Jugé, en ce sens, que le mari défendeur à une demande en séparation peut, en cas d'indigence, obtenir de sa femme, séparée de biens, une provision pour subvenir à son existence et aux frais du procès. — *Dijon*, 10 mars 1841, N..., et *Orléans*, 13 mars 1845 (t. 1er 1845, p. 481), Brunard. — Tel est aussi l'avis de Massol (*De la séparation de corps et de ses effets*, p. 160) : « S'il est attesté, dit-il, que le mari n'a pas de revenus qui lui permettent de pourvoir à son entretien, les tribunaux viendront à son secours; il serait étrange que, sous ce rapport, la femme fût mieux traitée que le mari, qu'elle eût la faculté de recevoir une provision de son époux tandis que ce dernier n'aurait pas cet avantage. » — Vazeille, t. 2, n° 570; Demolombe, n° 467.

136. — ... Et cette demande en provision peut être formée pour la première fois en appel. — *Dijon*, 10 mars 1841 (t. 1er 1845, p. 481), N.... — « Une provision, dit Massol (*loc. cit.*), n'est sollicitée qu'à mesure qu'on est dans le besoin; or il est possible qu'en première instance l'époux eût des ressources suffisantes, qui ont été épuisées lorsque l'affaire est transmise à la Cour. »

§ 3. — *De l'administration de la communauté et des biens personnels de la femme. — Conséquences de cette administration. — Scellés. — Inventaire. — Saisie-arrêt, etc.*

137. — Le droit accordé à la femme de réclamer pendant l'instance en séparation de corps une provision alimentaire est fondé sur ce que le mari conserve, nonobstant la demande en séparation, l'administration et la jouissance des biens qui composent la communauté, ainsi que de ceux personnels à la femme. Il n'en peut être dépouillé que par la liquidation définitive. — *Amiens*, 4 prair. an XII, Tattegrain; *Liége*, 13 janv. 1809, R...; *Paris*, 13 juill. 1825, Meslin. — Massol, p. 160, n° 13.

138. — Jugé, toutefois, que s'il s'agissait d'un brevet de maître de poste dont la femme eût été investie avant son mariage, qu'elle se fût constitué en dot, et qui, depuis, a été maintenu sur sa tête, le mari ne pourrait prétendre que, pendant l'instance en séparation de corps, il en est l'administrateur, par la raison que les brevets de maître de poste sont personnels et ne peuvent être cédés qu'avec l'agrément de l'administration. La femme a, dans ce cas, le droit de conserver l'administration de ce brevet avec tout le matériel et les bâtimens servant à son exploitation, mais elle doit verser dans les mains de son mari les produits de cette administration. — *Amiens*, 10 janv. 1840 (t. 2 1841, p. 484), Bondoux.

139. — Du principe que, pendant l'instance en séparation de corps, le mari continue d'être l'administrateur légal des biens de la communauté et des biens personnels de la femme, il suit : 1° que les tribunaux ne peuvent ordonner que, durant cette instance, les revenus de la communauté seront perçus par un tiers chargé d'en rendre compte. — *Amiens*, 4 prair. an XII, Tattegrain.

140. — ... 2° Que la femme ne peut obtenir le séquestre des biens de la communauté, ni de ceux qui lui sont personnels, ni même des fruits. — *Liége*, 13 janv. 1809, R.... — *Contrà*, Massol, p. 165, n° 17; Chauveau sur Carré, quest. 2976.

141. — ... 3° Ni le séquestre des biens composant une succession qui lui échoit durant l'instance. — *Angers*, 27 août 1817, G....

142. — Le légataire particulier, dont les droits ne sont pas établis, ne peut intervenir et se joindre à la femme pour demander le séquestre. — Même arrêt.

143. — Dans tous les cas, le président serait incompétent pour prononcer en référé sur la demande en séquestre. — *Liége*, 13 janv. 1809, R....

144. — Il résulte du même principe que le mari demandeur ou défendeur à une demande en séparation de corps a le droit de faire apposer les scellés sur les meubles et effets de son épouse, qui garnissent le domicile dans lequel elle a été autorisée à se retirer provisoirement pendant l'instance en séparation de corps. — *Angers*, 16 juill. 1817, G.... — Vazeille, t. 2, n° 573; Massol, p. 170, n° 19; Demolombe, n° 469. — *Contrà*, *Paris*, 9 janv. 1823, Durandeau.

145. — En admettant même que l'apposition des scellés eût été illégalement faite, la levée ne pourrait en être ordonnée sans inventaire descriptif. — V. l'arrêt d'*Angers* précité.

146. — Le mari peut aussi faire lever tous scellés apposés sur une succession échue à l'épouse demanderesse en séparation, s'il prétend que sous les scellés sont des titres nécessaires à l'administration de la succession. On objecterait en vain qu'il est possible que par l'événement du procès, le mari se trouve sans intérêt. — Même arrêt.

147. — Le mari demeurant le maître de la communauté pendant l'instance en séparation de corps, il était à craindre qu'excité par le ressentiment il n'abusât de son administration pour dissiper, par avance, la portion de la communauté revenant à la femme par suite de la séparation de biens qu'entraîne nécessairement après elle la séparation de corps (C. civ. art. 311). Aussi est-ce un point constant en doctrine et en jurisprudence que la femme demanderesse en séparation de corps peut, comme la femme demanderesse en divorce, conformément à l'art. 270 C. civ., lorsqu'elle a obtenu l'autorisation du président requise par l'art. 878 C. proc., faire apposer les scellés sur les effets dépendant de la communauté. — *Bruxelles*, 8 mai 1807, Marnef; 11 août 1808, Desangré; 13 août 1812, Hubert c. Servais. — Toullier, t. 2, n° 776; Duranton, t. 2, n° 613; Vazeille, *ubi suprà*; Zachariæ, t. 3, p. 368 et 370; Carré et Chauveau, sur l'art. 878, quest. 2976; Demolombe, n° 461; Massol, p. 160, n° 13. — V., cependant, en sens contraire, Valette, *Observat.* sur Proudhon, *De l'état des personnes*, t. 1er, p. 537, note *a*.

148. — Cette apposition peut comprendre même ceux des meubles de la communauté, trouvés dans le domicile des époux, dont le mari aurait consenti la vente, s'il s'élève contre cette vente des présomptions de fraude et de simulation. — *Bruxelles*, 13 août 1812, Hubert c. Servais.

149. — Elle a pour effet d'empêcher le mari, quoiqu'encore administrateur de la communauté, de vendre, de céder ou de donner en paiement le mobilier de cette communauté, sans y être autorisé par justice ou sans le consentement de sa femme. L'aliénation qu'il en ferait sans cette autorisation ou sans ce consentement, serait nulle. L'art. 271 C. civ., qui frappe

de nullité toute aliénation des immeubles faite par le mari postérieurement à l'ordonnance du président, doit s'appliquer *à fortiori* aux ventes de meubles exécutées depuis l'apposition des scellés. — *Bruxelles*, 11 août 1808, Desangré; *Rennes*, 24 déc. 1819, Coconnier c. Buton. — V., cependant, M. Allemand (n° 1423), qui considère le mari comme simplement responsable *de la valeur* des objets inventoriés.

150. — La femme demanderesse en séparation de corps peut, même avant d'avoir obtenu sa séparation, demander qu'il soit fait un inventaire des meubles et effets de la communauté. — *Amiens*, 5 pluviôse an V, N..., et 5 pluviôse an XIII, Tattegrain.

151. — On s'est demandé si la femme demanderesse en séparation de corps peut requérir d'autres mesures conservatoires que celles qui sont autorisées par l'art. 270 C. civ., c'est-à-dire l'apposition des scellés sur les objets mobiliers de la communauté et l'inventaire avec prisée de ces objets.

152. — La Cour de Paris s'est prononcée pour la négative, par arrêt du 4 mai 1825 (Bosquet), dans une espèce où les droits de la femme étaient déjà suffisamment garantis, et elle a décidé par exemple, dans cette espèce, que la femme demanderesse en séparation de corps ne pouvait saisir-arrêter les revenus de la communauté et les faire verser à la caisse des consignations pour la conservation de ses droits.

153. — Mais si la conduite du mari et sa fortune purement mobilière n'offrent pas une garantie suffisante, les tribunaux sont alors fondés à prescrire, sur la demande de la femme, pour la conservation de ses droits, le dépôt des deniers faisant partie de la communauté à la caisse des consignations. — *Metz*, 23 juin 1819, Defaux. — Chauveau sur Carré, quest. 2976; Massol, p. 163, n° 14, et p. 164, n° 16; Demolombe, n° 465. — M. Allemand (n° 1423) dit que cet arrêt est peu régulier en principe, en ce qu'il prive le mari de l'administration des biens.

154. — La femme non commune en biens et demanderesse en séparation de corps ne peut au contraire, sous le prétexte que son mari est insolvable, lorsque d'ailleurs ses droits matrimoniaux ne sont pas encore établis et qu'elle ne constate ni l'inconduite ni l'insolvabilité de son mari, exiger d'autres sûretés que celles indiquées part l'art. 270 C. civ. — *Metz*, 23 avr. 1811, Camille.

155. — Du reste les mesures provisoires et conservatoires autorisées par l'art. 270 C. civ. étant hostiles au mari, la femme demanderesse en séparation de corps n'a pas besoin de la provoquer contradictoirement avec lui. Ces mesures ne peuvent même être véritablement efficaces qu'autant qu'elles sont prises à son insu. — *Rennes*, 22 juill. 1818, Enodeau.

156. — L'apposition de scellés requise par le mari ou par la femme a-t-elle besoin d'être autorisée par le juge? — Non. — Demolombe, n° 470; Delvincourt, t. 1er, p. 85, note 4; Vazeille, t. 2, n° 573; Massol, p. 163, n° 14. — *Angers*, 16 juill. 1817, G... c. C... (implicit.). — Oui. — Toullier, t. 13, n° 61; Debelleyme, t. 1er, p. 65.

§ 4. — *Des mesures provisoires concernant les enfans.*

157. — La demande en séparation de corps ne porte aucune atteinte à la puissance paternelle, que le jugement même de séparation laisse intacte. Dès lors, durant l'instance en séparation de corps, le mari, bien que la séparation soit provoquée contre lui, doit demeurer chargé de la garde des enfans communs, quel que soit leur âge, à moins qu'il n'existe des motifs suffisans pour le priver de l'administration de leur personne. L'art. 267 C. civ. est également applicable en cette matière. — *Bruxelles*, 8 mai 1807, Marnef; *Bordeaux*, 18 janv. 1841 (t. 1er 1841, p. 447), Dillingham. — Vazeille, t. 2, n° 572; Duranton, t. 2, n° 616; Massol, p. 151, n° 1er; Marcadé, sur l'art. 307, n° 2, t. 2, p. 338; Valette, *Observat.* sur Proudhon, t. 1er, p. 537, note A *in fine*.

158. — C'est aux tribunaux qu'il appartient d'apprécier les motifs d'après lesquels il convient de confier, pendant l'instance en séparation de corps, la garde et l'administration provisoire des enfans à l'un des époux plutôt qu'à l'autre. Ils ont à cet égard un pouvoir discrétionnaire. — *Caen*, 19 juin 1807, Duronceray; *Rennes*, 31 juill. 1811, Ch...; *Limoges*, 15 janv. 1817, Martin; *Bruxelles*, 7 août 1829, D.... — Vazeille et Massol, *loc. cit.*; Zachariæ, t. 3, p. 368; Demolombe n° 452.

159. — Les tribunaux peuvent, par exemple, confier, pendant l'instance en séparation de corps, une fille à sa mère demanderesse, par le motif que la présence de cette fille est nécessaire à la santé de sa mère. — V. l'arrêt de Bruxelles précité du 7 août 1829.

160. — Et dans le cas où les enfans ont été confiés à la femme, le mari ne peut s'en emparer. Néanmoins, s'il l'avait fait, les juges ne pourraient autoriser l'emploi de la contrainte par corps pour l'obliger à les remettre. — Le jugement qui ordonnerait cette remise ne pourrait être rendu exécutoire sur minute. — *Paris*, 27 juin 1810, Foubert.

161. — Si l'administration provisoire des enfans a été maintenue au mari, à la charge par lui de les représenter à leur mère à certains jours et heures; l'inexécution de cette obligation de la part du mari ne serait pas un motif suffisant pour lui enlever cette administration provisoire, alors surtout que l'avantage des enfans n'en impose pas la nécessité. — *Bordeaux*, 18 janv. 1841 (t. 1er 1841, p. 447), Dillingham.

162. — Il est également loisible aux époux qui plaident en séparation de corps de confier, pendant la procédure, leurs enfans à un tiers (C. civ., art. 280), et aux tribunaux de décider que l'intérêt des enfans exige qu'une tierce personne soit chargée de leur administration. — Massol, p. 154, n° 2.

163. — Lorsque le mari a lui-même demandé et fait ordonner par justice que les enfans communs seraient confiés à une tierce personne pendant l'instance en séparation de corps, il ne peut plus, au mépris de cette décision et en invoquant les droits de la puissance paternelle, retirer ces enfans de la maison où ils ont été placés. — *Angers*, 18 juill. 1808, Dubois.

164. — M. Demolombe dit que l'accord volontaire des époux relativement à l'administration provisoire des enfans serait toujours révocable. — Massol, p. 154, n° 2; Demolombe, n° 453.

165. — Le jugement qui joint au fond la demande provisoire de l'époux, demandeur en séparation, tendant à obtenir la remise des enfans, peut être attaqué par la voie de l'appel avant le jugement définitif. — *Limoges*, 15 janv. 1817, Martin.

166. — La femme demanderesse en séparation de corps peut, pour la première fois en appel, conclure à ce que ses enfans soient remis entre ses mains. Ce n'est pas là une demande nouvelle, mais une conséquence nécessaire de la demande en séparation de corps. — Le sort des enfans est, d'ailleurs, dans ce cas, un objet d'ordre public, sur lequel les juges doivent prononcer, même quand il n'y aurait pas de conclusions positives à ce sujet. — *Cass.*, 17 nov. 1847 (t. 2 1848, p 489), Cartain.

167. — Le président du tribunal, en autorisant la femme à former sa demande en séparation de corps, est investi du droit d'ordonner les mesures provisoires que réclame l'intérêt des enfans. — Mais, statuant alors non dans les termes de l'art. 878 C. proc. civ., mais par droit de référé, sa décision est un acte de juridiction qui peut être attaqué par la voie de l'appel. — *Paris*, 5 janv. 1848 (t. 1er 1848, p. 397), X.... — Conf., sur le principe, Debelleyme, t. 1er, p. 64. — V. aussi Demolombe, *loc. cit.*

168. — La femme demanderesse en séparation de corps qui avait obtenu la surveillance des enfans et qui les retient après que sa demande a été rejetée, ne peut être contrainte par des dommages-intérêts, mais seulement par la saisie de ses revenus, à les rendre au mari. — *Colmar*, 10 juill. 1833, X....

169. — La femme qui, après avoir succombé dans une instance en séparation de corps, se cache avec ses enfans pour les soustraire à l'autorité paternelle, ne peut pas être assimilée à celui qui se rend coupable d'enlèvement de mineurs, et ne saurait dès lors être poursuivie criminellement en vertu de l'art. 354 C. pén. — *Rennes*, 11 oct. 1842 (t. 2 1843, p. 266), D....

Sect. 3e. — *Des fins de non-recevoir contre la demande en séparation de corps.*

§ 1er. — *De l'abandon par la femme du domicile conjugal, ou de la résidence provisoire qui lui a été indiquée.*

170. — Aux termes de l'art. 268 Code civ., la femme demanderesse en divorce pouvait quitter le domicile conjugal et se retirer provisoirement dans telle maison dont les parties convenaient

ou qui était indiquée d'office par le tribunal; et l'art. 269 voulait qu'elle fût tenue de justifier de sa résidence dans cette maison, sous peine d'être déclarée non recevable à continuer ses poursuites. L'art. 878 C. proc. autorise également le tribunal à permettre à la femme demanderesse en séparation de corps de se retirer dans telle maison dont les parties seront convenues ou qui sera désignée d'office par le tribunal. Mais il ne répète point la disposition de l'art. 269 C. civ., relative à la déchéance prononcée contre la femme qui cesserait de résider dans cette maison. De là s'est élevée la question de savoir si cette déchéance devait aussi recevoir son application au cas d'une demande en séparation de corps.

171. — Cette question a été décidée négativement, par la raison que les déchéances constituant une pénalité ne peuvent être étendues d'un cas à un autre. On peut dire aussi, en faveur de cette décision, que le législateur semble lui-même avoir voulu affranchir la femme de cette déchéance, en ordonnant (C. civ., art. 307) que les demandes en séparation de corps seraient instruites dans les formes ordinaires. — *Bordeaux*, 21 flor. an XIII, Royer; *Cass.*, 13 brum. an XIV, Boyer; *Bruxelles*, 15 juill. 1807, Franquain; *Trèves*, 8 janv. 1808, Bories; *Turin*, 12 févr. 1811, Bonfante; *Toulouse*, 7 août 1811, Larivière; *Bruxelles*, 26 déc. 1811, Silez; *Nîmes*, 26 déc. 1811, F...; *Agen*, 10 déc. 1812, Samalens; *Bordeaux*, 27 janv. 1819, Peignard; *Bruxelles*, 14 oct. 1820, B...; *Rouen*, 26 déc. 1820, Sécilion de Kerfut; *Grenoble*, 26 févr. 1821, Coste; *Toulouse*, 10 juill. 1822, de Brémond c. Barthès; *Bastia*, 2 août 1824, Levie; *Rennes*, 11 févr. 1833, Roty; *Bordeaux*, 6 janv. 1835, Sodoni c. Laquille. — Duranton, t. 2, n° 578.

172. — On doit surtout rejeter la fin de non-recevoir tirée de ce que la femme demanderesse en séparation de corps n'habite pas la maison qui lui a été assignée par le tribunal, alors qu'elle en habite une autre qui lui a été choisie par la personne même chez laquelle elle devait se retirer. — *Nancy*, 30 août 1831, Husson.

173. — ... Ou que celle qu'elle s'est choisie elle-même n'a rien que de convenable sous le rapport de la sûreté, de la bienséance, des bonnes mœurs et de la surveillance que le mari doit exercer sur elle. — *Bruxelles*, 26 déc. 1811, Silez.

174. — Toutefois la femme peut, dans ce cas, être condamnée à avancer les frais de l'instance élevée sur cet incident, à la charge de la communauté. — Même arrêt.

175. — Jugé aussi que la femme qui après le jugement de séparation, mais avant l'expiration des délais d'appel, abandonne la résidence qui lui a été indiquée, ne se rend pas, par cela même, non recevable à défendre sur l'appel. — *Gênes*, 19 août 1811, M....

176. — Jugé aussi qu'en admettant même que l'application de l'art. 269 C. civ. dût être faite à une demande en séparation de corps, on ne saurait néanmoins déclarer déchue du droit de continuer les poursuites la femme qui ne se serait absentée que momentanément, et pour cause légitime, de la résidence indiquée. — *Nîmes*, 26 déc. 1811, F...

177. — Quelques auteurs pensent qu'on ne saurait prendre parti, d'une manière absolue, pour l'application ou la non-application de l'art. 269 au cas d'une demande en séparation de corps, et que la solution de cette question dépendra beaucoup des circonstances. Il faut, suivant eux, laisser aux tribunaux le soin de les apprécier. Ainsi, par exemple, lorsque la femme ne se sera éloignée de la maison convenue ou désignée d'office que dans le but unique de se procurer une plus grande liberté, afin de donner un libre cours à son inconduite et à ses débauches, les tribunaux auront raison de lui faire encourir la déchéance résultant de l'art. 269. — V., en ce sens, Carré et Chauveau, *Lois de la procédure*, sur l'art. 878 Code proc., quest. 2975; Massol, p. 87, n° 14.

178. — C'est par suite de ce pouvoir discrétionnaire des tribunaux qu'il a été jugé, d'une part, que la femme demanderesse en séparation de corps était non recevable à suivre sur son action lorsqu'au lieu de résider dans le domicile provisoire qui lui avait été indiqué par justice elle en habitait un qui, malgré sa demande, ne lui avait pas été accordé, et que, d'ailleurs, elle n'avait fait connaître aucune cause légitime de son refus d'obéir à la justice. — *Agen*, 17 mars 1842 (t. 2 1842, p. 530), Laporte.

179. — ... D'autre part, que l'arrêt qui refusait d'appliquer l'art. 269 au cas où la femme n'avait quitté ce domicile qu'après l'arrêt qui accueillait sa demande, et alors que, cet arrêt ayant été cassé, le mari, en appelant sa femme devant la Cour de renvoi, ne lui avait pas fait sommation de le réintégrer, ne pouvait être annulé comme violant l'art. 269. — *Cass.*, 23 nov. 1841 (t. 1er 1842, p. 17), Digue.

180. — M. Allemand enseigne (n° 1385) qu'en principe, l'inexécution de l'ordre du président, quant à la résidence assignée à la femme, n'est pas une fin de non-recevoir; mais que, si elle a quelques inconvéniens, le tribunal peut surseoir à statuer au fond jusqu'à ce que la femme ait justifié de son obéissance.

§ 2. — *De la réciprocité des torts. — Provocation.*

181. — Lorsque les deux époux se sont réciproquement rendus coupables des mêmes torts l'un envers l'autre, cette réciprocité doit-elle produire une fin de non-recevoir contre la demande en séparation de corps formée par l'un d'eux? Spécialement, l'époux coupable d'adultère doit-il être irrecevable à former pour le même fait, contre son conjoint, une demande en séparation de corps?

182. — L'affirmative est enseignée par M. Duranton, qui soutient formellement (t. 2, n° 574) que la réciprocité des torts doit, en général, produire une fin de non-recevoir, surtout lorsqu'ils sont de même nature, à moins toutefois que la faute de l'époux qui demande la séparation ne fût antérieure à celle de l'autre époux, et qu'elle n'eût été effacée par la réconciliation; et encore, ajoute-t-il, cette modification serait-elle subordonnée aux circonstances. — M. Massol partage la même opinion, *De la séparation de corps*, p. 87, n° 14.

183. — Le Code prussien et les lois anglaises n'admettent pas non plus une femme adultère à venir demander la séparation pour cause d'adultère de son mari.

184. — Mais la généralité des auteurs et des arrêts repousse ce système de compensation entre les torts de même nature que les époux peuvent avoir réciproquement à se reprocher. Aussi la jurisprudence est-elle unanime sur ce point, que l'époux contre lequel la séparation de corps est provoquée pour cause d'adultère ne peut opposer, comme exception, l'adultère de son conjoint. — *Orléans*, 16 août 1820, et *Cass.*, 9 mai 1821, Ladureau; *Rennes*, 28 déc. 1825, P...— Zachariæ, t. 3, p. 364; Valette, *Observat.* sur Proudhon, t. 2, p. 532, n° 4. — Seulement, M. Marcadé (t. 2, p. 341, n° 4) pense que, dans ce cas, il pourra y avoir lieu à prononcer la séparation de corps *contre* les deux époux. — En ce sens, Demolombe, n° 416.

185. — Jugé encore que la femme défenderesse à la demande en séparation de corps intentée contre elle pour cause d'adultère, ne peut opposer, comme fin de non-recevoir, l'adultère dont son mari se serait lui-même rendu coupable en entretenant une concubine dans le domicile conjugal. — *Aix*, 14 mars 1843 (t. 2 1844, p. 188), Abraham.

186. — Décidé aussi que le mari défendeur à une demande en séparation de corps ne peut opposer l'inconduite de sa femme comme une compensation des excès, sévices et injures graves dont elle se plaint, lorsqu'il est d'ailleurs reconnu que ces excès, sévices et injures graves, n'ont pas été provoqués par les déréglemens imputés à la demanderesse. — *Bruxelles*, 15 juill. 1807, Franquain.

187. — L'inconduite seule de la femme ne la rend pas, en effet, non recevable à demander la séparation de corps pour excès, sévices et injures graves. — *Bruxelles*, 27 flor. an XIII, Meeus; *Cass.*, 10 juin 1824, Poutard.

188. — Jugé par la Cour de Rouen que le mari contre lequel la séparation de corps est demandée pour cause d'excès, sévices et injures graves, ne peut opposer l'inconduite de sa femme comme fin de non-recevoir, qu'autant que cette inconduite coïncide, pour en atténuer la gravité, avec les outrages et sévices qui lui sont imputés. — *Rouen*, 27 juin 1844 (t. 2 1844, p. 290), Lainé.

189. — On s'est, en effet, demandé si l'époux qui base sa demande en séparation de corps sur les excès, sévices ou injures graves dont il a été l'objet de la part de son conjoint, peut être repoussé dans cette demande, s'il est constant qu'il les a provoqués par son inconduite? La solution affirmative de cette question ne nous semble susceptible d'aucun doute. Elle a été, du reste, consacrée par plusieurs arrêts et adoptée par tous les auteurs. — *Angers*, 3 juin 1813, Caillat; *Rennes*, 12 juill. 1813, N...; 1er juin 1823, L...; *Toulouse*, 9 janv. 1824, B...; *Orléans*, 11 avr. 1832, B...; *Nîmes*, 14 mars 1842 (t. 1er 1842, p. 750), Sag.... — Toullier, t. 2, n° 764; Duranton, t. 2, nos 575 et 576; Vazeille, t. 2, n° 542; Marcadé, Valette et Massol, *loc. cit.*

190. — Jugé encore que les injures, sévices et excès que le mari s'est permis envers sa femme peuvent être réputés insuffisans pour motiver la séparation de corps, lorsque celle-ci les a provoqués par des injures grossières et une conduite répréhensible. — *Bordeaux*, 24 mai 1845 (t. 2 1845, p. 277), Roux. — V., en ce sens (pour hypothèse réciproque), *Douai*, 19 nov. 1846 (t. 2 1848, p. 490), Lebas.

191. — Jugé encore que la demande en séparation de corps, formée reconventionnellement pour excès, sévices ou injures graves du mari, peut être écartée lorsque ces faits ont été provoqués par l'inconduite de la femme. — *Rennes*, 23 févr. 1849 (t. 2 1849, p. 86), B....

192. — Par conséquent le mari est recevable, lors de l'enquête tendant à prouver les excès, sévices et injures graves, qui forment la base de la demande de la femme en séparation de corps, à établir que ces excès ont été provoqués par l'inconduite de celle-ci; il peut établir cette inconduite, alors même qu'il n'en aurait pas excipé avant le jugement interlocutoire et que, dès lors, ce jugement ne l'aurait pas admis à la preuve de ces faits. — V. l'arrêt de *Toulouse* précité, du 9 janv. 1824, B...; *Paris*, 15 mars 1841 (t. 1er 1841, p. 411), Fournier. — V. cependant *Bruxelles*, 4 mars 1830, F....

193. — La faculté de prouver des faits d'inconduite est comprise dans l'admission générale à la preuve contraire. — *Bruxelles*, 5 juill. 1809, B... c. D....

194. — Toutefois l'inconduite simplement imprudente mais non criminelle de la femme ne saurait excuser les graves excès auxquels son mari se serait porté envers elle, et, dans ce cas, la séparation de corps devrait être prononcée. — *Rennes*, 21 août 1823, Williams.

195. — Par exemple on ne pourrait voir dans l'ivrognerie ou l'ivresse de la femme une excuse suffisante des excès du mari, qui auraient compromis son existence. — *Nancy*, 8 mars 1832, Lenoir.

196. — Jugé même que la plainte en adultère portée par le mari contre sa femme ne suspend pas l'action en séparation de corps formée par celle-ci, alors surtout qu'elle n'est intervenue qu'au moment où la Cour allait statuer sur son appel. — *Bordeaux*, 3 janv. 1826, Chenaud.

197. — Au surplus, les tribunaux ont également plein pouvoir pour apprécier le caractère et la gravité des faits desquels on prétend faire résulter l'*excuse* ou la provocation. Ainsi, l'arrêt qui porterait que les torts de l'un des conjoints sont de nature à donner lieu à la séparation de corps, mais qu'elle ne doit pas être accordée parce qu'il existe une fin de non-recevoir dans les fautes imputées au demandeur, échapperait à la censure de la Cour de cassation. — Toullier, t. 2, n° 764; Duranton, t. 2, n° 577; Zachariæ, t. 3, p. 364; Massol, p. 86.

198. — Pour arriver à une saine appréciation en cette matière, les tribunaux devront examiner si les torts de l'un des conjoints peuvent se *comparer* avec ceux de l'autre. Car si cette comparaison était impossible, ils ne pourraient ne pas prononcer la séparation de corps : ce qui aurait lieu, par exemple, dans le cas où la femme ayant commis un adultère, le mari lui aurait fait essuyer des traitemens d'une nature telle que sa vie se serait trouvée en danger. — Massol, p. 87.

199. — Il a été jugé que l'arrêt qui, tout en reconnaissant que des interpellations adressées par le mari aux témoins pouvaient paraître offensantes pour la femme, rejette néanmoins la demande en séparation de corps fondée sur ce fait, en décidant que, de la part du mari, ces interpellations n'avaient pas pour but de diffamer sa femme, mais de faire connaître dans quelles circonstances s'étaient passés les faits qui lui étaient reprochés, de les expliquer et de les excuser, que c'était moins de sa part une attaque qu'une défense, échappe, comme reposant sur une appréciation de faits qui est exclusivement réservée au tribunal qui a prononcé cet arrêt, à la censure de la Cour de cassation. — *Cass.*, 7 mai 1838 (t. 1er 1838, p. 350), Tilon.

200. — Jugé qu'en supposant que le mari puisse articuler les désordres de sa femme pour excuser les violences et les sévices sur lesquels celle-ci fonde sa demande en séparation de corps, une semblable articulation devient un outrage qui suffit pour faire prononcer la séparation, alors qu'elle ne peut servir d'excuse aux violences reprochées, en ce que les faits imputés à la femme remonteraient à plusieurs années et auraient d'ailleurs

été pardonnés. — *Bourges*, 30 août 1843 (t. 2 1844, p. 289), Charpignon.

201. — La séparation de corps demandée par la femme et reconventionnellement par le mari, peut être prononcée simultanément contre les deux époux quand il est prouvé qu'ils ont eu des torts réciproques. — *Rennes*, 26 janv. 1847 (t. 1er 1847, p. 441), Villeroy.

§ 3. — *De la réconciliation des époux.* — *Des excès, sévices ou injures graves postérieurs à la réconciliation.* — *De leurs effets à l'égard des faits antérieurs.*

202. — Au nombre des fins de non-recevoir qui peuvent être opposées à la demande en séparation de corps, la plus efficace de toutes est la réconciliation des époux. L'art. 272 du Code civil, qui admettait la réconciliation comme une fin de non-recevoir à l'exercice de l'action en divorce, doit en effet recevoir son application en matière de séparation de corps. — *Trèves*, 8 janv. 1808, Bories. — Toullier, t. 2, n° 761; Duranton, t. 2, n° 563; Vazeille, t. 2, n° 575; Zachariæ, t. 3, p. 360, et ses annotateurs, *ibid.*, note 4; Marcadé, sur l'art. 307, t. 2, p. 339, n° 3; Massol, p. 66, n° 1er; Demolombe, n° 402.

203. — Mais cette fin de non-recevoir résultant de ce qu'il y a eu réconciliation est-elle admissible, même quand la demande en séparation de corps est fondée sur la condamnation de l'un des époux à une peine infamante?

204. — La Cour de Grenoble, par arrêt du 17 août 1821 (Vivien), et la Cour de Rouen, suivant arrêt du 8 févr. 1841 (t. 1er 1841, p. 646, Guérard), ont jugé la négative. — Il importe de remarquer que, dans l'espèce de l'arrêt de la Cour de Grenoble, l'exception de réconciliation était proposée à une époque où le condamné avait subi sa peine.

205. — M. Duranton (t. 2, nos 572 et 573) fait observer également que l'art. 272 du Code civil ne semble point s'appliquer à ce cas, par la raison qu'il n'y a réconciliation en réalité qu'entre époux divisés pour excès, sévices ou injures graves de l'un envers l'autre, et qu'il est possible que, malgré la condamnation, les époux aient toujours vécu en bonne intelligence.

206. — Deux hypothèses peuvent donc se présenter : ou la condamnation de l'un des époux à une peine infamante a été pour l'autre une grave injure, à la suite de laquelle la vie commune est devenue insupportable; ou les époux ont continué de vivre dans la meilleure intelligence. Or, au premier cas, pourquoi ne serait-il pas permis à l'époux qui s'est considéré comme gravement outragé, de pardonner à son conjoint l'offense qu'il a éprouvée, c'est-à-dire le fait même de sa condamnation? Dans le second cas, est-il une loi qui s'oppose à ce que l'époux dont le conjoint a été condamné à une peine infamante et qui peut toujours à raison de cette condamnation demander sa séparation de corps puisse valablement renoncer à ce droit? Nullement. Il importe même, dans l'intérêt des époux et de la morale publique, que cette renonciation puisse avoir lieu. On l'induira de la cohabitation libre et prolongée des époux après l'expiration de la peine. C'est ce qu'enseigne M. Duranton lui-même (*ubi suprà*), et cette opinion a été depuis partagée par MM. Zachariæ (t. 3, p. 360 et 361), Aubry et Rau ses annotateurs (p. 361, note 6), Massol (p. 68, n° 4) et Demolombe (n° 404).

207. — La réconciliation peut être antérieure ou postérieure à l'introduction de la demande en séparation de corps. — Demolombe, n° 407.

208. — Il n'est pas nécessaire qu'elle soit expresse; elle peut n'être que tacite ou présumée.

209. — La loi n'ayant point défini les caractères constitutifs de la réconciliation, s'en est rapportée, pour leur appréciation, à la lumière et à la conscience des juges. C'est à eux qu'il appartient encore ici, comme dans les cas précédens, de décider si les faits desquels on prétend faire résulter la preuve de la réconciliation tacite l'établissent ou non d'une manière suffisante, et leur appréciation, à cet égard, échappe à la censure de la Cour de cassation. — *Cass.*, 25 mai 1808, Desmorandais; 15 juin 1836 (t. 1er 1837, p. 27), d'Étruchat. — Toullier, t. 2, n° 761; Duranton, t. 2, n° 570; les annotateurs de Zachariæ, t. 3, p. 361, note 7; Marcadé, t. 2, p. 340, sur l'art. 307, n° 3; Demolombe, n° 405.

210. — En conséquence, une Cour d'appel a pu, d'après les circonstances de la cause, décider que, bien qu'une femme fût rentrée dans le domicile conjugal après l'avoir quitté par suite des faits

qui motivent sa demande en séparation de corps, il n'y a seulement eu que projet de réconciliation et non une réconciliation réalisée entre les deux époux. — V. l'arrêt ci-dessus de *Cass.*, du 15 juin 1836.

211. — Jugé encore que la sommation faite par un mari à sa femme de réintégrer le domicile conjugal ne peut être considérée comme une réconciliation qui empêcherait le mari de porter plainte pour un adultère antérieur à la sommation. — *Paris*, 11 août 1843 (t. 2 1843, p. 804), Doin.

212. — Il en est de même des lettres écrites par le mari à sa femme, dans le même but, alors même qu'elles contiendraient quelques termes d'affection, si elles ont été écrites avant la plainte. — Même arrêt.

213. — De ce que le mari, après avoir successivement porté contre sa femme une plainte en adultère et formé, pour le même fait, une demande en séparation de corps, se serait désisté purement et simplement de la plainte, il n'en résulte pas nécessairement qu'il y ait eu réconciliation de nature à le rendre non recevable à suivre sur sa demande en séparation de corps. — Mais ce désistement a pour effet de priver le ministère public du droit de requérir contre la femme l'application de la peine portée par l'art. 308 C. civ. — *Rouen*, 18 nov. 1847 (t. 1er 1848, p. 307), X... — Demolombe, n° 417. — V. cependant *infrà* n° 403. — V. ADULTÈRE.

214. — Le mari qui a fait condamner sa femme correctionnellement comme adultère, n'en est pas moins recevable à demander la séparation de corps. — Demolombe, n° 417.

215. — La seule cohabitation des époux depuis les faits qui auraient pu autoriser à intenter une demande en séparation de corps, ou même depuis la demande formée, emporte-t-elle nécessairement la preuve d'une réconciliation, indépendamment de toutes circonstances qui annoncent le pardon de l'époux offensé? Plusieurs arrêts ont jugé la négative. — *Bordeaux*, 9 fruct. an XII, Laclotte; *Besançon*, 1er févr. 1806, Lami; *Gênes*, 19 août 1811, M...; *Rennes*, 4 fév. 1812, N...; 1er avr. 1814, N.... — Massol, p. 71, n° 7. — *Contrà*, *Paris*, 18 juill. 1809, Guiran. — Toullier, t. 2, n° 762.

216. — Jugé, en ce sens, alors même qu'elle aurait été suivie d'une grossesse, si surtout la cohabitation, dans ce cas, a été forcée (c'est-à-dire ordonnée et exécutée par jugement). — *Nîmes*, 25 févr. 1808, Guiran. — Demolombe, n° 410 et suiv.

217. — Jugé que de ce qu'il y aurait eu cohabitation entre les époux postérieurement à la demande en séparation il ne s'ensuit pas qu'il y ait eu réconciliation entre eux. — *Bordeaux*, 4 juill. 1843 (t. 1er 1844, p. 128), D....

218. — Il a été jugé aussi que la femme qui après avoir quitté le domicile conjugal en raison des mauvais traitemens exercés sur elle par son mari faisait sommation à celui-ci de l'y recevoir, mais sous toutes réserves, ne pouvait être réputée s'être réconciliée, alors surtout que le mari avait refusé d'accéder à cette sommation. Il ne pourrait donc résulter de là une fin de non-recevoir contre la demande de la femme. — *Turin*, 14 févr. 1810, Mannati. — Massol, p. 75, n° 9; Demolombe, n° 413.

219. — Il en serait de même, quoique le mari fit offre, à l'audience, de déférer à la sommation. — *Paris*, 21 nov. 1840 (t. 1er 1841, p. 415), Quatre-coups.

220. — Jugé que la réconciliation opposée par l'un des époux à la demande en séparation de corps ne peut pas davantage s'induire d'un déjeuner auquel il aurait pris part avec des officiers de justice, qui procédaient à un inventaire nécessité par une demande en séparation de biens antérieure à la demande en séparation de corps. — *Rennes*, 4 févr. 1812, N....

221. — Mais jugé, d'un autre côté, que la preuve de la réconciliation entre époux, dont l'un a demandé la séparation de corps, résulte suffisamment d'un acte passé entre eux, par lequel ils ont stipulé qu'ils feraient toutes les dispositions nécessaires pour changer de lieu et d'habitation, afin d'aller conjointement se fixer ailleurs. — *Besançon*, 1er juin 1811, C....

222. — ... Que la réconciliation est encore suffisamment établie par la correspondance et la naissance d'enfans (*Nîmes*, 14 mars 1842 [t. 1er 1842, p. 750], Sag...), surtout si cette naissance a lieu pendant l'instance en séparation de corps. — *Grenoble*, 23 août 1822, Laurent.

223. — Au contraire, M. Duranton (t. 2, n° 571) pense qu'on ne peut voir dans la survenance d'enfans qu'une présomption et non une preuve positive de réconciliation; présomption qui sera

plus ou moins forte suivant que la femme sera défenderesse ou demanderesse, suivant que les époux seront d'un rang élevé ou appartiendront à une classe inférieure de la société. — V. aussi, en ce sens, les annotateurs de Zachariæ, t. 3, p. 361, note 7.

224. — Jugé que la survenance d'un enfant légitime pendant la durée de l'instance en séparation de corps n'est une fin de non-recevoir contre la demande de la femme qu'autant que l'époque de la conception de l'enfant est évidemment postérieure aux causes de cette demande. — *Rouen*, 27 juin 1844 (t. 2 1844, p. 290), Lainé.

225. — Jugé aussi que le renvoi de la concubine et le défaut pendant un certain temps de toute plainte d'adultère prouvent que la femme s'est réconciliée avec son mari, et que, dès lors, celle-ci n'est plus recevable à invoquer en appel le concubinage comme moyen de séparation de corps. — *Besançon*, 24 nov. 1807, Martinet.

226. — La preuve des faits desquels l'époux défendeur prétend faire résulter la réconciliation est à sa charge : en effet, il invoque une exception; c'est à lui de la justifier. — Duranton, t. 2, n° 569; Massol, p. 67, n° 3; Demolombe, n° 419. — Mais lorsque les faits ne sont pas précisés ou lorsque, à les supposer prouvés, ils ne portent pas avec eux la force nécessaire pour constituer la réconciliation, les juges ont le droit d'en refuser la preuve. — *Cass.*, 14 juill. 1806, Laturbie; *Rennes*, 4 févr. 1812, N....

227. — Et le jugement qui sur des conclusions formelles tendant à faire admettre qu'il y a eu réconciliation entre les époux, après avoir rejeté explicitement ce moyen dans un considérant, a ordonné la preuve au fond, a par là même valablement prononcé sur cette fin de non-recevoir. — *Rennes*, 21 août 1823, Williams.

228. — L'époux défendeur qui articule des faits de réconciliation ne peut pas davantage se plaindre de ce qu'au lieu d'ordonner exclusivement et *spécialement* la preuve de ces faits, le tribunal l'admet d'une manière générale à la preuve contraire des faits articulés par l'autre époux. Les faits de réconciliation rentrent nécessairement dans ceux dont la preuve est autorisée. — *Limoges*, 15 janv. 1817, Martin.

229. — L'aveu et le serment décisoire ou supplétoire sont admissibles en pareille matière. — *Trèves*, 28 mai 1813. — Zachariæ, t. 3, p. 362; Demolombe, n° 420.

230. — Jugé, toutefois, que lorsqu'un jugement a décidé qu'il n'y avait pas eu de réconciliation entre deux époux plaidant en séparation de corps, l'époux défendeur ne peut plus être admis à déférer le serment décisoire sur le fait de cette réconciliation. — *Cass.*, 22 août 1822, Mereaux.

231. — Du reste, la réconciliation ne peut porter que sur des faits connus de l'époux offensé; car on ne saurait lui supposer l'intention de pardonner des faits qu'il aurait ignorés. — *Limoges*, 21 mai 1835, de Bruyère. — Massol, p. 67, n° 2; Demolombe, n° 405.

232. — Mais à quelle époque de la procédure l'exception résultant de la réconciliation doit-elle être proposée? Un arrêt de la Cour d'Aix du 21 déc. 1831 (Simon) a jugé que l'époux contre lequel la séparation de corps avait été prononcée sans qu'il eût fait de contre-enquête, ne pouvait, pour la première fois en appel, offrir de prouver l'existence d'une réconciliation antérieure au jugement de séparation. MM. Zachariæ (t. 3, p. 364) et Aubry et Rau ses annotateurs (*ibid.*, note 10) enseignent, au contraire, que la fin de non-recevoir tirée de la réconciliation est opposable en tout état de cause, même en instance d'appel, tant qu'il n'y a point été valablement renoncé. — En ce sens, Demolombe, n° 421.

233. — Mais quelles conditions cette renonciation doit-elle donc réunir pour être valable? Est-il nécessaire qu'elle soit expresse, ou ne suffit-il pas qu'elle soit tacite? Nous adoptons cette dernière opinion; et dès lors il nous semble que, dans l'espèce qui a donné lieu à l'arrêt d'Aix précité, la Cour a pu voir dans le fait de la part du défendeur de ne pas profiter du droit de faire contre-enquête, une renonciation implicite à la faculté de se prévaloir de la réconciliation.

234. — Dans tous les cas si la renonciation était postérieure au jugement, elle devrait nécessairement pouvoir être opposée en appel.

235. — Jugé que l'exception de réconciliation proposée par l'époux défendeur en séparation de corps en conformité de l'art. 272 C. civ. est préjudicielle et ne peut être jointe à la demande principale pour être instruite et jugée simultanément avec elle. — *Douai*, 11 juin 1847 (t. 2 1847, p. 410), Huriaux.

236. — ... Que les faits de réconciliation doivent être écartés *à priori* si d'après les faits et élémens de la cause ils sont invraisemblables. — Même arrêt.

237. — ... Qu'enfin la femme demanderesse en séparation de corps est recevable à interjeter incidemment appel du chef du jugement qui a fixé sa provision sur l'appel principal dirigé par le mari contre le chef du même jugement qui a joint à la demande principale l'exception de réconciliation. — Même arrêt.

238. — Lorsque la réconciliation survenue entre les époux soit antérieurement ou postérieurement à une première demande en séparation de corps a éteint cette demande, conformément à l'art. 272 C. civ.; si l'époux coupable s'est livré à de nouveaux excès, sévices ou injures graves, son conjoint a le droit d'intenter une nouvelle action, et même de faire usage à l'appui des anciennes causes. — *Bordeaux*, 18 mars 1830, Cazabon; *Rennes*, 21 août 1833, D...; *Rouen*, 27 juin 1844 (t. 2 1844, p. 290), Lainé. — Duranton, t. 2, n° 565; Massol, p. 70, n° 5; Zachariæ, t. 3, p. 362; Demolombe, nos 422 et suiv.

239. — Les causes antérieures à la réconciliation peuvent être invoquées, encore bien que les causes nouvelles ne soient pas de même nature et fondées sur des faits semblables. Ainsi, des excès, sévices ou injures graves font revivre un grief d'adultère, et réciproquement. — *Toulouse*, 30 janv. 1821, N.... — Vazeille, t. 2, n° 577; Massol et Zachariæ, *ubi suprà*; les annotateurs de Zachariæ, p. 362, note 14.

240. — Il n'est même pas nécessaire que les faits postérieurs à la réconciliation soient eux-mêmes assez graves pour motiver à eux seuls la séparation de corps. — *Rennes*, 1er avr. 1814, N...; *Cass.*, 7 mars 1838 (t. 1er 1838, p. 350), Titon. — Duranton, t. 2, n° 566; Massol, *loc. cit.*; les annotateurs de Zachariæ, t. 3, p. 362, note 12; Demolombe, n° 423.

241. — Il suffit qu'ils rentrent dans la catégorie de ceux que la loi admet comme causes de séparation de corps. — *Nîmes*, 14 mars 1842 (t. 1er 1842, p. 750), Sag.... — Vazeille, *ubi suprà*.

242. — Si l'époux demandeur en séparation de corps n'avait articulé dans sa requête que des faits antérieurs à la réconciliation, sans ajouter le détail de ceux qui l'avaient suivie; son conjoint ne pourrait, pour cela, le prétendre non recevable en sa demande, surtout s'il avait lui-même assisté à l'enquête, interpellé les témoins, signé le procès-verbal et proposé des moyens de nullité contre quelques-unes des dépositions. — *Rennes*, 7 août 1820, Poirier.

243. — L'art. 273 C. civ. ne semble prévoir que le cas où l'action ayant déjà été intentée, le demandeur a été déclaré non recevable. Néanmoins, ce n'est pas dans ce sens restrictif que doivent être entendus les mots *au cas d'action nouvelle* contenus dans cet article. Les faits postérieurs à une réconciliation doivent faire revivre les faits anciens, quoique ceux-ci n'aient pas fait l'objet d'une première demande. — *Cass.*, 8 juill. 1813, Vergnes. — Duranton, t. 2, nos 565 et 567; Vazeille, t. 2, n° 581; Zachariæ, t. 3, p. 362; Demolombe, n° 422.

244. — Les juges ont, au surplus, plein pouvoir pour déclarer si les faits postérieurs à la réconciliation sont assez graves pour faire revivre les faits antérieurs. — *Cass.*, 2 mars 1808, de Cordey.

245. — Toutefois, l'arrêt qui décide que les faits postérieurs à la réconciliation doivent être de nature à prouver qu'il y a eu continuation d'outrages et de mauvais traitemens tels, que l'habitation commune n'est plus possible et qu'il n'y a plus d'espoir de rapprochement entre les époux, ne peut être considéré comme posant en principe que ces faits postérieurs doivent être suffisans pour motiver à eux seuls une demande en séparation de corps. — *Cass.*, 7 mars 1838 (t. 1er 1838, p. 350), Titon.

§ 4. — *Durée du mariage. — Age. — Chose jugée. — Mort. — Prescription, etc.*

246. — Aux termes de l'art. 277 du C. civ., le divorce ne pouvait plus être demandé après vingt ans de mariage ni lorsque la femme avait atteint l'âge de quarante-cinq ans. On s'est demandé si cet article était applicable à la séparation de corps, et elle a été résolue négativement. Ainsi une femme ne peut être déclarée non recevable dans sa demande en séparation de corps, par cela seul qu'elle est âgée de plus de quarante-cinq ans ou que plus de vingt ans se sont écoulés

depuis le mariage; peu importe aussi qu'un grand nombre d'enfans soient nés de cette union. — *Caen*, 8 déc. 1831, Leduc.

247. — Dans le cas où un jugement a rejeté une demande en séparation de corps; la force de chose jugée acquise à ce jugement ne saurait également constituer une exception contre une nouvelle demande fondée sur des faits survenus depuis, quoique ces faits soient de même nature que les premiers. On pourrait même, en pareil cas, sans violer l'autorité de la chose jugée, faire concourir les faits antérieurement écartés avec les nouveaux. — Vazeille, t. 2, nos 578 et suiv.; Zachariæ, t. 3, p. 363; Massol, p. 79, n° 10.

248. — Il a été jugé aussi que lorsqu'un arrêt rejette la demande en séparation de corps formée par la femme et la condamne à réintégrer le domicile conjugal, celle-ci peut, en reproduisant sa demande sur de nouveaux motifs, se dispenser d'exécuter cet arrêt; sans que son mari ait le droit de lui opposer comme une fin de non-recevoir, ce défaut d'exécution. — *Nîmes*, 26 déc. 1811, F....

249. — ... Que l'inexécution d'un jugement qui a ordonné à la mère de rendre l'enfant à son père, ne peut être opposée comme fin de non-recevoir à la demande en séparation de corps formée plus tard par celle-ci; que, par conséquent, les juges ne peuvent refuser de statuer sur cette demande, jusqu'à ce que le premier jugement ait été exécuté. — *Rennes*, 31 juill. 1811, Ch.... — Massol, p. 78, n° 2.

250. — ... Que la femme qui a échoué sur une demande en séparation de biens n'est pas, par cela seul, non recevable à demander la séparation de corps pour faits antérieurs à sa première action, bien que cette demande entraîne la séparation de biens. — *Cass.*, 23 août 1809, Sicard. — Toullier, t. 2, n° 763; Duranton, t. 2, n° 579; Vazeille, t. 2, n° 583; Massol, p. 81, n° 11; Zachariæ, t. 3, p. 364.

251. — La convention par laquelle deux époux s'engagent à vivre séparés l'un de l'autre et renoncent mutuellement au droit de demander la séparation judiciaire, n'étant pas obligatoire, ne met pas non plus obstacle à ce que cette séparation soit plus tard demandée, alors même que la partie relative à la séparation de fait aurait été exécutée. — *Caen*, 11 avr. 1818, M....

252. — Quant à la mort de l'un des époux, elle éteint nécessairement l'action en séparation de corps. Le pardon des offenses se présume aisément quand l'action n'a pas été introduite du vivant des deux époux. Si elle avait été introduite du vivant des deux époux, elle ne pourrait pas davantage être continuée, au décès de l'un d'eux, par les héritiers de l'autre. On ne peut plus, il est vrai, invoquer ici le pardon présumé de l'offense; mais il est une autre raison qui justifie cette dernière solution: c'est que la séparation de corps opérant un relâchement du lien conjugal, le droit de la demander doit être exclusivement réservé aux époux. — Demolombe, nos 429 et suiv.

253. — Toutefois, la mort de l'un des époux ne dispense pas, dans ce cas, de la nécessité d'obtenir un jugement; car il reste à résoudre une question pécuniaire, celle de savoir qui supportera les dépens. Les juges feront alors comme s'ils devaient prononcer la séparation de corps et, se bornant à dire qu'il y aurait eu ou non lieu à séparation, ils mettront les dépens à la charge de la partie qui aurait succombé, à moins qu'ils ne préfèrent, comme l'indique M. Duranton (t. 2, n° 580), compenser les dépens conformément à l'art. 131 du C. proc. civ. — M. Demolombe (n° 429) est aussi d'avis, en ce cas, de l'application de l'art. 131.

254. — Mais le jugement ainsi prononcé entraîne-t-il déchéance du préciput? — V. Marcadé, sur l'art. 307, n° 5, t. 2, p. 343. — *Contrà*, Duranton, t. 2, n° 580.

255. — Dans l'opinion qui admet que les héritiers peuvent suivre sur la demande en ce qui concerne la question pécuniaire qui se rattache à la déclaration d'ingratitude (*Bruxelles*, 26 avril 1806, Pool c. Walois. — Duranton, t. 2, n° 580; Vazeille, t. 2, n° 585; Zachariæ, t. 3, p. 360; Delvincourt, t. 1er, p. 82, note 2), on devrait considérer l'intérêt de la poursuite comme bien augmenté par la jurisprudence qui attribue à la séparation de corps le pouvoir d'entraîner la révocation des donations faites à l'époux coupable par l'époux outragé. — V. *infrà* nos 452 et suiv.

256. — M. Demolombe (*loc. cit.*) tout en refusant aux héritiers le droit de suivre sur la demande en séparation de corps, leur reconnaît celui de conclure à la révocation pour cause d'ingratitude.

257. — Il ajoute qu'il n'admettra en aucun cas les *enfans* à prendre la suite d'une telle instance contre leur père ou leur mère survivans.

258. — Suivant Zachariæ (t. 3, p. 363), l'action en séparation de corps se trouve encore éteinte par l'expiration du délai de trente ans depuis les faits qui y donnent lieu. — V. aussi *Rennes*, 28 déc. 1825, P....

259. — Au contraire, selon Toullier (t. 2, n° 762); si, l'inconduite ayant totalement cessé, le silence de l'époux offensé s'était prolongé pendant un an, il y aurait lieu d'appliquer l'art. 957 C. civ.

260. — Enfin Massol professe qu'il y a lieu d'appliquer (au moins pour le cas d'adultère, lequel peut motiver une condamnation correctionnelle) les art. 637 et 638 C. instr. crim., c'est-à-dire la prescription de trois ans.

261. — M. Demolombe (nos 409 et suiv.) n'admet aucune prescription, pas même la prescription trentenaire.

Sect. 4e. — *De la procédure en matière de séparation de corps.*

§ 1er. — *De la séparation volontaire. — Nullité.*

262. — La séparation de corps dispensant de la vie commune imposée par le mariage ne peut être prononcée que dans le cas et d'après les formes établies par la loi. Or, le consentement mutuel des époux ayant été exclu du nombre des causes de séparation de corps (C. civ., art. 307), toute séparation volontaire serait nulle. — *Colmar*, 22 avr. 1807, Dryon; *Caen*, 14 nov. 1825, Lebourgeois. — Demolombe, n° 400.

263. — On doit considérer comme réunissant les caractères d'une séparation volontaire, réprouvée par la loi, l'accord arrêté entre les époux dans le but d'assigner à chacun d'eux la portion de la fortune commune dont il doit jouir, et de régler pour l'avenir leur manière de vivre. — *Caen*, 8 déc. 1831, Leduc.

264. — Est également nulle la convention par laquelle deux époux arrêtent de se séparer judiciairement, et cette nullité entraîne nécessairement celle de la clause stipulée contre celui qui n'exécuterait pas la convention. — V. l'arrêt de Caen précité du 14 nov. 1825 (Lebourgeois).

265. — Il en est de même de l'acquiescement à une demande en séparation de corps. — Les premiers juges violeraient l'art. 307 C. civ., s'ils acceptaient cet acquiescement comme base de leur décision. — *Aix*, 14 déc. 1837 (t. 2 1840, p. 434), Gas c. Icard.

266. — Mais on ne peut considérer comme constituant une séparation de corps volontaire l'acquiescement au jugement qui prononce une séparation de corps, alors surtout qu'il est constant qu'il n'y a pas eu consentement mutuel ni concert frauduleux entre les époux pour arriver à la séparation de corps. En conséquence, l'époux qui, dans ces circonstances, a volontairement exécuté le jugement est non recevable plus tard à en interjeter appel. — V., outre l'arrêt d'Aix ci-dessus, *Cass.*, 21 août 1838 (t. 2 1838, p. 134), mêmes parties.

267. — Jugé aussi que le désistement de l'appel d'un jugement qui prononce une séparation de corps est valable. — *Paris*, 19 janv. 1843 (t. 1er 1843, p. 345), Thiébault. — V. ACQUIESCEMENT, APPEL, DÉSISTEMENT.

§ 2. — *De la demande en séparation de corps. — Par qui elle peut être intentée. — Forme de cette demande. — Requête. — Compétence.*

268. — La séparation de corps ne peut être régulièrement poursuivie qu'en justice. Les formes spéciales de procédure ne sont pas les mêmes que celles prescrites par les art. 234 et suiv. du C. civ., au cas de divorce. La demande en séparation de corps doit, en effet, aux termes de l'article 307 C. civ. et sauf les exceptions indiquées aux art. 875 et suiv. C. proc., être intentée, instruite et jugée de la même manière que toute autre action civile. — *Orléans*, 2 août 1821, N....

269. — Jugé, néanmoins, que les séparations prononcées, avant la publication du Code civil, par des officiers de l'état civil, doivent être maintenues en vertu de la loi du 26 germ. an XI. — *Bruxelles*, 15 fév. 1827, B....

270. — Le droit de demander la séparation de corps appartient-il non-seulement aux époux;

mais encore au subrogé tuteur d'une femme interdite, sans qu'il soit nécessaire qu'il se fasse autoriser par le conseil de famille? — *Paris*, 21 août 1841 (t. 2 1841, p. 405), Lefèvre c. Leduc. — V. INTERDICTION, nos 285 et suiv.

271. — Si la femme demanderesse en séparation de corps est mineure, elle n'a besoin, pour suivre sur sa demande, ni de l'autorisation de son mari ni de l'assistance d'un curateur. Aucune disposition du Code civil et du Code de procédure n'exige cette autorisation et cette assistance. Il suffit que la femme, majeure ou mineure, obtienne l'autorisation du président, conformément à l'art. 878 C. proc. — *Bordeaux*, 21 flor. an XIII, Royer; *Cass.*, 13 brum. an XIV, Royer; *Bordeaux*, 1er juill. 1806, S...; *Rouen*, 26 déc. 1820, Sécilion de Kerfut.—Toullier, t. 2, nos 766 et 767; Duranton, t. 2, n° 585; Carré et Chauveau, quest. 2964; Massol, p. 104, n° 8, et p. 105, n° 9.

272. — Mais est-il nécessaire que cette autorisation soit expresse? Il nous semble qu'il en doit être ici comme dans le cas de l'autorisation maritale, ou l'autorisation tacite ou implicite équivaut à une autorisation expresse. C'est ce système qui a été consacré par la Cour de Colmar. Cette Cour a jugé, en effet, le 12 décembre 1816 (Klein), que l'autorisation nécessaire à la femme pour former la demande en séparation de corps résultait suffisamment de l'ordonnance du président placée au bas de la requête et portant permis d'assigner. — Chauveau sur Carré, quest. 2972 *bis*. — V. cependant *Orléans*, 20 janv. 1809, N....

273.—Dans tous les cas, l'insuffisance de l'autorisation serait couverte par l'opposition que le mari aurait formée au jugement par défaut rendu contre lui. — *Colmar*, 12 déc. 1816, Klein.

274. — La requête au bas de laquelle le président du tribunal inscrit ordinairement l'ordonnance par laquelle il autorise l'époux qui veut se pourvoir en séparation de corps, à intenter sa demande, est le premier acte de la procédure en matière de séparation de corps. Cette requête contient sommairement les faits; on y joint les pièces à l'appui, s'il y en a. — C. proc., art. 875.

275. — On a pu après le désistement de l'appel d'un jugement qui avait rejeté une demande en divorce, reproduire ultérieurement dans la requête à l'effet d'être autorisé à former une demande en séparation de corps, les faits articulés sur la première demande, avec les nouveaux faits de sévices qui donnent lieu à la seconde. — *Paris*, 12 août 1825, Lefèvre.

276. — La loi n'exigeant qu'un exposé *sommaire* des faits qui doivent servir de base à la demande en séparation de corps, il en résulte qu'il n'est pas nécessaire que la requête les mentionne en détail; mais alors il faut les préciser et les circonstancier pendant le cours de l'instance, par des actes postérieurs. — *Besançon*, 9 avr. 1808, Lanchet; *Douai*, 9 avr. 1825, Debavelaère c. Michiels; *Bruxelles*, 18 avr. 1835, Croupe.

277.—Les juges ont, au surplus, plein pouvoir pour apprécier si les faits articulés sont suffisamment circonstanciés; et leur décision, à cet égard, échappe à la censure de la Cour de cassation. — *Cass.*, 2 mars 1808, de Cordey.

278. — La requête présentée au président par le demandeur doit être revêtue de la signature de son avoué, sans que le défendeur à la séparation puisse attaquer personnellement cet avoué en dommages-intérêts à raison des faits contenus dans cette requête; alors surtout que l'articulation de ces faits, uniquement relatifs à la cause, a été formellement autorisée par la partie.—*Paris*, 7 août 1810, Foubert.

279. — Le président répond la requête qui lui est présentée par une ordonnance portant que les parties comparaîtront devant le président au jour qui sera indiqué par ladite ordonnance. — C. proc., art. 876.

280. — Les parties doivent comparaître en personne sans l'assistance d'avoués ni de conseils. —C. proc., art. 877.

281. — L'art. 875 précité dit que le demandeur présentera la requête au président du tribunal de *son domicile*: quel est donc le tribunal compétent pour statuer sur une demande en séparation de corps? C'est évidemment le tribunal du domicile du mari, car, jusqu'à la séparation prononcée, la femme ne peut en avoir d'autre. — *Cass.*, 27 juill. 1825, Lavie.—Proudhon, *De l'état des personnes*, t. 1er, p. 535, édit. de 1842; Duranton, t. 2, n° 581; Toullier, t. 2, n° 765; Vazeille, t. 2, n° 562; Zachariæ, t. 3, p. 365; Marcadé, sur l'art. 307, n° 1er, t. 2, p. 335 et suiv.; Carré et Chauveau, quest. 2965.

282. — Ainsi le mari qui avant la demande en séparation de corps a changé de domicile, ne peut être assigné devant un tribunal autre que celui de son nouveau domicile.—*Colmar*, 12 déc. 1816, Klein.

283. —Mais la requête en séparation de corps, présentée au président du tribunal, et répondue par une ordonnance de comparution, suivie de la comparution effective des époux devant le président, forme non un simple essai de conciliation, mais un commencement d'instance, qui saisit les juges et les autorise à prononcer sur la demande en séparation, nonobstant tout changement ultérieur du domicile du mari défendeur. — *Cass.*, 27 juill. 1825, Lavie; *Paris*, 7 août 1835, Béchaud; *Amiens*, 30 avr. 1836, N.... — Chauveau sur Carré, quest. 2965 *bis*.

284. — ... Alors, surtout, que sur la requête est intervenue une ordonnance du président, qui fixe pour demeure de la femme une demeure située dans le ressort du tribunal. — V. l'arrêt de *Cass.* précité.

285. — ... Et encore bien que, lors de la comparution, le président se soit borné à prononcer un simple ajournement. — V. l'arrêt de *Paris* précité, n° 283.

286. — Jugé, cependant, que les diverses ordonnances rendues par le président et la comparution des époux ne peuvent saisir le tribunal qu'autant qu'il résulte des circonstances de la cause que le changement de domicile, opéré par l'époux défendeur en séparation, postérieurement à la comparution des époux devant le président, procède d'une intention frauduleuse. — *Lyon*, 12 janv. 1825, Lavie.

287. — Sur la question de savoir si les tribunaux français sont compétens pour connaître d'une demande en séparation de corps lorsqu'elle est formée entre époux étrangers, V. ÉTRANGER (nos 406 et suiv.).

288. — Depuis la publication dudit article, il a été jugé: 1° Que les tribunaux français ne sont compétens pour connaître des demandes en séparation de corps entre époux étrangers qu'autant que les deux parties consentent à être jugées par eux. Peu importe que la femme née et mariée en France ne soit devenue étrangère que par le fait de son mariage; et que les époux non autorisés, du reste, à y établir leur domicile, résident en France.—*Poitiers*, 15 juin 1847 (t. 2 1848, p. 333), E... c. C....

289. — ... Qu'en pareille matière, l'incompétence est absolue, d'ordre public, et peut être opposée en tout état de cause. — Même arrêt.

290. — ... Que, néanmoins, les tribunaux français sont compétens pour autoriser la femme étrangère demanderesse en séparation de corps à quitter, provisoirement, pendant l'instance, le domicile conjugal.—Même arrêt.—Demolombe, n° 432.

291. — M. Demolombe (n° 432) pense que l'incompétence des tribunaux français pour juger les demandes en séparation de corps entre étrangers est absolue, alors même qu'il s'agit d'étrangers autorisés à établir leur domicile en France.

292. — Jugé, cependant, d'un autre côté, que l'incompétence des tribunaux français pour statuer sur une demande en séparation de corps entre étrangers n'est point absolue ni d'ordre public. En conséquence, ce moyen doit être proposé préalablement à toutes autres exceptions et défense. — *Paris*, 27 juin 1846 (t. 2 1846, p. 128), Mestermann. — V., au reste, v° ÉTRANGER, *loc. cit.*

293. — Quant à ce qui concerne les tribunaux belges, il a été décidé qu'ils n'étaient pas incompétens pour statuer sur une demande en séparation de corps entre deux époux étrangers. — *Bruxelles*, 5 mai 1829, D... c. C....

294. — Jugé que l'édit de l'empereur Joseph II, du 28 sept. 1784, qui a ôté à l'official la juridiction que lui avait donnée, en matière de séparation de corps, le concordat du 10 mars 1541, a frappé de nullité absolue les décisions que l'official se serait permis de rendre, en cette matière, depuis cet édit. — *Bruxelles*, 15 févr. 1827, B....

295. — Ce même édit est resté en vigueur et a conservé force de loi jusqu'à la déclaration de l'empereur Léopold II, du 16 mars 1791, par laquelle il a été révoqué, sans que la déclaration des états de Brabant ait pu lui faire perdre cette forme après le rétablissement de l'autorité légitime.—Même arrêt.

296. — La déclaration du 16 mars 1791 n'a pas eu un effet rétroactif, en ce sens qu'elle aurait validé les séparations de corps prononcées par l'official nonobstant la prohibition de l'édit du 28 sept. 1784.—Même arrêt.

297. — L'ordonnance du même empereur, du 19 sept. 1791, qui détermine les effets des sentences dont elle parle, doit uniquement s'entendre des sentences portées pendant le temps où l'autorité du souverain avait été méconnue en Brabant.—Même arrêt.

§ 3. — *De la comparution des époux devant le président du tribunal civil. — Ordonnance de renvoi.*

298. —Nous avons vu, précédemment (n° 279), que sur la requête qui lui est présentée le président du tribunal doit ordonner que les époux comparaîtront *en personne* devant lui. Mais la loi ne fixant pas de délai pour la comparution des époux, doit-on dire que, par analogie de l'art. 51 C. procéd., le président sera tenu de leur accorder un délai de trois jours au moins? Nous ne le pensons pas. A cet égard, il faut s'en rapporter à sa discrétion et à sa sagesse. — V., en ce sens, Chauveau sur Carré, quest. 2967 *ter*.

299. — Si l'époux défendeur était empêché de comparaître devant le président du tribunal par une cause légitime (par exemple, une maladie) et connue du président, ce magistrat devrait surseoir et fixer un autre jour pour la comparution. — *Pau*, 18 janv. 1830, N....—Chauveau sur Carré, quest. 2969.

300. — Il pourrait même, conformément à l'art. 236 C. civ., sur la réquisition de l'époux demandeur, et le certificat de deux médecins, se transporter au domicile de l'époux, qui serait hors d'état de se déplacer, pour y recevoir ses observations. — Carré et Chauveau, *ubi suprà*. — M. Demolombe (n° 439) dit que ce n'est pas un *devoir* pour le président, mais que cette démarche pourra, quelquefois, être convenable et utile.

301. — Dans le cas où les parties, n'ayant fait connaître aucun empêchement valable de se présenter, ne comparaîtraient point en personne, le président du tribunal devrait-il passer outre? Il faut distinguer : Si c'est le défendeur qui ne comparaît pas; comme il ne dépend pas de lui d'arrêter les poursuites dont il est l'objet, nul doute que le président puisse ordonner le renvoi devant le tribunal. Mais il n'en saurait être de même en cas de non-comparution du demandeur. La non-comparution du demandeur doit être considérée comme le désistement de l'action qu'il avait intentée. — Carré et Chauveau, quest. 2970 et 2970 *bis*; Duranton, t. 2, n° 593.

302. — Toutefois, en supposant que la comparution du défendeur comme du demandeur fût prescrite à peine de nullité, le défaut de comparution ne pourrait être proposé pour la première fois devant la Cour de cassation. — *Cass.*, 28 mai 1828, de Chabannes.

303. — Le but que le législateur s'est proposé en prescrivant la comparution en personne des époux devant le président du tribunal a été de procurer à ce magistrat le moyen de tenter entre eux un rapprochement, une réconciliation, en leur faisant telles représentations qu'il croirait nécessaires. Il a même imposé au président l'obligation d'adresser aux époux ces représentations (C. proc., art. 878). — Si une première tentative ne produit aucun résultat, le président a la faculté de faire comparaître devant lui les époux à diverses reprises. — Le législateur n'a restreint dans aucune limite son pouvoir de conciliateur (Vazeille, t. 2, n° 563; Massol, p. 110, n° 15; Demolombe, n° 441). — Lorsque le président reconnaît que ses efforts sont impuissans, il rend alors une seconde ordonnance par laquelle, attendu qu'il n'a pu concilier les parties, il les renvoie à se pourvoir, sans citation préalable, au bureau de conciliation.—Art. 878.

304. — L'ordonnance de renvoi est inscrite à la suite de celle qui ordonne la comparution (C. proc., art. 878). — Par conséquent, il n'est pas nécessaire que le président dresse un procès-verbal constatant qu'il n'a pu concilier les époux. — *Paris*, 9 mars 1838 (t. 1er 1838, p. 392), L...—Carré et Chauveau, quest. 2971.

305. — C'est directement devant le tribunal civil et non devant le juge de paix en bureau de conciliation que le président renvoie les époux à se pourvoir. Une nouvelle tentative de conciliation n'aboutirait à rien. — *Cass.*, 17 janv. 1822, Perrot; *Lyon*, 12 janv. 1825, Lavie. — Carré et Chauveau, quest. 2972; Massol, p. 109; Zachariæ, t. 3, p. 366, et ses annotateurs, *ibid.*, note 3.

306. — Il a été jugé qu'en matière de séparation de corps, aucune disposition de loi n'impose au président, au cas de non-conciliation, l'obligation de renvoyer immédiatement le demandeur à se pourvoir devant le tribunal. Ce magistrat peut, suivant les circonstances, surseoir à

…tuer à cet égard. — *Paris*, 20 mai 1844 (t. 1er 1844, p. 787), Moulefarine.

307. — Mais jugé aussi que l'ordonnance du président qui ajourne les époux à un terme éloigné, à six mois par exemple, constitue une décision sur un point litigieux et est, dès lors, soumise à l'appel. — *Paris*, 15 juill. 1844 (t. 2 1844, p. 147), …blet. — Demolombe, n° 442.

308. — Il a même été jugé que le défendeur à une demande en séparation de corps qui forme une demande incidente, n'est pas tenu d'épuiser à cet égard le préliminaire de conciliation devant le président du tribunal civil. — *Orléans*, 2 août …, N....

309. — Il est de jurisprudence que le défendeur à une demande en séparation de corps peut, dans l'instance, conclure reconventionnellement, par un simple acte, à ce que la séparation soit prononcée à son profit, sans recourir au préliminaire de conciliation. — *Bourges*, 24 mars 1840 (t. 2 1840, p. 645), C...; *Bordeaux*, 4 juill. 1843 (t. … 1844, p. 123), D...; *Rennes*, 12 févr. 1844 (t. 1er 1844, p. 525), T...; *Paris*, 22 juin 1844, Lepère; 24 juin 1844 (t. 2 1844, p. 92), de Comaille.; *Cass.*, 27 mai 1846 (t. 2 1846, p. 82), Langlois. — Demolombe, nos 436 et suiv. — V. *contrà*, *Rennes*, 26 déc. 1820, Sécilion de Kerfut. — Bioche et Goujet, *Dict. de proc.*, v° *Séparation de corps*, n° 73, … éd.; Massol, p. 96; Chauveau sur Carré, quest. … *in fine*.

310. — Mais le mari, qui, après un jugement définitif prononçant la séparation de biens, a formé une demande en séparation de corps, demande sur laquelle est intervenue une ordonnance du président, qui a renvoyé les parties devant le tribunal, pour instruire aux termes du droit, ne peut, en appelant du jugement de séparation de biens, alors qu'il n'a point réclamé contre la disposition de l'ordonnance prononçant le renvoi, proposer sa demande en séparation de corps comme reconventionnelle, et prétendre qu'il doit être statué sur les deux demandes par le même arrêt. — *Cass.*, 26 mars 1828, Chatelier.

311. — Une demande en séparation de corps pouvait, au contraire, être intentée incidemment et reconventionnellement à une demande en divorce. — *Metz*, 7 mai 1807, P....

312. — L'époux demandeur en séparation de corps, qui, dans le but de réparer une irrégularité commise dans la procédure de conciliation, tente une seconde épreuve, dans la forme légale, n'est pas tenu de se désister de la première instance qu'il a introduite. — *Grenoble*, 24 août 1833, Décharives.

313. — En admettant que le tuteur d'un interdit puisse former, au nom de son pupille, une demande en séparation de corps, M. Demolombe pense (n° 438) qu'en un tel cas l'autorisation du conseil de famille dont le tuteur aurait à se pourvoir remplacerait suffisamment la garantie que la comparution personnelle ne semble pas alors pouvoir fournir. — V. aussi Massol, p. 167, n° 13.

314. — La question de savoir si, en principe, l'art. 261 C. proc. civ., qui autorise une procédure très-sommaire de divorce et qui supprime le préliminaire de conciliation, lorsque l'époux défendeur a été condamné à une peine infamante, est applicable à la séparation de corps, … résolue affirmativement par la jurisprudence (V. *Paris*, 6 août 1840 [t. 2 1840, p. 370 (dans les motifs)]; *Colmar*, 15 juill. 1846 [t. 1er 1847, p. …], Oberlin c. Metzog); mais elle divise les auteurs. — V., pour l'affirmative, Pigeau, t. 2, p. …; Delvincourt, t. 1er, p. 78; Duranton, t. 2, n° 586; Carré, quest. 2968; Bioche, *Dict. de proc. civ.*, v° *Séparation de corps*, n° 34; Massol, *De la séparation de corps*, p. 106; Thomine-Desmazures, t. 2, p. 484; Valette, sur Proudhon, t. 1er, p. 536. — *Contrà*, Toullier, t. 2, n° 771; Zachariæ, t. 3, p. 365; Favard de Langlade, v° *Séparation de corps*, t. 5, p. 113; Chauveau sur Carré, quest. …; Marcadé, sur l'article 307, n° 1er; Demolombe, n° 435.

315. — Il a même été jugé, par l'arrêt de Colmar précité, que l'art. 261 est applicable, alors même que la demande ne serait formée qu'après que le condamné aurait subi sa peine; et, par la Cour de Paris (arrêt précité du 6 août 1840), qu'il en est ainsi, même lorsque la peine a été prescrite.

316. — Jugé, dans le sens de cette jurisprudence, que la disposition de l'art. 261 C. civ., qui autorise la femme dont le mari a été condamné à une peine infamante à faire prononcer son divorce sur simple requête présentée au tribunal, est applicable à la femme qui veut, dans les mêmes circonstances, faire prononcer sa séparation de corps; et que la séparation de corps ainsi demandée doit être prononcée, alors même que la peine infamante aurait été commuée en une peine correctionnelle et que la requête à fin de séparation aurait été présentée depuis la commutation: l'effet de la grâce ou de la commutation n'ayant pu être de priver la femme d'un droit qui lui était acquis antérieurement. — *Paris*, 19 août 1842, (t. 2 1847, p, 505), Gastal. — V. GRACE.

317. — Toutefois, M. Bioche (*loc. cit.*) soutient que si la peine était subie, si le condamné avait obtenu sa réhabilitation, la conciliation devrait être tentée; parce que, dit-il, il se pourrait que la peine eût été encourue pour un crime auquel les mœurs n'attachent plus l'infamie, par exemple pour un crime politique.

318. — Pour le cas où le condamné a obtenu sa réhabilitation, il nous paraît incontestable que l'art. 261 C. civ. ne saurait recevoir son application; puisque la réhabilitation, porte l'article 633 C. instr. crim., fait cesser pour l'avenir, dans la personne du condamné, toutes les incapacités qui résultaient de la condamnation. Mais pour le cas où le condamné a seulement subi sa peine, l'opinion de M. Bioche, appréciée d'après la rigueur des termes de l'art. 261 C. civ., ne nous semble pas devoir être admise: car l'exécution de la condamnation, comme la grâce qui remet la peine, est un motif de plus pour qu'on considère le jugement comme n'étant pas susceptible d'être réformé par aucune voie légale, et dès lors comme ayant produit au profit de l'autre époux le droit irrévocable de demander la séparation par la procédure sommaire de l'art. 261. Au reste, la renonciation à cette forme abrégée ne saurait élever une fin de non-recevoir contre l'époux qui aurait consenti à procéder autrement; et l'on ne pourrait qu'honorer les efforts tentés par le magistrat conciliateur pour conserver au condamné qui a subi sa peine ou que la grâce en a affranchi, une famille au sein de laquelle il peut trouver des affections et des devoirs propres à le rappeler à la constante pratique du bien.

§ 4. — *De l'articulation des faits propres à justifier ou à faire déclarer mal fondée la demande en séparation de corps. — Preuve de ces faits. — Enquête. — Contre-enquête. — Comment ces enquête et contre-enquête doivent être faites, etc,*

319. — L'art. 875 C. proc. n'exigeant, comme nous l'avons vu, à l'appui de la requête présentée au président du tribunal qu'un exposé *sommaire* des faits qui doivent servir de fondement à la demande en séparation de corps, il en résulte nécessairement, pour le demandeur, le droit de développer ultérieurement les faits dans une nouvelle requête. — *Paris*, 28 juill. 1809, Dodon.

320. — L'époux demandeur en séparation de corps peut aussi articuler postérieurement à la requête exigée par l'art. 875, des faits qui n'avaient pas été compris dans cette requête; soit qu'ils aient eu lieu antérieurement, soit qu'ils soient survenus depuis. — *Besançon*, 9 avr. 1808, Lanchet; *Paris*, 7 août 1810, Foubert; *Limoges*, 15 janv. 1817, Martin. — Carré et Chauveau, quest. 2966; Duranton, t. 2, nos 599 et 600; Zachariæ, t. 3, p. 366; Massol, p. 111, n° 16.

321. — Il ne faut pas cependant conclure du droit accordé à l'époux demandeur en séparation de corps de s'appuyer sur des faits qui n'ont point été retracés dans la requête, qu'il serait fondé à invoquer les aveux échappés à son conjoint en présence du président quoiqu'ils soient consignés dans un procès-verbal que ce magistrat aurait rédigé; aucune loi ne l'autorisant, ainsi que nous l'avons dit, à dresser procès-verbal de ce qui se passe devant lui. — *Paris*, 9 mars 1838 (t. 1er 1838, p. 392), L.... — Massol, p. 113, n° 17.

322. — Il appartient exclusivement aux tribunaux, lesquels sont, à cet égard, investis d'un pouvoir discrétionnaire, d'examiner si les faits ont été légalement articulés, et s'ils sont suffisamment graves, pertinens et vraisemblables, pour que la preuve puisse en être ordonnée. — *Cass.*, 17 déc. 1839 (t. 1er 1840, p. 399), N...; *Nîmes*, 14 mars 1842 (t. 1er 1842, p. 750), Sag....

323. — Jugé que celui des deux époux qui demande la séparation doit être admis à prouver les faits d'injures que, dans sa requête, il n'a pas précisés avec indication du lieu et du temps, si d'ailleurs il a caractérisé la nature et l'espèce des injures et fixé l'époque précise des sévices et violences. — *Rennes*, 4 févr. 1812, N....

324. — Lorsque des faits ont été déjà déclarés non pertinens et inadmissibles sur une première demande en séparation de corps, ces faits peuvent ultérieurement, quand ils se rattachent à de nouveaux faits, être déclarés pertinens et admissibles sans qu'on soit recevable à les repousser par l'exception de chose jugée. — *Cass.*, 28 juin 1815, Perès; *Paris*, 28 janv. 1822, T....

325. — Les tribunaux ne peuvent, pour se dispenser d'ordonner une enquête, invoquer la notoriété publique. — *Paris*, 9 mars 1838 (t. 1er 1838, p. 392), L.... — Demolombe, n° 477. — Elle est seulement un élément de conviction.

326. — ... Ni s'arrêter soit aux déclarations de l'époux demandeur, soit à de prétendues confidences arrachées au défendeur, soit même à des aveux formels de sa part. — *Rennes*, 13 déc. 1841 (t. 1er 1842, p. 464), Duveau. — Duranton, t. 2, n° 602; Vazeille, t. 2, n° 564; Massol, p. 114, n° 18; Zachariæ, t. 3, p. 358; Demante, *Programme*, t. 1er, n° 268; Demolombe, n° 474; Proudhon, t. 1er, p. 534.

327. — En général, l'époux défendeur à la demande en séparation de corps ne peut, pour faire déclarer son conjoint non recevable et mal fondé dans sa demande, lui déférer le serment décisoire sur tous les faits qu'il a articulés à l'appui de sa demande. L'art. 1358 (C. civ.) est inapplicable à des causes de séparation de corps. — *Grenoble*, 19 juill. 1838 (t. 1er 1839, p. 368), R.... — Massol, p. 125, n° 24; Demolombe, n° 476.

328. — Quant au serment supplétoire, M. Demolombe (*loc. cit.*) pense également qu'il ne peut être déféré; sauf aux juges à apprécier les déclarations des parties, s'il y a lieu.

329. — Le jugement qui ordonne une enquête en matière de séparation de corps doit énoncer dans son dispositif les faits sur lesquels doit porter l'enquête; il ne suffirait pas qu'ils fussent énoncés dans les qualités. — *Bruxelles*, 5 juill. 1809, B... c. D....

330. — L'irrégularité du jugement, en ce point, se couvrirait, au surplus, par la confection respective des enquête et contre-enquête. — Même arrêt.

331. — Si les faits, tels qu'ils sont consignés dans le jugement, sont vagues et non précisés, l'époux demandeur en séparation de corps est recevable à appeler pour cette cause du jugement. — *Dijon*, 11 fév. 1819, Maret.

332. — ... A moins qu'il n'y ait acquiescé; car le jugement qui ordonne, en matière de séparation de corps, une enquête, est, comme tout autre, susceptible d'acquiescement. Cet acquiescement résulte suffisamment de la signification du jugement sans réserves et de l'exécution qui lui a été donnée. — *Cass.*, 26 mars 1838 (t. 2 1838, p. 133), Boisnard. — V. ACQUIESCEMENT, n° 479.

333. — Le défendeur en séparation de corps se rend également non recevable à attaquer le jugement qui ordonne une enquête en y acquiesçant; et son concours à l'enquête équivaut à un acquiescement. — *Bruxelles*, 5 juill. 1809, B... c. D....

334. — Après qu'un jugement a ordonné la preuve des faits énoncés dans la requête de l'époux demandeur en séparation de corps, celui-ci peut-il encore en articuler de nouveaux à l'appui de sa demande? La solution affirmative de cette question ne paraît susceptible d'aucun doute, alors surtout que la connaissance positive des nouveaux faits n'était point acquise au demandeur en séparation, au moment de la production de sa requête, et qu'ils servent à apprécier ceux compris dans la première articulation: dans ce cas, il y a lieu d'ordonner la preuve des nouveaux faits par enquête supplémentaire. — *Paris*, 25 mai 1837 (t. 1er 1837, p. 536), C.... — Massol, p. 111, n° 16; les annotateurs de Zachariæ, t. 3, p. 366, note 6.

335. — L'époux demandeur en séparation de corps peut même, sur l'appel du jugement qui a refusé de l'admettre à la preuve des faits par lui avancés, ou rejeté sa demande en séparation, articuler de nouveaux faits à l'appui de l'action qu'il a intentée, et être autorisé à en faire la preuve. — *Rennes*, 19 mai 1812, Luchern c. Allaric; *Bruxelles*, 14 oct. 1830, D...

336. — ... Encore bien qu'ils soient antérieurs à la requête en séparation. — *Paris*, 23 avr. 1806, Mandonnet; *Bordeaux*, 29 déc. 1829, Line.

337. — ... S'il est constant que ces faits n'étaient pas encore connus de lui ou l'étaient insuffisamment, au moment où il a présenté sa requête au président du tribunal. — *Metz*, 8 juill. 1824, Martinet. — Massol, *loc. cit.*; Chauveau sur Carré, quest. 2967.

338. — Toutefois il doit être également permis au demandeur en séparation de corps de se prévaloir, en appel, de faits qu'il connaissait suffi-

samment au moment où il a engagé son action, et dont il n'a pas entretenu les premiers juges.— Massol, *eod. loc.* — *Contrà*, Chauveau sur Carré, *ubi suprà*.

339. — Une telle articulation ne forme qu'un moyen nouveau et ne saurait être considérée comme constituant une nouvelle demande. — C. proc., art. 464. — *Bruxelles*, 14 oct. 1830, D....

340. — A plus forte raison l'époux demandeur en séparation de corps doit-il sur l'appel du jugement qui a rejeté sa demande en séparation, être admis à faire preuve de faits nouveaux survenus depuis ce jugement. — *Dijon*, 11 févr. 1819, Muret; *Poitiers*, 18 févr. 1825, Goguet c. Morin; *Nancy*, 30 août 1831, Husson; *Cass.*, 15 juin 1836 (t. 1er 1837, p. 27), d'Etruchat. — Chauveau sur Carré, *loc. cit.* — *Contrà*, Duranton, t. 2, n° 601, à la note.

341.—Cependant, pour que l'articulation nouvelle puisse être accueillie en Cour d'appel il faut qu'elle ait été formée par des conclusions prises, avant l'audience, dans les termes prescrits par l'art. 252 C. proc. La Cour de Rouen a, en effet, rejeté, par arrêt du 12 janv. 1842 (t. 2 1842, p. 126, Martin), une articulation nouvelle qui avait été faite seulement par des conclusions subsidiaires, posées à l'audience.

342.—Du reste, encore bien que l'articulation soit régulière, les juges d'appel peuvent refuser d'admettre la preuve des faits nouveaux, même pertinens, s'il leur paraît résulter de leur omission devant les premiers juges et des circonstances de la cause, qu'ils sont invraisemblables, et si, en outre, ils sont convaincus qu'ils ne produiront aucun résultat utile pour la justice. — *Limoges*, 21 nov. 1826, B...

343. — Quant à l'époux, défendeur en séparation de corps, admis à la preuve des faits contraires à ceux qui lui sont opposés (*Rennes*, 28 avril 1814, Henneman c. Leloup), il est irrecevable à comprendre dans sa contre-enquête des faits récriminatoires qu'il n'aurait pas articulés lors du jugement qui a ordonné l'enquête. — *Bruxelles*, 27 flor. an XIII, Meeus; 20 frim. an XIV, Bar; *Poitiers*, 21 janv. 1818, B....

344. — ... Ou, lorsque la contre-enquête est commencée, à faire entendre de nouveaux témoins. — *Paris*, 18 mai 1810, Montmorency.

345. — Il ne peut pas non plus, pour la première fois, en cause d'appel, devenir reconventionnellement demandeur et être admis à la preuve principale de faits graves qu'il n'avait pas offert de prouver devant les premiers juges. — *Toulouse*, 11 mai 1813, Capriol.

346. — Jugé aussi qu'il ne peut être admis à critiquer pour la première fois devant la Cour les faits articulés dans la requête, en ce que ces faits ne seraient pas suffisamment énoncés. — *Rennes*, 24 nov. 1820, Pageau.

347. — Examinons maintenant quelle est, en matière de séparation de corps, la forme dans laquelle doit avoir lieu l'enquête.

348. — Cette enquête peut-elle être faite sommairement à l'audience? Non (*Colmar*, 22 avril 1807, Dryon); il faut observer les règles tracées par le Code de procédure relativement aux enquêtes ordinaires. C'est une conséquence des art. 307 du Code civil et 879 du Code de procédure, qui disposent que les demandes en séparation de corps doivent être instruites de la même manière que toute autre action civile. — Duranton, t. 2, n° 606; Zachariæ, t. 3, p. 366; Massol, p. 116, n° 19; Carré et Chauveau, quest. 2982. — V. ENQUÊTE.

349. — De là il résulte: 1° que, lorsque le jugement qui ordonne l'enquête a été confirmé, le délai pour commencer l'enquête court du jour de la signification de l'arrêt à l'avoué qui a occupé sur l'appel, sans qu'il soit besoin de faire pareille signification à l'avoué qui a occupé en première instance.—*Paris*, 15 janv. 1830, Rignon.

350.—... 2° Que la femme demanderesse en séparation de corps qui continue son enquête ne se rend pas, par là, non recevable à appeler du jugement qui a accordé au mari une prorogation de délai pour faire la contraire enquête, lorsqu'elle a fait à cet égard toutes protestations et réserves. — *Cass.*, 17 juin 1822, Scheppers.

351. — ... 3° Que les témoins doivent, conformément à l'art. 262 du Code de procédure, déclarer leurs noms, profession, âge et demeure, à peine de nullité. — Chauveau sur Carré, quest. 2982.

352. — Toutefois l'indication des noms, professions et âge des témoins dans le procès-verbal d'enquête, suffit à sa validité, quoiqu'elle ne conste pas de la déclaration des témoins eux-

mêmes à cet égard.—*Bruxelles*, 5 juill. 1809, B... c. D....

353. — ... 4° Que l'omission dans les citations données aux témoins, des prénoms de ces témoins, n'entraîne pas la nullité de leurs dépositions, la loi, au titre *Des enquêtes*, n'exigeant pas cette énonciation. — *Paris*, 11 avril 1812, Hélot.

354. — ... 5° Mais que l'assignation donnée pour assister à l'enquête doit, à peine de nullité, contenir l'indication du jour, du mois et de l'année auxquels elle est signifiée. — *Nancy*, 27 mars 1827, Thouvenot.

355. — ... 6° Qu'il y a nullité de l'ordonnance qui statue sur la demande en nomination d'un juge-commissaire pour procéder à l'enquête, à défaut de communication au ministère public. — *Grenoble*, 20 août 1825, Eymonot.

356. — ... 7° Que les époux peuvent se faire assister par leur avocat dans les enquêtes à faire entre eux. — *Bruxelles*, 22 nov. 1816, Taboule c. Claude.

357. — Cependant il est généralement admis que les dispositions du Code de procédure (art. 268 et 283) qui rejettent le témoignage des parents ou alliés en ligne directe ne doivent pas être suivies en cette matière. Il y a lieu d'appliquer à la séparation de corps l'art. 251 C. civ. (relatif au divorce), lequel permet d'entendre les parens autres que les descendans. Souvent, en effet, ces personnes sont les seules qui soient à même de fournir des renseignemens sur le mérite des griefs allégués par les époux. — *Paris*, 7 août 1809, Lussy; 12 déc. 1809, Dreux; *Cass.*, 8 mai 1810, Pascau; *Toulouse*, 25 janv. 1821, R... ; *Amiens*, 5 juill. 1821, Jaud...; *Nancy*, 7 juill. 1827, Regnaud; *Bordeaux*, 2 août 1842 (t. 2 1842, p. 698), Chauvin. — Proudhon, *De l'état des personnes*, t. 1er p. 358 et 359 (édit. de 1842); Duranton, t. 2, n° 607; Toullier, t. 2, n° 769; Massol, p. 116, n° 19; Carré et Chauveau, quest. 2983; Marcadé, sur l'art. 307, n° 1er (t. 2 p. 335); Demolombe, n° 479; Allemand, n° 1409.

358. — Il a été décidé aussi que les donataires des parties peuvent être entendus comme témoins. — *Cass.*, 8 juill. 1813, Vergnes. — Allemand, n° 1410.—M. Massol (p. 118, n° 20) enseigne au contraire que les donataires sont exposés à être reprochés. Tel est aussi l'avis de M. Demolombe (n° 480), qui pense que l'art. 283 du C. proc. est la règle et que l'art. 251 ne peut être étendu au delà de ses termes. — V. aussi Duranton, t. 2 n° 607, note 1re; Zachariæ, t. 3, p. 358.

359. — Quant au président du tribunal, il ne peut être appelé en témoignage pour déposer sur des aveux qu'aurait faits l'un des époux dans sa comparution devant lui. — *Amiens*, 30 mars 1822, Portebois.

360. — Si des reproches ont été proposés contre les témoins, ils doivent être reproduits dans des conclusions à l'audience; cependant, si on ne l'a pas fait, le tribunal n'en peut pas moins apprécier les dépositions. — *Bruxelles*, 5 juill. 1809, B... c. D....

361. — Du principe que la règle et les formes d'une enquête ordinaire doivent être observées en matière de séparation de corps il résulte encore que les nullités d'enquête doivent être proposées avant toute défense ou exception, sans que de simples réserves puissent empêcher ces nullités d'être couvertes par la procédure subséquente. — *Paris*, 29 fév. 1812, Maillot.

362. — Ainsi on ne peut demander en appel la nullité d'une enquête, lorsqu'on ne l'a pas demandée devant les premiers juges. — *Agen*, 3 juin 1813, Godefroy c. Ibert.

363. — L'art. 293 C. proc., qui dispose que l'enquête déclarée nulle par la faute de l'avoué ou de l'huissier ne pourra être recommencée, est-il applicable à la séparation de corps? La Cour de Poitiers, par arrêt du 12 fév. 1829 (Godin), a admis une dérogation à cet article pour le cas où, après l'annulation d'une première enquête, l'époux demandeur en séparation de corps réclame l'autorisation d'en recommencer une seconde, en se fondant sur des faits postérieurs à cette annulation. Cette décision est adoptée par MM. Massol (p. 116, note 1re) et Chauveau sur Carré (quest. 2982), qui enseignent même que les juges ont la faculté d'ordonner une nouvelle enquête dans le cas où l'époux demandeur ne peut se prévaloir que de faits anciens et déjà articulés.

364. — Décidé aussi que l'époux demandeur en séparation de corps peut attaquer par appel le jugement qui a annulé sa première enquête, quoiqu'il ait ultérieurement articulé de nouveaux faits à l'appui de sa demande; pourvu que cette articulation nouvelle ait été faite, sans, de sa

part, entendre approuver, reconnaître ni exécuter rien de préjudiciable, la procédure dans son état actuel restant au contraire entière, dans l'intérêt respectif des parties. — V. l'arrêt de Poitiers précité du 12 févr. 1829, Godin.

§ 5. — *Du jugement de séparation de corps. — Sursis. — Plaidoiries. — Opposition. — Appel. — Pourvoi en cassation. — Frais. Par qui ils doivent être supportés.*

365. — Lorsque l'époux demandeur en séparation de corps a fait preuve des faits sur lesquels il fondait sa demande, les tribunaux ne peuvent, avant de statuer, accorder aux époux un temps d'épreuve. Les art. 259 et 260 C. civ., qui, en matière de divorce, autorisaient les juges à surseoir pendant une année à la prononciation de leur jugement, ne sont pas applicables en matière de séparation de corps. — *Montpellier*, 1er prair. an XIII, Bornier; *Rennes*, 21 fév. 1826, D...; 28 mars 1833, Le D....—Chauveau sur Carré, quest. 2985; Demolombe, n° 486; Allemand, n° 418. — Duranton, t. 2, n° 610; Zachariæ, t. 3, p. 367. — *Contrà*, Carré, *loc. cit.*; Massol, p. 132, n° 27.

366. — Les juges ne peuvent pas davantage surseoir à statuer sur la demande en séparation de corps jusqu'après le jugement de l'action en nullité de mariage intentée par la femme contre son mari postérieurement à sa demande en séparation, sous prétexte que cette action est préjudicielle. — *Paris*, 21 janv. 1811, Busqueta.

367. — Les instances en séparation de corps devant être instruites et jugées de la même manière que toute autre action civile, il s'ensuit qu'un père qui n'est ni avocat ni avoué ne peut plaider la cause de sa fille demanderesse en séparation de corps même pour cause d'adultère du mari. — *Cass.*, 22 août 1822, Mereaux.

368. — Jugé cependant qu'un fils peut, sans être avocat, être admis à soutenir devant la Cour de cassation le pourvoi de sa mère, contre l'arrêt qui a prononcé sa séparation de corps. — *Cass.*, 8 nov. 1830, Montal.

369. — Les tribunaux peuvent aussi, par suite du principe consacré par les art. 307 C. civ. et 879 C. proc., ordonner que les plaidoiries auront lieu à huis clos, si la discussion leur paraît devoir entraîner du scandale. La Cour de cassation l'avait jugé ainsi en matière de divorce (13 déc. 1808, Cotton); et cette décision doit, à plus forte raison, s'appliquer à la séparation de corps. — Chauveau sur Carré, quest. 2979 *bis*.

370. — Lorsqu'une Cour ordonne qu'une demande en séparation de corps sera instruite à *huis clos* cette disposition s'étend à une demande incidente en suppression d'état et en déclaration de légitimité d'un enfant, si les faits relatifs à cette dernière demande sont employés aussi comme moyens de séparation. — *Cass.*, 16 nov. 1825, de Cairon.

371. — Il résulte du même principe que si le jugement de séparation de corps est par défaut, il est susceptible d'opposition. — V. JUGEMENT PAR DÉFAUT.

372. — S'il est contradictoire, il doit être attaqué par la voie de l'appel; et l'appel ne peut être interjeté qu'après le délai de huitaine, conformément à l'art. 449 C. proc. — *Caen*, 6 mai 1825, Bertaud. — V. APPEL.

373. — Le domicile du mari continuant, en droit, à être celui de la femme pendant l'instance en séparation, ainsi que pendant le délai de la loi pour émettre appel du jugement qui aurait prononcé la séparation; encore bien que le tribunal eût assigné à la femme un domicile provisoire, l'appel émis par le mari du jugement de séparation est valablement signifié au domicile conjugal: il n'est pas nécessaire qu'il soit signifié à la femme au domicile provisoire. — *Aix*, 15 avr. 1839 (t. 1er 1839, p. 621), Giraud.

374. — L'appel interjeté du jugement de séparation de corps est suspensif de l'exécution. — *Angers*, 18 juill. 1808, Dubois.—Carré, quest. 2987.

375. — Il a même été décidé que les tribunaux de première instance ne pouvaient ordonner l'exécution provisoire des jugemens par lesquels ils prononçaient une séparation de corps. — *Poitiers*, 10 août 1819, Guyot-Dervand.

376. — Jugé qu'il n'y a pas lieu d'ordonner l'exécution provisoire d'un jugement qui, au cours d'une instance en séparation de corps, ordonne la mainlevée d'oppositions formées par la femme sur les biens de la communauté, alors que la demande du mari n'est pas fondée sur la nécessité de se faire attribuer une provision alimentaire. — *Paris*, 22 août 1843 (t. 2 1843, p. 787).

Redon. — Il est de jurisprudence, en effet, que l'art. 135 C. procéd. est limitatif, et que l'exécution provisoire ne peut pas avoir lieu hors des cas déterminés par la loi. — V. EXÉCUTION PROVISOIRE.

377. — Les appels de jugemens de séparation de corps doivent-ils être jugés en audience solennelle? — Sous l'empire du décret du 30 mars 1808, cette question divisait la jurisprudence. — V. pour l'*audience ordinaire*, *Rouen*, 9 mai 1808, N...; *Angers*, 9 mars 1809, N...; *Cass.*, 26 mars 1828, Chatellier; 28 mai 1828, de Chabannes; *Rennes*, 15 mars 1834, Allaire; *Bordeaux*, 9 mai 1834, Dutheil. — Pour l'*audience solennelle*, *Angers*, 9 mai 1808, Robineau c. Trevier; *Cass.*, 27 déc. 1831, de Polart; 15 janv. 1834, Bony et Boyé; 4 mars 1835, Detroyes; 18 mars 1835, Rousselel; 3 juin 1835, Raoux; 14 juill. 1835, de Kermellec; 24 août 1835, Riou; 15 déc. 1835, Logette; *Orléans*, 11 avr. 1832, B.... — Mais une ordonnance royale du 16 mai 1835 a tranché la question en disposant qu'à l'avenir les appels de jugemens de séparation de corps seraient jugés en audience *ordinaire*, et il a été décidé que cette ordonnance était légale et obligatoire. — *Cass.*, 11 janv. 1837 (t. 1er 1840, p. 225), Barberaud; 26 mars 1838 (t. 2 1838, p. 133), Boisgard. — V. aussi en ce sens, Chauveau sur Carré, quest. 2979; Zachariæ, t. 3, p. 367, et ses annotateurs, *ibid*, note 7. — V. AUDIENCE SOLENNELLE, nos 35 et suiv.

378. — La femme qui a été déboutée de sa demande en séparation de corps ne doit pas, de toute nécessité, obtenir gain de cause en appel, si son mari ne comparaît pas (*Bruxelles*, 1er mai 1811, Lieven-Lampens. — Chauveau sur Carré, quest. 2987 *bis*), quoique cependant le jugement de séparation de corps soit susceptible d'acquiescement tacite. — V. *suprà*.

379. — Mais un pareil jugement ne serait pas susceptible d'acquiescement formel. — V. ACQUIESCEMENT, nos 128 et suiv.

380. — Les Cours peuvent, bien que l'appel du jugement interlocutoire qui ordonne une enquête ne soit plus recevable, apprécier néanmoins après cette enquête la gravité des faits que les premiers juges ont cru suffisans pour autoriser la séparation. — *Metz*, 31 mai 1814, Adam c. Puygreffier.

381. — Les juges appelés à prononcer sur une demande en séparation de corps peuvent, en général, former leur conviction non-seulement sur les faits établis dans l'enquête, mais encore sur ceux qui résultent soit des plaidoiries, soit des pièces produites, soit des déclarations des parties, et sur la conduite tenue par le défendeur depuis la demande. — *Cass.*, 19 avr. 1825, de Lamarthonie; *Caen*, 8 déc. 1831, Leduc.

382. — Jugé aussi qu'ils peuvent prendre en considération, pour admettre une demande en séparation de corps, tous les faits établis par l'enquête, même ceux qui n'auraient pas été antérieurement articulés, alors surtout que le défendeur a eu le temps et la faculté d'y répondre. — *Nancy*, 8 mars 1832, Lenoir.

383. — La femme demanderesse en séparation de corps n'est pas, sur l'appel, recevable à arguer de nullité la procédure qu'elle a suivie en première instance. — *Bruxelles*, 29 janv. 1806, Derudder.

384. — L'arrêt qui prononce une séparation de corps ne peut être considéré comme l'exécution de celui qui a précédemment rejeté les moyens de nullité proposés contre l'enquête; en conséquence, il n'y a point violation de l'art. 157 C. procéd.: bien que ces deux arrêts aient été rendus le même jour, et sans que le premier ait été préalablement signifié. — *Cass.*, 12 juin 1838 (t. 1er 1838, p. 11), Gellas.

385. — Lorsque le défendeur à une demande en séparation de corps se trouve domicilié dans un lieu (tel que Pondichéry) où il n'existe qu'un seul et unique degré de juridiction, celui qui est attribué à la Cour d'appel; il ne saurait non plus y avoir lieu à casser l'arrêt de cette Cour, qui prononce la séparation, par le motif que l'action aurait dû être portée d'abord devant un tribunal de première instance. — *Cass.*, 20 févr. 1828, Pelissier.

386. — Mais quel est l'effet du pourvoi en cassation contre le jugement qui prononce la séparation de corps? L'art. 263 C. civ., qui dispose que le pourvoi en cassation en matière de divorce était suspensif de l'exécution, est-il applicable à la séparation de corps? La négative a été jugée par un arrêt de Bordeaux du 17 messid. an XIII (Royer). La séparation de corps ne dissolvant pas le mariage, l'exécution provisoire n'offre pas le même inconvénient qu'en matière de divorce. — V. aussi, en ce sens, Duranton, t. 2, no 609; Zachariæ, t. 3, p. 368.

387. — En ce qui concerne les dépens; si, les torts étant mutuels et d'une égale gravité, la séparation a été prononcée au profit de chacun des époux contre l'autre, chaque époux doit supporter les frais qu'il a pu faire tant en première instance que sur l'appel. — *Rouen*, 13 mars 1846, Tréforêt.

388. — Toutefois, la contrainte par corps ne peut en aucun cas être prononcée pour le paiement des dépens mis à la charge de l'un des époux. — *Toulouse*, 20 févr. 1832, Gasc.

389. — Lorsque la demande en séparation de corps intentée par une femme contre son mari a été rejetée; les frais de cette demande sont-ils à la charge de la communauté, en telle sorte que le mari puisse en être tenu comme chef de la communauté? La jurisprudence est divisée sur cette question. — V., pour l'affirmative, *Bruxelles*, 9 juill. 1809, D...; *Paris*, 11 mai 1815, Lemaire c. Houvaux; *Poitiers*, 7 mars 1837, Brémond c. Bastard; *Paris*, 14 août 1840 (t. 1er 1841, p. 317), Pean c. Cuvillier. — Pour la négative, *Paris*, 7 févr. 1806, Louault c. Labarre; *Limoges*, 28 mai 1813, Beaume-Borie c. Parotin; *Cass.*, 8 mai 1821, Bosle c. Gugès; 11 juill. 1837 (t. 2 1837, p. 255), Fornyer c. Marchand; *Paris*, 8 janv. 1841 (t. 1er 1841, p. 317), Merger c. Lepellier. — V. COMMUNAUTÉ.

390. — Mais si la femme était mariée sous le régime dotal, nul doute que le paiement de ces frais ne puisse être poursuivi sur ses biens paraphernaux. — V. l'arrêt de *Cass.* précité, du 8 mai 1821.

391. — Les tribunaux qui, dans une instance en séparation de corps, condamnent le mari qui succombe à rendre les apports de la femme, ne peuvent ordonner que l'exécution du jugement aura lieu dans le mois de la signification, et condamner ledit mari, non-seulement aux intérêts de sommes dues, mais encore à 5 fr. par chaque jour de retard qu'il apporterait à la dite exécution. — *Colmar*, 21 juin 1845 (t. 2 1845, p. 268), Stengel.

§ 6. — *De la publicité du jugement de séparation de corps. — Nullité de ce jugement.*

392. — Enfin quant à la publicité à donner au jugement de séparation de corps, elle doit être la même que celle prescrite pour le jugement de séparation de biens. Ainsi, un extrait du jugement de séparation de corps doit être inséré aux tableaux exposés tant dans l'auditoire des tribunaux que dans les chambres d'avoués et de notaires. — C. proc., art. 880. — Cet extrait doit également être publié dans un journal. — Carré, sur l'art. 880 C. proc., note 1re. — V. aussi, dans le même sens, *Cass.*, 5 janv. 1830, Vanlerbergh c. Séguin.

393. — Sous l'ancienne jurisprudence, les séparations de corps n'avaient pas besoin, dans le ressort du Parlement de Bordeaux, d'être insinuées. — *Agen*, 20 juill. 1808, Carles c. Noailhan de Lamesens.

394. — Lorsque la nullité d'un jugement de séparation de corps est demandée sous le prétexte qu'il a été prononcé illégalement ou par un juge incompétent, on ne peut opposer comme fin de non-recevoir à cette demande l'exécution volontaire donnée au jugement ou la prescription de trente ans. — *Bruxelles*, 15 fév. 1827, B....

395. — La nullité d'un jugement de séparation de corps entraîne également celle d'un acte fait en vue de cette séparation. — Même arrêt.

Sect. 5e. — *Des effets de la séparation de corps.*

§ 1er. — *Relativement à l'état des époux.*

396. — Le premier effet de la séparation de corps est de dégager les époux de l'obligation de vivre l'un avec l'autre, et de leur donner le droit de se choisir un domicile distinct. Ainsi, après la séparation de corps prononcée, la femme peut fixer son domicile partout où elle le juge convenable; en d'autres termes, les art. 108, alin. 1er, et 214 C. civ. cessent d'être applicables. — *Dijon*, 28 avr. 1807, Benon. — Toullier, t. 2, no 773; Vazeille, t. 2, no 586; Duranton, t. 2, no 617; Proudhon, *De l'état des personnes*, t. 1er, p. 540 (édit. de 1842), et Valette, *ibid.*, note *a*; Marcadé, sur l'art. 311, no 1er, t. 2, p. 346; Massol, p. 195 et suiv.; Demolombe, no 499. — *Contrà*, Zachariæ, t. 3, p 371, et ses annotateurs, *ibid.*, note 1re. — V., au surplus, Vo DOMICILE.

397. — La femme n'est pas même obligée de prendre son domicile dans le lieu où habite son mari, quoiqu'elle soit chargée de la garde et de l'éducation des enfans issus du mariage; à moins toutefois qu'elle n'agisse ainsi, pour mettre obstacle à la surveillance que le père a le droit d'exercer sur leur entretien et leur éducation. — *Angers*, 6 mai 1841 (t. 2 1841, p. 60), H...

398. — Ce n'est donc que pendant l'instance en séparation, et non lorsque la séparation de corps est prononcée, que les juges peuvent assigner un domicile à la femme. — *Dijon*, 28 avr. 1807, Benon.

399. — Encore bien que le jugement qui, en ordonnant la séparation, a prescrit à la femme de demeurer chez ses père et mère, soit passé en force de chose jugée, et que la femme y ait acquiescé, ce jugement est néanmoins non avenu en ce qui touche l'indication de domicile, si les père et mère refusent de l'exécuter. On ne saurait se prévaloir de l'acquiescement de la femme pour lui prescrire un autre domicile. — Même arrêt.

400. — Mais la femme doit prévenir son mari chaque fois qu'elle change de domicile. — Même arrêt.

401. — Jugé que le domicile de la femme mariée n'existe de droit chez le mari qu'autant qu'elle est obligée d'habiter avec lui. Qu'en conséquence, lorsque, par la séparation de corps, elle est déliée de cette obligation, elle a droit de se choisir un autre domicile, et, par suite, c'est devant le tribunal de ce domicile qu'elle doit être assignée. — *Orléans*, 25 nov. 1848 (t. 2 1848, p. 676), Béhague.

402. — Une autre conséquence de la séparation de corps, lorsqu'elle est prononcée pour cause d'adultère de la femme, est la condamnation de celle-ci à la peine de la réclusion dans une maison de correction pendant un délai qui ne peut être moindre de trois mois, ni excéder deux années. — C. civ., art. 308. — V. aussi C. pén., art. 336 et 337.

403. — La femme traduite en police correctionnelle pour délit d'adultère dans le cours d'une instance en séparation de corps et renvoyée par suite du désistement du mari, n'en reste pas moins soumise, si la séparation de corps est prononcée, à l'application des articles précités. — *Paris*, 31 août 1841 (t. 2 1841, p. 390), R.... — V., cependant, *suprà*, no 213.

404. — Toutefois, la peine portée en ces articles ne peut être prononcée que par le jugement même de séparation et sur la réquisition du ministère public; si le ministère public a omis de la requérir et les juges de la prononcer par le jugement de séparation, un jugement postérieur ne peut réparer cette omission. — *Rouen*, 14 mai 1829, Martin.

405. — Jugé que l'adultère de la femme peut motiver contre elle la séparation de corps et sa condamnation à la peine de l'emprisonnement, alors même qu'il ne serait établi que par les enquêtes. — *Rennes*, 26 janv. 1847 (t. 1er 1847, p. 441), Villeroy.

406. — Jugé que la prescription de trois ans, admise par les art. 637 et 638 C. instr. crim. contre l'action publique et l'action civile résultant d'un délit, est applicable à la réclusion dans une maison de correction à laquelle doit être condamnée, sur la réquisition du ministère public, conformément à l'art. 308 C. civ., la femme contre laquelle est prononcée la séparation de corps pour cause d'adultère. — *Paris*, 10 févr. 1845 (t. 1er 1845, p. 422), Vivier.

407. — Le mari est le maître de faire cesser les effets de la condamnation encourue par sa femme (C. civ., art. 309). Il ne pourrait les arrêter en déclarant se contenter de la simple séparation de corps. — Duranton, t. 2, no 620; Massol, p. 190, no 2.

408. — Quand la séparation de corps est prononcée pour cause d'adultère du mari, ce dernier doit être puni d'une amende de 100 francs à 2,000 francs (C. pén., art. 339). Mais le tribunal civil n'a pas le droit de statuer dans cette circonstance. La condamnation à l'amende ne peut être prononcée que par le tribunal correctionnel, et sur la plainte de la femme. — Zachariæ, t. 3, p. 373; Massol, p. 190, no 3.

409. — Les art. 336 et 339 C. pén., qui ne permettent point au mari coupable d'adultère de dénoncer correctionnellement l'adultère de sa femme pour le faire punir, ne sont point appli-

cables en matière civile, lorsque la demande du mari tend seulement à faire prononcer la séparation de corps. — *Aix*, 14 mars 1843 (t. 2 1844, p. 188), Abram.

410. — Jugé aussi que l'adultère du mari ne dispense point le tribunal qui ordonne la séparation de corps pour adultère de la femme de prononcer contre cette dernière la peine portée en l'art. 308 C. civ. —Même arrêt.

411. — La vie commune étant rompue par la séparation de corps, l'association quant aux biens, qui n'en est qu'une conséquence, doit également cesser d'exister. De là l'art. 311 C. civ., qui porte : « La séparation de corps emportera toujours séparation de biens; » et l'art. 1441 du même Code, qui range la séparation de corps parmi les causes de dissolution de la communauté.

412. — En conséquence, si la femme séparée de corps est mariée sous le régime dotal elle a le droit d'exiger la restitution de ceux de ses biens dont le mari avait la jouissance et l'administration.

413. — Lorsque la dot consiste en deniers, le mari peut valablement offrir en paiement la propriété et jouissance d'un domaine, que, depuis le mariage, il a acquis et payé, en partie, des deniers dotaux, dans la proportion des sommes pour lesquelles la femme a contribué au paiement du prix de ce domaine. — *Paris*, 14 août 1821, Ducayla.

414. — Si le mari préfère rembourser la dot, il peut exiger que la femme fasse emploi des deniers remboursés, en acquisition d'immeubles, pour la conservation du fonds dotal. — Même arrêt.

415. — La séparation même de corps ne rend point, en effet, à la femme mariée sous le régime dotal la pleine disponibilité de sa dot, elle ne peut donc la recevoir qu'en faisant remploi ou donnant caution.—*Toulouse*, 17 mai 1827, Campagnole c. Thoulouse.

416. — Le mari ne peut s'affranchir de la restitution des deniers dotaux par un compte des fruits de l'immeuble au paiement duquel les deniers ont été employés.—*Paris*, 14 août 1821, Ducayla.

417. — Il ne peut non plus se prétendre dispensé du paiement de ces intérêts, à la faveur d'une clause du contrat de mariage, qui, prévoyant le cas de sa dissolution, lui a accordé un délai pour la restitution de la dot, avec dispense d'intérêts pendant ledit temps. — Même arrêt.

418. — V., au reste, sur la question de savoir si la séparation de biens, conséquence de la séparation de corps, remonte, à l'égard des tiers, au jour de la demande formée en justice, v° SÉPARATION DE BIENS. — V. aussi le même mot, en ce qui concerne les effets de la séparation de biens.

419. — Si la femme séparée de corps est mariée sous le régime de la communauté elle a le droit d'accepter la communauté et d'en demander le partage d'après l'état où elle se trouvait au jour de la demande, en vertu de la rétroactivité du jugement.

420. — A plus forte raison le mari ne peut-il postérieurement à l'affiche du jugement qui prononce la séparation de corps, vendre au préjudice de la femme les meubles composant la communauté. Cette vente, par cela seul qu'elle est postérieure à l'affiche du jugement, doit être réputée frauduleuse et nulle.—*Rennes*, 24 déc. 1819, Coconnier c. Baston.

421. — Et l'acquéreur peut être condamné envers la femme à des dommages-intérêts. Mais il ne pourrait être condamné solidairement avec le mari soit à la reddition du compte de la communauté, soit au paiement d'une provision réclamée par la femme. — Même arrêt.

422. — Jugé encore que la vente par le mari d'un effet de la communauté après la publication du jugement de séparation de corps est nulle, même à l'égard de l'acquéreur, s'il est établi d'une part que le mari n'était pas dans la nécessité de vendre cet objet pour l'acquit des dettes de la communauté, et de l'autre que l'acquéreur a participé à la fraude du mari. — *Paris*, 20 août 1816 (t. 1er 1847, p. 224), Condamina et Chauchefoin. — V., au reste, sur les actes faits par le mari pendant l'instance en séparation de biens, V° SÉPARATION DE BIENS.

423. — La femme séparée de corps est tenue, aux termes de l'art. 1463 du C. civ., d'accepter la communauté dans les trois mois et quarante jours qui suivent le jugement de séparation; autrement, elle est censée y avoir renoncé. — Ce n'est là toutefois qu'une simple présomption fondée sur le silence de la femme, et qui peut être combattue par des présomptions contraires. — L'acceptation peut être tacite dans ce cas, comme dans celui de dissolution de communauté, par suite du décès du mari (art. 1454 et suiv.), et résulter de faits, dont la Cour d'appel a plein pouvoir pour apprécier la pertinence et l'admissibilité. — *Cass.*, 8 fév. 1843 (t. 1er 1843, p. 632), Riou.

424.—Jugé encore que l'acceptation de la communauté par la femme séparée de corps peut avoir lieu tacitement. — Ainsi, une pareille acceptation a pu résulter : 1° de ce qu'après s'être réservé, à l'ouverture de l'inventaire, la faculté d'accepter ou de répudier, la femme n'a point protesté contre la clause de cet inventaire portant que le mari resté dépositaire des objets inventoriés aurait à les représenter lors du partage de la communauté; 2° de ce qu'elle a prié le notaire, rédacteur de l'inventaire, de conserver les titres et papiers, jusqu'à la liquidation de la communauté; 3° de ce que, dans le délai que lui donnait la loi, pour accepter, elle a cité son mari en conciliation pour arriver entre eux à une liquidation; 4°, enfin, de ce que, même après ce délai, elle a, à défaut de conciliation, assigné son mari en partage des biens comm ns.—*Cass.*, 10 nov. 1845 (t. 1er 1848, p. 694), Simon.

425.—Du reste, après une séparation de corps, lorsque l'acceptation ou la répudiation de la communauté par la femme est subordonnée au compte à rendre par le mari, le délai accordé à la femme pour faire son option ne commence à courir que du jour de la reddition du compte. — *Cass.*, 29 janv. 1818, Jarry-Desloges.

426. — Lorsque la femme séparée de corps renonce à la communauté, elle n'a pas besoin d'obtenir du tribunal un acte de sa déclaration de renonciation. — *Rennes*, 17 juill. 1812, C....

427. — Si, par suite d'un jugement de séparation de corps, il doit être procédé au partage de la communauté, l'inventaire aussi bien que l'acte de liquidation doit être fait, non par le plus ancien des deux notaires des parties, mais par celui qui a été commis par le jugement pour la liquidation. — *Paris*, 3 oct. 1839 (t. 2 1839, p. 328), Hamon.

428. — Jugé aussi que, lorsque l'arrêt qui prononce la séparation de corps et de biens sur la demande du mari ordonne que la liquidation aura lieu à la requête de ce dernier, la minute de l'inventaire et les autres actes de la liquidation doivent être déposés au notaire du mari, encore bien que celui choisi par la femme soit le plus ancien. — *Paris*, 28 oct. 1841 (t. 2 1841, p. 568), D....

429. — Si, à la suite de leur séparation de corps, les époux font eux-mêmes un acte par lequel ils règlent leurs droits dans la communauté et renoncent respectivement à toute action en reprise ou remploi, cet acte est, comme un partage ordinaire, susceptible de rescision pour cause de lésion. — *Poitiers*, 12 flor. an XII, Guérin c. Jollinier.

430. — La femme séparée de corps et à laquelle son mari a fait offre de ce qu'il devait en principal et frais ne peut, en ajoutant aux sommes qu'elle réclamait d'abord par voie de saisie-exécution, réclamer les frais non liquidés des formalités qui ont suivi la séparation, sous prétexte que les offres de son mari sont insuffisantes. — *Rennes*, 10 nov. 1814, Lacoudraie.

431. — La clause d'un contrat de mariage portant qu'à la dissolution du mariage les héritiers du mari auront le droit de rembourser en argent les apports mobiliers de la femme, reçoit son application même au cas où cette dissolution a lieu par suite de la séparation de corps prononcée entre les époux. — En conséquence, la femme n'est pas admise à exiger que son mari lui fasse abandon, pour la remplir de ses apports mobiliers, d'une partie des immeubles par lui acquis en son nom personnel pendant la durée du mariage...; alors surtout que dans un acte signifié dans l'instance en liquidation elle a formellement demandé que ses apports lui fussent rendus *en argent*, et que le mari a acquiescé à cette demande par un acte subséquent.—*Caen*, 30 mars 1848 (t. 1er 1849, p. 41), Macé.

432. — Le jugement de séparation de corps ne faisant que relâcher les liens du mariage, il en résulte que l'époux séparé conserve le droit de poursuivre l'interdiction de son conjoint. — Duranton, t. 2, n° 720.

433. — Mais de ce qu'il dissout la communauté il suit que la femme reprend la libre administration de ses biens, qu'elle peut disposer de son mobilier, et aliéner ses immeubles avec l'autorisation de son mari ou de la justice. — C. civ., art. 1449.

434. — Les droits et incapacités de la femme séparée de corps sont, en général, les mêmes que ceux de la femme judiciairement séparée de biens. —V. SÉPARATION DE BIENS.

435. — Spécialement, une femme séparée de corps et de biens a droit et qualité pour consentir un bail à domaine congéable.—*Rennes*, 13 déc. 1813, de Launay c. Legorrec.

436. — Les époux continuent, malgré la séparation de corps, à se devoir fidélité. — V. ADULTÈRE, LÉGITIMITÉ. — Mais se doivent-ils l'assistance personnelle que commande l'art. 212? Oui, dit M. Demante (*Progr.*, t. 1er n° 282).—Zachariæ, au contraire, pense que les époux séparés ne se doivent plus aucune assistance personnelle (t. 3, p. 374). — Tel est aussi l'avis de MM. Massol (p. 194, n° 6) et Demolombe (n° 502) : au moins en ce sens, que le devoir d'assistance ne devrait pas constituer une sorte de rétractation du jugement de séparation.

437. — Ils se doivent des secours. —Ainsi, la séparation de corps laissant subsister le mariage, et par conséquent les obligations qui en résultent, il y a lieu, à plus forte raison, d'appliquer, en matière de séparation de corps, l'art. 301 C. civ., qui accorde à l'époux qui a obtenu le divorce une pension alimentaire sur les biens de son conjoint. — *Cass.*, 8 mai 1810, Pascau.

438. — Ainsi, l'époux qui a obtenu la séparation de corps peut demander des alimens à l'autre. — *Cass.*, 28 juin 1815, Pérès. — Toullier, t. 2, n° 780.

439. — Mais ce droit d'exiger des alimens ne doit pas être restreint à l'époux qui a obtenu la séparation. Les époux, par l'union conjugale, se sont, en effet, promis aide et assistance, sans condition, et quels que soient les résultats plus ou moins heureux de leur association. Le même droit doit donc être étendu à l'époux indigent contre lequel la séparation a été prononcée. — *Colmar*, 9 janv. 1834, Antz; *Bordeaux*, 8 janv. 1838 (t. 2 1840, p. 535), Blanc; *Aix*, 18 janv. 1841 (t. 1er 1842, p. 705), P.... — Toullier, *loc. cit.*; Vazeille, t. 2, nos 587 et 588; Duranton, t. 2, n° 633; Zachariæ, t. 3, p. 374, et ses annotateurs, *ibid.*, note 10; Massol, p. 94, n° 6; Marcadé, sur l'art. 311-n° 3 (t. 2, p. 354); Demolombe, n° 501.

440. — Peu importe que la séparation ait été prononcée contre lui pour cause d'adultère. — *Lyon*, 16 mars 1835, Dargère.

441. — Toutefois le droit d'exiger des alimens doit être limité au cas d'un besoin bien démontré, alors surtout que l'époux auquel on les réclame n'a pour moyen d'existence que son travail. — *Colmar*, 9 janv. 1834, Antz.

442. — On doit, aussi, pour fixer le taux de la pension alimentaire, se montrer plus favorable à l'époux qui a obtenu la séparation de corps qu'à celui contre lequel elle a été prononcée.—Duranton et Massol, *loc. cit.*

443. — En accordant une pension alimentaire à l'époux contre lequel la séparation de corps est prononcée, les juges ont la faculté d'ordonner que l'autre époux, débiteur de la pension, assignera un capital, pour sûreté du service de la rente, ou déléguera un revenu libre et suffisant.—*Cass.*, 30 janv. 1828, Levasseur.

444. — Le mari qui a réclamé contre sa femme demanderesse en séparation de corps une somme pour sa part contributoire du ménage, et sur laquelle le tribunal a sursis à statuer jusqu'à ce que le mari ait rendu à sa femme des comptes que celle-ci lui demandait, est recevable, après le jugement de séparation, à réclamer, devant un nouveau tribunal, une pension alimentaire, sans qu'on ait droit de soutenir qu'il y a litispendance devant le premier des deux tribunaux.—*Cass.*, 6 juin 1832, Dufriche.

445. — On ne peut prétendre non plus que le sursis prononcé pour reddition de compte sur la première demande, ait l'autorité de la chose jugée à l'égard de la seconde. — Même arrêt.

446. — Le mari, après le jugement qui prononce la séparation, ne peut se refuser à payer la provision alimentaire adjugée à la femme pendant l'instance en séparation, sous prétexte que celle-ci ne justifie pas de sa résidence dans la maison indiquée par le tribunal. —*Bruxelles*, 13 oct. 1822, Hars.

447. — Mais la femme à qui une pension alimentaire a été payée pendant son instance en séparation de corps, ne peut, après qu'elle a succombé, demander une provision pour payer les dettes qu'elle a contractées pendant son absence de la maison commune.—*Angers*, 13 frim. an XIV, Talegrain.

448. — En matière de séparation de corps,

comme autrefois en matière de divorce, la pension alimentaire, accordée, en vertu de l'art. 301 du Code civil, à l'époux qui a obtenu la séparation, continue de subsister même après le décès de l'autre époux. — En conséquence, le jugement prononcé contre ce dernier est opposable à ses héritiers. — *Cass.*, 12 déc. 1848 (t. 1er 1849, p. 278), Flammann. — V. ALIMENS, DIVORCE.

449. — Jugé que c'est au tribunal civil du domicile du mari que la femme, contre laquelle la séparation de corps a été prononcée, doit demander l'autorisation de se pourvoir en cassation, et non à la Cour d'appel qui a été saisie du fond de la contestation. — Cette autorisation est valable alors même qu'elle n'intervient que postérieurement à l'arrêt d'admission et à la signification de cet arrêt. — *Cass.*, 27 mai 1846 (t. 2 1846, p. 82), Langlois. — V. AUTORISATION DE FEMME MARIÉE, nos 455 et suiv.

450. — Jugé aussi que l'autorisation que la femme doit obtenir de son mari, ou, au refus de celui-ci, de la justice, pour procéder aux actes qui sont dans son intérêt, doit être réclamée et obtenue préalablement. — Il n'est plus temps de requérir cette autorisation après l'accomplissement de ces actes, qui se trouvent frappés d'une nullité radicale. — Ces principes sont applicables à la femme séparée de corps et de biens qui s'est, sans autorisation, rendue adjudicataire d'un immeuble dépendant de la communauté. — En vain prétendrait-elle que cette autorisation résulte tacitement de la disposition du jugement de séparation qui ordonne la liquidation et la licitation de cet immeuble. — *Paris*, 22 mai 1845 (t. 2 1846, p. 731), Piedagnel.

451. — Le mari qui se sépare volontairement de sa femme l'autorise tacitement, par cela même, à louer un appartement pour son habitation particulière, pourvu toutefois que la durée et le prix de la location soient en rapport avec la position de la femme. — Le bail fait en dehors de ces conditions, sans l'autorisation ou le concours du mari, est nul, et l'approbation subséquente de celui-ci ne saurait valider, par rapport à la femme, l'engagement illégal qu'elle a pris. — *Paris*, 23 févr. 1849 (t. 1er 1849, p. 154), Groves c. Guyard-Delalain et Groves. — V., au reste, AUTORISATION DE FEMME MARIÉE.

§ 2. — *Des effets de la séparation de corps relativement aux avantages que se sont faits les époux.*

452. — Un autre effet de la séparation de corps est de faire perdre à l'époux contre lequel elle a été prononcée ses droits au préciput qu'il avait stipulé. — C. civ., art. 1518. — *Rennes*, 4 mars 1820, R... — Duranton, t. 2, no 626; Zachariæ, t. 3, p. 371; Massol, p. 286, no 47.

453. — La séparation de corps ne donne pas même à la femme le droit d'exiger de son mari vivant les bijoux promis par le contrat de mariage. Ils ne peuvent être demandés qu'après la mort de l'époux donateur ou la dissolution du mariage. — *Bourges*, 2 juill. 1817, Camuzat.

454. — Les effets des jugemens de séparation de corps doivent-ils être réglés par la loi en vigueur au moment où ils ont été rendus? La Cour d'Agen s'est prononcée pour l'affirmative et a décidé, en conséquence, que la femme séparée de corps sous la loi du 20 septembre 1792 avait pu, sous le Code civil, réclamer l'augment de survie stipulé dans son contrat de mariage. — *Aix*, 7 janv. 1812, Couaix c. Castelbajac.

455. — Jugé, au contraire, que les effets de la séparation de corps prononcée depuis le Code civil doivent être réglés, relativement aux avantages des époux, par la loi sous l'empire de laquelle le mariage a été contracté. — *Bruxelles*, 25 mars 1813, Liboton c. Delatre.

456. — Spécialement, sous l'empire de la coutume de Normandie la séparation de corps ne révoquait pas de plein droit les avantages matrimoniaux. — *Cass.*, 17 mars 1835, Ozenne.

457. — Mais dans la Belgique ces avantages étaient révoqués de plein droit par la séparation. — *Bruxelles*, 25 mars 1813, Liboton c. Delatre.

458. — Sous la coutume de Bretagne, la donation mutuelle était révocable pour les deux parties lorsqu'il existait des torts réciproques. — *Rennes*, 30 nov. 1820, Allaric.

459. — Décidé plus généralement que la révocation des avantages matrimoniaux faits dans un contrat de mariage antérieur au Code civil, peut être prononcée contre l'époux qui, depuis le Code, a encouru la séparation de corps. — *Cass.*, 10 août 1809, Desmerandais; 4 déc. 1810, Valadoux; *Toulouse*, 21 nov. 1819, Soulié.

460. — Sous l'empire du Code civil, la séparation de corps opère-t-elle, de plein droit, au profit de l'époux qui l'a obtenue la révocation des avantages par lui faits à son conjoint par le contrat de mariage?

461. — Cette grave question a été l'occasion d'une dissidence prolongée entre la Cour de cassation et un grand nombre de Cours d'appel. Dans cette lutte, qui a duré plus de vingt ans, la révocation de plein droit des donations faites entre époux était repoussée par un grand nombre d'auteurs et d'arrêts. On disait, pour justifier ce système, qu'il n'est pas permis de conclure de la parité des causes de divorce et des causes de séparation de corps à l'*identité* des effets de l'un et de l'autre, par la raison qu'au cas de séparation de corps, les époux ont la faculté de se réunir, tandis que, dans le cas de divorce, une réconciliation est impossible, le mariage étant dissous irrévocablement. D'ailleurs, la disposition de l'art. 299 C. civ. est une disposition pénale et il est de principe que les peines doivent être restreintes aux cas auxquels elles s'appliquent. On ajoutait que l'art. 1518 C. civ., en assimilant, relativement à la déchéance du préciput, l'époux contre lequel la séparation de corps a été prononcée à l'époux qui a donné lieu au divorce, a, par cela même, formellement repoussé toute espèce d'assimilation entre eux en ce qui concerne la perte des avantages matrimoniaux. — V., en faveur de cette opinion, *Toulouse*, 25 janv. 1820, *sol. implic.*, Barthélemy c. Lavigne; *Cass.*, 17 juin 1822, Scheppers; 19 août 1823, Chesnel c. Dupont-Durocher; 30 mars 1824, Plumival c. Bataglini; *Agen*, 28 avr. 1824, Mollié; *Cass.*, 13 fév. 1826, Maréchal; *Paris*, 9 mai 1826, Viallanes; 16 fév. 1829, Leroux; *Douai*, 15 janv. 1828, Thuillier c. Ledein; *Grenoble*, 29 mars 1833, Monnet c. Pêcheur; *Aix*, 25 juill. 1833, Garence c. Marin; *Caen*, 9 déc. 1836 (t. 1er 1837, p. 452), Vincent; *Rouen*, 28 janv. 1837 (t. 1er 1837, p. 435), Cardine; *Caen*, 7 mars 1840 (t. 1er 1841, p. 314), Igouf; *Colmar*, 10 juill. 1840 (t. 2 1840, p. 453), Schneider; *Rouen*, 26 août et 15 nov. 1842 (t. 1er 1843, p. 183), Gaudin et Chalmel; *Cass.*, 21 déc. 1842 (t. 1er 1843, p. 640), Lefoulon c. Brée; *Orléans*, 19 nov. 1842 (t. 1er 1843, p. 23), Jolly c. Nouvillon; *Cass.*, 21 nov. 1843 (t. 1er 1844, p. 403), Levarlet; *Riom*, 4 déc. 1843 (t. 1er 1845, p. 138), Bessou-Larochette; *Lyon*, 21 déc. 1844 (t. 1er 1845, p. 418), Renaud; *Caen*, 22 août 1845 (t. 1er 1846, p. 377), Chedeville. — Toullier, t. 2, no 781; Grenier, *Donations*, t. 2, p. 392; Merlin, *Rép. et quest.*, vo *Séparation de corps*; Demante, *Programme, cours de droit civil*, t. 1er, p. 149, no 185, et t. 2, no 336; Favard de Langlade, vo *Séparation de corps*, sect. 2, § 3; Duranton, t. 2, no 629, et t. 8, no 572; Zachariæ, t. 3, p. 375; Poujol, *Traité des donations*, sur l'art. 959; Coin-Delisle, *Comm. analytique*, sur l'art. 959.

462. — On décidait, par suite de ce système, que les juges peuvent, en se fondant sur ce que la séparation de corps laisse subsister le lien du mariage, dire, sans contrevenir à aucune loi, qu'il n'y a lieu, quant à présent, de statuer sur la révocation demandée par la femme séparée, des donations par elle faites à son mari. — *Cass.*, 13 juill. 1813, Belca c. Dilor.

463. — Dans le système contraire et pour admettre la révocation de plein droit on se fondait sur ce que l'identité des causes de divorce et de séparation de corps doit rendre applicable à la séparation de corps l'art. 299 du Code civil, qui, en matière de divorce, a fait perdre au conjoint contre lequel le divorce a été admis tous les avantages que l'autre époux lui avait faits; et sur l'art. 1518 du même Code, duquel il semble résulter qu'il n'y a pas lieu, en cas de séparation de corps, à la délivrance du préciput au profit de l'époux contre lequel elle a été prononcée. On soutient dans ce système, qu'il doit y avoir parité entre le préciput et les autres avantages promis par le contrat de mariage. — V., dans le sens de cette opinion, *Angers*, 22 mars 1820, Durocher c. Chesnel; *Caen*, 13 juin 1821, N...; *Aix*, 28 juill. 1821, N...; 21 janv. 1823, N...; *Paris*, 8 mars 1823, Mareschal; *Metz*, 25 mars 1823, N...; *Amiens*, 15 févr. 1827, Maréchal; *Aix*, 20 mars 1827, Chappuis; *Rouen*, 25 juill. 1829, P...; *Paris*, 28 août 1829, Gastines; *Bordeaux*, 31 mai 1838 (t. 1er 1840, p. 590), Dauriac; *Rouen*, 15 nov. 1838 (t. 2 1838, p. 568), Delalande; *Caen*, 1er juill. 1845 (t. 2 1845, p. 427), Lepelletier c. Bocquet. — Vazeille, t. 2, no 589; Massol, p. 297, no 52; Marcadé, sur l'art. 311, nos 1er et 2, t. 2, p. 346 et suiv.; Proudhon, t. 1er, p. 342; Guilhon, t. 2, p. 740; Delvincourt, t. 1er, p. 85, note 1re.

464. — Spécialement, on jugeait que la séparation de corps prononcée pour cause de sévices ou injures graves entraîne, comme le divorce, la révocation des avantages contenus au contrat de mariage au profit de l'époux qui succombe. — *Rennes*, 21 mars 1808, S...; *Caen*, 22 avril 1812, Roger de Vallée; *Colmar*, 26 juin 1817, Arbogaste; *Rennes*, 3 juin 1818, Boudier; 4 mars 1820, R...; *Agen*, 1er mai 1821, Cassaigne; *Toulouse*, 20 févr. 1832, Gasc.

465. — Jugé toutefois que l'art. 299 précité ne pouvait être appliqué en matière de séparation de corps qu'autant que le demandeur en séparation en réclamait le bénéfice. — *Rouen*, 2 juill. 1840 (t. 2 1840, p. 712), Levarlet.

466. — ... Et qu'il n'en était pas de l'action en révocation pour cause de séparation de corps, comme de l'action en révocation pour cause d'ingratitude; la première étant recevable alors même qu'il s'était écoulé plus d'une année depuis la séparation prononcée. — Même arrêt. — *Contrà*, *Rennes*, 23 avril 1810, H....

467. — Quant à la demande en révocation: on la considérait comme résultant virtuellement de la demande, de la part d'une femme qui avait obtenu la séparation de corps, en liquidation et partage de la communauté, lorsque cette demande était incompatible avec les avantages assurés au mari par le contrat de mariage. — *Bruxelles*, 25 mars 1813, Liboton c. Delatre.

468. — Dans cet état de lutte on était arrivé à se demander si, même en admettant le système de non-réconciliation de plein droit, l'époux qui avait obtenu la séparation de corps pouvait du moins faire prononcer pour cause d'ingratitude, la révocation des avantages qu'il avait faits à son conjoint par le contrat de mariage?

469. — Divers arrêts considéraient la solution de cette question comme se trouvant dans l'art. 959 du Code civil, ainsi conçu: « Les donations en faveur de mariage ne seront pas révocables pour cause d'ingratitude; » disposition qui leur paraissait embrasser dans sa généralité, aussi bien, les donations faites par des tiers aux époux, que celles qu'ils se font l'un à l'autre par contrat de mariage. Aussi jugeaient-ils que la séparation de corps n'autorisait pas l'époux qui l'avait obtenue à faire révoquer pour cause d'ingratitude, les libéralités faites à son conjoint dans le contrat de mariage. — *Grenoble*, 29 mars 1833, Monet c. Pêcheur; *Aix*, 25 juill. 1833, Garence c. Marin; *Cass.*, 30 mai 1836, Duriac; *Rouen*, 28 janv. 1837 (t. 1er 1837, p. 435), Cardine; *Riom*, 19 août 1839 (t. 1er 1840, p. 590), Valery; *Rouen*, 15 nov. 1842 (t. 1er 1843, p. 183), Chalmel. — Toullier et Duranton, *loc. cit.*; Zachariæ, t. 3, p. 376, et ses annotateurs, p. 377, note 13; Coin-Delisle, *loc. cit.*

470. — Décidé au contraire que l'ingratitude établie par le jugement de séparation de corps peut donner lieu à la révocation des donations que les époux se sont faites en faveur de leur mariage. — *Rouen*, 25 juill. 1829, P...; *Caen*, 9 déc. 1836 (t. 1er 1837, p. 452), Vincent; *Rouen*, 15 nov. 1838 (t. 2 1838, p. 568), Delalande; *Caen*, 22 avril 1839 (t. 1er 1840, p. 590), Lefoulon; 7 mars 1840 (t. 1er 1841, p. 314), Igouf; *Rouen*, 26 août 1842 (t. 1er 1843 p. 183), Gaudin; *Caen*, 22 août 1845 (t. 1er 1846, p. 377), Chedaville. — Merlin, *ubi suprà*; Proudhon, *De l'état des personnes*, t. 1er, p. 543 et suiv. (édit. de 1842). — ... Et que, à cet égard, les tribunaux peuvent puiser leurs motifs d'appréciation dans les enquêtes qui ont déterminé la séparation de corps. — V. l'arrêt de Caen précité du 7 mars 1840.

471. — La question a été définitivement tranchée par un arrêt de la Cour de cassation du 23 mai 1845, rendu en chambres réunies; arrêt qui a jugé que la séparation de corps prononcée contre un des époux révoque de plein droit, comme le faisait le divorce, les donations à lui consenties par son conjoint. — *Cass.*, 23 mai 1845 (t. 1er 1845, p. 625), Lefoulon c. Brée. — Demolombe, no 522 et suiv.

472. — Approuvée par le plus grand nombre, cette décision a été déjà attaquée par quelques-uns qui l'ont présentée comme engageant dans son intime pureté le principe de l'indissolubilité qui forme la base essentielle et fondamentale du mariage; et comme entravant par ses résultats la réconciliation des époux, qui est dans le but et dans la pensée du législateur. La réponse à ces critiques se trouve dans les motifs mêmes de l'arrêt. — Le mariage reste indissoluble tel que l'a fait la loi du 1er mai 1816 en abolissant le divorce, et nous ne comprenons guère, quant à nous, que, même en se plaçant à un certain point de vue religieux, on puisse considérer le lien du mariage, que le Code civil a fait pur et complétement immatériel, comme intéressé en quoi que ce soit par une décision qui ne frappe que pénalement et dans ses biens un époux violateur de la fidé-

lité ou de l'assistance qu'il a promise. Au lieu de rechercher dans l'interprétation des chambres réunies un obstacle à la réconciliation des époux séparés de corps, n'est-il pas plus exact d'y voir un frein que la cupidité de quelques esprits intéressés apportera à des déportemens que chez eux le sentiment des devoirs est impuissant à réprimer ? Ce désir ne conduira-t-il pas l'époux qui a su pallier ses torts à mériter à l'avenir la satisfaction qu'il convoite, à se rendre digne encore de recevoir d'une nouvelle libéralité purement volontaire les avantages que sa faute lui avait fait perdre, et, par le plus scrupuleux accomplissement de ses devoirs, à effacer de l'esprit du donateur jusqu'au souvenir de la révocabilité dont sont toujours affectées les libéralités faites entre époux durant le mariage? — C. civ., art. 1096.

473. — En rattachant uniquement à l'art. 299, et, par suite, à l'existence du jugement de séparation de corps, la révocation des donations, l'arrêt de 1845 pose un principe dont les conséquences fécondes ne sont pas inutiles à constater. Cette révocation ne résultera plus seulement des causes spéciales d'ingratitude énumérées par l'art. 955 C. civ., mais de tous les griefs qui peuvent motiver une séparation de corps. — C. civ., art. 306, 229, 320, 231 et 232. — Opérée de plein droit par la seule force de la loi, elle n'a pas besoin, à la différence de ce que prescrivent les articles 956 et 957, d'être provoquée par une demande judiciaire formée dans un délai déterminé. Elle milite au profit des héritiers de l'époux donateur qui a obtenu la séparation de corps, bien que cet époux n'ait pas formé lui-même la demande ou que plus d'une année se soit écoulée depuis la séparation. Puisqu'elle n'est soumise à aucun délai, puisqu'elle s'opère de plein droit, elle peut se rattacher même aujourd'hui aux séparations de corps antérieurement prononcées, et dans lesquelles une liquidation ou une transaction n'est pas venue régler les droits et reprises des parties d'une manière incompatible avec cette révocation. Enfin les effets de cette révocation de plein droit n'auront pas besoin, pour être assurés, de l'accomplissement des formalités spéciales prescrites par l'art. 958, et seront, s'il en est besoin, protégés par des mesures conservatoires semblables à celles que les art. 270 et 271 C. civ. ont organisées.

474. — Depuis, la Cour de cassation a persisté dans sa nouvelle jurisprudence. — V. arrêts 17 juin 1845 (t. 2 1845, p. 140), Duchesne; 28 avril 1846 (t. 1er 1846, p. 713), Chalmel.

475. — Et cette jurisprudence a été adoptée par la plupart des Cours d'appel. — *Colmar*, 15 juill. 1846 (t. 1er 1847, p. 440), Oberlier c. Metzog; *Riom*, 14 août 1846 (t. 2 1847, p. 385), Jury; 5 nov. 1846 (t. 1er 1848, p. 730), Jozon; *Paris*, 5 févr. 1847 (t. 1er 1847, p. 336), Rouget; *Rennes*, 1er févr. 1847 (t. 1er 1848, p. 38), Huss c. Bernard; 8 mars 1848 (t. 1er 1849, p. 64), Levêque. — V. cependant *Douai*, 10 mai 1847 (t. 1er 1848, p. 727), Descarpentries.

476. — Jugé aussi que la révocation des avantages peut, lorsqu'elle n'a pas été proclamée par le jugement qui prononce la séparation de corps, être ordonnée par un jugement ultérieur. — *Riom*, 5 nov. 1846 (t. 1er 1848, p. 730), Jozon.

477. — L'arrêt de Rennes du 8 mars 1848, précité, décide que la révocation a lieu par le seul fait de la prononciation du jugement de séparation, dont elle est une conséquence directe et immédiate. — C. civ., art. 299.

478. — On sait que les donations qui ont eu lieu entre époux pendant le mariage sont, quoique qualifiées entre-vifs, toujours révocables (C. civ., art. 1096); nul doute qu'elles ne demeurent telles : soit qu'elles aient été faites par l'époux qui a obtenu la séparation de corps, soit qu'elles l'aient été par celui contre lequel la séparation a été prononcée. — Toullier, t. 2, no 782; Duranton, t. 2, no 631; Vazeille, t. 2, no 590; Massol, p. 311, no 53.

479. — La Cour de Colmar a même jugé que la séparation de corps emporte de plein droit à l'égard de l'époux contre lequel elle a été prononcée la révocation des donations à lui faites par son conjoint : soit par contrat de mariage, *soit depuis son mariage*. — *Colmar*, 1er févr. 1847 (t. 1er 1848, p. 38), Huss c. Bernard. — V. aussi *Rouen*, 25 mars 1846 (t. 1er 1847, p. 552), Bauche; *Rennes*, 23 févr. 1849 (t. 2 1849, p. 86), B....

480. — Et parmi les avantages postérieurs au mariage qui se trouvent révoqués par la séparation de corps, la Cour de cassation a décidé qu'il fallait comprendre les libéralités testamentaires aussi bien que celles faites par donation entre-vifs. — *Cass.*, 5 déc. 1849 (t. 1er 1850, p. 5), Rouscatel c. de Nicol.

481. — Mais la révocation ne pourrait être étendue aux présens de noces faits avant la célébration, à moins qu'ils ne soient entrés dans les stipulations du contrat de mariage. — *Rouen*, 25 mars 1846 (t. 1er 1847, p. 552), Bauche.

482. — La Cour de cassation a posé en thèse qu'aucun principe d'ordre public ne s'oppose à ce que celui des deux époux qui a obtenu la séparation de corps contre l'autre renonce à profiter du droit que la loi lui donne de faire déclarer révoqués les avantages matrimoniaux stipulés au profit de son conjoint. — Et elle a jugé, en outre, que lorsque le mari qui a obtenu la séparation de corps pour cause d'adultère de sa femme s'est désisté purement et simplement devant le tribunal de la demande qu'il avait formée pour faire révoquer les avantages matrimoniaux auxquels il avait droit un pareil désistement a pu être considéré comme emportant abandon non-seulement de la procédure, mais même du droit lui-même de faire prononcer cette révocation. — *Cass.*, 12 févr. 1849 (t. 1er 1849, p. 248), Bobière c. Sauce.

483. — Jugé encore qu'on doit réputer valable l'acquiescement consenti par une femme mariée sous le régime dotal au jugement qui a rejeté la demande par elle formée contre son mari après la séparation de corps prononcée, en révocation des avantages qu'elle avait faits à celui-ci par son contrat de mariage. Peu importe que ces avantages portent sur des biens dotaux. — *Caen*, 16 mars 1847 (t. 2 1848, p. 330), Saugrain.

484. — Jugé néanmoins, par la Cour de Rennes, que si c'est contre le mari que la séparation de corps a été prononcée, la femme ne peut, sans l'autorisation de justice, renoncer au bénéfice de la révocation des avantages par elle faits à son mari, résultant de plein droit du jugement intervenu en sa faveur, et que l'autorisation du mari ne suffit pas pour valider en sa faveur cette renonciation. Que, d'ailleurs, en supposant qu'une semblable renonciation fût valable, on ne pourrait y voir tout au plus qu'une donation nouvelle faite pendant le mariage et, dès lors, essentiellement révocable. — *Rennes*, 8 mars 1848 (t. 1er 1849, p. 64), Lévêque.

485. — Le mari ne peut, après la séparation de corps prononcée, se refuser à restituer la dot de sa femme, sous le prétexte qu'en cas de survie il aura des droits éventuels à exercer sur cette dot; mais la loi lui donne la faculté d'exercer des actes conservatoires. — *Rouen*, 25 mars 1846 (t. 1er 1847, p. 552), Bauche. — La raison en est que la disposition de l'art. 1445, en vertu de laquelle le jugement qui prononce la séparation de biens remonte, quant à ses effets, au jour de la demande, s'applique au cas où la séparation de biens est la conséquence nécessaire de la séparation de corps, comme au cas où elle est prononcée directement, et sans qu'il y ait à faire de distinction lorsque l'action en séparation est introduite par le mari et lorsqu'elle est introduite par la femme. — V. SÉPARATION DE BIENS.

486. — Les héritiers d'une femme qui a formé contre son mari une demande en séparation de corps pour sévices et injures graves, peuvent-ils, après le décès de cette femme arrivé avant le jugement du procès, être admis à suivre l'instance et à prouver les faits de sévices aux fins de faire révoquer pour cause d'ingratitude une donation faite au mari par le contrat de mariage? — Nég. *Paris*, 6 juill. 1814, Hardouin c. Ramsant; *Rouen*, 17 janv. 1823, Auzeray c. Picquenit.

487. — Mais jugé qu'en reprenant l'instance ils peuvent au moins se faire définitivement adjuger les provisions qui avaient été accordées à la femme et les indemnités qu'elle avait réclamées, dans le cas où la demande en séparation est justifiée par les enquêtes. — V. l'arrêt de Rouen ci-dessus.

488. — La séparation de corps laissant subsister le lien conjugal, et, par conséquent, les droits et devoirs respectifs des époux, n'éteint pas dans la personne de l'époux, contre lequel elle a été prononcée, le droit de successibilité établi, par l'art. 747 C. civ., au profit du conjoint non divorcé. — Duranton, t. 2, no 635; Zachariæ, t. 3, p. 374 et 375, et ses annotateurs, p. 375, note 11; Massol, p. 313, no 54; Demolombe, no 519.

§ 3. — *Des effets de la séparation de corps relativement aux enfans.*

489. — Le lien conjugal n'étant pas rompu par la séparation de corps, il s'ensuit que la puissance paternelle conserve ses effets. Ainsi la jouissance légale des biens des enfans, au profit du père pendant le mariage, n'est point anéantie par la séparation de corps, même prononcée contre lui. Après la mort de son mari, la femme contre laquelle la séparation a été prononcée continue également de jouir de l'usufruit des biens de ses enfans. — Duranton, t. 2, no 634; Zachariæ, t. 3, p. 372, et ses annotateurs, *ibid.*, note 4; Massol, p. 334, no 7; Demolombe, no 510.

490. — Il a été jugé que l'art. 302 C. civ., qui veut que les enfans soient confiés à celui des époux qui a obtenu le divorce, n'est pas applicable en matière de séparation de corps, et que, dans ce cas, il y a lieu à l'application des art. 372 et 373 C. civ., et que les enfans doivent rester sous l'autorité de leur père qui l'exerce seul dans le cas même où la séparation est prononcée contre lui. — *Liége*, 25 août 1809, V...; *Paris*, 16 févr. 1829, Leroux. — Zachariæ, *loc. cit.*; Marcadé, sur l'article 311, no 3, t. 2, p. 854. — *Contrà*, *Montpellier*, 4 févr. 1835, de Chesnel. — Duranton, t. 2, no 636; Vazeille, t. 2, no 591; Massol, p. 321, no 1er.

491. — Jugé aussi que le mari ne peut, sans de graves motifs, être privé de la garde des enfans. — *Paris*, 12 juill. 1808, Tresse.

492. — Mais, en général, on reconnaît que c'est aux tribunaux qu'il appartient d'apprécier les motifs qui peuvent déterminer à confier la garde des enfans à l'un des époux plutôt qu'à l'autre. L'intérêt et le plus grand avantage des enfans forment la règle à laquelle ils devront surtout s'attacher; ils ont, au surplus, à cet égard, un pouvoir discrétionnaire : leur décision est souveraine. — *Montpellier*, 1er prair. an XIII, Bornier; *Grenoble*, 21 déc. 1820, Mansard; *Cass.*, 24 mai 1821, Charve; *Paris*, 11 déc. 1821, Ducayla; *Lyon*, 16 mars 1825, de S...; *Bordeaux*, 2 avr. 1830, Brulo; *Cass.*, 23 juin 1841 (t. 2 1841, p. 225), Rion; *Cass.*, 17 juin 1845 (t. 2 1845, p. 140), Duchesne. — Vazeille, *ubi suprà*; Demolombe, no 511.

493. — Par suite de ce pouvoir discrétionnaire, les tribunaux ont la faculté de décider, suivant les circonstances, que l'entretien et l'éducation des enfans seront refusés au père en lui réservant un droit de surveillance. — V. l'arrêt de *Cass.* précité du 23 juin 1841. — Marcadé, sur l'art. 311, no 3.

494. — ... Et d'ordonner que les enfans seront confiés à la mère soit jusqu'à un âge au-dessous de leur majorité, soit même jusqu'à leur majorité. — *Bruxelles*, 28 mars 1810, S...; *Caen*, 4 août 1810, H...; *Metz*, 18 juill. 1811, André c. N...; *Cass.*, 28 juin 1815, Perès; 24 mai 1821, Charve; *Paris*, 11 juill. 1821, Ducayla; *Lyon*, 16 mars 1825, de S...; *Paris*, 16 févr. 1829, Leroux; *Bruxelles*, 16 mai 1831, C...; *Montpellier*, 4 févr. 1835, de Chesnel. — Zachariæ, t. 3, p. 372; Marcadé, *ubi suprà*.

495. — L'arrêt qui décide que, d'après les circonstances de la cause, la position respective des époux et de l'enfant, et notamment en raison d'une action précédemment intentée par le père contre l'enfant, celui-ci restera confié à sa mère *jusqu'à sa majorité* ne contient point une violation des règles de la puissance paternelle et ne présente aucune ouverture à cassation. — *Cass.*, 23 juin 1841 (t. 2 1841, p. 225), Rion.

496. — Les tribunaux peuvent même ordonner, s'il s'élève des soupçons sur la moralité des deux époux, que les enfans seront confiés aux soins d'une tierce personne. — V. les arrêts précités (no 494) de *Cass.*, du 24 avr. 1821; de *Lyon*, du 16 mars 1825; de *Bordeaux*, du 2 avr. 1830, et de *Bruxelles*, du 16 mai 1831. — V., en outre, dans le même sens, *Rennes*, 21 févr. 1826, D.... — Zachariæ et Marcadé, *ubi suprà*.

497. — Ils peuvent aussi, alors même qu'ils ont déjà indiqué la personne à laquelle les enfans d'époux séparés de corps seront confiés, faire, si l'intérêt des enfans l'exige, un nouveau choix, nonobstant l'opposition de l'un des époux et sur la demande de l'autre : ils ne sont pas liés par leur première décision. — *Bordeaux*, 9 juin 1832, Brulo.

498. — Si le conseil de famille a été appelé à donner son avis sur la question de savoir s'il est plus avantageux pour les enfans d'être confiés au père ou à la mère ou à une tierce personne, la délibération n'a pas besoin d'être motivée. Ce n'est là qu'une voie d'instruction à laquelle l'art. 447 C. civ. est inapplicable. — *Paris*, 11 déc. 1821, Ducayla.

499. — Dans le cas où un jugement de séparation de corps a déclaré que l'enfant issu du mariage serait placé dans une maison d'éducation jusqu'à sa majorité, et qu'il ne pourrait être placé ailleurs que du consentement réciproque des deux époux; la convention d'après laquelle il a été par eux stipulé que l'enfant passerait alternativement chez l'un d'eux le temps des vacances, peut être résolue par la seule volonté de l'un d'eux. — *Paris*, 20 sept. 1832, Faure.

500. — Les époux séparés de corps doivent contribuer proportionnellement à leurs facultés aux frais d'entretien et d'éducation des enfans issus de leur mariage. Et le mari ne pourrait se soustraire à l'obligation de fournir sa part dans cette contribution en offrant de prendre ses enfans avec lui, lorsque des raisons de convenance ont fait décider qu'ils resteraient avec leur mère. — *Metz*, 9 févr. 1844, Levy.

501. — Bien que la pension à payer par le père, pour l'entretien et l'éducation de l'enfant *jusqu'à sa majorité*, ait été fixée par un arrêt; néanmoins, cette fixation ne porte point atteinte à son droit de réclamer, à l'avenir, la réduction ou même la décharge de cette obligation en cas de changement dans sa position de fortune. — *Cass.*, 23 juin 1841 (t. 2 1841, p. 225), Rion.

502. — Au lieu de fournir chacun leur contribution annuelle pour l'entretien et l'éducation de leur enfant, les époux séparés de corps peuvent convenir que l'un d'eux subviendra seul aux frais de cet entretien et de cette éducation jusqu'à une certaine époque et que, cette époque arrivée, ce sera à l'autre à y subvenir. — *Orléans*, 9 déc. 1829, Pipelet c. de Franq.

503. — Lorsque des difficultés s'élèvent entre époux séparés de corps, relativement à leurs enfans; est-ce au tribunal qui a prononcé la séparation qu'il appartient exclusivement d'en connaître? — *Disc. non rés.* — *Orléans*, 25 nov. 1848 (t. 2 1848, p. 676), de Béhague.

504. — Enfin, une dernière conséquence de ce que la séparation de corps ne dissout pas le mariage, c'est que la règle : *Pater is est quem nuptiæ demonstrant*, consacrée par l'art. 312 C. civ., doit conserver tout son empire à l'égard du mari; et que celui-ci ne peut désavouer les enfans auxquels sa femme a donné le jour depuis la séparation de corps, qu'autant qu'ils se trouvent dans l'un des cas de désaveu prévus par la loi. — Toullier, t. 2, p. 772; Duranton, t. 2, n° 632; Zachariæ, t. 3, p. 373, et ses annotateurs, *ibid.*, note 8. — V. cependant *Rouen*, 28 déc. 1814, Allaume; 18 juin 1819, T.... — Vazeille, t. 2, n° 586; Massol, p. 339, n° 10. — V. LÉGITIMITÉ.

Sect. 6e. — *De la cessation de la séparation de corps.*

505. — La séparation de corps cesse par la réconciliation ou réunion volontaire des époux, sans qu'il soit nécessaire que cette cassation soit publiée ni même constatée par écrit. — Toullier, t. 2, n° 783; Duranton, t. 2, n° 637; Vazeille, t. 2, nos 592 et 593; Zachariæ, t. 3, p. 378, Massol, p. 347, n° 1er.

506. — Nous avons vu plus haut que l'action en séparation de corps était éteinte par la réconciliation. Mais la réconciliation peut aussi éteindre le jugement même de séparation. Et alors, si celui des époux contre lequel ce jugement a été obtenu retombe dans de nouveaux écarts, la séparation de corps peut être une seconde fois prononcée. — *Paris*, 16 avr. 1807, Charpy. — Demolombe, n° 548.

507. — Les faits nouveaux, s'ils sont assez graves, font aussi revivre les faits anciens, sans que l'époux qui a obtenu une première fois la séparation de corps soit obligé d'en faire une nouvelle preuve. La preuve de ces anciens griefs, résultant de l'enquête précédemment faite, est en effet acquise, et n'a plus besoin d'être établie. — *Paris*, 19 juin 1839 (t. 2 1839, p. 80), Blanchet.

508. — Si l'époux contre lequel la séparation de corps a été prononcée ne voulait pas y renoncer, son conjoint aurait il le droit d'exiger le rétablissement de la vie commune? MM. Vazeille (t. 2, n° 595) et Duranton (t. 2, n° 618) ont résolu cette question affirmativement en se fondant sur ce que le jugement de séparation de corps ne crée qu'un droit particulier, propre à celui au profit duquel il a été rendu. M. Duranton convient cependant que des doutes très-graves se sont élevés sur la justesse de cette décision. On peut dire, en effet, que le jugement de séparation de corps n'a point été placé par le législateur dans une condition exceptionnelle; qu'il est, comme tout autre jugement, le produit d'un contrat judiciaire, auquel on doit, dès lors, appliquer, comme à tout contrat, la disposition de l'art. 1134 C. civ., qui porte que les conventions légalement formées ne peuvent être révoquées que du consentement mutuel des parties. Cette opinion est enseignée par MM. Zachariæ (*loc. cit.*) et ses annotateurs (*ibid.*, note 4), Marcadé (sur l'article 311, n° 5 [t. 2, p. 358]), Massol (p. 350, n° 3), Demolombe (nos 532 et suiv.). — Elle a été aussi consacrée par un arrêt de la Cour d'Angers du 19 avr. 1839 (t. 1er 1839, p. 663), T....

509. — Décidé, surtout, que le mari qui a fait prononcer la séparation de corps contre sa femme pour adultère, ne peut pas faire cesser cette séparation par sa seule volonté en consentant à reprendre sa femme alors que celle-ci a subi la peine de la détention, qui lui a été infligée en vertu de l'art. 308 C. civ., et que la condamnation a ainsi produit ses effets. — *Cass.*, 3 févr. 1841 (t. 1er 1841, p. 276), T....

510. — En rapportant les arrêts du 19 avr. 1839 et du 3 fév. 1841, nous avons soutenu que l'époux qui a obtenu la séparation de corps peut la faire cesser à sa volonté. — V. nos annotations détaillées.

511. — La réhabilitation de l'époux condamné à une peine infamante, n'aurait pas pour effet d'anéantir la séparation déjà prononcée; car le droit était acquis à l'autre époux, et la réhabilitation ne profite au condamné que pour l'avenir. — C. instr. crimin., art. 633. — Mais il en serait autrement de la révision, cette mesure extraordinaire ayant pour résultat de déclarer injuste l'arrêt de condamnation et tout ce qui l'a suivi. — Demolombe, n° 538; Zachariæ, t. 3, p. 378; Vazeille, t. 2, n° 557 et suiv.

512. — La cessation de la séparation de corps fait disparaître toutes les atteintes partielles qui en avaient été la suite en ce qui concerne la puissance paternelle et l'état des époux.

513. — Quant aux effets de la séparation de corps relativement aux biens, ils ne peuvent cesser par la seule réunion volontaire des époux. Les époux qui veulent anéantir la séparation de biens résultant de la séparation de corps ne peuvent le faire qu'en se conformant aux dispositions de l'art. 1551 C. civ. — V. SÉPARATION DE BIENS.

514. — L'acte authentique dressé en exécution de cet article ferait-il revivre les donations que les époux se seraient faites par leur contrat de mariage? On peut dire qu'il serait étrange que l'époux qui a fait révoquer les donations prétendît vouloir rétablir la communauté, et néanmoins garder par devers lui le profit des donations révoquées. Aussi Proudhon (*De l'état des personnes*, t. 1er, p. 554, édit. de 1842) et M. Massol (p. 354, n° 6,) sont-ils d'avis que le rétablissement de la communauté doit entraîner le rétablissement des donations. — Demolombe, n° 544.

515. — ... Les donations renaissent avec leur caractère d'irrévocabilité (Demolombe, n° 545), sans pouvoir, comme le prétend Delvincourt (t. 1er, p. 86, note 11), être considérées uniquement comme faites *pendant le mariage* et comme révocables à ce titre.

516. — Le rétablissement de la communauté détruite par la séparation de corps pourrait être consenti par l'époux mineur, même sans assistance de curateur. — Car il convient de favoriser autant que possible l'oubli du passé. — Demolombe, n° 547; Massol, p. 345, n° 8.

V., en outre, ACQUIESCEMENT, ADULTÈRE, APPEL, AUTORISATION DE FEMME MARIÉE, AYANT CAUSE, DÉSISTEMENT, DIVORCE, DONATION ENTRE ÉPOUX, FRAIS (mat. civ.), LÉGITIMITÉ, PREUVE TESTIMONIALE, SÉPARATION DE BIENS, SERMENT JUDICIAIRE ET EXTRAJUDICIAIRE.

SÉPARATION DES PATRIMOINES.

Table alphabétique.

SÉPARATION DES PATRIMOINES. 1. — C'est une opération par laquelle on distingue, dans les biens que possède un débiteur, ceux qu'il a recueillis dans une succession à laquelle il était appelé, pour que les créanciers de la succession puissent être payés sur les biens de cette succession par préférence aux créanciers personnels de l'héritier.

2. — On donne à ce droit des créanciers le nom de *privilége de la séparation des patrimoines.*

3. — L'action en séparation des patrimoines est fondée sur ce que l'héritier qui succède à tous les droits du défunt ne saurait prendre les biens de la succession qu'à la charge de payer les dettes dont elle est grevée. *Bona non intelliguntur, nisi deducto ære alieno.* Les créanciers de la succession doivent, dès lors, être payés sur les biens qui étaient leur gage; et, par les obligations qu'il contracterait, l'héritier ne peut porter préjudice à leurs droits acquis : or, c'est ce qui arriverait, si les biens de la succession et les biens personnels de l'héritier étaient confondus. Le préjudice existerait, surtout pour les créanciers simplement chirographaires du défunt, puisqu'ils auraient à souffrir le concours des créanciers chirographaires de l'héritier sur le prix des biens héréditaires, et qu'ils pourraient même se voir entièrement primés par des hypothèques prises contre cet héritier. — Blondeau, *De la séparation des patrimoines*, p. 476; Chabot et Vazeille, *Success.*, sur l'art. 878; Toullier, t. 4, n° 539; Grenier, *Hypothèques*, n° 419; Rolland de Villargues, *Rép. du not.*, v° *Séparation des patrimoines*, n° 2.

4. — D'ailleurs, la séparation des patrimoines

ne se demande, que lorsque les créanciers d'une succession craignent de ne pouvoir être payés par l'héritier dont les dettes personnelles pourraient affecter les biens de la succession, et diminuer d'autant et même anéantir leur gage. — Rolland de Villargues, *ibid.*, n° 3.

5. — Suivant le § 1er de la loi 1re ff. *De separationibus*, la loi pénultième du même titre, et les lois 1 et 2 C. *De bonis auctoritate judicis possidendis*, la séparation pouvait être demandée non-seulement par les créanciers proprement dits, mais même par les légataires du défunt, lorsqu'ils craignaient que, par le mélange des biens de la succession avec ceux de l'héritier, il ne se formât entre eux et les créanciers de celui-ci une concurrence préjudiciable à leurs intérêts.

6. — Ces principes furent toujours observés en France, dans les pays de coutume comme dans les pays de droit écrit. — Seulement, on voit dans le traité du président Favre (*De erroribus pragmaticorum*, décade 2, § 2), qu'il y avait, du temps de ce magistrat, c'est-à-dire sur la fin du seizième siècle et au commencement du dix-septième, quelques praticiens qui croyaient le bénéfice de séparation aboli par l'introduction de celui d'inventaire. Mais le président Favre a complétement réfuté leur erreur. — La coutume de Hainaut est la seule dans laquelle on s'est, à cet égard, écarté du droit romain. Pollet (part. 3, § 112) atteste qu'elle n'admet point la séparation de biens entre les créanciers d'un défunt et ceux de l'héritier; et il le prouve par un arrêt du Parlement de Flandres, du mois de juin 1672, rendu après vérification faite de l'usage, par deux turbes des praticiens du pays. La même chose avait été jugée au Conseil souverain de Mons.—Merlin, *Rép.*, v° *Séparation des patrimoines*, § 1er.

7. — Après avoir réglé l'ordre dans lequel devaient être colloqués, sur le prix d'un immeuble, les créanciers privilégiés et hypothécaires, l'art. 14 de la loi du 11 brum. an VII ajoutait: « Le tout sans préjudice du droit qu'ont les créanciers des personnes décédées et les légataires de demander la distinction et la séparation des patrimoines conformément aux lois. » — Cette réserve, n'étant pas conçue en forme de disposition, n'introduisait pas un droit nouveau, et ne faisait que maintenir le droit précédemment établi; ainsi, elle ne changeait rien à la jurisprudence de Hainaut sur la matière.—Merlin, *ibid.*

8. — Les créanciers d'une société d'acquêts doivent, quelle que soit la date de leur inscription, être préférés, sur les biens de cette société, aux créanciers personnels de l'un des sociétaires, et dont le titre est même postérieur à la dissolution de la société d'acquêts. Ils ne sont pas, comme au cas de succession, astreints à demander la séparation des patrimoines. — *Bordeaux*, 23 janv. 1826, Viaud et Gabaud c. Sabrier.

§ 1er. — *Par qui la séparation des patrimoines peut être demandée* (n° 9).

§ 2. — *Contre qui la séparation des patrimoines peut être demandée* (n° 30).

§ 3. — *Déchéance relativement à la demande en séparation des patrimoines* (n° 47).

§ 4. — *Sur quels biens, dans quel délai et avec quelles formalités la séparation des patrimoines doit être demandée* (n° 81).

§ 5. — *Effets de la séparation des patrimoines* (n° 478).

—

§ 1er. — *Par qui la séparation des patrimoines peut être demandée.*

9.—La séparation des patrimoines peut être demandée par tous les créanciers de la succession. — C. civ., art. 878. — Cette disposition est conforme au droit romain (V. Dig. et C., tit. *De separat.*) et à notre ancienne jurisprudence.

10.—Il n'y a nulle distinction à faire entre les créanciers auxquels la loi donne la faculté de demander la séparation. Les créanciers chirographaires doivent donc jouir de cette faculté. Le droit de séparation est indépendant de l'hypothèque. — C. civ., art. 2111.—Domat, liv. 3, tit. 2,

sect. 1re; Chabot, art. 878, n° 4; Merlin, *Rép.*, v° *Séparation des patrimoines*, § 2, n° 2; Grenier, *Des hypoth.*, n° 420; Toullier, t. 4, n° 545; Delvincourt, t. 2, p. 385, n° 4; Duranton, t. 7, n° 471; Persil sur l'art. 243; Vazeille, art. 878, n° 1er. — Peu importe même qu'ils n'aient que des titres privés, ou qu'ils n'en possèdent aucun, pourvu qu'ils puissent établir par un moyen quelconque l'existence de leurs créances. — Dufresne, *De la séparation des patrimoines*, n° 8.

11. — Quant aux créanciers hypothécaires: on ne pourrait leur refuser le droit d'exercer la séparation, sous le prétexte que leurs hypothèques, antérieures à l'ouverture de la succession, seraient suffisantes pour leur donner la priorité sur les créanciers de l'héritier. — Pothier, *Success.*, ch. 5, art. 4; Lebrun, *Success.*, liv. 4, ch. 2, sect. 1re, § 12. — Car, outre que la loi ne distingue pas, il peut se faire que les créanciers du défunt ne trouvent, dans les hypothèques spéciales qui leur auraient été seulement conférées, qu'un gage véritablement insuffisant; il pourrait arriver, surtout, que les hypothèques de ces créanciers fussent primées par des hypothèques générales, judiciaires ou légales, existant contre l'héritier, ou même par des hypothèques spéciales, qu'il aurait consenties immédiatement après l'ouverture de la succession, et qui auraient été inscrites sur-le-champ. — Grenier, *loc. cit.*; Dufresne, n° 9.

12. — Jugé, toutefois, que les art. 878 et 2111 C. civ., sur la séparation des patrimoines, ne doivent s'appliquer qu'aux créanciers chirographaires du défunt, et à ceux qui ayant hypothèque ont négligé de l'inscrire ou n'ont pas renouvelé leurs inscriptions en temps utile.—*Pau*, 30 juin 1830 (dans ses motifs), Gros c. Merillon.

13. — Les créanciers à terme, éventuels ou conditionnels, ont également le droit de former la demande en séparation. Mais quand la créance est incertaine, les créanciers de l'héritier doivent être autorisés à recevoir ce qu'elle pourrait comprendre s'ils donnent caution pour la restitution dans le cas où le droit deviendrait certain. — Chabot, n° 4; Delvincourt, t. 2, p. 175; Duranton, n° 471; Vazeille, *loc. cit.*; Blondeau, *Séparation des patrimoines*, p. 478; Rolland de Villargues, *Rép. du not.*, v° *Séparation des patrimoines*, n° 7.

14. — Jugé en ce sens que le créancier porteur d'un titre sous seing privé non échu à l'époque de l'ouverture de la succession de son débiteur peut former une demande en séparation de patrimoines contre l'héritier de ce dernier, comme si la créance était exigible. C'est là un acte conservatoire auquel on ne peut appliquer la disposition de l'art. 1er L. 3 sept. 1807, qui défend de prendre une inscription hypothécaire en vertu d'un titre non échu.—*Lyon*, 24 juill. 1835, Lacour c. Chavot.

15. — Il n'est pas nécessaire que tous les créanciers s'accordent pour former collectivement la demande en séparation, ce serait souvent exiger l'impossible; mais elle ne profite qu'à ceux qui la forment, et les autres créanciers n'en peuvent tirer avantage.—L. 1re, § 16, ff., *eod.*—Duranton, t. 7, n° 469; Delvincourt, p. 385; Blondeau, p. 477; Rolland de Villargues, n° 6.

16. — Le créancier du défunt, qui se trouve être en même temps l'un de ses héritiers, peut demander la séparation du patrimoine du défunt d'avec celui de ses cohéritiers, pour les portions auxquelles il ne succède pas. En ce cas la confusion ne s'opère en lui, que pour la portion de créance dont il est tenu comme héritier.—C. civ., art. 873. — L. 7, C., *De bon. auct. jud. possid.* — Pothier, *ibid.*, art. 4; Chabot et Delvincourt, *loc. cit.*; Toullier, n° 519; Duranton, n° 472.—Toutefois cela ne doit s'appliquer qu'au cas où le partage serait consommé; car, s'il ne l'était pas, l'héritier créancier de la succession prélèverait sa créance avant la formation et la délivrance des lots, et n'aurait pas besoin de recourir à la demande en séparation. — Vazeille, art. 878, n° 2.

17. — Si le débiteur principal d'une créance devient l'héritier de celui qui l'a cautionné; il s'opère en lui une confusion qui éteint l'obligation accessoire du cautionnement, et ne laisse plus subsister que l'obligation principale. Mais cette confusion ne peut faire perdre au créancier les droits qui lui étaient acquis au moment du décès du fidéjusseur, en vertu du cautionnement. En conséquence, la séparation du patrimoine de la caution, d'avec celui de ce débiteur principal, peut être demandée par le créancier. — L. 3, ff., *De separ.* — Arg. C. civ., art. 2035.—Domat, liv. 3, tit. 2, sect. 1re; Chabot, n° 6; Delvincourt, *loc. cit.*; Duranton, n° 474; Vazeille, n° 3; Dufresne, n° 14.

18. — Ce qui vient d'être dit du cas où le dé-

biteur principal hérite de la caution, s'applique à plus forte raison au cas où c'est la caution qui hérite du débiteur principal; car si la confusion des deux qualités en la même personne éteint l'un des deux engagemens, ce ne peut être que celui du fidéjusseur : l'obligation principale inhérente à la personne de l'héritier, n'en peut être altérée. — Domat, liv. 3, tit. 2, sect. 1re; Vazeille, n° 3; Dufresne, *ibid.*, n° 15.

19. — Lorsque les biens d'une succession passent de l'héritier à son héritier et de celui-ci à d'autres héritiers successivement, les créanciers de chaque succession peuvent en suivre les biens d'un héritier à l'autre, et demander la séparation des patrimoines contre les créanciers de ces héritiers, pourvu toutefois qu'à chaque transmission d'hérédité le droit ait été conservé et exercé de la manière et dans les délais indiqués par la loi. — Domat, *loc. cit.*; Grenier, n° 420; Chabot, n° 7; Duranton, t. 7, n° 473; Vazeille, art. 878, n° 4; Dufresne, n° 17; Rolland de Villargues, n° 10.

20. — Il en est de même dans le cas où la confusion s'est opérée par la réunion, dans la même personne, de diverses successions dont l'une était débitrice envers l'autre, tel est le cas où le fils trouve dans l'hérédité de sa mère des reprises contre son père dont il recueille la succession. Les créanciers de la mère pourront demander la séparation des patrimoines contre les créanciers du père. — Duranton, n° 473; Delaporte, *Pand. franç.*, t. 3, p. 387; Vazeille, n° 4; Rolland de Villargues, n° 11; Dufresne, n° 16.

21. — La séparation des patrimoines ne peut être demandée et, par suite, l'inscription autorisée par l'art. 2111 du C. civ. ne peut être prise que par les créanciers directs du défunt et sur les biens laissés par celui-ci. Or, comme celui qui a administré une succession bénéficiaire en qualité de tuteur des héritiers du défunt n'est pas devenu le débiteur direct de son compte de gestion envers cette succession, et qu'il ne doit ce compte qu'à ses pupilles, il s'ensuit que le curateur à la succession bénéficiaire n'est pas recevable à demander la séparation du patrimoine du tuteur décédé, d'avec celui de ses héritiers, ni à prendre sur ses immeubles l'inscription autorisée par l'art. 2111 du C. civ. — *Orléans*, 12 déc. 1848 (t. 1er 1849, p. 84), Salomon c. Chaussebourg.

22. — Les créanciers de l'héritier ne sont point admis à demander la séparation des patrimoines contre les créanciers de la succession. — C. civ., art. 881.

23. — Cette disposition était conforme au droit romain. — L. 1re, § 2, ff., *De separat.* — Toutefois, elle n'avait pas été généralement adoptée en France; la jurisprudence contraire prévalait. — V. Merlin, *Rép.*, v° *Séparat. des patrim.*, § 2, n° 3. — Lebrun et Pothier combattaient cette jurisprudence : « Les créanciers de l'héritier, disait Lebrun (liv. 4, ch. 2, sect. 1re), ne peuvent pas empêcher que leur débiteur ne contracte de nouvelles dettes, et ne s'oblige, par l'adition d'hérédité, envers les créanciers de la succession. »

24. — Si l'héritier avait accepté une succession entièrement mauvaise et dans l'intention évidente de frustrer ses créanciers personnels, ceux-ci auraient, sinon le remède de la séparation, au moins l'action révocatoire contre l'acceptation. — Chabot, art. 881, n° 2; Grenier, *Hypothèques*, n° 425; Duranton, t. 7, n° 503; Malpel, n° 220; Delaporte, *Pand. franç.*, t. 3, p. 390; Vazeille, art. 881, n° 1er; Rolland de Villargues, n° 14.

25. — Bien qu'il ne soit fait mention dans les art. 877 et 878 que des *créanciers*, cependant les légataires ont, comme les créanciers du défunt, le droit de demander la séparation des patrimoines. — C. civ., art. 2111. — Vazeille, art. 878, n° 1er; Rolland de Villargues, n° 12; Dufresne, n° 18.

26. — Jugé, en ce sens, qu'en décidant que la séparation des patrimoines peut être demandée contre *tout créancier* l'art. 878 du C. civ. est seulement énonciatif et n'a point entendu exclure toutes autres personnes contre lesquelles les créanciers du défunt auraient intérêt à demander cette séparation, notamment l'héritier ou le légataire universel, si ces créanciers ont de justes raisons de craindre que la confusion des patrimoines ne préjudicie à leurs droits. — *Paris*, 16 déc. 1848 (t. 1er 1849, p. 20), Robert c. Martin.

27. — Il est à remarquer, à cet égard, que le seul titre de légataire suffit, et qu'il n'importe nullement que le legs soit contenu dans un testament olographe non reconnu devant notaire ou en justice du vivant du testateur. — L. 1re, C., *Comm. de legat. et fid.* — Grenier, n° 422.

28. — La démission de biens consentie par une

père en faveur de ses enfans, donne aux créanciers du père le droit de demander la séparation des patrimoines. — *Bordeaux*, 14 juill. 1836 (t. 2 1837, p. 506), Dupuy; 10 avril 1845 (t. 2 1848, p. 562), Gillet c. Raveau.

29. — Jugé, au contraire, qu'en matière de donation entre-vifs la séparation des patrimoines ne peut être demandée par les créanciers du donateur contre le donataire. — *Bordeaux*, 3 août 1832, Trigant c. Labouisse.

§ 2. — *Contre qui la séparation des patrimoines peut être demandée.*

30. — La séparation des patrimoines peut être demandée contre tout créancier. — C. civ., art. 878.

31. — Il n'y a donc aucune distinction à faire entre les créanciers personnels des héritiers : soit quant à leurs titres, soit quant à leurs priviléges ou à leurs hypothèques. La séparation, disait Domat, peut être demandée contre toutes personnes privilégiées, même contre le fisc. *Sed etiam adversus fiscum et municipes impetraretur separatio.* — L. 1er, § 4, D. *De separat.*

32. — La demande peut être formée contre l'héritier lui-même, tant qu'il est propriétaire des biens de la succession, ou que les ayant vendus, aucun des créanciers de l'héritier ne s'est fait connaître. Il n'est pas nécessaire, en effet, que l'héritier ait des créanciers personnels pour que ceux de la succession conçoivent des craintes sur sa responsabilité; sans être endetté, cet héritier peut être un mauvais économe et dissiper les biens de la succession en folles dépenses; il peut avoir des dettes inconnues, qui se découvriraient plus tard. — Chabot, t. 3, p. 632; Belost-Jolimont, *Observ. sur les successions* (du même auteur), t. 2, p. 629; Delvincourt, p. 384, note 4; Vazeille, art. 878, n° 1er. — Mais si ces biens ont été vendus ou même seulement saisis par ses créanciers, c'est contre eux que la demande doit être formée. — Dufresne, n° 35.

33. — Jugé donc que la demande en séparation des patrimoines peut être formée seulement contre l'héritier représentant légal de la succession; et il n'est pas besoin d'assigner les créanciers personnels de cet héritier, lesquels peuvent intervenir dans l'instance s'ils le jugent nécessaire. — *Nancy*, 14 févr. 1833, Guerre c. Humblot.

34. — ... Que la demande en séparation de patrimoines peut être formée contre l'héritier médiat aussi bien que contre l'héritier immédiat, tant que le titre du créancier qui a droit de l'exercer n'est pas prescrit, si les choses sont encore entières. — *Toulouse*, 26 mai 1829, Pourcet c. Darles.

35. — ... Que les créanciers d'une succession peuvent demander la séparation des patrimoines, même contre l'héritier qui a accepté la succession sous bénéfice d'inventaire, si la personne et la position de fortune de l'héritier ne présentent pas des garanties suffisantes pour la conservation de leurs droits. — *Lyon*, 24 juill. 1835, Lacour c. Chavot.

36. — Jugé, au contraire, que la séparation des patrimoines ne peut être demandée contre l'héritier même du défunt : elle ne doit l'être que contre les créanciers de cet héritier. — *Poitiers*, 1 août 1828, Flattron c. Marsault.

37. — Avant le Code civil, la séparation des patrimoines pouvait être obtenue sur le prix d'un immeuble héréditaire par les créanciers chirographaires du défunt contre les créanciers hypothécaires de l'héritier. — *Rouen*, 11 germinal an XI, Gruel c. Malfilatre.

38. — L'héritier ne peut, de son chef, s'opposer à la demande en séparation de patrimoines formée par les créanciers de la succession contre les créanciers personnels; ce droit n'appartient qu'à ces derniers. — *Bordeaux*, 11 déc. 1834, Chesne c. Veyret.

39. — La séparation peut n'être demandée que contre les créanciers de l'un des héritiers seulement, sans qu'il soit nécessaire de la demander contre tous. Elle peut même n'être opposée qu'à un seul des créanciers de cet héritier, ce créancier n'aurait pas le droit de s'en plaindre; les autres créanciers se trouvant, par là, payés avec les biens de la succession, et ce paiement libérant d'autant leur débiteur. La séparation, du reste, ne profite qu'à ceux qui l'ont faite. — Delvincourt, *loc. cit.*, p. 385; Chabot, p. 654; Duranton, t. 7, nos 467 à 469; Delaporte, *Pand. franç.*, t. 3, p. 384; Vazeille, art. 878, n° 8; Dufresne, n° 39.

40. — La loi n'accordant l'action en séparation des patrimoines qu'autant que les biens existent dans la main de l'héritier, il en faut conclure qu'elle ne peut être exercée contre les tiers à qui l'héritier a transféré la propriété de ces biens. L'héritier conserve, en effet, le droit de les aliéner, sans que les créanciers du défunt puissent s'opposer à cette aliénation. — Toullier, t. 4, n° 540 et la note; Chabot, art. 880, n° 5; Dufresne, n° 41.

41. — Lorsque l'héritier a aliéné soit le mobilier, soit les immeubles de la succession, il a fait lui-même la séparation de ce mobilier ou de ces immeubles, qui, désormais, ne peuvent plus se confondre avec ses biens propres; les créanciers de la succession se trouvent dans la même position que si cette aliénation avait été faite par le défunt lui-même : la première partie de leur droit est épuisée, à la vérité; mais il leur reste à exercer la seconde sur le prix, qui, pour eux, représente la chose. — V. *infrà*, nos 98 et suiv. — Dufresne, n° 41.

42. — L'aliénation est donc définitive et irrévocable; et si les acquéreurs doivent être appelés dans l'instance en séparation des patrimoines, que les créanciers de la succession introduisent contre l'héritier ou ses créanciers, ce n'est pas qu'ils aient quelque chose à redouter de la demande de ces derniers (Troplong, art. 2111, n° 327), mais parce qu'étant débiteurs du prix le jugement qui doit régler les droits de ces créanciers sur ce prix en doit continuer la liquidation. — Dufresne, *ibid.*

43. — Cependant M. Blondeau (*De la séparation des patrimoines*), argumentant de l'art. 2111, n° 2, qui veut qu'aucune hypothèque ne puisse être établie par l'héritier sur les biens héréditaires, dans les six mois du décès, prétend qu'à plus forte raison l'héritier ne peut aliéner ces biens. — Cette opinion est combattue par M. Dufresne, n° 41.

44. — Lorsqu'un individu a été déclaré absent, et que ses héritiers se sont fait envoyer en possession provisoire de ses biens, il n'y a pas lieu, de la part de ses créanciers, à demander la séparation des patrimoines; parce que cet envoi en possession ne donne aux héritiers qui l'ont obtenu que le droit d'administrer, et que la caution exigée par l'art. 120, et les formalités demandées par l'art. 126 du Code, garantissent suffisamment ces créanciers contre leur insolvabilité. — Dufresne, n° 42.

45. — Mais si ces héritiers, au lieu de poursuivre la déclaration d'absence, tentaient, par une prise de possession de fait des biens de l'absent, de se soustraire aux obligations que la loi leur impose, les créanciers de l'absent se pourvoiraient, conformément à l'art. 112, pour faire nommer soit un curateur pour défendre à leurs actions, s'ils avaient des droits nés et actuels à exercer; soit un administrateur de ces biens, si leurs droits étaient suspendus par un terme ou une condition. — Dufresne, n° 42.

46. — La demande en séparation de patrimoines ne peut être formée au préjudice d'un donataire antérieur à cette demande. — *Caen*, 20 nov. 1824, Caille c. de Roncherolles.

§ 3. — *Déchéance relativement à la demande en séparation des patrimoines.*

47. — Le droit de demander la séparation des patrimoines ne peut plus être exercé, lorsqu'il y a novation dans la créance contre le défunt par l'acceptation de l'héritier pour débiteur. — C. civ., art. 879.

48. — C'est ici une espèce de novation particulière qui n'a ni le caractère ni les effets de la novation en général (C. civ., art. 1271), et qui se réduit à l'acceptation de l'héritier pour débiteur. — Grenier, *Hypoth.*, n° 426; Chabot, art. 879, n° 2; Vazeille, *ibid.*, n° 1er; Toullier, t. 7, n° 283; Rolland de Villargues, n° 21.

49. — Sous le droit romain, il paraît qu'il fallait qu'en traitant avec l'héritier les créanciers ou légataires eussent manifesté l'intention de le prendre pour débiteur, au lieu et place du défunt, par manière de choix et de préférence. — L. 1re, § 10 et 15, D., *De separat.*

50. — D'après le Code civil, l'acceptation expresse que le créancier de la succession fait de l'héritier pour débiteur suffit sans autres circonstances pour constituer la novation et empêcher ce créancier de demander la séparation des patrimoines. Il en était de même sous l'ancienne jurisprudence. — Pothier, *Success.*, chap. 5, art. 4; Grenier, *Hypoth.*, n° 426; Delvincourt, t. 2, p. 176; Chabot, art. 879, n° 3; Vazeille, n° 1er; Duranton, t. 7, nos 494 et suiv.

51. — Il n'y a donc difficulté que lorsque l'acceptation est tacite. Mais alors quand pourra-t-on dire qu'il y a intention de faire novation? Cela dépendra nécessairement des circonstances.

52. — Jugé dès lors qu'il faut que l'acceptation de l'héritier pour débiteur soit formelle; et que, si elle ne l'est pas, l'intention d'innover, de la part du créancier, doit résulter d'actes, tels que des *surenchères nouvelles*, un *gage*, une *affectation hypothécaire*, établissant une amélioration évidente dans la condition du créancier. — *Grenoble*, 9 août 1826, Rey c. Bos.

53. — Il ne faut pas perdre de vue que la novation étant de la part des créanciers du défunt une véritable renonciation aux droits qui leur compétaient d'une manière exclusive sur les biens de leur débiteur, ne peut s'induire contre eux que de faits qui entraînent nécessairement, de leur part, la volonté d'accepter l'héritier pour débiteur à la place du défunt. — *Nîmes*, 27 janv. 1840 (t. 1er 1840, p. 444), du Palais c. Delentre.

54. — A cet égard, les auteurs ont posé quelques règles. — Suivant eux, il y a novation : 1° si le créancier a reçu de l'héritier un gage, une caution; lors même qu'ils seraient insuffisans. Le créancier alors annonce l'intention de profiter de la confusion au lieu de s'y opposer. — Chabot, Delvincourt, Duranton, *loc. cit.*

55. — Ainsi le créancier qui prend inscription directement contre l'héritier de son débiteur, est censé l'accepter pour débiteur et devient, dès lors, non recevable à demander la séparation des patrimoines. — *Liége*, 13 mars 1811, Degrady c. Vosen.

56. — Lors même qu'en acceptant l'héritier pour débiteur le créancier du défunt se serait réservé expressément ses anciens droits, priviléges et hypothèques sans novation; la séparation des patrimoines a pu s'éteindre, si la novation résultait de la nature et des effets du traité. Tel serait le cas où, dans une transaction sur procès, le créancier aurait déclaré tenir l'héritier quitte à différentes conditions, qui changent la nature de la dette primitive; surtout si, pour l'exécution de l'obligation, l'héritier avait été postérieurement poursuivi en son nom propre et non en qualité d'héritier, et que le créancier eût pris l'inscription sur ses biens personnels. — *Grenoble*, 14 janv. 1824, Tholosan c. Moynier.

57. — Lorsqu'une dot a été constituée solidairement par l'aïeul et le père et que, les biens de l'aïeul ayant été confisqués par l'émigration, la fille dotée ne s'est déclarée créancière sur ces biens que de la moitié de la somme constituée en dot, elle ne s'est pas enlevé par cette déclaration le droit de demander la totalité de la dot sur les biens de l'aïeul et leur séparation d'avec les biens de son père à qui ils auraient été plus tard restitués en vertu de l'amnistie. Il n'y a pas là les caractères de la novation ou de l'acceptation du père héritier pour débiteur. — *Cass.*, 8 nov. 1815, Dupré c. Besse.

58. — 2° ... Si le créancier a changé le mode ou les conditions du paiement de la créance (L. 1re ff., *De separ.*), à moins, toutefois, que ce changement ne consiste dans une simple prorogation de délai. — C. civ., art. 2039. — Mêmes auteurs.

59. — La novation peut encore être considérée comme résultant soit de l'acquiescement par le créancier à la stipulation d'un acte de donation qui met à la charge du donataire toutes les dettes du donateur, soit de l'acceptation par lui faite d'un contrat d'antichrèse consenti à son profit par le donataire. — *Bordeaux*, 10 avr. 1845 (t. 1er 1848, p. 562), Gillet c. Raveau.

60. — Tel est le cas où le créancier d'une succession a approuvé l'acte passé en son absence par l'héritier qui, en reconnaissant la dette, s'est obligé personnellement au paiement, mais suivant un autre mode. Ce créancier est censé avoir donné cette approbation, en demandant l'exécution de cet acte. — *Cass.*, 7 déc. 1814, Hospices de Clermont c. Arragones-Laval.

61. — Il n'y a point novation lorsqu'un traité ou accord intervenu entre le créancier et l'héritier du débiteur n'est qu'un simple règlement de compte, et que l'héritier s'oblige par le même acte à payer le montant de la créance à des délais rapprochés. — *Grenoble*, 9 août 1826, Rey c. Bos.

62. — Il en est de même, s'il n'y a eu qu'un simple règlement de comptes fait en exécution de titres antérieurs, auxquels il n'a pas été dérogé, et surtout si le créancier y a expressément stipulé la réserve de ses anciens *droits, priviléges et hypothèques sans novation*. — *Grenoble*, 10 avril 1824, Bouillaton c. Pion.

63. — Il en est de même encore, quand le créancier du défunt a reçu des à-compte sur sa créance de l'héritier du débiteur. — *Grenoble*, 21 juin 1841 (t. 1er 1843, p. 39), Colin et Perret c. Morel.

64.— Il n'y a pas novation dans le fait d'avoir reçu de l'héritier les intérêts ou arrérages de ce qui est dû par le défunt. Ce n'est pas là une acceptation de l'héritier pour débiteur. En effet, la somme qui sert à les acquitter peut provenir des revenus mêmes des biens qui sont le gage du créancier.—Despeisses (*Des contrats*, part. 3, tit. 2, sect. 5) est d'un avis opposé, qu'il fonde sur la loi 1re, § 10, ff., *De separ.*; mais cette loi, d'abord, qui porte *ex eâ mente quasi cum eligendo exegerit*, surbordonne la décision à l'intention qu'a manifestée le créancier: puis elle suppose les arrérages ou intérêts *exigés* et non simplement *reçus*.— Dans une espèce où le créancier avait reçu de l'héritier de son débiteur les intérêts de sa créance la Cour de Paris a jugé, le 1er nivôse an XIII (Grimaud c. Clouet), qu'il n'y avait pas preuve suffisante de l'acceptation de l'héritier pour débiteur, et, par conséquent, renonciation au droit de demander la séparation. — Conf. Grenier, Chabot, Duranton et Delvincourt, *loc. cit.*; Delaporte, *Pand. franc.*, t. 3, p. 385; Vazeille, art. 879, nº 4.

65. — Jugé également qu'avant le Code civil, le créancier du défunt, qui avait reçu de l'héritier les intérêts d'un capital non exigible, pouvait encore demander la séparation des patrimoines. — *Paris*, 14 floréal an XI, Savalette c. d'Hornoy.

66.—Le créancier n'est pas non plus réputé avoir fait novation en donnant à l'héritier une quittance pure et simple et sans réserve des intérêts ou arrérages de sa créance, et en produisant son titre à la faillite de cet héritier.—*Paris*, 23 mars 1824, Remy c. Denon.

67. — Mais il y aurait novation dans l'acceptation d'une délégation ou des actes récognitifs, par lesquels l'héritier ou des acquéreurs de l'héritier auraient pris l'engagement personnel de payer un créancier. — *Caen*, 20 nov. 1824, Caille c. de Roncherolles. — Duranton, nº 496. — *Contrà*, Vazeille, nº 3.

68. — Lorsque, dans un partage fait à la suite d'une démission de biens par le père commun, une sœur a abandonné les biens de la succession à son frère à la charge par celui-ci de lui payer la dot que lui avait constituée son père, en déclarant expressément ne pas déroger aux priviléges et aux effets de cette dot; il ne s'ensuit pas qu'il y ait eu novation, et que, par suite, la sœur soit non recevable à demander contre son frère la séparation des patrimoines. — *Cass.*, 30 janv. 1834, Dabadie c. Montpellier.

69. — Jugé cependant que l'acte de vente de droits successifs, entre cohéritiers, moyennant une rente constituée, constitue une novation suffisante pour faire rejeter la séparation des patrimoines. — *Aix*, 3 déc. 1831, Autric c. Reygnier.

70. — ... 3º Si, par les poursuites qu'il a exercées contre l'héritier, le créancier a manifesté l'intention de confondre les deux patrimoines.— Mêmes auteurs.

71.—Mais, en général, les poursuites judiciaires que le créancier exerce contre l'héritier ne font point obstacle à la demande en séparation des patrimoines, parce qu'en effet on ne peut en conclure que l'un ait suivi la foi de l'autre (L. 7, D., *De separat.*).—Ainsi peu importe que le créancier ait fait faire à l'héritier la signification de ses titres, conformément à l'art. 877 du Code civil; qu'il ait agi contre lui par voie de commandement et de contrainte pour obtenir le paiement de ce qu'il lui doit personnellement pour sa part virile, et hypothécairement pour le tout (C. civ., 873); qu'enfin, il ait fait assigner l'héritier et ait obtenu jugement contre lui. — Chabot, Grenier (*loc. cit.*), Duranton, nº 495.

72. — Ainsi il n'y a point eu novation au droit d'une fille normande sur la succession de son père, par cela qu'elle a obtenu une condamnation contre son frère à raison des arrérages de la légitime. — *Caen*, 20 août 1824, Morin c. Breton.

73. — Une citation en conciliation, notifiée à l'héritier, et un procès-verbal de non-conciliation ne sont que le préalable et non le commencement d'exécution d'une action. On ne peut dès lors y voir une novation qui puisse empêcher le créancier d'exercer la séparation des patrimoines. — *Grenoble*, 28 mars 1812, Morin c. de Borel.

74. — Ce serait accepter l'héritier pour débiteur que de le poursuivre sur ses biens, avant d'avoir épuisé tous ceux de la succession; il y aurait novation, et renonciation au bénéfice de la séparation.— Delvincourt, t. 2, p. 58.

75. — Ainsi, jugé qu'il y a novation, si le créancier du défunt poursuit l'expropriation des biens de l'héritier; ou produit seulement dans un ordre ouvert sur lui à la requête de ses créanciers, alors même que plus tard il viendrait à se désister de sa demande en collocation. — *Montpellier*, 26 févr. 1810, Albarel c. Jalabert.

76.—Mais celui qui a en même temps pour débiteurs et le fils, comme obligé principal, et le père, comme caution, ne peut pas, par cela seul que, depuis le décès du père, il aurait dirigé des poursuites contre le fils, être déclaré non recevable dans la demande en séparation qu'il forme à l'égard de la succession de son père. — *Nîmes*, 27 janv. 1840 (t. 1er 1840, p. 444), du Palais c. Delentre; *Cass.*, 22 juin 1841 (t. 2 1841, p. 339), mêmes parties.

77. — La séparation des patrimoines ne peut plus être demandée, lorsque les biens du défunt et de l'héritier ont été compris dans une seule saisie, adjugés cumulativement pour un seul prix, en présence des créanciers et sans opposition de leur part. —*Riom*, 3 août 1826, Servant c. Longevialle; *Grenoble*, 7 févr. 1827, Blanc Fatin c. Drier; 19 mars 1831, Mounier Poutos c. Chazrin.

78. — Il en était de même sous l'empire du droit romain, lorsque les biens du défunt et ceux de l'héritier avaient été vendus par un seul et même acte, sans distinction de prix, en présence et sans opposition des créanciers, dont l'un s'était rendu adjudicataire, et enfin lorsqu'il s'était opéré une confusion telle qu'on n'aurait pu la faire cesser que par des opérations longues, incertaines et dispendieuses. — *Cass.*, 25 mai 1812, Bonnans c. Rougé.

79. — Ce principe est applicable encore au légataire d'une quote-part des biens du défunt, lorsque les biens de l'hérédité et ceux de l'héritier ont été expropriés confusément, et adjugés pour un seul et même prix, sans opposition de sa part. — *Montpellier*, 6 juill. 1830, Delheuse c. Portes.

80. — La vente simultanée des biens de l'héritier et de ceux du défunt, pour un seul prix, ne font point obstacle à la demande en séparation des patrimoines, si d'ailleurs il existe des élémens suffisans d'une ventilation. — *Grenoble*, 30 août 1831, Roux.

§ 4. — *Sur quels biens, dans quel délai et avec quelles formalités la séparation des patrimoines doit être demandée.*

81. — *Biens.* — Le droit de demander la séparation des patrimoines s'exerce sur tous les biens dépendant de la succession. Toutefois il n'a pas la même durée suivant qu'il s'agit de meubles ou d'immeubles. Relativement aux premiers, il se prescrit par le laps de trois ans; et à l'égard des immeubles, l'action peut être exercée tant qu'ils existent dans la main de l'héritier. — C. civ., art. 880.

82. — De plus, le droit de séparation est indivisible de sa nature; puisqu'il n'est que l'équitable application faite aux créanciers du défunt, du principe contenu en l'art. 2093, qui fait de tous les biens du débiteur le gage commun de ses créanciers, et que l'art. 2083 attribue au gage ce caractère d'indivisibilité. — Chabot, art. 878, nº 10; Dufresne, nº 43.

83. — D'après le droit romain, le délai fixé pour l'exercice du droit de séparation des patrimoines était de cinq ans pour les immeubles comme pour le mobilier (*Cass.*, 9 avril 1810, Devalincourt c. Lefebvre); et ce délai ne commençait à courir à l'égard de l'héritier étranger (*heredis extranei*), que du jour où il avait accepté la succession. — Mais il fallait que lors de la demande les choses fussent entièrement distinctes (*rebus integris*), non mélangées avec celles de l'héritier. — L. 1re, § 13, ff., *De separ.*

84. — Dans notre ancien droit français, cette prescription était rejetée par toutes les provinces non régies par le droit romain. Ainsi, il n'y avait pas de temps limité pour la demande; il suffisait seulement que les biens de la succession fussent faciles à distinguer des biens de l'héritier. — Dans celles où le droit romain était suivi, mais où la règle *Le mort saisit le vif* avait été admise, on faisait courir le délai à partir de l'ouverture de la succession, et non pas seulement du jour où l'héritier avait pris qualité. — *Cass.*, 9 avril 1810, Devalincourt c. Lefebvre.

85. — Jugé toutefois que la prescription de cinq ans portée par le droit romain contre la demande en séparation des patrimoines, n'a jamais été reçue en France. — *Angers*, 11 juin 1809, Lavignan c. Mascasas.

86. — La loi 1re, § 13, ff., *De separat.*, qui fixait à cinq ans le délai pendant lequel la demande en séparation des patrimoines pouvait être formée, n'était point observée dans le ressort du

SÉPARATION DES PATRIM., § 4.

Parlement de Franche-Comté; l'art. 1er, tit. 3, des anciennes coutumes, prorogeait à trente ans ce même délai. — *Besançon*, 11 févr. 1813, Coras c. Chaffin.

87. — Avant comme depuis le Code, il était de droit commun que la séparation des patrimoines pouvait être demandée tant que les immeubles de la succession se trouvaient entre les mains des héritiers; et que l'action n'avait d'autre limite que celle des actions réelles, c'est-à-dire qu'elle durait trente ans. — *Cass.*, 3 mars 1835, Caille c. de Lévis-Ventadour.

88. — Jugé également que le droit de demander la séparation des patrimoines ne se prescrivait sous l'ancienne jurisprudence que par trente ans, lorsqu'il n'y avait point eu confusion de biens. — *Cass.*, 8 nov. 1815, Dupré c. Besse de la Richardie.

89. — *Meubles.* — Aujourd'hui, comme on l'a vu, la demande en séparation des patrimoines, lorsqu'elle a pour objet les *meubles* de la succession, doit être formée dans les trois ans; autrement elle est prescrite. — C. civ., art. 880.

90. — Ce délai de trois ans court-il du jour de l'ouverture de la succession ou du jour de son acceptation? La raison de douter vient de ce que la séparation des patrimoines est demandée en considération de la personne de l'héritier; or, tant que cet héritier n'a pas pris qualité, les créanciers ne sont pas en mesure d'agir. Mais on répond : Il était loisible aux créanciers de provoquer la séparation contre le successible qu'avait saisi la loi; tant qu'il ne renonce pas, la loi le répute héritier. C'est donc leur faute, en définitive, s'ils ne peuvent plus tard user du bénéfice de séparation. D'ailleurs, l'effet de l'acceptation remonte au jour de l'ouverture de la succession (C. civ., art. 777). Si les créanciers pouvaient, au delà de trois ans, exercer le droit qui leur est accordé sur les meubles par cela seul que lors du décès du débiteur ils ne savaient pas précisément quelle personne se porterait son héritier, il faudrait, par voie de conséquence, décider que la prescription ne court que du moment où ils ont pu connaître l'héritier; et dès lors l'on conçoit combien serait susceptible de prolongation, selon les circonstances, un délai que le législateur a restreint à trois ans, à cause de la nature des meubles: parce qu'il est facile de les confondre avec les meubles personnels de l'héritier. La loi est absolue, elle n'a fixé qu'un délai; la confusion des meubles lui paraît consommée après trois ans. — Grenier, nº 427; Chabot, t. 3, p. 645; Delvincourt, t. 2, p. 386, note 8; Duranton, t. 7, nº 482; Vazeille, art. 880, nº 2.

91. — Ce délai de prescription s'applique aux créances. Ainsi, si, faute par les créanciers d'avoir demandé la séparation des patrimoines dans le délai fixé par la loi, les biens de la succession se sont confondus avec ceux de l'héritier, les légataires et les créanciers du défunt deviennent indistinctement créanciers personnels de l'héritier; et les deniers, quoique provenant originairement de la succession, doivent se distribuer entre eux, au marc le franc. — *Cass.*, 9 déc. 1823, Seillier c. Rouxel.

92. — L'exercice de la séparation des patrimoines, avant que les meubles de la succession soient réunis à ceux de l'héritier, n'est pas exigé par le Code, comme il l'était par la loi romaine. Il n'est pas moins vrai que la séparation serait impossible, si l'on ne pouvait discerner sûrement les uns et les autres. Ordinairement on les distingue à l'aide d'un inventaire légal. L'héritier devra rapporter les meubles compris dans l'inventaire ou leur valeur. — Chabot, p. 646; Delvincourt, *loc. cit.*; Duranton, nº 484; Vazeille, art. 880, nº 3.

93. — La veuve qui après avoir fait inventaire renonce à la communauté, ne peut être payée de ses reprises sur les deniers de la succession du mari, par préférence aux créanciers de l'héritier, si elle n'a pas demandé la séparation des patrimoines. — *Cass.*, 14 août 1820, Plinguet c. Descourties.

94. — Toutefois, l'inventaire n'est pas l'unique moyen de distinguer le mobilier de l'héritier et celui de la succession; ils sont distincts encore sous les scellés ou entre les mains soit d'un séquestre, soit d'un dépositaire.—Quant aux créances mobilières non acquittées, le créancier qui demande la séparation notifiera cette demande au débiteur de la succession; laquelle vaudra notification comme saisie-arrêt, si elle est poursuivie dans la même forme. — Delvincourt, *loc. cit.*; Duranton, nº 485.

95. — Jugé que la confusion des patrimoines n'empêche la demande en séparation, qu'autant qu'elle est générale; dans le cas où elle n'est que

partielle, la demande peut être formée relativement aux biens non confondus. — *Cass.*, 8 nov. 18[illegible], Dupré et Chabrillat c. Besse de la Richardie.

96. — La demande de séparation des patrimoines, lors même qu'elle a été régularisée avant l'expiration de trois ans, n'est utile qu'autant qu'elle a été formée avant que des créanciers personnels de l'héritier eussent acquis des droits sur les biens de l'hérédité. — *Cass.*, 28 avr. 1840, Pâté-des-Ormes c. Mouflard.

97. — *Immeubles.* — Relativement aux *immeubles* de la succession, l'action en séparation peut être exercée tant qu'ils existent dans la main de l'héritier. — C. civ., art. 880. — Dans ce cas, l'action ne se prescrit que par trente ans. — Grenier, n° 128.

98. — Si l'héritier avait aliéné les biens de la succession, on ne pourrait plus demander la séparation. Car, outre qu'alors la séparation existe réellement par les aliénations faites, on ne doit pas annuler les actes que l'héritier a faits de bonne foi avant la demande formée contre lui. — L. 2, D., *De separat.* — Grenier, *ibid.*

99. — Ainsi, jugé que la fille normande n'est plus recevable à demander sa légitime en biens fonds héréditaires, lorsque les immeubles de la succession ont été vendus par l'héritier, avant qu'elle ait intenté cette action et demandé la séparation des patrimoines. — *Caen*, 20 août 1824, Morin c. Breton.

100. — Mais s'il était établi par des circonstances graves que l'héritier n'a aliéné ses immeubles qu'en fraude des créanciers de la succession et par connivence avec ses créanciers personnels, les créanciers de la succession auraient le droit ou de faire révoquer l'aliénation, si les acquéreurs étaient aussi de mauvaise foi, ou de former encore à l'égard du prix la demande en séparation et même de faire restituer ce qui aurait été reçu par les créanciers personnels. — Domat, liv. 3, tit. 2, section 1re ; Lebrun, liv. 4, chap. 2, sect. 1re, n° 25 ; Chabot, t. 3, p. 647 ; Toullier, t. 4, n° 520 ; Delaporte, *Pand. franç.*, t. 3, p. 386.

101. — Enfin, il est des cas où même après la vente des immeubles, faite de bonne foi, la séparation peut être encore demandée : par exemple si le prix n'a pas encore été payé. Le prix représente la chose quant aux créanciers du défunt. — Delvincourt, t. 2, p. 387, note 9 ; Duranton, t. 7, n° 490 ; Toullier, t. 4, n° 521 ; Chabot et Delaporte, *loc. cit.* ; Vazeille, art. 880, n° 4 ; Rolland de Villargues, v° *Séparation des patrimoines*, n° 37 ; Troplong, *Hypoth.*, n° 326. — Mais faut-il que l'inscription soit prise dans la quinzaine de la transcription du contrat de vente ? — V., à cet égard, et en sens divers, Grenier, t. 2, n° 432 ; Duranton, t. 19, n° 221 ; Chabot, art. 886, n° 7 ; Malpel, *Success.*, n° 218 ; Troplong, t. 1er, n° 327.

102. — Jugé, dans le même sens, que la séparation des patrimoines peut s'exercer sur le prix encore non payé de l'immeuble de la succession, comme il s'exercerait sur l'immeuble lui-même en nature. — *Cass.*, 8 sept. 1806, Magne c. Gibault ; *Rouen*, 9 déc. 1813, N... ; *Nîmes*, 27 janv. 1840 (t. 1er 1840, p. 444), du Palais c. Delentre.

103. — Et il en est ainsi alors même qu'il s'agirait d'un immeuble vendu par le défunt à son héritier. — *Cass.*, 16 juill. 1828, Paulet c. Sauvage de Filinge.

104. — ... En conséquence le légataire d'une partie de ce prix est fondé, en cas de vente judiciaire de l'immeuble sur l'héritier, à demander qu'il soit distrait du montant de l'adjudication une somme suffisante pour le remplir de son legs, sans que les créanciers personnels et hypothécaires de cet héritier puissent légitimement contester cette prétention. — Même arrêt.

105. — La séparation des patrimoines peut encore être demandée bien que les immeubles de la succession aient été aliénés par l'héritier, tant que le prix n'en a pas encore été distribué. — *Poitiers*, 28 janv. 1823, de Beaumont c. Moinard ; *Caen*, 20 août 1824, Morin c. Breton ; *Cass.*, 26 juin 1828, Chastenay-Lanty c. d'Argonne.

106. — Il en était de même sous l'empire du droit écrit. — *Grenoble*, 30 août 1831, Roux.

107. — Mais il n'en est plus de même, si, avant la distribution du prix, il y a confusion du patrimoine du débiteur primitif avec celui de l'héritier. — *Grenoble*, 7 févr. 1827, Blanc-Fatin c. Drier.

108. — ... Ou lorsque les circonstances rendent la distinction des patrimoines si difficile, que, même à la suite de procédures longues et dispendieuses, on n'arriverait qu'à des évaluations incertaines de chacun d'eux. — *Grenoble*, 18 août 1828, Hall c. Martel.

109. — On ne peut plus demander la séparation des patrimoines lorsque les biens du défunt ont été vendus par expropriation, et les créanciers de l'héritier et du défunt colloqués sur les deniers à distribuer. — *Besançon*, 11 fév. 1813, Corus c. Chaffin.

110. — Il en serait de même encore, si le prix n'était plus dû à l'héritier lui-même. Par exemple si le prix ayant été payé une première fois au vendeur, les créanciers de celui-ci poursuivaient l'acquéreur à fin de nouveau paiement faute par lui d'avoir rempli les formalités de la purge. — *Cass.*, 27 juill. 1813, Halley c. de Valfonds.

111. — De même encore, l'action en séparation des patrimoines n'est pas recevable lorsque les biens de la succession ayant été vendus par l'héritier, une partie du prix a été compensée avec ce qui était dû à l'acquéreur par l'héritier, et le surplus délégué aux créanciers personnels de ce dernier. Les choses, dans cet état, ne sont plus entières. — *Grenoble*, 21 avr. 1823, Allard c. Bosq.

112. — Lorsqu'il s'agit du prix de l'immeuble aliéné, est-il nécessaire que l'action en séparation soit intentée dans les trois ans ? L'affirmative est soutenue par M. Duranton (t. 7, n° 490) et Delaporte (t. 3, p. 386), par le motif que le prix est chose mobilière et doit, comme tel, être soumis à la prescription de trois ans. — C. civ., art. 880. — Mais Delvincourt (p. 387) répond que cet article n'a eu évidemment pour objet que les choses qui étaient mobilières dans la succession lors de son ouverture, et non des immeubles qui sont devenus meubles par le fait de l'héritier ; que, d'ailleurs, il est de principe que l'immeuble est représenté par le prix à l'égard des créanciers de la succession, sauf toutefois les droits acquis à des tiers.

113. — Jugé, dans ce dernier sens, que l'action en séparation de patrimoines ne se prescrit pas par le laps de trois ans, comme en matière purement mobilière. — *Nîmes*, 27 janv. 1840 (t. 1er 1840, p. 444), du Palais c. Delentre.

114. — La simple affectation hypothécaire, des biens de la succession, de la part de l'héritier, ne ferait point obstacle au bénéfice de la séparation. — L. 3, ff., *eod.* — Car l'hypothèque n'empêche pas que les biens n'*existent* toujours dans les mains de l'héritier. — C. civ., art. 880. — Rolland de Villargues, v° *Séparat. des patrim.*, n° 33.

115. — L'immeuble qui a été aliéné, par l'héritier, sous faculté de réméré, ne saurait être l'objet d'une action en séparation de patrimoines ; car la vente sous faculté de réméré transmet la propriété comme toute vente ordinaire, tellement que l'immeuble vendu peut être hypothéqué par l'acquéreur. — C. civ., art. 2125. — Grenier, n° 429.

116. — Mais la demande en séparation peut porter sur un immeuble qui aurait été reçu par l'héritier en échange d'un autre immeuble de la succession. En effet, l'échange n'a pas tous les effets de la vente, quoiqu'il y soit assimilé sous certains rapports, c'est un contrat par lequel les parties se donnent respectivement une chose pour une autre (C. civ., art. 1702). Ainsi, il y a là un remplacement et une espèce d'identité de l'objet reçu en échange avec celui donné au même titre ; et la corrélation entre ces deux objets est telle, que si l'un d'eux se trouve ne point appartenir à celui qui l'a échangé, ou s'il arrive une éviction, la propriété de l'autre peut être retirée. — C. civ., art. 1704 et 1705. — Grenier, *loc. cit.*

117. — Enfin, l'antichrèse n'empêche point l'exercice du droit de séparation ; car non-seulement ce contrat ne transmet pas la propriété à celui au profit duquel il est consenti, mais la loi déclare formellement qu'il ne préjudicie point aux droits que des tiers pourraient avoir sur le fonds de l'immeuble remis en antichrèse. — C. civ., art. 2085 et 2091.

118. — La séparation des patrimoines est encore possible, lorsque l'immeuble a été donné en nantissement. En effet, il résulte de l'art. 880 que la séparation peut être demandée tant que la propriété demeure à l'héritier. Or il n'y a qu'une aliénation, qui, avant la demande, dépouillerait de ce droit les créanciers du défunt. Telle était l'ancienne doctrine fondée sur la loi romaine. — C. 1, § 3, ff., *De separ.* — Domat, liv. 3, tit. 2, sect. 1re, n° 7 ; Toullier, n° 522.

119. — La séparation peut-elle être demandée à l'égard des biens rapportés à la masse de la succession, par l'un des cohéritiers ? Suivant Pothier (*Successions*, ch. 5, art. 4), les choses données entre-vifs par le défunt à l'héritier, quoique sujettes à rapport, ne sont pas comprises dans les biens dont les créanciers de la succession ont le droit de demander la séparation ; ces choses ne sont réputées biens de la succession que par fiction, et vis-à-vis des cohéritiers du donataire qui leur en doit le rapport. Les créanciers de la succession ne peuvent se prévaloir de cette fiction qui n'a pas été faite pour eux. — V., en ce sens, Chabot, t. 3, p. 633 ; Duranton, n° 493 ; Delvincourt, t. 2, p. 382, note 4. — *Contrà*, Delaporte, *Pand. franç.*, t. 3, p. 388.

120. — *Inscription.* — Toutefois, il ne suffit pas, à l'égard des immeubles, que les créanciers de la succession agissent tant que les biens sont dans la main de l'héritier ; le privilége pour subsister est soumis à la formalité de l'inscription dans un certain délai.

121. — L'art. 2111 C. civ. porte : « Les créanciers et légataires qui demandent la séparation du patrimoine du défunt, conformément à l'art. 878, au titre *Des successions*, conservent, à l'égard des créanciers des héritiers ou représentans du défunt, leur privilége sur les immeubles de la succession, par les *inscriptions* faites sur chacun de ces biens dans les six mois à compter de l'ouverture de la succession. Avant l'expiration de ce délai, aucune hypothèque ne peut être établie avec effet sur ces biens, par les héritiers ou représentans, au préjudice de ces créanciers et légataires. » C'est là une formalité nouvelle.

122. — Il ne résulte pas de ces termes : *qui demandent la séparation*, de l'art. 2111 C. civ., que la demande en séparation doive être formée dans le même délai de six mois prescrit pour l'inscription ; par ces mots, le législateur a évidemment voulu dire *qui veulent demander* ou *qui ont droit de demander.* — Tarrible, *Rép.*, v° *Privilége* ; Toullier, t. 4, n° 544 ; Delvincourt, t. 2, p. 179 ; Troplong, n° 325 ; Vazeille, art. 880, n° 18.

123. — Les créanciers d'un père qui a fait donation de tous ses biens à ses enfans sont déchus du droit de demander la séparation du patrimoine de ce dernier d'avec celui des donataires, s'ils n'ont pris inscription dans les six mois de l'ouverture de la succession du donateur. — *Bordeaux*, 10 avr. 1845 (t. 2 1848, p. 562), Gillet c. Raveau.

124. — Bien que la loi accorde six mois depuis l'ouverture de la succession pour prescrire le privilége de la séparation, il peut se faire cependant que ce délai se trouve abrégé dans un cas ; c'est celui où avant l'expiration des six mois les biens viendraient à être aliénés. Alors le privilége doit être prescrit dans la quinzaine de la transcription (C. proc., art. 834), bien que le terme de six mois accordé par l'art. 2111 ne soit pas expiré ou même soit encore loin d'expirer. — Grenier, n° 432 ; Delvincourt, t. 2, p. 178 ; Malpel, n° 218 ; Duranton, t. 7, n° 490 ; Vazeille, n° 16 ; Rolland de Villargues, n° 49.

125. — Jugé, au contraire, que le privilége se trouve conservé, même à l'égard d'un tiers acquéreur, par cela que la séparation des patrimoines a été demandée par les héritiers ou légataires dans les six mois, quand même le tiers acquéreur aurait fait transcrire son contrat dans la quinzaine conformément à l'art. 834 C. proc. — *Colmar*, 3 mars 1834, Herr c. Lehmann. — Troplong, n° 327.

126. — Au surplus, l'inscription qu'on aurait négligé de prendre dans la quinzaine de la transcription, mais qui aurait été prise dans les six mois, conserverait le privilége du créancier de la succession si le prix n'était pas payé ni l'ordre clos. — Delvincourt, Malpel, Vazeille, *loc. cit.* ; Troplong, n° 527 *bis*.

127. — Et même, jugé que le créancier ayant une hypothèque inscrite sur les biens de son débiteur décédé, peut venir à l'ordre pour être colloqué à son rang, encore que l'immeuble hypothéqué ait été vendu par expropriation forcée sur la tête de l'héritier et qu'il n'ait point demandé la séparation du patrimoine de ce dernier d'avec le patrimoine du défunt. — C. civ., art. 2111. — *Pau*, 30 juin 1830, Gros c. Merillon.

128. — Toutefois, la nécessité, imposée par l'art. 2111 du C. civ. aux créanciers du défunt, de s'inscrire dans les six mois à compter de l'ouverture de la succession pour conserver le droit de demander la séparation des patrimoines, ne concerne que ceux de ces créanciers dont les droits n'auraient pas été révélés par une inscription préexistante. Mais le créancier hypothécaire dont l'inscription avait été prise et régulièrement renouvelée sur les biens de son débiteur avant son décès, n'est pas tenu de prendre, après ce décès, une nouvelle inscription pour pouvoir user du bénéfice de l'art. 878 du C. civ. — *Cass.*, 30 nov. 1847 (t. 1er 1848, p. 39), Labrousse c. Laudet.

RÉP. GÉNÉR. — XI. 53

SÉPARATION DES PATRIM., § 4.

129. — La forme de l'inscription n'est pas soumise aux dispositions des art. 2148 et 2149 du C. civ., et les biens notamment doivent y être désignés par leur nature et leur situation. — Arg., *Liége*, 13 mars 1811, Degrady c. Kosen. — Duranton, t. 19, n° 223; Blondeau, p. 8 et 484; Zachariæ, p. 326.

130. — Jugé, au contraire, que l'inscription est valable alors qu'elle est prise seulement *sur tous les biens* du défunt. — *Nîmes*, 19 févr. 1829, Roche c. Delaygue.

131. — Quoi qu'il en soit, il n'est pas nécessaire que celui qui la requiert produise un acte authentique pour constater l'existence de sa créance ou de son legs. — Duranton, t. 7, n° 492; Vazeille, art. 878, n° 12; Zachariæ, p. 327; Rolland de Villargues, n° 51 *bis*.

132. — Le créancier qui n'a pas pris inscription dans le délai de six mois est irrecevable à demander plus tard la séparation du patrimoine, alors même qu'il aurait été empêché de prendre cette inscription par un événement de force majeure. — *Bordeaux*, 24 juin 1836 (t. 1er 1837, p. 189), Chevalier c. Andrieux.

133. — Mais si le créancier du défunt est déchu de son privilége faute d'avoir pris une inscription dans les six mois, il conserve toujours le droit de faire inscrire jusqu'à la transcription, en cas d'aliénation et même dans la quinzaine qui suit, l'hypothèque que lui confère l'art. 2113 du C. civ. et en vertu de laquelle il primera sur le prix des immeubles tous les créanciers chirographaires de l'héritier et même ses créanciers hypothécaires postérieurement inscrits. — Merlin, *Rép.*, v° *Séparat. des patrim.*, § 3; Toullier, t. 4, n° 524; Delvincourt, t. 2, p. 179; Duranton, t. 7, n° 490; Troplong, n° 325; Blondeau, p. 480; Rolland de Villargues, n° 52.

134. — Jugé donc, en ce sens, que la séparation des patrimoines peut être demandée par le créancier du défunt, qui n'a pris inscription qu'après six mois de l'ouverture de la succession, soit contre les créanciers hypothécaires de l'héritier non inscrit avant lui, soit contre ses créanciers purement chirographaires. — *Paris*, 23 mars 1824, Remy c. Denon; *Poitiers*, 28 janv. 1823, Beaumont c. Moinard.

135. — C'est ainsi que se trouvent conciliés les art. 880 et 2111, entre lesquels quelques jurisconsultes voudraient trouver de l'antinomie. Le premier autorise la séparation des patrimoines, tant que les immeubles sont dans la main de l'héritier. D'un autre côté, le second exige que, pour conserver le privilége qui en résulte, les créanciers du défunt prennent inscription dans les six mois de l'ouverture de la succession. Or ces deux dispositions concordent parfaitement. L'art. 2111 fixe un délai pour la conservation du privilége résultant de la séparation. L'art. 880 ne fixe aucun délai, non pour la conservation de ce privilége; mais pour la séparation elle-même, qui peut exister sans cet effet. — Grenier, t. 1er, p. 547; Toullier, t. 4, n° 524; Chabot, t. 3, p. 651; Delvincourt, t. 2, p. 389; Duranton, n° 490; Troplong, *Des hypoth.*, t. 1er, n° 327; Vazeille, art. 878, n° 18; Dufresne, n° 91. — V., toutefois, Merlin, *Rép.*, v° *Séparation des patrimoines*, § 2.

136. — Bien que l'action en séparation des patrimoines soit prescrite par la vente des immeubles héréditaires, le créancier qui a pris inscription dans les six mois de l'ouverture de la succession, conformément à l'art. 2111 du C. civ., conserve un droit de suite sur l'immeuble vendu. Droit qu'il ne peut perdre que par l'accomplissemens des mesures prescrites pour la purge des hypothèques. Il importe peu, dans ce cas, que le prix de l'immeuble vendu ait été compté par l'acheteur à l'héritier du défunt. — *Nîmes*, 10 févr. 1829, Roche c. Delaygue.

137. — L'inscription destinée à conserver l'effet de la séparation des patrimoines peut être utilement prise après la faillite de l'héritier arrivée plus de six mois après le décès du débiteur. — *Paris*, 23 mars 1824, Remy c. Denon.

138. — Un créancier du défunt a pu, s'il n'y a eu ni dol ni fraude de sa part, faire valablement inscrire le privilége de séparation des patrimoines bien que l'héritier fût en état de cessation de paiemens, s'il n'était pas encore en faillite déclarée. — *Grenoble*, 21 juin 1842 (t. 1er 1843, p. 39), Collin et Perret c. Morel.

139. — Le créancier hypothécaire d'une succession échue à un commerçant tombé en faillite est recevable à demander la séparation des patrimoines, même après qu'un arrêt passé en force de chose jugée a annulé l'inscription qu'il avait prise pour la première fois postérieurement à la faillite de l'héritier. — *Nîmes*, 27 janv. 1840 (t. 1er 1840, p. 444), du Palais c. Delentre; *Cass.*, 22 juin 1841 (t. 2 1841, p. 340), mêmes parties.

140. — L'inscription prise, en vertu de l'art. 500 C. comm., par les syndics de la faillite d'un héritier, sur la part des immeubles à lui échue dans une succession, ne confère aux créanciers du failli aucun droit d'hypothèque au préjudice des créanciers de la succession et ne fait point obstacle à ce que ceux-ci demandent la séparation des patrimoines, bien qu'ils n'aient pas pris inscription dans le délai de l'art. 2111 C. civ. — *Bourges*, 20 août 1832, Devaux c. Vivier-Deslandes. — Suivant M. Pardessus (n° 1157), une inscription de cette nature n'a pour objet que de donner un plus grand degré de publicité à la faillite. — V., toutefois, Tarrible, *Rép.*, v° *Privilége*, p. 38.

141. — Il ne suffit pas que les héritiers du défunt puissent jouir du privilége résultant de la séparation, et qu'ils l'aient fait inscrire dans les six mois; il faut encore qu'ils forment expressément la demande en séparation des patrimoines. En effet, c'est elle qui avertit les créanciers de l'héritier qu'ils ne doivent pas compter sur tel immeuble échu à leur débiteur. Autrement, l'inscription du créancier ne lui donnerait rang qu'à sa date. — Chabot, t. 3, p. 627; Grenier, t. 1er, p. 547; Merlin, *Rép.*, v° *Séparation des patrimoines*, § 3.

142. — Jugé, au contraire, que les créanciers de la succession ne sont pas tenus, outre l'inscription qu'ils ont prise dans les six mois à cet effet, de former dans le même délai leur demande en séparation de patrimoines. — *Poitiers*, 8 août 1828, Flattron c. Marsault; *Nîmes*, 19 févr. 1829, Roche c. Delaygne; *Colmar*, 3 mars 1834, Herr c. Lehmann.

143. — ... Que pour que le bénéfice de la séparation des patrimoines soit conservé par l'inscription, il n'est pas nécessaire qu'elle soit précédée d'une demande en distraction des patrimoines. — *Colmar*, 3 mars 1834, Herr c. Lehmann.

144. — ... Et même que les créanciers d'une succession doivent être payés avant les créanciers personnels de l'héritier, lors même qu'ils n'auraient point formé de demande en séparation des patrimoines. — *Paris*, 22 août 1818, Manseau c. Mahieux.

145. — *Succession bénéficiaire.* — La séparation des patrimoines a lieu de plein droit et d'une manière absolue par l'effet du bénéfice d'inventaire. — *Colmar*, 9 janv. 1837 (t. 1er 1837, p. 570), Sée c. Mennet.

146. — Et cela lors même que l'acceptation sous bénéfice d'inventaire n'aurait lieu que pour partie de la succession; en telle sorte que ceux des héritiers qui ont accepté purement et simne peuvent consentir hypothèque sur la part éventuelle qui leur revient, en faveur de leurs créanciers personnels, au préjudice des autres créanciers. — *Cass.*, 18 nov. 1833, Chalambel c. Thomas.

147. — L'acceptation pure et simple d'une succession par un héritier n'est pas exclusive de la séparation de patrimoines, si en même temps cette succession n'a été acceptée par un autre héritier que sous bénéfice d'inventaire. — *Riom*, 8 août 1828, de Montchal c. Joly de Fleury.

148. — Lorsque la succession a été acceptée sous bénéfice d'inventaire, l'inscription pour le privilége de la séparation n'est plus nécessaire, puisqu'un des principaux effets du bénéfice d'inventaire est d'empêcher la confusion et l'inscription de nouvelles hypothèques. — *Paris*, 20 juill. 1811, Pigal c. Motter; 8 avr. 1826, Delahoussaye; *Cass.*, 18 juin 1833, Chancerel c. Roussel; 18 nov. 1833, Chalambel c. Thomas; *Paris*, 4 mai 1835, Chancerel c. Roussel; *Colmar*, 9 janv. 1837 (t. 1er 1837, p. 570), Sée c. Mennet; *Agen*, 29 mars 1838 (t. 2 1840, p. 319), Laroque c. Dumont; *Rouen*, 24 janv. 1845 (t. 2 1848, p. 14), Bonnesœur c. Delacroix. — Grenier, *Hypoth.*, t. 2, n° 433; Persil, *Rég. hypoth.*, sur l'art. 2111; Malpel, *Success.*, n° 240; Delaporte, *Pand. franç.*, t. 3, n° 201; Troplong, *Hypoth.*, t. 3, n° 651; Blondeau, p. 503 et suiv.; Dufresne, n° 76; Vazeille, *Success.*, art. 806, n° 17; Bilhard, *Bénéf. d'inv.*, n° 113; Fouet de Conflans, art. 878, n° 9; Zachariæ, § 618, note 55; Malpel, n° 240; Belost-Jolimont sur Chabot, art. 878 et 676; Rolland de Villargues, n° 57. — *Contrà*, *Rennes*, 23 juill. 1819, Leroy c. Kersalaun; *Rouen*, 5 déc. 1826, Leclerc c. Morière. — Delvincourt, t. 2, p. 98; Duranton, t. 7, nos 47, 489, et t. 19, n° 218.

149. — Par la même raison, l'acceptation de la succession sous bénéfice d'inventaire dispense les créanciers de la succession de l'obligation de demander la séparation des patrimoines. — *Cass.*, 18 juin 1833, Chancerel c. Roussel; *Colmar*, 9 janv. 1837 (t. 1er 1837, p. 570), Sée c. Mennet; *Agen*, 29 mars 1838 (t. 2 1840, p. 319), Laroque c. Dumont; *Rouen*, 24 janv. 1845 (t. 2 1848, p. 14), Bonnesœur c. Delacroix.

150. — Jugé cependant que le créancier d'une succession doit, pour conserver ses droits sur les valeurs mobilières qui en dépendent, demander la séparation des patrimoines, encore que cette succession n'ait été acceptée que sous bénéfice d'inventaire, si d'ailleurs l'héritier n'a pas fait inventaire dans les formes et suivant les délais fixés par l'art. 794 C. civ. — *Cass.*, 28 avr. 1840 (t. 2 1840, p. 191), Paté des Ormes c. Moufflard.

151. — La séparation de patrimoines résulte de la seule acceptation bénéficiaire, alors surtout que cette acceptation est de droit par suite de l'état de minorité des héritiers. — *Cass.*, 18 nov. 1833, Chalambel c. Thomas; *Colmar*, 9 janv. 1837 (t. 1er 1837, p. 570), Sée c. Mennet; *Rouen*, 24 janv. 1845 (t. 2 1848, p. 14), Bonnesœur c. Delacroix.

152. — Et même la séparation continue d'exister après que l'un des héritiers a, depuis sa majorité, fait acte d'héritier pur et simple, emportant à son égard, déchéance de ce bénéfice... Seulement, la déchéance a pour effet de donner aux créanciers de la succession le droit de poursuivre cet héritier sur ses biens personnels. — *Colmar*, 9 janv. 1837 (t. 1er 1837, p. 570), Sée c. Mennet.

153. — Jugé également que la séparation de patrimoines continue de subsister lors même que l'héritier bénéficiaire deviendrait plus tard héritier pur et simple. — *Cass.*, 18 juin 1833, Chancerel c. Roussel; *Paris*, 4 mai 1835, mêmes parties; *Cass.*, 10 déc. 1839 (t. 1er 1840, p. 191), Donney c. Latour-d'Auvergne. — Blondeau, p. 508; Zachariæ, *ibid.*, note 58; Fouet de Conflans, n° 10; Belost-Jolimont, *loc. cit.* — *Contrà*, *Rouen*, 5 déc. 1826, Leclerc c. Morière. — Malpel, n° 240; Marcadé, art. 878, n° 7.

154. — La renonciation postérieure au bénéfice d'inventaire ne peut avoir un effet rétroactif au préjudice des créanciers. Cette renonciation ne peut non plus porter préjudice aux tiers à qui l'héritier bénéficiaire a transporté ses créances contre la succession. — *Cass.*, 10 déc. 1839 (t. 1er 1840, p. 191), Donney c. la Tour-d'Auvergne.

155. — Jugé cependant qu'à supposer que l'acceptation d'une succession sous bénéfice d'inventaire emporte de plein droit séparation des patrimoines au profit des créanciers de la succession; cependant, si, avant que ces créanciers aient inscrit ou renouvelé leurs hypothèques sur les biens de la succession, l'héritier bénéficiaire a fait acte d'héritier pur et simple, et a concédé, sur les biens de l'hérédité, à un créancier à lui personnel, une hypothèque qui a été inscrite, cette inscription doit être colloquée avant celle des créanciers de la succession. Il importe peu que l'inscription de ceux-ci ait été faite dans les six mois de l'acte d'adition d'hérédité. — *Rouen*, 5 déc. 1826, Leclerc c. Morière.

156. — Que quand une succession acceptée d'abord sous bénéfice d'inventaire l'a été ensuite purement et simplement, la séparation de patrimoines, en admettant qu'elle existât par le seul fait d'acceptation bénéficiaire, cesse aussitôt; et dès lors, les créanciers de la succession sont obligés, pour conserver leur privilége vis-à-vis des créanciers de l'héritier, de prendre l'inscription prescrite par l'art. 2111 C. civ. — *Bordeaux*, 24 juill. 1830, de Vassan et Guesnon c. Cahinac.

157. — Une succession déférée à un mineur sans l'autorisation du conseil de famille, et sans la déclaration faite au greffe du tribunal de sa volonté d'accepter, ne peut, bien qu'il existe un inventaire, être assimilée à une succession bénéficiaire, et emporter virtuellement séparation de patrimoines, de telle sorte que les légataires soient dispensés de demander cette séparation, ou de prendre inscription pour la conservation de leurs droits. — Il en est de même lorsque, avant toute inscription de la part du légataire, le mineur devenu majeur a fait des actes d'héritier pur et simple, le privilége de la séparation ne peut être conservé. — *Agen*, 29 mars 1838 (t. 2 1840, p. 319), Laroque c. Dumont.

158. — *Questions transitoires.* — La loi du 11 brumaire an VII n'avait pas considéré la séparation des patrimoines comme un privilége, mais comme une exception aux priviléges. En conséquence, les créanciers du défunt n'avaient pas besoin de prendre inscription pour conserver le droit de demander la séparation des patrimoines. — *Paris*, 1er niv. an XIII, Grimaud c. Clouet; *Cass.*, 22 janv. 1806, Duliége c. Grimaud; *Paris*, 21 mars 1806, Fallot c. Belard; *Turin*, 7 mars 1810, Piazza c. Fea; *Rouen*, 9 déc. 1813, N....

159. — Par suite, les créanciers du défunt, quoique non inscrits ou inscrits postérieurement

aux créanciers de l'héritier, devaient avoir la préférence sur ceux-ci dans la distribution du prix provenant de la vente des biens du défunt. — *Cass.*, 8 sept. 1806, Magne et Lefaudeux c. Giboult; 17 oct. 1809, Gouadin c. Loumier.

160. — La séparation pouvait avoir lieu, même après la vente des biens de la succession par l'héritier, lorsque le prix se trouvait encore entre les mains de l'acquéreur; et relativement aux créanciers ou légataires inscrits, l'inscription suppléait à la demande en séparation de patrimoines et en opérait l'effet. — *Paris*, 21 mars 1806, Fallot c. Belard; *Cass.*, 17 oct. 1809, Gouadin c. Loumier.

161. — Le droit de demander la séparation des patrimoines est réglé par les lois existant à l'époque de l'ouverture de la succession, et non par celles existant au moment où le droit est exercé. — En conséquence, lorsqu'une succession s'est ouverte après la publication du titre *Des successions*, mais avant celle du titre *Des hypothèques*, ce droit est prescrit dès l'instant où les biens de la succession ont été aliénés par l'héritier, si les créanciers n'ont pas demandé la séparation des patrimoines, encore bien que ceux-ci aient pris inscription après la publication du titre des hypothèques. Une telle inscription est superflue, et la radiation doit en être ordonnée si l'acquéreur des biens la demande. — *Caen*, 2 déc. 1826, Longuet; *Bordeaux*, 14 juill. 1836, Dupuy. — Toullier, t. 4, n° 542; Vazeille, *Prescr.*, t. 2, n° 807; Grenier, *Hypoth.*, t. 2, n° 434; Fouet de Conflans, art. 878, n° 1. — *Contrà*, Persil, *Rég. hypoth.*, art. 2111, n° 15; Troplong, *Hypoth.*, t. 1er, n° 328.

162. — Les formalités prescrites par l'art 2111 du Code civil, pour la conservation du privilége des créanciers du défunt, à l'égard des créanciers personnels de l'héritier, concernent donc seulement les successions ouvertes depuis le Code, et non celles ouvertes avant sa publication. — En conséquence, le créancier hypothécaire d'un individu décédé avant le Code ne peut être privé du bénéfice de la séparation des patrimoines, par le motif qu'il ne s'est pas inscrit dans le délai fixé par cet article. — *Turin*, 7 mars 1810, Piazza c. Fea; *Toulouse*, 4 mars 1811, Rouaix c. Bessières; *Cass.*, 8 mai 1811, Parant c. Noailhé; *Grenoble*, 28 mars 1812, Morin c. de Borel; *Toulouse*, 25 août 1813, Descans et Crabère c. Bellegarrigue; *Cass.*, 8 nov. 1815, Dupré et Chabrillat c. Besse de la Richardie; *Caen*, 20 août 1824, Morin c. Breton: *Cass.*, 17 avril 1827, Dupin c. Hautier; *Bordeaux*, 8 févr. 1828, Magne-Chabannes c. Puydebau; *Toulouse*, 26 mai 1829, Pourcet et Hébrard c. Darles.

163. — ... Et cela, encore bien que six mois se soient écoulés sous le Code, sans inscription. — *Cass.*, 3 mars 1835, Caille c. de Lévis-Ventadour.

164. — De même, dans le cas où les biens d'un débiteur, décédé sous l'empire de l'ancienne législation, qui n'exigeait aucune formalité pour la conservation du privilége, ont été recueillis par son héritier, et transmis plus tard par celui-ci, décédé sous l'empire du Code civil, à son propre héritier, les créanciers de l'aïeul peuvent demander la séparation du patrimoine de ce dernier d'avec celui du petit-fils, héritier médiat, bien qu'ils n'aient pas rempli, dans les six mois du décès de l'héritier immédiat, les formalités prescrites par l'art. 2111 du Code civil. — *Toulouse*, 26 mai 1829, Pourcet et Hébrard c. Darles.

165. — Jugé, au contraire, que lors même qu'il s'agit d'une succession ouverte avant le Code civil, les créanciers qui veulent conserver le droit de séparation de patrimoine, sont tenus de faire inscrire leur créance dans les six mois de l'ouverture de la succession. — En ce cas, l'inscription a dû être faite dans les six mois qui ont suivi la publication du Code. — *Rouen*, 23 août 1809, Remoussin c. Leroux; *Liége*, 13 mars 1811, Degrady c. Vosen.

166. — ... Que les créanciers d'une succession ouverte avant la promulgation du Code civil, mais dont les biens ont été vendus depuis cette époque, sont déchus du droit de demander la séparation des patrimoines, et de se faire colloquer à l'ordre, par préférence aux créanciers de l'héritier, s'ils n'ont pas requis inscription avant la vente. — *Toulouse*, 12 janv. 1807, N....

167. — ... Que la femme qui, pour raison de sa dot et de ses autres reprises, était créancière de son mari décédé sous l'empire de la loi du 11 brum., a dû, pour conserver la faculté de demander la séparation du patrimoine du défunt d'avec celui de l'héritier, prendre, depuis la publication du Code civil, inscription sur les biens de la succession dans le délai de six mois. — *Nîmes*, 28 mars 1806, Boissier c. Decombe.

168. — *Compétence.* — La demande en séparation doit être portée devant le tribunal du domicile de l'héritier, et non devant celui de l'ouverture de la succession. — *Paris*, 26 juin 1841 (t. 2 1841, p. 370), Brichard.

169. — *Procédure.* — La séparation du patrimoine peut être demandée en tout état de cause, même en appel. — *Liége*, 10 févr. 1807, Vecquerai c. N...; *Cass.*, 8 nov. 1815, Dupré et Chabrillat c. Besse de la Richardie; *Caen*, 24 août 1824, Morin c. Breton. — Vazeille, art. 880, n° 8; Fouet de Conflans, art. 878, n° 6.

170. — Jugé pareillement que l'action en séparation peut être exercée pour la première fois en appel, quoique les biens du débiteur soient vendus, si le prix n'en est pas encore distribué. — *Toulouse*, 3 mars 1841 (t. 1er 1843, p. 572), Picou c. Bellegarde.

171. — Avant le Code civil, les créanciers qui, dans le procès-verbal d'ordre, avaient requis la préférence, sans demander expressément la séparation des patrimoines, pouvaient toujours former cette demande sur l'appel du jugement d'ordre. — *Cass.*, 17 oct. 1809, Gouadin c. Loumier.

172. — Jugé toutefois qu'en admettant que, sous le droit ancien, l'action en séparation de patrimoine se prescrive par cinq ans, l'exception de prescription ne peut être proposée devant la Cour de cassation, lorsqu'elle ne l'a pas été devant la Cour d'appel. — *Cass.*, 17 avr. 1827, Dupin c. Hautier.

173. — *Prescription.* — L'action en séparation de patrimoines ne se prescrit que par le laps de trente ans. — *Cass.*, 8 nov. 1815, Dupré et Chabrillat c. Besse de la Richardie; 22 juin 1841 (t. 2 1841, p. 339), Delentre. — Grenier, n° 428; Rolland de Villargues, n° 60.

174. — Il en était de même avant le Code civil. — *Paris*, 14 flor. an XI, Savalette c. d'Hornoy.

175. — ... Et spécialement, dans les pays de droit écrit, lorsqu'il n'y avait pas eu confusion de bien. — L. 1re, ff., *De separ.* — *Cass.*, 8 nov. 1815, Dupré et Chabrillat c. Besse de la Richardie; *Grenoble*, 30 août 1831, Roux.

176. — De même, lorsque le droit de demander la séparation des patrimoines s'est ouvert avant le Code civil et la loi du 11 brum. an VII, il dure 30 ans, même vis-à-vis les créanciers hypothécaires, encore bien qu'il se soit écoulé plus de dix années sous le Code civil sans que ce droit ait été réclamé. — *Cass.* 16 juill. 1828 Paulet c. Sauvage de Felinge; 3 mars 1835, Caille c. de Lévis-Ventadour.

177. — La prescription de l'action en séparation des patrimoines n'est pas interrompue par les poursuites qui n'ont d'autre objet que de faire déclarer exécutoires contre l'héritier les titres du créancier contre le défunt. — *Grenoble*, 21 avr. 1823, Allard et Matthieu c. Bosq.

§ 5. — *Effets de la séparation des patrimoines.*

178. — Le principal effet de la séparation des patrimoines est d'assurer aux créanciers de la succession, sur tous les biens de cette succession, le paiement de ce qui leur est dû par préférence aux créanciers de l'héritier. — Grenier, *Hypoth.*, n° 435.

179. — Toutefois, la demande en séparation des patrimoines ne paralysant en rien les effets de la saisine de l'héritier ou du légataire universel, et n'empêchant point la dévolution à leur profit de toutes les valeurs de la succession, les rentes sur l'État qui en font partie se trouvent affranchies de l'action des créanciers, qui ne peuvent ni les saisir ni en provoquer la vente entre les mains du nouveau titulaire. — *Paris*, 16 déc. 1848 (t. 1er 1849, p. 20), Robert c. Martin.

180. — Avant le Code civil, la séparation des patrimoines faisait revivre des créances de droits incorporels dues au défunt par l'héritier. — *Paris*, 14 flor. an XI, Savalette c. d'Hornoy.

181. — S'il n'y a qu'une partie des créanciers du défunt qui ait demandé la séparation, l'effet de cette séparation, suivant Merlin (*Rép.*, v° *Séparation des patrimoines*, n° 5), est le même que si tous l'avaient demandée, c'est-à-dire qu'ils sont préférés aux créanciers de l'héritier, non pas pour la totalité de leurs créances, mais seulement jusqu'à concurrence de ce qu'ils y auraient pris si les autres créanciers avaient obtenu la séparation. — Grenier, n° 435; Malpel, n° 219; Vazeille, art. 878, n° 8. — Mais, comme le fait observer avec raison Rolland de Villargues (n° 78), une pareille solution est inconciliable avec le principe que les créanciers de l'héritier n'ont de droits sur la succession que les dettes payées. Ils ne sauraient profiter de la négligence ou de la renonciation des créanciers du défunt, au préjudice des autres, de ces mêmes créanciers qui ne sont pas encore totalement payés.

182. — Le même principe est suivi dans le cas où la séparation n'a été formée que contre quelques-uns des héritiers. — Tous les biens de la succession étant spécialement le gage de ses créanciers, la séparation des patrimoines confère aux créanciers le droit de se faire payer indistinctement sur tous ces biens sans égard à la division des dettes entre les héritiers, et nonobstant l'offre faite par quelques-uns de ceux-ci de payer leur part dans la dette. — *Bourges*, 20 août 1832, Devaux c. Vivier-Deslandes; *Bordeaux*, 14 juill. 1836, Dupuy. — Bonnier, *Revue de législation*, t. 2, p. 478; Rolland de Villargues, n° 79.

183. — Jugé, au contraire, que le bénéfice de la séparation des patrimoines se réduit à conférer aux créanciers qui l'ont obtenu, l'avantage de se faire payer sur le lot de chaque héritier, par préférence à tous créanciers de celui-ci, mais seulement jusqu'à concurrence de la part contributive de cet héritier, et non pas pour la totalité de la dette. — *Caen*, 14 févr. 1825, Couet-Delahaye c. Alix.

184. — Les créanciers doivent-ils profiter des fruits naturels et civils échus avant la demande en séparation? Non, suivant Grenier (n° 436) et Rolland de Villargues (n° 84), attendu que ces fruits se sont confondus par la perception dans les biens personnels de l'héritier, et que d'ailleurs ils n'ont jamais fait partie du patrimoine du défunt. — Mais M. Dufresne (n° 118) répond avec Lebrun que les fruits de la succession ne sont pas moins affectés aux dettes du défunt que les fonds mêmes; que, par l'effet de la séparation, le patrimoine du défunt constituant une espèce d'être moral contre lequel les créanciers du défunt et ceux de l'héritier ont à exercer des droits différens dont les seconds sont subordonnés aux premiers, il s'ensuit que les fruits et revenus des biens continuent d'appartenir, comme les biens mêmes et par droit d'accession, à cet être moral à mesure qu'ils échoient et qu'ils sont perçus.

185. — Quand les créanciers qui ont demandé la séparation n'ont pu être entièrement payés sur les biens de la succession, ils ont action sur les biens personnels de l'héritier pur et simple. — L. 3, § 2, D., *De separat.* — Lebrun, *Succ.*, liv. 4, ch. 2, sect. 1re, n° 26; Pothier, ch. 5, art. 4; Merlin, *Rép.*, v° *Séparation des patrimoines*, § 5, n° 6; Delvincourt, t. 2, p. 180; Grenier, n° 437, Chabot, n° 12; Vazeille, n° 7; Malpel, n° 219; Duranton, t. 7, n° 500; Rolland de Villargues, n° 85.

186. — Mais, dans ce cas, les créanciers personnels de l'héritier devront-ils leur être préférés? C'est là une question qu'on agitait autrefois et qu'on décidait même contre les créanciers de la succession. — L. 3, § 2, D., *De separat.* — Lebrun et Pothier, *ibid.* — Mais il y avait en cela dérogation au droit commun. En acceptant purement et simplement la succession qui lui est échue l'héritier s'oblige personnellement envers les créanciers du défunt; c'est une espèce de contrat qu'il fait avec ceux-ci. Il n'y a pas dès lors de différence à établir entre eux et les créanciers personnels de l'héritier. La séparation du patrimoine a été établie dans l'intérêt des créanciers du défunt, elle ne saurait jamais leur nuire. — Grenier, n° 437; Merlin, *ibid.*; Chabot, n° 13; Vazeille, n° 7; Delvincourt, t. 2, p. 180; Malpel, n° 219; Toullier, t. 4, n° 528; Duranton, t. 7, n° 501; Dufresne, n° 110; Rolland de Villargues, n° 86. — *Contrà*, Maleville, sur l'art. 880.

187. — Il est évident que si, après le paiement des créanciers de la succession et des légataires, il reste quelque chose des biens de cette succession, cet excédant peut être pris par les créanciers de l'héritier, parce que c'est un bien qui appartient à leur débiteur. — Grenier, n° 437.

188. — Quant aux effets de la séparation des patrimoines entre les créanciers du défunt, le retard que ceux-ci auront mis à s'inscrire devra-t-il entraîner une raison de préférence entre eux? Il faut distinguer. Si les deux créanciers ont pris l'un et l'autre leur inscription avant l'expiration des six mois, il n'y aura entre eux aucune raison de préférence résultant de ce que l'inscription de l'un aura précédé celle de l'autre. Ils resteront dans le même état que lorsque leur débiteur est décédé, c'est-à-dire avec leur qualité de privilégiés, d'hypothécaires ou de simples chirographaires. — Blondeau, p. 490; Duranton, t. 7, n° 476; Vazeille, art. 878, n° 11; Rolland de Villargues, n° 54.

189. — Si, de deux créanciers du défunt, l'un a pris inscription dans les six mois, tandis que

l'autre ne l'a fait qu'après ce délai, ou même ne l'a pas fait du tout, le premier devra-t-il être préféré au second? Suivant M. Duranton (t. 7, n° 476), les deux créanciers viendront par concurrence : parce que la séparation n'a point d'effet entre les créanciers de la succession. — V. aussi Tarrible, *Rép.*, v° *Privilége*, sect. 2, § 2, n° 2; Favard de Langlade, *Rép.*, v° *Privilége*, sect. 3, § 1er.

190. — Jugé, en ce sens, que le principe de la séparation des patrimoines n'a d'effet que contre les créanciers de l'héritier et n'a point pour objet d'établir des droits de préférence entre les créanciers de la succession; que dès lors ceux-ci restent, les uns vis-à-vis des autres, dans la position que leur donnent leurs titres de créances, sans égard pour l'époque où ils peuvent avoir individuellement pris inscription. — *Grenoble*, 21 juin 1841 (t. 1er 1843, p. 39), Collin et Perret c. Morel.

191. — M. Blondeau (p. 480) pense au contraire que d'après l'art. 2113 C. civ., qui est le complément de l'art. 2111, le second créancier doit être primé par le premier. D'ailleurs, si un créancier peut être primé sur les biens de la succession par un créancier de l'héritier, à plus forte raison peut-il l'être par un créancier du défunt.

192. — Jugé en ce sens que le défaut d'inscription dans les six mois du décès, pour conserver le privilége de la séparation des patrimoines, peut être opposé par un légataire à un autre légataire. — *Lyon*, 17 avril 1822, Desnoyer c. Lardet.

193. — Enfin, si les deux créanciers n'ont pris l'un et l'autre leur inscription qu'après les six mois expirés, M. Blondeau pense qu'ils n'auront de rang qu'à raison de leurs dates respectives, parce qu'alors l'un et l'autre ont un droit d'hypothèque dont les effets sont réglés par l'art. 2113 C. civ. — M. Duranton, *loc. cit.*, pense au contraire, d'après ce principe, que la séparation des patrimoines n'a pas d'effet entre les créanciers du défunt; que le créancier de la succession qui ne s'est pas fait inscrire du tout, doit néanmoins venir en concurrence avec celui qui s'est fait inscrire dans les six mois.

194. — Lorsque les créanciers d'une succession acceptée purement et simplement par l'héritier n'ont pas demandé la séparation des patrimoines dans le délai fixé par la loi, les légataires ont le droit d'être payés de leurs legs concurremment avec les créanciers de cette succession. — *Cass.*, 2 prair. an XII, Buisson c. Rouy; 9 déc. 1823, Seillier et Campion c. Rouxel. — Vazeille, art. 878, n° 13.

195. — Jugé au contraire que, bien que les créanciers d'une succession acceptée purement et simplement par l'héritier n'aient fait inscrire leur demande en séparation de patrimoines que depuis six mois du décès du défunt, ils ont cependant un droit de préférence sur les légataires, quand même ceux-ci auraient pris en temps utile l'inscription exigée par l'art. 2111 C. civ. — *Grenoble*, 21 juin 1841 (t. 1er 1843, p. 39), Collin et Perret c. Morel et Doyon.

V. aussi INSCRIPTION HYPOTHÉCAIRE, LEGS, NOVATION, PRIVILÉGE, RAPPORT A SUCCESSION.

SEPTUAGÉNAIRES.

1. — La vieillesse était, en matière criminelle, considérée à Rome comme une espèce d'excuse, quant à la perpétration des délits et des crimes. *Ferè in omnibus pœnalibus ætati succurritur*, portait la loi 108, ff., *De reg. jur.* — V. aussi la l. 3, § 7, ff., *De senatuscons. Silaniano*; la l. 2, ff., *De termino moto*, et la l. 4, § 6, ff., *Ad leg. Jul. de peculat.*

2. — La même règle avait été, par suite, admise par les anciens criminalistes, qui lui attribuaient l'effet, non d'effacer, mais d'adoucir la peine, et l'appliquaient uniquement aux peines corporelles, à l'exclusion des peines pécuniaires. Du reste, la loi ne déterminant pas l'âge où le vieillard pouvait invoquer cette excuse, quelques auteurs le fixaient à soixante-dix ans, d'autres à soixante. — Tiraqueau, *De pœn. temper.*, p. 29; Farinacius, *quæst.* 92, nos 23, 36 et 37; Gomez, *De del.*, cap. 68; Jul. Clarus, *quæst.* 40. — C'est ce dernier âge que, de nos jours, l'art. 45 du Code du Brésil indique comme le moment où la prison doit être substituée aux travaux de force.

3. — Telle était aussi la doctrine adoptée par le Code pén. de 1791, dont les art. 6 et 7, tit. 5, part. 1re, portaient : « Art. 6. Dans le cas où la loi prononce l'une des peines des fers, de la réclusion dans la maison de force, de la gêne ou de la détention pour plus de cinq années, la durée de la peine sera réduite à cinq ans, si l'accusé trouvé coupable est âgé de soixante-quinze ans accomplis. — Art. 7. Tout condamné à l'une desdites peines qui aura atteint l'âge de quatre-vingts ans accomplis, sera mis en liberté par jugement du tribunal criminel, rendu sur sa requête, s'il a subi au moins cinq années de sa peine. »

4. — Jugé en conséquence, sous cette loi, que lorsqu'un accusé âgé de soixante-quinze ans, au moment de son arrestation, avait encouru vingt ans de fers, cette peine devait être réduite à cinq années à cause de son âge. — *Cass.*, 8 frim. an IX, Cuinet.

5. — Mais, ainsi que le fait très-bien observer M. Rossi (*Dr. pén.*, t. 2, ch. 16), l'âge seul, quelque avancé qu'il soit, n'est pas un motif d'excuse, et encore moins de justification, et souvent même son expérience plus longue, ses passions éteintes aggravent plutôt qu'elles n'atténuent ses actions. Aussi les auteurs du Code pénal ont-ils cru devoir invoquer d'autres principes : ce n'est plus parce que l'âge atténue le crime que le législateur adoucit la peine, mais par raison d'humanité, parce que certaines peines seraient trop rigoureuses pour des septuagénaires, « et pour empêcher qu'ils ne succombent par l'effet de travaux et de fatigues excessifs. — Rapport de M. Faure, Locré, t. 29, p. 267.

6. — Le but de la loi n'est donc point de faire rentrer dans la société un coupable de soixante-dix ans plutôt qu'un autre coupable moins âgé, elle ne change rien à la durée de la peine, seulement, aux peines les plus dures, elle substitue la peine plus douce de la détention ou de la réclusion comme mieux appropriée à l'état d'un vieillard. — Même rapport, *ibid.*

7. — Ses dispositions sont ainsi conçues : « Art. 70 : Les peines des travaux forcés à perpétuité, de la déportation et des travaux forcés à temps ne seront prononcées contre aucun individu âgé de soixante-dix ans accomplis au moment du jugement. » — « Art. 71 : Ces peines seront remplacées, à leur égard, savoir : celle de la déportation par la détention à perpétuité, et les autres, par celle de la réclusion, soit à perpétuité, soit à temps, selon la durée de la peine qu'elle remplacera. » — « Art. 72 : Tout condamné à la peine des travaux forcés à perpétuité ou à temps, dès qu'il aura atteint l'âge de soixante-dix ans accomplis, en sera relevé et sera renfermé dans la maison de force pour tout le temps à expirer de sa peine, comme s'il n'eût été condamné qu'à la réclusion. » — V. PEINE, nos 218 et suiv.

8. — Ces articles ne parlent point de la peine de mort; il faut conclure de ce silence qu'à quelque âge que ce soit, un condamné à mort doit être exécuté. — MM. Chauveau et Hélie expriment le regret qu'on n'ait pas cru devoir « épargner l'échafaud aux cheveux blancs du vieillard » (*Th. C. pén.*, t. 2, p. 203). — Nous nous associons volontiers à cette humaine pensée, et nous ajouterons que le spectacle de l'agonie d'un homme dont la vie est déjà presque éteinte, et contre lequel la société peut si facilement se sauvegarder par une simple détention, apitoiera, révoltera même plutôt qu'il n'inspirera la terreur.

9. — Ce n'est plus, comme au cas de l'art. 69 (relatif au mineur de seize ans. — V. DISCERNEMENT), le *moment de l'action* qu'il faut envisager pour fixer l'âge et commuer la peine, mais le *moment du jugement*.

10. — Jugé, par application du principe ci-dessus posé, 1° que l'arrêt qui prononce la peine des travaux forcés à temps contre une personne âgée de plus de soixante-dix ans encourt la cassation. Cette peine doit être remplacée par celle de la réclusion. — *Cass.*, 20 avr. 1827, Laporte.

11. — ... 2° Que l'arrêt d'une Cour d'assises qui prononce la peine des travaux forcés contre un individu âgé de soixante-quatorze ans est nul. — *Cass.*, 5 sept. 1833, Jouffray.

12. — Les septuagénaires étaient encore l'objet d'un adoucissement introduit dans le Code pénal par la loi du 28 avril 1832. — D'après l'art. 22-§ 3, l'exposition publique ne devait jamais être prononcée à leur égard. — On sait que l'exposition publique a disparu pour tous du Code pénal. — V. EXPOSITION PUBLIQUE.

13. — On s'était demandé, sous la loi de 1832, si un condamné à l'exposition âgé de soixante-neuf ans ne pourrait pas invoquer en sa faveur l'art. 2066 du Code civil, qui accorde non-seulement aux septuagénaires mais encore à ceux qui sont entrés dans leur soixante-dixième année l'avantage de ne pouvoir être condamnés à la contrainte par corps; en d'autres termes, si le calcul introduit en matière civile et pour la contrainte par corps par l'art. 2066 C. civ. devait être appliqué en matière criminelle à l'art. 22 C. pén. relatif à l'exposition publique. — La Cour de cassation a jugé avec raison la négative par le motif : 1° que l'art. 2066 C. civ. est spécial aux matières civiles, et 2° qu'il résulte des art. 22 et 70 combinés du Code pénal que par septuagénaires la loi pénale, comme la grammaire, n'entend que les hommes qui ont accompli leur soixante-dixième année. — *Cass.*, 5 sept. 1833, Saint-André.

14. — Avant la loi du 28 avril 1832 la peine de la flétrissure ne pouvait pas non plus être infligée à un accusé âgé de plus de soixante-dix ans, ayant encouru celle des travaux forcés à temps. — *Cass.*, 31 juill. 1828, Bedouet.

15. — L'art. 52 du Code pénal qui autorise à poursuivre par la voie de la contrainte par corps en matière criminelle, correctionnelle ou de police, l'exécution des condamnations à l'amende, aux restitutions, aux dommages-intérêts et aux frais, ne fixe aucun délai ni aucun terme pour l'exercice de ce droit. La loi du 17 avril 1832 a comblé cette lacune : après avoir disposé par son article 40 que si la condamnation prononcée au profit d'un particulier ou de l'Etat s'élevait à 300 francs, la durée serait déterminée par le jugement dans les limites fixées par l'art. 7 (de 1 an à 10 ans), elle ajoutait : « Néanmoins, si le débiteur a commencé sa soixante-dixième année, avant le jugement, les juges pourront réduire le minimum à six mois, et ils ne pourront dépasser un maximum de cinq ans. S'il atteint sa soixante-dixième année pendant la durée de la contrainte, sa détention sera de plein droit réduite à la moitié du temps qu'elle avait encore à courir aux termes du jugement. »

16. — Cette disposition a été encore adoucie par la loi du 13 déc. 1848, dont l'art. 9 porte : « Si le débiteur a commencé sa soixante-dixième année avant le jugement, la contrainte par corps sera déterminée dans la limite de trois mois à trois ans. S'il a atteint sa soixante-dixième année avant d'être écroué ou pendant son emprisonnement, la durée de la contrainte par corps sera de plein droit réduite à la moitié du temps qui restera à courir. » — On voit que la loi nouvelle, tout en réduisant la durée de la contrainte, soumet cette réduction à des règles uniformes, quel que soit le chiffre de la dette.

17. — V., au reste, en ce qui concerne l'exemption de la contrainte par corps accordée aux septuagénaires en matière civile, v° CONTRAINTE PAR CORPS, et, quant à l'exemption du service du jury, v° JURY.

18. — Les septuagénaires sont exempts du service de la garde nationale. Cette exemption peut même être revendiquée par les sexagénaires. — V. GARDE NATIONALE.

19. — Tout individu âgé de soixante-cinq ans accomplis peut encore refuser d'être tuteur. Celui qui a été nommé avant cet âge peut à soixante-dix ans se faire décharger de la tutelle. — V. TUTELLE.

SÉPULTURE.

1. — Tout ce qui a trait à l'établissement et la police des lieux consacrés aux sépultures a été traité avec détail v° CIMETIÈRE. — Nous avons également retracé sous les mots EXHUMATION et INHUMATION les règles concernant les mesures nécessaires pour l'inhumation, les permis d'inhumer, l'inhumation et les dépenses qui y sont relatives, et enfin les règles applicables à l'exhumation.

2. — Ajoutons que, depuis la publication desdits articles, il a été jugé 1° que l'infraction aux arrêtés spéciaux pris par l'autorité administrative pour chaque cas particulier d'exhumation ou d'inhumation constitue une contravention au décret du 25 prair. an XII sur les sépultures, et doit être réprimée par l'application des dispositions pénales de l'art. 471 (n° 15) Code pén. — Et que l'individu qui contrairement aux prescriptions d'un arrêté du maire a procédé à l'exhumation et à l'inhumation d'un enfant hors de la présence du commissaire de police ne peut être relaxé de la poursuite dirigée contre lui, à raison de ce fait, sur le motif qu'il n'avait pas commencé l'opération dont il était chargé hors de la présence du clergé et de la famille de cet enfant, et aussi parce que c'était la première fois qu'une semblable faute lui était imputée. — *Cass.*, 4 décemb. 1847 (t. 2 1848, p. 252), Grison. — V. CIMETIÈRE, nos 81 et 92; INHUMATION, n° 33.

3. — ... 2° Que la mère qui fait procéder sans autorisation à l'inhumation de son enfant né à terme est passible des peines portées par l'art. 358 C. pén. — *Cass.*, 10 sept. 1847 (t. 2 1847, p. 576), Arrix. — V. INHUMATION, nos 17 et suiv.

8. — Il nous reste à parler du fait de violation de sépulture.

9. — Toutes les législations, d'accord avec la nature et la religion, ont puni les outrages dont les cendres des morts pouvaient être l'objet.

10. — Sous la législation romaine, ceux qui enlevaient les corps mêmes de leurs tombeaux étaient punis, suivant leur condition, soit de la déportation, soit du dernier supplice : « *Honestiores in insulam deportantur.* » — *Humilioris quidem forioræ summo supplicio adficientur.* » — L. 11, *De sepulchro violato.*

11. — De même le dépouillement des cadavres avait eu lieu à main armée, la peine capitale était appliquée. — L. 3, § 7, ff., *De sep.*

12. — Enfin, ceux qui détruisaient les tombeaux, en enlevaient les pierres, colonnes, statues, épitaphes ou autres ornemens, étaient punis, soit de peine des mines, soit d'une peine pécuniaire. — L. 2, C., *eod. tit.* — Et même les juges qui avaient négligé de poursuivre ces outrages étaient passibles de cette dernière peine. — L. 3, C., *eod. tit.*

13. — L'ancienne jurisprudence française punissait de peines arbitraires plus ou moins fortes, suivant les cas et suivant la qualité des personnes, les différens crimes de *violement de sépulture.* Suivant Jousse (t. 3, p. 666), ces crimes se commettaient : 1° en dépouillant les cadavres pour en faire des sujets d'études anatomiques ou autres; 2° en les dépouillant de leurs vêtemens pour les voler; 3° en détruisant leurs tombeaux ou leurs épitaphes, ornemens, etc.; 4° en empêchant qu'une personne morte ne fût enterrée; 5° en frappant, perçant ou coupant quelque membre d'un corps mort. — Morin, v° *Violation de sépulture*, p. 718.

14. — Lorsque le fait avait été commis dans une église ou dans un cimetière, il participait du sacrilège et pouvait, s'il avait été accompagné de vol ou d'effraction, être puni de la mort ou des galères. — Les peines ordinaires s'aggravaient à l'égard des fossoyeurs qui dépouillaient eux-mêmes les morts qu'ils étaient chargés d'enterrer. — Chauveau et Hélie, t. 6, p. 406.

15. — Aujourd'hui les différens délits sont réprimés par l'art. 360 du Code pénal, lequel est ainsi conçu : « Sera puni d'un emprisonnement de trois mois à un an et de 16 francs à 200 francs d'amende quiconque se sera rendu coupable de violation de tombeaux ou de sépultures, sans préjudice des peines contre les crimes ou les délits qui seraient joints à celui-ci. »

16. — Voici dans quels termes les *motifs* de cette partie du Code pénal ont été exposés au Corps législatif : « La loi qui protége l'homme depuis sa naissance jusqu'à sa mort ne l'abandonne pas au moment où il a cessé de vivre et quand il ne reste de lui que sa dépouille mortelle. Vous trouverez dans le projet une disposition contre ceux qui, sans respect pour le dernier asile, violeraient les sépultures, troubleraient la cendre des morts ou profaneraient les tombeaux. »

17. — Le respect des tombeaux a été expressément rappelé par le décret du 23 prairial an XII, art. 17; et le législateur a lui-même donné l'exemple du respect lorsqu'en prohibant, par le même décret, dans l'intérêt de la salubrité publique, l'usage des cimetières dans l'intérieur à une distance moindre de 35 mètres des villes, bourgs, et en supprimant par suite ceux qui ne se trouvaient pas à cette distance, il a ordonné, par respect pour la cendre des morts, que, pendant cinq ans, les cimetières fussent demeurés entièrement clos, et qu'il n'en serait fait aucun usage. De même si, au bout de ce temps, il a autorisé la culture de ces terrains, il a encore interdit toute fouille ou fondation de construction jusqu'à ce qu'il en fût autrement ordonné. — Art. 2, 7, 8 et 9.

18. — Bien que le Code pénal n'ait pas reproduit la nomenclature, donnée par Jousse, des différens faits qui peuvent constituer le délit de violation de sépulture, MM. Chauveau et Hélie pensent que la plupart de ces faits ont conservé, sous le Code pénal, le même caractère. — Ainsi, spécialement, ne mettent pas en doute que le fait de déterrer un cadavre, même pour le faire servir à des études anatomiques, ne rentre dans les termes de la loi. — *Th. du C. pén.*, t. 6, p. 407.

19. — Au reste les criminalistes sont d'accord pour décider qu'en principe il y a violation de sépulture non-seulement quand l'exhumation a été faite par des motifs non avouables, mais même quand un but n'ayant rien d'outrageant pour la mémoire des morts. — Jousse, *Traité de la justice criminelle*, t. 3, p. 666; Merlin, *Rép.*, v° *Cadavre*, n° 8; Carnot, *Comment. du C. pénal*, sur l'art. 360; Chauveau et Hélie, *Théorie du C. pénal*, t. 6, p. 406 et 407; Morin,

Dict. crim., v° *Sépulture*, p. 718. — V. aussi Mars, *Corps de droit crimin.*, sur l'art. 360.

14. — Jugé, en ce sens, que l'exhumation non autorisée par l'autorité locale, d'un corps inhumé hors du cimetière, constitue le délit de violation de sépulture, quels que soient l'intention et le but qu'aurait eus l'auteur de l'exhumation : par exemple s'il n'avait agi que pour faire rendre les honneurs funèbres au défunt et placer son corps dans le cimetière. — *Cass.*, 10 avril 1845 (t. 2 1845, p. 653), Graziani. — V. sur le droit d'exhumation, v° EXHUMATION.

15. — La Cour de Bastia, dont l'arrêt était attaqué, avait, au contraire, décidé que l'exhumation du cadavre d'un condamné à mort par contumace, enterré par ordre du maire dans un lieu non destiné aux inhumations, ne constitue pas le délit de violation de sépulture puni par l'art. 360 du C. pén., si elle a été effectuée non par mépris et dans un but de vengeance ou de profanation, mais à l'effet de rendre à ce condamné les honneurs funèbres qu'il n'avait pas reçus. — *Bastia*, 20 déc. 1844 (t. 1er 1845, p. 323), Graziani.

16. — La soustraction frauduleuse des suaires et vêtemens qui enveloppent les morts, ou des autres objets renfermés dans les cercueils, commise à l'aide d'escalade et d'effraction, constitue assurément une violation de tombeaux. — *Cass.*, 17 mai 1822, Cauvin c. Boutin.

17. — Et il faut en dire autant de tous les actes de destruction commis sur les tombeaux, sur leurs ornemens, ainsi que sur les objets qui les recouvrent et les décorent. — Chauveau et Hélie, t. 7, p. 408.

18. — Peu importe, au surplus, pour que le délit de violation de sépulture existe, que le cercueil soit ou non encore descendu dans la tombe. « L'art. 360 du C. pén., disent MM. Chauveau et Hélie (*Théorie du C. pén.*, t. 6, p. 408), ne parle à la vérité que de la violation des *tombeaux* et *sépulcres*; mais ces mots doivent s'appliquer aux restes de l'homme dès que ceux-ci sont ensevelis dans le cercueil. C'est à ce moment que l'inhumation commence, que le cadavre revêt sa consécration; il est préparé pour la sépulture, il doit participer à la protection que la loi défend des outrages. Et quels motifs d'ailleurs permettraient de distinguer entre le cercueil et la tombe? » etc. — Nous partageons entièrement cet avis.

19. — C'est donc avec raison qu'il a été jugé que le fait d'avoir lancé volontairement des pierres contre un cercueil, au moment où il vient d'être descendu dans la fosse destinée à le recevoir, et dans l'intention d'outrager les cendres du mort qu'il contient, constitue le délit de violation de sépulture. — *Bordeaux*, 9 déc. 1830, Escurignan.

20. — La Cour de cassation a posé en principe que *tout* acte qui tend directement à violer le respect qui est dû à la cendre des morts, bien qu'aucune atteinte matérielle ne soit portée aux cendres elles-mêmes, tombe sous l'application de la loi pénale. — Tel est, par exemple, le fait d'avoir, dans un cimetière public ou communal, frappé avec un bâton sur la tombe des morts en se servant, à plusieurs reprises, d'expressions outrageantes pour la mémoire de ceux qui s'y trouvaient renfermés, ou de s'être publiquement roulé sur les tombes. — *Cass.*, 22 août 1839 (t. 1er 1840, p. 237), Hermonet et Guillaud.

21. — Et le même arrêt a décidé que ce fait constitue (lorsqu'il a lieu hors d'une cérémonie religieuse) le délit justiciable des tribunaux correctionnels prévu et puni par l'art. 360 du C. pén., et non le délit prévu par l'art 262 même Code, ou celui qualifié par l'art. 8 L. 17 mai 1819, et soumis aux Cours d'assises.

22. — Il faut remarquer, toutefois, que le délit de violation de sépulture suppose nécessairement un *acte*; mais que s'il s'agissait seulement de proférer des injures et des outrages sur une tombe, sans y joindre aucun fait matériel, il n'y aurait plus violation de sépulture, mais le délit d'injures et de diffamation verbale prévu par la loi du 17 mai 1819. — C'est ce qui résulte encore de l'arrêt qui précède, 22 août 1839 (t. 1er 1840, p. 237), Hermonet c. Guillaud.

23. — Suivant l'art. 360, la peine du délit de violation de sépulture est prononcée *sans préjudice des peines contre les crimes et délits qui seraient joints à celui-ci*. Et la Cour de cassation a fait une application de cette règle lorsqu'elle a décidé que la soustraction frauduleuse des suaires et vêtemens qui enveloppent les morts ou des autres objets renfermés dans leurs cercueils ne constitue pas seulement, lorsqu'il s'y joint la circonstance de la nuit ainsi que celle de l'escalade ou de l'effraction, un délit de violation de sépulture,

mais encore un vol qualifié. — Arrêt précité, *Cass.*, 17 mai 1822, Cauvin et Boutin.

24. — Mais faut-il conclure de l'art. 360 que le législateur a voulu que les peines qu'il prononce fussent cumulées en cas d'autres crimes concomitans? C'est ce qui paraîtrait résulter (suivant MM. Chauveau et Hélie, t. 7, p.440) de l'arrêt précité de la Cour de cassation du 17 mai 1822. — Toutefois, il ne nous semble pas que cet arrêt décide positivement la question; et, dans tous les cas, en l'absence d'une disposition formelle, nous serions d'avis, avec ces auteurs, qu'il n'existe aucun motif pour déroger, en cette circonstance, au principe, écrit dans l'art. 365 C. instr. crim., sur le non-cumul des peines.

25. — Il y a quelques mois, à l'occasion d'un fait de violation de sépulture, qui, par le caractère horrible de ses détails, avait produit une vive impression, M. Mortimer-Ternaux crut devoir proposer d'aggraver la pénalité prononcée par l'art. 360 C. pén. Mais cette proposition ne fut pas prise en considération.

26. — V., en outre, AUTOPSIE, CADAVRE, CIMETIÈRE, CULTE, ÉGLISE, EXHUMATION, FABRIQUE D'ÉGLISE, INHUMATION, INHUMATEURS ET POMPES FUNÈBRES (entrepreneurs des), RECEL DE CADAVRES.

SÉQUESTRATION DE PERSONNES.

On entend par séquestre ou séquestration de personnes le fait de détenir illégalement ou arbitrairement une ou plusieurs personnes. Ce crime est prévu et puni par l'art. 341 et suiv. du C. pénal. — V. ABUS D'AUTORITÉ, ARRESTATION ILLÉGALE ET SÉQUESTRATION DE PERSONNES, etc. — V. aussi ALIÉNÉS, EXCUSE.

SÉQUESTRE.

Table alphabétique.

SÉQUESTRE. — **1.** — Remise d'une chose litigieuse, soit mobilière, soit immobilière, entre les mains d'un tiers qui s'oblige de la garder et de la restituer, après la contestation terminée, à celui auquel elle aura été adjugée. — On donne aussi le nom de séquestre à la personne à laquelle est confiée la garde de la chose.

2. — Le séquestre peut être établi par conven-

tion ou par jugement. Dans le premier cas, il est *conventionnel;* dans le second, *judiciaire.* — C. civ., art. 1955.

§ 1er. — *Séquestre conventionnel* (no 3).

§ 2. — *Séquestre judiciaire* (no 17).

—

§ 1er. — *Séquestre conventionnel.*

3. — Le séquestre conventionnel est le dépôt fait par une ou plusieurs personnes d'une chose contentieuse entre les mains d'un tiers, qui s'oblige de la rendre, après la contestation terminée, à la personne qui sera jugée devoir l'obtenir. — C. civ., art. 1956.

4.—Il semblerait, d'après le texte de cet article, que le séquestre pût se former par une seule personne, mais cette rédaction n'est pas exacte; un litige suppose toujours le concours de plusieurs personnes, le séquestre ne peut donc être fait que par trois personnes au moins : les deux contendans et le tiers qui reçoit le dépôt.—*Apud sequestrem non nisi plures deponere possunt.* — L. 17. ff., *Depositi vel contrà.* — Pothier, *Dépôt et séquestre*, chap. 4, nos 84 et 85; Duranton, t. 18, no 84; Domat, liv. 1er, tit. 7, *Dépôt et séquestre*, sect. 4, no 1er; Delvincourt, t. 3, p. 212, note 9; Rolland de Villargues, *Rép. du not.*, 2e édit., vo *Séquestre*, no 2.

5. — Le séquestre conventionnel est gratuit de sa nature, ainsi le gardien nommé par les parties n'est pas salarié de droit; mais le séquestre peut, par suite d'une convention entre les parties, être salarié. — C. civ., art. 1957.

6. — Lorsque le séquestre n'est pas gratuit, il soumet à une responsabilité plus rigoureuse; parce qu'alors il tient plus du contrat de louage que du dépôt. — Pothier, no 90; Rolland de Villargues, vo *Séquestre*, no 4.

7. — Lorsqu'il est gratuit, il est soumis aux règles du dépôt proprement dit; sauf les différences ci-après énoncées. — C. civ., art. 1958.

8.—Le séquestre conventionnel diffère du dépôt ordinaire : 1o En ce que le dépôt ne se fait que des meubles; au lieu que le séquestre peut avoir pour objet non-seulement des effets mobiliers, mais aussi des immeubles. — C. civ., art. 1959.

9.—... 2o En ce que, dans le dépôt ordinaire, on ne confie au dépositaire que la garde de la chose, on ne lui en transfère pas la possession qui demeure toujours au déposant au nom duquel le dépositaire est censé la retenir. Dans le contrat de séquestre, au contraire, la possession de la chose séquestrée peut être transférée au séquestre lorsque c'est l'intention des parties, dans le cas où elles sont en contestation sur la possession de la chose séquestrée; mais cette possession sert à celui qui a gagné le procès, et lui est comptée pour la prescription. — Pothier, no 86; Duranton, t. 18, no 88; Domat, liv. 1er, tit. 7, sect. 4, no 4; Rolland de Villargues, vo *Séquestre*, no 6.

10.—... 3o En ce que, dans le dépôt ordinaire, le dépositaire doit rendre la chose à celui qui la lui a confiée, dès qu'il la lui redemande; au lieu que, dans le contrat de séquestre, on ne doit la rendre qu'à la fin de la contestation, et à celui qui en sera reconnu propriétaire. — Pothier, no 88; Duranton, t. 18, no 89.

11. — Mais le dépositaire chargé du séquestre (le séquestre) peut être déchargé, avant la contestation terminée, du consentement de toutes les parties intéressées, ou même pour une cause jugée légitime. — C. civ., art. 1960.

12.—Le consentement de la partie ou de celles des parties qui auraient mis la chose en séquestre ne suffirait pas pour en autoriser la restitution, avant la fin du procès. — Aubry et Rau sur Zachariæ, *Cours de droit civil*, t. 3, p. 118, note 2.

13. — Le séquestre étant censé avoir détenu la chose pour le compte de la partie qui a obtenu gain de cause, a droit de répéter en totalité contre cette partie les dépenses qu'il a faites pour la conservation de la chose. — Zachariæ, t. 3, p. 118, § 408, 2o.

14. — Dans le contrat de séquestre, chacune des parties déposantes étant censée avoir fait le dépôt en totalité, *in solidum*, est solidairement responsable envers le séquestre du remboursement des dépenses qu'il a faites pour la conservation de la chose déposée. — Pothier, no 89; Rolland de Villargues, vo *Séquestre*, no 8; Delvincourt, t. 3, note 9, p. 212.

15. — Jugé que le dépôt d'une somme d'argent entre mains tierces, fait avant le Code civil, par suite d'une convention, pour tenir lieu de la consignation dans une caisse publique et en éviter les frais, a eu pour effet de libérer le débiteur et de faire cesser le cours des intérêts, sauf le recours des créanciers contre le séquestre conventionnel. — *Metz*, 29 juin 1821, Deslegland c. Tiercelet.

16. — Lorsqu'à la suite d'un abandon de biens fait par un débiteur à ses créanciers ceux-ci ont nommé un séquestre, et qu'un premier arrêt a déclaré les enfans du débiteur non recevables à contester la validité du compte rendu aux créanciers par le séquestre; tant qu'ils n'auront pas fait prononcer la nullité de l'acte par lequel ce mandataire a été nommé il y a chose jugée sur la validité de cet acte, et les juges peuvent, par cet unique motif, rejeter la demande en nullité formée par les enfans. — *Cass.*, 29 juin 1829, Rochechouard c. Gauthier.

§ 2. — *Séquestre judiciaire.*

17. — Le séquestre judiciaire est celui qui est fait par ordonnance du juge : soit d'office, soit à la réquisition des parties. — C. civ., art. 1963.

18. — Bien que le séquestre nommé par le juge l'ait été sur la présentation des parties, cela ne l'empêche pas d'être considéré comme séquestre judiciaire et, par conséquent, d'être soumis aux obligations imposées à ce genre de séquestre : notamment à la contrainte par corps. Il pourrait également réclamer un salaire, quoiqu'il n'y eût pas eu de convention à cet égard. — Duranton, t. 18, no 93; Delvincourt, t. 3, note 6, p. 213.

19. — Lorsqu'il y a lieu à l'établissement d'un séquestre judiciaire, les tribunaux doivent nommer de préférence, pour en remplir les fonctions, un tiers qui n'ait aucun intérêt dans la contestation. — *Toulouse*, 13 mai 1812, Blot c. Dussaut.

20. — La demande qui a pour objet la nomination d'un séquestre n'est pas de nature à être soumise au président en référé : elle doit être décidée par le tribunal entier. — *Liége*, 13 janv. 1809, R... ; *Bruxelles*, 6 sept. 1822, Dupré c. Vamken.

21. — Mais la mise en séquestre de l'immeuble pendant les poursuites de folle enchère, peut, sur la justification des dégradations commises par l'adjudicataire, être poursuivie par ordonnance de référé. — *Bordeaux*, 23 juin 1840 (t. 2 1840, p. 287), Itey c. Soubiran.

22. — Le jugement qui autorise le séquestre à passer des baux, ne porte pas atteinte aux baux réguliers existans. — *Rennes*, 23 déc. 1818, de Listré c. Bourié.

23. — La demande de mise en séquestre n'étant qu'une mesure provisoire, peut être formée pour la première fois en cause d'appel. On ne peut la considérer comme une demande nouvelle dans le sens de l'art. 464 du Code de procédure civile. — *Bordeaux*, 5 juin 1847 (t. 2 1847, p. 618), Maurice c. Couilleau.

24. — On peut demander devant la Cour que des biens litigieux soient mis sous le séquestre, lors même qu'en appelant du jugement de première instance on n'aurait pas attaqué le chef qui aurait rejeté cette demande. — *Bordeaux*, 12 janv. 1833, Anthias c. Sudrie.

25. — La femme qui fait un commerce avec son mari, ne peut, sans l'autorisation de celui-ci, s'engager valablement, comme séquestre judiciaire, qu'autant que le fait du séquestre se rattache à son commerce. — *Cass.*, 10 févr. 1840 (t. 1er 1840, p. 499), Contrib. indir. c. Rodier.

26. — Spécialement la femme d'un cabaretier (non aubergiste) qui, sans l'autorisation de son mari, a été constituée gardienne de boissons saisies sur des fraudeurs, n'est pas responsable de la valeur de ces objets dans le cas où ils sont postérieurement enlevés par les fraudeurs. On ne peut considérer comme valable son engagement de séquestre ou gardienne judiciaire, le fait de séquestre ne se rattachant pas à la nature de son débit. — Même arrêt.

27. — Les tribunaux peuvent nommer un gérant à une succession, quoiqu'il n'existe aucun litige entre les héritiers quant aux biens de l'hérédité. Ce n'est pas là un séquestre judiciaire. — *Cass.*, 27 avr. 1825, Albarel c. Guillard.

28. — La justice peut ordonner le séquestre : 1o des meubles saisis sur un débiteur; 2o d'un immeuble ou d'une chose mobilière dont la propriété ou la possession est litigieuse entre deux ou plusieurs personnes ; 3o des choses qu'un débiteur offre pour sa libération. — C. civ., art. 1961.

29. — Le juge ordonne le séquestre, à la réquisition des parties, lorsqu'il y a plusieurs prétendans qui se disputent la propriété d'une chose sans que ni l'une ni l'autre des parties puisse justifier de la possession annale en sa faveur, et puisse, en conséquence, user de l'action possessoire.—Merlin, *Rép.*, vo *Séquestre*, § 2, no 1er.

30. — Sous l'empire de l'ordonnance de 1667, lorsque deux parties étaient en contestation relativement à la propriété d'un immeuble; les juges pouvaient en ordonner le séquestre pendant l'instance, alors même que le détenteur justifiait d'une possession paisible en vertu d'un titre translatif de propriété. — *Paris*, 12 vendém. an XII, Montarnal c. Lescot.

31. — Par application du principe consacré par le § 2 de l'art. 1961 : jugé que lorsqu'il y a litige entre les parties sur la propriété d'un immeuble, les juges peuvent ordonner le séquestre. — *Rennes*, 6 juill. 1819, Rousseau de la Brosse c. Fresnais.

32. — Il y a lieu, pour les tribunaux, à ordonner la mise en séquestre d'un domaine dont le partage est demandé, lorsque les copropriétaires ne sont d'accord ni pour l'administrer eux-mêmes, ni sur le choix de celui d'entre eux auquel l'administration en pourrait être confiée. — *Bordeaux*, 5 juin 1847 (t. 2 1847, p. 618), Maurice c. Couilleau.

33. — Jugé que lorsque, sur une action possessoire, ni l'une ni l'autre des parties n'a fait preuve suffisante de la possession, le juge peut ordonner le séquestre de l'objet litigieux jusqu'au jugement de propriété. — *Cass.*, 31 juill. 1838 (t. 1er 1841, p. 304), Levivier c. Lefroid.

34. — Le juge qui ne reconnaît la possession annale à aucune des parties peut ordonner le séquestre du bien litigieux, de telle sorte que la jouissance reste indivise entre les parties.—*Cass.*, 16 nov. 1842 (t. 1er 1843, p. 115), Commune de La Gouberge c. Buffet.

35. — Les termes de l'art. 1961 ne doivent pas être considérés comme restrictifs aux cas qui y sont énoncés. Le juge peut ordonner le séquestre non-seulement dans ces différens cas, mais encore toutes les fois qu'il le juge convenable pour la sûreté des parties.—*Bourges*, 8 mars 1822, Bruneau c. Berthier, Gasville et Brossard; *Cass.*, 6 mars 1834, Lemir c. Dancel. — Delvincourt, t. 3, p. 213, note 4 ; Rolland de Villargues, vo *Séquestre*, no 16. — V., cependant, Aubry et Rau, sur Zachariæ, t. 3, p. 119, note 2.

36. — Le droit de *récréance* ou possession provisionnelle, que, sous l'ancien droit, les tribunaux pouvaient accorder à celle des parties qui leur paraissait offrir le plus de garantie, lorsque, sur l'action en complainte, les deux parties justifiaient qu'elles étaient simultanément en possession de l'objet litigieux, n'est en contradiction avec aucune disposition du Code civil ou du Code de procédure.—En conséquence, l'art. 1961 C. civ., qui permet aux juges d'ordonner le séquestre, est purement facultatif et subordonné, pour son application, à l'importance de l'objet en litige et aux considérations de fait dont l'appréciation est confiée aux tribunaux. — *Cass.*, 14 nov. 1832, Mélissent c. Commune d'Ecouis.

37. — On peut ordonner le séquestre d'un immeuble litigieux, lors même que la partie contre laquelle la demande était dirigée aurait en sa faveur et un titre authentique et la possession annale de cet immeuble.—*Poitiers*, 29 janv. 1813, Sarragot c. Demourgen; *Cass.*, 10 mars 1814, Chaussegroux c. Sarragot.

38. — Pendant les poursuites d'une saisie immobilière, le juge peut ordonner le séquestre des fruits même contre le tiers détenteur de l'immeuble saisi. — *Cass.*, 4 oct. 1814, Joannis c. Pomme et Nicolas.

39. — Il n'est pas nécessaire pour pouvoir exercer le séquestre sur le tiers détenteur, d'obtenir préalablement une condamnation contre lui. —Même arrêt.

40. — Lorsque celui qui est en possession de l'immeuble sur la propriété duquel il y a litige n'offre point de solvabilité, il y a lieu d'ordonner le séquestre judiciaire. — *Metz*, 10 févr. 1814, Herbain c. Béraud d'Arimont.

41. — Le séquestre judiciaire d'un immeuble peut être ordonné sur la demande des créanciers inscrits, surtout lorsque l'immeuble se trouve entre les mains d'un tiers à titre d'antichrèse. En ce cas, les créanciers ont droit de ré-

réclamer le séquestre : soit pour la conservation de leur gage, soit pour que les revenus soient perçus dans leur intérêt. — *Bourges*, 8 mars 1822, Bruneau c. Berthier, Gasville et Brossard.

42.—Celui qui, par suite d'une liquidation, peut avoir des droits à exercer sur un immeuble, peut en demander le séquestre. Dans ce cas, la propriété de l'immeuble est également litigieuse. Ainsi, le cohéritier qui a cédé sa part dans un immeuble de la succession à son cohéritier peut néanmoins demander la mise en séquestre de l'immeuble; en ce que, par le résultat de la liquidation de la succession, il peut avoir des reprises à exercer contre son cohéritier et sur l'immeuble cédé. — Même arrêt.

43.—Le vendeur d'un immeuble qui a fait prononcer la rescision de la vente pour vileté du prix a droit de demander le séquestre, encore que l'acquéreur, usant de la faculté accordée par l'arrêt de rescision, ait déclaré préférer payer le supplément de prix; et le séquestre doit être maintenu jusqu'à ce que ce supplément ait été intégralement payé. — Même arrêt.

44.—Il en est de même quand le vendeur attaque la vente d'un immeuble comme entachée de dol et de fraude, le séquestre doit être ordonné et maintenu jusqu'à la décision du procès.—Même arrêt.

45.—Jusqu'au partage d'une succession, les biens en dépendant sont réputés en litige en ce sens qu'il y a incertitude et instance touchant la portion revenant à chaque cohéritier; en conséquence un tribunal a pu sur la demande d'un cohéritier, ordonner la mise en séquestre de ces biens. — *Agen*, 8 janv. 1825, Coulom c. Dujourdan et Labat.

46.—Les juges peuvent ordonner le séquestre d'un domaine dont un créancier du vendeur a requis la mise aux enchères. — *Bordeaux*, 17 mai 1811, Charrier c. Sieuzac.

47.—Le séquestre judiciaire d'un immeuble peut, en appel, être ordonné sur la réclamation du vendeur qui demande la résolution de la vente pour défaut de paiement du prix, alors surtout que par le jugement il a été décidé que la vente serait résolue de plein droit à défaut de paiement du prix dans un délai déterminé. En ce cas la propriété doit être réputée litigieuse, dans le sens de l'art. 1961 C. civ.— *Toulouse*, 29 juill. 1827, Vidal.

48.—Lorsque des héritiers légitimes se sont mis en possession réelle des biens de la succession, et qu'ils déclarent ne pas reconnaître l'écriture d'un testament olographe par lequel leur auteur a institué un légataire universel; il y a lieu d'ordonner que les immeubles de la succession soient mis en séquestre, si les héritiers y consentent. — *Montpellier*, 19 juill. 1827, Delmas c. Vidal.

49.—Lorsqu'un légataire universel par testament olographe a été envoyé en possession, conformément à l'article 1008 C. civ., on peut ordonner le séquestre des biens composant son legs, sur le motif que, l'écriture et la signature du testament étant contestées, il y a litige sur la propriété. — *Bourges*, 18 déc. 1826, Pouillot c. Chatelain.

50.—Mais jugé, au contraire, en considérant comme restrictifs les termes de l'art. 1961, qu'il ne suffit pas qu'un droit de propriété soit mis en litige, pour que les tribunaux doivent ordonner un séquestre; les tribunaux peuvent refuser de l'ordonner, si l'une des parties a la possession de l'immeuble litigieux. — *Riom*, 12 juill. 1816, de Legollé.

51.—Le séquestre d'une forêt ne peut être ordonné dans une instance qui n'a pour objet que des droits d'usage réclamés sur cet immeuble, à moins que, sans cette mesure, ces droits ne puissent être anéantis. — *Colmar*, 2 janv. 1834, de Haussen c. Compagnie de Burckenwald. — V., au surplus, pour ce qui concerne le séquestre forestier ou des objets appartenant aux délinquants, le mot FORÊTS, n°s 1950 et suiv.

52.—Le mari, malgré la demande en séparation de corps, conserve l'administration des biens de la communauté, ainsi que de ceux personnels à la femme; celle-ci ne peut donc, pendant l'instance, obtenir que ces biens, même les fruits, soient séquestrés. — *Liége*, 13 janv. 1809, X....

53.—Il n'y a lieu de placer une succession sous le séquestre pour la conservation des droits conférés à des tiers par un testament, si l'héritier offre des hypothèques ou consent à laisser provisoirement les biens affectés entre les mains des exécuteurs testamentaires. — *Liége*, 12 janv. 1813, de Galen c. le domaine et Zurmurlen.

54. — Un hospice qui revendique la propriété de forêts dont une commune est en possession reconnue et avouée n'est pas fondé à exiger que ces forêts soient séquestrées pendant la litispendance, la surveillance de l'administration forestière, sous laquelle ces forêts, considérées comme communales, sont placées de droit, suffisant pour la conservation des droits de toutes les parties. — *Colmar*, 17 déc. 1812, Hospices c. ville de Strasbourg.

55. — La femme à qui il échoit une succession pendant l'instance en séparation de corps, ne peut requérir le séquestre des biens qui la composent; le mari en demeure toujours administrateur légal. — *Angers*, 27 août 1817, G....

56. — Le légataire particulier dont les droits ne sont pas établis ne peut intervenir et se joindre à la femme pour demander le séquestre. — Même arrêt.

57. — En matière possessoire, les juges peuvent, alors même qu'ils déclarent en fait que les enquêtes sont contradictoires sur le point de savoir à laquelle des deux parties appartient la possession, se dispenser d'accorder la récréance à l'une d'elles ou d'ordonner le séquestre de l'immeuble litigieux; surtout si d'autres motifs de leur jugement puisés dans l'appréciation des titres sous le rapport de la possession, reconnaissent que cette possession appartient au demandeur. — *Cass.*, 9 déc. 1840 (t. 1er 1841, p. 305), Fournier c. Belen.

58. — Lorsque, sur une action possessoire intentée par un voisin contre l'autre, les parties ont été appointées en preuve, et qu'il résulte des enquêtes respectives qu'elles ont cumulativement et sans trouble exercé des actes de possession sur le terrain contesté; le juge peut les maintenir toutes deux dans cette possession, sans être tenu d'ordonner le séquestre de l'objet litigieux. — *Cass.*, 28 avr. 1813, Dumoulin c. Lefebvre.

59. — L'établissement d'un gardien judiciaire produit, entre le saisissant et le gardien, des obligations réciproques. — Art. 1962 C. civ.

60. — Le gardien des effets saisis n'est pas tenu seulement d'apporter de la bonne foi à la garde des effets saisis, il est encore tenu d'y apporter les soins d'un bon père de famille. En conséquence il est responsable non-seulement en cas de dol et de faute lourde, mais encore en cas de faute légère. — Pothier, n° 96; Duranton, t. 18, n° 92.

61. — Jugé que l'aubergiste constitué gardien salarié d'un cheval en litige est responsable des accidens qui lui arrivent dans son écurie par sa négligence. Spécialement il est responsable des suites d'un coup de pied reçu par ce cheval d'un autre cheval qui a été placé à côté de lui, s'il ne justifie pas qu'il a pris les précautions nécessaires pour prévenir cet accident. Néanmoins, il a droit aux frais de fourrière du jour de la réception du cheval à celui de l'accident. — *Lyon*, 26 janv. 1825, Laroche c. Grillet et Recouvreur.

62. — Le gardien doit représenter les objets saisis, soit à la décharge du saisissant pour la vente; soit à la partie contre laquelle les exécutions ont été faites, en cas de mainlevée de la saisie. — C. civ., art. 1962.

63. — L'obligation du saisissant consiste à payer au gardien le salaire fixé par la loi. — *Ibid.*

64. — Le jugement qui ordonne le séquestre d'un domaine dépendant d'une succession, comprend nécessairement celui du mobilier qui garnit ce domaine; dès lors la personne commise au séquestre doit inventorier le mobilier ou récoler l'inventaire déjà existant. — Si la partie contre laquelle le séquestre a été ordonné met obstacle à son exécution, elle peut être expulsée des lieux. — *Rennes*, 23 déc. 1818, de Listré c. Bourié.

65. — Le notaire tenu de rendre un compte comme séquestre, et qui, par sa conduite particulière et dans son intérêt privé, donne lieu à une mauvaise contestation avec les héritiers du débiteur, dont le bien est mis en séquestre, en doit supporter personnellement les dépens. — *Orléans*, 13 mai 1822, N....

66. — Un séquestre judiciaire qui a été obligé, par les lois de la Révolution, de verser ses dépôts dans le trésor public, n'est libéré envers les parties intéressées qu'autant que le versement a eu lieu dans les mêmes espèces que celles reçues. — *Paris*, 19 mars 1816, Andelle c. Deculant.

67. — Le dépositaire chargé du séquestre judiciaire d'une ferme et terres en dépendant, à la demande des parties qui plaident sur le droit de propriété, et à l'intervention des créanciers inscrits, peut, à la fin du bail, expulser le fermier. Il n'est pas tenu de suivre le nouveau bail, s'il n'a pas été consenti par toutes les parties intéressées. — *Bruxelles*, 11 nov. 1819, N....

68. — Lorsque l'administration des douanes s'est constituée dépositaire et séquestre des objets saisis, elle devient responsable des détournemens opérés par ses agens. — *Douai*, 18 déc. 1839 (t. 2 1840, p. 682), Douanes c. Benssens.

69. — Quoique destitué de l'administration d'une succession et quoique comptable envers la veuve, le séquestre peut poursuivre les héritiers en vertu d'un exécutoire. — *Orléans*, 26 mai 1813, Benard c. Durand-Maurice.

70. — Lorsqu'un jugement, en séquestrant un immeuble litigieux, a réservé au possesseur la faculté de faire cesser cette mesure au moyen d'une caution, celui-ci, s'il veut user du droit réservé, est tenu d'acquitter les obligations contractées envers les tiers par le séquestre, dans les bornes de son mandat, pendant la durée de la séquestration; sans pouvoir prétendre que le paiement de ces obligations doit être différé jusqu'au jugement définitif sur le fonds du procès, époque à laquelle il aura été décidé sur qui les obligations doivent définitivement retomber. — *Bordeaux*, 27 juill. 1830, Lesparre-Duroc c. Bechet.

71. — Si, durant l'instance en résolution, à défaut de paiement l'immeuble a été, sur la demande du vendeur, mis sous le séquestre; le compte des fruits doit, en cas de résolution, être rendu au vendeur par le séquestre, à partir de cette époque. — *Lyon*, 23 juin 1831, Lablanche c. Merloz.

72. — Tout séquestre contre lequel on agit pour le contraindre à payer une seconde fois des sommes déjà payées par lui a droit et qualité pour contester les titres en vertu desquels on l'actionne en justice. — Et spécialement la caisse des consignations, qui, après avoir payé une première fois à un individu sans qualité une somme qui lui avait été déposée, est actionnée de nouveau en paiement par un prétendu ayant droit, peut se prévaloir des droits afférens à un tiers non réclamant auquel cette somme appartiendrait. — *Cass.*, 22 juill. 1845 (t. 1er 1846, p. 96), Caisse des dépôts et consignations c. Kelde.

73. — Pour tout ce qui concerne le séquestre apposé sur les biens des émigrés, V. ÉMIGRÉS, n°s 112, 238 et suiv., 262 et suiv., 281, 397, 508 et suiv.

SÉQUESTRE DE GUERRE.

1. — Le séquestre de guerre est la mainmise d'un gouvernement qui est en guerre contre un autre, sur les biens que possèdent dans son territoire et le gouvernement ennemi et les sujets de ce gouvernement.

2. — Les publicistes s'accordent pour reconnaître à chaque puissance le droit de confisquer les biens que possèdent chez elles les sujets de l'Etat avec lequel elle est en guerre. — Grotius, *De jure belli et pacis*, lib. 3, cap. 5 et 6; Binkersock, *Questiones juris publici*, lib. 1, *De rebus bellicis*, cap. 8.

3. — Pothier, qui adopte cette doctrine, la développe en ces termes : « Lorsque nous sommes en guerre avec une puissance étrangère, tous les étrangers qui sont soumis à cette puissance sont obligés de sortir du royaume dans le temps prescrit et fixé. Ils doivent aussi mettre hors de leurs mains tous les biens qu'ils possèdent en France. S'ils ne font pas l'un et l'autre dans un délai qui leur est indiqué, le roi s'empare de leurs biens. Ils peuvent aussi être arrêtés, et alors on les oblige de payer une rançon pour obtenir leur liberté. » — *Traité des personnes*, tit. 2, sect. 2.

4. — « L'Etat, dit Vattel, qui prend les armes pour un juste sujet, a un double droit contre son ennemi : 1° le droit de se mettre en possession de ce qui lui appartient et que l'ennemi lui refuse; 2° le droit d'affaiblir l'ennemi pour le mettre hors d'état de soutenir une injuste violence, le droit de lui ôter les moyens de résister. » — *Traité du droit des gens*, t. 2, liv. 3, chap. 9.

5. — Du droit d'affaiblir l'ennemi, de s'emparer de ses biens, dérive le droit de séquestre de guerre. Les immeubles, les terres, les villes, les provinces passent ainsi sous la puissance de l'ennemi qui s'en empare. — Vattel, *Traité du droit des gens*, t. 2, liv. 3, chap. 13.

6. — Mais l'acquisition ne se consomme, la propriété des biens ainsi séquestrés ne devient stable et parfaite que par le traité de paix, ou l'entière soumission et l'extinction de l'Etat auquel ces biens appartiennent. — Vattel, *Traité du droit des gens*, t. 2, liv. 3, chap. 13.

7. — En effet, tant que la guerre dure, le droit respectif des parties belligérantes sur les immeu-

bles tombés au pouvoir de l'ennemi est flottant, incertain, et entièrement dépendant du sort des armes. — Si, à la fin de la guerre, le propriétaire dépouillé recouvre ses biens, il est censé ne les avoir jamais perdus.—Grotius, *De postliminio*, lib. 6, cap. 9, § 7.

8. — La Cour de cassation a fait l'application de ce principe en décidant que le simple séquestre de guerre ne suffit pas pour dépouiller de la propriété. Il demeure sans effet par les traités de paix qui en ordonnent la mainlevée. — Ainsi, le séquestre de guerre établi par le conquérant sur des propriétés particulières appartenant aux sujets de la puissance ennemie, ne rend pas le propriétaire séquestré incapable de vendre ou d'hypothéquer ces immeubles pendant la durée du séquestre apposé par le conquérant. — Particulièrement l'hypothèque constituée pendant le séquestre est valable, lorsque, par le traité de paix, les biens ont été remis par le conquérant, à titre de restitution et de gratification, mais avec la charge d'acquitter les dettes dont ils sont affectés, aux propriétaires sur lesquels ils ont été séquestrés. — *Cass.*, 11 déc. 1816, Seguin c. de Looz-Corwarenc.

9. —Tant que le séquestre ne s'exerce que sur les biens du gouvernement, il n'a rien que de juste; mais il n'en est plus de même lorsqu'il s'exerce sur les biens des particuliers.—La guerre se fait de souverain à souverain, et non à un peuple désarmé. Le vainqueur s'empare des biens de l'État, des biens publics, mais les particuliers conservent les leurs. — Vattel, *Traité du droit des gens*, t. 2, liv. 3, chap. 13.

10.—« Il ne pourrait être justifié en morale, dit M. Favard de Langlade (*Rép.*, vº *Séquestre de guerre*), que lorsque les biens soumis à cette mesure pourraient servir à la guerre, et encore l'État qui s'en emparerait devrait-il indemniser celui dont il retient les biens pour ce motif. »

11. — Jugé, conformément à ce principe, que le droit de conquête ne frappe sur les biens des princes qu'autant qu'ils les possèdent en leur qualité de princes, mais qu'il n'atteint pas les biens qu'ils détiennent comme simples particuliers.— *Cass.*, 11 déc. 1816, Séguin c. de Looz-Corwarenc.

12. — Le 9 mai 1793, décret de la Convention nationale qui ordonne le séquestre des biens possédés par les princes ou puissances avec lesquelles la France est en guerre. — Ce décret est ainsi conçu (art. 1er) : « Dans les départemens où il existe des biens possédés par les princes ou puissances avec lesquelles la République est en guerre, ces biens seront séquestrés, si ce n'est fait, par les corps administratifs de ces départemens, dans la forme prescrite pour le séquestre des biens des émigrés; et ce immédiatement après la réception du présent décret. »

13. — Le 14 mai 1793, décret qui ordonne le séquestre des terres des princes possessionnés en France qui n'ont point protesté contre le *conclusum* de la diète de Ratisbonne.

14. — Mais, au mois de juin 1793, le roi d'Espagne ayant confisqué tous les biens des Français expulsés du territoire espagnol, la Convention, usant du droit de représailles, ordonna, par décret du 16 août suivant, la saisie et le séquestre des biens et des propriétés que les sujets et vassaux du roi d'Espagne avaient en France.

15. — En exécution du décret du 16 août 1793, la Convention nationale rendit un nouveau décret, le 26 du même mois, qui prescrivait à tous dépositaires de biens appartenant aux Espagnols d'en faire la déclaration à la municipalité du lieu de leur résidence dans les vingt-quatre heures après la publication du présent décret.

16. — Le 7 septembre 1793, décret de la même assemblée qui étendit aux Anglais les mesures prises contre les Espagnols et autres étrangers avec le pays desquels la France était en guerre.

17. — Le 13 sept. 1793, décret qui rapporte celui du 7 de ce mois à l'égard des biens appartenant en France aux étrangers autres que les Espagnols.

18. — Le 18 messidor an II, décret qui fixe le délai dans lequel devront être déposés tous fonds ou effets appartenant aux habitans des pays qui sont en guerre avec la France.

19. — Le 14 nivôse an III, décret de la Convention nationale qui révoque le décret du 18 messidor an II à l'égard des biens des particuliers; mais qui maintient le séquestre des propriétés des gouvernemens étrangers.

20. — Le 21 novembre 1806, décret qui déclare les îles Britanniques en état de blocus.— L'art. 4 de ce décret est ainsi conçu : Tout magasin, toute marchandise, toute propriété, de quelque nature qu'elle puisse être, appartenant à un sujet de l'Angleterre sera déclarée de bonne prise.

21. — Jugé que les lois relatives aux biens des émigrés ne sont pas applicables à un simple séquestre de guerre. — *Cass.*, 7 juin 1809, Nassau Sarrbruck c. Crolbois.

22. — Les traités de Paris des 30 mai 1814 et 20 novembre 1815 qui terminèrent la guerre entre la France et les puissances étrangères, ayant stipulé la mainlevée des séquestres apposés depuis 1792 et nommé des commissions chargées de faire droit aux réclamations réciproques des sujets de chacune des puissances contractantes, toutes les mesures et dispositions relatives au séquestre de guerre ont cessé d'être en vigueur à partir de cette époque.

V. EMBARGO, GUERRE, PRISE MARITIME.

SERF, SERVAGE.

1.— Les *serfs*, appelés aussi quelquefois *sers* (de *servus*, *servare*), étaient des colons attachés à la terre. On désignait sous le nom de *servage* la condition des serfs. — Le mot *servage* s'appliquait aussi quelquefois à la redevance payée par le serf.—Laurière, *Glossaire du droit français*, vis *Serf et servage*.

2. — Les servitudes purement personnelles des Romains, après s'être maintenues sous les rois de la première et une partie de ceux de la deuxième race, furent bientôt abolies ou du moins mitigées. Chez les Romains, certains esclaves étaient attachés à la culture d'un fonds particulier, *adscriptitii seu additi glebæ*, et cultivaient le fonds à leur volonté, moyennant une redevance annuelle en blé ou autres fruits. De là naquirent à la fin de la deuxième race de nos rois les serfs, c'est-à-dire des esclaves ou plutôt des colons attachés à certains fonds dont ils ne pouvaient être séparés que suivant certaines conditions. — *Encyclopédie méthodique*, vº *Serf*.

3. — On a souvent confondu le serf avec le vilain et l'homme de pooste. Ces classes de personnes doivent cependant être soigneusement distinguées. Le servage appartient en effet à un ordre d'institution qui n'est ni le fief ni la justice. Ni le seigneur justicier, ni le seigneur féodal ne possédaient de serf en vertu du fief ou de la justice. — Championnière, *De la propriété des eaux courantes*, nº 140.

4. — Le droit sur le serf était un droit de propriété pur et simple. Le serf était la chose de son maître, ses biens appartenaient à celui-ci, qui pouvait les reprendre partout où il les trouvait, dans le domaine d'un féodal comme dans le territoire d'un justicier. — *Ibid.*

5. — « Entre le maître et le mainmortable, dit M. Championnière (*ibid.*), le législateur n'intervient que par le droit d'humanité; les esclaves sont des hommes, pour les rédacteurs des Coutumes, qui sont chrétiens, et pourtant les règles qu'ils établissent n'ont rien à leurs yeux qui puisse déroger à l'exercice usité des droits du maître. Celui-ci doit user de son serf comme par le passé. »

6. — La *Coutume de Troyes* (titre *Des personnes*) et le *Commentaire* de Pithou attestent le même fait : « Et pour la diversité des droits desdites servitudes que les seigneurs prétendent sur lesdits hommes, n'y a coutume générale; mais est réservé aux seigneurs jouir et user sur leurs sujets de tels droits de servitude qui leur peuvent compéter et appartenir, à leurs sujets leurs défenses au contraire. »

7. — On était serf par la naissance ou par un fait postérieur.

8.—*Par la naissance.*—L'enfant né dans un lieu mainmortable suivait la condition de son père. — Ragneau, sur la l. 24 Code *De agricolis*, lib. 2, tit. 57; novel. 54 *in principio*; novel. 78, cap. 3; novel. 162, 117; Cujacius IV, observ. 28 *et ad cap. ult.*; Antonius, *in Summâ*, t. 3, tit. 3, cap. 6, § 69.

9. — Toutefois, cette règle n'était pas suivie partout. Dans certaines coutumes, on admettait que « le *ventre affranchissait* (Cout. de Troyes, art. 8; de Bar, art. 72; de Meaux, art. 5).— Dans d'autres, comme dans le Bourbonnais et dans le Nivernais, on décidait qu'en mariage inégal de franc et de serve, les enfans suivaient le côté serf.

10. — Dans le Beauvoisis, le bâtard né d'une serve était franc (V. Beaumanoir, ch. 45, nº 16; Antoninus, *in Summâ*, t. 3, tit. 3, cap. 6, § 6); mais dans le plus grand nombre, en Champagne par exemple, les bâtards nés des femmes serves de corps étaient serfs et appartenaient au seigneur haut justicier.—V. Coutumes de Champagne, art. 58; l'auteur du *Grand Coutumier*, liv. 3, ch. 23, p. 419 (et la note de Charondas, en cet endroit).

11. — Quant aux bâtards issus de femmes franches, ils étaient attribués aux rois par les ordonnances de Louis-le-Hutin de mai 1315 (*Ordonnances*, t. 1er, p. 574), de Philippe-le-Long du 20 août 1319 (même tome, p. 757 et 758) et celle de Charles VI de l'année 1386 le 5 septembre (*Ordonnances*, t. 7, p. 157). — Brussel, p. 959.

12.—*Par un fait postérieur.*—On devenait serf de plusieurs manières. Ainsi, anciennement, quand une personne non franche venait s'établir dans un lieu de servitude de corps, elle était acquise au seigneur de la servitude dès le moment qu'elle y avait fixé son domicile; et en d'autres endroits après l'an et jour. « Il y a des terres, dit Beaumanoir (ch. 45, nº 19), quand un franc homme, qui n'est pas gentizhomme de lignage, y a manoir et y est résident, il devient, soit homme, soit femme, serf au seigneur dessous que il vient être résident. » Dans ces pays *l'air rendait esclave*, suivant la vive expression du proverbe allemand.— Eisenh., p. 74; Hertius, *De hominib. propriis*, sect. 1re, § 5; Eichhorn, *Staats und R. G.*, § 448; Laurière sur Loysel, liv. 1er, règle 21, édit. Dupin et Laboulaye, p. 55.

13. — On devenait encore serf par une espèce de convention tacite, lorsqu'une personne payait au seigneur les droits ordinairement dus par les mainmortables.

14. — D'après la loi salique (tit. 14, art. 7 et 11), lorsqu'une personne franche épousait une personne de condition servile : celle des deux qui était franche devenait serve, alors que la personne franche avait connu, avant le mariage, la condition de l'autre; ou quand, en ayant eu connaissance, après le mariage, elle ne s'était point fait séparer. Cet usage était encore en vigueur en France sous les premiers rois de la 3e race, mais il fut plus tard aboli. — Laurière sur Loysel, liv. 1er, règle 25, édit. Dupin et Laboulaye, p. 59.

15.—Les redevances imposées aux serfs étaient généralement accablantes : c'est ce qui a fait dire à beaucoup d'historiens que l'esclavage de la glèbe était plus dur que l'esclavage antique. Aussi les serfs tendirent-ils sans cesse à leur affranchissement. Dès le commencement de la troisième race, les rois de France affranchirent plusieurs communautés d'habitans. Louis-le-Hutin et Philippe-le-Bel affranchirent tous les serfs de leurs domaines, moyennant finance. Des chartes leur étaient alors données en vertu desquelles ils avaient permission de s'assembler, et que l'on appelait pour ce motif *chartes de communes.*— *Encycloped. méth.*, vº *Serf*.

16. — L'affranchissement s'exerçait aussi privativement. Ainsi, les rois accordaient quelquefois aux serfs des lettres par lesquelles ils étaient réputés bourgeois du roi et cessaient d'être serfs. — *Ibid.*

17. — Les seigneurs suivirent cet exemple, et certains serfs furent aussi rendus à la liberté avec le titre de *bourgeois de tel seigneur*. Mais ils se montrèrent beaucoup moins généreux que les rois. Aussi est-ce dans les provinces où l'autorité du roi s'exerçait le moins que les vestiges du servage se sont le plus longtemps conservés. — *Ibid.*

18. — Le seigneur suzerain propriétaire de la directe pouvait seul opérer affranchissement du serf; le vassal ou le censitaire, n'ayant sur lui qu'un droit de domaine utile, ne pouvait ni l'affranchir ni l'alléger en aucune façon des liens de la servitude sans le consentement du seigneur dominant, et successivement de tous les seigneurs supérieurs. Le vassal pouvait bien renoncer à ses droits sur lui; mais le domaine utile se consolidait alors aux mains du seigneur supérieur, qui acquérait sur le serf le *dominium plenum*.

19. — Le vassal qui renonçait ainsi à ses droits sur un serf devait même payer une amende à son seigneur supérieur. C'est ce qu'atteste Beaumanoir (chap. 45, nº 25) : « Si j'ai mes serfs, dit-il, lesquels je tiens de seigneur et les franchis sans l'autorité de mon seigneur, je les perds... et si suis encore tenu à amende faire à mon seigneur de ce que je li avais son fief apetité. »

20. — Mais cette nécessité de faire remonter de seigneur en seigneur les affranchissemens des serfs disparut avec l'extension de la maxime que le roi était souverain fieffeux du royaume. Les agens du fisc tendirent alors, en effet, à écarter l'intermédiaire gênant de la hiérarchie, et, « *par humanité*, dit de Laurière (sur la règle 73 de Loysel, liv. 1er, tit. 1er, édit. Dupin et Laboulaye, p. 122), on introduisit en faveur des serfs qu'ils ne paieraient plus finance aux seigneurs médiats et qu'en cas d'affranchissement *ils seraient dévolus de plein droit au roi* comme souverain fieffeux. » Cette décision se trouve aussi dans l'art. 14 de la coutume de Vitray et dans l'art. 58 de celle

de Meaux. — V. encore Championnière, *loc. cit.*

21. — Le droit de bourgeoisie s'acquérait par demeure pendant an et jour. Cette faveur établie dans l'intérêt des serfs avait pour but la population des villes franches. — Loysel, Opusc, p. 120; Coke on Littleton, sect. 164; Brussel, p. 902 et suiv. — Ce laps de temps d'un an et d'un jour venait, d'après Laurière (sur Loysel, liv. 1er, règle 21, édit. Dupin et Laboulaye, p. 54), de ce que la saisine s'aquiert par cet espace de temps.

22. — Le droit de bourgeoisie s'acquérait aussi par aveu, ès lieux où il y avait droit de parcours et entre-cours. Cette règle avait pour but de permettre aux personnes franches non nobles qui venaient établir leur domicile dans une terre de servitude, et qui, sans cela, seraient tombées en servage (V. *suprà* nº 12), de conserver leur franchise en se déclarant et *s'advouant francs hommes ou bourgeois des seigneurs* chez qui ils venaient demeurer; ou *bourgeois du roi* en avouant le roi pour seigneur. — Laurière sur Loysel, liv. 1er, règle 21, édit. Dupin et Laboulaye, p. 55.

23. — Dès que le droit de bourgeoisie par aveu fut ainsi introduit, des traités intervinrent entre des pays voisins au moyen desquels leurs habitans francs et non nobles pouvaient aller, venir, parcourir, entre-courir et établir réciproquement leur domicile dans l'un et l'autre pays sans crainte de servitude; on nomme ces traités des parcours ou des entre-cours, et les pays où ils étaient intervenus pays de parcours et d'entre-cours. — *Ibid.*

24. — Suivant l'ordonnance de 1302, les bourgeois des seigneurs qui voulaient s'avouer bourgeois du roi devaient prendre des lettres de bourgeoisie; mais les bourgeois de parcours n'en avaient pas besoin et il leur suffisait de s'avouer verbalement bourgeois du roi sans lettre, d'où ils furent dits bourgeois du roi *par simple aveu* à la différence des autres qui l'étaient par aveu. — *Ibid.*

25. — Parmi les serfs, on distinguait les serfs de corps et serfs de biens. Les premiers étaient ceux dont la personne était serve indépendamment de leurs biens. Il ne leur était pas permis de se soustraire au droit de leur seigneur en lui abandonnant tous les biens, aussi les appelait-on *serfs de corps et poursuite.* — Laurière, *ibid.*

26. — Les serfs de biens, que l'on appelait aussi *mainmortables* ou *mortaillables*, n'étaient réputés tels qu'à cause des biens qu'ils tenaient du seigneur, et pouvaient libérer leurs personnes en délaissant lesdits biens avec les formalités requises par les coutumes. — Durand, *In speculo de feudis*, § *Quoniam*, nº 38; Faber, § *ult. Institut.*, *De denominationibus*; Coutume de Bourgogne-Duché, art. 9, ch. 9, avec le commentaire de Taisand; *Encyclopédie méthod.*, *ibid.* — Ils se subdivisaient en serfs de meubles et serfs d'héritages.

27. — Les mainmortables de meubles étaient ceux dont les meubles seulement appartenaient au seigneur dans le cas de mortaille ou *échûte*. — Coutume de Troyes, art. 6; de Vitry, art. 103. — Schonerus, *De feudis*, disput. 3, art. 54; Borchollen, p. 379, *De feudis*; Odofredus, *De feudis*, fol. 53, nº 2; Laurière, *ibid.*

28. — Enfin les mainmortables d'héritages étaient ceux dont les héritages appartenaient aux seigneurs dans le cas de mainmorte. — V. Bailly, *Traité des mainmortes*, ch. 7, nos 2, 3, 4, 5, 6; et le tit. 9 de la coutume de Bourgogne-Duché, intitulé *Les mainmortes.* — V. aussi Laurière, *ibid.*

29. — Les droits des seigneurs sur leurs serfs variaient selon les coutumes et les usages; les titres modifiaient aussi souvent les règles ordinaires, et rarement l'on trouvait réunis les mêmes droits en faveur de seigneurs différens.

30. — « Le serf ne pouvait être fait chevalier » (Loysel, règle 78) sans le consentement de son seigneur. — V. aussi *Etablissemens*, liv. 1er, ch. 128, édit. Duc.

31. — Le même consentement lui était indispensable pour se faire ordonner prêtre (Loysel, règle 79). Cette règle dérivait du droit romain, où il était défendu à tout esclave, sous les peines les plus sévères, de se faire, comme clerc ou prêtre, soldat de Jésus-Christ. Toutefois, si le serf s'était fait prêtre sans le consentement de son maître; il le demeurait toujours, parce que le caractère est ineffaçable. — Canon *ex antiquis*, canon *Frequens*, 54 *distinct.*; Gonsalez, *ad capitul.* 30. — V. aussi Laurière, sur les règles 42, 45, 46, 47 de Loysel (et les notes).

32. — Le droit de formariage était établi en faveur du seigneur contre les serfs. — V. FORMARIAGE.

33. — Les serfs étaient encore privés, en général, du droit de tester; toutefois il fallait entendre cette règle en ce sens qu'ils n'étaient privés du droit de tester qu'à l'égard des biens qui tombaient en mortemain. Ainsi, le serf qui était mainmortable de meubles pouvait disposer de ses héritages; s'il était mainmortable d'héritages, il pouvait disposer de ses meubles. Enfin, s'il était mainmortable à la fois de meubles et d'héritages; il ne pouvait disposer par testament ni de ses héritages, ni de ses meubles. — V. Coutume du Nivernais, ch. 8, art. 25; de Vitry, art. 103; Bessian, art. 3 du ch. 27 de la coutume d'Auvergne. — V. aussi Laurière sur Loysel, liv. 1er, règle 74, édit. Dupin et Laboulaye, t. 1er, p. 122 et 123.

34. — Une exception était cependant faite à la règle précédente, quand il s'agissait de serfs communs « *qui étaient demeurans en commun* : » suivant la règle 74 de Loysel. Ils se succédaient alors les uns aux autres; ils pouvaient aussi tester les uns au profit des autres sans le consentement de leurs seigneurs. — V. Coutume de Bourgogne-Comté, art. 96; Joannes Faber, *ad tit. Institut. De jure personarum*, § *Servitus*, nº 2; Coquille, sur le titre *Des servitudes* de la coutume de Nivernais, art. 32; *Capitula selecta canon. Hibernensium ex* lib. 40, cap. 8, t. 1er, *spicilegii acheriani*, p. 504, edit. ann. 1723; Bailly, *Des mainmortes*, ch. 7, nº 7.

35. — Ce droit de se succéder réciproquement avait été accordé aux serfs, suivant Coquille, pour inviter les parsonniers des familles de village à demeurer ensemble, attendu que le ménage des champs ne peut être utilement exercé que par plusieurs personnes. — V. Fornerium, lib. 5, *Quotid.*, cap. 8; Bailly, *Des mainmortes*, ch. 4, p. 9; Bouhier, *Cout. de Bourgogne*, t. 1er, p. 506 et suiv.; Perreciot, t. 1er, p. 302. — Laurière (sur Loysel, *ibid.*, p. 124) fait observer que c'était là la raison politique; mais que la véritable raison de droit était que tant que les serfs demeuraient en commun, ils possédaient leurs biens comme solidairement : de sorte que la portion de celui qui décédait appartenait au survivant par une espèce de droit d'accroissement.

36. — Pour que des serfs fussent communs, il suffisait, d'après quelques coutumes (V., par exemple, celle de la Marche, art. 152), que le domicile fût commun; mais, plus généralement, on exigeait qu'ils fussent communs en biens, c'est-à-dire qu'ils eussent le sel et le pain communs entre eux. — V. Chasseneuz, sur l'art. 13, chap. 9, cout. de Bourgogne; Laurière sur Loysel, règle 76, p. 127.

37. — Lorsqu'une fois des serfs vivant en commun étaient séparés ou divisés ils ne pouvaient plus se remettre en communauté sans le consentement de leur seigneur, et pour qu'il y eût division il suffisait qu'un seul se fût retiré de la communauté : « Car le plus souvent, dit Loysel (règle 75), un parti, tout est parti. » En sorte qu'après la séparation d'un seul ils ne succédaient plus, et les biens de ceux qui décédaient appartenaient au seigneur. — V. Coquille, quest. 70; *Grand Cout.*, fº 112; *Servus mortuus saisit dominum vivum.* Et Bourg., tit. 9, art. 14. — V. aussi, pour l'Allemagne, le *Miroir de Saxe*, 52 (et la glose).

38. — Il y avait cependant des cas dans lesquels la séparation était réputée nécessaire et dans lesquels les parsonniers n'étaient point privés de leurs successions réciproques. — V. Laurière sur Loysel, règle 76, édition précitée, p. 129.

39. — Selon l'art. 13 de la coutume de la Franche-Comté « le serf ne pouvait vendre, acheter ni hypothéquer l'héritage servile sans le consentement du seigneur; et si l'héritage était aliéné et la possession réelle prise sans ledit consentement, il était acquis audit seigneur. — V. Roguet et Talbert sur cet article.

40. — Les serfs ne pouvaient pas même *confisquer* selon l'art. 5 de la Cout. du Nivernais (tit. *Des confiscations*), qui décidait que l'homme de condition servile, exécuté ou banni par la justice d'autre seigneur que celui dont il était homme, ne confisquait rien au seigneur qui l'avait condamné; mais appartenaient tous ses biens tant meubles qu'immeubles au seigneur dont il était homme. — Laurière sur Loysel, *ibid.*, p. 123.

41. — Une des règles du droit coutumier était aussi que le serf ne succède point au franc, ni le franc au serf; mais cette règle n'était pas pratiquée dans tous les pays de servitude : ainsi à Troyes les parens francs du serf lui succédaient quant aux biens libres; et dans la coutume du Bourbonnais « l'homme ou la femme franc ou franche ne succédaient point au serf, mais le serf succédait bien à ses parens francs. » — V. cette dernière coutume, art. 200.

42. — Les enfans des serfs, comme ceux des francs, étaient du reste sous la puissance de leurs père et mère, ainsi que l'exprime Loysel en sa règle 2 du liv. 1er (tit. 4). « Les enfans sont en la vouerie et mainbourie de leurs père et mère, soit francs ou *serfs* majeurs ou mineurs. »

43. — Le témoignage des *serfs* mainmortables n'était pas reçu pour leurs seigneurs. — *Encyclopédie méthodique*, vº *Serfs*.

44. — Enfin le seigneur avait *droit de suite* sur ses serfs. Mais ces expressions signifient seulement que le seigneur pouvait les poursuivre en quelque lieu qu'ils fussent, pour être payé des tailles qu'ils lui devaient. — V. cout. du Nivernais, ch. 8, art. 6, 27 et 28, et de Vitry, art. 45, avec les commentateurs : pour l'Angleterre, Britton, ch. 31; Houard, t. 4, p. 136. Il n'en était donc pas sous nos coutumes comme en droit romain, où les *adscriptitii* ou colons étaient tellement attachés à la terre qu'ils n'en étaient point séparés (L. 15, C. *De agricolis* XI, 47) et que lorsqu'ils étaient en fuite il était du devoir des gouverneurs des provinces de les faire arrêter et de les renvoyer à leurs maîtres. — L. 6, Cod. *eod.* — Encore ce droit était-il particulier aux serfs de corps. Car les serfs de biens pouvaient toujours se libérer, pourvu qu'ils renonçassent à leurs biens; sans cet abandon, le droit de suite existait. — Cout. Bourgogne, tit. 9, art. 2, et Taisand, sur cet art., p. 537; pour l'Allemagne, Eisenhart, p. 56.

45. — La liberté ne pouvait, d'ailleurs, jamais se prescrire contre le seigneur. Si le serf s'absentait, le seigneur pouvait pourvoir à la culture de ses héritages et s'assurer ainsi le paiement de ses droits; mais le mainmortable pouvait réclamer l'héritage, pourvu qu'il revînt dans les dix ans. — *Encyclopédie méthod.*, vº *Serf*.

46. — Le servage fut complétement aboli, et tous les serfs furent affranchis, par le décret du 2 nov. 1789, qui détruisit le régime féodal. — V. FÉODALITÉ, JUSTICE SEIGNEURIALE, MAINMORTE, SEIGNEUR, SERVITUDE PERSONNELLE.

SERGENT.

1. — On appelait ainsi, anciennement, un bas officier de justice, dont la fonction était de donner des exploits, des assignations, de faire des exécutions, des contraintes, des saisies, d'arrêter ceux contre lesquels il y avait un décret, etc. — Guyot, *Rép*, vº *Sergent*.

2. — Presque tous les sergens s'étaient attribué le titre d'*huissier-sergent* ou d'*huissier* simplement, quoique le titre d'huissier ne convînt véritablement qu'à ceux, d'entre les sergens, qui étaient préposés à la garde de l'huis ou porte de l'auditoire.

3. — Le nom de sergent a disparu tout à fait de l'organisation judiciaire pour faire place à celui d'huissier. — V. ce mot.

SERGENS DE VILLE.

1. — La dénomination de *sergens de ville* appliquée aux agens chargés de l'exécution des lois et arrêtés de police municipale paraît ne remonter qu'à 1829, époque à laquelle, en effet, le préfet de police M. Debelleyme constitua par un arrêté en date du 12 mars un corps d'agens spéciaux chargés de la police dans la ville de Paris. Voici dans quels termes étaient conçus les deux premiers articles de cet arrêté :

2. — « Des sergens de ville seront chargés, dans Paris, de l'exécution des lois et ordonnances de police municipale. Ils seront placés sous la direction d'un commissaire de police de l'attribution de la police municipale et seront assistés d'un inspecteur de police, pour l'exécution des ordres et prêter main-forte au besoin. » — Art. 1er.

3. — « Les sergens de ville seront chargés du service de nuit. » — Art. 2. — Ce service, du reste, ne leur est pas exclusivement confié.

4. — L'art. 3 déterminait leur costume, il était à peu près tel que nous le voyons aujourd'hui; avec cette exception, toutefois, que le port de l'épée ne leur était accordé que la *nuit*, le jour ils ne pouvaient avoir qu'une canne.

5. — Licencié à la suite de la révolution de 1830, le corps des sergens de ville fût bientôt réorganisé par ordonnance du 8 septembre 1830 rendue par le préfet de police d'alors (M. Girod de l'Ain).

6. — C'est seulement en vertu d'une prescription de cette ordonnance que les sergens de ville eurent le droit de porter l'épée le *jour* à la différence de ce qui avait lieu précédemment.

7. — Une seconde fois, à la suite de la révolu-

tion de 1848, le corps des sergens de ville fut licencié, et le préfet de police M. Caussidière le remplaça par de nouveaux agens qui reçurent le nom de gardiens de Paris.

8. — Mais M. le préfet de police Rébillot a depuis prononcé la dissolution du corps des gardiens de Paris, et rétabli celui des sergens de ville tel qu'il existait auparavant.

9. — Depuis 1829, et à l'imitation de ce qui avait lieu à Paris, plusieurs administrations municipales ont donné le nom de sergens de ville aux agens connus auparavant non seulement sous la dénomination générique d'agens de police, mais encore sous celles de valets de ville et d'appariteurs ou autres équivalentes.

10. — Nous n'avons point, du reste, à entrer ici dans une explication quant au caractère et aux attributions des sergens de ville; ils ne sont autres que ceux des agens de police revêtus des signes extérieurs. — V., à cet égard, AGENT DE POLICE.

11. — Mentionnons seulement qu'il a été jugé spécialement : 1° que la signification des actes de poursuites disciplinaires en matière de garde nationale est valablement faite par des sergens de ville comme étant des agens de la force publique.—Cass., 1er déc. 1832, Mothés.

12. — ... 2° Qu'en matière correctionnelle ou criminelle la contrainte par corps pour le paiement des dommages-intérêts accordés à la partie civile pouvant être mise à exécution suivant les mêmes formes que les condamnations au profit de l'Etat, il en résulte que l'arrestation du débiteur peut être opérée par un agent de la force publique, spécialement par un sergent de ville, agissant en vertu des réquisitions du ministère public. — Paris, 22 mai 1845 (L. 2 1845, p. 48), Péquignot c. Chaptal; Cass., 5 août 1846 (L. 2 1846, p. 272), mêmes parties.

SERMENT.

1. — Le serment est un acte religieux par lequel une personne prend Dieu à témoin de la vérité d'un fait, ou de la sincérité d'une promesse.

2. — L'affirmation judiciaire n'est autre chose qu'un véritable serment. C'est une déclaration avec serment. Toutefois on peut dire que le serment a plus de trait à l'avenir, et l'affirmation au passé. — Prost du Royer, Dict. v° Affirmation, n° 1er; Colleet. de jurispr. de Camus et Bayard, v° Affirmation, t. 1er, p. 315; Merlin, Rép., v° Serment, § 3; Toullier, t. 10, n° 454.

3. — Cependant, comme dans l'usage ordinaire de la langue les deux mots ne présentent pas la même idée, il est prudent de s'assurer si celui qui se prépare pour affirmer à la justice attache à ce mot l'idée de serment. — Merlin, Quest., v° Serment; Toullier, t. 10, n° 455.

4. — L'usage que l'on fait du serment en forme comme deux espèces, savoir : le serment promissoire et le serment affirmatif.

5. — Le serment promissoire, juramentum promissorium, est employé pour affermir un engagement ou une promesse, comme une garantie de son accomplissement. Il se rapporte à un fait futur. Toutefois il se rapporte à un temps présent en ce que celui qui jure à présentement la volonté de faire ce qu'il promet. — Toullier, t. 10, n° 349.

6. — Le serment promissoire est employé dans plusieurs circonstances.

7. — Tel est le cas où les parties emploient le serment pour assurer d'avantage l'accomplissement futur des engagements qu'elles contractent. C'est ce qu'on appelle serment des contractans.

8. — Autrefois l'usage de ces sermens était commun dans les contrats, par suite des prétentions ultramontaines. Les papes prétendaient que le serment étant un acte religieux et le refus d'exécuter une obligation confirmée par serment constituant une violation de la religion du serment, il appartenait aux juges d'église d'en connaître. De là les insertions que les notaires, qui étaient gens d'église, ne manquaient pas de faire dans leurs actes, que les parties avaient fait serment de ne contrevenir à aucune des clauses du contrat et de les exécuter fidèlement. Quoique ces prétentions du clergé aient été abandonnées depuis longtemps, on trouve encore ce style dans plusieurs anciens actes. — Pothier, Oblig., n° 404; Toullier, t. 10, n° 351.

9. — Un pareil serment ne peut produire aucun effet civil; car ou l'obligation est valable par elle-même ou elle ne l'est pas. Si elle est valable, elle n'a pas besoin du serment. Si elle n'est pas valable, c'est par quelque prohibition des lois na-

turelles ou civiles; et il n'est permis de l'éluder par aucun moyen. Tel serait le cas où une dette de jeu serait accompagnée du serment. — Pothier, Oblig., n° 405; Merlin, Rép., v° Convention, § 8; Toullier, t. 10, n° 352; Rolland de Villargues, Rép., v° Serment des contractans, n° 3 et 4.

10. — Suivant le droit romain, le mineur n'était pas recevable à se pourvoir contre la convention qu'il avait passée, par exemple contre la vente d'un immeuble, s'il s'était engagé par serment à ne pas l'attaquer. — L. 1re, C., Si adversus vendit. — Mais cette décision n'a jamais été suivie en France. Autrement les lois qui subviennent à la faiblesse des mineurs seraient toujours éludées par un serment qui deviendrait de style. — Pothier, Oblig., n° 406; Merlin, Rép., v° Convention, § 8; Toullier, t. 10, n° 353.

11. — C'est au serment promissoire que se rapporte le serment que doivent prêter les fonctionnaires publics avant d'entrer en fonctions. — V. SERMENT DES FONCTIONNAIRES.—V. aussi IMPRIMEUR, LIBRAIRE.

12. — Il en est de même de celui que devaient prêter les citoyens avant d'exercer quelques-uns de leurs droits politiques. — V. ÉLECTIONS.

13. — On sait que le serment politique, aboli par le décret du Gouvernement provisoire, du 2 mars 1848, n'a pas été rétabli. Les seuls fonctionnaires astreints au serment politique sont maintenant le président et le vice-président de la République. — V. PRÉSIDENT DE LA RÉPUBLIQUE, n° 9.

14. — Les témoins, les experts et interprètes, les jurés, sont aussi obligés de prêter le serment promissoire. — Toullier, t. 10, n° 358. — V. COUR D'ASSISES, ENQUÊTE, EXPERTISE.

15. — Le serment affirmatif, juramentum assertorium, est celui qu'on emploie ou qu'on exige pour garantir la sincérité de l'affirmation ou de la négation d'un fait présent ou passé. — Toullier, t. 10, n° 350.

16. — Le serment affirmatif est judiciaire ou extrajudiciaire. — V. SERMENT JUDICIAIRE ET EXTRAJUDICIAIRE.

SERMENT D'AFFECTION.

V. SERMENT JUDICIAIRE ET EXTRAJUDICIAIRE.

SERMENT AFFIRMATIF.

V. SERMENT JUDICIAIRE ET EXTRAJUDICIAIRE.

SERMENT DE CALOMNIA.

V. SERMENT JUDICIAIRE ET EXTRAJUDICIAIRE.

SERMENT CIVIQUE.

1. — Au nombre des conditions imposées autrefois à l'étranger qui voulait acquérir la qualité de Français ou de citoyen, se trouvait le serment civique. — V. Constitutions des 30 avr.-2 mai 1790 et 3 sept. 1791.

2. — La Constitution du 3 sept. 1791 nous en donne elle-même la formule : « Le serment civique est (porte l'art. 5 de cette Constitution) : Je jure d'être fidèle à la nation, à la loi et au roi et de maintenir de tout mon pouvoir la Constitution du royaume décrétée par l'Assemblée nationale constituante aux années 1789, 1790 et 1791. » — V. NATURALISATION.

SERMENT DE CRÉDULITÉ.

V. SERMENT JUDICIAIRE ET EXTRAJUDICIAIRE.

SERMENT DÉCISOIRE ET SUPPLÉTOIRE.

V. PREUVE PAR ÉCRIT, SERMENT JUDICIAIRE ET EXTRAJUDICIAIRE.

SERMENT DES FONCTIONNAIRES.

Table alphabétique.

<table>
<tr><td>Avocat, 12 s.</td><td>Garde champêtre, 39 s.</td></tr>
<tr><td>Avoué, 12 s., 47 s.</td><td>Garde forestier, 33, 61.</td></tr>
<tr><td>Caractère, 2, 9.</td><td>Garde particulier, 24.</td></tr>
<tr><td>Cautionnement, 105.</td><td>Garde nationale, 49.</td></tr>
<tr><td>Changement de résidence, 25 s.</td><td>Gendarme, 62 s.</td></tr>
<tr><td></td><td>Greffier, 34 s., 51. — 3e tribunal de commerce, 41.</td></tr>
<tr><td>Commissaire-priseur, 55.</td><td></td></tr>
<tr><td>Commission, 8, 32.</td><td>Juge, 26, 46.</td></tr>
<tr><td>Compétence, 4, 36, 66, 68.</td><td>Juge d'instruction, 25.</td></tr>
<tr><td></td><td>Juge suppléant, 10.</td></tr>
<tr><td>Conseiller auditeur, 27.</td><td>Jugement, 10.</td></tr>
<tr><td>Conservateur des hypothèques, 54.</td><td>Militaire, 45.</td></tr>
<tr><td></td><td>Notable commerçant, 20 s.</td></tr>
<tr><td>Contributions indirectes (préposé des), 7, 29. —</td><td>Notaire, 47.</td></tr>
<tr><td>(receveur des), 60.</td><td>Pair, 48 s.</td></tr>
<tr><td>Député, 43.</td><td>Poste aux lettres, 53.</td></tr>
<tr><td>Démissionnaire, 42.</td><td>Prestation, 3 s.</td></tr>
<tr><td>Droits réunis, 8.</td><td>Procès-verbal, 7 s.</td></tr>
<tr><td>Enregistrement, 6.</td><td>Receveur de l'enregistrement, 54.</td></tr>
<tr><td>Fin de non-recevoir, 19.</td><td>Serment spécial, 62 s.</td></tr>
<tr><td>Formule, 3, 22 s.</td><td></td></tr>
</table>

SERMENT DES FONCTIONNAIRES. — **1.** — C'est celui que certains fonctionnaires sont assujettis à prêter avant d'entrer en fonctions.

2. — La prestation de serment est une réception, une prise de possession, solennelle, où la puissance publique achève de former le caractère de l'homme public.—D'Aguesseau, OEuvres, t. 7, p. 616. — « C'est en ce serment, dit Loyseau, que gît la principale cérémonie de la réception; et l'officier, l'ordre, le grade, et, s'il faut ainsi parler, le caractère de son office, et qui lui défère la puissance publique. — Des offices, liv. 1er, chapitre 4, n° 71. — Toullier, Droit civ., t. 10, n° 531; Rolland de Villargues, Rép., v° Serment des fonctionnaires publics, n° 2.

3. — Il est inutile de rappeler ici les différentes lois qui ont prescrit le serment aux fonctionnaires publics, ainsi que les formules successivement tracées pour ces prestations de serment. On en peut trouver l'indication dans Duvergier, Table analytique des lois, v° Serment, t. 2, p. 267. — Les différentes lois qui astreignent les fonctionnaires publics à prêter serment indiquent les autorités devant lesquelles ce serment doit être prêté. A cet égard, on peut se reporter à l'article concernant chacun de ces fonctionnaires; surtout en ce qui regarde l'ordre judiciaire.

5. — A l'égard des fonctionnaires assujettis à un cautionnement : nul n'est admis à prêter serment et n'est installé dans les fonctions auxquelles il a été nommé, s'il ne justifie préalablement de la quittance de son cautionnement. — L. 28 avr. 1816, art. 96.

6. — De plus, l'acte constatant la prestation du serment est d'ordinaire soumis à l'enregistrement. — V. ENREGISTREMENT.

7. — Jugé que les employés des contributions indirectes doivent, à peine de nullité de leurs procès-verbaux, justifier du serment par eux prêté, ainsi que de l'enregistrement de cette prestation de serment et de sa transcription sur leur commission. — Cass., 28 fév. 1829, Contributions indirectes c. Lecouteux.

8. — Il suffit pour que les employés des droits réunis aient le droit de verbaliser qu'ils aient prêté serment avant d'entrer en fonctions. Le défaut d'enregistrement de cette prestation de serment au greffe, n'est pas une cause de nullité de leurs procès-verbaux. La transcription sur leur commission n'a même pour objet que de les mettre à portée de justifier sans délai de leur caractère aux fraudeurs qui affecteraient de le méconnaître. — Cass., 1er avr. 1808, Droits réunis c. Delisle.

9. — Comme c'est le serment qui achève de former le caractère de l'homme public, il en résulte que tout acte de l'autorité publique fait par un fonctionnaire public non encore assermenté est nul. — Toullier, t. 10, n° 355.

10. — Ainsi, jugé qu'un jugement est nul lorsqu'il a été rendu par un suppléant du juge de paix qui n'a pas encore prêté le serment. — Cass., 21 janv. 1809, Maure; ainsi que, Roque c. Deschamps. — Toullier, t. 10, n° 354; Augier, Encyclopédie des juges de paix, v° Suppléant, n° 3.

11. — Tout fonctionnaire public qui entre en

exercice de ses fonctions sans avoir prêté serment, peut être poursuivi et puni d'une amende de 16 fr. à 150 fr. — C. pén., art. 196. — V. FONCTIONNAIRE PUBLIC, n°s 153, 377 et suiv.

12. — Il a été jugé que les avocats et avoués appelés pour compléter un tribunal doivent prêter serment, à peine de nullité des jugemens auxquels ils auraient concouru. — *Colmar*, 11 vendémiaire an XIII, Schawembourg c. Aman.

13. — ... Et que lorsque les juges, se trouvant en nombre insuffisant, appellent un avoué pour compléter le tribunal, leur jugement doit, à peine de nullité, faire mention que cet avoué a prêté serment. — *Colmar*, 21 avr. 1813, N....

14. — Jugé encore, depuis la loi du 31 août 1830 (V. *infrà*), que l'avocat appelé accidentellement à remplir les fonctions de juge a été soumis à l'obligation de prêter le serment exigé par l'art. 1er, L. 31 août 1830 ; s'il n'avait pas prêté ce serment, le jugement auquel il aurait concouru devrait être cassé. — *Cass.*, 23 sept. 1831, intér. de la loi, Babou.

15. — ... Et qu'était nul le jugement auquel un avocat avait concouru sans avoir prêté le serment exigé des fonctionnaires de l'ordre judiciaire. — *Bordeaux*, 8 nov. 1832, Conelly.

16. — Mais on a jugé aussi que l'avocat appelé pour compléter un tribunal n'était pas tenu de prêter le serment exigé par la loi du 31 août 1830, lorsqu'il avait déjà prêté ce serment : soit comme avocat, soit comme suppléant du juge de paix. — *Colmar*, 25 févr. 1834, Schwartz c. Rischmann; *Cass.*, 21 août 1835, Bonne c. Arsac.

17. — ... Et que les avocats appelés à siéger momentanément comme juges pour compléter un tribunal devaient, à peine de nullité des jugements auxquels ils concouraient, prêter le serment exigé des magistrats par la loi du 31 août 1830, si ce même serment n'avait déjà été prêté par eux individuellement à titre d'avocat. Toutefois, ils n'étaient pas tenus de prêter un nouveau serment à l'occasion de chaque affaire. — *Cass.*, 2 mars 1831, Boussairolles.

18. — Jugé aussi qu'il y avait présomption légale qu'un avocat qui avait pris part à un jugement avait prêté le serment prescrit par la loi du 31 août 1830, encore bien que cela ne fût pas dit dans le jugement. — *Cass.*, 30 juill. 1833, Robiot c. Viel et Vaudoré.

19. — ... Et qu'un jugement auquel avait concouru un avocat appelé à compléter le tribunal n'était pas nul comme ne mentionnant pas la prestation de serment de l'avocat, lorsque le défaut de serment n'était pas justifié et que les parties avaient plaidé sans aucune réclamation à cet égard. — *Cass.*, 9 févr. 1836, Gallet c. Pornon.

20. — Il n'est pas nécessaire que les notables appelés à remplacer des juges de commerce empêchés prêtent serment avant d'exercer les fonctions de juges. — *Poitiers*, 2 déc. 1824, Bindault, Gallien et Toupet c. Rival et Dupré.

21. — Jugé également qu'il n'est pas nécessaire à peine de nullité, que le jugement auquel a concouru un notable commerçant contienne la mention que ce notable a prêté serment. — *Colmar*, 7 janv. 1828, Koechlin c. Hofer.

22. — On a jugé que la formule du serment prescrit aux membres des Cours et tribunaux doit être nécessairement celle déterminée par l'ordonnance royale du 3 mars 1815, sans aucune modification; mais les obligations qu'impose ce serment sont renfermées dans le cercle de nos institutions constitutionnelles. — *Caen*, 19 mai 1830, Mercier.

23. — Jugé, de même, que la formule du serment à prêter par les membres des Cours et tribunaux est celle déterminée par l'ordonnance royale du 3 mai 1815 prescrivant obéissance non-seulement à la Charte et aux lois, mais encore aux ordonnances et règlemens. Il est bien entendu, toutefois, que ces ordonnances et règlemens seront conformes à la Charte et aux lois. — *Colmar*, 9 juin 1830, Bastard.

24. — C'est à la puissance publique seule, par l'organe du ministère public, qu'il appartient de présenter au serment les gardes particuliers. Les avoués n'ont pas qualité à cet égard. — *Cass.*, 20 sept. 1823, Frilet; 15 juill. 1836 (t. 1er 1837, p. 575), — V., au reste, GARDE CHAMPÊTRE.

25. — En changeant de fonctions, de territoire ou de ressort, les fonctionnaires doivent prêter un nouveau serment; car ils acquièrent un nouveau caractère, même alors qu'ils ne font que changer de lieu. — Toullier, t. 10, n° 357; Rolland de Villargues, *Rép.*, v° *Serment des fonctionnaires*. publics, n° 8.

26. — Jugé cependant que le serment que la loi exige du magistrat embrasse indistinctement toutes les fonctions *inhérentes* à la qualité du même magistrat, même celles qui ne sont que temporaires. Ainsi, lorsqu'il est appelé aux fonctions de juge d'instruction il n'est pas tenu à prêter un nouveau serment. — *Cass.*, 6 mai 1829, Patin; *Poitiers*, 27 juill. 1832, Fradin.

27. — ... Qu'un conseiller auditeur à la Guiane, qui a prêté serment en cette qualité, n'est pas tenu, dans le cas où il est appelé à remplir momentanément les fonctions du ministère public, de prêter un nouveau serment à raison de ces fonctions. — *Cass.*, 22 avril 1835, int. de la loi.

28. — Jugé même que le magistrat qui passe d'une Cour à une autre pour y remplir les mêmes fonctions n'est pas tenu de prêter un nouveau serment; il suffit qu'il y ait été reçu et publiquement installé en cette qualité. — D'ailleurs, il n'appartient à aucun citoyen de contester la validité des titres en vertu desquels les magistrats exercent leurs fonctions. — *Cass.*, 21 juill. 1832, Manceron. — V. JUGE.

29. — Jugé, en outre, qu'aucun texte de loi n'assujettit les préposés des contributions indirectes qui ont prêté un premier serment à en prêter un nouveau à chaque changement de résidence. — *Cass.*, 1er mai 1806, Droits réunis c. Augé; 28 févr. 1829, Contrib. ind. c. Lecouteux.

30. — ... Surtout quand ils doivent y exercer avec le même grade. — *Cass.*, 11 févr. 1825, Contrib. ind. c. Charlin.

31. — Dès lors, le procès-verbal dressé par un préposé, dont le caractère n'est au fond ni équivoque ni contesté, ne peut pas être annulé pour défaut de prestation d'un nouveau serment depuis son changement de résidence. — *Cass.*, 1er mai 1806, Droits réunis c. Augé.

32. — Jugé également qu'aucune loi n'assujettit les employés des contributions indirectes qui ont prêté serment et exercé dans un arrondissement à prêter un nouveau serment ni à faire enregistrer leur commission au greffe du tribunal d'un autre arrondissement dans lequel ils sont envoyés, surtout pour y exercer les mêmes fonctions. — *Cass.*, 14 mai 1824, Contrib. ind. c. Lecouteux.

33. — ... Et que les gardes et agens forestiers ne sont pas assujettis à une nouvelle prestation de serment, lorsqu'ils changent de résidence; et qu'ils peuvent exercer leurs fonctions dans le ressort des tribunaux devant lesquels ils n'ont pas prêté serment, pourvu que leur commission et l'acte de prestation du serment qu'ils ont antérieurement prêté aient été enregistrés aux greffes de ces tribunaux. — *Cass.*, 10 sept. 1847 (t. 1er 1848, p. 552), Forêts c. Moins. — V. FORÊTS, n° 228.

34. — Celui qui a prêté serment comme greffier provisoire, mais dont les fonctions ont cessé par la nomination du titulaire, est tenu de prêter un nouveau serment, s'il reste attaché au greffe en qualité de commis. — *Caen*, 5 mai 1829, Toutain c. Brière.

35. — En conséquence, est nul le visa donné sur un procès-verbal de saisie immobilière par un individu qui, ayant rempli les fonctions de greffier provisoire, n'a pas prêté un nouveau serment depuis que ses fonctions ont cessé par la nomination du titulaire. — Cette nullité ne peut être couverte par la bonne foi de l'huissier, fondée sur l'opinion commune que celui qui a donné le visa, ayant continué de remplir les fonctions de commis greffier, est assermenté en cette qualité. — Même arrêt.

36. — Les lois ayant pris soin d'indiquer devant qui doit être prêté le serment des fonctionnaires publics, il en résulte que le serment prêté devant une autorité incompétente est regardé comme non avenu ou nul. — Toullier, t. 10, n° 356.

37. — Jugé, en ce sens, que le garde champêtre qui au lieu de prêter serment devant le tribunal civil, d'après la loi du 31 août 1830 (V. *infrà*), n'a prêté serment que devant le juge de paix de son canton, n'a pas légalement la qualité d'officier de police judiciaire et ne peut, par conséquent, être traduit devant la Cour d'appel pour les délits qu'il aurait commis dans l'exercice de ses fonctions. — *Rennes*, 10 nov. 1846 (t. 1er 1847, p. 21), Lamy. — Dans cet arrêt on a suivi la jurisprudence de la Cour de cassation, qui regarde comme nul un serment prêté devant une autorité incompétente. — V. GARDE CHAMPÊTRE, n°s 55 et suiv. — C'est aussi l'opinion de Toullier (t. 10, n° 356) et de Carré (*Organ. et compét.*, t. 1er, p. 139).

38. — Jugé, toutefois, que celui qui a été légalement commissionné en qualité de garde champêtre et qui en exerce publiquement les fonctions depuis vingt mois doit être considéré comme un fonctionnaire public dans le sens de l'art. 177 du Code pénal, encore bien qu'au lieu de prêter son serment devant le juge de paix du canton il l'ait prêté devant le maire de sa commune. — *Cass.*, 11 juin 1813, Fabbri.

39. — Jugé que la loi du 31 août 1830, qui impose aux gardes champêtres, comme officiers de police judiciaire, l'obligation de prêter serment devant le tribunal de première instance, a modifié la partie de l'art. 5, tit. 7 du Code rural de 1791, qui les obligeait à prêter, devant le juge de paix de leur canton, le serment spécial qui leur est imposé par cette disposition, et a donné compétence au tribunal d'arrondissement pour recevoir ce serment. — Qu'en conséquence, c'est devant le tribunal d'arrondissement que les gardes champêtres doivent prêter le double serment auquel ils sont tenus comme officiers de police judiciaire et comme gardes. — *Cass.*, 2 août 1847 (t. 2 1848, p. 410), Baranton — V., en ce sens, GARDE CHAMPÊTRE, n°s 179, et 55 et suiv.

40. — Depuis le décret du Gouvernement provisoire qui a aboli le serment politique prescrit par la loi de 1830, sans en rétablir un nouveau, c'est devant le juge de paix que les gardes champêtres prêtent le serment spécial prescrit par la loi de 1791.

41. — Jugé que la Cour d'appel est incompétente pour recevoir le serment des greffiers des tribunaux de commerce. Le serment de ces fonctionnaires doit être prêté devant les tribunaux de commerce. — *Cass.*, 22 mars 1843 (t. 2 1843, p. 215), Tallonneau.

42. — La loi du 31 août 1830 a astreint tous les fonctionnaires publics dans l'ordre administratif et judiciaire, les officiers des armées de terre et de mer à prêter serment dans cette forme : « *Je jure fidélité au roi des Français, obéissance à la Charte constitutionnelle et aux lois du royaume.* » — L. 31 août 1830, art. 1er. — A défaut, par les fonctionnaires en exercice ci-dessus dénommés, de prêter le serment dans la quinzaine, ils ont dû être considérés comme démissionnaires. — Art. 2.

43. — Le même délai de quinze jours a été accordé aux députés; il a été étendu à un mois pour les pairs. L'art. 3 de ladite loi portait qu'à défaut de serment les premiers seraient considérés comme démissionnaires et les seconds comme déchus du droit de siéger. — L. 31 août 1830, art. 3.

44. — On avait proposé un amendement tendant à ce que le siége du pair déchu par défaut de serment passât immédiatement à son héritier. Mais cet amendement fut rejeté par le motif que c'eût été préjuger la question d'hérédité qui devait être soumise à un nouvel examen. — V. *Moniteur* 19 et 20 août 1830. — V. Duvergier, *Collection des lois*, t. 30, p. 141.

45. — Un autre amendement tendant à appliquer la loi aux militaires en retraite ou en réforme a été rejeté par le motif qu'étant de simples citoyens ils n'avaient pas de serment à prêter. — Décidé de même à l'égard de tous les individus salariés par l'Etat. — Car, par là, on aurait atteint les ecclésiastiques. — Duvergier, *Collect. des lois*, t. 30, p. 140.

46. — Depuis la Charte du 9 août 1830 et jusqu'au moment où la loi du 31 août 1830 a été exécutoire, les juges ont pu rendre valablement des jugemens sans avoir prêté un nouveau serment. — *Cass.*, 26 janv. 1833, Goyer c. Thuillier.

47. — A l'égard des avoués et des notaires, bien que l'ordonnance royale rendue pour l'exécution de la loi du 31 août 1830, n'en parle pas, une circulaire ministérielle, du 8 janv. 1831, les a déclarés soumis au serment. Toutefois, bien que considérés comme démissionnaires en cas de refus, faculté leur a été laissée de présenter un successeur.

48. — Jugé, en ce sens, que les avoués ont dû, quant au serment, être assimilés aux fonctionnaires publics. Ils ont donc été tenus de prêter le serment politique exigé par la loi du 31 août 1830. — *Cass.*, 16 févr. 1833, Boissier; *Agen*, 23 mai 1836 (t. 2 1847, p. 423), Encausse c. Cenac. — *Contrà*, *Cass.*, 23 sept. 1830, Voise.

49. — Les membres des conseils de discipline de la garde nationale n'ont pas été contraints, en cette qualité, à prêter le serment prescrit par la loi du 31 août 1830. — *Cass.*, 22 oct. 1831, Delahaye de Prémorvan.

50. — Jugé qu'un receveur principal des contributions indirectes qui n'a pas prêté le serment exigé par la loi du 31 août 1830 n'a pas qualité pour décerner une contrainte. — A plus forte raison, il n'a pu la faire décerner, par délégation, par un individu étranger à l'administration et qui n'a prêté aucun serment. — *Cass.*, 29 avr. 1835, Contrib. indir. c. Erb et Frick.

51. — Jugé que lorsqu'un jugement constate qu'un juge de paix, en agréant un individu pour son commis greffier, lui a fait prêter le serment voulu par la loi, cela suffit pour que le concours de ce commis greffier à un acte rentrant dans les attributions du juge de paix, ne puisse pas être annulé, sous le prétexte que le serment n'aurait pas été prêté dans les termes sacramentels prescrits par la loi du 31 août 1830. — *Cass.*, 21 mars 1843 (t. 2 1843, p. 247), Burard c. Commune de Champeaux.

52. — Sous l'empire de la loi du 31 août 1830, on jugeait que cette loi, qui prescrivait seulement un serment politique, n'avait point abrogé les dispositions législatives qui imposaient aux fonctionnaires publics des sermens spéciaux à raison de leurs fonctions.—*Cass.*, 10 juin 1843 (t. 2 1843, p. 380), Delahaye.

53. — ... Qu'ainsi, elle n'avait point abrogé la loi du 29 août 1790, qui soumet à un serment particulier les employés de la poste aux lettres. — *Cass.*, 23 août 1831, Rogeard ; 7 juill. 1836, Chaboisseau.

54. — Ainsi, un receveur de l'enregistrement et conservateur des hypothèques a dû prêter, outre le serment politique prescrit par la loi du 31 août 1830, le serment spécial imposé par l'art. 6 de la loi du 1er juin 1791.—*Cass.*, 14 déc. 1836 (t. 1er 1837, p. 572), Rosaguti.

55. — Ainsi encore les commissaires-priseurs, outre le serment politique prescrit par la loi du 31 août 1830, ont dû prêter le serment spécial exigé par le décret du 14 juin 1813, art. 7, qui a conservé force de loi. — *Cass.*, 17 janv. 1838 (t. 1er 1838, p. 162), le Procureur général à la Cour de cassation.

56. — Jugé, par suite, qu'on devait réputer nul le procès-verbal dressé par un garde champêtre qui n'avait pas prêté ce dernier serment, et que ce procès-verbal ne pouvait faire foi en justice.— *Cass.*, 10 juin 1843 (t. 2 1843, p. 380), Delahaye.

57. — Jugé que les tribunaux ne peuvent admettre au serment les fonctionnaires de l'ordre judiciaire sans la réquisition et, par conséquent, malgré l'opposition du ministère public.—*Cass.*, 22 mars 1843 (t. 2 1843, p. 215), Tallonneau.

58. — La loi du 31 août 1830 a été abrogée par le décret du Gouvernement provisoire du 2 mars 1848, qui a disposé que, dorénavant, « les fonctionnaires de l'ordre administratif et judiciaire ne prêteraient pas de serment. »

59. — Mais la loi du 14 août 1849, sur l'institution nouvelle des tribunaux, a rétabli pour les magistrats une formule de serment professionnel. Ce serment est ainsi conçu : *En présence de Dieu et devant les hommes, je jure et promets, en mon âme et conscience, de bien et fidèlement remplir mes fonctions, de garder religieusement le secret des délibérations et de me conduire en tout comme un digne et loyal magistrat.*

60.—Il est évident que ce serment devrait être imposé aux avocats ou avoués qui viendraient remplacer temporairement des magistrats empêchés. — V. *supra* n° 42.

61. — Au surplus, le décret du Gouvernement provisoire du 2 mars 1848 n'a eu nullement pour résultat de porter atteinte à l'obligation du serment professionnel pour tous ceux auxquels la loi l'impose. Il n'a eu en vue, comme l'indiquent ses motifs, que le serment politique.

62. — L'ordonnance du 29 oct. 1820, portant règlement sur la gendarmerie, avait déterminé (art. 32) une formule de serment que tout militaire de cette arme était tenu de prononcer à son installation.

63. — Depuis la loi du 31 août 1830, différens systèmes ayant été présentés, une ordonnance du 26 oct. 1835 régla la formule du serment à prêter par les militaires du corps de la gendarmerie. Enfin cette formule a été modifiée par la loi du 21 juin 1836. Le serment doit être prêté devant le tribunal de première instance dans le ressort duquel les militaires sont ou seront employés.

64. — La prestation de serment n'a lieu qu'une fois, par chaque militaire, pendant la même période d'activité. — L. 21 juin 1836.

65. — Lorsqu'il y a promotion à un grade plus avancé, c'est-à-dire lorsque le simple gendarme devient sous-officier, ou que le sous-officier reçoit le brevet d'officier, il y a lieu à prêter un nouveau serment; car il s'ouvre alors une nouvelle période d'activité. — Rapport à la Chambre des députés, *Moniteur*, 1er juin 1836. — Duvergier, *Collect. des lois*, t. 36, p. 204. — V. GENDARME, GENDARMERIE, n° 49 et suiv.

66. — Une ordonnance du 31 août 1830, rendue pour l'exécution de la loi du même jour, a déterminé devant quelles autorités devait être prêté le nouveau serment politique exigé.

67. — Jugé que le garde forestier qui, conformément à la loi du 15 sept. 1794, et l'art. 5 C. for., avait prêté serment devant le tribunal de première instance, n'était pas astreint par la loi du 31 août 1830 à en prêter un nouveau devant ce tribunal. Il suffisait qu'il eût prêté ce nouveau serment devant le maire de sa commune. — *Nancy*, 28 mai 1833, Martin.

68. — Lorsque la Cour de cassation a annulé, en vertu de l'art. 80 L. 27 vent. an VIII, l'acte par lequel un tribunal avait refusé de recevoir le serment d'un fonctionnaire, ce tribunal doit se conformer purement et simplement à cette décision, et recevoir le serment du fonctionnaire. — En pareil cas, le tribunal ne peut se déclarer incompétent, sous prétexte que la juridiction est épuisée et qu'il ne saurait être ressaisi de la même question : la prestation du serment d'un fonctionnaire n'est pas un acte de juridiction contentieuse qui puisse donner lieu à renvoi d'un tribunal à un autre. — *Cass.*, 5 déc. 1831, Tribunal de Mortagne.

V. SERMENT POLITIQUE, — V. aussi AGRÉÉ, AVOCAT, AVOCAT A LA COUR DE CASSATION, AVOUÉ, COMMISSAIRE-PRISEUR, CLERGÉ, CONSERVATEUR DES HYPOTHÈQUES, CONTRIBUTIONS INDIRECTES, DOUANES, GARDE CHAMPÊTRE, GENDARME, GENDARMERIE, GREFFIER, GREFFIER DE JUSTICE DE PAIX, HOSPICES, HUISSIER, JUGE, NOTAIRE, POSTE AUX LETTRES.

SERMENT JUDICIAIRE ET EXTRAJUDICIAIRE.

Table alphabétique.

SERMENT JUDICIAIRE. — **1.** — Le serment est judiciaire ou extrajudiciaire suivant qu'il est prêté en jugement ou hors jugement.

Sect. 1re. — *Du serment judiciaire.*

2. — Le serment judiciaire est : 1° ou déféré par une partie à l'autre, pour en faire dépendre le jugement de la cause; il s'appelle *décisoire*; 2° ou *déféré d'office* par le juge à l'une ou à l'autre des parties.

3. — Il y a deux espèces de sermens déférés d'office : 1° celui qui est déféré pour suppléer à l'insuffisance des preuves, il prend le nom de serment *supplétif* ou *supplétoire*; 2° celui que le juge défère sur la valeur des choses qui sont l'objet du procès, on l'appelle serment *in litem*.

ART. 1er. — *Du serment décisoire.*

§ 1er. — *Caractères du serment décisoire. — Sur quoi et en quels cas il peut être déféré.*

4. — Le serment décisoire est celui qu'une partie défère à l'autre pour en faire dépendre le jugement de la cause. — C. civ., art. 1357.

5. — Il résulte de cette définition même que le serment judiciaire décisoire a, comme l'extrajudiciaire, le véritable caractère d'une transaction. — L. 2, ff., *De jurejurando.* — Toullier, t. 10, n° 365; Rolland de Villargues, *Rép.*, v° *Serment judiciaire*, n° 4.

6. — Dans le droit romain, celui qui déférait le serment était tenu, si son adversaire l'exigeait, de prêter d'abord lui-même le serment *de calumniâ*; c'est-à-dire qu'il ne déférait point le serment à la partie pour la vexer. Le serment *de calumniâ* pouvait être référé. — V. C., tit. *De jurejurando propt. calumn. dando*, lib. 2, tit. 59. — Ce serment n'a point été admis dans notre droit. — Godefroy, sur la L. 34, § 4, ff., *De jurejur.*; Duranton, t. 13, n° 572.

7. — Un serment n'a le caractère de serment décisoire qu'autant qu'il porte sur des faits décisifs et tels que la prestation ou le refus de ce serment entraîne nécessairement le jugement de la cause. — Il ne pourrait être admis s'il ne produisait pas cet effet. — *Bordeaux*, 14 avril 1840 (t. 2 1840, p. 159), Ichery c. Dumas de Lafougère; *Cass.*, 6 févr. 1843 (t. 2 1843, p. 674), Jouffrault; 29 nov. 1846 (t. 2 1848, p. 466), Sudreau.

8. — De même, il n'y a pas lieu de déférer le serment décisoire au cas où il ne termine pas définitivement la contestation, en telle sorte qu'en supposant le serment prêté, il resterait encore à statuer sur une partie du litige. — *Agen*, 17 févr. 1830, Lafiteau c. Pagès.

9. — Ainsi, lorsque, pour empêcher la saisie des biens dépendans de la succession de son mari, la veuve excipe du droit de rétention qu'en vertu de son contrat de mariage elle aurait sur lesdits biens, le créancier saisissant serait fondé à lui déférer le serment sur le fait de savoir si, par un traité quelconque fait avec son mari par suite d'une séparation, elle n'a pas été complétement *payée de tous ses droits*. Mais le serment sur le fait seulement de savoir si, après la séparation, il n'est pas intervenu un traité portant règlement des droits de la femme, ne serait pas admissible, parce que l'aveu que ce traité aurait eu lieu ne prouverait pas que la femme a été payée, et que par conséquent le droit de rétention a cessé. — *Bordeaux*, 14 avr 1840 (t. 2 1840, p. 159), Ichery c. Dumas de Lafougère.

10. — Jugé aussi que c'est à bon droit qu'un tribunal rejette, en le déclarant non pertinent, un serment déféré comme litisdécisoire, lorsque le fait sur lequel le serment est déféré est tel, que le refus, par la partie adverse, de prêter ce serment, n'aurait pas décidé la question du procès. — *Cass.*, 24 nov. 1846 (t. 2 1846, p. 669), Tabouillot c. Cabre.

11. — Les juges peuvent donc refuser de déférer le serment, s'ils pensent que la prestation n'aurait aucun effet sur la décision à intervenir. — *Rennes*, 13 août 1812, le Mentheour c. l'Ollivier; *Bourges*, 15 juill. 1814, Flandin c. Charleuf.

12. — Jugé également que les tribunaux ne sont pas obligés d'ordonner le serment décisoire que l'une des parties défère à l'autre. Ils ont la faculté de l'admettre ou de le rejeter selon les circonstances. — *Cass.*, 23 avril 1829, Couvé c. Godard; *Bordeaux*, 19 janv. 1830, Poirier; 23 janv. 1834, Duranthon c. Pomet; *Limoges*, 10 mai 1845 (t. 1er 1846, p. 551), Javerdat-Fombelle c. Méraud.

13. — ... Que la délation du serment décisoire peut être refusée par les juges, lorsque les faits ne leur paraissent pas concluans ou devoir entraîner nécessairement le jugement de la cause, alors surtout que le serment est déféré à des héritiers sur le point de savoir s'il est à leur connaissance personnelle que la dette réclamée contre eux était due par leur auteur. — *Cass.*, 6 mai 1834, Franceschetti c. Murat.

14. — Un arrêt qui juge, par des considérations de fait, qu'un serment n'est pas décisoire, échappe à la censure de la Cour de cassation. — *Cass.*, 27 avril 1831, Durousseau c. Compain.

15. — Mais il en serait autrement si un tribunal, tout en reconnaissant qu'un serment est décisoire et devrait nécessairement terminer le procès, refusait de l'ordonner dans une affaire qui le comporterait.

16. — Ainsi, lorsque le serment décisoire est déféré par l'une des parties sur le fait d'intérêts illégalement perçus, un tribunal ne peut arbitrairement dispenser le créancier du serment. — *Bordeaux*, 10 mai 1833, Delaunay c. Massongue.

17. — Jugé aussi que si le serment déféré d'office est toujours facultatif pour les juges, il n'en est pas de même du serment décisoire; et que les juges ne peuvent le rejeter, alors que les faits sur lesquels il est provoqué sont personnels à la partie qui le demande, et pertinens dans leur ensemble. — *Caen*, 15 févr. 1838 (t. 1er 1843, p. 305), de Claville c. Monaco.

18. — Jugé encore que les tribunaux ne peuvent se dispenser d'ordonner le serment décisoire déféré par le demandeur, encore bien que les allégations du défendeur qui s'y oppose, leur paraissent vraisemblables. — *Caen*, 4 janv. 1840 (t. 1er 1843, p. 305), Charuel c. Hélie.

19. — ... Et que lorsqu'un individu, détenteur de biens dont on lui demande le partage, soutient que celui qui l'actionne est sans qualité pour le faire, et, par suite, lui défère le serment sur la question de savoir s'il a cédé ou non ses droits sur ces biens à un tiers, ce serment renferme tous les caractères du serment décisoire, et la délation n'en peut être repoussée par les tribunaux. — *Bourges*, 22 févr. 1842 (t. 1er 1843, p. 306), Arvey c. Godard.

20. — Bien que les juges ne puissent refuser la délation du serment litisdécisoire, lorsqu'elle est requise sur un fait d'où dépend la décision du procès, il faut toutefois que la partie à qui ce serment est déféré ne soit pas dans l'impossibilité de l'accepter ou de le refuser. Ainsi, les juges peuvent refuser de déférer le serment à une personne présumée absente, représentée dans l'instance par un procureur fondé, encore que l'absence n'ait donné lieu à aucun acte de procédure. — *Douai*, 8 nov. 1831, Gautier c. Heyte.

21. — Le juge de paix, malgré la demande formée par une des parties, à l'effet de faire comparaître la partie adverse et de lui déférer le serment litisdécisoire, peut surseoir à ordonner cette comparution. — *Cass.*, 19 mai 1832, Gomiecourt c. Bauquet.

22. — Le serment déféré par des conclusions subsidiaires n'est pas décisoire. — *Montpellier*, 25 juin 1819, Danjou; *Colmar*, 5 févr. 1834, Zellios c. Breffa; *Bourges*, 26 mai 1835, Hogues de Châteauroux c. Penegault; *Paris*, 18 janv. 1837 (t. 1er 1837, p. 248), Lemaire c. Fournier; 29 janvier 1841 (t. 1er 1841, p. 294), Lauray c. Marliani; *Bordeaux*, 8 avril 1842 (t. 2 1842, p. 95), Tronche c. Massoubre; *Paris*, 20 janv. 1844 (t. 1er 1844, p. 181), Mocquot c. Defert.

23. — Un pareil serment ne doit être considéré que comme supplétoire (V. ci-après, n° 176). En conséquence, il peut être rejeté par le juge. — *Bordeaux*, 8 avril 1842 (t. 2 1842, p. 95); *Paris*, 20 janv. 1844 (t. 1er 1844, p. 181), Mocquot c. Defert. — V. aussi *infrà*, nos 171 et suiv.

24. — Jugé, cependant, que le serment, bien que proposé dans des conclusions subsidiaires, n'en est pas moins un serment décisoire, lorsque le jugement de la cause en dépend; par conséquent, il peut être déféré, quoiqu'il n'existe aucune preuve littérale de la demande. — *Pau*, 3 déc. 1829, Marc c. Penne et Noyers.

25. — Une partie qui, subsidiairement à un moyen principal et sans s'en départir, a déféré une affirmation à son adversaire, est recevable à interjeter appel du jugement qui, rejetant ses conclusions principales, a admis le serment. — *Colmar*, 5 févr. 1834, Zillios c. Breffa.

26. — Les juges peuvent rejeter la demande qui a pour objet de déférer le serment décisoire, si la partie qui veut le déférer se réserve de prendre des conclusions postérieures. — *Bourges*, 15 juill. 1814, Flandin c. Charleuf.

27. — Jugé que le serment déféré en première instance par des conclusions subsidiaires prend en appel le caractère de décisoire lorsque la partie, rectifiant ses conclusions originaires, se borne à requérir ledit serment purement et simplement, et à faire ainsi dépendre la décision de sa prestation. — *Paris*, 27 août 1847 (t. 2 1847, p. 539), Margueré c. Pinson de Valpinson.

28. — Lorsque, sur une demande en paiement de salaires formée par un mandataire contre son mandant, celui-ci forme une demande reconventionnelle en dommages-intérêts, à raison des fautes ou abus qui auraient été commis par le mandataire dans sa gestion, et lui défère le serment sur les faits qu'il lui impute, les juges peuvent refuser d'ordonner le serment déféré. — *Cass.*, 15 févr. 1832, Bonneau-Létang c. Gautheron.

29. — Ne doit pas être considéré comme décisoire le serment déféré à un cessionnaire sur la question de savoir s'il est réellement cessionnaire ou seulement prête-nom. — *Bordeaux*, 30 juill. 1829, Durousseau c. Compain (V. sous *Cass.*, 27 avril 1831), Durousseau c. Compain.

30. — Le serment décisoire peut être déféré sur quelque espèce de contestation que ce soit. — *Cass.*, 20 juin 1827, Boubée c. Laffitte.

31. — Ainsi, il peut l'être sur le possessoire comme sur le pétitoire, dans les actions réelles comme dans les actions personnelles, sur les exceptions comme sur les demandes. — Toullier, t. 10, n° 379; Duranton, t. 13, n° 573.

32. — Le serment décisoire peut être déféré sur une partie seulement du procès, comme sur l'ensemble : *sive de totâ re, sive de parte tantùm.* — L. 7, ff., *De jurejur.*

33. — Ainsi il peut être déféré non-seulement pour en faire dépendre la décision de la cause au fond, mais aussi sur tous incidens qui peuvent s'élever entre parties dans le cours de l'instance et spécialement en matière de compte. — *Bruxelles*, 22 avril 1830, Stuyck et Claes c. Dirk-Stinzen.

34. — Le serment n'étant qu'une espèce de preuve des conventions, il ne saurait être admis dans tous les cas où la preuve d'une convention est rejetée par la loi; ainsi on ne pourrait le déférer à celui qui invoque la prescription, à moins que la loi ne contienne une réserve expresse: par exemple dans les cas des art. 2275 du Code civil et 189 du Code de commerce. — Duranton, t. 13, n° 577.

35. — Le serment ne peut être déféré sur la demande en paiement des dettes de jeu pour lesquelles la loi n'accorde point d'action, puisque alors même que la dette serait avouée le paiement n'en serait pas exigible. — Duranton, t. 13, n° 574.

36. — Le serment ne peut être déféré sur une convention qui pour être obligatoire devait être constatée par un acte passé suivant les formalités requises, par exemple sur une donation, une constitution d'hypothèque, etc. — Duranton, t. 13, n° 575; Rolland de Villargues, *Rép.*, v° *Serment judiciaire*, n° 19.

37. — Il suffit qu'une transaction n'ait pas été rédigée par écrit pour qu'une partie ne soit pas recevable à déférer le serment décisoire, à l'effet d'en établir l'existence contre l'autre partie. — *Montpellier*, 5 déc. 1825 (V. sous *Cass.*, 7 juill. 1829), Brail. — V. TRANSACTION.

38. — On ne peut déférer le serment à celui qui invoque une exception péremptoire ou destructive de l'action elle-même, telle que la chose jugée; car il n'y a plus de contestation. — Delvincourt, *Cours de Code civ.*, t. 2, p. 629; Duranton, t. 13, n° 576.

39. — Ainsi on ne peut déférer le serment décisoire sur la sincérité d'une créance, à celui qui l'établit par un jugement de condamnation passé en force de chose jugée. — *Turin*, 15 juill. 1806, Moscone c. Belletrutti.

40. — Ainsi encore, il ne peut être déféré sur la réalité d'une créance consacrée par un jugement arbitral en dernier ressort. — *Turin*, 5 avril 1809, Perrucca c. Ballada.

41. — Lorsqu'un jugement a décidé qu'il n'y avait pas eu réconciliation entre deux époux plaidant en séparation de corps, l'époux défendeur ne peut encore être admis à déférer le serment litisdécisoire sur le fait de cette réconciliation. — *Cass.*, 22 août 1822, Mereaux. — V. SÉPARATION DE CORPS.

42. — Lorsque le partage de certains biens a été ordonné par un arrêt passé en force de chose jugée, une des parties n'est pas recevable à déférer à l'autre le serment décisoire à l'effet d'établir que celle-ci avait abandonné sa part avant la demande en partage. — *Cass.*, 7 juill. 1829, Brail.

43. — Le serment décisoire contenant une véritable transaction, il est nécessaire, pour qu'il puisse être déféré, qu'il s'agisse d'une contestation sur laquelle on puisse transiger (C. civ., art. 2045), et cela quand bien même on n'aurait pas la faculté de compromettre sur le même objet. — Toullier, t. 10, n° 377; Rolland de Villargues, *Rép.*, v° *Serment judiciaire*, n° 17.

44. — On peut transiger et par conséquent déférer le serment décisoire sur une question d'état. — Toullier, t. 10, nos 377 et 378, note.

45. — Toutefois, un enfant naturel ne pourrait déférer à celle qu'il réclamerait pour sa mère le serment sur le point de savoir si elle n'a pas mis un enfant au monde; ce serait lui déférer le serment sur son propre déshonneur, ce qui n'est pas permis dans nos mœurs. — Toullier, *loc. cit.*

46. — On peut déférer le serment décisoire sur la question de savoir si celui à qui on le défère est ou n'est pas marié. — *Bruxelles*, 20 janv. 1807, Dubois c. de Grégoire.

47. — Les séparations de corps et de biens ne pouvant avoir lieu volontairement et, par conséquent, être l'objet d'une transaction, il s'ensuit qu'on ne peut déférer le serment décisoire sur les faits à l'aide desquels on prétend les faire prononcer. — Toullier, t. 10, nº 378; Merlin, *Rép.*, vº *Serment*, nº 6; Duranton, t. 13, nºs 474 et 578; Solon, nº 164. — V. SÉPARATION DE BIENS, SÉPARATION DE CORPS.

48. — Ainsi, quelque généraux que soient les termes des articles du Code civil relatifs au serment décisoire, ils ne peuvent cependant s'étendre jusqu'aux faits qui motivent une demande en séparation de corps. — *Grenoble*, 19 juill. 1838 (t. 1er 1839, p. 368), R....

49. — Le serment peut-il être déféré contre et outre le contenu en un acte authentique? Pour le second cas, l'affirmative n'est pas douteuse (Toullier, t. 10, nº 380); car la loi permet la preuve, tout en la subordonnant à certaines conditions. — Quant au premier cas, on fait une distinction.

50. — Delvincourt (t. 2, p. 629, note) et M. Duranton (t. 13, nº 579) sont d'avis que le serment peut être déféré sur les faits qui se sont passés hors de la présence du notaire, tels que de simples déclarations ou reconnaissances de dettes. Mais que le serment ne peut être déféré sur les faits mêmes certifiés par le notaire comme s'étant passés sous ses yeux, tels que la numération des espèces. Car alors le serment n'a point d'objet, puisque le fait est prouvé; on ne peut que s'inscrire en faux.

51. — D'autres, au contraire, pensent que les termes généraux de l'art. 1360 C. civ. ne souffrent aucune exception ni distinction à l'égard des actes authentiques, et que si l'acte authentique fait pleine foi la loi ne dit pas qu'on ne puisse proposer d'exception contre la foi due à cet acte. — Ainsi, par exemple, la numération des espèces, bien que faite réellement devant le notaire, peut n'avoir été que feinte. — Toullier, t. 10, nº 380; Poullain-Duparc, *Principes de droit*, t. 9, p. 437; Rolland de Villargues, *Rép.*, vº *Serment judiciaire*, nº 20.

52. — Il nous semble que la première de ces opinions est préférable. Permettre de déférer le serment sur les faits même que le notaire certifie comme passés sous ses yeux, ce serait détruire la foi due à son caractère. Ce serait permettre de prouver contre ce que la loi répute être la vérité même, ainsi que tout jugement. L'inscription de faux est alors seule admissible. Il faut remarquer, du reste, qu'il est bien des cas où le serment pourra être déféré même au sujet de faits passés en présence du notaire. — Tel serait le cas de la numération des espèces. Le serment portera alors non sur le fait de la numération devant le notaire; mais sur la question de savoir si cette numération n'était pas feinte, si elle n'a pas été suivie de restitution, etc.

53. — Jugé d'une manière générale, et dans le sens de la seconde opinion, que le serment décisoire peut être déféré contre le contenu en un acte authentique. — *Bruxelles*, 20 avr. 1826, V... c. Loots.

54. — ...Que le serment décisoire peut être déféré contre et outre le contenu en un acte authentique. — *Turin*, 10 niv. an XIV, Guilliers-Vernaut c. Oggero; *Colmar*, 18 avr. 1806, Fleeth c. Demoio; *Turin*, 8 avr. 1807, Moglia c. Trana; 2 mai 1807, Ferroglio c. Cambiano.

55. — Toutefois, l'admission du serment contre la teneur d'un acte authentique n'est pas un obstacle à l'exécution provisoire de cet acte. — *Turin*, 10 niv. an XIV, Guilliers-Vernaut c. Oggero; 20 fév. 1808, Turpini c. Villafaleti.

56. — Jugé, au contraire, que le serment, alors surtout qu'il n'est pas décisoire, ne peut être déféré contre et outre le contenu en un acte authentique. — *Montpellier*, 25 juin 1819, Danjou.

57. — Jugé, dans le sens de la première opinion, que le débiteur peut déférer au créancier le serment sur le fait de savoir si une somme énoncée payée hors de la vue du notaire a été réellement versée; et si celle qui est dite avoir été versée en présence de ce notaire n'a pas été rendue postérieurement au créancier; mais que le serment ne pourrait être déféré au créancier sur la question de savoir si le notaire n'a pas faussement attesté le versement mentionné au contrat comme fait en sa présence. — *Caen*, 9 janv. 1815, Blouet c. Labbé.

58. — Nul doute que le serment ne puisse être déféré sur le sens ou l'intention des parties dans une clause équivoque ou obscure d'un acte authentique et sur la simulation de cet acte. — Toullier, t. 10, nº 380.

59. — Ainsi jugé que le serment décisoire peut être déféré contre un acte qu'on a qualifié de transaction sur procès. — *Turin*, 20 févr. 1808, Turpini c. Villafaleti.

60. — Le serment peut être déféré au créancier sur le point de savoir si l'obligation contient des intérêts usuraires. — *Bruxelles*, 1er févr. 1809, Dubois c. Goémine. — V. *suprà*, nº 46.

61. — Le serment décisoire peut être déféré au défendeur auquel on impute des faits de dol. — *Turin*, 13 avril 1808, Formica c. Buscaglione.

62. — Le serment peut être déféré à celui qui nie avoir entre ses mains des titres confiés autrefois à son auteur, sans qu'il puisse refuser de le prêter sous prétexte qu'il repose sur des faits honteux. — *Pau*, 3 déc. 1829, Marc c. Penne et Noyers. — *Contrà*, Faber, lib. 4, tit. 4; Rebuffe, tit. 3, *De respons. per cred.*, art. 51, gl. 1re, nº 4; Bornier, sur ord. de 1667, tit. 10, art. 1er; Voet, sur *Pand.*, tit. *De interrogat. in jure faciend.*

63. — La femme qui se plaint que, lors de son mariage, elle a été trompée par son beau-père et sa belle-mère sur la fortune de son mari, peut leur déférer le serment décisoire sur ce point. — *Colmar*, 9 juill. 1814, Panizer.

64. — Le serment décisoire peut être déféré contre et outre le contenu d'une lettre de change, surtout dans un procès entre deux endosseurs d'une même lettre. — *Turin*, 30 frim. an XIV, Dutto c. Hugon.

65. — Autrefois, on pensait qu'un porteur d'endossement n'était pas tenu d'affirmer par serment la sincérité de l'ordre passé à son profit. Aujourd'hui le serment ne peut être refusé, car aucune disposition du C. comm. ne déroge à la disposition des art. 1358 et 1360 du C. civ. — Merlin, *Rép.*, vº *Endossement*; Toullier, t. 10, nº 380.

66. — Ainsi, l'endosseur d'un billet à ordre ne peut refuser de prêter le serment décisoire, que lui défère le souscripteur, sur le point de savoir si les valeurs énoncées au billet ont été réellement fournies. — *Bruxelles*, 9 nov. 1809, Dumont c. Leva.

67. — Cependant, lorsque les juges n'ont aucun doute sur la bonne foi du porteur d'une lettre de change, saisi en vertu d'un endossement régulier, ils peuvent rejeter la demande à fin d'interrogatoire et même de prestation de serment formée contre ce porteur par le débiteur de la traite. — *Cass.*, 2 févr. 1819, Pillart c. Jobert-Ternaux.

68. — En matière commerciale, le serment peut être déféré, et la preuve testimoniale admise, quoiqu'il s'agisse d'une somme excédant 150 fr. — *Cass.*, 1er juill. 1824, Salhmaan c. Jobard.

69. — Dans le cas où un bail verbal n'a point encore reçu d'exécution, le serment peut être déféré à celui qui nie le bail. — C. civ., art. 1716. — Si le bail a reçu un commencement d'exécution et qu'il y ait contestation sur le prix, le propriétaire en est cru sur son serment lorsqu'il n'existe point de quittance. — C. civ., art. 1717. — V. BAIL.

70. — Lorsqu'il y a contestation sur le prix d'un bail verbal, et qu'il existe des quittances avouées par le fermier, mais qu'il refuse de produire, le propriétaire en est cru sur sa simple déclaration sans qu'il soit nécessaire de le soumettre au serment ou d'ordonner l'expertise dont parle l'art. 1716 du C. civ. — *Cass.*, 4 déc. 1823, Fourmont c. Langlois.

71. — Le serment décisoire ne peut être déféré que sur un fait personnel à la partie à laquelle on le défère. — C. civ., art. 1359. — En effet, s'il est vrai que je ne puis ignorer mon propre fait, je ne suis pas obligé de savoir ce qui est du fait d'un autre, à qui même j'aurais succédé. — Pothier, *Oblig.*, nº 819; Rolland de Villargues, *Rép.*, vº *Serment judiciaire*, nº 22. — Cependant, comme la partie peut aussi ne pas l'ignorer, on peut lui déférer le serment sur le point de savoir si elle en a ou non connaissance. — V., par exemple, C. civ., art. 2275, et C. comm., art. 189. — Toullier, t. 10, nº 372; Duranton, t. 13, nº 580; Rolland de Villargues, *Rép.*, vº *Serment judiciaire*, nº 24.

72. — On ne peut réputer décisoire le serment déféré au saisissant par le débiteur saisi immobilièrement sur le point de savoir non pas si ce débiteur s'est libéré personnellement, mais si le saisissant n'a pas été payé par un tiers. — *Bourges*, 11 févr. 1845 (t. 1er 1846, p. 325), Dezenne c. Legendre.

73. — Le serment décisoire ne peut être déféré à la veuve du prétendu débiteur, si elle n'était pas commune en biens, et n'est pas héritière, bien qu'elle fût tutrice des enfans. — *Cass.*, 6 mai 1834, Franceschetti c. Murat.

74. — On ne peut déférer à des héritiers le serment décisoire sur la question de savoir *s'ils croient* que leur auteur ait perçu des intérêts illégaux au préjudice du demandeur. Des héritiers ne peuvent être interpellés que sur le seul point de savoir s'ils ont ou s'ils n'ont pas connaissance du fait imputé à leur auteur. — *Colmar*, 31 déc. 1841 (t. 1er 1842, p. 538), Wolff c. Schneider.

75. — Jugé qu'un serment n'est pas décisoire lorsqu'il est déféré à un héritier sur un fait personnel à son auteur, et qu'il a pour objet non d'en faire dépendre le jugement de la cause mais de procurer un document à l'effet de poursuivre le procès. — *Cass.*, 29 nov. 1846 (t. 2 1848, p. 466), Sureau.

76. — L'arrêt qui défère à une partie le serment litisdécisoire sur le point de savoir *si un testateur a eu telle ou telle intention* ne doit point être cassé en ce qu'il demande l'affirmation d'un fait qui n'est point personnel à la partie, lorsqu'on reconnaît que, par cette rédaction très-mauvaise de la formule du serment, les juges ont voulu seulement obliger la partie d'affirmer *si elle avait une connaissance personnelle* de telle ou telle intention du testateur. — *Cass.*, 20 avr. 1831, Becq.

77. — Lorsqu'un cautionnement sous seing privé, non écrit de la main de la caution, est annulé pour défaut de *bon* ou *approuvé*, en toutes lettres, du montant de l'obligation, on ne peut déférer à la caution le serment sur le point de savoir si, au moment de sa signature, elle avait connaissance de la quotité de la somme; en pareil cas, le refus de prêter le serment déféré ne saurait faire condamner la caution au paiement de l'obligation. — *Dijon*, 28 avr. 1826, Bigeard c. Perrin; sous *Cass.*, 29 déc. 1830, mêmes parties.

78. — Le serment ne peut être référé quand le fait qui en est l'objet n'est point celui des deux parties, mais est purement personnel à celui auquel le serment avait été déféré. — C. civ., art. 1362.

79. — Celui à qui le serment ne pourrait pas être référé, sur ce que le fait ne lui est pas personnel et qu'il n'en a pas connaissance, peut néanmoins le déférer à son adversaire, si c'est le propre fait de ce dernier. — Pothier, *Oblig.*, nº 821; Toullier, t. 10, nº 379; Duranton, t. 13, nº 586; Rolland de Villargues, *Rép.*, vº *Serment judiciaire*, nº 25.

80. — Le serment décisoire peut être déféré toutes les fois qu'une partie ne croit pas avoir une preuve suffisante du fait qui sert de fondement à sa demande ou à son exception. — Toullier, t. 10, nº 379.

81. — Le serment décisoire peut être déféré par le débiteur poursuivi en paiement et qui prétend s'être libéré, lors même qu'il ne spécifierait pas le fait ou le mode du paiement. — *Paris*, 30 déc. 1809, Balleroy.

82. — Le serment peut être déféré lors même qu'il n'existe aucun commencement de preuve par écrit. Il peut l'être en tout état de cause (C. civ., art. 1360) et même en appel, car c'est seulement un moyen nouveau. — Toullier, t. 10, nº 382; Carré, *Lois de la procéd.*, quest. 2382; Domat, *Suppl. au droit public*, liv. 4, tit. 8, nº 6. — A moins qu'il ne résulte des circonstances que la partie y a renoncé. — Duranton, t. 13, nº 589.

83. — Jugé, en ce sens, que le serment décisoire peut être déféré en tout état de cause. — *Cass.*, 20 juin 1827, Boubée c. Laffitte.

84. — Cependant si l'affaire avait été mise en délibéré, le serment ne pourrait plus être déféré après le rapport. — C. procéd., art. 111. — Il ne pourrait l'être non plus après les conclusions du ministère public, car alors il n'y a plus lieu à de nouveaux débats. — Duranton, t. 13, nº 590.

85. — Jugé en ce sens que le serment décisoire ne peut plus être déféré par la partie qui a plaidé tous ses moyens et après les conclusions du ministère public. — *Bourges*, 27 janv. 1845 (t. 2 1846, p. 668), de Gargilesse c. Maquet.

86. — De même, les juges ne sont pas obligés d'ordonner le serment qui a été déféré par l'une des parties à l'autre, s'ils ont fait comparaître les parties en personne, et qu'ils soient en état de décider sur les élémens que leur fournit cette comparution. — *Paris*, 22 août 1825, Vadelorge c. Hémart.

87. — Jugé également que lorsque les plaidoiries sont terminées et la cause remise à une autre audience, pour prononcer l'arrêt, une partie est non recevable à déférer le serment décisoire à

son adversaire. — *Cass.*, 22 déc. 1829, Baratte c. Dorr; *Colmar*, 2 mai 1842 (t. 2 1842, p. 80), X... c. Reinhard.

88. — Lorsqu'un jugement permet à une partie la preuve de certains faits, elle peut, en renonçant au bénéfice de l'interlocutoire, déférer à son adversaire le serment décisoire sur les faits en question. — *Metz*, 28 août 1842, Unguescheidt c. N...

89. — Le serment décisoire peut être déféré en appel, encore bien qu'il ne l'ait pas été en première instance. — *Riom*, 7 déc. 1818, Bouchet c. Verniol.

90. — On peut déférer, pour la première fois sur l'appel, le serment décisoire au défendeur, dont on a seulement requis l'interrogatoire en première instance, s'il s'agit de faits qui lui sont personnels. — *Paris*, 1er mai 1840, Manna c. Foglieco.

91. — Après que des créances ont été contestées dans un ordre, on ne peut déférer aux créanciers le serment décisoire. — *Bourges*, 26 août 1814, Béatrix c. Rollin.

92. — Le serment déféré sur un fait est irrecevable lorsque la partie à qui on le défère avoue ce fait; bien que cet aveu s'applique également à d'autres faits contestés, si, d'ailleurs, la délation du serment ne porte point sur ces faits. — *Cass.*, 5 déc. 1842 (t. 1er 1843, p. 422), Dureau c. Reydellet.

§ 2. — *Qui peut le déférer ou l'accepter.*

93. — Du moment que la délation et l'acceptation du serment contiennent une véritable transaction, il faut que le droit que l'on fait dépendre de la condition du serment soit du nombre de ceux dont celui qui le défère et celui qui l'accepte peuvent disposer librement. — Pothier, *Oblig.*, n° 821; Toullier, t. 10, nos 373 et 374; Duranton, t. 13, n° 581.

94. — Ainsi un mineur, un interdit, un individu assisté de conseil judiciaire, une femme mariée non autorisée ne peuvent pas déférer le serment et on ne peut pas le leur déférer. Toutefois le majeur qui aurait déféré le serment à un mineur, à un interdit, à une femme mariée, ne pourrait leur opposer leur incapacité pour faire annuler le serment. — C. civ., art. 1125. — Toullier, t. 10, n° 373; Delvincourt, *Cours de Code civil*, t. 2, p. 630, note; Duranton, t. 13, nos 581 et suiv.; Rolland de Villargues, *Rép.*, v° *Serment judiciaire*, nos 10 et 11.

95. — Mais le mineur émancipé, la femme séparée de biens, l'individu pourvu d'un conseil judiciaire, peuvent déférer le serment sur les droits dont ils ont la libre disposition. — Mêmes auteurs.

96. — Le tuteur ne peut ni déférer ni accepter le serment au nom du mineur ou de l'interdit qu'en suivant les formes prescrites pour les transactions. — C. civ., art. 467. — Cependant la délation du serment peut, dans certains cas, ne pas excéder les bornes de l'administration. — Toullier, t. 10, nos 375 et 376; Delvincourt, *Cours de C. civ.*, t. 2, p. 630, note; Duranton, t. 13, n° 582; Rolland de Villargues, *Rép.*, v° *Serment judiciaire*, nos 14 et 15.

97. — Un mandataire ou procureur *ad negotia*, même pourvu d'un mandat général (C. civ., art. 1987 et suiv.); l'avoué ou procureur *ad lites* (C. proc., art. 362) ne peuvent non plus déférer ni accepter le serment. — Toullier, t. 10, n° 375.

98. — Mais celui qui a une procuration générale emportant pouvoir d'aliéner peut déférer le serment. — L. 17, § 3, ff., *De jurejurand.* — Pothier, *Oblig.*, n° 821; Duranton, t. 13, n° 587; Rolland de Villargues, *Rép.*, v° *Serment judiciaire*, n° 12.

99. — Le serment ne peut être déféré que par la partie ou son fondé de pouvoir spécial, et la faculté de transiger n'emporte point le droit de s'en rapporter à l'affirmation de la partie adverse. — *Besançon*, 3 juin 1824, N....

100. — Jugé que l'avoué chargé d'occuper dans une instance ne peut déférer le serment à la partie adverse qu'en vertu d'un pouvoir spécial. — *Cass.*, 27 avr. 1831, Durousseau c. Compain; *Rouen*, 21 févr. 1842 (t. 2 1842, p. 47), de Gueroult c. Feucheroux; *Nîmes*, 12 janv. 1848 (t. 2 1848, p. 353), Mialon c. Sauzet.

101. — ... Et que l'arrêt qui refuse de l'ordonner ne saurait être cassé, sous prétexte que le client seul aurait droit de critiquer cette délation. — *Cass.*, 27 avr. 1831, Durousseau c. Compain.

102. — Jugé, de même, que les pouvoirs donnés à un officier ministériel, quelque généraux qu'ils soient, ne renferment jamais, à moins d'autorisation précise, que la faculté de faire les actes qui sont dans les limites de son ministère. — *Spécialement* un avoué, quoique autorisé à faire tout ce qui serait dans l'intérêt de ses cliens et ce qu'ils pourraient faire eux-mêmes, ne peut, sans une autorisation spéciale, déférer le serment à la partie adverse; et celle-ci peut refuser de prêter le serment, quoique aucun désaveu n'ait été formé contre l'avoué. — *Besançon*, 23 févr. 1827, Moine c. Carillon de Vandeuil.

103. — Pour repousser l'effet du serment déféré par l'avoué de la partie il sera besoin d'un désaveu en forme, suivant les règles tracées par le Code de procédure. Si c'est un mandataire extrajudiciaire qui a déféré le serment sans en avoir le pouvoir, la partie pourra attaquer le jugement par la voie de la tierce opposition. — Duranton, t. 13, n° 587.

104. — En Piémont, avant le Code de procédure, le procureur qui déférait le serment sur un nouveau chef devait présenter un nouveau pouvoir spécial indiquant l'objet sur lequel le serment devait porter. — *Turin*, 4 niv. an XI, Mentegazzi c. Trèves.

105. — Le tribunal peut surseoir à prononcer lorsqu'il s'agit de savoir si un mandataire a réellement reçu le pouvoir de déférer le serment. — *Turin*, 2 avr. 1810, Mossi c. Rasetti.

106. — Ce que l'on vient de dire du mandataire s'applique aux syndics d'un corps, d'une faillite, etc. — L. 34, § 1er, ff., *De jurejur.* — Rolland de Villargues, *Rép.*, v° *Serment judiciaire*, n° 13.

107. — Jugé que les syndics d'une faillite n'ont pas qualité pour déférer le serment décisoire à une partie contre laquelle ils poursuivent un recouvrement, s'ils n'y sont autorisés ni par le juge-commissaire ni par la masse des créanciers. — *Paris*, 17 févr. 1844 (t. 1er 1844, p. 365), Clochez c. Leroux.

108. — Le mari qui a la jouissance et l'administration des biens de sa femme peut déférer le serment sur ce qui rentre dans cette administration; on peut aussi le lui déférer sur les mêmes objets. — Duranton, t. 13, n° 586.

109. — Le serment décisoire ne peut être déféré à un mari qui ne figure dans l'instance que pour autoriser sa femme, quoique le fait soit personnel au mari et à la femme. — *Angers*, 28 janv. 1825, Chanteau c. Poupard.

§ 3. — *Refus de le prêter ou de le référer. — Rétractation.*

110. — Celui auquel le serment est déféré, qui le refuse ou ne consent pas à le référer à son adversaire; ou l'adversaire à qui il a été référé et qui le refuse, doit succomber dans sa demande ou dans son exception. — C. civ., art. 1361.

111. — Celui qui, en première instance, a soutenu ne pouvoir être contraint au serment et a triomphé dans son exception, peut être admis à le prêter en Cour d'appel. — *Bruxelles*, 1er févr. 1809, Dubois c. Goémine.

112. — On ne peut admettre la preuve testimoniale après que le serment a été déféré par une partie et accepté par l'autre. — *Turin*, 2 avr. 1810, Mossi c. Rasetti.

113. — Mais, pour cela, il faut que le serment soit prêté tel qu'il a été retenu. — *Grenoble*, 24 août 1810, Carus c. Caille.

114. — Encore bien que le serment décisoire déféré par une partie à l'autre ait été ordonné par un jugement passé en force de chose jugée, les juges peuvent ultérieurement changer les termes du serment déféré, en déclarant que les nouveaux termes remplissent l'esprit dans lequel le serment a été déféré; ce n'est là que l'interprétation d'un contrat judiciaire. — *Cass.*, 15 mai 1822, Delavergne c. Delafresnaye.

115. — On ne peut se plaindre de ce qu'un tribunal a accueilli l'explication d'un serment déféré, telle qu'elle a été proposée par le créancier, lorsque les modifications qu'elle renferme n'attaquent en aucune manière les points essentiels de la contestation consistant dans la réalité et l'importance de la dette. — *Bruxelles*, 25 avr. 1822, Vanreeth c. Janssens.

116. — Lorsqu'une femme à laquelle on a déféré le serment sur le point de savoir si sa dot a été réellement payée à son mari, et en pièces de 5 fr., ainsi que l'énonce le contrat de mariage, refuse d'affirmer que la dot ait été ainsi payée, mais offre en même temps d'attester qu'elle a été fournie en valeurs différentes; les juges ne peuvent point considérer cette offre comme un refus de serment, et débouter par suite la femme de sa demande en remboursement de sa dot. — *Cass.*, 18 août 1830, Crespel.

117. — Jugé, au contraire, que le serment déféré à une femme, sur un apport mentionné en argent dans son contrat de mariage, doit être prêté dans les termes prescrits, et de telle sorte que, si la femme prétend avoir apporté des marchandises au lieu d'argent, pour la valeur mentionnée, la prestation de serment soit nulle. La partie qui a ainsi prêté le serment ne peut prétendre que sa déclaration ne peut être scindée, et qu'elle doit jouir du bénéfice de l'art. 1356 C. civ., relatif à l'aveu judiciaire. — *Rennes*, 25 févr. 1828, Berdoulet c. Vallée et Renault.

118. — Lorsque le serment décisoire a été déféré à une partie et ordonné par jugement, elle est censée l'avoir refusé, si au lieu de prêter serment sur la réalité ou la fausseté d'un fait, elle se borne à jurer qu'elle l'ignore. — *Bruxelles*, 22 févr. 1819, Contributions indirectes c. Vanderberghe.

119. — Lorsqu'un serment décisoire n'a pas été prêté dans les termes dans lesquels il a été déféré, la partie qui avait déféré le serment peut, bien qu'elle en ait poursuivi la prestation, valablement interjeter appel du jugement rendu à la suite de cette prestation. — *Caen*, 23 janvier 1824, Pelhaitre c. Leboucher.

120. — Le moyen tiré de ce qu'un serment aurait été prêté en des termes autres que ceux en lesquels la prestation en avait été ordonnée, conduit à l'examen du fond et ne peut, comme tel, être proposé en cassation. — *Cass.*, 8 déc. 1829, Pieffort c. Custers.

121. — Si celui qui a déféré ou référé le serment à son adversaire dispense celui-ci de l'obligation de le prêter, ce serment est censé prêté. — L. 6, 9 et 37 ff., *De jurejur.* — Toullier, t. 10, n° 384; Duranton, t. 12, n° 598.

122. — Lorsqu'une partie soutient que le serment décisoire ne peut lui être déféré, en se réservant subsidiairement de s'expliquer sur les faits et de conclure; les juges ne peuvent, sans entendre cette partie dans ses explications et conclusions, lui ordonner de prêter le serment déféré, quoique non accepté. — *Bruxelles*, 20 avr. 1826, V... c. Loots.

123. — Le serment déféré et accepté ayant le caractère d'une convention qui ne produit d'obligation que par le concours des volontés des deux parties, il s'ensuit que celle qui a déféré le serment peut se rétracter tant que son adversaire n'a pas consenti à le prêter. Il en est de même de celui qui réfère le serment; il peut se rétracter jusqu'à l'acceptation de celui qui le lui avait d'abord déféré, en lui notifiant qu'il préfère le prêter lui-même. — Toullier, t. 10, n° 365; Rolland de Villargues, *Rép.*, v° *Serment judiciaire*, n° 6.

124. — Le serment décisoire est irrévocable une fois qu'il a été accepté. — *Rennes*, 16 août 1816, N.... — Toullier, t. 10, n° 366.

125. — Lorsque avant l'acceptation du serment décisoire la partie qui l'a déféré appelle du jugement qui l'ordonne, il y a là une rétractation formelle de sa part. — *Montpellier*, 22 avr. 1833, Larmand-Reynaud c. Laffon.

126. — Si celui qui avait déféré ou référé le serment décède avant que son adversaire ait accepté la condition, ses héritiers sont autorisés à rétracter la délation comme il pourrait le faire lui-même. — Toullier, t. 10, n° 365; Rolland de Villargues, *Rép.*, v° *Serment judiciaire*, n° 7.

127. — La partie qui a déféré ou référé le serment ne peut plus se rétracter, lorsque l'adversaire a déclaré qu'il est prêt à faire ce serment. — C. civ., art. 1364.

128. — Par là même : lorsque la partie à qui le serment a été déféré a déclaré qu'elle était prête à le prêter, elle ne peut plus le référer. — Duranton, t. 13, n° 595.

129. — La loi romaine ne permettait plus à celui qui avait rétracté la délation de serment, de le déférer une seconde fois à son adversaire. — L. 11, C., *De reb. cred. et jurejur.* — On trouvait en cela absurdité et injustice. Toullier (t. 10, n° 367) pense, avec raison, qu'il y aurait tout au plus de la légèreté; et que l'esprit du Code étant d'admettre facilement tous les moyens de terminer les procès, les juges excéderaient leurs pouvoirs en rejetant la seconde délation de serment.

130. — Si celui à qui le serment a été déféré décède avant de l'avoir prêté, sans en avoir été dispensé, la délation de serment demeurerait comme non avenue; car la condition ne serait pas accomplie, et le défaut d'accomplissement ne viendrait pas de la faute de celui qui avait déféré le serment. — Toullier, t. 10, n° 385.

131. — Le serment ne devrait-il pas néanmoins être tenu pour prêté si celui à qui il était déféré avait déclaré être prêt à le faire, et mourait sans qu'on pût lui reprocher aucun retardement? — Voët, *In Pandect.* lib. 12, tit. 2, n° 45; Toullier, *ibid.*

132. — Jugé cependant, d'une manière absolue, qu'une délation de serment litisdécisoire doit être considérée comme non avenue lorsque la partie à laquelle ce serment a été déféré est décédée sans l'avoir prêté, encore bien qu'elle eût signifié son acquiescement au jugement. — *Caen*, 20 janv. 1846 (t. 2, 1846, p. 708), Dubois c. Guillemin. — Dumoulin, sur l'art. 3, C., *De jurejur.*; Carré, quest. 511; Thomine-Desmazures, t. 1er, p. 239. — Et cela, par le motif que, la volonté de l'homme étant ambulatoire, il peut se faire que la partie change d'avis au moment de prêter le serment. — V., *infrà*, au sujet du serment supplétoire.

§ 4. — *Effets du serment décisoire.*

133. — L'effet principal du serment déféré ou référé est de terminer la contestation lorsqu'il a été prêté. — L. 5, § 2, ff., *De jurejur.* — Toullier, t. 10, n° 386. — Il fait preuve irréfragable de libération qui tient lieu de paiement. — L. 27 et 40, ff., *De jurejur.* — Toullier, n° 383.

134. — Le serment tient lieu d'un jugement. — L. 1, ff., *Quarum rerum actio non datur.* — Il a même plus de force qu'un jugement dont on peut appeler. — L. 2, ff., *De jurejur.* — Il a donc la force de la chose jugée en dernier ressort; et après la prestation, celui qui l'a déféré ou référé ne peut plus, sous aucun prétexte, reproduire son action en justice. — L. 31 et 35, § 1er, ff., *De jurejur.*; l. 31, ff., *De dolo.* — Toullier, t. 10, n° 383; Delvincourt, t. 2, p. 631, note; Duranton, t. 13, n° 599. — Mais il ne s'applique pas au serment supplétoire, ainsi que nous le verrons.

135. — La partie qui soutient que la dette réclamée contre elle est éteinte par le paiement, et déclare, sur ce point, s'en rapporter au serment de son adversaire, est non recevable à appeler du jugement qui a ordonné ce serment et dont elle a même poursuivi l'exécution. — *Caen*, 23 janv. 1824, Pelhaitre c. Leboucher.

136. — Le débiteur à qui le serment décisoire a été déféré, et qui a été relaxé en le prêtant, ne peut, pour les causes du serment, être recherché par une voie détournée, quelle qu'elle soit. — *Agen*, 8 juill. 1811, Cazes et Dalbert.

137. — Lorsque le serment déféré ou référé a été fait, l'adversaire n'est point recevable à en prouver la fausseté. — C. civ., art. 1363. — Même sous prétexte de parjure. — L. 1, C., *De reb. cred. et jurejur.*, 4, 1. — Toullier, t. 10, n° 386.

138. — D'Argentré pense (sur l'art. 171 cout. de Bretagne, lequel est conforme à l'art. 1363) que si l'on prouvait sur-le-champ et par écrit le parjure, dans ce cas, la preuve en doit être accueillie. Et cette opinion a été adoptée par Prost du Royer (v° *Affirmation*, t. 3, p. 375). Mais elle est rejetée par Voët (tit. *De jurejur.*, n° 5), Poullain-Duparc (sur la cout. de Bretagne, n° 163) et par Toullier (t. 10, n° 389), qui la considère avec raison comme contraire à l'esprit de l'art. 1363 C. civ. — Rolland de Villargues, *Rép.*, v° *Serment judiciaire*, n° 34.

139. — En conséquence, lorsqu'une partie a déféré, même subsidiairement, à son adversaire le serment décisoire sur la vérité d'un fait énoncé dans un acte, et que ce serment a été prêté sans opposition, cette partie n'est plus recevable à s'inscrire en faux contre l'acte; autrement, la partie se trouverait admise à prouver la fausseté du serment. — *Colmar*, 25 avr. 1827, Blenner c. Wahl.

140. — Jugé encore que le principe posé dans l'art. 1er C. instr. crim., portant que : « l'action en réparation du dommage causé par un crime, un délit ou une contravention, peut être exercée par tous ceux qui ont souffert de ce dommage, » est subordonné aux exceptions établies par la loi, notamment à celle résultant de l'art. 1363 C. civ., qui veut que, « lorsque le serment déféré ou référé a été fait, l'adversaire ne sera point recevable à en prouver la fausseté. » — En conséquence, la partie qui, dans un procès civil, a déféré à son adversaire le serment décisoire, ne peut pas être admise à intervenir comme partie civile dans la poursuite criminelle intentée par le ministère public contre cet individu inculpé de faux serment. — *Cass.*, 7 juill. 1843 (t. 2 1843, p. 704), Raymond.

141. — Toutefois, comme l'intérêt de la société exige que le parjure ne reste pas impuni, le ministère public peut et doit poursuivre le faux serment. — C. pén., art. 366.

142. — En effet, l'art. 366 considère comme crime le fait par celui à qui le serment a été déféré ou référé en matière civile d'avoir fait un faux serment. — Et ce crime est puni de la dégradation civique.

143. — Jugé que l'individu à qui le serment a été déféré ou référé en matière civile, et qui en fait un faux, encourt la peine portée par l'art. 366 C. pén., encore bien que ce serment ne soit pas décisoire. — *Cass.* de *Liége*, 13 déc. 1824, A.... — En effet, l'art. 366 C. pénal ne fait pas de distinction.

144. — Jugé, en ce sens, que l'art. 366 C. pén., qui punit le faux serment prêté en matière civile, s'applique au serment supplétif comme au serment décisoire. — *Cass.*, 20 janv. 1843 (t. 2 1843, p. 462), Risacher.

145. — Jugé aussi que celui qui a prêté un faux serment en matière civile est passible des peines portées par l'art. 366 C. pén., lors même qu'il aurait offert le serment avant qu'il lui fût déféré. — *Cass.*, 5 sept. 1812, Merlin.

146. — Mais le ministère public peut-il établir par témoins la fausseté du serment, quand il s'agit d'une valeur de plus de 150 francs? — Toullier (t. 10, n° 388) pense que la preuve du fait criminel ne pouvant être établie que par celle du fait civil, on rentre dans les règles prescrites par le droit civil pour la preuve des obligations. — Merlin, *Rép.*, v° *Serment*, art. 2, § 2; Toullier, t. 10, nos 387 et suiv.; Carnot, sur l'art. 366 C. pén., n° 7; Bourguignon, sur l'art. 229 C. instr. crim., note 2; Legraverend, t. 1er, p. 41; Ortolan et Ledeau, t. 2, p. 17 et suiv.; Mangin, *De l'action publique*, t. 1er, p. 380; Chauveau et Hélie, *Théor. C. pén.*, t. 6, p. 480.

147. — Jugé, en ce sens, que le ministère public n'est pas recevable à prouver par témoins la fausseté d'un serment prêté, en matière civile, sur un objet excédant la somme ou valeur de 150 fr., s'il n'en existe une preuve écrite ou un commencement de preuve par écrit. — *Cass.*, 5 sept. 1812 (intérêt de la loi), Gilbert-Merlin; 17 juin 1813, Mathias Stein; 12 sept. 1816, Aubin; *Amiens*, 23 août 1843 (t. 1er 1844, p. 147), Fertel. — *Ass. Loiret*, 6 nov. 1843 (t. 1er 1844, p. 149), Frappa.

148. — Jugé encore que si, en règle générale, les faits criminels peuvent être prouvés par témoins, il n'en est pas de même des faits civils, régis par la loi civile, et dont elle veut que la preuve ne puisse être faite que par écrit. A leur égard, la loi, qui détermine le genre de preuve admissible, étend son empire sur la procédure criminelle comme sur la procédure civile. Et ce principe est indistinctement applicable au ministère public et à la partie privée. En conséquence le ministère public n'est pas recevable à prouver par témoins, au criminel, la fausseté d'un serment litisdécisoire prêté au civil au sujet d'un bail verbal d'une valeur excédant 150 fr., et alors qu'il n'existe point un commencement de preuve par écrit. — *Cass.*, 16 août 1844 (t. 2 1844, p. 225), Benoni.

149. — Jugé, en sens contraire, que la prestation du serment décisoire ayant pour effet de terminer le procès civil, la fausseté de ce serment, établie par la voie criminelle, ne confère à celui qui l'a déféré aucun droit de revenir contre le jugement du tribunal civil, ni d'obtenir des dommages-intérêts quelconques devant la juridiction criminelle. Qu'en conséquence la poursuite de ce faux serment peut avoir lieu et la preuve en être faite suivant les règles ordinaires par le ministère public, bien que l'obligation à l'occasion de laquelle il a été rendu fût d'une valeur supérieure à 150 fr. — *Cass.*, 21 août 1834, Hélitas. — Poujol, *Revue étrangère*, 1840, p. 662 et suiv.; Bonnier, *Tr. des preuves*, n° 313.

150. — En tous cas il est certain que la preuve qu'un individu a prêté, en matière civile, un faux serment, pour dénier un délit ou un quasi-délit susceptible de le rendre passible de dommages-intérêts envers un tiers, peut être faite par témoins devant la juridiction criminelle, encore bien qu'il n'y ait pas de commencement de preuve par écrit du fait allégué. — *Cass.*, 20 janv. 1843 (t. 2 1843, p. 462), Risacher.

151. — Et que lorsque le serment supplétoire a été ordonné par le tribunal de commerce, en matière commerciale, le crime de faux serment peut être établi par témoins, lors même qu'il n'existerait pas de commencement de preuve par écrit du fait qui y a donné lieu. — *Cass.*, 30 janv. 1836, Vallée.

152. — La reconnaissance faite et signée par le prévenu lui-même, lors de l'interrogatoire qu'il a subi devant le juge d'instruction, qu'un serment par lui prêté devant un juge de paix est contraire à la vérité, peut être considérée comme un commencement de preuve par écrit suffisant pour autoriser la preuve par témoins de la fausseté du serment, encore qu'il s'agisse d'une valeur supérieure à 150 fr. — *Cass.*, 21 janv. 1843 (t. 2 1843, p. 463), Muzard. — V. COMMENCEMENT DE PREUVE PAR ÉCRIT.

153. — Si le ministère public prouvait le parjure, et qu'une condamnation fût prononcée, le serment n'en produirait pas moins ses effets civils. — V. l'arrêt précité, *Cass.*, 21 août 1834. — Toullier, t. 10, n° 389. — Toutefois, M. Duranton (t. 13, n° 600) pense que la partie lésée par le faux serment peut demander la réparation de ce préjudice. Ce ne serait là, selon lui, porter atteinte ni au serment, ni au jugement.

154. — La prestation d'un faux serment ne peut, par elle-même, constituer un dol, car on s'y est volontairement exposé; et pour qu'il y ait dol, il faut que la volonté ait été déterminée par des manœuvres frauduleuses. — L. 15, ff., *De except.*, 44, 1. — Toullier, t. 10, n° 389; Rolland de Villargues, *Rép.*, v° *Serment judiciaire*, n° 33.

155. — Mais s'il était prouvé que c'est par le dol personnel de l'adversaire que celui qui a déféré le serment a été engagé à le faire, celui-ci pourrait être restitué contre la délation qu'il a faite. — Pothier, *Oblig.*, n° 825; Toullier, t. 10, n° 390; Duranton, t. 13, n° 601.

156. — Le serment fait ne forme preuve qu'au profit de celui qui l'a déféré ou contre lui, et au profit de ses héritiers et ayans cause ou contre eux. — C. civ., art. 1365.

157. — Le serment déféré à l'un des héritiers du débiteur ou son refus de le prêter ne nuit point à ses cohéritiers. De même celui qui est prêté par l'un des héritiers du débiteur ne profite point à ses cohéritiers. — Toullier, t. 10, n° 391; Delvincourt, t. 2, p. 631, note.

158. — Et il en est ainsi encore bien qu'il s'agisse d'une chose indivisible. — Duranton, t. 13, n° 607.

159. — Néanmoins, le serment déféré par l'un des créanciers solidaires au débiteur ne libère celui-ci que pour la part de ce créancier. — C. civ., art. 1365.

160. — Le serment déféré au débiteur principal libère également les cautions. — C. civ., art. 1365.

161. — Celui déféré à l'un des débiteurs solidaires profite aux codébiteurs. — C. civ., art. 1365.

162. — Celui déféré à la caution profite au débiteur principal — C. civ., art. 1365.

163. — Dans ces deux derniers cas, le serment du codébiteur solidaire ou de la caution ne profite aux autres codébiteurs ou au débiteur principal que lorsqu'il a été déféré sur la dette et non sur le fait de la solidarité ou du cautionnement. — C. civ., art. 1365.

164. — Le serment n'a aucun effet à l'égard des tiers. — L. 3, § 3, ff., *De jurejur.* — Toullier, t. 10, n° 391; Rolland de Villargues, *Rép.*, v° *Serment judiciaire*, n° 47.

165. — Le serment décisoire ne peut, entre les mêmes parties, avoir d'effet qu'à l'égard de la même chose sur laquelle il a été déféré. — Pothier, *Oblig.*, n° 823; Toullier, t. 10, nos 393, 394, 395; Delvincourt, t. 2, p. 631, note; Duranton, t. 13, n° 608.

166. — Celui qui a prêté le serment décisoire est recevable à prêter un nouveau serment explicatif d'un fait sur lequel il a omis de se prononcer. — *Turin*, 7 avril 1807, Canosio c. Operti.

167. — Le serment déféré et prêté devant un juge de paix ne constitue pas une fin de non-recevoir contre les demandes de la partie qui l'a déféré, lorsque les faits sur lesquels il portait, quoique se rattachant à ses demandes, ne sont pas cependant en opposition avec elles et que, d'ailleurs, ces faits ne sont pas personnels à la partie qui a prêté le serment. — *Pau*, 11 mars 1824, Curie-Seimbrez c. Devic.

168. — Le serment décisoire est indivisible comme l'aveu judiciaire. — *Cass.*, 18 janv. 1813, Buscaglione c. Formica. — Toullier, t. 10, n° 396; Rolland de Villargues, *Rép.*, v° *Serment judiciaire*, n° 53.

169. — Le serment de crédulité imposé à des cohéritiers est indivisible; dès lors le refus des uns de le prêter peut donner lieu à la déchéance contre tous. — *Colmar*, 5 mai 1819, Samuel.

170. — Mais il en doit être autrement lorsque ce refus a eu lieu par des motifs particuliers ou par un intérêt personnel à celui des cohéritiers qui refuse de prêter le serment. — Même arrêt.

ART. 2. — *Du serment supplétoire.*

171. — On donne ce nom au serment que, dans l'insuffisance des preuves, le juge défère lui-même à l'une des parties pour en faire dépendre la décision de la cause. — C. civ., art. 1366. — On l'appelle aussi serment *judiciel* ou *nécessaire*.

172. — Il existe une différence essentielle entre le serment décisoire et le serment supplétoire. — La délation du premier, suivie d'acceptation, forme, entre les parties, une transaction contre laquelle on ne peut revenir, lors même que la fausseté du serment est prouvée. Au contraire, la délation du serment supplétoire, qui est le fait uniquement du juge, laisse à la décision de celui-ci tout le caractère des jugemens ordinaires. — Toullier, t. 10, n° 398. — Il y a encore d'autres différences, ainsi que nous le verrons.

173. — En général, le serment supplétif peut être déféré sur les mêmes contestations qui peuvent donner lieu au serment décisoire.

174. — Il faut excepter les causes d'une grande importance, où ce qui manque à la preuve de la demande ne peut se suppléer par le serment du demandeur. — Pothier, *Oblig.*, n° 832; Toullier, t. 10, n° 418. — Telles sont les causes où il s'agit de l'état des personnes, par exemple le mariage, les séparations de corps, etc. — Dans le doute, le juge doit s'abstenir. — Toullier, n° 419.

175. — Jugé qu'un tribunal a pu d'office, déférer à une fille le serment sur la question de savoir si un don qui lui a été fait l'a été purement et simplement ou sous condition de contracter mariage. — *Rennes*, 19 juin 1818, Panneton c. Charles.

176. — Le serment déféré par les conclusions subsidiaires d'une partie n'étant pas décisoire (V. *suprà*, n° 22 et suiv.), est purement supplétif. — *Cass.*, 20 mars 1810, de Chastenet c. Montbrun; *Agen*, 9 déc. 1815, Meynot; 25 févr. 1817, Courherieu-Cazeral; *Cass.*, 3 févr. 1829, Seguin c. Richon; *Montpellier*, 22 avril 1833, Larmand-Raynaud c. Laffon; *Colmar*, 7 mars 1835, Pflumer c. Oppenheim; *Cass.*, 12 nov. 1835, de Lattier c. de Saubach. — Toullier, t. 10, n° 405. — *Contrà*, Duranton, t. 4, n° 1496.

177. — En conséquence les juges peuvent l'ordonner ou ne pas l'ordonner, suivant les circonstances. — *Cass.*, 30 oct. 1810, de Chastenet c. Montbrun.

178. — ... Ou bien ils peuvent refuser d'en ordonner la prestation, si la demande est totalement dénuée de preuves. — *Cass.*, 3 févr. 1829, Seguin c. Richon.

179. — Doit être considérée comme serment supplétif et non décisoire l'affirmation qu'une partie a déférée à son adversaire, subsidiairement à un moyen principal et sans s'en départir. — *Colmar*, 5 févr. 1834, Zillios c. Breffa.

180. — Le serment ne peut être déféré en justice que comme *moyen supplétoire* lorsque le fait n'est pas entièrement prouvé, et non lorsqu'il est constant que le fait allégué est démenti par les documens de la cause. — *Aix*, 29 juill. 1839 (t. 1er 1840, p. 360), Pabau c. Lions.

181. — Le serment déféré par des conclusions subsidiaires, après que la partie a épuisé tous les autres moyens de défense, et lorsqu'il est constant que les faits allégués sont complètement démentis par tous les documens de la cause, est *supplétif* et non pas *décisoire*. — *Cass.*, 7 nov. 1838 (t. 2 1838, p. 495), Walter de Saint-Alphonse c. Blain.

182. — Si, aux termes de l'art. 1360 du C. civ., le serment décisoire peut être déféré en tout état de cause, il ne doit pourtant être reçu que lorsque la partie qui le défère en fait dépendre le jugement du procès, et non quand elle l'emploie comme moyen *subsidiaire* pour le cas où les juges n'admettraient pas ses conclusions principales; car ce n'est plus là que le serment supplétif dont l'art. 1367 trace au juge les conditions d'admissibilité. — *Rouen*, 27 janv. 1840 (t. 1er 1840, p. 534), Bottier c. Colombe; *Nancy*, 12 févr. 1846 (t. 2 1846, p. 208), Lelièvre c. de Mallaincourt; *Orléans*, 26 fév. 1847 (t. 1er 1847, p. 516), Ory.

183. — Jugé encore que le serment déféré par une partie subsidiairement à un moyen principal ne prend point le caractère de litisdécisoire parce qu'il a été accepté et que le juge a donné acte de l'acceptation. — *Colmar*, 13 juill. 1846 (t. 1er 1847, p. 109), Brunschwig c. Bloch.

184. — Lorsqu'une partie a déféré le serment à un adversaire à l'effet de déclarer s'il n'est pas vrai qu'au moment de la confection d'un acte qui avait déterminé leurs droits respectifs sur un fonds il avait été entendu entre elles que, dans le cas où des titres retrouvés détermineraient autrement ces droits, elles ne pourraient exiger que les droits fixés dans ces titres, un pareil serment a pu être considéré comme supplétoire et non comme décisoire. Du moins, l'arrêt qui le décide ainsi, par appréciation des termes dans lesquels ce serment est conçu, ne peut donner ouverture à cassation. — *Cass.*, 26 nov. 1828, de Bouvet c. d'Ambly.

185. — Une Cour d'appel a pu, sans contrevenir à l'art. 1367 du C. civ., se dispenser de statuer sur des conclusions tendant à ce que le serment supplétoire fût prêté, par le motif que ces conclusions étaient inutiles. — *Cass.*, 24 nov. 1833, Roux c. Pothié.

186. — La partie qui après avoir soutenu en première instance que le droit de sous-location résultait pour elle à la fois des termes de son bail et de la permission donnée verbalement par le bailleur défère à ce dernier, et subsidiairement, le serment sur ce point, n'est pas irrecevable à interjeter appel du jugement qui refuse à son bail l'effet qu'elle lui attribuait; le serment déféré subsidiairement n'étant que supplétoire. — *Angers*, 27 mars 1817, Thébaut c. Chenevière. — V. aussi *suprà*, n° 25.

187. — A quelle partie le juge doit-il déférer le serment supplétoire? Pothier pense que cela dépend d'abord de la force des preuves que chacune des parties peut offrir en sa faveur. Ainsi lorsque le demandeur n'a en sa faveur que des indices légers, suffisans néanmoins pour former quelque doute dans l'esprit du juge, il peut, pour assurer sa religion, déférer le serment au défendeur, afin qu'il se *purge* de la demande. Si, au contraire, la demande est bien établie, et que les exceptions proposées par le défendeur ne soient pas prouvées; le serment doit être déféré au demandeur, qui est *défendeur* pour tout ce qui concerne l'exception. — Pothier, *Oblig.*, nos 831 et 832.

188. — De plus, en cas de doute, le juge doit déférer le serment au défendeur, parce qu'il est dispensé de la preuve et qu'elle incombe en entier au demandeur. — Duparc-Poullain, *Principes du droit*, t. 9, p. 448, n° 25.

189. — Toullier (t. 10, n° 414) pense avec raison que ce dernier principe a des exceptions fondées sur la moralité des personnes ou sur les circonstances de la cause. — Ainsi, le juge doit déférer le serment à la partie dont la bonne foi lui inspire le plus de confiance. — Si les preuves fournies par des parties également dignes de foi se neutralisent l'une par l'autre; le juge ne doit pas déférer le serment, mais rejeter purement et simplement la demande. — Si les preuves, sans être complètes de part et d'autre, n'étaient pas égales, le juge devrait déférer le serment à la partie qui aurait les preuves les plus fortes. — Duranton, t. 13, nos 616 et 617.

190. — Un arrêt qui reconnaît en fait qu'une demande n'est pas fondée, ne peut être cassé, par cela qu'il a décidé que le serment devait être déféré au défendeur et non au demandeur. — *Cass.*, 29 juin 1824, Lepoula c. Morvan.

191. — La prestation irrégulière du serment qu'un arrêt a imposé à une partie ne peut donner ouverture à cassation contre cet arrêt. — *Cass.*, 7 mars 1820, Desmares c. Delamotte.

192. — D'après l'art. 17 du Code de commerce: si une partie aux livres de laquelle l'autre partie offre de s'en rapporter refuse de les représenter, le juge peut déférer le serment à l'autre partie. Ainsi, le juge n'est pas toujours libre de déférer le serment à qui bon lui semble. — Duranton, t. 13, n° 619.

193. — Les livres des marchands, régulièrement tenus, font, en leur faveur, un commencement de preuve par écrit, qui, joint à d'autres présomptions, permet de déférer le serment au demandeur. — Toullier, t. 10, n° 417; Duranton, t. 13, n° 620.

194. — Des livres de commerce irrégulièrement tenus ne peuvent être admis pour autoriser le juge à déférer à celui qui les produit le serment d'office, sur le point litigieux de savoir s'il y a eu au profit de l'autre partie cession verbale d'une quote-part d'intérêts dans une société commerciale. — Mais des présomptions résultant, tant des faits respectivement maintenus et contestés, que des liaisons commerciales qui avaient existé entre les parties, peuvent autoriser à déférer le serment d'office. — *Rennes*, 23 août 1821, Demolière c. Mercier.

195. — Jugé que l'art. 17 du Code de commerce, qui porte que « si la partie aux livres de laquelle on offre d'ajouter foi refuse de les représenter, le juge peut déférer le serment à l'autre partie, » est purement facultatif. Les juges peuvent, sans violer la loi, ne pas déférer le serment dans ce cas. — *Cass.*, 5 août 1823, Thèze c. Besse et Hocquet.

196. — Lorsqu'il est constant et reconnu qu'il a existé un registre servant à constater les paiemens faits à la société, et que l'un des associés, pour prouver le versement d'une certaine somme qu'il prétend avoir fait entre les mains de son coassocié, en même temps caissier et dépositaire de ce registre, en demande l'exhibition; le refus que fait ce dernier de le produire peut, surtout en matière commerciale, être considéré par le juge comme une présomption suffisante pour en induire que la somme a été effectivement versée dans la caisse sociale, et pour déférer le serment d'office à l'associé qui articule le paiement. — *Cass.*, 22 janv. 1828, Angu c. Peras et Guibert.

197. — Les juges peuvent déférer le serment d'office à l'associé qui réclame l'allocation, à son profit personnel, de sommes liquidées administrativement pour fournitures faites par la société, lorsque ses coassociés avouent qu'ils n'ont pas contribué à l'achat des fournitures que ces sommes représentent. — En d'autres termes, cet aveu des associés défendeurs constitue, en faveur de la demande, une présomption légale qui autorise la délation du serment supplétoire. — On doit surtout le décider ainsi en matière commerciale. — *Cass.*, 15 (et non 9) nov. 1831, Zurlinden c. Goetschy.

198. — Le juge ne peut déférer d'office le serment, soit sur la demande, soit sur l'exception qui y est opposée, que sous les deux conditions: 1° que la demande ou l'exception ne soit pas pleinement justifiée, 2° et qu'elle ne soit pas totalement dénuée de preuves. — Hors ces deux cas, le juge doit adjuger ou rejeter purement et simplement la demande. — C. civ., 1367.

199. — C'est aux juges à apprécier quand la demande est pleinement justifiée. Cependant: le Code civil ayant déterminé l'effet de certaines preuves, le juge ne peut s'en écarter sans contrevenir à la loi. — Tel est le cas où une convention résulte d'un acte authentique ou sous seing privé, lesquels font pleine foi entre les parties (C. civ., art. 1319 et 1320). — Le juge qui déférerait le serment à une partie qui aurait fourni une pareille preuve contreviendrait à la loi. — Toullier, t. 10, n° 403; Duranton, t. 13, n° 623.

200. — Mais lorsque la cause d'une créance fondée en titre ne leur paraît pas suffisamment justifiée, les juges peuvent d'office ordonner le serment. — *Paris*, 30 juin 1809, Baudouin c. N....

201. — De même en allouant à un demandeur en règlement de compte le montant de ses prétentions, les juges ont pu lui déférer le serment supplétoire. — *Cass.*, 3 août 1836 (t. 1er 1837, p. 139), Dengler c. Scholer.

202. — Si les actes authentiques ou sous seing privé formant titre étaient attaqués comme simulés ou frauduleux, le serment pourrait être déféré à celui qui les aurait produits; pourvu qu'il existât contre lui des présomptions graves de simulation. — Toullier, t. 10, nos 404 et 405; Rolland de Villargues, *Rép.*, v° *Serment judiciaire*, n° 65.

203. — Ainsi, jugé que dans le cas où une vente est attaquée pour une cause de simulation, le serment supplétoire peut être déféré par le juge, sans que la partie dans l'intérêt de laquelle ce serment est déféré puisse s'en plaindre. — *Cass.*, 7 mars 1820, Desmares c. Delamotte.

204. — ... Qu'un tribunal peut déférer au créancier le serment sur la légitimité de sa créance qu'on prétend simulée. — *Rennes*, 3 janv. 1818, Perron c. Léon.

205. — ... Que les juges, après avoir reconnu dans un acte les caractères du dol et de la fraude, peuvent, pour compléter leur conviction, surtout en matière commerciale, déférer d'office le serment à celle des parties qui leur inspire le plus de confiance. — *Cass.*, 14 mars 1842 (t. 2 1842, p. 232), Aigoin c. Coulogne.

206. — Quant à la seconde condition que la demande ne doit pas être totalement dénuée de preuves, le serment supplétoire ne peut être déféré sans un commencement de preuve par écrit dans les cas où la preuve testimoniale n'est pas admissible. On doit considérer comme commencement de preuve par écrit ou actes équivalens, les interrogatoires sur faits et articles, les déclarations au bureau de paix, etc. — Toullier, t. 10, nos 407 et 408. — V. COMMENCEMENT DE PREUVE PAR ÉCRIT.

207. — Jugé, en conséquence, que dans le cas

où la preuve testimoniale est inadmissible, le juge peut cependant avoir égard aux déclarations des parties et déférer à l'une d'elles le serment supplétif. — *Cass.*, 5 juill. 1808, Letellier c. Lemire.

208. — ... Qu'en cas d'aveu ou de commencement de preuve par écrit, le serment supplétoire peut être déféré au créancier. — *Cass.*, 22 avr. 1828, Lafonta c. Boc.

209. — ... Que l'aveu fait par l'une des parties à l'audience, que le dommage, objet du litige, provient de son fait, remplit la condition exigée par la loi, qu'une demande ne soit pas totalement dénuée de preuves pour que le juge soit autorisé à déférer d'office le serment. — *Cass.*, 31 mai 1825, Laplanche c. Avezon.

210. — ... Que lorsque des créances fondées sur des titres non revêtus du *bon* ou *approuvé* sont reconnues par quelques-unes des parties ayant intérêt à les contester et ont même figuré dans un état des valeurs de la succession présenté par celui qui les conteste pour la première fois, les juges qui défèrent le serment d'office aux créanciers, pour mieux s'assurer de la sincérité de ces créances, ne violent aucune loi. — *Cass.*, 1er juill. 1828, Rorcher.

211. — ... Que le serment supplétoire peut être déféré pour compléter des présomptions graves fortifiées par un commencement de preuve par écrit. Ainsi, il peut porter sur le contenu d'un papier domestique; alors que ce papier n'est pas considéré comme réunissant les caractères et l'autorité d'une preuve, mais seulement comme le complément des présomptions et documens déjà établis au procès. — *Cass.*, 10 mai 1842 (t. 2 1842, p. 171), Cret c. Roux-Levrat et Saper.

212. — Si la demande n'est prouvée que par une enquête qui laisse cependant quelque chose à désirer au juge, il peut, pour achever sa conviction, déférer le serment supplétoire. — Toullier, t. 10, no 406.

213. — Ainsi jugé que si le résultat de l'enquête et le commencement de preuve par écrit ne paraissent pas suffisans au juge pour déterminer sa conviction, il peut alors déférer d'office le serment à l'une des parties. — *Cass.*, 29 prair. an XIII, Saint-Aubin c. Descornais.

214. — Un tribunal ne peut d'après de simples présomptions d'un paiement, déférer d'office au débiteur le serment sur la réalité de ce paiement. — *Cass.*, 19 avr. 1809, Enregistrement c. Harsent.

215. — De même, le juge ne peut déférer le serment supplétoire lorsque celui qui réclame une somme excédant 150 fr. ne produit à l'appui de sa demande que ses registres ou papiers domestiques. — *Cass.*, 2 mai 1810, Lacroix et Acre c. Martin. — En effet : comme on ne peut se faire de titre à soi-même, la demande est alors totalement dénuée de preuves. — Duranton, t. 13, no 624; Merlin, *Rép.*, vo *Serment*, § 2, no 5; Toullier, t. 10, no 417; Chardon, *Dol et fraude*, t. 1er, no 144.

216. — De même, encore, le serment supplétoire ne peut être déféré au demandeur, sur son offre, lorsqu'il n'existe pas de commencement de preuve par écrit. — *Rennes*, 26 janv. 1813, Mehonas c. David.

217. — Dans les causes où la preuve testimoniale est admissible, il n'est pas besoin d'un commencement de preuve par écrit pour déférer le serment supplétoire; il suffit qu'il y ait des présomptions graves. Mais pour déterminer le juge il faut que ces présomptions soient plus fortes que pour admettre la preuve testimoniale. — Toullier, t. 10, nos 409 et 410.

218. — Par cela que les juges ont admis la preuve testimoniale, il ne s'ensuit pas qu'ils ne puissent plus ensuite déférer le serment d'office. — *Cass.*, 8 sept. 1807, Simon c. Lefebre.

219. — Divers auteurs enseignent que le fait sur lequel on peut déférer le serment supplétoire doit être un fait personnel à celui qui doit le prêter, ou du moins dont il ait une connaissance personnelle. Qu'il doit jurer *de veritate*, non *de credulitate*. — Toullier, t. 10, no 420; Rolland de Villargues, *Rép.*, vo *Serment judiciaire*, no 60.

220. — Jugé, en ce sens, que le serment supplétoire ne peut être déféré à un héritier sur un fait personnel à celui qu'il représente. — *Rennes*, 10 janv. 1826, de Langle c. le Rallier.

221. — Jugé cependant que le serment supplétif peut être déféré à un individu sur des faits qui ne lui sont point personnels, mais dont il a connaissance. — *Cass.*, 14 août 1811, Bernoux c. Brock.

222. — ... Que le serment déféré par le juge ne doit pas nécessairement porter sur un fait personnel à la partie à laquelle il est déféré. — Qu'en d'autres termes, la restriction apposée au serment décisoire par l'art. 1359 du Code civil ne doit pas être étendue au serment déféré d'office. — *Cass.*, 8 déc. 1832, Feilleul c. Collin.

223. — ... Qu'on ne peut se faire un moyen de cassation de ce que le serment supplétoire a été déféré d'office à un individu sur des faits personnels non à lui mais à son mandataire, lorsqu'il ne résulte point de l'arrêt attaqué que la convention passée par ce mandataire n'ait pas été, soit dans l'origine, soit postérieurement, ratifiée par le mandant. — *Cass.*, 5 juin 1833, Laurent c. Hausen.

224. — Le mari mis en cause pour autoriser sa femme au sujet d'une contestation qui intéresse celle-ci, peut être valablement appelé à prêter le serment supplétoire sur un fait dont sa présence au dépouillement des papiers d'une succession a pu lui donner une connaissance personnelle; et qu'en sa qualité de mari de l'une des héritières, il avait intérêt et droit de vérifier. — Dans ce cas la prestation de serment faite immédiatement à l'audience même où a été rendu le jugement qui l'a ordonnée, est valable si elle a eu lieu sans opposition ni réclamation. — *Cass.*, 10 mai 1842 (t. 2 1842, p. 171), Cret c. Roux-Levrat et Saper.

225. — Les lettres de change et billets à ordre prescrits par cinq ans (C. comm., art. 189) ne peuvent autoriser les tribunaux à déférer le serment d'office, même au défendeur; il n'y a lieu qu'au serment décisoire. — Duranton, t. 13, no 622.

226. — Le serment supplétoire déféré par le juge à l'une des parties, ne peut être par elle référé à l'autre (C. civ., art. 1368). Elle doit le prêter ou perdre sa cause : *Aut jura, aut solve;* le juge lui-même ne peut ni l'en dispenser, ni changer sa première délation pour référer le serment à l'autre partie. — Toullier, t. 10, no 423; Duranton, t. 13, no 615.

227. — Le serment supplétoire est indivisible, comme toute autre espèce de serment judiciaire. — Toullier, t. 10, no 386; Rolland de Villargues, *Rép.*, vo *Serment judiciaire*, no 74.

228. — Jugé que le serment ne peut être déféré d'office au demandeur qui n'a d'autre preuve que l'aveu du défendeur, lequel tout en reconnaissant la dette, déclare en même temps l'avoir payée. — *Paris*, 12 fruct. an XIII, Durand c. Fessart.

229. — Lorsqu'un jugement donne gain de cause à des cohéritiers, sous la condition d'affirmer un fait de leur auteur; l'obligation d'affirmer est indivisible; en telle sorte que le refus de prêter serment, de la part de l'un des cohéritiers, détruit l'effet du serment prêté par les autres. — Il n'en est pas de même dans le cas où le cohéritier qui a refusé de prêter le serment, avait un intérêt personnel à ce refus. — *Colmar*, 7 janv. 1817, Spony c. Henna.

230. — Lorsqu'un créancier à qui le serment décisoire a été déféré, et qui l'a d'abord accepté, sur le point de savoir si sa créance est usuraire, n'offre plus d'affirmer par serment la sincérité de cette créance que pour une somme inférieure à celle comprise dans l'obligation; quoique supérieure à celle alléguée par le débiteur, celui-ci est alors fondé à demander que le serment lui soit déféré à lui-même, et que le créancier soit déchu du bénéfice de l'arrêt qui l'avait admis à prêter le serment. — *Douai*, 29 juill. 1816, Azambre c. Ladeuse.

231. — Lorsque le jugement qui défère le serment n'est pas en dernier ressort, on peut en interjeter appel et soutenir : qu'il n'y avait pas lieu soit à la délation du serment, soit à ce qu'il fût déféré à telle partie plutôt qu'à telle autre; et les juges d'appel peuvent non-seulement infirmer le jugement qui a déféré le serment, mais encore le déférer à l'autre partie. — Toullier, t. 10, no 424.

232. — La prestation du serment supplétoire ne rend une partie non recevable à interjeter appel qu'autant qu'elle a emporté acquiescement à la décision qui a déféré le serment. — Mais de quelles circonstances résulte cet acquiescement?

233. — Jugé que lorsque le juge défère le serment d'office à l'une des parties, et que l'autre partie présente le laisse prêter, sans faire de protestations ni réserves, son silence équivaut à un acquiescement et la rend non recevable à critiquer la disposition relative à la délation du serment. — *Cass.*, 8 juin 1819, Bertrand c. Moreau.

234. — Jugé encore que la partie qui sommée d'assister à la prestation d'un serment déféré d'office par le juge à son adversaire, fait défaut lors de cette prestation, et laisse prêter ce serment sans opposition, n'est plus recevable à interjeter ensuite appel du jugement qui a ordonné ce serment supplétif. — *Montpellier*, 14 nov. 1832, Soubielle.

235. — ... Et que la présence d'une partie, sans protestations ni réserves, à la prestation du serment déféré par le juge à son adversaire, laquelle prestation a eu lieu à l'audience même du jugement qui l'a ordonnée, rend cette partie non recevable à interjeter appel du jugement définitif. — *Bordeaux*, 1er juill. 1845 (t. 2 1848, p. 22), Charpentier c. Delézinier.

236. — Jugé, au contraire, que l'absence de protestations ou réserves par l'une des parties lors du serment supplétoire déféré à son adversaire et prêté par lui, ne constitue pas de sa part un acquiescement qui la rende non recevable à appeler du jugement définitif. — *Limoges*, 3 janv. et 31 mai 1844 (t. 1er 1846, p. 128), Chassaire c. Maubée, Maury c. Arestier.

237. — ... Alors même que le juge qui a reçu le serment en aurait donné acte aux parties, surtout en l'absence d'aucune demande de celles-ci à cet égard. — Même arrêt du 31 mai 1844.

238. — ... Et surtout si la prestation de serment a eu lieu à l'audience même et à la suite du jugement qui l'a ordonnée. — *Limoges*, même arrêt du 3 janv. 1844. — V., au reste, ACQUIESCEMENT, nos 521 et suiv. et surtout 537 et suiv.

239. — Jugé que la partie qui a déféré *subsidiairement* le serment est recevable à interjeter appel du jugement qui, rejetant les conclusions principales, a admis le serment, et à reproduire devant les juges du second degré tous les moyens par elle présentés en première instance. — *Colmar*, 13 juill. 1846 (t. 1er 1847, p. 109), Marx Brunschwig c. Bloch. — Toullier, t. 10, no 421; Merlin, *Rép.*, vo *Contrat judiciaire*, et *Quest.*, vo *Appel*, sect. 1re; Bioche, vo *Serment*, no 80. — V. aussi vo APPEL, no 1423.

240. — Quelle que soit la forme de rédaction du jugement qui ordonne un serment supplétif, ce jugement n'est qu'interlocutoire; et peut être rapporté tant que le serment n'a pas été prêté, s'il survient des renseignemens qui puissent suppléer au serment ordonné. En conséquence, si un arrêt confirme un jugement de condamnation, à la charge de la partie qui a obtenu gain de cause, d'affirmer qu'elle n'a pas connaissance de certain acte; la Cour, même après que cette partie a déclaré vouloir faire l'affirmation, peut, en cas de production, par la partie adverse, d'une pièce qui prouverait l'existence de l'acte, suspendre l'exécution de son premier arrêt, jusqu'après la décision à intervenir sur le mérite de la pièce retrouvée. — *Limoges*, 23 mars 1825, Lausade c. Brandy.

241. — Dans le cas d'une prestation de serment ordonnée par le juge il doit y avoir, entre la sommation que l'art. 121 C. proc. civ. prescrit de faire à la partie adverse, à l'effet d'être présente au serment, et la comparution, un délai de trois jours, au moins, outre celui des distances. La partie à laquelle le serment est imposé n'est pas dispensée de faire cette sommation, parce que les juges ont fixé le jour où il serait reçu. — *Orléans*, 28 mars 1849 (t. 1er 1849, p. 415), Gigaud c. Mouruau.

242. — L'art. 1363 C. civ., suivant lequel, lorsque le serment déféré ou référé a été fait, l'adversaire n'est pas recevable à en prouver la fausseté, ne s'applique qu'au cas de serment décisoire et non au cas de serment supplétif déféré d'office par le juge. — *Cass.*, 20 janv. 1843 (t. 2 1843, p. 462), Risacher.

243. — Jugé, dans le même sens, que la preuve de la fausseté du serment déféré d'office par le juge est admissible. On peut, pour y parvenir, prendre la voie de l'inscription de faux incident, sans être obligé de se pourvoir en faux principal. — *Turin*, 7 avril 1812, Ponte de Lombriasco c. Garda.

244. — Si, depuis la prestation du serment, l'autre partie avait découvert une pièce décisive qui prouvât la fausseté du serment, elle pourrait encore se pourvoir contre le jugement. — L. 31, D., *De jurejurando*. — En effet, le jugement n'est alors que la suite d'un dol commis sciemment et méchamment. Il doit donc être annulé et réformé. — Toullier, t. 10, no 426; Duranton, t. 13, no 614; Rolland de Villargues, *Rép.*, vo *Serment judiciaire*, no 77. — C'est là une différence qui existe entre le serment supplétoire et le serment décisoire.

245. — Le jugement qui défère d'office le serment à une partie doit être rétracté si, avant la prestation du serment, l'autre partie produit une pièce de laquelle résulte manifestement la fausseté des faits que ce serment aurait pour objet d'affirmer. — *Cass.*, 10 déc. 1823, Imbert et Jouteau c. Forgemolle.

246. — Le jugement qui ordonne un serment

suppléti/ peut être rétracté lorsqu'une pièce décisive a été découverte avant que ce serment ait été prêté, et après le décès de celui à qui il a été déféré. — *Toulouse*, 3 juill. 1827, Blayac c. Razimbaud.

247. — Si celui à qui le serment supplétoire a été déféré décède avant de l'avoir prêté, la délation de serment demeure comme non avenue, et les choses rentrent dans l'état où elles étaient auparavant, à moins que le défunt n'eût retardé de prêter le serment sans aucun motif légitime ou sans avoir déclaré qu'il était prêt à le faire. Il y a lieu d'appliquer ici ce que nous avons dit relativement au serment décisoire. — V. *suprà*, nos 130 et suiv. — Toullier, t. 10, no 385 ; Rolland de Villargues, *Rép.*, vo *Serment judiciaire*, no 71. — *Contrà*, Dumoulin, sur la loi 3, C., *De jurejurando*; Boncenne, *Théorie de la procéd.*, t. 2, p. 514.

248. — Jugé que lorsque le créancier qui a obtenu l'adjudication de sa créance, à la charge de prêter serment, est décédé sans avoir été mis en demeure de le prêter, il est censé l'avoir prêté, alors surtout qu'il n'a manifesté aucune intention contraire. — *Aix*, 13 août 1829, Vidal c. Tardieu.

249. — Jugé encore qu'un jugement qui a donné gain de cause à une partie, à la charge par elle de prêter serment, n'en doit pas moins produire ses effets, quand cette partie viendrait à décéder sans avoir prêté ce serment, si d'ailleurs elle a manifesté, par divers actes, son intention de remplir cette condition; par exemple, en levant expédition du jugement et en prenant inscription sur les biens de la partie condamnée. *Douai*, 26 mai 1844, Carpentier c. Leroy.

250. — Jugé enfin que le décès d'une partie avant la prestation d'un serment supplétoire mis à sa charge ne doit pas être assimilé à un refus de prestation de serment. — Dans ce cas il y a lieu de statuer sur la demande, d'après les documens acquis au procès. — *Limoges*, 12 mars 1839 (t. 1er 1840, p. 612), Suidiraux c. Syrieux et Chabreix.

ART. 3. — *Du serment* in litem.

251. — On appelle ainsi le serment déféré par le juge pour déterminer le montant de la condamnation. — C. civ., art. 1366. — V. le tit. ff., *De in litem jurando*, 12, 3, et dans le C., § 53. — Dans le droit romain, on l'appelle aussi *serment d'affection*. — L. 33, ff., *Ad leg. aquil.*, 9, 20. — Nos anciens auteurs l'appelaient serment *en plaids*. — Merlin, *Rép.*, vo *Serment en plaids*; Toullier, t. 10, no 430.

252. — Le serment sur la valeur de la chose demandée ne peut être déféré par le juge au demandeur que lorsqu'il est d'ailleurs impossible de constater autrement cette valeur. — C. civ., art. 1369.

253. — Ce serment suppose que le fait qui sert de fondement à la demande est justifié, et qu'il ne reste d'incertitude que sur la quotité de la condamnation à prononcer; parce que le demandeur est réduit à l'impossibilité de prouver la valeur ou le nombre des choses qui devraient lui être rendues. — Toullier, t. 10, no 430.

254. — De sorte que ce n'est que dans le cas où la chose ne peut être remise dans la possession du demandeur, qu'il y a lieu à l'estimation dont il s'agit. — L. 68, ff., *De rei vindicatione*. — Toullier, t. 10, nos 431, 432, 441 ; Rolland de Villargues, *Rép.*, vo *Serment judiciaire*, no 82.

255. — L'impossibilité dont parle l'art. 1369 C. civ. est suffisamment constatée quand le jugement porte qu'il est difficile, pour ne pas dire impossible, d'apprécier la quotité de la somme due autrement que par la délation du serment d'office, et cette disposition remplit le vœu de l'art. 141 C. proc. — *Cass.*, 8 déc. 1832, Feilleul c. Collin.

256. — Lors même qu'il s'agit de faits qui ont eu lieu et de droits nés avant la promulgation du Code civil, il y a lieu d'appliquer l'art. 1369 de ce Code sur le serment *in litem*. — *Bruxelles*, 29 déc. 1821, Delarue et Vanderdenckt c. Hospices de Bruges.

257. — Si le juge ne se trouve pas suffisamment instruit, il peut et doit ordonner, au préalable, une information par commune renommée. — Rousseau-Lacombe, *Rép.*, vo *Serment*, no 4.

258. — Si l'art. 1369 C. civ. n'en parle point, c'est pour ne pas faire de cette information une condition nécessaire à remplir avant la détermination du juge lorsqu'il est, d'ailleurs, suffisamment instruit. — Toullier, t. 10, no 440; Rolland de Villargues, *Rép.*, vo *Serment judiciaire*, no 93.

259. — Peu importe, pour qu'il y ait lieu au serment *in litem*, que le défaut de restitution de la chose demandée provienne du dol ou seulement de la faute du défendeur. Le Code ne distingue point. — Toullier, t. 10, no 445; Rolland de Villargues, *Rép.*, vo *Serment judiciaire*, no 84.

260. — Ainsi, l'impossibilité se rencontre, dans le cas de spoliation ou de vol, lorsque le voleur ne veut ou ne peut rendre la chose. — Toullier, t. 10, no 438; Rolland de Villargues, *Rép.*, vo *Serment judiciaire*, no 83.

261. — Si un tuteur avait négligé de faire inventaire des biens de son pupille, l'on admettait contre lui le serment *in litem*. — D'Argentré, sur la cout. de Bretagne, art. 477, gl. 2, no 7; Toullier, t. 10, no 442.

262. — Mais il n'en serait pas de même par cela seul que le tuteur n'aurait pas tenu un compte régulier de son administration, un livre de compte; car dès qu'il y a inventaire il est possible, facile même, de réparer cette faute, en prenant le montant de cet inventaire et le revenu annuel des biens pour en former le chapitre de la recette. — Toullier, t. 10, no 443. — *Contrà*, Dumoulin, t. 1er opp., p. 198, no 34.

263. — Lorsque, pour établir la valeur d'une succession, le défendeur a produit un inventaire contre lequel le demandeur n'a formé aucuns contredits, et qu'il n'a d'ailleurs ni prouvé ni même allégué l'existence d'un seul objet qui ne serait pas compris dans cet inventaire, les juges ne peuvent admettre le serment *in litem* sur la valeur de la succession. — *Bruxelles*, 29 déc. 1821, Delarue et Vanderdenckt c. Hospices de Bruges.

264. — Le serment *in litem* peut être déféré contre une partie qui refuse injustement d'exhiber un acte décisif dont elle est saisie. — L. 10, ff., *De in litem jurand.* — Toullier, t. 10, no 444.

265. — Il peut être déféré contre le dépositaire pour déterminer la valeur de la chose déposée. — *Cass.*, 9 vendém. an XIV, D... c. B... — Toullier, t. 10, no 446.

266. — Il peut également être déféré contre les entrepreneurs de messageries, voitures et roulages publics, lorsque les effets dont ils étaient chargés se trouvent perdus. — Arg. C. civ., art. 1782 et suiv. — Merlin, *Rép.*, vo *Messageries*, § 2; Toullier, t. 10, no 447; Rolland de Villargues, *Rép.*, vo *Serment judiciaire*, no 90.

267. — Ainsi, jugé qu'il peut être déféré pour prouver la valeur des effets remis au voiturier. — *Rouen*, 2 fruct. an XIII, Lambert c. Thomas.

268. — En cas d'action en indemnité dirigée par un voyageur contre un entrepreneur de messageries, à raison de la perte de sa malle; les juges peuvent, s'il résulte des circonstances de la cause, de fortes présomptions que les effets signalés comme perdus se trouvaient dans la malle, déférer au demandeur le serment *in litem* sur la valeur des effets. — *Bruxelles*, 23 mai 1831, Busso c. N....

269. — Jugé même qu'en cas de vol dans une auberge, d'effets déposés par un voyageur, celui-ci est cru sur son serment, relativement à la nature et à la valeur de ces effets. — *Rouen*, 13 germ. an X, Robine c. Osmont. — V. DÉPOT, nos 295 et suiv.

270. — Le serment *in litem* est accordé au maître sur la quotité des gages de ses domestiques, et sur sa libération en tout ou en partie. — C. civ., art. 1781. — Rolland de Villargues, *Rép.*, vo *Serment judiciaire*, no 91. — V. LOUAGE D'OUVRAGE ET D'INDUSTRIE.

271. — En fait de répétition d'intérêts usuraires, le juge peut d'office subordonner au serment du demandeur ce qui peut lui être dû tant pour la quotité des intérêts que pour la quotité de la somme principale. — *Cass.*, 8 déc. 1832, Feilleul c. Collin.

272. — Dans le cas où il y a lieu au serment *in litem* le juge doit déterminer la somme jusqu'à concurrence de laquelle le demandeur sera cru sur son serment (C. civ., art. 1369). Pour cela, il doit prendre en considération la qualité de la personne et les circonstances du fait; il doit aussi être généralement plus réservé quand le défendeur n'a commis ni fraude ni faute grave, mais seulement quelque imprudence légère, ou une simple négligence, ou bien s'il n'est poursuivi que comme civilement responsable. — Duranton, t. 13, no 626.

273. — D'après les termes de l'art. 1369, c'est au demandeur que le serment *in litem* doit être déféré (Duranton, t. 13, no 625). Cela n'est pas exact, et il est des cas où le serment *in litem* doit être déféré au défendeur; par exemple, lorsqu'un maître est assigné par son domestique en paiement de ses gages. — Toullier, t. 10, nos 448 et 449.

274. — Le serment *in litem* peut être déféré contre l'héritier du spoliateur. Car ce serment n'est point une peine, et il ne s'agit que de connaître la valeur des choses dont le demandeur a été dépouillé. — Toullier, t. 10, no 445; Rolland de Villargues, *Rép.*, vo *Serment judiciaire*, no 94.

275. — Le serment peut, suivant les circonstances, être déféré à l'héritier du propriétaire dépouillé. — L. 42, ff., *De reg. juris*. — Toullier, t. 10, no 446. — Ainsi jugé qu'il peut être déféré à un individu pour la valeur d'un dépôt fait par son père, dont il est héritier. — *Cass.*, 9 vend. an XIV, D... c. B....

276. — Le serment *in litem* peut être déféré à un mineur. — *Cass.*, 9 vend. an XIV, D... c. B....

277. — Le serment doit être prêté sur la valeur réelle de la chose et non sur la valeur qu'elle peut avoir aux yeux du demandeur. Si les interprètes du droit romain admettaient le *juramentum affectionis*, nous ne connaissons, à cet égard, que le *juramentum veritatis*. — Duranton, t. 13, no 627; Toullier, t. 10, no 437.

278. — Toutefois, outre la valeur réelle de la chose il y aurait lieu aussi chez nous à prendre en considération le préjudice que sa perte a pu occasionner au demandeur. — Duranton, t. 13, no 628.

279. — On peut revenir contre le serment *in litem* ou l'estimation qui a été faite, soit en absolvant la partie en entier, soit en modérant cette estimation, s'il se présente quelque cause grave et que depuis on ait recouvré de nouvelles preuves. — L. 4, § 3, *De in litem jurando*. — Par exemple, si, depuis le serment prêté, on retrouvait des pièces établissant que le demandeur n'était pas propriétaire de la chose. — Toullier, t. 10, no 435; Rolland de Villargues, *Rép.*, vo *Serment judiciaire*, nos 96 et 97.

ART. 4. — *Mode de prestation du serment judiciaire.*

280. — Tout jugement qui ordonne un serment doit énoncer les faits sur lesquels il sera reçu. — C. proc., art. 120.

281. — Pour remplir le vœu de l'art. 120 C. proc., il suffit que les faits sur lesquels doit porter le serment se trouvent relatés dans la partie du jugement qui contient l'exposé des faits. — *Turin*, 20 févr. 1808, Turpini c. Villafaleti.

282. — Le serment doit être fait par la partie en personne. — C. proc., art. 121. — Pigeau, *Procéd. civ.*, t. 1er, p. 290; Carré, quest. 512.

283. — Sous l'empire du droit écrit, le serment judiciaire ne pouvait pas être prêté par procureur. — *Poitiers*, 21 prair. an XI, N.... — Toutefois cette règle n'était pas admise dans tous les Parlemens. — Denisart, *Collect. de jurisp.*, vo *Serment*.

284. — Autrefois, le serment judiciaire se prêtait dans les églises; sous la première race, il y avait dans le palais des rois une chapelle établie exprès pour les affaires qui s'y jugeaient. — Formules de Marculfe, liv. 1er, chap. 38; loi des Ripuaires, tit. 59, § 4, et 65, § 5; Capitulaire de 803 ajouté à la loi salique.

285. — Cette épreuve, fondée sur la pensée que la sainteté du lieu devait étonner les coupables et faire pâlir les parjures, entraîna des abus inouïs, et il ne pouvait en être autrement quand on était sûr avec un serment soit d'acquérir, soit de se décharger d'une accusation criminelle, toujours d'obtenir quelque grand et utile résultat.

286. — Le serment doit être fait à l'audience. Dans le cas d'un empêchement légitime et dûment constaté, le serment peut être prêté devant le juge que le tribunal aura commis et qui se transportera chez la partie assisté du greffier. — C. proc., art. 121.

287. — Si la partie à laquelle le serment est déféré est trop éloignée, le tribunal peut ordonner qu'elle prêtera le serment devant le tribunal du lieu de sa résidence. — C. proc., art. 121.

288. — Ainsi les tribunaux peuvent, selon l'exigence des cas, commettre, pour recevoir le serment d'une partie, soit un autre tribunal, soit un juge ou même un juge de paix, surtout lorsqu'il ne s'agit que d'un serment supplémentaire. — *Cass.*, 17 fév. 1836, Dumoret c. Lafitte.

289. — La chambre des vacations d'une Cour d'appel est compétente pour recevoir un serment, alors que l'arrêt qui a déféré ce serment l'a délégué à cet effet; surtout si la matière du procès était sommaire de sa nature, cette Chambre aurait pu être juge de la contestation au fond. — *Cass.*, 19 juill. 1836, Demolon c. Blanc.

290. — Dans tous les cas, le serment doit être fait en présence de l'autre partie ou elle dûment

appelée par acte d'avoué à avoué; et s'il n'y a pas d'avoué constitué, par exploit contenant l'indication du jour de la prestation. — C. proc., art. 121.

291. — Jugé que, dans le cas d'une prestation de serment ordonnée par le juge, il doit y avoir entre la sommation que l'art. 121 C. proc. civ. prescrit de faire à la partie adverse à l'effet d'être présente au serment et la comparution un délai de huit jours au moins outre celui des distances. — *Cass.*, 4 janv. 1842 (t. 1er 1842, p. 368), Daiguy c. Ville-Teniers; *Orléans*, 28 mars 1849 (t. 1er 1849, p. 415), Gigaud c. Moureau.

292. — ... Et que la partie à laquelle le serment est imposé ne sera pas dispensée de faire cette sommation, parce que les juges ont fixé le jour où il serait reçu. — Même arrêt de 1849.

293. — Jugé que lorsque les juges ont ordonné que la partie à laquelle le serment a été déféré le prêterait devant le tribunal de son domicile, la partie adverse doit être sommée de se trouver à cette prestation, aux lieu, jour et heure qui seront indiqués, en observant les délais nécessaires à son transport qui doivent être les mêmes que ceux fixés en matière d'ajournement. — *Orléans*, 9 déc. 1807, N....

294. — Jugé, d'un autre côté, que lorsqu'une Cour délègue le juge de paix du domicile des parties pour recevoir le serment décisoire déféré par l'une d'elles, la sommation pour être présent à la prestation peut être donnée au domicile de la partie, vingt-quatre heures auparavant, et en pareil cas la citation à l'avoué n'est pas prescrite sous peine de nullité. — *Bastia*, 10 janv. 1838 (t. 2 1840, p. 31), Tertian c. Buttafoco.

295. — Une partie non présente à la prestation d'un serment déféré d'office est recevable à interjeter appel du jugement qui l'a ordonné, encore bien qu'elle ne l'ait pas fait entre le jugement qui a ordonné le serment et celui qui a constaté sa prestation. — *Rennes*, 13 mai 1812, Friq... c. N....

296. — ... Que lorsque le serment déféré d'office par le tribunal a été prêté en l'absence de l'adversaire et sans opposition de sa part, l'appel du jugement n'est plus recevable. — *Rennes*, 27 août 1812, Josselin.

297. — V., au reste, à cet égard, et relativement à la question de savoir quand l'assistance à la prestation du serment constitue ou non un acquiescement au jugement qui l'a ordonné, v° ACQUIESCEMENT, et *suprà*, n° 23.

298. — Le serment prêté en l'absence de la partie adverse n'est pas nul. — *Aix*, 21 mai 1811, Guieu c. Fabre.

299. — Lorsqu'un arrêt rendu entre trois parties donne commission rogatoire à une Cour de procéder à une affirmation, et que deux seulement comparaissent pour assister à la prestation de serment; il n'y a pas lieu à défaut joint, contre la partie qui ne comparaît pas. L'affirmation doit être reçue malgré sa non-comparution. — *Poitiers*, 10 janv. 1826, Pavie c. Mousnier et Séguin.

300. — Lorsqu'un serment décisoire a été prêté dans une affaire sommaire, il peut être procédé immédiatement au jugement du fond sans qu'il y ait lieu à signifier préalablement l'acte de serment à la partie qui l'a déféré. — *Turin*, 31 déc. 1810, Bertholino c. Alberto.

301. — Jugé que lorsqu'il s'agit du serment décisoire, il n'y a point de formules judiciaires sacramentelles. — *Orléans*, 26 juill. 1820, N....

302. — La formule du serment consiste seulement et en général à dire, sur l'interpellation du magistrat et en levant la main droite : *Je le jure.* — Ce mode de prestation est également suivi par ceux qui prêtent serment en qualité de témoins.

303. — Tout le monde est d'accord sur ce point que le serment a un caractère essentiellement religieux, mais les conséquences que l'on tire de ces prémisses sont loin de présenter la même unanimité. — La grande majorité des auteurs et un très-grand nombre de Cours en concluent que le serment doit être prêté selon le rite religieux de celui à qui il est imposé, et, en conséquence, ils veulent que le juif, par exemple, *soit tenu* de le faire *more judaico.* — V., dans ce sens, les arrêts cités v° JUIFS, nos 56 et suiv. — Pigeau, *Comment.*, t. 1er, p. 290; Carré, quest. 519; Berriat Saint-Prix, *Cours de proc.*, p. 493, note 5; Toullier, t. 10, n° 451; Duranton, t. 5, n° 593; Zachariæ, t. 5, p. 610; Bonnier, n° 308; Boncenne, *Th. de la proc. civ.*, t. 2, p. 511; Bioche, *Dict. de proc.*, v° *Serment*, n° 58. — V. aussi Carnot, *Instr. crim.*, sous l'art. 317, n° 2; un avis du grand juge min. de la justice, du 26 nov. 1806, et un avis du consistoire israélite d'Alger, mentionné dans l'arrêt de la Cour d'Alger du 18 juin 1845.

304. — Jugé encore que l'israélite français à qui le serment décisoire a été déféré par son coreligionnaire peut, en Algérie, être contraint de le prêter *more judaico.* — *Alger*, 18 juin 1845 (t. 1er 1848, p. 621), Parcifico c. Mesguich.

305. — La Cour de Colmar a même été jusqu'à décider qu'il ne suffirait pas que le procès-verbal de prestation du serment constatât qu'il a été prêté *more judaico*, et qu'il doit, en outre, à peine de nullité, détailler les solennités qui ont été observées. — *Colmar*, 26 juill. 1814, Lang c. Leyser.

306. — Legraverend (t. 1er, chap. 6, § 1er, p. 277) admet bien aussi qu'il y a lieu par l'israélite de prêter serment *more judaico;* mais, frappé des inconvéniens qu'entraînerait, en matière criminelle du moins, le transport dans la synagogue, il pense qu'on doit le prêter, sans déplacement et sans recourir à l'intervention d'un rabbin, en présence du juge. — V., également, De La Cuisine, *Pouvoir judic. dans la conduite des débats crim.*, p. 275, et le *Rép.*, v° *Juifs*, n° 65.

307. — Mais cette doctrine a de tout temps trouvé de vifs contradicteurs ; et, au nom de la liberté de conscience, on a dénié formellement aux juges le pouvoir d'imposer aux parties ou aux témoins un mode particulier de serment, chacun, juif, catholique ou protestant, se trouvant lié également, et au même degré, par celui prêté dans la forme prescrite par la loi. — V. les arrêts cités v° JUIFS, nos 69 et suiv. — Merlin, *Quest.* (4e édit.), v° *Serment*, § 2 2°, p. 473, 2e col. ; Massé, *Droit comm. dans ses rapports avec le droit des gens et le droit civil*, t. 3, nos 307 et suiv.; Bourguignon, *Jurisprudence du Code criminel*, sur l'art. 75, n° 1 ; Chauveau sur Carré, quest. 1028; Marcadé, *Elément de droit civil français*, sous l'art. 1357 C. civ., n° 1. — V. aussi, dans le même sens, les décisions du consistoire général israélite, en 1806; du grand sanhédrin du 2 mars 1807; du consistoire central des 16 nov. 1816 et 19 avril 1844; des consistoires de Paris du 9 juill. 1843, de Metz du 6 nov. 1843, de Marseille du 14 mars 1844, et de ceux de Nancy, Colmar, Strasbourg, de la Gironde, etc.

308. — Jugé de même par la Cour de cassation que le témoin israélite appelé à déposer devant la Cour d'assises ne peut être tenu de prêter serment *more judaico.* Il satisfait aux prescriptions de la loi et use de son droit en prêtant volontairement le serment prescrit par l'art. 317 du Code d'instruction criminelle. — *Cass.*, 18 nov. 1847 et 10 oct. 1844 (t. 1er 1848, p. 639), Fabre c. Geoffroy.

309. — Toutefois, la Cour de cassation a reconnu (et en cela elle a consacré plus énergiquement encore le principe de la complète liberté de conscience) à ceux qui professent une religion autre que la religion catholique le droit de demander à être admis au serment suivant le rite particulier prescrit par leur culte. — *Cass.*, 19 mai 1826, Malagutti et Ratta. — V. aussi *Cass.*, 15 févr. 1838 (t. 1er 1840, p. 742), Delucca. — Il s'agissait d'un musulman qui avait prêté serment la main sur le Coran; ce serment a été considéré comme bien prêté.

310. — Et, par suite, elle a décidé qu'on ne pouvait se faire un moyen de cassation de ce qu'un témoin de religion juive avait, devant la Cour d'assises, prêté le serment *more judaico.* — *Cass.*, 31 déc. 1812, Aers; 18 févr. 1813, Dapino; 1er avril 1813, Smient.

311. — Mais chaque fois que le serment a été prêté dans la forme ordinaire, sans réclamation, elle a considéré que le vœu de la loi était pleinement rempli, et repoussé les moyens de nullité qu'on prétendait en tirer sous prétexte que le culte professé par celui qui l'avait prêté prescrivait un mode spécial. — V. JUIFS, nos 71 et suiv. — V. encore Chauveau sur Carré, quest. 1028.

312. — Jugé encore que, bien que le serment décisoire ait un caractère essentiellement religieux, la partie israélite à laquelle il est déféré ou référé ne peut être tenue de le prêter *more judaico;* et qu'une forme de serment autre que la forme ordinaire ne peut être autorisée par le juge que lorsque la partie qui doit le prêter ne professe pas la religion de la majorité des Français, et en fait elle-même la demande. — *Cass.*, 3 mars 1846, et *Besançon*, 15 janv. 1847 (t. 1er 1848, p. 622), Gouguenheim.

313. — La Cour suprême a même été plus loin, car elle a formellement jugé (à l'égard de quakers et d'anabaptistes) qu'on ne peut peut exiger des témoins un serment lorsque leur culte religieux s'y oppose. — *Cass.*, 4, 9 et 24 avr. 1812, Pinguet c. N.... — Merlin, *Quest.*, v° *Serment*, § 1er.

314. — Jugé aussi qu'un quaker qui affirme en son âme et conscience, ainsi que sa religion l'y autorise, satisfait au vœu de la loi qui prescrit le serment judiciaire. — *Bordeaux*, 14 mars 1809, Masson et Fenwick c. Jones; *Cass.*, 28 mars 1810, mêmes parties.

315. — D'ailleurs, qu'arriverait-il si un rabbin, par exemple, refusait de recevoir un serment *more judaico* déféré judiciairement à un juif? — Evidemment ce dernier ne pourrait supporter les conséquences d'un pareil refus et être considéré comme récalcitrant lui-même. Quant au rabbin, il a été jugé qu'il ne pouvait être, pour ce motif, actionné devant les tribunaux ordinaires et qu'au Conseil d'Etat seul il appartenait d'en connaître. — V. APPEL COMME D'ABUS, nos 48 et suiv. — Cependant, le Conseil d'Etat a décidé que le refus du rabbin ne constituait pas un cas d'abus. — *Cons. d'Etat*, 27 août 1845.

316. — En résumé, la doctrine consacrée par les arrêts les plus récens est celle-ci : Tous les Français sont égaux devant la loi, et on ne peut, sans violer la liberté de conscience, imposer à personne une formule de serment autre que celle imposée par la loi ; celle-ci lie la conscience de tous, juifs ou non, et sa violation constitue un parjure puni par le Code pénal. Si, donc, les parties ou les témoins interpellés, soit par leur adversaire, soit par le juge, sur leur religion, refusent de s'expliquer et offrent de prêter serment dans la forme légale ordinaire, ils usent de leur droit et satisfont aux prescriptions de la loi : on ne peut exiger d'eux davantage. Si, au contraire, ils demandent ou consentent à prêter serment dans une forme spéciale, ils peuvent y être admis sans qu'il en résulte aucune irrégularité. — Cette doctrine doit, à notre avis, prévaloir. Peut-être remarquera-t-on que les derniers arrêts qui l'ont consacrée invoquent les dispositions de la Charte, aujourd'hui abrogée; mais la solution de notre question ne saurait recevoir de cette circonstance aucune modification : les dispositions invoquées de la Charte n'établissaient point, ne créaient pas les principes qui ont servi de base aux arrêts qui nous occupent ; elles ne faisaient que reconnaître, formuler des principes préexistans, dont la valeur, loin de perdre par les derniers événemens quelque chose de son énergie, en a, au contraire, reçu une plus forte et plus complète consécration. Ces arrêts doivent donc, aujourd'hui comme sous l'empire de la Charte, conserver leur entière efficacité.

317. — Outre les auteurs que nous avons cités plus haut, on peut encore consulter, sur cette question, Delvincourt (édit. 1819), t. 2, p. 837; Favard de Langlade, *Rép. de jurispr.*, vis *Serment*, sect. 3, § 1er, n° 23, et *Enquête*, sect. 1re, § 4, n° 3; Thomine-Desmazures, t. 1er, n° 136; Rodière, *Proc. civ.*, t. 2, p. 221; Rolland de Villargues, *Rép. du notar.*, v° *Serment judiciaire*, nos 30 et 31; Nouguier, *Trib. de comm.*, t. 3, n° 61; Despréaux, *Compét. des tribunaux de comm.*, n° 98.

Sect. 2e. — *Du serment extrajudiciaire.*

318. — Le serment extrajudiciaire est celui qu'une partie défère à l'autre hors jugement, et de la prestation duquel elle fait dépendre le sort d'un différend non encore porté en justice.

319. — Dans le droit romain, on l'appelait serment volontaire, *jusjurandum voluntarium.* — V. Dig., lib. 12, tit. 2 *De jurejur.*, et C., tit. *De Rebus creditis et jurejur.*

320. — Bien que ni le Code civil ni le Code de procédure ne parlent du serment extrajudiciaire, il n'en faut pas conclure que cette espèce de serment n'est pas en usage dans notre droit, ni qu'il serait sans effet. — Duranton, t. 2, n° 568.

321. — Le serment extrajudiciaire peut être déféré en vertu d'une convention ou même sans convention. — Toullier, t. 10, n° 359.

322. — Si le serment était déféré sans convention, celui à qui il serait déféré ou référé ne pourrait être forcé à le prêter; car la justice seule peut imposer cette obligation. — Toullier, t. 10, n° 360; Rolland de Villargues, *Rép.*, v° *Serment extrajudiciaire*, n° 3.

323. — Le serment déféré par une partie à l'autre au bureau de conciliation est un exemple de cette espèce de serment extrajudiciaire. Le juge de paix peut le recevoir, ou faire mention du refus de le prêter (C. procéd., art. 55); mais, comme il n'est pas juge, sa mission se borne là. — Toullier, t. 10, n. 363.

324. — Dès lors la partie qui au bureau de conciliation, a refusé de prêter le serment décisoire qui lui était déféré ne doit point, par cela seul, succomber dans sa demande ou dans son exception. — *Cass.,* 17 juill. 1840, Levile c. Moreau. — Bonceune, *Th. procéd. civ.,* t. 2, p. 43. — J. Duranton (t. 13, nᵒ 569) paraît adopter l'opinion contraire; mais il est à présumer qu'il a voulu parler de celui de prêter un serment accepté.

325. — Jugé encore que la partie à laquelle le serment est déféré en bureau de conciliation, et qui refuse de le prêter, n'encourt pas l'application de l'art. 1361 C. civ. Son refus constitue non pas un refus de serment judiciaire décisoire, puisqu'il n'y a pas encore litige, mais un simple refus de conciliation. — *Poitiers,* 3 févr. 1841 (t. 2 1846, p. 226), Ronneau c. Bazin.

326. — .... Et que le refus de prêter un serment en conciliation ne doit pas faire considérer comme avérés les faits qui font l'objet de ce serment; il exprime seulement l'intention de ne point se concilier. — *Pau,* 11 mars 1824, Curie-Seimbrez c. Devic.

327. — Par suite, celui qui avait déféré le serment au bureau de conciliation ne saurait s'en prévaloir devant le tribunal saisi de l'instance; seulement il peut déférer de nouveau le même serment, que l'adversaire ne peut plus alors refuser impunément de prêter ou se référer. Comme aussi la délation du serment n'ayant point été acceptée en bureau de conciliation, peut être rétractée devant le tribunal. — Toullier, t. 10, nᵒ 363.

328. — Si le serment extrajudiciaire a été déféré par une convention faite entre les parties, celui qui doit le prêter d'après la convention peut être forcé de le prêter; et ne peut s'en dispenser, même en le référant à l'autre partie: car ce serait chang r la condition de la convention. — L. 17, ff., *De jurejur.,* 12, 2. — Toullier, t. 10, nᵒ 361; Duranton, t. 13, nᵒ 570. — Une telle convention est une transaction conditionnelle. — Toullier, nᵒ 362; Duranton, nᵒ 571.

329. — Il y a serment extrajudiciaire convenu lorsque celui qui est déféré au bureau de conciliation et que l'adversaire a accepté. Cette acceptation opère une convention parfaite dont le juge de paix est autorisé à constater l'exécution en recevant le serment. — Toullier, t. 10, nᵒ 363; Rolland de Villargues, *Rép.,* vᵒ *Serment extrajudiciaire,* nᵒ 9.

330. — Si, après avoir accepté le serment qui lui était déféré, la partie refusait de le prêter, il serait dressé procès-verbal par le juge de paix; et le tribunal civil devrait, au vu de ce procès-verbal, condamner la partie comme si le refus avait eu lieu devant lui-même. — Duranton, t. 13, nᵒ 558.

331. — L'effet de la prestation du serment convenu est le même que celui de la prestation du serment décisoire judiciaire, c'est-à-dire qu'il décide la contestation et que celui qui l'a déféré y succombe sans pouvoir être reçu à en prouver la fausseté; et cela non par application de l'art. 1361, relatif au serment décisoire judiciaire, mais en vertu de la convention ou transaction par laquelle les parties sont convenues mutuellement de s'en rapporter à la condition du serment.—Arg. C. proc., art. 54 et 55.—Toullier, t. 10, nᵒ 363; Rolland de Villargues, *Rép.,* vᵒ *Serment extrajudiciaire,* nᵒ 10.

332. — La convention de prêter le serment ne pourrait être résolue que d'un commun accord. Seulement, celui qui en avait fait la condition pourrait en faire la remise. Et alors ce serait comme si le serment avait été prêté. — L. 9, § 1ᵉʳ, ff., *De jurejur.;* Duranton, t. 13, nᵒ 568.

333. — Quoique le juge de paix ait, lors de l'opposition des scellés, déféré d'office le serment qu'il n'a été reçu ni déféré, les parties intéressées peuvent déférer un autre serment et conservent le droit de prouver que des effets de la succession ont été détournés. — *Turin,* 7 févr. 1807, Gallo.

334. — Un serment qui ne se rattache point à une instance en justice et déféré devant un juge de paix, n'est pas nul pour avoir été prêté en l'absence de celui qui l'a déféré et, sans qu'il y ait appelé, lorsque dans l'acte par lequel il l'avait décerné il ne s'en était point expliqué. — *Pau,* 11 mars 1824, Curie-Seimbrez c. Devic.

V. ACTE AUTHENTIQUE, ACTE SOUS SEING PRIVÉ, ALGÉRIE, APPROBATION DE SOMME, ASSURANCES MARITIMES, AUTORISATION DE FEMME MARIÉE, AUTORISATION DE PLAIDER, AVEU, BAIL, CAUTIONNEMENT, COMMENCEMENT DE PREUVE PAR ÉCRIT, JUGEMENT COMMERCIAL, PRÉSOMPTION, PREUVE TESTIMONIALE.

SERMENT EN PLAIDS.

V. SERMENT JUDICIAIRE ET EXTRAJUDICIAIRE.

SERMENT *IN LITEM*.

V. SERMENT JUDICIAIRE ET EXTRAJUDICIAIRE.

SERMENT POLITIQUE.

1. — Comme nous l'avons vu (vᵒ SERMENT DE FONCTIONNAIRES), avant la révolution de février 1848 les fonctionnaires étaient tenus de prêter un serment politique. Ce serment était exigé également de tout citoyen dans l'exercice de quelques-uns de ses droits politiques.—V. ÉLECTIONS DÉPARTEMENTALES, LÉGISLATIVES, MUNICIPALES. Depuis la Charte du 9 août 1830, la formule de ce serment était généralement celle tracée par la loi du 31 août suivant.

2. — Le serment politique, aboli par le décret du Gouvernement provisoire du 2 mars 1848, n'a pas été rétabli, sauf en ce qui concerne le président et le vice-président de la République. — V. PRÉSIDENT DE LA RÉPUBLIQUE.

SERMENT PROMISSOIRE.

V. SERMENT.

SERRURERIE, SERRURIERS.

1. — Fabricans de serrurerie, ferronnerie et clous forgés. — Patentables soumis à un droit fixe de 25 francs pour dix ouvriers et au-dessous, plus 3 francs par chaque ouvrier en sus, jusqu'au maximum de 300 francs. — Droit proportionnel du 20ᵉ de la valeur locative de la maison d'habitation et des magasins de vente complètement séparés de l'établissement, et du 40ᵉ sur l'établissement industriel.

2. — Marchands expéditeurs d'objets en serrurerie.—Patentables de 2ᵉ classe.— Droit fixe basé sur la population; — droit proportionnel du 20ᵉ de la valeur locative de l'habitation et des lieux servant à l'exercice de la profession.

3. — Serruriers entrepreneurs; serruriers-mécaniciens; serruriers en voitures suspendues. — Patentables de 4ᵉ classe. — Mêmes droits fixe (sauf la différence de classe) et proportionnel que les précédens.

4. — Serruriers non-entrepreneurs. — Patentables de 5ᵉ classe. — Mêmes droits fixe (sauf la différence de classe) et proportionnel que les précédens. — V. PATENTE.

SERVICE DIVIN.

V. CULTE.

SERVICE A L'ÉTRANGER.

V. CITOYENS FRANÇAIS, DROITS POLITIQUES ET CIVIQUES, ÉTRANGERS, FRANÇAIS.

SERVICES FONCIERS.

V. MITOYENNETÉ, SERVITUDES.

SERVICE MILITAIRE.

V. ALGÉRIE, ARMÉE, COLONIES, CONSCRIPTION, DÉLIT MILITAIRE, DISCIPLINE MILITAIRE, EFFETS MILITAIRES, ENGAGEMENT, RECRUTEMENT, REMPLACEMENT MILITAIRE, RENGAGEMENT, TRIBUNAUX MILITAIRES.

SERVITEUR A GAGES.

V. ABUS DE CONFIANCE, COUR D'ASSISES, ENQUÊTE, JUSTICE DE PAIX, LOUAGE D'INDUSTRIE, PRIVILÉGE, TÉMOINS, VOL.

SERVITUDE.

Table alphabétique.

CHAPITRE. — **1.** — La servitude est, en général, un démembrement de la propriété, tout
droit réel sur une chose, soit au profit d'une personne, soit dans l'intérêt d'une autre chose.
Dans le premier cas, la servitude est *personnelle,*
parceque l'usufruit, l'usage, l'habitation; dans le
second, elle est réelle. Les servitudes réelles ne
peuvent exister qu'entre deux immeubles, deux
fonds, reçu aussi le nom de *services fonciers.*
— On ne trouve nulle part, dans le Code, les
mots *servitudes* personnelles ou servitudes
réelles, mais seulement le mot *servitude.* Cela
tient à ce que le législateur, pour éviter tout
moyen de retour aux droits féodaux récemment abolis, a pris soin de ne jamais qualifier
l'usufruit, l'usage, l'habitation, de servitudes personnelles. Toutes les fois donc qu'il emploie
le mot servitudes, il est entendu qu'il ne s'applique
qu'aux servitudes réelles ou services fonciers.
— « La servitude est, suivant l'art. 637 du
code civil, une charge imposée sur un héritage
pour l'usage et l'utilité d'un héritage appartenant à un autre propriétaire.»
— Les dispositions du Code civil sur les servitudes sont applicables à une action intentée
pour la promulgation de ce Code et sous une loi
antérieure qui avait des dispositions contraires.
(C. 17 therm. an XIII, Backer c. Schille-
lier.— Chabot, *Quest. transitoires,* v° *Servitudes.*

CHAP. Ier. — *Caractères généraux des ser-*
vitudes (n° 5).
SECT. 1re. — *Les servitudes sont des*
droits incorporels (n° 7).
SECT. 2e. — *Les servitudes sont des*
droits réels (n° 23).
SECT. 3e. — *Elles ne peuvent être éta-*
blies qu'en faveur d'un fonds (n°
28).
SECT. 4e. — *Elles ne peuvent s'exercer*
que sur un fonds dont on n'est pas
propriétaire.(n° 49).

SECT. 5e. — *Elles ne créent point de*
prééminence d'un fonds sur l'autre
(n° 56).
SECT. 6e. — *Elles n'imposent point d'o-*
bligations personnelles (n° 57).
CHAP. II. — *Établissement des servitudes.*
— Servitudes légales (n° 60).
SECT. 1re. — *Servitudes qui dérivent de*
la situation des lieux (n° 65).
ART. 1er. — *Eaux.*
§ 1er. — *Obligations pour le fonds in-*
férieur de recevoir les eaux du
fonds supérieur (n° 66).
§ 2. — *Propriété des sources* (n° 89).
§ 3. — *Eaux courantes* (n° 122).
ART. 2. — *Bornage* (n° 175).
ART. 3. — *Clôture* (n° 176).
SECT. 2e. — *Servitudes établies par la loi*
(n° 194).
ART. 1er. — *Servitudes établies dans*
l'intérêt public ou communal (n°
195).
§ 1er. — *Obligation du propriétaire*
d'une source nécessaire aux habi-
tans d'une commune (n° 197).
§ 2. — *Obligations relatives au mar-*
chepied des rivières (n° 247).
§ 3. — *Constructions ou réparations des*
chemins ou autres ouvrages pu-
blics ou communaux (n° 223).
§ 4. — *Autres servitudes établies dans*
l'intérêt public (n° 224).
ART. 2. — *Servitudes établies par la loi*
dans l'intérêt des particuliers (n°
236).
§ 1er. — *Murs et fossés mitoyens* (n°
247).
§ 2. — *Distance et ouvrages intermé-*
diaires en cas de construction (n°
260).
§ 3. — *Vues* (n° 279).
§ 4. — *Jours* (n° 327).
§ 5. — *Égout des toits* (n° 342).
§ 6. — *Passage sur le fonds d'autrui en*
cas d'enclave (n° 956).
§ 7. — *Plantation des arbres* (n° 486).
§ 8. — *Tour d'échelle* (n° 532).
CHAP. III. — *Servitudes conventionnelles*
(n° 534).
SECT. 1re. — *Acquisition des servitudes*
(n° 535).
ART. 1er. — *Acquisition par titres* (n°
552).
ART. 2. — *Destination du père de fa-*
mille (n° 600).
ART. 3. — *Acquisition par prescription*
(n° 667).
§ 1er. — *Droit ancien* (n° 667).
§ 2. — *Quelles servitudes peuvent s'ac-*
quérir par prescription (n° 718).
§ 3. — *Caractères de la prescription*
(n° 736).

§ 4. — *Effets de la prescription* (n° 763).
SECT. 2e. — *Exercice des servitudes* (n°
779).
SECT. 3e. — *Règles particulières à diffé-*
rentes espèces de servitudes (n° 813).
ART. 1er. — *Servitude de passage* (n° 844).
ART. 2. — *Servitude altius non tollendi*
(n° 869).
ART. 3. — *Servitude d'aqueduc* (n° 876).
ART. 4. — *Servitude d'égout* (n° 886).
ART. 5. — *Servitude conventionnelle de*
vue (n° 892).
CHAP. IV. — *Extinction des servitudes* (n°
896).
SECT. 1re. — *Extinction par la remise* (n°
897).
SECT. 2e. — *Extinction par le changement*
de la chose (n° 903).
SECT. 3e. — *Extinction par confusion* (n°
924).
SECT. 4e. — *Extinction par la résolution*
du droit de celui qui l'a concédée
(n° 939).
SECT. 5e. — *Extinction par le non-usage*
(n° 945).
SECT. 6e. — *Arrivée du terme ou de la*
condition (n° 976).

CHAPITRE Ier. — *Caractères généraux*
des servitudes.

5. — On doit distinguer dans les servitudes
ce qui est essentiel de ce qui n'est qu'accidentel. Les caractères essentiels sont ceux dont l'existence est nécessaire pour que le droit prenne le
nom de servitude et en ait les effets. Les caractères accidentels, au contraire, sont ceux qui
pourraient disparaître sans que la servitude
changeât de nature. Sous le nom de caractères
généraux, nous nous occuperons des caractères
essentiels des servitudes, afin de bien séparer
leurs conditions d'existence des effets qu'elles
produisent. — Pardessus, *Des servit.*, t. 1er, n° 4.
6. — Les caractères essentiels des servitudes se
tirent de la définition même de la loi : 1° elles
sont des charges, c'est-à-dire des choses incorporelles; 2° elles sont imposées sur des héritages; 3° elles ont pour objet l'utilité d'un héritage,
et, par conséquent, elles ne sauraient être établies
en faveur des personnes (V., néanmoins, Garan-
de Coulon, *Nouv. rép.,* v° *Servitudes,* p. 17; Toullier, *Dr. civ.,* t. 3, n° 377); 4° l'héritage grevé de
servitude ne peut être la propriété de celui au
profit duquel la servitude a été constituée; 5° la
servitude n'établit aucune prééminence d'un
fonds sur l'autre (C. civ., art. 638). C'est là une
conséquence du principe fondamental de la servitude, qu'elle est due par la chose et non par la
personne : *Servitutum non ea natura est, ut ali-*
quid faciat quis, veluti viridia tollat, aut amœniorem
prospectum præstet, aut in hoc, ut in suo pingat, sed
ut aliquid patiatur, aut non faciat (ff., *De servit.,*
l. 15, § 1er); 6° elles sont des droits parfaits (*jura*
in re) et par conséquent elles se distinguent complétement des actes de pure faculté et de simple
tolérance.

Sect. 1re. — *Les servitudes sont des droits*
incorporels.

7. — A tort ou à raison, les Romains confon-
daient la propriété avec la chose elle-même, et
désignaient sous le nom de droits incorporels
tous les droits sur les choses qui étaient distincts

du droit de propriété. Ces habitudes sont passées de la législation romaine dans la nôtre.

8. — De cette distinction bien établie des deux droits de propriété et de servitude est venue cette règle que : *Nemini res sua servit*, ou, en d'autres termes, que nul ne peut avoir sur sa propre chose un droit de servitude. La chose dont nous sommes propriétaire se confond en quelque sorte avec nous. En disant qu'elle est nôtre, nous semblons dire qu'elle fait partie de nous-mêmes, qu'elle est un organe ajouté à ceux que nous avons reçus de la nature. La servitude suppose, au contraire, une chose entièrement distincte, soit de nous-même, soit de notre propriété, et sur laquelle cependant nous avons des droits à exercer.

9. — Il ne faut donc pas confondre une servitude, soit avec une propriété souterraine ou superficiaire, soit avec une propriété indivise. Ce n'est point à titre de servitude qu'on posséderait sous l'héritage d'autrui une cave, un aqueduc, ou qu'on aurait au-dessus de cet héritage une terrasse. L'utilité de cette distinction résulte de la différence des règles qui s'appliquent à l'acquisition des servitudes et à celle de la propriété.

10. — Ainsi, le droit de faire usage d'une fosse d'aisance établie sous la maison voisine, au moyen de tuyaux inédifiés dans le mur mitoyen, est un droit de propriété qui peut s'acquérir par prescription, et non pas une servitude qui doive être fondée sur un titre, suivant l'art. 186 cout. Paris. — *Cass.*, 28 oct. 1811, Chenal c. Bosquillon, confirmatif d'un arrêt de *Paris* du 11 août 1810. — Dumoulin, *Coutume de Blois*, art. 230; Coquille, *Coutume du Nivernais*, ch. 10, art. 2; Chopin, *De morib. parisiens.*, lib. 1er, tit. 4, no 2; Mornac, *ad Leg. 9, de servit.*; Ferrière, sur l'art. 186 cout. Paris, glos. 1re, no 10; Brodeau sur Louet, lett. S, sect. 1re, no 5; Bourjon, *Droit commun de la France*, tit. *Des servitudes*, sect. 3e, nos 14 et 15; Lalaure, *Traité des servitudes*, p. 170; Duranton, t. 5, no 148; Pardessus, *Traité des servitudes*, no 7; Toullier, t. 3, no 622, et la note.

11. — Si, le plus souvent, il est facile de déterminer les caractères d'une servitude et de dire si elle a pu ou n'a pas pu s'acquérir par prescription, il est en revanche souvent difficile de reconnaître si les droits revendiqués constituent ou une servitude ou une copropriété. Ainsi, quoique la servitude de passage ne puisse s'acquérir par prescription, il est bien certain que la possession et la prescription peuvent faire acquérir la copropriété d'un terrain servant à cet usage. — V. *infrà*.

12. — Toutes les fois qu'un droit de propriété sera invoqué, les tribunaux auront donc à examiner si la possession, telle qu'elle a été exercée, supposait un droit de propriété, et si elle réunit d'ailleurs toutes les conditions nécessaires pour conduire à la propriété.

13. — Le fait d'avoir fait pacager ses bestiaux, qui ne suffirait pas pour fonder la prescription d'un droit de servitude, peut être valablement allégué pour établir un droit de copossession sur un terrain qui ne peut être l'objet d'une autre jouissance. — *Cass.*, 8 janv. 1835, Delavaud c. Massoulard.

14. — Ce qui n'empêche pas qu'en général le droit de pacage ne doive être considéré comme une servitude et qu'on ait eu raison de juger que le vendeur est déchargé de la garantie relative à une servitude de pacage, alors même que cette servitude n'a eu lieu qu'au moyen d'une clause générale et non par mention spéciale. — *Riom*, 14 juin 1815, Bravard c. de Douet et Grenier, *Cass.*, 6 mars 1817, même affaire. — Duvergier, *Vente*, t. 1er, no 379.

15. — Le propriétaire d'un moulin qui a fait élever une chaussée pour retenir les eaux de son canal, qui l'a entretenue à ses frais, qui y a planté des arbres et qui a constamment joui de la chaussée comme des arbres, n'en a pas perdu la propriété par le fait du passage des habitans d'une ville voisine, lors même qu'il a souffert ce passage de tout temps, et lorsque ses devanciers l'ont facilité en établissant des ponts sur le canal, il n'a perdu que ce qu'il a laissé prescrire, savoir le droit de s'opposer au passage. — *Cass.*, 20 avril 1836 (t. 2 1837, p. 124), le Maire de Clamecy c. Quenissel.

16. — L'existence d'un chemin de halage ne constitue qu'une servitude et ne prive pas le riverain de la propriété du terrain sur lequel il est établi. — *Toulouse*, 26 nov. 1812, Marquet c. Commune de Blagnac. — Garnier, *Régime des eaux*, t. 2, no 25; Proudhon, *Du domaine public*, nos 778 et 783. — V. CHEMIN DE HALAGE.

17. — La concession d'un emplacement à mettre banc sous une halle n'est pas la concession d'un droit de propriété, mais seulement d'un droit de servitude. — *Cass.*, 27 brum. an VII, Lebouc c. Monville. — V., toutefois, *Cass.*, 16 pluv. an XI, mêmes parties.

18. — Lorsqu'une dépendance nécessaire à l'exploitation de deux héritages est restée commune entre deux propriétaires, il s'établit une indivision forcée à laquelle ne s'applique point la règle portant qu'il est toujours loisible à tout propriétaire de sortir d'indivision, et réglée par des principes particuliers qui ont été en partie exposés au mot MITOYENNETÉ.

19. — Ainsi, celui qui est copropriétaire d'une cour commune peut pratiquer des entonnoirs dans son mur et sur cette cour, pourvu d'ailleurs qu'il n'en résulte aucun inconvénient pour les autres copropriétaires. — *Cass.*, 6 févr. 1822, Corbier c. Bizardière.

20. — Le propriétaire d'échoppes situées dans une cour commune, et qui, de temps immémorial, n'avaient pas de tuyaux pour la descente des eaux pluviales, peut, en construisant une maison à la place des échoppes, y adapter des tuyaux qui conduisent les eaux dans la cour commune. — *Cass.*, 5 déc. 1827, Tasse c. Chevet.

21. — Lorsqu'un propriétaire a divisé son bien en deux héritages, pour le service desquels il a laissé en commun la jouissance d'une cour séparative, il y a *destination du père de famille*, en telle sorte que l'acquéreur d'un desdits héritages ne peut détruire l'équilibre ainsi établi, en augmentant pour son propre compte l'étendue du droit de passage dans ladite cour. — Spécialement, cet acquéreur, ayant sur ladite cour commune une porte ouvrant dans une remise et communiquant avec un champ, ne peut convertir cette remise en un passage de voie publique donnant accès dans la cour à la population. — *Paris*, 21 août 1841 (t. 2 1841, p. 229), Souchet c. Delafosse.

22. — L'existence d'une porte donnant sur une cour commune empêche la prescription de courir au profit du copropriétaire qui prétend avoir eu, pendant plus de trente ans, une jouissance exclusive de cette cour. — *Bourges*, 28 nov. 1831, Compain c. Robin.

Sect. 2e. — *Les servitudes sont des droits réels.*

23. — L'objet d'une servitude étant d'attribuer à celui auquel elle appartient un droit réel sur le fonds assujetti, ce fonds peut, à quelques égards, être considéré comme appartenant au propriétaire du fonds dominant. — Pardessus, *Servitudes*, t. 1er, no 9.

24. — Il résulte de là que le refus de souffrir l'exercice de la servitude ne se résoudra point, comme les obligations personnelles, en dommages-intérêts. — *Ibid.*

25. — On ne peut non plus, lors de la vente du fonds grevé, contraindre le propriétaire du fonds dominant à recevoir le remboursement du prix de la servitude. — Pardessus, *ibid.*; Duranton, nos 475 et 476.

26. — Les servitudes établies par la loi sont des droits réels fondés en titre et donnant, par conséquent, au possesseur troublé l'action en complainte. — Ainsi le propriétaire d'un fonds a l'action en complainte pour demander la suppression d'une digue faite dans l'année, et qui empêche l'écoulement des eaux pluviales de son fonds sur le fonds inférieur. — *Cass.*, 13 juin 1814, Leroy c. Taffoiry. — Pardessus, *Traité des servit.*, no 324; Toullier, t. 3, nos 712 et 713; Duranton, t. 5, nos 632 et 633; Berriat, p. 109, note 16; Thomines-Desmazures, t. 1er, no 45; Grenier, *Tr. des actions possessoires*, p. 316.

27. — Mais le droit de pêche que se réserve le propriétaire d'un étang, en vendant tous ses autres droits sur cet étang, constitue une servitude d'usage et un droit personnel, même quand il est réservé pour soi et ses ayans cause à perpétuité. — Le copropriétaire de ce droit n'en peut demander la licitation contre ses copropriétaires. — *Rennes*, 31 janv. 1844 (t. 1er 1844, p. 287), Vallée c. copropriétaires de l'étang de Paimpont.

Sect. 3e. — *Les servitudes ne peuvent être établies qu'en faveur d'un fonds.*

28. — Quoiqu'en général la liberté des convention n'ait d'autre limite que l'obligation de ne pas violer les lois prohibitives fondées sur l'intérêt public et les bonnes mœurs, cette liberté ne s'étend pas, ainsi que le déclare expressément l'art. 686 C. civ., jusqu'à pouvoir constituer, sous le nom et avec les effets des servitudes, des services qui seraient exclusivement en faveur des personnes. — Pardessus, *Servit.*, no 10.

29. — Pour savoir si un droit a le caractère de servitude, il ne suffit pas d'examiner si on lui en a donné le nom, il faut encore s'assurer s'il est attaché exclusivement à la jouissance du fonds, ou si on pourrait en user indépendamment du fonds. — Pardessus, *ibid.*

30. — La convention par laquelle en vendant une maison on imposerait à l'acheteur, dans le but d'empêcher une concurrence, l'obligation de ne point y établir un commerce déterminé, ne constituerait point une servitude licite parce que cette réserve n'a pu être établie que dans l'intérêt des personnes. — Pardessus, no 11. — V. néanmoins *Cass.*, 4 frim. an III, Béhéré c. Guéroult. — Daviel, *Cours d'eau*, no 607.

31. — Ainsi l'obligation, prise par le propriétaire d'une usine, de payer à un manufacturier une somme déterminée, s'il fabriquait des ustensiles d'une certaine nature, n'est qu'une obligation personnelle relative à la concurrence et à la limitation de l'industrie, mais dénuée des caractères requis pour constituer une servitude réelle. — *Liége*, 26 août 1811, Posson et Grisard c. Depauw-Vanhasselt.

32. — La clause prohibitive de convertir en usine à moudre du seigle un moulin à huile, ne constitue pas au profit d'une autre usine, dans l'intérêt de laquelle elle a été stipulée, une servitude réelle qui ait pu affecter le fonds et le suivre dans les mains d'un acquéreur à l'égard duquel la même clause n'a pas été stipulée. — Une semblable clause n'ayant pour objet que la concurrence et la limitation de l'industrie ne produit qu'une obligation personnelle de ne pas faire. — *Bruxelles*, 8 mars 1809, Marischal c. Janssens.

33. — Il en serait autrement si on avait interdit de faire dans la maison vendue un certain établissement qui, soit par le bruit qu'il cause, soit par les odeurs qu'il répand, serait de nature à causer un préjudice aux maisons voisines.

34. — On ne pourrait acquérir un droit de chasse ou de pêche sur un fonds au profit d'un autre fonds. — Avis du Conseil d'État du 19 oct. 1811. — Pardessus, *Servit.*, no 11. — Mais il pourrait être acquis au profit d'une ou plusieurs personnes. — V. cependant *Amiens*, 2 déc. 1835, Dezamus c. Coulon. — Duranton, t. 5, no 449.

35. — Le droit de pêche que se réserve le propriétaire d'un étang, en vendant tous ses autres droits sur cet étang, constitue une servitude d'usage et un droit personnel, même quand il est réservé pour soi et ses ayans cause à perpétuité. — Ce droit ne constitue qu'une servitude discontinue et non apparente, et qui, comme telle, ne peut être acquise par prescription. — Le copropriétaire de ce droit n'en peut demander la licitation contre ses copropriétaires. — *Rennes*, 3 janv. 1844 (t. 1er 1844, p. 287), Vallée c. copropriétaires de l'étang de Paimpont.

36. — En faisant la concession d'un terrain pour y construire un théâtre, une ville peut stipuler que l'immeuble sera exclusivement et perpétuellement destiné à l'usage de théâtre, sans qu'une pareille clause puisse être annulée comme renfermant une servitude personnelle. Le concessionnaire ne peut changer la destination de l'immeuble, sous prétexte que le privilége exclusif de jouer des pièces de théâtre, que la commune lui avait fait obtenir, a été aboli par les lois, surtout si la commune n'a pas garanti formellement l'exercice de ce privilége. — *Cass.*, 24 nov. 1830, Théâtre de Marseille c. Ville de Marseille. — Pardessus, t. 1er, no 11.

37. — L'obligation imposée à un moulin à huile de laisser couler les eaux grasses au profit d'un hospice constitue une servitude. Dès lors, le propriétaire du moulin ne peut en changer la destination, de telle sorte que l'exercice de la servitude ne soit plus possible, sans indemniser l'hospice. — L'action qui a pour objet la réparation du préjudice causé par la suppression de la servitude, doit être intentée contre le possesseur du fonds débiteur, bien que cette suppression soit le fait de l'ancien propriétaire, alors surtout qu'elle porte non-seulement sur le préjudice passé, mais encore, et principalement, sur le préjudice à venir. — *Cass.*, 16 avr. 1838 (t. 2 1838, p. 241), Baron c. Hospice de Seillans.

38. — La défense de bâtir sur un terrain, stipulée par le vendeur, qui est en même temps propriétaire d'une maison voisine, a le caractère d'une servitude *réelle*, établie pour l'utilité de la

maison, et non pas seulement dans l'intérêt personnel du stipulant, tellement que cette servitude doit profiter à l'acquéreur de la maison, même dans le silence de son contrat, et que les tribunaux ne peuvent décider le contraire sans exposer leur décision à la censure de la Cour de cassation. — *Cass.*, 7 févr. 1825, Tombette et Duplessis c. Beaucher. — Solon, *Servit.*, n° 443.

39. — Est valable l'obligation, imposée par le propriétaire d'une usine à celui avec qui il échange un pré attenant au cours d'eau qui alimente celle-ci, de souffrir, sans avoir droit à aucune indemnité, les inondations auxquelles ce pré pourrait être exposé, pourvu qu'il n'y ait aucun changement dans la retenue des eaux. — *Bourges*, 23 déc. 1843 (t. 1er 1845, p. 186), Leblanc c. Métairie.

40. — On ne doit pas considérer comme servitude la convention par laquelle le propriétaire d'un four ou moulin se serait obligé de maintenir cet édifice en état de procurer la cuisson du pain, ou la conversion du grain en farine au profit des habitans d'un hameau ou d'une commune, au moyen de l'engagement pris par ceux-ci de ne pas faire cuire leur pain ou moudre leurs farines ailleurs. — Avis du Conseil d'Etat, 11 brum. an XIV; 3 juill. 1808. — Pardessus, t. 1er, n° 11.

41. — Jugé cependant que la réserve imposée à l'acquéreur d'un moulin par le vendeur tant pour lui que pour ses successeurs résidant dans sa maison et ayant de lui droit et cause à perpétuité de moudre son grain, de faire son huile et d'accommoder son chanvre, constitue une servitude valablement imposée *tam ratione rei quàm ratione familiæ*. — Cette servitude ne doit pas être aggravée d'une manière indéfinie, ni soumise à une consommation de grains, huile et chanvre exorbitante et hors de la portée de l'intention des contractans. — Dès lors, l'acquéreur ou ses ayans cause ont le droit de demander en justice un règlement qui limite, pour l'avenir, l'exercice de la servitude. — *Riom*, 31 janv. 1829, Varagne c. Brun.

42. — L'usage que font les communes des halles que ceux qui les possédaient ont été astreints à leur louer, conformément à l'art. 19, tit. 11 loi du 28 mars 1790, interprété par l'avis du Conseil d'Etat du 2 août 1811, ne constitue pas une servitude. — Pardessus, *Servit.*, t. 1er, n° 12.

43. — L'intérêt qui est la mesure des actions est aussi la mesure de l'établissement des servitudes, et il s'ensuit que nul ne pourrait établir de servitudes qui ne seraient d'aucune utilité possible, prochaine ou éloignée pour son héritage. — Pardessus, *ibid.*, n° 13.

44. — Telle serait, par exemple, la défense de bâtir sur un fonds dont on serait séparé par une montagne. — Pardessus, *ibid.*

45. — La stipulation que le voisin ne pourra faire de feu dans sa cheminée devrait être respectée parce qu'elle peut avoir une utilité réelle quoique éloignée et indirecte. — Toullier, t. 3, n° 595.

46. — Le droit d'abreuvage et de pâturage dans un étang, acquis à titre onéreux par une commune, constitue une simple servitude, et non un droit d'usage susceptible de cantonnement. — *Paris*, 4 avril 1840 (t. 1er 1840, p. 750), de Mornay c. Commune d'Arzillières.

47. — La jouissance de la seconde herbe d'un pré clos constitue, alors qu'elle s'est exercée chaque année au moyen d'une trouée pratiquée exprès à la clôture, non un simple droit de vaine pâture mais une véritable servitude. — *Cass.*, 29 déc. 1840 (t. 1er 1841, p. 166), Commune de St-Chely c. Pelisse. — Proudhon, *Traité des droits d'usage*, n° 331. — V., cependant, *Poitiers*, 18 juin 1835, Vendor c. Rapot et Martin; *Riom*, 3 déc. 1830.

48. — Le droit d'envoyer vingt-cinq bêtes à cornes au pacage n'est pas subordonné à la condition de posséder tout le domaine auquel ce droit a été affecté. — En d'autres termes, un droit de servitude réelle ne dépend pas de la conservation intégrale du domaine auquel il est attribué. — *Amiens*, 17 avril 1828, Broyard c. prince de Condé.

Sect. 4e. — *Les servitudes ne peuvent s'exercer que sur un fonds dont on n'est pas propriétaire.*

49. — Il est de l'essence des servitudes qu'elles appartiennent à un autre que le propriétaire du fonds au profit duquel elles sont établies. — C. civ., art. 637. — Et il en résulte que la servitude s'éteint lorsque les deux fonds se trouvent réunis dans la même main. *Nemini res sua servit.*

50. — Mais rien n'empêche qu'une servitude existe à mon profit sur un fonds dont je ne suis que copropriétaire par indivis et réciproquement. — Pardessus, *Servit.*, t. 1er, n° 27.

51. — Ainsi on peut convenir que le propriétaire du sol sur lequel il existe un passage avec clôture n'aura sur ce passage que des droits de vue ou de jour. — *Cass.*, 25 juin 1834, Saint-Albin c. Dejean.

52. — Il n'y a pas de servitude dans l'obligation que prend mon voisin de me laisser faire sur mon fonds ce que j'ai le droit d'y faire, comme de laisser échapper sur lui la fumée de mes cheminées. Mais il en serait autrement si je stipulais la faculté de laisser échapper de mon usine une fumée ou des odeurs pouvant causer un véritable préjudice aux héritages voisins. Il y aurait, dans ce cas, une véritable servitude. — Pardessus, *ibid.*, n° 18.

53. — Il n'est pas nécessaire que le fonds dominant et le fonds servant soient contigus, comme l'exigeaient les lois romaines. — Pardessus, t. 1er, n° 15; Toullier, n° 595; Duranton, n° 454.

54. — Ainsi, on pourrait stipuler un droit de passage sur un fonds dont on est séparé, pourvu qu'on ait le droit de passer sur un fonds intermédiaire. — Duranton, n° 456.

55. — Nous irions même plus loin et nous serions portés à penser qu'on pourrait stipuler un droit de passage sur un fonds dont on serait entièrement séparé, si la servitude avait pour objet de faciliter les communications avec une grande route ou avec toute autre voie de transport. — Toullier, n° 595; Duranton, n° 454 et suiv.

Sect. 5e. — *Les servitudes ne créent point de prééminence d'un fonds sur l'autre.*

56. — Les servitudes n'établissent aucune prééminence d'un fonds sur l'autre. — Code civ. art. 638; L. 6 oct. 1791, art. 1er. — On a voulu ainsi prévenir le retour des asservissemens féodaux, et empêcher d'établir au profit d'un fonds des droits qui ne retomberaient que sur les personnes ou ne profiteraient qu'à elles, et créeraient ainsi entre les différens propriétaires une espèce de vassalité. — Pardessus, n° 20.

Sect. 6e. — *Les servitudes n'imposent point d'obligations personnelles.*

57. — Les servitudes consistent, de la part du fonds assujetti, à souffrir ou à ne pas faire quelque chose. Cette règle est la conséquence de cette autre règle que le fonds seul est assujetti. Il faut se garder d'entendre ceci d'une façon trop absolue. La servitude, sous l'empire du Code civil, peut imposer certaines obligations au propriétaire du fonds servant; seulement il aura toujours le droit de s'y soustraire en délaissant le fonds. — Duranton, nos 462 et suiv.

58. — Déjà, dans le droit romain, le principe que la servitude ne consistait qu'à ne pas faire recevait exception pour la servitude *oneris ferendi*. — L. 6, § 2, ff., *Si servitus vindicetur*.

59. — En principe, et à défaut de conventions contraires, lorsque les ouvrages nécessaires pour l'exercice d'une servitude profitent aux deux héritages voisins, les frais doivent en être supportés en commun. — *Cass.*, 8 déc. 1824, Carra, c. Belgodère; 2 févr. 1825, de Foresta c. Gordes.

CHAPITRE II. — *Établissement des servitudes. — Servitudes légales.*

60. — Les servitudes dérivent de la situation naturelle des lieux, ou des obligations imposées par la loi ou des conventions entre les propriétaires. — C. civ., art. 639.

61. — L'usage ne peut donc servir aujourd'hui de base à une servitude; l'art. 7 de la loi du 30 ventôse an XII s'est, à cet égard, prononcé d'une manière formelle. — Merlin, *Rép.*, v° *Voisinage*, § 4, n° 6.

62. — Ainsi jugé que le droit de faire sécher leur tourbe sur le pré du voisin, que dans quelques provinces l'usage local consacrait en faveur des propriétaires, moyennant indemnité, n'a pas survécu à l'abolition des anciennes coutumes par le Code civil. — *Cass.*, 21 avr. 1813, intérêt de la loi.

63. — L'état de société impose aux hommes des obligations envers leurs semblables; et de même que la liberté de chacun se trouve limitée dans l'intérêt de tous, la propriété individuelle est grevée par la loi de certaines restrictions résultant de la situation des lieux, ou établies par la loi soit dans l'intérêt général, soit dans l'intérêt des particuliers.

64. — Les servitudes qui naissent de la situation des lieux et dont les rédacteurs du Code se sont occupés dans les art. 640 à 648 sont de véritables servitudes légales, quoiqu'on ne leur en ait pas donné le nom, en ce sens que les règles qui les concernent sont tracées par la loi. Elles diffèrent des servitudes légales proprement dites en ce que c'est dans la force des choses plutôt que dans la volonté du législateur qu'elles prennent leur existence.

Sect. 1re. — *Servitudes qui dérivent de la situation des lieux.*

65. — Le Code distingue trois espèces de servitudes qui dérivent de la situation des lieux. Ce sont : 1° celles concernant les eaux; 2° celles qui permettent aux propriétaires voisins de se contraindre réciproquement au bornage de leurs propriétés contiguës; 3° celles qui ont pour objet de clore un héritage, pour le soustraire à la vaine pâture et au parcours.

ART. 1er. — *Eaux.*

§ 1er. — *Obligation pour le fonds inférieur de recevoir les eaux du fonds supérieur.*

66. — La nature elle-même veut que l'eau qui prend naissance dans un fonds ou qui s'y rassemble soit par la chute des pluies, soit par toute autre cause semblable, ait un écoulement sans lequel ce fonds serait submergé, et cet écoulement ne peut avoir lieu que sur les fonds inférieurs. — Pardessus, *Servitudes*, n° 75.

67. — C'est de cette nécessité qu'est sorti l'article 640 C. civ., ainsi conçu : « Les fonds inférieurs sont assujettis envers ceux qui sont plus élevés à recevoir les eaux qui en découlent naturellement sans que la main de l'homme y ait contribué. — Le propriétaire inférieur ne peut point élever de digue qui empêche cet écoulement. — Le propriétaire supérieur ne peut rien faire qui aggrave la servitude du fonds inférieur. »

68. — Il ne s'agit dans l'art. 640 que des eaux qui coulent librement et naturellement, sans que la main de l'homme y ait contribué en aucune façon : la loi n'entend donc parler que des eaux pluviales, de celles qui découlent des terres par infiltration, ou qui proviennent de la fonte des neiges; et des eaux de sources, dont la direction et l'immersion dans le fonds inférieur est l'ouvrage de la nature ou du temps. — Cœpolla, t. 2, cap. 67, n° 71.

69. — Lorsqu'il s'agira des eaux de ménage, de fabrique ou autres semblables, même de celles qui découlent des toits, l'art. 640 ne sera plus applicable; car il y a là fait de l'homme, et dès lors, ces eaux doivent être conduites de manière qu'elles s'écoulent sur le terrain d'où elles partent ou sur la voie publique. On applique, dans ce cas, l'art. 681. — V. *infrà*, nos 70 et 71.

70. — L'obligation imposée à tout propriétaire inférieur de recevoir les eaux qui découlent naturellement de l'héritage supérieur ne comprend ni les eaux ménagères ni l'égout des toits, encore que le propriétaire supérieur prétende qu'il reçoit lui-même ces eaux d'un fonds supérieur au sien. — *Colmar*, 5 mai 1819, Roth c. Zieeler; *Cass.*, 15 mars 1830, Jousse c. Pesneau. — Delvincourt, t. 1er, p. 378; Duranton, t. 5, n° 154.

71. — A l'égard des fonds bâtis, on doit suivre les règles prescrites par l'art. 681, même Code, qui ne permet pas de faire écouler les eaux pluviales sur le fonds du voisin. — *Colmar*, 5 mai 1819, Roth c. Zieeler.

72. — ... Ni les eaux provenant d'un puits, ni toutes celles enfin dont l'écoulement n'aurait

point eu lieu sans des travaux provenant de main d'homme. — Pardessus, *Servit.*, n° 82.

73. — Mais, si une source venait à surgir naturellement ou à l'occasion de travaux qui n'étaient point destinés à la produire, le propriétaire du fonds inférieur ne pourrait refuser d'en recevoir les eaux. — Pardessus, n° 83. — *Contrà*, Duranton, t. 5, n° 166; Zachariæ, t. 2, § 235, note 4. — Selon M. Solon (*Servit.*, n° 24), le propriétaire inférieur serait tenu de recevoir cette eau, si elle n'avait pas d'autre issue, mais il aurait droit à une indemnité.

74. — Il n'en serait pas de même de l'eau d'un puits artésien que les propriétaires inférieurs pourraient refuser de recevoir. — Pardessus, *ibid.*

75. — Le propriétaire du fonds inférieur n'est obligé de recevoir du fonds supérieur que les eaux qui s'écoulent naturellement et sans que la main de l'homme y ait contribué; mais le propriétaire de ce dernier fonds peut acquérir par titre ou par prescription le droit de conduire les eaux chez le voisin au moyen d'une rigole d'écoulement pratiquée à travers un sentier, et prolongée jusque sur le fonds de ce dernier Le propriétaire du fonds supérieur ne pourrait, à défaut de titre ou de prescription, se prévaloir de la seule situation des lieux comme impliquant la nécessité de la rigole d'écoulement, cette situation ne donnant droit qu'à la servitude légale réglée par l'art. 640 C. civ., et le maintien de la rigole impliquant une servitude résultant du fait de l'homme, laquelle ne peut s'établir que par titre ou par la possession trentenaire. — *Bordeaux*, 31 janv. 1846 (t. 1er 1846, p. 759), Souet c. Taytaud.

76. — De ce que la loi prohibe, au cas dont il s'agit, tout fait quelconque de l'homme, on en a conclu qu'il fallait comprendre dans cette prohibition tout sillon, tout fossé creusé. Mais une telle opinion, si elle était accréditée, serait destructive de toute agriculture. Il faut donc se borner à dire que la loi a interdit tout travail qui, n'étant pas indispensable à l'exploitation du fonds, aurait pour effet d'aggraver la position du fonds inférieur. — L. 1re, § 3, ff., *De aq. et aq. pluv. arcend.* — Pardessus, *Servit.*, n° 84; Toullier, t. 3, n° 509; Duranton, n° 165; Paillet, sur l'art. 460.

77. — Un simple changement dans le mode de culture du fonds supérieur ne saurait donc être l'objet d'aucune prohibition, alors même que le résultat serait de transmettre des eaux au fonds inférieur avec plus de rapidité et d'abondance. — Pardessus, n° 86; Solon, n° 23; Duval, n° 757; Duranton, t. 5, n° 156.

78. — Le propriétaire d'un fonds ne peut se plaindre de ce que les travaux faits sur l'héritage supérieur pour l'utilité de son exploitation ont rendu le cours des eaux qu'il est, par la disposition des lieux, obligé de recevoir, plus continu et plus abondant, et ont aggravé ainsi la servitude à laquelle il est assujetti, s'il est constant qu'il n'en éprouve aucun dommage réel et qu'il serait obligé de recevoir l'inondation dont il se plaint, cette inondation devant être attribuée moins aux travaux exécutés sur le fonds supérieur qu'aux changemens que lui-même a opérés sur le fonds assujetti. — *Cass.*, 31 mai 1848 (t. 2 1848, p. 294), Bureau c. Servois.

79. — Les coutumes anciennes qui accordaient le droit de contraindre, moyennant indemnité, le propriétaire d'un fonds à souffrir l'établissement de canaux destinés à l'irrigation ou à l'établissement de moulins ont été abrogées par l'art. 7 de la loi du 30 vent. an XII. — Pardessus, *Traité des servit.*, n° 83.

80. — Mais une loi nouvelle a, en quelque sorte, rétabli ce droit en faveur des irrigations. — L. 29 avr. 1845. — V. IRRIGATIONS.

81. — Le propriétaire du fonds inférieur, assujetti à recevoir les eaux qui découlent du fonds supérieur, est tenu de curer le fossé par lequel ces eaux s'écoulent à travers sa propriété lorsqu'il est constant que ce fossé existait au moment où les deux fonds appartenaient au même propriétaire. — *Bordeaux*, 8 mars 1844 (t. 2 1844, p. 470), Navaille c. Gérard.

82. — Si l'ouvrage fait est destiné à aggraver la servitude, le propriétaire du fonds servant peut agir par l'action en complainte, s'il est encore dans l'année; sinon, il devra intenter son action directement devant les tribunaux de première instance, puisque la question s'engage alors sur le fonds du droit.

83. — Le propriétaire d'un fonds inférieur ne peut demander la suppression des ouvrages pratiqués par le propriétaire supérieur, pour faciliter l'écoulement des eaux, si ces ouvrages ont conservé aux eaux leur cours naturel, sans aggraver la servitude du fonds inférieur. — *Cass.*, 10 juin 1824, Legrand c. Catonnet et Hublier.

84. — Le droit de laisser écouler par un passage commun les eaux pluviales et ménagères entraîne au profit du possesseur du fonds dominant le droit de faire écouler par le ruisseau pratiqué pour les recevoir les eaux d'une fontaine existant dans sa propriété, alors d'ailleurs que la servitude n'en est pas aggravée. — *Rouen*, 21 juill. 1845 (t. 1er 1846, p. 314), Quemont c. Pinté.

85. — Cependant, lorsque le cours naturel des eaux pluviales a été changé au moyen d'ouvrages établis sur un fonds supérieur du consentement exprès ou tacite de tous les intéressés, et depuis plus de trente ans, les propriétaires inférieurs doivent être réputés avoir acquis par prescription un droit à la libération de la servitude légale de l'écoulement naturel des eaux et, dès lors, la destruction de ces ouvrages par le propriétaire du fonds sur lequel ils sont établis constitue à leur égard une aggravation de servitude contre laquelle ils sont en droit de réclamer. — *Lyon*, 29 mai 1844 (t. 2 1845, p. 776), Escoffier c. Favrot et Barrange.

86. — Par analogie avec l'art. 640, il a été jugé que lorsque le glissement des terres du fonds supérieur sur le fonds inférieur est occasionné non par le fait ou la faute du propriétaire supérieur, mais par un vice inhérent à la constitution physique du sol, le propriétaire inférieur ne peut réclamer aucuns dommages-intérêts contre le propriétaire du fonds supérieur. — *Cass.*, 29 nov. 1832, Fréel c. Durand. — Solon, *Servit. réelles*, n° 52.

87. — Le débordement des fleuves ou rivières ne peut pas être considéré comme un *écoulement naturel*, et auquel soient assujettis les fonds inférieurs envers les plus élevés. — Le propriétaire inférieur a le droit de construire des digues ou autres ouvrages pour se garantir de ces inondations, lors même qu'il aggraverait par là les dommages qu'elles peuvent causer aux propriétaires supérieurs. — *Aix*, 19 mai 1813, Raousset-Dalbon c. de Graveson. — Neveu-Deroterie, *L. rur.*, p. 45.

88. — L'élévation du sol du fonds supérieur, la construction dont il aurait été recouvert pourraient autoriser les tribunaux à dire que les eaux qui sortent de ce fonds n'en découlent pas naturellement et que l'art. 640 C. civ. ne leur est plus applicable. — *Bourges*, 10 août 1831, Lhotelier c. Bornery.

§ 2. — *Propriété des sources.*

89. — Celui qui a une source dans son fonds peut en user à sa volonté, sauf le droit que le propriétaire du fonds inférieur pourrait avoir acquis par titre ou par prescription. — Art. 641.

90. — Sous la coutume de Normandie un propriétaire dans le fonds duquel jaillissait une source qui allait se jeter dans une rivière, avait le droit d'en changer le cours, malgré les prétentions des propriétaires inférieurs qui invoquaient la possession immémoriale, résultant pour eux de l'établissement de leurs usines sur la rivière. Les riverains inférieurs ne pouvaient pas davantage se dire copropriétaires de la source, sous prétexte qu'elle devait être considérée comme un accessoire de la rivière dont elle augmentait beaucoup les eaux. — *Rouen*, 4 févr. 1824, Adeline et Garnier c. de Montville.

91. — Celui dans le fonds duquel se trouve une source peut la faire servir à l'irrigation de son fonds; il peut la combler, s'il la croit nuisible, puisqu'en cela il ne fait qu'un acte de propriété. — Merlin, *Rép.*, v° *Cours d'eau*, n° 2; Pardessus, *Traité des servitudes*, nos 103 et 106; Toullier, t. 3, n° 136; Duranton, t. 5, n° 174. — V., cependant, Garnier, *Rég. des eaux*, t. 2, n° 5; Proudhon, *Dom. public*, t. 4, nos 1349 et suiv.

92. — Il peut même la vendre à celui des propriétaires inférieurs que bon lui semble. — Pardessus, *Traité des servit.*, n° 38.

93. — Cependant si le propriétaire qui a une source dans son fonds a le droit d'en user à sa volonté, c'est à la charge, toutefois, de la transmettre de manière que le propriétaire du fonds inférieur puisse utiliser l'eau qui lui arrive. — Si donc il arrive que le propriétaire de la source l'applique à un usage qui la corrompe, les tribunaux sont investis du droit de fixer la part qui lui sera attribuée, pour s'en servir comme il l'entendra, et celle qu'il devra transmettre au fonds inférieur dans toute sa pureté. — *Rouen*, 18 mars 1839 (t. 1er 1846, p. 26), Lévesque c. Néron et Fauquet; 8 juin 1841 (t. 1er 1846, p. 27), Lemeilleur c. Savin.

94. — Pour admettre que le propriétaire de la source a renoncé à son droit de propriété il faut une disposition expresse de sa part, et l'abandon de son droit ne doit pas se supposer. — *Rouen*, 4 mai 1840 (t. 2 1840, p. 772), Brunet c. Saunier.

95. — Si le propriétaire de la source avait sur le cours d'eau quelques fonds séparés par des intermédiaires de celui où elle naît, il ne pourrait pas réclamer pour ces terrains la disposition absolue et arbitraire des eaux. — Pardessus, n° 98.

96. — Celui dans le fonds duquel naît une source peut en disposer à son gré, bien qu'il ait vendu une portion de son champ qui était arrosée par les eaux de cette source. — Mais les eaux qui viennent des torrens supérieurs à la propriété ainsi divisée doivent être distribuées entre les deux parties, proportionnellement à l'étendue et aux besoins de leurs propriétés, et le vendeur ne peut prétendre en profiter en donnant à l'acquéreur seulement l'excédant de ses réservoirs, lorsqu'il y a trop plein. — *Riom*, 15 avr. 1815, Cisterne c. Drelon.

97. — Le propriétaire de deux héritages non contigus, dans l'un desquels une source prend naissance, n'a pas, dans chacun desdits héritages, sur les eaux de la source, un droit égal ou indivisible. — Si, comme propriétaire du fonds où naît la source, il peut y exercer tous les droits que lui confère l'art. 641 C. civ., il n'a plus, comme propriétaire de l'héritage inférieur, que les droits d'un simple riverain, et, par suite, il ne peut, dans ce dernier, détourner les eaux au préjudice des riverains inférieurs. — *Cass.*, 28 mars 1849 (t. 1er 1849, p. 582), de Belleval c. Lamarre.

98. — Le droit absolu du propriétaire de la source cesse dans deux cas : 1° quand il y a droit acquis par titre à un tiers de se servir de la source; 2° quand il y a prescription. — On peut considérer, comme corollaire du premier cas, celui où les deux fonds, le supérieur et l'inférieur, ont, autrefois, appartenu au même père de famille; parce que, dans ce cas, cette destination est le titre de la servitude. — Duranton, t. 5, n° 176 et suiv.; Toullier, t. 3, n° 605 et 609; Garnier, *Régime des eaux*, nos 42, 314.

99. — Ainsi, lorsque le propriétaire de deux héritages sur l'un desquels il existe une source, a fait ou maintenu des ouvrages apparens destinés à transmettre les eaux de cette source à l'autre héritage, le propriétaire de ce dernier, en cas de division des deux héritages, a droit, à titre de servitude, et en vertu de la destination du père de famille, à l'usage des eaux de la source. Par suite, il est recevable à exercer l'action en complainte pour trouble à la possession annale de ces eaux. — *Cass.*, 30 juin 1841 (t. 2 1841, p. 378), Lévesque c. Néron et Fauquet.

100. — Mais comme un acquéreur ne peut avoir plus de droits que son auteur, le tiers acquéreur d'un fonds sous lequel passent les veines d'une source thermale précédemment aliénée au profit d'une autre personne par le même propriétaire, auteur commun, ne peut faire dans ledit fonds des fouilles capables de couper la source, l'enfoncer ou la déterrer. — *Aix*, 7 mai 1835, Guibert c. Gravier. — Daviel, n° 898.

101. — Le propriétaire du fonds supérieur a le droit de faire des fouilles sur son propre terrain sans que les possesseurs d'une source inférieure aient le droit de s'y opposer, sous prétexte que ces fouilles, en coupant les veines d'eau souterraines qui alimenteraient leur source, auraient pour effet de la tarir ou d'en diminuer le volume. Il ne pourrait en être empêché qu'autant qu'il existerait contre lui titre ou possession contraire. — *Cass.*, 25 janv. 1835, Commune de Fagence c. Dubourgnet. — Cœpolla, *De servit. præd.*; Merlin, ch. 4, n° 52; Dunod, *Prescr.*, part. 1re, ch. 12; Pardessus, n° 98; Toullier, t. 3, n° 328; Duranton, t. 5, n° 156; Zachariæ, t. 2, § 243, note 6; Daviel, nos 897 et suiv.

102. — Toutefois si les tribunaux reconnaissent que la seule envie de nuire a dirigé celui qui a ainsi fait des fouilles sur son héritage, ils auraient droit de réprimer cette entreprise. — Pardessus, *ibid.*

103. — La prescription ne peut s'acquérir que par une jouissance non interrompue pendant l'espace de trente années, à compter du moment où le propriétaire du fonds inférieur a fait et terminé des ouvrages apparens destinés à faciliter la chute et le cours de l'eau dans sa propriété.

104. — La prescription, dans le cas de cet ar-

tude, ne serait jamais acquise, après quelque laps de temps que ce fût, en l'absence de quelque ouvrage fait par le propriétaire du fonds inférieur. Car l'habitude qu'il aurait eue de venir prendre de l'eau, soit sur le fonds supérieur, soit à la sortie de ce fonds, ne pourrait fonder aucun titre. Ce serait un acte de pure tolérance et rien de plus.

105. — Le propriétaire du fonds inférieur ne pourrait non plus se prévaloir de ce que le propriétaire supérieur aurait fait quelque ouvrage propre à faciliter l'écoulement des eaux pour assainir sa propriété. Ces travaux, qui n'avaient d'autre objet que l'utilité du fonds supérieur, ne pouvaient fonder aucun droit en faveur du propriétaire du fonds inférieur.

106. — Des ouvrages apparens établis sur le fonds supérieur, et dont profite le fonds inférieur, ne pourraient faire naître un droit de servitude sur le premier en faveur du second qu'autant qu'ils auraient été faits ou terminés soit par le propriétaire inférieur, soit par ses auteurs ou par leur ordre et dans leur intérêt. — En conséquence l'existence d'une rigole conduisant les eaux d'une source du fonds supérieur sur le fonds inférieur, rigole qui aurait été entretenue ou réparée par le propriétaire de ce dernier fonds, ne suffirait pas, si elle n'était prouvée avoir été établie par ce propriétaire ou ses auteurs, pour faire perdre au maître de la source le droit d'en disposer à son gré. — *Cass.*, 15 avril 1845 (t. 2 1845, p. 652), Bourceret c. de Rosan.

107. — L'écoulement des eaux d'une source d'un héritage supérieur sur les terres inférieures, pendant un temps immémorial, ne suffit pas pour faire acquérir la possession de ces eaux au propriétaire inférieur, et pour constituer une servitude à son profit. — Au contraire la servitude de prise d'eau et, par suite, la prescription de l'action possessoire, ne peuvent s'acquérir que par des actes de possession ostensibles pendant trente années; c'est-à-dire par des ouvrages apparens de main d'homme faits et terminés par le propriétaire du fonds inférieur sur l'héritage supérieur, afin de faciliter l'écoulement des eaux sur les terres inférieures. — *Cass.*, 25 août 1812, Besnard c. Mannoir ; *Cass.*, 6 juill. 1825, Latour c. Polinière ; *Bordeaux*, 1er juill. 1834, Johnston c. Chénard ; *Cass.*, 5 juill. 1837 (t. 2 1837, p. 246), Lignères c. Guibert.

108. — Les ouvrages apparens exigés par l'art. 642 du Code civil, pour pouvoir acquérir par prescription un droit à la transmission des eaux d'une source qui surgit dans le fonds supérieur, doivent être pratiqués non-seulement sur la propriété inférieure à l'effet d'y recevoir les eaux, mais encore sur le fonds supérieur pour en faciliter l'écoulement ou la chute. — *Montpellier*, 20 mai 1846 (t. 2 1846, p. 242), Casse c. Delbouy.

109. — Cette question, qui a été fréquemment discutée, de savoir si les ouvrages nécessaires pour faire courir la prescription doivent être établis sur le fonds supérieur ou sur le fonds inférieur paraît maintenant résolue dans le sens des arrêts qui précèdent, et c'est avec raison. Tout ce qu'un propriétaire fait sur son fonds et en usant de son droit, ne saurait constituer une atteinte aux droits du propriétaire voisin et par suite fonder une prescription contre ce dernier. — Henrion de Pansey, *Compét. des juges de paix*, ch. 28, § 4, no 1er; Bretonnier sur Henrys, t. 2, p. 101 ; Juhen, t. 2, p. 548, no 5 ; Cœpolla, cap. 2, no 87 ; Duranton, t. 5, no 181 ; Garnier, *Rég. des eaux*, t. 2, nos 48 et suiv. ; Troplong, *Prescript.*, no 114 ; Proudhon, no 1372 ; Daviel, nos 775 et suiv. ; Vazeille, *Prescript.*, p. 329, no 402 ; Dubreuil, *Lég. sur les eaux*, p. 92 ; Toullier, t. 3, no 635, note (cet auteur avait d'abord émis une opinion contraire). — *Contrà*, Favard de Langlade, *Rép.*, vo *Servitudes*, sect. 2, § 1er ; Delvincourt, t. 1er, p. 163 ; Pardessus, no 96 ; Zachariæ, t. 2, § 236, no 4 ; Solon, p. 64 ; Marcadé, *Elém. de dr. civ.*, t. 2, p. 632 (1re édit.) ; Coulon, *Quest.*, t. 1er, p. 236.

110. — Une servitude de prise d'eau peut être acquise par prescription contre le propriétaire du fonds supérieur, dans lequel une source prend naissance, au moyen d'ouvrages apparens et continus pratiqués par le propriétaire inférieur, même sur un fonds commun ; ainsi, par exemple, au moyen d'une rigole ouverte sur un lavoir commun. — *Cass.*, 27 janv. 1845 (t. 1er 1845, p. 397), Giraud c. Durand.

111. — Si le propriétaire du fonds inférieur ne peut acquérir par prescription le droit de recevoir sur sa propriété les eaux provenant de l'héritage supérieur qu'autant qu'il a fait des ouvrages apparens destinés à faciliter la chute et le cours de l'eau, cette condition n'est point nécessaire pour établir et constituer la possession résultant d'un titre. — En conséquence, bien qu'il n'existe pas d'ouvrages apparens, le propriétaire du fonds inférieur qui possède en vertu d'un titre la jouissance des eaux coulant d'un fonds supérieur, peut former une action en complainte à raison du trouble apporté à sa jouissance — En pareil cas, le juge du possessoire doit consulter les titres non pour établir la possession ; mais pour en fixer la nature et le caractère, c'est-à-dire si elle a eu lieu *animo domini* et non d'une manière précaire. — *Cass.*, 17 juill. 1844 (t. 2 1844, p. 659), Parisot c. Commune de Plombières.

112. — Les ouvrages apparens exigés pour servir de fondement à la prescription en matière de cours d'eau, doivent, quant à leur importance, être appréciés d'après le fonds pour lequel ils sont faits : une tranchée pratiquée sur un fonds supérieur, si elle est suffisante pour l'irrigation d'une prairie, constitue un ouvrage apparent dans le sens de l'art. 642 du Code civil. — *Bordeaux*, 5 juill. 1833, Boussely c. Limousin.

113. — On peut considérer comme ouvrage apparent propre à fonder la prescription du droit de prise d'eau un canal souterrain fait de main d'homme, dans le fonds supérieur, apparent seulement à l'entrée du fonds inférieur, et qui n'a pu être construit que dans l'intention de ramener les eaux sur ce dernier fonds. — *Cass.*, 12 (et non 13) avril 1830, Marly c. Niocel. — Daviel, no 773.

114. — Le curage fait, même pendant une longue suite d'années, par le propriétaire inférieur sur le fonds supérieur, du canal qui conduit les eaux de la source, ne peut attribuer aucun droit à ce propriétaire sur les eaux, surtout si les vases provenant du curage ont été toujours rejetées sur le fonds supérieur. — *Caen*, 18 janv. 1831, Dumoncel c. Bros. — Daviel, *Traité de la législat. des cours d'eau*, t. 2, no 774 ; Cœpolla, *De servitut.*, tr. 2, ch. 4, no 58 ; Proudhon, no 1376. — Mais V. Pardessus, no 100.

115. — Si les travaux faits pour assurer le cours des eaux paraissent également dans l'intérêt du fonds supérieur et du fonds inférieur, sans que rien n'indique qui les a faits, et si le propriétaire inférieur ne prouve pas qu'il est l'auteur de ces ouvrages, le propriétaire dans le fonds duquel naît la source reste le maître d'en disposer. — *Caen*, 18 janv. 1831, Dumoncel c. Bros.

116. — Dans le cas où les eaux d'une source se jettent dans un cours d'eau, les travaux faits sur ce cours d'eau au-dessous du point où la jonction a lieu et dont la destination apparente est d'en dériver les eaux, ne peuvent faire acquérir par prescription des droits sur la source elle-même, encore qu'ils reposent sur le fonds du propriétaire de la source qui se trouve en même temps riverain du cours d'eau. — Dès lors, ce dernier peut disposer de la source, la détourner, et diminuer le volume d'eau dont jouissait celui qui a acquis par prescription la jouissance du cours d'eau. — *Cass.*, 30 nov. 1841 (t. 1er 1842, p. 68), de Bérenger c. Chauvet.

117. — De ce que le propriétaire du fonds sur lequel naît la source, peut grever son eau de servitudes et aliéner ainsi le droit absolu qu'il avait sur cette eau, il n'en faut pas conclure qu'il n'en soit plus propriétaire. — Il peut toujours user de cette eau pour ses besoins, mais il doit en laisser pour les besoins du concessionnaire.

118. — Il pourrait toutefois avoir perdu le droit de faire une nouvelle cession sans l'agrément du premier concessionnaire, si la seconde cession ne laissait pas une quantité d'eau suffisante aux besoins du premier ayant-droit. — L. 2, § 1er, ff., *De servit. præd. rustic.* ; L. 8, ff., *De aq. et aq. pluv. arcend.*

119. — Il n'est pas besoin, pour que la servitude soit établie, que les ouvrages soient exécutés par le propriétaire du fonds immédiatement inférieur. Le droit à la prise d'eau s'acquiert par le fait de l'établissement d'ouvrages apparens, quel qu'en soit l'auteur, pourvu qu'ils soient faits sur le fonds supérieur. — Pardessus, no 96.

120. — L'arrêt qui reconnaît que le propriétaire d'un fonds inférieur a acquis par prescription le droit de se servir des eaux d'une fontaine prenant sa source dans un fonds supérieur peut en même temps décider, dans l'intérêt du propriétaire de la fontaine, que l'usage des eaux sera réglé amiablement ou par experts. — *Cass.*, 20 mai 1828, Thomas c. Noël.

121. — Pour ce qui concerne les obligations qui pèsent sur le propriétaire d'une source lorsque les eaux en sont nécessaires aux habitans d'une commune, d'un village ou d'un hameau, — V. *infrà*, no 197 et suiv.

§ 3. — *Eaux courantes.*

122. — Celui dont la propriété borde une eau courante autre que celle qui est déclarée dépendance du domaine public par l'art. 538 (au titre *De la distinction des biens*), peut s'en servir à son passage pour l'irrigation de ses propriétés. — Art. 644.

123. — Celui dont cette eau traverse l'héritage peut même en user dans l'intervalle qu'elle y parcourt, mais à la charge de la rendre, à la sortie de ses fonds, à son cours ordinaire. — *Ibid.*

124. — Des eaux pluviales ne doivent point être considérées comme des eaux de source, ruisseau ou rivière ; dès lors, l'art. 644 C. civ. leur est inapplicable et elles peuvent appartenir au premier qui s'en est emparé pour son usage. — *Rennes*, 5 mars 1813, N....

125. — Le propriétaire d'un fonds supérieur a le droit, pourvu que son entreprise ne nuise point au public, de détourner sur son fonds les eaux pluviales d'un chemin dont il est riverain, lors même que le propriétaire inférieur les aurait précédemment employées à son usage. — *Rennes*, 10 fév. 1826, Desmars c. Caillou ; *Cass.*, 14 21 juill. 1825, Boissière c. Groult ; *Caen*, 26 févr. 1844 (t. 2 1844, p. 407), Duhamel c. Favart.

126. — Et même, quel que fût le temps pendant lequel ce dernier les aurait employées. Il n'y a dans ce cas aucune prescription à invoquer. Il ne s'agit que d'actes de pure faculté. — Pardessus, *Servit.*, nos 79 et 103. — V. encore, dans le sens de ces diverses propositions, Dunod, *Prescr.*, p. 88 ; Favard de Langlade, *Rép.*, vo *Prescription*, sect. 2, § 1er, no 1er *bis* ; Curasson, *Compét. des juges de paix*, t. 2, no 68 ; Hennequin, *Propriété*, t. 1er, p. 447 ; Henrion de Pansey, *Compét. des juges de paix*, ch. 26, § 5, p. 583 ; Pardessus, no 79 ; Duranton, t. 5, no 159 ; Troplong, *Prescr.*, t. 1er, no 147 ; Proudhon, no 1318 ; Garnier, t. 3, no 717 ; Daviel, no 800 ; Zachariæ, t. 2, § 226, note 3 ; Solon, no 46.

127. — C'est d'ailleurs à la police locale et non aux tribunaux par application de l'art. 645 à régler le mode d'usage de l'eau qui coule sur les chemins publics. — Pardessus, *Servit.*, no 79. — *Contrà*, Duranton, t. 5, p. 155.

128. — Cette proposition nous paraît incontestable lorsqu'il s'agit des sources qui surgissent dans le chemin même, ou des eaux pluviales. Et il est certain que si un propriétaire veut se plaindre de l'emploi fait par l'autorité municipale de ces eaux, c'est à l'administration qu'il doit s'adresser.

129. — Mais quant aux eaux courantes qui ne font que traverser ou suivre un chemin, on doit leur appliquer les règles tracées dans les art. 644 et suiv. et considérer l'État, en ce qui concerne ce chemin, comme un propriétaire dont le fonds est bordé ou traversé par une eau courante et assujetti aux mêmes obligations que tous les autres propriétaires.

130. — Bien que le propriétaire d'un fonds supérieur n'ait point usé de la faculté que la loi lui donne de ne pas rendre tout entière à son cours naturel l'eau qui traverse sa propriété, les propriétaires inférieurs ne peuvent, de ce non-usage, induire à leur profit une possession exclusive à titre de propriété ou de servitude. — *Cass.*, 10 févr. 1824, Ricon c. Blache. — Proudhon, t. 4, no 1335 ; Duranton, t. 5, no 224.

131. — Mais il en serait autrement si celui dont l'eau courante borde ou traverse l'héritage avait contesté au propriétaire supérieur le droit de détourner à son profit aucune partie de l'eau, et s'était lui-même servi de la totalité de cette eau pendant le temps nécessaire pour prescrire. Le propriétaire supérieur dont le droit était contesté ne serait plus recevable à dire qu'en n'usant pas de l'eau il n'a fait qu'un acte de pure faculté.

132. — Bien que le propriétaire riverain d'une eau courante non navigable ni flottable (telle que celle d'un ruisseau) soit légalement tenu de la rendre à son cours naturel après l'irrigation de ses propriétés, il peut néanmoins en acquérir l'usage exclusif, par prescription, au moyen d'ouvrages extérieurs et permanens, et constituer ainsi à son profit une servitude continue et apparente, lorsque le détournement et la retenue de l'eau se prolongent pendant le temps nécessaire pour prescrire. — *Cass.*, 15 juill. 1807, Berthier c. Provence ; *Bourges*, 18 juill. 1826, Senlis c. Mignot ; 7 avril 1837 (t. 2 1837, p. 83), Magnin c. Dubosc de Cussy ; *Bordeaux*, 7 juill. 1841 (t. 2 1841, p. 352), Cassat et Cazenave c. Jouhanneau.

—Delvincourt, t. 1er, p. 557.—V., toutefois, *Cass.*, 7 avril 1807, Boliet c. Chevillard et Collin.

133. — Celui qui a acquis par prescription le droit de dériver des eaux pour l'irrigation d'une prairie est propriétaire de ces eaux dès qu'elles sont arrivées sur son sol et peut, dès lors, en disposer pour un autre usage, tel que le jeu d'une usine. Il n'y a pas là aggravation de servitude, alors que le fonds servant ne souffre en rien de ce nouveau mode de jouissance.—*Grenoble*, 17 juill. 1847 (t. 1er 1848, p. 436), de Mortillet c. Guinet.

134. — Celui qui a acquis par la prescription la servitude d'aqueduc, au moyen d'un canal pratiqué depuis plus de trente ans sur le fonds voisin, ne peut être considéré comme ayant aggravé abusivement la servitude, parce qu'il utiliserait la prise d'eau pour faire fonctionner une usine tandis qu'il ne s'en servait antérieurement que pour l'arrosage de prairies. —Et peu importerait que par l'érection de cette usine le maître du fonds dominant dût faire concurrence à un établissement semblable construit par le propriétaire du fonds servant. — *Cass.*, 6 mars 1849 (t. 2 1849, p. 49), de Mortillet c. Guinet.

135. — Toutefois, celui qui a ainsi acquis la servitude d'aqueduc ne peut être réputé propriétaire du canal, et le propriétaire du fonds servant peut même faire changer l'assiette de la servitude en offrant à celui du fonds dominant un endroit aussi commode pour l'exercice de cette servitude. — *Grenoble*, 17 juill. 1847 (t. 1er 1848, p. 436), de Mortillet c. Guinet.

136. — La loi ne s'explique que relativement au droit d'irrigation, qu'elle accorde au propriétaire riverain. Mais si ce propriétaire riverain exerçait une profession, comme celle de tanneur ou de teinturier, pour laquelle il fût nécessaire de faire de nombreuses prises d'eau, n'aurait-il pas le droit de se saisir de l'eau pour les besoins de son état?

137. — Cette question examinée par M. Duranton (t. 5, n° 226) est résolue affirmativement par ce jurisconsulte, et la faible quantité d'eau dont ce riverain a besoin, comparativement à ce qu'absorbe l'irrigation d'un pré, justifie du reste cette opinion.

138. — Mais les copropriétaires d'un ruisseau doivent en user sans causer d'altération permanente et notable à la limpidité de ces eaux. — En conséquence, lorsque cette eau, saine et potable, est employée aux besoins de l'alimentation, il n'est pas permis à l'un des copropriétaires d'y déverser des eaux délétères qui la corrompent entièrement et la rendent impropre à cet usage. — *Douai*, 3 mars 1845 (t. 1er 1846, p. 27), Bonvoisin c. Queval.

139. — Un des riverains d'une eau courante ne pourrait sans le consentement des autres accorder une prise d'eau par-dessus son fonds à un propriétaire non riverain. Il a le droit d'user de l'eau pour son propre fonds, mais il ne peut grever cette eau d'une servitude au profit d'un tiers.

140. — Mais lorsque des fonds précédemment réunis se trouvent divisés par suite de vente, de partage ou de licitation; les fonds qui ont cessé d'être riverains du cours d'eau peuvent conserver leur droit à la prise d'eau par destination du père de famille, s'il existe des fossés ou des ouvrages quelconques indicatifs de la servitude. — *Cass.*, 9 janv. 1843 (t. 1er 1843, p. 492), Lebrun c. Verne. — Duranton, t. 5, n° 234.

141. — Lorsque le fonds riverain, au lieu d'être diminué, se trouve agrandi parce que le propriétaire a fait des acquisitions, les eaux qui bordent ou traversent l'héritage primitif peuvent-elles être employées à l'arrosage des fonds nouvellement acquis? Nous serions disposés à répondre affirmativement. Il s'agit ici d'une servitude légale, et la loi qui l'accorde au fonds riverain n'a point déterminé l'étendue qu'il devrait avoir ni dit que cette étendue serait invariable. D'ailleurs, l'art. 645 donne le moyen de pourvoir à tous les inconvéniens qui pourraient en résulter. — V. *contrà*, Duranton, t. 5, n° 235.

142. — Il est certain du moins que le propriétaire dont une eau courante traverse l'héritage peut faire servir cette eau à l'irrigation d'un terrain acquis par lui et joignant sa propriété primitive au travers de laquelle coule le ruisseau, pourvu qu'à la sortie de ses fonds il rende les eaux à leur cours naturel. — *Limoges*, 7 août 1838 (t. 1er 1839, p. 73), Germain c. Dechabagne. — Pardessus, n° 107; Duranton, t. 5, n° 235; Proudhon, *Du domaine public*, t. 4, n° 1426; Daviel, t. 2, n° 576; Garnier, t. 2, n° 87; Toullier, t. 3, n° 836.

143. — Mais lorsque l'acte de partage d'un fonds de terre entre cohéritiers contient un règlement ayant pour objet de répartir l'usage des eaux découlant d'un chemin, et qu'ultérieurement l'un d'eux acquiert un fonds supérieur; cet acquéreur ne peut, exerçant le droit de premier occupant, priver ses cohéritiers de tout ou partie des eaux en question en les détournant pour l'arrosement de sa nouvelle propriété. — *Limoges*, 1er déc. 1840 (t. 2 1841, p. 598), Basset c. Fiallon.

144. — Celui dont l'héritage est arrosé par une eau courante venant d'un fonds supérieur qu'elle traverse, ne peut se plaindre de ce que le propriétaire du fonds dominant exécute sur son terrain des ouvrages préjudiciables aux propriétaires inférieurs qui reçoivent moins d'eau et sont exposés dans certaines saisons à ne pas en recevoir. — *Paris*, 9 juill. 1806, Provence c. Berthelin (arrêt confirmé par celui de *Cass.*, 15 juill. 1807); *Cass.*, 15 janv. 1835, Commune de Fagence c. Dubourguet; *Bourges*, 7 avr. 1837 (t. 2 1837, p. 83), Magnin c. Dubosc de Cussy.

145. — Il en serait ainsi quand même il existerait des usiniers parmi les propriétaires inférieurs. — Même arrêt de *Bourges* du 7 avr. 1837.

146. — Il ne faudrait cependant point dire que le propriétaire d'un héritage bordé ou traversé par une eau courante peut, aux termes des art. 644 et 645 C. civ., user de cette eau d'une manière absolue et quelles qu'en soient les conséquences pour les propriétaires supérieurs ou inférieurs. — *Cass.*, 7 avril 1807, Hivert c. Hardi; *Metz*, 11 juill. 1817, Deville Bodson c. Jacob.

147. — Ainsi celui qui pour l'irrigation de sa propriété veut se servir de l'eau qui la traverse, n'a pas le droit, pour en user, d'élever une digue qui nuise aux propriétés supérieures. — *Metz*, 11 juill. 1817, Deville Bodson c. Jacob; *Cass.*, 17 mars 1819, mêmes parties.

148. — Le propriétaire supérieur, séparé du fonds inférieur par la voie publique, ne peut pratiquer des travaux qui sous prétexte qu'ils ne sont destinés qu'à faciliter l'écoulement des eaux sur la voie publique elle-même, auraient néanmoins pour résultat de les faire écouler en masse sur le fonds inférieur. — *Cass.*, 8 janv. 1834, Marchal c. Patillier.

149. — Le propriétaire d'un étang qui veut le dessécher ne peut forcer le propriétaire de l'étang inférieur à faire les changemens propres à empêcher les eaux de refluer sur le fonds supérieur, si ces changemens peuvent nuire au fonds inférieur. — *Cass.*, 30 août 1808, Chantreau c. Durand.

150. — Le propriétaire d'un étang alimenté par un ruisseau qui traverse une prairie supérieure et fait plus bas tourner un moulin, ne peut être réputé avoir perdu son droit de servitude vis-à-vis du fonds supérieur par cela seul qu'il a desséché son étang et qu'à l'entrée de sa propriété il a établi un barrage pour retenir les eaux du ruisseau et les diriger dans des canaux d'irrigation. — *Cass.*, 27 fév. 1844 (t. 2 1844, p. 136), Vaucher c. Regard.

151. — Il n'y a ni aggravation de servitude ni délit en ce que l'établissement du barrage ferait refluer les eaux sur une partie (un septième) du fonds supérieur, s'il est constant que le surplus de ce fonds a été considérablement amélioré par suite du dessèchement de l'étang. — Même arrêt.

152. — Quoique entre des copartageans il ait été stipulé que les prairies continueraient d'être arrosées comme par le passé et qu'il ne pourrait être fait aucun changement aux rigoles et fossés servant à conduire les eaux, celui sur le fonds duquel se trouve l'aqueduc destiné à cet usage peut le déplacer si ce changement lui procure un avantage sans causer un préjudice à ses autres copartageans. — *Paris*, 3 juin 1831, Adon c. Rogues.

153. — Parce qu'un ci-devant seigneur a concédé à des particuliers deux moulins avec le ruisseau servant à leur exploitation, il n'en résulte pas que ce seigneur ait renoncé à user, pour l'irrigation de ses fonds supérieurs, des eaux de ce ruisseau. Dès lors, l'acquéreur d'un de ces fonds supérieurs peut établir des ouvrages pour jouir des eaux conformément à l'art. 644 C. civ.; et les concessionnaires des moulins ou leurs représentans ne peuvent demander la destruction de ces ouvrages, en se fondant sur ce que le ci-devant seigneur ne s'était pas réservé la faculté d'en construire. Les propriétaires des moulins qui ont prétendu que les ouvrages dont il s'agit causaient une diminution dans le volume des eaux, ne peuvent demander la cassation de l'arrêt qui s'est borné à ordonner que des experts, après avoir examiné l'étendue du fonds supérieur et les travaux construits pour l'arroser, vérifieraient : 1° si les eaux du ruisseau, en sortant du fonds supérieur, retombaient dans leur lit ordinaire; 2° de quel volume les eaux pourraient être diminuées, pour être ensuite statué ce qu'il appartiendrait. — *Cass.*, 6 janv. 1824, Colvray et Rivot c. Dejoux.

154. — Le fait par le propriétaire d'un cours d'eau, de se servir de l'eau à son passage, ainsi que l'art. 644 du Code civil lui en confère le droit, peut donner lieu contre lui à une action en complainte si l'exercice de ce droit a pour résultat de diminuer le volume d'eau dont un propriétaire de fonds inférieur aurait la possession annale. — Cette possession annale peut résulter de travaux faits par le propriétaire du fonds inférieur sur son propre terrain. — *Cass.*, 26 janv. 1836, Boubée et Pérez c. Meunier; 6 déc. 1836, Bigeon c. Bourgogne; 18 avr. 1838 (t. 2 1838, p. 98), Patouillard c. Montiron; 4 janv. 1841 (t. 1er 1841, p. 544), Picquet et Stupfel c. Hure.

155. — Jugé cependant que le propriétaire qui se sert des eaux d'un ruisseau pour le jeu d'une usine, ou pour l'irrigation de son fonds contigu, ne peut demander, au possessoire, à être maintenu dans la jouissance annale qu'il a de ses eaux, lorsqu'il y est troublé par le propriétaire du fonds supérieur, qui use du droit que lui confère l'art. 644 du Code civil. — *Cass.*, 10 févr. 1824, Ricon c. Blache.

156. — Lorsque le propriétaire d'un étang alimenté par une source qui prend naissance non sur son fonds, mais sur le fonds supérieur, a détourné les eaux, à leur sortie de l'étang, du cours qu'elles suivaient depuis un temps immémorial, les propriétaires des héritages inférieurs, qui cessent par là d'être arrosés, peuvent être, au possessoire, maintenus dans la jouissance de ces eaux, encore bien qu'ils ne justifient pas avoir fait des ouvrages apparens destinés à faciliter la chute et le cours de l'eau dans leurs propriétés.— *Cass.*, 20 févr. 1839 (t. 1er 1839, p. 338), Duvoisin-Lageneste c. Voisin.

157. — La transaction sur partage par laquelle deux parties déterminent le mode de jouissance en commun d'une servitude de cours d'eau, ne s'oppose pas à ce que l'une d'elles change postérieurement l'état des lieux, s'il en résulte des avantages pour sa propriété, et si ce changement ne porte pas préjudice à l'autre partie.— *Cass.*, 24 avril 1838 (t. 2 1838, p. 300), Noguès c. Lafaille.

158. — Le lit des rivières non navigables ne constitue qu'une propriété commune et indivisible entre les propriétaires des deux rives, et non deux propriétés distinctes d'une égale étendue et séparées par une ligne imaginaire placée à distance égale des deux fonds riverains.—Dès lors, le propriétaire riverain, autorisé par la loi à se servir des eaux pour l'irrigation de ses propriétés, ne doit pas être réduit à la moitié du lit de la rivière; mais il a le droit d'établir sur toute son étendue le barrage destiné à faire dériver ses eaux, pourvu qu'il ne s'appuie pas sur la rive opposée appartenant à un tiers. — *Montpellier*, 15 déc. 1840 (t. 2 1841, p. 396), Barbot c. Clinchard.

159. — Le propriétaire du fonds servant ne peut ni directement ni indirectement porter atteinte à la servitude. — Ainsi, il y a atteinte indirecte à la servitude d'attache sur un fonds riverain d'une chaussée ou barrage destiné à amener les eaux à un moulin par cela que le propriétaire du fonds servant détourne les eaux en amont dans l'unique but de rendre le barrage inutile et d'anéantir, par là, la servitude constituée. — *Montpellier*, 22 nov. 1843 (sous *Cass.*, 20 janv. 1845 [t. 2 1845, p. 205]), de Pennautier c. Coste.

160. — Celui qui a des propriétés sur une rivière non navigable ni flottable ne peut faire des ouvrages *dans* le lit habituel de cette rivière pour la défense de sa propriété. — Ces ouvrages sont offensifs pour les propriétaires de la rive opposée. — *Nîmes*, 27 juill. 1829, Domergue.

161. — Les principes de l'article 644 ne s'appliqueraient pas aux propriétaires riverains de canaux creusés de main d'homme appartenant à un propriétaire inférieur. — Dans ce cas, l'eau est enfermée dans un lit qui lui a été creusé par son propriétaire; et nul autre que lui n'y peut avoir droit. — *Nîmes*, 5 mai 1820, Nard c. Imbert; *Cass.*, 14 janv. 1823, Peynier c. Roccas.— Henrion de Pansey, *Compét.*, p. 262 et suiv.; Lacombe, v° *Eau*, n° 2; Favard de Langlade, *Rép.*, v° *Servitudes*, sect. 2, n° 1; Proudhon, n° 1085; Garnier, t. 3, n° 760; Duranton, t. 5, nos 236 et 237; Pardessus, n° 111; Daviel, n° 844; Delvincourt, t. 1er, p. 380; Zachariæ, t. 2, § 237.

162. — Ainsi, le propriétaire dont l'héritage borde un canal appartenant à son voisin, ne peut faire des constructions sur ce canal pour prendre une partie des eaux qui y coulent, lors même qu'il n'en résulte aucun préjudice pour les usines que le canal est destiné à alimenter. — Colmar, 12 juill. 1812, Dupré c. N...; Cass., 28 nov. 1815, Sieur et Bernard c. Chauliac; 9 déc. 1818, Bodin c. Regnault; Nîmes, 5 mai 1820, Nard c. Imbert; Cass., 5 avril 1836, Mathieu c. Krantz. — Frémy-Ligneville, *Code des architectes*, n° 80.

163. — Dans ce cas, les juges peuvent apprécier d'après les titres quels sont les droits de chaque propriétaire riverain à la jouissance des eaux coulant dans le canal; et, spécialement la clause par laquelle le propriétaire d'une usine et d'une prairie arrosée par un canal qui y conduit accorde à l'acquéreur de la prairie le droit de jouir des eaux de ce canal comme tous les autres riverains, peut être considérée comme n'attribuant à cet acquéreur que le superflu des eaux servant au jeu de l'usine. — *Cass.*, 5 avril 1836, Mathieu c. Krantz.

164. — Si la propriété du canal n'était point réellement établie par titres au profit du propriétaire de l'usine; on ne devrait voir dans l'existence de ce canal qu'une servitude sur le terrain d'autrui pour le passage de l'eau, mais les principes, en ce qui concerne l'usage des eaux, ne seraient pas modifiés.

165. — S'il s'élève une contestation entre les propriétaires auxquels ces eaux peuvent être utiles, les tribunaux, en prononçant, doivent concilier l'intérêt de l'agriculture avec le respect dû à la propriété; et, dans tous les cas, les réglemens particuliers et locaux sur le cours et l'usage des eaux doivent être observés. — Art. 645.

166. — L'art. 645 C. civ. ne prescrit point de règles absolues, et laisse aux tribunaux le pouvoir d'ordonner ce qui leur paraît propre à concilier les intérêts de l'agriculture et le respect dû à la propriété en interprétant les titres produits. — *Cass.*, 22 avril 1840 (t. 2 1840, p. 100), de Germigney c. Muel et autres.

167. — Le droit de prise d'eau consacré en faveur des propriétaires riverains, d'après l'art. 644 C. civ., doit être réglé de manière que le propriétaire inférieur, par l'usage qu'il en fait pour l'irrigation de ses propriétés, ne nuise pas au propriétaire supérieur. — *Cass.*, 17 mars 1819, Jacob c. Devillers-Bodson. — V. aussi COURS D'EAU, n° 361.

168. — Toutefois, le pouvoir discrétionnaire abandonné aux tribunaux par l'art. 645 C. civ., ne va pas jusqu'à la faculté d'établir une servitude sur le fonds d'autrui, pour favoriser la culture d'un autre fonds. — *Rouen*, 6 mars 1828, Montlambert c. Bidault.

169. — Les tribunaux peuvent user du droit que leur attribue l'art. 645 C. civ., même lorsqu'il s'agit d'une servitude conventionnelle. — *Caen*, 5 déc. 1827, Foubert c. Aubry.

170. — Les tribunaux sont incompétens pour ordonner le changement du lit d'une rivière ou d'un ruisseau, à l'effet d'en prévenir les débordemens. Ce principe est consacré par un décret du 22 déc. 1811. — Merlin, *Rép.*, v° *Cours d'eau*, n° 6.

171. — Ce n'est point à l'autorité administrative mais aux tribunaux qu'appartient la connaissance des contestations élevées entre deux maîtres de forges sur l'usage des eaux nécessaires à leurs usines, contestations qui sont nées d'anciens arrêts du conseil rendus entre les mêmes parties. — Merlin, *Rép.*, v° *Cours d'eau*, n° 4.

172. — Une demande en dommages-intérêts à titre de réparation du dommage causé à une propriété voisine par la trop grande élévation des eaux d'une usine qu'un particulier a fait construire d'après l'autorisation à lui accordée par l'autorité administrative, est de la compétence des tribunaux. — Les dommages-intérêts sont dus soit que le dommage ait été fait en exécutant ce qui était prescrit par l'acte administratif, soit qu'il ait pour cause des travaux non mentionnés dans l'autorisation. — *Cass.*, 2 janv. 1822, Delabrière c. Lebreton et Lenoir.

173. — L'inondation d'un héritage par suite de l'élévation à laquelle les eaux sont retenues par la vanne de décharge d'une usine inférieure ne peut donner lieu, de la part du propriétaire, à aucune demande soit en abaissement des eaux, soit en dommages-intérêts, lorsqu'il est constant, en fait, que l'état des choses existe depuis long-temps, et que c'est ce propriétaire qui, par les innovations faites dans son terrain, a occasionné l'inondation dont il se plaint. — *Cass.*, 4 juill. 1839 (t. 2 1839, p. 434), Comynet c. Haran-Guillermin.

174. — Lorsqu'un canal, créé pour y construire deux moulins, qui, appartenant d'abord à un même propriétaire, se trouvent divisés dans la suite, est mis à sec par l'effet d'une trouée que les eaux ont pratiquée dans les terres voisines, et que ce désastre est réparé par le propriétaire d'un des moulins, l'autre propriétaire est obligé de contribuer, suivant son intérêt, à ces réparations qui ont rendu l'existence à son usine. — *Rennes*, 13 avr. 1812, Leluobis-Marsilly c. de Saint-Pierre. — V. COURS D'EAU.

ART. 2. — *Bornage.*

175. — Tout propriétaire peut obliger son voisin au bornage de leurs propriétés contiguës. Le bornage se fait à frais communs. — C. civ., art. 646. — V. BORNAGE.

ART. 3. — *Clôture.*

176. — Tout propriétaire peut clore son héritage : sauf l'exception portée en l'art. 682 C. civ., art. 647; C. pén., art. 456. — L'exception rappelée ici a trait aux cas d'enclave. — V. *infrà*, n° 209.

177. — Il ne s'agit point dans cet article du droit accordé par l'art. 663 de contraindre son voisin à contribuer aux frais d'une clôture commune, mais bien de la faculté accordée à tout propriétaire de clore son héritage pour le soustraire à l'exercice de certaines servitudes. — Pardessus, *Servit.*, n° 131. — Pour ce qui concerne la clôture commune, V. MITOYENNETÉ.

178. — Le droit féodal obligeait les propriétaires ruraux de laisser leurs héritages non clos. Cette servitude abolie partiellement par des édits royaux, le fut pour toute la France par la loi du 6 oct. 1791 (tit. 1er, sect. 4, art. 4).

179. — Le droit de se clore ou se déclore appartient, depuis la loi du 6 oct. 1791 (tit. 1er, section 4, art. 4), à tous, quelles qu'aient été à cet égard les prescriptions antérieures des coutumes ou même des simples usages locaux et sauf quelques exceptions introduites, dans un intérêt public, par les lois ou autres dispositions équivalentes : notamment en ce qui concerne la nécessité de se clore dans les villes (C. civ., art. 663. — Ordonn. 4 février 1824) ou de ne construire ou planter qu'en observant certaines distances, etc.

180. — Le règlement de 1751, qui, en Normandie, exigeait que celui qui voulait se déclore en avertît préalablement les propriétaires des terrains contigus doit donc aujourd'hui être considéré comme abrogé. — Vaudoré, *Droit civil des juges de paix*, v° *Clôture*, n° 7.

181. — Un arrêt du conseil du 29 sept. 1835 avait autorisé les propriétaires herbagers en Normandie à planter des barrières, même sur les chemins publics traversant les herbages; mais ce règlement n'est plus en vigueur, selon M. Vaudoré (*loc. cit.*, v° *Barrières*, n° 2), que pour les barrières antérieures aux lois nouvelles sur la voirie.

182. — En admettant même cette opinion, nous pensons qu'il ne saurait être question de ce droit sur les routes et sur les chemins vicinaux; et même sur les chemins ruraux en général; tout au plus pourrait-on en conserver l'exercice sur les sentiers et chemins d'exploitation, où le passage à pied et peut-être avec bêtes de somme est praticable. Quant au point de savoir si les passans peuvent être contraints de refermer ces barrières après les avoir ouvertes, nous ne voyons aucun moyen coercitif légal pour les y contraindre : d'abord, il n'y a point de sanction pénale; et il nous paraît même très-douteux qu'on puisse recourir à la voie civile pour obtenir des dommages-intérêts, si un préjudice était résulté du défaut de fermeture de la barrière après le passage des tiers.

183. — Le propriétaire qui veut se clore perd son droit au parcours et à la vaine pâture en proportion du terrain qu'il y soustrait. — C. civ., art. 648. — L. 28 sept. 6 oct. 1791, tit. 1er, sect. 4, art. 7.

184. — On appelle vaine pâture la faculté dont jouissent dans plusieurs provinces les habitans d'une commune de faire paître leurs troupeaux ou bestiaux sur les héritages dépouillés de leurs fruits naturels ou industriels. — Pardessus, n° 132. — V. PARCOURS et VAINE PATURE.

185. — On ne pourrait opposer contre la clôture une fin de non-recevoir tirée du long temps pendant lequel un terrain serait resté ouvert. — Pardessus, n° 133.

186. — Il est constant que la seule servitude à laquelle on puisse se soustraire par la clôture est la servitude de vaine pâture résultant des coutumes ou usages locaux; et que le propriétaire ne pourrait se soustraire par la clôture à un droit de vaine pâture fondé en titre. — *Cass.*, 13 fruct. an IX, Dupuy c. Commune de Saint-Martin; 1er juill. 1840 (t. 2 1840, p. 746), Commune de Savianges c. Gelin. — Proudhon, *Usage*, n° 339; Delvincourt, t. 1er, p. 388; Favard de Langlade, *Rép.*, v° *Servitudes*, sect. 2, § 3, n° 4; Lepalquin, *Législat. de la vaine pâture*, p. 139 et suiv.; Duranton, t. 5, n° 265; Toullier, t. 3, n° 161; Solon, n° 86; Neveu-Deroterie, *Lois rurales*, p. 56; Troplong, *Prescript.*, t. 1er, p. 387. — V. cependant Merlin, *Rép.*, v° *Vaine pâture*.

187. — On ne peut considérer comme établi sur un titre un droit de vaine pâture à l'occasion duquel aurait été stipulée une redevance, alors qu'il résulte des circonstances que cette redevance n'était pas le prix de la servitude conventionnelle de vaine pâture mais seulement celui de la renonciation à un droit féodal. — *Cass.*, 1er juill. 1840 (t. 2 1840, p. 746), Commune de Savianges c. Gelin.

188. — Le propriétaire grevé d'un droit de pâturage ne peut se clore, comme il en aurait la faculté si son héritage n'était soumis qu'à un droit de vaine pâture. — *Cass.*, 27 brum. an XIV, Sauvage c. Commune de Glandieu.

189. — Pour savoir ce qu'il faut entendre par clôture, on doit, selon M. Pardessus (n° 133), consulter les usages locaux; et à défaut on pourra s'en rapporter à la définition contenue dans l'art. 391 C. pén.

190. — Celui que la disposition des lieux oblige à recevoir les eaux de l'héritage voisin ne pourrait point établir une clôture qui nuisît à l'exercice de cette servitude dont il est grevé. — Pardessus, n° 134.

191. — Un fonds grevé de la servitude de chemin de halage, mais fermé des trois autres côtés devrait être réputé enclos. — Pardessus, n° 134.

192. — Le propriétaire qui s'enclôt ne peut pas refuser le passage sur son fonds aux bestiaux pour se rendre sur un autre fonds soumis encore à la vaine pâture, si ce dernier fonds est enclavé et sauf indemnité. — Pardessus, n° 134.

193. — Le propriétaire de l'héritage supérieur est présumé par la loi propriétaire du tertre couronné par une haie qui le sépare de l'héritage inférieur, et les juges doivent le décider ainsi abstraction faite de la question de savoir quel est celui des deux héritages qui par la nature de sa culture a le plus besoin de clôture. — *Riom*, 6 juill. 1815, Lavaurs c. Meyniel. — Duranton, t. 5, nos 374 et 375; Vaudoré, *Droit rural*, t. 1er, nos 123 et suiv. — V. au reste PARCOURS ET VAINE PATURE.

Sect. 2e. — *Servitudes établies par la loi.*

194. — « Les servitudes établies par la loi ont pour objet l'utilité publique ou communale, ou l'utilité des particuliers. » — C. civ., art. 649.

ART. 1er. *Servitudes établies dans un intérêt public ou communal.*

195. — « Les servitudes légales établies pour l'utilité publique ou communale ont pour objet le marchepied le long des rivières navigables ou flottables, la construction ou réparation des chemins et autres ouvrages publics ou communaux. » — C. civ., art. 650. — Tout ce qui concerne cette espèce de servitude est déterminé par des lois et règlemens particuliers.

196. — On peut ranger dans la même catégorie les obligations imposées par l'art. 643 au propriétaire d'une source nécessaire aux habitans d'une commune.

§ 1er. — *Obligations du propriétaire d'une source nécessaire aux habitans d'une commune.*

197. — L'art. 643 du Code civil contient une exception au droit qu'a le propriétaire d'une source de s'en servir à sa volonté. Cette exception est établie pour le cas où cette source fournirait aux habitans d'une commune, village ou hameau, l'eau qui leur est nécessaire. On a fait fléchir ici

446 SERVITUDE, ch. 2, s. 2e, a. 1er, § 1er. SERVITUDE, ch. 2, s. 2e, a. 1er, § 1er. SERVITUDE, ch. 2, s. 2e, a. 1er, § 1.

l'intérêt privé devant l'intérêt public, et le propriétaire de la source ne peut en détourner le cours.

198. — Cette disposition a pour objet principal les personnes, et on n'en pourrait réclamer le bénéfice en faveur des besoins de l'agriculture ou de l'irrigation des fonds. — Pardessus, n° 138.

199. — L'autorité judiciaire est compétente pour statuer sur le fait de la nécessité des eaux lorsqu'il ne s'agit pas de l'expropriation d'une source pour cause d'utilité publique. — *Aix*, 13 juin 1845 (t. 2 1846, p. 218), Commune de Tourrettes c. Mallet.

200. — L'art. 643 n'interdit au propriétaire de la source que d'en changer le cours; dès lors il peut en user pour les besoins de son fonds, à la charge de ne pas la rendre impropre aux besoins de la commune. — Pardessus, *Servit.*, n° 138.

201. — Il faut également reconnaître que celui qui creuserait sur son fonds un puits dont la fouille atténuerait ou tarirait une fontaine communale, ne serait tenu ni à combler ce puits ni à payer des dommages-intérêts. — Pardessus, *ibid.*

202. — La disposition de l'art. 643 C. civ. est donc inapplicable au cas où le propriétaire n'a pas sur son fonds une source, mais seulement des veines d'eau dans la profondeur de la terre. — Dans ce cas, les fouilles que le propriétaire juge à propos de faire dans son fonds pour l'améliorer ne sont que l'exercice légitime de son droit de propriété; lors même que les veines d'eau souterraines dont ces fouilles ont pour résultat de changer la direction, auraient jusque-là profité aux habitans d'une commune. — *Cass.*, 29 nov. 1830, Commune de Fagnon c. Massé; *Grenoble*, 5 mai 1834, Commune d'Apprieux c. Perrin et Fermez. — Daviel, n° 893 et suiv.; Garnier, t. 3, n° 471; Solon, n° 43; Hennequin, *Traité de législ.*, t. 1er, p. 438; Zachariæ, t. 2, § 236, n° 10. — V. cependant Proudhon, n° 1543.

203. — Le droit de préférence que l'art. 643 C. civ. donne aux habitans d'une commune sur les eaux d'une source s'applique également à celles d'un ruisseau lorsqu'elles leur sont nécessaires, et les propriétaires riverains du ruisseau ne peuvent se servir de ses eaux que lorsque les besoins de la commune sont satisfaits. — *Nancy*, 29 avr. 1842 (t. 1er 1842, p. 96), de Lagabbe et Najean c. Commune de Fruze. — Pardessus, *Servitudes*, n° 138.

204. — Un individu ne saurait, sous prétexte que son habitation forme un hameau, invoquer le bénéfice de l'art. 643 C. civ., dont une communauté d'habitans peut seule se prévaloir. — *Limoges*, 13 mai 1840 (t. 2 1841, p. 722), Papel c. Opeix. — Duranton, t. 5, n° 187; Garnier, *Régime des eaux*, n° 62.

205. — En admettant même que l'habitation appartenant à un seul pût être considérée comme un hameau; son propriétaire ne pourrait former en son nom personnel une action pour être admis au privilège établi par l'art. 643, les maires seuls ayant qualité pour intenter de pareilles actions. — *Limoges*, 13 mai 1840 (t. 2 1841, p. 722), Papel c. Opeix. — V. COMMUNE.

206. — Dans la première rédaction du titre *Des servitudes*, dont M. Treilhard avait été chargé; celui-ci n'avait rien dit de la limitation qui a été apportée, en faveur des communes, villages ou hameaux, au droit de propriété de ceux qui ont une source dans leur fonds. Lors de la discussion qui eut lieu au Conseil d'État sur le projet présenté par M. Treilhard, le conseiller Renaud de Saint-Jean-d'Angély ayant fait la remarque qu'il convenait d'observer, en parlant du droit qu'a le propriétaire sur les eaux qui surgissent dans son fonds, que les fontaines et les abreuvoirs publics de beaucoup de villages n'étaient alimentés que par les eaux qui découlent d'un fonds supérieur appartenant à un particulier; le consul Cambacérès s'exprima ainsi à l'égard du cas particulier proposé par M. Renaud : « *Il s'agit ici de l'intérêt d'une commune entière*, il faut donc chercher à le concilier avec le droit du propriétaire. On y arriverait en laissant à la commune des eaux qui lui sont indispensables, et en la forçant d'indemniser le propriétaire. Hors ce cas, d'utilité publique, et *lorsqu'il n'y a que l'intérêt des particuliers qui possèdent les fonds inférieurs, rien ne peut balancer le droit du propriétaire.* » C'est en vue de ces considérations que fut rédigée et insérée dans le projet la disposition qui forme l'article 643 C. civil.

207. — C'est à l'administration qu'il appartient de décider si telle ou telle réunion d'habitans éloignée du chef-lieu de la commune ou du village doit être considérée comme un hameau. — Pardessus, n° 138.

208. — Alors même qu'une commune prétendrait que toutes les eaux d'une source sont nécessaires aux habitans, elle ne saurait se prévaloir de la prescription pour établir son droit à la propriété de ces eaux si elle n'a fait aucuns travaux apparens sur le fonds même où naît la source pour faciliter la chute et le cours des eaux à son profit. — *Aix*, 13 juin 1845 (t. 2 1846, p. 218), Commune de Tourrettes c. Mallet.

209. — L'art. 643 ajoute que si les habitans de la commune n'ont pas acquis ou prescrit l'usage de la source, le propriétaire peut réclamer une indemnité, laquelle est réglée par experts. Cette disposition doit s'entendre en ce sens que la prescription s'appliquera à l'indemnité et non au droit d'user de la source, droit qui existe dès que la nécessité est constatée. Il en est de ce cas comme de celui du passage en cas d'enclave, et les arrêts rendus dans l'un peuvent être invoqués dans l'autre. — Favard de Langlade, *Rép.*, v° *Servitudes*, sect. 2, § 7; Duranton, t. 5, n° 187; Garnier, *Régime des eaux*, n° 62.

210. — La prescription n'a pas besoin pour courir d'être accompagnée d'ouvrages apparens. — Pardessus, n° 138; Zachariæ, t. 2, § 236, note 14. — *Contrà*, Garnier, t. 3, n° 738, p. 79; Proudhon, t. 4, n° 1389.

211. — L'indemnité doit être déterminée non sur l'avantage résultant pour la commune ou le hameau, mais sur le préjudice éprouvé par le propriétaire de la source. — Pardessus, n° 138.

212. — Il serait raisonnable aussi de la faire supporter, non par tous les habitans de la commune, mais par les intéressés seulement, si la source ne sert qu'aux besoins d'un hameau. — Pardessus, n° 138.

213. — Lorsque la nécessité des eaux pour la commune n'est point établie et que le propriétaire de la source, sans changer le cours des eaux, s'en sert, comme il en a le droit, pour l'entière irrigation de sa propriété, il n'est point dû d'indemnité au propriétaire par la commune qui profite de l'excédant de ses eaux. — *Aix*, 13 juin 1845 (t. 2 1846, p. 218), Commune de Tourrettes c. Mallet.

214. — Quoiqu'en général on ne doive pas admettre par analogie des restrictions au droit de propriété, M. Pardessus pense cependant (n° 138) qu'on doit décider que si pendant trente ans une commune, un village ou un hameau avait exercé le puisage ou l'abreuvage sur la fontaine, sur le puits, même sur le réservoir d'eaux pluviales appartenant à un particulier, ce droit lui serait acquis.

215. — Le propriétaire d'une source qui à titre de tolérance et de familiarité a permis à ses voisins d'y puiser, d'y abreuver leurs bestiaux, d'y laver la lessive, ne peut être tenu de leur livrer l'usage d'y prendre de l'eau et d'y laver des lessives gratuitement. — *Colmar*, 5 mai 1809, Strub c. Wolff.

216. — Lorsqu'une commune se prétend en possession immémoriale, et notamment depuis an et jour, du droit de faire couler par un canal artificiel, à travers le terrain d'autrui, les eaux d'une fontaine qui lui appartient, pour les conduire dans l'abreuvoir communal, et du droit d'user, dans cet abreuvoir, de ces eaux, qui, par la nécessité dont elles sont pour le bétail de la commune, constituent en faveur de celle-ci une servitude légale dont elle est en possession pareillement depuis plus d'une année; lorsqu'en outre elle demande contre celui qui a détourné ces eaux de l'abreuvoir « à être maintenue dans la possession annale où elle est de faire couler les eaux à travers l'héritage de celui-ci pour les recevoir dans l'abreuvoir communal, » la possession annale ainsi articulée et réclamée porte aussi bien sur l'abreuvoir que sur le canal artificiel qui conduit les eaux, et, dès lors, l'action ainsi engagée constitue une simple action possessoire, dont le jugement, même en ce qui concerne cet abreuvoir, ne peut être suspendu sous prétexte que, s'agissant de la propriété de celui-ci, il doit y être statué préalablement. — *Cass.*, 22 août 1842 (t. 2 1842, p. 304), Comm. de Chierry c. Lecroq.

§ 2. — *Obligations relatives au marchepied des rivières.*

217. — D'après le décret du 22 janv. 1808, on donne le nom de marchepied ou chemin de halage d'une rivière à l'espace qu'un propriétaire voisin d'une rivière navigable ou flottable est tenu de laisser sur les bords, soit pour déposer les objets qui doivent être transportés par eau, soit pour faciliter les opérations du halage des bateaux.

218. — Le marchepied, comme le chemin de halage, ne constitue qu'une servitude qui ne prive point le propriétaire de la propriété de cette partie de son terrain et des avantages qui s'y attachent.

219. — Ainsi il profitera de l'alluvion à tout événement, et rentrera dans la jouissance entière de son fonds si la navigation vient à changer. — Pardessus, n° 139.

220. — L'étendue de la servitude de halage ou marchepied est réglée par l'autorité administrative. L'espace qui y est affecté est de dix pieds pour le marchepied et vingt-quatre pour le chemin de halage (ord. 1669, tit. 28, art. 7), et le propriétaire ne peut planter des arbres qu'en deçà de ces deux portions de terrain, dont l'une est réputée bord de la rivière, et dont l'autre est affectée au chemin de halage. — Pardessus, *ibid.*

221. — Lorsqu'une commune réclame à titre de servitude légale un passage sur la propriété d'un particulier qui conteste ce droit, les tribunaux peuvent repousser la prétention de la commune en se fondant sur les titres de propriété du défendeur, sans que leur sentence puisse être attaquée comme ayant contrevenu à l'art. 650 C. civ., qui ne statue que pour les servitudes relatives au marchepied le long des rivières navigables ou flottables et à la construction ou réparation d'un chemin reconnu public ou communal. — *Cass.*, 23 févr. 1809, Commune du Pecq c. Bezuchet.

222. — Les riverains des cours d'eau affluens à la Seine qui servent au flottage des bois pour Paris sont tenus, aux termes de la loi du 28 juill. 1824, de laisser déposer ces bois sur leurs fonds, moyennant une indemnité fixée par cette loi. — V. au surplus BOIS ET CHARBONS, CHEMIN DE HALAGE, COURS D'EAU.

§ 3. — *Constructions ou réparations de chemins ou autres ouvrages publics ou communaux.*

223. — Les propriétaires sont tenus de laisser déposer sur leurs héritages les matériaux et instrumens dont l'emploi est nécessaire pour l'établissement et la réparation des chemins et même, dans certains cas, de laisser extraire, dans leur terrain, des pierres, du sable, etc., moyennant indemnité juste et préalable. — V., au surplus, CHEMINS VICINAUX, ROUTES, TRAVAUX PUBLICS.

§ 4. — *Autres servitudes établies dans l'intérêt public.*

224. — Les propriétés privées ont été assujeties, dans l'intérêt public, par des lois spéciales, à un certain nombre d'obligations dont voici les principales.

225. — La loi du 9 vent. an XIII et l'acte du gouvernement du 16 déc. 1811 imposent l'obligation de planter des arbres sur le bord des chemins. — V. CHEMINS VICINAUX, ROUTES.

226. — L'art. 150 de la loi du 21 mai 1827 prescrit aux propriétaires de souffrir l'avancement des branches des arbres de lisière des forêts lorsque ces arbres ont plus de trente ans. — V. FORÊTS.

227. — L'art. 122 de la même loi oblige les propriétaires à laisser marquer pour le service de la marine les bois qui y sont propres; et les art. 219 et suivans, interdisent de défricher des bois sans autorisation. — V. DÉFRICHEMENT, FORÊTS.

228. — Le décret du 7 mars 1808 défend de construire des édifices ou de creuser des puits à moins de 100 mètres des nouveaux cimetières. — V. CIMETIÈRE, PUITS.

229. — Les servitudes légales ou dépréciations de valeurs, occasionnées aux propriétés voisines par l'établissement de nouveaux cimetières, ne peuvent être considérées comme constituant un fait dommageable dans le sens de l'art. 1382 C. civ., et donnant ouverture à une action en dommages-intérêts au profit du propriétaire lésé. — *Nancy*, 30 mai 1843 (t. 1er 1844, p. 157), Lamoureux c. Commune de Nancy.

230. — Des charges de différentes natures sont imposées aux propriétés situées dans le voisinage des places fortes par la loi du 17 juill. 1819, l'ordonnance du 1er août 1825 et les autres lois sur la même matière. — V. SERVITUDES MILITAIRES.

231. — Les *mines* et *carrières* sont aussi soumises par les lois et règlemens qui les concernent à des assujettissemens nombreux qui limitent l'exercice du droit de propriété sur ces choses. — V. CARRIÈRE, MINES, MINIÈRES.

232. — Le tit. 9, liv. 4, de l'ordonnance de 1681 et les lettres patentes du 10 janv. 1770 obligent les propriétaires des fonds ou des habitations voisins du lieu où arrive un naufrage de livrer passage pour y porter secours et de laisser déposer les objets sauvés. — V. NAUFRAGE.

233. — Cette disposition devrait être étendue aux cas d'incendie et d'inondation, conformément au § 12 de l'art. 475 du Code pénal.

234. — La conservation et l'usage des sources d'eaux thermales sont assujettis à des règles spéciales résultant de l'arrêt du Conseil du 26 mai 1780, des arrêtés du gouvernement des 29 flor. an VII, 3 flor. an VIII, 6 niv. an XI, et 30 prair. an XII. — V. EAUX MINÉRALES ET THERMALES.

235. — Les propriétaires de maisons sont assujettis dans les villes à de nombreuses obligations concernant l'*alignement*, la hauteur des *constructions*, le creusage des puits, l'entretien et la vidange des fosses d'aisance, etc. — V. ALIGNEMENT, FOSSES D'AISANCE, PUITS, VOIRIE.

ART. 2. — *Servitudes établies par la loi dans l'intérêt des particuliers.*

236. — « La loi assujettit les propriétaires à différentes obligations l'un à l'égard de l'autre, indépendamment de toute convention. » — C. civ., art. 651.

237. — Le mot servitudes légales indique assez qu'en dehors des restrictions résultant de la loi elle-même, la propriété est libre, et que le propriétaire peut user de sa chose et même en abuser, à la seule condition de ne pas gêner la liberté d'autrui.

238. — Cependant, Pardessus (n° 142) semble poser en règle : 1° qu'on doit accorder sur sa propre chose ce qui peut être utile aux autres, lorsqu'on n'en éprouve soi-même aucun dommage, et 2° qu'on ne peut user de son droit sans profit pour soi-même, si cet usage est nuisible à autrui.

239. — Et il en conclut que, par exemple, le propriétaire dont le mur borde une rue ou un chemin, ne pourrait refuser que celui dont la maison est située vis-à-vis la sienne le blanchisse pour se procurer plus de jour. — Pardessus, n° 142.

240. — Il en conclut encore que le droit qu'on a de peindre sa maison ne pourrait être exercé de manière à absorber le jour de la maison voisine ou à produire un reflet susceptible de nuire à ceux qui l'occupent. — Cœpolla, tr. 1er, cap. 39, n° 2; cap. 41, n° 3; cap. 55, n° 2; cap. 56, n° 5; Pardessus, *ibid.*

241. — Quelque raisonnables que soient ces solutions, nous hésiterions à les admettre. La loi a déterminé les cas où la liberté du propriétaire devait céder à l'intérêt général ou privé, et les tribunaux n'ont point reçu le pouvoir de les étendre.

242. — Il est probable, d'ailleurs, que s'ils essayaient de le faire, ce serait bien plutôt en empêchant l'usage nuisible à autrui qu'un propriétaire veut faire de sa chose, comme s'il y fait des bruits gênans ou laisse s'en exhaler des odeurs désagréables, qu'en obligeant ce propriétaire à faire ou à laisser faire sur sa chose un travail utile ou avantageux pour son voisin.

243. — Ainsi, on ne pourrait obliger le propriétaire d'une carrière, même dans les lieux où la pierre est très-rare, à souffrir que des particuliers viennent en prendre malgré lui, fût-ce en offrant une indemnité. — Domat, *Lois civiles*, liv. 1er, tit. 2, sect. 13, art. 2; Pardessus, *Servit.*, n° 142.

244. — Le propriétaire d'un terrain ne peut être obligé d'y laisser déposer momentanément les produits d'une tourbière, même quand elle appartiendrait à une commune. — Pardessus, *Serv.*, n° 142.

245. — Les obligations imposées aux propriétaires dans l'intérêt des particuliers sont réglées en partie par les lois sur la police rurale (C. civ., art. 652, V. POLICE RURALE); en partie par des lois spéciales, comme celle du 15 déc. 1810 relative aux *établissemens insalubres* (V. ce mot); en partie enfin par le Code civil.

246. — Celles réglées par le Code civil sont relatives aux murs et aux fossés mitoyens; au cas où il y a lieu à contre-mur, aux vues sur la propriété du voisin, à l'égout des toits, au droit de passage. — C. civ., art. 652. — Il faut ajouter à cette nomenclature les distances à observer dans la plantation des arbres, et la servitude dite *tour d'échelle*.

§ 1er. — *Murs et fossés mitoyens.*

247. — Nous avons traité au mot *mitoyenneté* ce qui concerne le mur et le fossé mitoyens, nous n'avons donc point à y revenir. Nous nous bornerons à classer ici quelques décisions relatives à la propriété des fossés, qui n'ont pu trouver place sous ce mot.

248. — Dans les prairies situées dans l'ancienne Normandie, et riveraines de la Seine, le propriétaire d'un fossé dans lequel remonte le flux de la mer peut, conformément à l'art. 7 règlem. du parlement de Rouen 17 août 1751, planter des arbres aquatiques non-seulement sur le bord qui est du côté de son héritage, mais encore sur le bord du côté du voisin dans l'étendue de la *répare*. — *Rouen*, 28 avr. 1828, Delamarre c. Guérault.

249. — En Normandie, où il est d'usage que le propriétaire d'un fossé doit laisser deux pieds au delà du creux pour la berge ou répare du fossé, la présomption est, s'il n'y a titre ou preuves contraires, que le propriétaire du fossé est aussi le propriétaire de la répare. — *Caen*, 14 juill. 1825, Gouley c. Panier.

250. — Celui auquel appartient un fossé creusé sur la limite de deux héritages doit, jusqu'à preuve contraire, être présumé propriétaire, au delà du bord extérieur, d'un pied de terrain. Cette présomption résulte de l'obligation imposée à celui qui ouvre un fossé, d'après un usage généralement suivi en France, et notamment dans l'ancienne Bourgogne, de laisser un pied entre la ligne séparative des deux héritages et le bord du fossé. La circonstance que le fossé aurait été creusé à une époque où les deux héritages appartenaient au même propriétaire, n'empêche pas le propriétaire actuel du fossé de se prévaloir de cette présomption. — *Dijon*, 22 juill. 1836, Sigault c. Liénard. — Solon, *Traité des servitudes réelles*, nos 192 et 267.

251. — Celui à qui appartiennent des arbres placés sur la limite d'un héritage est censé propriétaire de tout le terrain nécessaire à leur végétation; par conséquent, le propriétaire voisin ne peut faire des fossés dans cette étendue. — *Bourges*, 28 mars 1831, Commune de Meillant c. Charost.

252. — La berge ou répare d'un fossé est prescriptible comme tout autre partie du fonds; on soutiendrait à tort que cette répare étant l'accessoire du fossé, ne peut être prescrite indépendamment du fossé. — *Caen*, 14 juill. 1825, Gouley c. Panier.

253. — La prescription de la berge ou répare d'un fossé ne résulterait pas suffisamment de ce que le voisin aurait toujours fait dépouiller par ses bestiaux l'herbe qui croît sur cette berge, ou qu'il aurait tous les ans coupé les ronces, petits jets, broussailles qui poussent vers elle; elle ne résulterait pas même du fait d'avoir émondé tous les ans les arbres crus sur la berge, au lieu de les avoir fait couper pour inobservation de la distance prescrite par les règlemens; une pareille possession n'entraînerait la prescription que de la propriété des arbres. Si les faits de possession ne se rapportent qu'aux arbres, et non au fonds, la prescription doit être restreinte aux arbres. Ainsi, le fait d'avoir émondé, pendant un temps suffisant pour prescrire, les arbres placés sur la berge d'un fossé appartenant à autrui, peut bien entraîner la prescription sans que, pour cela, cette prescription doive s'étendre à la berge du fossé. — Même arrêt.

254. — La présomption légale en vertu de laquelle tout fossé entre deux héritages est censé appartenir exclusivement à celui du côté duquel la levée se trouve, cède à la preuve contraire. Cette preuve ne peut résulter d'un acte de féage, par lequel l'afféagiste du terrain du côté duquel est la rigole du fossé, s'engage à clore de toutes parts le terrain qui lui est afféagé, lorsque rien ne prouve que c'est lui qui a creusé le fossé en litige. — *Rennes*, 11 août 1821, Malherbe c. Savary.

255. — L'obligation, imposée par l'ancienne coutume de Valois, d'établir le long des fossés de clôture ou de délimitation d'une propriété une berge ou franc-bord de la largeur de 48 centimètres entre la crête extérieure desdits fossés et les propriétés voisines, à l'effet de prévenir l'éboulement des terres, continue de subsister, sous l'empire du Code civil, dans les localités situées dans le ressort de cette coutume et où cette pratique était d'usage. Dans ces localités, il y a présomption légale de propriété du franc-bord d'usage au profit du propriétaire du fossé. En conséquence, l'ouverture d'un fossé séparatif de deux héritages, sans observation de la distance d'usage, constitue, à raison de la présomption de propriété qui en résulte, un trouble à la possession du voisin donnant ouverture à l'action possessoire. — *Cass.*, 11 avr. 1848 (t. 2 1848, p. 376), Menesson c. de Cambray.

256. — La présomption de mitoyenneté établie par l'art. 653 C. civ. à l'égard des murs servant de séparation entre bâtimens n'a point lieu quand il n'existe de bâtiment que d'un seul côté. Dès lors le propriétaire du bâtiment doit être réputé propriétaire exclusif du mur, alors même que le voisin offrirait de prouver qu'il avait établi autrefois certains ouvrages contre ce mur, tels que des appuis d'espaliers et des conduits d'eaux pluviales. — *Cass.*, 4 juin 1845 (t. 2 1845, p. 746), Lefebvre c. Gillot.

257. — D'après la jurisprudence du Parlement de Bordeaux, on peut continuer de bâtir sur son terrain, nonobstant toute opposition de la part du voisin, alors qu'on offre caution solvable pour répondre de tous dommages. — *Agen*, 22 août 1807, Dergni c. Mothe-Blanche.

258. — Il est certain qu'aujourd'hui aucune opposition ne pourrait empêcher un propriétaire de construire sur son fonds. Nous croyons, néanmoins, qu'il serait sage à lui de suivre une marche analogue à celle tracée par l'art. 203 cout. de Paris, qui portait : « Les maçons ne peuvent toucher ni faire toucher à un mur mitoyen pour le démolir, percer et réédifier, sans y appeler les voisins qui y ont intérêt par une simple signification, et ce, à peine de tous dépens, dommages-intérêts et rétablissement dudit mur. » — Favard (*Rép.*, v° *Servitudes*, sect. 2e, § 4, n° 5) pense que cette disposition forme encore aujourd'hui le droit commun et qu'elle s'étend au cas où, le mur n'étant pas mitoyen, les travaux que l'on se propose d'y faire peuvent endommager les propriétés contiguës, si les voisins ne sont pas dûment avertis de prendre les précautions convenables. — V. C. civ., art. 1382 et 1383. — M. Duranton (t. 5, n° 336) et Toullier (t. 3, n° 207) estiment que l'art. 662 charge de faire la sommation indiquée par l'art. 203 cout. de Paris, non les maçons, mais le voisin, qui seul est responsable, à moins que les maçons n'eussent, par négligence ou malice, causé personnellement du tort aux voisins, copropriétaires ou non du mur. Mais il ne nous paraît pas qu'on puisse aujourd'hui astreindre le constructeur à donner caution de réparer le dommage qu'il causera.

259. — L'obligation de se clore dans les villes, aux termes de l'art. 663 C. civ., n'est pas une obligation de droit public, mais seulement une obligation de droit privé, à laquelle il est permis de déroger par des conventions particulières. Ainsi, dans une ville, deux propriétaires voisins peuvent convenir que leurs terrains seront séparés par une simple haie vive. En pareil cas, en renonçant à construire aucune bâtisse sur leurs terrains, les parties sont censées avoir renoncé à la faculté de remplacer la haie mitoyenne par un mur de clôture. — *Rouen*, 24 févr. 1844 (t. 2 1844, p. 250), Savoureux c. Quévremont.

§ 2. — *Distance et ouvrages intermédiaires en cas de construction.*

260. — Il est certains travaux ou certains établissemens qu'un propriétaire ne peut faire sur son fonds sans porter préjudice au propriétaire voisin. Il était naturel que la loi l'assujettît dans ce cas à quelques précautions.

261.—L'art. 674 C. civ. relatif à ce genre de restrictions apportées aux droits de propriété est ainsi conçu : « Celui qui fait creuser un puits ou une fosse d'aisance près d'un mur mitoyen ou non; celui qui veut y construire cheminée ou âtre, forge, four ou fourneau; y adosser une étable, ou établir contre ce mur un magasin de sel ou amas de matières corrosives, est obligé à laisser la distance prescrite par les règlemens et usages particuliers sur ces objets, ou à faire les ouvrages prescrits par les mêmes règlemens et usages pour éviter de nuire au voisin. »

262.— L'art. 674 n'est point limitatif, et sa disposition doit être appliquée à tous les cas analogues où il s'agit de constructions ou établissemens pouvant porter préjudice au voisin.—Pardessus, *Servit.*, n° 199.

263.—Ainsi, on devrait prendre pour les tuyaux d'une fournaise les mêmes précautions que pour que pour la fournaise elle-même. — Pardessus, *Servit.*, n° 199.

264.— On devrait assimiler aux puits les canaux servant à la conduite des eaux parce qu'ils entretiennent aussi l'humidité. — *Ibid.*

265. —... Et étendre aux fumiers ou terres *jectisses* la disposition relative aux matières corrosives. — *Ibid.*

266.—Par la même raison un propriétaire ne pourrait établir un étang ou creuser une carrière sur la limite extrême qui sépare son fonds de celui du voisin; et si les règlemens locaux ne contiennent point de dispositions à cet égard, les juges devraient y suppléer. — *Ibid.*

267.— Une fosse destinée à éteindre la chaux ne peut être établie contre un mur mitoyen ou non, si l'on ne s'est pas conformé à ce que prescrit l'art. 674 C. civ., en ce qui concerne les amas de matières corrosives.— *Bordeaux*, 19 août 1831, Bichon c. Pasloin.

268.— Lorsqu'un four n'a pas été construit d'après les règles de l'art, et que ce vice de construction cause un dommage au voisin, les juges peuvent ordonner la démolition de ce four, bien qu'aucune loi ou règlement n'ait prescrit la distance à observer pour la construction des fours, ou les ouvrages à faire pour ne pas préjudicier au voisin.—*Cass.*, 29 janv. 1829, Corréas c. Coulet.

269.—Il suffit que le bâtiment adossé à un mur ait la forme d'une étable pour que, conformément à l'art. 674, le propriétaire voisin ait le droit d'en demander la destruction, si les conditions prescrites par cet article n'ont pas été remplies, alors même que ce bâtiment n'aurait pas encore reçu la destination nuisible que la loi a eue en vue, et que le constructeur déclarerait être dans l'intention de lui donner une destination différente. — *Colmar*, 11 nov. 1840 (t. 2 1841, p. 682), Jehl c. Ruser.

270. — S'il est vrai, en principe, que tout propriétaire qui veut construire un four contre le mur, mitoyen ou non, qui sépare sa propriété de la propriété voisine, doit observer la distance ou faire les ouvrages prescrits par les règlemens et usages particuliers sur la matière pour éviter de nuire au voisin, néanmoins il n'y a plus lieu à l'application de ce principe lorsque, par lui-même, le mur a une épaisseur assez considérable pour préserver le propriétaire voisin de toute crainte et de tout dommage. — Mais celui qui veut construire un four contre un mur voisin dont l'épaisseur suffit pour prévenir toutes les craintes et tous les dangers doit être condamné à faire à ce mur, s'il est dégradé, les réparations nécessaires pour empêcher l'infiltration de la fumée chez le voisin. — *Riom*, 14 nov. 1842 (t. 1er 1843, p. 699), Cartier c. Piroche.

271. — La distinction que fait l'arrêt que nous rapportons semble n'être pas admise par Pardessus (*Traité des servitudes*, n° 199) et Toullier (*Droit civil*, t. 3, n° 381). M. Duranton (*Cours de droit français*, t. 5, n° 402) cite sans faire aucune distinction, et comme le complément et le commentaire de l'art. 674, les art. 188, 189, 190 et

suiv., coutume de Paris, dont les dispositions sont impératives et absolues. M. Paillet, dans le commentaire sur le titre *Des servitudes* dont il a fait suivre l'édition qu'il a donnée du *Traité des servitudes réelles* de Lalaure (p. 801), indique les articles des diverses coutumes qui constatent les usages locaux auxquels renvoie l'art. 674 C. civ., et il termine par l'observation suivante : « On ne peut pas déroger par des conventions particulières aux dispositions de l'art. 674 C. civ., en ce qui concerne les cheminées, âtres, forges, parce qu'elles ont pour but de prévenir les incendies; mais on pourrait déroger par des conventions aux dispositions du même article qui n'ont pour objet que l'intérêt privé. »

272.—Lorsqu'il y a lieu de laisser une distance intermédiaire, l'espace doit être pris sur le terrain de celui qui veut faire l'établissement pour lequel une précaution de ce genre est nécessaire, et doit être mesuré à partir de la saillie la plus avançante du mur pour la conservation duquel l'espace est laissé.— Desgodets, sur l'art. 190 *Cout. de Paris*, n° 1er; Pardessus, *Serv.*, t. 1er, n° 200.

273.—Quand il y a lieu à contre-mur, on doit consulter l'usage pour savoir s'il doit être simplement appliqué sur le mur qu'il s'agit de préserver, ou s'il doit y être incorporé.—Desgodets, sur l'art. 191 *Cout. de Paris*, n° 1er; Goupy, *ibid.*

274.—A défaut d'usage des lieux, l'art. 674 n'a pas dit quelle règle on devrait suivre. La raison veut qu'on recoure aux tribunaux, qui détermineront, après s'être éclairés par des rapports d'experts, les travaux qui devront être faits.

275. — Lorsque, tout en se conformant aux usages des lieux ou aux règlemens, un propriétaire aura néanmoins par l'un des établissemens prévus dans l'art. 674, causé un préjudice à son voisin, il pourra être tenu à des dommages-intérêts.

276.—Le droit de propriété n'est pas tellement absolu que l'on puisse, en se conformant aux lois et aux règlemens, faire de sa chose un usage nuisible à autrui. — Spécialement : un propriétaire qui, en faisant un four ou toute autre construction dangereuse, a pris toutes les précautions indiquées dans l'art. 674 C. civ., peut être contraint à faire plus, et même à supprimer sa construction, si, malgré toutes les mesures prises, elle cause au voisin une grave incommodité.—*Metz*, 16 août 1820, Mercy c. Mangin.

277.—Celui qui, afin de creuser une fosse d'aisance près du mur de son voisin, demande à bâtir un contre-mur, ne peut forcer le voisin à contribuer à cette construction.—*Rennes*, 29 janv. 1821, Lesaux c. Lecain.

278.—Les obligations imposées par l'art. 674 étant d'ordre public, on ne peut invoquer aucune prescription pour soutenir qu'on s'en est libéré.—Pardessus, *Serv.*, n° 201.—V., au surplus, ABREUVOIR, AQUEDUC, CHEMINÉE, CITERNE, CLOAQUE, CONTRE-MUR, ÉGOUTS, ÉTABLE, FORGES ET HAUTS FOURNEAUX, FOSSES D'AISANCE, FOUR-FOURNEAU, FUMIER, PUITS, SEL. — V. aussi CARRIÈRE, EAUX MÉNAGÈRES ET DES FUMIERS, ÉTANG, MITOYENNETÉ.

§ 3. — *Vues.*

279. —« On ne peut avoir des vues droites ou fenêtres d'aspect, ni balcons ou autres semblables saillies sur l'héritage clos ou non clos de son voisin, s'il n'y a dix-neuf décimètres (six pieds) de distance entre le mur où on les pratique et ledit héritage. »—C. civ., art. 678.

280. — Il n'y a point à distinguer si les deux héritages sont au même niveau, ou si l'un forme terrasse à l'égard de l'autre. Dans ce dernier cas, le propriétaire du terrain inférieur peut exiger que le mur qui soutient la terrasse supérieure soit élevé à la hauteur déterminée par l'art. 663 du Code civil.—Pardessus, n° 204.

281. — ... A moins que le propriétaire du fonds supérieur ne consentît à abaisser son terrain dans une largeur de six pieds, à partir de la ligne séparative des deux héritages, de telle sorte que le mur de terrasse eût de son côté la hauteur fixée par l'art. 663.—Pardessus, *ibid.*

282.—L'art. 678 n'est pas applicable lorsque les ouvertures pratiquées à moins de six pieds de l'héritage voisin, ne peuvent permettre de voir dans cet héritage à cause d'un mur qui les en sépare.—Desgodets, sur l'art. 202 *Cout. de Paris*, n° 10; Pardessus, n° 204; Duranton, t. 5, n° 410; Toullier, n° 528.—*Contrà*, *Dijon*, 26 mai 1842 (t. 2

1842, p. 29), commune de Bettaincourt c. Croizet.

283.—Mais ces ouvertures devraient être supprimées comme ouvertes à une distance moindre de six pieds de l'héritage voisin, si le mur qui les obstrue venait à être démoli, quand même elles auraient existé pendant trente ans, la possession ne pouvant être considérée, dans ce cas, comme ayant eu le caractère de publicité prescrit par la loi.—Pardessus, *ibid.*

284.—Il n'y a pas lieu de distinguer si le mur, qui empêche les jours ouverts à moins de six pieds de nuire à l'héritage voisin, appartient au propriétaire de cet héritage, ou s'il appartient au contraire au propriétaire du mur dans lequel les jours ont été faits. — Duranton, t. 5, n° 411; Pardessus, n° 204.

285.—Des piles de bois à brûler élevées temporairement dans un chantier ne peuvent, par leur nature et leur destination, être considérées comme procurant des vues droites sur la propriété du voisin; on ne peut donc forcer le propriétaire de ce chantier à reculer ses piles à six pieds de distance du mur de séparation des propriétés. — Si de ce que les personnes chargées du placement et du déplacement des bois peuvent voir momentanément sur la propriété du voisin il résulte pour celui-ci un dommage, il a seulement une action en indemnité.—*Paris*, 6 août 1833, Claisse c. Chapon. —Solon, n° 297.

286.—Les jours qui existent entre les barreaux d'une claire-voie construite sur un mur de clôture élevé à la hauteur d'appui et surmonté de piliers placés de distance en distance ne constituent pas des vues droites ou fenêtres d'aspect, dans le sens de l'art. 678 C. civ. — *Cass.*, 3 août 1836, Barril c. Landard. — Solon, n° 296. — Alors surtout que le propriétaire de la claire-voie déclare renoncer à s'en prévaloir pour réclamer une pareille servitude.—*Bordeaux*, 28 août 1835, mêmes parties.

287. — L'arrêt qui constate que le mur dans lequel a été ouverte une fenêtre, dont la suppression est demandée, est à la distance légale n'est pas sujet à cassation, lors même que l'on prétendrait qu'il résulte d'un plan figuratif des lieux, dressé par ordre de la Cour, que le mur n'étant pas parallèle, n'est pas dans toutes ses parties, éloigné de cette distance de la propriété voisine. — *Cass.*, 15 janv. 1833, Frémyon c. Commune de Rombay.

288. — « On ne peut avoir des vues par côté ou obliques sur l'héritage clos ou non clos de son voisin, s'il n'y a 6 décimèt. (2 pieds) de distance. » — C. civ., art. 679.

289. — « La distance dont il est parlé dans les art. 678 et 679 se compte depuis le parement extérieur du mur où l'ouverture se fait, et, s'il y a balcons ou autres semblables saillies, depuis leur ligne extérieure jusqu'à la ligne de séparation des deux propriétés. — C. civ., art. 680. »

290. — Lorsque par suite de l'acquisition de la mitoyenneté du mur, la ligne séparative des deux héritages se trouve rapprochée des fenêtres antérieurement établies, et qui ne sont plus ainsi à six pieds de l'héritage voisin, elles ne doivent pas moins continuer à subsister. Seulement, il est prudent de faire constater leur état lors de l'acquisition de la mitoyenneté. — Pardessus, n° 205.

291. — En ce qui concerne les vues obliques, malgré les termes de l'art. 680, la distance de six décimètres ne se compte point à partir du parement extérieur du mur dans lequel elles sont ouvertes, mais bien à partir de l'arête du jambage ou montant de la croisée. — Pardessus, n° 206; Bourjon, *Servit.*, part. 2, ch. 12, sect. 2, nos 3 et 4; Duranton, t. 5, n° 413; Solon, n° 290; Desgodets, art. 202.

292. — Le balcon élevé sur un mur de côté ne pourrait l'être qu'à six pieds de la ligne séparative des deux héritages; autrement, on éluderait la défense d'ouvrir des vues droites à moins de six pieds de cette ligne. — Pardessus, n° 207.

293. — Quant aux fenêtres ouvertes dans le toit et qui ne regardent que le ciel, on ne peut être tenu à laisser aucune distance pourvu qu'il existe un espace suffisant, de ces jours à l'extrémité du toit, pour qu'on ne puisse pas regarder perpendiculairement sur le voisin. — Pardessus, n° 207.

294. — Lorsque la distance intermédiaire entre le mur dans lequel sont percés les jours d'aspect et l'héritage voisin est commune, la ligne de séparation doit, dans ce cas, se trouver au milieu du terrain commun.—En d'autres termes, lorsqu'un espace réservé dans le milieu d'une cour

a été déclaré commun pour le service de deux maisons voisines, l'un des propriétaires ne peut, en avançant ses édifices jusqu'à la limite du passage commun, ouvrir des vues sur ce passage, sans observer les distances fixées pour les cas ordinaires. — *Cass.*, 5 mai 1831, Vatard c. Pongérard. — Solon, *Traité des servitudes*, p. 241, n° 292; Pardessus, n° 204.

295. — Le propriétaire d'une maison joignant une cour commune peut ouvrir sur cette cour des fenêtres et portes nouvelles sans être tenu d'observer les distances légales, pourvu d'ailleurs qu'il ne nuise pas à l'exercice des droits des autres copropriétaires. Ce fait constitue de sa part non l'établissement d'une servitude, mais simplement l'usage de la chose commune par un des copropriétaires; usage qui ne pourrait être critiqué qu'autant qu'il nuirait aux droits des autres communistes.—*Caen*, 24 août 1842 (t. 2 1843, p. 341), Fabrique de Saint-Sauveur c. Harel; *Angers*, 26 mai 1847 (t. 2 1847, p. 548), Nouchet c. Bazot. — Desgodets, art. 205, n° 24; Fournel, *Du voisinage*, v° *Cour*, Perrin, *Code de la contiguïté*, v° *Cour commune*, n° 1200. — V., cependant, *Cass.*, 5 mai 1831, Vatard c. Pongérard. — Pardessus, n° 204; Solon, n° 292.

296. — Néanmoins, si deux propriétés se trouvaient séparées par une langue de terre appartenant à un tiers, et ayant moins de six pieds, le consentement de ce tiers ne pourrait autoriser l'un des voisins à ouvrir des vues droites sur la ligne séparative de son héritage et à moins de six pieds de distance du fonds de son voisin.

297. — Les art. 678 et suiv. du Code civil s'occupent des héritages contigus pour déterminer les règles qui doivent présider à l'établissement des jours ou fenêtres, mais ne prévoient point le cas où deux héritages se trouvent séparés par une rue ou ruelle ayant moins de six pieds.

298. — Ainsi, lorsque les deux propriétés sont séparées par une ruelle ou rue dont le caractère est d'être publique et de servir aux besoins des héritages riverains, il n'en est plus ainsi, et chacun peut y ouvrir des portes ou des fenêtres, quoique la largeur de cette ruelle soit inférieure à 19 décimètres, à la charge de se conformer aux règlemens administratifs. — *Bourges*, 13 déc. 1831, Séjournet c. Sacrot; 8 mars 1843 (t. 2 1843, p. 750), Coudereau c. Comm. de Saint-Florent et Carpentier; *Dijon*, 7 mai 1847 (t. 1er 1848, p. 52), Deleschamps c. Chanut; *Cass.*, 1er mars 1848 (t. 2 1848, p. 304), Durand c. Jardy.. — Bourjon, *Serv.*, part. 2, ch. 12, sect. 2, n° 9; Pardessus, *Servit.*, n° 204 (cet auteur avait d'abord embrassé l'opinion contraire); Merlin, *Rép.*, v° *Vue*; Cochin, 47e plaid., t. 2, p. 550 (édit. 1821); Toullier, t. 3, n° 444; Duranton, t. 5, n° 412; Favard de Langlade, *Rép.*, v° *Servitudes*, sect. 2, § 6, n° 2; Desgodets, sur l'art. 202; Rolland de Villargues, *Rép. du not.*, v° *Vue*; cout. de Paris, nos 15 et 16; Cochin, t. 3, p. 205; Solon, n° 294; Marcadé, t. 2, p. 673; Delvincourt, t. 1er, p. 567.—*Contrà*, *Nancy*, 25 nov. 1816, Dutac c. Lhuillier; *Dijon*, 26 mai 1842 (t. 2 1842, p. 29), Comm. de Bettaincourt c. Croiset. — Zachariæ, t. 2. § 244, note 9.

299. — Et il n'y a pas lieu de distinguer à cet égard entre les vues droites et les vues obliques. —*Cass.*, 27 août 1849 (t. 2 1849, p. 166), Mayer-David c. Grousion.

300. — Peu importe également, en pareil cas, que la vue droite ou oblique soit prise au moyen de balcons ou autres constructions en saillie. — Dès que ces balcons ou constructions donnent immédiatement sur la voie publique, leur établissement n'est soumis qu'aux restrictions ou conditions qu'il appartient au pouvoir administratif ou municipal de déterminer. — Même arrêt.

301. — La défense d'ouvrir des vues de côté ou obliques, à moins de deux pieds de l'héritage voisin, ne fait point obstacle à ce qu'un propriétaire qui borde la voie publique prolonge son balcon jusqu'à la ligne séparative de l'héritage voisin. L'art. 679 est inapplicable à ce cas. — *Cass.*, 31 janv. 1826, Massieux c. Longuet. — Desgodets, sur l'art. 202 cout. de Paris, n° 14; Toullier, n° 521; Pardessus, n° 207; Lepage, t. 1er, p. 307; Brody, *Comment. sur les servit.*, p. 120. — V., cependant, *Colmar*, 27 mars 1811, Thiriet c. Sauss, et *Dijon*, 7 mai 1847 (t. 1er 1848, p. 52), Deleschamps c. Chanut.

302. — Lorsqu'un arrêté administratif a autorisé un individu à construire un balcon dans toute l'étendue de la façade de sa maison donnant sur la rue, le propriétaire voisin ne peut se pourvoir devant les tribunaux en opposition à cet établissement, ou du moins pour faire ordonner que l'extrémité du balcon sera fixée à six décimètres (deux pieds) de distance de la ligne séparative des deux maisons, conformément à l'art. 679 du Code civil. — L'exercice de cette action se réduit à faire interpréter ou modifier l'arrêté rendu, et les parties doivent être renvoyées devant l'autorité administrative. — *Cass.*, 31 janv. 1826, Massienne c. Longuet. — *Contrà*, *Toulouse*, 18 avril 1820, Esquirol c. Mailhol.

303. — Lorsqu'une commune, en cédant à un particulier le terrain d'une rue, a substitué l'acquéreur en son lieu et place, pour celui-ci jouir de l'objet vendu comme le vendeur lui-même aurait le droit d'en jouir, les tiers riverains n'ont plus, après l'aliénation, la faculté d'ouvrir des jours d'aspect sur la rue supprimée. — *Cass.*, 5 juill. 1836, Alibert c. Admin. de la guerre.

304. — Mais, d'autre part, la mutation qui s'opère ne peut avoir un effet rétroactif, et donner à l'acquéreur le droit de faire supprimer les vues et issues antérieurement pratiquées sur cette voie. — *Rennes*, 11 févr. 1830, Painchant c. Kerdaniel; *Bourges*, 8 mars 1843 (t. 2 1843, p. 750), Coudreau c. Commune de Saint-Florent et Carpentier.

305. — ... Ou les travaux qu'un propriétaire riverain a pratiqués dans l'intérêt de sa maison, en se conformant d'ailleurs aux règlemens administratifs. — La commune prétendrait en vain que les travaux sont sans utilité pour le propriétaire, et n'ont été établis par lui que postérieurement à la résolution prise par le conseil municipal de supprimer la rue ou le chemin, résolution dont on offre de prouver qu'il avait connaissance. —*Bourges*, 8 mars 1843 (t. 2 1843, p. 750), Coudereau c. Comm. de Saint-Florent et Carpentier.

306. — Celui qui avait des fenêtres sur la maison de son voisin, séparée de la sienne par une ruelle de trois pieds, n'a pas acquis, par le fait de la démolition de cette maison, et le maintien en état de terrain libre, pendant plus de trente ans, de l'emplacement qu'il occupait, le droit d'empêcher le voisin de construire sur ce même emplacement, s'il n'a manifesté que depuis moins de trente années, par l'agrandissement des fenêtres anciennes et l'ouverture des fenêtres nouvelles, l'intention d'acquérir des vues droites sur la propriété voisine. — *Colmar*, 6 déc. 1839 (t. 1er 1840, p. 433), Stercklin c. Bouvier.

307. — La servitude légale de vue résultant des art. 678 et suivans peut s'éteindre soit par destination du père de famille, soit par prescription.

308. — Il est naturel que celui qui est resté pendant trente ans sans faire usage du droit qui lui était accordé d'interdire l'ouverture de vues droites ou fenêtres d'aspect sur son terrain, soit privé du droit de l'invoquer. C'est ce qu'on reconnaissait déjà sous l'empire des anciens principes.

309. — Ainsi, dans le ressort du Parlement de Toulouse, les servitudes de vues droites et de fenêtres se prescrivaient par trente ans, et on ne pouvait les éteindre en adossant des édifices au mur où elles étaient pratiquées. — *Toulouse*, 14 juill. 1812, Esquilat c. Barthélemy.

310. — Celui qui, depuis plus de quarante ans avant la promulgation du Code civil, a, sous l'usement local de Rennes, une fenêtre vitrée ouvrante et fermante à moins de quatre pieds du plancher, a le droit d'empêcher le voisin d'élever sur son terrain un bâtiment qui, placé en deçà des distances prescrites par la loi, rendrait inutile l'usage de cette fenêtre. Il peut se refuser à céder la mitoyenneté du pan de bois dans lequel cette fenêtre est percée. — *Rennes*, 18 févr. 1820, Leray c. Michel.

311. — Jugé encore qu'en pays de droit écrit, et notamment dans le ressort du parlement de Toulouse, la possession nécessaire pour prescrire résultait de l'existence seule des ouvrages destinés à l'usage de la servitude, sans qu'il fût besoin d'aucun acte prohibitif pour y mettre obstacle. Qu'ainsi la construction d'une fenêtre à accoudoir et à aspect pratiquée dans un mur mitoyen ou non et ouvrant sur le fonds du voisin, suffisait, quand elle était continuée pendant trente ans, pour acquérir la servitude de vues droites, et que le voisin ne pouvait, en bâtissant, rendre inutile l'usage de ces vues. — *Montpellier*, 28 déc. 1825, Espezal c. Debat.

312. — Toutefois, d'après la jurisprudence suivie en Franche-Comté, une fenêtre pratiquée dans un mur non mitoyen, joignant immédiatement le fonds du voisin, ne pouvait, par quelque laps de temps que ce fût, constituer une servitude et engendrer le droit d'empêcher le voisin de bâtir sur son propre terrain, de manière à masquer cette fenêtre. — *Cass.*, 26 germ. an XII, Caron c. Pascal.

313. — Il paraît aujourd'hui hors de toute contestation que celui qui, pendant plus de trente ans, a eu des vues droites sur l'héritage de son voisin, sans contradiction de sa part, a acquis non-seulement le droit de les conserver, mais encore celui d'empêcher le voisin de bâtir sur la limite des deux héritages de manière à obstruer ces vues. — *Cass.*, 9 août 1813, Comitis c. Marin; *Bordeaux*, 10 mai 1822, Feruelle c. Balan; 1er déc. 1827, Lestrade c. Bayle; *Nancy*, 7 févr. 1828, Gérard c. Milla; *Toulouse*, 21 avril 1830, Lagarde c. Acoquat-Padoue; *Colmar*, 23 mars 1833, Euderlin; *Cass.*, 1er déc. 1835, Hanus c. Jeannot; *Nîmes*, 4 août 1837 (t. 2 1839, p. 259), Girard c. Lacroix; *Cass.*, 5 déc. 1838 (t. 21 838, p. 543), Rougier c. Saunières; *Nîmes*, 16 avr. 1841 (t. 2 1841, p. 251), Rieu c. Pujalus; *Montpellier*, 15 nov. 1847 (t. 1er 1848, p. 544), Mazars c. Déjean.—Duranton, t. 5, n° 519; Delvincourt, t. 1er, p. 577; Coulon, t. 1er, p. 328, dial. 25; Solon, nos 302 et suiv.; Vazeille, *Prescr.*, t. 1er, p. 413; Marcadé, t. 2, p. 674. — V., cependant, *Cass.*, 10 janv. 1810, Morand c. Carpentier; *Pau*, 12 avr. 1826, Nogues c. Fourcade; *Nîmes*, 21 déc. 1826, Regnaud c. Bastide; *Colmar*, 10 mars 1832, Kuhn c. Brechtel; *Bruxelles*, 4 juin 1834, N...; *Bastia*, 19 oct. 1834, Mastagli et Salice c. Designorio.—Toullier, t. 3, n° 533; Merlin, *Quest.*, v° *Servitudes*, § 3]; Pardessus, *Serv.*, nos 285 et 292; Zachariæ, t. 2, § 244.

314. — Le propriétaire du fonds assujetti ne peut éluder cette prohibition en invoquant le droit de se clore, établi par l'art. 663 C. civ.; cet article devant être concilié avec l'art. 678. — *Montpellier*, 15 nov. 1847 (t. 1er 1848, p. 544), Mazars c. Déjean.

315. — Mais à quelle distance des jours acquis par prescription les constructions pourront-elles être élevées? Dans le silence de la loi, les tribunaux ont eu recours à l'interprétation; et partant des art. 678 et 679, qui déterminent la distance à laquelle on peut ouvrir des vues droites et des vues de côté sur l'héritage du voisin, ils en ont conclu que cette distance était suffisante pour l'usage des jours, et que c'était la seule que le voisin dût être tenu de conserver en construisant. C'est ce qui a été jugé par la plupart des arrêts rapportés précédemment. — V. surtout l'arrêt de la Cour de cassation du 1er déc. 1835, Hanus c. Jeannot, qui paraît avoir fixé la jurisprudence sur ce point.

316. — Lorsque des jours stipulés au profit d'une maison sont obstrués et obscurcis par un arbre (un sureau) planté sur le fonds servant, même à distance légale, cet arbre doit être enlevé, et non simplement réduit à la hauteur des appuis desdits jours, si l'abondance et la rapidité de la végétation doivent être une occasion incessante de querelles entre les parties. — *Caen*, 20 févr. 1845 (t. 1er 1845, p. 687), Denis c. Coulbœuf.

317. — Celui sur la propriété duquel une servitude de vues droites a été acquise par la prescription ne peut s'en affranchir, soit en acquérant la mitoyenneté du mur séparatif des deux propriétés, soit en élevant sur la sienne des constructions qui obstruent les jours du voisin. — *Bordeaux*, 10 mai 1822, Feruelle c. Balan; *Toulouse*, 21 avril 1830, Lagarde c. Acoquat-Padou.

318. — L'interruption de la possession trentenaire de cette servitude ne peut être prouvée par témoins. — *Bordeaux*, 1er déc. 1827, Lestrade c. Bayle.

319. — On ne peut acquérir par prescription une servitude de vue droite sur une promenade publique, une telle promenade est, en effet, au nombre des choses hors du commerce; conséquemment, les propriétaires ayant des vues sur un terrain qui, depuis leur établissement, est devenu une promenade publique, ne peuvent prétendre les conserver, quelle que soit l'ancienneté de leur possession, et ils doivent les supprimer à la première réquisition de la ville, s'ils ne rapportent un titre constitutif de la servitude. — *Poitiers*, 31 janv. 1837 (t. 2 1837, p. 468), Collinet c. Ville de Poitiers. — Troplong, *Prescr.*, nos 164 et 165.—V. cependant Curasson, sur Proudhon, *Droit d'usufr.*, t. 3, n° 792.

320. — Par la même raison, on ne peut acquérir

par prescription le droit d'avoir des ouvertures pratiquées dans le mur d'enceinte d'une ville qui est destiné à assurer la perception des droits d'octroi et l'exécution des mesures de police. — Toutefois, on peut acquérir par prescription le droit d'avoir des jours dans la partie d'une maison située au-dessus du mur d'enceinte; cette servitude ne nuisant en rien à la destination qui seule confère à ce mur le privilége de l'imprescriptibilité. — *Nancy*, 31 janv. 1838 (t. 2 1838, p. 71), Mengaud c. Ville de Nancy.

321. — On ne peut pas considérer comme signe apparent d'une servitude de vue, un trou irrégulier de petite dimension et qui, totalement privé de pierres de taille, n'a à l'extérieur aucune apparence d'un jour pratiqué exprès. — *Bourges*, 6 mars 1847 (t. 1er 1848, p. 69), Lecomte c. Dion et Duvigneaux.

322. — Il semble que la destination du père de famille devrait valoir autant mais non plus que la prescription et, dès lors, que, conformément à la jurisprudence, la servitude de vue résultant de la destination du père de famille emporterait contre le voisin défense d'élever des constructions à une distance moindre de six pieds du mur dans lequel les fenêtres ont été ouvertes. — *Cass.*, 23 avr. 1817, Fontaine c. Devillère; *Pau*, 12 déc. 1834, Barbeirassy c. Pausier; *Paris*, 20 mai 1836, Chaumont c. Virot.

323. — D'autres arrêts ont été plus loin. Ainsi, il a été jugé que si, lors de la vente d'un domaine en plusieurs lots, il a été stipulé que les jours du premier lot seront supportés par le second lot, cette convention, basée sur la destination du père de famille, a pu être interprétée en ce sens, qu'il est interdit à l'acquéreur du second lot d'élever un mur à la distance de six pieds, conformément à l'art. 678 C. civ., et à une hauteur telle que les appartemens du premier lot seraient privés de partie du jour qu'il a été dans l'intention du père de famille de leur accorder. L'arrêt qui, appréciant ces conventions et la destination du père de famille, déclare qu'il ne doit être permis à l'acquéreur d'élever, à la distance de six pieds, qu'un mur de sept pieds de hauteur, c'est-à-dire un mur arrivant jusqu'aux premiers jours du premier lot, ou bien, à la distance de douze pieds, un mur de telle hauteur qu'il lui conviendra, ne saurait encourir la censure de la Cour de cassation. — *Cass.*, 26 juill. 1831, Fuchy c. Delorme.

324. — Jugé également que le propriétaire de deux maisons contiguës qui vend la plus élevée avec stipulation que les servitudes actives et passives continueront d'exister, ne peut plus exhausser la maison dont il est demeuré propriétaire, de manière à fermer une fenêtre existant, au moment de la vente, dans la partie supérieure du mur latéral de l'autre maison. Les tribunaux ont dû voir dans la cause une destination du père de famille telle que la prévoit l'art 694 C. c., bien que d'après la maxime de l'ancienne coutume locale: *Pignon n'a pas de droit*, cette fenêtre pratiquée dans un mur pignon ne pût constituer une servitude. — *Colmar*, 3 déc. 1817, Eggerlé c. Schmith.

325. — Lorsqu'une servitude de vues droites et d'égout résultant de la destination du père de famille, et de divers actes par lesquels les lieux ont été vendus en l'état et avec leurs servitudes, existe au profit d'un édifice sur un terrain y aboutissant, le propriétaire de ce terrain ne peut prétendre au droit d'acquérir la mitoyenneté du mur dans lequel les jours sont ouverts et en vertu de cette mitoyenneté de boucher les jours en y adossant une bâtisse nouvelle. Il peut tout au plus prétendre au droit de bâtir contre le mur jusqu'à la naissance des jours. — *Rennes*, 23 déc. 1829, Lefranc c. Gautier.

326. — L'art. 661 C. civ., aux termes duquel tout propriétaire joignant un mur a la faculté de le rendre mitoyen, en remboursant au maître pour la moitié de sa valeur une indemnité déterminée, doit s'entendre en ce sens que l'aliénation de la mitoyenneté ne peut nuire à des droits acquis; ainsi: celui qui a acquis par prescription des vues sur la propriété voisine, ne peut être contraint à vendre la mitoyenneté de son mur que jusqu'à la hauteur des vues qu'il a pratiquées dans ce mur. — *Bordeaux*, 8 mai 1828, Château-Renaud c. Gouzon. — V. MITOYENNETÉ.

§ 4. — *Jours.*

327. — Les ouvertures pratiquées par un propriétaire dans son mur ont pour objet ou de permettre de voir ce qui se passe de l'autre côté du mur, ou simplement de procurer du jour à l'appartement dans lequel elles sont faites. Dans le premier cas, il s'agit plutôt, à proprement parler, de *vues*, et dans le second de *jours*; et c'est sous ce rapport que nous distinguons la servitude de vue de la servitude de jour.

328. — « L'un des voisins ne peut, sans le consentement de l'autre, pratiquer dans le mur mitoyen aucune fenêtre ou ouverture en quelque manière que ce soit, même à verre dormant. » — C. civ., art. 675. — Ceci est la conséquence de ce principe qu'aucun des copropriétaires d'une chose indivise n'en peut faire un usage nuisible à ses copropriétaires.

329. — Mais un propriétaire peut, en se conformant aux art. 676 et 677, pratiquer des ouvertures dans la partie du mur mitoyen qu'il a exhaussée à ses frais et qui lui appartient exclusivement. — Pardessus, n° 211.

330. — Le propriétaire d'un mur non mitoyen joignant immédiatement l'héritage d'autrui peut pratiquer dans ce mur des jours ou fenêtres à fer maillé et verre dormant. Ces fenêtres doivent être garnies d'un treillis de fer dont les mailles auront 1 décimètre (environ 3 pouces 8 lignes) d'ouverture au plus et d'un châssis à verre dormant. — Art. 676.

331. — Ces jours ou fenêtres ne peuvent être établis qu'à 26 décimètres (8 pieds) au-dessus du plancher ou sol de la chambre qu'on veut éclairer si c'est à rez-de-chaussée, et à 19 décimètres (6 pieds) pour les étages supérieurs. — C. civil, art. 677.

332. — La hauteur se compte à partir du sol de la pièce qu'il s'agit d'éclairer, sans qu'on ait à s'occuper de la hauteur du sol du côté du voisin. — Pardessus, n° 210; Delvincourt, t. 1er, p. 407. — *Contrà*, Toullier, t. 3, p. 384.

333. — Lorsque les jours servent à éclairer des escaliers et que les marches sont le long du mur dans lequel on les pratique, on doit, à chaque étage, compter la distance légale à partir de la plus haute marche qui est au-dessous des vues, et faire suivre à ces ouvertures la direction de l'escalier.

334. — Quand il n'y a pas une distance de six pieds entre le mur où l'on pratique un jour et l'héritage voisin, la fenêtre doit être établie à verre dormant et à fer maillé, et à la hauteur déterminée par l'art. 677 C. civ. — Le Code civil régit sans effet rétroactif les jours percés depuis sa promulgation, lors même que la maison que ces jours doivent éclairer a été construite avant la promulgation du Code. — *Liége*, 11 juill. 1814, Renard c. Boniver.

335. — Le jugement qui ordonne la suppression de jours illégalement pris sur l'héritage voisin ne fait point obstacle à ce que le propriétaire de ces jours les conserve, en se conformant aux prescriptions spéciales des art. 676 et 677 C. civ. — *Dijon*, 26 mai 1842 (t. 2 1842, p. 29), Commune de Bettaincourt c. Croizel.

336. — L'existence des jours autorisés par les art. 676 et 677 n'empêche pas le voisin de faire sur son fonds tout ce qu'il juge à propos, quand même ces jours auraient existé pendant trente ans. Ils ne sont autorisés que comme une simple faculté ou tolérance. — Pardessus, n° 210.

337. — La clause insérée dans la vente d'une maison faite sous l'empire de la coutume de Paris, que les jours de souffrance existant dans le mur mitoyen seront grillés et fermés par châssis à verre dormant, ne constitue pas une servitude de vue, mais elle oblige seulement le voisin sur qui planent ces jours à les tolérer comme jours de coutume jusqu'au moment où il voudra adosser sur le mur mitoyen des constructions nécessitant la suppression de ces jours. — Cette clause n'établit qu'une tolérance et non un droit; elle ne peut, dès lors, servir de base à la prescription ou à la destination du père de famille. — *Lyon*, 19 avril 1816, Lusterbourg c. Chalieux et Gaillard.

338. — Mais une fenêtre d'aspect ou vue droite ne peut être considérée comme un jour de souffrance, et constitue, par conséquent, une servitude continue et apparente susceptible de prescription. — *Bastia*, 28 août 1846 (t. 2 1846, p. 553), Pozzo di Borgo c. Ponte.

339. — Toutefois celui qui contrairement aux dispositions des art. 676 et 677 a eu pendant plus de trente ans des jours ouverts sur l'héritage de son voisin, sans contradiction de sa part, a le droit de les conserver dans l'état où ils se trouvent, sans treillis de fer ou châssis à verre dormant, par exemple, mais sans pouvoir non plus en changer l'état de manière à aggraver la position du fonds voisin. — *Cass.*, 9 août 1813, Comitis c. Marin.

340. — Toutefois, la substitution de châssis mobiles à des châssis dormans ne peut faire courir la prescription, au profit du fonds dominant, qu'autant que ce changement a eu lieu au vu et su du propriétaire du fonds grevé de la servitude de jour. — *Cass.*, 1er mars 1831, Delbos c. Foucaud.

341. — Lorsque le voisin acquiert la mitoyenneté du mur dans lequel ont été établis des jours de souffrance il peut exiger immédiatement que ces jours soient bouchés, quoiqu'il ne bâtisse pas contre ce mur. — V., au surplus, MITOYENNETÉ.

§ 5. — *Égout des toits.*

342. — L'obligation imposée à tout propriétaire inférieur de recevoir les eaux du fonds supérieur ne s'entend que de celles qui découlent naturellement, et, par conséquent, n'autorise point un propriétaire à faire tomber sur le fonds voisin l'égout de son toit. — Pardessus, *Servitudes*, n° 212.

343. — Il ne pourrait même suspendre cet égout au-dessus du fonds voisin, en y plaçant une gouttière; ce serait couvrir le terrain du voisin et en entraver la libre disposition.

344. — Tout propriétaire doit établir ses toits de manière que les eaux pluviales s'écoulent sur son terrain ou sur la voie publique; il ne peut les faire verser sur le fonds de son voisin. — C. civ., art. 681.

345. — Cette disposition de l'art. 681, qui donne la faculté de faire écouler les eaux sur la voie publique, se réfère seulement aux eaux pluviales, et les propriétaires voisins pourraient se plaindre de l'écoulement sur la voie publique des eaux d'une autre nature, s'ils en éprouvaient un préjudice. — *Cass.*, 8 janv. 1834, Marchal c. Patillier.

346. — Lorsque les eaux des fonds supérieurs, tout en étant dirigées sur la voie publique, ont eu pour objet de nuire au propriétaire inférieur, celui-ci peut citer directement le propriétaire supérieur devant les tribunaux ordinaires, au lieu de s'adresser à l'autorité administrative. — *Cass.*, 8 janv. 1834, Marchal c. Patillier.

347. — L'art. 681 s'applique même au cas où le fonds couvert par le toit est supérieur au fonds voisin, l'art. 640, qui soumet le fonds inférieur à recevoir les eaux du fonds supérieur, n'étant pas ici applicable. — *Colmar*, 5 mai 1819, Roth c. Zieeler.

348. — Celui qui construit un bâtiment dont l'égout sera du côté du voisin, doit donc laisser, entre son mur et la ligne séparative des deux héritages (Pardessus, n° 213), un espace déterminé par les usages locaux, ou par experts, et qui, d'après Desgodets (art. 210 *Cout. de Paris*, n° 10), serait, dans l'usage, du double de l'avancement du toit.

349. — A défaut d'expertise et en l'absence de titre établissant la largeur du terrain laissé par le propriétaire au moment où il a construit pour recevoir l'égout de son toit, on est obligé de recourir à des présomptions pour déterminer la ligne séparative des héritages.

350. — La possession du terrain qui reçoit l'égout d'un toit par le propriétaire voisin ne peut être considérée comme une possession non équivoque et faisant supposer la propriété. Il y a donc lieu, à défaut de titres, de présumer que le propriétaire du bâtiment est propriétaire du terrain qui reçoit l'égout de son toit. — V. Pardessus, n° 214 et 215; Cœpolla, *Traité des serv.*, p. 79, n° 9; Solon, *Traité des serv.*, n° 309, p. 257; Duranton, t. 5, nos 414 et suiv., 507 et suiv.

351. — Tout le terrain couvert par la saillie d'un toit est présumé appartenir au propriétaire de la maison dont ce toit dépend. — Il en est ainsi pour les maisons construites avant la pro-

mulgation du Code civil comme pour celles qui ont été élevées depuis. — *Limoges*, 26 déc. 1839 (t. 2 1840, p. 160), Depomme c. Duchès; *Amiens*, 20 févr. 1840 (t. 2 1841, p. 728), Dubois c. Lefebvre.

352. — La possession du terrain couvert par la saillie du toit ne pourrait même en faire acquérir la propriété au voisin qu'autant que cette possession est exclusive de l'usage de l'égout. — *Amiens*, 20 févr. 1840 (t. 2 1841, p. 728), Dubois c. Lefebvre.

353. — Au surplus, si l'égout du toit avait duré pendant plus de trente ans, le propriétaire voisin serait tenu de le respecter quand même il établirait qu'il est propriétaire du fonds sur lequel tel égout se projette. La servitude d'égout est une servitude continue et apparente qui peut s'établir par prescription. — Pardessus, *Serv.*, n° 215.

354. — L'autorité municipale peut exiger que les eaux pluviales soient conduites du toit jusqu'au niveau du sol au moyen de tuyaux. — Daviel, n° 763.

355. — Si le chaperon d'un mur présente deux versants, à l'extérieur et à l'intérieur, le propriétaire de ce mur est présumé avoir, en le construisant, laissé au delà un certain espace qui lui permette de circuler sans passer sur le terrain du voisin; il peut, dès lors, établir son droit de propriété dudit terrain en prouvant des faits de possession et d'usage exercés en différens temps. — *Bordeaux*, 22 fév. 1844 (t. 2 1844), p. 404, Tillet c. Lapoyade. — V., au surplus, ÉGOUTS.

§ 6. — *Passage sur le fonds d'autrui en cas d'enclave.*

356. — L'accès des propriétés est, le plus souvent, favorisé par des chemins publics dont l'établissement, la conservation ou la suppression sont soumis à des règles particulières. — V. CHEMINS RURAUX, CHEMINS VICINAUX, ROUTES.

357. — A défaut de chemins *publics* il existe des chemins privés appartenant à deux ou à un plus grand nombre de propriétaires et qui sont soumis aux règles générales en matière d'indivision, si ce n'est toutefois que le partage n'en pourrait être fait que du consentement de tous les copropriétaires.

358. — En l'absence de chemins, soit publics, soit privés, le propriétaire d'un fonds peut avoir une servitude de passage dont l'étendue est déterminée par le titre constitutif. — V. *infrà* nos 360 et suiv.

359. — Enfin, s'il n'existe aucun chemin, public ou privé, ni aucune servitude acquise de passage, le législateur a dû pourvoir à ce que le propriétaire d'un fonds ne fût pas réduit à l'impossibilité de le cultiver et d'en recueillir les fruits, faute de pouvoir y accéder; c'est l'objet des art. 682 à 685 du C. civ.

360. — « Le propriétaire dont les fonds sont enclavés et qui n'a aucune issue sur la voie publique, peut réclamer un passage sur les fonds de ses voisins, pour l'exploitation de son héritage, à la charge d'une indemnité proportionnée au dommage qu'il peut occasionner. » — C. civ. art. 682.

361. — Par ce mot *fonds* il faut entendre toute espèce de propriété. Ainsi le propriétaire d'une maison enclavée pourrait certainement invoquer l'art. 682. — *Grenoble*, 28 juin 1833, Carlhan c. Bompart.

362. — Il en serait de même d'une *fontaine enclavée*. — *Pau*, 14 mars 1831, Comm. de Lahitte c. Tapie.

363. — Une commune qui réclame un droit de passage pour aller puiser de l'eau à une fontaine enclavée dans l'héritage d'un particulier peut se prévaloir contre ce particulier des actes de possession de ses habitans. — *Pau*, 14 mars 1831, Comm. de Lahitte c. Tapie.

364. — L'acquéreur du droit de tourber un fonds peut réclamer passage en vertu de l'art. 682, qui ne s'applique pas exclusivement aux propriétaires de fonds. — *Amiens*, 25 mai 1813, Delandre c. Doria.

365. — L'obligation de fournir passage est d'ailleurs imposée à tous les héritages, et un propriétaire ne pourrait s'y soustraire en prétendant que son héritage est enclos. — Pardessus, nos 134 et 219.

366. — L'obligation imposée par l'art. 682 est absolue et s'applique, dès lors, même aux fonds qui de leur nature sont inaliénables, spécialement à des fonds dotaux. — *Cass.*, 20 janv. 1847 (t. 1er 1847, p. 120), Lizan c. Soucaze. — Pardessus, n° 45.

367. — ... Ou aux forêts de l'Etat. — *Cass.*, 7 mai 1829, Liste civ. c. Defrezel; *Angers*, 20 mai 1842 (t. 2 1842, p. 686), Devillers c. l'Etat; *Caen*, 1er déc. 1845 (t. 1er 1846, p. 392), Préf. Orne c. Guilbeau.

368. — Mais dans quel cas un fonds peut-il être considéré comme enclavé? D'après l'art. 682, c'est lorsqu'il n'a aucune issue sur la voie publique. Cette définition elle-même doit être sainement entendue. Ainsi ne sera point enclavé tout fonds qui n'a aucune issue sur la voie publique, s'il est au pouvoir de son propriétaire de s'en procurer une.

369. — Soit donc que, par suite de partage, de vente ou d'échange, un fonds qui n'était point précédemment enclavé le sera devenu; comme nul ne peut nuire à autrui par son fait ou par sa faute, les copartageans, le vendeur ou le coéchangiste seront tenus de fournir un passage au fonds enclavé, avec ou sans indemnité et sans qu'il y ait lieu d'appliquer les règles tracées aux art. 683 et 684. C'est ce qui paraît avoir été reconnu par plusieurs arrêts.

370. — Ainsi jugé que celui qui a laissé fermer par des constructions l'issue de son fonds sur la voie publique ne peut obliger les autres propriétaires des fonds voisins à lui en fournir une autre. — *Paris*, 11 févr. 1808, Scherb. c. Pierlot.

371. — Et si l'un des voisins consent à lui vendre un passage, ce passage doit être restreint, quant à la largeur, aux besoins vraisemblables de l'exploitation du fonds pour lequel il est concédé. — *Paris*, 11 févr. 1808, Scherb c. Pierlot. — Pardessus, n° 220.

372. — Le même principe a été expressément reconnu par l'art. 23 de la section 3 de la loi du 10 juin 1793, sur le partage des communaux. — Pardessus, n° 219. — Ainsi jugé : que, dans les prairies divisées entre plusieurs propriétaires et formant un mas unique, le droit de passage peut exister sans titre, comme résultant non d'un droit de servitude, mais d'une convention présumée faite primitivement entre tous les propriétaires pour l'exploitation de toutes les parties de la prairie. En ce cas, le passage peut être exercé sans aucune indemnité, non-seulement pour l'enlèvement des foins, mais encore pour la conduite des bestiaux au pacage. — *Bourges*, 8 juin 1831, Robin c. Moreau.

373. — Si le propriétaire d'un terrain le vend par parties, sans déterminer entre les divers acquéreurs les droits de passage; l'exploitation de chaque lot doit se faire par l'issue primitive, comme destination du père de famille. — *Paris*, 11 févr. 1808, Scherb c. Pierlot. — Toullier, t. 3, n° 550; Duranton, t. 5, n° 420; Pardessus, n° 219.

374. — L'acquéreur d'une pièce de terre séparée de la voie publique par d'autres terres appartenant à son vendeur a nécessairement un droit de passage sur ces terres, bien que la réserve de ce droit n'ait pas été exprimée dans le contrat. Il n'a donc pas qualité pour demander, en alléguant l'enclave, un passage sur le fonds du voisin. — *Agen*, 16 févr. 1814, Saint-Martin c. Boné.

375. — Dans ce cas, ni la longueur ni la difficulté du chemin que l'acquéreur devra parcourir ne sont des moyens de droit pour grever le fonds du voisin d'une servitude qu'il ne doit pas; et la preuve de cette longueur et de ces difficultés n'est pas admissible. — *Cass.*, 11 frim. an XIV, Redon c. Veissère; *Agen*, 16 févr. 1814, Saint-Martin c. Boné.

376. — Le propriétaire qui réclame un passage sur le fonds voisin pour fait d'enclave, peut être repoussé par le motif que l'enclave n'existe pas, s'il résulte de ses titres de propriété un droit de passage sur un terrain voisin aboutissant à la voie publique. Du moins, l'arrêt qui le décide ainsi par appréciation des titres et après examen des localités échappe à la censure de la Cour de cassation. En vain, le demandeur dirait-il qu'il est possible que le droit de passage dont l'existence est déclarée soit éteint par le non-usage, et qu'un débat ultérieur avec les véritables intéressés déclare la prescription acquise. C'est à lui à s'imputer de n'avoir pas fait juger cette question préalablement à son action pour fait d'enclave. — *Cass.*, 27 févr. 1839 (t. 2 1839, p. 416), Rostan c. Isnard. — Solon, n° 318.

377. — Déjà, avant le Code civil, lorsque par suite de la vente d'un fonds il y avait enclave de ce fonds tant par les propriétés du vendeur qui donnaient autrefois accès à ce fonds que par des propriétés appartenant à d'autres particuliers, le passage devait, bien que le contrat de vente fût muet, être fourni à l'acquéreur par le vendeur plutôt que par tout autre, mais toutefois moyennant indemnité. — *Caen*, 26 mai 1824, Baudeville c. Duvaljouest.

378. — Dans le silence du contrat, nous serions portés, sous l'empire du Code, à décider que le passage est dû par le vendeur sans indemnité. Toutefois, si les termes du contrat étaient suffisamment explicites pour qu'on ne pût douter que le vendeur n'a accordé aucun droit de passage; l'acquéreur devrait être tenu à une indemnité, ainsi que l'a décidé la Cour de Caen dans l'arrêt précité du 26 mai 1824. — Pardessus, n° 219; Toullier, t. 3, n° 614; Duranton, t. 5, n° 421; Delvincourt, t. 1er, p. 300.

379. — Un ancien passage, nécessaire à cause de l'enclave, et annonçant par des signes apparens, que le propriétaire de deux fonds attenans passait sur l'un pour arriver à l'autre, bien qu'il n'en ait pas été stipulé réserve lors de la vente de l'héritage servant, est dû par l'acquéreur au vendeur, sans indemnité. — *Caen*, 9 avr. 1825, Fleuriot c. Robillard et Varin.

380. — Le propriétaire qui, pour l'exploitation de son pré, use d'un passage libre commun avec son vendeur, ne peut, sous le prétexte que ce passage n'est qu'à titre de simple tolérance, réclamer contre le propriétaire d'un autre fonds voisin un passage à titre d'enclave. — *Cass.*, 30 avr. 1835, Paupière c. Corda.

381. — Lorsque l'enclave résulte d'un échange, c'est sur le fonds du copermutant, et non sur les autres fonds limitrophes, que le passage doit être pris. — *Cass.*, 1er mai 1811, Leygne c. Bouscaillon. — Le tribunal d'appel de Lyon avait, dans ses observations sur le projet du Code civil (V. Fenet, *Travaux préparatoires du Code civil*, t. 4, p. 107), demandé qu'on ajoutât un article ainsi conçu : « Si le fonds n'est devenu enclavé que par vente, *échange* ou partage, ce sont les vendeurs ou copartageurs qui sont tenus de fournir le passage. » Bien que cette proposition, dont le principe avait déjà été reconnu par la loi du 10 juin 1793, sect. 3, art. 23, n'ait pas trouvé place dans le Code, elle a été sanctionnée par la Cour de Caen, par son arrêt du 26 mai 1824 (Baudeville c. Duvaljouest), en matière de vente, et par l'opinion unanime des auteurs. — Lalaure, *Tr. des serv réelles*, ch. 10, p. 47; Coquille, quest. 74; Toullier, t. 3, n° 550; Pardessus, n° 219; Duranton, t. 5, n° 420; Delvincourt, t. 2, p. 586, note 8; Lepage, *Lois des bât.*, t. 1er, p. 242, et Vandoré, *Droit rural*, t. 1er, n° 634. — Ce dernier auteur, tout en attestant d'après Brodeau sur Louet et Pocquet de Livonière qu'on suivait autrefois les mêmes règles, ajoute : « Il y avait cependant exception pour la Normandie. »

382. — Toutefois, l'acquéreur d'un fonds enclavé peut obtenir passage sur l'héritage du voisin, bien que ce fonds ait fait originairement partie d'un terrain non enclavé, et que l'enclave ne provienne que de la vente faite séparément de la portion attenante à la voie publique, alors qu'il est constant en fait, que l'enclave existait depuis longtemps au moment de la seconde acquisition. — *Cass.*, 19 juill. 1843 (t. 2 1843, p. 592), Chevrier c. Bilbault.

383. — Lorsque dans un partage, une mare a été déclarée commune entre deux lots dans l'un desquels elle est enclavée, le copartageant dont l'héritage entoure la mare est tenu de souffrir le passage sans indemnité. — Le mode de jouir de cette servitude de passage est déterminé par la possession de l'auteur commun et par celle des copartageans eux-mêmes. — *Bourges*, 8 frim. an XI, Rat c. Goux.

384. — En principe, le propriétaire d'un fonds enclavé par l'effet d'un partage, ne peut réclamer passage que de ses copartageans, alors même qu'il trouverait un passage plus facile et plus court par le terrain d'un tiers. — Favard de Langlade, *Rép.*, v° *Servitude*, sect. 2, § 7, n° 2; Solon, n° 328; Duranton, t. 5, n° 420; Toullier, t. 3, n° 550; Coulon, *Quest. de droit*, t. 1er, p. 313, dial. 23. — V. cependant Pardessus, n° 219.

385. — Doit-on considérer comme ayant une issue sur la voie publique, le fonds qui n'est pas dépourvu de toute communication avec la voie publique, mais qui ne possède qu'une issue incommode et insuffisante pour les besoins de son exploitation? Cette question qui s'est fréquem-

ment présentée ne doit point être résolue d'une façon absolue. — V. Pardessus, nos 218 et suiv.

386. — Il faut bien se pénétrer d'abord de cette vérité, qu'on ne doit point, sans nécessité et hors des cas expressément prévus par la loi, porter atteinte à la propriété. Mais, d'autre part aussi, le législateur n'a pas voulu que par suite d'un défaut de passage une terre pût être exposée à rester sans culture, et il ne faudrait pas qu'un propriétaire qui n'a qu'un passage évidemment insuffisant pour les besoins de son exploitation fût placé dans une position plus défavorable que s'il n'avait aucun passage. — *Colmar*, 26 mars 1816, Weeber c. Laubert; *Cass.*, 23 août 1827, Schneider c. Ortlieb.

387. — En partant de ces principes, on doit considérer comme propriétaire enclavé, c'est-à-dire, aux termes de l'art. 682 C. civ., comme n'ayant aucune issue sur la voie publique, celui qui n'a pour sortir de son fonds qu'une issue tout à fait insuffisante pour l'exploitation et déclarée par experts commis *fort étroite et dangereuse, à peine viable pour un piéton*. — Le propriétaire enclavé qui aurait ainsi une servitude légale sur le fonds voisin, étayée d'une possession trentenaire, ne pourrait se voir privé de son droit, sous prétexte d'un droit présumé à se faire ouvrir une autre voie vers un ancien chemin vicinal envahi par les eaux. — *Cass.*, 16 févr. 1835, Cayla c. Favarel.

388. — Les chemins de halage, bien que qualifiés par l'ord. 1669 de chemins royaux, sont la propriété particulière des riverains. — Dès lors, doit être considéré comme enclavé le fonds qui n'a d'issue que sur un chemin de halage. — Par conséquent, le propriétaire de ce fonds a droit de réclamer, pour son exploitation, un passage sur les fonds de ses voisins. — *Toulouse*, 19 janv. 1825, Grossous c. Bonnafous. — Garnier, *Régime des eaux*, t. 2, no 25; Proudhon, *Tr. du dom. public*, nos 773 et 783; Hennequin, *Traité de législation*, p. 293.

389. — Une pièce de vigne enclavée de trois côtés et qui de l'autre côté n'a issue que sur le marchepied ou chemin de halage d'une rivière, doit être considérée comme enclavée. — *Bordeaux*, 15 janv. 1835, Leydet c. Bessède.

390. — Un terrain peut être réputé enclavé, dans le sens de l'art. 682 du Code civil, lorsqu'il n'a d'issue que du côté d'une rivière dont le passage par bacs et bateaux est difficile et même périlleux, ce qui rend l'exploitation par cette voie en quelque sorte impossible. — *Cass.*, 31 juill. 1844 (t. 2 1844, p. 561), Bremontier et Boucher d'Argis c. Touzet et Dubourg.

391. — Peuvent être considérés comme enclavés, dans le sens de l'art. 682 du Code civil, les terrains qui n'ont de communication avec la voie publique que par un fleuve dont la navigation est souvent difficile, périlleuse, ou même impossible, à raison de ses eaux ou trop violentes ou trop basses. — *Paris*, 24 mai 1844 (t. 2 1844, p. 90), Hospices de Paris et Lecouteux; *Cass.*, 25 nov. 1845 (t. 2 1846, p. 495), mêmes parties; *Angers*, 14 janv. 1847 (t. 2 1847, p. 223), Perdriau c. Ponneau. — Il en était autrement sous le droit romain; il fallait qu'il y eût absolument impossibilité physique d'arriver au fonds enclavé pour que le pas sage pût être exigé.

392. — Lorsque entre deux prés ayant appartenu au même individu, et dont l'un a été vendu, il existe un canal qui est la propriété particulière d'une commune, et que l'un des prés aboutit à la voie publique, il y a enclave, de sorte que le voisin sur lequel le passage est exercé en vertu de la possession constituée par suite de la nécessité, ne peut faire considérer le canal comme issue pour arriver à la voie publique. — *Toulouse*, 10 janv. 1832, Clouzet et Couat c. Estrampe.

393. — Dès qu'il est reconnu que le propriétaire d'un canal privé de francs-bords a indispensablement besoin de passer sur les fonds riverains pour entretenir son canal, ces fonds doivent être, *ipso facto*, déclarés grevés d'une servitude de passage à raison de laquelle il n'est dû aucune indemnité. — *Pau*, 21 févr. 1838 (t. 1er 1840, p. 80), Camdauga c. Liabat.

394. — Le propriétaire d'une portion de maison qui se trouve sans communication avec la voie publique, et qui est en même temps copropriétaire d'un escalier commun servant de communication à deux autres portions de maison, dont l'une lui appartient, peut acquérir, moyennant indemnité, le droit de se servir de l'escalier commun pour sa portion de maison qui n'a pas d'autre passage vers la voie publique. — *Grenoble*, 28 juin 1833, Carlhan c. Bompard.

395. — Mais il ne suffirait pas pour qu'un propriétaire pût se prétendre enclavé, qu'il n'eût sur la voie publique qu'une issue incommode et qui ne pourrait être rendue praticable qu'au moyen de dépenses assez considérables. Il n'est pas privé d'issue dès qu'il peut s'en procurer une à l'aide de travaux, et ne peut en demander une à son voisin que lorsqu'il y a impossibilité absolue à ce qu'il se la procure à lui-même. — Toullier, t. 3, no 547; Pardessus, no 218; Solon, nos 315 et 318; Delvincourt, t. 1er, p. 589; Duranton, t. 5, no 417; Fournel, *Voisinage*, t. 2, p. 103; Zachariæ, t. 2, § 246, note 4. — V. cependant Garnier, *Chemins*, no 482; Merlin, *Rép.*, vo *Voisinage*, § 4; Favard de Langlade, *Servitudes*, sect. 2, § 7, no 1er.

396. — Cette impossibilité absolue n'existe pas si le fonds prétendu enclavé a une issue sur un ancien chemin qui n'est pas impraticable, et qui, par quelques travaux faciles à faire, peut être rendu à un état de viabilité complet. — *Besançon*, 23 mai 1828, Thibaut c. Pernot; *Colmar*, 26 mars 1831, Munch c. Holzacker.

397. — Peu importe même que les travaux soient longs et considérables. — *Colmar*, 26 mars 1831, Munch c. Holzacker; 10 mai 1831, Mangold c. Genty.

398. — Le passage peut être refusé dès qu'il existe un chemin public, quoique ce chemin soit détérioré, long ou difficile, pourvu qu'il soit possible néanmoins d'arriver au fonds enclavé, et quoique ce chemin soit situé sur un marais qui appartienne à la commune et non au réclamant. — *Nîmes*, 24 déc. 1812, Clavel c. Béraud; *Cass.*, 31 mai 1825, Malescot c. Bernier; *Rouen*, 16 juin 1835, Gueffe c. Houdelière.

399. — Ne peut non plus réclamer un passage, comme enclavé, le propriétaire d'un fonds attenant à un chemin qui paraît public, et dont l'usage ne lui est point contesté, bien que, pour user de cette issue, ce propriétaire soit contraint de faire des travaux et des dépenses. — *Colmar*, 10 mai 1831, Mangold c. Genty.

400. — Il y a enclave dans le sens de la loi et obligation pour le propriétaire voisin de subir le passage sur son fonds, non pas seulement lorsque le fonds enclavé n'a aucune issue, mais encore lorsque les difficultés des issues les rendent pour ainsi dire impraticables. — Spécialement, l'escarpement du chemin, la nécessité de faire des dépenses considérables pour le redresser ou d'exécuter des travaux hors de proportion avec le produit du terrain enclavé sont des motifs suffisans pour donner au propriétaire de ce terrain le droit de réclamer un passage sur le fonds voisin. — *Paris*, 24 mai 1844 (t. 2 1844, p. 90), Hospices de Paris et Lecouteux.

401. — Le propriétaire d'un pré n'a pas le droit de réclamer un passage sur le fonds voisin, s'il peut se ménager une issue sur la voie publique en exécutant quelques travaux sur son propre fonds et en enlevant sa récolte, non avec de grands chariots attelés de plusieurs chevaux, mais avec une petite charrette. — *Nancy*, 28 janv. 1833, Urbain c. Marchan.

402. — Celui qui ne produit pas de titre formel constitutif du droit de passage qu'il exerce sur le fonds d'autrui ne peut invoquer la possession même immémoriale, lorsque, d'après la situation des lieux, il a à son usage un chemin public d'une suffisante commodité. En pareil cas, le passage est présumé n'avoir été accordé qu'à titre de tolérance. — *Cass.*, 30 nov. 1830, Commune de Saint-Albin c. Commune de Gorrevod; *Bordeaux*, 27 mars 1841 (t. 2 1841, p. 631), Cordes c. Roussillon.

403. — Un héritage ne peut être considéré comme enclavé lorsqu'il aboutit à un fonds grevé à son profit d'une servitude de passage. Peu importe que l'issue au travers de cette lande soit très difficile, si elle peut être rendue praticable à l'aide de travaux dont le prix excéderait de peu de chose l'indemnité qu'aurait droit d'exiger le propriétaire sur le fonds duquel le passage est réclamé. — *Rennes*, 22 mars 1826, Manviel c. Lenée.

404. — La question de savoir si un terrain est ou non enclavé est une question de fait pour la solution de laquelle les tribunaux recourront le plus ordinairement à une expertise. Elle peut cependant être décidée par une Cour d'appel, sans qu'il soit besoin, nonobstant l'opposition d'une des parties, d'ordonner une expertise. — *Cass.*, 24 déc. 1835, Defaye c. Debord.

405. — Lorsqu'il est prouvé, par un premier interlocutoire, qu'il existe un chemin public pour l'exploitation d'un héritage; le propriétaire ne peut réclamer le passage sur celui de son voisin, et il doit être débouté de sa demande sans qu'il soit besoin d'autre interlocutoire. — *Riom*, 23 déc. 1814, Vernet c. Chappel.

406. — Une Cour d'appel, qui, sans rejeter des enquêtes faites en vertu de jugemens, ordonne, pour se mettre de plus en plus en état de juger en connaissance de cause, la visite des lieux contentieux, n'est pas tellement liée par cette décision qu'elle ne puisse plus, sans violer l'autorité de la chose jugée, fonder sur ces enquêtes son arrêt définitif. — L'arrêt qui d'après ces enquêtes, l'état des lieux, etc., prononce qu'un droit de passage est dû par un fonds à un autre fonds, à titre de nécessité, et comme enclavé, bien que les deux fonds ne soient pas contigus, et que même le fonds enclavé ait une issue sur la voie publique, mais qui n'est pas praticable pour les voitures, ne commet pas une violation de la loi. — L'arrêt qui, en pareil cas, se fonde sur la nécessité, comme titre suffisant pour établir une servitude de cette nature (discontinue et non apparente), ne viole aucune loi. — *Cass.*, 23 août 1827, Schneider c. Ortlieb.

407. — Lorsque, en matière d'enclave, le propriétaire du terrain sur lequel le maître du fonds enclavé entend avoir passage, se défend contre ce dernier en prétendant seulement que la servitude n'est pas due, sans conclure subsidiairement à ce que le passage, s'il était dû, fût fixé dans un endroit déterminé, le moins dommageable pour lui, ce propriétaire ne peut se plaindre de ce que le tribunal saisi n'a pas statué sur ce dernier point. — Dans ce cas, le tribunal, s'il ne reconnaît le fait de l'enclave, doit décider que le droit de passage sera exercé à l'avenir comme il l'était par le passé. — Le juge saisi de la question de savoir s'il y a enclave, est investi, par cela même, et comme accessoire de la demande principale, du droit de régler l'indemnité ou de déclarer que l'action en indemnité est prescrite. — *Cass.*, 18 juill. 1848 (t. 2 1849, p. 102), Faure c. Chaix.

408. — L'arrêt qui déclare que la seule issue possible pour un fonds ne serait praticable qu'au moyen de dépenses excédant la valeur de l'héritage, et qui ne procureraient d'ailleurs qu'un passage périlleux, constate juridiquement l'état d'enclave de ce fonds. — *Cass.*, 25 nov. 1845 (t. 2 1846, p. 495), Lecouteux c. Hospices de Paris.

409. — L'enclave une fois établie, le passage doit régulièrement être pris du côté où le trajet est plus court du fonds enclavé à la voie publique. — C. civ., art. 683.

410. — Il en est ainsi surtout lorsque la voie la plus courte est la moins dommageable, et que, d'ailleurs, le propriétaire enclavé a fait preuve d'une possession plus que quadragénaire antérieure au Code civil. — *Rennes*, 25 févr. 1820, Gibé c. Supiot.

411. — L'art. 683 C. civ., relatif au cas d'enclave, ne doit pas être entendu en ce sens que le passage doive nécessairement être pris du côté où le trajet est le plus court du fonds enclavé à la voie publique; mais, conformément au terme *régulièrement* employé dans l'article, les tribunaux peuvent fixer ce passage du côté où, malgré une légère différence de longueur, il est le plus facile, le moins dispendieux et le moins dommageable pour les intérêts de l'agriculture. — *Douai*, 9 juin 1847 (t. 2 1847, p. 229), Buscot c. Balle; *Cass.*, 1er mai 1811. — Toullier, t. 3, no 548; Pardessus, no 210; Delvincourt, t. 1er, p. 390; Duranton, t. 5, no 423; Favard de Langlade, *Servitude*, sect. 2, § 7, no 3

412. — Il n'est pas indispensable que l'arrêt qui détermine la largeur du passage auquel un propriétaire enclavé a droit sur le fonds voisin fixe en même temps l'emplacement où ce passage devra s'exercer, alors que le passage réclamé était exercé depuis plusieurs années, et que la difficulté existant entre les parties s'est concentrée sur le droit de passage en lui-même, et non sur le point de savoir où il s'exercerait. — *Cass.*, 25 nov. 1845 (t. 2 1846, p. 495), Lecouteux c. Hospices de Paris.

413. — « Le passage doit néanmoins être fixé dans l'endroit le moins dommageable à celui sur le fonds duquel il est accordé. » — C. civ., art. 684.

414. — L'art. 683, qui porte que le passage doit régulièrement être pris du côté où le trajet est le plus court du fonds enclavé à la voie publique, n'a pas eu pour objet de poser une règle absolue.

En conséquence le propriétaire obligé de fournir le passage peut le livrer dans l'endroit de son terrain où le trajet est plus long, mais où il lui est moins dommageable. — *Cass.*, 1er mai 1811, Leygne c. Boucailloux; *Bordeaux*, 15 janv. 1835, Leydet c. Bessède. — Duranton, t. 5, nos 423 et suiv.; Solon, *Traité des servitudes réelles*, n° 323; Pardessus, n° 219; Toullier, t. 3, n° 548; Favard de Langlade, v° *Servitude*, sect. 2, § 7, n° 3.

415. — Lorsque les tribunaux sont appelés à fixer l'assiette d'un passage légalement dû pour cause d'enclave, ils peuvent indiquer le trajet le moins dommageable et le moins dispendieux: bien que ce ne soit pas le plus court, pour aboutir à la voie publique. — A plus forte raison doivent-ils maintenir l'assiette du passage telle qu'elle a été déterminée par une possession de trente ans. — *Cass.*, 29 déc. 1847 (t. 1er 1849, p. 103), Cayol c. Deleuil.

416. — Dans le concours de plusieurs terrains qui pourront être astreints à fournir un passage à un fonds enclavé, on doit éviter de grever un héritage en état de clôture ou occupé par des bâtimens et imposer plutôt la servitude sur un champ ouvert non planté et plus rapproché de la voie publique. — *Besançon*, 23 mai 1828, Thibaut c. Pernot. — Pardessus, *Servit.*, n° 219.

417. — Lorsque le propriétaire d'un fonds enclavé est, pour l'exploitation de ce fonds, en possession immémoriale du droit de passer sur un fonds voisin, en vertu d'une ancienne convention que l'on présume avoir existé entre les voisins, l'arrêt qui le maintient dans son droit de passage ne viole ni les art. 682 et 683, ni l'art. 691 C. civ., quoiqu'il soit certain qu'il y ait un chemin plus court pour arriver du fonds enclavé à la voie publique. — *Cass.*, 27 déc. 1830, Bernard c. Beaujoin.

418. — S'il est vrai que l'obligation de fournir un passage soit absolue, il résulte aussi des articles 682 et suiv. que le propriétaire enclavé n'est pas libre de choisir indistinctement celui de ses voisins qui lui convient pour lui demander un passage. Il sera donc prudent à lui, s'il y a quelque doute, de les mettre tous en cause, afin de faire juger par lequel d'entre eux le passage devra lui être fourni. — Pardessus, n° 219.

419 — Mais on a été trop loin à notre avis en décidant qu'il était *tenu* de les mettre tous en cause, faute de quoi il serait déclaré non recevable dans son action. Ce sera sans doute à ses risques et périls qu'il agira contre un seul de ses voisins; mais s'il démontre à celui-ci que c'est par son fonds que le passage est à la fois le plus court et le moins dommageable, les tribunaux ne sauraient dire que son action a été mal intentée. — *Bordeaux*, 15 janv. 1835, Leydet c. Bessède. — *Contrà*, *Montpellier*, 5 mars (et non août) 1830, Parès-Lauquire c. Cazat.

420. — Le propriétaire qui a fait élever un mur sur le terrain où est réclamé le passage pour le fonds enclavé ne peut être condamné à la démolition de ce mur et à des dommages intérêts comme ayant fait *nouvel œuvre*. Les tribunaux peuvent seulement ordonner en ce cas qu'il sera pratiqué dans le mur une baie suffisante pour permettre le passage. — *Colmar*, 26 mars 1816, Weeber c. Lauber.

421. — La loi n'a point déterminé la nature et l'étendue du passage qui devra être accordé au fonds enclavé. Les tribunaux auront égard aux besoins de l'exploitation et concéderont tout ce qui sera nécessaire pour l'exploitation, mais rien au delà. — Pardessus, n° 219.

422. — Ainsi: si un sentier suffit, ils n'accorderont point un chemin; si le passage permanent et indéfini n'est point nécessaire, ils devront le refuser. — Pardessus, *ibid.*

423. — Il faut reconnaître aussi à l'inverse que non-seulement le propriétaire enclavé peut réclamer un passage; mais que s'il a déjà un passage insuffisant pour les besoins de son exploitation, il peut en demander l'élargissement, et plus généralement prétendre à une extension du droit qui lui est accordé, moyennant indemnité. Nous ne ferons qu'appliquer ici la règle précédemment posée que la loi n'a pas voulu qu'une propriété pût rester improductive faute d'accès à la voie publique. — Solon, n° 330; Favard de Langlade, v° *Servitude*, sect. 2, § 7, n° 3.

424. — Ainsi, le passage dû à un fonds enclavé ne peut être réduit à la faculté d'aller à pied et à cheval seulement. Il peut être converti en passage avec voiture, si cela devient nécessaire pour l'exploitation du fonds. — *Toulouse*, 12 déc. 1811, Baille c. Rouan; *Agen*, 18 juin 1823, Castan c.

Alezais; *Cass.*, 8 juin 1836, Dupuy c. Budan de Boislaurent.

425. — L'exploitation d'une terre enclavée n'est pas même restreinte, par l'art. 681 C. civ., à la culture du sol, à la perception et à l'enlèvement des fruits qu'il produit. Le propriétaire d'un fonds enclavé a pu, après y avoir construit un four à briques, réclamer un passage sur le fonds de son voisin pour transporter ses briques jusqu'à la voie publique, en offrant de payer l'indemnité réglée par les tribunaux. — *Bruxelles*, 22 mars 1817, Vanderstraeten c. Vandoorsele.

426. — Celui dont les propriétés sont enclavées et qui a obtenu, par une longue possession, la servitude de passage à pied et à cheval, peut encore exiger dans le même endroit, et sauf indemnité, le droit de passer avec *bœufs et charrette* si cela est nécessaire à l'exploitation nouvelle à laquelle il entend se livrer: telle, par exemple, que celle d'une carrière au lieu d'une vigne; et le propriétaire du fonds servant n'est pas autorisé à prétendre que, s'agissant d'établir une servitude différente, on doit, aux termes des art. 683 et 684 C. civ., la prendre ailleurs, sous le prétexte que la distance à parcourir serait moins longue et moins dommageable. — *Bordeaux*, 18 juin 1840 (t. 2 1840, p. 269), Daney c. Tauzin.

427. — On a cependant jugé avec raison que le passage nécessaire pour l'exploitation d'une prairie enclavée ne devant s'exercer qu'avec le moins de dommage possible pour le fonds servant, les tribunaux ont pu ordonner que ce ne serait qu'après l'enlèvement de la seconde herbe que le propriétaire du fonds enclos pourrait user du droit de passage pour mener ses troupeaux au pâturage. — *Liége*, 22 juill. 1824, Oncin-Dumont c. Lefébure.

428. — Si, pour l'exploitation d'une propriété, il est nécessaire d'un chemin plus grand que celui qui a été laissé par le voisin, contrairement à un état de choses antérieur; le propriétaire se trouve dans le cas d'invoquer l'art. 682 C. civ., et par suite, s'il a la possession annale, d'exercer l'action en complainte contre son voisin. — *Cass.*, 22 mai 1832, Livron c. Labasse.

429. — Le montant de l'indemnité doit être déterminé d'après le préjudice causé, sans avoir égard à l'avantage que pourra retirer du passage celui qui l'obtient. — Pardessus, n° 221.

430. — On ne pourrait soutenir, au surplus, que le passage ne cause aucun préjudice, quoique M. Pardessus, (*loc. cit.*) semble admettre cette doctrine. Le seul fait qu'une propriété est grevée d'un droit de passage, encore que l'exercice de ce passage ne cause aucun préjudice aux récoltes, diminue la valeur du fonds, et il est dû une indemnité pour cet objet à son propriétaire.

431. — Le passage étant nécessairement dû en cas d'enclave, il n'est pas nécessaire que celui qui le réclame paie l'indemnité avant d'en user. Il peut être autorisé, par les tribunaux, à en jouir pendant l'expertise, ou même obtenir un délai pour s'acquitter. — Pardessus, n° 221.

432. — L'obligation imposée aux divers enclavés de payer une indemnité pour prix du passage qui leur est livré n'est ni indivisible ni solidaire. Elle peut donc être proportionnellement répartie entre les divers propriétaires qui doivent user du passage, et cela suivant la mesure du préjudice que chacun d'eux pourra causer par l'exercice de son droit. — *Cass.*, 25 nov. 1845 (t. 2 1846, p. 495), Lecouteux c. hospices de Paris.

433. — « L'action en indemnité dans le cas prévu par l'art. 682 est prescriptible et le passage doit être continué quoique l'action en indemnité ne soit plus recevable. » — C. civ., art. 685.

434. — L'exercice du droit de passage autorisé par l'art. 682 est nécessairement un fait dommageable; et il n'y aurait pas lieu de repousser la preuve offerte par le propriétaire du fonds enclavé qu'il a passé pendant plus de trente ans comme inadmissible, sous le prétexte que ce passage, qui n'aurait causé aucun dommage, n'avait pu faire courir la prescription de l'action en indemnité. — *Douai*, 13 févr. 1840 (t. 2 1841, p. 390), Hennocq c. Lecomte.

435. — Le droit au passage, en cas d'enclave, constitue une servitude légale au profit du fonds enclavé, et il n'y a point à lui appliquer les règles ordinaires en matière de servitude de passage. L'usage pendant un temps plus ou moins long du passage sur un fonds voisin n'a pas pour effet, en cas d'enclave, de créer un droit de passage qui existait indépendamment de tout usage,

mais il peut avoir pour effet: soit de déterminer le lieu par lequel le passage devra être exercé, soit de prescrire l'indemnité due par le propriétaire enclavé au propriétaire du fonds servant.

436. — C'est en ce double sens qu'il a été jugé un grand nombre de fois que la servitude de passage en cas d'enclave pouvait s'acquérir par la prescription de trente ans, bien qu'il s'agisse d'une servitude discontinue et non apparente. — *Agen*, 20 mars 1811, Gaujac c. Ricaud; *Toulouse*, 5 janv. 1820, Castelnau et Bonnet c. Monsarrat; *Cass.*, 10 juill. 1821, Pecastaing c. Fourcade et Belin; *Lyon*, 12 juin 1824, Depin c. Soupe; *Cass.*, 11 août 1824, Aubin c. Pineau; *Lyon*, 1er févr. 1826, Baritel c. Meras; *Bordeaux*, 12 févr. 1827, Barbe c. Jorat; *Cass.*, 23 août 1827, Schneider c. Ortlieb; 8 janv. 1829, Boyron c. Terrasse; *Grenoble*, 23 févr. 1829, Demorel c. Tournier; *Cass.*, 7 mai 1829, Liste civile c. Défrézals-Boursault; 16 mars 1830, Maillot c. Douzelot; 21 mars 1831, Savatier c. Beauvoir; 19 nov. 1832, Barry c. Hubert; 16 févr. 1835, Cayla c. Favarel; 24 déc. 1835, Delage c. Debord; 7 juin 1836 (t. 1er 1837, p. 32), Commune de Chauvoncourt c. Ville de Saint-Mihiel; 11 juill. 1837 (t. 2 1837, p. 479), Delacou c. Lafond; *Paris*, 14 mars 1839 (t. 1er 1839, p. 445), Vacher c. Vachonne; *Bourges*, 8 févr. 1840 (t. 1er 1841, p. 91), Pivert c. Petit; *Douai*, 13 févr. 1840 (t. 1er 1841, p. 390), Hennocq c. Lecomte; *Cass.*, 15 juill. 1845 (t. 2 1845, p. 222), Linarès c. Darlot; *Caen*, 1er déc. 1845 (t. 1er 1846, p. 392), Préfet de l'Orne c. Guilbeau; *Cass.*, 12 déc. 1845 (t. 1er 1846, p. 392), Fléchit c. Hospice de Saint-Symphorien; 29 déc. 1847 (t. 1er 1849, p. 103), Cayol c. Deleuil; 19 janv. 1848 (t. 1er 1848, p. 288), Préfet de l'Orne c. Guilbeau. — *Contrà*, *Cass.*, 7 févr. 1813, Vauzelle c. Dufémoux. — La doctrine est conforme. V. Favard de Langlade, *Rép.*, v° *Servitudes*, sect. 2, § 7, n° 4; Garnier, *Chem.*, p. 487, et *Act. possess.*, p. 347; Delvincourt, t. 1er, p. 548; Proudhon, *Usage*, t. 1er, n° 260; Carré, *Compét.*, quest. 406; Curasson, *Compét. des juges de paix*, t. 2, p. 323; Poncet, *Des actions*, n° 98; Toullier, t. 3, n° 552; Pardessus, n° 223; Solon, n° 553. — V., cependant, *Cass.*, 8 juill. 1812, Fresne c. Bobey. — Vazeille, *Prescr.*, n° 409

437. — La prescription, dans ce cas, étant la conséquence directe de l'enclave, il faut reconnaître que, s'il n'y a pas enclave absolue, la prescription n'a pu servir à faire acquérir la servitude légale de passage sur le fonds voisin. — *Riom*, 9 févr. 1816, Falgoux c. Guérin; *Nancy*, 28 janv. 1833, Urbain c. Marchau.

438. — L'inaliénabilité d'une forêt domaniale ne met pas obstacle à l'établissement d'une servitude de passage à titre d'enclave. Dans ce cas comme dans tous autres, cette servitude peut s'acquérir par prescription. — *Caen*, 1er déc. 1845 (t. 1er 1846, p. 392), Préfet de l'Orne c. Guilbeau.

439. — S'il est vrai que la servitude de passage, en cas d'enclave, par cela même qu'elle est une servitude de nécessité, peut s'établir par prescription ou autrement, même sur les fonds qui de leur nature seraient inaliénables, par exemple sur un fonds dotal; toujours est-il que celui qui a exercé pendant plus de trente ans le passage sur un pareil fonds n'est admissible à invoquer la prescription qu'autant que cet exercice a eu lieu dans les conditions de la loi, c'est-à-dire sur un terrain offrant en réalité le trajet le plus court du fonds enclavé à la voie publique. — *Cass.*, 20 janv. 1847 (t. 1er 1847, p. 120), Lizan c. Soucaze.

440. — Le propriétaire d'un fonds enclavé par des héritages différens, et qui a exercé la faculté de passage pendant plus de trente ans, peut invoquer la prescription de l'indemnité due à raison de ce passage, lors même qu'il n'aurait point continuellement passé sur le même des héritages qui l'entourent. — *Cass.*, 11 juill. 1837 (t. 2 1837, p. 479), Delacou c. Lafond; *Bourges*, 8 févr. 1840 (t. 1er 1841, p. 91), Pivert c. Petit et Dupeyrans. — Solon, n° 333; Pardessus, n° 224.

441. — Le fait du passage sur le fonds voisin pour les besoins de la culture d'un fonds enclavé ne suffit pas, bien qu'il ait continué pendant plus de trente ans, pour établir la servitude, s'il a eu lieu à titre précaire. — *Bruxelles*, 4 févr. 1806, Degrotte c. Tierlinck.

442. — L'aveu du propriétaire voisin qui, tout en convenant que le fait du passage sur son fonds existe depuis plus de trente ans, soutient en même temps qu'il n'a eu lieu que précairement, ne peut être divisé contre lui. — *Bruxelles*, 4 févr. 1806, Degrotte c. Tierlinck.

443. — Cependant il n'est pas nécessaire que celui qui invoquerait cette prescription prouve

que sa possession a eu lieu au vu et au su des propriétaires sur le fonds desquels le passage est établi. — *Cass.*, 10 juill. 1821, Pecastaing c. Fourcade et Belin.

444. — A plus forte raison en serait-il ainsi s'il avait exercé son droit pendant plus de trente ans, mais sur différens fonds du même propriétaire. — On ne devrait pas considérer sa possession comme précaire et de simple tolérance, par cela seul qu'il aurait toujours observé de prendre son passage sur les terres en friche. — *Cass.*, 21 mars 1831, Savatier c. Beauvoir.

445. — Le passage sur un sentier ne doit pas être considéré comme n'ayant eu lieu qu'à titre de tolérance, sous prétexte que ce sentier était fermé de barrières et de fossés à ses deux extrémités, lorsque le passage a continué au vu et au su du propriétaire, et sans opposition de sa part. — *Pau*, 14 mars 1831, Commune de Lahitte c. Tapie.

446. — En cas d'enclave, celui qui, pendant trente ans, a supporté le passage, ne peut plus refuser de le fournir en excipant de ce que le trajet, depuis le fonds enclavé jusqu'à la voie publique, est plus court à travers la propriété d'un autre voisin. — *Toulouse*, 5 janv. 1820, Castelnau et Bonnet c. Montsarrat; *Pau*, 14 mars 1831, Commune de Lahitte c. Tapie.

447. — ... Surtout si ce nouveau passage devait être dangereux, difficile et dispendieux pour le propriétaire de l'héritage dominant. — *Toulouse*, 20 mai 1818, Nogues c. Savignac.

448. — La servitude de passage, en cas d'enclave, peut s'acquérir par prescription trentenaire, dans le cas surtout où il existe des signes extérieurs très-apparens pour faciliter l'usage de la servitude. — *Cass.*, 16 févr. 1835, Cayla c. Favarel.

449. — La faculté accordée au propriétaire du fonds servant d'offrir au propriétaire du fonds dominant pour l'exercice de sa servitude, un endroit aussi commode que celui sur lequel il l'a exercé jusqu'alors, ne peut avoir d'effet lorsqu'il s'agit d'un droit de passage dans ce dernier endroit acquis au fonds dominant par la prescription. — *Toulouse*, 29 janv. 1820, Gairard c. Burgaud.

450. — Lorsqu'un jugement du tribunal de première instance reconnaît qu'une propriété est enclavée, et admet, par suite, la preuve testimoniale seulement sur le point de savoir si le propriétaire enclavé a prescrit le droit de passage sur un héritage voisin, l'arrêt qui confirme ce jugement, en adoptant les motifs des premiers juges, doit être entendu en ce sens qu'il reconnaît le fait d'enclave, et qu'il n'admet la preuve testimoniale que relativement à l'objet pour lequel elle avait été autorisée en première instance. — *Cass.*, 24 déc. 1835, Defaye c. Debord.

451. — Si le passage n'était pas continuel et n'avait lieu qu'à certains jours, il devra continuer d'avoir lieu de la même manière. — Si le passage acquis par prescription n'a eu lieu que pour l'exploitation d'un fonds et d'une manière discontinue, le propriétaire du fonds servant a, chaque année, le droit d'indiquer le lieu de sa propriété par lequel il entend que le passage s'exerce. — *Lyon*, 28 juin 1833, Roche de Longchamp c. Jaquet.

452. — L'indemnité pour droit de passage en cas d'enclave ne doit pas nécessairement consister en un capital invariable et une fois payé, les juges peuvent la convertir en une somme payable chaque année, et proportionnellement au dommage que peut occasionner l'exercice du droit de passage. — *Cass.*, 25 nov. 1845 (t. 2 1846, p. 495), Lecouteux c. Hospices de Paris.

453. — Les mêmes principes étaient suivis avant le Code civil. — *Cass.*, 10 juill. 1821, Pecastaing c. Fourcade et Belin.

454. — Ainsi, dans les pays où l'on suivait la maxime: *Nulle servitude sans titre*, et notamment sous l'empire de la coutume de Poitou, la servitude de passage pouvait, en cas d'enclave, s'acquérir par la prescription. — *Limoges*, 1er août 1838 (t. 1er 1839, p. 216), Brandy c. Rolle-Duvillard.

455. — Jugé, au contraire, qu'avant le Code civil et dans le ressort de l'ancienne coutume de Poitou, le propriétaire dont les fonds étaient enclavés pouvait exiger un passage sur l'un des fonds voisins; mais que, tant qu'il ne l'avait point exigé en justice ou obtenu par titre, l'usage qu'il faisait d'un passage était réputé précaire, et, par suite, était insuffisant pour créer un droit ou fonder la prescription de l'indemnité. — *Cass.*, 11 mai 1830, Grellier c. Grillard.

456. — Dans le ressort du Parlement de Grenoble, le propriétaire d'un fonds enclavé et qui n'a aucune issue sur la voie publique, a pu acquérir par une possession de plus de trente ans antérieure à la promulgation du Code civil, un droit de passage sur l'un des héritages voisins. — *Grenoble*, 29 déc. 1821, Couchet c. Burais.

457. — Dans le ressort du parlement de Toulouse, les servitudes nécessaires, telles que le passage en cas d'enclave, s'acquéraient par la prescription trentenaire. — *Toulouse*, 29 janv. 1820, Gairard c. Burgaud.

458. — Sous les statuts du pays de Bresse, le droit de passage en cas d'enclave était, à la différence des autres droits de passage, susceptible de prescription. — *Lyon*, 12 juin 1824, Depin c. Soupe; *Cass.*, 28 nov. 1833, Machard c. Bardet.

459. — Le droit de passer, en cas d'enclave, sur le fonds du voisin, a pu, sous la coutume de Paris et sous la coutume de Ponthieu, comme sous le C. civ., s'acquérir par prescription. — La possession a pu et peut également déterminer l'endroit sur lequel ce droit de passage s'exercera. — *Amiens*, 19 mars 1824, Pappin et Mercier c. Gayet. — *Contrà*, *Poitiers*, 22 juin 1825, Lagarde c. Garçon; *Cass.*, 7 févr. 1811, Vauzelle c. Dufémoux.

460. — Sous l'ancienne coutume de Nivernais, une servitude de passage en cas d'enclave pouvait être acquise sans titre par une longue possession. — *Bourges*, 15 juin 1824, Charleuf c. Bonneau.

461. — Jugé, au contraire, que, sous la coutume d'Orléans, qui n'admettait pas de servitude sans titre, le droit de passage en cas d'enclave ne pouvait s'acquérir par la prescription. — *Orléans*, 22 juill. 1835, Borderiaux c. Sirodde.

462. — Et qu'en Normandie, où la coutume n'avait pas de disposition spéciale sur l'acquisition du passage en cas d'enclave, il était admis que si le propriétaire d'un fonds enclavé n'avait pas obtenu par titre ou en justice un passage sur l'un des héritages voisins, l'usage par lui fait du passage était réputé précaire et de tolérance, et ne fondait la prescription ni du droit de passage lui-même ni de l'indemnité au propriétaire de l'héritage qui fournissait le passage. — *Cass.*, 27 juin 1832, Marchand c. Leguernay.

463. — L'action en indemnité se prescrivait autrefois par trente ans, aussi bien contre l'église ou l'État que contre les particuliers. — *Cass.*, 8 janv. 1829, Boyron c. Terrasse.

464. — La prescription de l'action en indemnité court du jour même de l'exercice du droit, et non de celui où il est légalement constaté. — *Cass.*, 11 août 1824, Aubin c. Pineau; 23 août 1827, Schneider c. Ortlieb. — Pardessus, no 224; Solon, *Traité des servitudes réelles*, nos 333 et 334.

465. — L'arrêt qui porte qu'on a joui pendant un temps suffisant pour prescrire, ne peut être attaqué devant la Cour de cassation sous le prétexte qu'il n'indique pas le temps pendant lequel on a joui. — *Cass.*, 28 nov. 1833, Machard c. Bardet.

466. — Celui qui offre une indemnité pour le droit de passage en cas d'enclave, n'est pas présumé renoncer pour cela à la prescription acquise de ce droit de passage. — *Bourges*, 15 juin 1824, Charleuf c. Bonneau.

467. — Une Cour d'appel doit admettre la preuve qu'une partie offre de faire qu'elle a passé pendant plus de trente années sur la pièce de terre de son adversaire, pour l'exploitation de la sienne propre enclavée: bien que cette offre de preuve n'ait pas été faite en première instance; elle doit être considérée comme un moyen de défense à l'action principale et non comme une nouvelle demande. — *Agen*, 21 mars 1811, Gaujac c. Ricaud.

468. — La prescription de l'action en indemnité est suspendue pendant le temps que le détenteur de l'immeuble enclavé possède à la fois, à titre de propriétaire, et le fonds servant et le fonds dominant. Les droits du propriétaire du fonds servant renaissent après l'éviction qu'il a soufferte du fonds enclavé. — *Paris*, 14 mars 1839 (t. 1er 1839, p. 445), Vacher, c. Vathonne et Beaux.

469. — Quand l'exercice du passage pour cause d'enclave a cessé pendant un certain temps, par un fait purement accidentel et indépendant de la volonté des parties, tel que la rupture d'un pont, il en résulte, non une interruption de prescription, mais une simple suspension, qui ne s'oppose pas à ce que, dans le calcul du temps nécessaire pour prescrire l'assiette du passage et l'indemnité, on compte la double période de possession antérieure et postérieure à l'époque de la suspension. — *Cass.*, 29 déc. 1847 (t. 1er 1849, p. 103), Gayol c. Deleuil.

470. — La servitude de passage en faveur d'un fonds enclavé s'éteint du moment que l'enclave vient à cesser. — *Agen*, 14 août 1834, Rieumajou c. Moignard; *Lyon*, 24 déc. 1841 (t. 2, 1842, p. 685), Sage c. Chritin; *Angers*, 20 mai 1842 (t. 2 1842, p. 686), Devillers c. l'État. — *Cessante causâ, cessat effectus*. — Delvincourt, *Cours de Code civil*, t. 1er, p. 390; Toullier, *Droit civ.*, t. 3, no 554; Solon, *Des servitudes*, no 331; Pardessus, no 225; Zachariæ, t. 2, § 246, note 14; Marcadé, t. 8, p. 406. — *Contrà*, *Toulouse*, 16 mai 1829, Portefait c. Pouzous; *Montpellier*, 2 janv. 1834, D'Hers c. Boichon; *Grenoble*, 15 mars 1839 (t. 2 1845, p. 389), Ageron-Brutefer c. Paillier; *Rennes*, 18 mars 1839 (t. 1er 1845, p. 373), Delaune c. Clerc; *Aix*, 14 juin 1844 (t. 1er 1845, p. 83), Rostan d'Ancezune c. Isnard-Luce; *Bordeaux*, 18 mars 1845 (t. 1er 1845, p. 769), Cartaut c. Marchais; *Cass.*, 19 janv. 1848 (t. 1er 1848, p. 288), Préfet de l'Orne c. Guilbeau. — Duranton, t. 5, p. 474, no 435.

471. — Il en est ainsi alors même que le nouveau chemin à parcourir serait plus long que l'ancien. — *Limoges*, 20 nov. 1843 (t. 2 1844, p. 165), Faure c. Brionaud.

472. — Celui qui est grevé d'une servitude légale de passage à titre d'enclave est recevable à en demander la suppression lorsque, par suite d'un changement survenu dans l'état des lieux, le fonds dominant se trouve avoir une issue immédiate sur la voie publique. — La demande en restitution de l'indemnité payée pour la jouissance du passage ne peut être formée pour la première fois en cause d'appel. — *Orléans*, 23 août 1844 (t. 2 1844, p. 204), Pays-Meslier c. Dubos.

473. — Quand un droit de passage, dû à un fonds enclavé, a cessé d'être exercé par suite d'acquisitions faites par le propriétaire de ce fonds, et qui ont fait cesser l'enclave, il ne peut plus être réclamé dans la suite, surtout si ces acquisitions remontent à une époque fort éloignée. — *Nîmes*, 24 juill. 1833, Tranchesec c. Bouniol.

474. — Sous l'empire de la coutume de Normandie le passage en cas d'enclave, n'étant accordé que moyennant une rétribution annuelle, était réputé purement temporaire et conditionnel, et dès lors ne pouvait s'acquérir par prescription. Par suite le passage cessait du jour où, par une cause quelconque, la propriété n'était plus enclavée. — Au contraire, sous le Code civil, le droit de passage en cas d'enclave s'acquiert d'une manière absolue, et ce droit, une fois acquis, n'en est pas moins, comme toutes les servitudes, un droit réel inhérent au fonds enclavé, dont le propriétaire de ce fonds ne peut être privé à raison de ce qu'une circonstance quelconque lui aurait procuré une issue nouvelle sur la voie publique, par exemple si le fonds enclavé avait été réuni à un autre fonds aboutissant à cette voie. — Dans tous les cas, et à supposer que le propriétaire du fonds servant pût faire cesser le passage à titre d'enclave, comme n'étant plus nécessaire, ce ne serait qu'à condition de restituer l'indemnité, même alors que, l'établissement de la servitude n'étant justifié que par la prescription, un pareil état de choses laisse ignorer le montant de cette indemnité, cette incertitude n'empêchant pas que l'indemnité ne soit réputée avoir été payée. — *Caen*, 1er déc. 1845 (t. 1er 1846, p. 392), Préfet de l'Orne c. Guilbeau.

475. — Lorsqu'il a été stipulé dans un partage entre cohéritiers, qu'ils passeraient les uns sur les portions des autres pour l'exploitation de ceux des lots qui n'aboutiraient pas à la voie publique, il est exact de dire que la servitude de passage, en faveur du fonds enclavé, est, dans ce cas, plutôt conventionnelle que légale; tellement qu'elle ne doit pas être censée avoir pris fin par la circonstance que celui des cohéritiers qui est dans la nécessité d'user de ce passage pour l'exploitation de son lot, aurait depuis annexé à sa propriété un fonds pouvant conduire à la voie publique, alors d'ailleurs, que ce chemin est plus long, et qu'il ne pourrait être établi sans des travaux et des dépenses assez considérables. — *Poitiers*, 31 janv. 1832, Chauve c. Cousiolle.

476. — Lorsque la possession de la servitude de passage a duré plus de trente ans, peut-on soutenir qu'il y a présomption que l'indemnité a été payée au propriétaire du fonds servant et obliger celui-ci à en rembourser le montant? L'affirmative résulte d'un arrêt de la Cour de Lyon du 24 déc. 1841 (t. 2 1842, p. 685), Sage c. Chritin. — V. aussi *Agen*, 14 août 1834, Rieumajou c. Moignard; *Limoges*, 20 nov. 1843 (t. 2 1844, p. 165), Faure c. Brionaud.

477. — On a même jugé que le propriétaire du fonds qui a cessé d'être enclavé devrait être indemnisé des dépenses qu'il est obligé de faire

pour se procurer un passage sur son propre fonds. — *Agen*, 14 août 1834, Rieumajou c. Moignard.

478. — Mais le contraire nous paraît avoir été jugé avec plus de raison par la Cour d'Angers. C'est à celui qui réclame le montant de l'indemnité à prouver qu'il l'a réellement payée. — *Angers*, 20 mai 1842 (t. 2 1842, p. 686), Devillers c. l'État. — Solon, n° 331.

479. — La servitude de passage en cas d'enclave s'éteindrait par le non-usage pendant trente ans, en ce sens que le passage ne pourrait plus être réclamé sans indemnité ou ne pourrait plus l'être par le lieu par lequel il s'exerçait, mais seulement en conformité des art. 683 et 684 C. civ. — Pardessus, n° 224.

480. — L'obligation d'accorder un passage sur sa propriété devrait, selon M. Pardessus (n° 226), être étendue au cas où il s'agit d'aller à une fontaine nouvellement établie et qui offrirait une grande utilité pour des communautés d'habitans.

481. — Nous dirions plus volontiers, avec le même auteur (n° 227), qu'il y a lieu d'appliquer les art. 682 et suiv., lorsque l'enclave n'est que momentanée et résulte par exemple d'une inondation ou autre accident de force majeure. — Pardessus, n° 226; Solon, n° 345.

482. — Le passage pour l'exploitation de fonds enclavés étant formellement consacré par la loi, est fondé sur un titre des plus puissans et peut, dès lors, s'il a été possédé pendant plus d'un an, donner matière à l'action en complainte devant le juge de paix. — *Cass.*, 9 mai 1831, Delahaye c. Mocquet.

483. — Le droit de passage en cas d'enclave peut être prescrit, et devenir, dès lors, l'objet d'une action en complainte de la part du possesseur troublé dans sa possession annale du passage. — *Cass.*, 12 déc. 1843 (t. 1er 1846, p. 392), Fléchet c. Hospice de Saint-Symphorien.

484. — En matière d'enclave, celui qui a en sa faveur la possession annale établie par un jugement au possessoire est dispensé de prouver au pétitoire que l'exercice de la servitude sur l'un des fonds environnans résulte d'un titre ou de prescription. C'est au propriétaire qui nie l'existence de la servitude sur son fonds à prouver son allégation. — *Limoges*, 20 nov. 1843 (t. 2 1844, p. 165), Faure c. Brionaud.

485. — D'un autre côté, celui qui se plaint du trouble apporté à sa possession paisible et plus qu'annale par un tiers qui veut passer sur son terrain sous prétexte d'enclave, a le droit de se pourvoir au possessoire, sans qu'on puisse repousser son action sous le prétexte que la servitude d'enclave, constituant une servitude légale, se trouve conséquemment imprescriptible. — *Cass.*, 15 juill. 1845 (t. 2 1845, p. 222), Linarès c. d'Arlot.

§ 7. — *Plantation des arbres.*

486. — Les arbres, soit par l'ombre qu'ils projettent, soit par les racines qu'ils étendent, nuisent jusqu'à un certain point à l'utilité et à l'agrément du sol qui les environne. Il était donc naturel que la loi déterminât les conditions que chaque propriétaire serait tenu de respecter dans les plantations qu'il veut faire auprès des héritages voisins.

487. — L'art. 671 C. civ. pose comme règle première en cette matière qu'il n'est permis de planter des arbres de haute tige qu'à la distance prescrite par les règlemens particuliers actuellement existans, ou par les usages constans et reconnus.

488. — Ainsi l'art. 671 C. civ. maintient non-seulement les usages constans et reconnus par des règlemens écrits ou par l'opinion des auteurs qui ont commenté les coutumes, mais encore tous ceux qui sont de notoriété publique et peuvent être prouvés par témoins. — *Poitiers*, 7 janv. 1834, Fey c. Suflisseau.

489. — La preuve par témoins est admissible, bien qu'aucune preuve écrite de cet usage n'ait existé avant la promulgation du Code. — *Bourges*, 16 nov. 1830, Saussard c. Quénisset.

490. — Un propriétaire peut planter des arbres à haute tige sur son fonds sans observer aucune distance du fonds voisin, lorsqu'un usage local constant et reconnu l'autorise à agir ainsi. — *Toulouse*, 8 mars 1826, Dhers c. Delpy; *Bourges*, 29 août 1826, Lamy c. Metro. — *Contrà*, Pardessus, t. 2, n° 340.

491. — La distance qui devait séparer les arbres de haute tige des héritages voisins était fixée à cinq pieds par les lois romaines, qui formaient le droit commun dans presque tout le ressort du parlement de Paris et notamment dans l'ancienne province de Picardie. — *Amiens*, 21 déc. 1821, (t. 16, p. 1031), Landrieux c. Guerville. — Solon, *Traité des servit. réelles*, nos 226 et suiv.

492. — Dans les jardins des maisons de plaisance de la banlieue de Paris, l'usage est de planter les arbres à haute tige à moins de six pieds des murs mitoyens. — *Paris*, 2 déc. 1820, (t. 16, p. 216), Bain c. Gromort.

493. — Il paraît que l'usage de planter les arbres à haute tige à moins de six pieds de l'héritage voisin est constant pour Paris et ses environs. Desgodets (*Traité des lois du bâtiment*, n° 23) : « A l'égard des arbres à haute tige en plein vent, ils peuvent être plantés dans les héritages clos de murs, *à trois pieds* de distance entre le centre de la tige et la ligne qui sépare l'héritage du voisin, en sorte que si le mur appartient à un seul, et est entièrement sur le fonds de celui qui fait planter des arbres, l'épaisseur du mur sera comprise dans la distance des trois pieds. Si le mur est mitoyen, les trois pieds se compteront du milieu de l'épaisseur du mur. Mais si le mur appartient à l'autre voisin seul, les trois pieds seront francs entre le devant du mur et le centre du tronc de l'arbre. Si, cependant, les branches et les racines des arbres passent sur l'héritage du voisin, il peut contraindre celui à qui ils appartiennent à couper ce qui excède... » Denisart rapporte aussi un arrêt du 9 juill. 1750, infirmatif d'une sentence du bailliage de Roanne, qui avait condamné un sieur Crozet à couper les arbres qui étaient dans son héritage, sur le motif qu'ils ne se trouvaient pas à cinq pieds de distance d'une haie appartenant à un sieur Michon propriétaire voisin.

494. — On ne pouvait, en Normandie, planter des arbres de haute tige à moins de sept pieds de distance du fonds voisin. L'art. 10 règlem. 1751, en faisant exception au droit commun pour les arbres plantés dans les haies séparatives des herbages et masures, n'a eu d'autre objet que de maintenir à leur égard l'état actuel des choses, c'est-à-dire de conserver les arbres lors existans, fussent-ils plantés à moins de sept pieds du fonds voisin, et nullement d'autoriser pour l'avenir les plantations dans les haies à une distance moindre que celle fixée par l'art. 5 de ce même règlement. — *Rouen*, 17 nov. 1826, Delarue. — Suivant l'art. 5 du règlem. fait par le Parlement de Normandie, le 17 août 1751, relativement aux plantations d'arbres dans cette province, le propriétaire d'un héritage ne peut planter aucun poirier ou pommier qu'il ne soit au moins éloigné de sept pieds du fonds voisin..... L'art. 18 ajoute : « Néanmoins à l'égard des arbres dans les haies, lesquels font la séparation » des herbages et des masures, sans être le long » des terres labourables du voisin, il en sera usé » comme par le passé. »

495. — Jugé que sous la coutume de Normandie, le droit de planter des arbres à moins de sept pieds du fonds voisin a pu être considéré comme une servitude de vue ou d'égout; laquelle ne pouvait s'acquérir sans titre, mais seulement par une possession de quarante ans. — *Cass.*, 28 fév. 1831, Eustache c. Duvallet.

496. — La distance légale à observer lorsqu'il n'existe pas d'usage contraire dans la plantation des arbres à haute tige près des héritages voisins, s'applique aux héritages urbains comme aux héritages ruraux. — *Nîmes*, 14 juin 1833, Chabert c. Richard — *Encyclopédie du droit*, v° *Arbre*, n° 9. — V., cependant, Rolland de Villargues, *Rép. du notar.*, v° *Arbres*, n° 42.

497. — De ce que le vendeur d'un terrain a reconnu à l'acquéreur le droit d'ouvrir, en cas de construction, des jours sur un fonds voisin que, lui vendeur, s'est réservé; de ce qu'en outre il s'est interdit de bâtir sur ce fonds, il n'en résulte pas qu'il ne puisse y planter des arbres à haute tige : alors d'ailleurs que ces plantations sont à la distance légale. — *Limoges*, 3 mars 1845 (t. 2 1848, p. 108), Dauglard c. Grillière.

498. — « A défaut de règlement et d'usages il n'est permis de planter qu'à la distance de deux mètres de la ligne séparative des deux héritages pour les arbres à haute tige, et à la distance d'un demi-mètre pour les autres arbres et haies vives. — C. civ., art. 671.

499. — La séparation de deux propriétés par un cours d'eau qui n'aurait pas la largeur déterminée pour la distance des arbres ne dispenserait pas de se conformer à l'art. 671 C. civ. — Pardessus, t. 1er, n° 194.

500. — Lorsque les propriétés sont séparées par un cours d'eau dont le lit est mitoyen, la distance pour la plantation des arbres doit se compter à partir du milieu du lit. — Pardessus, *ibid.*; Garnier, p. 228; Duranton, t. 5, n° 387; Solon, n° 242.

501. — Le voisin peut exiger que les arbres plantés à une distance moindre que celle fixée par l'usage des lieux, ou, à défaut d'usage, par l'art. 671 du Code civil, soient abattus. — C. civ., 672.

502. — On ne peut forcer le voisin d'abattre les arbres plantés antérieurement au Code civil en deçà de la distance réglée par l'art. 671, et il y a lieu d'appliquer en ce cas l'ancienne jurisprudence confirmée par l'art. 693 du Code, laquelle présumait la destination du père de famille, lorsque les deux fonds, depuis divisés, ont appartenu au même propriétaire. — *Rennes*, 3 juill. 1813, Blanchard c. Garet.

503. — La règle posée dans l'art. 672 relativement à la plantation et à l'élagage des arbres est applicable aux arbres des forêts ou des bois soit de l'Etat, soit des particuliers. — *Paris*, 16 févr. 1824, Forêts c. de Paris; *Cass.*, 31 juill. 1827, Préfet d'Eure-et-Loir c. de Paris; *Cass.*, 20 mars 1828, Dassouvillez c. Pérant; *Rennes*, 19 juin 1838 (t. 2 1842, p. 143), Lajarthe Saint-Amand c. Rion. — Curasson sur Proudhon, *Droits d'usage*, t. 7, n° 572. — *Contrà*, *Metz*, 20 juill. 1813, Hertz c. Bretard.

504. — Mais on ne peut forcer un propriétaire à arracher des arbres de réserve qui existent depuis plus de trente ans sur une lisière de bois, sous le prétexte qu'ils ne sont pas à la distance de deux mètres de l'héritage voisin. — *Cass.*, 29 mai 1832, Coche c. de Rigoult. — Toullier, t. 5, n° 512; Pardessus, n° 195, et *infrà*, n° 565.

505. — Un propriétaire peut acquérir par la possession de trente ans le droit de conserver sur son fonds des arbres à haute tige plantés à une distance de l'héritage voisin moindre que celle fixée par la loi ou l'usage et les règlemens. *Cass.*, 9 juin 1825, Leblond c. Bouchet; *Toulouse*, 8 mars 1826, Dhers c. Delpy; 9 déc. 1826, mêmes parties; *Bourges*, 16 nov. 1830, Baussard c. Quénisset; *Cass.*, 29 mai 1832 Coche c. de Rigoult; *Rennes*, 19 juin 1838 (t. 2 1842, p. 143), Lajarthe Saint-Amand c. Rion; *Bourges*, 8 déc. 1841 (t. 2 1842, p. 144), Desroziers c. de Montsaulnin. — Pardessus, n° 195; Favard de Langlade, *Rép.*, v° *Servitudes*, sect. 3, § 5; Proudhon, n° 571; Troplong, *Prescr.*, n° 346; Vazeille, *Prescr.*, t. 1er, n° 118; Duranton, t. 5, n° 390; Solon, n° 244; Toullier, t. 3, n° 514; Carré, *Just. de paix*, t. 1er, p. 471; Caron, *Act. poss.*, n° 379; Garnier, *Act. poss.*, p. 227; Foucher, *Comm.*, L. 25 mai 1838, p. 292; Vaudoré, *Droit rur.*, t. 1er, n° 222; Marcadé, sur l'art. 672, n° 1er.

506. — La défense de planter des arbres avait été établie par la loi non dans l'intérêt général, mais dans celui des particuliers; et par conséquent il est permis d'y renoncer soit expressément, soit tacitement. — *Cass.*, 9 juin 1825, Leblond c. Bouchet.

507. — Les statuts locaux qui déterminent la distance à observer entre propriétaires voisins pour la plantation des arbres et haies vives ne peuvent être considérés comme des règlemens de police intéressant l'ordre public, et contre lesquels, dès lors, il ne soit pas possible de prescrire. — Ces statuts ne sont, comme les dispositions de l'art. 671 du Code civil, qui les maintient et qui les supplée pour les localités où il n'en existe pas, que constitutifs de servitude sur un fonds pour l'utilité d'un autre fonds; et il est permis de s'affranchir de cette servitude par la prescription, notamment par celle de trente années écoulées sans que le voisin se soit plaint d'une plantation faite en deçà de la distance prescrite. — *Cass.*, 25 mai 1842 (t. 2 1842, p. 341), Levelain c. Deshayes.

508. — Mais le droit acquis par la prescription trentenaire de conserver des arbres à haute tige plantés à une distance du fonds voisin moindre que la distance légale ne donne pas le droit de les remplacer par d'autres lorsqu'ils viennent à périr. En conséquence, le voisin peut faire supprimer ceux plantés depuis moins de trente ans en remplacement des anciens. — *Paris*, 23 août 1825, Vallon c. Cendrier; *Rennes*, 19 juin 1838 (t. 2 1842, p. 143), Lajarthe St-Amand c. Rion; *Bourges*, 8 déc. 1841 (t. 2 1842, p. 143), Desroziers c. de Montsaulnin; *Douai*, 14 avr. 1845 (t. 2 1845, p. 146), Denayer c. Durhalet; *Caen*, 22 juill. 1845 (t. 1er 1847, p. 155), Abaquesni c. Pinot. — Delvincourt, t. 1er, p. 564; Garnier, *Act. possess.*, p. 233; Curasson, *Compét. des juges de paix*, t. 2, p. 336 et 485 (2e édit.); Duranton, t. 5, n° 394; Benech, p. 282; Solon, *Servit.*, n° 245; Caron, *Act. possess.*, n° 155;

Marcadé, sur l'art. 672, nº 2. — *Contrà*, Favard de Langlade, *Rép.*, vº *Servit.*, sect. 2, § 5, nº 2; Toullier, t. 3, nºs 514 et suiv.; Pardessus, t. 1er, nº 195; Aubry et Rau, sur Zachariæ, t. 2, § 241, note 4; Vazeille, *Prescr.*, t. 1er, nº 429; Foucher, *Comment.*, L. 25 mai 1838, p. 292; Vaudoré, *Dr. rur.*, t. 1er, nº 222; Tardif, sur Fournel, *Du voisinage*, t. 1er, p. 127 (4e éd.).

509. — Lorsque les arbres se trouvent plantés à une distance moindre que celle prescrite par la loi, celui sur le terrain duquel ils existent ne peut opposer la *destination du père de famille* à son voisin, qui tient son fonds du même auteur, pour remplacer par des arbres nouveaux plantés à la même distance les arbres anciens qu'il avait droit de conserver et qu'il a fait abattre. — *Paris*, 28 août 1825, Vallon c. Cendrier.

510. — La prescription du droit de planter des arbres sur le terrain d'autrui, alors même qu'elle aurait commencé sous l'empire d'une coutume qui l'autorisait, n'a pu continuer à courir depuis la promulgation du Code civil, en vertu duquel l'existence de pareilles plantations ne peut jamais créer pour le planteur le droit de les remplacer à toujours. — *Douai*, 18 mars 1842 (t. 2 1842, p. 378), Watelet c. Laroche.

511. — Le propriétaire qui invoque la prescription pour conserver à une distance moindre que la distance légale des arbres de haute tige qui ont fait partie d'une haie, ne peut compter sa possession depuis le temps de la plantation de la haie; mais seulement depuis l'époque où les arbres se sont élevés au-dessus de la haie et sont ainsi devenus arbres à haute tige. — *Amiens*, 21 déc. 1821, Landrieux c. Guerville; *Bourges*, 16 nov. 1830, Saussard c. Quenisset.

512. — Dans le droit romain, l'action en extirpation des arbres qui n'étaient point plantés à la distance voulue par la loi se prescrivait par trente ans. — L'usage du pays de Gex était conforme en ce point à celui des pays de droit écrit. — *Cass.*, 27 déc. 1820, Marinet c. Deveaux.

513. — Sous la cout. de Ponthieu, la prescription en matière de servitude n'avait lieu que pour libérer le fonds grevé; on ne pouvait acquérir par prescription un droit de servitude, et par exemple celui de conserver des arbres à haute tige plantés hors de la distance fixée par l'usage. — *Amiens*, 21 déc. 1821, Landrieux c. Guerville.

514. — « Celui sur la propriété duquel avancent les branches des arbres du voisin peut contraindre celui-ci à couper ces branches. Si ce sont les racines qui avancent sur son héritage, il a droit de les y couper lui-même. » — C. civ., art. 672.

515. — Le Code ne s'en est point référé ici aux usages locaux, comme il l'avait fait pour la plantation des arbres de haute tige et des haies. On ne pourrait donc invoquer les usages des lieux pour se dispenser d'abattre les branches ou de laisser couper les racines qui s'avancent sur le fonds voisin. — Pardessus, nº 196.

516. — La loi 1re, § 2, *De arbor. cæden.*, semblait permettre au voisin de couper les branches de l'arbre du voisin qui anticipaient sur son terrain. Il n'en était point de même chez nous, d'après la maxime : *Les voies de fait n'ont pas lieu en France.* — V., cependant, Pothier, *Contr. de société*, nº 243.

517. — Aujourd'hui, le voisin ne pourrait ébrancher lui-même les arbres qui couvriraient son terrain. — *Cass.*, 15 févr. 1811, Forêts c. Schmitt. — Neveu Derotérie, p. 77; Zachariæ, t. 2, § 242, note 2.

518. — Le propriétaire sur lequel les branches avancent ayant toujours le pouvoir d'empêcher le dommage qu'elles lui causent en les faisant couper, ne pourrait demander de dommages-intérêts au propriétaire voisin pour l'époque antérieure à la sommation qu'il a dû faire de les couper. — Pardessus, t. 1er, nº 196.

519. — Celui sur le terrain de qui s'étendent les branches, n'a pas droit d'en cueillir les fruits. Les usages locaux qui le permettaient ont été abolis par l'art. 7 de la loi du 30 vent. an XII.

520. — M. Pardessus (nº 196) croit même que le propriétaire des arbres aurait le droit d'obtenir le passage pour venir ramasser les fruits dans un bref délai sur le fonds de son voisin, sauf indemnité s'il y avait lieu. — Toullier, t. 3, p. 378; Merlin, *Rép.*, vº *Arbre*, § 8; Pardessus, nº 196; Lassaulx, t. 3, p. 306; Neveu-Derotérie, p. 85; Marcadé, sur l'art. 672, nº 4 *in fine*. — *Contrà*, Delvincourt, t. 1er, p. 164; Duranton, t. 5, p. 439; Vazeille, *Prescr.*, t. 1er, nº 419; Zachariæ, t. 2, § 242, note 5.

521. — Toutefois la Cour de cassation a jugé que l'usage que quelques statuts autorisaient, entre les voisins, d'entrer sur les fonds l'un de

l'autre pour cueillir les fruits de leurs arbres dont les branches s'étendaient sur leurs héritages respectifs, n'a pas formé une servitude qui ait dû survivre à l'art. 672 C. civ. — *Cass.*, 31 déc. 1840, Bessy c. Préfet des Alpes-Maritimes.

522. — La prescription ne pourrait être invoquée pour prétendre au droit d'avoir des branches qui avancent sur l'héritage voisin. — *Paris*, 16 févr. 1824, Forêts c. de Paris; *Poitiers*, 13 juin 1844 (t. 2 1844, p. 146), de Hillerin c. Beltis; *Bourges*, 4 juin 1845 (t. 1er 1848, p. 537), N.... — Pardessus, nº 196; Duranton, t. 5, nº 398; Merlin, *Rép.*, vº *Voisinage*, § 4, nº 6; Zachariæ, t. 2, § 242, note 3; Marcadé, sur l'art. 672, nº 4; Vazeille, t. 1er, nº 119; Caron, *Jurid. des juges de paix*, nº 515; et *Act. possess.*, nº 162; Curasson, sur Proudhon, *Dr. d'usage*, t. 2, nº 568, et *Comp. des jug. de paix*, t. 1er, p. 485; Proudhon, *Dr. d'usage*, t. 2, nº 572, et *Domaine privé*, t. 2, nº 581; *Encycl. du droit*, vº *Arbres*, nº 13; Solon, nº 244; Toullier, t. 3, nº 517. — V. cependant Delvincourt, t. 1er, p. 564, Troplong, *Prescr.*, nº 347; Neveu-Derotérie, *Lois rurales*, p. 26.

523. — Le propriétaire qui, par suite d'une destination du père de famille, est obligé de souffrir que le voisin possède des arbres à une distance moindre que la distance légale, n'en a pas moins le droit d'obliger le voisin à couper les branches de ces arbres, quand elles avancent sur son terrain. — Un tribunal peut ordonner, sans excès de pouvoir, que des travaux relatifs à l'objet du litige seront faits sous la direction d'un homme de l'art qu'il désigne, et auquel il n'impose aucun serment. — *Cass.*, 16 juill. 1834, Drouot c. Leblond.

524. — Le droit acquis, au moyen de la prescription, de conserver des arbres à une distance moindre que la distance légale ne met pas obstacle à ce que le voisin puisse user de la faculté que lui accorde l'art. 672 C. civ. de couper les racines qui pénètrent dans son fonds. — *Limoges*, 2 avr. 1846 (t. 2 1846, p. 396), Fargeau c. Dachez. — Solon, *Traité des servitudes réelles*, nº 244; Duranton, t. 5, nº 398; Vazeille, *Prescr.*, t. 1er, nº 131; Troplong, *Prescr.*, t. 1er, nº 355; Neveu-Derotérie, *Lois rurales*, p. 76.

525. — Le fermier d'un domaine a qualité pour actionner en son nom le propriétaire voisin pour l'obliger à élaguer des branches d'arbres qui, s'étendant sur les terres qu'il exploite, nuisent à ses récoltes, et pour le faire condamner à des dommages-intérêts à raison du préjudice qu'il a éprouvé. — *Cass.*, 9 déc. 1817, Chevalaye c. Gauchet. — Duvergier, *Louage*, t. 1er, nº 317 (Contin. de Toullier.

526. — Celui sur le fonds duquel s'étendent, depuis plusieurs années, les branches des arbres du voisin ne peut porter devant le juge de paix son action contre ce voisin en élagage des arbres et en dommages-intérêts. Dans ce cas, le juge de paix est incompétent : soit parce qu'il ne s'agit pas d'une action possessoire formée dans l'année du trouble; soit parce que l'action intentée ne rentre pas dans la classe de celles qui ont lieu pour dommages faits aux champs, fruits et récoltes. — *Bourges*, 5 août 1817, Joly c. Pellé-Demont; *Cass.*, 29 déc. 1830, Dumoncel c. Bras.

527. — Celui sur la propriété duquel sont plantés des arbres est légalement présumé propriétaire de toute la portion de terrain représentant la distance qu'il est tenu, d'après la loi, ou l'usage des lieux, d'observer entre ses arbres et les propriétés voisines. — *Colmar*, 6 avr. 1842 (t. 2 1842, p. 748), Hartz c. Commune de Griesheim.

528. — La propriété du sol d'un chemin de halage, sur lequel sont plantés des arbres, emporte au profit de l'État la propriété des arbres plantés sur ce chemin, à moins que le propriétaire riverain ne justifie qu'il les a acquis à titre onéreux ou qu'il les a plantés. — *Cass.*, 2 mai 1833, Roty c. Préfet du Pas-de-Calais.

529. — Les arbres qui sont dans la haie mitoyenne sont mitoyens comme la haie, et chacun des deux propriétaires a droit de requérir qu'ils soient abattus. — C. civ., art. 673. — V. MITOYENNETÉ.

530. — La question de savoir à qui appartient l'ébranchage d'arbres plantés dans une haie mitoyenne dont l'une des parties se dit exclusivement propriétaire, est de la compétence, non du juge de paix, mais du tribunal de première instance. — *Bourges*, 5 août 1817, Joly c. Pellé-Demont.

531. — Les arbres plantés sur la ligne séparative de deux héritages sont réputés communs, sauf le droit de chaque voisin d'établir par une

possession suffisante que l'arbre appartient à lui seul. — Pardessus, t. 1er, nº 198.

§ 8. — *Tour d'échelle.*

532. — Droit accordé autrefois par quelques coutumes au propriétaire de passer sur le terrain voisin de ses bâtimens et constructions pour y faire les réparations nécessaires.

533. — Ce droit, qui était considéré autrefois comme servitude légale, n'a point été consacré par le Code civil, resté muet à son égard; cependant la doctrine et la jurisprudence semblent s'accorder pour reconnaître encore aujourd'hui l'existence, sinon de la servitude légale du tour d'échelle, du moins du droit de passer, dans certains cas et moyennant certaines conditions, sur le terrain contigu aux constructions, pour les réparer. — V. TOUR D'ÉCHELLE.

CHAPITRE III. — *Servitudes conventionnelles.*

534. — On désigne sous le nom de servitudes conventionnelles toutes celles qui ne résultent ni de la nature des choses ni de la loi, mais seulement de la volonté des parties; ce qui comprend les servitudes établies par prescription, parce que la prescription suppose chez l'un la volonté d'acquérir et chez l'autre la volonté de supporter la servitude. — Pardessus, nº 230.

Sect. 1re. — *Acquisition des servitudes.*

535. — Les servitudes conventionnelles s'établissent soit par titres, soit par destination du père de famille, soit par prescription. Ces modes d'acquisition diffèrent selon la nature de la servitude. Les rédacteurs du Code ont fait précéder la section relative à l'établissement des servitudes, de quelques distinctions.

536. — D'après l'art. 687, les servitudes se divisent en servitudes établies pour l'usage des bâtimens ou urbaines et servitudes établies pour l'usage des fonds de terre ou rurales. Cette distinction, empruntée au droit romain, où elle avait son importance, est sans utilité pratique dans notre droit. — Duranton, t. 5, nº 486; Marcadé, sur l'art. 687.

537. — Les distinctions les plus importantes résultent des art. 688 et 689. — Aux termes du premier de ces articles, les servitudes sont ou continues ou discontinues. — Les servitudes continues sont celles dont l'usage est ou peut être continuel sans avoir besoin du fait actuel de l'homme, tels sont les conduites d'eau, les égouts, les vues et autres de cette espèce.

538. — Les servitudes discontinues sont celles qui ont besoin du fait actuel de l'homme pour être exercées, tels sont les droits de passage, puisage, pacage et autres semblables. — C. civ., art. 688.

539. — Jugé que le droit de dépaissance sur l'héritage d'autrui est une servitude discontinue. — *Toulouse*, 7 avril 1843 (t. 2 1844, p. 397), Commune d'Istrac c. Duboys.

540. — Les conduites d'eau qui ne s'exercent pas sans interruption, mais à des intervalles, n'en constituent pas moins des servitudes continues, en ce sens qu'une fois l'exercice recommencé il se continue seul et sans le fait de l'homme. — L. 4, § *ult.*, ff., *De servit.* — Duranton, t. 5, nº 492.

541. — Est discontinue la servitude d'évier ou d'égout des eaux ménagères. — *Aix*, 31 janv. 1838 (t. 2 1838, p. 171), Lions c. Guigou et Chabrier. — Daviel, nº 710.

542. — Jugé qu'il en est de même de la servitude résultant du droit qu'ont soit des particuliers, soit une communauté d'habitans d'extraire, dans l'intérêt de leur fonds, des terres dans un autre fonds. — *Cass.*, 15 avril 1833, Lacroix c. commune de Rouffac.

543. — ... Du droit de passage, même quand il en existe un signe apparent : tel qu'une porte. — *Cass.*, 24 nov. 1835, Brahauban c. Commune de Lux.

544. — Jugé, au contraire, qu'un droit de prise d'eau constitue une servitude continue, bien que pour son exercice il soit nécessaire de lever une

SERVITUDE, ch. 3, s. 1re, a. 1er.

vanne ou écluse. — *Pau*, 11 juin 1834, de Cardeillac c. Lapeyre. — Duranton, t. 5, n° 492; Pardessus, p. 40; Daviel, n° 912.

545. — Il résulterait de quelques arrêts que le droit d'usage dans les forêts constituerait une servitude discontinue. — V. notamment *Cass.*, 6 mars 1817, Bravard c. La Boucaye; 30 juill. 1838 (t. 2 1838, p. 53), Lombard de Quincieux et Bonnard c. Fauverteils. — V., sur le point de savoir si ces droits constituent de véritables servitudes, USAGE (forêts).

546. — L'arrêt qui qualifie de servitude continue une servitude que la loi range formellement dans la classe des servitudes discontinues, ne donne pas ouverture à cassation si d'ailleurs il a appliqué les dispositions de loi relatives aux servitudes discontinues. — *Cass.*, 15 mai 1816, Rousselle c. Michaud.

547. — « Les servitudes sont apparentes ou non apparentes. Les servitudes apparentes sont celles qui s'annoncent par des ouvrages extérieurs, tels qu'une porte, une fenêtre, un aqueduc. Les servitudes non apparentes sont celles qui n'ont pas de signe extérieur de leur existence, comme par exemple la prohibition de bâtir sur un fonds ou de ne bâtir qu'à une hauteur déterminée. » — C. civ., art. 689.

548. — Jugé que le droit de pêche réservé par le propriétaire d'un étang en vendant tous ses autres droits sur cet étang, constitue une servitude continue et non apparente. — *Rennes*, 31 janv. 1844 (t. 1er 1844, p. 287), Vallée c. copropriétaires de l'étang de Paimpont.

549. — On doit voir une servitude continue et apparente dans le droit qu'a le propriétaire d'une saline de l'alimenter par l'eau de la mer à lui transmise par un étang intermédiaire appartenant à un tiers, et aux moyens de travaux effectués originairement par le propriétaire commun de la saline et de l'étang. — Arg. *Cass.*, 13 juin 1842 (t. 2 1843, p. 69), Soc. de la Basse-Camargue c. Daniel.

550. — La servitude d'aspect, entraînant celle *altiùs non tollendi*, est discontinue, et non apparente. — *Orléans*, 24 déc. 1840 (t. 2 1841, p. 312), Berruyet c. Colas Derfrancs. — V., cependant, *Pau*, 12 déc. 1834, Barbeirassy c. Pansier.

551. — On distingue encore les servitudes en positives ou affirmatives, ou actives et négatives ou passives: *positives* quand le propriétaire du fonds dominant est obligé de faire telle ou telle chose pour exercer son droit, telles sont les servitudes de vue, de passage, de puisage et de pacage; *négatives* quand le propriétaire du fonds assujetti est seulement tenu de ne pas faire une certaine chose, comme de ne pas bâtir au delà de telle hauteur. — Duranton, t. 5, n° 497. — Mais cette dernière distinction n'a pas beaucoup plus d'utilité pratique que la division des servitudes en urbaines ou rurales. — Marcadé, sous l'art. 687.

ART. 1er. — *Acquisition par titres.*

552. — « Il est permis aux *propriétaires*, porte l'art. 686 C. civ., d'établir sur leurs propriétés telles servitudes que bon leur semble, pourvu néanmoins que les services établis ne soient imposés ni à la personne ni en faveur de la personne, mais seulement à un fonds et pour un fonds, et pourvu que ces services n'aient d'ailleurs rien de contraire à l'ordre public. » — V. suprà nos 5 et suiv.

553. — Les servitudes continues et apparentes peuvent s'acquérir non-seulement par titres, mais encore par la prescription (art. 690); quant aux servitudes continues non apparentes, elles ne peuvent s'acquérir que par titres. — Art. 691.

554. — Un propriétaire peut renoncer à une servitude établie par la loi en sa faveur, pourvu qu'elle ait été établie dans son intérêt privé comme une servitude de vue; mais il ne pourrait renoncer à une servitude établie dans l'intérêt général comme celles relatives aux précautions à prendre pour établir certaines constructions: une forge par exemple, ou des fosses d'aisance.

555. — Les servitudes ayant pour objet de diminuer le droit et la liberté des héritages, de manière à en produire une sorte d'aliénation partielle, on ne peut concéder une servitude sur un fonds qu'autant qu'on aurait le droit d'aliéner ce fonds. — Pardessus, n° 244.

556. — On peut constituer une servitude à titre onéreux ou à titre gratuit; mais dans ce dernier cas, l'acte, pour être valable et obligatoire, devra être fait dans la forme des actes contenant donation entre-vifs ou testamentaire. — Duranton, n° 560.

557. — Toutefois, comme les servitudes ne sont point susceptibles d'hypothèque, il ne sera pas nécessaire de le faire transcrire. — C. civ., art. 2118. — Duranton, t. 5, n° 561.

558. — Si l'acte contenant constitution de servitude n'avait point encore acquis date certaine au moment où un tiers deviendrait propriétaire du fonds assujetti, ce tiers ne serait point obligé de reconnaître l'existence de la servitude. — Duranton, t. 5, n° 564.

559. — La servitude concédée par le simple possesseur d'un fonds, devra cesser d'exister lorsque le propriétaire rentrera en jouissance; sauf l'action du concessionnaire en indemnité contre le vendeur de la servitude, lequel aura cédé ce qui ne lui appartenait pas. — Pardessus, n° 244. — *Contrà*, Toullier, t. 3, p. 422.

560. — Il en serait autrement si le possesseur qui a concédé la servitude avait possédé le temps nécessaire pour prescrire au moment où il remet la chose à son propriétaire. La servitude dans ce cas continuerait à subsister, parce que nul ne peut renoncer, au préjudice de ses créanciers, à une prescription acquise. — Pardessus, *Servit.*, n° 244.

561. — La servitude concédée par l'héritier apparent devrait être respectée par l'héritier véritable. — Pardessus, *ibid.*

562. — Un cohéritier ou un copropriétaire ne peut, durant l'indivision, grever la propriété commune d'une servitude. — *Bruxelles*, 13 oct. 1821, Mainvault; *Limoges*, 23 juin 1838 (t. 1er 1839, p. 212), Felder de Mansac c. Bignet et Chambron.

563. — En conséquence, l'acquéreur du fonds dominant ne peut pas invoquer la destination du père de famille comme constitutive de la servitude lorsque ceux des communistes qui ne l'avaient point consentie sont devenus, par le fait du partage, propriétaires de la totalité de l'immeuble. — Même arrêt de *Limoges*.

564. — Réciproquement, lorsque l'un des copropriétaires d'un immeuble a stipulé une servitude; cette stipulation ne profite pas nécessairement aux autres communistes, qui ne sont pas dénommés dans l'acte. — *Cass.*, 5 déc. 1827, Tasse c. Chevet. — Pardessus, nos 262 et suiv.; Duranton, t. 5, n° 553, et Toullier, t. 3, n° 578.

565. — L'hypothèque existant sur un fonds n'empêche pas le propriétaire de le grever de servitude; sauf aux créanciers l'exercice des droits que leur accordent les art. 1183, 1912 et 2131 du Code contre le débiteur qui diminue leur gage. — Pardessus, n° 245.

566. — « Le titre constitutif de la servitude à l'égard de celles qui ne peuvent s'acquérir par la prescription ne peut être remplacé que par un titre récognitif de la servitude et émané du propriétaire du fonds asservi. » — C. civ., art. 695.

567. — L'art. 1337 C. civ., qui veut que les actes récognitifs ne dispensent de la représentation du titre primordial qu'autant que sa teneur y est spécialement relatée, n'est pas applicable aux servitudes. — *Cass.*, 2 mars 1836, Roy et Duval c. de Fongy et Besnard.

568. — En général, lorsque les parties se seront servies dans le titre d'expressions ambiguës ou équivoques, les tribunaux devront interpréter la volonté des parties dans le sens de la restriction de la servitude plutôt que de son extension. La liberté se suppose toujours. — Pardessus, t. 1er, nos 231 et 235.

569. — Tout héritage est présumé libre et exempt de servitude jusqu'à preuve contraire; en conséquence, celui qui a été reconnu être depuis plus d'un an en possession d'une servitude n'est pas pour cela dispensé de prouver son droit à la servitude. — *Grenoble*, 14 juill. 1832, d'Argoud c. Revol.

570. — Le vendeur d'un héritage qui a annoncé qu'une servitude lui était due, doit garantie à son acquéreur si celui-ci est empêché ou gêné dans l'exercice de cette servitude sans qu'on puisse l'imputer à son fait ou à sa négligence. — Pardessus, n° 330, t. 2, p. 291; Perrin, *Code des constructions*, n° 2757.

571. — Il en serait de même si en annonçant à l'acquéreur qu'il a droit à une servitude il avait omis de lui faire connaître qu'une charge corrélative, telle qu'une rente, une prestation, etc., pèse sur lui pour en jouir. — Pardessus, *Ibid.*, p. 292.

572. — Mais aucune garantie ne serait due si le vendeur n'avait spécifié aucune servitude et s'était borné à vendre son bien *avec ses appartenances et dépendances* ou *tel qu'il se consiste et comporte*, ou *avec les servitudes qui lui sont dues.* — Pardessus, *ibid.*

573. — Mais la vente d'un domaine avec les servitudes actives qui en dépendent, ne comprend que celles établies par titres ou résultant d'une disposition de la loi. En conséquence: l'acquéreur n'a aucun recours à exercer contre le vendeur à raison d'une servitude de passage qu'il croyait exister sur le fonds voisin, alors que cette servitude, dont ne parle pas d'ailleurs le contrat, ne repose sur aucun titre. — *Grenoble*, 17 mai 1843 (t. 2 1845, p. 376), Marcel c. Courbès.

574. — Lorsqu'une maison a été vendue avec toutes ses circonstances et dépendances, et dans l'état où elle se trouvait lors de la vente; le vendeur ou son représentant ne peut ultérieurement être admis à demander la suppression d'une servitude existant au profit de cette maison sur un héritage voisin dont il est propriétaire, si, lors de la vente, cette servitude existait. Dans ce cas les règles relatives à l'acquisition des servitudes par destination du père de famille sont inapplicables, et il y a titre de servitude au profit de l'acquéreur. — *Cass.*, 29 janv. 1839 (t. 2 1839, p. 255), Ville de Paris c. Lacheny.

575. — Quand il s'agit d'une servitude passive, c'est-à-dire qui grève l'héritage vendu, et que le vendeur ne l'a pas déclarée à son acquéreur, il faut, suivant M. Pardessus (*loc. cit.*), distinguer, pour résoudre la question de garantie, si la servitude était apparente ou non. Dans le premier cas la garantie ne serait pas due, car il dépendait de l'acheteur d'en connaître par lui-même l'existence (Pothier, *Vente*, n° 199). Si, au contraire, la servitude était non apparente, le vendeur ne pourrait se refuser à garantir l'acquéreur; et la garantie pourrait même, aux termes de l'art. 1638 C. civ., aller jusqu'à la résiliation de la vente. Cet article est, en effet, ainsi conçu: « Si l'héritage vendu se trouve grevé, sans qu'il en ait été fait de déclaration, de servitudes non apparentes, et qu'elles soient de telle importance qu'il y ait lieu de présumer que l'acquéreur n'aurait pas acheté s'il en avait été instruit, il peut demander la résiliation du contrat, si mieux il n'aime se contenter d'une indemnité. » — Perrin, *Code des constructions*, n° 2755.

576. — Il en serait ainsi alors même qu'une clause générale porterait que dans le cas où il serait dû quelques servitudes, l'acquéreur en serait chargé. — Pardessus, *ibid.*, p. 294.

577. — Le vendeur ne doit pas garantie à raison des servitudes qui pèsent sur la propriété, lorsque ces servitudes résultant de la loi n'ont pu conséquemment être cachées et que, de plus, le contrat ne porte aucune stipulation à ce sujet. Ainsi l'acquéreur d'une maison dont partie prend appui sur le mur d'une ville de guerre ne peut prétendre garantie contre son vendeur, lorsqu'il est condamné à démolir son bâtiment et à l'isoler des murs de la place. — *Colmar*, 18 nov. 1836 (t. 2 1837, p. 455), Maître c. Préfet du Haut-Rhin.

578. — La servitude non apparente ne peut donner lieu à une indemnité contre le vendeur qui ne l'a pas déclarée, s'il résulte des circonstances que l'acquéreur en connaissait l'existence. Ceci n'est que l'application des principes généraux en matière d'éviction. — *Riom*, 7 mars 1815, Geneste c. Bonul. — Pothier, *Vente*, n° 188; Duranton, t. 16, n° 249; Troplong, t. 1er, n° 418.

579. — On a même jugé, mais à tort, que l'existence d'une servitude discontinue ignorée de l'acheteur ne donne pas lieu à la garantie, lorsque l'exercice du droit est soumis au paiement d'une indemnité. Cette circonstance peut atténuer mais ne doit point anéantir à tout événement les effets de la garantie. — *Lyon*, 10 pluv. an XIII, Vernier c. Cramer et le Gouvernement de Genève.

580. — Si le contrat portait expressément que l'héritage est vendu franc et quitte de toutes servitudes, il n'y aurait plus à distinguer entre les servitudes apparentes et non apparentes; et dans l'un et l'autre cas, le vendeur devrait garantie pour celles qui seraient dues. — Perrin, *loc. cit.*; Pardessus, *ibid.*; Troplong, *Vente*, t. 1er, n° 527; Duvergier, t. 1er, n° 379.

581. — Réciproquement: les servitudes non apparentes peuvent être mises à la charge de l'acquéreur, mais dans le cas seulement où le vendeur n'en connaissait pas l'existence. — Delvincourt, t. 3, p. 379; Duranton, t. 16, n° 302; Troplong, *Vente*, t. 1er, n° 528; Duvergier, *loc. cit.*; Rolland de Villargues, *Rép. du not.*, v° *Garantie*, n° 59.

582. — L'acquéreur qui, par son contrat d'acquisition, s'est, en déclarant connaître l'état des

lieux, soumis à souffrir toutes les servitudes passives, apparentes ou occultes, dont le fonds était grevé, est non recevable à former une demande en garantie à son vendeur, contre raison d'une servitude de passage qu'il aurait été ultérieurement condamné à souffrir sur le même fonds.— *Cass.*, 26 févr. 1829, Besnard et Fosse c. Lanfroy.

583. — L'obligation de souffrir toutes les servitudes, apparentes ou occultes, prise par l'acquéreur d'un immeuble, s'étend à un droit de pacage. — *Cass.*, 6 mars 1817, Bravard c. la Boucaye.

584. — L'acquéreur d'un immeuble grevé de charges non expressément déclarées dans le contrat, est sans aucun droit dans son recours en garantie contre le vendeur : 1° s'il a acheté l'immeuble avec ses servitudes actives et passives; 2° si les titres de propriété du vendeur, rappelés dans le nouvel acte de vente, font mention de ces charges; 3°, enfin, si elles résultent d'un arrêt de règlement rendu public, d'après les usages du temps. — *Besançon*, 17 janv. 1829 (sous *Cass.*, 7 févr. 1832), Rebattu c. Julien.

585. — Lorsque, sur la demande en résiliation de la vente, formée par l'acquéreur d'un immeuble pour dissimulation d'une servitude, le vendeur a appelé en garantie le tiers auquel serait due cette servitude, en demandant contre lui l'annulation de l'acte qui la constitue, il est recevable, après avoir obtenu de ce tiers une renonciation à tout droit de servitude, à conclure, vis-à-vis de l'acquéreur, devant les juges d'appel, à ce que ledit acte constitutif soit déclaré non avenu et de nul effet. Ces conclusions constituent non une demande nouvelle, mais une défense péremptoire et directe à l'action principale.—*Cass.*, 29 mars 1848 (t. 1er 1849, p. 45), Heudebert c. Coppens.

586. — Un vendeur ne peut pas réclamer de son acquéreur, sur la terre vendue, un droit de passage dont il n'existe aucun signe apparent, sans avoir réservé cette servitude. — *Rennes*, 12 mars 1818, White c. Guillaume.

587. — La clause d'un acte de partage, qui stipule que les fonds indivis sont partagés avec leurs droits d'entrées, issues et autres appartenances quelconques, ne peut recevoir d'application qu'au cas où la servitude de passage serait nécessaire ou établie par un titre. — Elle ne peut suffire pour fonder une servitude discontinue qui n'est pas constatée par un titre antérieur, lors même que par tolérance l'un des cohéritiers aurait souffert que l'autre passât sur son fonds. — *Grenoble*, 4 mai 1824, Rolland c. Breyton. — *Contrà*, *Grenoble*, 29 déc. 1821, Couchet c. Buret. — V. aussi Cœpolla, *Tract. de servit. rust.*, cap. 38.

588. — Il n'y a pas violation de la loi dans l'arrêt qui, en l'absence de titres formels, induit l'existence d'une servitude discontinue de l'interprétation de plusieurs actes successifs, et de la situation des lieux.—*Cass.*, 26 févr. 1829, Besnard c. Fosse et Lanfroy.

589. — Lorsque, dans un procès, il ne s'agissait pas d'une question de servitude, et qu'un arrêt s'est fondé uniquement sur une appréciation de titres et de faits, laquelle appartenait souverainement à la Cour d'appel, on ne saurait reprocher à cet arrêt d'avoir arbitrairement créé une servitude sans titre. — *Cass.*, 2 juill. 1839 (t. 2 1839, p. 474), Levavasseur c. de Radepont.

590. — Est nulle, comme étant le résultat d'une erreur de fait, la reconnaissance d'un droit de servitude, lorsque cette reconnaissance n'a été faite que dans la persuasion de l'existence, entre les mains du réclamant, du titre constitutif de cette servitude. — *Orléans*, 14 déc. 1839 (t. 1er 1847, p. 37), Scottow c. Reculé.

591. — Il n'est pas nécessaire que le titre qui sert de fondement à la servitude soit écrit; l'aveu judiciaire, le serment déféré à celui qui dénierait l'existence de la servitude suffiraient incontestablement pour l'établir.

592. — Et la Cour de Paris a reconnu par une conséquence de ce principe qu'on pouvait prouver l'existence d'une servitude, quelle qu'elle fût, à l'aide de témoins, lorsqu'il existait déjà un commencement de preuve par écrit. — *Paris*, 14 juin 1843 (t. 2 1843, p. 141), Huet c. Joly.

593. — Bien qu'en matière de servitude discontinue le droit coutumier proscrivît la preuve testimoniale, il l'admettait néanmoins pour le cas où il y avait un commencement de preuve par écrit. — *Cass.*, 15 avr. 1840 (t. 1er 1840, p. 694), Communes d'Availles et de la Ville-Dieu c. Lair.

594. — Une possession ancienne, appuyée de titres également anciens, dans lesquels une servitude de passage avec voiture sur une promenade publique est mentionnée comme appartenant à un particulier, peut faire maintenir celui-ci dans l'exercice de cette servitude quoique la coutume sous l'empire de laquelle elle s'est établie ne reconnaisse pas de servitude sans titre et que les titres invoqués ne soient point contradictoires avec la commune à qui on les oppose. — *Nancy*, 21 mai 1829, Lavocat c. Ville de Bar-le-Duc. — Troplong, *Prescript.*, n° 167.

595. — M. Troplong, en approuvant cet arrêt fondé sur la maxime *In antiquis enunciativa probant*, pense cependant que la doctrine n'en devrait point être approuvée, s'il s'agissait de régler sous l'empire du Code civil l'existence d'une servitude imprescriptible. — *Ibid.*, note 2.

596. — La maxime *In antiquis enunciativa probant* est applicable au cas d'une servitude discontinue. Ainsi les énonciations contenues dans un acte ancien sont suffisantes pour constater, à l'époque de sa date, même à l'égard des tiers, l'exercice de ladite servitude. — Dès lors il suffit à celui qui prétend avoir le droit de dépaissance de pouvoir relier une possession actuelle et bien constante à cette ancienne possession, pour être présumé avoir possédé dans les temps intermédiaires et trouver ainsi, dans ce même acte ancien, le titre qui constitue son droit. — *Toulouse*, 7 avr. 1843 (t. 2 1844, p. 397), Commune d'Itrac c. Duboys. — *Contrà*, *Bordeaux*, 28 mai 1834, Boyer-Canon c. Aubert.

597. — Le droit de dépaissance sur l'héritage d'autrui, qui ne peut, comme servitude discontinue, s'acquérir que par titre, sous l'empire du Code civil, doit cependant être maintenu alors qu'il résulte d'une possession immémoriale antérieure à la promulgation dudit Code dans les pays où cette sorte d'acquisition était permise : comme dans le ressort de l'ancien Parlement de Toulouse. — *Toulouse*, 7 avr. 1843 (t. 2 1844, p. 397), Commune d'Itrac c. Duboys.

598. — Lorsqu'une servitude discontinue (telle que la servitude de pacage) est fondée sur des titres, même remontant à une époque bien antérieure à trente ans; son usage doit être toujours considéré comme l'exercice d'un droit, et non comme la suite d'une simple tolérance. — *Bourges*, 4 déc. 1830, Duveyret et Devalagnon c. Coulon et Nicolas.

599. — En matière de servitude, on ne peut opérer par voie de compensation : lorsqu'elle ne résulte pas d'un titre précis, mais qu'on veut la fonder sur une longue possession. — *Colmar*, 28 août 1823, Freck c. Stiehler.

ART. 2. — *Destination du père de famille.*

600. — La destination du père de famille est un moyen d'acquérir certaines servitudes. Aux termes de l'art. 692, elle vaut titre à l'égard des servitudes continues et apparentes.

601. — Il en était autrement dans les pays de droit écrit. — Brodeau sur Louet, tit. 5, ch. 1er; Serres, *Instit.*, p. 145; Curasson sur Proudhon, *Droits d'usage*, n° 96.

602. — Mais il en était de même autrefois, sous l'empire de certaines coutumes. Cette règle, cependant, n'avait rien d'absolu. — V., sur ce point, Lalaure, *Traité des servit. réelles*, liv. 3, ch. 1er et suiv.

603. — Ainsi, la Cour d'appel de Paris a jugé que, sous l'empire du droit coutumier, et dans le silence de la coutume locale, la destination du père de famille valait titre, bien qu'elle ne fût pas justifiée par écrit, lorsque les coutumes voisines admettaient ce mode d'acquisition des servitudes. — *Paris*, 10 pluv. an XII, Martin c. Lavallée.

604. — L'art. 215 de la Coutume de Paris portant que les servitudes ne s'établissant que par écrit, on en a conclu que, sous l'empire de cette coutume, la destination du père de famille ne pouvait être prouvée que par écrit. —*Poitiers*, 1er févr. 1825, Leblanc c. Potel.

605. — ... Et qu'elle était suffisamment établie par des écrits constatant l'existence de la servitude à une époque où les deux propriétés, depuis divisées, appartenaient au même propriétaire. — *Cass.*, 5 mars 1829, Plossard c. Jars.

606. — Mais ce principe doit recevoir une exception : lorsque les fonds prétendus servant ou dominant ont été vendus nationalement, et que le procès-verbal d'adjudication dressé par l'autorité administrative a interdit à l'adjudicataire le droit de demander aucun titre à l'Etat. — *Poitiers*, 1er févr. 1825, Leblanc c. Potel; *Paris*, 17 mai 1825, Rousseau c. Leboulanger.

607. — Jugé encore, sous l'empire de la même coutume, que la destination du père de famille

peut résulter de plans et titres dans lesquels on voit qu'à l'époque où les deux propriétés étaient possédées par le père de famille il existait des voies de communication de l'une à l'autre, et que ces voies existaient encore lors de l'aliénation de l'une des maisons. — *Paris*, 21 avr. 1837 (t. 2 1840, p. 35), Franckaert c. Cartier.

608. — ... Et que la destination du père de famille est suffisamment prouvée lorsqu'il est démontré par l'inspection des lieux que les servitudes sont *nécessaires* et que la jouissance de l'immeuble serait impossible sans leur existence. — *Paris*, 7 févr. 1838 (t. 1er 1838, p. 235), Min. de l'inst. publ. c. Chaslin.

609. — En Bretagne, lorsqu'une propriété a été divisée, avant le Code civil, sans aucune stipulation de changement; les ouvertures et égouts qui se trouvaient dans la construction des maisons doivent continuer de subsister dans l'état où ils étaient avant la division, en vertu de la destination du père de famille.—*Rennes*, 23 mai 1832, Fabre c. Guillemet.

610. — Sous l'empire d'une coutume muette sur la destination du père de famille, et prohibitive de l'acquisition des servitudes par prescription; cette destination du père de famille ne peut être invoquée, par application de la coutume de Paris, qu'à la charge de rapporter la double preuve littérale que les deux propriétés ont appartenu au même individu, et qu'à l'époque où elles se trouvaient ainsi réunies dans les mêmes mains les signes des servitudes réclamées existaient déjà. — *Paris*, 31 janv. 1824, Boudin c. Dufour.

611. — La disposition de l'art. 215 Cout. de Paris, qui veut, pour l'établissement d'une servitude par destination du père de famille, que la nature et la spécialité de la servitude, sur l'héritage qu'il aliène, soient expressément déclarées, ne s'applique qu'au cas où l'aliénation a pour objet une partie seulement de la maison du père de famille; et non l'aliénation de deux maisons contiguës, dont il est propriétaire. — *Cass.*, 5 mars 1829, Plossard c. Jars.

612. — Sous la Coutume de Normandie, la servitude de prise d'eau pouvait s'établir, sans titre, par la destination du père de famille. — Bien que l'acte de partage soit muet à cet égard; le cohéritier auquel est échu un immeuble qui, par suite de travaux faits par l'auteur commun, est arrosé par les eaux d'un ruisseau prenant sa source sur le lot échu à l'autre cohéritier, a droit à la continuation de la servitude.—*Caen*, 18 févr. 1825, Decoquerel.

613. — Les art. 450 Cout. d'Anjou et 462 Cout. du Maine, qui ne veulent pas que les servitudes de vues, gouttières, canaux et autres y désignées puissent s'acquérir sans preuve, par le seul effet de la prescription, ne devaient pas être entendus en ce sens qu'elles exigeaient des titres écrits; mais elles comprenaient la destination du père de famille, l'état des lieux, la nature et l'ancienneté des constructions, en un mot toutes les circonstances de nature à témoigner que l'établissement de la servitude résultait du consentement et de la volonté des parties. Spécialement, les juges doivent maintenir, comme ayant été établies par les conventions des parties ou la destination du père de famille, des fenêtres qui ont été percées dans un mur mitoyen, au moment de sa construction, pour éclairer l'escalier de l'une des maisons contiguës. — *Angers*, 30 juill. 1829, Granger c. Chauvel.

614. — Les Constitutions de la Catalogne qui régissaient le Roussillon n'admettaient aucune servitude de vue sur le territoire voisin, qu'autant qu'elle résultait d'une stipulation écrite; et les servitudes résultant de la destination du père de famille étaient soumises aux mêmes règles. — *Cass.*, 6 nov. 1828, Lafond et Salamo c. Carcassonne.

615. — La destination du père de famille valait titre en Alsace avant la publicatiou du Code civil. — *Colmar*, 11 août 1809, Rosa c. Christmann.

616. — On appelle destination du père de famille, la disposition ou l'arrangement que le propriétaire de plusieurs fonds a fait et souvent même, lorsque les choses sont fort anciennes, a laissé subsister pour leur usage respectif. — Dig., lib. 8, tit. 3, *De serv. præd. rust.*, l. 36. — Pardessus, *Serv.*, n° 288 ; Duranton, t. 5, n° 566.

617. — L'arrangement du père de famille pour constituer la destination ne doit point être passager, mais, au contraire, fait pour durer toujours. — Duranton, t. 5, n° 567.

618. — Il ne faut donc pas prendre à la lettre cette disposition de l'art. 693 : qu'il n'y a destina-

tion du père de famille que lorsqu'il est prouvé que les deux fonds actuellement divisés ont appartenu au même propriétaire et que c'est *par lui* que les choses ont été mises dans l'état duquel résulte la servitude. — Pardessus, n° 288. — On ne comprendrait pas trop, en effet, pourquoi on ferait une distinction entre le cas où le père de famille a trouvé les choses dans l'état où elles se trouvent et les y a laissées, et celui où il les y a mises lui-même.

619. — Ce point a pu, cependant, paraître douteux, en présence de la difficulté qu'on éprouve à déterminer le véritable sens de l'art. 694 C. civ. Cette difficulté provient de la différence qui existe entre les termes dont se sert cet article et ceux qu'emploie l'art. 692. Le premier déclare en termes exprès que la destination du père de famille ne vaut titre qu'à l'égard des servitudes *continues* et *apparentes*; disposition qui est d'ailleurs conforme à l'art. 691, qui porte que les servitudes continues non apparentes et les servitudes discontinues apparentes ou non apparentes ne peuvent s'acquérir que par titre. Au contraire, l'art. 694 parle seulement d'un *signe apparent* de servitude, et n'ajoute pas, comme l'art. 692, la condition de continuité.

620. — Il semble que l'un de ces articles exigeant pour l'établissement par destination du père de famille deux conditions, la continuité et l'apparence, tandis que l'autre n'en exige qu'une, l'apparence; il faudra reconnaître ou qu'il y a contradiction entre eux, et alors préférer l'un à l'autre : dire, par exemple, que le principe est écrit dans l'art. 692, dont l'art. 694 n'est que le développement, l'application, et qu'ainsi la condition nécessaire pour appliquer la destination du père de famille, c'est-à-dire la *continuité* et l'apparence, y est sous-entendue, et que, dès lors, en aucun cas, une servitude discontinue ne pourra s'établir par destination du père de famille (*sic*). — *Lyon*, 11 juin 1831, David c. Cuny. — Favard de Langlade, *Rép.*, v° *Servitude*, sect. 3, § 4, n° 3; Malleville, art. 694, t. 2, p. 145; Delvincourt, t. 1er, p. 375, note 6, et 417, note 12; Toullier, t. 3, n° 613; Garnier, *Act. possess.*, p. 324.

621. — ... Ou qu'ils s'appliquent à des cas différens, et il faudra déterminer ces cas. Ainsi, suivant M. Duranton (t. 5, n° 572), l'art. 694 consacre un mode spécial d'établir la servitude par la volonté tacite du propriétaire ou des copropriétaires. Ce mode c'est la disposition ou le partage de l'un des héritages, lorsqu'il existe un signe apparent de servitude et que le contrat ne renferme rien de contraire à l'état des choses. Peu importe que cet état provienne du disposant ou de ses auteurs. Celui qui aliène se l'approprie en l'approuvant, la servitude résulte de l'intention présumée du disposant. Il s'ensuit qu'elle devra être maintenue ou déclarée éteinte, selon que les tribunaux trouveront dans les circonstances des preuves ou des présomptions de sa volonté d'avoir voulu conserver, en disposant, l'ancien état de choses. Ainsi, le passage que le disposant avait établi pour la commodité réciproque des deux héritages ne continuera pas de subsister; celui qui serait nécessaire à l'exploitation devra être conservé.

622. — M. Pardessus (n° 289) est d'avis que l'art. 694 coïncide avec l'art. 1638, qui n'oblige un vendeur à la garantie envers l'acheteur que pour les servitudes non apparentes et en conséquence le décharge de toute garantie quand elles sont apparentes. Il ne tire aucune considération de la continuité ou discontinuité, totalement étrangères, en effet, à la question; parce qu'il ne s'agit que de ce que l'on voit.

623. — Dans son rapport au Tribunat (séance du 7 pluv. an XII), M. Albisson semble restreindre l'application de l'art. 694 au cas où un particulier, après avoir réuni dans sa main deux héritages, dont l'un devait une servitude à l'autre, en aurait laissé subsister les signes et aurait disposé de l'un des héritages dans cet état. « En effet, dit-il, on pouvait opposer, et on opposait en effet, que, toute servitude étant éteinte lorsque le fonds à qui elle est due et celui qui la doit sont réunis dans la même main (règle certaine et consacrée même en termes formels par l'art. 765 du projet), il était indispensable pour la conservation de la servitude qu'elle eût été réservée expressément dans l'acte d'aliénation. Mais on ne prévoyait pas le cas où, la chose parlant d'elle-même, la réservation ne devenait plus nécessaire, et c'est ce cas que le projet prévoit très-sagement. Ainsi, dans l'espèce supposée, si la chose parle d'elle-même, c'est-à-dire, comme s'explique le projet, s'il existe entre les deux héritages un signe apparent de servitude, le silence des contractans n'empêchera pas qu'elle ne continue d'exister activement ou passivement en faveur du fonds aliéné ou sur le fonds aliéné.

624. — C'est sans doute par suite de cette explication de M. Albisson que MM. Marcadé (sous l'art. 693) et Zachariæ (t. 3, § 255, note 5) enseignent qu'il s'agit, dans l'art. 694, non d'une création nouvelle de servitude, mais d'une servitude ancienne qui, éteinte par confusion, revit quand les deux héritages sont divisés de nouveau.

625. — Mais Merlin (*Rép.*, v° *Servitude*, t. 12, p. 545, n° 3) fait observer, après M. Pardessus (n° 591), que, si le législateur n'avait entendu prévoir que ce cas, il n'eût pas employé les expressions dans lesquelle est conçu l'art. 694; il se fût borné à en faire une simple application au principe de la confusion consacré par l'art. 705; il eût exigé la condition d'une existence des signes de la servitude antérieure à la réunion dans la même main; et, en conséquence, il est d'avis, avec le même auteur, que l'article s'applique au cas où le propriétaire de deux héritages qui en aliène un avait lui-même établi entre eux la servitude dont il laisse subsister les signes apparens, comme au cas où cette servitude avait existé entre les deux héritages avant qu'il les eût possédés l'un et l'autre.

626. — Après avoir exposé les raisons qui doivent faire considérer l'art. 694 comme la suite et le développement des art. 691 et 692, et décider que la condition de continuité s'y trouve nécessairement sous-entendue, raisons dont l'une est que, s'il en était autrement, l'exception serait plus étendue que la règle, puisque celle-ci ne pourrait guère s'appliquer qu'au cas de partage, tandis que l'autre comprendrait tous les autres modes d'aliénation, vente, échange, transaction, donation ou testament, M. Toullier (t. 3, n° 613) termine en disant que « la règle qui veut que dans une vente le pacte obscur s'interprète contre le vendeur, et qui l'oblige à livrer la chose dans l'état où elle se trouve au moment de la vente avec toutes ses commodités, tous ses accessoires et tout ce qui est destiné *à son usage perpétuel*, et la différence de rédaction des art. 692 et 694 peuvent l'emporter et faire considérer ce dernier comme une exception. »

627. — « L'art. 694, dit M. Solon (*Traité des servitudes réelles*, n° 399), n'a pas de rapport avec la destination du père de famille; il contient une disposition particulière indépendante des articles qui le précèdent, et se réglant par des principes différens.... Il repose sur cette présomption que les signes ou l'état apparent des lieux ont dû déterminer le consentement des parties contractantes : ainsi, l'établissement de la servitude, au lieu de reposer uniquement sur la volonté présumée du père famille, comme dans les cas prévus par les art. 692 et 693, est le résultat de la volonté réciproque du disposant ou vendeur et de celle de l'acquéreur : c'est une espèce de contrat synallagmatique.

628. — On a remarqué avec raison, disent MM. Ducaurroy, Bonnier et Roustain (*Comment. du C. civ.*, art. 694, t. 2, n° 354), que, d'après l'art. 693, il suffit que les deux héritages aient appartenu au même propriétaire. Que si la loi exige la preuve de ce fait, elle ne demande pas comment, par qui et à quelles conditions l'un des fonds a été séparé de l'autre; tandis que, dans l'art. 694, la loi s'attache aux circonstances intervenues lors de la séparation, qui doit avoir eu lieu *sans que le contrat contienne aucune convention relative à la servitude*. Or on ne sera certain de ce fait négatif qu'autant qu'on aura sous les yeux l'acte qui a dû être dressé pour constater de quelle manière s'est opérée la séparation. Le silence de cet acte prouve que, bien qu'il existât un signe apparent de servitude, on n'a pas voulu modifier la position respective des deux fonds, et c'en est assez pour faire présumer que, d'après l'intention des parties, il doit exister une servitude. Tel est le cas de l'exception. La règle générale reprend son empire toutes les fois que la même certitude n'existe pas, et alors il faut que la servitude soit tout à la fois apparente et continue. Aussi les servitudes continues et apparentes s'établissent par suite de la destination du père de famille, lors même qu'on ne représente aucun acte constatant la disposition qui a séparé les deux fonds; et les servitudes simplement apparentes, dans le cas seulement où cette disposition est prouvée par la représentation d'un acte dans lequel il n'a point été fait mention de la servitude.

629. — Enfin la Cour de cassation et le plus grand nombre des Cours d'appel décident que l'art. 694 statue pour un cas tout autre que ceux qui sont prévus par les art. 692 et 693, et qu'il s'applique aux servitudes *discontinues* comme aux servitudes *continues*. — *Cass.*, 16 févr. 1832, Paradis c. Libaut; *Toulouse*, 21 juill. 1836 (t. 1er 1837, p. 94), de Montarieu c. Amilhau; *Caen*, 15 nov. 1836 (t. 1er 1837, p. 583), Police c. Pigeon; *Cass.*, 26 avril 1837 (t. 1er 1837, p. 304), de Montarieu c. Amilhau; *Douai*, 1er juill. 1837 (t. 1er 1838, p. 185), Lemaire c. Vasseur; *Cass.*, 24 févr. 1840 (t. 1er 1840, p. 743), Chauvin c. Degrais; *Toulouse*, 21 déc. 1840 (t. 1er 1841, p. 435), Tajan c. Fourtanier; *Bordeaux*, 6 avril 1842 (t. 2 1842, p. 104), Dessalas c. Melon; *Cass.*, 8 juin 1842 (t. 1er 1842, p. 766), Denesplex c. Tricot; 17 nov. 1847 (t. 2 1847, p. 654), Robert c. Delpech. — V. cependant *Orléans*, 24 déc. 1840 (t. 2 1841, p. 312), Berruyer c. Colas. — V. aussi Caron (*Acte possess.*, n° 270) et le rapport fait par M. Troplong devant la Cour suprême (lors de l'arrêt précité de cette Cour, du 24 févr. 1840).

630. — On peut donc conclure de tout ce qui précède que les art. 692 et 694 ont deux objets bien distincts. — Le premier reçoit son application toutes les fois que la question de servitude s'élève entre deux propriétaires dont l'un n'est pas acquéreur de l'autre. Dans ce cas, celui qui réclame l'exercice de la servitude doit prouver : 1° que cette servitude est *continue et apparente*, 2° qu'elle a été établie par le père de famille; preuve qui peut même se faire par témoins. — Le second règle le cas où le débat s'élève entre le vendeur resté propriétaire de l'un des héritages et l'acquéreur de l'autre. Dans ce cas, il n'est pas nécessaire d'examiner si la servitude est le résultat de la destination du père de famille; il suffit d'établir qu'elle est apparente et qu'elle existait au moment de l'aliénation. Dès que le contrat est muet sur son existence, il y a présomption que l'un a entendu vendre les lieux et l'autre les acquérir dans l'état où ils se trouvaient à cette époque. — En effet, le législateur ne pose jamais que des principes; c'est aux magistrats qu'il laisse le soin de les appliquer. Si donc l'art. 694 est, comme on le prétend, l'application de l'art. 692, il est inutile; car il ne dit que ce que dit ce dernier article. Or peut-on supposer que le Code civil contienne une disposition qui ne serait qu'une superfétation! — Si, au contraire, il n'est pas l'application de l'art. 692, il est évident qu'il renferme une disposition tout à fait différente; et qu'il s'applique à un cas différent, c'est-à-dire, comme l'indiquent ses termes, au cas d'aliénation d'un immeuble à tout autre titre qu'à celui de partage.

631. — Jugé que l'art. 692 s'applique au cas où la question de servitude s'élève entre deux propriétaires dont l'un n'est pas acquéreur de l'autre. Dans ce cas, celui qui réclame l'exercice de la servitude doit prouver : 1° qu'elle est continue et apparente, 2° qu'elle a été établie par le père de famille. Ceci s'appliquera spécialement au cas où ce sera par suite d'un partage que les deux héritages auront cessé d'appartenir au même propriétaire. — *Bordeaux*, 21 fév. 1826, Rébil c. Alladousse.

632. — L'article 694 du Code civil n'est applicable qu'autant que le propriétaire de deux héritages entre lesquels il existe un signe apparent de servitude dispose d'une manière directe et déterminée de l'un de ces héritages. — En conséquence le donataire d'une *quotité* de biens ou son représentant ne peut se prévaloir de la disposition de l'article précité, lorsque l'héritage dominant ne lui est advenu que par l'effet du partage entre les héritiers du donateur. — *Toulouse*, 6 janv. 1844 (t. 2 1844, p. 217), Robert c. Delpech.

633. — La destination du père de famille ne peut être invoquée que lorsque le signe de la servitude est tel qu'aucun doute n'a pu s'élever au moment de la vente sur l'existence de cette servitude. — *Bourges*, 10 août 1831, Lhotellier c. Bornery.

634. — Un arrêt qui reconnaît l'existence d'un signe apparent de la servitude de passage peut, sans violation de cet article, décider que le droit de servitude a été conservé. — *Cass.*, 16 févr. 1832, Paradis c. Libaut; *Bordeaux*, 6 avril 1842 (t. 2 1842, p. 104), Dessalas c. Melon et Lagrange.

635. — Des fenêtres pratiquées dans les murs d'une grange contiguë à une pièce de terre que le vendeur de la grange s'est réservée et qui s'ouvrent ou se ferment seulement à l'aide de verrous placés en dehors, constituent un signe apparent de servitude de passage pour le service de cette grange dans les termes de l'art. 694 C. civ. — *Paris*, 24 févr. 1845 (t. 1er 1845, p. 300), de Junquières c. de Longchamps.

636. — Lorsque le propriétaire de deux héritages entre lesquels il existe une barrière et une chaussée servant à l'exercice d'un droit de passage vend l'un de ces héritages sans que le contrat contienne aucune convention relative à la servitude, le passage continue à être exercé. —

Caen, 15 nov. 1836 (t. 1er 1837, p. 583), Police c. Pigeon.

637. — A défaut de titres contradictoires entre les parties intéressées, la destination que le père de famille, seul propriétaire d'un héritage postérieurement divisé, a donnée à un passage nécessaire pour la jouissance des différentes portions de cet héritage, doit être maintenue, surtout lorsqu'elle est manifestée par l'existence de portes ou d'autres intersignes permanens. — *Rennes*, 15 févr. 1819, Durenguel c. N....

638. — Jugé, au contraire, que l'existence d'une porte donnant sur une portion de propriété vendue ne saurait suffire pour conférer au vendeur, qui a conservé l'autre portion, un droit de servitude, si ce droit n'a pas été réservé dans l'acte de vente. — *Caen*, 20 févr. 1845 (t. 1er 1845, p. 687), Denis c. Coulbœuf.

639. — L'art. 694 C. civ. est applicable en tout cas à une servitude discontinue quand cette servitude a un principe légal, et que le cas d'enclave est manifesté par des signes tellement apparens, qu'ils n'ont pu échapper aux regards de l'acquéreur du fonds asservi, et font présumer de sa part un consentement tacite. — *Cass.*, 24 févr. 1840 (t. 1er 1840, p. 743), Chauvin c. Dugrais.

640. — Et cela, bien que cette servitude ne rattache son existence à aucun titre légal antérieur à la réunion des deux héritages dans la même main. — *Cass.*, 8 juin 1842 (t. 1er 1842, p. 766), Denespiex c. Tricot.

641. — Celui dont le champ est fréquemment inondé par les eaux d'un étang voisin n'est pas recevable à demander que la chaussée de cet étang soit reconstruite de manière à diminuer le volume des eaux, si le champ et l'étang ont appartenu au même propriétaire, et si depuis la vente le propriétaire de l'étang n'a rien fait pour augmenter le volume des eaux. Cette disposition des lieux doit être considérée comme constituant une servitude établie par destination du père de famille. — *Angers*, 20 janv. 1813, Albin c. Poirier. — Toullier, t. 3, n° 138; Garnier, *Régime des eaux*, t. 2, n° 109.

642. — Le signe apparent de servitude dont parle l'art. 694 C. civ. ne doit pas s'entendre seulement d'un ouvrage d'art, d'un travail fait de main d'homme; mais aussi du cours naturel d'un ruisseau. Si donc le propriétaire d'un bois dans lequel coule un ruisseau pour arriver à un pré appartenant au même individu, vend son bois à un particulier et son pré à un autre; le nouveau propriétaire du pré, dont le contrat stipule le maintien de toutes les servitudes, actives et passives, a droit de s'opposer à ce que l'acquéreur du bois change le cours du ruisseau. — *Bourges*, 13 déc. 1825, Guillaume c. Pereau.

643. — Sous la coutume d'Auvergne comme sous le Code civil, un aqueduc souterrain, mais dont l'ouverture et l'issue sont extérieures, constitue une servitude apparente qui peut être établie par destination du père de famille. — *Cass.*, 20 déc. 1825, de Verdonnet c. Croizier.

644. — L'acquéreur de l'une des deux maisons construites par le même propriétaire, lequel a fait pratiquer dans le mur mitoyen le tuyau d'une fosse d'aisances destinée au service de la maison vendue, peut se prévaloir de cette disposition comme d'une destination du père de famille. — *Paris*, 30 janvier 1840, Guidon c. Fontaine.

645. — La servitude d'aspect, qui entraîne avec elle celle *altiùs non tollendi*, est une servitude *discontinue* et non *apparente*. En conséquence, il n'y a pas lieu d'autoriser la preuve de l'existence de certains signes extérieurs que l'on voudrait faire considérer comme révélant l'existence de cette servitude. — *Orléans*, 24 déc. 1840 (t. 2 1841, p. 312), Berruyer c. Desfrancs.

646. — La servitude *altiùs non tollendi* est une servitude discontinue et non apparente qui ne peut s'établir par la destination du père de famille. — *Caen*, 13 mai 1837 (t. 2 1837, p. 293), Dillaye c. Lecampion; *Cass.*, 15 févr. 1843 (t. 1er 1843, p. 522), Sioche c. Péraldi.

647. — L'existence d'une fenêtre dans le mur séparatif de deux héritages peut bien constituer le signe apparent d'une servitude de jour, mais non celui d'une servitude d'aspect. — *Pau*, 12 déc. 1834, Barbeirassy c. Pansier; *Orléans*, 24 déc. 1840 (t. 2 1841, p. 312), Berruyer c. Desfrancs.

648. — Dès lors, la destination du père de famille ne peut, bien qu'elle ait constitué des vues droites et obliques sur l'héritage voisin, empêcher le propriétaire de cet héritage d'élever des constructions sur son terrain en observant les distances légales. — *Pau*, 12 déc. 1834, Barbeirassy c. Pansier. — *Contrà*, *Paris*, 24 juill. 1810, Masset c. Jacquinot.

649. — Mais lorsque le père de famille propriétaire de deux maisons a établi, en les divisant, un droit de vue au profit de l'une d'elles, *afin de la rendre logeable et habitable*; cette servitude conventionnelle ne peut être rangée dans la catégorie des simples jours directs accordés par l'art. 678 du Code civil, mais son étendue doit être fixée par le juge suivant l'esprit de la convention et d'après la destination du père de famille. — En conséquence, bien que l'acquéreur du fonds servant se soit tenu, en élevant des constructions, à la distance prescrite par l'art. 678 du Code civil; le juge peut en ordonner la destruction totale ou partielle, à l'effet de procurer au propriétaire du fonds dominant une maison logeable et habitable selon les termes de la convention. — *Paris*, 29 janv. 1841 (t. 1er 1841, p. 223), Babin c. Ridel.

650. — Il n'y a pas lieu de maintenir après la séparation des héritages, comme établies par destination du père de famille, les ouvertures que le propriétaire d'un château avait fait pratiquer, pour communiquer à une ferme qui ne faisait avec ce château qu'un même corps de propriété. — *Cass.*, 10 mai 1825, Delamarre c. Ledoux.

651. — Lorsqu'un jugement passé en force de chose jugée a reconnu l'existence d'une servitude de jour par destination du père de famille, mais n'a fait aucune mention d'un avant-toit dont la suppression est plus tard demandée; on ne peut soutenir que ce jugement établit que, dès lors, cet avant-toit existait par destination du père de famille. — *Cass.*, 18 mai 1835, Caillet c. Fromentin.

652. — L'existence d'ornières sur un terrain inculte et soumis depuis longues années à la vaine pâture ne suffit pas pour prouver la destination du père de famille et pour établir une servitude de passage; il faudrait qu'à l'aide d'ouvrages d'art il ait été établi un chemin susceptible d'être distingué comme tel du surplus de l'héritage. — *Bourges*, 24 nov. 1830, Laborde c. Durand de Faye.

653. — Les eaux pluviales ne peuvent être l'objet d'une servitude de conduite d'eau (*aquæductus*), surtout lorsqu'elles servent à l'irrigation de deux fonds contigus au moyen de simples rigoles ou fossés placés sur l'un d'eux par le même propriétaire, à l'époque où ces deux terrains lui appartenaient, et il n'y a pas en ce cas destination du père de famille. — *Colmar*, 26 mai 1831, Gigandez c. Gressot.

654. — Bien que l'art. 694 parle de deux héritages, il n'en est pas moins applicable aux démembremens successifs d'un même domaine soumis à la même exploitation. — *Cass.*, 24 févr. 1840 (t. 1er 1840, p. 743), Chauvin c. Dugrais.

655. — Cet article reçoit également son application soit que la séparation d'héritages s'opère en vertu de l'acte par lequel un propriétaire dispose d'une partie de sa propriété, soit que le propriétaire de deux héritages distincts dispose de l'un d'eux. — *Cass.*, 17 nov. 1847 (t. 2 1847, p. 654), Robert c. Delpech.

656. — Il s'appliquerait aussi au cas de vente en divers lots d'une même propriété. — *Cass.*, 26 avril 1837 (t. 1er 1837, p. 304), de Mortarieu c. Amilhau.

657. — Il est encore applicable au cas où l'un des immeubles est vendu sur expropriation forcée tout aussi bien qu'au cas de vente volontaire. — *Bourges*, 17 janv. 1831, Bonnault c. Prouleroy.

658. — ... Ainsi qu'au cas de disposition de biens à titre gratuit comme à celui d'aliénation à titre onéreux. — *Cass.*, 17 nov. 1847 (t. 2 1847, p. 654), Robert c. Delpech.

659. — L'émigré rentré en possession de biens à lui restitués en vertu de la loi du 5 décembre 1814 peut invoquer la destination du père de famille pour revendiquer l'exercice d'une servitude existante lors de la restitution, au profit de ces biens, sur un immeuble appartenant à l'Etat, alors que cette servitude a été établie par l'Etat lui-même au moment où il était possesseur des biens restitués. — *Paris*, 28 déc. 1835, Préfet de la Seine c. Caillard.

660. — La destination du père de famille ne peut être invoquée que dans le silence des actes. — *Cass.*, 5 avril 1836, Mathieu c. Krantz.

661. — Toutefois, lorsque le propriétaire de deux héritages entre lesquels il existe un signe apparent de servitude dispose de l'un de ses héritages; la servitude continue d'exister passivement sur le fonds aliéné, encore bien qu'il soit énoncé qu'il est vendu franc et quitte de toute servitude. — *Cass.*, 8 décemb. 1824, Carra c. Belgodère; 2 févr. 1825, de Foresta c. Gordes.

662. — L'acte par lequel les propriétaires de deux maisons contiguës, dont l'une a des fenêtres ouvrant sur la cour de l'autre, se sont interdit d'élever des constructions de nature à intercepter ces fenêtres, doit être considéré comme un titre prouvant la destination du père de famille; et si les deux maisons, après avoir été réunies dans la main de l'un de ces propriétaires, sont ensuite vendues à des tiers, ceux-ci ne peuvent demander la suppression des fenêtres dont il s'agit en prétendant que la destination du père de famille n'est pas prouvée par écrit. — *Paris*, 19 nov. 1835, Camuset c. Pinot.

663. — Le fait que les deux héritages entre lesquels il existe un signe apparent de servitude ont appartenu au même propriétaire et que c'est par lui que les choses ont été mises dans l'état où elles se trouvent peut-il être prouvé par témoins? MM. Toullier (t. 3, n° 610) et Duranton (t. 5, n° 574), Zachariæ, t. 2, § 252, note 6), Solon (n° 383), Ducaurroy, Bonnier et Roustain (*Comment. C. civ.*, t. 2, n° 353, sous l'art. 693), Marcadé (sur l'art. 693), Dubreuil (*Cout. de Provence*, p. 69) soutiennent l'affirmative. MM. Pardessus (n° 291) et Delvincourt (sur l'art. 693) sont d'un avis contraire et prétendent que la preuve testimoniale ne serait admissible qu'autant qu'il existerait un commencement de preuve par écrit. — V. aussi *Paris*, 30 janv. 1840, Guidon c. Fontaine. — Merlin, *Rép.*, v° *Servitudes*, § 19, n° 4.

664. — Si, à propos d'une servitude de passage qu'un cohéritier demande à exercer sur une prairie contiguë échue à son cohéritier, la destination du père de famille n'est pas constatée par écrit; on ne peut la faire résulter de ce que pendant l'indivision la même prairie servait au passage de tous les cohéritiers, surtout si des faits postérieurs au partage viennent faire présumer la non-existence de la servitude. — *Bruxelles*, 13 oct. 1821, Mainvault.

665. — Ne peut être cassé l'arrêt qui décide que d'après l'examen et l'appréciation des titres produits, le droit d'une servitude qu'une partie prétend établie par destination du père de famille n'est pas justifié. — *Cass.*, 6 nov. 1828, Lafond et Salamo c. Carcassonne.

666. — Lorsqu'un domaine national situé dans la ci-devant Bretagne a été vendu avec toutes ses servitudes actives et passives, et que l'adjudicataire réclame le droit de passer par un chemin que ses adversaires soutiennent leur être exclusivement réservé; les juges, dans le silence des titres produits, ne peuvent décider cette question que par une enquête tendant à constater l'usage auquel le chemin en litige a servi par le passé, et la destination que sa nature et la disposition des lieux semblent lui assigner. — *Rennes*, 1er avr. 1815, Lebourveau c. Auvral.

ART. 3. — *Acquisition par prescription.*

§ 1er. — *Droit ancien.*

667. — L'art. 690 C. civ. porte que les servitudes continues et apparentes s'acquièrent par la possession de trente ans. D'où il faut conclure *a contrario* que les servitudes discontinues ou non apparentes ne peuvent s'acquérir par une possession quelque longue qu'elle soit.

668. — Avant le Code civil, il en était autrement dans une grande partie de la France. Les servitudes même discontinues pouvaient s'acquérir par une possession immémoriale, et les servitudes ainsi acquises avant la promulgation du Code civil ont dû continuer à subsister. — *Rennes*, 30 avr. 1812, N... c. Jamet; *Cass.*, 16 févr. 1832, Paradis c. Libaut. — Duranton, t. 5, n° 575.

669. — Mais, pour acquérir ces servitudes prescriptibles avant le Code civil et imprescriptibles depuis, la possession postérieure à la promulgation du Code civil ne peut être jointe à celle antérieure pour compléter la prescription. — *Cass.*, 31 août 1825, Coiffard c. Sussac; 11 juin 1833, Aubéry c. Cossonier; 8 août 1837 (t. 2 1837, p. 182), de Béthune-Charost c. de Fussy. — V. PRESCRIPTION.

670. — Comme la preuve de l'existence d'une servitude acquise par une possession ou trentenaire ou quadragénaire, ou immémoriale, antérieurement au Code, pourrait être aujourd'hui déjà d'une extrême difficulté, et que cette difficulté ne pourra que s'augmenter avec le temps, rien n'empêcherait le propriétaire du fonds

prétendu dominant d'assigner son voisin en reconnaissance de la servitude.— Duranton, t. 5, n° 581.

671. — L'arrêt qui maintient une servitude discontinue, quoique non établie par titre, en se fondant sur la possession immémoriale, peut être considéré comme constatant une possession immémoriale acquise dans le sens de la loi, c'est-à-dire antérieure au Code, bien qu'il n'en fasse pas expressément mention. — *Cass.*, 1er mars 1831, Delaby c. Commune de Bancigny (le même arrêt a été aussi rapporté à la date du 1er mars 1832); 27 nov. 1837 (t. 1er 1838, p. 299), habitans de Coivert c. Boin.

672. — Un pareil arrêt est suffisamment motivé, quoiqu'il se borne à énoncer que la possession immémoriale résultait des enquête et contre-enquête des parties, sans expliquer si cette possession réunissait les conditions prescrites par la loi, c'est-à-dire si elle avait été publique, continue, à titre de propriétaire, etc., lors même que les premiers juges ont déclaré le contraire en se fondant sur ce qu'elle n'aurait point eu ces divers caractères. — *Cass.*, 1er mars 1831, Delaby c. Commune de Bancigny.

673. — Celui qui prétend avoir acquis antérieurement au Code, par la possession immémoriale, une servitude discontinue et non apparente, doit prouver que cette possession existait lors de la promulgation du Code. — Et bien que les conditions prescrites par l'ancienne doctrine, en ce qui touche l'usage des témoins reconnus nécessaires pour constituer la preuve d'une possession immémoriale, ne soient pas une loi qu'on doive rigoureusement appliquer, toutefois il faut s'y rattacher, en thèse générale, et ne s'en écarter qu'en cas de motifs graves et de circonstances particulières déterminantes. — *Cass.*, 9 nov. 1826, de Sancy c. Commune de Lareule; *Bordeaux*, 8 fév. 1832, Bailliet c. Callen; 28 juin 1839 (t. 2 1839, p. 567), Nauze c. Duclaud.

674. — Cependant, bien que, sous l'ancien droit, il fût admis généralement que la preuve d'une possession immémoriale ne pouvait être faite que par le témoignage d'individus pouvant déposer *de visu* depuis qu'ils avaient atteint l'âge de raison (14 ans) d'une possession de quarante ans; toutefois, en l'absence de toute disposition législative qui fixât cette règle (laquelle reposait seulement sur une doctrine d'auteurs et une jurisprudence non obligatoire, quand le Code civil est intervenu), les décisions qui s'en écartent aujourd'hui, et qui déclarent constante la possession immémoriale d'une servitude discontinue antérieure au Code, bien que les témoins n'eussent pas 54 ans au moment de la promulgation du Code, n'encourent pas la censure de la Cour de cassation. — *Cass.*, 20 nov. 1837 (t. 2 1839, p. 190) Balguerie c. Section de Commune d'Andernos; 1er juill. 1839 (t. 2 1839, p. 192), Sancey c. commune de Saint-Magne.

675. — En effet, l'appréciation des faits tendant à établir, en matière de servitude, la preuve d'une possession immémoriale, rentre exclusivement dans le domaine des juges du fond; et, conséquemment, l'arrêt qui juge en fait l'insuffisance de ces faits échappe à la censure de la Cour de cassation. — *Cass.*, 24 nov. 1825, Brahauban c. Commune de Lux.

676. — La possession immémoriale est celle dont aucun homme vivant n'a vu et n'a pu voir le commencement, et qui n'est contredite par aucun fait. — On ne peut dire qu'une possession a eu un commencement certain et connu par cela seul que les témoins rappellent des époques précises, si, en rapportant les dates des faits de jouissance, ils n'ont eu d'autre objet que de retracer les plus anciens parmi les faits qui sont restés dans le souvenir. — *Bordeaux*, 8 févr. 1832, Bailliet c. Callen.

677. — Une possession qui au moment de la promulgation du C. civ. n'avait que cinquante-quatre ans d'existence, ne peut constituer une possession immémoriale de nature à avoir fait acquérir à cette époque en Bourgogne une servitude discontinue. — *Cass.*, 13 nov. 1822, Thomasson c. Baudet.

678. — Les limites d'une possession immémoriale ne pouvant être précisées, celui qui réclame par ce moyen un droit de servitude n'est pas tenu de prouver qu'à une époque sa possession était déjà immémoriale. — *Cass.*, 24 juill. 1832, d'Ecquevilley c. Colombot.

679. — La possession immémoriale qui, avant le Code civ., servait de base à la prescription des servitudes discontinues, ne devait être contredite par aucun fait capable d'en limiter la durée ou de faire douter que la servitude eût toujours été exercée de la même manière et sans contradiction. — *Limoges*, 16 juill. 1822, Hugon c. Chabrat.

680. — La prescription d'un droit de servitude qui ne peut s'acquérir que par une possession immémoriale, n'a pas été interrompue par une sentence prohibitive dont il y a eu appel et qui d'ailleurs est restée sans exécution pendant plus de trente ans. — *Cass.*, 5 floréal an XII, Ducruejouls c. de Curières.

681. — En matière de servitudes, avant le Code civ., il était de maxime en France que partout où il n'y avait pas de statut particulier qui disposât le contraire, la possession immémoriale valait titre. — *Cass.*, 15 mai 1816, Rousselle c. Michaud; 27 nov. 1837 (t. 1er 1838, p. 299), habitans de Coivert c. Boin.

682. — Il a cependant été jugé aussi qu'à défaut de disposition expresse dans les coutumes sur l'acquisition des servitudes, on devra suivre la disposition des coutumes voisines; et si celles-ci étaient également muettes, les dispositions de la coutume de Paris que consacrait la règle *Nulle servitude sans titre*. — *Cass.*, 25 messid. an II, Barrauld c. l'Hotellier; *Paris*, 10 pluv. an XII, Martin c. Lavallée.

683. — Sous l'empire de la coutume de Poitou, expliquée, quant aux matières sur lesquelles elle gardait le silence, par la coutume de Paris, les servitudes ne pouvaient s'acquérir que par titre. — La possession, même immémoriale, était impuissante pour les établir. — *Poitiers*, 6 mars 1844 (t. 2 1844, p. 224), Boudeau c. Delescours. — Boucheuil, sur Cout. de Poitou, t. 2, p. 589, n° 180; Lalaure, *Des servitudes*, liv. 3, chap. 17 *in fine*. — *Contrà*, *Cass.*, 15 mai 1816, Rousselle c. Michaud; 27 nov. 1837 (t. 2 1838, p. 299), habitans de Coivert c. Boin. — Pothier (dans son *Commentaire sur la coutume d'Orléans*, titre 13, article 225) se plaint de ce que la nouvelle jurisprudence incline beaucoup à interpréter les autres coutumes par celle de Paris. — Sur la puissance de la possession immémoriale, V. Dumoulin, cons. 26, n° 21; Loysel, *Inst.*, liv. 5, tit. 3, n° 17; Merlin, *Rép.*, v° *Prescription*, sect. 2, § 24, n° 3.

684. — Jugé que, suivant le droit romain, les servitudes discontinues pouvaient s'acquérir par la prescription trentenaire, et qu'en conséquence, sous la coutume d'Alost, qui, après avoir fixé à trente ans la prescription des servitudes continues, se référait au droit romain pour la prescription des servitudes discontinues, la possession trentenaire suffisait pour établir les servitudes discontinues comme les servitudes continues. — *Bruxelles*, 21 therm. an XII, Declercq c. Vandeviver.

685. — Jugé encore que dans les pays de droit écrit la possession immémoriale suffisait pour l'acquisition d'une servitude de passage, en faveur d'un fonds non enclavé, sur l'héritage du voisin, pourvu qu'il existât des faits exclusifs de la tolérance; par exemple, une porte destinée à procurer l'usage de la servitude. — *Toulouse*, 2 déc. 1812, Amilhau-Larivière c. Boisset.

686. — La jurisprudence des Parlemens était cependant loin d'être uniforme. Ainsi jugé que les servitudes continues et apparentes pouvaient s'acquérir dans le ressort du Parlement de Bordeaux, comme sous le Code civil, soit par la destination du père de famille, soit par la prescription trentenaire. — *Bordeaux*, 26 mars 1830, Ducasse c. Lussac.

687. — ... Et que, par conséquent, dans le ci-devant pays de Forez les servitudes de jour pouvaient s'acquérir par la prescription de trente ans. — *Cass.*, 19 janv. 1825, Derne c. Poissat et Granger.

688. — Les servitudes discontinues, telles que celle du passage, sous la jurisprudence du même Parlement de Bordeaux, pouvaient être établies par une possession immémoriale. — *Bordeaux*, 8 févr. 1832, Bailliet c. Calleu.

689. — Jugé qu'il n'en devait être ainsi qu'autant que la servitude était d'une absolue nécessité. — *Cass.*, 9 nov. 1824, Chiron c. Meslier.

690. — Dans le ressort du Parlement de Toulouse, les servitudes discontinues ne pouvaient s'acquérir par la possession immémoriale qu'autant qu'elles étaient d'une absolue nécessité. — C'est du moins ce qui paraît avoir été le dernier état de la jurisprudence dans ce Parlement. — *Toulouse*, 13 juin 1814, Demeurs c. Teulet; *Agen*, 18 nov. 1824, Alnus c. Lacaze; 30 nov. 1830, Molard c. commune d'Auch. — *Contrà*, *Montpellier*, 28 déc. 1825, Espezel c. Debat; *Cass.*, 22 avril 1835, Préfet de l'Aude c. Commune de Campagna-du-Sault.

691. — Spécialement les juges ont pu rejeter la preuve des faits de possession immémoriale d'une servitude de pacage dans un terrain du ressort de l'ancien Parlement de Toulouse, par le motif que cette preuve en serait impossible et frustratoire. — *Cass.*, 18 avril 1832, Commune de Nasbinals c. Granier.

692. — La jurisprudence des Parlemens de Dijon et de Besançon distinguait entre les servitudes continues qui pouvaient être acquises par une possession de trente ans et les servitudes discontinues (telles qu'un droit de passage) que la possession immémoriale seule pouvait fonder. — *Cass.*, 13 nov. 1822, Thomasson c. Baudet.

693. — On ne pouvait dans la ci-devant Franche-Comté acquérir une servitude discontinue, par exemple, un droit de passage, par la possession de trente ans. — *Cass.*, 2 vent. an IX, Conscience c. Jacquet.

694. — Dans l'ancien ressort du Parlement de Pau, la servitude de passage, manifestée par des signes extérieurs, était susceptible de s'acquérir par la prescription de trente ans. — *Cass.*, 18 avril 1832, Hourcat c. Cazabat.

695. — Sous l'empire de la coutume de Reims, hors la cité de Reims et ses faubourgs, les servitudes s'acquéraient par prescription de droit; et suivant les coutumes générales du Vermandois (applicables au bailliage de Reims pour tous les cas non prévus par la coutume spéciale de cette ville), la prescription de droit, en matière de servitude, était la prescription de trente ans. — Cout. de Reims, art. 350. — *Paris*, 16 juill. 1841 (t. 2 1841, p. 371), Novion c. Commune de Pontfaverger. — Suivant Buridan, commentateur de la Coutume de Reims, la prescription de droit, en matière de servitude, était celle de cent ans; mais les coutumes générales du bailliage de Vermandois, applicables au bailliage de Reims pour tous les cas non prévus, se contentaient d'une prescription trentenaire.

696. — En Alsace, la servitude discontinue telle que celle de passage ne pouvait, à défaut de titre, s'acquérir que par la possession immémoriale; mais lorsqu'il existait un signe patent de cette servitude, la possession trentenaire suffisait pour l'établir. — *Colmar*, 8 juill. 1806, Judlin c. Grauner; *Cass.*, 25 avril 1833, Lacroix c. Commune de Bouffach.

697. — Jugé également que les droits d'usage dans les forêts s'acquéraient en Alsace, sous l'ancienne législation, par la possession immémoriale. La preuve de cette possession pouvait, pour le temps antérieur à l'édit de 1529, être faite par témoins ou présomptions. — *Cass.*, 23 mai 1832, ville de Schelestadt c. Commune de Kintzheim.

698. — Le droit d'extraire des terres argileuses d'un fonds est, soit qu'il appartienne à des particuliers, soit qu'il appartienne à une communauté d'habitans, un droit réel, s'il est concédé pour l'avantage d'une propriété foncière, et, par exemple, pour l'usage d'une tuilerie appartenant à une commune, pour la réparation des aires de ses granges ou pour l'usage de ses potiers. Un tel droit, rangé par le droit romain dans la classe des servitudes, a pu, en Alsace, être acquis par la possession immémoriale. — *Cass.*, 15 avr. 1833, Lacroix c. Commune de Rouffach.

699. — En Bretagne, les servitudes même discontinues pouvaient s'acquérir sans titre par la possession de quarante ans et à plus forte raison par une possession immémoriale. — *Rennes*, 15 fév. 1815, N...; *Cass.*, 16 fév. 1832, Paradis c. Libaut; 30 avr. 1833, Launay c. Hauray.

700. — Cette possession peut se prouver par témoins. — *Rennes*, 15 fév. 1815, N....

701. — L'arrêt qui juge qu'un droit de passage est acquis : 1° parce que le fonds au profit duquel on y prétend est entièrement enclavé et qu'on ne pourrait y parvenir sans péril si le passage sur un fonds voisin était refusé, 2° parce que la prescription s'est accomplie sous l'empire d'une coutume qui permettait d'acquérir les servitudes par une prescription de quarante ans, ne peut être attaqué comme violant soit les art. 682 et 2281 C. civ., soit les art. 282 et 393 Coutume de Bretagne. — *Cass.*, 11 août 1824, Aubin c. Pineau.

702. — Dans le ressort de la coutume de Metz, une servitude discontinue pouvait s'acquérir sans titre par une possession immémoriale. — *Metz*, 8 mars 1814, Michaud c. Rousselle; *Cass.*, 15 mai 1816, Rousselle c. Michaud.

703. — Avant le Code civil, les servitudes discontinues s'acquéraient en Brabant par la possession trentenaire; mais la bonne foi était nécessaire pour pouvoir prescrire. — *Bruxelles*, 12 fév. 1818, Van Reynegom c. Commune de Laeken.

704. — En Nivernais, le copropriétaire d'un

mur mitoyen pouvait acquérir par la possession trentenaire le droit de jouir d'une ouverture par lui pratiquée dans ce mur et donnant sur le terrain de son voisin : lorsque ce terrain n'était pas en place vide, mais était enclos.—*Bourges*, 6 déc. 1815, Grégoire c. Vigoureux.

705.—Sous l'empire de la coutume de Troyes, les servitudes rurales, telles qu'un droit de passage, pouvaient s'acquérir par la prescription trentenaire.—*Paris*, 11 nov. 1839 (t. 2 1839, p. 483), Gabriel c. Gantherin.

706.—Sous l'ancienne comme sous la nouvelle législation, le droit de puiser de l'eau à la fontaine d'autrui ne pouvait s'acquérir, en Normandie, par une possession immémoriale.—*Caen*, 22 juin 1825, Commune de Saint-Benin c. Thouroude. — V. Cout. de Normandie, art. 608; et les commentateurs de la Cout., sur cet article.

707. — Cependant les servitudes pouvaient, en Normandie, s'acquérir par prescription, lorsqu'elles étaient manifestées par un ouvrage apparent construit sur le fonds asservi; par suite, l'établissement d'un pont, dont l'un des côtés s'appuie sur le fonds prétendu grevé de servitude, et son entretien, par celui qui en usait de temps immémorial pour traverser le terrain assujetti, suffisent pour faire acquérir par prescription un droit de passage sur ce terrain. —*Caen*, 26 fév. 1842 (t. 1er 1843, p. 247), Vautier c. Commune de Saint-Pierre du Joncquet.

708.—Sous la coutume de Berry, toutes les servitudes, même non énoncées dans cette coutume, ne pouvaient s'acquérir sans titre ni par prescription même immémoriale et expresse. Toutefois, les servitudes même discontinues s'acquéraient par la prescription trentenaire lorsqu'il y avait eu contradiction formelle et expresse. Pouvait se prévaloir de la contradiction la partie contre laquelle avait été rendue une sentence ordonnant la suppression de la servitude : lorsque cette sentence ne lui avait pas été signifiée, et qu'elle articulait avoir continué depuis à jouir pendant trente ans.— *Cass.*, 8 août 1837 (t. 2 1837 p. 182), de Béthune-Charost c. de Fussy.

709. — Un droit de passage pour l'exploitation et la vidange d'une forêt peut être prescrit par le laps de trente ans antérieur au Code, bien que, dans cet intervalle, on ne se soit servi de ce chemin que deux fois : si ces deux fois correspondent aux deux seules coupes qui aient été faites. Il en est ainsi surtout si le chemin, bien qu'inutile à celui sur la propriété duquel il était établi, est toujours demeuré ouvert.—*Nancy*, 23 avr. 1834, Duhoux c. Viallet.

710. — Les juges ne peuvent déclarer acquise par la possession trentenaire antérieure au Code une servitude discontinue, comme celle de passage, qu'autant qu'ils constatent en même temps que les héritages respectifs se trouvaient situés sous l'empire d'une coutume dans laquelle, à défaut de titre, la possession trentenaire était suffisante pour établir les servitudes de cette nature. — *Cass.*, 31 mai 1837 (t. 2 1837, p. 211), Petit c. Martin, Delaquinterie et Barral.

711. — Sous l'ancien droit comme depuis le Code civil, les servitudes établies dans l'intérêt des communautés d'habitans se prescrivaient par trente et non par quarante ans. Dès lors, un arrêt a pu valablement juger qu'une servitude de parcours, au profit d'une commune, sur des terrains situés en Franche-Comté, était prescrite par suite de la clôture de ces terrains pendant plus de trente ans. — *Cass.*, 31 mai 1837 (t. 2 1837, p. 357), Commune de Vernois c. Noirot.

712. — Lorsqu'aucune prescription n'a été invoquée par celui qui réclame un droit de servitude; ce droit est soumis à la législation existante au moment où la réclamation est exercée, et il y a lieu d'examiner si cette réclamation est ou non conforme à cette législation. — *Cass.*, 8 juin 1842 (t. 1er 1842, p. 766), Denesplex c. Tricot.

§ 2. — *Quelles servitudes peuvent s'acquérir par prescription.*

713. — En consacrant la règle que les servitudes continues et apparentes peuvent seules s'acquérir par prescription, le Code s'est conformé aux principes généraux en matière de prescription. Ces servitudes, en effet, réunissent seules les conditions de droit commun exigées pour la prescription. — Duranton, n° 578.

714. — Les servitudes de vue sont des servitudes continues et apparentes pouvant s'acquérir par prescription. — *Colmar*, 17 juill. 1811, Springinsfeld c. Nussbaum.

715. — Les conduites d'eau constituent des servitudes continues, susceptibles, si elles sont apparentes, de s'acquérir par prescription, soit qu'elles existent sans interruption, soit que leur usage soit alternatif au moyen d'une écluse ou vanne qu'il faut ouvrir, lever ou baisser, suivant le besoin du fonds dominant.—*Pau*, 11 juin 1834, de Cardeillac c. Lapeyre.

716. — L'existence d'un fossé ouvert par le propriétaire riverain sur le bief d'un moulin, constitue non pas seulement un acte de tolérance de la part du propriétaire du bief; mais une servitude continue et apparente, susceptible de s'acquérir par prescription et dont la possession peut dès lors être prouvée par témoins.— *Cass.*, 13 juin 1827, Cholard c. Criteau.

717. — L'art. 691 C. civ., d'après lequel les servitudes discontinues ne peuvent s'établir que par titres, n'a pas porté atteinte aux dispositions de la loi du 10 juin 1793 *sur les biens communaux*. — En conséquence, on peut, d'après les seuls faits possessoires de deux communes, maintenir l'une d'elles dans un droit de pacage (qui est une servitude discontinue) sur un bien communal dont on attribue le fonds à l'autre. — *Cass.*, 6 août 1832, Commune d'Epieds c. Commune de Morton.

718. — Le droit de passage, alors même qu'il se manifeste par des ouvrages apparens, et notamment par l'ouverture d'une porte sur la propriété voisine, porte toujours avec lui, comme servitude, un caractère de discontinuité qui le rend non susceptible de s'acquérir par prescription. — *Cass.*, 24 nov. 1835, Brahauban c. Commune de Lux. — Pardessus, n° 275 ; Delvincourt (t. 1er, p. 413); Duranton, t. 5, n° 577; Toullier, t. 3, n° 621.— *Contrà*, *Colmar*, 17 juill. 1811, Springinsfield c. Nussbaum.

719. — A plus forte raison on n'a pu acquérir par prescription un droit de passage sur une pièce de terre dépendant d'un domaine privé, si le passage n'a été exercé que par suite de l'opinion générale que cette pièce était un terrain communal servant de chemin vicinal. — *Rennes*, 20 févr. 1817, Chardel c. Leroi; *Bordeaux*, 26 avr. 1830, Cavignac c. Juis.

720. — Le propriétaire qui pendant plus de trente ans a passé sur un chemin traversant le fonds de son voisin et cela au moyen d'un ponceau jeté sur un fossé séparant les deux héritages, ne peut prétendre avoir prescrit par là un droit de propriété sur ce chemin. Un pareil passage ne constitue qu'une servitude discontinue apparente, qui ne saurait dès lors s'acquérir par prescription. — *Nîmes*, 1er juill. 1845 (t. 1er 1846, p. 267), Gondareau c. Plantevin.

721. — Le fait que les habitans d'une commune auraient passé de tout temps sur un sentier est inefficace pour conférer à la commune un droit de propriété, s'il est constant que ce sentier n'a point le caractère d'un chemin communal. — *Cass.*, 15 févr. 1847 (t. 1er 1847, p. 600), Commune de Courtry c. Moreau. — V., cependant, *Bourges*, 30 janv. 1826, Commune de Rians c. Chabin.

722. — Le droit que les habitans d'une commune réclament de passer librement avec chevaux et charrettes sur un sentier ou chemin traversant la propriété d'un particulier, constitue, non un chemin vicinal, mais une servitude discontinue de passage qui ne peut s'établir que par titre; en conséquence, l'arrêt qui juge que la servitude n'est établie ni par titre ni par une possession immémoriale a fait une appréciation d'actes et de faits qui ne tombe pas sous la censure de la Cour de cassation. — *Cass.*, 27 mai 1834, Commune de Vinzieu c. Giraud.

723. — Un chemin public servant de communication entre deux communes, quoique non classé parmi les chemins vicinaux, ne doit pas être assimilé à un simple passage constituant une servitude, et l'usage en peut, dès lors, être acquis par la prescription trentenaire. — *Cass.*, 14 fév. 1842 (t. 1er 1842, p. 561), Commune de Saint-Jean-des-Vignes c. Comm. de Virey.

724. — Mais la servitude de passage peut avoir été établie par une possession immémoriale qui serait justifiée avoir été acquise avant la publication du Code. — *Besançon*, 10 mai 1811, Poinsard.

725. — Une servitude de puisage, étant discontinue, ne peut être acquise par prescription. — *Cass.*, 28 avril 1846 (t. 1er 1846, p. 649; et t. 2 1846, p. 283), Avignon de Morlac c. Macé.

726. — Le droit de puisage dans un puits appartenant à autrui constitue une servitude discontinue non apparente, qui, sous le Code civil, ne peut s'acquérir que par titre et, suivant le droit ancien, ne pouvait être acquise que par titre ou possession immémoriale. — *Bordeaux*, 28 juin 1839 (t. 2 1839, p. 567), Nauze c. Duclaud. — Duranton, t. 5, n° 178.

727. — La servitude *altius non tollendi* ou celle de ne pas bâtir du tout est une servitude continue mais non apparente qui ne peut s'établir par prescription. — Duranton, t. 5, n° 576.

728. — La servitude de ne point obscurcir le jour du voisin par des constructions est une servitude non apparente qui ne peut s'acquérir sans titre. — *Cass.*, 28 fév. 1814, Kellermann c. Vaigeman.

729. — Le droit de couper des herbes dans une forêt est une servitude discontinue qui ne peut s'acquérir par prescription. — *Cass.*, 10 avril 1839 (t. 1er 1840, p. 365), Commune de Cuges c. Montaigu.

730. — La faculté exercée par les habitans d'une commune, de faire pâturer leurs bestiaux dans des prairies, pendant une partie de l'année, en payant les impôts assis sur cette prairie, constitue une servitude discontinue, et la possession de cette faculté n'a pu, quelque longue qu'elle ait été, faire acquérir à la commune un droit de vaine pâture. — *Grenoble*, 30 août 1826, Pravas c. Comm. de Pressin.

731. — Le droit de pêche que se réserve le propriétaire d'un étang en vendant tous ses autres droits sur cet étang, ne constitue qu'une servitude discontinue et non apparente qui, comme telle, ne peut être acquise par la prescription. — *Rennes*, 31 janv. 1844 (t. 1er 1844, p. 287), Vallée c. propr. de l'étang de Paimpont.

732. — Les servitudes discontinues ne pouvant s'établir que par titres, les simples énonciations contenues dans un acte ancienne suffiraient pas, à défaut du titre primordial ou d'un titre récognitif, pour prouver l'existence d'une telle servitude. La maxime *In antiquis enunciativa probant* est inapplicable à cette espèce. — *Bordeaux*, 28 mai 1834, Boyer-Canon c. Aubert.

733. — Cependant lorsque les titres constitutifs d'une servitude discontinue, par exemple d'un droit d'usage, paraissent avoir été détruits par force majeure, et qu'il n'est produit qu'un acte qui constate l'existence de la servitude et son mode d'exercice, d'après d'anciens titres qu'il cite, mais qui ne contient pas la désignation des personnes à qui le droit est dû; ceux des habitans de la commune qui prétendent avoir droit à la servitude, doivent être admis à prouver, par témoins, la longue jouissance qu'ils en ont eue. — *Bourges*, 7 janv. 1829, Bataille c. Jouffroy.

734. — La possession immémoriale des eaux d'un ruisseau à titre de servitude fait supposer un titre constitutif, ou tout au moins un consentement réciproque pour l'établissement de cette servitude. — *Cass.*, 27 févr. 1844 (t. 2 1844, p. 139), Vaucher c. Regard.

735. — Les servitudes continues non apparentes et les servitudes discontinues apparentes ou non ne peuvent s'acquérir par la prescription, même trentenaire, bien que le possesseur jouisse en vertu d'un titre *à non domino*. — Troplong, *Prescript.*, t. 2, n° 857; Vazeille, *Prescript.*, t. 1er, n° 416; Coulon, t. 2, p. 537, dial. 90; Curasson sur Proudhon, *Droit d'usage*, n° 219. — V. cependant Proudhon, *ubi suprà*, n° 209; Delvincourt, t. 1er, p. 571; Favard de Langlade, *Rép.*, v° *Servitudes*, sect. 3, § 5, n° 2; Malleville, t. 2, p. 141; Toullier, t. 5, n° 629.

§ 3. — *Caractères de la prescription.*

736. — Pour pouvoir fonder la prescription et faire acquérir les servitudes qui peuvent s'acquérir de cette manière, la possession doit être paisible, publique, non équivoque, à titre non précaire, et non le résultat d'actes de pure faculté ou de simple tolérance; elle doit avoir eu la durée fixée par la loi et n'avoir point été interrompue, il faut en outre qu'elle ait pu courir contre la personne à laquelle on l'oppose et que le fonds sur lequel on réclame la servitude ait pu s'acquérir par ce mode. — Duranton, t. 5, n° 583.

737. — Ainsi ce n'est pas une possession publique pouvant conduire à la perpétuité ou fonder une servitude, que celle d'une cave pratiquée sous le terrain d'autrui en perçant une carrière. — Pour qu'une possession soit publique, il faut qu'elle soit connue de celui à qui on l'oppose. — *Paris*, 17 mai 1825, Rousseau c. Leboulenger. — Duranton, t. 5, n° 585.

738. — Si le fermier d'un fonds voisin d'un champ qui lui appartient avait établi une conduite d'eau du fonds affermé à celui qui lui est propre, la possession aurait un caractère équivoque qui l'empêcherait de servir pour la prescription. — Duranton, t. 5, n° 586.

739. — Un propriétaire ne peut acquérir par la prescription le droit de faire supporter par le mur de la propriété voisine le poids de ses terres lorsque, les deux fonds étant de niveau lors de la construction de ce mur, le sol de la propriété supérieure n'a été exhaussé que par des apports successifs de terres que le propriétaire inférieur, qui n'avait sur elle aucune vue, a pu ignorer. — *Caen*, 3 juill. 1847 (t. 2 1848, p. 319), Doré c. Lebourgeois.

740. — Rester trente ans sans ouvrir dans son mur les jours qu'on avait le droit d'y ouvrir, aux termes des art. 676 et 678 C. civ., constitue un acte de pure faculté, et ne pourrait fonder une prescription. — Duranton, n° 588.

741. — Les actes de tolérance diffèrent de ceux de pure faculté en ce que les premiers supposent que celui à qui le droit appartenait n'en a pas usé, et que les seconds supposent qu'il a laissé faire ce qu'on n'avait pas le droit de faire. — Duranton, t. 5, n° 589.

742. — Le dépôt d'un fumier sur un terrain non clos et servant d'aisances à une maison voisine, n'établit pas au profit de celui qui a fait ce dépôt une possession réelle qui puisse lui faire acquérir une servitude. — *Besançon*, 6 frim. an XIII, Sireguey c. Grillot.

743. — Le fait de la part d'une partie de déposer son bois à brûler sur l'avenue d'un château qu'elle a vendu ne peut être considéré, s'il n'est accompagné d'aucun ouvrage extérieur, que comme une tolérance, et ne saurait, quelque prolongé qu'il soit, fonder la prescription d'aucun droit ni de servitude ni de copropriété, alors d'ailleurs que le maître de l'avenue n'a cessé de faire acte de propriété sur les arbres placés au milieu du bûcher. — *Limoges*, 21 mai 1845 (t. 1er 1846, p. 15), Fontaine c. Arsouze.

744. — Le chemin communiquant par ses deux extrémités à un autre chemin qui est public doit s'il est assis sur une propriété privée, être réputé faire partie de cette propriété et avoir été ouvert par le propriétaire pour sa communication. — Le fait que des habitans d'une commune auraient passé sur ce terrain, même en grand nombre et à plusieurs reprises, doit être présumé de simple tolérance, mais sans qu'il ait pu en résulter pour la commune ni droit de propriété ni droit de servitude. — *Riom*, 7 mars 1844 (t. 2 1844, p. 374), Communes de la Pèse et de Loudeyrette c. Combes.

745. — De ce que depuis un temps immémorial une commune aurait tenu ses foires sur les terres d'un particulier il n'en résulte point qu'elle ait acquis par possession un droit de servitude ou autre pour la maintenue, à l'avenir, desdites foires sur les mêmes terres. — *Riom*, 3 déc. 1844 (t. 2 1846, p. 255), Commune de Saint-Loup c. Duclozel; *Grenoble*, 26 août 1846 (t. 2 1847, p. 149), de Bérenger c. Commune de Laragne.

746. — A l'inverse, lorsque, d'après des titres et une enquête, un arrêt reconnaît qu'un droit que l'on allègue être de pure tolérance, est une véritable servitude, et n'a point été prescrit contre ceux qui le réclament, une pareille décision échappe à la censure de la Cour de cassation. — *Cass.*, 11 juill. 1831, de Bonneval c. Picquot.

747. — Pour posséder valablement, il n'est pas nécessaire qu'on possède par soi-même; on peut posséder par un autre qui possède en notre nom, comme un fermier, un locataire, un usufruitier. Un simple possesseur de bonne ou de mauvaise foi pourrait acquérir la servitude au fonds. — Duranton, n° 591; Pardessus, n° 277.

748. — La prescription d'une servitude qui a commencé à courir au profit du propriétaire du fonds dominant, qui est devenu depuis usufruitier du fonds servant, n'est pas interrompue pendant la durée de l'usufruit. — *Pau*, 31 déc. 1836 (t. 1er 1837, p. 440), Dumoret c. Pailhé.

749. — Pour qu'il y ait interruption de la prescription au préjudice du propriétaire d'une maison qui prescrit le droit d'avoir une porte ouverte sur le fonds de son voisin, il faut que la porte ait été murée pendant quelque temps, à la suite d'une sommation de ce dernier, et non par la seule volonté du propriétaire. — *Nîmes*, 9 nov. 1830, Bret c. Lavoudez.

750. — Les faits de possession invoqués comme moyen de prescription à l'appui d'une servitude peuvent être déclarés non relevans et non admissibles, s'ils se sont passés à une époque où un sursis administratif ne permettait pas à la partie sur la propriété de laquelle on veut exercer la servitude d'user de la plénitude de son droit de propriété. Ici peut s'appliquer la maxime *Contrà non valentem agere non currit præscriptio.* — *Cass.*, 10 déc. 1838 (t. 1er 1839, p. 78), Jobard c. Chabaud.

751. — La prescription en matière de servitude, comme en toute autre matière, ne court pas contre les mineurs et les interdits. — Duranton, t. 5, n° 599.

752. — On ne peut acquérir une servitude ni par titre ni par prescription sur un immeuble frappé de dotalité, et qui ne peut être ni aliéné ni hypothéqué pendant le mariage. — C. civ., art. 1554. — Duranton, t. 5, n° 602.

753. — Avant le Code, une servitude pouvait être acquise par prescription sur les fonds domaniaux : quoique ces fonds fussent inaliénables et imprescriptibles. — *Cass.*, 24 juill. 1832, d'Esquevilley c. Colombot; *Nancy*, 19 déc. 1833, Domaine c. Ulp....

754. — Il en serait de même sous le Code. — C. civ., art. 2227. — Pardessus, n° 279. — Il faut cependant considérer comme certain que la prescription ne pourrait faire acquérir une servitude sur les biens qui ne sont pas dans le commerce.

755. — Ainsi, on ne peut acquérir par prescription un droit de servitude sur une rue; et spécialement, celui qui depuis longtemps est en possession de faire écouler les eaux de son usine par un égout qui traverse une rue et les conduit dans un fossé qui faisait autrefois partie des fortifications de la ville, ne peut se plaindre du comblement du fossé, ordonné pour cause de salubrité publique, sous prétexte que, par sa longue possession, il aurait acquis une servitude et sur la rue et sur le fossé. — *Cass.*, 13 févr. 1828, Hecht c. Ville de Strasbourg.

756. — Mais un particulier peut acquérir par prescription des droits de servitude sur les murs, fossés et remparts des villes qui ont cessé d'être places fortes. — *Rennes*, 29 fév. 1820, Damour c. Matard. — Toullier, t. 3, n° 32; Duranton, t. 4, n° 189; Foucart, *Elém. de droit admin.*, t. 2, p. 5, n° 1er; Proudhon, *Tr. du dom. publ.*, nos 214 et suiv.

757. — Par prescription, on peut acquérir une servitude sur des biens grevés de substitution. — Duranton, t. 5, n° 604; Pardessus, n° 279.

758. — Les servitudes continues non apparentes et les servitudes discontinues apparentes ou non ne deviennent pas prescriptibles par la contradiction dont elles seraient l'objet. — *Cass.*, 8 août 1837 (t. 2 1837, p. 182), de Béthune-Charost c. de Fussy. — Curasson sur Proudhon, n° 1081; Vazeille, *Prescript.*, t. 1er, n° 414. — V. cependant Proudhon, *Usufr.*, n° 3533, et *Usag.*, n° 1026; Troplong, *Prescript.*, t. 1er, n° 359.

759. — On pouvait autrefois prescrire une servitude d'usage, même dans les coutumes où on ne pouvait acquérir sans titre ces sortes de servitudes, pourvu qu'il y eût eu contradiction dans l'exercice de ce droit. — *Cass.*, 7 mars 1826, Chabé c. Commune de Lumbres.

760. — Mais sous l'empire du Code civil la contradiction opérée par celui qui prétend ne pas devoir une servitude discontinue et non apparente ne peut servir de fondement à une prescription qui aurait pour effet soit de faire acquérir la servitude, soit de faire changer son mode d'exercice. — *Orléans*, 6 déc. 1838 (t. 1er 1839, p. 137), Brucy c. Prochasson et Perronnet. — Duranton, t. 5, n° 576; Pardessus, n° 276.

761. — Aux termes de l'art. 690 du Code civil, les servitudes continues et apparentes s'acquièrent par une possession de trente années; mais on s'est demandé si elles pouvaient s'acquérir avec titre et bonne foi par la prescription de dix ans entre présens et de vingt ans entre absens, conformément à l'art. 2265 du Code civil. La négative paraît résulter des termes généraux des art. 690 et 706 combinés avec l'art. 2264 du Code civil. — *Paris*, 25 août 1834, Guerreau c. Cathrein; *Cass.*, 10 déc. 1834, Floret c. Dumay; *Cass.*, 28 mars 1837 (t. 2 1837, p. 12), Soulatre c. Hamon; 16 avril 1838 (t. 2 1838, p. 241), Baron c. Hospice de Seillans; *Bordeaux*, 29 mai 1838 (t. 2 1838, p. 331), Hoffmann c. Bordes; *Aix*, 24 déc. 1840 (t. 2 1841, p. 58), Anne c. Bauf; *Bordeaux*, 7 juill. 1841 (t. 2 1841, p. 352), Cassat c. Jouhanneau; *Bastia*, 5 janv. 1847 (t. 1er 1847, p. 338), Coti c. Filippi. — Curasson, *C. for.*, t. 2, p. 282, et *Dr. d'us.*, n° 221; Zachariæ, t. 2, § 251, notes; Toullier, t. 3, n° 688; Pardessus, n° 306; Solon, p. 397, n° 510; Malleville, t. 2, p. 141; Favard de Langlade, *Rép.*, v° *Servitudes*, sect. 3, § 5, n° 2; Cotelle, *C. Napol. approfondi*, t. 2, p. 379; Coulon, t. 1er, p. 377, dial. 30; Marcadé, t. 2, p. 637; Merlin, *Rép.*, v° *Servitudes*, n° 22. — *Contrà*, Delvincourt, t. 1er, p. 423, notes; Duranton, t. 5, n° 691; Caron, *Act. possess.*, n° 261; Troplong, *Prescript.*, t. 2, n° 856; Vazeille, *ibid.*, t. 1er, n° 419, et t. 2, n° 523; Ducaurroy, Bonnier et Roustain, t. 2, n° 248, sous l'art. 690.

762. — L'art. 2265 du Code civil, relatif à la prescription de dix ans, n'est point applicable aux servitudes, qui à cet égard sont soumises aux dispositions spéciales de l'art. 690. — Dès lors les servitudes continues et apparentes, spécialement l'ouverture de fenêtres à une distance de l'héritage voisin moindre que la distance légale, ne peuvent s'acquérir que par une prescription de trente ans, et non par celle de dix ans. — *Rennes*, 19 juill. 1845 (t. 2 1845, p. 600), Raffro-Deval c. Pintevin-Dujardin.

§ 4. — *Effets de la prescription.*

763. — Lorsque la prescription a fait acquérir une servitude, cette servitude doit être limitée à la seule jouissance qui a eu lieu; et par conséquent la prescription n'a pu faire acquérir les accessoires d'une servitude qu'autant qu'ils en sont inséparables. — Pardessus, n° 285.

764. — La prescription qui a un objet déterminé, tel que l'arrosage d'une prairie, ne peut s'étendre au delà des besoins de cet arrosage quant au canal ou aux eaux à dériver. L'agrandissement du canal et la prise des eaux au delà des besoins dont s'agit, ne constitueraient qu'un abus de jouissance qui ne pourrait servir de base à la prescription. — *Grenoble*, 17 juill. 1847 (t. 1er 1848, p. 436), de Mortillet c. Guinet.

765. — Nul doute que pour les servitudes continues et apparentes le mode de la servitude ne puisse se prescrire comme la servitude elle-même (C. civ., art. 708), sans qu'il y ait à distinguer s'il y a avantage ou désavantage pour le propriétaire du fonds dominant. — Duranton, t. 5, n° 606 et suiv; Pardessus, n° 286.

766. — Quant aux servitudes qui ne peuvent s'acquérir par prescription, il semblerait raisonnable de dire que la prescription pourrait en déterminer, à défaut de titre, mais ne pourrait point en changer le mode; et que celui qui aurait joui d'une servitude de ce genre autrement que le prescrivait son titre, serait exposé à avoir perdu par non-usage la servitude existant en sa faveur sans en avoir acquis une autre en remplacement. — Duranton, *ibid.*; Pardessus, n° 286.

767. — Il est probable qu'en fait cette décision rigoureuse sera rarement appliquée, et qu'on sera porté à juger que le changement dans le mode de la servitude a eu lieu du consentement des deux propriétaires et partant n'a pu amener l'extinction de la servitude ancienne.

768. — Celui qui exerce un droit de servitude par l'usage qu'il en fait à cause de sa copropriété dans un héritage indivis, n'acquiert pas pour lui seul; mais pour tout l'héritage dont il a une portion. — Pardessus, n° 278.

769. — Lorsqu'une servitude est due à plusieurs propriétaires et par sa nature susceptible de leur attribuer des fruits à partager, l'usage de la servitude par quelques-uns seulement la conserve au profit de tous; sans que ceux qui ont usé puissent dire qu'ils ont acquis par prescription le droit de prendre la part des autres soit à l'égard de ceux-ci, soit à l'égard du propriétaire du fonds servant. — Pardessus, n° 287.

770. — Toutes les fois que la possession a pu servir à faire acquérir une servitude; celui qui se prétend troublé dans l'exercice de cette servitude, peut agir par action possessoire pour faire cesser le trouble dont il se plaint.

771. — On a jugé, cependant, dans une espèce où il s'agissait d'un gond enfoncé dans un arbre pour soutenir une barrière, que, malgré le caractère de continuité et d'apparence de ce fait, les juges avaient pu le considérer comme étant de pure tolérance et comme ne pouvant dès lors être l'objet d'une action possessoire. — *Cass.*, 6 avr. 1841 (t. 2 1841, p. 386), Garnier c. Lemarois.

772. — L'action possessoire ne peut avoir lieu relativement à la servitude de ne point obscurcir le jour du voisin par des constructions, cette servitude ne pouvant s'acquérir par la prescription. — *Cass.*, 28 févr. 1814, Kellermann c. Vaigeman.

773. — On ne peut se faire maintenir, par voie de complainte, dans la possession d'une servitude discontinue, lorsque le titre invoqué à l'appui de cette possession, émanant du propriétaire du fonds dominant, est complètement étranger à celui de l'héritage qu'on prétend asservi. En conséquence, la preuve testimoniale est inadmissible

à l'effet d'établir, dans de pareilles circonstances, la possession annale d'une servitude de pacage et d'abreuvage.—*Cass.* 16 juill. 1849 (t. 2 1849, p. 267), Lée c. Clément.

774. — Il suffit, pour que l'action possessoire soit recevable en matière de servitude discontinue, que les titres produits fassent présumer la légalité de la possession. Il n'est pas nécessaire que ces titres établissent complétement l'existence de la servitude. — *Cass.*, 7 juin 1847 (t. 2 1848, p. 105), Tourneuillert c. Vinot.

775. — La maintenue, sur l'action en réintégrande, en possession d'un pont jeté sur un cours d'eau pour arriver à la propriété qui le borde, et qui paraît avoir été construit uniquement pour l'exercice d'un droit de passage et de puisage sur cette propriété, n'implique pas nécessairement la reconnaissance de cette double servitude. Dès lors, les juges peuvent l'ordonner : sans violer le principe que les servitudes discontinues ne sont pas susceptibles d'une action possessoire. — *Cass.*, 17 juill. 1837 (t. 2 1837, p. 413), Faure-Larivière c. le maire de la commune de La Caze.

776. — En matière de servitudes prescriptibles le possesseur est affranchi de l'obligation de prouver au pétitoire, soit par titre, soit par prescription, son droit à la servitude dont il jouit.— *Limoges*, 15 févr. 1837 (t. 1er 1838, p. 141), Poral de Saint-Vidal c. Debrégeas et Gallaud.—Pardessus, no 324; Delvincourt, t. 1er, p. 572. — *Contrà, Grenoble*, 14 juill. 1832, d'Argoud c. Revol.

777. — L'obligation de faire la preuve soit de l'exercice, soit du non-usage dans la servitude, est subordonnée au fait de la possession au moment où l'action est intentée, de sorte que celui qui possède est dispensé de faire aucune preuve. — *Cass.*, 11 juin 1834, Commune de Sainte-Marguerite de l'Autel c. Roy et Duval; 15 févr. 1842 (t. 1er 1842, p. 503), Duvivier c. Poulet.

778. — Celui qui prétend avoir prescrit le droit de passer sur un chemin de desserte établi à travers l'héritage d'un propriétaire voisin pour le service et l'exploitation d'une ferme et de ses dépendances séparées dudit héritage par un watergant sur lequel il aurait construit à ses frais, pour accéder au chemin de desserte, un pont en briques dont l'un des murs de soutènement aurait été établi sur ce chemin, peut être admis à faire la preuve des faits de possession antérieure et postérieure au Code civil, bien que les servitudes de passage ne puissent plus s'acquérir que par titre depuis la publication dudit Code, parce qu'il s'agit plutôt là d'une question de copropriété que d'une question de servitude. Cette prétention à un droit de copropriété, fût-elle présentée pour la première fois en appel, n'en serait pas moins recevable, si celui qui l'invoque est défendeur à l'action principale. — Quand même la question de copropriété serait écartée, les actes de possession qui se seraient continués depuis le Code seraient utiles pour apprécier le caractère et les effets de ceux qui auraient eu lieu antérieurement. Par conséquent, la preuve, même dans ce cas, en devrait être admise. — *Douai*, 18 févr. 1846 (t. 1er 1846, p. 609), Caudillier c. Everhaert.

Sect. 2e. — *Exercice des servitudes.*

779. — « Quand on établit une servitude, on est censé accorder tout ce qui est nécessaire pour en user. Ainsi, la servitude de puiser de l'eau à la fontaine d'autrui emporte nécessairement le droit de passage. »—C. civ., art. 696.

780. — « Celui auquel est due une servitude a droit de faire tous les ouvrages nécessaires pour en user et pour la conserver. » — C. civ., art. 697.

781. — Mais, la servitude consistant par sa nature à *souffrir* et non à *faire*, les ouvrages nécessaires pour l'exercice de la servitude, sont, aux termes de l'art. 698, aux frais du propriétaire du fonds dominant, et non à ceux du propriétaire du fonds assujetti, à moins que le titre d'établissement de la servitude ne dise le contraire.

782. — Lorsque les travaux sont mis par le titre aux frais du propriétaire du fonds servant, c'est sur le fonds que l'obligation pèse et non sur la personne et, dès lors, elle passe avec la servitude à tous les possesseurs de l'héritage assujetti. — Marcadé, sur l'art. 699, no 1er. — V. cependant Aubry et Rau sur Zachariæ, t. 2, p. 81, note 3.

783. — « Dans le cas même, ajoute l'art. 699, où le propriétaire du fonds assujetti est chargé par le titre de faire à ses frais les ouvrages nécessaires pour l'usage ou la conservation de la servitude, il peut toujours l'affranchir de la charge en abandonnant le fonds assujetti au propriétaire du fonds auquel la servitude est due. »

784. — Le propriétaire du fonds assujetti devrait-il, dans ce cas, abandonner la totalité du fonds ou seulement la partie sur laquelle s'exerce la servitude? La raison veut que le propriétaire du fonds servant ne soit tenu d'abandonner que la partie de son fonds qui est assujettie à la servitude, autrement la faculté accordée par l'art. 699 serait complétement illusoire. — Duranton, t. 5, no 615; Toullier, t. 3, no 680; Pardessus, no 69; Malleville, t. 2, p. 148; Zachariæ, t. 2, p. 82; Solon, no 476; Marcadé, sur l'art. 699; Ducaurroy, Bonnier et Roustain, t. 2, no 368, sous l'art. 699.

785. — Celui qui a un droit de servitude, ne peut en user que suivant son titre, sans pouvoir faire, ni dans le fonds qui doit la servitude, ni dans le fonds à qui elle est due, de changement qui aggrave la condition du premier. — C. civ., art. 702.

786. — Le copropriétaire d'une cour commune qui exhausse sa maison donnant sur cette cour et y pratique de nouveaux jours, ne fait (alors d'ailleurs qu'il s'abstient de tous troubles et de tous empiétemens) qu'user de son droit de copropriété, et ne contrevient pas aux règles relatives à l'aggravation des servitudes, règles inapplicables entre communistes. — *Cass.*, 10 nov. 1845 (t. 2 1846, p. 86), Viollat et Dannel c. Dubert.

787. — Le fait, par le propriétaire d'un fonds auquel le passage est dû, d'exhausser ou d'agrandir les bâtimens existant sur ce fonds, de telle sorte que le nombre des personnes qui doivent user du passage se trouve notablement augmenté, ne constitue pas, dans le sens de la loi, une aggravation de servitude. — *Rouen*, 11 mars 1846 (t. 1er 1849, p. 51), Marie c. Costé.

788. — Pour avoir la libre disposition d'un puits sur lequel un voisin a droit de puisage, le propriétaire du fonds servant pourrait être assujetti, pourrait être admis à établir sur un autre emplacement aussi commode un autre puits, dont l'eau aurait les mêmes qualités et ne serait pas à une plus grande hauteur. Cependant un pareil changement ne pourrait être opéré par la seule volonté de ce propriétaire; il ne peut que l'offrir, sauf, si l'offre était repoussée, à faire décider la question par les tribunaux.—Ducaurroy, Bonnier et Roustain, t. 2, no 362, sous l'art. 702.

789. — Un propriétaire peut demander une expertise pour faire constater l'état des lieux à titre de mesure conservatoire, afin de servir de base à l'appréciation des dommages-intérêts qui pourront lui être dus dans le cas où, par des travaux entrepris sur son fonds, le propriétaire voisin porterait atteinte à un droit de servitude dont cet héritage est grevé. — *Besançon*, 31 août 1844 (t. 2 1845, p. 319), Bourgon, Vaissier et Bécoulet c. ville de Besançon.

790. — Le droit qu'a tout propriétaire de disposer de sa chose de la manière la plus absolue, ne s'oppose pas à ce qu'une vérification soit ordonnée pour savoir si les travaux qu'il exécute sur son fonds ne seront pas nuisibles aux droits des tiers et spécialement à l'exercice d'une servitude. — *Cass.*, 20 janv. 1845 (t. 2 1845, p. 205), de Pennautier c. Coste.

791. — « Si l'héritage pour lequel la servitude a été établie vient à être divisé, la servitude reste due pour chaque portion sans néanmoins que la condition du fonds assujetti soit aggravée. Ainsi, par exemple, s'il s'agit d'un droit de passage, tous les copropriétaires seront obligés de l'exercer par le même endroit. » — C. civ., art. 700.

792. — Une servitude de passage stipulée en faveur du propriétaire d'un terrain sur lequel il n'existe qu'une maison, peut être cédée à l'acheteur d'une nouvelle maison construite sur le même terrain. — *Paris*, 16 mai 1825, Maux-Tourneur c. Bellanger.

793. — Lorsqu'un propriétaire a vendu une partie de son domaine, en réservant au profit de la partie non vendue une servitude de puisage et d'abreuvoir; et qu'il cède ensuite la partie réservée à un tiers, qui élève une maison sur la part par lui achetée : le premier acquéreur peut s'opposer à ce que le second profite conjointement avec le vendeur de la servitude qui serait aggravée par ce double usage. — *Agen*, 5 janv. 1829, Conor c. Pradines.

794. — Lorsque dans le partage de bâtimens et terrains indivis un puits a été déclaré commun à tous les lots, le droit d'y puiser doit être restreint au service des immeubles soumis au partage et ne peut être étendu à l'usage des acquisitions nouvelles que les copartageans ont faites ultérieurement. — *Bourges*, 13 nov. 1838 (t. 1er 1839, p. 415), Charpin c. Guillion.

795. — Lorsqu'une servitude d'extraction de minerai a été concédée à perpétuité pour tout ce qui sera nécessaire à l'approvisionnement d'un fourneau, le propriétaire de ce fourneau a droit non-seulement à la quantité de minerai dont son établissement avait besoin au moment de la constitution de la servitude; mais encore à celle qui est devenue nécessaire plus tard à son usine par suite de son accroissement. (C. civ., art. 702). Du moins, l'arrêt qui le décide ainsi par interprétation du contrat ne contient ni une violation de la loi, ni une aggravation de la servitude. — *Cass.*, 9 févr. 1842 (t. 1er 1842, p. 467), de Montsaulnin et de Rolland c. Dupin et Revenaz.

796. — Le propriétaire d'un héritage servant ne peut se plaindre du changement apporté dans la jouissance de la servitude par le propriétaire du fonds auquel elle est due, si ce changement n'aggrave pas la condition de l'héritage servant. — *Metz*, 27 mai 1812, Gilbert c. Cassan.

797. — Le propriétaire d'un fonds joignant une maison qui jouit d'une servitude, ne peut construire des bâtimens qui en gênent l'exercice. — *Colmar*, 11 août 1809, Rosa c. Christmann.

798. — « Le propriétaire du fonds débiteur de la servitude ne peut rien faire qui tende à en diminuer l'usage ou à le rendre plus incommode. Ainsi, il ne peut changer l'état des lieux ni transporter l'exercice de la servitude dans un endroit différent de celui où elle a été primitivement assignée. Mais, cependant, si cette assignation primitive était devenue plus onéreuse au propriétaire du fonds assujetti, ou si elle l'empêchait d'y faire des réparations avantageuses; il pourrait offrir au propriétaire de l'autre fonds un endroit aussi commode pour l'exercice de ses droits, et celui-ci ne pourrait pas le refuser. » — C. civ., art. 701.

799. — L'art. 701 C. civ. est applicable aux servitudes conventionnelles lorsque le mode d'exercice n'a pas été réglé par le titre constitutif.— *Montpellier*, 23 juill. 1846 (t. 1er 1847, p. 651), Oratoire des Augustins c. Tourtoulon.

800. — Jugé que, bien que l'art. 701 C. civ., qui permet de transporter l'exercice d'une servitude dans un autre endroit du fonds servant aussi commode pour le fonds dominant, ne dispose explicitement que pour le changement de l'assiette de la servitude; néanmoins il autorise la modification de l'exercice même de la servitude si la modification demandée ne peut nuire, directement ni indirectement, dans le présent ni dans l'avenir, au fonds dominant, ni diminuer l'utilité que ce fonds retire de la servitude ou rendre l'exercice de cette servitude moins commode. — *Pau*, 9 févr. 1835, Marc c. Soulé; *Montpellier*, 23 juill. 1846 (t. 1er 1847, p. 651), Oratoire des Augustins c. Tourtoulon.

801. — Jugé, cependant, que le propriétaire du fonds servant peut être privé de la faculté établie par le dernier paragraphe de l'art. 701 C. civ., lorsque le titre constitutif de la servitude stipule formellement que les lieux resteront dans le même état. Qu'ainsi dans le cas où une pareille convention a été insérée dans le titre constitutif d'une servitude d'égout, le propriétaire du fonds servant ne peut exhausser le mur mitoyen du haut duquel découlent les eaux qu'à la charge de conserver la chute des eaux. — *Cass.*, 19 mai 1824, Porquet c. Camiat.

802. — Pour savoir si celui qui doit une servitude peut la déplacer sans préjudicier au fonds dominant, il ne faut avoir égard qu'à l'état où se trouvait ce fonds à l'époque où elle a été établie et non aux innovations opérées sur ce fonds ou projetées depuis la constitution de la servitude. — *Pau*, 9 fév. 1835, Marc c. Sulé. — Toullier, t. 3, nos 649 et suiv.; Duranton, t. 5, no 622; Solon, *Traité des servitudes réelles*, no 472.

803. — On ne peut demander le changement d'une servitude, quand pour le pratiquer il faut faire les ouvrages sur le fonds dominant.—*Metz*, 9 janv. 1821, Saviot c. Barré.

804. — Les dispositions de l'art. 701 C. civ. applicables aux servitudes de passage, puisage, ou toutes autres de cette nature s'exerçant sur le fonds servant, et susceptibles d'être changées si le propriétaire du fonds assujetti peut offrir un endroit tout aussi commode pour le nouvel exercice de la servitude, ne peuvent s'étendre aux servitudes de vue. — *Montpellier*, 29 août 184[illegible] (t. 1er 1846, p. 255), Legendre c. Villaret. — Pardessus, t. 2, p. 162.

805. — L'art. 701, qui permet sous des conditions déterminées de changer le lieu sur lequel s'exerce la servitude, s'applique aux servitudes

établies avant la publication du Code. — La faculté de changer l'assiette de la servitude s'applique aux servitudes conventionnelles comme aux autres servitudes. — La servitude peut être déplacée par celui qui la doit dans le cas de l'art. 701, lors même qu'il aurait par l'acte constitutif renoncé à cette faculté. — *Pau*, 9 fév. 1835, Marc c. Soulé.

806. — Lorsque, par suite d'exhaussemens pratiqués par l'autorité municipale, la servitude ne peut plus s'exercer sur le lieu qui y était précédemment affecté, les tribunaux ne peuvent, contre l'opposition formelle du propriétaire du fonds servant, affecter à l'exercice de la servitude une partie toute différente et plus étendue de son fonds. — C'est au profit du propriétaire du fonds servant seul qu'est ouverte la faculté de demander le changement de l'assignation primitive. — *Cass.*, 2 mai 1838 (t. 1er 1838, p. 669), Cazeaux et Lay c. Pomier-Layrargues.

807. — Un propriétaire de maison, qui achète une portion de maison enclavée, mais jouissant d'un droit de passage par un corridor donnant sur la voie publique, ne fait qu'user de son droit, s'il pratique dans son mur des ouvertures afin de communiquer d'une maison à l'autre, sans que l'on puisse dire qu'il y a aggravation de la servitude de passage. — *Montpellier*, 2 janv. 1834, Villers c. Boichon.

808. — Le propriétaire d'une maison qui doit à la maison voisine un passage dans une allée séparant les deux propriétés ne peut restreindre la porte de cette allée à une largeur moindre que celle qu'elle avait lors de l'établissement de la servitude. — *Besançon*, 14 nov. 1844 (t. 1er 1846, p. 559), Jacquart c. Roche. — V. toutefois *Paris*, 1 avr. 1837 (t. 1er 1837, p. 408), d'Audiffret c. Tonasse. — Toullier, t. 3, nos 647, 959 et 660; Pardessus, no 62; Favard de Langlade, vo *Servitudes*, sect. 4, nos 1er et 4.

809. — Quand, selon l'art. 701 C. civ., l'assignation primitive d'une servitude de passage est changée; le propriétaire du fonds dominant ne peut prétendre à une garantie contre le précédent propriétaire qui lui a vendu le fonds, sous prétexte que le nouveau passage n'est point aussi commode que celui qui existait au temps de la vente. — *Caen*, 9 avr. 1825, Fleuriot c. Robillard et Varin.

810. — Le propriétaire qui a de tout temps exercé le droit de passage que lui confère son titre par un chemin existant lors de la constitution de la servitude ne peut être privé de son droit par l'assignation que ferait le propriétaire du fonds servant d'un autre chemin moins commode. — De ce que, dans l'origine, le passage ne s'exerçait qu'à pied et à cheval, à raison du peu de largeur du chemin, il ne résulte pas que si, depuis, le chemin a été élargi de telle sorte que le passage avec charrettes et voitures soit possible, le propriétaire de la servitude ne puisse l'exercer de cette manière; sauf l'action en indemnité dont il est passible à raison de l'élargissement que le chemin aurait reçu. — *Cass.*, 6 avr. 1842 (t. 2 1842, p. 50), Mittre c. Allibert.

811. — L'aggravation d'une servitude acquise par prescription peut résulter du seul changement consistant dans la substitution d'un genre d'exploitation à un autre, pour faire concurrence avec un établissement du fonds asservi. — Spécialement le propriétaire qui a acquis par prescription un droit de prise d'eau sur le canal de son voisin pour alimenter un moulin à tan, aggrave la servitude s'il transforme son établissement en un moulin à huile faisant concurrence avec celui existant sur le fonds asservi. — *Cass.*, 15 janv. 1834, Liotard c. Gérard.

812. — Le propriétaire de tout ou partie d'une ferme pour laquelle une servitude réelle de pacage a été établie ne peut être privé de ce droit, sous prétexte qu'il ne se livre pas personnellement à l'exploitation de toutes les terres ayant appartenu autrefois à cette ferme et qu'il ne possède pas le nombre de bêtes à cornes mentionné dans l'acte constitutif de la servitude. — *Cass.*, 20 juin 1827, Broyard c. prince de Condé.

Sect. 3e. — *Règles particulières à différentes espèces de servitudes conventionnelles.*

813. — L'application des principes généraux aux différentes espèces de servitudes a donné lieu pour quelques-unes d'entre elles, dont l'existence est plus fréquente, à des difficultés spéciales que nous examinerons sous des paragraphes distincts.

ART. 1er. — *Servitude de passage.*

814. — La servitude de passage est une servitude discontinue et ne peut par conséquent s'établir par prescription (art. 691), lors même qu'elle serait manifestée par des ouvrages apparens : tels que des ouvertures ou une porte. L'étendue de cette servitude, comme celle de toutes les servitudes conventionnelles, est déterminée par le titre constitutif, à défaut ou dans le cas d'insuffisance du titre elle doit l'être par les tribunaux. — *Cass.*, 24 nov. 1835, Brahauban c. commune de Lux. — Solon, no 314.

815. — La maxime *In antiquis enunciativa probant* ne peut pas s'appliquer à une servitude discontinue comme un droit de passage, surtout si le terrain réclamant la servitude ne se trouve pas enclavé. — *Bordeaux*, 14 janvier 1834, Enjourbault c. Cavignac.

816. — Pour établir une servitude de passage sur un fonds, il ne suffit pas de produire un titre ancien constatant des droits féodaux sur un fonds de terre, et contenant la stipulation d'un droit de sortie, surtout si cet acte n'a pas les caractères d'un acte récognitif. — Même arrêt.

817. — Celui qui réclame l'exercice d'une servitude de passage dont les traces ont disparu, en s'appuyant sur des titres anciens qui l'établissent, peut invoquer ses actes de possession pour repousser la prétention du propriétaire du fonds servant, qui soutient avoir prescrit l'affranchissement de la servitude par le non-usage pendant trente ans. — Dans ce cas, ce n'est pas acquérir mais conserver une servitude discontinue par des faits de possession. — *Cass.*, 13 janv. 1840 (t. 1er 1843, p. 126), Boissy c. Paillasse.

818. — La disposition d'un partage par lequel les copartageans sont assujettis à se donner réciproquement chemin de servitude l'un à l'autre partout où requis sera en temps et saison convenables, ne peut s'appliquer qu'aux passages nécessaires pour desservir des terres alors labourables et ne peut s'entendre d'un passage permanent et journalier pour des magasins qui n'ont été établis que depuis l'acte de partage. — *Rennes*, 18 nov. 1817, Leglas c. Quellen.

819. — Quand une servitude de passage réciproque a été stipulée avec la clause si besoin est, l'une des parties ne peut en user pour sa convenance ou sa simple commodité. — Cette servitude doit être restreinte aux cas de nécessité, lorsque les fonds réciproquement asservis touchent à un chemin public. — *Bordeaux*, 26 avr. 1830, Gavignac c. Juis.

820. — La convention insérée dans un acte de partage que les copartageans s'accorderaient mutuellement ou les uns aux autres l'issue et le libre passage avec chariot sur les fonds compris dans leurs lots, ne fait pas naître seulement un droit personnel entre les copartageans; mais établit une servitude qui a force obligatoire non-seulement entre les copartageans, mais entre leurs héritiers et successeurs. — *Bruxelles*, 16 janvier 1823, Declereck c. Jonkheere.

821. — Lorsque par son contrat d'acquisition l'acheteur d'un immeuble s'est obligé à supporter les charges existantes, il ne peut s'opposer à l'exercice d'un droit de passage qui, au moment de la vente, s'annonçait par des signes apparens et qui a été reconnu par une transaction passée entre les propriétaires du fonds dominant et du fonds servant. — *Cass.*, 17 mars 1824, Pinchon c. Pellezer.

822. — Le Code civil, ni aucune loi, n'excluant les diverses modifications et décompositions dont le droit de propriété est susceptible, les juges peuvent, tout en reconnaissant un individu propriétaire, décider qu'un droit de passage qu'il a cédé à un tiers sur ce terrain est tellement exclusif, qu'il fait obstacle à ce que le propriétaire du sol y passe lui-même. Une telle décision ne blesse pas les principes en matière de propriété et de servitude, en ce que la servitude aurait ici l'effet d'anéantir la propriété. — *Cass.*, 25 juin 1834, Saint-Albin c. Dejean.

823. — Le propriétaire d'un fonds grevé d'une servitude de passage à pied, à cheval et avec bœufs et charrettes, peut établir, au lieu où la servitude s'exerce, une barrière, pourvu qu'elle ne soit fermée ni par une serrure, ni par un cadenas, et qu'elle ne soit établie que pour rendre la servitude moins dommageable à celui qui la doit, en écartant les bestiaux et en apprenant aux étrangers que le passage n'est pas public. — *Bordeaux*, 4 mai 1832, Peychaud c. Etienne. — *Contrà*, Duranton, t. 5, no 434.

824. — Le propriétaire d'une cour grevée d'une servitude consistant dans le droit d'échelage et la faculté de passer dans cette cour pour faire entrer et sortir des tonneaux ne peut y établir un mur qui nuirait à l'exercice de la servitude. — Mais le propriétaire du fonds dominant ne peut exiger que le passage soit ouvert à toute heure du jour et de la nuit ni s'opposer à ce qu'un verrou soit placé à la porte de communication par le propriétaire de la cour, à la charge toutefois par ce dernier d'ouvrir la porte toutes les fois que l'exercice de la servitude serait réclamé. — *Rennes*, 16 janv. 1829, Pimor c. Bouchet.

825. — Le passage par un corridor, concédé à titre de servitude, pour être exercé de manière qu'il n'en résulte ni tumulte ni bruit extraordinaire, n'autorise pas celui à qui il est concédé à s'en servir pour des bals et des réunions nocturnes. — Dans le cas de contravention aux inhibitions qui lui sont faites de s'en servir pour cet objet, il devient passible de dommages-intérêts envers le propriétaire du corridor. — *Bordeaux*, 16 juin 1841 (t. 2 1841, p. 336), Cayol c. Delavie et Vernet.

826. — Le propriétaire d'une maison en faveur de laquelle existe un droit de passage par une maison voisine a le droit de traverser celle-ci à toute heure, et celui à qui elle appartient ne peut lui en refuser une clef. — *Besançon*, 14 nov. 1844 (t. 1er 1846, p. 559), Jacquart c. Roche.

827. — L'interdiction, stipulée par les copropriétaires d'un passage commun, d'*avoir carrosses dans leurs maisons pour les faire passer par ledit passage*, ne s'étend pas jusqu'à priver les communistes du droit essentiel de faire pénétrer accidentellement dans ce passage les voitures et charrettes nécessaires pour le service et les besoins des maisons auxquelles il sert d'accès; pourvu que le passage ne soit pas encombré, et que la circulation ne soit pas gênée. — *Rouen*, 21 juill. 1845 (t. 1er 1846, p. 314), Quemont c. Pinié.

828. — Une largeur de quatre pieds peut être jugée suffisante à l'égard d'un passage établi pour gens de pied seulement. — *Paris*, 3 avril 1837 (t. 1er 1837, p. 468), Université de France c. Pajol.

829. — Le droit de passer sur le fonds d'autrui avec bœufs et charrette pour enlever les récoltes d'un pré ne peut être étendu au passage des bestiaux pour aller au pacage. — *Bordeaux*, 25 mai 1830, Tarrade c. Perrier.

830. — Le droit de passage avec bœufs et charrette ne comporte pas le passage avec bestiaux déliés. — *Limoges*, 1er août 1838 (t. 1er 1839, p. 216), Brandy c. Roile-Duvillard.

831. — La servitude de passage stipulée purement et simplement n'emporte pas le passage à ciel découvert. — En conséquence le propriétaire du fonds servant peut bâtir au-dessus de l'allée par laquelle s'effectue le passage, en laissant toutefois à cette allée suffisamment d'élévation, de largeur, de jour et d'air pour que la servitude puisse commodément s'exercer comme par le passé. — *Rouen*, 22 mai 1837 (t. 1er 1838, p. 443), Dubuc c. Lecarpentier. — Pardessus, no 71.

832. — Un droit de passage à toute occurrence sur une cour commune doit être réduit à un passage à pied avec brouette, lorsque par suite d'édifices successivement construits cette cour est devenue une simple ruelle. — *Rennes*, 16 juin 1819, N....

833. — D'après le droit romain autrefois admis en Alsace, le passage avec voiture (*via*) constituait la servitude de passage la plus étendue et renfermait celle du passage à pied (*iter*) et celle du passage des bestiaux et des véhicules de petite dimension (*actus*). — En d'autres termes, sous l'empire de cette législation, le droit de passage avec voiture impliquait le droit de pratiquer le passage pour tous les besoins du fonds dominant et pour ceux de ses propriétaires. — L. 1re, ff., *De servitutibus prædior. rustic.* — *Colmar*, 16 janv. 1846 (t. 2 1846, p. 529), Weizel c. Ruthand.

834. — Sous l'empire du Code civil, qui n'a pas conservé la division faite par la loi romaine des diverses espèces de passages, la question de savoir si le passage avec voiture doit comprendre les autres modes de passage moins importans, tels que celui des personnes et des bestiaux, n'est plus qu'une question d'étendue de la servitude de passage, pour la solution de laquelle on peut recourir à la règle du droit romain. *Iter et actum via in se continet*, toutes les fois qu'il n'apparaît pas que les parties aient voulu y déroger. — Même arrêt.

835. — Le passage à pied sans voiture, bien que communément compris dans le passage avec voiture et bestiaux, n'est pas censé concédé lorsqu'il devient plus onéreux que ce dernier, à moins qu'il ne soit d'ailleurs nécessaire d'après la destination ou commandé par les localités. — *Trèves*, 20 mars 1811, Muller c. Hasen. — Lalaure, liv. 1er, ch. 6, p. 51, et ch. 5, p. 24.

836. — Lorsque le passage est dû sur une pièce de terre pour le service d'un champ, et qu'au moyen de la suppression d'une clôture un champ voisin est ajouté à l'immeuble qui constituait originairement le fonds dominant; les propriétaires du fonds servant peuvent refuser le passage, pour le motif que le défaut de clôture entre le fonds dominant et le champ voisin les assujettit, pour empêcher qu'on ne dépasse les bornes de la servitude, à une surveillance gênante qui aggrave la servitude. — *Rennes*, 13 nov. 1822, Tramhel c. Soulas. — Desgodets, sur l'art. 215 Cout. Paris; Pardessus, nº 5; Duranton, t. 5, nº 616; Toullier, t. 3, nºs 653 et 654; Solon, *Traité des servitudes réelles*, nº 468, et Vaudoré, *Droit rural*, t. 1er, nº 661.

837. — Le propriétaire d'une porte cochère qui doit un passage au voisin peut permettre à une autre personne d'y passer avec voiture et autrement, pourvu que la servitude acquise au voisin n'en souffre pas. — *Rennes*, 14 mars 1818, Brevelet c. Mailler. — Pardessus, nº 48; Duranton, t. 5, nº 526.

838. — Les habitans d'une commune auxquels un droit de passage a été accordé à travers une forêt à la charge de faire le repurgement des fossés bordant le chemin, ne peuvent, sous prétexte que les terres provenant de ces fossés seraient nécessaires pour rendre le chemin praticable, les faire rejeter sur ce chemin sans le consentement du propriétaire. L'obligation imposée au propriétaire de tolérer les travaux nécessaires à l'exercice du droit de passage n'entraîne pas contre lui l'obligation de céder les terres extraites des fossés. — Il en est ainsi, encore bien que, par tolérance, la consolidation du chemin ait eu lieu jusqu'alors au moyen de ces terres. — *Cass.*, 22 nov. 1837 (t. 1er 1838, p. 300), Commune de Cléry c. le comte de Sarcus.

839. — Lorsque le titre constitutif d'une servitude de passage n'oblige pas le propriétaire du fonds servant à maintenir la largeur existante au moment de l'établissement de la servitude, celui-ci est libre de la diminuer; sauf aux tribunaux à apprécier si cette diminution laisse au passage une largeur suffisante pour sa destination. — *Paris*, 5 avril 1837 (t. 1er 1837, p. 408), Université de France c. Pajot.

840. — La possession, bien qu'elle soit infructueuse pour constituer une servitude de passage, peut être néanmoins utile pour déterminer le lieu par lequel doit s'exercer le passage. — *Cass.*, 9 nov. 1824, Chiron c. Meslier. — Duranton, t. 5, nº 429; Solon, nºs 333 et 402; Curasson sur Proudhon, *Droit d'usage*, nº 404; Zachariæ, t. 2, § 253, note 11.

841. — Lorsqu'il s'agit de déterminer l'effet d'un titre et de fixer l'étendue d'une servitude de passage déjà reconnue, la preuve testimoniale est admissible. — *Colmar*, 16 janv. 1846 (t. 2 1846, p. 529), Welzel c. Ruhland.

842. — Les principes relatifs à l'établissement des servitudes discontinues sont inapplicables au cas où, pour réclamer un passage par un chemin, le demandeur se fonde, non sur ce que ce passage lui est dû à titre de servitude, mais sur ce qu'il est copropriétaire du chemin. — *Cass.*, 14 janv. 1840 (t. 1er 1841, p. 516), Callard c. Pernet-Godin.

843. — Ainsi, on est recevable à établir par témoins le droit de passer sur un chemin d'exploitation, lorsque ce droit est réclamé, non à titre de servitude, mais à titre de copropriété. — *Orléans*, 23 août 1844 (t. 2 1844, p. 204), Pays-Meslier c. Dubos.

844. — Ces chemins ou sentiers d'exploitation ou de service entre plusieurs héritages sont présumés avoir été établis par convention expresse des propriétaires auxquels ils sont nécessaires. Et dès lors, la possession n'est pas soumise aux règles établies pour le passage considéré comme servitude discontinue. — *Cass.*, 29 nov. 1814, Antoine c. Joly; *Agen*, 26 déc. 1824, Dupuy c. Thieux; *Cass.*, 11 déc. 1827, Pagès c. Demontval; 19 nov. 1828, Moutier c. Arnault; 27 déc. 1830, Bernard c. Beaujeon. — Garnier, *Act. possess.*, p. 319; Carré, *Just. de paix*, nº 1412; Curasson, *Compét. des juges de paix*, t. 2, p. 189; Fournel, *Du voisinage*, vº *Action possessoire*; Pardessus, nº 217.

845. — Ainsi il a été jugé que celui qui prouve par témoins que depuis un temps immémorial il exerce un droit de passage par ce chemin, n'est pas tenu de produire un titre à l'appui de sa prétention. — *Agen*, 28 déc. 1824, Dupuy c. Thieux.

846. — Jugé encore que toute ruelle séparative de deux héritages ruraux est présumée avoir été formée pour moitié sur chacun de ces héritages. — *Douai*, 13 nov. 1840 (t. 2 1840, p. 768), Ducatez c. Hautecœur.

847. — Jugé cependant qu'un semblable chemin peut ne constituer qu'une servitude discontinue. — *Cass.*, 20 mai 1828, Descoins c. Astruc.

848. — Lorsqu'une commune offre de prouver sa possession ancienne, à titre de propriétaire, d'un sentier traversant un héritage particulier, le propriétaire de cet héritage ne peut pas lui opposer le principe qui déclare imprescriptible toute servitude discontinue, sous le prétexte que la commune, en n'invoquant que des faits de passage, arriverait seulement à la preuve d'une servitude de cette nature. — *Cass.*, 30 mars 1836, Pécuchet c. Commune de Hautot-le-Vatiois.

849. — Mais le simple fait du passage des habitans d'une commune sur un chemin n'est pas un acte de possession utile pour l'établissement, à leur profit, d'un droit de propriété, non plus que pour celui d'une servitude. — *Paris*, 2 juin 1838 (t. 2 1838, p. 331), Commune de Nozai c. Clury. — Garnier, *Des chemins*, p. 319; Pardessus, *Servitudes*, nºs 16 et suiv.

850. — Le passage des habitans d'une commune sur un chemin dont la propriété est contestée entre deux parties n'ayant respectivement aucun titre à alléguer; la réparation des ponts et l'entretien de la chaussée aux frais de cette commune, indiquent plutôt une possession à titre de propriétaire qu'un droit de servitude. — *Nancy*, 27 févr. 1826, d'Apremont c. Commune de Tillonbois. — Troplong, *Prescription*, nº 273.

851. — Lorsqu'il est douteux qu'un passage ait été exercé avec une intention d'appréhension, qu'il est au contraire déclaré par des témoins que ce passage n'a eu lieu qu'à titre de tolérance, les juges doivent se prononcer en faveur de la liberté de l'héritage prétendu asservi. — *Douai*, 18 mai 1836, Daguebert c. Destré.

852. — La Coutume de Normandie reconnaissait (art. 83), sous le titre de *sentes pour le voisiné*, des chemins qui, sans être publics, n'étaient cependant pas de simples passages à titre de servitude, et n'avaient pas besoin d'être constitués par titres. — Le fait d'enclave joint à l'usage du chemin étaient sans doute deux des signes principaux d'une *sente pour le voisiné*; mais ces signes ne suffisaient pas et il fallait, de plus, que le chemin eût une assiette fixe, et qu'en général il parût établi sur un terrain laissé en commun par des voisins qui en conservaient la copropriété. — *Caen*, 1er déc. 1845 (t. 1er 1846, p. 392), Préfet de l'Orne c. Guilbau.

853. — La demande tendant à être reconnu *propriétaire du droit de passer par un chemin*, peut, sans qu'il y ait matière à censure de la part de la Cour de cassation, être interprétée dans le sens d'une demande à fin d'être reconnu *copropriétaire du chemin lui-même*. — *Cass.*, 14 janv. 1840 (t. 1er 1841, p. 516), Callard c. Pernet-Godin.

854. — Lorsqu'un passage appartient en commun à plusieurs particuliers, aucun d'eux ne peut, sans le concours des autres, ou sans le faire juger avec eux, changer l'état des lieux. — *Cass.*, 17 nov. 1840 (t. 1er 1841, p. 131), Libert c. Bénard.

855. — Néanmoins, le copropriétaire d'un passage commun a, sauf conventions contraires, le droit d'ouvrir sur ce passage des fenêtres d'aspect, sans observer la distance prescrite par l'art. 678 C. civ.; cet article n'étant applicable qu'à la distance à observer *à l'égard du fonds d'autrui*. — *Caen*, 24 août 1842 (t. 2 1843, p. 640), Fabrique de Saint-Sauveur c. Harel.

856. — La clause d'un contrat qui déclare qu'un passage sera commun entre les parties, crée entre elles une servitude de passage et non une propriété indivise du sol, lequel est réputé appartenir à celle des parties qui, soit par le paiement de l'impôt foncier, soit par des actes réitérés et contre lesquels aucune réclamation ne s'est élevée, a exercé pendant un long laps de temps des droits de propriété exclusive. — *Lyon*, 2 déc. 1844 (t. 1er 1845, p. 453), Mathonnet c. Morel.

857. — Le droit réservé au profit d'une commune de faire pâturer un terrain qu'elle vend, après la première coupe de foin enlevée, constitue une servitude, et non un droit d'usage imposant à cette commune l'obligation de payer une partie des contributions et des frais d'entretien. — *Cass.*, 23 févr. 1835, Marcotte c. Ville de Doullens.

858. — Jugé encore que la jouissance de la seconde herbe d'un pré clos, exercée chaque année au moyen d'une trouée à la clôture subie par le propriétaire, constitue une véritable servitude qui, avant la loi de 1791 et le Code civil, avait pu s'acquérir par la possession immémoriale. — *Cass.*, 29 déc. 1840 (t. 1er 1841, p. 166), Commune de Saint-Chély c. Pelisse. — Merlin, *Quest.*, vº *Vaine pâture*; Proudhon, nº 331.

859. — Cependant, le droit de récolter les secondes herbes exercé par une commune, par elle-même ou par des tiers auxquels elle l'afferme, peut, suivant les circonstances, être considéré comme droit de propriété susceptible d'être acquis par la prescription. — *Cass.*, 22 nov. 1841, (t. 1er 1841, p. 457), Boudoul c. Commune du Bouchet-Saint-Nicolas.

860. — Une demande relative à une servitude, et, par exemple, tendant à faire déclarer qu'un chemin de halage appartenant à un particulier est entièrement libre de tout droit de passage avec chariot, est de la compétence exclusive de l'autorité judiciaire. Peu importe que la servitude de passage soit réclamée par une commune. — *Bruxelles*, 25 oct. 1828, Commune de Moerkerke c. V....

861. — De même, lorsque dans un contrat de vente passé par l'Etat il a été déclaré que l'immeuble vendu était grevé d'une servitude de passage *pour différens usages*; la question de savoir si tel individu est du nombre de ceux qui ont droit au passage réservé doit être portée devant l'autorité judiciaire, et ne peut donner lieu à une interprétation par voie administrative. — *Caen*, 26 févr. 1842 (t. 1er 1843, p. 247), Vautier c. Commune de Saint-Pierre-du-Jonquet.

862. — C'est la juridiction civile qui en cette matière est compétente. Le tribunal de police ne pourrait donc statuer sur l'étendue d'une servitude ou sur la propriété d'un chemin. — *Cass.*, 10 frim. an XII, Jouan c. Chanteau.

863. — Spécialement, il serait incompétent pour maintenir un prévenu dans un droit de passage. — *Cass.*, 29 août 1828, Martin.

864. — En matière de servitude de passage, un tribunal peut, avant faire droit, ordonner un rapport d'experts et une enquête. — *Rennes*, 23 déc. 1820, Lebourg c. N....

865. — En cas d'insuffisance du procès-verbal d'experts, le demandeur peut prouver par témoins les faits de trouble qui ont entravé l'exercice de son droit de passage. — *Rennes*, 16 avr. 1813, Bioret.

866. — L'action intentée à raison du trouble apporté à l'exercice d'un droit de passage, indivisible de sa nature, peut être dirigée seulement contre celui des copropriétaires du fonds servant du fait duquel provient le trouble. — *Rennes*, 7 juin 1816, Bréard c. Gascoin.

867. — Une rue est une propriété qui ne peut être supprimée par l'autorité qui l'a concédée qu'après une enquête *de commodo et incommodo* et le paiement d'une indemnité aux propriétaires qui ont sur cette rue un droit de passage ou de vue qui se trouve anéanti. — Si le passage consistant en une porte est devenu par l'exhaussement du terrain trop petit pour y passer, dût-on même le considérer comme une servitude, sa suppression doit donner lieu à une indemnité. — *Bourges*, 6 avr. 1829, Brière c. Fragny.

868. — Un propriétaire est sans qualité et sans droit pour se plaindre, devant les tribunaux, d'une entreprise faite par son voisin ou par tout autre sur la voie publique, lorsque cette entreprise ne gêne point l'entrée ou la sortie de ses bâtimens ou enclos. — *Metz*, 3 janv. 1812, Pillart c. Jaumote.

Art. 2. — *Servitude altius non tollendi.*

869. — On désigne sous le nom de servitude *altius non tollendi* celle qui consiste dans le droit d'interdire à un propriétaire voisin de construire sur son fonds soit absolument, soit au delà d'une certaine hauteur. Cette servitude est donc par sa nature non apparente, et ne peut s'acquérir que par titre.

870. — En général, la servitude *altius non tollendi* ne peut être étendue à la servitude de prospect. Ainsi, celui qui s'est engagé à ne pas élever un mur sur un terrain peut néanmoins y planter des arbres. — *Cass.*, 12 déc. 1836 (t. 1er 1837, p. 260), Bonneau-de-l'Etang c. Enfert. — Toullier, t. 3, nº 590; Duranton, nº 522.

871. — Lorsque deux fabricans ont acheté en commun un terrain pour y déposer le bois nécessaire au chauffage de leurs fabriques, celui qui s'est engagé à ne pas élever, au-dessus de huit pieds, le mur qui sépare ce terrain de la maison de son coacquéreur peut y planter des arbres et déposer momentanément les bois nécessaires à son usine, quoique excédant cette hauteur. — Même arrêt.

872. — L'arrêt qui décide que l'interprétation la plus rigoureuse d'un titre qui contient stipulation d'une servitude *non ædificandi* ne peut conduire jusqu'à interdire au propriétaire du fonds servant le droit d'exploiter utilement son mur de clôture, et d'y ouvrir des boutiques, en n'en dépassant pas la hauteur, échappe, comme jugeant en fait, à la censure de la Cour de cassation. — *Cass.*, 30 mars 1837 (t. 2 1837, p. 46), Thayer c. Soehnée.

873. — La servitude *altius non tollendi* ne doit pas s'appliquer dans toute sa rigueur s'il est constant que les constructions excédant les hauteurs déterminées ne portent, dans leur état actuel, aucun préjudice appréciable à celui qui l'a stipulée à son profit. — Il en doit être ainsi surtout s'il existe quelque ambiguïté dans les actes qui ont constitué la servitude, et si les constructions ont été élevées sans réclamation. — *Paris*, 30 juin 1845 (t. 1er 1846 p. 69), Rosaz c. Saint-Rémy et Picot.

874. — Spécialement, lorsque des propriétaires voisins ont implicitement dérogé à une stipulation réciproque de servitude *altius non tollendi*, consentie entre eux, en faisant l'un et l'autre des constructions d'une hauteur contraire à cette stipulation; cette dérogation n'emporte point renonciation à la servitude, dont on peut dès lors réclamer l'exécution dans le cas où l'un d'eux voudrait ultérieurement élever davantage ses constructions. — *Caen*, 17 févr. 1843 (t. 1er 1844, p. 571), Auvray de Coursanne c. Depontavice.

875. — L'arrêt qui, sur les offres du propriétaire du premier étage d'une maison, d'une terrasse y attenante, et d'un passage conduisant à cette terrasse, lui prescrit de réduire le faîtage du toit du passage au niveau du plancher de l'étage supérieur, appartenant à un autre propriétaire, en ce que celui-ci n'a pas voulu lui céder la mitoyenneté du mur sur lequel ce toit était appuyé, n'emporte pas chose jugée sur le droit que prétend avoir plus tard le premier de ces propriétaires d'élever à la distance légale du mur des constructions s'élevant au-dessus du niveau du deuxième étage, prétention que le second propriétaire essaie de repousser en invoquant à son profit la servitude *altius non tollendi*. — *Cass.*, 15 févr. 1843 (t. 1er 1843, p. 522), Sicche c. Peraldi.

ART. 3. — *Servitude d'aqueduc.*

876. — La servitude d'aqueduc (*aquæductus*) qui consiste à faire passer de l'eau sur un héritage pour les besoins d'un autre héritage est une servitude continue et apparente.

877. — La servitude d'aqueduc constituée sur un héritage autre que celui dans lequel la source prend naissance, n'est pas éteinte parce que cette source est tarie. — *Riom*, 23 janv. 1829, Vissaguet c Vedrine.

878. — Le propriétaire du fonds au profit duquel a été constituée une servitude d'aqueduc qui s'exerce sur un fonds autre que celui dans lequel naît la source, a le droit de faire passer par l'aqueduc une source autre que celle qui existait au moment de l'établissement de la servitude; pourvu que le niveau et la force des eaux ne soient pas modifiés, et qu'aucun dommage n'en résulte pour le fonds servant. — Même arrêt.

879. — La reconnaissance, au profit de la partie qui est en possession d'une servitude d'aqueduc, du droit de surveillance pour l'entretien du canal, et la constatation des œuvres nuisibles à l'exercice de ce droit ne contiennent pas un aveu judiciaire d'un droit de passage absolu et général le long du canal. — *Cass.*, 18 juill. 1843 (t. 2 1843, p. 590), Commune de Kaysersberg c. Hofer.

880. — La servitude de passage n'est pas l'accessoire nécessaire de la servitude d'aqueduc ou du droit de surveillance que le propriétaire d'un canal peut exercer sur tout le cours de ce canal. — Dans tous les cas l'arrêt qui décide en fait, dans une espèce particulière, que donner cette extension au droit d'aqueduc ou de surveillance ce serait créer une servitude nouvelle et distincte de celle qui existe déjà, et qui, en conséquence, déclare que le droit de passage n'a pu se prescrire comme la servitude d'aqueduc et de la même manière et demeure soumis aux règles générales pour l'acquisition des servitudes discontinues, ne contient ni une violation de l'art. 608 C. civ., ni une fausse application des art. 690 et 691 du même Code. — Même arrêt.

881. — Un canal fait de main d'homme est non-seulement l'accessoire mais une portion intégrante d'un moulin qu'il fait mouvoir, de telle sorte que la propriété du canal entraîne celle des francs-bords, et que nul autre que le propriétaire du moulin ne peut prendre l'eau à ce canal, à moins d'une servitude établie par titre. — *Cass.*, 20 déc. 1842 (t. 1er 1843, p. 357), de Courcelles c. Garnot.

882. — Celui dont la propriété, enclavée en partie, est traversée par un canal artificiel sur lequel il exerce la servitude légale de passage, peut construire sur le canal un pont appuyé des deux côtés sur son propre fonds; et le propriétaire du canal n'est pas fondé à se plaindre de cette construction, alors qu'elle ne lui cause aucun préjudice. — *Cass.*, 12 janv. 1841 (t. 2 1843, p. 448), Cordier c. Coulon.

883. — Le droit de faire à une usine acquise avec une servitude de prise d'eau toutes les augmentations que l'acquéreur jugera convenables emporte, par voie de conséquence, le droit d'augmenter proportionnellement la prise d'eau. — *Caen*, 5 déc. 1827, Foubert c. Aubry.

884. — La concession faite par une ville de l'usage de l'eau d'une aiguade qui lui appartient n'emporte pas nécessairement, pour le concessionnaire, la disposition du terrain qui l'environne, pour s'en servir à tout autre usage qu'à l'exercice pur et simple de la prise d'eau; par exemple, au nettoiement et à la préparation de futailles destinées à être remplies. — *Bordeaux*, 13 janv. 1842 (t. 1er 1842, p. 388), Ville de Bordeaux c. Jouis.

885. — Le propriétaire obligé par la nature des choses et l'état des lieux à souffrir le curage du ruisseau qui traverse son fonds peut, à moins de règlement ou d'usage contraires, exiger que le propriétaire d'une usine établie sur un terrain supérieur, qui veut faire opérer le curage, choisisse une saison convenable et le prévienne à l'avance. — *Metz*, 11 juill. 1817, Deville-Bodson c. Jacob. — V. AQUEDUC, CANAL, COURS D'EAU.

ART. 4. — *Servitude d'égout.*

886. — Nous avons dit (*suprà*, n° 67) que l'obligation imposée par la loi au fonds inférieur de recevoir les eaux qui découlent naturellement du fonds supérieur, ne pouvait pas entraîner l'obligation de supporter l'égout des toits; parce qu'il ne s'agit point dans ce cas d'eaux qui découlent naturellement et sans le fait de l'homme.

887. — Mais la servitude d'égout, ainsi entendue, est au moins, et quoique la pluie ne tombe pas continuellement, une servitude continue et apparente qui peut s'acquérir par prescription.

888. — Mais la servitude d'*évier* ou égout servant à projeter les eaux ménagères d'une maison dans la cour d'un voisin, exige le fait actuel de l'homme chaque fois que son exercice est renouvelé. Elle forme donc une servitude discontinue à la différence de l'égout des eaux pluviales, dont l'exercice a lieu par le fait seul de la nature. En conséquence, cette servitude d'évier n'est pas susceptible d'être acquise par une simple possession dépourvue de titre. — *Paris*, 14 mars 1836, Cartret c. Gobinat; *Aix*, 31 janv. 1838 (t. 2 1838, p. 471), Lions c. Guigou et Chabrier.

889. — Quand le seul titre d'une servitude d'égout des eaux s'écoulant d'un bâtiment consiste dans l'aveu judiciaire que la servitude existait dans tel lieu, en faveur du fonds dominant, lorsqu'il y avait une raffinerie de sucre, cette servitude ne peut pas, en cas de remplacement de la raffinerie par une autre exploitation, être transportée du lieu antérieur d'exercice à un autre et être étendue d'un parcours restreint à un parcours plus prolongé. — *Cass.*, 2 mai 1838 (t. 1er 1838, p. 669), Cazeaux et Lay c. Pomier-Layrargues.

890. — Lorsqu'il est dit dans un titre qu'un fonds sera tenu de recevoir les eaux des gouttières et celles qui proviennent d'une cour voisine, on ne peut pas assujettir le fonds à recevoir les eaux ménagères et urinaires de cette cour. — *Paris*, 14 mars 1836, Cartret c. Gobinat.

891. — Le propriétaire d'un jardin limité d'un côté par un bâtiment avec vue droite et égout, et pour la réparation duquel le tour d'échelle a été constamment pratiqué, doit être néanmoins réputé propriétaire du terrain contigu au bâtiment lorsqu'il y a fait des actes de propriété constans, publics, non interrompus, et que le voisin ne justifie d'aucun titre contraire. Dès lors il peut contraindre ce dernier à lui vendre la mitoyenneté du mur de l'édifice, en laissant subsister les servitudes de vue droite, de tour d'échelle et d'égout. — *Angers*, 18 mars 1841 (t. 2 1841, p. 146), Danton c. Emery. — V. ÉGOUT.

ART. 5. — *Servitude conventionnelle de vue.*

892. — La concession, par un propriétaire à son voisin, d'un droit de jour sur son héritage, avec promesse de ne pas l'obstruer, n'emporte pas, dans le silence du contrat, concession d'une servitude de *prospect*; dès lors il conserve le droit de bâtir à la distance fixée par l'art. 678 C. civ. — *Cass.*, 24 juin 1823, Lacombe c. Lepage; *Paris*, 16 fév. 1841 (t. 1er 1841, p. 386), Méot c. Roquefort; *Angers*, 8 juill. 1843 (t. 2 1843, p. 653), Duhordas de Hauteville c. ville du Mans.

893. — Dans le cas d'une servitude de vue sur une cour, les juges ne peuvent maintenir la construction, opérée par le propriétaire du fonds servant, d'un toit en vitrage au dessus des croisées donnant sur la cour. Cet état de choses a nécessairement pour effet de porter atteinte à l'exercice du droit de vue. Et l'arrêt qui décide autrement doit être cassé, alors même qu'il déclarerait en fait que ce toit n'intercepte pas le jour et ne porte aucun préjudice au propriétaire du fonds dominant. — *Cass.*, 15 janv. 1840 (t. 1er 1840, p. 223), Levieil c. Lemoine.

894. — La construction d'un avant-toit par le propriétaire d'une maison assujettie à une servitude de jour n'a pu être maintenue par le motif que le dommage qui en résultait était bien léger, quand il est prouvé que le préjudice pour le fonds dominant peut, dans la suite, devenir plus considérable. — *Cass.*, 18 mai 1835, Caillet c. Fromentin.

895. — Le propriétaire d'une cour grevée, au profit d'un fonds voisin, d'une servitude de vue et d'une servitude d'égout, peut élever le sol de cette cour et le convertir en chambre ou boutique, pourvu qu'il prenne les mesures nécessaires pour que les servitudes de vue et d'égout ne soient pas gênées dans leur exercice. Cependant cet exhaussement devrait lui être interdit par application de l'art. 678 C. civ., si ce nouvel œuvre devait avoir pour résultat de créer au profit du fonds servant une vue droite sur le fonds dominant. — *Nîmes*, 16 avril 1841 (t. 2 1841, p. 251), Rieu c. Pujalus.

CHAPITRE IV. — *Extinction des servitudes.*

896. — Les servitudes peuvent prendre fin par la remise qu'en fait le propriétaire du fonds dominant; par le changement de la chose qui y donne lieu ou sur laquelle elles s'exercent; par la réunion dans la même main des fonds servant et dominant; par la résolution du droit de ceux qui les ont concédées; par le non usage; enfin par l'échéance du terme ou l'accomplissement de la condition.

Sect. 1re. — *Extinction par la remise.*

897. — Les servitudes s'éteignent par la remise qu'en fait le propriétaire capable de disposer de ses droits. — Duranton, t. 5, n° 648.

898. — On doit appliquer d'ailleurs à la remise les principes généraux du droit, et ainsi : Si elle avait été faite par un des propriétaires indivis du fonds dominant, elle ne produirait effet, pourvu toutefois que l'exercice en soit divisible, que contre lui et ne pourrait être opposée à ses copropriétaires (*ibid.*, n° 649). Si l'exercice ne pouvait en être divisé actuellement sans préjudice pour les autres propriétaires, la remise ne produirait effet qu'après le partage fait : à moins que ce partage ne laissât rien du fonds assujetti aux mains de l'auteur de ladite remise, sauf la responsabilité résultant à sa charge de l'inexécution de la convention; mais la remise produirait pleinement effet si l'héritage indivis venait à apparte-

nir à celui qui l'a consentie. — Marcadé, *Appendice aux causes d'extinction des servitudes*, t. 2, 2e éd., p. 710, n° 2.

899. — Réciproquement, la remise faite seulement à l'un des propriétaires du fonds servant produirait, pendant ou après l'indivision, tous les effets compatibles avec le maintien de la servitude vis-à-vis des autres débiteurs. — Marcadé, *ibid.*

900. — Elle peut être expresse ou tacite. Ainsi, il y a renonciation tacite lorsque le propriétaire du fonds dominant a autorisé le propriétaire du fonds assujetti à faire quelque chose qui est un obstacle perpétuel à l'exercice de la servitude.— Duranton, n° 651. — Toutefois, la présomption n'est pas en faveur de la remise et il faut, pour qu'on la considère comme accordée tacitement, que les circonstances, sur lesquelles on la veut étayer, ne laissent aucun doute sur l'intention du renonçant. — Marcadé, *ibid.*

901. — Le propriétaire du fonds dominant qui permet, tolère ou souffre que le propriétaire du fonds servant y élève et conserve des ouvrages qui rendent l'exercice de la servitude impossible, peut être censé par là avoir tacitement renoncé à la servitude, et en avoir fait la remise. — *Bruxelles*, 12 févr. 1828, B... c. D.... — Pardessus, *Servit.*, n° 313.

902. — La remise de la servitude établie au profit d'un fonds hypothéqué sans l'assentiment des créanciers hypothécaires ne peut pas nuire à leur droit, quand même son établissement serait postérieur à la constitution d'hypothèque.— Duranton, t. 5, n° 653.

Sect. 2e. — *Extinction par le changement de la chose.*

903. — Les changemens survenus dans l'état des fonds peuvent être une cause d'extinction de la servitude : c'est ce qui arrive lorsque les choses se trouvent en tel état qu'on ne peut plus user de la servitude. — C. civ., art. 703.

904. — Ainsi, la servitude de pacage et d'abreuvage constituée sur un étang est éteinte lorsque, par suite d'un événement de force majeure, cet étang a été desséché et son sol livré à la culture. — *Orléans*, 6 déc. 1838 (t. 1er 1839, p. 137), Brucy c. Prochasson et Perronnet.

905. — Tel serait encore le cas où le débordement d'un fleuve aurait détruit l'un des deux fonds; celui où la source grevée d'un droit de puisage serait venue à se tarir tout à fait, celui où la maison au profit de laquelle existait un droit de vue aurait été démolie ou incendiée.— Duranton, t. 5, n° 654.

906. — Ainsi, jugé que la servitude d'égout prend fin lorsqu'elle ne peut plus s'exercer par suite de travaux qu'ont exercés les propriétaires voisins sur leur propre fonds. — *Cass.*, 16 mai 1838 (t. 1er 1838, p. 669), Cazeaux et Lay c. Poinier-Layrargne. — Pardessus, n° 294.

907. — Jugé que le droit d'avoir sur l'héritage de son voisin des vues percées à une distance moindre de deux pieds ou de six pieds, s'éteint lorsque le bâtiment dominant est démoli pour être reconstruit à neuf sur l'alignement prescrit par la police. — *Colmar*, 27 mars 1811, Thiriet c. Sauss.

908. — Cette décision est conforme à l'interprétation donnée à l'art. 704 C. civ. par quelques auteurs, qui le commentent à l'aide des lois romaines. En effet, suivant la loi 20, § 2, ff., *De servit. præd urb.*, la servitude éteinte par la destruction de la maison renaît par son rétablissement, pourvu que le nouveau bâtiment soit de la *même sorte* et à la *même place : « Ut idem intelligatur. »* — Duranton, t. 7, n° 656 — Mais il nous semble trop rigoureux de faire peser sur le propriétaire du fonds dominant les conséquences d'un changement d'alignement de sa construction, lorsque ce déplacement est, comme dans l'espèce, l'exécution d'un arrêté de l'autorité administrative auquel il a dû se soumettre. L'art. 704, combiné avec l'art. 665, ne paraît pas devoir être entendu avec une telle sévérité. — Toullier, t. 3, n° 685; Pardessus, *Traité des servit.*, n° 295; Lepage, *Lois des bâtimens*, t. 1er, p. 347; Brody, *Comment. sur les servitudes*, p. 192. — Il en était de même sous l'ancien droit français. — Despeisses, t. 1er, tit. 1er, art. 4, sect. 3e, n° 16; Bourjon, *Droit commun de la France*, t. 2, tit. 1er *Des servit. contract.*, ch. 3, art. 9 et 10; Lalaure, liv. 1er, ch. 12, distinct. 5e.

909. — La servitude *non ædificandi* n'est pas éteinte par cela qu'à la suite d'un changement dans l'état des lieux le fonds servant vient à border la voie publique. — *Paris*, 11 nov. 1833 (t. 2 1837, p. 16), Thayer c. Sœhnée.

910. — Des arrêtés administratifs d'alignement ne peuvent, sans indemnité, priver les propriétaires riverains des droits d'aspect et autres servitudes qu'ils possèdent sur le terrain compris dans l'alignement. — *Cass.*, 12 juill. 1842 (t. 2 1842, p. 102), David c. Drahon.

911. — Jugé qu'un terrain servant à un usage public reste, malgré sa concession par l'État à des particuliers, soumis envers les propriétaires voisins aux mêmes droits, servitudes et charges qui pèsent sur les propriétés publiques; sauf le droit qu'ont les concessionnaires de s'opposer à tous actes des propriétaires voisins, contraires au but de la concession. — *Cass.*, 11 févr. 1828, Fragny c. Brière. — Solon, n° 426.

912. — Lorsque des latrines soumises à une servitude ont été remplacées par d'autres constructions dans un autre emplacement, le droit de servitude a été conservé par l'usage de ces nouvelles latrines. — *Caen*, 12 avril 1836 (sous *Cass.*, 28 mars 1837 [t. 2 1837, p. 12]), Soulaire c. Hamon. — Pardessus, *Servit.*, n° 310.

913. — Lorsqu'un chemin servant de communication entre deux chemins publics entre deux communes existe depuis un temps immémorial, et que certaines portions de terrains ont été, du consentement de leur propriétaire, substituées à diverses parties de l'ancien chemin abandonnées à ce propriétaire; ce dernier est sans droit pour s'opposer au passage, sur son terrain, des habitans de la commune. — *Cass.*, 7 juin 1832, Le Boutellier c. Communes de Meulles et Familly.

914. — Une servitude établie par une convention ne cesse point par cela qu'une acquisition donne au fonds dominant une autre issue ou moyen d'exploitation indépendant de la servitude. Dans tous les cas s'il y avait doute sur la volonté des parties, ce doute se résoudrait en faveur de celle qui a constamment usé de la servitude. — *Bordeaux*, 18 mars 1845 (t. 1er 1845, p. 769), Carlaut c. Marchais.

915. — Mais jugé que la servitude d'aqueduc établie sur un fonds autre que celui où prend naissance la source qui alimente l'aqueduc, ne cesse pas parce que la source vient à tarir. — *Riom*, 23 janv. 1829, Vissaguet c. Vedrine.

916. — La servitude *non ædificandi* stipulée sans restriction, au profit d'un hôtel et de ses dépendances, ne cesse pas d'exister par suite des changemens notables apportés à l'état des lieux, et même par la démolition complète de l'hôtel. — *Orléans*, 1er déc. 1848 (t. 1er 1849, p. 164), Compagnie du Phénix c. Ravel.

917. — Mais les servitudes revivent, si les choses sont rétablies de manière qu'on puisse en user; à moins qu'il ne se soit déjà écoulé un espace de temps suffisant pour faire présumer l'extinction de la servitude, ainsi qu'il est dit à l'art. 707 C. civ.—C. civ., art. 704.—V. *infrà*, nos 945 et suiv.

918. — Si le non-usage est le résultat d'un fait indépendant de la volonté du propriétaire du fonds dominant, par exemple de la destruction de l'édifice sur lequel existait le droit de servitude, on ne peut opposer à ce propriétaire le temps pendant lequel a duré ce non-usage, et, dès lors, le droit renaîtrait, bien que la reconstruction de l'édifice n'eût eu lieu qu'après trente ans. — Vazeille, *Prescript.*, t. 1er, n° 426; Toullier, t. 3, n° 695; Bélime, *Possess.*, n° 168. — V. cependant Malleville, sur l'art. 704.

919. — Il ne paraît pas douteux que le propriétaire du fonds dominant pourrait empêcher l'effet de la prescription de la servitude par le non-usage, en contraignant le propriétaire du fonds assujetti à reconnaître l'existence de la servitude avant l'expiration de trente ans à partir du jour où les choses se sont trouvées en tel état qu'on n'a plus pu user de la servitude.

920. — Le cas prévu par les art. 703 et 704 ne présente point, dit M. Marcadé (sous l'art. 704), une extinction de la servitude, mais seulement une suspension de son exercice; aussi l'art. 703, s'exprimant d'ailleurs inexactement, dit-il seulement que, dans ce cas, la servitude *cesse* et non pas *s'éteint*, comme le porte l'art. 705 relatif à la confusion. — Ces deux articles sont donc, selon cet auteur, inutiles; car dès que la servitude s'éteindra par le non-usage, c'est répéter l'art. 706 et dire que l'exercice de la servitude cessera quand il y aura impossibilité d'en user : c'est énoncer un *fait* qui est assez évident par lui-même. — V. encore, sur ces articles, Ducaurroy, Bonnier et Roustain (sur l'art. 704, t. 2, nos 361 et 364).

921. — L'expropriation pour cause d'utilité publique de fonds grevés de servitudes a pour effet d'éteindre ces servitudes, sauf au propriétaire du fonds dominant à se faire indemniser, sur le prix de l'expropriation, du dommage qu'il éprouve par suite de la suppression de la servitude.—L. 3 mai 1841, art. 18 et 21.

922. — Mais il n'en est pas de même des parties d'immeubles que l'expropriant est contraint d'acquérir aux termes de l'art. 50 de la même loi de 1841. Il s'agit, en effet, dans ce cas, d'une vente ordinaire dont l'objet passe entre les mains de l'expropriant, tel qu'il serait passé en celles de tout autre acquéreur, c'est-à-dire affecté des servitudes réelles qui le grèvent, à la différence de la partie véritablement destinée à entrer dans le domaine public pour l'exécution des travaux qui motivent l'expropriation.

923. — Ainsi, jugé que la partie d'un immeuble acquise par l'administration en vertu de l'art. 50 de la loi du 3 mai 1841, à l'occasion et par suite de l'expropriation pour cause d'utilité publique de l'autre partie de ce même immeuble, n'est pas, comme cette dernière partie, objet unique de l'expropriation, purgée des servitudes qui la grevaient.—*Cass.*, 14 juill. 1847 (t. 2 1847, p. 82), ville de Paris c. Pignard.

Sect. 3e. — *Extinction par confusion.*

924. — Comme on ne peut point avoir de servitude sur son propre fonds, les servitudes s'éteignent par la réunion dans la même main du fonds à qui elles sont dues et de celui qui les doit. — C. civ., art. 705.

925. — Il faut, pour que l'extinction ait lieu, que la totalité des deux fonds soit réunie dans la même main, ou au moins que toutes les parties des fonds sur lesquelles ou au profit desquelles existe la servitude s'y trouvent réunies. — Duranton, t. 5, n° 658.

926. — Ainsi, la servitude de prise d'eau ne s'éteindrait pas par confusion, quoique le fonds sur lequel l'eau est prise et celui qui la reçoit se trouvent réunis dans la même main, si, entre les deux fonds, il existe un fonds intermédiaire sur lequel l'eau doit passer et qui n'a pas cessé d'appartenir à un tiers. — L. 31, ff., *De servit. præd. rustic.* — Duranton, n° 659.

927. — Lorsqu'on acquiert pour partie seulement un fonds qui est grevé d'une servitude au profit du fonds de l'acquéreur, cette servitude ne s'éteint pas. — L. 30, § 1er, ff., *De servit. præd. urb.* — Duranton, t. 5, n° 662.

928. — Mais si deux propriétaires par indivis achetaient en commun un fonds grevé d'une servitude au profit de celui qu'ils possédaient auparavant, la servitude serait éteinte par confusion. — Duranton, t. 5, n° 664.

929. — La servitude qui s'est éteinte par la réunion dans la même main du fonds dominant et du fonds servant ne revit, en cas de séparation ultérieure des deux héritages, que par une nouvelle convention. — *Orléans*, 14 déc. 1839 (t. 1er 1847, p. 37), Scollow c. Brullé.

930. — Il ne faut pas confondre le cas prévu par l'art. 703 du C. civ. avec celui qui est l'objet de l'art. 705. — Dans le premier, la servitude n'est que suspendue; c'est pour ce motif que l'art. 704 ajoute qu'elle reprend son cours, si, avant l'expiration de trente années, les choses sont rétablies de manière qu'on puisse en user. — Dans le second, elle est éteinte à toujours, parce qu'il est de principe que *nemini res sua servit*, et c'est par cette raison qu'après l'art. 705 le législateur n'a pas reproduit les dispositions de l'art. 704; d'où il suit que si les deux héritages viennent à être séparés de nouveau, cette séparation ne fait pas revivre la servitude : il faut une nouvelle convention.

931. — On admet pourtant généralement que la servitude due par un héritage de la succession au fonds particulier d'un héritier, revit au profit de ce fonds par la vente que fait l'héritier de ses droits successifs. — Merlin, *Rép.*, v° *Servitude*, § 32; Duranton, t. 5, n° 666; Toullier, t. 3, n° 199; Proudhon, *Usufr.*, t. 4, n° 2095. — V. cependant Solon, n° 497; Ducaurroy, Bonnier et Roustain, *ibid.*, n° 366; Lalaure, *Traité des servitudes réelles*, liv. 1er, chap. 12, dist. 1re.

932. — De même, la servitude renaîtrait en-

core, ou plutôt la servitude serait censée n'avoir jamais été éteinte, si, par suite du partage, le fonds héréditaire tombait dans le lot d'un autre héritier. — Ducaurroy, Bonnier et Roustain, *ubi suprà*.

933. — La confusion n'opère l'extinction de la servitude qu'autant que la réunion résulte d'une translation incommutable de la propriété du fonde acquis. — Si la réunion pouvait être annulée, révoquée ou rescindée, la confusion pourrait l'être pareillement.

934. — Ainsi, la servitude reprend son cours si l'un des acquéreurs vient à être évincé par suite d'un retrait exercé sur lui. — *Orléans*, 14 déc. 1839 (t. 1er 1847, p. 37), Scottow c. Brullé.

935. — Cette décision est conforme à ce qu'enseigne Pothier en son *Traité des retraits*, no 430. — « L'effet du retrait, dit il, étant d'éteindre l'acquisition que l'acheteur étranger avait faite de l'héritage, pour la faire passer au retrayant : il s'ensuit que les droits réels que l'acheteur avait, avant le contrat de vente, dans l'héritage, tels qu'un droit de rente foncière, un droit de servitude, etc., dont il s'était fait confusion par l'acquisition qu'il en avait faite, doivent revivre; car, l'acquisition que l'acquéreur a faite de l'héritage étant la cause qui a produit la confusion et l'extinction desdits droits, cette acquisition de l'héritage étant détruite par le retrait, la confusion et l'extinction desdits droits, qui étaient l'effet de cette cause, doivent pareillement être détruites, l'effet ne pouvant avoir plus d'étendue que la cause. C'est pourquoi il n'est pas douteux que le retrayant sera tenu de souffrir les servitudes que l'acquéreur, sur qui il exerce le retrait, avait sur l'héritage avant de l'acquérir, et qu'il sera tenu des rentes foncières dont l'héritage était chargé envers cet acquéreur avant son contrat d'acquisition. » — En se prononçant ainsi, Pothier ne s'explique que sur le cas où, le propriétaire du fonds dominant ayant acquis le fonds servant, c'est sur ce fonds que le retrait a été exercé. Mais il est évident que sa décision s'applique également au cas où, le propriétaire du fonds servant ayant acquis le fonds dominant, c'est ce dernier fonds qui a été retrayé : car, dans l'un comme dans l'autre, la confusion n'a jamais existé, puisque, par l'effet du retrait, qui est, non pas de résoudre l'aliénation, mais de substituer le retrayant à l'acquéreur, celui-ci est censé n'avoir jamais été propriétaire du fonds retrayé sur lui.

936. — La réunion momentanée entre les mains de l'Etat, par suite d'une confiscation, de deux héritages dont l'un est grevé d'une servitude au profit de l'autre n'opère pas l'extinction de cette servitude, qui continue de subsister lorsqu'il en existe un signe apparent. — En conséquence, lorsque ces héritages viennent à rentrer dans les mains des anciens propriétaires, ou à passer dans celles de différens acquéreurs, tous les droits actifs et passifs de l'un et de l'autre reprennent leur ancienne existence. — *Rennes*, 23 janv. 1823, Garnier de la Jarsais c. Clément.

937. — Il faudrait suivre la même règle dans le cas où celui qui aurait acquis un héritage en ferait le délaissement aux créanciers hypothécaires, dans le cas d'exercice d'un droit de réméré, dans celui de révocation d'une donation pour survenance d'enfans, inexécution des charges, par l'effet de la stipulation d'un droit de retour ou l'accomplissement de toute autre condition résolutoire. — Duranton, t. 5, nos 667 et suiv. — V. aussi Ducaurroy, Bonnier et Roustain, t. 2, no 365, sous l'art. 705; Marcadé, sur l'art. 705.

938. — La réunion sur la même personne des droits de la propriété de deux maisons contiguës, et dont l'effet est l'extinction des servitudes réciproques, ne peut recevoir d'application au préjudice des tiers qui ont contracté avant cette réunion. — En conséquence, le propriétaire ne peut pas effectuer dans le fonds limitrophe des travaux de nature à modifier la forme des localités et à porter préjudice au locataire. — Néanmoins lorsque le locataire a laissé exécuter les travaux sans opposition, les tribunaux n'en sauraient ordonner la suppression. Il suffit de prescrire des mesures de précaution qui garantissent au preneur la jouissance de sa location, et réparent autant que possible, en outre des dommages-intérêts accordés, le trouble dont il est l'objet. — *Paris*, 13 janv. 1847 (t. 1er 1847, p. 306), Collin c. Léguillette. — Troplong, *Du louage*, no 507.

Sect. 4e. — *Extinction par la résolution du droit de celui qui a concédé la servitude.*

939. — D'après la maxime : *Resoluto jure dantis, resolvitur jus accipientis*; les servitudes concédées par celui qui n'avait sur l'immeuble qu'un droit de propriété temporaire, résoluble, révocable, rescindable ou sujet à annulation cessent avec le droit du constituant. — Duranton, t. 5, no 672; Marcadé, *Appendice aux causes d'extinction des servitudes*, t. 2, no 3 (2e éd.), p. 711.

940. — Si toutefois c'était sur la demande de celui qui a concédé la servitude que son contrat d'acquisition était rescindé ou annulé, la servitude ne serait point éteinte. — Duranton, t. 5, no 677.

941. — L'absent qui reparaît après l'envoi en possession définitive reprend ses biens grevés des servitudes établies pendant son absence. — C. civ., 132 et 133. — Duranton, no 678.

942. — M. Duranton (no 679) enseigne que, en sens inverse, si le droit de propriété de celui qui a stipulé la servitude vient à être résolu ou rescindé, le propriétaire qui rentre dans son fonds ne peut profiter de la stipulation et la servitude doit cesser d'exister. — Mais cette doctrine n'est point partagée par M. Marcadé (*ubi suprà*), qui invoque l'autorité de Wolf (*Jus natur.*, 5e quest.), — Pothier (cout. d'Orléans, tit. 13), — Toullier (t. 3, no 681), — Pardessus (no 318 *in fine*), dont l'avis nous paraît préférable.

943. — Lorsque l'acquéreur de deux immeubles contigus n'est propriétaire de l'un d'eux que sous une condition résolutoire, les servitudes par lui créées en faveur de cet immeuble sur celui dont il est propriétaire incommutable s'évanouissent par l'événement de la condition et il n'y a pas lieu, dans ce cas, d'invoquer la destination du père de famille. — *Paris*, 11 avril 1836, Laput c. Velay.

944. — Dans le ressort de l'ancien Parlement de Toulouse le décret purgeait l'immeuble décrété des servitudes latentes dont il était grevé, alors que ceux auxquels ces servitudes compétaient n'avaient point fait de réserves à fin de charges dans les délais et suivant les formes voulus par l'édit des criées de 1551. — *Nîmes*, 10 déc. 1838 (t. 1er 1839, p. 204), Pascal c. Rossel.

Sect. 5e. — *Extinction par le non-usage.*

945. — Les servitudes s'éteignent par le non-usage pendant trente ans. — C. civ., art. 706.

946. — Il en était de même sous le droit ancien. — *Cass.*, 26 janv. 1818, Delacroix c. d'Eschoisy; *Poitiers*, 8 mars 1820, mêmes parties. — Merlin, *Quest. de droit*, vo *Droits d'usage*, § 8 et 9.

947. — La disposition de l'art. 607 Cout. de Normandie, qui permettait de prescrire contre le titre de servitude par une possession continue de quarante ans, était générale et s'appliquait à toute espèce de servitude : même aux servitudes discontinues et à celles qui s'exercent à des époques soit fixes, soit indéterminées. — *Cass.*, 2 mars 1836, Roy et Duval c. Postel-d'Orvaux; 6 févr. 1839 (t. 1er 1839, p. 285), Declercq c. de Broyes; 23 nov. 1846 (t. 2 1846, p. 736), mêmes parties.

948. — En conséquence, le concessionnaire d'un droit de marronnage consistant à prendre dans une forêt le bois de construction nécessaire pour réparer ses domaines, quand besoin serait (qui constituait une servitude discontinue), a perdu ce droit par le laps de quarante années écoulées sans réclamation depuis la dernière délivrance du bois de construction. — *Cass.*, 23 nov. 1846 (t. 2 1846, p. 736), Declercq c. de Broyes.

949. — En serait-il de même sous le Code civil, et le non-usage pendant trente ans suffirait-il pour éteindre une servitude qui ne s'exerce qu'à des époques indéterminées? La négative paraît résulter de ce que dit M. Troplong du droit de marronnage (*Prescription*, t. 2, no 789). — V. aussi Toullier, t. 3, no 690.

950. — On a jugé, en ce sens, que lorsque les lieux par la disposition desquels s'exerce une servitude de cours d'eau, sont dans un état essentiellement variable, et que, par exemple, la vanne étant mobile, son degré d'élévation est sujet à changer à chaque instant, il ne peut jamais en résulter un état constant et certain de non-usage susceptible de produire la libération de la servitude par prescription. — *Caen*, 5 déc. 1827, Foubert c. Aubry.

951. — La servitude stipulée par le bail à rente d'un héritage et qui consiste à laisser les bailleurs fouiller, quand bon leur semblera, dans toute l'étendue de l'héritage cédé, pour y chercher et rassembler des eaux, n'est pas d'un exercice usuel et continuel, et, par conséquent, ne peut être rangée dans la classe de celles qui s'éteignent par le non-usage pendant trente ans. — — *Paris*, 18 niv. an XI, Fleuret c. Pelletier.

952. — Jugé, cependant, que le droit de prendre du bois dans une forêt pour construction ou réparation de bâtimens se prescrit par le non-usage pendant trente ans, alors même que l'usager prétendrait n'avoir pas eu besoin de bois dans cet intervalle et sans que le propriétaire de la forêt soit tenu de prouver que ce besoin a réellement existé. Un tel droit ne saurait être considéré comme une obligation conditionnelle dont la prescription est suspendue tant que la condition n'est pas arrivée. — *Rouen*, 11 févr. 1836, et *Cass.*, 11 juill. 1838 (t. 2 1838, p. 356), Duhallay c. Roy.

953. — La prescription court du jour de la vente et n'est pas suspendue par le bail consenti antérieurement. La location ne peut jamais être considérée comme cause interruptive ou suspensive de la prescription. — *Cass.*, 15 nov. 1841 (t. 1er 1842, p. 362), Doller c. Préfet du Bas-Rhin.

954. — L'usage d'un droit plus étendu mais de même nature, conserve le moins étendu. — Toullier, t. 3, no 700; Curasson sur Proudhon, *Dr. d'usage*, no 105.

955. — Mais l'usage d'un droit contraire au titre ne conserve pas l'ancien droit. — Toullier, t. 3, no 701; Bélime, no 171.

956. — Un seul fait d'exercice de la servitude dans les trente ans la conserve. — Bélime, no 176.

957. — L'acquéreur à pacte de rachat ne prescrit pas, *pendente conditione*, contre le vendeur la liberté des héritages qui sont dans son patrimoine et qui doivent des servitudes au fonds qu'il a racheté sous réserve de rachat. — Troplong, *Vente*, t. 2, no 737; Duvergier, *ibid.*, t. 2, no 66. — *Contrà*, Duranton, t. 16, no 411; Coulon, t. 3, p. 407.

958. — Les trente ans dont parle l'art. 706 commencent à courir selon les diverses espèces de servitudes : ou du jour où l'on a cessé d'en jouir, lorsqu'il s'agit de servitudes discontinues; ou du jour où il a été fait un acte contraire à la servitude, lorsqu'il s'agit de servitudes continues. — C. civ., art. 707.

959. — A l'égard des servitudes dues à des immeubles dotaux proprement dits, la prescription ne peut commencer pendant le mariage; à moins qu'il n'y ait eu séparation de biens, auquel cas elle pourrait commencer après la séparation. — C. civ., art. 1561 et 2255 combinés.

960. — Il importe peu que l'acte contraire à la servitude ait été fait par le propriétaire du fonds assujetti ou par un autre : comme un usufruitier, un fermier, locataire ou colon, ou par un emphytéote. — Duranton, t. 5, no 685.

961. — Si le fait émanait du propriétaire du fonds dominant, la présomption d'abandon de la servitude serait, dit M. Duranton (*loc. cit.*), encore plus forte contre lui. — Ducaurroy, Bonnier et Roustain, t. 2, no 367, sous l'art. 707.

962. — L'art. 707, dit Toullier (t. 3, no 592), n'exige pas que l'acte contraire à la servitude ait été fait par le propriétaire du fonds servant, pourvu que ce fonds soit clairement constitué en possession de liberté. Par exemple : si le propriétaire de l'édifice dominant a fait supprimer les gouttières qui portaient l'eau sur le fonds voisin, et en a fait établir d'autres qui la font couler sur le sien; s'il a fait supprimer ses fenêtres de manière qu'il n'en reste pas de vestiges capables de retenir la possession, dès lors le fonds voisin est constitué en état de liberté et la prescription commence à courir du jour de ces ouvrages achevés. — V., en ce sens, Malleville, sur l'art. 707, t. 2, p. 156; Delvincourt, t. 1er, p. 584; Duranton, t. 5, no 685, 4e édit; Zachariæ, t. 2. § 255; Solon, *Des servitudes*, no 500; Bélime, no 158. — V. toutefois Pardessus, no 308.

963. — L'art. 707 C. civ., suivant lequel la prescription ne commence à courir à l'égard d'une servitude continue que du jour où il a été fait des actes qui lui soient contraires, ne s'applique qu'au cas où il y a eu exercice de la servitude. Mais, si la servitude n'a jamais été exercée, la prescription peut être acquise, même en

l'absence de tout acte de contradiction. Ainsi lorsque le propriétaire d'une maison au profit duquel il existait un droit de vue sur le fonds voisin a laissé écouler trente ans sans la reconstruire après l'avoir démolie ; la servitude se trouve éteinte, alors même qu'il n'aurait été fait pendant ces trente années de la part du propriétaire voisin aucun acte de contradiction. — *Rennes*, 18 nov. 1843 (t. 2 1844, p. 422), Gaucher c. Larrey.

964. — L'acte contraire, qui, suivant l'art. 707 C. civ., sert de point de départ à la prescription des servitudes continues, doit aussi bien s'entendre d'un événement de force majeure mettant obstacle à l'exercice de la servitude que du fait personnel de l'homme. — En conséquence, si l'exercice d'une servitude de conduite d'eau a été interrompu par le déplacement naturel et spontané du cours d'eau ; la mise en culture du lit desséché par le propriétaire du fonds servant, qui a pris possession de ce lit, a pu devenir la base d'une action possessoire. — *Cass.*, 20 déc. 1847 (t. 1er 1848, p. 486), Chapélon c. Ravel.

965. — Il est à remarquer que dans l'espèce de l'arrêt précité le cours d'eau avait été déplacé et la jouissance de ce cours d'eau interrompue par un événement de force majeure. Cependant on ne pouvait dire que le propriétaire du fonds dominant eût été mis dans l'impossibilité de recouvrer la jouissance de la servitude, puisqu'il pouvait effectuer immédiatement les travaux auxquels il a voulu plus tard se livrer.

966. — Cette observation est d'autant plus importante qu'il est généralement admis que le non-usage d'une servitude pendant trente ans n'en opère pas l'extinction, lorsque le propriétaire du fonds servant s'est trouvé, par l'effet d'un événement de force majeure qu'il n'a pu prévenir ou faire cesser, dans l'impossibilité d'exercer son droit. — Voët, *ad Pandect.*, lib. 8, tit. 6, nos 4 ; Lalaure, *Servitudes*, p. 43, 74 et suiv. ; Domat, *L. civ.*, liv. 1er, tit. 12, sect. 6, nos 4 et 14 ; Toullier, t. 3, nos 689 et 690 ; Favard de Langlade, *Rép.*, vo *Servitudes*, sect. 5, no 6 ; Solon, no 504, 534 ; Zachariæ, t. 2, p. 36 ; Marcadé, sur l'article 707, no 2 ; Bélime, *Dr. de possess.*, no 468 ; Coulon, t. 2, p. 459, dial. 34. — V. cependant Malleville, t. 2, p. 453.

967. — Si l'héritage en faveur duquel la servitude est établie appartient à plusieurs par indivis, la jouissance de l'un empêche la prescription à l'égard de tous. — C. civ., art. 709.

968. — Mais, après le partage du fonds dominant, le défaut d'exercice de la servitude par l'un des partageants en fait courir la prescription, bien que les autres partageants continuent de l'exercer. — Bélime, *Dr. de possess.*, no 473.

969. — Si, parmi les copropriétaires, il s'en trouve un contre lequel la prescription n'ait pu courir, comme un mineur, il aura conservé le droit de tous les autres. — C. civ., art. 710.

970. — L'abus de jouissance ne peut être assimilé au défaut de jouissance, et, par suite, entraîner l'extinction de la servitude par non-usage. — *Riom*, 25 mai 1842 (t. 1er 1843, p. 51), Bonnard c. de Combarel.

971. — Celui qui fait un acte de possession en vertu d'un titre est censé, surtout en matière de servitude discontinue, posséder d'après ce titre, s'il n'y a preuve contraire. — Même arrêt.

972. — Les servitudes peuvent s'éteindre par la prescription de dix ans entre présens et de vingt ans entre absens, lorsqu'il y a titre et bonne foi ? La négative, fondée sur les termes absolus des art. 690 et 706, est consacrée par la jurisprudence et par l'opinion de la plupart des auteurs.—*Aix*, 24 déc. 1841 (t. 2 1841, p. 58), Aune c. Bœuf. — V. aussi *Grenoble*, 23 juill. 1832, Commune de Voreppe c. Hospice de Grenoble ; *Paris*, 25 août 1834 ; Guérineau c. Catherin ; *Cass.*, 10 déc. 1834, Floret c. Dumay ; *Orléans*, 31 déc. 1835 et *Cass.*, 20 déc. 1836 (t. 1er 1837, p. 46), Jousselin c. Du Murget ; *Limoges*, 14 févr. 1837 (t. 1er 1837, p. 414), Boisson c. Bardet et Ratineau ; *Cass.*, 28 mars 1837 (t. 2 1837, p. 12), Boulâtre c. Hamon ; 16 avr. 1838 (t. 2 1838, p. 241), Baron c. Hospice de Seillans ; *Bordeaux*, 29 mai 1838 (t. 2 1838, p. 331), Hoffmann c. Bordes ; 7 juill. 1841 (t. 2 1841, p. 352), Cassat c. Jouhanneau ; *Metz*, 2 juill. 1846 (t. 2 1846, p. 512), Commune d'Ainville c. Borton. — Toullier, t. 3, no 688 ; Pardessus, no 306 ; Favard de Langlade, *Rép.*, vo *Servit.*, sect. 3, § 5, no 3 ; Solon, no 397, vo suiv ; Coulon, t. 2, p. 66, dial. 53. — V. cependant *Droits d'usage*, t. 1er no 660.

973. — Jugé que l'art. 2265 C. civ., d'après lequel celui qui acquiert un immeuble de bonne foi et par juste titre en prescrit la propriété par

dix ans, n'est pas applicable à l'extinction d'une servitude de prise d'eau par le non-usage. Ce non-usage doit avoir lieu pendant trente ans. — *Cass.*, 18 nov. 1845 (t. 1er 1846, p. 518), Benoît-Lacombe c. Dusordet.

974. — Jugé, au contraire, que les servitudes s'éteignent par la prescription de dix et vingt ans. — *Nancy*, 14 mars 1842 (t. 1er 1843, p. 190). — Delvincourt, t. 2, p. 583 ; Duranton, t. 5, no 694 ; Troplong, *Prescript.*, t. 2, no 853 ; Vazeille, *Prescript.*, t. 1er, no 419, et t. 2, no 523 ; Zachariæ, t. 2, § 255 ; Ducaurroy, Bonnier et Roustain, t. 2, no 369, sous l'art. 707.

975. — M. Marcadé (sur l'art. 706, no 3, t. 2, 2e édit., p. 706) pense que la question doit se résoudre par une distinction : quand la prescription du tiers acquéreur a pour objet unique de lui procurer la libération de la servitude elle ne doit s'accomplir que par trente ans, conformément à l'art. 706 ; mais quand cette prescription a pour objet l'acquisition de la propriété même du fonds, propriété dont la servitude n'est plus qu'un accessoire et une partie, elle s'accomplit par dix et vingt ans, d'après l'art. 2265 C. civ. Mais cette distinction ne nous paraît pas devoir être admise.

Sect. 6e. — *Extinction par l'arrivée du terme ou de la condition.*

976. — Si une servitude n'avait été consentie qu'à temps ou sous condition, l'événement de cette condition ou l'expiration du terme fixé en opérerait évidemment l'extinction. — Marcadé, *Appendice aux causes d'extinction des servitudes*, t. 2, 2e édit., p. 710, no 1.

977. — A Rome bien que la rigueur du droit civil n'admît pas ces modalités apportées aux servitudes, le droit prétorien les maintenait.—Marcadé, *Ibid.*

SERVITUDES MILITAIRES.

Table alphabétique.

Voie de communication, 44 s., 105, 126, 151, 168
— 196. s. — (deuxième), 20, 62,
Voie (grande), 178, 198, 68 s., 119, 161. — (troi-
— 198. sième), 21, 77 s. — des
— 17 s. — (première), frontières, 263.

SERVITUDES MILITAIRES. — **1.** — Ce sont, en général, celles des servitudes d'utilité publique qui sont établies dans l'intérêt de la défense de l'État.

2. — En considérant les servitudes militaires sous le sens le plus étendu, on devrait y comprendre tous les assujettissemens imposés au propriétaire ou au possesseur de biens-fonds dans l'intérêt du service militaire. Ainsi, on devrait y comprendre l'obligation de loger les militaires. — V. CASERNEMENT, LOGEMENT DES GENS DE GUERRE.

3. — Mais nous ne considérons ici les servitudes militaires que sous le point de vue de la défense des places de guerre et des frontières. Dans ce sens, on peut dire que les servitudes militaires sont des restrictions apportées par le législateur et dans l'intérêt de la défense de l'État aux droits de jouissance ordinairement inhérens à la propriété foncière. — Delalleau, *Serv. pour la défense des places de guerre*, n° 9.

4. — Ainsi, sous ce dernier rapport, il n'y a pas lieu de comprendre non plus parmi les servitudes militaires des occupations temporaires de propriétés privées, attendu que tout ce qui concerne cette matière trouve plus naturellement sa place sous l'expropriation pour cause d'utilité publique. — C. de mol, n° 4185 et suiv.

CHAP. Ier. — *Des places de guerre* (n° 5).

CHAPITRE Ier. — *Des places de guerre.*

SECT. 1re. — *Historique et dispositions générales. — Établissement des servitudes.*

5. — Les servitudes militaires en ce qui concerne les places de guerre, furent successivement établies par les différentes dispositions législatives qui s'occupèrent soit de ces places. — V. à ce sujet, PLACE DE GUERRE, n° 2 et suiv.

6. — Parmi ces différentes dispositions législatives, il y a lieu de consulter principalement pour le régime des servitudes militaires : l'ord. royale du 9 déc. 4713, la loi du 8-40 juill. 4794, celle du 47 juill. 4849 et l'ord. royale du 1er août 4821.

7. — Toutefois, en ce qui concerne la loi du 47 juill. 4819, il est à remarquer que cette loi n'a

point été légalement votée, en ce sens qu'elle ne l'a pas été par la majorité telle que l'exigeait la Charge de 4814. La Chambre des députés n'était alors que de 258 membres, la moitié était de 429 et, par conséquent, la majorité absolue de 430 : or il n'y eut pas 430 voix qui votèrent la loi. — Observ. de M. Paixhans, lors de la discussion de la loi du 7 juillet 4833.

8. — « D'après cela cette loi, dit M. Duvergier (*Collect. des lois*, sous l'art. 4er de ladite loi), est-elle privée de toute force obligatoire, à raison du vice radical de sa confection? Ou bien ce vice a-t-il été couvert par l'exécution qu'elle a reçue, suivant la maxime *Error communis facit jus?* Nous comprenons bien tout ce qu'il y a de rigoureux à conclure à la nullité; mais nous ne voyons guère le moyen d'établir la validité. »

9. — Quoi qu'il en soit, il a été maintes fois décidé que l'insertion au bulletin des lois de l'ord. royale du 1er août 4821, rendue en exécution de la loi du 47 juill. 4819, a suffi pour rendre cette dernière loi exécutoire. — Cons. d'État, 26 août 4829, Roncin-Duval ; 2 sept. 4829, Villette ; 6 janv. 4830, Roncin-Duval ; 9 juin 4830, Doré ; 45 oct. 4830, hospices de Sédan ; 26 déc. 4830, Villette.

10. — L'art. 650 du Code civil, en énonçant les différentes servitudes établies par la loi pour cause d'utilité publique, n'a fait aucune mention des servitudes établies dans l'intérêt de la défense de l'État; mais il est évident que cet article se borne à indiquer quelques-unes des servitudes établies par la loi pour l'utilité publique, et n'a pas cherché à rappeler toutes les servitudes qui auraient leur origine qu'à l'intérêt public. — Cet art. n'est donc pas applicable aux servitudes militaires. — Toullier, t. 3, n° 487; Duranton, t. 5, n° 295; Delalleau, *Serv. pour la défense des places de guerre*, n° 7 ; Magnitot et Delamarre, *Dict. de droit administ.*, v° *Places de guerre*, § 2, t. 2, p. 355.

11. — L'établissement des différentes servitudes militaires est fondé sur le principe que les terrains qui avoisinent les points fortifiés ne doivent offrir aucune disposition qui puisse intercepter le feu ou les sorties des assiégés ou faciliter l'approche des assiégeans. — Jousselin, *Servit. d'utilité publ.*, tit. 1er, chap. 1er, sect. 2, n° 6.

12. — Mais, d'un autre côté, on ne peut nier que l'ensemble des lois rendues à cet égard ne mette continuellement la défense du pays et sa prospérité en opposition. Aussi, depuis longtemps, a-t-on demandé, sinon l'abolition, au moins la modification d'une législation aussi sévère.

13. — L'existence et l'étendue des servitudes militaires sont nécessairement subordonnées à l'étendue du terrain militaire appartenant à l'État.

14. — Le terrain militaire, tel qu'il a été défini par la loi du 8-40 juillet 4794 (V. DOMAINE PUBLIC, n° 48 et suiv.; PLACE DE GUERRE, n° 44), est limité, comme on le verra, à l'intérieur et à l'extérieur, par des bornes plantées contradictoirement avec les propriétaires des terrains limitrophes. Ces bornes sont rattachées à des points fixes et rapportées sur un plan spécial de circonscription. — L. 47 mai 4819, art. 2.

15. — Ainsi autour des places de guerre, postes militaires, ouvrages avancés ou citadelles sans exception, on distingue deux polygones, l'un intérieur et l'autre extérieur, qui limitent le terrain militaire.

16. — Dans le polygone intérieur se trouve la rue *Militaire* ou du *Rempart*. — V. PLACE DE GUERRE, n° 48 et suiv.— La nécessité du service de la place entraîne forcément l'établissement de servitudes pour ce polygone intérieur.

17. — Quant au polygone extérieur du terrain militaire, il est successivement entouré lui-même d'autres polygones différens par leur raison ainsi que par la nature des servitudes imposées sur le terrain. On donne à ces polygones le nom de *zones* parce qu'ils forment une véritable ceinture autour des places, à une distance plus ou moins considérable. — Delalleau, *Servit. des places de guerre*, n° 456.

18. — Le législateur a établi autour de toutes les forteresses trois zones de servitudes ; mais la largeur d'une de ces zones varie, selon qu'il s'agit d'une place de guerre ou d'un poste militaire. — Delalleau, *ibid.*

19. — On va voir, par l'analyse des dispositions législatives, 4° que la première zone est comprise entre la crête du parapet du chemin couvert le plus avancé et un polygone tracé à 250 mètres de ce même point.— Delalleau, n° 457.

20. — 2° Qu'à l'extrémité de cette zone commence la seconde zone, qui finit à 487 mètres

(250, toises) de la crête du parapet du chemin couvert et a, par conséquent, une largeur de 237 mètres.—Delalleau, n° 458.

21. — 3° Qu'enfin la troisième zone commence toujours à 487 mètres de la crête du chemin couvert, qu'elle finit à 974 mètres (500 toises) de ce même point, s'il s'agit d'une place de guerre, et de 584 mètres (300 toises) s'il s'agit d'un poste militaire; qu'elle a donc auprès des places une largeur de 487 mètres, et auprès des postes une largeur de 97 mètres seulement. — Delalleau, n° 459.

22. — Toutefois l'art. 8 de la loi du 3 avril 4844 porte que dans le cas où la ville de Paris serait classée parmi les places de guerre, la première zone des servitudes militaires, telle qu'elle est réglée par la loi du 47 juillet 4819, sera seule appliquée à l'enceinte continue et aux forts extérieurs et que cette zone unique de 250 mètres sera mesurée sur les capitales des bastions et à partir de la crête de leurs glacis.

23. — L'étendue des terrains compris dans les différentes zones s'appelle *rayon de la défense*.

24. — Pour déterminer d'une manière certaine l'étendue des zones, et, par conséquent, celle des servitudes; il est procédé à un plan spécial de circonscription, lequel ne peut se faire qu'un avec celui dressé pour le terrain militaire.— L. 47 juill. 4819, art. 2, 6 et suiv.—Delalleau, n° 447 et suiv.

25. — Il y a également lieu à l'établissement d'un plan spécial ou à la rectification de celui existant toutes les fois que, par l'effet de construction de nouvelles places de guerre et postes militaires, ou par l'étendue donnée à ceux existans, il y a création de servitudes ou extension de celles déjà existantes. — Ord. 5 août 4821, art. 72.

26. — Lorsque le chef du gouvernement a ordonné soit des constructions nouvelles de places de guerre ou postes militaires, soit la suppression ou la démolition de ceux actuellement existans, soit des changemens dans le classement ou dans l'étendue desdites places ou postes, les effets résultant de ces mesures dans l'application des servitudes militaires ne peuvent avoir lieu qu'en vertu d'une ordonnance spéciale, rendue sur le rapport du ministre de la guerre, et qui doit être publiée et affichée dans les communes intéressées. — L. 47 juill. 4819, art. 4er; ordonn. 4er août 4821, art. 74.

27. — Ainsi, c'est par ordonnance du chef de l'État que sont déterminés les places de guerre ou postes militaires ainsi que les polygones de circonscription qui donnent lieu à l'établissement des servitudes défensives. — Cons. d'État, 30 nov. 4832, Gibon.

28. — D'où il suit qu'on n'a pu attaquer par la voie contentieuse les dispositions prises par le gouvernement pour la formation ou le maintien des établissemens qui intéressent la sûreté ou la défense du territoire ; spécialement, la décision prise par le ministre de la guerre pour prendre les mesures propres à préserver de tout danger les propriétés voisines de la place ou du polygone destiné aux exercices de l'artillerie. — Cons. d'État, 48 fév. 4836, de Narbonne-Lara.

29. — Il en est de même de la décision du ministre de la guerre qui, ne faisant pas mention de l'accomplissement des formalités prescrites pour l'établissement des servitudes militaires, ne pouvant s'appliquer à aucune propriété déterminée, n'a de là même considérée que comme une simple instruction administrative.—Cons. d'État, 8 mars 4827, Second.

30. — Pour assurer la défense de l'État, dans le juste degré de ses besoins réels, et afin de déterminer spécialement les localités dans lesquelles la propriété doit être soumise à l'application des servitudes militaires, un tableau général de classement des places et postes de guerre a été annexé à l'ordonnance du 4er août 4821. Ce tableau a dû être publié et affiché par extrait dans les communes intéressées de chaque département, à la diligence des préfets. — Ordonn. 4er août 4821, art. 76.

31. — Les mêmes mesures de publication et d'affiches ont été successivement prescrites à l'égard de toutes les créations ou extensions ultérieures de places de guerre ou postes militaires.

32. — Lorsqu'une place de guerre a été maintenue ou rétablie par une ordonnance du chef du gouvernement, rendue en exécution de la loi du 47 juillet 4819, il a suffi de la publicité donnée à cette ordonnance par son insertion au *Bulletin des lois*, pour rendre obligatoires les servitudes imposées à la propriété dans l'intérêt de la défense de l'État.—Cons. d'État, 9 juin 4830, Labrosse-Béchet.

33. — Décidé de même à l'égard d'une ville qui a été comprise dans le tableau des places et postes militaires annexé à l'ordonnance du 1er août 1821, alors que cette ordonnance a été insérée au *Bulletin des lois*. — *Cons. d'Etat*, 2 sept. 1829, habitans de Valence; 6 août 1840, ville de Carignan.

34. — D'après l'art. 7 de la loi du 3 avril 1841, la ville de Paris ne peut être classée parmi les places de guerre qu'en vertu d'une loi spéciale.

35. — Comme les servitudes militaires ne sont que la conséquence des mesures générales prises dans l'intérêt de la défense de l'Etat, il s'ensuit qu'on doit reconnaître leur existence toutes les fois que le législateur a prescrit ces mêmes mesures d'intérêt général sans s'expliquer sur les servitudes elles-mêmes.

36. — Ainsi, la loi du 17 juillet 1819 établit des servitudes militaires sur toutes les propriétés situées dans les distances qu'elle indique. — *Cons. d'Etat*, 30 nov. 1832, Gibou.

37. — Par la même raison, avant l'ordonnance qui doit fixer la délimitation des fortifications d'une place, le conseil de préfecture peut défendre d'élever des constructions ou même ordonner la démolition de celles déjà faites dans le rayon destiné à former l'esplanade d'un fort. — *Cons. d'Etat*, 17 août 1825, Bazard.

38. — Toutefois, avant la loi du 17 juillet 1819, un ouvrage de fortification a dû avoir été établi légalement par le pouvoir exécutif pour grever de servitudes les propriétés voisines. — En cas de doute sur le premier point, les tribunaux devraient surseoir à statuer sur la demande en exercice de ces servitudes, jusqu'à ce qu'il eût été levé par une ordonnance rendue en Conseil d'Etat. — *Metz*, 5 juill. 1836 (t. 1er 1838, p. 430), Préfet de la Moselle c. Delavie.

39. — Lorsque dans une place de guerre l'autorité militaire a fait construire et entretenir un pont, pour tenir lieu de communication entre la ville et les propriétés rejetées *extra muros*, par suite de l'établissement d'une nouvelle enceinte de fortifications, il résulte de là un droit de servitude en faveur de ces propriétés. — *Cons. d'Etat*, 24 oct. 1827, Bion.

40. — D'un autre côté comme les prohibitions prononcées par les lois des 10 juillet 1791 et 17 juillet 1819 constituent des servitudes d'utilité publique, il ne peut être dérogé par un contrat privé aux obligations que ces lois imposent. — *Cons. d'Etat*, 7 déc. 1832, Lecoq.

Sect. 2e. — *Nature et étendue des servitudes.*

§ 1er. — *Prohibitions.*

41. — L'ordonnance royale du 9 déc. 1713 prohibait la construction d'édifices et de bâtimens autour des places de guerre dans un rayon de 250 toises au moins. — *Cons. d'Et.*, 6 févr. 1828, Bonnabel.

42. — Cette ordonnance ayant été affichée et publiée dans toutes les places fortes du royaume, est devenue exécutoire depuis cette publication. — *Cons. d'Et.*, 4 mai 1825, Pirmez; 11 mai 1825, Coulon; 15 juin 1825, Bonabel.

43. — ... Et elle n'a pas été abrogée par la loi du 8-10 juill. 1791. — *Cons. d'Et.*, 11 févr. 1824, Bonnabel.

44. — Dans l'étendue de 250 mètres autour des places de guerre de toutes les classes et des postes militaires il ne peut être bâti aucune maison ni clôture de construction quelconque à l'exception des clôtures en haies sèches ou en planches à claire-voie sans pans de bois ni maçonnerie; lesquelles peuvent être établies librement entre ladite limite et celle du terrain militaire, mais à la condition de les démolir, sans indemnité, à la réquisition de l'autorité militaire. — L. 10 juill. 1791, tit. 1er, art. 30, 31 et 32; L. 17 juill. 1819, art. 4; ordonn. 1er août 1821, art. 1er.

45. — Décidé, en conséquence, qu'on ne peut élever de constructions de maçonnerie dans la première zone d'une place de guerre, alors surtout que cette place a été classée dans le tableau inséré au *Bulletin des lois* à la suite de l'ordonnance du 1er août 1821. — *Cons. d'Et.*, 13 juill. 1828, N...; 24 déc. 1828, ville de Langres; 13 avr. 1842, Garanton.

46. — Ainsi, on n'a pu élever un mur de clôture et un appentis en maçonnerie de moellons et mortier de chaux et sable. — *Cons. d'Et.*, 27 août 1833, Lavallée.

47. — ... Ni même une clôture en moellons sans liaison et sans mortier. — *Cons. d'Et.*, 31 déc. 1838, Labbé.

48. — Un hangar construit en planches et sans maçonnerie ne saurait être rangé parmi les clôtures en haies sèches ou en planches à claire-voie sans pans de bois ni maçonnerie. — *Cons. d'Et.*, 8 avr. 1829, Fournier.

49. — Il en est de même d'un appentis couvert en ardoises et élevé sur piliers en bois garnis de planches. — *Cons. d'Et.*, 8 juin 1832, Hennequin.

50. — On a encore décidé de même au sujet d'une couverture en planches supportée par poutres et chevrons sur vieille maçonnerie et maçonnerie assez nouvellement construite. — *Cons. d'Et.*, 13 juin 1830, Penna.

51. — ... Et au sujet d'un hangar en bois couvert en planches, encore bien que ce hangar consistât seulement en quelques planches superposées, non clouées, soutenues par six soliveaux appuyés contre un mur de clôture préexistant et que le tout pût être enlevé à la main en quelques instans. — *Cons. d'Et.*, 27 oct. 1837, Mollot.

52. — Il y a eu lieu, dès lors, de condamner les contrevenans à l'amende. — *Cons. d'Et.*, 15 oct. 1826, Roux; 9 juin 1830, Doré; 13 juin 1830, Penna (de 50 francs).

53. — ... Et d'ordonner la démolition des constructions. — *Cons. d'Et.*, 15 oct. 1826, Roux; 21 sept. 1827, Castre; 19 août 1829, Roncin-Duval; 9 juin 1830, Doré; 13 juin 1830, Penna; 8 juin 1832, Hennequin; 20 juill. 1832, Rendu; 29 mars 1833, Ancelin; 27 oct. 1837, Mollot; 31 déc. 1838, Labbé.

54. — L'arrêté, d'un préfet ou d'un maire, qui donne un alignement réclamé pour des constructions projetées, ne fait pas obstacle à ce que le conseil de préfecture ordonne la démolition de ces constructions. — *Cons. d'Et.*, 21 sept. 1827, Castre.

55. — Toutefois, le conseil d'Etat peut laisser aux contrevenans l'option de remplacer les parties construites en maçonnerie par un mur en terre. — *Cons. d'Et.*, 20 juill. 1832, Rendu.

56. — On ne peut non plus planter, dans la première zone, des haies vives, ou élever des ouvrages en bois mort entourés de bois vivaces semblables aux haies, lors même qu'il s'agirait de renouveler des haies vives existant au moment de la promulgation de la loi du 17 juill. 1819 et de l'ordonnance du 1er août 1821. — *Cons. d'Et.*, 3 mai 1837, Cuvelier.

57. — De plus, une circulaire du ministre de la guerre, du 4 janv. 1824, croit pouvoir prohiber la replantation partielle des haies vives existantes. — Mais il semble à M. Delalleau (n° 258) qu'aucune disposition législative n'autorise cette prohibition.

58. — Il est permis d'élever des constructions en pisé autour des places de 1re et de 2e classe, et ces ouvrages ne sont pas compris dans les interdictions prononcées par l'art. 31 de la loi du 10 juill. 1791. — *Cons. d'Et.*, 31 juill. 1843, Bonnier.

59. — Toutefois la prohibition dont il a été ci-dessus parlé ne s'est point étendue aux constructions lors existantes, lesquelles ont pu être entretenues dans leur état actuel. — L. 17 juill. 1819, art. 4.

60. — Ainsi les constructions élevées dans le rayon soumis à la servitude militaire et même adossées au mur de soutènement des remparts d'une place de guerre ne peuvent, lorsqu'elles existaient avant la loi du 8 juill. 1791, être soumises à la demande en démolition, qui, en pareil cas, atteint les constructions effectuées postérieurement à cette époque. — *Douai*, 16 juin 1840 (t. 2 1840, p. 758), Domaines c. Warembourg.

61. — Mais cette exception de l'art. 4 de la loi du 17 juillet 1819 s'applique seulement aux maisons situées dans le rayon ajouté par cette loi à la première zone militaire, déterminée par les art. 31 et 32 de la loi du 10 juill. 1791, et non pas à une cave à laquelle une construction a été ajoutée. — *Cons. d'Et.*, 8 sept. 1830, Lambinet.

62. — Elle ne s'applique pas non plus aux constructions élevées dans la 2e zone. — Même ordonnance.

63. — Les reconstructions totales de maisons, clôtures et autres bâtisses sont également prohibées dans la même zone de servitude quelle qu'ait pu ou que puisse être à l'avenir la cause de leur destruction. — Ordonn. 1er août 1821, art. 1er.

64. — Celui qui bâtit ou reconstruit une maison ou clôture de maçonnerie plus près qu'à 250 mètres de la crête des parapets des chemins couverts, doit donc être condamné à les démolir à ses frais. — *Cons. d'Et.*, 13 nov. 1835, Vidal.

65. — ... Et il en doit être ainsi quand même le propriétaire alléguerait qu'il s'agit de reconstruction sur des fondations existantes. — *Cons. d'Et.*, 4 nov. 1833, Martin.

66. — Les dispositions de l'ordonnance du 1er août 1821 sont également applicables aux bâtisses qui auraient seulement pour effet d'augmenter la hauteur des constructions dans la rue du Rempart. — *Cons. d'Et.*, 24 déc. 1844, Mayer-Lippmann.

67. — Au surplus la loi n'a pas distingué la reconstruction totale d'une construction neuve, ni la démolition volontaire de celle qui est opérée pour une autre cause. — *Cons. d'Et.*, 4 juill. 1837, Lebrun.

68. — Dans l'étendue de 487 mètres (250 toises) autour des places de 1re et de 2e classe il ne peut être bâti ni reconstruit aucune maison ni clôture de maçonnerie. — L. 8-10 juill. 1791, tit. 1er, art. 30; ordonn. 1er août 1821, art. 2.

69. — Toutefois le ministre de la guerre peut déroger à cette disposition pour permettre la construction de moulins et autres semblables usines à une distance moindre, à la condition que lesdites usines ne seront composées que d'un rez-de-chaussée et à la charge par les propriétaires de ne recevoir aucune indemnité pour démolition en cas de guerre. — L. 8-10 juill. 1791, tit. 1er, art. 30.

70. — Cette tolérance peut, quand il n'en résulte aucun inconvénient pour la défense, s'étendre à toute espèce de bâtimens ou clôtures situés hors des places ou postes ou sur l'esplanade des citadelles, le tout sous les conditions imposées par le gouvernement relativement à la nature des matériaux ou à la dimension des constructions. — L. 17 juill. 1819, art. 3.

71. — Les constructions situées sur le terrain de l'esplanade d'une place de guerre de 1re classe ne peuvent être autorisées qu'à titre de tolérance. — Un conseil de préfecture ne peut donc ajourner la démolition de ces constructions, ainsi indûment faites, jusqu'à la promulgation de l'ordonnance qui doit fixer la réduction de l'esplanade de cette place de guerre. — *Cons. d'Et.*, 26 déc. 1830, Villette-Gridaine.

72. — Au delà de la 1re zone de 250 mètres il est permis d'élever des bâtimens et clôtures en bois et en terre, sans y employer de pierres ni de briques, ni même de chaux ni de plâtre, autrement qu'en crépissage, et avec la condition de les démolir immédiatement et d'enlever les décombres et matériaux, sans indemnité, à la première réquisition de l'autorité militaire, dans le cas où la place, déclarée en état de guerre, serait menacée d'hostilité. — Ordonn. 1er août 1821, art. 2.

73. — Autour des places de troisième classe et des postes militaires il est permis d'élever des bâtimens et clôtures de construction quelconque au delà de la distance de 250 mètres. Mais dans le cas où ces places et postes seraient déclarés en état de guerre, les démolitions qui seraient jugées nécessaires à la distance de 487 mètres ne donnent lieu à aucune indemnité en faveur des propriétaires. — L. 8-10 juill. 1791, tit. 1er, art. 32, et 17 juill. 1819, art. 4; ordonn. 5 août 1821, art. 3.

74. — Aux termes de l'art. 3 de l'ordonnance du 1er août 1821, la prohibition de bâtir n'est point applicable à une construction entreprise à la distance de 281 mètres du mur d'enceinte de la place. — *Cons. d'Etat*, 2 sept. 1829, Maillet.

75. — Toutefois, cette construction n'est maintenue qu'à la condition qu'au cas où la place serait déclarée en état de guerre, l'autorité militaire, si elle le jugeait nécessaire, pourrait ordonner la démolition de cette construction, comme de toutes celles situées à la distance de 487 mètres, sans qu'il y eût lieu à aucune indemnité en faveur du propriétaire. — Même ordonn.

76. — Un fragment de plan produit par le chef du génie et visé par le directeur des fortifications, suffit pour que le conseil de préfecture puisse appliquer à un terrain l'art. 4 de la loi du 17 juill. 1819. Sauf, en cas de contestation, à ordonner la vérification contradictoire de la distance dans les formes prescrites par la loi du 17 juill. 1819. — *Cons. d'Etat*, 15 oct. 1826, Roux.

77. — Dans l'étendue de 974 mètres (500 toises) autour des places de guerre, et de 584 mètres

(300 toises) autour des postes militaires : 1° il ne peut être fait aucun chemin, levée ou chaussée, ni creusé aucun fossé, sans que leur alignement et leur position aient été concertés avec les officiers du génie ; d'après cela et sur la proposition du ministre de la guerre, le chef du gouvernement détermine les conditions auxquelles ces divers travaux doivent être assujettis, dans chaque cas, afin de concilier les intérêts de la défense avec ceux de l'industrie, de l'agriculture et du commerce.—L. 8-10 juill. 1791, tit. 1er, art. 29 ; ordonn. 1er août 1821, art. 4. — Cette servitude avait été créée par l'art. 66 de l'ordonn. du 7 fév. 1744, et reproduite à peu près dans les mêmes termes par l'art. 96 de l'ordonnance du 10 mars 1759 et par l'art. 27 du tit. 5 de l'ordonn. du 31 déc. 1776. — Delalleau, n° 231.

78. — Ainsi, les particuliers ne peuvent sans autorisation faire des excavations dans le rayon prohibé. — *Cons. d'Etat*, 20 déc. 1836, Nel.

79.—...2° Les décombres provenant des bâtisses et autres travaux quelconques ne peuvent être déposés que dans les lieux indiqués par les officiers du génie.—L. 8-10 juill. 1791, tit. 1er, art. 34 ; ordonn. 1er août 1821, art. 4. — Une semblable disposition existait dans l'art. 62 de l'ordonnance du 7 fév. 1744, dans l'art. 89 de l'ordonn. du 10 mars 1759 et dans l'art. 28 de l'ordonn. du 31 déc. 1776. — Delalleau, n° 218.

80.—Ainsi il y a contravention de la part d'un propriétaire qui dans le rayon prohibé a au moyen de terres ou décombres, et sans autorisation des agens de l'autorité militaire, fait remblayer une crique située le long de sa propriété, ou établi une rampe ou remblai pour accéder à la route qui confine son héritage. — *Cons. d'Etat*, 6 avr. 1836, Bachelet.

81. — Le placement momentané de bois de menuiserie est un dépôt de la nature de ceux prohibés dans les zones de servitude. — *Cons. d'Etat*, 3 nov. 1835, Fisson.

82. — Il en est de même du dépôt de briques. — *Cons. d'Etat*, 20 déc. 1836, Nel.

83. — ... Ou du dépôt de houilles et de cendres. — *Cons. d'Etat*, 28 juill. 1824, Leleu.

84. — Enfin, il en est encore ainsi, lors même que les dépôts de matériaux seraient faits dans l'intérêt des villes. — *Cons. d'Etat*, 10 juill. 1833, Ville de Sedan.

85. — Les prohibitions qui précèdent s'appliquent *à fortiori* aux terrains militaires intérieurs, c'est-à-dire à la rue du Rempart. — *Cons. d'Etat*, 25 fév. 1841, Ville de Besançon.

86. — Sont exceptés de la disposition ceux des détrimens qui pourraient servir d'engrais aux terres, et pour les dépôts desquels les particuliers ne doivent éprouver aucune gêne pourvu qu'ils évitent de les entasser. — L. 8-10 juill. 1791, tit. 1er, art. 34 ; ord. 1er août 1821, art. 4.

87. — Ainsi, en résumé, tous les dépôts à l'exception des détrimens pour servir d'engrais aux terres sont prohibés dans l'étendue des zones de servitude, et à plus forte raison sur le terrain militaire. — *Cons. d'Etat*, 25 août 1835, Montgrard.

88. — ... 3° Il est défendu d'exécuter aucune opération de topographie sans le consentement de l'autorité militaire ; mais ce consentement ne peut être refusé lorsqu'il ne s'agit que d'opération relatives à l'arpentage des propriétés. — L. 8-10 juill. 1791, tit. 1er, art. 41 ; ordonn. 1er août 1821, art. 4.

89. — Au surplus, l'exécution de la loi, en ce qui concerne les prohibitions ci-dessus énoncées, est indépendante de toute question de propriété. — *Cons. d'Etat*, 25 fév. 1841, Ville de Besançon.

90. — Les ouvrages détachés ont sur leur pourtour, suivant leur degré d'importance et les localités, des rayons égaux soit aux rayons de l'enceinte des places et des ouvrages qui en dépendent immédiatement, soit à ceux des simples postes militaires. — L. 17 juill. 1819, art. 5. — Cette fixation est déterminée pour chaque localité par le chef du gouvernement. — Ord., 1er août 1821, art. 5.

91. — Sont considérés comme ouvrages détachés, les ouvrages de fortification qui se trouveraient à plus de 250 mètres des chemins couverts de la place à laquelle ils appartiennent. — L. 17 1819, art. 5 ; ordonn. 1er août 1821, art. 5. — V. Delalleau, nos 419 et suiv.

92. — Une lunette ou fort détaché qui fait partie d'une place forte est nécessairement compris dans la zone des servitudes défensives qui emportent prohibition de bâtir. — *Cons. d'Etat*, 30 nov. 1832, Gibou. — Mais il en serait autrement si l'ouvrage détaché ne faisait pas partie de la place, — Cormenin, *Dr. administr.*, v° *Places de guerre*, t. 2, p. 402 ; Jousselin, t. 1er, p. 119.

93. — Les ouvrages de défense fermés à la gorge mais non tournés vers la ville, acquièrent par l'ordonnance de classement l'exercice des servitudes militaires. — Dès lors, il y a lieu d'ordonner la démolition des constructions faites ou conservées dans le rayon desdites servitudes. — *Cons. d'Etat*, 31 juill. 1843, Arnaud.

94. — Les digues, qui servent à soutenir les inondations d'une place, sont également considérées comme ouvrages détachés, lorsqu'elles ont en même temps des formes et un but défensifs. — Ord. du 1er août 1821, art. 5. — Les bassins d'inondation font partie du système défensif extérieur. — Tarbé, *Dict.* p. 61 et 290 ; Favard, *Rép.*, t. 3, p. 47 ; Delalleau, nos 426 et suiv. ; Jousselin, t. 1er, p. 120.

95. — Les citadelles et les châteaux ont à l'extérieur les mêmes limites de prohibition que celles des places fortes dont les unes et les autres font partie. Les limites de leurs esplanades du côté des villes peuvent cependant être réduites, selon les localités, sur la proposition du ministre de la guerre. — Ord. 1er août 1821, art. 6.

96. — Mais il y a lieu de considérer comme non avenu l'arrêté du conseil de préfecture qui a condamné un propriétaire à démolir des constructions élevées dans la zone de servitude d'une citadelle, si, depuis le pourvoi formé au conseil d'Etat contre cet arrêté, une décision du ministre de la guerre a réduit la zone de ce château fort et placé ainsi en dehors de toute servitude les constructions dont il s'agit. — *Cons. d'Etat*, 23 avril 1837, Duportail.

§ 2. — *Exceptions.*

97. — Après avoir prohibé toute espèce de construction dans la distance de 250 toises l'art. 30 tit. 1er de la loi du 8-10 juill. 1791 ajoute que le ministre de la guerre pourra néanmoins déroger à cette disposition pour permettre la construction de moulins et autres semblables usines, à condition que lesdites usines ne seront composées que d'un rez-de-chaussée et à charge par les propriétaires de ne recevoir aucune indemnité pour démolition en cas de guerre.

98. — La disposition de cet article ne peut être appliquée à une pompe appuyée à un pilier neuf en maçonnerie et destinée à conduire les eaux à un lavoir, attendu que c'est là un établissement d'intérêt privé. — *Cons. d'Etat*, 4 nov. 1833, Martin.

99. — La tolérance spécifiée par l'art. 30 L. 10 juill. 1791 en faveur des moulins et usines, ajoute l'art. 3 de la loi du 17 juill. 1819, pourra, lorsqu'il n'en résultera aucun inconvénient pour la défense, s'étendre à toute espèce de bâtimens ou clôtures situés hors des places ou postes, ou sur l'esplanade des citadelles, le tout sous des conditions qui seront déterminées par le chef du gouvernement relativement à la nature des matériaux ou à la dimension des constructions. — Les terrains seront limités par des bornes et rapportés sur le plan spécial de la circonscription. De plus il ne pourra être accordé aucune permission quelconque, ni avant la confection de ce plan, ni hors de ses limites, quand il aura été dressé.

100. — On n'a pu porter au Conseil d'Etat par la voie contentieuse une demande tendant à ce que le roi, usant de la faculté qui lui est réservée par l'art. 3 L. 17 juill. 1819, autorisât provisoirement le maintien de constructions faites sur le terrain de l'esplanade d'une place de guerre. — *Cons. d'Etat*, 9 juin 1830, Labrosse-Béchet.

101. — .... Ou qu'il réduisît l'étendue de cette esplanade sur le point où les maisons de la ville étaient voisines des fortifications. — *Cons. d'Etat*, 2 sept. 1829, Villette-Gridaine.

102. — Les travaux pouvant devenir, en vertu de la loi du 17 juill. 1819 et de celle des 8-10 juill. 1791, l'objet d'une tolérance spéciale, ne peuvent être entrepris qu'après que les particuliers ou les communes ont pris l'engagement de remplir les conditions qui leur sont prescrites. Cette soumission n'est assujettie à l'enregistrement qu'au droit fixe d'un franc ; et son effet subsiste indéfiniment, sans qu'il soit besoin de la renouveler. — L. 17 juill. 1819, art. 10.

103. — Le ministre de la guerre peut, par exception aux articles précédens, permettre la construction de moulins et autres semblables usines en bois et même en maçonnerie, à condition que lesdites usines ne seront composées que d'un rez-de-chaussée et à charge par les propriétaires de ne recevoir aucune indemnité pour démolition en cas de guerre. — Ord. 1er août 1821, art. 7.

104. — Ainsi, aucune espèce de constructions ne peut être faite, sans autorisation, dans la limite respective des servitudes militaires. — *Cons. d'Etat*, 2 sept. 1829, Maillet ; 6 janv. 1830, Roncin-Duval ; 15 oct. 1830, Hospices de Sedan ; 16 nov. 1832, Lebrun.

105. — ... Et spécialement un barrage au travers des cours d'eau dans la première zone. — *Cons. d'Etat*, 5 févr. 1841, Roubo.

106. — Le contrevenant doit être condamné à l'amende et à rétablir les lieux dans leur premier état. — *Cons. d'Etat*, 15 oct. 1830, Hospices de Sedan ; 6 janv. 1832, Roncin-Duval ; 16 août 1832, Lebrun.

107. — Toutefois, le conseil de préfecture peut, en raison des circonstances, permettre au contrevenant, pour éviter la démolition, de souscrire dans un délai fixé l'obligation d'effectuer ladite démolition à la première réquisition de l'autorité militaire. — *Cons. d'Etat*, 15 oct. 1830, Hospices de Sedan.

108. — D'un autre côté, les travaux autorisés doivent être rigoureusement exécutés conformément aux actes de soumission souscrits par les particuliers et contenant les conditions de l'autorisation. — *Cons. d'Etat*, 26 août 1842, Penna.

109. — Ainsi, le propriétaire qui fait des constructions autres que celles pour lesquelles l'autorisation lui a été donnée se met en contravention et il doit être condamné à l'amende et à la démolition de ses constructions. — *Cons. d'Etat*, 21 sept. 1827, Vermond.

110. — Il en doit être de même du propriétaire qui, en construisant une maison, dépasse la hauteur fixée par la loi et les règlemens militaires, et alors, surtout, qu'il a pris l'engagement de se conformer à la fixation déterminée par le génie de la place. — *Cons. d'Etat*, 15 oct. 1826, Ponte.

111. — Si les travaux constituent une œuvre nouvelle, on doit en ordonner la démolition. Toutefois, le Conseil d'Etat peut, d'après les circonstances de l'affaire, modérer l'amende. — *Cons. d'Etat*, 27 nov. 1835, Defontaine.

112. — Il y a également contravention dans le fait de celui qui sans autorisation ajoute à deux hangars à claires-voies établis dans sa cour avec permission de l'autorité militaire des tringles de bois posées sur les claires-voies et fait construire deux corps de cheminée en maçonnerie de brique adossés à sa maison et communiquant avec les hangars. — *Cons. d'Etat*, 29 juin 1844, Orange.

113. — Les permissions ne peuvent être accordées qu'après que le chef du génie, l'ingénieur des ponts et chaussées et le maire ont reconnu de concert et constaté par procès verbal que l'usine qu'on se propose de construire est d'utilité publique et que son emplacement est déterminé par quelque circonstance locale qui ne peut se rencontrer ailleurs. — Ord. 1er août 1821, art. 7.

114. — La tolérance spécifiée par l'article précédent peut, lorsqu'il n'en doit résulter aucun inconvénient pour la défense, s'étendre à toute espèce de bâtimens ou clôtures situés hors des places ou postes ou sur l'esplanade des citadelles ou châteaux, sous les conditions qui sont déterminées par le gouvernement relativement à la nature des matériaux et à la dimension des constructions. Toutefois, cette exception ne peut être appliquée qu'aux terrains déterminés pour chaque place ou poste, selon les localités, et qui sont limités par des bornes. — Ord. 1er août 1821, art. 8.

115. — Les administrations, communes ou particuliers qui désirent obtenir des permissions spéciales, en vertu des deux articles précédens, adressent leur demande au ministre de la guerre ; lequel, après avoir pris l'avis du directeur des fortifications, accorde, s'il y a lieu, les permissions demandées, en prescrivant aux pétitionnaires toutes les conditions qu'il juge convenables pour que les constructions ne puissent nuire à la défense de la place. — Ord. 1er août 1821, art. 9.

116. — En tous cas, ce n'est pas par la voie contentieuse qu'un propriétaire peut obtenir la permission de conserver des constructions qu'il a faites contrairement aux autorisations à lui concédées. — *Cons. d'Etat*, 21 sept. 1827, Vermond.

117. — Dans les vingt-quatre heures qui suivent l'accomplissement des formalités ci-dessus le chef du génie délivre à la partie intéressée, pour le cas de permission spéciale, copie certifiée du ministre de la guerre, contenant l'énoncé des clauses et conditions de ladite permission. — Ord. 1er août 1821, art. 11.

118. — Les permissions accordées immédiatement ou subséquemment, d'après les exceptions prévues par les art. 7 et 8, ne peuvent avoir leur effet, et les constructions nouvelles autorisées conditionnellement par les art. 1er, 2 et 3 ne peuvent être entreprises, qu'après que les administrations, les communes ou les particuliers ont souscrit l'engagement de remplir les conditions prescrites et notamment celle de démolir immédiatement à leurs frais les constructions autorisées ou d'en supporter la démolition sans indemnité s'il y a lieu. — Ord. 1er août 1821, art. 10.

119. — Lorsqu'il résulte également d'un procès-verbal que l'un des propriétaires a contrevenu à l'art. 10 de l'ordonnance du 1er août 1821, en élevant des constructions dans le rayon prohibitif de la deuxième zone des servitudes militaires, sans avoir préalablement souscrit la soumission de démolir ces constructions à la première réquisition de l'autorité militaire, il y a lieu de le condamner à l'amende et à la démolition de ses constructions. — *Cons. d'Etat*, 9 juin 1830, Doré.

120. — Celui, qui s'est soumis à démolir deux hangars, sans indemnité et à la première injonction qui lui en serait faite par l'autorité, doit obtempérer à cet ordre, alors même que les hangars auraient subi une destination nouvelle par des travaux intérieurs. — *Cons. d'Etat*, 1er mars 1844, Lehodey c. Deshayes.

121. — Lorsque la propriété d'un mur de soutènement de l'esplanade d'un fort n'est pas contestée à l'administration de la guerre par la ville dans laquelle le fort est situé, le ministre a le droit de fixer les conditions auxquelles il accède au vœu de la ville qui demande à reconstruire ce mur. — *Cons. d'Etat*, 18 octobre 1829, Ville de Marseille.

122. — L'autorisation conditionnelle, accordée par le ministre de la guerre, ne devient obligatoire pour la ville que dans le cas où elle persisterait à reconstruire le mur, dès lors cette décision n'est pas susceptible d'être attaquée par la voie contentieuse. — Même ordonn.

123. — L'ordonnance du 9 décembre 1713 permettait de bâtir à chacune des portes et principales avenues un cabaret pour la commodité des voyageurs qui arrivent après la fermeture des portes, à 200 toises de distance des palissades du chemin couvert ou avant-chemin couvert dans l'endroit jugé le moins préjudiciable à la défense de la place. — Cette disposition est-elle toujours en vigueur? Oui, car la loi du 17 juillet 1819 et l'ordonnance du 1er août 1821 sont muettes sur ce point. D'ailleurs, la construction étant subordonnée à la permission du ministre, cette permission peut toujours être refusée. — Delalleau, nos 354 et suiv.

§ 3. — *Détermination des limites.*

124. — Les distances mentionnées dans les dispositions qui précèdent sont comptées à partir de la crête des parapets des chemins couverts les plus avancés ou des murs de clôture, lorsqu'il n'y a pas de chemins couverts, ou enfin, lorsqu'il n'y a ni chemins couverts ni murs de clôture, à partir de la crête intérieure du parapet des ouvrages. — L. du 17 juill. 1819, art. 6 et 7; ordonn. du 1er août 1821, art. 12.

125. — Lorsqu'il n'a pas été rendu d'ordonnance qui ait homologué le polygone de circonscription d'une place, les distances, pour les limites des servitudes défensives, doivent être exécutées de tous les points de la crête des parapets des chemins couverts. — *Cons. d'Etat*, 30 nov. 1832, Gibou.

126. — S'il résulte du plan produit par le ministre de la guerre qu'un hangar est situé à plus de 250 mètres de la crête du parapet des ouvrages les plus avancés, il s'ensuit qu'il n'est pas compris dans la première zone des servitudes défensives, par la simple application de l'art. 4 de la loi du 17 juillet 1819, et que, dès lors, il ne pourrait être compris dans ladite zone que par le tracé du polygone de circonscription qui doit en former la limite légale. — *Cons. d'Etat*, 16 déc. 1835, Fourdin.

127. — Les distances sont mesurées sur les capitales de l'enceinte et des dehors. Leurs points extrêmes, pour celle de 250 mètres comme pour celle de 487 mètres, sont fixés par des bornes, qui, réunies de proche en proche par des lignes droites, servent de limites extérieures aux terrains soumis aux prohibitions respectivement déterminées pour ces deux distances. Ces mêmes bornes sont rattachées à des points fixes et rapportées sur le plan de circonscription. — L. du 17 juill. 1819, art. 6 et 8; ordonn. du 1er août 1821, art. 13.

128. — Le ministre de la guerre ne saurait se refuser au bornage en question. — *Cons. d'Etat*, 11 oct. 1831, Ville de Verdun.

129. — Les capitales sur lesquelles sont prises les mesures ci-dessus sont choisies de manière que les lignes qui réunissent leurs extrémités forment des polygones le moins irréguliers possible, et que nulle part les limites ne se trouvent plus sensiblement rapprochées d'aucun point des chemins couverts, murs de clôture ou parapets, que les distances respectivement fixées par la loi pour les trois limites. — Ordonn. du 1er août 1821, art. 13.

130. — Le choix des capitales est un acte d'administration, qui n'appartient qu'à l'autorité militaire chargée de dresser le plan de circonscription dont résultent ces limites. — *Cons. d'Etat*. 2 nov. 1832, Gellé-Piérard; 22 mars 1833, Crépin.

131. — Dès lors, les réclamations contre ce choix ne peuvent être produites par la voie contentieuse. — *Cons. d'Etat*, 2 nov. 1832, Gellé-Piérard.

132. — Par la même raison, le choix de ces capitales excède la compétence du conseil de préfecture. — Même ordonnance.

133. — ...Et le recours devant les conseils de préfecture n'est ouvert aux propriétaires intéressés que sur l'application des limites légales. — Même ordonn.

134. — Les points qui déterminent la troisième limite ne sont point marqués par des bornes, mais ils sont, ainsi que les bornes déterminant les deux premières limites, rattachés à des points fixes et rapportés sur le plan spécial de circonscription. — L. du 17 juill. 1819, art. 2; ordonn. du 1er août 1821, art. 14.

135. — Le plan de circonscription fait à l'échelle d'un *millième* sur plusieurs feuilles se rattachant par des lignes communes, comprend : 1° tout le terrain soumis aux servitudes et prohibitions mentionnées précédemment; 2° tout le terrain militaire tant intérieur qu'extérieur, en distinguant celui qui appartient à l'Etat de celui qui serait à acquérir ou à revendiquer d'après les limites prescrites par les art. 15 à 21 de la loi du 8-10 juill. 1791. Ce plan ne doit contenir, d'ailleurs, aucune indication du tracé des fortifications, non plus que de la forme et des accidens du terrain. — Ordonn. du 1er août 1821, art. 15.

136. — Les trois limites de 250 mètres, de 487 mètres et de 974 ou 584 mètres, selon qu'il s'agit d'une place ou d'un poste, ainsi que les limites des ouvrages détachés et des digues d'inondation, et celles des citadelles et châteaux, sont tracées sur ledit plan. — Ord. 1er août 1821, art. 16.

137. — On rapporte également sur ce plan de circonscription, avec un numéro d'ordre, les bâtimens, clôtures et autres constructions existant en dedans des limites fixées ci-dessus, ainsi que toutes les bâtisses et constructions faites en vertu des exceptions ci-dessus déterminées. — L. 17 juill. 1819, art. 8; ord. 1er août 1821, art. 16 et 17.

138. — Les propriétaires des bâtimens, clôtures et autres constructions existant dans les zones des servitudes sont dûment requis, ainsi que le maire, d'assister à la vérification de la nature et des dimensions desdites constructions. A ce sujet, la déclaration affirmée de chacun des propriétaires est portée sur l'état descriptif; sans préjudice du droit, pour le département de la guerre, de contredire lesdites déclarations ou d'en poursuivre au besoin la justification sur titres et preuves judiciaires. — L. 17 juill. 1819, art. 8; ord. 1er août 1821, art. 20.

139. — Ce plan est accompagné d'un état descriptif des dimensions et de la nature desdites constructions, et faisant connaître leur origine et les conditions auxquelles elles ont été élevées. — L. 17 juill. 1819, art. 8; ord. 1er août 1821, art. 17.

140. — Lorsqu'il y a création de servitudes ou extension de celles déjà existantes, l'état descriptif ne peut avoir pour objet que de constater la nature et les dimensions des constructions comprises dans les nouveaux rayons de servitudes ou dans l'extension que ceux préexistans auraient reçue. — Ord. 1er août 1821, art. 72.

141. — Le maire, dans un intérêt communal, a qualité pour assister à la vérification de la place et présenter ses observations, mais ce droit ne peut être exercé qu'au moment de la plantation des bornes. — *Cons. d'Etat*, 11 oct. 1833, Ville de Verdun.

142. — Les réclamations, que les propriétaires intéressés ont droit de former devant le conseil de préfecture, ne peuvent concerner que l'application matérielle des limites légales, et non le plan de circonscription dont résultent ces limites. — *Cons. d'Etat*, 22 mars 1833, Crépin.

143. — Sur l'invitation des directeurs des fortifications, les maires des communes doivent prêter appui à toutes les opérations relatives à la confection du plan spécial de circonscription et de l'état descriptif qui doit l'accompagner. En conséquence, ils doivent fournir aux agens de l'autorité militaire toutes les indications et documens qui peuvent être réclamés. — Ord. 1er août 1821, art. 19.

144. — Après la confection du plan et de l'état descriptif, les détails en sont relevés et notifiés à chaque partie intéressée par l'intermédiaire des gardes du génie dûment assermentés. — L. 17 juill. 1819, art. 9: ord. 1er août 1821, art. 21.

145. — Les notifications sont faites par écrit et dûment enregistrées, afin de leur donner une date certaine; elles relatent exactement la distance et les dimensions extraites du plan et de l'état descriptif. Il en est fait deux expéditions, qui sont visées et certifiées par le chef du génie, et dont l'une est remise à la partie intéressée; l'autre est classée aux archives de la direction, et la minute reste déposée au bureau du génie de la place. — Ord. 1er août 1821, art. 21.

146. — Si, dans les trois mois de la dite notification, les propriétaires intéressés réclament contre l'application des limites légales, il est statué à cet égard, sauf tout recours de droit, comme en matière de grande voirie, d'après une vérification faite sur les lieux par l[es ingé]nieurs civils et militaires. — Les propriéta[i]res intéressés y sont présens ou dûment appelés, et peuvent s'y faire assister par un arpenteur. Leurs avis et observations sont consignés au procès-verbal. — L. 17 juill. 1819, art. 9; ord. 1er août 1821, art. 22.

147. — Les opérations de bornage et de détermination des limites ne peuvent être faites qu'à l'expiration du délai de trois mois ci-dessus fixé pour les réclamations. Il y est procédé contradictoirement avec les maires et les propriétaires présens ou dûment appelés qui n'auraient point élevé de réclamations. L'opération se poursuit, relativement aux réclamans, au fur et à mesure des décisions qui sont rendues. L'opération du bornage est exécutée aux frais du gouvernement. — L. 17 mai 1819, art. 2; ord. 1er août 1821, art. 23.

148. — Jugé que la demande de l'Etat tendante à contraindre un propriétaire à laisser planter sur sa propriété des bornes destinées à délimiter des zones de terrains grevés de servitude pour la défense des places de guerre, est de la compétence de l'autorité judiciaire. — *Metz*, 5 juill. 1836 (t. 1er 1838, p. 430), Préfet de la Moselle c. Delavie.

149. — Après l'exécution complète de l'opération, le plan spécial de circonscription et l'état descriptif, rectifié si les réclamations et décisions y ont donné lieu, sont définitivement arrêtés et homologués par une ordonnance spéciale qui les rend exécutoires. — Ordonn. 1er août 1831, art. 24.

150. — Il est déposé du plan et de l'état descriptif une expédition au bureau du chef du génie de chaque place; une autre à la sous-préfecture, et une troisième au ministère de la guerre. — Il est défendu, sous les peines de droit, aux sous-préfets et à leurs agens, de laisser, par quelque motif que ce soit, déplacer lesdits plans et d'en laisser prendre aucune copie ou extrait. — En temps de guerre ou en cas de siége, si la sous-préfecture est dans une ville ouverte, le plan doit être transporté dans le bureau du chef du génie de la place de guerre la plus voisine. — L. 17 mai 1819, art. 2; ordonn. 1er août 1821, art. 18.

151. — Après le dépôt en expédition à la sous-préfecture du plan de circonscription et son homologation par une ordonnance royale, qui statue en même temps sur les polygones exceptionnels et sur les avis-observations consignés aux procès-verbaux de bornage, toutes les propriétés comprises dans la première zone doivent être soumises aux servitudes défensives, lors même qu'elles sont situées à plus de 250 mètres. — *Cons. d'Etat*, 16 déc. 1835, Fourdin.

152. — En terminant, il est à remarquer que l'exercice des servitudes militaires n'est subordonné qu'à la vérification des distances prescrites par la loi du 10 juillet 1791 et celle du 17 juillet 1819. — *Cons. d'Etat*, 8 avril 1829, Brunet; 6 mai 1829, habitans de Valence; 16 déc. 1835, Fourdin.

153. — ... Et qu'il n'est pas subordonné à l'opération du bornage ou de la délimitation. — *Cons. d'Etat*, 15 oct. 1826, Roux; 19 août 1829, Roncin-Duval; 6 janv. 1830, même partie; 18 avril 1842, Garanton. — Jousselin, t. 1er, p. 117.

154. — ... Alors même qu'il s'agirait du territoire d'une commune autre que celle dans laquelle se trouve la place de guerre. — *Cons. d'Etat*, 2 sept. 1829, Maillet.

155. — ... Ni à l'exécution du plan de circonscription. — *Cons. d'Etat*, 15 oct. 1826, Roux; 21 sept. 1827, Castre; 24 déc. 1828, ville de Langres; 26 août 1829, Remy; 20 juill. 1832, Combot; 27 août 1833, Lavallée; 4 nov. 1835, Martin; 13 nov. 1835, même partie; 16 déc. 1835, Fourdin; 4 déc. 1837, Lebrun; 13 déc. 1842, Garanton. — Jousselin, t. 1er, p. 117.

156. — ... Ni au dépôt de ce plan à la sous-préfecture. — *Cons. d'Etat*, 24 sept. 1827, Castre; 24 déc. 1828, Ville de Langres.

157. — ... Ni à la notification de ce même plan aux parties intéressées. — *Cons. d'Etat*, 24 déc. 1828, Ville de Langres.

158. — ... Ni à la rédaction des états descriptifs. — *Cons. d'Etat*, 13 nov. 1835, Martin; 16 déc. 1835, Fourdin.

159. — La publication et l'homologation du plan de circonscription ne sont nécessaires que pour exercer les actions résultant de l'établissement des polygones de circonscription contre les propriétés situées au delà de la distance légale, et qui se trouveraient grevées de servitudes par l'effet du choix des capitales et de l'établissement du polygone; ou pour exempter desdites servitudes les propriétés qui se trouvent en deçà de la même distance, et que le polygone en affranchirait. — *Cons. d'Etat*, 30 nov. 1832, Gibou.

§ 4. — *Réparations et entretien.*

160. — Les bâtisses, clôtures et autres constructions en bois et en terre, quelle que soit leur distance de la fortification autour des places de toutes les classes et des postes militaires, peuvent être entretenues dans leur état actuel par des réparations et des reconstructions partielles; mais sans aucun changement dans leurs dimensions extérieures, et sous la condition expresse : 1° d'employer des matériaux de même nature que ceux précédemment mis en œuvre; 2° de ne pas augmenter la masse des constructions existantes par des bâtisses faites, dans des cours, jardins et autres lieux clos, à ciel découvert. — Ordonn. 1er août 1821, art. 25.

161. — Ces dispositions s'appliquent aux maisons, clôtures et autres constructions en maçonnerie situées au delà de la première zone de 250 mètres des places de 3e classe et des postes militaires ou qui seraient comprises, quelle que soit d'ailleurs la classe de la place, dans le terrain d'exception spécialement déterminé par le gouvernement. — Même ordonn., art. 26.

162. — Les constructions élevées dans le rayon militaire d'une place de guerre avant l'ordonnance du 1er août 1821 doivent être maintenues, à la charge par le propriétaire de souscrire la soumission de les démolir à ses frais et sans indemnité sur la réquisition de l'autorité militaire. — Mais les additions à des bâtimens et les constructions faites postérieurement à cette ordonnances doivent être démolies. — *Cons. d'Etat*, 7 nov. 1834, Gauthier; 5 déc. 1844, Vénégnes.

163. — La réparation d'un bâtiment situé dans un rayon militaire et la transformation d'une masure en un bâtiment couvert doivent être assimilées à une reconstruction, et sont, dès lors, interdites. — *Cons. d'Et.*, 7 déc. 1825, Pichard.

164. — L'exhaussement, sans autorisation préalable, des murs d'une maison située dans la 1re zone des servitudes militaires, ne peut être considéré comme une simple réparation. Dès lors il constitue une contravention, et la démolition des nouveaux ouvrages doit être ordonnée. — *Cons. d'Et.*, 16 août 1832, Sabine.

165. — Au surplus, la loi, en défendant d'une manière absolue les exhaussemens des bâtisses existantes, n'a pas fait de distinction relativement aux dimensions des exhaussemens exécutés. — *Cons. d'Et.*, 4 juill. 1837, Sabine.

166. — Lorsque les travaux exécutés constituent non pas une simple réparation mais une simple consolidation de la propriété, et qu'ils ont été opérés sans autorisation; la démolition doit en être ordonnée, si mieux n'aime le contrevenant se soumettre à les détruire à la première réquisition de l'autorité militaire. — *Cons. d'Et.*, 30 nov. 1832, Gibou.

167. — Mais lorsqu'il ne résulte pas du procès-verbal dressé contre un propriétaire que les réparations par lui faites à son moulin situé dans la zone des servitudes d'une place de guerre aient excédé les limites que lui avait fixées une décision ministérielle, il doit être renvoyé des poursuites. — *Cons. d'Et.*, 28 août 1837, Boisson.

168. — Les bâtimens, clôtures et autres constructions en maçonnerie qui ne seraient pas compris dans le terrain d'exception ou qui seraient situés soit dans la première zone de 250 mètres des places et postes, soit sur l'esplanade spécialement déterminée pour les citadelles et châteaux, soit dans la deuxième zone des places des deux premières classes, ne peuvent être entretenus qu'avec les restrictions de la voirie urbaine; c'est-à-dire sous la condition expresse de ne point faire à ces constructions des reprises en sous-œuvre ni même de grosses réparations, ou toute autre espèce de travaux confortatifs, soit à leurs fondations et à leur rez-de-chaussée, s'il s'agit de bâtimens d'habitation; soit, pour les simples clôtures, jusqu'à *moitié* de leur hauteur, mesurée sur leur parement extérieur; soit, pour *toutes autres constructions*, jusqu'à *trois* mètres au-dessus du sol extérieur. — Ord. 1er août 1821, art. 27.

169. — Ces restrictions sont applicables aux maisons, bâtimens et clôtures (autres que celles en haies sèches ou en planches à claire-voie) qui, dans l'intérieur des places de toutes les classes et des postes militaires, se trouvent, entièrement ou partiellement, sur le terrain de la rue militaire établie ou à établir pour la libre communication le long du rempart ou du mur de clôture. — Dans le second cas, les restrictions ne doivent porter que sur les parties de bâtimens ou de clôtures qui dépassent l'alignement de ladite rue. — Même ordonn., art. 28.

170. — Toute construction quelconque, quelle que soit d'ailleurs sa situation dans l'une ou l'autre des deux zones extérieures de servitudes, ou par rapport à l'alignement de la rue militaire, peut néanmoins être entretenue dans son état actuel, sous les seules restrictions que comporte l'art. 25, si le propriétaire fournit la preuve légale, lors de la vérification prescrite par les art. 22 et 23, savoir : Pour les bâtisses extérieures que ladite construction existait, dans sa nature et ses dimensions actuelles, avant la publication de l'ordonnance du 9 déc. 1713, ou qu'à l'époque de son érection elle se trouvait à plus de 487 mètres de l'un des points fixés par l'art. 12 ci-dessus. — Même ord., art. 29.

171. — Décidé en conséquence que le propriétaire d'une maison bâtie sur le terrain soumis aux servitudes militaires ne peut y faire aucune réparation, lorsqu'il ne prouve pas que sa maison existait antérieurement à l'ord. de 1713. — *Cons. d'Etat*, 14 déc. 1832, Levesque.

172. — ... Pour les bâtisses intérieures : avant la publication de la loi du 10 juill. 1791, qui a prescrit l'établissement de la rue militaire parallèlement au pied du talus du rempart ou du parement intérieur du parapet ou mur de clôture. — Même art. 29.

173. — Les constructions existant dans la zone des servitudes militaires avant la publication de la loi du 8-10 juill. 1791, ne peuvent être entretenues que sous la condition de ne pas augmenter leurs dimensions extérieures. — *Cons. d'Etat*, 6 sept. 1842, Lippmann-Meyer.

174. — Dans l'un et l'autre cas, le propriétaire qui n'aura pu fournir la preuve légale, jouira de la même faculté pour l'entretien de sa construction, s'il justifie d'une permission spéciale en vertu de laquelle il l'aurait établie dans sa nature et ses dimensions actuelles, à la charge de démolition, ou s'il souscrit la soumission de remplir cette condition à ses frais et sans indemnité, dans le même cas que celui prévu par l'art. 2 de la présente ordonnance. — Même art. 29.

175. — Tout propriétaire d'un bâtiment, maison, clôture ou autre construction quelconque existant dans l'une des zones de servitudes, ou en deçà de l'alignement de la rue militaire, qui voudra y faire exécuter des réparations, est tenu d'en faire préalablement la déclaration au chef du génie, et ne pourra les faire commencer qu'après que celui-ci aura délivré un certificat portant qu'elles sont dans l'un des cas où l'exécution en est autorisée. — Ord. 1er août 1821, art. 30.

176. — Un propriétaire, qui, sans autorisation, fait des réparations à sa maison, située dans les limites fixées par les lois susdatées, doit être condamné, outre l'amende, à les démolir et à rétablir les lieux dans leur ancien état. — *Cons. d'Etat*, 6 janv. 1830, Ronzin Duval.

177. — Il en est pour les travaux de construction comme pour ceux de réparation. Avant de commencer les travaux, les propriétaires doivent faire la déclaration prescrite et obtenir l'autorisation exigée par l'art. 30 de l'ordonn. du 1er août 1821; sinon il y a lieu de les condamner à l'amende et d'ordonner la démolition des constructions. — *Cons. d'Etat*, 24 déc. 1828, Ville de Langres; 8 avril 1829, Brunet.

Sect. 3e. — *Constatation et répression des contraventions.*

178. — Les contraventions aux dispositions précédentes sont constatées par les procès-verbaux des gardes du génie, et réprimées conformément à la loi du 19 mai 1802 (29 floréal an X) relative aux contraventions en matière de grande voirie. A cet effet, les gardes du génie dûment assermentés agissent comme officiers de police judiciaire : leurs procès-verbaux font foi jusqu'à inscription de faux. — Loi 17 juillet 1819, art. 11; ord. 1er août 1821, art. 31. — V. GARDE DES FORTIFICATIONS ET DU GÉNIE.

179. — Les procès-verbaux des gardes du génie doivent être affirmés dans les vingt-quatre heures, à peine de nullité. — *Cons. d'Etat*, 2 sept. 1829, Rund-Benninger; 30 août 1843, Houel. — V. GARDE DES FORTIFICATIONS, nos 18 et suiv.

180. — Toutefois le procès-verbal d'un garde du génie ne devient pas nul par cela seul que la copie signifiée ne contient pas mention de l'affirmation qui a dû en être faite, lorsqu'il résulte de l'original que cette affirmation a eu lieu conformément à la loi. — *Cons. d'Etat*, 24 déc. 1844, Mayer-Lippmann.

181. — Lorsque le contrevenant ne conteste pas la contravention, il ne peut se prévaloir du défaut de signature du garde du génie sur la copie des notifications. — *Cons. d'Etat*, 27 août 1833, Lavallée.

182. — Au surplus, lorsqu'un procès-verbal a été annulé pour vice de forme, l'officier du génie peut en faire dresser un autre pour constater la même contravention. En effet, il n'y a aucun délai fixe pour constater les contraventions. — Delalleau, *Servitudes pour les places de guerre*, no 602.

183. — Lorsque les gardes du génie auront connaissance d'une contravention, ils en rendent compte sur-le-champ au chef du génie, qui requiert soit le juge de paix ou son suppléant, soit le commissaire de police, soit le maire ou l'adjoint de la commune d'accompagner le garde du génie au lieu où doit se faire la constatation de la contravention. Le procès-verbal, dressé en présence de l'officier de police civile, est signé par lui. — Ordonn. 1er août 1821, art 32. — Ces procès-verbaux sont visés pour timbre et enregistrés en débet. — Art. 33. — V. ENREGISTREMENT, TIMBRE.

184. — Ce n'est pas à peine de nullité que l'art. 32 de l'ordonn. 1er août 1821 prescrit aux gardes du génie, lorsqu'ils ont à pénétrer dans l'intérieur des enclos ou des bâtimens pour la recherche ou la constatation des contraventions, de se faire assister d'un officier de police civile. — *Cons. d'Etat*, 4 juill. 1837, Lebrun et Sabine (2 ord.); 13 avr. 1842, Garanton.

185. — Les procès-verbaux de contravention restent déposés entre les mains du chef du génie. Les gardes du génie en dressent copie et la notifient au domicile du contrevenant, avec sommation de rétablir l'ancien état des lieux dans le délai que le chef du génie aura fixé. — Ordonn., 1er août 1821, art. 35.

186. — Si les contrevenans n'ont pas égard à la notification des gardes du génie et ne rétablissent pas les lieux dans leur état primitif, le directeur des fortifications saisit le préfet de la difficulté, pour qu'il y soit statué en conseil de préfecture, sauf les vérifications qui pourraient être ultérieurement nécessaires. Aux procès-verbaux que l'autorité militaire transmet aux préfets, elle doit joindre, avec un fragment du plan de circonscription, un extrait de l'état descriptif et un mémoire sommaire de discussion. — L. 17 juill. 1819, art. 12; ordonn. 1er août 1821, art. 36.

187. — Si, après la notification du procès-verbal de contravention, les propriétaires poursuivaient leur infraction; le préfet, sur l'avis du directeur des fortifications, assemble le conseil de préfecture, lequel ordonne sur-le-champ la suspension des travaux. Le préfet doit assurer l'exécution de cet arrêté par tous les moyens de droit. — L. 17 juill. 1819, art. 12; ordonn. 1er août 1821, art. 37.

188. — Le conseil de préfecture statue suivant les formes tracées par la loi pour ses décisions ordinaires. — V. CONSEIL DE PRÉFECTURE.

189. — Il doit surseoir si les procès-verbaux qui constatent la contravention sont l'objet d'une inscription de faux. — *Cons. d'Etat*, 19 mars 1845, Parodi.

190. — Comme la répression d'une contravention aux lois sur les servitudes militaires est indépendante de la question de propriété, il ne doit pas admettre l'intervention en l'instance de celui qui se prétend propriétaire du terrain sur lequel a été commise la contravention. — *Cons. d'Etat*, 11 déc. 1808, Arriague.

191. — Le conseil de préfecture doit statuer au fond, et non subordonner sa décision à celle à prendre, dans un cas analogue, par un ministre. — *Cons. d'Etat*, 8 sept. 1830, Lambinet.

192. — Quand la contravention est constatée par un procès-verbal du garde du génie, non attaqué par la voie de l'inscription de faux; il doit ordonner la démolition des travaux faits sans autorisation. — *Cons. d'Etat*, 22 oct. 1830, Biacade; 6 juill. 1843, Gentile; 18 janv. 1845, Raoust. — Sans s'occuper de savoir si les constructions élevées sont plus ou mois accessibles à la défense. — *Cons. d'Etat*, 6 juill. 1843, Gentile.

193. — Il doit, de plus, condamner le contrevenant à l'amende prononcée par la loi. — *Cons. d'Etat*, 18 janv. 1845, Raoust.

194. — Mais il ne peut, sans excès de pouvoir, réduire cette amende, ce droit n'appartient qu'au Conseil d'Etat. — *Cons. d'Etat*, 6 avr. 1836, Bachelet; 29 juin 1844, Orange.

195. — Les arrêtés du conseil de préfecture doivent, sous peine de déchéance, être attaqués dans le délai de trois mois de la notification intégrale qui en a été faite aux intéressés par un garde du génie assermenté. — *Cons. d'Etat*, 19 janv. 1832, Hayer-Cerf.

196. — Si le conseil de préfecture s'était à tort déclaré incompétent, et qu'il eût omis de statuer sur plusieurs des chefs de contravention qui lui étaient déférés; le Conseil d'Etat pourrait, après avoir annulé l'arrêté du conseil de préfecture, renvoyer l'affaire devant lui, pour être, par lui, statué de nouveau. — *Cons. d'Etat*, 7 déc. 1832, Lecoq.

197. — Le Conseil d'Etat peut juger le fond du litige, quoique le conseil de préfecture n'ait pas prononcé à cet égard. — *Cons. d'Etat*, 8 sept. 1830, Lambinet.

198. — Outre la démolition de l'œuvre nouvelle aux frais des contrevenans, ceux-ci encourent, selon les cas, les peines applicables aux contraventions analogues en matière de grande voirie. — L. 17 juill. 1819, art. 13; ordonn. 1er août 1821, art. 38.

199. — Tout jugement de condamnation doit fixer le délai dans lequel le contrevenant est tenu de démolir, enlever les décombres et rétablir à ses frais l'ancien état des lieux. Il est notifié à la partie intéressée, avec sommation d'exécuter. — L. 17 juill. 1819, art. 14; ordonn. 1er août 1821, art. 39.

200. — Les gardes du génie sont chargés de la notification des jugemens de condamnation. — L. 17 juill. 1819, art. 14; ordonn. 1er août 1821, art. 40.

201. — A défaut d'exécution par la partie condamnée, après l'expiration des délais fixés par le jugement, il y est procédé d'office, à la diligence de l'autorité militaire, en présence du maire ou de son adjoint requis à cet effet. — L. 17 juill. 1819, art. 14. — En conséquence, le chef du génie se concerte avec le commandant de la place sur les moyens et l'époque de l'exécution. Il prévient ensuite par écrit le maire de la commune du jour et de l'heure où le jugement devra être exécuté, d'office, en présence de la partie condamnée, laquelle doit y être dûment appelée par une notification faite à son domicile par un garde du génie. — Ordonn. 1er août 1821, art. 41.

202. — Les démolitions, déblais et remblais sont effectués et la dépense constatée dans les formes établies pour les travaux des fortifications. — L. 17 juill. 1819, art. 14; ordonn. 1er août 1821, art. 42.

203. — Sur le refus de la partie d'en acquitter le montant, le préfet en fera poursuivre le recouvrement conformément à la loi du 19 mai 1802. — L. 17 juill. 1819, art. 14. — Le tout sans préjudice des poursuites relatives au paiement des amendes, s'il y avait lieu. — Ord. 1er août 1841, art. 43.

204. — C'est encore de la même manière qu'il est procédé à la constatation et au recouvrement des frais de démolition toutes les fois qu'il est procédé d'office à la démolition d'une construc-

tion autorisée par les art. 2 et 3 de l'ordonnance ou d'une construction permise par exception, en vertu des art. 7 et 8. — Art. 44.

205. — En matière de servitudes militaires, l'amende encourue pour la contravention résultant de constructions prohibées se prescrit par un an; mais l'existence de ces contraventions constitue une infraction permanente qui, dans l'intérêt de la défense de l'Etat, peut toujours être réprimée, nonobstant l'expiration du même délai. — *Cons. d'Etat*, 27 févr. 1836, Pozzo di Borgo; 28 août 1844, Gérard; 14 déc. 1844, Sénequier; 14 mars 1845, Legrand. — Cormenin, *Dr. admin.*, vº *Places de guerre*, t. 2, p. 401; Cotelle, *Cours de dr. admin.*, t. 3, p. 269; Jousselin, t. 1er, p. 135.

206. — Puisque la démolition des constructions peut être toujours demandée, il suit de là que l'action publique continue toujours de subsister du moins à cet égard. — *Contrà*, Cormenin, *ibid.* — *Cons. d'Etat.*, 27 fév. 1836, Pozzo di Borgo. — V. au surplus la note sous cette décision.

Sect. 4e. — *Indemnités.*

§ 1er. — *Cas où il y a lieu à indemnité.*

207. — Les cas où il y a lieu à indemnité sont ceux prévus par les art. 18, 19, 20, 24, 33 et 38 de la loi du 8-10 juill. 1791. — L. 17 juill. 1819, art. 15.

208. — En d'autres termes, les travaux et opérations relatifs aux places de guerre ou postes militaires peuvent donner lieu à indemnité soit pour cause de dépossession, soit pour démolition d'édifice, soit pour privation de jouissance. — Ordonn. 1er août 1821, art. 45.

209. — Il y a lieu à indemnité pour cause de dépossession lorsque des constructions nouvelles de places de guerre ou postes militaires, des changemens ou augmentations dans ceux actuellement existans, des réunions nécessaires pour donner au terrain militaire intérieur et extérieur l'étendue qui lui est légalement assignée, mettent le domaine militaire dans le cas d'exiger la cession de propriétés particulières. — Ord. 1er août 1821, art. 46. — V. à cet égard EXPROPRIATION POUR UTILITÉ PUBLIQUE, nos 1174 et suiv.

210. — Il a lieu à indemnité pour démolition d'édifices lorsque, pour la sûreté d'une place de guerre, l'autorité militaire requiert la destruction d'une bâtisse située dans une des zones de servitudes légales, pourvu toutefois qu'il soit justifié sur titres que cette bâtisse existait antérieurement à la fixation du rayon militaire qui a soumis à la prohibition l'étendue de la zone dans laquelle son sol se trouve compris. — Ordonn. 1er août 1821, art. 47.

211. — L'indemnité, dans ce cas, ne se règle que sur la valeur des constructions, sans y comprendre l'estimation du sol, lequel n'est point acquis par le domaine militaire si ces constructions ne sont que l'accessoire d'une propriété territoriale; dans le cas contraire et lorsque le sol tout entier est couvert par les constructions ou doit être employé pour leur service, l'indemnité peut comprendre la valeur du sol. — Ordonn. 1er août 1821, art. 47.

212. — D'abord, il n'est dû d'indemnité pour démolition de maisons qu'autant qu'il est prouvé que la construction de ces maisons remonte à une époque antérieure à l'ordonnance du 9 déc. 1713. — *Cons. d'Etat*, 15 juin 1825, Bonnabel; 22 juin 1825, Brun; 6 fév. 1828, Bonnabel; 7 fév. 1834, d'Engler.

213. — Ensuite, il n'est dû d'indemnité que pour les démolitions qui ont eu lieu dans l'état de guerre par mesure précautionnelle avant le siége, et en vertu des ordres du gouvernement, ou d'une délibération du conseil de défense. — *Cons. d'Etat*, 7 fév. 1834, Gervaise; 7 août 1835, Forcatère; *Cass.*, 14 juill. 1846 (t. 2 1846, p. 385), de Chazournes c. Préfet du Rhône.

214. — Au contraire, il n'est pas dû d'indemnité aux habitans dont les bâtimens ont été détruits pour la défense d'une place de guerre et pendant qu'elle était assiégée par l'ennemi. — *Cons. d'Etat*, 22 janv. 1824, de Sèvre; 7 fév. 1834, Gervaise; 7 août 1835, Forcatère.

215. — En effet, l'art. 37 de la loi du 10 juill. 1791 et l'art. 96 du décret du 24 déc. 1811 donnent aux conseils de guerre et aux gouverneurs des places le droit de détruire, même en employant l'incendie, tout ce qui pourrait nuire à la défense de ces places. — *Cons. d'Etat*, 4 mai 1825, Pirmez; 11 mai 1825, Coulon; 15 juin 1825, Bonnabel; 7 fév. 1834, d'Engler.

216. — Ainsi, la destruction d'une propriété privée (d'un pont, par exemple), prescrite et exécutée par l'autorité militaire, pour s'opposer aux progrès d'une insurrection présente un cas de guerre, et non pas une expropriation pour cause d'utilité publique. — *Cass.*, 14 juill. 1846 (t. 2 1846, p. 385), de Chazournes c. Préfet du Rhône.

217. — Ainsi encore, des travaux de défense ordonnés par un général d'armée qui ont pour objet de s'opposer à l'envahissement du territoire français, et qui sont exécutés tandis que l'armée manœuvre en présence de l'ennemi, constituent un fait ordinaire de guerre qui, d'après les principes du droit commun, ne peut donner lieu à aucune indemnité. — La loi du 10 juill. 1791, sur la défense des places fortes, est inapplicable à ce cas. — *Cons. d'Etat*, 26 mars 1823, Glairet.

218. — De même quand les dommages causés à une propriété ne résultent pas des mesures prises pour les travaux de défense d'une place de guerre, mais rentrent dans la catégorie des maux généraux de la guerre; l'administration de la guerre ne peut être condamnée à indemniser le propriétaire de pertes pour la réparation desquelles, d'ailleurs, un secours extraordinaire a été mis à la disposition de l'autorité civile. — *Cons. d'Etat*, 6 déc. 1820, Guevel.

219. — Jugé même que lorsqu'un mur de clôture situé dans la zone d'une place de guerre s'écroule par suite d'ouvrages exécutés en dehors par le génie militaire, c'est-à-dire hors le cas de guerre ou force majeure, le propriétaire n'est pas fondé, d'après le droit commun, à en demander la réédification aux frais de l'Etat. — *Cass.*, 8 avril 1834, Préfet du Finistère c. Malassis.

220. — Les propriétaires de constructions en bois élevées dans le rayon déterminé ne sont pas fondés à réclamer une indemnité, en cas de démolition ordonnée par le ministre de la guerre. — *Cons. d'Etat*, 11 févr. 1824, Bonnabel.

221. — Il y a lieu à indemnité, pour privation de jouissance, toutes les fois que, par suite de travaux ou d'opérations relatifs à la défense d'une place de guerre, l'autorité militaire occupe temporairement une propriété privée de manière à y porter dommage, ou à en diminuer le produit. — Ordonn. 1er août 1821, art. 48. — V., à ce sujet, EXPROPRIATION POUR UTILITÉ PUBLIQUE, nos 1185 et suiv.

222. — Est-il dû une indemnité pour la dépréciation résultant pour les propriétés de l'établissement des servitudes militaires auxquelles les assujettit la création d'une place de guerre? Cette question a été agitée, mais non résolue, lors de l'ordonnance du 15 juin 1832 (Labrosse). Lors de la discussion de la loi du 30 mars 1831, on proposa, sur l'art. 11 de cette loi, un amendement ayant pour objet de faire accorder une pareille indemnité. — M. Allent, commissaire du roi, fit remarquer que la loi en discussion avait pour objet de modifier la loi du 8 mars 1810, et qu'elle était étrangère à la loi du 17 juillet 1819; que l'amendement proposé se rattachait à cette dernière loi; que, par conséquent, il était étranger à la loi présentée; que, d'ailleurs, il était impossible d'adopter la proposition avant d'avoir calculé la dépense qu'entraîneraient les indemnités de dépréciation. L'amendement fut donc rejeté.

223. — « Il semblerait résulter de là, ajoute M. Duvergier (*Collect. des lois*, sur l'art. 11 L. 30 mars 1831), qu'il n'est pas reconnu en principe qu'une indemnité soit due à raison des servitudes imposées aux propriétés environnant les places de guerre. L'ordonnance du 1er août 1821, art. 45 et suiv., n'attribue aussi d'indemnité qu'au cas de dépossession, démolition et privation de jouissance. Les servitudes *non ædificandi*, le dommage qui résulte du seul voisinage des places de guerre, ne doivent-ils pas donner lieu à indemnité? C'est une question délicate que la jurisprudence paraît avoir jusqu'ici résolue négativement. »

224. — Depuis cette époque la question a encore été agitée, et elle a été résolue différemment par les auteurs. — Suivant M. Cormenin (*Dr. administ.*, vº *Place de guerre*, t. 2, p. 402), il n'est pas dû d'indemnité pour cette cause; si le ministre en accorde, c'est là une faveur d'équité: d'où la conséquence qu'il n'y aurait pas lieu de se pourvoir à cet égard par la voie contentieuse. — Arg. *Cons. d'Etat*, 15 juin 1832, Labrosse; 31 décembre 1844, Arnoud. — Delalleau, nº 673; Laferrière, *Cours de droit administ.*, 2e édit., p. 359; Poupelin, *Servit. d'utilité publique*, t. 1er, p. 64 et 137; Gillon, *Comment.* sur la loi du 30 mars 1831 (introduct.); Husson, *Traité des travaux publics*, t. 2, p. 393.

225. — Pour l'opinion contraire on dit, et avec raison, que c'est également que chacun doit contribuer aux charges de l'Etat; qu'il serait inique que les propriétaires des terrains situés dans les différentes zones des places fortes supportassent seuls l'effet des travaux exécutés dans l'intérêt du pays tout entier. — Que si l'on objecte qu'il y aurait des indemnités trop fortes à payer eu égard à la pénurie du Trésor, ce ne pourrait être un argument sérieux. Un débiteur peut bien dire: je dois et je ne peux pas payer; mais il serait absurde qu'il ajoutât : comme je ne peux pas payer, je ne dois pas. — D'ailleurs l'Etat est ici dans la même position que dans le cas d'expropriation du fonds. — Duvergier, *Collect. des lois*, sur l'art. 8 de la loi du 3 avril 1841, t. 41, p. 74 et suiv.; Foucart, *Leçons de droit adminisl.*, t. 1er, p. 242; Caudaveine et Théry, *De l'expropr. pour cause d'utilité publique*, p. 299 et 300.

226. — Quant à l'exercice du droit d'indemnité, M. Duvergier (*ibid.*) ajoute que, lors de l'établissement d'une place de guerre, tous ceux dont les terrains se trouvent compris dans les zones de servitude doivent réclamer leur indemnité par la voie ordinaire; et qu'il n'y a pas de raison pour qu'ils soient obligés de s'adresser au ministre de la guerre, et de suivre une forme autre que celle indiquée dans la loi de 1831.

227. — Quoi qu'il en soit, décidé que la crainte du danger ne suffisait pas pour faire allouer une indemnité au propriétaire voisin d'une place de guerre qui n'a épouvé aucun dommage réel. — *Cons. d'Etat*, 18 févr. 1836, de Narbonne-Lara.

228. — Si la question d'indemnité s'agitait entre le vendeur et l'acquéreur d'un terrain soumis aux servitudes militaires, elle devrait se résoudre d'après les clauses de l'acte ou l'intention présumée des parties.

229. — Décidé que les servitudes militaires sont comprises dans la clause d'un acte de vente qui impose à l'acquéreur l'obligation de souffrir les servitudes passives. — *Cons. d'Etat*, 7 nov. 1834, Gauthier.

230. — Et alors surtout qu'il s'agit de vente de biens nationaux. — *Cons. d'Etat*, 5 déc. 1834, Véreghes.

231. — Jugé de même qu'il n'est pas dû à l'acquéreur de garantie à raison des servitudes militaires qui peuvent grever le terrain vendu, alors surtout qu'au moment de la vente il existait, par la construction d'un fort, un signe apparent de la servitude. — *Caen*, 22 nov. 1842 (t. 1er 1845, p. ...), Lebuhotel c. Ville de Cherbourg.

232. — Lorsqu'en achetant une propriété bâtie située dans la zone de défense d'une place forte, l'acquéreur a connu les servitudes qui résultaient pour la propriété de cette situation; s'il arrive qu'une partie du sol sur lequel elle est construite appartient en réalité à l'Etat, mais que celui-ci consente à laisser subsister les constructions moyennant une redevance annuelle : l'indemnité à laquelle l'acquéreur qui refuse de résilier peut prétendre contre son vendeur, doit être calculée seulement à raison de la valeur du terrain dont il est exproprié et considération prise de la connaissance que l'acquéreur avait de la servitude résultant de la situation; mais sans égard aux frais de reconstruction auxquels l'exercice, de la part de l'Etat, de la plénitude de ses droits, pourrait donner lieu. — *Cass.*, 8 juill. 1834, Lefebvre c. Dambricourt.

§ 2. — *Règlement des indemnités.*

233. — Relativement aux règlemens des indemnités : l'art. 15 de la loi du 17 juillet 1819 porte que celles prévues par les art. 18, 19, 20, 24, 33 et 35 de la loi du 10 juillet 1791 seront fixées dans les formes prescrites par la loi du 8 mars 1810, et préalablement acquittées conformément à l'art. 10 de la Charte constitutionnelle.

234. — De plus, l'ordonnance du 1er août 1821 détermine, dans ses art. 49 et suivans, le mode à suivre pour le règlement des indemnités dues pour toute espèce de travaux et opérations relatifs aux places de guerre ou postes militaires.

235. — Mais ces prescriptions ont été modifiées ou changées par des dispositions législatives survenues postérieurement. — La loi du 30 mars 1831 a statué sur le cas d'expropriation ou d'occupation temporaire en cas d'urgence pour travaux de fortifications. — V., à ce sujet, EXPROPRIATION POUR UTILITÉ PUBLIQUE, nos 1185 et suiv.

236. — Et pour tous les autres travaux militaires sans urgence, d'abord la loi du 7 juillet 1833 et ensuite celle du 3 mai 1841 ont tracé les formalités à suivre pour l'expropriation et pour le règlement des indemnités. — V., à ce sujet, EXPROPRIATION POUR UTILITÉ PUBLIQUE, nos 1174 et suiv.

237. — Toutefois, aux décisions que l'on trouvera rapportées sous ce mot il convient d'ajouter les suivantes :

238. — Le ministre de la guerre est seul compétent pour statuer sur les demandes en indemnité autres que celles pour expropriation, privation de jouissance ou occupation momentanée. — *Cons. d'Etat*, 15 juin 1832, Labrosse; 7 avril 1835, Guerlin-Houel; 31 déc. 1844, Arnoud. — Cormenin, *Dr. admin.*, vo *Place de guerre*, t. 2, p. 403.

239. — La règle s'applique spécialement à une demande en indemnité formée par un particulier pour dommages résultant soit de la prohibition de bâtir dans le rayon d'une place de guerre, soit de la prohibition de pousser au delà de certaines limites les travaux d'extraction d'une carrière; et il en est ainsi, alors même qu'il s'agirait de terrains qui n'ont été grevés de servitudes militaires que par suite de l'extension donnée à un système antérieur de fortifications. *Cons. d'Etat*, 15 juin 1832, Labrosse ; 31 déc. 1844, Arnoud.

240. — Les tribunaux civils ne doivent connaître que des demandes en indemnité relatives aux expropriations de jouissance ou aux dommages matériels. — *Cons. d'Etat*, 15 juin 1832, Labrosse.

241. — Les pertes mobilières et immobilières occasionnées par la défense d'une place de guerre doivent être constatées par une expertise contradictoire. — *Cons. d'Etat*, 6 déc. 1820, Guevel; 4 févr. 1824, Habitans de Soissons.

242. — Le ministre de la guerre n'est pas fondé à prétendre réduire la fixation faite lors de cette expertise, alors qu'il n'a pas ordonné une seconde vérification en temps utile et que, l'état des lieux ayant été depuis dénaturé, il est impossible de faire procéder à une nouvelle expertise d'une manière légale et contradictoire. — *Cons. d'Etat*, 6 déc. 1820, Guevel.

243. — D'un autre côté, lorsque la valeur et la perte du mobilier d'un édifice incendié par ordre de l'autorité militaire pour la défense d'une place n'ont pas été constatées au moment de l'incendie, et que les déclarations faites à cet effet par des témoins plusieurs années après les pertes qu'elles doivent constater n'ont pas un caractère suffisant d'authenticité pour prouver l'existence et la valeur dudit mobilier, la demande en indemnité formée par le propriétaire doit être déclarée mal fondée. — *Cons. d'Etat*, 12 nov. 1823, Cavarré.

244. — Lorsqu'il est reconnu qu'une indemnité est due pour pertes mobilières et immobilières par suite de guerre, les dégrèvemens de contributions accordés en cas de perte par force majeure ne doivent pas être déduits du montant de cette indemnité. — *Cons. d'Etat*, 4 févr. 1824, Habitans de Soissons.

245. — Il en est de même des secours accordés par la liste civile pour le même objet. — *Cons. d'Etat*, 4 févr. 1824, Habitans de Soissons; 11 févr. 1824, Bonnabel.

246. — Le maire n'a pas qualité pour réclamer en faveur de la masse des propriétaires le paiement de l'indemnité qui peut leur être due par suite du bornage. — *Cons. d'Etat*, 11 oct. 1833, Ville de Verdun.

Sect. 5e. — *Compétence.*

247. — Les questions concernant la compétence ont presque toutes reçu leur solution dans les textes de lois précédemment analysés, ainsi que dans les décisions qui ont été rendues en conséquence. Il serait donc superflu de les rappeler ici, et nous nous contenterons d'indiquer quelques principes généraux sur la matière.

248. — Aux termes des art. 1er et 6 de la loi du 17 juillet 1819, c'est au chef du gouvernement qu'il appartient de déterminer les places de guerre ou postes militaires ainsi que les polygones et circonscriptions qui donnent lieu à l'établissement des servitudes défensives.

249. — Quant aux réclamations formées par les parties intéressées dans les cas énoncés auxdits articles, elles doivent être jugées comme en matière de grande voirie : c'est-à-dire par le conseil de préfecture. — Jousselin, t. 1er, p. 96.

250. — Cette juridiction, qui appartenait autrefois à l'autorité militaire, fut vivement combattue lors de la discussion de la loi en 1819. On prétendait en faveur de l'ancien système que l'exécution de la loi intéressant spécialement et peut-être uniquement le service militaire ne devrait dépendre ni des préfets ni des conseils de préfecture, qui prennent généralement peu d'intérêt aux dispositions défensives et n'en sont pas responsables. — Magnitot et Delamarre, *Dict. de dr. admin.*, vo *Places de guerre*, § 7.

251. — Mais on répondait que, l'autorité militaire étant, de sa nature, un peu tranchante, l'arbitrage des conseils de préfecture serait plus agréable aux administrés, et qu'ainsi la justice serait plus prompte et plus sûre; enfin, que, la constatation des délits ayant été dévolue aux agens militaires, seuls compétens pour cette mission, les conseils de préfecture n'auraient plus qu'à appliquer la loi : ce qui serait d'autant plus facile après que le plan de circonscription aurait été rédigé, les bornes plantées et les procès-verbaux de reconnaissance arrêtés. Cette seconde opinion prévalut. — Magnitot et Delamarre, *ibid.*

252. — Toutefois, la compétence des conseils de préfecture doit se borner à connaître des contraventions et seulement de certaines délimitations; mais s'il s'agit, par exemple, des réclamations contre le choix des capitales, ils deviennent incompétens. Outre que de telles matières leur sont étrangères, quelquefois même elles ne peuvent être divulguées. En ce cas, c'est au ministre de la guerre qu'il appartient de décider sous sa propre responsabilité. — Magnitot et Delamarre, *ibid.*; Jousselin, t. 1er, p. 117.

253. — Ainsi jugé, que c'est à l'autorité administrative, et non aux tribunaux, qu'appartient la fixation des limites du rempart et du terrain militaire, ainsi que les poursuites des contraventions aux lois relatives aux servitudes militaires, sauf les droits des propriétaires à obtenir devant les tribunaux compétens une indemnité pour le terrain dont ils sont dépossédés. — *Cons. d'Etat*, 28 nov. 1834, Cauquil.

254. — Toutes les questions de propriété entre le domaine militaire et les particuliers, et toutes contestations qui pourraient s'élever sur la preuve légale de la priorité d'existence des constructions situées dans les zones de prohibition intérieure et extérieure, soit à la création, soit à l'augmentation de la place ou du poste, soit à la promulgation de la loi du 8-10 juillet 1791, doivent être portées devant les tribunaux. — Ord. 1er août 1821, art. 73.

255. — C'est donc aux tribunaux, et non au conseil de préfecture, qu'il appartient de statuer lorsque le propriétaire produit des titres et autres documens propres à établir que la maison existait avant l'établissement de la place de guerre. — *Cons. d'Etat*, 14 déc. 1832, Levorque.

256. — De même la question de savoir si la suppression d'une voie de communication, par suite de l'établissement des fortifications, doit donner lieu à une indemnité, est du ressort des tribunaux. — *Cons. d'Etat*, 24 oct. 1827, Bion.

257. — En matière de servitudes militaires, lorsque le terrain sur lequel des constructions ont été élevées est en litige et qu'il est réclamé comme appartenant à l'Etat il y a lieu de surseoir, avant de prononcer sur la contravention, jusqu'à ce qu'il ait été statué sur la question de propriété. — *Cons. d'Etat*, 9 juin 1830, Gauthier et Dubois. — Cormenin, vo *Places de guerre*, t. 2, p. 402.

258. — Les tribunaux, comme on le voit, connaissent ici, comme en toute autre matière, des questions de propriété et d'appréciation de titres, mais il y a exception à cette règle fondamentale qui leur attribue ordinairement la connaissance des questions de servitudes. Cela résulte des art. 1, 6, 9 et 11 de la loi du 17 juillet 1819. — *Cons. d'Etat*, 30 nov. 1832, Gibou. — Jousselin, t. 1er, p. 97.

259. — Et, en pareil cas, le conseil de préfecture est compétent pour statuer sur les contraventions, nonobstant les titres de propriété invoqués par le propriétaire poursuivi. — *Cons. d'Etat*, 7 déc. 1832, Lecoq.

260. — Toutes les fois qu'il y a lieu de recourir aux tribunaux, la procédure s'instruit sommairement comme en matière domaniale. L'enregistrement des actes qui y sont sujets a lieu gratis. — Ordonn. 1er août 1821, art. 75.

261. — Le procureur de la République intervient exclusivement pour l'Etat sur les mémoires et conclusions du préfet, qui les établit d'après les plans, rapports et autres documens que le directeur des fortifications doit lui transmettre. Il doit toujours être entendu avant les jugemens tant préparatoires que définitifs. — Ordonn. 1er août 1821, art. 75.

CHAPITRE II. — *Servitudes des frontières.*

262. — La zone des frontières est à la France continentale ce que la zone des places de guerre est à chacune de ces places : c'est-à-dire une étendue de territoire dans laquelle la propriété privée et les services publics eux-mêmes sont soumis à certains assujettissemens plus ou moins nombreux et plus ou moins graves en faveur de la défense militaire de l'Etat, confiée par la loi au ministre de la guerre sous sa responsabilité (L. 8-10 juill. 1791, tit. 1er, art. 13) et celle de ses agens. — Toutefois, les assujettissemens concernant chacune de ces zones diffèrent sous beaucoup de rapports. — Allent, *Essai sur les reconnaissances militaires*, t. 1er, p. 372; Delalleau, *Serv. pour la défense des places de guerre*, nos 521 et suiv.; Jousselin, *Servit. d'util. publique*, t. 1er, p. 86.

263. — D'après l'ordonn. du 31 déc. 1776, tit. 5, art. 26, l'étendue de cette zone comprenait les provinces frontières. — La loi du 31 déc. 1790-19 janv. 1791 parle, sans limites déterminées, des travaux qui intéresseront les routes et les communications sur les frontières. — Le décret du 13 fruct. an XIII comprend dans la zone les départemens qui forment les frontières de l'empire, tant du côté de la terre que du côté de la mer, et les départements du Pas-de-Calais, du Nord, de Jemmapes, de la Dyle, de la Sarre et des Forêts. — Jousselin, *ibid.*, p. 87.

264. — Aux termes de l'ordonnance royale du 18 septembre 1816, art. 2, la zone frontière s'étend à au moins deux lieues en arrière de la dernière ligne des places de guerre.

265. — L'ordonnance royale du 18 sept. 1816, art. 7, avait chargé le ministre de la guerre de dresser une carte de France, sur laquelle seraient tracées les limites de la zone frontière. Mais la carte ayant été dressée sous l'empire des préoccupations qui dominaient alors les esprits à la suite de deux invasions récentes, on avait compris dans la zone des côtes et frontières une partie considérable de territoire. — Jousselin, p. 88.

266. — Les circonstances ayant changé, un arrêté du ministre de la guerre, approuvé par le roi le 25 janvier 1839, et publié le 26, a établi une nouvelle délimitation. Il en est résulté que vingt-cinq départemens ont été, soit en totalité, soit en partie, affranchis des servitudes de la zone des frontières. Cette première réforme a été suivie, pour un grand nombre de communications comprises dans la zone conservée, de mesures spéciales d'affranchissement, en vertu desquelles ces communications spéciales ont cessé d'être soumises au contrôle de l'autorité militaire. — *Journal militaire officiel*, 1839, 1er semestre, p. 73; Jousselin, *ibid.*

267. — Le régime de la zone des frontières concerne essentiellement, mais non exclusivement, les travaux publics. — De Gerando, *Institut.*, t. 4, p. 526; Jousselin, *ibid.*, p. 89.

268. — Il comprend les travaux publics, civils et maritimes. — Ord. 31 déc. 1776, tit. 5, art. 26; L. 31 déc. 1790, 19 janv. 1791, art. 7; décr. 13 fructid. an XIII; ord. 27 févr. 1815; 18 sept. 1816, art. 7.

269. — Il n'est pas limité aux travaux qui sont exécutés par l'Etat aux frais du Trésor. Il s'étend à ceux qui sont exécutés par les administrations départementales ou par les villes; à ceux qui concernent les chemins vicinaux ou même les chemins communaux, etc. — Ord. 31 déc. 1776, tit. 5, art. 26; circ. min. du comm. et des trav. publ. 17 sept. 1833. — Jousselin, *ibid.*, p. 89.

270. — Toutefois, il n'atteint pas absolument tous les genres de travaux sans exception. L'ordonnance royale du 18 sept. 1816 en affranchit au contraire expressément les travaux de réparation et entretien. Des circulaires du ministre de la guerre, une instruction du ministre de l'intérieur du 18 sept. 1819 et une instruction du ministre du commerce et des travaux publics du 17 sept. 1833 ont expliqué ce qu'on doit entendre par les mots « réparation et entretien » dans la question précitée. — Jousselin, *ibid.*, p. 90.

271. — Bien que le régime de la zone des frontières concerne principalement les travaux publics, il peut néanmoins s'appliquer à ceux que des particuliers voudraient exécuter sur leurs propriétés privées et qui seraient nuisibles au système de défense. Tels seraient 1o un dessèchement inconsidéré qui aurait pour résultat de rehausser des marais jadis impraticables; 2o l'abatage de bois humides ou fourrés qui rendraient des cols ou défilés moins faciles à défendre; 3o tous travaux imprudens, qui, faisant disparaître des objets naturels, ouvriraient le territoire ou exigeraient qu'ensuite l'art vînt à grands frais au secours de la nature. — Allent, *loc. cit.*; Delalleau, no 523; Cotelle, t. 1er, p. 420; Jousselin, *loc. cit.*, p. 90.

272. — Le mode de mise en action du régime de la zone frontière consiste : dans des conférences établies entre les officiers des divers services, dans l'intervention de la commission mixte des travaux publics, laquelle est chargée d'examiner les projets de travaux, à l'effet de concilier les divers services intéressés, et enfin, si l'un des ministres ne croit pas devoir adhérer à la délibération de la commission, dans la décision que prend le chef du gouvernement en conseil des ministres. Tout ce qui concerne l'organisation, les attributions et la compétence de la commission mixte a été réglé et modifié successivement par la loi du 31 déc. 1790-19 janv. 1791, art. 6; par les décrets des 20 juin 1810, 4 août 1811, 22 déc. 1812; par les ord. royales des 27 févr. 1815, 18 sept. 1816, 28 déc. 1828, 31 juill. 1841 et 29 oct. 1845. — Jousselin, *ibid.*

V. COMMISSION MIXTE DES TRAVAUX PUBLICS.

SERVITUDES PERSONNELLES.

1. — Les servitudes personnelles sont, à proprement parler, celles qui assujettissent une personne à une autre, telles que l'esclavage, la corvée, etc. Toutes les servitudes de cette nature ont été abolies en 1791, ou antérieurement.

2. — Mais certains auteurs donnent, en outre, le nom de *servitudes personnelles* à celles qui assujetissent un fonds à une personne.

3. — Ils puisent cette qualification dans les lois romaines, qui définissent les servitudes personnelles : *quandò prædium servit personæ*.

4. — Merlin fait remarquer, avec raison, qu'il est plus juste d'appeler ces servitudes *mixtes*. Il est clair, en effet, que la servitude d'un héritage envers une personne tient le milieu entre les servitudes purement personnelles, qui ont lieu de personne à personne, et les servitudes tout à fait réelles qui ont lieu de domaine à domaine. — Merlin, *Rép.*, vo *Servitude*, § 4.

5. — Les jurisconsultes romains et les jurisconsultes modernes ne reconnaissent, au surplus, que trois espèces de servitudes personnelles ou mixtes, savoir : l'usufruit, l'usage et l'habitation. — V. HABITATION, USAGE, USUFRUIT.

6. — Les rédacteurs du Code ont, du reste, évité avec soin d'employer le mot *servitude* pour désigner ces droits. Afin d'empêcher toute confusion avec les anciens principes relatifs aux servitudes personnelles, ils ont exclusivement désigné par cette expression les services fonciers établis au profit d'un héritage sur un héritage appartenant à un autre propriétaire. — V. SERVITUDES.

SERVITUDES D'UTILITÉ PUBLIQUE.

V. UTILITÉ PUBLIQUE.

SESSION D'ASSISES.

V. COUR D'ASSISES.

SESSION LÉGISLATIVE.

1. — Intervalle de temps pendant lequel le pouvoir législatif est légalement réuni pour s'occuper des affaires publiques, dans la mesure des attributions qui lui sont dévolues par la Constitution.

2. — La session législative n'est pas la même chose que la *législature*. La législature s'entend, en effet, de tout le temps pour lequel le pouvoir législatif a été constitué. Ainsi, la législature peut être, par exemple, de deux, trois, quatre ou cinq ans; tandis que, pendant la durée d'une même législature, il peut y avoir plusieurs sessions législatives de quatre ou cinq mois seulement par année.

3. — Lorsque l'Assemblée législative est permanente, la session législative se confond alors avec la législature. L'Assemblée peut interrompre momentanément le cours de ses travaux, sans que pour cela chaque reprise constitue une session nouvelle.

4. — Ainsi, sous la Constitution du 3-14 sept. 1791, l'Assemblée nationale législative était formée pour deux ans; chaque période de deux années constituait une législature. Et, comme l'Assemblée était permanente, il n'y avait pas de session législative distincte de la législature. — Tit. 3, chap. 1er, art. 1er et 2. — Mais cela n'empêchait pas que l'Assemblée n'eût le droit de suspendre ses séances et de s'ajourner. — Tit. 3, chap. 3, art. 4.

5. — D'après la Constitution du 24 juin 1793, le Corps législatif était également permanent. — Art. 39. — La durée de la législature était d'une année, il n'y avait qu'une session ayant la même durée. — Art. 40.

6. — Le personnel du Corps législatif peut se modifier, changer, se renouveler, sans que pour cela le Corps législatif cesse d'être permanent. C'est ce qui avait lieu sous la Constitution du 5 fruct. an III. — Art. 53, 54, 55 et 59. — Aux termes de l'art. 50 de cette Constitution, la durée de la législature était de dix ans. Le Corps législatif pouvait néanmoins s'ajourner à des termes qu'il désignait. — Art. 59. — Mais il n'y avait pas là encore de session législative distincte de la législature.

7. — La Constitution du 22 frim. an VIII avait introduit un système nouveau. Sous l'empire de cette Constitution, le pouvoir législatif se composait du Tribunat et du Corps législatif, au-dessus desquels planait le Sénat conservateur. Le Tribunat et le Corps législatif étaient bien permanens, en ce sens qu'aucune limite n'était tracée à la durée de leur existence comme pouvoir législatif. Mais le Corps législatif ne siégeait pas, comme sous les constitutions précédentes, sans interruption. On voit alors, pour la première fois, apparaître la distinction de la session et de la législature. La session du Corps législatif ne durait que quatre mois; elle commençait le 1er frimaire de chaque année. Mais le gouvernement pouvait le convoquer extraordinairement durant les huit autres mois. — Art. 33.

8. — Le sénatus-consulte organique du 16 therm. an X maintint la distinction entre la législature et la session législative. La durée du Corps législatif était de cinq ans, à moins qu'il ne fût dissous par le Sénat. Mais il appartenait au gouvernement de le convoquer, de l'ajourner et de le proroger. — Art. 74, 75 et 77. — La session du Corps législatif ne durait que le temps pour lequel il avait été convoqué.

9. — Cet état de choses relativement au Corps législatif ne fut point modifié par le sénatus-consulte organique du 28 floréal an XII.

10. — La Constitution du 3-9 avril 1814, qui a régi la France jusqu'au mois de juin suivant, maintint l'institution du Sénat et du Corps législatif, et fixa à cinq années la durée des fonctions de ce dernier corps. C'était la durée de la législature. Le Corps législatif s'assemblait de droit chaque année, le 1er octobre. Mais il pouvait être ajourné et dissous par le roi, qui avait aussi le droit de déterminer la durée de la session.

11. — La Charte du 4-10 juin 1814, qui institua la Chambre des pairs, corps inamovible, comme l'était le Sénat, et la Chambre des députés, élus par les colléges électoraux, fixa à cinq années la durée de la législature relativement à la Chambre des députés. Mais la durée des sessions n'était pas déterminée, le roi convoquait chaque année les Chambres; il les prorogeait, et pouvait dissoudre celle des députés. La durée de chaque session législative variait suivant le nombre et l'importance des travaux soumis aux Chambres, et suivant même la volonté du roi. — Art. 37 et 50.

12. — La Chambre des pairs devait être également convoquée par le roi en même temps que la Chambre des députés. La session de l'une commençait et finissait en même temps que celle de l'autre. — Art. 25.

13. — Toute assemblée de la Chambre des pairs qui était tenue hors du temps de la session de la Chambre des députés ou qui n'était pas ordonnée par le roi était illicite et nulle de plein droit. — Art. 26.

14. — La Charte du 14 août 1830 avait reproduit textuellement les dispositions précitées de celle de 1814. — Art. 21, 22, 31 et 42.

15. — Ainsi, sous l'empire des Chartes de 1814 et 1830, la session législative était distincte de la législature. La durée de cette session dépendait des circonstances. Il était d'usage qu'il y eût une session chaque année. Mais, comme la Chambre des députés ne pouvait se réunir qu'en vertu d'une convocation du roi, il aurait pu se faire, ce qui n'est jamais arrivé, qu'une année se passât sans session législative.

— La Constitution du 4 nov. 1848 est reve- nue au système admis par les Constitutions de 1791 et 1793. D'après cette Constitution, l'Assemblée nationale, seul pouvoir législatif, est élue pour trois ans et permanente (art. 31 et 32); de sorte que la session législative se confond, même sous les deux Constitutions précédes, en usant du droit qui lui est conféré par l'article, s'ajourne, la reprise de ses travaux ne saurait être considérée comme une nouvelle session.

SÉVICES.

V. BLESSURES ET COUPS, SÉPARATION DE CORPS.

SIÉGE (État de).

1. — Nous avons expliqué avec détails, sous le mot ÉTAT DE SIÉGE, l'ancienne législation sur l'état de siége (V. aussi GUERRE). Depuis la publication de ce mot, la législation s'est notablement modifiée.

2. — On sait que par décret du 24 juin 1848 l'Assemblée nationale, en même temps qu'elle délégait au général Cavaignac tous les pouvoirs exécutifs, déclara que Paris était mis en état de siége.

3. — Un décret du 25 juin, se reportant au décret de la veille et à celui du 24 déc. 1811 (V. ÉTAT DE SIÉGE), ordonna que, par les officiers rapporteurs près les conseils de guerre de la première division militaire et leurs substituts, il serait immédiatement procédé à l'information contre tous les individus arrêtés à l'occasion des attentats commis les 23 juin et jours suivans, pour être ultérieurement statué à l'égard desdits individus, conformément aux lois pénales.

4. — Le 26 juin parut un arrêté ainsi conçu : « Le chef du pouvoir exécutif, en vertu du droit que lui confère le décret qui met la ville de Paris en état de siége, arrête : Le pouvoir de poursuivre tous crimes et délits dans l'étendue de la ville de Paris, de rechercher et d'en faire punir les auteurs, conformément aux lois, est délégué aux officiers de police judiciaire. Ce pouvoir sera exercé sous la direction de l'autorité militaire. »

5. — Puis, à la date du 27, intervint le décret qui, en réglant la mesure de la transportation (V. TRANSPORTATION), ajoutait : « Art. 2. L'instruction commencée devant les conseils de guerre suivra son cours, nonobstant la levée de l'état de siége, en ce qui concerne ceux que cette instruction désignerait comme chefs, fauteurs ou instigateurs de l'insurrection, comme ayant fourni ou distribué de l'argent, des armes ou des munitions de guerre, exercé un commandement ou commis quelque acte personnel de rébellion. Il en sera de même à l'égard des réclusionnaires ou forçats libérés ou évadés qui auront pris part à l'insurrection. »

6. — L'application des décrets qui viennent d'être relatés a donné lieu à une grave question de compétence. — Il a été jugé que l'état de siége, si on fait préexister à la déclaration qui le constate et qui résulte soit de l'investissement, soit d'une attaque de vive force, soit d'une sédition intérieure. Dès lors, la juridiction subsiste à la juridiction ordinaire, à raison et par suite des circonstances, régit d'une manière individuelle tous les faits qui s'y rattachent. Et, en conséquence, le décret du 24 juin 1848, qui a mis la ville de Paris en état de siége, s'applique même aux faits antérieurs se rattachant à cette guerre, et en soumet, dès lors, la connaissance à la juridiction militaire. — Cass., 12 oct. 1848 (t. 2 1848, 481), Legénissel, dit Robert. — V. sur cette même question de rétroactivité, v° ÉTAT DE SIÉGE, n° 31 et suiv.

7. — L'art. 106 de la Constitution républicaine de 1848 portait qu'une loi déterminerait les cas dans lesquels l'état de siége pourrait être déclaré, et réglerait les formes et les effets de cette mesure.

8. — C'est en exécution de cette disposition que le gouvernement proposa et que s'établit la loi qui porte la date du 9 août 1849, dont voici les dispositions. — CHAP. I.*** — Des cas où l'état de siége peut être déclaré. — Art. 1er. L'état de siége ne peut être déclaré qu'en cas de péril imminent pour la sécurité intérieure ou extérieure. — CHAP. II. — Des formes de la déclaration de l'état de siége. — Art. 2. L'Assemblée nationale peut seule déclarer l'état de siége, sauf les exceptions ci-après. — La déclaration de l'état de siége

désigne les communes, les arrondissemens ou départemens auxquels il s'applique et pourra être étendu.

10. — Art. 3. Dans le cas de prorogation de l'Assemblée nationale le président de la République peut déclarer l'état de siége, de l'avis du conseil des ministres. — Le président, lorsqu'il a déclaré l'état de siége, doit immédiatement en informer la commission instituée en vertu de l'art. 32 de la Constitution, et, selon la gravité des circonstances, convoquer l'Assemblée nationale. — La prorogation de l'Assemblée cesse de plein droit lorsque Paris est déclaré en état de siége. — L'Assemblée nationale, dès qu'elle est réunie, maintient ou lève l'état de siége.

11. — Art. 4. Dans les colonies françaises, la déclaration de l'état de siége est faite par le gouverneur de la colonie. — Il doit en rendre compte immédiatement au gouvernement.

12. — Art. 5. Dans les places de guerre et postes militaires, soit de la frontière, soit de l'intérieur, la déclaration de l'état de siége peut être faite par le commandant militaire, dans les cas prévus par la loi du 10 juillet 1791 et par le décret du 24 déc. 1811. — Le commandant en rend compte immédiatement au gouvernement.

13. — Art. 6. Dans le cas des deux articles précédens, si le président de la République ne croit pas devoir lever l'état de siége, il en propose sans délai le maintien à l'Assemblée nationale.

14. — CHAP. III. — Des effets de l'état de siége. — Art. 7. Aussitôt l'état de siége déclaré, les pouvoirs dont l'autorité civile était revêtue pour le maintien de l'ordre et de la police passent tout entiers à l'autorité militaire. — L'autorité civile continue néanmoins à exercer ceux de ces pouvoirs dont l'autorité militaire ne l'a pas dessaisie.

15. — Art. 8. Les tribunaux militaires peuvent être saisis de la connaissance des crimes et délits contre la sûreté de la République, contre la Constitution, contre l'ordre et la paix publique, quelle que soit la qualité des auteurs principaux et des complices.

16. — Art. 9. L'autorité militaire a le droit : 1° De faire des perquisitions, de jour et de nuit, dans le domicile des citoyens ; 2° d'éloigner les repris de justice et les individus qui n'ont pas leur domicile dans les lieux soumis à l'état de siége ; 3° d'ordonner la remise des armes et munitions, et de procéder à leur recherche et à leur enlèvement ; 4° d'interdire les publications et les réunions qu'elle juge de nature à exciter ou à entretenir le désordre.

17. — Art. 10. Dans les lieux énoncés en l'art. 5, les effets de l'état de siége continuent, en outre, en cas de guerre étrangère à être déterminés par les dispositions de la loi du 10-juill. 1791 et du décret du 24 déc. 1811.

18. — Art. 11. Les citoyens continuent, nonobstant l'état de siége, à exercer tous ceux des droits garantis par la Constitution, dont la jouissance n'est pas suspendue en vertu des articles précédens.

19. — CHAP. IV. — De la levée de l'état de siége. — Art. 12. — L'Assemblée nationale a seule le droit de lever l'état de siége, lorsqu'il a été déclaré ou maintenu par elle. — Néanmoins, en cas de prorogation ce droit appartiendra au président de la République. — L'état de siége, déclaré conformément aux art. 3, 4 et 5, peut être levé par le président de la République, tant qu'il n'a pas été maintenu par l'Assemblée nationale. — L'état de siége, déclaré maintenu à l'art. 4, pourra être levé par les gouverneurs des colonies, aussitôt qu'ils le croiront la tranquillité suffisamment rétablie.

20. — Art. 13. — Après la levée de l'état de siége, les tribunaux militaires continuent de connaître des crimes et délits dont la poursuite leur avait été déférée.

SIENS.

Se dit, en général, des parens, des héritiers de quelqu'un ; toutefois il s'entend plus spécialement des enfans et descendans. — V. HÉRITIER.

SIEUR, SIEURIE.

Expressions qui, dans notre ancien droit, étaient généralement considérées comme synonymes de seigneur, seigneurie. — V. SEIGNEUR, SEIGNEURIE.

SIFFLAGE.

V. VICE RÉDHIBITOIRE.

SIFFLET.

V. THÉÂTRE.

SIGNALEMENT.

1. — Description de l'extérieur d'une personne avec indication des signes particuliers qui peuvent servir à la constatation de son identité.

2. — Le signalement accompagne d'ordinaire les actes et pièces qui, en différens cas, doivent être représentés par ceux qui en sont porteurs et servir à les faire reconnaître, tels sont les passe-ports, permis de chasse, congés militaires, etc.

3. — En matière criminelle, le signalement de tout individu placé sous le coup d'un mandat d'amener, de dépôt ou d'arrêt, d'une ordonnance de prise de corps, d'un jugement ou arrêt définitifs emportant contre lui privation de la liberté doit être soigneusement relevé et conservé.

4. — Périodiquement, et à des époques rapprochées, le ministre de l'intérieur fait imprimer et distribuer par toute la France des cahiers contenant le nom et le signalement des prévenus, accusés ou condamnés en fuite ; les fonctionnaires et agens qui reçoivent ces cahiers doivent en prendre immédiatement connaissance afin de se mettre en mesure de faire opérer ou d'opérer l'arrestation des individus signalés.

5. — Les procureurs de la République doivent en conséquence transmettre au ministre de l'intérieur le signalement de tout individu qui n'a pu être saisi, ou qui, après son arrestation, s'est évadé, pour être inséré dans la feuille signalée. — Circ. min. 5 oct. 1828 et 6 déc. 1840, § 12.

6. — Ce signalement doit autant que possible indiquer les nom, prénoms, surnoms, âge, profession, lieu de naissance de l'individu, les traits, les vêtemens, les infirmités apparentes et marques particulières qui peuvent servir à faire reconnaître celui qu'on cherche. — Ibid.

7. — On doit également y joindre l'indication de la nature de l'acte, mandat, ordonnance, jugement ou arrêt par lequel l'ordre d'arrestation est donné ; sa date et l'autorité de laquelle il émane. — Circ. 16 flor. an IV et 16 janv. 1832.

8. — A cet effet, les magistrats et surtout les officiers du ministère public doivent recueillir avec soin tous les renseignemens utiles : soit auprès des plaignans, soit auprès des maires, de la gendarmerie, des greffiers, concierges et directeurs de maisons d'arrêt ou de détention ; enfin auprès de toutes les personnes en état de leur fournir des renseignemens. — Massabiau, Man. du procureur du roi, n° 2540.

9. — Aucun délai n'est fixé pour cet envoi ; il doit avoir lieu le plus tôt possible, et au plus tard quinze jours après la date du mandat ou du jugement qu'il s'agit d'exécuter. En cas d'évasion, les évadés doivent être envoyés sur-le-champ. — Massabiau, ibid., t. 2, n° 2507.

10. — Les préfets de leur côté doivent envoyer au même ministre, dans le même but, le signalement de tous les condamnés contumaces ; les procureurs de la République concourent à cette mesure en transmettant eux-mêmes aux préfets tous les documens procurés par les procédures et qui manqueraient à cet égard à l'autorité administrative. — Circ. 31 mars et 12 mai 1823.

11. — Cependant, dans les circonstances graves et urgentes, les officiers du parquet font imprimer eux-mêmes ces signalemens et les transmettent directement à leurs collègues et aux agens de la force publique. Les frais d'impression sont payés comme frais de justice criminelle, et sont compris dans la liquidation des frais de chaque procédure. — Tar. crim. du 18 juin 1811, art. 104 3°.

SIGNATURE.

Table alphabétique.

§ 1er. — *Signature des actes en général* (n° 2).

§ 2. — *Manière de signer* (n° 20).

§ 1er. — *Signature des actes en général.*

SIGNATURE. — 1. — C'est le nom d'une personne écrit de sa main sur un acte afin de le certifier.

2. — En général, la signature est une formalité essentielle et qui est commune à tous les actes ; elle est le signe du consentement donné par les parties : elle confère à l'écrit le caractère *d'acte*, tandis qu'il n'était jusque-là qu'un simple projet. — Toullier, t. 8, n° 344.

3. — Il est donc indispensable que la partie appose sa signature sur tout acte, soit public, soit privé, qui doit constater le consentement par elle donné. — V. ACTE AUTHENTIQUE, ACTE NOTA-RIÉ, ACTE SOUS SEING PRIVÉ.

4. — Cependant il n'en fut pas toujours ainsi en ce qui regarde les actes notariés. « Dans les premiers temps de l'institution des notaires en France, on cherche vainement, dit M. Henrion de Pansey (*Du pouvoir municipal*, p. 385), au moins dans la très-majeure partie des actes rédigés par eux, les signatures des parties et des témoins. Celle du notaire en tient lieu, et même il arrivait quelquefois qu'il substituait à son nom une estampille qui variait suivant son caprice. L'usage de ces estampilles se perdit au commencement du xive siècle ; mais on continua de regarder comme indifférente la signature des parties contractantes, et jusqu'au règne de Henri II les actes signés par le notaire seul doivent être regardés comme authentiques. En effet, les plus anciennes ordonnances qui enjoignent aux notaires de faire signer les parties sont celles de Henri II de l'an 1554 et des États d'Orléans de 1560. Encore paraît-il qu'elles furent mal exécutées, puisque l'ordonnance de Blois en renouvelle les dispositions ; et qu'un arrêt du Parlement de l'an 1578 enjoignit aux notaires de faire signer les parties, ce qui, selon le président Hénault, n'avait pas encore été pratiqué. » — V., au surplus, Merlin, *Rép.*, v° *Signature*, § 1er.

5. — Aujourd'hui les actes notariés doivent, à peine de nullité, être signés par les parties, les témoins et les notaires, ou contenir la mention que les parties ne savent ou ne peuvent signer. — L. 25 vent. an XI, art. 14 et 68. — V., au surplus, ACTE NOTARIÉ, n° 351 et suiv.

6. — Quant à l'usage de signer les jugemens et les actes judiciaires, il s'est introduit plus tard et avec plus de peine que celui de signer les contrats ; la raison en est sensible, les jugemens et les actes judiciaires ont par eux-mêmes une publicité qui, jusqu'à un certain point, suffit pour en constater l'existence et la teneur. — Merlin, *Rép.*, v° *Signature*, § 2, n° 1er. — V. SIGNATURE DES JUGEMENS. — V. aussi JUGEMENT (mat. civ.), JU-GEMENT (mat. crim.) ; JUGEMENT PAR DÉFAUT.

7. — La nécessité de la signature des parties n'a trait qu'aux actes proprement dits. En effet,

il y a des écritures privées qui, sans être signées, font un commencement de preuve ou même une preuve complète. — C. civ., art. 1329 à 1332 et 1347. — Toullier, t. 8, n° 260. — V. ÉCRITURE (acte), PAPIERS DOMESTIQUES.

8. — Les conventions judiciaires, c'est-à-dire passées en jugement, n'ont pas besoin d'être signées. Il suffit que le juge atteste le consentement. — Poncet, *Traité des jugemens*, n° 24 ; Rolland de Villargues, *Rép. du notar.*, v° *Signature*, n° 5.

9. — En général la signature apposée au bas d'un acte suffit pour la valider, quand même cet acte serait écrit d'une autre main. — Rolland de Villargues, *ibid.*, n° 6. — Toutefois, il y a quelques exceptions.

10. — Ainsi le billet ou promesse sous seing privé par lequel une partie s'engage envers l'autre à lui payer une somme d'argent ou une chose appréciable, doit être écrit en entier de la main de celui qui le souscrit ; ou du moins il faut qu'outre sa signature il ait écrit de sa main un *bon* ou *approuvé* portant en toutes lettres la somme ou la quotité de la chose : excepté dans le cas où l'acte émane de marchands, artisans, laboureurs, vignerons, gens de journée et de service. — C. civ., art. 1326. — V. APPROBATION DE SOMME.

11. — Ainsi encore les testamens olographes doivent être entièrement écrits, datés et signés de la main du testateur. — C. civ., art. 970. — V. TESTAMENT.

12. — Les signatures données en blanc et qu'on appelle *blancs seings* ne sont pas essentiellement nulles. — V. BLANC SEING.

13. — C'est de la signature de toutes les parties que dépend en général la perfection de l'acte. — La règle est que les actes sont indivisibles et toutes les dispositions qu'ils renferment sont réputées corrélatives. — Pothier, *Oblig.*, n° 11 ; Toullier, t. 8, n° 141. — V., toutefois, ACTE SOUS SEING PRIVÉ.

14. — La signature doit être mise à la fin de l'acte ; tout ce qui serait ajouté après la signature et sans approbation de la partie serait regardé comme non avenu. — Rolland de Villargues, *ibid.*, n° 20 et 22.

15. — Cependant un *post-scriptum* qui aurait été ajouté de la même main et qui aurait une relation avec l'acte, fera foi, quoique non signé, contre celui qui l'aurait écrit. — Rolland de Villargues, *ibid.*, n° 23.

16. — On appose souvent sur des effets de commerce des additions qui ne sont pas signées. Telles sont les élections de domicile, les mentions de *retour sans frais*, ou les invitations de *payer au besoin*, etc. — V., à cet égard, BILLET A ORDRE, LETTRE DE CHANGE.

17. — On n'est pas censé avoir signé un acte sans l'avoir lu. — Toullier, t. 1, n° 261 et 275.

18. — Il n'est pas nécessaire que les actes sous seing privé soient signés dans le même lieu, ni dans le même temps. C'est là une juste application des principes que les offres et l'acceptation peuvent être faites dans des temps et dans des lieux différents. — Toullier, t. 8, n° 345.

19. — Au reste, pour tout ce qui concerne l'importance de la signature et les conséquences qui résultent du défaut de signature, V. ACTE AUTHENTIQUE, ACTE NOTARIÉ, ACTE SOUS SEING PRIVÉ, TESTAMENT.

§ 2. — *Manière de signer.*

20. — Les anciens peuples ne connaissaient pas l'usage des signatures manuelles, ils se servaient d'un sceau ou cachet qui, par l'apposition de son empreinte au bas d'un acte, constatait la volonté des parties. — Rolland de Villargues, *ibid.*, n° 2.

21. — Il en fut de même en France, et il est impossible d'assigner l'époque précise où l'on commença à attribuer à une signature manuelle mise au bas d'un acte les mêmes effets que ceux qu'on faisait résulter de l'apposition du sceau ou cachet. Cependant ce temps n'est pas encore fort éloigné ; car l'ordonnance de Moulins de 1566 suppose que les sceaux étaient encore en usage à cette époque : elle autorise les preuves des conventions particulières et autres qui seraient faites par les parties sous leurs seings, *sceaux* et écritures privées.

22. — « Ainsi, comme le fait observer Toullier (t. 8, n° 208, p. 309, à la note), les sceaux apposés au bas des écritures privées, quoique non signées, suffisaient pour autoriser l'admission de la preuve par témoins des conventions qu'elles contenaient.

C'était un commencement de preuve par écrit. »

23. — Après qu'on eut cessé l'emploi du sceau ou cachet, il s'établit diverses manières de signer. Avant le 12e siècle on signait : 1° en écrivant sa propre main son nom et sa qualité, ce qui était très-rare ; 2° en n'apposant de sa main que le mot *Signum* ou seulement l'*S* initial, le nom du signataire étant écrit de la main de l'écrivain ; 3° en formant seulement des croix, les lettres du signataire étant écrites par le notaire ; 4° en se servant de symboles arbitraires ; 5° en employant des monogrammes (pour ce cas comme pour le précédent, on se servait même quelquefois d'estampilles. — Henrion de Pansey, *Du pouvoir municipal*, p. 385) ; 6° enfin en substituant aux signatures les noms des parties intéressées et des témoins, alors on énonçait ordinairement cette manière de souscrire dans le corps de l'acte. — Mabillon, *De re diplomat.*, p. 168 ; Rolland de Villargues, *ibid.*, n° 98.

24. — Toutefois les notaires depuis leur institution en titre d'office par saint Louis, se servirent exclusivement de la signature manuelle pour attester les actes qu'ils recevaient. — *Nouveau Traité de diplomatiq.*, t. 2, p. 429, art. 4, p. 731 ; Rolland de Villargues, *ibid.*, n° 3. — V., au surplus, Merlin, *Rép.*, v° *Signature*, § 1er.

25. — Peu à peu ces différentes manières de signer disparurent, à l'exception de plus petites : elles ; c'était celle suivie dans plusieurs pays de faire faire aux parties qui ne savaient pas signer des croix ou autres marques pour tenir lieu de signatures ; et quand il s'agissait d'actes non variés, le notaire écrivait autour de cette marque *Marque d'un tel*. — Merlin, *Rép.*, v° *Signature*, § n° 8 ; Loret, t. 1er, p. 272.

26. — Jugé, en conséquence, que sous l'ancienne jurisprudence de Flandre une croix apposée en présence de témoins au pied de cet acte valait la signature exigée par l'art. 9 de l'édit perpétuel. La preuve qu'une semblable marque avait été apposée par celui à qui elle était attribuée, pouvait être faite par témoins. — Bruxelles, 23 février 1831, Bourdanu c. Ververken.

27. — Que, d'ailleurs, sous l'ordonnance de 1667, une vente consignée dans un acte sous seing privé revêtu seulement de la marque du vendeur, conformément à un usage local, et qui avait reçu son exécution, n'avait pu être attaquée par ses héritiers comme irrégulière, alors qu'ils n'en contestaient pas l'existence. — Cass., 19 thermidor an XIII, Vivenot c. Lagave.

28. — Mais c'était là un abus qui devait nécessairement être réformé. Une signature n'a jamais été ni pu être que l'écriture du nom de signataire en lettres ou caractères suivis. Autrement il n'y aurait pas moyen, en cas d'inscription de faux, de reconnaître quel serait l'auteur d'une simple marque. — Merlin, *loc. cit.* ; Rolland de Villargues, *ibid.*, n° 118.

29. — Aussi, en exigeant qu'il fût passé acte par-devant notaire ou *sous signature privée* de toutes les choses excédant la somme ou valeur de 100 liv., l'ordonnance de 1667 abolit-elle cette jurisprudence. — Ord. de 1667, tit. 20, art. 2.

30. — Ainsi était-il et n'a pu même servir de commencement de preuve par écrit l'acte sous seing privé au bas duquel il n'a été apposé qu'une marque au lieu de signature. — Bruxelles, 21 juin 1807, Nevejean c. Vandenspiegbel ; Paris, 20 août 1808 ; Boudet c. d'Aligre ; Colmar, 23 déc. 1809, Bordmann ; 21 mars 1821, Morand c. Hinderer.

31. — La nullité de l'acte serait invoquée par ceux qui y sont déclarés obligés solidairement au paiement de la dette qu'il mentionne. — Colmar, 21 mars 1821, Morand c. Hinderer.

32. — Ainsi encore n'a pas été valablement obligée la femme qui mineure et en puissance de mari a souscrit des billets que celui-ci, faute de savoir signer, avait marqués d'une croix. — Paris, 13 juin 1807, Florat c. Huart-Leterire.

33. — Toutefois jugé que lorsqu'une femme signé une lettre de change immédiatement au-dessous d'une marque apposée par ceux qui ne tenir lieu de sa signature, il n'est point fondé à prétendre qu'elle n'a signé que comme témoin de la marque, et sans s'obliger personnellement, alors surtout que deux autres témoins ont signé pour attester l'apposition de la marque du mari. — *Bruxelles*, 18 nov. 1830, N... c. de Koninck.

34. — La même prohibition devait nécessairement s'étendre aux marques apposées comme signatures dans les actes notariés.

35. — Ainsi jugé que la publication des dispositions de l'ordonnance de 1667 sur la restriction de l'admissibilité de la preuve testimoniale, avait aboli l'usage établi en Flandre de dresser des actes et de les marquer d'une croix en présence

des témoins signataires. Dès lors une donation mutuelle entre époux rédigée dans cette forme est nulle, encore bien qu'elle ait été faite et qu'elle ait acquis une date certaine avant la publication du Code civil. — *Bruxelles*, 26 déc. 1811, Vanhaelst.

36. — De même la mention prescrite aux notaires par l'art. 14 de la loi du 25 vent. an XI de déclarer qu'une partie ne sait ou ne peut signer, ne peut être valablement remplacée par cette mention que ladite partie *a sous-marqué par une croix*; en conséquence, l'acte notarié et spécialement la donation viciés de cette irrégularité sont nuls. — *Metz*, 2 mars 1840 (t. 2 1841, p. 521), Grenier c. Schemel.

37. — Il en est de même de l'acte notarié dans lequel il est déclaré que la partie *a fait sa marque ordinaire*. Une pareille déclaration n'équivaut point à la déclaration de ne savoir signer. — *Colmar*, 4 mars 1817, Diebold.

38. — Aujourd'hui, la manière de signer est depuis longtemps fixée; elle consiste à tracer soi-même son nom de la manière qu'on a l'habitude de l'écrire en pareil cas.

39. — Quelquefois, cependant, on se sert d'une griffe pour tenir lieu de signature : par exemple, sur des prospectus et sur des circulaires; et même au bas d'acquits sur des effets de commerce qui sont remis aux débiteurs. Rolland de Villargues est d'avis que cette espèce de signature est sans conséquence; qu'une griffe ne saurait tenir lieu de la signature réelle d'un acte, et que cette signature doit être faite manuellement.

40. — Lorsqu'une signature a pour effet de donner le caractère d'authenticité à un acte, le fonctionnaire qui l'a adoptée ne doit pas en changer ou même la modifier sans une juste cause. Aussi en ce qui concerne particulièrement les notaires leur a-t-il toujours été interdit de changer leur manière de signer. Ils ne peuvent faire usage dans leurs actes, d'autres signature et paraphe que de ceux qu'ils ont adoptés lors de leur entrée en fonctions et déposés aux termes de la loi. — Ordon. 1535, chap. 19, art. 2; L. 6 oct. 1791, tit. 4, art. 19; L. 25 ventôse an XI, art. 49; Stat. des not. de Paris du 17 juin 1813. — Ferrière, *Parf. not.*, liv. 1er, ch. 16; Loret, t. 1er, p. 276 et 467; Rolland de Villargues, *ibid.*, n° 121. — V., au surplus, NOTAIRE, nos 157 et suivans.

41. — Une signature est-elle valable lorsqu'elle n'a été formée qu'à l'aide d'une main étrangère? Il faut distinguer : — Il n'y a pas nullité si la partie s'est fait seulement appuyer la main dans le dessein de former une signature plus lisible. — Rolland de Villargues, n° 114.

42. — Mais si une partie se laissait conduire la main parce qu'elle serait incapable de signer autrement et qu'il s'agit d'un acte authentique, l'acte devrait être déclaré nul comme contenant sur le fait de la signature une déclaration mensongère qui fait revenir la chose au même état que s'il n'existait point de déclaration. — Arg. arrêt Parlem. Douai, 24 mars 1784. — Merlin, *Quest.*, v° *Témoin*, § 2.

43. — S'il s'agissait d'un acte sous seing privé, il faudrait se décider d'après les circonstances. — Rolland de Villargues, *ibid.*, n° 116. — V. aussi Cass., 18 mars 1830, Jupeaux.

44. — Une signature qui aurait été tracée d'après un modèle serait valable; car elle serait bien le fait de celui qui aurait signé. Toutefois, quand une partie ne sait pas suffisamment signer, et qu'elle n'est pas dans l'usage de le faire, il serait plus convenable qu'elle ne signât point. — Rolland de Villargues, *ibid.*, n° 117.

45. — La signature doit, comme on l'a vu *suprà*, n° 14, être mise à la fin de l'acte. Mais il n'est pas de toute nécessité qu'elle se détache du corps de l'acte. — Rolland de Villargues, *ibid.*, n° 21.

46. — Jugé, toutefois, qu'on ne saurait considérer comme signé l'écrit sous seing privé (spécialement un testament olographe) ainsi terminé : « Fait et signé par moi (les nom et prénoms), de la commune de..... ce *tel* jour. » — Car les mots qui se trouvent au milieu de la phrase ne se présentent pas comme signature, mais comme complément de la proposition. — *Liège*, 12 févr. 1812, d'Etienne c. Falla.

47. — En général, la signature doit être du nom de famille ou du nom propre, c'est-à-dire du nom sous lequel on est porté sur les registres de l'état civil, à moins qu'on n'ait obtenu l'autorisation de changer de nom. — Toullier, t. 8, n° 91; Duranton, t. 9, n° 39.

48. — Toutefois, la signature d'un nom de terre ou de propriété peut être déclarée valable; même dans un testament, s'il est constant que le testateur était dans l'usage de signer ainsi. — *Cass.*, 30 janv. 1824, Bazin; *Grenoble*, 7 avr. 1827 (V. sous *Cass.*, 5 févr. 1829), Faure c. Bornier. — Merlin, *Rép.*, v° *Signature*, § 3, art. 4, n° 1er; Toullier, *ibid.* — V. ACTE NOTARIÉ, nos 441 et suiv.

49. — Il est d'usage, du moins dans les actes notariés, que les femmes mariées signent leur nom de fille, mais il n'y aurait pas nullité si elles signaient seulement leur nom de femme ou de veuve. — Rolland de Villargues, *ibid.*, n° 104.

50. — Cependant il peut arriver que la manière de signer diffère de celle qu'on emploierait dans toute autre circonstance pour écrire son nom, c'est ce qui arrive souvent, par exemple, à ceux qui remplissent des fonctions publiques. — Rolland de Villargues, n° *ibid.*, 105.

51. — Ainsi, jugé qu'un évêque avait pu se contenter de signer son testament comme il signait ses actes épiscopaux : par exemple *J.-B., évêque de Clermont*; au lieu de Jean-Baptiste Massillon, évêque de Clermont. — Sent. du 5 avril 1743. — *Cass.*, 23 mars 1824, de Lerbodin. — Grenier *Donat. et testam.*, n° 244. — V. ACTE NOTARIÉ, nos 437 et suiv.

52. — On a même décidé que les simples initiales de son nom apposées par le testateur au bas d'un testament notarié pouvaient, selon les circonstances, être considérées comme formant une signature suffisante et valable. — *Nancy*, 1er mars 1831, Pierron c. N....

53. — Des signatures, quelque irrégulières et défectueuses qu'elles fussent, ne sauraient être considérées comme non avenues, puisqu'elles prouvent toujours l'intention des signataires de donner à l'acte toutes les preuves d'adhésion qu'il leur était possible de manifester. D'ailleurs, si les incorrections qui se trouvent dans une signature pouvaient entraîner la nullité de l'acte, la bonne foi d'une partie contractante pourrait être à chaque instant trompée. L'intérêt public commande donc qu'on ne soit pas exigeant sur la correction des signatures. Et puis enfin, où en arriverait-on quand on voit la plupart des hauts fonctionnaires, des officiers publics et des citoyens eux-mêmes signer avec des caractères où il est impossible de distinguer aucune lettre de la langue française? — Toullier, t. 6, n° 443, et t. 8, n° 96; Loret, t. 1er, p. 272. — V., au surplus, ACTE NOTARIÉ, nos 449 et suiv.

54. — Ainsi, en ce qui concerne la manière d'orthographier : décidé que la signature n'est pas nulle parce que le nom propre aurait été écrit autrement qu'il ne devait l'être; par exemple *Constintin* au lieu de *Constantin* alors qu'il s'agissait du testament d'un homme illettré et demeurant dans le Cambresis, où les gens du peuple prononçaient *in* pour *an*. — Arr. du Parlement de Flandre, 13 févr. 1742.

55. — ... Ou encore si un testateur nommé *Delau* avait signé *Delooz* par suite de la prétention qu'il avait de descendre d'une famille de ce nom. — Arr. du Parlement de Paris, 5 juin 1582.

56. — En ce qui concerne l'absence de quelques lettres dans une signature, décidé que cette omission ne suffisait pas pour l'invalider lorsqu'il ne pouvait exister aucun doute sur l'identité de la personne qui avait apposé cette signature. — *Bordeaux*, 5 mai 1828, Ducheylard c. de Belcaire; *Cass.*, 4 mai 1841 (t. 1er 1841, p. 712), Boisgirard c. Jouan.

57. — En ce qui concerne l'illisibilité de la signature, décidé qu'elle n'est pas non plus une cause de nullité. — Arrêt précité du Parlement de Flandre, 13 févr. 1742. — Merlin, *Rép.*, v° *Signature*, § 3, art. 4; Toullier, t. 5, n° 443, et t. 8, n° 96. — V. aussi ACTE SOUS SEING PRIVÉ, n° 65; ILLISIBILITÉ.

58. — On peut aussi consulter principalement, entre autres mots : ACQUIESCEMENT, ACQUIT A CAUTION, ACTES DE L'ÉTAT CIVIL, ACTE DE NOTORIÉTÉ, ACTE RESPECTUEUX, ARBITRAGE, AUTORISATION DE FEMME MARIÉE, AVAL, BAIL, BANQUEROUTE, CASSATION (mat. civ.), CASSATION (mat. crim.), CERTIFICAT DE VIE, COLONIES, COMMENCEMENT DE PREUVE PAR ÉCRIT, COMMERÇANT, COMPÉTENCE COMMERCIALE, COMPROMIS, CONNAISSEMENT, CONSEIL DE PRÉFECTURE, CONTRIBUTIONS INDIRECTES, COUR D'ASSISES, DÉSAVEU, DÉSISTEMENT, DIFFAMATION, DONATION ENTRE-VIFS, DOT, DOUANES, DOUBLE ÉCRIT, ÉCRITS PÉRIODIQUES, ÉLECTIONS DÉPARTEMENTALES, ÉLECTIONS LÉGISLATIVES, EMPRISONNEMENT, ENDOSSEMENT, ENFANT NATUREL, ENQUÊTE, ENREGISTREMENT, EXPLOIT, EXPROPRIATION POUR UTILITÉ PUBLIQUE, FAUX, FAUX INCIDENT, FORÊTS, GREFFE (droits de), GREFFIER, GREFFIER DE JUSTICE DE PAIX, INVENTAIRE, LETTRE DE CHANGE, LICITATION, MANDAT D'EXÉCUTION, NAVIRE, NOTAIRE, NULLITÉ, OFFICE, ORDRE, PARTAGE, PRISES MARITIMES, PROCÈS-VERBAUX, RATIFICATION.

SIGNATURE DE CONTRAT DE MARIAGE PAR LE ROI.

V. CONTRAT DE MARIAGE, n° 70. — V. aussi BREVET (acte en) n° 23.

SIGNATURE DU JUGEMENT.

V. ARBITRAGE, nos 703 et suiv.; JUGEMENT (mat. civ.), nos 1445 et suiv.; JUGEMENT (mat. crim.), nos 413 et suiv.; JUGEMENT COMMERCIAL, n° 85.

SIGNATURE SOCIALE.

V. SOCIÉTÉ.

SIGNE DE L'AUTORITÉ ROYALE.

1. — De même que l'autorité royale n'était pas synonyme de gouvernement, de même le signe de l'autorité royale ne devait pas être, ce nous semble, confondu avec le signe du gouvernement : c'est-à-dire avec la représentation officielle du sceau de l'État.

2. — Avant la révolution de juillet 1830, l'écusson aux trois fleurs de lis était considéré comme le signe public de l'autorité royale. — Chassan, *Tr. des délits et contraventions de la parole*, etc., 2e édit., t. 1er, n° 305.

3. — Sous la monarchie de 1830, le signe de l'autorité royale se composait d'un écusson dans lequel se trouvait inscrite la Charte et qui était surmonté du coq gaulois.

4. — Au contraire, sous la même monarchie, le signe de l'autorité en tant que gouvernement n'était autre que les armes de la France; il se composait des tables de la loi entourées de drapeaux tricolores avec le sceptre et la main de justice en sautoir. Le drapeau tricolore lui-même, arboré officiellement, pouvait être aussi considéré comme le signe du gouvernement de la France.

5. — D'après la loi du 17 mai 1819, l'enlèvement ou la dégradation du signe public de l'autorité royale, opérés par haine ou mépris de cette autorité, étaient réputés provocations à des crimes ou des délits et punis d'un emprisonnement de trois jours à deux années et d'une amende de 30 fr. à 4,000 fr.; ou de l'une de ces deux peines seulement, selon les circonstances. — Art. 3 et 5.

6. — La loi du 25 mars 1822 avait restitué à ce fait son véritable caractère, en ne le considérant plus comme une simple provocation mais comme un délit.

7. — Aux termes de l'art. 9 de cette dernière loi, ce délit était puni d'un emprisonnement de quinze jours à deux ans et d'une amende de 100 fr. à 4,000 fr.

8. — Mais, pour qu'il y eût délit, le fait seul de l'enlèvement ou de la dégradation ne suffisait pas; il fallait, comme sous la loi du 17 mai 1819, que ce fait eût été opéré en haine ou mépris de l'autorité royale. L'intention de haine ou de mépris envers cette autorité était donc une circonstance constitutive de l'existence de ce délit. — L. 25 mars 1822, art. 9. — Chassan, t. 1er, nos 305 et 352.

9. — Toutefois, l'enlèvement ou la dégradation du signe public de l'autorité royale n'était point une attaque formelle et directe contre cette autorité. On ne pouvait ranger ce fait qu'au nombre des attaques indirectes et légères. — Chassan, t. 1er, nos 305 et 306.

10. — Aussi les juges pouvaient, pour ce délit, dont la connaissance appartenait aux Cours d'assises comme délit politique, admettre des circonstances atténuantes et appliquer l'art. 463 C. pén. — L. 25 mars 1822, art. 14.

11. — Il ne nous paraît pas douteux que la même répression n'eût dû atteindre également le fait de l'enlèvement ou de la dégradation des signes publics de l'autorité en tant que gouvernement de la France, opéré en haine ou mépris de cette autorité.

12. — L'art. 6 du décret de l'Assemblée constituante du 11 août 1848 punit d'un emprisonnement de quinze jours à deux ans et d'une amende de 100 fr. à 4,000 fr. l'enlèvement ou la

dégradation des signes publics de l'autorité du gouvernement républicain, opéré en haine ou mépris de cette autorité; et l'art. 8 du même décret autorise formellement l'admission des circonstances atténuantes.

SIGNE DE RALLIEMENT.

1.—Drapeau, cocarde, médaille, ou tout autre objet qu'on est convenu expressément ou tacitement d'employer pour se reconnaître dans des circonstances données.

2.—La loi du 17 mai 1819 assimilait à une provocation à des crimes ou délits le port public de signes extérieurs de ralliement non autorisés par la loi ou par des règlements de police, et le punissait d'un emprisonnement de trois jours à deux années et d'une amende de 30 fr. à 4,000 fr.; ou de l'une de ces deux peines seulement, selon les circonstances.—Art. 3 et 5.

3. — Jugé, sous l'empire de cette loi, qu'un arrêt de la chambre des mises en accusation qui renvoyait un individu devant la Cour d'assises sous la prévention d'avoir provoqué au délit par le port public de signes extérieurs non autorisés par le roi ou par des règlemens de police était nul, s'il n'exprimait pas que les signes portés étaient des signes de ralliement. — *Cass.*, 6 janv. 1821, Champigny-Perthuis.

4. — La loi du 25 mars 1822 a modifié, et avec raison, la disposition précitée de la loi de 1819 en qualifiant le port public de tous signes extérieurs non autorisés par la loi ou par des règlemens de police, de délit proprement dit; et aux termes de l'art. 9 de cette loi ce délit était puni d'un emprisonnement de quinze jours à deux ans et d'une amende de 100 francs à 4,000 francs.

5. — D'après la loi de 1822, trois conditions essentielles étaient nécessaires pour constituer le délit de signe de ralliement. Ces conditions étaient : 1° que le port fût public; 2° que le signe porté fût un signe de ralliement, et 3° qu'il ne fût point autorisé par la loi ou par des règlemens de police. — De Grattier, *Comment. sur les lois de la presse*, t. 2, p. 94; Bories et Bonassies, *Dictionn. de la presse*, v° *Signes*, n° 5.

6. — Mais il n'était pas permis aux juges d'appliquer à ce délit, comme à celui d'enlèvement ou de dégradation des signes publics de l'autorité (V. SIGNE DE L'AUTORITÉ, n° 10), l'art. 463 du Code pénal, qui autorise l'admission des circonstances atténuantes. — L. 25 mars 1822, art. 14.

7. — Le port public de signes de ralliement non autorisés a continué d'être un délit depuis la révolution du 24 février 1848. Le décret de l'Assemblée nationale, du 11 août 1848, relatif à la répression des crimes et délits commis par la voie de la presse, reproduit même, à cet égard, les dispositions de l'art. 9 de la loi du 25 mars 1822.

8. — Ainsi, il punit d'un emprisonnement de quinze jours à deux ans et d'une amende de 100 francs à 4,000 fr. : 1°...; 2° le port public de tous signes extérieurs de ralliement non autorisés par la loi ou par des règlemens de police. — Art. 6.

9. — Toutefois, ce décret modifie la législation antérieure en ce qu'il permet qu'il soit fait application, au prévenu du délit de signe de ralliement, de l'art. 463 du Code pénal. — Art. 8.

10. — Sur le point de savoir si le port de signes extérieurs, de certains insignes, de cannes, de rubans, par les membres des sociétés de compagnonnage, peut être considéré comme constituant le port public de signes de ralliement non autorisés, V. COMPAGNON, n°s 21 et suiv.

11. — Le délit résultant du port public d'un signe de ralliement non autorisé est un délit politique de la compétence de la Cour d'assises. — L. 8 oct. 1830. — Parant, *Lois sur la presse*, p. 150; Bories et Bonassies, *loc. cit.*, n° 25. — V., au surplus, ATTROUPEMENT, RASSEMBLEMENT, RÉBELLION, etc.

SIGNE SÉDITIEUX.

1.—Emblème ou symbole destiné à propager l'esprit de rébellion ou à troubler la paix publique.

2. — Sur tout ce qui concerne les signes séditieux et sur la répression à laquelle ils donnaient lieu antérieurement à la révolution du 24 février 1848, V. EMBLÈME.

3. — Le délit de signes séditieux est aujourd'hui réprimé par le décret de l'Assemblée nationale, du 11 août 1848, relatif aux crimes et délits commis par la voie de la presse.

4. — «Sont punis, porte l'art. 6 de ce décret, d'un emprisonnement de quinze jours à deux ans et d'une amende de 100 francs à 4,000 francs : 1° ... 2° ... 3° l'exposition dans des lieux ou réunions publics, la distribution ou la mise en vente de tous signes ou symboles propres à propager l'esprit de rébellion ou à troubler la paix publique.

5. — La Cour d'assises, seule compétente pour connaître de ce délit, peut admettre en faveur du prévenu, des circonstances atténuantes. — Décr. 11 août 1848, art. 8.

6.—D'après une circulaire de M. Léon Faucher, alors ministre de l'intérieur, du 3 mars 1849, le drapeau et le bonnet rouges doivent être considérés comme signes ou emblèmes séditieux. — «Le drapeau et la cocarde tricolores, est-il dit dans cette circulaire, sont les seuls insignes nationaux auxquels les citoyens se rallient, la République n'en connaît point d'autres. Le drapeau rouge est un appel à l'insurrection; le bonnet rouge ne retrace que des souvenirs de sang et de deuil : c'est provoquer à la désobéissance aux lois et à la violence que d'arborer ces tristes emblèmes.»

SIGNIFICATION D'AVOUÉ A AVOUÉ.

1. — On entend par actes d'avoué les actes de procédure que se signifient entre eux les avoués qui occupent dans la même cause. — V. AVOUÉ.

2. — Rigoureusement, les significations d'actes d'avoué devraient être soumises à toutes les formalités exigées par l'art. 61 du Code de procédure (V. EXPLOIT); car aucune loi n'a créé d'exception en leur faveur.—Il est cependant d'usage général de faire ces significations dans une forme particulière et très-abrégée, et cet usage est consacré par la jurisprudence. — *Grenoble*, 28 mai 1823, N...; *Cass.*, 10 mai 1836, Nageotte et Bouvrot c. Maillot. — Carré et Chauveau, *Lois de la proc. civ.*, t. 1er, quest. 145.

3. — Les actes d'avoué doivent nécessairement être signés par l'avoué qui les dresse. La mention de signification doit être également signée par l'huissier qui signifie.

4.—Les huissiers audienciers ont seuls qualité pour faire ces significations. — V. HUISSIERS AUDIENCIERS, n° 14.

5. — Il suffit que la mention de signification porte le nom de la personne à la requête de laquelle on agit. — *Bordeaux*, 23 mars 1833, Bardon c. Giroux; *Amiens*, 30 juill. 1838 (t. 2 1838, p. 570), de Grasse c. Despeaux.

6. — Est valable un acte d'avoué conçu en ces termes : «Au requis de Me N..., avoué, signifié à Me N..., avoué.» — *Grenoble*, 6 août 1822, Sambuc c. Anthouard.

7. — La signification à avoué d'un jugement par défaut est valable et fait courir le délai de l'opposition, alors même qu'elle ne contient ni les nom et domicile de la partie, ni ceux de l'avoué requérant, ni l'immatricule de l'huissier instrumentaire. — *Cass.*, 23 août 1827, Commune de Plaimbois c. Marsiur; *Montpellier*, 23 nov. 1840 (t. 1er 1841, p. 456), Roquefeuil c. Barrot.

8. — Décidé néanmoins que sont nulles les significations de jugemens à avoué qui ne contiennent pas la mention qu'elles ont été faites à personne ou domicile et n'indiquent pas les rapports des personnes à qui on a laissé copie avec les avoués à qui la signification est faite, surtout s'il peut résulter de ces significations un droit acquis à l'une ou à l'autre des parties. — *Liège*, 23 nov. 1809, Musch.

9. — La signification doit contenir la mention de remise de la copie. — *Pau*, 3 sept. 1839, Balfade c. Dussoy.

10. — La signification à avoué d'un jugement d'ordre fait courir le délai d'appel, bien qu'elle ne mentionne ni la profession ni le domicile des parties ni l'immatricule de l'huissier. — *Bordeaux*, 10 mai 1823, Mouru c. Garson.

11. — Mais la signification d'un jugement d'ordre, d'avoué à avoué, ne contenant ni le nom de l'avoué à la requête duquel elle est faite, ni la personne à qui la copie a été remise, ni la qualité de l'officier qui l'a faite est nulle quoique ces vices n'existent que dans la copie. — *Bordeaux*, 23 janv. 1811, Duqueux c. Serrigny.

12. — La signification à avoué d'une requête d'opposition à un arrêt par défaut n'est pas nulle parce qu'elle ne contient ni l'immatricule de l'huissier, ni le nom des parties dans l'intérêt desquelles elle est faite. — *Toulouse*, 23 nov. 1832, Robert c. Pradel.

13. — Les dispositions de l'art. 68 C. proc. civ. ne s'appliquent pas aux actes d'avoué à avoué; Spécialement la signification d'une requête en opposition, ainsi conçue : *J'ai signifié à Me N..., avoué, en parlant à madame sa mère* sans indication que celle-ci a été trouvée au domicile de l'avoué est valable si d'ailleurs il est constant que cette signification a été remise à qui de droit. — *Toulouse*, 5 mars 1835, Cayrac c. Simon.

14. — Outre les actes d'avoué tels que les constitutions d'avoué, les avenirs, les significations de requête, de conclusions, de qualités, de jugement, etc., il est des actes de procédure qui doivent être signifiés à la partie au domicile de son avoué. Telle est l'assignation à la partie pour être présente à une enquête. — C. proc., art. 261. — V. ENQUÊTE. — Ces actes ayant une importance particulière et ne constituant pas d'ailleurs des actes d'avoué, paraissent devoir être rédigés et signifiés conformément à l'art. 61 C. proc.

15. — Nous nous sommes expliqués sous d'autres mots sur les effets de signification à avoué. — V. ACQUIESCEMENT, APPEL, DISTRIBUTION PAR CONTRIBUTION, ENQUÊTE, ORDRE, SAISIE IMMOBILIÈRE, etc., etc.

16. — Nous avons également traité ailleurs des significations d'exploit faites à la partie à personne ou domicile, soit en matière civile, soit en matière criminelle, et de leurs effets. — V. ACTE D'ACCUSATION, CHAMBRE DU CONSEIL, COUR D'ASSISES, EXPLOIT (mat. civ.), EXPLOIT (mat. crim.), INSTRUCTION CRIMINELLE.

17. — Depuis la publication de ces mots il a été jugé que la signification d'un jugement à personne ou à domicile fait courir le délai de l'appel, bien que ce jugement n'ait pas été préalablement signifié à avoué. — *Limoges*, 18 nov. 1847 (t. 1er 1848, p. 269), Debeaune-Larivière c. Vidalie.

18. — Jugé, au contraire, que la signification du jugement faite à partie avant d'avoir été faite à avoué ne fait pas courir le délai de l'appel, lors même que l'original de la signification à avoué porterait une date antérieure et différente de celle de la copie : celle-ci tenant lieu d'original à la partie. — *Rennes*, 11 janvier 1847 (t. 1er 1847, p. 440), Poncet c. Pelletier-Mary. — V. APPEL, n°s 886 et suiv.

19. — Jugé que la signification d'un jugement sans protestations ni réserves rend la partie de qui elle émane non recevable à en interjeter appel, et emporte de sa part un acquiescement dont elle ne pourrait être relevée que par l'appel que l'adversaire interjetterait. — V. ACQUIESCEMENT, n°s 346 et suiv. — Cette fin de non-recevoir profite également à celui des intimés qui n'est que partie jointe et appelée en déclaration d'arrêt commun. — *Paris*, 20 mars 1847 (t. 1er 1847, p. 476), Boitard c. Guyardin et Coulard.

20. — Jugé aussi que la copie de l'acte d'appel signifié à une commune ne peut être valablement laissée aux bureaux de la mairie en parlant au premier adjoint qu'autant que l'absence du maire est constatée par une mention expresse faite par huissier dans l'exploit même. — *Lyon*, 10 févr. 1847 (t. 1er 1848, p. 283), Delahaye c. Ville de Saint-Omer. — V. EXPLOIT.

21. — ... Qu'on doit réputer régulière et valable la signification faite au gérant d'un journal dans les bureaux du journal. — *Cass.*, 25 avril 1846 (t. 1er 1847, p. 563), Moussard.

22. — Les jugemens qui prononcent des condamnations doivent seuls être signifiés à avoué et à partie. Celui qui se borne à prononcer l'homologation d'un rapport d'experts non contesté et à ordonner la licitation d'un domaine, n'est soumis qu'à la signification à avoué. — *Cass.*, 16 juin 1846 (t. 1er 1847, p. 86), Escoffier et Hennecart c. Boileau.

23. — Les jugemens de jonction d'instance sont des jugemens purement préparatoires qui n'ont pas besoin d'être signifiés. Dès lors, le défaut de signification de ces jugemens n'entraîne pas la nullité de la décision au fond ni de ce qui s'en est suivi. — *Rennes*, 20 juillet 1847 (t. 2 1847, p. 394), Quilliou c. Gouronnel. — V. JUGEMENT PRÉPARATOIRE.

24. — La mention contenue dans la signification d'un arrêt et de laquelle il résulterait que la composition de la Cour était irrégulière n'influe pas sur la validité de la décision elle-même, s'il est établi que cette mention est erronée et

qu'en réalité il a été satisfait aux prescriptions de la loi. — *Cass.*, 1er fév. 1848 (t. 1er 1848, p. 337), Morin c. Feyssal. — V. JUGEMENT.

25. — La partie qui a interjeté appel d'un jugement sur un chef qui lui préjudicie n'est pas recevable à demander devant la Cour le maintien du chef qui condamne sa partie adverse tant qu'elle ne lui a pas signifié le jugement et qu'elle ne l'a pas mise ainsi en demeure d'acquiescer ou d'appeler. — Spécialement, l'administration des contributions indirectes, qui a interjeté appel d'un jugement qui sur deux contraventions imputées au prévenu l'a acquitté sur l'une et condamné sur l'autre, n'est pas recevable, en demandant la réformation du chef qui relaxe le prévenu, à conclure au maintien du chef qui le condamne tant qu'elle ne lui a pas signifié le jugement. — *Bordeaux*, 16 juin 1847 (t. 2 1847, p. 40), Contrib. indir. c. Labarthe et Saujon.

26. — A défaut de dispositions sur les formalités de la signification des actes relatifs à la procédure criminelle, on doit se reporter à celles prescrites par le Code de procédure civile, qui forment le droit commun, en ce qu'elles ont de substantiel. — En conséquence, est nulle la signification à un contumax de l'arrêt de renvoi et de l'acte d'accusation dont la copie a été remise à un individu qui n'est ni parent ni serviteur de l'accusé; au lieu de l'être à un voisin ou, sur son refus, au maire, qui aurait signé ou visé l'original. — *Cass.*, 7 juill. 1847 (t. 1er 1848, p. 126), Echard; 16 mars 1848 (t. 2 1848, p. 676), Bisserier. — V. EXPLOIT (mat. crim.).

27. — La signification faite par la partie civile d'un jugement par défaut fait en matière de presse, comme en matière ordinaire, courir les délais d'opposition, même à l'égard du ministère public. — *Cass.*, 25 avril 1846 (t. 1er 1847, p. 563), Moussard. — Bourguignon, *Jurispr. crim.*, t. 1er, p. 426. — V. aussi Legraverend, t. 2, p. 322 et 397. — V. EXPLOIT (mat. crim.), JUGEMENT (mat. crim.).

SIGNIFICATION A LA BRETECQUE OU BRETESCHE.

V. BRETECQUE OU BRETESCHE.

SILENCE.

Le silence gardé pendant un certain laps de temps par une partie, peut être considéré, selon les circonstances, comme emportant acquiescement à un acte ou à une procédure. — V. ACQUIESCEMENT. — Il suffit pour entraîner la déchéance ou la prescription de la plupart des actions et des droits. — V. ÉCHÉANCE, PÉREMPTION, PRESCRIPTION.

SIMONIE.

1. — La simonie est la volonté réfléchie d'acheter ou de vendre les choses spirituelles ou qui tiennent au spirituel. — Lancelot, *Inst. can.*, lib. 3, tit. 8.

2. — « On sait, dit M. l'abbé André (*Cours de droit canon*, vº *Simonie* § 1er), que la simonie tire son nom de Simon le magicien, qui proposa aux apôtres de lui vendre les dons du Saint-Esprit pour de l'argent. »

3. — La simonie est considérée, dans la discipline de l'Eglise, comme le plus grand crime : elle frappe celui qui s'en rend coupable, soit en la provoquant, soit en y accédant, de la peine d'excommunication; et, bien entendu, de l'interdiction absolue des ordres sacrés, s'il est revêtu du caractère ecclésiastique. Tout clerc était suspendu *ipso jure* quand il l'avait été par simonie.

4. — Nous n'avons point du reste à entrer ici dans le détail des distinctions établies par les canonistes entre les simonies mentales, conventionnelles ou réelles, manifestes ou occultes, distinctions qui n'ont leur intérêt qu'au point de vue des peines disciplinaires de l'Eglise.

5. — Disons seulement que la simonie, alors qu'elle se traduit par des actes extérieurs, peut donner lieu à des poursuites d'un autre ordre contre ceux qui y ont participé, soit par voie d'appel comme d'abus, soit même par voie criminelle, si les faits perpétrés constituent un délit de droit commun, tel, par exemple, que l'escroquerie.

SIMPLE ACTE.

Se dit en procédure de l'acte unique, tel qu'une sommation ou un avenir, qui doit être fait pour parvenir à quelque chose, par exemple pour venir plaider. — V. entre autres mots : APPEL, DEMANDE NOUVELLE, DÉSISTEMENT, ENQUÊTE, EXÉCUTION PROVISOIRE, EXPERTISE, FAUX INCIDENT, FRAIS ET DÉPENS (mat. civ.), JUGEMENT (mat. civ.), JUGEMENT PAR DÉFAUT, PRISE A PARTIE.

SIMPLE PROMESSE.

V. PROMESSE. — V. aussi BILLET A DOMICILE, BILLET A ORDRE, BILLET SIMPLE, COMPÉTENCE COMMERCIALE, CONTRAINTE PAR CORPS, ENREGISTREMENT.

SIMULATION.

1. — Ce mot (tiré du latin *simul*) indique le concert ou l'intelligence de deux ou plusieurs personnes pour donner à une chose l'apparence d'une autre.

2. — En droit, on nomme *simulé* un acte, ou la clause d'un acte, qui n'est pas sincère.

3. — Bien que la simulation ait le plus souvent pour but de vendre à des tiers, cependant elle diffère de la fraude proprement dite; du moins elle en diffère comme l'espèce, du genre. En effet la simulation est le déguisement d'un acte imaginé dans l'intérêt des parties, abstraction faite du dessein de nuire; tandis que la fraude s'entend de toute espèce de simulation qui a pour but de frustrer les droits d'un tiers, d'en paralyser l'exercice. — Merlin, *Rép.*, vº *Simulation*, § 1er; Rolland de Villargues, *Rép. du notar.*, vº *Simulation*, nº 1er.

4. — Les simulations ont communément pour objet d'éviter l'effet d'une loi prohibitive, l'acquittement de quelque droit fiscal, les réclamations des créanciers de l'un des contractans. — Rolland de Villargues, *ibid.*, nº 2.

5. — Cependant il y a des simulations qui ne sont pas frauduleuses et n'ont même rien de blâmable aux yeux de la loi. C'est ce qui a lieu toutes les fois que la simulation n'a point un but illicite. La simulation n'est point réprouvée par la loi, lorsqu'elle n'a porté préjudice à personne. — Toullier, t. 9, nº 160; Rolland de Villargues, *ibid.*, nº 3.

6. — A cet égard on peut établir pour règle qu'il est permis de faire indirectement ce que la loi permet de faire directement. Le soupçon de fraude s'évanouit quand celui à qui on reproche le déguisement ou la simulation n'avait pas intérêt à déguiser. Quand il pouvait faire directement ce qu'il a fait ou ce qu'on prétend qu'il a fait indirectement, il en résulte tout au plus qu'entre plusieurs manières de faire un acte il a choisi celle qu'il jugeait la plus convenable. En cela il a usé de son droit, il a fait ce que la loi ne lui défendait point de faire. — Toullier, nº 162. — V. DONATION DÉGUISÉE.

7. — Jugé cependant qu'un contrat dont la cause exprimée est fausse n'est pas en réalité un contrat, et ne peut valoir comme titre en la partie simulée. — *Turin*, 2 fév. 1811, Pinol c. Bodin. — Mais cet arrêt a été cassé le 2 déc. 1812, et la jurisprudence contraire a été généralement adoptée. — V. OBLIGATION, nºs 456 et suiv.

8. — La simulation consentie par toutes les parties contractantes dans un acte lorsqu'elle ne peut avoir pour effet ni pour objet de porter préjudice aux droits des tiers n'est pas un faux. — *Cass.*, 8 fév. 1811, Tonigiani.

9. — Mais un acte simulé ne saurait être réputé valable quand il a pour but d'éluder une loi prohibitive, de couvrir une incapacité, d'échapper à une loi fiscale. — V. DONATION DÉGUISÉE, ENREGISTREMENT.

10. — En général, tout acte qui est simulé peut être attaqué comme tel par ceux au préjudice ou en fraude desquels a été pratiquée la simulation qui s'y rencontre. — Merlin, vº *Simulation*, § 2.

11. — Cependant, il est des actes qui, par leur nature, ne peuvent jamais être simulés et qui doivent être considérés comme sincères par cela seul qu'ils existent. Tels sont, par exemple, un mariage contracté légalement entre un homme et une femme capables de se marier, un divorce légalement prononcé entre deux époux. — Merlin, *ibid.*

12. — Ainsi jugé qu'un mariage contracté légalement ne peut être attaqué pour cause de simulation par les héritiers de l'époux décédé. — *Cass.*, 30 août 1808, Rey c. Broisin. — Favard de Langlade, *Rép.*, vº *Simulation*.

13. — Toutefois, si le mariage avait été contracté en vue de couvrir un acte prohibé par la loi : par exemple une donation par un malade à son médecin (C. civ., art. 909), les tribunaux pourraient, tout en considérant le mariage comme valable, annuler l'acte contraire à la loi. — Rolland de Villargues, *ibid.*, nº 5. — V. DISPOSITIONS A TITRE GRATUIT, nºs 437 et suiv.

14. — Les enfans ne sont pas recevables à prouver le concubinage de leur mère pour établir la simulation d'une obligation par elle souscrite. — *Grenoble*, 18 déc. 1818, Chalaune c. Rivet.

15. — Il n'est pas besoin de s'inscrire en faux contre un acte suspect de simulation; cette voie n'est nécessaire que dans le cas d'un contrat falsifié, qui diffère entièrement d'un contrat simulé. — Dumoulin, sur l'art. 3, chap. 31, de la cout. du Nivernais; Merlin, vº *Simulation*, § 1er.

16. — Jugé, dès lors, que si les actes authentiques font foi jusqu'à inscription de faux, ce n'est que jusqu'à la preuve de la simulation. — *Paris*, 21 germ. an XII, Maheu c. Adam. — Toullier, t. 8, nº 148.

17. — Lorsqu'on a d'abord soutenu qu'un acte à titre onéreux avait un prêt pour cause, on n'est plus recevable à prétendre ensuite qu'il avait eu pour cause réelle une libéralité (solut. implic.). — *Caen*, 18 juill. 1826, Héon c. Montier-Grandière; *Cass.*, 7 janv. 1829, mêmes parties.

18. — Les actes entachés de simulation peuvent être attaqués par toutes les personnes à qui cette simulation doit préjudicier, et principalement, par conséquent, par les créanciers de l'une ou de l'autre des parties contractantes.

19. — Mais il ne faut pas confondre l'action en déclaration de simulation avec l'action révocatoire accordée aux créanciers par l'art. 1167 C. civ. Celle-ci a pour effet d'annuler des actes sérieux, mais frauduleux; tandis que la première a pour but de faire déclarer simulés des actes faits pour éluder la loi. — Chardon, *Dol et fraude*, t. 2, nºs 6 et suiv. et chap. 2, nº 13; Zachariæ, t. 2, p. 341, note 2.

20. — De plus, l'action en révocation n'est qu'une action subsidiaire et n'est donnée que contre les actes qui ont amené l'insolvabilité du débiteur; tandis que l'action en simulation n'exige pas ces deux conditions. Ainsi encore, la première n'appartient qu'au créancier dont les créances remontent à une époque antérieure à l'acte attaqué; tandis qu'il en est autrement de la seconde. — V., au surplus, FRAUDE, nºs 45 et suiv.

21. — A quoi il faut ajouter qu'il a été jugé que la simulation dont est entaché un acte peut être opposée, même par ceux, des créanciers du contractant, dont les titres sont postérieurs à cet acte. — *Bordeaux*, 20 juill. 1848 (t. 1er 1849, p. 663), Clarac c. Lasserve.

22. — La disposition de l'art. 882 C. civ., d'après laquelle le créancier qui n'a pas formé opposition au partage ne peut l'attaquer une fois qu'il est consommé, n'est pas applicable au cas où le partage est attaqué pour cause de simulation par un créancier non opposant. — V. PARTAGE, nºs 767 et suiv.

23. — Il en est de même en matière de licitation. — V. LICITATION, nº 142.

24. — Quant aux parties contractantes, la doctrine et la jurisprudence les plus généralement adoptées les déclarent non recevables à attaquer, pour cause de simulation, les actes qu'elles ont volontairement consentis. — *Lyon*, 9 messid. an X, Lambert c. Legris; *Agen*, 12 avr. 1809, Dumas c. Barreau; *Paris*, 29 avr. 1809, Billout c. Nicolle; *Angers*, 6 juill. 1809, Ouvrard c. Dagnenau; *Turin*, 9 juill. 1812, Saint-Vital c. Bellone; *Cass.*, 8 janv. 1817, Enregistrement c. Devalois; 5 déc. 1826, Grimaud c. Riant; 6 août 1828, Bouchetat c. Favier; *Nîmes*, 20 nov. 1829, Laurent c. Murias. — Merlin, *Rép.*, vº *Simulation*, et *Quest. de droit*, vis *Paternité* et *Pignoratif*; Toullier, *Droit civil*, t. 9, nºs 165 et 184; Danty, *Traité de la preuve par témoins*, p. 182. — V., cependant, *Cass.*, 7 mars 1820, Desmares c. Delamotte; *Metz*, 22 mai 1828 (V. sous *Cass.*, 16 août 1831), Lorphelin c. Jaumotte; *Grenoble*, 4 déc. 1830, Bernard Reymond c. Blanc-Gras.

25. — Mais il en est autrement pour l'une des parties qui se trouverait dans quelques-uns des cas d'exception, tels que ceux de dol et de fraude. — *Trèves*, 5 juin 1811, Reineck c. Cerf-Liebmann; *Cass.*, 6 août 1828, Roncheval c. Favier.

26. — Ainsi la partie qui a concouru à la simulation d'un acte peut en demander la nullité, lorsque cet acte a été surpris à sa faiblesse. — *Amiens*, 17 mars 1826, Pinaguet c. Obré.

27. — On a même décidé que la partie était recevable à attaquer l'acte lorsque la simulation avait eu lieu en fraude à la loi : par exemple en ce qu'un billet ou une obligation causés pour prêt auraient en réalité pour cause un délit de mariage. — *Lyon*, 4 août 1831, Boulet c. Lapeyre.

28. — ..Ou l'introduction de marchandises prohibées.—*Colmar*, 19 févr. 1828, Remilinger c. Billvilier.—V., au surplus, FRAUDE, OBLIGATION (nos 471 et suiv.).

29. — La partie peut encore attaquer comme simulé l'acte auquel elle a concouru, lorsqu'elle a un commencement de preuve par écrit de la simulation. — *Bourges*, 14 août 1844 (t. 1er 1846, p. 514), Ledoux.

30. — Il en est de même des créanciers de cette partie, qui exercent l'action en simulation, en vertu de l'art. 1166 C. civ., quelle que soit la date de leur créance. — *Bourges*, 14 août 1844 (t. 1er 1846, p. 514), Ledoux.

31. — Mais la simulation ne pourrait être invoquée par aucune des parties, si elles s'étaient mutuellement trompées. *Si duo dolo malo fuerint, invicem de dolo non agent.*—L. 36, D., *De dolo.*—Chardon, *Dol et fraude*, p. 24.

32. — Lorsque la simulation d'un acte est opposée à des tiers dont elle a pour but de frauder les droits, il n'est pas douteux que la preuve par témoins n'en doive être reçue. L'existence d'un acte, quelque authentique qu'il soit, ne prouve rien autre chose contre des tiers si ce n'est qu'il a été passé ; il n'en établit point la sincérité. D'ailleurs rien ne pouvant être imputé à ces tiers, on ne saurait leur refuser la preuve testimoniale de la fraude qui leur est faite. — Pothier, *Oblig.*, n° 766; Dumoulin, § 23, *Cout. de Paris*, glose 2, n° 19; Merlin, *Rép.*, v° *Simulation*, § 3, et *Preuve*, sect. 2, § 3, art. 1er Toullier, t. 9, nos 165 et 184.

33. — Jugé, dès lors, que, sous l'ordonnance de 1667, la défense de prouver contre et outre le contenu aux actes ne s'appliquait pas aux faits de simulation. — *Cass.*, 9 févr. 1808, Monnier c. Bardon.—Chardon, *Dol et fraude*, t. 2, n° 53.—V., au surplus, PREUVE TESTIMONIALE.

34.—Toutefois pour rendre passibles des suites d'une simulation, comme ayant agi en connaissance de cause, les tiers qui ont traité à titre onéreux, il est besoin de preuves beaucoup plus positives que celles qui sont nécessaires pour constater cette simulation contre les personnes intéressées à la pratiquer. — *Caen*, 1er août 1844 (t. 2 1844, p. 621), Geffroy c. Langlois.

35. — Les parties sont également recevables à prouver par témoins la simulation à laquelle elles ont pris part, quand il y a une fraude pratiquée à leur égard.—*Trèves*, 5 juin 1814, Reineck c. Cerf-Liebmann.

36.—La simulation peut aussi se prouver par simples présomptions. — Merlin, v° *Simulation*, § 3.—V., v° PRÉSOMPTION.

37.—Jugé donc que la preuve de la simulation d'un acte peut ne résulter que de présomptions ; mais il faut pour cela qu'elles soient graves, précises et concordantes.— *Orléans*, 9 janv. 1845 (t. 1er 1845, p. 444), Deneveux c. Thevard.

38. — Lorsqu'un acte est attaqué comme entaché de simulation et de fraude à une loi d'ordre public, il appartient aux juges du fait, pour déterminer le véritable caractère de cet acte, d'admettre au nombre des élémens de leur appréciation les présomptions tirées de l'ensemble des faits de la cause et de décider si ces présomptions réunissent elles-mêmes tous les caractères voulus par la loi.— *Cass.*, 14 nov. 1843 (t. 4er 1844, p. 560), Prodhomme c. Jambu.

39. — Ainsi ils ont pu décider, d'après les présomptions de la cause, qu'une vente de biens présens et à biens que laissera le vendeur à son décès, faite avec réserve d'usufruit au profit du vendeur et de son épouse moyennant un prix déclaré payé comptant pour partie, et payable pour l'autre partie aux héritiers du vendeur, ne constituait en réalité qu'une institution d'héritier ou une stipulation sur succession future. En pareil cas, bien que l'acquéreur, sous le prétexte qu'il y avait eu dol et vente simulée, offrit de faire porter sur les biens présens la partie du prix déclarée payée comptant ; les juges ont pu, indépendamment du motif de simulation et de fraude à la loi, déclarer l'acte nul pour le tout, par la raison que les deux ventes faites pour un seul et même prix formaient un tout indivisible et qu'un traité doit être déclaré nul pour le tout lorsqu'il résulte d'une seule et même opération réglée par un prix unique.—Même arrêt.

40. — L'effet de la simulation est, nécessairement, en général, d'annuler l'acte qui est in-

fecté d'un pareil vice. — Rolland de Villargues, *ibid.*, n° 12. — V., au surplus, OBLIGATION, n° 444 et suiv.

41. — Toutefois, les actes simulés qui sont exempts de fraude, et qui n'ont pas eu pour objet d'éluder quelque prohibition légale, doivent subsister de la manière dont les parties ont entendu qu'ils fussent mis à exécution. — Toullier, t. 6, n° 480.

42.—Une vente simulée peut, quoique imparfaite entre les parties, être réputée parfaite à l'égard des tiers, et la contre-lettre qui atteste rait la simulation ne saurait vicier la dation d'hypothèque qui aurait eu lieu au profit d'un tiers de bonne foi. — *Nimes*, 14 avr. 1812, Lafare c. Charcot. — V. aussi entre autres mots : ACTE AUTHENTIQUE, BAIL, CASSATION (mat. civ.), CAUTIONNEMENT, COMMENCEMENT DE PREUVE PAR ÉCRIT, COMMUNAUTÉ, CONTRE-LETTRE, DEMANDE NOUVELLE, DOL, DONATION A CAUSE DE MORT, DONATION ENTRE-VIFS, DOT, ENDOSSEMENT, FAUX, LETTRE DE CHANGE, PARTAGE, PARTAGE D'ASCENDANT, PRESCRIPTION, PRISES MARITIMES.

SINISTRE.

Se dit des accidens qui ont causé la perte ou la diminution de valeur soit d'un navire, soit des marchandises qui y ont été chargées. On donne aussi à ces accidens le nom de *fortunes de mer*. — On appelle ces mêmes accidens *sinistre majeur* quand ils entraînent la perte totale ou presque totale des objets, et *sinistre mineur* quand ils le l'occasionnent qu'une détérioration ou une perte partielle. — V. ASSURANCE MARITIME, ASSURANCE TERRESTRE, AVARIES, PRÊT A LA GROSSE.

SIROP DE FÉCULE DE POMMES DE TERRE.

Établissemens destinés à l'extraction du sirop de fécule de pommes de terre. Troisième classe des établissemens insalubres. — V. ce mot (nomenclature).

SOCIÉTÉ.

Table alphabétique.

CHAP. Ier. — Des sociétés en général (nº 4):

SECT. 1re. — Caractères généraux du contrat de société. — Des sociétés licites (nº 4).

SECT. 2e. — En quoi la société diffère de
la simple communauté (nº 39).

SECT. 3e. — Différences entre les sociétés
civiles et les sociétés commerciales
(nº 89).

SECT. 4e. — Compétence en matière de société (nº 133).

CHAP. II. — Des sociétés civiles (nº 198).

SECT. 1re. — Forme et preuve du contrat
de société (nº 198).

SECT. 2e. — Des différentes espèces de sociétés (nº 226).

ART. 1er. — Des sociétés universelles
(nº 227).

§ 1er. — Règles générales (nº 227).

§ 2. — Société de tous biens présens
(nº 240).

§ 3. — Société universelle de gains
(nº 258).

ART. 2. — Des sociétés particulières
(nº 274).

———

CHAPITRE Ier. — *Des sociétés en général.*

Sect. 1re. — *Caractères généraux du contrat de société. — Des sociétés licites.*

1. — La société est un contrat par lequel deux ou plusieurs personnes conviennent de mettre quelque chose en commun dans la vue de partager le bénéfice qui pourra en résulter. — C. civ., 1832.

2. — Toutes les choses qui sont dans le commerce peuvent faire l'objet d'une société.

L'industrie d'un des associés, ou son crédit peuvent constituer un apport social, pourvu que l'industrie soit honnête et licite, et que le bénéfice que se proposent les associés ne soit réprouvé ni par les lois ni par les bonnes mœurs. — Duranton, t. 17, n° 317.

3. — Il faut prendre garde, cependant, que l'apport dans la société d'un *nom seulement* pourrait ne pas être considéré comme un apport sérieux. — « En thèse générale, disait M. Berlier au sein du Conseil d'État, un nom isolé de tout acte de la personne n'est qu'une chose fort abstraite, au lieu que l'industrie est une chose positive à laquelle il convient de s'arrêter. » — Et M. Duverger (t. 20, n° 20) ajoute que le juge devra décider qu'il y a mise valable d'associé sérieuse, lorsqu'il verra que l'associé a donné véritablement sa clientèle, ses relations et son concours; mais qu'il devra au contraire annuler la convention, lorsque, sous l'apparence d'un apport réel, il n'apercevra qu'un nom abstrait. — V. Troplong, n° 144.

5. — Quoique la société ait été faite en vue de partager les bénéfices (C. civ., 1832), elle contient

en germe l'obligation de supporter les pertes s'il y en a. — La stipulation contraire rendrait la société léonine et autoriserait les associés lésés à en faire prononcer la nullité. — Duranton, t. 17, n° 328; Troplong, n° 48.

6. — Toute société doit avoir un objet licite. — C. civ., 1833.

7. — Il n'y a pas de difficulté lorsque l'objet de la société est réprouvé par les lois. Ainsi, les tribunaux annuleraient sans hésitation les sociétés formées pour exercer l'usure, ou pour faire la traite des noirs. — Troplong, n° 86.

8. — La société formée dans le but d'exercer la contrebande, soit en France, soit à l'étranger, est illicite et nulle. — Delangle, n° 103 et 104; Troplong, n° 88.

9. — Il en est de même d'une société qui a pour objet la fabrication et la vente d'un remède secret et prohibé par la loi. Cette société ne peut donner naissance à aucune action en justice. — *Paris*, 45 juin 1835 (t. 2 1838, p. 105), Morison c. Biain et Servan.

10. — Est illicite et nulle une société non autorisée par le gouvernement et ayant pour objet le remplacement des jeunes gens appelés par la loi au service militaire, et cette nullité est telle que les tribunaux doivent la prononcer d'office. — *Nancy*, 9 janv. 1826, Delhay c. Menu et Tournier. — V. REMPLACEMENT MILITAIRE.

11. — La clause d'un acte de société par laquelle l'un des associés s'interdirait pour l'avenir la faculté de faire, sans la participation de ses associés, aucune entreprise, est nulle. — En admettant même la validité d'une telle clause, la silence et l'inaction des associés, pendant le cours de l'entreprise au mépris de cette clause prohibitive et pénale, pourraient leur être opposés comme renonciation à toute participation. — *Rennes*, 11 mars 1812, Gault et Aché c. Gassan.

12. — Est licite l'association en participation, dans le but d'obtenir une adjudication, formée entre deux personnes qui auront rien fait pour écarter d'autres enchérisseurs, convenaient que l'une d'elles cédera à l'autre la moitié du service, ou sinon lui paiera une somme déterminée. — *Cass.*, 23 avril 1834, Nel c. Lemierre.

13. — Et l'arrêt qui décide qu'il résulte d'une convention bien entendue que les effets d'une soumission devaient être communs entre les parties, quelle que fût l'époque à laquelle aurait eu lieu cette soumission, échappe à la censure de la Cour de cassation. — *Cass.*, 23 avril 1834, Nel c. Lemierre.

14. — Un associé ne peut se prévaloir contre son coassocié des dispositions de l'art. 24 du tit. 15 de l'ordonnance de 1669, et faire annuler, comme convention illicite, la société contractée avant l'adjudication d'une coupe royale, sans que les formalités prescrites aient été préalablement remplies. — *Metz*, 28 avril 1818, Charbonneau c. Guillaume.

15. — Mais une question beaucoup plus délicate et dont l'importance augmente chaque jour, est celle de savoir si la société formée pour l'exploitation d'un office est ou n'est pas licite. Cette société était autrefois permise. — On peut voir, à cet égard, Pellicus (*De societate*, ch. 34, n° 9 et 10); le card. de Luca (*De soc. off.*, disc. 13, n° 7); Loyseau (*Des off.*, liv. 4, ch. 9, n° 54 et ch. 10, n° 40 et 41). — Ces auteurs sont cités par M. Troplong (*De la soc.*, n° 89).

16. — Aujourd'hui la question divise les auteurs et la jurisprudence. En faveur de la validité de la société on peut consulter MM. Dard (*Tr. des off.*, p. 328 et suiv.); Biache et Goujet (*Dict. de proc.*, n° 16); Frémery (*Journal le Droit*, des 2 et 7 février 1838. — V. la note sous l'arrêt de *Paris*, 2 janv. 1838 (t. 1er 1838, p. 152), Boullenois et Denoue c. Chaslenet-Beaulieu; Horson (*Gaz. des tribunaux*, 16 oct. 1834). — Mais V. *contra* Duvergier (t. 20, n° 59 et suiv.); Rolland de Villargues (*Jurisp. du not.*, de 1838); Troplong (*De la société*, t. 1er, n° 90 et suiv.); Delangle (n° 108).

17. — La Cour de Paris, adoptant cette seconde opinion, a déclaré nulles les sociétés formées pour l'exploitation d'offices d'agens de change. — *Paris*, 29 sept. 1835, Wilmotte c. Gaillard-Selégat; 14 janv. 1836, Bureaux c. Agens de change de Paris; 2 janv. 1838 (t. 1er 1838, p. 152), Boullenois et Denoue c. Chaslenet-Beaulieu; 11 juill. 1843 (t. 1er 1844, p. 479), Chaulin c. de Burges.

18. — Jugé aussi que la clause de l'acte social, portant qu'en cas de dissolution, la liquidation appartiendra à l'un des associés (le titulaire), est nulle comme la société elle-même. — *Paris*, 11

juill. 1843 (t. 1er 1844, p. 479), Chaulin c. de Bruges.

19. — La même Cour a jugé qu'en conséquence il n'y avait pas lieu à renvoi devant arbitres-juges à fin de statuer sur les contestations qui s'élèvent entre les divers intéressés qui se sont associés pour l'exploitation de l'office dont l'un d'eux est titulaire. — *Paris*, 2 janv. 1838 (t. 1er 1838, p. 152), de Boullenois et Denoue c. Chastenet-Beaulieu.

20. — Quand même les associés auraient expressément stipulé dans l'acte social que leurs contestations seraient jugées par des arbitres. — *Paris*, 17 juill. 1843 (t. 1er 1844, p. 479), Chaulin c. de Bruges.

21. — Dans le cas où la société formée pour l'exploitation d'un office d'agent de change serait déclarée valable, il faudrait lui reconnaître les caractères d'une société commerciale. — V. encore consultation de M. Frémery en note de l'arrêt du 2 janv. 1838 (t. 1er 1838, p. 152), Boullenois et Denoue c. Chastenet-Beaulieu.

22. — Ainsi on devrait la déclarer nulle si elle n'avait pas été publiée conformément à l'art. 42 du Code de commerce. — *Paris*, 11 juill. 1836, Bureau c. Agens de change de Paris; 2 janv. 1838 (t. 1er 1838, p. 152), de Boullenois et Denoue c. Chastenet-Beaulieu.

23. — Jugé, toutefois, que cette société ne constitue point une association commerciale en participation qui puisse être prouvée par la preuve testimoniale, mais une société générale et civile qui doit résulter d'un acte public ou privé. — *Paris*, 29 sept. 1825, Wilinot c. Gaillard-Selégard; *Cass.*, 31 mai 1831, Gronet c. Bocher.

24. — La Cour de Rennes a décidé que toute association formée pour l'exploitation et le partage des produits d'un office de notaire, est illicite comme contraire à l'ordre public. — Les contestations qui s'élèvent à l'occasion d'une pareille association ne peuvent donner lieu à un compromis. — *Rennes*, 29 déc. 1839 (t. 1er 1840, p. 310), Girard c. Tessier et Simonneau.

25. — Cependant M. Troplong (*Des sociétés*, n° 96) considère comme valable la convention par laquelle, en cédant son office, un notaire se réserve une part dans les produits de la charge. Selon cet auteur, il n'y a point dans ce cas une société illicite.

26. — Le même auteur (n° 97) approuve également le traité par lequel un avoué ou un notaire paierait les services de son clerc par une participation aux bénéfices. — V. encore AGENS DE CHANGE, nos 237 et suiv.; OFFICE, nos 154 et suiv.

27. — Une société formée sans nom ou raison sociale entre un courtier de marine et un particulier bailleur de fonds, dans laquelle le premier demeure seul chargé des opérations, tandis que le second tient la comptabilité de la caisse, n'est point illicite. — *Bruxelles*, 18 juill. 1820, Somers c. Fonteyn.

28. — N'est pas non plus illicite une société formée entre deux ouvriers imprimeurs pour l'exploitation matérielle d'une imprimerie dont le brevet appartient à un tiers qui en reste titulaire. — *Aix*, 14 déc. 1827, Dufort c. Olive.

29. — Un brevet de maître de poste peut faire l'objet d'une société. Une telle société doit recevoir son exécution entre les contractans, sans préjudice des droits de l'administration vis-à-vis du titulaire. — *Rennes*, 26 août 1837 (t. 2 1841, p. 723), Mahen c. Laurent.

30. — Mais cette société est purement civile et non commerciale. — Troplong, n° 334. — V. POSTES, nos 645 et suiv., 672 et suiv.

31. — Est nul tout acte ayant pour objet de transmettre des biens à une congrégation religieuse non autorisée, quoique tolérée. — En conséquence, on doit réputer nulle, comme ayant pour but d'organiser une congrégation illicite et de l'avantager, une société universelle de gains stipulée entre les membres d'une communauté religieuse non autorisée : alors même que toutes les clauses de l'acte de société seraient conformes au droit commun. — *Caen*, 20 juill. 1846 (t. 1er 1847, p. 747), Onfroy c. de la Foullerie.

32. — Jugé, sur le pourvoi dirigé contre cet arrêt, qu'un arrêt ne viole aucune loi, et échappe, par conséquent, à la censure de la Cour de cassation, lorsqu'il déclare nulle une société universelle de gains stipulée entre les membres d'une congrégation religieuse non autorisée, en se fondant sur ce motif, résultant de l'interprétation des clauses de l'acte, qu'une telle société n'a eu pour objet que de déguiser une libéralité faite à des personnes incapables de recevoir à ce titre. — *Cass.*, 26 févr. 1849 (t. 2 1849, p. 145), Onfroy c. de Lafoullerie. — V. COMMUNAUTÉ RELIGIEUSE, nos 271 et suiv.; DONATION DÉGUISÉE, nos 212 et suiv.

33. — Une société formée pour l'exploitation d'une maison de jeu ou d'une loterie non autorisée serait évidemment nulle.

34. — Jugé aussi que la société formée entre un Français et un étranger *dans un pays étranger* pour l'exploitation illicite d'une maison de jeux tolérés dans ce pays, est nulle en France, comme ayant une cause illicite, et, par suite, ne saurait donner lieu à une action devant les tribunaux français. — *Paris*, 31 mars 1849 (t. 1er 1850, p. 137), Romandel c. Blanc et Devaux. — *Contrà*, *Paris*, 22 févr. 1849 (t. 1er 1850, p. 137), Morisseau c. Tissot.

35. — Lorsqu'une société illicite a existé, les associés n'ont point action les uns contre les autres pour se contraindre réciproquement au partage des bénéfices ou à la communication des pertes; seulement chaque associé a action pour la reprise des fonds qu'il a mis dans la société. — Duvergier, t. 20, n° 31; Troplong, nos 100-105; Delangle, nos 101 et 102.

36. — Mais bien qu'une société ait une cause illicite et ne puisse, conséquemment, en général, produire d'effet : cependant, d'après la règle qui ne permet pas qu'on s'enrichisse aux dépens d'autrui, et qui, par cela même, veut que toute réunion d'intérêts, même fortuite, établisse des rapports et donne des droits pour se provoquer à un règlement et à un partage; ceux qui ont contracté cette société doivent contribuer aux pertes qui peuvent en provenir, vis-à-vis surtout des créanciers auxquels, en leur qualité de tiers, on ne peut opposer la nullité de la société. — *Cass.*, 24 août 1841 (t. 1er 1842, p. 209), de Boullenois et Denoue c. Bureaux. — Pardessus, nos 161, 772, 814; Toullier, t. 6, n° 127; Duvergier, t. 20, n° 69.

37. — Les sociétés ayant pour objet les assurances sur la vie, sont licites. — V. ASSURANCES SUR LA VIE, nos 17 et suiv.

38. — Elles constituent des sociétés commerciales. — *Ibid.*, n° 19.

Sect. 2e. — *En quoi la société diffère de la simple communauté.*

39. — Le but que se proposent les associés de faire des bénéfices est un des caractères principaux qui servent à distinguer la communauté ou la communion d'intérêts du contrat de société. L'art. 1832 s'applique également aux sociétés civiles et aux sociétés commerciales. Les unes comme les autres sont fondées sur ce principe que les capitaux ou, pour parler plus exactement, les valeurs quelconques augmentent de force productive en s'unissant les unes aux autres. — Duvergier, t. 20, n° 11.

40. — Lorsqu'au contraire on se trouve en communauté, soit par un fait indépendant de la volonté des parties, comme dans le cas de succession, soit même en vertu d'une convention, si par exemple plusieurs personnes ont acheté en commun un immeuble ou même des denrées dans la vue de les partager, il n'existe point une véritable société, mais une indivision. Ce n'est point dans la vue de faire des bénéfices que les parties se sont réunies, mais seulement dans la vue de se procurer des portions d'un objet qu'elles n'auraient pu obtenir seules aussi aisément. L'indivision n'est qu'un moyen passager, et elle devra cesser aussitôt que l'une des parties le demandera. — Pardessus, t. 4, n° 969; Duvergier, t. 20, n° 40; Malepeyre et Jourdain, *Des sociétés commerciales*, tit. 1er, chap. 1er; Troplong, n° 6 et suiv. — V. INDIVISION.

41. — Un des cas de communauté les plus fréquens est celui de mitoyenneté de murs, ou d'indivision de murs ou de passages. Lors même que dans ces cas l'indivison résulte de la volonté des parties, et quoique le partage ne puisse être demandé au gré de chacune d'elles, il n'y a point société mais simple communion. — Duvergier, t. 20, n° 41.

42. — Entre la communauté et la société il existe de nombreuses différences, non-seulement dans la nature même du contrat, mais encore dans ses effets. Ces différences se font sentir notamment dans l'administration de la chose commune. Tandis que chaque associé est tenu d'administrer la chose commune, les communistes ne sont pas liés par une pareille obligation. Ainsi on décide que lorsqu'une chose est indivise elle ne peut être valablement louée qu'avec le concours de tous les propriétaires, et cependant

on tient pour valable le bail d'un immeuble appartenant à une société, bien qu'il n'ait été consenti que par un seul associé, parce que c'est un acte d'administration. — Duvergier, t. 20, nos 37 et 38; Troplong, nos 24 et suiv.

43. — Pothier (*Du contrat de société*, n° 189) signale une autre différence approuvée par M. Duvergier (t. 20, n° 35). « Si l'un des héritiers ou légataires universels des biens d'une succession avait reçu d'un débiteur de la succession sa part de cette dette, quoique par l'insolvabilité de ce débiteur survenue depuis, ses cohéritiers ou colégataires universels qui n'avaient pas été si vigilans que lui n'eussent pu être payés de la leur, il ne serait pas obligé de rapporter à la masse ce qu'il a reçu pour sa part, à moins qu'il n'eût été préposé par ses cohéritiers ou colégataires pour faire le recouvrement des dettes de la succession, auquel cas il ne devrait pas se faire payer préférablement aux autres. »

44. — La société est un être moral; on ne peut en dire autant de la simple communauté. — Troplong, n° 24.

45. — Le principe que nul ne peut être tenu de demeurer dans l'indivision établi par l'art. 815 du Code civil, et applicable à la communauté et non à la société, établit enfin dans la pratique une différence importante entre la communauté et la société. — Troplong, n° 13.

46. — Tant que dure la communion, il y a présomption que les communistes jouissent chacun en proportion de leurs droits, et qu'ils se prévalent annuellement de leur part dans les produits réalisés en commun. En conséquence, il n'y a respectivement lieu à aucun compte de fruits ou d'intérêts entre les parties. — *Grenoble*, 7 mai 1831, Sestier c. Guillet.

47. — De même l'immeuble qu'un communiste, agissant en son nom personnel, acquiert par échange contre un immeuble de la communauté, ne devient pas, pour cela même, propriété commune; il reste propriété particulière de l'échangiste, il n'y a pas lieu de faire l'application de la règle *Subrogatum capit naturam subrogati.* — *Bourges*, 15 fév. 1839 (t. 1er 1839, p. 627), Cos c. de Raugère.

48. — Le partage des bénéfices ne constitue point à lui seul un contrat de société, s'il n'est que l'accessoire d'un autre contrat; comme si un commerçant promet à l'un de ses commis une part quelconque de ses bénéfices annuels. On ne doit voir dans ce cas qu'un louage de services sous condition aléatoire. Accorder, en effet, au commis une part dans la propriété, dire que le contrat cesserait d'être révocable à la volonté du maître, ou que le commis aurait un droit de surveillance sur les opérations de la maison, serait violer évidemment l'intention des parties. — *Rouen*, 28 fév. 1818, Thuret c. Smart; *Rennes*, 1er août 1826, Dugray c. Duquesnel; *Cass.*, 31 mai 1831, Gronet c. Bocher; *Paris*, 7 mars 1835, Poussielgue-Rusand c. Meyer. — Pardessus, t. 4, n° 969; Duvergier, t. 20, n° 53; Delangle, n° 5; Troplong, n° 46. — *Contrà*, *Lyon*, 27 août 1835, Bugaud c. Hevenet.

49. — Mais comment en cas de contestation déterminera-t-on la part du commis dans les bénéfices? La jurisprudence s'est montrée moins uniforme sur ce point. Dans l'application rigoureuse des principes, le maître devrait en être cru sur son affirmation. — Mais il est difficile de considérer le commis qui a droit à une part des bénéfices comme un simple domestique, et de croire que les parties ont entendu qu'il devrait s'en rapporter pour l'évaluation de ces bénéfices à la déclaration du maître. L'application de l'art. 1781 a donc été généralement repoussée. — *Paris*, 7 mars 1835, Poussielgue-Rusand c. Meyer.

50. — Faudra-t-il renvoyer le maître et le commis devant arbitres, conformément à l'article 51 C. comm? Ce serait violer toutes les règles des juridictions. L'arbitrage forcé n'est établi qu'entre associés et pour raison de la société, on ne peut donc, sous quelque prétexte que ce soit, renvoyer devant arbitres des individus non associés. — *Cass.*, 31 mai 1831, Gronet c. Bocher. — *Contrà*, *Rennes*, 1er août 1826, Dugray c. Duquesnel; *Lyon*, 27 août 1835, Bugaud c. Hevenet.

51. — La Cour de Paris, dans ces circonstances, a jugé que c'était le cas de renvoyer les parties devant un expert qui ferait son rapport, pour être ensuite statué ce qu'il appartiendrait. Cette décision, conforme aux principes, concilie d'ailleurs tous les intérêts, en ce qu'elle n'oblige point un commerçant de produire au grand jour de l'audience des livres et papiers, et dispense les tribunaux d'entrer dans l'examen difficile et pour eux presque impossible d'une longue série d'o-

pérations. — *Paris*, 7 mars 1835, Pousslelgue-Rusand c. Meyer.

52. — Ce que nous avons dit du commis doit être dit de toute autre personne à laquelle on donne une part dans les bénéfices pour prix de sa coopération ou de ses services, mais sans intention réelle de l'associer à l'opération. Ainsi, un commissionnaire ne peut être considéré comme associé en participation par le seul motif que l'indemnité qui lui est accordée consisterait dans une partie aliquote du bénéfice à faire sur les objets confiés à ses soins. — *Rennes*, 28 avr. 1828, Favert c. Willamm. —Duvergier, t. 20, nº 50; Troplong, nºs 34 et suiv.

53. — Une lettre missive, par laquelle un négociant confie à un tiers le soin de gérer et de diriger sa maison de commerce pendant un temps déterminé, moyennant un traitement fixe ou une part déterminée dans les bénéfices, constitue un mandat révocable à la volonté du mandant, sauf les dommages-intérêts auxquels peut avoir droit le mandataire pour la perte que lui cause la révocation. — *Rouen*, 28 févr. 1818, Thuret c. Smart.

54. — Il y a de même simplement mandat salarié dans la convention par laquelle le titulaire d'un bureau de tabac en confie la gestion à un tiers, pendant un certain temps, moyennant une part dans les bénéfices et à la charge par ce tiers de faire l'avance des fonds nécessaires pour l'exploitation du bureau.— *Bordeaux*, 7 juin 1836, Bertrandet c. G...

55. — Les juges, dans l'appréciation de ces questions, doivent tenir compte des circonstances. La Cour de cassation a jugé avec raison que l'individu nommé directeur d'une manufacture avec partage des bénéfices, et sous la condition de ne pouvoir être congédié avant la fin du bail de l'usine, a pu être considéré non comme un simple commis à gages, mais comme un associé. —*Cass.*, 21 fév. 1831, Pitlié c. Dubois.—Pardessus, t. 4, nº 969.

56. — Le versement dans une société commerciale d'une somme remboursable à époques fixes, et la stipulation que le bailleur de fonds aura une part dans les bénéfices de la société, et qu'il pourra se faire rendre compte des opérations de celle-ci, et surveiller ses livres de commerce, ne suffisent pas pour faire considérer le bailleur de fonds comme l'associé de ceux auxquels il a prêté son argent, et par suite pour autoriser le tribunal de commerce à statuer sur les contestations entre le prêteur et les emprunteurs.—*Liége*, 9 juill. 1821, Imer c. Simonis.

57.—Le traité passé entre un entrepreneur de services publics et un sous traitant, par lequel celui-ci s'engage à faire, moyennant un prix déterminé, certaines fournitures, avec convention que les avantages résultant des comptes de recettes et de dépenses, en prenant pour base les prix fixés, seront partagés entre les contractans dans des proportions fixées, constitue un simple marché de fournitures, et non un contrat de société. — Dès lors, les contestations que soulèvent les comptes à faire entre eux ne doivent pas être renvoyées devant arbitres forcés.— *Cass.*, 7 janv. 1840 (t. 1er 1840, p. 138), Baugé c. Ouvrard.

58. — On trouve un assez grand nombre de contrats qui offrent quelque analogie avec la société et ne constituent cependant qu'une communauté. Ainsi les auteurs s'accordent avec la jurisprudence pour décider que la convention par laquelle deux individus mettent en commun une somme d'argent pour en jouir alternativement pendant un délai déterminé, et chacun pour son commerce particulier, ne constitue pas une société. Dès lors, les contestations qui s'élèvent entre les parties, à l'égard de la somme commune, ne doivent pas être soumises à des arbitres forcés. — *Cass.*, 4 juill. 1826. Lery c. Delol. — Pardessus, *Dr. comm.*, t. 4, nº 969; Duvergier, t. 20, nº 56; Delangle, nº 4.

59. — Il n'y a pas davantage société lorsqu'une personne confie à une autre des objets à vendre en lui promettant tout ou partie de la portion du prix qui excédera telle somme. Il n'y a là qu'un mandat dont le salaire est aléatoire. — Pardessus, nºs 306, 702 et 969 ; Duvergier, t. 20, nº 45.—V. cependant L. 44, ff., *Pro socio*; Pothier, *Du contrat de société*, nº 13 ; Delangle, nº 6 ; Troplong, nºs 34 et suiv.

60. — Jugé, cependant, que l'acquisition et la jouissance en commun d'un immeuble établissent entre les copropriétaires une véritable société civile, qui, à défaut de convention sur le mode d'administration, oblige tous les copropriétaires au paiement des dettes qu'a contractées l'un d'eux pour fournitures employées à l'exploitation de la propriété commune. — Toutefois, l'associé contractant aurait seul à répondre de ce qui résulterait de son fait personnel : par exemple de la remise des objets qui contenaient les fournitures, et des frais d'expédition d'actes nécessités par le refus du débiteur. — *Bordeaux*, 11 avr. 1845 (t. 2 1845, p. 203), Bitard-Cadiot c. Croquevielle.

SOCIÉTÉ, ch. 1er, sect. 2e.

61. — Jugé que la convention par laquelle plusieurs propriétaires s'associent pour l'unique objet d'acquérir et de posséder en commun un immeuble n'a pas d'autre caractère que celui d'une société civile. — *Cass.*, 9 nov. 1846 (t. 2 1846, p. 629), de Valcourt c. Lazerat.

62. — La clause d'une pareille convention, qui, en déclarant l'immeuble acquis impartageable, dispose en outre : qu'il ne pourra être loué ni aliéné sans le consentement par écrit des trois quarts au moins d'entre eux ; mais que cette majorité pourra, sans le consentement du dernier quart, agir et disposer de cet immeuble comme bon lui semblera, sans pour cela préjudicier aux droits des récalcitrans sur le prix de l'aliénation ou du loyer, rentre dans le droit, qui appartient aux associés, de déterminer, sans révocation possible de la part de quelques-uns d'entre eux seulement, le mode d'administration et de vente de la chose commune, et ne saurait être réputée illicite, comme portant atteinte au principe écrit dans l'art. 815 C. civ., puisqu'elle n'exclut que le partage en nature, et non la vente ou la licitation —Même arrêt.

63. — En conséquence, la vente faite par quelques-uns des associés de leurs parts dans l'immeuble commun, ne pouvant conférer à l'acquéreur que les droits qu'avaient les vendeurs sur ledit immeuble, avec la condition de les faire valoir de la même manière qu'ils auraient pu les exercer eux-mêmes, ne saurait mettre obstacle à ce que la vente consentie, même postérieurement, de la totalité de l'immeuble, par la majorité réunie et agissant conformément aux statuts, reçoive son exécution. — Même arrêt.

64. — Si, dans certaines circonstances, une communauté d'intérêts, créée et dirigée en vue de bénéfices à faire, peut, à l'égard des tiers, même en l'absence d'un acte écrit, attribuer la qualité d'associés et de commerçans à ceux qui font partie de cette communauté, il faut, pour qu'il en soit ainsi, que le fait de leur part concoure avec l'intention. — Ainsi on ne peut réputer associés, et par suite commerçans, ceux qui se sont seulement portés garans et cautions de billets souscrits par le failli, ou de crédits qui lui ont été ouverts. — *Amiens*, 4 déc. 1846 (t. 1er 1847, p. 528), Richet c. Lemaire.

65. — M. Troplong (*Des sociétés*, nº 33) refuse d'approuver en principe la délibération de la régie de l'enregistrement du 24 juill. 1827, qui a considéré comme une société l'acte par lequel une fille est admise dans une communauté moyennant une dot payée par ses père et mère. — Championnière et Rigaud, t. 3, nº 2774.

66. — La copropriété d'un navire ne constitue pas nécessairement une société. — *Rouen*, 19 juill. 1839 (t. 2 1839, p. 519), Mulot c. Guéroult. — Pardessus, nºs 620 et suiv. ; Troplong, nº 29.

67. — Le contrat par lequel plusieurs commissionnaires de transports conviennent de former une masse commune de toutes les marchandises que chacun d'eux sera individuellement chargé de transporter, laquelle masse devra ensuite être répartie entre eux dans certaines proportions, ne constitue pas une société commerciale, alors que le but des contractans a été uniquement d'assurer le chargement des bateaux appartenant à leurs bureaux respectifs, et non d'exercer en commun leur industrie, en vue d'en partager les bénéfices. En conséquence, s'il s'élève des difficultés entre les parties, sur l'exécution du traité intervenu entre elles, il n'y a pas lieu de recourir à la juridiction des arbitres forcés. — *Rouen*, 5 mars 1846 (t. 1er 1849, p. 475), Maillet-Duboullay c. Touzet.

68. — Le traité fait entre une société de remplacements militaires et un agent qui s'engage à lui livrer un certain nombre de remplaçans, moyennant une somme déterminée, ne peut être considéré comme une association en participation, quoique, dans cet acte, il soit stipulé que, si cet agent traite avec les remplaçans pour une somme inférieure à un *minimum spécifié*, la différence entre ce *minimum* et cette somme sera partagée par moitié entre lui et la société. Dès lors, l'arbitrage, en supposant qu'il ait été stipulé par le contrat, n'est point un arbitrage forcé régi par les art. 51 et suiv. C. comm. — *Colmar*, 3 déc. 1840 (t. 1er 1841, p. 562), Hattenberger c. Meyer, Lipp et Strauss. — V. REMPLACEMENT MILITAIRE.

69. — Un *cercle* (littéraire ou musical) ne constitue pas, alors même qu'il a été autorisé, une société civile, mais une simple réunion d'individus incapable d'agir comme corps moral par ses administrateurs. Mais rien ne s'oppose à ce que les membres d'une semblable réunion donnent pouvoir à quelques-uns d'entre eux de traiter avec les tiers au nom de tous, et à ce que l'obligation ainsi contractée entre ces mandataires et les tiers soit aussi valable que *si chacun des membres avait traité individuellement*. En conséquence, chacun des membres du cercle peut réclamer, en son privé nom, l'accomplissement des obligations contractées envers ce cercle ; et il doit en obtenir l'exécution intégrale alors qu'il s'agit d'une obligation indivisible, comme, par exemple, de l'engagement pris par une compagnie pour l'éclairage au gaz du local occupé par le cercle. — *Cass.*, 29 juin 1847 (t. 1er 1848, p. 55), Compagnie d'éclairage au gaz de Marseille c. Cercle philharmonique de la même ville (*Aix*, 2 juill. 1844 (t. 1er 1845, p. 57), mêmes parties). — Troplong, nº 32.

SOCIÉTÉ, ch. 1er, sect. 2e.

70. — Il n'y a pas société dans la convention par laquelle les possesseurs d'une usine conviennent que chacun d'eux l'exploitera à son tour pour son compte personnel pendant un certain temps. — Delangle, t. 1er, nº 4.

71. — Jugé en ce sens que les propriétaires indivis d'une usine ou d'un établissement industriel qui sont convenus de l'exploiter, chacun à son tour, pendant une période de temps déterminée, de manière à en jouir alternativement, peuvent en même temps exploiter dans leur intérêt individuel une usine particulière dans le voisinage de l'établissement commun. On ne peut considérer cette communauté de biens comme une société ni par conséquent appliquer à celui des propriétaires communs qui exploite l'établissement voisin l'art. 1847 C. civ., en vertu duquel les associés sont obligés de tenir compte à la société des gains qu'ils ont faits par l'espèce d'industrie qui est l'objet de cette société. — *Cass.*, 4 janv. 1842 (t. 2 1843, p. 86), Marrot c. Desbeaux.

72. — Est licite la convention par laquelle les propriétaires d'une usine, après avoir réglé qu'ils en jouiraient l'un et l'autre alternativement, déterminent un prix au-dessous duquel ils s'engagent à ne pas faire les travaux de manufacture que leur usine a pour objet, une convention de cette nature ne porte atteinte ni à la liberté du commerce ni aux lois qui prohibent les coalitions entre les détenteurs d'une même marchandise. — Même arrêt.

73. — En général, il faut reconnaître que la simple convention de partager des bénéfices faits séparément, et qui ne sont pas le résultat d'une affaire commune, ne constitue point une société. Ainsi, la convention par laquelle deux agens d'assurances sont convenus de partager entre eux leurs droits de courtage a pu ne point être considérée comme une association entraînant la compétence des arbitres forcés. — *Cass.*, 29 nov. 1831, Gaggiani c. Varlet.

74. — Lorsque deux individus ayant l'un trois chevaux et l'autre un seul, ce dernier livre son cheval au premier pour en faire un attelage, le vendre avec les siens et lui donner le quart du prix, il n'y a pas là un contrat de société ; car l'intention des parties n'est point de se transférer réciproquement ou la propriété ou la jouissance de leur chose, mais seulement de faire la vente en commun pour ensuite partager le prix comme il aura été déterminé à l'avance. — V. l. 58, ff., *Pro socio*. — Duvergier, t. 20, nºs 46 et 51 ; Delangle, nº 6 ; Troplong, nº 16.

75. — L'association connue sous le nom de *tontine*, entre des rentiers qui conviennent que les parts des prémourans profiteront en tout ou en partie aux survivans, ne constitue point une société. « C'est, dit M. Pardessus (nº 970), une simple convention par laquelle les coïntéressés sacrifient à la chance d'un avantage personnel ce qu'ils auraient pu laisser à leurs héritiers. » — Malepeyre et Jourdain, p. 7 ; Delangle, nº 3 ; Troplong, nº 54.

76. — Les tontines, quelle qu'en soit la nature et la dénomination, ne peuvent être fondées sans l'autorisation du gouvernement. — Décret 1er avril 1809.

77. — Une société fondée sur des chances de décès ou de survie des individus assurés présente les caractères d'une tontine et n'a d'existence légale qu'avec l'autorisation préalable du gouvernement. — *Paris*, 30 nov. 1842 ; 26 janv., 11 et 23 févr. 1843 (t. 1er 1843, p. 342, 343 et 344) ; 9 mars 1844 (t. 1er 1844, p. 509), la Fraternelle c. Ygorky ; 12 juin 1844 (t. 1er 1844, p. 838), la Fraternelle c. Fosse. — V. ASSURANCES SUR LA VIE, nº 79.

78. — Il a été en conséquence décidé que si

une société ayant les caractères d'une tontine avait été formée sans autorisation du gouvernement, il y aurait lieu d'allouer pour les frais de gestion : non pas la somme fixée par les conventions, mais celle que les tribunaux estimeraient être due d'après la durée de la société. — *Paris*, 12 juin 1844 (t. 1er 1844, p. 838), la Fraternelle c. Posse.

79. — ...Que notamment le liquidateur d'une association de cette nature n'a pas droit de retenir sur les sommes versées par les souscripteurs celles qui ont été allouées pour frais de gestion, s'il est constant que ces souscripteurs ont été victimes de dol et de fraude : par exemple s'il était dit mensongèrement dans les prospectus que la compagnie était autorisée conformément à la loi, et qu'elle possédait un capital d'un million. — *Paris*, 9 mars 1844 (t. 1er 1844, p. 509), la Fraternelle c. Ygorky.

80. — L'acte par lequel les administrateurs d'une tontine mettent en commun les bénéfices qui leur sont attribués, en cette qualité, et stipulent que le capital de la société sera divisé en actions au porteur, constitue, lorsqu'il n'est pas revêtu de l'autorisation du gouvernement, sinon une société anonyme, du moins une entreprise d'agence et de bureau d'affaires, justiciable, comme telle, du tribunal de commerce, alors même que les associés ont stipulé qu'ils n'entendaient former qu'une société purement civile. — *Cass.*, 15 déc. 1824, Guéroult de Fougères c. Lanjuinais.

81. — La donation faite par un marchand à une certaine personne d'une part déterminée dans ses bénéfices pendant un certain nombre d'années, n'est point non plus une société. Pothier l'avait déjà dit (*Du contrat de société*, n° 8), mais il regardait cette donation comme une donation de biens à venir et en concluait qu'elle n'était pas valable à moins qu'elle ne se trouvât dans un contrat de mariage. Delvincourt (t. 3, notes, p. 219) et après lui MM. Pardessus (t. 4, n° 983) et Duvergier (t. 20, n° 54) pensent, au contraire, que l'intérêt dans une maison de commerce étant quelque chose de présent, la donation est valable même au dehors d'un contrat de mariage comme donation de biens présens. — Duranton, t. 17, n° 324.

82. — Selon ce dernier auteur, la donation aurait même pour effet d'enlever au donateur le droit de cesser son commerce avant l'expiration du terme stipulé. — Duranton, *ibid.*

83. — Si deux voisins ayant chacun un bœuf conviennent que l'un d'eux se servira du bœuf de l'autre pendant une semaine, et que le second se servira du bœuf du premier pendant la semaine suivante ; ils ne font point un contrat de société, parce que le travail à faire n'est pas dans l'intérêt de tous les deux et parce que le profit ne sera pas commun.

84. — Ce caractère que nous avons reconnu à la société d'avoir pour but un bénéfice à partager a fait dire que les personnes qui forment entre elles une assurance mutuelle de leurs immeubles ou des fruits de ces immeubles, contre l'incendie, la grêle, les gelées, ne forment pas à proprement parler une société. — Pardessus, t. 4, n° 970. — Il est de l'essence du contrat d'assurance que les assurés ne réalisent jamais un bénéfice, et qu'ils puissent seulement être couverts du préjudice causé par le sinistre. L'assurance mutuelle est donc un simple contrat aléatoire. — *Cass.*, 12 janv. 1842 (t. 1er 1842, p. 116), Compagnie d'assurances mutuelles de l'Aisne c. Bouten et Boudin. — Pardessus, t. 4, n° 970 ; Duvergier, t. 20, n° 42 ; Delangle, *Des sociétés commerciales*, t. 1er, n° 3 ; Troplong, t. 1er, n° 14.

85. — « S'il est vrai, ajoute M. Pardessus (*ibid.*), qu'une ordonnance royale du 14 nov. 1821, qui prescrit l'exécution d'un avis du Conseil d'État, approuvé le 15 oct. 1809, astreigne ces établissemens à la même approbation que celle que nous verrons être exigée pour les sociétés anonymes, ce n'est point parce qu'elles sont des sociétés commerciales ; mais par une raison d'ordre public. »

86. — A l'appui de son opinion que les compagnies d'assurance mutuelle ne sont point à proprement parler des sociétés, M. Pardessus cite un arrêt de la Cour de cassation du 15 juill. 1829 (Assurances mut. du Pas-de-Calais c. le Phénix). Mais cet arrêt juge seulement qu'elles ne sont pas des sociétés commerciales, ce qui n'est pas sérieusement douteux. Il décide, en effet, que les arbitres constitués par des membres d'une société d'assurance mutuelle sont volontaires et non forcés, et qu'en conséquence, aux termes de l'art. 1028 Code de proc., le pourvoi en cassation contre leur sentence rendue en dernier ressort n'est pas recevable. La question avait déjà été jugée dans le même sens. — *Rouen*, 9 oct. 1820, Thuillier c. Gosselin ; *Douai*, 4 déc. 1820, Charvet-Sauvage c. Compagnie d'assurances du Nord.

87. — La Cour de Colmar a jugé qu'une association ayant pour but l'assurance mutuelle contre l'incendie est une société anonyme en ce sens qu'il faut l'autorisation du roi. Jusque-là l'acte n'est qu'éventuel : cette sanction le rend seul authentique. — *Colmar*, 7 déc. 1821, Schraag c. N.... — Grün et Joliat, *Journal des assurances*, t. 2, p. 260.

88. — Quoiqu'il nous paraisse vrai, abstractivement parlant, que les compagnies d'assurance mutuelle ne soient pas des sociétés, il est difficile cependant de refuser de leur appliquer les règles établies par la loi pour les sociétés civiles. Ainsi les tribunaux admettraient probablement avec peine que les membres d'une compagnie d'assurance mutuelle ne pussent pas être assignés au lieu où la société a son principal établissement, conformément à l'art. 59 du Code de procédure. Cependant, la question mériterait un sérieux examen. Ce ne sont point en réalité des sociétés et le seul fait de la communauté d'intérêts n'attribue point compétence au tribunal du lieu où siége l'administration de la chose commune. — V. EXPLOIT.

Sect. 3e. — *Différence entre les sociétés civiles et les sociétés commerciales.*

89. — La société civile constitue-t-elle un être moral distinct des associés ? L'affirmative est généralement enseignée. Cette opinion se fonde sur la loi 22, ff., *De fidejussoribus*, et sur les dangers qui résulteraient pour l'existence des sociétés de l'opinion contraire. — *Paris*, 25 mars 1811, Férino ; *Cass.*, 10 mai 1831, Bailac c. Nogarolles ; 8 nov. 1836 (t. 1er 1837, p. 25), Compagnie du Cotentin c. Hérouit-Lafontaine. — Delvincourt, t. 3, p. 8 ; Duranton, t. 17, nos 334, 388 ; Pardessus, t. 4, nos 1089, 1207 ; Proudhon, *Usufruit*, n° 2064 ; Duvergier, t. 20, n° 382 ; Championnière et Rigaud, t. 3, n° 2743 ; Troplong, nos 58 et suiv. ; Delangle, nos 14 et suiv. — *Contrà*, Toullier, t. 12, n° 82 ; Frémery, *Et. de dr. comm.*, chap. 4, p. 30 ; Vincens, *Lég. comm.*, t. 1er, p. 297 ; Zachariæ, t. 3, p. 55, note 6, et p. 66, § 381 *bis*.

90. — Le doute est moins permis encore quand il s'agit des sociétés commerciales, que tous les auteurs s'accordent à considérer comme des êtres moraux. — *Paris*, 10 déc. 1814, Perrin-Philibert c. Joannet et Molin ; *Toulouse*, 31 juill. 1820, Sol c. Guibert ; *Cass.*, 24 juin 1829, Royer c. de Mailly. — V., cependant, Toullier, t. 12, n° 82.

91. — Nous ne comprenons pas dans ce que nous venons de dire des sociétés commerciales l'association en participation, sur laquelle nous nous expliquerons *infrà* nos 1055 et suiv.

92. — Il importe, cependant, de distinguer avec soin, parce qu'elles sont régies par des lois différentes, les sociétés civiles des sociétés commerciales. Les premières constituent le droit commun, les secondes l'exception. Toute société est civile, à moins qu'elle n'offre les caractères particuliers des sociétés commerciales. Nous avons déjà dit avec l'art. 1832 que les unes comme les autres sont formées dans la vue d'un bénéfice à partager. Ce sera donc au moyen à l'aide duquel on parviendra à réaliser ce bénéfice qu'il faudra s'attacher pour savoir si la société est commerciale ou civile.

93. — Les sociétés de commerce sont celles qui sont formées dans le but de faire habituellement des actes de commerce. — Malepeyre et Jourdain, *Traité des sociétés commerciales*, t. 1er, chap. 1er, p. 3. — La détermination du caractère commercial d'une société dépendra donc souvent de l'étendue et de la portée du mot *acte de commerce*. — V. ACTE DE COMMERCE. — Nous relaterons ici les différentes applications que la jurisprudence ou les auteurs en ont fait à des cas douteux en matière de société.

94. — Aux termes de l'art. 638 C. comm., un propriétaire, un cultivateur ou un vigneron qui vendent les denrées provenant de leur crû ne font point un acte de commerce. La conséquence naturelle, c'est que l'association formée pour cultiver la terre ne constitue point une société commerciale. — Malepeyre et Jourdain, p. 6 ; Troplong, n° 322.

95. — Lorsque deux cultivateurs s'associent pour élever un troupeau de moutons, cette convention ne forme point une société de commerce. — *Bruxelles*, 23 févr. 1822, Geerts c. d'Hulst. — Malepeyre et Jourdain, *ibid.*

96. — Cependant, lorsque des individus se sont associés pour acheter des arbres, en former une pépinière et la revendre ensuite, on a pensé avec raison qu'il y avait dans cette société autre chose que la culture de la terre et qu'elle devait être considérée comme commerciale. — *Bruxelles*, 20 avr. 1830, H... c. K....

97. — On a jugé, d'après les mêmes principes, que la société qui a pour objet le façonnage des coupes affouagères de plusieurs communes est une société commerciale. — *Colmar*, 4 avril 1841 (t. 2 1841, p. 408), Laubacher c. Mischi.

98. — L'association formée dans le but d'exploiter une forêt par l'abatage des arbres et la mise en vente du bois constitue, de la part d'acquéreurs étrangers à la propriété du sol, une société commerciale, dont les contestations doivent être soumises à des arbitres forcés. — *Bastia*, 4 avril 1843 (t. 1er 1844, p. 572), Bodoy c. Vico.

99. — Nous avons dit que les compagnies d'assurance mutuelle ne sont point des sociétés de commerce (*Cass.*, 15 juill. 1829, Assurances mutuelles du Pas-de-Calais c. le Phénix). Mais il en est autrement des compagnies d'assurance à prime. — Le fait de se charger habituellement, moyennant une prime, des risques, soit de la navigation, soit des incendies, soit de tout autre événement, constitue un acte de commerce. — L'art. 633 du Code de commerce répute acte de commerce les assurances maritimes et il n'y a pas de motif pour ne pas appliquer la même disposition aux assurances terrestres, où les sociétés qui ont pour objet de faire des actes de commerce sont commerciales. — Troplong, n° 345 ; Delangle, n° 32.

100. — Ainsi jugé pour les sociétés d'assurance à prime contre l'incendie. — *Rouen*, 24 mai 1825, Comp. d'assurances c. Lemasson ; *Paris*, 23 juin 1825, Muraine c. Dupin-Valène ; *Cass.*, 8 avril 1828, Dupin-Valène c. Delcourt. — Troplong, n° 345.

101. — Elles sont donc justiciables des tribunaux de commerce et soumises, en cas de cessation de paiemens, aux règles spéciales du Code de commerce, notamment à la mise en faillite, et les syndics ont qualité pour actionner les assurés en paiement des primes. — *Cass.*, 8 avril 1828, Dupin-Valène c. Delcourt. — Delangle, n° 32.

102. — Une société ayant pour but d'assurer contre les chances du sort, moyennant une prime déterminée, les jeunes gens appelés au recrutement de l'armée, est une société commerciale, justiciable du tribunal de commerce à raison des obligations qu'elle a contractées envers les jeunes gens qui ont traité avec elle ; surtout lorsqu'elle avait en outre pour but de s'occuper de toutes les opérations relatives aux remplacemens militaires, telles qu'achat de créances et autres qui peuvent en être la suite. — *Grenoble*, 19 juill. 1830, Tolentin c. Eymieux. — Troplong, n° 346. — *Contrà*, *Colmar*, 17 nov. 1831, Meyer et Mann c. Schmeltz.

103. — Une société d'assurances qui, bien que qualifiée *mutuelle*, est réellement une société *à primes* (attendu, par exemple, que la seule obligation qui pèse sur les assurés consiste dans le paiement d'une prime fixe et invariable) constitue une opération commerciale, soumise à la juridiction des tribunaux de commerce et aux règles de compétence de l'art 420 du Code de procédure. — *Cass.*, 30 déc. 1846 (t. 1er 1847, p. 374), Comp. d'assurances l'Agricole c. Péronne et Chedruc.

104. — Bien qu'en principe général les sociétés d'assurances mutuelles ne puissent être considérées comme des associations commerciales, néanmoins le directeur d'une société de cette espèce doit être réputé agent d'affaires, et, comme tel, soumis à la juridiction commerciale, alors que, par la nature de la gestion qui lui est confiée, il fait des actes, des opérations de commerce et que ces dernières sont assez nombreuses pour constituer une sérieuse et constante occupation et une profession habituelle. — *Caen*, 24 nov. 1846 (t. 1er 1847, p. 273), Poriquet c. Bouillie.

105. — L'association formée pour acheter et revendre des immeubles, est-elle ou n'est-elle pas commerciale ? — Cette question a été diversement résolue. — Plusieurs arrêts partant du principe que les choses mobilières sont seules susceptibles d'être la matière de négociations commerciales ont déclaré purement civiles les sociétés formées pour l'achat et la revente des terrains. — *Cass.*, 28 brum. an XIII, Duhameau c. Levasseur ; *Metz*, 18 juin 1812, Brech c. Meunier ; *Paris*, 8 déc. 1830, Bénard c. Auger. — Il faut

remarquer, cependant, que, dans l'espèce de ce dernier arrêt, les parties s'étaient associées pour revendre des terrains qui leur appartenaient. — V. Troplong, no 349; Pardessus, t. 1er, no 10; Merlin, *Quest. de droit*, vo *Acte de commerce*, § 5; Malepeyre et Jourdain, p. 9; Delangle, no 28.

106. — Et on a jugé, en conséquence, que la solidarité entre associés n'est point applicable à une société formée pour acquérir et revendre des immeubles. — *Cass.*, 28 brum. an XIII, Duhameau c. Levasseur.

107. — La Cour de Bourges a même jugé, le 10 mai 1843 (t. 1er 1844, p. 572, Moncharmont c. Bazot), que la société formée dans le but d'acheter des terrains pour construire des maisons et les revendre devait être considérée comme purement civile, alors même qu'elle était formée entre commerçans.

108. — Mais d'autres arrêts ont déclaré commerciales les sociétés pour l'achat et la revente des terrains. Nous approuvons complétement leur décision. Sans doute, les immeubles ne sont point habituellement l'objet des transactions commerciales, cependant l'importance de l'opération ou la nature des choses achetées pour être revendues n'ont point été tellement déterminées par la loi qu'on doive refuser le caractère commercial à toute opération qui a pour objet des immeubles. — *Colmar*, 21 mai 1813, Loret c. Wail; *Cass.*, 10 mars 1818, Bohet c. Despens.

109. — Malgré cette décision, on doit approuver l'arrêt de la Cour de Paris qui a jugé que les associations formées pour des achats et ventes d'immeubles ne peuvent pas être facilement réputées commerciales; et que, spécialement, l'association contractée pour la construction d'une rue, alors même qu'il serait question d'acquérir les terrains et de les revendre, n'a pas le caractère commercial, s'il résulte des statuts sociaux qu'elle a été principalement formée dans un but d'utilité publique, avec l'intention d'embellir la ville et sous la condition d'une indemnité de la part du gouvernement. — *Paris*, 28 août 1841 (t. 2 1841, p. 412), de Doudeauville c. Guillard. — Troplong, no 349.

110. — Jugé qu'une association ayant pour objet l'achat et la revente d'immeubles appartenant à un individu et des créances existant sur lui constitue une société commerciale. — *Colmar*, 30 déc. 1845 (t. 1er 1846, p. 656), Lévy.

111. — En supposant qu'il ne fût pas licite de donner à une association civile constituée pour l'achat et la revente d'immeubles la forme et les effets d'une association commerciale en commandite et par actions, l'erreur des actionnaires à ce sujet ne peut être une cause de nullité de l'obligation qu'autant que les choses sont encore entières et qu'ils n'ont pas commencé d'exécuter l'acte social ainsi rédigé. — *Rouen*, 19 févr. 1840 (t. 2 1840, p. 14), Bélissent c. Bréard.

112. — La société formée pour l'*achat* seulement de rentes sur l'État est une société civile, encore qu'il ait été dit dans l'acte qu'il s'agit d'acquérir des rentes mises dans le commerce, et qu'il y ait été stipulé un intérêt de 6 p. 0/0, qui est le taux du commerce; et les tribunaux ordinaires ont seuls droit de connaître des contestations qu'elle soulève. — *Colmar*, 22 juin 1821, Cornebise c. Stroltz et Charmoy.

113. — S'il est vrai que l'auteur qui se borne à éditer l'œuvre de son intelligence ne fait pas par là un acte de commerce, il n'en est pas de même de celui qui édite un ouvrage littéraire annoncé par des prospectus comme étant l'œuvre de plusieurs littérateurs, illustré par un grand nombre de gravures, colporté par des commis voyageurs, et indiqué comme se vendant à Paris à un bureau central, alors même que l'éditeur serait par lui-même ou par les siens l'auteur d'un nombre plus ou moins considérable d'articles publiés dans cet ouvrage. Dès lors l'éditeur d'un pareil ouvrage est passible de la contrainte par corps pour raison de son entreprise. De même, le dessinateur qui a formé un établissement de dessins pour tous les genres de manufactures, et qui a même créé une société en commandite pour cette exploitation, doit être considéré, non comme un artiste dessinateur, mais comme un commerçant. — *Paris*, 7 août 1847 (t. 2 1847, p. 484), Chodsko et Korsack c. Niegodski.

114. — Aux termes de l'art. 32 L. 21 avr. 1810, l'exploitation des mines n'est point considérée comme un acte de commerce. Par suite, on a jugé que la société formée entre les concessionnaires d'une mine pour l'extraction des produits était civile et non commerciale. — *Cass.*, 7 févr. 1826, Bardet c. Cade; 14 avr. 1834, Mallez c. Castellane; *Douai*, 17 sept. 1842 (t. 2 1843, p. 641), Arnoult c. Godard.

115. — Et de même encore, l'association que deux personnes font pour l'exploitation de mines dont elles sont propriétaires par indivis, ne constitue pas une société commerciale qui puisse nuire à l'existence de l'hypothèque légale de la femme de l'un des associés, pour les droits qu'elle a acquis depuis. — *Cass.*, 24 juin 1829, Royer c. de Mailly.

116. — Dès que la société pour l'exploitation d'une mine est civile et non commerciale, la délibération qui, dans une semblable société, décide que, faute par les associés de payer dans un délai fixé leur contingent dans les dépenses, leur part dans les produits sera retenue par la masse, moyennant un prix déterminé, n'est pas obligatoire pour ceux des associés qui n'y ont pas figuré, ou qui n'y ont pas été représentés, alors même qu'elle aurait été prise à la majorité. Le fait, de la part de ces associés, d'avoir reçu leur part dans les produits, et d'avoir payé leur contingent dans les dépenses, n'étant qu'une conséquence de leur qualité d'associés, ne peut être considéré comme une approbation ou une reconnaissance de cette délibération qui les rende non recevables à en demander la nullité. — *Riom*, 21 janv. 1842 (t. 2 1842, p. 641), Michaud c. Concessionnaires des marais de Verchère.

117. — Mais de ce que l'exploitation des mines n'est pas considérée comme acte de commerce, faut-il en conclure que si une société, au lieu de se former par la réunion d'un certain nombre de personnes déterminées, apportant toutes dans l'affaire et leur fortune et leur industrie, fait appel au public et se constitue par voie d'actions, soit nominatives, soit même au porteur, faut-il conclure qu'une pareille association est elle-même non commerciale? Les tribunaux ne l'ont pas pensé. Déjà, avant la loi du 21 avril 1810, sous l'empire de la loi de 1791, la Cour de Bruxelles avait décidé que la société formée par actions pour exploiter des mines est une société commerciale et, depuis la loi de 1810, de nombreux arrêts, tant de la Cour de cassation que des Cours d'appel, ont constamment décidé que l'art. 32 de la loi du 21 avril 1810, suivant lequel l'exploitation des mines n'est pas considérée comme un commerce, ne peut s'appliquer à l'exploitation opérée par les concessionnaires non pour leur compte seul, et sous leur direction, mais en société et avec le concours d'actionnaires réunis sous le nom d'associés commanditaires. — *Cass.*, 30 avril 1828, Thérouanne c. Servatus; *Bordeaux*, 22 juin 1833, de Pompignan c. de Royère; *Rouen*, 26 août 1840 (t. 1er 1841, p. 262), Manneville c. préfet de l'Eure; *Dijon*, 26 avril 1841 (t. 1er 1841, p. 629), Rolland c. Coste; *Paris*, 22 mai 1841 (t. 2 1841, p. 45), Hanz c. Fessart; 19 août 1841 (t. 2 1841, p. 389), Gary de Faviez c. Languereau; 8 déc. 1842 (t. 1er 1843, p. 293), Société des Houillères de la Theurée c. Brandon; 9 fév. 1843 (t. 1er 1843, p. 294), Guillabin c. Debruy.

118. — ... Peu importerait d'ailleurs, en pareil cas, que la société eût reçu la dénomination de société civile, cette dénomination ne pouvant lui enlever son caractère commercial. — Mêmes arrêts. — Pardessus, t. 3, p. 123; Favard de Langlade, *Rép.*, vo *Société*; Delangle, no 34; Vincens, *Lég. comm.*, t. 1er, no 353; Cotelle, t. 2, p. 215; Pegret-Lullier, nos 375 et suiv. — V., néanmoins, Duvergier, *Traité de la Société*, no 485. — *Contrà*, *Douai*, 17 sept. 1842 (t. 2 1843, p. 641), Arnoult c. Godard. — Troplong, nos 329 et suiv.

119. — En tout cas, si, dans une société civile, il existe des actions au porteur; ses divers membres peuvent être représentés collectivement et sans désignation individuelle par des administrateurs ou des fondés de pouvoir dans les actions intentées par la société ou contre elle. — *Douai*, 17 sept. 1842 (t. 2 1843, p. 641), Arnoult c. Godard.

120. — La société formée par actions pour exploiter des mines de houille étant une société anonyme, et par conséquent une société commerciale; les demandes formées contre une telle société pour fournitures, constructions ou réparations nécessaires à son exploitation sont de la compétence des tribunaux de commerce. — *Bruxelles*, 3 mars 1840, Beghin c. Société des produits.

121. — M. Troplong (no 329) soutient que la forme donnée à une société civile, notamment à la société formée pour l'exploitation d'une mine, la division du capital en actions par exemple, et la constitution en société anonyme, ne donne pas à cette société le caractère commercial; mais qu'elle le prendrait, si autour d'elle se groupaient des spéculations auxiliaires fortement empreintes du caractère commercial.

122. — La société serait aussi nécessairement commerciale, selon le même auteur, si les concessionnaires de la mine, en se réunissant en société, avaient expressément déclaré vouloir former une société commerciale et non une société civile. — *Ibid.*, no 331. — V., en outre, MINES, nos 125 et suiv.

123. — Il y a société commerciale dans le fait de la location en commun d'une carrière pour en vendre les produits. En conséquence, l'assignation pour être présents à l'enquête, ordonnée contre les associés, a été valablement donnée à l'un des associés: sans qu'il soit besoin d'en donner copie à chacun d'eux individuellement. — *Caen*, 26 janv. 1836, Roulleaux c. Jubert. — Troplong, no 337.

124. — La société formée pour l'exploitation d'une ardoisière devient commerciale lorsqu'elle prend une dénomination sociale, qu'elle divise son capital en actions transmissibles par voie d'endossement, qu'elle a un banquier, un directeur-gérant, un conseil de surveillance, un domicile, en un mot une organisation toute commerciale. — *Angers*, 5 févr. 1842 (t. 1er 1844, p. 789), Société ardoisière de la Porée c. Hubert et Joreau.

125. — Une société formée pour l'exploitation d'une alunière doit être considérée plutôt comme une société anonyme que comme une société ordinaire, si elle est divisée par actions. En conséquence, l'un des associés peut vendre ses actions à qui bon lui semble; sans que les autres associés puissent s'opposer à l'exécution de la vente, ni écarter le nouvel associé en lui remboursant le prix de la cession. Ce retrait, quand même la société serait civile, est impossible sous le Code. — *Liége*, 26 déc. 1818, Société de Huy c. Halloy.

126. — Se charger de la construction d'un édifice public est un acte de commerce, et ainsi on nous paraît avoir jugé avec raison que la société formée pour cette construction est commerciale. — *Riom*, 17 août 1822, Bouviet c. Maurin.

127. — Mais il a été jugé contrairement qu'une société formée pour la construction d'un marché ne peut être considérée comme une société commerciale. — *Paris*, 11 déc. 1830, Vaillant et Huzard c. de Branville. — Troplong, no 349; Delangle, no 30.

128. — Et que la société formée entre un tailleur de pierres et un charpentier pour l'entreprise de la construction d'une église mise en adjudication par une commune n'étant point une société commerciale, le charpentier ne peut assigner le tailleur de pierres devant le tribunal de commerce pour voir déclarer l'existence de la société. — *Pau*, 31 janv. 1834, Claverie c. Forgues. — Troplong, no 349; Pardessus, t. 1er, no 35.

129. — L'acquisition faite en commun par plusieurs individus d'un établissement industriel, par exemple d'une salle de spectacle, ne suffit point pour constituer ces individus en état de société dans le sens des lois commerciales, s'ils n'exploitent pas par eux-mêmes l'établissement et qu'ils l'aient loué. En conséquence, c'est aux tribunaux ordinaires qu'appartient la connaissance des contestations qui s'élèvent entre les parties sur l'exécution des conventions. — *Cass.*, 30 avr. 1822, actionnaires du théâtre Feydeau.

130. — Une société formée en vue de la concession d'un chemin de fer dont elle n'est pas restée adjudicataire, n'en est pas moins une société commerciale dont les contestations doivent être soumises à des arbitres-juges. Ces arbitres-juges sont compétens pour statuer non-seulement sur le fond; mais encore sur les fins de non-recevoir, tirées soit de ce que l'action aurait été intentée isolément par un actionnaire, soit de ce que le conseil d'administration ne serait point tenu de rendre compte de sa gestion à toute demande d'actionnaire, soit enfin d'un règlement de compte opposé. — *Paris*, 19 mai 1848 (t. 2 1848, p. 224), Pepin-Lehalleur c. Janse et Bordier. — V. CHEMIN DE FER, no 95.

131. — Les compagnies de chemin de fer constituent des sociétés de commerce et non des administrations publiques. En conséquence, ces compagnies doivent être assignées devant le tribunal du siége de la société et en la personne de l'associé chargé de répondre aux actions qui sont intentées à la compagnie. Les divers agens préposés pour la direction du service sur toutes les lignes n'ont point qualité pour procéder au nom de la société. — *Rouen*, 19 juin 1846 (t. 1er 1847, p. 337), chemin de fer de Paris à Rouen c. Deriberprey. — V. CHEMIN DE FER, nos 130 et suiv.

132. — Une société formée pour l'établissement

d'une *villa* sanitaire destinée à recevoir des malades qui doivent être traités par le magnétisme, a un caractère commercial qui soumet ses fondateurs à la juridiction commerciale. — *Paris*, avr. 1847 (t. 1er 1847, p. 490), Defos c. Ricard et Plain. — V. ACTE DE COMMERCE, nos 202 et 203.

Sect. 4e. — *Compétence en matière de société.*

133. — Aux termes de l'art. 59 (§ 6) du Code de procédure, seront assignées les sociétés de commerce, tant qu'elles existent, en leur maison sociale; et s'il n'y en a pas, en la personne ou au domicile de l'un des associés.

134. — Cette disposition, qui n'est guère que la reproduction du principe général *Actor sequitur forum rei*, lorsque c'est la société elle-même qui est défenderesse, se justifie par l'intérêt commun des parties lorsque la demande est formée par un associé contre un autre associé. — V. Boitard, proc. civ., t. 1er, sur l'art. 59, § 5.

135. — L'art. 59, au surplus, suppose que la société a un siége ou un établissement fixe. Il n'en est point ainsi de toute espèce de sociétés. Les sociétés en participation notamment n'ont point de siége déterminé, et par conséquent l'art. 59 leur est inapplicable. — *Riom*, 17 août 1822, Bouriel c. Maurin; *Cass.*, 28 mai 1827, Billet c. Astruc; *Paris*, 31 août 1836, Guibal c. Méchin.

136. — Cependant on a jugé que lorsqu'une association en participation, relative à des marchandises expédiées pour être vendues, est devenue parfaite par le consentement de l'associé chargé de vendre, le lieu du domicile de cet associé est celui de la formation de l'association; et que, par suite, le tribunal de ce lieu est exclusivement compétent pour connaître de l'existence de l'association, particulièrement dans le cas où la vente des marchandises sociales y a été opérée. — *Aix*, 14 janv. 1835, Lalanne c. Chauvin.

137. — L'art. 69, § 6 du Code de procédure ne doit point être étendu aux sociétés civiles. Les membres d'une société civile doivent être assignés individuellement, chacun à son domicile. — V. EXPLOIT (mat. civ.), n° 718.

138. — La Cour de cassation a décidé avant le Code de procédure que lorsqu'une société a deux maisons de commerce, les contestations entre associés doivent être portées au tribunal du lieu où existe le principal établissement. — *Cass.*, 18 pluv. an XII, Chaine c. Bozonnier. — La même décision devrait encore être adoptée aujourd'hui.

139. — Le principal établissement d'une société commerciale est au lieu de son siége primitif, quand bien même le chef de cette société aurait transporté sa résidence dans un autre lieu et y aurait établi un comptoir, si, d'une part, il n'a accompli aucune des formalités prescrites par la loi pour opérer la translation de son domicile et que, d'autre part, la plus grande partie de l'actif mobilier et immobilier de la société se trouve dans l'établissement primitif. — *Cass.*, 7 déc. 1841 (t. 1er 1843, p. 174), Lantelme c. Chapellier et Mordstadt.

140. — Jugé que toutes les contestations relatives à l'exécution d'un acte social doivent être portées devant le juge du siége principal de la société et que, spécialement, lorsque des Suisses se sont associés à des Français, et que le siége principal de la société a été fixé en France, les Suisses ne peuvent décliner la juridiction des tribunaux français pour les demandes dirigées contre eux par leurs coassociés, sous prétexte qu'étant défendeurs ils doivent, aux termes des traités politiques, être poursuivis devant les juges de leur domicile. — *Paris*, 2 juill. 1828, Mabille et Joanni c. Suchet et Morni. — Bioche et Goujet, *Dict. de proc.*, v° *Etranger*, n° 9.

141. — La société formée par deux individus dont l'un est domicilié dans une ville et l'autre dans une autre, qui, tous deux, doivent la gérer dans le lieu de leur domicile respectif, a son siége légal dans la ville où la liquidation de la société devra être faite, et où les objets sociaux sont fabriqués et vendus en grande partie; en conséquence, c'est au tribunal de ce lieu que doivent être faites, en cas de faillite de la société, les procédures y relatives. — *Cass.*, 19 avril 1820, Dieudonné et Devin c. Rolland.

142. — C'est devant le tribunal du lieu où est située la maison sociale ou le principal établissement que doit être assignée une compagnie qui exploite un chemin de fer, surtout lorsque les statuts de cette compagnie ont fixé le siége de la société à l'un des points du parcours : par exemple au point de départ. Elle ne peut donc être assignée devant le tribunal du lieu du point d'arrivée, quelle que soit d'ailleurs l'importance de l'établissement commercial qu'elle y aurait créé. — *Cass.*, 4 mars 1845 (t. 1er 1846, p. 516), Chemin de fer de Paris à Rouen c. Duchemin.

143. — L'article des statuts d'une compagnie de chemin de fer qui fixe le siége social dans un lieu déterminé, est modifié par l'article des mêmes statuts qui astreint la compagnie à désigner un membre pour recevoir dans un autre lieu, où il doit avoir son domicile, les notifications et significations qu'on peut lui adresser. — Une pareille désignation créant au domicile de l'agent un centre de direction et d'administration des intérêts de la compagnie dans ses rapports avec les tiers, cette compagnie peut être assignée devant le tribunal du lieu de ce domicile à raison des faits qui dérivent des rapports que les tiers auraient eus avec son représentant. — *Cass.*, 22 mai 1848 (t. 2 1848, p. 122), Compagnie du chemin de fer de Strasbourg à Bâle c. Pelug.

144. — Si une clause modificative de l'acte de société, portant que le siége social sera transporté dans un lieu autre que celui où il était établi dans l'origine, a été introduite par les actionnaires sans le concours des créanciers, cette clause ne constitue pas une élection de domicile qui puisse préjudicier aux droits de ces derniers. — *Cass.*, 29 nov. 1842 (t. 1er 1843, p. 175), Bogant et Jouvoir c. Jonquoy et Vieux.

145. — L'effet des déclarations d'une société relativement à son siége ne peut être détruit à l'égard des tiers que par une signification à eux faite de changement du siége social, ou par un acte régulièrement déposé au greffe du tribunal de commerce, avec indication d'une nouvelle maison sociale. — *Besançon*, 17 fév. 1842, sous *Cass.*, 14 août 1844 (t. 1er 1845, p. 251), Teste c. Michel.

146. — Bien qu'en matière de société le défendeur doive être assigné devant le juge du lieu où elle est établie, il est vrai de dire que, lorsqu'il s'agit de compagnies d'assurances ayant des succursales où elles sont représentées par des agens spéciaux, le siége de la société, à l'égard des tiers qui traitent avec les compagnies par l'intermédiaire de leurs agens, se trouve réellement au lieu où le traité a été passé et où doivent être payées les sommes, en telle sorte que le tribunal de ce lieu est compétent pour connaître des actions dirigées par ces assurés contre la société. — *Cass.*, 30 déc. 1846 (t. 1er 1847, p. 374), Compagnie d'assurance l'Agricole c. Peronne et Chedruc.

147. — Une société de commerce dont le siége principal est à l'étranger, ayant une succursale établie en France, patentée sous la même raison sociale et gérée par un mandataire investi du droit de faire usage de la signature sociale, doit, au cas de cessation de paiement de la succursale, être déclarée en faillite en France à la requête des créanciers français, comme ne constituant avec ladite succursale qu'un seul et même établissement..., sauf à ces créanciers à provoquer ainsi qu'ils aviseront, devant les tribunaux du pays de la maison principale, l'application à ladite maison des conséquences qui, aux termes de la législation étrangère, résulteraient à son égard de la faillite prononcée en France. — *Paris*, 23 déc. 1847 (t. 1er 1848, p. 181), Lafont et Grandmaison c. Lafont. — V. EXPLOIT (mat. civ.), nos 712 et suiv.

148. — L'action formée par un Français contre un étranger non résidant en France en restitution d'un immeuble sis en pays étranger, et qui avait dû former l'apport de ce Français dans une société commerciale, projetée entre lui et cet étranger, mais déclarée nulle, peut être portée devant les tribunaux français. — *Douai*, 3 avr. 1848 (t. 1er 1849, p. 46), Debaillet c. Divuy.

149. — La circonstance que le Français aurait déjà porté sa demande devant un tribunal étranger, ne le rend pas non recevable à agir en France : alors que, l'étranger ayant opposé à cette première action l'exception *judicatum solvi*, le Français se serait, avant que l'instance fût engagée au fond, désisté de sa demande. — Ce désistement n'étant qu'une déclaration du refus de fournir la caution demandée et de plaider à cette condition, n'a pas besoin d'être accepté pour être valable. L'acceptation n'est, en effet, nécessaire qu'autant qu'il y a instance engagée au fond, et, partant, un contrat judiciaire à résoudre. — En conséquence, le désistement doit produire effet, alors même que l'étranger aurait, depuis qu'il a été formé, renoncé à l'exception qui y avait donné lieu. — Même arrêt.

150. — Lorsque des associés sont convenus qu'en cas de contestations sur la rédaction définitive de leur acte de société, il serait procédé à une expertise sur la nomination du président d'un tribunal désigné; cette convention n'est pas applicable au cas de demande en nullité de la société, et cette demande doit être portée devant le tribunal du lieu de l'établissement de ladite société. — *Cass.*, 6 juill. 1820, Guérin c. Brignes.

151. — Lorsque, dans une délibération prise par les actionnaires d'une société anonyme, il a été établi qu'en cas de contestations entre les administrateurs et les actionnaires, ces contestations devront *être décidées par des arbitres choisis par les parties ou par le tribunal de commerce du lieu où elles s'élèvent;* on ne peut considérer comme un changement à cette disposition celle d'un acte supplémentaire postérieur, portant que *la société a son siége dans tel ou tel lieu déterminé.* Cette mention ne peut seule avoir l'effet d'intervertir l'ordre des juridictions établi par la première délibération. — *Cass.*, 19 févr. 1817, Ducros c. Administration des canaux d'Aigues-Mortes et de Radelle. — Bioche et Goujet, *Dict. de procéd.*, v° *Arbitrage*, n° 67.

152. — L'art. 59 parle des actions en matière de société *tant qu'elle existe.* Ces dernières expressions ne doivent point être prises à la lettre. Même après la dissolution le tribunal du siége de la société est compétent pour connaître des contestations entre associés, tant que la liquidation n'est pas complétement terminée. — *Paris*, 13 févr. 1808, Nadau et Coopmann c. Vochez; *Cass.*, 16 nov. 1815, Lavergne; *Aix*, 28 juill. 1826, Rebecqui c. Tourre; *Paris*, 27 févr. 1838 (t. 1er 1838, p. 397), Dehau c. de la Briffe; *Douai*, 17 juill. 1841 (t. 2 1841, p. 382), Zacharie c. Merlin; *Paris*, 10 févr. 1845 (t. 1er 1845, p. 297), Vaton et Doux c. Badin et Boudry.

153. — En d'autres termes, une société en liquidation n'en subsiste pas moins encore sous la gérance de ses liquidateurs. — *Paris*, 12 déc. 1810, Leluc c. Marmier; *Douai*, 17 juill. 1841 (t. 2 1841, p. 382), Zacharie c. Merlin. — V. EXPLOIT (mat. civ.), n° 716.

154. — En conséquence, c'est devant le tribunal du siége de la société, et non devant le tribunal du domicile du défendeur, que doit être portée, même après la faillite, l'action d'un créancier contre un commanditaire à raison de faits d'immixtion. — Le syndic doit figurer dans l'instance : soit comme défendeur, soit comme intervenant. — *Paris*, 10 févr. 1845 (t. 1er 1845, p. 297), Vaton et Doux c. Badin et Boudry.

155. — On a décidé encore qu'une société d'assurances, à primes, contre l'incendie, ne cesse pas, à l'égard des assurés, d'exister, malgré la faillite. En conséquence, un actionnaire de cette société peut être actionné par les syndics devant le tribunal du lieu où est le siége de la société. — *Paris*, 23 juin 1825, Muraine c. Dupin-Valène.

156. — C'est devant le tribunal du lieu où la société a été contractée et où les fonds nécessaires aux entreprises qui en étaient l'objet devaient être délivrés, que la liquidation doit en être poursuivie contre l'associé-gérant : bien qu'il prétende avoir perdu la qualité de Français par la naturalisation en pays étranger. — *Paris*, 13 févr. 1808, Nadau et Coopmann c. Vochez.

157. — En cas de cessation de paiemens de la part d'une société en commandite par actions : c'est au tribunal de commerce du lieu où l'acte constitutif de la société en a fixé le siége, où le gérant a toujours habité et tenu ses bureaux, où l'assemblée générale des actionnaires devait se réunir, et enfin où le conseil de surveillance devait exercer ses fonctions, qu'il appartient de déclarer la faillite ouverte et d'en suivre les opérations; et ce, bien que l'usine dont la société avait l'exploitation pour objet soit située dans un arrondissement différent. — Peu importe aussi que la société compte parmi ses actionnaires le gérant d'une autre société établie au même lieu que cette usine et déjà tombée en faillite, si celle-ci est distincte de la première par les actes qui la constituent, par les personnes qui y figurent, et par les objets auxquels elle s'applique; la seule circonstance que le gérant d'une société est membre commanditaire d'une seconde ne pouvant suffire pour établir entre les deux faillites une connexité de nature à entraîner la compétence du tribunal qui a d'abord été saisi. — *Cass.*, 30 déc. 1840 (t. 1er 1841, p. 426), Jeantin c. Desessarts.

158. — L'opposition formée par les actionnaires d'une société qui s'est fusionnée avec une autre en changeant son siége à l'exécution des délibé-

rations opérant cette fusion, doit être portée devant le tribunal du lieu où cette société avait son siége primitif et où les membres du conseil d'administration, actionnés comme ayant excédé leurs pouvoirs, ont leur domicile. Le tribunal du nouveau domicile social est incompétent pour en connaître. — *Lyon*, 29 avril 1847 (t. 1er 1848, p. 341), Fleury c. Société des mines de la Loire.

159. — Mais lorsqu'une société est dissoute et liquidée ; les actions relatives à cette société ne doivent plus être portées devant le tribunal du lieu où elle était établie, mais devant celui du domicile des parties.— *Rennes*, 20 janv. 1814, N....

160. — Lorsqu'un individu assigné comme associé devant le tribunal du lieu où siége l'établissement social demande son renvoi devant les juges de son domicile et fonde son déclinatoire sur un acte de dissolution de la société, le tribunal saisi peut néanmoins retenir la cause par le motif que le juge de l'action est nécessairement juge de l'exception.— *Cass.*, 10 déc. 1806, Cardon c. N.... — Le même arrêt se trouve rapporté, avec de légères différences, à la date du 10 déc. 1810. — Merlin, *Rép.*, vo *Société*, sect. 6, § 3, no 1er.

161. — Et si un individu assigné comme associé par les représentans de la société devant le tribunal du lieu de cette société, actionne aussitôt ces mêmes représentans devant le juge de son propre domicile, pour faire déclarer qu'il n'est pas associé, il y a lieu au renvoi de la cause devant le tribunal de la société saisi de l'action. — *Cass.*, 9 mai 1826, Salvador-Ayon c. Cochet.

162. — Même après la dissolution de la société et la liquidation le tribunal du siége de la société est compétent pour connaître des demandes en garantie formées par un associé troublé dans sa jouissance et des demandes en rescision de partage formées par un associé lésé de plus du quart. — Boitard, *Proc. civ.*, t. 1er, sur l'art. 59 (§ 5).

163. — Pendant la durée de la société, l'art. 59 (§ 5) n'est pas applicable aux demandes formées par la société contre un associé qui a traité avec elle comme étranger et indépendamment de sa qualité d'associé. — *Paris*, 11 sept. 1811, Poullain, c. N....

164. — A plus forte raison un membre d'une société de commerce peut être assigné par un tiers à son domicile et non à celui de la société, lorsqu'il est personnellement obligé au paiement d'une lettre de change tirée par le fondé de pouvoirs de cette société.—Même arrêt.

165. — Toute contestation des membres de la société civile, ou entre ceux-ci réunis d'une part et des tiers de l'autre, est une contestation civile de la compétence des tribunaux civils.

166. — Toute contestation entre associés de commerce est de la compétence des tribunaux de commerce, lors même que les associés ne seraient pas commerçans. Toutefois, cette proposition elle-même a besoin d'être combinée avec les dispositions spéciales du Code de commerce qui établissent l'arbitrage forcé.—V. au mot ARBITRAGE.

167. — Quant aux contestations élevées entre une société commerciale d'une part et des tiers de l'autre, il y a lieu pour déterminer la compétence de traiter la société comme un commerçant ordinaire et d'examiner si l'acte qui donne lieu à la contestation est commercial ou non.

168. — Ainsi, l'achat de l'immeuble dans lequel s'exploite une société commerciale ne constitue qu'un contrat civil même pour les parties commerçantes et les contestations auxquelles donne lieu cet achat sont de la compétence des tribunaux civils. — *Douai*, 26 janv. 1843 (t. 2 1843, p. 79), Dandois-Maillard c. Lebeau.

169. — Jugé encore que c'est au tribunal civil, et non au tribunal de commerce, à statuer sur les contestations qui s'élèvent pour raison de la société, même commerciale, lorsque ces contestations ne sont pas entre les associés eux-mêmes, mais entre des associés et des tiers non-négocians. — *Paris*, 19 mars 1811, Boissière c. Agent du Trésor public.

170. — Bien que dans certains cas la juridiction civile puisse attirer à elle la connaissance de contestations commerciales, ce principe ne reçoit pas d'application lorsqu'une acquisition est faite par plusieurs, qu'il s'agit de choses distinctes, n'ayant rien d'indivisible, et que la solidarité n'a pas été stipulée contre les acquéreurs. — *Douai*, 26 janv. 1843 (t. 2 1843, p. 79), Dandois-Maillard c. Lebeau.

171. — Lorsqu'un individu assigné en qualité d'associé devant le tribunal civil, comme tribunal du siége de la société, en décline la compétence, soit en ce que la société n'existe pas, soit en ce que, si elle existait, la contestation devrait être soumise à des arbitres, le tribunal doit retenir la cause, pour apprécier préalablement l'existence de la société, sauf à renvoyer ultérieurement devant la juridiction compétente. — *Cass.*, 6 nov. 1843 (t. 1er 1844, p. 254), Curial c. Compagnie d'assurances mutuelles l'Agricole,

172. — Les actionnaires d'une entreprise commerciale doivent alors même qu'ils ne s'immiscent pas dans la gestion de la société, être soumis à la juridiction commerciale à raison des difficultés soulevées entre eux relativement à la société. Et, spécialement, c'est à cette juridiction qu'il appartient de décider si le contrat doit être résolu pour cause d'inexécution de la part des actionnaires, et s'il y a lieu, conformément aux clauses des statuts, de faire procéder à la revente de leurs actions sur folle enchère. Mais les tribunaux civils deviennent compétens pour statuer sur les questions de droit commun qui pourraient naître à l'occasion de poursuites dirigées contre les actionnaires pour le paiement de la différence entre la valeur nominale de leurs actions et le prix que la société en aurait obtenu. — *Caen*, 18 nov. 1845 (t. 1er 1846, p. 468), Veron c. Jouis.

173. — La demande en mainlevée de scellés apposés sur les papiers et marchandises d'une société de commerce, quoiqu'elle soit incidente à une instance commerciale doit être renvoyée devant les juges ordinaires. — *Bruxelles*, 21 juill. 1812, Vaneezel c. Vandenbrock.

174. — Le tribunal de commerce qui a décidé qu'un bailleur de fonds ayant stipulé en sa faveur le droit de prendre part aux bénéfices n'est cependant pas associé, est incompétent, si ce bailleur de fonds n'est pas commerçant, pour ordonner des vérifications tendant à savoir s'il y a eu des bénéfices et par suite à en régler le compte. — *Liége*, 9 juill. 1821, Ymer c. Simonis.

175. — Un tribunal civil, saisi comme juge de commerce d'une contestation en compte et liquidation de société, ne peut connaître incidemment de la demande en partage d'un immeuble prétendu fonds de la société, non plus que des demandes reconventionnelles en nullité ou en résolution de la vente de portion de cet immeuble consentie par l'un des sociétaires à son associé. — *Riom*, 5 janv. 1809, Baboin c. Jamet.

176. — Lorsqu'un associé est poursuivi par son coassocié, par voie d'exécution forcée, en remboursement de sa part dans une dette acquittée intégralement par ce coassocié, s'il prétend ne rien devoir parce qu'il a cessé de faire partie de la société : c'est là une question de la compétence de la juridiction commerciale ; et le tribunal civil peut, sans violer aucune loi, s'abstenir de prononcer l'exécution qu'on lui demande, et renvoyer les parties devant qui de droit. — *Cass.*, 14 nov. 1838 (t. 1er 1839, p. 45), Noël c. Gabriel.

177. — La nullité d'une société de commerce à raison de la minorité de l'une des parties contractantes, ne forme pas une question préjudicielle qui soit de la compétence exclusive du tribunal civil.— *Paris*, 3 févr. 1832, Beaunier c. Bettin. — Jugé, au contraire, qu'un tribunal de commerce est incompétent pour statuer sur la demande en nullité pour défaut de publication d'une association commerciale formée entre époux par contrat de mariage, ladite demande faite par l'un des époux. — *Paris*, 21 févr. 1846 (t. 1er 1846, p. 266), Desfloche.

178. — L'acquisition faite par un non-négociant d'un intérêt dans des actions antérieurement prises par un tiers également non-négociant dans une société ayant pour but les assurances maritimes constitue un acte de commerce.—C'est, par suite, au tribunal de commerce qu'il appartient de connaître de l'action intentée par le cédant au cessionnaire en remboursement de la part d'intérêt qu'il aurait payée pour ce dernier. — *Bordeaux*, 4 févr. 1846 (t. 1er 1846, p. 572), Coureau c. Brisonneau.

179. — La demande formée par un commis contre une société de commerce qui l'emploie, en remboursement de son cautionnement et de ses avances, est de la compétence du tribunal de commerce, bien que le demandeur ne soit pas commerçant. — *Bordeaux*, 17 juill. 1846 (t. 2 1848, p. 313), Chambry c. Dardy.

180. — Mais il n'y a pas lieu d'appliquer à ce cas les dispositions de l'art. 420 du Code de proc. civ., qui sont exclusivement applicables au cas où les contestations s'élèvent à propos d'achats et de ventes de marchandises. — Même arrêt.

181. — La juridiction commerciale est compétente pour connaître de la question de savoir si une société à prime, bien que qualifiée de mutuelle, et qui se présente comme commerciale, a ou non une existence légale. — *Caen*, 12 mai 1846 (t. 2 1847, p 340), Compagnie l'Agricole c. Curial.

182. — Sans revenir sur les règles applicables à l'arbitrage et qui ont été tracées *suprà* au mot ARBITRAGE, nous nous bornerons à rappeler ici les principes les plus généraux et à classer les décisions en matière d'arbitrage forcé intervenues depuis la publication du premier volume de cet ouvrage.

183. — S'il est vrai que les contestations entre associés de commerce sont de la compétence des arbitres forcés, il est également certain que toutes les fois qu'il s'agit de savoir s'il y a ou non société c'est devant le tribunal de commerce que la contestation doit être portée. — *Cass.*, 31 déc. 1844 (t. 1er 1845, p. 44), Grenouillet c. Constantin de Greuil.

184. — Ainsi jugé qu'en matière d'arbitrage forcé les arbitres sont incompétens pour prononcer sur les faits de la préexistence desquels découle uniquement leur juridiction, et spécialement sur la légalité de l'existence de la société. — *Limoges*, 23 avr. 1847 (t. 1er 1848, p. 116), Grenouillet c. Constantin de Greuil.— V. ARBITRAGE, no 160.

185. — ... Que c'est au tribunal de commerce qu'il appartient de connaître de la question de savoir si une société commerciale est nulle pour défaut de publication dans les termes de l'art. 42 C. comm. — *Cass.*, 31 déc. 1844 (t. 1er 1845, p. 44), Grenouillet c. Constantin de Greuil. — V. ARBITRAGE, no 158.

186. — ...Que les contestations relatives à une promesse de livrer des actions dans une société future et encore en projet ne doivent point être portées devant la juridiction arbitrale. — *Cass.*, 26 juill. 1848 (t. 2 1848, p. 19), Deschamps c. Thorel.

187. — ...Que l'action en dommages-intérêts dirigée contre un associé qui refuse de proroger la société n'est pas une contestation sociale, et ne peut être jugée que par les tribunaux. — *Cass.*, 3 mars 1846 (t. 2 1846, p. 517), Tessier c. Giraud.

188. — Lorsque, à l'expiration du terme fixé pour une société commerciale, dont l'acte constitutif soumet à des arbitres amiables compositeurs toutes les contestations, les opérations continuent par suite d'un empêchement de l'autorité administrative à la division de l'actif, la demande dont l'objet est de régler la situation à venir des parties doit être soumise à la juridiction ordinaire et non à la juridiction arbitrale. — *Paris*, 4 août 1843 (t. 2 1843, p. 341), Moreau c. Dailly.

189. — Les contestations qui s'élèvent entre les associés, même après la dissolution d'une société commerciale, mais relativement, par exemple, à la durée des pouvoirs d'un liquidateur et à l'état de la liquidation, sont de la compétence des arbitres. — *Douai*, 17 juin 1847 (t. 1er 1848, p. 283), Boniface c. Bricout.

190. — La clause par laquelle les associés, en fondant leur société, conviennent que le tribunal arbitral que leur impose la loi sera pour eux un tribunal amiable compositeur, dont la sentence sera définitive, est une clause légale et licite. — L'art. 1006 C. proc. civ. n'est point applicable en pareille circonstance. — *Rouen*, 8 févr. 1845 (t. 2 1846, p. 481), Coulon c. Caisse d'assurance mutuelle des mariniers de la Seine. — V., sur la clause compromissoire, vo COMPROMIS, no 219, et les arrêts cités au no suivant.

191. — La clause contenue dans un acte de société commerciale et par laquelle les associés conviennent de soumettre leurs contestations futures à des arbitres désignés par eux et chargés de juger en dernier ressort et sans appel, n'est autre chose que la soumission volontaire des parties aux dispositions des art. 51 et 52 C. comm. Dès lors une pareille clause ne changeant pas la nature de l'arbitrage forcé, et ne le faisant pas dégénérer en arbitrage volontaire, est valable, bien qu'elle ne renferme la désignation ni du nom des arbitres ni de l'objet du litige.—*Rouen*, 19 août 1846 (t. 2 1846, p. 477), Saglio c. Machard ; 8 déc. 1846 (t. 2 1847, p. 369), Gaudin c. Machard ; *Rennes*, 27 déc. 1847 (t. 1er 1849, p. 404), Perès c. Jacob ; *Cass.*, 7 févr. 1848 (t. 1er 1848, p. 330), Durand-Vaugaron c. Bourdonnay ; *Angers*, 5 avr. 1848 (t. 2 1848, p. 205), Mazier c. Richard ; *Cass.*, 10 janv. 1849 (t. 1er 1849, p. 510), Gence c. Duboueix.

192. — Et cette clause est opposable, même à l'héritier mineur de l'associé. — *Cass.*, 7 févr. 1848 (t. 1er 1848, p. 330), Durand-Vaugaron c. Bourdonnay.

193. — Le droit d'être jugé par des arbitres forcés est attaché à la personne des associés, et ne peut être réclamé par le tiers auquel le gérant de la société aurait cédé une créance due à la masse sociale. — *Rouen*, 27 juin 1828, Johannot c. Martin.— V., au surplus, au mot ARBITRAGE.

194. — Les arbitres excèdent leurs pouvoirs lorsqu'à défaut d'exécution des engagemens restipulés des associés, ils substituent aux conventions sociales une sorte de transaction judiciaire. — *Rennes*, 12 août 1845 (t. 2 1845, p. 510), Vossier c. Repussard et Puybaraud. — V. ARBITRAGE, n° 176 et suiv.

195. — L'action dirigée par le liquidateur d'une société commerciale contre les actionnaires à l'effet d'obtenir le paiement des sommes dont ils sont débiteurs est une action personnelle, divisible à l'égard de chacun d'eux, et donne, par conséquent, à chacun le droit de nommer un arbitre. — *Paris*, 17 janv. 1846 (t. 1er 1846, p. 265), Brun c. Dubrul. — V. ARBITRAGE, n° 159.

196. — Lorsque les arbitres, divisés dans leur avis, se sont uniquement bornés à fixer le terme d'une société, le tiers arbitre n'a le pouvoir de les départager qu'à cet égard. Il ne peut procéder à l'établissement du compte de la société et condamner un des associés au paiement du reliquat, lorsque rien ne constate que les premiers arbitres aient pris part à une telle opération ni que les parties aient débattu devant eux leurs prétentions sous ce rapport. — *Douai*, 13 juill. 1847 (t. 2 1848 , art. 446). Dupasseur c. Desrham et Moore. — V. ARBITRAGE, n° 119.

V., au surplus, ABSENCE, ACTE SOUS SEING PRIVÉ, ASSURANCES SUR LA VIE, ASSURANCES TERRESTRES, AYANT CAUSE, COMMENCEMENT DE PREUVE PAR ÉCRIT, COMPAGNIE, COMPAGNON, PRÉSOMPTION, PREUVE TESTIMONIALE, SERMENT JUDICIAIRE ET EXTRAJUDICIAIRE, VOL.

CHAPITRE II. — *Des sociétés civiles.*

Sect. 1re. — *Forme et preuve du contrat de société.*

198. — Le contrat de société se forme par le seul consentement des parties, et la loi l'assujettit pour la preuve aux règles ordinaires des conventions. — C. civ., art. 1341 et suiv., 1834. — V. PREUVE.

199. — C'est-à-dire la preuve testimoniale sera admise au-dessous de 150 fr., et qu'au-dessus de cette somme la loi impose aux parties l'obligation de rédiger un écrit. — V. PREUVE TESTIMONIALE.

200. — Il existait autrefois des sociétés tacites résultant de la vie commune et qui étaient réglées diversement par les coutumes. Le Code civil n'a pas conservé leur existence. — Troplong, n° 194 et suiv. — V. *infra* n° 245 et suiv.

201. — On ne peut ordonner une enquête pour commune renommée à l'effet de constater les forces d'une communauté ou société taisible qui a existé entre des frères; ici s'applique l'art. 1402, relatif à la société conjugale. — *Bourges*, 27 juill. 1825, Robin.

202. — L'acte de société doit être rédigé en autant de doubles qu'il y a de parties ayant un intérêt distinct. (C. civ., art. 1325). Dans aucun cas la preuve testimoniale ne doit être admise contre et outre le contenu en l'acte de société; encore qu'il s'agisse d'une somme ou valeur moindre de 150 fr. — C. civ., art. 1834.

203. — Quoiqu'il est reconnu qu'une société n'est point commerciale, les juges peuvent, par analogie des art. 49 et 50 C. comm., admettre à prouver par titres et par témoins l'époque à laquelle cette convention a commencé. — *Nancy*, 9 janv. 1828, Delhaye c. Menu et Tournier.

204. — Quoique le législateur ait, par une disposition expresse, imposé aux associés l'obligation de rédiger leurs conventions par écrit lorsque l'objet de la société est d'une valeur de plus de 150 fr., cependant l'écrit n'est point exigé

comme condition de la validité du contrat; et si les parties conviennent de l'existence de la convention, elle devra être exécutée non-seulement pour le passé mais encore pour l'avenir. — Pothier, *De la société*, n° 84; Duranton, t. 17, n° 336; Duvergier, t. 20, n°s 65 et suiv.; Troplong, n° 200.

205. — Par la même raison, les sociétés et les prorogations de sociétés non commerciales dont l'objet est d'une valeur de plus de 150 fr., peuvent être prouvées par témoins, lorsqu'il y a un commencement de preuve par écrit. — *Cass.*, 12 déc. 1825, Perlin c. Buissas. — Duranton, t. 17, n° 344; Troplong, n° 200.

206. — Jugé encore qu'une société universelle de tous biens peut être établie en l'absence d'un acte constitutif de la société, par des présomptions graves, précises et concordantes, ou par témoins, pourvu qu'il existe un commencement de preuve par écrit. — *Nancy*, 17 janv. 1829, Koch c. Perrin.

207. — ... Que l'extrait des registres du bureau de l'enregistrement, constatant la relation d'un acte de société, ne fait pas preuve complète de l'existence de cette société; mais il forme un commencement de preuve par écrit, d'après lequel on peut être admis à la preuve testimoniale. — *Besançon*, 7 janvier 1808, Grandjaques c. Jaquent.

208. — Lorsqu'un tiers ne pourrait être admis dans une société sans le consentement des membres qui la composent, parce qu'elle n'est point commerciale; il ne peut la contraindre à produire ses registres, et être reçu à faire entendre des témoins pour prouver que cette société n'a reconnu comme cessionnaire des actions de quelques sociétaires.— *Cass.*, 7 févr. 1826, Bardet c. Cade.

209. — La partie qui soutient que la société existe peut déférer le serment à son adversaire. — Pothier, *Société*, n° 81; Duranton, t. 17, n° 336; Duvergier, t. 20, n° 67. — Ces principes, au surplus, sont exclusivement applicables aux sociétés civiles. — Troplong, n° 200.

210. — Même dans les sociétés civiles, les parties pourraient avoir voulu assujettir l'existence de la société à la rédaction d'un écrit et n'être liées que par la signature qu'elles y auraient apposée. Leur volonté, dans ce cas, devrait être suivie. — Duranton, t. 17, n° 339.

211. — La preuve testimoniale est admissible sans commencement de preuve par écrit, lorsque celle-ci est d'une valeur au-dessous de moins de 150 fr. Que faut-il entendre par objet de la société?

212. — Les auteurs sont partagés sur ce point; quelques-uns soutiennent que l'objet de la société se compose de l'ensemble des mises, d'autres prétendent, au contraire, qu'on ne doit avoir égard qu'à la mise du demandeur. Nous n'hésitons pas à adopter la première interprétation. Lorsque la loi a exigé un acte écrit, elle ne s'est point attachée seulement à l'intérêt de chacun des contractans, pris isolément, mais à l'importance de l'opération elle-même. Or, lorsque deux cents personnes s'associent et fournissent une mise de 100 fr., on ne saurait soutenir sérieusement que les parties doivent ne soit pas assez importante pour que les parties doivent la constater par écrit. — Troplong, n° 202; Duvergier, t. 20, n° 72. — *Contra*, Duranton, t. 13, n° 306, et t. 17, n° 343.

213. — Mais le fonds social primitif a pu s'augmenter, et pour savoir si l'objet de la société excède 150 fr. *faudra-t-il considérer le fonds social* au moment de la formation de la société ou au moment de la demande? Nous dirons encore qu'il faudra s'attacher à la valeur du fonds social lors de la formation de la société, parce que, dès qu'à ce moment la loi n'imposait pas aux parties l'obligation d'un acte écrit, il serait injuste de les priver de leurs droits sur le seul motif que les opérations de la société ont été heureuses. — Duvergier, t. 20, n° 72; Troplong, n° 202. — *Contra*, Duranton, t. 17, n° 343.

214. — Lors donc que deux individus conviennent avoir fait en société une mise à la loterie, que cette mise a été moindre de 150 fr., mais que les gains se sont élevés à une somme considérable, la preuve testimoniale sur les conditions de cette société est admissible. — *Turin*, 24 mars 1807, Marocco c. Franco. — Troplong, n° 202.

215. — À l'inverse et si lors de la formation de la société le fonds social excédait 150 fr., la preuve testimoniale ne serait point admise quoiqu'au moment de la demande il fût inférieur à cette somme. — Toullier, t. 9, n° 42; Duvergier, t. 20, n° 73.

216. — Lorsque l'acte écrit a été perdu ou lorsqu'il a été impossible aux parties d'en rédiger un, la preuve testimoniale est admissible, même

au-dessus de 150 fr. sans commencement de preuve par écrit. — C. civ., art. 1347 et 1348. — Duranton, t. 17, n°s 344 et 345; Duvergier, t. 20, n° 69. — V. au surplus COMMENCEMENT DE PREUVE PAR ÉCRIT, n°s 79, 88, 151 et 200.

217. — Ces dispositions sur la nécessité d'un écrit sont relatives aux associés entre eux; elles ne font pas obstacle à ce que, même en matière civile, les tiers prouvent, à l'aide de tous les titres qui seraient en leur pouvoir, l'existence d'une société, même non rédigée par écrit. — Duvergier, t. 20, n° 77; Troplong, n° 240 et suiv.

218. — Toutefois, les tiers ne peuvent être admis à faire cette preuve qu'autant qu'il existe déjà des présomptions graves ou des actes émanés des associés eux-mêmes et, de plus, qu'autant que les tiers dont il s'agit n'ont point traité sur la foi de l'existence de la société. — Duvergier, t. 17, n°s 78 et 79.

219. — Même entre associés les tribunaux peuvent admettre l'existence d'une société dont l'objet serait d'une valeur de plus de 150 fr. quoiqu'il n'eût pas été fait d'acte écrit, s'il s'agissait moins de faire valoir un contrat de société que de régler les effets d'une indivision patente, incontestable, et qui doit être terminée. — Duvergier, t. 20, n° 416.

220. — La Cour de Paris paraît avoir jugé en ce sens que l'existence d'une société est suffisamment établie entre associés par cela seul qu'ils se sont qualifiés tels dans un acte sous seing privé, passé avec un tiers, sur un intérêt social. — *Paris*, 10 avr. 1814, Torlone c. Caffasso. — Duranton, t. 17, n° 342.— Duvergier, t. 20, n° 82.

221. — Un contrat de société passé en France mais exécuté en pays étranger, doit être régi par la loi française. — *Cass.*, 13 fruct. an IX, Crahai c. Paulée.

222. — La prorogation d'une société dont le terme est expiré ne peut être prononcée que par les moyens à l'aide desquels une société peut être établie. — Duvergier, t. 20, n° 416.

223. — Lorsqu'un associé demande la nullité de la société par le motif qu'il a cru s'engager dans une société commerciale en qualité de commanditaire seulement, mais non contracter une société civile, et être tenu, dès lors, au delà de sa mise de fonds, l'arrêt qui décide, en fait, que cette erreur, si elle a existé, a été partagée par tous les associés, et n'a porté ni sur le consentement des parties, ni sur l'objet de la convention, peut déclarer cet associé obligé par le seul effet de son consentement et de l'exécution qu'il a donnée au pacte social, sans qu'il puisse réagir sur les faits accomplis, au préjudice des tiers ni à l'égard de ses coassociés.—*Cass.*, 9 juin 1841 (t. 1er 1842, p. 16), Chavanne c. Bréard et Quentin.

224. — Ne donne point ouverture à cassation un arrêt qui décide que l'un des associés n'a touché l'actif de la société, que cette société a été productive, et que le demandeur devait prélever ses avances sur les produits de l'entreprise. Il y a également appréciation d'actes et de faits laquelle un individu est considéré comme ayant participé à un second acte de société, bien qu'il n'y ait pas comparu en personne, et que le premier où il figurait ait été anéanti. — *Cass.*, 3 janv. 1837 (t. 1er 1840, p. 242), Parmentier et Silelvater c.Grillet.

225. — La clause d'un acte de société par laquelle des associés s'engagent à opérer, à leurs frais et moyennant une indemnité déterminée, des constructions pour le compte de la société, constitue une convention distincte, et indépendante de l'acte social, et est passible du droit proportionnel de marché. — *Cass.*, 17 mai 1848 (t. 1er 1849, p. 286), Société d'éclairage au gaz de Trieste c. Enregistrement. — V. ENREGISTREMENT, n°s 223 et suiv.

Sect. 2e. — *Des différentes espèces de sociétés.*

226. — Les sociétés sont *universelles* ou *particulières*. — C. civ., art. 1835.

ART. 1er. — *Des sociétés universelles.*

§ 1er. — *Règles générales.*

227. — La loi distingue deux espèces de sociétés universelles : la société de tous biens présens et

la société universelle de gains. — C. civ., art. 1836.

228. — La simple convention de société universelle, faite sans autre explication, n'emporte que la société universelle de gains, qui est la moins étendue des deux sociétés. — C. civ., art. 1839. — Troplong, n° 299.

229. — Les sociétés universelles peuvent être fournies entre toutes personnes, à moins qu'il n'existe quelque incapacité ou prohibition résultant des principes ou de la loi.

230. — L'art. 1840 C. civ. porte qu'aucune société universelle ne peut avoir lieu qu'entre personnes respectivement capables de se donner et de recevoir l'une de l'autre, et auxquelles il n'est point défendu de s'avantager au préjudice d'autres personnes.

231. — Un mort civilement, qui ne peut faire aucune libéralité, ne peut former une société universelle. — C. civ., art. 25. — Duranton, t. 17, n° 376.

232. — Une société universelle ne peut être formée non plus entre un père et son enfant incestueux ou adultérin, entre un mineur et son tuteur avant la reddition du compte de tutelle, entre un malade et son médecin. — Duvergier, t. 20, n° 118; Duranton, t. 17, nos 378 et suiv. — Troplong, nos 310 et suiv.

233. — La société ne peut, de plus, avoir lieu qu'entre personnes auxquelles il n'est point défendu de s'avantager au préjudice d'autres personnes (C. civ., art. 1840). Il résulte clairement de ce texte que la société universelle est interdite à toute personne qui a des héritiers à réserve, et qu'elle est également interdite entre un père et son enfant naturel. — Duvergier, t. 20, n° 119; Delvincourt, t. 3, p. 223, notes. — *Contrà*, Duranton, n° 381; Troplong, n° 307; Persil, p. 22; Zachariæ, t. 3, p. 61.

234. — Les personnes qui, à raison des liens qui les unissent aux incapables, sont réputées personnes interposées, ne peuvent non plus contracter valablement une société universelle. — Duvergier, t. 20, n° 120.

235. — Ainsi il ne peut exister une société licite universelle entre un homme et une femme vivant ensemble dans un commerce illicite, lorsque de leur union sont nés des enfans naturels; lorsque surtout la femme a pris, avec mauvaise foi, dans divers actes publics, la qualité d'épouse et de veuve légitime. Après la mort de son associé, la femme qui réclame une portion de mobilier peut être appelée, suivant les rigueurs du droit, à justifier ce qu'elle a pu apporter dans l'habitation commune. Cependant les juges peuvent, d'après les circonstances de la cause, lui adjuger une quote-part du mobilier de l'individu décédé. — *Rennes*, 19 déc. 1833, Danguy c. Robert.

236. — Ceux qui décident, au contraire, que la société universelle est permise entre les personnes indiquées plus haut, admettent cependant que la société devra être réduite si elle contient une donation déguisée. — Duranton, *ibid.*

237. — Lorsque l'incapacité de donner est absolue, la nullité de la société peut être invoquée par toutes les parties; lorsqu'au contraire elle est relative, elle ne peut être proposée que par l'incapable au profit duquel elle a été établie ou par ses héritiers. — Duvergier, t. 20, n° 122.

238. — Lorsque la société est annulée, on doit suivre, pour partager les bénéfices, les règles ordinaires de l'équité; et non les stipulations du contrat, qui est nul. — Duvergier, t. 20, n° 123.

239. — Si une chose apportée par un associé a péri, la perte retombera sur lui seul (Duranton, t. 17, n° 383); et nous n'admettrions pas, avec M. Duvergier, que les tribunaux eussent le droit de répartir le sinistre. La société étant annulée, chaque associé rentre dans la propriété de ce qui lui appartenait; et c'est le cas d'appliquer la maxime *Res perit domino*. — Duvergier, t. 20, n° 124.

§ 2. — *Société de tous biens présens.*

240. — La société de tous biens présens est celle par laquelle les parties mettent en commun tous les biens meubles et immeubles qu'elles possèdent actuellement et les profits qu'elles pourront en tirer. — C. civ., 1837.

241. — Tous autres biens à venir peuvent y être compris à l'exception de ceux qui adviendront par succession, donation ou legs. — Ces biens n'entrent dans la société que pour la jouissance, et les stipulations de les y faire entrer pour la propriété ne sont permises qu'entre époux. — C. civ., 1837.

242. — Dans l'ancien droit il en était autrement et les biens advenus aux parties par succession, donation ou legs pendant le cours de la société y entraient à moins de stipulation contraire. Le Code civil a défendu ces clauses, parce qu'elles cachaient souvent des donations déguisées. — Duranton, t. 17, n° 348.

243. — La société universelle formée entre époux séparés de biens serait-elle valable? Ne serait-elle pas nulle au contraire comme ayant pour objet de modifier les conventions matrimoniales (C. civ., 1395)? — Cette dernière opinion est soutenue par M. Duvergier (t. 20, n° 102). — *Contrà*, Duranton, t. 17, n° 347, note. — V., sur le principe que les conventions matrimoniales ne peuvent être modifiées, v° CONTRAT DE MARIAGE, nos 90 et suiv.

244. — La clause qui tendrait à faire entrer dans la société de tous biens présens la propriété des biens qui adviendront aux associés par succession, donation ou legs rend la société nulle pour le tout. — Duvergier, t. 20, n° 103; Troplong, n° 276. — *Contrà*, Duranton, t. 17, n° 350.

245. — Nous ne reconnaissons plus les sociétés taisibles admises par quelques coutumes et qui résultaient de la codemeurance. Elles sont proscrites par la disposition de l'art. 1834 du Code civil. — Duranton, t. 17, n° 349. — V. *suprà* n° 200.

246. — La société tacite qu'établissait la codemeurance sous l'empire de quelques coutumes, a pu être regardée comme non existante par la déclaration publique des codemeurans de n'en avoir point formé et de ne point vouloir en former. — *Cass.*, 27 janv. 1807, Pailhon c. Ville-Fumade.

247. — Il est certain que les parties peuvent faire entrer dans la société de tous biens présens les fruits des biens à venir. Mais faut-il une stipulation expresse? Ou ces fruits sont-ils compris dans la société de plein droit? — Cette dernière opinion est la plus conforme à l'intention probable des parties, et elle paraît s'appuyer sur le texte de l'art. 1838. — Duranton, t. 17, n° 351. — *Contrà*, Duvergier, t. 20, n° 93; Troplong, n° 269.

248. — La société, même lorsqu'elle comprend tous les gains, ne comprend pas les choses acquises par des moyens illicites (L. 52, § 17, ff., *Pro socio*). — Mais la société qui les y a fait entrer ne peut les retirer en alléguant la cause illicite de son acquisition. — Duranton, t. 17, n° 352.

249. — L'immeuble acquis avant la société sous une condition suspensive qui s'accomplit pendant la société doit être compris dans l'actif social. — Duvergier, t. 20, n° 94; Duranton, t. 17, n° 353.

250. — A la dissolution de la société tous les biens sont réputés communs, à moins qu'un associé ne prouve qu'ils lui sont échus par donation, succession ou legs pendant le cours de la société. — Duvergier, t. 20, 95; Duranton, t. 17, n° 354.

251. — La société comprenant tous les biens présens, il est naturel qu'elle supporte aussi toutes les dettes des associés au moment de sa formation. Cela était vrai d'ailleurs autrefois de la société *universorum bonorum*, reproduite quoique modifiée en ce qui concerne les biens à venir par la société de tous biens présens. — Duvergier, t. 20, n° 96; Duranton, t. 17, n° 356; Troplong, n° 277.

252. — Quant aux dettes postérieures au contrat et relatives aux biens des associés, elles entrent ou n'entrent pas dans la société selon que les biens auxquels elles sont relatives y entrent ou n'y entrent pas eux-mêmes.

253. — Ainsi, selon la décision qu'on adoptera sur le point de savoir si les revenus de biens à venir entrent ou n'entrent pas de plein droit dans la société de tous biens présens, on dira également que la société doit ou ne doit pas supporter les intérêts ou arrérages des dettes relatives aux biens à venir. — Delvincourt, t. 3, notes, p. 202; Duranton, t. 17, n° 356; Duvergier, t. 20, n° 97; Troplong, n° 280. — V. *suprà*, n° 247.

254. — Quant aux dettes contractées pendant la durée de la société, elles ne pourront à l'égard des associés entre eux être mises à la charge de la société, qu'autant qu'il sera justifié qu'elles lui ont profité. — Duvergier, t. 20, n° 98.

255. — Mais à l'égard des tiers il faudra seulement examiner si l'associé qui a contracté cette dette avait capacité pour engager la société. — Duvergier, *ibid.*

256. — La société de tous biens présens doit supporter les frais de nourriture et d'entretien des associés et de leurs enfans. Mais on ne décidera plus comme autrefois (Pothier, *Contr. de société*, n° 38), que les dots fournies par un associé à l'un de ses enfans seraient supportées par la société. — Duranton, t. 17, n° 357; Duvergier, t. 20, nos 99 et 100; Troplong, n° 281. — Ces deux

derniers auteurs vont même jusqu'à soutenir, mais à tort selon nous, que les dépenses de ménage et d'entretien des associés ne sont pas à moins de stipulation expresse à la charge de la société.

257. — Selon M. Duvergier, les associés devront se tenir compte à la dissolution de la société de la différence entre les prélèvemens qu'ils ont faits chacun de son côté pour la nourriture et l'entretien de leurs familles respectives. — Duvergier, *ibid.*

§ 3. — *Société universelle de gains.*

258. — La société universelle de gains comprend tout ce que les parties acquerront par leur industrie à quelque titre que ce soit, les meubles qu'ils possèdent au temps du contrat, et les revenus de leurs immeubles. — C. civ., art. 1838. — Cette société était appelée par les Romains, *universorum quæ ex questu veniunt.*

259. — Les revenus des biens à venir entrent aussi bien que les revenus des biens présens dans la société universelle de gains. — Duvergier, t. 20, n° 106; Duranton, t. 17, n° 363; Troplong, n° 288.

260. — Les immeubles acquis pendant la société mais en vertu d'un titre antérieur, ne doivent pas faire partie de l'actif social. — Duvergier, t. 20, n° 108.

261. — MM. Duvergier et Duranton conviennent qu'un associé ne peut priver la société de la jouissance des biens qu'il possédait au moment du contrat. — Duvergier, t. 20, n° 110; Duranton, t. 17, n° 367.

262. — Mais M. Duranton (n° 367) soutient qu'un associé peut aliéner même quant à la jouissance les biens acquis depuis la société et dont les revenus seulement entrent dans la société. — *Contrà*, Duvergier, t. 20, n° 110.

263. — M. Troplong s'écartant de l'opinion de l'un et de l'autre de ces auteurs, veut que l'associé puisse aliéner aussi bien les immeubles qu'il possédait avant la formation de la société que ceux qu'il a acquis depuis. Seulement, selon cet auteur, la disposition des biens d'un associé quels qu'ils soient ne sera permise qu'autant qu'elle ne serait pas de nature à enlever à la société ses espérances légitimes. Il faut même ajouter que la disposition sera toujours valable à l'égard des tiers qui auront traité de bonne foi avec l'associé et pourra seulement autoriser une action en recours contre celui-ci. — Troplong, n° 289.

264. — La société n'aura pas même le droit de se plaindre de ce qu'un associé aura employé ses immeubles pour doter ses enfans. — Troplong, *ibid.*

265. — Les immeubles acquis par un associé avec ses économies doivent devenir la propriété de la société. Cependant, si l'associé les a acquis en son nom, il faudrait décider, selon M. Troplong, que la revente qu'il en ferait seul serait valable, sauf l'action de la société contre lui pour le contraindre à lui communiquer l'émolument qu'il retire de cette vente. Cette opinion se fonde sur la loi 74, ff., *Pro socio.* — Troplong, n° 292.

266. — Rien de plus juste, en effet, sous l'empire du droit romain; mais M. Troplong n'oublie-t-il pas ici le principe posé par l'art. 1138 C. civ. que les obligations sous notre droit sont translatives de propriété? L'associé était tenu de communiquer à la société l'immeuble qu'il avait acquis avec ses économies; celle-ci est donc devenue immédiatement propriétaire, et ceux qui auraient acheté de l'associé sont dans la même position que tous acheteurs d'un immeuble déjà précédemment vendu à un tiers.

267. — Si le contrat de société ne s'explique pas sur les dettes, la société n'est tenue que de celles relatives aux choses dont elle se compose; c'est-à-dire des dettes relatives aux meubles existant au moment du contrat, des dettes contractées pour les affaires de la société, et de celles qui sont une charge des fruits produits par les immeubles dont la société a la jouissance. — Duvergier, t. 20, n° 111; Troplong, nos 295 et suiv.

268. — Qu'entendra-t-on par dettes relatives aux meubles? Il faudra comprendre toutes les dettes mobilières existant au moment du contrat, tel était l'avis de Pothier; et cet avis a été consacré par l'art. 1409 en ce qui concerne les sociétés entre époux que la loi appelle communautés, et il est adopté par tous les auteurs. — Duvergier, t. 20, n° 111; Duranton, t. 17, n° 372.

269. — Quant aux dépenses personnelles des associés et de leur famille, il faut appliquer ce

qui a été dit à cet égard de la société de tous biens présens; en d'autres termes, la société supportera les dépenses d'entretien et de nourriture des associés et de leur famille, quelle qu'en soit l'importance, si l'acte de société ne trace aucune limite à cet égard.—Duranton, t. 17, n° 375; Troplong, n° 297.—*Contrà*, Duvergier, t. 20, n° 112.

270.—Lorsqu'en formant une société universelle de gains les parties se réservent la propriété du capital de leur fortune mobilière et ne s'interdisent pas la faculté de contracter des engagemens individuels, l'un des associés, en s'engageant sous sa signature isolée, n'oblige pas les autres associés. — *Cass.*, 12 juill. 1825, Imbert.

ART. 2. — *Des sociétés particulières.*

271.—On appelle société particulière toute société qui ne comprend pas tous les biens présens des associés, ou au moins tous les gains qu'ils peuvent faire à quelque titre que ce soit. — Duvergier, t. 20, n° 130; Troplong, n° 314.

272.—Ainsi la société qui ne s'applique qu'à certaines choses déterminées, ou à leur usage, ou aux fruits à en percevoir, est une société particulière.—C. civ., art. 1841.

273.—Il en est de même du contrat par lequel plusieurs personnes s'associent soit pour une entreprise désignée, soit pour l'exercice de quelque métier ou profession.—C. civ., art. 1847.

274.—Si les associés avaient mis en commun tous leurs biens en prenant soin de les désigner mais sans dire qu'ils forment une société universelle, la société serait-elle encore une société particulière? Il faudrait sans doute consulter les circonstances, mais on devrait être porté à y voir une société universelle et à y faire entrer les dettes des associés.—Duvergier, t. 20, n° 133.

275.—Une société dans laquelle on aurait omis d'exprimer ce qui en sera l'objet, serait nulle. — Duvergier, t. 20, n° 133. — *Contrà*, Domat, *De la société*, sect. 3, § 2.

Sect. 3e. — *Des engagemens des associés entre eux.*

ART. 1er.—*De l'époque à laquelle commence la société, et de sa durée.*

276.—La société commence au jour fixé par la convention, à défaut de fixation au jour du contrat.—C. civ., art. 1843.

277.—Quoique les parties aient dit que la société ne commencera que dans six mois, elles sont néanmoins obligées dès à présent; mais seulement jusqu'au moment où la société commencera, elles conservent la libre disposition des choses qu'elles se proposent d'y mettre. — Troplong, n° 521.

278.—La durée de la société dépend, comme son commencement, de la volonté des parties.—Duvergier, t. 20, n° 139.

279.—A défaut de convention, la société est censée formée pour toute la vie des associés sauf le pouvoir de chaque associé de dissoudre la société par sa seule volonté (C. civ., art. 1869); ou s'il s'agit d'une affaire dont la durée soit limitée, pour tout le temps que doit durer cette affaire.—C. civ., art. 1844.

280.—On devrait traiter comme une société formée pour la vie une société formée pour un temps très-long, et permettre à l'un des associés d'y renoncer. Décider le contraire serait autoriser indirectement la violation de la loi et valider des engagemens perpétuels. Nous ne saurions, sous ce rapport, adopter l'opinion de M. Duvergier (t. 20, n° 415), qui semble croire que les rapports d'égalité qui subsistent entre associés rendent complétement inapplicables à la société les dispositions de l'art. 1780 du C. civ. L'art. 1780 n'est lui-même que l'application d'un principe général de notre droit consacré pour les sociétés par l'art. 1869.

281.—Mais faut-il dire en vertu de l'art. 815 qu'aucune société universelle ne pourra être obligatoire contre le gré de tous les associés pour plus de cinq ans? C'est confondre la communauté et la société. Les tribunaux, dans ce cas, devront se livrer à une appréciation de fait; ils auront à examiner si l'association a pour objet de permettre une jouissance commune ou si elle a au contraire pour objet d'obtenir, par la réunion des mises, des bénéfices qu'un associé n'obtiendrait pas seul, et dans ce dernier cas ils devront refuser l'application de l'art. 815 et maintenir la société même après l'expiration des cinq années à partir du contrat.—Duvergier, t. 20, n° 415.—*Contrà*, Duranton, t. 17, n° 392.

282. — M. Duranton (*ibid.*) est lui-même d'accord que la règle qui veut qu'on ne soit pas tenu de rester plus de cinq ans dans l'indivision, n'est pas applicable aux sociétés de commerce ni à celles formées pour une entreprise déterminée qui exigerait plus de cinq ans pour son achèvement.

283.—Cet auteur approuverait donc probablement la décision de la Cour de cassation, d'après laquelle on ne peut assimiler aux actes soumis à la disposition de l'art. 815 C. civ., la convention que fait une société en participation de conserver un immeuble indivis, dans l'intérêt de l'exploitation sociale.—*Cass.*, 5 juill. 1825, Duréal c. Fortin.

284.— La même Cour a encore jugé avec raison que les membres d'une société à laquelle une concession de mines a été faite par le gouvernement peuvent renoncer à la faculté de demander la dissolution de la société et la licitation des mines concédées et qu'une pareille renonciation ne doit pas être réputée non écrite comme contraire aux art. 1872 et 815 C. civ., d'après lesquels les associés ne peuvent être contraints de demeurer dans l'indivision. — *Cass.*, 7 juin 1830, Malmazet et de Neubourg c. Paillon.

285. — En prononçant la dissolution d'une société, les juges peuvent, lorsque l'un des associés a conclu à la liquidation et au partage, ordonner seulement des mesures conservatoires des divers intérêts, nonobstant l'art. 815 et l'art. 1872 C. civ., si la nature de la société s'oppose à un partage immédiat. — *Cass.*, 6 juill. 1829, Bordais c. Trochu et Faivre.

ART. 2. — *De l'apport des associés.*

286. — Chaque associé est débiteur envers la société de ce qu'il a promis d'y apporter. Si l'apport consiste en un corps certain et que la société en soit évincée, l'associé en est garant envers la société de la même manière qu'un vendeur envers son acheteur. — C. civ., art. 1845.

287. — Il serait également garant de la contenance déclarée s'il s'agissait d'un fonds de terre ou des vices cachés des objets mis dans la société. — Duranton, t. 17, n° 393; Troplong, n° 534; Delangle, n° 88. — *Contrà*, Duvergier, t. 20, n° 155.

288. — Dans l'un et l'autre cas, nonobstant la disposition de l'art. 1153 C. civ., l'associé peut en outre être condamné à des dommages-intérêts. — C. civ., art. 1846.

289. — L'associé est tenu sans doute d'empêcher l'éviction aussi bien que le serait un vendeur; mais si la société est évincée, sera-t-il tenu de la garantie de la même manière qu'un vendeur? Il faut répondre affirmativement. L'éviction pourra, à la vérité, entraîner la dissolution de la société, et il est encore certain qu'il n'y a pas de prix dont on doive demander la restitution à l'associé; mais, après que la société aura été indemnisée des frais faits sur la demande originaire et sur celle en garantie, chaque associé reprendra la mise qu'il a faite, et on partagera les bénéfices conformément à l'acte social. — Duvergier, t. 20, n° 160; Troplong, n° 537.

290. — Toutefois, l'éviction d'une partie de la chose n'entraîne pas toujours la résolution du contrat; il faut examiner, comme dans la vente, si la partie dont la société est évincée est telle que le contrat n'eût pas été formé si la chose eût été dans cet état lors de la création de la société. — Duvergier, t. 20, n° 162.

291. — Si la société n'est pas dissoute, l'associé devra restituer à la société la valeur de la partie dont elle est évincée d'après l'estimation au jour de l'éviction. — C. civ., art. 1637. — Duvergier, t. 20, n° 163.

292. — Et, dans tous les cas, même dans celui d'éviction totale entraînant la dissolution de la société, l'associé qui a apporté la chose dont la société est évincée pourra être condamné envers elle à des dommages-intérêts comme le serait tout vendeur. — Troplong, n° 537.

293. — L'éviction cependant ne saurait donner lieu à garantie dans une société universelle. — Duranton, t. 17, n° 393; Duvergier, t. 20, n° 167.

294. — Si la chose que l'associé a promis d'apporter dans la société est un corps certain, la perte en retombe sur la société, quand même elle aurait lieu avant la livraison, en vertu du principe que la perte d'un corps certain et déterminé retombe sur le créancier et de cet autre principe de notre droit que les obligations qui ont pour objet un corps certain et déterminé sont translatives de propriété. — Pothier, *De la société*, n° 110; Duranton, t. 17, n° 394; Duvergier, t. 20, n° 147.

295. — Il en serait autrement si l'associé était en demeure ou si la société étant formée sous condition suspensive, la chose venait à périr avant l'accomplissement de la condition. La société, dans ce dernier cas, n'aura jamais existé. — Duranton, n° 395; Duvergier, n° 146.

296. — L'associé qui apporte un fonds dans la société en doit les fruits du jour où il a dû faire la délivrance, même sans mise en demeure. — L. 38, § 9, ff., *De usuris et fructibus.* — Duranton, t. 17, n° 399.

297. — Lorsque les choses apportées dans la société y sont entrées pour la jouissance seulement, l'associé qui les y a mises a les droits d'un propriétaire et la société ceux d'un usufruitier. — Duvergier, t. 20, n° 168; Delangle, n° 82.

298. — Par conséquent, ces choses restent aux risques de l'associé. — C. civ., art. 1851.

299. — Mais si la chose mise dans la société est de celles qui se consomment par l'usage, la société en est devenue propriétaire et elle doit en supporter la perte. — C. civ., art. 1851. — Troplong, nos 586 et suiv.

300. — Lorsque la chose apportée dans la société pour la jouissance vient à périr par suite des risques inséparables de la gestion, comme si un cheval, dont la jouissance a été mise dans la société, est volé dans un voyage entrepris pour les affaires de la société, la perte doit en être supportée par la société.—Duranton, t. 17, n° 406. — *Contrà*, Duvergier, t. 20, n° 187; Troplong, nos 599 et 610.

301. — Si la chose mise dans la société a été estimée, l'associé est censé avoir voulu en transmettre la propriété à la société et il ne peut jamais répéter que le montant de l'estimation. C. civ., art. 1851. — Cette disposition s'applique aux immeubles comme aux meubles.—Duvergier, t. 20, n° 184; Duranton, t. 17, n° 409.

302. — Quoiqu'il y ait dans ce cas une espèce de vente, il n'y aura jamais lieu à rescision pour vilité du prix. — Duvergier, t. 20, n° 175; Duranton, t. 17, n° 410.

303. — L'associé qui a mis dans la société la jouissance d'une chose qui se détériore par l'usage doit la reprendre au moment de la dissolution dans l'état où elle se trouve, même détériorée. C'est une chance qu'il devait s'attendre à courir, et dont il ne peut pas demander à être indemnisé par la société.—Duranton, t. 17, n° 421 4°. — *Contrà*, Duvergier, t. 20, n° 179; Delvincourt, t. 3, notes, p. 228; Troplong, n° 588.

304. — Lorsqu'une chose a été mise dans la société pour la jouissance seulement, la société doit supporter toutes les charges qui pèsent ordinairement sur l'usufruitier. — Duvergier, t. 20, n° 190. — Pardessus, t. 4, n° 991.

305. — Lorsqu'une chose est mise dans la société sans autre explication, on doit présumer qu'elle y est mise pour la propriété. — Duranton, t. 17, n° 408; Duvergier, t. 20, n° 196.

306. — Lorsque les associés déclarent qu'ils prendront telle part dans les profits et dans les pertes, on doit supposer qu'ils ont entendu former une société de gains et par conséquent qu'ils n'ont mis dans la société que la jouissance des choses qu'ils y ont apportées. — Duranton, t. 17, n° 408. — *Contrà*, Duvergier, t. 20, n° 199.

307. — Lorsqu'un des associés apporte son industrie dans la société et l'autre une somme d'argent, ce dernier n'est-il censé mettre la somme d'argent dans la société que pour la jouissance si les parties ne se sont pas d'ailleurs expliquées? L'affirmative est soutenue par M. Duranton (t. 17, n° 408) et combattue par M. Duvergier (t. 20, n° 204). — Nous serions portés à suivre l'avis du premier de ces auteurs. L'aliénation ne doit pas se supposer légèrement; et comme celui qui apporte son industrie ne se prive pas de son capital, on doit supposer que celui avec qui il s'associe conserve le sien également. — Troplong, nos 123 et suiv.

308. — La stipulation que les associés prélèveront l'intérêt de leurs mises à 6 ou 5 p. 0/0 ne doit pas faire supposer qu'ils n'ont fait entrer leurs apports dans la société que pour la jouissance. — Cette stipulation d'intérêts est seulement une expression inexacte. Il n'est en réalité jamais dû d'intérêts aux associés, mais seulement des dividendes.— Duvergier, t. 20, n° 206.

309. — Les associés qui se sont soumis à apporter leur industrie à la société, lui doivent compte de tous les gains qu'ils ont faits par l'espèce d'industrie qui est l'objet de cette société. — C. civ., 1847. — Troplong, n° 547.

310. —L'associé dans ce cas doit être considéré comme ayant contracté un louage de services.— Pardessus, t. 4, nº 989; Duvergier, t. 20, nº 211.

311. — Les associés sont donc libres d'exercer une autre profession, pourvu qu'ils ne négligent pas le travail qu'ils doivent faire pour la société. — Duranton, t. 17, nº 400.

312.— L'associé qui, sans motifs, abandonne le domicile social où il s'était engagé à fournir son temps et ses soins, peut être condamné à des dommages-intérêts pour réparation du préjudice que son défaut de concours a occasionné à la société. — *Douai*, 25 févr. 1845 (t. 1er 1845, p. 595), Marin et Bigant c. Ducloy.

313. — La faculté stipulée pour chacun des membres d'une société de prendre part ou de demeurer étranger à son gré aux opérations faites par son coassocié peut, suivant les circonstances, être interprétée en ce sens que chaque associé a le droit de se refuser d'admettre l'autre à ces mêmes opérations. — *Cass.*, 14 avril 1845 (t. 2 1845, p. 651), Percheron c. Lemoine-Vaucher.

314. — Lorsque des associés sont convenus de faire des mises égales de fonds pour des achats de denrées, et qu'il est établi qu'une portion des denrées admises en liquidation par le gouvernement a été fournie par l'un d'eux seulement, garde-magasin chargé de la manutention, on ne peut considérer comme ayant violé l'art. 1847 du Code civil l'arrêt qui attribue à ce dernier associé exclusivement les sommes liquidées représentant les denrées fournies par lui. — *Cass.*, 15 nov. 1831, Zurlinden c. Gœtschy.

315. — La femme a seule le droit de prétendre qu'une somme versée par son mari dans une société dont il fait partie constituerait un emploi des deniers provenant de ses biens propres. Les associés du mari ne pourraient élever cette prétention pour lui refuser les avantages par lui stipulés en raison du versement de cette somme dans la société. — *Cass.*, 21 juin 1842 (t. 2 1842, p. 62), Revel c. de Faudoas.

ART. 3. — *Des droits et obligations des associés relativement au fonds commun.*

316. — L'associé qui devait apporter une somme dans la société et qui ne l'a point fait, devient de plein droit et sans demande débiteur des intérêts de cette somme à compter du jour où elle devait être payée (C. civ., 1846). — C'est une exception à la règle de l'art. 1153 du Code civil, et une dérogation à l'ancienne jurisprudence.— Pothier, nº 116; Duvergier, t. 20, nº 154; Troplong, nº 540.

317. — Cette règle s'applique aux sociétés commerciales aussi bien qu'aux sociétés civiles; et pour les unes comme pour les autres, il faut ajouter avec l'art. 1846 que ces intérêts sont dus sans préjudice de plus amples dommages-intérêts s'il y a lieu.

318. — Cependant, l'intérêt des sommes que doit avancer un des sociétaires dans une société en participation, ne court pas de plein droit; il faut qu'il y ait stipulation expresse.—*Poitiers*, 15 mai 1822, Dufour c. Morisset, Barré et Pillerault.

319.—Il s'agit évidemment dans l'art. 1846 des sommes qu'un associé doit en sa qualité d'associé, et non de celles qu'il doit comme tiers. Si la société, par exemple, lui a donné à bail un immeuble, on rentre alors dans la règle générale et les intérêts ne sont dus que du jour de la demande. — C. civ., 1153.

320. — On pourrait croire que ces principes ont été méconnus dans un arrêt de la Cour de Grenoble du 4 mars 1826 (Bruyère c. Watrin).— Mais il paraît résulter des faits que, dans l'espèce, le bail consenti à deux des associés par la société l'avait été à raison de la qualité d'associés, et que même la société avait moins consenti un bail à quelques-uns des associés qu'elle ne leur avait confié la gestion d'une portion des choses mises en société.

321. — La bonne foi veut également que la société tienne compte aux associés, sans demande, des intérêts des sommes qu'ils ont avancées pour elle. — Duranton, t. 17, nº 411.

322. — Les avances faites par l'un des associés pour le compte de la société et la part des bénéfices qu'il laisse dans la caisse sociale, tandis que son coassocié a retiré la sienne, sont également productives d'intérêts. — *Riom*, 1er juill. 1835, sous *Cass.*, 25 mars 1839 (t. 2 1843, p. 408), Delcros c. Sahuc.

323. — Toutefois, l'associé qui, à défaut de reddition du compte de sa gestion, empêche ses coassociés de s'acquitter envers lui de sommes qu'ils peuvent lui devoir, n'a pas droit aux intérêts de ses avances qui ont couru dans l'intervalle écoulé depuis la dissolution de la société jusqu'à la reddition du compte. Mais ces intérêts sont dus par les coassociés du jour où le compte ayant été rendu, ils ont été mis en demeure de s'acquitter. — *Cass.*, 21 juin 1819, Gilles c. Dardelin. — Duranton, t. 17, nº 412.

324.— Cette solution s'applique-t-elle exclusivement aux sommes avancées volontairement par un associé, ou s'étend-elle à celles qu'il avait promis d'apporter dans la société? Ainsi, lorsque les mises sont inégales ou qu'un associé n'a apporté dans la société que son industrie, les associés dont la mise consiste en une somme d'argent ont-ils le droit de prélever, avant partage des bénéfices, les intérêts de cette somme, ou de se faire considérer comme créanciers de la société pour ces intérêts en cas de perte? — Nég. *Poitiers*, 15 mai 1821, Dufour c. Morisset, Barré et Pillerault.

325. — Jugé, au contraire, que l'associé qui a versé les capitaux, tandis que son coassocié n'a apporté que son industrie, a le droit, lors de la dissolution de la société, et même à défaut de toute stipulation à cet égard, de prélever sur les bénéfices les intérêts de sa mise de fonds. — *Riom*, 1er juill. 1835, sous *Cass.*, 25 mars 1839 (t. 2 1843, p. 408), Delcros c. Sahuc.

326. — Lorsqu'un acte de société porte à 10 pour 0/0 l'intérêt des avances faites par l'un des associés et que l'acte de dissolution le réduit au taux légal, les créanciers de cet associé ne peuvent s'opposer à la réduction. — *Cass.*, 20 mai 1824, Bertrand c. Rigonneau.

327. — Chaque associé doit de plein droit et sans demande, sans préjudice de plus amples dommages-intérêts, s'il y a lieu, l'intérêt des sommes qu'il a prises dans la caisse sociale, du jour où il les en a tirées pour son profit particulier.—C. civ., art. 1846 et 1996.— Delangle, nos 158 et suiv.

328. — Dès qu'un associé est condamné à restituer des sommes qui ne se sont pas trouvées dans la caisse sociale au moment de la dissolution, il doit être tenu des intérêts à partir de ce jour parce qu'il est *présumé* avoir tiré ces sommes de la caisse pour son profit particulier. — *Cass.*, 22 mars 1813, Taulet c. Passet et Dumoulin.— Delangle, nº 158.

329. — Mais les intérêts ne peuvent être exigés pour le reliquat d'un compte par l'un des associés contre l'autre, lorsqu'ils ont géré conjointement, que du jour où par l'apurement de ce compte l'un d'entre eux est constitué débiteur, à moins que l'autre ne prouve que pendant la durée de la société l'autre a distrait des fonds de la caisse sociale pour les appliquer à son profit particulier. — *Amiens*, 9 mai 1826, Cartier c. Chevalier.

330. — Du principe que l'associé ne doit pas préférer ses intérêts propres à ceux de la société, le Code, suivant l'opinion de Pothier (*Société*, nº 121), décide que si l'un des associés est, pour son compte particulier, créancier d'un débiteur de la société, et si les deux créances sont également exigibles, l'imputation de ce qu'il reçoit de ce débiteur doit se faire sur la créance de la société et sur la sienne propre, dans la proportion des deux créances, encore qu'il eût, par sa quittance, dirigé l'imputation intégrale sur sa créance particulière. Mais la stipulation faite dans la quittance que l'imputation portera en entier sur la créance de la société, sera exécutée. — C. civ., art. 1848.

331. — Cette disposition, toutefois, ne peut évidemment s'appliquer au commanditaire ni à l'actionnaire d'une société anonyme, qui n'ont ni l'un ni l'autre pouvoir de recevoir pour la société dont ils font partie. — Troplong, nº 557.

332. — Il en doit être de même, selon M. Troplong (nº 558), dans le cas d'une société civile qui s'est donné un administrateur seul gérant des intérêts sociaux.—Pardessus, t. 4, nº 1018; Duvergier, t. 20, nº 341. — *Contrà*, Delangle, nº 170; Duranton, t. 17, nº 401.

333. — Et dans celui où l'imputation a été dirigée par le débiteur lui-même sur la créance de l'associé. — Troplong, nº 559; Delvincourt, t. 3, p. 231, notes; Pardessus, nº 1016; Duvergier, nº 336; Delangle, nº 168. — *Contrà*, Duranton, t. 17, nº 401.

334.—Dans tous les cas, et sur quelque créance qu'on fasse porter l'imputation pour les associés entre eux, le débiteur qui a fait porter expressément l'imputation sur la créance de l'associé qu'il avait plus d'intérêt à acquitter, ne peut plus être poursuivi que par la société.

335. — C'est également en vertu du principe que chaque associé doit préférer l'intérêt de la société au sien propre, que si l'un des associés a reçu sa part de la créance commune, et que le débiteur soit depuis devenu insolvable, cet associé est tenu de rapporter à la masse commune ce qu'il a reçu encore qu'il eût donné quittance pour sa part.—C. civ., art. 1849.

ART. 4. — *De l'administration de la société.*

336.—Ce qui concerne l'administration de la société se subdivise en deux parties. La première comprend le cas où le contrat de société a pourvu à l'administration sociale; la seconde celui où il est muet sur ce point.

337. — Lorsque le contrat de société a déterminé le mode d'administration de la société, la loi distingue avec raison si les gérans ont été nommés par le contrat ou par un acte postérieur. Dans le premier cas, leur nomination, étant une condition du contrat de société, ne peut être révoquée. Dans le second cas, au contraire, les gérans, comme tous mandataires, sont révocables à la volonté des mandans. — C. civ., art. 1856.

338.—Le gérant, même lorsqu'il a été nommé par l'acte de société, peut être entravé dans ses opérations par ses coassociés, dans les cas de fraude ou de faute grossière.—Troplong, nº 674.

339.—Il peut aussi être révoqué, dans les mêmes cas, sur la demande de tous les associés ou même d'un seul d'entre eux (Troplong, nº 676; Duranton, t. 17, nº 434 —*Contrà*, Duvergier, t. 20, nº 293), sans que pour cela la société doive nécessairement cesser d'exister.—Troplong, nº 677. —*Contrà*, Duvergier, t. 20, nº 295.

340.—Le gérant nommé postérieurement au contrat de société peut être révoqué au gré des associés. L'unanimité n'est pas même nécessaire, la volonté d'un seul d'entre eux suffit.—Troplong, nº 680.

341.—Les pouvoirs du gérant sont déterminés par la nature et l'objet de la société. En général le gérant n'a que des pouvoirs d'administrateur, et ce qu'il aurait fait au delà est nul et sans effet à l'égard des associés. On peut voir à cet égard, ce qui sera dit (*infrà*) du gérant dans les sociétés commerciales. Nous nous bornerons à rappeler ici quelques-unes des règles spéciales aux gérans des sociétés civiles.

342.—Une des différences les plus importantes résulte de l'art. 59 du Cod. de proc. et de la règle que nul en France, si ce n'est le roi (vieux style), ne plaide par procureur. On en a conclu avec raison que les sociétés civiles ne peuvent être représentées en justice par leurs gérans. — *Cass.*, 8 nov. 1836 (t. 1er 1837, p. 25), Cotentin c. Héroult-Lafontaine. — Delangle, t. 1er, nº 19; Boncenne, t. 2, p. 132. — *Contrà*, Duvergier, t. 20, nº 316; Troplong, nº 694.

343. — Cependant, selon la Cour de Paris, la procédure dans laquelle un associé agit tant en son nom qu'au nom de son coassocié, ne peut être annulée en vertu de la règle qu'on ne plaide point par procureur. — *Paris*, 22 nov. 1811, Dumonchet c. Lebourguignon.

344.—Et la Cour de cassation elle-même a reconnu qu'en matière de sociétés civiles formées pour l'exploitation des mines, les syndics ou gérans représentent, dans les débats judiciaires, les divers intéressés: d'où il suit que ce qui a été décidé avec eux oblige les concessionnaires; et qu'il résulte de là aussi qu'une instance, née de contestations sociales, dont le cours n'a été interrompu que par une transaction à laquelle quelques associés ont refusé de consentir, doit être reprise avec ces derniers sur les anciennes bases, et qu'on n'est pas tenu de les poursuivre à nouveau par action principale, bien que le litige n'existe plus qu'à leur égard. — *Cass.*, 20 août 1839 (t. 1er 1840, p. 380), Michaud c. Verchères.

345. — Nous ne pensons pas non plus que le gérant d'une société civile puisse compromettre ou transiger; d'accord en cela avec M. Troplong (nº 690. — *Contrà*, Duvergier, t. 20, nº 320): quoique nous repoussions l'opinion de cet auteur, lorsqu'il étend la même décision aux gérans des sociétés commerciales. Il nous paraît certain, en effet, que les pouvoirs de l'administration d'une société commerciale sont, nécessairement et par la nature même des choses, plus étendus que ceux des administrateurs des sociétés civiles. — V., au surplus, Troplong, nº 691.

346. — Le gérant, en vertu des pouvoirs d'administrer qui lui sont conférés, peut faire assurer les biens appartenant à la société. — V. ASSURANCE TERRESTRE, n° 104.

347. — Lorsque plusieurs associés sont chargés d'administrer, sans que leurs fonctions soient déterminées, ou sans qu'il ait été exprimé que l'un ne pourrait agir sans l'autre, ils peuvent faire chacun séparément tous les actes de cette administration. — C. civ., art. 1857.

348. — S'il a été stipulé que l'un des administrateurs ne pourra rien faire sans l'autre, un seul ne peut, sans une nouvelle convention, agir en l'absence de l'autre : lors même que celui-ci serait dans l'impossibilité actuelle de concourir aux actes d'administration. — C. civ., art. 1858.

349. — Deux associés pour l'exploitation d'un bien sont obligés, par le seul fait de leur association, de se rendre réciproquement des comptes et de communiquer au soutien les registres qu'ils doivent tenir, en sorte que celui qui produit ceux qu'il a tenus doit être cru de préférence à l'autre associé qui ne produit pas les siens. — *Rennes*, 29 mars 1815, Ferrand c. Rousseau.

350. — Enfin, et à défaut de règles spéciales sur le mode d'administration, les art. 1859 à 1861 posent plusieurs règles qui ne sont que la conséquence du principe d'égalité qui doit régner dans les sociétés civiles, et de la nécessité de combiner la libre action de chacun des associés avec l'intérêt social. — Troplong, nos 710 et suiv.

351. — Ces règles sont : 1° Que les associés sont censés s'être donné réciproquement le pouvoir d'administrer l'un pour l'autre, que ce que chacun fait est valable même pour la part de ses associés, sans qu'il ait pris leur consentement, sauf le droit qu'ont ces derniers ou l'un d'eux de s'opposer à l'opération avant qu'elle soit conclue. — Art. 1859, § 1er.

352. — ... 2° Que chaque associé peut se servir des choses appartenant à la société, pourvu qu'il les emploie à leur destination, fixée par l'usage, et qu'il ne s'en serve pas contre l'intérêt de la société ou de manière à empêcher ses associés d'en user selon leur droit. — Art. 1859, § 2.

353. — ... 3° Que chaque associé a le droit d'obliger ses coassociés à faire avec lui les dépenses nécessaires pour la conservation des choses de la société. — Art. 1859, § 3.

354. — ... 4° Que l'un des associés ne peut faire d'innovations sur les immeubles dépendant de la société, même quand il les soutiendrait avantageuses à cette société, si les autres associés n'y consentent. — Art. 1859, § 4.

355. — Selon l'art. 1860, l'associé qui n'est pas administrateur ne peut aliéner ni engager les choses, même mobilières, qui dépendent de la société.

356. — Et l'art. 1861 ajoute que chaque associé peut, sans le consentement de ses coassociés, s'associer une tierce personne, relativement à la part qu'il a dans l'association ; mais qu'il ne peut pas, sans ce consentement, l'associer à la société, lors même qu'il en aurait l'administration.

357. — En cas d'opposition par quelques-uns des associés à une opération réclamée par quelques autres, nul doute qu'on ne doive s'abstenir si le nombre des associés est égal de part et d'autre. — Troplong, n° 720.

358. — Mais lorsque le nombre des associés n'est pas égal de part et d'autre, la majorité doit l'emporter nonobstant l'opposition de la minorité. — Pardessus, t. 4, n° 979 ; Troplong, n° 720.

359. — S'il se forme plusieurs avis de manière qu'aucun n'ait la majorité, on doit également s'abstenir. — Troplong, n° 723. — V., cependant, Pardessus, t. 4, n° 980 ; Duvergier, n° 289.

360. — Tout cela n'est vrai, au surplus, que tant qu'il s'agit des actes d'administration. Lorsqu'il est question d'innover, l'unanimité est nécessaire et l'opposition d'un seul associé suffit pour arrêter tous les autres. — C. civ., art. 1859 4°. — Troplong, n° 724.

361. — En matière de société civile, par exemple dans le cas d'une société formée pour l'exploitation d'une mine ; la délibération qui décide que faute par les associés de payer dans un délai fixé leur contingent dans les dépenses, leur part dans les produits sera retenue par la masse moyennant un prix déterminé, n'est pas obligatoire pour ceux des associés qui n'y ont pas été parties, alors même qu'elle a été prise à la majorité. — On ne saurait considérer cette délibération comme une mesure de simple administration, pour laquelle, dans toute société, la majorité des suffrages suffit. — *Cass.*, 10 mars 1841 (t. 1er 1841, p. 487), Michaud c. Concessionnaires des mines de Verchères.

362. — La majorité ne peut jamais contraindre la minorité à augmenter le capital social par un nouvel apport. — Troplong, n° 182 ; Delangle, n° 98 ; Pardessus, t. 4, n° 995.

363. — Cependant la Cour de Nîmes a jugé que la majorité d'une société peut obliger chacun de ses membres à fournir au delà de sa mise, si ce supplément est nécessaire pour atteindre le but de l'exploitation mise en société. — *Nîmes*, 3 fruct. an XII, Daunant c. Talon. — Pardessus, t. 4, n° 995 ; Malepeyre et Jourdain, p. 213 ; Delangle, n° 441.

364. — Lorsque la nomination d'un correspondant d'une société de concessionnaires de mines ne peut, en raison des intérêts opposés, avoir lieu avec des garanties suffisantes pour tous, soit à la majorité des voix, soit à la majorité des intérêts, elle doit être faite d'office par les tribunaux. — *Lyon*, 17 juin 1835, Bayen-Laderec c. Roux-Lacombe.

365. — Dans le cas où un associé aurait excédé les pouvoirs que lui donnent soit le Code civil, soit l'acte social, par exemple en acquérant un immeuble, il dépend uniquement de l'autre associé de valider cet acte en l'approuvant. — *Cass.*, 10 mai 1831, Bailac c. Nogoralles.

366. — L'administrateur d'une société charbonnière, qui, agissant en cette qualité, a excédé les pouvoirs que lui conféraient les statuts sociaux, demeure obligé personnellement envers ceux avec qui il a traité, et il en est de même des administrateurs qui ont approuvé ultérieurement le marché conclu avec lui. — *Douai*, 12 déc. 1840 (t. 1er 1841, p. 176), Hutin c. Georges.

ART. 5. — *Du partage des bénéfices, et de la contribution aux pertes.*

367. — La part que chaque associé doit prendre dans les bénéfices et supporter dans les pertes, est déterminée par l'acte de société. À défaut seulement, elle est réglée par la loi. — C. civ., art. 1853.

368. — Lorsque les parties, en s'associant, ont déterminé leur participation aux bénéfices, mais ont omis de s'expliquer sur leur contribution aux pertes, cette contribution doit être réglée dans la proportion des bénéfices. — *Amiens*, 27 mai 1840 (t. 1er 1842, p. 243), Godde c. Chabert. — Duranton, t. 17, n° 416.

369. — Il faut seulement que la convention ne soit pas contraire à la nature du contrat de société, et ne la fasse pas dégénérer en une société léonine. Telle serait la clause qui attribuerait à un des associés la totalité des bénéfices, ou affranchirait de toute contribution aux pertes les sommes ou effets mis dans la société par un ou plusieurs associés. — C. civ., art. 1855. — Pothier, *De la soc.*, n° 19 ; Duvergier, t. 20, n° 255 ; Troplong, n° 627 et suiv.

370. — La nullité résultant de ce que tous les profits de la société ont été attribués à l'un des associés, ne peut être opposée pour la première fois devant la Cour de cassation. — *Cass.*, 22 janv. 1834, Dupuy c. Portier.

371. — La convention qui donnerait à un associé une part différente dans les opérations qui procurent des bénéfices et dans celles qui donnent des pertes, serait nulle. Il est certain en effet qu'il n'y a pertes ou gains que dans la réunion de toutes les opérations. — L. 30, ff., *Pro socio*. — Duranton, t. 17, n° 415 ; Troplong, n° 636.

372. — On ne peut donner à un seul associé tous les gains même en le chargeant de toutes les pertes, le contrat serait dans son seul intérêt et il n'y aurait pas société. Mais on peut dire qu'un associé prendra la moitié des bénéfices, et cependant ne supportera que le tiers des pertes s'il y en a. — L. 29, ff., *Pro socio*. — Duranton, t. 17, nos 416 et 422.

373. — Dans ce dernier cas il faudrait prendre garde que la part d'un associé dans les bénéfices n'égalât presque la totalité des bénéfices, tandis que sa part dans les pertes serait extrêmement faible. Les tribunaux peuvent toujours atteindre la fraude partout où elle se trouve, et ils devront qualifier de léonine la société qui attribuerait à l'un la presque totalité des bénéfices et à l'autre la presque totalité des pertes. — Duranton, t. 17, n° 422 ; Troplong, n° 635.

374. — On peut même stipuler que l'associé qui n'apporte que son industrie sera dispensé de toute contribution aux pertes. — Duvergier, t. 20, n° 257 ; Duranton, t. 17, n° 419 ; Troplong, nos 648 et suiv.

375. — La stipulation qui attribue à un associé une somme fixe à prendre sur les bénéfices, est valable. — Troplong, n° 637.

376. — On a donc eu raison de juger que la clause d'un acte social qui réserve à l'un des associés dont l'apport est purement industriel le droit de recevoir une somme fixe annuelle ou de prendre une part déterminée dans les bénéfices, doit être considérée comme valable et recevoir son exécution alors même que l'option n'aurait eu lieu qu'au moment de la liquidation. — On ne saurait voir, dans une telle clause, une stipulation léonine, en ce qu'il y aurait pour cet associé affranchissement de toute perte. — *Cass.*, 7 déc. 1836 (t. 1er 1837, p. 504), Leberg c. Vacheront. — *Contrà*, Delangle, n° 112.

377. — La stipulation est même valable lorsqu'on y ajoute que l'associé aura droit à prélever cette somme, quand même la société ne ferait pas de bénéfices. On doit voir dans cette clause un contrat aléatoire, par lequel un associé vend, moyennant une somme fixe, les chances de gain qu'il trouvait dans la société. — Pothier, n° 26 ; Troplong, n° 638. — V., cependant, Duvergier, n° 266 ; Delangle, n° 117.

378. — M Troplong va plus loin encore, en soutenant la validité de la clause du contrat de société par laquelle on attribuerait au survivant des associés tous les bénéfices ou toute la société. — Troplong, nos 646 et suiv. ; Delangle, n° 119. — *Contrà*, Duranton, t. 15, n° 214 ; Duvergier, t. 20, n° 268.

379. — Rien n'empêche les associés de régler les parts dans une proportion différente de celles des mises. — Duvergier, t. 20, n° 260.

380. — Si les parts des associés dans les bénéfices n'ont pas été réglées par le contrat de société, elles seront proportionnelles aux mises : en supposant que les mises aient été estimées. Si elles ne l'ont pas été, on les supposera égales et les associés partageront les bénéfices également. — Duranton, t. 17, n° 360.

381. — Il n'y a pas à distinguer, à cet égard, entre les sociétés universelles et les sociétés particulières. — Troplong, n° 615. — V., cependant, Duranton, t. 17, nos 360 et 426 ; Duvergier, t. 20, nos 225 et 228 ; Pardessus, t. 4, n° 985.

382. — À l'égard de l'associé qui n'a apporté que son industrie, sa part dans les bénéfices ou dans les pertes est réglée comme si sa mise eût été égale à celle de l'associé qui a le moins apporté. — C. civ., art. 1853.

383. — Le Code n'a prévu ni l'hypothèse où tous les associés n'apporteraient que leur industrie, ni celle où l'un d'eux apporterait à la fois son industrie et une somme d'argent. Dans le premier cas, M. Troplong (n° 620) voit une question de fait laissée à l'appréciation du juge. Dans le second, il veut que l'industrie seule soit évaluée à une somme égale à la mise de l'associé qui a le moins apporté. — Troplong, n° 619. — Nous pensons que, dans le second cas comme dans le premier, les juges feront bien d'avoir égard aux circonstances, dans le silence de la loi. — Duranton, t. 17, n° 433 ; Duvergier, n° 232.

384. — Si les associés sont convenus de s'en rapporter à l'un d'eux ou à un tiers pour le règlement des parts, ce règlement ne peut être attaqué s'il n'est évidemment contraire à l'équité. Et, de plus, nulle réclamation n'est admise s'il s'est écoulé plus de trois mois depuis que la partie qui se prétend lésée a connaissance du règlement, ou si ce règlement a reçu, de sa part, un commencement d'exécution. — C. civ., art. 1854.

385. — Si l'arbitrateur décède avant que les opérations soient commencées, la société sera nulle. Mais s'il meurt après le commencement des opérations, les parties devront s'entendre pour nommer un autre arbitrateur ; sinon il sera nommé par le tribunal. — Malepeyre et Jourdain, p. 89. — V., cependant, Troplong, n° 65 ; Delangle, n° 122.

386. — On ne peut refuser à un associé sa part dans les bénéfices de la société, quoiqu'il n'y ait pas versé la somme qu'il devait. Toutefois, il doit les intérêts de cette somme à partir du jour où il devait en faire le versement. — *Rennes*, 26 août 1815, Jollivet c. Goude.

Sect. 4e. — *Des engagemens des associés à l'égard des tiers.*

387. — Dans les sociétés autres que celles de commerce (et même parmi ces dernières il faut

RÉP. GÉN. — XI. 63

encore excepter les associations en participation), les associés ne sont pas tenus solidairement des dettes sociales; et l'un des associés ne peut obliger les autres, si ceux-ci ne lui en ont conféré le pouvoir.—C. civ., art. 1862.

388. — Lorsqu'un associé contracte en son nom il s'oblige seul, et les tiers avec lesquels il a traité n'ont pas d'action directe contre la société. Il en serait ainsi quand même la société aurait profité de l'engagement. — C. civ., art. 1862. —Troplong, nos 772 et suiv.—V., cependant, Merlin, *Quest.*, vo *Société*, § 2; Duranton, t. 17, no 449; Duvergier, no 404.

389. — En matière de société non commerciale les associés ne sont tenus de contribuer au paiement de l'obligation contractée par l'un d'eux seul mais dont le montant a tourné au profit de la société, qu'en raison de leurs parts sociales. — *Cass.*, 18 mars 1824, Aymand c. Fluchaire.—Troplong, no 820.

390. — Lorsqu'un associé a contracté au nom de la société et en vertu des pouvoirs qu'il avait, ses associés sont tous tenus conjointement et pour leur part virile. Mais si le contractant, quoiqu'il ait agi au nom de la société, n'avait pas de pouvoirs suffisans, les autres associés ne peuvent être tenus que par l'action *de in rem verso*. — C. civ., art. 1864.

391. — Les actionnaires qui ont donné mandat au directeur d'une société civile de souscrire des billets à ordre au nom de la société pour la réalisation d'un emprunt sont tenus solidairement au paiement. — Il en est ainsi alors surtout qu'il est constant en fait que les prêteurs n'ont versé leurs fonds que parce que les emprunteurs s'étaient engagés solidairement. — *Cass.*, 22 août 1844 (t. 1er 1845, p. 253), Grasset c. de Kéramelin.

392. — Les emprunts faits au nom d'une société civile contrairement aux statuts n'obligent que ceux des actionnaires qui ont autorisé ces emprunts dans l'assemblée générale où ils ont été votés par la majorité. — Même arrêt.

393. — De ce que l'art. 1864 C. civ. porte que la stipulation que l'obligation est contractée pour le compte de la société ne lie que l'associé contractant et non les autres, il ne s'ensuit pas que celui qui ne contracte avec un associé que sous la foi de la solvabilité de son coassocié, et dans la confiance de l'avoir pour coobligé, puisse être forcé d'exécuter la convention lorsque le coassocié déclare formellement ne pas l'approuver et ne pas vouloir en garantir l'exécution. — *Bruxelles*, 5 juill. 1827, Wibaille c. Lejeune.

394. — Lorsque les associés ont contracté tous ensemble, ils sont tenus chacun pour une somme et part égales, encore que la part de l'un d'eux dans la société fût moindre, si l'acte n'a pas spécialement restreint l'obligation de celui-ci sur le pied de cette dernière part. — C. civ., art. 1863.

395. — Les créanciers dont l'engagement a tourné au profit de la société doivent être payés sur les biens dépendant de la société préférablement aux créanciers des associés. — Troplong, no 865. — *Contrà*, Vincens, *Des soc. par actions*, p. 6 et 7; Frémery, *Etudes de dr. comm.*, p. 32.

396. — Jugé que les créanciers d'une société ont sur l'actif de la société un droit de préférence qui s'exerce avant celui des créanciers personnels des associés. — *Colmar*, 26 mai 1845 (t. 2 1845, p. 686), Jourdain c. Baruzzi.

397. — La cession que fait un associé de son apport social en paiement d'une somme par lui donnée par contrat de mariage ne confère point au donataire un droit exclusif sur cet apport au préjudice des créanciers sociaux, alors surtout qu'il a été convenu que la somme ainsi cédée resterait dans la caisse sociale et que le donataire en serait seulement crédité. — *Cass.*, 14 mars 1848 (t. 2 1848, p. 6), Detours de la Chaise c. Cariol et Sambucy.

398. — Lorsque les immeubles qui faisaient partie d'une société ont été, après la faillite de cette société, attribués à un associé par un concordat, à la charge par lui de payer les dettes sociales, et que postérieurement cet associé a apporté les mêmes immeubles dans une autre société formée en remplacement de l'ancienne, et qui s'est trouvée substituée à ses obligations; l'arrêt qui conclut du contenu et de la combinaison de ces différens actes que ces immeubles ont appartenu exclusivement à l'associé auquel ils avaient été attribués dans l'intervalle de temps qui a séparé les deux sociétés, et qui décide en conséquence qu'ils n'ont pu entrer dans la société nouvelle que grevés des charges créées personnellement par cet associé, et notamment de l'hypothèque légale de sa femme, fait une juste application des principes. — *Cass.*, 10 nov. 1845 (t. 1er 1846, p. 99), de Boulen c. Devade.

Sect. 5e. — *Des différentes manières dont finit la société.*

399. — La société se dissout de plusieurs manières différentes. Quelquefois la dissolution a lieu de plein droit, d'autres fois elle est le résultat d'une convention, et enfin il peut arriver que la dissolution soit prononcée par les tribunaux sur la demande d'une des parties.

ART. 1er. — *Dissolution de plein droit.*

400. — Lorsque la dissolution a lieu de plein droit, les associés se trouvent, par l'effet de l'événement qui met fin à la société, en simple communauté d'intérêts. Lorsqu'au contraire la dissolution est demandée et jugée, la société ne cesse d'exister qu'au moment de la demande ou à celui que fixe la transaction ou le jugement intervenu. — Pardessus, t. 4, no 1050.

401. — La société finit de plein droit : 1o par l'expiration du temps pour lequel elle a été contractée. — C. civ., art. 1865.

402. — Lors même que l'opération en vue de laquelle la société a été formée ne serait pas terminée. — Troplong, no 870; Persil, p. 341, no 1er; Pardessus, t. 4, no 1065.

403. — Mais une société contractée pour une certaine affaire à achever dans un certain temps doit durer jusqu'à ce que l'affaire soit achevée, si la considération du temps n'a été que secondaire entre les associés. — *Bruxelles*, 13 janv. 1810, Jacobs c. Depauw.

404. — Et une société n'est point dissoute par l'expiration du délai fixé pour sa durée, si les opérations sociales ont toujours continué depuis. — *Cass.*, 14 mars 1848 (t. 2 1848, p. 6), Detours de la Chaise c. Cariol et Sambucy.

405. — Seulement si cette continuation n'avait pas été régulièrement constatée et publiée, les associés ou leurs représentans pourraient toujours à leur volonté interrompre les opérations sociales et provoquer la liquidation de la société. — Goujet et Merger, *Dict. de droit comm.*, vo *Société (Contrat de)*, nos 323 et suiv.

406. — ... 2o Par l'extinction de la chose ou la consommation de la négociation.

407. — La consommation de la négociation aussi bien que l'expiration du terme ne donnent pas naissance à des difficultés qu'on puisse résoudre en principe. Dans l'un et l'autre cas, en effet, il s'agira de l'interprétation des conventions, de l'appréciation de la volonté des parties, et il est impossible de tracer des règles générales.

408. — L'arrêt qui en présence des procès-verbaux de réception des travaux de dessèchement de marais communaux entrepris par une compagnie, et des actes constatant le partage fait administrativement des marais desséchés entre la compagnie et les communes, décide que la société formée pour le dessèchement desdits marais est dissoute, et que dès lors les parts revenant à chacun des associés dans ces marais sont devenues susceptibles d'hypothèques, ne méconnaît pas la règle séparative des pouvoirs administratif et judiciaire : on ne doit voir là qu'une application et non une interprétation des actes administratifs. — *Cass.*, 8 fév. 1847 (t. 1er 1848, p. 149), Alloneau c. Ernaud.

409. — Une société contractée pour exécuter des travaux publics suivant un plan donné n'est pas dissoute par cela seul que le gouvernement change de plan et passe en conséquence un nouveau marché, si les travaux sont toujours les mêmes et s'il paraît, d'ailleurs, que les associés ont voulu continuer leurs travaux en commun. — *Bruxelles*, 13 janv. 1810, Jacobs c. Depauw.

410. — Lorsqu'un marché ayant été passé par voie d'adjudication pour des fournitures à faire, pendant un certain nombre d'années, à un établissement public, les soumissionnaires ont ensuite formé avec un tiers, pour l'exploitation de leur entreprise, une société devant avoir la même durée que le bail lui-même; cette société n'est point dissoute par l'expiration du délai, si le bail vient à être prorogé sans novation ni substitution de nouvel engagement. Il en est ainsi, encore que la prorogation n'ait été sollicitée que par quelques-uns des associés, et, par suite, accordée seulement au nom de ceux-ci, dès qu'il est constant que l'administration a entendu en faire bénéficier l'ancienne entreprise. — *Nîmes*, 2 janv. 1839 (t. 1er 1839, p. 580), Duclaux-Monteil c. Fabrègue et Noury.

411. — La dissolution de la société par l'extinction de la chose soulève plus de difficulté. Il est certain d'abord que la perte absolue des choses qui forment en entier le fonds de la société en amène la dissolution sans aucune distinction. — Duvergier, t. 20, no 419; Pardessus, t. 4, no 1054.

412. — Si les choses qui font l'objet de la société n'ont péri que pour partie, il faut distinguer. Lorsqu'un associé apporte à la société la propriété d'une chose et que cette chose vient à périr, la société ne se dissout pas nécessairement si elle était déjà propriétaire au moment de la perte. C'est pour elle, en effet, que la chose périt, d'après la maxime *Res perit domino*, et il faudra examiner si le but de la société peut encore être atteint avec ce qui lui reste. — C. civ., art. 1867. — Duvergier, t. 20, nos 422 et suiv.; Toullier, t. 7, nos 451 et suiv.; Pardessus, t. 4, no 1054; Troplong, nos 916 et suiv.

413. — Lorsque la propriété n'était que promise et non encore réalisée au profit de la société; comme si un associé a promis de mettre en société une chose qui ne lui appartenait pas : la perte de cette chose dissout la société. Il n'est pas nécessaire de voir dans l'art. 1867 une dérogation au principe général des obligations translatives de propriété. — C. civ., art. 1867. — Duvergier, t. 20, no 423; Troplong, nos 916 et suiv.; Delangle, nos 68 et suiv.

414. — La perte de la chose qui n'a été apportée à la société que pour la jouissance, survenue soit avant que la mise ait été effectuée, soit après, met fin à la société. — C. civ., art. 1867. — Pardessus, t. 4, no 1054; Delvincourt, t. 3, p. 232, notes; Proudhon, *Des droits d'usufruit*, t. 2, no 465.

415. — Lorsque, dans une société formée pour un certain nombre d'années par des personnes dont les unes font une mise de fonds et dont les autres apportent leur industrie, le fonds social vient à être absorbé par des pertes, les associés bailleurs de fonds sont-ils obligés de renouveler leur mise jusqu'à l'époque fixée pour la dissolution de la société? M. Pardessus distingue avec raison si on a dit dans l'acte de société que le fonds social sera fait par tels ou tels, ou si l'on a dit seulement que tel associé apportera une somme de.... dans la société. Dans ce dernier cas, la perte totale du fonds dissoudra la société (t. 4, no 1054).

416. — La société contractée sur un établissement industriel ne cesse pas d'exister par la non-réalisation d'une des mises sociales ou par la retraite de l'un des associés, si, malgré cette circonstance, le même établissement a continué de subsister entre les associés restans et s'il a toujours été complétement exploité. — *Cass.*, 17 févr. 1830, Lespinois c. Valette.

417. — Lorsqu'une société pour exploitation de mines concédées par le gouvernement a été contractée sous la condition de dissolution au cas de non-exploitation (sans fixation de délai), la dissolution de la société résulte du fait seul de révocation de la concession avant toute exploitation. Si l'un des associés devient ultérieurement concessionnaire pour son compte personnel, les autres associés n'ont aucun droit à prendre part à cette concession. — *Cass.*, 17 déc. 1834, Ling c. d'Osmond.

418. — Une société qui a pour objet de revendre par divisions les immeubles apportés par les associés finit par l'expropriation du fonds social. — Dès lors, les immeubles cessent d'être réputés meubles à l'égard des associés et ceux-ci ont un droit particulier et indivis dans la propriété de ces immeubles. — C. civ., art. 529. — En conséquence, si l'un des associés se rend adjudicataire des immeubles expropriés il y a là simple licitation, et non pas vente, et les droits d'enregistrement doivent être perçus en conséquence. — *Cass.*, 17 août 1836, Enregistrement c. Leroux. — V. ACTIONS, ACTIONNAIRE.

419. — Bien que la déchéance d'un brevet d'invention pour défaut de paiement de la taxe n'ait point lieu de plein droit et ne puisse être prononcée que par les tribunaux, l'existence certaine de cette cause de demande en déchéance n'en porte pas moins une atteinte grave à la position du breveté. — En conséquence, les tribunaux peuvent voir dans cette circonstance un motif suffisant de dissolution de la société formée pour l'exploitation du brevet : surtout si l'appareil breveté n'est point terminé, et si des dépenses sont encore à faire pour son achèvement. Celui des associés qui par sa position, et par l'ensemble des stipulations de l'acte de société, est réputé plus spécialement avoir eu

mission de pourvoir au paiement des annuités, est passible, s'il y échet, de dommages-intérêts pour n'avoir pas fait ce versement. — *Douai*, 19 juin 1847 (t. 1er 1848, p. 303), Fabvier c. Gouchon.

420. — ... 3° La société se dissout par la mort naturelle d'un des associés. — C. civ., art. 1865. — Il est certain, en effet, que la considération des personnes entre toujours pour beaucoup dans la formation de la société.

421. — La loi romaine ne permettait même pas aux associés de déroger à cette disposition et de convenir dans l'acte de société que la société continuerait entre les associés survivans et les héritiers de l'associé prédécédé. L'art. 1868 C. civ., suivant en cela l'opinion de Pothier, a abrogé la décision de la loi romaine et disposé qu'il pourrait être stipulé qu'en cas de mort de l'un des associés la société continuerait avec son héritier ou seulement entre les associés survivans. — L. 59, ff., *Pro socio*. — Pothier, *De la société*, n° 145; Duvergier, t. 20, n° 433.

422. — Mais on a dû décider, même sous le Code, que la clause par laquelle des associés étaient convenus qu'en cas de mort de l'un d'eux il serait représenté par une personne déléguée, ne peut avoir d'effet si le contrat a été formé sous l'empire de la loi romaine. — *Besançon*, 11 janv. 1810, Dormoy et Lubert c. Alain.

423. — Lorsqu'un acte de société porte qu'en cas de décès de l'un des sociétaires, la société continuera entre ses *représentans* et les autres intéressés, il faut entendre par les *représentans* non-seulement les héritiers, mais les ayans droit quelconques de ce sociétaire. — *Paris*, 13 août 1834, Benazet c. Delamarre. — Pardessus, t. 4, n° 1059; Duvergier, t. 20, n° 440.

424. — Le légataire devrait être compris sous le mot *héritier* et la société continuerait avec lui. — Pardessus, t. 4, n° 1059; Duvergier, t. 20, n° 440.

425. — Il en serait de même des héritiers irréguliers comme l'enfant naturel ou le conjoint. — Duvergier, *ibid*.

426. — Les auteurs sont divisés sur le point de savoir si la stipulation, insérée au pacte social, de continuation de la société au cas de décès de l'un des associés, engage ceux des héritiers de cet associé qui sont, au moment du décès, dans les liens de la minorité. — M. Troplong (n° 934) soutient l'affirmative. « Jadis, dit-il, les sociétés taisibles se continuaient sans difficulté avec les héritiers mineurs de l'héritier prédécédé, et cela bien qu'on ne pût commencer une société taisible avec un mineur (Lebrun, chap. 2, n° 6, qui cite la coutume du Nivernais). Voyez d'ailleurs combien serait difficile la position des sociétés qui, pour agir utilement dans leur entreprise, ne se sont formées qu'à la condition de n'être pas dissoutes par la mort, et qui, sous prétexte de minorité, se verraient enlever le bénéfice d'un pacte nécessaire à leur prospérité. Il ne serait pas impossible qu'une brusque interruption ne les conduisît à une faillite. » — La même opinion est professée par MM. Pardessus et Duranton, t. 17, n° 473.

427. — Au contraire, M. Duvergier (*Sociétés* [contin. de Toullier, t. 20], n° 440) émet des doutes en se fondant sur ce que l'aliénation et l'administration des biens de mineurs sont assujetties à une foule de formalités gênantes et coûteuses, dont l'accomplissement, exigé impérieusement par la loi, serait de nature à entraver à chaque pas la marche des opérations sociales. « Si un héritier, ajoute-t-il, déjà admis aux lieu et place de son auteur, venait à être frappé d'interdiction, la société serait dissoute : elle ne doit donc pas continuer si l'héritier est mineur au moment du décès de l'associé ; l'état de minorité doit empêcher d'établir des rapports que l'état d'interdiction ferait cesser. »

428. — Quant à M. Delangle (n° 651), il pense qu'en général la stipulation qui appelle les héritiers à succéder à l'associé défunt n'est pas annulée par le fait de la minorité des héritiers; mais aussi, 1° que, si le mineur n'a pas atteint l'âge auquel la loi lui permet de faire le commerce, la stipulation est nulle; 2° que, s'il a atteint cet âge, la stipulation n'est valide qu'autant que la famille est d'avis de conférer au mineur l'autorisation nécessaire pour compléter sa capacité commerciale.

429. — Ces distinctions ne sont pas admises par M. Troplong (*loc. cit.*). « J'ai rencontré, dit-il, des esprits qui s'imaginent que la continuation de société exige en quelque sorte un concours de volonté de la part des mineurs, comme s'il s'agissait de constituer une société; mais l'erreur est grave : la continuation de société ne saurait être jugée du même œil que la constitution de la société. — Celle ci est une *œuvre de la volonté*, celle-là est une *charge de l'héritage*; c'est un pacte légalement formé qui se transmet avec la succession : *Tam hæredibus nostris quam nobismet ipsis cavemus*. » — L. 9, *De probat.*

430. — Jugé, en ce sens, que la stipulation aux termes de laquelle la société doit se continuer avec les héritiers des associés doit recevoir son exécution même au cas de minorité de ces héritiers. — *Liége*, 26 juill. 1827, Regnier c. Helbig.

431. — Une décision semblable résulte, d'une manière au moins implicite, d'un arrêt de la Cour de cassation du 10 nov. 1847 (t. 1er 1848, p. 16), Tivolier c. Martin.

432. — Au reste, il paraît reconnu que la question n'est pas susceptible de controverse, et que la société continue incontestablement de subsister avec les héritiers mineurs, lorsque l'associé décédé n'était que simple commanditaire. — V. MM. Troplong et Delangle (*loc. cit.*).

433. — M. Troplong (n° 903) pense que, même en l'absence de toute stipulation formelle de continuation de la société pour le cas de décès de l'un des associés, les actes faits postérieurement au décès par l'associé survivant qui avait la signature sociale engagent les héritiers du prédécédé vis-à-vis des tiers qui ont ignoré le décès; qu'en effet, les associés en nom collectif étant mandataires les uns des autres pour tout ce qui tient au commerce entrepris, il y a lieu d'appliquer le principe qui veut que, lorsqu'un mandataire, quoique connaissant le décès, a cependant traité avec des tiers qui l'ignoraient, ceux-ci aient une action contre les héritiers du mandant. « Et cette responsabilité des héritiers, dit-il, ce n'est pas seulement dans le cas où ils sont majeurs qu'elle vient les atteindre, c'est encore dans le cas où ils sont mineurs. Ici le crédit l'emporte sur la faveur de pupillarité : les mineurs avaient, en effet, un tuteur qui pouvait empêcher l'action du mandataire; les tiers, au contraire, n'avaient une juste cause d'ignorance qui ne leur permettait pas de s'en défier. »

434. — La Cour de cassation a, au contraire, jugé que les héritiers mineurs d'un associé décédé ne peuvent jamais être liés que *par une stipulation formelle* de continuation faite par leur auteur. Et qu'en l'absence d'une pareille stipulation, les tribunaux ne pouvaient faire résulter la continuation de la société de faits et de circonstances : ce pouvoir d'appréciation ne leur appartenant que lorsqu'il s'agit d'héritiers majeurs. — *Cass.*, 10 nov. 1847 (t. 1er 1848, p. 16), Tivolier c. Martin.

435. — On voit à quel point la doctrine de M. Troplong qui met les héritiers mineurs à la discrétion de l'associé survivant, et qui, pour les engager dans une société commerciale, les rend passibles de la négligence du tuteur, s'éloigne de celle consacrée par l'arrêt ci-dessus cité. — M. Delangle (nos 580 et suiv.) semble, sous un rapport, s'en rapprocher davantage lorsqu'il attribue au décès, même ignoré des tiers, le pouvoir de rompre la société, à moins que *les associés survivans aient essayé de persuader au public que, nonobstant le décès de l'un d'eux, le contrat n'était pas rompu*; mais reste alors le point de savoir si cette manifestation formelle ou implicite, par les héritiers, de la volonté de continuer la société malgré la dissolution opérée par le décès de leur auteur, manifestation qui équivaudrait en quelque sorte à une formation nouvelle de société, peut trouver légalement sa place lorsqu'il s'agit d'héritiers mineurs, lesquels, à raison de leur incapacité, ne sauraient être engagés dans les conséquences d'une société commerciale aux opérations de laquelle ils ne peuvent participer.

436. — Or les divers arrêts de la Cour de cassation qui ont reconnu à certains faits personnels aux héritiers, et appréciables par les Cours d'appel, la puissance d'opérer vis-à-vis des tiers continuation de la société (*Cass.*, 16 mai 1838 (t. 2 1838, p. 413), Prat c. Prades; 22 mars 1843 (t. 2 1844, p. 115), Moissar; 26 juill. 1843 (t. 1er 1844, p. 84), Robert c. Coste-Millard; — V. *infrà*, nos 440, 447, 449), arrêts dont celui de 1847 précité confirme la doctrine, ont été rendus dans des espèces où les faits à apprécier étaient imputables à des héritiers majeurs, maîtres de leurs droits : ils ne pouvaient donc être d'aucune influence dans l'espèce particulière, où il s'agissait d'héritiers mineurs. Sous ce dernier rapport, les principes posés par le nouvel arrêt de la Cour de cassation sont d'une très-haute importance.

437. — Lorsqu'il y a plusieurs héritiers, ils ne forment tous qu'une tête dans la société et ne peuvent venir tous y prendre part. Ils doivent donc s'entendre, ou, à défaut d'accord, le tribunal doit y pourvoir, pour que l'hérédité soit représentée par un seul. — Pardessus, t. 4, n° 1059; Duranton, t. 17, n° 472; Duvergier, t. 20, n° 886.

438. — Les associés peuvent aussi stipuler que la société, en cas de mort d'un associé, continuera entre les survivans seulement. Dans ce cas l'héritier du décédé n'a droit qu'au partage de la société eu égard à la situation de cette société lors du décès et ne participe aux opérations ultérieures qu'autant qu'elles sont une suite nécessaire de ce qui s'est fait avant la mort de l'associé auquel il succède. — C. civ., art. 1868.

439. — Jugé encore que lorsque après le décès du père de famille la maison de commerce est reprise par ses fils, qui s'associent entre eux dans les formes légales, la mort de l'un de ceux-ci, dont ses frères sont héritiers, n'empêche pas que la société continue alors que cet événement n'a amené ni liquidation, ni diminution dans les valeurs, ni changement de la raison sociale. — *Caen*, 8 mars 1842 (t. 2 1843, p. 41), Mélidor-Moisson.

440. — La mort de l'un des associés a pu être déclarée insuffisante pour opérer la dissolution de la société si les autres associés ses frères et ses héritiers ont continué pendant un grand nombre d'années les opérations sociales sans faire aucune liquidation ni changement de la raison sociale. — *Cass.*, 22 mars 1843 (t. 2 1844, p. 115), Mélidor-Moisson.

441. — La mort d'un associé est sans doute habituellement une cause de dissolution des sociétés, cependant la règle n'est pas si absolue qu'on serait tenté de le croire au premier abord. Aussi la Cour de Caen a-t-elle posé en principe que la dissolution par le décès d'un des associés n'est pas de l'*essence* des sociétés (8 mars 1842 précité, n° 439). On ne peut hésiter, par exemple, dans les sociétés anonymes, qui ne sont qu'une agrégation de capitaux et où la considération des personnes a été indifférente pour la formation de la société. — Pardessus, t. 4, n° 1058; Troplong, n° 441.

442. — Ainsi, en cas de mort de l'individu assuré par une compagnie d'assurance mutuelle contre l'incendie, l'assurance n'est pas éteinte, et elle continue au profit de ses héritiers. — Troplong, n° 886.

443. — Il en faudrait dire autant dans les sociétés en commandite par actions, au moins en ce qui concerne les commanditaires; car la mort du gérant dans une commandite en entraînerait certainement la dissolution. — Pardessus, *ibid.*; Troplong, n° 887.

444. — Mais si dans la société en commandite rien n'indiquait que les commanditaires aient le droit de se substituer qui bon leur semble, sans l'autorisation des autres associés, la mort du commanditaire devrait dissoudre la société. — Pardessus, t. 4, n° 1057; Duvergier, t. 20, n° 435; Troplong, n° 888; Delangle, n° 644.

445. — L'association en participation ne se dissoudra par la mort d'un des associés qu'autant qu'il aurait été chargé d'un travail personnel qui ne pourrait plus être exécuté, ou d'une partie de gestion et d'administration qui ne sauraient être remplies par ses héritiers. — Pardessus, t. 4, n° 1058.

446. — Que la société se dissolve ou non par la mort d'un associé, elle reste toujours distincte de sa succession; et les héritiers de l'associé décédé n'ont pas le droit, lorsqu'ils se sont portés ses héritiers bénéficiaires, d'exiger que l'inventaire comprenne non-seulement les titres et papiers personnels de l'associé, mais les livres et papiers de la société. — *Rennes*, 27 fév. 1823, Coquebert.

447. — Encore bien qu'aux termes de l'art. 1865 C. civ. toute société finisse, à moins de convention contraire, par la mort de l'un des associés, la société qui succède à une société ainsi dissoute peut néanmoins être déclarée obligée vis-à-vis des tiers s'il est jugé en fait que les nouveaux sociétaires ont employé tous leurs efforts pour retenir le public dans la persuasion qu'il n'y a pas eu de dissolution. — *Cass.*, 16 mai 1838 (t. 2 1838, p. 413), Prat c. Prades.

448. — Lorsque la veuve et les enfans d'un négociant ont continué, sans inventaire, sans liquidation, sous la raison *veuve une telle et fils*, le commerce que leur mari et père faisait sous la raison *un tel et compagnie*, et qu'ils ont, en outre, payé des dettes contractées par lui sous cette raison, ils ne peuvent néanmoins être regardés comme étant dans les liens d'une continuation de la société primitive, et rester passibles des actions existant contre elle, alors surtout que cette veuve était mariée sous le régime dotal, et que ses biens ne pouvaient, par cette raison, être

compris dans la société commerciale de son mari. — *Agen*, 4 août 1817 (et non 1807), Bosq c. Dullié. — Duvergier, t. 20, nos 432 et suiv.

449. — Lorsque, postérieurement au décès de l'un des associés (décès non rendu public par les voies requises en matière de dissolution de société), l'exploitation qui faisait l'objet de la société a continué à marcher dans l'intérêt des associés ou de leurs représentans, et qu'il n'a été procédé à aucune liquidation, on doit considérer cette société comme ayant continué de subsister au moins à l'égard des tiers qui, dans cette confiance, ont traité avec elle, même depuis le décès de l'associé. — Et ces tiers peuvent, en cas de non-paiement, faire prononcer sa mise en faillite. — *Cass.*, 26 juill. 1843 (t. 1er 1844, p. 84), Robert c. Coste-Millard.

450. — En cas de dissolution d'une société commerciale par la mort de l'un des associés, les survivans, qui ont constitué une société nouvelle pour la continuation des opérations de l'ancienne, et qui ont conservé la même raison sociale, ont qualité pour poursuivre contre un tiers l'exécution d'une sentence arbitrale obtenue par la société dissoute, alors que tout l'actif de la première société dissoute appartient à la seconde. — *Colmar*, 18 juin 1841 (t. 2 1841, p. 510), Hattenberger c. Meyer.

451. — ... 4° La société se dissout par la mort civile, l'interdiction ou la déconfiture de l'un des associés. — C. civ., art. 1865.

452. — Il faut ajouter et par la nomination à l'un des associés d'un conseil judiciaire. — Duvergier, t. 20, no 443.

453. — Il faut également assimiler à la déconfiture prévue par l'art. 1865, la faillite d'un associé. — Duvergier, *ibid.*

454. — Jugé que les dispositions de l'art. 1865 C. civ. relatives aux différens cas de dissolution des sociétés ne sont pas d'ordre public, et qu'en conséquence la déconfiture de l'un des associés n'emporte pas dissolution de la société s'il résulte de l'ensemble du pacte social qu'il a été dans l'intention des parties de continuer la société malgré cette déconfiture. — *Orléans*, 29 août 1844 (t. 2 1844, p. 417), Boissière c. Barthélemy.

455. — M. Pardessus soutient que la faillite ou la déconfiture d'un associé autorisent sans doute ses coassociés à demander la dissolution de la société, mais que le failli lui-même ou ses créanciers seraient non recevables à la provoquer. — *Dr. comm.*, no 1066. — « La faillite, dit M. Pardessus (*loc. cit.*), n'est pas, comme la mort, un événement à la fois nécessaire et naturel. Elle est un fait de celui qui s'en trouve frappé, qui ne peut jamais être pour lui, ni pour ceux qui sont à ses droits, un moyen de le dégager de ses obligations. En général, la masse des créanciers d'un failli le représente, est tenue de ses charges, n'a pas d'autres droits que les siens. — Que les associés du failli puissent déclarer qu'ils ne veulent plus avoir de rapports sociaux et solidaires avec celui qui ne leur présente plus la sûreté réelle et morale sur laquelle ils ont compté lorsqu'ils ont contracté avec lui, rien de plus juste, de plus conforme aux vrais principes que nous développerons. Mais qu'un associé, ou ce qui est la même chose, que ses créanciers, qui ne sont que ses représentans, se fondent sur l'état d'insolvabilité dans lequel il est tombé pour prétendre dissoudre la société dont il était membre, c'est assurément ce que ni les principes du droit ni l'équité n'autorisent. » — Tel est aussi l'avis de M. Troplong, t. 2, p. 389, no 906; Persil fils, *Traité des sociétés*, p. 360; et Malepeyre et Jourdain, *Traité des sociétés commerciales*, p. 298.

456. — Toutefois, on peut opposer que l'art. 1865 prononce la dissolution d'une manière absolue; aussi M. Delangle pense-t-il qu'il est juste que les créanciers du failli ou de l'individu tombé en état de déconfiture puissent demander sur-le-champ la liquidation de la société. — Delangle, no 661.

457. — En tout cas il paraît vrai que, dans les sociétés en commandite, la faillite ou la déconfiture du commanditaire, aussi bien que sa mort, n'amèneront pas la dissolution de la société si ses droits pouvaient être cédés à des tiers sans le consentement de ses coassociés. — Pardessus, *ibid.*

458. — Les associés peuvent sans doute stipuler que la société continuera malgré l'interdiction d'un des associés, mais cette clause ne serait pas comprise de droit dans la convention que la société continuera en cas de mort avec les héritiers du prédécédé. — Duvergier, t. 20, no 439.

ART. 2. — *Dissolution conventionnelle.*

459. — La société ne peut être dissoute par convention qu'autant que toutes les parties sont d'accord. Un seul associé aurait le droit de s'opposer à la dissolution avant le terme et d'exiger l'exécution des conventions.

460. — La preuve de la dissolution d'une société avant le terme doit être assujettie aux mêmes règles que la preuve de la société elle-même. On ne serait donc point admis à prouver par témoins la dissolution d'une société civile dont l'objet serait d'une valeur de plus de 150 fr.

461. — Même au-dessous de 150 fr. la preuve par témoins ne serait point admise, si les parties avaient rédigé un acte écrit en vertu de l'art. 1834, qui porte que la preuve testimoniale n'est point admise contre et outre le contenu aux actes de société, encore qu'il s'agisse d'une somme moindre de 150 fr. — Duvergier, t. 20, no 461.

462. — Les mêmes principes s'appliquent aux sociétés commerciales; on a jugé que la dissolution d'une société commerciale prouvée par écrit et dont le terme n'est point expiré, ne peut être établie par témoins. — *Bordeaux*, 15 nov. 1827, Bourdet c. Larfeuil.

463. — On pourrait prouver par témoins la dissolution d'une société en participation qui a été formée sans écrit.

464. — Mais nous ne saurions approuver, en principe au moins, l'arrêt qui dans une espèce où la société en participation avait été formée par écrit, a jugé que la dissolution de cette société avant l'expiration du temps avait pû être établie à l'aide de présomptions et de la preuve testimoniale. — *Cass.*, 10 janv. 1831, Balathies c. de Chalabre.

465. — Ne donne point ouverture à cassation un arrêt qui reconnaît l'anéantissement d'un premier acte de société passé entre les parties, et son remplacement par un autre, en se fondant sur des circonstances de fait : notamment sur ce que le fonds social, le personnel des associés et les conditions de la seconde association étaient entièrement différens. — *Cass.*, 8 janv. 1837 (t. 1er 1840, p. 242), Parmentier et Stiefvater c. Grillet.

466. — Lorsque, avant la fin d'une entreprise qu'ils avaient commencé d'exécuter en société, deux individus conviennent de dissoudre cette société, de manière que l'un d'eux reste seul chargé de la suite de l'entreprise, le transport que ce dernier fait à l'autre, pour le remplir de sa part de bénéfice, d'une certaine somme due par un tiers à la société, doit, alors qu'il a été notifié, recevoir son exécution de préférence aux autres obligations que le même débiteur aurait contractées postérieurement dans l'intérêt de l'entreprise continuée par lui seul, et qui n'auraient fait l'objet que de transports postérieurement signifiés. — *Cass.*, 26 avr. 1831, Godde c. Sagnier.

467. — Encore que l'associé d'une entreprise commerciale, arrêté par force majeure ait stipulé, dans l'acte de suspension, que la société reprendrait son cours, si les causes qui l'avaient fait suspendre venaient à cesser, cette stipulation ne produit pas effet de plein droit. — *Paris*, 20 janv. 1830, Hévin c. Billard.

ART. 3. — *Dissolution demandée par les associés.*

468. — Les sociétés dont la durée est illimitée peuvent être dissoutes par la volonté d'un seul des associés. La dissolution s'opère dans ce cas par la renonciation notifiée à tous les associés. Cette renonciation doit être de bonne foi, et non faite à contre-temps. — *Colmar*, 22 juin 1821, Cornebise c. Stoltz et Charmoy.

469. — La renonciation n'est pas de bonne foi lorsque l'associé renonce pour s'approprier à lui seul le profit que les associés s'étaient proposé de retirer en commun. Elle est faite à contre-temps lorsque les choses ne sont plus entières, et qu'il importe à la société que sa dissolution soit différée. — C. civ., art. 1870.

470. — En tout cas la mauvaise foi ne se suppose pas, c'est l'associé contre lequel la demande en dissolution de la société est formée et qui soutient qu'elle est faite soit de mauvaise foi, soit à contre-temps, à prouver cette assertion. — *Colmar*, 14 juill. 1840 (t. 2 1840, p. 464), Baumann. — Duvergier, t. 20, nos 452 et suiv.

471. — Il faut assimiler aux sociétés dont la durée est limitée, et qui par suite ne peuvent être dissoutes par la renonciation d'un seul des associés, celles qui sont formées pour une opération déterminée. — Duvergier, t. 20, no 453; Troplong, no 970; Duranton, t. 17, no 476.

472. — Quelles sociétés auront une durée illimitée? C'est une question de fait à résoudre par les tribunaux. Il est certain seulement que toute société dont la durée aura plus de cinq ans, ne devra pas être considérée comme illimitée. — Troplong, no 968; Duranton, t. 17, no 392.

473. — Les associés peuvent-ils renoncer au droit que la loi leur reconnaît de faire dissoudre, par le seul effet de leur volonté, la société dont la durée est illimitée? Un arrêt de la Cour de Lyon, du 12 août 1828 (Matmarel c. Pailloux), résout cette question *affirmativement* dans ses motifs, et cela d'une manière *générale et absolue*. — Cet arrêt juge en outre qu'il en est de même surtout lorsqu'il s'agit d'une société formée pour l'exploitation d'une mine, la loi du 21 avr. 1810, sur les concessions de mines, s'opposant à ce qu'une société à laquelle une mine a été concédée puisse être dissoute par la volonté d'un ou de plusieurs des sociétaires. — V. cet arrêt sous *Cass.*, 7 juin 1830.

474. — Il en serait de même des sociétés formées pour l'exploitation des canaux et des chemins de fer. — Décr. du 16 mars 1810, art. 5. — V. Pardessus, *ibid.*

475. — Cette doctrine, envisagée au point de vue *général*, est contraire à celle de M. Delangle (*Traité des sociétés commerc.*, t. 2, nos 667 et suiv.), qui, dans le cas de sociétés illimitées, n'admet pas comme licite la renonciation formelle ou implicite des associés à demander la dissolution. — « En permettant à chaque associé, dit cet auteur, quand il le jugerait à propos, d'abréger le cours des sociétés contractées sans limitation de temps, la loi a voulu empêcher que la vie d'hommes intelligens ne se consumât dans l'accomplissement de conventions qui, sans compensation suffisante, les condamneraient à de stériles occupations, sans cesse mêlées de querelles, qu'enfante la communauté d'intérêts. La loi n'a pas eu d'autre but. Or les inconvéniens dont elle s'est préoccupée cessent-ils parce que, dans le pacte qui les lie, les parties auront déclaré qu'elles s'interdisent la faculté que le droit leur accorde? L'arrêt de Lyon (celui de 1828 précité, no 473) allègue que la règle posée dans l'art. 1869 ne tient pas à des motifs d'intérêt et d'ordre publics; mais il n'en est pas autrement dans le cas prévu par l'art. 815, et cependant aucune stipulation, si formelle qu'elle soit, ne peut obliger les copropriétaires à rester indéfiniment dans l'indivision. Il y a bien entre ces deux cas cette différence que, dans l'art. 815, la loi a formellement expliqué qu'elle ne tiendrait pas compte des renonciations faites par les communistes, et que rien de semblable n'est exprimé dans l'art. 1869; mais la pensée de la loi est la même dans les deux hypothèses; elle se détermine par la considération des embarras inhérens aux communautés qui ne cessent pas; et, à moins de rendre illusoire la seconde disposition, il faut y ajouter ce que contient la première : la nullité des renonciations faites dans l'acte même de société. — La prévoyance de la loi serait bien vaine si on pouvait la paralyser par une clause de style. — L'esprit général du droit est de rejeter toute renonciation anticipée aux facultés dont l'exercice appartient à l'avenir : ainsi, on ne peut renoncer à la prescription qui n'est pas acquise; on ne peut s'interdire la faculté de demander un partage dans le cas d'indivision; on ne peut davantage renoncer au droit de demander la dissolution d'une société à terme, s'il survient des causes de nature à justifier la rupture du contrat; la loi romaine et la doctrine des auteurs sont d'accord sur ce dernier point. Comment donc la renonciation qui s'applique aux sociétés illimitées aurait-elle plus d'effet? Comment, parce qu'elle est stipulée dans l'acte même de la société, en couvrirait-elle le vice et ferait-elle qu'un contrat illimité dans sa durée fût à l'abri de toute attaque? — Il ne faut pas sans doute enlever aux conventions leur efficacité; mais, quand il s'agit de sociétés illimitées, qu'importe que les associés se soient directement ou indirectement interdit la faculté d'en demander la dissolution? La nature de la société change-t-elle pour cela? N'est-elle pas ce qu'elle était avant, illimitée dans sa durée? La renonciation empêche-t-elle qu'elle ait tous les inconvéniens dont le remède est dans la faculté sans cesse ouverte de rompre le contrat? C'est évidemment se jouer de la loi que d'en paralyser l'application par une formule dont le résultat n'est pas de corriger, mais au contraire de confirmer le caractère et les effets de la conven-

tion : Toutes les renonciations du monde ne peuvent pas faire qu'une société contractée sans limitation de temps ne tombe sous l'application de l'art. 1869 du C. civ. Le système adopté par la Cour de Lyon ne tend à rien moins qu'à confisquer la règle : son arrêt en effet tire de l'ensemble des stipulations une renonciation implicite, et c'est en supposant que les associés n'ont pas voulu se réserver la faculté de révoquer le contrat qu'il la leur dénie ; mais, à ce compte, les parties sont livrées à l'arbitraire, et la plus abusive interprétation peut les priver de leur droit. Il faut, pour prévenir ces dangers, revenir à la loi, et, s'attachant à sa pensée comme à son texte, décider qu'une renonciation anticipée, et dont l'effet n'est pas de modifier la nature ou les stipulations de la société, ne peut fermer la porte aux réclamations de l'associé qui, en se fondant sur le caractère illimité de la convention, en demande la dissolution. » — V. la discussion de M. Troplong, t. 2, n° 971. — L'opinion de M. Duranton, qui applique l'art. 815 à la matière des sociétés civiles, est repoussée par la plupart des auteurs. — Troplong, t. 2, n° 968 ; Duvergier, t. 6 (contin. de Toullier, t. 20), n° 415.

476. — Toutefois, on pense généralement que tous les associés qui peuvent vendre leur part sont non recevables à demander la dissolution des sociétés. Tels sont les actionnaires dans les sociétés anonymes, et même les commanditaires dans les commandites divisées par actions. — Pardessus, t. 4, n° 1063. — Troplong, n° 971.

477. — Jugé encore que le droit que l'art. 1869 du C. civ. accorde à tout membre d'une société dont la durée est illimitée, de faire dissoudre cette société par le seul effet de la volonté exprimée de bonne foi et en temps opportun, ne peut être exercé lorsque les associés ont consenti dans les stipulations sociales à substituer à ce moyen légal d'autres moyens de s'affranchir des obligations résultant de la société. Ainsi, par exemple, lorsqu'ils ont remplacé ce droit de demander la dissolution par celui de vendre les actions qui représentent le capital social. — *Cass.*, 6 déc. 1843 (t. 1er 1844, p. 5), Bos c. de Granal.

478. — Et que l'arrêt qui en présence de l'acte de société, et par interprétation de ses termes ainsi que de l'intention des parties, déclare qu'au moyen de la faculté réservée aux associés de vendre leurs actions, ceux-ci ont renoncé au droit de demander la dissolution, échappe, en ce qui concerne cette appréciation de fait, à la censure de la Cour de cassation. — Même arrêt.

479. — La renonciation doit être notifiée à tous les associés ; la notification qui ne serait faite qu'à quelques-uns d'eux n'opérerait pas la dissolution, même à l'égard de ceux-là. — Delvincourt, t. 3, notes, p. 235 ; Duvergier, t. 20, n° 458 ; Duranton, t. 17, n° 477 ; Delvincourt, t. 3, p. 235, notes ; Troplong, n° 982 ; Zachariæ, t. 3, p. 75, note 11.

480. — Toutefois cette proposition doit s'entendre en ce sens que la renonciation qui n'est faite qu'à un seul ou qui est faite de mauvaise foi ou à contre-temps ne libère point l'associé de qui elle émane envers ses associés, mais elle libère ceux-ci envers lui. — L. 65, ff., *Pro socio*. — Duvergier, t. 20, n° 459.

481. — L'acte extrajudiciaire par lequel l'associé somme son coassocié de comparaître en l'étude d'un notaire pour s'y entendre sur le mode de partage ou de licitation des immeubles de la société (dont la dissolution aurait été convenue d'un commun accord) équivaut à la renonciation prescrite par l'art. 1869 C. civ. — D'ailleurs le but de cette notification est rempli par l'assignation en dissolution devant le tribunal de commerce. — *Colmar*, 14 juill. 1840 (t. 2 1840, p. 464), Baumann.

482. — Il semble raisonnable, quand la renonciation est faite de mauvaise foi ou à contre-temps, de dire qu'elle subsistera cependant, sauf le droit pour les associés de faire condamner le renonçant à des dommages-intérêts équivalant au tort qu'il leur cause. — *Lyon*, 18 mai 1823, Bail c. Monlon et Brisson. — Duranton, t. 17, n° 477. — V. cependant Duvergier, t. 20, n° 480 ; Delangle, n° 676.

483. — La dissolution d'une société, formée pour suivre des affaires contentieuses entre deux individus, dont un était pourvu d'une commission d'avoué qu'il conservait à son profit, donnait à l'autre droit à une indemnité. — *Paris*, 11 fruct. an XIII, Delaunoy c. Jullien.

484. — La dissolution des sociétés dont la durée est limitée peut même être prononcée sur la demande d'un seul associé s'il y en a de justes motifs, comme lorsqu'un autre associé manque à ses engagemens, ou qu'une infirmité habituelle le rend impropre aux affaires de la société, ou dans d'autres cas semblables dont la légitimité et la gravité sont laissées à l'arbitrage des juges. — C. civ., art. 1871.

485. — Une mésintelligence grave survenue entre des associés peut être une cause de dissolution de la société avant son terme. — *Aix*, 18 juin 1822, Bethfort c. Damage.

486. — Et l'associé qui demande la dissolution pour cause de mésintelligence est dispensé de prouver qu'elle provient du fait des autres associés. — Même arrêt.

487. — Les injures d'un associé envers son coassocié peuvent être considérées comme constituant une violation du pacte social, et par suite comme étant une cause de dissolution de la société avant son terme. Ces règles sont applicables aux sociétés en commandite, et l'associé commanditaire peut se prévaloir de la mésintelligence ou des injures pour faire prononcer la dissolution contre les associés gérans. — Même arrêt.

488. — Il y a lieu de prononcer la dissolution d'une société avant le terme convenu pour sa durée, s'il est constant que l'un des associés a manqué à ses engagemens ; et alors même que ces engagemens résulteraient non de l'acte social, mais d'un acte postérieur qui n'en est que le complément. — *Cass.*, 27 mars 1844 (t. 2 1844, p. 533), Chatelain c. Delafosse.

489. — L'un des associés n'est pas admissible à se faire remplacer dans la société par un mandataire, sur le fondement de son âge et de ses infirmités. Cette incapacité reconnue donne lieu à la dissolution de la société, lorsqu'elle est provoquée par le coassocié. — *Colmar*, 8 janv. 1820, Giovanolly c. Hickel.

490. — Les créanciers d'un individu qui a contracté une société à terme peuvent demander sa dissolution et le partage des biens qui la composent, quoique ce terme ne soit pas encore arrivé. — *Besançon*, 11 janv. 1810, Dormoy et Lubert c. Alain. — Pardessus, t. 4, n° 1066.

491. — Une Cour d'appel n'excède pas les bornes de sa compétence en prononçant la dissolution d'une société formée entre des entrepreneurs de travaux publics, alors que cette décision n'altère en rien le marché passé entre ces entrepreneurs et l'administration et qu'aucun conflit n'a été élevé par l'autorité administrative. — *Cass.*, 6 juill. 1829, Bordais c. Trochu et Faure.

492. — L'absence d'un des associés pourrait être considérée comme une cause de dissolution de la société. — V. ABSENCE, n° 31.

Sect. 6e. — *Liquidation.*

ART. 1er. — *Nomination des liquidateurs.*

493. — Une fois que la société est dissoute, il devient nécessaire de procéder à la liquidation et au partage. Que la société soit civile ou commerciale, les principes sont les mêmes. Il n'y a plus, dans tous les cas, qu'une communauté dont on doit payer les dettes et réaliser l'actif pour ensuite procéder au partage.

494. — Cette opération intéresse à la fois les associés et les tiers créanciers de la société. Il importe donc de l'examiner sous le double point de vue des associés et des tiers pour reconnaître les devoirs des uns et des autres.

495. — Le droit de réclamer la liquidation et le partage appartient à tous les associés ou à leurs représentans, et ainsi les créanciers personnels d'un associé peuvent, en cas de décès de leur débiteur, et comme exerçant ses droits, demander la liquidation de la société. — *Paris*, 3 juin 1834, Witlorf c. Deschevailles ; 4 avr. 1835, Debuire c. Sbille.

496. — Un associé, de même qu'un héritier, ne peut, par action spéciale, à raison d'un seul objet, former une demande contre son associé ou son cohéritier ; il ne peut agir que par action universelle, aux fins de faire établir la situation respective tant active que passive. — *Besançon*, 3 janv. 1845 (t. 1er 1846, p. 441), Grossot c. Jeannin.

497. — Lorsque, sur une action en liquidation de société commerciale, l'héritier présomptif d'un associé demande son renvoi devant le tribunal civil pour faire statuer sur sa qualité, le tribunal de commerce peut passer outre, si cet héritier a pris la qualité d'héritier bénéficiaire. — *Turin*, 1er août 1811, Heysch c. Baudino et Biodo.

498. — Il est rare et presque impossible que les affaires d'une société soient tellement claires qu'on puisse, aussitôt après la dissolution, procéder au partage, et la première mesure à prendre consistera dans la nomination d'un liquidateur.

499. — Cette nomination, si elle ne résulte pas de l'acte de société, devra être faite par tous les associés. La majorité, même quand la société aurait été commerciale, ne peut plus, la société étant dissoute, imposer sa volonté à la minorité ; et le refus d'un seul des associés obligera les autres à recourir soit à la juridiction civile, soit à la juridiction arbitrale. — Pardessus, t. 4, n° 1074, 1° ; Troplong, n° 1025. — *Contrà*, Persil, p. 380.

500. — Si, par suite de décès ou de disparition, il ne reste plus qu'un membre d'une société commerciale qui a été dissoute sans qu'aucun associé ait été investi de la qualité de liquidateur, l'associé restant n'a pas le droit de prendre cette qualité *ipso facto*. — *Cass.*, 13 juin 1831, Lafitte c. Morel. — Malepeyre et Jourdain, p. 326.

501. — Dans ce cas, l'associé restant, qui, après le décès de ses coassociés, s'est constitué seul administrateur des valeurs sociales, ne peut disposer de plus que sa part dans une créance de la société. — *Cass.*, 3 août 1819, Delarue et Fromont c. Hervé et Delaunay ; 13 juin 1831, Lafitte c. Morel.

502. — Les tribunaux peuvent nommer pour liquidateurs un ou plusieurs des anciens associés ou même des étrangers.

503. — Si le gérant avait confondu les choses et affaires de la société avec ses affaires personnelles et particulières, il y aurait lieu d'ordonner une liquidation spéciale et séparée de la société. — *Douai*, 14 déc. 1843 (t. 1er 1844, p. 212), Liagre c. Lessens.

ART. 2. — *Droits et devoirs des liquidateurs.*

504. — Lorsque le jugement ou la convention qui nomment les liquidateurs n'ont pas fixé l'étendue de leurs pouvoirs, on doit les considérer comme des mandataires chargés d'administrer et leur appliquer les règles du mandat. — Pardessus, t. 4,, n° 1074, 1°.

505. — Le liquidateur d'une société, même commerciale, ne peut, à ce titre, hypothéquer les immeubles sociaux sans un pouvoir exprès. — *Cass.*, 2 juin 1836, Bornet c. Leyritz. — Troplong, n° 1022.

506. — L'hypothèque consentie, après la dissolution de la société, sur les immeubles sociaux par l'associé liquidateur, sans le concours ou le pouvoir spécial de son coassocié, ou la vente de ces immeubles sont sans effet quant à la portion appartenant à celui-ci, et n'affectent que la moitié revenant à l'associé liquidateur. — *Cass.*, 3 août 1819, Delarue et Fromont c. Hervé et Delaunay.

507. — Le liquidateur ne peut obliger les anciens associés par la souscription ou l'endossement d'effets de commerce. — Frémery, p. 70 ; Horson, p. 41 ; Troplong, n° 1012.

508. — La Cour de Rouen a jugé, avec raison, cependant, que le liquidateur d'une société de commerce, comme son mandataire légal à l'égard des tiers, avait pouvoir pour obliger les associés par l'endossement fait à des tiers d'effets appartenant à la société. — *Rouen*, 12 avr. et 26 août 1845 (t. 1er 1848, p. 651), Gosselin c. Drouillard, Lemaître c. Dumesnil.

509. — Le liquidateur d'une société commerciale a, sauf restriction spéciale dans ses pouvoirs, le droit de prendre, pour pourvoir aux besoins de la société, toutes les mesures que comportent les intérêts et les usages du commerce, et, spécialement, de consentir un nantissement de marchandises au profit d'un créancier. Par suite, il peut valablement, lorsque, dans une vente de marchandises faite à la société, un tiers s'est porté garant de celle-ci, à condition que lesdites marchandises lui seraient remises en nantissement, réaliser le gage en faveur de ce tiers : bien que les termes de paiement de la vente ne soient point encore échus. — *Paris*, 17 mars 1849 (t. 1er 1849, p. 611), Grandjean c. Rodouan.

510. — Le liquidateur d'une société commerciale a le droit de prendre, pour arriver au recouvrement de l'actif, les moyens qui sont dans l'usage et l'intérêt du commerce. Les instructions secrètes contraires qui lui auraient été données ne peuvent être opposées aux tiers. — Spécialement il peut faire traite en règlement sur les débiteurs de la société, et ses traites engagent la société vis-à-vis des tiers auxquels

elles sont négociées. — *Paris*, 29 août 1849 (t. 2 1849, p. 174), Bégis c. Comptoir national d'escompte.

511. — Mais la procuration donnée à un associé par son coassocié à l'effet d'aliéner les immeubles qui lui appartiennent ou pourront lui appartenir, soit privativement, soit en commun, et dans le but de payer les dettes de la société, n'est pas révoquée par la dissolution de cette société lorsque la liquidation en est confiée à l'associé mandataire. — *Cass.*, 3 août 1819, Delarue et Fromont c. Hervé et Delaunay.

512. — L'associé liquidateur d'une société dissoute n'a pas, en cette qualité, le pouvoir de compromettre sur les contestations qui intéressent la société. — *Cass.*, 15 janv. 1812, Michel c. Hainguerlot; *Rennes*, 22 mai 1821, Caillaud c. Salentin. — *Contrà*, *Paris*, 10 août 1809, Michel c. Hainguerlot. — Pardessus, *Dr. comm.*, n° 1074 2°; Troplong, n° 402 3°.

513. — Enfin, le liquidateur d'une société commerciale n'a pas, par le seul fait de sa nomination, le droit et le pouvoir de transiger; et ainsi, la ratification du liquidateur ne peut avoir pour effet de rendre obligatoire à l'égard des autres associés la transaction consentie par quelques membres d'une société. — *Paris*, 18 juin 1828, Devaux c. Leleu. — *Contrà*, Pardessus, t. 4, n° 1074 2°.

514. — Comme tout autre mandataire, le liquidateur d'une société même commerciale ne peut, sans le consentement de ses coïntéressés, s'adjoindre un autre liquidateur ou substituer la liquidation en tout ou en partie, sur la tête d'une autre personne. — *Aix*, 11 janv. 1828, Monod c. Maseyk et Reynaud.

515. — Et s'il l'a fait néanmoins, le liquidateur adjoint ou substitué n'a pas, pour raison des sommes qu'il a payées à l'acquit de la liquidation, une action directe de répétition contre les coïntéressés qui ne l'ont pas reconnu. — Il n'a d'action directe en ce cas que contre le liquidateur titulaire qui l'a nommé, et ne peut atteindre les coïntéressés que par action indirecte : c'est-à-dire comme exerçant les droits du liquidateur titulaire. — En conséquence, il est passible de toutes les exceptions opposables au liquidateur titulaire. — Même arrêt.

516. — Cependant, et malgré ces restrictions, on doit reconnaître au liquidateur d'une société de commerce des pouvoirs plus étendus que ceux d'un administrateur ordinaire, autrement il lui serait presque toujours impossible de remplir sa mission. Il pourra par exemple, et sans remplir aucune formalité, acheter ou vendre des marchandises et terminer les opérations commerciales commencées, selon que l'intérêt de la société l'exigera. — Pardessus, t. 4, n° 1074 2°; Troplong, n° 1015 et suiv.

517. — La jurisprudence a même admis à l'égard des liquidateurs des sociétés de commerce une dérogation plus importante aux règles du mandat. — Le liquidateur placé à la tête de la société et devenu son seul représentant répond des opérations qu'il fait pour la société.

518. — On a jugé que le liquidateur d'une société commerciale chargé en outre de gérer et administrer l'établissement social sous sa responsabilité personnelle, est tenu personnellement et par corps des engagemens par lui souscrits. — *Paris*, 28 avril 1841 (t. 1er 1841, p. 619), Hermann-Delong c. Boullé et Filon.

519. — Et s'il y a plusieurs liquidateurs, ils sont personnellement et solidairement tenus par corps des engagemens par eux contractés. — Néanmoins, cette responsabilité personnelle n'existe qu'à partir de l'époque à laquelle leur gérance a commencé. — *Paris*, 26 mars 1840 (t. 1er 1840, p. 669), Delépine et Durcier c. Duthuy.

520. — On a même déclaré les liquidateurs d'une société commerciale personnellement et solidairement tenus envers l'avoué qu'ils ont chargé d'occuper dans une instance intéressant la liquidation, des frais qui lui sont dus. — *Bordeaux*, 14 déc. 1840 (t. 1er 1841, p. 386), Dupré c. Petit, Carette et Chapelier.

521. — Le liquidateur d'une société commerciale nommé par jugement a droit et qualité pour poursuivre en son nom seul toutes les actions de la société. — *Aix*, 5 avril 1832, Larmichon c. Veran.

522. — Les jugemens rendus contre lui sont opposables aux associés, qui ne peuvent les attaquer par voie de tierce opposition. — *Rouen*, 12 avril et 26 août 1845 (t. 1er 1848, p. 651), Gosselin c. Drouillard, Lemaître c. Dumesnil et Bellenger.

523. — Et lorsque le créancier d'une société de commerce a obtenu contre le liquidateur général de cette société un jugement qui liquide sa créance et en prononce la condamnation contre tous les associés solidairement, la signification de ce jugement faite au liquidateur en cette qualité suffit pour faire courir le délai de l'appel contre les associés solidaires auxquels le jugement n'a pas été signifié individuellement. — *Paris*, 28 fév. 1809, Mathieu c. Vanlerberghe.

524. — Le pouvoir accordé à des liquidateurs de liquider l'actif et le passif d'une société avec droit de compromettre et de transiger sur toute contestation, emporte nécessairement celui de défendre aux demandes formées par des tiers contre la société. — *Douai*, 17 sept. 1842 (t. 2 1843, p. 641), Arnoult c. Godard.

525. — Il ne faudrait pas croire cependant que les tiers soient toujours obligés d'agir contre le liquidateur. Cela dépendra de la nature de la société. Si elle est anonyme, les créanciers ne pourront agir que contre les liquidateurs; mais si elle est en nom collectif, la dissolution et la liquidation ne peuvent diminuer en rien les droits des créanciers.

526. — Aussi, lorsqu'une société en nom collectif a été dissoute, et que l'un des associés a été nommé liquidateur, le créancier d'une dette sociale n'est pas nécessairement tenu de diriger son action contre le liquidateur seul; et il a le droit de poursuivre directement celui des associés qu'il lui plaît, encore que cet associé ne soit pas souscripteur de l'effet qui forme le titre de sa créance. — *Toulouse*, 7 août 1834, Saint-Geniès c. Delbert.

527. — Bien qu'en principe une société commerciale formée dans le but de liquider une maison de commerce en assume les charges et se trouve obligée d'y satisfaire à l'égard des tiers, les tribunaux peuvent cependant décider, par appréciation des circonstances et des conventions des parties, que les membres de cette société ne sont que de simples liquidateurs et ne sauraient, dès lors, être personnellement obligés pour tous les actes auxquels leur gestion a donné lieu. — *Cass.*, 21 déc. 1848 (t. 2 1849, p. 254), Bouhault c. Société de Nansouty.

528. — Si un associé venait à se retirer de la société, il resterait de même tenu des engagemens souscrits avant sa retraite. Peu importe, quoique le contraire paraisse résulter d'un arrêt de la Cour de cassat. du 8 prair. an XIII (Donetteau c. Letissier), que la société ne fût point en perte lorsque l'associé s'est retiré. Un débiteur ne peut indépendamment de la volonté du créancier se soustraire à un engagement valablement contracté.

529. — Au surplus et à part ces dérogations nécessitées par la nature même des fonctions du liquidateur, les règles du mandat restent applicables à ses rapports avec les associés.

530. — Ceux-ci, par conséquent, sont solidairement tenus envers lui de tous les effets du mandat qu'ils lui ont confié. — *Cass.*, 17 juin 1833, Baradelle.

531. — Le liquidateur d'une société commerciale nommé à ces fonctions par une sentence arbitrale, rendue seulement entre les associés, à la charge de gérer et administrer jusqu'à l'issue de la liquidation sous sa responsabilité personnelle, doit être réputé avoir représenté les créanciers de la société aussi bien que les associés eux-mêmes. En conséquence, il a un privilége vis-à-vis desdits créanciers pour tous les engagemens par lui contractés en sadite qualité de liquidateur. — *Paris*, 16 déc. 1841 (t. 1er 1842, p. 247), Verdier c. Herman-Delong.

532. — Le liquidateur, d'autre part, peut, comme tout mandataire, renoncer au mandat, en notifiant sa renonciation. — C. civ. 2007.

533. — Cependant l'acquéreur du fonds immobilier d'une société, qui, par son acte d'acquisition, a pris l'engagement d'en opérer la liquidation, peut être obligé à continuer l'opération qu'il a commencée, jusqu'à ce qu'il ait été statué par la justice sur le mérite de l'action par lui intentée en résolution du traité qu'il a souscrit avec les vendeurs, sans qu'on puisse voir là une violation du principe qu'on ne peut demeurer mandataire malgré soi. — *Cass.*, 22 août 1833, Sillac-Lapierre c. Bimar.

534. — Et celui qui connaissant la contestation qui existait sur la validité de certaines éliminations prononcées par les administrateurs d'une société se charge, à ses risques et périls, et à forfait, de la liquidation de cette société, n'a aucun recours à exercer contre les associés dans le cas où les éliminations sont déclarées valables et les éliminés déchargés, par suite, de la contribution aux dettes sociales. — *Cass.*, 5 juill. 1837, Sillac-Lapierre c. Boussairolles.

535. — Il faut enfin remarquer que le liquidateur d'une société commerciale ou civile a fréquemment d'autres qualités dans lesquelles il peut agir, et que, sous ce rapport, ce n'est pas toujours exclusivement par les règles du mandat que la validité de ses actes peut être appréciée.

536. — Ainsi : l'associé liquidateur ne peut exciper de cette qualité pour soutenir qu'il ne pouvait être poursuivi pour une somme supérieure au montant de l'actif social, lorsqu'il a été condamné, par arrêt, en son nom propre et par corps au paiement d'une somme déterminée. — *Bruxelles*, 23 août 1823, Deroy c. Rolland.

537. — Lorsqu'à la dissolution d'une société l'un des associés se charge, moyennant une somme qui lui est allouée, d'en liquider et acquitter toutes les dettes, si un créancier de la société lui confie une procuration pour recevoir toutes ses créances sans distinction, l'associé liquidateur peut, en vertu de cette procuration, donner quittance à son associé, et le libérer valablement envers le créancier commun. — *Cass.*, 6 frim. an XIV, Greffulhe c. Impey. — Merlin, *Rép.*, v° *Société*, sect. 8, n° 5.

538. — Lorsqu'une société existant entre deux individus a été dissoute, et que l'un d'eux, nommé liquidateur, s'est porté adjudicataire du fonds de commerce dépendant de cette société, c'est au compte de liquidation qu'il faut s'attacher pour savoir ce dont il se trouve débiteur envers son coassocié, même tombé en faillite postérieurement à l'adjudication, et sans avoir égard au concordat qui lui aurait été accordé. — *Cass.*, 2 janv. 1849 (t. 1er 1849, p. 304), Sorrassaint c. Arnal.

539. — Il en est ainsi bien que l'associé adjudicataire se soit soumis, par le cahier des charges, à payer son prix d'adjudication comptant; il n'en conserve pas moins le bénéfice des répétitions, compensations et déductions légalement opposables à son coassocié. — Même arrêt.

540. — Jugé que si, sans attendre le résultat de la liquidation, l'associé adjudicataire a payé, préalablement et sauf à régler, au syndic de la faillite de son coassocié, une somme supérieure à celle dont il se trouve débiteur d'après le compte de liquidation, il peut répéter, contre ladite faillite, même postérieurement à l'homologation du concordat, la somme qu'il a payée en trop, alors même qu'il n'aurait fait aucune production ni aucune demande dans les diverses assemblées de la faillite. — Qu'en effet les art. 491 et suiv. C. comm., relatifs à l'affirmation des créances, et l'art. 516, concernant les effets du concordat, sont applicables seulement aux créanciers du failli antérieurs à la faillite, et non à ceux dont la créance ayant une cause postérieure à la faillite, et procédant d'un quasi-contrat avec la masse des créanciers, tel, par exemple, que le paiement de l'indu, constitue des droits à exercer contre cette masse. — Même arrêt.

541. — L'individu qui est à la fois liquidateur d'une ancienne maison sociale et associé collectif d'une nouvelle, peut, nonobstant la réunion de ces deux qualités, vendre à la société nouvelle les marchandises appartenant à la société liquidée. — *Toulouse*, 5 févr. 1834, Bousquet c. Fabre et Gasseyrol.

542. — Lorsqu'un associé qui a été chargé par son coassocié d'acquitter les dettes de la société dont ils ont opéré la dissolution, a passé, depuis cette dissolution, un contrat d'atermoiement avec les créanciers sans le concours de son coassocié; ce dernier demeure toujours obligé envers les créanciers et peut être poursuivi par eux, surtout si, dans l'acte d'atermoiement, ils se sont réservé tous leurs droits contre lui. — *Cass.*, 24 mars 1830, Lanelle c. Caban.

543. — Lorsqu'il s'élève une contestation entre le cessionnaire d'une créance appartenant à une société dissoute, et transportée par l'associé liquidateur, et le débiteur, relativement aux effets du transport; ce dernier ne peut pas obliger le ci-devant associé du cédant à intervenir au procès, pour y déclarer s'il entend reconnaître ou méconnaître la validité du transport. L'associé, ainsi appelé en cause, peut se refuser à l'explication demandée, sur le motif que, jusqu'à la liquidation définitive avec son associé, il ignore s'il aura ou non intérêt à contester la cession; et se réserver néanmoins le droit de la contester, le cas échéant. — *Bruxelles*, 6 mai 1822, Spinoy c. Parmentier.

ART. 3. — *De la liquidation entre les associés.*

544. — Entre les associés, la liquidation a pour objet de déterminer les droits de la société contre chacun des associés et de les contraindre à l'exécution de leurs engagemens. — Pardessus, t. 4, n° 1076.

545. — Ainsi les liquidateurs doivent demander compte à chaque associé de la gestion dont il a été chargé, et ils peuvent critiquer les opérations qu'il a faites ou même lui demander des dommages-intérêts pour le préjudice qu'il aurait pu causer à la société. — Pardessus, *ibid.*

546. — L'ancien gérant d'une société, qui, depuis la dissolution de la société, a fait différens actes de liquidation, a pu, à ce double titre, être condamné à tenir compte à ses anciens coassociés des bénéfices d'une transaction qu'il avait consentie seul et pour son compte personnel. En ce cas, le rendant compte ne pourrait exciper de la déduction à faire de la part de l'un des anciens coassociés qui n'est pas en cause et ne réclame pas. — *Cass.*, 25 août 1835, Lacrouts c. Batbedat.

547. — Lorsque des associés gérans ne justifient pas de leur mise sociale et refusent même de produire leurs livres, le coassocié non gérant peut, à la dissolution de la société, être autorisé à prélever sa mise, légalement constatée, sur le prix de vente du fonds social, à l'exclusion des autres associés, sans qu'il résulte de cette disposition une contravention à l'art. 2093. — *Cass.*, 17 févr. 1830, Boudin.

548. — Lorsque, dans une instance entre associés, il est reconnu que l'un était débiteur de l'autre, mais que celui qui était créancier a vendu et s'est approprié des valeurs communes, sans en avoir tenu compte, même sans avoir offert ce compte à son coassocié, la libération de ce dernier peut résulter de la vente faite sans sa participation. — *Rennes*, 31 janv. 1826, Jeanneau c. Tourmente.

549. — A la dissolution de la société, chaque associé reprend l'intérêt qu'il avait dans d'autres sociétés et qui était entré dans la première société à cause seulement de l'interdiction que les associés s'étaient imposée de prendre part à aucune entreprise commerciale. — *Rennes*, 4 févr. 1819, Lanchon c. Castelot.

550. — La veuve renonçante d'un associé dont la succession est recueillie sous bénéfice d'inventaire doit personnellement tenir compte aux coassociés des éligemens communs qu'elle a faits depuis le décès de son mari, et des sommes qui leur reviennent dans celles qu'elle a mal à propos versées dans la caisse de bénéfice d'inventaire et provenant des éligemens et ventes antérieurs au décès. — *Rennes*, 19 mars 1814, Pillet c. Richer.

551. — Lorsque, dans un acte de dissolution de société, il a été stipulé que, sur toutes les difficultés qui pourraient avoir lieu lors de l'inventaire et de la liquidation, les parties s'en rapporteraient, définitivement et sans appel, à des arbitres désignés; les arbitres ont pouvoir de fixer le montant de ce qui reste dû par un associé à l'autre, par le résultat de la liquidation. — *Cass.*, 7 therm. an X, Muller c. Poignand.

552. — Jugé que lorsque la correspondance entre associés établit que l'un d'eux est obligé envers les autres, il ne peut être admis à prouver sa libération par témoins. — *Rennes*, 20 juill. 1812, Moulin c. Vanneunen.

553. — Lorsque l'acte de société n'impose pas à l'un des associés l'obligation de tenir des livres, on ne peut exiger de lui qu'il en représente qu'autant que l'on prouverait qu'il en a reçu et que ces livres existaient au moment de la dissolution de la société. — *Rennes*, 11 juin 1812, Vrignaud c. Gronier.

554. — La cession par un négociant à son coassocié de tous ses droits dans la liquidation de leur société constitue un acte de commerce. — *Cass.*, 17 juill. 1837 (t. 2 1837, p. 592), Hédin c. Darré.

ART. 4. — *De la liquidation à l'égard des tiers.*

555. — A l'égard des tiers, la société se continue en la personne de ses liquidateurs; et en même temps que ceux-ci doivent remplir les engagemens contractés par la société, ils ont le droit de contraindre les tiers au paiement de ce qu'ils doivent à la société. — *Douai*, 17 juill. 1841 (t. 2 1841, p. 382), Zacharie c. Merlin.

556. — L'associé, même, qui comme particulier, et en dehors de sa qualité de sociétaire, a passé des marchés avec la société dont il faisait partie, est tenu, encore bien que la société ait été dissoute et se trouve en liquidation, d'exécuter ces marchés vis-à-vis des gérans liquidateurs. — Même arrêt.

557. — S'il est vrai que le liquidateur d'une société n'est que le mandataire des associés il est non moins certain que les associés sont responsables du choix qu'ils ont fait de ce mandataire et qu'ils ne peuvent argumenter de la disposition de l'art. 1998 C. civ. pour rejeter les conséquences du dol et de la fraude de leur mandataire sur les tiers de bonne foi, victimes de ces machinations. — Spécialement, ils sont responsables de la fraude pratiquée par ce liquidateur envers une compagnie d'assurance contre l'incendie : soit en exagérant sciemment le montant du sinistre, soit en supposant détruits par le feu des objets non existant au moment de ce même sinistre. — Il en est surtout ainsi quand le liquidateur ancien gérant de la société, avait commencé à pratiquer, en cette dernière qualité, la fraude qu'il a plus tard consommée comme liquidateur. — *Cass.*, 14 juin 1847 (t. 1er 1848, p. 43), Brise et Russier c. Compagnie le Phénix.

558. — Lorsque l'un des associés liquidateur d'une société commerciale tombée en faillite, s'est obligé personnellement en cette qualité à payer aux créanciers de la société une partie de leurs créances; il ne s'opère pas une novation ayant pour résultat de libérer de la dette sociale les autres associés, qui continuent à en être tenus par l'effet de la solidarité. — *Rennes*, 23 août 1847 (t. 2 1848, p. 690), Maury c. Riom.

559. — Il importe surtout de ne pas confondre les droits des créanciers et ceux des associés. Les créanciers, en effet, doivent être payés d'abord; et les associés ou leurs cessionnaires ou même les créanciers de la société, par préférence aux créanciers personnels, agissant en leur nom, ne doivent rien prendre que déduction faite des dettes de la société.

560. — Ces principes sont admis pour les sociétés civiles par M. Duvergier (cont. de Toullier, t. 20, n° 405) et par M. Frémery (*Études du droit commercial*). Ils sont incontestés pour les sociétés commerciales.

561. — On a jugé que les biens composant l'actif d'une société commerciale sont affectés au paiement des créanciers personnels de l'associé. Qu'en d'autres termes, ceux-ci n'ont droit que sur la part des bénéfices qui revient à la société après le paiement intégral des dettes. — *Paris*, 10 déc. 1814, Philibert c. Jeannet et Molin.

562. — Et qu'un associé ne peut, au préjudice de ses coassociés, déléguer à l'un de ses créanciers particuliers les sommes dues à la société par le gouvernement. Que le créancier auquel une semblable délégation a été faite, ne peut entraver la liquidation de la société par des oppositions; qu'il n'est pas recevable à former tierce opposition aux jugemens qui autorisent les associés à poursuivre cette liquidation. — *Paris*, 16 déc. 1809, Lasne c. Vochez.

563. — Lorsqu'une saisie-arrêt est pratiquée par le créancier d'un associé sur des fonds appartenant à la société, le tiers saisi ne peut être condamné par le jugement qui valide la saisie à se dessaisir des objets saisis avant la liquidation de la société. — *Rennes*, 9 juin 1815, Bonnefin c. Ficher.

564. — Cependant un acte de société, n'ayant point de date certaine antérieurement à la faillite, ne peut être opposé aux créanciers personnels du failli pour les priver de leurs droits sur les marchandises dont celui-ci faisait son commerce habituel, sous prétexte que ces marchandises ont fait partie de sa mise sociale et qu'elles sont le gage exclusif des créanciers de la société. — *Cass.*, 13 févr. 1821, Balleydier c. Chatelet.

565. — L'associé qui s'est retiré de la société, du consentement de ses associés, avant qu'elle fût en perte, n'est point passible des dettes de la société. — *Cass.*, 8 prair. an XIII, Donetteau c. Letissier.

566. — Ceux des associés qui ont fait comme tiers des opérations avec la société peuvent, comme tous autres créanciers de la société, réclamer le paiement de ce qui leur est dû, sans attendre l'événement de la liquidation.

567. — Un arrêt a décidé; il est vrai, que celui qui est tout à la fois associé en participation dans l'achat et l'armement d'un navire et capitaine de ce navire, en vertu de l'acte social, n'est pas fondé à réclamer le paiement des salaires à lui dus en cette dernière qualité, avant que le compte courant général de l'opération ait été réglé. Mais cet arrêt se fondait en fait sur ce que les fonctions de capitaine avaient été remplies par l'associé en exécution de l'acte social. — *Bordeaux*, 7 déc. 1831, Conseil c. Bouchaiès.

568. — L'associé qui dans l'intérêt social a, de ses deniers, fait à une usine, exploitée par la société, des améliorations et des augmentations considérables, doit, lorsqu'il s'agit pour lui, par suite de la saisie et de la vente qui ont eu lieu de cet immeuble à la requête d'un créancier personnel d'un autre associé, de se faire rembourser de ses impenses, être considéré comme tiers détenteur évincé et non comme constructeur. — *Cass.*, 28 nov. 1838 (t. 2, 1838 p. 655), Houyeau c. Moreau-Maugars.

569. — Le créancier de la succession vacante d'un associé, qui ne s'est pas présenté à l'inventaire et n'a point formé d'opposition à la liquidation de la société, faite avec le curateur à la succession vacante, n'est pas recevable à critiquer ces opérations. — *Paris*, 13 juin 1807, Beauvais c. Corbin et Brière.

570. — La veuve de l'un des associés commune en biens avec lui, peut être condamnée à raison de la société : non-seulement comme tutrice légale de ses enfans, mais encore en son nom personnel comme commune. — *Colmar*, 2 août 1817, Predelys c. Schneider et Gille.

571. — Un associé ne peut être autorisé à faire apposer les scellés sur les lettres et papiers de ses coassociés. — Si une ordonnance de référé l'a autorisé à cet effet, les intéressés peuvent y former opposition; et le jugement rendu sur cette opposition est exécutoire par provision, nonobstant l'appel. — *Paris*, 19 févr. 1812, Marce c. N....

572. — Lorsque des arbitres ont été saisis des contestations relatives à la liquidation d'une société commerciale, il doit être sursis, jusqu'après leur décision, sur la demande en partage des immeubles de la société formée par l'un des associés contre les autres. — *Cass.*, 18 mai 1829, Bonneau-Lélang c. Enfert.

573. — Celui qui se rend acquéreur de l'actif mobilier d'une société ne s'oblige pas, par cela même, personnellement, et encore moins solidairement, au paiement des dettes de cette société. — *Cass.*, 18 déc. 1844 (et *Rouen*, 15 août 1841 [t. 1er 1845, p. 454]), Delassaux c. Julienne.

574. — Les créanciers d'une société en commandite gérée provisoirement par un administrateur judiciaire ont le droit de former des saisies-arrêts entre les mains des débiteurs de la société. — *Paris*, 25 oct. 1843 (t. 2 1843, p. 697), Jagou c. Dumesnil.

Sect. 7e. — *Partage.*

575. — Aux termes de l'art. 1872 C. civ., les règles concernant le partage des successions, la forme de ce partage, et les obligations qui en résultent entre cohéritiers s'appliquent aux partages entre associés.

576. — Cette règle ne doit point être trop rigoureusement appliquée. Ainsi, les associés ne pourraient point écarter le cessionnaire de leur coassocié en lui remboursant le prix de la cession. — C. civ., art. 841. — L'art 1861 C. civ. fournit un argument puissant en faveur de cette opinion. — Duvergier, t. 20, n° 474; Duranton, t. 17, n° 443; E. Persil, p. 49; Troplong, n° 1059. — *Contrà*, Pardessus, t. 4, n° 1085; Delvincourt, t. 3, notes, p. 336.

577. — On a également jugé, en s'écartant des principes du partage en matière de succession, que les créanciers d'une société peuvent attaquer le partage consommé en fraude de leurs droits, quoi qu'ils n'y aient pas formé opposition. — *Cass.*, 20 nov. 1834, Wilmet et Sausset c. Henrion et Massel. — Duvergier (cont. de Toullier, t. 20, n° 475); Troplong, n° 1061. — *Contrà*, *Paris*, 13 juin 1807, Beauvais c. Corbin et Brière.

578. — L'arrêt du 20 nov. 1834 paraît même admettre que la loi, dans l'art. 1872, ne renvoie aux règles sur le partage des successions, que pour ce qui concerne les règles du partage et les droits des copartageans entre eux. Mais il est critiqué, sous ce rapport, par M. Duvergier, *loc. cit.*

579. — En adoptant l'opinion de M. Duvergier nous ne repousserons aussi que les dispositions du titre Du partage en matière de succession, qui sont incompatibles avec la nature même de la société. Ainsi, nous admettrions sans peine que les créanciers de la société peuvent

demander contre les créanciers des associés la séparation des patrimoines.

580. — Au moins devrait-on le décider ainsi dans toutes les sociétés qui sont distinctes des associés à l'égard des tiers, et qui peuvent avoir des créanciers. Telles sont incontestablement les sociétés en nom collectif, en commandite ou anonymes.

581. — Mais lorsque, après la dissolution d'une société, l'un des associés, qui s'était chargé d'en faire la liquidation, a confondu avec son actif celui de la société dissoute; les créanciers de cette société ne sont pas à temps de demander la séparation de ces deux actifs, dans la vue de conserver leur privilége contre les créanciers personnels de l'associé liquidateur. — *Grenoble*, 1er juin 1831, Ollivier c. Thomas.

582. — Lorsque le partage n'est pas possible à raison de la nature de la chose mise en commun, les tribunaux peuvent allouer à un des associés une indemnité. — *Paris*, 11 fruct. an XIII, Delaunoy c. Julien.

583. — La Cour de cassation, dont la décision, sur ce point, nous paraît plus difficile à approuver, a rejeté le pourvoi contre l'arrêt d'une Cour d'appel, qui, après avoir établi que, par suite du compte de liquidation entre deux associés, l'un d'entre eux était le seul créancier de la société, avait déclaré celui-ci propriétaire incommutable du matériel et des effets mobiliers dépendans de l'actif social, jusqu'à concurrence de sa créance. — *Cass.*, 29 mars 1836, Pelletreau c. Derosne.

584. — L'arrêt qui par suite de la dissolution d'une société constituée pour l'exploitation d'une invention attribue le matériel social à celui des associés auquel le secret appartenait, et pour empêcher la divulgation de ce secret, et qui le condamne à payer à ses associés la valeur de ce matériel, attache à bon droit à cette condamnation la sanction de la contrainte par corps en raison du caractère essentiellement commercial de l'objet de l'association. — *Cass.*, 23 déc. 1844 (t. 1er 1845, p. 518), Rives c. Plainemaison et Montegut.

585. — Jugé aussi que la dissolution d'une société industrielle n'entraîne pas toujours une liquidation rigoureuse. Qu'ainsi la totalité du fonds social peut être attribuée, selon les circonstances, à un seul des associés, alors que l'autre, en manquant à ses engagemens, a gravement compromis l'entreprise : sauf toutefois dédommagement convenable. — *Angers*, 27 déc. 1843 (t. 1er 1844, p. 82), Leroux c. Chindé.

586. — Lorsqu'un des associés vient à décéder laissant des enfans mineurs, la licitation des immeubles et des objets mobiliers servant à l'établissement social doit avoir lieu avec concours des étrangers : quoique les associés soient convenus qu'en cas de dissolution de la société, ces objets seraient licités entre eux et en un seul lot. — *Rouen*, 26 juin 1806, Bunel c. Garvey et Chatel. — Troplong, n° 1008.

587. — En matière de société commerciale, lorsque l'acte de société ne détermine pas la manière dont se feront la liquidation et le partage; il convient de suivre, à cet égard, l'usage du commerce, plutôt que les règles prescrites pour faire cesser l'indivision d'une chose commune. — *Bruxelles*, 22 juin 1808, Bacs-de-Bael c. liquidateurs de la compagnie d'assurance d'Ostende.

588. — Lorsqu'un des associés a reçu un immeuble appartenant à la société pour sa part dans l'actif, et qu'il en est par la suite évincé; il a le droit de prendre sur ce même actif la valeur de cet immeuble au préjudice des créanciers particuliers de son coassocié. — *Cass.*, 20 mai 1824, Virthon-Latamanie c. Rigonneau.

589. — Lorsqu'une société n'a point été rendue publique, le partage qui en est fait cesse de produire les effets déterminés par les art. 883 et 1872 C. civ. et dont le plus notable est que les hypothèques consenties par l'un des associés sur la chose indivise se trouvent résolues lorsque cette chose tombe au lot d'un autre associé. — *Cass.*, 23 mars 1825, Scheg c. Marié.

590. — Il n'en est pas du partage d'une société comme de celui d'une succession; en conséquence, la dispense de la possession annale ne peut s'étendre à celui qui est devenu propriétaire d'immeubles par le partage d'une société. — *Bourges*, 17 juin 1830, Parnajon-Duparc c. Préfet du Cher.

591. — Doit être considéré comme une fixation provisoire de droits entre associés, et non comme un véritable règlement de compte, auquel soit applicable l'art. 541 C. proc. (qui interdit toute révision de compte), si ce n'est dans quelques cas spéciaux), un acte dans lequel des associés, après avoir dissous leur société et réglé leurs droits respectifs, stipulent qu'ils se feront raison des erreurs ou omissions qu'ils pourraient avoir commises; en conséquence, les parties sont recevables à relever les erreurs, même autres que les simples erreurs de calcul, qui se trouveraient dans l'inventaire des biens sociaux et, par suite, dans le règlement provisoire dont il a été suivi. — *Pau*, 9 mai 1831 (sous *Cass.*, 6 déc. 1832), Palengat c. Blanque.

592. — Ceux qui allèguent de pareilles erreurs ne sont pas tenus d'en établir la preuve par des documens qui leur auraient été inconnus lors du règlement dont il s'agit; ils peuvent prouver l'erreur par toutes les circonstances propres à la manifester, notamment par l'examen des livres sociaux. — Même arrêt.

593. — La preuve de l'erreur résulterait suffisamment de ce qu'il serait démontré que des dettes passives portées dans l'inventaire qui a servi de base au règlement y sont évaluées à des sommes plus fortes que dans les livres sociaux. Mais si les livres sociaux ne font aucune mention de quelques-unes des dettes passives comprises dans l'inventaire et dans le règlement intervenu entre les parties, on doit présumer que ces dettes ont été inventoriées d'après d'autres documens que les livres sociaux. — Même arrêt.

594. — Des associés ne peuvent demander la nullité de l'acte de liquidation de leur société par lequel ils se sont donné quittance définitive, et ont renoncé à réclamer sur les erreurs qui auraient pu se glisser dans les comptes, autrement qu'à l'amiable, sans recourir ni aux voies judiciaires ni aux arbitres. — *Cass.*, 13 fév. 1838 (t. 1er 1838, p. 292), Marchand c. Frérot.

595. — Les règles pour le partage des successions étant applicables aux partages des sociétés, un associé est mal fondé à demander le partage d'un objet particulier de la société avant que la consistance de l'actif social ait été établie et qu'il ait été procédé à la liquidation de la société et au règlement des comptes des associés. L'associé qui forme une pareille demande doit être condamné aux dépens. — *Bordeaux*, 25 avr. 1831, Domecq c. Guichon et Plénaud.

596. — Lorsqu'un associé a reçu comme dépendante de l'actif social une chose qui est reconnue plus tard appartenir personnellement à son coassocié, celui-ci peut exercer à cet égard sa reprise lors du règlement de compte de la société sans être obligé de se pourvoir par action principale. — *Cass.*, 8 nov. 1848 (t. 2 1848, p. 594), Révial c. Duvault-Laty.

597. — Lorsque le dispositif d'un premier arrêt passé en force de chose jugée est tellement clair que toute interprétation est impossible, le second arrêt, qui, rendu en exécution du premier, en modifie plusieurs dispositions, doit être cassé pour violation de la chose jugée. — Ainsi, lorsqu'un premier arrêt passé en force de chose jugée a décidé que les produits de l'immeuble social postérieurs à une époque déterminée devraient seuls être compris dans un compte de société; les juges ne peuvent ultérieurement, sans violer l'art. 1351 C. civ., décider que le compte comprendra même les produits détachés du sol avant cette époque et mobilisés, mais qui n'auraient pas été vendus — En vain, pour arriver à une pareille décision, les juges invoqueraient-ils l'acte de société et l'exécution qu'il aurait pu recevoir. — Même arrêt. — V., sur le principe, CHOSE JUGÉE.

598. — L'un des associés a droit, pour parvenir au recouvrement des créances qui lui ont été cédées, de demander la communication des registres sociaux à l'associé qui en a été constitué dépositaire. — *Douai*, 25 mai 1841 (t. 1er 1842, p. 79), Kent-Pécron c. Routz.

599. — Le principe que l'immeuble indivis peut être hypothéqué par l'un des copropriétaires pour sa part et portion, sauf la résolution de cette hypothèque dans le cas où par l'effet du partage l'immeuble ne tomberait pas dans le lot de celui qui l'a hypothéqué, est applicable au partage des sociétés.

600. — Ainsi la part d'un associé dans les immeubles d'une société dissoute par la consommation de l'affaire pour laquelle elle avait été formée (le dessèchement de marais) peut être hypothéquée par cet associé, bien que les immeubles soient encore à l'état d'indivision. On dirait à tort que cette part indivise ne constitue qu'une action sociale essentiellement mobilière. — En pareil cas le jugement qui charge un associé de la gestion des intérêts restés communs entre tous les membres de l'association ne fait pas revivre l'ancienne société et ne met pas obstacle à ce que les parts indivises soient hypothéquées. — *Cass.*, 8 fév. 1847 (t. 1er 1848, p. 149), Alloneau c. Ernaud.

CHAPITRE III. — *Des sociétés commerciales.*

Sect. 1re. — *Des sociétés commerciales en général.*

601. — Nous avons examiné, en traitant des sociétés civiles, les principes généraux qui en l'absence de toute convention déterminent soit les rapports des associés entre eux, soit les rapports des associés avec les tiers. Les usages commerciaux et les règles spéciales aux sociétés de commerce apportent à ces principes diverses modifications qui ont besoin d'être rappelées et que nous placerons sous des titres spéciaux.

ART. 1er. — *Comment elles se forment.*

§ 1er. — *Acte de société.*

602. — Les sociétés en nom collectif ou en commandite doivent être constatées par des actes publics ou sous signature privée, et dans ce dernier cas l'acte doit être fait en autant de doubles qu'il y a de parties intéressées. — C. civ., art. 1325; C. comm., art. 39. — V. ordonn de 1673, tit. 4, art. 1er. — V. ACTE SOUS SEING PRIVÉ, n° 55.

603. — Aucune preuve par témoins ne peut être admise contre et outre le contenu aux actes de société, ni sur ce qui serait allégué avoir été dit avant, lors ou depuis, encore qu'il s'agisse d'une somme ou valeur moindre de 150 francs. — C. comm., art. 41

604. — La loi, en prescrivant de rédiger par écrit les contrats de société, et en défendant de recevoir aucune preuve par témoins contre et outre le contenu à l'acte d'association, s'oppose, par cela seul, à ce que les tribunaux admettent à prouver par témoins que celui qui n'est pas dénommé dans l'acte social est néanmoins membre de la société et qu'il y a un intérêt. — *Toulouse*, 29 nov. 1841, Esquirol c. Fontas.

605. — Pouvait-on sous l'ordonnance de 1673 prouver l'existence d'une société commerciale en l'absence d'un acte écrit? L'affirmative a été consacrée par la jurisprudence nonobstant la disposition de l'art. 1er, tit. 4, de l'ordonnance de 1673, qui était tombée en désuétude. — *Cass.*, 22 messid. an IX, Brast c. Peros; 13 vend. an X, Lebret c. Mony; 12 brum. an XI, Mejat c. Rodin et Feron-Craxen; 11 avril 1806, Gauthier; 16 avril 1806, Simons c. Tort de la Sonde; *Paris*, 17 avril 1807 Dalvimart c. Very; *Cass.*, 28 juill. 1808, F... c. L...; *Bruxelles*, 28 fév. 1810, Robercehls c. Deghenst et Dausaert; *Cass.*, 18 fév. 1818, Emérigon c. Arbaud. — Troplong, nos 220 et suiv. — *Contrà*, *Paris*, 12 pluv. an XIII, Simons c. Tort de la Sonde.

606. — Toutefois ces arrêts ne le jugent ainsi qu'à l'égard des associés entre eux, et plusieurs arrêts (V. notamment *Cass.*, 13 vend. an X, Lebret c. Mouy) décident que l'acte écrit était nécessaire pour prouver l'existence de la société à l'égard des tiers.

607. — L'existence d'une société commerciale fondée avant le Code de commerce et la qualité de liquidateur d'une société précédente, donnée à l'un des associés, peuvent être établies autrement que par un acte de société régulier à l'égard des tiers qui ayant contracté avec le liquidateur comme membre de la société nouvelle et comme liquidateur de l'ancienne, demandent la nullité de leur engagement en contestant l'existence de la société et la qualité du liquidateur. — *Toulouse*, 5 mai 1821, Magnac c. Janin.

608. — Le Code de commerce a remis en vigueur la nécessité d'un acte écrit pour prouver l'existence des sociétés en nom collectif ou en commandite. Nous disons pour prouver l'existence, car la société n'est point un contrat solennel; et nul doute que les conventions même non écrites sur lesquelles les parties seraient d'accord ne dussent produire leur effet pour le passé au moins, sauf à être déclarées nulles pour l'avenir à défaut de publication. — Duranton, t. 17, n° 336.

609. — Mais sera-t-on toujours, en l'absence

d'un acte, dans l'impossibilité de faire la preuve? Il faut bien constater d'abord la nature de la société dont l'existence est en question, et les personnes entre lesquelles s'agite la difficulté.

610. — La question ne se présente point en effet dans toutes les sociétés commerciales. Le Code de commerce s'écartant des dispositions de l'art. 1834 du Code civil, n'a point exigé en général que les sociétés commerciales fussent rédigées par écrit. Il l'exige seulement pour les sociétés en nom collectif, en commandite ou anonymes. D'où la conséquence que les sociétés en participation peuvent être prouvées par témoins. — C. comm., art. 39 et 49. — Troplong, n° 228.

611. — La société en nom collectif et la société en commandite doivent être prouvées par écrit. A défaut d'écrit, les associés seront-ils admis entre eux à faire la preuve de l'existence de la société avec ou sans commencement de preuve par écrit? Il existe beaucoup d'arrêts divergens en apparence sur ces questions et qu'il est facile de concilier en examinant les faits sur lesquels ils ont été rendus.

612. — On ne peut, en effet, répondre affirmativement d'une manière générale. S'agit-il, par exemple, de prouver l'existence d'une société pour contraindre des associés prétendus à admettre le réclamant à participer à une certaine opération, la preuve de l'existence du contrat sera repoussée quand même il existerait un commencement de preuve par écrit. — *Paris*, 29 janv. 1841 (t. 1er 1841, p. 294), Lauray c. Marliani et Dormoy. — Pardessus, t. 4, n° 1005; Malepeyre et Jourdain, *Des sociétés*, p. 107.

613. — Mais lorsqu'il s'agit, après qu'une société de fait a existé, de contraindre un associé soit à la restitution de valeurs communes, soit au partage des bénéfices, l'associé peut être admis, avec un commencement de preuve par écrit, à prouver l'existence de la société. — *Cass.*, 16 avril 1806, Tort de la Sonde c. Simons; *Toulouse*, 23 août 1822, Bieussas c. Pertin; *Paris*, 27 janv. 1825, Gaudibert c. Bayeux. — Malepeyre et Jourdain, p. 107. — *Contrà*, *Paris*, 12 pluv. an XIII, Simons c. Tort de la Sonde.

614. — Il devrait même y être admis sans commencement de preuve par écrit. Les associés étant également en faute, sont également dans une position défavorable. — Malepeyre et Jourdain, *ibid.* — *Contrà*, *Rennes*, 5 juill. 1814, Maronille c. N....

615. — Ainsi on a jugé que, bien qu'une société de commerce qui n'a point été constatée par écrit ne puisse être prouvée par témoins, même entre les prétendus associés, alors même qu'il existerait un commencement de preuve par écrit; s'il résulte des faits et circonstances que des rapports d'intérêts communs se sont établis entre les parties et si cette communauté a produit des avantages pour l'une d'elles ou des pertes pour l'autre, cette dernière a droit à des dommages-intérêts qui en cas de difficulté doivent être réglés par les tribunaux. — *Orléans*, 3 janv. 1843 (t. 1er 1843, p. 139), Dhomme c. Priot.

616. — D'autre part, les circonstances peuvent faire juger que l'admission qu'un négociant fait d'un tiers à son commerce, et quelques opérations faites en commun avec lui, ne suffisent pas pour établir la preuve d'une société dont il n'a pas été passé d'acte. — *Rouen*, 6 avril 1811, N... c. Alexandre.

617. — Jugé qu'une société commerciale non constatée par écrit peut être prouvée entre les parties par les pièces et documens émanés d'elles, ainsi que par les faits et circonstances de la cause. — *Douai*, 11 déc. 1845 (t. 1er 1846, p. 455), Bridge c. Cobb.

618. — ... Que la nullité d'une pareille société prononcée depuis pour défaut de publication, conformément à l'art. 42 du C. comm., ne peut rétroagir sur les faits accomplis. — Même arrêt.

619. — En conséquence, les intérêts des parties doivent se régler d'après les principes en matière de société commerciale et les contestations doivent être portées devant arbitres. — Même arrêt. — V. ARBITRAGE.

620. — V., au reste, Anal., sur les conséquences, quant aux associés, du défaut de publication de l'acte de société, *infrà*, nos 100 et suiv.

621. — La preuve de la prorogation du contrat de société est assujettie aux mêmes règles que l'existence même de ce contrat. — C. comm., art. 39 et suiv.

622. — Dès lors les associés sont non recevables à réclamer des dommages-intérêts contre celui d'entre eux qui après avoir donné un prétendu consentement à la prorogation de la société, refuserait plus tard de réaliser ce consentement si ladite prorogation n'avait pas été constatée selon les formes légales. — *Cass.*, 3 mars 1846 (t. 2 1846, p. 517), Tessier c. Giraud.

623. — Les créanciers d'un associé exerçant ses droits aux termes de l'art. 1166 du C. civ., ont exactement les mêmes droits que lui et n'en ont pas davantage. Ils ne pourraient par conséquent prouver l'existence de la société à défaut d'acte écrit pour créer des droits à leur auteur, mais ils seraient admis à prouver l'existence d'une société de fait pour s'emparer des biens qui appartenaient à leur débiteur dans cette société. Il en serait des héritiers de l'associé comme de ses créanciers. — Delangle, n° 516.

624. — On a donc bien jugé que la preuve testimoniale d'une société de commerce est admissible de la part de l'héritier de l'un des associés, non dans le but de faire déclarer la validité de cette société et d'en tirer une action en faveur de l'héritier, mais pour constater le fait matériel de l'existence d'une société quelconque, et arriver par là à la preuve de la spoliation de la succession du défunt. — *Cass.*, 18 déc. 1828, Lefranc. — Pardessus, n° 1007.

625. — Lorsqu'un négociant qui a contracté tous ses engagemens, non sous une raison sociale, mais sous son nom individuel, tombe en faillite, ses créanciers ne peuvent être admis à prouver l'existence d'une société entre le failli et des tiers, et à faire considérer ces derniers comme associés, en état de faillite solidairement avec le premier, surtout s'il n'est pas même allégué que les engagemens aient tourné au profit de la prétendue société. — *Metz*, 22 déc. 1820, Emerique et Cahen c. L....

626. — Lorsqu'une société de fait a existé, l'un des associés ne peut s'opposer à la liquidation sous prétexte de nullité et de violation des conventions. — *Paris*, 8 avr. 1825, Touaillon c. Merlin de Failly.

627. — Lorsque la question d'existence de la société s'agite entre les associés et des tiers intéressés à prouver l'existence de la société, la position est différente. A l'égard des associés, un acte public ou privé est exigé; mais les tiers peuvent établir l'existence de la société à l'aide de la preuve testimoniale, ou même à l'aide de simples présomptions. — *Cass.*, 23 nov. 1812, Thiéry c. Quentin de Vamber; *Bordeaux*, 15 juill. 1840 (t. 1er 1841, p. 499), Lacodre c. Ebrard; 14 déc. 1840 (t. 1er 1841, p. 326), Sicher c. Lecaudey; *Rouen*, 9 avr. 1842 (t. 1er 1842, p. 621), Larcher c. Legrand. — Delangle, n° 516.

628. — Ainsi, l'existence de la société sera suffisamment établie, pour eux, par la représentation de la circulaire adressée à tous les négocians d'une ville dans laquelle les associés ont fait collectivement offre des services du nouvel établissement. — *Bordeaux*, 31 janv. 1832, de Matha-Florida c. Piquet, Meylan et Achard-Galland.

629. — Jugé encore que la preuve de l'existence d'une société commerciale en nom collectif entre deux maisons situées en pays différens peut être faite par les tiers : soit par témoins, soit par des présomptions tirées notamment des circulaires de l'une de ces maisons. — *Bordeaux*, 14 déc. 1840 (t. 1er 1841, p. 326), Sicher c. Lecaudey.

630. — ... Et que les tiers peuvent également, en l'absence d'un acte de société, faire résulter cette preuve d'un ensemble de documens et de faits publics. — *Lyon*, 30 juin 1827, Rousset c. Bodin.

631. — L'existence d'une société formée pour l'achat et la revente des chevaux peut, même en l'absence de tout commencement de preuve par écrit, être prouvée par témoins par les tiers qui se prétendent créanciers de cette société. — Les associés sont non recevables à opposer, pour faire écarter cette preuve, le défaut d'accomplissement des formalités prescrites par le Code de commerce. — *Rouen*, 9 avr. 1842 (t. 1er 1842, p. 621), Larcher c. Legrand.

632. — Les créanciers d'une société commerciale peuvent s'efforcer, à l'aide de tous les moyens de preuves légales, de déterminer le caractère de la société et les obligations des associés, alors même qu'il s'agit d'une société en nom collectif. — *Bordeaux*, 23 févr. 1836, Mathieu c. Retailliaud.

633. — Et on déciderait encore, comme on l'a fait pour une société formée sous l'empire de l'ordonnance de 1673, qu'un accusé peut, sans qu'il en résulte aucune violation de la loi, être condamné comme banqueroutier frauduleux, en qualité de membre d'une société commerciale, quoique l'existence de cette société ne soit établie par aucun acte écrit. — *Cass.*, 11 avr. 1806, Gautier. — V. BANQUEROUTE.

634. — Un associé, quoique non dénommé dans le traité qui a établi la société n'en est pas moins soumis à l'action solidaire du tiers à l'égard duquel il s'était fait connaître comme membre de cette société. — *Paris*, 22 avr. 1825, Momet c. Delatour.

635. — Les tiers prouveront également par tous les moyens possibles la continuation d'une société après son terme expiré. Ainsi, ce serait une preuve suffisante pour eux, de la continuation d'une société, que la conservation, dans la raison sociale, du nom d'un ancien associé au vu et au su de cet associé. — Malepeyre et Jourdain, p. 118.

636. — Lorsqu'il a existé une société de fait et que son existence est prouvée, les rapports des associés entre eux doivent être réglés conformément aux principes généraux du contrat de société. — Pardessus, t. 4, n° 1007.

637. — L'une des parties ne serait point admise à soutenir que les rapports entre ses associés et elle doivent être réglés conformément à des conventions dont elle prétendrait prouver l'existence. Ce serait donner au contrat de société qui est nul une vie que la loi ne lui reconnaît pas. — Pardessus, *ibid.*

638. — Il ne faut pas confondre avec le cas où il n'a pas été rédigé d'acte de société celui où cet acte a été perdu. Dans ce dernier cas la société était valable et la preuve testimoniale serait admise non-seulement pour prouver l'existence de la société, mais encore pour établir la nature des clauses de l'acte social. — C. civ., art. 1348-4°.

639. — Dans une espèce de ce genre, la Cour de cassation a pensé qu'un associé avait pu être admis à prouver à l'aide de simples présomptions, lorsqu'il existait un commencement de preuve par écrit, l'existence et le contenu d'une clause d'un acte de société qui n'était point représenté. — *Cass.*, 17 avr. 1834, Mallez c. Compagnie du Rieu-du-Cœur.

640. — Le majeur qui a formé une société commerciale avec un mineur non légalement autorisé à faire le commerce ne peut demander la nullité de la société pour cause d'incapacité du mineur. — Le droit de proposer cette nullité n'appartiendrait qu'au mineur lui-même. Au surplus, la ratification donnée par le mineur devenu majeur, même depuis la demande en annulation du contrat, aurait pour résultat de couvrir la nullité. — *Lyon*, 6 juin 1845 (t. 2 1846, p. 465), Breband. — Delangle, t. 1er, n° 49.

§ 2. — *Publication de l'acte de société.*

641. — *Mode de publication.* — Non-seulement un écrit est nécessaire pour la preuve de l'existence de la société, mais encore le législateur a voulu que l'être moral qui vient de se former ne restât point inconnu et que son existence fût en quelque sorte notifiée à la société tout entière. C'est dans ce but qu'on a imposé aux associés l'obligation de publier, au moins par extrait, leur acte de société.

642. — Une société formée entre un Français et un étranger pour l'exploitation d'une entreprise à l'étranger n'est point soumise aux formalités de publication prescrites par l'art. 42 C. comm., si cette société n'a point de siége social en France. — *Paris*, 10 août 1847 (t. 1er 1848, p. 105), Séguin c. Marliani. — Delangle, t. 2, n° 551.

643. — L'art. 6, tit. 4, ordonnance de 1673, exigeait déjà l'enregistrement et la publication des actes de société; mais sa disposition remise en vigueur par le Code de commerce était tombée en désuétude. — *Cass.*, 4 niv. an IX, Petit c. Marty; 12 brum. an XI, Méjat c. Bodin et Féron Craxen. — Jousse, sur l'art. 2, tit. 4, ord. de 1667; Merlin, *Rép.*, v° *Société*; Malepeyre et Jourdain, p. 112; Troplong, n° 223.

644. — L'extrait des actes de société en nom collectif ou en commandite doit être remis dans la quinzaine de leur date au greffe du tribunal de commerce de l'arrondissement dans lequel est établie la société pour être transcrit sur le registre et affiché pendant trois mois dans la salle d'audience. — Si la société a plusieurs maisons de commerce, l'affiche doit être faite dans l'arrondissement de chacune de ces maisons. — C. comm., art. 42.

645. — S'il n'y a pas de tribunal de commerce dans l'arrondissement, l'affiche est faite au greffe du tribunal civil qui le remplace. — Malepeyre et Jourdain, p. 109.

646. — C'est seulement à compter du jour où l'acte de société est devenu définitif par l'approbation ou la ratification de ceux dont le consentement est nécessaire pour la validité de la so-

ciété que court le délai de quinzaine fixé par l'art. 42 C. comm. pour le dépôt au greffe de l'acte de société. — *Cass.*, 4 août 1847 (t. 2 1847, p. 567), Cornuault c. Millon.

647. — Un décret du 12 fév. 1814 avait exigé de plus l'insertion par extrait des actes de société dans les affiches judiciaires et dans les journaux de commerce du département. La légalité de ce décret rendu par la régente pouvait être contestée. — *Nîmes*, 9 déc. 1829, Moustardier c. Pleindoux; *Cass.*, 27 janv. 1830, Gentil c. Pierre; mais *contrà*, *Cass.*, 13 mars 1832, mêmes parties. — V. Duvergier, *Bulletin annoté*, sur ce décret à sa date, en faveur de la constitutionnalité du décret.

648. — Il permettait d'ailleurs des doutes fâcheux : car l'art. 1er, qui exigeait l'insertion dans les journaux du département de la Seine des extraits d'acte de société, prononçait la nullité à défaut d'accomplissement de cette condition; tandis que l'art. 3, qui étendait cette obligation aux départemens, ne prononçait pas la même peine.

649. — Néanmoins, la Cour de cassation avait jugé que l'insertion de l'extrait d'un acte de société commerciale dans les affiches judiciaires et dans le journal du commerce du département était prescrite, à peine de nullité, pour toute la France comme pour le département de la Seine. — *Cass.*, 27 janv. 1830, Gentil c. Pierre. — Mais V. *contrà*, *Colmar*, 5 mai 1825, Karcher c. Beugnot de Farémont. — Malepeyre et Jourdain, p. 110.

650. — Tous les doutes ont été levés par la loi du 31 mars 1833, qui, en modifiant l'art. 42 du Code de commerce, a exigé que dans tous les cas l'extrait des actes de société en nom collectif ou en commandite fût inséré dans un journal, de l'arrondissement ou d'un arrondissement voisin, désigné chaque année par les tribunaux dans la première quinzaine de janvier. Il est justifié de cette insertion par un exemplaire du journal certifié par l'imprimeur, légalisé par le maire et enregistré dans les trois mois de sa date.

651. — La loi du 31 mars 1833 n'a pas entendu soumettre les associés en nom collectif ou en commandite à faire insérer l'extrait de leurs actes de société dans tous les journaux choisis par le tribunal de commerce. Il suffit, suivant l'esprit de cette loi, de la publication dans un de ces journaux de l'extrait de l'acte social pour en porter la connaissance au public. — *Toulouse*, 22 avr. 1837, Bimar et Glaize c. Salvayré; *Rennes*, 22 juin 1837 (t. 2 1837, p. 536), Maheu c. Laurent.

652. — La publication de l'extrait est régulièrement justifiée par un exemplaire du journal qui contient l'insertion signé par un employé de la société à laquelle appartient l'imprimerie, et qui est présumé avoir les pouvoirs de l'imprimeur pour lequel il a certifié. — Mêmes arrêts.

653. — Il y a lieu de prononcer la nullité d'un acte de société commerciale, bien que cet acte ait été, conformément à la loi, inséré dans le journal désigné par le tribunal de commerce, si l'exemplaire de ce journal contenant l'insertion de l'extrait des conventions sociales n'a point été enregistré dans les trois mois de sa date. — Cette formalité de l'enregistrement est d'ordre public; conséquemment, la nullité ne peut être couverte par l'exécution donnée à l'acte de société. — *Cass.*, 30 janv. 1839 (t. 1er 1839, p. 354), Ramel c. Salvagré; *Toulouse*, 22 avril 1837 (t. 2 1837, p. 536), Bimar et Glaize c. Salvagré; *Rennes*, 22 juin 1837 (*ibid.*), Maheu c. Laurent; *Bordeaux*, 5 févr. 1841 (t. 1er 1845, p. 43), Guéry c. Charchy. — Delangle, n° 528.

654. — Toutefois, cette nullité ne peut rétroagir sur les faits accomplis et sur les opérations entreprises ou consommées avant le jugement qui statue sur la demande en nullité. Quant à ces faits et opérations, la connaissance des contestations qu'ils peuvent soulever n'en reste pas moins exclusivement de la compétence de la juridiction arbitrale. — *Bordeaux*, 5 fév. 1841 (t. 1er 1845, p. 43), Guéry c. Charchy. — V. ARBITRAGE.

655. — Ne donne pas ouverture à cassation l'arrêt d'une Cour d'appel qui rejette, comme n'étant pas relevante, la preuve testimoniale de l'enregistrement d'un journal dans lequel l'insertion de l'extrait d'un acte de société a eu lieu, et se borne à ordonner la production d'un extrait du registre du bureau de l'enregistrement. — *Cass.*, 18 mars 1846 (t. 2 1846, p. 341), Tresca-Dauguin c. Damour.

656. — Toute continuation de société après son terme expiré, tout acte portant dissolution de société avant le terme fixé pour sa durée, tout changement ou retraite d'associés, toutes nouvelles stipulations ou clauses, tout changement à raison de la société sont soumis aux mêmes conditions de publicité et doivent être affichés par extrait au greffe du tribunal de commerce et insérés dans les journaux du département. — C. comm., art. 46.

657. — Le défaut de publication des actes contenant continuation d'une société après l'expiration du terme pour lequel elle avait été fixée, entraîne la nullité à l'égard des intéressés. — *Cass.*, 3 mars 1846 (t. 2 1846, p. 517), Tessier c. Giraud.

658. — Les art. 42 et 46 C. comm. n'exigent la publication des changemens apportés aux statuts sociaux, dans la quinzaine qui suit ces changemens, qu'autant qu'ils sont définitifs et non attaqués. Les mesures provisoires prises par suite de la révocation du gérant d'une société commerciale, laquelle est attaquée par un ou plusieurs des sociétaires, sont dispensées de la publicité. — *Douai*, 5 mai 1840 (t. 1er 1841, p. 194), Rouart c. Capiaux.

659. — La contre-lettre qui sans altérer les bases d'une société n'intéresse que quelques-uns des sociétaires, n'a pas besoin, respectivement aux contractans, d'être rendue publique. Cette formalité n'est prescrite qu'en vue des tiers. — *Angers*, 26 fév. 1846 (t. 2 1848, p. 292), Carié et Bretonnière c. Villain.

660. — Jugé que bien que la convention par laquelle un commanditaire transporte au gérant la propriété d'une partie de sa commandite doive être publiée, d'après les dispositions de l'art. 46 C. comm., pour produire les mêmes effets que les clauses de l'acte constitutif de la société, cependant ce défaut de publication n'empêche pas que ladite convention soit obligatoire pour les associés qui l'ont souscrite. — Que, spécialement, lorsqu'un commanditaire a apporté dans la société un immeuble à titre de commandite et qu'au moyen d'une contre-lettre tenue secrète il vend cet immeuble au gérant, qui se reconnaît personnellement débiteur du prix ; ce dernier n'est pas admis, après la faillite de la société, à invoquer la nullité prononcée par l'art. 46 pour se refuser au paiement de ce prix, surtout s'il a accepté sans contestation la cession que le commanditaire en a faite. — *Cass.*, 26 août 1845 (t. 1er 1846, p. 188), Carié et Bretonnière c. Villain.

661. — L'acte de société dans lequel l'un des associés a stipulé pour des coassociés futurs, sans présenter leurs pouvoirs, et seulement avec promesse de fournir leur approbation, ne constitue réellement et légalement la société au regard des tiers que lorsque la ratification a été donnée et cette ratification n'a pas pour eux d'effet rétroactif. — En conséquence la publication et le dépôt au greffe faits antérieurement aux ratifications restent dépourvus d'efficacité, en ce qu'ils se rattachent à un acte imparfait; et jusqu'à la publication régulière de l'acte ratifié et ainsi complété les associés demeurent personnellement propriétaires des immeubles apportés par eux en société, et, dès lors, capables de les hypothéquer. — *Cass.*, 4 août 1847 (t. 2 1847, p. 567), Cornuault c. Millon.

662. — On produisait néanmoins devant la Cour d'appel une consultation émanée du savant M. Duvergier, et dans laquelle le système contraire se trouvait développé. — « Lorsque les publications ont eu lieu, disait-il, l'existence de la société présentait quelque incertitude, la société avait besoin d'une ratification de la part de quelques associés ou de la preuve qu'un mandat aurait été donné par eux. Si, dans l'avenir, la ratification était donnée, si le mandat était prouvé; tout était valable, et la société et les publications : or la ratification a été donnée, et le mandat a été prouvé. Au contraire, tout aurait été nul si les enfans de Mecquenem avaient refusé leur ratification ou s'ils n'avaient pas reconnu leur père pour mandataire. — Enfin, on pourrait comprendre qu'il y eût difficulté sur la rétroactivité de la ratification ou de la preuve du mandat si cette ratification avait été donnée ou cette preuve fournie après que des droits auraient été conférés à des tiers. — Mais, dans l'espèce, les tiers n'ont acquis des droits que longtemps après les ratifications ou les actes portant reconnaissance du mandat. — Il n'y a donc pas de doute possible sur l'efficacité de la confirmation qu'a reçue la société. »

663. — Jugé que la mort naturelle d'un associé est une cause de dissolution des sociétés commerciales comme des sociétés civiles. — Qu'il n'est pas nécessaire, pour que la dissolution puisse être opposée aux tiers créanciers de la société, que le décès de l'associé ait été rendu public dans la forme prescrite par l'art. 42 du Code de commerce. — Que cette publicité n'est exigée que pour les modifications apportées à l'acte social par le fait de l'homme quand il envisage soit la continuation de la société après son terme, soit la dissolution anticipée, soit les changemens apportés à la personne de ses membres, aux stipulations qui la régissent ou à la raison sociale. — *Cass.*, 10 juill. 1844 (t. 2 1844, p. 113), Martin c. Tivollier; *Lyon*, 5 janv. 1849 (t. 1er 1849, p. 597), Freydier-Dubreuil c. Virieux.

664. — M. Delangle (*Des sociétés commerciales*, t. 2, n° 580) examine la question résolue par cet arrêt, et il se prononce dans le même sens que la Chambre civile; il pense que la dissolution peut être opposée aux tiers, lors même qu'elle n'a pas été publiée. Voici comment il motive son opinion : « Le décès est un fait notoire consigné dans les registres de l'état civil, il est censé connu de tous ceux à qui il importe de le connaître; et à moins que les associés n'aient expressément stipulé que le décès de l'un d'eux n'entraînerait pas la fin de leurs rapports, la société est dissoute de droit et *sans publication*... — Lorsque la loi commerciale a déclaré que la dissolution d'une société en nom collectif ou en commandite ne serait opposable aux tiers qu'autant qu'il y aurait eu publication régulière, elle s'est déterminée par ce motif que, la société continuant de subsister en apparence, les tiers pourraient être induits en erreur et, malgré toute leur vigilance, exposés à de grands dommages. — Mais quand la dissolution résulte non de la volonté des parties, mais d'un événement de force majeure; que cet événement est mis par la loi au nombre des causes qui entraînent la cessation des sociétés; qu'il est authentiquement et solennellement constaté; les tiers sont à l'abri de l'erreur et des surprises, il n'y a plus de fraude à craindre des associés, l'art. 46 du Code de commerce ne doit pas s'appliquer. Il faut bien remarquer d'ailleurs que cet article n'exige la publication que des *actes* portant dissolution de la société avant le terme fixé pour sa durée, ce qui restreint son application au cas où les associés, défaisant ce qu'ils avaient fait, conviennent d'abréger le temps de leurs rapports. — C'est contre ces manifestations purement volontaires que la loi prend des précautions, et non contre les faits qui viennent à l'imprévu, contre le gré même des parties, mettre fin à la convention. » — Pardessus (t. 4, n° 1088) enseigne la même doctrine que M. Delangle.

665. — Quant à M. Troplong (t. 2, n° 903), après avoir rappelé l'espèce sur laquelle la chambre civile vient de statuer et qui a été préliminairement soumise à la chambre des requêtes, il développe une autre opinion dont les motifs peuvent s'analyser ainsi : « L'ignorance de la dissolution de la société fait vivre cette société à l'égard de ceux qui ont eu la croyance raisonnable de son existence, chacun des associés étant présumé mandataire des autres. Or, d'après les principes du mandat, lorsqu'un mandataire, quoique connaissant le décès, a cependant traité avec des tiers qui l'ignoraient, ceux-ci ont une action contre les héritiers du mandant; car les engagemens du mandataire sont exécutés à l'égard des tiers de bonne foi (C. civ., 2009). — Le mandant doit s'imputer d'avoir choisi un mandataire infidèle, et cette responsabilité des héritiers, ce n'est pas seulement dans le cas où ils sont majeurs qu'elle vient les atteindre, c'est encore dans le cas où ils sont mineurs. — Ici le crédit l'emporte sur la faveur de la pupillarité. Les mineurs avaient en effet un tuteur qui pouvait empêcher l'action du mandataire. — Les tiers avaient au contraire une juste cause d'ignorance qui ne leur permettait pas de s'en défier... Il faut donc dire avec Paul (L. 65, § 10, ff., *Pro socio*) : *Valet societas*, puisque la société est censée vivre; c'est elle qui a continué à agir dans le rôle qu'elle avait primitivement; c'est elle qui a emprunté, qui a engagé sa foi; qu'on cesse, dès lors, de mettre en scène ceux qui la composent, pour faire ressortir des invraisemblances ou pour appeler sur eux l'intérêt du juge. — La société est distincte, comme personne morale, des associés... — Si cette société vit, par une fiction que la jurisprudence a toujours sanctionnée, ne dites pas qu'on la déclare en faillite plus d'un an après sa dissolution, et pour des causes postérieures au décès d'un de ses membres. — Cette mort, cette dissolution sont des faits que la fiction veut qu'on ne prenne pas en considération. — *Valet societas*; elle n'est pas dissoute, elle est en pleine activité. » — M. Troplong termine ainsi le résumé de son argumentation : « Il faut donc répéter ici ces graves paroles qu'Ulpien prononçait précisément dans la matière qui nous occupe : « *Neque enim debent decipi contrahentes* (L. 11, § 5, *De instit. act.*). » — Il est du devoir des jurisconsultes de se prononcer, avec les lois ro-

maines, avec Pothier, Straccha, Paul de Castro, du côté d'une fiction réclamée par les intérêts du commerce et de la bonne foi. » — Mais M. Troplong ne paraît pas disposé à admettre la doctrine absolue de la Cour de Grenoble (dont l'arrêt a été cassé par celui de la Cour de cassation); car il ajoute (n° 904) : « Au surplus, si les tiers avaient eu connaissance du décès par des circonstances de nature à ne pas leur laisser de doute sur la dissolution de la société, cette dissolution les atteindrait de plein droit. — Lors même que la société serait commerciale, ils ne seraient pas fondés à prétendre qu'ils n'ont pu se tenir pour légalement avertis que par l'observation des formalités prescrites par l'art. 46 du Code de commerce. »

666. — Il suit de là que la société ne peut être déclarée en faillite à l'égard du défunt encore bien qu'elle ait, depuis la dissolution, continué ses opérations avec l'associé survivant et les représentans du défunt, sous l'ancienne raison sociale, s'il n'est point établi que la cessation de paiemens remonte au jour du décès. Le silence de l'associé survivant, ou son adhésion au jugement qui déclare la société en faillite, ne peut nuire aux droits de l'associé décédé ou de ses représentans, et empêcher la rétractation de ce jugement en ce qui concerne le défunt. — *Lyon*, 5 janv. 1849 (t. 1er 1849, p. 597), Freydier-Dubreuil c. Virieux.

667. — L'extrait des actes de société est signé, pour les actes publics, par les notaires, et, pour les actes sous seing privé, par tous les associés, si la société est en nom collectif, et par les associés solidaires ou gérans, si elle est en commandite, soit qu'elle se divise ou ne se divise pas par actions. — C. comm., art. 44.

668. — L'extrait de l'acte de société en nom collectif ou en commandite n'est pas nul par cela qu'il porte seulement la signature du notaire qui en a reçu le dépôt, lorsque ce contrat est sous seing privé, si, du reste, il est également tenu pour reconnu par la signature des parties à l'acte de dépôt. — *Bruxelles*, 13 févr. 1830, Briard c. Busso.

669. — L'extrait doit contenir les noms, prénoms, qualités et demeures des associés autres que les actionnaires ou commanditaires, la raison de commerce de la société, la désignation de ceux des associés autorisés à gérer, administrer et signer pour la société; le montant des valeurs fournies ou à fournir par actions ou en commandite, l'époque où la société doit commencer et celle où elle doit finir. — C. comm., art. 43.

670. — Il importe de remarquer que les dispositions de l'art. 43 sont rigoureuses, qu'on ne peut rien y ajouter, et que surtout on ne saurait exiger que les associés fassent connaître aux tiers les clauses de l'acte de société qui sont sans intérêt pour eux.

671. — Ainsi, l'extrait de l'acte de société ne doit pas contenir, à peine de nullité, la clause de la répartition des bénéfices; et, par suite, l'acte postérieur par lequel cette répartition serait modifiée ne doit pas, sous la même peine, être également publié. — *Cass.*, 21 févr. 1832, Bonnard c. Dumail. — Pardessus, t. 4, n° 1006. — Pothier, *Contrat de soc.*, ch. 4, art. 2, § 2.

672. — *Conséquences du défaut de publication.* — La sanction des conditions de publicité imposées par l'art. 42 du Code de commerce se trouve dans le même article. Ces formalités, y est-il dit, seront observées, à peine de nullité à l'égard des intéressés; mais le défaut d'aucune d'elles ne pourra être opposé à des tiers par les associés.

673. — La nullité prononcée par l'art. 42 Code comm. ne doit pas être restreinte au défaut d'accomplissement des formalités prescrites par cet article; elle s'étend à l'inobservation des formalités prescrites par les deux articles qui suivent et qui ne sont que le développement du premier. — *Bruxelles*, 13 févr. 1830, Briard c. Busso.

674. — Cette nullité est-elle absolue de telle façon que l'accomplissement des formalités prescrites par l'art. 42 après la quinzaine de la date de l'acte de société ne puisse couvrir la nullité de cet acte soit entre les associés, soit à l'égard des tiers? L'affirmative serait contraire au vœu de la loi et entraînerait des résultats fâcheux. Aussi elle est repoussée par plusieurs arrêts. — *Bordeaux*, 16 déc. 1829, Lopes-Dias; *Bruxelles*, 16 janv. 1830, Thel c. Monthobio. — Malepeyre et Jourdain, p. 115; Delangle, nos 536 et suiv. — *Contrà*, *Lyon*, 4 juill. 1827, Vauché c. Teinturier; *Nîmes*, 9 déc. 1829, Moustardier c. Pleindoux; *Bruxelles*, 13 fév. 1830, Briard c. Busso. — Troplong, nos 241 et suiv.

675. — On a jugé que la nullité d'un acte de société, résultant du défaut de publicité, est couverte, entre associés, par une exécution accompagnée de reconnaissances et déclarations judiciaires. — *Cass.*, 12 juill. 1825, Fontenilliat. — Troplong, n° 242. — *Contrà*, Delangle, n° 534.

676. — Et que les formalités prescrites par l'art. 42 C. comm., peuvent être valablement accomplies postérieurement à la quinzaine de la date de l'acte de société; en telle sorte que la nullité résultant du défaut d'accomplissement dans ce délai soit couverte, si aucun des associés n'avait agi pour s'en prévaloir. — *Grenoble*, 21 juill. 1823, Lavauden c. Milleret. — Pardessus, n° 1008. — *Contrà*, *Lyon*, 4 juill. 1827, Vauché c. Teinturier.

677. — On déciderait probablement, et à plus forte raison, de même à l'égard des tiers dont l'engagement serait postérieur à la publication tardive de l'acte de société. Mais pour ceux dont l'engagement serait antérieur à la publication, ils conserveraient, nonobstant l'affiche, le droit de soutenir que l'acte de société, qu'ils n'ont pas dû connaître, ne peut leur être opposé.

678. — La nullité résultant de ce qu'une société commerciale n'a pas été affichée ni publiée conformément à la loi, ne peut être opposée pour la première fois devant la Cour de cassation. — *Cass.*, 22 janv. 1834, Dupuy c. Portier.

679. — A l'égard des tiers, la nullité résultant du défaut de publicité aura surtout pour effet d'empêcher que les clauses de l'acte de société qu'ils auraient dû connaître ne puissent leur nuire. — Malepeyre et Jourdain, p. 116.

680. — Ainsi, quoique par l'acte d'une société dont la gestion est confiée à l'un des associés il ait été interdit aux autres tous engagemens et toute signature; néanmoins, si l'acte n'a pas été enregistré: cette stipulation ne peut être opposée aux tiers, vis-à-vis desquels les obligations contractées par ces associés doivent être exécutées par tous les associés. — *Cass.*, 24 juin 1829, Royer c. de Mailly.

681. — Et la clause d'un acte de société, qui met à la charge d'un tiers les travaux faits dans l'intérêt de la société, n'est pas opposable aux entrepreneurs qui ont exécuté ces travaux, lorsque cette clause n'a point été énoncée dans l'extrait publié de l'acte social. — *Paris*, 4 avr. 1837 (t. 1er 1837, p. 408), d'Audiffret c. Torasse.

682. — Mais il n'en résultera pas que les tiers ne puissent invoquer l'acte de société, s'ils le veulent : ils seront donc maîtres ou de ne pas reconnaître l'existence de la société, ou d'admettre qu'il existe une société mais régie par les principes généraux de ce contrat, indépendamment de toute clause dérogatoire, ou de s'en tenir aux clauses de l'acte social quoique non publié. — Malepeyre et Jourdain, p. 119.

683. — Jugé, en ce sens, que l'omission des formalités prescrites par l'art. 42 C. comm. pour la publication des sociétés, ne peut être opposée aux tiers par les associés. — Que les tiers intéressés ont l'option, soit de faire considérer la société comme nulle, soit de se prévaloir de son existence, selon la nature de leurs droits. — Qu'ainsi les créanciers de la société ayant intérêt à engager la commandite au paiement de leurs créances, ont, contre le commanditaire, les mêmes droits que si la société avait été publiée. — Que des créanciers antérieurs à la société, au contraire, ont intérêt à se prévaloir de la nullité de la société, afin d'empêcher l'existence d'un être moral qui ayant son actif distinct les exclurait de toute action sur l'actif social. — *Lyon*, 24 janv. 1845 (t. 2 1846, p. 315), Garel c. Pic-Paris.

684. — ... Qu'il suit de là : 1° que le commanditaire, lorsque l'acte social n'a pas été publié, n'a point, vis-à-vis des créanciers antérieurs, le droit de prélever sur l'actif social la commandite par lui fournie; 2° que les créanciers antérieurs à la société doivent, sur l'actif commercial du gérant, leur débiteur, venir en concurrence soit avec les créanciers sociaux, soit avec le commanditaire lui-même, considéré seulement comme simple bailleur de fonds, et pour les sommes par lui fournies au commerce; mais que, sur ce même actif, les créanciers sociaux ne doivent, au contraire, concourir qu'avec les créanciers antérieurs. — Même arrêt.

685. — Au surplus, si les tiers invoquent l'acte de société, quoique non publié, ils ne pourront le diviser et ils seront tenus d'en accepter toutes les dispositions. — Pardessus, t. 4, n° 1008.

686. — Que faut-il entendre par le mot tiers? Il n'y a pas de difficulté à l'égard de ceux qui ont traité avec la société. Il faut même dire que les créanciers personnels de l'associé à qui on opposerait un acte de société non publié, auraient le droit de le repousser. Mais là se borne leur pouvoir. — Malepeyre et Jourdain, n° 119.

687. — Jugé que les créanciers personnels des associés sont intéressés, dans le sens de l'art. 42 C. comm., à se prévaloir de la nullité d'une société commerciale qui n'a pas été régulièrement publiée, et dont l'existence diminuerait l'actif de leur débiteur. — *Cass.*, 18 mars 1846 (t. 2 1846, p. 311), Tresca-Dauguin c. Damour; *Paris*, 8 juill. 1847 (t. 2 1847, p. 203), Malhard; *Limoges*, 10 mars 1848 (t. 2 1848, p. 139), Pradeaux c. Clarelie.

688. — Ils sont dès lors en droit de demander à être admis, avec les créanciers sociaux, à concourir, au marc le franc, à la distribution de l'actif social. — *Bordeaux*, 15 juin 1847 (t. 1er 1849, p. 160), Vieillemard et Lamaligerie.

689. — Les créanciers de la société, ayant pu s'assurer de sa légalité avant de contracter, ne peuvent se plaindre de l'action des créanciers personnels des associés, que la loi doit d'autant plus protéger qu'ils n'ont eu aucun moyen de se prémunir contre les actes par lesquels leur débiteur a pu simuler une société à leur préjudice. — *Limoges*, 2 juin 1843 (t. 2 1844, p. 316), Membret c. Rogerie; *Cass.*, 18 mars 1846 (t. 2 1846, p. 311), Tresca-Dauguin c. Damour.

690. — Jugé même que lorsque, dans ce cas, l'un des associés tombe en faillite en même temps que la société, sa part dans l'actif social doit être attribuée à ses créanciers personnels, par préférence aux créanciers sociaux, abstraction faite des dettes de la société, jusqu'à concurrence des sommes par lui versées. — *Paris*, 8 juill. 1847 (t. 2 1847, p. 203), Malhard.

691. — La Cour de Paris, dans l'espèce de ce dernier arrêt, avait jugé que le défaut de publicité était une présomption de fraude à l'égard des créanciers personnels, et que cette nullité ne pouvait être effacée par l'existence notoire de la société. — Même arrêt.

692. — Jugé, d'un autre côté, que même en cas de nullité d'une société les créanciers qui ont traité avec elle sont fondés à invoquer son existence de fait et à faire valoir leurs créances tant sur l'actif qui la compose que sur les biens personnels de chacun des associés et que, par suite, les créanciers personnels de l'associé et ceux de la société doivent être colloqués concurremment et proportionnellement au montant de leurs créances tant sur les biens personnels du débiteur commun que sur la portion d'actif qui lui revient dans le partage de la société. — Et que si l'un des associés n'avait pas fait encore le versement de sa mise, cette mise devrait être considérée non comme due aux autres associés personnellement et comme devant profiter exclusivement à leurs créanciers personnels; mais comme la propriété de la société, et, dès lors, comme devant être confondue dans l'actif social pour être distribuée indistinctement entre les créanciers personnels et les créanciers sociaux. — *Limoges*, 10 mars 1848 (t. 2 1848, p. 139), Pradeaux c. Clarelie.

693. — La Cour de cassation a jugé que la nullité résultant de ce qu'une société en nom collectif n'a pas été publiée ni revêtue des formes légales n'a lieu qu'entre les associés, et ne peut être opposée à des tiers de bonne foi. — Et que, dès lors, si les créanciers personnels de l'un des associés argumentent de cette nullité pour exclure les créanciers de la société de toute participation à l'actif personnel de leur débiteur, les créanciers sociaux peuvent se prétendre des tiers auxquels la nullité ne peut être opposée et, dès lors, réclamer leur paiement sur cet actif personnel. — *Cass.*, 22 mars 1843 (t. 2 1844, p. 115), Mélidor-Moisson.

694. — Si les créanciers personnels d'un associé exerçant les droits de leur débiteur, aux termes de l'art. 1166 du Code civil, voulaient prouver contre les autres associés l'existence de la société, ils n'y seraient admis qu'autant que leur débiteur lui-même aurait dû l'être; car alors ils ne seraient plus des tiers et n'auraient pas plus de droits que leur débiteur au nom duquel ils agissent.

695. — Les tiers seraient-ils recevables à se plaindre du défaut de publicité de l'acte social, s'il était prouvé qu'ils ont eu connaissance des dispositions de cet acte? Nous pensons qu'à cet égard une distinction est nécessaire.

696. — Si les tiers en effet ont traité avec un associé en vue des dispositions de l'acte de société ou seulement en les connaissant, la bonne foi s'oppose à ce que plus tard ils repoussent les dispositions de cet acte et veuillent faire entrer, par exemple, dans la fortune de leur débiteur un bien qu'ils savaient ne pas lui appartenir quand

ils ont traité avec lui. — *Cass.*, 29 janv. 1838 (t. 1er 1838, p. 499), Serres c. Lafarge. — Pardessus, t. 4, n° 1009.

697. — Mais lorsque le tiers qui a traité avant que la société existât veut se prévaloir du défaut de publication, on ne peut lui opposer la connaissance qu'il a eue de la société : soit au moment de sa formation, soit avant de commencer ses poursuites contre l'associé son débiteur.

698. — Jugé par la Cour d'appel de Rouen (en termes absolus) que le défaut de publicité d'un acte de société commerciale ne peut pas être suppléé à l'égard d'un tiers par la connaissance personnelle que ce tiers aurait eue de l'existence de l'association. — Et que spécialement les créanciers d'une société qui n'a pas reçu la publicité prescrite par l'art. 42 C. comm. ne sont pas recevables à opposer à la femme qui réclame la reprise de ses droits sur l'actif social la connaissance certaine qu'elle avait de l'association contractée par son mari. — *Rouen*, 15 avril 1839 (t. 1er 1839, p. 542), Leblanc; *Paris*, 4 mars 1840 (t. 1er 1840, p. 385), Girin c. Avril et Doyon.

699. — A plus forte raison doit-on reconnaître que les créanciers d'un associé ne peuvent se prévaloir du défaut de publication d'une société contractée par leur débiteur et déjà dissoute avant la naissance de leur créance. — *Cass.*, 16 déc. 1823, Brodard c. Guéroult. — Malpeyre et Jourdain, p. 119.

700. — Non-seulement la société est nulle à l'égard des tiers mais elle est nulle à l'égard des associés entre eux à défaut de publication. Ils ont intérêt en effet à ne pas rester obligés par un acte de société incomplet. — *Cass.*, 2 juill. 1817, Massabiau c. Dufau; *Metz*, 24 nov. 1819, Armand c. Guérin; *Bruxelles*, 3 mai 1823, Fontaine c. Abrassart; *Nîmes*, 9 déc. 1829, Moustardier c. Pleindoux; *Toulouse*, 25 juill. 1834, Marc c. Saint-Paul; 22 avril 1837 (t. 2 1837, p. 536), Bimar-Glaize c. Salvayré; *Rennes*, 22 juin 1837 (*ibid.*), Maheu c. Laurent; *Douai*, 21 nov. 1840 (t. 1er 1841, p. 40), Thieuleux et Richebez c. Flayelle; *Cass.*, 29 juin 1841 (t. 2 1841, p. 394), de Labrosse c. Foucault; *Bourges*, 30 juill. 1841 (t. 1er 1842, p. 233), Grenouillet c. de Greuil; *Cass.*, 23 déc. 1844 (t. 1er 1845, p. 518, Rives c. Pleinemaison et Montaigut; 31 déc. 1844 (t. 1er 1845, p. 44), Grenouillet c. de Greuil. — Pardessus, t. 4, n° 1008; Malepeyre et Jourdain, p. 114; Troplong, n° 240; Merlin, *Quest. de dr.*, v° *Société*, § 1er; Delangle, n° 531. — *Contrà*, Massé, *Parfait not.*, t. 2, p. 343; Delvincourt, *Inst. de dr. commercial*.

701. — La nullité peut même être invoquée par les associés, quoiqu'ils aient exécuté l'acte de société. La nullité doit consister dans ce cas en ce que si la société a commencé, chacun peut la dissoudre quand il ne juge plus à propos d'y rester. — *Cass.*, 2 juill. 1817, Massabiau c. Dufau; *Nîmes*, 9 déc. 1829, Moustardier c. Pleindoux; *Bruxelles*, 13 fév. 1830, Briard c. Busso; *Toulouse*, 25 juill. 1834, Marc c. Saint-Paul; 22 avril 1837 (t. 2 1837, p. 536), Bimar-Glaize c. Salvayré; *Rennes*, 22 juin 1837 (t. 2 1837, p. 536), Maheu c. Laurent; *Bourges*, 30 juill. 1841 (t. 1er 1842, p. 233), Grenouillet c. de Greuil; *Cass.*, 31 déc. 1844 (t. 1er 1845, p. 44), même affaire. — *Contrà*, *Bruxelles*, 16 janv. 1830, Thel c. Monthobio. — Pardessus, n° 1007.

702. — Jugé que la nullité ne peut être couverte non plus par le fait que l'associé qui l'oppose aurait consenti à la nomination des arbitres, alors surtout qu'il n'a donné son consentement que sous la réserve expresse d'opposer la nullité. *Cass.*, 31 déc. 1844 (t. 1er 1845, p. 44), Grenouillet c. de Greuil.

703. — Celui qui a formé une demande en dissolution d'une société ne s'est pas, pour cela, rendu non recevable à en demander la nullité, pour défaut de publication dans le cours de la même instance. — *Colmar*, 5 mai 1825, Karcher c. Beugnot de Farémont.

704. — M. Pardessus (t. 4, n° 1007) veut même que la nullité soit prononcée quoique le défaut d'affiches soit imputable à la faute de l'associé qui s'en prévaut; sauf à prononcer en même temps des dommages-intérêts contre cet associé pour le tort que la non-continuation de la société cause aux autres associés.

705. — Jugé au contraire que l'associé qui par des motifs d'intérêt personnel néglige de remplir, quoiqu'il en soit chargé, les formalités prescrites par l'art. 42 C. comm. ne peut, après avoir pendant quelque temps exécuté le contrat, se prévaloir de l'omission des formalités pour demander la nullité du traité de société. — *Metz*, 11 déc. 1818, Desmares c. Van Robais. — V. aussi Locré, *Espr. du C. comm.*, art. 42.

706. — Mais le fait par un des associés de provoquer l'annulation pour défaut d'accomplissement des formalités légales, peut-il donner lieu contre lui à l'application de dommages-intérêts au profit des autres associés?

707. — Jugé par la Cour de Nîmes que des dommages-intérêts peuvent être prononcés au profit d'un coassocié contre celui qui demande l'annulation de l'acte de société, pour inaccomplissement des formalités prescrites par l'art. 42 C. comm. Mais, dans l'espèce de l'arrêt, la société était elle-même la condition d'un autre contrat, et il y avait mauvaise foi évidente de la part de l'associé qui en demandait la nullité. — *Nîmes*, 9 déc. 1829, Moustardier c. Pleindoux.

708. — Jugé d'un autre côté que la nullité d'une société pour défaut de publications ne place pas l'associé qui l'invoque dans la nécessité de payer le dédit stipulé en l'acte pour le cas où l'une des parties viendrait à se retirer de la société avant le terme convenu. En d'autres termes, que la nullité de la société entraîne comme conséquence celle de la clause pénale relative au dédit. — *Paris*, 23 déc. 1831, Pallegois c. Valet.

709. — Cependant on a jugé que si dans un acte de société commerciale il a été convenu que dans le cas de dissolution, n'importe pour quelle cause, l'un des associés paierait à l'autre une somme de..., à titre d'indemnité; la nullité de l'acte social pour défaut de publication conformément au C. de comm ne fait pas obstacle à l'exécution de la convention, surtout si l'acte a été, de fait, exécuté. — *Lyon*, 27 fév. 1828, Roland c. Olivier.

710. — Jugé, d'un autre côté, que la nullité d'une société en nom collectif pour défaut de publication de l'acte conformément à l'art. 42 C. comm. peut être invoquée par chacun des associés sans donner lieu à aucuns dommages-intérêts, *alors qu'aucun d'eux n'a été spécialement chargé de faire cette publication pour les autres*. — *Douai*, 16 août 1847 (t. 1er 1848, p. 118), Dez-Maurel c. Courvoisier.

711. — Jugé en tout cas que le *seul fait* par un associé de provoquer l'annulation de la société pour défaut de publication ne le rend pas *nécessairement* passible de dommages-intérêts, comme manquant, par son fait, à l'exécution de ses engagemens. — *Cass.*, 23 déc. 1844 (t. 1er 1845, p. 518), Rives c. Pleinemaison et Montaigut.

712. — Même en supposant le maintien de la société, l'associé qui s'est personnellement chargé de la publication de l'acte de société est responsable envers ses coassociés du tort que pourraient leur causer le défaut de publication ou une publication incomplète. — Delangle, nos 542 et suiv.

713. — On a même appliqué cette responsabilité à un notaire qui avait omis d'indiquer dans l'extrait que la société ne pouvait être engagée par un seul des associés. La Cour de Douai a déclaré les syndics de la faillite de la société recevables dans leurs actions contre le notaire en remboursement des sommes qu'ils avaient été obligés de payer aux termes d'un engagement souscrit par un associé seul, contrairement à l'acte social, et qui n'avait pas tourné au profit de la société. — *Douai*, 21 nov. 1840 (t. 1er 1841, p. 40), Thieuleux et Richebez c. Flayelle. — Pardessus, t. 4, n° 1007; Delangle, n° 563.

714. — Lorsqu'un acte portant prorogation de société n'a point été publié dans les délais, les associés qui veulent plus tard le publier, et qui empêchés par un coassocié qui s'y refuse sont contraints de consentir à la dissolution de la société, ne peuvent demander à cet associé dissident des dommages-intérêts pour s'être prévalu d'une nullité qui était dans son droit. — *Angers*, 20 juill. 1842 (t. 2 1842, p. 148), Giraud c. N....

715. — Ce que nous avons dit de l'acte de société non publié, quant aux personnes qui peuvent en demander la nullité, s'appliquerait également aux actes de prorogation, de dissolution ou à tous actes modificatifs de la société dont la publication est exigée par l'art. 46 C. comm. — Delangle, n° 538.

716. — Nonobstant la nullité prononcée, même sur la demande d'un associé, elle n'en a pas moins existé de fait jusqu'à la demande en nullité, et il est nécessaire de procéder au règlement des affaires communes. — *Cass.*, 2 juill. 1817, Massabiau c. Dufau; *Paris*, 14 déc. 1825, Delagrange c. Langlet; *Toulouse*, 22 avr. 1837 (t. 2 1837, p. 536), Bimar-Glaize c. Salvayré; *Rennes*, 22 juin 1837 (*ibid.*), Maheu c. Laurent. — Troplong, n° 249; Delangle, n° 539. — *Contrà*, *Bruxelles*, 3 mai 1823, Fontaine c. Abrassart.

717. — Mais quelles règles suivra-t-on pour ce partage? consultera-t-on l'acte social? ou devra-t-on exclusivement s'attacher aux principes généraux du contrat de société? La première interprétation doit être adoptée. La nullité n'est prononcée que pour l'avenir, et la bonne foi s'oppose à ce que les conventions des parties sur le partage ne soient pas exécutées. — *Paris*, 14 déc. 1825, Delagrange c. Langlet; *Toulouse*, 22 avr. 1837 (t. 2 1837, p. 536), Bimar-Glaize c. Salvayré; *Rennes*, 22 juin 1837, Maheu c. Laurent. — Troplong, n° 249. — *Contrà*, *Bourges*, 30 juil. 1841 (t. 1er 1842, p. 233), Grenouillet c. de Greuil; *Limoges*, 23 avril 1847 (t. 1er 1848, p. 116), mêmes parties.

718. — Ainsi, bien qu'un acte de société ait été déclaré nul à défaut de publication légale; s'il est reconnu que la société de fait qui a existé entre les parties a eu pour résultat d'établir entre elles une communauté d'intérêts, chaque partie peut réclamer sa part de tout ce qui est entré dans cette communauté : sans que son droit puisse être réputé restreint à la reprise de son apport et au partage des bénéfices. — *Rennes*, 26 août 1837 (t. 2 1841, p. 723), Maheu c. Laurent.

719. — La Cour supérieure de Bruxelles a été trop loin lorsqu'elle a implicitement décidé que l'acte de société non publié est frappé d'une nullité tellement absolue, qu'il ne peut pas même être invoqué comme constatant les mises des associés; sauf aux tribunaux à admettre les associés à établir par tous les moyens de preuve ce qu'ils ont mis en communauté, ainsi que les bénéfices faits au moyen de ces mises. On doit se contenter de dire que l'acte de société non publié est sans effet à partir de la demande en nullité, mais que l'exécution volontaire qui lui a été donnée par les parties le rend valable pour tout ce qui a précédé la demande. — *Bruxelles*, 2 mai 1823, Fontaine c. Abrassart.

720. — Et par suite, lorsqu'avant que personne se plaignît du défaut de publicité, la société a été dissoute par les parties, elles sont non recevables à se plaindre désormais du défaut d'accomplissement des formalités exigées par l'art. 42 C. comm. — *Bordeaux*, 16 déc. 1829, Lopes-Dias.

721. — Jugé que la nullité d'une société commerciale, pour défaut de publication de l'acte social, ne rend pas l'un des associés non recevable à prouver contre les tiers, créanciers personnels de son coassocié, que la société a eu une existence réelle, et à revendiquer son droit de copropriété sur les valeurs qui en dépendent. — *Paris*, 25 fév. 1841 (t. 1er 1841, p. 698), Léger c. Legrain.

722. — Lorsque la nullité d'une société est prononcée, l'apport de chaque associé doit lui être restitué comme si la société n'avait jamais existé. — *Paris*, 17 févr. 1837 (t. 1er 1837, p. 253), Guibout et Pihet c. Robert.

723. — Un brevet d'invention, dont la jouissance a été mise en société avec réserve de la propriété en tout état de choses, demeure la propriété exclusive du titulaire, si la société est déclarée nulle pour défaut de publication de l'acte social. — V. BREVET D'INVENTION, n° 231.

724. — Lorsque des parties posent les bases d'une association commerciale, en s'obligeant de faire rédiger, d'après ces bases, un nouvel acte qui soit en harmonie avec la loi et qui fixe la raison sociale; l'acte renfermant ces conventions peut, sur la demande de l'un des intéressés, être annulé, pour défaut de transcription et d'affiche, aux termes de l'art. 42 C. comm., en telle sorte qu'il n'ait effet ni comme acte de société ni comme promesse de contracter société. — *Bourges*, 2 juin 1821, Boigues c. Guérin. — Locré, *Esprit du C. de commerce*, art. 42.

725. — Lorsqu'à la dissolution d'une société commerciale il s'en forme une seconde entre les membres de l'ancienne et de nouveaux associés; la nouvelle société est tenue vis-à-vis des tiers des engagemens contractés par la première, si, à défaut de publication de la dissolution de celle-ci, le public est autorisé à présumer qu'il y a confusion de l'une dans l'autre. — *Rennes*, 24 nov. 1845 (t. 1er 1846, p. 409), Waral c. Duval.

726. — Malgré la nullité de l'acte de société pour défaut de publication, les parties doivent être renvoyées devant arbitres à raison des difficultés élevées relativement aux faits accomplis quant à leurs relations sociales avant la demande en nullité. — Mais, en renvoyant aux arbitres la connaissance de ces difficultés, les juges ne peuvent déterminer les bases de la décision que ces arbitres auraient à rendre; ils ne peuvent décider, par exemple, qu'il sera procédé au règlement des droits et des intérêts des parties suivant les règles du droit commun en matière de société, et en prenant pour base l'état des choses au moment du règlement. — *Bourges*, 30 juill. 1841 (t. 1er 1842, p. 233), Grenouillet c. de

Greuil; *Cass.*, 31 déc. 1844 (t. 1er 1845, p. 44), mêmes parties; *Limoges*, 23 avr. 1847 (t. 1er 1848, p. 116), mêmes parties. — Bioche et Goujet, vº *Arbitrage*, nº 75; Troplong, nº 249. — V. ARBITRAGE.

727. — La nullité d'un acte de dissolution de société pour défaut de publication légale ne peut être invoquée par l'un des associés, alors que cet acte, consenti de bonne foi, a reçu son exécution. Cette nullité ne saurait non plus être invoquée par un créancier personnel dudit associé, s'il n'allègue pas que la dissolution a eu lieu en fraude de ses droits. — *Paris*, 18 janv. 1845 (t. 1er 1845, p. 141), Conor c. Bénier et Taiffer.

728. — En effet : en ce qui concerne la dissolution, qui, comme la constitution, doit être rendue publique; s'il y a eu liquidation, il est évident que les associés ne peuvent plus s'armer les uns contre les autres du défaut de publication. Les choses en effet ne sont plus dans le même état : la liquidation a eu pour effet d'attribuer des valeurs aux uns et aux autres, de changer les rapports qui existaient entre les associés; en un mot, il y a aussi dans ce cas une exécution volontaire qui couvre l'irrégularité. — Pardessus, t. 4, nº 1005. — « Entre les associés, dit M. Delangle (*Des sociétés commerciales*, t. 2, p. 243), l'inobservation de l'art. 46 ne peut jamais être invoquée. Quand postérieurement à l'acte de société ils en ont modifié les stipulations, en quoi que les changemens consistent ils sont tenus de s'y soumettre. Ils ne peuvent pas plus exciper de la nullité résultant du défaut de publication qu'ils ne le pourraient faire si la société même n'avait pas été rendue publique : ils ont bien la faculté de se dégager pour l'avenir des modifications qui n'ont pas reçu de la publicité leur perfection légale, mais pour le passé les conventions doivent être littéralement exécutées. »

729. — C'est un principe général de notre droit, que la forme des actes est régie par les lois du pays dans lequel ils sont passés. On a donc pu juger qu'une société collective formée entre des Français en pays étranger, et dont le siége se trouve à l'étranger, n'est pas assujettie aux formalités prescrites par les art 39 et 42 C. comm., et, notamment, aux formalités d'affiche et de transcription. — *Bordeaux*, 9 janv. 1826, Flouret c. Lacotte.

ART. 2. — *Comment une société est distincte de ceux qui la composent.*

730. — Les sociétés commerciales en nom collectif, en commandite ou anonymes forment un être moral complétement distinct des associés et ayant des droits et des devoirs qui lui sont propres.

731. — Dès lors, en général, les associés qui traitent avec la société, en leur nom, doivent être considérés comme des tiers et n'avoir pas plus de droits. Ils peuvent vendre à la société, lui prêter et même exercer contre elle des poursuites. — Pardessus, t. 4, nº 975.

732. — Il résulte de là que les créanciers d'un associé qui ont obtenu contre lui un jugement n'ont point une hypothèque judiciaire sur les biens de la société, et ne peuvent que faire vendre les actions de leur débiteur si elles sont cessibles; ou si elles ne le sont, former opposition entre les mains de la société au paiement de tout ce qu'elle pourrait lui devoir.

733. — La femme d'un associé n'a pas hypothèque au préjudice des créanciers hypothécaires de la société sur un immeuble de cette même société qui échoit à son mari par suite du partage. — *Cass.*, 10 mai 1831, Baillac c. Nogarolles. — Pardessus, t. 4, nº 975.

734. — Mais, d'autre part, la femme doit en vertu de son hypothèque légale être préférée aux créanciers de la société sur les biens du mari; et même l'approbation donnée solidairement par la femme aux clauses d'une société dont son mari fait partie a pu, par appréciation de ses termes, n'être considérée ni comme un cautionnement ni comme une subrogation à son hypothèque légale au profit des autres associés, et la femme demeure fondée à exercer son hypothèque au préjudice de ces derniers. — *Cass.*, 24 juin 1829, Roger c. de Mailly.

735. — Le créancier d'un des associés débiteur de la société ne pourrait invoquer la compensation pour se libérer, et on ne pourrait l'invoquer contre lui. — Pardessus, t. 4, nº 975.

736. — Cependant, les principes spéciaux de la société en nom collectif pourraient, dans certains cas, nécessiter une distinction. En effet, chaque associé en nom collectif étant personnellement responsable des engagemens de la société, et tenu de les acquitter sur sa propre fortune, le débiteur d'un associé, qui serait en même temps créancier de la société, pourrait opposer à l'associé agissant contre lui la compensation jusqu'à concurrence des sommes dues par la société. L'associé, dans ce cas, est créancier en son nom, mais il est en même temps débiteur comme associé.

737. — On doit également faire une distinction entre la société et les associés en cas de faillite. Par conséquent, la faillite de l'un des associés, même en nom collectif, n'entraîne pas la faillite de la société. Celle-ci, en effet, a des ressources propres, et il est même possible que la faillite d'un associé ne lui fasse éprouver aucune perte.

738. — Réciproquement, il est certain que la faillite d'une société en commandite ou anonyme n'entraîne pas la faillite des commanditaires ou des actionnaires. Ils sont tenus jusqu'à concurrence de leur mise, et ne doivent même rien si elle a été entièrement versée. — Pardessus, t. 4, nº 976.

739. — Il y a plus de difficulté quand la société est en nom collectif : car alors, chaque associé étant tenu solidairement des engagemens sociaux, la société ne peut pas cesser ses paiemens, sans que chaque associé soit également censé avoir cessé les siens. Aussi a-t-on soutenu que la mise en faillite de la société entraîne toujours celle des associés en nom collectif. — *Contrà*, Pardessus, t. 4, nº 976.

740. — Si l'on juge que les associés en participation sont solidairement responsables des engagemens de la société on doit dire aussi qu'en cas de protêt faute de paiement de billets souscrits dans l'intérêt d'une société en participation, par l'un des associés, l'autre associé peut être déclaré en faillite. — *Bordeaux*, 23 févr. 1836, Mathieu c. Retaillaud.

741. — Lorsqu'une société de commerce est déclarée en faillite, les remises que les créanciers font à l'un des associés faillis par un traité particulier, passé personnellement avec lui, ne profitent pas aux autres associés. — *Cass.*, 22 avr. 1818 Neblon.

742. — Dans le même cas de faillite d'une société, les associés qui font abandon de tous leurs biens abandonnent leurs créances personnelles contre leurs coassociés, et ceux-ci, lors même qu'ils auraient abandonné moins, peuvent soutenir qu'ils se sont libérés envers leur associé par la cession de ses droits à la société, et envers celle-ci par l'abandon qu'ils lui ont fait de leurs biens. — *Rennes*, 24 févr. 1808, S... c. C....; 5 avr. 1809, B... c. C....

ART. 3. — *De la raison sociale.*

743. — La société étant distincte des associés doit avoir un nom. C'est ce qu'on appelle la raison sociale. Elle se forme avec le nom d'un ou de plusieurs des associés. — C. comm., art. 24.

744. — Le nom d'un associé défunt doit être effacé de la raison sociale. — Delangle, nº 220.

745. — Quoique la raison sociale soit de l'essence de la société en nom collectif, le défaut de stipulation d'une raison sociale, si d'ailleurs toutes les conditions de publicité exigées par la loi avaient été remplies, n'empêcherait pas les associés d'être tenus solidairement des engagemens sociaux. — Troplong, nº 376.

746. — Le nom des associés doit seul figurer dans la raison sociale (C. comm., art. 21); cependant celui dont le nom figure dans une raison de commerce, lorsque, d'ailleurs, il n'y est pas intéressé, n'est pas, par ce seul fait, légalement présumé associé, et, comme tel, solidairement responsable des engagemens contractés sous cette raison. — En l'absence de toute disposition pénale qui accompagne la prohibition établie par l'art. 21 C. comm. de faire figurer dans la raison de commerce d'une société d'autres noms que ceux des associés, les conséquences qui doivent résulter de l'infraction à cette prohibition sont abandonnées à l'examen et à l'appréciation des tribunaux. — *Aix*, 16 janv. 1840 (t. 1er 1840, p. 463), Salles, Ricard, Guizol et Raynaud c. Arnaud.

747. — C'est sous la raison sociale que la société doit agir, et qu'on doit agir contre elle. — *Cass.*, 21 nov. 1808, Pourvoi de la régie. — Pardessus, t. 4, nº 977; Delangle, nº 216.

748. — Ainsi, des associés en nom collectif peuvent être assignés, par une seule copie et sans désignation de nom d'aucun d'eux, au domicile de la société. — *Pau*, 19 janv. 1811, Pouyet.

749. — C'est sous la raison sociale que les inscriptions hypothécaires doivent être prises contre la société, ou en sa faveur. — *Cass.*, 1er mars 1810, Daunoot c. Palmaert et Opdemberg. — Pardessus, t. 4, nº 977; Delangle, nº 216.

750. — Il ne faut pas confondre la raison sociale avec le nom d'un établissement. La raison sociale ne peut être vendue; il en est tout autrement du nom de l'établissement. — Pardessus, t. 4, nº 978; Troplong, nº 372.

751. — Souscrire les engagemens de la société du nom d'un tiers non intéressé et qui n'y consent pas, est en quelque sorte un faux. Les tiers, en effet, sont trompés quand même la publication de l'acte social ferait connaître que l'individu dont le nom figure dans la raison sociale est étranger à la société, puisqu'ils ont pu ne pas recourir à cet extrait. — Pardessus, t. 4, nº 978.

752. — Si celui dont le nom figure dans la raison sociale y avait consenti quoique étranger à la société; on devrait le rendre responsable de tous les engagemens souscrits dans la raison sociale, quelque réserve qu'il eût faite en donnant son consentement. — Pardessus, *ibid.*

753. — Lorsqu'à l'expiration d'une société celui des associés dont le nom figurait seul dans la raison sociale et qui avait seul la signature se retire, et que la société est renouvelée par les autres associés, pour leur compte seul, sous la même raison; si ces changemens ont été publiés au moyen des formalités prescrites par l'art. 42 du C. comm. et de lettres circulaires; s'il est constant que l'associé retiré est demeuré étranger aux affaires de la nouvelle société et s'est même entièrement abstenu de toutes opérations de commerce, et si, d'ailleurs, aucun fait de dol ou de fraude n'est argué et établi contre lui; la continuation de la raison sociale primitive ne peut, en cas de faillite de la nouvelle société, soumettre l'associé retiré à la responsabilité solidaire des engagemens par elle contractés sous cette raison, et lui rendre applicable le jugement déclaratif de la faillite. — Il en doit être ainsi surtout lorsque la maison déclarée en faillite n'est elle-même que le renouvellement, après dissolution, de celle qui avait d'abord succédé à la société primitive, et que la conservation de la raison sociale de celle-ci par la maison faillie a eu lieu sans aucune participation de l'ancien associé retiré. — *Aix*, 16 janv. 1840 (t. 1er 1840, p. 463), Salles, Ricard, Guizol et Reynaud c. Arnaud.

754. — On a jugé que l'associé qui s'est retiré de la société en mettant une autre personne à sa place échappe, à partir du jour de sa retraite, à toute solidarité, bien que son nom ait continué à figurer dans la raison de commerce, et qu'il y ait même laissé ses fonds, pourvu que cette modification ait été publiée dans les formes prescrites par les art. 42, 43 et 44 du C. comm., et qu'en fait il soit resté étranger aux affaires de la société. — *Aix*, 11 mai 1840 (t. 2 1840, p. 703), Jubelin c. Conver.

755. — Un associé qui emploierait la raison sociale après la dissolution de la société, commettrait un véritable faux. — Pardessus, *ibid.*; Delangle, nº 224.

756. — Et si la dissolution de la société avait été régulièrement publiée, les anciens associés ne seraient pas engagés par cet acte. — Pardessus, t. 4, nº 1088 3º.

757. — Les associés ne seront pas non plus obligés par l'acte souscrit de la raison sociale depuis la liquidation mais qui serait antidaté. — Pardessus, t. 4, nº 1088, 3º.

758. — Lorsque l'acte d'une société formée pour l'exploitation d'une mine a déclaré que la société ne reconnaîtrait comme valables que les engagemens souscrits sous la raison sociale par l'associé désigné à cet effet, un créancier personnel du concessionnaire, bien que celui-ci ait consenti hypothèque sur la mine, ne peut, malgré son antériorité, être colloqué sur la masse sociale par préférence aux créanciers de la société. — *Colmar*, 10 déc. 1822, Dournay c. Walter-Rambourg et Gouy.

759. — La Cour de cassation a reconnu que, bien qu'en principe le gérant d'une société, lorsqu'il traite seul dans un acte, soit censé avoir contracté en son nom propre; néanmoins, dans les difficultés qui s'élèvent entre la société et les tiers on doit rechercher si l'acte émane du gérant agissant dans son intérêt ou agissant dans l'intérêt de la société. Et que, spécialement, l'acquisition d'une maison par le gérant d'une société, sans énonciation qu'elle est effectuée pour la société, peut cependant être

réputée faite pour le compte de celle-ci lorsque l'immeuble a été immédiatement livré à la société, approprié à ses besoins et payé des deniers sociaux. — Qu'en conséquence, la femme du gérant ne peut prétendre droit à une hypothèque légale sur cet immeuble. — *Cass.*, 19 août 1846 (t. 1er 1847, p. 84), Périer c. Rouault.

760. — Un agent général établi par une société pour faire des achats pour son compte oblige tous les associés, quoique la signature ait été donnée à l'un d'eux et que l'agent ne la rapporte pas. — *Cass.*, 30 prair. an XIII, Curtet c. Collot.

761. — L'arrêt qui ordonne un changement de raison sociale n'est pleinement exécuté qu'autant que les parties condamnées à opérer ce changement se sont conformées aux art. 42, 43, 44 et 46 du C. comm. Les modifications que ces parties prétendent avoir faites à leurs étiquettes, les lettres qu'elles disent avoir adressées à leurs correspondans pour leur annoncer le changement de leur raison de société ne peuvent suppléer aux formalités de publication prescrites par les articles précités. — *Grenoble*, 23 juin 1846 (t. 2 1847, p. 216), Tignet et Cade c. Tempier.

ART. 4. — *Division du capital en actions.*

762. — On stipule souvent que le capital d'une société sera divisé en un certain nombre de parts, auxquelles on donne le nom d'*actions*. — Cette stipulation est-elle permise dans toute espèce de sociétés?

763. — Le capital des sociétés civiles peut-il être divisé par actions? Il n'y a pas de doute à l'égard des sociétés formées pour l'exploitation des mines, qui sont d'ailleurs des sociétés civiles. — V. *suprà*, n° 86. — Mais on va même plus loin et on soutient que le capital de toutes les sociétés civiles peut être divisé par actions. — C. civ., art. 529. — Troplong, n° 143; Duvergier, t. 20, n° 485.

764. — La division en actions est de droit dans les sociétés anonymes. Et il est également certain que ces actions peuvent être créées au porteur. — C. comm., art. 34 et 35.

765. — Lorsque l'action est au porteur, la transmission s'opère par la seule remise du titre. — C. comm., art. 35.

766. — Si l'action n'est point au porteur, la cession s'opère par une déclaration de transfert inscrite sur les registres de la société et signée de celui qui fait le transport ou d'un fondé de pouvoir. — C. comm., art. 36.

767. — La société en nom collectif ne se divise point par actions. Sans doute les associés peuvent, pour le règlement des parts, décider que la société se composera d'un certain nombre de parts qu'ils appellent actions, mais il ne résultera pas de là qu'un associé pourra céder tout ou partie des parts ou portions d'intérêt qui lui ont été attribuées dans la société; nonobstant cette cession, il resterait associé et son cessionnaire n'aurait de droits que contre lui.

768. — Le capital des sociétés en commandite peut être divisé en actions, mais sans aucune autre dérogation aux règles établies pour ce genre de sociétés. — C. comm., art. 38.

769. — Il n'y a nulle difficulté lorsque la propriété des actions de la société en commandite est établie par une inscription sur les registres de la société. Mais on s'est demandé si les actions pouvaient, dans la société en commandite, être créées au porteur.

770. — Le doute naît de la nécessité de pouvoir contraindre les commanditaires à verser leur mise, de la défense qui leur est faite de s'immiscer dans les opérations de la société, et enfin, d'autre part, du danger qu'il y aurait à créer des prohibitions qui ne résultent pas de la loi. La jurisprudence, au surplus, paraît constante pour valider la division du capital des sociétés en commandite en actions au porteur. — *Paris*, 7 févr. 1832, Alary c. Lecomte; 14 févr. 1832, Dorville c. Delaroque. — Malepeyre et Jourdain, 143 et suiv.; Mollot, *Des bourses de commerce*, p. 200; Fremery, p. 59; Troplong, nos 147 et suiv.; Devaux (du Cher), dont la consultation remarquable est rapportée en entier et approuvée par M. Delangle (n° 502). — *Contrà*, E. Persil, p. 149; Vincens, *Des soc. par actions*, p. 89.

771. — Du principe qu'un associé ne peut être affranchi de toute contribution aux dettes il résulte que la souscription d'actions dans une société en commandite, à la condition du remboursement intégral du capital versé, dans le cas où la société viendrait à se liquider avant une époque déterminée, est nulle comme contraire à l'essence du contrat de société. — En conséquence, le souscripteur, bien qu'il ait versé le prix d'un certain nombre d'actions pour lui servir de cautionnement d'une place d'agent de la société, ne peut être considéré comme ayant la qualité d'actionnaire. C'est un créancier qui a droit d'agir pour la restitution de son versement, non-seulement contre le gérant, qui s'est obligé à son égard, mais même contre le liquidateur de la société. — *Paris*, 4 déc. 1844 (t. 1er 1845, p. 121), Jouve c. Goussard d'Arsay.

772. — Les sociétés en participation ne peuvent pas être mises en actions. — *Cass.*, 12 juill. 1842 (t. 2 1842, p. 704), Enregistrement c. Grulé. — Delangle, n° 615.

773. — Quelle que soit la société qui ait été divisée en actions: le droit des actionnaires dans la société est un droit mobilier, quand même la société comprendrait des immeubles. — C. civ., art. 529. — Troplong, n° 140.

774. — On a, il est vrai, jugé que lorsqu'un canal et d'autres immeubles forment la chose principale et le fondement d'une société, au lieu d'en être une simple dépendance, et que le droit de péage perçu sur ce canal n'en est que le produit, les actions de cette société doivent être considérées comme immeubles, surtout s'il s'agit d'un partage entre des cohéritiers et des droits des créanciers. — *Paris*, 17 févr. 1809, Brion et Huerne c. Fillemin; 19 févr. 1810, mêmes parties. — Mais cet arrêt est critiqué avec raison par les auteurs. — Merlin, *Quest. de droit*, v° *Actionnaire*, § 3; Delangle, *Encyclopédie du droit*, v° *Actionnaire*.

775. — La loi a pu aussi dans l'intérêt d'une société privilégiée immobiliser ses actions. C'est ce qui a été fait pour les actions de la Banque de France par l'acte du gouvernement du 16 janv. 1806. Les actions ainsi immobilisées sont susceptibles de priviléges et d'hypothèques et soumises aux mêmes conditions que les immeubles. — E. Persil, *Des sociétés*, p. 135; Troplong, n° 140.

776. — On peut saisir-arrêter les actions ou intérêts dans une société commerciale, sauf aux juges à régler le mode de vente de ces objets. — Les juges peuvent ordonner que la vente aura lieu dans l'étude d'un notaire, et sans le ministère d'un commissaire-priseur. — *Paris*, 2 mai 1811, R... de Romé. — Pardessus, t. 4, n° 992; Berriat Saint-Prix, *Proc. civ.*, p. 709, note 27, n° 2.

777. — Le cessionnaire d'une action succède à tous les droits de son cédant. Dès lors, il devient par le seul fait de la cession membre de la société et copropriétaire des biens qui lui appartiennent. — *Cass.*, 1er vent. an X, Sérilly c. Fenis-Saint-Victour. — Merlin, *Quest. de droit*, v° *Actionnaire*, § 1er; Pardessus, t. 4, n° 973; Delangle, *Encyclop. du droit*, v° *Action*, n° 9; Troplong, *Des sociétés*, n° 180.

778. — Le cédant qui a versé sa mise ne peut être recherché pour les engagemens antérieurs à son aliénation. — Troplong, n° 173.

779. — Mais si le cédant n'avait versé sa mise qu'en billets, ou s'il avait pris un engagement personnel de la verser, la cession de son action n'éteindrait pas son obligation, et il resterait garant de son cessionnaire. — Troplong, n° 174; Delangle, n° 191.

780. — On va même plus loin et on soutient: que l'acceptation du cessionnaire par le gérant de la société ne libérerait pas le cédant de l'obligation de verser sa mise; que le gérant excède ses pouvoirs en affranchissant à son gré certaines personnes des liens de la société. — E. Persil, p. 130, n° 3; Troplong, n° 175. — *Contrà*, Pardessus, t. 4, n° 1043; Malepeyre et Jourdain, p. 201.

781. — M. Troplong suppose et nous avons supposé avec lui que le souscripteur de l'action a pris un engagement personnel. Cet engagement subsistera nonobstant la cession sans qu'il y ait lieu de distinguer si le titre est nominatif ou au porteur. — *Ibid.*, n° 177. — Mais si le souscripteur en versant une partie seulement de sa mise n'avait pas pris d'engagement spécial, la cession du titre, soit nominatif, soit au porteur, le libérerait complétement envers la société et envers les tiers de l'obligation de fournir le complément de sa mise. — Malepeyre et Jourdain, p. 200 et suiv.

782. — Jugé que dans une société en commandite, divisée par actions au porteur, les créanciers de la société, en cas de faillite, ne peuvent forcer le souscripteur au paiement intégral de son action, lorsque le pacte social lui accorde la faculté de se retirer en perdant la partie déjà versée de la somme pour laquelle il aura souscrit. — *Paris*, 31 mars 1832, Bonnet c. Chatelain. — Troplong, *Des sociétés*, n° 179; E. Persil, p. 155.

783. — On devrait adopter la même décision quoique les actions ne fussent pas au porteur, pourvu toutefois que la clause qui permettait aux associés de se retirer, en perdant la somme qu'ils avaient déjà versée, eût été rendue publique. Autrement, les tiers qui ont dû compter sur la réalisation complète de la mise des commanditaires seraient trompés. Dans l'espèce de l'arrêt du 31 mars 1832, la publication de la clause n'avait point eu lieu; mais la Cour de Paris a pu juger que la stipulation que les actions étaient au porteur avait été pour les tiers un avertissement suffisant.

784. — Lorsque dans l'acte d'une société dont le capital se divise par actions il a été stipulé qu'un nombre déterminé de ces actions jouirait de certains prélèvemens, la désignation qui est faite ultérieurement des sociétaires auxquels ces actions appartiendront ne peut avoir pour effet de restreindre le droit au prélèvement à la personne même des sociétaires désignés en telle sorte qu'ils ne puissent le transmettre en cédant leurs actions. — En tout cas, l'arrêt qui juge ainsi ne donne point ouverture à cassation. — *Cass.*, 30 avr. 1822, Actionnaires du théâtre Feydeau.

785. — Les acheteurs d'actions trompés par l'annonce d'une autorisation royale qui ne s'appliquait pas à la société sont recevables à revendiquer le montant des sommes qu'ils ont payées et ils ne peuvent être repoussés sous prétexte qu'il s'agit d'un contrat aléatoire, lorsqu'ils soutiennent qu'il y a eu dol et fraude de la part des vendeurs. — *Cass.*, 15 déc. 1824, Guéroult de Fougères c. Lanjuinais.

786. — L'intention des parties, lorsqu'elle est certaine, doit toujours prévaloir sur quelques expressions inexactes qu'elles auraient pu employer. On a donc dû décider qu'une action dans une entreprise de commerce peut, selon les circonstances, être considérée comme conférant au porteur non point la qualité d'associé, mais celle de simple prêteur. — *Cass.*, 10 mai 1837 (t. 1er 1837, p. 432). Administration municipale de Saint-Pierre (Martinique) c. Thounens.

787. — Le propriétaire d'actions au porteur dans une société ne perd pas sa qualité d'actionnaire par la privation des titres résultant d'un vol commis à son préjudice, en ce sens du moins, que le tribunal de commerce peut, en se fondant sur cette qualité d'associé, renvoyer à des arbitres la connaissance de la demande par lui formée contre la société en délivrance de nouveaux titres sous l'offre de donner caution. — *Cass.*, 15 nov. 1841 (t. 1er 1842, p. 33), Compagnie du Phénix c. de Ponthon.

788. — Jugé que l'art. 8 de la loi du 15-21 juill. 1845, portant que les récépissés de souscription d'actions ne sont pas négociables, s'applique exclusivement aux compagnies organisées pour concourir à l'adjudication des chemins de fer, et maintient, par conséquent, sous l'empire du droit commun, qui permet la vente des choses futures, toutes les autres sociétés dont le capital est divisé en actions négociables. — *Lyon*, 29 mai 1849 (t. 2 1849, p. 228), Pont c. Roux et Devienne. — V., pour le développement des principes sur lesquels s'appuie l'arrêt ci-dessus, vis AGENT DE CHANGE, nos 208 et 221; CHEMINS DE FER, nos 74 et suiv.; CHOSES FUTURES, nos 1er et suiv.

789. — Jugé que le contrat de société étant un contrat essentiellement synallagmatique, une simple demande d'actions non suivie d'acceptation par le gérant, ne lie pas le demandeur et ne peut le faire considérer comme associé. Que l'adhésion du gérant à la demande ne peut s'induire même de l'invitation postérieurement adressée par lui aux demandeurs d'actions, de faire un versement de fonds; alors surtout que les demandes d'actions ont été faites quand la société n'était encore qu'en projet, que l'acte de société n'a été signé que postérieurement, et qu'enfin, aux termes de cet acte, les souscripteurs ne pouvaient être considérés comme actionnaires sérieux que lors du versement du premier dixième. — *Paris*, 16 févr. 1850 (t. 1er 1850), Menotti c. Bellugent. — V., au reste, les observations présentées sous les sections spéciales à chaque nature de société (*infrà*).

ART. 5. — *Des admissions d'associés et des cessions d'intérêt dans une société commerciale.*

790. — Il est de l'essence de la société que les associés se choisissent; un associé ne peut contraindre ses coassociés à recevoir un autre associé à sa place, la majorité même serait impuis-

sante pour contraindre la minorité à admettre dans la société de nouveaux membres.—Pardessus, t. 4, nº 973.

791. — Telle est la règle; mais elle peut être modifiée par les conventions des parties, ou même par la nature spéciale de l'espèce de société qui a été formée.

792. — Ainsi, l'acte de société peut permettre aux administrateurs d'admettre de nouveaux associés sans qu'une délibération expresse soit nécessaire. — Pardessus, *loc. cit.*

793. — La division d'une société en actions fait présumer également l'intention des parties de permettre à chacune d'elles de céder tout ou partie de son intérêt dans la société, à son gré et sans le consentement des autres associés. — V. nº

794. — Le cessionnaire est obligé de plein droit par les statuts, quand même ils lui donneraient dans l'administration de la société, et dans la faculté de vérifier les comptes et les opérations des gérans, moins de droits que n'en avaient les associés primitifs. — *Cass.*, 1er vent. an X, Sérilly c. Penis-Saint-Victour. — Merlin, *Quest. de droit*, vº *Actionnaire*, § 1er; Pardessus, *loc. cit.*; Delangle, *Encyclopédie du droit*, vº *Action*, nº 9.

795. — A moins donc de restriction le cessionnaire est mis à la place de son cédant, et il succède à ses obligations comme à ses droits. Le cessionnaire ne pourrait, quelles que fussent les clauses de son contrat d'acquisition, se dispenser de supporter les charges qui étaient imposées à son cédant. On l'a ainsi jugé pour une société formée sous l'empire des lois romaines, mais la décision serait encore suivie aujourd'hui. — *Cass.*, 23 vent. an VIII, Bellevue c. Simon. — Pardessus, *loc. cit.*

796. — Lorsqu'on stipule dans un acte de société que la société continuera malgré le décès d'un des associés mais entre les survivans seulement, la clause doit s'entendre comme contenant l'obligation pour les héritiers du prédécédé de céder leur part, moyennant estimation, aux associés survivans. — Pardessus, *loc. cit.*

797. — Indépendamment du droit de céder son action, c'est-à-dire de se substituer un tiers dans la société, un associé peut toujours, sans l'autorisation de ses coassociés, associer une tierce personne à sa part dans la société. — C. civ., art. 1861. — Pardessus, t. 4, nº 974.

798. — Cette convention est tout à fait indépendante de la société; et à l'égard des associés, le cessionnaire, qu'on appelle habituellement participant ou croupier, est un étranger qui n'a pas plus de droits dans la société que n'en auraient tous les autres créanciers de l'associé cédant. — Pardessus, *ibid.*; Troplong, nos 755 et suiv.

799. — Un associé peut même céder ainsi toute sa part dans la société, il n'en restera pas moins associé dans ses rapports avec les associés et avec les tiers et figurera dans toutes les opérations; mais il ne sera à l'égard de son cessionnaire, qu'un mandataire tenu des obligations de tout mandataire salarié. — Pardessus, *ibid.*

800. — L'associé qui se retire et se substitue un étranger, contrairement au pacte social, demeure responsable envers les tiers, s'il n'a donné à ce changement aucune publicité légale. — Cette responsabilité ne doit pas néanmoins être étendue aux opérations postérieures au terme fixé pour la durée de la société par l'acte qui l'établit, encore que l'association ait été continuée au delà de ce terme. — *Colmar*, 2 août 1817, Predelys c. Schneider et Gille.

801. — La cession peut-elle être opposée par le croupier aux créanciers de son cédant, pourvu qu'elle ait acquis date certaine avant leurs saisies ou oppositions sur la part sociale de leur débiteur? — Affirm. Troplong, nº 764; Duranton, t. 17, nº 445; Duvergier, t. 20, nos 378 et 379.

802. — M. Delangle (*Traité des sociétés commerciales*, nos 203 et suiv.) soutient, au contraire, que la cession ne peut être opposée par le croupier aux créanciers du cédant, qu'autant qu'elle a été signifiée aux autres associés conformément à l'art. 1690 du Code civil.

803. — Le cessionnaire de l'intérêt d'un associé dans ce cas pourrait-il, en signifiant son contrat d'acquisition à la société, entraver les pouvoirs de son cédant? Il faut répondre négativement; la société ne connaît que ses membres, et la cession est complétement comme non avenue à son égard. — Pardessus, t. 4, nº 974; Troplong, nº 765.

804. — Mais, réciproquement, les associés n'ont absolument aucun droit à l'égard du participant et ne pourraient agir contre lui qu'en exerçant les droits de l'associé dont il est le cessionnaire. — Pardessus, *ibid.*

805. — Jugé que le cessionnaire des actions d'un associé failli, dans une entreprise commerciale, a droit, en cas de refus des autres associés de l'admettre comme associé, de se faire rendre compte, en son propre nom, des opérations de la société. — *Paris*, 3 juin 1825, Divat c. Boursault.

806. — Il faut enfin remarquer que c'est pendant la durée de la société seulement qu'il est interdit à un associé de se substituer un tiers dans la société, et qu'après la dissolution de la société on rentre dans le droit commun. Par conséquent le cessionnaire de tous les droits d'un associé dans la liquidation de la société a qualité pour intervenir dans toutes les contestations relatives à cette liquidation et pour procéder à la nomination des arbitres. — *Paris*, 4 avril 1835, Debuire c. Mille. — Delangle, nº 201.

807. — La clause d'un acte de société portant que les associés qui vendraient leur intérêt seraient tenus d'en avertir les membres du comité un jour de séance, pour que la société exerce s'il y a lieu, dans un certain délai, le droit de retrait qu'elle s'est réservé, peut être réputée n'avoir point été remplie par des significations faites soit au receveur de la société, soit aux sociétaires individuellement. — *Cass.*, 17 avril 1834, Mallez c. Compagnie du Rieu-du-Cœur.

808. — Lorsque l'une des clauses de l'acte social établit un droit de retrait au profit de l'administration à la charge par elle d'user de ce droit dans un délai prescrit, il n'est pas nécessaire, pour qu'il y ait mise en demeure, que le cédant dénonce la vente par exploit d'huissier; en pareil cas il suffit d'une lettre par lui écrite à l'agent général de la société, par laquelle il le prie de faire connaître aux directeurs la cession qu'il a consentie. — *Douai*, 10 janv. 1839 (t. 2 1839, p. 350), Bleuart c. Société d'Aniches.

809. — Lorsqu'un acte de société porte qu'aucun associé ne pourra céder ses droits dans la société sans les avoir préalablement offerts à ses coassociés, l'acte par lequel un associé donne sa part en nantissement à son créancier personnel et le subroge dans ses droits et actions n'autorise point ledit créancier à s'immiscer dans les comptes de la société et, par conséquent, à actionner directement le gérant en reddition de compte; il ne lui donne que le droit de toucher les dividendes et les reliquats des comptes à débattre entre son cédant et le gérant. — *Rouen*, 2 janv. 1847 (t. 2 1849, p. 222), Restout c. Lavoinne.

ART. 6. — *De la dissolution des sociétés de commerce.*

810. — Les mêmes causes qui mettent fin aux sociétés civiles dissolvent également les sociétés commerciales. — V. *suprà*, nos 399 et suiv. — Cependant, il existe en matière de sociétés commerciales quelques règles spéciales qui méritent d'être examinées.

§ 1er. — *Dissolution par la faillite de la société.*

811. — La faillite de la société est un cas de dissolution spécial aux sociétés de commerce. La faillite peut être déclarée soit sur la provocation du débiteur, soit sur celle de ses créanciers, soit sur la notoriété publique. Les deux derniers cas n'offrent pas de difficultés. — V. FAILLITE.

812. — Dans les sociétés en nom collectif, la déclaration de faillite peut être faite par un seul des administrateurs. Les autres associés, il est vrai, auraient le droit de prouver que la société n'est point en faillite et de faire condamner à des dommages-intérêts l'associé qui aurait indûment provoqué la déclaration de faillite. — Pardessus, t. 4, nº 1060-1º.

813. — Lorsqu'une société en nom collectif est dissoute, que l'un des associés a payé la totalité de la part dont il était personnellement tenu dans les dettes sociales, et que les créanciers lui ont fait remise de la solidarité, l'autre associé poursuivi pour sa part seulement ne peut déposer le bilan de la société et la constituer en état de faillite. — *Lyon*, 11 août 1819, Chirat c. Thomé; *Cass.*, 8 août 1820, mêmes parties.

814. — Cette déclaration de faillite peut donner lieu à des dommages-intérêts contre l'associé qui l'a provoquée. — *Lyon*, 11 août 1819, Chirat c. Thomé.

815. — Les commanditaires et les membres d'une société anonyme qui ne sont pas tenus solidairement des engagemens sociaux ne peuvent provoquer la déclaration de faillite; leur droit se borne à demander la dissolution et la liquidation de la société, en se fondant sur le mauvais état de ses affaires. — Pardessus, *ibid.*

816. — Jugé qu'un commanditaire n'est pas recevable à provoquer la déclaration de faillite de la société, soit comme associé, soit comme créancier, sous prétexte que l'inventaire constate un déficit d'une somme considérable, lorsqu'il n'y a pas cessation de paiemens. L'inventaire fait avec sa participation doit être pour lui une pièce confidentielle, et il en abuse en lui donnant, par la provocation de la mise en faillite, une publicité désastreuse pour ses coassociés. — *Colmar*, 17 mars 1840, Schlumberger c. Benner.

817. — ... Et que le commanditaire qui sous le prétexte d'un déficit, constaté par l'inventaire, fait déclarer la société en faillite et ruine ainsi l'établissement de ses coassociés, est passible envers eux de dommages-intérêts. — Même arrêt.

818. — Il ne faut pas conclure de cet arrêt, que nous approuvons d'ailleurs complétement, que le commanditaire qui a versé dans la société plus que sa mise, comme dans l'espèce, n'ait pas droit en qualité de créancier de provoquer la déclaration de faillite. Seulement, il ne doit pas confondre ses deux qualités et user, dans l'une, des connaissances qu'il a acquises au moyen de l'autre. Le commanditaire peut demander la dissolution, si la société est en déficit; le créancier ne peut provoquer la déclaration de faillite que si la société cesse ses paiemens. Or, dans l'espèce de l'arrêt de Colmar, il n'y avait pas cessation de paiemens, et on a jugé avec raison que le créancier avait abusé des connaissances du commanditaire.

819. — Lorsque la faillite est déclarée, les créanciers peuvent discuter et faire vendre les biens de tous les associés en nom collectif; mais ils ne peuvent poursuivre les commanditaires que sur leur mise.

820. — La liquidation de la société dans le cas de faillite se poursuit comme celle de tout associé failli; il y a lieu par conséquent à nommer des syndics, et les gérans ou administrateurs dont le mandat a pris fin par la faillite n'ont plus même pouvoir de représenter la masse que dans les actes urgens.

821. — Ils seraient par conséquent sans qualité pour consentir un concordat. — Pardessus, t. 4, nº 1060-2º.

822. — La société étant dissoute par la faillite, un concordat qui la ferait revivre ne serait possible qu'autant que toutes les conditions nécessaires à la création de la société seraient remplies. — Pardessus, *ibid.*

823. — Les associations en participation ne peuvent tomber en faillite. — Pardessus, t. 4, nº 1066.

§ 2. — *Publication des actes portant dissolution ou prorogation de société.*

824. — L'art. 46 du Code de commerce exige la publication de tous actes portant dissolution de société commerciale avant son terme expiré, continuation de société après le terme expiré, et généralement de tous les changemens survenus dans la société.

825. — Ces dispositions ne s'appliquent évidemment qu'aux sociétés pour lesquelles la publicité est exigée, et ne concernent pas les sociétés en participation.

826. — La loi n'a point exigé la publication de toute dissolution de société. Si, par exemple, la dissolution a lieu par l'expiration du terme fixé à la société, les tiers qui ont déjà été avertis n'ont pas besoin de l'être de nouveau.

827. — Il en est de même si la société a pris fin par l'accomplissement de l'entreprise pour laquelle elle a été formée. — Pardessus, t. 4, nos 1053 et 1088 2º.

828. — Mais on devrait publier la dissolution arrivée par suite de l'accomplissement d'une condition stipulée dans le contrat et dépendant d'un événement incertain, comme le mariage d'un associé ou la survenance d'enfans. — Pardessus, *ibid.*

829. — Les mêmes raisons, c'est-à-dire l'ignorance où les tiers peuvent être de l'événement qui met fin à la société, nous porteraient à dire qu'on doit publier la dissolution de société survenue par la mort d'un associé. — *Bourges*, 30 janv. 1830, Jeanne c. Guébin. — *Contrà*, Pardessus, t. 4, nº 1088 2º; Troplong, nº 903. — Néanmoins, nous pensons avec ce dernier auteur que les tiers qui auraient traité, connaissant le décès d'un associé, ne seraient pas reçus à soutenir que la société n'a pas été dissoute.

830. — Il en serait de même de la dissolution survenue par la mort civile, l'interdiction ou la faillite d'un des associés. — *Contrà*, Pardessus, *ibid.*

831. — La publication doit être faite dans la quinzaine. Mais la nullité n'est point absolue, et la publication faite après la quinzaine produira son effet pour l'avenir. — Pardessus, t. 4, n° 1088 2°.

832. — La question s'est présentée pour une société en commandite, et on a jugé que la publication après le délai de quinzaine de l'acte de dissolution d'une société en commandite n'est pas censée non avenue en telle sorte que la société soit réputée n'avoir jamais été dissoute et que le commanditaire soit rétabli dans l'exercice des droits résultant de cette qualité. — Jugé en tout cas que l'associé qui a exécuté la dissolution n'est plus recevable à en opposer la nullité. — *Cass.*, 6 juin 1831, Virnot c. Decroix. — Malepeyre et Jourdain, p. 305.

833. — Les conséquences du défaut de publication de l'acte portant dissolution de la société avant son terme sont déterminées par la loi elle-même. — La publication est exigée, à peine de nullité, à l'égard des intéressés, et le défaut de publication ne peut être opposé à des tiers par les intéressés. — C. comm., 42 et 46.

834. — En d'autres termes, tant que la dissolution n'a pas été publiée, la société continue à exister à l'égard des tiers, et, en conséquence, l'associé retiré de fait, reste néanmoins soumis envers les tiers au paiement des billets souscrits depuis sa retraite par la société, sous la raison sociale. — *Paris*, 23 juill. 1828, Gradis c. Saurès; *Lyon*, 14 mai 1832, Lablatinière c. Gingène.

835. — Jugé encore qu'une société dont la dissolution n'a pas été publiée dans les formes légales ne cesse pas de subsister *en droit* vis-à-vis des tiers, alors même qu'*en fait* une nouvelle société lui aurait succédé avec une nouvelle raison sociale; et que les anciens associés, quelle que soit d'ailleurs leur bonne foi, n'en restent pas moins responsables des engagemens souscrits par la nouvelle société et qui auraient tourné à son profit, encore qu'ils fussent revêtus de la nouvelle signature sociale. — *Cass.*, 29 janv. 1838 (t. 1er 1838, p. 499), Serres c. Lafarge.

836. — Mais les tiers qui auraient connu *de fait* la dissolution de l'ancienne société pourraient-ils se prévaloir de ce qu'elle n'aurait pas reçu la publicité légale? — Rés. nég. par la Cour de Dijon (V. sous l'arrêt qui précède).

837. — En tout cas il est probable qu'on ne rendrait pas les anciens associés responsables des engagemens sous la nouvelle raison sociale, s'ils n'avaient pas tourné au profit de la société. Les tiers en effet ne pourraient pas soutenir qu'ils ont cru traiter avec l'ancienne société, et nous supposons en fait que cette société, même en l'admettant non éteinte, n'a pas profité de leurs engagemens.

838. — L'obligation de publier toute retraite d'associés ou toute dissolution de société, lorsqu'elle a lieu avant le terme fixé pour sa durée, s'applique même au cas d'une société contractée sans publicité et, dans ce cas, l'un des associés qui s'est retiré avant le terme, sans donner à sa retraite la publicité exigée par l'art. 46 C. comm., ne peut se soustraire aux engagemens contractés sous la raison sociale depuis sa retraite de fait. — *Cass.*, 9 juill. 1833, Gingène c. Ruby-Ponthier. — *Contrà*, Pardessus, t. 4, n° 1088, 2°.

839. — Les tiers pourraient-ils se prévaloir du défaut de publication de l'acte portant dissolution d'une société lorsque la dissolution a été connue par eux? Nous ne pensons pas que les tribunaux consentissent à les y admettre. La publication n'avait pour objet que de leur faire connaître la dissolution de la société, et ils ne peuvent se plaindre si le résultat a été obtenu sans publication.

840. — On a jugé ainsi que lorsqu'une société établie sans l'accomplissement des formalités prescrites par les art. 42 et 44 C. comm. a été dissoute par le décès de l'un des associés, les créanciers qui ont eu connaissance de ce décès ne peuvent opposer à la veuve et aux héritiers ni aux coassociés du défunt le défaut d'accomplissement des formalités et prétendre que faute d'avoir donné de la publicité à ce décès la société a continué, à leur égard, de subsister vis-à-vis des tiers. — *Bourges*, 30 janv. 1830, Jeanne c. Guébin. — Pardessus, t. 4, n° 1088, 2°.

841. — S'il faut dire avec la loi et la jurisprudence que la société continue de subsister à l'égard des tiers nonobstant l'acte de dissolution non publié, doit-on dire également qu'elle continue de subsister entre les associés? L'affirmative devrait résulter de l'interprétation donnée généralement à l'alinéa dernier de l'art. 42 du C. comm., puisque la nullité résultant du défaut de publication produit son effet même entre associés. — V. *suprà*, n° 405. — Cependant M. Pardessus (t. 4, n° 1071) soutient équitablement qu'entre associés la dissolution même non publiée est valable.

842. — La continuation de fait d'une société après son terme expiré, ou après la dissolution opérée pour une cause quelconque, et publiée, constitue une société de fait à laquelle il faut appliquer tout ce que nous avons déjà dit de cette espèce de société. — V. *suprà*, nos 613 et suiv.

843. — Lors donc qu'il est constant qu'une société a continué d'exister de fait après l'époque qui avait été fixée par l'acte social pour sa dissolution, l'une des parties ou ses créanciers ne sont pas recevables à prétendre qu'à défaut de publication d'un acte de prorogation la société doit être censée avoir pris fin à l'époque fixée pour la dissolution. — En tout cas, le moyen pris du défaut de publication d'un acte de prorogation ne saurait être proposé devant la Cour de cassation si l'on ne s'en est pas prévalu devant les juges du fond. — *Cass.*, 13 déc. 1831, Suchetet c. Pillas.

844. — Lorsqu'une société de commerce a été dissoute par un acte enregistré au tribunal de commerce, il ne suffit pas que l'un des associés, chargé de la liquidation, ait fait des opérations de commerce avec un autre des associés pour que la première société soit réputée continuée sans aucun écrit qui le déclare expressément. — *Paris*, 31 mai 1816, Lemire c. Ternaux.

845. — Lorsque, après la prorogation d'une société, convenue entre tous ses membres, l'un d'eux se refuse à l'accomplissement des formalités de publication; l'acte de prorogation se trouve frappé d'une nullité absolue, et, dès lors, ne peut engendrer contre l'associé dissident une action en dommages-intérêts. — *Angers*, 20 juill. 1842 (t. 2 1842, p. 148), Giraud c. N....

846. — Lorsqu'à la dissolution d'une société de commerce il s'en forme une nouvelle entre les membres de l'ancienne et de nouveaux associés, ceux-ci sont tenus personnellement et solidairement des obligations contractées par la première société, si elle n'a pas été liquidée, et s'il y a eu confusion de l'une dans l'autre. L'arrêt qui le décide n'est point susceptible de cassation. — *Cass.*, 25 flor. an XIII, Duchesne c. Desclos Lepeley.

847. — Lorsque, après la dissolution d'une société, des associés continuent l'exploitation du même commerce, et font ensuite faillite, leurs créanciers ne peuvent réclamer de l'associé qui a cessé de faire partie de la société que sa part dans le déficit qui existait au moment de la dissolution de la société. — *Liége*, 16 mars 1813, Péters c. Arntz.

848. — Quand, après l'expiration d'une société commerciale légalement publiée, et dans laquelle l'un des associés n'avait d'autre qualité que celle de simple commanditaire, les deux associés ont prolongé de fait leur société, sans rien changer à leurs conventions, mais sans donner à cette prolongation la publicité légale, les tiers, créanciers de l'associé gérant, ne peuvent exercer leurs actions contre le commanditaire, et le faire déclarer associé pur et simple et solidaire pour défaut d'accomplissement des formalités prescrites par l'art. 46 C. comm., si d'ailleurs ils ne justifient d'aucun fait particulier de nature à entraîner contre lui la déchéance de la qualité de commanditaire. — *Paris*, 7 avr. 1839 (t. 1er 1839, p. 377), Zieghenagen c. Huart.

849. — Lorsque des associés ont déclaré, par un nouvel acte publié, vouloir continuer la société ancienne, cet acte doit être regardé comme constituant non une nouvelle société mais une simple prorogation de l'ancienne. — *Cass.*, 19 juin 1834, Laforge c. Gamon. — V. encore, pour ce qui concerne la preuve de la date de la dissolution des sociétés commerciales, v° ACTE SOUS SEING PRIVÉ, n° 144.

ART. 7. — *Prescription.*

850. — « Toutes actions contre les associés non liquidateurs et leurs veuves, héritiers ou ayans cause sont prescrites cinq ans après la fin ou dissolution de la société, si l'acte de société qui en énonce la durée, ou l'acte de dissolution, a été affiché et enregistré, conformément aux art. 42, 43, 44 et 46 C. comm., et si, depuis cette formalité remplie, la prescription n'a été interrompue à leur égard par aucune poursuite judiciaire. » — C. comm., art. 64.

851. — En d'autres termes, tandis que l'action des tiers contre les liquidateurs dure trente ans, elle ne dure que cinq ans contre les associés non liquidateurs. — Troplong, n° 1049.

852. — Lorsqu'un associé a été nommé liquidateur, est-il tenu pendant trente ans, aussi bien comme associé que comme liquidateur, ou ne faut-il pas dire au contraire que l'action qu'on pourrait exercer contre lui, en sa qualité d'associé, se prescrit également par cinq ans, de telle sorte qu'après les cinq ans et jusqu'à l'expiration des trente ans il ne pourrait plus être tenu que jusqu'à concurrence des valeurs dépendant de la société? C'est ce que soutiennent MM. Malepeyre et Jourdain (p. 343 et suiv.). Mais cette opinion est repoussée par MM. Pardessus (t. 4, n° 1090), Vincens (p. 372) et Troplong (n° 1051).

853. — La prescription quinquennale n'a pas lieu dans les sociétés qui n'ont pas de liquidateurs. — Troplong, n° 1052.

854. — La prescription de cinq ans s'applique à l'action du liquidateur ou des créanciers d'une société en commandite contre un commanditaire pour le contraindre à restituer le montant de sa commandite, qu'il aurait retirée avant la liquidation et le paiement du passif. — *Cass.*, 21 juill. 1835, Dunal et Sagner c. Chivaud.

855. — La prescription quinquennale en faveur des associés non liquidateurs est interrompue par une action judiciaire, formée contre les agens ou liquidateurs de la société, dans les cinq années de sa dissolution, bien qu'ils n'aient été eux-mêmes personnellement l'objet d'aucune poursuite. — *Paris*, 10 nov. 1836, André et Cottier c. Pouilly.

856. — La retraite d'un associé, publiée dans la forme légale, équivaut, à son égard, à une dissolution de la société, de telle sorte que toutes actions à raison des obligations sociales sont prescrites en sa faveur par cinq ans à partir de l'accomplissement des formalités de publication de sa retraite et non pas seulement à partir de la liquidation générale de la société arrivée depuis. — *Cass.*, 7 juin 1830, Perret c. Ratyé.

857. — Jugé aussi que la prescription de cinq ans établie par l'art. 64 C. comm. en faveur de l'associé non liquidateur peut être invoquée par l'associé qui après avoir été investi du mandat de liquidateur a été remplacé avec toute la publicité légale par un liquidateur nouveau, auquel il a remis ses comptes avec toutes les valeurs sociales. Cette prescription court du jour où la retraite de l'ancien liquidateur a été publiée conformément à la loi. — *Paris*, 20 avr. 1847 (t. 1er 1847, p. 491), Ferrère-Laffite c. Calpitz Granger. — Pardessus, t. 4, n° 1090; Goujet et Merger, *Dict. de dr. comm.*, v° *Société en nom collectif*, nos 587 et suiv.

858. — Le recours du liquidateur contre les associés n'est pas soumis à la prescription de cinq ans. — Delangle, n° 725.

859. — Jugé que lorsqu'une société vient à prendre fin avant le terme indiqué pour sa durée, la prescription de cinq ans établie en faveur de l'associé non liquidateur par l'art. 64 C. comm. ne court que du jour de la publication de la dissolution. — *Cass.*, 24 nov. 1845 (t. 2 1845, p. 675), Soulier c. Deberly. — Pardessus, t. 4, n° 1090; Locré, t. 1er, p. 252, 253 et 257; Persil fils, *Sociétés commerciales*, p. 477; Troplong, n° 1049.

860. — Le système consacré par la Cour de cassation était fort énergiquement combattu par M. l'avocat général Delangle. Ce magistrat s'appuyait sur la rédaction grammaticale de l'art. 64 pour soutenir que la prescription a nécessairement pour point de départ la dissolution même de la société, lorsque d'ailleurs cette dissolution a été rendue publique dans les formes et dans les délais légaux, et non pas seulement l'époque de l'accomplissement de ces formalités. Il semble en effet résulter de cette rédaction que la publicité donnée à la dissolution n'est qu'une simple condition dont l'accomplissement a un effet rétroactif au jour de la dissolution elle-même. Mais la Cour, après une assez longue délibération, a pensé que la disposition de l'article devait être combinée avec le principe général qui veut que la prescription ne coure pas contre celui qui n'a pu agir, et que l'ambiguïté du texte devait fléchir devant l'esprit présumé de la loi.

861. — Une société de régisseurs établie et dissoute sous l'empire de l'ord. de 1673 ne peut opposer aux tiers réclamans la prescription de cinq ans créée depuis par le Code de commerce. — *Paris*, 22 avr. 1825, Momet c. Delatour. — V., au surplus, ACTE DE COMMERCE, ASSOCIATION ILLICITE, ASSURANCES SUR LA VIE, CONTRAINTE PAR CORPS, DOUBLE ÉCRIT, PREUVE TESTIMONIALE.

Sect. 2e. — *Des différentes espèces de sociétés commerciales.*

862. — On distingue quatre espèces de sociétés commerciales : la société en nom collectif, la société en commandite, la société anonyme, l'association en participation. La jurisprudence reconnaît, en outre, sous le nom de société de fait, une cinquième espèce d'association commerciale qui résulte moins de la convention des parties que du fait matériel de leur union. — Malepeyre et Jourdain, *Des soc. comm.*, tit. 2.

863. — Quel que soit le nom sous lequel une société commerciale ait été désignée dans l'acte constitutif, il faut considérer : 1° le genre d'opérations auquel elle s'est livrée, 2° la durée de son existence, 3° les faits et circonstances qui s'y rattachent, afin de déterminer dans quelle espèce elle doit être classée. — *Paris*, 22 mai 1841 (t. 2 1841, p. 45), Hanz c. Fessart.

864. — Lorsqu'il est littéralement dit dans un acte de société qu'elle est contractée en commandite, on doit lui en attribuer le caractère lorsqu'il n'y est pas dérogé par des clauses, contraires à l'essence même d'une société de cette espèce, qui la transformeraient en une société d'une espèce différente. — *Bordeaux*, 7 févr. 1832, Deluze et Dumas c. Delpech.

865. — Lorsqu'un contrat de société qualifiée association en participation contient des clauses qui ne peuvent s'appliquer qu'à l'existence d'une société anonyme, et qui excluent l'existence d'une société en participation ; les parties doivent être régies par les dispositions relatives aux sociétés anonymes, nonobstant la qualification par eux donnée à l'acte. En conséquence, aucun associé ne peut être tenu au delà de son action. — *Toulouse*, 16 juill. 1825, Lesmartres c. Fourquet.

866. — Au surplus, il faut toujours remarquer que la difficulté sur le point de savoir si la société qu'on reconnaît exister est en nom collectif, en commandite ou anonyme, ne peut s'élever que devant les Cours d'appel. La Cour de cassation reconnaît, par une jurisprudence aujourd'hui constante, que l'interprétation des clauses d'un acte de société ayant pour objet de déterminer l'espèce de société qui a été formée, appartient aux juges du fait et ne peut donner ouverture à cassation. — *Cass.*, 2 févr. 1808, Lebbert c. Vancaneghem. — V. les conclusions de Merlin rapportées au *Rép.*, v° *Société*, sect. 2e, § 3. — *Contrà*, Delangle, nos 213, 273 et suiv.

867. — De même, l'arrêt qui décide que, encore bien que l'acte de société ne porte que sur un établissement industriel, l'intention des associés a été d'en étendre les conventions à des établissemens d'un genre analogue ultérieurement formés, échappe à la censure de la Cour de cassation, en ce qu'il n'a fait qu'interpréter les actes et les circonstances de la cause. — *Cass.*, 17 févr. 1830, Lespinois c. Valette.

868. — La question s'est principalement présentée pour les associations en participation qui ne sont pas définies par la loi, et il faut regarder comme constant que la décision sur le point de savoir si une société constitue une association en participation ou une société en nom collectif ou anonyme, rentre exclusivement comme une question de fait dans l'appréciation souveraine des juges du fond, et que l'arrêt rendu sur ce point ne peut jamais donner ouverture à cassation. — *Cass.*, 7 déc. 1836 (t. 1er 1837, p. 504), Lebree c. Vacheront ; 8 janv. 1840 (t. 1er 1840, p. 168), Morel c. Caccia. — Pardessus, t. 4, n° 1046. — *Contrà*, *Cass.*, 5 juill. 1825, Duréal c. Fortise. — Delangle, nos 212 et 213.

869. — La même Cour a jugé que les art. 47 et 48 C. comm. ne déterminant ni la durée ni la nature des opérations que la société en participation peut embrasser, l'arrêt qui admet la preuve testimoniale de l'existence d'une société en participation ayant pour objet l'exploitation d'une mine, n'est pas susceptible de cassation. — *Cass.*, 20 avr. 1828, Thérouenne c. Servatius.

870. — Cependant il ne faut pas exagérer cette doctrine, et quoiqu'il appartienne à la Cour d'appel de constater en fait l'étendue de la convention, la Cour de cassation ne rejetterait probablement pas le pourvoi contre un arrêt qui en reconnaissant qu'une société avait pour objet de faire le commerce d'une manière générale, la qualifierait néanmoins de société en participation. C'est au surplus ce qui paraît résulter de deux arrêts de cette Cour. — *Cass.*, 4 déc. 1839 (t. 2 1839, p. 569), Bouis ; 8 janv. 1840 (t. 1er 1840, p. 168), Morel c. Caccia.

871. — Seulement il restera vrai que les art. 47 et 48 C. comm. ne déterminant pas d'une manière précise le caractère de la participation, les arrêts rendus en cette matière encourront difficilement la cassation pour violation de la loi. — Pardessus, t. 4, n° 1046.

872. — La juridiction civile et la juridiction criminelle exerçant leur action d'une manière indépendante l'une de l'autre, un tribunal correctionnel, saisi d'une poursuite de banqueroute simple, peut, sans excès de pouvoir et sans violer les règles de sa compétence, reconnaître l'existence d'une société commerciale en nom collectif entre les prévenus, à l'effet d'apprécier, sous le point de vue pénal, leur qualité de commerçans faillis, alors même que la non-existence de cette société aurait été antérieurement déclarée par un jugement du tribunal de commerce. Peu importe, du reste, que le tribunal correctionnel ne qualifie pas nominalement de société en nom collectif celle qu'il reconnaît avoir existé entre les prévenus, si la spécification de ce genre de société résulte suffisamment des faits relevés par son jugement. — *Cass.*, 22 et 23 mai 1846 (t. 1er 1849, p. 387), Gaudin.

Art. 1er. — *Société en nom collectif.*

873. — « La société en nom collectif est celle que contractent deux personnes ou un plus grand nombre et qui a pour objet de faire le commerce sous une raison sociale. » — C. comm., art. 20.

874. — Nous n'avons point à nous occuper ici de la capacité des contractans ; les sociétés en nom collectif, comme toutes les autres, sont, à cet égard, sous l'empire du droit commun, et on n'a qu'à se reporter aux règles générales tracées au mot OBLIGATIONS.

875. — L'individu placé sous la protection d'un conseil judiciaire peut, avec l'assistance de ce conseil, contracter une société de commerce de quelque nature qu'elle soit, et spécialement une société en nom collectif. — Quelles que soient les exceptions qui peuvent résulter en faveur du prodigue associé en nom collectif, soit de sa qualité modifiée par les liens du conseil judiciaire, soit des stipulations et restrictions de l'acte de société à son égard, notamment de ce que les affaires ne pouvaient être faites qu'au comptant ; il doit néanmoins être déclaré en état de faillite, par cela que la maison dont il était l'associé a cessé ses paiemens. — *Paris*, 12 août 1848 (t. 2 1848, p. 516), Mahussier c. Leclercq.

876. — La disposition de l'art. 22 du C. de commerce, qui déclare les associés en nom collectif solidaires pour tous les engagemens de la société, étant d'ordre public, il ne peut y être dérogé par des conventions particulières, et notamment par cette clause : que tous les marchés devant être faits au comptant, les engagemens contractés à crédit par l'associé porteur de la raison sociale ne lieront point les autres associés. Même arrêt.

877. — Il importe d'examiner comment cette société se forme, comment elle s'administre, et enfin quel est l'effet des engagemens sociaux. Nous ne nous occupons maintenant que des deux derniers points. Le premier a été traité nos 601 et suiv.

§ 1er. — *Des gérans.*

878. — La société en nom collectif peut être administrée par tous les associés ou seulement par des gérans dont la nomination est faite dans l'acte social et rendue publique par l'affiche et l'insertion dans les journaux.

879. — La société en nom collectif peut prendre pour préposé des étrangers ; mais le gérant ne peut être choisi que parmi les associés. — Malepeyre et Jourdain, p. 124.

880. — La nomination des gérans est faite soit par l'acte de société, soit par une délibération postérieure. En tous cas, lorsque la gérance est exclusivement attribuée à quelques-uns des associés, ou lorsque leurs pouvoirs sont restreints en deçà des pouvoirs ordinaires des associés de commerce, la convention ne peut être opposée aux tiers qu'autant qu'elle a été rendue publique dans les formes prescrites par l'art. 42 Code de comm.

881. — Les pouvoirs des gérans étant déterminés par l'acte social, on a pu déclarer valable à l'égard de chacun des associés, pris individuellement, la décision par laquelle les administrateurs de la société, autorisés à cet effet, conformément aux statuts sociaux, par délibération de l'assemblée générale, prononcent l'élimination de quelques-uns des associés. Mais cette élimination libère les associés qui en sont l'objet de toute obligation solidaire vis-à-vis de leurs coassociés. — *Cass.*, 5 juill. 1837 (t. 2 1837, p. 370), Sillac-Lapierre c. Boussairolles.

882. — A défaut de limitation précise dans l'acte de société, le pouvoir des gérans consiste à faire tout ce qui est nécessaire pour l'administration de la société. Dans ces limites, les gérans engagent leurs coassociés envers les tiers, encore que les actes fussent inutiles ou nuisibles, sauf le droit des coassociés de les rendre responsables de leur mauvaise gestion. — Pardessus, n° 1013 ; Malepeyre et Jourdain, p. 120.

883. — Ainsi l'associé administrateur qui sans mandat de ses coassociés passe un bail dont la durée excède évidemment les besoins de la société, doit, en cas de dissolution, être tenu, seul et personnellement, de l'exécution du bail, à partir de cette époque, au moins à l'égard de ses coassociés. — *Cass.*, 7 mars 1837 (t. 2 1837, p. 11), Lachelin c. Lefebvre. — V. Pardessus, n° 1021 ; Malepeyre et Jourdain, p. 61.

884. — Un gérant pourrait traiter d'un atermoiement ou donner des sûretés à des créanciers, mais il ne pourrait, si la société était tombée en faillite, stipuler valablement seul dans un concordat ni consentir une cession de l'actif social au profit des créanciers. — Pardessus, n° 1014.

885. — L'associé gérant qui a la signature oblige ses coassociés par ses actes, sans qu'il soit besoin d'approbation ou de ratification de la part de ceux-ci. — *Cass.*, 30 août 1826, Leduc c. Guignet. — Pardessus, t. 4, n° 1022 ; Malepeyre et Jourdain, p. 130.

886. — Le gérant peut représenter seul la société, soit en demandant, soit en défendant, et même consentir un compromis. Il faut en effet se garder de donner au mot *administration*, lorsqu'il s'agit de société, le sens restreint qu'on lui prête en droit civil, lorsqu'il s'agit d'un tuteur, d'un curateur, ou de tout autre administrateur nommé par justice. L'administration comprend en matière de société l'ensemble des actes nécessaires pour atteindre le but que les associés se sont proposé dans l'acte social. — Pardessus, *ibid.*

887. — Un gérant d'une société en nom collectif pourrait, sous la raison sociale, former avec un tiers, comme tout négociant, une société en participation. Mais cette association évidemment ne serait qu'un acte de commerce ordinaire ; et quoique un gérant ne pût pas consentir seul à la retraite d'un de ses coassociés, il pourrait seul, d'accord avec le participant, dissoudre la participation. — *Cass.*, 18 juill. 1832, Cor c. Raboteau.

888. — Lorsqu'un acte de société a prescrit le prélèvement d'une somme, pour servir de gage, avec le mobilier de la société, à tous les bailleurs de fonds, sans déterminer l'emploi de cette somme, les gérans ont pu, sans sortir des attributions de leur administration intérieure, affecter cette somme au paiement du mobilier acheté dans l'intérêt de la société. — *Cass.*, 26 avr. 1836, Divac c. Compagnie des lits militaires.

889. — Lorsqu'un associé a stipulé qu'il resterait étranger à tous appels de fonds pour le paiement du mobilier, les gérans n'en sont pas moins en droit d'user de la signature sociale pour faire face aux engagemens de cette nature ; sauf le recours de l'associé contre eux en cas de poursuite. — Même arrêt.

890. — S'il y a plusieurs gérans il faut distinguer s'ils ont reçu le pouvoir d'agir séparément ou s'ils ne le peuvent que collectivement. Dans le second cas, la société n'est engagée par un seul gérant qu'autant que les autres ont su ce qu'il faisait et ne s'y sont pas opposés ou ont ratifié la convention en l'exécutant. — Pardessus, n° 1015 ; Malepeyre et Jourdain, p. 121.

891. — Il faut aussi distinguer si les pouvoirs de gérant ont été confiés par l'acte social ou par une délibération postérieure. Dans le premier cas ils durent autant que la société ; dans le second il n'y a qu'un mandat recevable comme tout autre à la volonté des mandans. — *Bruxelles*,

9 mai 1808, Drion. — Pardessus, n° 1016; Malepeyre et Jourdain, p. 121.

892. — En général, le gérant étant mandataire peut renoncer au mandat; même quand il a été constitué par l'acte de société. Cependant s'il avait apporté son industrie, dans la société, comme mise, il devrait des dommages-intérêts à ses coassociés s'il venait à cesser ses fonctions. — Pardessus, n°s 989 et 1016.

893. — Même lorsqu'il a été nommé par l'acte de société, les associés peuvent, s'il y a des motifs légitimes, faire prononcer la révocation du gérant par le tribunal compétent : c'est-à-dire par les arbitres. — Malepeyre et Jourdain, p. 122.

894. — C'est-à-dire qu'au moins le tribunal arbitral déclarera valables les causes de récusation et prononcera la dissolution de la société, si le gérant ne consent pas lui même à être remplacé. La nomination du gérant étant une des clauses de l'acte social, elle ne peut être modifiée que par le consentement unanime des associés. — Malepeyre et Jourdain, *ibid.*

895. — La stipulation contenue dans un acte de société qui permet de révoquer *ad nutum* les pouvoirs conférés à l'associé administrateur est valable. — Duranton, t. 17, n° 434; Troplong, t. 2, n° 669; Duvergier, n° 294; Delangle, t. 1er, n° 176.

896. — Le gérant ne peut se substituer personne, et s'il le faisait dans un cas d'urgence il serait responsable de ses préposés envers ses coassociés. — Pardessus, n° 1017 : Malepeyre et Jourdain, p. 123.

897. — Quoique dans l'acte social on eût prévu le cas de retraite ou de révocation du gérant, la société serait dissoute par cette retraite ou révocation, si l'on n'avait pas en même temps prévu les moyens de le remplacer, à moins que les associés ne fussent unanimement d'accord pour continuer la société; car la nomination d'un gérant n'est point un acte, qui, à moins de convention expresse, puisse être imposé à la minorité par la majorité. — Malepeyre et Jourdain, p. 124.

898. — Lorsque les statuts sociaux confèrent éventuellement à un tiers la qualité de gérant pour le cas où celui qui en exerce les fonctions viendrait à ne plus les remplir, cette éventualité venant à se réaliser, le tiers, qui n'est plus dans l'état de capacité où il se trouvait lors de la disposition de l'acte social, qui est, par exemple, tombé en faillite, ne peut plus réclamer le bénéfice de la disposition. — *Douai*, 16 nov. 1840 (t. 1er 1841, p. 188), Rohard c. N...

899. — Les associés conservent, malgré la nomination du gérant, le droit de vérifier les registres et de s'assurer si les inventaires sont faits avec exactitude; en un mot, de surveiller les opérations des coassociés qu'ils se sont substitués dans la gestion de la société. — Pardessus, n° 1018.

900. — Lorsqu'il a été jugé entre un associé et des gérans qu'en vertu d'une transaction passée entre eux ces derniers avaient été dispensés de recommencer des inventaires, à partir de l'origine de la société; il n'en résulte pas pour eux la dispense de tenir des livres réguliers, surtout si l'associé s'est réservé par la transaction le droit de procéder à l'examen des comptes annuels qui lui seraient présentés par les gérans. — *Cass.*, 26 avril 1836, Divac c. Compagnie des lits militaires.

901. — En admettant sans réclamation, dans l'inventaire, des dettes passives qui ne se trouvent point portées sur les livres sociaux, des associés sont censés renoncer à se prévaloir contre le gérant de cette irrégularité dans la tenue des livres; ils sont non recevables à dire qu'ils ont été trompés et qu'ils doivent être déchargés du paiement des dettes dont il s'agit. — *Cass.*, 6 déc. 1832, Palengat c. Blanque.

902. — Lorsqu'un acte de société accorde à l'associé géreur d'expéditions, pour ses peines et soins, une commission dont le règlement est subordonné à l'usage suivi sur telles places de commerce, et que, pour fixer l'importance de cette commission, les arbitres ont pris un moyen terme, l'associé géreur n'a pas le droit de se plaindre d'une pareille base de fixation. — *Rennes*, 21 juin 1821, Scolan c. Chauchard.

903. — Le mandat donné par l'acte de société à l'un des associés, d'opérer l'armement de trois navires, sans stipulation aucune de commission à son profit, est gratuit. En conséquence, cet associé, ou celui qui a géré à sa place, ne peut se plaindre de la modicité de l'indemnité qui lui est accordée. — Même arrêt.

904. — Lorsqu'il a été irrévocablement jugé qu'une société commerciale n'a point existé, les mandataires de cette prétendue société qui

avaient traité en cette qualité avec un créancier de la masse ne peuvent être rendus personnellement responsables de l'obligation contenue audit traité. — *Cass.*, 28 mars 1844, Levacher-Desmarets c. Ozenne et Bolle.

905. — L'associé gérant d'une société, qui est en même temps mandataire d'un de ses coassociés, à raison d'opérations faites par celui-ci en dehors de la société, et qui, en sa qualité de mandataire, reçoit des fonds prêtés à son mandant, puis les verse dans la caisse sociale, oblige la société vis-à-vis des bailleurs de fonds, et non pas seulement vis-à-vis de son mandant, lorsque, dans les registres sociaux, au lieu de créditer ce dernier desdits versemens, il en a crédité directement les bailleurs de fonds eux-mêmes. — *Bordeaux*, 27 juin 1842 (t. 2 1842, p. 695), de Flageat c. les créanciers de Froidefond-Duchatenet.

906. — Il y a excès de pouvoir de la part du sociétaire qui, en matière d'expropriation pour cause d'utilité publique, aliène, sans le concours de ses coassociés, le fonds social par une transaction faite avec l'administration. En conséquence, l'associé peut, en ce cas, être condamné, à titre de dommages-intérêts, à tenir compte à la société de la différence entre le prix qu'il a reçu et celui que les sociétaires avaient fixé comme devant être réclamé. On ne saurait voir une ratification de la part du coassocié de l'aliénation faite sans son concours dans ce fait que, après le versement de l'indemnité dans la caisse sociale, il a reçu, sans faire de réserves, une partie de la somme qu'il était, dans tous les cas, appelé à toucher. — *Douai*, 25 fév. 1845 (t. 1er 1845, p. 595), Marin et Bigant c. Ducloy.

907. — De ce que le gérant d'une maison de commerce a droit, indépendamment de son traitement fixe, à une part dans les bénéfices, il n'en résulte pas qu'il doive être réputé associé. Dès lors il ne peut critiquer la vente que le propriétaire du fonds de commerce en aurait faite à un tiers, ni refuser de rendre à l'acquéreur le compte de gestion dont il était tenu envers le vendeur. Dès lors aussi les contestations qui s'élèvent à cet égard ne sont pas de la compétence de la juridiction arbitrale. — *Bordeaux*, 15 mai 1846 (t. 1er 1847, p. 255), Bolher c. Rochabrun. — Anal., *Lyon*, 30 mai 1838, P... c. C...; 21 févr. 1844 (t. 2 1845, p. 390), Suie c. Viguet. — V. ARBITRAGE, COMMIS, LOUAGE D'OUVRAGE ET D'INDUSTRIE.

§ 2. — *Concours de tous les associés à l'administration.*

908. — La nomination du gérant, quand elle est rendue publique, avertit les tiers qu'ils ne doivent point traiter avec les associés non gérans, et que les actes faits par ceux-ci n'obligeraient point la société. — Pardessus, n° 1019.

909. — A défaut de nomination de gérans, chaque associé est censé avoir été autorisé par les autres à administrer seul. — C. civ., art. 1859 1°. — Pardessus, n° 1019.

910. — Toutefois, chaque associé n'a que les pouvoirs d'administrateur; et ce qu'il ferait en dehors de ces pouvoirs n'obligerait point la société, quand même il aurait signé sous la raison sociale. Les circonstances doivent aider à déterminer les actes qu'on devra considérer comme actes d'administration.

911. — La dépense faite par le gérant d'une société, de bonne foi et dans l'intérêt de tous, sans réclamation de la part d'un autre gérant, doit être à la charge de la société bien que cette dépense n'ait pas été expressément autorisée. — *Paris*, 3 janv. 1831, Monin c. Fariot.

912. — Ainsi, il est certain qu'en général, le gérant d'une société formée pour l'exploitation d'une usine peut acheter et revendre des marchandises, mais qu'il ne pourrait vendre les magasins ou les bâtimens dans lesquels la manufacture est établie. — *Cass.*, 21 avr. 1841 (t. 2 1841, p. 381), Joire c. Danniaux. — Pardessus, n° 1014.

913. — En général, vendre des immeubles n'est point un acte d'administration; et on a jugé avec raison, que le gérant d'une société en commandite n'a le pouvoir de vendre ou d'hypothéquer les immeubles de la société que lorsqu'il est investi d'un mandat spécial à cet effet. — *Cass.*, 21 avril 1841 (t. 2 1841, p. 381), Joire c. Danniaux.

914. — A plus forte raison un associé ne peut, tant que dure la société, conférer à ses créanciers personnels une hypothèque sur sa part dans les immeubles de la société. Son droit est mobilier, il est de plus éventuel et dépendant

SOCIÉTÉ, ch. 3, sect. 2e, art. 1er, § 2.

de la liquidation. — *Nancy*, 24 janv. 1842 (t. 2 1842, p. 557), Aragais c. Bazin.

915. — Cependant, quand la société s'est formée dans le but spécial d'acheter et de revendre des immeubles; un seul des associés peut, en agissant au nom de la société, et en signant sous la raison sociale, vendre des immeubles appartenant à la société. — *Cass.*, 10 mars 1818, Bohet c. Delpeux. — Pardessus, n° 1014; Malepeyre et Jourdain, p. 54.

916. — La Cour de Rennes a jugé contrairement que, lorsqu'une société commerciale a pour objet l'achat et la revente de biens-fonds, la vente d'un immeuble faite par l'un des associés seul n'engage pas la société, et que le créancier inscrit d'un autre associé peut exercer ses droits hypothécaires sur l'immeuble comme s'il n'avait pas été vendu. — *Rennes*, 22 avr. 1813, N.... — Mais l'arrêt précédent nous semble plus conforme aux principes.

917. — La vente d'un immeuble indivis entre deux associés faite par l'un d'eux, après la dissolution de la société, est valable pour la part de cet associé, mais à la charge du partage ou de la licitation. — *Cass.*, 3 août 1819, Delarue et Fromont c. Hervé et Delaunay.

918. — On devrait également considérer comme valable, mais aussi à la charge du partage ou de la licitation, l'hypothèque consentie par un des associés après la dissolution, sur sa part, indivise.

919. — Le débiteur d'une société de commerce se libère valablement entre les mains d'un seul des associés. — *Paris*, 5 fruct. an XII, Raguenet c. Thirion.

920. — Lorsqu'un associé a renoncé d'avance à interjeter appel d'un jugement, il n'a point excédé ses pouvoirs d'administrateur; et ses coassociés sont liés par la prorogation de juridiction.

921. — Dans tous les cas, l'associé qui n'a pas consenti à la prorogation peut-il interjeter appel du jugement nonobstant la renonciation de son coassocié? La Cour de Turin a ainsi répondu négativement : Ou l'associé n'a pas excédé ses pouvoirs, et alors son coassocié ne peut interjeter appel; ou il les a excédés, mais alors c'est par la voie de la tierce opposition que doit se pourvoir le coassocié. — *Turin*, 5 déc. 1812, Caldani c. Peyra.

922. — Ne pourrait-on pas dire cependant que si l'associé a excédé ses pouvoirs en consentant à une prorogation de juridiction, c'est le cas de la considérer comme non avenue à l'égard des coassociés et de leur permettre d'interjeter appel sans les contraindre à recourir à la voie gênante de la tierce opposition?

923. — Un associé peut, en son nom seul, poursuivre la cassation d'un jugement rendu par défaut contre la société, et contradictoirement avec lui comme membre de cette société. — *Cass.*, 30 vent. an XI, Deschuytener c. de Carondelet.

924. — En général, il faut bien distinguer, pour l'effet des actes d'un coassocié, comment et entre quelles personnes la contestation existe. A l'égard des tiers, tout ce que fait un associé sous la raison sociale dans les limites de ses pouvoirs engage la société.

925. — A l'égard de ses coassociés, un associé est responsable, non-seulement de la légalité, mais encore de l'utilité de sa gestion; et il peut, pour cet engagement, après avoir été condamné à le supporter personnellement, être encore tenu de dommages-intérêts envers ses coassociés, sans que ceux-ci cessent d'être obligés solidairement envers les tiers. — Pardessus, n° 1020.

926. — La convention par laquelle deux individus se sont interdit de prendre des actions dans une compagnie rivale n'empêche point ceux auxquels ces sociétés ont affermé l'exploitation de leur industrie de se lier d'intérêt avec ladite compagnie. Cependant, si, le bail étant suspendu dans un cas prévu, ces fermiers ne devaient plus être considérés que comme *agens salariés* ou *simples préposés* leur fait deviendrait alors celui de la société qu'ils représentent. — En conséquence, si, dans cette nouvelle position, ils prenaient un intérêt dans la compagnie contre la rivalité de laquelle les deux sociétés contractantes ont voulu se prémunir; la société dont ils sont les agens se trouverait, par leur fait, en contravention, et passible de la peine convenue : alors surtout que le gérant n'a pris aucune mesure ni dirigé aucun acte d'opposition contre le fait de ces préposés. — *Bordeaux*, 18 août 1841 (t. 1er 1842, p. 55), Comp. gén. des bateaux à vapeur du haut de la Garonne c. Société des bateaux à vapeur.

§ 3. — *Effets des engagemens sociaux.*

927. — Les engagemens pris par un associé dans les limites de ses pouvoirs engagent sans doute la société, mais il faut qu'ils aient été pris pour elle. Il y a preuve complète à cet égard pour les tiers lorsque l'associé a contracté sous la raison sociale. Peu importe qu'en définitive l'associé ait fait tourner l'engagement à son profit, le tiers aura pour obligée la société, avec laquelle il a dû croire qu'il traitait, et tous les associés seront solidairement responsables.

928. — Jugé, en ce sens, que les engagemens contractés sous la signature sociale sont indistinctement de véritables engagemens de la société qui obligent solidairement tous les associés, et que, spécialement, un associé peut, à l'égard des tiers, disposer de la signature sociale pour éteindre ses propres dettes : sauf à indemniser son coassocié. — *Cass.*, 11 mai 1836, Monnet c. Jordis. — Conf. Troplong, n° 810. — M. Delangle (t. 1er, n° 49) combat cette jurisprudence en ces termes : « Nous le disons à regret ; mais sans hésitation ; rien n'est plus dangereux, plus faux, plus contraire à la loi qui règle les rapports des associés avec les tiers, que la doctrine de cet arrêt du 11 mai 1836. Oui, par cela seul que la raison sociale est le symbole de la société personnifiée, et que l'associé auquel la convention attribue le droit de l'employer se constitue le mandataire des autres associés, elle ne peut servir qu'aux affaires sociales. Il est légalement impossible qu'un mandataire en s'entendant avec ses créanciers leur transmette valablement la fortune de son commettant. » — Pothier, *Tr. soc.*, n° 101.

929. — Jugé, dans le sens de l'arrêt qui précède, que l'associé en nom collectif, investi du droit d'obliger la société, est présumé, hors les cas de dol ou de fraude, avoir fait, en donnant la signature sociale, une affaire qui intéresse la société, même en traitant avec un de ses créanciers personnels, même en donnant un cautionnement. — C'est entre les sociétaires seuls que doit s'exercer le recours réciproque pour l'usage de la signature sociale envers les tiers qui l'ont acceptée pour des affaires sérieuses, sans dol, sans fraude et sans simulation. — *Cass.*, 22 avril 1845 (t. 2 1847, p. 598), Boitard c. Meyer.

930. — Jugé encore que tous les membres d'une société en nom collectif sont obligés solidairement au paiement des obligations souscrites sous la signature sociale, alors même que ces obligations auraient pour cause des dettes personnelles à l'associé souscripteur et que le créancier aurait connaissance de ce fait. — *Bordeaux*, 26 avril 1844 (t. 2 1844, p. 552), Meyer c. Boitard et Wurst.

931. — L'associé qui a le droit d'apposer la signature sociale n'est pas tenu de justifier de la procuration de ses coassociés dans les actes qu'il fait pour la société, lorsque l'existence de cette société est notoire pour les tiers qui auraient intérêt à attaquer les actes souscrits de la signature sociale. — *Cass.*, 29 janv. 1839 (t. 1er 1839, p. 98), Rabel c. Sigaux.

932. — On a même été plus loin en considérant certains engagemens à raison des circonstances comme signés de la raison sociale, quoiqu'ils ne le fussent pas en effet.

933. — Ainsi, on a jugé que l'associé qui souscrit un billet *tant en son nom qu'en celui de ses associés* engage ces derniers par sa seule signature. — *Cass.*, 11 niv. an X, Riboud c. Pyron ; *Bourges*, 16 niv. an X, Baudot c. Laboureau et Levitte.

934. — ... Que l'obligation souscrite en commun par deux associés commerçans les rend solidaires aussi bien que si elle avait été souscrite sous la raison sociale. — *Rennes*, 29 janv. 1839 (t. 1er 1841, p. 401), Souet c. Giraudet.

935. — ... Que, lorsque tous les associés en nom collectif ont figuré dans un contrat et l'ont signé, les obligations qui en résultent peuvent, suivant les circonstances, être considérées comme frappant non sur chacun des signataires individuellement, mais sur la société en masse, quoique la stipulation n'ait pas eu lieu sous la raison sociale. Qu'en d'autres termes, l'emploi de la raison sociale n'est absolument indispensable pour obliger la société qu'autant que le contrat est signé par un seul des associés. — *Colmar*, 11 déc. 1841 (t. 1er 1842, p. 544), Witz-Koenig c. Bastard.

936. — ... Que l'associé qui signe comme chef de la maison sociale est censé signer sous la raison sociale, et qu'en conséquence cette signature oblige solidairement tous les membres de la société. — *Cass.*, 23 avril 1816, Happey c. Chauvet.

937. — Lorsque les engagemens ne sont pas signés de la signature sociale, ils sont censés faits dans l'intérêt exclusif du signataire et étrangers à la société.

938. — Cependant, même dans ce cas, ils peuvent tourner au profit de la société, et on a dû se demander si les associés, lorsque l'engagement non souscrit de la raison sociale a cependant tourné au profit de la société, ne sont pas tenus solidairement envers les tiers au profit desquels il a été contracté. L'affirmative a été jugée pour des engagemens souscrits sous l'empire de l'ordonnance de 1667. — *Cass.*, 11 niv. an X, Baroud c. Pyron ; 23 frim. an XIII, Paulée c. Saum ; 30 juill. 1810, Goupy c. Pisani ; 21 août 1811, Pouyet. — *Contrà*, *Cass.*, 13 fruct. an IX, Crahai c. Paulée.

939. — La question a été décidée dans le même sens depuis la publication du Code de commerce. — *Cass.*, 28 août 1828, Ouvré c. Lapenne ; 19 nov. 1835, Barratchard c. Larraondo-Urruela. — Pardessus, n° 1025 ; Persil, *Des sociétés commerciales*, n° 48 ; Merlin, *Quest.*, v° *Société*, § 2, et *Rép.*, v° *Société*, sect. 6, § 1er.

940. — Jugé que les associés en nom collectif étant tous tenus solidairement, à l'égard des tiers, de l'engagement contracté par l'un d'eux, au nom et dans l'intérêt de la société, le sont également quoique l'engagement n'ait pas été fait sous la raison sociale, ou que l'opération ait été inscrite sur les livres au compte particulier de l'associé signataire. — *Bordeaux*, 31 janv. 1832, de Matha-Florida c. Piquet.

941. — La preuve que l'engagement a tourné au profit de la société peut résulter de toutes les circonstances propres à l'établir. — *Cass.*, 28 août 1828, Ouvré c. Lapenne.

942. — Toutefois, si l'engagement avait été contracté antérieurement à l'existence de la société ; les associés n'en seraient pas solidairement tenus, quand même il aurait tourné au profit de la société. — *Cass.*, 13 fruct. an IX, Crahai c. Paulée.

943. — Ajoutons que la société n'est tenue de l'engagement qui a tourné à son profit, que parce qu'on suppose qu'il a été souscrit dans son intérêt. Si, au contraire, il avait été contracté dans l'intérêt de l'associé signataire : comme s'il a emprunté une somme qu'il a versée dans la caisse sociale, mais seulement pour effectuer la mise à laquelle il était obligé ; la société n'est pas tenue de rembourser le prêteur. — *Cass.*, 13 mai 1835, de Lalande c. Laurence.

944. — Dans le cas d'une société commerciale non publiée, lorsque l'un des associés souscrit des billets en son nom individuel, et sans aucune mention qui indique que l'engagement a lieu pour compte de la société, ces billets n'obligent pas solidairement les autres associés. — Il en doit être ainsi lors même que l'associé qui a signé les billets ne fait pas d'autre commerce que celui de la société. — Mais il en serait autrement si le porteur des billets prouvait que les deniers prêtés ont tourné au profit de la société. — *Cass.*, 17 mars 1834, Coste c. Lachaume d'Aillant ; 14 mai 1834, Chambion c. Lachaume d'Aillant.

945. — Lorsque plusieurs individus agissent ensemble comme associés en matière commerciale, encore bien qu'il n'existe entre eux aucun acte de société ; le porteur de traites souscrites par l'un d'eux sans indication d'une raison sociale, peut en poursuivre le paiement contre les autres associés : mais en se fondant sur ce qu'elles auraient pour cause un engagement pris dans l'intérêt de la société tacite. — *Caen*, 14 janv. 1824, Sarran c. Aubin.

946. — De ce que les associés sont solidaires à l'égard des tiers, il n'en résulte pas qu'ils le soient les uns vis-à-vis des autres. Spécialement, les associés qui succombent dans un arbitrage forcé ne peuvent être condamnés solidairement aux dépens vis-à-vis de l'associé qui obtient gain de cause. — *Toulouse*, 22 janv. 1835, Saint-Clair c. Claverie.

947. — Et si l'un des associés solidaires satisfait des créanciers communs, ses coassociés ne sont tenus de la dette envers lui que chacun pour sa part et sa portion. — *Cass.*, 15 (et non 9) nov. 1831, Zurlinden c. Goetschy.

948. — Lorsqu'un commerçant n'a formé une société avec un tiers que pour une certaine branche de son commerce, celui-ci n'est pas tenu des dettes contractées par son associé à raison d'objets fabriqués dans la boutique de ce dernier et n'ayant pas un rapport nécessaire avec le commerce commun. — *Paris*, 18 fév. 1808, Honoré c. Ramier.

949. — La solidarité entre les associés en nom collectif est le résultat des pouvoirs qu'ils se sont réciproquement donnés. Comme on ne peut pas supposer qu'ils se soient autorisés à délinquer, on ne doit pas dire que le délit d'un associé oblige son coassocié. — Cependant un arrêt a paru admettre que l'homologation pourrait être refusée au concordat passé avec une société, sur le motif que quelques-uns des associés seulement se seraient rendus coupables de banqueroute frauduleuse. — Mais le concordat n'est point indivisible, et il pourrait être annulé à l'égard des associés de mauvaise foi et maintenu à l'égard des associés de bonne foi. — *Cass.*, 2 août 1832, Deleutre et Mantel.

950. — Les créanciers d'une société en nom collectif peuvent exercer leurs actions contre chacun des associés, alors même que la société a été dissoute et un liquidateur nommé. Dans ce cas, les associés non liquidateurs ne seraient pas fondés à demander leur mise hors d'instance. — *Bordeaux*, 19 août 1841 (t. 1er 1842, p. 337), Labourdale c. Papy et Pérey.

951. — Lorsqu'une femme, assignée avec d'autres associés comme seule héritière d'un des associés prédécédé, en paiement d'une dette de la société, a comparu dans l'instance avec l'autorisation et le concours de son mari, et qu'un arrêt par défaut a condamné tous les défendeurs conjointement et solidairement au paiement de la somme demandée, l'arrêt contradictoire qui, sur l'opposition, se borne dans son dispositif à condamner cette femme *aux dépens*, mais en condamnant au principal tous les autres défendeurs, et même son mari, *« au nom qu'il agissait, »* n'en doit pas moins être réputé commun à la femme dans toutes ses parties, même en ce qui concerne la condamnation aux fins de l'instance. — Il en est ainsi surtout si cette femme a interprété elle-même en ce sens le dispositif de l'arrêt en consentant, notamment par voie d'acquiescement, à son exécution. — *Cass.*, 2 août 1843 (t. 2 1843, p. 620), Troplong c. Hazera.

952. — Jugé par le même arrêt que la condamnation prononcée par un pareil arrêt doit être réputée commune à la femme, même en ce qui concerne la solidarité ; toute condamnation contre une société en nom collectif frappant nécessairement de la solidarité chacun des associés, alors même qu'elle n'aurait pas été prononcée. — V., au surplus, ASSURANCE TERRESTRE.

ART. 2. — *Société en commandite.*

§ 1er. — *Clauses et formes de l'acte de société en commandite.*

953. — La société en commandite est celle qui se contracte entre un ou plusieurs associés responsables et solidaires et un ou plusieurs associés simples bailleurs de fonds (C. comm., art. 23). Les premiers prennent le nom de commandités ou complémentaires, ou simplement d'associés gérans ou en nom ; les seconds s'appellent commanditaires, ou associés en commandite.

954. — Les noms des associés commanditaires ne peuvent, dans aucun cas, faire partie de la raison sociale (C. comm., art. 25). — Les associés commanditaires qui, même de bonne foi et dans l'ignorance, auraient consenti que leur nom fît partie de la raison sociale, seraient tenus solidairement de tous les engagemens sociaux. — Delangle, nos 335 et suiv.

955. — Il faut nécessairement pour que la société soit en commandite qu'elle réunisse ces deux espèces d'associés. — L'acte qui déclarerait que tous les associés sont commanditaires, et que la société sera gérée par une ou plusieurs personnes non associées, constituerait une société anonyme, et serait nul si les formalités exigées pour ce genre de société n'avaient pas été remplies. — Pardessus, n° 1028.

956. — Cependant, il existe une exception à ces principes au profit des sociétés pour la course maritime. — Aux termes de l'arrêté du 2 prairial an XI (art. 1er), les sociétés pour la course sont réputées sociétés en commandite s'il n'y a convention contraire ; et ceux même qui se mêleraient de l'armement, direction ou administration ne sont pas, pour ce motif, indéfiniment responsables. — *Rennes*, 23 août 1817, Delamarre c. Riou-Kerhallet. — Pardessus, n° 1028. — V. ARMEMENT EN COURSE.

957. — Les sociétés pour la *course* étant réputées sociétés en commandite, les contestations qui s'élèvent à leur sujet doivent être portées devant des arbitres. — Même arrêt.

958. — La société en commandite étant une exception ne se suppose pas. Ainsi, on ne dira pas qu'une société est en commandite par cela seul que la gestion est exclusivement accordée à quelques-uns des associés. — Pardessus, n° 1028.

959. — Un acte par lequel on a constitué une société pure et simple ne peut être considéré comme ayant constitué une société en commandite, parce qu'il y est dit que la signature est réservée à l'un des associés qualifié gérant, et que la société doit cesser à l'instant de son décès, et parce qu'en fait l'associé du gérant n'a pris aucune part à la gestion et que les créanciers l'ont regardé comme étranger à la société. — *Cass.*, 28 mai 1806, Lubbert c. Vancaneghem. — Par suite de la cassation prononcée par cet arrêt l'affaire a été renvoyée devant la Cour d'appel de Douai, qui, de même que la Cour de Bruxelles, a décidé que la société était en commandite; et, sur le nouveau pourvoi, la Cour de cassation a jugé que l'interprétation des clauses d'un acte de société appartenait au juge du fond et ne pouvait donner ouverture à cassation. — *Cass.*, 2 fév. 1808, mêmes parties.—Merlin, *Rép.*, v° *Société*, sect. 2e, § 3; Troplong, n° 414.

960. — La société ne sera pas non plus en commandite, parce qu'un associé aurait stipulé qu'il ne perdra jamais, quels que soient les événemens, au delà d'une certaine somme. Cette clause produira effet, mais entre les associés seulement, si la société est en nom collectif, et c'est ce qu'on supposera à moins d'intention contraire formellement exprimée dans l'acte. — Pardessus, *ibid.*

961. — Il faut donc, pour que la société soit en commandite, qu'il ait été expliqué, dans l'acte de société, que certains associés ne prendront aucune part à l'administration et que leur perte sera limitée à leur mise, ou qu'ils aient été déclarés expressément associés commanditaires.

962. — Une société dite en participation formée à la Guadeloupe pour quatre années, à l'effet de se livrer à l'achat et à la vente des articles dits de Paris, entre deux individus, dont l'un se borne à une mise de fonds, et l'autre est chargé de la suite et de la direction des opérations sociales, est une véritable société en commandite. — *Paris*, 22 mai 1841 (t. 2 1841, p. 45), Hanz c. Fessart.

963. — Celui qui fournit des fonds à une maison de commerce, à titre de prêt et avec la condition, applicable au seul contrat de prêt, de pouvoir retirer son capital sans aucune diminution, ainsi que les intérêts au taux déterminé, doit être réputé *associé commanditaire*, et non simple *prêteur*, si, outre l'intérêt convenu, il s'est réservé une quote-part dans les bénéfices présumés, le droit de prendre communication des registres, celui d'assister aux inventaires et autres prérogatives de ce genre qui régulièrement n'appartiennent qu'aux associés. En ce cas, les caractères du contrat de société doivent, comme plus favorables à l'intérêt du commerce, et plus conformes à l'intention manifestée par le prêteur de participer aux bénéfices, prévaloir sur les caractères du contrat de simple prêt. — *Paris*, 10 août 1807, Terson c. N.... — Troplong, n° 418.

964. — Un acte bien que qualifié *société en commandite* ne constitue néanmoins qu'un simple contrat de prêt, si, d'après ses stipulations, les bailleurs de fonds ne doivent participer ni aux bénéfices ni aux pertes; le seul associé gérant s'étant engagé personnellement à leur payer les intérêts à 5 pour 100 de leur mise de fonds à des époques déterminées, et à leur rembourser le montant du capital dans un délai fixé : soit par voie d'amortissement à l'aide des bénéfices excédant l'intérêt stipulé, soit de ses deniers personnels sous la garantie hypothécaire de l'objet prétendu mis en société. — Dès lors la prétendue association ne peut être déclarée en état de faillite, bien qu'elle cesse ses paiemens. — Les créanciers se prévaudraient en vain de ce que la publication de l'acte, faite conformément à l'art. 42 C. comm., les aurait induits en erreur sur le caractère de la prétendue association. — L'insuffisance ou le laconisme de l'extrait publié pourrait être le principe d'une obligation civile et d'une action en dommages-intérêts; mais ne saurait entraîner l'application des dispositions relatives aux faillites et à la contrainte par corps, lesquelles sont d'ordre public et ne reçoivent pas d'application hors les cas prévus par la loi. — *Cass.*, 20 avril 1842 (t. 1er 1842, p. 679), Rouillé c. Roze.

965. — La Cour de cassation a jugé, et cette doctrine paraît devoir triompher, que la question de savoir si la société qui a été formée est une société en commandite plutôt qu'une société en nom collectif ou en participation, appartient aux juges du fait et ne peut donner ouverture à cassation. — *Cass.*, 2 févr. 1808, Lubbert c. Vancaneghem. — Merlin, *Rép.*, v° *Soc.*, sect. 2, § 3; Troplong, n° 414.

966. — « Il n'a été, dit M. Troplong (n° 418), prescrit aucune formule sacramentelle pour caractériser la commandite : les équivalens ont en cette matière une puissance égale aux expressions habituelles les plus énergiques. »

967. — La femme, commune en biens, d'un associé en nom collectif, qui, après le décès de son mari, a continué de figurer dans la société en qualité d'associée, mais seulement à raison de l'intérêt qu'elle amendait dans la communauté, et comme tutrice de ses enfans mineurs, a pu être considérée comme simple associée commanditaire, tenue uniquement, jusqu'à concurrence de sa part, dans la communauté, et non comme associée solidaire en nom collectif. — *Cass.*, 10 févr. 1846 (t. 2 1846, p. 377), Segond.

968. — Est valable la convention formée de bonne foi par laquelle celui qui prête des fonds à une société en commandite, avec stipulation de l'intérêt légal, se réserve le droit d'opter entre sa qualité de simple bailleur de fonds et celle de commanditaire, alors que le terme assigné pour cette option est assez éloigné de l'expiration de la société pour que les chances de perte et gain attachées à la qualité de commanditaire puissent peser sur lui en cas d'option.— Une pareille convention ne saurait donc avoir constitué définitivement commanditaires ceux qui ont ainsi versé leurs fonds, et qui n'ont pu d'ailleurs user de leur droit d'option par suite de la dissolution de la société. — *Cass.*, 25 juin 1846 (t. 2 1846, p. 484), Chevret c. Baragnon.

969. — La société en commandite doit être constatée par écrit. — C. comm., art. 39.

970. — L'acte peut être rédigé devant notaire, ou sous signature privée. Dans ce dernier cas, il doit être fait en autant d'originaux qu'il y a de parties intéressées. — C. civ., art. 1325.

971. — Cependant on a jugé en principe, dans une espèce où à la vérité l'acte de société sous seing privé avait été déposé chez un notaire, qu'il n'y a jamais dans un contrat de société en commandite que deux intérêts distincts : celui des commanditaires d'une part, et celui des associés en nom collectif d'autre part; que, par conséquent, il suffit toujours que l'acte de société en nom collectif soit fait double. — *Cass.*, 20 déc. 1830, Thévenin et Julien c. Dufour et Malivert.

972. — M. Pardessus (n° 1027) pense avec la Cour de cassation qu'un seul original suffit pour tous les commanditaires, mais il ne s'explique pas à l'égard des associés en nom collectif. Il est difficile d'admettre, en effet, que tous les associés complémentaires aient le même intérêt par cela seul que la société est en commandite, et nous pencherions à repousser, sur ce point, la doctrine de la Cour suprême. Il est bon d'ailleurs de faire remarquer que l'arrêt du 20 déc. 1830 est un arrêt de rejet, et que, dans l'espèce de cet arrêt, l'acte avait été déposé chez un notaire.

973. — La question nous paraîtrait surtout délicate, et nous hésiterions moins encore à repousser la doctrine de la Cour de cassation, si tous les associés en nom n'avaient pas les mêmes droits et si un seul, par exemple, comme il arrive fréquemment, était constitué gérant et avait la signature sociale.

974. — La Cour de Bordeaux a même jugé que l'acte de société en commandite, dont il n'a point été fait autant d'originaux qu'il y a de commanditaires, malgré le dépôt chez un notaire, n'est pas obligatoire pour le commanditaire qui n'a eu aucune connaissance de ce dépôt et qui n'a concouru en rien à l'exécution de l'acte social. — *Bordeaux*, 13 mars 1829, Lavignac c. Dufour.

975. — La nullité d'un acte de société en commandite, résultant de ce qu'il n'aurait pas été fait en autant d'originaux qu'il y avait de parties contractantes, ne peut être opposée aux tiers qui ont traité avec la société, alors que l'original a été enregistré et déposé au tribunal de commerce par le gérant et que la publicité donnée à ce même acte sans réclamation de la part des associés commanditaires a formé dans le commerce une suffisante notoriété du fait de la constitution définitive et de la mise en exercice de la société. *Cass.*, 28 fév. 1844 (t. 2 1844, p. 645), Mouret c. Loubon.

976. — L'acte contenant constitution d'une société en commandite doit être publié de la même manière que l'acte constitutif d'une société en nom collectif, et on doit appliquer aux formes de la publication et aux effets du défaut de publication des actes de société en commandite ce qui a été dit des sociétés en nom collectif.

977. — On doit indiquer dans la publication le montant des valeurs fournies ou à fournir par les commanditaires si les mises sont ou ne sont pas divisées en actions. Dans aucun cas, on ne peut faire connaître le nom des commanditaires. — C. comm., art. 43.

978. — Annoncer aux tiers l'existence d'un commanditaire sans leur faire connaître sa mise, c'est ne leur rien apprendre. Ils ne seraient pas reçus à soutenir que ce défaut dans la publication les a induits en erreur.

979. — Par conséquent, l'associé commanditaire dont la mise n'a point été mentionnée dans l'extrait publié de l'acte de société ne peut être considéré comme associé en nom collectif et, comme tel, réputé passible des pertes au delà des fonds par lui versés dans la société. — *Douai*, 8 janv. 1814, Gallois c. Buzino et Vanholnacker. — *Contrà*, Delangle, n° 559.

980. — Un commanditaire peut invoquer un acte de société, même non publié, pour soutenir qu'il n'est tenu à l'égard des tiers que jusqu'à concurrence de sa mise. — *Paris*, 23 juill. 1828, Gradis c. Jaurès.

981. — Celui qui a souscrit pour une action à une société en commandite destinée à ne devenir obligatoire qu'à l'époque où le montant des souscriptions aura atteint une somme indiquée n'a pas pu, par rapport aux tiers, après la publication de l'acte constitutif, et au moment où le gérant lui a annoncé la réalisation de la condition, modifier son engagement, sans donner à cette modification la publicité prescrite par les art. 42 et 43 C. comm. — Il y a compensation entière de cette action avec les sommes dues à l'actionnaire par le gérant personnellement, quoique l'actionnaire, en acceptant la proposition de cette compensation, l'ait restreinte par erreur à la demi-action dont il se croyait débiteur : lorsque d'ailleurs il est évident que son intention était de l'accepter pour toute l'étendue de son engagement. — *Aix*, 30 nov. 1840 (t. 1er 1841, p. 254), Loubon c. Meyronnet de Saint-Marc.

982. — Bien qu'il ait été stipulé qu'une société en commandite ne serait définitivement constituée que lorsque les actions souscrites s'élèveraient à une somme déterminée; une Cour d'appel a pu décider, contre quelques-uns des souscripteurs, que la preuve de la constitution de cette société résultait d'un acte notarié ultérieur annonçant cette constitution définitive, de la publication et de l'affiche de cet acte, et de l'exécution que lui avaient donnée ces souscripteurs en versant une partie du montant de leurs actions. — *Cass.*, 12 avril 1842 (t. 1er 1842, p. 545), Germain et Lelubois c. Bérard.

983. — On peut convenir dans l'acte de société, soit anonyme, soit en commandite, que les actionnaires toucheront immédiatement les intérêts de leur mise. C'est une sorte de prélèvement fait sur le capital, dont les tiers ont été avertis et dont ils ne peuvent par conséquent se plaindre. — Troplong, n° 191.

984. — La convention par laquelle les intéressés, dans une société en commandite par actions, s'interdisent mutuellement toute action individuelle contre les gérans, à raison des intérêts généraux de la société, et remettent l'exercice des actions de cette nature à des commissaires nommés en assemblée générale, n'est contraire ni à la loi ni à l'ordre public. — *Paris*, 8 déc. 1847 (t. 2 1848, p. 606), Bordier-Janse c. administrateur des Messageries générales.

985. — Les porteurs d'actions détachées du livre à souche du capital social, dans une société en commandite régulièrement publiée, ne peuvent, en cas de faillite de cette société, prétendre que ces actions ne leur ont été délivrées que comme nantissement d'un prêt autorisé par délibérations de l'assemblée des actionnaires demeurées secrètes et non portées à la connaissance des tiers, et se présenter dès lors à la faillite en qualité de créanciers pour le montant de ces actions. Le fait seul de la délivrance de ces titres, alors surtout qu'ils portent au dos la mention du partage des bénéfices dans la proportion des actions, les constitue associés commanditaires et leur impose les obligations attachées à cette qualité en même temps qu'il leur en donne les droits. — L'arrêt qui ne voit dans de pareilles actions que des titres de créances dénature le caractère légal attaché aux actions

créées dans les sociétés en commandite, et doit dès lors être cassé. — *Cass.*, 8 mars 1848 (t. 1er 1848, p. 452), Comp. des Sirius c. de Miramont.

986. — Jugé, toutefois, que lorsqu'en vertu de convention entre le gérant d'une société en commandite et les agens de cette société, des actions ont été souscrites, payées et déposées immédiatement à titre de cautionnement par ceux-ci, sous la condition que le prix leur en sera restitué, et que les actions resteront pour le compte de la société dans le cas où elle serait mise en liquidation avant une époque déterminée, il y a lieu, ce cas échéant, d'ordonner la restitution des sommes versées, conformément au traité, qui doit recevoir son exécution, même à l'égard de la masse représentée par le syndic de la faillite. — *Paris*, 22 mai 1848 (t. 1er 1848, p. 746), Leroux de Lens c. Daudoy.

987. — Celui qui, après avoir donné ordre d'acheter à la Bourse des actions provisoires dans une société qu'on projetait d'établir en la forme anonyme, consent à leur conversion en autant d'actions dans la même société définitivement constituée en commandite, est non recevable à demander la nullité de la vente, et l'arrêt qui fait résulter cette adhésion des faits et circonstances de la cause échappe à la censure de la Cour de cassation. — A supposer que l'agent de change chargé de cette négociation ne se soit pas renfermé dans les limites imposées par les règlemens de sa profession, sa responsabilité demeure à couvert par suite de la susdite ratification de l'acheteur. — *Cass.*, 20 janv. 1847 (t. 1er 1847, p. 599), Lecaron c. Perier et Andra. — V. AGENT DE CHANGE, n° 263.

§ 2. — *Des associés gérans ou complémentaires.*

988. — Les droits des associés en nom ou des gérans dans une société en commandite, sont exactement les mêmes que ceux des membres d'une société en nom collectif et, par conséquent, tout ce qui a été dit des associés en nom collectif leur est applicable. Les gérans, en un mot, ont les pouvoirs nécessaires pour administrer. — V. *suprà*.

989. — Jugé même qu'ils peuvent transiger et compromettre dans les affaires qui concernent la société. — *Rouen*, 19 août 1841 (t. 2 1842, p. 126), Prevost c. Mira. — Pardessus, n° 1014; Duvergier, n° 320. — *Contrà*, Troplong, n° 690; Delangle, n° 149.

990. — Mais ils n'ont pas le pouvoir de résilier le contrat de société à l'égard de quelques-uns des associés, et de les affranchir de leurs obligations comme souscripteurs d'actions. — *Cass.*, 12 avril 1842 (t. 1er 1842, p. 545), Germain et Lelubois c. Bérard. — Malepeyre et Jourdain, p. 239 et 242; Delangle, n° 318.

991. — ... Ni celui d'aliéner ou d'hypothéquer les immeubles dépendant de la société. — Troplong, n° 686. — L'hypothèque est nulle quand même le prêt pour sûreté duquel elle a été consentie aurait tourné au profit de la société. — Troplong, *ibid.*; Delangle, nos 147 et 315.

992. — Si le gérant d'une société en commandite tient de la loi le pouvoir de faire tous les actes d'administration et toutes les opérations qui sont de la nature de la société, les associés peuvent néanmoins, dans les clauses de l'acte de société, apporter à ce pouvoir telles restrictions qu'ils jugent convenables; mais ces restrictions doivent être légalement publiées pour pouvoir être opposées aux tiers. — *Paris*, 26 juin 1841 (t. 2 1841, p. 185), Mouton c. Lafitte.

993. — En conséquence, un crédit commercial ouvert au gérant d'une société en commandite est obligatoire pour la société, si la prohibition d'emprunter imposée au gérant n'a pas été rendue publique, alors même que la publication de l'acte de société, moins cette restriction, aurait été faite dans les termes de l'art. 43 C. comm. — En supposant même que les tiers contractans aient connu par voie indirecte l'incapacité du gérant, ce fait ne pourrait être invoqué contre eux par les associés qui auraient antérieurement connu, approuvé et ratifié des engagemens de même nature. — Même arrêt.

994. — Le tribunal de commerce de la Seine a jugé que la stipulation de l'acte de société par laquelle les gérans sont astreints à ne faire des opérations qu'au comptant, n'oblige que les associés entre eux et ne peut être opposée aux tiers qui ont contracté de bonne foi avec la société. — V. sous *Paris*, 5 mai 1841 (t. 1er 1841, p. 699), Brulé et Heudin c. Barba. — Mais il ne paraît pas que dans l'espèce cette clause de l'acte de société eût été publiée.

995. — Le gérant d'une société en commandite ne représente et n'engage la société qu'autant qu'il agit en sa qualité de gérant; et cette qualité ne l'empêche pas de faire en son nom personnel, et dans son intérêt privé, les opérations qu'il juge à propos. — Spécialement, lorsque le gérant, stipulant en cette qualité, a promis à une autre compagnie, sous peine de dommages-intérêts, que la société qu'il représente ne prendra pas d'intérêt dans une entreprise rivale, on ne peut soutenir que la contravention est commise par la société et la peine encourue en ce que le gérant aurait pris des actions dans ladite entreprise, si, en prenant ses actions, il n'a agi qu'en son nom personnel et dans son intérêt particulier. — *Bordeaux*, 18 août 1841 (t. 1er 1842, p. 55), Comp. gén. des bateaux à vapeur du haut de la Garonne c. Société des bateaux à vapeur. — Pardessus, n° 1016.

996. — Les engagemens souscrits par le gérant d'une société en commandite ne sont obligatoires pour tous les associés, qu'autant qu'ils l'ont été sous la signature sociale : à moins qu'on ne prouve qu'ils ont profité à la société. — *Rennes*, 17 févr. 1849 (t. 2 1849, p. 47), Brousset c. Société Nantaise d'assurances maritimes. — V. *suprà*.

997. — Les gérans sont tenus à l'égard des commanditaires comme ils le seraient à l'égard d'associés en nom collectif; et par conséquent, lors même que leurs actes engagent la société comme n'excédant pas les pouvoirs qui leur ont été conférés par l'acte social, ils peuvent être responsables envers les commanditaires, si leurs opérations ont été nuisibles à la société. — Pardessus, n° 1033.

998. — Il est clair, toutefois, qu'on ne doit les rendre responsables que de leur dol, et qu'ils ne seraient pas tenus à raison d'une erreur ou d'une faute légère. — Pardessus, *ibid.*

999. — La société et par suite les commanditaires ne sont jamais tenus des dettes personnelles du gérant, et ses créanciers ne peuvent poursuivre la société même sur les biens qu'il y a apportés. Ils n'ont d'autre ressource que d'exercer ses droits conformément à l'art. 1166 C. civ.

1000. — Jugé que lorsque le gérant d'une société en commandite a payé une dette à lui personnelle à l'aide de mandats qu'il a revêtus de la signature sociale et tirés sur le banquier de la société, par lequel ils ont été acquittés, ce paiement ne peut être, de la part des autres associés ou des syndics de la faillite de la société, l'objet d'une action en répétition contre le créancier désintéressé, encore bien que ce dernier ait su qu'il était payé avec les deniers sociaux, alors surtout que le paiement a profité à la société elle-même. — *Rouen*, 23 févr. 1847 (t. 2 1849, p. 223), Tronel-Guillotin et Deshayes c. Thillais.

1001. — Lorsque, dans un acte de commandite, le gérant souscrit lui-même pour plusieurs actions dont il est dit qu'il fera le versement par la liquidation de son commerce actuel, on ne doit pas entendre par là une liquidation à forfait, entraînant la confusion des affaires de la maison mise en liquidation avec celles de la société. Si cependant le gérant a négligé de liquider son ancien commerce, et a tout confondu dans ses opérations nouvelles; ce fait unique du gérant ne peut être invoqué contre les commanditaires, et rendre la société débitrice des dettes contractées par le gérant personnellement avant sa formation. — *Aix*, 2 déc. 1840 (t. 1er 1841, p. 256), Loubon c. Meyronnet de Saint-Marc.

1002. — L'associé gérant d'une société en commandite qui, usant du droit que lui réserve l'acte social, se démet de ses fonctions de gérant en faveur d'un tiers, ne cesse pas pour cela d'être membre de la société, et par conséquent d'être responsable envers les tiers des dettes sociales postérieures à sa démission, encore bien que l'acte qui la constate ait été légalement publié. — *Cass.*, 1er juill. 1841 (t. 2 1843, p. 742), Pistor c. Fouqueron.

1003. — Il en doit être surtout ainsi quand l'extrait publié de l'acte constatant la démission n'énonce pas le changement de la raison sociale.

1004. — Les engagemens auxquels s'est soumis le gérant d'une société en commandite doivent être exécutés par la nouvelle société substituée à l'ancienne, s'il apparaît notamment par les statuts, le capital social et le nombre des actions restés les mêmes, que la nouvelle société n'est que la continuation de la première. — *Paris*, 7 janv. 1845 (t. 1er 1845, p. 110), Guyot et Scribe c. Solar.

1005. — Nous avons vu plus haut qu'en principe la stipulation contenue dans un acte de société qui permet de révoquer *ad nutum* les pouvoirs conférés à l'associé administrateur est valable; c'est ce qu'enseignent les auteurs. — Mais doit-on décider de même lorsqu'il s'agit du gérant d'une société en commandite? La difficulté vient de ce que, comme on le sait (V. *infrà*), la loi défend aux associés commanditaires (sous peine de perdre le bénéfice de leur qualité) tout acte de gestion dans les affaires de la société. — C. comm., art. 27 et suiv. — M. Troplong (t. 1er, n° 433) est d'avis que, si l'acte de société peut investir l'assemblée des commanditaires du droit de remplacer le gérant décédé ou devenu incapable, cette décision ne doit pas être étendue au cas où les commanditaires, au lieu d'attendre la retraite spontanée ou la mort du gérant, se seraient réservé, à leur gré, le droit de le destituer et de le remplacer. — « Le gérant, dit-il, ne serait plus à leur égard qu'un mandataire révocable, qu'un agent dépendant et passif, qui tirerait sa vie et son action des commanditaires et administrerait à leur place; les conditions de la commandite seraient renversées, car les actionnaires seraient les vrais administrateurs. En principe, la destitution du gérant d'une commandite ne doit pas être subordonnée à l'arbitraire, au bon plaisir des commanditaires. » Quant à M. Delangle (*ubi suprà*) : il reconnaît bien aux associés commerciaux le droit de stipuler qu'en cas de révocation du gérant institué par l'acte, un autre gérant sera nommé; il reconnaît bien aussi que, cette nomination dûment faite, les rapports sociaux continuent; mais il ne pense pas que cette substitution d'un gérant à un autre soit compatible avec la société en commandite; et il est d'avis qu'alors c'est un contrat nouveau, une nouvelle société, qui est formée, laquelle ne peut être confondue avec la première. — V. aussi Duvergier, *Société*, n° 296; Malepeyre et Jourdain, *Sociétés comm.*, n° 53.

1006. — Jugé par la Cour de Paris qu'on doit réputer valable la clause d'un acte de société en commandite qui réserve aux associés le droit de révoquer, à leur volonté, le gérant de la société, et qu'on ne saurait considérer une telle clause (autorisée par le droit civil) comme contraire aux principes de la société en commandite. — *Paris*, 11 nov. 1848 (t. 2 1849, p. 198), Compagnie des Batignollaises et Gazelles réunies.

1007. — Cette décision est, comme on le voit, fort importante; elle rentre, au reste, dans l'esprit de la jurisprudence, qui tend à reconnaître aux commanditaires, dans certaines limites, un droit de surveillance sur les opérations de la société et d'influence légitime sur le système général dans lequel les opérations sont conduites : à la condition, bien entendu, que cette surveillance et cette influence ne dégénéreront pas en actes d'immixtion, lesquels sont prohibés par la loi.

1008. — Jugé, au reste, que, dans une société en commandite, chacun des associés a le droit, à moins que les statuts ne s'y opposent, de provoquer judiciairement, pour causes légitimes, la révocation du gérant; il n'est pas nécessaire pour cela du concours de la société réunie en assemblée générale. — *Paris*, 23 déc. 1848 (t. 2 1849, p. 205), Cavelau c. Cailleteau. — Duranton, t. 17, n° 434; Troplong, n° 676.

1009. — M. Duvergier, au contraire, pense que la révocation du gérant doit, comme toute autre mesure, être l'objet d'une délibération prise à la majorité, et dans laquelle, bien entendu, ne figurera pas l'associé administrateur. A ce dernier système, M. Troplong répond : « Je reconnais tout ce qu'a de grave, en thèse ordinaire, l'autorité du nombre; mais si l'associé qui, seul, demande la révocation, disait : Vous ne voulez pas me l'accorder; eh bien ! je vais demander la dissolution, car les causes légitimes qui peuvent faire prononcer la révocation sont aussi de celles qui peuvent dissoudre la société. » Qu'aurait-on à lui répondre?

1010. — Jugé que l'associé gérant d'une société en commandite doit être considéré comme un mandataire. Par suite, s'il détourne les fonds de la société, pour les appliquer à ses besoins personnels, il commet l'abus de confiance prévu par l'art. 408 C. pén. — *Cass.*, 8 août 1845 (t. 1er 1847, p. 7), Chaudron-Junot c. Magnez et Gaudin de Villaine (deux arrêts). — V. ABUS DE CONFIANCE, nos 116 et 117.

§ 3. — *Des associés commanditaires.*

1011. — *Droits et devoirs des commanditaires.* — Les commanditaires sont tenus envers la société

du versement de leur mise, mais ne peuvent jamais être tenus au delà.

1012. — L'action en versement des mises sociales contre les associés commanditaires doit être portée, pendant l'existence de la société, devant arbitres; après sa dissolution, devant les tribunaux de commerce.— *Paris*, 20 fév. 1847 (t. 1er 1847, p. 298), Moreau et Guimaud c. la Compagnie la Française.

1013.—Lorsqu'il a été convenu, dans un acte de société en commandite dont doivent faire partie tous ceux qui deviendront propriétaires des actions constituant le capital, qu'il ne sera émis présentement que le nombre d'actions nécessité par les besoins actuels de l'exploitation, sauf à en émettre d'autres plus tard en cas d'utilité constatée, la société se trouve constituée dès que les actions émises pour le moment ont été réalisées; et elle reste limitée au gérant et aux porteurs de ces actions, lesquels sont devenus de la sorte associés commanditaires jusqu'à concurrence de leurs apports.— *Bordeaux*, 9 avr. 1845 (t. 2 1845, p. 202), Marin c. Fourchon-Coincy.

1014.—Par suite, si la société vient à être déclarée en état de faillite; les commanditaires qui ont versé le prix de leurs actions ont complétement satisfait à leurs engagemens, et on ne peut, par exemple, les contraindre à compléter le capital nominal de la société : surtout si, d'après les statuts, les actions restantes ne devaient être réalisées qu'en cas de nouveaux besoins qui ne se sont pas fait sentir, et au moyen d'une nouvelle émission qui n'a pas eu lieu.— Même arrêt.

1015.—On ne pourrait prétendre, dans le cas d'une pareille société, que l'extrait de l'acte social transcrit au greffe du tribunal de commerce n'est pas conforme à cet acte en ce que ce dernier énoncerait que sur le fonds social, divisé en actions, il ne serait émis dans le moment que le nombre de celles-ci rendu nécessaire par les besoins présens de la société, tandis qu'il serait dit dans l'extrait, contenant du reste toutes les énonciations substantielles, que l'émission se ferait au fur et à mesure des besoins. — Même arrêt.

1016. — Les tiers qui, dès lors, ont contracté avec la société, opérant avec le produit de la première émission, ont suffisamment connu ses ressources et ne peuvent conséquemment se dire induits en erreur et avoir dû compter sur tout le capital social.—Même arrêt.

1017. — Le commanditaire qui veut obtenir du gérant la restitution de la mise qu'il a versée ne peut le faire vis-à-vis des créanciers de la société, qu'après liquidation régulière de cette société. Dès lors, doit être considérée comme nulle et non avenue l'obligation qu'avant toute liquidation le gérant, à la veille de faillir, aurait souscrite au profit du commanditaire pour le rembourser de sa mise. — *Douai*, 14 déc. 1843 (t. 1er 1844, p. 212), Lingre c. Lessens.

1018. — L'associé commanditaire qui après la dissolution de la société, et avant l'établissement d'aucun compte de liquidation régulier, s'est fait remettre sa commandite, est responsable envers les créanciers de la société non désintéressés du montant de cette commandite et des intérêts qu'il en a retirés indûment. — *Paris*, 22 mai 1841 (t. 2 1841, p. 45), Hanz c. Fessart.

1019. — La clause par laquelle l'associé commanditaire qui n'effectue pas les versemens aux époques fixées est déclaré déchu, et doit perdre, à titre d'indemnité, tout ce qu'il a versé dans la caisse sociale, est une clause pénale établie contre lui, et dont lui-même ne peut se prévaloir, en cas de faillite de la société, pour se dispenser de verser le complément de sa mise.—*Lyon*, 31 janv. 1840 (t. 2 1840, p. 18), Vielle c. Bérard.

1020. — Les associés commanditaires sont non recevables, pour se dispenser de fournir leur mise, à opposer aux tiers qui ont traité avec la société les moyens et exceptions dérivant, pour eux, de la fraude et du dol de leur gérant, qui les représente, et dont ils sont les ayans cause, lors même que l'acte social n'aurait pas été publié.— Même arrêt.

1021. — Tout associé commanditaire, étant, d'après l'art. 26 C. comm., passible des pertes à concurrence des fonds qu'il a mis ou dû mettre dans la société, ne peut s'affranchir de payer ce qu'il reste devoir en abandonnant les sommes qu'il a antérieurement payées, et en renonçant à ses droits.— Même arrêt.

1022. — Jugé, par la Cour de Paris, qu'en admettant que le traitement ou salaire dû à un employé par un particulier doive être considéré comme alimentaire et insaisissable dans une certaine limite, cette insaisissabilité ne peut être opposée au maître, qui a le droit de retenir intégralement sur le traitement les sommes qui lui sont dues par son commis, dont il paie les services en lui donnant quittance de la dette... —Et que cette règle est applicable aux employés à une société en commandite souscripteurs d'actions dans cette société. Ils ne peuvent opposer l'insaisissabilité, du moins partielle, de leur traitement, pour se soustraire à une compensation intégrale avec le montant de leurs mises, dont ils sont débiteurs. — *Paris*, 20 févr. 1847 (t. 1er 1847, p. 298), Moreau et Guimaud c. Compagnie la Française.

1023. — Le versement de la commandite peut être, sans difficulté, réclamé par les gérans. Ce sont eux, en effet, qui représentent la société et exercent ses droits. En cas de faillite, les droits de la société sont exercés par les syndics et ils ont aussi action contre les commanditaires pour le versement de leur mise.

1024. — Dans ce cas l'action, étant une action sociale, doit être portée devant arbitres, même quand elle est poursuivie par les syndics.—*Paris*, 3 août 1841 (t. 2 1841, p. 328), Baudin c. Poussin.

1025. — Les créanciers de la société peuvent, en formant une saisie-arrêt entre les mains des commanditaires qui n'ont pas versé leur mise, se faire payer par eux jusqu'à concurrence de cette mise. Dans ce cas, les créanciers saisissans agissent au nom de la société, leur débitrice, et le commanditaire peut leur opposer les exceptions qu'il opposerait à la société elle-même.

1026.—Mais on s'est demandé si, malgré l'existence de la société, les créanciers ne pourraient même pas agir directement contre les commanditaires pour se faire payer, jusqu'à concurrence de ce qui reste dû sur leur mise. Il faut répondre négativement. Les commanditaires, quoique associés, sont inconnus ou doivent être inconnus des tiers, et ce n'est qu'en exerçant les droits de la société que les créanciers de celle-ci peuvent agir contre les commanditaires. — *Paris*, 24 août 1833, Perregaux c. Banque de France; 3 août 1841 (t. 2 1841, p. 338), Baudin c. Poussin. — Pothier, *Des sociétés*, n° 102; Delangle, nos 276 et suiv. — *Contrà*, *Aix*, 10 mars 1820, Canaple c. Cohen et Costa. — *Douai*, 14 déc. 1843 (t. 1er 1843, p. 212), Lingre c. Lessens. — Bourjon, liv. 3, tit. 7, ch. 5, sect. 2, nos 8 et 12; Pardessus, n° 1034; Malepeyre et Jourdain, n° 156; Merlin, *Quest.*, v° *Société*, § 2; Troplong, n° 831 et suiv.

1027. — En est-il autrement quand la société est tombée en faillite ? On a soutenu et jugé que la faillite a seulement pour effet de mettre les syndics à la place de la société elle-même et non de donner aux créanciers de la société une action directe contre les commanditaires, qui, malgré la faillite, leur restent aussi inconnus qu'auparavant. — *Paris*, 3 août 1841 (t. 2 1841, p. 338), Baudin c. Poussin; *Douai*, 11 juill. 1846 (t. 2 1846, p. 490), Morel-Fatio c. Lefèvre. — Delangle, nos 293 et suiv.

1028. — Mais la jurisprudence paraît aujourd'hui fixée en sens contraire. — Voyez, en effet, dans ce dernier sens : *Paris*, 23 févr. 1833, Halette c. Gauthier de Claubry; *Rouen*, 21 déc. 1841 (t. 1er 1842, p. 601), Magnin c. Staub; *Cass.*, 28 févr. 1844 (t. 2 1844, p. 645), Mouret c. Loubon; *Rennes*, 24 nov. 1845 (t. 1er 1846, p. 409), Waral c. Duval; *Paris*, 31 janv. 1846 (t. 1er 1846, p. 136), Barde et Vincent c. Poussin, *Cass.*, 25 juin 1846 (t. 2 1846, p. 488), Seillière c. Chevret.—Pardessus, n° 1034.

1029. — Jugé encore que les syndics d'une société en commandite tombée en faillite, ayant, du chef de la société et de ses créanciers, une action directe contre les commanditaires pour les contraindre au versement de leur mise, ceux-ci sont non recevables à opposer à cette action des faits de fraude personnels au gérant. — *Paris*, 22 déc. 1846 (t. 1er 1847, p. 114), Goinard c. Leroux de Lens.

1030. — En admettant la doctrine contraire à celle consacrée par la Cour de cassation, il ne faudrait pas, cependant, aller jusqu'à dire que le commanditaire pourra opposer aux syndics, en cas de faillite, ou aux créanciers de la société agissant contre lui aux termes de l'art. 1166 C. civ., toutes les exceptions qu'il pourrait opposer au gérant. Le commanditaire ne devrait se prévaloir que des exceptions qu'il a le droit d'opposer à la société elle-même. Il ne pourrait, par conséquent, se dispenser de verser sa mise, sur le motif que le gérant était son débiteur personnel antérieurement à l'existence de la société. La société est un être moral distinct du gérant, et la compensation ne peut pas s'opérer de plein droit entre le gérant personnellement et le débiteur de la société.—Pardessus, *ibid.*

1031. — Jugé aussi qu'un associé commanditaire ne peut, après la faillite de la société, compenser le montant de sa mise sociale, dont il est resté débiteur, avec la créance résultant à son profit d'opérations par lui faites avec la société, dans son intérêt individuel. — Cet associé étant créancier comme tiers, et débiteur comme associé, il en résulte que la double qualité de créancier et de débiteur ne repose pas sur deux mêmes têtes, et qu'il y a dès lors manque de cette réciprocité de créance et de dette sans laquelle la compensation est légalement impossible. — *Cass.*, 28 févr. 1844 (t. 2 1844, p. 645), Mouret c. Loubon.

1032. — A plus forte raison le commanditaire ne peut compenser le prix des actions par lui prises avec celui des marchandises qu'il a livrées, lorsque le prix des actions n'était pas encore exigible à cette époque.—*Paris*, 31 janv. 1846 (t. 1er 1846, p. 136), Barde et Vincent c. Poussin.

1033. — Un associé commanditaire ne peut, lorsque la société a cessé ses paiemens, et bien qu'elle n'ait pas été déclarée en état de faillite, offrir, en compensation des sommes par lui dues pour achever de solder sa commandite, celles que lui devrait la société en vertu de comptes courans non arrêtés avant la cessation de paiemens. *Cass.*, 8 avr. 1845 (t. 2 1845, p. 643); Coulon c. Berry.

1034. — Les jugemens rendus contre l'associé complémentaire ne confèrent point hypothèque sur les biens du commanditaire.—*Paris*, 5 prair. an XI, Rebin c. Houdet.

1035. — Les commanditaires, de quelque manière qu'on agisse contre eux, ne sont responsables que des dettes de la société, et ne peuvent être rendus passibles des obligations contractées par leur associé antérieurement : à moins que la société n'eût été formée en fraude des créanciers de cet associé.— *Cass.*, 12 brum. an XII, Mejat c. Bodin et Feron-Craxen.

1036. — Le sort de la commandite doit se régler, soit à l'égard des associés entre eux, soit à l'égard des créanciers de la société, par la liquidation régulière de la société. En conséquence, la restitution de la mise d'un commanditaire avant qu'il ait été procédé à une liquidation doit être considérée comme non avenue à l'égard des créanciers. — Néanmoins, le commanditaire ne peut souffrir de la confusion que le gérant aurait faite des affaires de la société avec ses affaires personnelles. Il y a lieu, dans ce cas, de procéder à la liquidation de la société à l'effet de déterminer si à sa dissolution elle était ou non en perte. — *Douai* 14 déc. 1843 (t. 2 1844, p. 451), Lingre c. Lessens.

1037. — La mise de fonds de l'associé commanditaire formant la garantie des dettes sociales, il s'ensuit que les divers paiemens, faits sans aucune indication par l'associé liquidateur à l'associé commanditaire qui se retire, doivent être imputés d'abord sur le reliquat du compte courant libre de ce dernier, puisqu'il constitue une véritable dette de la société, et ensuite sur sa commandite. – *Besançon*, 2 déc. 1843 (t. 2 1844, p. 73), Platon c. Dez-Maurel.

1038. — La Cour de Paris a jugé que les conventions faites entre le gérant d'une société en commandite et les commanditaires, et qui seraient contraires aux statuts, ne peuvent être opposées aux tiers, vis-à-vis desquels l'engagement doit être déclaré pur et simple. — *Paris*, 29 août 1845 (t. 2 1845, p. 40), Gauthier c. Poussin; *Cass.*, 12 avr. 1842 (t. 1er 1842, p. 545), Germain c. Bérard.

1039. — Jugé encore que les conventions faites avec le gérant d'une société en commandite ne pouvant être réglées, à l'égard des tiers, que par l'acte social légalement publié, toute condition particulière stipulée par un commanditaire à son profit, bien qu'acceptée par le gérant, n'a aucune force dérogatoire au statut social.— *Paris*, 22 déc. 1846 (t. 1er 1847, p. 114), Goinard c. Leroux de Lens.

1040. — Si les créanciers peuvent agir directement contre les commanditaires, il est bien certain que leur action ne constitue point une contestation entre associés de la compétence des arbitres et qu'elle doit, dès lors, être portée devant le tribunal de commerce. — *Rouen*, 21 déc. 1841 (t. 1er 1842, p. 601), Magnin c. Staub; *Cass.*, 28 févr. 1844 (t. 2 1844, p. 645), Mouret c. Loubon; *Paris*, 31 janv. 1846 (t. 1er 1846, p. 136), Vincent c. Poussin.

1041. — On s'est demandé si l'action dirigée contre le commanditaire pour le contraindre au versement de sa mise est commerciale, et, par conséquent, si elle entraîne, contre le commanditaire, la contrainte par corps.— *Paris*, 28 févr.

1842 (t. 1er 1842, p. 409), Delry c. Liasse; *Dijon*, 18 janv. 1845 (t. 1er 1846, p. 652), Frelin c. Dulon; *Paris*, 22 déc. 1846 (t. 1er 1848, p. 114), Goinard c. Leroux de Lens. — Nég. Delangle, nos 309 et suiv.

1042. — Jugé, en sens contraire, que les associés commanditaires, même non commerçans, sont tenus par corps du versement de leur mise sociale, alors, d'ailleurs, que cette mise consiste dans un versement de fonds dans une maison de banque en vue de prendre part aux bénéfices résultant du mouvement de ces fonds réunis et confondus avec d'autres. — *Cass.*, 28 févr. 1844 (t. 2 1844, p. 645), Mouret c. Loubon.

1043. — ... Ou lorsque la société a pour objet le placement de produits, et que les fabricans manufacturiers ou producteurs seuls ont été admis à soumissionner les actions. — *Paris*, 31 janv. 1846 (t. 1er 1846, p. 436), Barde et Vincent c. Poussin.

1044. — Jugé enfin que la souscription d'action dans une société en commandite a un caractère essentiellement commercial, et soumet les commanditaires, pour l'exécution de leurs engagemens, à la juridiction commerciale et à la contrainte par corps. — *Paris*, 20 févr. 1847 (t. 1er 1847, p. 298), Moreau et Guimaud c. Comp. la Française; 31 déc. 1847 (t. 1er 1848, p. 351), Comp. Salamandre. — V. ACTE DE COMMERCE, no 81.

1045. — L'individu non négociant qui souscrit des billets à ordre à l'occasion d'une opération commerciale à laquelle il est personnellement intéressé en qualité d'associé commanditaire, et au profit de ses coassociés, devient passible de la contrainte par corps. — *Douai*, 3 juill. 1841 (t. 1er 1842, p. 12), Deherrypont c. Hovelt.

1046. — Les commanditaires étant responsables jusqu'à concurrence de leur mise, on a dû examiner si, en cas de faillite de la société, ils ne seraient pas tenus de rapporter les intérêts ou les dividendes qu'ils ont déjà touchés. La question doit être résolue par une distinction.

1047. — Le rapport devrait avoir lieu si la société était en perte déjà quand les dividendes ont été touchés. Mais si elle faisait alors des bénéfices, les commanditaires ne peuvent être tenus de rien rapporter. — Troplong, no 846; Delangle, nos 345 et suiv.

1048. — M. Pardessus soutient avec raison qu'on devra prendre les circonstances en grande considération, et que la société ne sera pas regardée comme ayant des bénéfices si son actif se compose de créances douteuses ou mauvaises. — Pardessus, no 1035. — Selon M. Duvergier (no 398), les commanditaires ne seraient tenus de rapporter que les bénéfices perçus depuis la naissance de la dette dont on poursuit contre eux le recouvrement. Cette distinction ne nous semble pas admissible.

1049. — La question s'est présentée et a été diversement résolue. La Cour de cassation a jugé, le 24 févr. 1810 (Cardon c. Godet et Delépine), que les intérêts touchés de bonne foi par un associé, quand même la société aurait été en perte, ne devaient point être restitués. — V., en ce sens, *Cass.*, 19 mai 1847 (t. 2 1847, p. 199), Pellonin c. Hendron. — *Contrà*, *Paris*, 11 févr. 1811, Cardon c. Godet et Delépine. — V. Delangle, no 350.

1050. — La Cour de Rouen, par arrêt du 30 mars 1841 (t. 1er 1841, p. 473 [Varquain]), a jugé, comme la Cour de cassation, que les intérêts touchés par un associé commanditaire ne devaient point être rapportés en cas de faillite de la société; et que la clause qui autorisait le commanditaire à toucher ces intérêts sans attendre la constatation et la réalisation des bénéfices était valable.

1051. — Il faut supposer que le commanditaire, en prélevant les intérêts de sa mise, a été de bonne foi, et qu'il ignorait que la société fût en perte à ce moment. — *Cass.*, 19 mai 1847 (t. 2 1847, p. 199), Pellonin c. Hendron.

1052. — On a même été plus loin en considérant les intérêts comme payés au commanditaire lorsqu'il en a été crédité sur les livres de la société, et en voulant que pour ces intérêts, en cas de faillite, l'associé commanditaire vienne se faire payer par contribution sur les biens de la société avec les créanciers de cette société. — *Rouen*, 30 mars 1841 (t. 1er 1831, p. 473), Varquain. — Delangle, no 364.

1053. — Jugé que la mise en commandite étant, ainsi que les intérêts et bénéfices qu'elle a pu produire et qui chaque année sont venus la grossir du consentement du commanditaire, affectée au paiement des dettes de la société, le commanditaire ne peut en opérer le retirement, même après la dissolution de cette société, que sauf l'acquittement des dettes sociales. — *Angers*, 18 févr. 1843 (t. 2 1843, p. 166), Foucault c. de la Brosse.

1054. — Jugé aussi qu'après la dissolution de la société le créancier de cette société a action contre le commanditaire pour le forcer à rapporter la mise et les bénéfices qu'il en a indûment retirés lors de la liquidation. — En vain le commanditaire exciperait-il de ce que le créancier de la société aurait eu connaissance personnelle de ce retirement, si d'ailleurs cette connaissance n'a été accompagnée d'aucune approbation explicite. — En vain aussi voudrait-il invoquer contre la demande en rapport des sommes par lui retirées de la société la prescription établie par l'art. 64 C. comm. au profit des associés non liquidateurs, alors que, le créancier étant une société dont il était le cogérant, le retard dans les poursuites provient de sa négligence personnelle. — Même arrêt.

1055. — Le commanditaire actionné en rapport des sommes retirées de la société avant l'acquittement des dettes n'est pas recevable à exiger la discussion préalable de l'associé en nom collectif, alors que l'insolvabilité de celui-ci résulte de sa correspondance établissant: 1o qu'il est dans l'impossibilité de payer; 2o qu'il ne peut offrir que des recouvremens soumis à des éventualités. — Même arrêt.

1056. — La clause par laquelle un associé commanditaire stipule dans l'acte de société qu'il touchera annuellement ou par semestre l'intérêt à 5 0/0 du capital de sa mise de fonds, est valable et doit être maintenue entre les associés tant que la société subsiste. — *Rouen*, 26 janv. 1841 (t. 1er 1841, p. 473), Rastier c. Aroux.

1057. — L'expropriation des immeubles dépendant d'une société commerciale en commandite doit être poursuivie contre le gérant seul. Les associés commanditaires ne peuvent être reçus intervenans ou tiers opposans dans l'instance. — *Cass.*, 23 août 1836, Actionnaires de l'Ambigu-Comique c. Commissaires des créanciers de ce théâtre.

1058. — Les associés en commandite sont exempts de la patente. — L. 25 avr. 1844, art. 13. — V., pour tous les autres associés, l'art. 16 de la même loi.

1059. — Aucune disposition de loi ne défend à l'associé commanditaire de contracter avec la société, et alors il doit être considéré comme un tiers à son égard. — Troplong, no 434; Delangle, t. 1er, no 382 et suiv. — V. *infrà* nos 1064 et suiv.

1060. — Dès lors, l'associé commanditaire peut, malgré cette qualité, obtenir, au détriment des autres créanciers de la société, un privilége sur le fonds social à raison d'une obligation à titre onéreux que cette société vient à lui souscrire ultérieurement. — *Lyon*, 5 juill. 1845 (t. 2 1846, p. 468), N.... c. Compagnie des *Sirius*.

1061. — Lorsqu'après la reconstitution d'une société, les créanciers de l'ancienne société dissoute sont entrés à titre de commanditaires dans la société nouvelle et se sont libérés de leur mise au moyen de l'abandon du dividende auquel a été fixée à forfait, entre eux et les associés, leur part dans l'actif réel de l'ancienne société; les syndics de la seconde société tombée en faillite peuvent provoquer une expertise pour vérifier si l'abandon ainsi fait équivalait réellement à la mise stipulée, et, en cas d'insuffisance, en réclamer le complément. — *Cass.*, 25 juin 1846 (t. 2 1846, p. 488), Seillière c. Chevret.

1062. — M. Delangle (nos 303 et suiv.) pose en ces termes la question soulevée par cet arrêt: « Après l'expiration d'une première société en commandite, dit-il, il s'en forme une seconde entre les mêmes parties, aux mêmes conditions; et souvent, nonobstant l'énonciation du contrat, que le fonds social est d'une somme d'argent déterminée, chacun des intéressés accomplit son obligation, en transportant, de la société qui finit dans la société qui commence, sa mise primitive. Les tiers seront-ils fondés, si l'entreprise ne réussit pas, à s'emparer de l'acte rendu public, pour exiger des associés commanditaires le versement effectif de leur apport? » — L'auteur pense que si l'état des affaires de la société dissoute rendait incertain le recouvrement des valeurs transmises à la société nouvelle à titre de commandite, les tiers ont le droit d'exiger des commanditaires un apport effectif. — Mais il répond différemment pour le cas où, à raison de la situation de l'ancienne société, le recouvrement desdites valeurs était certain.

1063. — Les associés commanditaires d'une société qui en transportent l'actif dans une nouvelle société s'obligent au paiement intégral des dettes de la première société. — Cette obligation est indivisible et entraîne par conséquent la solidarité contre les associés. — Peu importe que l'actif de la première société ait été converti en actions de la seconde, même dans la pensée d'abandonner ces actions aux créanciers pour les désintéresser. — *Paris*, 10 mai 1843 (t. 1er 1843, p. 720), Delasseaux c. Lemire.

1064. — *Du commanditaire qui s'est immiscé dans les opérations de la société.* — L'associé commanditaire n'est tenu des pertes que jusqu'à concurrence de sa mise, mais à la condition expresse de ne pas s'immiscer dans les opérations de la société. — C. comm., art. 27 et 28.

1065. — L'immixtion même accompagnée de réserves rend le commanditaire solidairement responsable de tous les engagemens sociaux. Il est naturel que le commanditaire qui s'est présenté aux tiers pour leur inspirer de la confiance soit tenu envers eux des conséquences de la société.

1066. — Il y a, sous ce rapport, deux points également importans à examiner: 1o quels actes doivent être considérés comme des actes d'immixtion et rendre le commanditaire responsable; 2o quelle est l'étendue de cette responsabilité. — Avis du Conseil d'Etat, 29 avr. 1809.

1067. — On a vu que le nom du commanditaire ne peut faire partie de la raison sociale. Mais ce principe n'est pas violé lorsque la société se composant seulement d'un commanditaire et d'un commandité la raison sociale est formée du nom du commandité auquel on a ajouté *et compagnie*. — Pardessus, no 1032.

1068. — L'immixtion pourrait résulter de l'acte de société, si cet acte attribuait aux commanditaires des pouvoirs qui ne peuvent appartenir qu'aux administrateurs. Mais, en général, les pouvoirs de surveillance et de haute direction ne constituent pas des actes d'administration.

1069. — En effet, si l'on consulte la discussion qui a eu lieu dans le sein du Conseil d'Etat au sujet de l'art. 27 C. comm.; on demeure convaincu que le but de la loi n'a pas été de laisser les associés commanditaires complétement désarmés, et que, tout en leur refusant l'*action*, elle leur a au moins réservé la surveillance et le conseil. « Un des droits du commanditaire, disait le Tribunat, est de participer aux délibérations générales de la société; et ces délibérations ont souvent pour but d'en *approuver* les opérations, d'en *autoriser* les engagemens, en sorte que sous ce rapport le commanditaire y *concourt* et *doit y concourir* au moins par son consentement. » — En résumé, si les commanditaires n'ont pas le droit d'administrer ils ont, comme le dit fort bien M. Troplong, celui de *tenir en bride* l'administration; et il faut conclure avec M. Pardessus qu'à la condition de n'agir et de ne traiter jamais avec les tiers et de ne pas leur laisser induire de sa conduite qu'il fait les affaires de la société, le commanditaire échappe aux dispositions de l'art. 27. — On comprend, au surplus, que le principe une fois posé quant au droit de surveillance des commanditaires, la question de savoir si les limites de ce droit ont ou non été dépassées constituera bien plus une question de fait et d'appréciation qu'une question de droit.

1070. — Ainsi, ne sont pas contraires à l'essence d'une société en commandite, et de nature à entraîner participation à la gestion et par suite *solidarité* contre les commanditaires, les clauses par lesquelles il est stipulé que les mises de fonds seraient augmentées dans le cas où les associés tant commanditaires que gérans le jugeraient utile; que les bénéfices et les pertes seraient, pour la part revenant aux commanditaires, portés chaque année au compte de leur capital, que leurs livres seraient toujours à la disposition des commanditaires, que toute affaire dont l'importance excéderait une somme déterminée serait sanctionnée par eux. — *Bordeaux*, 7 févr. 1832, Deluze et Dumas c. Delpech.

1071. — Une société qualifiée en commandite par le pacte social ne perd pas ce caractère pour rentrer dans la classe des sociétés en nom collectif, par cela seul qu'une des clauses de ce pacte réserve à l'assemblée générale des actionnaires le droit de tracer au gérant, dans des cas prévus, certaines règles de conduite; alors d'ailleurs que le gérant reste toujours maître, sous sa responsabilité personnelle, de s'écarter des règles qui lui seraient ainsi tracées. — *Cass.*, 23 mars 1846 (t. 2 1846, p. 482), Breton et Danto c. Monfouilloux.

1072. — Un associé qui a pris la qualité de commanditaire ne devient par solidaire parce que l'acte social lui donne droit de participer aux délibérations sociales, et porte qu'il entrera pour une part proportionnelle dans les profits et les pertes. — *Paris*, 23 juill. 1828, Gradis c. Jaurès. — Troplong, no 426.

1073. — De ce qu'un acte de société en commandite présente l'associé complémentaire comme étant lui-même commanditaire, les créanciers de cette société ne peuvent pas prétendre qu'elle doit être considérée à leur égard comme pure et simple, et que tous les associés sont indéfiniment obligés envers eux. — *Paris*, 8 prair. an X, Delon c. Geyler-Jordan.

1074. — La réserve du droit de prendre part aux délibérations, d'inspecter les livres, ateliers et magasins de la société, et d'avoir un commis de son choix dans l'établissement social, n'est point incompatible avec la simple qualité d'associé commanditaire.— *Colmar*, 4 févr. 1819, Vetter c. Laroche. — Troplong, n° 427; Malepeyre et Jourdain, p. 151.

1075. — Mais les membres d'une société qualifiée en commandite qui se sont réservé, par les actes constitutifs de la société, le pouvoir de concourir individuellement à son administration, sont réputés, à l'égard des tiers, associés purs et simples; en conséquence, ils sont personnellement et solidairement tenus de tous les engagemens de la société.— *Paris*, 30 niv. an XII, Lafond-Ladébat c. Britin; *Cass.*, 27 flor. an XIII, mêmes parties.

1076. — Il en est de même des commanditaires qui se seraient réservé l'administration intérieure de la société avec voix délibérative dans les assemblées. — *Cass.*, 16 germ. an XI, Lenoble c. Pardailhan et Desgrais.

1077. — ... Et de ceux qui se seraient réservé l'administration de la caisse, l'inspection des livres et la partie commerciale de la manufacture, et auraient stipulé en outre que les associés se surveilleront réciproquement et ne feront rien que d'un consentement mutuel. — *Paris*, 16 mai 1808, Labouglie c. Bignan. — Troplong, n° 428.

1078. — En général c'est surtout dans les rapports des commanditaires avec les tiers que consistent les actes d'immixtion. Cependant le seul fait d'avoir pris part à l'administration, même dans les rapports intérieurs des associés entre eux, étant incompatible avec la position de commanditaire, doit les faire déclarer responsables des engagemens sociaux. Il en est ainsi au moins quand l'acte de société leur donne pouvoir de se mêler à la gérance. Si l'acte de société était muet, le fait d'avoir pris part à l'administration intérieure devrait pouvoir être considéré comme un conseil ou une aide bénévole et devrait plus difficilement être regardé comme un acte d'immixtion.

1079. — Indépendamment du pouvoir accordé aux commanditaires par l'acte de société, leur immixion peut résulter des actes de gestion, même non autorisés par l'acte social, qu'ils se seraient permis. Mais elle ne résulte jamais des actes de surveillance autorisés ou non par l'acte social.— *Cass.*, 25 juin 1846 (t. 2 1846, p. 484), Chevret c. Basagnon.

1080. — L'associé commanditaire peut donc, sans s'exposer à perdre le bénéfice de cette qualité, surveiller la conduite de l'associé gérant, vérifier l'emploi des fonds sociaux et s'assurer de la bonne fabrication des marchandises, surtout si la surveillance ne se manifeste pas par des actes extérieurs propres à induire en erreur les tiers appelés à traiter avec la société. — *Bordeaux*, 29 août 1838 (t. 1er 1839, p. 215), Brouillet et Petit-Girard c. Guérineau.

1081. — Les associés commanditaires peuvent également, sans faire acte d'immixtion, donner des instructions sur l'administration de l'associé gérant. — *Bordeaux*, 16 avril 1832, Deluze et Dumas c. Delpech.

1082. — Il n'y a point ouverture à cassation contre l'arrêt qui décide en fait que des associés commanditaires n'ont fait aucun acte de gestion en faisant partie du conseil d'administration de la société, en prenant part à des délibérations sur des propositions relativement à la modification de l'acte social et en se faisant délivrer, pour leur consommation personnelle, de petites portions de charbon provenant de la mine exploitée par la société. — *Cass.*, 13 déc. 1841 (t. 1er 1842, p. 125), Derosne et Cail c. Vandermarq.

1083. — Il n'est point interdit aux commanditaires de faire en leur nom des opérations avec la société, de lui vendre, de lui acheter des marchandises, ou même de lui prêter des fonds. Ces différentes opérations ne sauraient être considérées comme des actes d'immixtion. — Avis Cons. d'Etat, 29 avr. 1809. — *Bordeaux*, 16 avr. 1822, Deluze et Dumas c. Delpech; 29 août 1838 (t. 1er 1839, p. 215), Brouillet et Petit Girard c. Guérineau. — Pardessus, n° 1030 et 1036; Malepeyre et Jourdain, p. 154; Troplong, n° 434.

1084. — Jugé, en ce sens, qu'un associé commanditaire peut, sans préjudicier à sa qualité, et sans contrevenir à l'art. 27 C. comm., faire profiter sa société d'une entreprise qu'il a faite en son nom personnel. — *Bordeaux*, 30 déc. 1841 (t. 1er 1842, p. 385), Framinet c. Morel et Courtarie.

1085. — Ce que la loi défend aux commanditaires, c'est de faire des opérations au nom de la société. Aussi, des auteurs pensent-ils qu'il ne leur est pas permis d'être les préposés de la société, et que des facteurs ou commis ne peuvent être admis dans le commerce de leurs maîtres en qualité de commanditaires. — Pardessus, n° 1030; Delangle, n° 398. — *Contrà*, Troplong, n° 435. — Et il faut reconnaître que l'usage est beaucoup plus conforme à l'opinion de M. Troplong qu'à celle de M. Pardessus.

1086. — Jugé que les art. 27 et 28 C. comm., qui interdisent aux associés commanditaires de faire aucun acte de gestion, sous peine d'être obligés solidairement, ne s'appliquent qu'aux actes qu'un associé aurait faits comme gérant représentant la maison commanditée, ou dont il résulterait la preuve qu'il s'attribuait cette qualité; ils ne s'étendent pas à l'associé qui n'a agi ni de son chef ni comme représentant de la société mais comme commis du gérant, et qui a fait connaître cette qualité à tous ceux avec lesquels il a traité. — *Cass.*, 15 mars 1847 (t. 1er 1847, p. 674), Lehagre et Harmeau c. Dumoulin.

1087. — Si la mise d'un commanditaire consistait en un secret d'art ou de chimie, et si la mise en œuvre exigeait sa collaboration; il ne devrait pas, selon M. Pardessus, cesser d'être réputé commanditaire, pourvu que cette collaboration fût purement intérieure. — Pardessus, n° 1030.

1088. — On ne doit pas non plus considérer comme faisant acte d'immixtion dans la gérance, aux termes de l'art. 27 C. comm., les agens préposés dans chaque département au placement des marchandises sociales, et qui sont devenus commanditaires en souscrivant des actions à titre de cautionnement. — *Paris*, 5 mai 1841 (t. 1er 1841, p. 699), Brulé, Heudin c. Barba.

1089. — Un associé commanditaire peut recevoir à titre de commission des ordres des associés gérans pour vendre les marchandises de la société, acheter pour elle, négocier les effets et autres papiers de crédit. Il agit alors en son nom propre comme commissionnaire et non comme commis de la société. — Avis Conseil d'Etat, 17 mai 1809. — Pardessus, *Dr. comm.*, n° 1030.

1090. — La nécessité pour les commanditaires de prendre une part en quelque sorte active dans les opérations de la société dans les cas de décès ou de démission de gérant, ou dans les cas de faillite de la société, doit rendre les tribunaux plus difficiles à considérer ce qu'ils ont fait alors comme des actes d'immixtion. — Pardessus, n° 1031, 2°.

1091. — Ainsi, la délibération qui a eu pour effet d'accepter la démission d'un gérant, et d'investir le collègue de celui-ci du droit de gérer seul, ne constitue pas, de la part des commanditaires, lesquels y ont concouru avec les directeurs et les créanciers de la société, un acte d'immixtion qui leur fasse encourir la responsabilité déterminée par les art. 27 et 28 C. comm., cette délibération, destinée à régler les conditions d'existence de l'entreprise, ne portant aucune atteinte aux droits des tiers. — *Paris*, 5 mai 1841 (t. 1er 1841, p. 699), Brulé, Heudin c. Barba. — Troplong, n° 432; Pardessus, n° 1031, 2°.

1092. — Les délibérations prises par des associés commanditaires réunis en comité de surveillance, conformément aux statuts sociaux, pour obliger l'assuré gérant à restreindre ses dépenses, sont des mesures de précaution et de prudence qui se renferment dans l'intérieur de la société, et qui restent entièrement étrangères aux tiers qui traitent avec le gérant. — Elles ne constituent, dès lors, aucune sorte de gestion dans le sens de l'art. 27 C. comm., le gérant ne cessant pas de figurer seul, avec sa qualité, dans toutes les opérations sociales, et les créanciers de la société qui ne se sont pas trouvés en contact avec les associés commanditaires ne peuvent prétendre avoir suivi leur foi et compté sur leur responsabilité. — *Cass.*, 13 nov. 1844 (t. 2 1844, p. 563), Morizot c. Fouqueron. — *Contrà*, *Paris*, 26 mars 1840 (t. 1er 1840, p. 704), mêmes parties. — Troplong, n° 428; Delangle, nos 387 et 395.

1093. — On ne peut considérer comme des faits d'immixtion, mais bien comme de simples actes de surveillance intérieure, les mesures de précaution prises par des associés commanditaires en vertu du pacte social, qui leur réservait le droit de nommer un caissier, sans le visa duquel le gérant ne pourrait donner aucune quittance, assurer aucun compte, etc., etc., et même celui de destituer le gérant et de dissoudre la société en cas de fautes graves de nature à inspirer des craintes sérieuses sur l'avenir de l'exploitation sociale.— *Cass.*, 25 juin 1846 (t. 2 1846, p. 484), Chevret c. Baragnon.

1094. — L'approbation donnée par les commanditaires aux actes de gestion du gérant et les délibérations par eux prises dans le but d'éclairer cette gestion, et spécialement d'exprimer des vœux sur certains actes (emprunts ou autres) à accomplir, ne peuvent être considérés comme des faits d'immixtion, alors d'ailleurs que ces délibérations, qui n'étaient pas légalement obligatoires pour le gérant, ont été purement intérieures, et n'ont été accompagnées d'aucun acte extérieur qui ait mis les commanditaires en contact avec les tiers et qui ait pu tromper ceux-ci sur leur véritable qualité. — Il en est de même de la décision, prise par les commanditaires, ayant pour but soit la nomination d'un nouveau gérant et la fixation de ses émolumens, soit la translation du siége social dans une autre ville. L'arrêt qui refuse d'appliquer à de pareils actes les art. 27 et 28 C. comm., ne contient donc aucune violation de la loi. — *Cass.*, 23 mars 1846 (t. 2 1846, p. 482), Breton et Danto c. Montfouilloux.

1095. — L'approbation donnée par des associés commanditaires à la construction d'un bateau à vapeur devant servir à l'exploitation de l'entreprise, et à une création d'actions, le vœu par eux émis d'une transaction avec des tiers, ne constituent pas des actes de gestion et d'immixtion qui leur rende applicable l'art. 28 C. comm. — Il en est de même d'une décision ayant pour but soit le remplacement de l'ancien gérant, soit la fixation des émolumens du nouveau, ou bien encore la translation du siége social dans une autre ville. — *Lyon*, 5 août 1843 (t. 2 1844, p. 444), Associés de la compagnie du *Sirius* c. N....

1096. — Le commanditaire peut, sans perdre sa qualité, surveiller les associés gérans, les contraindre à se renfermer dans les limites des actes autorisés par le contrat de société, et leur apporter dans l'intérieur de l'administration le concours de ses lumières. — Mais il n'en est plus ainsi, et il y a de sa part acte d'immixtion, lorsqu'il dirige lui-même sous le nom d'un tiers les opérations de la société, et lorsqu'il substitue à une gérance ostensible une gérance réelle mais secrète. — *Paris*, 1er mars 1845 (t. 1er 1845, p. 451), Lefebvre d'Aumale c. Brière.

1097. — Lorsque le gérant unique d'une société a donné sa démission, les commanditaires peuvent nommer des commissaires ou un gérant provisoire pour régler les comptes du démissionnaire et administrer provisoirement le fonds social sans être réputés avoir fait un acte d'immixtion qui les rende solidairement responsables, alors même que le gérant provisoire aurait fait une transaction avec un fournisseur de la société, transaction ayant pour but d'éviter à celle-ci une perte plus considérable.— *Cass.*, 22 déc. 1845 (t. 1er 1846, p. 305), Despéchers c. Avrottin.

1098. — Des associés commanditaires qui, par suite de la démission des gérans responsables, ont été nommés, par leurs coassociés, commissaires à l'effet d'arrêter le compte des gérans et d'administrer provisoirement le fonds social jusqu'à la liquidation ou une réorganisation nouvelle, ne peuvent être considérés comme s'étant immiscés dans les affaires de la société, et, comme tels, condamnés personnellement et solidairement au paiement des dettes et engagemens de la société. — *Paris*, 23 févr. 1829, Mazer c. Lecocq et Lavenant. — Pardessus, n° 1031, 2°; Delangle, n° 396.

1099. — La délibération par laquelle les commanditaires d'une société ont chargé quelques-uns d'entre eux de vendre l'établissement social ou de former une nouvelle société ne doit pas être considérée comme constituant un fait d'immixtion dans l'administration de la société, alors même que cette mission a été accomplie.— *Cass.*, 26 déc. 1842 (t. 1er 1843, p. 628), Coste-Milliard c. Actionnaires de la Société des mines du Ragny et des Perrins.

1100. — Le remplacement du gérant d'une société en commandite qui n'a été effectué que par une partie des associés commanditaires, tandis qu'aux termes de l'acte social il aurait dû avoir lieu en assemblée générale, a pu être déclaré ne pas constituer de leur part un acte de gestion à l'effet de les rendre solidairement responsables, lors même 1° qu'il n'aurait pas été rendu public dans la forme voulue par le Code de commerce;

2° que le nouveau gérant aurait reçu l'autorisation de négocier, sans responsabilité pour lui, de nouvelles actions, pourvu que leur placement ne fût pas au-dessous d'un certain taux; 3° que l'un des actionnaires aurait été chargé de se joindre au gérant pour suivre la négociation. — Cass., 6 mai 1835, Jouffroy c. Actionnaires des mines de Jouffroy. — Troplong, n° 433; Delangle, n° 393.

1101. — La prise pour compte de la société par les associés commanditaires d'un immeuble acheté par le gérant en son nom personnel, dans lequel celui-ci a transféré l'établissement social, ne constitue pas un acte d'immixtion et de gestion qui leur rende applicable l'art. 28 C. comm. — *Paris*, 4 janv. 1844 (t. 1er 1844, p. 133), Combalot c. Buissaizon.

1102. — Il n'y a pas non plus acte de gestion dans l'autorisation, donnée au gérant par les commanditaires, d'émettre de nouvelles actions pour subvenir aux travaux de constructions ayant pour objet d'approprier l'immeuble à sa destination, ou même de contracter un emprunt à cet effet. — Même arrêt.

1103. — Lorsque, à la suite de la liquidation d'une société, prononcée en assemblée générale, des commanditaires, nommés, dans l'intérêt commun, liquidateurs avec mandat de continuer certaines opérations, ont agi constamment en cette qualité et de bonne foi, et qu'en outre leur qualité de liquidateurs était notoirement connue de ceux avec qui ils ont traité, une Cour d'appel a pu, dans ces circonstances ainsi appréciées, ne pas déclarer ces commanditaires solidairement responsables par suite d'immixtion dans la gestion. — *Cass.*, 17 avril 1843 (t. 2 1843, p. 253), Compagnie des houillères et du chemin de fer d'Epinac c. liquidateurs de la société des verreries d'Epinac.

1104. — Si l'acte de société portait que les actions ne pourront être négociées au-dessous du pair, l'autorisation donnée par les commanditaires de les négocier à un taux inférieur constituerait un acte d'immixtion. Cette autorisation, en effet, peut tromper les tiers, qui ont dû croire que les conventions sociales ne seraient pas modifiées. — Pardessus, n° 1031 1°; mais V. Troplong, n° 424.

1105. — Il n'y a pas ouverture à cassation contre l'arrêt qui décide, par interprétation des actes, que le commanditaire qui, à la suite d'un inventaire fait au moment de la prorogation, a trouvé dans l'actif de la société l'intégralité de sa mise sociale, a consenti à la laisser dans la société, et offre de l'abandonner à la masse, ne peut être tenu au delà de sa mise. — *Cass.*, 19 juin 1834, Laforge c. Gamon.

1106. — En règle générale, les tribunaux peuvent, sans encourir la censure de la Cour de cassation, décider que les faits reprochés à des associés commanditaires comme constituant des actes d'immixtion ne sont ni précis ni pertinents et conséquemment en refuser la preuve. — *Cass.*, 6 fév. 1843 (t. 1er 1843, p. 669), Imbault c. Reneufve.

1107. — *Conséquences de l'immixtion.* — Aux termes de l'art. 28 C. comm., l'associé commanditaire qui s'est immiscé est obligé solidairement, avec les associés en nom collectif, pour toutes les dettes et engagemens de la société.

1108. — S'il y a contestation sur le fait de l'immixtion elle peut être prouvée par tous les moyens possibles, même par témoins. — Pardessus, n° 1037; Persil, art. 27, n° 2; Troplong, n° 437.

1109. — Une fois l'immixtion établie, l'associé commanditaire se trouve placé, à l'égard des tiers, exactement dans la même position que s'il était associé en nom collectif et est tenu de tous les engagemens dont il serait tenu à ce titre.

1110. — Cependant, les associés commandités étant commerçans et pouvant être déclarés en faillite; faudra-t-il dire aussi que le commanditaire, non commerçant d'ailleurs, qui se sera immiscé, devra aussi être mis en faillite? La négative est soutenue par M. Pardessus (n° 1038). La bonne foi s'oppose, selon cet auteur, à ce qu'un individu qui n'a peut-être fait qu'un ou deux actes de commerce puisse être considéré comme commerçant, mis en faillite et poursuivi comme banqueroutier, lorsqu'aucun de ceux qui ont traité avec lui n'a dû le considérer comme commerçant. — Persil, art. 28, n° 3; Troplong, n° 438.

1111. — Mais il en serait autrement, selon le même auteur, si le commanditaire avait fait un assez grand nombre d'actes de gestion pour être considéré comme commerçant. Il est probable que la jurisprudence adopterait cette distinction, repoussée, cependant, par MM. Malepeyre et Jourdain (p. 166) et Delangle (nos 404 et suiv.).

1112. — Au surplus ne doit-on pas dire que dans tous les cas l'immixtion ne rendant le commanditaire associé qu'à l'égard des tiers créanciers de la société il ne serait commerçant qu'à leur égard, ne pourrait être condamné par corps qu'à leur profit et n'aurait jamais à craindre d'être poursuivi comme banqueroutier simple, faute d'avoir tenu des livres, déposé son bilan dans les délais ou enfin rempli les conditions exigées par le Code de commerce? — Pardessus, *ibid.*; Delangle, n° 404.

1113. — L'associé qui s'est immiscé est tenu de toutes les dettes de la société non encore acquittées, sans qu'il y ait lieu de distinguer si elles sont antérieures ou postérieures à l'immixtion. — C. comm., art. 28. — Troplong, n° 439; Delangle, n° 403.

1114. — Loin que l'immixtion nuise aux associés du commanditaire, elle ne peut que leur profiter en leur donnant une espèce de caution. Les commandités ne seraient donc pas reçus à soutenir que l'immixtion a rendu le commanditaire associé commandité, même à leur égard. Le commanditaire aura par conséquent un recours contre les commandités pour tout ce qu'il aura payé au delà de sa mise. — Pardessus, n° 1038; Malpeyre et Jourdain, p. 167; Troplong, n° 440. — *Contrà*, *Paris*, 9 janv. 1836, Damrémont c. Colas et Chanvier. — V., en ce sens, Delangle, nos 412 et suiv.

1115. — Lorsque le gérant d'une société commerciale actionne en remboursement d'une partie des dettes sociales un commanditaire comme solidairement responsable par suite d'actes d'immixtion prévus par les art. 27 et 28 du C. comm., un tribunal peut ne pas reconnaître les caractères de l'immixtion dans cette double circonstance : 1° que, par délibération des associés, ce commanditaire a été *adjoint à la gérance* pour soulager le *gérant* dans les détails secondaires de l'administration et sous la surveillance de son chef; 2° que cet adjoint recevait à titre de salaire une part éventuelle dans les bénéfices de la société. — *Cass.*, 29 mars 1843 (t. 2 1843, p. 221), Duval c. Soubiranne.

1116. — Les syndics de la faillite d'une société représentant la masse des créanciers ont qualité pour exercer contre les commanditaires l'action en responsabilité. — *Paris*, 26 mars 1840 (t. 1er 1840, p. 704), Fouqueron c. Pistor, Dubois de Jansigny et Hennin. — V. ABUS DE CONFIANCE, ASSURANCE TERRESTRE.

ART. 3. — *Des sociétés anonymes.*

1117. — Les sociétés anonymes sont des réunions de capitaux plutôt que de personnes. Elles n'ont point, en effet, de raison sociale, les associés ne sont responsables que jusqu'à concurrence de leur mise, comme les commanditaires, et la société est administrée par des gérans qui ne sont, à la différence des gérans dans les sociétés en nom collectif ou en commandite, que de simples mandataires. — Troplong, nos 444 et suiv.

1118. — On peut former une société anonyme pour toute espèce d'opération, à moins qu'une disposition expresse de la loi ne l'ait défendu. — Pardessus, n° 1040.

1119. — L'art. 14, tit. 11, L. 25 mai 1791, défendait de former une société anonyme pour l'exploitation d'un brevet d'invention. Cette interdiction a été levée par le décret du 25 nov. 1806.

1120. — Un décret du 26 germinal an II, rapporté le 30 brum. an IV, avait même été beaucoup plus loin, car il avait défendu en général la division du capital des sociétés en actions au porteur. — Troplong, n° 448.

1121. — Toutes les sociétés anonymes offrent les mêmes caractères : soit qu'à raison de leur importance on les appelle compagnies, soit qu'elles prennent simplement le nom de sociétés anonymes. Il est certain d'ailleurs que la forme anonyme n'appartient pas exclusivement aux sociétés commerciales, et que les sociétés civiles peuvent la revêtir. — Troplong, n° 443; Duvergier, t. 20, n° 485; Malepeyre et Jourdain, p. 174. — *Contrà*, Delangle, t. 2, n° 424.

§ 1er. — *Comment elles se forment.*

1122. — Les sociétés anonymes ne peuvent être formées que par acte public (C. comm., art. 40), c'est-à-dire par acte devant notaire, dont il restera minute, afin que l'autorisation ne soit pas inutilement demandée et accordée et que ceux qui ont formé le projet de la société anonyme ne puissent pas plus tard se dispenser de fournir leur mise. — Troplong, n° 252. — V. ACTE SOUS SEING PRIVÉ, n° 28.

1123. — L'acte authentique ne sert qu'à établir un projet de société, la société ne peut exister qu'avec l'autorisation du gouvernement et avec son approbation pour l'acte qui la constitue. Cette approbation doit être donnée dans la forme prescrite pour les règlemens d'administration publique. — C. comm., art. 37.

1124. — L'engagement des associés est formé sous la condition de l'autorisation. Si l'autorisation est refusée, l'engagement tombe; mais jusqu'à ce que l'autorisation ait été accordée ou refusée, les parties sont liées par le contrat et il n'est pas en leur pouvoir de rétracter le consentement qu'elles ont donné. — Pardessus, n° 1040.

1125. — Il arrive assez fréquemment qu'avant que l'autorisation soit accordée les actionnaires futurs de la société anonyme font des versemens de fonds, et commencent de fait les opérations de la société. Les effets de ces opérations ne peuvent être déterminés qu'à l'aide de distinctions.

1126. — D'abord, entre les associés, le versement de la mise ne peut point être considéré comme une autorisation pour le gérant de commencer les opérations; et si l'autorisation est refusée, les actionnaires qui ont versé leur mise seront bien fondés à soutenir qu'elle doit leur être restituée et que le gérant a excédé le mandat qui lui avait été donné. — Pardessus, *ibid.*

1127. — On a jugé avec beaucoup de raison : que, lorsqu'une société anonyme a été formée et a commencé ses opérations avant d'avoir été légalement autorisée, les tiers qui sur la foi d'une autorisation prétendue ont versé le montant de leur souscription entre les mains des administrateurs sont fondés à réclamer, de ces administrateurs, le remboursement des sommes par eux payées, sans qu'il y ait lieu de faire prononcer la dissolution d'une société qui n'a point eu d'existence légale. Il doit être jugé ainsi, lorsqu'il s'agit d'une société anonyme formée à l'étranger dans un pays où la législation exige, comme en France, l'autorisation du gouvernement pour qu'une telle société puisse se constituer légalement. — *Cass.*, 9 juin 1841 (t. 2 1841, p. 101), Marsuzzi c. Pertat. — Malepeyre et Jourdain, p. 177.

1128. — Celui qui, en versant des fonds comme souscripteur dans une société soumise, par sa nature, à l'autorisation du gouvernement, a également versé, conformément aux clauses de l'acte de société, une somme déterminée pour frais de gestion, a droit, si, par suite de l'absence de cette autorisation, la société n'a jamais eu d'existence légale, à la restitution de toutes les sommes par lui versées, sans qu'on puisse retenir ni exiger les frais de gestion alloués par l'acte constitutif. — *Amiens*, 8 févr. 1843 (t. 2 1846, p. 472), Cayasse c. Brazier.

1129. — Si les actionnaires ont consenti à ce que les opérations soient commencées, ils devront être considérés comme des mandans et on devra appliquer les principes du mandat à leurs rapports avec l'administrateur. — Pardessus, n° 1040.

1130. — La même décision s'appliquerait au cas où l'administrateur a commencé les opérations au vu et au su des actionnaires et sans réclamation de leur part. — Pardessus, *ibid.*

1131. — Il faut même aller plus loin. En consentant à ce que les opérations fussent commencées, les actionnaires ont formé, en fait, une société anonyme non autorisée; et cette société, quoique nulle pour l'avenir si l'autorisation est refusée, ayant existé, on doit appliquer à cette existence de fait les conventions sociales. — Pardessus, n° 1042 4°.

1132. — C'est en ce sens qu'on a jugé : qu'encore qu'une société anonyme, formée pour une exploitation, n'ait pas été autorisée par le gouvernement, elle n'en lie pas moins tous les sociétaires entre eux, quant à l'exécution qu'elle a reçue, et les soumet à la loi du pacte social. — Qu'en conséquence, si, en vertu de ce pacte, qui confère à chaque associé certaine partie de l'administration sous sa responsabilité, il a été versé par l'un d'eux sa mise sociale entre les mains de celui des associés à qui était dévolue la partie financière de l'administration, les autres associés ne sont pas solidairement responsables de ce versement. — *Cass.*, 21 juin 1826, Diot et Kichoffer c. Scellier et Bosc. — Pardessus, n° 1042 4°.

1133. — Lorsqu'une société anonyme a commencé ses opérations et a été obligée de liquider

sans avoir obtenu l'autorisation, tous les actionnaires qui ont concouru à l'administration doivent être considérés comme membres d'une association de fait et contribuer aux pertes de la société, s'il y en a, comme ils eussent participé aux bénéfices. — Cette obligation s'étend même aux cessionnaires d'actions, qu'ils aient ou non acquis ces actions postérieurement aux faits, qui ont amené les pertes de la société et rendu nécessaire sa liquidation. — *Lyon*, 12 juin 1846 (t. 1er 1847, p. 240), Reverchon c. Crozier-Regnault et Pavy.

1134. — Jugé par le même arrêt que le liquidateur judiciairement nommé d'une société par actions représente la société; il engage en cette qualité les sociétaires lorsqu'il traite avec un actionnaire, et, si ceux-ci se croient lésés par le traité, ils n'ont de recours que contre le liquidateur. — Même arrêt.

1135. — D'ailleurs, la déclaration, en fait, que toutes les clauses d'un acte de société (non autorisée) lui confèrent le caractère de société anonyme ne peut donner ouverture à cassation. — *Cass.*, 21 juin 1826, Diot et Kichoffer c. Scellier et Bosc.

1136. — Les conventions sociales ayant leur effet : les administrateurs ne peuvent agir solidairement contre les associés, pour se faire rembourser ce qu'ils ont payé au nom de la société; ni même, si les sommes au paiement desquelles ils ont été condamnés excèdent les mises sociales, réclamer l'excédant contre chacun des associés. Les administrateurs se sont exposés à ce danger, et exiger des associés au delà de leur mise serait aller contre les conventions sociales. — Pardessus, n° 1042 4°; Delangle, n° 480.

1137. — Jugé que, lorsque, après une cession d'actions d'une société anonyme projetée et déjà en exercice, actions que le cédant a promis de livrer après l'émission qui en serait faite par la société, il y a eu dissolution de cette société pour défaut d'autorisation du gouvernement, le cessionnaire n'est pas fondé à demander la résolution de la cession, sous prétexte que les actions ne seraient pas livrées : en ce cas la cession est réputée avoir porté sur une chose aléatoire; et dès lors c'est sur le cessionnaire que doit tomber la perte de la chose, à la seule charge de la part du cédant d'en garantir l'existence au jour du contrat. — *Lyon*, 26 avr. 1827, Montain c. Delelo; 12 juin 1827, Aynard c. Dumoy; *Cass.*, 8 et 18 fév. 1831, mêmes parties.

1138. — L'arrêt qui interprète ainsi l'intention des parties n'est pas sujet à cassation. — *Cass.*, 18 fév. 1831, Dumoy c. Aynard.

1139. — La Cour de Caen a jugé que la nullité d'une société anonyme, prononcée pour défaut d'autorisation, n'a d'autre effet que de rendre à chacun des associés sa liberté pour l'avenir, mais que ces associés n'en doivent pas moins (quand d'ailleurs l'objet de la société est licite) se rendre compte respectivement des opérations consommées pendant la société de fait jusqu'au jour de la demande en nullité; et ce, d'après les clauses du pacte social. — Et la connaissance des contestations qui peuvent s'élever au sujet de ces opérations doit être portée devant arbitres, conformément à l'art. 51 C. comm. — *Caen*, 7 août 1844 (t. 1er 1845, p. 637), Bedouin c. Maufrai.

1140. — ... Que les actionnaires qui, dans une société anonyme, non encore légalement régularisée, ont ou choisi les administrateurs et autorisé le commencement des opérations, ou approuvé tacitement ce choix et ces opérations en versant sciemment leur mise, sont réputés associés, bien que plus tard l'autorisation nécessaire pour la constitution définitive de la société ne soit pas intervenue, et à ce titre ils sont soumis à la juridiction arbitrale pour le jugement des contestations élevées entre eux et la société. — Même arrêt.

1141. — Jugé encore que les difficultés étrangères à l'existence d'une société anonyme qui s'élèvent entre les actionnaires de cette société avant qu'elle ait été définitivement autorisée par ordonnance royale, doivent être soumises à des arbitres en vertu des art. 51 et suiv. C. comm. et non en vertu de la clause des statuts portant que les contestations qui peuvent s'élever devront être renvoyées devant les arbitres souverains : cette disposition est sans effet. — *Rouen*, 10 janv. 1840 (t. 1er 1840, p. 494), Boquié de la Prévotière; *Lyon*, 2 avr. 1841 (t. 1er 1844, p. 786), Actionnaires de la comp. anon. d'éclairage au gaz de Saint-Etienne c. Fondateurs de cette comp.

1142. — Lorsque l'autorisation a été refusée, la société ne peut être convertie en société en nom collectif ou en commandite que du consentement unanime des associés. — Pardessus, n° 1042 4°; Troplong, n° 476; Delangle, n° 480 et suiv.

1143. — Quant aux tiers qui ont traité avec les administrateurs de cette société non autorisée, quels seront leurs droits? Nul doute qu'ils n'auront action que contre les administrateurs, si ceux-ci ont agi sans délégation expresse ou tacite des actionnaires. — Pardessus, n° 1040.

1144. — Mais s'ils ont agi avec le consentement des actionnaires, les administrateurs et les actionnaires seront solidairement tenus de tous les engagemens sociaux. On ne peut appliquer d'autres règles que celles de la société en nom collectif. — Pardessus, nos 1040, 1042, 3° et 4°.

1145. — M. Pardessus (n° 1042 3°) va même plus loin et soutient que la convention formée entre les administrateurs et les associés que les opérations seront commencées sur-le-champ, ne peut être révoquée que par un accord commun; seulement, les intéressés auront le droit de se faire autoriser, soit par la majorité des actionnaires, soit par les tribunaux, à provoquer l'autorisation si les administrateurs ne se mettent pas en mesure de l'obtenir. — Troplong, nos 476 et suiv.

1146. — La forme à suivre pour obtenir l'autorisation nécessaire à la formation des sociétés anonymes est réglée par une instruction du ministre de l'intérieur du 22 oct. 1817, et par une autre instruction, faisant suite à la première, du 11 juill. 1818. L'une et l'autre sont rapportées en entier par M. Pardessus et par MM. Malepeyre et Jourdain (p. 439). — V. Troplong, n° 462; Delangle, n° 474.

1147. — Les individus qui veulent former une société anonyme doivent adresser une pétition au préfet de leur département, et, à Paris, au préfet de police. — Instr. 22 oct. 1817.

1148. — La pétition est accompagnée d'une expédition authentique de l'acte social, auquel doivent être annexés les statuts. — *Ibid.*

1149. — L'instruction exige enfin que l'acte social contienne un certain nombre d'énonciations propres à mettre le Conseil d'Etat en mesure de juger de l'utilité, des garanties et des chances de succès offertes par la société projetée. — Pardessus, n° 1040.

1150. — Les soumissionnaires peuvent sans doute présenter des observations au gouvernement sur l'admission ou le rejet de telle ou telle clause de l'acte social; mais le gouvernement est libre d'y avoir égard ou de les repousser, et d'accorder l'autorisation sous les conditions qu'il juge convenables. — Pardessus, n° 1040.

1151. — Il est clair cependant que si l'une des personnes au nom desquelles l'autorisation est demandée soutenait qu'elle n'a pas signé l'acte portant projet de société anonyme ou soutenait que cet acte est infecté d'une nullité radicale, l'autorisation accordée par le gouvernement ne lui nuirait en rien et ne l'empêcherait pas de faire prononcer par les tribunaux la nullité de cet acte. — Pardessus, *ibid.*

1152. — Les mêmes principes s'appliquent aux tiers sur les droits desquels la société aurait commis une usurpation. Si, par exemple, on avait formé une société pour l'exploitation d'un immeuble qui m'appartient en tout ou en partie, sans mon consentement : le gouvernement, sur mon opposition, devrait sans doute surseoir à accorder l'autorisation; mais, en supposant qu'il ne le fît pas, mes droits resteraient entiers, et je conserverais le pouvoir de les faire consacrer par les tribunaux. — Pardessus, *ibid.*, et Troplong, n° 474.

1153. — Une fois l'ordonnance rendue, il ne peut être apporté aucun changement à la société sans une nouvelle autorisation.

1154. — Il n'appartient point aux tribunaux d'interpréter ni de modifier une ordonnance portant autorisation d'une société anonyme. — En conséquence, il n'y a pas ouverture à cassation contre un arrêt qui, se fondant sur le texte même de l'ordonnance royale, déclare que la société ne prend date, même pour les associés entre eux, qu'à partir de la date de l'ordonnance et non à partir de la date que l'acte social lui a donnée. — *Cass.*, 1er avril 1834, Poulet c. Société des mines de Montrelais. — Pardessus, n° 1042 4°.

1155. — L'ordonnance portant autorisation d'une société anonyme doit être affichée avec l'acte de société de la même manière et pendant le même temps que les actes de société en nom collectif et en commandite. — C. comm., art. 45.

1156. — L'acte contenant projet d'une société anonyme ne doit pas, comme les actes de société en nom collectif ou en commandite, être publié dans la quinzaine de sa date. — L'art. 42 du Code de commerce n'est pas applicable aux sociétés anonymes. — Pardessus, n° 1042 2°.

1157. — Jugé que la peine de nullité prononcée pour défaut de publication des sociétés en nom collectif et en commandite n'est pas attachée à l'omission d'affiche de l'acte d'une société anonyme. — *Nancy*, 22 déc. 1842 (t. 2 1843, p. 320), Société des marbres des Vosges c. Doublat.

1158. — ... Et qu'en admettant que l'omission de publication d'une société anonyme en emportât nullité, les clauses de l'acte et tout ce qui l'a suivi jusqu'à la demande en nullité n'en devraient pas moins recevoir leur exécution. — Même arrêt.

1159. — C'est donc seulement après que l'autorisation est accordée et dans des délais que la loi n'a pas fixés, que l'acte de société doit être publié. — Il est certain qu'avant l'autorisation un associé ne pourrait se prévaloir du défaut de publication pour demander la nullité de l'acte contenant projet de société. — Pardessus, n° 1042 2°.

1160. — Cependant, si l'autorisation tardait trop à être accordée un associé pourrait faire fixer par les tribunaux à l'égard de ses coassociés une époque à partir de laquelle il cesserait d'être lié faute d'autorisation de la part du gouvernement. — On ne peut, en effet, si le contrat ne s'est pas expliqué, exiger que les retards du gouvernement retiennent les parties indéfiniment liées par le contrat. — Pardessus, *ibid.*

1161. — Lorsqu'une société d'assurances, bien que s'intitulant société mutuelle, constitue en réalité une société commerciale et anonyme, elle a besoin de l'autorisation du gouvernement pour avoir une existence légale. — Par suite, les assurances contractées envers la société, avant l'autorisation, doivent être annulées sur la demande des assurés et ceux-ci doivent être dispensés du paiement des primes échues et à échoir. — La société ne peut alors réclamer le paiement des primes comme indemnité de gestion de l'affaire des assurés, s'il est constant que depuis l'adhésion de ces derniers il n'y a eu ni acte de gestion ni dépense de la part de la société. — *Caen*, 12 mai 1846 (t. 2 1847, p. 340), Comp. l'Agricole c. Curial.

§ 2. — *Administration des sociétés anonymes.*

1162. — La première loi des sociétés anonymes consiste dans l'observation des statuts approuvés par l'ordonnance royale qui a autorisé la société. — Il n'est surtout pas permis aux sociétés de violer les stipulations de leurs statuts qui ont pour objet l'intérêt public et l'intérêt des tiers. — *Cass.*, 16 juill. 1838 (t. 2 1838, p. 178), Caisse hypothécaire c. Samazeuilh. — V. Delangle, nos 437-440.

1163. — Ainsi, par exemple, la caisse hypothécaire ne peut être reçue à exiger, en dehors des garanties immobilières autorisées par ses statuts, des nantissements mobiliers ou autres conditions onéreuses. — De pareilles conditions imposées en fraude de la loi sont sujettes à réduction. — *Paris*, 6 févr. 1833, Tranquerel c. Caisse hypothécaire. — V. CAISSE HYPOTHÉCAIRE.

1164. — L'ordonnance royale, approbatrice des statuts d'une société anonyme, en réservant au gouvernement le droit de révoquer l'autorisation, en cas de non-exécution ou de violation des statuts, ne porte aucune atteinte au droit qui appartient aux tiers de poursuivre devant les tribunaux la réparation du préjudice qui pourrait leur être causé par la violation des statuts. — *Paris*, 6 févr. 1833, Tranquerel c. Caisse hypothécaire.

1165. — Les statuts, toutefois, malgré l'approbation donnée par le roi, n'ont que la force des conventions privées ordinaires; l'approbation du roi, l'insertion au Bulletin des lois et la publication ne leur font point acquérir force de loi : et, dès lors, on ne peut attaquer par la voie de la cassation les arrêts et les jugemens en dernier ressort, sur le seul motif qu'ils auraient violé les statuts. — *Cass.*, 15 févr. 1826, Comp. d'assurance du Phénix c. Wolff et Schmitt. — Delangle, n° 489.

1166. — Jugé encore que les statuts d'une société anonyme ne perdent pas le caractère de conventions privées par l'approbation que leur a donnée l'autorité royale et par leur insertion au Bulletin des lois, comme annexe de l'ordonnance; dès lors, l'interprétation de ces statuts appartient souverainement aux juges du fait. — *Cass.*, 25 août 1842 (t. 1er 1843, p. 110), Soc. d'assurance contre l'incendie pour le Pas-de-Calais c. Martel.

1167. — L'arrêt qui décide que des dépenses relatives à des travaux préparatoires faits antérieurement à l'ordonnance d'autorisation doivent ou ne doivent pas être à la charge des actionnaires ne contient qu'une appréciation de fait ou une interprétation d'actes, d'où il ne peut résulter une ouverture à cassation. — *Cass.*, 1er avril 1834, Poulet c. Soc. des mines de Montrelais.

1168.—Le traité à forfait en vertu duquel une société anonyme se charge, à ses risques et périls, de la liquidation d'une société antérieure, est suffisamment autorisé par l'article des statuts qui donne à l'assemblée générale des actionnaires le droit de statuer sur les cas imprévus; et ce traité n'est pas illicite, comme contraire à la nature des sociétés anonymes. — *Cass.*, 9 mars 1841 (t. 1er 1844, p. 484), Soc. des mines du Creuzot c. Chagot.

1169. — Les affaires de la société anonyme sont administrées par des directeurs, commis ou gérans, choisis, soit parmi les associés, soit en dehors, et habituellement il existe auprès d'eux un conseil d'actionnaires qui les surveille.

1170. — Bien que l'une des clauses de l'acte social autorise les directeurs à pourvoir eux-mêmes au remplacement de leurs collègues démissionnaires ou décédés, cette faculté ne peut s'étendre au cas où par suite de démissions volontaires, successives, et pour ainsi dire simultanées, plus de la moitié des titulaires se retirent et où il s'agit, par suite, de renouveler la presque-totalité de l'administration; le concours de tous les actionnaires est alors nécessaire. — *Douai*, 10 janv. 1839 (t. 2 1839, p. 350), Bleart c. Soc. d'Aniches.

1171. — Les directeurs sont des préposés chargés de l'administration, et qui n'ont, à moins de convention contraire, que des pouvoirs d'administrateur. Leurs rapports avec les associés sont réglés par les dispositions de loi qui fixent les droits et les devoirs des mandataires et des mandans. — Pardessus, n° 1041.

1172. — A défaut de conventions expresses sur l'étendue des pouvoirs des directeurs de la société anonyme, on doit ne leur supposer que des pouvoirs de simple administrateur.

1173.—On a jugé que le pouvoir donné au conseil d'administration d'une société anonyme de plaider, compromettre et transiger doit être restreint aux bornes d'une simple gestion. — *Cass.*, 1er avril 1834, Poulet c. Société des mines de Montrelais.

1174. — Un associé peut traiter personnellement avec la société, bien qu'il soit membre du conseil d'administration; alors d'ailleurs qu'il s'abstient de prendre part à la délibération, et que, malgré son abstention, la société est valablement représentée par les autres membres du conseil d'administration.—*Cass.*, 7 mai 1844 (t. 1er 1845, p. 131), Charles c. Bertera et Debans.

1175. — Le directeur d'une société anonyme ne peut, à défaut de pouvoir exprès, contracter un emprunt, ni, par suite, obliger la société à raison de cet acte, alors surtout que les statuts ont limité les pouvoirs du directeur jusqu'à réserver au conseil de l'association le plus grand nombre des actes d'administration. — En conséquence, celui qui a fait des avances au directeur d'une société anonyme sans y être autorisé par le conseil d'administration ne peut en poursuivre le remboursement contre la société ou ses syndics, en cas de faillite, alors surtout que le prêteur, en sa qualité de président du conseil d'administration, n'a pu se méprendre sur l'étendue des pouvoirs de l'emprunteur. — Dans ce cas l'exception opposable au prêteur l'est également aux syndics de celui-ci, lorsqu'il est lui-même en état de faillite. — *Nancy*, 22 déc. 1842 (t. 2 1843, p. 320), Société des marbres des Vosges c. Doublat.

1176. — Comme tous les mandataires, les gérans ou administrateurs d'une société anonyme agissant dans les limites de leurs pouvoirs engagent la société sans s'obliger eux-mêmes; et l'exécution des engagemens ne peut être poursuivie que sur les biens de la société. — Pardessus, n° 1043 1°.

1177. — Ainsi, le directeur d'une société anonyme, qui charge un avoué d'occuper pour cette société, fait un simple acte de gestion qui n'entraîne de sa part aucune obligation personnelle ni solidaire. — Le directeur qui a cessé ses fonctions ne pourrait être tenu des frais réclamés par l'avoué qu'autant qu'en statuant sur le fonds, la Cour aurait mis les dépens des instances à sa charge personnellement.—*Cass.*, 6 mai 1835, Sorbet c. Rolland.—Delangle, n° 443.

1178. — Jugé que le conseil d'administration d'une société ne peut emprunter pour celle-ci si les statuts sociaux ne lui en confèrent pas le pouvoir, et, à plus forte raison, s'ils le lui refusent.—*Douai*, 13 mai 1844 (t. 1er 1845, p. 252), Boca c. Arnouts.— Duvergier, n° 314; Delangle, n° 140; Malepeyre et Jourdain, n° 88.— M. Troplong (*Des sociétés*, t. 2, nos 684 et suiv.), se fondant sur l'ancienne jurisprudence, distingue entre les emprunts de sommes modiques et ceux de sommes considérables, et il accorde à l'administrateur le droit de faire les premiers. Quant aux seconds, les considérant comme constituant une véritable aliénation, il refuse à l'administrateur la faculté de les contracter.

1179. — Jugé, par le même arrêt, que la délibération prise en assemblée générale à la majorité des suffrages et qui a pour effet d'approuver l'emprunt contracté par le conseil d'administration, malgré la disposition prohibitive des statuts, ne saurait lier la société, le droit d'emprunter ne pouvant être accordé en pareil cas que par l'universalité des associés. — Troplong, t. 1er, n° 182. —V. *suprà*, nos 387 et suiv.

1180. — Une société commerciale légalement constituée a sur les biens meubles et immeubles qui composent son actif tous les droits de la propriété, et notamment celui de les aliéner et de les hypothéquer.—*Cass.*, 7 mai 1844 (t. 1er 1845, p. 131), Charles c. Bertera et Debans.

1181.—L'administrateur d'une société, qui emprunte sans y être autorisé, peut être poursuivi en garantie par les tiers qui ont contracté avec lui, le croyant muni de pouvoirs suffisans. — *Douai*, 13 mai 1844 (t. 1er 1845, p. 252), Boca c. Arnouts.

1182. — Les administrateurs peuvent être révoqués par une délibération régulière de la société comme tous autres mandataires. Cependant s'ils étaient associés et si, quoique ordinairement le gouvernement refuse son approbation à cette clause, les statuts leur confiaient l'administration irrévocable de la société, la clause devrait être exécutée. — Pardessus, *ibid.* — V. Delangle, nos 420 et suiv.

1183.—Le seul droit, dans ce cas, des actionnaires serait donc de demander la dissolution de la société s'il y avait des motifs suffisans d'enlever l'administration aux gérans.

1184.—L'individu nommé en vertu d'une délibération illégale, aux fonctions de directeur d'une société anonyme, n'a point, en cas de révocation régulière, droit à des dommages-intérêts proportionnés au préjudice que lui cause la perte de son emploi. — Toutefois, il a droit au remboursement des dépenses qu'il a faites pour la société, et à des dommages-intérêts comme indemnité des soins qu'il a donnés à la gestion de ses affaires, alors même qu'il n'aurait pas ignoré le vice de sa nomination. — *Cass.*, 7 janv. 1836, de Malaret c. Darnaud. — V. Toullier, *Droit civ.*, t. 6, nos 217 et suiv.

1185. — Il y a un assez grand nombre d'actes qui, quoique dépassant les pouvoirs d'administrateur, sont nécessaires dans l'intérêt des sociétés anonymes: ainsi, dans certains cas, un emprunt, une vente d'immeubles. Pour faire ces actes, les administrateurs devront réunir l'assemblée générale des actionnaires, dont, en général, les pouvoirs sont déterminés par les statuts, et la majorité décidera.

1186.—Jugé qu'une société anonyme peut contracter un emprunt, même avec hypothèque et voie parée, si son intérêt l'exige, quoiqu'il ne soit rien dit à cet égard dans les statuts; et cet emprunt, ayant été autorisé par une assemblée d'actionnaires, formée conformément aux statuts, et dont les délibérations, en vertu de ces mêmes statuts, obligent tous les actionnaires, ne peut être argué de nullité par l'un d'eux. — *Bordeaux*, 21 déc. 1840 (t. 1er 1841, p. 361), Charles c. Debans et Fourcade.

1187. — Jugé aussi que lorsque les statuts d'une société portent que l'assemblée générale composée d'un nombre déterminé de membres représente tous les actionnaires, cette assemblée, alors d'ailleurs qu'elle délibère conformément aux statuts, a le droit d'autoriser un emprunt avec affectation hypothécaire des immeubles qui font partie de l'actif social: bien que ce cas n'ait pas été prévu d'une manière spéciale par l'acte de société. Et un pareil emprunt est valable à l'égard de tous les associés, même de ceux qui forment la minorité opposante. — *Cass.*, 7 mai 1844 (t. 1er 1845, p. 131), Charles c. Bertera et Debans.

1188.—Nous avons présenté sur ces arrêts les observations suivantes: Il est constant, en principe, avons-nous dit, que dans les sociétés les délibérations de la majorité n'engagent la minorité opposante qu'autant qu'il s'agit de mesures de simple administration, mais non lorsqu'il s'agit d'apporter des modifications aux stipulations de l'acte constitutif. —*Cass.*, 10 mars 1841 (t. 1er 1841, p. 487), Michaud c. concessionnaires des mines de Verchon. — Pardessus, *Droit commercial*, t. 4, n° 980; Duvergier, *Société*, continuation de Toullier, t. 20, n° 287; Troplong, *Sociétés*, t. 2, n° 724. — « Il faut, dit M. Troplong, rester dans les termes du contrat, ou le dissoudre. » Toute la question, en cas de discussion sur le point de savoir si la majorité a ou non excédé ses pouvoirs, et si dès lors ses délibérations sont obligatoires pour la minorité récalcitrante, repose donc dans l'interprétation des statuts sociaux. « Une délibération n'est pas nulle, dit M. Delangle (t. 2, n° 437), par cela seul qu'elle ne rentre pas textuellement dans la nomenclature des opérations indiquées dans les statuts sociaux; il suffit, pour être valable, qu'elle tende à l'exécution sincère du contrat. Les assemblées générales usent de leur droit toutes les fois que, par des moyens directs ou indirects, elles vont au but que se propose la société; mais si la délibération a pour effet de violer les statuts, si elle détourne le fonds social de sa destination, ou si elle transforme la société, elle est radicalement nulle et ses auteurs sont soumis à la réparation du dommage qu'ils ont causé. » Dans l'espèce les juges du fait, et, par suite, la Cour de cassation, ont pensé que malgré le silence des statuts sur le fait spécial d'un emprunt, la délibération ayant été prise conformément à ces statuts par l'assemblée générale, laquelle, composée suivant les prescriptions sociales, *représentait* tous les actionnaires, la minorité devait être considérée comme engagée par la majorité.

1189. — Mais, jugé que la majorité des actionnaires d'une société formée pour la construction d'un pont moyennant la concession d'un péage à percevoir sur ce pont ne peut, malgré l'opposition formelle de la minorité, réduire le tarif du péage au-dessous des bases fixées par l'ordonnance royale; ce n'est pas là une mesure de simple administration, pour laquelle la minorité doive subir la loi de la majorité. En vain offrirait-elle d'indemniser cette minorité opposante de la perte que pourrait lui faire éprouver la réduction. Le fait, par un des opposans, d'avoir participé à la distribution, votée par délibération, des sommes provenant du péage ainsi modifié, n'emporte pas de sa part adhésion à la décision de la majorité, alors surtout que cette délibération, postérieure au jugement qui a admis sa protestation et dont il poursuit la confirmation, ne contient nullement mention de ce jugement. — *Toulouse*, 22 juill. 1841 (t. 1er 1842, p. 147), Moras c. Maurette.

1190. — Une société anonyme peut valablement se charger, par un traité à forfait et à ses risques et périls, de la liquidation du passif d'une société antérieure relative à la même exploitation, moyennant l'abandon de l'actif, encore bien que le gouvernement n'ait autorisé la société anonyme qu'après la suppression, dans les statuts à lui soumis, d'une clause ayant le même but que le traité à forfait, s'il est démontré que les motifs d'opposition du gouvernement n'existaient plus à l'époque de cette convention, en ce qu'alors il n'y avait presque plus rien d'aléatoire et d'incertain, tandis qu'auparavant le passif et l'actif de la société en liquidation n'étaient nullement fixés. — *Cass.*, 9 mars 1841 (t. 1er 1844, p. 484), Société des mines du Creuzot c. Chagot.

1191. — Lorsque l'acte social soumet les traités passés par le gérant d'une société anonyme à l'approbation d'un comité de direction, les traités passés sans l'accomplissement de cette formalité n'obligeraient pas la société.

1192. — On a même pu juger qu'aux termes des statuts les membres du comité de direction doivent être assignés avec le gérant, s'il s'élevait des difficultés sur l'exécution du traité; qu'en tout cas l'arrêt qui interprète ainsi les statuts n'est pas sujet à cassation. — *Cass.*, 20 juin 1837 (t. 2 1837, p. 504), Robin c. Langlois. — Mais, à moins que les statuts n'en contiennent une clause expresse, les membres du comité de direction ne doivent point être assignés en même temps que le gérant, et l'obligation imposée à celui-ci de faire ratifier les traités par les membres du comité de direction ne peut lui enlever le droit de plaider sans eux.

1193. — Comme tous mandans, les associés ont le droit d'exiger que les gérans ou administrateurs qui sont leurs mandataires leur rendent des comptes; et à l'égard des tiers ils peuvent

critiquer les opérations faites par le gérant en dehors de ses pouvoirs.

1194. — Dans une compagnie de plusieurs actionnaires, l'un de ces derniers a droit de demander qu'il lui soit rendu compte individuellement par les gérans de la situation de la société et de la part à laquelle il peut prétendre dans son actif. — Lorsqu'un compte a été rendu à la société collectivement, un des actionnaires qui a refusé de l'approuver a le droit de le discuter dans son intérêt. — *Lyon*, 19 août 1826, de Laurencin et de Fleurieu c. Haste.

1195. — Tout porteur d'actions d'une société anonyme a qualité pour demander en justice la nullité des contrats d'obligation souscrits au nom de la société et qu'il croit contraires aux intérêts communs. — *Bordeaux*, 21 déc. 1840 (t. 1er 1841, p. 361), Charles c. Debans et Fourcade.

1196. — Celui qui ayant dans une compagnie la double qualité d'actionnaire et d'entrepreneur, participe à un acte qui peut l'intéresser à ce double titre, sans déclarer en quelle qualité il contracte, peut être réputé ne l'avoir fait qu'en une seule de ces qualités. Du moins, l'arrêt qui le décide ainsi par appréciation des circonstances et des actes ne peut, de ce chef, donner ouverture à cassation. — *Cass.*, 1er déc. 1835, Compagnie de Menat c. Mossier, Dumont et Derosne.

1197. — Lorsque dans une société la mise a été faite par actions et que les administrateurs chargés de gérer la société ont reçu seulement le pouvoir de dépenser au fur et à mesure du versement des actions, à la charge de rendre compte tous les ans ; s'ils restent trois ans sans rendre compte et qu'ils aient fait, sans autorisation, des fournitures excédant les fonds versés, ils ne peuvent point réclamer des associés un supplément de mise. — *Toulouse*, 16 juill. 1825, Lasmatres c. Fourquet.

1198. — Le droit conféré aux commissaires de surveillance, par les statuts sociaux, de vérifier les livres de l'administration, emporte celui de vérifier le livre de caisse et, par suite, le droit de vérifier la caisse elle-même. — *Bordeaux*, 7 juin 1842 (t. 2 1843, p. 611), Bridon c. Société des paquebots bordelais.

§ 3. — *Rapports des associés entre eux et avec les tiers.*

1199. — En général les statuts de la société déterminent les moyens de surveillance qui appartiennent aux intéressés à l'égard des administrateurs, le mode de répartition des dividendes et tout ce qui concerne la formation ou l'augmentation des fonds de réserve.

1200. — Ordinairement aussi, l'ordonnance portant autorisation d'une société anonyme détermine la diminution du capital qui aura pour effet d'entraîner la dissolution de la société comme n'offrant plus aux tiers une garantie suffisante.—Pardessus, no 1042 1o.

1201. — Les actionnaires des sociétés anonymes ne peuvent être tenus des engagemens de la société au delà de leur mise, et ils diffèrent des associés commanditaires en ce que les actes de gestion n'ont pas pour effet de les rendre solidairement responsables des engagemens sociaux.

1202. — Si la société ne peut remplir ses engagemens, elle sera mise en faillite et la masse aura le droit de contraindre les associés au versement de leur mise dans le cas où elle n'aurait point été effectuée. — Pardessus, no 1042 1o.

1203. — Si l'on découvrait, par l'examen des livres, que des dividendes ont été payés aux actionnaires à une époque où il n'y avait pas de bénéfices, les créanciers auraient droit de contraindre les actionnaires à rapporter ces dividendes. Ceux-ci exciperaient en vain de leur bonne foi, ils ont dû assister à la vérification des comptes et ne peuvent s'attribuer, au préjudice des créanciers, une partie du capital social.—Pardessus, no 1043 1o.

1204. — Cette demande de restitution ne peut, dans tous les cas, être formée que contre celui qui a touché le dividende, quand même il aurait cessé depuis d'être actionnaire. On ne peut dire, en effet, que celui qui est maintenant propriétaire de l'action sera tenu de rapporter une portion du capital qu'il n'a pas reçue.

1205. — Si, comme cela arrive fréquemment, les mises n'ont pas été versées en entier, les administrateurs de la société et les syndics, en cas de faillite, peuvent, sans aucun doute, contraindre au versement de ce complément de mise, celui qui est actionnaire maintenant, quoiqu'il ne le fût pas lors de la formation de la société. Ce paiement est une charge de l'action, et le cessionnaire s'y est obligé en l'achetant.—Pardessus, no 1043 2o.

1206. — Mais, les administrateurs ou les syndics pourront-ils exiger le versement de celui qui était actionnaire au moment où l'action a été délivrée ? Il faut distinguer si les statuts ont exigé des souscripteurs d'action une garantie individuelle. Dans ce cas, la cession n'éteindra pas l'obligation. — Pardessus, *ibid.*

1207. — Mais si, au contraire, les statuts permettent la cession des actions sans aucune garantie, on devra décider que cette cession opère novation et que le souscripteur a cessé d'être obligé par la transmission de ses droits à un tiers. — Pardessus, *ibid.*

1208. — Ainsi le souscripteur primitif restera obligé nonobstant la cession, s'il a fait des billets pour le versement du complément de sa mise. Il en sera de même quand le cessionnaire de l'action se serait obligé à ce versement.—Pardessus, *ibid.*

1209. — Mais les gérans de la société pourraient, sauf leur responsabilité en cas de collusion ou de faute grave, consentir à accepter le cessionnaire pour débiteur et opérer ainsi une novation. Cet acte n'excéderait pas leurs pouvoirs.—Pardessus, *ibid.*

1210. — Ces questions ne peuvent pas même se présenter quand les actions sont au porteur. Il est à peu près impossible de contraindre les associés au versement du complément de leur mise, sinon par l'application des clauses pénales qu'on insère ordinairement dans l'acte de société et en vertu desquelles, faute de versement dans un certain délai, les actionnaires sont déclarés déchus de tous leurs droits et la portion versée acquise à la société à titre d'indemnité.

1211. — Les associés dans les sociétés anonymes sont soumis à la juridiction commerciale et à la contrainte par corps pour le versement de leur mise sociale. — *Paris*, 27 févr. 1847 (t. 1er 1847, p. 436), Villette c. directeur de la Réparatrice, Actionnaires de la société anonyme le Dragon c. syndics de cette société (deux arrêts); 20 nov. 1847 (t. 1er 1848, p. 352), Monlirault c. syndics de la société le Dragon et Davainne. — V. ACTE DE COMMERCE (compétence), no 82; CONTRAINTE PAR CORPS.

1212. — Jugé aussi que l'action tendant à cette fin est portée devant arbitres, si elle est formée pendant l'existence de la société; devant les tribunaux de commerce, lorsqu'elle n'est intentée qu'après sa dissolution.— *Paris*, 27 févr. 1847 (t. 1er 1847, p. 436), Actionnaires du Dragon c. syndics de cette société.

ART. 4. — *Association en participation.*

§ 1er. — *Caractères de la participation.*

1213. — L'association en participation diffère sous plusieurs rapports des sociétés commerciales ordinaires. Le premier point qui les sépare est l'objet même de la société en participation. Elle a pour objet seulement, aux termes de l'art. 48 du Code de commerce, une ou plusieurs opérations de commerce.

1214. — C'est donc à ce caractère qu'on doit généralement s'attacher pour savoir si la société est en nom collectif ou en participation, afin de lui appliquer les règles, fort différentes, de l'une ou de l'autre sur la preuve de la société et les rapports des associés soit entre eux ou à l'égard des tiers. — Pardessus, no 1046.

1215. — Selon M. Troplong (no 499), les caractères principaux de la participation consisteraient 1o dans l'ignorance où sont les tiers de son existence; 2o dans l'absence d'un capital social, et dans la rétention pour chacun des associés de la propriété de leurs apports. Il ne faudrait pas, d'ailleurs, nonobstant l'art. 48 du Code de commerce, s'occuper de l'étendue ou de la durée des opérations sociales. Il est à désirer que la jurisprudence entre dans cette voie qui fait de la participation un contrat spécial, satisfaisant à des besoins réels et offrant au commerce des facilités nouvelles.

1216. — La société en participation n'est pas connue des tiers, et chaque participant fait seul et en son nom personnel la partie de l'opération dont il s'est chargé; sauf à rendre compte à ses coassociés quand l'opération sera terminée, afin de partager le profit et de supporter la perte en commun. — Pardessus, no 1045; Troplong, no 493.

1217. — De là vient que les tiers ont peu d'intérêt à connaître l'existence de la société en participation, et que la loi n'a point exigé qu'elle fût rédigée par écrit ni rendue publique par l'affiche ou l'insertion dans les journaux.

1218. — On peut toujours, quand on le veut, faire une société en nom collectif, même pour une seule opération; mais on ne peut pas faire une association en participation pour une série d'opérations : ou, si on le fait, les tribunaux ne manqueront pas d'assigner à cette société le caractère qui lui appartient de société en nom collectif, et de lui en appliquer les conséquences.

1219. — Selon M. Pardessus (no 1046), le caractère propre d'une association en participation est qu'elle soit relative à une ou plusieurs opérations de commerce dont l'objet est né au moment où les parties font leur convention et qu'elle ne se prolonge pas au delà du temps nécessaire pour les achever. — V. Merlin, *Rép.*, vo *Société*, § 3, art. 4, no 1er; Vincens, *Législ. comm.*, t. 1er, p. 380.

1220. — Peu importe que pour la mise à fin de l'entreprise une succession de négociations et d'opérations soit nécessaire. — Pardessus, *ibid.*

1221. — ... Ou encore que les associés aient jugé à propos de constater la société par écrit.— *Poitiers*, 11 mai 1825, Borgleteau c. Davin. — Pardessus, *ibid.*

1222. — ... Ou de prendre une raison sociale. — Même arrêt. — V., *contrà*, Troplong, no 499.

1223. — Jugé que les opérations de commerce que deux personnes font ensemble, et qui établissent entre elles une communauté continue d'intérêts, en même temps qu'une longue série d'affaires, ne constituent pas une association en participation. — *Grenoble*, 9 juill. 1831, Reymond c. Bernizet.

1224. — Quelles sociétés ont le caractère de sociétés en participation? La jurisprudence est loin d'être uniforme sur ce point; et nous ne pouvons guère qu'enregistrer ses décisions, en rappelant ce que nous avons dit plus haut avec la jurisprudence : que l'appréciation de ces questions appartient sommairement aux juges du fait, et que les arrêts sur ce point échappent à la censure de la Cour suprême. — V., cependant, *contrà*, Delangle, no 611.

1225. — Ne peut être considérée comme société en participation celle qui aurait été contractée pour l'exploitation d'un privilége théâtral.—*Paris*, 29 janv. 1841 (t. 1er 1841, p. 294), Lauray c. Marliani et Dormoy.

1226. — Une société qui a pour objet de faire, sous une raison sociale, le commerce de vins, eaux-de-vie et autres liqueurs, ne peut être envisagée comme une association en participation mais bien comme une société en nom collectif.— *Bruxelles*, 3 mai 1823, Fontaine c. Abrassart.

1227. — L'exploitation d'une manufacture, et de toutes les affaires qui peuvent en dépendre, sous une raison sociale, ne peut être l'objet d'une association en participation; elle a le caractère d'une société en nom collectif, quelle que soit la qualification adoptée dans l'acte de société.— *Nancy*, 22 mars 1831, N....

1228. — Une société ayant pour objet toutes les affaires qui peuvent se présenter dans une certaine industrie, comme le commerce d'une espèce d'animaux, constitue une société *en nom collectif* et non une société *en participation*. En conséquence, l'existence de cette société ne peut être établie par témoins; elle doit être constatée par écrit. — *Bordeaux*, 5 mai 1829, Guerineau c. Debregas.

1229. — L'association ayant pour objet l'exploitation, pendant plusieurs années, d'un commerce de bestiaux, caractérise non une simple partipation; mais une société en nom collectif: bien qu'aucune raison sociale n'ait été adoptée, et qu'elle n'ait pas été publiée. — *Colmar*, 25 févr. 1840 (t. 2 1840, p. 336), Geisser c. Blum; 18 janv. 1841 (t. 1er 1841, p. 690), Blum c. Nicolet.

1230. — Mais l'association ayant pour objet l'achat de bestiaux afin de nourrir une armée ou un établissement public est une association en participation. — Pardessus, no 1046.

1231. — C'est avec raison, à notre avis, qu'on a déclaré société en participation une société formée pour la revente de biens-fonds.—*Colmar*, 12 mai 1813, Lorch c. Weil.

1232. — On a également bien jugé que la convention intervenue entre plusieurs individus d'acheter en commun certains objets, constitue une association en participation : soit que les participans aient dû revendre aussi en commun les objets achetés, soit qu'ils aient dû seulement les partager en nature après l'achat. — *Cass.*, 4 déc. 1839 (t. 2 1839, p. 569), Bouis. — Pardessus,

nº 1046; Merlin, *Rép.*, vº *Société*, § 3, art. 4, nº 1er.

1233. — ... Qu'on doit regarder comme une société en participation l'association faite sans forme régulière, pour l'exploitation d'un établissement de bains. — *Cass.*, 5 juill. 1825, Dauréal c. Fortin. — *Contrà*, Delangle, nº 211.

1234. — ... Et qu'une société en participation n'a lieu qu'en vue d'une ou plusieurs opérations qui peuvent se succéder, mais dont chacune doit être suivie d'un compte de liquidation. — *Paris*, 22 mai 1841 (t. 2 1841, p. 45), Hanz c. Fessart.

1235. — L'association formée pour acheter en commun un bateau à vapeur dans le but soit de le revendre ultérieurement, si la revente présentait un bénéfice, ou de le faire naviguer, est une société en participation. Dès lors, l'existence d'une telle société peut être prouvée par témoins. — *Bordeaux*, 14 mai 1841 (t. 2 1841, p. 540), Dubourdieu c. Courrégelongue.

1236. — Doit être considérée comme une simple association en participation, et par suite n'est point soumise aux formalités prescrites par l'art. 42 C. comm., la convention par laquelle deux individus se sont engagés, même pour un temps indéterminé, à mettre en commun et à se partager les prix des fournitures de lest à faire aux navires à l'aide de barques dont ils se sont réservé la propriété. — *Douai*, 17 juill. 1847 (t. 1er 1848, p. 273), Boulanger c. Randoux.

1237. — Il a été encore jugé qu'on doit, pour déterminer l'espèce d'une société, considérer l'objet pour lequel elle a été contractée, quelles que soient les clauses et les stipulations contenues dans l'acte qui la constitue; et qu'ainsi une société entre ouvriers, n'ayant pour objet qu'une seule opération déterminée, par exemple la fabrication et la vente d'une pompe propre à soutirer le vin dans le cas où un brevet d'invention serait obtenu, ne peut être regardée que comme une société en participation, bien qu'elle soit faite sous une raison *sociale*. Qu'en conséquence, elle n'est pas assujettie aux formalités prescrites par l'art. 42 C. comm. — *Poitiers*, 11 mai 1825, Borgleteau c. Davin.

1238. — Serait également considérée comme association en participation une société formée pour l'exploitation d'un brevet d'invention et l'achat des matières nécessaires à cette exploitation. — *Rouen*, 19 janv. 1844 (t. 2 1844, p. 495), Roulland c. Urruty. — Pardessus, nº 1046.

1239. — ... Pour l'impression et le débit des exemplaires d'un ouvrage. — Pardessus, *ibid.*

1240. — ... Ou pour l'essai de procédés. — Pardessus, *ibid.*

1241. — Quand un négociant est intéressé de compte à demi avec un armateur dans une pacotille, cet intérêt forme une société en participation; par suite : si l'armateur a touché une somme, produit de cette pacotille, et l'a employée à son usage personnel, il en doit les intérêts à partir du jour de l'emploi. — *Rennes*, 6 mai 1835, Brizon c. Lemême et Gaultier.

1242. — Mais plusieurs arrêts ont été plus loin et sont en principe moins faciles à justifier.

1243. — Ainsi la Cour supérieure de Bruxelles a décidé que l'acte par lequel deux individus s'associent pour trois ans afin de faire le commerce de vins et conviennent que l'un fournira les vins et les prendra sur les lieux et que l'autre fournira les magasins, signera la vente et paiera les droits, moyennant partage du bénéfice, peut être considéré comme contenant une association en participation. — Qu'une telle société ne peut être annulée par le motif que la quantité et la qualité des vins n'auraient pas été déterminées, les usages du commerce devant suppléer à la convention. — *Bruxelles*, 27 nov. 1830, Wybo c. Devleeshomver.

1244. — Selon la même Cour, une société ayant pour objet non une ou plusieurs opérations commerciales, mais embrassant dans un genre particulier d'industrie toutes les affaires qui peuvent se présenter, ne constitue pas une société en nom collectif si elle n'est pas gérée sous une raison sociale. — Spécialement, la convention par laquelle deux individus, sans adopter de raison sociale, s'unissent pour faire le commerce de charbons ensemble et fournir en commun à leurs pratiques respectives est simplement constitutive d'une association en participation et comme telle, susceptible d'une preuve par témoins. — La circonstance que les achats pour le compte de l'association seraient inscrits aux houillères sous les noms des deux intéressés ne suffirait pas pour prouver qu'il y aurait eu société sous une raison sociale, si d'ailleurs l'une des parties n'a jamais figuré en nom à l'une des houillères où la société se pourvoyait. — *Bruxelles*, 30 nov. 1834, Lefebvre c. Radoux.

1245. — Le contrat par lequel le propriétaire d'un magasin le donne à bail sous la condition que les droits de magasinage perçus par le preneur seront partagés par égales parts entre le preneur et le bailleur, constitue un bail à loyer et non une société en participation. — En conséquence, les contestations auxquelles cette convention peut donner lieu sont de la compétence du tribunal civil et non de celle du tribunal de commerce : encore bien que les parties soient toutes les deux commerçantes. — *Bordeaux*, 2 juill. 1847 (t. 1er 1848, p. 284), Dufour c. Richet.

1246. — Doit-on considérer comme constituant une société en participation l'association formée pour la fabrication des espèces monnayées, alors surtout que les associés n'ont pas pris de raison sociale, qu'ils n'ont rédigé aucun acte, qu'aucune obligation collective n'a été contractée par eux et qu'aucun des actes intervenus entre eux ne donne à leur association le caractère d'une société en nom collectif? — *Cass.*, 8 janv. 1840 (t. 1er 1840, p. 168), Morel c. Caccia.

1247. — A côté de la question de savoir si une société est en nom collectif ou en participation, il s'en présente fréquemment une autre qu'on paraît trop oublier : celle de savoir si le contrat qu'il s'agit de qualifier est ou n'est pas une société. Il y a sans doute société lorsque deux personnes s'associent pour acheter et revendre en commun une partie de marchandises, ou pour faire en commun l'une ou l'autre des opérations, l'achat ou la revente seulement, ou même pour que l'une achète et pour que l'autre revende.

1248. — Mais, quand deux personnes conviennent d'acheter et de revendre chacune séparément, et sans contrôle de l'une sur l'autre, des objets de leur commerce respectif, qu'il soit le même pour tous les deux ou qu'il soit différent, avec la convention de mettre en commun les bénéfices ou les pertes, il n'y a là ni société en nom collectif, ni société en participation, ni même société commerciale, car le contrat n'est point un contrat de société.

1249. — La société se constitue, en effet, avant tout, de la communauté des opérations; et lors même que dans le cas dont il s'agit la convention aurait embrassé un très-long espace de temps et une série indéfinie d'opérations, elle n'en serait pas moins valable quoiqu'elle n'eût pas été publiée.

1250. — Lors donc que deux courtiers ou deux agens de change s'associent ainsi pour le partage des bénéfices seulement, nous ne reconnaissons pas un contrat de société; mais un simple contrat aléatoire, dont les effets seront déterminés par les règles générales sur la nature et les effets des conventions. — V. AGENT DE CHANGE, COURTIERS.

1251. — Si, au contraire, les courtiers conviennent d'opérer en commun, de réunir leurs efforts pour augmenter la masse des bénéfices à partager; ils auront fait une société, et, nous disons plus, une société commerciale : parce que leur but est de faire des actes de commerce. — *Rennes*, 15 janv. 1831, Arnold c. Lecoentre; 29 janv. 1839 (t. 1er 1841, p. 401), Souet c. Giraudet.

1252. — Cette société sera-t-elle en nom collectif ou en participation? Comme elle a pour objet une série d'opérations, nous pencherions pour la considérer comme une société en nom collectif; et c'est ce qui paraît résulter, mais implicitement, d'un arrêt de la Cour de Rennes du 29 janv. 1839 (t. 1er 1841, p. 401 [Souet c. Giraudet]). Cependant il faut remarquer que le contraire a été explicitement jugé par la même Cour le 15 janv. 1831 (Arnold c. Lecoentre).

1253. — Il y aurait plus de difficulté si un courtier s'associait avec un individu qui n'eût pas la même qualité. La Cour de Paris a considéré comme purement civile l'association formée entre un agent de change et un tiers pour l'exploitation de la charge du premier. — *Cass.*, 31 mai 1831, Grouet c. Bocher.

1254. — Et la Cour supérieure de Bruxelles, dans une espèce à peu près semblable, sans s'expliquer sur le point de savoir si la société était commerciale ou civile, a au moins jugé qu'on ne peut considérer ni comme une société en commandite ni comme une société en nom collectif celle relative au courtage de navires formée sans nom ou raison sociale entre un courtier et un particulier bailleur de fonds, où le premier demeure seul chargé des opérations tandis que le second tient la comptabilité de la caisse et doit rester dépositaire pendant tout le temps de la société des deniers qui lui appartiendraient. — *Bruxelles*, 18 juill. 1829, Somers c. Fonteyn.

1255. — La convention par laquelle un associé en nom collectif accorde à un tiers un intérêt dans sa portion sociale, constitue-t-elle une association en participation? Oui, selon M. Pardessus (nos 974 et 1046). Quoique cette convention ne donne point au croupier le droit de prendre part aux opérations de la société en son nom, on doit cependant y voir plutôt une société qu'un prêt aléatoire; car le croupier, dans l'espèce, n'aura rien à réclamer dans le cas de faillite de la société, tandis qu'un prêteur reste créancier à tout événement.

1256. — En tout cas celui qui en s'associant verbalement avec l'un des membres d'une société en participation pour l'intérêt que ce dernier avait dans la société, lui a donné tout pouvoir de disposer de la chose commune, n'est pas recevable à critiquer à l'égard des tiers les actes que son coassocié aurait faits, et notamment les ventes authentiques qui auraient été consenties de la portion commune antérieurement à l'époque où sa copropriété aurait été reconnue. Dans ce cas, il n'a contre son associé qu'une action en reddition de compte de mandat. — *Cass.*, 26 mai 1841 (t. 2 1841, p. 374), Ganhil c. Lebec et Allegret.

§ 2. — *Comment elle se forme.*

1257. — N'ayant habituellement qu'une courte durée, ne se présentant point aux tiers comme distincte des associés, l'association en participation n'a besoin ni d'être établie par écrit, ni d'être publiée. Elle peut être constatée (C. comm., art. 49) par la représentation des livres de la correspondance ou par la preuve testimoniale, si le tribunal juge qu'elle peut être admise.

1258. — Cependant ces propositions ne doivent point être acceptées sans distinguer s'il s'agit des associés ou des tiers. Nul doute que l'art. 49 ne soit applicable à la preuve de l'existence de la société entre les associés.

1259. — Sous l'empire de l'ordonnance de 1673 l'existence des sociétés en participation pouvait être établie par témoins à l'égard des associés entre eux. — *Cass.*, 19 fruct. an XI, N... — Jousse, sur le tit. 4, ordonn. 1678; Denisart, vº *Société*; Merlin, *Rép.*, vº *Société*, sect. 3, art. 4, et sect. 6, § 3, nº 2.

1260. — Sous l'empire du Code de commerce, plusieurs arrêts ont admis des associés à prouver par témoins l'existence d'une société en participation. — *Colmar*, 21 juill. 1813, Lorch c. Weil; *Rennes*, 6 mai 1814, N...; 21 avr. 1816, Pichaud c. N...

1261. — ... Et cela quoiqu'il n'existât aucun commencement de preuve par écrit. — *Metz*, 28 avr. 1818, Charbonneau c. Guillaume.

1262. — La preuve testimoniale est admise, non-seulement pour établir l'existence de la société; mais encore pour prouver que tels et tels contrats faits par un associé ont été faits pour le compte de la société, et non pour son compte personnel. — *Paris*, 15 mai 1811, Marlinge c. Frottier.

1263. — Mais il faut bien remarquer que la loi dans l'art. 49 n'impose pas aux magistrats l'obligation d'admettre la preuve testimoniale, que cette preuve offre souvent des dangers; et que les juges, soit que dans l'espèce elle ne leur offre pas de confiance, soit qu'elle leur semble inutile en présence des faits déjà constans, peuvent rejeter la demande de faire entendre des témoins sans violer la loi. — *Liége*, 3 juin 1823, Miette c. Philippe.

1264. — La preuve d'une société en participation peut résulter d'une correspondance. — *Bordeaux*, 9 janv. 1826, Flouret c. Lacoite.

1265. — Il n'est pas nécessaire, pour prouver l'existence d'une société en participation, de représenter des livres tenus dans la forme prescrite pour les livres de commerce. — *Aix*, 1er mai 1818, Lieutard c. Pierre.

1266. — Si, entre les associés, la preuve testimoniale est admise pour établir l'existence d'une association en participation, à plus forte raison doit-elle l'être au profit des tiers. — *Paris*, 19 avril 1833, Roger et Chavance c. Devaux. — Pardessus, t. 4, nº 1045.

1267. — Les tiers peuvent prouver l'existence d'une société en participation à l'aide des registres et de la correspondance des associés, indépendamment de tous actes de société. — *Cass.*, 26 mars 1817, Hom c. Cretin.

1268. — Il en était de même sous l'empire de l'ordonnance de 1673, et les tiers étaient admis à prouver par témoins l'existence des sociétés en participation. — *Cass.*, 18 mess. an X, Pierre c. Morin; 28 germ. an XII, Billaud c. Alloncle et Bernard.

1269. — Si les tiers peuvent prouver par témoins l'existence de la société, la réciproque n'est pas vraie et on a jugé avec raison qu'une société en participation non publiée ne peut être opposée aux tiers. En conséquence, en l'absence de cette formalité un associé ne peut revendiquer des objets mobiliers vendus publiquement aux enchères par le ministère d'un commissaire-priseur sur la tête d'un autre associé. — *Paris*, 18 janv. 1834, Lecointe c. Delamarre.

1270. — L'art. 42 du Code de commerce ne s'applique point aux associations en participation qui ne sont point assujetties à la publicité.

1271. — Peu importe donc que l'un des associés ait surabondamment publié la dissolution de cette société dans les mêmes formes que pour une société en nom collectif, ce fait ne saurait changer la nature de l'association : alors surtout qu'il a été dit dans l'extrait que nonobstant cette publication la société était purement en participation. — *Cass.*, 8 févr. 1843 (t. 1er 1843, p. 634), Dupont c. Delamare-Martin-Didier.

§ 3. — *Rapports des participans entre eux, et jugement des contestations entre participans.*

1272. — En général c'est d'après les principes qui régissent les sociétés en nom collectif que sont réglés les rapports entre les participans, principalement en ce qui concerne l'obligation de chacun d'eux de ne rien faire au préjudice de l'association et d'en maintenir les intérêts. — Pardessus, no 1048.

1273. — Toutefois il n'en est ainsi qu'à défaut de convention expresse, car c'est d'abord par la convention que les rapports des parties doivent être déterminés. — Pardessus, *ibid.*

1274. — C'est également par les principes généraux sur la liquidation des sociétés de commerce que sont réglés les rapports des associés après la dissolution de la société.

1275. — La Cour de Rouen a jugé que lorsqu'une société en participation a été formée pour plusieurs années, l'un des participans peut exiger qu'on se tienne réciproquement compte des pertes pendant la durée de l'association et sans qu'il soit besoin d'attendre la liquidation de celle-ci. — *Rouen*, 31 juill. 1845 (t. 1er 1846, p. 329), Reverd c. Prevel.

1276. — M. Ph. Dupin, dans une consultation produite dans l'espèce, a combattu cette doctrine; il se fondait sur la définition donnée par Savary de la participation en la qualifiant de compte courant. Il disait : « Cette dénomination caractéristique et si vraie, de compte en participation, donnée autrefois à ce genre d'association, s'est maintenue dans les usages et dans la langue du commerce; elle a même été consacrée dans l'espèce par les décisions rendues. » — Or, de ce que l'association en participation n'a pour objet que des opérations limitées à certaines choses, soit certaines affaires une fois faites, soit des affaires quelconques pendant un certain nombre d'années, il s'ensuit : que tant que l'association n'est pas arrivée à sa fin, le compte des parties ne peut être arrêté; il ne peut y avoir que des aperçus, auxquels chaque jour apporte des changemens. — En un mot, de ce que l'état de participation, d'après l'usage et d'après la chose jugée dans l'espèce même, constitue les parties en état de compte, il suit que jusqu'au dressement définitif de compte tout reste en question; ce n'est que par l'apurement du compte que la position des parties peut devenir liquide et certaine, et cet apurement ne peut avoir lieu qu'au moment où la participation prendra fin : soit par la cessation des opérations qui en font l'objet, soit par l'échéance du terme. — Aussi l'un des plus substantiels auteurs qui aient écrit sur notre Code de commerce, M. Emile Vincens, dit-il en parlant des participans : « Ce n'est que pour le *profit* ou la *perte finale* et non pour la propriété, qu'ils sont associés (*Législ. comm.*, t. 2, p. 380).... Ainsi, dans l'espèce, MM. Revert et Prevel étant associés en participation pour des opérations de filature à façon jusqu'au 1er janv. 1848, les opérations successives qui se font dans ce cercle sont les élémens de la participation; elles donnent la matière du compte à établir à la fin de la société; mais tout jusqu'à cette époque reste provisoire entre eux; point de liquidation à faire jusque-là, ce serait vouloir bâtir avant que les matériaux fussent réunis. — Si on établit des inventaires ou des balances partielles, c'est qu'il faut bien se rendre compte de la position et suivre les mouvemens de la participation; ne fût-ce que pour la mieux diriger. Mais on ne peut demander à l'un des participans qu'il couvre de prétendues pertes que les opérations ultérieures peuvent couvrir. »

1277. — Cette opinion nous semble trop générale. Nous admettons bien que dans les cas ordinaires, lorsqu'il s'agit d'une opération unique et qui ne doit durer que peu de temps, les participans ne doivent se rendre compte qu'après la liquidation de l'affaire. Mais quand la participation a pour but des opérations répétées qui doivent s'étendre pendant plusieurs années (dans l'espèce, la participation devait durer six ans), alors nous croyons qu'il y aurait un grave inconvénient à vouloir laisser nécessairement incertaine pendant tout ce temps la situation des parties. Il est d'ailleurs d'usage dans les sociétés commerciales que les associés se rendent chaque année ou même tous les six mois compte de leurs opérations, et qu'ils se répartissent les pertes ou les bénéfices. La participation n'est pas une société, il est vrai. — Savary, *Parfait négociant*, t. 1er, p. 368; Vincens, *Législat. comm.*, t. 1er, p. 378; Troplong, *Sociétés*, no 490. — Mais, ainsi que le dit ce dernier auteur (no 493), « dans leurs rapports intimes, les participans me paraissent être sur le pied d'associés; la qualité d'associés leur convient mieux que toute autre. » N'en doit-on pas conclure que les participans peuvent, comme les associés, se rendre périodiquement compte des profits et pertes? « Quand l'opération est *terminée*, dit, il est vrai, M. Troplong (no 495), il y a à rendre un compte de profits et pertes. » Mais qu'en conclure sinon que cet auteur a entendu parler ici des cas les plus fréquens, sans avoir voulu néanmoins par ces mots proscrire l'usage de comptes périodiques lorsque les opérations sont longues et importantes?

1278. — Dans le cas prévu par son arrêt précité, la Cour de Rouen a jugé que le compte doit alors être établi d'après les inventaires dressés aux époques déterminées; alors même que les parties seraient convenues entre elles que les soldes de chaque inventaire seraient portés en *crédit* ou en *débit* : ces expressions impliquant la reconnaissance d'une dette liquide et exigible. — Même arrêt. — V. les observations de M. Philippe Dupin.

1279. — D'après les usages du commerce en matière de participation, le débit et le crédit sur les livres mutuels ne constituent pas nécessairement une vente; mais une mutation tendant à constater les avances de l'expéditeur et à servir ainsi de base pour le calcul des bénéfices et des pertes qui peuvent résulter ultérieurement de la vente. — *Cass.*, 7 août 1838 (t. 2 1838, p. 422), les Douanes c. Gleiset et Raffin.

1280. — L'un des membres de la société en participation peut valablement stipuler que la somme apportée par lui lui sera remboursée, capital et intérêts, avant tout partage, sans qu'on puisse lui reprocher une stipulation léonine ou un prêt usuraire. — *Rouen*, 19 janv. 1844 (t. 2 1844, p. 495), Roulland c. Urruty.

1281. — Mais comment et par qui seront jugées les contestations entre coparticipans? On a décidé que sous l'empire de l'ordonnance de 1673 elles étaient de la compétence des arbitres forcés. — *Cass.*, 14 juin 1845, Amet et Ronus c. Dubrocq.

1282. — L'art. 51 du Code de commerce, qui ne distingue pas entre les différentes espèces de sociétés, ne permet pas de douter que sous le Code les associés en participation ne soient soumis pour leurs contestations à la juridiction des arbitres forcés. La question paraît irrévocablement jugée en ce sens. — *Turin*, 26 févr. 1814, Farinelli c. Maffey; *Cass.*, 28 mars 1815, Barillon c. Gramont; 7 janv. 1818, Meynadier c. Gourgas et Bastien; *Rennes*, 11 juill. 1818, N...; *Bruxelles*, 24 déc. 1818, Cnaeps c. Fabry; 9 mars 1822, Guinard c. Vanmallegem; *Bordeaux*, 4 juill. 1831, Sarny c. Daguzan; *Cass.*, 4 déc. 1839, Bouis. — Pardessus, no 1409; Vatimesnil, *Encyclopédie du droit*, vo *Arbitrage*, no 22. — *Contrà*, *Gênes*, 29 déc. 1808, Bruno c. Chiozza. — V. ARBITRAGE.

1283. — Il n'y a pas exception à cette règle dans le cas où l'un des associés est tombé en faillite. — *Bordeaux*, 4 juill. 1831, Sarny c. Daguzan.

1284. — Sont également de la compétence des arbitres forcés les contestations relatives à la liquidation d'une société en participation. — *Bruxelles*, 27 déc. 1810, Deboys c. Dormans; *Toulouse*, 5 janv. 1824, Milhet c. Camparan.

1285. — La question de savoir si une société en participation a été dissoute par la volonté des coassociés est de la compétence des arbitres forcés. — *Cass.*, 10 janv. 1831, Balathier c. de Chalabre.

1286. — Mais la contestation qui s'élève sur le règlement d'une société en participation dissoute est de la compétence du tribunal de commerce et non des arbitres forcés. — *Lyon*, 5 août 1846 (t. 1er 1848, p. 225), Decourteix c. Girard.

1287. — La demande formée par le capitaine de navire, qui est en même temps associé en participation avec les armateurs, en paiement des salaires qui lui sont dus comme capitaine, doit être considérée, quand le demandeur s'est réservé le commandement du navire par une clause expresse de l'acte social, comme une contestation entre associés de la compétence exclusive des arbitres. — *Bordeaux*, 7 déc. 1831, Conseil c. Bouchalès.

1288. — Le négociant qui a été chargé, par son correspondant, de réaliser une opération commerciale de compte en participation entre eux et un tiers désigné est obligé de reconnaître ce tiers comme associé, quoique celui-ci n'ait nullement correspondu avec lui à raison de l'opération. — Par suite il ne peut refuser de se soumettre à des arbitres à raison des opérations sociales dont le tiers participant demande compte, ni renvoyer celui-ci au correspondant qui a lié l'affaire en participation. — *Aix*, 14 janv. 1835, Lalanne c. Chauvin.

1289. — Mais le renvoi devant arbitres du règlement des comptes d'une société en participation ne doit être prononcé que pour les objets de cette société, et c'est aux tribunaux de commerce à les déterminer en cas de contestation. — *Rennes*, 11 avril 1815, N....

1290. — Le mandat donné à l'un des participans par suite d'une convention intervenue entre plusieurs individus d'acheter en commun certains objets au nom de tous, ne doit être considéré que comme moyen d'exécution de la convention; et dès lors l'appréciation de son étendue ou de sa limite n'appartient qu'au juge de la contestation sociale elle-même, c'est-à-dire aux arbitres forcés. — *Cass.*, 4 déc. 1839 (t. 2 1839, p. 569), Bouis.

1291. — Lorsque, après la dissolution d'une société en participation, les associés sont convenus de faire une liquidation amiable, et, à cet effet, ont donné procuration aux anciens administrateurs de la société d'opérer la liquidation, de faire toutes répartitions, etc., les difficultés qui s'élèvent à raison de ce règlement ne sont point des difficultés sociales qui doivent être jugées par des arbitres jurés; ces contestations sont relatives à un mandat ordinaire, et doivent être portées devant la juridiction ordinaire. — *Bordeaux*, 23 juill. 1840 (t. 2 1840, p. 714), Tauzin c. Duc.

§ 4. — *Rapport des participans avec les tiers.*

1292. — Si une société en participation avait été rendue publique par l'affiche ou par l'insertion dans les journaux, les tiers qui auraient traité avec l'un des associés, agissant dans l'intérêt de la société, devraient incontestablement avoir une action solidaire contre tous les associés. — Pardessus, no 1049.

1293. — Mais ce cas de publicité ne se présente presque jamais. Habituellement l'association en participation est ignorée des tiers, ou au moins ne leur est pas notifiée. On a donc à examiner quel sera l'effet de la négociation faite par un des associés à l'égard de ses coassociés.

1294. — M. Pardessus (no 1049) distingue avec raison les opérations faites avant que l'association ait été formée de celles qui lui sont postérieures. Lorsque j'ai traité avec Pierre et qu'il s'associe un tiers postérieurement pour partager les bénéfices et les pertes de l'opération, Pierre reste seul obligé envers moi; et je ne pourrais évidemment agir contre son associé qu'en exerçant les droits de Pierre mon débiteur, aux termes de l'art. 1166 du Code civil. — *Cass.*, 9 janv. 1821, Granier c. Dutilloy et Dolfus.

1295. — Jugé qu'un associé en participation ne peut être tenu solidairement au paiement d'une obligation contractée par son coassocié antérieurement à la société, sous prétexte que cette obligation a eu pour cause l'achat de l'objet mis en société. — *Cass.*, 7 mars 1827, Wolbrett c. Guisse. — Bousquet, *Dictionnaire des contrats et obligations*, vo *Société en participation*, t. 2, p. 730.

1296. — Mais quel est l'effet des engagemens souscrits postérieurement au contrat de société par tous les associés ou par un seul dans l'intérêt de tous?

1297. — On décidait, sous l'empire de l'ordonnance de 1673, que si deux marchands ache-

taient en commun une partie de marchandises, ils étaient réputés former une association en participation et tenus solidairement envers le vendeur quoique la solidarité n'eût point été stipulée. — *Paris*, 3 févr. 1809, Domaine c. Normand.—Pothier, *Des sociétés*, n° 265; Savary, parère 61.

1298. — On a jugé, sous la même ordonnance, que le créancier auquel il n'avait été donné que la signature de l'un des membres d'une société en participation avait une action solidaire contre les autres associés, s'il pouvait prouver que les fonds fournis par lui avaient profité à l'entreprise commune. — *Cass.*, 28 germin. an XII, Billaud c. Allioncles et Bernard.

1299. — En est-il de même sous le Code? La jurisprudence a varié sur ce point. La difficulté naît, d'une part, de ce que l'art. 1862 C. civ. déclare que *dans les sociétés autres que celles de commerce* les associés ne sont pas tenus solidairement des dettes sociales et, de l'autre, de ce que le Code de commerce, en prononçant la solidarité contre les associés en nom collectif, n'a pas étendu sa disposition à tous les associés de commerce.

1300. — Jugé que les associés ne sont pas tenus solidairement des engagemens contractés par l'un d'eux pour le compte de la société. — *Bruxelles*, 18 nov. 1815, Rancq c. Bonnet; *Cass.*, 9 janv. 1821, Granier c. Dutilloy et Dolfus; *Nancy*, 22 mars 1831, N...; *Paris*, 9 août 1831, Vaulier c. Mouroult; 22 nov. 1834, Mouroult c. Cabanel; *Cass.*, 8 janv. 1840 (t. 1er 1840, p. 168), Morel c. Caccia.—Duranton, t. 11, n° 196; Troplong, n° 826; Delangle, nos 603 et suiv.

1301. — Jugé également que les associés en participation ne sont pas tenus solidairement, mais seulement pour leur part, des engagemens qu'ils contractent conjointement envers les tiers. — *Bruxelles*, 12 janv. 1822, Peemans c. Demulder. — *Contrà*, *Paris*, 24 févr. 1812, Vermot et de Candras c. Marion; *Bordeaux*, 19 juill. 1830, Lascoux c. Laporte; *Bordeaux*, 31 août 1831, Malineau c. Compagnie des bateaux à vapeur; 23 févr. 1836, Mathieu c. Retailliaud. — Delangle, nos 603 et 604; Pardessus, n° 182.

1302. — On a même jugé que les créanciers qui avaient traité avec une association en participation représentée par un gérant devaient d'abord exercer leur action contre le gérant, soit sur les biens dépendant de la société, soit sur ses biens personnels, et n'avaient aucune action directe contre les participans. — *Paris*, 9 avril 1831, Vaulier c. Mouroult.

1303. — ... Mais qu'ils avaient action seulement contre les participans après épuisement du fonds social, et dans l'insuffisance de ce fonds, pour la part qui doit être supportée par chacun dans les pertes, conformément à l'acte social. — *Paris*, 9 août 1831, Vaulier c. Mouroult; 22 nov. 1834, Mouroult c. Cabanel. — Ces arrêts ont été cassés les 9 juin 1834 et 19 mars 1838 (t. 1er 1838, p. 395), mais pour d'autres motifs.

1304. — En d'autres termes toutes ces décisions reviennent à dire que les créanciers qui ont traité avec le gérant d'une société en participation ne peuvent agir que contre lui ou qu'ils ne peuvent recourir contre les associés qu'en exerçant les droits du gérant leur débiteur, conformément à l'art. 1166 du C. civ. et concurremment, par conséquent, avec tous les autres créanciers de ce dernier. — *Bordeaux*, 13 avril 1848 (t. 2 1848, p. 375), Batezac c. Colombat. — Pardessus, n° 1049; Troplong, nos 780 et 826.

1305. — Jugé qu'ils ne peuvent agir directement contre les autres membres de la société sous prétexte que ceux-ci auraient profité des conventions faites avec leur associé. — Même arrêt.

1306. — Mais il a été jugé contrairement que les associés étaient tenus solidairement des engagemens sociaux. — *Paris*, 24 fév. 1812, Vermot et de Candras c. Marion; *Cass.*, 26 mars 1817, Rom c. Cretin; *Metz*, 21 juill. 1821, Picard c. Weil; 7 fév. 1822, Huertal-Delcroix c. Sturel et Richard-Jacques; *Caen*, 9 fév. 1824, N...; *Bordeaux*, 31 août 1831, Malineau c. Compagnie des bateaux à vapeur. — Pardessus, n° 1049; Bormer, sur l'art. 7, tit. 4, ord. de 1673; Pothier, *Contrat de société*, n° 102; Favard de Langlade, *Rép.*, v° *Société*, ch. 3, sect. 1re, § 4, n° 6; Delvincourt, *Dr. comm.*, t. 1er, p. 30, t. 2, p. 56; Villeneuve et Massé, *Dict. de dr. comm.*, v° *Société en participation*, n° 46; Delangle, nos 604 et 605.

1307. — Il importe en tout cas de faire remarquer avec M. Troplong (n° 780) que la solidarité doit être admise lorsque, contrairement à la nature de la participation, cette société a été connue des tiers qui ont traité avec un des participans. Dans ce cas la société perd le caractère d'association en participation pour devenir une société collective, et il est naturel de lui en appliquer les règles. — *Nancy*, 3 fév. 1848 (t. 1er 1849, p. 588), Portail c. Houel.

1308. — Ainsi, jugé que, bien qu'en principe l'association en participation, essentiellement occulte de sa nature, n'oblige, vis-à-vis des tiers, que celui qui est chargé d'agir dans l'intérêt de l'association; néanmoins, les participans qui ont pris une part active dans les opérations, but de la spéculation, et se sont immiscés dans les actes de gestion, de manière à induire les tiers en erreur et à les engager à traiter avec la confiance qui s'attache à plusieurs associés en nom collectif, sont soumis à la même responsabilité que ces associés et, spécialement, à la solidarité. — Même arrêt.

1309. — Lorsqu'il est constant que des achats faits par l'un des associés en participation ont profité à la société, un autre associé ne peut être reçu à prétendre qu'il ne doit pas être tenu solidairement au paiement du prix; alors surtout que lui-même a reçu les objets achetés, et qu'il s'est obligé à les payer en totalité. — *Cass.*, 18 nov. 1829, Degrandpré c. Guénoud et Bigeard.

1310. — Lorsqu'une vente a été faite au comptant par un seul et même acte à deux négocians, ce qui constitue entre eux une association en participation et les rend solidaires; le délai, accordé ultérieurement par le vendeur à l'un d'eux, n'emporte aucune dérogation au contrat et ne libère pas l'autre, alors même qu'il aurait profité du délai. — *Bordeaux*, 19 juill. 1830, Auderny c. Fergusson.

1311. — L'associé en participation qui s'est obligé à *faire l'avance* des fonds nécessaires à l'opération sociale, est tenu, par suite, de remplir les engagemens que son coassocié a dû nécessairement contracter dans l'intérêt de la société. — *Paris*, 25 août 1825, Pellegrino et Bonsignore c. Henri et Bels.

1312. — Des entrepreneurs associés pour une fourniture d'étapes sont obligés solidairement envers les tiers. — *Rennes*, 20 janv. 1813, Dacosta c. James, Thomas et Jollivet.

1313. — Le mandataire d'une société en participation aurait une action solidaire contre chacun des membres de la société dont il est le préposé, non en vertu des principes du contrat de société mais aux termes de l'art. 2002 C. civ. Et, par suite, le créancier de ce mandataire, exerçant ses droits, aux termes de l'art. 1166 C. civ., pourrait intenter une action solidaire contre tous les associés.

1314. — En serait-il de même si le mandataire préposé par la société était un des associés? La Cour de Metz a résolu la question affirmativement le 21 avr. 1821 (Picard c. Weil). Mais cette doctrine est contraire aux principes. L'associé lui-même qui a fait l'affaire commune ne doit point être considéré comme un mandataire, et n'a point d'action solidaire contre ses coassociés; et le créancier qui exerce les droits d'un associé, aux termes de l'art. 1166, n'a pas plus de droits que son débiteur. La doctrine contraire arriverait indirectement à rendre les associés en participation, jusqu'à un certain point solidairement responsables des engagemens sociaux. — V., *contrà*, Pardessus, n° 1049.

1315. — La société en participation est-elle ou n'est-elle pas un être moral distinct des associés, ayant un actif, des droits, des intérêts et une existence propres? Cette question partage la jurisprudence et les auteurs, et paraît difficile à résoudre d'une manière générale et sans aucune distinction.

1316. — Pour ce qui concerne les associés entre eux, la société est distincte des associés et peut être regardée sans difficulté comme un être moral. La bonne foi le veut ainsi. Et à l'égard de ses coassociés un associé en participation ne pourra jamais confondre la fortune de la société avec la sienne propre. — Pardessus, n° 1089.

1317. — Et comme les créanciers agissant au nom de leur débiteur n'ont pas plus de droits que lui, il en résultera que si l'un des associés en participation tombe en faillite la société restera un être moral à l'égard de la masse des créancier comme a l'égard du failli lui-même. — V., cependant, Troplong, n° 864.

1318. — Jugé donc que lorsqu'un associé en participation n'a pas fait sa mise de fonds et qu'il tombe en faillite, les marchandises sociales n'appartiennent point aux créanciers personnels de ce failli. Le coassocié non failli peut les revendiquer, ainsi que le prix encore dû de celles qui ont été vendues, pour achever l'opération commencée, et procéder à la liquidation de la société. — *Rouen*, 20 avr. 1810, Humann c. Delmarles et Moinery; *Lyon*, 14 juin 1824, Manoël c. Goma. — Pardessus, n° 1866.

1319. — Il en serait ainsi quand même le coassocié non failli aurait tiré sur le failli des traites qui n'auraient pas été acquittées à échéance, pour le paiement de ce que celui-ci devait à la société. Ces traites, en effet, ne peuvent altérer la position des parties et libérer un associé de ce qu'il doit à la société pour le constituer débiteur personnel de son coassocié. — *Lyon*, 14 juin 1824, Manoël c. Goma.

1320. — Une fois la liquidation faite, ce coassocié non failli rendra compte aux syndics; et s'il a fait l'avance de toute la mise de fonds nécessaire aux achats primitifs, il est fondé à la prélever sur les bénéfices : sans qu'on puisse le réputer simple créancier pour la part de la mise du failli, et le faire venir à contribution avec les autres. — *Rouen*, 20 avr. 1810, Humann c. Desmarles et Moinery. — Pardessus, *ibid.*; Troplong, n° 510.

1321. — Si la société possédait des immeubles on éprouverait encore moins de difficulté à dire qu'ils resteront, nonobstant la faillite d'un associé, la propriété de la société et que la masse ne pourra réclamer, soit des associés, soit des tiers, que ce que pouvait demander le failli. — C. civ., art. 1845 et 1851.

1322. — Un jugement arbitral, rendu entre des associés en participation, à l'effet de liquider leurs intérêts respectifs, peut être opposé aux créanciers individuels de ces associés, qui n'allèguent aucun fait de collision ni de dol. — *Paris*, 26 juin 1824, Boubée c. Dolfus et Bidou.

1323. — Lorsqu'une société en participation est formée entre deux personnes dont l'une fournit les fonds et l'autre fait les opérations : si cette dernière vient à tomber en faillite, l'associé qui fournit les fonds doit être considéré comme propriétaire des marchandises; et même du prix de ces marchandises, jusqu'à concurrence des avances par lui faites. — *Bruxelles*, 15 mars 1808, Broeta c. Heyns. — E. Persil, art. 48, n° 8. — Mais V. Troplong, n° 510.

1324. — ... Et, dans ce même cas, celui qui aurait cautionné l'associé gérant, à l'égard de l'associé bailleur de fonds, serait responsable des avances, même antérieures au cautionnement, lorsque les marchandises achetées avec ces avances ont été vendues depuis le cautionnement, et que le prix en a été touché par le gérant, qui l'a gardé entre ses mains. — Même arrêt.

1325. — Jugé, cependant, que, si les clauses d'un contrat de participation peuvent être opposées aux créanciers d'un des participans, lorsqu'ils exercent les droits de celui-ci, il n'en est plus de même quand ces créanciers exercent leurs droits propres et personnels. — *Cass.*, 15 juill. 1846 (t. 2 1848, p. 668), Jamyot c. Balguerie.

1326. — Mais à l'égard des tiers qui ont traité avec les associés, la société forme-t-elle un être moral distinct des associés eux-mêmes? C'est ici que naît la divergence entre les arrêts.

1327. — Selon la jurisprudence constante de la Cour de cassation, il n'y a pas dans une association en participation, comme dans les sociétés commerciales ordinaires, un être moral qui soit fictivement saisi de l'actif social; en telle sorte que, dans la liquidation qui intervient par suite de faillite, les créanciers de l'association aient le droit d'être payés par préférence aux créanciers personnels de l'associé gérant. — En d'autres termes : dans une société en participation, le fonds social n'est point le gage des créanciers de l'association exclusivement aux créanciers personnels du gérant. — *Paris*, 9 avr. 1831 Vaulier, c. Mouroult; *Cass.*, 2 juin 1834, mêmes parties; 19 mars 1838 (t. 1er 1838, p. 395), Mouroult c. Cabanel; *Rouen*, 19 janv. 1844 (t. 2 1844, p. 495), Roulland c. Urruty; *Toulouse*, 7 fév. 1845 (t. 1er 1845, p. 755), Delmas c. Cibiel; *Cass.*, 15 juill. 1846 (t. 2 1848, p. 668), Jamyot c. Balguerie; *Bordeaux*, 13 avr. 1848 (t. 2 1848, p. 375), Batezac c. Colombat; *Paris*, 17 nov. 1848 (t. 2 1848, p. 698), Robin c. Sergent. — Pardessus, n° 1045; Troplong, n° 512; Delangle, n° 593 et suiv.; Duvergier, n° 407.

1328. — Cette décision fort juste se fonde sur la nature de la participation, sur l'ignorance dans laquelle les tiers qui ont traité avec le gérant ont dû être de l'existence de la société, et sur ce qu'il serait injuste qu'ayant suivi la foi du gérant et ayant dû croire qu'ils n'avaient que lui pour obligé ils prétendissent se faire préférer à ses autres créanciers.

1329. — Jugé encore que l'association en participation ne crée ni un être moral, ni un patrimoine commun; de sorte qu'un des participans

n'a vis-à-vis des tiers aucun droit de préférence sur l'actif de son coparticipant.— *Rouen*, 19 janv. 1844 (t. 2 1844, p. 495), Rouiland c. Urruty.

1330. — Jugé, contrairement, que la société en participation, comme toute autre, forme un être moral, et que les créanciers de l'association doivent être payés par préférence aux créanciers personnels des participans. — *Paris*, 26 juin 1824, Boubée c. Dolfus et Bidou ; 9 août 1831, Vautier c. Mouroult; *Bordeaux*, 2 avr. 1832, Rey c. Geoffroy; *Paris*, 22 nov. 1834, Mouroult c. Cabanel.

1331. — S'il est vrai qu'un des participans ne peut prétendre, contre les créanciers personnels de son coparticipant, que les objets apportés par ce dernier dans la participation étaient entre sa propriété distincte appartenant à la société et sur lesquels il avait, lui, préférence pour le remboursement de sa mise ; il en doit être ainsi quand même, par l'acte d'association, le participant serait devenu copropriétaire de ces objets contre le montant de sa mise, si ce droit de copropriété était subordonné à une condition résolutoire qui s'est depuis réalisée. — *Cass.*, 15 juill. 1846 (t. 2 1848, p. 668), Jamyot c. Balguerie.

1332. — Après la dissolution de la participation les créanciers qui ont traité avec un des participans ne peuvent certainement agir contre les associés que pour ce qui reste dû à leur débiteur par l'effet de la liquidation.—Pardessus, n° 1049.

1333. — La résolution d'une société en participation, formée à titre de transaction, et composée des objets dont la propriété était contestée entre les associés, a pour effet de remettre les choses dans l'état où elles se trouvaient avant la transaction et de replacer la propriété des objets sous le coup des prétentions respectives des parties. — *Bourges*, 14 juin 1844 (t. 8 1845, p. 387), Simonin c. Syonnet et Dieudonné.—V. *Anal. Paris*, 17 fév. 1837 (t. 1er 1837, p. 253), Guibout et Pihat c. Robert.

V., au surplus, COMMENCEMENT DE PREUVE PAR ÉCRIT, CONTRAINTE PAR CORPS, PREUVE TESTIMONIALE.

SOCIÉTÉS ou CERCLES.

Les fournisseurs des objets de consommation dans les sociétés ou cercles sont rangés parmi les patentables de cinquième classe : droit fixe, basé sur la population ; droit proportionnel du vingtième de la valeur locative de la maison d'habitation seulement.— V. PATENTE. — V. aussi CERCLES.

SOCIÉTÉ D'ACQUETS.

V. ACQUÊT, COMMUNAUTÉ, CONQUÊT, CONTRAT DE MARIAGE, DOT.

SOCIÉTÉ ANONYME, CIVILE, EN COMMANDITE, COMMERCIALE, EN NOM COLLECTIF, EN PARTICIPATION, TACITE.

V. SOCIÉTÉ.

SOCIÉTÉ LITTÉRAIRE ET SCIENTIFIQUE.

1.—Ce qui concerne les autorisations nécessaires pour les sociétés littéraires et scientifiques est réglé 1° ASSOCIATION ILLICITE, n° 45.

2. — Une ordonnance de 1845 a prescrit la publication d'un Annuaire des sociétés scientifiques et littéraires de France. Elle porte ce qui suit : art. 1er. Il sera publié, à dater du 1er janvier prochain, sous les auspices du département de l'instruction publique, un Annuaire des sociétés scientifiques et littéraires du royaume, comprenant : 1° Les statuts et règlemens de ces sociétés, par extraits pour le passé, intégralement pour l'avenir; 2° un exposé de leur origine, de leur but et de leurs ressources; 3° une analyse de leurs travaux les plus importans et de ceux de leurs membres; 4° la relation des séances et assemblées publiques de l'année; 5° le compte-rendu des prix décernés dans ces assemblées et le programme annuel des prix proposés ; 6° la liste des membres résidans, correspondans ou associés; 7° la nomenclature des principaux corps savans des autres États.—Art. 2. Toutes les sociétés scientifiques et littéraires du royaume, régulièrement autorisées, adresseront à l'avenir, au département de l'instruction publique, deux exemplaires de leurs publications de

toute nature, pour y rester déposés et y former la bibliothèque des sociétés savantes prévue en l'art. 22 de l'arrêté du 4 avril 1838. — Art. 3. Des mesures seront prises pour que toutes les sociétés scientifiques et littéraires du royaume reçoivent régulièrement les publications de l'Institut correspondant à l'ordre de leurs travaux. — Art. 4. Celles de ces sociétés qui ont des bibliothèques et qui en adresseront le catalogue au département de l'instruction publique, participeront à la distribution des ouvrages provenant du fonds des souscriptions et du dépôt légal.— Art. 5. Toutes celles qui contribuent au progrès des sciences et des lettres, et des diverses branches de l'histoire nationale, participeront à la répartition du fonds de secours alloué par la loi de finances, et qui formera, à dater du 1er janvier 1846, un chapitre spécial dans le budget de l'État. — Art. 6. Tous les ans, à l'époque du 1er mai, notre ministre secrétaire d'État au département de l'instruction publique mettra sous nos yeux un rapport sur les travaux de toute nature émanés des diverses sociétés savantes du royaume et de leurs membres. Ce rapport sera publié au *Moniteur*.»

SOCIÉTÉ MUTUELLE.

V. ASSURANCE, SOCIÉTÉ.

SOCIÉTÉS POPULAIRES.

V. ASSOCIATION, RÉUNION (Droit de).

SOCQUES EN BOIS.

Fabricans et marchands de socques en bois.— Patentables de septième classe.—Droit fixe basé sur la population et droit proportionnel du quarantième de la valeur locative de tous les locaux qu'ils occupent, mais seulement dans les communes de 20,000 âmes et au-dessus. — V. PATENTE.

SODOMIE.

V. ATTENTAT A LA PUDEUR, ATTENTAT AUX MOEURS, OUTRAGE PUBLIC A LA PUDEUR.

SŒURS, SŒURS HOSPITALIÈRES.

V. COMMUNAUTÉS RELIGIEUSES, HOSPICES (n°s 145 et suiv.), MÉDECINE ET CHIRURGIE, PHARMACIE.

SOIE, SOIERIES.

1.—Filatures en grand (c'est-à-dire contenant au moins six tours) des cocons de soie. Deuxième classe des établissemens insalubres.— V. ce mot (nomenclature).

2. — Marchands de soie en gros. — Patentables de première classe. — Droit fixe basé sur la population,—droit proportionnel du quinzième de la valeur locative de l'habitation et des locaux servant à l'exercice de la profession.— V. PATENTE.

3.—Marchands de soie en demi-gros, marchands en détail ; patentables des premiers de deuxième classe, les derniers de troisième classe : même droit fixe que les précédens, sauf la différence de classe; droit proportionnel du vingtième de la valeur locative de l'habitation et des locaux servant à l'exercice de la profession. — V. PATENTE. — V. aussi CONDITION DES SOIES, PROPRIÉTÉ INDUSTRIELLE.

SOIES DE PORC ou DE SANGLIER.

1.— Marchands de soies de porc ou de sanglier, en gros. — Patentables de 1re classe. — Droit fixe basé sur la population.— Droit proportionnel du 15e de la valeur locative de l'habitation et des locaux servant à l'exercice de la profession. — V. PATENTE.

2.— Marchands en demi-gros; marchands en détail. — Patentables, les premiers de 2e classe et les autres de 5e. — Même droit fixe que les précédens, sauf la différence de classe. — Droit proportionnel du 20e de la valeur locative de l'habitation et des locaux servant à l'exercice de la profession. — V. PATENTE.

3. — Ateliers pour la préparation des soies de cochon par tout procédé de fermentation. — 1re classe des établissemens insalubres. — V. ce mot (nomenclature).

SOLDE DE COMPTE.

C'est le paiement qui se fait pour demeurer quitte d'un compte. — V. BANQUIER, CAISSE DES INVALIDES DE LA MARINE, COMMISSIONNAIRE, COMPÉTENCE COMMERCIALE, COMPTE COURANT, ESCOMPTE.

SOLENNITÉ.

Se dit des formes spécialement prescrites pour un acte et sans lesquelles il ne pourrait subsister. — V. FORMALITÉS, FORMES.

SOLIDARITÉ.

1. — C'est, relativement à plusieurs créanciers d'une même chose, le droit qu'a chacun d'eux de se faire payer en totalité; et relativement à plusieurs débiteurs l'obligation qui leur est imposée de payer, un seul pour tous, la somme qu'ils doivent en commun. — C. civ., art. 1197 et 1200.

2. — La solidarité résulte soit d'un contrat, soit d'une disposition de la loi; elle produit les mêmes effets dans les deux cas.

3. — La solidarité ne se présume point, et il faut qu'elle soit expressément stipulée. — Cette règle ne cesse que dans le cas où la solidarité a lieu de plein droit en vertu d'une disposition de la loi. — C. civ., art. 1202. — V. OBLIGATION SOLIDAIRE.

4. — Tous les individus condamnés pour un même crime ou pour un même délit sont tenus solidairement des amendes, des restitutions civiles, des dommages-intérêts et des frais. — C. pén., art. 55.

5. — Cette solidarité s'étend aux personnes civilement responsables du crime ou du délit, quand elles ont été mises en cause dans l'instance terminée par l'arrêt ou le jugement de condamnation. — Décr. du 18 juin 1811, art. 156.

6. — Quant à l'étendue de la solidarité et aux cas dans lesquels elle peut être prononcée, V. AMENDE, RESTITUTIONS CIVILES.

V. aussi entre autres mots : ABONNEMENT (contrib. indir.), ACTE NOTARIÉ, ACTION CIVILE, ALIMENS, AMENDE (mat. civ.), APPEL, ARBITRAGE, ARREMENT EN COURSE, ASSURANCE MARITIME, ATTROUPEMENT, AVAL, BAIL, BAIL A CENS, BAIL A CONVENANT, BILLET SIMPLE, CASSATION (mat. civ.), CAUTIONNEMENT, CESSION DE BIENS, CLASSE, CHOSE JUGÉE, COMMISSIONNAIRE, COMMISSIONNAIRE DE TRANSPORTS, COMMUNE, COMPENSATION, COMPLICITÉ, CONFUSION DE DETTES, CONTRAINTE PAR CORPS, CONTRIBUTIONS DIRECTES, DEMANDE NOUVELLE, DIFFAMATION, DOL, DOMMAGES-INTÉRÊTS, DOT, DOUANES, ÉMIGRÉS, ENDOSSEMENT, ENREGISTREMENT, EXPERTISE, EXPLOIT, FAILLITE, FORÊTS, FRAIS, FRAIS (mat. crim.), GESTION D'AFFAIRES, HONORAIRES, HYPOTHÈQUE CONVENTIONNELLE, HYPOTHÈQUE LÉGALE, INTÉRÊTS, LEGS, LETTRE DE CHANGE, MANDAT, NOTAIRE, OBLIGATION DIVISIBLE ET INDIVISIBLE, PEINE, PRÊTET, REMISE DE LA DETTE, RESPONSABILITÉ.

SOLUTION.

On entend par ce mot, en matière d'enregistrement, l'avis émis par la Régie sur les difficultés relatives à la perception des droits, conformément à l'art. 63 de la loi du 22 frim. an VII.— V. ENREGISTREMENT.

SOLVABILITÉ.

C'est l'état de la personne qui a les moyens d'acquitter le montant de ses obligations. — L. 111 D., *De verb. signif.* — V. ARMEMENT EN COURSE, ASSURANCE MARITIME, CAUTIONNEMENT, CESSION DE BIENS, CONTRAINTE PAR CORPS, DOL, DONATION ENTRE-VIFS, EXÉCUTION PROVISOIRE, FAILLITE, FRAUDE, PAIEMENT.

SOMMAIRE (Matière).

V. MATIÈRE SOMMAIRE.

SOMMATION.

V. ACTE D'AVOUÉ A AVOUÉ, ATTROUPEMENT, EXPLOIT, RASSEMBLEMENT.

SOMMATION RESPECTUEUSE.

Aujourd'hui *acte respectueux.* — V. ACTE RESPEC-TUEUX.

SON, RECOUPE ET REMOU-LAGE.

Marchands de son, recoupe et remoulage. — Patentables de 6e classe. — Droit fixe, basé sur la population. — Droit proportionnel du 20e de la valeur locative de l'habitation et des locaux servant à l'exercice de la profession.

SONDES (Fabricans de gran-des).

Fabricans de grandes sondes. — Patentables de 1re classe. — Droit fixe, basé sur la population. — Droit proportionnel du 20e de la valeur locative de l'habitation et des locaux servant à l'exercice de la profession.

SORCELLERIE, SORCIER.

V. DEVIN.

SOU.

C'était la vingtième partie de l'ancienne livre tournois. — V. MONNAIE.

SOU POUR LIVRE.

On appelait ainsi anciennement des droits additionnels imposés sur divers objets par différentes lois. Depuis on a employé ces mots pour exprimer une répartition au marc le franc. — V. DISTRIBUTION PAR CONTRIBUTION.

SOUCHE.

1. — C'est, en termes de généalogie, l'auteur d'une génération, le premier d'une suite de descendans. — V. PARENTÉ, SUCCESSION.

2. — *Souche* se dit aussi d'un registre dont on a détaché des actions, des mandats, des quittances, etc. — V. REGISTRE, TIMBRE.

3. — Pour tout ce qui concerne les souches d'arbres, V. FORÊTS.

SOUDES.

1. — Etablissemens permanens consacrés à la fabrication en grand des soudes de varech. — 1re classe des établissemens insalubres.

2. — Les autres établissemens destinés à la fabrication de la soude ou à la décomposition du sulfate de soude ne sont rangés que dans la 3e classe. — V. ÉTABLISSEMENS INSALUBRES (nomenclature).

3. — Les marchands en gros de soudes végétales indigènes sont rangés dans la 3e classe. — Droit fixe basé sur la population, joint au droit proportionnel du 20e de la valeur locative de l'habitation et des locaux servant à l'exercice de la profession.

SOUFFLET.

V. BLESSURES ET COUPS.

SOUFFLETS (Fabricans et Marchands de).

1. — Fabricans et marchands de gros soufflets pour les forgerons, bouchers, etc. — Patentables de 5e classe. — Droit fixe basé sur la population, et droit proportionnel du 20e de la valeur locative de l'habitation et des lieux servant à l'exercice de la profession.

2. — Les fabricans et marchands de soufflets ordinaires ne sont patentables que de 7e classe. — Même droit fixe, sauf la différence de classe, que les précédens. — Droit proportionnel du 40e de la valeur locative de tous les locaux qu'ils occupent, mais seulement dans les communes de 20,000 âmes et au-dessus. — V. PATENTE.

SOUFRE.

1. — Etablissemens destinés à la distillation du soufre. — Fabriques de fleurs de soufre. — 1re classe des établissemens insalubres.

2. — Quant aux établissemens destinés à la fusion du soufre pour le couler en canon et à l'épuration de la même matière par fusion ou décantation, ils ne sont rangés que dans la 2e classe. — V. ÉTABLISSEMENS INSALUBRES (nomenclature).

SOULIERS VIEUX (March. de).

Patentables de 8e classe. — Droit fixe basé sur la population; — droit proportionnel du 40e de la valeur locative de tous les locaux qu'ils occupent, mais seulement dans les communes de 20,000 âmes et au-dessus. — V. PATENTE.

SOULTE.

C'est la somme qui est payée pour rendre les portions égales dans un partage, dans un échange. On l'appelle aussi retour. — V. ÉCHANGE, LICITATION, PARTAGE, PARTAGE D'ASCENDANT. — V. aussi COMMUNAUTÉ, DOT, ENREGISTREMENT, INTÉRÊTS, ORDRE, PRIVILÉGE.

SOUMISSION.

V. MARCHÉS DE FOURNITURES, TRAVAUX PUBLICS. — V. aussi CAUTION, DOMAINES ENGAGÉS, DOUANES, FORÊTS, etc.

SOUPIBAIL.

1. — Ouverture ménagée pour donner de l'air ou même du jour à une cave ou autre construction souterraine.

2. — Les soupiraux peuvent être établis sans observer les distances, puisque ni le voisin qui acquiert la mitoyenneté du mur où ils existent, ou qui veut construire sur son terrain, à les rendre inutiles ou à les faire supprimer. — V., au surplus, pour toutes les questions de distance, de servitudes et de prescription auxquelles peuvent donner lieu les soupiraux, MITOYENNETÉ, SERVITUDE. — V. aussi CAVE.

SOURCE.

V. SERVITUDE.

SOURD-MUET.

1. — C'est celui qui par le vice des organes de l'ouïe et de la parole ne peut ni entendre ni parler.

2. — Il n'y a lieu de s'occuper ici que des individus qui sont à la fois sourds et muets. L'individu atteint seulement de l'une ou de l'autre de ces infirmités n'a jamais été privé d'aucun de ses droits civils, il n'a jamais été mis dans une classe à part. — Rolland de Villargues, *Rép. du not.,* v° *Sourd-muet,* n° 1er. — V. au surplus, DISPOSITION A TITRE GRATUIT, n°s 256 et suiv. et 273.

3. — Ainsi, jugé qu'il n'y a point incapacité de contracter pour celui qui n'est ni tout à fait sourd ni tout à fait muet et chez lequel il existe seulement une imperfection des organes de l'ouïe et de la parole. — Angers, 1er fév. 1843 (t. 1er 1843, p. 383), Garnier c. Roger.

4. — Cependant, si la surdité ou le mutisme était accompagné d'un défaut absolu d'instruction, en sorte qu'il fût difficile à l'individu atteint de l'infirmité d'entrer en communication avec l'officier public, tel qu'un notaire, chargé de constater de ce dernier de se faire aider d'un interprète ou de quelque personne habituellement en rapport avec le sourd ou le muet et qui pourrait faciliter les explications. Il convient toutefois d'exiger la garantie de la signature de la personne qui sert d'interprète. — Rolland de Villargues, n° 4.

5. — Dans le droit romain, les individus tout à la fois sourds et muets étaient frappés d'une incapacité absolue; ils étaient assimilés à des morts (l. 29, C., *De testam.*) et on leur nommait un curateur (*Instit. de curat.,* § 4). Toutefois l'incapacité absolue était limitée aux sourds-muets de naissance, et elle pouvait ne pas atteindre les

autres. — *Instit., De inutil. stipul.,* § 7; *Quib. non est perm.,* § 5; *De hered. qual.,* § 7. — Ducaurroy, *Instit. expliquées,* liv. 1er, tit. 23, § 4; Merlin, *Rép.,* v° *Sourd-muet,* n° 4.

6. — Sous notre ancienne jurisprudence, l'exception fut encore étendue en faveur des sourds-muets qui avaient l'intelligence et l'instruction nécessaire pour connaître leurs affaires ni de contracter; mais pour manifester leur volonté. — Ferrière, *Dict.,* v° *Curateur;* Merlin, *Rép.,* v° *Sourd-muet;* Rolland de Villargues, n° 5.

7. — Aujourd'hui, dit Rolland de Villargues (n° 6), il faut aller plus loin encore, et substituant l'exception à la règle, décider que les sourds-muets jouissent de la même capacité que les autres citoyens, à moins que, dans le cas particulier qui se présente, leur infirmité ne soit un empêchement d'agir réel ou légal. En effet, « depuis que par les heureux effets de la bienfaisance et du génie les sourds-muets ont été rendus à la société, ils sont devenus capables d'en remplir les devoirs et d'en exercer les droits. » (Bigot-Préameneu, *Exposé des mot. du C. civ.,* tit. *Des donat. et des test.*) — Ainsi, aucune disposition du C. civ. ne déclare les sourds-muets incapables d'administrer leurs affaires ni de contracter; ils restent donc, à cet égard, sous l'empire du droit commun. — Merlin, *loc. cit.;* Grenier, *Donat.,* n° 285.

8. — Ainsi, jugé que le sourd-muet, alors même qu'il ne sait ni lire ni écrire, ne peut être présumé incapable de contracter; la présomption opposée existe jusqu'à preuve contraire. — *Rennes,* 18 août 1828, Camescas c. Séhon.

9. — Comme on l'a vu v° INTERDICTION, n° 45, et CONSEIL JUDICIAIRE, n°s 49 et 42, il n'y a pas lieu de prononcer l'interdiction d'un sourd-muet qui n'est pas dans un état habituel d'imbécillité; bien qu'il ne sache ni lire ni écrire ou qu'il n'ait reçu aucune éducation, il y a lieu seulement de lui nommer un conseil judiciaire. — *Lyon,* 14 janv. 1812, Fabre c. Bezelon; *Rouen,* 18 mars 1842 (t. 2 1842, p. 60), Parnuit c. Hébert.

10. — Et alors surtout que le sourd-muet provoque lui-même cette mesure. — *Lyon,* 44 janv. 1812, Fabre c. Bezelon.

11. — Les tribunaux ont tout pouvoir pour apprécier le degré d'intelligence des sourds-muets et pour prendre les mesures destinées à les protéger lorsqu'ils sont appelés à débattre en justice des intérêts dont ils ne comprennent pas l'importance, et que, par ignorance, ils pourraient compromettre. — *Cass.,* 8 août 1844 (t. 2 1844, p. 354), Bordères.

12. — Et même à l'égard des sourds-muets qui ont l'intelligence nécessaire pour pouvoir contracter les actes ordinaires de la vie civile, un tribunal peut leur nommer, non un curateur chargé de les représenter, mais un conseil spécial ayant uniquement mission de les assister dans tout le cours de l'instance en partage et les circonstances de la cause, jointes à l'imperfection de leurs organes, pourraient faire craindre qu'ils n'appréciassent pas toute l'étendue de leurs droits dans une succession à laquelle ils sont appelés. — *Toulouse,* 18 déc. 1839 (t. 1er 1840, p. 352), Bordères.

13. — Dès lors les tribunaux peuvent nommer un conseil judiciaire à un sourd-muet intéressé dans un partage de succession, alors surtout que ce sourd-muet n'a d'autre guide qu'une personne dont les intérêts sont en opposition avec les siens. — *Cass.,* 8 août 1844 (t. 2 1844, p. 354), Bordères.

14. — Jugé également que les tribunaux peuvent sur la demande d'un des copartageans du sourd-muet, nommer à celui-ci, non un curateur chargé de le représenter, mais un conseil spécial ayant uniquement mission de l'assister dans le cours de l'instance en partage. — *Toulouse,* 18 déc. 1839 (t. 1er 1840, p. 352), Bordères.

15. — Le conseil nommé pour assister et diriger le sourd-muet n'excède pas sa mission lorsque, dans l'instance où figure le sourd-muet lui-même, il prend des conclusions contraires aux siennes, alors surtout que, déclaré par le conseil de famille incapable d'administrer ses affaires, et le sourd-muet ne paraît pas dans l'expression de sa volonté, à l'abri de toute influence étrangère intéressée. On dirait en vain qu'en pareil cas le conseil ne s'est pas borné à diriger et assister le sourd-muet, mais qu'il l'a représenté; ce prétendu serait une violation de la maxime qu'en *France nul ne plaide par procureur.* — *Cass.,* 8 août 1844 (t. 2 1844, p. 354), Bordères.

16. — Un sourd-muet peut contracter mariage, lorsqu'il est en état de manifester ce de sujet un

 SOURDS-MUETS DE PARIS, etc.

consentement réel.—Merlin, *Rép.*, v° *Sourd-muet*, n° 2.—V. MARIAGE, n° 52.

17.—D'où la conséquence qu'on ne saurait lui interdire les conventions et donations qui se font par contrat de mariage, alors que l'art. 1398 C. civ. autorise le mineur à faire de semblables dispositions; pourvu qu'il soit assisté des personnes dont le consentement est nécessaire pour la validité du mariage.—Rolland de Villargues, n° 11.

18.—Sur la capacité du sourd-muet pour faire ou accepter une donation entre-vifs : V. DISPOSITION A TITRE GRATUIT, n°s 273 et suiv.; DONATION ENTRE-VIFS, n°s 268 et suiv.

19. —Le sourd-muet peut-il tester?—V. DISPOSITION A TITRE GRATUIT, n°s 273 et suiv.—V. aussi TESTAMENT.

20.—Rolland de Villargues examinant la question de savoir si l'art. 511 C. civ., qui veut que, dans le cas de mariage d'un interdit, le conseil de famille règle la dot ou l'avancement d'hoirie, est applicable aux enfants du sourd-muet par cela seul que celui-ci ne sait pas écrire, se prononce pour la négative. « Il faut, dit-il, que le sourd-muet soit incapable de manifester sa volonté, et la justice doit alors vérifier les faits. C'est à tort qu'on invoque, pour l'opinion contraire, un arrêt de la Cour de Nîmes du 3 janv. 1811 (Touzellier c. Runel). — V. INTERDICTION, n° 297.—Dans l'espèce, le sourd-muet avait été mis en curatelle, avant le Code, comme étant hors d'état de manifester sa volonté. Le conseil de famille avait donc dû être convoqué. » — *Contrà*, Magnin, n° 780.

21. — Nul doute que le sourd-muet ne puisse être entendu comme témoin dans un procès civil. Toutefois s'il ne sait pas écrire, on lui nomme un interprète. — V. ENQUÊTE, n°s 580 et suiv.

22. — Mais peut-il être témoin instrumentaire ? — V. TÉMOIN INSTRUMENTAIRE.

23. — Lorsqu'un sourd-muet est accusé ou appelé comme témoin dans un procès criminel, s'il ne sait pas écrire on lui nomme un interprète; et cet interprète doit être la personne qui a le plus d'habitude de converser avec lui. — C. instr. crim., art. 333. — V. COUR D'ASSISES, n°s 683 et suiv., 1058 et suiv..—V. aussi INSTRUCTION CRIMINELLE, n°s 496 et suiv.

24. — Le président de la Cour d'assises peut nommer pour interprète à un accusé ou à un témoin qui est sourd-muet et ne sait pas écrire, un témoin déjà entendu, et qui a même porté plainte en son nom contre l'accusé, lorsque ce témoin est la seule personne qui puisse converser avec le sourd-muet. — *Cass.*, 3 juill. 1846 (t. 2 1846, p. 662), Audry.

25. — L'art. 333 C. instr. crim. déroge, pour le cas où il s'agit de nommer un interprète à un sourd-muet, à la règle générale posée dans l'art. 332, aux termes duquel l'interprète, qui doit, à peine de nullité, être âgé de vingt et un ans et prêter le serment prescrit par cet article, ne peut, même du consentement de l'accusé et du ministère public, être pris parmi les témoins, les juges et les jurés. — Même arrêt.

26. —Sur l'époque à laquelle doit être réputé acquis le discernement du sourd-muet relativement aux crimes et délits dont il peut se rendre coupable, V. DISCERNEMENT, n° 43.

27. — Comment le sourd-muet doit-il manifester sa volonté?— Dans la séance du 26 fructid. an IX, où il fut question du mariage des sourds-muets, il avait été arrêté qu'on expliquerait, par une disposition, la manière dont les sourds-muets exprimeraient leur consentement. Mais cette disposition n'a point été insérée, et l'on a laissé, dit M. Locré (*Espr. du C. civ.*, t. 2, p. 41), à l'arbitrage des tribunaux le discernement des circonstances et des signes qui peuvent faire juger si le sourd-muet a ou non consenti. — Solon, *Nullités*, n°s 47 et suiv.

28. — A cet égard, il y a lieu de distinguer : 1° Si le sourd-muet sait écrire, il est tout simple qu'il manifeste sa volonté par écrit plutôt que par signes. — Arg. C. instr. crim., art. 333.—Rolland de Villargues, n° 20.

29. — 2° Si le sourd-muet ne sait pas écrire, c'est le cas d'avoir recours à un interprète.—Arg. C. instr. crim., art. 333.

30. — Toutefois cet interprète n'est pas indispensable, si l'officier de l'état civil ou le notaire et les témoins entendent les signes et peuvent rendre un témoignage certain de la volonté du sourd-muet. — Arg. *Cass.*, 30 janv. 1844 (t. 1er 1844, p. 321), Roquez c. Clergue. — Rolland de Villargues, n° 23. —V. aussi ACTES DE L'ÉTAT CIVIL, n° 401.

31. — Lorsque le sourd-muet sait lire on lui fait prendre lui-même lecture de l'acte, et on constate le fait. — Rolland de Villargues, n° 25.

32. — Si le sourd-muet ne sait pas lire, on constate que lecture lui a été reportée par signes par les personnes qui ont fait l'office d'interprète. — Rolland de Villargues, n° 26.

V. aussi ARBITRAGE.

SOURDS-MUETS DE PARIS ET DE BORDEAUX (Institutions nationales des).

1. — « Dans le dernier siècle, l'immortel abbé de l'Epée imagina d'instruire les sourds-muets, de faciliter leurs relations dans la société et de les faire participer, autant que possible, par la lecture et l'écriture, aux avantages de la civilisation. » — Durieu et Roche, *Rép. des établissemens de bienfaisance*, v° *Sourds-muets*.

2. — Or, « le roi (Louis XVI) étant instruit du zèle et du désintéressement avec lequel le sieur abbé de l'Epée s'est dévoué depuis plusieurs années à l'instruction des sourds-muets de naissance, et du succès presque incroyable de sa méthode, Sa Majesté aurait cru devoir prendre sous sa protection un établissement aussi utile et en assurer la perpétuité. Elle aurait résolu, en conséquence, d'y destiner une portion des biens que les monastères des Célestins, situés dans le diocèse de Paris, et dont la congrégation ne doit plus avoir lieu conformément aux lettres patentes du 5 avril dernier, tiennent de la libéralité des rois ses prédécesseurs. Et à ces causes... » — Arrêt du Conseil, 21 nov. 1778.

3. — Douze ans plus tard, la Révolution éclata en France; préoccupé de l'avenir de l'œuvre dont il a pris la direction l'abbé Sicard, successeur de l'abbé de l'Epée, vient à la tête d'une députation de sourds-muets se présenter devant l'Assemblée nationale, dont il réclame le concours si nécessaire.

4. — Par décret en date du 24 août 1790 l'Assemblée renvoie la pétition au comité de mendicité, pour en être incessamment rendu compte, et autorise ce comité à conférer avec les autres comités de l'Assemblée, dont la participation serait nécessaire, pour améliorer et consolider le sort de cet établissement, auquel l'Assemblée accorde son intérêt et sa protection.

5. — Un an environ après, un décret du 21-29 juillet 1791, en même temps qu'il déclarait l'abbé de l'Epée un des citoyens qui avaient le mieux mérité de l'humanité et de la patrie, organisa l'établissement placé sous la surveillance du département de Paris, lui accorda des subsides et créa en outre vingt-quatre places gratuites pour autant d'élèves sans fortune.

6. — Il convient de remarquer qu'aux termes de ce décret les sourds-muets et les aveugles-nés étaient réunis dans le même local des Célestins, la séparation et l'administration distinctes n'eurent lieu que plus tard. — V. *infrà* n° 27.

7. — Un décret du 10-14 septembre 1792 prorogea jusqu'à l'époque de la nouvelle organisation de l'instruction publique la concession des vingt-quatre bourses que le décret de 1791 n'avait d'abord établies que pour une année.

8. — La ville de Bordeaux avait de son côté créé à l'instar de Paris un établissement en faveur des sourds-muets. Un décret du 14 mai 1793 plaça l'administration de cet établissement, mis par la loi à la charge du trésor public, sous l'administration centrale du département de la Gironde.

9. — Par un autre décret, du 16 nivôse an III, la Convention nationale adopta pour les deux institutions de Paris et de Bordeaux une organisation commune et augmenta le nombre des bourses gratuites, qu'elle porta à soixante par établissement : nombre qui depuis s'est encore accru.

10. — Notre intention n'est pas de reproduire ici en détail les dispositions du décret de l'an III; mentionnons seulement l'art. 13, aux termes duquel l'établissement des sourds-muets de Paris fut définitivement assis au faubourg Saint-Jacques, dans l'ancien séminaire Saint-Magloire, lieu où il est toujours resté depuis.

11. — Le décret du 3 brumaire an IV, organique de l'instruction publique, ordonna qu'il y aurait des écoles pour les sourds-muets.

12. — Enfin la loi du 16 vendémiaire an V, qui rétablit les hospices et les plaça sous la surveillance des diverses administrations municipales, en excepta les établissemens existans des sourds-muets, qui restèrent à la charge du trésor national.

13. — Cet état de choses n'a pas changé. Aux termes de l'ordonnance du 21 févr. 1841, les institutions des sourds-muets de Paris et de Bordeaux ont été placées au nombre des cinq établissemens généraux de bienfaisance appartenant à l'Etat, qui les entretient à ses frais, principalement par le moyen de subventions annuelles portées au budget. — V. ÉTABLISSEMENS GÉNÉRAUX DE BIENFAISANCE.

14. — Or, comme les autres établissemens de cette classe, les deux institutions de sourds-muets sont placées sous la double action et d'un conseil général et d'un conseil particulier, dont les attributions ont été déjà examinées par nous à l'égard d'un autre de ces établissemens. — V. CHARENTON (Maison de).

15. — Seulement quelques règles particulières existent quant à l'organisation et au régime intérieur des institutions de sourds-muets, et notamment de celle de Paris : règles dont nous allons donner une très-courte analyse.

16. — Aux termes de l'arrêté ministériel du 28 juin 1822, qui a réglé le régime intérieur de l'établissement de Paris, deux sortes d'élèves y sont reçus : des pensionnaires et des boursiers. — Art. 16.

17.—Le nombre des pensionnaires est illimité. Le taux de la pension est de 900 francs pour les garçons et de 800 francs pour les filles. Toutefois, l'administration peut, en cas d'insuffisance des ressources des familles, réduire le taux des pensions jusqu'à 500 francs. — Art. 17.

18. — Nul fonctionnaire ou employé de l'institution ne peut avoir chez lui des pensionnaires à son propre compte, ni recevoir chez lui des externes pour leur donner des leçons. — Art. 18.

19. — Le nombre des bourses entièrement gratuites a été fixé à 80 par l'arrêté ministériel, qui, en outre, a établi dix trois quarts de bourse et dix demi-bourses. — Art. 19.

20. — Aux termes d'un arrêté ultérieur du 31 octobre 1835, les pensionnaires ne peuvent, à moins d'une dispense accordée par l'administration, être admis à aucune autre époque de l'année que du 15 octobre au 15 novembre.

21. — Les bourses entièrement gratuites ne peuvent être accordées que par le ministre et sur un certificat d'indigence. Chaque année, au mois d'août, il est pourvu au remplacement des vacances. — Art. 21 et 23.

22. — Toutefois, il est fait exception à cette règle quand des élèves sont renvoyés ou décèdent dans le cours de l'année. Dans ce cas, il est pourvu immédiatement au remplacement. — Arrêté du 31 oct. 1835.

23. — Les élèves admis à bourse complète ou partielle doivent être âgés, au moment de l'admission, de dix ans au moins et de quinze ans au plus. Les pensionnaires peuvent être reçus au-dessous de dix ans. Une délibération formelle de l'administration est nécessaire pour qu'ils soient reçus au-dessus de quinze ans. — Règlement du 28 juin 1822, art. 24.

24. — A l'appui de la demande d'admission, la famille doit produire un certificat régulier de l'infirmité de l'enfant, les extraits de naissance et de baptême, le certificat de vaccine et de petite vérole; en outre, s'il s'agit d'un pensionnaire, la désignation d'un correspondant résidant à Paris.

25. — A moins d'autorisation spéciale, laquelle ne peut être accordée que pour le cas où l'élève est apte à se rendre utile dans l'établissement, nul boursier, à bourse entière ou partielle, ne peut séjourner plus de six ans dans la maison. — Art. 26.

26. — Tout enfant, à quelque titre qu'il soit admis, ne peut être conservé et est rendu à sa famille quand il est constaté, sur le rapport des instituteurs et répétiteurs et après épreuves suffisantes, qu'il est incapable de profiter de l'instruction donnée dans la maison. Toutefois quand il s'agit d'élèves boursiers en tout ou partie le renvoi doit être approuvé par le ministre. — Art. 27.

27. — L'établissement posséda longtemps deux instituteurs, dont l'un, aujourd'hui supprimé, chargé de suppléer l'instituteur en chef en son absence, était plus spécialement préposé à l'instruction des filles.

28. — Aujourd'hui un seul instituteur chef, nommé par le ministre de l'intérieur, et révocable par lui, dirige l'institution aidé de répétiteurs et répétitrices; lesquels doivent être choisis de préférence, sans doute, parmi les surveillans et surveillantes, mais peuvent aussi être pris parmi les élèves.

29. — Nous ne pouvons terminer cet article sans mentionner les efforts que, dans ces dernières années surtout, la charité privée a faits pour venir en aide aux sourds-muets par la création d'associations particulières. — V. CHARENTON (Maison de), ÉTABLISSEMENS GÉNÉRAUX DE BIENFAISANCE.

SOURICIÈRES, CAGES, TOURNETTES.

Fabricans de souricières, cages et tournettes. — Patentables de 8e classe. — Droit fixe basé sur la population ; droit proportionnel du 40e de la valeur locative de tous les locaux occupés par les patentables, mais seulement dans les communes d'une population de 20,000 âmes et au-dessus. — V. PATENTE.

SOUS-DIACRE.

V. DIACRE.

SOUS-ENTREPRENEUR.

V. LOUAGE D'INDUSTRIE, TRAVAUX PUBLICS.

SOUS-INSPECTEUR (Forêts).

Agent forestier placé immédiatement après l'inspecteur et avant les gardes généraux. — Ord. d'exécution 1er août 1827, art. 11.

SOUS-INTENDANT MILITAIRE.

V. ARMÉE, COMMISSAIRE DES GUERRES, INTENDANCE MILITAIRE.

SOUS-LOCATION.

On appelle ainsi la location faite par le locataire à un tiers. — V. BAIL.

SOUS-ORDRE.

V. ORDRE.

SOUS-PRÉFET.

1. — Agent secondaire chargé d'administrer la sous-division territoriale appelée arrondissement. — Lerat de Magnitot et Delamarre, Dictionnaire du droit public et administratif, v° Sous-préfet.

2. — Les intendans de nos anciennes généralités, aujourd'hui remplacés par les préfets (v° PRÉFETS, n° 2), avaient sous leurs ordres des délégués qu'ils choisissaient directement et dont ils déterminaient eux-mêmes la résidence, selon qu'ils le croyaient utile, dans les villes où il leur paraissait avoir le plus besoin d'être représentés. Les subdélégués n'étaient, à proprement parler, que de simples commis, dont les pouvoirs se trouvaient restreints dans de très-étroites limites. — Cours de droit administratif de M. Macarel, année 1842-1843, t. 1er, p. 304 ; Denizart, Dict. de police, v° Subdélégué.

3. — Ces hommes de confiance des intendans ne devinrent de véritables fonctionnaires publics que sous Louis XIV, en vertu d'un édit du 15 avr. 1704 qui érigea leurs fonctions en offices. — Ibid.

4. — D'après cet édit, leurs fonctions se trouvaient très-peu étendues ; ils continuèrent à être les représentans des intendans, ils ne pouvaient rien décider par eux-mêmes et devaient leur soumettre toutes les affaires. — Denizart, Dict. de police, v° Subdélégué, t. 2, et le Traité des droits et fonctions, publié en 1787, t. 3, p. 444 et suiv.

5. — Cet ordre de choses fut modifié par un édit du mois d'août 1715, qui, revenant à l'ancien ordre de choses, supprima les offices des subdélégués et autorisa seulement les commissaires départis à subdéléguer dans les principales villes des sujets capables et d'une réputation intacte. — Macarel, ibid.

6. — En 1789, la suppression des intendans entraîna celle des subdélégués. — V. DÉPARTEMENT. Le 22 décembre de cette même année ils furent remplacés par les administrations de dis-

tricts, auxquelles la constitution du 5 fructidor an III substitua les administrations cantonales. — L. 22 déc. 1789, constitution du 5 fructidor an III.

7. — Enfin, la loi organique du 28 pluv. an VIII, en créant l'arrondissement comme seconde circonscription administrative, mit à sa tête un sous-administrateur, qu'elle nomma sous-préfet, dont les fonctions et pouvoirs furent notablement différens de ceux des subdélégués. — Art. 8 de cette loi.

8. — Dans l'origine, l'arrondissement où se trouvait le chef-lieu du département avait aussi une sous-préfecture ; mais l'ordonnance du 20 décembre 1815, fondée sur la nécessité d'apporter la plus sévère économie dans toutes les branches du service public, vint supprimer ce rouage à peu près inutile et très-onéreux pour le Trésor, et en remit l'administration à la préfecture. — L. 28 pluv. an VIII, ordonn. 20 déc. 1815.

9. — Aujourd'hui, il y a dans chaque arrondissement un sous-préfet. — Constitution de 1848, art. 77, § 2.

10. — Les sous-préfets sont nommés et révoqués par le président de la République ; mais, à la différence de ce qui a lieu pour les préfets, il n'est point nécessaire que leur nomination ou leur révocation soit arrêtée en conseil des ministres. — Const. de 1848, art. 64. — V. PRÉSIDENT DE LA RÉPUBLIQUE.

11. — Le personnel des sous-préfectures est dans les attributions du ministre de l'intérieur, qui contre-signe, par conséquent, tous les décrets qui les instituent, les révoquent ou leur donnent de l'avancement ou des récompenses honorifiques.

12. — Les sous-préfets peuvent être choisis parmi tous les citoyens indistinctement. Nulle condition d'âge, de capacité ou même de noviciat n'est exigée pour arriver à ces fonctions.

13. — En cas d'absence ou de maladie, le préfet nomme provisoirement à la place du sous-préfet ; mais non dans celui de mort ou de démission (art. 47 vend. an VIII, art. 7) : car, la sous-préfet n'étant pas l'agent du préfet, mais celui du gouvernement, c'est envers lui, et non envers le préfet, qu'il est responsable. Le préfet n'exerce sur le sous-préfet qu'une autorité de surveillance et de direction ; il a pour tout moyen coercitif le recours à l'autorité supérieure, mais nullement l'exercice de cette autorité. — Lerat de Magnitot et Delamarre, v° Sous-préfet, § 1er.

14. — D'après le même principe, c'est par le ministre de l'intérieur, et non par le préfet, à moins de circonstances urgentes, que doivent être accordés les congés sollicités par les sous-préfets. — Circ. du 10 mars 1820. — Dans ce dernier cas, le préfet doit en rendre compte immédiatement. — Ibid.

15. — C'est par un membre du conseil d'arrondissement, ou, à défaut, par un conseiller de préfecture, qu'est remplacé le sous-préfet en cas d'absence ou d'empêchement. — Art. 17 vend. an VIII, art. 7 ; ordonn. 29 mars 1821, art. 3.

16. — Une différence essentielle sépare les fonctions de préfet et celles de sous-préfet. Le préfet exerce, en effet, le plus souvent, une autorité qui lui est propre ; le sous-préfet, au contraire, n'exerce une semblable autorité que dans un petit nombre de circonstances. « Les sous-préfets, dit M. Macarel (loc. cit., p. 307), transmettent plutôt qu'ils n'ordonnent, ils surveillent plutôt qu'ils n'agissent. Ils ont sans doute des fonctions actives ; mais les cas où leur autorité doit être exercée sont rares, et les lois à cet égard semblent n'avoir tracé que des exceptions. »

17. — Dans les cas mêmes où la loi a attribué au sous-préfet l'acte direct qu'il veut faire, il doit en instruire le préfet ; car ce n'est qu'après l'approbation de ce fonctionnaire que les décisions du sous-préfet deviennent obligatoires. — Bonin, Organisat. admin., t. 1er, p. 496.

18. — Toutefois de ce que le sous-préfet ne peut prendre aucune mesure importante, sans avoir préalablement soumise à l'approbation du préfet, il ne faudrait pas en inférer que ces fonctions soient restreintes dans une sphère tout à fait limitée, la mission du sous-préfet est, au contraire, vaste et très-étendue sous le point de vue des diverses matières qu'elle doit embrasser. — Lerat de Magnitot et Delamarre, v° Sous-préfet, § 2.

19. — Les différentes attributions des sous-préfets ont été exposées en traitant des diverses matières au sujet desquelles elles s'exercent ; aussi, sans prétendre entrer ici dans une énumération qui entraînerait des répétitions inévitables, nous contenterons-nous d'analyser les plus importantes, sous trois chefs principaux, en

considérant ce fonctionnaire comme agent de transmission, d'information et de surveillance : nous dirons ensuite quelques mots de l'autorité propre confiée aux sous-préfets.

20. — Comme agent de transmission le sous-préfet est l'intermédiaire entre le préfet et les maires ou entre le préfet et les administrés. Un grand nombre de lois lui reconnaissent ce caractère.

21. — C'est ainsi que l'art. 51 de la loi du 21 mars 1831 le charge d'adresser au préfet les procès-verbaux des élections municipales.

22. — De même, les sous préfets reçoivent et transmettent au préfet avec leur avis 1° la pétition de tout citoyen qui se trouve surtaxé pour la contribution foncière. — Arrêté consulaire du 24 floréal an VIII. — Ils doivent recueillir l'avis des répartiteurs et du contrôleur des contributions, y joindre le leur et soumettre le tout au préfet. — Art. 3 et 4.

23. — Ils doivent également donner leur avis et transmettre les demandes des communes tendant à obtenir la suppression de leur octroi. — L. 8 oct. 1814, art. 1er, 2, et 3 ; ordonn. 9 déc. 1814, art. 5, 6 et 7. — V. OCTROI.

24. — L'art. 11 de la loi du 18 juillet 1837 oblige aussi le maire à remettre aux sous-préfets pour être transmise aux préfets une ampliation de ses arrêtés, que ces derniers seuls sont appelés à réformer.

25. — Il est à remarquer que les explications que le sous-préfet joint d'ordinaire aux actes préfectoraux dont l'exécution est confiée aux maires, répondent assez exactement aux instructions et avis des agens supérieurs de l'administration. — Dufour, Traité gén. de droit admin., t. 1er, n° 66.

26. — Comme organe d'information le sous-préfet est chargé, soit par le préfet, soit par la loi, d'instruire les affaires qui concernent l'arrondissement, et de donner son avis. — Ainsi la liste des patentables rédigée par le maire lui est soumise pour le contrôleur, et il la renvoie avec ses observations au préfet. — Arrêté du 15 fruct. an VIII, art. 2.

27. — Toutes les demandes en remise ou décharge ou en réduction des contributions lui sont adressées. — Il est chargé, en ce cas, de la vérification des pertes alléguées, et il joint son avis au dossier. — Arrêté du 24 flor. an VIII, art. 4, 6 et 27. — V. CONTRIBUTIONS DIRECTES.

28. — Il doit encore rendre compte, une fois par mois, au préfet, de l'exécution des diverses parties du service confiées à ses soins. — L. 45-27 mars 1791, art. 2.

29. — Quant à la surveillance, l'exercice de son pouvoir s'étend et sur les citoyens et sur les services publics. Il s'étend même sur les cultes (art. 48 germinal an X [art. 24, 31, 38 et 40] soumet le culte protestant à la surveillance.

30. — C'est aussi en qualité d'agent de surveillance que la loi du 8 décembre lui confie d'une manière médiate l'administration et la perception des octrois municipaux. — Art. 121. — V. OCTROI.

31. — La conservation des travaux d'asséchement, des digues contre les torrens, rivières et fleuves, et des travaux exécutés sur les bords des lacs et de la mer, lui sont aussi directement confiées. — Art. 27.

32. — Enfin, une ordonnance du 16 mai 1816 a attribué la police et les fonctions attribuées aux directeurs particuliers et aux commissaires généraux de police.

33. — Quelque générale que soit la règle qui ne laisse au sous-préfet que la fonction d'intermédiaire, elle n'est pas si absolue qu'elle ne comporte des exceptions. — Il est quelquefois appelé à suppléer le chef de l'administration départementale, et, comme chef de l'administration dans l'arrondissement, il régit certaines affaires en nom direct. A cet égard il est agent et juge.

34. — En tant qu'agent il a généralement besoin d'un mandat, soit du préfet, soit de la loi, pour exercer son autorité. — Par exemple, c'est en vertu de la délégation de la loi que le sous-préfet est appelé à nommer les porteurs de contraintes : sauf, toutefois, l'approbation du préfet. — Arrêté 16 therm. an VIII, art. 20.

35. — Qu'il choisit les officiers ou sous-officiers rapporteurs ou secrétaire du conseil de discipline de la garde nationale, sur une liste de trois candidats désignés par le chef de légion, le chef de bataillon ou le plus ancien capitaine. — L. 22 mars 1831, art. 103. — V. AUSSI GARDE NATIONALE.

36. — Qu'il accrédite, avec l'agrément du receveur particulier, le fondé de pouvoir qui remplace temporairement le percepteur ou le rece-

veur spécial de la commune, et qu'il désigne le gérant intérimaire quand il y a lieu de pourvoir au remplacement provisoire des percepteur, receveur de commune ou d'établissement de bienfaisance décédés ou révoqués. — Instr. min. fin. 17 juin 1840.

37. — Le sous-préfet peut, en cas d'urgence, prendre les arrêtés que réclament l'ordre et la salubrité publique; mais il ne peut faire de règlemens généraux, excepté dans le seul cas où il est appelé à approuver le règlement arrêté par le maire pour le service de la garde nationale : ce règlement est même arrêté par lui si la garde nationale des communes est organisée en bataillons cantonaux. — L. 22 mars 1831, art. 73 et 74. — V. aussi GARDE NATIONALE.

38. — C'est encore comme administrateur en nom et en qualité d'agent que le sous-préfet préside les commissions chargées de faire droit aux propriétaires en matière d'expropriation pour utilité publique. — L. 3 mai 1841, art. 48. — Et les comités d'instruction primaire. — L. 28 juin 1833 art. 18 et 19. — V. EXPROPRIATION POUR UTILITÉ PUBLIQUE.

39. — ... Qu'il vise les quittances délivrées par les receveurs particuliers aux percepteurs et à tous ceux qui font des versemens dans leurs caisses pour un service public. — L. 24 avr. 1833, art. 1er; décr. du 4 janv. 1808 et 1er janv. 1832. — V. CONTRIBUTIONS DIRECTES.

40. — ... Qu'il fixe les jours où les percepteurs doivent se rendre dans chacune des communes pour faire leurs recettes. — Circ. du 17 juin 1840, art. 53.

41. — ... Qu'il vise et rend exécutoires les contraintes décernées par le receveur particulier contre les débiteurs des contributions directes (arr. 16 therm. an VIII, art. 30), taxe et rend exécutoire l'état des frais de poursuites dirigées contre les contribuables (même arrêté, art. 46 et 47). — V. CONTRIBUTIONS DIRECTES.

42. — ... Qu'il approuve l'emploi fait par le maire du crédit ouvert par le budget pour dépenses imprévues. — L. 18 juill. 1837, art. 37.

43. — ... Qu'il rend exécutoires par son visa les états dressés par le maire pour effectuer les recettes municipales. — L. 18 juill. 1837, art. 63. — V. CONTRIBUTIONS DIRECTES.

44. — ... Qu'il fait détruire les tabacs plantés en contravention. — L. 28 avr. 1816, art. 181.

45. — Un arrêté du 4 pluv. an XII avait donné aux sous-préfets le soin d'accepter les dons ou legs purement mobiliers faits aux hospices et aux bureaux de bienfaisance, pourvu que leur valeur n'excédât pas 300 fr.; mais il a été abrogé par l'ordonnance du 2 avril 1817, et l'autorisation doit être accordée par le préfet. — Trolley, *Cours de droit administratif*, t. 1er, n° 334.

46. — Comme *juge* il appartient au sous-préfet de prononcer, tantôt sur une demande, tantôt même sur un véritable litige, dans des circonstances où les considérations d'ordre public sont d'une appréciation simple ou réclament une mesure urgente.

47. — Ainsi, il autorise l'extraction de la tourbe (L. 21 avr. 1810, art. 84) et les établissemens insalubres de troisième classe (ordonn. 14 janv. 1815, art. 3; modificative du décret du 15 oct. 1810, art. 87).

48. — Il procède, avec l'assistance des maires, à l'examen des tableaux de recensement, et préside au tirage au sort pour le recrutement. — L. 21 mars 1832, art. 10 et 11. — Ses décisions sont en cette matière revisées par les conseils de révision. — V. RECRUTEMENT.

49. — Mais il n'est véritablement juge du contentieux administratif que dans un seul cas, quand il s'agit de statuer provisoirement sur les contraventions de grande voirie. — L. 29 flor. an X, art. 3, et 7 vent. an XII, art. 4; décr. 13 juin 1806, art. 1er.

50. — Ainsi, les arrêtés des sous-préfets sont, en cas de recours, déférés au préfet sans condition de délai ni de déchéance. Toutefois si le préfet n'usait pas de son droit, le ministre ou le chef du pouvoir exécutif pourraient annuler une mesure qu'ils trouveraient contraire au bien du service. — Trolley, t. 1er, n° 334.

51. — Indépendamment de son traitement, chaque sous-préfet reçoit une allocation particulière, pour *frais d'administration*, dont le compte annuel est rendu au conseil d'arrondissement; et, de plus, une indemnité de logement, lorsque la ville où il réside ne possède aucun local pour sa demeure et l'installation des bureaux de la sous-préfecture. — L. 28 pluv. an VIII, art. 21; arr. 17 vent. an VIII, 25 vendém. an X; décr. 11 juin 1811; L. 1er avr. 1822, art. 20; ordonn. 15 mai 1822, art. 5, et 28 déc. 1830 et 11 juill. 1833.

SOUS-SECRÉTAIRE D'ÉTAT.

1. — Agent supérieur placé dans un ministère à côté et au-dessous du ministre pour le seconder dans ses fonctions ministérielles mêmes.

2. — L'ordonnance du 9 mai 1816 a créé l'institution des sous-secrétaires d'Etat; ils sont nommés par le chef même de l'Etat et attachés aux ministres, lorsque ceux-ci le jugent nécessaire au bien du service. — Ord. 9 mai 1816, art. 1er.

3. — Les sous-secrétaires d'Etat sont chargés de toutes les parties de l'administration et de la correspondance générale qui leur sont déléguées par les ministres dans leurs départemens respectifs. — Art. 2.

SOUS SEING PRIVÉ.

V. ACTE SOUS SEING PRIVÉ. — V. aussi CONTRAT DE MARIAGE, COUTUME DE NORMANDIE, JUIFS, LIVRES DE COMMERCE, PRIVILÉGE.

SOUS-TRAITANT.

V. MARCHÉS DE FOURNITURES.

SOUSCRIPTEUR.

1. — Nom qu'on donne à celui qui a fait une souscription. — V. ce mot.

2. — On appelle particulièrement souscripteur le signataire d'un effet de commerce. — V. BILLET A ORDRE, ENDOSSEMENT, LETTRE DE CHANGE, TIMBRE.

SOUSCRIPTION.

1. — C'est, matériellement parlant, l'apposition d'une signature au bas d'un acte pour l'approuver. Sous un autre point de vue, c'est la soumission de payer une certaine somme pour former une société ou pour contribuer à l'exécution d'une entreprise.

2. — Lorsqu'une souscription est faite dans le but de former une société, l'engagement est déterminé dans sa nature et régi dans ses effets par les règles de la société et principalement de la société commerciale. — V. SOCIÉTÉ, nos 601 et suiv. — V. aussi CHEMIN DE FER.

3. — Quand la souscription est faite dans le but de contribuer à l'exécution d'une entreprise, elle peut constituer ou un contrat intéressé ou un contrat de bienfaisance. Alors : dans le premier cas, elle est réglée par les principes en matière d'obligation; et dans le second cas, par les principes sur les donations. — V. DONATION ENTRE-VIFS, OBLIGATION.

4. — Mais, quand une souscription doit-elle être considérée comme contrat intéressé ou comme contrat de bienfaisance? Cela dépendra nécessairement des termes dans lesquels la souscription aura été faite et des circonstances, dont l'appréciation appartient aux magistrats.

5. — Jugé qu'on ne doit pas considérer comme une disposition purement gratuite, sujette par conséquent aux formalités des donations, la souscription ou soumission de fournir une somme déterminée pour contribuer à la construction d'une église, et une Cour d'appel a pu sans violer les art. 932 et 937 du Code civil décider qu'un acte de ce genre était un véritable contrat commutatif ou contrat intéressé pour un service public qui devait profiter au souscripteur ainsi qu'à tous les autres habitans. — *Cass.*, 7 avr. 1829, Reverchon c. Commune de Morez.

6. — En supposant que l'acte de souscription ou de soumission dût être accepté par la commune administrativement autorisée à cet effet, l'acceptation faite par le conseil municipal, du vivant du soumissionnaire, quoique l'autorisation n'ait été obtenue qu'après son décès, suffirait pour rendre l'acte obligatoire pour les héritiers du souscripteur. — Même arrêt.

7. — Il y a encore la souscription tendant à indemniser de l'effet de condamnations judiciaires et la souscription littéraire, les seules dont nous ayons à nous occuper ici.

§ 1er. — *Souscription tendant à indemniser de l'effet de condamnations judiciaires.*

8. — Les décisions de la justice n'étant autre chose qu'une émanation de la loi, il s'ensuit que c'est commettre une attaque, du moins indirecte, contre la loi que d'ouvrir ou d'annoncer publiquement des souscriptions ayant pour objet d'indemniser des condamnations judiciaires. Ces souscriptions n'ont en effet d'autre but et d'autre résultat que de glorifier ce qui a été condamné par la justice.

9. — Ces souscriptions avaient été formellement prohibées par la loi du 9 sept. 1835. « Il est interdit, portait l'art. 11 de cette loi, d'ouvrir ou annoncer publiquement des souscriptions ayant pour objet d'indemniser des amendes, frais et dommages-intérêts prononcés par des condamnations judiciaires. »

10. — L'infraction à cette prohibition était poursuivie devant les tribunaux correctionnels, et punie d'un emprisonnement d'un mois à un an et d'une amende de 500 à 5,000 fr. — Même loi, art. 10, alin. 4, et art. 11.

11. — Le projet du gouvernement interdisait d'ouvrir ou d'annoncer publiquement des souscriptions *tendant à annuler l'effet des condamnations judiciaires*. La commission de la Chambre des députés, chargée de l'examen de ce projet, pensant que rien ne devait rester vague dans les définitions d'une contravention toute matérielle, voulut préciser davantage le but des souscriptions interdites. Ces souscriptions ne pouvaient être que celles qui tendaient à *indemniser* de l'effet des condamnations judiciaires. De là l'art. 11 précité.

12. — La loi du 9 sept. 1835 avait été abrogée, après la révolution de février, par un décret du gouvernement provisoire, du 6-8 mars 1848.

13. — Mais la loi du 27-29 juill. 1849, *sur la presse*, a fait revivre l'art. 11 de la loi du 9 sept. 1835, dont elle a textuellement reproduit les termes sauf une modification dans le chiffre de l'amende.

14. — L'art. 5 de la loi de 1849 est, en effet, ainsi conçu : « Il est interdit d'ouvrir ou annoncer publiquement des souscriptions ayant pour objet d'indemniser des amendes, frais et dommages-intérêts prononcés par des condamnations judiciaires. La contravention sera punie, par le tribunal correctionnel, d'un emprisonnement d'un mois à un an et d'une amende de 500 francs à 1,000 francs. »

15. — Ainsi, d'après cet article, l'amende ne peut dépasser 1,000 francs, tandis que sous la loi du 9 sept. 1835 elle pouvait être élevée à 5,000 fr.

16. — L'interdiction portée par la loi de 1849 ne concerne pas seulement l'annonce des souscriptions faites par les journaux. Elle s'étend à toute ouverture de souscription et à toute annonce faite publiquement. Le rapport présenté par M. Combarel de Leyval, au nom de la commission de l'Assemblée législative, chargée d'examiner le projet de loi sur la presse, ne laisse aucun doute à cet égard. « Les souscriptions, est-il dit dans ce rapport, qu'il s'agit d'interdire, sont celles qui ont lieu d'ordinaire par la voie des journaux; mais elles peuvent se produire sous une autre forme. Une souscription publique peut être ouverte et annoncée au moyen de brochures ou par des pièces ou registres déposés dans des lieux publics. L'article a également pour objet de les atteindre. »

17. — La circulaire adressée aux préfets le 1er août 1849 par M. Dufaure, alors ministre de l'intérieur, relativement à l'exécution de la loi du 27 juill. 1849, contient la même interprétation. « ... La loi, y dit en effet M. Dufaure, emploie des termes généraux et la prohibition qu'elle porte ne concerne pas seulement les journaux et écrits périodiques mais bien tout acte patent et notoire ayant pour but de provoquer les citoyens à indemniser un individu condamné judiciairement. C'est ce qui résulte du mot *publiquement*. »

18. — Selon M. Chassan (*Traité des délits et contraventions de la parole*, etc., 2e édit., t. 1er, n° 976), il en était de même de l'interdiction portée par l'art. 11 de la loi du 9 sept. 1835. — V. aussi de Grattier, *Comment. des lois de la presse*, t. 2, p. 331, n° 2. — Mais la Cour de Paris avait jugé au contraire que cette interdiction ne s'appliquait qu'aux journaux. — V. arrêt du 14 juill. 1836, Viollet de Saint-Philbert.

19. — La publicité doit aussi, en cette matière, être entendue dans un sens large; elle est indépendante du mode qui est employé. — Chassan, *loc. cit.*

20. — Mais la loi n'interdisant que les souscriptions publiques, il s'ensuit que les souscriptions particulières, auxquelles il n'a été donné aucune publicité, ne sont pas prohibées. — Chassan, t. 1er, nos 975 et 977. — Circul. précitée du ministre de l'intérieur, du 1er août 1849.

21. — Doit-on, s'attachant strictement au mot *souscription*, dire que l'art. 5 de la loi du 27 juillet 1849 est inapplicable à une quête faite de maison en maison, mais *sans souscription?* La question s'était présentée, sous la loi de 1835, devant les tribunaux. Mais elle n'avait pas reçu de solution. — Si la quête manque de publicité, on ne saurait assurément la faire tomber sous l'application de l'art. 5 de la loi de 1849. — Si, au contraire, elle revêt tous les caractères de la publicité, on ne voit pas pourquoi elle ne serait pas assimilée à une souscription publique; car le législateur a voulu proscrire moins le moyen que la chose. — Chassan, t. 1er, no 978.

22. — Il n'est pas douteux que l'art. 5 de la loi de 1849 ne s'applique à toutes les condamnations prononcées en matière politique par quelques tribunaux que ce soit.

23. — Mais cet article a une portée plus étendue. Il s'étend à toute espèce de condamnations. — Sous l'empire de la loi du 9 septembre 1835, il semblait à M. Chassan (t. 1er, no 978) que, d'après l'esprit de cette loi, les souscriptions ayant pour objet d'indemniser des condamnations civiles, étrangères à la politique, ne devaient pas être rangées au nombre des contraventions. Aujourd'hui l'interdiction a lieu quel que soit l'objet pour lequel la condamnation a été prononcée, et quel que soit le tribunal qui l'ait prononcée.

24. — C'est ce qui nous paraît résulter de la discussion à laquelle a donné lieu devant l'Assemblée nationale l'art. 5 de la loi de 1849. — M. Dufougerais avait proposé d'ajouter à cet article un paragraphe additionnel ainsi conçu : « Le paragraphe ci-dessus ne s'appliquera qu'aux condamnations judiciaires pour crimes ou délits de la presse. » — Mais cet amendement fut rejeté. — V. Séance de l'Assemblée nationale, 26 juill. 1849, *Moniteur* du 27.

25. — Toutefois, l'interdiction ne frappe que les souscriptions qui ont pour objet d'*indemniser* de l'effet des condamnations judiciaires. Par conséquent, elle n'atteint pas celles dont le but sérieux et réel est de les faire annuler par la voie de l'appel ou du pourvoi en cassation. — M. Chassan (t. 1er, no 979) l'enseignait ainsi sous l'empire de la loi du 9 septembre 1835. — *Contrà*, de Grattier, t. 2, p. 330, no 4.

26. — La Cour de Douai avait jugé, conformément à l'opinion de M. Chassan, que l'annonce dans un journal de l'ouverture d'une souscription dont l'objet était de procurer à un condamné le moyen d'interjeter appel du jugement de condamnation ne constituait pas une contravention à l'art. 11 de la loi du 9 septembre 1835. — V. arrêt du 23 août 1847 (t. 1er 1848, p. 282), Leleu, gérant de l'*Echo du Nord*. — Il en serait évidemment de même aujourd'hui.

27. — L'infraction à l'interdiction d'ouvrir ou d'annoncer publiquement des souscriptions tendant à indemniser des condamnations judiciaires constitue une contravention matérielle, qui est acquise par le fait seul de l'ouverture ou de l'annonce publique de pareilles souscriptions. — Chassan, t. 1er, no 980.

28. — Aucune difficulté ne peut s'élever si l'ouverture de la souscription est ostensiblement annoncée, comme par une insertion dans un journal ou par une affiche. — Mais la contravention ne se présentera jamais d'une manière aussi évidente. Le but de la souscription sera toujours dissimulé. — Les tribunaux devront alors ne point s'arrêter aux apparences; ils devront rechercher la vérité à travers les précautions prises pour la déguiser.

29. — Il a été jugé, en effet, sous l'empire de la loi du 9 août 1835, que l'annonce indirecte d'une souscription ayant pour objet d'indemniser un condamné des amendes et frais prononcés contre lui, entraînait, aussi bien que l'annonce directe, l'application de l'art. 11 de cette loi. — *Paris*, 14 juill. 1836, Viollet de Saint-Philbert, gérant du journal *la Mode*. — L'annonce indirecte d'une pareille souscription donnerait lieu également à l'application de l'art. 5 de la loi du 27 juillet 1849. — Circ. précitée min. int., 1er août 1849.

30. — Par exemple, le journal qui annoncerait que, pour s'indemniser de l'amende à laquelle il a été condamné à raison d'un délit de presse, il va publier la relation de son procès avec la plaidoirie de son défenseur, les débats et le jugement, et qu'une souscription à cette publication est ouverte dans ses bureaux, pourrait être considéré comme ayant annoncé, d'une manière déguisée, une souscription pour payer une amende judiciaire. — Arrêt de Paris précité du 14 juill. 1836. — Chassan, t. 1er, nos 982 et suiv.

31. — Cependant jugé que la volonté d'ouvrir ou d'annoncer des souscriptions en faveur des journaux frappés de condamnations judiciaires doit être formellement exprimée, et qu'il ne peut être permis de rechercher une intention non expressément énoncée. — *Douai*, 28 (et non 27) juill. 1836, *Gazette de Flandre et d'Artois*.

32. — Dans tous les cas, l'arrêt par lequel une Cour d'appel, appréciant les termes d'un ou de plusieurs articles de journal, décide en fait qu'ils contiennent ou ne contiennent pas l'annonce d'une souscription ayant pour objet d'indemniser le gérant de condamnations judiciaires prononcées contre lui échappe à la censure de la Cour de cassation. — *Cass.*, 26 août 1836, *la Mode* et la *Gazette de Flandre et d'Artois;* 1er sept. 1836, Viollet de Saint-Philbert.

33. — Les annonces d'une souscription prohibée ne constituent pas un délit continu et successif. Le délit se renouvelle autant de fois, et par conséquent les tribunaux doivent appliquer autant de peines distinctes qu'il y d'annonces livrées à la publicité et tendant à faire connaître la souscription. — *Paris*, 14 juill. 1836, Viollet de Saint-Philbert; *Cass.*, 1er sept. 1836, même partie. — Chassan, t. 1er, nos 257 et 988.

34. — Lorsque l'annonce d'une souscription prohibée est faite par la voie d'un journal; la répression de l'infraction peut être poursuivie non-seulement contre le gérant du journal, mais encore contre ceux qui l'ont aidé avec connaissance de cause dans la perpétration de la contravention. — Chassan, t. 1er, no 989.

35. — Si la souscription a lieu à l'aide d'une annonce ou d'une liste déposée ou affichée dans un café; la poursuite doit être dirigée à la fois contre celui qui a déposé ou affiché l'annonce ou la liste et contre le maître du café, s'il en a eu connaissance. — Chassan, t. 1er, no 981.

36. — Les magistrats qui apposent leur signature au bas d'un acte de souscription ayant pour objet le paiement de l'amende prononcée contre un journal, manquent à leurs devoirs de magistrats et se rendent passibles de peines disciplinaires. — *Cass.*, 25 avr. 1835, Dugone et Mathieu.

§ 2. — *Souscription littéraire.*

37. — La souscription littéraire peut être définie une convention par laquelle deux individus s'engagent : l'un à fournir, l'autre à prendre un ouvrage paraissant par volumes ou livraisons; moyennant un prix fixé soit à l'avance par un prospectus, soit par l'acte même de souscription.

38. — Autrefois, les conditions d'après lesquelles les souscriptions littéraires pouvaient être proposées au public avaient été déterminées par le tit. 3 du règlement de 1723.

39. — Aux termes de l'art. 17 de ce titre, les libraires et imprimeurs avaient seuls le droit de proposer des ouvrages par souscription; et ils étaient responsables envers les souscrivans.

40. — Une formalité préalable leur était imposée. Ainsi, avant d'offrir aucun ouvrage par souscription, ils devaient en présenter la moitié au moins à l'examen et obtenir la permission d'imprimer, par lettres scellées du grand sceau. — Art. 18.

41. — Avec le prospectus, le libraire ou l'imprimeur devait publier au moins une feuille d'impression de l'ouvrage proposé par souscription; et cette feuille devait être imprimée dans les mêmes formes, caractères, papier que le surplus de l'ouvrage, que le libraire ou imprimeur était tenu de livrer dans le temps porté par la souscription. — Art. 19.

42. — Le règlement de 1723 fut confirmé par arrêts du conseil des 10 avr. 1735 et 16 avr. 1785, qui n'admirent toutefois les souscriptions que pour l'impression d'ouvrages considérables, qui ne pourrait être faite sans ce secours, et exigèrent que ces souscriptions fussent préalablement autorisées par le garde des sceaux.

43. — Ces arrêts du conseil déclarèrent en outre que ceux des libraires qui manqueraient de remplir quelques-unes des conditions à eux imposées, seraient condamnés envers les souscripteurs à la restitution du double de ce qu'ils auraient reçu et à une amende arbitrée suivant la gravité des cas.

44. — Le règlement de 1723 et les arrêts du conseil précités ont été abrogés par la loi de 1791, et, depuis, la souscription littéraire n'a été l'objet d'aucune loi particulière : de sorte que, aujourd'hui, toute personne peut, comme éditeur, publier un ouvrage par souscription, et que pour la validité des souscriptions il n'y a d'autres règles à suivre que celles indiquées par le Code civil au titre *Des obligations*. — Goujet et Merger, *Dictionn. de dr. comm.*, vo *Souscription littéraire*, no 5.

45. — La souscription littéraire n'est pas une obligation conditionnelle unilatérale, un contrat par lequel le souscripteur s'engage à payer le montant de la souscription *si on lui livre tel ouvrage* tandis que le libraire ou l'éditeur ne s'engage à payer qu'autant qu'il le pourra, mais contient, au contraire, des obligations réciproques entre le souscripteur et le libraire ou l'éditeur et est, par conséquent, un contrat synallagmatique et soumise aux règles qui le régissent. — C. civ., art. 1325.

46. — Ainsi, la souscription doit, à peine de nullité, mentionner les engagemens réciproques des deux parties et être constatée par un acte fait double. — *Cass.*, 8 nov. 1843 (t. 2 1843, p. 813), Jollivet c. Lasne; *Paris*, 1er mai 1848 (t. 1er 1848, p. 725), Dubois c. Hainguerlot; 2 mai 1849 (t. 1er 1849, p. 368), Dubois c. Blanquart de Bailleul.

47. — Vainement on prétendrait que l'obligation de l'éditeur résulte de son prospectus et de l'insertion de la publication faite au *Journal de la librairie*. Vainement encore on invoquerait l'usage en pareille matière. Car cet usage ne saurait prévaloir contre les dispositions formelles de l'art. 1325 du Code civil. — Arrêt de *Paris* précité, du 1er mai 1848.

48. — Il a même été jugé qu'à défaut d'un acte rédigé et signé en double original, le libraire ou l'éditeur ne peut être admis à faire preuve de la souscription et de ses conditions par les moyens autorisés par l'art. 109 du Code de commerce. — *Cass.*, 8 nov. 1843 (t. 2 1843, p. 813), Jollivet c. Lasne.

49. — Mais, ainsi que le font, avec raison, remarquer MM. Goujet et Merger (*loc. cit.*, no 21), cette décision ne doit pas être entendue d'une manière trop absolue. Ainsi, d'une part, la nullité d'une souscription résultant de ce que l'acte n'a pas été fait en double, peut être couverte par l'exécution. C'est du reste ce qui résulte implicitement de l'arrêt de cassation précité, du 8 novembre 1843.

50. — D'un autre côté un simple bulletin de souscription signé seulement par le souscripteur peut aussi valoir comme commencement de preuve par écrit, autorisant l'admission de la preuve testimoniale ou des présomptions. — C. civ., art. 1347 et 1353. — Goujet et Merger, *loc. cit.*

51. — Toutefois on ne saurait considérer ni comme une exécution ni même comme un commencement d'exécution de la part du souscripteur le fait d'avoir reçu livraison, s'il s'est refusé à en payer le prix, par suite d'un désaccord tant sur ce prix que sur le mode de paiement, et si d'ailleurs il est constant qu'il n'a été amené à signer le bulletin de souscription que par des moyens frauduleux. — Arrêt de *Cass.*, précité, du 8 nov. 1843. — Goujet et Merger, no 32.

52. — La souscription faite par un ministre pour son département à la publication d'un ouvrage est obligatoire non-seulement pour lui, mais aussi pour ses successeurs. Ils ne peuvent se dégager et refuser de solder le prix des livraisons ultérieures à mesure qu'elles paraissent, sous prétexte que les réductions opérées dans les dépenses de leur ministère leur en ôtent les moyens; lorsque, du reste, aucune dérogation aux conditions de la souscription n'est opposable à l'éditeur. — Ordonn. 9 déc. 1831.

53. — Quant aux effets du contrat qui intervient entre le souscripteur et le libraire ou l'éditeur, ils varient suivant les circonstances particulières qui accompagnent la convention. A l'égard du libraire ou de l'éditeur, l'étendue de son engagement résulte ordinairement de son prospectus. Ainsi, lorsque l'espèce de papier, le caractère et le prix sont annoncés et déterminés par le prospectus, la différence apportée dans l'une de ces choses, si elle est préjudiciable au souscripteur, peut donner à ce dernier le droit de se désister de son engagement et même de demander la restitution de ce qu'il a déjà payé. Mais il ne pourrait réclamer, à titre de dommages-intérêts, le double de ce qu'il aurait payé. — Goujet et Merger, no 6.

54. — Jugé que le souscripteur est dégagé de son obligation envers l'éditeur d'un ouvrage, lorsque celui-ci ne s'est pas conformé aux con-

ditions de la souscription et, par les retards dans les livraisons, a contrevenu essentiellement aux usages suivis en pareille matière. — *Paris*, 2 mai 1849 (t. 1er 1849, p. 368), Dubois c. Blanquart de Bailleul.

55. — Toutefois, c'est d'après les circonstances particulières de la convention qu'on doit déterminer les effets du contrat intervenu entre le vendeur et l'acheteur d'un ouvrage publié par souscription et, à cet égard, le droit d'interprétation appartient souverainement aux tribunaux. — Goujet et Merger, n° 19.

56. — Souvent un éditeur annonce, par un prospectus, la publication qu'il a l'intention de faire d'un ouvrage en indiquant seulement que les premiers volumes ont paru ou vont paraître, et sans recevoir de souscriptions à l'avance. Il n'y a, dans ce cas, aucune obligation qui lie l'éditeur et les acquéreurs des livraisons. Par suite, le premier peut cesser sa publication avant de l'avoir terminée et sans être passible d'aucune indemnité; les seconds ont aussi la faculté de ne plus retirer les volumes qui suivent. L'éditeur ne serait tenu de restituer qu'autant qu'il aurait reçu à l'avance le prix de tout ou partie de l'ouvrage, encore la restitution ne devrait-elle être que de ce qui excéderait les volumes fournis. — Goujet et Merger, n° 14.

57. — Lorsqu'un libraire ou éditeur a déterminé dans un prospectus le nombre de volumes que doit avoir un ouvrage; il semble résulter de la loi des parties, du contrat, que le souscripteur ait droit aux ouvrages dépassant le nombre fixé par le prospectus, sans être même obligé d'en payer le montant. Car en s'engageant, par l'acte de souscription, à payer tel prix pour tel ouvrage en tant de volumes, il a entendu nécessairement qu'il lui serait livré un ouvrage complet. Si, pour le montant de la souscription, il n'eût pas dû avoir cet ouvrage, peut-être n'aurait-il pas souscrit. Autrement, d'ailleurs, le prospectus ne serait qu'un moyen d'attirer le souscripteur et de l'entraîner dans un engagement dont il ne pourrait mesurer l'étendue et que le libraire ou l'éditeur aurait toujours intérêt à étendre le plus possible.

58. — Ainsi : nous pensons que l'éditeur qui en annonçant au public un ouvrage par souscription limite les volumes à un nombre déterminé dans le prospectus, doit livrer sans rétribution, au souscripteur, les volumes qu'il publie au delà de ce nombre; ou peut être contraint, en cas de refus, à reprendre les ouvrages déjà publiés, en restituant ce qui lui a été payé. — V. cependant Goujet et Merger, nos 7 et 8.

59. — Si l'éditeur qui annonce au public un ouvrage par souscription déclare, dans le prospectus, qu'il n'en commencera la publication qu'après avoir réuni un certain nombre de souscriptions, son engagement ne prend naissance que lorsque ce nombre a été atteint. Mais l'éditeur qui après une annonce de cette nature commence la publication annoncée, est présumé avoir obtenu le nombre indiqué de souscriptions; et, s'il ne continuait pas la publication, il pourrait être soumis à des dommages-intérêts envers les souscripteurs. — Goujet et Merger, nos 11 et 12.

60. — Nous avons vu que le retard apporté par l'éditeur dans la publication des livraisons pouvait dégager le souscripteur de son engagement. Mais, ayant de demander pour cette cause la résiliation du contrat, le souscripteur peut faire déterminer par un jugement le temps dans lequel la publication devra être terminée. — Goujet et Merger, n° 18.

61. — Ce droit lui appartient soit qu'un délai ait été fixé dans le prospectus pour la publication complète des livraisons, soit qu'il n'en ait été indiqué aucun. — Goujet et Merger, n° 17.

SOUSTRACTION FRAUDULEUSE.

V. VOL.

SOUSTRACTION DE PIÈCES ET TITRES.

1. — La soustraction de titres ou pièces constitue des infractions différentes à la loi pénale : suivant qu'elle a été commise par des dépositaires publics, ou de simples particuliers; suivant aussi qu'elle a été commise dans un dépôt public, ou ailleurs.

2. — Pour les soustractions commises par des dépositaires publics ou dans un dépôt public, V. DÉPÔT PUBLIC (Enlèvemens et destructions de pièces) et DÉPOSITAIRES PUBLICS.

3. — Si cette soustraction est l'œuvre d'un simple particulier et qu'elle ait été consommée hors des dépôts publics, elle prend, suivant les circonstances, le caractère d'un vol simple ou même du délit connu sous le nom d'extorsion de titres. — V. EXTORSION DE TITRES ET SIGNATURES, VOL.

V. aussi ABUS DE CONFIANCE PAR SOUSTRACTION DE PIÈCES, TITRES OU MÉMOIRES; COMMENCEMENT DE PREUVE PAR ÉCRIT, CONTRE-LETTRE, DÉPOSITAIRES PUBLICS (nos 35 et suiv.), DÉPÔT PUBLIC (Enlèvemens et destructions de pièces), DESTRUCTION DE TITRES ET ACTES, PREUVE TESTIMONIALE, QUESTION PRÉJUDICIELLE, VOL.

SOUTÈNEMENS.

C'est ainsi qu'on appelle les réponses faites aux débats d'un compte. — V. REDDITION DE COMPTE, nos 238 et suiv.

SOUVERAIN, SOUVERAINETÉ.

1. — La souveraineté peut être envisagée sous trois rapports: relativement à la distinction des nations entre elles, relativement au droit qui appartient à chaque peuple de choisir et de se donner la forme de gouvernement qu'il reconnaît la plus propre au développement de toutes ses facultés, et relativement aux lois qui prononcent sur le sort des citoyens.

2. — Considérée par rapport aux nations entre elles, la souveraineté de chacune d'elles est indépendante l'une de l'autre. De là la nécessité des traités diplomatiques pour établir entre telles et telles nations des conventions, des relations réciproques. — V. TRAITÉS DIPLOMATIQUES.

3. — Par suite de cette indépendance des nations dans leur souveraineté respective, les lois de l'une ne sont point applicables dans le territoire des autres; si cette application n'a été déterminée, réglée par un traité particulier. — V. ÉTRANGERS, nos 533 et suiv. — V. aussi EXTRADITION.

4. — Une autre conséquence de cette souveraineté, c'est qu'un jugement rendu dans un pays, même contre un individu faisant partie d'un autre pays, ne peut être *de plano* mis à exécution dans ce dernier.

5. — Sur le point de savoir quelle est spécialement en France l'autorité qui est due aux jugemens rendus et aux actes passés en pays étrangers, et de quelle manière ils y peuvent être exécutés : V. ÉTRANGERS, nos 533 et suiv. — V. aussi SARDAIGNE, SUISSE.

6. — Il est cependant un cas où par exception au principe de la souveraineté des nations certaines lois françaises sont applicables de plein droit aux membres des autres nations qui se trouvent sur le territoire français. Ce cas est celui où ces membres y commettent des délits ou des crimes. — V. ÉTRANGERS, nos 467 et suiv.

7. — La conquête d'un pays par un autre pays détruit nécessairement la souveraineté du premier, en le faisant tomber sous la dépendance du second.

8. — Toutefois, une nation peut se soumettre à une nation plus puissante; et cette soumission peut être stipulée de manière qu'elle laisse subsister la souveraineté de la nation inférieure, qui se trouve seulement restreinte à certains égards. — Vattel, *Droit des gens*, liv. 1er, n° 192.

9. — La souveraineté n'exclut point, en effet, une autorité supérieure à elle. Par conséquent, un Etat libre et souverain peut être grevé envers un autre Etat d'une de ces servitudes qu'on appelle *servitudes de droit public* et qui sont de deux espèces : les unes, *négatives*, lorsqu'elles empêchent un Etat d'exercer dans son territoire quelque acte de souveraineté; les autres, *affirmatives*, lorsqu'elles donnent à un souverain étranger le droit d'exercer quelque acte de souveraineté. —Pütter, *Institutiones juris publici germanici*, § 471, et *Développement historique de la constitution de l'empire d'Allemagne*, t. 3, ch. 14, sect. 4, § 20.

10. — Au nombre des droits qui ne peuvent être distraits de la souveraineté sans la détruire, il faut placer le dernier ressort de la justice. *Point de souverain*, dit un proverbe, *sans Cour souveraine*. Ainsi : lorsque les jugemens des tribunaux d'un Etat ressortissent à ceux d'un autre Etat, c'est un signe caractéristique de la souveraineté de ce dernier sur le premier. — *Cass.*, 30 janv. 1821, Domaine c. Bourlon; 15 mars 1837 (t. 2 1837, p. 186), de Soubise c. l'Etat.

11. — Spécialement les ducs de Lorraine, bien que jouissant de certains droits régaliens, n'étaient pas souverains du duché de Bar, à raison duquel ils relevaient du Parlement de Paris. En conséquence, ils n'ont pu déclarer inaliénables les domaines de leur seigneurie. — Mêmes arrêts.

12. — Mais les actes de souveraineté faits par un gouvernement étranger dans un pays qu'il a occupé momentanément, soit par droit de conquête, soit comme allié de l'ancien souverain et dans l'intérêt de ce dernier, cessent d'avoir leur effet aussitôt que l'occupation elle-même a cessé. — *Cass.*, 30 avr. 1812, Pisani.

13. — D'où il suit que l'amnistie accordée en 1800 par le roi de Naples dans les Etats-Romains qu'il avait repris sur la France, n'a plus eu aucun effet par la retraite de ses armées et n'a pu être appliquée par les tribunaux français établis ensuite dans ce pays. — Même arrêt. — V. aussi Merlin, *Rép.*, v° *Souveraineté*, § 8.

14. — Sur le point de savoir quel a été et quel peut être encore aujourd'hui l'effet de la réunion d'un pays étranger à la France, dont il a été ultérieurement séparé; sur les actes qui ont été faits pendant l'occupation, V., au surplus, ÉTRANGERS (nos 599 et suiv.).

15. — Considérée relativement au droit qui appartient à chaque peuple de choisir la forme de gouvernement qui lui convient : la souveraineté du peuple ou nationale est absolue ou relative, directe ou déléguée.

16. — La souveraineté nationale, envisagée au point de vue le plus absolu, est celle qui réside dans tous les membres, sans distinction, d'un même Etat. Elle s'exerce au moment des révolutions politiques ou des crises sociales, et se manifeste sous les formes imposées par la nécessité impérieuse des événemens.

17. — L'exercice de la souveraineté absolue est un fait auquel on ne peut assigner de règles. Il s'apprécie par l'idée morale du droit et du devoir, qui seule peut absoudre, dans son origine, le mouvement révolutionnaire. — Laferrière, *Cours de dr. publ.* (3e édit.), t. 1er, p. 56.

18. — A de grandes époques, comme celles de 1688 et 1789, la souveraineté absolue s'exerce définitivement, c'est-à-dire sans que les actes par lesquels elle se manifeste aient besoin d'être ultérieurement ratifiés. A d'autres époques, au contraire, comme celles de 1830 et de 1848, les actes qui sont le produit de la souveraineté absolue ne trouvent leur légitimité, leur sanction que dans la ratification de la représentation nationale.

19. — Mais, dans un état de choses régulier, la souveraineté n'est point exercée par tous les habitans indistinctement d'un même pays. Elle n'appartient qu'à ceux auxquels la loi n'a pas interdit le droit de suffrage. La souveraineté est alors relative. Les femmes, les mineurs, et tous ceux que la loi a déclarés incapables du droit de suffrage, ne peuvent participer à son exercice.

20. — Considérée encore dans un sens plus restreint, relativement aux lois qui prononcent sur le sort des citoyens, la souveraineté s'entend du pouvoir même qui est investi du droit de donner les ordres suprêmes dans la société politique et de faire les lois. Ce pouvoir s'appelle le pouvoir suprême ou le *souverain* parce qu'il n'y a point de recours contre ses décisions.

21. — Ce pouvoir représente une souveraineté secondaire ou déléguée. Il ne s'est presque jamais, en effet, rencontré que, dans l'état normal des Etats, le droit de commander, de dire le dernier mot sur les affaires publiques ait été confié directement, exclusivement aux citoyens en masse investis du droit de suffrage. — V. CHAMP DE MARS, CHAMP DE MAI, REPRÉSENTATION NATIONALE. — Ce pouvoir a presque toujours été exercé *par délégation*. Mais, au-dessus de cette souveraineté déléguée, organisée, ne cesse point de planer la souveraineté nationale.

22. — La souveraineté nationale composée de tous les citoyens ayant droit de suffrage peut être appelée pouvoir constituant, et la souveraineté déléguée pouvoir constitué. Le mandat du pouvoir constitué est nécessairement restreint, limité. Le pouvoir constitué ne pourrait, sans usurpation, s'arroger les attributions du pouvoir constituant. Toutefois, ce dernier pouvoir ne saurait être permanent; il disparaît momentanément tant que dure le pouvoir constitué.

23. — La souveraineté, portait l'art. 1er du tit.

de la Constitution de 1791, est une, indivisible, inaliénable, imprescriptible; elle appartient à la nation, aucune fraction du peuple ni aucun individu ne peut s'en attribuer l'exercice.

24. — Cette constitution avait organisé la souveraineté déléguée. Aux termes de l'art. 2, la nation, de qui seule émanaient tous les pouvoirs, ne pouvait les exercer que par délégation.—Les pouvoirs délégués étaient le roi et l'Assemblée nationale. — Art. 3.

25. — Au contraire, la constitution du 24 juin 1793 avait organisé la souveraineté sans délégation. D'après l'art. 7 de cette constitution, le peuple souverain était l'universalité des citoyens français; et l'art. 10 l'appelait à délibérer *sur les lois*.

26. — Cette constitution consacrait également, comme celle de 1791, le principe de l'unité, de l'indivisibilité, de l'inaliénabilité et de l'imprescriptibilité de la souveraineté du peuple, et voulait aussi, par suite, qu'aucune portion du peuple ne pût exercer la puissance du peuple entier. — *Déclaration des droits de l'homme et du citoyen* placée en tête de la Constitution de 1793, art. 26. — Tout individu qui usurpait la souveraineté était à l'instant mis à mort par les hommes libres. — Même déclaration, art. 27.

27. — L'art. 28 de la déclaration précitée portait en outre que le peuple avait toujours le droit de revoir, de réformer et de changer la Constitution; qu'une génération ne pouvait assujettir à ses lois une génération future.

28. — Le principe de la souveraineté résidant dans l'universalité des citoyens français avait été maintenu par la Constitution du 5 fruct. an III (22 août 1795). — V. DÉCLARATION DES DROITS DE L'HOMME ET DU CITOYEN placée en tête de cette Constitution, art. 17. — La même déclaration (art. 18) interdisait à tout individu et à toute réunion partielle de citoyens de s'attribuer la souveraineté.

29. — Mais cette dernière déclaration tout en reconnaissant au peuple le droit d'exercer directement sa souveraineté, l'autorisait en même temps à en déléguer l'exercice. — Art. 20.

30. — Dans les constitutions postérieures, la souveraineté du peuple ne fut pas textuellement consacrée; mais elle n'en fut pas moins reconnue, autrement la Constitution du 23 frim. an VIII (14 déc. 1799) et les sénatus-consultes organiques des 16 therm. an X (4 août 1802) et 28 flor. an XII (18 mai 1804) n'eussent pas été soumis à son approbation. — V. RÉPUBLIQUE.

31. — La Charte du 4-10 juin 1814 prit pour base un tout autre principe. «Nous avons considéré, est-il dit dans le préambule de cette Charte, que bien que l'*autorité tout entière résidât en France dans la personne du roi*, nos prédécesseurs n'avaient pas hésité à en modifier l'exercice, suivant la différence des temps.» Mais rien n'était plus inexact. Jamais, en effet, ainsi que le fait remarquer avec raison M. Foucart (*Droit public*, t. 1er, p. 46), notre droit public n'a admis, en principe, que l'autorité tout entière résidât en France dans la personne du roi.

32. — Aussi la Charte de 1830 fut-elle, à la différence de celle de 1814, basée sur le principe de la souveraineté de la nation. C'est ce qui résulte, sans aucun doute, de la déclaration de la Chambre des députés du 7 août 1830, dans laquelle on lit que, «selon le vœu et dans l'intérêt du peuple français, le préambule de la Charte constitutionnelle est supprimé comme blessant la dignité nationale en paraissant *octroyer* aux Français des droits qui leur appartiennent essentiellement.»

33. — M. Persil avait même proposé d'insérer dans la Charte les deux dispositions suivantes, prises de la Constitution de 1791 : «La souveraineté appartient à la nation; elle est inaliénable et imprescriptible. — La nation, de qui seule émanent tous les pouvoirs, ne peut les exercer que par délégation.» Mais cet amendement ne fut point admis, sur l'observation faite par M. Dupin, rapporteur, que le passage ci-dessus transcrit de la déclaration exprimait la même idée.

34. — Sous la Charte de 1830 l'exercice de la souveraineté nationale appartenait, par délégation, au roi, à la Chambre des pairs et à la Chambre des députés, qui seule était nommée par le corps des électeurs.

35. — La Constitution du 4 nov. 1848 a, au contraire, formellement consacré la doctrine de la Constitution de 1791, sur la souveraineté nationale et la souveraineté déléguée. «La souveraineté, porte en effet l'art. 1er de la Constitution du 4 nov. 1848, réside dans l'universalité des citoyens français. — Elle est inaliénable et imprescriptible. — Aucun individu, aucune fraction du peuple ne peut s'en attribuer l'exercice.»

36. — Et après avoir dit d'une manière générale que tous les pouvoirs publics émanent du peuple et ne peuvent être délégués héréditairement (art. 18), la Constitution du 4 nov. ajoute que le peuple français délègue le pouvoir législatif à une assemblée unique et le pouvoir exécutif au président de la République. — V. POUVOIR EXÉCUTIF, POUVOIR LÉGISLATIF, PRÉSIDENT DE LA RÉPUBLIQUE, REPRÉSENTATION NATIONALE.

37. — Mais, de ces deux pouvoirs, le pouvoir législatif et le pouvoir exécutif, le premier se rapproche le plus de la souveraineté nationale, en ce sens qu'il est irresponsable, du moins légalement. A la différence du roi, dont la personne était inviolable, le pouvoir exécutif actuel, au contraire, est responsable de ses actes. En lui déléguant une portion de la puissance, le peuple s'est réservé le droit de lui demander compte du mandat qu'il lui confiait. La responsabilité du président de la République est une conséquence de l'inaliénabilité de la souveraineté. C'est par exception à ce principe que la responsabilité n'a point été étendue à l'Assemblée nationale.

38. — Une autre conséquence de l'inaliénabilité et de l'imprescriptibilité de la souveraineté, c'est que le souverain n'est point lié par les lois qu'il a faites; qu'il peut toujours les changer et les rapporter. Cela s'étend même jusqu'au droit de modifier les dispositions du pacte fondamental, de la Constitution.

39. — Mais le pouvoir organisé pour gouverner une société ne peut changer lui-même les conditions de l'acte qui règle l'étendue de son mandat. Circonscrit dans la sphère que lui trace la Constitution, il n'est rien hors de ses termes. Le droit de changer les bases de la Constitution ou même seulement d'en modifier quelque disposition, ne peut appartenir qu'à un pouvoir spécialement délégué à cet effet. — Const. 4 nov. 1848, art. 111.

SPARTERIE (Fabricans de).

Fabricans de sparterie pour modes,—fabricans et marchands d'objets en sparterie. — Patentables, les premiers, de 5e classe, et les derniers de 6e. — Droit fixe basé sur la population, — droit proportionnel du 20e de la valeur locative de l'habitation et des lieux servant à l'exercice de la profession.

SPECTACLES.

Soumis à la patente. — Droit fixe du 1/4 d'une représentation complète dans les théâtres où l'on joue tous les jours, — de 1/8 si l'on ne joue pas tous les jours et si la troupe est sédentaire; — de 50 francs si la troupe n'est pas sédentaire, c'est-à-dire si elle ne réside pas quatre mois consécutifs dans la même ville. — Droit proportionnel du 15e de la valeur locative du loyer d'habitation seulement. — V. CENSURE DRAMATIQUE, DROIT DES PAUVRES, PATENTE, POUVOIR MUNICIPAL, THÉATRES.

SPHÈRES (Fabrians de).

Patentables de 6e classe. — Droit fixe, basé sur la population; — droit proportionnel du 20e de la valeur locative de l'habitation et des lieux servant à l'exercice de la profession. — V. PATENTE.

SPOLIATION DE SUCCESSION.

V. SUCCESSION. — V. aussi CHOSE JUGÉE, DOMMAGES-INTÉRÊTS, PRESCRIPTION CRIMINELLE, RECÉLÉ.

STAGE.

1. — Temps de travail pendant lequel ceux qui se destinent à la profession d'avocat ou d'officier ministériel sont tenus de se livrer à des études pratiques.

2. — De tout temps on a reconnu la nécessité de soumettre les candidats qui aspiraient à être inscrits au tableau des avocats, ou bien à être nommés officiers ministériels, à un cours d'études spéciales.

3. — C'est, en effet, dans l'expérience résultant d'un long travail que l'on trouve la principale garantie de la capacité des aspirans.

4. — Il est, d'ailleurs, indispensable d'habituer ceux qui veulent entrer dans une compagnie à bien se pénétrer de l'esprit de la profession qu'ils désirent embrasser.

5. — De là l'obligation de travailler pendant un certain laps de temps sous les yeux et sous la direction des membres d'une compagnie avant d'être reçu dans son sein.

6. — Pendant la durée de ces études préparatoires, les avocats reçoivent plus spécialement le titre de *stagiaires*. — V. AVOCAT. — Ceux qui travaillent dans des études d'officiers ministériels sont désignés sous le nom de *clercs*. — V. CLERC.

7. — Le conseil de l'ordre des avocats et les chambres des diverses compagnies d'officiers ministériels ont une juridiction disciplinaire sur les stagiaires ou clercs.

8. — La durée du stage varie selon les diverses professions pour lesquelles il est exigé.—V. AGENT DE CHANGE, AVOCAT, AVOCAT A LA COUR DE CASSATION, AVOUÉ, COMMISSAIRE-PRISEUR, CONSEIL D'ÉTAT, FONCTIONNAIRE PUBLIC, GREFFIER, HUISSIER, JUGE, MINISTÈRE PUBLIC, NOTAIRE, OFFICE.

9. — On a vu v° CLERC les règles concernant en général le stage des clercs chez les différens officiers ministériels. Nous ajouterons ici quelques dispositions en ce qui concerne particulièrement le stage des clercs de notaire.

10. — Le temps de travail ou de stage est, comme on l'a vu v° CLERC (n° 27) et sauf les exceptions dont il va être parlé plus loin, de six années entières et non interrompues, dont une des deux dernières au moins en qualité de premier clerc chez un notaire d'une classe égale à celle où se trouve la place à remplir. — L. du 25 vent. an XI, art. 36.

11. — En cas de maladie dûment justifiée, il n'y a pas interruption de stage; toutefois, le temps de suspension ne peut être compté dans la supputation totale du stage. — Décis. du garde des sceaux, 9 juill. 1847.

12. — Celui qui demande à être admis à une place de deuxième classe en vertu des dispositions de l'art. 37, et qui ne justifie pas complétement des trois années d'étude dans une étude de première classe exigées par cet article, peut demander que ce qui lui manque à cet égard soit compensé avec le stage qu'il aurait fait chez un notaire de troisième classe, si la durée de ce dernier excède des 2/3 la lacune signalée dans les études de première classe. — Décis. min. just., 15 juin 1837.

13. — Le temps de travail peut n'être que de quatre ans, lorsqu'il en a été employé trois dans l'étude d'un notaire d'une classe supérieure à la place qui doit être remplie et lorsque, pendant la quatrième, l'aspirant a travaillé en qualité de premier clerc chez un notaire d'une classe supérieure ou égale à celle où se trouve la place pour laquelle il se présentera. — L. du 25 vent. an XI, art. 37.

14. — Le notaire déjà reçu et exerçant depuis un an dans une classe inférieure est dispensé de toute justification de stage, pour être admis dans une classe immédiatement supérieure. — L. du 25 vent. an XI, art. 38.

15. — L'aspirant qui a travaillé pendant quatre ans, sans interruption, chez un notaire de première ou de seconde classe et qui a été pendant deux ans au moins défenseur (avocat) ou avoué près un tribunal civil peut être admis dans une des classes où il a fait son stage, pourvu que, pendant l'une des deux dernières années de son stage, il ait travaillé, en qualité de premier clerc, chez un notaire d'une classe égale à celle où se trouve la place à remplir. — L. du 25 vent. an XI, art. 39.

16. — Comme c'est une exception, qu'établit l'art. 39; le bénéfice n'en peut être invoqué par les agréés, qui exercent seulement près les tribunaux de commerce. — Rolland de Villargues, *Rép. du not.*, v° *Stage*, n° 68.

17. — Elle ne peut être non plus invoquée par les simples licenciés en droit, les avocats et les avoués ayant seuls le droit d'exercer les fonctions de défenseur. — Décis. min. just., 21 sept. 1835.

18. — Lorsqu'un aspirant se présente pour être admis à un office de notaire de deuxième classe, en vertu des dispositions exceptionnelles de l'art. 37 de la loi du 25 vent. an XI, mais toutefois sans justifier complétement des trois années de stage de première classe exigées par cet article, il n'est pas fondé à demander, par application de l'art. 40, que le stage qui lui manque dans la première classe soit compensé avec le stage qu'il a fait dans la deuxième.—Décis. du garde des sceaux, 5 juill. 1847.

19. — La durée du stage doit être augmentée d'un tiers en sus toutes les fois que l'aspirant ayant travaillé dans une étude d'une classe inférieure se présente pour occuper une place d'une classe immédiatement supérieure. — L. 25 vent. an XI, art. 40.

20. — L'aspirant qui indépendamment d'un stage de trois ans dans une étude de première classe justifierait des seize mois de travail, comme premier clerc, dans une étude de troisième, peut être nommé notaire de deuxième classe. — Décis. min. just., 23 juin 1838.

21. — Pour être admis à exercer dans la troisième classe de notaires, il suffit que l'aspirant ait travaillé pendant trois années chez un notaire de première ou de deuxième classe, ou qu'il ait exercé comme défenseur (avocat) ou avoué pendant l'espace de deux années près un tribunal d'appel ou de première instance, et qu'en outre il ait travaillé pendant un an chez un notaire. — L. 25 vent. an XI, art. 41.

22. — Le gouvernement peut dispenser de toute justification de stage les individus qui ont exercé des fonctions administratives ou judiciaires. — L. 25 vent. an XI, art. 42.

23. — Les fonctions d'avocat ou d'avoué ne sont pas considérées, dans le sens de l'art. 42, comme des fonctions judiciaires. Il en est autrement des greffiers de paix. — Décis. min. just. 12 oct. 1829 et 31 janv. 1836.

24. — Dans l'ordre administratif, l'art. 42 est applicable aux maires, adjoints, préposés de la régie, de l'enregistrement, etc.; mais non aux conseillers municipaux, commissaires de police, employés dans les ministères, surnuméraires de l'enregistrement : alors même qu'ils auraient remplacé par intérim le titulaire d'un emploi. — Décis. min. just. 19 mai 1836, 1er et 13 juin 1835.

25. — L'ordonnance du 4 janvier 1843 a posé des règles dans le but de faire constater régulièrement le stage des aspirans au notariat.

26. — Il doit être tenu, par le secrétaire de chaque chambre de discipline, un registre d'inscription pour les aspirans, lequel est coté et paraphé par le président de la chambre. — Ord. 4 janv. 1843, art. 33.

27. — Déjà plusieurs chambres avaient, par règlement spécial, exigé que les clercs fussent inscrits sur un registre *ad hoc;* mais cet usage n'était ni général ni formellement prescrit par des dispositions obligatoires. Aussi décidait-on qu'un aspirant qui avait fait son stage dans le ressort d'une chambre pour laquelle il existait un semblable règlement intérieur, n'en pourrait pas moins invoquer ce stage : nonobstant la négligence qu'il avait mise à se faire inscrire. — Décis. min. just., 23 juin 1838.

28. — Les dispositions concernant la tenue du registre d'inscription et les mentions que doivent y requérir les clercs du certificat que leur délivre le notaire chez lequel ils travaillent, sont tracées dans les art. 31 et suiv. de l'ordonnance du 4 janvier 1843 : ainsi qu'on l'a vu v° CLERC, n°s 32 et suiv.

29. — Toutes les fois qu'un aspirant change de grade ou d'étude, il est tenu d'en faire, dans les trois mois, la déclaration, sous la forme prescrite par l'art. 33, en accompagnant cette déclaration d'un certificat, soit de son ancien patron, constatant son nouveau grade, soit de son nouveau patron avec indication du grade qu'il a conféré à l'aspirant dans son étude. — Ord. 4 janv. 1843, art. 36.

30. — Avant l'ordonnance de 1843 et dans les ressorts des chambres où n'existait pas un registre d'inscription, le stage n'était constaté que par les certificats des notaires chez lesquels l'aspirant avait travaillé ; et trop souvent il était délivré des certificats de complaisance : constatant, contrairement à la vérité, soit des années de travail qui n'existaient pas, soit un grade de cléricature que l'aspirant n'avait jamais eu.

31. — Jugé à ce sujet que le notaire qui délivrait un certificat de stage à un candidat qui n'avait point travaillé chez lui encourait la suspension. — *Poitiers*, 10 août 1824, D...; *Agen*, 28 févr. 1825, O....

32. — ... Et qu'il ne pouvait être excusé ni parce qu'il aurait agi uniquement par complaisance et non par un motif de cupidité (*Agen*, 28 févr. 1825, O...); ni par le motif qu'il aurait fait connaître à la chambre des notaires la fausseté du certificat (*Poitiers*, 10 août 1824, D...).

STARIE.

1. — Séjour forcé dans un port intermédiaire où un navire est forcé de relâcher par des vents contraires, par la crainte de l'ennemi, par celle de la tempête, ou par la nécessité de faire des réparations urgentes.

2. — On appelle encore *starie* ou *jour de planche* le délai accordé pour la charge et la décharge du navire. — V. CHARTE PARTIE, n°s 38 et suiv.

3. — Les jours fériés ne sont point, à moins de convention contraire, comptés dans les jours de starie ou de planche. — Trib. comm. *Marseille*, 27 oct. 1834 (*Journ. Marseille*, 14, p. 301).

4. — Il en est de même de ceux pendant lesquels le navire est obligé de prendre la mer pour s'éloigner des côtes. — Trib. comm. *Marseille*, 17 nov. 1834 (*Journ. Marseille*, 14, p. 125).

5. — S'il a été stipulé que le capitaine bénéficiera aux chargeurs une somme déterminée par chaque jour en moins des staries qui leur sont accordées pour faire leur chargement, sans que cette somme ait été déclarée payable jour par jour; il y a présomption que l'intention des parties a été que cette bonification pour prompt chargement serait précomptée sur le fret : de sorte que le fret cessant d'être dû par suite de la perte du navire et du chargement, la bonification convenue cesse également de l'être. — Trib. comm. *Marseille*, 5 janv. 1830 (*Journ. Marseille*, 11, p. 222).

6. — Les staries ou jours de planche pour la décharge commencent à courir non du jour de l'arrivée du navire, mais de celui où il a pris place au quai. — Trib. comm. *Marseille*, 4 juill. et 1er août 1832, 16 janv. 1833 et 9 janv. 1834 (*Journ. Marseille*, 13, p. 44 et 249, et 14, p. 219). — Goujet et Merger, *Dict. de dr. comm.*, v° *Starie*, n° 1er.

7. — Et il en est ainsi lors même que la charte partie porterait que les jours de planche courraient du lendemain de la libre entrée du navire. — Trib. comm. *Marseille*, 5 nov. 1822 et 5 mai 1836 (*Journ. Marseille*, 14, p. 142, et 16, p. 76).

8. — Lorsque, au lieu d'attendre son tour pour prendre place le long du quai, le capitaine fait débarquer les marchandises sur un autre point, les jours de starie courent du moment de la mise à exécution de cette résolution. — Trib. comm. *Marseille*, 26 sept. 1836 (*Journ. Marseille*, 16, p. 76).

9. — En cas de stipulation que les jours de planche courraient à partir de l'avertissement donné par le capitaine de la possibilité de débarquer, la remise faite par celui-ci de son manifeste à la douane ne saurait tenir lieu de l'avertissement. — Trib. comm. *Marseille*, 19 déc. 1834 (*Journ. Marseille*, 14, p. 240).

10. — Toutefois, tant que les marchandises ne sont pas devenues libres par le débarquement des autres marchandises superposées, et qu'ainsi elles ne sont pas à la disposition du consignataire, les jours de planche ne courent pas. — Trib. comm. *Marseille*, 18 août 1834 (*Journ. Marseille*, 14, p. 130).

V. aussi FRET.

STATIONNEMENT SUR LA VOIE PUBLIQUE.

1. — Action de s'arrêter sur la voie publique, quand même le stationnement ne serait que de courte durée, au même endroit, et qu'il aurait lieu dans le cours d'une circulation habituelle.

2. — Il entre dans les attributions de l'autorité municipale, chargée, par l'art. 3, n° 1er, tit. 11 de la loi du 24 août 1790, de procurer la liberté et la sûreté du passage dans les rues, quais, places et voies publiques, de régler tout ce qui se rattache au stationnement sur la voie publique.

3. — Elle peut donc ou interdire absolument ce stationnement ou déterminer dans quels lieux, à quelles heures et suivant quelles conditions il sera permis.

4. — Il faut néanmoins distinguer le stationnement des personnes et celui des voitures, des chevaux et autres animaux.

5. — Quant au stationnement des personnes sur la voie publique, il est libre en principe. — V., toutefois, en ce qui concerne les attroupemens et rassemblemens, v^is^ ATTROUPEMENT et RASSEMBLEMENT. — V. aussi BRUITS ET TAPAGES INJURIEUX OU NOCTURNES.

6. — Le droit de stationner sur la voie publique est réglementé spécialement à l'égard des personnes adonnées à la prostitution. — V. PROSTITUTION.

7. — ... Et à l'égard des personnes qui y exercent une industrie quelconque, à raison des entraves qu'elles peuvent apporter à la liberté et à la sûreté du passage. — V. BATELEUR, COLPORTAGE, ÉTALAGE, POUVOIR MUNICIPAL.

8. — Quant au stationnement des voitures, des chevaux ou autres animaux ; il est prohibé lorsqu'il a lieu sans nécessité, et qu'il constitue ainsi un embarras de la voie publique. — Art. 471 n° 4 C. pén. — V. EMBARRAS DE LA VOIE PUBLIQUE.

9. — L'autorité municipale peut également déterminer les règles du stationnement, et fixer, par exemple, les rues et places où il aura lieu certains jours de la semaine. — V., à cet égard, v^is^ EMBARRAS DE LA VOIE PUBLIQUE et POUVOIR MUNICIPAL.

10. — Jugé que l'arrêté municipal qui défend d'approcher des diligences ou voitures de poste pour y vendre des fruits, des fleurs et des marchandises ne s'applique qu'aux voitures en circulation ou en mouvement et non à celles qui sont arrêtées et en stationnement ; alors qu'une autre disposition de cet arrêté, relative à ces dernières, en a été retranchée par le maire sur les observations du préfet, qui en aurait sans cela prononcé l'annulation pour le tout. — *Cass.*, 5 avr. 1842 (t. 2 1842, p. 163), Pierret.

11. — A l'égard des voitures de place appelées communément *fiacres*, *cabriolets*, etc., l'autorité municipale, dans l'intérêt de la sûreté et de la commodité du passage, peut les soumettre à une autorisation et régler les conditions de leur existence et de leur stationnement sur la voie publique. — V., sur la légalité et les effets des ordonnances ou arrêtés qui défendent à certaines voitures soit de ralentir leur marche, soit de stationner dans le but de prendre des voyageurs, et en général sur les diverses mesures prises, relativement à la conduite des voitures, dans le double intérêt de la commodité et de la sûreté de la voie publique, v° VOITURES.

STATISTIQUE JUDICIAIRE.

§ 1er. — *Statistique civile* (n° 1).

§ 2. — *Statistique criminelle* (n° 25).

—

§ 1er. — *Statistique civile.*

1. — Aux termes des art. 80 et 81 du décret du 30 mars 1808, les chefs du parquet près les tribunaux de première instance étaient tenus d'envoyer au procureur général de leur ressort, en avril et septembre, deux états semestriels des travaux de leur tribunal, en matière civile et commerciale, contenant le nombre des affaires inscrites au rôle, des procès instruits sur rapport, des causes jugées ou à juger ; avec l'énonciation de la cause du retard, le nombre des procédures d'ordre, le nombre des appels, et celui des jugemens infirmés et confirmés.

2. — Depuis, l'année civile a été substituée à l'année judiciaire (circ. minist. 8 févr. 1834); et les deux états précités ont été réunis en un seul état annuel, qui est transmis au procureur général en double expédition. — Circul. min. des 19 oct. et 30 déc. 1840. — Cet état comprend les travaux de chaque année, du 1er janvier au 31 décembre. Il doit être adressé au parquet de la Cour avant le 1er avril.

3. — Il est transmis à cet effet tous les ans, au mois de janvier, au ministère de la justice des cadres imprimés. Ces cadres sont remplis par les greffiers sous la direction et la surveillance des présidens des tribunaux, et sous le contrôle du ministère public. — Circul. minist. des 30 déc. 1840 et 15 déc. 1841.

4. — Le cadre destiné aux travaux des tribunaux civils est divisé en plusieurs états. Un état préliminaire contient l'indication des avocats en exercice et des avocats stagiaires et présens au tableau, de toutes les demandes en séparation de corps jugées définitivement ou terminées pendant l'année par radiation des rôles, transaction, abandon ou désistement. Ce tableau doit comprendre aussi les demandes sur lesquelles il est intervenu un jugement par défaut, quand ce jugement n'a pas été attaqué par opposition au moment du compte.

5. — Le premier état qui suit le précédent a pour objet de faire connaître l'état général des

affaires civiles portées pendant l'année devant chaque tribunal de première instance. Il indique la distinction des affaires, d'après leur inscription au rôle et d'après la manière dont le tribunal en a été saisi ; le nombre des affaires à juger pendant l'année du compte, celui des affaires définitivement terminées pendant l'année, celui des affaires restant à juger au 31 décembre, les jugemens d'avant faire droit, les jugemens sur les demandes incidentes ou sur les incidens de procédure et, enfin, les jugemens par défaut au fond frappés d'opposition pendant l'année.

6. — Les jugemens d'avant faire droit qui doivent être inscrits dans cet état sont uniquement les jugemens préparatoires ou interlocutoires définis par l'art. 452 C. proc. civ. Les jugemens d'avant faire droit obligatoires doivent être distingués de ceux qui ne sont que facultatifs. Les simples remises de cause d'une audience à l'autre ne sont pas comprises dans cet état. — Massabiau, *Manuel du ministère public*, t. 3, n° 3615.

7. — Un deuxième état doit reproduire toutes les affaires portées devant le tribunal sur requête, en référé, ou par toute autre voie, sans enrôlement préalable : qu'elles aient été jugées en chambre du conseil ou en audience publique. Cet état comprend les adoptions, les instances qui intéressent les administrations publiques, les homologations de toute espèce, les rectifications d'actes de l'état civil, etc.

8. — Un troisième état contient le relevé général des ordres et contributions ouverts pendant l'année du compte. Il indique les procédures ouvertes par la nomination du juge-commissaire, celles qui ont été terminées dans l'année par règlement définitif ou amiable, par abandon ou par jonction à d'autres procédures de même nature, celles qui restent à terminer au 31 décembre de l'année du compte, celles dans lesquelles le juge-commissaire décédé ou appelé à d'autres fonctions n'a pas été remplacé, et enfin les procédures restant à terminer qui avaient plus de quatre mois de date à partir de l'ouverture.

9. — Un quatrième état comprend les jugemens préparatoires ou interlocutoires sur plaidoiries, c'est-à-dire rendus en matière de partage, de lésion, de vente de biens de mineurs ou de biens dotaux, de séparation de corps et de biens, prononcés pendant l'année du compte : soit que la loi exige ces avant faire droit, soit qu'elle les laisse à la libre disposition des juges; soit qu'ils préjugent le fond, soit qu'ils ne le préjugent pas. — Massabiau, nos 3621 et 3622.

10. — Un cinquième état fait connaître le chiffre des faillites dont il a été donné avis au ministère public pendant l'année.

11. — Un sixième a pour objet de faire connaître la durée des procès civils à partir de l'inscription au rôle; les affaires non inscrites au rôle y sont classées, sans égard aux délais.

12. — Un septième état indique la nature des incidens sur lesquels un jugement est intervenu, le nombre des incidens accueillis et le nombre des incidens rejetés.

13. — Dans un huitième état on fait connaître les noms des notaires de chaque canton, la résidence de chaque notaire, le nombre des actes reçus dans chaque étude et totalisés par canton et, s'il est possible, les droits d'enregistrement produits par chaque acte, totalisés aussi par canton.

14. — Enfin, dans un neuvième et dernier état on doit indiquer la nature des affaires, dans l'ordre des matières du Code civil et du Code de procédure ou autres lois, jugées définitivement dans l'année du compte. Cet état, comme on le voit, est la récapitulation des états précédens. Il n'est pas la partie la moins importante du compte, et doit attirer l'attention toute spéciale des membres du parquet. — Circul. minist., 13 janv. 1844.

15. — Le cadre destiné à faire connaître les travaux des tribunaux de paix est divisé en trois états.

16. — Le premier comprend toutes les affaires civiles de la compétence du juge de paix, d'après les lois des 24 août 1790 et 25 mai 1838, qui *ont été portées* devant lui pour y recevoir jugement, en exécution des art. 8 et suiv. C. procéd. civ. Ainsi, il n'est pas nécessaire pour qu'une affaire soit inscrite dans cet état qu'elle ait été *jugée*. — Massabiau, n° 3633.

17. — Le deuxième contient le résumé des affaires portées en conciliation devant le juge de paix, soit qu'il s'agisse des affaires de la compétence des tribunaux civils, que les art. 48 et suiv. du Code de procédure soumettent au préliminaire de conciliation, soit qu'il s'agisse des affaires en dehors de la compétence du juge de paix et que les parties soumettent elles-mêmes à sa décision.

18. — Et le troisième indique les travaux dont le juge de paix a eu à s'occuper en vertu des attributions extrajudiciaires qui lui sont conférées : tels sont les conseils de famille qu'il convoque et préside, les actes de notoriété qu'il délivre, les actes d'adoption qu'il reçoit, les actes d'émancipation et les appositions et levées de scellés.

19. — Le cadre relatif aux travaux des tribunaux de paix doit être rempli par les membres du parquet, d'après des états particuliers qui leur seront transmis à cet effet par les juges de paix.

20. — Un cadre est également destiné à faire connaître les travaux des tribunaux de commerce. Ce cadre est divisé en six états, qui comprennent : le premier, toutes les affaires dans lesquelles le tribunal de commerce est appelé à rendre des jugemens de quelque manière qu'elles soient introduites; le deuxième, le nombre des actes de société, déposés et transcrits au greffe, avec l'indication de la nature de la société ; le troisième, le nombre des sentences arbitrales rendues en matière de société; le quatrième, le nombre des faillites que le tribunal a eu à régler pendant l'année et le mode suivant lequel ces faillites se sont présentées; le cinquième, la situation, à la fin de l'année, des faillites dont le tribunal a eu à s'occuper; et, enfin, le sixième, la manière dont les faillites ont été liquidées.

21. — Un quatrième cadre contient l'état récapitulatif des ordres et contributions confiés, pendant l'année, aux juges-commissaires, par ordonnance du président du tribunal : soit que ces ordres et contributions aient été terminés, soit qu'ils restent à terminer. Cet état doit être dressé par les greffiers sous la direction et la surveillance des juges-commissaires, qui doivent les certifier et les signer. — Massabiau, n° 3654 *in fine*.

22. — Enfin, un dernier cadre doit comprendre toutes les ventes judiciaires terminées pendant l'année du compte. Les notaires délégués par le tribunal pour procéder à ces ventes, sont tenus de rendre compte au ministère public de la manière dont ils ont accompli leur mandat. M. Massabiau (n° 3656) fait remarquer à cet égard que leur refus d'obéir à un pareil devoir pourrait entraîner des peines de discipline, et devrait être un obstacle à ce que le même mandat leur fût confié à l'avenir.

23. — Telles sont les différentes parties dont se compose le travail de statistique judiciaire, en matière civile, que les magistrats des parquets de première instance doivent fournir chaque année. Ce travail doit être terminé par des observations générales sur l'administration de la justice civile dans l'arrondissement. Il est signé par le président du tribunal et par le chef du parquet. Chacun d'eux a le droit d'y exprimer ses observations particulières.

24. — Les différens cadres dont les dispositions principales viennent d'être analysées, et qui forment le compte-rendu de l'administration civile pour chaque arrondissement, sont transmis au procureur général près la Cour d'appel du ressort, qui est chargé également de dresser la statistique des travaux civils de la Cour près laquelle il exerce ses fonctions pendant l'année. Ces différents travaux sont ensuite par lui adressés au ministre de la justice, et servent à composer le compte général de la justice civile que ce fonctionnaire doit présenter chaque année au pays.

§ 2. — *Statistique criminelle.*

25. — Le compte-rendu de l'administration de la justice criminelle est, comme celui de l'administration de la justice civile, fourni sur des cadres imprimés qui sont envoyés chaque année, au mois de janvier, par le ministre de la justice aux procureurs généraux, lesquels adressent ensuite à chaque parquet de tribunal de leur ressort les cadres qui lui sont spécialement destinés.

26. — Ces cadres comprennent les comptes 1° des tribunaux correctionnels, 2° des appels de police correctionnelle, 3° des arrêts d'accusation, 4° des Cours d'assises, et 5° des condamnés en récidive.

27. — Le travail du compte-rendu de l'administration de la justice criminelle ne peut être confié au greffier. Il doit être rédigé au parquet, par les chefs du parquet; ou par leurs substituts, sous leur direction immédiate et sous la garantie de leur signature. Il ne peut être signé par un substitut que dans le cas d'absence ou d'empêchement du chef du parquet. — Massabiau, n° 3658.

28. — Le compte pour ce qui concerne les parquets de première instance, est dressé en triple expédition; deux doivent être transmises aux procureurs généraux dans la seconde quinzaine de mars : l'une est envoyée au ministre, l'autre reste déposée au parquet de la Cour; la troisième expédition demeure au parquet de première instance, afin qu'elle puisse être consultée au besoin. — Circ. min. 5 janv. 1826, 19 janv. 1833 et 13 janv. 1844.

29. — Le cadre qui sert au compte des tribunaux correctionnels et divisé en six parties. La première, intitulée *Renseignemens généraux*, est elle-même subdivisée en cinq tableaux ou états préliminaires.

30. — Le premier état indique d'abord les affaires antérieures au 1er janvier, sur lesquelles le chef du parquet n'avait pris encore à cette époque aucune détermination, ou qui n'étaient pas alors terminées, et ensuite les plaintes, dénonciations et procès-verbaux qui sont entrés au parquet pendant l'année du compte : soit qu'ils aient été reçus directement par le ministère public lui-même, soit qu'ils lui aient été adressés par les officiers auxiliaires de police judiciaire. Cet état est destiné, comme on le voit, à faire connaître la situation du parquet.

31. — Le deuxième état a pour objet de faire connaître la première direction donnée aux plaintes, dénonciations et procès-verbaux parvenus au parquet. Ainsi, il indique les affaires communiquées aux juges d'instruction, celles qui ont été portées à l'audience soit par le ministère public ou par les parties civiles, celles qui ont été renvoyées au tribunal de simple police ou devant une autre juridiction, celles qui ont été classées comme ne pouvant donner lieu à aucune poursuite et, enfin, celles sur lesquelles le ministère public n'avait encore pris aucune détermination au 1er janvier de l'année du compte.

32. — Dans le troisième état, on relate le nombre des affaires dont le juge d'instruction a eu à s'occuper pendant l'année du compte : ce qui comprend celles qui lui avaient été remises avant le 1er janvier, et n'avaient pas été réglées avant cette époque, et celles dont il a été saisi pendant l'année du compte. — Le quatrième état indique le résultat des affaires portées à l'état précédent : par exemple, le nombre des affaires dont le juge d'instruction a été dessaisi par ordonnance de la chambre du conseil; le nombre de celles qui, après lui avoir été communiquées, ont été évoquées par la Cour d'appel et, enfin, le nombre de celles dont le juge d'instruction est resté saisi au 31 décembre de l'année du compte.

33. — Dans le relevé des ordonnances de la chambre du conseil, on ne doit comprendre que les ordonnances *définitives* qui ont dessaisi le juge d'instruction; et non celles qui ont prescrit un supplément d'information ou l'apport de quelque pièce, celles-ci ne figurant dans aucune partie du compte. — Massabiau, n° 3672.

34. — Il est à remarquer aussi que lorsqu'une même ordonnance renvoie plusieurs prévenus devant des juridictions différentes, elle ne doit être comptée qu'une fois; et si, par exemple, elle renvoie l'un des prévenus en simple police, l'autre en police correctionnelle, et le troisième devant la chambre d'accusation, c'est parmi les ordonnances portant renvoi devant cette chambre qu'elle doit être comprise : parce que c'est sa disposition la plus rigoureuse qui détermine la place qu'elle doit occuper. — Massabiau, n° 3674.

35. — Le cinquième état, destiné à faire connaître la situation du tribunal correctionnel, est divisé en huit colonnes indiquant : la première, la manière dont le tribunal a été saisi; la deuxième, le nombre des affaires de chaque classe portées devant lui; la troisième, le nombre total des affaires dont il a été saisi pendant l'année; les 4e, 5e, 6e et 7e, les affaires qui ont été jugées définitivement dans l'année, celles sur lesquelles le tribunal s'est déclaré incompétent, celles qui ont été rayées du rôle par suite d'abandon ou de désistement et, enfin, celles qui restaient à juger au 31 décembre.

36. — La deuxième partie a pour objet les jugemens correctionnels et est divisée en six états, dont le premier comprend les jugemens définitifs rendus en premier ressort par le tribunal de police correctionnelle; et ici on doit entendre par jugemens *définitifs* les jugemens par défaut qui ne sont plus susceptibles d'opposition. — Massabiau, n° 3680.

37. — Ce premier état est divisé en 35 colonnes, dont les dispositions peuvent se résumer

dans les quatre points principaux suivans : 1° nature et nombre des délits, 2° forme des poursuites, 3° nombre et classification des prévenus, et 4° résultat des jugemens. — Circ. min. 5 janv. 1826.

38. — Les délits qui ont été jugés dans le cours de l'année sont définis le plus succinctement possible, d'après les termes mêmes des lois pénales, et classés par catégories distinctes dans la première colonne. — A la suite de ces délits, au bas de la même colonne, sont indiquées séparément les contraventions poursuivies par des administrations publiques, ou dans leur intérêt, et les contraventions aux lois et règlemens sur la police des voitures publiques.

39. — Dans la deuxième colonne on indique, par un simple chiffre, le nombre des délits de chaque espèce, de manière qu'à l'inspection de ces deux premières colonnes on puisse savoir combien d'abus de confiance, d'attentats aux mœurs, de blessures involontaires, de vols, etc., ont été jugés par le tribunal pendant l'année. — Circ. min. 5 janv. 1826.

40. — La troisième colonne comprend le nombre total des prévenus, qui sont ensuite répartis dans d'autres colonnes selon leur sexe, leur âge et leur état de détention ou de liberté. — Dans les colonnes 10 à 15, les prévenus sont classés suivant leur sexe et leur âge. — Les colonnes 16, 17 et 18 font connaître le nombre des prévenus arrêtés pendant l'instruction, le nombre de ceux mis en liberté provisoire sous caution, détenus jusqu'au jugement ou demeurés libres. Dans la 19° colonne on indique le nombre des prévenus de crime jugés correctionnellement à raison de leur âge, en vertu de l'art. 68 du Code pénal.

41. — L'objet des colonnes 4 à 6 est de faire connaître la forme des poursuites : c'est-à-dire si les délits ont été portés directement à l'audience soit à la requête du ministère public, soit à la requête d'une partie civile, d'une administration publique ou d'un établissement public, ou s'ils n'y ont été portés qu'après une instruction préalable.

42. — Les prévenus sont ensuite classés dans les colonnes 20 à 25 selon qu'ils ont été acquittés ou condamnés, ou qu'âgés de moins de seize ans et déclarés coupables, mais acquittés pour avoir agi sans discernement, ils ont été remis à leurs parens ou à des tiers; ou mis seulement sous la surveillance de la haute police, ou renvoyés dans une maison de correction pour plus d'un an ou moins d'un an. — Les prévenus âgés de moins de seize ans, qui n'ont pas été reconnus coupables, sont compris parmi les acquittés, et inscrits dans la colonne 20°.

43. — Les colonnes 26, 27 et 28 indiquent le nombre des condamnés à l'emprisonnement à l'amende; et les colonnes 29 à 32 le nombre des condamnés placés sous la surveillance de la haute police, interdits des droits civils, contraints à faire réparation, à s'éloigner d'un lieu déterminé, et celui de ceux qui ont obtenu une réduction de peine par suite de l'admission de circonstances atténuantes.

44. — Il est fait mention dans les colonnes 33 et 34 des appels formés par les prévenus, soit par les parties civiles, soit par le ministère public.

45. — La 35° colonne est destinée à contenir les observations rendues nécessaires par suite des changemens ou modifications apportés aux colonnes précédentes par des décisions prononcées par les Cours ou tribunaux d'appel. On doit, dans ces observations, indiquer avec exactitude les divers changemens en plus ou en moins que les décisions des Cours ou tribunaux d'appel ont apportés soit quant au nombre des prévenus acquittés ou condamnés, soit quant aux peines prononcées.

46. — Le 2° état de la 1re partie présente le résultat définitif des poursuites contre tous les prévenus de chaque âge et de chaque sexe, avec l'indication des peines prononcées et de la durée de l'emprisonnement : le tout d'après la combinaison des décisions de la Cour ou du tribunal d'appel. Cet état n'est, comme on le voit, que la récapitulation de l'état 1er. Seulement, les prévenus y sont classés selon leur âge, leur sexe; tandis que dans le 1er état ils sont classés selon la nature des délits.

47. — Le 3° état n'est également qu'une récapitulation du 1er. Comme lui, il indique le résultat des poursuites, le nombre des prévenus définitivement acquittés ou condamnés. Mais on y indique de plus le nombre des prévenus qui ont été poursuivis soit à la requête du ministère public seul, soit par le ministère public avec l'intervention de quelque autre partie, soit par une

administration publique, soit enfin par toute autre partie civile.

48. — Le 4° état désigne le nombre des affaires qui ont été jugées dans le premier mois, dans le deuxième, troisième, quatrième et cinquième mois du délit avec l'indication des parties poursuivantes. Ainsi il a pour objet de faire connaître le délai dans lequel les jugemens correctionnels ont été rendus, à partir du jour du délit. Lorsque les affaires sont jugées après le troisième mois à dater du jour du délit, les causes de retard doivent être mentionnées.

49. — L'objet du 5° état est de faire connaître le délai dans lequel les prévenus condamnés à l'emprisonnement ou renvoyés dans une maison de correction, ont été arrêtés ou écroués en exécution des jugemens de première instance ou d'appel rendus dans l'année du compte. On doit y indiquer le nombre des condamnés à l'emprisonnement non encore écroués lors de la clôture des comptes, et celui des condamnés dans chacune des deux années antérieures qui n'ont pas encore subi leur peine.

50. — Le 6° état, enfin, indique la durée de la détention des prévenus qui, après avoir été détenus jusqu'au jugement, ont été ou acquittés, ou condamnés à l'amende seulement, ou placés sous la surveillance de la haute police.

51. — La 3° partie comprend les affaires réglées par les ordonnances de la chambre du conseil, non suivies d'opposition, qui renvoient des poursuites tous les inculpés ou quelques-uns des inculpés. On doit y indiquer aussi par ordre alphabétique les crimes et les délits qui ont nécessité des informations, et y faire connaître les motifs qui ont déterminé les ordonnances de non-lieu; par exemple : y mentionner si c'est parce que les faits dans lesquels on avait pu voir un crime ou un délit ont été dépouillés de ce caractère, ou parce que, les crimes et délits étant constatés et reconnus, les auteurs n'ont pu être découverts ou convaincus.

52. — Dans la 4° partie, on indique les affaires jugées par les tribunaux de simple police de l'arrondissement. Elle est rédigée sur les états particuliers que doivent transmettre les juges de paix. Les contraventions y sont classées par ordre alphabétique, d'après la qualification qui leur est attribuée par les lois pénales.

53. — La 5° partie, intitulée *Renseignemens divers*, comprend six états, indiquant : le premier, les morts accidentelles; le deuxième, les suicides; le troisième, les duels; le quatrième, les jugemens par défaut signifiés ou non signifiés; le cinquième, les délinquans forestiers, contre lesquels la contrainte par corps a été exercée pendant la durée du compte, quelle que soit la date de leur condamnation; et le sixième, les affaires sans suites.

54. — Le cadre destiné au compte-rendu à fournir par les membres des parquets de première instance pour ce qui concerne les affaires correctionnelles jugées ou à juger, instruites ou non instruites par le juge d'instruction, et les affaires criminelles dont ce magistrat a été saisi, est terminée par une dernière partie, intitulée : *Observations générales*. Ces observations générales ont pour but de faire apprécier l'administration de la justice criminelle dans l'arrondissement pendant l'année du compte. On doit y signaler tous les points sur lesquels elle a laissé à désirer, et indiquer les améliorations dont elle paraît susceptible. — Circul. minist. 5 janv. 1826.

55. — Un autre cadre est encore destiné à contenir l'état des récidives. Tous les ans, les membres des parquets de première instance doivent adresser au procureur général de leur ressort, avec le compte-rendu de l'administration de la justice criminelle, un tableau de tous les individus en état de récidive jugés par le tribunal correctionnel pendant le cours de l'année du compte. — Circul. minist. 10 oct. 1824. — Ce cadre doit comprendre tous les individus qui ont été traduits en police correctionnelle, pendant l'année du compte, après avoir subi précédemment une condamnation : à quelque peine et par quelque tribunal que ce soit. — Circul. minist. 3 oct. 1825.

56. — Des cadres destinés à faire connaître le résultat des condamnations prononcées, soit par les Cours d'appel jugeant en matière correctionnelle, soit par les Cours d'assises, sont également adressés par le ministre de la justice aux procureurs généraux, sous la surveillance et la direction desquels ils doivent être remplis. S'il s'agit d'une Cour d'assises dont le siège est dans un département où il n'y a point de Cour d'appel,

la rédaction du cadre est confiée au procureur de la République près la Cour d'assises. La distribution des cadres est à peu près la même que celle de ceux destinés au compte-rendu à fournir par les membres des parquets de première instance, et dont nous avons analysé les principales dispositions.

57. — Enfin, trois tableaux indiquent : le premier, les pourvois en cassation, les demandes en règlement de juges et en renvoi pour cause de suspicion légitime et de sûreté publique, formés pendant l'année dans chaque département; le deuxième, les arrêts de la Cour de cassation rendus dans l'année et classés d'après les départements auxquels appartiennent les affaires qui ont été l'objet des pourvois; et le troisième, les résultats des pourvois également formés dans l'année contre les arrêts rendus par toutes les Cours d'assises de la République, dressés par le parquet de la Cour de cassation.

58. — Ces différens cadres, une fois remplis, sont renvoyés par les procureurs généraux au ministre de la justice, et c'est à l'aide de ces cadres qu'est dressé le grand compte de justice criminelle que le gouvernement est tenu de présenter annuellement.

STATUES.
V. BIENS, PROPRIÉTÉ ARTISTIQUE.

STATUT MATRIMONIAL.
V. COMMUNAUTÉ, CONTRAT DE MARIAGE, DOT.

STATUT NORMAND.
V. COUTUME DE NORMANDIE, FEMME NORMANDE.
V. aussi CONTRAT DE MARIAGE, DOT.

STATUT RÉEL, PERSONNEL.
V. LOIS.

STELLIONAT.

Table alphabétique.

STELLIONAT. — 1. — Le stellionat consiste dans la fraude d'un vendeur ou d'un débiteur qui vend ou hypothèque comme sien l'immeuble dont il sait n'être pas propriétaire, ou qui dissimule à un acquéreur ou à un créancier les hypothèques que celui-ci a intérêt à connaître.

§ 1ᵉʳ. — *Historique* (n° 2).

§ 2. — *Principes généraux* (n° 8).

§ 3. — *Vente ou hypothèque d'un immeuble dont on sait n'être pas propriétaire* (n° 21).

§ 4. — *Hypothèque de biens faussement déclarés libres* (n° 50).

§ 5. — *Défaut par les maris ou tuteurs de déclaration des hypothèques légales* (n° 64).

§ 6. — *Causes qui font disparaître le stellionat* (n° 92).

§ 7. — *Peines contre le stellionat* (n° 107).

---

§ 1ᵉʳ. — Historique.

2. — Le mot *stellionat* vient du latin *stellio* : lézard venimeux, ainsi nommé à cause des points étoilés dont sa peau est mouchetée. Comparant la fraude au venin de cet animal et aux variétés changeantes de ses couleurs, les jurisconsultes appelèrent stellionataires ceux qui par de subtiles et insaisissables manœuvres surprenaient la foi d'autrui. Toute fraude qui n'avait pas un nom particulier ne tombait pas en crime caractérisé et défini prenait le nom de stellionat. — Troplong, *Contrainte par corps*, n° 60.

3. — Chez les Romains, le stellionat était cette espèce de dol qui consiste à vendre ou à engager une chose qui ne nous appartient pas ou que nous avons déjà engagée à une autre personne. C'était encore le fait de ceux qui supposaient l'existence de marchandises, qui détournaient celles qu'ils avaient données en gage à leurs créanciers ou qui les détérioraient. C'était aussi toute espèce de suppositions frauduleuses qui n'étaient pas punies par la loi criminelle. — L. 3, ff., *Stellion*.

4. — L'ancienne jurisprudence française n'avait généralement admis le stellionat qu'en matière immobilière. Cependant un arrêt du Parlement de Provence, du 18 juin 1635, cité par Brodeau sur Louet, lettre S), avait déclaré un acheteur stellionataire pour avoir donné en gage de son prix deux chaînes de laiton en les supposant être d'or.

5. — Le stellionat, qui était toujours une cause de contrainte par corps (Brodeau sur Louet, lettre S, somm. 18, n° 5), donnait également lieu à l'application de peines sévères : l'amende, le bannissement, le fouet, l'amende honorable. — Merlin, *Rép.*, v° Stellionat.

7. — Le Code civil en a précisé le sens, et il le devait : puisqu'il résulte de son ensemble que le stellionat entraîne la contrainte par corps, qui ne peut être prononcée que dans les cas déterminés par la loi (C. civ., art. 2063), et que la contrainte par corps, prononcée pour stellionat, atteint les femmes et les septuagénaires, et que ses effets ne sont pas limités à un temps quelconque. — C. civ., art. 2066.

§ 2. — Principes généraux.

8. — Le stellionat est le premier cas de contrainte par corps en matière civile. C'est-à-dire que la contrainte par corps est toujours attachée aux restitutions qui sont la suite du stellionat.

9. — Les principes généraux du stellionat sont résumés dans ces deux propositions : 1° Les cas de stellionat ne peuvent être étendus même par analogie. 2° Il n'y a pas de stellionat sans fraude ou sans présomption légale de fraude ; car le stellionat est une sorte de *délit civil* qui ne peut

exister sans une intention coupable qui doit être évidente, ou qui ne peut être présumée que dans des cas spécifiés par la loi.

10. — Le stellionat, quoique condamnable en lui-même, n'est cependant point du ressort des tribunaux correctionnels, qui ne peuvent être saisis qu'en vertu d'un texte de loi positif. — *Cass.*, 2 mars 1809, Boileau et Colignon c. Fremion. — Merlin, *Rép.*, v° *Escroquerie*, n° 8 ; Troplong, *Contr. par corps*, n° 62 ; Duranton, t. 18, n° 454.

11. — Le stellionat est une fraude qui ne se présume pas, il faut que l'intention pour le commettre soit bien évidente pour qu'on puisse appliquer la peine de la contrainte par corps prononcée par la loi. — *Grenoble*, 17 juin 1809, Rancurel c. Salomon. — Merlin, *ibid.*, n° 7 ; Troplong, *ibid.*, n° 63 ; Duranton, t. 18, n° 442.

12. — Les cas de stellionat sont déterminés par l'art. 2059. L'art. 2136 C. civ. ne parle pas du stellionat proprement dit ; il régit un cas qui ne rentre pas dans la définition du stellionat donnée par l'art. 2059, mais qu'il assimile à un véritable cas de stellionat. Ainsi : à raison du silence des maris ou tuteurs, il les *répute* stellionataires ; et les punit, comme l'art. 2059 punit les stellionataires, de la contrainte par corps.

13. — Il y a stellionat, dit l'art. 2059 C. civ., lorsqu'on vend ou qu'on hypothèque un immeuble dont on sait n'être pas propriétaire ; lorsqu'on présente comme libres des biens hypothéqués ou que l'on déclare des hypothèques moindres que celles dont ces biens sont chargés.

14. — Ainsi, sous le Cod. civ., le stellionat n'a lieu qu'en matière *immobilière*. Il résulte, en effet, du procès-verbal de la séance du Conseil d'État du 19 frimaire an XII, que le stellionat en matière de meubles a été complétement rejeté de notre nouvelle législation. — Duranton, t. 18, n° 450.

15. — Ainsi la vente ou cession d'un prix d'immeubles déjà distribué aux créanciers inscrits, est une cession de créance mobilière et ne peut constituer un stellionat. — *Cass.*, 25 juin 1817 (dans ses motifs), Courby c. Joubert.

16. — L'art. 2059 C. civ., relatif au stellionat, ne peut recevoir application en matière de transport de créance. — *Paris*, 28 mars 1829, Marion c. Crepy.

17. — Le stellionat ne peut exister ni dans le gage, qui ne s'exerce que sur les meubles (C. civ., art. 2073), ni dans l'antichrèse, qui ne confère au créancier qu'un droit essentiellement mobilier sur les fruits. — C. civ., art. 2085 et suiv.

18. — Il n'y a pas non plus stellionat dans le fait de celui qui emprunte avec promesse de subrogation dans les droits du premier créancier hypothécaire et qui ne fait pas l'emploi convenu. — Toullier, t. 7, n° 233.

19. — La loi 3, § 1ᵉʳ, ff., *De stell.*, indiquait le contrat d'échange comme pouvant donner lieu au stellionat ; mais il n'en est pas de même sous le Code, dont l'art. 2059 ne parle que de la vente et ne saurait être étendu à l'échange. Sans doute, l'art. 1707 renvoie pour le complément des règles de l'échange *aux règles prescrites pour le contrat de vente*. Mais on ne peut considérer comme une des règles du contrat la peine infligée à celle des parties qui le viole et placée sous un titre spécial auquel les rédacteurs du Code n'ont pas pensé en écrivant l'art. 1707. — Duranton, t. 18, n° 446. — Il y a, suivant Coin-Delisle (*Contr. par corps*, art. 2059, n° 5), nul argument à tirer de l'art. 1707 du 16 janv. 1810, qui juge seulement que l'échange ne peut être condamné par corps à des dommages-intérêts, ce qui n'est pas douteux d'après l'art. 126 C. proc.

20. — La dation en paiement d'un immeuble que le débiteur sait ne pas lui appartenir est un véritable stellionat, car la dation en paiement est une véritable vente. — C. civ., 1595 et 1701; L. 3, § 1ᵉʳ, ff., *Stell.*, et L. 4, C., *De evict.*

§ 3. — Vente ou hypothèque d'un immeuble dont on sait n'être pas propriétaire.

21. — Il y a stellionat toutes les fois qu'on sait n'être pas propriétaire de l'immeuble vendu ou hypothéqué.

22. — Il n'est pas nécessaire dans ce cas pour être stellionataire d'avoir déclaré mensongèrement et expressément être soi propriétaire de la chose vendue ou hypothéquée, il suffit qu'on ait su que l'on n'était pas propriétaire : car la tromperie en ce cas est inhérente au fait ; car, vendre ou hypothéquer une chose, c'est laisser

croire qu'on en est propriétaire, puisqu'il n'est pas permis de vendre ou d'hypothéquer la chose d'autrui. — Troplong, n° 68.

23. — Un contrat de vente n'est pas nul, par cela seul qu'il contient un stellionat. — *Rennes*, 12 août 1814, Lemasson c. N....

24. — Le stellionat n'atteint pas seulement celui qui vend ou hypothèque sans être *propriétaire* ; mais il frappe tous ceux qui cèdent ou engagent les droits qu'ils prétendent mensongèrement avoir dans l'immeuble : celui qui vend en usufruitier hypothèque l'usufruit, celui qui sachant qu'il n'est que propriétaire démembre la propriété et constitue une servitude.

25. — Peu importe que celui qui a traité comme propriétaire lorsqu'il ne l'était pas, ait d'ancien très droits dans l'immeuble ; la peine atteindra donc l'usufruitier qui aura déclaré être propriétaire, l'acquéreur à pacte de rachat qui n'aura pas fait connaître le caractère résoluble de sa propriété.

26. — Brodeau sur Louet (lettre S) cite un arrêt qui a jugé qu'il y a eu stellionat à obliger une terre substituée, parce qu'on voulait substituer est en soi le bien d'autrui. — L. 4, *De bon. auctor. jud. possid.* — Cette solution serait applicable aux père et mère qui possèdent des biens grevés de restitution au profit de leurs enfants (C. civ., art. 1048 et 1049), mais seulement dans le cas où la disposition aurait été transcrite (C. civ., art. 1069).

27. — Se rend coupable de stellionat celui qui vend ou hypothèque, comme lui appartenant, des immeubles dont il n'est propriétaire que par indivis. — La connaissance que le créancier aurait eue de ces inscriptions prises sur les copropriétaires indivis, ne suffit pas pour soustraire le débiteur à la peine du stellionat. — *Besançon*, 18 avril 1811, Champreux c. Coulhaud.

28. — Jugé, toutefois, que le stellionat n'existe de la part du cohéritier qu'autant que les biens hypothéqués sont tombés dans le lot de son copropriétaire. — *Colmar*, 31 mai 1820, Cadel c. Chenay. — Duranton, t. 18, n° 447.

29. — Le créancier d'un cohéritier, qui, dans une instance en partage, à laquelle il assiste pour la conservation de ses droits, s'aperçoit que son débiteur lui a donné pour gage hypothécaire dans les immeubles une portion plus considérable que celle qu'il possède réellement, peut, dans l'instance même, demander incidemment contre le débiteur la contrainte par corps pour stellionat. — *Bourges*, 49 juill. 1844 (t. 1ᵉʳ 1842, p. 758), Lemonnier c. Desroziers. — Duranton, t. 18, n° 448.

30. — Le mari qui hypothèque la totalité des biens qui n'appartiennent que pour une part indivise à sa femme mineure, est stellionataire. — *Angers*, 27 juill. 1814, Louveau c. Bitteau.

31. — Il y a stellionat à la part du mari qui vend l'immeuble de sa femme, sans déclarer que cet immeuble appartient à sa femme et non à lui. — *Riom*, 30 nov. 1813, Nicolas c. Durtior. — On cite généralement cet arrêt comme décidant affirmativement la question de savoir si la vente de l'immeuble dotal de la femme constitue stellionataire le mari qui a célé la dotalité ; mais, comme le fait très-judicieusement observer Coin-Delisle (*Contrainte par corps*, n° 9, n° 8), dans l'espèce de cet arrêt le mari avait vendu le fonds dotal sans déclarer qu'il appartenait à sa femme et non à lui. L'arrêt qui condamne le mari stellionataire le juge donc bien, quant à la question proposée : car la vente de l'immeuble dotal par le mari, sans déclarer qu'il appartient à la femme, est un stellionat du même genre que celui qu'il commettrait en vendant comme sien l'immeuble paraphernal, ou l'immeuble propre de la femme. La dotalité ne change rien au fait.

32. — Les époux qui présentent comme libres et hypothèquent les biens dotaux, ne peuvent être déclarés stellionataires d'après l'art. 2059 C. civ. — *Paris*, 14 févr. 1829, Cavelan c. Esnault. — Troplong, n° 62.

33. — Mais ils sont, en effet, suivant l'art. 126 C. procéd., contraignables par corps pour la restitution des sommes prêtées. — Même arrêt.

34. — Jugé, au contraire, que le mari qui a vendu le bien dotal de sa femme sans en faire connaître la qualité, peut être déclaré stellionataire. — *Toulouse*, 20 nov. 1810, Dutrior c. Nicolas; *Toulouse*, 24 juin 1812, Lansac c. Galard. — Rolland de Villargues, *Rép. du not.*, v° *Stellionat*, n° 6.

35. — De même un mari commun et stellionat lorsque dans une obligation qu'il souscrit conjointement avec sa femme, et où il confère une hypothèque spéciale, il ne déclare point l'hypothèque légale de sa femme, et présente au con-

traire cette dernière comme commune en biens avec lui tandis que les époux sont mariés sous le régime dotal. — Il est indifférent, dans ces circonstances, que le mari eût, avant l'obligation, annoncé au créancier l'existence de l'hypothèque légale. — *Riom*, 30 déc. 1823, Delesvaux c. Molle-Beauregard.

36. — La femme qui agissant sous l'assistance de son mari se déclare, dans un acte, mariée sous le régime de la communauté lorsqu'elle est réellement mariée sous le régime dotal, ne peut être réputée stellionataire. — Dans tous les cas, elle ne doit pas sur ses biens dotaux la réparation du préjudice que sa fausse déclaration a pu causer. — (Solution implicite.) — *Limoges*, 31 mai 1838 (t. 2 1838, p. 475), Fauchier c. Lacaud.

37. — Un arrêt du 11 fév. 1645, cité par Brodeau sur Louet (lettre S, somm. 18), a déclaré stellionataire celui qui obligeait spécialement sa maison, quand au jour du contrat elle était saisie et mise en criée avec congé d'adjuger. Mais cette décision de l'ancienne jurisprudence serait inadmissible aujourd'hui. On ne saurait considérer comme stellionataire le saisi que postérieurement à la dénonciation à lui faite de la saisie, et même à la dénonciation du placard aux créanciers inscrits sur l'immeuble dont la propriété ne lui est enlevée que par l'adjudication. Si la contrainte par corps l'atteignait, ce ne serait que comme mode de recouvrement des dommages-intérêts dont son acquéreur pourrait, le cas échéant, obtenir contre lui la condamnation.

38. — Pour constituer le stellionat prévu par le 1er alinéa de l'art. 2059, il faut que le vendeur ou le débiteur ait *su* que l'immeuble ne lui appartenait pas.

39. — Le stellionat n'existe dans un acte de vente que lorsqu'il est justifié qu'il y a dol ou mauvaise foi de la part du vendeur. — *Rennes*, 12 août 1814, Lemasson c. N.... — Coin-Delisle, *Contrainte par corps*, p. 8, nº 3; Duranton, t. 18, nº 442.

40. — Il y a stellionat lorsque pour assurer l'exécution d'un contrat qu'on pouvait ne pas consentir on hypothèque un bien qu'on a vendu. — *Paris*, 2 mai 1809, Hédouin c. Maubert de Neuilly.

41. — La revente du fonds déjà vendu à un tiers n'emporte pas la peine du stellionat si la seconde vente a été faite de bonne foi, par ignorance ou par erreur. — *Paris*, 19 janv. 1826, Housset de Catteville c. Douet de la Boullaye.

42. — Dans le même sens : il n'y a point stellionat de la part du débiteur qui a hypothéqué un immeuble de la propriété duquel il ne peut pas justifier d'une manière positive, lorsqu'en fait il avait de justes motifs de s'en croire propriétaire; c'est au créancier à prouver qu'il y a eu de la part du débiteur mauvaise foi et intention de tromper. — *Bordeaux*, 4 déc. 1840 (t. 1er 1841, p. 342), Ballande c. Tallieu.

43.—Bien plus, pour qu'un vendeur puisse être déclaré stellionataire; il faut que le jugement ou l'arrêt constate non-seulement que l'objet vendu ne lui appartenait pas, mais encore qu'il savait n'en être pas propriétaire. — *Cass.*, 25 juin 1817, Courby c. Joubert.

44. — Mais le seul fait de la part d'un débiteur de donner en hypothèque des biens qui depuis sont reconnus ne pas lui appartenir ne le rend pas coupable de stellionat, si le juge trouve qu'il a eu des raisons de douter que ces biens appartinssent à un tiers. — *Bruxelles*, 18 oct. 1822, Bogaert-Declercq c. B... et Pieters.

45. — Le fait par un individu d'hypothéquer *son habitation sise à....*, sans déclarer qu'il en a antérieurement cédé la nue propriété, et qu'il n'en a plus que l'usufruit, ne constitue pas nécessairement un stellionat. — *Cass.*, 23 mars 1825, Sorin c. Conté.

46. — Si le vendeur ou débiteur avait connaissance de sa position au moment de la revente ou de la constitution d'hypothèque, il serait stellionataire; car, s'il suffit en matière de prescription que la bonne foi ait existé au commencement de la possession pour faire acquérir la propriété, cette règle spéciale ne peut être transportée au stellionat, dont le caractère est fixé par l'intention au moment du contrat.

47. — Il n'y a point stellionat de la part de celui qui, après avoir vendu un immeuble par acte sous seing privé, le vend une seconde fois par acte public; mais alors que l'acte sous seing privé n'était pas encore enregistré. Dès lors, le juge ne peut, en condamnant le vendeur à des dommages-intérêts pour l'éviction à laquelle il donne lieu, prononcer contre lui la contrainte par corps si ce n'est dans les conditions de l'art. 126 C. proc. — *Toulouse*, 7 juill. 1831, Geil et Chourre c. Dussenty. — Troplong, *Contrainte par corps*, nº 62.

48. — Par suite de la nécessité de la mauvaise foi, on a pu juger que la vente du bien d'autrui ne constitue pas un stellionat. — Trib. de *Nîmes*, 25 vent. an XI, Martin c. Boulet.

49. — Le défaut de déclaration des charges ou servitudes grevant une propriété vendue ne peut non plus servir de base à une action en stellionat contre le vendeur. — *Cass.*, 29 juin 1819, Delard-Buscou c. Boussort de Campels.

§ 4. — *Hypothèque de biens faussement déclarés libres.*

50. — Dans le second paragraphe de l'art. 2059 il s'agit de biens dont on est réellement propriétaire, mais qu'on déclare libres ou grevés de charges moindres que celles qui les frappent. — Il faut donc, sur les charges hypothécaires, une fausse déclaration, peu importe qu'elle soit requise ou spontanée.

51. — Lorsqu'un débiteur, sans présenter comme libres les biens qu'il hypothèque, garde néanmoins le silence sur les hypothèques qui frappent réellement ces biens, il ne se rend pas coupable de stellionat. — *Aix*, 5 janv. 1813, Varage c. Bonneviale; *Cass.*, 25 juin 1817, Courby c. Joubert. — Coin-Delisle, nº 12; Duranton, t. 18, nº 443.

52. — De même, il n'y a pas stellionat de la part de celui qui a déclaré qu'un immeuble n'était grevé que de telles hypothèques, d'après un état des inscriptions existantes, lorsque celles survenues dans le temps intermédiaire ne proviennent pas de son fait et qu'il a pu les ignorer. — *Paris*, 8 févr. 1813, Schluter c. de Pontevès; *Bourges*, 4 mai 1841 (t. 1er 1842, p. 222), Berthault c. de Blanzy.

53. — De même encore, n'est pas stellionataire le débiteur qui, dans la déclaration des inscriptions grevant ses immeubles, a omis une hypothèque dont le créancier avait déjà eu connaissance par des circonstances extrinsèques. — *Toulouse*, 16 janv. 1829, Duroy c. Vergnes; *Bourges*, 4 mai 1841 (t. 1er 1842, p. 222), Berthault c. de Blanzy. — Troplong, t. 2, nº 633.

54. — Enfin, un débiteur ne peut être déclaré stellionnaire par cela seul qu'en souscrivant une obligation hypothécaire il n'a déclaré qu'une partie des inscriptions grevant ses biens : s'il n'avait aucun intérêt à faire une déclaration incomplète, et s'il n'y a pas eu, de sa part, intention frauduleuse. — *Bourges*, même arrêt du 4 mai 1841.

55. — Décidé, au contraire, que celui qui hypothèque à son créancier un immeuble grevé de plusieurs hypothèques, sans les déclarer, et qui ne déclare pas notamment l'hypothèque légale de sa femme, se rend coupable de stellionat et, conséquemment, passible de la contrainte par corps. — *Riom*, 25 mars 1814, Hugon c. Maury.

56. — Il y a stellionat, entraînant contrainte par corps, dans le fait de déclarer des hypothèques moindres que celles dont les biens sont chargés, lorsque les hypothèques non déclarées sont inscrites. — *Cass.*, 13 avril 1836, Bony c. Baudin d'Alogny. — Locré, t. 15, p. 456 et suiv., et p. 535, nº 5.

57. — Jugé que celui qui vend comme libre un immeuble grevé d'une hypothèque légale commet un stellionat, quoique cette hypothèque ne soit pas inscrite. — *Agen*, 8 avr. 1813, Laroche c. Bernier.

58. — Lorsqu'un débiteur déclare franc et quitte de toutes hypothèques un immeuble sur lequel existait précédemment une hypothèque dont le créancier avait consenti la mainlevée, et dont en conséquence la radiation avait été opérée, mais sous la condition d'un paiement qui n'a point été effectué, la déclaration dont il s'agit, faite dans l'intervalle, n'en a pas moins le caractère d'un stellionat. — *Cass.*, 11 janv. 1825, Gabiou c. Mellerio-Meller. — Delvincourt, t. 3, p. 183, note 3e, et Coin-Delisle, art. 2060, nº 14.

59. — Jugé cependant que le débiteur qui a fait une déclaration inexacte ne cesse pas d'être passible de la contrainte par corps, comme stellionataire, par cela seul que les hypothèques non déclarées seraient devenues sans effet par suite de la mainlevée qui en aurait été donnée, si l'existence de ces hypothèques a causé un préjudice au créancier : par exemple en l'empêchant de surenchérir, par suite d'une fausse appréciation de la situation hypothécaire. — *Cass.*, 13 avr. 1836, Bony c. Baudin d'Alogny.

60. — Le vendeur qui a déclaré que l'immeuble vendu était franc et quitte de toutes dettes et hypothèques ne peut s'affranchir de l'obligation de rapporter mainlevée des inscriptions encore subsistantes sur l'immeuble, en justifiant que les créances auxquelles s'appliquent ces inscriptions sont éteintes. — Il ne peut être, en ce cas, poursuivi comme stellionataire, mais il peut être condamné à des dommages-intérêts en raison du retard qu'il a mis à rapporter mainlevée des inscriptions. — *Lyon*, 5 avril 1827, Groset et Miége c. Ducat.

61. — Il n'y a pas non plus stellionat à ne pas comprendre dans la déclaration des inscriptions périmées faute de renouvellement. — Coin-Delisle, art. 2059, nº 14.

62. — Il en est de même à l'égard des hypothèques qui sont viciées d'une de ces causes qui annulent les obligations, et qui peuvent être invoquées par le débiteur. Celui-ci en se prévalant d'un de ces moyens fait tomber l'hypothèque avec le contrat duquel elle dérive. Mais si l'hypothèque est nulle par l'irrégularité de l'inscription, cette espèce de nullité n'est relative qu'aux intérêts des créanciers inscrits, le débiteur ne peut s'en prévaloir, et le nouveau créancier ne peut jamais être en faute pour avoir évité un procès qu'il ne se serait pas engagé à soutenir; l'hypothèque subsiste, et, dès lors, le débiteur doit être réputé stellionataire. — Coin-Delisle, *ibid.*

63. — N'est pas non plus stellionataire celui qui en faisant une déclaration vraie des hypothèques affirme, soit spontanément, soit sur l'interpellation du notaire et sous les peines du stellionat, que son immeuble est d'une valeur qui excède l'emprunt; car cette hypothèse ne rentre pas dans les cas de stellionat créés par la loi et qui entraînant la contrainte par corps ne peuvent être étendus. Les notaires doivent donc se garder de ces clauses inutiles et sans effet, dont le seul résultat est d'induire les créanciers en erreur et de leur inspirer une fausse sécurité qui les dispense d'une vérification souvent facile. — Coin-Delisle, art. 2059, nº 12.

§ 5. — *Défaut par les maris ou tuteurs de déclaration des hypothèques légales.*

64. — L'art. 2136 C. civ., 2e alin., porte : « Les maris et tuteurs qui, ayant manqué de requérir et de faire faire les inscriptions ordonnées par le présent article, auraient consenti ou laissé prendre des priviléges ou des hypothèques sur leurs immeubles sans *déclarer* expressément que lesdits immeubles étaient affectés à l'hypothèque légale des femmes et des mineurs, seront réputés stellionataires et comme tels contraignables par corps.

65. — Ainsi, le silence du mari ou du tuteur au sujet de l'hypothèque légale suffit pour les faire réputer stellionataires et les rendre contraignables par corps.

66. — Puisque, d'après l'art. 2064, la contrainte par corps ne peut être prononcée contre les mineurs, ce n'est qu'autant que le mari sera majeur qu'il pourra encourir la responsabilité édictée par l'art. 2136. — Le tuteur doit toujours être majeur. — C. civ., art. 442.

67. — A la différence de l'art. 2059, l'art. 2136 ne s'occupe pas des cas de vente mais seulement de la constitution d'hypothèque.

68. — Ainsi, lorsqu'un mari vend un immeuble affecté à l'hypothèque légale de sa femme; il n'est pas obligé, comme dans le cas où il grèverait cet immeuble d'une nouvelle hypothèque, de déclarer celle de sa femme, à peine d'être poursuivi comme stellionataire. — *Cass.*, 25 juin 1817, Courby c. Joubert. — Coin-Delisle, *loc. cit.*, nº 15, § 2; Grenier, *Hypoth.*, nº 264; Troplong, nºs 71 et suiv.

69. — Mais le vendeur qui affecte à la garantie de la vente des biens grevés de l'hypothèque légale et *non inscrite* de sa femme, est obligé de la déclarer, à peine de stellionat, surtout s'il n'est pas constant que l'acquéreur ait connaissance de cette hypothèque. — Même arrêt. — Coin-Delisle, art. 2059, nº 15.

70. — Le commerçant qui hypothèque un immeuble acquis depuis son mariage est aussi réputé stellionataire, s'il n'a pas déclaré l'hypothèque légale non inscrite de sa femme. — *Bordeaux*, 15 mars 1833, Raymond c. Fraichit.

71. — Mais le mari qui vend un conquêt de communauté, tant en son nom personnel que comme se portant fort de sa femme, dont il promet même la ratification, indique suffisamment que cet immeuble est grevé de l'hypothèque lé-

gale de cette dernière, et ne peut être réputé stellionataire pour n'avoir pas expressément déclaré cette hypothèque. — *Orléans*, 16 mars 1839 (t. 1er 1839, p. 648), Bruère-Dallaire c. Reverdy.

72. — De même, il n'y a point stellionat de la part du tuteur qui après avoir vendu les biens du mineur sans formalités de justice, *en se portant fort pour eux*, laisse évincer l'acquéreur. — *Colmar*, 7 avril 1821, Erhard c. Lemann-Lévy et Strauss.

73. — Le mari ou le tuteur ne sont tenus à aucune déclaration quand ils ont fait inscrire l'hypothèque légale sur les registres du bureau dans la circonscription duquel est situé l'immeuble qu'ils grèvent d'hypothèque. Le porteur a alors un moyen légal de connaître l'existence de l'hypothèque légale (Troplong, *Contrainte par corps*, n° 69; Duranton, t. 18, n° 443) : d'où la conséquence qu'il n'y a pas stellionat de la part d'un comptable de l'État, des communes ou autres établissemens publics qui, dans un acte constitutif d'hypothèque, ne fait pas la déclaration de l'hypothèque légale résultant de sa gestion, parce qu'il n'est pas chargé d'en requérir l'inscription. — Coin-Delisle, art. 2059, n° 15.

74. — Mais si les maris, les tuteurs, les comptables qui ont requis l'inscription font, lors des hypothèques qu'ils consentent sur leurs biens, une déclaration fausse relative à ces hypothèques légales, ils ne seront pas seulement réputés stellionataires en vertu de l'art. 2136. Ils sont stellionataires proprement dits en vertu de la dernière disposition de l'art. 2059. — Duranton, t. 18, n° 445.

75. — Ainsi le mari qui, de bonne foi, a vendu comme libres des biens frappés de l'hypothèque légale de sa femme qu'il a cependant déclarés francs et quittes de toutes dettes et hypothèques, doit être déclaré stellionataire et soumis à la contrainte par corps. — *Cass.*, 20 nov. 1826, Saux c. Larroque. — Troplong, *Hyp.*, t. 2, n° 633.

76. — Il y a stellionat de la part du mari qui déclare dans une obligation hypothécaire que l'hypothèque non inscrite de sa femme ne s'élève qu'à une somme qui est de beaucoup inférieure au chiffre réel de ses reprises. — *Rouen*, 9 déc. 1840 (t. 2 1841, p. 683), Viitecoq c. Decamps et Faucon.

77. — Il y a sous ce rapport de l'exception de bonne foi une différence entre l'art. 2059 et l'art. 2136. Dans le premier cas, c'est au demandeur à prouver qu'il n'y avait pas de bonne foi et que le défendeur savait à l'époque de l'acte qu'il n'était pas propriétaire. Dans le second cas, les termes de la loi constituent contre le défendeur une présomption légale de mauvaise foi contre laquelle, il est vrai, la preuve contraire n'est pas interdite; mais c'est au défendeur à établir sa bonne foi.

78. — Le mari vendeur d'un immeuble grevé de l'hypothèque légale de sa femme et qui n'a pas fait connaître cette hypothèque, peut donc, d'après les circonstances et attendu sa bonne foi, être déchargé des peines du stellionat. — *Cass.*, 21 fév. 1827, Hoffmann c. Kargès.

79. — Bien plus, le mari qui a vendu comme libre un immeuble grevé de l'hypothèque légale de sa femme ne doit pas être réputé avoir connu l'existence de cette hypothèque : par cela seul que nul n'est censé ignorer la loi. Au contraire si la qualité du mari et d'autres circonstances font présumer qu'il n'a pas eu l'intention de tromper l'acquéreur, il ne doit être déclaré stellionataire qu'autant qu'il serait prouvé, par des actes, qu'il connaissait l'existence de l'hypothèque légale de sa femme. — *Bordeaux*, 9 juill. 1830, Cantelaube c. Paillot. — Troplong, n° 64.

80. — Ainsi, le mari qui aurait déclaré un de ses immeubles franc et libre parce que l'hypothèque de sa femme avait subi une réduction, ne serait pas considéré comme stellionataire, bien que plus tard cet immeuble fût atteint par l'hypothèque légale de l'épouse par suite de l'annulation de cette réduction. — Troplong, n° 63.

81. — Le débiteur qui en consentant une obligation hypothécaire a déclaré que l'hypothèque légale de sa femme ne s'élevait qu'à une somme beaucoup moindre que celle qui est résultée d'une liquidation postérieure n'est point stellionataire, si au moment de l'acte il ignorait le montant réel des reprises de sa femme. — *Bourges*, 4 mai 1841 (t. 1er 1842, p. 222), Berthault c. de Blanzy.

82. — Mais doit être réputé stellionataire, s'il ne peut se prévaloir de sa bonne foi, le mari qui n'a pas déclaré, en constituant une hypothèque, l'hypothèque légale résultant, au profit de sa femme, d'une donation à elle faite, quelles que soient les charges imposées à cette donation. — *Lyon*, 18 fév. 1836, Collin c. Estienne et Jalabert.

83. — M. Troplong (*Hypothèques*, n° 633) restreint l'exception de bonne foi au cas où le mari a eu un motif de penser que l'hypothèque légale ne pesait plus sur l'immeuble vendu ou hypothéqué. Hors de là il n'admet pas le mari à se prévaloir de sa bonne foi, parce que la loi exige une déclaration expresse.

84. — Le mari est réputé stellionataire, et, comme tel, contraignable par corps, lorsqu'il consent ou laisse prendre des priviléges ou des hypothèques sur ses immeubles, sans déclarer expressément qu'ils étaient affectés à l'hypothèque légale non inscrite de sa femme. — Dans ce cas, l'exception tirée de la bonne foi du mari est inadmissible. — *Bordeaux*, 15 mars 1833, Raymond c. Fraichit.

85. — Le mari qui consent hypothèque sur ses biens, sans déclarer qu'ils sont déjà grevés de l'hypothèque légale non inscrite de sa femme, doit être réputé stellionataire, quand même il aurait pu penser que le créancier, au profit duquel est consentie la nouvelle hypothèque, ayant assisté autrefois à son contrat de mariage, savait que les biens du débiteur avaient été éventuellement soumis à l'hypothèque légale de la femme de ce dernier. — *Limoges*, 18 avr. 1828, Vallanet c. Simonet. — Coin-Delisle, n° 15, § 3.

86. — Se rend coupable de stellionat le tuteur qui consent hypothèque sur ses biens, sans déclarer *expressément* qu'ils sont déjà frappés de l'hypothèque légale non inscrite; peu importe que la qualité de tuteur ait été connue du créancier parce qu'il est voisin du débiteur, ou parce que le nom du pupille est mentionné dans l'acte constitutif de sa créance. — *Poitiers*, 29 déc. 1830, Rambur c. Roustaing. — Troplong, *Comment. sur les hyp.*, t. 2, n° 633, et *Contr. par corps*, n° 65, et Persil, *Régime hypoth.*, t. 2, art. 2136, n° 4.

87. — Jugé encore que le mari ou le tuteur qui, n'ayant point fait inscrire l'hypothèque légale dont ses biens sont grevés, omet d'en faire connaître l'existence dans un acte d'emprunt contenant hypothèque sur ces mêmes biens au profit du prêteur, ne peut exciper de sa bonne foi pour échapper aux peines du stellionat. — *Paris*, 27 nov. 1835, Marchand c. Pérille-Lacroix.

88. — Mais ne peut-on pas objecter contre le système de ces arrêts et l'opinion de M. Troplong que la déclaration expresse qu'exige l'art. 2136 peut se trouver en dehors de l'acte de vente ou d'emprunt? Pourquoi, s'il était bien démontré que le créancier avait bien connaissance de l'existence de l'hypothèque légale, ne pas admettre la bonne foi du mari qui n'a pas déclaré un fait qu'il savait connu? — Coin-Delisle, art. 2059, n° 18.

89. — On ne doit pas considérer comme stellionataire le mari ou tuteur qui a consenti une hypothèque sur ses immeubles sans déclarer expressément que lesdits immeubles sont affectés à l'hypothèque légale de la femme ou du mineur, alors que, la nouvelle affectation hypothécaire ayant été impérieusement exigée de lui comme surcroît de garantie par le créancier, qui en a lui-même dicté les termes, et qui connaissait parfaitement la position du débiteur, celui-ci n'a fait que signer de confiance ce qu'on lui demandait. — *Cass.*, 26 juin 1844 (t. 2 1844, p. 531), H... c. L....

90. — Au surplus, les Cours d'appel ont pour interpréter les actes et déclarer qu'ils contiennent les caractères du stellionat un pouvoir souverain dont l'exercice ne peut être censuré par la Cour de cassation. — *Cass.*, 11 janv. 1825, Gabiou c. Mellerio-Meller.

91. — La Cour de cassation n'étant pas appelée à reviser les interprétations que les tribunaux ont données aux clauses des contrats, il s'ensuit qu'il n'y a pas ouverture à cassation contre un arrêt qui a décidé que le créancier d'un débiteur en faillite avait renoncé à l'exercice de la contrainte par corps pour cause de stellionat : par cela qu'il aurait assisté comme *chirographaire* à une délibération des syndics qui confie au failli le mouvement de certaines créances. — *Cass.*, 4 mars 1824, Moreau c. Derepas.

§ 6. — *Causes qui font disparaître le stellionat.*

92. — Le stellionat qui, par l'événement, n'a pas nui et ne peut pas nuire au créancier donne-t-il lieu à la contrainte par corps? Non, disent Merlin (*Rép.*, v° *Stellionat*) et Favard de Langlade (v° *Stellionat*), qui citent les lois 79, ff., *De reg. jur.*, et 10, § 1er, ff., *Quæ in fraud. ord.*, et Troplong (*Contr. par corps*, n° 74). — Jugé, en ce sens, qu'un débiteur stellionataire est affranchi de la contrainte par corps dès que l'immeuble étant dégrevé des hypothèques qu'il n'avait pas déclarées le créancier est à l'abri de tout préjudice. — *Turin*, 28 avr. 1808, N... ; *Rennes*, 25 janv. 1820, Leverger-Beauvallon c. Bidault. — Oui, répond Coin-Delisle (art. 2059, n° 19), la loi 36, § 1er, ff., *De pignorat.*, décidait, il est vrai, qu'il n'y a ni stellionat ni dol à hypothéquer à plusieurs, sans déclaration, le même fonds, quand il était évidemment suffisant pour tous; mais l'art. 2161 C. civ. défend l'action en réduction des hypothèques conventionnelles. La loi a donc laissé les parties seules juges de l'étendue du gage; elle a reconnu que celui qui trouve son gage hypothécaire grevé d'une précédente hypothèque est nécessairement lésé : parce qu'il n'a pas ce qu'il a demandé, ce qu'on lui a promis.

93. — Le stellionat ne peut pas nuire s'il a cessé *avant toute demande judiciaire*, si l'emprunteur qui a dissimulé des hypothèques dans sa déclaration a désintéressé les créanciers, si le mari ou tuteur qui n'a pas déclaré l'hypothèque légale a depuis obtenu la réduction dans les formes légales. Mais Coin-Delisle (art. 2059, n° 20) doute que le vendeur d'un immeuble dont il savait n'être pas propriétaire, puisse, en l'acquérant ensuite, contraindre son acheteur à régulariser entre eux une vente nulle dans son principe.

94. — Si l'acquéreur, si le créancier ont formé leur demande, les offres du débiteur ne peuvent la purger, parce que ces offres ne sont pas l'objet de la demande; son véritable objet, c'est l'annulation du contrat, la restitution de ce que le créancier a avancé, des dommages-intérêts qui lui sont dus. Le stellionat est un dol qui a vicié le consentement, le contrat était donc nul dès le principe.

95. — Ainsi, pour dépouiller l'acquéreur de l'action qui résulte du stellionat, et l'assujettir à l'exécution de la vente, il faudrait de sa part un nouveau consentement. — *Riom*, 30 nov. 1810, Dutrior c. Nicolas.

96. — Un stellionataire ne peut se soustraire à la contrainte par corps en offrant à son créancier d'autres biens libres et suffisans pour sûreté de la dette. — *Paris*, 6 janv. 1810, Pelletier c. Allais. — Merlin, *Rép.*, v° *Stellionat*, § 7; Coin-Delisle, sur l'art. 2060 C. civ.; Duranton, t. 18, n° 448.

97. — Le débiteur qui s'est rendu coupable de stellionat en hypothéquant plusieurs immeubles dont un seul ne lui appartenait plus doit être soumis à la contrainte par corps pour la totalité de la dette, quoiqu'il offre de payer la valeur de l'objet illégalement hypothéqué. — *Cass.*, 19 juin 1816, Pigot c. Corblin et Dugard. — Favard de Langlade, t. 1er, p. 777; Coin-Delisle, n° 21.

98. — Le mari qui hypothèque la totalité des biens qui n'appartiennent à sa femme mineure que pour partie ne peut s'affranchir de la peine du stellionat, bien que le contrat constitutif d'hypothèque se trouve anéanti par l'effet d'une condition résolutoire qui y était insérée. — *Angers*, 27 juill. 1814, Louveau c. Bletteau.

99. — Le mari qui a hypothéqué ses biens sans déclarer qu'ils étaient grevés de l'hypothèque légale de sa femme, ne cesse pas d'être contraignable par corps, comme stellionataire, lors même que sa femme consentirait à la restriction de son hypothèque. — *Riom*, 8 août 1818, Estieu c. Richot.

100. — De même, la femme d'un débiteur stellionataire ne peut faire décharger son mari de la contrainte par corps, en offrant de subroger ses créanciers à son hypothèque légale. Mais elle peut obtenir qu'il soit sursis à l'exécution de la contrainte par corps pendant le temps nécessaire pour réaliser l'hypothèque offerte, lorsque le créancier qui l'a acceptée a accordé un délai trop court. — *Paris*, 12 déc. 1816, Rochette c. Delage. — Coin-Delisle, art. 2059, n° 21.

101. — L'arrêt qui juge que l'emprunteur, en déclarant que les biens qu'il affecte hypothécairement sont déjà grevés d'une inscription de 35,000 francs mais que, par suite de libérations partielles, cette somme s'est réduite à celle de 8,500 fr., ce qui, en fait, est plus tard reconnu inexact, s'est rendu coupable de stellionat et contraignable par corps, fait une juste application de l'art. 2059 C. civ. — *Cass.*, 12 nov. 1838 (t. 2 1838, p. 666), Gentil c. Bart.

102. — L'action résultant du stellionat, au profit de l'acquéreur contre son vendeur, ne peut être paralysée dans son exercice par un traité postérieurement intervenu entre le mari et la

femme, pour faire cesser la qualité dotale qu'avait l'immeuble au moment de la vente. — *Riom*, 30 nov. 1810, Dutrior c. Nicolas.

103. — Jugé, toutefois, qu'un débiteur stellionataire est affranchi de la contrainte par corps dès que l'immeuble étant dégrevé des hypothèques qu'il n'avait pas déclarées, le créancier est à l'abri de tout préjudice. — *Turin*, 28 avril 1808, N...

104. — M. Troplong (*Contrainte par corps*, n° 76) observe que la ratification donnée par le véritable propriétaire de la chose vendue par le stellionataire étant un moyen de faire cesser le trouble que redouterait l'acheteur, celui-ci ne pourrait plus, si le vendeur apportait le consentement du véritable propriétaire à cette vente, continuer ses poursuites en stellionat. M. Duranton (t. 18, n° 447) enseigne également qu'il n'y a plus lieu au stellionat si les hypothèques qui ont été cédées ont été éteintes par paiement ou autrement; seulement, le vendeur doit rapporter à l'acheteur la mainlevée des inscriptions à peine de dommages-intérêts. — Jugé qu'il ne peut être en cela poursuivi comme stellionataire, mais qu'il peut être condamné à des dommages-intérêts à raison du retard qu'il a mis à rapporter mainlevée des inscriptions. — *Lyon*, 5 avr. 1827, Gros et Miège c. Ducat.

105. — Jugé toutefois qu'il y a stellionat dans le fait de la vente par celui qui sait ne pas être propriétaire, alors même qu'il rapporterait plus tard la ratification du véritable propriétaire ou que, par acte postérieur à la vente et à la demande en nullité, il deviendrait lui-même propriétaire de l'immeuble vendu. — *Cass.*, 14 fév. 1837 (t. 1er 1837, p. 602), Barthe c. Carivène.

106. — Il n'y a pas lieu à la contrainte par corps il a des dommages-intérêts pour cause de stellionat lorsque celui qui s'en plaint est lui-même complice de la fraude. — *Nîmes*, 17 mai 1838 (t. 2 1838, p. 436), Pons-Laugier c. Ricard. — Troplong, *Contrainte par corps*, n° 77.

§ 7. — *Peines contre le stellionat.*

107. — La poursuite contre le stellionataire est généralement intentée par action principale. Toutefois, un fait tendant à établir le stellionat peut, bien qu'il n'ait pas été produit en première instance, être présenté pour la première fois en appel : quand ce fait constitue seulement un moyen nouveau à l'appui de la demande principale. — *Cass.*, 25 juin 1817, Courby c. Joubert.

108. — Le stellionataire est privé du bénéfice de cession. — C. proc. civ., art. 905.

109. — Le débiteur stellionataire ne peut réclamer le bénéfice du terme stipulé dans son obligation.— *Pau*, 8 juill. 1807, Bareigt c. Lauret; *Paris*, 2 mars 1809, Hédouin c. Maubert de Neuilly.

110. — Le failli stellionataire n'est pas admis à la réhabilitation.

111. — Ainsi que nous l'avons indiqué (*suprà*, n° 7), les stellionataires ne peuvent, pour s'affranchir de la contrainte par corps, invoquer le bénéfice de l'âge ni du sexe.

112. — Les dispositions de la loi du 17 avril 1832, et aujourd'hui de la loi du 13 décembre 1848, relatives à la fixation de la durée de l'emprisonnement, sont applicables en matière de stellionat. — *Cass.*, 12 nov. 1838 (t. 2 1838, p. 666), Gentil c. Bart. — Troplong, *Contrainte par corps*, n° 80.

STÈRE.

Mesure de solidité pour les bois, égale au mètre cube. — V. POIDS ET MESURES.

STIPULATION.

1. — Se dit en général de toute convention, de toute clause et de tous engagements.

2. — Mais, dans une acception précise et exacte, la stipulation est la convention par laquelle on oblige quelqu'un envers soi à faire, à donner ou à souffrir quelque chose. Elle est l'opposé d'une *promesse*. — Rolland de Villargues, *Rép. du notar.*, v° *Stipulation*.

3. — La stipulation inutile est celle qui n'a point d'objet et n'est pas susceptible d'exécution. Il y a, dans les Institutes de Justinien, un titre exprès sur la matière, le titre *De inutilibus stipulationibus*. — Relativement à ce qu'il peut être utile de connaître à cet égard, V. CHOSES-INUTILES, OBLIGATION, n° 288 et suiv.

4. — Dans le droit romain, le mot *stipulation* avait un sens particulier ; il désignait la convention qui se formait au moyen d'une demande et d'une réponse, et par laquelle, sur la demande de l'une des parties, si l'autre s'obligeait à donner ou à faire telle chose, celle-ci répondait qu'en effet elle s'y obligeait. — Toullier, t. 6, n° 44; et surplus, OBLIGATION, n° 44 et suiv. — V., au surplus, OBLIGATION, n° 44 et suiv.

STIPULATION POUR AUTRUI.

1. — Il est de principe qu'on ne peut s'engager ni stipuler en son propre nom que pour soi-même et non pour autrui. *Alteri stipulari nemo potest.* — L. 38, § 17, D., *De verb. oblig.*; Instit. *De inutil. stipul.*, § 19. — C. civ., art. 1119 et 1121.

2. — En conséquence, celui qui aurait promis ou à qui il aurait été promis qu'un tiers donnerait ou ferait quelque chose ne serait point obligé ou ne pourrait point demander l'exécution de la promesse. — L. 83, D., *De verb. oblig.*; Inst., *De inutil. stipul.* — C. civ., art. 1119.

3. — Quant au tiers, la convention ne saurait lui être opposée et encore moins pourrait-elle lui nuire. — L. 3, C., *Ne uxor pro marito.* — C. civ., art. 1165.

4. — Cependant ce principe, quelque rigoureux qu'il soit en lui-même, ne laisse pas d'avoir des modifications ou même des exceptions. — V., à cet égard, OBLIGATION, n° 169 et suiv.

V. encore, entre autres mots, CONTRAT DE MARIAGE, COPIE DE PIÈCES ET ACTES, CRÉANCIER, DISPOSITIONS A TITRE GRATUIT, DONATION PAR CONTRAT DE MARIAGE, DONATION RÉMUNÉRATOIRE, DONATION ENTRE-VIFS, ENREGISTREMENT, FAIT D'AUTRUI, GESTION D'AFFAIRES, INDIVISION, OBLIGATION AVEC CLAUSE PÉNALE.

STUCATEURS.

Patentables de 5e classe. — Droit fixe basé sur la population. — Droit proportionnel du 20e de la valeur locative de l'habitation et des lieux servant à l'exercice de la profession. — V. PATENTE.

STYLET.

V. ARMES.

SUBORNATION DE TÉMOINS.

V. FAUX TÉMOIGNAGE ET SUBORNATION DE TÉMOINS, TENTATIVE.

SUBRÉCARGUE.

1. — On nomme ainsi la personne qui est préposée, sur un navire, à la partie commerciale de l'opération, achat de marchandises, vente, échange. — Ce mot est dit par corruption de celui de *supercargue*, qu'on employait autrefois. — Valin, liv. 2, tit. 4, art. 3.

2. — Les pouvoirs du subrécargue sont déterminés par l'étendue du mandat qu'il a reçu et, en l'absence de mandat exprès et par écrit, par l'usage. — V., à cet égard, ce qu'a été dit v° ÉQUIPAGE (gens d'), n° 24 et suiv. — V. aussi CAPITAINE DE NAVIRE.

3. — Le mandat d'un subrécargue cesse aussitôt que le navire a accompli son voyage. — Trib. de *Marseille*, 27 oct. 1819, Mathey (*Journal de Mars.*, t. 1er, p. 32.)

4. — Un subrécargue, après le voyage terminé, est non recevable à attaquer le capitaine en paiement des dommages que celui-ci peut avoir occasionnés à l'armement : cette action ne compète qu'à l'armateur. — Même décision.

V. aussi ASSURANCE MARITIME, BARATERIE DE PATRON, CONSUL, MANDAT, PRISES MARITIMES.

SUBREPTICE ET OBREPTICE.

1. — On qualifie ainsi le titre ou la concession qui ont été obtenus par subreption et obreption.

2. — On appelle *obreption* la fraude qu'on a commise dans l'obtention de quelque grâce, titre ou concession, d'un supérieur, en lui taisant une vérité qu'il était nécessaire d'énoncer pour la validité de la concession. — Merlin, *Rép.*, v° *Obreptice.*

3. — La *subreption* est, au contraire, la fraude que l'on commet dans l'obtention des mêmes actes en avançant des faits contraires à la vérité. — Merlin, *ibid.*

SUBROGATION.

C'est, dans l'acception la plus étendue, la substitution d'une chose ou d'une personne à une autre chose ou à une autre personne. Il y a donc une subrogation de chose ou réelle et une subrogation personnelle.

SUBROGATION PERSONNELLE.

Table alphabétique.

SUBROGATION PERSONNELLE. — 1. — La subro-

gation personnelle est la substitution d'une tierce personne aux droits du créancier qui a été payé par elle ou de ses deniers. — Ordinairement on l'appelle tout simplement *subrogation*.

SECT. 1re. — *Subrogation en général* (n° 2).

SECT. 2e. — *Subrogation conventionnelle* (n° 9).

§ 1er. — *Subrogation consentie par le créancier* (n° 10).

§ 2. — *Subrogation consentie par le débiteur* (n° 50).

SECT. 3e. — *Subrogation légale* (n° 88).

SECT. 4e. — *Effets de la subrogation* (n° 164).

Sect. 1re. — Subrogation en général.

2. — Les Romains appelaient succession aux droits ce que nous appelons subrogation ; c'est du droit canonique que nous vient ce mot dans le sens où nous l'employons. — V. D. et C., tit. *De his qui in loc. priorum credit. succedunt.* — Toullier, t. 7, n° 97.

3. — Bien qu'en général le paiement ait pour effet d'éteindre l'obligation du débiteur, néanmoins, lorsque c'est un *tiers* qui paie, il arrive souvent que cette extinction n'a pas lieu, et qu'au contraire la dette continue de subsister au profit de ce tiers. Alors il y a changement de créancier, sans novation de la dette ; il y a *subrogation.* — Duranton, *Droit français*, t. 12, n° 408 ; Rolland de Villargues, *Rép.*, v° *Subrogation*, n° 1 et suiv.

4. — La subrogation même consentie par le créancier diffère de la novation opérée par changement de créancier, en ce qu'elle peut avoir lieu sans le consentement du débiteur, et en ce qu'elle a pour objet de donner au nouveau créancier les droits, priviléges et hypothèques qu'avait l'ancien ; au lieu que la novation éteint tous ces droits en leur substituant une autre obligation et une autre action. — Duranton, t. 12, n° 145.

5. — La subrogation diffère de la novation opérée par le changement de créancier, en ce sens que dans la novation le débiteur actuel est libéré de sa dette d'une manière absolue, sauf à l'acrenniser le nouveau s'il y a lieu ; tandis que dans la subrogation il n'est seulement libéré qu'envers son créancier, mais non de la dette. — Duranton, t. 12, n° 145.

6. — La subrogation a cela de commun avec la délégation, qu'elles renferment l'une et l'autre une mutation de personnes, mutation même qui, dans les deux cas, procède du créancier, lequel dispose de la dette pour son intérêt particulier, du moins lorsqu'il s'agit d'une subrogation consentie par le créancier. Mais elles diffèrent en ce que dans la subrogation c'est la personne du créancier seul qui est changée, tandis que dans la délégation c'est celle du débiteur (L. 11, ff., *De novat.*; C. civ., art. 1275). De plus, à la différence de la subrogation, la délégation emporte novation. — Renusson, *De la subrogation*, ch. 12, n° 13; Toullier, t. 7, n° 97; Duranton, t. 12, n° 145; Rolland de Villargues, *Rép.*, v° *Subrogation*, n° 20.

7. — Dans le droit romain on connaissait quatre espèces de subrogations : 1° la subrogation accordée par le créancier; 2° la subrogation ordonnée par le juge quand le créancier refusait la cession de ses actions; 3° la subrogation de plein droit en faveur du tiers qui avait payé le créancier; 4° et la subrogation accordée par le débiteur seul lorsqu'il empruntait pour payer un premier créancier. Mais l'application des principes sur plusieurs de ces subrogations donnait lieu à beaucoup d'incertitudes. — Renusson, *De la subrogation*, ch. 2, n° 16 et suiv.; Merlin, *Rép.*, v° *Subrogation*, § 2; Toullier, t. 7, n° 99.

8. — Le Code ne reconnaît que deux espèces de subrogation, la subrogation conventionnelle et la subrogation légale (C. civ., art. 1249). Ainsi

la subrogation judiciaire ou ordonnée par le juge est formellement rejetée. — Toullier, t. 7, n° 113; Poujol, *Traité des oblig.*, art. 1250, n° 4. — V. *Contrà*, M. Duranton (t. 12, n° 113), qui trouve le principe contraire établi dans l'art. 1303 du Code civil, et une application de ce même principe dans l'art. 1935.

Sect. 2e. — Subrogation conventionnelle.

9. — La subrogation conventionnelle se subdivise en : 1° subrogation consentie par le créancier sans le concours ou avec le concours du débiteur; 2° et en subrogation accordée par le débiteur sans le concours du créancier. — C. civ., art. 1250.

§ 1er. — *Subrogation consentie par le créancier.*

10. — Cette espèce de subrogation a lieu lorsque le créancier, recevant son paiement d'une tierce personne, la subroge dans ses droits, actions, priviléges ou hypothèques contre le débiteur : cette subrogation doit être expresse et faite en même temps que le paiement. — C. civ., art. 1250 1°.

11. — Par *tierces personnes* il faut entendre tous ceux qui sont étrangers à la dette. Or, nous appelons *étranger*, dit Renusson (ch. 10, n° 4er), celui qui n'est ni débiteur, ni caution même du débiteur, ni créancier du même débiteur, ni détenteur de la chose obligée...» Ainsi, les étrangers dont la loi entend parler sont, outre le débiteur, tous ceux auxquels la subrogation n'est point accordée, soit par ce dernier, soit par la loi. — Rolland de Villargues, *Rép.*, v° *Subrogation*, n° 39.

12. — Cette subrogation doit émaner du créancier qui est supposé alors traiter directement de sa créance; et on ne saurait considérer comme une subrogation de cette espèce celle qui, accordée par le débiteur ou par la seule force de la loi, serait ensuite approuvée par le créancier. — Rolland de Villargues, *Rép.*, v° *Subrogation*, n° 36 et 37.

13. — Lorsque la subrogation est consentie, il est indifférent qu'il soit dit dans l'acte que le tiers paie au nom du débiteur ou en son propre nom. Car un tiers pouvant payer la dette sans y avoir intérêt, peut être subrogé au droit du créancier : seulement celui-ci ne peut être forcé à consentir la subrogation. — Delvincourt, *Cours de C. civil*, t. 2, p. 558, note; Duranton, t. 12, n° 420.

14. — L'huissier chargé de pratiquer une saisie peut, sans pouvoir spécial, subroger aux droits du saisissant le tiers qui paie la somme due par le saisi. — Colmar, 21 déc. 1832, Hirsch c. Freudenreich.

15. — Comme le paiement éteint la créance et tous les droits du créancier, la subrogation, pour être valable, doit être faite en même temps que le paiement. — Le moindre intervalle entre le paiement et la subrogation rend celle-ci nulle et sans effet. Celui qui aurait payé ne peut plus avoir contre le débiteur que l'action *negotiorum gestorum.* — C. civ., 1250; L. 76, ff., *De solut.*—Domat, liv. 4, tit. 1er, sect. 1er, n° 9; Toullier, t. 12, n° 416; Renusson, chap. 12, n° 18; Delvincourt, *Cours de C. civ.*, t. 2, p. 559; Duranton, t. 12, n° 447; Troplong, *Hypoth.*, t. 1er, n° 355; Favard de Langlade, *Rép.*, v° *Subrogation*; Zachariæ, § 321, note 4; Poujol, *Traité des oblig.*, art. 1250, n° 9.— Cependant, M. Marcadé pense que rien ne s'oppose à ce que la convention de subroger se fasse avant le paiement, car ce n'est qu'au moment du paiement que s'opère la subrogation (*Oblig.*, art. 1250, n° 1er). — Quant à M. Mourlon, il est d'avis (*Théor. et prat. des subrog. pers.*, p. 223) : 1° que la convention de subrogation doit être faite, au plus tard, au moment où se fait le paiement; 2° que la convention de subrogation, quoique faite avant le paiement, est valable si elle n'a pas été révoquée, modifiée avant le paiement, et si la quittance en fait mention; 3° que l'écrit qui constate le même temps et le paiement et la subrogation, peut, quoique rédigé postérieurement au paiement, faire preuve en justice; 4° enfin, que la convention de subrogation, quoique antérieure ou concomitante au paiement, doit être constatée dans la quittance même; elle n'est pas opposable aux tiers, si elle est relatée dans un acte séparé et distinct de celui qui constate le paiement, lors même que ces deux actes portent la même date. — La loi ne veut pas qu'il y ait

deux actes séparés, l'un pour le paiement, l'autre pour la subrogation.

16. — Jugé que le paiement et la subrogation faits en vertu de l'art. 1250 du Code civil (n° 1er) ne laissent pas d'être simultanés, bien que la quittance constatant à la fois le paiement et cette subrogation porte que les espèces ont été versées hors la présence du notaire et des témoins. — En tous cas, le débiteur qui a accepté la subrogation faite par le créancier est non recevable à l'attaquer sous prétexte qu'elle n'aurait pas eu lieu en même temps que le paiement.—*Cass.*, 31 mai 1848 (t. 2 1848, p. 584), Collardeau c. Alexandre.

17. — Un créancier peut, sans contrevenir aux dispositions du § 1er de l'art. 1250 du Code civil, donner au tiers qui le paie une procuration en blanc, sauf à constater plus tard soit le paiement de la créance, soit la subrogation convenue entre eux, pourvu que la subrogation et le paiement résultent du même acte, et qu'il n'apparaisse pas, au moins d'une manière littérale, que le paiement est antérieur à la subrogation.— *Cass.*, 12 févr. 1840 (t. 1er 1840, p. 603), Aumont c. Bigot.

18. — La subrogation bien que faite le même jour que le paiement, ne saurait donc l'être par un acte séparé de la quittance (Toullier, t. 7, n° 115). — Autrefois, les opinions étaient partagées sur ce point. — Renusson, *Subrog.*, chap. 12, n° 18.

19. — L'arrêt qui interprétant un acte qualifié de subrogation, et se fixant à ce qui résulte soit de l'inspection de cet acte, soit de ses termes et des aveux des parties, décide en fait que le nom du bailleur de fonds n'a été rempli qu'après coup, et que la subrogation n'a pas été faite en même temps que le paiement, ne présente qu'une appréciation de faits et d'actes, qui échappe nécessairement à la censure du tribunal régulateur. — *Cass.*, 17 janv. 1827, Crépin c. Surville.

20. — Selon M. Duranton (t. 12, n° 116), la subrogation quoique postérieure au paiement, serait valable, si le tiers l'avait expressément réservée en payant. — L. 76, ff., *De solut.* — V., dans le même sens, Mourlon, *loc. cit.*, p. 245.

21. — Jugé en ce sens, que la subrogation au profit du tiers qui rembourse une créance est valable, quoiqu'elle ait été stipulée par un acte postérieur au paiement, si l'intention de la consacrer n'a jamais varié, soit avant, soit après le versement des espèces, et si la constatation n'a été retardée que par des circonstances indépendantes de la volonté des parties. — Grenoble, 30 juin 1835, Genissieux.

22. — Jugé, au contraire, que la subrogation conventionnelle consentie par un acte postérieur au paiement est nulle lors même que le créancier, en reconnaissant dans la quittance que les deniers ont été fournis par un tiers, a donné au porteur des espèces le moyen de ce tiers, tout pouvoir pour le subroger dans ses droits et hypothèques. — Il importe peu qu'il soit constant que la subrogation ainsi faite postérieurement à la quittance ait toujours été dans l'intention des parties.— *Cass.*, 30 juill. 1838 (t. 2 1838, p. 303), Genissieux.

23. — La subrogation conventionnelle devant, pour produire effet, être expresse et faite en même temps que le paiement, la subrogation stipulée dans une quittance au profit du tiers qui paie le créancier : tant pour les sommes payées à l'instant même que pour celles payées antérieurement, est nulle à l'égard de ces dernières.— *Limoges*, 27 nov. 1841 (t. 2 1842, p. 642), Dumont c. Lenoble.

24. — Une subrogation peut même être stipulée avant le paiement; mais alors ce n'est moins une subrogation qu'une promesse de subrogation.

25. — On doit réputer valable la convention par laquelle une compagnie d'assurance est subrogée au droit qu'a le propriétaire assuré à un recours contre le tiers voisin, locataire ou autre par la faute duquel un sinistre pourrait arriver; dans le cas d'incendie de la maison assurée arrivé par la faute de ce tiers, la compagnie est recevable à exercer le recours contre lui porté au profit de la maison. — *Amiens*, 18 avril 1825, Leblanc c. Comp. du Phénix; *Colmar*, 13 janv. 1832, Phénix c. Drouant.

26. — La convention par laquelle un propriétaire assuré par une compagnie d'assurances mutuelles déclare, en recevant de cette compagnie le paiement du sinistre, la subroger dans le droit que l'art. 1733 du Code civil lui confère contre le locataire, doit être considérée comme valable. — On ne saurait la réputer nulle sous le prétexte que le transport de droits ainsi fait par

l'assuré serait à la fois sans cause et sans prix. — *Cass.*, 1er déc. 1846 (t. 1er 1847, p. 43), Comp. du Phénix c. Assurances mutuelles du Haut-Rhin.

27. — Il faut, en outre, que la subrogation soit expresse. — C. civ., art. 1250. — Il ne suffirait pas que le créancier eût réservé à celui qui l'a payé *son recours* contre le débiteur. — Toullier, t. 7, no 117; Duranton, t. 12, no 118. — Il ne suffirait pas non plus que l'acte contînt une simple quittance, laquelle n'opérerait que l'extinction de la dette. — Toullier, t. 7, no 121.

28. — Mais si le créancier avait fait la cession, la vente, le transport ou l'abandon de ses droits, cela emporterait subrogation. — On a cherché à établir une distinction fort subtile entre la cession et la subrogation. — Il n'y a point de différence entre ces choses, ou, s'il en existe une, c'est celle qui est entre la cause et l'effet. La cession est la cause et la subrogation l'effet. — Delvincourt, t. 2, p. 559, notes; Duranton, t. 12, nos 114 et 118; Troplong, t. 1er, no 353 *bis*; Rolland de Villargues, *eod verb.*, no 46.

29. — Cependant, il y a cette différence entre le cas du paiement avec subrogation et la cession de la créance : que, dans ce dernier cas, bien que le prix ne soit pas ordinairement du montant de la créance cédée, le débiteur n'en devra pas moins payer au cessionnaire la totalité de la somme due; au lieu que, dans le cas d'une simple subrogation, le tiers qui a payé une somme inférieure au montant de la dette et a cependant reçu une quittance du total, ne pourra ensuite exiger du débiteur que ce qu'il a réellement déboursé; car, en payant, il a fait l'affaire du débiteur, et non la sienne. — Duranton, t. 12, no 122.

30. — La subrogation accordée par le créancier, conformément à l'art. 1250, § 1er, au *tiers* dont il reçoit son paiement, ne cesse pas d'avoir son effet par cela seul que ce tiers n'aurait effectué le paiement qu'en vertu d'une convention faite avec le débiteur, et pour se libérer envers lui du prix d'un transport consenti à son profit. — On dirait en vain que ce tiers, étant lui-même débiteur avec indication de paiement, et non pas simple prêteur, de la somme qu'il paie, ne doit pas être considéré comme une tierce personne dans le sens de l'art. 1250, alors, d'ailleurs, qu'il résulte de la combinaison de l'acte de transport et de l'acte de paiement avec subrogation (passés dans le même moment) que ces actes ne constituent, en réalité, qu'un contrat de prêt (de la part du tiers qui a payé) avec la double garantie du transport et de la subrogation. — L'arrêt qui interprétant les deux actes l'un par l'autre, leur reconnaît ce caractère, échappe, comme n'ayant fait qu'une simple appréciation de fait, à la censure de la Cour de cassation. — *Cass.*, 16 nov. 1841 (t. 2 1841, p. 629), Legrand et de la Courtie c. Cornissel-Lamotte.

31. — Du moment que la subrogation est expresse et que le créancier dit céder tous ses droits, il n'est pas nécessaire de faire l'énumération de ces droits. Ainsi, ces expressions accumulées de *droits, actions, raisons, priviléges et hypothèques* sont des redondances inutiles. La cession des droits comprend tout. — Aucuns termes sacramentels ne sont exigés. — Toullier, t. 7, nos 120 et 121; Delvincourt, t. 2, p. 558; Duranton, t. 12, no 119; Rolland de Villargues, *Rép.*, vo *Subrogation*, nos 48 et 49; Favard de Langlade, *Rép.*, vo *Subrogation*, § 1er, no 4; Zachariæ, t. 2, § 221, notes 5 et 6; Marcadé, art. 1252, nos 1 et 3; Poujol, *Traité des oblig.*, art. 1252, no 2; Mourlon, p. 214.

32. — Ainsi jugé que la subrogation conventionnelle, quoiqu'elle doive être expresse, n'a pas besoin d'énumérer chacun des droits cédés. *Bourges*, 19 juin 1838 (t. 2 1838, p. 615), Larey c. de Changy.

33. — ... Que la subrogation conventionnelle au profit d'un tiers dans les droits d'un créancier qu'il désintéresse est stipulée suffisamment, et remplit les conditions de la loi, lorsqu'il est dit dans la quittance que celui qui rembourse le créancier *se trouve subrogé* dans les droits de celui-ci. — *Cass.*, 4 févr. 1839 (t. 1er 1839, p. 343), Duchateau c. Boutroux et Gaudy.

34. — Jugé, au contraire, mais à tort, que pour que celui qui a payé un billet et a été subrogé à l'effet de ce billet, puisse faire prononcer la contrainte par corps, ainsi qu'aurait pu le faire le créancier originaire, il faut qu'il ait été subrogé expressément à tous les droits, actions, privilèges et hypothèques du créancier. — *Riom*, 12 janv. 1809, Bonnet c. Bourret. — Toullier (t. 7, no 120, note) dit que l'arrêt ne décide point cette question; que le jugement, dont les motifs avaient été adoptés par la Cour, était bien rendu, mais que les considérans étaient mauvais. Cela peut être; mais le devoir de l'arrêtiste est de continuer au jugement les motifs que les juges y ont donnés, que ces motifs, du reste, soient bons ou mauvais.

35. — En quelques termes que soit conçu l'acte de subrogation, pour peu qu'il soit obscur ou équivoque, il est soumis aux règles générales de l'interprétation, et c'est aux tribunaux à rechercher quelle a été la commune intention des contractans. — Toullier, t. 7, no 122.

36. — Si le créancier n'avait cédé qu'une partie de sa créance, le subrogé aurait pour cette partie les mêmes actions que le subrogeant; mais il devra s'entendre avec son cédant : soit pour recevoir le paiement, soit pour poursuivre simultanément... — Dumoulin, *De divid. et individ.*, 2e partie, nos 6 et 7; Toullier, t. 7, no 120, note; Marcadé, art. 1252, no 2.

37. — Quand ni les expressions de l'acte, ni les circonstances n'indiquent que la cession n'a pas été entière, la subrogation faite pour un prix au-dessous de la créance cédée, la comprend tout entière avec ses accessoires; car le créancier peut avoir eu l'intention de gratifier le subrogé. — Toullier, t. 7, nos 124 et 125; Rolland de Villargues, *Rép.*, vo *Subrogation*, nos 66 et suiv.

38. — Le débiteur peut opposer au tiers, qui a payé la dette avec subrogation, les exceptions qu'il pourrait opposer au créancier, si c'était celui-ci qui le poursuivît. Il peut même lui opposer la prescription si elle se trouve acquise au moment où il est actionné par lui, quoiqu'elle ne le fût pas encore à l'époque où le tiers a payé la dette. — *Cass.*, 18 oct. 1809, Enregistrement c. Bodet. — Duranton, t. 12, no 128.

39. — Lorsqu'il est reconnu qu'en s'obligeant solidairement avec son mari, envers des créanciers à qui elle a consenti cession de ses droits matrimoniaux et subrogation dans son hypothèque légale sur des immeubles déterminés, la femme n'a réellement cédé que son droit d'hypothèque, c'est-à-dire le droit pour les créanciers subrogés de se faire colloquer en son lieu et place; l'exercice par les créanciers subrogés, de l'hypothèque légale sur le prix de ces immeubles, même pour une somme supérieure au montant des reprises et droits matrimoniaux de la femme, n'éteint pas pour celle-ci le droit de faire valoir cette même hypothèque légale sur le prix d'autres immeubles du mari pour la totalité de ses reprises. — *Paris*, 27 mai 1848 (t. 2 1848, p. 258), Serilly c. Fraudin.

40. — La subrogation à l'hypothèque légale de la femme n'est pas plus que cette hypothèque elle-même soumise à la formalité de l'inscription. — En conséquence, entre divers créanciers subrogés successivement dans l'hypothèque légale de la femme, la priorité de collocation doit se régler par la date des subrogations et non par celle des inscriptions, qui ne sont pas obligatoires. — *Paris*, 18 mars 1848 (t. 1er 1848, p. 705), Talpomba c. Charvin.

41. — La subrogation au bénéfice de son hypothèque légale, consentie par la femme en minorité et ratifiée en majorité est valable, bien que l'inscription faite pendant la minorité en soit irrégulière, surtout à l'égard des créanciers du mari. — *Lyon*, 15 mai 1847 (t. 1er 1848, p. 165), Peguet et Allaud c. Marron de Meillonas.

42. — La femme qui accepte la communauté, ou est réputée l'accepter faute par elle d'y avoir renoncé dans les formes et les délais fixés par la loi, étant tenue sur ses biens propres de la moitié des dettes de cette communauté, il s'ensuit : que le tiers auquel elle avait, avant qu'elle fût dissoute, cédé ses reprises avec subrogation dans le bénéfice de son hypothèque légale, ne peut se prévaloir d'un droit de privilége et de préférence qu'elle-même ne pourrait plus exercer. — *Cass.*, 30 avril 1849 (t. 2 1849, p. 161), Bellavoine c. Desjardins-Miette.

43. — Lorsque la femme ou ses héritiers, acceptant la communauté, font, en vertu des art. 1470 et 1471 du C. civ., le prélèvement d'un immeuble conquêt de cette même communauté, ce prélèvement fait réputer la femme propriétaire *ab initio* de l'immeuble ainsi prélevé et, par suite, anéantit la subrogation par elle consentie au profit d'un tiers dans l'effet de son hypothèque légale sur le même immeuble. — C. civ., art. 883, 1470, 1471, 1476, 2125 et 2135. — En pareil cas, le créancier subrogé dans l'hypothèque légale de la femme a le droit de s'opposer à ce qu'il soit procédé hors de sa présence à la liquidation de la communauté. — *Cass.*, 1er août 1848 (t. 2 1848, p. 19), Deloynes-Duhoullay c. Beuzelin.

44. — L'acte contenant subrogation par le créancier n'a pas besoin d'être fait par acte authentique, comme la loi l'exige pour l'acte de subrogation consenti par le débiteur. — Toullier, t. 7, no 116; Delvincourt, t. 2, p. 559; Duranton, t. 12, no 125; Mourlon, p. 249; Rolland de Villargues, *Rép.*, vo *Subrogation*, no 17; Zachariæ, § 321, note 8. — Toutefois Toullier (*ibid.*) pense que, si, après avoir subrogé un tiers par acte sous seing privé, le créancier subroge une seconde personne par acte notarié, cette dernière devra l'emporter, parce que l'acte sous seing privé n'a point de date assurée contre les tiers. — *Contrà*, Bellet, t. 1er, p. 352. — V. cependant *Grenoble*, 13 mai 1824, Format c. Blain.

45. — Jugé, en ce sens, que le créancier porteur d'une subrogation régulière par acte authentique ne peut être repoussé au moyen d'un autre acte sous seing privé antérieur en date émané du même créancier et exprimant le fait du paiement et une subrogation au profit d'autres personnes, alors d'ailleurs que ce dernier acte n'a acquis date certaine que postérieurement à la subrogation authentique. On voudrait en vain en faire résulter la preuve que la subrogation n'a pas eu lieu en même temps que le paiement. — *Cass.*, 31 janv. 1843 (t. 2 1843, p. 204), Genissieux.

46. — Jugé néanmoins que, avant le Code comme depuis, la subrogation dans son droit d'hypothèque consentie par le créancier au profit du tiers qui le paie, n'a pu avoir lieu par acte sous seing privé. — *Grenoble*, 13 mai 1824, Format c. Blain.

47. — L'obligation souscrite par une femme mariée conjointement et solidairement avec son mari, mais sans aucune affectation hypothécaire, par exemple par acte sous seing privé, n'emporte pas subrogation dans l'hypothèque légale de la femme. — Le créancier n'a que le droit, aux termes des art. 1166 du C. civ. et 878 du C. proc. civ., de se faire colloquer en sous-ordre sur les sommes attribuées à la femme dans l'ordre ouvert sur son mari et il peut, sans contrevenir à l'art. 464 du C. proc. civ., en former pour la première fois la demande en cause d'appel. — *Orléans*, 24 mai 1848 (t. 2 1848, p. 57), Vidal c. Dejean et de Sarcé.

48. — La subrogation, pour être parfaite à l'égard du subrogé, doit être suivie de la remise des titres justificatifs de la créance. Car la tradition des droits incorporels se faisant par la remise des titres, la préférence appartiendrait à celui des deux subrogés qui, le premier, aurait été mis en possession réelle. — Toullier, t. 7, no 126; Rolland de Villargues, *Rép.*, vo *Subrogation*, no 53. — *Contrà*, Duranton, t. 12, no 126.

49. — Enfin il faut que la cession ou subrogation soit signifiée au débiteur, ou qu'elle soit acceptée par lui dans un acte authentique; car elle ne constitue qu'un transport. — Toullier, t. 7, no 127; Duvergier, *Vente*, t. 2, no 127; Rolland de Villargues, *Rép.*, vo *Subrogation*, no 54; Poujol, *Traité des oblig.*, art. 1250, no 10. — *Contrà*, Duranton, t. 12, no 125. — Dans la cession, dit-il, on achète pour faire un bénéfice; de là les formalités imposées aux cessionnaires. Dans la subrogation, c'est simplement un bon office rendu au débiteur; il suffit donc que le subrogé puisse présenter aux tiers un acte constatant qu'il a payé à telle époque. — V., dans le même sens, Zachariæ, t. 2, § 321, note 10; Mourlon, p. 249.

§ 2. — *Subrogation consentie par le débiteur.*

50. — La subrogation consentie par le débiteur a lieu lorsque le débiteur emprunte une somme à l'effet de payer sa dette et de subroger le prêteur dans les droits du créancier. Cette subrogation s'opère sans le concours de la volonté du créancier. — C. civ., art. 1250 2o.

51. — Cette espèce de subrogation a toujours été considérée comme contraire à la rigueur du droit. En effet, comment concevoir qu'une créance et ses accessoires, le droit d'action, le droit d'hypothèque, qui sont la propriété du créancier, puissent être transmis à un tiers, par la seule volonté du débiteur, sans le concours du créancier? — Rolland de Villargues, *Rép.*, vo *Subrogation*, no 71.

52. — Aussi de grandes difficultés s'élevèrent-elles lors de l'introduction de cette subrogation, et sa validité fut fréquemment discutée au commencement du XVIIe siècle. Cependant l'équité prévalut sur la subtilité du droit, et cette subrogation fut admise pour permettre à un pauvre débiteur de se choisir un créancier plus favorable. Ce fut surtout à l'autorité de Dumoulin qu'on dut ce résultat, qui fut consacré, au reste, par

un édit de Henri IV du mois de mai 1609 et par un arrêt de règlement du Parlement de Paris du 6 juillet 1690. — Renusson, *De la subrog.*, ch. 2 et 10.

53. — Il faut, pour que cette subrogation soit valable, que l'acte d'emprunt et la quittance soient passés devant notaires; que dans l'acte d'emprunt il soit déclaré que la somme a été empruntée pour faire le paiement, et que dans la quittance il soit déclaré que le paiement a été fait des deniers fournis à cet effet par le nouveau créancier. — C. civ., art. 1250 2°.

54. — De plus, il faut qu'il y ait remise des titres de la créance objet de la subrogation. Toutefois cette remise n'est pas, comme dans la subrogation consentie par le créancier, nécessaire pour transférer au prêteur la propriété de la créance qu'il acquiert contre le débiteur, ni pour empêcher le créancier de céder ses droits à un autre; car cette subrogation s'opérant sans le concours de sa volonté, le paiement qui lui est fait éteint nécessairement les droits qu'il avait: de telle sorte qu'il ne peut plus les transférer à personne, même avant la remise des titres. — Toullier, t. 7, nos 128 et 134; Rolland de Villargues, n° 87.

55. — Avant le Code civil il fallait, pour la validité d'une subrogation conventionnelle: 1° qu'il fût dit, dans l'acte d'emprunt, que la somme était empruntée pour payer le créancier, 2° qu'il fût déclaré dans la quittance que le paiement était fait des deniers fournis à cet effet par le nouveau créancier; 3° enfin, que l'acte d'emprunt et la quittance fussent passés par-devant notaire. — *Metz*, 24 mars 1819, Scaillette c. Lefèvre et Badré.

56. — Pour que la subrogation dans le privilége du vendeur pût avoir lieu au profit du prêteur il fallait, sous l'ancienne législation, comme il le faut sous la nouvelle, qu'elle eût été formellement stipulée dans l'acte d'emprunt et constatée par acte authentique. — *Cass.*, 14 nov. 1833, Kanakiuh c. Bouchez.

57. — Bien que la loi ne parle que des notaires, l'acte d'emprunt et la quittance pourraient être passés devant un autre officier public ayant reçu de la loi le caractère nécessaire pour les rendre authentiques. Ainsi, la quittance donnée par le receveur des consignations produirait le même effet que si elle eût été passée devant notaire: pourvu qu'elle contînt la déclaration de l'origine des deniers, et qu'elle eût été précédée d'un acte d'emprunt énonçant leur destination. — Arr. Parlement de Paris, 25 fév. 1767. — Merlin, *Rép.*, v° *Consignation*, n° 13: Toullier, t. 7, n° 128.

58. — La subrogation serait nulle si l'acte d'emprunt ou la quittance étaient sous seing privé, lors même que la date en aurait été rendue certaine par l'enregistrement, le décès de l'une des parties, ou de toute autre manière. — Toullier, t. 7, n° 129.

59. — L'acte d'emprunt doit exprimer la destination de l'emploi de la somme empruntée. — C. civ., art. 1250, 2°). — Si cette déclaration avait été omise, elle ne pourrait être réparée par un acte postérieur: quand même il serait prouvé que l'argent prêté a été employé à payer un créancier antérieur, et quand même ce créancier aurait exprimé dans la quittance la déclaration d'emploi qui lui a été faite par le débiteur. — Toullier, t. 7, n° 129.

60. — Il ne suffit pas pour être subrogé au privilége du vendeur, d'avoir prêté ou employé des deniers pour l'acquisition d'un immeuble; il faut que le contrat renferme à la fois la preuve que cet emploi a réellement eu lieu, la stipulation de la cause et la reconnaissance du vendeur qu'il a été désintéressé avec les deniers empruntés. — *Cass.*, 26 avril 1827, Delattre c. Longuet.

61. — La subrogation du prêteur de fonds aux droits et priviléges du créancier payé avec les deniers prêtés, ne peut avoir lieu qu'à la double condition: 1° qu'il soit déclaré dans l'acte d'emprunt que la somme est empruntée pour faire le paiement; 2° et que la quittance porte que le paiement a été fait des deniers empruntés. Cette dernière déclaration ne suffirait pas, lors même que le paiement serait effectué le lendemain de l'emprunt. — *Toulouse*, 31 mars 1832, Barthès c. Magne et Mauriès.

62. — La femme n'est pas subrogée de plein droit aux droits, actions et hypothèques des créanciers de son mari, si, dans les quittances qu'ils ont données, cette subrogation n'est pas énoncée et s'il n'y est pas fait mention qu'ils ont été payés avec des deniers dotaux. — *Besançon*, 14 fructid. an VIII, Logre c. Francourt.

63. — En cas de revente d'un immeuble, la stipulation faite par les vendeurs que le prix sera payé au vendeur originaire entraîne une fin de non-recevoir contre la nullité de la subrogation que celui-ci a consentie au profit d'un tiers: lors même que le vendeur originaire et ce tiers n'auraient point figuré dans l'acte de vente. — *Agen*, 15 fév. 1827 (sous *Cass.*, 15 févr. 1832), Verdier c. de Pins et de Thézan.

64. — La loi ne fixe pas le temps dans lequel le paiement doit être fait depuis l'emprunt. S'il s'est écoulé un intervalle de temps un peu considérable, il n'est plus possible de s'assurer que ce soient les mêmes deniers. Il y a même de graves présomptions du contraire, quand il s'est écoulé un temps considérable; car un débiteur qui veut se libérer ne garde pas des deniers oisifs. — Toullier, t. 7, n° 132; Rolland de Villargues, *Rép.*, v° *Subrogation*, n° 84. — M. Duranton (t. 12, n° 136) pense, au contraire, que tant qu'il n'est pas démontré que les deniers empruntés ont été employés à un autre usage, la déclaration faite dans la quittance doit assurer la subrogation: quelque temps qu'il se soit écoulé entre l'emprunt et le paiement. — M. Poujol pense que le paiement ne devrait pas être trop éloigné, et il enseigne qu'il appartient à l'appréciation du juge de voir si les circonstances font supposer que les fonds auraient reçu une autre destination. — *Obligations*, art. 1250, n° 17.

65. — Pour obtenir la subrogation contre chacun des débiteurs, aux termes de l'art. 1250 C. civ., il n'est pas nécessaire que l'acte d'emprunt et la quittance soient passés devant notaire au même instant et par le même acte. — *Paris*, 11 avril 1829, Tempier c. Urbain.

66. — La subrogation aux droits du créancier a son effet en faveur de celui qui a prêté des fonds pour le payer, quoique le paiement n'ait pas été fait de suite ou dans un temps très-prochain. — *Bordeaux*, 14 avril 1824, Tamanhan c. Detrois.

67. — La déclaration d'emploi des fonds empruntés doit être faite au moment du paiement, et consignée dans la quittance même donnée par le créancier. Si elle était faite au même instant, mais par acte séparé, il n'y aurait point de subrogation valable. — Renusson, *Subrog.*, chap. 12, nos 30 et suiv.; Toullier, t. 7, n° 130. — Il en serait de même si la déclaration avait été faite même au bas ou au dos de la quittance, parce qu'elle aurait eu lieu après l'extinction de la dette. — Renusson, *Subrog.*, chap. 12, n° 31; Duranton, t. 12, n° 132.

68. — L'arrêt qui après avoir constaté, en fait, qu'un paiement a eu lieu, et que ce paiement établi par acte authentique, et qui a éteint la créance, a été fait au créancier sans déclaration, par le débiteur, de l'origine et de l'emploi des deniers, refuse de reconnaître à un acte postérieur constatant que ce paiement a eu lieu des deniers d'un tiers la force d'opérer au profit de ce tiers une subrogation valable, prononce d'une manière conforme à l'art. 1250, § 2, C. civ. — *Cass.*, 28 janv. 1845 (t. 1er 1845, p. 646), Marteneau c. Cornedecerf.

69. — La subrogation faite au profit du prêteur, par le créancier remboursé, dans un acte constatant que le prêt avait été fait antérieurement à sa date, peut être déclarée valable lorsqu'il résulte des faits extrinsèques à l'acte que les deniers ont été empruntés pour être appliqués au paiement de la créance du subrogeant et que le paiement a été en effet opéré avec les deniers empruntés et lors de l'acte de subrogation. — *Cass.*, 15 févr. 1832, Verdier c. de Pins et de Thézan.

70. — Pour faire opérer la subrogation autorisée par le n° 2 de l'art. 1250 C. civ., il n'est pas nécessaire que le débiteur soit présent à la quittance et qu'il déclare lui-même l'origine des deniers avec lesquels il paie; il suffit que le créancier, en recevant ce qui lui est dû, reconnaisse que les deniers proviennent de l'emprunt fait pour le payer. — *Orléans*, 14 août 1845 (t. 2 1845, p. 347), Mandreville c. Pays.

71. — Si le créancier se refusait à ce qu'on insérât dans la quittance la déclaration d'emploi, le débiteur pourrait faire des offres de la somme due et consigner. — Duranton, t. 12, n° 131. — V. aussi Toullier, t. 7, n° 128; Merlin, *Rép.*, v° *Consignation*, n° 13; Delvincourt, t. 2, p. 559; Zachariæ, § 321, note 17.

72. — Toullier (t. 12, n° 131) pense qu'il ne serait même pas besoin de consigner si le créancier consentait à recevoir la somme et à remettre les titres. Le notaire pourrait dresser procès-verbal des faits et ajouter que le créancier après s'être saisi des fonds et avoir délivré les titres, a néanmoins refusé de signer. Un pareil acte serait un titre de libération et de subrogation tout aussi valable qu'un procès-verbal de consignation.

73. — Peut-être serait-il plus simple, dit Rolland de Villargues (v° *Subrogation*, n° 83), d'assigner le créancier par le procès-verbal d'offres réelles, et d'obtenir un jugement qui déclarerait que les deniers ont été fournis par le nouveau créancier et ordonnerait que la subrogation sortirait son effet. Le même jugement ordonnerait la consignation sur le refus du créancier.

74. — Il n'y a pas subrogation valable, dans le sens du § 2, art. 1250 C. civ., dans le paiement que le débiteur fait au créancier par acte notarié, avec des deniers prêtés, tant précédemment que présentement, par un tiers présent à l'acte, qu'on déclare néanmoins subrogé aux droits du créancier. — Et la subrogation dont il est parlé dans le § 1er, art. 1250 C. civ., ne peut être invoquée lorsqu'il est déclaré que la somme prêtée, tant précédemment que présentement, a été reçue aussi du débiteur de la même manière. — *Cass.*, 19 avr. 1831, Dupont c. Hardy.

75. — Il n'est pas nécessaire que la subrogation consentie par le débiteur soit *expresse* comme celle qui est consentie par le créancier. Elle est suffisamment manifestée par la destination énoncée dans l'acte d'emprunt et par la déclaration d'emploi énoncée dans la quittance. — Toullier, t. 7, n° 129; Duranton, t. 12, n° 133; Poujol, *Oblig.*, t. 2, art. 1250, n° 16; Marcadé, art. 1250, n° 4. — M. Mourlon, tout en se rangeant à cette opinion (p. 261 et surtout 266), expose et fait valoir avec force les raisons qui pourraient entraîner l'adoption du système opposé.

76. — Il n'est pas non plus nécessaire pour que le prêteur succède à l'hypothèque du créancier payé, s'il s'agit d'une créance hypothécaire, que l'acte d'emprunt stipule formellement que le prêteur sera subrogé à cette hypothèque, ainsi que le voulaient les lois romaines. — Toullier, t. 7, n° 158; Rolland de Villargues, *Rép.*, v° *Subrogation*, n° 79.

77. — Mais la subrogation ne confère pas l'hypothèque, si le débiteur avait, antérieurement, aliéné l'immeuble hypothéqué. — Toullier, t. 7, n° 136; Delvincourt, t. 2, p. 559. — V. cependant Duranton, t. 12, n° 137; Rolland de Villargues, *Rép.*, v° *Subrogation*, n° 34.

78. — Lorsqu'un individu paie des frais funéraires dans l'intention de faire un prêt au débiteur de ces frais M. Troplong (*Hypoth.*, t. 1er, n° 136 *bis*) pense qu'il est subrogé dans le privilége de ce dernier, sans qu'il ait été stipulé de subrogation expresse. Car, si l'art. 593 C. proc. établit une subrogation de droit, en faveur de celui qui a prêté des deniers pour acheter des alimens, la cause des frais est plus favorable. — *Contrà*, Persil, *Hypoth.*, art. 2101, § 2, n° 3.

79. — Les actions des canaux d'Orléans et du Loing concédées aux anciens militaires et déclarées incessibles et insaisissables par les décrets des 1er mars 1808 et 3 mars 1810, si ce n'est pour les créances énoncées en l'art. 2101 C. civ., ne peuvent pas être déléguées à un tiers avec subrogation dans le privilége des créances de cette nature, encore bien que le titulaire de l'action reconnaisse que la somme qu'il a reçue du délégataire a servi à payer les créanciers privilégiés. — *Paris*, 8 févr. 1834, Thomas c. Bourdon.

80. — Il est à remarquer qu'un débiteur qui emprunte pour payer des dettes purement *personnelles*, ou dont les actions n'intéressent en rien les autres créanciers, n'a pas besoin d'employer la forme authentique soit pour l'acte d'emprunt énonçant la destination des deniers, soit pour la quittance contenant la déclaration d'emploi; il n'est pas nécessaire non plus que la subrogation soit expresse. — Toullier, t. 7, n° 160; Rolland de Villargues, *loc. cit.*, n° 90.

81. — Les formalités prescrites par l'art. 1250-2° ont pour but d'empêcher que l'on ne fasse revivre des dettes éteintes, pour favoriser un créancier au préjudice des autres, en lui faisant passer les priviléges et hypothèques attachés à la créance, et qu'un débiteur ne puisse emprunter de plusieurs personnes en leur promettant à toutes la subrogation et n'emploie ensuite les deniers empruntés à d'autres usages ou ne fasse passer la subrogation qu'à celle qui lui aurait prêté la dernière. — Duranton, t. 12, n° 134.

82. — Les droits qu'acquiert le subrogé ne doivent pas préjudicier aux créanciers intermédiaires ni à personne. D'où il suit que la subrogation d'intérêts faite par le prêteur subrogé serait sans effet contre les autres créanciers si la somme remboursée n'en produisait point. — Toullier, t. 7, nos 134 et 133.

83. — **La subrogation consentie par le débi-**

teur peut n'être que partielle. Quelque étendus que soient les termes de la subrogation, le débiteur est toujours censé ne subroger le prêteur que jusqu'à concurrence de la somme prêtée. — Toullier, t. 7, n° 137; Rolland de Villargues, *Rép.*, v° *Subrogation*, nos 95 et suiv.

84. — A défaut par le débiteur de faire la déclaration d'emploi, le prêteur serait fondé à demander son remboursement : par le motif qu'on ne lui a pas fourni les sûretés promises. — C. civ., art. 1912. — Rolland de Villargues, *Rép.*, v° *Subrogation*, n° 88.

85. — La subrogation qui a lieu au profit de ceux qui ont prêté des deniers pour l'acquisition d'un immeuble ne peut s'étendre à celui qui, en achetant un immeuble, stipule que le prix de la vente sera employé par le vendeur à l'acquisition d'autres immeubles, pour servir de garantie à la vente. — *Metz*, 16 août (et non mai) 1811, Rouen c. Barral.

86. — Lorsque, pour payer un créancier hypothécaire envers lequel il était obligé comme caution, un individu a emprunté une somme d'un tiers qu'il a subrogé dans tous les droits du créancier, tant contre lui caution que contre le débiteur principal; si plus tard le créancier subrogé, au lieu d'agir contre le débiteur principal, obtient collocation sur le prix des biens de la caution : les créanciers hypothécaires de cette caution qui se trouvent privés par là de l'effet de leurs hypothèques, ne sont pas fondés à se prétendre subrogés au droit du prêteur contre le débiteur principal. Dès lors, ces créanciers ne pouvant exercer que les droits de la caution, le débiteur principal est recevable à leur opposer la compensation qui pourrait avoir lieu entre lui et la caution. Le débiteur principal serait recevable et fondé à former tierce opposition au jugement qui aurait prononcé la subrogation en question. — *Paris*, 18 févr. 1825, Havas c. Heurtault-Delamerville.

87. — Quant un notaire a payé de ses deniers personnels, non à titre d'avances, mais en l'acquit du débiteur et sans se faire subroger aux droits du créancier son client, les intérêts d'une obligation hypothécaire; la dette se trouve éteinte au regard des autres créanciers, en telle sorte qu'ils peuvent, si ledit créancier a touché ces mêmes intérêts dans un ordre ultérieurement ouvert sur le débiteur, en demander la restitution. — Dans ce cas, le notaire à qui les fonds touchés dans l'ordre avaient été remis par le créancier colloqué doit, sur la demande en garantie formée par celui-ci, les lui restituer. — *Paris*, 29 août 1843 (t. 1er 1844, p. 109), Jamin c. Dubréna et Caumartin.

Sect. 3e. — *Subrogation légale.*

88. — C'est celle qui, dans certains cas, est accordée de plein droit à celui qui paie la dette d'un tiers. Ces cas sont au nombre de quatre et déterminés par l'art. 1251 C. civ.

89. — La subrogation légale semble aussi s'écarter de la rigueur des règles. En effet, on ne saurait, en général, contraindre personne à céder ses droits. Outre que la volonté de l'individu suffit pour justifier son refus de les céder, ce refus peut être fondé sur des motifs légitimes : tels que la crainte de s'exposer à une action en garantie, ou encore l'intérêt qu'il porte au débiteur qu'un nouveau créancier pourrait avoir l'intention de tourmenter. Cependant, en considérant au profit de qui cette espèce de subrogation est établie, les tiers doivent toujours être réputés n'avoir payé qu'à charge de cette subrogation, à moins de supposer (ce qui ne se présume pas) qu'ils auraient renoncé à leurs droits. — Pothier, *Oblig.*, n° 521; Toullier, t. 7, nos 103 et suiv.; Rolland de Villargues, *Rép.*, v° *Subrogation*, n° 102.

90. — Sous l'édit de 1609 la subrogation mettait le prêteur dans les droits du créancier remboursé, contre tous les coobligés à la même dette; le prêteur était subrogé aux hypothèques, noms, raisons et actions du créancier, à l'égard de tous les codébiteurs : par cela qu'il avait fourni ses deniers à l'un de ceux-ci, et que ces deniers avaient été employés à payer le créancier. — *Cass.*, 8 niv. an XIII, Lambert c. Lépinay.

91. — Avant le Code civil, la subrogation du bailleur de fonds, dans le privilége du fisc remboursé des deniers prêtés, avait lieu, de plein droit et sans stipulation expresse, au préjudice des autres créanciers du débiteur. — *Cass.*, 9 septemb. 1806, Couturier c. Sauvegny.

92. — La subrogation légale dans les droits d'un créancier ne peut avoir lieu au profit de celui qui a fourni les deniers qu'autant que l'emprunt et le paiement ont été constatés par acte authentique à l'instant même où ils ont eu lieu. En conséquence, un acte qui porte que l'emprunt et le paiement ont eu lieu hors la présence des notaires n'est pas suffisant pour conférer la subrogation. — *Orléans*, 4 juill. 1843 (t. 2 1843, p. 368), Cornedecerf c. Desmarets.

93. — 1er *Cas de subrogation légale.* — La subrogation a lieu de plein droit au profit de celui qui étant lui-même créancier, paie un autre créancier qui lui est préférable à raison de ses priviléges ou hypothèques. — C. civ., art. 1251 1°.

94. — Cette espèce de subrogation, qui doit son origine au droit romain (L. 2, ff., *De distract. pign.*, etc.), a été admise de tout temps sous le nom de *droit d'offrir*, droit accordé au second créancier pour empêcher que l'ancien créancier ne consume en frais le gage commun. — Denisart, *Nouv. Rép.*, v° *Droit d'offrir*; Toullier, t. 7, n° 140; Grenier, *Hypoth.*, n° 91.

95. — Il ne suffisait pas, suivant les lois romaines, de payer un créancier pour être subrogé dans ses droits, il fallait une stipulation formelle. — *Cass.*, 23 juin 1812, Michel c. Bonnaud.

96. — Les créanciers chirographaires peuvent demander la subrogation aussi bien que les créanciers hypothécaires; car ils ont le même intérêt, et la loi ne fait aucune distinction entre les créanciers. — Merlin, *Rép.*, v° *Subrogation de personnes*, sect. 2, § 3, n° 3; Toullier, t. 7, n° 140; Troplong, *Hyp.*, t. 1er, n° 356; Delvincourt, t. 2, p. 560; Championnière et Rigaud, t. 2, n° 1258; Duranton, t. 12, nos 149 et 153; Mourlon, p. 356; Zachariæ, § 321, note 27; Marcadé sur l'art. 1251; Poujol, *Oblig.*, sur l'art. 1251, n° 3. — *Contrà*, Renusson, ch. 4, n° 14; Domat, liv. 3, tit. 1er, sect. 6; Leprêtre, cent. 1re, ch. 69, p. 196; Pothier, *Coutume d'Orléans*, tit. 20, n° 71; Basnage, ch. 15, p. 334; Persil, *Régime hypoth.*, n° 2101 2°; Favard de Langlade, *Rép.*, v° *Subrogation*, § 2, n° 2; Grenier, *Hyp.*, t. 1er, n° 91; Rolland de Villargues, *Rép.*, v° *Subrogation*, n° 104 et 105.

97. — Le créancier qui veut obtenir la subrogation légale dans les priviléges et hypothèques d'un créancier qui le prime, alors même que la créance de celui-ci se composait de diverses parties, est tenu de rembourser non la totalité de ces créances, mais seulement la portion qui lui est préférable. — *Paris*, 21 déc. 1836 (t. 2 1837, p. 487), Despons c. Laurence.

98. — Lorsque plusieurs coacquéreurs d'un immeuble sont solidairement obligés au paiement du prix; si le créancier hypothécaire de l'un d'eux vient à payer des créanciers du vendeur originaire, antérieurs à lui en hypothèque : il pourra agir solidairement contre les autres coacquéreurs, en vertu de la subrogation légale. — Peu importe que la dette originaire soit divisible entre les coacquéreurs, et que le créancier payant se trouve en même temps cessionnaire de son débiteur pour partie du prix de la revente de l'immeuble. — *Colmar*, 30 mars 1835, Fischbach c. Mennel; *Cass.*, 24 nov. 1836, (t. 1er 1837, p. 9), mêmes parties.

99. — La subrogation légale qui s'opère par le moyen du paiement, au profit d'un créancier inscrit sur une portion d'un immeuble, dans les droits d'un autre créancier inscrit sur la totalité du même immeuble transporte au subrogé non-seulement les droits appartenant au subrogeant sur la portion d'immeuble affectée au subrogé, mais aussi les droits du subrogeant sur le surplus de l'immeuble hypothéqué. — Alors même que la portion non hypothéquée au subrogé serait sortie des mains du débiteur avant la naissance de sa créance. — *Cass.*, 22 déc. 1846 (t. 1er 1847, p. 257), de Maumigny c. Barreau et Béchet.

100. — Le créancier qui paie mais en partie seulement le créancier qui lui est préférable à raison des priviléges ou hypothèques, n'est pas subrogé de plein droit. — Mourlon, p. 365.

101. — Suivant MM. Marcadé (sur l'art. 1251, n° 1er) et Zachariæ (t. 2, p. 377, n° 27), le créancier qui paie non pas un autre créancier qui lui est préférable à raison de ses priviléges et hypothèques mais un autre créancier qui se trouve, à raison d'un droit de rétention ou d'antichrèse, dans une position plus favorable que la sienne acquiert de plein droit le bénéfice de la subrogation. Mais M. Mourlon combat énergiquement cette doctrine (p. 358). « Il n'y a de subrogation légale, dit-il en terminant sa démonstration, que celle qui est écrite dans un texte positif de la loi; celle que l'on invoque ne s'y trouve pas, cela suffit pour me la faire rejeter.

102. — Le même motif fait rejeter aussi à cet auteur (p. 361) la subrogation légale à laquelle prétendrait avoir droit le créancier qui a payé un autre créancier dont la créance était garantie par un droit de contrainte par corps.

103. — La subrogation résultant de l'art. 1251 C. civ., s'applique aux matières commerciales aussi bien qu'aux matières civiles. — Conséquemment le tiers porteur d'une lettre de change, en vertu d'un endossement en blanc, qui a lui même transmis le billet par un endossement régulier, et qui a remboursé après protêt, devient par le fait de ce remboursement propriétaire de la traite, et n'est pas réputé avoir agi seulement comme mandataire. — *Cass.*, 20 fév. 1843 (t. 2 1843, p. 84), Lasserre c. Vivie et Duranthon.

104. — Le tiers qui a remboursé une lettre de change suivie d'un jugement de condamnation, et s'est fait subroger dans les droits du créancier contre tous les endosseurs, conformément aux art. 1250 et 1252 C. civ., peut exercer la subrogation contre chacun des endosseurs. Ce n'est pas le cas d'appliquer l'art. 159 C. comm., sur le mode et les effets du paiement par intervention. — *Paris*, 11 avr. 1829, Tempier c. Urbain.

105. — Le commissionnaire qui a fait à son commettant, sur des marchandises à lui expédiées d'une autre place, des avances destinées au paiement du commissionnaire expéditeur, est subrogé aux droits de ce premier commissionnaire. — *Cass.*, 7 déc. 1826, Nunès c. Raba.

106. — Celui qui paie pour un tiers une dette commerciale sans s'être fait subroger aux droits du créancier fait un paiement officieux dans l'intérêt du débiteur et duquel ne résulte pour ce dernier qu'une obligation civile envers celui qui a payé, obligation qui, dès lors, ne le rend pas contraignable par corps. — *Amiens*, 8 avr. 1840 (t. 1er 1842, p. 351), Méteil c. Paillet.

107. — La subrogation au profit du créancier qui paie un autre créancier préférable à raison de ses priviléges ou hypothèques, a-t-elle lieu s'il a payé un créancier qui ne viendrait qu'après lui? — Non, suivant certains auteurs, car la loi est précise, il n'y a lieu en pareil cas qu'à la subrogation conventionnelle. — V., dans ce sens, Grenier, *Hypoth.*, t. 1er, n° 91; Duranton, t. 12, n° 152; Rolland de Villargues, *Rép.*, v° *Subrogation*, n° 107; Troplong, *Hypoth.*, n° 357; Zachariæ, § 321, note 29 *in fine*; Poujol, *Oblig.*, sur l'art. 1251, n° 4. — Oui, selon d'autres auteurs, car un créancier antérieur peut avoir intérêt à payer un créancier postérieur pour prévenir les frais et les contestations. — Renusson, *De la subrogation*, chap. 4, n° 14; Toullier, t. 7, n° 141; Delvincourt, t. 2, p. 560.

108. — Un créancier peut se subroger à lui-même, en ce qui touche son privilége ou son hypothèque, lorsqu'il fait novation de sa créance, et qu'il réserve pour sûreté de la nouvelle, et à leur date primitive, les priviléges et hypothèques attachés à la première. Mais la subrogation n'a pas lieu, si la novation a été faite sans réserve. — Duranton, t. 12, n° 155.

109. — La subrogation a lieu pour les intérêts comme pour le capital, mais elle ne s'étend pas aux intérêts des intérêts ni aux intérêts du principal s'il n'en produisait pas; car la condition du débiteur ne peut être aggravée. — En un mot, la subrogation ne donne droit qu'aux intérêts que le créancier désintéressé aurait pu réclamer lui-même. — L. 12, § 6, ff., *Qui potiores*. — Duranton, t. 12, n° 154. — V., sur ce point, M. Mourlon (p. 377), qui fait une distinction : entre le cas où le subrogé a agi comme tel, et alors il approuve la solution; ou comme mandataire, ce qui lui donne le droit de réclamer les intérêts de ses avances.

110. — Le créancier à qui un propriétaire a délégué des fermages pour s'acquitter envers lui n'est pas subrogé de droit au privilége du Trésor pour le montant de l'impôt payé sur ces mêmes fermages à la décharge du propriétaire. — *Cass.*, 15 juin 1820, Moissonnier c. Descorailles. — Mourlon, p. 375.

111. — La subrogation légale assurée par l'art. 1251, n° 1er, C. civ., au créancier qui paie un autre créancier qui lui est préférable, s'opère alors même que le paiement serait fait avec des deniers prêtés par un tiers et bien qu'au moyen de la cession postérieure, faite au profit du tiers prêteur des deniers, des droits attachés à la créance, la subrogation profite non au créancier mais à ce tiers. — *Cass.*, 22 déc. 1846 (t. 1er 1847, p. 257), de Maumigny c. Barreau et Béchet.

112. — 2e *Cas de subrogation légale.* — La subrogation a lieu de plein droit au profit de l'acquéreur d'un immeuble, qui emploie le prix

de son acquisition au paiement des créanciers auxquels cet héritage était hypothéqué. — C. civ., art. 1251 2°.

113. — Cette subrogation est encore puisée dans les lois romaines. — L. 17, ff., *Qui potiones*. — Elle est fondée sur cette présomption que l'acquéreur n'a payé que pour conserver l'immeuble: s'il est forcé de l'abandonner, il est juste alors qu'il ne soit pas frustré de ce qu'il a payé et que, dans l'ordre, il soit colloqué à la place des créanciers qu'il a payés; ce qui ne cause aucun préjudice aux autres. — Pothier, n° 521.

114. — L'art. 1251 C. civ. portant que la subrogation a lieu de plein droit au profit de l'acquéreur d'un immeuble, qui emploie le prix de son acquisition au paiement des créanciers hypothécaires, consacre les anciens principes et peut, par suite, être appliqué à un paiement fait avant le Code civil. — *Cass.*, 16 août 1830, Bureau c. Deschaintre.

115. — La subrogation a lieu de plein droit au profit de l'acquéreur d'un immeuble, qui emploie le prix de son acquisition au paiement des créanciers auxquels le bien était hypothéqué. — *Colmar*, 2 (et non 22) févr. 1822, Zimmermann c. Richard.

116. — L'acquéreur qui est subrogé légalement aux créanciers inscrits qu'il a payés peut opposer, comme eux, la nullité de l'inscription requise par l'un des créanciers sur les biens dépendant d'une succession bénéficiaire, après l'ouverture de cette succession. — *Limoges*, 14 déc. 1821, Lachère c. Chaverihière.

117. — Un enfant doté ou donataire d'un immeuble, qui paie les créanciers hypothécaires, ne doit pas moins être considéré qu'un étranger qui aurait fait l'acquisition de cet immeuble, et de même que ce dernier il doit être subrogé aux créanciers qu'il a payés. — Renusson, *De la subrog.*, chap. 5, nos 11 et 12; Rolland de Villargues, *Rép.*, v° *Subrogation*, n° 111; Championnière et Rigaud, t. 2, n° 1265; Basnage, p. 277; Louet et Brodeau, lett. 6, chap. 38.

118. — La subrogation a lieu soit que l'acquéreur ait payé en vertu de délégations faites par le vendeur, ou par suite de saisies-arrêts; ou bien encore soit qu'il ait payé sans délégation, sur poursuites ou même hors le cas de poursuites. — Duranton, t. 12, n° 156.

119. — Toutefois, si la délégation qui libère le débiteur était imparfaite, comme contenant terme, la subrogation n'aurait lieu que par suite du paiement effectif. — Delvincourt, *Cours de C. civ.*, t. 2, p. 561.

120. — Pour que la subrogation ait lieu il faut que l'acquéreur ait payé les créanciers depuis son acquisition, ou au moins par le contrat même de son acquisition; s'il les avait payés auparavant, quand même ce fait serait énoncé dans le contrat et que l'acquéreur eût fait lui-même le paiement, il ne pourrait invoquer la subrogation légale, car elle n'est accordée qu'à l'acquéreur qui emploie le prix de son acquisition au paiement des créanciers auxquels l'héritage était hypothéqué. — Renusson, *Subrogat.*, ch. 5, n° 19, Toullier, t. 7, n° 143; Duranton, t. 12, n° 158; Zachariæ, § 321, note 31; Poujol, *Traité des oblig.*, art. 1251, n° 8. — M. Mourlon trouve cette solution, juste au fond, dit-il, mais inexacte dans la forme; car on ne peut pas payer comme acheteur, là où il n'y a pas encore vente. Il faut, selon cet auteur (p. 384), dire que celui qui se propose d'acheter et fournit à son futur vendeur une certaine somme destinée à servir de prix, si, plus tard, la vente se conclut, n'est pas subrogé aux créanciers hypothécaires qui ont été payés avec cette somme.

121. — Bien que l'acquéreur eût déjà payé à son vendeur le prix de son acquisition, la subrogation aurait lieu à son profit s'il était obligé de payer une seconde fois son prix aux créanciers; car sa position n'est que plus favorable. — Grenier, *Hypoth.*, n° 332; Duranton, t. 12, n° 157; Rolland de Villargues, n° 116; Championnière et Rigaud, t. 2, n° 1264; Poujol, *Traité des oblig.*, art. 1251, n° 8; Mourlon, p. 387.

122. — Le créancier acquéreur est subrogé à lui-même, en ce sens qu'il conserve son hypothèque pour la faire valoir dans le cas d'éviction de la part d'un créancier postérieur. On ne peut prétendre que l'hypothèque a été éteinte par la confusion dès l'instant de l'acquisition. — Renusson, *De la subrogat.*, chap. 5, nos 21 et suiv.; Merlin, *Rép.*, v° *Subrogat. de personne*, sect. 2, § 4, n° 5; Toullier, t. 7, n° 144.

123. — Jugé, en ce sens, que lorsqu'un acquéreur a payé un créancier hypothécaire de son vendeur, inscrit sur l'immeuble acquis, et que par là il se trouve subrogé aux droits du créancier, l'hypothèque n'est pas éteinte par la confusion, et l'acquéreur n'est pas dispensé de renouveler l'inscription, même à l'égard des autres créanciers hypothécaires. — *Rouen*, 30 mai 1825, Tauet c. Sebire.

124. — Pour que l'acquéreur d'un immeuble soit subrogé légalement aux droits des créanciers hypothécaires, il n'est pas nécessaire que son prix leur ait été payé directement par lui. Cette subrogation résulte suffisamment de la clause par laquelle le vendeur reçoit le prix à la charge de l'employer à l'acquittement des créanciers inscrits sur l'immeuble. — *Colmar*, 17 (et non 7) déc. 1825, Dahlen c. Goughenheim.

125. — La subrogation légale a lieu au profit du tiers détenteur de biens hypothéqués dans le cas où ce dernier revendant ces mêmes biens au créancier hypothécaire, consent à ce qu'il garde en main de quoi payer sa créance. Un semblable consentement doit être assimilé à des offres réelles faites au créancier. — *Bourges*, 6 déc. 1839 (t. 2 1842, p. 338), Barbier-Grandpré c. Bouthillier.

126. — Jugé que l'acquéreur qui, *en vertu d'une clause formelle de son contrat*, paie le prix encore dû à un précédent vendeur, n'est pas subrogé au privilége de ce dernier : parce que, dit-on, en pareil cas, il ne fait alors que payer sa propre dette. — *Amiens*, 18 août 1824 (sous *Cass.*, 27 avr. 1826), Perrot c. Regnault. — Mais M. Mourlon critique vivement cette décision, qu'il traite d'arbitraire, d'hallucination de la jurisprudence... la loi ne distingue pas, on ne doit donc faire aucune distinction (p. 386).

127. — L'effet de la subrogation légale s'étend-il sur tous les biens du vendeur, ou seulement sur ceux qu'il a vendus? Dans l'ancienne jurisprudence on pensait, d'après le texte des L. 17, ff., *Qui potiores*, et L. 3, C., *De his qui in prior. cred.*, que l'effet de la subrogation était limité aux biens acquis par l'acheteur. — Cujas, Renusson, *De la subrogat.*, chap. 5, nos 42 et suiv.; Argou, *Instit. au droit fr.*, liv. 4, chap. 5, t. 2, p. 425; Lacombe, v° *Subrogat.*, n° 8; Pothier, *Oblig.*, n° 521. — Cette opinion avait été également adoptée par Toullier (t. 7, n° 145), Favard de Langlade (*Rép.*, v° *Subrogat.*, § 2, n° 5) et par M. Duranton (*Des contrats*, n° 805); mais, depuis, ces deux derniers auteurs ont rétracté cette opinion (Toullier, t. 7, n° 145, note, et Duranton, *Dr. civ.*, t. 12, n° 161) : ils ont pensé que l'acquéreur était alors tenu *pour* et *avec* le débiteur principal de toutes les dettes qu'il avait purgées, qu'il avait intérêt de les acquitter pour pouvoir conserver l'immeuble; qu'il devait donc être subrogé sur tous les biens affectés à la dette. — Conf. Delvincourt, *Cours de droit civ.*, t. 2, p. 360, note 7; Grenier, *Hypoth.*, n° 496; Persil, *Quest. sur les hypoth.*, t. 1er, p. 455; Troplong, *Hypoth.*, t. 1er, n° 359; Rolland de Villargues, *Rép.*, v° *Subrogation*, n° 120; Zachariæ, § 321, note 32; Poujol, *Obligat.*, art. 1251, n° 9; Mourlon, p. 388. — Ce dernier auteur pense même que l'acquéreur qui a payé succède aux autres garanties des créanciers désintéressés sans distinction, même à la contrainte par corps.

128. — Décidé, en ce dernier sens, que l'acquéreur qui, après avoir acquitté son prix sans purger, est forcé de payer un créancier inscrit, est subrogé de plein droit aux droits, priviléges et hypothèques de ce créancier, non-seulement sur l'immeuble vendu, mais encore sur tous les autres biens du débiteur hypothéqués à la sûreté de la même créance. Qu'il en doit être ainsi surtout lorsque, au moment du paiement, cette subrogation a été expressément stipulée entre l'acquéreur et le créancier payé. — *Cass.*, 15 janv. 1833, Dufraigne c. Bonneau. — *Contrà*, *Bourges*, 10 juill. 1829, Bonneau c. Dufraigne.

129. — ...Que l'acquéreur qui, après s'être acquitté de son prix sans purger, paie un créancier hypothécaire, est subrogé légalement aux droits de ce créancier tant sur l'immeuble vendu que sur les autres biens affectés par le vendeur au paiement de la dette. Que cette subrogation doit s'exercer ainsi alors même qu'elle aurait pour effet, en raison de l'antériorité de la créance payée, de nuire aux droits du créancier en l'empêchant de toucher le montant de créances conservées sur les autres biens du vendeur par des inscriptions postérieures....., alors même qu'il s'agirait des intérêts de la créance remboursée. — *Cass.*, 21 déc. 1836 (t. 1er 1837, p. 132), Lecocq c. Sevestre. — V. encore *Paris*, 20 déc. 1834, de Brancas c. d'Aumale; 19 déc. 1835, Lefranc c. Firmin.

130. — Jugé cependant que l'acquéreur qui paie son prix, après la purge, aux créanciers colloqués dans l'ordre, n'est pas légalement subrogé dans leurs droits sur les autres biens du vendeur. — *Paris*, 10 juin 1833, Villers et Baradère c. Orrié et Meyer.

131. — L'adjudicataire qui paie un créancier colloqué en rang utile dans l'ordre ouvert pour la distribution de son prix, n'est subrogé par l'art. 1251 C. civ., aux droits du créancier par lui payé, que pour sûreté de son acquisition et de son paiement, dans le cas où il viendrait à être actionné en éviction de l'immeuble ou en paiement de tout ou partie du prix qu'il aurait déjà acquitté. — Et il en est ainsi nonobstant la subrogation conventionnelle que cet adjudicataire aurait fait stipuler à son profit dans la quittance donnée par le créancier. — En conséquence, l'adjudicataire qui paie un créancier colloqué en vertu d'un cautionnement consenti par l'exproprié n'est pas subrogé aux droits de ce créancier contre le débiteur principal. — *Grenoble*, 7 juin 1848 (t. 1er 1849, p. 338), Guttin et Girerd c. Pollaud-Dullian.

132. — Le versement fait par l'adjudicataire entre les mains de certains créanciers hypothécaires, même avec quittances subrogatives, et alors d'ailleurs que les parties se sont référées, pour la subrogation, à l'art. 1251, § 2, C. civ, constitue un véritable paiement fait sur le prix d'acquisition, et non pas une acquisition de créances. Dès lors le fol enchérisseur ne peut, dans le cas de la clause précitée, prétendre exercer hypothécairement, au préjudice des autres créanciers inscrits, les droits de ceux au lieu et place desquels il a été ainsi subrogé. — *Cass.*, 24 févr. 1846 (t. 1er 1846, p. 488), Caisse hypothécaire c. Concessionnaires du canal de la Dive.

133. — L'acquéreur se prétendant subrogé aux droits et hypothèques du créancier inscrit sur le vendeur, qu'il a remboursé, ne peut exercer l'effet de cette subrogation contre les autres créanciers également inscrits sur l'immeuble, si les actes de subrogation n'ont de date certaine que postérieurement à la radiation de l'inscription du créancier remboursé : laquelle a été consentie purement et simplement par ce dernier. — *Cass.*, 14 juill. 1813, Romagnat c. Mathey de Valfons.

134. — Le tiers détenteur poursuivi qui paierait le montant de la créance serait aussi subrogé de plein droit à l'hypothèque et pourrait à son tour attaquer l'acquéreur, ce qui occasionnerait un circuit d'actions. Alors tous les acquéreurs soumis à la même hypothèque doivent être considérés comme des débiteurs communs et solidaires, et la dette commune doit être supportée par eux proportionnellement à la valeur des objets qu'ils ont acquis. — Grenier, *Hypoth.*, n° 496; Persil, *Quest. sur les hypoth.*, t. 1er, p. 455; Rolland de Villargues, *eod. verb.*, n° 121.

135. — Celui qui achète un droit de réméré et l'exerce contre l'acquéreur de l'immeuble, qui avait payé, ne peut pas invoquer la subrogation légale établie par le n° 2, art. 1251 C. civ. — *Cass.*, 12 févr. 1824, Vinchon c. Dupuis.

136. — Lorsque deux propriétaires indivis ont vendu solidairement un héritage avec clause de rachat, celui qui a exercé le réméré pour le tout ne peut se prétendre propriétaire exclusif de l'immeuble, au préjudice de son covendeur comme subrogé légalement aux droits de l'acquéreur. — Il n'a qu'une action contre son covendeur, en remboursement de la moitié du prix de réméré qu'il a payé intégralement. — *Lyon*, 7 déc. 1826, Pillaz c. Jordon et Chabert.

137. — 3e *Cas de subrogation légale.* — La subrogation a lieu de plein droit au profit de celui qui étant tenu avec d'autres ou pour d'autres au paiement de la dette, avait intérêt de l'acquitter. — C. civ., art. 1251, 3°.

138. — Ce principe était contesté dans l'ancien droit. Le Code a consacré, à cet égard, l'opinion de Dumoulin. — Toullier, t. 7, n° 147.

139. — Deux conditions sont nécessaires pour qu'il y ait lieu à la subrogation dont il s'agit : 1° que la dette soit commune à celui qui paie, ou suivant les expressions de la loi « qu'il soit tenu avec d'autres ou pour d'autres au paiement de la dette; » 2° qu'il ait intérêt de l'acquitter. — Toullier, t. 7, n° 148; Rolland de Villargues, n° 124.

140. — La subrogation s'applique donc aux débiteurs solidaires qui ont payé pour leurs coobligés, aux associés dans les sociétés de commerce, aux cautions ou fidéjusseurs, aux divers signataires des effets de commerce, etc. Dans ces différens cas, en effet, la dette est évidemment commune, car les uns sont tenus avec les autres ou pour les autres. — Toullier, t. 7, n° 147; Duranton, t. 12, nos 166 et suiv.; Rolland de Villargues, n° 125; Mourlon, p. 404.

141. — On est tenu avec une personne au paiement d'une dette, non-seulement quand on est obligé de payer pour elle ou solidairement avec elle; mais encore, lorsque, sans qu'il y ait solidarité parfaite, la dette est indivisible *solutione*: alors il y a subrogation pour celui qui paie. — Mais quand on peut, sans inconvénient, payer sa part d'une dette séparément, on n'y est pas tenu *avec* une autre personne : quoiqu'on y soit tenu en vertu du même contrat; en ce cas, il n'y a pas lieu à subrogation. — Toullier, n° 149 et suiv.; Duranton, t. 12, nos 167 et 169; Rolland de Villargues, *cod. verb.*, nos 127 et suiv.; Zachariæ, § 321, note 33; Poujol, *Traité des Oblig.*, art. 1251, n° 15.

142. — Relativement à la subrogation légale en faveur de tout cohéritier qui a payé une dette de la succession, il faut distinguer. Si la succession est encore indivise, le cohéritier qui a payé est subrogé dans tous les droits du créancier : soit hypothécaire, soit chirographaire; mais, après le partage, les dettes étant divisées, la subrogation n'a pas lieu par suite du paiement des dettes chirographaires. Il en est autrement si l'un des cohéritiers à qui les biens hypothéqués ont été en partie attribués a payé la dette hypothécaire. — Toullier, t. 7, n° 151; Duranton, t. 12, n° 175; Rolland de Villargues, nos 130 et suiv.

143. — Lorsqu'un héritier obligé solidairement avec ses cohéritiers au service d'une rente, a payé pour eux les arrérages de plusieurs années et a été obligé de faire au créancier le remboursement de la rente; il peut exercer, contre ces cohéritiers, soit l'action en subrogation, soit l'action *negotiorum gestor*. — Par suite il peut réclamer contre eux le remboursement de tous les arrérages qu'il a payés pour eux, sans qu'ils puissent lui opposer la prescription quinquennale. — *Rennes*, 26 avril 1834, de Kerouartz.

144. — La subrogation légale a lieu, en faveur de la caution ou du cofidéjusseur qui a payé, non-seulement contre le débiteur principal, mais aussi contre les cofidéjusseurs; car il était tenu avec eux au paiement de la dette, et avait, par conséquent, intérêt à ce qu'elle fût acquittée. — Duranton, t. 12, n° 170. — V. ci-après nos 192 et suiv.

145. — La subrogation a lieu de plein droit au profit de la caution qui paie la dette principale, depuis la promulgation du Code civil : quoique le cautionnement ait été souscrit antérieurement. — *Bruxelles*, 22 avril 1813, Vanfersel et Vandongen c. Vanriet et Beckx.

146. — L'art. 2037 du Code civil, suivant lequel la caution est déchargée lorsqu'elle ne peut plus par le fait du créancier être subrogée aux droits, hypothèques et priviléges de celui-ci, ne peut être invoqué par la caution qui a participé aux faits dont le résultat a été de rendre sa subrogation impossible, et a renouvelé depuis ces faits l'engagement par elle contracté en qualité de caution. — *Cass.*, 26 mai 1846 (t. 2 1846, p. 744), Tournel et Gavot c. Tassy.

147. — Les endosseurs de lettres de change et billets à ordre et les donneurs d'aval qui ont payé l'effet, sont subrogés de plein droit à l'action du porteur contre tous ceux qui leur devaient la garantie : pourvu qu'ils aient rempli les formalités prescrites par le Code de commerce. — Duranton, t. 12, n° 172; Poujol, *Traité des oblig.*, à la suite de l'art. 1252, n° 15; Mourlon, p. 402. — V. BILLET A ORDRE et LETTRE DE CHANGE.

148. — Le porteur d'un billet par endossement en blanc qui en a transmis la propriété à un tiers par un endossement régulier, et qui, comme obligé au titre, l'a remboursé après protêt à l'échéance, se trouve complétement subrogé aux droits du tiers porteur, auquel aucune exception de compensation n'est opposable. — *Paris*, 19 mars 1847 (t. 1er 1847, p. 454), Delagage c. Bailly. — V. BILLET A ORDRE, LETTRE DE CHANGE.

149. — Lorsqu'un huissier qui a fait une saisie-arrêt en vertu d'un effet de commerce, est poursuivi en dommages-intérêts pour n'avoir point produit le titre dans une contribution; l'endosseur de cet effet qui a désintéressé le tiers porteur non payé, peut obtenir lui-même ces dommages-intérêts comme subrogé aux droits de celui qui a pratiqué la saisie et a été forclos de la contribution. — *Cass.*, 9 mars 1837 (t. 1er 1837, p. 180), Legripp c. Slatter.

150. — Le tiers saisi qui, faute d'avoir fait la déclaration affirmative, a été déclaré débiteur des causes de la saisie et contraint d'en payer le montant au saisissant, ne peut, alors surtout qu'il n'est pas démontré par un compte entre lui et le saisi, s'il est créancier ou débiteur, se prétendre légalement subrogé aux droits hypothécaires du saisissant et, en cas de vente des biens hypothéqués à la créance par lui payée, être autorisé à former une surenchère. — *Metz*, 8 mars 1826, Benissein c. Gérard.

151. — Le tiers détenteur qui n'ayant pas purgé les hypothèques paie au delà de son prix une dette hypothécaire, est également subrogé dans les droits et actions du créancier désintéressé, tant contre le vendeur que contre les tiers, et notamment contre l'acquéreur d'un autre immeuble grevé de la même créance. — *Paris*, 20 déc. 1834, de Brancas c. d'Aumale.

152. — Le tiers détenteur qui après avoir acquitté son prix sans purger se trouve contraint de payer une dette hypothécaire ou privilégiée, est légalement subrogé dans les droits et actions du créancier désintéressé, tant contre le vendeur que contre les tiers, et notamment contre l'acquéreur d'un autre immeuble grevé de la même créance. — Néanmoins, la subrogation ne peut être exercée contre cet acquéreur, en outre du prix qu'il doit encore, que pour sa part et portion calculée proportionnellement au prix de son acquisition. — *Paris*, 19 déc. 1835, Lefranc c. Firmin.

153. — Quant à l'intérêt que le subrogé a à l'acquittement de la dette, il y a peu à s'en embarrasser; en effet, il est rare qu'on n'ait pas intérêt à acquitter entièrement une dette dont on est tenu avec d'autres ou pour d'autres. Il faudra examiner si celui qui a payé ne l'a fait que parce qu'il avait un intérêt légitime d'écarter le créancier et de se mettre à sa place pour exercer ses droits. — Toullier, t. 7, n° 153; Rolland de Villargues, *cod. verb.*, n° 133.

154. — La compagnie d'assurances qui a payé au propriétaire la valeur d'une maison incendiée, n'est pas, par cela seul, subrogé de plein droit à l'action que le propriétaire de la maison a contre le locataire responsable de l'incendie. — *Cass.*, 2 mars 1829, Assurances c. Lanquetin. — Grün et Joliat, *Assur. terrest.*, n° 294; Duranton, t. 12, n° 181; Quesnault, *Traité des assur.*, nos 327 et 328. — *Contrà*, Toullier, t. 11, n° 75; Boudousquié, *Tr. de l'assur. contre l'incendie*, n° 330. — V. cependant Toullier, t. 11, n° 175. — V, au surplus, ASSURANCE TERRESTRE.

155. — L'usufruitier qui a fait les avances nécessaires pour payer les dettes de la succession est subrogé de plein droit. — Proudhon, *De l'usufruit*, n° 1907; Rolland de Villargues, n° 134.

156. — Lorsque les officiers publics qui sont responsables des droits d'enregistrement, en ont fait l'avance pour les parties, ils sont subrogés aux droits de la régie, comme ayant payé une dette dont ils étaient tenus avec ou pour d'autres. — V. ENREGISTREMENT.

157. — *4e Cas de subrogation légale.* — La subrogation a lieu de plein droit au profit de l'héritier bénéficiaire qui a payé de ses deniers les dettes de la succession. — C. civ., art. 1251, 4°. — Cette espèce de subrogation, qui n'est fondée sur aucun texte de droit romain, fut introduite dans la jurisprudence française par des motifs de justice et d'équité. — Lebrun, *Success.*, liv. 3, chap. 4, n° 19; Duparc-Poullain, *Principes de droit*, t. 7, p. 236, n° 95; Renusson, *Subrog.*, ch. 7, n° 77; Toullier, t. 7, n° 154.

158. — S'il y a plusieurs héritiers bénéficiaires, comme le bénéfice d'inventaire ne fait pas obstacle à la division de plein droit des dettes du défunt entre eux, la subrogation n'aurait pas lieu au profit de celui qui paierait une dette qui ne serait ni hypothécaire ni indivisible, car il n'avait point intérêt au paiement de la dette. — Duranton, t. 12, n° 179.

159. — Cette subrogation doit être étendue au curateur d'une succession vacante qui paie de ses deniers les dettes de l'hérédité. — Duparc-Poullain et Renusson, *ibid.* — Toutefois, il est à remarquer que ce n'est point au profit personnel du curateur que s'opère la subrogation; mais au profit des héritiers ou de l'État, pour lesquels il est censé agir et qui en recueillent tout l'avantage par son intermédiaire. — Renusson, ch. 7, n° 77; Duparc-Poullain, t. 7, p. 236; Toullier, t. 7, n° 155; Championnière et Rigaud, t. 2, n° 1272; Rolland de Villargues, *cod. verb.*, n° 55. — V., en sens contraire, Poujol, *Traité des oblig.*, art. 1251, n° 18; Mourlon, p. 477; Zachariæ, t. 2, § 321, note 37.

160. — Par le mot *dettes* il faut entendre toutes les charges de l'hérédité comme les legs et dettes proprement dites. — Troplong, t. 1er, n° 361.

Sect. 4e. — *Effets de la subrogation.*

161. — Il y a des effets qui sont communs à toutes les subrogations, et il y en a d'autres qui sont propres à chacune d'elles en particulier.

162. — L'effet principal de la subrogation en général est de faire entrer le subrogé dans tous les droits, actions, priviléges et hypothèques du créancier contre le débiteur. Il représente la personne du subrogeant, et il peut exercer tous ses droits de la même manière que celui-ci pourrait le faire. — Renusson, ch. 14, n° 12; Toullier, t. 7, nos 165 et 168; Rolland de Villargues, *cod. verb.*, n° 144.

163. — Ainsi celui qui a prêté ses deniers pour payer le prix d'une vente, peut faire résoudre le contrat, faute de paiement, comme le vendeur lui-même pouvait le faire. — Toullier, t. 7, n° 166; Marcadé, art. 1252, n° 1er; Poujol, *Traité des oblig.*, art. 1252, n° 4, 2e série; Mourlon, p. 37.

164. — La subrogation consentie par le vendeur, au profit de celui qui paie, *dans ses droits et priviléges, tant à fins conservatoires de la vente qu'autrement*, autorise ce dernier à demander la résolution de la vente. — Toutefois, il y a lieu d'autoriser le débiteur à opter pour le remboursement de la créance du subrogé. — *Grenoble*, 5 janv. 1826, Marrel c. Belluard.

165. — Jugé, au contraire que le vendeur, en subrogeant à ses *priviléges* et *hypothèques* un tiers qui le paie, ne lui confère pas pour cela subrogation du droit de demander la résolution de la vente. — *Bordeaux*, 12 janv. 1838 (t. 2 1840, p. 290), Rives c. Jaumard.

166. — Mais le créancier à qui il a été délivré un bordereau de collocation n'est pas pour cela subrogé aux droits de son débiteur, de telle sorte qu'il puisse en son propre et privé nom demander contre l'acquéreur la résolution de la vente à défaut de paiement du prix. — *Orléans*, 18 nov. 1836 (t. 1er 1837, p. 354), Bouchet c. Auquet.

167. — En tout cas, celui qui a payé une portion d'un prix de vente, et a été subrogé dans les droits du vendeur originaire, ne peut demander la résolution s'il se trouve lui-même garant de la revente d'une partie des immeubles compris dans la vente originaire : surtout lorsqu'en supposant son action admissible en droit, il n'aurait aucun intérêt en fait. — *Bourges*, 19 juin 1838 (t. 2 1838, p. 615), Larey c. de Changy.

168. — Celui qui aurait prêté ses deniers avec subrogation pour exercer le réméré d'une vente, devrait jouir de l'héritage racheté, et faire les fruits siens, jusqu'au remboursement. — Merlin, *Rép.*, v° *Subrogation*, sect. 2, § 8, n° 12; Toullier, t. 7, n° 167.

169. — Jugé, cependant, que la subrogation conventionnelle dans les droits et hypothèques du créancier remboursé n'emporte pas cession et transport de la créance elle-même. — *Cass.*, 21 mars 1810, Bellanger c. de Talleyrand.

170. — Le subrogé profite des inscriptions hypothécaires prises par le subrogeant. Il peut et doit même, dans son intérêt, soit les prendre, soit les renouveler en son nom en représentant et les titres de créance et l'acte de subrogation. — Toullier, t. 7, n° 168.

171. — Le créancier poursuivant l'ordre, et qui s'est fait utilement colloquer, au préjudice d'une subrogation au privilége du vendeur, est recevable à opposer le défaut d'inscription de cette subrogation : alors même qu'il en aurait connu l'existence. — *Paris*, 31 mai 1813, Lamy c. Marchand et Labrune.

172. — Celui qui, en payant la dette d'autrui, s'est fait subroger dans tous les droits du créancier qu'il a désintéressé, est fondé, ainsi que son cessionnaire, à répéter du débiteur la totalité de la créance : quelle que soit la somme qui ait été déboursée pour acquérir la subrogation. — *Paris*, 3 prair. an X, Deveaux c. Poitevin et Desmousseaux.

173. — Le tiers qui a payé la dette avec subrogation, soit expresse, soit légale, peut intenter à son choix l'action du créancier ou celle de la gestion d'affaires : *negotiorum gestorum*. Or, si, en général, la première action est plus avantageuse que la seconde, celle-ci peut, dans certains cas, présenter plus d'utilité que l'autre. — Rolland de Villargues, *Rép.*, v° *Subrogation*, n° 174.

174. — Il y a cette différence entre la subrogation consentie par le créancier et les autres subrogations : que dans le premier cas le créancier subrogeant est soumis à la garantie déterminée par les art. 1693, 1694 et 1695 du C. civ.; tandis que dans les autres cas; il n'est tenu à aucune garantie. Il pourrait seulement être soumis à la répétition de ce qui aurait été payé par erreur. — Renusson, chap. 14, n° 22; Toullier, n° 7, n° 164; Delvincourt, t. 2, p. 559; Duvergier, *Vente*, t. 2, n° 287 et suiv.; Rolland de Villargues, *cod. verb.*,

nos 157 et 158; Duranton, t. 12, no 138. — V., cependant, Pothier, *Cout. d'Orléans*, tit. 20, sect. 5; Favard de Langlade, vo *Subrogation*; Zachariæ, § 321, note 13; Troplong, *Hypothèque*, t. 1er, no 353 *bis*; Mourlon, p. 162. — M. Marcadé (1250 nos) dit que l'action du subrogé contre le créancier payé ne serait pas, comme en cas de vente, l'action en garantie accordée par l'art. 1693; ce serait une action en restitution de l'indu, résultant de l'art. 1376.

175. — Jugé que la subrogation conventionnelle consentie par le créancier, sans le concours du débiteur, au tiers qui le paie, oblige le subrogeant à la garantie de l'existence de la créance. En pareil cas, la subrogation a les mêmes effets que la cession. — Qu'en conséquence, si la créance objet de la subrogation résulte d'un titre portant des signatures depuis reconnues fausses, le subrogeant est tenu de restituer au subrogé la somme qu'il en a reçue. — *Cass.*, 4 févr. 1846 et *Montpellier*, 15 déc. 1847 (t. 1er 1848, p. 489), Reyne c. Forezil-Bazart.

176. — Il y a encore cette différence que la subrogation consentie volontairement par le créancier n'empêche pas ses créanciers de saisir-arrêter les droits cédés, tant qu'elle n'a pas été signifiée au débiteur ou que celui-ci ne l'a pas acceptée par un acte authentique (C. civ., art. 1690). Au lieu que la subrogation qui est consentie par le débiteur ou accordée par lui éteint irrévocablement, dès l'instant où elle s'opère, les droits de l'ancien créancier, même à l'égard de ses propres créanciers, qui n'ont plus rien à prétendre, bien qu'il ne leur ait été fait aucune signification de cette subrogation. — Toullier, t. 7, no 164; Rolland de Villargues, nos 159 et 160.

177. — Quelque étendus que soient les termes de la subrogation, elle ne peut nuire au créancier lorsqu'il n'a été payé qu'en partie; en ce cas il peut exercer ses droits pour ce qui lui reste dû, de préférence à celui dont il n'a reçu qu'un paiement *partiel* (C. civ., art. 1252); car le créancier ne peut pas subroger contre lui-même: *Nemo contrà se ipsum subrogasse videtur.* — Renusson, chap. 15; Merlin, *Rép.*, vo *Subrogation*, sect. 2, § 8, no 7; Toullier, t. 7, nos 169 et 170; Duranton, t. 12, nos 184, 188 et 189; Mourlon, p. 16; Delvincourt, t. 2, p. 563 et 564; Zachariæ, § 321, note 42; Rolland de Villargues, *eod. verb.*, no 60; Poujol, *Traité des oblig.*, art. 1252, no 4; Marcadé, art. 1252, no 2.

178. — Toutefois, M. Duranton (t. 12, no 187) et Delvincourt (t. 2, p. 564) pensent qu'il y a lieu à une restriction dans le cas où la subrogation est le résultat d'une cession partielle faite par le créancier. Si aucune réserve n'a été faite dans l'acte; le créancier qui a cédé une partie de sa créance, doit être réputé l'avoir cédée avec tous ses accessoires et, par conséquent, avec les mêmes droits qui garantissaient la totalité de la créance. Le cessionnaire, pour la partie cédée, et le cédant, pour le surplus, devraient donc venir par concurrence. — V. aussi Grenier, *Hyp.*, t. 1er, no 93; Marcadé, art. 1252, no 2. — En sens contraire, Poujol, *Traité des oblig.*, art. 1252, no 4.

179. — L'acquéreur qui paie en partie un créancier hypothécaire n'a pas droit à se faire colloquer dans l'ordre par privilége pour la portion de la créance qu'il a remboursée et qui lui est acquise par voie de subrogation légale. — Mais le créancier en partie désintéressé doit être, pour ce qui lui reste dû, colloqué par préférence à celui dont il n'a reçu qu'un paiement partiel, lors même que ce serait sur l'acquéreur lui-même que l'ordre serait ouvert. — *Colmar*, 3 janv. 1825, Kreiz c. Steib.

180. — La cession, par des gens de service, d'une partie seulement des sommes qui leur sont dues pour le salaire de l'année échue et celui de l'année courante, ne prive point ces derniers du droit de préférence accordé au créancier contre le cessionnaire par l'art. 1252 du Code civil, lors de la distribution du prix des meubles appartenant au débiteur. — *Douai*, 7 mai 1842 (t. 2 1842, p. 394), Darambide c. Pajot.

181. — Le créancier qui n'ayant ni privilége, ni hypothèque, ni cautionnement, aurait été payé en partie, ne peut exercer ses droits pour ce qui lui reste dû par préférence à celui dont il n'a reçu qu'un paiement partiel; car ce dernier ayant fait l'affaire du débiteur, est devenu son créancier. Or, les créanciers doivent être payés par concurrence quand leur condition est égale. — Duranton, t. 12, no 186.

182. — La préférence réservée par l'art. 1252 du Code civil au créancier qui n'a reçu qu'un paiement partiel pour ce qui lui reste dû, ne peut être appliquée qu'à la portion qui lui est due de la même créance dont une partie a été remboursée avec des deniers fournis par des tiers qui ont été subrogés aux droits de ce créancier. Elle ne peut être exercée pour ses autres créances contre le même débiteur, résultant d'autres titres et conférant d'autres hypothèques. — Spécialement, la femme séparée de biens judiciairement, qui, ayant des créances de plusieurs natures à exercer contre son mari, a été remboursée de quelques-unes de ses créances avec des deniers prêtés par des tiers qui ont été subrogés à ses droits, ne saurait, en vertu de l'art. 1252 du Code civil, être colloquée avant ces prêteurs pour les autres créances qui lui sont dues. — *Cass.*, 27 nov. 1832, Dusserre c. Chasson et Pialet.

183. — Le créancier privilégié qui, en recevant, à la décharge du débiteur, le montant des condamnations par lui obtenues, consent au profit du tiers prêteur subrogation dans son privilége, avec réserve de priorité pour le surplus des condamnations qu'il espère obtenir par suite d'un pourvoi en cassation, ne peut opposer cette réserve audit tiers prêteur, si ce dernier n'a pas été présent à l'acte. — *Cass.*, 26 avril 1842 (t. 2 1842, p. 552), Labille c. Vivien-Charmentier.

184. — Suivant Toullier (t. 7, no 170), le droit accordé au créancier d'être payé de ce qui lui reste dû, avant celui qui lui a fait un paiement partiel avec subrogation, est un privilége personnel qu'il ne peut céder à un second subrogé. — Mais l'avis contraire est enseigné par Renusson (chap. 16, no 6), Delvincourt (t. 2, p. 777), Grenier (*Hypothèque*, no 394) et par MM. Duranton (t. 12, no 188), Marcadé (sur l'art. 1252), Rolland de Villargues (*Rép.*, vo *Subrogation*, no 166), Mourlon (p. 38), Troplong (*Hypoth.*, t. 1er, no 379), Zachariæ (§ 321, note 44), Toullier (*Théorie du C. civ*, t. 4, p. 375) et Poujol (*Traité des obligat.*, t. 3, p. 203). — Cette seconde opinion nous paraît mieux fondée, car aucune expression de la loi ne paraît établir un privilége personnel et par conséquent incessible.

185. — Jugé dans ce dernier sens que le droit de préférence que le subrogeant conserve sur le subrogé pour le restant de la créance, aux termes de l'art. 1252 du Code civil, peut être cédé ou transféré, et, dans ce cas, le cessionnaire doit être colloqué dans l'ordre avant le subrogé. — *Paris*, 18 mars 1837 (t. 1er 1838, p. 97), Lecointe c. Mortier et Morel.

186. — Tous les subrogés dans les diverses portions d'une même créance doivent venir en concurrence, lors même que les subrogations se placeraient à des dates différentes. — Peu importe à cet égard qu'il s'agisse de subrogations consenties par le créancier, ou de subrogations consenties seulement par le débiteur. Dans l'un et l'autre cas, le privilége dont jouissait le créancier reliquataire, vis-à-vis du premier subrogé, n'a pu passer à ceux au profit desquels a eu lieu postérieurement la subrogation. — *Dijon*, 10 juill. 1848 (t. 1er 1849, p. 15), Gautier de Breuvand c. Joly; *Paris*, 13 mai 1815, Tessier c. Dobilly.

187. — On peut toutefois objecter contre cette doctrine, notamment: 1° que le droit de préférence, dont jouissait, aux termes de l'art. 1252 du Code civil, le créancier reliquataire, n'est pas un droit personnel, puisque tout le monde admet qu'un pareil droit serait transmissible par voie de succession légitime ou testamentaire, et même par voie de cession proprement dite, ce qui implique qu'il doit aussi être transmissible par voie de subrogation, la subrogation n'étant elle-même qu'une espèce de cession; 2° que la transmission de ce privilége aux derniers subrogés n'empire nullement, d'ailleurs, la position du premier subrogé, puisque, si ces dernières subrogations n'avaient pas eu lieu, le premier subrogé, au lieu d'être primé par la dernière en date, l'eût été, pour la même somme, par le créancier reliquataire; 3° qu'il est dans l'intérêt du créancier reliquataire qu'il puisse ainsi s'opérer une transmission de son droit de préférence au profit des derniers subrogés, puisque, en raison de cette transmissibilité même, il trouvera plus facilement des tiers qui consentiront à lui payer son reliquat; 4° qu'il est également dans l'intérêt du débiteur que les derniers subrogés l'emportent sur les premiers, parce qu'alors, par suite de ce surcroît de garantie qu'il peut offrir, il trouvera plus facilement des tiers disposés à se mettre à la place du créancier reliquataire dont il est possible qu'il ait avantage à se débarrasser; 5° que les derniers subrogés ont dû compter sur la transmission du privilége et que, leur refuser ce privilége, ce serait violer à leur préjudice le texte même de la loi, qui assigne à toute subrogation l'effet de conférer au subrogé les *mêmes droits*, ni plus ni moins, qu'avait le créancier dont la place vient à être occupée. — V., au reste, pour la discussion détaillée de ce point délicat, le *Traité de la subrogation* (par M. Mourlon), p. 39 et suiv.

188. — Ces objections et d'autres encore, que l'on pourrait produire, n'ont été, il faut le dire, ni réfutées ni, même, la plupart du temps, posées par les auteurs, qui se sont transmis, comme une espèce de dogme tenu en dehors de toute discussion sérieuse, du moins depuis Renusson, la solution consacrée par l'arrêt que nous recueillons. — V., dans ce sens, Renusson, chap. 16, add.; Pothier, *Introduction au tit. 20 de la Cout. d'Orléans*; Duparc-Poullain, *Principes du droit*, t. 7, no 112, p. 249; Merlin, *Rép.*, vo *Subrogation de personne*, sect. 2, § 8, no 8; Persil, *Rég. hypoth.*, art. 2103, § 2; Delvincourt, t. 2, p. 777; Toullier, t. 7, no 170; Grenier, *Hypoth.*, t. 1er, no 93; Duranton, t. 12, nos 188 et suiv.; Troplong, *Hypoth.*, t. 1er, nos 379 et 381.; Zachariæ, t. 2, § 321, notes 44 et 45; Marcadé, art. 1252 du Code civil; Taulier, *Théorie du C. civ.*, t. 4, p. 375; Rolland de Villargues, no 165.

189. — Jugé, cependant, que, lorsque les diverses parties d'une créance ont été cédées à plusieurs, et que cette créance se trouve réduite par suite de l'insolvabilité du débiteur, le premier des cessionnaires doit être préféré aux autres, si dans l'acte de cession le cédant l'a subrogé sans aucune réserve dans tous ses droits, priviléges et hypothèques et lui a déclaré expressément que la somme qu'il lui cédait était le restant de sa créance et lui a fait remise de son titre. — *Cass.*, 2 août 1820, Labbey c. Renaud-Duvergier.

190. — Dans le cas où le vendeur d'un immeuble non payé intégralement se trouverait en concours avec des individus subrogés à une partie de ses droits comme ayant prêté à l'acquéreur la somme employée au paiement partiel ce vendeur devrait être préféré pour la partie du prix restant à payer, encore bien que les subrogés représentent, de plus, des subrogations consenties à leur profit par les créanciers du vendeur entre les mains duquel ils ont versé la portion du prix payée. — Toullier, t. 7, no 171; Delvincourt, t. 2, p. 565; Marcadé, art. 1252, no 2.

191. — Jugé que le vendeur non entièrement payé doit être préféré, pour la partie du prix non acquittée, au prêteur subrogé à ses droits par l'acquéreur et avec lequel il se trouve en concours, même quand la subrogation a eu lieu par suite de paiemens faits à ses propres créanciers. — *Toulouse*, 29 févr. 1844 (t. 2 1844, p. 47), Deportes c. Noyers et Marquié-Cussol.

192. — La subrogation, soit conventionnelle, soit légale, a lieu tant contre les cautions que contre les débiteurs. — C. civ., art. 1252.

193. — Autrefois les auteurs et les Parlemens étaient divisés sur la question de savoir si la subrogation consentie par le débiteur avait lieu contre les codébiteurs et les cautions, comme celle qui est consentie par le créancier. Aujourd'hui toute controverse doit cesser, puisque l'art. 1252 du Code civil porte que la subrogation établie *par les articles précédens* a lieu tant contre les cautions que contre les débiteurs. — Toullier, t. 7, no 162; Duranton, t. 12, no 183; Poujol, *Traité des oblig.*, art. 1252, no 1er.

194. — Le coobligé solidaire qui a payé avec subrogation expresse peut exercer l'action solidaire contre les autres, après déduction de sa part dans les insolvabilités; car, pour suivre l'opinion contraire, il faudrait une disposition formelle du Code, laquelle n'existe point. — Toullier, t. 7, no 163; Mourlon, p. 401. — *Contrà* Duranton, *Des contr.*, nos 809 et 810; Rolland de Villargues, no 154; Poujol, *Oblig.*, art. 1251, no 13.

195. — L'envoi en possession des biens affectés au service d'une rente foncière à défaut de paiement des arrérages, est un droit qui appartient au créancier de la rente et non au codébiteur solidaire qui a acquitté les arrérages. — *Cass.*, 28 févr. 1827, Goude; *Caen*, 30 mai 1827, Pouganne c. Dollé.

196. — Dès lors, le droit du créancier ne pouvant passer à un tiers par la voie de la subrogation qu'avec le titre de la créance, il n'y a pas lieu de prononcer l'envoi du codébiteur, par cela qu'il a payé les arrérages. — *Rouen*, 28 févr. 1827, Goude.

197. — Et si le codébiteur subrogé aux droits du créancier en ce qui concerne les arrérages fait prononcer l'envoi en possession à son profit, cet envoi ne saurait préjudicier aux créanciers du coobligé. — *Caen*, 30 mai 1827, Pouganne c. Dollé.

198. — Lorsque le créancier d'une rente foncière a consenti la subrogation dans ses droits au profit d'un créancier inscrit qui le paie des

arrérages à lui dus, cette subrogation profite à tous les autres créanciers inscrits sauf remboursement des sommes payées. — Le créancier subrogé n'est pas fondé à prétendre que la subrogation lui donne le droit, comme au créancier même de la rente, de se mettre en possession des biens affectés à la rente, sans avoir égard aux hypothèques qui les grèvent. — *Rouen*, 29 mars 1824, Bertomieux c. Maugen.

199. — L'obligé solidaire qui, en payant la dette commune, s'est fait subroger aux actions et hypothèques du créancier, a le droit de surenchérir accordé par l'art. 2185 C. civ. en cas de vente des biens de son codébiteur spécialement hypothéqués à l'obligation. — Le droit de surenchérir n'est pas, au cas actuel, subordonné à l'inscription préalable, sur les registres des hypothèques, de l'acte de subrogation. — *Paris*, 2 mars 1809, Charier c. Bigle. — « Le débiteur solidaire qui paie la totalité, dit Pothier (*Oblig.*, part. 2, chap. 3, nº 280), peut n'éteindre absolument la dette que pour la part qu'il est tenu de payer pour soi et sans recours : il a le droit de se faire céder les actions du créancier, pour le surplus, contre ses codébiteurs; et, au moyen de cette cession d'actions, il est censé, en quelque façon, plutôt acheter la créance du créancier, pour le surplus, contre ses codébiteurs, que l'avoir acquittée. » — L'auteur fonde son opinion sur ce texte de la loi 36, ff., *De fidejuss.* : « *Creditor non in solutum accepit, sed quodammodò nomen creditoris vendidit.* » Il résulte de ce principe que l'obligé solidaire qui a obtenu la subrogation est, relativement à ses codébiteurs, créancier de tout ce qui excède sa portion contributoire dans la dette commune, et qu'il peut, à raison de cet excédant, exercer les mêmes droits, les mêmes actions que le créancier originaire qu'il représente. Si ce créancier a l'action hypothécaire, le débiteur subrogé aura lui-même cette action et toutes les prérogatives qui en résultent. Il peut poursuivre les autres débiteurs par voie d'expropriation forcée, et, en cas de vente volontaire de leurs biens, il a la faculté de surenchérir accordée aux créanciers par l'art. 2185 C. civ. — Persil, *Régime hypoth.*, art. 2185, nº 7.

200. — Jugé que le condamné qui a payé la totalité de l'amende et des frais dont il était tenu solidairement avec ses complices n'est pas subrogé aux droits du fisc, de manière à pouvoir poursuivre ces derniers, par voie de commandement, en vertu du jugement de condamnation. Il ne peut exercer qu'une action civile ordinaire. — *Bruxelles*, 14 mai 1822, S... c. G... — Ne peut-on pas dire, contre cette solution, que le principe posé dans l'art. 1251 C. civ. est général et qu'il s'applique à toutes les matières? La Cour de Bruxelles a basé l'exception qu'elle a introduite dans cet article sur ce que l'action est purement *civile*. Cela est vrai; mais une fois la condamnation prononcée par les tribunaux de répression, l'action du fisc à fin du recouvrement de l'amende est purement civile : soit qu'il poursuive par les voies ordinaires, soit même qu'il exerce la contrainte par corps. D'ailleurs, en ce qui concerne les *frais* la condamnation a toujours un caractère *civil*.

201. — La caution est déchargée lorsque la subrogation aux droits, hypothèques et priviléges du créancier ne peut plus, par le fait de ce dernier, s'opérer en faveur de la caution. — C. civ., art. 2037. — Poujol, art. 1251, nº 14; Mourlon, p. 480. — V. CAUTIONNEMENT.

202. — L'exception résultant de l'impossibilité de subroger le codébiteur à ses droits peut être opposée au créancier seulement dans le cas où celui-ci a fait remise de la dette à l'obligé principal. — *Metz*, 15 avril 1812, Loels et Mohy c. de Brias.

203. — Lorsqu'un créancier a restreint son hypothèque à l'égard de l'un de ses débiteurs solidaires, et qu'il en poursuit un autre pour sa part seulement dans la dette commune; celui-ci ne peut repousser la demande du créancier, sur le fondement qu'il s'est mis dans l'impuissance de le subroger à ses droits. — *Cass.*, 13 janv. 1816, Carré c. Laprime.

SUBROGATION RÉELLE.

Cette subrogation est celle qui a lieu lorsque, par l'effet d'une disposition de la loi, une chose est réputée avoir une même nature et les mêmes qualités qu'une autre chose dont elle prend la place. Ainsi l'immeuble acquis en échange d'un propre immobilier est, aux termes de l'art. 1407 du C. civ., *subrogé* au lieu et place de celui qui a été aliéné, en ce sens qu'il est traité et régi dans la communauté comme l'était celui qu'il remplace. — V. encore les art. 132, 747, 1066, 1069, 1434, 1435, 1553, 1559, où l'on trouve des exemples de cette sorte de subrogation. — V. ABSENCE, COMMUNAUTÉ, DOT, RETOUR LÉGAL, SUBSTITUTION.

SUBROGÉ TUTEUR.

Contradicteur chargé de surveiller l'administration du tuteur et d'agir pour le pupille dans tous les cas où ses intérêts sont en opposition avec ceux du tuteur. — Dans toute tutelle il y a un subrogé tuteur. — V. TUTELLE.

SUBSISTANCES MILITAIRES.

V. ARMÉE, MARCHÉS DE FOURNITURES.

SUBSTANCES NUISIBLES, SUBSTANCES VÉNÉNEUSES.

§ 1er. — *Substances nuisibles* (nº 1).

§ 2. — *Substances vénéneuses* (nº 16).

---

§ 1er. — *Substances nuisibles.*

1. — Ce sont celles qui sans être de nature à donner la mort sont nuisibles à la santé.

2. — L'art. 317 § 4 du C. pén. punit d'un emprisonnement d'un mois à cinq ans et d'une amende de 16 à 500 francs celui qui a occasionné à autrui une maladie ou incapacité de travail personnel; en lui administrant *volontairement*, de quelque manière que ce soit, des substances qui sans être de nature à donner la mort sont nuisibles à la santé. L'individu qui s'est rendu coupable de ce délit peut de plus être renvoyé sous la surveillance de la haute police pendant deux ans au moins et dix ans au plus.

3. — La loi n'a point fixé le minimum de la durée de la maladie ou de l'incapacité de travail. Dès lors, le fait seul d'une maladie, d'une incapacité de travail quelconque, entraîne l'application de l'art. 317. Il faut cependant que l'incapacité ait été complète, que la maladie ait été réelle. Une indisposition légère et momentanée ne suffirait pas pour justifier cette application. — Chauveau et Hélie, *Théorie du Code pénal*, 1re édit., t. 5, p. 447.

4. — Lorsque la maladie ou l'incapacité de travail personnel a duré plus de vingt jours, la peine est celle de la réclusion. — C. pén., art. 317, § 5.

5. — Si le coupable a commis soit le délit, soit le crime spécifiés aux § 4 et 5 de l'art. 317 du C. pén., envers un de ses ascendans, tels qu'ils sont désignés en l'art. 312 du même Code; il est puni, au premier cas, de la réclusion, et, au second cas, des travaux forcés à temps. — Art. 317, § 6.

6. — Il faut, pour qu'il y ait lieu à l'application des dispositions ci-dessus, que les substances aient été administrées *volontairement*, c'est-à-dire avec *intention de nuire*. Si elles l'ont été sans cette intention, par exemple par un agent qui ne connaissant pas leur nature les a données comme médicament, avec la pensée qu'elles pouvaient produire une crise salutaire, MM. Chauveau et Hélie (*Théorie du Code pénal*, 1re édit., t. 5, p. 445) enseignent qu'il n'y a pas culpabilité.

7. — Néanmoins la Cour de Paris a décidé que toute lésion interne ou maladie occasionnée par une substance imprudemment préparée dans un vase de plomb constitue une *blessure* dans le sens de l'art. 320 C. pén., qui punit les blessures et coups involontaires et rend celui qui a préparé cette substance passible des peines portées par cet article. — *Paris*, 20 août 1841 (t. 2 1843, p. 490), Steinacher. — V. BLESSURES ET COUPS, nos 96 et suiv.

8. — Jugé que la remise effectuée d'une substance préjudiciable à la santé, avec le conseil d'en user et les instructions propres à en faciliter l'usage, constitue, lorsqu'elle a été suivie des accidens morbides qu'elle était destinée à produire, le délit prévu et puni par l'art. 317 C. pén. Il n'est pas nécessaire, pour justifier l'application de la peine portée par cet article, que l'arrêt de condamnation constate l'existence des trois conditions qu'il exige : administration volontaire des substances nuisibles, maladie ou incapacité de travail résultant de leur emploi, intention de nuire. — *Cass.*, 6 nov. 1847 (t. 1er 1848, p. 620), Denis.

9. — On doit, pour déterminer si une substance est *nuisible à la santé*, considérer ses effets, non sur telle personne mais sur tous les individus en général. La loi veut, en effet, que la substance soit nuisible à la santé, par sa nature intrinsèque. Chauveau et Hélie, *eod. loc.*, p. 446.

10. — L'administration de substances de nature à donner la mort constitue le crime d'empoisonnement. — V. EMPOISONNEMENT.

11. — Celle de substances de nature à procurer l'avortement est frappée de peines spéciales. — V. AVORTEMENT.

12. — L'art. 318 C. pén. prononce un emprisonnement de six jours à deux ans et une amende de 16 à 500 francs contre quiconque a vendu ou débité des boissons falsifiées, contenant des mixtions nuisibles à la santé. Il veut, en outre, que les boissons falsifiées, trouvées appartenir au vendeur ou débitant, soient saisies et confisquées et l'article 477-nº 2 du même Code ordonne qu'elles soient répandues.

13. — Ceux qui ont vendu ou débité des boissons falsifiées mais ne contenant pas de mixtions nuisibles à la santé, sont punis d'amende depuis 6 fr. jusqu'à 10 fr. inclusivement. — C. pén., art. 475-nº 6. — De plus ces boissons doivent, comme dans le cas précédent, être saisies, confisquées et répandues. — Art. 477.

14. — Ce qui concerne l'application de ces deux articles a été exposé Vº BOISSONS FALSIFIÉES OU NUISIBLES.

15. — L'art. 475, § 14, C. pén., punit également la mise en vente des comestibles nuisibles d'une amende de 6 fr. à 10 fr. inclusivement. — V. COMESTIBLES ET DENRÉES CORROMPUS OU NUISIBLES.

§ 2. — *Substances vénéneuses.*

16. — L'emploi ou l'administration des substances vénéneuses, faits soit avec intention criminelle, soit par négligence ou imprudence, peuvent, selon les circonstances, constituer un crime ou un délit. — V. BLESSURES ET COUPS, EMPOISONNEMENT.

17. — Mais le législateur, dont le devoir est de prévenir les crimes et les délits pour ne pas avoir à les punir, a dû se préoccuper de l'extrême facilité avec laquelle pouvaient circuler et tomber entre les mains de personnes malintentionnées les substances qui donnent la mort. — De là les dispositions législatives relatives à la détention et à la vente des substances vénéneuses.

18. — La matière est en ce moment régie par la loi du 19 juillet 1845 et par l'ordonnance du 29 octobre 1846 rendue en exécution et pour l'application de cette loi. — V. *infrà* nos 35 et suiv.

19. — Avant ces loi et ordonnance, la législation sur la vente et l'emploi des substances vénéneuses se réduisait aux art. 34 et 35 de la loi du 21 germ. an XI. L'art. 34 statuait que « les substances vénéneuses seront tenues dans les officines des pharmaciens et *dans les boutiques des épiciers*, dans des lieux sûrs et séparés dont les pharmaciens et les épiciers *seuls* auront la clef sans qu'aucun autre individu puisse en disposer. » Le même article ajoutait : « Ces substances ne pourront être vendues qu'à des personnes connues et domiciliées qui pourront en avoir besoin *pour leur profession* ou *pour cause connue*, à peine de 3,000 d'amende de la part des vendeurs contrevenans. »

20. — L'art. 35 ajoutait que les pharmaciens et épiciers tiendraient un registre, coté et paraphé par le maire ou par le commissaire de police; sur lequel registre ceux qui seraient dans le cas d'acheter des substances vénéneuses inscriraient de suite et sans aucun blanc leurs nom, qualités et demeure, la nature des drogues qui leur ont été délivrées, l'emploi qu'ils se proposent d'en faire et la date exacte du jour de l'achat : le tout à peine de 3,000 fr. d'amende contre les contrevenans. — « Les pharmaciens et les épiciers, portait le même article, seront tenus de faire eux-mêmes l'inscription lorsqu'ils vendront ces substances à des individus qui ne sauront pas écrire, et qu'ils connaîtront comme ayant besoin de ces mêmes substances. »

21. — « Ces dispositions, empruntées en partie à l'édit de juillet 1680, ont été, dès les premiers momens, frappées d'une déplorable impuissance; l'absence de toute nomenclature légale des substances vénéneuses, la faculté accordée à tout

le monde de vendre librement ces substances, leur emploi journalier pour le chaulage des grains, pour la destruction des insectes et des animaux nuisibles, pour le traitement des animaux domestiques, etc., enfin l'élévation de la peine unique prononcée par la loi de germinal an XI ont été autant de causes du relâchement qui s'est introduit dans le régime applicable à la vente des poisons. De là peut-être une partie des crimes qui, dans ces dernières années surtout, ont affligé la société. » — Motifs de l'ordonnance du 29 oct. 1846.

22. — Il faut ajouter que, même, dans les prescriptions qu'elle avait voulu dicter, la loi de germinal présentait une grave lacune résultant du défaut de sanction pénale de la première partie de l'art. 34.

23. — Ainsi, la Cour de cassation jugeait que l'obligation imposée aux pharmaciens et épiciers par l'art. 34 de la loi du 21 germ. an XI, de tenir les substances vénéneuses dans des lieux sûrs et séparés dont ils auront seuls la clef, était dépourvue de toute sanction pénale. — La pénalité portée au même article (*in fine*) ne s'appliquait pas à l'inaccomplissement de cette obligation. — *Cass.*, 20 fév. 1545 (t. 1er 1845, p. 691), Thuillier.

24. — La Cour de Paris écartait également, pour le fait ainsi prévu, l'application de l'amende portée en l'art. 34 de la loi de germinal an XI. — *Paris*, 6 juill. 1833, Boubel; 26 nov. 1840 (t. 2 1840, p. 692), Haville.

25. — Mais ces derniers arrêts déclaraient l'infraction à la première disposition de l'art. 34 passible d'une peine de simple police. — Même arrêt.

26. — Au contraire la Cour de cassation décidait qu'on ne saurait appliquer à ce cas les dispositions de l'art. 8 de l'édit de juillet 1682 et de l'art. 10 de la déclaration du roi du 25 avril 1777, qui contenait la même injonction : ces dispositions ayant été abrogées, ainsi que la pénalité y attachée, par la loi du 21 germ. an XI, qui contient quant à ce fait spécial une prescription formelle. — *Cass.*, 20 fév. 1845 (t. 1er 1845, p. 691), Thuillier.

27. — D'où il résultait, d'après la Cour de cassation, que cette infraction n'était passible d'aucune peine. — V. aussi Briand et E. Chaudé, *Manuel complet de médecine légale*, p. 877; et Trébuchet, *Jurispr. de la médecine*, p. 591, à la note.

28. — Jugé en tout cas que la vente par un épicier ou droguiste de substances vénéneuses au poids médicinal ou dans un état tel qu'elles présentent les caractères de compositions ou préparations pharmaceutiques, le rend passible de l'amende prononcée par l'art. 33 de la loi du 21 germ. an XI. — *Bordeaux*, 7 juill. 1841 (t. 1er 1842, p. 384), Bellouart. — V. aussi DROGUISTE, ÉPICIER, PHARMACIE.

29. — D'un autre côté, la jurisprudence hésitait sur le point de savoir quelles substances devaient être considérées comme vénéneuses.

30. — Ainsi jugé : 1° qu'il ne résultait d'aucun acte de l'autorité, non plus que du *Codex* officiel, que l'acétate de plomb ait aucun des caractères du poison, et que cette substance rentre dans les prescriptions des art. 34 et 35 de la loi du 21 germ. an XI. — *Cass.*, 26 mai 1837 (t. 2 1837, p. 19), Maugras.

31. — ... 2° Que les dispositions de la loi de germinal comprennent dans leur généralité toutes les substances pouvant produire l'empoisonnement, qu'elles appartiennent au règne animal ou au règne végétal. — *Cass.*, 7 juill. 1838 (t. 1er 1840, p. 286), Adam.

32. — ... Et qu'en l'absence d'acte de l'autorité administrative qui ait arrêté la nomenclature officielle des substances vénéneuses les tribunaux doivent décider d'après la notoriété publique, l'attestation des hommes de l'art, les effets produits par l'emploi de ces substances et surtout d'après le *Codex medicamentarius*. — Même arrêt.

33. — Jugé encore, par le même arrêt, que le caractère vénéneux d'une substance n'est pas exclusivement attaché au trouble plus ou moins grave ou rapide que son emploi peut causer dans l'organisation humaine; qu'il dépend aussi des accidens que cette substance peut produire sur les animaux domestiques qui sont la propriété de l'homme. — Même arrêt.

34. — Par ces considérations le même arrêt a rejeté le pourvoi dirigé contre un arrêt de la Cour de Metz qui avait déclaré la *noix vomique en poudre* substance vénéneuse, et qui, dès lors, avait appliqué les articles 34 et 35 de la loi de l'an XI.

35. — La loi du 19 juill. 1845 a été rendue pour faire cesser un état de choses si funeste à la sécurité publique. Elle abroge les dispositions législatives de la loi de l'an XI, qui mettaient obstacle à l'action du gouvernement dans une matière qui, par sa nature, appartient essentiellement à son domaine, et elle arme d'une sanction pénale plus efficace les ordonnances qui seront publiées pour régler le commerce et l'emploi des substances vénéneuses. — Motifs de l'ordonn. 29 oct. 1846.

36. — Cette loi est ainsi conçue : « Les contraventions aux ordonnances royales portant règlement d'administration publique sur la vente, l'achat et l'emploi de substances vénéneuses seront punies d'une amende de 100 fr. à 3,000 fr. et d'un emprisonnement de six jours à deux mois, sauf l'application, s'il y a lieu, de l'art. 463 du C. pén. Dans tous les cas, les tribunaux pourront prononcer la confiscation des substances saisies en contravention. » — Art. 1er.

37. — Les art. 34 et 35 de la loi du 21 germinal an XI seront abrogés à partir de la promulgation de l'ordonnance qui aura statué sur la vente des substances vénéneuses. — Art. 2.

38. — « C'est donc au gouvernement, porte l'exposé des motifs de la loi, qu'il appartient, dans les formes indiquées par la loi, de décider par lui dans quelles proportions, dans quels lieux, avec quelles précautions, les substances vénéneuses pourront être vendues, achetées et employées. — Dans l'accomplissement de cette tâche il devra concilier les besoins de l'industrie, des arts et de la médecine avec la protection due à la vie des citoyens, sans perdre de vue que ce dernier intérêt doit tenir le rang principal dans sa préoccupation. »

39. — L'ordonnance prescrite par la loi précitée a été promulguée le 29 oct. 1846. Elle contient une nomenclature des substances vénéneuses. — Nous donnons le texte à la fois de l'ordonnance et du tableau.

40. — *Du commerce des substances vénéneuses.* — Quiconque voudra faire le commerce d'une ou de plusieurs des substances comprises dans le tableau annexé à la présente ordonnance sera tenu d'en faire préalablement la déclaration devant le maire de la commune, en indiquant le lieu où est situé son établissement. — Les chimistes, fabricans ou manufacturiers, employant une ou plusieurs desdites substances, seront également tenus d'en faire la déclaration dans la même forme. — Ladite déclaration sera inscrite sur un registre à ce destiné, et dont un extrait sera remis au déclarant : elle devra être renouvelée dans le cas de déplacement de l'établissement. — Art. 1er.

41. — Les substances auxquelles s'applique la présente ordonnance ne pourront être vendues ou livrées qu'aux commerçans, chimistes, fabricans ou manufacturiers, qui auront fait la déclaration prescrite par l'article précédent, ou aux pharmaciens. Lesdites substances ne devront être livrées que sur la demande écrite et signée de l'acheteur. — Art. 2.

42. — Tous achats ou ventes de substances vénéneuses seront inscrits sur un registre spécial, coté et paraphé par le maire ou par le commissaire de police. — Les inscriptions seront faites de suite et sans aucun blanc, au moment même de l'achat ou de la vente; elles indiqueront l'espèce et la quantité des substances achetées ou vendues, ainsi que les noms, professions et domicile des vendeurs ou des acheteurs. — Art. 3.

43. — Les fabricans et manufacturiers employant des substances vénéneuses en surveilleront l'emploi dans leur établissement, et constateront cet emploi sur un registre établi conformément au premier paragraphe de l'article 42. — Art. 4.

44. — *De la vente des substances vénéneuses par les pharmaciens.* — La vente des substances vénéneuses ne peut être faite, pour l'usage de la médecine, que par les pharmaciens, et sur la prescription d'un médecin, chirurgien, officier de santé ou d'un vétérinaire breveté. — Cette prescription doit être signée, datée, et énoncer en toutes lettres la dose desdites substances, ainsi que le mode d'administration du médicament. — Art. 5.

45. — Les pharmaciens transcriront lesdites prescriptions, avec les indications qui précèdent, sur un registre établi dans la forme déterminée par le paragraphe 1er de l'article 3. — Ces transcriptions devront être faites de suite et sans aucun blanc. — Les pharmaciens ne rendront les prescriptions que revêtues de leur cachet, et après y avoir indiqué le jour où les substances auront été livrées, ainsi que le numéro d'ordre de la transcription sur le registre. — Ledit registre sera conservé pendant vingt ans au moins, et devra être représenté à toute réquisition de l'autorité. — Art. 6.

46. — Avant de délivrer la préparation médicale, le pharmacien y apposera une étiquette indiquant son nom et son domicile, et rappelant la destination interne ou externe du médicament. — Art. 7.

47. — L'arsenic et ses composés ne pourront être vendus, pour d'autres usages que la médecine, que combinés avec d'autres substances. — Les formules de ces préparations seront arrêtées, sous l'approbation de notre ministre secrétaire d'État de l'agriculture et du commerce, savoir : — Pour le traitement des animaux domestiques, par le conseil des professeurs de l'école vétérinaire d'Alfort; — pour la destruction des animaux nuisibles, et pour la conservation des peaux et objets d'histoire naturelle, par l'école de pharmacie. — Art. 8.

48. — Les préparations mentionnées dans l'article précédent ne pourront être vendues ou délivrées que par les pharmaciens, et seulement à des personnes connues et domiciliées. — Les quantités livrées, ainsi que le nom et le domicile des acheteurs, seront inscrits sur le registre spécial, dont la tenue est prescrite par l'article 6. — Art. 9.

49. — La vente et l'emploi de l'arsenic et de ses composés sont interdits pour le chaulage des grains, l'embaumement des corps et la destruction des insectes. — Art. 10.

50. — *Dispositions générales.* — Les substances vénéneuses doivent toujours être tenues, par les commerçans, fabricans, manufacturiers et pharmaciens, dans un endroit sûr et fermé à clef. — Art. 11.

51. — L'expédition, l'emballage, le transport, l'emmagasinage et l'emploi doivent être effectués par les expéditeurs, voituriers, commerçans et manufacturiers, avec les précautions nécessaires pour prévenir tout accident. — Les fûts, récipiens ou enveloppes ayant servi directement à contenir les substances vénéneuses ne pourront recevoir aucune autre destination. — Art. 12.

52. — A Paris et dans l'étendue du ressort de la préfecture de police, les déclarations prescrites par l'article 1er seront faites devant le préfet de police. — Art. 13.

53. — Indépendamment des visites qui doivent être faites en vertu de la loi du 21 germinal an XI (V. PHARMACIE), les maires ou commissaires de police, assistés, s'il y a lieu, d'un docteur en médecine désigné par le préfet, s'assureront de l'exécution des dispositions de la présente ordonnance. — Ils visiteront, à cet effet, les officines des pharmaciens, les boutiques et magasins des commerçans et manufacturiers vendant ou employant lesdites substances. Ils se feront représenter les registres mentionnés dans les articles 1er, 3, 4 et 6, et constateront les contraventions. — Leurs procès-verbaux seront transmis au procureur de la République, pour l'application des peines prononcées par l'art. 1er de la loi du 19 juillet 1845. — Art. 14.

Tableau des substances vénéneuses.

Acétate de mercure.
Acétate de morphine.
Acétate de zinc.
Acide cyanhydrique.
Aconit et ses composés.
Alcool sulfurique (eau de Rabel).
Anémone pulsatile et ses préparations.
Arsenic (acide arsénieux), composés et préparations qui en dérivent.
Atropine.
Augusture fausse et ses préparations.
Belladone et ses préparations.
Brucine et ses préparations.
Bryone et ses préparations.
Cantharides et leurs préparations.
Carbonate de cuivre et d'ammoniaque.
Cévadille et ses préparations.
Chlorure d'antimoine.
Chlorure de morphine.
Chlorure ammoniaco-mercuriel.
Chlorure de mercure.
Ciguës et leurs préparations.
Codéine et ses préparations.
Coloquinte et ses préparations.
Conicine et ses préparations.
Coque du Levant et ses préparations.
Colchique et ses préparations.
Cyanure de mercure.

Daturine.
Digitale et ses préparations.
Élatérium et ses préparations.
Ellébores blanc et noir et leurs préparations.
Éméline.
Émétique (tartrate de potasse et d'antimoine).
Épurge et ses préparations.
Euphorbe et ses préparations.
Fèves St.-Ignace, préparations qui en dérivent.
Huile de cantharides.
Huile de ciguë.
Huile de croton tiglium.
Huile d'épurge.
Iodure d'ammoniaque.
Iodure d'arsenic.
Iodure de potassium.
Iodure de mercure.
Kermès minéral.
Laurier-cerise et ses préparations.
Laudanum, composés et mélanges.
Liqueur arsenicale de Pearson.
Liqueur arsenicale de Fowler.
Morphine et ses composés.
Narcéine.
Narcéine des prés.
Narcotine.
Nicotianine.
Nicotine.
Nitrate ammoniaco-mercuriel.
Nitrate de mercure.
Opium.
Oxyde de mercure.
Picrotoxine.
Pignon d'Inde.
Rhus radicans.
Sabine.
Seigle ergoté, préparations qui en dérivent.
Soufre doré d'antimoine.
Solanine.
Staphysaigre.
Sulfate de mercure.
Strychnine et ses composés.
Tartrate de mercure.
Turbith minéral.
Vératrine.

54. — Il existe en outre une circulaire du 17 mai 1847, adressée par M. le ministre de l'instruction publique à MM. les recteurs des académies, et qui est ainsi conçue (*Monit.* 17 mai 1847) : « Monsieur le recteur, j'ai été consulté sur la question de savoir si l'ordonnance royale du 29 oct. 1846, qui règle les conditions relatives à la vente, à l'achat et à l'emploi des substances vénéneuses, était applicable aux cabinets de chimie des collèges et des maisons d'éducation. J'ai examiné attentivement cette question en conseil royal, et j'ai reconnu que les dispositions de l'ordonnance ci-dessus citée étaient obligatoires et ne souffraient aucune exception. MM. les proviseurs, principaux et chefs d'établissement particuliers d'instruction, sont donc tenus, ainsique les professeurs de chimie des collèges et des écoles particulières, de satisfaire aux prescriptions de ladite ordonnance. Je vous prie de donner connaissance de ces dispositions à tous les chefs d'établissemens et professeurs de chimie de votre ressort. »

SUBSTITUT.

1. — Magistrat dont les fonctions consistent à seconder les chefs des parquets des Cours et des tribunaux. Le substitut le plus ancien remplace de droit le chef du parquet de première instance et le procureur général, à défaut d'avocats généraux.

2. — Autrefois, les substituts étaient choisis par les procureurs généraux eux-mêmes. — Un édit de 1580 créa les substituts en titre d'office près les Parlements et les juridictions inférieures. — V. AVOCAT DU ROI, AVOCAT GÉNÉRAL, GENS DU ROI, MINISTÈRE PUBLIC, ORGANISATION JUDICIAIRE, TRIBUNAUX.

SUBSTITUT DU PROCUREUR GÉNÉRAL.

V. COURS, MINISTÈRE PUBLIC, SUBSTITUT.

SUBSTITUTION.

Table alphabétique.

SUBSTITUTION. — 1. — C'est, dans le sens le plus étendu, l'action de mettre une personne à la place d'une autre. — Ainsi, V. principalement : ACTE NOTARIÉ, COMMISSIONNAIRE DE TRANSPORTS, MANDAT, NOTAIRE, NOVATION, RECRUTEMENT.

2. — Dans un sens plus restreint, on appelle substitution la disposition par laquelle une personne est subrogée à une autre pour recueillir le bénéfice d'une donation ou d'un legs.

3. — Cette espèce de subrogation se fait par deux voies différentes : la première s'appelle *substitution directe*, la seconde *fidéicommis* ou *substitution fidéicommissaire*. — Merlin, Rép., v° Substitution.

4. — La substitution directe n'est autre chose que l'institution d'un second héritier ou légataire, pour le cas où le premier serait incapable ou refuserait d'accepter la disposition faite en sa faveur. — Merlin, ibid.

5. — La substitution directe se subdivise elle-même en plusieurs espèces. On verra plus loin quelles sont ces espèces et en quoi consistent leurs différences.

6. — La substitution fidéicommissaire est celle qui a lieu lorsque le substitué ne doit profiter de la donation, de l'institution ou du legs qu'après le premier appelé et les lui reçoit, par conséquent, que de la main de celui-ci. — Merlin, ibid.

CHAP. Ier. — *Historique et dispositions générales* (n° 7).

SECT. 1re. — *Droit romain* (n° 7).

SECT. 2e. — *Ancien droit français* (n° 45).

SECT. 3e. — *Droit nouveau* (n° 84).

CHAP. II. — *Substitution vulgaire* (n° 108).

CHAP. III. — *Substitution fidéicommissaire* (n° 121).

CHAPITRE Ier. — *Historique et dispositions générales.*

Sect. 1re. — *Droit romain.*

7. — A Rome, on distinguait trois sortes de substitutions : 1° la substitution *vulgaire* ou *directe* (ainsi nommée parce qu'elle était la plus usitée et parce que le substitué recevait directement sa libéralité du disposant); 2° la substitution *pupillaire*; 3° la substitution *quasi-pupillaire* ou *exemplaire*.

8. — La substitution vulgaire était celle par laquelle une personne était appelée à recueillir une hérédité ou une quote-part héréditaire, au cas où l'institué en premier ordre ne la recueillait pas : soit par suite de son incapacité, soit pour toute autre cause. Ce n'était qu'une institution conditionnelle qui produisait son effet quand la première institution n'en produisait pas. — *Inst. Just.*, liv. 2, tit. 45.

9. — Cette substitution supposait nécessairement une première institution. Elle pouvait être faite à un second institué alors qu'il n'y avait qu'un seul institué du premier degré, comme elle pouvait avoir lieu alors qu'il y avait plusieurs institués du premier degré. Dans ce dernier cas, les institués pouvaient être substitués l'un à l'autre et réciproquement; comme il pouvait se faire que l'un fût substitué à l'autre ou aux autres, sans réciprocité. — *Inst., loc. cit.*

10. — Pendant que les lois caducaires furent en vigueur, l'utilité de la substitution était grande pour ceux des institués qui ne pouvaient pas profiter du droit d'accroissement parce qu'ils n'avaient pas d'enfans; et la substitution leur conférait les droits qu'ils auraient eus avant les lois caducaires, par l'accroissement. La substitution était encore utile en ce sens qu'elle empêchait le droit d'accroissement au profit de ceux des cohéritiers qui n'étaient pas substitués. Cette dernière utilité subsista même après l'abrogation des lois caducaires.—*Just., Inst.*, liv. 2, tit. 45; Ortolan et Ducaurroy, *Explications sur ce titre*.

11. — La substitution était expresse ou tacite : — expresse quand le testateur avait formellement écrit la substitution au profit de l'un des héritiers, ou de plusieurs, ou de tous; — tacite quand plusieurs héritiers étant institués et substitués les uns aux autres, un tiers se trouvait en outre substitué à l'un d'eux seulement. Dans ce cas, en effet, si l'héritier auquel le tiers était substitué venait à décéder le premier de tous, non-seulement ce tiers recueillait, conjointement avec les institués survivans, le droit ouvert au profit du décédé, mais il recueillait en outre le bénéfice de la substitution réciproque faite au profit des institués; de telle sorte que si postérieurement un autre héritier venait à décéder, le tiers prenait sa part des droits de cet héritier, concurremment avec les institués restans, et cela comme étant aux droits du prédécédé. Tel est ainsi que la substitution expresse faite à son profit d'un seul des institués contenait éventuellement une substitution tacite à l'égard des autres. — *Inst., Just.*, t. 45; Ortolan et Ducaurroy, *loc. cit.*

12. — Le substitué ne concourait point avec l'institué, car il n'était appelé que pour le cas où celui-ci ne recueillerait pas. Cependant, Justinien nous donne un cas où ce concours avait lieu. C'était celui où l'on avait institué un esclave qu'on croyait libre. Comme en définitive l'institué recueillit, le substitué ne pouvait pas dire que la condition de la substitution était arrivée. D'un autre côté, comme le testateur avait eu en vue la personne de l'esclave qu'il croyait libre, et non son maître, on ne pouvait pas dire que le testament recevait son exécution comme l'auteur l'avait entendu. Pour concilier les termes du testament avec l'intention du testateur, Justinien décida que le substitué concourrait pour *portion*, c'est-à-dire pour moitié, avec l'institué. — *Inst. Just.*, liv. 2, tit. 45; Ducaurroy et Ortolan, *ibid.*

13. — Nous trouvons dans Gaïus un autre exemple de concours entre l'institué et son substitué. C'est le cas où le testateur avait institué un héritier qui ne pouvait venir à l'hérédité qu'en faisant l'addition solennelle appelée *crétion*. Si cet héritier négligeait de faire crétion, mais qu'il fît acte d'héritier; son substitué était admis avec lui pour portion, pourvu toutefois que le testateur n'eût point exhérédé l'institué au cas où il ne ferait pas la crétion. — *Inst. de Gaïus*, comm. 2, § 177.

14. — La substitution vulgaire s'évanouissait de la même manière que l'institution directe, c'est-à-dire par le refus ou l'incapacité de recueillir du substitué; et aussi par l'acceptation de l'hérédité par l'institué directe.

15. — La substitution pupillaire était celle par laquelle un *paterfamilias* instituait quelqu'un héritier de son enfant pour le cas où ce dernier mourrait *sui juris* et impubère. — *Instii. de Gaïus*, comm. 2, § 179; *Inst. Just.*, liv. 2, tit. 46.

16. — L'on était dans l'usage de faire d'abord une substitution vulgaire pour le cas où le fils ne deviendrait pas héritier, et d'y ajouter une

70

substitution pupillaire pour le cas où le fils après avoir recueilli mourait impubère, partant, incapable de se choisir un héritier. — *Inst. Just.*, liv. 2, tit. 16, pr.

17. — La substitution pupillaire pouvait se faire au profit d'un substitué qui n'était pas substitué vulgairement au fils dans le cas où celui-ci ne recueillerait pas. Le substitué ne recueillait alors la succession du père qu'autant que le fils l'avait préalablement recueillie. Toutefois, une constitution de Marc-Aurèle avait décidé : que toutes les fois qu'un cas de substitution était exprimé, l'autre serait sous-entendu. Depuis cette constitution le substitué pupillaire fut considéré comme substitué vulgaire, à moins que le testateur n'eût déclaré le contraire. — V. D., liv. 28, t. 6, l. 4, præ.

18. — Depuis Marc-Aurèle, le substitué pupillaire dut, à moins de déclaration contraire, recueillir l'hérédité du père à défaut du fils. Avant ce prince, il ne la recueillait, à son défaut, qu'autant qu'il avait été substitué vulgairement. — Si le fils recueillait l'hérédité et mourait impubère, son substitué recueillait la succession du fils dont il était l'héritier testamentaire. Mais le substitué ne pouvait pas répudier l'hérédité du père pour s'en tenir à celle du fils, parce que le testament fait pour ce dernier ne peut valoir qu'autant que le père laisse pour lui-même un héritier testamentaire ; soit le substitué pupillaire, soit une autre personne. — V. D., liv. 28, t. 6, l. 2, § 1er.

19. — Le père pouvait substituer à ses enfans, quoiqu'il les eût exhérédés. Dans ce cas, le substitué ne recueillait que ce que le pupille avait acquis par succession, legs ou donation de ses proches ou de ses amis. — *Inst. Just.*, *loc. cit.* § 4.

20. — Mais il ne pouvait y avoir de substitution pupillaire valable qu'autant que le père avait un testament valable pour lui-même. La substitution était nominative ou générale : nominative quand elle désignait par son nom le substitué qu'on voulait donner au fils ; générale quand on appelait à la substitution pupillaire *quiconque serait héritier* du père. — *Inst. Just.*, liv. 2, t. 16, § 7.

21. — La substitution pupillaire s'évanouissait par la puberté de l'enfant, par la mort arrivée avant celle du testateur, par la diminution de tête, par la négligence du substitué qui ne faisait pas nommer dans l'année un tuteur à l'impubère et enfin par toutes causes qui font évanouir les institutions d'héritiers. — D., liv. 28, *Fr. Jul.*; L. 4, § 2 ; L. 41, § 2 ; Code, 6, 58, 10.

22. — La substitution produisait son effet au profit de l'appelé quand la condition s'était accomplie, et qu'aucune cause ne la faisait évanouir. — Ortolan, *loc. cit.*

23. — La substitution quasi-pupillaire ou *exemplaire*, introduite par Justinien, était celle qu'un ascendant faisait relativement à un de ses descendans qui se trouvait en démence, et, par suite, incapable de tester. Cette substitution différait sous deux rapports de la précédente : 1° tout ascendant pouvait ainsi substituer à son descendant en démence, au lieu que le père de famille pouvait seul substituer pupillairement ; 2° l'ascendant ne pouvait substituer ainsi que *certaines personnes*, savoir : les descendans de son fils ; à leur défaut, ses frères ; au défaut de ces derniers, une personne quelconque. Le père de famille pouvait, toujours, au contraire, substituer qui il voulait. — Ortolan, *Explic. des Inst.*, 3e édit. sur le § 1er, tit. 16, liv. 2.

24. — A côté de ces trois ordres de substitutions, le droit romain reconnaissait des dispositions par lesquelles un testateur pouvait charger l'héritier qu'il instituait de restituer tout ou partie de son hérédité à une autre personne. L'acte par lequel le disposant donnait ses biens avec cette charge, constituait un fidéicommis. — V. *Inst. Just.*, liv. 2, tit. 16, § 9.

25. — Il y avait deux sortes de fidéicommis : le fidéicommis général, par lequel on priait l'institué de restituer tout ou partie de l'hérédité, et le fidéicommis particulier, par lequel on priait l'institué de restituer des objets déterminés. Le premier formait l'*hérédité fidéicommissaire*; le second fut assimilé aux legs par Justinien.

26. — Pour qu'un fidéicommis, soit général, soit particulier, fût valable, il fallait avant tout qu'un héritier fût institué d'après le droit civil, et qu'on le priât de restituer à une autre personne. Sans cela, le testament aurait été inutile, puisqu'il n'y aurait pas eu d'institution d'héritier. — Gaïus, c. 2, § 248.

27. — Toutefois, *celui qui mourait intestat* pouvait, par codicille, ordonner à son héritier légitime de rendre un fidéicommis à quelqu'un. — Gaïus, c. 2, § 270.

28. — Dans le principe, les fidéicommis n'étaient pas obligatoires. Celui qui avait reçu avec charge de rendre pouvait se dispenser d'acquitter cette charge. Auguste est le premier qui les ait rendus obligatoires en ordonnant aux consuls d'interposer leur autorité. Plus tard, sous Claude, deux préteurs furent créés d'office à l'effet de statuer extraordinairement sur les fidéicommis ; Titus n'en laissa qu'un. — *Inst. Justin.*, liv. 2, tit. 23, § 1er.

29. — Dans le principe, et longtemps encore après qu'Auguste eut rendu les fidéicommis obligatoires, l'institué qui avait restitué l'hérédité, restait néanmoins héritier, et le fidéicommissaire était considéré comme acheteur de l'hérédité. Les actions se donnaient pour ou contre l'institué, qui, au moyen de la stipulation *venditæ hereditatis*, conservait son recours contre le fidéicommissaire pour tout ce qu'il serait condamné à payer pour celui-ci, et pour tout ce qu'il paierait pour lui de bonne foi. Cette même stipulation avait pour effet de garantir à l'héritier qu'il serait régulièrement défendu si quelqu'un le poursuivait comme héritier. De son côté le fidéicommissaire stipulait, par la stipulation *emptæ hereditatis*, que si l'héritier recevait quelque chose de l'hérédité, il le rendrait au fidéicommissaire, et même qu'il laisserait ce fidéicommissaire exercer les actions héréditaires, comme procureur ou mandataire *in rem suam*. — Gaïus, c. 2, § 252.

30. — Cette nécessité pour l'institué de rester soumis aux actions des créanciers de l'hérédité alors qu'il n'en recueillait pas les avantages, faisait que souvent il refusait de faire une adition qui pouvait lui devenir onéreuse par suite de l'insolvabilité du fidéicommissaire, contre lequel il conservait un recours. C'est pour remédier à cet inconvénient, qu'en l'an de Rome 815, sous le règne de Néron, on porta le sénatus-consulte trébellien qui donnait au fidéicommissaire les actions héréditaires, et réciproquement le sénatus-consulte fit cesser l'usage des stipulations *emptæ et venditæ hereditatis*. — Gaïus, 2, § 255.

31. — Bien que ce sénatus-consulte produisît cet avantage que l'institué n'était pas soumis aux actions des créanciers au delà de la portion qui lui était laissée par le testateur, cependant l'institué refusait souvent de faire adition, parce qu'il ne recueillait aucun bénéfice ou qu'un bénéfice très-faible. Pour éviter ce résultat, un nouveau sénatus-consulte fut porté, en l'an de Rome 823, qui permit à l'héritier de retenir un quart de l'hérédité, alors même que le testateur ne le lui aurait pas laissé. Ce quart que l'institué pouvait retenir fut appelé la quarte pégasienne, parce que le sénatus-consulte qui l'avait établie, à l'imitation de la quarte falcidie, était nommé le sénatus-consulte pégasien. — Gaïus, 2, § 254.

32. — D'après le sénatus-consulte pégasien, l'institué restait héritier, et comme tel soumis aux actions héréditaires de même que ces actions lui appartenaient activement. Aussi était-il besoin de recourir aux stipulations *partis et pro parte*, qui intervenaient entre l'héritier et le légataire d'une quotité, et qui assuraient à cet institué un recours contre le fidéicommissaire pour tout ce qu'il aurait payé pour ce dernier, et au fidéicommissaire un recours contre l'institué pour tout ce que ce dernier aurait reçu relativement à la portion du fidéicommissaire. — Gaïus, 2, § 254.

33. — Toutefois, le sénatus-consulte pégasien n'avait point abrogé le sénatus-consulte trébellien. L'un et l'autre s'appliquaient suivant les cas. Si l'institué avait reçu du défunt le quart ou plus que le quart de l'hérédité, il n'avait pas besoin d'invoquer le sénatus-consulte pégasien ; et les actions se divisaient alors de plein droit entre l'institué et le fidéicommissaire proportionnellement à leur part. Mais si, au contraire, le testateur avait laissé à l'institué moins du quart, les actions restaient sur sa tête activement et passivement, et les stipulations devenaient nécessaires. Il y avait lieu aux stipulations *partis et pro parte*, si l'institué retenait la quarte pégasienne, et aux stipulations *emptæ et venditæ hereditatis*, si l'institué restituait toute l'hérédité.

34. — Si l'institué refusait de faire adition, le sénatus-consulte pégasien ordonnait qu'il y fût contraint par le préteur, sur la demande du fidéicommissaire. Dans ce cas, les actions passaient sur la tête du fidéicommissaire, comme si c'eût été le lieu du sénatus-consulte trébellien, et il n'était pas besoin de stipulations. — Gaïus, 2, § 258.

35. — Justinien confondit les deux sénatus-consultes en un seul qu'il désigna sous le nom de sénatus-consulte trébellien. Il ordonna la division de plein droit, soit que l'institué retînt ou non la quarte, soit qu'elle lui fût laissée par le défunt ou qu'il dût invoquer le sénatus-consulte pour la retenir. Il ajouta que dans le cas où l'institué restituerait le tout volontairement, les actions passeraient en entier sur la tête du fidéicommissaire, comme il arrivait précédemment si l'adition était faite par ordre du préteur. Il conserva, du reste, la disposition du sénatus-consulte pégasien qui obligeait l'institué à faire adition sur la demande du fidéicommissaire. La rétention de la quarte fut maintenue et appelée quarte trébellianique. — *Inst. Just.*, liv. 2, t. 23, § 7.

36. — Si le testateur avait autorisé l'institué à retenir un objet déterminé dont la valeur équivalait au quart de l'hérédité, avant Justinien, on appliquait le sénatus-consulte trébellien ; si, au contraire, cet objet valait moins que le quart, c'était le lieu du sénatus-consulte pégasien. Mais il y a cela de remarquable que l'institué n'était pas tenu d'une quote-part des dettes héréditaires, qui passaient en entier à la charge du fidéicommissaire. On assimile ici l'institué à un légataire particulier. — *Inst.*, liv. 2, tit. 23, § 9.

37. — Les sénatus-consultes que nous venons de développer n'étaient point applicables aux fidéicommis particuliers qui étaient régis par les dispositions relatives aux legs. — *Inst. Just.*, liv. 2, tit. 20, § 1er ; C., L. 2, tit. *Comm. tam leg. quam fideic.*

38. — L'usage des fidéicommis fut introduit en faveur des citoyens romains qui mouraient en pays éloigné, où ils n'avaient pas la possibilité de tester dans les formes requises par le droit civil et par le droit prétorien, et qui manifestaient sous forme précative leur intention de laisser leurs biens à celui qu'ils affectionnaient. C'est là ce qui amena l'introduction des codicilles, acte de dernière volonté qui se faisait sans solennité, en présence de cinq témoins. On pouvait même charger ainsi, sans témoins, son héritier *ab intestat* d'un fidéicommis, auquel cas le serment pouvait être déféré à l'héritier qui niait le fidéicommis. — D., L. 1er, § 6, *De leg.*; L. 8, § 1er, *De jure codic.*; *Inst. Just.*, liv. 2, § ult.

39. — On faisait un fréquent usage des fidéicommis à l'effet de gratifier certaines personnes que le droit civil et le droit prétorien ne reconnaissaient pas comme héritiers, telles que les *dediticæ*, auxquels la loi *Ælia Sextia* ne permettait pas de recevoir par testament ; telles que les Latins auxquels la loi Junia défendait également de recevoir ; telles, enfin, que les femmes et les filles déclarées incapables de recueillir par la loi Voconia ; les célibataires et les *orbi*, d'après la loi Julia. — Cicér., *De fin.* lib. 2, cap. 58 ; Quintilien, *De clam.*, 324 ; Ulpien, *Frag.*, tit. 25, § 19 ; *Inst. Just.*, liv. 23, § 1er ; et Vinnius, sur ce titre.

40. — Mais bientôt les personnes déclarées incapables de recevoir par testament furent également reconnues inhabiles à recevoir par fidéicommis. — D., L. 67, § 3, tit. *Ad s.-c. Trebell.*

41. — Le fidéicommis dont nous nous sommes occupés jusqu'ici était le *fidéicommis exprès*. Il ne renfermait pas une véritable substitution, puisque l'institué n'était pas chargé de *conserver*. Ce n'était qu'un fidéicommis pur et simple qui ne ressemble en rien à ce qu'on appelle une substitution fidéicommissaire. — Duranton, t. 8, n° 63.

42. — Mais à côté de ce fidéicommis exprès, les Romains avaient un *fidéicommis tacite*, qui se faisait ainsi : *J'institue mon frère mon héritier, et je le prie de ne point aliéner ma maison, mais de la laisser dans notre famille.* L'aliénation que l'héritier aurait faite de la maison, ou la disposition testamentaire par laquelle il l'aurait laissée à un héritier autre que celui que le premier testateur avait désigné, auraient été considérées comme non avenues. — D., L. 69, § 3, tit. *De leg.*, 2e frag. de Papinien.

43. — D'après la définition de la substitution fidéicommissaire, suivant le 2e alinéa de l'art. 896 C. civ., on voit que le fidéicommis tacite des Romains est l'image véritable de nos substitutions. — V. D., L. 17, *princip.*, et 74, *princip.*, tit. *Ad s.-c. Trebell.* — Duranton, t. 8, n° 64.

44. — Le fidéicommis *tacite* et le fidéicommis *exprès* pouvaient être faits purement et simplement, ou sous condition. La condition ne changeait pas la nature de la disposition ; elle ne faisait qu'en suspendre ou modifier les effets. — Duranton, n° 65.

Sect. 2e. — *Ancien droit français.*

45. — Dans notre ancien droit, les substitutions furent successivement régies par les ordonn. de 1553, de 1560, de 1566, la déclaration du 17 nov. 1690, celle du 18 janv. 1712 et enfin par l'ordonn. d'août 1747.

46. — Dans les provinces de droit écrit, la substitution *directe* et la substitution *fidéicommissaire* étaient admises. Elles l'étaient également dans les pays coutumiers; sauf néanmoins ceux du Bourbonnais, de la Marche, de l'Auvergne, de Sédan, de Montargis, de Bassigny, de Bretagne, de Normandie et de Hainaut, où les coutumes prohibaient la substitution fidéicommissaire : soit absolument, soit seulement quand elle était faite par acte de dernière volonté. — Merlin, *Rép.* vo *Substitution fidéicommissaire*, sect. 1re, et l'ordonn. de 1747, art. 1er.

47. — Il faut observer, en outre, que la substitution *directe* admise dans les pays de droit écrit se subdivisait en cinq espèces; savoir : la substitution *vulgaire*, la *pupillaire*, l'*exemplaire*, la *réciproque*, la *compendieuse*. Dans les pays de coutume, la substitution directe ne comprenait que la *vulgaire*, la *réciproque* et la *compendieuse*. Les substitutions *pupillaire* et *exemplaire* n'y étaient point permises. — V. Pothier, *Des substitutions*, art. préliminaire; Merlin, *Rép.*, vo *Substitution directe*, § 3, no 9, et § 2, no 16.

48. — On a déjà vu quels sont les caractères de la substitution vulgaire, de la substitution pupillaire, de l'exemplaire. Il reste à parler de la substitution réciproque, de la substitution compendieuse et de la substitution fidéicommissaire.

49. — La substitution réciproque est celle qui est faite entre les institués et qui appelle l'un au défaut de l'autre. — On peut substituer réciproquement dans une substitution directe, comme dans une substitution fidéicommissaire. — Merlin, *Rép.*, vo *Substitution directe*, § 4, no 1er.

50. — La substitution réciproque ne forme pas une espèce à part et différente des autres substitutions; elle les comprend au contraire. — Merlin, *ibid.*

51. — Ainsi, lorsqu'on substitue réciproquement deux institués, celui qui recueille est censé appelé à la portion de l'autre qui ne recueille pas, et vient comme substitué vulgaire, s'il s'agit d'une substitution directe ordinaire ou vulgaire. Si les institués sont des impubères et que l'un d'eux vienne à décéder impubère, mais après avoir recueilli, l'autre lui succédera par droit de substitution pupillaire. Si les institués sont pubères et en démence, et que l'un vienne à décéder avant d'avoir recueilli, l'autre lui sera substitué vulgairement; s'il ne meurt qu'après avoir recueilli, il lui succédera en vertu de la substitution exemplaire. — V. D., L. 4, § 1er, tit. *De vulg. subst.*; L. 45, *ibid.*; Grassus, *De successionibus*, § *Substitutio*, quæst. 49, no 3; Despeisses, t. 2, p. 111; Rousseau, *Jurisp. civ.*, vo *Substitution*, part. 1re, sect. 4, no 2; Merlin, vo *Substitution directe*, § 4, no 3.

52. — De même, dans le cas de substitution fidéicommissaire, si j'ai dit : « J'institue mes trois enfans, et je les substitue réciproquement en cas de décès sans postérité; » la part de celui qui décédera sans postérité après avoir recueilli, se divisera entre ses deux frères. — Merlin, *Rép.*, vo *Substitution fidéicommissaire*, sect. 10, § 7.

53. — La substitution *compendieuse* est la disposition conçue en termes implicites, qui renferment en même temps la substitution directe et la substitution fidéicommissaire. — Merlin, vo *Substitution directe*, § 5.

54. — Elle est, le plus souvent, conçue ainsi : « En cas de mort, ou après la mort, ou en quelque temps que meure mon héritier, je lui substitue untel. » — Merlin, *ibid.*

55. — Elle ne forme pas plus que la réciproque une espèce particulière de substitution. Elle devient vulgaire, si le substitué vient avant que l'institué ait recueilli; pupillaire, si le substitué ne vient qu'après que l'institué a recueilli : pourvu qu'il meure impubère; fidéicommissaire, si l'institué qui a recueilli ne meurt qu'après avoir atteint sa puberté. — Merlin, *ibid.*

56. — Dans nos provinces de droit écrit et dans les pays coutumiers où la substitution fidéicommissaire n'était pas prohibée, quiconque pouvait donner entre-vifs ou à cause de mort avait le droit de faire une substitution fidéicommissaire. — Pothier, *Des substitutions*, sect. 1, art. 1er, § 1er; Merlin, *Rép.*, vo *Substitution fidéicommissaire*, sect. 2, § 1er. — Toutefois, dans les provinces de droit écrit, où le droit romain n'était point modifié par la coutume, on ne pouvait substituer qu'autant qu'on avait la faculté de tester ou de faire une donation à cause de mort. — V. L. 2, D., tit. *De leg.*, 1o; Ulp., *Frag.*, tit. 25, et Merlin, *ibid.*

57. — Les *personnes rustiques*, c'est-à-dire les gens de la campagne, autres que les bourgeois et gentilshommes, ne jouissaient pas du droit de faire une substitution fidéicommissaire. Les artisans des villes en jouissaient. — V. Recueil de Persier, quest. 13, 180 et 248, no 76; ordonn. de 1629, art. 125.

58. — Toutefois, cette prohibition concernant les personnes rustiques n'avait jamais été observée qu'au parlement de Bourgogne; où même elle ne fut plus suivie depuis l'ordonn. de 1747, qui, dans l'art. 1er, tit. 1er, permettait l'usage des substitutions fidéicommissaires à toute personne capable de disposer : *de quelque état et condition qu'elle fût.* — Merlin, *ibid.*, sect. 2, § 1er, no 2.

59. — On pouvait appeler à une substitution toutes les personnes auxquelles on pouvait faire une libéralité directe. On pouvait même y appeler une personne à naître et non conçue, quoiqu'on ne pût pas l'instituer directement. — V. D., L. 69, tit. *De leg.*; ordonn. 1731, art. 10 et suiv.; ordonn. 1747, tit. 2, art. 5 et 11.

60. — Mais, à part cette exception, qui permettait de substituer certaines personnes qu'on n'aurait pas pu instituer directement, on ne pouvait appeler à une substitution testamentaire que les personnes qu'on aurait pu instituer; et à une substitution par acte entre-vifs que ceux à qui on pouvait donner par acte entre-vifs. — Pothier, sect. 4, § 2.

61. — Ainsi : on ne pouvait pas appeler un aubain à une substitution testamentaire, parce qu'il ne pouvait pas recevoir par testament; mais il pouvait être substitué par acte entre-vifs, parce qu'il n'était pas incapable d'être donataire entre-vifs. — Pothier, *ibid.*

62. — De même, dans les coutumes où l'on ne pouvait pas être à la fois héritier et légataire, la substitution testamentaire ne pouvait avoir lieu au profit d'un cohéritier. — Pothier, *ibid.*

63. — Toutefois, la jurisprudence des Parlemens n'était pas généralement fixée dans ce sens. Le Parlement de Paris admettait la validité de la substitution. — Merlin, *Rép.*, vo *Substitution fidéicommiss.*, sect. 5, § 1er.

64. — On pouvait grever de substitution tous ceux auxquels on laissait quelque chose par quelque disposition testamentaire que ce fût : soit à titre d'institution d'héritier, soit à titre de legs universel ou particulier, soit à titre de substitution, universelle ou particulière. — Pothier, sect. 4, § 3.

65. — On pouvait même grever de substitution son débiteur pour ce qu'il devait, car on était censé, en ce cas, lui en léguer la libération. — D., L. 37, § 3 3o; L. 77, tit. *De leg.*

66. — On pouvait aussi grever de substitution son héritier *ab intestat*; car il était censé tenir de son auteur tout ce que celui-ci ne lui ôtait pas, bien qu'il pût le donner à d'autres. — D., L. 1re, § 6, tit. *De leg.* — Pothier, *ibid.*

67. — ... Et aussi les héritiers des personnes qui avaient reçu du disposant, pourvu que ce fût en leur qualité d'héritiers qu'elles profitassent de la libéralité. — Pothier, *ibid.*

68. — On pouvait également grever de substitution un donataire entre-vifs ou un *institué contractuellement.* — Pothier, *ibid.*

69. — On ne pouvait, en général, grever quelqu'un de substitution que jusqu'à concurrence de ce qu'il recevait. — L. 114, D., tit. *De leg.*; L. 70, *ibid.*; *Inst. Just.*, liv. 2, tit. 24, § 1er.

70. — Toutefois, ce principe souffrait exception : alors que le grevé recevait une somme à la charge de rendre une chose qui lui appartenait. Il n'aurait pas été admis après son acceptation, à prétendre que sa chose valait plus que la somme. — D., L. 70, tit. *De leg.*

71. — Les substitutions faites par donation entre-vifs ou par institution contractuelle ne pouvaient être faites que dans l'acte même de donation. — Au contraire les substitutions faites par testament, ou dont on grevait l'héritier *ab intestat*, pouvaient être faites jusqu'à la mort du disposant, et par un autre acte de dernière volonté. — Pothier, sect. 4, § 4.

72. — Cependant, dans les pays de droit écrit la substitution pouvait être ajoutée après la donation entre-vifs faite par un père à l'un de ses enfans. — Cela tenait à ce que, dans ces pays, elles n'étaient pas (les donations) des donations entre-vifs proprement dites, attendu qu'elles ne se confirmaient que par la mort du père. — Ord. 1747, art. 18. — Pothier, *ibid.*

73. — Il en faut dire autant des donations entre mari et femme; car ces donations ne se confirmaient que par le décès du donateur. — Pothier, *ibid.*

74. — Quoique, aux termes de l'ordonnance de 1747, il ne fût pas permis au donateur par contrat de mariage de se réserver la faculté de substituer postérieurement à l'égard des biens compris dans la donation; il pouvait, cependant, mettre cette charge à l'égard desdits biens, si postérieurement il faisait au même donataire une nouvelle libéralité que celui-ci acceptait avec la condition que les biens précédemment donnés seraient grevés de restitution. Cette substitution n'avait d'effet que du jour où le donataire avait accepté la seconde donation. — Pothier, *ibid.* — Notre Code civil (art. 1052) a consacré cette décision.

75. — Les substitutions étaient *universelles* ou *particulières* : universelles, quand on disposait ainsi de l'universalité de ses biens ou d'une quotité de cette universalité; particulières, quand on ne chargeait de rendre que des objets déterminés. — Pothier, sect. 4, art. 2.

76. — Elles étaient *pures et simples* ou *limitées* : pures et simples lorsqu'on chargeait de restituer tous les biens donnés ou laissés ou une quote-part; limitées lorsqu'on chargeait de restituer ce qui resterait ou ce qui existerait en nature lors de l'ouverture de la substitution. — Pothier, *ibid.*

77. — La coutume de Bretagne, en prohibant les substitutions, permettait cependant, de même que le Code civil, de donner, à la condition de rendre seulement à un tiers ce dont le donataire n'aurait pas disposé. — *Rennes*, 10 juin 1825, Guermeur c. Diverrès.

78. — D'après les principes de la jurisprudence des Parlemens, la quarte trébellianique était admise dans notre ancien droit français. — Despeisses, t. 2, p. 208; Rousseau, vo *Quarte trébellianique*; Merlin, *Rép.*, *eod. verbo.*

79. — Mais cette quarte, ou prélèvement du quart des biens au profit du grevé de substitution, n'était accordée qu'à l'héritier en ligne directe, chargé de remettre la succession, et au premier degré; elle n'était pas due au grevé en ligne collatérale, ni au donataire entre-vifs. — *Cass.*, 1er févr. 1832, Valernod c. des Isnards.

80. — Et elle se compensait avec les fruits des biens substitués, dont le grevé jouissait avant l'ouverture du fidéicommis; lorsque cette jouissance excédait cinq, six ou dix ans : selon la jurisprudence du Parlement. — Même arrêt.

Sect. 3e. — *Droit nouveau.*

81. — Un premier décret, de l'Assemblée législative, du 25 août-2 sept. 1792, avait ordonné provisoirement : qu'à partir de ce jour il n'était plus permis de substituer.

82. — La loi du 14-15 nov. 1792 prohiba définitivement toutes substitutions à l'avenir. — Art. 1er.

83. — Jugé, cependant, que ces lois ne s'appliquaient pas aux substitutions pupillaires. — *Toulouse*, 30 août 1813, Cluzel c. Desplats.

84. — D'après l'art. 2 de la même loi du 14-15 nov. 1792, les substitutions faites antérieurement par quelque acte que ce fût, qui n'étaient pas ouvertes au moment de la promulgation de la loi, étaient et demeuraient abolies et sans effet.

85. — Quant aux substitutions ouvertes, elles n'avaient d'effet qu'en faveur de ceux seulement qui avaient alors recueilli des biens substitués ou le droit de les réclamer. — Art. 3.

86. — En ordonnant le partage égal des successions à l'avenir, l'art. 61 de la loi du 17 nivôse an II maintint les prohibitions prononcées contre les substitutions; et ces prohibitions furent confirmées par les décrets des 22 vent. an II (quest. 52 et 53) et 9 fructid. an II.

87. — La loi du 17 nivôse an II (art. 61) a aboli les substitutions pupillaires dans les pays de droit écrit. Comme elles n'étaient pas admises dans les pays de coutume, il en résulte que, dès cette époque, la substitution pupillaire n'a plus été admise en France, puisqu'aucune loi postérieure ne l'a rétablie. — Merlin, *Rép.*, *Subst. directe*, § 2, no 16.

88. — La substitution exemplaire a été abolie par la même loi de nivôse an II, et n'a jamais été rétablie. — Merlin, *Rép.*, *eod. verbo*, § 3, no 10.

89. — Le Code civil porte, dans son art. 896,

que les substitutions sont prohibées, puis il ajoute : « Toute disposition par laquelle le donataire, l'héritier institué ou le légataire sera chargé de conserver et de rendre à un tiers sera nulle, même à l'égard du donataire, de l'héritier institué ou du légataire.

90. — Néanmoins, le même article établit une exception en faveur des biens érigés en majorat (V. aussi décr. 1er mars 1808) : sur quoi il est à remarquer que la loi du 12 mai 1835 a interdit toute espèce de majorats pour l'avenir, et que, depuis l'avénement de la République, la législation sur les majorats a subi des modifications considérables par la loi du 7-11 mai 1849. — V., à ce sujet, MAJORAT.

91. — De plus, le Code civil (art. 897) a excepté des prohibitions de l'art. 896 les dispositions qu'il permettait de faire en faveur des petits-enfans du donateur ou testateur ou des enfans de ses frères et sœurs. — C. civ., art. 1048 et suiv.

92. — Enfin, le Code civil a déclaré qu'on ne devait pas regarder comme une substitution : 1° la disposition par laquelle un tiers serait appelé à recueillir le don, l'hérédité ou le legs, dans le cas où le donataire, l'héritier institué ou le légataire ne le recueillerait pas. — Art. 898. — C'est là, comme on le voit, la substitution vulgaire.

93. — ... 2° La disposition entre-vifs ou testamentaire par laquelle l'usufruit sera donné à l'un et la nue propriété à l'autre. — C. civ., art. 899.

94. — Jugé que la substitution pupillaire n'est pas permise par le Code, bien qu'il autorise les institutions conditionnelles. — *Turin*, 1er février 1806, Milano.

95. — ...Et que les art. 895 et 903 C. civ., desquels il suit que la substitution pupillaire n'est pas autorisée, s'étendent même au cas de substitution pupillaire antérieure, si le pupille est décédé depuis le Code. — *Turin*, 13 févr. 1810, Ponzio.

96. — La substitution pupillaire éteinte par la puberté de l'enfant arrivée avant la promulgation du Code civ. n'a pu revivre par l'effet de la disposition du Code qui prolonge pour les mineurs l'incapacité de tester. — *Turin*, 1er février 1806, Milano.

97. — Plus tard, la loi du 17 mai 1826 étendit les dispositions du Code civ. sur les substitutions et permit *à toute personne* de donner, par acte entre-vifs ou testamentaire, la quotité de biens disponible avec charge de les rendre à un ou plusieurs enfans du donataire, nés ou à naître, jusqu'au deuxième degré inclusivement.

98. — Cette loi du 17 mai 1826, rendue dans le but de favoriser les préjugés de ceux que la vanité de leur nom poussait à créer des inégalités choquantes dans la famille, rouvrit la voie aux inconvéniens qu'on avait toujours reprochés aux substitutions fidéicommissaires, savoir : d'établir un ordre de succession autre que celui voulu par le législateur ; de mettre des biens hors du commerce pour longues années et même à perpétuité, puisque la deuxième substitution pouvait à son tour faire deux degrés de substitution ; d'être préjudiciable à l'agriculture, qui ne prospère guère entre les mains des grevés ; — de porter atteinte à la sécurité générale et de faciliter la fraude vis-à-vis des créanciers du grevé, qui comptent souvent sur des biens sur lesquels ils n'ont cependant pas d'action ; — de concentrer sur la tête d'un seul une grande partie du patrimoine ; de donner lieu à quantité de procès ; enfin, d'être contraires à l'ordre constitutionnel et politique par la concentration des fortunes dans quelques mains et le dépouillement du plus grand nombre. — Marcadé, *Elémens de droit civil*, sur l'art. 896, § 2.

99. — La substitution pupillaire ou exemplaire qu'on ne pourrait faire valoir comme telle pourra valoir comme fidéicommissaire, dans les cas autorisés par les dispositions du Code civil et par la loi de 1826. Il est bien entendu qu'elle ne vaudra que pour les biens que le grevé aura recueillis dans la succession du disposant, sans que jamais elle puisse attribuer à l'appelé les biens même du grevé que celui-ci a reçu d'ailleurs. — Merlin, *Rép.*, v° *cit.*, § 2, n° 16, et § 3, n° 10.

100. — La substitution réciproque n'est plus valable aujourd'hui que relativement à la substitution vulgaire et à la substitution fidéicommissaire, dans les cas où cette dernière est autorisée par le Code civil et par la loi de 1826. — Merlin, *ibid.*, § 4, n° 6.

101. — Il en faut dire autant de la substitution compendieuse. — Merlin, *ibid.*, § 5, n° 5.

102. — Encore bien qu'on puisse considérer comme substitution compendieuse, la disposition par laquelle un testateur, après avoir institué un de ses enfans son héritier universel, ajoute qu'à défaut dudit institué, soit par mort avant son établissement, soit par mort sans enfans, il lui substitue son autre fils en ladite institution ; une pareille disposition n'est pas moins prohibée par le Code civil, qui n'excepte que la substitution purement vulgaire. — *Riom*, 17 nov. 1821, Recognat c. Buisson.

103. — L'institution ainsi conçue : 1° *Dans le cas où ma légataire universelle viendrait à décéder avant son mari, je veux que le legs universel retourne à ses quatre enfans ;* 2° *dans le cas encore où un ou deux ou trois desdits enfans viendraient à décéder avant ou après leur mère, je veux que tous mes biens appartiennent à celui ou à ceux de ces enfans qui existera ou existeront au décès de la mère*, ne renferme pas une *substitution compendieuse* pouvant avoir, selon l'événement, le caractère de *substitution vulgaire* ou de *substitution fidéicommissaire*. Ainsi : les substitués ne peuvent se prétendre appelés en vertu d'une substitution vulgaire non frappée d'abolition, bien que le légataire n'ait pas survécu au testateur. — *Paris*, 11 mars 1811, Gibert c. Cottard.

104. — Sous la législation actuelle, la substitution compendieuse, c'est-à-dire celle dans laquelle la vocation du substitué est subordonnée au décès de l'institué, soit que ce décès précède ou suive celui du testateur, doit, en l'absence de toute charge de conserver et rendre exprimée dans le testament, être considérée comme une substitution vulgaire plutôt que comme une substitution fidéicommissaire ou prohibée. Spécialement, on ne peut voir une substitution fidéicommissaire dans la disposition ainsi conçue : *Je lègue à... la nue propriété de ma terre de.... pour en jouir au décès de sa mère, usufruitière. Dans le cas où elle viendrait à mourir, ce legs passerait successivement aux enfans qui survivraient ; et, dans le cas où il n'y aurait pas d'enfans, je lègue ladite terre à mon petit-neveu N...* — C'est là une substitution compendieuse en ce que l'institué et les enfans au décès desquels la disposition est subordonnée peuvent mourir avant comme après le testateur. — *Cass.*, 20 févr. 1844 (t. 2 1844, p. 639), de Sémalé c. Malartic.

105. — Enfin, la loi du 17 janvier 1849 porte : « La loi du 17 mai 1826 sur les substitutions est abrogée. » — Art. 8.

106. — « Les substitutions déjà établies sont maintenues au profit de tous les appelés nés ou connus lors de la promulgation de la présente loi. — Lorsqu'une substitution sera recueillie par un ou plusieurs des appelés dont il vient d'être parlé, elle profitera à tous les autres appelés du même degré ou à leurs représentans : quelle que soit l'époque où leur existence aura commencé. » — Art. 9.

107. — D'après les observations ci-dessus présentées, il n'y a donc lieu de s'occuper que de la substitution vulgaire ; et principalement, de la substitution fidéicommissaire.

CHAPITRE II. — *Substitution vulgaire.*

108. — L'art. 898 C. civ. porte : « La disposition par laquelle un tiers serait appelé à recueillir le don, l'hérédité ou le legs, dans le cas où le donataire, l'héritier institué ou le légataire ne le recueillerait pas, ne sera pas regardée comme une substitution (prohibée) et sera valable. » C'est là cette disposition que le droit romain et l'ancien droit français désignaient sous le nom de *substitution vulgaire*, dénomination qui est conservée par les jurisconsultes modernes.

109. — La substitution vulgaire ne peut pas toujours être facilement distinguée de la fidéicommissaire. Dans le doute, on doit présumer une substitution vulgaire. — Ainsi, lorsque le testateur aura dit : « J'institue un tel à qui je substitue tel autre, » on doit ne voir là qu'une substitution vulgaire. — V. Menochius, *De præsumpt.* lib. 4, præs. 66 et 67 ; Dumoulin, *Consil.* 59, n° 10. — Mais toutes les fois qu'il ressort des termes de la disposition que le second appelé n'a été institué que pour le cas où l'autre aurait déjà recueilli, il y aura fidéicommis. Par exemple, si l'on a dit : « Je donne à Pierre et à Paul, lesquels seront héritiers l'un de l'autre, » il y aura fidéicommis. — V. *Rec.* de Desjaunaux, t. 1er, § 86, où se trouve un arrêt du Parl. de Flandre qui a ainsi jugé le 7 mars 1695. — On verra, au surplus, dans le chapitre suivant, de nouveaux exemples où une substitution ne doit être considérée que comme vulgaire.

110. — La substitution vulgaire peut, ainsi qu'on l'a vu, être faite purement et simplement, ou sans condition. On peut substituer un seul à plusieurs ou à un seul, et plusieurs à plusieurs ou à un seul. On peut aussi substituer les institués entre eux réciproquement.

111. — La substitution vulgaire ayant pour objet de mettre un tiers à la place d'un premier appelé qui ne voudrait pas recueillir ou qui ne le pourrait pas, on demande si celui qui n'a été substitué expressément que pour l'un de ces cas est censé l'avoir été tacitement pour l'autre. Si, par exemple, le testateur a dit : « J'institue Pierre mon héritier ; et, s'il meurt sans avoir recueilli, je lui substitue Paul, » pourra-t-on dire que la condition de la substitution est accomplie par le refus de Pierre de recueillir ?

112. — Cette question était des plus controversée dans l'ancienne jurisprudence. — Benedicti, Covarruvias, Grassus, Despeisses, Bary, Perez, Rousseau, Voët (*Ad Pand.*, liv. 28, t. 6, n° 12) se prononcent pour l'affirmative ; Vinnius, Fachineus et Ricard se prononcent, au contraire, pour la négative. — V. Ricard, *Traité des subst.*, n° 207 ; Merlin, *Rép.*, v° *Subst. directe*, § 1er, n° 5.

113. — Comme on doit toujours, pour interpréter les clauses d'un testament, s'attacher à l'intention du testateur, il s'ensuit que cette question est plutôt une question de fait qu'une question de droit et que le jugement qui l'aurait décidée affirmativement ou négativement pourrait bien être réformé en appel, comme un mal-jugé, mais ne serait pas susceptible de cassation.

114. — La substitution vulgaire ne peut être faite que par acte de dernière volonté, et non par une donation entre-vifs de biens présens faite purement et simplement ; car, dans ces donations, le donataire est saisi par l'acceptation, et un autre ne saurait venir à sa place. — Duranton, t. 8, n° 36.

115. — Mais si la donation était conditionnelle, et qu'un autre fût appelé au cas où la condition viendrait à défaillir ; le don aurait effet à son profit pourvu qu'il l'eût accepté, soit dans l'acte, soit postérieurement, mais avant toute révocation de la part du donateur et avant la mort de ce dernier. — Duranton, t. 8, n° 37.

116. — La substitution vulgaire s'éteint par l'acceptation que l'institué fait de l'hérédité. — L. 5, au Code, *De impub. et aliis substit.*

117. — Mais elle reprend sa force lorsque l'institué se fait restituer contre l'acceptation qu'il a faite de l'hérédité. Cela résulte du principe que la restitution en entier rétablit toujours les choses au même état où elles étaient avant l'acte contre lequel elle était accordée. — V. D., tit. *De minoribus* ; L. 24, § 4 ; novelle 1re, chap. 1er, et Merlin, *Rép.*, v° *Substitution directe*, § 1er, n° 6. — V., toutefois, Furgole, chap. 10, sect. 1re, n° 70.

118. — La substitution vulgaire s'éteint aussi lorsqu'il naît des enfans au fils à défaut desquels elle avait été faite dans un temps où il était sans enfans. — Merlin, *loc. cit.*, n° 7.

119. — Elle s'éteint également par la mort du substitué arrivée avant celle du testateur, parce que, le substitué étant mort avant son ouverture, il n'a jamais eu qu'une simple espérance non transmissible. — Merlin, *ibid.*

120. — Mais elle ne s'éteint plus, comme dans le droit romain, par le prédécès du substitué avant l'institué, alors que ce substitué avait survécu au testateur. — Cette décision ressort de la règle reçue dans notre droit, *« Le mort saisit le vif ; »* règle qui ne permet de considérer, pour déterminer la qualité d'un héritier, que l'instant du décès du testateur, et fait tout remonter à cette époque. — Si donc le substitué meurt après le testateur, mais avant que l'institué ait renoncé ; il transmettra son droit à ses propres héritiers, qui recueilleront si l'institué n'accepte pas ou devient incapable. — Il faut néanmoins restreindre la décision au cas où aucune autre condition n'aurait été imposée à la substitution. Dans le cas contraire, le substitué qui mourrait avant l'institué ne transmettrait son droit que si la condition était accomplie avant son décès. — Merlin, *loc. cit.*

CHAPITRE III. — *Substitution fidéicommissaire.*

121. — La substitution fidéicommissaire est la disposition par laquelle une personne reçoit une chose à la charge de la rendre à un tiers qu'on gratifie en second ordre. — Merlin, *Rép.*, v° *Substitution fidéicommissaire.*

122. — Si les substitutions fidéicommissaires sont en général prohibées (C. civ., 896), il en est cependant quelques-unes qui sont permises. De là l'objet des deux sections suivantes :

Sect. 1re. — *Substitutions fidéicommissaires prohibées.*

ART. 1er. — *Caractère des substitutions prohibées.*

123. — L'art. 896 du Code civil dispose : « Les substitutions sont prohibées. Toute disposition par laquelle le donataire, l'héritier institué, ou le légataire, sera chargé de conserver et de rendre à un tiers, sera nulle, même à l'égard du donataire, de l'héritier institué ou du légataire. »

124. — Nous savons déjà que la substitution que l'art. 896 a voulu proscrire est la substitution fidéicommissaire par laquelle le bénéficiaire serait *obligé de conserver jusqu'à sa mort*, et de rendre, à cette époque, la chose donnée à une personne désignée. — En d'autres termes, il n'y a substitution prohibée qu'autant que la même chose est donnée en premier lieu à une personne pendant un temps, et qu'après ce laps de temps elle doit revenir à une autre personne, mais après avoir reposé sur la tête du premier bénéficiaire.

125. — Pour que la disposition contienne une substitution prohibée, il faut, relativement au grevé, qu'il ait reçu la chose comme héritier, ou comme légataire, ou comme donataire; qu'on la lui ait laissée ou donnée à titre de propriétaire dont le droit se résoudra à sa mort au profit de l'appelé capable de recueillir à cette époque. — Il faut qu'il y ait deux donations, deux libéralités faites par l'auteur de la disposition, l'une au profit de celui qui doit rendre, l'autre au profit de celui auquel on doit rendre. — Thévenot, *Des substitutions*, chap. 1er, § 3; Rolland de Villargues, *Rép.*, v° *Substitutions prohibées*, n° 25.

126. — Ces deux donations doivent être successives, c'est-à-dire que le second donataire ne doit recevoir les biens qu'après qu'ils auront déjà été recueillis par le premier. — Thévenot, *ibid.*; Rolland de Villargues, *ibid.*

127. — Ainsi, en d'autres termes, ce qui caractérise la substitution prohibée, c'est l'ordre successif dans lequel sont appelés le premier et le second institués. — Pour que cet ordre successif existe, il faut : 1° qu'il y ait en même temps deux libéralités, 2° qu'il s'écoule un trait de temps, *tractus temporis*, entre les ouvertures des droits respectifs; 3°, enfin, que la propriété repose sur la tête du premier institué, de manière qu'elle ne soit révocable qu'en cas de survie et de capacité du substitué. — Bigot-Préameneu, *Exposé des motifs*, séance du 2 flor. an XI; Grenier, *Donat.*, t. 1er, p. 114 à 116; Toullier, t. 5, n°s 21 à 24; Proudhon, *Usuf.*, t. 2, n°s 440 et 441; Delvincourt, t. 2, p. 99, note 5; Duranton, t. 8, n°s 66, 72 et 86.

128. — De ce que l'art. 896 du Code civil ne parle que des cas où la charge de rendre est imposée à un héritier institué, un légataire, ou un donataire, doit-on en conclure que si elle est imposée à l'héritier *ab intestat* elle n'est point prohibée?

129. — Pour l'affirmative, on dit que l'art. 896 ne mentionne pas l'héritier légitime parmi les personnes qui peuvent être chargées de rendre; que cet article contient une sanction pénale à la prohibition qu'il porte, partant qu'on ne saurait l'étendre aux cas non spécialement prévus. On dit enfin que le droit romain suppose toujours une institution pour faire valoir un fidéicommis *ab intestat.* — Rolland de Villargues, n° 145; Duranton, t. 8, n° 67.

130. — Mais il est facile de répondre victorieusement à cette argumentation. Nous dirons d'abord que les lois romaines admettaient parfaitement qu'il y eût fidéicommis à la charge de l'héritier légitime, et sans institution d'héritier. — V. *Instit. Just.*, liv. 2, tit. 24. — En second lieu, il n'est pas douteux que celui qui pouvait priver de ses biens son héritier légitime ne soit en définitive un véritable donateur quand il les lui laisse. C'est ce qui était admis dans le droit romain, où le principe *Dat qui non adimit* est expressément consacré. — D., tit. *De jure cod.*, loi 8, § 1er. — C'est ce principe que nos législateurs ont entendu faire passer dans notre jurisprudence, ainsi qu'il ressort de l'*Exposé des motifs* du titre Des successions, où il est dit : « La loi des successions est le *testament présumé* de ceux qui meurent sans avoir disposé. » — Si l'on ajoute à ces motifs de décider la négative, cette considération que les rédacteurs du Code civil ont voulu abolir les substitutions fidéicommissaires de notre ancien droit, où la substitution pouvait exister sans institution expresse, on demeurera convaincu que l'intention du législateur a été de prohiber aussi bien la substitution mise à la charge de l'héritier légitime que celle mise à la charge de l'institué. — Peregrinus, art. 1er, n° 17; Thévenot, n°s 10, 83 et suiv.; Ricard, *Substit.*, part. 1re, n°s 98 et 166; Pothier, sect. 4, art. 1er; Coin-Delisle, n° 13.

131. — Quant au silence gardé par le deuxième alinéa de l'art. 896 C. civ. sur l'héritier *ab intestat*, il s'explique parfaitement si l'on remarque que cet alinéa a surtout pour but de prononcer une sanction pénale contre le premier bénéficiaire, et de déroger à la règle admise par le Code en matière de donations et de testamens, règle qui n'annule que les dispositions contraires à la loi, sans faire tomber les dispositions principales. Il est bien certain, en effet, que cette sanction ne pouvait être portée contre l'héritier légitime, puisque les biens lui reviennent de droit quand on annule la disposition secondaire. Nous considérons donc la disposition comme nulle, aussi bien dans le cas d'un héritier légitime que s'il s'agissait d'un institué, d'un légataire ou d'un donataire. — Coin-Delisle, n° 13.

132. — Pour qu'il y ait substitution prohibée, le grevé doit être tenu de restituer à son décès. Mais s'il n'était tenu de délivrer la chose après un temps que comme débiteur, il n'y aurait point substitution, puisque la chose ne lui aurait pas été donnée en premier lieu pour la conserver et la rendre, et que le droit du légataire ne serait pas subordonné à la validité de l'institution, ce légataire ayant un droit acquis du jour de l'ouverture de la succession et, comme tel, transmissible à ses héritiers ou même cessible. — Duranton, t. 8, n° 86; Rolland de Villargues, § 51.

133. — La substitution fidéicommissaire prohibée étant la charge de rendre à un tiers, contient une disposition modale, puisque toute disposition modale est celle qui est faite avec charge. — Rolland de Villargues, n° 40.

134. — Mais il n'en faut pas conclure que toute disposition *modale* contienne une substitution prohibée. Nous avons vu, en effet, que le legs conditionnel ou à terme est parfaitement valable. L'art. 1121 C. civ. autorise, d'ailleurs, positivement la stipulation faite au profit d'un tiers, lorsqu'elle est la *condition* d'une donation que l'on fait à un autre, et le mot condition est ici synonyme de *mode* ou *charge*.

135. — Bien que la disposition modale que suppose l'art. 1121 contienne une première donation au profit d'un donataire chargé de rendre à un second donataire; bien que ces trois caractères se retrouvent dans les substitutions prohibées, ils ne sont pas les seuls. Décider autrement, ce serait reconnaître une contradiction manifeste entre l'art. 1121 et l'art. 896 du Code civil. Il est donc certain que la disposition doit, pour être une substitution prohibée, contenir des élémens autres que ceux qui sont communs à toute disposition modale. — Rolland de Villargues, *ibid.*

136. — Cette condition essentielle, c'est qu'outre la charge de conserver à titre de propriétaire, le grevé soit tenu de conserver jusqu'à la mort. Dans l'ancienne jurisprudence française, les substitutions n'étaient réputées faites que pour avoir lieu à la mort du grevé. — Thévenot, n°s 919 et suiv., 500 et suiv.; Bergier, sur Ricard, part. 2e, n° 2; Pothier, *Des substitutions*. — D'ailleurs, l'art. 896 indique lui-même que la restitution ne doit avoir lieu qu'à la mort, en disant que le grevé est tenu de conserver, sans apporter aucune limite à cette conservation, si ce n'est celle qui résulte forcément de ce qu'il est obligé de rendre, ce qui l'empêche de transmettre à d'autres qu'au substitué. L'art. 897 excepte de la prohibition portée par l'article précédent, les dispositions permises aux pères et mères, aux frères et sœurs, au ch. 6 du titre Des donations et testamens. Or cet article se réfère à des dispositions où la charge de rendre n'est susceptible d'être accomplie qu'à la mort du grevé, puisque la restitution doit être faite à tous les enfans nés et à naître. — Il y a ici une différence entre l'article 1121, qui autorise la stipulation faite au profit d'un tiers comme charge d'une donation qu'on fait, et l'art. 896 qui prohibe cette manière de disposer. — Rolland de Villargues, n° 55; Duranton, t. 8, n°s 78 et 79; Toullier, t. 5, n° 22; Merlin, *Quest.*, v° *Subst. fidéic.*, § 6; Proudhon, *De l'usufruit*, n° 443; Delvincourt, t. 2, p. 390, notes.

137. — Jugé ainsi que la charge de conserver et de rendre, qui ne se réfère point à la mort du grevé ne renferme point une substitution prohibée. — *Colmar*, 8 août 1819, Conte; *Paris*, 3 mars 1820, Hermel c. Bourguignon; *Colmar*, 25 août 1825, Kopp. c. Combeau.

138. — L'art. 896 parlant d'un légataire ou donataire, il est certain que l'exécuteur testamentaire n'est point, quoique chargé de rendre, un grevé dans le sens de cet article, puisqu'il n'a pas la propriété des biens qu'il est tenu de rendre. — D., tit. *De leg.*, loi 17.

139. — Jugé que les lois abolitives des substitutions ont fait cesser le pouvoir des exécuteurs testamentaires nommés pour le maintien d'un fidéicommis perpétuel. — *Liége*, 12 janv. 1813, de Galen c. Domaine et Zurmurlen.

140. — De ce que le Code n'a entendu prohiber que la charge de rendre au décès, il n'en faut pas conclure que toute charge indéterminée de rendre doit s'entendre de la charge de restituer à la mort; ce serait, en effet, violer la maxime universellement reçue que les actes doivent toujours, quand ils sont ambigus, être entendus de manière à produire un effet utile.

141. — La charge indéterminée de rendre doit être entendue de la charge de rendre immédiatement, toutes les fois qu'elle devrait faire tomber la disposition, si on l'entendait de la charge de rendre à la mort. Ainsi, si j'ai donné mes biens à Pierre à la condition qu'il les rendra à Paul, qui lui est étranger, on doit interpréter la clause en ce sens que Pierre doit rendre mes biens à Paul dès qu'il les aura recueillis. — Duranton, t. 8, n° 89.

142. — Mais si la charge de rendre est relative à une espèce où, entendue de la condition de rendre à la mort du grevé, elle rentre dans les exceptions faites par le Code en faveur des père et mère, frères et sœurs, ou par la loi de 1826, nous croyons, au contraire, qu'il faudra considérer la charge indéterminée de rendre comme si elle était exprimée *de rendre à la mort*. En effet, c'est ainsi qu'on l'entendait dans l'ancienne jurisprudence où les substitutions fidéicommissaires étaient permises, et cette interprétation nous paraît en harmonie avec l'intention présumée du disposant qui donne pour qu'on *conserve* et qu'on rende après avoir conservé comme propriétaire. — Thévenot, ch. 56; Toullier, t. 5, n° 30, sur l'art. 896; Duranton, *loc. cit.*; Grenier, *Des donations*, t. 1er, p. 116; Rolland de Villargues, n° 149, 3e édit. — V. aussi D. l. 75, tit. *ad s.-c. Trebellianum.*

143. — Par application de ce principe que les actes ambigus doivent toujours être interprétés de manière à produire un effet que la loi autorise, il a été jugé que si, en thèse générale, la disposition d'un testament par laquelle le légataire (petit-neveu du testateur) est chargé de transmettre aux enfans nés ou à naître de son mariage la chose léguée constitue une substitution prohibée, elle doit néanmoins recevoir son effet au cas particulier où elle est suivie d'une clause modificative qui, dans la prévision de la nullité de cette substitution, laisse au légataire la faculté de disposer de la succession du testateur envers qui bon lui semblera. — *Cass.*, 8 juill. 1834, Simon.

144. — Jugé, dans ce sens, qu'une donation au profit d'enfans nés et à naître, ne peut être considérée comme renfermant une substitution prohibée. Dans le cas qui précède, les enfans qui existaient lors de la donation recueillent cette donation en entier, à l'exclusion des enfans à naître. — *Liége*, 18 nov. 1828, Poncelet c. Houbotte.

145. — De même, la disposition par laquelle le testateur donne à sa sœur (son héritière) l'usufruit d'une somme de 40,000 francs, et la nue propriété de cette somme aux enfans nés et à naître de celle-ci, avec clause qu'en cas de prédécès de tous les enfans, la propriété se réunira à l'usufruit en faveur de la mère survivante, ne contient pas la substitution prévue par l'art. 1049 C. civ. Les enfans nés ou conçus avant le décès du testateur peuvent seuls réclamer le bénéfice d'une semblable disposition. — *Douai*, 10 avr. 1840 (t. 2 1840, p. 579), Moulon c. Delimaux.

146. — L'institution des enfans des neveux, conçus ou nés *tant après qu'avant* le décès du testateur, ne renferme point une substitution fidéicommissaire. — *Bruxelles*, 23 mai 1822, N....

147. — Au contraire, le legs fait à un père pour en jouir, *lui et ses enfans mâles*, mais sans charge de conserver et de rendre, ne peut être considéré comme une substitution prohibée. Le

père et les enfans devront concourir. — *Cass.*, 17 nov. 1818, Tempié. — Rolland de Villargues, *Substit. prohibées*, n° 153 ; Thévenot, n° 202 ; Merlin, sect. 8, n° 3.

148. — La donation entre-vifs faite à une personne et à *ses enfans à naître* ne contient point une substitution prohibée. — *Cass.*, 7 déc. 1826, Pinatel. — M. Coin-Delisle (sur l'art. 896, n° 48) fait remarquer avec raison qu'il résulte de cet arrêt que, la Cour d'appel ayant décidé qu'il n'y avait pas substitution, il n'existait que deux institutions conjonctives, l'une au profit du père capable, l'autre au profit d'enfans incapables de recueillir (par le motif qu'ils n'étaient point conçus), et que, par conséquent, la seconde était caduque.

149. — Jugé, toutefois, que la clause : *Je donne à un tel ou à ses enfans à naître* a pu être considérée comme renfermant une substitution fidéicommissaire. — *Cass.*, 17 (et non 27) mess. an XI, Jouve.

150. — Lorsque plusieurs legs de différente nature sont faits au même légataire avec substitution vulgaire, et que l'institué ayant répudié quelques-uns de ces legs, le substitué les accepte, il n'y a pas concours entre lui et l'institué. — *Cass.*, 6 juin 1815, Deschamps c. Bréchard.

151. — Comme conséquence de ce que la charge de rendre ne doit être exécutée qu'à la mort du grevé, il a été jugé que la clause d'un testament par laquelle une femme, après avoir institué son mari héritier, dispose que, dans le cas où celui-ci convolerait en secondes noces, il sera tenu de rendre la moitié de l'hérédité aux pauvres, ne contient pas de substitution prohibée. — *Colmar*, 8 août 1819, Conté.

152. — Mais la clause d'un testament ainsi conçue : *Je donne à Joseph-Léopold le domaine de ***, à la charge de le conserver et de le rendre à son fils... Dans le cas où Joseph-Léopold viendrait à décéder sans enfans, j'entends que cette disposition sera applicable à sa sœur...*, constitue au profit de celle-ci une substitution non prohibée. — *Nancy*, 4 juill. 1844 (t. 2 1844, p. 586), Vouzeau c. Golbéry.

153. — Il y a également substitution prohibée dans un testament dont l'auteur ordonne que son légataire venant à décéder avant sa majorité ou son mariage, ou étant marié sans enfans, ses père et mère hériteront de lui, et qu'après la mort de ceux-ci, deux de leurs enfans et plusieurs neveux ou nièces (désignés par lui) hériteront tous par égale portion. — *Metz*, 5 mai 1815, Beaujean.

154. — ... Dans la disposition testamentaire par laquelle un légataire reçoit la propriété de certains immeubles à la charge de les transmettre soit à l'héritier du testateur, soit, en cas de prédécès de celui-ci, à l'aîné de ses enfans ou même à l'un desdits enfans à son choix. — *Cass.*, 21 janv. 1842 (t. 1er 1842, p. 727), Lascoups c. Paulhiac.

155. — ... Ou encore lorsqu'un testateur a dit : *Paul N... (mon unique héritier présomptif) jouira de ma succession pendant sa vie, le reconnaissant seul héritier ; et, après son décès, je reconnais pour mes parens et mes héritiers Pierre et Jean, et leurs représentans.* L'héritier légitime, Paul, est véritablement *institué*, et forme le premier degré de la substitution. — *Angers*, 7 mars 1822, Hunault c. Gaugain.

ART. 2. — *Clauses d'où peut résulter ou non une substitution prohibée.*

§ 1er. — *Dispositions conditionnelles.*

156. — Pour que des dispositions conditionnelles soient réputées permises, il faut que la condition accomplie fasse, par son effet rétroactif, considérer le donataire ou légataire comme ayant joui de son droit du jour de la mort du disposant, et qu'ainsi il n'y ait pas deux dispositions de la même chose au profit de deux personnes différentes. Dans le cas contraire, il y a substitution prohibée. — *Grenoble*, 11 mars 1808, Laroche c. Payen. — Duranton, t. 8, n° 86.

157. — Il est bien vrai que dans le cas d'un legs fait sous condition suspensive, la propriété de la chose léguée se trouvera résider éventuellement, pendant un certain temps, sur la tête du grevé, et qu'il y aura incertitude, jusqu'à l'événement de la condition, à qui appartiendra, en définitive, la propriété des biens. Mais cette incertitude ne suffit pas pour faire annuler les actes où elle se trouve, puisque la loi admet de pareilles conditions alors qu'elles n'ont pas ce caractère particulier de laisser la propriété sur la tête d'une personne jusqu'à sa mort. — Rolland de Villargues, n° 41.

158. — Il n'y a pas substitution prohibée quand le testateur institue un légataire universel dans le cas où son légataire viendrait à décéder sans enfans mâles. — *Cass.*, 23 juill. 1834, Galard c. de Bouilhac.

159. — De même, lorsqu'un testateur, après avoir institué un légataire universel, ajoute qu'au cas où ce légataire décéderait sans enfans avant sa mère celle-ci recueillerait la succession ; cette clause ne contient point une substitution fidéicommissaire prohibée. — *Paris*, 17 déc. 1836, Tamisier.

160. — Mais la disposition testamentaire par laquelle il est dit qu'en cas de décès du légataire avant sa majorité le legs restera à l'exécuteur testamentaire, renferme une substitution prohibée. — *Paris*, 7 therm. an XII, Esteron ; *Cass.*, 8 juin 1812, Mérendol. — Toullier, n° 42 ; Grenier, t. 1er, p. 121.

161. — Lorsqu'un testateur appelle un tiers à recueillir sa succession, dans le cas où l'héritier institué viendrait à décéder avant sa majorité ou son mariage ; cette disposition renferme une substitution prohibée, et non pas seulement une substitution vulgaire. — *Paris*, 30 août 1820, de Montaigu c. de Guilbaudon.

162. — Il n'y a qu'une simple substitution vulgaire, et non une substitution prohibée, dans la disposition par laquelle un testateur, après avoir légué une chose, ajoute que le légataire n'en entrera en jouissance qu'après le décès d'un tiers, et que, dans le cas où il viendrait à décéder avant ce tiers, la chose appartiendra à un autre. — *Poitiers*, 21 juin 1825, Bénéteau c. de Théronneau.

163. — La donation entre-vifs qui est faite sous la condition que le donataire survivra au donateur, et qui, en cas de prédécès, appelle un autre donataire, ne renferme point une substitution prohibée, mais seulement une disposition conditionnelle, une substitution vulgaire qui est valable. — *Poitiers*, 3 avr. 1818, Ferret c. Thouars ; *Riom*, 25 fév. 1825, Mourguy.

164. — M. Coin-Delisle fait remarquer avec raison que ces deux arrêts ont fait une fausse application de l'art. 898 C. civ. : parce que, en effet, les mots *don* et *donataire* employés dans cet article ne peuvent pas se rapporter à une donation ordinaire dont la nature est de saisir irrévocablement le donataire qui est saisi, et auquel on ne peut par conséquent pas supposer un substitué vulgaire. Et ici il n'y a pas à distinguer si la donation est pure et simple ou sous condition. Les mots *don* et *donataire* de cet article ne s'entendent que de dispositions mixtes, telles que les institutions contractuelles, participant de la donation et du testament. — Coin-Delisle, art. 898, n° 7 ; Rolland de Villargues, n° 218. — V., cependant, Marcadé, sur l'article.

165. — La disposition qui n'appelle le légataire d'une chose particulière à la recueillir *que pour le cas où il survivrait au légataire universel, par lui-même ou sa postérité légitime en ligne directe*, peut ne point présenter de substitution, par exemple lorsqu'il paraît que dans l'intention du testateur la nue propriété de biens formant le legs particulier a été acquise du moment du décès du légataire particulier. — *Amiens*, 20 févr. 1819, Jégu c. Sérans.

166. — Lorsqu'un testateur, après avoir légué l'usufruit de ses biens à une personne, appelle celui de deux autres individus qui survivra à l'usufruitier à recueillir la propriété des mêmes biens, il n'y a là qu'un legs conditionnel, et non substitution prohibée. — *Orléans*, 10 févr. 1830, de Cottignon c. Millereau.

167. — Il y a legs conditionnel et non substitution prohibée dans la clause par laquelle un testateur, après avoir institué son épouse dans l'usufruit de tous ses biens, en lègue la nue propriété à un autre individu, avec condition que dans le cas où il viendrait à décéder avant l'usufruitière, ce legs deviendrait nul, et que les biens appartiendraient à d'autres personnes nommées dans le testament. — Même arrêt.

168. — La disposition par laquelle le testateur, après avoir légué l'usufruit de ses biens à une personne et la nue propriété à une autre, ajoute que, si le légataire de la nue propriété meurt avant le légataire de l'usufruit, les biens passeront à un tiers, ne renferme point une substitution prohibée. — *Montpellier*, 12 mars 1830, Quetton.

169. — Il n'y a pas davantage substitution prohibée, mais simplement legs conditionnel dans la disposition faite au profit d'une personne pour le cas où elle survivra à une autre qui est en même temps légataire de l'usufruit. — *Colmar*, 25 août 1825, Kopp c. Combeau ; *Montpellier*, 6 mai 1846 (t. 2 1848, p. 652), de Montheil.

170. — Il en est de même de la disposition par laquelle un testateur donne à un tiers l'usufruit de tous ses biens, pour le cas où ce tiers survivra à l'héritier du testateur. — *Paris*, 17 avr. 1812, Petit c. Bottard.

171. — Il n'y a pas substitution prohibée dans la disposition d'un testament qui charge un légataire de vendre les biens légués à ses enfans au fur et à mesure de leur majorité. — *Colmar*, 25 août 1825, Kopp c. Combeau.

172. — Il y a legs conditionnel et non pas substitution prohibée dans la disposition par laquelle le testateur, après avoir institué un légataire universel, grève ce legs de divers legs particuliers, au cas et sous la condition où le légataire universel décéderait sans postérité. — *Paris*, 7 déc. 1835, Féret c. Poisson.

173. — La disposition testamentaire faite au profit d'un individu pour le cas de décès sans enfans d'un tiers qui n'est pas institué, mais qui doit recueillir les biens, soit comme héritier légitime du testateur, soit comme usufruitier, renferme simplement un legs conditionnel et non une substitution prohibée. — *Caen*, 11 août 1825, Manchon c. Seyer.

174. — Il n'y a pas davantage substitution prohibée dans la clause par laquelle un testateur, après avoir institué un légataire actuellement au service militaire, appelle un tiers qui devra recueillir les biens légués, au cas où le premier institué *serait mort* ou *viendrait à décéder au service*. — Cette disposition contient un legs conditionnel. — *Colmar*, 18 janv. 1837 (t. 2 1838, p. 608), Siegel c. Utard.

175. — La disposition par laquelle un testateur lègue à son débiteur la somme dont il est créancier vis-à-vis de lui, pour le cas où son héritier décéderait sans enfans, ne contient pas une substitution prohibée. On ne doit voir, au contraire, dans cette disposition, qu'un legs de libération soumis à une condition entièrement licite. — *Cass.*, 30 déc. 1835, de Nicolaï c. de Pouilly.

176. — On ne peut considérer comme une substitution prohibée la clause d'un testament par laquelle une mère lègue à un tiers la moitié de ses biens en propriété, sous la condition que, si sa fille unique parvient à l'âge de majorité, la propriété léguée sera convertie en un simple usufruit. — Cette disposition n'est, quant à la nue propriété, qu'un legs fait sous une condition résolutoire. — *Bruxelles*, 13 déc. 1809, Massart.

177. — Le legs fait à une personne sous la condition qu'elle se mariera, et qui, dans le cas contraire, appelle un tiers à recueillir les biens, ne renferme pas une substitution prohibée. — *Poitiers*, 29 (et non 30) juill. 1830, Poiron c. Germon ; *Cass.*, 20 déc. 1831, mêmes parties.

178. — Il n'y a pas substitution prohibée dans la clause d'un testament qui porte que dans le cas où la personne à laquelle le testateur lègue l'usufruit de ses immeubles viendrait à se marier et à laisser, lors de son décès, un ou plusieurs enfans légitimes, les biens légués en usufruit deviendront sa propriété et feront partie de sa succession. — Une telle disposition doit être considérée comme faite sous une condition suspensive admise par la loi, et non point sous une condition telle que l'accomplissement n'en puisse arriver du vivant de l'héritier institué. — *Rouen*, 22 fév. 1834, Piedelièvre c. Ozeraie ; *Cass.*, 17 juin 1835, mêmes parties.

179. — De même, la clause par laquelle un futur époux donne à sa future une portion de ses biens pendant sa vie, ou tant qu'elle restera veuve, à la charge d'en faire la remise aux enfans du mariage ou à une tierce personne, à défaut d'enfans, ne présente point les caractères d'une substitution prohibée. — *Riom*, 8 mars 1816, Groisne c. Chebance.

180. — Mais la disposition par laquelle un testateur institue un héritier et, *dans le cas où il ne se marierait pas*, lui en substitue un autre, renferme une substitution prohibée. — *Nîmes*, 11 août 1812, Saltet. — Rolland de Villargues, *Traité des substit. prohib.*, n° 77 ; Toullier, t. 5, nos 535, 536 et 621 ; Merlin, *Rép.*, v° *Substitution fidéicommissaire*, sect. 8, n° 11, et Marcadé sur l'art. 896, n° 5.

181. — De même, il y a substitution et non pas seulement legs conditionnel dans la disposition par laquelle un testateur, après avoir institué un héritier, déclare qu'il donne et lègue à un tiers une somme déterminée, dans le cas où ledit héritier décédera sans être marié ou sans enfans légitimes. — *Limoges*, 27 juill. 1809, Mesvières c. Lagagnerie.

182. — La condition imposée au substitué de ne se marier qu'avec une personne noble n'a pu survivre aux lois abolitives de la noblesse et des substitutions, surtout si à l'époque de ces lois le substitué était déjà investi des biens grevés. — Conséquemment, il a dû être maintenu dans la propriété de ces biens, quoique ultérieurement il se soit marié à une personne d'une autre classe que celle indiquée par la condition. — *Cass.*, 13 mai 1813, de Loos.

183. — Si la condition qui doit faire passer les biens dans les mains du légataire était la mort du premier bénéficiaire, il semble qu'un pareil legs conditionnel devrait être considéré comme une substitution prohibée. Autrement, rien ne serait plus facile que d'éluder la prohibition de l'art. 896 C. civ.; puisqu'il suffirait d'appeler le tiers sous une condition dont l'accomplissement serait presque certain, ce qui laisserait l'institué propriétaire sous une condition résolutoire qui ne s'accomplirait qu'à l'époque de son décès. — Ainsi, on pourrait disposer comme il suit : *Je donne mes biens à Titius, et s'il n'atteint pas l'âge de quatre-vingt-dix ans je lègue ces mêmes biens à Jean*, ou à l'inverse. On sent combien il serait aisé de contrevenir à la prohibition de la loi, si on n'annulait pas une pareille disposition; de pareilles clauses deviendraient de style. — Duranton, t. 8, n° 87.

184. — Jugé cependant qu'un *legs conditionnel* ne peut dégénérer en une substitution prohibée, parce que le temps qui y est apposé est plus ou moins long. — *Paris*, 23 juin 1825, Souchet c. Renand.

§ 2. — *Clauses d'usufruit.*

185. — L'art. 899 C. civ. autorise la disposition entre-vifs ou testamentaire par laquelle l'usufruit est donné à l'un, et la nue propriété à l'autre. La loi ne considère pas une pareille disposition comme contenant une substitution fidéicommissaire. Ici, en effet, il y a disposition de deux choses au profit de deux personnes, et non double disposition de la même chose au profit de deux individus dont l'un ne recueillera qu'après que le premier aura recueilli. L'usufruit est légué comme chose distincte à l'un, la nue propriété à l'autre. Sur ce premier point, pas de difficulté.

186. — Ainsi, le legs fait à une personne, pour le cas où elle se mariera et aura des enfans, d'une certaine somme dont cette personne aura l'usufruit, et ses enfans la propriété, présente non une substitution prohibée dont la mère serait grevée envers ses enfans à naître, mais seulement deux legs, l'un d'usufruit, au profit de la mère, et l'autre de la nue propriété, au profit des enfans, lesquels doivent produire leur effet simultanément, dans le cas où la condition prévue viendra à s'accomplir. — *Paris*, 23 juin 1825, Souchet c. Renand.

187. — Le legs d'usufruit de tous biens fait en faveur d'une personne, et le legs d'une partie de ces biens à une autre personne, pour avoir effet au décès de l'usufruitier, ne forment pas non plus un fidéicommis. — *Grenoble*, 14 mars 1808, Larochette c. Payen-Lagarde.

188. — Il en est de même de la disposition d'un testament qui lègue l'usufruit d'un immeuble, plus une rente dont le capital devra retourner à un tiers après le décès du légataire. — *Cass.*, 25 janv. 1827, Glarel c. Dazille.

189. — De ce que l'usufruit et la nue propriété d'une chose peuvent être donnés séparément à deux personnes, il suit qu'on peut, sans qu'il y ait substitution, léguer la nue propriété aux enfans de celui à qui on a légué l'usufruit. — Rolland de Villargues, n° 243.

190. — Ainsi, la disposition par laquelle l'usufruit est donné à une personne et la nue propriété à ses enfans légitimes ne renferme pas une substitution prohibée; et une pareille disposition faite avant le Code n'a pas été annulée par la loi de 1792, abolitive des substitutions. — *Cass.*, 14 prair. an VIII, Hamicart c. Boukeln; 11 pluv. an XI, Barth c. Hellenden. — *Contrà*, *Paris*, 26 brum. an XII, Grenu.

191. — La disposition par laquelle un testateur lègue à son neveu célibataire l'usufruit d'une chose et la propriété aux enfans de celui-ci à naître en sortable mariage et, à défaut d'enfans, aux plus proches parens de lui testateur, doit être considérée non comme une disposition de deux legs distincts, l'un d'usufruit, l'autre de propriété, mais comme une véritable substitution. — *Paris*, 1er déc. 1807, Lefeuilland c. Delachaussée.

192. — La clause d'un testament ainsi conçue : *Je lègue à Paul l'usufruit de tels biens, et, après son décès, lesdits biens reviendront à Pierre* ne renferme point une substitution prohibée. — *Paris*, 24 (et non 28) mai 1821, Rivière c. Tourte.

193. — La disposition testamentaire ainsi conçue : *J'institue pour mon seul et unique héritier, universel et général, mon frère..., pour prendre possession de mes entiers biens et hérédités après ma mort, d'après un inventaire général qui en sera dressé en bonne forme*, pour jouir des revenus sa vie durant, *et, après sa mort, mon neveu... prendra possession de tous les biens que j'aurai laissés à mon frère; et si mon neveu venait à mourir avant lui, et sans enfans légitimes, après la mort de mon frère tous mes biens passeraient aux enfans de mes nièces*, ne contient point une substitution prohibée par l'art. 896 C. civ. On doit, au contraire, la considérer comme ne renfermant qu'un legs d'usufruit d'une part, et de l'autre des legs conditionnels et directs de la propriété. — *Cass.*, 25 juill. 1832, Quet.

194. — Lorsqu'un testateur a disposé ainsi qu'il suit : *J'institue mon frère mon héritier universel pour prendre possession de mes biens après ma mort, et jouir des revenus sa vie durant; après la mort de mon frère, mon neveu prendra possession des biens que j'aurai laissés à ce dernier*, ces dispositions renferment un legs d'usufruit en faveur du frère et un legs de la nue propriété en faveur du neveu et non une substitution prohibée. — *Montpellier*, 12 mars 1830, Quetton.

195. — Jugé même qu'il n'y a pas substitution prohibée dans la clause d'un testament conçue en ces termes : « Je donne et lègue en tout et sans partage à mon père et à ma mère, au dernier vivant, tout ce que je possède en biens meubles et immeubles, argent comptant, etc., à la condition expresse de les laisser après eux à ma sœur... » Que cette clause doit être interprétée comme contenant seulement attribution de l'usufruit des biens aux père et mère, et de la nue propriété à la sœur, alors que le testateur, expliquant ensuite plus amplement ses dispositions, exprime, d'une part, qu'il « doit ce qu'il fait à son père pour le soutien de ses vieux jours, parce que, après lui, il se trouvera sans bien et sans aucun appui ni secours, » et, de l'autre, que c'est à la sagesse et à la prudence de sa sœur qu'il abandonne le soin d'assurer le bonheur de leurs parens, en sorte que le testateur semble avoir voulu transmettre à sa sœur sur ses biens tous les droits réclamés pour l'accomplissement de ses intentions. — *Cass.*, 20 janv. 1840 (t. 1er 1840, p. 327), Garneray c. Cabanne.

196. — Lorsqu'un testateur, après avoir légué la propriété de ses biens à plusieurs légataires, ajoute que si parmi eux quelqu'un reste sans enfans, il aura simplement l'usufruit pendant sa vie : cette disposition doit être entendue en ce sens que le testateur ne s'est référé qu'à ce qui existera au moment de son décès; c'est-à-dire que, si l'un des légataires se trouvait alors resté sans enfans, la nue propriété de la chose à lui léguée appartiendra à ses colégataires par voie de substitution vulgaire. — *Cass.*, 4 déc. 1843 (t. 1er 1844, p. 328), Winoc-Decherf c. Dehaeng.

197. — La disposition par laquelle un père institue sa femme héritière, à la charge de rendre à sa fille, avec la faculté de conserver l'usufruit sa vie durant, et en même temps institue sa fille pour le cas où sa mère, à son décès, ne lui aurait pas encore rendu la succession, renferme une substitution prohibée. — *Pau*, 10 juin 1830, Fitte c. Saint-Hilaire.

198. — Allant plus loin, il faut dire qu'un droit d'usufruit ne peut faire la matière d'une substitution. Ainsi, si j'ai dit : « Je lègue à Pierre l'usufruit de ma terre, et après son décès je lui substitue Paul pour le même usufruit; » il n'y aura pas substitution fidéicommissaire. En effet, l'usufruit est un droit attaché à la personne et par conséquent intransmissible; d'où il résulte qu'il n'est pas possible de supposer que le premier légataire de l'usufruit soit chargé de conserver et de rendre. Le premier usufruit ne sera donc pas la même chose que l'usufruit du second usufruitier; il n'y aura pas de grevé, partant pas de substitution. — D., l. 3, § 3, tit. *Quibus modis ususfructus*, et C. civ., art. 617. — Rolland de Villargues, n° 270; Salviat, *De l'usufr.*, t. 2, p. 10; Merlin, quest., v° *Subst. fid.*, § 5, 6 et 7; Proudhon, *De l'usufr.*, nos 446 et suiv.; Delvincourt, t. 2, p. 394; Duranton, t. 8, n° 54; Marcadé, n° 3, sur l'art. 899; Saint-Espès-Lescot, *Donat. et testam.*, t. 1er, n° 76.

199. — En vain dirait-on que la chose substituée est ici le second usufruit et que le grevé est l'héritier *ab intestat.*, parce qu'il doit souffrir l'exercice du second usufruit. Cela serait inexact, puisqu'on entend par grevé celui qui ayant déjà recueilli rend à sa mort. Or, ici, l'héritier *ab intestat*, qui a recueilli la nue propriété, n'est pas chargé de restituer à sa mort. — Rolland de Villargues, *ibid.*; Marcadé, *loc. cit.*

200. — Pour fortifier cette doctrine on peut tirer un argument de l'art. 1972, qui statuant sur un droit personnel, la rente viagère, autorise expressément l'établissement du droit sur plusieurs têtes pour elles en jouir l'une après l'autre. — Rolland de Villargues, *ibid.*

201. — Jugé dès lors que la disposition par laquelle l'usufruit est donné à plusieurs légataires successivement ne constitue pas une substitution fidéicommissaire prohibée. — *Cass.*, 4 niv. an VIII, Berulle; *Besançon*, 29 mars 1811, Tilon c. Billet; *Bruxelles*, 23 mars 1815, Vanwesemael c. Vanbuynder; *Toulouse*, 4 juill. 1840 (t. 2 1840, p. 338), Beux c. Oustry.

202. — De même de la disposition par laquelle le testateur lègue à deux individus, l'un après l'autre, la jouissance d'une rente, et, après leur décès, cette même rente, en toute propriété, à une troisième personne. — *Paris*, 26 mars 1813, Pénavaire c. Lebon.

203. — On ne doit point voir de substitution fidéicommissaire dans le cas où, après un legs de simple usufruit, ou d'une rente, il serait dit que « la portion du prémourant accroîtra au survivant après que le premier en aura joui. » La disposition n'offrirait que des legs successifs d'usufruit ou de rente, comme dans les cas précédens, legs directs, mais dont l'étendue augmenterait à mesure du décès des légataires. — Rolland de Villargues, n° 272; Marcadé, sur l'art. 1045, n° 5.

204. — Ainsi, la disposition par laquelle un testateur institue un père et une mère et leur fille pour ses légataires universels conjointement, pour jouir de ses biens, d'abord par les père et mère conjointement, leur vie durant, ensuite par le survivant d'eux, et après le décès du survivant par la fille, ne contient point une substitution prohibée. — *Paris*, 3 mars 1809, Dorigny c. Geoffrenet.

205. — La disposition par laquelle un testateur lègue à plusieurs personnes une rente et une obligation, c'est-à-dire, ajoute-t-il, *à chacune d'elles un revenu de telle somme, mais seulement leur vie durant*; et par laquelle il lègue ensuite cette rente et cette obligation à une autre personne, pour, par celle-ci, en avoir la pleine et entière jouissance au décès des personnes nommées en premier lieu, ne constitue pas une substitution fidéicommissaire prohibée. — *Bruxelles*, 3 nov. 1827, Vandemeuken c. séminaire de Malines.

206. — N'est pas nulle comme renfermant une substitution fidéicommissaire la disposition par laquelle un testateur lègue à une personne la jouissance de ses biens sa vie durant, et après la mort de celle-ci la même jouissance à telles autres personnes qui pourront lui survivre, *pour en laisser la propriété* à tel ou tel autre individu. — *Metz*, 31 janv. 1811, Tinant c. Hinderer.

207. — Du reste, il faut bien remarquer que si l'usufruit d'un fonds devait s'étendre à une série indéfinie d'individus, il y aurait substitution, par cette raison que l'usufruit ne peut se concevoir perpétuellement séparé de la nue propriété. — Rolland de Villargues, n° 275; Salviat, *De l'usufruit*, t. 1er, p. 11 et 74. — V. D., tit. *De usuf. et quemadmod. quis*, liv. 5, § 2; *Instit. Just.*, liv. 2, t. 4, § 1er.

208. — Jugé néanmoins qu'il n'y a pas substitution fidéicommissaire lorsque, après avoir légué un usufruit à un tiers, le testateur, par une seconde disposition de son testament, lègue ce même usufruit aux enfans et descendans du légataire à perpétuité. — *Cass.*, 22 juill. 1835, Albe c. Pelissier; *Montpellier*, 10 fév. 1836 (t. 1er 1837, p. 383), mêmes parties. — *Contrà*, *Aix*, 18 mars 1836 (sous *Cass.*, 24 mai 1837 [t. 2 1837, p. 342]), mêmes parties.

209. — ... Et cela, encore bien que le testateur ait, en outre, ordonné que si le légataire décédait sans postérité légitime, ou, si la postérité venait à s'éteindre, la jouissance serait amortie au profit de la succession de lui testateur. — *Cass.*, 22 juill. 1835, Albe c. Pélissier.

210. — La substitution fidéicommissaire n'existant qu'autant que les divers appelés sont successivement investis de la propriété, avec charge de la conserver et de la rendre, il n'y a pas substitution fidéicommissaire dans la disposition par laquelle un testateur fonde sur ses biens une

prébende pour la célébration de messes à perpétuité dans une église, avec volonté que cette prébende soit possédée par un de ses parens pendant quatre générations, une pareille disposition n'étant attributive que de la jouissance de la prébende au profit des parens. — Dès lors, c'est avec raison que la propriété des biens de la prébende a été reconnue appartenir à l'État par suite des lois qui ont déclaré les biens d'église propriétés nationales. — *Cass.*, 16 janv. 1846 (t. 2 1846, p. 459), Abel c. l'État.

211. — Il y a substitution, s'il résultait manifestement de l'acte que, sous l'apparence d'un legs d'usufruit, le testateur a réellement donné la propriété en première ligne à celui qu'il a qualifié usufruitier. — Rolland de Villargues, n° 283; Marcadé, sur l'art. 899, n° 2.

212. — Ainsi, il y a substitution prohibée dans la disposition par laquelle un testateur lègue l'*usufruit* d'une chose à deux personnes *successivement* pour recueillir l'une après la mort de l'autre, et la *propriété* aux enfans *à naître* de ces deux personnes dans le cas où ils *survivraient* à celle qui mourra la dernière. — *Paris*, 13 janv. 1821, Megallant c. Dupré.

213. — Il en serait de même de cette clause : *Je veux que mon fils se contente de l'usufruit et jouissance des biens de ma succession, et qu'il soit grevé de substitution envers ses enfans à naître pour la totalité des biens; et au cas que mon fils vienne à mourir sans postérité, je veux que mes biens passent à tels et tels.* — *Paris*, 28 juin 1811, Bagnac c. Soufflot. — En effet, la nue propriété avait dû nécessairement s'asseoir sur la tête de l'usufruitier. — V. aussi, dans ce sens, *Paris*, 1er déc. 1807, Lafeuilland c. Delachaussée.

214. — De même, un testament par lequel deux époux s'instituent réciproquement héritiers universels, à condition néanmoins que le survivant tiendra simplement en usufruit la moitié des biens réels que les conjoints posséderont lors de l'ouverture de la succession du prédécédé, et que cette moitié retournera ensuite aux légataires désignés dans le testament, contient une substitution prohibée. — *Liége*, 23 oct. 1806, Minet c. Gérard.

215. — *Je lègue 1,000 fr. à Pierre, qui lui seront comptés à la mort de mon fils.* Il n'y a pas substitution : mon fils est considéré comme usufruitier de ces 1,000 fr. — Rolland de Villargues, n° 284.

216. — Il n'y a point substitution prohibée dans une clause ainsi conçue : *Je donne et lègue tous mes autres biens à... et à Timoléon de M...; je déclare néanmoins que je n'entends léguer audit Timoléon de M... la propriété de sa portion desdits biens que dans le cas où il laissera, à l'époque de son décès, des enfans d'un légitime mariage, et, le contraire arrivant, je lui lègue seulement la jouissance et l'usufruit desdits biens, et, audit cas, je lègue la nue propriété à Eugène D... mon neveu.* — *Toulouse*, 15 juin 1833, Sère c. Méritens.

217. — Mais la disposition par laquelle un testateur, après avoir légué certains immeubles, substitue au légataire les enfans *nés* ou à *naître* de celui-ci, en lui réservant l'*usufruit* des biens légués, renferme une substitution prohibée. — *Cass.*, 13 pluv. an XI, Desjardins c. Cramoisy; *Paris*, 26 brum. an XII, Grenu. — Thévenot, *Des substit.*, p. 192.

218. — Y a-t-il substitution dans la clause par laquelle je lègue l'usufruit à Pierre et *après sa mort* je lègue la propriété de la même chose à Paul? Non, car Pierre n'est qu'usufruitier et Paul est saisi de la nue propriété dès l'instant de l'ouverture de la succession. — V. arrêt du Parlement de Flandre du 17 janv. 1697, dans Merlin, *Rép.*, v° *Substitution d'héritier*, sect. 4, n° 13; Rolland de Villargues, n° 285.

219. — De même sous le Code, la clause par laquelle un testateur lègue l'usufruit de certains biens à une personne, et après le décès de celle-ci la toute propriété à ses enfans, ne contient point une substitution prohibée. — *Metz*, 21 mars 1822, Sionville c. Bellemont. — Conf. *Paris*, 24 mai 1821, Rivière (déjà cité).

220. — Jugé néanmoins qu'une disposition ainsi conçue : « *J'institue Paul héritier de tous mes biens*, pour en jouir seulement pendant sa vie, *voulant qu'après sa mort ces biens retournent à Pierre, et, en cas que celui-ci meure sans enfans, je lui substitue Jean,* » est entachée de substitution; et l'abolition prononcée par la loi de 1792 doit profiter à l'institué grevé de la substitution. — *Cass.*, 19 niv. an XII, Defassin c. Deroncy.

221. — Une disposition ainsi conçue : « *Je donne et lègue à M..., mon mari, s'il me survit, tous mes biens meubles et immeubles qui dépendent de ma succession, aux conditions et charges qui suivent : 1° de ne point se remarier, ou le testament devient nul et tous mes biens sont aux pauvres pour fonder un établissement de charité; 2° qu'après lui, les biens provenant de ma succession, tant meubles qu'immeubles, servent à fonder à Abbeville un établissement de charité,* » n'indique pas de la part de la testatrice l'intention de donner au légataire la propriété des biens légués, et de le charger de les conserver et de les rendre. Elle constitue un legs fait sous une condition qui en détermine le caractère, et dont l'accomplissement ne rend nécessaires ni l'intervention ni le concours du légataire. On doit donc voir dans cette disposition, non une substitution prohibée par l'art. 896 C. civ., mais un legs d'usufruit au profit du mari de la testatrice, et un legs de nue propriété au profit d'un établissement de charité. — *Cass.*, 16 juill. 1838 (t. 2 1838, p. 49), Hébert c. Hospices d'Abbeville.

222. — Il n'y a pas substitution fidéicommissaire prohibée dans la disposition par laquelle un testateur lègue ses biens à un tiers, en ajoutant qu'il veut que le *produit* de ces mêmes biens appartienne aux religieux de tel ordre si cet ordre venait à être rétabli. — *Bruxelles*, 15 oct. 1827, Legrand c. Hospice de Dinant.

223. — Il n'y a point non plus substitution fidéicommissaire prohibée dans l'abandon de biens fait sous réserve d'usufruit, avec clause qu'à l'extinction de l'usufruit l'abandonataire consacrera à un établissement de bienfaisance déterminé la totalité des biens donnés avec leurs fruits et revenus de toute nature. Un pareil acte n'est autre chose qu'un contrat synallagmatique, dans lequel l'une des parties s'oblige à donner sous une condition onéreuse, et l'autre s'oblige à faire en réalisant la condition imposée. Bien que les parties qui ont figuré dans un pareil contrat aient toutes, mais séparément, manifesté la volonté de revenir sur les conventions y contenues, néanmoins ces conventions peuvent être maintenues, à défaut de révocation résultant d'un consentement mutuel *et simultané*. — *Cass.*, 14 juin 1843 (t. 1er 1844, p. 23), Fustiès c. Lacoste.

224. — La disposition par laquelle un testateur, après avoir, par un premier testament, institué l'aîné de ses enfans héritier universel et le puîné héritier particulier, déclare, dans un second testament, *qu'il veut que sa succession soit partagée par moitié entre ses enfans; que, néanmoins, le puîné n'ait que la jouissance de la portion dont il était privé par le premier testament, et que cette portion soit réversible, après son décès, à l'aîné ou aux enfans de l'aîné, avec faculté d'élire entre ceux-ci*, ne doit pas être considérée comme contenant une substitution prohibée, mais simplement un legs d'usufruit. — *Cass.*, 20 nov. 1837 (t. 2 1837, p. 609), Roque c. de Marbotin.

225. — Mais la disposition qui confère à un premier légataire l'*usufruit* et à un second, mais après la mort du premier, le *même usufruit pour conserver le fonds et propriété* à un tiers, renferme, en ce qui concerne le second légataire, une substitution prohibée. — *Cass.*, 4 niv. an VIII, Bérulle.

226. — *Quid*, si le légataire de l'usufruit ne devait recueillir qu'au prédécès, soit d'un premier légataire de la pleine propriété, soit de l'héritier légitime? — Il n'y aurait pas substitution prohibée, puisqu'on ne pourrait pas dire que le légataire de la propriété a été chargé de conserver et de rendre, l'usufruit n'étant pas susceptible de transmission et s'éteignant à la mort de celui qui en jouit. Il n'y aurait qu'une disposition conditionnelle de l'usufruit. — Rolland, n° 274.

227. — Ainsi, la disposition par laquelle un époux donne à son conjoint l'usufruit de ses biens, dans le cas où les enfans laissés à son décès par le donateur viendraient à mourir avant le conjoint donataire, ne renferme pas une substitution prohibée. — *Bruxelles*, 17 avr. 1806, Leyrens c. Rollier; *Paris*, 17 avril 1812, Petit c. Bottard.

228. — Lorsque le père a légué à son fils l'usufruit de la portion disponible, avec substitution au profit de ses petits-fils, à la condition par le légataire de ne pas aliéner ou hypothéquer les biens qu'il recueillera dans la succession du testateur, il n'y a rien d'illicite dans cette condition qui doit être exécutée. — *Paris*, 3 févr. 1829, Belot.

229. — L'usufruit peut-il être l'objet d'un fidéicommis pur et sans terme? Oui, suivant les principes du droit romain. — D., liv. 7, tit. 4, l. 4, *Quib. modis ususf. amitt.* — Et il en doit être de même sous notre législation, puisque l'usufruit peut être délivré par l'héritier ou légataire; ce qui suppose bien qu'il peut être également remis à un tiers par le premier légataire. — Proudhon, *De l'usufr.*, t. 1er, n° 430.

230. — Mais quels seront les effets d'une disposition de cette nature? — Il faut observer que la disposition, quoique peu utile pour le grevé, peut cependant n'être pas inutile à son égard; car, si le substitué venait à mourir avant le testateur, ou si, survivant au testateur, il se trouvait incapable, ou, enfin, s'il répudiait la libéralité, la caducité du fidéicommis opérée par son prédécès, son incapacité ou son refus, profiterait au légataire chargé de rendre (D., tit. *De leg.*, l. 60). La raison en est que la charge de rendre se trouve éteinte du moment qu'il n'y a plus de substitué ayant le droit d'exiger la restitution, d'où il résulte que le légataire doit profiter de la caducité. — Proudhon, n° 431.

231. — De ce que le grevé d'un fidéicommis d'usufruit profite de la caducité du fidéicommis, il faut en conclure que la demande en délivrance peut être formée par lui contre l'héritier; et que les fruits perçus tant que le fidéicommissaire n'aura pas réclamé, seront acquis au légataire. — Proudhon, *ibid.*

232. — L'appelé auquel l'usufruit aura été remis n'est point un cessionnaire de l'usufruit : d'où il résulte que l'usufruit ne s'éteindra pas à la mort du grevé, mais au décès du fidéicommissaire; d'où il résulte encore que le grevé n'est plus tenu de rien vis-à-vis du nu propriétaire, à la différence de celui qui aurait cédé l'usufruit. — Proudhon, n° 432.

233. — L'usufruit ne pouvant jamais être la matière d'une substitution prohibée, il est certain qu'on peut léguer l'usufruit avec charge de le rendre après un délai déterminé; l'appelé est usufruitier en titre, à dater seulement de son entrée en jouissance, et doit fournir caution pour son propre compte. — Proudhon, n° 434.

234. — Si l'appelé décède avant d'avoir recueilli, il ne transmet pas son droit : puisque l'usufruit est essentiellement un droit personnel. Le grevé jouira de l'usufruit sa vie durant, suivant ce qui vient d'être dit. — Proudhon, n° 436.

235. — Mais si la libéralité faite au profit du grevé devient caduque relativement à celui-ci, la vocation du substitué n'en recevra aucune atteinte. Ce dernier demandera la délivrance à l'héritier légitime ou testamentaire. — Pothier, *Tr. des donat. test.*, chap. 5, sect. 3, § 3; *Des subst.*, sect. 7, art. 1er, § 2; Proudhon, *loc. cit.*; Furgole, *Traité des test.*, ch. 7, sect. 7, nos 8 et suiv. — V. D., tit. *De usufr. leg.*, l. 9, liv. 3, tit. 2; et tit. *De leg.*, l. 74.

236. — Si le grevé ne meurt qu'après avoir accepté la libéralité, ses héritiers seront tenus d'acquitter la charge de rendre : pourvu toutefois que leur auteur eût reçu la nue propriété. Mais si le grevé n'avait reçu qu'un droit d'usufruit avec charge de le rendre; comme il aurait été dessaisi dès l'instant de son décès, ses propres héritiers n'auraient pu recevoir cet usufruit par transmission : le substitué ne pourra donc pas agir contre ces derniers, mais bien contre l'héritier du disposant. — Proudhon, n° 439; Pothier, *Des subst.*, sect. 6, art. 2, § 2.

§ 3. — *Clause de retour au disposant. — Réversibilité à ses héritiers ou à des tiers.*

237. — L'art. 951 du Code civil autorise la clause de retour au profit du donateur : soit pour le cas du prédécès du donataire seul, soit pour le cas du prédécès du donataire et de ses descendans. — Mais ce droit de retour ne peut être stipulé qu'au profit du donateur seul. — Même article. — La raison de cette différence se conçoit facilement. Dans le cas où le retour est stipulé au profit du donateur seulement, il ne saurait y avoir substitution, puisqu'il n'y a pas de tiers gratifié en second ordre, le donateur ne pouvant être à la fois substituant et substitué. En effet, pour être substitué il faut être donataire; or, l'on ne peut se donner à soi-même sa propre chose. Il n'y a dans ce cas qu'une donation faite pour un temps. — V. C., tit. *De donat. quæ sub modo*, l. 2. — Rolland de Villargues, n° 292. — Dans le cas, au contraire, où le retour est stipulé au profit d'autres personnes, il y a, comme on l'a vu, substitution prohibée. — Rolland de Villargues, nos 86 et suiv.; nos 293 et suiv.

238. — Ainsi, jugé : que la stipulation du droit de retour au profit du donateur et de ses héritiers, renferme une substitution fidéicommissaire prohibée. — *Riom*, 9 avril 1829, Bernard c. Royet.

239. — ... Qu'il en est de même de la clause par laquelle un donateur stipule le droit de retour des biens donnés, au profit de lui et d'un tiers dans le cas où le donataire viendrait à mourir

sans postérité. — *Toulouse*, 10 août 1820, Saint-Arroman.

240. — Jugé cependant que la stipulation du retour de la dot au constituant ou à ses héritiers ne peut être considérée comme une substitution prohibée. — *Cass.*, 11 frim. an XIV, Larregoyen c. Navailles; 17 janv. 1809, Guinharte c. Bordenave; *Pau*, 31 août 1821, Camon c. Sarty; *Rouen*, 19 janv. 1822, Flavigny c. Lecarpentier; *Cass.*, 23 août 1832, Prisonnier c. Noguez.

241. — ... Que le retour de la dot qui a été stipulé au profit du disposant et de ses héritiers, ne renferme pas une substitution prohibée. — Particulièrement, le retour de la dot, stipulé anciennement dans le ressort du Parlement de Pau, conformément à la coutume locale, au profit du donateur et de ses enfans, n'est point une substitution fidéicommissaire abolie par la loi du 14 novembre 1792. — Que le retour ainsi stipulé au profit des enfans du disposant doit profiter à ses descendans en quelque degré qu'ils soient. — *Cass.*, 20 déc. 1825, Darripe c. de Noguès.

242. — Mais, relativement aux arrêts indiqués sous les deux numéros qui précèdent, il faut se rappeler que l'art. 5 de la loi du 23 ventôse an II portait qu'il n'était rien innové, par l'art. 74 de la loi du 17 nivôse précédent, aux *effets du retour légal dans les pays et pour les cas où ces droits avaient lieu*. Or, ces arrêts ont été rendus sous l'empire de cet art. 5 et ont dû, en conséquence, respecter les clauses de retour telles qu'elles étaient admises dans les pays où elles avaient été stipulées.

243. — Toutefois la donation de biens présens faite par contrat de mariage à l'un des époux avec stipulation de droit de retour en cas de survie du donateur, n'est pas censée faite au profit des enfans à naître du mariage, en l'absence de toute substitution, comme le serait une pareille donation qui comprendrait seulement les biens à venir. — *Paris*, 30 avril 1846 (t. 1er 1846, p. 704), Sirey.

244. — Lorsqu'il y a tout à la fois stipulation du droit de retour au profit du donateur et d'autres personnes, doit on déclarer nulles les deux dispositions; ou simplement considérer comme non écrite la clause de retour, parce qu'elle se rattache à une disposition d'une nature autre que les substitutions? Les auteurs sont, pour la plupart, d'avis qu'on doit annuler la disposition dans son entier, parce que la clause qui appelle à profiter du retour un tiers autre que le donateur n'est pas, en réalité, d'une nature autre que la substitution. En effet, la clause de retour n'est que l'accessoire d'une donation à temps. Dans l'ancien droit, les legs sujets à retour au profit des héritiers étaient considérés comme une véritable substitution et soumis à l'insinuation (Thévenot, n° 742). Et c'est pour faire cesser une jurisprudence contraire à ce principe, que le second alinéa de l'art. 951 a été porté: ainsi qu'il ressort de la discussion au Conseil d'Etat (Maleville, sur l'art. 951). Mais quand la clause de retour est stipulée au profit d'un autre que le donateur, la disposition principale change de nature: il ne s'agit plus d'une donation à temps, mais d'une donation faite à deux personnes successivement; il y a substitution prohibée. L'art. 896 du Code civil est donc applicable. — Merlin, *Rép.*, v° *Substitution fidéicommissaire*, sect. 8, n° 10; *Quest.*, v° *Substitution fidéicommissaire*, § 4; Grenier, *Donations*, t. 1er, nos 34 et 34 *bis*; Toullier, t. 5, nos 48 et 287; Delvincourt, t. 2, p. 493; Guilhon, n° 875; Vazeille, art. 896, n° 21, et art. 951, n° 7; Rolland de Villargues, nos 86 et suiv. et 296.

245. — Jugé, au contraire, que la clause par laquelle le donateur stipule un droit de retour au profit de ses héritiers n'entraîne pas la nullité de la donation, et qu'elle doit être seulement considérée comme non écrite. — *Montpellier*, 25 avril 1844 (t. 1er 1845, p. 162), Casadumont. — Duranton, t. 8, nos 95 et 287; Marcadé, art. 951, n° 4; Coin-Delisle, *ibid.*, nos 26 et suiv.

246. — ... Qu'il y a lieu seulement de considérer comme non écrite la stipulation dans une donation, du droit de retour, tant au profit du donateur qu'au profit d'un tiers, dans le cas où le donataire viendrait à mourir sans postérité. — *Cass.*, 3 juin 1823, Saint-Arroman; *Bordeaux*, 5 mars 1824, mêmes parties.

247. — ... Que, dans la clause d'une donation par contrat de mariage faite sous la réserve du droit de retour au profit du donateur et de ses héritiers, dans le cas de prédécès du donataire sans enfans ou descendans, la réserve du retour en faveur des héritiers du donateur doit être réputée seulement non écrite et demeurer sans effet. — *Bordeaux*, 22 (et non 25) juin 1835, Tribert c. Sicard; *Cass.*, 8 juin 1836, mêmes parties.

248. — Jusqu'ici il ne s'est agi que du retour stipulé et exercé en vertu de l'art. 951 du Code civil, c'est-à-dire en matière de donation. — Mais souvent les dispositions testamentaires contiennent aussi une clause de retour insérée par le testateur au profit de ses héritiers ou même de tiers. Mais c'est là une expression impropre qui peut renfermer ou non une substitution prohibée, selon que la disposition a pour objet une transmission nouvelle de propriété ou bien un legs conditionnel.

249. — Il y a substitution prohibée dans l'institution faite à la charge du retour aux héritiers légitimes de l'instituant, dans le cas où l'héritier institué décéderait sans enfans. — *Bruxelles*, 26 avril 1806, Poot c. Welvis. — Marcadé, art. 896, n° 5.

250. — ... Dans la disposition testamentaire par laquelle un individu, après avoir légué ses biens en toute propriété, ajoute : « Si mon légataire meurt sans laisser d'enfans légitimes, je veux que mes biens légués retournent à mes héritiers collatéraux. » — *Amiens*, 25 févr. 1837 (t. 2 1837, p. 498), Lefebvre c. Danré.

251. — ... Dans la clause d'un testament portant qu'en cas de décès du légataire sans laisser d'enfans professant telle religion, les biens retourneront aux héritiers légitimes du testateur. — *Colmar*, 9 mars 1827, Meyer c. Pfister.

252. — ... Dans la disposition par laquelle un testateur fait un legs particulier avec la clause que les biens compris dans ce legs *retourneront*, après le décès de l'institué et moyennant une somme déterminée, soit à l'héritier du testateur, soit, en cas de prédécès de cet héritier, à l'aîné de ses enfans mâles ou même à celui que le légataire particulier aurait le droit d'élire. — *Cass.*, 22 janv. 1839 (t. 1er 1839, p. 82), Paulhiac c. Lascour.

253. — ... Dans la clause qui porte que les biens seront réversibles ou feront retour aux héritiers du disposant, dans le cas de décès du donataire sans descendans. — *Pau*, 4 janv. 1826, Guibaut c. Bagnères; *Cass.*, 30 mars 1829, mêmes parties.

254. — .... Et cette solution est applicable à une donation faite anciennement dans le ressort du parlement de Toulouse. — *Cass.*, 30 mars 1829, Bagnères c. Guibaut.

255. — La disposition par laquelle le testateur lègue à une jeune personne une somme d'argent qui ne doit lui être remise que pour se marier ou former un établissement quelconque, et dont la rente doit lui être servie jusqu'au remboursement, avec clause que si elle meurt *sans postérité* la somme restera aux héritiers du testateur, renferme une substitution prohibée (rés. impl.). — *Paris*, 3 mars 1820, Hermel c. Bourguignon.

256. — Il y a également substitution prohibée dans la clause testamentaire qui porte que les biens légués passeront aux enfans de l'héritier institué, et qu'à défaut de descendans de l'héritier institué les biens reviendront à l'héritière naturelle du testateur. — *Limoges*, 18 déc. 1821, Alamachère c. Duris.

257. — ... Dans la clause par laquelle un testateur, après avoir institué un héritier, ajoute qu'il veut que son bien *vienne* à ses sœurs, dans le cas où cet héritier *décéderait sans enfans*. — *Nîmes*, 4 avr. 1827, Maurin c. Saint-Etienne.

258. — ... La condition d'après laquelle un legs doit passer à des parens désignés si le légataire meurt célibataire ou sans enfans, doit être considérée comme entachée d'un fidéicommis prohibé. — *Rouen*, 24 août 1810, Grégoire.

259. — Toutefois : un testateur ayant disposé, sous l'empire du droit écrit, qu'après le décès de son héritier institué, sa succession retournerait à ses héritiers *ab intestat;* le bénéfice d'une pareille disposition a dû s'appliquer non aux plus proches successibles du testateur à l'époque de son décès, mais à ses plus proches successibles lors du décès de l'institué. — *Bruxelles*, 12 avril 1806, Demeulanaer c. Vanasten.

260. — Ce qu'on vient de dire relativement aux héritiers du disposant, s'applique à bien plus forte raison à des tiers. Vainement le testateur se serait-il servi de l'expression de *retour*. C'est là un terme impropre, puisqu'il ne peut y avoir retour qu'autant que les biens reviennent à celui de qui ils venaient dans l'origine ou au moins à ses représentans.

261. — Jugé, en effet, que le caractère fidéicommissaire d'une disposition ne peut être effacé par la qualification de *droit de retour* qui lui aurait été donnée dans le testament, lorsque ce retour n'est stipulé ni au profit du testateur seulement, ni même au profit de ses héritiers en général, mais en faveur d'un seul individu désigné par le testateur, ou dont le choix a été laissé au légataire parmi certaines personnes spécifiées. — *Cass.*, 31 janv. 1842 (t. 1er 1842, p. 727), Lascoups c. Paulhiac.

262. — Dès lors, il y a une substitution prohibée dans la disposition par laquelle, en cas de décès du légataire, le testateur veut que les biens légués retournent à un tiers. — *Bourges*, 14 mars 1831, Narjot.

263. — ... Dans la clause d'un testament, d'après laquelle tout ou partie des biens légués doit retourner à un tiers en cas de mort du légataire sans enfant. — *Cass.*, 21 juin 1841 (t. 2 1841, p. 77), Schwarz c. Michel; 18 avr. 1842 (t. 2 1842, p. 434), Cabrolier c. Calmels.

264. — De même, une clause de retour stipulée au profit d'un tiers dans une institution contractuelle, pour le cas de décès, sans enfans, du donataire, contient une substitution fidéicommissaire annulée par la loi du 14 novembre 1792. — *Cass.*, 24 août 1831, Boissel c. Arrivet.

265. — Jugé cependant qu'il n'y a qu'une substitution vulgaire et non une substitution prohibée dans cette disposition : « *Je donne et lègue à dame M...., épouse S...., la somme de.... Après sa mort, ledit S.... en aura la jouissance. S'il n'existe pas d'enfans de leur mariage, le capital reviendra et passera aux enfans de F....; dans le cas contraire, l'hôpital de.... en héritera.* — *Toulouse*, 4 août 1830, de Latour c. Marcorelle. — V. *contrà*, Favard de Langlade, *Rép.*, v° *Substitution*, t. 5, p. 308.

266. — On doit également considérer comme renfermant une substitution prohibée la clause d'une donation entre-vifs portant qu'en cas de décès du donataire sans enfans la chose appartiendra à un tiers. — *Cass.*, 22 juin 1812, Royère c. Blayac.

267. — ... La disposition qui appelle une personne à recueillir la chose léguée à un premier légataire *s'il décède sans enfans*. — *Rouen*, 24 août 1812, Grégoire c. Priet.

268. — ... La clause par laquelle un testateur, après avoir institué un héritier, déclare que, si l'institué meurt après lui et sans enfans ou sans enfans mâles, les biens donnés seront recueillis par un tiers. — *Cass.*, 3 août 1814, Lassus c. N...; 27 avril 1819, Dalsace c. de Caraman.

269. — ... La disposition par laquelle le testateur, après avoir institué un légataire, ajoute que s'il vient à mourir sans enfans, le legs passera à telle autre personne désignée. — *Metz*, 2 août 1822, de Marconnay c. de Siblaincourt. — *Cass.*, 3 nov. 1824, mêmes parties.

270. — Jugé cependant que le legs fait avec cette clause : « *Si le légataire vient à mourir sans enfans, le legs passera à telle autre personne* » ne renferme point une substitution prohibée. — Mais, dans cette espèce, la clause avait été interprétée, même par les parties, en ce sens que le légataire n'aurait pas recueilli le legs qui lui était fait. — *Paris*, 14 avril 1835, Charrin c. Thévenin.

271. — Toutefois l'institution universelle faite par une femme en faveur de son mari, ainsi conçue : « *Dans le cas où il aurait un ou plusieurs enfans à son décès, je le nomme et institue mon héritier universel; et dans le cas où il n'en aurait pas à son décès, j'institue,* » etc., ne doit pas être déclarée nulle comme faite sous une condition prohibée par l'art. 1049 du Code civil ou comme renfermant une substitution soit au profit des enfans du mari, soit au profit des héritiers de la femme. — *Besançon*, 3 mars 1819, Ody.

272. — Il y a également substitution prohibée dans la disposition par laquelle un testateur appelle un tiers à recueillir sa succession, dans le cas ou l'héritier institué viendrait à décéder *avant sa majorité ou établissement*. — *Limoges*, 6 juin 1848 (t. 1er 1849, p. 379), David c. Bayle.

273. — ... Dans la disposition par laquelle un testateur, après avoir institué un héritier, dit que, dans le cas où il mourra *avant tel âge*, une certaine somme, à prendre sur les biens de l'institution, appartiendra à un tiers. — *Cass.*, 8 juin 1812, Mérendol.

274. — ... Dans celle par laquelle, après avoir institué un héritier, le testateur dispose qu'en cas de décès de cet héritier avant sa majorité les sommes d'argent léguées et les objets tant mobiliers qu'immobiliers *devenus libres* par ce décès, appartiendront à d'autres légataires désignés. — *Toulouse*, 18 janv. 1841 (t. 1er 1841, p. 424), Valois c. Balandra; *Cass.*, 22 nov. 1842 (t. 2 1842, p. 666), mêmes parties.

§ 4. — *Substitutions réciproques.*

275. — Le fidéicommis mutuel ou réciproque est la clause par laquelle deux personnes gratifiées sont grevées mutuellement l'une envers l'autre. Elle est ainsi conçue : « *J'institue Paul et Jean, et, après la mort de l'un, mon hérédité entière appartiendra à l'autre.* » Il y a substitution dans une telle clause. Cela résulte de ce que chaque institué a d'abord recueilli moitié de la succession, et que cette moitié ne pourra revenir au survivant que par transmission et en second ordre : d'où l'ordre successif, la coexistence de deux libéralités ayant une chose pour objet et deux personnes pour sujets et cela *ab initio.* — Rolland de Villargues, nos 247 et 248.

276. — Mais il n'y a substitution prohibée qu'autant qu'elle est expresse ou qu'elle résulte nécessairement des termes de la disposition, c'est-à-dire qu'autant qu'elle emporte inévitablement substitution réciproque. — Thévenot, chap. 21, n° 414; Ricard, part. 1re, n° 393.

277. — Du reste, la substitution vulgaire pouvant se rencontrer aussi bien que la fidéicommissaire dans la substitution réciproque, il faut bien observer qu'on devra maintenir la disposition, toutes les fois qu'elle pourra s'entendre d'une substitution vulgaire. — Thévenot, chap. 23; Merlin, *Rép.*, v° *Substitution directe*, § 4, n° 5; Rolland de Villargues, n° 250.

278. — La substitution réciproque est expresse ou tacite : expresse quand le disposant a dit : « Je donne à Pierre et à Paul tous mes biens, et au survivant je veux qu'appartienne la totalité; » tacite quand il est dit : « Je lègue tel fonds à Pierre et à Paul, et je charge le dernier mourant des deux de rendre le fonds à Titius. » On voit, dans ce cas, d'abord un fidéicommis exprès au profit de Titius, et un fidéicommis réciproque tacite entre Pierre et Paul. — D., tit. *De leg.*, l. 87, § 2. — Ricard, n° 394; Thévenot, n° 418; Pothier, sect. 2, art. 3; Merlin, *Rép.*, v° *Subst. fidéic.*, sect. 10, § 7.

279. — Il n'est pas douteux que, dans le cas où la clause de substitution réciproque est tacite, parce qu'il y a charge de rendre à un tiers, il n'y ait bien substitution prohibée. Mais il y a aussi substitution prohibée, même dans la clause expresse de substitution réciproque; parce que le survivant ne reçoit la portion précédemment recueillie par l'autre que par droit de transmission, et non par droit d'accroissement. Il en est de même dans le cas de substitution réciproque tacite quant aux substitués réciproques. — Rolland de Villargues, n° 252.

280. — Ainsi, le legs d'un immeuble fait à deux personnes, *pour en jouir ensemble et hériter l'une de l'autre*, renferme une substitution prohibée. — *Orléans*, 18 févr. 1829, Loyseau c. Bignon.

281. — De même, il y a substitution dans la disposition par laquelle deux époux se donnent réciproquement tous leurs biens à condition que les héritiers du prédécédé recueilleront la moitié de la succession du survivant. — *Bruxelles*, 6 déc. 1809, Wacquenaere c. Stobeleere; *Bordeaux*, 28 juin 1830, Daine c. Malleville.

282. — La disposition d'un père qui lègue à deux de ses enfans la quotité disponible sous la condition que, l'un d'eux venant à mourir sans enfans, la portion à lui échue du legs sera recueillie dans sa succession par les enfans de son frère, contient une substitution fidéicommissaire prohibée par la loi. — *Agen*, 1er juin 1838 (t. 1er 1839, p. 106), Guibert c. Lanusse.

283. — La disposition par laquelle un testateur, après avoir institué deux légataires, ajoute que, dans le cas où l'un d'eux viendrait à mourir sans enfans, le legs tournerait au profit seul du survivant, contient une substitution prohibée. — *Bordeaux*, 18 mars 1823, Guillaumeau.

284. — De même, il y a substitution fidéicommissaire, et non simple droit d'accroissement, lorsqu'il a été dit dans un testament que le survivant de deux colégataires devra recueillir la totalité du legs après que le premier aura lui-même recueilli sa portion et en aura joui jusqu'à sa mort. — *Pau*, 15 mars 1826, Tauziède.

285. — Mais lorsque la donation au profit de deux individus est faite avec la condition qu'en cas de décès de l'un d'eux avant le donateur le survivant recueillera la *totalité* de la chose, on ne doit voir là qu'une simple substitution vulgaire. — *Riom*, 25 févr. 1825, Mourguy c. Mauret.

286. — Il y aurait également substitution prohibée, alors même qu'indépendamment de la disposition les colégataires auraient été appelés à succéder *ab intestat* les uns aux autres. Cela résulte de ce que, si le testateur n'a point dérogé à l'ordre de succession *ab intestat*, la disposition est inutile; et de ce que s'il a ajouté à cet ordre, ce qui est certain puisqu'il a défendu l'aliénation, la disposition renferme une substitution. — Rolland de Villargues, n° 254. — *Contrà*, Ricard, part. 1re, n° 405 et suiv.

287. — Quand la substitution réciproque peut s'entendre de la substitution vulgaire, la disposition doit être maintenue. Il en est ainsi de la disposition suivante : « J'institue Pierre et Paul, et je les substitue l'un à l'autre lors de leur décès. » Comme les expressions « *lors de leur décès* » peuvent s'entendre dans le sens où le prémourant décède avant d'avoir recueilli, on devra n'y voir qu'une substitution vulgaire. — Rolland de Villargues, n° 255.

288. — On devrait décider de la même manière dans le cas suivant : « Je lègue à Pierre et à Paul et au survivant d'eux; » car le testateur a pu avoir en vue le prédécès de l'un des légataires avant qu'il ait recueilli. — Rolland de Villargues, *ibid.*

289. — Ainsi, quand, par un testament, deux individus sont institués conjointement; il existe entre eux une substitution réciproque, permise par l'art. 898 C. civ. En conséquence, si l'un des deux vient à mourir le survivant demeure seul institué. — *Agen*, 12 août 1811, Lamothe c. Beffara.

290. — La disposition par laquelle le testateur lègue ses biens à ses collatéraux germains, pour en jouir en usufruit, voulant que le tout soit insaisissable et inaliénable dans leurs mains, pour que lesdits biens passent à leurs enfans légitimes, et, dans le cas où ils n'en auraient pas, au parent le plus proche en degré, ne contient pas une substitution prohibée. — *Paris*, 16 avr. 1811, Lespine.

291. — Il arrivera souvent que la substitution réciproque se résoudra en un simple droit d'accroissement, qui se serait opéré légalement, et que la substitution avait pour but de confirmer. Il en sera ainsi toutes les fois qu'il y aura possibilité d'interpréter la clause, en supposant que le testateur n'a voulu appeler le survivant à recueillir la portion des prémourans que dans le cas où ceux-ci seraient décédés avant lui disposant.

292. — La donation faite sous condition que le donateur conservera jusqu'à son décès la propriété ou l'usufruit des biens donnés, ne peut être considérée comme renfermant une substitution prohibée : par cela seul qu'elle porte qu'en cas de prédécès d'un ou de plusieurs des donataires, la totalité des biens donnés appartiendra à celui ou à ceux d'entre eux qui survivront au donateur. — *Bruxelles*, 5 mars 1829, N....

293. — Il n'y a pas substitution prohibée dans la disposition par laquelle le testateur, après avoir institué conjointement deux légataires, ajoute que, *dans le cas où l'un d'eux mourrait sans enfans, il lui substitue le survivant.* — *Limoges*, 3 janvier 1816, Maslieurat; *Cass.*, 11 juin 1817, mêmes parties.

294. — Il en est de même de la disposition par laquelle un testateur institue plusieurs héritiers, avec la clause que, *si l'un d'eux meurt sans enfans*, sa portion sera réversible ou accroîtra aux autres héritiers. — *Cass.*, 19 juill. 1814, Marlot c. Doucet; *Riom*, 28 mai 1819, Marret; *Cass.*, 10 janvier 1821, mêmes parties.

295. — De même la disposition par laquelle un testateur, en instituant plusieurs héritiers collectivement, ordonne que les parts de ceux qui mourront sans postérité, et sans avoir disposé, accroîtront aux autres, ne contient point une substitution fidéicommissaire. Une telle disposition ne présente qu'un droit d'accroissement éventuel à titre successif, lequel, d'après les art. 723 et 1044 C. civ., peut être considéré comme illégal et susceptible de l'application de l'art. 900, même Code, mais dont l'illégalité ne peut être proposée que par les propres héritiers des institués. — *Rouen*, 10 juin 1814, N....

296. — La disposition par laquelle le testateur lègue une chose à deux personnes conjointement, avec déclaration que la chose léguée appartiendra en totalité au survivant, ne renferme point une substitution prohibée. — *Cass.*, 26 juill. 1808, Hamelin. — Dans l'espèce, le légataire qui prédécède n'aura pas recueilli et son conjoint viendra comme substitué vulgaire. Si, au contraire, il meurt après avoir recueilli, la substitution vulgaire se sera évanouie. — *Cass.*, 12 pluv. an IX, Lemoine c. N.... — Rolland de Villargues, *Substit. prohibées*, n° 105.

297. — Jugé, néanmoins, que la disposition par laquelle un testateur, après avoir institué un de ses enfans son héritier universel, ajoute qu'*à défaut dudit institué, soit par mort avant son établissement, soit par mort sans enfans, il lui substitue son autre fils* en ladite institution, est une substitution prohibée, bien qu'elle ne contienne point la charge expresse de conserver et de rendre. — *Riom*, 17 nov. 1821, Recognat c. Buisson.

298. — ... Qu'on doit annuler, comme renfermant une substitution prohibée, le testament dont l'auteur, après avoir institué deux personnes pour ses héritières universelles, déclare vouloir que son entière hérédité passe à celle qui survivra à l'autre. — *Cass.*, 26 décemb. 1836 (t. 1er 1837, p. 70), de Gaujal c. de Masson.

299. — La convention par laquelle plusieurs copropriétaires d'un immeuble par indivis se donnent mutuellement leur portion avec accroissement entre eux à mesure du décès des prémourans, de telle sorte que le survivant réunisse la totalité de l'immeuble sur sa tête, ne renferme pas une substitution fidéicommissaire prohibée. — *Cass.*, 12 pluviôse an IX, Lemoine c. N...; *Riom*, 25 févr. 1825, Mourgues c. Maurel; *Corse*, 2 juin 1828, Rouaserra. — Duranton, t. 8, n° 38; Toullier, t. 5, n° 46; Rolland de Villargues, *Traité des substitut. prohibées*, n° 261. — V., cependant, *contrà*, Merlin, *Quest. de droit*, v° *Substitut. fidéicommiss.*, § 4.

300. — La raison de décider ainsi vient de ce que, dans l'espèce, il y avait contrat intéressé de part et d'autre, et purement aléatoire. Il n'y a ni don, ni libéralité; en conséquence, point de substitution. — Rolland de Villargues, *ibid.*; Saint-Espès-Lescot, *Donat. et testam.*, t. 1er, n° 101.

301. — Par suite de ce principe que la condition accomplie a un effet rétroactif au jour de l'ouverture de la succession, Merlin décide que si un père a institué ses enfans avec la clause que si quelques-uns meurent avant leur majorité, leur part appartiendra aux survivans, il n'y a pas de substitution. En effet, ceux qui décèdent en minorité sont censés n'avoir jamais été saisis et les survivans majeurs avoir été saisis du jour de l'ouverture. — Merlin, *Quest.*, v° *Substitution fidéicommissaire*, § 4, n° 2.

§ 5. — *Substitution* de residuo. — *Prohibition d'aliéner, etc.*

302. — Bien que la clause par laquelle on charge le bénéficiaire de rendre ce qui *restera* des biens donnés, contienne charge de rendre; elle n'est cependant pas considérée comme renfermant une substitution prohibée, parce qu'elle exclut l'idée de la charge de *conserver.* — Grenier, *Donat. et test.*, observ. prélimin., 7 *bis.*

303. — Cette clause est celle que dans l'ancien droit on désignait sous le nom de substitution *de residuo* ou *de eo quod supererit.* Dans le droit romain, c'était un véritable fidéicommis tacite; parce qu'on ne permettait au grevé d'aliéner que dans une certaine mesure, ce qui, en conséquence, l'obligeait à conserver. — L. 70, § 3, D., *De leg.*, 2°; 54 et 58, § 7, tit. *ad s.-c. Treb.*, nov. 1808, cap. 1.

304. — La loi du 30 vent. an XII ayant abrogé les lois romaines, les restrictions que ces lois apportaient à la faculté d'aliéner ont dû nécessairement disparaître et la disposition faite aujourd'hui sous la condition de rendre *ce qui restera* doit être maintenue et produire le même effet que le fidéicommis des Romains subordonné à la seule volonté du bénéficiaire. — D., tit. *De leg.*, l. 43, § 2; L. 75 et L. 11, h. tit. — Grenier, t. 1er, p. 115; Toullier, t. 5, n° 38; Merlin, *Quest.*, v° *Substitution fidéicommissaire*, § 13; Delvincourt, t. 2, p. 392; Duranton, t. 8, n° 74; Rolland de Villargues, n° 265; Coin-Delisle, n° 27; Vazeille, n° 29; Poujol, n° 15; Marcadé, n° 3; Saint-Espès-Lescot, *Donat. et test.*, t. 1er, n° 89.

305. — Jugé, en ce sens, que la substitution *de eo quod supererit* ou en d'autres termes que la clause par laquelle le donataire ou légataire est chargé de restituer, après son décès, ce dont il n'aura pas disposé des biens donnés ou légués, ne contient point une substitution prohibée. — *Paris*, 26 janv. 1808, Platelet c. Lamiraux; *Grenoble*, 2 avr. 1818, Feve c. Deshayes; *Colmar*, 7 juill. 1819, Favre c. Zeller; *Bastia*, 20 janv. 1825, Ornano c. Bacchiochi; *Cass.*, 1er février 1827, mêmes parties; *Caen*, 16 nov. 1830, Duval c. Le-

comte; *Cass.*, 5 juill. 1832, mêmes parties; 17 févr. 1836, Sartarin c. Roche.

306. — De même la disposition *de eo quod supererit* ou celle par laquelle un époux est institué dans la propriété de tous les biens de son conjoint, avec faculté de les aliéner et de les hypothéquer, mais à la condition que ce qui restera de ces biens à sa mort retournera aux héritiers de l'instituant, n'est point entachée de substitution. — *Bruxelles*, 14 nov. 1809, Schrausmanns.

307. — De même encore : lorsque deux époux, par leur testament conjonctif, s'instituent réciproquement héritiers, avec plein droit d'institution et de libre disposition, et qu'ils ajoutent : *qu'après le décès du survivant la moitié de la succession existante alors, soit mobilière, soit immobilière, succédera aux parens les plus proches du testateur pour moitié, et l'autre moitié aux parens les plus proches de la testatrice; avec défense à leurs héritiers ainsi substitués de molester le survivant pour la formation d'un état et inventaire du prédécédé, à peine d'être privés de la portion de l'hérédité qui leur écherrait après la mort des deux testateurs* : cette disposition ne renferme point une substitution prohibée dans le sens de l'art. 896 C. civ. — *Bruxelles*, 7 févr. 1816, Desmet c. Lissens; *Montpellier*, 27 janv. 1818, Auberge.

308. — Il n'y a pas substitution dans un testament conjonctif fait avant le Code civil, mais ouvert depuis, dans lequel des époux se sont institués héritiers l'un de l'autre, avec pouvoir au survivant, de vendre, grever, aliéner, *et même de consumer jusqu'au dernier sou* les biens du prédécédé, sans aucune considération de personnes, à la charge que ceux qui existeront encore à son décès seront partagés par moitié entre les héritiers du mari et les héritiers de la femme. — *Bruxelles*, 29 oct. 1825, Delvaux c. Desneux.

309. — ... Et, en outre, si l'époux a ajouté la condition que dans le cas où le survivant viendrait à se remarier, le tout retournerait aux héritiers naturels du prédécédé; une telle disposition ne contient non plus aucune substitution conditionnelle, ni même aucune obligation conditionnelle.

310. — La clause d'un testament conjonctif par laquelle chacun des époux institue, dans ses biens propres, des héritiers autres que son conjoint, sous la clause cependant que l'époux survivant pourra vendre et changer les biens du prédécédé, ne contient pas en cela une *substitution*. Il n'y a là qu'une charge de l'institution. — *Bruxelles*, 30 août 1809, Van Frachen c. Van Elewyck.

311. — La disposition par laquelle deux époux, après s'être donné mutuellement les conquêts immeubles en pleine propriété au profit du survivant, stipulent que ce qui en restera à la mort de celui-ci sera partagé entre les héritiers du survivant et ceux du prédécédé, ne constitue point une substitution prohibée mais seulement une disposition conditionnelle. — *Fontainebleau*, 1er avril 1840; sous *Paris*, 22 avril 1841 (t. 1er 1841, p. 594), Simon c. Gombault.

312. — La disposition par laquelle le survivant des époux est institué héritier universel du premier mourant, avec plein pouvoir d'aliéner tous les biens par actes entre-vifs, et sous la clause qu'en cas de non-aliénation les parens successibles du prédécédé recueilleront la moitié des biens qui existeront à la mort du survivant, ne contient point une substitution prohibée. — *Bruxelles*, 8 mars 1821, Collart c. Geeraerts.

313. — Lorsqu'un testateur, après avoir donné, par une disposition, un immeuble à son neveu et à sa femme, exprime la volonté qu'après la mort des légataires leurs enfans partagent également, sans autre désignation; cette volonté ne porte que sur l'égalité du partage, et non sur la charge de conserver et de rendre. En conséquence, il n'y a substitution prohibée ni du conjoint survivant au conjoint décédé ni des enfans au légataire survivant. Il s'agit, dans ce cas, non d'une substitution fidéicommissaire, mais d'une substitution *de eo quod supererit* autorisée par la loi. — *Paris*, 15 mars 1844 (t. 1er 1844, p. 552), Haussmann c. Vollot.

314. — On ne peut voir une substitution prohibée, ni le legs de la chose d'autrui, ni enfin une stipulation sur une succession future, dans la disposition par laquelle un mari, en instituant sa femme sa légataire universelle *en toute propriété et jouissance*, déclare qu'il entend que les immeubles provenant de ce legs, et dont elle n'aura pas disposé de son vivant, retournent à ses héritiers, pour être partagés entre eux suivant leurs droits. Une pareille disposition constitue deux legs tout à fait distincts : l'un, au profit de la légataire universelle, de la propriété des immeubles sous la condition potestative de sa part d'en disposer avant son décès; l'autre, de cette même propriété, en faveur des héritiers du testateur, sous la condition suspensive que la légataire universelle n'en aura pas disposé de son vivant. En conséquence, cette disposition n'est contraire ni aux lois, ni aux bonnes mœurs, et elle doit recevoir son exécution. — *Orléans*, 7 juin 1844 (t. 2 1844, p. 194), Papin.

315. — La clause par laquelle un testateur appelle ses frères et sœurs à son hérédité, au cas où son héritier ne recueillerait pas sa succession, ou décéderait sans en avoir disposé, ne constitue pas une substitution fidéicommissaire (prohibée par l'art. 896 C. civ.). — *Montpellier*, 13 févr. 1829, Guinard c. Gely.

316. — La clause qui charge l'institué ou le légataire de disposer, à son décès, des biens donnés, au profit des héritiers légitimes du testateur, lorsque d'ailleurs l'institué ou le légataire a le droit de jouir et de disposer de ses biens en toute propriété, et comme il avisera, doit être considérée non comme établissant une substitution prohibée, mais comme imposant à l'institué ou légataire une simple obligation morale : quant aux biens dont il n'aurait pas disposé. — *Colmar*, 6 févr. 1824, Gœpffert.

317. — Au surplus, l'arrêt qui, par interprétation des termes du testament, décide en fait que la stipulation de retour au profit de tout autre que le donateur, sous la condition de survie d'une tierce personne, constitue simplement une substitution *de eo quod supererit* échappe à la cassation. — *Cass.*, 12 mai 1819, Auberge; 5 juill. 1832, Duval c. Lecomte.

318. — De ce que la clause par laquelle le testateur appelle un tiers à recueillir ce qu'il donne à un premier institué, dans le cas où celui-ci n'en disposerait pas, ne contient point de substitution prohibée, il suit qu'elle doit être réputée non écrite comme entachée d'une condition potestative et comme contenant une stipulation sur une succession non ouverte. — *Paris*, 20 janv. 1806, Platelet c. Lamiraux; 26 janv. 1808, mêmes parties; *Colmar*, 16 mars 1830; *Caen*, 16 nov. 1830, Duval c. Lecomte; *Paris*, 22 avril 1841 (t. 1er 1841, p. 534), Simon c. Gombaut; *Rouen*, 29 mai 1845 (t. 1er 1848, p. 568), Broques c. Delamarre. — Rolland de Villargues, no 268.

319. — Contrairement aux arrêts précédens, il a été jugé que le fidéicommis connu, dans le droit romain, sous la dénomination *de eo quod supererit* doit être annulé, comme renfermant une substitution prohibée, surtout quand une autre clause de la disposition charge le grevé de rendre ses propres biens. — *Metz*, 16 fév. 1815, Bernard.

320. — ... Que la clause d'un testament conjonctif par laquelle le prémourant des deux époux laisse à l'autre la totalité de ses biens avec charge de rendre à ses héritiers légitimes ce dont cet époux n'aura pas disposé lors de son décès, constitue un fidéicommis *de residuo* compris dans l'abolition portée par la loi du 25 oct.-14 nov. 1792. — *Bruxelles*, 24 fév. 1807, Valschaert c. Lauwens; *Nîmes*, 17 août 1808, Molière; *Cass.*, 1er fév. 1817, Ornano c. Bacchiochi.

321. — ... Que la donation faite avec la clause générale qu'en cas de prédécès du donataire sans enfans les biens qui resteront de ceux donnés seront remis à un tiers, contient une substitution prohibée. — *Riom*, 6 avril 1821, Capelle c. Nouveau.

322. — ... Qu'il en est de même de la clause par laquelle deux époux se font donation réciproque de tous leurs biens, pour, par le survivant, disposer de ces biens comme bon lui semblera à la charge qu'après son décès sa succession sera partagée entre ses héritiers et ceux du premier mourant. — *Bordeaux*, 28 juin 1830, Daine c. Malleville.

323. — On doit considérer comme contenant une substitution fidéicommissaire (prohibée par la loi du 14 nov. 1792) la disposition par laquelle un testateur, après avoir imposé à l'héritier institué l'obligation de conserver et de rendre, déclare qu'en cas de décès de ce dernier, et des substitués, sans postérité, tous les biens qui se trouvent exister alors appartiennent à un tiers. — *Cass.*, 25 mai 1836, Gilton c. Aboilard.

324. — Il y a substitution prohibée dans la disposition par laquelle deux époux, dans leurs testamens respectifs, s'instituent réciproquement légataires universels, pour jouir, faire et disposer de tous leurs biens, comme de chose leur appartenant en toute propriété, à la charge cependant qu'après leur décès leurs biens soient partagés entre les deux familles. L'exhérédation prononcée ensuite dans les mêmes testamens contre la sœur et belle-sœur des époux peut être considérée comme une suite de la première disposition et déclarée pareillement nulle. — *Cass.*, 16 déc. 1833, Chamot c. Leroix.

325. — Au surplus : l'arrêt qui décide que la clause qui appelle les substitués à recueillir ce qui reste des biens dont le grevé n'aura pas disposé constitue un fidéicommis *de eo quod supererit* et non une substitution conditionnelle, échappe à la censure de la Cour de cassation. — *Cass.*, 1er fév. 1827, Ornano c. Bacchiochi.

326. — Toutefois il est à remarquer au sujet de presque tous les arrêts qui précèdent, qu'ils ont été rendus sur des droits ouverts avant le Code. Il en résulte qu'ils ont dû nécessairement voir une substitution dans la clause *de eo quod supererit*, puisque cette clause, dans l'ancienne législation, ne permettait pas au grevé d'aliéner à sa volonté. Néanmoins ils ont dû, malgré l'existence de la substitution, maintenir les droits acquis au grevé avant les lois révolutionnaires, tout en refusant à l'appelé dont le droit n'était pas acquis avant l'abolition des substitutions la faculté d'en réclamer le bénéfice. Ces arrêts ne contredisent donc point la doctrine et la jurisprudence qui pour des droits ouverts dans le Code refusent de voir une substitution dans la clause *de eo quod supererit*. — Rolland de Villargues, no 265, Coin-Delisle, no 28.

327. — La clause *de residuo* ou *de eo quod supererit* dégénérerait en substitution prohibée, si le disposant avait défendu l'aliénation d'une partie des biens. Mais il n'y aurait nullité de l'acte que pour la portion qu'on aurait reçue avec charge de conserver et de rendre, l'autre portion étant entièrement à la libre disposition du grevé. — Coin-Delisle, no 29; Merlin, *Rép.*, vo *Substitution fidéicommissaire*, sect. 1re, § 14, no 3; Toullier, t. 5, no 14; Grenier, t. 1er, p. 112; Duranton, t. 8, no 88; Rolland de Villargues, no 308; Malleville sur l'article 896.

328. — *Quid* de la clause de rendre *ce qui restera* avec faculté d'aliéner *en cas de besoin?* On doit dire qu'il y a là substitution prohibée; car le disposant a évidemment entendu mettre une limite à la liberté d'aliéner accordée au légataire. Or, la prohibition d'aliéner devra surtout recevoir son exécution s'il s'agissait d'une disposition de peu d'importance faite à un grevé dont la fortune est considérable : ainsi le grevé ne pourrait aliéner parce que la condition sous laquelle l'aliénation aurait été permise ne se serait pas accomplie. Du reste la décision qui aurait déclaré qu'il n'y a pas substitution échapperait à la censure de la Cour suprême, puisqu'elle n'aurait fait qu'apprécier le fait de savoir s'il y avait ou non faculté pour le grevé d'aliéner. — Grenier, *Obs. prél.*, no 7 *ter*; Coin-Delisle, no 30. — *Contrà*, Rolland de Villargues, no 267; Merlin, *Quest.*, § 13, no 9.

329. — Quoique le donateur ait prohibé tel ou tel mode de disposition, il n'y aura pas substitution s'il a laissé au donataire un moyen d'aliéner. La disposition principale vaudra, et la charge de rendre sera réputée non écrite. — Rolland de Villargues, no 266; Toullier, t. 5, no 51; Duranton, t. 8, no 75; Merlin, *Rép.*, vo *Substitution fidéicommissaire*, sect. 8, no 5 *bis*, et sect. 10, no 7.

330. — La clause d'une donation portant que les biens donnés passeront aux héritiers naturels du donateur si le donataire n'en a pas disposé par vente ou autrement, doit avoir tout son effet si, au lieu d'en disposer par acte entre-vifs, le donataire n'en a disposé que par testament. — *Bruxelles*, 14 nov. 1809, Schrauman; 8 mars 1821, Collart c. Gereaerts; *Rouen*, 28 janv. 1831 (sous *Cass.*, 14 mars 1832), Chéron c. Lesage.

331. — Jugé, cependant, que le grevé d'un fidéicommis *de eo quod supererit* ne peut aliéner par *testament*. — *Cass.*, 1er fév. 1827, Ornano c. Bacchiochi.

332. — La clause *si quid supererit* différait autrefois de la clause *de eo quod supererit* en ce que dans la première l'aliénation était toujours permise au donataire; à l'inverse de ce qui avait lieu pour la seconde, où l'aliénation n'était pas toujours accordée à ce donataire. Aussi ne constituait-elle pas une substitution fidéicommissaire. — D., tit. *De leg.*, L. 43, § 2; L. 75, et L. 11, § 7 3o.

333. — Jugé que la substitution connue sous le nom de *si quid supererit* n'est point une substitution prohibée. — *Cass.*, 14 mars 1832, Cheron c. Lesage.

334. — La disposition par laquelle un testateur institue plusieurs individus pour ses légataires universels avec la condition expresse, et non autrement, que, si l'un d'eux vient à décéder

sans postérité, sa portion accroîtra à ses colégataires universels survivans et non à ses père et mère, c'est-à-dire à ses héritiers naturels, ne doit pas être considérée comme contenant une substitution prohibée. — Il ne faut y voir, au contraire, que la substitution *si quid supererit* : surtout si le testament, loin d'imposer la charge de conserver et de rendre, contient au contraire une disposition principale qui autorise les légataires à faire, jouir et disposer des legs, de la manière la plus absolue, à partir du jour du décès. — *Cass.*, 17 fév. 1836, Sarlarin c. Roche.

335. — La clause par laquelle un testateur, après avoir donné tous ses biens à son neveu *pour en faire et disposer en toute propriété et jouissance*, ajoute que, dans le cas où le légataire décéderait sans enfans, les biens légués retourneraient à certains héritiers naturels dudit testateur, ne contient pas une substitution fidéicommissaire, mais seulement une disposition *si quid supererit* permise par la loi. — Peu importe que le légataire soit mineur, et, conséquemment, actuellement incapable de disposer. — *Cass.*, 27 fév. 1843 (t. 2 1843, p. 632), Frébault.

336. — Un donateur peut mettre comme condition de sa libéralité que le donataire n'aura pas le droit d'aliéner, soit par acte entre-vifs (en lui laissant celui de disposer par testament), soit par testament (en lui laissant le droit d'aliéner par acte entre-vifs), et dans ces cas il n'y a pas substitution prohibée : puisque, dans le premier, il n'y aurait que charge de conserver, sans charge de rendre ; et que, dans le second, il n'y aurait pas même charge de conserver. — Marcadé, *ibid.*; Duranton, t. 8, nº 75; Saint-Espès-Lescot, *Donat. et test.*, t. 1er, nº 95.

337. — La prohibition pure et simple d'aliéner, imposée au légataire d'un immeuble par le testateur, ne constitue pas une substitution prohibée ; mais seulement un précepte nu, sans force obligatoire pour le légataire. — *Montpellier*, 6 mai 1846 (t. 2 1848, p. 652), de Montheil.

338. — Si la prohibition d'aliéner est faite en faveur d'une personne désignée, si, par exemple, le disposant a dit : *Je défends à mon héritier d'aliéner mes biens, afin qu'ils soient conservés à Paul*; y a-t-il substitution prohibée? — Oui, car il y a charge de conserver et de rendre à la mort du grevé. — Toullier, t. 5, nº 51 ; Rolland de Villargues, nº 301 ; Merlin, *Rép.*, vº *Substitution fidéicommissaire*, sect. 2, nº 5 *bis*; Delvincourt, t. 2, p. 99, note 5; Grenier, t. 1er, p. 111 ; Delaporte, *Pandectes franç.*, t. 4, p. 26.

339. — Jugé ainsi que la défense d'aliéner, faite au profit de ceux à qui le bien devait retourner selon la loi, constituait en leur faveur une substitution fidéicommissaire, d'après les lois du Hainaut et d'après les principes généraux de droit. — *Bruxelles*, 24 déc. 1830, Lesneucq c. Meynsbrugge.

340. — Jugé, au contraire, que la condition imposée par le père à la fille, en lui donnant la quotité disponible, de ne pas aliéner les biens de sa succession, et de les réserver aux enfans nés et à naître d'elle, ne peut pas être annulée comme contenant une substitution prohibée ou comme contraire aux lois. — *Cass.*, 7 févr. 1831, Belot et Rouget c. Belleserre.

341. — Il y a charge de conserver et de rendre, et conséquemment substitution, dans la disposition par laquelle un testateur, prévoyant le cas où le légataire décéderait sans enfans, lui défend de transmettre l'objet du legs à une famille étrangère, et lui impose de le remettre à ses frères et sœurs ou à ses héritiers légitimes. — *Cass.*, 30 juill. 1827, de Suriray.

342. — Si le testateur avait chargé son héritier de partager sa succession avec une personne désignée ou s'il avait chargé cet héritier d'associer un tiers pour une quotité de la succession, il n'y aurait pas substitution prohibée; car on ne trouve pas dans ces clauses la charge de rendre à la mort du grevé, elles supposent, au contraire, que le *partage* ou l'*association* doit se faire dès que la succession aura été recueillie. — Merlin, *Rép.*, vº *Inst. contract.*, § 5; Grenier, nº 423, t. 2; Ricard, et Bergier, sur cet auteur, ch. 6, nº 288; Rolland de Villargues, nº 213; Saint-Espès-Lescot, *Donat. et test.*, t. 1er, nº 102.

343. — Ainsi la donation universelle faite par un père à l'un de ses enfans *à la charge d'associer* ses frères ou tout autre pour une certaine quotité, ne contient point une substitution prohibée. — *Riom*, 16 juill. 1818, Barbier c. Gardy; *Limoges*, 26 févr. 1821, Lavérins; *Bourges*, 19 déc. 1821, Cutard c. Moisy.

344. — De même, la clause qui charge le légataire universel de partager la succession entre ses héritiers n'est point une substitution prohibée. Le légataire est ici plutôt un exécuteur qu'un bénéficiaire chargé de conserver et de rendre. — *Paris*, 31 juill. 1819, Bruère.

345. — La convention par laquelle des associés ont arrêté, avant le Code civil, que tous leurs biens et acquêts continueraient d'être possédés par les survivans d'entre eux, à la charge par le dernier de les rendre à des substitués convenus, ne contient point une substitution prohibée : alors surtout que la convention n'a porté que sur l'usufruit des biens, lesquels, au décès du dernier mourant, ont dû être recueillis par les héritiers légitimes des contractans. — *Cass.*, 12 pluv. an IX, d'Herly c. N...; *Riom*, 25 févr. 1825, Mourgues c. Maurel; *Corse*, 2 juin 1828, Rouassèrra; — Duranton, t. 8, nº 38; Toullier, t. 5, nº 46; Rolland de Villargues, *Traité des subst. prohib.*, nº 261, et Merlin, *Quest.*, vº *Substitution fidéicommissaire*, § 4.

346. — Jugé, cependant, que la clause d'un testament portant qu'au cas de décès du légataire sans postérité *l'intention du testateur est que les biens donnés soient partagés entre certaines personnes désignées, à l'exclusion de toutes autres ; auxquelles personnes le testateur déclare faire à cet égard substitution nécessaire et voulue*, renferme une véritable charge de *conserver* et de *rendre* les biens légués. En conséquence, elle est nulle comme substitution prohibée. — *Amiens*, 29 avr. 1826, Guérard c. Monnier.

347. — Mais cette clause vaudra-t-elle comme fidéicommis pur, de manière que le partage ou l'association puissent être demandés? — Nous ne le pensons pas. La raison de décider ainsi se tire de ce que la clause contient une institution contractuelle, et qu'une disposition de cette nature ne peut être faite qu'au profit des futurs époux. — C. civ., art. 1082. — Rolland de Villargues, nº 213; Marcadé, art. 1082, nº 4.

348. — Nous croyons aussi, avec MM. Rolland de Villargues et Grenier, que la nullité ne devrait pas être prononcée en faveur du donataire seul, mais plutôt au profit des héritiers du sang du donateur ; parce que la clause ne constitue pas une *condition*, mais bien une donation particulière. En d'autres termes, nous n'appliquons pas l'art. 900, qui regarde comme non écrite la condition contraire à la loi, mais nous considérons la donation comme particulière et non conditionnelle. — Rolland de Villargues et Grenier, *ibid.*, et les arrêts cités. — V., cependant, Marcadé, *loc. cit.*

349. — La clause de rendre une certaine somme à prendre sur les biens laissés, et à la charge de l'employer suivant les intentions secrètes du disposant qui sont connues du donataire, est nulle, mais ne renferme point une substitution prohibée. — *Cass.*, 30 mars 1818, Broel c. Thiesset.

350. — De même, la disposition par laquelle le légataire d'un immeuble se trouve chargé de payer, après sa mort, une somme ou une rente viagère à un tiers, dans le cas où ce tiers lui survivrait, avec assignat sur l'immeuble légué, ou sur le prix en provenant, ne renferme point une substitution prohibée. — *Paris*, 21 déc. 1824, Dupont c. Lenfumé.

351. — Il n'y aurait pas non plus substitution par cela seul qu'on aurait désigné un tiers auquel on devrait faire parvenir la chose donnée, pourvu qu'on n'eût pas reporté la charge de rendre jusqu'à la mort du grevé. Ce ne serait qu'une disposition *sub modo* : ainsi qu'il a été jugé par arrêt du Parlement de Dijon, du 13 mai 1677 (rapporté par Ricard, *Traité des dispositions conditionnelles*, chap. 4, nº 94). — V. Rolland de Villargues, nº 304.

§ 6. — *Faculté d'élire.*

352. — Sous notre ancienne jurisprudence, on était dans l'usage, surtout dans les pays de droit écrit, de déférer à un tiers le choix de son héritier direct; ou de déférer à celui qu'on instituait son héritier le choix d'un substitué. On appelait cette disposition *clause d'élection*. — Une pareille disposition, évidemment contraire au principe qui veut qu'une disposition testamentaire soit l'expression de la volonté personnelle du testateur, et à celui qui défend d'instituer des personnes incertaines, avait été repoussée par le droit romain. — V. D. tit. *De inst. hæred.*, L. 52 ; tit. *De conditionibus et demonstrat.*, L. 52.

353. — La loi du 17 niv. an II ayant aboli la faculté d'élire et le Code civil ne l'ayant pas rétablie, on a conclu que cette abolition était maintenue : d'où il suit que la disposition faite au profit de quelqu'un en lui laissant le choix d'un substitué, doit être considérée comme une substitution prohibée. — Rolland de Villargues, nº 306; Grenier, *Donat.*, t. 1er, p. 120.

354. — Jugé ainsi qu'il y avait substitution fidéicommissaire dans la disposition testamentaire qui chargeait l'héritier institué de disposer, à son choix, des biens de l'institution, en faveur de l'un des enfans du testateur. — *Agen*, 9 pluv. an XIII, Bérail; *Limoges*, 1er juill. 1817, Bringaud c. Maisonial; *Grenoble*, 28 avr. 1831, Raclet.

355. — A ce sujet, il est à remarquer qu'en faisant l'élection, l'héritier institué ne pouvait faire quelque réserve pour lui-même, ou imposer à l'enfant élu quelque charge en faveur des autres enfans. — *Grenoble*, 28 avr. 1831, Raclet.

356. — Il y avait substitution prohibée dans la disposition faite anciennement, par laquelle un testateur, après avoir défendu à l'héritier institué de disposer des biens tant qu'il n'aurait pas d'enfans, ou qu'il n'aurait pas atteint tel âge, donnait à un tiers la faculté d'élire, si l'institué mourait sans enfans ou avant cet âge ; ou instituait lui-même un second héritier, à défaut d'élection de la part d'un tiers. — *Cass.*, 23 mai 1808, Trinbrune c. Valence.

357. — Sous l'empire de la loi de 1792, le légataire de l'usufruit, chargé d'élire un substitué parmi ses enfans a pu être considéré non comme un grevé de substitution, mais comme un simple légataire d'usufruit. — *Cass.*, 6 juin 1833, Gisclard c. Féral.

358. — Jugé, cependant, que le droit d'élection n'est point incompatible avec l'établissement d'une fiducie et ne lui ôte point le caractère d'institution fiduciaire. — *Toulouse*, 29 janv. 1846, Boal et Serres c. Esquilat.

359. — Jugé, toutefois, en sens contraire, que la clause par laquelle le testateur, après avoir légué à sa femme l'universalité de ses biens, *pour en jouir et disposer comme elle avisera et en toute propriété*, charge néanmoins la légataire de disposer des immeubles qu'il lui donne en faveur d'un ou de plusieurs des parens de lui testateur, et de ceux à qui elle reconnaîtra le plus de mérite à quelque degré que ce soit, à son choix, ne constitue pas une substitution prohibée. — *Colmar*, 6 févr. 1824, Gœpfert; *Aix*, 9 fév. 1841 (t. 1er 1841, p. 689), Barbaroux.

360. — Les dispositions à charge de rendre, autorisées par les art. 1048 et suiv. du Code civil et par la loi du 17 mai 1826, sont valablement faites, encore bien qu'au lieu de désigner lui-même le substitué le disposant ait attribué au donataire ou au légataire grevé la faculté de choisir parmi ses enfans celui qui recueillerait les biens formant l'objet de la substitution. La loi du 17 mai 1826 autorise ce droit d'élection, que proscrivait le Code civil. — *Riom*, 4 juin 1847 (t. 2 1847, p. 364), Chassang c. Muret. — Duranton, t. 9, nos 559 et 560; Marcadé, sur les art. 1048 et suiv., nº 6.

361. — En cas de substitution faite avec pouvoir à l'institué d'élire entre plusieurs de ses enfans celui qui devra profiter de la remise, et ouverte avant la loi de 1792, abolitive des substitutions, mais sans que l'élection ait encore eu lieu, le grevé est demeuré, par la publication de ces lois, irrévocable propriétaire des biens, sans que l'élection faite plus tard en faveur de l'un des enfans donne à l'élu aucun droit. L'élu n'ayant comme les autres enfans également éligibles que des droits en suspens lors de la publication, ce n'est pas donner aux lois un effet rétroactif que de les appliquer à un tel cas. — *Nîmes*, 17 août 1808, Molière.

362. — On demande quel sera l'effet de la nullité de la clause qui charge l'héritier d'élire un tiers : l'institution sera-t-elle nulle aussi bien que la substitution? Nous croyons qu'il faut soigneusement distinguer entre le cas où l'élection devrait se faire à la mort du premier bénéficiaire et celui où elle devrait avoir lieu avant ce décès. Dans le premier cas il nous semble qu'il y a une véritable substitution prohibée, qui doit entraîner la nullité de l'institution; car, bien que la personne appelée au décès de l'institué soit incertaine, elle n'en est pas moins un tiers dans le sens de l'art. 896. Dans le second cas, au contraire, la clause d'élire est nulle, en vertu de la loi de novembre 1792; mais il n'y a pas de substitution, puisque l'institué ne devait pas conserver jusqu'à sa mort. Il en résulte que cette clause nulle ne doit pas entraîner la nullité de l'institution. — Coin-Delisle, *Donat. et test.*, nº 47; Rolland de Villargues, nos 308 et 327.

363. — La loi de novembre 1792 n'a maintenu les substitutions antérieures qu'en faveur des substitués déjà saisis par l'ouverture de leur droit. En conséquence, si une institution avait

été faite à la charge d'élire le substitué, et que l'instituant eût fait l'élection par testament avant la loi de 1792, et ne fût mort qu'après; le substitué, alors n'ayant pas de droit acquis, serait déchu de son espérance, fondée seulement sur la volonté révocable du testateur. — *Agen*, 9 pluv. an XIII, Bérail.

364. — Lorsqu'une disposition a été faite avec faculté d'élire et que le testateur a institué lui-même, à défaut d'élection par le tiers, un second héritier, le droit du second héritier, ainsi conditionnellement institué, est soumis à une condition suspensive et non à une condition résolutoire. En conséquence, si le grevé était décédé avant l'abolition des substitutions, et que le tiers n'eût pas encore exercé le droit d'élire à l'époque de cette abolition, les biens substitués seraient demeurés dans la succession du grevé et l'appelé délégué par le testateur eût été déchu de son expectative. — *Cass.*, 23 mai 1808, Valence c. Timbrune.

§ 7. — *Fiducie. — Fidéicommis rogatoire.*

365. — Il n'y a pas substitution fidéicommissaire dans une simple fiducie. — V. FIDUCIE. — A quoi il faut ajouter :

366. — L'institution faite par une femme en faveur de son mari avec charge de remettre à des collatéraux mineurs, doit être considérée comme une substitution et non comme une simple fiducie. — *Limoges*, 27 mai 1812, Lachaud.

367. — La disposition par laquelle un père institue sa femme et son frère ses héritiers universels à charge de remettre à l'un des enfans, les mâles préférés aux filles, n'est point une simple fiducie ou dépôt, si les enfans du testateur étaient en bas âge, si les institués ont reçu des legs et ont été chargés de rendre compte du mobilier estimé. Cette disposition, non abolie par les lois de 1792, a profité de plein droit à l'enfant mâle dès l'instant où il est devenu majeur. — *Riom*, 2 août 1814, Giraud c. Daudot.

368. — Jugé cependant que le legs fait à un individu qui reconnaît ne l'avoir reçu que pour l'employer dans l'intérêt d'un tiers, est nul, comme entaché de substitution, alors même que cette reconnaissance aurait été faite pendant la vie du testateur. — *Bourges*, 4 mars 1807, Commune de Saint-Loup c. Saillant.

369. — La mention ajoutée à une institution universelle, que le légataire connaît les intentions du testateur, qui a la plus grande confiance en lui, est insuffisante pour vicier cette institution. On ne saurait y voir une substitution fidéicommissaire. — *Lyon*, 13 févr. 1836 (t. 2 1837, p. 325), Bibet c. Chausson.

370. — Jugé que c'est la charge imposée au légataire de conserver et de rendre à un tiers, qui constitue la substitution fidéicommissaire. — *Cass.*, 23 juill. 1834, Galard c. Bouilhac.

371. — Il suit de là que la simple prière de rendre ne saurait constituer une substitution prohibée. — Thévenot, n° 180; Merlin, *Rép.*, v° *Subst. fid.*, sect. 8, n° 207; Marcadé, sur l'art. 896; Rolland de Villargues, nos 148 et suiv.; Grenier, t. 1er, p. 125; Toullier, t. 5, n° 27, et t. 6, n° 499; Duranton, t. 8, n° 71; Delaporte, *Pand. franç.*, t. 4, p. 20 et suiv.; Saint-Espès-Lescot, *Donat. et test.*, t. 1er, n° 86.

372. — Jugé ainsi à l'égard de la disposition par laquelle le testateur prie son héritier institué de conserver et de rendre à un tiers une portion des biens compris dans l'institution. — *Cass.*, 5 janv. 1809, Biourge c. Delrue; *Turin*, 22 déc. 1810, Saluces-Paesana c. Cravetta-Villanovetta.

373. — Il n'y a pas non plus substitution prohibée dans le simple conseil ou la recommandation de rendre, ou encore si on a laissé à la simple volonté du bénéficiaire la restitution des biens donnés. — Auteurs ci-dessus cités.

374. — Décidé ainsi à l'égard de la disposition par laquelle le testateur exprime le vœu que son légataire dispose, lui-même, le cas échéant, des biens légués, en faveur d'une personne désignée. — *Cass.*, 20 janv. 1840 (t. 1er 1840, p. 327), Garneray c. Cabanne.

375. — La charge de *conserver* et de *rendre* qui constitue la substitution fidéicommissaire, ne saurait s'induire des termes suivans d'un testament : *Je ne fais point de legs à ma famille, je me contente de la recommander aux soins de mon mari, mon légataire universel, en qui j'ai toute confiance, pour lui faire du bien.* » Elle ne résulte pas non plus du rapprochement de cette clause, avec une déclaration signée par le légataire (à supposer qu'une substitution prohibée puisse dans tous les cas être établie par des élémens pris hors de l'acte) : de laquelle il résulterait que, postérieurement au testament, le testateur aurait manifesté et recommandé les dispositions qu'on prétend entachées de substitution à son légataire universel, qui aurait pris l'engagement de les exécuter. — *Cass.*, 16 mars 1842 (t. 2 1843, p. 43), Maumy c. Dauriat.

376. — Jugé, cependant, que le fidéicommis conçu en termes rogatoires est conditionnel et rentre dans la catégorie des substitutions prohibées. — *Cass.*, 8 août 1808, Kerkado c. Etchegoyen.

377. — Toutefois la clause d'un testament par laquelle une femme a été instituée héritière universelle de son mari, à la charge de remettre, quand elle le jugerait à propos, sa succession à l'un de leurs enfans, avec cette disposition que, dans le cas où sa femme viendrait à décéder sans avoir fait cette remise, le testateur entendait que sa succession arrivât à l'aîné de ses fils qui seraient alors vivans, l'instituant, dans ce cas, son héritier universel, contient une substitution fidéicommissaire et doit être annulée. — *Lyon*, 10 août 1838 (t. 1er 1839, p. 531), Joly.

378. — Il ne suffit pas, pour constituer un fidéicommis, qu'en instituant un légataire universel le testateur ait eu l'intention de le charger de rendre le legs à un tiers, et qu'il ait même cru que sa volonté serait exécutée; il faut encore qu'il ait fait connaître cette intention à ce légataire, et que celui-ci ait promis de s'y conformer. — *Orléans*, 23 août 1844 (t. 2 1844, p. 430), Desbois c. Chambon.

ART. 3. — *Interprétation des substitutions.*

379. — D'abord il ne faut point perdre de vue cette règle posée plus haut, que la volonté de faire une substitution doit être expresse : c'est-à-dire résulter du sens et de la signification des termes; une volonté purement précaire ne suffit pas, quoiqu'il en fût ainsi dans les lois romaines. — Rolland de Villargues, n° 120; Marcadé, n° 7, art. 896.

380. — Ainsi jugé que les substitutions ne se présument pas; il faut qu'elles soient littéralement exprimées, ou du moins qu'il ne soit pas possible d'interpréter la clause dans un autre sens que celui d'une substitution prohibée. — *Paris*, 15 mars 1844 (t. 1er 1844, p. 552), Haussmann c. Vollot.

381. — Il n'est pas indispensable, pour qu'il y ait substitution prohibée, qu'on se soit servi de l'expression *je substitue*. Il suffit que le disposant ait manifesté clairement son intention de substituer pour qu'on doive annuler la disposition, si elle n'est pas dans l'un des cas exceptionnels prévus. Ainsi, lorsqu'on aura dit : *J'institue un tel et à son* décès *j'institue telle autre personne*, il y aura substitution. — Thévenot, n° 188.

382. — Ainsi, la disposition par laquelle un testateur dit : « *Je nomme pour mon héritier universel un tel, et par lui ses enfans à perpétuité* » renferme une substitution nulle aux termes de l'art. 896 du Code civil. — *Turin*, 22 déc. 1810, Saluces.

383. — De même, les expressions de l'art. 896 du Code civil : « *sera chargé de conserver et de rendre à un tiers,* » constitutives de la substitution fidéicommissaire prohibée, ne sont pas sacramentelles. — La condition de conserver et de rendre à un tiers résulte suffisamment de ce qu'il y a nécessité pour que les biens arrivent aux mains des héritiers substitués après le décès du légataire, que celui-ci n'ait pas eu la faculté de les aliéner ou d'en disposer d'une manière quelconque. — *Poitiers*, 6 mai 1847 (t. 2 1847, p. 289), Caldelar c. Lesage.

384. — Dès lors, la disposition par laquelle un testateur dit : « *Je nomme pour mon héritier universel un tel, pour lui, ses héritiers ou représentans* » renferme une substitution prohibée. — *Bruxelles*, 19 déc. 1811, N....

385. — Jugé, cependant, que la disposition faite en faveur d'une personne ou de ses représentans ne contient point une substitution prohibée. *Liége*, 19 nov. 1811, Henon.

386. — En somme, il faut savoir qu'il n'y a point de termes prescrits pour établir une substitution; mais que les termes obliques sont toujours ceux auxquels on doit reconnaître de préférence une substitution : par exemple, « *Je charge de rendre.* » — Rolland de Villargues, nos 161 et suiv.

387. — D'un autre côté, on doit s'attacher au sens de la disposition, plutôt qu'à ses termes, toutes les fois qu'il est évident que le testateur a pensé autrement qu'il n'a parlé (V. D., tit. *De adim. vel transf. leg.*; L. 3, § 9, tit. *De leg.*; L. 69 3°). — Ainsi, alors même qu'on aurait qualifié le grevé du titre d'usufruitier, la clause ne serait pas moins une substitution. — Domat, *Lois civ. de l'usuf.*, sect. 1re, n° 6; Pothier, *Des subst.*, sect. 3, art. 1er; Merlin, *Quest.*, v° *Substitution fidéicommissaire*, § 5 et 6; Marcadé, n° 7.

388. — De même, si le disposant avait qualifié sa disposition de droit de retour ou d'accroissement, on devrait l'annuler si son exécution entraînait nécessairement l'effet d'une substitution prohibée. — *Cass.*, 19 niv. an XII, Defassin; 23 oct. 1806, Gérard; 22 juin 1812, Royère. — Merlin, *ibid.*

389. — A l'inverse, si le disposant avait faussement appelé substitution une disposition qui n'en avait pas le caractère, il ne faudrait pas en prononcer la nullité. — V. D., tit. *De verbo obl.*, L. 219; Proudhon, *De l'usuf.*, n° 446.

390. — De ce que la volonté de substituer doit être expresse, il résulte que les conjectures ou présomptions ne doivent plus être reçues pour établir une substitution qui ne résulterait pas clairement de l'acte qu'on prétend la contenir. S'il en était autrement dans le droit romain et sous notre ancienne législation, c'est qu'on voulait favoriser la volonté du disposant. — Aujourd'hui, au contraire, reconnaître une substitution c'est aller à l'encontre de l'intention du disposant, puisqu'on tend par là à l'annulation de la disposition. — Ce serait contrevenir à la règle de l'art. 1157 du Code civil, qui veut : qu'une clause susceptible de deux sens soit plutôt entendue dans celui avec lequel elle peut produire quelque effet, que dans celui où elle n'en produirait aucun; règle applicable aux testamens comme aux contrats. — *Cass.*, 21 janv. 1812, Helser. — Merlin, *Rép.*, v° *Substitution fidéicommissaire*, sect. 8; Toullier, t. 5, n° 430; Rolland de Villargues, n° 122; Saint-Espès-Lescot, *Donat. et testam.*, t. 1er, n° 71.

391. — Alors donc qu'il y aura obscurité dans la clause qu'on attaque comme contenant une substitution, on devra choisir le sens qui tend à la faire valoir plutôt que celui qui tend à l'annuler. — *Cass.*, 7 déc. 1826, Pinatel; 5 juill. 1832, Lecomte. — Coin-Delisle, n° 39.

392. — Ainsi : la disposition qui ne contient pas d'une manière formelle, ou du moins qui n'exprime pas virtuellement et nécessairement, par les termes dans lesquels elle est conçue, la charge de conserver et de rendre, ne renferme point une substitution fidéicommissaire. — *Cass.*, 23 juill. 1834, Galard c. de Bouilhac.

393. — Par la même raison : lorsqu'une clause peut être entendue aussi bien dans le sens d'une substitution vulgaire que dans le sens d'une substitution fidéicommissaire, c'est le premier sens qui doit être adopté. — *Cass.*, 24 mars 1829, Bercher c. Perreau; *Toulouse*, 4 juill. 1840 (t. 2 1840, p. 338), Beux c. Oustry.

394. — Ainsi : la disposition par laquelle un testateur lègue ses biens à tel, son neveu, *réversibles sur sa femme et ses enfans*, peut, en se reportant à l'intention du disposant, être entendue en ce sens que la réversion aura lieu, quoique le neveu soit décédé du vivant du testateur et avant d'avoir recueilli. — *Cass.*, 24 mars 1829, Bercher c. Perreau.

395. — Ainsi encore, l'on doit considérer comme substitution vulgaire, la clause ainsi conçue : « *Je lègue tout mon mobilier à Joseph O... et aux époux M...; mais, le cas arrivant où Joseph O... vienne à décéder avant les époux M..., je veux que ceux-ci profitent de mon entière disposition, il en sera de même dans le cas où les époux M... prédécéderaient à Joseph O....* » — *Toulouse*, 4 juill. 1840 (t. 2 1840, p. 338), Beux c. Oustry.

396. — De même, quand on peut admettre que le testateur a supposé que la mort de l'institué arriverait avant qu'il eût recueilli; il faut décider que le substitué n'a été appelé que comme substitué vulgaire, et maintenir la disposition principale : quoique la substitution ne produise pas son effet, si l'institué recueille. — *Cass.*, 11 juin 1817, Maslieurat; 10 janv. 1821, Marret; *Caen*, 11 août 1825, Manchon c. Seyer; *Orléans*, 10 févr. 1830, Millereau c. Cottignon. — Rolland de Villargues, n° 239.

397. — Toutefois l'ord. de 1747 n'a point eu d'effet rétroactif en proscrivant les anciennes conjectures, sur lesquelles on se fondait autrefois pour décider s'il y avait ou non substitution. En conséquence, un jugement qui a fondé sur de telles conjectures l'existence d'une substitution faite antérieurement à l'ordonnance n'est point sus-

ceptible de cassation. — *Cass.*, 11 vent. an XI, Bourdon c. Franqueville. — Cet arrêt est basé sur ce que l'ord. de 1747 avait laissé subsister toutes les conjectures fondées sur quelques textes précis du droit romain, ainsi que l'atteste Furgole (*Comm. sur l'ord.*, p. 6).

398. — Il a été reconnu par de nombreux arrêts de la Cour de cassation : que l'arrêt qui décide, par interprétation d'un testament, qu'il contient ou ne contient point une substitution prohibée, ne donnait pas ouverture à cassation. — V., entre autres, *Cass.*, 17 messid. an XI, Jouve ; 3 août 1814, Lassus c. N... ; 27 avr. 1819, Dalsace c. de Caraman ; 12 mai 1819, Auberge ; 17 août 1821, Delabrosse c. de Marquillé ; 5 déc. 1838 (t. 1er 1839, p. 519), Mat c. Deniau ; 22 janv. 1839 (t. 1er 1839, p. 82), Paulhiac c. Lascoups.

399. —... Qu'ainsi l'arrêt, qui, interprétant une disposition testamentaire, décide qu'elle contient, non un legs de transmission qui ait pu avoir pour effet l'obligation de conserver et de rendre, mais seulement un legs de libération conditionnel, et à ce titre déclare la disposition valable, est à l'abri de la censure de la Cour de cassation. — *Cass.*, 30 déc. 1835, Nicolaï.

400. —...Qu'il appartient aux juges du fond de déclarer, d'après les règles de l'interprétation, si un testament fait sous l'empire de l'édit perpétuel de 1611 contient ou non une substitution fidéicommissaire. — *Liége*, 3 déc. 1828, Masset c. Hospices de Herve.

401. —... Que, dès qu'il est reconnu que l'institution ne renferme pas la charge de conserver et de rendre, la Cour d'appel peut, sans donner ouverture à cassation, décider, dans le sens de la validité de la disposition, la question d'intention et de volonté, qui lui reste à juger. — *Cass.*, 23 juillet 1834, Galard c. de Bouilhac.

402. —... Qu'enfin une Cour d'appel a pu décider, sans qu'il en résultât une ouverture à cassation, que la disposition testamentaire portant que les institués ne pourront vendre ni aliéner les biens légués, et qu'ils seront forcés de les laisser à leurs enfans, ou à leurs héritiers, peut être interprétée, soit d'après l'acception ordinaire du mot héritiers, soit d'après les autres passages du testament, comme ne renfermant qu'une substitution aux premier et deuxième degrés permise par la loi du 17 mai 1826. — *Cass.*, 8 févr. 1825, Leharivel.

403. — Jugé, au contraire, que la question de savoir si un acte contient ou non une substitution prohibée n'appartient pas souverainement aux juges du fait, et rentre dans les attributions de la Cour de cassation ; parce qu'alors il s'agit là d'une décision qui change la nature et l'essence d'un acte, ou qui, par une fausse interprétation, tend à maintenir ce que la loi prohibe. — *Cass.*, 22 juin 1812, Blayac c. Soufflot ; 24 mars 1829, Bercher c. Perreau ; 20 janv. 1840 (t. 1er 1840, p. 327), Garneray c. Cabanne.

404. —... Qu'en matière de substitution la Cour de cassation peut, nonobstant la déclaration contraire de la Cour d'appel, examiner si l'institution contient en termes formels ou équipollens la charge de conserver et de rendre à un tiers (rés. impl.). — *Cass.*, 23 juill. 1834, Galard c. de Bouilhac.

405. — Cependant, il n'y a point contradiction entre tous les arrêts. En effet, toute question de substitution présente une question de droit aussi bien qu'une question de fait à examiner. Il y a question de droit lorsque les dispositions soumises au jugement des magistrats ayant tel caractère reconnu, il s'agit de décider si ces caractères constans sont ou non suffisans pour donner lieu à une substitution. Si donc, après avoir reconnu les faits existans, les juges déclarent qu'ils ne sont pas de nature à former une substitution prohibée, ils font évidemment une interprétation de la loi ; interprétation que la Cour de cassation pourra censurer comme toute autre interprétation de la loi. Au contraire, si les juges se bornent à constater ou non l'existence des dispositions qu'on prétend contenir la substitution prohibée, sans en tirer la conséquence que ces dispositions rentrent sous l'application de l'art. 896 C. civ., ils n'auront décidé qu'un point de fait rentrant souverainement dans leur domaine et la Cour suprême ne pourra pas casser leur jugement. Les décisions ci-dessus rappelées se concilient donc facilement. — Rolland de Villargues, nos 109 et suiv. (3e édit.).

406. — Ainsi qu'on l'a déjà vu (vo LOIS, no 216), c'est par la loi du domicile que doivent se régler les dispositions testamentaires d'un étranger ; et le testament où se trouve une substitution contraire à nos lois est à l'abri des attaques des héritiers français, sauf pour ceux-ci le droit de recueillir sur les biens situés en France la réserve telle qu'elle est fixée par le Code. — *Paris*, 1er févr. 1836, Imbert c. Dubois de Chemant.

ART. 4. — *Preuve des substitutions prohibées.*

407. — Si la substitution est écrite dans l'acte qui contient la libéralité principale, ou dans un acte postérieur en forme, la preuve en est dans l'acte même, et les juges doivent faire l'application de l'art. 896 C. civ. — Rolland de Villargues, no 347.

408. — Ainsi jugé, que la preuve de l'existence d'une substitution ne peut être faite autrement que par un acte en forme de donation ou de testament. — *Cass.*, 28 déc. 1818, Bruère ; *Orléans*, 11 août 1823, Gaborit de la Brosse c. Maquillé ; *Cass.*, 18 juin 1835, Lature.

409. — Mais lorsqu'il s'agit d'un fidéicommis secret, tel que celui par lequel le disposant aurait institué pour la forme une personne capable, en la chargeant tacitement de remettre ses biens à un incapable, on est généralement d'accord qu'on en peut établir l'existence par tous les moyens de preuve. — Rolland de Villargues, no 348 ; Toullier, t. 5, no 77 ; Grenier, t. 1er, no 136 ; Furgole, *Des testamens*, ch. 7, sect. 3, no 364 ; Favard de Langlade, *Rép.*, vo *Fidéicommis tacite*.

410. — Dans ce sens, jugé que, lorsque des héritiers naturels, sans avouer ni contester la sincérité d'un testament olographe, le prétendent révoqué ou entaché de nullité par des dispositions secrètes en faveur de personnes incapables, ils peuvent établir la preuve du fidéicommis tout en faisant subir un interrogatoire sur faits et articles au légataire universel chargé de l'exécution des dispositions qu'ils critiquent. — *Cass.*, 18 mars 1818, Cognat c. Teulat.

411. — De même, la preuve de l'existence d'une substitution fidéicommissaire, non formellement exprimée dans un testament, peut résulter des lettres du défunt et de l'aveu du légataire universel. — *Cass.*, 22 déc. 1814, Lefebvre c. Thiville.

412. — Toutefois, le pacte verbal qu'on articule avoir existé, relativement à un fidéicommis tacite, ne peut devenir constant que par l'aveu de celui qui a reçu le bienfait pour le transmettre à un tiers incapable. — *Paris*, 31 juill. 1819, Bruère ; *Riom*, 10 août 1819, Lassigny c. Gidon.

413. — De même, la preuve d'un fidéicommis tacite ne peut être établie par des élémens pris en dehors de l'acte qu'autant qu'il s'agirait de disposition faite au profit d'un incapable. — *Limoges*, 11 janv. 1841 (sous *Cass.*, 16 mars 1842 (t. 2 1843, p. 43), Maumy c. Dauriat.

414. — Il n'y a d'exception à ce que nous venons d'établir quant à la preuve de la substitution qu'autant qu'on alléguerait la perte ou la soustraction de l'acte contenant la substitution. Dans ce cas, la perte de l'instrument pourrait être établie par tous moyens de preuve et, comme conséquence de la preuve de cette perte, on établirait de même la preuve de la substitution. — C. civ., art. 1348. — Rolland de Villargues, no 353.

415. — Suivant M. Rolland de Villargues (no 350) et M. Marcadé (art. 896, no 7), la preuve d'une substitution prohibée ne peut, à la différence d'un fidéicommis tacite, être puisée que dans l'acte même ou faite que par des actes rédigés dans les formes réglées pour les donations et les testamens ; de sorte que les témoins que l'on voudrait faire entendre, le serment qu'on voudrait déférer devraient être repoussés par les tribunaux. Ils donnent pour raison de décider, que : 1o Ce serait admettre indirectement la révocation d'une donation entre-vifs hors les cas prévus par la loi, que de recevoir un moyen de preuve puisé ailleurs que dans l'acte ; 2o ce serait rendre illusoires les formes prescrites pour la révocation des testamens ; 3o ce serait prouver la substitution sans résultat utile, puisque la substitution nulle, soit quant au fond, soit quant à la forme, n'entraînerait pas la nullité de la disposition à laquelle elle se rapporte. — *Contrà*, Merlin, *Quest.*, vo *Subst. fid.*, § 4, et Coin-Delisle, art. 896, no 55.

ART. 5. — *Nullité de la substitution, et effets de cette nullité.*

416. — L'art. 896 C. civ. annule la disposition entière qui comprend une substitution prohibée. Il ne veut pas que la substitution soit considérée comme une clause non écrite, comme contraire à la loi ; mais qu'elle fasse tomber l'institution, le legs ou la donation dont elle dépend. C'est là une disposition d'ordre public, dont les tribunaux ne peuvent se dispenser de faire l'application. — Duparc-Poullain, *Principes de droit*, t. 7, p. 99, et t. 9, p. 302 ; Toullier, t. 5, no 13 ; Duranton, t. 8, no 90 ; Rolland de Villargues, no 311 ; Grenier, t. 1er, no 3 ; Delvincourt, t. 2, p. 99 ; Delaporte, *Pand. franc.*, t. 4, p. 13 ; Merlin, *Rép.*, vo *Subst. fid.*, sect. 1re, § 14 ; Marcadé, sur l'art. 896, no 8.

417. — Jugé donc que l'art. 896 C. civ. doit être interprété en ce sens qu'une institution d'héritier grevée de substitution, est nulle comme la substitution elle-même. — *Agen*, 30 avr. 1808, Roger ; *Cass.*, 18 janv. 1808, Roger ; *Bruxelles* (et non *Liége*), 10 févr. (et non 20) 1809, Ernst c. Vanderheyden ; *Cass.*, 7 nov. 1810, Vanderheyen c. Ernst ; *Rouen*, 24 août 1812, Grégoire c. Priet ; *Rennes*, 24 fév. 1813, Sotin. — *Contrà*, *Paris*, 7 therm. an XII, Esteron.

418. — Ainsi, la substitution permise par l'art. 1049 C. civ. étant rigoureusement restreinte aux enfans de l'institué ; si le testateur appelle d'autres personnes concurremment avec les enfans du grevé, la substitution est nulle à l'égard de tous ainsi que l'institution. — *Cass.*, 27 juin 1811, Drion.

419. — De même encore, doit être réputée nulle pour le tout la disposition contenant une substitution fidéicommissaire permise à l'égard de quelques-uns des appelés mais prohibée à l'égard des autres. — Il en est ainsi spécialement de la disposition avec charge de conserver et de rendre aux enfans naturels et aux enfans légitimes du grevé. — *Caen*, 2 déc. 1847 (t. 1er 1848, p. 546), Soynard c. Lebastard.

420. — Il y a également nullité de l'institution, lors même qu'il s'agit d'une substitution conditionnelle ; car la condition ajoutée à la substitution n'en change pas la nature et laisse subsister la charge de conserver et de rendre à la mort du grevé, caractère essentiel de la substitution. — Toullier, t. 5, no 37 ; Duranton, t. 8, no 87, et Rolland de Villargues, no 313 ; Marcadé, art. 896, no 5.

421. — Toutefois, la disposition du Code civil qui prononce la nullité de l'institution en même temps que de la substitution n'est pas applicable à une disposition faite anciennement. La substitution seule est nulle, et la donation doit être maintenue. — *Cass.*, 30 mars 1829, Bagnères c. Guibaut ; *Bordeaux*, 28 juin 1830, Dains.

422. — Ainsi, la propriété des biens substitués anciennement par actes entre-vifs, et par la clause *de eo quod supererit*, a été irrévocablement consolidée sur la tête du grevé, par les lois abolitives des substitutions, même dans le cas où le substituant n'est décédé que depuis le Code civil. — *Pau*, 4 janv. 1826, Guiraud c. Bagnères.

423. — Jugé, au contraire, que l'art. 896 C. civ., qui annule l'institution, de même que la substitution, est applicable à une substitution insérée dans une donation à cause de mort, contractuellement faite antérieurement à la publication du Code. — *Bruxelles*, 6 déc. 1809, Wacquenaère c. Strobeleere.

424. — Au surplus, la substitution qui n'est attachée qu'à un legs n'emporte pas la nullité des autres legs. — *Rouen*, 24 août 1810, Grégoire ; *Agen*, 13 déc. 1811, Fabre c. Bergonieux ; *Rouen*, 24 août 1812, Grégoire c. Priet ; *Cass.*, 3 août 1814, Lassus c. N.... — Rolland de Villargues, no 319 ; Merlin, *Rép.*, vo *Substitution fiduciaire*, sect. 1re, § 14, no 3, et sect. 5, § 2, no 4 ; Toullier, t. 5, no 14 ; Duranton, t. 8, no 88 ; Coin-Delisle, sur l'art. 896, no 43 ; Marcadé, *ibid.*, no 8 ; Saint-Espès-Lescot, *Donat. et test.*, t. 1er, no 62.

425. — Par exemple, si le même acte contenait deux substitutions distinctes, l'une au profit des enfans *nés et à naître*, l'autre au profit des enfans *actuellement existans*, la nullité de la seconde n'entraînerait pas la nullité de la première. — *Bruxelles*, 14 juill. 1808, Drion.

426. — De même, la nullité dont est frappée l'une des clauses d'un acte à cause d'une substitution fidéicommissaire qui s'y trouve insérée ne s'étend point aux autres dispositions du même acte qui en sont tout à fait distinctes. — *Caen*, 2 déc. 1847 (t. 1er 1848, p. 546), Soynard c. Lebastard.

427. — Ainsi, la nullité de l'institution grevée de substitution n'emporte point nullité d'un legs particulier mis à la charge de l'institué ; le legs doit être acquitté par celui qui recueille la succession, au défaut de l'institué. — *Agen*, 13 déc. 1811, Fabré c. Bergonioux ; *Rouen*, 24 août 1812, Grégoire c. Priet ; *Angers*, 7 mars 1822, Hunault

c. Gaugain. — Rolland de Villargues, *Traité des substitutions prohibées*, nº 319; Merlin, *Rép.*, vº *Substitution fiduciaire*; Toullier, t. 5, nº 14; Duranton, t. 8, nºs 88 et suiv.; et Coin-Delisle, *Comment. analyt.*, sur l'art. 896, nº 43.

428. — Si un premier testament contenait une institution ou un legs pur et simple et si un second testament grevait ce legs ou cette institution d'une substitution, il y aurait nullité de l'institution et du legs. Car, les dispositions testamentaires n'ayant d'effet qu'au décès du disposant, les deux dispositions sont considérées comme faites cumulativement, ou plutôt la première est modifiée par la seconde. — Rolland de Villargues, nº 319 2º.

429. — Ainsi, lorsque le testateur, après avoir fait un legs pur et simple, l'a grevé d'une substitution fidéicommissaire par une clause écrite à la suite de son testament olographe et datée du même jour; ces deux dispositions se confondent, et la nullité de la substitution entraîne la nullité du legs. La clause de substitution, ainsi écrite à la suite du testament, signée et datée comme le testament lui-même, ne peut être considérée comme un codicille dont la nullité ne rejaillisse pas sur l'institution. — *Bordeaux*, 7 janv. 1841 (t. 1er 1841, p. 545), Chapuzé c. Guérineau.

430. — A ce sujet, l'arrêt qui décide qu'un testament contenant un legs universel, et une annexe ajoutant à ce legs une clause de substitution fidéicommissaire, forment un tout indivisible, et que par suite la nullité de la clause de substitution entraîne celle de l'institution, ne viole aucune loi. — *Cass.*, 21 juin 1841 (t. 2 1841, p. 77), Schwartz c. Michel.

431. — Il en faut dire autant du cas où une donation entre-vifs ou une institution contractuelle serait faite simplement, et plus tard grevée d'une substitution qui serait la condition d'une nouvelle libéralité acceptée par le donataire. — C. civ., art. 1052. — Rolland de Villargues, *ibid.*, 3º.

432. — De ce principe que les dispositions d'un testament étrangères à celle qui est grevée de substitutions prohibées restent valables, il résulte : que le legs par préciput, laissé à l'un des héritiers, ne serait pas annulé par cela qu'on aurait mis une substitution prohibée à la charge de cet héritier légataire, mais en sa qualité d'héritier. — Rolland de Villargues, nº 322.

433. — Si la substitution prohibée n'était pas valablement faite, c'est-à-dire si elle était nulle en soi et abstraction faite de l'art. 896 C. civ.; la disposition principale ne devrait pas être annulée, car « ce qui est nul ne peut produire d'effet. » — V. C., *De legib.*, l. 5. — Dunod, *Des prescript.*, p. 47; Rolland de Villargues, nº 324; Saint-Espès-Lescot, *Donat. et test.*, t. 1er, nº 65.

434. — La nullité pourra résulter : soit des vices du fond, à défaut des conditions que les lois exigeaient pour la validité d'une substitution dans le temps même où elles étaient permises; soit des vices de forme (quand la substitution est faite par acte séparé), comme l'incompétence du notaire, l'incapacité des témoins, etc. — Rolland de Villargues, nº 325.

435. — Dans le cas où l'institution, le legs ou la donation se trouvent nuls; la substitution, valablement faite et autorisée par la loi, doit être maintenue comme disposition principale : car elle est, comme on l'a vu, une seconde libéralité. — Furgole, *Quest. sur les donat.*, quest. 5, nºs 11 et suiv.; Tiraqueau, *Retr. lignager*, § 1er; Merlin, *Quest.*, vº *Stipulation pour autrui*; Rolland de Villargues, nº 336.

436. — Il faut décider de même dans tous les cas où l'institution ou le legs deviennent caducs ou ne sont pas recueillis par le légataire ou l'institué qui se refusent à profiter de la libéralité. — Thévenot, chap. 83; Pothier, p. 477; Toullier, t. 5, nº 793; Rolland de Villargues, nº 338.

437. — La disposition qui aurait pour objet d'assurer comme clause pénale l'exécution d'une substitution prohibée devrait être réputée nulle; autrement on pourrait éluder une prohibition d'ordre public. — Rolland de Villargues, nº 343; Coin-Delisle, nº 50; Toullier, t. 6, nº 815, et t. 10, nº 489; Duranton, t. 8, nº 94.

438. — Ainsi, on doit considérer comme nulle et non écrite la clause pénale insérée dans un testament et qui a pour objet d'assurer l'exécution d'une substitution prohibée. — *Bordeaux*, 30 juill. 1832, Gacher c. Barbot; *Cass.*, 24 mai 1837 (t. 2 1837, p. 342), Albe c. de Pierrefeu.

439. — Telle est la disposition par laquelle un testateur institue un tiers son héritier universel, pour le cas où l'héritier naturel attaquerait un testament antérieur contenant une substitution. — *Bordeaux*, 30 juill. 1832, Gachet. c. Barbot.

440. — En effet, la condition imposée par le testament au légataire universel de se conformer aux dispositions y contenues, sans pouvoir y déroger, d'aucune manière, n'entraîne pas pour lui l'obligation d'accomplir celles qui, comme contraires aux lois, sont réputées non écrites. — *Cass.*, 24 mai 1837 (t. 2 1837, p. 342), Albe c. Pélissier de Pierrefeu.

441. — De même est nulle et non écrite la disposition par laquelle un testateur substituant a réglé le sort des biens substitués, pour le cas où une loi future s'opposerait à l'effet de la substitution. — *Paris*, 28 juin 1811, Bagnac c. Soufflot; *Liége*, 19 nov. 1812, N....

442. — Du reste, la clause pénale ajoutée à une disposition prohibée n'est point valable; particulièrement, la clause par laquelle un testateur, après avoir établi une substitution prohibée en faveur de plusieurs de ses petits-enfans, déclare que si les autres enfans mettent obstacle à l'exécution de son testament, il les prive de tous droits à sa succession. — *Cass.*, 30 juill. 1827, de Suriray.

443. — Toutefois on est d'accord que dans le cas où après avoir apposé une clause accessoire qui peut être considérée comme contenant une substitution prohibée, un testateur a déclaré révoquer cette disposition accessoire au cas où elle vicierait la disposition principale, celle-ci doit être déclarée valable. — *Paris*, 3 mars 1820, Hermel c. Bourguignon; *Cass.*, 8 juill. 1834, Simon. — Rolland de Villargues, nº 348; Vazeille, nº 16; Coin-Delisle, nº 51; Marcadé, nº 6.

444. — Si le testateur ne s'était pas borné à prescrire le maintien de la disposition principale, mais avait fait une disposition nouvelle quant aux personnes ou quant à l'objet; la seconde disposition serait valable, en vertu de ce principe que les dispositions alternatives sont permises. — *Cass.*, 1er mars 1830, Veyle; 7 févr. 1831, Rouget; 1er mars 1831, Laurent. — Grenier, nº 399; Rolland de Villargues, nº 342.

445. — Comme la prohibition de substitution est d'ordre public, la renonciation faite par l'appelé ou l'institué à la substitution prohibée ou à l'institution, n'empêcherait pas les deux dispositions d'être annulées, quoique cette renonciation fût intervenue avant l'ouverture du droit. Il en faudrait dire autant de la ratification. — D., tit. *De reg. jur.*, L. 45, § 1er; C. civ., art. 6. — Rolland de Villargues, nº 339; Poullain-Duparc, *Princ. de droit*, t. 9, p. 302; Toullier, *Droit civil*, t. 9, nº 40 *in fine*; Coin-Delisle, nº 54.

446. — Ainsi jugé que la transaction qui a pour objet le maintien d'une substitution abolie depuis la loi du 14 nov. 1792, n'est pas obligatoire pour le grevé. — *Cass.*, 17 (et non 7) nov. 1812, Gaultier,

447. — Jugé, au contraire, que le grevé d'une substitution prohibée peut néanmoins consentir que cette substitution reçoive son effet au profit des appelés. — Et, particulièrement, les cohéritiers du grevé d'une substitution abolie par la loi de 1792 ont pu, en traitant avec lui sur la succession, réserver les effets d'une substitution établie à leur profit par le défunt. — *Cass.*, 4 janv. 1831, Pérille c. Lecarruyer.

448. — ... Que les parties ont la faculté, en ce qui concerne leur intérêt particulier, de renoncer à se prévaloir d'une nullité, fût-elle d'ordre public; ainsi elles peuvent, mais par une ratification expresse, couvrir la nullité résultant d'une substitution prohibée. — *Montpellier*, 24 mars 1841 (sous *Cass.*, 18 avril 1842 (t. 2 1842, p. 434), Cabrolier c. Calmels.

449. — ... Que l'exécution par celui qui aurait intérêt et qualité pour le critiquer, d'un testament entaché de substitution, élève une fin de non-recevoir contre la nullité invoquée. — Ainsi, par exemple, la demande par l'héritier à fin d'envoi en possession du legs d'usufruit contenu en sa faveur au testament, met obstacle à ce qu'il puisse critiquer, comme entaché de substitution, le legs qui serait fait de la nue propriété. — *Douai*, 10 avril 1840 (t. 2 1840, p. 579), Mouton c. Garin.

450. — ... Que celui qui a été partie principale dans une donation entre-vifs renfermant une substitution autorisée, n'est pas recevable à soutenir contre les appelés que cette substitution est simulée. — *Colmar*, 14 août 1840 (t. 1er 1841, p. 44), Lavallée.

451. — Lorsqu'un père, après avoir fait un legs à l'un de ses enfans, lui impose dans son testament l'obligation de rendre à ses petits-enfans tous les biens qu'il recueillera de l'hérédité, celui-ci ne peut, par une renonciation au legs particulier, invalider la substitution; laquelle doit produire effet, mais seulement sur la quotité disponible. — *Paris*, 18 déc. 1845 (t. 1er 1846, p. 264), Cagnon c. Hémon.

452. — Par qui la nullité d'une substitution peut-elle être demandée? — Elle peut l'être par tous ceux qui y ont un intérêt né et actuel, notamment par les héritiers légitimes. — *Douai*, 10 avril 1840 (t. 2 1840, p. 579), Mouton c. Garin. — Rolland de Villargues, nº 345.

453. — Néanmoins, c'est au légataire universel seul, dans le cas où il n'existe pas d'héritiers à réserve, qu'appartient le droit de provoquer la nullité d'une substitution fidéicommissaire contenue au testament. — Ce légataire profitant seul de la nullité ou de la caducité des libérations faites par le défunt, les héritiers naturels sont sans intérêt et, conséquemment, sans droit pour demander cette nullité. — Ce principe doit recevoir son application même dans le cas où le légataire universel serait au nombre des appelés éventuels à la substitution, alors, toutefois, que l'institution d'héritier est tout à fait distincte et indépendante de la disposition fidéicommissaire. — *Cass.*, 22 juill. 1835, Albe c. Pélissier de Pierrefeu; 24 mai 1837 (t. 2 1837, p. 342), mêmes parties.

454. — Les juges pourraient-ils d'office suppléer la nullité? — Oui, si la nullité d'une disposition renfermant substitution était demandée et que d'autres moyens que ceux résultant de la substitution fussent invoqués. — Non, si aucune action en nullité n'avait été formée. — Rolland de Villargues, nº 346.

455. — La nullité, pour cause de substitution prohibée, d'une disposition ou acte de partage anticipé, fait rentrer les biens dans la succession *ab intestat* du disposant. Toutefois, les héritiers qui ont reçu leur part dans cette succession au moyen de ce même partage anticipé ne peuvent rien réclamer de ces biens. — *Caen*, 2 déc. 1847 (t. 1er 1848, p. 546), Soynard c. Le Bastard.

ART. 6. — *Rétroactivité et questions transitoires.*

456. — Le principe de la non-rétroactivité des lois, appliqué à la loi du 25 oct.-14 novembre 1792, abolitive des substitutions, a donné naissance à plusieurs questions transitoires qu'il est important de rappeler.

457. — La loi du 25 oct. 1792 a aboli toutes les substitutions non ouvertes à l'époque de sa publication. — *Cass.*, 3 brum. an V, Muys c. Potier-Trosca.

458. — Les appelés au bénéfice d'une substitution n'ont pu demander les biens substitués qu'autant qu'ils avaient conservé le droit de les réclamer jusqu'au jour de la publication du décret du 14 nov. 1792, qui abolit les substitutions. — *Cass.*, 18 flor. an XIII, Clermont-Tonnerre.

459. — Une substitution, qui était ouverte au profit de l'appelé au moment de la promulgation de la loi du 13 nov. 1792, a dû avoir son effet, bien que l'appelé n'eût pas encore demandé la délivrance des biens substitués. — *Cass.*, 1er févr. 1832, Valernod c. des Isnards.

460. — Il n'y a point rétroactivité lorsque la loi se borne à imposer au substitué la condition *sine quâ non* de faire, dès à présent, enregistrer et publier son titre, bien qu'il ne fût pas soumis à cette formalité pour la conservation de son droit à l'époque où il est né. — *Spécialement :* Une substitution perpétuelle, établie dans le comtat Venaissin avant le règlement de 1700, qui exige l'insinuation, a été depuis soumise à cette formalité pour les ouvertures de la substitution qui ont eu lieu sous l'empire de ce règlement. Les tiers acquéreurs ont pu exciper du défaut d'insinuation. — *Cass.*, 17 déc. 1816, Laincel c. N....

461. — Le défaut d'envoi en possession pouvait être opposé au substitué par les tiers acquéreurs, quand même ces poursuites en éviction seraient dirigées depuis la loi abolitive des substitutions; cette loi n'ayant porté aucune atteinte au droit, antérieurement ouvert au profit des tiers, d'opposer l'inexécution des formalités prescrites par l'ordonnance. — *Cass.*, 3 janv. 1810, Dubourjet c. Dijon.

462. — Jugé, au contraire, que l'appelé à une substitution ouverte postérieurement à la loi du 14 nov. 1792, qui a aboli toutes les substitutions fidéicommissaires alors non ouvertes, n'a plus qualité pour opposer aux héritiers du grevé, devenus, par suite de cette loi, propriétaires incommutables des biens substitués, l'inaccomplissement des formalités que prescrivait au grevé l'ordonnance de 1747 dans l'intérêt de la conservation des biens qu'il devait restituer. —

Cass., 31 janv. 1842 (t. 2 1842, p. 727), de Lascoups c. Paulhiac.

463. — La loi du 14 nov. 1792, qui a aboli les substitutions non ouvertes, a eu pour effet de consolider irrévocablement sur la tête du grevé qui se trouvait en possession, et à l'exclusion des appelés, la propriété des biens substitués. — Cet effet n'a pas été abrogé par l'art. 12, l. 3 vendém. an IV, dont la disposition générale ne semble maintenir les lois antérieures *que chacune à compter du jour de sa publication.* — *Cass.*, 19 niv. an XII, de Fassin c. de Roncy; *Toulouse*, 21 mars 1825, Bournazel c. de Funel; *Cass.*, 21 mars 1826, mêmes parties; 24 juill. 1839 (t. 2 1839, p. 251), Laserre c. Condat. — Merlin, *Rép.*, v° *Substitution fidéicommissaire*, sect. 1, § 13, n° 3.

464. — La propriété des biens grevés de substitution a été irrévocablement fixée sur la tête de celui qui y avait droit au jour de la loi du 14 nov. 1792, abolitive des substitutions, bien que, par le titre, ce droit eût été subordonné à l'événement d'une condition qui n'était point alors accomplie. — *Cass.*, 2 janv. 1813, Demonge c. Desandrouin.

465. — En admettant que la clause d'une donation qui établit la réversibilité des biens donnés au profit de la disposition qu'en pourrait faire le donateur par testament doive être considérée comme contenant une substitution fidéicommissaire, et entraînant par suite la nullité de la donation elle-même; une pareille clause insérée dans une donation passée sous l'ancienne législation, qui permettait les substitutions, n'a pu vicier le droit de retour stipulé au profit du donateur. Dans ce cas la survenance de la loi du 14 nov. 1792, abolitive des substitutions, n'a pu avoir pour effet de consolider la propriété des biens donnés, sur la tête du donataire, au préjudice du retour stipulé au profit du donateur, surtout lorsque ce dernier n'a point usé de la faculté qu'il s'était réservée de disposer par testament. — *Cass.*, 26 janv. 1836 (t. 2 1837, p. 375), Villanova c. Sors.

466. — Jugé que les lois abolitives des substitutions n'ont pu être invoquées contre l'appelé à une substitution, par celui au profit de qui cet appelé y avait renoncé. — *Cass.*, 28 frim. an XIII, Villers-Lafaye c. Lebrun.

467. — ... Et que la renonciation, même conditionnelle et sans réserve, faite par l'appelé à une substitution est une véritable donation susceptible de révocation. — Même arrêt.

468. — La loi du 25 oct.-14 nov. 1792 n'ayant aboli que les substitutions, et les nullités devant être entendues dans un sens restrictif; on ne doit pas appliquer cette loi aux stipulations de retour en faveur du donateur ou de ses descendans ou héritiers, faites dans les pays où elles étaient autorisées — *Cass.*, 11 frim. an XIV, Larregoyen; 17 janv. 1809, Guinarthe; 19 janv. 1822, Flavigny; 20 déc. 1825, Darripe; 30 mars 1829, Bagnères.

469. — De même la réserve, faite par l'édit des secondes noces, aux enfans du premier lit, des biens provenant des libéralités faites par leur auteur à son conjoint, dans le cas de convol de celui-ci, n'a pas été comprise dans l'abolition des substitutions prononcée par la loi du 14 nov. 1792. — *Cass.*, 11 janv. 1825, Jamarrin c. Paret.

470. — Généralement, les lois abolitives des substitutions sont étrangères aux dévolutions coutumières. Elles ne peuvent d'ailleurs être invoquées lorsqu'elles n'ont été promulguées dans le pays où la dévolution était en usage, qu'après le décès du testateur. — *Cass.*, 30 juill. 1806, Peeters c. Vanherk.

471. — Dans le cas où une clause de substitution porte que la propriété des biens passera à celui des parens du testateur qui se trouvera le plus proche, lors du décès de la femme du grevé, survivante et usufruitière, la propriété des biens a dû être donnée au parent qui s'est trouvé le plus proche au jour de la publication de la loi de 1792. — *Cass.*, 26 janv. 1812, Monge c. Sandrouin.

472. — Lorsque le testateur a substitué les enfans mâles du légataire à l'exclusion des filles, s'il est arrivé que le grevé n'ait eu qu'un seul enfant mâle au moment du décès du testateur, arrivé avant 1792, ou au moment de la promulgation de cette loi, ou encore à son propre décès, les biens substitués doivent être dévolus à cet enfant et non à la succession du grevé. — *Cass.*, 6 juin 1833, Gisclard c. Féral.

473. — Alors même que l'état de mort civile dont les émigrés ont été frappés remonterait à une époque antérieure à la loi abolitive des substitutions, il ne s'ensuivrait pas que les biens grevés de substitution qui ont été confisqués sur leur tête dussent être considérés comme étant devenus, par suite de leur mort civile, la propriété des substitués et, qu'en conséquence, l'indemnité accordée à raison de ces biens dût être attribuée à ces derniers en leur qualité de propriétaires dépossédés. — A cet égard, l'effet de l'art. 3 L. 28 mars 1793, qui porte que les substitutions dont les émigrés ont été grevés sont ouvertes au profit de la nation, a dû remonter à l'époque même de l'abolition des substitutions pour saisir irrévocablement l'émigré, ou l'Etat en son nom, par préférence aux appelés, sans qu'on puisse invoquer le principe sur l'effet rétroactif consacré par l'art. 2 C. civ. — *Cass.*, 16 févr. 1831, Saint-Agnan c. Descage.

474. — Cet arrêt, qui, au premier aperçu, semble contraire à l'art. 2 C. civ., se justifie cependant par deux motifs très-sérieux. Le premier est tiré de ce que les droits des substitués n'étaient, sous l'ancienne législation, ouverts par la *mort civile* qu'autant qu'elle était prononcée *judiciairement* pour crime, et de ce que la loi de 1792 n'avait pas attaché la mort civile au bannissement des émigrés; d'où il résulte que la loi du 28 mars 1793, qui, dans son art. 1er, prononçait la mort civile contre les émigrés, les a trouvés saisis des biens dont ils étaient grevés et qu'elle a attribués à la nation, empêchant ainsi les droits des appelés de naître. Le second motif invoqué en faveur de l'arrêt tient à ce que l'art. 2 du C. civ. est postérieur aux lois abolitives des substitutions, et, partant, inapplicable à ces lois.

475. — La transmission des biens s'est faite au profit des héritiers du grevé, par cela seul que celui-ci a survécu au disposant depuis les lois abolitives des substitutions : alors même qu'il n'aurait pas manifesté son intention d'accepter. — *Cass.*, 8 août 1808, Kercado.

476. — Il faut remarquer que la loi de 1792 était plus absolue que le Code civil dans la prohibition des substitutions. Cela ressort de ce que cette loi abolissait tout ce qui était sous l'ancien droit comme substitution, au lieu que l'art. 896 C. civ. ne probibe que la charge de conserver et de rendre à la mort du grevé.

477. — Mais, les actes entre-vifs étant irrévocables : il en résulte que le grevé, bien qu'il ne dût recevoir le bénéfice de l'institution qu'après le décès de l'instituant, est devenu propriétaire incommutable par suite du décès du disposant, arrivé même depuis les lois abolitives des substitutions. — *Pau*, 4 janv. 1826, Guiraud c. Bagnère.

478. — Il en serait autrement si la disposition avait été faite dans un testament, parce qu'il est de principe que le testament ne produit son effet qu'à partir du décès du testateur. — *Nîmes*, 11 août 1812, Saltet.

479. — Il faut adopter la même solution relativement à une donation faite entre époux et contenant substitution, ces sortes de donations étant révocables et ne produisant effet qu'au jour du décès du disposant. — *Bruxelles*, 16 déc. 1809, Vaquenaere.

480. — Sous l'ancien droit, lorsque le grevé de substitution avait anticipé la remise des biens à l'appelé venant immédiatement après lui; cette remise anticipée donnait ouverture à la substitution comme l'aurait fait la mort du grevé, et l'appelé devenait propriétaire, à la charge de rendre à l'héritier du degré suivant, aux époques déterminées dans l'acte de fondation de la substitution. — *Nancy*, 9 févr. 1829, Rennel c. Roye.

481. — Et la loi du 14 oct. 1792, portant abolition des substitutions, a rendu propriétaire pur, simple et incommutable celui à qui la remise anticipée avait été faite précédemment; le second appelé ne pourra soulever aucune prétention. — Même arrêt.

482. — De même, lorsque, avant la loi du 14 nov. 1792, abolitive des substitutions, un grevé de substitution a cédé les biens substitués à celui qui était appelé après lui au fidéicommis, avec simple réserve d'usufruit; c'est en faveur de ce dernier que la substitution a été abolie par cette loi, et non en faveur du grevé. Par suite la confiscation des biens substitués a pesé sur l'appelé, qui a, dès lors, eu seul droit à l'indemnité représentative de ces biens à l'exclusion du grevé ou de ses héritiers. — *Cass.*, 23 févr. 1831, Joviac c. de Rougrave.

483. — Il n'est plus nécessaire, comme sous l'ordonnance de 1747 (art. 49, tit. 1er), que le ministère public donne ses conclusions dans toutes les affaires où il s'agit de substitution, alors surtout que la contestation s'élève sur les effets d'une substitution abolie par les lois de 1792. — *Cass.*, 23 août 1820, de Hamal c. Benoist. — V. Merlin, *Quest.*, v° *Substitution fidéicommissaire*, § 12 (où cet auteur établit qu'il n'y a point rétroactivité dans ce cas).

484. — Jugé que les filles de Normandie, qui, d'après l'art. 268 de leur coutume, ne jouissaient, à l'âge de vingt-cinq ans, que de l'usufruit de légitime, et n'en acquéraient la propriété que par leur mariage ou par l'extinction de la ligne masculine, ont acquis cette propriété, indépendamment de l'événement de ces deux conditions, en vertu de la loi du 22 vent. an II, décidant que la disposition de certaines coutumes, semblable à celle de l'art. 268 précité, ne présente qu'une substitution statutaire comprise dans l'abolition des substitutions. — *Caen*, 30 janv. 1813, Delarenaudière; 8 janv. 1817, Lebrun c. Letourneur; 1er mai 1826, Turlin c. Levigny; *Cass.*, 5 juill. 1826, Vallée c. Bourdon.

485. — Quoique, dans le ci-devant Piémont, la loi du 13 niv. an IX attribuât aux cadets de famille la moitié des biens fidéicommissés sur la tête de leurs aînés, dans le cas où ces aînés mourraient sans laisser d'enfans habiles à recueillir la substitution aux termes des lois d'alors...; si l'enfant grevé de fidéicommis est décédé sous l'empire du Code civil, le sort des biens vendus se règle par les dispositions de cette dernière loi. — *Turin*, 14 févr. 1806, Salaro.

486. — Un testament qui contient plusieurs substitutions et dont l'auteur est décédé postérieurement au Code civil est valable, lorsque ceux en faveur de qui elles avaient été faites viennent à décéder avant le décès du testateur ou n'existent pas au moment de ce décès; et qu'ainsi, il y a impossibilité physique que l'ouverture de la substitution se réalise jamais. — *Agen*, 12 août 1811, Lamothe c. Beffara.

487. — De même encore, un testament fait sous l'ancienne législation, contenant une substitution fidéicommissaire, n'est pas nul, quoique le testateur soit décédé depuis le Code civil, si la personne substituée était décédée avant le testateur. — *Grenoble*, 3 juillet 1810, Vincent c. Doncieux-Chauvin.

488. — Quant aux substitutions faites depuis la loi du 17 mai 1826, on a vu que la loi du 17 janv. 1849, abolitive de cette dernière loi, porte: «Art. 9. Les substitutions déjà établies sont maintenues au profit de tous les appelés nés ou conçus lors de la promulgation de la présente loi. Lorsqu'une substitution sera recueillie par un ou plusieurs des appelés, elle profite à tous les autres appelés du même degré, ou à leurs représentans, quelle que soit l'époque où leur existence aura commencé.»

489. — Ainsi «l'appelé dont le droit se trouve maintenu devra souffrir le concours des autres appelés, qui, ayant été connus depuis la nouvelle loi, ne pourraient, s'ils étaient seuls, prétendre au bénéfice de la substitution. Si, par exemple, la substitution avait été faite au profit des enfans mâles du grevé, et que, lors de la promulgation de la loi actuelle, un seul enfant mâle fût conçu; on devrait faire venir en concurrence avec celui-ci tous les autres enfans mâles qui survivraient à leur père. Ne pas admettre ce résultat, ce serait marcher en sens inverse du but que l'on veut atteindre; puisque, dans le cas dont il s'agit, on aggraverait encore l'inégalité résultant du titre entre les enfans du même grevé, ce qui est inadmissible.» — Valette, *Rapport à l'Assemblée nationale*.

Sect. 2e. — *Substitutions fidéicommissaires autorisées.*

ART. 1er. — *Qui peut ou substituer, ou être grevé, ou être appelé.*

490. — Bien qu'en principe les substitutions fidéicommissaires soient prohibées, l'art. 1048 du Code civil établit une première exception à cette disposition; en ces termes : « Les biens dont les pères et mères ont la faculté de disposer, pourront être, par eux, donnés, en tout ou en partie, à un ou plusieurs de leurs enfans, par actes entre-vifs ou testamentaires, avec la charge de rendre ces biens aux enfans nés et à naître, au premier degré seulement, desdits donataires. »

491. — « Sera valable, en cas de mort sans enfans, ajoute l'art. 1049, la disposition que le défunt aura faite par acte entre-vifs ou testamentaire, au profit d'un ou de plusieurs de ses frères ou sœurs, de tout ou partie des biens qui ne sont point réservés par la loi dans sa succession, avec la charge de rendre ces biens aux enfans nés et

à naître, au premier degré seulement, desdits frères ou sœurs donataires. »

492. — Enfin l'art. 1050 porte : « Les dispositions précitées par les deux articles précédens ne seront valables qu'autant que la charge de restitution sera au profit de tous les enfans nés et à naître du grevé, sans exception ni préférence d'âge ou de sexe. »

493. — Ultérieurement, la loi du 17 mai 1826 a disposé en ces termes : « Les biens dont il est permis de disposer, aux termes des art. 913, 915 et 916 du Code civil, pourront être donnés, en tout ou en partie, par acte entre-vifs ou testamentaire, avec la charge de les rendre à un ou plusieurs enfans du donataire, jusqu'au deuxième degré inclusivement. — Seront observés, pour l'exécution de cette disposition, les art. 1051 et suiv. du C. civil, jusques et y compris l'art. 1074. »

494. — Le projet de cette loi était conçu dans un esprit rétrograde bien plus prononcé que le texte de loi tel qu'il fut voté. En effet, le premier article, ayant pour but de rétablir le droit d'aînesse, était ainsi conçu : « Dans toute succession déférée à la ligne directe descendante, et payant 300 francs d'impôt foncier ; si le défunt n'a pas disposé de la quotité disponible, cette quotité sera attribuée, à titre de préciput légal, au premier né des enfans mâles du propriétaire décédé. Si le défunt a disposé d'une partie de la quotité disponible, le préciput légal se composera de la partie de cette quotité dont il n'aura pas disposé. Le préciput légal sera prélevé sur les immeubles de la succession, et, en cas d'insuffisance, sur les biens meubles. » — L'article 2 permettait au père de paralyser l'effet du premier, par une disposition expresse. — Enfin l'art. 3, tel qu'il a passé comme article unique dans la loi, contenait le droit de substituer à deux degrés.

495. — En dernier lieu, cette loi du 17 mai 1826 a été, comme on l'a vu, abrogée par celle du 17 janv. 1849. D'où il suit qu'on se retrouve entièrement replacé sous l'empire des dispositions du Code civil.

496. — Bien que l'art. 1048 ne parle que des père et mère relativement à la faculté de substituer, on ne saurait refuser cette faculté aux autres ascendans. En effet, d'une part, le mot *enfans* s'entend généralement de toute la *descendance* (D. tit. *De verbor. significat.*, loi 84 ; C. civ., art. 1049 et 1082), et, d'autre part, il y a même raison pour admettre la substitution faite par ascendans que pour admettre celle faite par les pères et mères ; d'ailleurs par quelle faveur inusitée les frères et sœurs auraient-ils été autorisés par le Code à substituer, si le législateur avait eu l'intention d'en empêcher les ascendans ? — Vainement on objecterait que l'observation faite par le tribunal de « comprendre nominativement les ascendans dans la disposition de l'art. 1043 » n'est pas passée dans le Code. Cette rédaction n'a probablement pas été adoptée parce qu'elle paraissait inutile. Du reste, les procès-verbaux du Conseil d'Etat n'éclaircissent ce point en aucune manière. — Duranton, t. 9, nº 525 ; Delvincourt, t. 2, p. 100 ; Delaporte, *Pand. franc.*, t. 4, p. 504.

497. — L'article 1048 permet-il au père de grever son fils au profit des petits-enfans de ce dernier, alors que les fils du grevé étaient prédécédés ? — Pour l'affirmative on dit qu'il y a même raison de décider dans un cas que dans l'autre, et que par *premier degré du donataire* on entend le degré *le plus proche* : c'est-à-dire celui qu'aucun autre ne précède. — V. Duranton, t. 9, nº 526 ; Malleville, t. 2, p. 505 ; Delvincourt, t. 2, p. 100 ; Vazeille, sur l'art. 1051, nº 2. — Pour la négative on invoque les termes mêmes de l'art. 1048, qui parle du *premier degré seulement des enfans nés et à naître*. Le premier degré d'enfans à naître ne peut grammaticalement s'entendre que d'un degré de génération et non d'un degré de substitution. — Toullier, t. 5, nº 726 ; Coin-Delisle, art. 1048, nº 4 ; Grenier, t. 1er, nº 361 ; Favard de Langlade, *eod. verb.*, sect. 2, § 1er, nº 16 ; Duranton, t. 5, nº 548 ; Zachariæ, t. 5, p. 295 ; Poujol, art. 1051, nº 3 ; Marcadé, *ibid.*, nº 3 ; Toullier, *Théor. du C. civ.*, t. 4, p. 194.

498. — Jugé, dans ce dernier sens, que par ces mots : *au premier degré seulement*, l'art. 1048 a entendu désigner les enfans mêmes du donataire, et non ses petits-enfans. D'où il suit que lorsque les enfans du grevé de substitution sont décédés avant lui, ses petits-enfans, étant à son égard au second degré, ne peuvent recueillir les biens qui étaient l'objet de la substitution et dont, par le prédécès de ses enfans, le grevé a acquis le droit de disposer. — *Rouen*, 23 juin 1848 (t. 1er 1849, p. 628), Trannoy, c. Avollée.

499. — L'art. 1049 qui permet la disposition grevée de substitution par un frère *en cas de mort sans enfans* est applicable alors même que le disposant avait des enfans au moment de la confection de l'acte, mais qu'il décède sans enfans. En effet : quand la disposition est par acte de dernière volonté, cet acte n'est censé fait qu'à l'instant même du décès ; d'un autre côté l'article ne distinguant pas, il y a lieu d'adopter la même solution au cas de donation entre-vifs. — Duranton, *ibid.*, nº 527 ; Marcadé, art. 1048, nº 2.

500. — D'après l'ordonnance de 1747, le disposant était réputé mort sans enfans alors qu'il ne laissait que des enfans morts civilement ou incapables des effets civils pour toute autre cause. Il doit en être de même sous le Code. — Arg. C. civ. 25.

501. — Si le frère ou la sœur disposant n'avait à l'époque de son décès que des enfans naturels reconnus, la disposition faite avec charge de substitution serait valable. — Ord. 1747, tit. 1er, art. 23, art. 908 combiné avec l'art. 761 et l'art. 757 C. civ. — Seulement, ces enfans auraient droit à une réserve. — Favard de Langlade, chap. 2, sect. 2, § 1er.

502. — L'enfant adoptif ayant les mêmes droits que l'enfant légitime (C. civ., p. 350), il est hors de doute que son existence rend nulle la disposition. — Marcadé, nº 2.

503. — Ces questions ne pouvaient être arrêtées sous la loi du 17 mai 1826, puisque cette loi permettait à toute personne de substituer au profit des enfans du donataire sans distinguer entre le cas où le disposant avait des enfans et le cas contraire. — Duranton, *loc. cit.*

504. — Du reste, sous l'empire de la loi de 1826, comme sous le Code, la donation entre-vifs avec charge de substitution serait, comme toute autre, révoquée par la survenance d'un enfant au donateur qui n'en avait pas à l'époque de la donation, sans qu'elle pût revivre par le prédécès de l'enfant dont la naissance avait opéré la révocation. — C. civ., art. 960 et 964. — Duranton, *ibid.* ; Delvincourt, *ibid.* ; Grenier, t. 1er, nº 360 ; Marcadé, nº 2.

505. — L'art. 1408 C. civ., qui permet au père de grever ses enfans en faveur de ses petits-enfans, ne peut être étendu au gendre et à la bru. — *Turin*, 29 déc. 1810, Barra c. Mangiardi. — Delaporte, *Pand. françaises*, t. 6, p. 507.

506. — La loi du 17 mai 1826 permettait, au contraire, la disposition principale au profit de toute personne, même étrangère à la famille du donateur ou testateur.

507. — Jugé, toutefois, que les substitutions permises par l'art. 1048 C. civ. et par la loi du 17 mai 1826 ne peuvent avoir lieu qu'en faveur des enfans légitimes du grevé, et nullement en faveur de ses enfans naturels. — *Caen*, 2 déc. 1847 (t. 1er 1848, p. 546), Soynard c. Lebastard.

508. — Avant l'ordonnance de 1747, concernant les substitutions, l'enfant naturel n'était pas censé compris dans la disposition qui appelait les enfans du grevé à la substitution, surtout dans les pays régis par le droit écrit. L'enfant naturel, qui, dans l'opinion de la caducité de la substitution, a accepté la pension viagère à lui constituée par son père grevé, et qui depuis en a consenti l'amortissement et reçu le prix des mains de l'héritier légitime, détenteur en cette qualité des biens substitués, ne peut arguer de nullité l'acte de remboursement, sous prétexte que la pension était alimentaire et incessible. — *Cass.*, 21 juin 1815, Montréal c. Regley d'Ogny. — Rolland de Villargues, dans Favard de Langlade, *eod. verb.*, chap. 2, sect. 2e, § 1er, et Delaporte, t. 4, p. 512.

509. — Sous l'ordonnance de 1747, le grevé qui était décédé sans avoir accepté la disposition fidéicommissaire, et sans s'être immiscé dans les biens substitués, n'avait pas rempli un degré de substitution. — *Cass.*, 16 fruct. an XII, Desroblets-Liot.

510. — Une pareille décision ne pouvait être rendue sous le Code, puisqu'on n'admettait qu'un seul degré de substitution. Elle ne pouvait pas davantage, ce nous semble, être rendue sous l'empire de la loi de 1826, puisque cette loi ne permettait la charge de conserver et de rendre que pour deux degrés de génération et non deux degrés de substitution.

511. — La substitution que permettaient les art. 1048 et 1049 doit être faite en faveur des enfans nés et à naître. Elle doit donc les comprendre également.

512. — Jugé, dès lors, que si la charge de rendre ne comprenait que les enfans *actuellement nés*, la disposition serait nulle alors même qu'il ne serait pas né d'autres enfans au grevé. — *Bruxelles*, 14 juill. 1808, Drion.

513. — Mais la disposition par laquelle un testateur institue son fils à la charge par lui de rendre à ses petits-enfans issus de lui remplit suffisamment le vœu de l'art. 1050 C. civ., les expressions *nés et à naître* de cet article ne sont pas sacramentelles. — *Cass.*, 31 mars 1807, Hardy. — Duranton, t. 9, nº 543 ; Rolland de Villargues, *loc. cit.* ; Merlin, *Rép.*, vº *Substitution fidéicommissaire*, sect. 5, nº 2 ; Malleville, sur l'art. 1050 C. civ.

514. — D'après la loi du 17 mai 1826, la substitution est autorisée alors même qu'elle n'est faite qu'au profit de l'un des enfans nés ou à naître du grevé.

515. — La substitution permise par l'art. 1049 du C. civ. est rigoureusement restreinte aux enfans de l'institué, et le testateur ne peut appeler d'autres personnes concurremment avec les enfans du grevé. — *Cass.*, 27 juin 1811, Drion. — Merlin, sect. 5, § 2, nº 4.

516. — La substitution ne pouvait, sous le Code, s'adresser qu'aux enfans du premier degré nés ou à naître du donataire ou du légataire. — Rolland de Villargues, dans Favard de Langlade, vº *Substitution*, chap. 2, sect. 2, § 1er, nº 13.

517. — D'après la loi nouvelle, la disposition peut comprendre les enfans nés et à naître du premier degré et aussi ceux du deuxième degré.

518. — Si le grevé de restitution au profit de ses enfans meurt laissant des enfans au premier degré et des descendans d'un prédécédé, ces derniers recueilleront, par représentation, la portion de l'enfant prédécédé. — C. civ., art. 1051.

519. — La représentation ne devrait pas être admise, si les substitués se trouvaient tous prédécédés 1º parce que la représentation n'a jamais été admise en principe que dans les successions *ab intestat* ; et 2º parce que l'art. 1051 l'introduisant dans une disposition de l'homme, on ne peut étendre cet article hors du cas spécialement prévu. — Grenier, nº 361 ; Toullier, *Dr. civ. franç.*, t. 5, nº 727 ; Duranton, t. 9, nº 548 ; Delaporte, *Pand. franç.*, t. 4, p. 515 ; Rolland de Villargues, *loc. cit.*, ch. 2, sect. 2, § 1er ; Marcadé, art. 1051. — *Contrà*, Maleville, sur l'art. 1051 ; Delvincourt, t. 2, p. 100.

520. — Lorsque le testateur a substitué à son héritier le *premier enfant* mâle de cet héritier et à ce premier enfant mâle le *puîné des enfans mâles* de l'héritier, il y a lieu d'appeler à profiter de la substitution les fils de ce puîné prédécédé. — *Cass.*, 5 janv. 1807, Iréné c. Laferrière. — C'est là une application de la règle : *Liberorum appellatione nepotes et pronepotes continentur*. — L. 220, D., *De verb. signific.* — Merlin, *Rép.*, vº *Enfant*, § 2, nº 2. — V., au surplus, ENFANT, nºs 7 et suiv.

521. — Jugé, au contraire, que dans une disposition ainsi conçue : *Je substitue à tel ou tel, mon héritier, le premier enfant mâle qui naîtra de son mariage, à l'exclusion des filles* ; ces mots : *le premier enfant mâle*, ne désignent point d'une manière générale tout individu, de la descendance de l'héritier, qui, à l'époque de l'ouverture de la substitution, se trouvera être le premier enfant mâle de cette descendance, mais bien l'enfant mâle qui naîtra le premier du mariage du grevé ; en sorte que si cet enfant meurt avant le grevé, la substitution est caduque. — *Cass.*, 14 fruct. an X, Clercy c. Noerie.

522. — Lorsqu'un testateur a légué ses biens à son fils et, après celui-ci, à son petit-fils, *pour en jouir sa vie durant* ; lorsqu'en outre il a indiqué le partage de ces mêmes biens entre des collatéraux, dans le cas où son petit-fils décéderait sans enfans : il ne résulte pas de ce testament une substitution implicite en faveur des arrière-petits-enfans du testateur. — *Cass.*, 23 nov. 1842 (t. 2 1842, p. 750), Guilbert c. Loumagne.

523. — Il semble, toutefois, qu'en matière de substitution le mot *enfans* doit être pris dans un sens restrictif ; car les substitutions permises étant de droit étroit ne sauraient s'étendre d'un cas prévu à un cas non prévu. — L. 34, D., tit. *De cond. et demonstr.* ; L. 202, tit. *De verb. signif.* ; L. 81, tit. *De acq. vel omitt. hered.* — Rolland de Villargues, dans Favard de Langlade, chap. 2, sect. 2, § 1er, nº 6.

524. — Si plusieurs légataires sont chargés de conserver et de rendre la quotité disponible qui leur a été léguée ; la substitution est censée faite par portions, de telle sorte qu'à la mort de chacun de ces légataires ses propres enfans recueillent de suite la portion pour laquelle il a été institué. En d'autres termes, chacun des légataires n'est censé être grevé que dans la part qu'il reçoit et envers ses propres enfans seulement. — V. L. 23,

D., *ad s.-c. Trebellianum.* — Thévenot, chap. 67; Rolland de Villargues, dans Favard de Langlade, chap. 2, sect. 2, § 1er, no 17.

ART. 2. — *Quels biens peuvent être substitués, et dans quelle quotité.*

525. — On peut donner avec charge de substitution les mêmes biens qu'on peut donner directement. Ainsi, on peut substituer les meubles et les immeubles ainsi que les créances. — C. civ., art. 1048 et suiv.; D., tit. *De leg.*, L. 41 et 59 3o; ordonn. 1747, tit. 1er, art. 3. — Merlin, *Rép.*, vo *Substitution fidéicommissaire*, sect. 6, § 1er, art. 3, no 3.

526. — L'art. 1063 du Code civil suppose même que les meubles peuvent être substitués avec charge qu'on les rendra en nature.

527. — La chose d'autrui ne pouvant être donnée directement, ne saurait être l'objet d'une substitution. — C. civ., art. 1021.

528. — *Quid* de la chose de l'héritier institué ou du légataire? Il est certain, en jurisprudence, que la chose de l'héritier ou du légataire est chose d'autrui par rapport au disposant. D'où il résulte que le grevé ne peut être tenu de restituer rien autre que ce qu'il a reçu du disposant. —Rolland de Villargues, *ibid.*

529.—Toutefois, si à un legs on mettait comme charge ou condition l'obligation de livrer la chose d'autrui et que ce legs fût accepté; la disposition serait très-valable, mais ne renfermerait pas une substitution: puisqu'elle ne contiendrait pas coexistence de deux donations. — Rolland de Villargues, *ibid.*

530.—Peut-on grever de substitution une disposition déjà faite? Le droit romain et l'ordonnance de 1747 autorisaient cette disposition en certains cas. On l'appelle, dans la doctrine, *substitution après coup.* S'il s'agit d'une disposition testamentaire, il est certain qu'on doit appliquer les principes anciens; parce qu'une libéralité de cette nature n'est définitive qu'à l'époque du décès du testateur. — Mais s'il s'agit d'une donation entre-vifs, il n'en saurait être ainsi; car le principe qui domine est l'irrévocabilité. Telles étaient aussi les dispositions de l'ordonnance. Ceci s'applique aux institutions contractuelles comme aux donations ordinaires; et la réserve que le donateur aurait faite de pouvoir, par la suite, charger la libéralité de substitution serait nulle comme contraire à la règle *Donner et retenir ne vaut.*—Ordonn. 1747, tit. 1er, art. 15 et 16; D., tit. *De leg.*, L. 87, § 3.

531. — Néanmoins quand une libéralité nouvelle est faite par le même donateur au même donataire, l'objet de la première peut être, si le donataire y consent, grevé de substitution. L'article 1052 C. civ. s'exprime ainsi sur ce point: «Si l'enfant, le frère ou la sœur auxquels des biens auraient été donnés par acte entre-vifs, sans charge de restitution, acceptent une nouvelle libéralité faite par acte entre-vifs ou testamentaire, sous la condition que les biens précédemment donnés demeureront grevés de cette charge, il ne leur est plus permis de diviser les deux dispositions faites à leur profit, et de renoncer à la seconde pour s'en tenir à la première, quand même ils offriraient de rendre les biens compris dans la seconde disposition.»

532. — Il résulte des dispositions de l'art. 1052 C. civ. que, si la nouvelle libéralité est faite par donation, elle ne produira d'effet qu'autant qu'elle aura été acceptée expressément, suivant les règles de l'art. 932 C. civ. Il faut aussi que la seconde disposition contienne expressément la condition de substitution. — Rolland de Villargues, *loc. cit.*

533. — ... Et pour que l'acceptation lie le donataire, il faut qu'il soit capable de recevoir au moment où il accepte. — Furgole sur l'art. 1747, tit. 16, art. 16; Rolland de Villargues, *loc. cit.*

534. — Si la nouvelle libéralité est écrite dans le testament du donateur, l'acceptation s'induira, comme dans les cas ordinaires, d'une demande en délivrance de legs, ou par la mise en possession, ou expressément d'une demande judiciaire. — Grenier, no 363; Rolland de Villargues, *ibid.*

535. — L'acceptation de la nouvelle libéralité n'a pas besoin d'être supérieure aux biens donnés par la première. Le donataire capable doit s'imputer d'avoir accepté une donation avec charge, et ne saurait être restitué. D'ailleurs, l'art. 1052 ne distingue pas. — Marcadé, sur cet article. — V. aussi Furgole sur l'ordonn. de 1747, tit. 1er, art. 16.

536. — Il n'est pas douteux que les biens compris dans la nouvelle libéralité ne puissent eux-mêmes être grevés de restitution. L'art. 1052 n'a pas eu pour but de restreindre les art. 1048 et 1049, mais au contraire de les étendre. — Marcadé, sur cet article; Furgole, *loc. cit.*

537. — Il est bien entendu, du reste, que les biens donnés précédemment sans charge, ne cesseront pas d'être grevés des droits réels accordés par le donataire avant l'acceptation de la nouvelle libéralité. S'il en était autrement, rien ne serait plus facile que de rendre illusoires les droits des créanciers. — Grenier, no 362; Duranton, t. 9, no 556; Merlin, sect. 6, § 1er, art. 3; Favard de Langlade, *loc. cit.*; Marcadé, *ibid.*

538. — Il faut même dire que si la charge de rendre comprenait des biens composant la réserve du grevé dans la succession du disposant, les créanciers ne pourraient souffrir de cette charge; puisqu'on ne peut d'avance renoncer à sa réserve légale. Et il suffirait aux créanciers de prouver le préjudice pour qu'ils pussent agir au nom de leur débiteur; car il est de principe que toute aliénation gratuite peut être attaquée par les créanciers, alors qu'elle préjudicie à leurs droits: au lieu qu'une aliénation à titre onéreux ne peut être critiquée qu'autant qu'elle est faite en fraude de ces mêmes droits. — Rolland de Villargues, dans Favard de Langlade, *loc. cit.*, no 13; Marcadé, art. 1052.

539. — Fidèle au principe qu'il avait précédemment adopté en matière d'aliénation gratuite d'immeubles, le législateur de 1804 a voulu qu'alors qu'il s'agit de donations d'immeubles on fasse transcrire les deux libéralités pour qu'elles soient opposables aux tiers; et que s'il s'agit de sommes colloquées avec privilége sur des immeubles, on ne puisse opposer ces libéralités qu'après avoir pris inscription sur les biens affectés au privilége. — C. civ., art. 1069.

540. — Il résulte clairement du texte et de la combinaison des art. 1048 et 1049 qu'on ne peut grever de substitution que les biens composant la quotité disponible. Les biens réservés doivent donc rester intacts. La loi de 1826 restreint également l'effet de la substitution à la quotité disponible.

541.—Si donc la portion disponible avait été dépassée dans la disposition grevée de substitution, le retranchement ou la réduction pourrait être demandé par les réservataires et par le grevé lui-même s'il optait pour la réserve. — Favard de Langlade, chap. 2, sect. 2, § 2, no 15.

542. — Le réservataire grevé qui accepterait la succession testamentaire qui grève la réserve, se soumettrait volontairement par là à la charge insérée dans le testament; et comme elle n'a rien de contraire aux lois et aux mœurs, il serait tenu de l'acquitter. — Toullier, t. 5, no 734; Rolland de Villargues dans Favard de Langlade, *ibid.*; Delvincourt, t. 2, p. 100; Merlin, *Rép.*, vo *Peine testam.*, no 7; Lebrun, liv. 2, ch. 3, p. 4, no 2.

543. — Au contraire, le donataire qui aurait, par donation entre-vifs, accepté la charge de restituer des biens composant sa réserve légale ne serait pas lié; parce qu'on ne peut d'avance renoncer à une succession non encore échue. — C. civ., art. 791. — Rolland de Villargues, *loc. cit.*; Duranton, t. 9, no 552; Marcadé, art. 1052.

544.—Jugé, toutefois, que le fils donataire d'une portion excédant la quotité disponible peut, en acceptant, s'engager à rendre aux substitués la totalité de la chose donnée sans distraction de sa légitime; c'est là un engagement réciproque irrévocable. — *Colmar*, 14 août 1840 (t. 1er 1841, p. 44), Lavallée. — Toullier, no 134.

545. — De même: l'héritier légitimaire peut consentir que la portion réservée demeure comprise dans la substitution qui a été faite de toute sa portion héréditaire, et le grevé qui a donné ce consentement ne peut hypothéquer valablement les biens substitués aux obligations qu'il contracte. — *Paris*, 11 févr. 1818, Dupuis c. d'Héricourt.

546. — En cas de substitution au profit des petits-enfans du testateur, le paiement des legs particuliers de capitaux et de rentes perpétuelles ne peut être mis à la charge de l'héritier réservataire grevé de substitution. Le montant de ces legs doit au contraire être prélevé sur la quotité disponible. — Il en est autrement des legs de rentes et pensions viagères; le grevé de substitution, à raison même de sa jouissance, est tenu de les acquitter comme charges des fruits. — *Paris*, 30 janv. 1838 (t. 1er 1838, p. 380), Cazalot c. Carayan-Latour.

547. — Il a été jugé que le légataire qui se refuse à abandonner ses propres biens en vertu d'une clause du testament, sur le fondement que le testateur n'a pu vouloir en disposer, ne peut être déclaré indigne du legs, comme ayant critiqué et combattu la volonté du testateur. — *Cass.*, 9 févr. 1808, Celles c. Brouchevau. — Par application de cette décision, on doit dire que si le grevé a disposé des biens grevés, les substitués pourront les revendiquer, alors même qu'ils seraient institués dans le testament.

548. — Lorsqu'un père a légué à l'un de ses enfans la qualité disponible à la charge de la rendre à ses petits-enfans, cette charge de rendre équivaut à une dispense expresse de rapport et permet à l'enfant légataire de cumuler le legs avec sa part héréditaire. — *Douai*, 27 janv. 1819, Riche c. Pradel; *Cass.*, 26 juin 1830, Carselli c. Mattei. — Merlin, *Quest.*, vo *Rapport à succession*, § 1er; Chabot, *Comm. sur les succ.*, art. 843, no 7; Conflans, *Jurisp. des succ.*, p. 394. — V. RAPPORT A SUCCESSION.

ART. 3. — *Des actes contenant substitution.*

549. — D'après les art. 1048 et 1049 du Code civil, les substitutions permises ne peuvent plus être faites que par acte *entre-vifs* ou *testamentaire*. A la différence de ce qui avait lieu dans l'ancien droit, où une lettre missive suffisait. — D., tit. *De leg.*, l. 87, § 3. — Thévenot, c. 10; Ricard, chap. 8, no 599. — L'ordonnance de 1747 avait déjà restreint aux testamens et aux donations entre-vifs la validité des substitutions.

550. — Jugé, en conséquence, qu'on ne pourrait réclamer l'exécution d'un fidéicommis non écrit, et qu'au moins l'héritier qui se prétend institué n'est pas recevable à en faire la preuve par d'autres moyens. — *Cass.*, 15 août 1810, Eglise de Montpellier c. Auriol. — Merlin, *Rép.*, vo *Fidéicommis tacite*, no 1er, et *Testament*, sect. 4, § 3.

551. — L'acceptation du grevé donataire immédiat, suffit pour valider la substitution qui y est comprise. Ainsi, il n'est point nécessaire que l'appelé accepte, quant à présent, la libéralité à laquelle il est appelé en second ordre: cela s'explique, puisque la substitution n'est qu'une charge, une condition de la donation, et surtout par cette raison que le substitué peut ne pas exister encore. — Ord. de 1731, art. 11 et 12. — Favard de Langlade, chap. 2, sect. 2, § 3, no 3.

552. — A part les formalités *intrinsèques* que nous venons de rappeler, les actes portant substitution sont en outre soumis à certaines formalités extérieures ou *extrinsèques*.

553. — La *transcription* est requise relativement aux immeubles grevés de substitution, de même qu'en matière de donations ordinaires d'immeubles. L'art. 1069 du Code civil s'exprime ainsi à cet égard: « Les dispositions par actes entre-vifs ou testamentaires, à la charge de restitution, seront, à la diligence soit du grevé, soit du tuteur nommé pour l'exécution, rendues publiques par la transcription des actes sur les registres du bureau des hypothèques du lieu de la situation... »

554. — Ce même article prescrit la formalité de l'*inscription* sur les biens affectés au privilége, quant aux sommes colloquées avec privilége sur des immeubles.

555. — La loi fait de la formalité de la *transcription* ou de l'*inscription* une condition essentielle à la validité de la disposition à l'égard des tiers; puisqu'elle prescrit cette formalité afin de rendre l'acte public, et que la nécessité de la publicité ne saurait se concevoir si on n'attachait pas au défaut de publicité une déchéance au profit des tiers qui auraient acquis des droits sur les biens grevés avant la transcription ou l'inscription.

556. — L'ordonnance de 1747 prescrivait, outre l'*insinuation* (mode de publicité remplacé aujourd'hui par la transcription), la publication en jugement, l'audience tenant, de la disposition, et l'enregistrement au greffe de la publication. — Ordonn. 1747, tit. 2, art. 18.

557. — Les formalités de publication et d'enregistrement des actes de substitution, prescrites par les art. 35 et 36, tit. 2, de l'ordonnance de 1747, n'étaient point toutefois imposées au dernier appelé, mais seulement aux appelés *grevés de substitution.* — *Cass.*, 13 juin 1820, Saint-Guirons c. Roux.

558. — L'ordonnance de 1747 empêchait le grevé de se mettre en possession des biens avant d'avoir obtenu l'ordonnance du juge, qui ne devait accorder cette possession qu'après justification, faite par le grevé, de l'insinuation, de la lecture en jugement et de l'enregistrement. — Les fruits des biens grevés étaient perdus pour le grevé

jusqu'à l'accomplissement de ces formalités. — V. l'ordonn., art. 35 et 41.

559. — Jugé que le défaut d'envoi en possession pourrait être opposé au substitué par les tiers acquéreurs, quand même les poursuites en éviction seraient dirigées depuis la loi abolitive des substitutions; cette loi n'a porté aucune atteinte au droit antérieurement ouvert au profit des tiers, d'opposer l'inexécution des formalités prescrites par l'ordonnance. — Du reste l'ordonnance, dans son précepte relatif aux formalités de l'envoi en possession, ne distingue pas le cas où celui qui doit recueillir les biens substitués est tenu de les rendre à un appelé ultérieur, du cas où il les recueille librement et sans charge de restitution. Le substitué, dans ces deux cas, est assujetti à ces formalités s'il veut évincer des tiers acquéreurs. — *Cass.*, 3 janv. 1810, Dubouzet c. Dijon.

560. — Le Code civil ne prescrit point ces formalités de publication au jugement et d'enregistrement. Il se borne à ordonner la transcription et l'inscription, dont le grevé et le tuteur à la substitution sont responsables. — C. civ., art. 1073.

561. — D'après l'ordonnance, si la publication était faite dans les six mois, elle rétroagissait au jour de la date de la substitution, même à l'égard des créanciers et tiers acquéreurs. Les six mois couraient du jour de l'acte, si la substitution était contenue dans une donation entre-vifs, et du jour du décès du disposant, si elle était renfermée dans un testament. — V. l'ord., tit. 2, art. 28.

562. — Le Code civil n'a pas accordé de délai dans lequel la transcription ou l'inscription faite rétroagirait au jour de l'acte ou du décès : d'où il résulte que les créanciers ou les tiers détenteurs qui auront contracté quant aux biens grevés, avant la transcription ou l'inscription, pourront opposer aux appelés le défaut de publication.

563. — L'art. 1070 statue ainsi sur ce point : « Le défaut de transcription pourra être opposé par les créanciers et les tiers acquéreurs, même aux mineurs ou interdits, sauf le recours contre le grevé et contre le tuteur à l'exécution, et sans que les mineurs ou interdits puissent être restitués contre ce défaut de transcription, quand même le grevé et le tuteur se trouveraient insolvables. »

564. — Quoique l'art. 1070 ne parle pas du défaut d'inscription, il n'est pas douteux que sa disposition n'y soit bien applicable. L'art. 1072 ne peut laisser aucun doute à cet égard. D'ailleurs la raison de décider ainsi dans ce cas est la même, et le système hypothécaire actuel, basé sur la publicité, exige dans tous les cas la formalité de l'inscription. — Duranton, t. 9, n° 576; Marcadé, art. 1071.

565. — De ce que la loi parle généralement des créanciers et tiers acquéreurs, comme pouvant opposer le défaut de transcription, il ne faut pas conclure que les créanciers ou les tiers acquéreurs du chef du tuteur à la substitution, pourraient se prévaloir de cette disposition. Décider ainsi ce serait contredire tous les principes de notre droit, qui établissent clairement que la vente de la chose d'autrui est nulle et qu'on ne peut conférer sur une chose que les droits qu'on avait sur cette chose. — C. civ., art. 1599, 2125 et 2182. — Duranton, *ibid.*

566. — L'art. 1070 ne veut et ne peut vouloir dire autre chose sinon que les aliénations consenties par le grevé et les dettes par lui contractées avant la transcription ou l'inscription sont valables ou peuvent s'exercer sur les biens grevés. Cette disposition se conçoit puisque le grevé est propriétaire vis-à-vis des tiers jusqu'à la transcription ou l'inscription, et que ceux qui traitent avec lui seraient exposés à des fraudes si les actes qu'ils auraient faits dans cette position n'étaient pas maintenus. Le même inconvénient n'est pas à craindre quant aux aliénations faites par le tuteur, puisque ses créanciers ou ceux qui se sont portés vis-à-vis de lui acquéreurs des biens substitués n'ont pu légalement méconnaître qu'il n'était pas propriétaire. — Duranton, t. 9, n° 577.

567. — Le défaut de transcription peut être opposé aux mineurs, lors même qu'il n'a pas été nommé de tuteur à la substitution. — *Bruxelles*, 21 juin 1824, Delrue c. Duchesne.

568. — Les aliénations qui ont été faites par les héritiers du grevé ne doivent pas être maintenues, parce que ces héritiers n'ont aucun droit de faire l'aliénation puisqu'ils ne sont pas propriétaires. Jugé ainsi par arrêt du Parlement de Paris, du 17 sept. 1589 (Leprêtre, *Arrêtés de la 5e Ch. des enq.*), et par autre arrêt du Parlement de Toulouse, 4 août 1739 (cité par Furgole : *Des testam.*, chap. 7, sect. 4, n° 42).

569. — Jugé, dans ce sens, que sous l'empire de l'ord. de 1747, dérogatoire à la déclaration du roi du 18 janv. 1712, celui qui avait acquis des biens substitués, non du grevé, mais de son donataire, qui en avait reçu le prix, n'était pas recevable à opposer le défaut d'insinuation, encore que le grevé eût paru et consenti au contrat. — *Cass.*, 10 nov. 1829, Fournier c. Trincal.

570. — Du reste, d'après l'art. 1072, « les donataires, les légataires, ni même les héritiers légitimes de celui qui aura fait la disposition, ni pareillement leurs donataires, légataires ou héritiers, ne peuvent, en aucun cas, opposer aux appelés le défaut de transcription. »

571. — De la combinaison de cet art. avec l'art. 941, ainsi conçu : « Le défaut de transcription pourra être opposé par toutes personnes ayant intérêt, excepté seulement celles qui sont chargées de faire faire la transcription... et le donateur, » il résulte : que le second donataire pourra opposer au premier le défaut de transcription; mais qu'il ne pourra pas l'opposer aux appelés. Le second donataire recevra les biens avec la charge de restitution à la mort du grevé au profit de ses enfans appelés, et, à défaut d'enfans, le second donataire sera propriétaire incommutable. — Duranton, t. 9, n° 580; Delvincourt, p. 104. — M. Grenier (t. 1er, n° 380) est d'un avis contraire.

572. — Quant aux créanciers et aux tiers acquéreurs à titre onéreux du disposant, ils pourront opposer le défaut de transcription de la donation entre-vifs et n'auront pas à souffrir d'une substitution faite par acte de dernière volonté (C. civ., art. 941). La disposition de cet art. se justifie très-bien relativement à la substitution par acte entre-vifs, puisqu'elle n'est qu'une application de la règle déjà posée que l'aliénation gratuite des immeubles n'est opposable aux tiers qu'à dater de la transcription. Elle se justifie, également, quant à ce qu'elle statue sur les substitutions faites par testamens, car elle n'est qu'une reconnaissance de cette maxime : *Nemo liberalis nisi liberatus.*

573. — Le défaut de transcription ne peut être suppléé ni regardé comme couvert par la connaissance que les créanciers et les tiers acquéreurs pourraient avoir eue de la substitution par d'autres voies que celle de la transcription. — C. civ., art. 1071 conf. à l'ord. (art. 33, tit. 2).

574. — Si la transcription ou l'inscription a eu lieu; les créanciers ou acquéreurs, étant réputés avoir connu la substitution, n'ont de recours que contre le grevé vendeur, qui leur doit garantie. — Rolland de Villargues, n° 12.

575. — Cette garantie ne peut s'étendre au delà de la restitution du prix payé, sans dommages-intérêts; puisque les créanciers ou acquéreurs ne devaient pas ignorer la résolution qui les menaçait. — V. C. tit. *Communia de leg.*, L. 3, § 2, 3 et 4. — Thévenot, ch. 49, et notes sur l'ord., tit. 2, art. 31; Rolland de Villargues, *loc. cit.*

576. — Si la substitution a été valablement inscrite ou transcrite, les aliénations faites depuis par le grevé et les droits réels qu'il a consentis sur les biens grevés sont résolubles et ne peuvent nuire aux substitués. — Ord. 1747, art. 31.

577. — Cette résolution peut être demandée même par le substitué qui serait l'héritier légitime du grevé; sauf remboursement du prix de l'aliénation, frais et loyaux coûts. Et il n'y a pas à distinguer entre le cas où cet appelé serait héritier bénéficiaire du grevé et le cas où il serait son héritier pur et simple. Pour celui où il est héritier bénéficiaire, il ne saurait y avoir doute : à cause du principe de la séparation des patrimoines. Dans le second cas, on doit décider de même, nonobstant la maxime : *Quem de evictione tenet actio, eundem agentem repellit exceptio*; l'acquéreur savait parfaitement qu'il achetait la chose d'autrui, une propriété résoluble : partant qu'il a dû baser son prix en conséquence. L'art. 31 de l'ordonnance était formel à cet égard. — Grenier, *Traité des don.*, n° 382; Toullier, t. 5, n° 769; Delaporte, sur l'art. 1069; Rolland de Villargues, *loc. cit.*

578. — Jugé que la transcription du testament contenant la substitution n'a lieu que dans l'intérêt de la substitution, et ne peut servir à conserver aux créanciers le droit de demander la séparation des patrimoines. — *Cass.*, 5 mai 1830, Bourgeois c. Hutteau.

ART. 4. — *Formalités prescrites au grevé dans l'intérêt des appelés.*

579. — *Tuteur à la substitution.* — Par cela seul que le droit du grevé s'ouvre et que l'espérance des substitués est née, la gestion du grevé doit être surveillée et soumise à des formalités conservatrices. La première de ces formalités consiste dans la nomination d'un tuteur chargé de veiller à l'exécution de la charge de rendre et qu'on appelle *tuteur à la substitution.*

580. — Celui qui fera les dispositions autorisées dans les cas ci-dessus, porte l'art. 1055 C. civ., pourra, par le même acte ou par un acte postérieur en forme authentique, nommer un tuteur chargé de l'exécution de ces dispositions.

581. — Ce tuteur ne peut être dispensé que pour une des causes exprimées à la section 6 du chapitre 2 du titre *De la minorité, de la tutelle et de l'émancipation.* — C. civ., art. 1055.

582. — A défaut de ce tuteur, il en est nommé un à la diligence du grevé, ou de son tuteur, s'il est mineur, dans le délai d'un mois à compter du jour du décès du donateur ou testateur; ou du jour où, depuis cette mort, l'acte contenant la disposition aura été connu. — C. civ., art. 1056.

583. — Ce tuteur doit être nommé dans la forme ordinaire, par un conseil de famille. Il y a lieu à sa nomination alors même que les appelés seraient majeurs, les dispositions de la loi ne distinguant pas. Mais un subrogé tuteur n'est pas nécessaire; car le tuteur n'administrant pas, il n'est pas nécessaire de surveiller sa gestion. — Delvincourt, t. 2, p. 102; Duranton, t. 9, n° 563.

584. — Le tuteur nommé par le conseil de famille ne peut, pas plus que celui qu'aurait désigné le disposant, se dispenser d'accepter la tutelle, à moins qu'il ne se trouve dans un des cas d'exception applicables à tous les tuteurs. Il y a, en effet, parité de raison. — Rolland de Villargues (dans Favard de Langlade), v° *Subst.*, ch. 2, sect. 2, § 4.

585. — Mais l'appelé à une substitution ne peut être nommé tuteur à cette substitution, alors surtout qu'il n'offre aucune garantie. — *Angers*, 17 juin 1825, Thibaut c. Danso.

586. — « Le grevé qui n'a pas fait nommer un tuteur dans le délai d'un mois, sera déchu du bénéfice de la disposition; et, dans ce cas, le droit pourra être déclaré ouvert au profit des appelés, à la diligence soit des appelés s'ils sont majeurs, soit de leur tuteur ou curateur s'ils sont mineurs, soit de tout parent des appelés majeurs, mineurs ou interdits, ou même d'office à la diligence du procureur de la République du tribunal du lieu où la succession est ouverte. » — C. civ., art. 1057.

587. — De ce que l'art. 1057, après avoir déclaré le grevé *déchu* par cela seul qu'il n'a pas fait nommer de tuteur à la substitution dans le mois, ajoute : « Le droit *pourra* être déclaré ouvert au profit des appelés, » quelques auteurs pensent que la déchéance n'est pas encourue de plein droit par l'appelé qui a négligé de provoquer la nomination du tuteur; mais que l'expression *sera déchu* est comminatoire et laisse au juge la faculté de prononcer ou de refuser la déchéance. — Grenier, t. 1er, n° 385; Delaporte, *Pand. franç.*, t. 4, p. 530; Rolland de Villargues, *loc. cit.*; Favard de Langlade, chap. 2, sect. 2, § 4, n° 3; Coin-Delisle, sur l'art. 1057; Poujol, *ibid.*; Vazeille, *ibid.*

588. — Mais cette opinion est manifestement contraire au texte de l'art. 1057 et même à son esprit. L'article, s'exprimant impérativement, « *Le grevé sera déchu,* » ôte toute latitude aux tribunaux. Entendre ces mots d'une manière comminatoire, ce serait autoriser les juges à ne prononcer la déchéance que suivant leur bon plaisir. C'est ce que la loi n'a pu vouloir. Il est, du reste, facile de concilier le commencement de l'art. 1057 avec la seconde partie, où il est dit que le droit des appelés *pourra* être déclaré ouvert. — Il peut se faire qu'il n'y ait point d'appelés lors de la déchéance; alors le droit de ces derniers ne sera pas encore ouvert. Mais la déchéance ne sera pas moins encourue contre le grevé. — Delvincourt, t. 2, *loc. cit.*; Marcadé, art. 1057, n° 2; Duranton, t. 9, n° 568.

589. — Jugé, dans ce dernier sens, que la déchéance est rigoureuse et absolue, et qu'elle ne saurait être considérée comme comminatoire ni, dans aucun cas, subordonnée aux circonstances et à l'appréciation du juge. — En conséquence, et par suite de cette déchéance, le droit des appelés peut être déclaré ouvert. — *Colmar*, 14 août 1840 (t. 1er 1841, p. 44), Lavallée; *Paris*, 29 mai 1841 (t. 2 1841, p. 231), Hunot c. Soufflot; *Cass.*,

17 avril 1843 (t. 1er (1844, p. 34), mêmes parties; *Riom*, 4 juin 1847 (t. 2 1847, p. 364), Chassang c. Muret.

590. — Les juges ne peuvent donc se dispenser de prononcer cette déchéance, alors qu'il n'est justifié d'aucune circonstance assez puissante pour suspendre le cours du délai. — *Riom*, 4 juin 1847 (t. 2 1847, p. 364), Chassang c. Muret.

591. — Ainsi, la déchéance ne serait point encourue par le grevé qu'un cas de force majeure aurait empêché d'agir dans le délai d'un mois. — Les tribunaux doivent même, selon nous, être portés à considérer comme force majeure la minorité du grevé. — Duranton, t. 9, n° 567.

592. — Jugé, toutefois, que, si la déchéance du bénéfice de la substitution est encourue de plein droit par le grevé qui n'a pas fait nommer un tuteur, il dépend des tribunaux de prononcer, dans ce cas, l'ouverture au profit des appelés, ou d'y surseoir dans l'intérêt des tiers. — *Colmar*, 14 août 1840 (t. 1er 1841, p. 44), Lavallée.

593. — D'un autre côté, jugé que la déchéance prononcée contre le grevé, à défaut d'avoir fait nommer un tuteur à la substitution, n'est pas encourue de plein droit en ce sens que, bien qu'elle n'ait point été déclarée, elle puisse être opposée aux créanciers du grevé qui ont pris inscription sur les immeubles substitués. — *Bruxelles*, 21 juin 1824, Delrue c. Duchesne.

594. — Si l'un des appelés meurt avant le grevé *déchu*, sans laisser de descendans, les autres appelés doivent recueillir sa part par droit d'accroissement; car la déchéance du grevé ne doit point nuire aux appelés capables. Or, sans cette déchéance, l'appelé prédécédé sans enfans aurait laissé sa part accroître à ses cosubstitués: aussi en doit-il être de même, dans ce cas, à leur égard. — Duranton, n° 567.

595. — La déchéance prononcée remonte au jour même de l'expiration du délai prescrit par l'art. 1057. En conséquence, à défaut de désignation d'un appelé c'est aux héritiers naturels du disposant, existans alors, que les biens sont dévolus. — Néanmoins si le grevé a été de bonne foi, il peut conserver les fruits jusqu'au jour de la demande en déchéance. — *Riom*, 4 juin 1847 (t. 2 1847, p. 364), Chassang c. Muret. — Duranton, *ibid*.

596. — *Inventaire.* — La deuxième formalité prescrite dans l'intérêt des appelés consiste dans un inventaire des biens et effets composant la succession du disposant. « Après le décès de celui qui aura disposé à la charge de restitution, porte l'art. 1058 du C. civ., il est procédé, dans les formes ordinaires, à l'inventaire de tous les biens et effets qui composent sa succession, excepté, néanmoins, le cas où il ne s'agit que d'un legs particulier. »

597. — L'inventaire doit être fait à la requête du grevé, et dans les délais fixés au titre Des successions, en présence du tuteur à la substitution. — C. civ., 1059.

598. — S'il n'a pas été fait à la requête du grevé, dans les délais ci-dessus, il doit y être procédé, dans le mois suivant, à la diligence du tuteur à la substitution, en présence du grevé ou de son tuteur. — C. civ., 1060.

599. — A défaut de comparution du tuteur, malgré une assignation légale, il est passé outre à l'inventaire, sauf les dommages-intérêts dont ce tuteur peut être tenu vis-à-vis des appelés, si l'inventaire n'est pas exact. — Furgole, *Comm. sur l'ord. de* 1747, art. 5, tit. 2; Grenier, t. 1er, n° 387; Toullier, t. 5, n° 756; Rolland de Villargues, *ibid*.

600. — La présence des appelés n'est pas nécessaire à l'inventaire. Mais, s'ils le veulent, ils ont le droit d'y assister. Sous l'ordonnance, leur présence était nécessaire: pourvu, toutefois, qu'elle fût possible, circonstance qui ne se présentait pas quand les appelés étaient encore à naître. — Grenier et Toullier, *ibid*.

601. — S'il n'a point été satisfait aux dispositions des deux art. 1059 et 1060, il doit être procédé à l'inventaire: soit à la diligence des appelés, s'ils sont majeurs; soit de leur tuteur, s'ils sont mineurs ou interdits; soit de tout parent des appelés majeurs, mineurs ou interdits; ou même d'office, à la diligence du procureur de la République. — C. civ., art. 1061.

602. — De ce que l'art. 1061 renvoie à l'art. 1057 pour la désignation des personnes qui doivent procéder à l'inventaire, et de ce que ce dernier article déclare que le droit des appelés pourra être déclaré ouvert à la diligence de leur tuteur ou *curateur*, s'ils sont mineurs ou interdits, faut-il en conclure que le mineur émancipé ne pourrait pas lui-même demander l'ouverture de son droit; en d'autres termes qu'il dût, à ce sujet, être assisté de son curateur, et en conséquence décider qu'il ne peut pas requérir l'inventaire sans l'assistance du même curateur? Non; car tous les actes d'administration sont permis au mineur émancipé, et la réquisition d'inventaire ne constitue qu'un acte de cette nature. Du reste, le mot *curateur* de l'art. 1057 n'a été inséré dans cet article que par inadvertance: en effet, d'une part il renvoie à l'article précédent qui ne parle que du tuteur; d'autre part, avant la rédaction du Code civil, les interdits étaient pourvus d'un curateur, et le souvenir de cet état de choses a sans doute influé sur l'insertion de ce mot dans l'article.

603. — Lorsque la substitution est faite par un acte entre-vifs, l'inventaire n'est pas nécessaire; car la donation énonce suffisamment les biens donnés. On peut d'ailleurs tirer argument de l'art. 1058 qui dispense de l'inventaire un legs particulier, comme n'étant pas utile. — Grenier, Rolland et Toullier, *loc. cit.*; Delaporte, sur l'art. 1058; Furgole, sur l'ord. 1747, *loc. cit.*

604. — L'art. 1058 exigeant l'inventaire de *tous* les biens et effets composant la succession, on en conclut que même les biens non grevés de substitution doivent y être compris. Il en était ainsi sous l'ordonnance. Il est à remarquer, toutefois, que l'inventaire des immeubles ne consiste qu'en un *état des immeubles*. — Rolland de Villargues, *loc. cit.*

605. — Cet inventaire doit contenir la prisée à juste prix des meubles et effets mobiliers. — C. proc. civ., art. 943 3°. — V. INVENTAIRE.

606. — Les frais d'inventaire sont pris sur les biens composant la substitution (C. civ., art. 1059). Le grevé doit donc en faire l'avance, sauf remboursement par les appelés. Sous l'ordonnance de 1747, c'étaient les héritiers légitimes ou le légataire universel du disposant qui faisaient cette avance.

607. — *Vente des meubles.* — L'art. 1062 prescrit en faveur des appelés une troisième obligation au grevé. « Le grevé de restitution, dit cet article, sera tenu de faire procéder à la vente, par affiches et enchères, de tous les meubles et effets compris dans la disposition, à l'exception néanmoins de ceux dont il est mention dans les deux articles suivans. »

608. — « Les meubles meublans et autres choses mobilières qui auraient été compris dans la disposition, à la condition expresse de les conserver en nature, seront rendus dans l'état où ils se trouveront lors de la restitution. » — C. civ., art. 1063.

609. — « Les bestiaux et ustensiles servant à faire valoir les terres seront censés compris dans les donations entre-vifs ou testamentaires desdites terres; et le grevé sera seulement tenu de les faire priser et estimer, pour en rendre une égale valeur lors de la restitution. » — C. civ., art. 1064.

610. — On peut observer que cet art. 1064 était inutile, puisque, suivant l'art. 524 C. civ., ces objets sont immeubles par destination. La disposition a été écrite relativement à la prisée et à l'estimation qui doit être faite, à la différence de ce qui concerne les immeubles; et aussi parce que, à la différence des meubles meublans et autres effets laissés avec condition expresse de les conserver en nature, lesquels doivent être rendus identiquement, les bestiaux et ustensiles doivent être rendus en égale valeur. Du reste, ces dispositions auraient été facilement suppléées par l'application du principe: que les choses fongibles se restituent non identiquement, mais en même quantité, qualité, valeur et bonté. — Duranton, t. 9, n° 570. — V. USUFRUIT.

611. — Outre les deux exceptions comprises dans les art. 1063 et 1064, il en est d'autres. Ainsi, il n'est pas douteux que les actions et dettes, ou rentes actives, ne doivent pas être vendues; car le recouvrement en est laissé au grevé, d'après l'art. 1066, et il doit faire l'emploi des deniers en provenant. Du reste, ces objets n'étant pas sujets à dépérissement, par l'usage ou autrement, il n'y a pas même raison que pour les autres. — Furgole, ord., art. 8 et 9; Grenier, t. 1er, n° 388; Toullier, t. 5, n° 760; Rolland de Villargues, n° 12, *loc. cit.*

612. — Le grevé peut également demander à retenir les meubles et effets mobiliers, en tout ou en partie, pour les imputer, suivant la prisée, sur ses détractions et autres droits, comme s'il avait une réserve ou même un legs à réclamer. — V. ord. 1747, art. 9, tit. 2. — Rolland de Villargues, n° 14.

613. — Mais le grevé ne peut pas se prévaloir de l'art. 453 C. civ., qui dispense les père et mère, ayant l'usufruit légal des biens de leurs enfans, de faire vendre les meubles, s'ils préfèrent les garder, pour les rendre en nature. Cet art. 453 ne dispose, en effet, que relativement aux biens dont les père et mère ont l'usufruit jusqu'à la majorité ou l'émancipation de leurs enfans, au lieu que la jouissance du grevé peut s'étendre bien au delà de la majorité ou de l'émancipation. D'ailleurs il ne s'agit point ici des biens des enfans, puisqu'ils sont la propriété du grevé jusqu'à son décès; ou, tout au moins, s'il s'agit de leurs biens, il ne faut pas perdre de vue qu'ils n'y ont qu'un droit éventuel subordonné à la condition de survie.

614. — Le Code ne fixant aucun délai pour la vente des meubles, il semble que le grevé devrait, à peine de dommages-intérêts, y faire procéder immédiatement. Toutefois, comme l'art. 1065 ne prescrit le placement des sommes provenant de la vente des meubles que dans le délai de six mois, il en résulte que le grevé n'est point en faute tant qu'il est encore dans ce délai. D'un autre côté, en permettant de prolonger le délai du placement, la fin de l'art. 1065 suppose des retards dans les recouvremens ou dans la vente.

615. — L'art. 1062 se bornant à prescrire la vente par affiches et aux enchères, les formalités compliquées de la vente des meubles sur saisie ne sont pas nécessaires. — Toullier, t. 5, n° 759. — V., cependant, Pigeau, *Proc.*, t. 2, p. 610; Rolland de Villargues, *loc. cit.*

616. — Comme la loi ne prescrit point d'appeler le tuteur, la vente serait très-valable alors même que le tuteur n'y aurait pas été appelé. Mais celui-ci aurait le droit d'y assister et même d'assigner le grevé qui négligerait la vente, pour faire ordonner qu'il lui sera permis d'y faire procéder. — Grenier, n° 388; Delvincourt, t. 2, p. 103; Toullier, *loc. cit.* — *Contrà*, Rolland de Villargues, *ibid*.

617. — *Emploi des deniers.* — Dans le délai de six mois, à compter du jour de la clôture de l'inventaire, il doit être fait, par le grevé, emploi des deniers comptans, de ceux provenant du prix des meubles et effets qui auront été vendus, et de ce qui aura été reçu des effets actifs. Toutefois ce délai peut être prolongé, s'il y a lieu. — C. civ., art. 1065.

618. — Le grevé est pareillement tenu de faire emploi des deniers provenant des effets actifs recouvrés et des remboursemens de rente; et ce, dans trois mois au plus tard après qu'il a reçu ces deniers. — C. civ., art. 1066.

619. — L'emploi doit être fait conformément à ce qui a été ordonné par l'auteur de la disposition, s'il a désigné la nature des effets dans lesquels l'emploi doit être fait; sinon, il ne peut l'être qu'en immeubles ou avec privilége sur des immeubles. — C. civ., art. 1067.

620. — D'après cet article, le grevé doit faire l'emploi de la manière indiquée par le disposant soit pour la forme, soit pour le délai, soit quant aux sûretés. — Rolland de Villargues, *loc. cit.*

621. — Ces expressions de l'art. 1067, que le placement doit être fait en immeubles ou avec privilége sur immeubles, sont-elles limitatives, et faudrait-il rejeter tout placement certain qui ne serait ni un achat d'immeubles ni un privilége sur immeubles? Evidemment non. Le but de la loi est d'assurer les droits de l'appelé. Or du moment qu'un placement sera sûr pour ce dernier, il n'y a pas de raison pour le proscrire. Dès lors un placement en première hypothèque serait suffisant, pourvu toutefois qu'il fût certain que l'appelé viendra en ordre utile de paiement: si, par exemple, il n'existait pas déjà sur l'immeuble de privilége du vendeur ou du constructeur. — Duranton, t. 9, n° 574; Toullier, t. 5, n° 760; Rolland de Villargues, *ibid*. — *Contrà*, Delvincourt, *loc. cit.*, et Marcadé, sur l'art. 1067.

622. — L'emploi est fait au nom du grevé de restitution, mais au profit des appelés. C'est la substitution, et non le grevé, qui acquiert le privilége. Du reste, le remboursement peut être fait avec sûreté au grevé qui a capacité pour recevoir les capitaux mobiliers. — Toullier et Rolland de Villargues, *ibid*.

623. — L'emploi doit être fait en présence et à la diligence du tuteur à la substitution. — C. civ., art. 1068. — Les substitués peuvent aussi faire des diligences pour l'emploi; car ils y ont intérêt et cet emploi leur est dû. — Furgole, sur l'art. 103-tit. 2 de l'ordonn.; Rolland de Villargues, nos 25 et 26

624. — Les débiteurs des sommes objet de la substitution ne sont pas responsables du défaut d'emploi; car le grevé ayant qualité pour rece-

voir et pour contraindre au paiement, les débiteurs ne sauraient s'y refuser. L'ordonnance les dispensait formellement de surveiller l'emploi. Le Code civil est muet à cet égard. — Rolland de Villargues, n° 27 ; Toullier, t. 5, n° 762.

625. — Ces débiteurs ne sont pas même tenus d'appeler au paiement qu'ils font, le tuteur à la substitution. L'art. 1066 n'en parle pas. — Toullier, *ibid.*; Duranton, t. 5, n° 572. Il est pourtant prudent de leur part d'appeler ce tuteur. — Delvincourt, t. 2, p. 104.

ART. 5. — *Droits et obligations des parties durant la jouissance du grevé.*

§ 1er. — *Droits et obligations du grevé.*

626. — *Droits du grevé.* — Comme la propriété ne peut jamais rester en suspens, et comme les appelés n'ont qu'un droit éventuel aux biens substitués, jusqu'à ce que la substitution soit ouverte, il en résulte que le grevé est propriétaire sauf la résolution de son droit, qui arrivera à l'époque de son décès, s'il laisse des enfans, et même avant son décès, s'il ne remplit pas les obligations qui lui sont imposées à peine de déchéance : notamment de provoquer la nomination d'un tuteur à l'exécution dans le mois de l'ouverture de son droit. — Delvincourt, t. 2, p. 101; Grenier, t. 1er, p. 365; Merlin, *Rép.*, v° *Substitution fidéicommissaire*, sect. 12, § 1er, n° 2; Rolland de Villargues (dans Favard de Langlade), § 5, n° 1er; Duranton, t. 9, n° 585; Marcadé, art. 1048, n° 1er; Coin-Delisle, n° 30; Furgole, ch. 7, sect. 4, n° 39.

627. — Jugé, en ce sens, que les biens donnés à charge de substitution sont la propriété du grevé tant que la substitution n'est pas ouverte. D'où il suit que le grevé peut les aliéner et les hypothéquer, sauf la résolution de ses droits. — *Cass.*, 5 mai 1830, Bourgeois c. Hutteau.

628. — Jugé, au contraire, que les biens donnés à charge de substitution ne peuvent être ni aliénés ni hypothéqués par le grevé, et, par suite, ils ne peuvent être saisis par ses créanciers. — ... Et que le tuteur à la restitution a qualité pour demander la nullité de la saisie, bien que le droit des appelés ne soit pas ouvert. — *Paris*, 12 janv. 1847 (t. 1er 1847, p. 205), Verneuil c. Lachapelle.

629. — Si la condition de la substitution ne se réalise pas, la propriété se fixe invariablement sur la tête du grevé ou sur celle de ses héritiers; et les hypothèques ou les droits réels qu'il a consentis sont maintenus. Les droits des créanciers, qui n'auraient porté que sur des fruits, portent dès lors sur la propriété entière. — Rolland de Villargues, Duranton, Marcadé, *loc. cit.*

630. — Si la substitution s'ouvre, tout ce que le grevé aura fait sur les biens sera sans effet à l'égard des appelés; mais seulement à partir de l'ouverture de la substitution. Les droits du grevé ne sont anéantis que *ut ex nunc* et non pas *ut ex tunc*, puisqu'il a été propriétaire jusqu'à cette époque. — Thévenot, *Des subst.*; Rolland de Villargues, Duranton, Marcadé, *loc. cit.*

631. — L'art. 31, tit. 2 de l'ordonn. de 1747 autorisait les appelés mêmes héritiers purs et simples du grevé à faire résoudre les aliénations faites par le grevé. D'après l'art. 1070, il est bien certain que, sous le Code, l'appelé qui a renoncé à la succession du grevé et son héritier bénéficiaire peuvent opposer la résolution si la transcription ou l'inscription a été faite avant l'aliénation. — Rolland de Villargues, ch. 2, sect. 2, § 3, n° 8.

632. — Toutefois si les appelés majeurs avaient consenti à la vente faite par le grevé, ils ne pourraient, dans aucun cas, attaquer l'acquéreur : alors même qu'ils renonceraient à la succession du grevé; car ils seraient garans de leurs faits. En vain l'on opposerait qu'on ne peut renoncer d'avance à une succession future : les biens substitués n'arrivent pas aux appelés de la succession du grevé, mais bien d'un droit conditionnel que le grevé ne pouvait en aucune façon leur enlever; et ils ont toujours pu renoncer à ce droit, pourvu qu'ils fussent capables d'aliéner. L'ordonnance décidait expressément que le consentement des appelés majeurs à la vente, les empêchait d'intenter plus tard l'action en résolution. — Duranton, t. 9, n° 589.

633. — Du reste, les appelés ne renonceraient pas, par leur consentement à la vente, au bénéfice de la substitution. Ils pourraient répéter le prix, lors de l'ouverture de la substitution. — Toutefois, il en serait autrement si leur acquiescement à la vente était tel qu'il emportât évidemment renonciation à toute réclamation même sur le prix. — Thévenot, n° 853; Rolland de Villargues, n° 16.

634. — Le principe d'inaliénabilité établi au profit des appelés, souffre quelques exceptions. Ainsi, si l'aliénation a été faite, ou si les droits réels ont été consentis avant la transcription ou l'inscription, les créanciers et tiers acquéreurs peuvent, aux termes des art. 1070 et 1071, opposer le défaut de transcription ou d'inscription.

635. — Le défaut de transcription de l'acte contenant la disposition, porte l'article 1070, pourra être opposé par les créanciers et tiers acquéreurs, même aux mineurs ou interdits, sauf le recours contre le grevé et contre le tuteur à l'exécution, et sans que les mineurs ou interdits puissent être restitués contre ce défaut de transcription, quand même le grevé et le tuteur se trouveraient insolvables.

636. — Le défaut de transcription, ajoute l'art. 1071, ne pourra être suppléé ni regardé comme couvert par la connaissance que les créanciers ou les tiers acquéreurs pourraient avoir eue de la disposition par d'autres voies que celle de la transcription.

637. — De même, si le substituant a permis ou ordonné au grevé de vendre les biens dans des circonstances prévues, la vente sera maintenue à l'égard des appelés, si elle a eu lieu dans les cas spécifiés. — Furgole, sur l'ord., tit. 2, art. 31; Rolland de Villargues, *loc. cit.*, n° 12.

638. — De même encore, les immeubles sujets à dépérir, et à la réparation desquels les revenus des biens substitués ne peuvent suffire, peuvent être aliénés avec autorisation du juge mais à charge de remploi et, ici, la mise en cause du tuteur à la substitution est nécessaire. — Serres, *Inst. du dr. fr.*, liv. 2, tit. 24, § 2; arrêt du Parlem. de Flandre, 10 août 1782; Rolland de Villargues, n° 13.

639. — On décide aussi que l'aliénation des immeubles peut avoir lieu pour le paiement des dettes ou pour éviter la nécessité d'une expropriation judiciaire, mais avec l'autorisation du juge contradictoirement avec le tuteur à la substitution. — D., tit. *De leg.*, L. 38, 3°, et 78, § 4. — Furgole, sur l'ord., art. 17, tit. 2; Thévenot, ch. 50; Grenier, t. 1er, n° 392; Rolland de Villargues, n° 14.

640. — *Quid* des transactions faites par le grevé? L'art. 53-tit. 2 de l'ord. de 1747 portait à cet égard : Les actes contenant des désistemens, transactions ou conventions entre le grevé ou d'autres parties, soit sur la validité ou la durée de la substitution, soit sur la liquidation des biens substitués et des détractions, soit par rapport aux droits de propriété, d'hypothèque ou autres, qui seraient prétendus sur lesdits biens, ne pourront avoir aucun effet contre les substitués; et il ne pourra être rendu aucun jugement en conséquence desdits actes qu'après qu'ils auront été homologués en nos Cours de Parlement, ou conseils supérieurs, sur les conclusions de nos procureurs généraux, à peine de nullité. — M. Duranton (t. 9, n° 592) enseigne qu'on devrait suivre aujourd'hui ces dispositions, sauf que l'homologation des tribunaux de première instance suffirait; comme lorsqu'il s'agit des droits d'un absent, d'un interdit ou d'un mineur. — La présence du tuteur à la substitution serait aussi nécessaire. — Delvincourt, t. 2, p. 107.

641. — L'art. 1054 C. civ. porte : « Les femmes des grevés ne peuvent avoir, sur les biens à rendre, de recours subsidiaire, en cas d'insuffisance des biens libres, que pour le capital des deniers dotaux, et dans le cas seulement où le testateur l'aurait expressément ordonné. »

642. — Le recours subsidiaire serait également accordé à la femme du grevé, qui aurait reçu les biens par donation entre-vifs, ou par institution contractuelle, avec disposition expresse qui accorde ce recours. Il y a même raison de décider. — Duranton, n° 595.

643. — Le disposant pourrait étendre le recours au profit de la femme du grevé, car les biens grevés de substitution ne sont pris que sur la quotité disponible du disposant; et puisqu'il pouvait ne substituer qu'une partie de la chose, il a bien pu ne substituer cette chose qu'avec une modification qui restreint les droits des appelés. Ainsi : pour toutes les reprises que la femme aurait à exercer relativement à ses propres, en cas de communauté, et pour les indemnités qui lui seraient dues pour mauvaise administration, pour ses paraphernaux, au cas de régime dotal, le disposant peut ajouter à ses droits. — Rolland de Villargues, n° 16. — *Contrà*, Marcadé, art. 1054.

644. — L'ordonnance accordait d'ailleurs un recours bien plus étendu, et cela, de plein droit, au profit de la femme du grevé. — Ord. 1747, tit. 1er, art. 44 et suiv.

645. — Avant l'ordonn. de 1747 la femme du grevé était sans recours subsidiaire sur les biens substitués, pour le recouvrement des propres fictifs qui lui étaient échus pendant le mariage. — *Cass.*, 16 fruct. an XII, Desrobiets-Liot.

646. — Le grevé étant propriétaire des biens substitués les administre seul et en son nom personnel. — Il fait et reçoit les paiemens concernant lesdits biens, et même les remboursemens de rente. Il peut louer, mais seulement comme administrateur : conformément aux art. 1429 et 1430 du Code civil. — Rolland de Villargues, *ibid.*

647. — Il est investi des actions actives et passives concernant les biens substitués. — Pothier, *Des subst.*, sect. 5, art. 1er.

648. — Il peut, en conséquence, provoquer un partage des biens substitués, ou y défendre.

649. — Mais, est nul le partage, auquel il a été procédé entre le grevé et un tiers, sans qu'il ait été nommé un tuteur pour représenter à ce partage les enfans nés et à naître du grevé. — *Turin*, 29 déc. 1810, Barra c. Mangiardi.

650. — De ce que les actions actives et passives appartiennent au grevé, *pendente conditione*, faut-il en tirer cette conséquence que les jugemens rendus contre lui et passés en force de chose jugée puissent être opposés aux appelés? — M. Duranton (p. 9, n° 591) fait une distinction : Si le tuteur à la substitution a été mis en cause et que le ministère public ait donné ses conclusions (C. proc., art. 83, 6°), les appelés ne pourront se pourvoir contre le jugement que comme le grevé lui-même. L'art. 49 du tit. 2 de l'ord. de 1747 le décidait ainsi. Mais si, le tuteur ayant été mis en cause, le ministère public n'avait pas été entendu, les appelés pourraient aussi se pourvoir par requête civile. — C. proc., art. 480, 8°. — Si, au contraire, le tuteur n'a pas été mis en cause, la tierce opposition appartient aux appelés, alors même que le ministère public aurait été entendu. — C. proc., 474. — Il est vrai que l'ordonnance n'admettait pas la tierce opposition. Mais cela tenait à ce qu'alors il n'y avait pas de tuteur à la substitution. — Delvincourt, t. 2, p. 107; — *Contrà*, Rolland de Villargues, *loc. cit.*

651. — La prescription court-elle contre les substitués avant l'ouverture de la substitution? D'abord, il est incontestable qu'elle ne court pas contre les appelés mineurs ou à naître. — C. civ., art. 2262. — Duranton, t. 9, n° 610; Marcadé, art. 1052, n° 2.

652. — Quant aux appelés *majeurs*, elle court contre eux nonobstant l'art. 2257 qui suspend le cours de la prescription à l'égard d'une créance conditionnelle ou à terme; ou à l'égard d'une action en garantie jusqu'à l'événement de la condition, l'arrivée du terme ou l'éviction par application de la règle *Contrà non valentem agere nulla currit præscriptio*. Cet article n'est pas applicable à l'égard des tiers, et en outre ne saurait s'étendre à la prescription acquisitive; puisque les tiers peuvent toujours, en vertu de l'art. 1180 C. civ., faire des actes conservatoires, partant des actes interruptifs de prescription. — Thévenot, n° 891; Domat, *Lois civ.*, liv. 5, tit. 5, sect. 3, nos 13 et 14; Pothier, sect. 5, art. 2; Ricard, ch. 13, nos 92 et 93; Dunod, *Des prescript.*, part. 4, ch. 4; Duranton, t. 9, n° 610. — *Contrà*, Furgole; Guyot, *Rép.*, v° *Substitution*, sect. 13; Grenier, t. 1er, n° 383; Delvincourt, t. 2, p. 103; Vazeille, *Prescript.*, n° 303; Maynard, liv. 7, ch. 64; Marcadé, n° 2.

653. — Jugé *generaliter* que la prescription pour les immeubles aliénés par le grevé ne court pas contre les appelés à la substitution avant son ouverture, surtout si ces appelés étaient encore mineurs à l'époque des aliénations. — *Cass.*, 9 janv. 1827, Flach. c. Forcioli; 1er fév. 1832, Valernod c. Des Isnards; *Colmar*, 14 août 1840 (t. 1er 1841, p. 44), Lavallée.

654. — Le délai de la prescription est de 30 ans à l'égard des tiers qui tiennent leurs droits du grevé, depuis la transcription; parceque la résolution existe contre ces tiers, et que sa durée est de trente ans. — C. civ., art. 2262. — Mais si les tiers tiennent leurs droits de tout autre que le grevé, elle peut n'être que de 10 ou de 20 ans. — Duranton, t. 9, n° 10.

655. — Mais, pour que l'acquéreur puisse opposer au substitué la prescription de dix ou vingt ans, il faut que cet acquéreur ait été de bonne foi au moment où la prescription a commencé,

et cette exception de bonne foi est inadmissible de la part d'un détenteur qui a connu la substitution longtemps avant l'ouverture du droit du substitué. — Mais, la mauvaise foi de l'acquéreur, résultant de ce qu'il a su que l'immeuble était grevé de substitution, n'a pas suffi pour l'empêcher de faire les fruits siens jusqu'au jour de l'action en délaissement formée par le substitué. — *Cass.*, 9 janv. 1827, Flach c. Forcioli.

656. — La prescription libératoire tenant lieu de paiement pour le débiteur, il en résulte qu'elle pourrait être opposée aux appelés; puisque le grevé avait la capacité de recevoir le paiement. — D. tit. *Ad s.-c. Trebellianum*, L. 7, § *ult.* — Duranton, t. 9, n° 609; Grenier, t. 1er, n° 383; Rolland de Villargues, n° 25.

657. — Par la même raison, si le grevé a prescrit sa libération à l'égard d'une dette mobilière relative aux biens substitués, les héritiers du grevé s'en feront tenir compte par les appelés, comme d'un véritable paiement. — Mêmes auteurs.

658. — Mais la prescription que le grevé aurait faite des biens substitués profiterait aux appelés; car le grevé les possédait pour la substitution. — Mêmes auteurs.

659. — Quant au grevé, il est bien certain qu'il ne peut prescrire les biens substitués; du moins pendant sa jouissance, il n'a pas, vis-à-vis des substitués, possession à titre de propriétaire. Toutefois, de même que l'usufruitier ou le fermier et tous possesseurs précaires peuvent commencer à prescrire dès qu'ils ont interverti leur possession précaire; de même, le grevé pourrait prescrire à dater de l'interversion qu'il aurait faite de sa possession. — V. PRESCRIPTION.

660. — Jugé, toutefois, que lorsque le grevé de substitution a, pendant sa jouissance, fait acte de propriétaire absolu des biens substitués, il n'en résulte pas en sa faveur une interversion de titre ayant pour effet de faire courir dès cette époque la prescription à son profit contre l'appelé à la substitution. — *Cass.*, 1er fév. 1832, Valernod c. des Isnards.

661. — Mais le grevé d'un fidéicommis ayant un terme autre que la mort de lui grevé, pourrait prescrire par 30 ans de possession à dater de l'époque marquée pour la restitution. — Thévenot, n° 882; Merlin, v° *Substitution fidéicommissaire*, sect. 13.

662. — *Obligations du grevé.* — Le grevé est tenu d'apporter à la chose les soins d'un bon père de famille; il répond du dommage causé par sa faute. Toutefois, comme il est propriétaire, on ne le rend responsable que de sa faute lourde. — D. tit. *Ad s.-c. Trebellianum*, L. 22.

663. — Il est tenu de payer les contributions ordinaires ainsi que les arrérages des rentes ou intérêts des sommes dont la substitution est grevée, pour ce qui en court pendant sa jouissance. — D. *Ad s.-c. Trebellianum*, L. 58, § 1er. — Thévenot, ch. 42, § 4.

664. — Les contributions extraordinaires et toutes autres charges relatives non à la jouissance mais à la propriété des biens doivent être avancées par le grevé, qui en réclamera le montant lors de la restitution mais sans intérêts; ou bien elles sont avancées par le substitué qui en reçoit alors les intérêts pendant toute la jouissance du grevé; le tout, conformément aux dispositions de l'art. 609 C. civ. — Toullier, n° 775; Coin-Delisle, n° 28; Marcadé, art. 1053, n° 1er. — *Contrà*, Rolland de Villargues (dans Favard de Langlade), *loc. cit.*, § 5, n° 4.

665. — Les capitaux des dettes ne sont pas dus par le grevé, mais ils doivent être acquittés sur les fonds grevés dont on peut vendre une partie; à moins que le grevé ne préfère avancer le capital de ces dettes, qui lui sera remboursé sans intérêts à la fin de sa jouissance, ou que l'appelé ne veuille lui-même faire cette avance, dont on lui paiera l'intérêt jusqu'à ce que son droit soit ouvert : le tout conformément à l'art. 612 C. civ. — Arrêt du Parlem. de Paris, 12 avr. 1777. — Merlin, *Rép.*, v° *Substitution fidéicommissaire*, sect. 12, § 2, n° 2.

666. — Si des impenses, améliorations ou constructions ont été faites par le grevé, il a le droit d'en recouvrer les frais lors de la restitution, si elles ont été nécessaires. Quant aux dépenses utiles, il pourra les enlever à la charge de remettre les lieux dans leur état primitif. — D. tit. *Ad s.-c. Trebell.*, L. 19, § 3; L. 22, § 3. — Pothier, *Substitution*, sect. 4, art. 2, § 3; Toullier, t. 5, n° 775.

667. — Les frais faits pour procès raisonnables sont dus au grevé, s'il s'agit de procès concernant la propriété; il en est autrement des frais qui se rattachent à la jouissance seulement. — Toullier et Rolland de Villargues, *ibid.*

668. — Quant aux frais de transcription et d'inscription, ainsi que ceux de mutation, ils sont à la charge du grevé, sans récompense. — Toullier, t. 5, n° 776; Rolland de Villargues, n° 6; Merlin, *Rép.*, v° *Substitution fidéicommissaire*, sect. 12, § 2, n° 3.

669. — Si le grevé trouve un trésor sur le fonds chargé de substitution, il en a la moitié comme inventeur : il jouit de l'autre moitié, qu'il doit rendre à la fin de sa jouissance. Si le trésor est trouvé par toute autre personne, la moitié appartient à l'inventeur, l'autre moitié au fonds grevé : le grevé en a la jouissance, et le restitue lorsque son droit cesse. — Duranton, t. 9, n° 594; Delvincourt, t. 2, p. 101. — V. TRÉSOR.

§ 2. — *Droits de l'appelé durant la jouissance du grevé.*

670. — Tant que dure la jouissance du grevé, les substitués n'ont qu'une simple *espérance* de recueillir la substitution. Ils sont en quelque sorte dans la même position qu'un créancier conditionnel, en attendant l'événement de la condition. Le grevé étant propriétaire, comme on l'a vu *suprà*, les appelés ne peuvent donc pas, pendant la condition, intenter d'action qui suppose un droit acquis. — D., tit. *De rei vind.*, l. 66; tit. *De verb. signif.*, l. 54; Just. *Instit.*, *De verb. oblig.*, § 4. — Rolland de Villargues, *loc. cit.*, n° 19.

671. — En conséquence, si un bien de la substitution avait été saisi immobilièrement sur le grevé, les appelés ne pourraient, quant à présent, demander la nullité de la poursuite. — Parlement de Metz, 23 mai 1692. — Rolland de Villargues, n° 20. — Ils pourraient toutefois agir conservatoirement, aux termes de l'art. 1180, pour le maintien de leur droit, et même prendre inscription hypothécaire sur les biens saisis, après avoir obtenu une hypothèque judiciaire. — V. *infrà* n° 176.

672. — Pendant la condition, les substitués ne sont pas non plus admis à établir que les choses comprises dans telles dispositions leur sont fidéicommissées. — Parlement de *Douai*, 6 mars 1694, dans Merlin, *Rép.*, *loc. cit.*, sect. 14, n° 1er.

673. — Mais ils peuvent exercer tous les actes conservatoires de leur droit : ainsi requérir l'inventaire, la vente des meubles, l'emploi des deniers, etc.

674. — Les appelés ont le droit d'aliéner leurs espérances à la substitution. — Furgole, sur l'ordonn., tit. 1er, art. 23.

675. — L'ordonnance de 1747 accordait aux appelés une hypothèque légale sur les biens libres du grevé, pour assurer la restitution des biens grevés. Aujourd'hui, cette hypothèque n'existe plus, et on ne saurait prétendre qu'il faut la maintenir, attendu que les hypothèques légales sont de droit étroit. — Grenier, n° 391; Toullier, t. 5, n° 764; Duranton, t. 9, n° 563; Delvincourt, t. 2, p. 101; Delaporte, sur l'art. 1008; Rolland de Villargues, *loc. cit.* — V. HYPOTHÈQUE LÉGALE.

676. — Mais les appelés peuvent et doivent obtenir une hypothèque judiciaire sur les biens libres du grevé. A cet effet, ils devraient obtenir contre ce dernier des condamnations tendant à le contraindre à une bonne administration : notamment à faire emploi des deniers. Ils prendraient ensuite inscription en vertu de ces condamnations. — Mêmes auteurs.

677. — Les appelés n'ont pas non plus d'hypothèque légale sur les biens du tuteur à la substitution. Ils n'ont qu'une action en dommages-intérêts pour les cas de responsabilité du tuteur. — Mêmes auteurs.

678. — Jugé que l'ordonnance de 1747 ne s'opposait pas à ce qu'une provision fût accordée au fidéicommissaire. — *Agen*, 5 juill. 1811, Bessières c. Crozefond.

ART. 6. — *Ouverture des substitutions.*

679. — Les droits des appelés sont ouverts à l'époque où, par quelque cause que ce soit, la jouissance de l'enfant, du frère ou de la sœur grevés de restitution vient à cesser. — C. civil, art. 1053.

680. — Jugé que quand il y a eu dans un testament deux institutions générales en faveur de deux individus, avec charge de remettre à un substitué; la part de chaque grevé de restitution doit être attribuée, aussitôt après la mort de chacun d'eux, à celui en faveur de qui la substitution a été faite, et non à celui des deux héritiers universels qui a survécu. — *Agen*, 6 avril 1811, de Bessière c. de Laurière.

681. — L'abandon anticipé de la jouissance au profit des appelés ne peut préjudicier aux créanciers du grevé antérieurs à l'abandon (C. civ., art. 1053). Mais cet abandon est très-valable à l'égard du grevé. — Ordonnance de 1747, art. 42.

682. — L'abandon ne peut être anticipé lorsque le terme de la restitution a été laissé à la volonté du donataire. — Toullier, t. 5, n° 784; Grenier, t. 1er, nos 366 et 374; Delvincourt, t. 2, p. 405 et 407; Duranton, t. 9, nos 602 et suiv; Vazeille, t. 3, p. 209.

683. — Quoique la loi ne parle pas des tiers acquéreurs, on doit leur accorder le même droit qu'aux créanciers. — Toullier, t. 5, n° 785; Grenier, t. 1er, n° 387; Delvincourt, t. 2, p. 406 et 407; Vazeille, t. 3, p. 209; Marcadé, art. 1053, n° 9.

684. — L'antériorité des droits des créanciers ou des tiers acquéreurs s'établit par un acte authentique ou par un acte sous seings privés ayant date certaine; aucune autre preuve n'est admissible. Les créanciers chirographaires ont le même droit que les hypothécaires. — Grenier, t. 1er, n° 308; Delvincourt, t. 2, p. 406; Vazeille, t. 3, p. 209; Marcadé, *loc. cit.*

685. — Les créanciers antérieurs à l'abandon peuvent faire saisir les fruits des biens abandonnés, et les dettes actives qui dépendent de la donation. — Grenier, t. 1er, n° 369.

686. — L'abandon ne saurait nuire aux appelés nés postérieurement à cet abandon. En conséquence, si un grevé ayant deux fils fait l'abandon de son droit à ces deux fils, et si postérieurement un troisième fils naît au grevé, ce troisième aura droit au tiers des biens substitués. Et si l'un des deux enfans du grevé était mort avant le grevé, la substitution se partagerait par moitié entre le fils survivant auquel l'abandon avait été fait et celui qui n'est né que depuis l'abandon. — Duranton, t. 9, n° 606; Delvincourt, t. 2, p. 100.

687. — L'abandon fait et accepté sans restriction donne ouverture à la substitution à l'égard des appelés qui y ont consenti; mais il en est autrement à l'égard des appelés non consentans. — Delvincourt, t. 2, p. 105, note 3; Duranton, n° 606; Vazeille, art. 1053, n° 14; Marcadé, *ibid*, n° 4. — V. cependant Pothier, *Substitution*, sect. 6, § 2.

688. — Jugé que, sous l'ancien droit, lorsque le grevé avait anticipé la remise des biens à l'appelé venant immédiatement après lui, cette remise anticipée donnait ouverture à la substitution comme l'aurait fait la mort du grevé; et l'appelé devenait propriétaire à la charge de rendre à l'héritier du degré suivant, aux époques déterminées dans l'acte de fondation de la substitution. — *Nancy*, 9 fév. 1829, Rennel c. Roye.

689. — La mort du grevé est l'une des causes de la cessation de son droit. Mais le disposant pourrait ajouter à cette condition du décès du grevé soit un terme, soit une condition. — Rolland de Villargues, § 6, n° 2; Toullier, t. 5, n° 781.

690. — ... Et l'on ne doit pas distinguer entre la mort naturelle et la mort civile. — V. l'ord. et Ricard, *Des dispos. condit.*, nos 329 et suiv.

691. — Si le grevé commettait, dans sa jouissance, de ces abus qui, aux termes de l'art. 618 du C. civ., entraînent la déchéance de l'usufruit, il pourrait être déchu de la disposition. — Grenier, n° 376; Toullier, t. 5, n° 783; Malleville, sur l'art. 1057; Duranton, n° 603.

692. — Ainsi jugé que la déchéance du bénéfice de la substitution est encourue de plein droit contre le grevé qui, outre qu'il n'a pas fait nommer un tuteur, a mésusé en aliénant les immeubles compris dans la substitution. — *Colmar*, 14 août 1840 (t. 1er 1841, p. 44), Lavallée.

693. — Dans tous les cas, soit que la déchéance, la privation de l'administration ou le séquestre soient réclamés contre le grevé, ses créanciers ou ayans cause peuvent intervenir dans la contestation pour combattre la demande ou pour offrir des sûretés pour l'avenir. — Grenier, t. 1er, n° 376; Duranton, t. 9, n° 604; Vazeille, t. 3, p. 205.

694. — Les juges peuvent, en prononçant la déchéance, et hors le cas prévu par l'art. 1053 du Code civil, nommer un séquestre pour assurer le produit de la chose donnée aux acquéreurs des immeubles substitués, créanciers éventuels jusqu'au moment de l'échéance de la condition. — *Colmar*, 14 août 1840 (t. 1er 1841, p. 44), Lavallée.

695. — L'incapacité ou l'indignité du grevé de recueillir la disposition, si elle était par acte de dernière volonté, donnerait ouverture à la substitution. On ne saurait argumenter, contre celle

décision, des dispositions des lois romaines suivies en pays de droit écrit, qui faisaient tomber le fidéicommis par suite de la caducité de l'institution, laquelle était considérée comme la tête et le fondement du testament.—En effet, en pays coutumier et d'après notre Code civil, l'institution d'hériter ne produit pas plus d'effet qu'un legs, dont la caducité n'entraîne pas la nullité du testament.—V. D., tit. *De leg.* 1°, L. 73.—Annot. deCujas, t. 2, p. 877.; Rolland de Villargues, *ibid.*, n° 49.

696. — Mais l'incapacité du premier bénéficiaire, et même le seul défaut d'acceptation, empêcherait la donation entre-vifs d'exister ; par-là, la substitution de produire quelque effet.—Rolland de Villargues, n° 5.

697. — *Quid*, si, après avoir accepté, le donataire répudiait? La substitution serait ouverte, sauf les droits des créanciers du grevé : ainsi qu'on l'a expliqué plus haut.— Rolland de Villargues, *ibid.*, t. Grenier, t. 1er, n° 370; Toullier, t. 5, n° 790; Delvincourt, t. 2, p. 400; Delaporte et Malleville, sur l'art. 1053. C. civ.

698. — La répudiation de l'institution faite par testament ne nuirait en aucune manière aux appelés : sauf aux créanciers du grevé d'accepter, sa renonciation étant faite au préjudice de leurs droits.—Arg. C. civ., art. 788; ordonn. tit. 1er, art. 37 et 38.— Rolland de Villargues, *ibid.*

699. — Le substitué devient-il propriétaire *ipso jure*, à compter du jour de l'ouverture? — Oui, s'il s'agit d'une substitution universelle, et que le disposant n'ait pas d'héritier à réserve, le substitué étant dans ce cas assimilé à un légataire universel.— Arg. C. civ., art. 1004; D., tit. *De leg.*, t. 6°, § 1er.— Rolland de Villargues, n° 13 et 14.—*Contra*, Ricard, chap. 9, n° 784; Merlin, sect. 16, n° 1er; Duranton, t. 9, n° 611.

700. — Quant à la possession, les appelés doivent toujours la demander au grevé à ses héritiers. Ce n'est que par cette possession que les appelés ont droit aux fruits.— Ordonn. tit. 1er, art. 40.—Thévenot, chap. 37 ; Duranton, t. 9, n° 614; Merlin, sect. 48, § 3, n° 2.

701. — Les appelés pourraient intenter l'action en éviction avant d'avoir obtenu l'envoi en possession. Elle résulte du droit de propriété.—Grenier, t. 1er, n° 377.

702. — A part le cas de saisine, le substitué recueille les biens par son acceptation expresse ou tacite.

703. — Un fidéicommis est valablement accepté par le fidéicommissaire qui a fait donation d'une partie des biens compris dans le fidéicommis, après que cette partie lui a été remise. — *Agen*, 5 août 1806, Gaches c. Saint-Orens.

704. — Jugé qu'avant le Code civil les biens substitués ne devaient pas être distraits de la masse de la succession comme les autres, pour opérer la fixation de la légitime.—*Nîmes*, 7 mars 1806, Peytavin c. Bros. — V., cependant, QUOTITÉ DISPONIBLE, n° 723.

705. — Les appelés qui ne sont pas héritiers purs et simples du grevé ont le droit de demander un compte aux héritiers du grevé. — D., *Ad l. c. Treb.*, L. 35 et 58. — Thévenot, chap. 84.

706. — Si le grevé avait des créances contre le disposant, ou réciproquement, si le substitué en avait contre le grevé, elles devront être portées en compte.—On accorde au grevé le droit de rétention, jusqu'au paiement de ce qui lui est dû par le substituant. — V. ordonn. 1747, tit. 2, art. 9.

707. — Jugé, toutefois, que l'héritier fiduciaire ne peut répéter les sommes que pendant sa jouissance, il a employées à doter les enfans du testateur et à payer des dettes. — *Riom*, 2 août 1814, Giraud c. Baudet.

708. — Lorsque le grevé qui a payé une soulte pour plus-value des immeubles à lui abandonnés par l'acte de démission de biens renfermant la substitution est déclaré déchu, et la jouissance des biens substitués réservée aux créanciers du grevé, les appelés ne doivent point être tenus, à l'ouverture de leur droit, de rembourser au grevé à ses ayans droit le montant de ladite soulte. — Quant aux arrérages dus par le grevé au donateur d'après une condition de la donation, les appelés ne sont pas tenus de les rembourser avant l'ouverture de leur droit ; il doit être ordonné que ces arrérages seront prélevés par privilège, avant tout autre paiement, sur le produit annuel des biens substitués.— Colmar, 14 août 1840 (1. 4er 1841, p. 44). Lavallée.

709. — Celui contre lequel a été engagée une demande en ouverture d'une substitution fidéicommissaire, qui a répondu à cette demande, qui a voulu que la question de la substitution fût jugée avec lui, et qui enfin a été condamné à la

---

délivrance du fidéicommis, ne peut, en attendant cette délivrance, se soustraire au paiement d'une provision, sous le prétexte qu'il n'a pas eu qualité pour agiter la question relative à l'ouverture du fidéicommis. — *Agen*, 5 juill. 1814, Bessières c. Crozefond.

ART. 7. — *Extinction des substitutions.*

710. — Les substitutions s'éteignent : 1° par la défaillance des conditions qui y étaient apposées ; 2° par l'incapacité de recueillir de l'appelé ; 3° par la révocation de la disposition testamentaire qui contenait la substitution; 4° par la révocation de la donation dans les cas où cette révocation a lieu ; 5° par la renonciation des appelés ; 6° enfin par la perte de la chose, objet de la substitution.

711. — Si la condition de la substitution ne s'accomplit pas, la substitution ne peut produire d'effet : tel est le cas où l'appelé meurt avant l'ouverture de son droit. — D., tit. *De leg.* 1°, § 1er et suiv., et l. 17 2°.

712. — La substitution n'étant qu'une institution ou libéralité du second ordre, il s'ensuit que l'appelé doit être capable de recueillir au moment de l'ouverture de son droit. — D., *cod.*— Rolland de Villargues, *ibid.*, n° 48.

713. — On a déjà vu que la caducité de l'institution ou du legs n'entraîne pas l'extinction de la substitution, mais au contraire elle lui donne ouverture. A quoi il faut ajouter que ceux-là seuls qui existent au moment de l'ouverture du droit recueilleront, au détriment de ceux qui naîtraient plus tard et qui auraient recueilli sans la caducité de l'institution ou du legs. La raison de décider tient à ce que le fidéicommis est écarté dans ce cas, et que les appelés recueillent alors directement, comme substitués vulgaires, partant qu'ils doivent être capables au moment où l'acte produit son effet.— Arg. C. civ., art. 906.— Delvincourt et Duranton, *loc. cit.*

714. — Le testament ne devant produire d'effet qu'à la mort du disposant, celui-ci peut le changer quand bon lui semble, et par là, anéantir toutes les dispositions qui y étaient contenues. — V. TESTAMENT.

715. — Quant à la révocation de la donation entre-vifs : si elle a lieu par suite de la survenance d'un enfant au donateur, elle anéantira la substitution aussi bien que la donation principale. Il est même à remarquer que, d'après l'art. 1049 C. civ., la substitution ne produirait pas d'effet, alors même que la donation aurait été faite par un disposant qui avait déjà un enfant au moment de la passation de l'acte. Du reste il faut observer que cet enfant, né lors du contrat, mourait avant l'ouverture de la substitution, la révocation n'aurait pas lieu.— Rolland de Villargues, n° 17.

716. — Quant à la révocation pour ingratitude, elle ne pourrait pas être opposée aux substitués, puisque les faits du grevé lui sont personnels, il y aurait simplement lieu à l'ouverture de la substitution, au profit des appelés existans; et à défaut de ces derniers, on appliquera ce qui a été dit plus haut pour le cas de déchéance.

717. — Il en faut dire autant de la révocation de la première donation pour inexécution des conditions. Seulement, les appelés devraient remplir les charges particulières imposées au grevé.

718. — Il ne dépendrait pas du grevé ni du disposant d'anéantir la substitution que la donation a été régulièrement acceptée. Du reste, l'acceptation des substitués n'est pas nécessaire avant l'ouverture de leurs droits. — Ord. 1731. — Toullier, t. 5, n° 793; Rolland de Villargues, *loc. cit.*, n° 20.— Delvincourt (t. 2, p. 400) est d'un avis opposé.

719. — La renonciation faite par les appelés capables éteint la substitution à leur égard, si elle a été faite par acte entre-vifs. Comme cette renonciation est une véritable donation, elle doit être faite dans la forme des actes portant donation entre-vifs, soit qu'elle ait lieu au profit du grevé ou à celui d'un des substitués. Il faut appliquer la même solution à la renonciation, à la substitution testamentaire, alors que le droit du disposant, elle ne produirait point d'effet. — Arg. C. civ., art. 791. — Ord. 1747, tit. 1er, art. 28. — Thévenot, sur cet art.; Toullier, t. 5, n° 801.

720. — Les créanciers de l'appelé renonçant pourraient invoquer l'art. 1166 pour attaquer la renonciation faite à leur préjudice, et cela, même

---

après le décès de leur débiteur, cet article ne distinguant pas. — Grenier, n° 372.

V., au surplus, ACTE CONSERVATOIRE, CONDITION, DISPOSITION A TITRE GRATUIT, DONATION ENTRE-VIFS, DONATION PAR CONTRAT DE MARIAGE, ÉMIGRÉS, FIDÉICOMMIS, FIDUCIE, INVENTAIRE, LEGS, MINISTÈRE PUBLIC.

SUBSTITUTION D'ENFANS.
V. ENFANT (Crimes et délits contre l').

SUBVENTION.
V. THÉATRE.

SUBVENTION DE GUERRE.
V. DÉCIME DE GUERRE.

SUCCESSEUR.

1. — On appelle ainsi, en général, celui qui est aux droits d'un autre.

2. — Il y a deux espèces de successeurs : le successeur universel et le successeur à titre universel. — L. 3, § 1er, *De exerc. rei vendit. et trad.*

3. — Le successeur à titre singulier ou particulier est celui qui n'est point héritier, mais subrogé à quelqu'un ; comme l'acquéreur, le donataire.— Rolland de Villargues, n° 3.— V. AYANT CAUSE, OBLIGATION.

4. — Le successeur universel est principalement l'héritier qui succède à tous les droits d'un individu : soit activement, soit passivement.— Rolland de Villargues, *Rép. du not.*, v° *Successeur*, n° 2.— V. HÉRITIER, SUCCESSION.

5. — Celui qui succède au droit ou à la propriété d'un autre doit user du même droit que lui. — L. 177, D., *De reg. juris.*

6. — Chacun est tenu du fait de celui de qui il reçoit la chose.— L. 149, *eod.*

7. — Les exceptions que l'on peut opposer à celui avec qui on a contracté, peuvent être opposées à ses successeurs à titre universel ou particulier. — L. 143, *eod.*

8. — Ce qui nuit aux contractans nuit également à leurs successeurs.— L. 156, § 2, *eod.*

9. — Le successeur ne peut avoir une meilleure condition que son auteur. — L. 175, § 1er, *eod.*

10. — Le successeur a juste cause d'ignorer si la chose demandée est due. — L. 42, *eod.*

11. — En matière d'office, on appelle aussi *successeur* un titulaire nouveau par rapport à celui qui le précédait. — V. OFFICE.

V., aussi, ENFANT NATUREL, PRESCRIPTION, RAPPORT A SUCCESSION.

SUCCESSIBLE.

C'est celui que la loi appelle à succéder à un défunt.— V. SUCCESSION.— V., aussi, QUOTITÉ DISPONIBLE, RAPPORT A SUCCESSION.

SUCCESSION.

Table alphabétique.

SUCCESSION. — s. — C'est la transmission de l'ensemble des droits actifs et passifs d'une personne morte naturellement ou civilement à une ou plusieurs personnes survivantes qui prennent sa place et qu'on nomme ses *héritiers*. — Pothier, *Traité des success.*, art. prélim. — On donne aussi le nom de succession à l'universalité des biens et charges laissées par le défunt.

s. — Le mot *hérédité* a la même signification, et dans les deux sens, que le mot *succession*. *Hereditas*, dit Gaïus (*l. 24*, ff., *De verb. signif.*), *nihil aliud est quam successio in universum jus quod defunctus habuit.* Cependant, chez les Romains, la

signification du mot *successio* était beaucoup plus générale.

3. — Les successions sont déférées par la volonté de l'homme ou par la loi. Elles sont de trois sortes. — Chabot, *Success.*, observations prélim., n° 2; Toullier, t. 4, n° 67 et 68; Duranton, t. 6, n° 21.

4. — 1° La succession *contractuelle*; c'est celle qui est déférée par contrat de mariage à l'époux survivant et aux enfans à naître. — V. DONATION PAR CONTRAT DE MARIAGE, INSTITUTION CONTRACTUELLE.

5. — 2° La succession *testamentaire*; c'est celle qui résulte d'un acte de dernière volonté au profit d'une personne désignée. — V. LEGS.

6. — 3° Enfin la succession légale, qu'on nomme *légitime* ou *ab intestat*; c'est celle qui est déférée par la loi, à défaut de disposition formelle de la part du défunt. — C'est de cette espèce de succession qu'on s'occupera ici.

7. — Cependant on peut dire que l'art. 711 du Code civil, en indiquant la succession comme un mode spécial d'acquérir, n'emploie ce mot que dans la signification restreinte de succession *ab intestat* ou succession légitime : plusieurs autres articles du Code sont conçus dans le même système (C. civ., art. 1002 et suiv.). — Demante, *Programme du C. civ.*, t. 2, n° 15.

8. — Le droit romain admettait deux espèces de successions ou d'hérédités, les successions testamentaires, déférées par la volonté du défunt, et les successions *ab intestat* ou légitimes, déférées par la volonté seule de la loi. — Gaius, *Comment.* 2, § 99.

9. — Quant à nos anciennes coutumes, elles n'admettaient en général que les successions légitimes : elles ne considéraient point comme héritiers du défunt, comme représentans de la personne, ceux qu'il avait institués. Une semblable institution valait seulement comme legs jusqu'à concurrence des biens dont le testateur pouvait disposer. — Cout. de Paris, art. 299; d'Orléans, art. 287. — V. aussi Loysel, *Institutes cout.*, liv. 2, tit. 4, règ. 3, et les notes de Laurière.

CHAPITRE Ier. — *Ouverture des successions.*

10. — Les successions s'ouvrent par la mort naturelle et par la mort civile. — C. civ., art. 718 et 25.

11. — Toute succession suppose la mort d'une personne dont la place, laissée vacante, est immédiatement occupée par d'autres personnes que la loi appelle à lui succéder. Il n'y a point de succession tant que les personnes sont vivantes. *Nulla viventis est hereditas.*

12. — Cependant la succession s'ouvre encore, mais conditionnellement, par l'absence. — V. ABSENCE.

13. — Le moment du décès fixant les droits des personnes appelées à représenter le défunt, il est du plus grand intérêt de connaître d'une manière précise cette époque décisive. Et cependant, alors même que la mort est constante et prouvée, il arrive fréquemment que sa date précise est ignorée.

14. — En effet, les officiers publics chargés de constater la mort, soit civile, soit naturelle, ne sont pas en général d'en constater la date avec exactitude. Ils font, en général, la mention du jour et de l'heure, que, par des raisons sages, la loi n'a point exigée, mais que dans la pratique on les invite cependant presque toujours dans les actes de décès, ne fait point foi jusqu'à inscription de faux et) n'a de valeur que comme simple renseignement. Cependant, il faudrait des circonstances graves pour la rendre suspecte. — C. civ., art. 77 et suiv.—Duranton, t. 5, n° 323, et t. 6, n° 1er, § 1er, n° 1er; Vazeille, art. 718, n° 2; Rolland de Villargues, *Rép. du not.*, v° *Succession*, n° 11.

15. — Lorsque l'acte de l'état civil est muet ou contesté sur la mention de l'époque du décès, la preuve du fait peut se faire en s'éclairant par tous les moyens admis par la loi et même par de simples présomptions s'il y a lieu.—C. civ., art. 46, 57, 77.—Vazeille, n° 3; Rolland de Villargues, *loc. cit.*, n° 12.

16. — Ainsi jugé que lorsqu'il est reconnu qu'une mère et son enfant absent sont décédés l'un et l'autre, et que l'acte de décès du fils n'est pas rapporté, on peut prouver par témoins qu'il vivait encore au temps du décès de la mère. — *Riom*, 10 févr. 1816, Bellonte.

17. — Le décret du 3 janvier 1813 sur la police des mines trace plusieurs règles à suivre à l'effet de constater le décès des ouvriers qu'un accident fait périr dans une exploitation.

18. — Si plusieurs personnes respectivement appelées à la succession l'une de l'autre périssent dans un même événement, sans qu'on puisse reconnaître laquelle est décédée la première; la présomption de survie est déterminée par les circonstances du fait, et, à leur défaut, par la force de l'âge ou du sexe.— C. civ., art. 720.

19. — C'est là la fameuse question *De commorientibus* traitée avec tant d'étendue par tous les auteurs et dont ils ont fait l'application dans les exemples les plus remarquables, tels que : incendie, assassinat, bataille, chute d'un bâtiment, maladie. — Merlin, *Rép.*, v° *Mort*, § 2; Toullier, t. 4, n° 77; Duranton, t. 6, n° 44; Vazeille, n° 2.

20. — L'ancienne jurisprudence fournit à l'appui de la décision suivante : La fille de Charles Dumoulin, épouse Bobé, avait été assassinée avec ses deux enfans dans la nuit du 19 février 1592; on présuma que la mère avait été la première victime, parce qu'il était de l'intérêt des assassins de se défaire d'abord de la personne qui pouvait leur opposer le plus d'obstacles.—Lebrun, *Success.*, liv. 1er, ch. 1er, sect. 1re, n° 47.

21. — Quand les circonstances de fait manquent, on a de tout temps admis des présomptions légales de prédécès ou de survie. Ainsi, le droit romain en admettait quelques-unes. — L. 32, § 14, ff., *De don. int. vir et ux.*; L. 54, § 2, c. *Trebell.*; L. 26, *De mortis causa don.*; L. 9, pr., § 1er, 3 et 4; L. 16, 47, 18, *De reb. dub.*; L. 26, pr., ff., *De pactis dotalibus.*— Il en était de même sous notre ancienne jurisprudence. — Arrêt Joly du 14 août 1591 et autre arrêt du 9 févr. 1629 rapportés par le journal de Dufresne. — Bourjon, *Dr. rom. de la France*, t. 1er, p. 795, n° 1er; Lebrun, *Traité des successions*, liv. 1er, ch. 1er, sect. 1re, n° 43 et suiv.; Ricard, *Traité des dispositions cond.*, p. 224.

22. — Une loi du 20 prairial an IV portait : « Lorsque des ascendans, des descendans et autres personnes qui se succèdent de droit auront été condamnés au dernier supplice, et dans la mort dans la même exécution, il devient impossible de constater leur prédécès, les plus jeunes des condamnés seront présumés avoir survécu. »

23. — Cette loi n'est applicable que dans le cas où plusieurs individus se succédant de droit ont été mis à mort dans la même exécution, par suite d'une condamnation judiciaire. On ne peut l'étendre aux autres cas d'exécution par suite de troubles politiques. — *Rennes*, 17 avr. 1821, Bastard c. Lemercl.

24. — Cette même loi est-elle encore en vigueur? La question serait sans intérêt si l'on adopte l'opinion que la mort civile date du commencement du jour de l'exécution. — V. *infra* n° 42. — Quoi qu'il en soit, Toullier (t. 4, n° 76) pense que cette loi est encore en vigueur. Au contraire Proudhon (*Cours de dr.*, t. 1er, p. 74), Malpel (*Success.*, n° 43) et Vazeille (n° 3) soutiennent qu'elle a été abrogée par la loi du 30 ventôse en XII sur la réunion des lois qui composent le Code civil.

25. — D'un autre côté, lorsque qu'avant le Code civil deux enfans morts en même temps que leur mère et dans un même événement, ne sont pas légalement présumés lui avoir survécu.—*Rennes*, 17 avr. 1821, Bastard c. Lemercl.

26. — Enfin le Code civil a posé à son tour des présomptions plus complètes et moins vagues que celles du droit romain et de l'ancienne jurisprudence, mais que laissant encore des lacunes.

27. — « Si ceux qui ont péri ensemble avaient moins de quinze ans, porte l'art. 721, le plus âgé sera présumé avoir survécu. — S'ils étaient tous au-dessus de soixante ans, le moins âgé sera présumé avoir survécu. — Si les uns avaient moins de quinze ans et les autres plus de soixante, les premiers seront présumés avoir survécu. »

28. — Ainsi, d'après la troisième disposition de cet article, un enfant d'un an, d'un mois, d'un jour même, doit être présumé avoir survécu à

73

l'homme de soixante ans et quelques jours, bien qu'évidemment les forces de celui-ci soient supérieures (Chabot, n° 5; Vazeille, n° 1er). — Suivant d'autres auteurs, au contraire, il faut, en pareil cas, recourir à l'art. 720, qui oblige les juges à chercher d'abord dans les faits des élémens de preuve. Or, la faiblesse de l'enfant qui vient de naître devra faire présumer son prédécès.—Delvincourt, t. 2, p. 20, note 2; Duranton, t. 6, n° 43, note 3.

29.—Entre une personne au-dessous de quinze ans et une autre de quinze à soixante ans, la présomption de survie est en faveur de cette dernière.—Delvincourt, t. 2, p. 20; Toullier, t. 4, n° 74; Duranton, t. 6, n° 43; Vazeille, n° 2.—*Contrà*, Malpel, n° 11.

30. — Entre la personne qui a plus de quinze ans et celle qui en a plus de soixante, la présomption de survie est pour la première. — Mêmes auteurs; Vazeille, *ibid.*

31. — « Si ceux qui ont péri ensemble avaient quinze ans accomplis et moins de soixante, porte l'art. 722 du Code civil, le mâle est toujours présumé avoir survécu, lorsqu'il y a égalité d'âge, ou si la différence qui existe n'excède pas une année.—S'ils étaient du même sexe, la présomption de survie, qui donne ouverture à la succession dans l'ordre de la nature, doit être admise. Ainsi, le plus jeune est présumé avoir survécu au plus âgé.»—C. civ., 722.

32. — Ainsi, quand il y a une différence d'âge de plus d'une année, la différence des sexes n'est plus à considérer dans la période de quinze à soixante ans. Il ne faut plus s'attacher qu'à l'âge. — Vazeille, n° 2.

33. — Lorsqu'il s'agit de jumeaux du même sexe, des auteurs prétendent que la présomption de survie doit être pour le puîné, en supposant qu'il puisse être connu, sinon pour le plus robuste (Chabot, n° 4; Duranton, t. 6, n° 52; Favard de Langlade, *Success.*, sect. 1re, § 1er, n° 5). — D'autres se décident pour la survie du plus robuste dans tous les cas (Toullier, t. 4, n° 73; Delvincourt, t. 2, p. 20). — Suivant Rolland de Villargues (n° 23), il faudrait s'en référer à la règle générale : *Actori incumbit onus probandi.* — Malpel, n° 12, Vazeille, art. 722, n° 1er.

34. — Les présomptions posées dans les art. 720 à 722 ne doivent pas être étendues au delà des limites précises que leur assignent ces articles eux-mêmes. — Dès lors elles ne sauraient être appliquées dans le cas où les deux personnes, réciproquement appelées à se succéder, périssent le même jour, dans deux événemens différens, sans qu'on puisse reconnaître laquelle est décédée la première. Elles peuvent seulement servir de point d'appui au juge. — Merlin, *Rép.*, v° *Succession*, sect. 1re, § 6; Chabot, art. 720, n° 5; Vazeille, n° 3; Duranton, t. 6, n° 42; Malpel, n° 18. — V., cependant, Favard de Langlade, sect. 1re, § 1er, n° 3.

35. — De même, les présomptions de survie des art. 720 à 722 ne s'appliquant à deux personnes mortes dans le même événement qu'autant qu'elles sont respectivement appelées à la succession l'une de l'autre; si l'une d'elles seulement est héritière présomptive de la seconde, on ne pourra avoir recours à ces présomptions.—Merlin, *Rép.*, v° *Mort*, § 2, art. 2; Chabot, n° 7; Delvincourt, t. 2, p. 20; Favard de Langlade, sect. 1re, § 1er, n° 6; Vazeille, art. 722, n° 6. — *Contrà*, Toullier, t. 1er, n° 78 *bis*; Malpel, n° 16; Duranton, t. 6, n° 45.—Suivant eux, ces mots : *respectivement appelées à la succession l'une de l'autre* sont une incise qui n'a pas été insérée dans la phrase pour limiter la présomption au cas qu'ils expriment; ils sont démonstratifs plutôt que limitatifs.

36. — Ces mêmes présomptions ne sont point non plus applicables aux successions testamentaires ou contractuelles. — Delvincourt, t. 2, p. 13, note 4; Favard de Langlade, v° *Succession*, sect. 1re et 2, n° 6; Duranton, t. 6, n° 48; Chabot, art. 720, n° 7; Rolland de Villargues, n° 27. — *Contrà*, Toullier, t. 4, n° 76; Malpel, nos 14 et 15; Vazeille, sur l'art. 722, n° 5.

37. — Il n'y a pas lieu non plus de les étendre au cas où des individus se seraient institués légataires universels par deux testamens réciproques. — Chabot, art. 720; Duranton, t. 6, n° 48. — *Contrà*, Toullier, t. 4, n° 78.

38. — Si un donateur qui a stipulé le droit de retour, meurt le même jour que le donataire : c'est à ses héritiers à prouver que la condition de ce retour s'est accomplie, en un mot que le donateur a survécu; car le donataire était saisi et la révocation de son droit ne peut s'opérer que pour une cause certaine. — Duranton, t. 6, n° 49.

39. — Au contraire, s'agit-il de donations de biens à venir, ou institutions contractuelles, la donation saisit sans doute le donataire en ce sens que son droit est irrévocable; mais le donateur conserve la jouissance et possession des biens donnés, il peut même les aliéner à titre onéreux; ses héritiers trouvent ces biens dans sa succession, ils en sont saisis par son décès; c'est donc aux héritiers du donataire à prouver que leur auteur a survécu au donateur, à établir le fait qui doit dépouiller les héritiers de ce dernier et qui est la condition essentielle de leur droit. — Duranton, t. 6, n° 49.

40. — Quant aux avantages réciproques que les conjoints ont pu se faire par contrat de mariage et qu'ils ont subordonnés à la condition de survie, il n'y a nullement lieu d'appliquer les présomptions légales des articles 720 à 722.—La survie ni de l'un ni de l'autre des époux ne pouvant être prouvée, la condition de la donation aura également défailli de part et d'autre : *quia neuter altero supervixit.* — Duranton, t. 6, n° 50; Chabot, art. 720, n° 7.

41. — La succession est ouverte par la mort civile du moment où cette mort est encourue.— C. civ., art. 719. — V. MORT CIVILE.

42. — Or, à quel moment la mort civile est-elle encourue : est-ce à dater du commencement du jour de l'exécution? — V., à cet égard, MORT CIVILE, nos 22 et suiv.

43. — Un décret du 26 août 1811 déclarait ouverte la succession de tout Français naturalisé à l'étranger sans l'autorisation de l'empereur.— Art. 6. — V., à ce sujet, FRANÇAIS, nos 170 et suiv.

CHAPITRE II. — *Qualités requises pour succéder.*

44. — Pour succéder ou être héritier, il faut se trouver le premier dans l'ordre de successibilité établi par la loi entre les parens du défunt. — V. *infrà* nos 200 et suiv.

45. — Il faut de plus avoir les qualités personnelles que la loi exige pour qu'on jouisse du droit de succéder. Le défaut de ces qualités produit l'*incapacité.*

46. — Enfin, lors même qu'on a la capacité, il faut n'être pas exclu de la succession pour cause d'*indignité.*

Sect. 1re. — *Incapacité de succéder.*

47. — L'incapacité de succéder est l'absence des qualités requises à cet effet. Est incapable celui qui n'existe pas au moment de l'ouverture de la succession, ou qui ne jouit pas des droits civils ou au moins du droit civil de succéder.

§ 1er. — *Non-existence au jour de l'ouverture de la succession.*

48. — Sont incapables de succéder : 1° celui qui n'est pas encore conçu; 2° l'enfant qui n'est pas né viable. — C. civ., art. 725.

49. — 1° *Celui qui n'est pas encore conçu.* — L'existence commence à la conception ; il suffit donc que l'enfant soit conçu au moment où s'ouvre en sa faveur une succession, pour qu'on ne puisse le repousser si plus tard il se présente pour la recueillir (C. civ., art. 725). — Toutefois cette vocation n'est que conditionnelle ; et elle est subordonnée à la naissance.

50. — Dans quel délai depuis l'ouverture de la succession faut-il au plus tard être né pour être présumé avoir été conçu au jour de cette ouverture? Selon M. Duranton (t. 6, n° 69) on doit supposer que la gestation a pu durer trois cents jours, mais pas davantage; qu'elle a pu ne durer que cent quatre-vingts jours, mais pas moins : en d'autres termes, il y a lieu d'admettre les présomptions légales posées par le Code en matière de légitimité. — Chabot, art. 725, n° 5; Rolland de Villargues, *Rép.*, v° *Héritier*, n° 39. — V. LÉGITIMITÉ.

51. — Cependant on peut dire que si cette opinion est admissible toutes les fois que la question de succession est une dépendance nécessaire de celle de légitimité, l'art. 315 n'est plus applicable dans les autres cas; car les présomptions légales ne doivent pas être étendues à des circonstances autres que celles spécialement prévues par le législateur. — C. civ., art. 1350.

52. — Il ne suffit pas au reste toujours que l'enfant soit conçu ou même né au moment de l'ouverture de la succession, il faut encore qu'à cette époque le lien de parenté, sur lequel se fonde sa vocation, existe déjà entre lui et le défunt.

53. — Ainsi jugé que l'enfant légitimé n'a aucun droit aux successions ouvertes dans la famille de ses père et mère, avant la légitimation; parce que, avant cette époque, aucun lien de parenté civile ne l'unit aux parens de ses auteurs. — Merlin, *Rép.*, v° *Succession*, sect. 1re, § 2, art. 1er, n° 3, et art. 5, n° 1er; Favard de Langlade, v° *Légitimation*, § 3, n° 2, et v° *Succession*, sect. 1re, § 2, n° 2; Duranton, t. 6, n° 69; Vazeille, art. 726, n° 10. — *Contrà*, *Pandectes françaises*, t. 6, p. 174.

54. — L'enfant né pendant le mariage mais conçu avant et reconnu par le père, est apte à recueillir la succession d'un frère utérin mort dans l'intervalle de sa conception au mariage de sa mère. — *Orléans*, 19 août 1809, Aubert.

55. — 2° *Celui qui n'est pas né viable.*— Il ne suffit pas que l'enfant ait été conçu; il faut encore qu'il soit né vivant et viable.

56. — Le droit romain ne subordonnait point la capacité de l'enfant nouveau-né à sa viabilité. Plusieurs lois romaines décident, au contraire, que l'enfant est capable aussitôt que la naissance est complète, alors même qu'il meurt immédiatement (*illicò*) : par exemple entre les mains de la sage-femme. Cette vie de quelques instans a été suffisante pour que l'enfant ait pu recueillir des droits et les transmettre à ses héritiers.— L. 2, 3, C., *De posth.*—Savigny, *Syst. des heut. ræm. Rechts* (Système du droit romain actuel), t. 2, append. 3.

57. — La doctrine de la viabilité s'est introduite au moyen âge faussement appuyée sur quelques textes mal interprétés des lois romaines et des anciens auteurs. — L. 12, *De statu hom.*, ff.; Plinius, *Hist. nat.*, lib. 7, c. 4; Gellius, lib. 3, c. 16, *Noctes att.* — V., sur cette doctrine, Alph. A. Curanza, *De partu naturali et legitimo* ; G. E. Deltze, *De partu vivo vitali et non vitali*, Iéna, 1769.

58. — Elle était admise dans notre ancienne jurisprudence; l'enfant né vivant mais non viable, ne pouvait ni succéder ni transmettre.— *Limoges*, 12 janv. 1813, Coste c. Escaravage. — Chabot, art. 725, n° 12; Toullier, t. 4, n° 97.

59. — L'enfant n'était réputé viable qu'autant qu'il naissait dans le commencement du septième mois. « Je n'estime pas, dit Ricard (*Traité des dispositions conditionnelles*), qu'un enfant sortant du ventre de sa mère avant le septième mois de sa conception puisse être réputé vivant et capable de succéder, quelque démonstration de vie qu'il témoigne, et quelque mouvement qu'il fasse en venant au monde; d'autant que le sentiment universel des médecins et des naturalistes est qu'un enfant ne peut pas être viable avant ce terme, et que s'il sort plus tôt du ventre de sa mère, ce n'est pas un enfantement, mais un avortement. » — Le Journal des audiences cite plusieurs arrêts qui ont jugé conformément à la doctrine de Ricard. — V. *Journal du Palais*, t. 11, p. 27, note 3.

60. — Cependant, un arrêt du 1er février 1535, rapporté par Chopin, et cité par les auteurs de l'ancien *Répertoire de jurisprudence*, avait jugé qu'un père pouvait prendre la succession de sa femme du chef de son fils né par l'opération césarienne dans le cinquième mois. On cite encore d'autres arrêts conformes à cette opinion. —V. ancien *Répert. de jurisp.*, v° *Héritier*, § 8.

61.—Le Code civil reproduit, sans l'expliquer, la doctrine de la viabilité. Lors de sa rédaction, on fit observer les incertitudes de l'ancienne jurisprudence et la difficulté qu'il y avait toujours à déterminer les caractères de la viabilité ou de la non-viabilité. On proposa, pour simplifier cette doctrine, de décider que la viabilité de l'enfant ou sa non-viabilité se présumeraient d'après le nombre des jours qu'il aurait réellement vécu : ainsi aurait été considéré comme viable l'enfant qui aurait vécu dix jours, au contraire aurait été présumé non viable le nouveau né qui n'aurait pu atteindre ce terme. Mais l'influence de la viabilité sur l'action en désaveu du père empêcha d'introduire dans la législation nouvelle ces sages dispositions; on ne voulut pas avec raison que l'honneur de la mère dépendît nécessairement du nombre de jours qu'aurait vécu son enfant : il eût été immoral, en effet, d'intéresser la mère à la mort de son fils ! — Fenet, *Travaux prép. du C. civ.*, t. 10, p. 104.

62. — Il fut dit, dans la discussion au Conseil d'Etat et dans les discours des orateurs du gouvernement, que les questions de viabilité seraient décidées par les gens de l'art, seuls compétens pour prononcer (Fenet, t. 10, p. 140); c'était abandonner cette théorie à ses anciennes incertitudes. Aussi est-il difficile et même impossible, au milieu des divergences des auteurs, de

fixer les caractères, les signes extérieurs, qui doivent établir la viabilité de l'enfant ou sa non-viabilité; c'est toujours une question de fait, et ici encore l'office du juge consistera d'abord à bien établir les rôles des parties pour savoir à qui incombe la preuve.

63.—Du reste il n'est pas douteux que, si l'enfant est né vivant, bien conformé, apte à vivre, il a eu qualité pour succéder, quoiqu'il soit mort, par suite de quelque accident, quelques instans après sa naissance. — Duranton, t. 6, n° 76.

64.—Jugé que l'enfant né vivant, à terme, bien conformé et avec tous les organes nécessaires à la vie doit être réputé né viable, et, par conséquent, admis à succéder, encore qu'il soit décédé peu d'instans après la naissance, et qu'il ait été dans un état apoplectique apparent, lorsque rien ne constate que cet état est le résultat d'un vice de conformation ou de la lésion, antérieure à la naissance, de quelque organe indispensable à la vie.—*Bordeaux*, 8 févr. 1830, Merle c. Doret.

65. — Sur qui doit porter le fardeau de la preuve : tant de la conception au moment de l'ouverture de la succession et de la vie de l'enfant au moment de sa naissance, que de sa viabilité? C'est aux héritiers de l'enfant à prouver qu'il était capable de recueillir la succession qu'on veut comprendre dans sa propre hérédité, c'est donc à eux à établir 1° qu'il était conçu lorsque la succession s'est ouverte; 2° qu'il est né vivant. D'un autre côté, comme l'enfant né vivant est présumé né viable, puisque c'est la règle générale, ce sera à ceux qui ont intérêt à contester cette capacité à prouver la circonstance particulière de la non-viabilité. — *Angers*, 25 mai 1822, Guesnerie c. Hamon; *Bordeaux*, 8 févr. 1830, Merle c. Doret. — Merlin, *Quest.*, v° *Vie*, § 1er; Delvincourt, t. 2, p. 13, note 4; Duranton, t. 6, n° 78; Toullier, t. 4, nos 97 et 101; Vazeille, n° 5.

66.—L'acte de naissance dressé par l'officier de l'état civil fait foi, jusqu'à inscription de faux, que l'enfant est né vivant. La foi qui s'attache à cet acte ne peut être infirmée par la mention, contenue dans un acte de décès dressé le même jour, que l'enfant est *mort* en naissant. — *Paris*, 13 flor. an XII, Deshaies.

67.—Mais l'acte de naissance ne fera preuve de la vie de l'enfant, jusqu'à inscription de faux, qu'autant que l'officier de l'état civil aura pu vérifier les faits attestés dans l'acte, qu'autant, dans l'espèce, que l'enfant lui aura été présenté. Dans le cas contraire, il peut être suppléé par la preuve testimoniale à la preuve qui devrait résulter de l'acte.—*Angers*, 25 mai 1822, Guesnerie c. Hamon. — *Contrà*, *Paris*, 13 flor. an XII, Deshaies.

68.—Jugé que, lorsque la viabilité d'un enfant est contestée, les juges peuvent, même trente ans après sa mort, alors surtout qu'aucune fraude n'est alléguée, puiser les élémens de leur décision dans un procès-verbal du juge de paix, dressé à la diligence d'un héritier collatéral au moment de la naissance, et contenant la déclaration des médecins, sages-femmes et autres personnes ayant assisté à l'accouchement ou vu l'enfant et qui tous estiment qu'il n'était pas né viable. — *Bastia*, 18 mars 1842 (t. 2 1846, p. 426), Marcelli c. Buonacorsi. — V. Orfila, *Leçons de médecine légale*, t. 1er, 1re partie, p. 367 et suiv.; *Dict. des sciences médicales*, v° *Viabilité*.

69.—L'acte de sépulture d'un enfant, qui constate qu'il est né vivant et qu'il a vécu un quart d'heure, ne fait pas, à défaut d'acte de naissance, preuve complète de la vie et de la viabilité, surtout si l'enfant n'a été extrait qu'à l'aide de l'opération césarienne. Toutefois, cet acte établit, en faveur de la vie, une présomption qui ne peut être détruite que par la preuve contraire. Cette preuve est à la charge de celui qui a intérêt à contester la capacité de l'enfant. — *Limoges*, 12 janv. 1813, Coste c. Escaravage. — V. aussi la note qui accompagne cet arrêt.

70. — Pour avoir la capacité de droit, et en particulier pour pouvoir recueillir une succession, l'enfant doit présenter les signes caractéristiques de l'humanité extérieurement appréciables; il ne doit être, selon l'expression des Romains, ni un *monstrum*, ni un *prodigium*. — L. 14, D., *De stat. homin.*; L. 3, C., *De posthum.*

71. — Du reste, suivant les jurisconsultes romains, une simple déviation des formes normales de l'homme, par exemple un membre de plus ou de moins ne fait pas obstacle à la capacité.—L. 12, ff., § 1er, *De liberis*. — Mais la tête doit présenter les formes de l'humanité. C'est surtout par elle, en effet, que les divers animaux se distinguent... *Caput, cujus imago fit undè cognoscimur.* — L., 44, pr., ff., *De relig.*

72. — Ces principes étaient passés dans notre ancienne jurisprudence et doivent encore être admis de nos jours. — Lebrun, *Success.*, liv. 1er, ch. 4, sect. 1re; Ricard, *Dispositions conditionnelles*, t. 2, ch. 5, nos 100 et suiv.; Malpel, n° 31; Chabot, sur l'art. 725, n° 11; Duranton, t. 6, n° 75.

§ 2. — *Non-jouissance du droit civil de succéder.*

73. — Est nécessairement incapable celui à qui la loi enlève formellement le droit de succéder, à raison de la non-jouissance de ses droits civils.

74. — 1° *Mort civilement.* — Celui qui est mort civilement à l'époque de l'ouverture de la succession ne peut plus recueillir aucune succession. — C. civ., art. 25. — V. MORT CIVILE. — V. aussi ÉMIGRÉ.

75. — Jugé, toutefois, que la loi de 1825 sur l'indemnité des émigrés n'a rien changé aux principes du droit commun entre les héritiers et légataires prétendant droit à une même succession. — *Paris*, 16 juill. 1846 (t. 2 1846, p. 568), Saint-Simon c. de Pange.

76. — Toutefois, quand un homme a été frappé d'une condamnation contradictoire entraînant la mort civile, s'il lui échoit une succession avant l'exécution, soit réelle, soit par effigie, du jugement de condamnation, il jouit encore de la capacité de recueillir cette succession, parce qu'il n'est pas encore mort civilement. — Rolland de Villargues, *Rép.*, v° *Succession*, n° 57.

77. — Le condamné par contumace est également capable de succéder pendant les cinq années qui lui sont accordées pour se représenter, puisque la mort civile n'est encourue contre lui qu'après cinq années. — C. civ., art. 26 et 27. — Rolland de Villargues, n° 58.

78. — Quant aux effets de l'amnistie et de la grâce, relativement au droit de succéder : V. AMNISTIE, nos 216 et suiv.; GRACE, nos 76 et suiv.

79. — Notre ancien droit attachait à la mort civile la même incapacité. De plus, il admettait une mort civile *sine turpi causâ* qui, même pour la capacité, n'entraînait pas toutes les conséquences de la mort civile *ob turpem causam*.

80. — Ainsi, il a été jugé que la renonciation à toute succession future que ferait un religieux, à son entrée dans les ordres, avait pour objet, non pas de l'exclure du droit de succéder, mais seulement d'empêcher les mainmortes d'acquérir au préjudice des familles. Dès lors, depuis la suppression des ordres monastiques, une pareille renonciation n'a pu être opposée à un ex-religieux pour l'empêcher de recueillir à son profit la succession de ses père et mère. — *Turin*, 26 avr. 1806, Canarisio. — V., au surplus, SUCCESSION FUTURE.

81. — Dans le Piémont, les religieux profès n'étaient pas inhabiles à succéder; seulement les successions qu'ils recueillaient étaient dévolues à leur monastère. — Même arrêt.

82.—... 2° *Etranger*.—Sous l'empire de la loi du 8 avr. 1791, le sujet d'une puissance étrangère a pu, même en temps de guerre, recueillir une succession ouverte en France. — *Cass.*, 3 vendém. an X, Fassy c. Béraud.

83. — La loi du 17 niv. an II ne refusait aux étrangers, en l'état de guerre, que la faculté de recueillir des avantages résultant de l'effet rétroactif de cette loi. — Même arrêt.

84. — D'après l'art. 726 C. civ., un étranger n'était admis à succéder en France aux biens que son parent, étranger ou Français, possédait sur le territoire de la République que dans le cas et de la manière dont un Français succédait à son parent possédant des biens dans le pays de cet étranger : conformément aux dispositions de l'art. 11.

85. — Relativement à l'application de cette disposition du Code civil, ainsi qu'en ce qui concerne toutes les dispositions législatives antérieures sur le droit des étrangers de succéder en France; V. AUBAINE (droit d'), à quoi il faut ajouter :

86. — Les traités de paix des 30 mars 1814 et 20 nov. 1815 n'avaient pas détruit les effets du droit d'aubaine, quant aux propriétés confisquées par le décret de Berlin du 21 nov. 1806. — *Agen*, 26 janv. 1825, Austen c. Latour-Saint-Ygest.

87. — L'individu d'origine malabare, né dans les Indes, sur le territoire français, était habile à succéder sans lettres de naturalisation.— *Cass.*, 5 juin 1828, Tumerel c. Saminadaik.

88. — La convention diplomatique du 8 vend. an IX entre la France et les Etats-Unis d'Amérique, n'avait pas abrogé d'une manière absolue le droit d'aubaine pour les deux Etats. — *Martinique*, 9 août 1834, Hodebourg c. Magill.

89. — Depuis la promulgation du Code civ., un Anglais n'avait pu être admis à recueillir la succession de son parent mort en Belgique pendant la réunion de ce pays à la France et les lettres patentes du 18 janv. 1787 avaient été abolies par le Code civil. — *Liége*, 13 janv. 1829, Commission du syndicat c. Haufort. — V. AUBAINE (droit d'), nos 61 et suiv.

90. — La loi du 14 juill. 1819 a plus tard abrogé l'art. 726 C. civ., et d'après l'art. 1er de cette loi les étrangers ont le droit de succéder de la même manière que les Français dans toute l'étendue de la République.

91. — Dans le cas de partage d'une même succession entre des cohéritiers étrangers et français, ceux-ci doivent prélever sur les biens situés en France une portion égale à la valeur des biens situés en pays étrangers dont ils seraient exclus, à quelque titre que ce soit, en vertu des lois et coutumes locales. — L. 14 juill. 1819, art. 2. — V. PARTAGE, nos 264 et suiv.

92. — Ce n'est donc qu'autant que les héritiers français seraient, à quelque titre que ce soit, en vertu des lois et coutumes locales, exclus des biens situés à l'étranger, que l'art. 2 de la loi du 14 juill. 1819 est applicable. — *Cass.*, 28 août 1848 (t. 2 1848, p. 207), Enregistrement c. de Feuchères.

93. — Relativement à la succession de l'étranger ouverte en France, V. ÉTRANGER (nos 367 et suiv.).

94. — A quoi il faut ajouter qu'un étranger ne perd ni sa qualité ni le domicile qu'il avait en pays étranger par cela qu'il a été admis à jouir des droits civils en France, alors surtout que son intention de demeurer étranger résulte de son inscription sur les registres matricules du consulat de sa nation.— Dès lors, s'il décède en France, sa succession est réputée ouverte au lieu de son domicile en pays étranger, et c'est devant le tribunal de ce domicile que doivent être portées les contestations relatives à cette succession. — *Bordeaux*, 16 août 1845 (t. 2 1846, p. 93), Maneyro c. Errazuriz.

95. — Par conséquent, si le consul de la nation à laquelle appartient le défunt a, en vertu des traités internationaux, apposé les scellés, appréhendé et liquidé la succession, les tribunaux français sont incompétens pour connaître de la demande en remise de l'hérédité et en reddition de compte formée contre le consul par l'individu qui se prétend héritier. — Même arrêt.

96. — Cependant, si le consul avait, en sa qualité d'administrateur de la succession, obtenu des tribunaux français un jugement autorisant la vente judiciaire des immeubles (C. civ., art. 3), ce serait à ces tribunaux à connaître de la tierce opposition par laquelle l'héritier demanderait la nullité de la vente. — Même arrêt.

97. — Quant à la capacité de succéder pour le Français naturalisé en pays étranger, sans autorisation du gouvernement, V. FRANÇAIS, nos 170 et suiv., et NATURALISATION.

Sect. 2e. — *Indignité de succéder.*

98. — L'indignité de succéder est l'état de ceux que la morale publique et les affections présumées du défunt excluent de la succession pour avoir manqué à quelque grave devoir envers lui.

99. — L'indignité n'est pas la même chose que l'incapacité. On peut être capable de recueillir une succession, et néanmoins en être déclaré indigne. L'indignité suppose même nécessairement la capacité; car on ne peut être déclaré indigne de recueillir une chose que lorsqu'on y est appelé. — Rolland de Villargues, v° *Indignité*, n° 1er.

§ 1er. — *Causes d'indignité.*

100. — Sous le droit romain, les causes d'indignité étaient nombreuses (D. et C., *De his qui ut indig.*), et sous notre ancienne jurisprudence, elles pouvaient être multipliées indéfiniment, puisque l'indignité pouvait être déclarée par les tribunaux d'après les faits et circonstances. — Merlin, *Rép.*, v° *Indignité*.

101. — D'après le Code civil, sont indignes de succéder, et comme tels exclus des successions : 1° L'héritier qui serait condamné pour avoir

donné ou tenté de donner la mort au défunt; 2° celui qui a porté contre le défunt une accusation capitale jugée calomnieuse; 3° l'héritier majeur qui, instruit du meurtre du défunt, ne l'aura pas dénoncé à la justice.

102. — Les dispositions de la loi à cet égard sont limitatives, et il ne serait pas permis d'admettre aujourd'hui d'autres causes d'indignité, telles, par exemple, que celles qui entraînent la révocation des libéralités pour ingratitude. — C. civ., art. 945, 1046. — Toullier, t. 4, n° 103; Duranton, t. 6, n° 86; Chabot, art. 727; Malpel, n° 38; Vazeille, n° 2; Rolland de Villargues, n° 3. — Admettre d'autres causes, ce serait retomber dans l'arbitraire que les rédacteurs du Code ont voulu empêcher : «Nous n'avons pas jugé à props, disait M. Treilhard (*Exposé des motifs*), d'étendre davantage les causes d'indignité. Il ne faut pas, sous le prétexte spécieux de remplir la volonté présumée du défunt, autoriser les inquisitions qui pourraient être également injustes et odieuses.»

103. — Nous allons reprendre successivement chacune des trois causes ci-dessus spécifiées.

104. — 1° *Celui qui serait condamné pour avoir donné ou tenté de donner la mort au défunt.* — C. civ., art. 727, 1°. — Ainsi, la notoriété publique ne suffirait pas; il faut qu'il y ait *condamnation.* — Duranton, t. 6, n° 97; Chabot, art. 727, n° 18; Malpel, n° 39.

105. — Si l'héritier mourait avant la condamnation prononcée, il ne peut être déclaré indigne, alors même qu'il existerait les présomptions les plus fortes contre l'accusé, et qu'il aurait avoué le meurtre. — Mêmes auteurs; Merlin, *Rép.*, v° *Indignité*, n° 9; Toullier, t. 4, n° 107; Vazeille, n° 7.

106. — Dans le cas où la condamnation contre l'héritier est prononcée par contumace, l'indignité n'est encourue que lorsque cette condamnation est devenue irrévocable; peu importe que, postérieurement, le condamné recouvre ses droits civils. Si l'héritier meurt dans le délai de grâce, il n'est point frappé d'indignité; car il meurt alors dans l'intégrité de ses droits. — C. civ., art. 29, 31. — Duranton, t. 6, nos 99 et 100; Vazeille, n° 8.

107. — Par la même raison, il n'y a pas lieu à déclaration d'indignité, si l'accusé a été acquitté ou absous.

108. — ... Si le meurtre ne constitue ni crime ni délit, comme par exemple si l'héritier a agi sans discernement, ou contraint par une violence supérieure, ou dans le cas de légitime défense. — Vazeille, n° 1er; Duranton, t. 6, n° 93.

109. — ... Ou si l'héritier n'est condamné qu'à l'emprisonnement pour avoir causé par imprudence la mort du défunt (C. pr. civ., 319); car alors l'auteur n'est puni que pour maladresse et non comme coupable d'avoir donné ou tenté de donner la mort. — Delvincourt, t. 2, p. 277; Chabot, art. 727, n° 4; Duranton, t. 6, n° 94; Toullier, t. 4, n° 16; Favard de Langlade, *Rép.*, v° *Indignité*, nos 3 et 4; Vazeille, n° 2; Poujol, n° 3; Zachariæ, t. 4, § 593, note 2.

110. — Mais *quid*, si le meurtre avait été déclaré excusable dans le cas des art. 321, 322, 324 et 326 du Code pénal? — A cet égard, il y a divergence d'opinions entre les auteurs. Les uns pensent qu'il n'y a pas lieu à déclaration d'indignité. — Chabot, n° 7; Duranton, n° 95; Poujol, n° 4; Belost-Jolimont, sur Chabot, obs. 1re; Marcadé, art. 727, n° 2. — Suivant Delvincourt (t. 2, p. 277), il faut se décider d'après les circonstances. — Enfin, d'autres répondent pour la négative, et avec raison ce nous semble, que le texte de la loi est formel, et que l'excuse ne détruit pas la criminalité. — Merlin, *Rép.*, v° *Indignité*, n° 2; Favard de Langlade, *loc. cit.*; Malpel, n° 42; Vazeille, n° 3; Zachariæ, *loc. cit.*, note 3.

111. — Si la mort a été donnée en duel, le meurtrier peut être déclaré indigne. En effet, il serait contraire à l'ordre public et à la morale que celui qui a volontairement hâté l'ouverture d'une succession à laquelle il était appelé ne pût en être écarté. — L'indignité ne résultera, du reste, dans ce cas, comme toujours, que de la condamnation prononcée contre l'héritier comme meurtrier. — V. Duranton, t. 6, n° 96. — *Contrà*, Vazeille, n° 4.

112. — Le successible serait-il, au moyen du pardon que lui aurait donné le défunt, relevé de l'indignité encourue? — V. *infrà*, n° 119.

113. — Le complice peut, comme l'auteur direct du crime, être déclaré indigne. — Duranton, t. 6, n° 89.

114. — Une fois encourue par la condamnation, l'indignité ne s'efface ni par les lettres de grâce, ni par la prescription de la peine, ni par sa commutation. — Delvincourt, t. 6, p. 277; Malleville, sur l'art. 727; Chabot, nos 9 et 10; Vazeille, n° 5; Toullier, t. 4, n° 107; Malpel, n° 48; Duranton, t. 6, n° 98.

115. — 2° *Celui qui a porté contre le défunt une accusation capitale jugée calomnieuse* (C. civ., 727 2°). — Par *accusation*, il faut entendre ici une plainte en justice ou une dénonciation; car l'accusation proprement dite n'appartient qu'au ministère public; et d'un autre côté, il faut que la justice ait été directement saisie, et il ne suffirait pas de toute imputation verbale ou écrite, même proférée ou produite en un lieu public. — Chabot, n° 12; Duranton, n° 103; Vazeille, n° 10; Malpel, n° 45.

116. — L'accusation est *capitale* quand elle peut avoir pour conséquence une condamnation à la mort naturelle ou à une peine dont l'exécution entraîne mort civile. — Toullier, t. 4, n° 109; Malpel, n° 47; Duranton, t. 6, nos 105 et 106; Vazeille, n° 10; Belost-Jolimont, sur Chabot, obs. 3; Zachariæ, § 593, note 8; Marcadé, n° 3. — Suivant Delvincourt (t. 2, p. 277), Chabot (n° 13), Favard de Langlade (v° *Indignité*, n° 6), Poujol (art. 727, n° 8), il suffirait même que l'accusation eût pu faire condamner à une peine infamante.

117. — Il faut que l'accusation, ou plutôt la dénonciation, soit jugée calomnieuse. Il ne suffirait donc pas que le défunt eût été acquitté ou absous de l'accusation portée contre lui. Le dénonciateur a pu en effet être induit en erreur, et il n'est calomniateur qu'autant qu'il connaissait la fausseté du méfait qu'il imputait à celui dont il devait hériter. — Duranton, t. 6, n° 107; Chabot, n° 14; Malpel, n° 47; Delaporte; Merlin, *Rép.*, v° *Réparation civile*, § 2, n° 3.

118. — La dénonciation est jugée calomnieuse, sur la demande expresse formée par la personne calomniée, soit devant la Cour d'assises, soit devant le tribunal correctionnel. — Duranton, Chabot, Vazeille, *loc. cit.*

119. — La personne aux jours de laquelle il a été attenté, ou contre qui une accusation jugée calomnieuse a été portée, ne peut, après le jugement, relever de l'indignité au moyen du pardon. — Delvincourt, t. 2, p. 282; Chabot, n° 11; Duranton, t. 6, nos 108 et 109; Toullier, t. 4, n° 109; Zachariæ, § 593, note 6; Marcadé, n° 3. — Suivant Vazeille (n° 9), le calomnié peut pardonner tant que le jugement n'a pas été rendu.

120. — 3° *L'héritier majeur qui, instruit du meurtre du défunt, ne l'aura pas dénoncé à la justice.* — C'est le meurtre et non le meurtrier que l'héritier doit dénoncer à la justice; car il peut ne pas connaître celui-ci. — Malleville, sur l'art. 728; Chabot, n° 16; Vazeille, n° 13; Rolland de Villargues, n° 16.

121. — En exigeant que l'héritier soit majeur, la loi ne dit pas que l'héritier soit majeur au moment même du meurtre. — Vainement celui-ci objectera-t-il qu'à ce moment même il y a eu pour lui un droit acquis dont il ne peut être dépouillé plus tard. La connaissance du meurtre a pu ne lui parvenir que longtemps après qu'il a été saisi par l'ouverture de la succession. — Chabot, art. 727, n° 17; Duranton, t. 6, n° 112; Vazeille, n° 13.

122. — La loi ne prescrit aucun délai pour faire la dénonciation. C'est au juge à déterminer si la dénonciation plus ou moins tardive doit ou non faire éviter l'indignité. — Toullier, t. 4, n° 110; Duranton, t. 6, n° 113; Vazeille, art. 727, n° 14; Chabot, n° 19.

123. — Du reste, l'héritier qui dénonce le meurtre du défunt n'est point tenu de se constituer partie civile. — Toullier, t. 4, n° 110; Duranton, n° 111.

124. — Toutefois, «le défaut de dénonciation ne peut être opposé aux ascendans et descendans du meurtrier, ni à ses alliés au même degré, ni à son époux ou à son épouse, ni à ses frères ou sœurs, ni à ses oncles et tantes, ni à ses neveux et nièces.» — C. civ., art. 728.

125. — L'art. 728 est-il limitatif? peut-on étendre sa disposition à d'autres parens et alliés de l'héritier? Il paraît, d'après les discussions qui s'élevèrent sur la rédaction primitive de cet article, et les observations qui furent faites par le Tribunat, que les mots *ses alliés au même degré* dans l'art. 728, se rapportent à tous les parens, même collatéraux, compris dans cet article. L'article du projet portait en effet : «Le défaut de dénonciation ne peut être opposé aux ascendans et descendans du meurtrier, ni à ses alliés en ligne directe, ni à son époux ni à son épouse, ni à ses frères ou sœurs, ni à ses oncles ou tantes, ni à ses neveux et nièces.» Sur l'observation du Tribunat que l'exception devait s'étendre aux alliés collatéraux, les expressions *en ligne directe* disparurent du projet. Mais les mots qui les ont remplacés ont été mal placés, ils devraient se trouver à la fin de l'énumération. — Locré, t. 10, p. 72. — On est donc généralement d'avis que l'exception doit être étendue aux alliés collatéraux. — Chabot, art. 728, n° 2; Delvincourt, t. 2, p. 279; Duranton, t. 6, n° 11, à la note; Vazeille, art. 728, n° 1er; Malpel, n° 50; Poujol, n° 2; Zachariæ, § 593, note 15. — *Contrà*, Delaporte, *Pand. franç.* sur l'art. 728.

§ 2. — *Action en déclaration d'indignité.*

126. — L'indignité n'est pas encourue de plein droit. Elle doit être poursuivie par ceux qui ont intérêt à faire déclarer l'héritier indigne, c'est-à-dire par les héritiers réguliers ou irréguliers appelés à concourir avec l'indigne ou qui devront recueillir à son défaut. — Rolland de Villargues, v° *Indignité*, n° 20.

127. — Les donataires ou légataires universels pourraient exercer cette même action contre l'héritier, ou du moins opposer l'indignité comme exception à l'héritier qui réclamerait contre eux la nullité ou la réduction des libéralités qui leur auraient été faites. — Chabot, art. 721, n° 21; Duranton, t. 6, nos 115 et suiv.; Demante, *Thémis*, t. 7, p. 9; Vazeille, n° 15.

128. — Comme il s'agit ici d'un droit exclusivement personnel à l'héritier qui viendrait au défaut de l'indigne, les créanciers ne pourraient l'exercer à la place de leur débiteur. L'art. 788 C. civ. n'est point ici applicable puisqu'il ne s'agit point d'une succession *qui soit échue* à ce débiteur. — Chabot, n° 21; Duranton, n° 120; Marcadé, n° 7; Rolland de Villargues, n° 21. — *Contrà*, Favard de Langlade, v° *Indignité*, n° 11; Vazeille, n° 15.

129. — L'action en indignité ne peut être poursuivie qu'après l'ouverture de la succession; car, jusque-là, personne n'a intérêt à l'exercer.

130. — Elle ne peut être poursuivie que contre l'indigne. Si l'action avait été intentée du vivant de l'indigne, l'indignité pourrait-elle être prononcée après sa mort? Nous ne le pensons pas; on ne saurait déclarer indigne celui qui n'est plus en présence de ses accusateurs pour se défendre, et il n'y a point de raison pour prononcer l'indignité contre ses héritiers.

131. — L'action en indignité est purement civile, et conséquemment ne doit être portée que devant les tribunaux civils. Comme action personnelle (C. pén., art. 59) elle doit être poursuivie devant le tribunal du domicile de l'indigne, à moins que la question d'indignité ne s'élève incidemment. — Duranton, t. 6, n° 115; Malpel, n° 36.

132. — L'action en indignité peut être exercée pendant trente ans à compter du moment où elle peut être intentée, c'est-à-dire à partir du décès du *de cujus*. — C. civ., art. 2262. — Duranton, t. 6, n° 117. — Il en serait autrement si elle était seulement opposée par exception. — Vazeille, n° 17; Rolland de Villargues, n° 23.

§ 3. — *Effets de la déclaration d'indignité.*

133. — Le principal effet de la déclaration d'indignité prononcée contre l'héritier est de le faire réputer exclu de la succession. — C. civ., art. 727.

134. — Par suite, l'héritier exclu est tenu de rendre, outre les biens héréditaires, tous les fruits et les revenus dont il a eu la jouissance depuis l'ouverture de la succession. — C. civ., art. 729.

135. — L'indigne est en effet assimilé au possesseur de mauvaise foi. Peu importe d'ailleurs qu'il ait possédé de bonne foi pendant quelque temps, comme s'il n'a pas dénoncé de suite le meurtre dont il n'a eu connaissance que depuis l'ouverture de la succession. — Malpel, n° 55; Chabot, art. 729, n° 1er; Vazeille, n° 1er.

136. — Quant aux intérêts des sommes qu'il a touchées en qualité d'héritier, les doit-il du jour seulement de la demande (C. civ., art. 1153) ou bien au contraire du jour où elles sont entrées dans ses mains? Cette question est diversement résolue par les auteurs. MM. Toullier (t. 4, n° 114), Malpel (n° 56) et Dalloz (p. 277) pensent qu'on doit se conformer à la règle générale, et qu'on ne peut exiger les intérêts que du jour de la demande. MM. Duranton (t. 6, n° 123), Delvincourt (t. 2, p. 73) et Vazeille (sur l'art. 729, n° 1er) décident au con-

traire que l'indigne doit les intérêts du jour où ils se sont trouvés à sa disposition, qu'il les ait ou non placés; car, aux yeux de la loi, il est un possesseur de mauvaise foi. Autrement, l'indigne pourrait recueillir et conserver quelques avantages de son titre d'héritier. Toutefois, il nous semble qu'on devrait admettre comme tempérament que, dans le cas où l'indigne prouverait qu'il lui a été impossible de faire aucun placement, il ne devrait pas les intérêts. — Domat, 2e partie, liv. 1er, tit. 1er, sect. 3, no 12, et L. 1, Cod., *De his quibus ut indig. hered. auf.*

137.—Mais pourrait-il opposer la prescription de cinq ans pour la restitution de fruits? Non; car la loi veut qu'il rende tous les fruits sans distinction. D'ailleurs, la prescription de l'art. 2277 ne s'applique pas aux restitutions de fruits. — Malpel, no 55; Vazeille, art. 729, no 1er; Duranton, t. 4, no 363, et t. 6, no 122; Chabot, no 2.

138. — L'exclusion de l'héritier par suite d'indignité fait revivre en sa faveur tous les droits et actions qu'il avait contre la succession et qui s'étaient momentanément éteints par la confusion; et il en est de même réciproquement à l'égard des droits et actions que la succession avait contre lui. — Lebrun, *Succ.*, liv. 3, chap. 9, no 25; Delvincourt. t. 2, p. 280; Chabot, art. 730, no 3; Toullier, t. 4, no 116; Duranton, t. 6, nos 124 et 125; Malpel, no 58; Vazeille, no 2; Zachariæ, § 594, no 7; Marcadé, art. 729, no 3.

139. — Quant aux aliénations et aux hypothèques consenties par l'indigne au profit de tiers de bonne foi avant le jugement déclaratif d'indignité, elles devront être déclarées valables; car ces actes sont bien plus favorables que ceux faits par l'héritier apparent que pourtant la jurisprudence valide. — Malleville, sur l'art. 729; Merlin, *Rép.*, vo *Indignité*, no 15; Chabot, art. 727, nos 22 et 23; Toullier, t. 4, no 115; Duranton, t. 6, no 126; Malpel, nos 60 et suiv.; Poujol, art. 727, no 14; Belost-Jolimont, sur Chabot, observ. 4; Vazeille, no 3; Zachariæ, § 594, note 8; Marcadé, art. 729, no 1er.

140. — Cette validité doit s'étendre aux dispositions faites même à titre gratuit, la capacité de l'indigne étant la même. — Duranton, Vazeille, *loc. cit.*; Rolland de Villargues, *loc. cit.*, no 32. — *Contrà*, Chabot, no 23; Malpel, no 61.

141. — Les enfans de l'indigne venant à la succession de leur chef et sans le secours de la représentation, ne sont pas exclus pour la faute de leur père. — C. civ., art. 730.

142. — Ainsi, si l'indigne était seul héritier, ses enfans pourraient venir de leur chef; mais si l'indigne avait des cohéritiers, ceux-ci excluraient ses enfans, qui, ne pouvant le représenter, seraient à un degré au-dessous des premiers, et même les cohéritiers de l'indigne excluraient ses enfans, fussent-ils moins proches qu'eux, si, par le secours de la représentation (C. civ., art. 739, 740 et 742), ils s'élèvent au degré supérieur. — Toullier, t. 4, no 112; Duranton, t. 6, no 130; Chabot, no 1er; Vazeille, no 1er; Rolland de Villargues, nos 35 et 36.

143. — Les enfans de l'indigne ne pourraient le représenter alors même qu'il fût décédé avant le *de cujus*. La loi ne distingue pas. Et quand elle fait perdre à l'indigne la place et les droits qui lui étaient destinés, comment pourrait-il être utilement représenté? — Merlin, *Rép.*, vo *Représentation*, sect. 4, § 3, no 7; Chabot, art. 744, no 5; Duranton, t. 6, no 131; Malpel, no 104; Rolland de Villargues, no 37. — *Contrà*, Favard de Langlade, *Success.*, sect. 2, § 4, no 10; Malpel, art. 730, no 1er.

144. — L'exclusion de l'indigne n'est relative qu'à la succession de la vieillesse ou de l'offense. Il peut recueillir dans d'autres successions postérieures les biens qu'il a, par sa faute, perdus dans la première. — Chabot, no 2; Duranton, t. 6, no 114; Vazeille, no 3.

145. — L'indigne qui ne peut hériter de sa victime n'est pas privé du droit de la représenter pour la succession d'un autre parent. — Duranton, t. 6, no 132; Vazeille, no 4; Rolland de Villargues, no 39.

146. — Lorsque les enfans de l'indigne viennent de leur chef à la succession dont leur père est exclu, celui-ci ne peut, en aucun cas, réclamer, sur les biens de cette succession, l'usufruit que la loi accorde aux pères et mères sur les biens de leurs enfans. — C. civ., art. 730. — V. USUFRUIT LÉGAL.

147. — Cette disposition doit être restreinte à l'époux même déclaré indigne. Dès lors, l'usufruit légal du père doit s'exercer sur les biens provenant d'une succession dont la mère a été exclue et *vice versâ*. — Proudhon, *Usufr.*, t. 1er, no 152; Duranton, t. 3, no 377; Zachariæ, t. 3, p. 681.

148. — Mais le conjoint complice de l'époux indigne est, comme lui, privé du droit d'exercer l'usufruit légal. — Proudhon, *Usufr.*, no 155. — *Contrà*, Chardon, *Puiss. paternelle*, no 121.

149. — Quoique l'indignité en elle-même ne soit pas divisible, ses effets peuvent être divisés. Dès lors, si un seul des héritiers la demande et que les autres ne se joignent pas à lui, il en profitera seul. — Vazeille, no 16; Rolland de Villargues, no 22.

150.—Ainsi on a jugé que l'indignité résultant de la malversation de la veuve dans l'an de deuil n'est pas indivisible, en sorte que si quelques-uns des héritiers du mari refusent ou négligent d'appeler du jugement qui a rejeté leur action, leur part ne peut accroître aux autres héritiers qui ont formé leur appel en temps utile. — *Cass.*, 14 déc. 1813, Gaffier c. Lavabre.

CHAPITRE III. — *Divers ordres de succession.*

Sect. 1re. — *Historique.*

§ 1er. — *Droit romain.*

151.— Chez les Romains, le droit de succéder, réglé d'abord tout entier dans le but de maintenir la famille civile et religieuse, se modifia insensiblement, sous l'influence d'un nouveau principe introduit et soutenu par les préteurs, favorisé par les constitutions impériales et définitivement consacré par la novelle 118 de Justinien, le principe qui donne pour base à la succession légitime la volonté présumée du défunt.

152. — La loi des douze tables, fondement de l'ancien droit romain, appelait d'abord à succéder par égales portions et par souches, les héritiers siens du défunt c'est-à-dire ceux qui, à sa mort, étaient immédiatement sous sa puissance. Les héritiers siens étaient en même temps nécessaires; ils ne pouvaient refuser l'hérédité et se soustraire aux charges que leur titre leur imposait.

153. — A défaut d'héritiers siens, la succession appartenait aux plus proches agnats, qui se partageaient en portions égales, par tête et sans distinction de sexe, le patrimoine du défunt : *Si intestato maritus, cui suus heres nec escit*, portait la loi décemvirale, *adgnatus proximus familiam habeto.* — Etaient agnats entre eux tous les membres qui composaient la famille civile, c'est-à-dire ceux qui en supposant vivant l'auteur commun auquel ils se rattachaient étaient encore sous sa puissance. Si le plus proche agnat refusait l'hérédité, nul n'avait droit de la recueillir après lui, elle devenait la propriété du premier occupant. Ce n'est que plus tard que le fisc revendiqua pour lui les hérédités vacantes.

154. — Après les agnats venait, dans certains cas, un troisième ordre, celui des Gentils, tombé en désuétude à l'époque des jurisconsultes classiques et sur lequel l'histoire du droit ne fournit que des renseignemens très-incomplets.

155. — Tel était le système simple et rigoureux de la loi décemvirale, dans lequel se montre le génie sévère mais logique de l'ancienne Rome. Ce système, l'édit du préteur le modifia d'abord partiellement et d'une manière indirecte pour l'anéantir plus tard presque complétement. Il préluda en accordant en l'absence d'héritiers légitimes la possession des biens de l'hérédité, à ceux qui paraissaient avoir un plus juste titre à cette possession, qui bientôt par l'usucapion se transformait en un droit de propriété. Dans la suite, d'autres modifications suivirent jusqu'à ce qu'enfin les préteurs eurent organisé à côté de l'hérédité légitime un système complet d'hérédité prétorienne qui admise peu à peu à concourir avec la première obtint bientôt sur elle une préférence effective par l'intervention des magistrats.

156. — Ces modifications favorisées et continuées par les empereurs firent successivement tomber l'ancien système de succession et finirent par donner naissance à la novelle 118, qui a servi de base à la plupart des législations modernes.

157.—Le système fort simple de la novelle 118 était fondé tout entier sur les rapports de parenté, c'est-à-dire sur le lien du sang et la proximité du degré. Cette constitution ne donnait aucune préférence ni au sexe ni à la primogéniture. Tous les biens qu'avait le défunt, quelle que fût leur nature, leur origine, ne formaient qu'une seule masse, un seul patrimoine, une seule hérédité déférée d'abord en entier aux enfans et descendans du défunt avec droit de représentation à l'infini; à leur défaut à l'ascendant ou aux ascendantes les plus proches en concours avec les frères et sœurs germains avec lesquels ils succédaient par tête. Les enfans des frères et sœurs germains concouraient aussi avec les ascendans, pourvu qu'ils eussent encore des oncles ou des tantes; ils venaient alors par représentation.

158. — A défaut de descendans et d'ascendans du défunt, ses frères et sœurs germains et leurs enfans lui succédaient à l'exclusion des frères et sœurs consanguins et utérins. — A défaut de frères germains ou d'enfans issus de frères germains, les frères et sœurs consanguins et utérins succédaient et se partageaient le patrimoine du défunt sans avoir aucun égard à l'origine des biens.

159. — Enfin, en dernier ordre, la succession était déférée aux collatéraux les plus proches en degré, sans distinction de ligne ou de sexe, et sans égard au double lien de parenté qui ne donnait un privilége qu'aux frères et sœurs germains et à leurs enfans.

§ 2. — *Droit ancien.*

160. — Dans les pays de droit écrit les successions étaient réglées par les novelles 118 et 127, sauf de légères modifications.

161. — Quant aux pays de droit coutumier, leurs règles sur le droit des successions étaient presque aussi diverses que nombreuses. Toutefois, au milieu de cette diversité même, se retrouvaient presque partout quelques principes communs puisés dans les vieilles coutumes germaines ou introduits sous l'influence de l'esprit féodal, tels que la distinction des biens et la recherche de leur origine dans les partages, l'exclusion totale ou partielle des femmes au profit des mâles, et, plus tard, les priviléges accordés aux aînés pour empêcher la division des successions et surtout le morcellement des fiefs.

162. — Les coutumes admettaient en général trois ordres de successions : les successions déférées aux descendans; celles déférées aux ascendans, et les successions collatérales. Les secondes ne venaient qu'à défaut des premières, et les troisièmes à défaut des deux autres, sauf les droits des collatéraux sur les biens recueillis par le défunt dans leur ligne.

163. — En effet, pour régler l'attribution des biens, les coutumes avaient égard à leur nature et à leur origine. C'est ainsi qu'elles distinguaient les biens meubles des biens immeubles, et, parmi ces derniers, les biens propres des acquêts; les nobles, des roturiers.

164. — En général, les *meubles* passaient aux plus proches parens; la proximité des degrés était la règle. — Quant aux immeubles, on distinguait : les *immeubles-acquêts*, c'est-à-dire les immeubles personnellement acquis par le défunt, suivaient presque partout le sort des meubles; ils étaient recueillis par les plus proches parens.

165. — Il en était autrement des *immeubles-propres*, c'est-à-dire des biens que le défunt avait recueillis dans la succession de ses parens ou qu'il avait reçus entre-vifs, soit de ses ascendans, soit de ses collatéraux supérieurs et par exemple de ses oncles. — Anciennement, à Paris et dans presque tout le royaume, on ne pouvait vendre ses propres sans le consentement de ses héritiers présomptifs ou par pauvreté jurée. — Loisel, *Institutes coutumières*, liv. 2, tit. 5, règ. 15. — Dans la suite, il fut permis en général de vendre ses propres hors de sa famille, et d'en employer le prix à acheter un autre fonds qui alors était *acquêt*; c'est ce qu'exprime cette règle de Loisel : *L'on peut faire de son propre, acquêt, au préjudice de son héritier.*

166. — La succession des propres était déférée aux plus proches parens du côté d'où ces biens étaient venus au défunt; c'est ce qu'exprimait cette maxime célèbre : *Paterna paternis, materna maternis.* — Loysel, *loc. cit.*, règ. 16. — Les propres ne remontaient pas, c'est-à-dire que l'héritage échu au défunt dans la succession de sa mère ou d'un parent maternel, n'appartenait point à son père, comme son héritier, à la différence de l'acquêt qui appartenait, par droit de succession, aux pères ou mères, lorsque leurs enfans étaient décédés *sans hoirs de leurs corps*. La raison de

cette disposition était qu'on ne voulait pas que les biens d'une ligne pussent passer dans l'autre : *ne labatur in diversam lineam*, dit de Laurière (Notes sur Loisel).

167. — Néanmoins ce qui avait été donné aux enfans par leurs père ou mère retournait à ces derniers, quand les donataires prédécédaient sans postérité. — Loisel, *loc. cit.*, rég. 16.

168. — L'origine de la règle *Paterna paternis*, *materna maternis* est assurément fort ancienne : elle remonte à l'établissement de la féodalité et se retrouve dans tous les pays où le système féodal s'est établi. Elle est formulée avec précision dans un statut de Henri, duc de Brabant, où il est dit : *Item statuimus quod si aliquis habens bona immobilia hereditaria, sine liberis decedat, illa integraliter ad illos, quorum parentibus processerunt, revertantur, licet in gradum remotiores defuncto inveniantur.* Toutefois, est-ce bien dans ce statut que la règle a pris sa source? Quelques auteurs l'ont prétendu, mais ce n'est là qu'une conjecture qui n'est pas même très-vraisemblable.

169. — La règle *Paterna paternis, materna maternis*, était admise en Brabant, dans toutes les communes qui ne l'avaient pas expressément exclue. Ces coutumes, et notamment celle de Bruxelles, étaient *souchères*, en ce sens que pour pouvoir succéder *ab intestat*, en vertu de la règle *Paterna paternis*, il fallait descendre en ligne directe de celui qui avait apporté dans la famille les biens auxquels on voulait succéder. — *Bruxelles*, 6 avr. 1826, V... c. T.... — Christyn, *Comment. sur la Coutume de Bruxelles*, art. 291.

170. — Sous l'empire de la coutume de Normandie tous les biens étaient présumés *propres*, et cette présomption de la loi ne pouvait s'effacer devant de simples inductions.—*Rouen*, 7 déc. 1840 (t. 1er 1841, p. 65), Domaine c. Dionis.

171. — Suivant une autre disposition de cette coutume, les enfans mâles étaient seuls héritiers de leur père. — Cout. de Normandie, art. 237, 248 et 355.

172. — Mais cette disposition n'est point violée par un arrêt qui reconnaît la propriété d'un immeuble provenant de la succession paternelle à une fille qui avait été réservée à cette succession. — *Cass.*, 26 août 1823, Duchemin c. Domnesque.

173. — Un grand nombre de coutumes admettait le privilége du double lien d'après lequel les germains excluaient les utérins et les consanguins.

174. — La Coutume de Saint-Sever, qui admettait la règle *Paterna paternis*, *materna maternis*, était exclusive du privilége du double lien. — *Cass.*, 29 déc. 1829, Lespès c. Dufau (V. la note sous cet arrêt); *Caen*, 8 août 1838 (t. 2 1838, p. 379), Remy c. Champigneulles, et la note.

175. — Dans les ci-devant provinces de Navarre, de Béarn et de Labour, les expressions d'*infançon* et de *noble* n'étaient pas tellement synonymes que les tribunaux aient dû, avant la loi du 15 mai 1790, appliquer aux biens infançons l'ordre de succession tracé par la coutume de Labour pour les biens nobles. — *Cass.*, 23 flor. an XIII, d'Hospital c. d'Etcheverry. — Merlin, *Rép.*, v° *Infançons*. — Les expressions *biens nobles*, *biens infançons* ou *infançonnés*, bien qu'ayant une signification à peu près semblable n'étaient pas cependant synonymes.

176. — Plusieurs Coutumes, notamment celles de Navarre, de Sole, de Labour, de Bayonne, de Béarn, distinguaient les biens *avitins*, c'est-à-dire les biens qui avaient été possédés successivement par trois personnes de la même famille avant d'arriver au *de cujus*, et réglaient d'une manière particulière leur succession. — Merlin, *Rép.*, v° *Avitins*.

177. — Sous la Coutume de Dax, les deux tiers de ces biens étaient dévolus à l'aîné à l'exclusion des autres enfans. — *Cass.*, 13 vend. an IX, Prenilh.

178. — Une succession ouverte avant les nouvelles lois doit être partagée suivant les anciennes Coutumes dans le ressort desquelles les biens étaient situés. — *Paris*, 20 févr. 1815, Bosredon c. de Rannes.

§ 3. — *Droit intermédiaire. — Questions transitoires.*

179. — Durant la Révolution de 1789, plusieurs lois ont été portées sur la matière des successions. Celle du 15-28 mars 1790, les décrets des 8-15 avril 1791, 4 janv. et 30 sept. 1793, les lois des 18 et 24 vendém. an II, 5 et 12 brum. de la même année, introduisirent des modifications partielles; mais la loi capitale sur les successions est la loi du 17 nivôse an II, qui a régi la France pendant plusieurs années et dont plusieurs dispositions ont passé dans le Code civil.

180. — Les lois des 5 brumaire et 17 nivôse an II ont été successivement interprétées et modifiées par les décrets des 22 et 23 ventôse et 9 fructidor an II, les lois des 9 fructidor an III, 2 fructidor an IV et 18 pluviôse an V. — De plus l'effet rétroactif que contenaient quelques-unes de leurs dispositions, a été aboli par les lois des 5 floréal an III et 3 vendémiaire an IV.

181. — La loi du 8 avril 1791 n'avait pas aboli le privilége du double lien pour les sujets des Coutumes (par exemple celle de Péronne) où il était en vigueur. — *Cass.*, 20 messid. an VI, Deguivre c. Grenet; *Caen*, 8 août 1838 (t. 2 1838, p. 379), Remy c. Champigneulles.

182. — Elle n'avait pas non plus aboli dans les partages la règle *Paterna paternis*, etc. — *Cass.*, 16 brum. an VII, Cayré c. Capdeville.

183. — En général, elle n'avait pas eu pour objet de changer l'ordre de vocation établi par les lois antérieures, mais seulement de faire cesser les inégalités résultant des qualités d'aînés ou de puînés, de la distinction des sexes et des exclusions coutumières. — *Caen*, 8 août 1838 (t. 2 1838, p. 379), Remy c. Champigneulles.

184. — La loi du 8 avril 1791, qui a restreint les avantages de la masculinité au seul mâle marié, qui était aîné à l'instant du mariage, sans les étendre comme la loi de 1790 à celui même qui, n'étant pas aîné lors de son mariage, l'est devenu avant l'ouverture de la succession, n'a pas mis obstacle à ce que ce dernier n'ait été irrévocablement saisi de tous les avantages de la masculinité, si la succession s'est ouverte sous la loi de 1790, encore que le partage n'ait eu lieu que sous la loi de 1791. — *Paris*, 15 févr. 1817, de Sainte-Marie c. de Vissec.

185. — Jugé même que les enfans d'un aîné qui était marié lors de la publication des lois des 15 mars 1790 et 8 avril 1791, ont pu, par représentation de leur père décédé depuis, exercer dans les successions ouvertes postérieurement à ces époques, le droit d'aînesse et les autres avantages que les lois précitées conservaient à leur auteur. — *Cass.*, 6 brum. an XI, Blondel; 26 flor. an XI, Gouyon.

186. — La loi du 17 nivôse an II s'écartant et de l'ancien droit romain et du droit coutumier, adopta en partie le système de la novelle 118, et introduisit d'un autre côté des principes entièrement nouveaux en matière de succession. Son but principal, bien différent ou plutôt diamétralement opposé à celui des lois féodales, était, en proscrivant la recherche de la nature et de l'origine des biens pour régler les partages, d'arriver par le morcellement des propriétés au nivellement des fortunes.

187. — Elle admettait trois ordres d'héritiers : 1° les descendans; 2° les ascendans; 3° les collatéraux.

188. — A l'égard des descendans, le système de la loi de nivôse n'était autre que celui de la novelle 118, également adopté par le Code civil. — Elle adoptait la représentation à l'infini. — Art. 77.

189. — A défaut de descendans, elle appelait les ascendans; toutefois le nombre des personnes qu'elle leur préférait était si grand, qu'on peut dire qu'en réalité, sinon dans les termes, les ascendans ne venaient qu'en troisième ordre. — En effet, d'après l'art. 72, « les ascendans, quel que soit leur degré, sont toujours exclus par les héritiers collatéraux qui descendent d'eux ou d'autres ascendans au même degré. » Ainsi cette loi préférait aux ascendans tous collatéraux du défunt, quel que fût leur degré, qui descendaient de ces ascendans; elle leur préférait même les collatéraux descendans d'autres ascendans du même degré, décédés ou non. Enfin la loi de nivôse admettait la représentation *à l'infini* aussi bien en ligne collatérale qu'en ligne directe. — *Nîmes*, 28 févr. 1820, Bayle c. Picou. — L. 17 niv. an II, art. 82, 83, 86 et 89.

190. — Elle repoussait le privilége du double lien : si le défunt avait des parens paternels et des parens maternels la succession se divisait en deux portions égales, l'une pour les parens paternels, l'autre pour les parens maternels; les parens qui réunissaient les deux qualités pouvaient recueillir cumulativement la portion à laquelle ils étaient appelés dans chaque ligne. — *Cass.*, 9 brum. an VI, Maril et Varlet c. Seulfart.

191. — Lorsque le défunt laissait des frères consanguins et un aïeul maternel, cet aïeul devait recueillir la moitié de la succession dévolue à sa ligne à l'exclusion des collatéraux maternels qui descendaient d'ascendans plus éloignés. — *Cass.*, 3 janv. 1821, Lançon c. Martin.

192. — Lorsqu'un individu était décédé sans postérité, la mère et le frère consanguin qu'il laissait étaient appelés à partager sa succession. — *Riom*, 15 thermid. an XI, Marge c. Floret.

193. — Ce n'était qu'à défaut de parens dans une ligne que les biens passaient aux parens de l'autre ligne. — Art. 77 et suiv.

194. — Ainsi, dans le partage d'une succession collatérale, les héritiers d'une ligne n'étaient pas exclus par les héritiers de l'autre ligne, sous le prétexte que ceux-ci descendaient d'ascendans plus proches. — *Cass.*, 23 mess. an IV, Pignolet c. Leterreux.

195. — La part afférente à la ligne maternelle n'a pu être adjugée à la ligne paternelle lorsqu'il existait une tante maternelle du défunt. — *Cass.*, 13 frim. an IV, Bach c. Calveirach.

196. — Mais la loi de nivôse se bornait-elle à établir, comme le fait le Code civil, un seul partage entre les deux lignes paternelle et maternelle des parens du défunt; ou bien voulait-elle de plus qu'après la fente de la succession collatérale en deux portions, il y eût refente de ces deux portions? — La Cour de cassation avait admis d'abord la refente (*Cass.*, 26 pluv. an IV, Germain c. Faivre; 18 germ. an VII, Havart c. Crotez-Bonval; 28 messid. an VII, François c. Bourla); mais ensuite elle la proscrivit par une jurisprudence constante. — V. FENTE, REFENTE.

197. — Jugé aussi que, dans une succession collatérale ouverte sous la loi du 17 niv. an II, ceux qui, dans une même ligne, descendaient de l'ascendant le plus proche, ont dû succéder à l'exclusion de ceux qui descendaient d'un ascendant plus éloigné, sans aucune distinction entre les parens descendans d'un ascendant portant le même nom que les père et mère du défunt, et ceux descendant d'un ascendant autrement nommé. — *Cass.*, 26 août 1806, Bayergues c. Navarre.

198. — La loi du 17 niv. an II, en faisant disparaître pour la transmission des biens toute différence entre les acquêts et les propres, n'a apporté aucun changement aux conventions antérieures dans lesquelles on avait suivi cette distinction. — *Cass.*, 11 fruct. an XIII, Ghent.

199. — L'exception admise par l'art. 14 L. 17 niv. an II, aux règles générales sur les successions, pour le cas où des ascendans donateurs ont stipulé un droit de retour, ne peut être étendue au cas où les donateurs ont stipulé que les biens donnés resteraient propres aux époux. Nonobstant cette stipulation, la succession du donataire ouverte sous la loi du 17 niv. an II doit se régler d'après le mode prescrit par cette loi, sans égard à l'origine et à la nature des biens. — *Cass.*, 9 août 1825, de Brécourt c. de Béthune-Charost.

Sect. 2e. — *Dispositions générales. — Degrés de parenté, distinction et division des degrés.*

200. — C'est d'abord aux parens légitimes du défunt que la succession est déférée, quand il n'a pas disposé de ses biens. — C. civ., art. 723.

201. — Ces parens sont les enfans et descendans du défunt, les ascendans et ses parens collatéraux dans l'ordre et suivant les règles ci-après déterminées. — C. civ., art. 731.

202. — Les enfans adoptifs ont aussi les mêmes droits que les enfans légitimes; mais ces droits sont restreints à la succession de l'adoptant. — C. civ., art. 350. — V. *infrà* n° 241. — V. aussi ADOPTION.

203. — Les parens légitimes sont : 1° ceux qui sont nés d'un mariage légalement contracté et valablement prouvé. — V. LÉGITIMITÉ. — 2° Ceux qui sont nés d'un mariage déclaré nul, mais contracté de bonne foi par les époux ou seulement par l'un d'eux. — C. civ., art. 201 et 202. — V. MARIAGE.

204. — Toutefois, la loi s'arrête au douzième degré de parenté; car cet éloignement rend à peu près nulle l'affection présumée du défunt. — C. civ., art. 755.

205. — Relativement à la manière d'établir la parenté, V. GÉNÉALOGIE, PARENTÉ.

206. — Au surplus, il est constamment dans les attributions des Cours d'appel d'apprécier les actes tendant à établir le degré de parenté en matière de succession, et cette appréciation ne saurait donner ouverture à cassation. — *Cass.*, 14 janv. 1824, Delaunay c. de la Tribouille.

207. — A défaut de parens légitimes, les biens

passent aux enfans ou parens naturels dans les limites tracées par la loi, ensuite à l'époux survivant, et s'il n'y en a pas, à l'État. — C. civ., art. 723. — C'est la *succession irrégulière*. — V. ce mot.

208. — On parlera sous ce même mot du droit autrefois accordé à certains hospices de recueillir, même à l'exclusion des héritiers légitimes, tout ou partie de la succession des malades décédés dans leur établissement.

209. — « La loi ne considère ni la nature ni l'origine des biens pour en régler la succession. » — C. civ., art. 732.

210. — Ainsi, on ne distingue plus, comme autrefois, dans une succession les biens meubles ou immeubles, nobles ou roturiers, propres ou conquêts, paternels ou maternels; les biens forment une seule masse, sans distinction de leur nature ni de la manière dont ils sont advenus au défunt. — Rolland de Villargues, vo *Succession*, no 69.

211. — Cependant ce principe souffre quelques exceptions. Ainsi, en matière de substitutions et de majorats, du moins en ce qui concerne celles de leurs dispositions qui ne sont pas abrogées pour l'avenir, V. MAJORAT, SUBSTITUTION.

212. — Il y a encore une autre exception dans l'art. 747 C. civ., au profit de l'ascendant, lorsqu'un objet qu'il a donné au défunt se retrouve dans la succession. — V. RETOUR LÉGAL.

213. — Enfin, en cas de prédécès des père et mère d'enfant naturel, les biens qu'il en avait reçus passent aux frères et sœurs légitimes, s'ils se retrouvent en nature dans la succession. — C. civ., art. 766. — V. SUCCESSION IRRÉGULIÈRE.

214. — Il n'est pas permis de déroger aux règles établies pour les successions *ab intestat*, même par contrat de mariage, ni par conséquent de rétablir l'ancien ordre des successions. À la loi seule appartient le droit de fixer l'ordre de transmission des biens dont il n'a pas été disposé par le défunt. — C. civ., art. 1388 et 1389. — Rolland de Villargues, no 72.

215. — « Toute succession échue à des ascendans ou à des collatéraux, se divise en deux parts égales; l'une pour les parens de la ligne paternelle, l'autre pour les parens de la ligne maternelle. » C'est là, comme on l'a vu, une transaction entre le principe admis par les Coutumes *Paterna paternis, materna maternis*, et la règle toute contraire admise par le droit romain et la loi de nivôse.

216. — La ligne paternelle se compose des parens soit maternels, soit paternels *du père du défunt*; et la ligne maternelle se compose des parens soit paternels, soit maternels *de la mère du défunt*. — Chabot, art. 733, no 1.

217. — Ainsi, les parens dont le lien avec le défunt est formé par son aïeule paternelle, doivent être considérés comme parens paternels. — *Turin*, 10 févr. 1812, Racagno c. de Gioanni.

218. — « Les parens utérins ou consanguins ne sont pas exclus par les germains; mais ils ne prennent part que dans leur ligne, sauf ce qui est dit à l'art. 752 (au sujet des frères et sœurs, V, *infrà* nos 276 et suiv.). Les germains prennent part dans les deux lignes. » — C. civ., art. 733.

219. — Le Code abolit ainsi le privilége du *double lien*, en vertu duquel les frères et sœurs germains excluaient les consanguins et les utérins (nov. 118), toutefois avec plus ou moins de restrictions, surtout dans nos coutumes. — Merlin, *Rép.*, vo *Double lien*.

220. — « Il ne se fait aucune dévolution d'une ligne à l'autre, que lorsqu'il ne se trouve aucun ascendant ni collatéral de l'une des deux lignes. » — C. civ., art. 733. — Cependant il y a quelques exceptions, comme on le verra.

221. — Jugé que si le testateur a ordonné que ses biens fussent divisés, par portions égales, entre ses plus proches parens collatéraux, il est censé avoir voulu, par là, exclure la division de la succession par lignes. — *Toulouse*, 14 févr. 1829, Raby c. Baros.

222. — « Une fois la première division opérée entre les lignes paternelle et maternelle, il ne se fait plus de division entre les diverses branches; mais la moitié dévolue à chaque ligne appartient à l'héritier ou aux héritiers les plus proches en degré, sauf le cas de la représentation. — C. civ., art. 734.

223. — Par cette disposition, la loi abolit le système de fente et de refente admis par quelques Coutumes; et que quelques auteurs croyaient avoir été adopté par la loi du 17 nivôse an II, art. 77. — V. FENTE, REFENTE.

224. — La portion attribuée à chacune des deux lignes paternelle et maternelle doit être partagée entre tous les collatéraux égaux en degré, quoique issus de parens différens. — *Cass.*, 31 mars 1806, Lebis c. Delahaye.

225. — Il n'y a plus lieu à une seconde division entre les parens d'une même ligne, sous prétexte de la prérogative du double lien. — *Bruxelles*, 20 avr. 1809, Corbisier.

226. — Mais la même personne peut, à cause du double lien de sa parenté, prendre part dans les deux lignes. Seulement ce double lien ne donne plus aujourd'hui le privilége d'exclure les parens qui ne sont qu'utérins ou consanguins; ceux-ci prennent part dans leur ligne. — Rolland de Villargues, no 83.

227. — Lorsqu'un individu né d'un père et d'une mère qui, avant de contracter mariage, étaient cousins germains, est décédé sans postérité, sa succession, qui a dû être divisée en deux parts, l'une pour la ligne paternelle et l'autre pour la ligne maternelle, a pu être recueillie en totalité par sa mère, qui a pris une part comme ascendante au premier degré dans la ligne maternelle, et l'autre comme parente au plus proche degré dans la ligne paternelle. — *Rouen*, 22 janv. 1841 (t. 1er 1841, p. 298), Passé c. Ricard.

228. — Enfin, il n'y a point plus de différence à faire dans chaque ligne entre des parens qui descendent des mâles et ceux qui descendent des femmes. Ainsi, dans la ligne paternelle, les parens paternels par les mâles n'excluent pas les parens paternels par les femmes. — *Paris*, 4 avr. 1808, Secondé c. Rochet.

229. — La proximité de parenté s'établit par le nombre de générations; chaque génération s'appelle un *degré*. — C. civ., art. 735.

230. — La suite des degrés forme la ligne. — C. civ., art. 736.

231. — On appelle *ligne directe* la suite des degrés entre personnes qui descendent l'une de l'autre; et *ligne collatérale*, la suite des degrés entre personnes qui ne descendent pas les unes des autres, mais qui descendent d'un auteur commun. — C. civ., art. 736.

232. — On distingue la ligne directe en ligne directe descendante et ligne directe ascendante. La première est celle qui lie le chef avec ceux qui descendent de lui; la deuxième est celle qui lie une personne avec ceux dont elle *descend*. — C. civ., art. 736.

233. — « En ligne directe on compte autant de degrés qu'il y a de générations entre les personnes; ainsi, le fils est à l'égard du père au premier degré; le petit-fils au second; et réciproquement du père et de l'aïeul à l'égard des fils et petits-fils. » — C. civ., art. 737.

234. — En ligne collatérale, les degrés se comptent par les générations depuis l'un des parens jusques et non compris l'auteur commun, et depuis celui-ci jusqu'à l'autre parent. Ainsi, deux frères sont au deuxième degré; l'oncle et le neveu sont au troisième degré; les cousins-germains au quatrième; ainsi de suite. — C. civ., art. 738.

235. — Ainsi, en ligne collatérale on ne doit pas compter les degrés de la même manière qu'en ligne directe. On suit les générations y compris la personne dont on veut connaître le degré par rapport à une autre, mais en ne comptant pas l'auteur commun de ces deux personnes. — Rolland de Villargues, no 95.

236. — D'après le droit canonique, les degrés en ligne collatérale ne se comptaient pas des deux côtés, mais seulement depuis la plus éloignée des personnes dont on cherchait la parenté jusqu'à l'auteur commun exclusivement. Ainsi, les deux frères n'étaient qu'au premier degré. — Chabot, art. 738, no 1er.

237. — Jugé qu'en Normandie, lorsqu'il s'agissait d'une succession aux propres, c'était d'après la computation canonique que l'on comptait les degrés. — *Evreux*, 9 mars 1840 (sous *Rouen*, 7 déc. 1840 (t. 1er 1841, p. 65), Domaine c. Dionis, et la note sous cet arrêt.

Sect. 3e. — *Représentation.*

238. — La représentation, porte l'art. 739 C. civ., est une fiction de la loi dont l'effet est de faire entrer les représentans dans le degré et dans les droits du représenté.

239. — Ainsi, celui qui représente, quoique placé à un degré inférieur au représenté, arrive fictivement au degré de celui-ci et vient concourir avec les cohéritiers de ce même représenté. — Rolland de Villargues, vo *Succession*, no 103.

240. — La représentation a lieu à l'infini dans la ligne descendante. — C. civ., art. 154. — Il en était de même sous le droit romain (*Instit.*, lib. 3, tit. 1er, § 6). Dans notre ancien droit, quelques coutumes n'admettaient pas la représentation même en ligne directe.

241. — La représentation a lieu également en faveur des descendans de l'adopté venant à la succession de l'adoptant. — C. civ., art. 347 à 351. — V. ADOPTION, nos 164 et suiv.

242. — La représentation est admise dans tous les cas, soit que les enfans du défunt concourent avec les descendans d'un enfant prédécédé, soit que tous les enfans du défunt étant morts avant lui, les descendans desdits enfans se trouvent entre eux en degrés égaux ou inégaux. — C. civ., 740.

243. — La représentation n'a pas lieu en faveur des ascendans. Le plus proche dans chacune des deux lignes exclut toujours le plus éloigné (C. civ., 741). — Les ascendans ne sont appelés en effet à succéder à leurs descendans que par exception, *turbato mortalitatis ordine*. On ne les fait pas jouir du bénéfice de la représentation; on leur applique toujours la règle de la proximité des degrés.

244. — En ligne collatérale, la représentation est admise en faveur des enfans ou descendans de frères ou sœurs du défunt, soit qu'ils viennent à sa succession concurremment avec des oncles ou tantes, soit que tous les frères et sœurs du défunt étant prédécédés, la succession se trouve dévolue à leurs descendans en degrés égaux ou inégaux. — C. civ., 742.

245. — D'après la novelle 118, la représentation en ligne collatérale n'avait lieu qu'entre oncles et neveux. Les coutumes étaient très-variées à cet égard. Les unes rejetaient la représentation d'une manière absolue, les autres l'admettaient seulement entre oncles et neveux (Cout. de Paris et d'Orléans). — Enfin, suivant d'autres, elle s'étendait à l'infini. Ce dernier système fut depuis suivi par la loi du 17 nivôse an II. — Le Code civil a pris un terme moyen en appelant à la représentation les descendans des frères et sœurs du défunt. — Vazeille, art. 742, no 1er.

246. — La représentation a lieu en faveur des descendans de tous frères et sœurs, sans distinction, entre les germains et ceux qui ne sont qu'utérins ou consanguins (C. civ., art. 742 et 743. — Duranton, t. 6, no 249 et suiv.; Chabot, sur l'art. 742, no 6). — Seulement, les utérins et consanguins ne prennent part que dans leur ligne, tandis que les germains viennent dans les deux lignes.

247. — Dans tous les cas où la représentation est admise, le partage s'opère par souche. Si une même souche a produit plusieurs branches, la subdivision se fait aussi par souche dans chaque branche, et les membres de la même branche partagent entre eux par tête. — C. civ., art. 743.

248. — On ne représente pas les personnes vivantes, mais seulement celles qui sont mortes naturellement ou civilement. — C. civ., art. 744. — V. Pothier, *Introd. au tit.* 17 *de la Coutume d'Orléans*, no 18.

249. — On ne saurait représenter une personne qui, à l'époque de l'ouverture de la succession, aurait été, en cas de survie, incapable de la recueillir. — Toullier, t. 4, nos 112 et 192; Favard de Langlade, *Success.*, sect. 2, § 4, no 9; Merlin, *Rép.*, vo *Représentation*, sect. 4, § 3, no 7; Chabot, art. 744, no 5; Malpel, no 104; Duranton, t. 6, no 81.

250. — Les enfans de l'indigne ne peuvent le représenter à la succession de la victime ou de l'offensé. — C. civ., 730. — V. *suprà*, no 143.

251. — On peut représenter celui à la succession duquel on a renoncé. — C. civ., art. 744.

252. — Mais on ne représente point l'héritier capable qui a renoncé. Conséquemment, les enfans qui succèdent par représentation de leur père ou mère prédécédés, excluent les enfans d'un autre fils du défunt qui a renoncé. — Pothier, *Success.*, chap. 2, sect. 1re, art. 1er, § 3.

253. — Celui qui est appelé par représentation est héritier; il doit donc être capable.

Sect. 4e. — *Ordres de successions régulières.*

254. — Les successions, comme on l'a vu, sont déférées aux enfans et descendans du défunt, à ses ascendans et à ses parens collatéraux dans l'ordre et suivant les règles ci-après déterminées. — C. civ., art. 731.

255. — Ainsi trois ordres de successions régulières : 1o les successions déférées aux descendans; 2o les successions déférées aux ascendans; 3o enfin les successions collatérales.

§ 1er. — *Successions déférées aux descendans.*

256. — « Les enfans ou leurs descendans, porte l'art. 745 C. civ., succèdent à leurs père et mère, aïeuls, aïeules ou autres ascendans, sans distinction de sexe ni de primogéniture, et encore qu'ils soient issus de différens mariages. »

257. — Cependant en matière de biens communaux possédés par le défunt, le partage ne s'en fait pas entre tous ses enfans; mais cette jouissance appartient exclusivement à l'aîné des enfans mâles, et à défaut des mâles, à l'aînée des femmes. — V. COMMUNES, nos 1145 et suiv.

258. — Les enfans adoptifs succèdent à l'adoptant, mais ils restent étrangers à la succession des auteurs de ce dernier. — C civ., art. 350. — V. ADOPTION, nos 171 et suiv.

259. — Les enfans ou leurs descendans succèdent par égales portions et par tête, quand ils sont tous au premier degré et appelés de leur chef; ils succèdent par souche, lorsqu'ils viennent tous ou en partie par représentation. — C. civ., art. 945.

260. — Cet article renferme une inexactitude de rédaction : à la place de *et appelés de leur chef*, il faut lire *ou appelés de leur chef*. Il est si évident, en effet, que ceux qui sont au premier degré sont appelés de leur chef, qu'il était superflu de le dire. Ces mots *appelés de leur chef* se rapportent donc à des personnes qui ne sont pas au premier degré. Tel est le cas où le premier degré ayant été rempli par des indignes ou des renonçans, le second degré arrive de son chef.

261. — L'art. 745 est fondamental; il présente un résumé presque complet des innovations introduites par l'esprit révolutionnaire; il consacre l'abolition du droit d'aînesse et de masculinité; il appelle tous les descendans « sans distinction de sexe ni de primogéniture. » — V. *suprà*, no 256.

§ 2. — *Successions déférées aux ascendans.*

262. — « Si le défunt n'a laissé ni postérité, ni frère, ni sœur, ni descendans d'eux, la succession se divise par moitié entre les ascendans de la ligne paternelle et les ascendans de la ligne maternelle. » — C. civ., art. 746.

263. — L'ascendant qui se trouve au degré le plus proche dans sa ligne, recueille la moitié affectée à cette ligne, à l'exclusion de tous autres. — Même art.

264. — L'ascendant exclut, non-seulement tous les autres ascendans de sa ligne plus éloigné que lui, mais encore tous les collatéraux, même plus proches que lui en degrés, tels que les oncles et les tantes, mais non les frères et sœurs, puisqu'ils l'excluraient eux-mêmes. — Rolland de Villargues, vo *Succession*, no 141. — V. *infrà*, no 272.

265. — Les ascendans au même degré succèdent par tête (C. civ., art. 746), mais seulement dans la ligne à laquelle ils appartiennent. — Arg. C. civ., art. 733.

266. — Le Code civil, on le voit, a été moins favorable aux ascendans que nos anciennes Coutumes; mais il les a traités avec moins de défaveur que la loi de nivôse. — V. *suprà*, no 189.

267. — « Les ascendans succèdent, à l'exclusion de tous autres, aux choses par eux données à leurs enfans ou descendans, décédés sans postérité, lorsque les objets donnés se retrouvent en nature dans la succession. Si les objets ont été aliénés, les ascendans recueillent le prix qui peut en être dû. Ils succèdent aussi à l'action en reprise que pourrait avoir le donataire. » — C. civ., art. 747. — V. RETOUR LÉGAL.

268. — Lorsque les père et mère d'une personne morte sans postérité lui ont survécu, si elle a laissé des frères, sœurs ou descendans d'eux, la succession se divise en deux portions égales, dont moitié seulement est déférée au père et à la mère, qui la partagent entre eux également. L'autre moitié appartient aux frères, sœurs ou descendans d'eux, ainsi qu'il est expliqué au paragraphe suivant sur les successions collatérales. — C. civ., art. 748.

269. — Dans le cas où la personne morte sans postérité laisse des frères, sœurs ou descendans d'eux, si le père ou la mère est prédécédé, la portion qui lui aurait été dévolue, conformément à l'art. 748, se réunit à la moitié déférée aux frères, sœurs ou à leurs représentans, ainsi qu'il sera expliqué sous le paragraphe suivant. — C. civ., art. 749.

§ 3. — *Successions collatérales.*

270. — Dans les successions collatérales, c'est-à-dire qui sont recueillies par des parens autres que les descendans ou les ascendans, il faut distinguer entre les cas où il y a des frères et sœurs ou descendans d'eux, et les cas où il n'y en a pas.

271. — 1o *Existence des frères et sœurs ou descendans d'eux.* — Dans ce cas, il y a lieu de distinguer encore si le père et la mère du défunt sont prédécédés ou s'ils lui survivent.

272. — En cas de prédécès des père et mère d'une personne morte sans postérité, ses frères, sœurs ou leurs descendans sont appelés à la succession à l'exclusion des ascendans et des autres collatéraux. — C. civ., art. 750.

273. — Peu importe que les frères ou sœurs ne soient que consanguins ou utérins; ils n'en succèdent pas moins à la totalité, à l'exclusion des ascendans et de tous autres collatéraux. — *Bruxelles*, 28 therm. an XII, Starsse; *Caen*, 25 frim. an XIV, N...; *Bruxelles*, 18 mai 1807, Borremans; *Cass.*, 27 déc. 1809, Blanwart c. de Haynin; *Toulouse*, 27 juin 1810, Orliac c. Larnaudis. — Malleville, *Analyse du Code civil*, t. 2, p. 20, note 1re; Favard de Langlade, *Rép.*, vo *Succession*, sect. 2, § 2, art. 1er; Toullier, t. 4, no 246; Duranton, t. 6, no 251; Chabot, sur l'art. 756, no 4; Merlin, *Quest.*, vo *Successions*, § 14; Delvincourt, t. 2, p. 20, note 1re; Rolland de Villargues, vo *Successions*, no 153.

274. — Ils succèdent ou de leur chef ou par représentation, ainsi qu'il est dit aux art. 739 et suiv. — C. civ., art. 750.

275. — Si les père et mère de la personne morte sans postérité lui ont survécu, ses frères, sœurs ou leurs représentans ne sont appelés qu'à la moitié de la succession. Si le père ou la mère seulement a survécu, ils sont appelés à recueillir les trois quarts. — C. civ., art. 751. — Ces dispositions, comme on le voit, ne font que reproduire celles des art. 748 et 749 rapportées plus haut.

276. — Le partage de la moitié ou des trois quarts dévolus aux frères ou sœurs, aux termes de l'art. 751, s'opère entre eux par égales portions, s'ils sont tous du même lit; s'ils sont de lits différens, la division se fait par moitié entre les deux lignes paternelle et maternelle du défunt; les germains prennent part dans les deux lignes, et les utérins ou consanguins chacun dans leur ligne seulement; s'il n'y a de frères ou sœurs que d'un côté, ils succèdent à la totalité, à l'exclusion de tous autres parens de l'autre ligne. — C. civ., art. 752.

277. — Bien que l'art. 752 ne parle pas des *descendans* des frères et sœurs, ils doivent y être considérés comme compris. En effet, les art. 750 et 751, dont l'art. 752 n'est que le développement et la conséquence, consacrent le principe de la représentation en faveur des descendans des frères et sœurs établi par l'art. 742. Il eût été inutile de répéter dans l'art. 752 ces mots *descendans ou représentans*. D'ailleurs, l'art. 753 défère la succession à d'autres parens à défaut de frères ou sœurs ou de *descendans* d'eux. — Duranton, t. 2, no 249, et t. 6, no 177; Chabot, art. 752, no 4; Rolland de Villargues, *eod. verb.*, nos 163 et suiv.

278. — Aussi a-t-il été jugé que dans le cas de concours de descendans de sœurs consanguines et de cousins germains de la défunte il n'y avait pas lieu à la division en deux lignes, mais que la succession devait être déférée exclusivement aux premiers. — *Nancy*, 8 frim. an XIII, Quizin-Gérard c. N.; *Bruxelles*, 18 mai 1807, Bossemans.

279. — 2o *Non-existence de frères, sœurs ou descendans d'eux.* — A défaut de frères ou sœurs ou de descendans d'eux, et à défaut d'ascendans dans l'une ou l'autre ligne, la succession est déférée pour moitié aux ascendans survivans et pour l'autre moitié aux parens les plus proches de l'autre ligne.

280. — S'il y a concours de parens collatéraux au même degré, ils partagent par tête. — Même article.

281. — Dans le cas de l'art. 753, le père ou la mère survivant a l'usufruit du tiers des biens auxquels il ne succède pas en propriété. — C. civ., art. 754.

282. — Ce cas de l'art. 753 est celui où il n'y a d'ascendans que dans une ligne. Dès lors, l'usufruit du père ou de la mère ne peut grever que les collatéraux de la seconde classe. — Chabot, art. 754; Vazeille, *ibid.*; Rolland de Villargues, *eod. verb.*, no 177.

283. — Lorsque le survivant des père et mère se trouve, soit à titre particulier, soit à titre universel, donataire ou légataire de son enfant, il n'en a pas moins droit à l'usufruit du tiers de la portion revenant aux collatéraux. — Vazeille, sur l'art. 754. — V., au surplus, QUOTITÉ DISPONIBLE, nos 108, 266 et suiv.

284. — A défaut d'ascendans dans l'une et l'autre ligne, la succession se divise entre les deux lignes paternelle et maternelle, et la moitié dévolue à chaque ligne appartient à l'héritier ou aux héritiers les plus proches en degré. — C. civ., art. 733 et 734. — Dans ce cas, il y a lieu d'appliquer à chacune des deux lignes ce qui a été dit d'une seule. — Rolland de Villargues, no 180.

285. — Toutefois, les parens au delà du douzième degré ne succèdent pas; à défaut de parens au degré successible dans une ligne, les parens de l'autre ligne succèdent pour le tout. — C. civ., art. 755.

CHAPITRE IV. — *Acceptation et répudiation des successions.*

286. — D'après le Code civil, tout successible est libre d'accepter la succession qui lui est échue ou d'y renoncer. — C. civ., art. 775.

287. — A compter du jour de l'ouverture de la succession, il y a un délai de trois mois pour faire inventaire, et, de plus, un autre délai de quarante jours pour délibérer sur son acceptation ou sur sa renonciation (C. civ., art. 795); jusque-là, le successible ne saurait être contraint à prendre qualité et il ne peut être obtenu contre lui de condamnation. — V. DÉLAI POUR FAIRE INVENTAIRE ET DÉLIBÉRER.

Sect. 1re. — *Acceptation des successions.*

288. — Une succession peut être acceptée purement et simplement, ou sous bénéfice d'inventaire. — C. civ., art. 774.

289. — Nous ne nous occuperons ici que de l'acceptation pure et simple. Quant à l'acceptation sous bénéfice d'inventaire, V. SUCCESSION BÉNÉFICIAIRE.

§ 1er. — *Dispositions générales.*

290. — Nul n'est tenu d'accepter une succession qui lui est échue. — C. civ., art. 775. — C'est la maxime de nos Coutumes : *Nul n'est héritier qui ne veut*. En effet, la succession est un bénéfice que la loi entend accorder aux parens. Or, ils doivent avoir le droit d'y renoncer, soit qu'ils ne trouvent pas que ce bénéfice existe, soit même qu'ils ne veuillent pas en profiter.

291. — Toutefois, dans l'ancien droit romain, les héritiers *nécessaires* ne pouvaient renoncer à l'hérédité. Par la suite il leur fut permis de s'abstenir. — V. ABSTENTION D'HÉRÉDITÉ.

292. — Sous l'empire du droit romain, le fils qui, saisi de plein droit de la succession de son père, désirait ne pas l'accepter, n'était pas tenu, pour jouir du bénéfice d'abstention, d'en faire une déclaration expresse. Il lui suffisait de ne pas s'immiscer dans la succession. — *Bastia*, 21 févr. 1838 (t. 2 1840, p. 81), Galeazzini c. Luiggi.

293. — Celui qui est appelé à une succession peut donc toujours y renoncer ou l'accepter à son gré, nonobstant tous les engagements contraires qu'il pourrait avoir pris avant son ouverture. — Chabot, art. 775, no 2. — Mais l'héritier étant saisi de droit (C. civ., art. 724), il s'ensuit que, jusqu'à ce qu'il se soit expliqué, la présomption est pour l'acceptation. — L. 57, D., *De acquir. hæred.* — Merlin, *Quest.*, vo *Héritier*, § 1er.

294. — Jugé que l'héritier appelé par la loi est saisi de plein droit des biens, droits et actions du défunt, sans qu'il soit besoin d'acte d'acceptation de sa part. — *Bordeaux*, 6 mai 1841 (t. 2 1841, p. 280), Duranty c. Barbe.

295. — L'acceptation ne peut être conditionnelle, car l'héritier ne peut apposer une condition au droit des tiers. — L. 51, § 2, D., *De acq hæredit.* — Toullier, t. 4, no 322; Duranton, t. 6 no 477.

296. — Ainsi, en pays de droit écrit, l'option permise à la fille mariée entre sa dot et sa part héréditaire dans la succession de l'ascendant qui l'avait dotée, ne pouvait se faire conditionnellement. — *Cass.*, 3 août 1808, Brandi c. Celani.

297. — Une succession, comme on l'a déjà vu, peut être acceptée purement et simplement ou sous bénéfice d'inventaire.— C. civ., art. 774.

298. — Tous les héritiers n'ont pas la faculté alternative d'accepter purement et simplement ou sous bénéfice d'inventaire. — Les mineurs et les interdits ne peuvent être qu'héritiers bénéficiaires. — C. civ., art. 776.

299. — De plus l'art. 782 porte que si celui à qui une succession est échue était décédé sans l'avoir répudiée ou acceptée, et que ses héritiers ne pussent s'accorder pour l'acceptation ou la répudiation, cette succession devrait être acceptée sous bénéfice d'inventaire. — Cette disposition est une dérogation à l'ancien droit. — Nouveau Denisart, v° *Adition d'hérédité*, § 4, et v° *Héritier*, § 10.

300. — Les deux espèces d'acceptation ont cela de commun que les acceptans sont, sous l'un comme sous l'autre mode, également héritiers, et qu'ils sont également saisis de plein droit des biens, droits et actions du défunt; mais elles diffèrent en ce que l'héritier bénéficiaire ne confond pas ses biens avec celui du défunt, qu'il n'est tenu des dettes de la succession que jusqu'à concurrence de l'émolument, et qu'enfin il n'est qu'un véritable administrateur jusqu'à ce que la succession soit liquidée. — C. civ., art. 802. — V. SUCCESSION BÉNÉFICIAIRE.

301. — L'héritier bénéficiaire n'est plus aujourd'hui, comme autrefois, exclu par l'héritier pur et simple. — Pothier, *Success.*, ch. 3, sect. 3, art. 3, § 9; Chabot, art. 774, n° 13; Toullier, t. 4, n° 322.

302. — Jugé cependant que les dipositions des Coutumes qui permettent à l'héritier pur et simple d'exclure les héritiers bénéficiaires doivent s'appliquer aux successions ouvertes avant le Code civil, quoique l'acceptation pure et simple n'ait été faite que depuis. — *Paris*, 15 mai 1811, Tupigny c. Bonnier des Terrières.

303. — L'acceptation d'une succession est soumise, quant à sa forme et à ses effets, aux lois sous l'empire desquelles elle a eu lieu. — Dès lors, tout ce qui touche au droit des héritiers et des légataires, par exemple la question de prescriptibilité du droit d'acceptation, doit être régi par la loi sous l'empire de laquelle la succession s'est ouverte. — *Pau*, 31 août 1833, Larrey c. de Pons; *Cass.*, 23 févr. 1837 (t. 1er 1837, p. 104), mêmes parties. — V. cependant LOIS.

§ 2. — *Qui peut accepter.*

304. — Comme l'acceptation soumet l'héritier au paiement de toutes les dettes et charges de la succession, et que c'est un quasi-contrat qui l'oblige envers ses cohéritiers et surtout envers les créanciers et légataires du défunt, il est conséquent de décider que ceux qui sont incapables de contracter sont également incapables d'accepter une succession. — Pothier, *Success.*, ch. 3, sect. 3, art. 1er, § 2.

305. — Le Code civil a maintenu ces principes. Dès lors, le mineur, l'interdit sont incapables d'accepter, et leur tuteur ne peut accepter pour eux les successions qui leur sont échues que sous bénéfice d'inventaire et avec l'autorisation du conseil de famille. — C. civ., art. 776, § 2, et 461.

306. — Aussi a-t-on jugé, conséquemment à ces principes, qu'un mineur ne peut être réputé avoir fait acte d'héritier et par suite être soumis aux conséquences d'une acceptation pure et simple, par cela seul qu'il a, sans l'autorisation du conseil de famille, pris possession, par lui-même ou par son tuteur, des biens de l'hérédité. — *Nîmes*, 8 nov. 1827, Dayre c. Moustadier. — Conflans, *Jurisp. des success.*, p. 143 et 216.

307. — ... Que les mineurs doivent être toujours réputés héritiers bénéficiaires, encore bien qu'on ne leur ait pas donné cette qualité dans les actes et qu'on n'ait pas fait pour eux au greffe la déclaration d'acceptation prescrite par l'art. 793 C. civ. — *Cass.*, 10 mai 1841 (t. 2 1841, p. 95), Enregistrement c. Sannet.—Conf. *Rouen*, 30 août 1828, Bouet c. Ségur; *Bordeaux*, 1er mars 1832, Naviceau c. Gibaudin.

308. —... Et qu'il en est ainsi, alors même que le tuteur a été sommé par les créanciers de prendre qualité et qu'il ne l'a point fait.—*Angers*, 11 août 1809, Davier.

309. — Un mineur poursuivi immobilièrement, en sa qualité de cohéritier de son auteur, ne peut, lors même que, devenu majeur, la saisie lui a été dénoncée personnellement, avec la qualification de cohéritier, et que la même qualité lui a été

donnée dans tous les actes subséquens de l'expropriation et même dans le jugement d'adjudication préparatoire rendu contre lui par défaut, mais sans contestation sur la qualité attribuée, être considéré comme héritier pur et simple, et il ne cesse pas d'être recevable à accepter sous bénéfice d'inventaire ou même à répudier la succession. — *Pau*, 16 janv. 1832, Louhan c. Pontous.

310. — Lorsqu'un successible a disposé en majorité d'un objet recueilli dans la succession à une époque où il était mineur, et où, par conséquent, il ne pouvait agir que comme héritier bénéficiaire, il doit être présumé, s'il n'y a déclaration contraire, avoir disposé dans la qualité primitive d'héritier bénéficiaire, et non dans celle d'héritier pur et simple. — *Cass.*, 16 août 1830, Gardemal c. Mean.

311. — Mais une pareille aliénation constituerait une acceptation tacite pure et simple, si le successible n'avait pas fixé sur sa tête la qualité d'héritier bénéficiaire par l'accomplissement des formalités prescrites par la loi. — Duranton, t. 7, n° 54, et Vazeille, art. 806, n° 3.

312. — Les femmes mariées ne peuvent valablement accepter une succession, sans l'autorisation de leur mari, ou de justice. — C. civ., art. 776. — Pothier, *loc. cit.*

313. — Si la femme refuse d'accepter, faut-il admettre avec l'ancienne jurisprudence que le mari peut accepter pour elle, à ses propres risques et périls, par cela seul qu'il y est intéressé comme chef de la communauté, et sans invoquer le droit accordé aux créanciers par l'art. 788? Nous ne le pensons pas. Pour accepter, en effet, il faut être héritier, or la communauté, alors même qu'elle doit profiter de la succession, n'est pas héritière; c'est la femme qui est investie, et ce n'est qu'après que la propriété s'est consolidée sur sa tête qu'elle passe à la communauté. L'art. 788 contient une disposition exceptionnelle qui a pour but d'empêcher la fraude, et qu'il ne faut pas étendre.

314. — Jugé en ce sens qu'une succession échue à une femme ne peut être acceptée tacitement en son nom par son mari, l'acceptation doit émaner directement de la femme, après autorisation du mari ou de la justice, alors surtout que la femme est mariée sous le régime dotal. — *Riom*, 18 avril 1825, Giraud c. Morin.

315. — ... Que lorsque des faits d'immixtion et d'adition d'hérédité sont personnels au mari, et qu'ils ont eu lieu sans mandat de sa femme, ou même qu'ils sont en contradiction avec la volonté de cette dernière manifestée par des actes authentiques, ils ne peuvent attribuer à celle-ci la qualité d'héritière. Dans ce cas, le mari ne peut être présumé le mandataire légal de sa femme. — *Riom*, 19 avril 1828, Jouves-Hommes c. Harent. — V. Conflans, *Jurisp. des success.*, p. 144, n° 3; Rolland de Villargues, *Rép.*, v° *Acte d'héritier*, n° 5.

316. — Si le mari est mineur, l'autorisation de justice est nécessaire à la femme. — Duranton, t. 6, n° 432.

317. — Si la femme est mineure, l'autorisation du mari même majeur ne dispense pas de suivre les règles prescrites pour l'acceptation des successions échues aux mineurs. — Duranton, t. 6, n° 433.

318. — Au reste, l'acceptation même pure et simple d'une succession par une femme mariée sous le régime dotal ne soumet point les biens dotaux de cette femme à l'action des créanciers du défunt. — *Cass.*, 16 nov. 1824, de Croy-Chanel c. Roussel de Belloy; 3 janv. 1825, Bernard.—Conflans, sur l'art. 776.

319. — Malgré le silence de la loi, il faut décider que le prodigue ne peut accepter une succession qui lui est échue sans l'autorisation de son conseil. Mais avec cette autorisation, nous pensons qu'il peut accepter purement et simplement.

320. — Si celui que la loi appelle à recueillir une hérédité néglige de l'accepter, la loi autorise ses créanciers à l'accepter pour lui dans les limites de leur intérêt (arg. C. civ., art. 788). Il ne doit pas, en effet, dépendre de sa volonté de les priver de cette augmentation de leur gage. Le Code a rejeté avec raison la distinction admise en droit romain pour l'exercice de l'action paulienne entre celui qui diminue et celui qui refuse de grossir son patrimoine.

321. — Si l'héritier a déjà renoncé sans fraude, ses créanciers pourront, pendant trente ans, si la succession n'a pas été acceptée par d'autres héritiers, revenir contre cette renonciation et accepter du chef de leur débiteur, toujours dans la limite de leurs droits. — *Paris*, 13 janv. 1826, Rivey c. Renault. — Toullier, t. 6, n° 371; Chabot, art. 788; Belost-Jolimont, notes; Conflans, *Success.*, p. 176, n° 1er.

322. — Les créanciers peuvent accepter sans avoir préalablement discuté les biens de leur débiteur et avoir ainsi fait constater juridiquement son insolvabilité. — *Bourges*, 19 déc. 1821, Nettement c. Bellanger. — Chabot, art. 788, n° 7; Toullier, t. 4, n° 348, et t. 6, n° 371.

323. — S'il y a eu fraude, ils pourront faire annuler la renonciation, mais alors c'est aux termes de l'art. 1167 qu'ils devront l'attaquer.

324. — Si des enfans assignés en déclaration sur une saisie-arrêt faite entre leurs mains d'une pension alimentaire par eux créée au profit de leur père, produisent des titres desquels il résulte qu'une partie de cette pension est le prix d'une renonciation à succession faite à leur profit par leur père, le saisissant peut *incidemment* et avant faire droit demander à être autorisé à accepter la succession du chef de son débiteur, conformément à l'art. 788 C. civ.; il ne forme point par là une demande principale qui doive être formée à personne ou à domicile. — *Bourges*, 27 nov. 1813, Bonneau c. Asselin. — Roger, *Saisie-arrêt*, n° 465.

325. — Lorsque celui à qui une succession est échue est décédé sans l'avoir répudiée ou sans l'avoir acceptée expressément ou tacitement, ses héritiers peuvent l'accepter ou la répudier de son chef. — C. civ., art. 781.

§ 3. — *Quand on peut accepter.*

326. — Pour accepter il faut être héritier; par conséquent, il faut que la succession qu'on accepte soit ouverte et de plus qu'on y soit appelé par la loi. — L. 21, § 2, D., *De adquir. vel omitt. hæred.*

327. — S'il n'y a ni preuve ni présomption légale du décès d'un absent, celui-ci devant être réputé vivant, sa succession n'a pu s'ouvrir ni être acceptée valablement par ceux qui auraient été appelés à la recueillir. — Conflans, *Jurispr. des success.*, p. 147. — V. ABSENCE.

328. — C'est à celui qui se présente au nom d'une personne pour recueillir un droit à prouver l'existence de cette personne au jour de l'ouverture du droit. — Spécialement, le domaine, qui s'est emparé d'une succession en déshérence, ne peut se refuser à la restituer aux héritiers du défunt en se fondant sur ce que le contrat de mariage de celui-ci contient une donation universelle et en toute propriété au profit de la femme, s'il ne rapporte la justification que la femme dont il exerce les droits était vivante au moment du décès de son mari. — *Paris*, 6 janv. 1844 (t. 1er 1844, p. 159), Meyrand c. Domaine public.

329. — On n'a pu accepter valablement la succession d'un émigré avant que l'amnistie ou la radiation de l'émigré ait été obtenue, parce que jusque-là la mort civile et la confiscation faisaient obstacle à ce que la succession fût déférée aux parens. — Toullier, t. 4, n° 499; Delaporte, *Pand. franç.*, t. 3, p. 144; Duranton, t. 6, n° 366; Malleville, t. 2, p. 291; Vazeille, art. 275, nos 2 et 3. — V. ÉMIGRÉS.

330. — De ce qu'il faut être appelé dans l'ordre établi par la loi, pour accepter valablement, il suit que l'acceptation d'un parent plus éloigné serait nulle, lors même que plus tard le parent plus proche viendrait à répudier la succession. — Duranton, t. 6, n° 366; Delvincourt, t. 2, p. 27, note 2. — *Contrà*, Toullier, t. 3, n° 299; Vazeille, art. 775, n° 4.

331. — L'héritier du troisième degré, qui, par la renonciation de son auteur, héritier du second degré, est appelé à recueillir une succession de son chef et qui l'a expressément acceptée en cette qualité, ne peut plus l'accepter du chef de son auteur lorsque, avant que la prescription fût acquise, elle a été acceptée antérieurement par un autre héritier du second degré. — *Orléans*, 21 août 1845 (t. 2 1845, p. 335), Morlet c. Thimon.

332. — La décision par laquelle une Cour juge qu'un héritier qui s'est emparé de la succession sur le fondement de la renonciation de son cohéritier était de mauvaise foi, en ce qu'il connaissait l'acceptation antérieure de ce cohéritier, et qui, en conséquence, le condamne à la restitution des fruits, échappe à la censure de la Cour de cassation. — *Cass.*, 25 mars 1840 (t. 1er

1850, p. 708), Forbin-la-Barben c. Rosières-de-Soran.

333. — Du moment que l'héritier était appelé par la loi au moment de l'ouverture de la succession, son acceptation est valable quoiqu'il ignorât en quelle qualité il était parent du défunt ou pour quelle part la succession lui était déférée (L. 21 et 30, D., *Si pars. hæred. petit.*); sauf, toutefois, ce qui sera dit pour ce dernier cas s'il y avait erreur sur le montant de l'actif. — C. civ., art. 783. — V. *infrà* nos 398 et suiv.

334. — Avant le Code, l'héritier conservait le droit d'accepter la succession aussi longtemps qu'il n'avait pas été requis par un autre. — *Cass.*, 23 janv. 1837 (t. 1er 1837, p. 104), Larrey c. de Pons.

335. — La faculté d'accepter ou de répudier une succession se prescrit par le laps de temps requis pour la prescription la plus longue des droits immobiliers. — C. civ., art. 789. — Sur la vive controverse à laquelle a donné lieu l'application de cet article, V. *infrà*, nos 543 et suiv.

336. — Les trente ans accordés par l'art. 789 C. civ., pour accepter ou répudier une succession ne courent pas pendant la minorité des héritiers. — *Paris*, 24 août 1844 (t. 2 1844, p. 438), le Domaine c. Monique.

337. — En pareil cas, on peut invoquer la maxime *Minor majorem relevat* (solut. implic.). — Même arrêt.

338. — La prescription du droit d'accepter une succession ne court contre un habile à succéder au profit de l'héritier qui a accepté que du jour où celui-ci a été mis en possession effective des objets de la succession ou du jour où le premier a été interpellé de prendre qualité. — Spécialement, la prescription ne court pas, à défaut d'interpellation, tant que dure l'usufruit d'un tiers sur les biens de la succession. — *Bourges*, 21 janv. 1840 (t. 2 1840, p. 611), Bouquin c. Arbault.

339. — L'art. 7 de la loi du 27 avr. 1825, relative à l'indemnité des émigrés, n'a relevé des héritiers de la déchéance résultant de la prescription du droit d'accepter que dans leurs rapports avec l'Etat. Mais, entre cohéritiers, cet article se modifie par l'art. 789 C. civ., et ne peut recevoir son application que dans le cas seulement où la succession n'aurait pas été acceptée par d'autres héritiers. — *Paris*, 4 août 1847 (t. 2 1847, p. 480), de Milhac c. de Lubersac. — V., à ce sujet, ÉMIGRÉS, nos 654 et suiv.

340. — Tant que la prescription du droit d'accepter n'est pas acquise contre les héritiers qui ont renoncé, ils ont la faculté d'accepter encore la succession si elle n'a pas déjà été acceptée par d'autres héritiers; sans préjudice, néanmoins, des droits qui peuvent être acquis à des tiers sur les biens de la succession soit par prescription, soit par actes valablement faits avec le curateur à la succession vacante. — C. civ., art. 790.

341. — De ce que l'acceptation d'une succession non ouverte ou à laquelle on n'est pas appelé est nulle, il suit qu'on peut révoquer la connaissance erronée de la qualité d'héritier. — *Rennes*, 20 mars 1817, Querangal.

342. — De même, la qualité d'héritiers prise par les enfans d'un individu dont le décès n'est pas prouvé, peut être rétractée par eux, bien que l'existence de leur père absent ne soit pas non plus établie. — *Bourges*, 22 juillet 1820, Girand.

§ 4. — *Actes emportant acceptation.*

343. — L'acceptation peut être expresse ou tacite. — C. civ., 778. — Pothier, *Success.*, chap. 3, sect. 3, art. 1er, § 1er.

344. — 1o *Acceptation expresse.* — L'acceptation est expresse quand on prend le titre ou la qualité d'héritier dans un acte authentique ou privé. — C. civ., 778.

345. — La rédaction de cet article est peu satisfaisante. Le législateur s'exprime en termes trop généraux, et la règle qu'il pose doit être interprétée avec une sage mesure. Prise d'une manière absolue, elle serait inadmissible, et contraire même aux principes les plus certains.

346. — *Dans un acte authentique ou privé*, dit la loi. Mais quel sens faut-il attacher à ce mot acte? Le projet soumis aux tribunaux portait *écrit* au lieu d'*acte*. Cette dernière expression fut substituée à la première sur l'observation de la Cour de cassation. — Lors de la discussion au Conseil d'Etat, on demanda que ces mots *actes privés* fussent définis, afin d'éviter l'arbitraire que leur signification trop peu précise laisserait dans la loi. Mais cette demande si sage n'eut pas de suite. — Dans le silence du législateur, nous croyons qu'il faut entendre le mot *acte* dans le sens d'*instrumentum*, c'est-à-dire d'un écrit quelconque authentique ou privé.

347. — Ainsi, *prendre dans un acte le titre d'héritier*, c'est laisser écrire, ou écrire soi-même à côté de son nom, la qualification d'*héritier d'un tel*, dans un écrit quelconque.

348. — Mais serait-il exact de dire que l'acceptation est toujours présumée faite quand l'appelé a pris la qualité d'héritier dans un acte, dans un écrit quelconque? Non, sans doute; car l'acceptation est un acte de volonté, et il n'y a point acceptation là où la volonté d'accepter n'a pas été clairement manifestée. — Celui qui se dit héritier peut très-souvent, par cette déclaration, ne vouloir constater qu'un fait indépendant de sa volonté, savoir, qu'il a été investi par la loi du droit d'hériter. Mais a-t-il voulu consolider ce droit en sa personne; a-t-il prétendu rendre irrévocable le titre que la loi lui a donné; en un mot, a-t-il accepté? C'est là toujours la véritable question que le juge doit examiner, et qu'il décidera en s'aidant de toutes les preuves qui lui seront fournies. — Le titre d'héritier pris par l'appelé, sans manifester expressément la volonté d'accepter, sera donc un élément de preuve plus ou moins puissant, suivant les circonstances, mais il ne fournira point une présomption qui astreigne le juge à décider qu'il y a eu acceptation.

349. — Aussi décidait-on sous la coutume de Paris, et faudrait-il encore décider aujourd'hui, que la qualité d'héritier du défunt, prise dans une procuration donnée à un tiers pour la levée des scellés, la confection de l'inventaire et la vente du mobilier, n'est pas tellement attributive du titre d'héritier pur et simple, que l'appelé ne puisse ultérieurement renoncer à la succession ou ne l'accepter que sous bénéfice d'inventaire, alors surtout qu'il s'est réservé ce droit par l'inventaire. — *Cass.*, 1er août 1809, Daguillard c. Monnier. — V. Cout. de Paris, 316 et 317. — Toullier, *Dr. civ.*, t. 4, no 325; Chabot, art. 778, nos 6 et suiv.; Vazeille, art. 1er.

350. — On doit considérer comme fait emportant acceptation celui de donner procuration pour faire un acte qui entraînerait lui-même acceptation, encore que cette procuration soit révoqué avant que le mandataire ait agi. — Duranton, t. 6, no 389. — *Contrà*, Poujol, *Success.*, art. 778, no 6.

351. — ... Celui d'avoir pris dans une lettre missive le nom ou la qualité d'héritier. — Duranton, t. 6, no 373.

352. — ... Ou encore dans un commandement adressé aux débiteurs de la succession. — *Limoges*, 19 févr. 1831, Labosche c. Laurent. — Chabot, no 18.

353. — La qualité d'héritier prise par un légataire universel dans un compromis ayant pour but de régler par voie d'arbitrage tout à la fois la validité du testament qui forme son titre et la liquidation de sa part dans les biens dépendant de la communauté ayant existé entre le testateur et son épouse, emporte acceptation pure et simple de la succession. — *Bordeaux*, 19 janv. 1838 (t. 2 1840, p. 539), Bordes c. Chanzenel.

354. — Il en est ainsi lors même que le compromis devient caduc et nul faute d'exécution dans les trois mois. — Peu importe aussi que, postérieurement au compromis et antérieurement à toutes poursuites, le légataire universel ait déclaré n'accepter la succession que sous bénéfice d'inventaire. — Même arrêt.

355. — Le donataire universel à cause de mort, qui a fait acte de donataire ou qui a pris cette qualité dans un acte authentique ou privé, ne peut être assimilé à l'héritier qui a perdu par son acceptation pure et simple la faculté de se porter héritier sous bénéfice d'inventaire; il n'est pas, comme ce dernier, *loco hæredis*. Dès lors son acceptation expresse ou tacite ne lui ôte pas la faculté de renoncer ultérieurement, afin de faire valoir les créances personnelles qu'il peut avoir à exercer contre la succession, sans qu'on puisse lui opposer la maxime *Semel hæres semper hæres*. — *Paris*, 25 févr. 1819, Billoré c. de Létang; *Cass.*, 29 févr. 1820, mêmes parties.

356. — Toutefois, l'arrêt qui décide en fait que des héritiers ont été justement actionnés comme héritiers purs et simples, lorsqu'il n'y a eu de leur part aucune déclaration de vouloir se porter héritiers avec bénéfice d'inventaire, ne peut donner ouverture à cassation. — *Cass.*, 2 niv. an XIV, Mathon c. Choumouroux.

357. — Les enfans qui, dans un contrat de vente faite partie à rente viagère par leur mère, de ses propres et des acquêts de sa communauté, interviennent pour déclarer qu'ils n'inquiéteront jamais l'acquéreur, ne font pas un acte d'héritiers de leur père. — *Rennes*, 4 août 1819, Mauny c. Richard.

358. — L'acte par lequel le successible d'une femme commune en biens déclare, en qualité d'héritier de celle-ci, renoncer à la communauté qui a existé entre elle et son mari, constitue, de la part de ce successible, une acceptation pure et simple de la succession, qui rend sans effet toute renonciation faite ultérieurement. — *Cass.*, 23 déc. 1846 (t. 1er 1847, p. 115), Bigot c. Ruten.

359. — Ce n'est point prendre la qualité d'héritier que de se dire *habile à succéder*, et le successible qui s'est ainsi qualifié conserve toujours la faculté de renoncer. — *Grenoble*, 29 juill. 1848 (t. 2 1848, p. 573), Arduin c. Thiers.

360. — De même, celui qui reprend une instance introduite par son auteur, en déclarant qu'il agit *comme habile à se dire et porter héritier*, ne fait pas pour cela un acte d'héritier qui le prive de la faculté d'accepter la succession sous bénéfice d'inventaire. — *Paris*, 4 août 1825, Thomas c. Delacourtie. — Confians, *Jurispr. sur les succ.*, p. 149; Pothier, *Success.*, chap. 3, art. 1er, § 1er, et Toullier, *Droit civil*, t. 4, nos 327 et suiv.

361. — Si l'héritier nie qu'il ait pris qualité, ce sera à ceux qui ont intérêt à lui attribuer le titre d'héritier pur et simple à prouver contre lui qu'il a accepté la succession. — *Liége*, 4 janv. 1812, Derkens c. Nagaut. — Chabot, sur l'art. 778.

362. — Toutefois, si le successible, par cela seul qu'il a pris la qualité d'héritier, ne peut plus la répudier, il est juste que ceux qui ont contracté avec lui en lui reconnaissant cette même qualité, ne puissent pas plus tard la lui contester. — V. AVEU, no 201.

363. — Ainsi, jugé qu'un acte de partage constitue seul une preuve suffisante de successibilité entre ceux qui l'ont signé, et que ceux des signataires qui contestent la qualité des autres, sont obligés de faire la preuve que c'est par erreur qu'ils l'ont reconnue. — *Rennes*, 12 févr. 1812, Garbagny.

364. — ... Que lorsque dans leur acte d'appel les appelans ont donné volontairement et sans réserve à l'intimé la qualité d'héritier, ils ne sont plus recevables à contester cette qualité, à moins qu'ils ne prouvent qu'on a usé à leur égard de fraude ou de surprise. C'est en vain qu'ils prétendraient n'avoir donné cette qualité à l'intimé que parce qu'il se l'était attribuée en signifiant le jugement. — *Bordeaux*, 29 mars 1828, Lajouie c. Lhéritier.

365. — 2o *Acceptation tacite.* — Il y a acceptation tacite de la succession quand l'héritier agit en maître en faisant quelque acte qui suppose nécessairement son intention d'accepter, et qu'il n'aurait droit de faire qu'en sa qualité d'héritier. — C. civ., art. 778.

366. — *Acte* est pris ici non dans le sens d'*instrumentum*, écrit, mais dans celui d'opération, *negotium*; c'est le *pro hærede gerere* des Romains, qu'un jurisconsulte explique énergiquement par les mots *pro domino gerere*.

367. — La distinction des actes *qui supposent* nécessairement l'intention d'accepter de ceux qui, n'étant que de surveillance, de conservation, d'administration provisoire, ne supposent pas nécessairement cette même intention, est en effet toute pratique et doit résulter des circonstances dont la loi laisse l'appréciation aux juges. — C. civ., art. 778 et 779.

368. — Jugé, en effet, que la question de savoir si de tel acte il ne résulte pas adition d'hérédité pure et simple, est une question d'interprétation d'actes qui appartient aux juges du fond, et que leur décision sur ce point échappe à la censure de la Cour de cassation. — *Cass.*, 26 juin 1828, Chastenay-Lanty c. d'Argence.

369. — Cependant le législateur s'est expliqué positivement dans deux cas. Le premier est celui où l'héritier aliène ses droits à l'hérédité. L'art. 780 du Code civil porte à ce sujet : « La donation, vente ou transport que fait de ses droits successifs un des cohéritiers, soit à un étranger, soit à tous ses cohéritiers, soit à quelques-uns d'eux, emporte de sa part acceptation de la succession. »

370. — « Il en est de même, ajoute le même article, 1o de la renonciation même gratuite que fait un des héritiers au profit d'un ou de plusieurs de ses cohéritiers; 2o de la renonciation qu'il fait même au profit de tous ses cohéritiers indistinctement, lorsqu'il reçoit le prix de sa renonciation. »

371. — Le second cas d'acceptation tacite prévu par le législateur est celui où l'héritier, condamné par un jugement comme héritier pur et simple, laisse passer ce jugement en force de chose jugée, en négligeant les moyens de recours que la loi lui offre. Cet acquiescement établit contre l'héritier une présomption d'acceptation. — C. civ. art. 800. — V., à ce sujet, SUCCESSION BÉNÉFICIAIRE.

372. — Hors de ces cas, spécialement prévus par le législateur, la question est toute de fait et laissée à l'appréciation du juge, dont la décision échappera sur ce point à la censure de la Cour de cassation. — V. cependant un arrêt de la même Cour, du 27 juin 1837 (t. 2 1837, p. 9 [Enregistrement c. Cavallier]), qui semble contraire à ce principe.

373. — Toutefois il faut observer que le Code ne se contente pas, comme le droit romain, de la simple intention, il exige des actes, des faits, et, plus sévère ou, disons mieux, plus sage que nos coutumes et notre ancienne jurisprudence, il veut que ces faits, que ces actes soient tels qu'ils supposent *nécessairement* la volonté d'accepter.

374. — « L'acceptation est tacite, porte l'art. 778, quand l'héritier fait un acte *qui suppose* nécessairement son intention d'accepter et qu'il n'aurait droit de faire qu'en sa qualité d'héritier. »

375. — Ainsi, il faut le concours des deux conditions. Un acte qui ne remplirait que la seconde serait insuffisant pour constituer une acceptation, car il est possible que le successible qui fait un tel acte n'ait nullement l'intention d'accepter; or, sans intention il n'y a pas en général d'acceptation, pas plus qu'il n'y a de contrat sans consentement. De cette manière se trouvent tranchées les anciennes controverses sur l'intention d'accepter. — Chabot, art. 778, nº 6. — Au contraire, suivant MM. Duranton (t. 6, nº 375) et Marcadé (sur l'art. 778), la seule intention suffit.

376. — Quand un individu réunissant les qualités d'héritier présomptif et de légataire universel en usufruit du défunt, se met en possession des biens de la succession sans inventaire, cette prise de possession pouvant aussi bien être attribuée à sa qualité de légataire qu'à celle d'héritier, il n'y a pas, en ce cas, adition d'hérédité selon l'art. 778 du Code civil. — *Bordeaux*, 13 mars 1835, Bélhade c. Verdery.

377. — Car en règle générale l'adition de l'hérédité résulte de l'intention plutôt que des faits. — *Riom*, 13 fév. 1821, Moustoux c. Donnet; *Toulouse*, 27 févr. 1821, Ané.

378. — En résumé donc, l'intention seule, sans aucun acte d'immixtion qui l'accompagne, est toujours insuffisante pour constituer l'acceptation tacite, parce qu'elle est toujours plus ou moins incertaine; et, d'un autre côté, la simple immixtion dans les biens de la succession n'entraîne pas nécessairement, comme dans plusieurs de nos coutumes, l'acceptation; il faut pour qu'il ait ce résultat, que les actes faits par le successible soient tels qu'on ne puisse pas supposer qu'il ait eu en les faisant une autre intention que celle d'accepter. — *Colmar*, 16 mars 1820, Schreb c. Frantz. — Pothier, *Success.*, ch. 3, sect. 3, § 1er; Toullier, t. 4, nº 308; Duranton, t. 6, nº 373; Vazeille, art. 778, nº 1er.

379. — Du reste, le sort de l'acte fait par le successible, et d'où on fait résulter contre lui l'acceptation, est en principe sans influence sur l'acceptation elle-même; ainsi, ce serait vainement que cet acte serait annulé pour vice de forme, ou pour incapacité de celui avec lequel l'héritier a traité, ce dernier n'en demeurerait pas moins le représentant irrévocable du défunt. — Duranton, t. 6, nº 383.

380. — Quels sont les actes qui supposent nécessairement l'intention d'accepter et qui, par suite, sont attributifs de la qualité d'héritier? Ce sont principalement les actes de disposition et en général tous ceux qu'un maître, qu'un propriétaire seul pourrait faire. — *Pro hærede gerit*, dit Ulpien (*Frag.*, tit. 22, § 26), *qui rebus hæreditariis tanquàm dominus utitur. Pro hærede gerere*, portent les *Institutes* de Justinien (lib. 2), *est pro domino gerere*.

381. — Conséquemment, l'appelé qui dispose à titre gratuit ou onéreux d'un objet dépendant de la succession, et qu'il sait ou croit faire partie de l'hérédité, rend par là irrévocable le titre dont la loi l'a investi, il fait acte d'héritier. — Duranton, t. 6, nº 384.

382. — L'héritier qui poursuit les débiteurs de la succession ou même qui reçoit les paiemens par eux offerts témoigne aussi nécessairement par là l'intention de demeurer héritier. — *Paris*, 6 vent. an IX, Maurin c. Marchais. — Lebrun, *Success.*, div. 3, ch. 1er, nº 44, Loisel, *Institutes coutumières*, liv. 3, tit. 5, règ. 3; Chabot, art. 778, nº 6.

383. — Doit également être réputé héritier pur et simple le successible qui forme contre ses cohéritiers une demande en partage, ou contre un tiers une demande en délaissement, ou bien encore une demande en nullité ou en rescision d'un contrat passé par le défunt. — Duranton, t. 6, nº 386.

384. — Il en est de même de l'appelé qui se met en possession des biens de la succession, qui les loue ou les afferme, qui abat des bois, ou change la forme des fonds et des édifices, qui vend même les objets sujets à dépérissement, mais sans observer les formalités prescrites.

385. — Tous ces actes et généralement tous ceux qui sont évidemment des actes de propriétaire, entraînent comme conséquence pour l'héritier qui les fait l'acceptation, encore bien qu'il déclare en les faisant ne vouloir pas accepter, car quand il agit en maître, ce qu'il fait est plus fort et l'emporte sur ce qu'il dit. — Pothier, *Success.*, ch. 3, sect. 3, art. 1er, § 1er; Duranton, t. 6, nº 388.

386. — Ainsi, on a jugé qu'un tribunal peut réputer héritier pur et simple le fils qui consent que le créancier de son père s'empare d'un immeuble de la succession, encore bien qu'il y ait eu de la part du fils répudiation expresse, et que dans l'acte d'abandon il ait dit que cet acte avait lieu pour exprimer plus positivement la répudiation déjà faite. — *Cass.*, 13 avr. 1815, Noël. — Toullier, t. 4, nº 360; Chabot, art. 801, nº 1er.

387. — De même, bien qu'une veuve ait accepté sous bénéfice d'inventaire le legs universel que lui a fait son mari, elle fait acte d'héritière pure et simple si elle transige avec les créanciers qui contestaient, dans un ordre, une créance de la succession, et si elle s'engage à les désintéresser. — *Bordeaux*, 21 mars 1828, Taillard c. Pujos. — V., au surplus, SUCCESSION BÉNÉFICIAIRE.

388. — Toutefois, jugé que la preuve par témoins du fait général d'adition d'hérédité permise par l'art. 1348 C. civ., est admissible, sans qu'il soit besoin d'expliquer les faits en particulier. — *Rennes*, 12 mars 1823, Binel c. de Landal.

389. — Nous allons successivement parcourir les documens que fournissent la jurisprudence et la doctrine, sur la question de savoir quand des faits doivent être considérés comme entraînant acceptation ou non de la qualité d'héritier pur et simple.

390. — La demande en levée de scellés n'est pas un acte d'adition d'hérédité. — *Cass.*, 16 mai 1815, Caron c. Boutron.

391. — Le successible ne peut même être réputé avoir fait acte d'héritier, et, par suite être déchu du droit de n'accepter la succession que sous bénéfice d'inventaire, pour avoir, en vertu de l'autorisation de la justice, procédé à la levée des scellés, à l'inventaire du mobilier, et pour avoir payé les frais auxquels ces actes ont donné lieu. — *Rennes*, 3 mars 1820, Gérard c. Odion.

392. — D'un autre côté, le défaut d'inventaire n'implique point acceptation tacite de la succession, alors d'ailleurs que rien n'établit que le successible ait fait tourner tout ou partie du mobilier à son profit. — *Grenoble*, 29 juill. 1848 (t. 2 1848, p. 573), Arduin c. Thiers.

393. — Mais des enfans qui, à l'instant du décès de leur père, demeuraient avec lui dans une maison où était son mobilier, et qui n'ont pas fait faire inventaire de ce mobilier, ni de ses papiers et de ses titres, et notamment des quittances de sommes qu'il avait payées en l'acquit de leur mère, sont présumés s'être emparés du mobilier, en qualité d'héritiers, et leur répudiation est frauduleuse. — *Riom*, 3 août 1809, Védrines c. Cornet.

394. — Il n'y a point acceptation de la succession de la part du successible, qui de sa propre autorité s'est mis en possession d'une chose due, ou qui a été léguée par le défunt. — Duranton, t. 6, nº 401 (il cite à ce sujet, Barthole sur la loi 88, D., *De adquir. vel omitt hæred;* Balde sur la loi 1re C., *De repud. hæred.;* Furgole, *Testam.*, chap. 10, sect. 1re); Vazeille, nº 11. — *Contrà*, Chabot, nº 16; Toullier, t. 4, nº 330; Delaporte, *Pand. franç.*, t. 3, p. 154; Poujol, nº 9.

395. — Jugé, dans le premier sens, qu'il n'y a point acte d'héritier de la part de celui qui, après avoir renoncé à une succession, s'est mis en possession des biens en vertu d'une donation à lui faite par son auteur, bien que postérieurement la donation ait été annulée. — *Amiens*, 11 juin 1814, Legrand c. Trefcon.

396. — Jugé au contraire que l'héritier naturel fait acte d'héritier, malgré une répudiation antérieure, lorsque en qualité de créancier, mais toutefois de son autorité privée, il s'empare de l'universalité de la succession, quoique dans la répudiation il eût déclaré qu'il ne jouirait que comme créancier. — *Riom*, 19 août 1809, Escole c. Roquelaure.

397. — Le successible qui, même après avoir renoncé, et sous quelque prétexte que ce soit, prend possession d'une partie des biens de la succession, fait par là acte d'héritier pur et simple, s'il n'a pas rempli les formalités imposées à celui qui ne veut accepter que sous bénéfice d'inventaire. Ainsi, il y a acte d'héritier pur et simple dans la prise de possession de certains biens de la succession, sous prétexte qu'ils sont dotaux, quand même cette possession serait accompagnée ou suivie de la renonciation aux autres biens, parce qu'une hérédité ne peut pas être acceptée pour une partie et répudiée pour l'autre. — *Cass.*, 20 déc. 1841 (t. 1er 1842, p. 32), Formel c. Vériot.

398. — Mais celui qui, par erreur, se met en possession de biens qu'il suppose dépendre d'une succession, ne fait point acte d'héritier. — *Cass.*, 19 janvier 1826, Carbonne c. Lucciana. — Chabot, art. 778, nos 8 et 9; Toullier, t. 4, nº 325; Conflans, *Jurisp. des success.*, art. 778, nº 5. — Il en était de même sous le droit romain (l. 87, D., *De acquir. vel. omitt. hæred.*) et dans les pays coutumiers. — Denisart, vº *Addition d'hérédité;* Pothier, *Success.*, ch. 3, sect. 3, art. 1er, § 1er.

399. — Ainsi, des enfans qui, après avoir renoncé à la succession de leur père, et accepté celle de leur mère, se sont partagé des biens que leur mère et l'auteur de celle-ci avaient possédés pendant plus de quarante ans, mais sur la propriété desquels leur père avait des droits par indivis, n'ont point fait acte d'héritiers de leur père, s'ils ont pu croire raisonnablement que ces biens appartenaient en entier à leur mère. — *Cass.*, 19 janv. 1826, Carbone c. Lucciana.

400. — Il n'y a point acceptation tacite d'une succession, par le seul fait de prise de possession d'un immeuble dépendant de cette succession, lorsque, d'après les circonstances, celui qui s'est mis en possession a pu croire avoir droit à l'immeuble en toute autre qualité que celle d'héritier. — *Riom*, 18 avril 1825, Giraud c. Morin. — Chabot, art. 778, nº 8; Rolland de Villargues, *Rép.*, vº *Acte d'héritier*, nº 18; Conflans, *Jurisp. des success.*, p. 153, nº 5.

401. — On n'est pas censé s'être immiscé dans une succession en jouissant d'un bien possédé par le défunt, si, ayant renoncé à sa succession, on a pu occuper ce bien comme héritier d'une autre personne. — *Nancy*, 11 déc. 1837 (t. 1er 1838, p. 320), Ronfort.

402. — L'héritier qui a renoncé ne peut être déclaré héritier pur et simple par cela qu'il serait resté en possession de quelques effets mobiliers de mince valeur, dépendant de la succession du défunt, dont la remise ne lui a pas été réclamée, et dont il n'a disposé en aucune sorte. — *Bordeaux*, 16 janv. 1839 (t. 1er 1839, p. 382), Peytoureau c. Cabrol.

403. — Il n'y a pas non plus acceptation de l'hérédité dans le seul fait, par l'héritier présomptif, de détenir encore les hardes ou linge de corps qui constituaient toute la succession de son père. — *Agen*, 6 avril 1816, Delatour c. Daguzan. — Toullier, t. 4, nº 325; Chabot, art. 778, nos 6 et suiv.; Rolland de Villargues, *Rép.*, vº *Acceptation de succession*, nº 84; Bilhard, *Bénéf. d'inv.*, p. 426.

404. — Le successible qui, en présence de deux personnes par lui appelées, emporte chez lui, et sans le faire préalablement inventorier, une partie du mobilier du défunt, peut être déclaré n'avoir pas fait acte d'héritier, s'il a manifesté formellement l'intention de se constituer seulement dépositaire du mobilier, pour le représenter lorsqu'il serait nécessaire, et si l'enlèvement du mobilier a eu lieu dans le but seulement de ne pas payer le loyer de la chambre où il se trouvait. — *Lyon*, 17 juill. 1829, Tardy c. Marcoux.

405. — Sous l'ancien droit breton, la disposition du moindre effet mobilier d'une succession suffisait, hors quelques cas exceptionnels, pour rendre le successible héritier pur et simple. — *Rennes*, 12 mars 1823, Binel c. de Landal.

406. — Le successible qui, du consentement des autres successibles, a emporté quelques menus objets de la succession, sans les faire inventorier, ou en a disposé au profit d'un tiers, doit être réputé avoir fait par là un acte qui suppose l'intention d'accepter, et qui ne lui permet plus, dès lors, de renoncer. — *Bourges*, 23 janv. 1828, Berger c. Petit.

407. — Mais le détournement du mobilier de la succession pour le soustraire à une saisie, ne constitue un acte d'acceptation tacite qu'autant que le successible a eu dessein de s'attribuer les effets détournés et d'en faire son profit. — *Grenoble*, 29 juill. 1848 (t. 2 1848, p. 573), Arduin c. Thiers.

408. — Un successible doit être réputé avoir fait acte d'héritier pur et simple, par cela qu'au nombre des effets mobiliers du défunt décédé chez lui, effets qui lui avaient été vendus par le défunt et dont il s'est emparé, il s'en est trouvé même d'une valeur minime qui n'avaient point été compris dans la vente. Vainement il prétendrait qu'il ne pouvait, connaissant l'insolvabilité du défunt, être présumé avoir accepté la succession. — *Angers*, 6 juin 1829, Monsallier c. Desmottes. — Vazeille, *Success.*, art. 778, n° 13.

409. — Il y a acceptation pure et simple de l'hérédité de la part de l'héritier bénéficiaire pour avoir distribué les vêtemens du défunt aux personnes qui l'ont soigné dans sa dernière maladie, alors surtout que ces objets ont été omis dans l'inventaire. — *Limoges*, 19 févr. 1831, Labosche c. Laurent.

410. — Lorsque le successible continue de jouir, depuis le décès du défunt, des biens de celui-ci dont il s'est emparé sans juste titre avant sa mort, cette continuité de possession équivaut de sa part à une acceptation. — *Riom*, 29 mars 1810, Artaud c. Coste.

411. — Il n'y a pas acceptation pure et simple d'une succession de la part d'un successible, par cela qu'il a donné en paiement la portion qui lui a été attribuée dans cette succession, lorsqu'il est constant que l'objet donné en paiement n'a été par lui recueilli qu'à titre de créancier de cette succession, et non à titre d'héritier. — *Cass.*, 16 août 1830, Gardemal c. Meat.

412. — De même, le successible, donataire d'une quotité des biens composant la succession, a pu aliéner une partie de ces biens, sans qu'il en résulte pour lui acceptation de la succession. — *Limoges*, 8 mai 1822, Pascarel c. Raymond.

413. — Celui qui soutient en justice la validité de sa renonciation ne peut pas être réputé héritier pur et simple pour avoir, dans le cours du procès, vendu des immeubles dépendant de la succession, alors surtout qu'il avait des droits personnels dans ces immeubles. — *Bourges*, 13 nov. 1844 (t. 1er 1846, p. 622), Cantonnet c. Jolly.

414. — Il n'y a pas acceptation de la succession, par cela que le conjoint fait des aliénations de biens dépendans de cette succession, lorsqu'il n'indique d'une manière précise, dans aucun des actes, l'origine des biens qu'il aliène, et qu'il paraît douter lui-même de son droit ou ne pas oser prendre explicitement la qualité d'héritier. — *Bordeaux*, 15 janv. 1848 (t. 2 1848, p. 248), Sauvaget c. Cailleteau.

415. — L'héritier qui, depuis sa renonciation à la succession, a vendu un immeuble indivis entre lui et cette succession, n'est pas censé avoir fait, par là, un acte d'héritier qui annule sa renonciation. — *Paris*, 5 messid. an X, Moreau c. Monnier.

416. — De même, il n'y a point acceptation tacite de la part de l'héritier qui, comme donataire, vend par erreur avec le bien à lui donné une partie de terrain appartenant à la succession. — *Toulouse*, 27 févr. 1821, Ané.

417. — Mais, sauf les cas où le successible a des droits personnels sur l'immeuble, ou à moins qu'il n'ait agi par erreur, s'il a vendu volontairement un immeuble dépendant d'une succession, il ne peut plus accepter cette succession sous bénéfice d'inventaire. — *Rennes*, 17 juill. 1820, Lagadec c. de Forsan.

418. — Il y a acte d'héritiers de la part de successibles qui, avant toute déclaration de n'accepter que sous bénéfice d'inventaire, font un compromis à l'effet de parvenir au partage de la succession; et cela quand bien même les arbitres n'auraient pas ensuite rempli leur mandat. — *Agen*, 13 juin 1823, Dunogné c. Créon.

419. — Une demande en compte, liquidation et partage, emporte nécessairement acceptation de l'hérédité, alors même que les demandeurs ne prennent que la qualité d'habiles à se dire et porter héritiers. Elle fait dès lors obstacle à ce que ceux qui l'ont intentée puissent postérieurement accepter sous bénéfice d'inventaire. — *Paris*, 30 déc. 1837 (t. 1er 1838, p. 103), Fontaine c. Nancey.

420. — Mais le cohéritier qui forme une demande en partage et en délivrance d'un objet donné par le père commun, n'est point réputé par ce fait accepter l'hérédité de celui-ci. — *Agen*, 10 févr. 1806, Bordes c. Dapouy.

421. — De ce qu'en prenant part au partage des biens de sa grand'mère et de ses oncles dont il est légataire, un fils de famille s'est trouvé recueillir une portion des biens paternels confondue avec ceux de ses grand'mère et oncles, il ne suit pas nécessairement qu'il ait accepté la succession de son père si, non-seulement il n'a pas pris la qualité d'héritier de son père, mais si, au contraire, il avait antérieurement renoncé à cette qualité. — En pareil cas, la détention des biens du père ne suppose pas nécessairement l'intention de la recueillir à titre d'héritier. Et c'est avec raison qu'il a été décidé, par interprétation de la volonté de l'enfant, qu'il devait être présumé détenir les biens en sa qualité de légataire. — *Cass.*, 11 janv. 1831, Pradines c. Pujos.

422. — Sous l'empire du droit romain, comme sous le Code civil, lorsque des successibles se sont partagé en majorité les biens de la succession paternelle dont ils avaient joui, par leur tuteur, pendant leur minorité, un pareil acte de partage doit nécessairement les faire réputer héritiers purs et simples, encore bien qu'il serait reconnu que ces biens se trouvant confondus avec d'autres qui leur étaient personnels et dont leur père avait la jouissance, ils n'ont pas eu l'intention de faire acte d'héritiers. — *Cass.*, 8 mars 1830, Bertarelli c. Semidei.

423. — Il y a acceptation dans le fait du donateur d'exercer le droit de retour en vertu de l'art. 747 C. civ.; mais l'acceptation est restreinte à ce qui concerne la succession aux choses données. — Chabot, art. 747, n° 16, et art. 778, n° 24; Vazeille, art. 747, n° 3, et art. 778, n° 18; Poujol, n° 13. — Suivant Toullier (t. 4, n° 237), l'acceptation s'étend même à la succession ordinaire, à moins de déclaration contraire. — *Contrà*, Belost-Jolimont sur Chabot, art. 778, obs. 5.

424. — Administrer les biens d'une succession et en percevoir les fruits, abattre les futaies et en disposer, démolir les bâtimens et les remplacer par d'autres, enfin grever les immeubles d'hypothèques conventionnelles sont des actes qui supposent nécessairement la volonté d'accepter. — *Bordeaux*, 1er déc. 1841 (t. 1er 1842, p. 305), de Meslon c. Froidefond de Bellile.

425. — Le pouvoir donné par un présumé absent à un procureur fondé de régir et administrer les biens qui lui sont échus par succession, suppose nécessairement de la part du mandant la volonté d'accepter la succession. — *Bruxelles*, 13 mai 1817, Departz c. Leyniers.

426. — A plus forte raison, la présence et le concours d'un habile à succéder à un bail à ferme consenti par son cohéritier emporte de sa part, s'il y a pris la qualité de propriétaire, acceptation tacite de l'hérédité. — *Cass.*, 27 juin 1837 (t. 2 1837, p. 9), Enregistrement c. Cavallier.

427. — Jugé, cependant, que la possession, par un successible en ligne directe, des immeubles et valeurs de la succession, est un acte d'administration qui le rend seulement comptable des fruits perçus, mais qui ne saurait lui imprimer la qualité d'héritier pur et simple. — *Grenoble*, 29 juill. 1848 (t. 2 1848, p. 573), Arduin c. Thiers.

428. — ...Que la récolte faite sur un immeuble de l'hérédité n'emporte pas acceptation, alors que les fruits récoltés étaient parvenus à leur maturité; ce n'est là qu'un acte d'administration...; et que les tribunaux peuvent aussi décider qu'il n'y a point adition d'hérédité quand ils reconnaissent que la récolte a eu lieu par erreur. — *Cass.*, 1er févr. 1843 (t. 1er 1843, p. 691), Grenouilloux c. Patrigeon-Piat.

429. — Dispenser le porteur d'une lettre de change due par la succession d'exercer le recours prescrit par l'art. 165 C. comm., ce n'est pas, de la part de l'héritier bénéficiaire chargé des affaires de cette succession, renoncer à une déchéance acquise, mais faire un simple acte d'administration. Une Cour d'appel a pu souverainement décréter que le pouvoir donné par un héritier à un autre relativement aux affaires de la succession devait être réputé comprendre l'autorisation de consentir une pareille dispense. — *Cass.*, 5 juill. 1843 (t. 2 1843, p. 778), Duboul c. Sans.

430. — On ne fait pas acte d'héritier, en jouissant, par continuation d'un bail de ferme, d'un objet dépendant d'une succession à laquelle on a renoncé. — *Riom*, 15 avr. 1809, Bonnet c. Bagnès.

431. — Il n'y a pas acceptation de la succession de la part du successible pour avoir payé quelques-unes des dettes du défunt, lorsqu'il est censé l'avoir fait pour honorer la mémoire de ce dernier, *pietatis causâ*. — *Bordeaux*, 16 janv. 1839 (t. 1er 1839, p. 382), Pytoureau c. Cabrol. — Chabot, art. 778, n° 19.

432. — ... Et spécialement pour avoir payé quelques sommes modiques, telles que des gages d'un domestique. — *Bordeaux*, 11 mai 1833, Maleville c. Delpeyrat.

433. — ... Ou encore pour avoir payé les frais funéraires. — *Agen*, 24 nov. 1842 (t. 1er 1843, p. 748), Lavieille c. Dubouch.

434. — Il n'y a pas non plus acceptation de la succession dans le fait même, pour le successible, de payer de ses propres deniers une dette de la succession sans protestation ni réserves. — Duranton, t. 6, n° 402; Vazeille, art. 778, n° 14; Delvincourt, t. 2, p. 78; Coulon, *Quest. de droit*, t. 1er, p. 280. — *Contrà*, Domat, livr. 1er, tit. 3, sect. 1re, n° 5; Chabot, art. 778, nos 778 et 779; Poujol, n° 10; Toullier, t. 4, nos 328 et suiv.

435. — Sous l'empire du droit écrit, il n'y avait point acceptation de la succession dans la simple déclaration du successible qu'il n'entendait pas être tenu des dettes si elles excédaient l'actif. — *Cass.*, 5 (et non 15) févr. 1806, Degeyr c. Schmitz.

436. — La qualité d'héritier prise par un successible en faisant la déclaration pour le paiement des droits de mutation dus par la succession et le paiement de ces droits, ne constituent point une acceptation de cette succession, surtout si l'héritier n'a payé que comme contraint et forcé. — *Rennes*, 4 août 1819, Mauny c. Richard; *Grenoble*, 12 août 1826, Colomb c. Pirodon; *Cass.*, 24 déc. 1828, Allègre c. Bonnafoux; *Lyon*, 17 juill. 1829, Tardy c. Marcoux; *Toulouse*, 7 juin 1830, Clanet c. Benet; *Limoges*, 19 févr. 1831, Labasche c. Laurent; *Bordeaux*, 11 mai 1833, Malleville c. Delpeyrat; *Paris*, 5 juill. 1836, Blaize c. Mesgrigny; *Nancy*, 19 mai 1842 (t. 1er 1842, p. 504), Menestrier c. Garcin. — Poujol, *Succes.*, art. 778, n° 2; Confians, *Jurispr. des succes.*, n° 8; Belost-Jolimont, sur Chabot, observ. 5; Vazeille, n° 14; Championnière et Rigaud, *Traité des dr. d'enreg.*, t. 3, n° 2572.

437. — Spécialement, le paiement des droits de succession par le mari d'une femme héritière n'emporte point acceptation de l'hérédité à l'égard de cette dernière. — *Montpellier*, 1er juill. 1828, Gondal c. Durand; *Bordeaux*, 15 janv. 1848 (t. 2 1848, p. 248), Sauvaget c. Cailleteau.

438. — Il en est de même, à plus forte raison, quand le successible a fait une simple déclaration de la succession, mais sans payer les droits de mutation. — *Agen*, 6 avr. 1816, Delatour c. Daguzan.

439. — ... Quand la déclaration n'a été ni écrite ni signée par lui. — *Cass.*, 1er févr. 1843 (t. 1er 1843, p. 691), Grenouilloux c. Patrigeon-Piat.

440. — ... Quand, d'une part, il n'est pas certain que ce soit lui qui ait pris la qualité d'héritier, et qu'au contraire il paraît qu'elle lui a été donnée par le receveur; que, de l'autre, il n'a pris dans l'inventaire que la qualité de simple successible habile à se porter héritier, et qu'il résulte de la comparaison du passif et de l'actif qu'il lui importait de n'en pas prendre d'autre. — *Nancy*, 19 mai 1842 (t. 1er 1842, p. 504), Menestrier c. Garcin.

441. — ... Quand, en acquittant les droits de succession, le successible a pu croire qu'il était obligé de les payer en qualité de donataire d'une partie des biens. — *Bordeaux*, 16 janv. 1839 (t. 1er 1839, p. 383), Peytoureau c. Cabrol.

442. — Au surplus, c'est là une question de fait, et c'est aux juges du fond à décider si la déclaration, faite par un successible au receveur, qu'il est héritier, et même le paiement des droits de succession effectué à la suite de cette déclaration, peuvent être considérés comme n'emportant pas, de la part du déclarant, acceptation tacite de l'hérédité. — *Cass.*, 7 juill. 1846 (t. 2 1846, p. 498), Eliceiry c. Sunhary.

443. — Jugé, au contraire, qu'il suffit qu'un successible, après les délais pour faire inventaire et délibérer, ait payé les droits de mutation, pour qu'il soit réputé avoir voulu accepter la succession purement et simplement; et dès lors, il peut être poursuivi personnellement par un créancier de l'hérédité. — *Caen*, 17 janv. 1824, Cardin.

444. — Il n'y a pas fait d'acceptation dans celui du successible qui continue à jouir d'une chose commune entre lui et le défunt, soit que la chose fût divisible, soit qu'elle fût indivisible. — Vazeille, n° 7; Confians, *Jurispr. des success.*, n° 5. — Suivant Chabot (nos 8 et 15) et M. Duranton (t. 6, nos 378 et 379), il y aurait acte d'héritier si la chose était divisible.

445. — .... Ni dans le fait du successible associé du défunt qui, depuis l'ouverture de la succession, entreprendrait une nouvelle opération avec les fonds et sous le nom de la société. — Delvincourt, t. 2, p. 78 et 79; Vazeille, n° 8; Poujol, n° 4. — *Contrà*, Chabot, n° 21.

446. — La partie qui, depuis sa renonciation à la succession de son auteur, a laissé déclarer, par un jugement par défaut, reprise contre elle, une instance engagée avec celui-ci, n'encourt pas pour ce fait une condamnation comme héritier pur et simple, mais elle doit être condamnée aux dépens qu'elle a occasionnés en ne faisant pas, dès le principe, connaître sa renonciation. — *Bordeaux*, 2 déc. 1835, Bouillon c. Ventéjol.

447. — Il n'y a point non plus acceptation tacite de la succession, de la part d'un successible, par cela seul qu'il a laissé poursuivre l'expropriation des biens de la succession, et rendre le jugement d'adjudication contre lui, en qualité d'héritier; encore qu'il ait acquiescé à ce jugement, en produisant à l'ordre qui l'a suivi : surtout s'il a renoncé expressément avant que le jugement eût acquis l'autorité de la chose jugée, et s'il a manifesté, par des actes conservatoires, l'intention de conserver ses créances personnelles contre la succession. — *Riom*, 13 févr. 1821, Moustoux c. Donnet. — Pothier, *Succession*, ch. 3, art. 1er, § 1er ; Toullier, t. 4, n° 327 et suiv.; Bilhard, *Bénéf. d'inventaire*, n° 120. — V. cependant Domat, *Lois civiles*, liv. 1er, tit. 8, sect. 1re; Chabot, art. 778, nos 11 et suiv., et Vazeille, *Succ.*, art. 779, n° 2.

448. — Un acte n'étant censé un acte d'héritier qu'autant qu'il ne peut pas être entendu dans un autre sens, on ne doit pas considérer comme emportant adition d'hérédité la vente par expropriation des biens de la succession et même l'ordre du prix poursuivi contre les successibles, si tout a été fait par défaut contre eux. — *Bourges*, 15 févr. 1814, Delarche c. Enfantin.

449. — Ni la demande par le successible à fin de validité de l'inscription par lui prise contre son tuteur qui a géré les biens de la succession, si ces biens ne sont pas le seul objet du compte, et si dans sa demande le successible n'a pris que la qualité d'habile à se porter héritier. — Même arrêt.

450. — Non plus que l'opposition formée par les successibles à la vente par expropriation forcée des biens de la succession, s'il était avantageux pour la succession même que cette vente n'eût pas lieu. — Même arrêt.

451. — L'héritier qui a défendu au fond sur la poursuite d'un créancier de la succession est encore recevable après cette défense à renoncer à la succession. — *Paris*, 29 pluv. an XI, Plommageat c. Lapotonnière.

452. — Il n'y a point acceptation de la succession dans le fait de poursuivre la vengeance du meurtre de son parent et de recevoir les réparations civiles prononcées contre le coupable. — Domat, liv. 1er, tit. 3, sect. 2, n° 13 ; art. de Lamoignon, tit. *Success.*, art. 7; Pocquet de Livonnière, liv. 3, chap. 1er, règl. 14; Lebrun, *Success.*, liv. 4, chap. 2, sect. 4, n° 43 ; Toullier, t. 4, n° 333.

453. — L'attribution de la qualité d'héritier ne pouvant résulter entre cohéritiers, que d'un acte volontaire ayant réellement ce but, des cohéritiers ne peuvent point prétendre que leur cohéritier successible a fait acceptation pure et simple d'héredité, par la demande qu'il a formée, auprès de l'autorité administrative, en mainlevée du séquestre apposé sur les biens de son auteur émigré et en partage des biens séquestrés, et cela encore bien que, dans cette même demande suivie depuis un arrêt qui a accordé aux successibles un certain délai pour accepter ou répudier, il aurait pris la qualité d'héritier. — *Paris*, 10 (et non 12) mai 1826, La Toison-Rocheblanche c. Truchy.

454. — Le fait par des successibles d'avoir sollicité l'amnistie de leur auteur décédé en état d'émigration n'a pas emporté par lui-même acceptation de l'hérédité. — *Cass.*, 8 févr. 1810, de Roode c. de Berghes. — Merlin, *Rép.*, v° *Héritier*, sect. 2, § 1er.

455. — Le fait de la part des enfans d'un émigré d'avoir sollicité et obtenu la remise de divers objets mobiliers confisqués sur leur père condamné révolutionnairement, et devenus la propriété de l'Etat, n'a pas emporté non plus de leur part acte d'héritier. — *Cass.*, 19 août 1822, Cazotte c. Notteret.

456. — Les enfans d'un père exproprié et mort à l'hôpital n'ont pu être réputés avoir fait acte d'héritiers en vendant un lot communal, que l'on prétendait avoir été attribué à ce dernier, par un partage de communaux fait en 1791, lorsque les lois postérieures ont attribué la propriété de ces sortes de biens, non au chef de la famille, mais à la famille elle-même, et lorsque l'aliénation en avait été attribuée par la loi du 10 juin 1793, pendant dix ans, et que c'est dans cet intervalle que ce père est décédé à l'hospice. — *Colmar*, 16 mars 1820, Scherb c. Frantz.

457. — Les enfans qui, sous l'ancienne législation, ont accepté une démission irrévocable de biens faite par leur père, n'ont pas été, pour cela, exclus du droit de renoncer à sa succession ouverte en 1792. Si, donc, ils y ont renoncé valablement, on ne peut les poursuivre comme héritiers. — *Paris*, 11 mai 1808, d'Hailly c. Delamarche.

458. — La veuve qui a des reprises à exercer, pour raison de ses propres, peut, nonobstant sa renonciation à la communauté, conserver la jouissance des immeubles appartenant à son mari jusqu'à la liquidation et tant qu'elle n'est pas couverte de ses reprises, sans que, pour cela, elle doive être déclarée avoir fait acte de commune. Les enfans qui continuent cette jouissance après avoir renoncé à la succession paternelle ne font pas acte d'héritier. — *Bourges*, 13 nov. 1844 (t. 1er 1846, p. 622), Cantonnet c. Jolly.

459. — Celui qui a réclamé les biens à lui échus dans une succession en la double qualité d'héritier présomptif et de légataire universel, conserve le droit d'opter entre ces deux qualités et d'abandonner la première pour la seconde; on ne peut opposer contre son option une prétendue déchéance fondée sur ce qu'en prenant à la fois deux qualités dont l'une exclut l'autre, il a commis une erreur de droit dont il n'est point permis de se faire relever. — *Limoges*, 8 déc. 1837 (t. 1er 1839, p. 240), Tramont c. Magenest.

460. — Les actes purement conservatoires de surveillance et d'administration provisoire ne sont pas des actes d'adition d'hérédité, si l'on n'y a pas pris le titre ou la qualité d'héritier. — C. civ., art. 779. — V. ACTE CONSERVATOIRE.

461. — Les rédacteurs du Code civil ont ainsi admis la doctrine suivie dans l'ancienne jurisprudence. Du reste, l'art. 779 n'est que le corollaire de celui qui le précède. Les actes purement conservatoires de surveillance et de simple administration n'emportent point acceptation tacite de la succession, parce qu'il ne suffit pas d'appréhender les biens qui composent l'hérédité, de s'y immiscer pour faire acte d'héritier ; il faut avoir la volonté d'accepter, et cette volonté ne résulte pas nécessairement d'actes qui n'ont pour but que la conservation du patrimoine laissé par le défunt. — Favard de Langlade, *Accept. de success.*, n° 2.

462. — Les actes conservatoires peuvent être faits non pas seulement pendant les délais accordés à l'héritier pour prendre parti, mais même après ces délais, tant que l'appelé n'a pas renoncé. Mais les juges interpréteront toujours, avec raison plus sévèrement contre l'héritier, les actes qu'il aura faits depuis l'expiration des délais que ceux accomplis avant cette époque. — Rolland de Villargues, *Accept. de success.*, n° 46.

463. — Jugé que la demande en nomination d'un gérant est un acte purement conservatoire, et ne peut par conséquent constituer un acte d'adition d'hérédité. — *Cass.*, 27 avr. 1825, Albarel c. Guillard.

464. — Ce n'est pas non plus de la part d'un successible qui a précédemment renoncé, faire acte d'héritier que réclamer de l'administration la liquidation de l'indemnité due à la succession de son auteur, à laquelle il a précédemment renoncé ; ce n'est là qu'un acte conservatoire. — *Nancy*, 29 mai 1828, Beaufort c. de Giroucourt. — Bilhard, *Bénéf. d'inv.*, n° 49.

465. — Une requête présentée au tribunal par le légataire universel en cette qualité, pour obtenir l'administration des biens de la succession, ne doit pas être considérée comme une acceptation définitive et irrévocable. — *Paris*, 25 février 1836, Derieux c. Maillé.

466. — L'héritier, porte l'art. 779, peut également faire tous actes de surveillance et d'administration provisoire : ainsi, il peut empêcher les dégradations, s'opposer au déménagement des locataires; il peut prendre les clefs des maisons, les habiter même pour veiller plus facilement à leur conservation, faire les réparations absolument urgentes, louer pour des termes aussi courts que possible; régler les comptes courants, payer même avec les deniers de la succession, des dettes incontestables et minimes, afin d'éviter des frais de poursuite. — Chabot, sur l'art. 779, n° 2; Duranton, t. 6, nos 403 et suiv.; Toullier, t. 4, n° 331.

467. — L'héritier peut même, sans qu'on puisse en induire une acceptation tacite, se faire autoriser par justice à procéder à la vente des effets susceptibles de dépérir ou dispendieux à conserver. — Cette vente doit être faite par un officier public, après les affiches et publications réglées par les lois sur la procédure. — C. civ., 796 ; C. proc. civ., 986.

468. — Mais si l'héritier vendait ces effets, sans remplir toutes les formalités prescrites par la loi, faudrait-il toujours, sans distinction, le déclarer déchu de la faculté de renoncer? Ou devrait-on, suivant les circonstances, ne considérer la vente faite que comme un acte conservatoire? Cette dernière opinion, soutenue par Toullier (t. 4, n° 328) et M. Duranton (t. 7, nos 19 et 26), est en opposition avec le texte précis de l'art. 796 ; il y a donc lieu de décider qu'aucun prétexte quelconque, même celui d'urgence, ne peut dispenser l'héritier d'observer les formalités qui lui sont prescrites. — Chabot, art. 796, n° 2; Delvincourt, t. 2, p. 27, n° 2; Malleville, t. 2 p. 283, et Malpel, n° 190.

469. — Du reste, la vente du mobilier, consentie par l'héritier sans ces formalités, serait valable pour les acquéreurs; car le successible étant propriétaire a le droit de disposer de tous les biens de la succession; seulement cette disposition entraîne contre lui la déchéance du droit de renoncer. — Chabot, art. 796, n° 3.

§ 5. — *Effets de l'acceptation.*

470. — L'acceptation a pour effet général de priver l'héritier de la faculté de renoncer ; elle consolide sur sa tête le titre dont la loi l'a investi à son insu; elle ne lui fait pas acquérir les biens qui composent la succession; car, dès l'ouverture l'héritier est propriétaire, mais elle rend ses droits comme aussi ses obligations irrévocables. — C. civ., art. 783.

471. — De même, avant le Code civil, celui qui, étant majeur, avait fait acte ou pris la qualité d'héritier, ne pouvait ensuite être admis à répudier la succession. — *Cass.*, 2 messid. an V, Bouvy c. Rochart. — Lebrun, *Success.*, liv. 3, chap. 8, sect. 2, nos 2 et suiv.; Pothier, *Success.*, chap. 3, sect. 4, § 2. — Cependant, cette règle n'était pas observée dans certains pays. — Salviat, *Jurispr. du Parlement de Bordeaux*, p. 260 et suiv.

472. — Il suit de là que l'héritier acceptant est soumis par un quasi-contrat, et sans pouvoir désormais s'y soustraire, au paiement de toutes les dettes et charges du défunt dont il continue la personne. Il y est soumis comme s'il les avait contractées lui-même, qu'elles dépassent ou non la valeur des biens héréditaires.

473. — Ainsi, par l'acceptation pure et simple que des mineurs ont faite, depuis leur majorité, de la succession de leur mère et tutrice, ils sont non recevables à arguer de nullité l'aliénation de leurs biens immeubles, sous le prétexte que l'adjudication aurait eu lieu en présence d'un subrogé tuteur nommé par un conseil de famille convoqué devant un juge de paix autre que celui du lieu de l'ouverture de la tutelle. — *Cass.*, 16 juin 1846 (t. 1er 1847, p. 86), Escoffié c. Boileau.

474. — L'acceptation de l'héritier est en principe irrévocable, et irrévocable vis-à-vis de tous ; elle imprime d'une manière ineffaçable à l'appelé la qualité d'héritier, non pas seulement à l'égard des créanciers de la succession, mais aussi à l'égard de ses cohéritiers. — C. civ., art. 783.

475. — Un autre effet de l'acceptation et de son irrévocabilité, c'est qu'elle empêche de déclarer vacante la succession, quelque incertitude qu'il y ait sur l'existence de l'héritier qui a accepté, et quelque long que soit le silence par lui gardé. — *Cass.*, 18 mars 1834, Vacquant c. Auger.

476. — Ainsi, le successible qui a une fois accepté ne peut plus, vis-à-vis de ses cohéritiers, renoncer pour s'en tenir au legs que lui a fait le défunt. C'est vainement qu'il prétendrait que son acceptation ne l'oblige qu'envers les créanciers de la succession. Conséquemment, il doit faire le rapport des legs, s'il n'en a pas été spécialement dispensé par le défunt; il doit être considéré à l'égard de tous comme héritier pur et simple. — *Cass.*, 22 (et non 27) janv. 1817, Gast. — Chabot, *Success.*, sur l'art. 784, n° 7 ; Duranton, t. 6, n° 504; Rolland de Villargues, *Rép. du not.*, v° *Renonciation*, n° 158 ; Bilhard, *Bénéfice d'inventaire*, p. 415.

477. — L'effet de l'acceptation remonte au jour de l'ouverture de la succession (C. civ., art. 777 ; L. 54, D., *De adquir. vel omitt. hæred.*; L. 138, 193, D., *De reg. jur.*), c'est-à-dire que quelque soit l'intervalle qui sépare la mort de l'acceptation, l'héritier se trouve, en règle générale, dans la même position que s'il avait accepté aussitôt après l'ouverture de la succession.

478. — Ainsi, l'héritier qui accepte recueille

l'hérédité tout entière, telle qu'elle était au décès du *de cujus*. Il profite de tous les accroissemens survenus depuis cette époque, comme aussi il supporte en général toutes les pertes. — *Item*, dit Ulpien (L. 20, ff., § 3, *De hæred. pet.*), *non solùm ea, quæ mortis tempore fuerunt, sed si quæ posteà augmenta hæreditati accesserunt, venire in hæreditatis petitionem* (*constat*) ; *nam hæreditas et augmentum recipit, et deminutionem.*

479. — Par exemple, il peut opposer et on peut aussi opposer contre lui les prescriptions qui se sont accomplies depuis l'ouverture de la succession, et avant l'acceptation.

480. — Il profite également des parts qui lui sont accrues par la renonciation de ses cohéritiers, lesquels sont censés avoir répudié l'hérédité dans le même instant qu'elle leur a été déférée, et avoir donné lieu, dans le même instant, à l'accroissement de leurs portions au profit de leurs cohéritiers. — V. Pothier, *Introd., cout. d'Orléans*, tit. 17, n° 39. — Arg. C. civ., 786.

481. — Il peut réclamer tous les fruits et revenus échus avant l'acceptation, à moins qu'ils aient été perçus par un possesseur de bonne foi : *Fructus omnes augent hæreditatem.* — L. 20, ff., § 3, *De hæred. pet.*

482. — L'effet de l'acceptation remonte à l'ouverture de la succession, soit que l'héritier accepte avant toute renonciation par lui faite, soit qu'ayant déjà renoncé, il revienne contre sa première répudiation, et profite de la faculté que lui laisse l'art. 790.

483. — L'effet de l'acceptation d'une succession remontant au jour de son ouverture, les héritiers qui l'ont recueillie sont fondés à repousser, par la prescription, toute action, même en délivrance de titres et pièces, qui serait formée contre eux par un légataire universel plus de trente ans après l'ouverture de cette succession... ; et cela alors même que l'existence du testament n'aurait été découverte que récemment, et que le légataire alléguerait que la possession réelle des pièces ne remonte pas à trente années, sauf son recours contre le dépositaire du testament. — *Paris*, 16 juill. 1846 (t. 2 1846, p. 568), de Saint-Simon c. Pange.

484. — Le successible d'un degré inférieur qui accepte une succession répudiée par les héritiers des degrés précédens, n'est pas moins censé être héritier depuis que la succession est ouverte; pour lui comme pour les héritiers du premier degré l'acceptation a un effet rétroactif au jour du décès du *de cujus*.

485. — On ne peut, dans aucun cas, se porter héritier seulement à compter du moment de l'acceptation ; car il faut qu'il y ait continuité de droits et d'obligations, il faut que la personne qui disparaît soit immédiatement représentée par celle qui prend la place ; c'est là le sens de la maxime : *Semel hæres, semper hæres.*

486. — Les règles que nous venons d'exposer souffrent quelques exceptions lorsque l'héritier qui accepte ne recueille les biens de l'hérédité qu'après avoir évincé un autre successible qui, se croyant le plus proche parent, avait accepté la succession ; alors il n'est pas toujours vrai de dire que l'héritier véritable reçoit *integram rem*; les actes faits par l'héritier apparent sont en effet souvent et doivent être respectés. — V., à ce sujet, PÉTITION D'HÉRÉDITÉ, nos 37 et suiv.

487. — D'un autre côté, tout ce que l'on vient de dire suppose que la qualité d'héritier n'est pas contestée, autrement l'acceptation ne saurait produire aucun effet valable.

488. — Ainsi, une Cour d'appel ne peut, lorsque la qualité de celui qui prétend être héritier ou légataire est contestée, admettre ce prétendu ayant cause à faire acte d'héritier, et, par exemple, à s'opposer à l'affranchissement des esclaves du défunt, par le motif qu'il *apparaît suffisamment* de cette qualité en l'état. — Cette apparence de qualité en l'état ne suffit pas pour autoriser à agir comme héritier du légataire. — *Cass.*, 5 août 1845 (t. 2 1845, p. 797), Henriette c. Rufz-Lavison.

§ 6. — *Restitution contre l'acceptation.*

489. — L'acceptation est de sa nature irrévocable ; le majeur ne peut donc en principe attaquer l'acceptation soit expresse, soit tacite qu'il a faite d'une succession. — C. civ., art. 783.

490. — Cependant le Code établit une exception ; c'est dans le cas où l'acceptation du majeur aurait été la suite d'un dol pratiqué envers lui. — C. civ., art. 783.

491. — Sur ce qui constitue les caractères du dol, V. DOL. — Jugé, en outre, que le silence gardé par une partie sur les forces d'une succession, en présence de l'acceptation que les intéressés étaient sur le point de faire, constituait un dol *par réticence*, et qu'on *pouvait* appliquer à ce silence les conséquences du dol. — *Cass.*, 5 déc. 1838 (t. 2 1838, p. 617), Boullé c. Bourdonnais.

492. — D'ailleurs, la constatation et l'appréciation des faits constitutifs du dol sont dans les attributions exclusives des juges du fond, en sorte que la Cour de cassation ne peut être appelée à vérifier que les conséquences en droit qui en ont été déduites.

493. — L'art. 783, plus général dans ses termes que l'art. 1116, ne distingue pas si les manœuvres frauduleuses, ont été pratiquées par une des parties intéressées à l'acceptation ou bien par un étranger. Comme c'est ici une matière toute spéciale, il ne faut donc pas recourir au principe général posé dans l'art. 1116. — Duranton, t. 6, nos 453 et 454; Vazeille, art. 783, n° 3. — *Contrà*, Chabot, art. 783, n° 5.

494. — Jugé que l'héritier relevé de l'acceptation qu'il a faite de la succession parce que cette acceptation est la suite d'un dol, peut poursuivre la réparation du tort qu'il a souffert, non seulement contre tous les auteurs du dol, mais encore contre tous ceux qui, par leur faute, ont facilité le dol et ont contribué à le faire réussir. — *Cass.*, 5 déc. 1838 (t. 2 1838, p. 617), Boullé c. Bourdonnais.

495. — Le droit à la restitution doit être également admis en faveur des mineurs, lorsque la lésion a été la suite du dol. — Duranton, t. 6, n° 450, et Vazeille, sur l'art. 783.

496. — Jugé, en ce sens, que le mineur qui a accepté une succession sous bénéfice d'inventaire peut, aussi bien que le majeur, se faire restituer contre son acceptation ; qu'il suffit même au mineur, pour être restitué, d'établir qu'il a été lésé, à la différence du majeur, qui, pour être relevé de son acceptation, doit prouver qu'elle a eu lieu par suite d'un dol. — *Cass.*, 5 déc. 1838 (t. 2 1838, p. 617), Boullé c. Bourdonnais.

497. — Lorsque l'acceptation de la part d'une veuve commune et d'héritiers majeurs et mineurs n'a été que la suite d'une erreur, ceux qui, par leur dol ou par leur faute, ont été la cause de cette erreur, et qui, par suite, sont actionnés comme responsables, ne peuvent exciper, pour repousser l'action en restitution dirigée contre eux, de ce qu'il n'aurait pas été fait d'inventaire. — Même arrêt.

498. — Bien que le Code ne parle que du dol pratiqué envers l'héritier, il est incontestable qu'il faut étendre sa disposition au cas de violence ou contraintes exercées contre le successible. — Duranton, t. 6, n° 452.

499. — Le majeur ne peut jamais réclamer sous prétexte de lésion, excepté seulement dans le cas où la succession se trouverait absorbée ou diminuée de plus de moitié par la découverte d'un testament inconnu au moment de l'acceptation. — C. civ., art. 783.

500. — Dans ce cas, l'héritier ne doit être relevé des effets de son acceptation que par rapport à ce qui lui cause cette lésion. — Duranton, t. 6, n° 456.

501. — L'héritier qui n'a point été circonvenu par des manœuvres frauduleuses dans son acceptation ne peut s'en faire relever que contre les légataires seulement et non contre les créanciers. — Duranton, t. 6, n° 460.

502. — Il est à remarquer que la loi ne se sert pas des mêmes expressions dans le cas de dol et dans celui de lésion. Dans le premier, elle dit que l'héritier pourra *attaquer* son acceptation ; dans le second, elle emploie le mot *réclamer*. En d'autres termes, dans un cas le législateur permet à l'héritier de faire annuler l'acceptation ; dans l'autre, elle l'autorise seulement à réclamer et à se faire restituer contre les conséquences désastreuses d'un acte qu'il ne connaissait pas. — Duranton, *loc. cit.*

503. — C'est donc à tort que plusieurs auteurs, se fondant sur le prétendu principe qu'il est de l'essence des restitutions de remettre les choses dans leur état primitif, soutiennent que, dans un cas comme dans l'autre, l'héritier obtiendra une espèce de *restitutio in integrum* qui le placera dans l'état où il se serait trouvé s'il avait renoncé. — Chabot, n° 8 ; Malpel, n° 196 ; Vazeille, n° 8.

504. — Lors de la discussion au Conseil d'État, un orateur (M. Réal) proposa de permettre à l'héritier de revenir sur son acceptation, lorsqu'il apparaîtrait une créance qui n'aurait pas été connue au moment où il se serait porté héritier, et qui absorberait ou qui diminuerait de plus de moitié la succession. Mais on repoussa cet avis, dans la crainte de trop embarrasser, dit M. Tronchet, la marche des affaires. L'art. 783 fut ainsi adopté dans ses termes restrictifs, qui ne permettent pas à l'interprétation de l'appliquer à des cas autres que celui de la découverte d'un testament. — Duranton, t. 6, n° 459; Delvincourt, t. 2, p. 29, n° 2; Vazeille, n° 6, Chabot, n° 7.

505. — Quel sera l'effet de la restitution obtenue par un héritier, pour cause de dol, à l'égard de ses cohéritiers? D'après le droit romain, ces derniers pouvaient se soustraire au paiement de la part des dettes de l'héritier restitué en abandonnant aux créanciers sa part de biens; en un mot, ils avaient l'option et pouvaient à leur gré accepter ou refuser l'accroissement.

506. — Sous le Code, on distingue entre le cas où les cohéritiers ont accepté antérieurement à l'héritier restitué et celui où ils ont accepté en même temps ou bien après. Dans le premier cas, ces cohéritiers ignoraient si l'héritier restitué accepterait; ils devaient donc s'attendre à l'accroissement; ils n'auront pas l'option; dans le second cas, au contraire, les cohéritiers comptaient peut-être sur l'acceptation de l'héritier restitué; ils doivent donc pouvoir repousser un accroissement auquel ils ne devaient pas s'attendre; ils auront l'option. M. Duranton ajoute même que les cohéritiers qui ignoraient, au moment où ils ont accepté, l'acceptation antérieure de l'héritier restitué, ne doivent pas avoir l'option. — Duranton, t. 6, n° 464; Chabot, sur l'art. 783, ; Delvincourt, t. 2, n° 29.

Sect. 2e. — *Renonciation aux successions.*

§ 1er. — *Dispositions générales.*

507. — D'après l'ancienne règle de notre droit coutumier, comme on l'a vu (*suprà* n° 290), « Nul n'est héritier qui ne veut; » et suivant l'art. 775 C. civ., « Nul n'est tenu d'accepter une succession qui lui est échue. »

508. — Cependant comme les héritiers du défunt sont saisis de plein droit de ses biens, droits et actions (C. civ., art. 724), ou, en d'autres termes, qu'ils ont la saisine (V. *infrà* n° 684), la loi présume leur acceptation, jusqu'à ce qu'ils aient manifesté une volonté contraire. S'ils veulent donc ne pas accepter la succession qui leur est déférée, il faut qu'ils déclarent la répudier ou y renoncer.

509. — Il y a donc présomption d'acceptation tant qu'il n'y a point eu renonciation.

510. — Et le silence de l'héritier ne suffirait pas, quelque temps qu'il eût duré, pour faire présumer sa renonciation. — *Bourges*, 21 janv. 1840 (t. 2 1840, p. 611), Rouquin c. Arbault.

511. — Cependant le défaut de renonciation, même indéfiniment prolongé, n'emporterait pas non plus preuve d'acceptation, tant qu'il n'y aurait aucun acte d'héritier émané du successible. — V. *suprà*.

512. — On ne saurait considérer comme renonciation tout acte qui bien que qualifié de renonciation supposerait néanmoins que le successible tire un avantage quelconque de la succession, ou, en d'autres termes, qu'il l'a acceptée. Telle est 1° la renonciation, même gratuite, que fait un des héritiers au profit d'un ou de plusieurs de ses cohéritiers; 2° la renonciation qu'il fait même au profit de tous ses cohéritiers indistinctement, lorsqu'il reçoit le prix de sa renonciation. — C. civ., art. 780.

513. — La règle de l'art. 775 et, par conséquent, le droit de répudier ou de renoncer, sont applicables non-seulement aux héritiers appelés par la loi, mais encore aux héritiers institués par testament et à ceux institués par contrat de mariage. — L. 13 D., *De acquir. vel amitt. hæred.* — Chabot, art. 775, n° 3; Rolland de Villargues, v° *Renonciation à succession*, n° 3. — V. DONATION PAR CONTRAT DE MARIAGE, LEGS.

514. — La renonciation à une succession doit être pure et simple. — L. 77 D., *De reg. jur.* — Toullier, t. 4, n° 322; Duranton, t. 6, n° 477.

515. — Ainsi, elle ne saurait être subordonnée à des conditions. — Duranton, *ibid.*

516. — La renonciation faite par un donataire en avancement d'hoirie pour s'en tenir à son don, doit-elle être réputée conditionnelle, en ce sens qu'elle puisse être rétractée si la donation reste sans effet? — Sur cette question controversée, V. RAPPORT A SUCCESSION, nos 61 et suiv.

517. — Jugé en outre, à ce sujet, que la renonciation faite à la succession par l'héritier dona-

taire de biens d'une partie desquels le donateur s'était réservé de disposer, ne peut être opposée comme pure et simple à cet héritier, quand il a déclaré expressément qu'il ne la faisait que pour le cas où il serait considéré comme donataire de la totalité. — *Agen*, 27 nov. 1811, Dagieu.

518. — La renonciation à une succession est indivisible comme l'acceptation, c'est-à-dire qu'elle ne peut être restreinte à une partie seulement de la succession, mais qu'elle doit être faite à la succession tout entière. — Chabot, art. 784, no 5; Duranton, t. 6, no 477; Rolland de Villargues, vo *Renonciat. à succession*, no 13.

519. — Quand un individu se trouve appelé à une même succession en plusieurs qualités, il doit y avoir autant de renonciations distinctes qu'il y a de qualités différentes; car il peut fort bien se faire que l'on veuille être héritier d'un chef, sans l'être d'un autre.

520. — Ainsi, l'appelé à une succession en la double qualité d'héritier et de représentant d'un autre héritier, décédé lui-même sans avoir accepté ni répudié, doit, s'il veut demeurer complètement étranger à cette succession, y renoncer expressément tant de son chef que du chef de son cohéritier; sa renonciation pure et simple doit être, en effet, considérée comme faite seulement de son chef. — *Limoges*, 22 juin 1840 (t. 2 1840, p. 558), Bouillac c. N...

521. — La répudiation d'une succession est soumise, quant à sa forme et à ses effets, aux lois sous l'empire desquelles elle a lieu. En conséquence, c'est d'après le Code que doit être décidée la question de savoir si la répudiation, faite sous son empire, d'un legs ouvert avant sa promulgation, peut être rétractée. — *Pau*, 31 août 1833, Larrey c. de Pons; *Cass.*, 23 janv. 1837 (t. 1er 1837, p. 104), mêmes parties.

§ 2. — *Qui peut renoncer.*

522. — La renonciation à une succession ne peut être faite que par le successible qui ne l'a pas encore acceptée expressément ou tacitement; car l'acceptation d'une hérédité a tous les effets d'un contrat; et, d'un autre côté, l'héritier a été saisi par là de la propriété des biens de la succession. — Proudhon, *Usufr.*, no 2166; Rolland de Villargues, vo *Renonciat. à succession*, no 16.

523. — Toutefois, il faut excepter les cas où l'héritier peut avoir été restitué contre son acceptation. — V. *suprà*, nos 489 et suiv.

524. — L'héritier sous bénéfice d'inventaire étant un véritable héritier, on doit en conclure qu'il ne peut plus renoncer. On ne saurait qualifier de renonciation l'abandon que l'art. 802 C. civ. l'autorise à faire aux créanciers de la succession; car les effets de cet abandon sont moins étendus que ceux de la renonciation. — Rolland de Villargues, no 18. — V., toutefois, SUCCESSION BÉNÉFICIAIRE.

525. — L'héritier qui a diverti ou recélé des effets de la succession est déchu de la faculté d'y renoncer, et il demeure héritier pur et simple nonobstant sa renonciation. — C. civ., art. 792. — V. *infrà* nos 646 et suiv.

526. — Lorsqu'une levée générale des scellés a été opérée avant les trois jours de l'inhumation, au mépris d'une ordonnance du président du tribunal qui n'autorisait à faire qu'une levée partielle dans un but déterminé, la veuve renonçante et l'héritier bénéficiaire qui ont fait procéder à cette levée de scellés, et qui, par suite, se sont mis en possession des valeurs de la communauté et de la succession, doivent être déclarés déchus du bénéfice de leur renonciation et acceptation. Il en est autrement de l'héritier bénéficiaire qui n'a assisté à la levée de scellés que par un mandataire qui a excédé les limites de son mandat. — *Orléans*, 19 déc. 1845 (t. 2 1848, p. 49), Pardessus c. Baussan.

527. — La renonciation à une succession ne peut être valablement faite que par ceux qui ont capacité d'aliéner; et de plus, elle ne peut avoir lieu qu'avec les autorisations exigées par la loi pour la validité des aliénations. — Merlin, *Rép.*, vo *Renonciation à une succession*, § 1er; Chabot, art. 784, no 5; Delvincourt, t. 2, p. 35; Duranton, t. 6, no 476.

528. — Ainsi, il suit de là que c'est le tuteur qui doit renoncer pour le mineur ou l'interdit, et il ne peut le faire qu'après avoir obtenu l'autorisation du conseil de famille. — C. civ., art. 461 et 509.

529. — ... Que le mineur émancipé a besoin d'une autorisation semblable pour accepter la succession qui lui est échue. — C. civ., art. 461 et 484. — Mêmes auteurs; Rolland de Villargues, no 22.

530. — ... Que l'individu pourvu d'un conseil judiciaire doit être assisté de ce conseil pour renoncer. — C. civ., art. 499 et 513. — Mêmes auteurs.

531. — ... Que la femme mariée, même non commune ou séparée de biens, doit, pour répudier une succession, être autorisée par son mari ou par justice. — C. civ., art. 217 et 218. — Mêmes auteurs.

532. — Si la femme est commune en biens et que la succession ne soit composée que d'objets susceptibles de tomber dans la communauté, le mari pourra y renoncer seul, sans le concours de sa femme. — Pothier, ch. 3, sect. 4, § 1er; Merlin, Delvincourt, *ibid.*; Toullier, t. 4, no 341.

533. — Les envoyés en possession provisoire des biens d'un absent peuvent répudier la succession à laquelle l'absent aurait été appelé *avant* sa disparition, mais à la charge d'établir à l'absent de retour que cette répudiation n'a point été contraire à ses véritables intérêts. — Rolland de Villargues, no 30.

534. — Quant aux successions ouvertes *depuis* la disparition de l'absent et auxquelles celui-ci serait appelé, la décision serait la même si l'existence de l'absent était reconnue. Mais presque toujours en pareil cas, son existence n'est pas reconnue. — Rolland de Villargues, no 31. — V., au surplus, ABSENCE.

535. — Lorsque celui à qui une succession est échue est décédé sans l'avoir répudiée, ou sans l'avoir acceptée expressément ou tacitement, ses héritiers peuvent la répudier de son chef. — C. civ., art. 781.

§ 3. — *Quand on peut renoncer.*

536. — Pour pouvoir valablement renoncer, il faut: 1o que la succession soit ouverte; 2o qu'on soit appelé par la loi à la recueillir.

537. — Il faut en premier lieu que la succession soit ouverte. En effet, « on ne peut, dit l'art. 791, même par contrat de mariage, renoncer à la succession d'un homme vivant, ni aliéner les droits éventuels qu'on peut avoir à cette succession. » L'art. 1130 confirme cette prohibition. — D'après les anciennes lois, on pouvait, dans certains cas, renoncer à une succession future. — V. SUCCESSION FUTURE.

538. — Il faut, en second lieu, être appelé par la loi, en d'autres termes, il faut que la succession soit déjà déférée pour qu'on puisse la répudier, d'où il suit que la renonciation faite par l'héritier au second degré, avant que celui du premier degré ait renoncé, est nulle; on ne peut en effet abdiquer un droit qu'on n'a pas encore. — Arg. Duranton, t. 6, no 366; Delvincourt, t. 2, p. 27, note 2.

539. — Serait nulle aussi la renonciation d'un héritier présomptif de l'absent, si, postérieurement à cette renonciation, le décès ignoré d'abord devenait certain.

540. — Avant le Code civil, le successible qui n'avait point fait acte d'héritier pouvait renoncer à la succession, même longtemps après le délai pour faire inventaire et délibérer. Il en est de même sous le Code civil. — *Cass.*, 1er août 1809, Daguillard c. Monnier.

541. — Le successible poursuivi en reprise de l'instance commencée contre son auteur, est toujours à temps de renoncer à la succession tant qu'il n'a point fait acte d'héritier et sans qu'il soit tenu de justifier d'aucun inventaire ou procès-verbal de carence. — *Paris*, 16 juill. 1814, Domaines c. Léger.

542. — Le successible ayant, à compter du jour de l'ouverture de la succession, un délai de trois mois pour faire inventaire, et de quarante jours pour délibérer sur son acceptation ou sa renonciation, délai qui peut même encore être prolongé suivant les circonstances (C. civ., art. 795, 798; V. DÉLAI POUR FAIRE INVENTAIRE ET DÉLIBÉRER), il ne peut être, pendant ce temps, contraint, soit à prendre qualité, soit à renoncer. — C. civ., art. 797.

543. — On a vu plus haut que l'art. 789 C. civ. porte: « La *faculté d'accepter ou de répudier* une succession se prescrit par le laps de temps requis pour la prescription la plus longue des droits immobiliers. » Cet article a donné naissance à des interprétations diverses.

544. — Suivant Delvincourt (t. 2, p. 32, note 6), Delaporte (*Pand. français*, t. 3, p. 170), le silence de l'héritier appelé, lorsqu'il se prolonge pendant trente ans lui fait perdre à la fois la faculté d'accepter la succession et de la répudier: d'où il résulterait, d'une part, que faute d'avoir consolidé en sa personne, par une acceptation, les droits résultant de la saisine, il ne pourrait poursuivre ni les débiteurs de la succession, ni les détenteurs des biens de l'hérédité; et, d'autre part, que l'absence de renonciation le laisserait tel que l'avait fait la saisine, c'est-à-dire exposé aux charges de l'hérédité. — En un mot, l'héritier serait ou ne serait pas héritier, suivant l'intérêt de celui qui agirait contre lui ou contre lequel il agirait. — M. Duranton (t. 6, no 484) explique fort bien la bizarrerie et les dangers de ce système, qui exposerait chacun à se voir ruiner par suite du décès d'un parent mort en pays étranger, dont il n'aurait peut-être pas plus connu l'existence que la mort, et par conséquent à la succession duquel il ne pouvait, de fait, renoncer.

545. — Une autre manière d'interpréter l'art. 789 consiste à dire qu'après les trente ans depuis l'ouverture de la succession, l'héritier appelé ne peut plus, il est vrai, former une demande en partage contre ses cohéritiers qui ont accepté, *quoique depuis moins de trente ans*, ni même contre les héritiers du degré ultérieur qui ont pris les biens à sa place, *quoique aussi depuis moins de trente ans*, attendu qu'il n'avait lui-même que trente ans pour accepter, de préférence à tout autre, et qu'il leur enlèverait un droit acquis; mais que, si personne n'a accepté, cet héritier, étant encore héritier par l'effet de la saisine, puisqu'il n'a pas renoncé, peut poursuivre les débiteurs héréditaires et les tiers détenteurs, et reste soumis aux charges de la succession.

546. — Jugé que l'héritier qui a gardé le silence pendant trente ans est déchu de la faculté d'accepter la succession, encore bien que le cohéritier qui a appréhendé l'hérédité entière ne la possède pas depuis le temps nécessaire pour prescrire. — *Rouen*, 6 juin 1838 (t. 1er 1839, p. 414), d'Ymbleval c. Debouis.

547. — ... Que l'acceptation d'une succession a un effet rétroactif au jour de son ouverture, et le cohéritier qui n'a pas pris qualité dans le délai de trente années à partir dudit jour, ne peut plus élever aucune prétention à l'hérédité, encore bien qu'il ne se soit pas écoulé plus de trente années depuis le jour de l'acceptation de son cohéritier. — *Cass.*, 14 juill. 1840 (t. 2 1840, p. 325), Bowerman c. O'Mullane.

548. — M. Duranton (*loc. cit.*) signale l'ensemble de ce système comme une inconséquence, puisque, dit-il, si malgré le laps de trente ans l'héritier, par la force de la saisine, conserve sa qualité vis-à-vis des tiers détenteurs et débiteurs, on ne comprend guère pourquoi il la perdrait vis-à-vis de ses cohéritiers ou parens qui n'auraient pas possédé pendant un temps assez long pour prescrire.

549. — Jugé que l'héritier qui a renoncé peut reprendre la succession tant qu'elle est vacante; il le peut même après trente ans. — *Paris*, 13 août 1823, Jouflet c. Colin.

550. — ... Que sous l'ancien droit, l'héritier présomptif ne perdait, par la prescription de trente ans, la faculté d'accepter la succession à laquelle il était appelé par la loi, qu'autant que l'héritier du degré subséquent avait possédé l'hérédité pendant le temps requis pour prescrire. — *Douai*, 16 nov. 1831, Drouillard c. Dauvergne; *Grenoble*, 16 juill. 1835, Cheval c. Deboite; *Cass.*, 25 mai 1840 (t. 2 1840, p. 606), mêmes parties; *Bordeaux*, 6 mai 1841 (t. 2 1841, p. 280), Duranty c. Barbe.

551. — ... Que la possession de l'héritier acceptant n'ayant aucun effet rétroactif, la prescription n'a pu s'opérer à son profit que par le délai de trente ans, à partir du jour de son acceptation, encore bien que plus de trente ans se fussent écoulés depuis l'ouverture de la succession, jusqu'à l'époque où l'héritier qui s'était abstenu a rompu le silence. — *Grenoble*, 16 juill. 1835, Cheval c. Deboile; *Cass.*, 25 mai 1840 (t. 2 1840, p. 606), mêmes parties.

552. — M. Vazeille (*Prescript.*, t. 1er, no 365) ne voit d'application possible de l'art. 789 à la faculté de répudier que pour le cas où l'héritier, poursuivi en cette qualité, aurait laissé écouler le terme de 30 ans depuis l'ouverture de la succession, sans faire son option. — Puis, au no 1er de l'art. 789 (*Success.*), il pense qu'il faut supprimer les mots *ou de répudier*, écrits dans cet article.

553. — D'autres auteurs semblent ne voir dans l'art. 789 que la prescription de la faculté de renoncer, et pensent que le successible qui n'a pas usé de cette faculté dans le délai de 30 ans demeure par cela même héritier pur et simple. —

Quant à la prescription de la faculté d'accepter, ils la rattachent à l'art. 790, et la restreignent au cas où il se serait écoulé trente ans depuis une renonciation faite par l'héritier. — Chabot, *Des successions*, t. 2, p. 548 et suiv.; Poujol, t. 1er, sur l'art. 789; Zachariæ, t. 4, p. 245, note 6; Marcadé, art. 789, n° 2. — Seulement, des partisans de ce système, les uns accordent à l'héritier, après trente ans, la faculté d'accepter bénéficiairement, tandis que les autres ne lui reconnaissent cette faculté qu'autant qu'il prouve n'avoir pas connu à temps la dévolution opérée à son profit, circonstance qui serait abandonnée à l'appréciation des tribunaux.

554. — Jugé que l'héritier qui a laissé passer le délai de trente ans sans accepter ni répudier la succession est déchu de la faculté de renoncer et doit être réputé héritier pur et simple. — *Bordeaux*, 6 mai 1841 (t. 2 1841, p. 280), Duranty c. Barbe; Trib. de la Seine, 23 juin 1843 (sous *Paris*, 21 août 1844 [t. 2 1844, p. 438]), Domaine c. Monique; *Paris*, 2 fév. 1844 (t. 1er 1844, p. 272), Domaine c. Didier; *Riom*, 1er fév. 1847 (t. 2 1847, p. 91), Aulagne c. Valicon.

555. — Enfin M. Duranton (t. 6, n° 488), partant du principe *N'est héritier qui ne veut*, estime que l'intention présumée du législateur a été de considérer comme étranger à l'hérédité, pour n'avoir pas voulu répondre à la vocation de la loi qui était renfermée dans la saisine, l'héritier qui a laissé passer trente ans sans accepter. L'auteur ajoute que cette doctrine, qui, ainsi qu'on le voit, est diamétralement opposée à celle qui précède, a au moins l'avantage de ne pas présenter de graves inconvéniens, puisque les héritiers n'auront pas probablement attendu un temps aussi long sans exercer leurs droits, soit contre les héritiers eux-mêmes, s'ils étaient connus, soit contre un curateur à la succession vacante. — V. aussi Malpel, *Traité des successions*, n° 336.

556. — Jugé ainsi que la prescription du droit d'accepter ou de répudier doit être entendue en ce sens, que le successible qui n'a usé dans les trente ans ni du droit d'accepter, ni du droit de renoncer, doit être considéré comme entièrement étranger à l'hérédité qui lui avait été dévolue. — *Paris*, 3 fév. 1848 (t. 1er 1848, p. 150), Barré c. de Bouillé; Trib. de la Seine, 17 juin 1846, (sous *Paris*, 25 juill. 1848 (t. 2 1849, p. 183), de Costa c. Grandval.

557. — Dès lors les biens de la succession doivent demeurer définitivement aux héritiers d'un degré ou d'une ligne quelconques qui les ont appréhendés. — Même jugement précité du tribunal de la Seine, 17 juin 1846.

558. — ... Ou bien la succession doit être réputée vacante. — *Paris*, 3 févr. 1848 (t. 1er 1848, p. 150), Barré c. de Bouillé.

559. — Et le créancier de la succession est sans action contre le successible, lors même qu'il n'y aurait pas eu de la part de celui-ci acte de renonciation expresse. — Même arrêt.

560. — Tant que la prescription du droit d'accepter n'est pas acquise contre les héritiers qui ont renoncé, ils ont la faculté d'accepter encore la succession si elle n'a pas déjà été acceptée par d'autres héritiers, sans préjudice néanmoins des droits qui peuvent être acquis à des tiers sur les biens de la succession, soit par prescription, soit par actes valablement faits avec le curateur à la succession vacante. » — C. civ., art. 790.

561. — Ces mots d'*autres héritiers* de l'art. 790 ne s'appliquent qu'à des héritiers réguliers et non à des héritiers irréguliers. Dès lors tant que la prescription du droit d'accepter une succession n'est pas acquise, l'héritier qui a renoncé peut revenir contre son acceptation, encore bien que depuis sa renonciation un héritier irrégulier, tel que le conjoint du défunt, ait déclaré accepter la succession à défaut d'héritiers légitimes. — *Paris*, 25 juill. 1826, de Vergennes.

562. — Jugé, au contraire, que la faculté accordée par l'art. 790 peut être exercée, alors même que ces héritiers sont des successeurs irréguliers, tels que le conjoint (sol. impl.). — Et il en est ainsi, tant que le conjoint ne s'est pas fait envoyer régulièrement en possession des biens du défunt, et quoiqu'il ait conservé de fait la possession de ces mêmes biens en qualité d'usufruitier. — Peu importe d'ailleurs que le conjoint joignît à cette qualité celle de parent du défunt pouvant être appelé à lui succéder, si des parens d'un degré plus proche l'excluaient de la succession. — *Bordeaux*, 15 janv. 1848 (t. 2 1848, p. 248), Sauvaget c. Cailleteau.

§ 4. — *Comment et où doit se faire la renonciation.*

563. — La renonciation à une succession ne se présume pas (C. civ., art. 784). En effet, il est naturel que celui qui est appelé par la loi à une succession et qui en est saisi dès qu'elle est ouverte, soit présumé héritier et obligé de manifester sa volonté d'y renoncer. — Chabot, art. 784, n° 1er; Toullier, t. 4, n° 337; Duranton, t. 6, n° 470; Rolland de Villargues, *ibid.*, n° 50.

564. — Un héritier à réserve qui est en même temps légataire universel de l'usufruitier ne peut être présumé avoir renoncé à ses droits héréditaires, pour s'être maintenu en jouissance des biens de la succession ou pour avoir traité relativement à l'usufruit, mais avec réserve de ses droits quelconques. — *Bordeaux*, 24 avril 1834, Boutet.

565. — La renonciation doit donc être expresse, et il ne suffirait pas au successible de s'abstenir. — V. ABSTENTION D'HÉRÉDITÉ.

566. — Autrefois les renonciations à succession se faisaient, le plus ordinairement, par acte devant notaire. On pouvait aussi les faire par un acte au greffe ou par une déclaration faite judiciairement, de laquelle il était donné acte par le juge. — Merlin, *Rép.*, v° *Renonciation à une succession échue;* Rolland de Villargues, n° 52.

567. — Aujourd'hui, la renonciation à une succession ne peut plus être faite qu'au greffe du tribunal de première instance dans l'arrondissement duquel la succession s'est ouverte, sur un registre particulier tenu à cet effet. — C. civ., art. 784; C. proc., art. 997. — On a voulu, par là, que la renonciation fût publique et pût être aisément connue de tous les intéressés, les greffiers étant tenus de donner communication des registres. — Toullier, t. 4, n° 338; Chabot, art. 784, n° 3.

568. — Jugé néanmoins, mais à tort, ce nous semble, que le successible qui a renoncé à la succession par acte devant notaire n'était pas recevable à exciper de la nullité de cette renonciation, par le motif qu'elle n'aurait pas été faite au greffe du tribunal, et que cet acte, pour produire son effet au profit des cosuccessibles, n'avait pas besoin d'être accepté par eux. — *Bruxelles*, 10 déc. 1819, Cambier c. Dumoulin. — *Contrà*, Toullier, t. 4, n° 338.

569. — Par le tribunal dont il est ci-dessus parlé, il faut entendre celui du lieu où le défunt avait son domicile réel (C. civ., art. 102 et 110) et non celui du lieu où il n'avait qu'une simple résidence, quelque longue qu'eût été cette résidence. — Duranton, t. 6, n° 472. — V. DOMICILE.

570. — Lorsque la renonciation à une succession ouverte à Saint-Domingue ne peut avoir lieu dans la colonie même, en raison de son état de séparation de fait d'avec la métropole, la Cour de cassation détermine, par voie de règlement de juges, devant quel tribunal de l'intérieur du pays doit être faite cette renonciation. — *Cass.*, 18 janv. 1825, Cuperlier c. Regnier.

571. — Cependant la renonciation au greffe n'est rigoureusement requise que dans l'intérêt des créanciers et des légataires, qui n'ont que cette voie pour être instruits légalement que l'héritier présomptif a cessé d'être leur obligé, et qui jusqu'alors ne peuvent connaître que lui comme chargé de répondre à leurs réclamations. Mais à l'égard des cohéritiers entre eux, cette forme solennelle n'est pas absolument requise, et la convention particulière que l'un d'eux s'abstiendra n'est, dans la réalité, qu'un transport de droits successifs, contrat fort licite en lui-même. — Chabot, art. 784, n° 3; Belost-Jolimont, *ibid.*, note 1re; Conflans, *Jurisp. des success.*, p. 169.

572. — Ainsi, jugé que l'un ou plusieurs des successibles peuvent valablement s'obliger envers les autres par des contrats particuliers, tels qu'une transaction, à ne pas se porter héritiers. — *Cass.*, 11 août 1825, Bevy.

573. — ... Ou bien à renoncer à une succession en faveur d'un cohéritier, à des conditions convenues. — *Rennes*, 3 janv. 1817, N...

574. — L'acte par lequel un cohéritier reconnaît, en transigeant, la validité d'une donation faite à son cohéritier et renonce ainsi à prendre part aux biens qui la composent, ne peut être considéré comme une renonciation à succession; en conséquence, il n'est pas soumis aux formalités prescrites par l'art. 784 C. civ. — *Nîmes*, 30 juin 1819, Tendil.

575. — D'un autre côté, la renonciation peut avoir lieu sans déclaration au greffe, lorsque, sur la demande formée contre un cohéritier à ce qu'il ait à consentir au rapport des donations qui lui ont été faites par le défunt et qu'il doit effectivement rapporter, ou à renoncer à la succession, le juge lui fixe un délai dans lequel il sera tenu d'opter; si le cohéritier laisse écouler le délai sans opter, il est, par cela seul, censé avoir renoncé à la succession pour s'en tenir à l'avantage qu'il a reçu d'avance. — *Cass.*, 3 août 1808, Brandi. — Merlin, *Rép.*, v° *Choix*, § 1er, n° 5, et Toullier, t. 4, n° 339.

576. — Il n'y a de véritable renonciation dans l'esprit de la loi que celle qui rend le renonçant étranger à la succession et dont les cohéritiers du renonçant se trouvent profiter. C'est dans ce cas seulement que la loi se contente d'un simple acte unilatéral dressé au greffe du tribunal. Dans tous les autres cas, la transmission des droits successifs ne peut se faire que de l'une des trois manières exprimées dans la première partie de l'art. 780, la donation, la vente ou le transport. — Rolland de Villargues, n° 61.

577. — Ainsi, la renonciation gratuite à une succession en faveur d'un tiers qui n'est pas héritier, ne peut pas être faite au greffe dans la forme ordinaire, elle doit l'être par-devant notaire, dans la forme des donations. — *Cass.*, 17 août 1815, Chédeville c. Grimoult.

578. — Autrefois, en Normandie, la cession faite par un fils majeur à son père de tous ses droits dans la succession de sa mère, moyennant une somme déterminée, ne pouvait pas être assimilée à une simple renonciation à succession, en ce sens qu'elle dût être faite en justice, suivant l'art. 235 de la Coutume. — *Cass.*, 16 avr. 1822, Hermel c. Dumont.

579. — La convention, entre cohéritiers, au moyen de laquelle l'un d'eux reçoit un émolument quelconque en remplacement de ses droits héréditaires ne constitue pas de la part de celui-ci une renonciation à succession dans le sens de l'art. 784, et n'est pas, dès lors, assujettie aux formalités prescrites par cet article. Il n'est pas nécessaire non plus pour sa validité qu'elle soit faite par acte public. Une pareille convention ne constitue qu'un contrat ordinaire, dont l'existence peut être établie par les moyens légaux autorisés pour la preuve de toutes les conventions, et l'interprétation des actes présentés comme l'établissant échappe à la censure de la Cour de cassation. — *Cass.*, 17 juin 1846 (t. 2 1846, p. 92), Robin.

580. — Mais une renonciation, faite par un héritier maternel au profit d'un héritier paternel, est censée faite par un cohéritier, et une telle renonciation faite au greffe ne peut pas être considérée comme une donation par acte entre-vifs, soumise aux formalités prescrites pour ces sortes de donations. — *Caen*, 26 févr. 1827, Chédeville c. Bidard.

581. — Quant à la forme de renonciation faite au greffe, il suffit que la déclaration du renonçant soit reçue par le greffier, consignée sur le registre et signée de lui et du greffier. Si le renonçant ne sait pas signer, il en est fait mention. — Duranton, t. 6, n° 471; Toullier, t. 4, n° 338.

582. — Si la renonciation se fait par un fondé de pouvoirs, la procuration doit rester annexée au registre. — Toullier, *loc. cit.*; Duranton, t. 6, n° 472.

583. — La procuration doit-elle être authentique? Comme la loi garde le silence à ce sujet, plusieurs auteurs en ont conclu que la procuration peut être faite sous seing privé (Duranton, n° 472; Favard de Langlade, *Rép.*, v° *Renonciation*, § 1er, n° 3). Toutefois, suivant ce dernier auteur, il faut que la signature soit certifiée et légalisée par le maire et le sous-préfet. D'autres auteurs pensent, au contraire, que la procuration doit être authentique (Chabot, art. 784, n° 3; Delaporte, *Pand. franç.*, t. 3, p. 164; Rolland de Villargues, v° *Mandat*, n° 80 et suiv.), et, dans ce dernier sens, on peut dire que l'art. 2 de la loi du 21 juin 1843, sur la forme des actes notariés, semble consacrer en principe que les procurations doivent être authentiques quand il s'agit de consentir des actes pour lesquels la loi exige cette formalité. — Rolland de Villargues, v° *Renonciation à succession*, n° 56.

§ 5. — *Effets de la renonciation.*

584. — L'héritier qui renonce est censé n'avoir jamais été héritier. — C. civ., art. 785. — Ainsi, la renonciation remonte au moment même où la succession s'est ouverte. — Chabot, sur cet art., n° 1er.

585. — L'héritier, par sa renonciation, devient complétement étranger à la succession ; il perd tous ses droits, comme aussi il est libéré de toutes ses obligations vis-à-vis d'elle.

586. — Dès lors celui qui renonce n'est pas tenu de faire faire inventaire. — *Limoges*, 8 mai 1822, Pascarel c. Raymond.

587. — Ainsi encore, l'héritier qui a renoncé n'est pas recevable à attaquer, pour cause de lésion, le partage fait par les autres héritiers entre eux. — *Cass.*, 11 août 1825, Bevy.

588. — Par la même raison, est nulle l'expropriation poursuivie contre les héritiers postérieurement à leur renonciation à la succession, encore bien que cette renonciation, faite seulement après la notification par le créancier de ses titres aux héritiers, n'aurait pas été notifiée. — *Nîmes*, 8 nov. 1827, Dayre c. Moustadier. — Conflans, *Jurispr. des success.*, p. 168.

589. — L'enfant qui a renoncé à la succession pour s'en tenir à un legs, ne peut exercer l'action en garantie en raison de l'insolvabilité du débiteur d'une rente qui lui a été donnée pour le remplir de son legs aux termes du testament, ni réclamer la légitime. — Il ne peut être admis à demander l'exécution d'une donation non acceptée. — *Paris*, 25 févr. 1814, Dubourg c. de la Tourette.

590. — Le renonçant n'a pas le droit de réclamer les revenus de la succession échus depuis le décès jusqu'à sa renonciation ; et lorsqu'en vertu de la saisine (C. civ., art. 724) il a provisoirement administré les biens de la succession (C. civ., art. 779), il n'est considéré, après sa renonciation, que comme un administrateur étranger, et, en cette qualité, il est tenu de rendre compte aux héritiers qui ont accepté. — Chabot, nos 2 et 3.

591. — D'un autre côté, le renonçant conserve, contre la succession, tous les droits qu'il avait contre le défunt, et qui auraient été exécutés par la confusion, s'il n'avait pas renoncé ; la saisine est censée n'avoir jamais eu lieu à son égard. — Duranton, t. 6, no 489 ; Rolland de Villargues, *ibid.*, no 71.

592. — L'héritier qui renonce à la succession peut cependant retenir le don entre-vifs ou réclamer le legs à lui fait jusqu'à concurrence de la quotité disponible. — C. civ., art. 845.

593. — Mais l'héritier renonçant peut-il retenir, outre la quotité disponible, sa part dans la réserve légale ? Peut-il cumuler l'une et l'autre ? — Sur cette question si controversée, V. QUOTITÉ DISPONIBLE, nos 508 et suiv.

594. — L'héritier donataire qui renonce à la succession peut retenir la donation jusqu'à concurrence de la portion disponible, en l'imputant d'abord sur la portion civile. — *Bastia*, 27 nov. 1838 (t. 1er 1843, p. 591), Franceschini c. Piloettri. — V., au surplus, QUOTITÉ DISPONIBLE, nos 525 et suiv.

595. — L'enfant donataire en avancement d'hoirie qui renonce à la succession, pour s'en tenir à la donation, peut retenir sur le don, non seulement la quotité disponible, mais encore sa part dans la réserve légale. — *Cass.*, 6 avr. 1847, Teterel ; 27 avr. 1847 (t. 1er 1849, p. 668), Lecoq c. de Compans. — V. QUOTITÉ DISPONIBLE, no 520.

596. — L'époux donataire par contrat de mariage d'une valeur égale à la quotité disponible, ne peut, après avoir accepté ce don au décès du donateur, y renoncer ensuite pour permettre l'exécution d'un legs devenu caduc par suite de cette acceptation. Dans ce cas, sa renonciation ne profite qu'aux héritiers légitimes et non au légataire. — *Limoges*, 18 mai 1842 (t. 2 1843, p. 831), Delaly c. Goudounèche. — V., toutefois, QUOTITÉ DISPONIBLE, nos 291 et suiv.

597. — L'interprétation d'un acte de renonciation à une succession rentre dans les attributions exclusives des juges du fond. — En conséquence, l'arrêt qui décide qu'un successible, en renonçant à une succession pour s'en tenir à ses droits légitimaires, a réservé expressément sa qualité d'héritier loin de l'abdiquer, ne donne pas ouverture à cassation. — *Cass.*, 29 mars 1842 (t. 1er 1842, p. 470), de Brivazac c. de Laliman.

598. — Par la même raison, lorsqu'un héritier légitime, institué légataire universel par contrat de mariage, a cru devoir déclarer, après le décès de l'instituant, qu'il renonçait à la succession pour s'en tenir à l'institution contractuelle, les juges peuvent décider que cette renonciation, ne se référant à rien, ne peut produire aucun effet au profit du cohéritier qui a accepté la succession. — *Cass.*, 11 juin 1828, Darnoux c. Villardy.

599. — Comme celui que la loi appelle à la succession est toujours présumé, jusqu'à sa renonciation, vouloir conserver le titre dont il a été investi, l'héritier qui renonce doit notifier sa renonciation aux créanciers de la succession qu'il connaît. — Autrement, il serait passible des dépens faits contre lui par les créanciers poursuivans qui ont eu justes raisons de croire qu'il était leur débiteur. — *Bordeaux*, 6 août 1833, Bouillon c. de Goursac. — Bioche et Goujet, *Dict. de proc.*, vo *Dépens*, no 56. — V., au surplus, FRAIS ET DÉPENS (mat. civ.), no 77.

600. — Ainsi, celui qui, après avoir renoncé à une succession par déclaration au greffe, est actionné comme héritier, doit être condamné aux frais faits jusqu'au moment où il a signifié sa renonciation au demandeur. — Il doit même être condamné à une partie des frais faits depuis la notification de sa renonciation, si, dans l'exploit de signification, il n'a pas offert les frais déjà faits. — *Limoges*, 23 juill. 1838 (t. 1er 1839, p. 236), Guinot c. Lauly.

601. — Par la même raison, le successible qui, assigné en partage, au lieu de renoncer de suite à la succession, laisse poursuivre l'action en partage et ne renonce qu'ultérieurement, doit supporter les frais occasionnés par sa renonciation tardive. — *Lyon*, 21 mai 1831, Pacros c. Bernay.

602. — La renonciation ouvre en outre un droit au profit des cohéritiers du renonçant, ou, à défaut de cohéritiers, au profit des successibles d'un degré inférieur (Pothier, *Success.*, chap. 3, sect. 4, § 4 et 5). — « La part du renonçant, porte l'art. 786, accroît à ses cohéritiers ; s'il est seul, elle est dévolue au degré subséquent. »

603. — L'accroissement n'a lieu au profit des héritiers du degré subséquent qu'autant qu'il n'y a pas de cohéritiers du même degré. — *Paris*, 12 mai 1837 (t. 2 1837, p. 498), Duplessis Grenédan c. Forbin.

604. — L'accroissement ou la dévolution a lieu au profit des héritiers qui ont accepté ou qui peuvent encore le faire. — Mais la part du renonçant n'accroît pas à celles de ses cohéritiers indistinctement. Elle accroît seulement aux cohéritiers de la ligne à laquelle il appartient. — C. civ., art. 733. — Delvincourt, t. 1er, p. 205, notes 4 et 5 ; Rolland de Villargues, nos 73 et suiv. ; Duranton, t. 6, no 491 ; Favard de Langlade, *Rép.*, vo *Renonciation*, § 1er, no 13.

605. — Les héritiers de la ligne à laquelle le renonçant est étranger ne pourraient profiter de la part de ce dernier qu'à défaut de parens au degré successible dans l'autre ligne, c'est-à-dire dans la ligne du renonçant. — *Paris*, 1er juill. 1811, Devassan c. Degraimberg. — Mêmes auteurs, et Proudhon, *Dr. français*, t. 1er, p. 195.

606. — Si, dans la même ligne, il y a plusieurs souches, l'accroissement n'a lieu qu'en faveur des cohéritiers de la même souche. — Delvincourt, t. 1er, p. 205, notes 4 et 5 ; Rolland de Villargues, *loc. cit.*

607. — La portion de l'enfant légitime renonçant accroît-elle aux autres enfans légitimes à l'exclusion de l'enfant naturel ? Pour l'affirmative l'on invoque l'art. 786, qui porte que « la part du renonçant accroît à ses *cohéritiers*. » Or, la loi refuse à l'enfant naturel le titre d'héritier, et ne lui donne, comme à l'Etat et au conjoint survivant, que la qualification de successeur irrégulier. — Mais on répond pour la négative que la loi a accordé à l'enfant naturel une quote-part des droits attribués à l'enfant légitime. Or, faire profiter ce dernier de tout l'accroissement, ce serait s'éloigner de la pensée et du texte formel de la loi.

608. — Les cohéritiers du renonçant ne peuvent refuser la part de celui-ci pour s'en tenir aux portions qui leur étaient primitivement déférées, l'accroissement a lieu *etiam invito*. Ils ont dû prévoir que leur cohéritier pourrait renoncer et qu'en conséquence ils se trouveraient héritiers pour le tout. — Duranton, t. 6, no 502 ; Chabot, no 9 ; Toullier, t. 4, no 343.

609. — Au surplus, le principe posé dans l'art. 786 n'est applicable qu'aux successions déférées par la loi. Pour les légataires l'accroissement est soumis à d'autres règles. — V. LEGS, TESTAMENT. — Ainsi jugé que l'accroissement n'a lieu qu'entre héritiers naturels et non entre un héritier naturel et un légataire. — *Toulouse*, 15 avr. 1842 (t. 1er 1842, p. 741), de Montlaur ; *Riom*, 6 mai 1846 (t. 1er 1846, p. 345), Terrasse c. Bourg.

610. — ... Ni quand il s'agit de régler la masse disponible que les libéralités du défunt auraient entamée, ni enfin en cas de substitution vulgaire. — *Toulouse*, 15 avr. 1842 (t. 1er 1842, p. 741), de Montlaur.

611. — « On ne vient jamais par représentation d'un héritier qui a renoncé ; si le renonçant est seul héritier de son degré, ou si tous les cohéritiers renoncent, les enfans viennent de leur chef et succèdent par tête. » — C. civ., art. 787.

612. — Cet article embrasse deux cas, celui où le renonçant est seul héritier de son degré, et celui où le renonçant ayant des cohéritiers ces derniers répudient également l'hérédité. Dans les deux cas, le législateur décide que les enfans des renonçans viennent de leur chef à la succession et succèdent par tête ; ils succèdent par têtes conformément au principe posé dans l'art. 743, qui n'admet le partage par souches que dans les cas où la représentation elle-même est admise. — Chabot, sur l'art. 787. — Toullier, t. 4, nos 200 et suiv., et 342 ; Duranton, t. 6, no 493.

613. — Il fut proposé au Conseil d'Etat d'admettre les enfans à recueillir de leur chef la succession répudiée par leur père même lorsqu'il existait des cohéritiers de ce dernier. Mais on rejeta cette proposition par le motif qu'elle favoriserait des renonciations frauduleuses d'un père au profit de ses enfans, et d'ailleurs, comme contraire au principe qu'on ne peut représenter des personnes vivantes, mais seulement des personnes décédées soit naturellement, soit civilement.

614. — En règle générale, la renonciation à succession est irrévocable. — Delvincourt, t. 2, p. 313. — Toutefois, cette règle souffre de nombreuses exceptions comme on va le voir dans le paragraphe suivant.

§ 6. — *Révocation et annulation de la renonciation.*

615. — L'héritier qui a renoncé peut se faire restituer contre sa renonciation, si elle a été la suite de violences exercées ou de manœuvres frauduleuses pratiquées contre lui-même par des tiers. — Chabot, art. 784, no 6 ; Delvincourt, t. 2, p. 406, notes ; Duranton, t. 6, no 503 et note. — C. civ., art. 1109, 1116 et 783. — Il y a lieu d'appliquer ici les règles exposées *suprà* (nos 489 et suiv.) sur la restitution contre l'acceptation.

616. — Ainsi jugé que des majeurs sont restituables contre leur renonciation, lorsqu'ils ont été induits par fraude à la faire. — *Paris*, 11 pluv. an XIII, Lorey.

617. — ... Que la renonciation à une succession ne peut être rétractée qu'autant qu'elle n'a pas été faite en connaissance de cause ou qu'elle est le résultat du dol ou d'une erreur de fait. — *Grenoble*, 20 juill. 1832, Magnin c. Mounier. — V., cependant, *Poitiers*, 7 août 1833, Suzannet c. de la Villegille.

618. — Jugé aussi que l'héritier qui a renoncé à une succession par suite d'une ignorance invincible de fait sur la quotité des biens qui devaient la composer, peut être restitué contre sa renonciation, et spécialement, que l'héritier qui avait renoncé à la succession de son auteur émigré, avant la loi du 5 décembre 1814, a pu profiter concurremment avec l'héritier acceptant de la remise de biens ordonnée par cette loi. — *Paris*, 22 avr. 1816, Toulongeon. — V., au surplus, ÉMIGRÉ, nos 654 et suiv.

619. — Dans notre ancienne jurisprudence, la restitution était encore admise contre la renonciation : 1o lorsque l'héritier avait renoncé par erreur de fait, et, par exemple, s'il avait paru un testament faux qui, s'il eût été valable, aurait absorbé la totalité ou la plus grande partie de la succession ; 2o lorsque la renonciation avait été déterminée par un testament que n'avait pas vu le renonçant. C'était l'opinion de Lebrun. Tout en rejetant la seconde cause de restitution, Delvincourt et Toullier admettent la première dans le cas où la nullité ou la fausseté du testament était telle qu'elle n'a pu être découverte que depuis la renonciation. Alors, en effet, il y a plutôt une erreur de fait qu'une erreur de droit. Cette décision, ajoute Delvincourt, peut d'ailleurs se fonder par analogie sur l'art. 783. — Toullier, t. 4, no 434. — V. aussi Malpel, *Success.*, no 338 ; Vazeille, no 2.

620. — Quoi qu'il en soit, la renonciation ne peut être rétractée pour cause d'erreur de droit. — *Grenoble*, 20 juill. 1832, Magnin c. Mounier.

621. — Le délai pour l'exercice de l'action en restitution court, non du jour de sa renonciation, mais de celui de la découverte de la fraude. — *Paris*, 11 pluv. an XIII, Lorey. — Toullier, t. 7, no 611.

622. — L'héritier qui a renoncé à la succession pour s'en tenir à la donation qui lui a été faite, peut-il être restitué contre cette renonciation,

dans le cas où la nullité de la donation vient à être prononcée? Sur cette question controversée, V. RAPPORT A SUCCESSION, nos 61 et suiv.

623. — D'après ces principes du droit romain, l'héritier étranger pouvait, comme l'héritier légitime, accepter une succession à laquelle il avait d'abord renoncé.—L. 31 et 35, D., *De acquir. vel omitt. hæred.* — Il le pouvait, quoiqu'un autre héritier au même degré eût accepté avant lui, mais pour sa part seulement. — *Cass.*, 24 mars 1814, Gallay de Ségur c. Dauzin.

624. — Jugé spécialement que, sous la Coutume d'Artois, l'héritier, après avoir renoncé à la succession, pouvait l'accepter de nouveau, tant que les choses étaient encore entières et qu'il n'avait pas été prévenu par l'héritier du degré subséquent. — *Cass.*, 15 avril 1818, Caron c. Delestre.

625.—L'héritier qui a renoncé peut reprendre la succession tant qu'elle n'a point été acceptée par d'autres. — *Riom*, 25 mai 1810, Begou c. Bonnet.

626. — Il en était de même sous l'ancienne jurisprudence, bien que cela eût donné lieu à quelques controverses. — *Bourges*, 24 therm. an XIII, Tête c. Haly; *Nîmes*, 12 nov. 1819, Serrecourt c. Laurent. — Bourjon, *Droit commun de la France*; de Ferrière, *Cout. de Paris*, art. 316, et Pothier, *Success.*, chap. 3, p. 348.

627. — Et ce droit appartient à l'héritier testamentaire comme à l'héritier du sang. — *Grenoble*, 22 mars 1830, Picot; *Pau*, 31 août 1833, Larrey c. de Pons; *Cass.*, 23 janv. 1837 (t. 1er 1837, p. 104), mêmes parties. — Conflans, *Jurisprud. des success.*, p. 181.

628. — Mais la répudiation d'une hérédité, faite en majorité, est irrévocable lorsque le degré a été rempli par un héritier postérieur. — *Riom*, 15 juin 1820, Depierre c. Darcis.

629. — De même, quand après avoir formé une demande en partage d'une succession, un successible renonce à cette même succession, il ne peut plus ensuite rétracter cette renonciation, si, depuis, ses cohéritiers sont restés pendant plusieurs années en possession des biens. — En pareil cas, la renonciation à la succession constitue un désistement de la demande en partage, alors surtout que le renonçant a déclaré dans l'acte de répudiation qu'il ne s'est jamais immiscé dans la succession, et qu'il n'a pas pris la qualité d'héritier. — *Grenoble*, 5 déc. 1834, Rivier c. Ravix.

630. — D'un autre côté, comme la loi met sur la même ligne l'héritier bénéficiaire et l'héritier pur et simple, l'acceptation d'une succession sous bénéfice d'inventaire par l'un des héritiers fait obstacle à ce que d'autres héritiers qui ont renoncé reviennent sur leur renonciation et acceptent aussi la succession. — *Cass.*, 19 mai 1835, Lecorbeiller c. Chatel.

631.—Sous le Code civil comme sous l'ancien droit, si tous les cohéritiers du premier degré ont renoncé à la succession de leur père, celui d'entre eux qui fait un acte de reprise au greffe un jour avant les autres les exclut irrévocablement.—*Toulouse*, 14 mars 1822, Bonnesis c. Larroque.—La raison en est simple. La rétractation du premier renonçant se trouve avoir produit, en sa faveur, une acceptation qui fait obstacle aux rétractations postérieures.

632. — La renonciation peut être opposée, non-seulement par l'héritier premier acceptant, mais même par les héritiers qui n'ont pas encore pris qualité au moment où le renonçant a rétracté sa renonciation. — *Cass.*, 19 mai 1835, Lecorbeiller c. Chatal.

633. — Dans le ressort du Parlement de Toulouse, on considérait le fait de la détention, par l'héritier institué majeur, des biens dépendant d'une succession à laquelle son tuteur avait renoncé pour lui, durant sa minorité, comme une révocation de cette renonciation.—*Cass.*, 18 févr. 1833, Alburel.

634. — L'enfant qui, longtemps après l'avoir faite, rétracte la répudiation à la succession de son père, ne peut exercer l'action en retranchement contre les tiers-acquéreurs qui ont traité avec les donataires de son père.—*Montpellier*, 25 mars et 28 mai 1831, Albram c. Charot. — Conflans, *Jurispr. des succ.*, p. 182.

635. — Bien plus, lorsqu'il a, conjointement avec ses frères, renoncé à la succession paternelle, il est censé avoir renoncé à toute action en retranchement contre ses frères donataires du père commun, et il ne peut plus exercer cette action, bien qu'il ait depuis rétracté sa répudiation.—Même arrêt.

636.—Lorsqu'un successible, après avoir renoncé, s'empare de toute la succession, sans opposition de la part de ses cohéritiers, la prescription du droit d'accepter ne court que de l'époque de la prise de possession et non du jour de l'ouverture de la succession. — *Riom*, 25 mai 1810, Begon c. Bonnet.

637.—« Les créanciers de celui qui renonce au préjudice de leurs droits, peuvent se faire autoriser en justice à accepter la succession du chef de leur débiteur, en son lieu et place. » —C. civ., art. 788.—Pothier, *Success.*, chap. 3, sect. 3, art. 1er, § 2.

638.—Jugé cependant que le créancier d'une succession vacante ne peut se faire autoriser à accepter la succession au lieu et place de l'héritier renonçant. — *Paris*, 13 juin 1807, Beauvais c. Corbin.

639. — Un créancier peut être autorisé à accepter une succession aux lieu et place de son débiteur qui ne le paie pas, sans, au préalable, avoir discuté les biens de ce débiteur et avoir aussi fait constater juridiquement son insolvabilité.—*Bourges*, 19 déc. 1821, Nettement c. Bellanger.—Chabot, art. 788, no 7.

640.—Bien plus, la renonciation à une succession de la part des héritiers légitimes peut être, sur la demande des créanciers de cette succession, annulée comme faite frauduleusement, si tous les biens sont parvenus entre les mains de ces héritiers, par le moyen d'actes simulés ou de personnes interposées.—*Nîmes*, 9 juill. 1825, Alvery.

641.—Le créancier n'est recevable à accepter la succession aux lieu et place de son débiteur qu'autant qu'il prouve que la renonciation de celui-ci a été frauduleuse. — Pothier, *Success.*, chap. 3, sect. 3, § 2 et 3; Toullier, t. 4, no 348 et t. 6, no 371.—M. Belost-Jolimont sur Chabot, art. 788, note 1re, pense que l'intention frauduleuse résulte du fait même de la renonciation.

642.— Aussi a-t-il été jugé, dans ce dernier sens, que les créanciers peuvent être autorisés à accepter la succession, encore bien que les juges n'aient point annulé la renonciation comme frauduleuse. — *Paris*, 13 févr. 1826, Rivey c. Renault.

643. — Quant au préjudice qui pourrait résulter de la renonciation, le créancier n'est pas tenu de le prouver ; d'ailleurs, il ne le pourrait pas, puisque c'est la liquidation seule de la succession qui peut le faire connaître. — Conflans, *Jurispr. des success.*, p. 176, no 1er.

644. — Lorsque les créanciers ont été autorisés à accepter du chef de leur débiteur, la renonciation n'est annulée qu'en faveur des créanciers et jusqu'à concurrence seulement de leurs créances ; elle ne l'est pas au profit de l'héritier qui a renoncé. — C. civ., art. 788. — Pothier, *loc. cit.*

645. — Cependant, quand la renonciation a été, sur la poursuite des créanciers, annulée comme frauduleusement faite, les héritiers doivent être considérés comme purs et simples, et sont en cette qualité tenus de toutes les dettes.— *Nîmes*, 9 juill. 1825, Alvery.

§ 7. — *Recel ou divertissement des objets de la succession.*

646. — « Les héritiers, porte l'art. 792 C. civ., qui auraient diverti ou recélé des effets d'une succession, sont déchus de la faculté d'y renoncer : ils demeurent héritiers purs et simples, nonobstant leur renonciation, sans pouvoir prétendre aucune part dans les objets divertis ou recélés. »

647.— Ainsi, l'héritier qui a diverti ou recélé, c'est-à-dire qui s'est approprié frauduleusement quelques-uns des effets de la succession, soit qu'il les ait soustraits, soit qu'il ait omis sciemment de les faire connaître, est considéré par la loi comme ayant fait acte d'héritier, comme ayant accepté, et par suite, il est déchu de la faculté de renoncer. — De plus, il est privé de la part qu'il aurait pu prétendre dans les objets par lui divertis ou recélés.

648. — On voit que cette disposition de l'article 792 C. civ. est corrélative à celle des art. 1460 et 1477 qui portent, savoir : le premier, que : « La veuve qui a diverti ou recélé quelques effets de la communauté, est déclarée commune, nonobstant sa renonciation ; il en est de même à l'égard de ses héritiers. » — Et le second, que : « Celui des époux qui aurait diverti ou recélé quelques effets de la communauté, est privé de sa portion dans lesdits effets. » — A ce sujet, nous ferons remarquer que comme il y a des règles communes aux deux matières, il convient de se reporter à ce qui a été dit vo COMMUNAUTÉ, nos 1029 et suiv., 1035 et suiv., et que, de plus, nous rapporterons ici quelques décisions qui n'auraient pas été placées sous ce mot.

649. — Le recel ou le divertissement a ces conséquences toutes les fois que l'héritier qui en est l'auteur pouvait accepter au moment où il s'est rendu coupable, car alors le législateur voit surtout dans le fait du successible une acceptation tacite, et ce n'est qu'accessoirement qu'il lui inflige une peine. — *Rennes*, 13 févr. 1830, Vret c. Albert ; *Cass.*, 22 févr. 1831, Villebrun.

650. — Ainsi, l'art. 792 s'appliquera, mais s'appliquera seulement à l'héritier qui a déjà accepté purement et simplement, à celui qui a accepté sous bénéfice d'inventaire, à celui qui n'a pris encore aucune part, à celui qui a renoncé lorsqu'aucun autre successible n'a accepté à sa place : vis-à-vis du premier, le recel ou le divertissement n'aura évidemment pour conséquence que de le priver de sa part dans les objets divertis ou recélés ; vis-à-vis de tous les autres, il aura en outre la conséquence grave de les constituer héritiers purs et simples. — Mêmes arrêts.

651. — Lorsqu'un héritier s'empare de titres de créances dépendant de la succession, lesquels lui étaient confiés par le juge de paix pour en prendre connaissance et le décider à une transaction proposée par un tiers, légataire de ces titres, il ne se rend coupable ni de violation de dépôt, ni de vol. — *Cass.*, 2 sept. 1837 (t. 2 1840, p. 33), Thiers.

652. — Mais si l'héritier avait renoncé et s'il n'était plus recevable à revenir contre sa répudiation, alors le recel ou le divertissement, ne pouvant plus être considérés comme des actes d'héritier, encourraient la peine du larcin ; car il y aurait bien certainement dans le fait du successible *contestatio rei alienæ lucri faciendi causa.* — *Cass.*, 14 mars 1818, Mongrolles. — Lebrun, *Success.*, liv. 3, ch. 8, sect. 2, no 60 ; Domat, liv. 1er, tit. 3, sect. 1re, no 12 ; Merlin, *Rép.*, vo *Recélé ;* Chabot, art. 792, no 4 ; Toullier, t. 4, no 333 ; Duranton, t. 6, no 482 ; Delvincourt, t. 2, p. 34, no 4 ; Malpel, no 681 ; Vazeille, art. 792.

653. — La disposition finale de l'art. 792 suppose qu'il y a plusieurs héritiers : il est évident, en effet, que s'il y avait un seul appelé, le recel ou le divertissement n'auraient pour lui d'autre conséquence que de le priver de la faculté de renoncer ; il ne saurait perdre sa part dans des effets sur la totalité desquels son droit s'étend.

654. — Le mineur qui soustrait ou recèle des objets dépendant d'une succession à laquelle il est appelé, n'est pas pour cela déchu du bénéfice d'inventaire comme l'aurait été le majeur, puisqu'il ne peut jamais être qu'héritier bénéficiaire. — *Limoges*, 30 juill. 1827, Ladégaillerie c. Tanain ; *Bruxelles*, 9 déc. 1833, Dewite. — Chabot, art. 801, no 4 ; Bilhard, *Bénéfice d'invent.*, no 125, et Conflans, *Jurisprud. des successions*, no 216 ; Delvincourt, t. 2, p. 92, note 12 ; Malpel, no 330.

655. — Mais le mineur doit être puni de la perte de sa part dans les objets divertis ou recélés ; car il est *doli capax*, et il ne peut être restitué contre ses délits ou quasi-délits. — C. civ., art. 1310. — Toutefois les juges pourraient, dans certains cas, à raison de la nature des objets, de leur importance ou autres circonstances, ne pas appliquer au mineur la disposition finale de l'art. 792. — Duranton, t. 6, no 480 ; Bellot, t. 2, p. 284.

656. — *Quid* s'il s'agissait d'un héritier majeur qui eût accepté sous bénéfice d'inventaire ? — V. SUCCESSION BÉNÉFICIAIRE.

657. — Les art. 792 et 1477 C. civ. sont applicables alors même que le recel ou le divertissement sont antérieurs à l'ouverture de la succession ou de la communauté. — *Paris*, 14 janv. 1831, Garat c. Gemond et Deschamps.

658. — Ils s'appliquent au donataire contractuel comme à l'héritier *ab intestat*, et spécialement à la femme qui vient à la succession du mari comme donataire par contrat de mariage. — *Cass.*, 12 août 1828, Estanave c. Laprada ; 16 janv. 1834, Pinçon ; *Paris*, 22 août 1835, mêmes parties. — V. aussi COMMUNAUTÉ, no 1239.

659. — Jugé aussi que l'art. 792 est applicable aux légataires à titre universel, et en général aux héritiers testamentaires comme aux héritiers légitimes. — *Bourges*, 10 fév. 1840 (t. 2 1840, p. 612), Poyle-Ducoury c. Chamblant ; *Bordeaux*, 16 juin 1840 (t. 1er 1841, p. 270), Hucher c. Darriol ; *Riom*, 3 juin 1844 (t. 1er 1845, p. 93), Rodde.

660. — Conséquemment l'héritier qui a diverti ou recélé des effets de la succession est privé non-seulement de la portion qui lui revient dans ces effets en qualité d'héritier, mais encore de

celle qui lui revient en qualité de légataire. — *Bourges*, 10 févr. 1840 (t. 2 1840, p. 612), Poyle-Ducoury c. Chamblant; *Bordeaux*, 16 juin 1840 (t. 1er 1841, p. 170), Hucher c. Darriol. — *Contrà*, *Poitiers*, 30 nov. 1830, Martin. — V. au surplus COMMUNAUTÉ, nos 1244 et suiv.

661. — Lorsque l'époux survivant est privé, pour cause de recel, de sa part dans certains objets de la communauté, cette part, qui accroît la succession de l'autre époux, profite au légataire universel et à l'héritier naturel, dans la proportion de leurs droits. — *Paris*, 8 nov. 1836 (t. 1er 1837, p. 165), Garat c. Deschamps.

662. — Bien plus, dans le cas où un cohéritier a été condamné à rapporter à la masse les valeurs détournées par lui, les tribunaux peuvent faire affectation spéciale au paiement de ces valeurs, des sommes qui, lors de la liquidation, seraient reconnues lui appartenir dans le prix d'un objet dépendant de la succession et encore indivis. — *Cass.*, 10 déc. 1835, Deschamps c. Garat.

663. — S'il est vrai, conformément à une jurisprudence constante, que l'époux recéleur puisse éviter la peine du recel en rapportant les choses diverties avant toutes poursuites, et en admettant même que cette faveur puisse être étendue à l'héritier de l'auteur du recel, du moins cet héritier est-il soumis, à cet égard, aux mêmes obligations que le recéleur lui-même. — En conséquence, la restitution de la part de cet héritier est tardive lorsque, loin de la faire spontanément, il a résisté aux réclamations qui lui étaient adressées même après avoir eu connaissance des faits de fraude et de spoliation de son auteur, et ne s'est enfin décidé que sur les poursuites dirigées contre lui. — *Cass.*, 3 mai 1848 (t. 2 1848, p. 512), Postole c. Hemar.

664. — L'état de minorité de cet héritier ne peut faire obstacle à l'application de ce principe lorsqu'il n'y a pas eu de restitution spontanée en son nom de la part de son représentant légal. En tous cas, l'exception de minorité présentée comme moyen d'écarter l'application de la peine du recel ne pourrait être invoquée pour la première fois devant la Cour de cassation. — Même arrêt.

665. — L'art. 792 est tout en faveur des créanciers et des cohéritiers; il n'est donc pas douteux que ces derniers pourraient réclamer les objets divertis ou recélés sans être tenus pour cela de faire prononcer la nullité de la renonciation précédemment faite par l'héritier auteur du recel. — Chabot, sur l'art. 792; Delvincourt, t. 2, p. 105.

666. — Mais pour que les pénalités prononcées par ces articles puissent être prononcées, il faut 1° qu'il s'agisse du recel ou du divertissement d'une chose appartenant réellement au défunt ou à la communauté.

667. — Tels ne seraient pas des biens grevés de fidéicommis qui auraient été recélés dans la succession du grevé. — *Cass.*, 20 août 1845 (t. 2 1845, p. 681), Demaq c. Gasse.

668. — ... 2° Qu'il y ait eu intention frauduleuse ou du moins mauvaise foi de la part de celui qui a commis le recel ou le divertissement. — *Cass.*, 24 nov. 1847 (t. 1er 1848, p. 106), Lefebvre c. Durand. — V., au surplus, COMMUNAUTÉ, nos 1032 et suiv.

669. — Ainsi, le fait par le mari d'avoir omis de comprendre dans l'inventaire des biens de la communauté certains effets mobiliers dont il était propriétaire en vertu du testament de sa femme ne constitue pas un détournement de nature à motiver contre lui l'application de l'art. 1477 C. civ., le legs serait-il soumis à une condition résolutoire. — *Douai*, 22 déc. 1845 (t. 1er 1846, p. 485), Hardy c. Carniaux.

670. — Mais la simple tentative de divertissement suffit pour que la déchéance du droit aux objets que le légataire a tenté de divertir soit encourue. — *Bordeaux*, 18 janv. 1838 (t. 2 1840, p. 553), Pouyadou-Latour c. Pouyadou.

671. — Spécialement, l'époux survivant à qui son conjoint a légué l'usufruit de la totalité de ses biens, et qui a diverti ou recélé quelques-uns des objets dépendant de la succession du défunt, est déchu de son droit sur ces objets, encore que le legs ait été fait avec dispense d'inventaire. — Même arrêt.

672. — Il faut que le divertissement soit prouvé d'une manière positive; il ne suffirait pas qu'un cohéritier fût condamné à rapporter à la succession un objet dont il serait détenteur, et qu'il prétendrait lui avoir été donné, si on ne prouve point d'ailleurs qu'il y ait eu *mauvaise foi*. — *Caen*, 6 nov. 1842, Jennet c. Mangon.

673. — Spécialement, l'omission d'un objet héréditaire dans l'inventaire fait après l'ouverture d'une succession, ne suffit pas seule pour établir un recélé ou divertissement quand on ne prouve point d'ailleurs qu'il y ait eu mauvaise foi. — *Paris*, 12 mars 1812, Lavit c. Desbois et Leleu.

674. — Au surplus, l'appréciation du point de savoir s'il y a eu ou non mauvaise foi rentre dans les pouvoirs souverains des juges du fond et échappe à la censure de la Cour de cassation. — *Cass.*, 31 mai 1831, Barbier c. Caron; 24 nov. 1847 (t. 1er 1848, p. 106), Lefèvre c. Durand.

675. — La circonstance qu'un livre représenté comme grand-livre d'une maison de commerce n'est pas chiffré par le notaire qui a dressé l'inventaire des papiers, n'est pas suffisante pour établir un recélé de grand-livre. — *Rennes*, 7 fév. 1815, N...

676. — Lorsqu'il s'agit de détournement d'objets que le mari prétend lui avoir été donnés par sa femme sous une condition résolutoire, les juges ne doivent pas ordonner la preuve des détournemens articulés si des explications données à l'audience il résulte que les parties s'entendront facilement devant le notaire sur les objets à comprendre dans un supplément d'inventaire. Ce supplément d'inventaire n'étant qu'une mesure de précaution prise dans le seul intérêt des héritiers de la femme pour le cas où la condition résolutoire viendrait à s'accomplir, les frais sont à leur charge. — *Douai*, 22 déc. 1845 (t. 1er 1846, p. 485), Hardy c. Carniaux.

677. — On peut prouver par témoins, bien qu'il s'agisse d'objets excédant 150 francs, qu'un héritier a recélé ou diverti des effets dépendans de la succession à laquelle il était appelé ; c'est en effet là un cas de fraude auquel l'art. 1348 C. civ. est applicable.

678. — Jugé spécialement que la preuve par témoins doit être admise contre une veuve qui a soustrait des effets de la succession de son mari, pour se payer de ses reprises. — *Bordeaux*, 16 juill. 1834, Faure c. Guinchan.

679. — Le fait de détournement ou de recel, constituant un quasi-délit dont la preuve testimoniale serait admissible, peut être établi par des présomptions graves, précises et concordantes, abandonnées à la prudence du juge. — *Paris*, 24 juin 1843 (t. 2 1843, p. 179), Melot c. Gray.

680. — Jugé, toutefois, que la preuve par commune renommée n'étant autorisée que dans les cas exceptionnels prévus par les art. 1415, 1442 et 1504 du Code civil, un héritier ne peut être admis à prouver par commune renommée que tel objet dépendait de la succession. — *Bordeaux*, 2 juin 1831, Pinet c. Penaud.

681. — Le jugement passé en force de chose jugée qui décide qu'un héritier n'a pas été complice de l'auteur de soustractions commises au préjudice d'une succession met obstacle à ce que de nouvelles imputations puissent être dirigées à cet égard contre ledit héritier par les autres cohéritiers. — *Caen*, 5 juin 1845 (t. 2 1845, p. 424), Crespin c. Etienne.

682. — Bien plus, la connaissance que l'un des héritiers aurait eue sans élever de réclamations des soustractions commises par son cohéritier ne le rend pas non recevable dans la demande qu'il intente postérieurement à cet égard si la prescription ne peut lui être opposée. — Même arrêt.

683. — Le jugement qui, sur la demande d'un héritier, a déclaré un de ses cohéritiers coupable de soustractions jusqu'à concurrence d'une somme déterminée, et l'a condamné à rapporter au demandeur la part qui lui revenait dans ces soustractions, n'a l'autorité de la chose jugée qu'à l'égard de ce dernier, et ne peut profiter aux autres cohéritiers. — Même arrêt.

CHAPITRE V. — *Effets de la transmission qui s'opère par la succession.*

Sect. 1re. — *Saisine, droits et obligations des héritiers.*

684. — L'effet de la mort, soit naturelle, soit civile, quant aux biens et droits que possédait le défunt est renfermé dans ces mots : *Mors omnia solvit.* En perdant la vie, le défunt perd tous ses biens; ils sortent de ses mains. Mais alors, que deviennent-ils? L'art. 724 C. civ. porte : « Les héritiers légitimes sont saisis de plein droit des biens, droits et actions du défunt, sous l'obligation d'acquitter toutes les charges de la succession.

685. — Ainsi : *Le mort saisit le vif.* — Cette maxime, qui paraît aussi ancienne que les successions mêmes, a, comme elles, sa racine dans le droit naturel, antérieur aux sociétés civiles. — Tiraqueau l'appelle la *Coutume du monde.* — Lebrun, *Success.*, liv. 3, chap. 1er, n° 1er.

686. — Quelques-unes de nos anciennes Coutumes l'avaient textuellement consacrée en ces termes : *Le mort saisit le vif, son hoir plus proche habile à lui succéder.* — Chabot, art. 724, n° 7.

687. — De même, sous la loi du 17 niv. an II, comme sous le Code civil, l'héritier légitime, en ligne directe ou collatérale, était, d'après la maxime *Le mort saisit le vif*, saisi de plein droit des biens de la succession. — *Cass.*, 6 germ. an XIII, Lesquern c. Nedollec; *Bastia*, 9 mai 1833, Pietri; *Riom*, 1er fév. 1847 (t. 2 1847, p. 94), Aulagne c. Valicon. — Merlin, *Rép.*, v° *Héritier*, sect. 1re, n° 2.

688. — Cependant, « à proprement parler, dit Toullier (t. 4, n° 79, note), ce n'est pas le mort qui saisit le vif; c'est la loi, ce qui est si vrai que le défunt ne peut empêcher ses enfans ou ses ascendans d'être saisis de ses biens après son décès. »

689. — L'effet de la saisine est tel qu'elle autorise les créanciers de la succession à agir immédiatement contre l'héritier, même pendant les délais que la loi lui accorde pour faire inventaire et délibérer; sauf à lui à faire surseoir au jugement jusqu'après ces délais, si quelque condamnation était demandée. — Toullier, t. 4, n° 83; Duranton, t. 6, n° 58.

690. — Sous l'empire du droit écrit, l'héritier présomptif qui n'avait pas pris qualité dans le délai fixé pour faire inventaire et délibérer, ne pouvait, ce délai passé, être condamné comme héritier pur et simple, lorsque d'ailleurs il s'était abstenu et qu'il avait renoncé ultérieurement avant le jugement de condamnation. — *Cass.*, 5 (et non 15) févr. 1806, Degoyt c. Schmitz.

691. — Le principe général de la saisine de l'hérédité est violé par un arrêt qui déclare un héritier non recevable dans une demande par le motif qu'il ne justifie pas que son auteur avait recueilli les biens réclamés à titre d'héritier et qu'il les possédait à ce titre, lors de son décès. — *Cass.*, 7 mars 1826, Sombret c. de Beauvoir.

692. — C'est en vain que le défunt aurait voulu déroger à la saisine légale, par exemple en autorisant les légataires à se mettre en possession des biens légués sans demander la délivrance de leurs legs aux héritiers réservataires, et, dans certains cas, aux autres héritiers; une pareille disposition serait nulle. — Arg. C. civ., art. 1006 et 1015. — Chabot, n° 14. — V. LEGS.

693. — Toutefois, comme celui qui est appelé à une succession a le droit d'y renoncer, et que ce n'est que par l'acceptation qu'on devient héritier, on est autorisé jusque-là à prendre seulement la qualité d'*habile à se porter héritier* ou de *présomptif héritier* (Chabot, n° 14); et la saisine légale ne dispense pas de la preuve qu'il la succession a été acceptée par ceux auxquels elle était dévolue. — Rolland de Villargues, v° *Succession*, n° 320.

694. — Jugé, en ce sens, que la saisine n'emportant pas de plein droit l'acceptation d'une succession indépendamment d'aucun fait personnel à l'héritier, c'est au créancier qui s'adresse au plus proche parent, comme à l'héritier légal, pour le paiement de sa créance, à prouver que celui-ci a fait acte d'héritier. — *Liége*, 4 mai 1813, Hackstein.

695. — Avant le Code, pour pouvoir actionner en justice l'héritier appelé par la loi à une succession, il n'était pas nécessaire de prouver qu'il avait accepté cette succession; il suffisait qu'il ne prouvât point y avoir renoncé. — *Cass.*, 21 flor. an X, Saint-Martin.

696. — La saisine a lieu au profit de l'héritier bénéficiaire comme au profit de l'héritier pur et simple; seulement il ne peut rien s'approprier avant le paiement des légataires et des créances. — Bilhard, *Bénéf. d'invent.*, n° 105. — V. SUCCESSION BÉNÉFICIAIRE.

697. — Quant aux enfans naturels, à l'époux survivant et à l'Etat, ils n'ont pas la saisine légale, car ils ne sont pas de véritables héritiers, mais seulement des successeurs irréguliers qui doivent se faire envoyer en possession par justice. — V. SUCCESSION IRRÉGULIÈRE.

698. — Le droit à une hérédité est une universalité qui comprend le passif comme l'actif. — L. 119, D., *De verb. signif.* — V. *infrà*, § 3.

699. — D'où il suit que celui qui achète ce droit se soumet par là même à en acquitter le passif. — L. 2, § 9, D., *De hæred. vel act. vendit.* — V. DROITS SUCCESSIFS.

700. — Cependant il n'y a pas de transmission pour les droits et honneurs qui n'étaient attachés qu'à la personne du défunt. Il n'y en a pas non

plus pour les peines et devoirs personnels. — V. ACTION PUBLIQUE, FONCTIONNAIRES PUBLICS, OBLIGATION, PEINE.

701. — L'héritier qui a accepté la succession, en quelque temps que ce soit, est censé l'avoir acceptée au moment de son ouverture. — L. 54, D., *De acquir. vel amitt. hæred.*

702. — Une fois que le successible a fait acte d'héritier, il n'y a plus de succession proprement dite; elle est devenue le patrimoine personnel de l'héritier. — L. 25, § 1er, D., *De hæred. petit.*

703. — Il s'opère entre tous les biens et droits du défunt et ceux de l'héritier une confusion dont l'effet est tel que les dettes ou créances qu'ils avaient réciproquement l'un contre l'autre se trouvent éteintes, à moins que l'héritier n'ait accepté que sous bénéfice d'inventaire ou que le créancier n'ait demandé la séparation des patrimoines. — V. CONFUSION DE DETTES, SÉPARATION DE PATRIMOINES, SUCCESSION BÉNÉFICIAIRE.

Sect. 2e. — *Conservation, administration, compte et partage de la succession.*

704. — Une fois que la succession est ouverte, il importe que la conservation des biens qui en dépendent soit assurée dans l'intérêt des ayans droit. A cet effet, différentes mesures peuvent être provoquées. — V. ACTE CONSERVATOIRE, SCELLÉ.

705. — Pour que les successibles soient mis à même de connaître s'ils doivent accepter ou renoncer, on constate les valeurs tant actives que passives qui peuvent composer la succession. — V. INVENTAIRE.

706. — Jusqu'à l'expiration des délais accordés aux successibles pour prendre qualité, ou lorsque, par une circonstance quelconque, le montant de la succession ne peut être actuellement remis aux ayans droit ou bien que le partage ne peut s'en faire entre eux, l'administration provisoire est confiée à l'un des cohéritiers ou même quelquefois à un étranger choisi par les parties, ou, en cas de contestation, par le tribunal.

707. — L'administrateur provisoire est un véritable mandataire. Comme tel, il est soumis à toutes les obligations résultant du mandat, et il est tenu de rendre compte. La reddition de ce compte précède ordinairement les opérations de liquidation et de partage. — V. PARTAGE, nos 192 et suiv.

708. — Le créancier d'un héritier qui seul des divers successibles a fait acte d'hérédité, peut se faire subroger à l'administration que cet héritier avait de tous les biens de la succession. Les autres héritiers, qui ne viennent à prendre qualité que postérieurement, ne peuvent se plaindre que le jugement qui a ordonné cette subrogation leur fait grief, sauf à eux à demander compte à l'administrateur des recettes qu'il a pu faire, et à provoquer le partage. — *Douai*, 27 mars 1844 (t. 1er 1844, p. 759), Becq c. Decoussy.

709. — De plus, comme jusqu'au partage l'état de succession continue de subsister entre les cohéritiers, ce que chacun d'eux fait dans l'intérêt de la succession est réputé fait dans l'intérêt de tous. *Cohæredes debent inter se communicare commoda et incommoda.* — L. 19, D., *De famil. ercisc.* — Pothier, *Vente*, nos 590 et 593; Duranton, t. 16, no 539. — En pareil cas, le cohéritier est le *negotiorum gestor* de l'hoirie.

710. — En d'autres termes, jusqu'au partage chaque héritier est mandataire de ses cohéritiers. — *Cass.*, 18 juill. 1838 (t. 2 1838, p. 369), Delarfeux c. Raynaud.

711. — Aux différentes décisions rendues à ce sujet, vis PARTAGE et RAPPORT A SUCCESSION, il faut ajouter les suivantes :

712. — Jusqu'au partage, l'exercice du retrait litigieux par plusieurs héritiers profite à ceux mêmes qui n'y ont point concouru. — *Cass.*, 18 juill. 1838 (t. 2 1838, p. 369), Delarfeux c. Raynaud.

713. — Le cohéritier qui achète des créances sur la succession à laquelle il est appelé est nécessairement réputé agir pour le compte de l'hoirie, et ne peut, par conséquent, s'appliquer personnellement le bénéfice du traité. Il ne s'affranchit pas de l'obligation d'en faire part à ses cohéritiers en faisant intervenir son épouse, commune en biens, pour moitié dans l'acquisition. — *Aix*, 4 mars 1841 (t. 2 1843, p. 684), Bayle. — V., au surplus, DROITS SUCCESSIFS, no 53.

714. — Toutefois, le principe d'après lequel un cohéritier qui a traité une affaire de la succession est présumé l'avoir traitée dans l'intérêt de tous, ne peut être invoqué ni contre le cessionnaire d'un cohéritier, ni par l'héritier bénéficiaire qui a abandonné les biens de la succession. — *Grenoble*, 4 juin 1836, Brachet c. Chambon.

715. — La transaction passée entre un héritier et un acquéreur sur action rescisoire, ne donne point au cohéritier qui n'a pas figuré dans l'instance, et qui a laissé prescrire, le droit de réclamer sa part dans l'émolument de cette transaction, sur le fondement que l'héritier s'est engagé dans l'acte à faire ratifier par tous les cohéritiers indistinctement. — *Bordeaux*, 23 mars 1809, Gazeau.

716. — Sous l'empire de la loi du 4 germinal an VIII, le don fait à titre d'avancement d'hoirie à un enfant disposant n'était point de droit dispensé du rapport à sa succession, et la dispense devait, comme sous le Code civil, être expresse. — *Toulouse*, 1er août 1843 (t. 2 1844, p. 395), Fabre. — *Contrà*, *Riom*, 21 juin 1809, Fournal. — V. RAPPORT A SUCCESSION, no 21.

717. — Lorsqu'un enfant a exercé seul le rabattement de décret ou privilége accordé au débiteur décrété (V. DÉCRET D'IMMEUBLES), à ses enfans ou descendans de rentrer dans leurs biens adjugés, à la charge de rembourser le montant de l'adjudication (*déclaration du* 16 janv. 1736), il n'est pas tenu de faire participer ses frères et sœurs au bénéfice de ce rabattement, alors surtout qu'il l'a exercé du vivant du père commun. Les biens acquis ainsi sont devenus la propriété exclusive du fils et ses cohéritiers ne peuvent le contraindre à les rapporter à la succession paternelle, en offrant de lui rembourser leur part des sommes qu'il a été obligé de débourser pour parvenir au rabattement. — *Montpellier*, 25 févr. 1834, Castanier c. Nazon.

718. — De même, sous l'empire de la déclaration du 16 janv. 1736, qui autorisait le *rabattement de décret* en usage dans le Parlement de Toulouse, lorsque le rabattement avait été exercé par un seul des descendans du débiteur décrété, celui-ci n'était pas tenu d'en partager le profit avec ses cohéritiers qui étaient restés étrangers à cette procédure, bien que le rabattement eût eu lieu au moyen des deniers prêtés par le père commun, et qu'alors les cohéritiers eussent été mineurs, si surtout ces derniers, loin d'exercer l'action en rabattement dans les dix ans comme ils le devaient, ne l'avaient pas même exercée dans les dix ans à partir de leur majorité. — *Toulouse*, 14 juin 1832, Truilhé.

719. — Lorsque l'un des cohéritiers d'une succession encore indivise a fait, avec promesse de garantie, donation d'un immeuble de cette succession, les autres cohéritiers qui se trouvent être également plus tard les héritiers du donateur, et qui, par suite de l'indivisibilité de la garantie, sont non recevables à attaquer la donation à raison des droits de copropriété qu'ils avaient dans l'immeuble donné, ne peuvent non plus prétendre droit à une indemnité pour leur dépossession de ces droits, alors que le donateur avait dans la succession indivise une part héréditaire d'une valeur supérieure à celle de l'immeuble donné. — *Limoges*, 6 janv. 1848 (t. 2 1848, p. 83), Demay c. Goujon.

720. — Le cohéritier qui a géré et administré une succession, est tenu de comprendre dans son compte non-seulement ce qui concerne son administration personnelle, mais aussi les comptes qu'il a dû exiger des administrateurs qui l'ont précédé. — *Cass.*, 25 mars 1840 (t. 1er 1840, p. 709), Forbin-la-Barben c. Rosières-de-Soran.

721. — Un cohéritier ne doit restituer avec intérêts les sommes par lui perçues pour le compte de la succession qu'à dater du jour où il est mis en demeure de faire cette restitution, à moins qu'il ne soit établi que les sommes qu'il a recouvrées ont été employées à son profit. — *Cass.*, 3 mai 1848 (t. 2 1848, p. 264), Bizouard c. Lebreton.

722. — Les comptes de gestion rendus, il est procédé à la liquidation de la succession au moyen de l'établissement des masses active et passive. Dans ces masses, on comprend les valeurs que les cohéritiers ont ou à rapporter ou à prélever. — V., au surplus, PARTAGE, nos 202 et suiv. — V. aussi RAPPORT A SUCCESSION, à quoi il faut ajouter :

723. — Lorsque les créanciers d'une succession ont formé, antérieurement au partage, une double demande contre un tiers, pour le faire condamner à rapporter une somme qu'ils prétendent être due par lui à la succession, et contre les héritiers pour voir ordonner ce rapport, et, à défaut, se voir condamner à l'effectuer eux-mêmes, la demande peut être portée, au choix des demandeurs, soit devant le tribunal du lieu de l'ouverture de la succession, soit devant celui du domicile du tiers défendeur. — *Bordeaux*, 29 déc. 1840 (t. 1er 1841, p. 385), Ackermann c. Dussolier.

724. — Lorsque, dans un contrat de mariage, le père a pris l'engagement de fournir aux futurs époux un logement, ou, à leur choix, une pension annuelle, ceux-ci ont le droit de prélever dans la succession paternelle la pension promise pour toutes les années pendant lesquelles ils n'ont point joui du logement. — *Caen*, 16 déc. 1846 (t. 1er 1847, art. 283), Lefèvre.

725. — La créance d'un héritier dans la succession d'un des époux ne peut être compensée de son consentement avec sa dette dans la succession de l'autre époux, malgré l'opposition formée par un créancier de cet héritier à la confusion des droits de son débiteur dans les deux successions. — *Cass.*, 31 mars 1846 (t. 1er 1846, p. 616), Michel c. Tallet.

726. — Dans le ressort de l'ancien Parlement de Toulouse, les fruits perçus par l'un des cohéritiers augmentaient la part héréditaire de celui à qui ils étaient dus. Il en doit être de même sous l'empire du Code civil, d'après l'art. 829. — Dès lors le droit de l'héritier auquel une restitution de fruits est due par son cohéritier détenteur des immeubles de la succession est un droit réel qui lui permet d'exiger, soit contre le cohéritier ne pouvant se libérer en argent, soit contre les créanciers hypothécaires exerçant ses droits, que cette restitution soit faite en meubles héréditaires. — *Pau*, 6 décembre 1844 (t. 2 1845, p. 323), N..., et la note. — V. cependant PARTAGE, no 251.

727. — Les créances héréditaires se divisent de plein droit entre les héritiers du créancier; par suite, chacun de ces héritiers peut exiger le paiement de sa part virile, sans être tenu de produire un acte de liquidation ou de partage. Et ce droit existe même à l'égard des créanciers hypothécaires, bien qu'alors chaque héritier ne donne mainlevée de l'inscription que pour sa part, l'indivisibilité de l'hypothèque n'existant qu'au profit du créancier. C'est au débiteur qui a intérêt à dégréver sa propriété pour le tout à faire les diligences nécessaires pour s'affranchir et se libérer à l'égard de tous les créanciers. — *Cass.*, 9 nov. 1847 (t. 1er 1848, p. 417), Finet c. Chaulin.

728. — L'héritier qui, trouvant dans la succession de son auteur des inscriptions sur le grand-livre de la dette publique immatriculées au nom d'un tiers, les remet à ce tiers, ne se rend pas non recevable à demander ultérieurement la nullité du transfert que lui en a fait son auteur. — *Orléans*, 9 juill. 1845 (t. 2 1845, p. 340), préfet de la Seine c. Durand.

729. — L'Etat de succession cesse par le partage et quelquefois même par la vente, soit totale, soit partielle, qui a précédé le partage. — V. PARTAGE, nos 508 et suiv. — V. aussi DROITS SUCCESSIFS, LICITATION.

Sect. 3e. — *Paiement des dettes.*

730. — De l'acceptation d'une succession résulte, comme on l'a vu, une sorte de contrat volontaire que l'héritier forme avec les créanciers. Il se met à la place du défunt, dont les dettes deviennent ainsi les siennes. — C. civ., art. 724. — De là l'obligation pour les cohéritiers de contribuer entre eux au paiement des dettes et charges de la succession, chacun dans la proportion de ce qu'il y prend. — C. civ., art. 870.

731. — Par *dettes* de la succession, on entend toutes celles résultant des obligations contractées par le défunt. Elles consistent en deniers, ou en choses indéterminées ou en des corps certains. — Rolland de Villargues, no 335.

732. — Ce qu'on appelle *charges* de la succession sont les frais funéraires du défunt, ceux de scellés, d'inventaire et de partage, les legs, etc. (V. ces différens mots). — Pothier, *Success.*, chapitre 5, art. 1er.

733. — Ainsi, on peut mettre à la charge de la succession les frais auxquels ont donné lieu l'interprétation et l'exécution du testament. — *Douai*, 11 févr. 1845 (t. 1er 1845, p. 593), Hospices de Dunkerque c. Ollivier.

734. — Les frais de scellés et d'inventaire qui n'ont pas été faits dans un esprit de vexation de la part des héritiers légitimes doivent être employés comme charge de la succession. — *Caen*,

3 juin 1847 (t. 1er 1848, p. 335), Poullain-Lacroix c. Garnier.

735. — L'obligation d'acquitter les dettes et charges de la succession existe à l'égard de tous ceux qui, à quelque titre que ce soit, représentent le défunt. Cette obligation peut exister soit personnellement, soit hypothécairement.

736. — D'abord, les héritiers purs et simples sont tenus personnellement des dettes et charges de la succession pour leur part et portion virile. — C. civ., art. 873.

737. — La même obligation existe pour celui qui représente l'héritier. — Ainsi, le successible qui, après avoir renoncé, se rend cessionnaire des droits héréditaires de son cosuccessible, est tenu des dettes de la succession, bien qu'il ne soit pas lui-même cohéritier. — *Bordeaux*, 11 mai 1833, Malleville c. Delpeyrat.

738. — Jugé cependant qu'en pays de droit écrit, l'héritier qui venait par représentation n'était pas tenu des dettes du représenté de la succession duquel il s'était abstenu. — *Cass.*, 5 frim. an VII, Lorrin c. Builat.

739. — L'héritier bénéficiaire n'est obligé aux dettes que jusqu'à concurrence des biens qu'il a à recueillir; il peut même s'en dispenser en abandonnant ces biens, et il ne confond pas ses biens personnels avec ceux de la succession. — C. civ., art. 802. — V. SUCCESSION BÉNÉFICIAIRE.

740. — Il en est de même du légataire universel (C. civ., art. 1009) et du légataire à titre universel. — C. civ., art. 871 et 1012. — V. LEGS, nos 248 et suiv., 359 et suiv.

741. — Le légataire particulier n'est point tenu des dettes et charges, sauf toutefois l'action hypothécaire sur l'immeuble légué. — C. civ., art. 871 et 1024. — A moins toutefois que le testateur ne l'ait chargé expressément du paiement de certaines dettes. — C. civ., art. 1020. — V. LEGS, nos 594 et suiv.

742. — Dans les pays où autrefois la légitime était une quote de biens et non une quote de l'hérédité, le légitimaire était-il tenu des dettes de la succession? — V. LÉGITIME, nos 69 et suiv. — V. aussi COUTUME DE NORMANDIE.

743. — L'enfant naturel reconnu qui succède en totalité à son père ou à sa mère, à défaut d'héritiers légitimes, est nécessairement tenu du paiement de toutes les dettes. — Toullier, t. 4, no 524.

744. — Si l'enfant naturel concourt avec un héritier légitime il doit acquitter les dettes pour sa portion virile seulement. — Toullier, *ibid.*

745. — Quant à l'époux survivant et à l'Etat qui sont appelés à défaut de parens successibles ou d'enfans naturels, comme ils ne sont que dépositaires des biens jusqu'à prescription, ils ne sont évidemment tenus des dettes que comme détenteurs de ces biens, et par conséquent jusqu'à concurrence de leur émolument. — Pothier, ch. 5, art. 2; Toullier, t. 4, no 527; Rolland de Villargues, vo *Succession*, no 364. — V. DÉSHÉRENCE, SUCCESSION IRRÉGULIÈRE.

746. — Quelquefois aussi les donataires sont tenus au paiement des dettes. — C. civ., art. 945, 1082, 1083, 1084, 1085, 1086 et 1093. — V. DONATION ENTRE-VIFS, DONATION PAR CONTRAT DE MARIAGE.

747. — D'après l'art. 873 C. civ., les héritiers sont personnellement obligés au paiement des dettes et charges de la succession sans aucune limitation quelconque, c'est-à-dire non pas seulement jusqu'à concurrence de ce qu'ils prennent dans la succession, mais à quelques sommes que ces dettes et charges s'élèvent, et lors même que la portion virile de chacun dans les dettes et charges excéderait la valeur de sa part dans la succession. C'est là ce que l'on appelle l'obligation *ultra vires.* — Chabot, art. 873, no 9.

748. — L'héritier est tenu des dettes *ultra vires*, parce qu'il est la continuation de la personne du défunt, et l'adition de l'hérédité constitue de sa part un quasi-contrat vis-à-vis des créanciers : *Is qui miscuit se hæreditati contrahere videtur.* — L. 4, D., *Quibus ex caus. in poss.* — L'héritier n'a qu'à s'imputer de n'avoir pas accepté sous bénéfice d'inventaire. — Chabot, art. 873, no 2.

749. — Toullier (t. 4, no 392) donne encore pour fondement à l'action personnelle, cette raison que le père ne doit être considéré que comme administrateur des biens communs à la famille qui forme une personne morale: et que les enfans ne sont en quelque sorte que des associés à l'égard d'un mandataire. Mais cette considération, tirée de l'organisation de la famille chez les Romains, ne saurait s'appliquer chez nous ni aux successions des ascendans, ni aux successions collatérales. D'ailleurs, à la différence d'associés, les enfans peuvent se soustraire au paiement des dettes en répudiant la succession de celui qui les a faites.

750. — L'héritier pur et simple est tenu *ultra vires* au paiement des legs comme à celui des autres dettes et charges; il doit s'imputer de n'avoir pas accepté bénéficiairement. — Delvincourt, t. 2, p. 308, note 5; Duranton, t. 7, no 462; Malpel, no 215. — *Contrà*, Delaporte (*Pand. franç.*, t. 3, p. 375), qui donne pour motif que personne ne peut donner plus qu'il n'a, tandis qu'on peut contracter autant de dettes que l'on veut. Il se fonde, en outre, sur la jurisprudence des pays coutumiers.

751. — Les légataires universels ou à titre universel sont-ils tenus des dettes *ultra vires?* — V. LEGS, nos 250 et suiv., 360 et suiv.

752. — L'enfant naturel est-il tenu *ultra vires?* Il faut distinguer. S'il n'a pas fait d'inventaire il est obligé à toutes les dettes, parce qu'il doit s'imputer ce défaut de formalités. Mais si, après apposition de scellés, il a fait inventaire, il est assimilé à l'héritier sous bénéfice d'inventaire, sans faire sa déclaration au greffe du tribunal et sans observer les règles prescrites pour la vente des biens; il n'est tenu des dettes que jusqu'à épuisement de la succession. La raison de cette dispense, c'est qu'il n'est pas héritier et qu'il ne représente pas le défunt. — Toullier, t. 4, no 526; Rolland de Villargues, vo *Succession*, no 350.

753. — L'héritier étant tenu personnellement des dettes et charges d'une manière illimitée, il s'ensuit qu'il est obligé envers les créanciers non-seulement sur les biens de l'hérédité, mais encore sur les biens propres. — Chabot, art. 873, no 9. — Les titres exécutoires contre le défunt sont pareillement exécutoires contre l'héritier personnellement; et néanmoins les créanciers ne peuvent en poursuivre l'exécution que huit jours après la signification de ces titres à la personne ou au domicile de l'héritier. — C. civ., art. 877. — Il n'en était pas de même autrefois; il fallait un jugement qui déclarât les titres exécutoires. — V. EXÉCUTION DES ACTES ET JUGEMENS, nos 134 et suiv.

754. — Ainsi qu'on l'a vu (même mot, no 139), la signification peut être faite, même pendant les délais, pour faire inventaire et pour délibérer, sauf à ne poursuivre qu'après ces délais. — *Paris*, 29 décembre 1814, Chaumin c. Dorlin. — Chabot, art. 877, no 3; Duranton, t. 7, no 458; Delvincourt, t. 2, p. 374; Vazeille, art. 877, no 2; Locré, *Légis. civ.*, t. 10, p. 264.

755. — La contrainte par corps qui aurait été prononcée contre le défunt, ne pourrait être exercée contre aucun de ses héritiers ou représentans. — L. 12, C., *De oblig.* — Une pareille condamnation s'efface par la mort de celui qui y était assujetti. — Bourjon, Chabot (art. 873, no 22).

756. — Bien que l'héritier continue la personne du défunt et que les biens de l'un et de l'autre ne forment plus qu'un seul patrimoine, néanmoins le jugement obtenu contre le défunt qui emportait hypothèque générale sur ses biens n'emporte pas *de plano* la même hypothèque sur les biens de l'héritier. Il faut obtenir un titre exécutoire contre celui-ci. — Ricard, *Donat.*, p. 31; Delaporte, *Pand. franc.*, t. 3, p. 387; Duranton, t. 7, no 481; Vazeille, sur l'art. 877. — *Contrà*, Delvincourt (t. 2, p. 373, note), qui se fonde sur les expressions pareillement exécutoires de l'art. 877.

757. — Quant à l'hypothèque des légataires contre l'héritier, elle ne peut évidemment résulter que d'un jugement; car celle qui résulte pour eux du testament est bornée aux immeubles de la succession. — C. civ., art. 1017. — Delvincourt, Delaporte, Duranton, *ibid.*

758. — Sous l'empire de la coutume de Paris, l'hypothèque résultant du legs autorisait l'action solidaire contre chaque héritier détenteur d'immeubles de la succession. — *Cass.*, 11 brum. an XI, Vissec c. Leclerc.

759. — Relativement à la manière dont les héritiers peuvent être tenus des obligations résultant des délits et quasi-délits du défunt il faut distinguer entre l'action publique et l'action civile. La première s'éteignant par la mort du prévenu, les héritiers ne peuvent être tenus des amendes prononcées contre le prévenu qu'autant qu'il y aurait chose jugée antérieurement au décès. Mais l'action civile peut toujours être exercée, même après le décès du prévenu, tant que la prescription n'est pas acquise. — Delvincourt, t. 2, p. 375, note 5; Chabot, art. 873, no 23.

760. — Lorsque le défunt ne laisse qu'un seul héritier légitime ou testamentaire, l'obligation d'acquitter les dettes ne peut souffrir de difficulté; cet héritier en est seul tenu. Mais quand il y a plusieurs héritiers, l'obligation à la charge de chacun d'eux varie suivant leur nombre et la part qu'ils recueillent.

761. — « Les cohéritiers, porte l'art. 870, contribuent entre eux au paiement des dettes et charges de la succession, chacun dans la proportion de ce qu'il y prend. » — Et l'art. 873 ajoute : « qu'ils en sont personnellement tenus pour leur part et portion virile. »

762. — Ce principe si juste avait été proclamé par la loi des douze tables. Il fut constamment suivi dans le droit romain. — V. Paul, fr. 25, § 9, D., *Famil. ercisc.*; Anton., cons., 1, C., *De exception.*; Valér. et Gallien, cons., 1, C., *De hæredit. action.* — Mais il fut méconnu par plusieurs de nos anciennes coutumes qui distinguaient diverses espèces de successions et diverses classes d'héritiers, et qui, par un même motif, considéraient la cause ou l'origine des dettes, pour les mettre à la charge des héritiers de certaines espèces de biens : par exemple les dettes mobilières à la charge des héritiers des meubles.

763. — D'après la coutume d'Auvergne et le droit romain, les dettes d'une succession en ligne directe devaient être supportées par tous les héritiers au marc le franc de leurs portions dans l'hérédité, sans qu'il y eût à distinguer ni la nature de ces dettes, ni celle des biens que chaque héritier recueillait. — *Cass.*, 13 avr. 1818, Marnat.

764. — Sous la coutume de Paris, les héritiers n'étaient pas tenus solidairement des dettes de leur auteur. — *Cass.*, 3 août 1792, Bullet c. Mazarès. — Pothier, *Success.*, chap. 5, art. 3; Lebrun, *Success.*, liv. 4, chap. 2, sect. 1re. — V. aussi OBLIGATION SOLIDAIRE, no 7.

765. — Conséquent avec le principe posé dans l'art. 732, le législateur, dans l'art. 870, consacre et rétablit la règle romaine. Il veut que tous les héritiers contribuent, chacun en proportion de sa part héréditaire, au paiement de toutes les dettes dont la succession se trouve grevée, sans aucune distinction quant à leur cause, à leur nature ou à leur origine. — Chabot, art. 870, no 2.

766. — Il y a inexactitude dans cette rédaction de l'art. 870 : *« chacun dans la proportion de ce qu'il prend. »* — Un des héritiers qui est en même temps légataire par préciput ne contribue toujours que pour sa part héréditaire, bien qu'il prenne plus que les autres au moyen du prélèvement de son legs. — D'un autre côté, le partage peut n'avoir pas été fait suivant les règles de l'égalité; et cependant, tant qu'il ne sera pas rescindé, le cohéritier favorisé ne devra toujours que sa part héréditaire dans le paiement des dettes. — Delvincourt, t. 2, p. 374, note 4; Duranton, t. 7, no 425; Chabot, *ibid.*; Vazeille, art. 870, no 1er.

767. — Les mots de *part et portion virile* dont se sert l'art. 873 sont encore inexacts. On aurait dû dire *portion héréditaire.* — Delvincourt, t. 2, p. 377, note 5; Duranton, no 426. — V., à ce sujet, vo PORTION VIRILE, no 5.

768. — L'héritier qui acquitte sa part dans les dettes chirographaires du défunt, n'est pas en outre tenu du surplus des mêmes dettes jusqu'à concurrence de la valeur des immeubles de la succession qui lui sont échus. — *Caen*, 14 févr. 1825, Couet-Delahaye c. Alix.

769. — L'héritier réservataire qui se trouve en concours avec un légataire universel ne doit contribuer au paiement des dettes que proportionnellement à l'émolument qu'il recueille à titre successif, encore bien qu'il soit donataire à titre particulier de différens objets dépendant de la succession. — *Bastia*, 8 févr. 1837 (t. 2 1837, p. 244), Mattei c. Cannelli.

770. — S'il a été convenu entre deux héritiers, l'un légitime, l'autre testamentaire, qu'ils supporteraient par moitié toutes les dettes de la succession, en exceptant toutefois le cas où la veuve du défunt viendrait à exercer quelques reprises, un jugement n'a pu, après le décès de cette femme, déclarer le cas d'exception arrivé, parce que l'héritier légitime a voulu faire supporter à l'héritier testamentaire une partie de ce que ses père et mère étaient restés devoir pour les frais de sa pension. — *Cass.*, 5 germ. an XII, Ferrussac c. la Bastide.

771. — Lors même que, par une clause du partage, un des cohéritiers avait été chargé de payer toutes les dettes de la succession commune, il a pu être décidé, par interprétation des faits et des actes, que ce cohéritier n'était pas tenu directement au remboursement de la dot de sa femme, dont cette succession était chargée, sans que cette décision puisse donner ouverture à cassa-

tion. — *Cass.*, 1er déc. 1835, Durozet c. Lauberdière.

772. — En règle générale, et sauf les exceptions dont il sera ci-après parlé, chaque héritier n'est tenu que pour sa part héréditaire. D'où la conséquence que les créanciers de la succession sont obligés de souffrir la division de leurs créances entre les héritiers, qu'ils ne peuvent exercer contre chacun l'action personnelle, qu'en proportion de sa part héréditaire, et qu'ainsi ils ne peuvent ni poursuivre les uns pour les portions des autres, ni demander le tout à un seul, sauf, cependant, les exceptions qu'on va voir ci-après. — Chabot, art. 873, n° 3.

773. — Lorsque le partage se fait par souches, l'obligation de payer les dettes, et l'action des créanciers corrélative à cette obligation, se divise entre tous les héritiers de la souche. Chacun n'est jamais tenu que pour sa part héréditaire. — Pothier, *Success.*, chap. 5, art. 3, § 2; Lebrun, liv. 4, chap. 2, sect. 1re, n° 10; Ferrière, *Cout. de Paris*, art. 332; Delvincourt, t. 2, p. 377, note 5; Chabot, n° 4.

774. — Lorsque des héritiers d'une seule branche ont appréhendé et partagé la totalité de la succession, ils ne sont tenus au délaissement vis-à-vis des héritiers de l'autre branche que chacun pour sa part, et hypothécairement pour le tout; mais ils ne peuvent y être condamnés solidairement. — *Colmar*, 11 mars 1807, Hertzog c. N...

775. — Chacun des héritiers d'un codébiteur solidaire n'est tenu solidairement, avec l'autre débiteur ou ses héritiers, que jusqu'à concurrence de sa part virile; et c'est en ce sens que doit être entendue la condamnation prononcée solidairement contre les héritiers des deux débiteurs. — *Cass.*, 5 juill. 1831, Lieutaud c. Guillot.

776. — Le jugement qui condamne des héritiers à payer intégralement les arrérages d'une rente assise sur un immeuble de la succession, et prononce, à défaut du paiement de ces arrérages, la résolution du contrat de vente, ne viole pas le principe de la divisibilité des dettes entre cohéritiers, alors surtout qu'il n'est pas intervenu entre eux de partage de la succession débitrice, et encore bien que l'un d'eux offre de payer sa part. — *Nîmes*, 9 janv. 1837 (t. 2 1840, p. 46), Chabal c. Dubesset.

777. — Les héritiers tenus de délaisser un immeuble possédé par leur auteur, et de restituer les fruits, ne doivent être condamnés à cette restitution que pour leur part et portion, et non solidairement. — *Riom*, 10 mars 1836, Constant c. Chalus.

778. — L'arrêt qui condamne solidairement du chef de leurs auteurs les héritiers de deux individus obligés solidaires, doit être entendu en ce sens que la solidarité n'est prononcée que contre les successions vis-à-vis l'une de l'autre, et non contre les héritiers de chacune d'elles entre eux. — *Cass.*, 29 janv. 1838 (t. 1er 1838, p. 500), Beaumier c. Gauffriau.

779. — Lorsque la réserve des enfans porte en entier sur des immeubles donnés à un tiers, le donataire qui restitue ces immeubles jusqu'à concurrence de la quotité disponible est tenu de contribuer dans la proportion de cette quotité aux charges de la succession du donateur. — *Cass.*, 27 juin 1838 (t. 2 1838, p. 342), Richard c. Compan.

780. — Le principe de la division des dettes est indépendant de la solvabilité ou de l'insolvabilité des héritiers. Chacun ne peut jamais être poursuivi que pour sa part. — Chabot, art. 873, n° 6. — Et lors même que la succession se trouverait partagée entre des héritiers légitimes et des légataires universels ou à titre universel. — Toullier, t. 4, nos 497 et suiv.; Vazeille, art. 871, n° 6. — Autrefois on admettait l'action directe contre l'héritier, parce qu'il était saisi légalement dès l'instant du décès. Pothier (*loc. cit.*) et quelques auteurs de son temps l'admettaient encore. — Delvincourt, t. 2, p. 91, note 2, et p. 55, note 4; Delaporte, *Pand. franç.*, t. 3, p. 362; Duranton, t. 7, n° 435.

781. — Jugé, en ce sens, que les dettes se divisant entre les héritiers, chacun d'eux n'est tenu que pour sa part, quand bien même il n'aurait accepté la succession que sous bénéfice d'inventaire, ou que l'un de ses cohéritiers serait devenu insolvable. — *Colmar*, 23 nov. 1810, Reimbold.

782. — La contribution aux dettes n'est pas la même chose que l'obligation aux dettes. Les cohéritiers peuvent, soit d'après l'ordre du défunt, soit par une convention entre eux, répartir inégalement entre eux les charges de la succession. Mais les créanciers ont toujours le droit de poursuivre chacun d'eux jusqu'à concurrence de sa part héréditaire, d'après la division légale. — Delvincourt, t. 2, p. 375, note 4; Toullier, t. 4, nos 529 et 530; Duranton, n° 430; Vazeille, art. 870, n° 2.

783. — L'héritier qui serait en même temps créancier du défunt ne confondrait sa créance qu'en proportion de sa part. L'héritier légitimaire en concours avec un légataire universel ne confondrait pas, et il pourrait exiger la totalité de sa créance; autrement, la légitime ne serait plus entière. — Delaporte, p. 371; Vazeille, n° 5.

784. — L'héritier qui céderait ses droits successifs ne s'affranchirait pas pour cela de l'action personnelle des créanciers, à moins qu'il ne leur eût fait accepter la novation; et même ses cohéritiers auraient-ils toujours leur recours contre lui, si, par suite d'une action hypothécaire, ils se trouvaient forcés de payer au delà de leur portion héréditaire. — Delvincourt, *loc. cit.*; Delaporte, t. 3, p. 395; Vazeille, n° 7.

785. — Cependant, il existe quelques hypothèses où chaque héritier est tenu vis-à-vis du créancier, de payer plus que sa portion héréditaire.

786. — La première, c'est quand il s'agit de l'exécution d'une obligation indivisible. — V. OBLIGATION DIVISIBLE ET INDIVISIBLE.

787. — La garantie promise par le donateur d'un immeuble est indivisible entre ses héritiers, alors qu'elle est opposée par voie d'exception à l'action en revendication de l'immeuble formée par l'un d'eux. — *Limoges*, 6 janv. 1848 (t. 2 1848, p. 83), Demay c. Goujon.

788. — La seconde, c'est lorsqu'il s'agit de l'exécution d'une obligation hypothécaire en ce qui concerne l'héritier à qui est attribué l'immeuble hypothéqué. « Les héritiers, porte l'art. 873 C. civ., sont tenus des dettes et charges de la succession hypothécairement pour le tout, sauf leur recours, soit contre leurs cohéritiers, soit contre les légataires universels, à raison de la part pour laquelle ils doivent y contribuer. »

789. — La ratification pure et simple des héritiers consentie par acte notarié, d'une rente sous signature privée faite à leur auteur, et contenant affectation hypothécaire de ses biens, emporte virtuellement avec elle constitution d'hypothèque sur tous les biens indiqués dans l'acte privé, et soumet chacun des héritiers détenteurs d'une partie de ces biens au paiement de la dette pour sa part virile et hypothécairement pour le tout. — *Cass.*, 15 févr. 1832, Verdier c. de Pins et de Thézan.

790. — Sous la coutume de Paris, l'héritier obligé hypothécairement à la totalité de la dette vis-à-vis du créancier, en était affranchi par la vente qu'il avait faite des immeubles héréditaires dont il était détenteur, et l'action du créancier, en redevenant personnelle à son égard, redevenait essentiellement divisible. — Dès lors chaque héritier n'était tenu personnellement que pour sa part et portion. — *Cass.*, 26 vend. an XI, Flament c. Dubois-Courval.

791. — Quand l'immeuble hypothéqué n'est plus possédé par l'héritier, celui-ci ne saurait être poursuivi sur les autres immeubles de la succession dont il est détenteur, mais qui n'étaient point hypothéqués à la dette. — Delvincourt, t. 2, p. 378, note 1re; Toullier, nos 511 et 512; Vazeille, art. 872, n° 6.

792. — Lorsque les cohéritiers ont partagé la succession, le créancier du défunt par hypothèque spéciale n'a le droit d'actionner chacun des cohéritiers non propriétaires de l'immeuble hypothéqué, que jusqu'à concurrence de sa part contributive dans les dettes, et non jusqu'à concurrence des immeubles qu'il a recueillis; son droit se restreint au cohéritier qui possède l'immeuble hypothéqué, celui-ci peut être poursuivi pour le tout sur le fonds hypothéqué. — *Caen*, 4 févr. 1825, Couet-Delahaye c. Alix.

793. — Lorsque le père du mari a touché la dot de la femme, et pour sûreté du remboursement, a consenti à une hypothèque, le mari peut, même après le partage des biens de la succession de son père, agir par voie d'action hypothécaire sur les immeubles tombés dans le lot de son cohéritier, qui lui étaient affectés pour sa part contributive dans les dettes de la succession. — *Toulouse*, 2 août 1833, Laserre c. Ch...

794. — Comme l'héritier se trouve réunir l'obligation réelle et l'obligation personnelle, il ne saurait être considéré comme tiers détenteur dans le sens de l'art. 2169 C. civ. Il n'est donc pas besoin du commandement et du délai de trente jours dont parle cet article pour arriver à la vente de l'immeuble; et il suffit de la signification du titre et du délai de huit jours prescrits par l'art. 877, lequel, seul applicable, ne distingue point entre l'exécution sur les meubles ou sur les immeubles. — Delaporte, *Pand. franç.*, t. 3, p. 381. — *Contrà*, Persil, *Comm.* sur l'art. 2169, mais il ne motive point son opinion.

795. — Le créancier inscrit sur des immeubles d'une succession possédés par un seul des héritiers de son débiteur peut diriger des poursuites d'expropriation après commandement signifié à cet héritier. Il n'est pas tenu de lui faire, comme à un tiers détenteur, sommation de payer ni de faire commandement à ses cohéritiers comme débiteurs originaires. — *Cass.*, 19 juill. 1837 (t. 2 1837, p. 296), Célani c. Sérafino.

796. — L'art. 872 du Code civil porte : « Lorsque des immeubles d'une succession sont grevés de rentes par hypothèque spéciale, chacun des cohéritiers peut exiger que les rentes soient remboursées et les immeubles rendus libres avant qu'il soit procédé à la formation des lots. Si les cohéritiers partagent la succession dans l'état où elle se trouve, l'immeuble grevé doit être estimé au même taux que les autres immeubles; il est fait déduction du capital de la rente sur le prix total. L'héritier dans le lot duquel tombe cet immeuble demeure seul chargé du service de la rente, et il doit en garantir ses cohéritiers.

797. — La rente doit être mise dans le lot d'un seul des héritiers, lorsqu'il résulte des stipulations intervenues que le remboursement ne peut en avoir lieu qu'à une époque plus ou moins reculée, postérieurement au décès. — Delvincourt, t. 2, p. 378, note 2; Toullier, t. 4, n° 439; Duranton, t. 7, n° 439; Malleville, sur l'art. 872; Vazeille, *ibid.*, n° 1er.

798. — L'art. 872 est applicable lorsque des immeubles sont possédés en commun, à tout autre titre qu'à titre de succession. — *Liége*, 4 août 1812, Delooz c. Delannoy. — V. PARTAGE, n° 245.

799. — Il est également applicable au cas où les immeubles ne sont grevés que par hypothèque *générale*, surtout s'il s'agit d'une rente dont le remboursement puisse être exigé au cas de division ou partage des immeubles soumis à l'hypothèque. — *Nîmes*, 16 avril 1830, Corbier c. Salles. — Autrement, il en résulterait une série perpétuelle d'actions récursoires qui pourraient donner lieu à des contestations et qui occasionneraient toujours beaucoup de frais. — Chabot, art. 872, n° 1er; Conflans, p. 505.

800. — Mais l'art. 872 n'est applicable qu'aux rentes qui peuvent être rachetées. Ainsi, il ne l'est point à la rente viagère. — Duranton, t. 7, n° 438; Vazeille, n° 7. — Il ne s'applique pas non plus aux simples dettes exigibles à terme, car il n'y a pas ici lieu de craindre les recours entre cohéritiers comme en matière de rentes. — Duranton, t. 7, n° 440; Vazeille, n° 7.

801. — L'héritier qui rembourserait le capital entier n'aurait de recours contre ses cohéritiers que pour la continuation des arrérages. — Delvincourt, t. 2, p. 379, note 2; Delaporte, *Pand. franç.*, t. 3, p. 365; Duranton, t. 7, n° 443; Vazeille, art. 872, n° 6.

802. — L'art. 872 du C. civ. est applicable lors même que l'un des cohéritiers est créancier de la rente dont les biens à partager sont grevés. — *Caen*, 20 avril 1812, Beauchef-Duparc.

803. — Indépendamment de l'action hypothécaire, le créancier conserve toujours l'action personnelle contre le débiteur de la rente et même, nonobstant tous arrangemens de famille, contre chacun des autres cohéritiers. Il peut donc exercer cette action, bien qu'il n'ait pas renouvelé son inscription ou que le débiteur soit devenu insolvable. — Toullier, t. 4, n° 507; Delaporte, *Pand. franç.*, t. 3, p. 365; Vazeille, n° 2.

804. — L'art. 875 du C. civ. porte : « Le cohéritier ou successeur à titre universel qui, par l'effet de l'hypothèque, a payé au delà de sa part, de la dette commune, n'a de recours contre les autres cohéritiers ou successeurs à titre universel que pour la part que chacun d'eux doit personnellement en supporter, même dans le cas où le cohéritier qui a payé la dette se serait fait subroger aux droits des créanciers, sans préjudice néanmoins des droits d'un cohéritier qui, par l'effet du bénéfice d'inventaire, aurait conservé la faculté de réclamer le paiement de sa créance personnelle, comme tout autre créancier. » — C'était là une question controversée dans l'ancien droit. Cependant, la jurisprudence avait fini par adopter le système du Code. — Lebrun, *Success.*, liv. 4, chap. 2, sect. 3.

805. — Lorsqu'en faisant entre eux le partage

d'un immeuble, des cohéritiers ont déclaré que chacun d'eux serait tenu, pour sa part, des dettes dont l'immeuble était grevé, si depuis l'un des cohéritiers a payé aux créanciers hypothécaires, avec subrogation dans leurs droits, sa part dans les dettes ainsi que celle de ses cohéritiers, il ne peut, nonobstant la subrogation, réclamer de chacun de ses cohéritiers ou des acquéreurs de leur portion dans l'immeuble, que sa part respective, sans avoir droit de demander la totalité à l'un d'eux seulement. — *Paris*, 14 juin 1836, Joly de Fleury c. Douet de la Boulaye.

806. — L'héritier directement créancier hypothécaire de la succession peut poursuivre solidairement le cohéritier détenteur de l'immeuble hypothéqué sans être obligé de diviser son action. — Delvincourt, t. 2, p. 380, note 6; Chabot, art. 875, nᵒ 5; Vazeille, nᵒ 6. — V., dans le même sens, L. 1ʳᵉ, C., *De hæred. act.* — Lebrun, liv. 4, ch. 2, sect. 1ʳᵉ, nᵒ 43; Brodeau sur Louet, lettre H, nᵒ 20.

807. — En cas d'insolvabilité d'un des cohéritiers, sa part dans la dette hypothécaire est répartie sur les autres au marc le franc. — C. civ., art. 876.

808. — Si la dette n'était point hypothécaire, le créancier n'aurait pas droit de recours à raison de l'insolvabilité, attendu que la dette aurait été divisée de plein droit entre tous les cohéritiers. — Delvincourt, t. 2, p. 381, nᵒ 7.

809. — Le légataire particulier qui a acquitté la dette dont l'immeuble légué était grevé, demeure subrogé aux droits du créancier contre les héritiers et successeurs à titre universel. — C. civ., art. 874.

810. — Le recours du légataire ne peut s'exercer qu'après qu'il a été forcé de payer; et l'héritier n'est pas tenu de garantir l'hypothèque avant la délivrance du legs. — Grenier, *Donat.*, t. 1ᵉʳ, p. 556; de Laporte, *Pand. franç.*, t. 3, p. 377; Vazeille, nᵒ 4ᵉʳ. — *Contrà*, Maleville, sur l'art. 874.

811. — Le légataire particulier qui est en même temps héritier, peut, déduction faite de sa part dans la dette, exercer l'action hypothécaire contre l'un des cohéritiers, car l'art. 874 ne distingue pas, et l'art. 875 n'est pas applicable en ce que c'est comme légataire que l'héritier a payé. — Chabot, art. 874; Toullier, t. 4, nᵒ 513; Vazeille, art. 875, nᵒ 4.

812. — Les créanciers de la succession ont en outre le droit de demander, dans tous les cas et contre tout créancier, la séparation du patrimoine du défunt d'avec le patrimoine de l'héritier. — C. civ., art. 878. — V. SÉPARATION DE PATRIMOINES.

813. — La demande formée contre un héritier, tant en cette qualité que comme tiers-tenant, c'est-à-dire comme détenteur de biens hypothéqués à la créance du demandeur, constitue une action mixte qui peut être portée au tribunal de la situation des biens. — *Cass.*, 10 déc. 1806, Ranchon.

814. — La disposition du nᵒ 2 du sixième paragraphe de l'art. 59 du Code de procédure civile, qui attribue au tribunal de l'ouverture de la succession la connaissance des demandes intentées par les créanciers du défunt avant le partage, devient sans application lorsque celui-ci n'a laissé qu'un seul héritier, même bénéficiaire. — Ces mots *jusqu'au jugement définitif*, du nᵒ 3 du même paragraphe, doivent s'entendre du jugement qui a statué sur les difficultés que soulève le partage à donné lieu, et non du jugement à intervenir sur les demandes à fin d'exécution des dispositions à cause de mort. En conséquence, quand le défunt n'a laissé qu'un héritier, même bénéficiaire, le tribunal du lieu de l'ouverture de la succession n'est plus compétent pour connaître des demandes à fin d'exécution de ses dispositions à cause de mort. — *Orléans*, 14 nov. 1845 (t. 4ᵉʳ 1846, p. 77), Herry c. Prieur. — Merlin, *Rép.*, vᵒ *Héritier*, sect. 2, § 3, nᵒ 5; Chabot, sur l'art. 822, nᵒ 6; Toullier, t. 4, nᵒ 414; Chauveau sur Carré, sur l'art. 59, nᵒ 7; Thomines-Desmazures, sur l'art. 59.

815. — Lorsque, par suite de l'inexécution d'une condition exigée par le testateur pour l'efficacité d'un legs, ce legs a été annulé, et le légataire institué pour le cas d'inexécution de la condition envoyé en possession de la succession, si le premier légataire vient plus tard à remplir la condition exigée, l'action en restitution de la succession qu'il intente contre le légataire envoyé en possession doit être portée devant le tribunal du domicile de ce dernier, et non devant le tribunal du lieu où la succession s'est ouverte, encore bien que cette succession ne se compose que

d'immeubles situés en ce lieu, et que les héritiers légitimes y domiciliés aient été mis en cause pour consentir la délivrance du legs, alors surtout que ces derniers sont sans intérêt dans la contestation. — *Rouen*, 14 déc. 1843 (t. 2 1844, p. 14), Delongchamp c. Papin-Ruillier.

SUCCESSION BÉNÉFICIAIRE.

Table alphabétique.

SUCCESSION BÉNÉFICIAIRE. — 1. — C'est celle qui est acceptée sous bénéfice d'inventaire.

2. — Le bénéfice d'inventaire permet à l'héritier, en remplissant certaines formalités, de s'affranchir des charges de la succession qui excéderaient l'émolument. Par là, les intérêts de l'héritier et ceux des créanciers se trouvent sagement conciliés. Si, d'un côté, l'héritier ne doit pas souffrir un préjudice, et quelquefois même une ruine totale, pour améliorer la condition des créanciers du défunt, ceux-ci ne doivent pas non plus être exposés, par l'immixtion de l'héritier dans les biens du débiteur, à voir diminuer ou disparaître les gages de leurs créances.

3. — Dans le droit romain, on avait d'abord imaginé pour venir au secours des héritiers de leur accorder un certain temps pour délibérer. Tous les titres et papiers du défunt devaient être communiqués à l'héritier pour qu'il pût les examiner et faire son option, c'est-à-dire accepter purement et simplement ou renoncer. — V. D. le tit. *De jure deliberandi.* — Plus tard, on reconnut que souvent l'héritier, malgré toutes les précautions prises pour s'assurer des forces de l'hérédité, se trouvait obéré par l'apparition soudaine de créanciers qui jusqu'alors ne s'étaient pas fait connaître. Pour remédier à cet inconvénient, on admit l'héritier à se faire restituer contre son acceptation; mais de là naquirent d'autres abus. Enfin, Justinien introduisit, par la loi 22 C. *De jure deliberandi*, un droit tout nouveau, en organisant ce que l'on a appelé depuis le *bénéfice d'inventaire.* — Il ordonna que l'héritier qui aurait constaté la valeur des biens par un inventaire ne serait tenu aux dettes de la succession que jusqu'à concurrence de cette valeur, sans être obligé à rien mettre du sien. — Ce bénéfice devait être demandé à l'empereur et accordé par lui. — Rolland de Villargues, *Rép. du not.*, v° *Bénéfice d'inventaire*, n° 1er. — V. aussi Bilhard, *Tr. du bénéfice d'inventaire*, n° 3 et suiv., et une dissertation de Bressoles, *Revue de législation*, t. 9, p. 42 et suiv.

4. — En France, le bénéfice d'inventaire s'obtenait aussi par les *lettres du prince.* Ces lettres s'expédiaient par la petite chancellerie et s'entérinaient par le tribunal dans le ressort duquel la succession s'était ouverte. — Nouveau Denizart, v° *Bénéfice d'inventaire*, n° 1er, tit. 7.

5. — Toutefois elles n'étaient pas exigées partout. — Dans les pays de droit écrit et dans les coutumes qui admettaient la faculté d'accepter sous bénéfice d'inventaire, on n'exigeait pas de lettres; il suffisait d'une simple déclaration de la volonté d'en user. La raison de différence était que les lois romaines, dans les pays de droit écrit, ayant reçu formellement de la volonté du souverain la force et le caractère de loi, le bénéfice qu'elles accordaient était comme accordé par le souverain lui-même. — Mais dans les pays coutumiers, dont les statuts n'avaient pas de disposition particulière, l'autorité législative manquant aux lois romaines, le privilège qu'elles constituaient devait être subordonné à l'approbation positive du prince. — Dumoulin, *Cout. de Bourgogne*, art. 22; d'Argentré, *Cout. de Bretagne*, art. 572; Rodier, sur l'ordonn. de 1667, art. 1er, tit. 7.

6. — La loi du 7 sept. 1790, art. 21 a aboli, pour toute la France, la formalité des lettres de bénéfice d'inventaire. Depuis la publication du Code, ce bénéfice a été accordé par un jugement rendu sur la requête de l'héritier.

———

Sect. 1re. — *Qui peut accepter sous bénéfice d'inventaire.*

7. — Le droit d'accepter une succession sous bénéfice d'inventaire appartient évidemment à tous ceux qui sont capables d'accepter en général. — V. SUCCESSION, n° 304 et suiv.

8. — Les légataires universels ou les légataires à titre universel peuvent-ils n'accepter leur legs que sous bénéfice d'inventaire? — V. DÉLAI POUR FAIRE INVENTAIRE ET DÉLIBÉRER, n° 58 et suiv., et LEGS.

9. — Dans les pays de coutumes, l'héritier bénéficiaire était exclu par l'héritier pur et simple, même d'un degré plus éloigné, surtout en ligne collatérale. Lebrun (liv. 3, chap. 4) donne des détails très-étendus sur cette exclusion, introduite par honneur pour la mémoire du mari. Elle n'était pas usitée dans les pays de droit écrit, quoique, dans certains cas, des arrêts l'eussent arbitrairement autorisée. Le Code n'a point, avec raison, adopté cette jurisprudence : il considère le bénéfice d'inventaire comme un droit individuel et légitime dans chaque héritier, qui ne tend qu'à améliorer sa condition et le soustrait à l'alternative, ou d'un dépouillement absolu par suite d'une renonciation, ou de sacrifices plus ou moins onéreux par suite d'une acceptation téméraire. — Maleville, t. 2, p. 260; Chabot, t. 2, p. 411; Vazeille, art. 793, n° 3.

10. — Sous la coutume de Paris, les créanciers d'une succession, même bénéficiaire, ne pouvaient invoquer contre un héritier la disposition de la coutume qui prohibait le cumul de douaire avec le titre d'héritier. — Cette disposition était seulement applicable entre cohéritiers. — Cass., 9 juin 1835, Robert c. de Périgny.

11. — L'art. 251 de la coutume de Paris portant *que nul ne peut être ensemble héritier et douairier*, ne peut pas être opposé par les créanciers de la succession spécialement par une seconde femme, légataire universelle de son mari, aux enfans douairiers du premier lit, qui ont accepté la succession de leur père particulièrement, s'ils n'ont accepté que sous bénéfice d'inventaire. — Rouen, 10 juill. 1847 (t. 2 1847, p. 329), Cailleau.

12. — Sous l'ancien droit, le bénéfice d'inventaire n'avait pas lieu envers certains créanciers. L'ordonnance de 1563, art. 16, ne permettait pas aux héritiers des comptables d'en jouir, vis-à-vis de l'Etat. Le roi, disait-on, ne souffre pas de

privilèges contre lui. Cette rigueur, toutefois, ne s'appliquait point aux mineurs; elle avait été étendue par la jurisprudence aux héritiers majeurs des commis des comptables, même en faveur des fermiers généraux, qui tenaient la place du roi; aux héritiers des receveurs des consignations. — Lacombe, v° *Héritier*, n° 3. — Ces restrictions ne sont plus compatibles avec le Code. La dénomination de *bénéfice* a été conservée au bénéfice d'inventaire; mais il n'est pas moins devenu un droit commun, qui a effet contre l'Etat, de même, que contre les particuliers. Il suffit que le Code ne dise rien de contraire. La loi a pourvu à la sûreté des intérêts de l'Etat par le double moyen et du cautionnement des comptables et du privilège qui frappe leurs biens. — C. civ., art. 2098. — Duranton, t. 7, n° 10.

13. — Il est certaines où une succession ne peut être acceptée que bénéficiairement.

14. — Ainsi, quand les héritiers de celui à qui une succession est échue et qui est décédé sans avoir pris qualité, c'est une faculté pour accepter ou pour répudier cette succession, elle doit être acceptée sous bénéfice d'inventaire. — C. civ., art. 782.

15. — D'un autre côté, toute succession échue à un mineur ou à un interdit ne peut être acceptée que sous bénéfice d'inventaire. — C. civ., art. 461, 509 et 776.

16. — Les hospices, communes, fabriques, ne doivent accepter les successions que sous bénéfice d'inventaire. A l'égard de l'individu pourvu d'un conseil judiciaire, c'est une faculté, non une obligation. — Bilhard, n° 24.

17. — Le testateur peut-il interdire à l'héritier la faculté d'accepter sous bénéfice d'inventaire? — Cette question était fort débattue dans l'ancien droit. La plupart des auteurs, notamment Lebrun (liv. 3, ch. 4, n° 5), qui cite un grand nombre d'arrêts conformes, regardaient la condition comme non écrite. Mais le principe général est que chacun a la liberté d'apposer à sa libéralité telle condition que bon lui semble, pourvu qu'elle ne blesse ni l'ordre public, ni la morale. Or la condition dont il s'agit, loin de présenter cet inconvénient, a l'avantage d'honorer la mémoire du défunt, en même temps qu'elle favorise les intérêts des créanciers et des légataires. — Telle est la doctrine de Rousseaud de Lacombe, v° *Héritier*, n° 2; Montvallon, *Des successions.*, ch. 4, art. 2; Delvincourt, t. 2, p. 34 , n° 8; Duranton, t. 7, n° 15; Bilhard, n° 30. — Poujol, aussi (p. 378 et 475), pense qu'on ne peut ni interdire le bénéfice d'inventaire, ni dispenser celui qui veut en jouir de la confection d'un inventaire.

18. — Toutefois, il est à remarquer que s'il s'agissait d'héritiers légitimes ayant une réserve, le testateur ne saurait leur imposer d'autre peine que la privation de la quotité disponible; de plus, que la prohibition du bénéfice d'inventaire n'aurait aucun effet à l'égard d'un mineur ou d'un interdit; et qu'alors elle serait réputée non écrite, comme contraire aux articles 464 et 509. — Mêmes auteurs.

19. — L'héritier qui a accepté la succession sous bénéfice d'inventaire peut-il ensuite y renoncer? Cette question divisait et divise encore les auteurs et la jurisprudence.

20. — En principe, on est assez généralement d'avis que l'héritier bénéficiaire ne pourrait être admis à répudier la qualité qu'il a prise. — Lebrun , *Success.*, liv. 3, ch. 4, n° 85 ; Toullier, t. 4, n° 341; Merlin, *Rép.*, v° *Bénéfice d'inventaire*, n° 15; Chabot, *Success.*, art. 793, n° 1er.

21. — Ainsi, jugé que la maxime *Semel hæres semper hæres* est applicable à l'héritier bénéficiaire comme à celui qui a accepté purement et simplement. — Paris, 26 déc. 1815, Chasseriau c. Bertin ; *Cass.*, 24 (et non 26) déc. 1829, Ernest c. Lamothe; 1er févr. 1830, Enregistrement c. Lagarde; *Paris*, 15 janv. 1846, Pillot c. Gilliard; Simonnet c. Maget; *Douai* , 5 avr. 1848 (t. 2 1848, p. 507), Furcy-Delcroix.

22. — Que l'héritier bénéficiaire est lié par son acceptation comme l'héritier pur et simple, et que par conséquent il ne peut plus renoncer. — *Liége*, 34 juill. 1811, Gaillard de Fassignies c. Dalemède; *Douai*, 29 juill. 1846, Pillot c. Gilliard; *Metz*, 22 mai 1847, Risse; *Colmar*, 8 mars 1820, Wetterwald c. Braum; *Paris*, 3 avr. 1826, de Méry c. Regnier; *Toulouse*, 29 mars 1832, Payc. Roustil; *Grenoble*, 4 juin 1836, Brachet c. Chambon; *Lyon*, 13 avr. 1837 (t. 2 1837, p. 464), Montagnier; *Paris*, 22 nov. 1837 (t. 2 1838, p. 409), Danly.

23. — Dès lors, la loi mettant sur la même ligne l'héritier bénéficiaire et l'héritier pur et simple, l'acceptation d'une succession sous bénéfice d'in-

ventaire par l'un des héritiers fait obstacle à ce que d'autres héritiers qui ont renoncé reviennent sur leur renonciation, et acceptent aussi la succession. — La renonciation peut être opposée, non-seulement par l'héritier premier acceptant, mais même par les héritiers qui n'ont pas encore pris qualité au moment où le renonçant a rétracté sa renonciation. — *Cass.*, 19 mai 1835, Lecorbeiller c. Chatel.

24. — Par suite, l'héritier bénéficiaire qui renoncerait ne saurait être dispensé vis-à-vis de ses cohéritiers, du rapport de ce qu'il a reçu comme donataire. — *Paris*, 26 déc. 1815, Chasseriau c. Bertin.

25. — Enfin, une succession acceptée sous bénéfice d'inventaire ne peut plus devenir vacante et donner lieu à la nomination d'un curateur. — *Paris*, 10 août 1809, Brice d'Uzy c. Albert.

26. — Jugé, au contraire, que l'héritier bénéficiaire peut *renoncer*, et que son droit ne se borne pas au simple abandon autorisé par l'art. 802 C. civ. — *Nancy*, 4 janv. 1827, Jacqueray c. Escalier.

27. — ... Que sous l'empire de la Coutume de Bretagne, on a pu renoncer à une succession qu'on avait d'abord acceptée sous bénéfice d'inventaire. — *Rennes*, 12 fév. 1818, N... c. Duvau.

28. — ... Que si, après avoir d'abord accepté une succession sous bénéfice d'inventaire, un héritier y a renoncé, il peut néanmoins revenir sur cette renonciation et reprendre sa première qualité, quand même il aurait été nommé un curateur à cette succession. — *Rennes*, 11 août 1813, de Keryvon c. Guittau.

29. — D'un autre côté, le donataire par préciput, qui a accepté la succession sous bénéfice d'inventaire, peut ensuite y renoncer pour s'en tenir à sa donation; il est alors dispensé du rapport, et peut retenir le don jusqu'à concurrence de la quotité disponible. — *Lyon*, 14 mai 1813, Bordy c. Chaumartin. — V. RAPPORT A SUCCESSION.

30. — ... Et l'acceptation expresse ou tacite du donataire universel à cause de mort ne lui ôte pas la faculté de renoncer ultérieurement, afin de faire valoir les créances personnelles qu'il peut avoir à exercer contre la succession, sans qu'on puisse lui opposer la maxime *Semel hæres semper hæres.* — *Cass.*, 29 févr. 1820, Billoré c. de l'Etang.

31. — En tous cas, lorsqu'un héritier a renoncé à la succession qu'il avait acceptée sous bénéfice d'inventaire, il est sans droit et sans intérêt pour attaquer un jugement rendu contre lui en sa qualité d'héritier, et cela quand bien même il eût été condamné aux dépens qu'il aurait été forcé de payer. — *Cass.*, 15 brum. an XIII, Caratier c. Capblanc.

32. — Mais la plus grande difficulté vient de ce que l'art. 803 C. civ., permettant à l'héritier bénéficiaire de se décharger du paiement des dettes en abandonnant tous les biens de la succession, il s'agit de savoir si un pareil abandon doit ou non être considéré comme une véritable renonciation. — V. *infrà*, nos 259 et suiv.

33. — Le mineur qui a accepté une succession sous bénéfice d'inventaire peut, aussi bien que le majeur, se faire restituer contre son acceptation; il lui suffit pour cela d'établir la lésion, à la différence du majeur, qui pour être relevé de son acceptation doit prouver qu'elle a eu lieu par suite d'un dol. — V. SUCCESSION. — Le droit à la restitution qui existe en faveur du mineur par le simple fait de la lésion, doit, à plus forte raison, être admis lorsque la lésion est la suite d'un dol. — *Cass.*, 5 déc. 1838 (t. 2 1838, p. 617), Boullé, Robinot et Charpentier c. Bourdonnais-Duclésio. — Duranton, t. 6, n° 450; Vazeille sur l'art. 783. — *Contrà*, Chabot et Poujol, sur le même article.

34. — Le bénéfice d'inventaire, obtenu par le grevé, profite à l'appelé, dans les cas où la loi permet la charge de restitution. En effet, il est inutile d'obliger l'appelé à recommencer toutes les formalités du bénéfice d'inventaire, quand elles ont été remplies par le grevé. — Montvallon, *Des success.*, ch. 4, art. 26; Delvincourt, t. 2, p. 31, n° 8; Vazeille, art. 795, n° 4.

Sect. 2e. — *Délai pour accepter sous bénéfice d'inventaire.*

35. — Comme l'acceptation bénéficiaire n'est qu'un mode particulier de l'acceptation en général des successions (C. civ., art. 774), le délai pendant lequel on peut accepter bénéficiairement est nécessairement le même que celui pendant lequel on peut accepter purement et simplement. — V. SUCCESSION. — Cependant il convient de rappeler quelques règles en ce qui concerne spécialement l'acceptation bénéficiaire.

36. — L'héritier a trois mois pour faire inventaire, à compter du jour de l'ouverture de la succession, puis pour délibérer sur son acceptation ou sur sa renonciation, un délai de quarante jours à partir du moment où l'inventaire a dû être ou a été fait. — C. civ., art. 795. — V. DÉLAI POUR FAIRE INVENTAIRE ET DÉLIBÉRER.

37. — Tant que la prescription du droit d'accepter n'est pas acquise contre les héritiers qui ont renoncé, ils ont la faculté d'accepter encore la succession si elle n'a pas déjà été acceptée par d'autres héritiers. — C. civ., art. 790.

38. — Ainsi, jugé que le délai de trois mois pour faire inventaire après décès n'est pas tellement de rigueur que, ce délai expiré sans qu'il y ait été procédé, l'héritier ne puisse plus accepter que purement et simplement. — *Paris*, 28 août 1815, Tartière.

39. — De même, jugé qu'avant le Code civil, l'héritier bénéficiaire qui avait gardé le silence depuis le délai pour faire inventaire et délibérer n'en était pas moins héritier. — Qu'en conséquence, quelque temps qui se fût écoulé, s'il formait, en temps utile, son action en répétition de l'hérédité, on ne saurait le repousser pour défaut d'acceptation. — *Cass.*, 7 mess. an V, Faure c. Bonnard.

40. — ... Que le successible qui n'avait point fait acte d'héritier pouvait renoncer à la succession, même longtemps après les délais pour faire inventaire et délibérer. Qu'il en est de même sous le Code civil. — *Cass.*, 1er août 1809, Daguillard c. Monnier.

41. — Sous l'empire du droit écrit, l'héritier présomptif qui n'avait pas pris qualité dans le délai fixé pour faire inventaire et délibérer, ne pouvait, ce délai passé, être condamné comme héritier pur et simple, lorsque d'ailleurs il s'était abstenu et qu'il avait renoncé ultérieurement avant le jugement de condamnation. — *Cass.*, 5 févr. 1806, Degeyr c. Schmitz.

42. — Pendant la durée des délais pour faire inventaire et pour délibérer, l'héritier ne peut être contraint à prendre qualité et il ne peut être obtenu contre lui de condamnation; s'il renonce lorsque les délais sont expirés ou avant, les frais par lui faits légitimement jusqu'à cette époque, sont à la charge de la succession. — C. civ., art. 797.

43. — Un parent plus éloigné ne peut sommer l'héritier plus proche, même après les délais, de prendre qualité, droit qui n'appartient qu'aux créanciers; il peut seulement appréhender la succession, sauf à l'héritier plus proche à l'évincer, en acceptant soit purement et simplement, soit bénéficiairement. — Poujol, p. 491.

44. — Après l'expiration des délais ci-dessus, l'héritier, en cas de poursuite dirigée contre lui, peut demander un nouveau délai que le tribunal saisi de la contestation accorde ou refuse suivant les circonstances. — C. civ., art. 798.

45. — La prorogation du délai légal, selon les circonstances, était permise aussi par l'ordonn. de 1667 (tit. 7, art. 4); mais elle ne semblait accorder cette faculté qu'au cas où l'inventaire n'aurait pas encore été fait. Cette restriction n'est pas dans le Code; on ne l'observait pas même autrefois dans la pratique. Remarquons également que le nouveau délai autorisé par l'art. 798 est laissé, pour la fixation de sa durée, à l'arbitrage du juge. Cet article semble subordonner cette durée aux *circonstances* que les juges seuls sont en droit d'apprécier. C'est donc à tort qu'on avait mis en doute si le nouveau délai pouvait excéder quarante jours. La Cour de Paris a, le 11 fruct. an XIII (Happey c. Bourdon de Neuville), accordé un délai de deux mois. — Poujol, p. 483. — *Contrà*, Bilhard, n° 54.

46. — « Les frais de poursuite, dans le cas de l'article précédent, sont à charge de la succession, si l'héritier justifie, ou qu'il n'avait pas eu connaissance du décès, ou que les délais ont été insuffisans, soit à raison de la situation des biens, soit à raison des contestations survenues. S'il n'en justifie pas, les frais restent à sa charge personnelle. » — C. civ., art. 799.

47. — « L'héritier, porte l'art. 800 C. civ., conserve néanmoins, après l'expiration des délais accordés par l'art. 795, même de ceux donnés par le juge, conformément à l'art. 798, la faculté de faire encore inventaire et de se porter héritier bénéficiaire, s'il n'a pas fait d'ailleurs acte d'héritier, ou s'il n'existe pas contre lui de jugement passé en force de chose jugée, qui le condamne en qualité d'héritier pur et simple. » — La section de législation avait proposé de ne pas étendre cette faculté au-delà d'une année, mais cela n'a pas été admis. — Malleville, t. 2, p. 285.

48. — Le successible qui, n'ayant pas pris qualité dans les délais pour faire inventaire et délibérer, est poursuivi, après ces délais, par un créancier du défunt, doit supporter personnellement les frais des poursuites s'il vient ensuite à renoncer, à moins qu'il ne prouve qu'il a ignoré l'ouverture de la succession, ou que les délais pour délibérer ont été insuffisans. — *Colmar*, 21 déc. 1830, Aron c. Grossel; *Poitiers*, 7 janv. 1831, Pallu-Duparc c. Letondat.

49. — L'individu qui, après avoir accepté, pendant sa minorité, une succession sous bénéfice d'inventaire, est resté ensuite plus de trente ans sans faire acte d'héritier, a toujours conservé sa qualité d'héritier. En conséquence, il peut revendiquer les biens héréditaires contre les tiers détenteurs s'ils n'ont pu ignorer le vice de leurs titres, et cela, encore bien que l'État s'en fût emparé, par erreur, comme biens d'émigré, et que les tiers détenteurs les aient acquis publiquement après 1814, sur la mise en vente d'un curateur nommé à cette succession comme étant réputée vacante sur le motif que, nonobstant la loi du 5 déc., qui en avait ordonné la restitution, personne ne s'était présenté pour la réclamer. — *Metz*, 5 mars 1833, Vacquant c. Auger.

Sect. 3e. — *Formalités et conditions du bénéfice d'inventaire.*

50. — Pour prévenir toute fraude de la part de l'héritier bénéficiaire, la loi exige : 1° La déclaration de l'héritier qu'il n'entend prendre cette qualité que sous bénéfice d'inventaire; 2° un inventaire fidèle et exact qui la suive ou la précède. — C. civ., art. 793 et 794.

§ 1er. — *Déclaration d'acceptation bénéficiaire.*

51. — La déclaration d'un héritier qu'il entend ne prendre cette qualité que sous bénéfice d'inventaire, doit être faite au greffe du tribunal de première instance dans l'arrondissement duquel la succession s'est ouverte. — C. civ., 793.

52. — Avant le Code civil, il n'était pas prescrit à peine de nullité que la déclaration d'acceptation d'une hérédité sous bénéfice d'inventaire fût faite devant le juge du lieu de l'ouverture de la succession. — *Bordeaux*, 10 août 1811, Dubreuil c. Perrey. — Chabot, *Success.*, art. 793, n° 3.

53. — Et même, sous l'ancien droit, il suffisait que l'héritier eût fait inventaire pour jouir du bénéfice de cet inventaire. — Dès lors, il pouvait, sans le moindre péril, faire tous actes d'héritier, et il ne perdait point la faculté de répudier ensuite la succession. — *Toulouse*, 2 avr. 1817, Olivier-Dufaget c. Hospices de Toulouse.

54. — Toutefois, la déclaration au greffe n'est indispensable qu'autant qu'il s'agit de successibles qui peuvent prendre une autre qualité que celle d'héritiers bénéficiaires. Il en est autrement quand l'héritier ne peut accepter que bénéficiairement.

55. — Ainsi, le mineur est de droit héritier bénéficiaire, sans avoir besoin d'en faire la déclaration au greffe. — *Rouen*, 24 janv. 1845 (t. 2 1848, p. 14), Bonnesœur c. Delacroix.

56. — Les successions échues à des mineurs ne pouvant être acceptées en leur nom que sous bénéfice d'inventaire, les mineurs ne sauraient être privés, par le fait de leur tuteur, de ce privilége créé en leur faveur. Ainsi, ils doivent être toujours réputés héritiers bénéficiaires, quoiqu'on ne leur ait pas donné cette qualité dans les actes, et qu'on n'ait pas fait pour eux au greffe la déclaration d'acceptation prescrite par l'art. 793 C. civ. — *Cass.*, 10 mai 1841 (t. 1 1841, p. 95), Enreg. c. Sannet.

57. — La déclaration doit être inscrite sur le registre destiné à recevoir les actes de renonciation. — C. civ., 793.

58. — Cependant, il n'y aurait point nullité si la déclaration était faite, non sur le registre, mais seulement sur une feuille volante. — Bilhard, *Bénéfice d'inventaire*, n° 33.

59. — Lorsque l'héritier fait faire son acceptation par un fondé de procuration, cette procu-

ration doit être authentique, autrement le greffier qui reçoit l'acte ne pourrait y ajouter foi. — Chabot, art. 793, nº 4. — *Contrà*, Bilhard, *Traité du bénéf. d'inv.*, nº 34.

60. — Si cette procuration est en brevet, il est indispensable qu'elle reste annexée au registre qui contient l'acceptation; mais si elle est en expédition, l'annexe devient inutile, puisqu'on peut recourir à la minute. Ce sont là les règles qui sont suivies au greffe du tribunal de première instance de Paris. — Rolland de Villargues, vº *Bénéfice d'inventaire*, nº 38.

61. — Il n'est pas nécessaire que les enfans naturels et le conjoint fassent, sous peine de déchéance, la déclaration prescrite par l'art. 793, avant l'envoi en possession; ce n'est que selon les actes qu'ils font après cet envoi qu'on doit apprécier leur qualité de successeurs purs et simples ou bénéficiaires. — Poujol, *Success.*, nº 462.

62. — La déclaration d'un héritier qu'il n'entend accepter la succession que sous bénéfice d'inventaire produit son effet du jour où elle a été faite, quoique l'inventaire ne soit pas clos. — *Orléans*, 15 nov. 1832, Fauveau c. Rendu.

63. — L'arrêt qui, dans une espèce régie par l'ancien droit, décide en fait que des héritiers ont été justement actionnés comme héritiers purs et simples, lorsqu'il n'y a eu de leur part aucune déclaration de vouloir se porter héritiers avec bénéfice d'inventaire, ne peut donner ouverture à cassation. — *Cass.*, 2 niv. an XIV, Mathon c. Choumouroux.

64. — La déclaration que les héritiers auraient faite au greffe du tribunal du lieu de la résidence de la femme séparée de son mari qu'ils ne prenaient cette qualité que sous bénéfice d'inventaire, n'emporte pas reconnaissance de leur part que la succession s'est ouverte dans ce lieu. — *Cass.*, 26 juill. 1808, de la Beaume c. de Thézan.

§ 2. — *Inventaire et mesures d'administration provisoire.*

65. — L'apposition des scellés n'est pas une condition rigoureuse du bénéfice d'inventaire. L'art. 800 C. civ. le décide ainsi, par les expressions suivantes : « Les frais de scellés, *s'il en a été apposé*, seront à la charge de la succession. » Mais l'héritier a intérêt, pour se mettre à l'abri du soupçon, à observer cette formalité. — La question était résolue d'une manière diverse par les anciens auteurs (V. Rodier, sur l'ordonn. de 1667, p. 100). Lebrun opinait pour la nécessité des scellés; il cite plusieurs arrêts qui ont ainsi jugé, et s'appuie du suffrage de Henrys. Les termes du du Code ne laissent plus lieu à la controverse. — Chabot, t. 2, p. 578; Toullier, t. 4, nº 346; Duranton, t. 7, nº 28; Delaporte, *Pand. franç.*, t. 3, p. 188; Vazeille, art. 794, nº 6.

66. — Mais l'inventaire est indispensable. La déclaration d'un héritier qu'il entend ne prendre cette qualité que sous bénéfice d'inventaire « n'a d'effet, porte l'art. 794 C. civ., qu'autant qu'elle est précédée ou suivie d'un inventaire fidèle et exact des biens de la succession, dans les formes réglées par les lois sur la procédure et dans les délais qui seront ci-après déterminés. »

67. — L'inventaire qu'aurait fait le défunt, peu de temps avant sa mort, ne serait pas suffisant. La loi d'ailleurs appelle, pour être présentes à la confection de l'inventaire, toutes les parties intéressées. — C. proc., art. 940. — Toutefois, l'inventaire étant un acte authentique, il n'est pas nécessaire qu'il soit fait par l'héritier bénéficiaire, un seul est suffisant; celui qu'a fait faire l'un des héritiers peut profiter à l'autre. — Lebrun, liv. 3, chap. 4; Delaporte, *loc. cit.*; Vazeille, art. 794, nº 12.

68. — Dans le cas où il n'existe rien à inventorier, il faut au moins un procès-verbal de carence; la notoriété publique ne suffirait pas. — Lebrun, *ibid.*, nºs 14, 79 et 80; Delaporte, *loc. cit.*; Pothier, *Succ.*, chap. 3, art. 2; Toullier, t. 4, nº 378; Vazeille, art. 794, nº 13.

69. — La rédaction de l'inventaire est confiée à un notaire. — C. proc., art. 943. — Relativement au choix de ce notaire, V. INVENTAIRE, nºs 69 et suiv.

70. — Quant aux personnes que l'héritier bénéficiaire doit appeler à l'inventaire, V. INVENTAIRE, nº 124 et suiv. — A quoi il faut ajouter :

71. — L'héritier institué par testament, qui n'accepte cette qualité que sous bénéfice d'inventaire, doit, sous peine d'être déclaré héritier pur et simple, appeler à la confection de l'inventaire

les héritiers présomptifs du défunt, lors même que ces héritiers sont des collatéraux. — *Limoges*, 3 janv. 1820, Borde c. Mévières-Dartois. — Delvincourt, *Cours de dr. civil*, t. 2, p. 92, note 11; Chabot, art. 794, nº 5; Toullier, t. 4, nº 359. — *Contrà*, Duranton, t. 7, nº 62; Thomines-Desmazures, *Procéd.*, art. 942; Bilhard, *Du bénéfice d'invent.*, nº 126.

72. — Cependant le légataire universel n'est pas tenu, s'il n'y a pas d'héritier à réserve, d'appeler à l'inventaire l'héritier du sang, alors que celui-ci ne réclame aucun droit héréditaire, et l'absence de cet héritier ne peut entraîner contre le légataire universel (dans le cas où il avait antérieurement accepté sous bénéfice d'inventaire) la déchéance du bénéfice d'inventaire, alors surtout que l'inventaire n'est pas critiqué comme inexact. — *Cass.*, 16 avr. 1839 (t. 1er 1839, p. 396), Forsse c. Laden.

73. — Depuis le Code civil, mais avant le Code de procédure, un héritier bénéficiaire n'a pu être réputé héritier pur et simple, pour avoir fait procéder à l'inventaire sans y appeler les créanciers et avoir abandonné, sans leur concours, à la veuve l'actif de la succession pour ses reprises réglées amiablement. — *Amiens*, 25 févr. 1809, Domaines c. Huet de Lacroix.

74. — Relativement aux formalités de l'inventaire et aux objets qu'il doit contenir, V. INVENTAIRE, nºs 182 et suiv.

75. — Seulement il est à remarquer, en ce qui concerne spécialement la succession bénéficiaire que l'héritier qui a omis, sciemment ou de mauvaise foi, de comprendre dans l'inventaire des effets de la succession, est déchu du bénéfice d'inventaire. — C. civ., art. 801. — V. *infrà*, nºs 320 et suiv.

76. — Dans quel *délai* l'inventaire doit-il être fait? L'héritier a trois mois pour faire inventaire, à compter du jour de l'ouverture de la succession. Il a de plus, pour délibérer sur son acceptation ou sa renonciation, un délai de quarante jours, qui commence à courir du jour de l'expiration des trois mois donnés pour l'inventaire, ou du jour de la clôture de l'inventaire, s'il a été terminé avant les trois mois. — C. civ., art. 795. — Le même délai était accordé par l'ordonn. de 1677, tit. 7, art. 1er.

77. — Dans les pays de droit civil, le délai était généralement fatal; mais les art. 798 et 800 permettent encore, après son expiration, de faire inventaire et de se porter héritier bénéficiaire. — V., au surplus, vº INVENTAIRE, nºs 35 et suiv., et ce qui a été dit *suprà*, nºs 35 et suiv., en parlant du délai pour accepter sous bénéfice d'inventaire.

78. — L'héritier qui accepte dans les quarante jours, mais avant d'avoir fait l'inventaire, a encore trois mois pour procéder à l'inventaire. — Bilhard, *ibid.* nº 54.

79. — Jusqu'à la confection de l'inventaire d'une succession, il peut être statué en état de référé sur toutes les mesures provisoires qui peuvent intéresser la veuve, les héritiers et les créanciers. — Spécialement, on a pu en référé proroger le délai pour faire inventaire, accorder successivement plusieurs provisions alimentaires à la veuve, et maintenir une distribution provisoire de deniers entre les créanciers. — *Paris*, 11 fruct. an XIII, Happey c. Bourdon de Neuville.

80. — Encore bien que les délais pour faire inventaire et délibérer ne soient pas expirés, s'il existe dans la succession des objets susceptibles de dépérir ou dispendieux à conserver, l'héritier peut, en sa qualité d'habile à succéder et sans qu'on puisse en induire de sa part une acceptation, se faire autoriser par justice à procéder à la vente de ces effets. — C. civ., art. 796.

81. — Dans ce but, il doit présenter requête au président du tribunal de première instance dans le ressort duquel la succession est ouverte. — C. proc., art. 985.

82. — La vente doit être faite par un officier public, après les affiches et publications pour la vente du mobilier. — C. civ., art. 796; C. proc., art. 986.

Sect. 4e. — *Administration de l'héritier bénéficiaire.*

§ 1er. — *Actes d'administration en général. — Responsabilité.*

83. — « L'héritier bénéficiaire, porte l'art. 803

C. civ., est chargé d'administrer les biens de la succession. »

84. — L'administration d'une succession bénéficiaire appartient à l'héritier bénéficiaire de préférence au donataire universel en usufruit des biens du défunt. — *Paris*, 25 juill. 1826, de Vergennes. — Poujol, p. 500. — Mais la solution dépend beaucoup des circonstances. — Bilhard, *ibid.*, nº 65; Conflans, *Jurispr. des succ.*, p. 249.

85. — En effet, jugé au contraire qu'un héritier bénéficiaire ne peut prétendre à l'administration des biens et revenus de la succession, lorsqu'il existe un donataire universel en usufruit. — Et plus particulièrement, que cet héritier ne peut revendiquer l'administration des biens sur le motif que la succession est en déconfiture et la donation stérile, et demander la nullité des oppositions formées entre les mains des fermiers, comme contraires à son droit d'administrer, quoique ces oppositions aient été jugées valables avec le donataire universel. — *Paris*, 26 août 1816, Deflavigny c. Desvieux.

86. — Cependant l'administration des biens d'une succession bénéficiaire peut être transportée à un tiers pour la liquidation et l'apurement définitif de la succession, lorsque, à raison du nombre des héritiers et des circonstances particulières où ils se trouvent, l'impossibilité de suivre la marche ordinaire en matière d'administration de succession oblige les tribunaux à ordonner cette mesure, qui n'est pas, au reste, prohibée par la loi. — *Cass.*, 5 août 1846 (t. 2 1846, p. 293), Bonenfant. — Bilhard, *ibid.*, nº 64; Poujol, p. 508.

87. — Bien plus, il a été jugé que le créancier d'un héritier bénéficiaire peut, en exerçant les droits de son débiteur se faire autoriser à mettre en adjudication les baux des biens dépendant de la succession, lorsque cet héritier, en offrant ces biens à location, impose des conditions préjudiciables à la bonne culture de l'héritage et aux droits de ses créanciers. — *Douai*, 20 juin 1842 (t. 1er 1844, p. 45), Becq c. de Coussy.

88. — Lorsque l'héritier conserve en nature des meubles de la succession, il doit faire en sorte que sa négligence n'entraîne ni leur dépréciation, ni leur détérioration. — Arg. C. civ., art. 805.

89. — Toutefois, l'héritier bénéficiaire ne peut être autorisé, malgré l'opposition des créanciers ou des légataires, à conserver, sous prétexte de convenance, le mobilier de la succession pour le prix de l'estimation qui en a été faite. — Au contraire, dans tous les cas où il y a nécessité de vendre le mobilier, pour acquitter les dettes et les legs, l'héritier bénéficiaire est tenu de faire procéder à cette vente par le ministère d'un officier public, aux enchères et avec toutes les autres formalités prescrites par l'art. 805 C. civ. — *Cass.*, 10 févr. 1821, Laylon c. de Vauban.

90. — Lebrun place au nombre des conditions du bénéfice d'inventaire la vente des immeubles dépendant de la succession. L'art. 244 de la coutume de Paris en renfermait même une disposition expresse. — Le Code n'impose plus cette condition, car l'art. 796 autorise simplement l'héritier à vendre les « objets susceptibles de dépérir ou dispendieux à conserver. »

91. — L'héritier bénéficiaire n'est pas tenu de faire emploi des capitaux provenant de la succession. — S'ils ont été par lui placés, sans indice d'une spéculation faite dans son intérêt, ou sans qu'il en ait retiré aucun profit personnel, il ne doit aux créanciers que la représentation des capitaux. — *Paris*, 9 nov. 1843 (t. 1er 1844, p. 52), Orfila c. Boulogne. — Arg. *Bourges*, 18 juill. 1828 Huart c. Patureau. — Conflans, *Jurisp. des succ.*, p. 244.

92. — L'héritier bénéficiaire ne peut, après qu'on lui a notifié l'arrêt d'admission du pourvoi formé contre une décision accordant certaines sommes à la succession, disposer de ces sommes qu'à la condition de les restituer dans le cas où l'arrêt ne serait pas maintenu. — En conséquence, si cet héritier, postérieurement à la notification de l'admission du pourvoi, retire ces sommes de la caisse des dépôts et consignations, où elles avaient été placées, et en dispose pour payer les dettes de la succession, il est personnellement tenu de les restituer en cas de cassation, sans pouvoir être admis à prétendre qu'il ne doit être condamné à la restitution qu'en qualité d'héritier bénéficiaire. — *Cass.*, 8 août 1843 (t. 2 1843, p. 606), Perret c. Saulters.

93. — Comme représentant légal de la succession, c'est l'héritier bénéficiaire qui intente, et c'est contre lui que sont intentés les procès relatifs aux droits héréditaires. — Bilhard, *Bénéfice d'inventaire*, nº 51, *in fine*.

94. — Ainsi, l'héritier bénéficiaire, administrant les biens dans l'intérêt commun des créanciers et de l'hérédité, a qualité pour contester le rang des créanciers hypothécaires dans un ordre et demander la nullité des inscriptions. — *Paris*, 22 nov. 1828, Paris c. Vanspaendonck. — Conflans, sur l'art. 803, 1°.

95. — Il peut appeler d'un jugement qui le condamne à payer une créance de la succession, si le jugement se borne à reconnaître cette créance comme privilégiée. — Bilhard, n° 61. — *Contrà*, Merlin, *Quest.*, v° *Appel*, § 2, n° 1.

96. — Le débiteur d'une succession, qui est actionné par un individu qui se prétend héritier bénéficiaire, a bien le droit d'obliger celui-ci à justifier de sa qualité d'héritier, mais non celui de l'obliger à justifier qu'il est héritier bénéficiaire. Dès lors, il ne peut demander communication de l'inventaire, et il suffit que la qualité d'héritier soit justifiée par un simple extrait de l'intitulé de l'inventaire. — *Paris*, 18 août 1825, Coudray c. Debray.

97. — Mais par qui doivent être supportés les frais du procès? Jugé, qu'en général, les dépens auxquels l'héritier bénéficiaire a été condamné, en cette qualité, doivent être supportés par la succession seule. — *Rennes*, 19 mars 1814, Piflet c. Richer.

98. — Dans l'ancienne jurisprudence, il était assez d'usage que, pour se mettre à l'abri de reproches, l'héritier bénéficiaire prît, avant d'agir, l'avis de jurisconsultes connus. Cette précaution lui évitait la charge des frais, quelle que fût l'issue du procès. Dans le ressort de certains Parlemens, il s'était introduit divers usages à cet égard. A Paris, l'héritier pouvait porter en compte tous les frais de procès, tant qu'un jugement ne lui avait pas formellement interdit cette faculté. — Denizart, v° *Compte*, p. 54; Bretonnier, *Quest. de dr.*, p. 58. — Ailleurs, comme en Bretagne, l'héritier courait tous les risques des dépens, sans espoir de répétition, s'il n'avait pris l'avis des créanciers.

99. — Ce dernier usage ne pourrait plus être suivi aujourd'hui. Les créanciers d'une succession bénéficiaire ne forment plus, comme autrefois, une direction, un corps dont les intérêts soient confiés à quelques-uns d'entre eux, appelés directeurs ou syndics. On a simplifié la procédure, pour ne pas multiplier les frais. Les créanciers d'ailleurs, s'ils étaient convoqués pour chaque procès, seraient souvent hors d'état de fixer une opinion raisonnée, sans recourir eux-mêmes à des conseils éclairés. Il serait donc plus sage de s'en tenir à l'avis des jurisconsultes habiles, et l'héritier sera alors excusable d'avoir engagé la contestation. — Malpel, n° 237; Toullier, t. 4, n° 373. — Mais M. Vazeille (art. 803, n° 2) combat cette opinion en disant que ce serait lier la conscience du juge.

100. — En effet, l'art. 132 C. proc. civ. porte que : « ... Les héritiers bénéficiaires ou autres administrateurs *pourront* être condamnés aux dépens, en leur nom et sans répétition, même aux dommages-intérêts, s'il y a lieu. »

101. — Mais, tout en étant libres de prononcer contre l'héritier bénéficiaire personnellement la condamnation aux dépens, les juges ne devront le faire que dans le cas où l'action qu'il a formée ou soutenue était évidemment insoutenable. — Duranton, t. 7, n° 36; Favard de Langlade, v° *Bénéfice d'inventaire*; Delaporte, *Pand. franç.*, t. 3, p. 204; Poujol, p. 482.

102. — Ainsi, un héritier bénéficiaire est passible des dépens, si, au lieu de demander un compte à un débiteur de la succession, il agit imprudemment contre celui-ci par voie de commandement. — *Orléans*, 14-18 mars 1816, N.... — Chauveau, *Comment. du tarif*, t. 1er, sur l'art. 130 C. proc.

103. — Bien qu'il soit expressément chargé d'*administrer* les biens de la succession (C. civ., art. 803), la condition de l'héritier bénéficiaire diffère sur plusieurs points de celle d'un administrateur ordinaire.

104. — 1° C'est sa propre chose qu'il administre; car le bénéfice d'inventaire n'ôte pas à l'héritier la propriété des choses héréditaires. Il est ce que les auteurs appellent *procurator in rem suam*.

105. — L'héritier nommé par jugement gérant et liquidateur d'une succession bénéficiaire ne représente pas ses cohéritiers d'une manière absolue, à tel point que ceux-ci ne puissent intervenir dans les procès concernant la succession, et qui auraient été intentés contre le gérant seul, alors surtout qu'il s'agit d'une demande en délaissement d'un immeuble, ou en délivrance d'une seconde grosse pour parvenir à ce délaissement. — *Bordeaux*, 9 mars 1841 (t. 1er 1841, p. 705), Froidefond Duchatenet c. Froidefond de Bellile.

106. — 2° S'il fait des actes qui excèdent les bornes d'une administration, ils ne sont pas nuls; seulement, ils emportent déchéance du bénéfice. — V. *infrà*, nos 349 et suiv.

107. — 3° S'il gère mal, s'il se rend coupable de fraude, il ne perd pas la gestion, mais il la continue à titre d'héritier pur et simple.

108. — 4° Il n'est point salarié pour ses peines, ne retirât-il aucun profit de la succession, et la liquidation eût-elle entraîné beaucoup de lenteurs et d'embarras. Il ne peut répéter que ses avances et ses déboursés; il n'a pas même le droit de prendre sa nourriture ou son logement sur les biens de la succession, soit pendant, soit après les délais pour délibérer. Il était libre de ne pas encourir les risques d'une administration infructueuse; ensuite, répétons-le, il a fait ses affaires propres en même temps que celles des créanciers. — Duparc-Poullain, t. 4, *Princ. du dr.*, p. 93; Bretonnier, *Quest de dr.*, p. 58; Denisart, v° *Compte*, n° 6; Chabot, t. 3, p. 24-28; Toullier, t. 4, n° 372; Malpel, n° 228; Delvincourt, t. 2, p. 33, note 1; Vazeille, art. 803, n° 9.

109. — 5° Enfin, il n'est tenu que des fautes graves (C. civ., art. 804), au lieu que l'administrateur ordinaire est responsable même des fautes légères. — C. civ., art. 1999. — Instit., *De oblig quæ quasi ex contr. nasc.*, § 1er. — Vazeille, art. 804, n° 1er; Poujol, *Success.*, t. 1er, p. 459. — V. FAUTE.

110. — Relativement aux fautes graves de l'héritier bénéficiaire, les auteurs distinguent entre les fautes graves et les fautes très graves. — MM. Duranton (n° 37, t. 7), et Delaporte (*Pand. franç.*), restreignent la responsabilité de l'héritier aux fautes très-graves qu'on serait tenté d'assimiler au dol. D'autres auteurs l'étendent aux fautes simplement graves. — Chabot, t. 3, p. 28; Delvincourt, t. 2, p. 32, note 2; Favard de Langlade, v° *Bénéfice d'inventaire*, n° 9; Vazeille, art. 804, n° 1er; Bilhard, n° 63; Poujol, p. 510 et 511. — Cette interprétation est conforme à la lettre de l'art. 804, et de plus consacrée expressément par la loi 25, § 16, ff., *Famil. ercisc.*

111. — Du reste, si les auteurs ne sont pas d'accord sur la qualification de la faute qui entraîne la responsabilité, ils sont unanimes au moins à reconnaître comme ayant cet effet, les actes suivans : ne pas interrompre les prescriptions ou péremptions, négliger des réparations urgentes et nécessaires, faire sur le sol des propriétés des changemens inutiles et dispendieux, ne pas cultiver ou affermer les biens, soutenir ou intenter des contestations évidemment mal fondées, etc.

112. — D'un autre côté, il appartient exclusivement aux juges du fond d'apprécier s'il y a faute grave de la part d'un héritier bénéficiaire, et cette appréciation, quelle qu'elle soit, échappe à la censure de la cour de cassation. — *Cass.*, 11 janv. 1830, Hospices de Sainte-Marie c. Foissy.

113. — L'émigration de l'héritier, postérieure à son acceptation sous bénéfice d'inventaire, ne l'a pas rendu débiteur personnel des créanciers de la succession. En conséquence, cet héritier n'a pu, s'il n'a été d'ailleurs réintégré dans aucun des biens qui composaient l'hérédité, être tenu, après son amnistie, d'acquitter les dettes non payées par la nation. — *Cass.*, 22 janv. 1807, Barbey de Longbois c. Syresme.

§ 2. — *Vente des meubles et des immeubles.*

114. — 1° *Vente des meubles.* — S'il y a lieu de procéder à la vente du mobilier et des rentes dépendant de la succession, la vente doit être faite suivant les formalités prescrites pour la vente de ces sortes de biens. — C. proc., art. 989.

115. — C'est-à-dire que la vente des meubles ne peut avoir lieu que par le ministère d'un officier public, aux enchères et après les affiches et publications accoutumées. — C. civ., art. 805.

116. — Il y est procédé sur la réquisition de l'une des parties intéressées en vertu de l'ordonnance du tribunal de première instance, et par un officier public. — C. proc., art. 946.

117. — Le président du tribunal civil est seul compétent pour autoriser la vente d'objets mobiliers dépendant d'une succession bénéficiaire. — *Rouen*, 1er août 1845 (t. 2 1845, p. 262), Lefort c. Commissaires-priseurs de Rouen.

118. — ... Et pour commettre l'officier public qui devra procéder à cette vente. — Même arrêt; 11 déc. 1845 (t. 1er 1846, p. 57), mêmes parties.

119. — On s'adresserait incompétemment, en ce cas, au tribunal de commerce, lors même qu'il s'agirait de vendre les marchandises faisant partie de la succession d'un négociant, et que l'on penserait que ces marchandises seraient vendues plus avantageusement par des courtiers que par des commissaires-priseurs. — Même arrêt du 1er août.

120. — Et alors même qu'il s'agit de marchandises neuves, la requête des héritiers bénéficiaires ne doit pas être adressée au tribunal de commerce. — *Rouen*, 11 déc. 1845 (t. 1er 1846, p. 57), Lefort. c. Commisseurs-priseurs de Rouen.

121. — La vente est faite dans les formes prescrites au titre *Des saisies-exécutions*, et en outre, suivant celles tracées dans les art. 945 et suivans C. proc. civ.

122. — La loi n'assujettit aux formes des ventes publiques que le mobilier ou les meubles proprement dits, et non les grains, vins, denrées. — Chabot, art. 805, n° 4; Bilhard, n° 78. — *Contrà*, Poujol, n° 4; Vazeille, n° 3; Belost-Jolimont sur Chabot, art. 805, observ. 1re.

123. — Relativement aux rentes sur l'Etat, l'héritier bénéficiaire peut les transférer sans aucune autorisation, si elles sont au-dessous de 50 fr.; au-dessus, une autorisation préalable du tribunal est nécessaire pour le transfert à peine de déchéance du bénéfice d'inventaire. — Avis Conseil d'Etat 11 juin 1808. — Toullier, n° 374; Delvincourt, t. 2, p. 96; Proudhon, *Dom. de prop.*, n° 239; Vazeille, art. 805, n° 4. — V. asusi Poujol, n° 515, et Bilhard, n° 79.

124. — Les rentes dues par des particuliers à une succession bénéficiaire doivent être vendues sur les lieux devant le notaire qui y fait sa résidence et qui a été choisi par les héritiers, alors surtout qu'il ne peut en résulter aucun préjudice pour des tiers. Le tribunal n'est pas fondé, dans ce cas, à choisir un notaire du chef-lieu de l'arrondissement. — *Caen*, 24 août 1826, Faucillon-Ferrière.

125. — L'héritier bénéficiaire qui a cédé à des créanciers de la succession des rentes en paiement pour le montant des capitaux portés aux contrats de constitution, au lieu de les faire vendre par adjudication publique, conformément à la loi, n'encourt pas la déchéance du bénéfice d'inventaire, alors surtout que la cession faite de gré à gré par l'héritier était plus avantageuse que ne l'eût été la vente faite en justice. — *Cass.*, 27 déc. 1820, Albert c. Daubusson.

126. — L'héritier doit remplir les formalités prescrites par la loi pour la vente du mobilier et des rentes, à peine d'être réputé héritier pur et simple. — C. proc., art. 989. — Toullier, t. 4, n° 358; Malpel, n° 233; Duranton, t. 7, n° 26; Vazeille, art. 804, n° 1er.

127. — Jugé cependant que l'héritier bénéficiaire qui a vendu les meubles de la succession, sans observer les formalités prescrites par l'art. 805 C. civil, n'est point, par cela seul, déchu du bénéfice d'inventaire, lorsque la vente n'a point causé de préjudice aux créanciers, et qu'il n'y a point de doute sur sa bonne foi. — *Rouen*, 30 août 1828, Rouet c. Ségur.

128. — ... Que l'héritier bénéficiaire ne peut être déchu du bénéfice d'inventaire pour avoir fait vendre les meubles dépendant de la succession, sans observer les formalités spéciales à la vente de ces sortes biens, alors que celles employées étaient plus propres à augmenter la garantie des créanciers qu'à la diminuer. — Tel est le cas de l'héritier bénéficiaire qui a fait vendre le mobilier de la succession cumulativement avec les immeubles, et dans les formes requises pour la vente de ces derniers biens. — *Cass.*, 20 août 1845 (t. 2 1845, p. 681), Demay c. Gasse.

129. — ... Que le seul fait, de la part d'un héritier bénéficiaire autorisé par justice à vendre le mobilier de la succession, de ne pas représenter le procès-verbal d'apposition d'affiches exigé par l'art. 619 du Code de procédure, ne suffit pas pour le faire déclarer déchu de sa qualité, et pour lui infliger celle d'héritier pur et simple alors d'ailleurs qu'il est justifié de l'existence de cette apposition par une mention au procès-verbal du notaire qui a procédé à la vente, et par la représentation d'un exemplaire imprimé de ces affiches. — *Cass.*, 6 janv. 1845 (t. 1er 1845, p. 353), Aunay c. Champin.

130. — Le prix de la vente du mobilier doit être distribué par contribution entre les créanciers opposans, suivant les formalités de la *distribution par contribution*. — V. ce mot. — C. proc. civ., 990.

131. — 2° *Vente des immeubles.* — L'héritier bénéficiaire ne peut vendre les immeubles de la suc-

cession que dans les formes prescrites par les lois sur la procédure. — C. civ., art. 806.

132. — Ces formes, en ce qui concerne spécialement les successions bénéficiaires, sont déterminées par les art. 987 et 988 du Code de procédure. — Toutefois, ces articles ont été modifiés par la loi du 2 juin 1841.

133. — « S'il y a lieu de vendre des immeubles dépendant de la succession, porte le nouvel art. 987 du Code de procédure, l'héritier bénéficiaire présentera au président du tribunal de première instance du lieu de l'ouverture de la succession une requête dans laquelle ces immeubles seront désignés sommairement. — Cette requête sera communiquée au ministère public.

134. — Sur ses conclusions (du ministère public) et le rapport du juge nommé à cet effet, il sera rendu jugement qui autorisera la vente et fixera la mise à prix, ou qui ordonnera préalablement que les immeubles seront vus et estimés par un expert nommé d'office. — Dans ce dernier cas, le rapport de l'expert sera entériné sur requête par le tribunal, et sur les conclusions du ministère public, le tribunal ordonnera la vente. — Même art.

135. — Ainsi, comme on le voit, la nomination d'un expert est purement facultative pour le tribunal. — Au contraire, l'ancien art. 987 portait : « Sur ses conclusions (du ministère public), et sur le rapport d'un juge nommé à cet effet, il sera rendu jugement qui ordonnera préalablement que les immeubles seront vus et estimés par un expert nommé d'office. » — Puis l'ancien art. 988 ajoutait : « Si le rapport est régulier, il sera entériné sur requête par le même tribunal, et sur les conclusions du ministère public, le tribunal ordonnera la vente. »

136. — Il doit être procédé à la vente suivant les formalités prescrites au titre *De la vente des biens immeubles appartenant à des mineurs*. — C. proc., 988. — V. VENTE JUDICIAIRE DE BIENS IMMEUBLES.

137. — L'ancien art. 988 portait : « Il sera procédé à la vente suivant les formalités prescrites au titre *Des partages et licitations*. »

138. — En modifiant les art. 987 et 988 du Code de procédure civile, la loi du 2 juin 1841 a toutefois ajouté que les ventes judiciaires qui seraient commencées antérieurement à sa promulgation continueraient à être régies par les anciennes dispositions du Code de procédure civile et du décret du 2 févr. 1811 (art. 9).

139. — L'héritier bénéficiaire, qui fait procéder à la vente des immeubles de la succession, est tenu de se conformer aux formalités prescrites par les lois du lieu de la situation des biens. — *Paris*, 28 juin 1816, Collet c. Rohan-Guéménée; *Cass.*, 26 janv. 1818, mêmes parties. — Merlin, *Rép.*, vo *Loi*, § 6; Duranton, t. 1er, no 90.

140. — Avant la loi du 2 juin 1841, jugé que l'héritier bénéficiaire était tenu, dans le cas même où il était créancier, de se conformer, pour la vente des biens de la succession, aux règles prescrites par les art. 987 et suivans du Code de procédure. — *Toulouse*, 17 mars 1827, Mesan c. Fourment.

141. — ... Qu'un héritier bénéficiaire pouvait, lorsque les créanciers ne s'y opposaient pas, être autorisé à faire procéder devant notaire à la vente d'un immeuble dépendant de la succession. — *Paris*, 29 mars 1816.

142. — ... Que c'était un notaire, et non un membre du tribunal qui devait être commis pour procéder à la vente judiciaire des immeubles dépendant d'une succession bénéficiaire, quand ce mode offrait plus de chances avantageuses aux parties. — *Douai*, 20 nov. 1827, Pelyt.

143. — ... Que lorsque l'héritier bénéficiaire demandait que la vente des immeubles de la succession eût lieu devant notaire, le tribunal devait renvoyer la vente devant un notaire commis à cet effet, et non à l'audience des criées du tribunal. — *Bordeaux*, 29 sept. 1835, Lafarge.

144. — ... Et qu'il en devait être de même, à plus forte raison, quand le renvoi devant un notaire était demandé par tous les héritiers, dans l'intérêt de la succession. — *Bordeaux*, 26 nov. 1834, Barthez.

145. — Dans le cas d'association entre deux individus dont l'un était décédé, les héritiers bénéficiaires et les créanciers du défunt n'ont pu requérir l'estimation d'un immeuble indivis, lorsque l'associé survivant en avait été dispensé par un jugement rendu avec ces héritiers. — *Paris*, 30 nov. 1809, Lanchère c. Bourgeois.

146. — Lorsqu'un immeuble a été l'objet d'un legs particulier, soit en propriété, soit en usufruit, l'héritier bénéficiaire qui n'a point fait réduire le legs ne peut, en sa qualité d'héritier bénéficiaire, faire vendre l'immeuble légué, sous prétexte qu'il y aurait des dettes à payer; ainsi, si l'usufruit seul a été légué, il ne peut requérir la vente de l'usufruit avec celle du fonds. — *Bordeaux*, 8 juill. 1828, Baillet c. Brisard. — M. Poujol (p. 508) pense que l'héritier bénéficiaire n'a pas le droit de faire vendre un immeuble légué à titre particulier.

147. — L'héritier bénéficiaire, poursuivant la vente des biens qui dépendent de la succession, ne peut attaquer cette vente, comme faite au-dessous du prix de l'estimation, lorsque son avoué a assisté à l'adjudication, y a consenti et a reçu les frais dus par les acquéreurs. Faute par le poursuivant d'avoir formé un désaveu contre son avoué, le jugement doit être maintenu. — *Rennes*, 7 juin 1820, de la Rochefoucaud c. de Robien.

148. — En parlant de vente d'immeubles, la loi entend tous les objets qui ont le caractère immobilier, soit par leur nature, soit par leur destination, soit par une qualification légale. — Bilhard, no 80.

149. — Jugé, cependant, que la vente faite par l'administrateur provisoire d'une succession bénéficiaire d'objets déclarés immeubles par destination, tels, par exemple, que les bestiaux et ustensiles d'une ferme dépendant de la succession et des récoltes sur pied, a pour effet, en l'absence d'opposition des créanciers hypothécaires, de mobiliser le prix de cette vente, sur lequel, dès lors, ces créanciers n'ont plus aucun droit de suite. — *Paris*, 4 févr. 1846 (t. 1er 1846, p. 140), Gérin c. Ganneron.

150. — L'héritier bénéficiaire, porte l'art. 988 C. proc., sera réputé héritier pur et simple, s'il a vendu des immeubles sans se conformer aux règles prescrites par les art. 987 et suiv.

151. — D'après l'édit de 1611, l'héritier bénéficiaire qui vendait, sans l'autorisation de la justice, des immeubles dépendans de la succession, devait être réputé héritier pur et simple. Dans ce cas, l'héritier bénéficiaire était déchu indéfiniment du bénéfice d'inventaire, dans quelques lieux que fussent situés les autres immeubles de la succession, et quelle que fût la loi en vigueur dans le lieu de l'ouverture de la succession. — *Cass.*, 26 janv. 1818, Rohan-Guéménée c. Collet.

152. — Avant la promulgation du Code de procédure, mais depuis celle du Code civil, un héritier n'était point déchu du bénéfice d'inventaire pour avoir vendu des immeubles de la succession, sans observer les formalités prescrites par la loi. *Metz*, 5 août 1819, Wendel c. Gand.

153. — L'héritier bénéficiaire qui procède, sans l'observation des formalités judiciaires, au partage d'immeubles indivis entre la succession bénéficiaire et des copropriétaires étrangers à cette succession, n'encourt point, par cela seul, la déchéance du bénéfice d'inventaire..., alors surtout qu'il n'est résulté de ce partage aucun préjudice pour la succession. — *Cass.*, 26 juill. 1837 (t. 2 1837, p. 174), Langenardière c. de Bray.

154. — L'accomplissement des formalités prescrites pour la vente des immeubles n'est pas la condition de la validité de la vente, mais seulement du bénéfice d'inventaire. La vente est maintenue quoique faite sans aucune des formes prescrites, seulement l'héritier bénéficiaire devient héritier pur et simple. — C. proc., art. 988. — Chabot, art. 806, no 2; Delvincourt, t. 2, p. 95; Toullier, t. 4, no 373; Duranton, t. 7, no 28; Malpel, no 233; Vazeille, art. 806, no 1er; Carré, *Lois de la procéd.*, quest. 3225; Bilhard, no 127; Marcadé, art. 806.

155. — Ainsi, la vente faite par l'héritier bénéficiaire, des immeubles de la succession, sans les formalités prescrites, est valable à l'égard des tiers acquéreurs, lors même que divers jugemens passés en force de chose jugée auraient imposé à l'héritier bénéficiaire l'obligation de vendre dans la forme légale, et auraient même subrogé à la poursuite un créancier, faute par l'héritier de la mettre à fin dans le délai prescrit. — Cette vente n'a pour effet que de faire réputer le vendeur héritier pur et simple. — *Paris*, 17 déc. 1822, Vertillac c. Lanfrey.

156. — De même le créancier d'une succession n'a pas pu faire annuler la vente passée sans formalités, avant la promulgation du Code civil, par l'héritier bénéficiaire. — *Paris*, 20 frim. an XIV, de Hompesch c. de Chabannes.

157. — D'après la jurisprudence des pays de droit écrit, les ventes faites par l'héritier bénéficiaire et dont le prix a été employé à la décharge des dettes de la succession, sont valables nonobstant la répudiation postérieure de l'héritier bénéficiaire. — *Montpellier*, 18 janv. 1827, N...

158. — Celui auquel une vente a été faite sous la coutume de Bretagne par un héritier bénéficiaire, ne peut faire regarder cette vente comme un juste titre contre les créanciers de la succession et l'invoquer comme un moyen de prescription. — *Rennes*, 14 juin 1822, Lechangeu c. Ménard.

159. — L'héritier bénéficiaire peut se rendre adjudicataire des biens de la succession, soit qu'il poursuive lui-même la vente, soit qu'elle ait été poursuivie par des créanciers après saisie immobilière. — Vazeille, art. 806, no 7; Duvergier, *Vente*, t. 1er, no 190; Belost-Jolimont sur Chabot, art. 806, observ. 2; Bioche, *Dict. de procéd.*, vo *Saisie immobilière*, no 490; Bilhard, no 81; Rodière, *Proc. civ.*, t. 3, p. 132; Championnière et Rigaud, *Tr. des dr. d'enreg.*, t. 2, no 2019. — Suivant Delvincourt (t. 2, p. 302) l'héritier ne peut se rendre adjudicataire s'il poursuit la vente, qu'autant qu'il a appelé les créanciers.

160. — Jugé, au contraire, que l'héritier bénéficiaire sur la tête duquel l'expropriation des immeubles héréditaires est poursuivie ne peut s'en rendre adjudicataire. — *Pau*, 2 août 1844 (sous *Cass.*, 18 fév. 1846 [t. 2 1846, p. 19]), Maudron. — Conf., implicit., *Limoges*, 5 déc. 1833, Frédon c. Ruby.

161. — En tout cas, l'héritier bénéficiaire qui se rend adjudicataire d'un bien de la succession, devient débiteur de son prix envers les créanciers de cette succession, et il est soumis à toutes les poursuites et voies d'exécution comme un acquéreur ordinaire. — Ainsi il peut, en cas de retard dans le paiement de son prix, être poursuivi par voie de folle-enchère. — *Cass.*, 27 mai 1835, Ricard c. Delopès.

162. — Toutefois les créanciers de la succession n'ont pas qualité pour se prévaloir de la revente sur folle enchère poursuivie contre l'héritier bénéficiaire par le vendeur. C'est seulement dans l'ordre ouvert pour les distributions du prix des immeubles que peuvent être discutés et reconnus les droits du vendeur et des autres créanciers privilégiés. — *Bordeaux*, 7 juin 1832, Seinsevin c. Martel.

163. — Le prix de la vente des immeubles doit être distribué suivant l'ordre des priviléges et hypothèques. — C. proc., art. 991. — V. ORDRE.

164. — Toutefois, comme jusqu'au moment de la délivrance du mandement de collocation l'adjudicataire est dépositaire et non débiteur du prix des biens, lequel appartient encore aux héritiers, les transports de créance contre la succession doivent donc être signifiés aux héritiers et non à l'adjudicataire. — *Nîmes*, 12 juin 1838 (t. 2 1839, p. 447), Corbier c. Salles.

§ 3. — *Cautionnement de l'héritier bénéficiaire.*

165. — L'héritier bénéficiaire est tenu, si les créanciers ou autres personnes intéressées l'exigent, de donner caution bonne et solvable de la valeur du mobilier compris dans l'inventaire, et de la portion du prix des immeubles non délégués aux créanciers hypothécaires; faute par lui de fournir cette caution, les meubles sont vendus, et le prix est déposé, ainsi que la portion non déléguée du prix des immeubles, pour être employés à l'acquit des charges de la succession. — C. civ., art. 807.

166. — Mais l'héritier bénéficiaire n'est pas déchu du bénéfice d'inventaire par cela seul qu'il serait en retard de fournir caution. — *Paris*, 12 mars 1812, Lavit c. Desbois; *Riom*, 30 déc. 1821, Tavernier c. Chantard. — Chabot, art 807, no 6.

167. — Lorsqu'un légataire en usufruit, sous bénéfice d'inventaire, a été soumis par jugement à fournir caution, il ne peut s'affranchir de cette obligation en acceptant purement et simplement, et renouveler ensuite, en première instance, la demande d'être dispensé de donner caution; cette demande doit être repoussée par l'autorité de la chose jugée. — *Rennes*, 25 janv. 1826, de Tanouan c. Boudet.

168. — L'héritier bénéficiaire peut être admis à cautionner lui-même sur ses immeubles pour être dispensé de consigner des sommes provenant de la succession. — L'ordonnance du 3 février 1816, relative à la caisse des dépôts et consignations, n'a apporté aucun changement aux principes du droit civil sur ce point. — *Aix*, 28 nov. 1831, Guien.

169. — Au lieu d'une caution, l'héritier pourrait-il offrir une hypothèque sur des immeubles? Oui, car l'hypothèque présente encore plus de sûreté que la caution. Autrement ce serait entraver sans utilité l'administration de l'héritier. D'ailleurs, il est de principe que celui qui

ne peut pas trouver une caution, est reçu à donner à la place un gage ou nantissement suffisant. — C. civ., art. 2041. — Delvincourt, t. 2, p. 32, no 15; Vazeille, art. 807, art. 3. — *Contrà*, Delaporte (*Pand. franç.*, t. 3, p. 211), qui invoque un arrêt de la Cour de Paris du 28 janv. 1812, Duclaux c. Decaux. — Mais Delvincourt fait observer que, dans l'espèce de cet arrêt, l'héritier se disait bien propriétaire d'immeubles, mais que rien n'annonçait l'offre de les hypothéquer. — V. également Chabot, t. 3, art. 807; Toullier, t. 4, no 386; Rolland de Villargues, vo *Bénéf. d'invent.*, no 84.

170. — Si l'héritier bénéficiaire n'a point donné caution, le tribunal, sur la demande des créanciers ou de l'un d'eux, ordonne la consignation des sommes recouvrées. — Ordonn. 3 févr. 1816, art. 2, no 12, — Bioche et Goujet, *Dict. de procéd.*, vo *Dépôts et consignations*, no 16.

171. — ... Ou même confie l'administration de la succession à un séquestre. — Bilhard, no 68.

172. — Le cautionnement ne peut être illimité; il se borne aux objets mentionnés dans l'art. 807. — Bilhard, no 66; Poujol, p. 521.

173. — Lorsque le premier cautionnement est insuffisant l'héritier bénéficiaire peut être admis à fournir un cautionnement supplémentaire. — *Paris*, 15 avril 1820, Hermel c. Bourguignon. — Vazeille, art. 807, no 2.

174. — Des héritiers bénéficiaires, solidairement responsables des suites de l'administration du mandataire qu'ils ont constitué, ne peuvent, sur les poursuites dirigées contre eux, demander la discussion de la caution. — *Rennes*, 16 juillet 1812, de Lisle c. Gauthier,

175. — Quant aux formes à suivre pour arriver à la réception de caution, le créancier ou autre partie intéressée qui veut obliger le créancier bénéficiaire à donner caution, doit lui faire sommation à cet effet, par acte extrajudiciaire signifié à personne ou domicile. — C. proc., art. 992.

176. — Dans les trois jours de cette sommation outre un jour par trois myriamètres de distance entre le domicile de l'héritier et la commune où siége le tribunal, il sera tenu de présenter caution au greffe du tribunal de l'ouverture de la succession, dans la forme prescrite pour les réceptions de caution. — C. proc. 993. — V. RÉCEPTION DE CAUTION.

177. — S'il s'élève des difficultés relativement à la réception de la caution, les créanciers provoquant seront représentés par l'avoué le plus ancien. — C. procéd. 994.

§ 4. — *Actions et poursuites des créanciers de la succession.*

178. — Pendant les délais pour délibérer, les créanciers peuvent exercer contre l'habile à succéder toutes les actions qu'ils auraient dirigées contre le défunt. — Bilhard, no 57; Poujol, no 478. — Il en était autrement sous l'empire du droit romain; mais cette différence tenait au principe que la qualité d'héritier s'acquiert par l'adition ou l'immixtion, sans qu'il y eût de saisine légale. Jusque-là, *hæreditas jacebat.* — Chez nous, au contraire, par l'effet de la saisine, et la renonciation ne se présumant pas, l'habile à succéder est considéré comme héritier tant qu'il ne se dépouille pas de ce titre.

179. — Ainsi, les créanciers d'une succession peuvent saisir immobilièrement les biens de la succession pendant la durée de ces délais. Toutefois, si l'héritier le requiert, il peut être sursis aux poursuites jusqu'à l'expiration du délai accordé pour prendre qualité. — *Bordeaux*, 30 juill. 1834, Vielle c. Sautet. — Conflans, sur l'art. 797 2o; Poujol, p. 507.

180. — De même, lorsqu'une créance n'est pas contestée, et surtout si c'est l'administration des domaines qui poursuit le paiement de ce qui lui est dû, une saisie-exécution peut être pratiquée sur les meubles et effets d'une succession bénéficiaire, même pendant le délai pour faire inventaire et délibérer. — *Douai*, 4 mars 1812, Mirocourt c. Domaines. — Poujol, p. 506 et 507.

181. — L'héritier qui est dans les délais pour faire inventaire et délibérer ne peut pas demander que, durant ces délais, il soit sursis à statuer sur l'appel qu'il a interjeté contre un jugement d'adjudication préparatoire des biens saisis au préjudice de ses auteurs. — *Bordeaux*, 6 août 1833, Pitté-Divernois c. Dussolier.

182. — Toutefois, pendant les délais, « l'héritier ne peut être contraint à prendre qualité, et il ne peut être obtenu contre lui de condamnation. » — Le jugement peut donc être suspendu jusqu'à l'expiration des délais. — *Toulouse*, 27 janv. 1818, Aubegès c. Capelle. — Chabot, t. 2, p. 589; Toullier, t. 5, no 360; Malleville, t. 2, no 283; Duranton, t. 7, no 22; Vazeille, art. 797, nos 1, 2 et 3.

183. — Ainsi, le porteur d'une lettre de change ne peut point obtenir condamnation contre le successible du tireur, encore dans les délais pour faire inventaire et délibérer. — *Aix*, 11 déc. 1824, Fontaine c. Combe.

184. — Mais pendant le délai pour faire inventaire et délibérer, l'héritier peut être valablement assigné en reconnaissance de la signature du défunt. Ce n'est pas là contraindre le successible à prendre qualité dans le sens de l'art. 797 C. civ., si d'ailleurs on ne conclut à aucune condamnation contre lui. — *Cass.*, 10 juin 1807, de Gérès c. de Puységur. — Merlin, *Rép.*, vo *Héritiers*, sect. 2, § 1er, no 2; Toullier, *Dr. civ.*, t. 4, no 367; Chabot, art. 797, no 2; Poujol, p. 481.

185. — De plus, la notification prescrite par l'art. 877 C. civ., pour rendre exécutoire contre l'héritier un titre à la charge du défunt, peut être faite dans les délais pour faire inventaire et délibérer, et les poursuites exercées ensuite après l'expiration des délais sont valables, sans nouvelle notification. — *Paris*, 29 déc. 1814, Chaumin c. Dorlin.

186. — Enfin, il a été jugé que l'acceptation bénéficiaire d'une succession rend exigibles les créances contre cette succession. — *Paris*, 7 févr. 1846 (t. 1er 1846, p. 390), Doron c. Tardif. — Duranton, t. 7, no 33; Bilhard, *Bénéf. d'invent.*, no 105.

187. — De là deux conséquences qui ne pouvaient être admises sous l'empire des lois romaines: 1o La prescription court contre les créanciers pendant le délai, rien ne les empêchant de l'interrompre par une demande judiciaire; 2o elle court aussi contre l'héritier, la saisine l'autorisant à faire tous actes conservatoires, et par conséquent à interrompre les prescriptions. — Despeisses, t. 2, p. 480; Lebrun, liv. 3, ch. 17; Pothier, *Success.*, ch. 3.

188. — Le créancier porteur d'un titre sous seing privé non contesté, peut intenter une action judiciaire contre l'héritier bénéficiaire ou le curateur d'une succession, en reconnaissance de son titre, et pour obtenir jugement ou titre exécutoire. — *Douai*, 29 juill. 1816, Pillot c. Gilliard.

189. — Les créanciers d'une succession bénéficiaire sont recevables, même avant d'avoir demandé le compte du bénéfice d'inventaire, à faire réintégrer dans la masse active de la succession les sommes indûment payées par les héritiers. — *Orléans*, 26 juin 1844 (t. 2 1844, p. 196), Pardessus.

190. — La condamnation au paiement des intérêts échus étant une véritable condamnation à titre de dommages-intérêts, pour cause d'un retard apporté à l'exécution d'une obligation, ne peut être prononcée contre une succession bénéficiaire. — *Paris*, 14 mai 1819, Orléans c. Delagrange.

191. — Jugé cependant que la condamnation au paiement des intérêts des intérêts peut être prononcée contre une succession bénéficiaire, si, à l'époque de la demande, il n'y avait pas de créanciers opposans. — *Cass.*, 5 août 1824, Remigny c. Durand.

192. — Comme l'héritier bénéficiaire ne représente entièrement ni le défunt ni les créanciers, et que le bénéfice d'inventaire a été considéré surtout comme une faveur accordée à l'héritier, on en a conclu que les créanciers de la succession ont qualité pour pratiquer directement contre ses débiteurs des saisies-arrêts, sans recourir à l'entremise de l'héritier. — *Cass.*, 8 déc. 1814, Mathieu c. Signoret; *Bourges*, 15 mars 1822, de Pronleroy c. Choppin; *Bordeaux*, 19 avr. 1822, Barry c. de Marcillac; *Toulouse*, 17 août 1822, Daubanès; *Bruxelles*, 14 avr. 1827, D... c. N...; *Douai*, 3 mars 1830, Lequeux; *Bordeaux*, 6 mai 1841 (t. 2 1841, p. 281), Duranty c. Barbe; *Rennes*, 28 mai 1845 (t. 2 1845, p. 252), Ledennat-Kervern c. Bourdonnay-Duclesio. — Delvincourt, t. 2, p. 32, note 8; Duranton, t. 7, no 37; Conflans, art. 803, 1o; Roger, *De la saisie-arrêt*, nos 178 et 181; Poujol, art. 803, no 7; Carré, quest. 558, aux notes; Thomines-Desmazures, no 616; Bilhard, *Du bénéfice d'invent.*, no 58; Vazeille, art. 803, no 4; Bioche et Goujet, vo *Saisie-arrêt*, no 19.

193. — ... Sauf aux autres créanciers à former opposition au dessaisissement des valeurs saisies et à provoquer une distribution. — *Rennes*, 28 mai 1845 (t. 2 1845, p. 252), Ledennat-Kervern c. Bourdonnay-Duclesio.

194. — Et il en est ainsi, alors surtout qu'il s'est déjà écoulé un long temps depuis que la succession a été acceptée par lui de cette manière, et qu'il existe des arrêts ou jugemens qui l'ont condamné, en cette qualité, au paiement des créances faisant l'objet de la saisie. — *Bruxelles*, 14 avr. 1827, D... c. N...

195. — ... Ou bien lorsque l'héritier bénéficiaire est en retard d'exiger les sommes dues, et que les saisies-arrêts n'occasionnent aucun dommage à la succession. — *Douai*, 3 mars 1830, Lequeux.

196. — ... Ou encore lorsqu'il n'a pas été fait d'opposition entre les mains de l'héritier par d'autres créanciers, et que les sommes saisies ne sont pas nécessaires à son administration. — *Bordeaux*, 19 avr. 1822, Barry c. de Marcillac.

197. — Jugé même que le créancier a ce droit, quand bien même il aurait déjà formé opposition entre les mains de l'héritier bénéficiaire et alors surtout que le fond de la dette n'est pas contesté. — *Cass.*, 8 déc. 1814, Mathieu c. Signoret.

198. — Par les mêmes raisons, tout créancier hypothécaire peut arrêter, entre les mains des locataires, les loyers de la maison saisie, lesquels sont immobilisés par la dénonciation de la saisie. — *Paris*, 16 août 1832, Périer c. Veyrassat; *Cass.*, 9 déc. 1835, mêmes parties.

199. — Enfin, jugé que chaque créancier a droit de faire saisir les revenus de la succession, sans être obligé d'attendre le compte que l'héritier est tenu de rendre de son administration. — *Rennes*, 5 mai 1814, Brizeux c. Rousseau.

200. — Jugé, au contraire, que les créanciers d'une succession bénéficiaire ne peuvent former de saisies-arrêts entre les mains des tiers débiteurs de cette succession. — *Paris*, 30 juill. 1816, Berchoux c. de Feuillens; 27 juin 1820, Hermel c. Bourguignon; *Cass.*, 4 déc. 1822, Lefèvre-Boucher c. duc de Bourbon. — Et que cette voie leur est interdite en ce qu'elle entraverait l'administration de l'héritier bénéficiaire. — *Rouen*, 12 août 1826, Bosselin c. Letac; *Riom*, 24 août 1837 (t. 2 1841, p. 283), Domergue c. Grandpré.

201. — D'après l'art. 2146 C. civ., les inscriptions prises sur un individu dont la succession n'a été acceptée que sous bénéfice d'inventaire, ne produisent aucun effet entre les créanciers de la succession si ces inscriptions n'ont été faites que depuis l'ouverture de cette succession. — V. INSCRIPTION HYPOTHÉCAIRE.

202. — Toutefois: l'art. 2146 est inapplicable à l'inscription prise par le créancier d'une succession bénéficiaire depuis l'ouverture de cette succession, mais en vertu d'un titre antérieur à la promulgation du Code. — *Turin*, 2 oct. 1811, Oddone c. Ferrera.

203. — Les créanciers, les légataires peuvent intervenir si l'héritier bénéficiaire ne fait pas valoir les moyens tendant à faire rejeter ou modifier les actions dirigées contre lui. — Bilhard, no 61.

204. — Jugé cependant que le créancier d'une succession bénéficiaire n'a pas, sous prétexte de veiller à la conservation de sa créance, droit d'intervenir dans les poursuites de vente des immeubles de l'hérédité, si d'ailleurs toutes les formalités prescrites par la loi sont remplies, et si encore il peut surenchérir. — *Paris*, 17 nov. 1810, Demazery c. d'Hautefort.

205. — Les créanciers d'une succession bénéficiaire sont non recevables à critiquer en appel la clause par eux non contestée du cahier d'enchères des biens de la succession, qui impose à l'acquéreur la charge de payer immédiatement à l'héritier bénéficiaire des créances dont le capital n'était pas exigible; dès lors, ils n'ont droit à aucune indemnité, à raison du préjudice qu'ils prétendent résulter pour eux de cette clause. — *Paris*, 2 mai 1807, de Ludre c. Custine.

206. — Jugé, au contraire, que les créanciers d'une succession bénéficiaire ont pu ester en appel sur une demande en nullité de l'adjudication des biens du défunt, quand même ils n'auraient pas été parties en première instance. — *Cass.*, 11 thermid. an XII, Chenantais c. Houitte.

207. — Sous la loi du 4 germ. an II ces mêmes créanciers qui n'avaient point été parties en première instance, ont pu faire valoir alors en appel les nullités de forme qui auraient dû être proposées avant l'adjudication. — Même arrêt.

208. — Mais les créanciers ont-ils le droit de poursuivre eux-mêmes l'expropriation forcée des immeubles de la succession? Pour l'affirmative, on dit qu'il y a des intérêts distincts entre l'héritier bénéficiaire et les créanciers; qu'en effet l'héritier, quoique bénéficiaire, est le représentant du débiteur défunt, et qu'il impliquerait contradiction qu'il fût en même temps celui des

créanciers. — Duranton, t. 7, nos 38; Rolland de Villargues, v° *Bénéfice d'inventaire*, n° 154.

209. — Jugé, en ce sens, que les créanciers d'une succession acceptée bénéficiairement peuvent poursuivre l'expropriation forcée des biens de cette succession, nonobstant l'administration légale conférée à l'héritier bénéficiaire. — *Rennes*, 5 mai 1814, Brizeux c. Rousseau; *Toulouse*, 17 août 1822, Daubanès; *Paris*, 24 févr. 1825, Horville c. Georges; *Bordeaux*, 20 mars 1835, Lalune c. Maury.

210. — ... Qu'il n'est pas vrai que les créanciers de la succession n'aient d'autre voie à suivre que de contraindre l'héritier bénéficiaire à faire lui-même la vente de ses biens. — *Bordeaux*, 20 mars 1835, Lalune c. Maury.

211. — ... Ou qu'ils soient obligés d'attendre le compte que l'héritier est tenu de rendre de son administration. — *Rennes*, 5 mai 1814, Briseux c. Rousseau.

212. — Jugé de même que tout créancier a le droit de poursuivre l'expropriation des immeubles, nonobstant l'offre des héritiers bénéficiaires, de faire vendre les biens suivant les formes prescrites par les art. 987 et suiv. C. proc. — *Lyon*, 29 déc. 1840 (t. 2 1841, p. 624), Golliet c. Bertholey.

213. — ... Ou lors même qu'un jugement avait autorisé l'héritier bénéficiaire à vendre les immeubles; mais que les autres formalités de la vente n'auraient pas encore été remplies, il n'est pas même nécessaire, en pareil cas, que le créancier se fasse subroger à l'héritier dans la forme de l'art. 722 C. proc. — *Toulouse*, 17 août 1822, Daubanès.

214. — ... Ou encore, lors même que les héritiers auraient demandé précédemment la vente par licitation. — *Bourges*, 13 mars 1822, de Pronleroy c. Choppin.

215. — ... Ou bien qu'il y aurait eu, de leur part, des procédures faites pour arriver aux partage et licitation des immeubles de la succession. — *Cass.*, 29 oct. 1807, Daguillard c. Debon.

216. — De même, les poursuites en expropriation commencées par un créancier hypothécaire sur les meubles d'une succession pendant les délais pour faire inventaire et délibérer sont valablement continuées contre l'héritier bénéficiaire, même après que celui-ci a fait des diligences pour parvenir à la vente de ces immeubles. — *Paris*, 22 nov. 1833, Trésor c. Ternaux.

217. — A plus forte raison les créanciers peuvent-ils poursuivre l'expropriation forcée lorsque l'héritier bénéficiaire ne prend aucune mesure pour provoquer la vente des biens de la succession. — *Cass.*, 23 juill. 1833, Dupin c. de Saint-Pierre; *Paris*, 13 août 1834, Benazet c. Delamarre.

218. — ... Ou qu'il ne fait aucune diligence pour parvenir au paiement des créances. — *Cass.*, 23 juill. 1833, Dupin c. de Saint-Pierre.

219. — Jugé, bien plus: que l'expropriation forcée des biens de la succession peut être poursuivie par les créanciers, même personnels de l'héritier, si ce dernier ne fait aucune démarche pour les vendre, sauf le droit des créanciers de la succession d'être payés par préférence. — *Limoges*, 15 avr. 1831, Lonac-Cheyroux c. Barthélemy. — *Contrà*, Conflans sur l'art. 803 2°; Bilhard, n° 87.

220. — Jugé, au contraire, que le droit de vendre les biens immeubles d'une succession bénéficiaire doit être maintenu à l'héritier, malgré la saisie pratiquée sur ces mêmes biens par un créancier porteur de titre exécutoire, tant que l'héritier bénéficiaire n'est pas en retard de vendre ces biens, et les créanciers ne pourraient se faire subroger à la poursuite qu'au cas de négligence ou de malversation. — *Cass.*, 4 déc. 1822, Lefèvre-Boucher c. de Bourbon.

221. — ... Que, quand l'héritier bénéficiaire a commencé les poursuites pour faire vendre les immeubles de la succession, un créancier hypothécaire ne peut en poursuivre l'expropriation, sauf à lui à se faire subroger à la poursuite de l'héritier bénéficiaire en cas de négligence de la part de celui-ci. — *Grenoble*, 30 juill. 1814, Beroud c. Durand.

222. — Cependant le droit accordé à l'héritier bénéficiaire par les art. 987 et suiv. C. proc. de vendre en justice les immeubles de la succession, est exclusivement attaché à sa personne comme propriétaire de ces biens. — Les créanciers de la succession ne peuvent point s'autoriser de l'art. 1166 C. civ. pour demander à se faire subroger à la poursuite de cette vente; et si des immeubles de la succession n'ont pas été compris dans la vente, ils n'ont, à cet égard, que la voie de la saisie immobilière à suivre. — *Nîmes*, 28 déc. 1835, Abrien c. Salin.

223. — En tout cas, et en supposant que le créancier d'une succession bénéficiaire puisse être subrogé à l'héritier, à l'effet de se faire autoriser à vendre les immeubles dépendant de la succession, cette autorisation ne saurait être accordée qu'en cas de négligence de la part de l'héritier et après sa mise en demeure. — *Cass.*, 3 déc. 1834, Reydellet c. Dupin.

224. — En parlant de la jurisprudence qui précède, M. Vazeille (art. 806, n° 5) fait remarquer que si le juge ne doit pas, en effet, interdire au créancier la voie extrême de l'expropriation, lorsque l'héritier n'agit pas, il excéderait cependant ses pouvoirs, si, quand un mode simple, prompt et peu coûteux est employé par l'héritier, il ne disait pas au créancier que sa violence pousse à la rigueur : « Faites mettre à fin la procédure commencée et laissez la voie embarrassée, longue et ruineuse de la saisie immobilière. »

225. — Jugé, en ce sens, que quand l'héritier bénéficiaire a fait des diligences pour parvenir à la vente des immeubles, les tribunaux peuvent, dans l'intérêt commun des parties, ordonner un sursis aux poursuites du créancier pendant un délai suffisant pour que l'héritier puisse mettre à fin la vente qu'il a provoquée. — *Paris*, 22 nov. 1833, Le Trésor c. Ternaux.

226. — Jugé même qu'on ne peut diriger contre une succession bénéficiaire une procédure en expropriation forcée, avant d'avoir mis l'héritier en mesure de vendre les immeubles. — *Paris*, 14 fruct. an XII, Rohan-Guemenée c. Rohan-Rochefort.

227. — ...Mais que, dans ce cas, un commandement tendant à saisie immobilière tient lieu de la mise en demeure. — Arg. *Cass.*, 23 juill. 1833, Dupin c. de Saint-Pierre.

228. — Quoi qu'il en soit, la condition de l'héritier bénéficiaire ne serait pas la même que celle des autres créanciers. — Ainsi, jugé que l'héritier qui est en même temps créancier hypothécaire de la succession, ne peut point faire exproprier les biens qui en dépendent, pour obtenir le paiement de sa créance. Qu'en sa qualité de comptable, et tant que dure cette qualité, il ne peut être réputé créancier définitif ayant faculté d'exproprier. — *Toulouse*, 17 mars 1827, Mesan c. Fourment.

229. — Le créancier qui poursuit l'expropriation d'un immeuble de la succession devant le tribunal de la situation de cet immeuble ne peut être contraint de procéder devant celui de l'ouverture de la succession. — *Cass.*, 29 oct. 1807, Daguillard c. Debon.

230. — Un créancier d'une succession bénéficiaire déjà partie dans l'instance du bénéfice, peut opposer des exceptions aux demandes de reprises ou de créances formées, soit par la veuve, soit par les créanciers, par un simple acte d'assignation à l'audience, sans intenter une demande principale, en conformité de l'art. 61 C. proc., ou sans présenter une requête d'intervention, aux termes de l'art. 339, même Code. En pareil cas, la Cour peut statuer sur le fond. — *Rennes*, 18 mai 1811, Jourand c. de Langle.

Sect. 5e. — *Effets du bénéfice d'inventaire.*

231. — L'effet du bénéfice d'inventaire est de donner à l'héritier l'avantage : 1° de n'être tenu du paiement des dettes que jusqu'à concurrence de la valeur des biens qu'il a recueillis, même de pouvoir se décharger du paiement des dettes, en abandonnant tous les biens de la succession aux créanciers et aux légataires; 2° de ne pas confondre ses biens personnels avec ceux de la succession, et de conserver contre elle le droit de réclamer le paiement de ses créances. — C. civ., art. 802.

§ 1er. — *Limitation des obligations personnelles de l'héritier.*

232. — L'effet du bénéfice d'inventaire est de donner d'abord à l'héritier l'avantage de n'être tenu du paiement des dettes de la succession que jusqu'à concurrence de la valeur des biens qu'il a recueillis. — C. civ., art. 802, n° 1.

233. — L'héritier bénéficiaire n'est pas tenu de contribuer aux dettes de la succession sur les biens provenant d'un retranchement de donations entre-vifs, qu'il a fait réduire en sa qualité d'héritier à réserve. — Arg. C. civ., art. 951. — Duranton, t. 7, n° 44; Chabot, t. 3, p. 10; Delaporte, *Pand. franç.*, t. 3, p. 201; Vazeille, art. 802, n° 7.

234. — Suivant d'anciens auteurs, l'héritier était obligé de faire aux créanciers le rapport des biens qu'il avait reçus en avancement d'hoirie. — Despeisses, t. 2, p. 480, n° 23. — Une telle doctrine n'est plus conciliable avec l'art. 857 C. civ., suivant lequel « le rapport n'est plus dû que par le cohéritier à son cohéritier, et non aux légataires ni aux créanciers de la succession. »

235. — Vis-à-vis de l'administration de l'enregistrement, l'héritier bénéficiaire est tenu, tout comme l'héritier pur et simple, du paiement des droits de mutation par décès. — V. ENREGISTREMENT, nos 3175 et suiv.

236. — Mais il n'en est pas de même vis-à-vis des créanciers de la succession ; il n'est pas tenu personnellement du paiement de ces droits. — *Rouen*, 27 déc. 1837 (t. 2 1846, p. 437), Troude c. Devilliers; 5 avril 1845 (t. 2 1846, p. 467), Hellot-Vimard c. Cuit; *Bordeaux*, 1er déc. 1846 (t. 1er 1847, p. 761), Cantarel c. Fournier. — Chabot, *Success.*, art. 802, n° 3; Championnière et Rigaud, *Traité des dr. d'enreg.*, t. 4, nos 3879 et suiv.

237. — D'où il suit que s'il existe des deniers dans la succession, les créanciers ne sont pas fondés à s'opposer à ce que l'héritier bénéficiaire les fasse servir au paiement des droits de mutation. — *Rouen*, 27 déc. 1837, ci-dessus cité.

238. — ... Que l'héritier bénéficiaire ne peut être forcé par les créanciers de la succession de payer de ses deniers personnels les droits de mutation, lorsque la succession ne présente pas une somme suffisante pour en acquitter le montant, et que, par suite, l'héritier bénéficiaire qui laisse écouler le délai légal, sans acquitter ces droits, ne peut (alors surtout qu'il n'y a eu de sa part aucune négligence reprochable) être personnellement tenu du paiement du double droit; c'est l'actif de la succession qui doit le supporter. — *Rouen*, 5 avril 1845 (t. 2 1846, p. 467), Hellot-Vimard c. Cuit.

239. — ... Qu'enfin, l'héritier bénéficiaire peut comprendre, dans son compte d'administration, les sommes qu'il a déboursées pour acquitter ces droits. — *Bordeaux*, 1er déc. 1846 (t. 1er 1847, p. 761), Cantarel c. Fournier.

240. — Les décisions rendues contre un individu en qualité d'héritier bénéficiaire ne peuvent lui être opposées en qualité d'héritier pur et simple. — *Paris*, 17 déc. 1822, Vertillac et Noussel c. Lanfrey.

241. — Une provision accordée à un créancier contre un héritier bénéficiaire peut être exécutée contre lui personnellement, et avant toute reddition de compte de sa part, alors surtout que l'héritier est réputé nanti de sommes suffisantes dépendant de la succession. — *Paris*, 7 mai 1829, Monaco c. Viotte.

242. — L'héritier bénéficiaire, originairement condamné à servir le douaire comme héritier pur et simple, sans avoir excipé de sa qualité quoique légalement constatée, ne peut être passible d'une condamnation personnelle hypothécaire qu'en cette même qualité d'héritier bénéficiaire et à raison des immeubles qu'il a recueillis dans la succession. — *Paris*, 4 avr. 1808, Mérault-Villeron c. Lamossais.

243. — L'héritier bénéficiaire ne peut être contraint sur ses biens personnels qu'après avoir été mis en demeure de présenter son compte et faute d'avoir satisfait à cette obligation. — C. civ., art. 803, § 2.

244. — Avant le Code civil et sous la coutume de Paris, l'héritier bénéficiaire qui avait négligé de rendre son compte pouvait être condamné personnellement, comme héritier pur et simple, vis-à-vis du créancier qui l'avait constitué en demeure de rendre ce compte. — *Cass.*, 25 pluv. an XII, Destillières c. Castel.

245. — Jugé, au contraire, que l'héritier bénéficiaire ne peut être déclaré déchu du bénéfice d'inventaire par cela seul qu'il serait en retard de rendre son compte. — *Riom*, 30 déc. 1821, Tavernier c. Chautard.

246. — Lorsqu'un jugement déclare qu'un individu qui s'est porté héritier bénéficiaire, doit être condamné comme héritier pur et simple pour avoir négligé, pendant plusieurs années, de rendre compte de sa gestion, et pour n'avoir ensuite rendu, par ordre de justice, qu'un compte irrégulier, il n'est pas en contravention avec les principes du bénéfice d'inventaire; il ne contredit pas non plus un précédent jugement qui aurait condamné le même individu comme héritier bénéficiaire. — *Cass.*, 8 frim. an XI, Mercier c. Rigault.

247. — L'arrêt qui ordonne qu'un jugement condamnant un héritier bénéficiaire, au paiement de certains legs particuliers ne sera exé-

SUCCESSION BÉNÉFIC., sect. 5e, § 2.

cuté, quant à présent, que sur les biens de la succession, en maintenant, toutefois, les inscriptions des légataires sur les biens personnels de l'héritier, jusqu'à la clôture du compte offert par ce dernier, des fruits et revenus affectés à l'acquittement des legs par le testateur, doit être entendu dans ce sens, que faute par l'héritier de rendre son compte, ses biens personnels répondent du paiement des legs; et, par suite, la Cour d'appel qui le décide ainsi, à défaut de compte, ne viole pas l'autorité de la chose jugée. — *Cass.*, 17 avr. 1839 (t. 2 1839, p. 264), Billon c. Soubeyran.

248. — Après l'apurement du compte, l'héritier bénéficiaire ne peut être contraint sur ses biens personnels que jusqu'à concurrence seulement des sommes dont il se trouve reliquataire. — C. civ., art. 803, § 3.

249. — Lorsqu'un héritier bénéficiaire oppose sa qualité à la demande en condamnation personnelle au paiement d'une dette de son auteur, les juges doivent, à peine de nullité de leur jugement, indiquer les motifs d'après lesquels ils le condamnent personnellement, malgré cette exception. — *Cass.*, 4 prair. an IX, Serignac c. Delamarre.

250. — L'héritier peut encore être contraint sur ses biens personnels relativement aux dommages-intérêts auxquels il pourrait être condamné à raison des fautes par lui commises durant son administration. — Arg. C. civ., art. 804. — Enfin, il peut être encore contraint sur ses biens personnels et au delà de la valeur des biens qu'il a recueillis, lorsqu'il a été déclaré déchu du bénéfice d'inventaire.

251. — Le principe sur la division des dettes de la succession entre les cohéritiers, est applicable aux héritiers bénéficiaires comme aux héritiers purs et simples. — Les héritiers bénéficiaires ne peuvent donc être poursuivis, chacun, que proportionnellement à sa part de la succession..., sauf à l'héritier à se prévaloir du bénéfice d'inventaire en cas d'insuffisance de la portion qu'il amende dans la succession. — *Cass.*, 22 juill. 1812, Mérault de Villeron c. de Saint-Laurent; *Paris*, 26 mars 1831, Boucheseiche c. Driois. — Lebrun, *Des success.*, liv. 3, ch. 4, n° 65; Pothier, *Introd. à la Coutume d'Orléans*, tit. 17, sect. 5, § 2, n° 49; *le Nouveau Denisart*, v° *Héritier bénéficiaire*, § 1er et 4; Merlin, *Rép.*, v° *Bén. d'inventaire*, n° 25; Chabot, *Commentaire sur les successions*, t. 3, art. 873, n° 11; Favard, de Langlade, v° *Bénéfice d'inventaire*, n° 9; Duranton, t. 7, n° 44, t. 11, n° 272, et t. 12, n° 179; Malpel, *Success.*, n° 289; Rolland de Villargues, *Rép. du not.*, v° *Bénéfice d'inventaire*, n° 9 et 166; Toullier, t. 4, n° 513; Delvincourt, t. 2, p. 167; Delaporte, *Pand. franç.*, sur l'art. 873; Vazeille, art. 803, n° 11; de Conflans, art. 803, n° 5. — *Contrà*, Bilhard, *Bénéf. d'inv.* nos 109 et 110.

252. — Mais, quoique la loi accorde à l'héritier bénéficiaire le privilége de n'être pas tenu des dettes au delà des biens de la succession, il est véritablement héritier. — *Cass.*, 23 mai 1815, Coutade c. Delestage; 18 nov. 1816, mêmes parties.

253. — Car, en acceptant sous bénéfice d'inventaire, l'héritier ne cesse pas d'être le représentant du défunt, et dès lors, il a le droit d'opposer aux créanciers les exceptions dont son auteur aurait pu se prévaloir lui-même. — *Cass.*, 12 déc. 1839 (t. 1er 1840, p. 36), Bellon, Dupont et Martin c. Dugas.

§ 2. — *Abandon des biens aux créanciers et légataires.*

254. — L'effet du bénéfice d'inventaire est encore de donner à l'héritier l'avantage de pouvoir se décharger du paiement des dettes en abandonnant tous les biens de la succession aux créanciers et aux légataires. — C. civ., art. 802, n° 1er.

255. — Sous la jurisprudence du parlement de Toulouse, l'héritier, même bénéficiaire, qui n'avait pas délaissé les biens de la succession, pouvait être poursuivi sur ses biens personnels. — *Cass.*, 13 févr. 1833, Albarel.

256. — Lorsque, depuis près d'un siècle, il a été fait par l'héritier bénéficiaire abandon des biens de la succession, ainsi que de ses droits sur ces mêmes biens, ses représentans ne peuvent être admis à prétendre que les créanciers n'ont été détenteurs qu'à titre précaire, et qu'ils doivent compte des revenus. — *Cass.*, 14 mars 1809, Tréverel c. Trobriand.

257. — L'abandon que l'art. 802 du C. civ. autorise l'héritier à faire aux créanciers de la succession constitue un acte d'aliénation. — Par suite, un tel abandon ne peut valablement être consenti par un tuteur au nom de sa pupille qu'après qu'il a été autorisé par le conseil de famille sur un compte sommaire présenté par lui, et duquel résulte l'insuffisance des effets de la succession pour acquitter les dettes, et après que la délibération du conseil de famille a été homologuée par le tribunal. — *Cass.*, 12 mars 1839 (t. 1er 1839, p. 324), Chambon c. Brachet.

258. — On a vu *suprà* (nos 19 et suiv.) qu'en principe l'héritier qui a accepté la succession sous bénéfice d'inventaire est en réalité un héritier, et que, dès lors, il ne peut plus renoncer. Cependant, puisque l'art. 802 du C. civ. lui permet de faire l'abandon des biens de la succession pour se décharger du paiement des dettes, n'y a-t-il pas là une véritable renonciation qu'il lui est permis de faire nonobstant son acceptation?

259. — Suivant Toullier (t. 4, n° 341) et Merlin (v° *Bénéfice d'inv.*, n° 15) la renonciation n'est pas permise, il est vrai, dans les principes du Code, mais la différence de l'abandon et de la renonciation n'est que dans les mots; l'une équivaut à l'autre. — Bilhard, n° 137.

260. — Jugé, en ce sens, que le droit que l'art. 802 du C. civ. donne à l'héritier bénéficiaire de se décharger du fardeau de l'hérédité, en abandonnant les biens aux créanciers, est le même que celui de renoncer à la succession. — *Cass.*, 6 juin 1815, Enregistr. c. Blanchet.

261. — ... Que le mineur au nom duquel une succession a été acceptée sous bénéfice d'inventaire peut, à sa majorité (ou son héritier majeur), y renoncer, du moins à l'égard des créanciers. — V. *Bordeaux*, 17 févr. 1826, Briançon c. de Fonvielle; *Grenoble*, 28 mars 1835, Passard c. Mognat-Isabeau.

262. — Pour la négative, on répond : Quand le législateur a voulu déroger à la règle générale *Semel hæres, semper hæres*, il l'a dit expressément. Ainsi, l'art. 783 détermine les cas où l'acceptation est révocable. Si l'on eût entendu faire une nouvelle exception dans l'art. 802, on eût employé le mot *renonciation* au lieu de celui d'*abandon*. Mais, objecte-t-on, si l'héritier bénéficiaire, après l'abandon, était resté héritier, on eût permis aux créanciers et légataires d'exercer directement contre lui leurs actions, puisqu'il ne cesserait pas de représenter la succession. Cette conséquence n'est point juste. Dans la cession ordinaire, le débiteur reste toujours débiteur, quoique les créanciers ne puissent plus le poursuivre. L'abandon est une espèce de cession des biens de la succession. Le seul but du législateur a été de décharger l'héritier bénéficiaire des embarras d'une liquidation qui devait, dans ses prévisions, ne lui laisser aucun profit. — Prétendre que l'abandon ne diffère de la renonciation que dans les mots, c'est une grave erreur. D'abord, en la forme, la renonciation se fait sur un registre public, ouvert à tous ceux qui ont intérêt, tandis que l'abandon se fait par acte signifié à parties ou passé entre elles. Ensuite, dans les effets, la différence est notable. Toute partie intéressée peut invoquer la renonciation, l'abandon ne peut l'être que par ceux auxquels il a été signifié; encore ceux-ci n'ont-ils de droits que sur les biens délaissés, et jusqu'à concurrence de leurs créances ou de leurs legs. Si, les dettes acquittées, il reste un excédant, c'est l'héritier bénéficiaire qui en profitera. Les héritiers d'un degré subséquent n'auraient point de titre pour le réclamer. Ce n'est pas à eux que l'abandon a été fait, ce n'est pas envers eux que l'héritier a voulu se débarrasser d'une administration pénible. La position de tels héritiers serait vraiment extraordinaire, puisque, sans aucun risque et sans aucune formalité préalable, ils se présenteraient à la succession pour recueillir immédiatement un actif certain et déterminé. L'abandon est à leur égard *res inter alias acta*. L'accroissement n'aurait pas plus lieu que la dévolution. C'est toujours l'héritier bénéficiaire qui succéderait au reliquat de la liquidation effectuée sur sa part; mais en retour, et c'est ce qui n'arriverait pas en cas de renonciation, il devra le rapport à ses cohéritiers, car l'héritier bénéficiaire n'est pas plus dispensé du rapport que l'héritier pur et simple. — Pothier, *Success.*, p. 383; Basnage, sur l'art. 69, Coutume de Normandie; Bacquet, *Droits de justice*, chap. 15, n° 34; un acte de notoriété du Châtelet de Paris, du 28 mars 1713, et trois arrêts du parlement de Paris, des 20 avr. 1682, 2 sept 1755 et 28 juill 1756. — Denisart, vis *Renonciation*, n° 22, et *Bénéfice d'invent.*, n° 29; Chabot, t. 3, p. 13; Delvincourt, t. 2, p. 32, note 4; Duranton, t. 7, n° 45; Delaporte, *Pand. franç.*, t. 3, p. 202; Vazeille, art. 802, n° 8.

263. — Jugé, en ce sens, que l'héritier bénéficiaire qui a fait aux créanciers l'abandon autorisé par l'art. 802 du C. civ., ne cesse pas d'avoir la qualité d'héritier : *Semel hæres, semper hæres.* — *Cass.*, 25 mars 1840 (t. 1er 1840, p. 708), Forbin la Barben c. de Soran.

264. — ... Qu'on ne peut dire que l'héritier bénéficiaire ait le droit de renoncer, parce qu'il peut se décharger du paiement des dettes de la succession en abandonnant les biens de la succession. — *Douai*, 29 juin 1816, Pillot c. Gilliard; *Cass.*, 1er févr. 1830, Enregistrement c. Lagarde; *Lyon*, 13 avr. 1837 (t. 2 1837, p. 164), Montagnier.

265. — ... Qu'il en est de même à l'égard de l'héritier, même mineur. — *Toulouse*, 29 mars 1832, Payrastre c. Roustil; *Grenoble*, 4 juin 1836, Brachet c. Chambon.

266. — Par conséquent la renonciation à une succession, de la part d'un héritier bénéficiaire, n'a pas pour effet de donner aux héritiers d'un degré subséquent le droit de l'accepter; elle équivaut à un simple abandon des biens eux-mêmes, et la part du renonçant est dévolue à ses cohéritiers. — *Paris*, 12 mai 1837 (t. 2 1837, p. 498), Duplessis-Grénédan c. Forbin.

267. — Jugé également que l'acte par lequel celui qui a déjà accepté une succession sous bénéfice d'inventaire, déclare ensuite y renoncer, ne peut, quoique fait au greffe, avoir les effets d'une véritable renonciation. — *Cass.*, 25 mars 1840, Forbin la Barben c. de Soran.

268. — Une pareille renonciation faite au greffe dans les formes ordinaires peut être considérée comme renfermant implicitement l'abandon de biens..., cette déclaration d'abandon n'étant soumise à aucune forme spéciale. — Dans ce cas une nouvelle déclaration d'abandon faite surabondamment devant la Cour dans des conclusions n'enlèverait pas à l'acte déposé au greffe le caractère d'abandon de biens qui lui appartient, cette déclaration réitérée n'en étant que la confirmation. — *Paris*, 15 janv. 1846 (t. 1er 1846, p. 199), Simonnet c. Maget.

269. — La renonciation que fait l'héritier bénéficiaire postérieurement à son acceptation, en supposant même qu'on puisse l'assimiler à l'abandon des biens de la succession qu'il est autorisé, par l'art. 802 C. civ., à faire aux créanciers et légataires ne saurait lui enlever sa qualité d'héritier et rendre vacante ladite succession; et, dès lors, c'est toujours contre lui et non contre un curateur à la succession que doivent être portées les actions auxquelles elle donne lieu. — *Douai*, 5 avr. 1848 (t. 2 1848, p. 507), Furcy c. Delcroix.

270. — L'héritier bénéficiaire qui fait abandon des biens de la succession n'a donc pas le droit de se substituer un curateur aux biens délaissés, et d'abdiquer ainsi la qualité d'héritier chargé de répondre aux actions dirigées contre lui. — En conséquence, dans le cas où un curateur aux biens délaissés a été nommé, ce n'est pas contre ce curateur, mais contre l'héritier bénéficiaire, que doivent agir les créanciers. — *Paris*, 25 juin 1838 (t. 2 1838, p. 19), de Langenardière c. de Bray. — Conflans, *Jurispr. des success.*, sur l'article 802, 3°; Vazeille, *Des success.*, art. 802, n° 9; Bilhard, *Bénéfice d'inv.*, n° 439. — *Contrà*, Chabot, art. 802, n° 8; Toullier, t. 4, n° 358.

271. — Par le même motif, il peut être assigné en reprise d'une instance introduite par son auteur, encore qu'il ait abandonné tous les biens de la succession. — *Cass.*, 21 (et non 29) déc. 1829, Ernest c. Lamothe-Carrier.

272. — Et c'est contre lui que doit être formé le pourvoi en cassation d'un jugement qui préjudicie aux droits d'un créancier de la succession. — *Cass.*, 1er févr. 1830, Enregistrement c. Lagarde.

273. — Dans tous les cas, la décision qui jugerait, d'après les circonstances et les actes, qu'il y a eu par l'héritier bénéficiaire simple abandon, et non renonciation, échapperait à la censure de la Cour de cassation. — *Cass.*, 25 mars 1840 (t. 1er 1840, p. 708), Forbin la Barben c. de Soran.

274. — Lorsque l'héritier bénéficiaire qui a fait abandon aux créanciers, sous forme de renonciation au greffe, demande le partage à ses cohéritiers, ceux-ci ne peuvent exciper contre lui de la prescription établie par l'art. 1304, en ce qu'il n'aurait pas attaqué dans les dix années l'acte de renonciation. — Même arrêt.

275. — Lorsque, parmi plusieurs héritiers bénéficiaires, les uns font abandon des biens et que les autres persistent à les conserver, il peut être adjoint à ces derniers un gérant nommé par les créanciers pour l'administration des biens abandonnés, et pour répondre aux poursuites dirigées

contre la succession. — *Douai*, 29 juill. 1816, Pillot c. Gilliard.—Cette division est permise.—Poujol, p. 497. — Le curateur peut être assimilé à celui d'une succession vacante. — *Ibid.*, p. 498.

276. — L'abandon de biens fait par l'héritier bénéficiaire au profit d'un seul créancier de la succession est valable, si, depuis, ce créancier s'est rendu cessionnaire des droits des autres créanciers. — *Grenoble*, 4 juin 1836, Brachet c. Chambon.

277. — Si l'abandon n'équivaut pas à une véritable renonciation, il ne met pas moins l'héritier à l'abri de toutes les poursuites qui intéressent la succession, et qui ne peuvent plus être dirigées contre lui. — *Douai*, 29 juill. 1816, Pillot c. Gilliard.

278. — Lorsqu'un héritier bénéficiaire, après avoir fait l'abandon autorisé par l'art. 802, est actionné par un créancier qui veut le faire déclarer déchu du bénéfice d'inventaire, et que cet héritier conclut à ce que le demandeur soit débouté, tant par fin de non-recevoir qu'autrement, de toutes ses prétentions contre lui, l'arrêt qui adopte ces conclusions, même implicitement, en renvoyant le créancier à se pourvoir contre le curateur à la succession vacante, est nul, s'il n'a exprimé aucun motif en tranchant ce point important du procès.—*Cass.*, 26 juill. 1837 (t. 2 1837, p. 174), Langnardière c. de Bray.

279. — L'abandon ne porte que sur ce qui appartenait au défunt au moment de son décès; les légataires et créanciers profitent des augmentations survenues depuis. — Bilhard, n° 139.

280. — Le principe d'après lequel un cohéritier qui a traité une affaire de la succession est présumé l'avoir traitée dans l'intérêt de tous ne peut être invoqué ni contre le cessionnaire d'un cohéritier, ni par l'héritier bénéficiaire qui a abandonné les biens de la succession.— *Grenoble*, 4 juin 1836, Brachet c. Chambon.

281. — L'héritier bénéficiaire qui a fait aux créanciers l'abandon des biens de la succession ne peut plus exercer le retrait successoral ni le retrait litigieux. — Même arrêt.

282. — Jusqu'à l'adjudication définitive, le bénéficiaire peut reprendre les biens qu'il a abandonnés. — Bilhard, n° 149.

§ 3. — *Séparation des patrimoines.*

283. — L'effet du bénéfice d'inventaire est encore de donner à l'héritier l'avantage de ne pas confondre ses biens personnels avec ceux de la succession. — C. civ., art. 802, n° 2. — C'est là une véritable séparation des patrimoines.

284. — Dès lors, le créancier d'une succession bénéficiaire ne peut, en vertu du jugement de condamnation qu'il a obtenu contre l'héritier bénéficiaire, prendre inscription sur les biens personnels de cet héritier, hors les cas prévus par l'art. 803 C. civ., et cela quand bien même l'héritier aurait fait des actes de nature à le faire déclarer déchu du bénéfice d'inventaire. — Pour que l'inscription pût être prise valablement, il faudrait que cette déchéance du bénéfice d'inventaire eût été prononcée par jugement. — *Bruxelles*, 15 janv. 1829, Carton c. Decock.

285. — Lors même qu'un héritier bénéficiaire aurait été condamné comme héritier sans autre addition de qualité, une pareille condamnation ne doit se référer qu'à sa qualité de bénéficiaire, et n'autorise point l'expropriation de ses biens personnels. — *Paris*, 8 janv. 1808, Georgeon c. Fougeron.

286. — Toutefois la saisie immobilière poursuivie contre un héritier bénéficiaire sur ses propres héritages, quoique nulle à l'égard du créancier, ne peut pas être annulée à l'égard de l'adjudicataire, s'il n'y a pas eu en temps utile appel interjeté contre lui. — Même arrêt.

287. — ... Ou bien encore si cet héritier bénéficiaire a négligé de se prévaloir de sa qualité avant l'adjudication. — *Cass.*, 18 mai 1841 (t. 2 1841, p. 82), de Puyfferat c. de Serigny.

288. — En pays de droit écrit, la femme héritière ne confondait pas sa dot, ni les enfans leur légitime, quoiqu'ils ne fissent pas d'inventaire (Maynard, liv. 6, ch. 8; Lebrun, liv. 3, ch. 4, n° 73). Ce privilége ne serait plus admis vis-à-vis les créanciers. Il ne le serait pas, même à l'égard des légataires et autres successeurs à titre gratuit. Le Code ne fait aucune exception, il exige, pour la non-confusion, qu'il y ait acceptation sous bénéfice d'inventaire dans les formes prescrites. — Maleville, t. 2, p. 288.

289. — Si une hypothèque a été prise pendant le bénéfice d'inventaire, mais qu'on ne l'ait fait valoir que depuis l'acceptation pure et simple de l'héritier qui n'avait d'abord accepté que bénéficiairement, l'hypothèque ne doit pas être maintenue, l'acceptation remontant au jour de l'ouverture. — Bilhard, n° 111.

290. — D'un autre côté, les créanciers de la succession peuvent avoir eux-mêmes intérêt à ce que les biens personnels de l'héritier ne soient pas confondus avec ceux de la succession. En ce cas, peuvent-ils demander contre l'héritier bénéficiaire la séparation des patrimoines que l'art. 878 C. civ. leur permet de demander contre l'héritier pur et simple? — V. SÉPARATION DES PATRIMOINES, nos 35 et suiv., 145 et suiv.

291. — Il faut ajouter à ce qui a été dit (*hoc verbo*, n° 182), que l'effet de l'acceptation d'une succession sous bénéfice d'inventaire étant d'opérer, au profit des créanciers du défunt la séparation du patrimoine de ce dernier d'avec celui de ses héritiers, lesdits créanciers sont fondés à demander des garanties pour l'exercice de leurs droits, avant qu'aucun héritier ne retire la somme qu'il aurait droit de réclamer dans le partage de la succession. — *Paris*, 18 mars 1844 (t. 1er 1844, p. 553), Barnier c. de Saint-Albin.

§ 4. — *Conservation des créances personnelles de l'héritier.*

292. — Enfin, l'effet du bénéfice d'inventaire est de donner à l'héritier l'avantage de conserver, contre la succession, le droit de réclamer le paiement de ses créances. — C. civ., art. 802, n° 2.

293. — Ainsi, en admettant que l'héritier bénéficiaire ne puisse pas acquérir de créances contre la succession, il peut néanmoins répéter contre elle celles dont il est devenu cessionnaire avant l'adition d'hérédité. — *Cass.*, 14 janv. 1839 (t. 1er 1839, p. 520), Dangé-Dorsay c. Creuzé de Lesser.

294. — Du principe que l'héritier conserve le droit de réclamer contre la succession le paiement de ses créances, il résulte encore qu'il peut exercer contre les tiers les actions qui leur donneraient un recours contre la succession, sans qu'ils aient le droit de lui opposer sa qualité d'héritier. Par exemple, il pourrait revendiquer sa chose propre, qui aurait été vendue par le défunt, nonobstant la maxime : *Quem de evictione tenet actio, eumdem agentem repellit exceptio*. L'acquéreur aurait seulement une indemnité à réclamer contre la succession bénéficiaire. — *Cass.*, 1er déc. 1812, Tarris et Allard c. Cassani ; *Grenoble*, 28 mars 1835, Passard c. Mognat Isabeau. — Lebrun, *Des successions*, liv. 3, chap. 4, n° 71, p. 450; Rousseaud-Lacombe, v° *Héritiers*, n° 17; Pothier, *Des successions*, chap. 3, § 7, p. 379; *le Nouveau Denisart*, v° *Bénéfice d'inventaire*, p. 396; Delvincourt, t. 2, p. 33, n° 2; Chabot, t. 3, art. 802, n° 2; Toullier, *Droit civil*, t. 4, n° 357; Duranton, t. 7, n° 52, t. 11, n° 265, et t. 12, n° 482; Berriat, *Procéd. civ.*, p. 720, note 21; Rolland de Villargues; *Rép. du notar.*, v° *Bénéfice d'inventaire*, n° 178; Bilhard, n° 99. — V. aussi Conflans, sur l'art. 802, 6°. — V. *Contrà*, *Riom*, 13 déc. 1807, Flouvat c. Pourat.

295. — Il y a lieu de décider de même à l'égard de l'héritier bénéficiaire qui revendique un immeuble illégalement vendu pendant sa minorité. — *Bastia*, 27 déc. 1843 (t. 2 1844, p. 169), Santa Maria c. Pinelli.

296. — Et même, l'héritier bénéficiaire qui aurait vendu un bien au défunt pourrait le revendiquer faute de paiement, comme ferait tout autre vendeur. — Poujol, p. 460.

297. — Lorsqu'une action en revendication des biens dotaux de leur mère est formée par des enfans, garans, à titre d'héritiers bénéficiaires, de leur père vendeur, il y a lieu d'autoriser les acquéreurs à conserver, par droit d'insistance, les immeubles revendiqués jusqu'à l'apurement du compte de la succession bénéficiaire. Jusque-là l'héritier bénéficiaire, bien que non obligé personnellement, est cependant comptable et présumé débiteur. — *Aix*, 31 juill. 1828, Jaubert c. Bernard. — Bilhard, n° 100.

298. — L'héritier bénéficiaire de la femme dotale conserve les biens dotaux de la succession libres de toutes les obligations contractées par celle-ci pendant le mariage. — *Nancy*, 14 mars 1840 (sous *Cass.*, 21 déc. 1841 [t. 1er 1842, p. 32]), Formel c. Verlot.

299. — Du principe posé par l'art. 802, § 2 C. civ., résulte encore, pour l'héritier bénéficiaire, le droit de céder ce qui lui est dû par le défunt, sans que les créanciers puissent s'y opposer, et combattre le transport qu'il aurait consenti. — *Cass.*, 4 déc. 1839 (t. 1er 1840, p. 675), Rabourdin c. Lebourgeois.

300. — Au surplus les Cours d'appel apprécient souverainement les faits qui établissent au profit de l'héritier bénéficiaire sa qualité de créancier personnel de la succession, et leur décision échappe, sous ce rapport, à la censure de la Cour de cassation. — Même arrêt.

301. — L'héritier bénéficiaire qui a payé de ses deniers un créancier du défunt, jouit de la subrogation légale sur la seule déclaration que c'est avec son argent qu'il a payé, sauf à la partie intéressée à protester contre les poursuites du bénéficiaire jusqu'à l'apurement de la succession. — Bilhard, n° 103.

302. — La prescription, à l'égard des créances que l'héritier peut avoir sur la succession, court contre lui-même tant qu'il n'a pas accepté sous bénéfice d'inventaire; et son acceptation bénéficiaire ne peut détruire la prescription ainsi acquise contre lui dans l'intervalle de l'ouverture de la succession à son acceptation. — *Limoges*, 16 mars 1838 (t. 2 1838, p. 638), Poisle-Brulon c. Fallet.

303. — Avant le Code civil, l'héritier sous bénéfice d'inventaire qui avait des intérêts personnels opposés à ceux de la succession bénéficiaire, devait, pour avoir un légitime contradicteur, faire nommer un curateur à cette succession. — *Paris*, 15 flor. an X, Ravier c. Dières.

304. — Aujourd'hui les actions à intenter par l'héritier bénéficiaire contre la succession doivent être intentées contre les autres héritiers; et s'il n'y en a pas ou qu'elles soient intentées par tous, elles doivent l'être contre un curateur au bénéfice d'inventaire nommé en la même forme que le curateur à la succession vacante. — C. proc., art. 996. — V. SUCCESSION VACANTE.

305. — Toutefois la nomination d'un curateur au bénéfice d'inventaire dans les cas prévus par l'art. 996 C. pr. civile, n'est pas prescrite à peine de nullité : seulement les condamnations obtenues contre la succession par l'héritier bénéficiaire ou son cessionnaire ne sont opposables, à défaut de curateur, qu'aux créanciers appelés dans l'instance. — Du reste, la nomination d'un tel curateur est inutile, quand c'est dans un ordre où tous les créanciers sont appelés que l'héritier bénéficiaire demande à être payé de ses créances personnelles contre la succession. — *Cass.*, 10 déc. 1839 (t. 1er 1840, p. 191), Donney c. la Tour d'Auvergne.

306. — Lorsqu'un créancier exerçant les droits de son débiteur décédé agit contre une succession qui a été recueillie en partie par l'héritier bénéficiaire de ce débiteur, il peut assigner celui-ci, et comme représentant le débiteur décédé et comme appelé à la succession commune, sans qu'il soit nécessaire de faire nommer, en pareil cas, un curateur à la succession bénéficiaire. — *Bordeaux*, 12 janv. 1839 (t. 1er 1839, p. 394), Abiet c. Mendes.

307. — Après le décès du failli, ses héritiers bénéficiaires doivent diriger toute action relative à la vente des immeubles de la succession, contre les syndics auxquels la loi a attribué l'exercice des actions immobilières du failli. — *Amiens*, 14 mars 1820, Janim. — Duranton, t. 7, n° 53; Berriat-St.-Prix, p. 721, note 22; Lainné, *Comment. sur la loi du 8 juin* 1838, p. 314. — Dès lors il n'y a pas lieu de demander la nomination d'un curateur au bénéfice d'inventaire, conformément à l'art. 996 du Code civil. — Même arrêt.

Sect. 6e. — *Déchéance du bénéfice d'inventaire.*

308. — Comme l'héritier doit au bénéfice d'inventaire de n'être pas tenu personnellement des dettes du défunt, il ne saurait réclamer cet avantage, qu'autant qu'il ne détourne aucun des effets qui sont le gage des créanciers, ou qu'il n'agit pas de telle sorte que le sort de ce gage soit compromis entre ses mains.

309. — D'un autre côté il peut toujours renoncer aux avantages du bénéfice, en se rendant héritier pur et simple, soit expressément, soit tacitement. — *Nouveau Denisart*, v° *Héritier bénéficiaire*, § 1er; Chabot, art. 801; Toullier, t. 4, n° 360; Merlin, *Rép.*, v° *Bénéfice d'inventaire*, n° 25.

310. — Ainsi, pour lui deux causes de déchéance du bénéfice d'inventaire : 1° recel ou omission frauduleuse d'effets de la succession, ou encore

omission de formalités essentielles; 2° actes d'héritier pur et simple.

311. — La déchéance peut être établie par toutes les personnes qui y ont intérêt. — *Caen*, 16 juill. 1834, Chesnel-Larossière c. Fournier.

312. — Dès lors, la déchéance du bénéfice pour défaut d'inventaire ne saurait être invoquée contre le légataire universel qui a accepté bénéficiairement par l'héritier du sang non réservataire qui ne réclame aucun droit héréditaire. — *Cass.*, 16 avr. 1839 (t. 1er 1839, p. 395), Forsse c. Laden.

313. — Un légataire peut être admis à prouver des faits tendant à faire déclarer les héritiers bénéficiaires du testateur, héritiers purs et simples. Toutefois, il ne peut demander en appel pour la première fois qu'ils soient déclarés tels. — *Rennes*, 14 juill. 1819, Collet c. Ameline.

314. — Le jugement passé en force de chose jugée, qui condamne le successible en qualité d'héritier pur et simple, peut-il être invoqué par d'autres que celui au profit duquel il a été rendu? Les auteurs sont fort divisés sur ce point important. Le jugement peut être invoqué par tous ceux qui prétendent droit à la succession, selon Merlin, *Quest. de dr.*, v° *Héritier*, § 8; Malpel, n° 194; Favard de Langlade, v° *Renonciation*, n° 16, § 1er; Vazeille, art. 810; Maleville, sur l'art. 783; Goubaud de la Bilennerie, *Traité des exceptions*, p. 238.

315. — Pour l'opinion contraire, on dit qu'il résulte de la combinaison des art. 800 et 1351 C. civ. que la disposition finale du premier ne peut s'appliquer qu'à ceux qui ont obtenu le jugement qui condamne le successible en qualité d'héritier pur et simple, et non aux tiers à l'égard desquels ce jugement ne peut acquérir l'autorité de la chose jugée. D'ailleurs, la discussion de l'ar-l'article au Conseil d'État prête une nouvelle force à ce système, puisqu'on y voit qu'un article explicatif avait été proposé dans ce sens, et qu'il ne fut rejeté que parce qu'on l'avait regardé comme inutile d'après le principe posé dans l'art. 1351. — Locré, *Lég. civ.*, t. 10, p. 103 et suiv. — Enfin, quant à l'argument tiré de l'indivisibilité du titre d'héritier, on répond qu'il n'a rien de solide, parce qu'il arrive tous les jours que, par la force même des choses, la qualité d'héritier se divise nécessairement. — Toullier, t. 4, n° 344, note 1re; Chabot, t. 2, art. 800, n° 3 (cet auteur avait d'abord soutenu l'opinion contraire); Delvincourt, t. 2, p. 31, note 7; Duranton, t. 6, n° 455, et t. 7, n° 25; Delaporte, *Pand. franç.*, t. 3, p. 55; Bilhard, n° 124; Poujol, p. 488 et suiv. — V. aussi Coulon, *Dialogue 43e*; Pothier, *Success.*, ch. 3, sect. 6; Jousse, *Des présidiaux*, p. 181.

316. — Décidé dans ce dernier sens que le jugement passé en force de chose jugée, qui, sur la requête d'un créancier de la succession a condamné le successible comme héritier pur et simple, ne peut être invoqué par les autres créanciers qui n'ont pas été parties à ce jugement. — *Montpellier*, 1er juill. 1828, Gondal c. Durand; *Toulouse*, 25 juill. 1828, de Lordat c. d'Hautpoul.

317 — Comme l'héritier bénéficiaire est toujours libre de renoncer aux avantages du bénéfice, il s'ensuit que les actes de propriétaire qu'il a faits, même pendant son administration, ne peuvent être attaqués par les créanciers pour défaut de pouvoir; ils doivent, au contraire, recevoir leur pleine exécution. — Arg. C. civ., art. 988 et 989. — Merlin, *Rép.*, v° *Bénéfice d'inventaire*, n° 25.

318. — Par la même raison, l'héritier bénéficiaire ne peut arguer de nullité le compromis qu'il a souscrit pour une affaire de la succession, sous prétexte qu'en sa qualité il n'avait pas le pouvoir de compromettre. — *Paris*, 22 févr. 1814, Barberieux c. Pétiet; *Cass.*, 20 juill. 1814, mêmes parties. — Merlin, *ibid.*, n° 26.

319. — Et l'excès de pouvoir que commet, en pareil cas, l'héritier bénéficiaire n'a pour effet que de le rendre héritier pur et simple. — *Paris*, 3 juin 1808, Leleu c. Levît.

§ 1er. — *Omission ou recel d'objets. — Omission de formalités.*

320. — *Omission ou recel d'objets.* — L'art. 801 C. civ. porte : « L'héritier qui s'est rendu coupable de recelé ou qui a omis sciemment et de mauvaise foi de comprendre dans l'inventaire des effets de la succession est déchu du bénéfice d'inventaire. »

321. — Cette disposition est conforme à celles des art. 792 en matière de succession ordinaire, et des art. 1460 et 1477 en matière de communauté. — V. COMMUNAUTÉ, SUCCESSION.

322. — Bien que l'art. 801 C. civ. ne renouvelle pas la disposition de l'art. 792, qui prononce que l'héritier recéleur ne prendra aucune part des objets recélés, il ne faut pas moins le décider ainsi, par identité de motifs. — Chabot, t. 3, p. 3; Vazeille, art. 794, n° 1er; Duranton, t. 7, n° 24.

323. — Les dispositions renfermées dans l'art. 801 du Code civil, relativement à la prononciation de la déchéance, étaient autrefois observées en France. — Furgole, *Des testamens*, chap. 3, sect. 6, n° 189; Pothier, *Success.*, chap. 3, art. 2, § 3. — Sous l'empire du droit romain, l'héritier n'était pas déchu du bénéfice d'inventaire, mais seulement condamné à la peine du double. — L. 22, § 10, *C. De jure delib.*

324. — Toutefois, il ne peut y avoir recel ou omission frauduleuse qu'autant qu'il s'agit d'objets dépendant de la succession du défunt. — Dès lors, comme des biens grevés de fidéicommis ne font pas partie de la succession du grevé, leur omission dans l'inventaire de la succession ne constitue pas un recélé dans le sens des art. 792 et 801 du Code civil. — *Cass.*, 20 août 1845 (t. 2 1845, p. 681), Demay c. Gasse.

325. — L'héritier bénéficiaire qui n'a omis des objets mobiliers dans l'inventaire que par négligence ou erreur, n'est point déchu du bénéfice d'inventaire, comme celui qui a agi sciemment et de mauvaise foi. — *Cass.*, 16 févr. 1832, Bouté c. Soulé. — Merlin, *Rép.*, v° *Bénéf. d'invent.*, n° 8; Toullier, t. 4, n° 365; Carré *Lois de la proc.*, quest. 3152; Vazeille, art. 792, n° 3; Conflans, *Jurispr. des success.*, p. 194.

326. — Et il en est de même de la veuve relativement à son droit de renoncer à la communauté. — Même arrêt. — V., au surplus, COMMUNAUTÉ, nos 1029 et suiv., 1234 et suiv.

327. — De même, par cela que les héritiers d'un négociant auraient omis de comprendre dans l'inventaire les marchandises, livres et papiers relatifs au commerce, ils ne doivent pas être déclarés déchus du bénéfice d'inventaire, alors qu'il est constant qu'ils n'ont point agi de mauvaise foi. — *Cass.*, 11 mai 1825, Savoie c. Vaugavet.

328. — Toutefois, si après l'inventaire l'héritier découvrait des objets, ou non inventoriés, parce qu'il ne les connaissait pas, ou omis par erreur, il devrait s'empresser d'en faire sa déclaration au bas de l'inventaire; autrement son silence deviendrait frauduleux. Il ne suffit pas en effet qu'il ait été de bonne foi pendant un temps, il doit l'être pendant tout le temps qu'il se trouve chargé des affaires de la succession. — Chabot, art. 801, n° 3. — V. aussi Furgole, *Testam.*, chap. 3, sect. 6, n° 189; Pothier, *Success.*, chap. 3, art. 2, § 3; Bilhard, n° 125.

329. — L'héritier peut être déclaré déchu du bénéfice d'inventaire, lorsque, à l'aide d'actes simulés, il a cherché à spolier les créanciers légitimes de cette succession. — *Rennes*, 7 mai 1821, Ducoudray c. Gaillard.

330. — Jugé cependant que le fait par l'héritier bénéficiaire d'avoir employé des moyens dolosifs et frauduleux pour se rendre adjudicataire des biens de la succession, n'entraîne pas la déchéance du bénéfice d'inventaire pour cause de recel ou de divertissement, mais peut seulement servir de base à une action en dommages-intérêts. — *Cass.*, 20 août 1845 (t. 2 1845, p. 681), Demay c. Gasse.

331. — Le mineur qui spolie ou recèle des objets dépendans d'une succession dont il est héritier bénéficiaire, n'est pas pour cela déchu du bénéfice d'inventaire comme l'aurait été le majeur. La seule peine qu'il encourt, quant aux effets civils, c'est d'être obligé, comme héritier bénéficiaire, de rendre compte des objets de la succession. — *Bruxelles*, 9 déc. 1813, Dewite c. Desemblanck; *Limoges*, 30 juill. 1827, Ladégaillerie c. Tamain. — Chabot, sur l'art. 792, n° 5; Vazeille, sur l'art. 794, n° 3. — Suivant Delvincourt (t. 2, p. 92 et 105), la déchéance est encourue par le mineur *doli capax*.

332. — Le mari est personnellement responsable des omissions ou des infidélités commises dans l'inventaire des biens d'une succession ouverte au profit de sa femme, et acceptée bénéficiairement par celle-ci. — *Cass.*, 4 févr. 1823, de Baudre c. Pierre.

333. — La déchéance du bénéfice d'inventaire étant de faire réputer l'héritier bénéficiaire héritier pur et simple, il s'ensuit qu'il est tenu de toutes les obligations imposées à ce dernier.

334. — Ainsi, jugé qu'une fille qui, par suite de soustractions commises dans la succession paternelle, est déchue du bénéfice d'inventaire, et devient héritière pure et simple, est tenue des dettes de la succession, même sur ses biens dotaux. — *Rouen*, 12 janv. 1822, Asselin.

335. — ...Qu'il en est de même de la femme mariée qui recèle ou soustrait des objets dépendans d'une succession qu'elle a acceptée bénéficiairement : elle est obligée sur ses biens propres, sauf la jouissance du mari qui n'a pas participé au recel. — Vazeille, sur l'art. 794, n° 4.

336. — ...Que l'héritier bénéficiaire qui a commis sciemment des infidélités dans l'inventaire, et qui, par son propre fait, se trouve ainsi dans l'impuissance d'établir le véritable état de la succession, doit être condamné à payer l'intégralité des legs faits par le défunt, sans pouvoir en demander la réduction, sous prétexte qu'ils portent atteinte à la réserve légale. — *Cass.*, 16 janv. 1821, Bertrand c. Lafond.

337. — *Omission de formalités.* — Quant à la déchéance qu'encourt l'héritier bénéficiaire pour l'omission des formalités que la loi lui prescrit de remplir, on a vu, dans ce qui précède, différens cas où cette omission tantôt entraînait la déchéance et tantôt ne l'entraînait pas. On peut dire en général que l'omission ne doit avoir une conséquence aussi rigoureuse qu'autant que les formalités sont telles qu'il résulte de leur inobservation un préjudice ou au moins une présomption de préjudice pour la succession ou pour les créanciers. Aux différens exemples précédemment rapportés, nous ajouterons les suivans :

338. — La levée des scellés sans description n'entraîne pas nécessairement pour l'héritier bénéficiaire acceptation pure et simple de la succession. — Arg. *Cass.*, 16 mai 1815, Caron c. Boutron. — *Contrà*, Pigeau, t. 2, n° 644.

339. — L'omission de la déclaration voulue par l'art. 793 n'emporte pas déchéance de l'acceptation bénéficiaire, laquelle peut avoir lieu tant qu'il n'y a pas acte d'acceptation pure et simple. — Poujol, *Traité des success.*, p. 462-463.

340. — Dans la ci-devant Provence, l'héritier bénéficiaire qui n'avait point fait inventaire dans le délai fixé par l'ord. de 1667, n'avait point encouru pour cela la déchéance du bénéfice d'inventaire. — *Cass.*, 14 therm. an IX, Bruni.

341. — Il en est de même sous le Code civil. — *Pau*, 5 mars 1833, Fourcade c. Tisnès.

342. — S'il se rencontrait dans l'inventaire quelque vice non imputable à l'héritier, ou qui ne le constituerait pas en mauvaise foi, on pourrait, au lieu de la déchéance, ordonner un second inventaire. — Malleville, t. 2, p. 282; Toullier, t. 4, n° 348; Merlin, *Rép.*, v° *Bénéf. d'inv.*, n° 8; Delaporte, *Pand. franç.*, t. 3, p. 188; Vazeille, art. 794, n° 3.

343. — Il en était de même sous la coutume de Normandie. — *Cass.*, 18 fruct. an XII, de Livry.

344. — A plus forte raison, l'omission des formalités prescrites par la loi ne pourrait être opposée à l'héritier bénéficiaire, si cette omission n'était pas son fait personnel.

345. — Ainsi, l'omission de l'inventaire, commise par le tuteur, ne peut rendre le mineur héritier pur et simple, s'il n'est pas établi qu'il a acquis cette qualité en faisant des actes d'héritier depuis sa majorité. — *Bordeaux*, 1er mars 1832, Naviceau c. Gibaudan.

346. — Le mineur ne peut non plus perdre le bénéfice d'inventaire par l'effet de l'administration de son tuteur. — *Rouen*, 30 août 1828, Rouet c. Ségur.

347. — Dans ce cas, le tuteur n'est responsable des fautes de sa gestion à l'égard des créanciers, qu'autant qu'elles ont causé du dommage à ces derniers. — Même arrêt.

348. — Et cela, quand bien même le tuteur eût été sommé par les créanciers de prendre qualité et ne l'eût point fait dans les délais prescrits. — *Angers*, 11 août 1809, Davière c. N...

§ 2. — *Actes d'héritier pur et simple.*

349. — D'après l'art. 800 C. civ., l'héritier conserve, même après les délais pour faire inventaire et pour délibérer, la faculté de faire encore inventaire et de se porter héritier bénéficiaire, s'il n'a pas fait d'ailleurs acte d'héritier, ou s'il n'existe pas contre lui de jugement passé en force de chose jugée qui le condamne en qualité d'héritier pur et simple. — Il suit de là que si le successible a fait acte d'héritier pur et simple ou s'il a été condamné en cette qualité, il est déchu du bénéfice d'inventaire.

350. — Or, quels actes doivent être réputés actes d'héritier pur et simple? Ce sont tous ceux qui indiquent de la part de l'héritier l'intention d'être considéré comme propriétaire des objets, de continuer purement et simplement la personne du défunt. — V., au surplus, ce qui a été dit v° SUCCESSION, n°s 355 et suiv., au sujet de l'acceptation tacite. — On y ajoutera ici quelques décisions en ce qui concerne spécialement l'héritier bénéficiaire.

351. — Toutefois, il est à remarquer qu'en se livrant à des actes d'héritier pur et simple, l'héritier bénéficiaire ferait vainement toute protestation contre cette qualité, en déclarant qu'il n'entend pas se départir du bénéfice d'inventaire; car il est de principe général qu'une protestation est toujours réputée non écrite quand elle est démentie par l'acte même qu'elle accompagne. — Brunneman, sur la loi 22, C. *De transactionibus*; Guys, *Observationes practicæ*, L. 4, § 73, n° 5; Barthole, sur la loi *Non solum*, § *morte*, n° 17, D., *De operis novi nuntiatione*; Merlin, *Rép.*, v° *Bénéfice d'inventaire*, n° 26.

352. — L'adition pure et simple de l'hérédité résulte principalement de la déclaration de volonté que fait à cet égard l'héritier bénéficiaire, en prenant la qualité d'héritier pur et simple, ou bien de la condamnation judiciaire qui lui reconnaît cette même qualité. Toutefois, il faut qu'il n'y ait pas le moindre doute à cet égard, autrement il faudrait décider pour le maintien de la qualité de bénéficiaire, parti le plus favorable à l'héritier.

353. — Ainsi, jugé que l'héritier bénéficiaire qui a pris la seule qualité d'héritier dans une instance où il défendait la succession sur une demande intentée contre elle, et dans une procuration qui n'avait trait qu'à l'administration de ladite succession, n'est pas pour cela déchu du bénéfice d'inventaire. — *Aix*, 4 mars 1841 (t. 2 1843, p. 681), Bayle.

354. — ... Que la liquidation d'une rente héréditaire, faite au nom de l'héritier, sans énonciation de la qualité qu'il a prise d'héritier bénéficiaire, ne lui fait pas perdre cette qualité. — *Paris*, 12 mars 1812, Lavit c. Desbois.

355. — ... Que l'héritier bénéficiaire n'est pas déchu du bénéfice d'inventaire, par cela seul qu'il a payé le salaire du gardien des scellés de la succession, qui l'avait actionné en paiement comme héritier pur et simple. — *Cass.*, 20 avr. 1831, Becq.

356. — Avant le Code civil, l'héritier bénéficiaire qui formait opposition pour une créance de la succession n'était pas déchu du bénéfice de l'inventaire, faute d'énonciation de cette qualité. — *Paris*, 15 juill. 1813, Marchand c. de Laugeac.

357. — Le donataire universel à cause de mort, qui a fait acte de donataire ou qui a pris cette qualité dans un acte authentique ou privé, ne peut être assimilé à l'héritier qui a perdu par son acceptation pure et simple la faculté de se porter héritier sous bénéfice d'inventaire; il n'est pas, comme ce dernier, *loco hæredis*. — *Cass.*, 29 févr. 1820, Billoré c. de l'Étang.

358. — Lorsqu'un individu a disposé en majorité d'un objet recueilli dans la succession à une époque où il était mineur, et où, par conséquent, il ne pouvait agir que comme héritier bénéficiaire, il doit être présumé, s'il n'y a déclaration contraire, avoir disposé dans la qualité primitive d'héritier bénéficiaire, et non dans celle d'héritier pur et simple. — *Cass.*, 16 août 1830, Gardenal c. Meut.

359. — Il n'y a point adition pure et simple de l'hérédité par cela que l'héritier bénéficiaire s'est mis en possession des biens de la succession depuis sa déclaration qu'il n'accepte que sous bénéfice d'inventaire et avant la confection de l'inventaire. — *Pau*, 5 mars 1833, Fourcade c. Tisnès.

360. — Mais il y a acceptation *tacite* de la part de l'héritier bénéficiaire qui néglige de faire inventaire, lorsqu'il est constant en fait qu'il existait un mobilier dans la succession, et qu'il en a disposé. Une pareille omission, dans ces circonstances, suppose nécessairement l'intention d'accepter purement et simplement. — *Cass.*, 15 juin 1826, Mourre c. Bertrand.

361. — Jugé cependant que la déchéance du bénéfice d'inventaire n'est pas applicable à des héritiers bénéficiaires qui, après l'inventaire avec prisage de tout le mobilier de la succession, ont consommé sans mauvaise foi divers objets de peu de valeur, la plupart fongibles, compris d'ailleurs dans l'inventaire. — *Rennes*, 24 juin 1840 (t. 1er 1843, p. 339), Gillet c. Deslandes.

362. — En supposant qu'un héritier bénéficiaire ne puisse, sans excéder ses droits, renoncer du chef de son auteur à une succession échue à celui-ci, la conséquence d'un pareil acte ne serait pas la nullité de la renonciation, mais la déchéance du bénéfice d'inventaire. — *Cass.*, 2 mai 1849 (t. 1er 1850), Enregistrement c. Bon de Saint-Quentin.

363. — L'héritier bénéficiaire qui aliène sans formalités un immeuble de la succession de sa mère, doit être déclaré héritier pur et simple, quelle que soit la qualité de l'immeuble, et encore bien qu'il ait été constitué en dot à celle-ci. Vainement on dirait qu'il a pu être le gage des créanciers de la défunte. — *Cass.* 28 juin. 1826, de Bellecole c. Armagis.

364. — La vente volontairement consentie par un héritier bénéficiaire, bien qu'annulée postérieurement, suffit pour lui faire perdre les avantages du bénéfice d'inventaire, et le faire réputer pur et simple. — *Caen*, 16 juill. 1834, Chesnel-Larossière c. Fournier. — Bilhard, n° 13.

365. — Mais l'héritier bénéficiaire n'est pas déchu du bénéfice d'inventaire, par cela qu'il a vendu un immeuble de la succession, s'il n'a fait cette vente que sous la condition qu'elle serait nulle, dans le cas où il renoncerait à la succession, et sans entendre préjudicier à sa qualité d'héritier bénéficiaire. — *Cass.*, 26 juin 1828, Chastenay-Lanty c. d'Argence.

366. — En cédant ses droits successifs, l'héritier bénéficiaire devient-il par cela seul héritier pur et simple? Non; car il ne change rien, par cette vente ou cession, soit à la nature et à la consistance des biens et effets dont se compose l'hérédité, soit aux droits qu'ont les créanciers de la succession sur ces effets et ces biens. Le cessionnaire ne fait que prendre sa place, il le représente en tout point, il lui est subrogé à tous égards; et il ne résulte de là aucun préjudice pour les créanciers de la succession. — Merlin, *Quest.*, v° *Héritier*, § 11; Favard de Langlade, v° *Bénéfice d'inventaire*, p. 312, n° 17; Carré, sur l'art. 988 C. proc.; Delvincourt, t. 2, p. 174, notes; Duranton, t. 7, n° 54; Malpel, n° 239; Vazeille, art. 806, n° 3; Troplong, *Vente*, t. 2, n° 974; Duvergier, *Vente*, t. 2, n° 344. — Conf., *Grenoble*, 24 mars 1827, Chaffois c. Rochas.

367. — ... Et alors que la cession porte sur l'universalité de son droit cohéréditaire, et non sur un objet particulier de la succession. — *Pau*, 8 août 1837 (t. 1er 1839, p. 517), Darricau.

368. — Jugé même qu'une pareille cession peut être déclarée ne constituer qu'un acte de liquidation, et non un acte d'héritier pur et simple. — *Cass.*, 10 déc. 1839 (t. 1er 1840, p. 191), Donney c. de la Tour d'Auvergne.

369. — Mais faut-il que l'héritier dise expressément que les droits successifs, qu'il vend, sont ceux *d'héritier bénéficiaire*? Une mention spéciale de ces droits n'est point nécessaire. Ce sera généralement une question d'intention. Mais comme on n'est pas facilement présumé abdiquer un droit, un bénéfice, il y a plus de raison de croire, jusqu'à preuve contraire, que l'héritier bénéficiaire a cédé ses droits successifs tels qu'il les possédait au moment de la cession. La Cour d'Amiens a cependant jugé le contraire le 2 mai 1806 (Daniel c. Wibart). — Cette décision est critiquée par Merlin (*Quest. de dr.*, v° *Héritier*, § 2) et M. Duranton (t. 7, n° 54), à l'avis desquels se range M. Troplong (*Vente*, n° 975).

370. — Cependant, il ne suffirait pas que l'héritier déclarât vendre ses droits d'héritier bénéficiaire, s'il n'avait pas encore fixé cette qualité sur sa tête par l'accomplissement des formalités prescrites. Cette vérité constituerait une acceptation tacite pure et simple. — Duranton, t. 7, n° 54; Vazeille, art. 806, n° 8.

371. — Ainsi, est réputé héritier pur et simple celui qui, après avoir été autorisé par justice à prendre la succession sous bénéfice d'inventaire, vend ses droits successifs sans avoir fait faire inventaire ou sans le faire faire par son cessionnaire. — *Paris*, 9 janv. 1806, Mondenard c. Mallen.

372. — Les raisons données en faveur de l'héritier bénéficiaire qui cède ses droits successifs, s'appliquent évidemment au cohéritier qui achète ces mêmes droits.

373. — Ainsi, l'héritier sous bénéfice d'inventaire qui achète les droits de son cohéritier dans la succession bénéficiaire, ne doit pas être pour cela déclaré héritier pur et simple. — *Rennes*, 27 déc. 1810, Anizon c. Desray. — Chabot, art. 780, n° 1er.

374. — Dès lors n'est point déchu du bénéfice d'inventaire l'héritier bénéficiaire qui a acheté les droits successifs de l'un de ses cohéritiers, héritier pur et simple, et qui ensuite a rétrocédé ces mêmes droits à ce cohéritier. — *Cass.*, 20 avril 1831, Becq.

375. — L'héritier bénéficiaire peut exercer le retrait successoral sans devenir héritier pur et simple. — Bilhard, n° 408.

376. — L'héritier bénéficiaire qui consent pour ses dettes personnelles une hypothèque sur les biens de la succession, fait par là acte d'héritier pur et simple. — Solut. impl. — *Rouen*, 5 déc. 1826, Leclerc c. Morière. — Toullier, t. 4, n° 344; Delvincourt, t. 2, p. 32, note 7; Vazeille, art. 806, n° 2. — V., cependant, Carré, quest. 3227.

377. — Toutefois, l'héritier qui, après une acceptation bénéficiaire, hypothèque en faveur de ses propres créanciers, sous la simple qualité d'*héritier*, sans adition quelconque, sa part indivise et éventuelle dans les immeubles de la succession, n'est pas censé, par cela même, renoncer au bénéfice d'inventaire, et accepter l'hérédité purement et simplement. — *Paris*, 8 avril 1826, Delahoussaye. — En effet, en pareil cas, l'hypothèque n'est que conditionnelle. — Vazeille, art. 806, n° 2.

378. — L'héritier bénéficiaire n'a point non plus perdu cette qualité, par cela seul qu'il a contracté une obligation personnelle pour une dette de la succession. — *Paris*, 3 fév. 1812, de Morangiès c. de Saint-Aignan.

379. — Compromettre est un acte de propriété tellement exclu du cercle de la simple administration, que le pouvoir d'administrer le plus étendu, même jusqu'à la faculté de transiger, ne comprend pas le pouvoir de compromettre. Il y a donc déchéance du bénéfice d'inventaire pour l'héritier qui compromet. — Merlin, *Rép.*, v° *Bénéfice d'inventaire*, n° 26 Delvincourt, t. 2, p. 302, n° 2; Favard de Langlade, *Rép.*, v° *Bénéfice d'inventaire*, n° 10; Toullier, t. 4, n° 344; Duranton, t. 7, n° 55; Malpel, n° 237; Vazeille, art. 803, n° 6; Bilhard, n° 76.

380. — Ainsi, jugé que par le compromis l'héritier renonce au bénéfice d'inventaire à l'égard de celui avec lequel il compromet. — *Paris*, 22 fév. 1814, Barberieux c. Petiet; *Cass.*, 20 juill. 1814, mêmes parties.

381. — Jugé cependant qu'un héritier bénéficiaire qui compromet sur les difficultés relatives aux comptes des fermiers, ou régisseurs des biens de la succession, ne fait pas acte d'héritier pur et simple; mais il en serait autrement s'il compromettait sur la liquidation d'une société de commerce dont faisait partie le défunt. — *Paris*, 3 juin 1808, Leleu c. Levit.

382. — L'héritier bénéficiaire a qualité pour transiger sur les actions immobilières dépendant de la succession; seulement, dans ce cas, il encourt la déchéance du bénéfice d'inventaire. — *Limoges*, 10 mars 1836, S... c. Filloulaud.

383. — De même, bien qu'une veuve ait accepté sous bénéfice d'inventaire le legs universel que lui a fait son mari, elle fait acte d'héritier pur et simple si elle transige avec les créanciers qui contestaient, dans un ordre, une créance de la succession, et si elle s'engage à les désintéresser. — *Bordeaux*, 21 mars 1828, Taffard c. Pujos.

384. — Jugé, toutefois, que l'héritier bénéficiaire peut transiger sur l'exercice du droit de retrait successoral, sans compromettre sa qualité. — En conséquence, il est non recevable à former en justice l'action en retrait successoral contre le cessionnaire de son cohéritier, sans l'avoir, au préalable, cité en conciliation. — *Bordeaux*, 16 mars 1832, Mothe c. Jalby.

Sect. 7e. — *Suites du bénéfice d'inventaire.*

§ 1er. — *Compte du bénéfice d'inventaire.*

385. — En sa qualité d'administrateur des biens de la succession, l'héritier bénéficiaire doit rendre compte de son administration aux créanciers et aux légataires — C. civ., art. 803.

386. — Le cohéritier bénéficiaire ne peut, en offrant au créancier de la succession sa part contributoire de la dette, se dispenser de rendre compte. — Il ne peut invoquer la division des dettes comme le ferait un héritier pur et simple, et il est obligé, comme administrateur, de tenir compte de tout ce qu'il a reçu — *Paris*, 25 août 1810, de Saint-Laurent c. de Villeron.

387. — Quant aux conséquences du refus ou du retard de rendre ce compte, relativement aux condamnations personnelles qui peuvent en ré-

gulier contre l'héritier bénéficiaire, V. ce qui a été dit *suprà*, nos 349 et suiv.

388. — Tout créancier ou légataire a droit de demander la reddition du compte de bénéfice d'inventaire. — Arg. C. civ., art. 803.

389. — Ainsi, jugé que le créancier a toujours le droit de demander aux héritiers le compte de leur administration; qu'en conséquence sa demande ne peut être déclarée non recevable par le motif que, faute par les héritiers d'y avoir satisfait, il pouvait les poursuivre sur leurs biens personnels, conformément au deuxième alinéa de l'art. 853 C. civ., et qu'en prenant une voie moins simple et plus dispendieuse il a fait une procédure frustratoire dont les frais doivent rester à sa charge. — *Orléans*, 27 févr. 1837 (t. 1er 1837, p. 529), Varigault c. Berguignolle.

390. — Par la même raison, un héritier qui n'a pas administré la succession bénéficiaire peut demander compte à celui qui a administré. — Bilhard, no 90.

391. — D'un autre côté, l'héritier bénéficiaire qui a intérêt à ce que sa libération soit établie, a le droit d'assigner les créanciers et légataires pour qu'ils aient à recevoir le compte qu'il veut leur rendre de son administration.

392. — Si l'héritier ne connaît pas les légataires et créanciers ou ne les connaît pas tous, il poursuit la reddition de compte contre ses cohéritiers, et s'il est seul héritier, contre un curateur qu'il fait nommer.

393. — Cependant, l'héritier bénéficiaire qui a vendu les biens de la succession ne peut, avant d'en avoir distribué le prix aux créanciers et légataires, les assigner en reddition de compte du bénéfice d'inventaire; une pareille reddition de compte serait prématurée, l'héritier doit auparavant faire la distribution et les paiemens qu'indique la loi, et il est passible des dépens des procédures frustratoires qu'il a introduites au détriment de la succession. — *Bruxelles*, 16 nov. 1831, L. c. N.

394. — L'héritier bénéficiaire ne peut former de demandes contre les créanciers de la succession avant d'avoir préalablement signifié son compte. — *Paris*, 11 juin 1811, Lenormand c. Decourt.

395. — La loi n'a point fixé de délai pour la reddition du compte; mais, à peine de se voir contraindre sur ses biens personnels, l'héritier doit le présenter toutes les fois que les créanciers le lui demandent. — C. civ., art. 803. — Toullier, no 387; Vazeille, art. 803, no 10.

396. — Jugé que les délais accordés aux héritiers bénéficiaires pour rendre leurs comptes ne sont que comminatoires. — *Paris*, 10 juin 1820, Laran c. Bouillé.

397. — Lorsque des héritiers bénéficiaires condamnés par jugement à fournir déclaration des valeurs provenant de la succession qu'ils administrent, ne l'exécutent pas, si un nouveau jugement nomme un juge-commissaire et fixe un délai pour recevoir leur compte, la cessation des fonctions du juge-commissaire, avant l'expiration du délai, ne l'empêche pas de courir contre les héritiers, et ne les dispense pas de faire toutes leurs diligences, soit pour faire commettre un autre juge, soit pour obtenir une prorogation de délai. — *Rennes*, 10 janv. 1829, Lagarde c. Bébin.

398. — Le compte peut être rendu devant notaire et même sous seing privé, si toutes les parties sont capables, présentes et consentantes. — Bilhard, no 91; Poujol, p. 503. — Sinon, la reddition du compte doit être poursuivie en justice.

399. — C'est devant le tribunal de l'ouverture de la succession que doit être poursuivi le compte de bénéfice d'inventaire. — *Riom*, 6 janv. 1815, Foucault c. Degain. — Bilhard, no 90.

400. — Jugé, cependant, que lorsqu'une succession est recueillie par un seul héritier, même bénéficiaire, les créanciers de la succession ne sont pas tenus de l'assigner devant le tribunal du lieu de l'ouverture de cette succession. — *Cass.*, 18 juin 1807, Dallard c. de Gras. — Chabot, art. 822, no 6; Merlin, *Rép.*, vo *Héritier*, sect. 2, § 3, no 5. — A moins qu'il n'y eût déjà d'autres instances relatives au bénéfice pendantes au tribunal du lieu de l'ouverture de la succession. — Toullier, t. 4, no 414. — V., toutefois, Poujol, art. 822, no 4. — V., *suprà*, no 229.

401. — L'héritier bénéficiaire qui, assigné en paiement d'une dette de la succession, ne décline pas la juridiction du tribunal devant lequel il est traduit, et se borne à offrir de rendre son compte de bénéfice d'inventaire, peut ensuite refuser de rendre compte devant le tribunal saisi de la demande originaire, et prétendre qu'il ne peut et ne doit y procéder que devant le juge du lieu où la succession s'est ouverte. — *Paris*, 27 nov. 1817, de Bouillé c. Auphant.

402. — Doivent être observées, pour la reddition du compte de bénéfice d'inventaire, les formes prescrites au titre *Des redditions de comptes*. — V. ce mot. — C. procéd., art. 995.

403. — Le compte doit donc être divisé en recettes et dépenses. Le chapitre des recettes renferme tout ce que l'héritier a trouvé dans la succession, ou qui lui est parvenu à son occasion. — Le chapitre des dépenses, tout ce qu'il justifie avoir légitimement déboursé pour les affaires de la succession : tels que frais funéraires, de scellés et d'inventaire, droits de mutation, frais d'ordre et de contribution, frais de compte, réparations, etc., etc. — Chabot, t. 3, p. 22; Toullier, t. 4, no 371; Vazeille, art. 803, no 8.

404. — L'héritier bénéficiaire doit faire figurer à l'actif de son compte non-seulement les arrérages, mais encore le capital des rentes constituées. — *Cass.*, 10 août 1840 (t. 2 1840, p. 745), de Nicolay c. de Milleville.

405. — Si l'héritier représente en nature les meubles de la succession, il n'est tenu que de la dépréciation ou de la détérioration causée par sa négligence. — C. civ., 805.

406. — Les frais de scellés, s'il en a été apposé, d'inventaire et de compte sont à la charge de la succession. — C. civ., 810.

407. — L'héritier bénéficiaire a le droit de prélever sur la masse les frais des procès qu'il a soutenus, soit comme demandeur, soit comme défendeur, dans l'intérêt de la succession, alors même qu'il les aurait perdus, pourvu, toutefois, qu'ils fussent soutenables. — Toullier, t. 4, no 390; Duranton, t. 7, no 56; Malpel, no 237.

408. — Jugé aussi que les dépens des procès intentés par l'héritier bénéficiaire, dans l'intérêt de la succession, et auxquels il a été condamné, doivent être prélevés, préférablement à toutes autres créances, sur la masse des biens et jusqu'à concurrence des forces de la succession, par ceux au profit desquels la condamnation est intervenue, alors même que l'héritier bénéficiaire n'aurait pas été formellement autorisé par le jugement ou l'arrêt à les employer en frais de gestion, cette absence d'autorisation formelle ne pouvant équivaloir à une condamnation personnelle prononcée contre lui. — *Amiens*, 17 août 1836 (t. 2 1837, p. 315), Bedel c. Lapierre. — Toullier, t. 4, no 390; Duranton, t. 7, no 56; Malpel, no 237.

409. — Chaque article du compte peut être contesté par les créanciers, et, en cas de dol, la preuve testimoniale est admissible. — Bilhard, no 91.

410. — L'héritier bénéficiaire ne doit les intérêts des deniers de la succession qu'il a reçus, qu'autant qu'il les a placés, et qu'il en a lui-même tiré des intérêts. Dans ce dernier cas, il ne doit compte des intérêts qu'au taux par lui perçu, ce taux fût-il inférieur au taux légal. — *Bourges*, 18 juill. 1828, Huart c. Patureau.

411. — Toutefois, il en serait autrement si des condamnations personnelles avaient été prononcées contre lui. Il devrait les intérêts du montant de ces condamnations à partir du jour de la demande qui aurait été formée contre lui. — V. INTÉRÊTS.

412. — L'héritier bénéficiaire qui a rendu son compte doit en payer le reliquat aux créanciers et légataires de la manière indiquée au paragraphe suivant :

413. — Dans une instance en paiement d'un reliquat de compte dirigée par les légataires contre un héritier bénéficiaire, ce dernier, agissant dans l'intérêt de la succession, ne peut être considéré comme représentant d'autres légataires qui ont, sur le reliquat réclamé, des droits égaux à ceux des demandeurs. — *Cass.*, 22 août 1827, Benquet c. Vergers.

414. — Ainsi, lorsque sur une tierce opposition formée par des légataires contre un arrêt qui attribue exclusivement à d'autres légataires le reliquat d'un compte, les juges ont ordonné la répartition du capital de ce reliquat entre tous les légataires, ils peuvent, à l'égard des intérêts, n'admettre les tiers opposans qu'au partage de ceux échus depuis l'instance de tierce opposition. — Même arrêt.

§ 2. — *Paiement des créanciers.*

415. — S'il y a des créanciers opposans, l'héritier bénéficiaire ne peut payer que dans l'ordre et de la manière réglés par le juge. — C. civ., art. 808.

416. — S'il y a suffisance de deniers, les formes judiciaires de la distribution par contribution sont inutiles; si les fonds manquent, surtout s'il y a réclamation de privilége, l'héritier administrateur doit assembler les créanciers, s'efforcer de les concilier, au besoin les mettre en demeure, de sorte qu'on puisse rejeter à la charge du récalcitrant les frais d'une injuste contestation. — Bilhard, no 74.

417. — Le créancier dont les droits résultent d'actes faits par l'héritier bénéficiaire, en sa qualité d'administrateur de la succession, a un droit de prélèvement sur l'actif qui en dépend. — *Paris*, 24 déc. 1839 (t. 1er 1840, p. 83), Hospices de Paris c. Chabouillé.

418. — Les créanciers qui ont fait connaître leurs droits, peuvent former tierce opposition aux jugemens intervenus entre l'héritier et d'autres créanciers sur la distribution de l'actif de la succession. — *Paris*, 28 juin 1844, Decaux c. Sully.

419. — Le paiement fait nonobstant des oppositions entraînerait-il la déchéance du bénéfice d'inventaire? — Non : un tel acte ne suppose pas nécessairement l'intention d'accepter d'une manière pure et simple, et cette présomption n'est établie par aucune loi; seulement l'héritier serait obligé d'indemniser le créancier qui en aurait souffert préjudice. — Duranton, t. 7, p. 33; Vazeille, art. 808, no 5; Bilhard, no 73; Poujol, p. 528; Favard de Langlade, *Rép.*, vo *Bénéfice d'inventaire*, t. 1er, p. 309; Rolland de Villargues, *Rép.*, vo *Bénéfice d'inventaire*, nos 117 et 201; Bioche et Goujet, *Dict. de procéd.*, vo *Bénéfice d'inventaire*, no 36. — *Contrà*, Chabot, t. 3, art. 805, no 4, et 808, no 2; Toullier, t. 4, no 374.

420. — Ainsi, une répartition inexacte et irrégulière entre les créanciers, des recouvremens de l'actif de la succession, ne donne lieu qu'à la responsabilité de l'héritier à l'égard des créanciers lésés, et non à la déchéance du bénéfice d'inventaire. — *Cass.*, 27 déc. 1820, Albert c. Daubusson.

421. — De même, l'abandon de la vente par l'héritier bénéficiaire, à l'un des créanciers de rentes foncières pour leur valeur capitale, en déduction de ses créances, au lieu de les faire vendre publiquement, n'emporterait pas déchéance. — Poujol, *loc cit.*

422. — Lorsque l'héritier bénéficiaire a vendu les immeubles dans les formes prescrites par la loi, il est tenu, comme on l'a vu, de déléguer le prix de ces immeubles aux créanciers hypothécaires qui se sont fait connaître. — C. civ., art. 806.

423. — Cette délégation se fera suivant l'ordre des hypothèques et priviléges (C. proc., art. 991). Mais une procédure d'ordre n'est pas nécessaire, si les créanciers n'élèvent aucune contestation sur les droits respectifs résultant du rang de leurs inscriptions. Dans ce cas même, les créanciers pourraient s'accommoder à l'amiable. L'intervention de la justice ne serait requise que s'il y avait des mineurs. Autrement, il faut éviter des frais inutiles. C'est ainsi que les art. 806 C. civ. et 991 C. proc. sont interprétés par les auteurs. — Toullier, t. 4, no 362; Chabot, t. 3, p. 36; Malpel, no 476; Delvincourt, t. 2, p. 32, note 8; Delaporte, *Pand. franç.*, t. 3, p. 208; Vazeille, art. 806, no 10. — V., enfin, Rolland de Villargues, *Rép.*, vo *Bénéfice d'inventaire*, nos 126 et suiv.

424. — Toutefois, s'il y a plus de trois créanciers inscrits qui ne s'accordent pas, il faut observer les formes d'un ordre régulier. — Poujol, p. 517.

425. — Jugé que les art. 540, 541 et 542 C. comm., relatifs à la faillite, sont applicables aux cas analogues de succession bénéficiaire et autres où il y a concurrence entre les créanciers hypothécaires et les créanciers chirographaires sur un patrimoine insuffisant. — *Cass.*, 22 janv. 1840 (t. 1er 1840, p. 230), Larsonnier c. Godefroy. — *Contrà*, Bioche et Goujet, *Dict. de proc.*, vo *Distribution par contribution*, no 13.

426. — En cas de vente d'immeubles d'une succession bénéficiaire hypothéqués à une rente, l'héritier est tenu de déléguer le prix aux créanciers hypothécaires de manière que la rente soit remboursée; et en cas de stipulation contraire, par exemple que l'acquéreur conservera le capital de la rente à l'effet de la servir, le crédirentier peut contraindre l'héritier à lui procurer son remboursement, sinon l'exiger sur le prix. — *Bruxelles*, 3 août 1814, Vanhuele.

427. — Jugé que la délégation du prix de vente, par l'héritier bénéficiaire aux créanciers hypothécaires, ne peut avoir lieu qu'en l'état des

créances, et n'a pas l'effet de rendre exigibles celles qui ne le sont pas. — *Cass.*, 27 mai 1822, Poulon c. Mallet. — Bilhard, n° 112. — Les créances conditionnelles ne sont pas non plus rejetées de la répartition. — *Ibid.*

428. — M. Duranton (t. 7, n° 33) est d'une opinion contraire; toutefois, il soumet les créanciers à l'escompte sur le pied de l'intérêt légal; sinon, ce qui leur reviendrait dans la distribution devrait être déposé à la caisse des consignations pour produire, au profit de la succession, des intérêts jusqu'à exigibilité. M. Vazeille (art. 808, n° 3) ne juge la mesure nécessaire que dans le cas où la dette est sans intérêts avant le terme. S'il y avait, ajoute-t-il, dans la succession des valeurs à venir ou à recouvrer, ceux qui ont des créances exigibles pourraient faire renvoyer le paiement des dettes à terme au temps de la rentrée des sommes dues à la succession.

429. — Lorsqu'il n'y a pas de créanciers opposans, l'héritier bénéficiaire paie les créanciers et les légataires à mesure qu'ils se présentent. — C. civ., art. 808. — L. *Scimus*, C. *De jur. delib.*

430. — En effet, ceux qui se présentent et qui établissent leurs droits ne peuvent être forcés d'attendre, pour recevoir ce qui leur est dû, que les autres créanciers se soient mis en règle et se soient présentés. Ce serait d'ailleurs un prétexte pour l'héritier bénéficiaire de retarder indéfiniment les paiemens. — Merlin, *Quest. de sir., p. 87*; Lebrun, liv. 3, chap. 4, n° 19; Rolland de Villargues, *Rép.*, v° *Bénéfice d'inventaire*, n°° 430 et 434; Bilhard, n° 71. — Toutefois, ce dernier auteur pense que le paiement au légataire ou au créancier qui se présente, ne peut nuire à un créancier, si ce dernier n'a pas encore présenté, s'il est à même d'exercer un privilège.

431. — Ce n'est donc pas en alléguant qu'il existe d'autres créanciers, mais en le justifiant par des actes qu'ils ont faits contre lui ou contre les débiteurs de la succession, qu'il peut être dispensé de payer aux créanciers et aux légataires qui se présentent. — Chabot, art. 808; Toullier, t. 4, n° 383.

432. — Suivant Bilhard (n° 72) et Poujol (p. 523, et 524), il ne faut pas entendre par créanciers opposans ceux seulement qui ont fait un acte juridique d'opposition, mais ceux qui ont averti de leurs droits l'héritier bénéficiaire par un acte officiel quelconque. — *Contrà*, Toullier, t. 4, n° 381.

433. — Pour qu'un individu soit réputé créancier opposant, dans le sens de l'art. 808 C. civ., il suffit que la créance pour laquelle il se forme son opposition ait été mentionnée dans l'inventaire. — *Bruxelles*, 28 déc. 1826, S... c. D....

434. — Un transport signifié avant la distribution des deniers saisis-arrêtés peut valoir opposition dans le sens de l'art. 808 C. civ. — *Nîmes*, 12 juin 1838 (t. 2 1839, p. 448), Cortier c. Salles.

435. — Le procès soutenu par l'héritier ne serait pas un motif pour retarder le paiement des créanciers, s'il résultait d'ailleurs de bien sufflsans pour les payer. — Toullier, t. 4, n° 391. — ...Sauf à lui à retenir les frais. — Bilhard, n° 75.

436. — Il ne doit pas non plus attendre l'apurement de son compte. L'intention du législateur a été qu'il fasse des distributions à mesure qu'il recouvre des sommes suffisantes pour être distribuées. — Toullier, t. 4, n° 391.

437. — L'art. 808 du Code civil ne s'applique qu'aux héritiers bénéficiaires. En conséquence, l'héritier qui a fait des paiemens avant d'avoir pris qualité est tenu de rapporter à la masse de la succession les sommes qu'il a payées, encore bien qu'il n'ait fait ces paiemens que comme habile à so dire héritier en vertu d'une ordonnance du président du tribunal de première instance. — *Orléans*, 26 juin 1844 (t. 2 1844, p. 196), Pardessus.

438. — Puisqu'à défaut d'opposition, les créanciers sont tenus à mesure qu'ils se présentent, et que l'héritier, par le bénéfice de l'inventaire, conserve le droit de réclamer ses créances personnelles contre la succession, il ne devrait aucune restitution aux créanciers ou légataires pour le paiement qu'il se serait fait à lui-même par acte authentique et de bonne foi. — Autrement, s'il était forcé d'attendre que toutes les dettes fussent acquittées, il aurait exposé à n'être pas payé du tout, eût-il même un privilège, ce qui, certes, est contraire à la nature du bénéfice d'inventaire. — Duranton, t. 7, p. 97, et Vazeille, art. 818, n° 6.

439. — Jugé ainsi, même dans un cas où l'héritier bénéficiaire avait été, pendant longtemps, mis en demeure de rendre son compte. — *Paris*, 25 juin 1807, D'Audiffret c. Cordouan.

440. — En admettant que la remise faite à un héritier bénéficiaire sur une créance par lui remboursée à un créancier de la succession qui l'a subrogé dans tous ses droits et hypothèques, doive tourner au profit des autres créanciers, ce sont tous les créanciers, et non pas exclusivement les créanciers hypothécaires qui doivent en profiter. En conséquence, cet héritier ne doit être colloqué pour la totalité de la créance que sauf l'action des créanciers contre lui en rapport du montant de la remise, lors de la distribution du prix du mobilier, ou de la reddition du compte de bénéfice d'inventaire. — *Paris*, 23 mars 1825, Chantemesle c. Badreau.

441. — L'héritier bénéficiaire qui est créancier personnel d'un créancier de la succession peut, il est vrai, opposer la compensation de sa créance personnelle avec la dette de la succession; mais cette compensation, essentiellement subordonnée à la volonté du créancier, ne s'opère que du moment où il la demande. — *Lyon*, 18 mars 1831, Niogret c. Dugas.

442. — Des héritiers bénéficiaires dont les créances contre la succession ne sont pas toutes certaines et liquides, et qui ont connaissance de prétentions élevées par des créanciers de cette même succession, ne peuvent, à raison de ces circonstances, s'attribuer à eux-mêmes tout l'actif de la succession.—Ils doivent, en pareil cas, établir en justice leurs droits de créance en présence d'une contradiction légitime, c'est-à-dire d'un curateur au bénéfice d'inventaire. — *Cass.*, 47 nov. 1845 (t. 2 1845, p. 552), Volant c. Garesché.

443. — «Les créanciers non opposans qui ne se présentent qu'après l'apurement du compte et le paiement du reliquat, porte l'art. 809 du Code civil, n'ont de recours à exercer que contre les légataires. — Dans l'un et l'autre cas, le recours se prescrit par le laps de trois ans à compter du jour de l'apurement du compte et du paiement du reliquat. »

444. — Les créanciers qui se présenteraient *avant* l'apurement du compte ou le paiement du reliquat, pourraient-ils, ou par voie de contribution, ou par privilège, poursuivre et faire réduire les répartitions déjà payées? Non. — Toullier, t. 4, n° 386; Delvincourt, t. 2, p. 33, note 6; Duranton, t. 7, n° 35; Favard de Langlade, v° *Bénéf. d'inv.*, n° 11; Coulon, 48° dialogue; Poujol, p. 528 et suiv. — En ne s'opposant pas, en ne se faisant pas connaître, ils ont, par leur négligence, perdu leurs droits et même leur privilège. *Eis satisfaciat qui primi veniunt creditores; et si nihil reliquum est, posteriores venientes repellantur* (L. ult., § 4, C. *De jur. delib.*). — C'est la conséquence de la maxime: *Jura vigilantibus succurrunt.* — D'un autre côté, tous les créanciers qui *certant de damno vitando.* Or l'on pourrait *melior est conditio possidentis.* — Le même principe a été formellement consacré par l'art. 502 du Code de commerce, qui, dans le cas de faillite, refuse tout recours contre les répartitions consommées aux créanciers qui n'ont pas comparu dans les délais fixés. — Enfin, l'art. 809 avait été, dans les projets du Code, rédigé avec cette addition : « Ceux qui se présenteront avant l'apurement peuvent aussi exercer un recours subsidiaire contre les créanciers payés à leur préjudice. » L'addition a été retranchée. — *Contrà*, Chabot, art. 809, n° 3; Maipel, n°° 255 et 256; Vazeille, art. 809, n° 1er.

445. — Jugé dans le premier sens que le créancier non opposant d'une succession bénéficiaire qui se présente avant l'apurement du compte et le paiement du reliquat, n'a point d'action contre le créancier déjà payé. — *Nîmes*, 8 févr. 1832, Martin c. Bezard.

446. — Jugé aussi que les créanciers d'une succession bénéficiaire, sauf à été payés en fraude par l'héritier à une époque où il n'existait pas ce qu'ils ont reçu, s'il se présente d'autres créanciers qui n'ont, avant l'apurement du compte et le paiement du reliquat, ou rien. — *Cass.*, 4 avril 1832, Fauveau c. Rendu; et sur renvoi, *Orléans*, 45 nov. 1832, mêmes parties.

447. — En pareil cas, le créancier non opposant qui a reçu le montant de ce qui lui était légitimement dû, tout en sachant qu'il existait d'autres créanciers également non opposans, ne peut être réputé avoir reçu en fraude des droits de ceux-ci. — Même arrêt d'*Orléans*.

448. — L'héritier bénéficiaire qui, après compte rendu et apuré de son administration, a payé les créanciers les plus diligens, et épuisé tout l'actif de la succession, ne peut être recherché sur les biens personnels par d'autres créanciers, qui ne se sont fait connaître par aucun acte conservatoire, et ne se sont opposés à la distribution ni du prix des meubles ni de celui des immeubles. — *Paris*, 25 juin 1807, D'audiffret c.

Cordouan. — Vazeille, art. 809, n° 2; Chabot, art. 808, n° 4; Duranton, t. 7, n° 35.

SUCCESSION EN DÉSHÉRENCE.

1. — Jugé que l'État envoyé en possession d'une succession en déshérence fait les fruits siens jusqu'à la demande en pétition d'hérédité, et qu'il en est ainsi même à l'égard des fruits perçus avant l'envoi en possession. — *Paris*, 4er juin 1837 (t. 2 1837, p. 28), Heid c. Domaine; 13 avr. 1848 (t. 4er 1848, p. 703), Lapierre c. Domaine. — V. DÉSHÉRENCE, n°° 45 et 62.

2. — La restitution des fruits est due par le domaine aux héritiers qui se représentent, non-seulement à compter du jour de la demande judiciaire, mais bien à partir de la demande administrative faite par le plus diligent d'entre eux dans les termes de l'art. 15 de la loi du 28 oct. 1790. — *Paris*, 13 avr. 1848 (t. 4er 1848, p. 703), Lapierre c. Domaine. — V. DÉSHÉRENCE, n° 63.

V. DÉSHÉRENCE.

SUCCESSION FUTURE.

Table alphabétique.

SUCCESSION FUTURE. — **1.** — C'est celle qui n'est pas encore ouverte. — V. SUCCESSION.

2. — Les conventions et stipulations sur les successions futures ont été l'objet de dispositions particulières, soit sous l'ancien droit, soit sous le nouveau.

§ 1er. — *Historique et dispositions générales* (n° 3).

§ 2. — *Renonciation à une succession future* (n° 36).

§ 3. — *Pacte sur une succession future* (n° 58).

§ 1er. — *Historique et dispositions générales.*

3. — Les pactes sur successions futures ou les renonciations à ces mêmes successions ont toujours été contraires aux bonnes mœurs et dangereux. — Les lois romaines les proscrivaient comme renfermant *volum alicujus mortis*. Toutefois, elles exceptaient le cas où le *de cujus* donnait son consentement et y persévérait jusqu'à sa mort. — V. L. 4, C. *De inut. stip.*; L. 30, D., *De pactis*. — Duranton, t. 6, nº 474.

4. — La même exception s'était introduite dans la plupart des pays de droit écrit et dans un grand nombre de Coutumes, avec cette modification que la renonciation à une succession future ne pouvait se faire que par contrat de mariage et moyennant une dot fournie au renonçant. — Merlin, *Rép.*, vº *Renonciation à succession future*.

5. — Jugé que sous l'ancienne jurisprudence, la renonciation à une succession future était valable quand l'héritier renonçant avait reçu d'avance sa part dans la succession. — *Metz*, 22 mai 1817, Risse.

6. — Les pactes sur successions mutuelles étaient également réprouvés, et par les mêmes motifs; mais, par un privilége spécial, inconnu dans nos mœurs, on dérogeait à la règle, en faveur des militaires en expédition, *in procinctu*. — L. 19, C., *De pactis*. — Duranton, t. 6, nº 474.

7. — C'étaient ordinairement les filles qui, moyennant la dot qu'on leur donnait, renonçaient, par leur contrat de mariage, aux successions paternelles et maternelles en faveur de leurs frères. Dans certaines Coutumes, cette renonciation ressemblait à une véritable exhérédation, puisqu'elle s'obtenait au prix le plus modique, *un chapel de roses*.

8. — Cet abus révoltant se liait au système féodal qui, par tous les moyens possibles, avait cherché à assurer, en matière de succession, la prééminence au droit de masculinité et de progéniture. Restreint d'abord aux biens appelés *biens nobles* ou *fiefs*, ce système s'était étendu bientôt à tous les autres biens.

9. — Quelquefois même les mâles puînés renonçaient au profit de leur frère aîné pour mieux assurer la splendeur de son nom. — Merlin, *Rép.*, vº *Renonciation à une succession future*.

10. — Ces renonciations furent prohibées, et celles faites antérieurement furent déclarées nulles par l'art. 14 de la loi du 5 brum. an II, ainsi conçu : « Le mariage d'un des héritiers présomptifs, soit en ligne directe, soit en ligne collatérale, ni les dispositions contractuelles faites en se mariant, ne pourront lui être opposés pour l'exclure du partage égal, à la charge par lui de rapporter ce qui lui aura été donné ou payé lors du mariage. »

11. — La loi du 17 niv. suivant renouvela textuellement cette disposition (art. 11). Elle fit plus; elle en étendit l'effet à toutes les successions ouvertes depuis le 14 juill. 1789 (art. 9). — C'était une rétroactivité qui ne pouvait, sous aucun rapport, se concilier avec les principes. Aussi fut-elle révoquée par les lois du 9 fructid. an III et du 3 vend. an IV.

12. — De cette révocation naquirent plusieurs difficultés, sur lesquelles le législateur s'explique par les art. 9, 10, 11 et 12 de la loi du 18 pluv. an V.

13. — La disposition de la loi romaine qui autorisait les traités faits hors mariage sur la succession d'une personne vivante et avec le consentement de celle-ci, n'a point été révoquée par la loi du 17 niv. an II. — En conséquence, les traités faits sous l'empire de cette dernière loi doivent recevoir leur exécution. — *Montpellier*, 6 avr. 1835, Malleville.

14. — Sous le droit écrit, la renonciation faite par une fille postérieurement à son mariage à la succession de son père vivant, sans le concours de celui-ci, était nulle de plein droit. — *Cass.*, 12 juin 1806, Chaverot c. Desmigreux.

15. — Cette nullité ne peut être couverte par l'intervalle de temps, quelque long qu'il soit, écoulé depuis l'ouverture de la succession, pourvu toutefois qu'il soit moindre que celui nécessaire pour éteindre, par la prescription, l'action en réclamation d'hérédité. — Même arrêt.

16. — Les lois des 15 mars 1790, 8 avr. 1791 et 18 pluv. an V, ont aboli comme surérogatoires les renonciations des filles aux successions futures de leurs père et mère, faites en conséquence de l'exclusion prononcée contre elles par le statut local, sans distinction entre les coutumes d'exclusion absolue et celles d'exclusion modifiée. — *Cass.*, 19 juill. 1809, Jusserand c. Verny.

17. — Néanmoins, les mâles qui étaient mariés avant la publication de ces lois ont dû conserver, au préjudice de leurs sœurs mariées après eux, tous les avantages résultant des exclusions coutumières. — Même arrêt.

18. — La loi du 18 pluv. an V, en ce qui concerne les renonciations surérogatoires des filles exclues des successions par les statuts locaux, n'est point applicable aux renonciations consenties par un fils à une propriété dont il était saisi en vertu d'une dévolution coutumière. — Même arrêt.

19. — Dans une succession ouverte avant la publication de la loi du 17 niv. an II, et lorsque le testateur a divisé ses biens conformément aux coutumes alors en vigueur, le principe de l'égalité des partages établi par cette loi et par le Code ne peut être invoqué. — *Cass.*, 30 juill. 1806, Peeters c. Vanherk.

20. — Sous l'empire des lois des 5 brum. et 17 niv. an II, des cosuccessibles n'ont pu traiter de la succession d'une personne vivante, même avec le consentement de celle-ci. — *Nîmes*, 9 juin 1809, Hallo.

21. — Les lois des 5 brum. et 17 niv. an II (qui disposent que les renonciations à successions futures ne pourront être opposées aux renonçans), abrogées par la loi du 18 pluv. an V, quant à leur effet rétroactif, c'est-à-dire en ce qu'elles s'appliquaient même aux successions ouvertes depuis 1789, ont néanmoins conservé toute leur force, relativement aux successions ouvertes au 5 brum. an II, en telle sorte que les renonciations anciennes sont valables quant aux successions ouvertes à cette époque, et nulles quant aux successions non encore ouvertes. — L'art. 791 C. civ., aux termes duquel on ne peut renoncer à la succession d'un homme vivant, n'a aucunement dérogé aux dispositions de ces dernières lois. — *Cass.*, 2 juill. 1828, Pigeonné c. Dulac.

22. — Ces lois transitoires ne s'appliquent qu'aux successions. Elle ne peuvent autoriser les filles restituées à faire réduire les donations antérieures, par la raison qu'à l'époque de ces donations, les filles renonçantes n'avaient pas droit à une légitime. — Delaporte, *Pand. franç.*, t. 3, p. 179; Chabot, *Quest. trans.*, vº *Réduction*.

23. — N'était pas prohibée en Italie la renonciation à une succession future, quand elle était faite par une personne qui entrait dans les ordres religieux. En tous cas, lorsque le renonçant n'en demande pas la nullité, ses cohéritiers sont non recevables à l'attaquer. — *Gênes*, 8 juill. 1809, Magnocavalli c. Tarchini.

24. — D'après le Code civil, on ne peut, même par contrat de mariage, renoncer à la succession d'un homme vivant, ni faire aucune stipulation sur une pareille succession (C. civ., art. 791), même avec le consentement de celui de la succession duquel il s'agit. — C. civ., art. 1130.

25. — On ne peut également vendre la succession d'une personne vivante, même de son consentement. — C. civ., art. 1600.

26. — Les époux ne peuvent non plus, même en se mariant, faire aucune convention ou renonciation dont l'objet serait de changer l'ordre légal des successions, soit par rapport à eux-mêmes dans la succession de leurs enfans ou descendans, soit par rapport à leurs enfans entre eux. — C. civ., art. 1389.

27. — Toutefois, la faveur des contrats de mariage a fait admettre, dans notre droit, les conventions sur les successions futures. — V. CONTRAT DE MARIAGE.

28. — De là surtout les institutions contractuelles qui sont si fréquentes. — V. DONATION PAR CONTRAT DE MARIAGE.

29. — Mais les époux eux-mêmes ne peuvent pas en se mariant disposer de leur succession à venir en faveur de personnes tierces. — Arg. C. civ., art. 1130, 1082 et 1389. — Merlin, *Rép.*, vº *Renonciation à succession future*, § 1er.

30. — Les principes qui prohibent tout pacte sur des successions futures s'appliquent non-seulement aux successions que la loi défère, mais aussi aux institutions contractuelles. — Toullier, t. 6, nº 116; Duranton, t. 6, nºs 473 et suiv.; Grenier, *Traité des donations*, 3e part., ch. 3, sect. 2. — Il en était de même sous l'ancien droit. — Lebrun, *Traité des successions*, liv. 3, ch. 2, nº 27; Serres, *Inst. dr. fr.*, liv. 2, tit. 14, p. 256; Chabrol, *Coutume d'Auvergne*, t. 2, p. 354.

31. — Ainsi, jugé que les art. 791, 1130, 1600 C. civ., qui prohibent tout pacte ayant pour objet des droits dans une succession future, reçoivent leur application dès qu'il s'agit de droits successifs, sans distinguer entre ceux qui sont déférés par la vocation de la loi et ceux qui dérivent de la volonté de l'homme. — *Lyon*, 16 janv. 1838 (t. 1er 1839, p. 110), Reydellet c. Janiet; *Cass.*, 16 août 1841 (t. 2 1841, p. 611), mêmes parties.

32. — On doit considérer comme conférant un véritable droit successif la donation par contrat de mariage qui institue sur la succession future des donateurs une charge destinée à grever les biens qu'ils laisseront à leur décès. — Dès lors, le bénéfice d'une pareille institution ne peut, avant l'ouverture de la succession de l'instituant, être l'objet d'un traité qui attribue à l'institué, moyennant sa renonciation, une portion déterminée des biens actuels de l'instituant en échange des droits éventuels et indéterminés résultant de l'institution. — Peu importe d'ailleurs que ce traité intervienne entre l'instituant et l'institué, et même après la dissolution du mariage de l'institué sans enfans. — Mêmes arrêts.

33. — Jugé toutefois que la stipulation d'un gain de survie en faveur d'une femme dans son contrat de mariage ne lui donne sur la succession de son mari qu'un droit de créance auquel elle peut renoncer de son vivant, sans porter atteinte à la prohibition contenue dans les art. 791 et 1130 C. civ., relativement aux stipulations sur les successions futures. Ces articles ne s'appliquent qu'aux héritiers naturels et successibles. — *Agen*, 12 mai 1848 (t. 2 1848, p. 216), Leysses c. Gueyrat.

34. — Il y a encore un cas où la loi permet une véritable stipulation sur une succession future. C'est la disposition qui interdit toute réclamation de la part des enfans naturels sur les biens de leurs père et mère, lorsqu'ils ont reçu du vivant de leur père ou de leur mère la moitié de ce qui leur est attribué par la loi, avec déclaration expresse de la part de leur père ou de leur mère que leur intention est de réduire l'enfant naturel à la portion qu'ils lui ont assignée. — C. civ., art. 761. — V. SUCCESSION IRRÉGULIÈRE.

35. — Quoique les règles soient communes en ce qui concerne les renonciations à succession et les autres pactes ou stipulations sur ces mêmes successions, nous rapporterons sous un paragraphe particulier les décisions rendues sur les renonciations spécialement.

§ 2. — *Renonciation à une succession future.*

36. — On a vu (*suprà*, nºs 24 et suiv.) que le C. civ. a maintenu expressément (art. 791 et 1130) la législation établie par la loi de brumaire an II, sur la prohibition de renoncer à une succession non encore ouverte.

37. — Aux différentes décisions qui ont consacré ce principe, il convient d'ajouter les suivantes en ce qui concerne spécialement les renonciations aux successions futures.

38. — Sous l'empire des lois transitoires comme sous le Code civil, les renonciations aux successions futures, surtout celles faites hors contrat de mariage, devaient être considérées comme nulles. — *Agen*, 30 août 1843 (t. 1er 1844, p. 205), Rouch.

39. — L'obligation imposée par un père à sa fille, sous la Coutume de Normandie, de rapporter le capital et les intérêts de la dot à elle constituée, dans le cas où, malgré sa renonciation, elle viendrait à la succession paternelle, est une véritable clause pénale qui, à ce titre, a été annulée par le fait de l'ouverture de la succession sous le Code civil. — *Cass.*, 30 déc. 1816, Lecour c. Villeneuve.

40. — L'art. 791 du C. civil, qui veut qu'on ne puisse, même par contrat de mariage, renoncer à la succession d'un homme vivant, ni aliéner les droits éventuels qu'on peut avoir à cette succession, ne saurait régir un pacte de famille antérieur, quoique la succession se soit ouverte postérieurement à sa publication, si ce pacte de famille, auquel même n'auraient pas concouru tous les héritiers, a été exécuté par eux à une époque où l'action en nullité pouvait être introduite en justice. — *Cass.*, 5 févr. 1840 (t. 1er 1840, p. 594), Despréaux c. Canillac.

41. — Le père qui a constitué une dot à sa fille, sous la condition par elle de renoncer aux successions qui pourraient lui échoir, ne peut se refuser au paiement de la dot, sous le prétexte de la nullité dont la condition est entachée : cette condition doit être réputée non écrite, comme contraire aux lois. — *Turin*, 10 août 1811, Bal c. Bizel.

42. — Lorsqu'un héritier légitime, institué légataire universel par contrat de mariage, a cru devoir déclarer, après le décès de l'instituant, qu'il renonçait à la succession pour s'en tenir à l'institution contractuelle, les juges peuvent décider que cette renonciation, ne se référant à rien, ne peut produire aucun effet au profit d'un cohéritier qui a accepté la succession. — *Cass.*, 11 juin 1828, Darnoux c. Villardy.

43. — Même après l'ouverture de la succession, celui qui n'y aurait droit que par la renonciation d'un héritier qui le prime, ne peut exercer ses droits qu'après cette renonciation ; de même celui qui est institué héritier du légataire sous condition, ne peut renoncer avant l'événement de la condition. — Poujol, p. 460.

44. — Quand la renonciation est faite moyennant un prix, elle constitue une véritable vente de droits successifs. — V., à cet égard, *infrà*, n°s 93 et suiv.

45. — La garantie, promise par un beau-père, d'une renonciation consentie par une fille à la succession future de ses père et mère, est nulle comme la renonciation elle-même. — *Bastia*, 14 avril 1834, Franceschini. — Toullier, t. 6, n° 394.

46. — Par quel délai se prescrit l'action en nullité d'une renonciation à succession future? La jurisprudence est divisée à cet égard.

47. — Sous l'empire des ordonnances de 1510 et de 1539, l'action en rescision ou restitution contre un acte contenant, de la part de l'un des enfans, renonciation à la succession future de ses auteurs, se prescrivait par dix ans entre majeurs. — *Cass.*, 10 mars 1812, Boircon.

48. — Sous l'empire du droit écrit, l'action en rescision, par suite de renonciation à la succession future de la mère commune, faite du consentement de celle-ci, se prescrivait par dix ans. — *Cass.*, 7 août 1810, Goutiefaugeas.

49. — Mais jugé que, sous l'empire du même droit écrit, l'action en nullité contre la renonciation d'une fille postérieurement à son mariage à la succession de son père vivant, sans le concours de celui-ci, ne pouvait être couverte que par la prescription de trente ans. — *Cass.*, 12 juin 1806, Chaverot c. Desmigreux.

50. — Sous l'empire des lois transitoires, comme sous le Code civil, les renonciations aux successions futures, surtout celles faites lors du contrat de mariage, devant être considérées comme frappées d'une nullité d'ordre public et absolue, cette nullité n'est pas soumise à la prescription de dix ans. — *Agen*, 30 août 1843 (t. 1er 1844, p. 205), Rouch.

51. — Ainsi, un héritier peut demander le partage de la succession ouverte en sa faveur depuis les lois des 5 brumaire et 17 nivôse an II, mais à laquelle il avait renoncé antérieurement à leur promulgation, et cette action en partage n'est prescriptible que par trente ans. — *Toulouse*, 25 mai 1829, Pigeonné c. Dulac.

52. — Les lois de l'an II ayant elles-mêmes aboli les renonciations à successions futures, le successible qui, profitant de cette disposition, demande, dans les trente ans du jour du décès, à être admis au partage de la succession, ne peut pas être déclaré non recevable, par le motif qu'il n'a pas fait prononcer la nullité de sa renonciation dans les dix ans. — *Cass.*, 2 juill. 1828, Pigeonné c. Dulac.

53. — La nullité d'une renonciation par un même acte et pour un même prix à un droit échu et à une succession non encore ouverte, n'est couverte à l'égard de l'héritier renonçant, lequel a été rétabli dans l'intégralité de ses droits par les lois des 3 brumaire an II, 17 nivôse an II, et 18 pluviôse an V, que par la prescription de trente ans à compter du jour de l'ouverture de la succession répudiée. — *Limoges*, 6 avr. 1838 (t. 2 1838, p. 502), Meyzonial c. Peyrol.

54. — On ne peut opposer à une fille la renonciation qu'elle a faite lors de son contrat de mariage, passé avant la loi du 17 nivôse an II, à la succession de ses père et mère, lorsque cette succession ne s'est ouverte que sous l'empire du Code civil. Cette renonciation s'est trouvée, en effet, abolie de plein droit par les lois des 5 brumaire, 17 nivôse et 22 ventôse an II, et par l'art. 791 C. civ. Dès lors, la fille était dispensée d'intenter dans le délai de dix ans l'action en nullité ouverte par l'art. 1304 C. civ., et son action constitue une véritable demande en partage qui ne se prescrit que par trente ans. — *Bastia*, 14 avr. 1834, Franceschini.

55. — De même, le cohéritier qui a renoncé à une succession non ouverte est recevable à provoquer dans les trente ans le partage de cette succession sans qu'on puisse lui opposer la prescription de l'art. 1304, en ce qu'il se serait écoulé plus de dix ans, soit depuis le décès de son auteur, soit depuis la date de l'acte. — *Cass.*, 8 nov. 1842 (t. 1er 1843, p. 78), Mattei c. Limarola.

56. — Au surplus, lorsqu'on a renoncé avant la promulgation du Code civil à une succession qui ne s'est ouverte qu'après cette époque, le délai dans lequel l'action en nullité de la renonciation peut être intentée doit être réglé par le Code. — *Cass.*, 28 mai 1829, Bottard.

57. — Bien que l'acte qui contient renonciation à une succession future soit nul, il peut cependant être ratifié après l'ouverture de la succession. — *Cass.*, 11 août 1825, Bévy ; *Grenoble*, 25 mai 1831, Clément c. Feugier. — Toullier, t. 7, n° 561, et t. 8, n° 516. — V., au surplus, RATIFICATION, n°s 16 et suiv., 181.

§ 3. — *Pacte sur une succession future.*

58. — On a vu qu'en thèse générale, tout acte qui traite de successions non encore ouvertes est nul. — C. civ., 1130.

59. — Ainsi jugé que depuis la loi du 17 nivôse an II les présomptifs héritiers d'une personne vivante n'ont pu se partager sa succession. — *Cass.*, 11 nivôse an IX, Collin.

60. — Peu importerait d'ailleurs que celui de la succession duquel il s'agirait donnât son consentement au traité. — C. civ., art. 1130 et 1600. — Toullier, t. 6, n° 115 ; Duranton, t. 6, n° 473, et t. 10, n° 310.

61. — Toutefois, comme on l'a dit, il en était autrement sous l'empire du droit romain. — *Cass.*, 1er brum. an X, Falcimaigne.

62. — L'application des principes posés dans les art. 791, 1130 et 1600 du Code civ. a donné lieu aux décisions suivantes.

63. — En prohibant, sans distinction, les pactes sur les successions futures, la loi a eu en vue aussi bien les ventes portant sur un objet particulier de la succession à laquelle le vendeur pouvait ou devait être appelé un jour que ceux comprenant une universalité de droits. — En conséquence, il suffit qu'un arrêt ait déclaré que la vente faite par un individu d'un immeuble appartenant à son auteur, encore vivant, l'a été à titre d'héritier, et en connaissance par lui des droits éventuels auxquels il pouvait prétendre, pour que l'annulation d'une pareille vente, prononcée par cet arrêt, échappe à la censure de la Cour de cassation. — *Cass.*, 11 nov. 1845 (t. 2 1845, p. 627), Guérin c. Constant. — Troplong, *Vente*, n° 246.

64. — La défense de faire aucune stipulation sur une succession non ouverte s'applique non-seulement à l'héritier dans ses rapports avec les tiers, mais au propriétaire lui-même vis-à-vis de ses héritiers. — En conséquence, est nulle la vente faite par un propriétaire à ses héritiers présomptifs du mobilier qu'il laissera à son décès. — *Orléans*, 24 mai 1849 (t. 2 1849, p. 78), Courtin c. Gaullier.

65. — Il en est de même de celle faite par un individu des valeurs mobilières qu'il pourra posséder au jour de son décès, encore bien que l'acquéreur ne soit pas son successible. — *Cass.*, 14 nov. 1843 (t. 1er 1844, p. 560), Prodhomme c. Jambu.

66. — C'est vendre le mobilier qu'on laissera à son décès que vendre son mobilier avec cette condition que le vendeur pourra en disposer comme bon lui semblera, et qu'en remplacement de ce qui aura été vendu l'acquéreur prendra celui qui se trouvera dans la succession au jour du décès. — *Orléans*, 24 mai 1849 (t. 2 1849, p. 78), Courtin c. Gaullier.

67. — Doit être annulée, comme portant sur une succession future, l'obligation de payer une somme d'argent *au décès et sur ce qui reviendra dans la succession d'une personne vivante*. — *Rennes*, 2 déc. 1837 (t. 1er 1839, p. 320), Gaillard c. Bernardeau.

68. — Mais la convention par laquelle le débiteur s'engage à payer sa dette lors de l'ouverture d'une succession sur les sommes qui lui en proviendront n'est pas nulle comme stipulation sur une succession future s'il résulte des termes de l'acte que le débiteur a bien contracté un engagement personnel, et que l'ouverture de la succession n'a été énoncée que pour fixer l'époque d'exigibilité de la créance. — *Paris*, 7 févr. 1846 (t. 1er 1846, p. 390), Doron c. Tardif.

69. — L'obligation prise par l'héritier présomptif d'un créancier de faire donner par qui de droit, après la mort de son auteur, la mainlevée d'une inscription hypothécaire prise par celui-ci, ne peut être annulée comme renfermant un pacte sur une succession future prohibé par la loi. — *Amiens*, 5 mai 1843 (t. 2 1846, p. 464), Delvincourt c. Courtois.

70. — La clause par laquelle deux époux, en dotant leurs enfans, leur imposent l'obligation de laisser le survivant d'entre eux jouir de l'usufruit des biens du prédécédé, sans pouvoir, sous aucun prétexte, demander de compte ni partage, est nulle comme contenant, de la part des enfans, une stipulation sur une succession future. Toutefois, cette clause doit être réputée comme non écrite ; elle n'entraîne pas la nullité de la constitution de dot. — *Cass.*, 16 janv. 1838 (t. 1er 1838, p. 543), Berlaud et Lapoirière c. Maurat.

71. — On ne peut, même par contrat de mariage, disposer de tout ou partie des biens d'une personne actuellement vivante. — *Bordeaux*, 1er juin 1838 (t. 2 1838, p. 664), Destrilles c. Fondadouze. — Pothier, *Success.*, ch. 1er, sect. 2, art. 4, § 2 et 3 ; ch. 3, sect. 3, art. 1er, § 2 et 3, et sect. 4 ; Merlin, *Rép.*, v° *Renonciation à succession future*, § 2, n° 2 ; Favard de Langlade, *Rép.*, v° *Renonciation*, § 1er, n°s 9 et 10 ; Toullier, t. 4, p. 355.

72. — Ainsi, une mère ne peut constituer en dot à sa fille les biens qu'elle (constituante) recueillera dans la succession de ses auteurs non décédés. — *Bordeaux*, 1er juin 1838, arrêt précité.

73. — Est nulle la convention par laquelle des enfans institués héritiers contractuellement par leur père stipulent dans le contrat d'un second mariage contracté par ce dernier, qu'il ne pourra point aliéner ses immeubles au préjudice de l'institution contractuelle précédemment faite. — *Riom*, 4 déc. 1810, Grouillet c. Dumont.

74. — Le traité que fait une femme séparée de biens sur les gains de survie qu'elle aura le droit d'exercer après le décès de son mari ne peut être considéré comme un pacte sur une succession future et annulé sur la demande de la femme. — *Cass.*, 22 févr. 1831, Belet c. Couturier.

75. — Mais ne doit pas être considéré comme stipulation sur une succession future la donation par contrat de mariage faite par une mère à sa fille, à la condition de renoncer à la succession de sa mère ; ce n'est là qu'un don en avancement d'hoirie. — *Cass.*, 25 avr. 1831, de Merloz c. de Labianche.

76. — L'engagement qu'un père a souscrit, au bas du testament olographe de son fils, d'acquitter un legs rémunératoire fait par ce dernier à un tiers envers qui le legs n'est que le paiement d'une dette naturelle, ne peut être considéré comme une stipulation sur une succession future. — En conséquence, cet engagement doit recevoir son exécution, après la mort du fils, comme n'étant prohibé par aucune loi — Le père ne peut le révoquer par sa seule volonté et sans le concours de son fils. — *Grenoble*, 12 févr. 1829, Roche c. Riveron.

77. — On ne doit pas considérer comme un pacte sur succession future, mais comme partage d'ascendans, l'acte par lequel des père et mère donnent tous leurs biens à l'un de leurs enfans, à la charge de se régler avec les autres pour leur réserve légale, si cet acte passé entre tous les successibles, contient en même temps le règlement des parts qui leur reviennent. — *Grenoble*, 19 févr. 1829, Marce c. Guichard.

78. — La cession, faite par un successible à son cohéritier, de ses droits dans un partage d'ascendant de présuccession, ne peut être considérée comme un pacte prohibé sur une succession future, alors que cette cession est contenue dans le partage de l'ascendant, et faite avec son concours et sous son patronage. — *Cass.*, 28 mars 1820, Adenot ; *Toulouse*, 27 févr. 1844 (t. 1er 1845, p. 22), Andrieu. — Duranton, t. 8, n° 657.

79. — L'héritier qui a vendu la part revenant à son cohéritier, avec promesse, sous peine d'une clause pénale, de faire ratifier la vente, ne peut en demander la nullité sans encourir l'application de la maxime : *Quem de evictione tenet actio, eumdem agentem repellit exceptio.* — Même arrêt de *Toulouse*.

80. — La déclaration par laquelle un enfant, légataire par préciput de portion des biens de son père, se soumet, du vivant de celui-ci, à partager avec quelques-uns de ses frères et sœurs les objets légués, en énonçant que telle est la volonté du père commun, est nulle, comme constituant une stipulation sur une succession future. — *Grenoble*, 13 déc. 1828, Juge.

81. — Une transaction faite sous la condition expresse que l'un des contractans deviendra propriétaire d'une partie de l'hérédité de l'autre, si celui-ci prédécède sans enfans mâles, est nulle, même entre frères. — *Turin*, 2 mai 1806, Caffarato.

82. — Jugé, toutefois, que des traités intervenus entre des frères, du vivant du père commun, sur les biens dont celui-ci avait disposé, en vertu d'anciennes coutumes, par l'effet d'une institution contractuelle antérieure à la loi du 17 niv. an II, ne doivent pas être annulés, comme faits sur une succession future. — *Cass.*, 11 nov. 1828, Tintant c. Gezayrat.

83. — Des enfans ne peuvent intervenir dans un acte de donation fait par leur père au profit d'un tiers, et y contracter l'engagement de ne jamais se plaindre de cette disposition, sans faire sur une succession future une stipulation prohibée par la loi. — *Cass.*, 27 juin 1838 (t. 2 1838, p. 342), Richard c. Compan.

84. — Mais on ne saurait voir un pacte sur une succession future dans la déclaration faite par un frère que le trousseau donné à sa sœur par le père commun a été estimé dans le contrat de mariage de celle-ci à une somme supérieure à sa valeur, et qu'il n'entend pas profiter de la surélévation, s'élevant à un chiffre qu'il indique : cette déclaration n'est autre chose qu'une reconnaissance et un aveu relatif à la véracité d'un fait. — *Caen*, 4 août 1845 (t. 2 1845, p. 592), Hervieux-Duclos c. Lecesne.

85. — Sous l'ancien droit, les successions des absens étaient réputées *hors du commerce*, et leurs héritiers présomptifs qui n'en avaient que la possession provisoire ne pouvaient en faire l'objet de traités. — Prost de Royer, v° *Absent*, fol. 115, et arrêt du Parlement de Paris du 15 mars 1774.

86. — Décidé, sous le Code civil, que le traité sur la succession d'un individu présumé absent est nul comme portant sur une succession non ouverte lorsqu'il n'est pas établi que l'absent fût décédé au moment où il a été conclu. — *Cass.*, 21 déc. 1841 (t. 1er 1842, p. 309), Delage c. Roche; *Pau*, 16 août 1844 (t. 1er 1845, p. 490), mêmes parties.

87. — Dès lors, celui à qui l'héritier présomptif a vendu, par un pareil traité, ses droits dans la succession de l'absent, ne peut demander l'envoi en possession provisoire. — *Cass.*, 21 déc. 1841 (t. 1er 1842, p. 309), Delage c. Roche.

88. — Et dès lors les héritiers présomptifs de l'absent peuvent attaquer par voie de tierce opposition le jugement déclaratif d'absence rendu sur les poursuites d'un tiers qui n'a d'autre qualité que celle que lui confère un acte de cession. — *Pau*, 16 août 1844 (t. 1er 1845, p. 490), Delage c. Roche.

89. — Jugé, au contraire, que la prohibition de faire aucune stipulation sur une succession future ne s'applique pas aux successions de personnes absentes depuis plusieurs années, bien que leur absence n'ait pas été déclarée. — *Cass.*, 3 août 1829, Peignot c. Goutelle; *Bordeaux*, 21 juin 1838 (t. 1er 1839, p. 436), Delage c. Roche.

90. — A l'appui de cette seconde opinion, on dit qu'il y a une grande différence entre la convention relative à la succession d'une personne vivante, et celle relative à la succession d'un absent. — La succession d'une personne vivante n'existe pas. La succession d'un absent, au contraire, peut très-bien exister, et même être ouverte au moment du traité, soit que l'absence ait été ou non judiciairement déclarée. Lamoignon établit dans ses arrêts que l'absent est réputé mort du jour qu'il n'a pas paru et de la dernière nouvelle reçue de lui. — Bretonnier (*Quest. de droit*, v° *Absent*, p. 15) fait observer que cette décision est dans les règles, parce que l'absent dont on n'a point de nouvelles est réputé mort par fiction : or les fictions, dit-il, ont toujours un effet rétroactif. — C'est sur ce principe que les auteurs, et après eux le Code civil, ont décidé que la possession des biens de l'absent doit être donnée à ceux qui étaient les plus proches héritiers à l'époque de ses dernières nouvelles, et non à ceux qui le sont à l'époque de la déclaration d'absence. — Conflans, *Jurispr. des success.*, p. 187. — Toutefois il en devrait être autrement, si, depuis le traité, il y avait eu preuve acquise, soit de l'existence de l'absent, soit de son décès à une époque postérieure. L'ouverture de la succession se trouvant ainsi déterminée après le traité, il ne pourrait plus subsister : car il aurait eu évidemment pour objet la succession d'un individu encore vivant. — Belost-Jolimont, sur Chabot art., 791, note 1re.

91. — La transaction convenue entre les héritiers présomptifs d'un absent déclaré, mais dont le décès n'est pas encore constaté, relativement au partage de ses biens, ne peut être considérée comme un traité prohibé sur une succession future. — Dans tous les cas, une telle transaction doit être validée s'il est constant qu'elle a eu lieu en vue de l'opinion où étaient les parties du décès de l'absent, et si elle a reçu son exécution. — *Cass.*, 27 déc. 1837 (t. 1er 1838, p. 449), Colombel c. Pouzin.

92. — Par la même raison, lorsque la sœur d'un présumé absent, après avoir cédé des droits appartenant à son frère, demande la nullité de cette cession, comme contenant des stipulations sur une succession non ouverte, elle doit établir à l'appui de sa demande l'existence de l'absent au moment où l'acte a été passé; sinon son action doit être déclarée non recevable comme prématurément intentée. — *Cass.*, 17 janv. 1843 (t. 2 1843, p. 80), Déchelette c. Jacquetton.

93. — Le droit qu'a tout cohéritier de vendre sa part dans une succession ne s'entend que d'un droit acquis dans une succession échue. Dès lors, si un individu vend un droit éventuel dans une succession, droit qui ne s'ouvrira qu'autant que deux cohéritiers vivans viendront à mourir sans enfans, une pareille cession peut être considérée comme cession d'un droit à une succession future, et par suite le cessionnaire est actuellement non recevable dans sa demande en partage. — *Cass.*, 15 nov. 1827, Geoffroy et Lassang c. Rogier.

94. — Un même acte peut contenir un pacte sur une succession future et des conventions sur une succession ouverte et d'autres objets. Il faut alors distinguer pour savoir si l'acte est nul pour le tout ou seulement en ce qui concerne le pacte sur une succession future. Tel est le principe.

95. — Cependant la jurisprudence tend à annuler ces conventions pour le tout. L'immoralité qui préside ordinairement aux pactes sur les successions futures, la défaveur qui pèse sur l'acheteur et la difficulté qu'il peut y avoir à reconnaître, au milieu des combinaisons employées pour échapper à la sévérité de la loi, la valeur réelle des divers droits cédés *pour un seul prix* ont dicté les décisions suivantes. — V. aussi DROITS SUCCESSIFS, nos 6 et suiv.

96. — La vente pour un seul et même prix de droits successifs échus et de droits successifs à échoir est nulle pour le tout. — *Metz*, 14 juill. 1825, Ducroq c. Pagnier; *Limoges*, 13 fév. 1828, Dupuy-Gergeon c. Salié.

97. — Il en est de même de la vente pour un seul et même prix de droits actuels résultant d'une donation et de droits à des successions futures. — *Lyon*, 12 avril 1848 (t. 2 1848, p. 62), Dumoulin c. Fayard.

98. — ... Et cela, lors même que l'acquéreur déclarerait qu'il ne réclame rien de la succession future, et que, sans demander aucune diminution sur le prix, il se contente des biens qui appartenaient à son vendeur au moment de la vente. — *Metz*, 14 juill. 1825, Ducroq c. Pagnier.

99. — De même la renonciation consentie dans le même acte, pour un seul et même prix, à une succession échue et à une succession à échoir, est nulle pour le tout; il y a indivisibilité. — *Riom*, 13 déc. 1828, Martin c. Amouroux; *Toulouse*, 27 août 1833, Rivière c. Baudéan.

100. — Et cela, lors même qu'elle a été consentie sous une législation qui permettait de renoncer à une succession future.

101. — Jugé cependant que sous l'empire du droit écrit, la renonciation contractuelle faite à la succession de la mère commune du consentement de celle-ci, et la renonciation à la succession échue du père, ne sauraient être annulées pour avoir été faites par le même acte et pour un seul et même prix. — *Cass.*, 7 août 1810, Goutte-faugeas.

102. — La nullité s'étend à toutes les dispositions du contrat, et particulièrement à l'obligation de garantie. — *Montpellier*, 4 août 1838, Aribaud c. Lafage.

103. — D'un autre côté, jugé que le traité par lequel plusieurs héritiers cèdent à leur cohéritier, moyennant un seul prix pour le tout, leur part indivise dans une succession ouverte et en même temps ce qui leur reviendra dans une succession future, ne doit être annulé qu'à l'égard de la disposition qui concerne la succession future, lorsqu'il est fait offre par le cessionnaire d'appliquer l'intégralité du prix à la succession ouverte. — *Cass.*, 17 janv. 1837 (t. 1er 1837, p. 156), Berréon.

104. — Toutefois, la règle que tout traité sur une succession non encore ouverte est nul, n'est applicable qu'au cas où les successions non encore ouvertes sont l'objet direct et principal de l'acte. — Merlin, *Quest.*, v° *Légitimité*, § 7.

105. — L'arrêt qui décide qu'un acte par lequel une femme, légataire universelle de son mari, consent à ce qu'après son décès les héritiers ou ayans cause du mari recueillent, concurremment avec les siens propres, moitié par moitié, les biens qu'elle laissera, doit s'appliquer à la succession du mari et non à celle de la femme, et, par conséquent, ne contient pas une stipulation sur une succession future, ne viole aucune loi. — *Cass.*, 24 avril 1827, Jallier c. Bonhommel.

106. — On ne peut considérer comme pacte sur une succession future la vente faite par une mère à l'un de ses enfans de ses biens présens et à échoir et des biens et droits de ses autres enfans mineurs, alors qu'il est constant et avoué que les biens qu'elle possédait et dont elle avait l'administration au moment de la vente y ont seuls été compris. Il en est de même de la ratification donnée à cet acte, du vivant de leur mère, par les enfans devenus majeurs. — *Lyon*, 19 mai 1840 (t. 2 1841, p. 704), Berthelier c. Aulas.

107. — La vente de tous biens présens faite par une mère à l'un de ses enfans, à la charge de payer aux autres enfans une somme déterminée, pour leur tenir lieu de légitime dans la succession de leur père, décédé, et dans celle à échoir de la venderesse elle-même, doit être considérée comme laissant intacts les droits des enfans sur les biens à venir, et ne contient point par conséquent un pacte sur une succession future. — *Cass.*, 20 avr. 1842 (t. 1er 1842, p. 719), Aulas c. Berthelier.

108. — La vente de la chose d'autrui peut donner lieu à des dommages-intérêts (art. 1599). Celle d'une succession future ne peut y donner lieu. Elle a une cause illicite qui empêche de la garantir par une convention accessoire.

109. — Lorsqu'un individu a vendu un immeuble qui ne lui appartenait pas, mais seulement à quelqu'un dont il est le présomptif héritier, la stipulation faite ultérieurement d'une peine pour le cas où cette vente ne recevrait pas son exécution, doit avoir son effet si, d'ailleurs, il est établi que l'acquéreur ignorait que la chose n'appartenait pas au vendeur. — *Cass.*, 17 mars 1825, Morelle c. Dehennot.

110. — Il faut bien remarquer que, dans l'espèce, l'acheteur n'avait pas connaissance de l'origine du bien vendu; à son égard, il ne s'agissait donc que de la vente de la chose d'autrui, et cette bonne foi a seule pu faire maintenir la clause pénale. Autrement, il ne peut, même dans le cas d'une clause expresse, y avoir lieu à dommages intérêts. — V., du reste, Duvergier, *Vente*, t. 1er, nos 299 et suiv.; Troplong, *Vente*, sur l'art. 1600.

111. — On ne peut considérer comme ayant le caractère d'un pacte sur une succession future (frappé d'une nullité absolue et non susceptible d'être couverte) l'acte par lequel des enfans, du vivant de leur père et en son absence, se partagent un immeuble appartenant à ce dernier, et sur lequel ils ont hypothèque, et disposent de leur part dans cet immeuble. Un tel acte n'est en réalité qu'une vente de la chose d'autrui, et, dès lors, la nullité dont il est entaché peut être couverte par la ratification. — *Cass.*, 23 janv. 1832, Fargeot c. Laroche.

112. — L'action en nullité d'un pacte sur une succession future se prescrit-elle par dix ans ou bien par trente ans? La jurisprudence et les auteurs sont divisés à ce sujet comme sur la prescription de l'action en nullité de la renonciation. — V. *suprà*, nos 46 et suiv.

113. — Jugé que l'action en nullité d'un contrat pour cause de stipulation sur une succession future se prescrit par dix ans d'après les anciens et les nouveaux principes. — *Cass.*, 3 août 1829, Peignot c. Goutelle.

114. — ... Que lorsque l'acte de cession d'une donation de biens présens et à venir passé sous l'empire des ordonnances de 1510 et 1539, et sous la législation intermédiaire, même avec le consentement du donateur, est argué de nullité comme contenant un pacte sur une succession future, une pareille action se prescrit par dix et non par trente ans. — *Limoges*, 8 janv. 1839 (t. 1er 1839, p. 556), Renaudie c. Boutot.

115. — ... Que sous le Code civil l'action en nullité d'un traité sur une succession future se prescrit par dix ans, à partir du jour de l'ouverture de la succession. — *Rouen*, 30 déc. 1823, Bougnaul; *Pau*, 4 fév. 1830, Garonne c. Baron; *Toulouse*, 18 avr. 1831, Ladrix c. Messegne; 11 juill. 1834, Héral c. Vedel; 16 janv. 1841 (t. 1er 1841, p. 702), Rigoulat c. Magna. — Merlin, *Rép.*, v° *Nullité*, § 8, n° 3; Zachariæ, t. 2, p. 440; Conflans, *Jurisp. des succ.*, p. 189 et 192.

116. — Jugé, au contraire, que sous l'ancien droit, l'action en nullité d'un traité sur une succession future n'était soumise qu'à la pres-

cription de trente ans. — *Montpellier*, 3 juin 1830, Léqueraques c. Catuffe.

117. — ... Et il en était ainsi spécialement dans le ressort du Parlement de Toulouse. — *Toulouse*, 27 août 1833, Rivière c. Baudéan.

118. — ... Que la prescription décennale prévue par l'art. 1304 C. civ. n'est pas applicable aux conventions relatives à une succession future, convention dont la nullité est radicale et absolue comme portant atteinte à l'ordre public et aux bonnes mœurs. — ... Que, dès lors, l'action en nullité d'une pareille convention n'est prescriptible que par trente ans. — *Aix*, 2 juin 1840 (t. 2 1840, p. 337), Veyan; *Cass.*, 14 nov. 1843 (t. 1ᵉʳ 1844, p. 560); Prodhomme c. Jambu; 11 nov. 1845 (t. 2 1845, p. 627), Guérin c. Constant; *Lyon*, 12 avr. 1848 (t. 2 1848, p. 62), Dumoulin c. Fayard. — Duranton, t. 12, nᵒˢ 523 et 524; Troplong, *Prescrip.*, nᵒ 246.

119. — ... Qu'il en est ainsi, alors surtout que le traité étant antérieur au Code civil, le terme de la prescription de l'action en nullité était fixé par le droit alors en vigueur à un temps plus long.—*Lyon*, 12 avr. 1848 (t. 2 1848, p. 62), Dumoulin c. Fayard.

120. — ... Que, dès lors, l'action doit durer autant que l'action en partage de la succession dont il s'agit, c'est-à-dire, aux termes de l'art. 2262 du même Code, trente ans à partir du jour du décès de l'auteur commun.—*Aix*, 2 juin 1840 (t. 2 1840, p. 337), Veyan.

121. — ... Que l'action en nullité d'un pacte sur une succession future, n'est pas possible après dix ans, alors surtout que cette nullité n'est proposée que par exception. — *Cass.*, 23 janv. 1832, Fargeot c. Laroche; *Bordeaux* 20 août 1828 (sous *Cass.*, 23 juin 1832), mêmes parties.

122. — ... Qu'enfin la cession de droits successifs, faite par un cohéritier avant l'ouverture de la succession, est viciée d'une nullité telle qu'on n'a pas besoin de faire prononcer la nullité ou la rescision de l'acte dans les dix ans, d'après l'art. 1304; et que l'on peut toujours demander le partage pendant les trente ans qui suivent l'ouverture de la succession. — *Riom*, 8 nov. 1828, Mingot.

123. — Le pacte sur une succession future est susceptible de ratification, quand une fois la convention a cessé d'être illicite, c'est-à-dire quand la succession est ouverte. — Toullier, t. 8, nᵒ 518; Zacharie, t. 2, p. 452, note 6. — V., *supra*, nᵒ 87. — V. aussi RATIFICATION, nᵒ 16 et suiv. et 181.

124. — Ainsi, lorsqu'un pacte sur une succession future a été exécuté après la mort de celui de la succession duquel il s'agissait, cette exécution le rend non recevable à l'attaquer.—*Rouen*, 30 déc. 1823, Bougaut; *Cass.*, 22 févr. 1831, Belet c. Couturier.

125. — Jugé, au contraire, que l'action en nullité contre un pacte portant transaction ou stipulation sur une succession future, ne peut être ratifiée, ni expressément, ni d'une manière tacite. — *Aix*, 2 juin 1840 (t. 2 1840, p. 337), Veyan. — Duvergier, *Vente*, t. 4ᵉʳ, nᵒ 228.

V. aussi ABSENCE, CONDITION, DÉMISSION DE BIENS, DONATION ENTRE-VIFS, NULLITÉ, PARTAGE D'ASCENDANT, QUOTITÉ DISPONIBLE.

SUCCESSION IRRÉGULIÈRE.

Table alphabétique.

SUCCESSION IRRÉGULIÈRE — 1. — C'est celle qui est recueillie par des héritiers irréguliers.

2. — On appelle *Héritiers irréguliers*, ceux qui succèdent à l'universalité des biens d'un défunt sans néanmoins représenter sa personne. — Ils sont bien héritiers, dans le sens qu'ils jouissent de l'effet de la maxime : *Le mort saisit le vif*; mais ils ne le sont pas en ce qu'ils ne représentent pas la personne du défunt, c'est-à-dire qu'ils ne sont tenus au paiement de ses dettes que jusqu'à concurrence de ce qu'ils ont amendé de ses biens. Il y a donc dans ces successeurs un mélange de droits et de qualités qui seraient incompatibles dans toute autre personne ; et c'est pour cela qu'on leur donne le nom d'héritiers irréguliers. — Merlin, *Rép.*, vᵒ *Héritier*, sect. 1ᵉʳ, § 2, nᵒ 3.

CHAPITRE Iᵉʳ. — *Observations préliminaires.*

3. — On distinguait autrefois en France jusqu'à neuf espèces de successions irrégulières : 1ᵒ Les lois romaines, notamment l'édit du préteur *Unde vir et uxor*, déclaraient l'époux survivant héritier du prédécédé qui n'avait point de parens habiles à recueillir sa succession. Cette jurisprudence était observée dans tous les pays de droit écrit. Plusieurs de nos coutumes l'ont aussi adoptée en termes exprès : telles sont particulièrement celles de Poitou (art. 299) et de Berri (tit. 49, art. 8). Mais d'autres la rejettent formellement : telles sont celles du Borbonnais (art. 328) et de Hainaut (chap. 124, art. 5, etc.). La plupart sont muettes sur ce point.

4. — 2ᵒ À défaut de conjoint, les biens appartenaient au seigneur par droit de déshérence. — Merlin, *Rép.*, vᵒ *Déshérence*. V. DÉSHÉRENCE.

5. — 3ᵒ Dans la plupart des pays de droit écrit, l'époux survivant pouvait, lorsqu'il était dans l'indigence, obliger les héritiers, soit directs, soit collatéraux, du prédécédé, de lui abandonner une portion de son hérédité. — Merlin, *Rép.*, vᵒ *Quarte du conjoint pauvre*. — V. QUARTE DU CONJOINT PAUVRE.

6. — 4ᵒ Le religieux qui décédait n'avait point d'autre héritier que son monastère. Si, cependant, il était décoré de la dignité épiscopale, ses parens lui succédaient. — Merlin, *ibid.*, vᵒ *Cotemorte* et *Pécule*.

7. — 5ᵒ Le seigneur succédait à son mainmortable. — Merlin, *ibid.*, vᵒ *Échute* et *mainmorte*.

8. — 6ᵒ Le seigneur haut-justicier succédait au criminel condamné à une peine qui emportait confiscation générale des biens. — Merlin, *ibid.*, vᵒ *Confiscation*.

9. — 7ᵒ Le roi succédait à l'étranger qui décédait dans le royaume. — Merlin, *ibid.*, vᵒ *Aubaine*. — V. AUBAINE.

10. — 8ᵒ Le roi ou le seigneur succédait au bâtard. — Merlin, *ibid.*, vᵒ *Bâtard*.

11. — 9ᵒ Enfin, d'anciens réglemens et statuts avaient, ainsi qu'on le voit vᵒ *Hospices*, nᵒ 122 et suiv., accordé aux hospices le droit exclusif de succéder aux effets mobiliers des individus qui y étaient décédés. — Statut 8 sept. 1522; édits juill. 1566 et avr. 1656, art. 44; lettres patentes de 1729, et 13 sept. 1744.

12. — Ainsi spécialement l'art. 27 du statut du 6 sept. 1522 déférait à l'hospice des Quinze-Vingts, à Paris, les successions des individus qui étaient décédés dans cet hospice.

13. — De même, les lettres patentes de 1729

conféraient à certains hospices, tels que celui de la Charité de Lyon, le droit de succéder aux meubles et effets mobiliers des pauvres reçus dans ces hospices et par eux apportés ou acquis dans ces hospices, à l'exclusion de leurs collatéraux, avec interdiction même à ces pauvres d'en disposer par actes entre-vifs ou à cause de mort au profit de tiers, si ce n'est du consentement des recteurs. — Art. 17.

14. — Toutes ces dispositions ont été abrogées soit par le décret du 14 août 1789 et autres lois qui abolirent le régime féodal, soit par le Code civil et la loi du 30 ventôse an XII, soit enfin en ce qui concernait les étrangers par la loi du 14 juill. 1819.

15. — D'après l'art. 723 C. civ., la loi attribue d'abord les successions aux héritiers légitimes; à leur défaut, les biens passent aux enfans naturels, ensuite à l'époux survivant, et s'il n'y en a pas, à l'Etat.

16. — Ce qui concerne les droits de ces trois dernières espèces de successeurs est compris par le Code civil dans un chapitre qu'il intitule *Des successions irrégulières*.

17. — En 1809, le Conseil d'Etat saisi de la question de savoir si l'administration des domaines était en droit de réclamer les effets mobiliers d'une personne décédée dans un hospice, et dont la succession était tombée en déshérence, fut d'avis : 1° Que les effets mobiliers apportés par les malades décédés dans les hospices et qui y avaient été traités gratuitement, devaient appartenir auxdits hospices, à l'exclusion des héritiers et du domaine, en cas de déshérence; 2° qu'à l'égard des malades ou personnes valides dont le traitement et l'entretien avaient été acquittés de quelque manière que ce fût, les héritiers et légataires pouvaient exercer leurs droits sur tous les effets apportés dans les hospices par lesdites personnes malades ou valides, et que dans le cas de déshérence, les mêmes effets devaient appartenir aux hospices au préjudice du domaine; 3° qu'il ne devait rien être innové à l'égard des militaires décédés dans les hospices. — Avis du Cons. d'Etat, 14 oct. et 3 nov. 1809.

18. — En ce qui concerne les successions des militaires et spécialement des invalides, V. l'ord. du 25 mai 1832, laquelle rapporte l'arrêté du 13 flor. an IX et le décret du 23 vend. an XIII. Cette ordonnance a été elle-même modifiée par une autre du 23 janv. 1833. — V. aussi INVALIDES.

19. — Jugé, cependant, depuis, que le Code civil ou la loi du 30 ventôse an XII a abrogé les lettres patentes de 1729; qu'en conséquence, la donation entre-vifs d'une somme d'argent faite par un pauvre reçu dans un des hospices désignés par lesdites lettres patentes doit produire son effet au profit du donataire. A cet égard on se prévaudrait vainement de l'avis du Conseil d'Etat des 14 octobre-3 novemb. 1809, sur la successibilité des hospices par préférence aux héritiers du pauvre et au domaine en cas de déshérence. — *Cass.*, 20 juillet 1831, Hospices de Lyon c. Vincent.

20. — ... Que l'art. 27 du statut du 6 sept. 1522 ayant été avec tous les autres statuts, règlemens et coutumes, abrogé par le Code civil et la loi du 30 vent. an XII, l'avis du Conseil d'Etat du 3 nov. 1809 n'a point eu pour effet de lui rendre sa force obligatoire. — Qu'en conséquence, la succession des individus reçus à l'hospice des Quinze-Vingts et décédés depuis la promulgation du Code civil appartient exclusivement aux héritiers naturels. — *Cass.*, 29 juin 1836, Santon c. Hospice des Quinze-Vingts; *Orléans*, 3 févr. 1837 (t. 1er 1837, p. 476), mêmes parties; *Cass.*, 17 avr. 1838 (t. 2 1838, p. 95), mêmes parties. — *Contrà*, *Paris*, 22 avr. 1834 (sous *Cass.*, 29 juin 1836), mêmes parties.

21. — ... Qu'encore bien que l'avis du Conseil d'Etat du 14 oct.-3 nov. 1809 ait force de loi, et qu'il attribue aux hospices les effets mobiliers des personnes qui y décèdent, la Cour d'appel, saisie uniquement de la question de succession basée sur le statut de 1522, a pu, en rejetant la demande de l'administration à cet égard, ne pas même lui accorder les effets mobiliers. — *Cass.*, 17 avr. 1838 (précité).

22. — Quoi qu'il en soit, la décision du ministre des finances qui n'a d'autre effet que d'autoriser l'administration des domaines à se pourvoir devant les tribunaux pour demander l'envoi en possession de la succession d'un particulier, ne fait pas obstacle à ce qu'un hospice conteste, s'il s'y croit fondé, cette demande en pétition d'hérédité, et fasse valoir les droits qu'il croit lui appartenir. — *Cons. d'Etat*, 15 oct. 1826, Hospice des Quinze-Vingts.

23. — D'après l'art. 8 de la loi du 15 pluviôse an XIII sur les enfans admis dans les hospices, si l'enfant décède avant sa sortie de l'hospice, son émancipation ou sa majorité, et qu'aucun héritier ne se présente, ses biens appartiendront en propriété à l'hospice, lequel en pourra être envoyé en possession à la diligence du receveur et sur les conclusions du ministère public. S'il se présente ensuite des héritiers, ils ne pourront répéter les fruits que du jour de la demande.

24. — Le Code civil ne connaît que quatre sortes de successions irrégulières, ce sont : 1° la succession des enfans naturels à leurs pères et mères; 2° la succession aux enfans naturels morts sans postérité; 3° la succession de l'époux survivant au prédécédé; 4° la succession du domaine public à celui qui ne laisse ni parens ni époux. — Merlin, *Rép.*, v° *Succession*, sect. 2, § 2.

CHAPITRE II. — *Droits des enfans naturels sur les biens de leur père ou mère, et succession aux enfans naturels décédés sans postérité.*

Sect. 1re. — *Droits des enfans naturels sur les biens de leur père ou mère.*

§ 1er. — *Historique et questions transitoires.*

25. — Les législateurs de presque tous les temps ont, dans l'intérêt des bonnes mœurs et de l'ordre social, mis une grande différence entre la condition des enfans issus de mariages légitimes et celle des enfans issus d'unions illicites.

26. — Chez les Romains, la loi n'accordait aux enfans naturels que des alimens, s'il existait des enfans ou une femme légitimes du défunt; et, à leur défaut, ils ne recueillaient que le sixième de la succession, dans laquelle la mère survivante prenait encore une portion virile. Le surplus était dévolu aux parens éloignés ou au fisc. Toutefois ils pouvaient recevoir par donation testamentaire au delà de ce que leur attribuait la loi. Ils avaient droit à la totalité des biens si le père ne laissait ni descendans, ni femme, ni ascendans légitimes; à la totalité moins la légitime due à l'ascendant, si l'ascendant se trouvait le plus proche héritier; au douzième seulement s'il restait des enfans légitimes; encore ce douzième se divisait-il par têtes entre les enfans naturels et leur mère. — Nov. 89, c. 12; nov. 18, c. 5; *authent. Licet*, C., *De natur. liber.*

27. — Ces enfans ne succédaient point aux ascendans, si ce n'est par représentation de leur mère. Mais l'aïeul paternel ou maternel pouvait s'il n'avait plus d'enfant légitime, transmettre tous ses biens au petit-fils naturel (L. *ult.*, C., *De natur. lib.*). — La loi romaine fondait, en outre, certaines distinctions sur la qualité de la mère; si celle-ci appartenait à une famille illustre, l'enfant naturel n'avait rien à réclamer, pas même des alimens (L. 5, C., *ad s.-c. Orfician.*). — Si c'était une femme publique (*meretrix*), l'enfant (dit alors *spurius* par opposition à *liber naturalis*) suivait entièrement la condition de sa mère, lui succédait de la même manière que les autres enfans naturels, succédait même aux aïeux maternels par droit de représentation; mais il n'avait aucune espèce de droit à la succession paternelle (L. 8, ff., *Undè cognat.*).

28. — Sous l'empire de nos anciennes lois, l'enfant naturel n'était appelé à succéder ni à son père ni à sa mère; il avait seulement, et sauf quelques exceptions, une action en alimens. — Merlin, *Rép.*, v° *Bâtard*, sect. 1re.

29. — La législation intermédiaire apporta à la condition des enfans naturels des changemens qui péchèrent, sans contredit, par excès de faveur. Un premier décret du 4 juin 1793 porta que les enfans nés hors du mariage succéderaient à leurs pères et mères dans la forme qui serait déterminée. Ce mode de successibilité fut plus tard déterminé par la loi du 12 brumaire an II.

30. — Jugé que l'enfant naturel d'une personne décédée dans l'intervalle de la loi du 4 juin 1793 à la loi du 12 brumaire an II étant assimilé à l'enfant légitime, a droit par conséquent, s'il n'est en concours qu'avec des collatéraux, à la totalité de la succession. — *Cass.*, 14 févr. 1832, Poudensan c. Freissinet.

31. — Mais la reconnaissance d'un enfant naturel résultant d'aveux et d'une transaction consentis par le père avant la loi du 12 brumaire an II, par suite d'une action judiciaire dirigée contre lui, et pour en éviter le scandale et les effets, n'a pas un caractère de spontanéité suffisant pour conférer à l'enfant ainsi reconnu les droits de successibilité établis par cette loi. — Il en serait ainsi lors même que postérieurement le père aurait comparu au contrat de mariage de l'enfant pour y renouveler les engagemens pris dans la transaction, et cet engagement nouveau ne peut seul équivaloir à une reconnaissance authentique. — *Montpellier*, 9 flor. an XIII, Moulins c. Bascon.

32. — D'après l'art. 1er de la loi du 12 brum. an II, les enfans actuellement existans, nés hors du mariage, étaient admis aux successions de leurs père et mère, ouvertes depuis le 14 juillet 1789. Ils l'étaient également à celles qui s'ouvriraient à l'avenir, sous la réserve portée par l'art. 10.

33. — Leurs droits de successibilité étaient les mêmes que ceux des autres enfans. — Art. 2.

34. — Jugé toutefois que sous la loi du 12 brumaire an II, les enfans naturels ne pouvaient succéder à leurs aïeux lorsque leur père était décédé avant la publication de cette loi. — *Cass.*, 4 frim. an III, Harley c. Mullot.

35. — Pour être admis à l'exercice des droits de successibilité dans la succession de leur père ou mère décédés, les enfans naturels étaient tenus de prouver leur possession d'état. — L. 12 brum. an II, art. 8.

36. — Les enfans naturels dont la filiation était prouvée ne pouvaient prétendre aucun droit dans les successions de leurs parens collatéraux ouvertes depuis le 14 juillet 1789. Mais à compter de ce jour il y avait successibilité réciproque entre eux et leurs parens collatéraux, à défaut d'héritiers directs. — Art. 9.

37. — Les droits de successibilité et de représentation en ligne collatérale accordés aux enfans naturels par la loi du 12 brum. an II leur étaient acquis, alors même que leur père était décédé avant 1789, pourvu qu'il s'agît d'ailleurs d'une succession ouverte depuis cette loi. — *Cass.*, 27 messid. an VII, Martin.

38. — A l'égard des enfans naturels dont le père et la mère seraient encore existans lors de la promulgation du Code civil, leur état et leurs droits devaient être, en tout point, réglés par les dispositions du Code. — L. du 12 brum. an II, art. 10.

39. — On espérait, en l'an II, comme on le voit, que le Code civil ne tarderait pas à être promulgué; mais il ne le fut que neuf ans après. Cette lacune dans la législation, cette longue incertitude, furent l'occasion fâcheuse de beaucoup de procès et d'énormes abus.

40. — La loi du 12 brum. an II fut successivement modifiée dans ses dispositions. Un décret du 1er compléм. an II en expliqua et interpréta les dispositions. La loi du 3 vendém. an IV porte dans son art. 13, que la loi du 12 brum. an II concernant le droit de succéder des enfans naturels, n'aurait d'effet qu'à compter du jour de sa publication.

41. — La loi du 15 therm. an IV vint statuer encore sur l'effet rétroactif de la loi du 12 brum an II, et fut suivie de la loi interprétative du 2 vent. an XVI. Mais les modifications que contiennent ces lois n'ont eu qu'une importance momentanée.

42. — Jugé que le droit de successibilité réciproque, créé par la loi du 12 brum. an II, entre les enfans naturels et leurs parens collatéraux modifié d'abord par la loi du 15 thermid. an IV a été rétabli, *dans tous ses effets*, par la loi du 2 vent. an VI, aussi bien *au profit des parens collatéraux* des enfans naturels que de ces enfans eux-mêmes. — *Cass.*, 26 janv. 1832, de Cossé-Brissac c. Dubarry.

43. — Le droit qu'ont eu les enfans naturels de succéder à leurs parens collatéraux et de représenter leurs père et mère, a été restreint par les lois des 15 therm. an IV et 2 vent. an VI, au cas où leurs père et mère ne seraient décédés qu'après la publication de la loi du 4 juin 1793. En conséquence, en cas de décès de son père avant cette époque, un enfant n'a pu succéder même à un aïeul qui l'aurait institué héritier sous l'empire des lois intermédiaires. Lors même que les colégataires de l'enfant naturel l'auraient provisoirement admis au partage, l'institution serait toujours nulle, et elle ne donnerait à l'enfant que le droit de réclamer quelques modiques secours. — *Aix*, 6 juin 1811, Arnaud.

44. — Cependant l'incertitude sur le sort de

droits des enfans naturels dans les successions ouvertes depuis la loi du 12 brum. an II régnait toujours, et la Cour de cassation était forcée de renvoyer au Code civil la détermination de ces droits.

45. — Ainsi, jugé que la loi du 12 brum. an II (art. 8) n'a de rapport qu'aux successions ouvertes antérieurement, qu'aucun tribunal n'a pu, sans participer indûment à l'exercice du pouvoir législatif, statuer sur les réclamations relatives aux droits d'enfans naturels dans les successions ouvertes dans l'intervalle de cette loi au Code civil, et que ces droits ont dû demeurer en suspens jusqu'à ce que le pouvoir législatif ait eu statué à cet égard. — *Cass.*, 2 vent. an XII, Delavacquerie c. Joseph-Auguste.

46. — Enfin, la loi sur la paternité et la filiation, et celle sur les successions qui devaient faire partie du Code civil et qui fixaient pour l'avenir les droits des enfans naturels, furent promulguées les 2 germin. et 9 flor. an XI. Mais restait à déterminer le sort des enfans naturels, dont les père et mère étaient décédés dans l'intervalle de la loi du 12 brum. an II au Code civil. Ces questions furent résolues par la loi du 14 floréal an XI.

47. — L'art. 1er de cette loi porte : « L'état et les droits des enfans nés hors du mariage, dont les pères et mères sont morts depuis la promulgation de la loi du 12 brum. an II jusqu'à la promulgation des titres du Code civil sur *la paternité et la filiation* et sur *les successions*, sont réglés de la manière prescrite par ces titres. »

48. — « Néanmoins, porte l'art. 2, les dispositions entre-vifs ou testamentaires antérieures à la promulgation des mêmes titres du Code civil, et dans lesquels on aurait fixé les droits de ces enfans naturels, seront exécutées, sauf la réduction à la quotité disponible aux termes du Code civil, et sauf aussi un supplément conformément à l'art. 51 de la loi sur *les successions*, dans le cas où la portion donnée ou léguée serait inférieure à la moitié de ce qui devrait revenir à l'enfant naturel, suivant la même loi. »

49. — En maintenant par son art. 2 les dispositions des père et mère en faveur de leurs enfans naturels, *sauf la réduction à la quotité disponible aux termes du Code civil*, la loi du 14 flor. an XI n'a pas entendu que cette réduction s'opérerait d'après les principes du Code relatifs aux successions légitimes. Elle a voulu qu'elle eût lieu suivant les règles déterminant les droits des enfans naturels dans l'hérédité de ceux de leurs auteurs qui les ont reconnus. — *Cass.*, 22 mess. an XIII, Reynier.

50. — L'art. 3 de la même loi du 14 flor. an XI ajoute : « Les conventions et les jugemens passés en force de chose jugée par lesquels l'état et les droits desdits enfans naturels auraient été réglés, seront exécutés selon leur forme et teneur. »

51. — Cet art. 3 (L. 14 flor. an XI) s'applique également à un acte de partage par lequel un enfant naturel a été admis comme successible des parens de ses père et mère. — *Cass.*, 15 janv. 1811, Domaines c. Cauroy.

52. — Toutefois cet art. 3 n'a pas entendu que les actes qu'il maintient pussent être opposés à des tiers qui n'y ont été ni parties ni appelés, et qui avaient antérieurement acquis des droits sur les biens de la succession du père. — Ainsi, l'enfant naturel dont le père est décédé dans l'intervalle de la publication de la loi du 12 brum. an II à celle du Code civil, ne peut faire valoir contre des tiers acquéreurs une transaction par laquelle les héritiers légitimes lui auraient abandonné, dans la succession de son père, non-seulement la portion que le Code lui a depuis assignée, mais la totalité même des biens de cette succession. — L'enfant naturel alors, au lieu de rentrer dans les biens vendus par les héritiers légitimes, n'exercera son droit que sur le prix ou leur valeur estimative. — *Cass.*, 20 mai 1806, Lefèvre c. Lasalle.

53. — Quoiqu'il y ait chose jugée, sous la loi du 12 brum. an II, relativement à l'*état* d'un enfant naturel dont le père est décédé dans l'intervalle de la publication de cette loi à celle du Code civil, il ne s'ensuit pas qu'il y ait également chose jugée sur les *droits* de cet enfant. — Dès lors, ces droits doivent être réglés, non par la loi du 12 brum. an II, mais par le Code civil. — Lhermite c. Desnoys-Desportes.

54. — L'enfant naturel reconnu, né avant la promulgation de la loi du 12 brum. an II, mais dont le père était décédé lors de la promulgation du Code civil, a eu le droit de prendre une quote-part dans la succession de celui-ci. — *Cass.*, 11 fruct. an XII, Lain.

55. — Le Code civil a pris un milieu entre les

rigueurs de l'ancienne législation et l'indulgence de la législation intermédiaire. Il a concilié les droits de la nature et la dignité du mariage, en donnant à l'enfant naturel légalement reconnu une part des biens de ses père et mère, mais en ne faisant point cette part égale à celle de l'enfant légitime. De plus cette part ne lui est pas attribuée à titre d'héritier; enfin l'enfant naturel n'a aucun droit sur les biens des parens de ses père et mère (C. civ., art. 756).

56. — La succession d'un enfant naturel décédé sous le Code civil est régie par les dispositions de ce Code. — *Cass.*, 16 avr. 1834, Ruyfellaert c. Massiet.

57. — La reconnaissance d'un enfant naturel faite, avant la loi nouvelle, par un père qui s'est marié depuis, et qui n'est décédé que sous le Code, donne à l'enfant qu'elle concerne le droit de demander à un enfant du mariage communication des pièces relatives à la succession de leur père commun. En vain dirait-on qu'anciennement les enfans naturels n'avaient droit qu'à des alimens. — *Cass.*, 24 nov. 1830, Gabriel.

58. — L'enfant naturel envoyé en possession de la succession de son père avant la promulgation du Code civil n'a pas été tenu depuis cette promulgation de remettre aux héritiers légitimes la part qui lui revenait pour s'en faire envoyer de nouveau en possession, conformément au Code. Il lui a suffi d'offrir aux héritiers légitimes la part à laquelle ils avaient droit. — *Grenoble*, 14 vent. an XII, Brunel.

§ 2. — *Quotité des droits de l'enfant naturel.*

59. — D'après l'art. 757 C. civ. : « Le droit de l'enfant naturel sur les biens de ses père ou mère décédés est réglé ainsi qu'il suit : — Si le père ou la mère a laissé des descendans légitimes, ce droit est d'un tiers de la portion héréditaire que l'enfant naturel aurait eue s'il eût été légitime; il est de la moitié lorsque les père ou mère ne laissent pas de descendans, mais bien des ascendans ou des frères ou sœurs; il est des trois quarts lorsque les père ou mère ne laissent ni descendans, ni ascendans, ni frères, ni sœurs. »

60. — Ainsi, l'enfant naturel reconnu qui vient à la succession de son père en concours avec l'un des frères et sœurs de ce dernier, institué légataire universel, a droit au quart seulement des biens de l'hérédité. — *Bourges*, 16 nov. 1839 (t. 2 1840, p. 616), Leblanc de Sérigny.

61. — L'enfant naturel, légalement reconnu, qui vient en concours avec des collatéraux, autres que des frères ou sœurs, n'a droit qu'aux trois quarts de la moitié de la succession de son père, lorsque ce dernier a disposé, par testament de la totalité de ses biens. — *Agen*, 12 juill. 1811, Capoulade c. Calmel.

62. — En règle générale, les droits de l'enfant naturel sur les biens de ses père et mère, tels qu'ils sont réglés par l'art. 757 C. civ., se déterminent eu égard au nombre et à la qualité des parens laissés réellement par ceux-ci, alors même que ces parens ne leur succèdent pas en leur qualité d'héritiers. — *Cass.*, 31 août 1847 (t. 2 1847, p. 513), Rollindes c. Sans.

63. — Ainsi, le droit de l'enfant naturel dans la succession de ses père et mère est fixé par l'existence des frères ou sœurs, et non par leur concours comme héritiers. En conséquence l'enfant naturel n'est appelé à recueillir que la moitié de la portion qu'il aurait eue s'il avait été légitime, bien que les frères ou sœurs du défunt soient exclus de la succession par l'institution d'un légataire universel. — *Nancy*, 25 août 1831, Bureau de bienfaisance de Bar-le-Duc c. Cellier; *Paris*, 15 mai 1846 (t. 2 1846, p. 107), Delaberge; *Cass.*, 15 mars 1847 (t. 1er 1847, p. 475), Vergne c. Lebosse. — Toullier, t. 4, nº 266 à la note; Grenier, *Donat.*, t. 2, p. 266; Malpel, *Successions*, nº 161; Belost-Jolimont sur Chabot, t. 1er, p. 554; Poujol, art. 757, nº 23. — *Contrà*, *Toulouse*, 8 juin 1839 (t. 2 1839, p. 132), Blanc c. Marty. — Chabot sur l'art. 757; Delvincourt, t. 2, p. 265.

64. — Suivant M. Duranton (t. 6, nº 322), dans le cas d'institution d'un légataire venant absorber toute la quotité disponible, l'existence des frères et sœurs doit être prise en considération pour déterminer la quotité de la réserve de l'enfant naturel, bien qu'ils ne concourent pas effectivement au partage. — Mais il soutient, au nº 285, que si ces frères et sœurs sont éloignés du partage, non en raison de l'existence d'un légataire venant se substituer à eux, mais par suite d'indignité ou de renonciation, les droits de

l'enfant naturel doivent être réglés en considération du degré de parenté des héritiers qui succèdent à leur défaut. — V. aussi Poujol, p. 287.

65. — Quelle est la portion de l'enfant naturel en concours seulement avec des neveux ou nièces? Est-elle des trois quarts, ou bien les neveux par représentation ont-ils droit à la moitié? — Cette question a divisé les tribunaux et les auteurs. Le système de la représentation est généralement rejeté par la jurisprudence, et l'enfant naturel a droit aux trois quarts de la portion héréditaire. — *Bordeaux*, 16 juin 1806, Février c. Texandier; *Riom*, 29 juill. 1809, de Mozac c. de la Chapelle; *Cass.*, 6 avril 1813, Pigeaux; *Rouen*, 17 mars 1813, Boullenger; *Agen*, 16 avril 1822, Michel-David; *Cass.*, 20 févr. 1823, Duplessis de Poussillac c. Despiard; *Agen*, 16 juin 1823, Lille; *Cass.*, 28 mars 1833, Moreau; *Rouen*, 14 juill. 1840 (t. 2 1840, p. 718), Dauger; *Cass.*, 31 août 1847 (t. 2 1847, p. 513), Rollindes c. Sans. — Grenier, *Donat.*, t. 2, 667; Favard de Langlade, *Rép.*, vº *Successions*, sect. 2, § 1er, nº 7; et *Manuel des succ.*, p. 134; Vazeille, art. 757, nº 6; Malpel, nº 159; Belost-Jolimont, sur Chabot, art. 757, t. 1er, p. 550. — *Contrà*, *Pau*, 4 avril 1810, Gamotis; *Rennes*, 26 juill. 1843 (t. 2 1844, p. 486), Lafargue c. Stevens. — Chabot, art. 757, nºs 9 et suiv., et Merlin, *Rép.*, vº *Représentation*, sect. 4, § 7 (ces deux auteurs sont revenus deux fois à l'examen de la question); Malleville, *Analyse du Code civil*, t. 2, art. 747; Delvincourt, *Cours de Code civil*, t. 2, p. 21, note 8; Delaporte, *Pandectes françaises*, t. 3, p. 112; Toullier, t. 4, nº 233; Duranton, t. 6, nº 288; Poujol, nº 25. — Loyseau semble avoir rétracté dans son *Appendice* (p. 108) l'avis opposé qu'il avait énoncé d'abord à la page 650 de son traité. — Marcadé sur l'art. 757, nº 2; Rolland de Villargues, *Rép. du not.*, vº *Portion disponible*, nº 76. — V. aussi Pont, *Dissert.*, t. 1er 1846, *Revue de Législation*.

66. — Du reste, la représentation, dans le cas où elle est admise, ne peut avoir lieu qu'en faveur des enfans et descendans des frères et sœurs du défunt qui concourent à la succession et nullement au profit d'un héritier testamentaire qui les exclut. — *Cass.*, 20 févr. 1823, Duplessis de Poussillac c. Despiard.

67. — A défaut de descendans légitimes, d'ascendans et de frères et sœurs, l'enfant naturel a droit aux trois quarts de la succession totale de son père, non seulement lorsque celui-ci décède *intestat*, mais encore lorsqu'il a disposé, par testament, en faveur d'un étranger, du dernier quart de cette succession. — *Cass.*, 14 mars 1837 (t. 1er 1837, p. 830), Delaunay c. Tempé.

68. — Les droits de l'enfant naturel d'un étranger en concours avec des collatéraux également étrangers, sont valablement réglés d'après les art. 756 et 757 du Code civil, lorsque les collatéraux ont formé devant les tribunaux français la demande en liquidation, et ont eux-mêmes invoqué l'application de la loi française; ils ont renoncé, par là, aux droits du statut personnel, et sont, par conséquent, non recevables à quereller le compte, par le motif que, dans leur pays (le Mecklembourg), la loi n'accorde à l'enfant naturel, en concours avec des collatéraux, que le sixième de la succession et non la moitié, comme la loi française. — *Paris*, 23 nov. 1840 (t. 2 1840 p. 734), Hanthal c. D...

69. — La portion héréditaire accordée à l'enfant naturel par l'art. 757, ne doit pas être prise seulement sur les biens dont se fût composée sa réserve, s'il avait été légitime, mais sur l'universalité de la succession. Ainsi, lorsqu'il vient en concours avec les frères ou sœurs d'une personne décédée et qui n'a fait aucune disposition, il aura la moitié de tous les biens, et non simplement la moitié de la quotité réservée à l'enfant légitime, ou le quart de la succession. — *Montpellier*, 15 therm. an XI, Sue; *Cass.*, 28 janv. 1808, Montlaur c. Bitharux. — Merlin, vº *Success.*, sect. 2, § 2, art. 1er, nº 4; Favard de Langlade, *ibid.*, sect. 4, § 1er, nº 9.

70. — Pour calculer la portion héréditaire attribuée à l'enfant naturel par l'art. 757 C. civ., il ne faut pas oublier que la loi ne lui donne pas le tiers de la part d'un enfant légitime; mais le tiers de la part qu'il aurait eue, s'il eût été légitime : ce qui est bien différent.

71. — Quand il y a concours, non plus d'un seul enfant naturel, mais de plusieurs avec un ou plusieurs enfans légitimes, on considère momentanément chaque enfant naturel, quel qu'en soit le nombre, comme un enfant légitime; on opère fictivement le partage en autant de parts égales qu'il y a de têtes présentes ou représentées; puis, en définitive, on attribue à chaque enfant natu-

rel le tiers seulement de la portion qu'il serait réputé avoir dans ce partage fictif; ou bien encore on peut faire un total des enfans naturels et des enfans légitimes, multiplier par trois ce total et, par là, on obtient un résultat dont chaque enfant naturel a une unité. — Merlin, *Quest. de droit*, vº *Réserve*, § 1er et 2; Chabot, t. 2, p. 99 et suiv.; Loyseau, *Tr. des enfans naturels*, p. 624 et *appendice*, p. 101; Toullier, t. 4, nos 234, 246 à 248; Delvincourt, t. 2, p. 21, nº 5; Duranton, t. 6, nos 275 à 278; Malpel, nº 161; *Pand. franç.*, t. 3, p. 112; Favard de Langlade, vº *Success.*, sect. 4, § 1er, nº 8; Vazeille, art. 757, nº 4; Poujol, p. 291.

72. — Jugé, en ce sens, que pour déterminer la portion héréditaire dont le tiers est accordé à l'enfant naturel légalement reconnu, il faut le supposer légitime, et le compter pour une tête au nombre des héritiers. — *Cass.*, 26 juin 1809, Picot; *Pau*, 4 avr. 1810, Gamotis; *Amiens*, 26 nov. (et non mars) 1811, Landrin c. Dufour.

73. — Puis on réduit la quotité réservée dans la même proportion que la part héréditaire fixée par l'art. 757 C. civ. — *Amiens*, 26 nov. 1811, Landrin c. Dufour.

74. — Par conséquent, s'il y a un enfant légitime et deux enfans naturels, ceux-ci ont droit à la réserve d'un sixième de la succession pour les deux, ou à un douzième pour chacun. — *Cass.*, 28 juin 1831, Gabriel.

75. — Lorsqu'il existe dans les deux lignes des parens de différens degrés, par exemple un ascendant dans l'une et des cousins dans l'autre, comment se réglera la part de l'enfant naturel? N'aura-t-il que la moitié de la succession, ou bien prendra-t-il la moitié de la portion affectée à la ligne de l'ascendant, et les trois quarts de celle affectée à la ligne collatérale? — Favard de Langlade (vº *Success.*, sect. 4, § 1er) et M. Duranton (t. 6, nº 287) adoptent le premier mode de partage, en disant que l'art. 757 ne fait aucune distinction relativement aux lignes. — Au contraire, Delvincourt (t. 2, p. 21, nº 8), Chabot (t. 2, p. 205) et Vazeille (art. 757, nº 9) admettent le second mode de partage par le motif que la division se faisant entre des parens par ligne, les intérêts de l'ascendant et du collatéral vis-à-vis de l'enfant naturel restent tout à fait séparés. Le collatéral contre qui l'enfant naturel réclame les trois quarts de la portion affectée à sa ligne ne peut exciper d'une faveur qui est personnelle à l'ascendant.

76. — Jugé, dans ce dernier sens, que l'enfant naturel qui concourt avec une tante utérine et un frère consanguin du défunt a droit aux trois quarts dans la ligne maternelle, et à la moitié dans la ligne paternelle. — *Paris*, 30 pluv. an XIII, Bergeret c. Duclos-Grenet.

77. — Toutefois, ajoute Delvincourt (*loc. cit.*), il n'en faudrait pas conclure que s'il n'y avait aucuns parens successibles dans une ligne, et qu'il y eût un ascendant dans l'autre, l'enfant naturel eût le droit de recueillir toute la portion affectée à la ligne défaillante. L'ascendant recueillerait alors la totalité de la succession (C. civ., art. 755), et la saisine remontant au jour de l'ouverture de la succession, l'enfant naturel ne pourrait plus lui demander la délivrance que de la quotité qui lui est assignée par l'art. 757, c'est-à-dire de la moitié de l'hérédité.

78. — L'enfant naturel a droit à la totalité des biens de ses père ou mère, lorsque ceux-ci ne laissent pas de parens au degré successible. — C. civ., art. 758.

79. — Il en est de même si les seuls parens successibles qui existent sont indignes ou incapables. — Poujol, t. 1er, p. 298.

§ 3. — *Nature des droits de l'enfant naturel. — Conséquences.*

80. — L'art. 54 du projet du Code civil, discuté au Conseil d'Etat, portait : « Les parens naturels n'ont qu'une *créance* sur les biens de leurs père et mère décédés. La loi ne la leur accorde que lorsqu'ils ont été légalement reconnus. » Au mot *créance*, on substitua celui de *droit*, qui n'indique pas une simple action personnelle contre l'héritier, mais un droit dans la succession même. « Le droit de l'enfant naturel, disait Bigot de Préameneu, est, sous le rapport de créance, une *participation* à la succession. » C'est donc une véritable portion héréditaire que lui accorde l'art. 757. Ajoutons que l'art. 723 porte qu'à défaut d'héritiers légitimes, les biens *passent* aux enfans naturels; que, de plus, la rubrique du chapitre qualifie les droits des enfans naturels de *successions irrégulières*. — On en conclut donc généralement que l'enfant naturel a un *jus in re* sur les biens de ses père et mère. — *Nancy*, 22 janv. 1838 (t. 2 1843, p. 326), André c. Masson. — Merlin, *Quest.*, vº *Réserve*, § 1er et 2; Chabot, t. 2, p. 27, Loiseau, p. 624, et *Appendice*, p. 101; Toullier, t. 4, nos 234, 246 à 248; Delvincourt, t. 2, p. 21, note 5; Duranton, t. 6, nos 275 à 278; Malpel, nº 161; *Pandect. franç.*, t. 3, p. 112; Favard de Langlade, vº *Successions*, sect. 4, § 1er, nº 8; Vazeille, sur l'art. 757, nº 10; Poujol, p. 275 et 276.

81. — Jugé, en conséquence, que les droits des enfans naturels reconnus ne se réduisent pas à une simple créance sur la succession de leurs père et mère, mais doivent leur être délivrés en corps héréditaire. — *Paris*, 22 mai 1813, Fery c. Forestier.

82. — ... Que l'enfant naturel a contre les tiers acquéreurs l'action en revendication, si les biens n'ont pas été vendus de bonne foi. — *Cass.*, 20 mai 1806, Lefebvre c. Lasalle. — Chabot, t. 2, p. 32; Toullier, t. 4, nos 266 et 267; Duranton, t. 6, nº 269; Poujol, p. 278 et 279. — Il n'en serait pas de même du cessionnaire ni du donataire de l'héritier, qui n'ont, même en cas de bonne foi, pas plus de droit que leur auteur. — Poujol, p. 280.

83. — ... Que l'enfant naturel au préjudice duquel les biens de la succession ont été aliénés par un héritier apparent ou légataire universel ayant saisine, est fondé à revendiquer la quote-part que la loi lui réserve contre les tiers acquéreurs même de bonne foi pendant dix ou vingt ans, et contre les tiers acquéreurs de mauvaise foi pendant trente ans. Il importe peu qu'au jour de l'aliénation l'existence de cet enfant n'ait pas été connue. — *Poitiers*, 18 avr. 1832, Vacheron c. Viaud.

84. — Jugé, cependant, que l'enfant naturel reconnu n'a qu'un droit de créance sur la succession de ses père et mère. En conséquence, il n'est point recevable à contester la vente que l'héritier légitime aura faite sans son concours d'un immeuble de l'hérédité. — *Paris*, 14 fructid. an XI, Delasalle c. Lefèvre.

85. — Jugé aussi que dans le cas où l'héritier légitime a vendu tout ou partie de la succession avant que l'enfant naturel ait fait connaître son état et réclamé ses droits, cet enfant ne peut ensuite provoquer la nullité des ventes contre les tiers qui ont traité de bonne foi avec l'héritier. — Dans ce cas, l'enfant naturel n'a qu'une action contre l'héritier pour obtenir sa part dans le prix résultant des aliénations. — *Paris*, 12 avr. 1823, Ducasse c. Roques.

86. — ... Que l'enfant naturel qui n'a fait reconnaître sa qualité qu'après l'aliénation des biens de la succession faite de bonne foi par l'héritier apparent, doit, lors du partage, prendre les choses dans l'état où elles se trouvent, c'est-à-dire que la valeur des immeubles doit être déterminée entre les copartageans par les prix énoncés aux actes de vente, et non d'après leur état au jour de l'ouverture de la succession. — *Cass.*, 20 janv. 1841 (t. 2 1843, p. 330), de Brenon c. Férand.

87. — L'enfant naturel ayant un droit réel, a, par cela même, qualité pour être admis à la levée des scellés, à l'inventaire et à toutes les opérations préliminaires du partage. Il pourrait même, avant que sa qualité fût pleinement justifiée, requérir l'apposition des scellés, puisque, à la différence de la Coutume de Paris, qui exigeait la saisine dans le requérant, il suffit, d'après l'art. 909 C. procéd., de *prétendre droit dans la succession*. — Chabot, t. 2, p. 30; Loiseau, *Tr. des enf. natur.*, p. 446 et suiv.; Toullier, t. 4, nº 263; Favard de Langlade, vº *Successions*, sect. 4, § 1er, nº 14; Vazeille, sur l'art. 757, nº 10; Poujol, p. 276, 277 et 278.

88. — L'enfant naturel pourra aussi provoquer le partage contre les héritiers ou intervenir sur la demande en partage que l'un des héritiers aurait formée contre les autres. Il exerce alors non l'action *familiæ erciscundæ*, puisqu'il n'est pas de la famille, mais l'action *communi dividundo*, en qualité de copropriétaire. — *Paris*, 4 germ. an XIII, de la Ferté c. de Mursault. — Chabot, t. 2, p. 207; Favard de Langlade et Toullier, *loc. citat.*; Vazeille, art. 757, nº 9.

89. — Jugé également que l'enfant naturel est recevable à former, aux frais de la masse, une action en partage contre les héritiers légitimes pour obtenir la portion que la loi lui accorde, la demande en délivrance n'étant d'ailleurs exigée de lui que lorsqu'il est appelé à la succession à défaut de parens légitimes. — *Nancy*, 22 janv. 1838 (t. 2 1843, p. 326), André c. Masson.

90. — Toutefois, lorsqu'un enfant naturel vient en concours avec des frères et sœurs du défunt, ceux-ci seuls doivent être toujours réputés investis de la totalité de la succession, sauf à départir à l'enfant naturel la part que la loi lui attribue. — Et cela, quand même l'enfant naturel aurait été, en vertu d'un jugement, mis en possession de tous les biens de la succession pendant plusieurs années. — *Montpellier*, 15 therm. an XI, Sue.

91. — Mais il peut demander une provision alimentaire à l'héritier légitime, alors même que l'importance de ses droits n'est pas connue et que la succession n'a été acceptée que sous bénéfice d'inventaire. — *Paris*, 27 déc. 1806, Hamelin.

92. — Jugé pareillement que l'enfant dont la légitimité seule (mais non la filiation) est contestée par les héritiers de son père a droit, durant l'instance, à une provision alimentaire sur les biens de ce dernier. — Il n'est pas tenu de donner caution, si l'importance de ces droits successifs suffit pour répondre de la valeur de cette provision. — *Besançon*, 23 mai 1806, Margeret.

93. — En supposant que l'art. 337, qui dispose que la reconnaissance d'un enfant naturel pendant le mariage ne pourra nuire ni à l'époux ni aux enfans légitimes, soit applicable au cas d'une reconnaissance judiciaire et forcée, au moins, est-il constant qu'il n'a pour but de priver l'enfant ainsi reconnu que des droits que lui confère l'art. 757 et non de ses droits à des alimens. Les alimens lui sont dus, alors surtout que sa mère est séparée de biens. — *Rennes*, 22 mars 1840, Coron c. Hamelin.

94. — La portion attribuée à l'enfant naturel sur les biens de ses père et mère est-elle due à titre de réserve, de telle sorte qu'il ait le droit de faire réduire jusqu'à concurrence les dispositions entre-vifs ou testamentaires? Sur ces questions, qui ont été diversement résolues par les auteurs et par la jurisprudence, V. QUOTITÉ DISPONIBLE, nos 219 et suiv.; à quoi il faut ajouter :

95. — Jugé que l'enfant naturel a une réserve sur les biens du père ou de la mère qui l'a reconnu. — *Amiens*, 26 nov. (et non mars) 1811, Landrin c. Dufour; *Bruxelles*, 18 févr. 1813, Pauwels; *Poitiers*, 10 avr. 1832, Vacheron c. Viaud.

96. — Et les droits attribués par la loi à l'enfant naturel ne peuvent être réduits par une disposition testamentaire. — *Paris*, 2 janv. 1819, de Compigny. — *Contrà*, *Pau*, 24 mai 1806, Picot.

97. — L'enfant naturel peut demander la réduction des dispositions testamentaires, par suite desquelles il se trouverait privé de tout ou partie de la quotité qui lui est accordée par la loi. — *Besançon*, 11 déc. 1828, et *Cass.*, 27 avr. 1830, Muller.

98. — Il peut même prouver, sans recourir à l'inscription de faux, qu'un acte contient une donation déguisée, portant atteinte à sa réserve et réductible à la quotité disponible. — *Toulouse*, 15 mars 1834, de Labeaumelle c. Fauré. — *Contrà*, *Lyon*, 16 juill. 1828, Laforest.

99. — L'enfant naturel peut demander le rapport aux héritiers légitimes pour arriver à déterminer la réserve. — *Amiens*, 26 nov. (et non mars) 1811, Landrin c. Dufour; *Paris*, 5 juin 1826, Bottot-Dumesnil c. Curtille; *Cass.*, 28 juin 1831, Gabriel. — Duranton, t. 6, nº 298 et 299; Loyseau, *Tr. des enf. natur.*, p. 695; Favard de Langlade, *Rép.*, vº *Succession*, sect. 4, § 1er, nº 10; Vazeille, art. 761, nº 4. — *Contrà*, Toullier, t. 4, nº 258.

100. — L'enfant naturel peut, comme l'héritier légitime, quereller les donations entre-vifs, faites par ses père et mère décédés en état d'imbécillité ou de démence. — *Rouen*, 17 mars 1813, Boullenger.

101. — D'un autre côté, la réserve attribuée à l'enfant naturel est réductible, comme celle des enfans légitimes, par des donations ou des legs, jusqu'à concurrence de la quotité disponible. — *Nancy*, 22 janv. 1838 (t. 2 1843, p. 326), André c. Masson.

102. — La réduction d'un legs particulier fait à un enfant naturel ne profite point à l'héritier du sang, non réservataire, mais bien au légataire universel, à moins d'une déclaration expresse du testateur. — *Paris*, 9 juin 1834, Sayssel.

103. — Sur l'incapacité pour l'enfant naturel de recevoir de ses père et mère et au moyen de personnes interposées, au delà de la part qui lui est attribuée par la loi; sur la question de savoir quelles personnes doivent être réputées interposées à cet égard : V. DONATION DÉGUISÉE, nos 180 et suiv.

104. — En cas de prédécès de l'enfant naturel, ses enfans ou descendans peuvent réclamer les

SUCCESSION IRRÉGUL., ch. 2, sect. 2e.

droits fixés par les articles 756 et 758. — C. civ., art. 759.

105. — Ce mot, *descendans*, de l'art. 759 s'applique-t-il à la postérité naturelle comme à la postérité légitime? Non, car l'art. 756 n'accorde aux enfans naturels aucun droit *sur les biens des parens* de leurs père ou mère. — Loyseau, p. 643; Chabot, t. 2. p. 220; Toullier, nº 241; Malpel, nº 296; Poujol, p. 302. — M. Duranton (t. 6, nº 295) hésite à se prononcer en ce sens. — D'autres soutiennent l'opinion contraire; mais ils sont divisés eux-mêmes sur l'application de leur système. Ainsi, suivant Delaporte (*Pand. franç.*, t. 3, p. 116), les descendans naturels doivent recueillir entière la créance qu'ils trouvent dans la succession de leur père, et ils n'éprouvent de réduction, qu'autant qu'ils sont en concours avec un enfant légitime. Au contraire, Favard de Langlade (vº *Succession*, sect. 4, § 1er, note 15), Delvincourt (t. 2, p. 22, note 1re), Malleville (t. 2, p. 239), qui admettent aussi les descendans naturels par représentation, n'attribuent à chacun qu'une quotité de la portion héréditaire qu'ils auraient eue s'ils étaient légitimes; le tiers, par exemple, du tiers dû à leur père, ou un neuvième de la succession de l'aïeul.

106. — Si l'enfant naturel avait renoncé à la succession de l'aïeul ou s'en était rendu indigne, ses enfans ou descendans ne seraient pas admis à réclamer, en vertu de l'art. 759; car ce serait là exercer un véritable droit de représentation d'une personne vivante. — Chabot, t. 2, p. 220; Vazeille, sur l'art. 759; Poujol, p. 301.

107. — L'enfant naturel pourrait-il exiger des alimens de ses ascendans autres que ses père et mère? — V. ALIMENS, nºs 39 et suiv.

108. — L'enfant naturel ou ses descendans sont tenus d'imputer sur ce qu'ils ont droit de prétendre, tout ce qu'ils ont reçu du père ou de la mère dont la succession est ouverte, et qui serait sujet à rapport, d'après les règles établies aux art. 843 à 869. — C. civ., art. 760.

109. — Quoique l'enfant naturel soit tenu d'imputer sur ses droits dans la succession, tout ce qu'il a reçu de son père ou de sa mère décédés, et qui serait sujet à rapport, il ne doit cependant pas, comme l'héritier légitime, tenir compte des intérêts ou fruits échus depuis l'ouverture de la succession. L'art. 856 C. civ. est ici sans application. — *Pau*, 14 juill. 1827, Claverie-Caillau c. Dupouey; *Cass.*, 11 janv. 1831, mêmes parties.

110. — Toute réclamation est interdite à l'enfant naturel ou à ses descendans, lorsqu'ils ont reçu, du vivant de leur père ou de leur mère, la moitié de ce qui leur est attribué par les articles précédens, avec déclaration expresse, de la part de leur père ou mère, que leur intention est de réduire l'enfant naturel à la portion qu'ils lui ont assignée. — C. civ., art. 761.

111. — L'art. 761 C. civ. doit être entendu en ce sens, que l'enfant peut être réduit non pas seulement à la moitié de sa part héréditaire, mais bien à la moitié de sa réserve. — *Cass.*, 31 août 1847 (t. 2 1847, p. 513), Rollindes c. Sans. — Toullier, t. 4, nº 262; Grenier, t. 2, nº 674; Richefort, *Etat des familles*, t. 3, nº 420. — *Contrà*, Marcadé, art. 761, nº 1er; Vazeille, *ibid.*, nº 6; Duranton, t. 6, nº 301.

112. — De ces mots: *Lorsqu'ils ont reçu*, il résulte que la déclaration expresse de réduction ne suffirait pas sans la tradition réelle ou le dessaisissement actuel de la quotité donnée. — *Nancy*, 22 janv. 1838 (t. 1er 1843, p. 326), André c. Masson. — Chabot, t. 2, p. 254; Delvincourt, p. 22, note 3; Malleville, t. 2, p. 240; Favard de Langlade, *loc. cit.*, nº 17; Vazeille, art. 761, nº 7; Poujol, p. 312; Conflans, *Jurispr. des succ.*, art. 761, nº 2.

113. — De plus, comme la réduction des enfans naturels doit se faire *du vivant de leur père*, etc., il s'ensuit que la réduction par testament ou disposition à cause de mort ne serait pas valable. — Chabot, t. 2, p. 250; Grenier, *Donat.*, t. 2, nº 420; Malpel, nº 163; Delvincourt, Duranton, Malleville, *loc. cit.*; Toullier, nº 256; Vazeille, art. 767, nº 7; Poujol, p. 316. — Le contraire avait été jugé par la Cour de *Pau*, le 24 mai 1806, Picot. Mais cet arrêt a été cassé le 28 juin 1809.

114. — Jugé également que la réduction à moitié autorisée par l'art. 761 C. civ., ne peut avoir lieu qu'autant que cette moitié a été payée ou livrée du vivant du père; mais elle ne peut être l'effet d'une déclaration simplement faite de la part du père ou de la mère dans un testament. — *Paris*, 2 janv. 1819, de Compigny.

115. — Il n'y aurait donc point non plus de réduction valable au moyen d'une donation de biens à venir ou d'une institution contractuelle, mais il en serait autrement si le père s'était réservé la jouissance des biens donnés entre-vifs, ou qu'il eût stipulé un terme de paiement fort éloigné, quand même ce serait après sa mort; car le droit de disposer de la chose n'est point suspendu pour l'enfant naturel, et l'exécution seulement en est retardée. — Duranton, t. 6, nº 306; Poujol, p. 312.

116. — La réduction des droits de l'enfant naturel à la moitié de ceux que la loi lui attribue s'opère-t-elle par la seule déclaration d'intention des père et mère, sans que l'acceptation de l'enfant soit nécessaire pour la valider? Oui, attendu qu'en usant de la faculté que lui laisse l'art. 761, le père fait un acte de la puissance. — *Douai*, 27 févr. 1834, de Grandval; *Cass.*, 31 avr. 1835, mêmes parties; 31 août 1847 (t. 2 1847, p. 513), Rollindes c. Sans. — Toullier, t. 4, nº 262; Duranton, t. 6, nº 304; Cadrès, *Des enfants naturels*, nº 200; Taulier, *Th. C. civ.*, t. 3, p. 191 et suiv.; Belost-Jolimont sur Chabot, art. 761, nº 2; Pont, *Revue de législation et de jurisprudence, loc. cit.*

117. — Mais un bien plus grand nombre d'auteurs pensent que le consentement de l'enfant naturel est nécessaire, attendu que l'art 761 a été conçu dans l'intérêt de l'enfant naturel, non moins que dans celui de ses père et mère, et que n'exiger que la volonté du père, ce serait mettre l'enfant naturel à la discrétion de celui-ci. — Merlin, *Rép.*, vº *Réserve*, sect. 4, nº 18; Chabot, art. 761, nº 3; Grenier, *Des donations*, t. 2, nº 674; Malleville, sur l'art. 761; Delvincourt, t. 2, p. 259 et 260 (édit. 1819); Favard de Langlade, vº *Successions*, sect. 4, § 1er, nº 17; Marcadé, sur l'art. 761, nº 2; Malpel, nº 163; Vazeille, sur l'art. 761, nº 7; Poujol, sur l'art. 761, nºs 3 et 9; Demante, *Programme du C. civ.*, t. 2, nº 80; Zachariæ, t. 4, p. 215, note 18; Richefort, *Etat des familles*, t. 3, nº 423.

118. — Quant à nous, il nous semble qu'en présence des termes de l'art. 761, qui exige que l'enfant ait reçu du vivant du père une portion de ses biens (ce qui paraît impliquer l'idée d'une donation acceptée ou d'un arrangement concerté); en présence des dangers que pourrait entraîner une trop grande liberté donnée au père; en présence enfin de l'ensemble des dispositions du Code, qui, tout en maintenant à la famille légitime la suprématie qui lui appartient, assurent néanmoins à la descendance naturelle des droits dont il détermine avec soin l'importance, la jurisprudence de la Cour de cassation peut donner naissance à des doutes sérieux.

119. — La déclaration de réduction peut avoir lieu par un acte distinct et séparé de la donation faite à l'enfant par ses père et mère. — *Cass.*, 31 août 1847 (t. 2 1847, p. 513), Rollindes c. Sans.

120. — Dans le cas où la portion assignée serait inférieure à la moitié de ce qui devrait revenir à l'enfant naturel, il ne peut réclamer que le supplément nécessaire pour parfaire cette moitié. — C. civ., art. 761.

121. — Toutefois, l'enfant naturel ne pourrait du vivant de son père et par un traité passé avec lui, renoncer à toute action en supplément de la moitié telle qu'elle est déterminée par l'art. 761 C. civ. — *Bruxelles*, 18 fév. 1813, Pauwels.

Sect. 2e. — *Succession aux enfans naturels décédés sans postérité.*

122. — Sous le droit romain, les femmes succédaient à leurs enfans naturels (l. 5, C., *Ad s.-c. Orphil.*). Cette disposition ne fut observée en France que dans le ressort du Parlement de Grenoble et dans les Coutumes d'Artois, de Saint-Omer et de Valenciennes. Mais la succession ne fut jamais accordée aux hommes. En général, la successibilité réciproque des bâtards et de leurs parens naturels n'avait point de règles fixes. Chaque Parlement de pays de droit écrit suivait une jurisprudence particulière; les Coutumes étaient, sur le même objet, ou muettes ou très-obscures. — D'Aguesseau, t. 7, p. 423; Furgole, *Des testamens*, ch. 6, sect. 2, nº 101. — L'enfant naturel ne laissait ni enfans légitimes, ni mère; les biens du bâtard appartenaient au roi ou au seigneur haut-justicier. — Bacquet, *Bâtardise*, ch. 8, et *Justice*, ch. 23; Merlin, *Rép.*, vº *Bâtard*.

123. — D'après l'art. 765 C. civ., la succession de l'enfant naturel décédé sans postérité est dévolue au père ou à la mère qui l'a reconnu, ou par moitié à tous les deux, s'il a été reconnu par l'un et par l'autre.

124. — Les père et mère de l'enfant naturel sont exclus par sa postérité. — Delvincourt, p. 23, note 6; Malleville, t. 2, p. 247; Chabot, t. 2, p. 323; Loyseau, *Tr. des enf. natur.*, appendice, p. 90; Vazeille, art. 765, nº 3. — Suivant Delaporte (*Pand. franç.*, t. 3, nº 125) et M. Duranton (t. 6, nº 336), les petits-enfans n'avaient droit qu'à la moitié de ce qu'ils auraient eu s'ils étaient légitimes.

125. — Le père qui ne laisse qu'un enfant naturel n'est pas considéré comme décédé sans postérité. — Poujol, p. 326 et 327.

126. — Les ascendans des père et mère n'ont aucun droit à la succession de l'enfant naturel. — Poujol, p. 328.

127. — Comme la succession d'un enfant naturel décédé sous le Code civil est régie par les dispositions de ce Code, il s'ensuit que les parens de la mère décédée n'y ont aucun droit, bien que cet enfant soit né sous l'empire d'une Coutume qui admettait ces parens à lui succéder. — *Cass.*, 16 avril 1834, Ruyffelaert c. Massiet.

128. — Le père naturel est-il légalement saisi de la succession, ou a-t-il besoin de se faire envoyer en possession? — Delaporte (*Pand. franç.*, t. 3, p. 125) le qualifie véritable héritier saisi par la loi. — Selon Delvincourt (*loc. cit.*), le père naturel « est plutôt un successeur irrégulier qu'un héritier; » cependant, il ne le croit pas tenu de demander l'envoi en possession. — Chabot (t. 2, p. 326), Loyseau (*loc. cit.*, p. 84), Poujol (p. 328) et Vazeille (art. 773, nº 2) imposent au père naturel l'obligation de l'envoi en possession; mais ils le dispensent de toutes les formalités, affiches ou publications prescrites en pareil cas.

129. — Les père et mère de l'enfant naturel reconnu ont-ils un droit de réserve sur les biens laissés par celui-ci? — V. QUOTITÉ DISPONIBLE, nºs 216 et suiv.

130. — La quotité disponible dont un enfant naturel mineur peut disposer, lorsqu'il laisse un ascendant ayant droit à la réserve du quart, est de la moitié des biens dont la loi permet au majeur la libre disposition, c'est-à-dire, dans ce cas, la moitié des trois quarts restans; et cet ascendant peut annuler un legs avec sa réserve. — *Bordeaux*, 24 avril 1834, Boutet.

131. — En tout cas, la reconnaissance faite après le décès de l'enfant ne donne pas au prétendu père dont elle émane le droit de recueillir la succession. — *Paris*, 25 mai 1835, Rolland c. Hospices de Paris.

132. — Les père et mère de l'enfant naturel jouissent du droit de réversion pour les choses par eux données; mais il en est autrement de l'ascendant. — Duranton, t. 6, nº 335. — V., au surplus, RETOUR LÉGAL, nºs 37 et suiv.

133. — Les père et mère d'un enfant naturel reconnu n'ont aucun droit à la succession des enfans légitimes de celui-ci. — *Nevers*, 7 janv. 1838 (sous *Bourges*, 4 janv. 1839 [t. 2 1843, p. 441]), Chevannes c. Michot; *Caen*, 9 juin 1847 (t. 2 1847, p. 309), Lebailly-Meslier c. Varron-Duclos; *Cass.*, 5 mars 1849 (t. 1er 1849, p. 185), mêmes parties.

134. — En cas de prédécès des père et mère de l'enfant naturel, les biens qu'il en avait reçus passent aux frères ou sœurs légitimes, s'ils se retrouvent en nature dans la succession : les actions en reprise, s'il en existe, ou le prix de ces biens aliénés, s'il est encore dû, retournent également aux frères et sœurs légitimes. Tous les autres biens passent aux frères et sœurs naturels, ou à leurs descendans. — C. civ., art. 766.

135. — Lors de la discussion de cet article au Conseil d'Etat, on rejeta une disposition qui, dans le projet du Code, appelait indistinctement à la succession les frères soit légitimes, soit naturels. — Vazeille, art. 766, nºs 1er et 5.

136. — Dans la part qui leur est attribuée, les frères et sœurs naturels excluent l'époux survivant. On avait proposé de donner la préférence à l'époux, mais le Conseil d'Etat vota en faveur des frères. En effet, le conjoint n'est appelé par l'art. 767 qu'à défaut de parens successibles. — Malleville et Delaporte, *Pand. franç.*, sur l'article 766.

137. — Les frères légitimes excluent-ils l'époux survivant? — D'un côté, on dit qu'ils ne reprennent les biens de l'enfant décédé que par un droit extraordinaire, limité aux biens qui étaient sortis de la famille; que la loi ne reconnaît pas de parenté entre eux et l'enfant; qu'à défaut de parens au degré successible, le conjoint est préféré. — D'un autre côté, on rappelle la discussion du Conseil d'Etat : « Si les frères naturels ont eu la préférence sur les frères légitimes, c'est qu'on considéra que les premiers étaient le plus souvent dans un état de détresse. — On voulait, d'ailleurs, que la dévolution des biens fût réciproque. — Mais on n'entendit pas moins admettre les

frères légitimes, à défaut des frères naturels. C'est justice, puisqu'en succédant au père commun, le bâtard décédé a privé ou pu priver les enfans légitimes d'une portion qui leur serait échue. » — MM. Duranton (t. 6, n° 339) et Delvincourt (*loc. citat.*) donnent aux frères légitimes la préférence sur le fisc. — Le premier de ces auteurs ne dit rien du conjoint, le second appelle le conjoint avant les frères. — Ainsi, suivant ce dernier auteur, il y aurait entre le conjoint et l'Etat un successeur intermédiaire. Mais l'art. 768 déclare formellement « qu'à défaut de conjoint, la succession est acquise à l'Etat. » — Ce système moyen ne saurait se soutenir. Ou il faut totalement exclure les frères légitimes des biens non donnés, ou il faut les préférer au conjoint et à l'Etat. — L'exclusion totale paraît plus conforme aux principes. L'enfant naturel ne succéderait pas à ses frères légitimes; ceux-ci, réciproquement, ne doivent pas succéder à l'enfant naturel. « Le surplus des biens, disait Chabot au Tribunat, *ne peut appartenir* aux enfans légitimes, parce qu'il ne peut y avoir entre eux et les enfans naturels de successibilité : ils ne sont pas membres de la même famille. »

138. — Jugé que, quand un enfant naturel reconnu ne laisse à son décès ni père ni mère, ni frère ou sœur naturels, l'Etat succède par droit de déshérence aux biens qui ne proviennent pas des père et mère du défunt, à l'exclusion des frères et sœurs légitimes, parce qu'aux termes de l'art. 766 du Code précité, ceux-ci ne sont pas ses héritiers légaux, et qu'ils ne reprennent que les objets qui lui ont été donnés, s'ils se trouvent dans la succession. — *Grenoble*, 13 janv. 1840 (t. 2 1840, p. 234), Cheval c. le Domaine.

139. — Si les frères et sœurs légitimes de l'enfant naturel étaient décédés, leurs descendans seraient admis par représentation à exercer le droit résultant de l'art. 766. — Delvincourt, p. 23, note 7; Chabot, t. 2, p. 241; Malpel, n° 159 5°; Delaporte, *Pand. franç.*, t. 3, p. 125; Poujol, p. 331. — Il y a même raison de décider pour le cas où des neveux sont en concours avec l'enfant naturel. — V. *suprà*, n° 65.

140. — Les enfans légitimes à qui passent les biens donnés à l'enfant naturel par son père ou sa mère sont obligés de payer les dettes *pro modo emolumenti*; car c'est par droit de succession que les biens sont recueillis. Ce n'est pas là l'exercice d'un droit de retour comme celui de l'art. 747. — Loyseau, p. 635; Delaporte, *loc. citat.*; Chabot, t. 2, p. 338; Delvincourt, p. 23, note 7; Poujol, p. 330: Duranton, t. 6, n° 340.

141. — Il est à remarquer que l'art. 766 n'appelle les frères ou sœurs légitimes à recueillir les biens donnés qu'en cas de « prédécès des *père et mère* de l'enfant naturel, » et que la loi ne dit pas des *père ou mère*.

142. — Jugé d'après cela que les frères et sœurs légitimes d'un enfant naturel ne peuvent exercer dans sa succession le droit de retour autorisé par l'art. 766 du Code civil, qu'autant que ses père et mère sont tous deux prédécédés. — *Dijon*, 1er août 1818, Lautissier c. Deschamps; *Riom*, 4 août 1820, Peytieu c. de Latour; *Paris*, 27 nov. 1845 (t. 1er 1846, p. 224), Bayne c. Legros. — On donne pour principal argument, dans ces décisions, qu'il est dans l'ordre, sur une telle matière, de s'en tenir à la disposition littérale et précise de l'art. 766.

143. — ...Et que, dès lors, le survivant des père et mère d'un enfant naturel lui succède pour le tout, à l'exclusion de ses frères et sœurs légitimes. — *Riom*, 4 août 1820, Peytieu c. de Latour.

144. — Cependant, l'opinion contraire est admise par la plupart des auteurs. Suivant eux, le législateur n'a pu avoir l'intention de favoriser l'un des concubins au préjudice des enfans légitimes de l'autre. Il n'a pu vouloir que celui des père et mère qui n'avait pas donné profitât des biens plutôt que les enfans du donateur. — La particule *et* a souvent été employée par erreur pour la particule *ou* (V. C. civ., 859 et 1041). — L'esprit de la loi doit l'emporter sur la lettre, quand cet esprit n'est pas douteux. — D'ailleurs, la lettre de la loi peut s'observer dans certains cas que peut-être le législateur avait en vue; par exemple, si c'est le donateur qui a survécu à son conjoint, il faudra le *prédécès du père et de la mère* pour que le droit de reprise puisse être exercé par les enfans légitimes. — Duranton, t. 6, n° 338; Delvincourt, *loco citat.*; Malpel, n° 164; Vazeille, sur l'art. 766, n° 2.

Sect. 3e. — *Enfans adultérins ou incestueux.*

145. — Les lois romaines qui frappaient de peines sévères l'adultère et l'inceste (L. *Julia*, D *adult.*; L. 30, C., *eod. tit.*; nov. 12, c. 1er), considéraient ces enfans nés de l'un ou l'autre commerce comme des objets d'opprobre et d'ignominie. On leur refusait toute action en alimens comme s'ils étaient indignes de vivre (*Auth. ex complexu*). Ces rigueurs inhumaines furent, il est vrai, tempérées par les interprètes et le droit canon, qui autorisèrent l'enfant à réclamer des alimens et le père à lui en accorder par testament, même à doter sa fille. — Quant aux droits de successibilité, les lois romaines et celles de l'ancienne monarchie en privèrent constamment les enfans adultérins ou incestueux. Ils ne pouvaient succéder à aucun de leurs parens, les rapports de parenté n'existant pas aux yeux de la loi. Pour qu'on n'éludât pas cette disposition, il leur était défendu de rien recevoir par donation ou testament de leurs père et mère ou ascendans. Les parens étaient également incapables de succéder à l'enfant; bien plus, les biens délaissés par l'enfant étaient imprescriptibles dans les mains des ascendans, et le fisc aurait pu les revendiquer après trente ans de possession. — Loiseau, *Traité des enfans natur.*, p. 49 et suiv.

146. — La loi du 12 brumaire an II ne parle point de l'enfant incestueux. Quant à l'enfant adultérin, l'art. 13 lui accorde le tiers d'une portion héréditaire pour lui tenir lieu d'alimens. — V., au surplus, ENFANS ADULTÉRINS ET INCESTUEUX, nos 7 et suiv.

147. — Suivant l'art. 762 du Code civil, les dispositions des art. 757 et 758 ne sont pas applicables aux enfans adultérins ou incestueux. La loi ne leur accorde que des alimens. — « Ces alimens, porte l'art. 763, sont réglés eu égard aux facultés du père ou de la mère, au nombre et à la qualité des héritiers légitimes. »

148. — La section de législation avait proposé un article qui permettait à l'enfant de demander, à sa majorité, le remboursement du capital des alimens, si ce remboursement était utile pour lui assurer un état, et que sa conduite en garantît l'avantage. Cet article fut repoussé comme introduisant une procédure contraire aux bonnes mœurs, comme donnant aux enfans adultérins et incestueux un avantage que n'avaient pas les bâtards simples, enfin comme tendant à discuter les biens des père et mère. — La même proposition, renouvelée avec cette modification que la demande serait ajournée après le décès des père et mère, fut encore rejetée par le motif qu'un père pouvait avoir transigé pour dérober à la publicité sa paternité adultérine ou incestueuse, et que sa prévoyance serait déjouée, si une action contre ses héritiers devenait l'occasion de divulguer sa faute. — Locré, *Lég. civ.*, etc., t. 10, p. 92.

149. — L'enfant adultérin ou incestueux n'ayant droit qu'à des alimens, toute libéralité entre-vifs ou testamentaire qui excéderait, devrait être annulée, soit qu'elle eût été faite à l'enfant lui-même, soit qu'elle eût eu lieu au moyen de personne interposée. — V. DONATION DÉGUISÉE, nos 193 et suiv.

150. — Mais la donation déguisée d'une somme d'argent, faite par un père et une mère à leur enfant adultérin, peut être maintenue à titre d'alimens, si elle n'est pas excessive eu égard au nombre des héritiers légitimes. — *Toulouse*, 30 avril 1828, Fontètes c. Capmartin.

151. — Un legs d'immeubles fait par son père à un enfant adultérin peut aussi être maintenu par les tribunaux lorsque la valeur de ce legs n'excède pas les limites d'une pension alimentaire. — *Cass.*, 15 juill. 1846 (t. 1er 1847, p. 49), Tronnet c. Forbras.

152. — S'il n'y a pour recueillir la succession que des héritiers irréguliers, la charge des alimens pèse sur eux. — Poujol, p. 324.

153. — « Lorsque le père ou la mère de l'enfant adultérin ou incestueux, ajoute l'art. 764 du Code civil, lui auront fait apprendre un art mécanique, ou lorsque l'un d'eux lui aura assuré des alimens de son vivant, l'enfant ne pourra élever aucune réclamation contre leur succession. »

154. — On n'est pas recevable à prétendre que la fille adultérine ne peut rien réclamer des successions de ses père et mère, parce que ceux-ci lui ont fait apprendre la *couture*. — En d'autres termes, le métier de couturière n'est pas un art mécanique dans le sens de l'art. 764 C. civ. — *Toulouse*, 30 avr. 1828, Fontètes c. Capmartin.

155. — Si, par suite d'infirmités graves, l'enfant ne pouvait exercer son industrie ou son art mécanique, Poujol (p. 325) pense qu'il pourrait réclamer des alimens.

156. — Quant aux effets de la reconnaissance de l'enfant adultérin ou incestueux relativement aux droits dans la succession de celui qui l'aurait reconnu, V. ENFANS ADULTÉRINS ET INCESTUEUX, nos 35 et suiv.

157. — Les enfans légitimes qui ont consenti à admettre un enfant adultérin au partage des biens du père commun, en connaissance du vice d'adultérinité, ne peuvent revenir contre ce partage et forcer l'enfant adultérin à restituer la portion qu'il a recueillie. — Ils n'auraient pas ce droit, alors même qu'ils seraient demeurés dans l'ignorance de leurs droits, s'il s'est écoulé dix ans depuis l'époque où ils en ont connu l'étendue. — Mais ils ont le droit d'empêcher l'enfant adultérin de porter le nom de famille, et de faire rectifier les actes sur lesquels ce nom lui serait attribué. — *Aix*, 12 déc. 1839 (t. 1er 1840, p. 349), Laffé.

158. — L'enfant adultérin ou incestueux a-t-il droit à des alimens, à titre de réserve? Non, attendu qu'il n'a pas, comme l'enfant naturel, une qualité héréditaire. — Chabot, sur l'art. 762. — *Contrà*, Merlin, *Quest.*, v° *Réserve*; Malpel, n° 173; Duranton, t. 6, n° 342; Loiseau, *Tr. des enfans natur.*, *Append.*, p. 97.

159. — La succession de l'enfant adultérin ou incestueux est dévolue à ses descendans, et à leur défaut, au conjoint survivant et à l'Etat. — Loiseau (dans son *Traité des enfans naturels*, p. 759) classait ainsi les héritiers de cet enfant : 1° ses descendans; 2° *ses père et mère*; 3° le conjoint; 4° l'Etat. Mais le même auteur (dans son *Appendice*, p. 97) a formellement exclu les père et mère. En effet, si l'enfant ne succède pas à ses père et mère, il y a plus de raison encore pour que ceux-ci, les seuls coupables, ne succèdent pas à l'enfant. — D'ailleurs, la successibilité est généralement réciproque. — Chabot, t. 2, p. 333; Duranton, t. 6, n° 340; Malpel, n° 173.

160. — Lorsque le défunt ne laisse ni parens au degré successible, ni enfans naturels, les biens de sa succession appartiennent au conjoint non divorcé qui lui survit. — C. civ., art. 767.

CHAPITRE III. — *Droits du conjoint survivant et de l'Etat.*

161. — Les lois romaines (tit. ff., et C., *undè vir et uxor*) préféraient également le conjoint au fisc. Toutefois, il y avait exception en cas de divorce. Les mêmes dispositions étaient suivies dans toute la France; seulement le conjoint ne succédait pas s'il avait abandonné son époux, ou s'ils étaient séparés de corps. — Lebrun, *Success.*, liv. 1er, ch. 7.

162. — Mais la loi du 17 niv. an II a abrogé les lois romaines qui privaient du droit de succéder à ses enfans décédés en état de pupillarité la veuve qui convolait en secondes noces sans leur avoir fait nommer un tuteur. — *Cass.*, 22 vent. an VIII, Combres c. Moncère.

163. — Le seul décès de l'un des époux ne suffisait pas, aux termes de la Coutume d'Alost, pour conférer au survivant la qualité d'héritier, et il fallait encore de sa part une acceptation expresse ou tacite. — *Cass.*, 10 janv. 1809, Enregistrement c. Daval.

164. — La séparation de corps doit-elle encore aujourd'hui faire obstacle à la succession du conjoint? — Lors de la discussion de l'art. 767 au Conseil d'Etat, la question fut débattue entre Malleville, Berlier, Treilhard, qui opinaient contre le conjoint, et Tronchet et Bigot de Préameneu, qui combattaient cette opinion. Suivant le procès-verbal, il fut admis en principe que les époux séparés de corps ne se succéderaient pas, et l'article fut renvoyé à la section pour un changement de rédaction. En ce sens cependant, la rédaction définitive ne parle que du divorce; ce que Maleville explique ainsi : « C'est qu'on a considéré, depuis, que l'exclusion de la succession, en cas de séparation, pourrait tomber sur l'époux qui n'avait rien à se reprocher. » On s'est donc arrêté seulement au *conjoint non divorcé*. — Toutefois, il y aura toujours, pour le conjoint, comme pour les successeurs, des motifs d'exclu-

sion dans les causes d'indignité énoncées aux art. 727 et 728. — Delvincourt, p. 24, note 6; Duranton, t. 2, nº 636, et t. 6, nº 343; Toullier, t. 4, nº 254; Malleville, t. 2, p. 333; Favard de Langlade, sect. 4, § 2; Chabot, t. 2, p. 349; Vazeille, art. 767; Poujol, p. 338. — *Contrà*, Delaporte, *Pand. franç.*, t. 3, p. 130.

165. — Mais qu'arrivera-t-il, si le mariage est seulement putatif? L'époux de bonne foi ne succédera à l'autre qu'autant que la nullité du mariage n'aura pas été prononcée avant le décès de celui-ci. — Les effets civils d'un tel mariage ne peuvent être maintenus que pour le temps antérieur au jugement qui déclare le mariage nul; or, comme le droit à une succession ne s'acquiert qu'au moment de son ouverture, il n'y a pas lieu à succession lorsqu'il est jugé qu'il n'y a jamais eu mariage. — Chabot, t. 2, p. 350; Delvincourt, *loc. citat.*; Delaporte, *Pand. franç.*, t. 2, p. 132; Vazeille, sur l'article 768, nº 3; Poujol, p. 337 et 338.

166. — L'art. 767 doit être combiné avec les deux dispositions qui le précèdent, lesquelles donnent aux frères et sœurs naturels, aux père et mère naturels, aux frères et sœurs légitimes de l'enfant naturel, la préférence sur le conjoint. — Il faut remarquer, en outre, que le conjoint, quoiqu'il soit appelé à défaut de parens au degré successible, ne serait pas moins admis à la succession s'il existait de ces parens, mais qu'ils eussent renoncé. Par la renonciation, on est censé n'avoir jamais eu qualité pour succéder. — Poujol, p. 337.

167. — Le conjoint qui est exclu de la succession par des parens peut-il obtenir une pension alimentaire sur les biens du défunt? — Les novelles 53, ch. 6; 74, ch. 5; et 117, ch. 5, accordaient une portion de la succession du mari opulent à la veuve qui n'avait plus le moyen de subsister honorablement, lors même que le mari laissait des enfans, soit de son mariage avec elle, soit d'un mariage précédent. L'ancienne jurisprudence attribuait l'usufruit ou une pension à l'époux dans le besoin, mais sans suivre les mêmes règles que le droit romain. — V. à ce sujet, QUARTE DU CONJOINT PAUVRE.

168. — Cette jurisprudence fut rappelée au Conseil d'Etat lors de la discussion de l'art. 767. « On n'en contesta pas la justice, remarque Malleville (sur l'art. 767, t. 2, p. 253); on dit seulement qu'il y avait été pourvu par un autre article du Code, article qui ne se trouve nulle part, en sorte, continue le même auteur, que si le conjoint n'a pas d'enfans de l'époux prédécédé, auxquels, suivant l'art. 205, il puisse demander des alimens, il se trouvera réduit à la misère en face d'héritiers opulens. » — Malleville (t. 2, p. 253) croit, en conséquence, que « malgré le silence du Code et d'après ce qui résulte du procès-verbal, l'équité et l'honneur du mariage autorisent suffisamment les tribunaux à se conformer à l'ancienne jurisprudence; le Code n'ayant statué que sur la propriété. » — Conf. Delvincourt, p. 24, note 6. — Mais on répond, et avec raison, que les lois romaines et l'ancienne jurisprudence n'ont plus d'autorité sur une question qui dépend des successions *ab intestat*. Le Code n'admet le conjoint qu'à défaut de parens successibles; le droit de ces derniers ne reçoit aucune limite, à l'égard du conjoint; en présence du texte de la loi, on ne peut qu'émettre le vœu qu'une nouvelle disposition législative rétablisse en faveur du conjoint, un droit qui est de toute justice. — Malpel, nº 175; Delaporte, *Pand. franç.*, t. 3, p. 131; Vazeille, art. 768, nº 4.

169. — La Coutume de Normandie accordait autrefois, dans de certaines limites, à la femme un droit à la succession de son mari. — V. COUTUME DE NORMANDIE.

170. — La loi sarde n'accorde au survivant des époux une part dans la succession de son conjoint prédécédé qu'autant que celui-ci n'a pas disposé par testament de la totalité de sa succession. — *Paris*, 7 déc. 1847 (t. 1er 1848, p. 29), de Favre.

171. — A défaut de conjoint survivant, la succession est acquise à l'Etat. — C. civ., art. 768. — La même disposition se trouvait dans le droit romain. — L. 1re, C., *De bon. vacant. fiscus post omnes.*

172. — Pour que la succession soit dévolue à l'Etat, il faut qu'elle soit en déshérence, et non pas seulement vacante. — V. DÉSHÉRENCE et SUCCESSION VACANTE.

173. — Jugé que les biens que laisse en France un étranger sans parens au degré successible, ni enfant naturel, ni conjoint survivant, appartiennent, non au souverain du pays de cet étranger, mais à la France, par droit de souveraineté. — *Paris*, 15 nov. 1833, Consul des Etats-Unis c. Préfet de la Seine.

174. — En effet, le droit d'un Etat sur les biens vacans qui se trouvent sur son territoire est une des conséquences de sa souveraineté. Vainement on prétendrait que les successions doivent se régler d'après les lois du pays de celui qui y a donné ouverture. Il s'agit ici moins de succession que du droit pour chaque Etat de retenir les biens qui existent sur son territoire, jusqu'à ce qu'un légitime ayant droit se présente. — Conflans, *Jurispr. des success.*, p. 3.

CHAPITRE IV. — *Envoi en possession des successions irrégulières.*

175. — Différentes mesures ont été prescrites pour assurer la conservation des droits des héritiers légitimes, dans le cas où il s'en présenterait plus tard, pour leur donner avis de l'ouverture de la succession, et enfin pour l'envoi en possession des successeurs irréguliers.

176. — L'enfant naturel, le conjoint survivant et l'administration des domaines qui prétendent droit à la succession sont tenus de faire apposer les scellés, et de faire faire inventaire dans les formes prescrites pour l'acceptation des successions sous bénéfice d'inventaire. — C. civ., art. 769 et 773. — V. INVENTAIRE, SUCCESSION BÉNÉFICIAIRE.

177. — A la différence des héritiers légitimes qui sont saisis de plein droit des biens droits et actions du défunt sous l'obligation d'acquitter toutes les charges de la succession, les enfans naturels, l'époux survivant et l'Etat doivent se faire envoyer en possession par justice dans les formes ci-après déterminées. — C. civ., art. 724.

178. — Les successeurs irréguliers dont le titre n'est pas contesté ont droit à la possession provisoire, même avant qu'ils aient été envoyés en possession, et il n'y a pas lieu de nommer un curateur à la succession. — Chabot, art. 773, nº 4; Malpel, nº 199; Vazeille, art. 770, nº 2. — *Contrà*, Toullier, t. 4, nº 292.

179. — Cependant l'enfant naturel, même institué légataire universel, est tenu, encore qu'il n'existe pas de parens au degré successible, de se faire envoyer en possession. — Duranton, t. 6, nº 327.

180. — Lorsque le défunt n'a laissé aucun parent au degré successible, ses enfans naturels doivent obtenir, non un simple envoi en possession provisoire, mais l'envoi pur et simple des biens de la succession. — *Paris*, 20 germ. an XIII, Dandelot c. Villeneuve.

181. — L'enfant naturel, même en l'absence d'héritiers réservataires n'a droit aux fruits de la portion que la loi lui attribue sur les biens de son père et de sa mère qui l'ont reconnu, qu'à partir de la demande d'envoi en possession ou en délivrance qu'il est tenu de former pour faire cesser la saisine légale des héritiers légitimes. Jusqu'à cette demande, les fruits appartiennent à ces héritiers. — *Cass.*, 22 mars 1841 (t. 1er 1841, p. 606), Delille c. de Grusse.

182. — Les successeurs irréguliers doivent demander l'envoi en possession au tribunal de première instance dans le ressort duquel la succession est ouverte. Le tribunal ne peut statuer sur la demande qu'après trois publications et affiches dans les formes usitées, et après avoir entendu le procureur de la République. — C. civ., art. 770 et 773.

183. — De plus, d'après une circulaire du ministre de la justice du 8 juill. 1806, le tribunal décerne acte de la demande, ordonne qu'une expédition de ce premier acte sera adressée au ministre de la justice pour l'insertion dans le *Moniteur*; les trois affiches sont apposées dans le ressort de l'ouverture, de trois mois en trois mois; le jugement d'envoi en possession n'est prononcé qu'un an après la demande. — Bien que cette circulaire ne s'occupe que des demandes formées par la régie des domaines, comme elle n'est qu'un mode d'exécution de l'art. 770, les tribunaux ne doivent pas moins l'observer à l'égard de l'enfant naturel et du conjoint survivant. — Toullier, t. 4, nº 278; Delvincourt, t. 2, p. 22, note 9.

184. — Quant aux *formes usitées* pour les publications et affiches dont parle l'art. 770, on sait que ces formes ne sont pas les mêmes pour la vente des meubles et pour la vente des immeubles; qu'elles diffèrent encore selon qu'il s'agit de meubles ordinaires ou de ceux mentionnés dans l'art. 620 C. procéd. — Suivant Chabot (t. 2, p. 356), il faut s'en tenir aux formes de la vente d'immeubles, surtout s'il y a des immeubles dans la succession. — Mais M. Duranton (t. 6, nº 353), pense qu'il faut à cet égard laisser au tribunal la faculté d'aviser, selon les cas, celles qui, moins dispendieuses, atteindraient également le but de la loi.

185. — C'est devant le tribunal de l'ouverture de la succession que doit être portée la demande de l'enfant naturel à fin de délivrance de la portion de biens que la loi lui accorde. — Le tribunal saisi de cette demande est juge de la question d'état, si elle est préjudiciellement proposée. — *Cass.*, 25 août 1813, Destaing. — Duranton, t. 6, nº 327.

186. — Les successeurs irréguliers ne sont pas tenus, pour obtenir l'envoi en possession, de prouver qu'il n'existe pas d'héritiers réguliers. — Chabot, art. 773, nº 3; Malpel, nº 201; Duranton, t. 6, nº 352; Vazeille, art. 770, nº 3; Favard de Langlade, *Rép.*, vº *Succession*, sect. 4, § 4, nº 3; Poujol, p. 345; Belost-Jolimont, sur Chabot, art. 773, obs. 1re; Marcadé, art. 770. — *Contrà*, Toullier, t. 4, nos 293 à 300.

187. — C'est au tribunal à examiner les circonstances, et à suspendre sur la demande d'envoi en possession, si elle est formée avant la disparition de toute probabilité qu'il peut se présenter des héritiers. — Duranton et Chabot, *ibid.*

188. — L'enfant naturel ou l'époux survivant est encore tenu de faire emploi du mobilier, ou de donner caution suffisante pour en assurer la restitution, au cas où il se présenterait des héritiers du défunt, dans l'intervalle de trois ans; après ce délai, la caution est déchargée. — C. civ., art. 771 et 773.

189. — Jugé que l'enfant naturel qui se fait envoyer en possession de la portion qui lui est dévolue par la loi dans les biens de son père absent, est tenu, comme les héritiers présomptifs, de donner caution. — *Agen*, 16 avr. 1822, David.

190. — La caution n'est point obligée envers les créanciers de la succession; elle n'est exigée que dans l'intérêt des parens successibles. — La caution, en outre, est limitée au mobilier; pour les immeubles, les héritiers légitimes conservent le droit de les revendiquer jusqu'après les délais de la prescription. — Delvincourt, t. 2, p. 23, note 2; Duranton, nº 358.

191. — La cessation de l'obligation de faire emploi, et la décharge de la caution après trois ans n'empêchent pas l'héritier régulier de réclamer pendant trente ans, s'il le veut. — Poujol, p. 350.

192. — L'Etat n'est pas dans une position plus favorable que le conjoint sous le rapport du mobilier. S'il le fait vendre, il doit remplir les mêmes formalités (C. civ., art. 805); seulement, il est dispensé de la caution, parce qu'il est toujours réputé solvable. — L. 21 févr. 1827.

193. — L'enfant naturel, l'époux survivant ou l'administration des domaines qui n'auraient pas rempli les formalités qui leur sont respectivement prescrites, pourront être condamnés aux dommages et intérêts envers les héritiers, s'il s'en représente. — C. civ., 772 et 773.

194. — Si quelques-unes seulement des formalités prescrites avaient été remplies, la justice aurait, dans ce cas, comme dans celui des dommages-intérêts à allouer, le droit d'apprécier si l'omission de quelques-unes des formalités peut être excusée ou si elle doit être imputée à la mauvaise foi. — Poujol, p. 355.

195. — Toutefois, la dispense de donner caution n'entraîne pas, pour l'Etat, celle de payer des dommages-intérêts comme les autres héritiers irréguliers. — Poujol, p. 351 et 352.

196. — Les héritiers irréguliers une fois envoyés en possession peuvent-ils disposer des immeubles de la succession? La négation ne saurait être douteuse à l'égard de la vente faite pendant les trois premières années. « La loi, dit Malleville (t. 2, p. 259), en les obligeant à un bail de caution durant cet intervalle, indique assez que c'est un temps d'attente et qu'ils doivent conserver. » — Mais ces trois ans révolus, l'aliénation serait-elle valable? Non. — Toullier, t. 4, nº 259; Chabot, t. 2, p. 387. — Suivant eux, la propriété n'est définitivement acquise aux tiers que par la prescription trentenaire ou celle de dix ou vingt ans, s'ils sont de bonne foi. Si la loi fait une exception pour les meubles, c'est qu'ils sont d'une dégradation facile, et que l'emploi du prix est dans l'intérêt du propriétaire lui-même. — Il en était ainsi, dans le droit ancien, des immeubles acquis à l'Etat par déshérence. L'Etat n'en pouvait disposer qu'après trente ans. — Circul.

régie des domaines 10 prair. an VI. — *Contrà*, Delvincourt, t. 2, p. 23, note 3 ; Malleville et Delaporte, *Pand. franç.*, sur l'art. 773 ; Poujol, p. 359. — V., au surplus, DÉSHÉRENCE.

197. — L'envoi en possession n'oblige point les héritiers irréguliers à payer les dettes de la succession *ultra vires*. Cette obligation est une conséquence de la saisine, ou de la qualité de représentant du défunt *in universum jus*. Or, les héritiers irréguliers succèdent aux biens plutôt qu'à la personne. — Merlin, *Rép.*, v° *Héritier*, sect. 1, § 2, n° 3 ; Poujol, p. 274. — Toutefois, il faudrait excepter le cas de l'art. 758, où l'enfant naturel, recueillant toute la succession, doit se conformer à ce que la loi prescrit à tous les héritiers. — Poujol, p. 278.

198. — Quant aux droits et obligations des envoyés en possession, s'ils se trouvent plus tard évincés par un héritier légitime, V. PÉTITION D'HÉRÉDITÉ. — V. aussi FRUITS.

SUCCESSION VACANTE.

Table alphabétique.

SUCCESSION VACANTE. — 1. — C'est celle qui n'est réclamée par personne, soit parce qu'il n'y a pas d'héritiers, soit parce que les héritiers connus y ont renoncé.

§ 1er. — *Cas où une succession est réputée vacante* (n° 2).

§ 2. — *Nomination et cessation de fonctions du curateur à la succession vacante* (n° 44).

§ 3. — *Administration du curateur* (n° 30).

§ 1er. — *Cas où une succession est réputée vacante.*

2. — Lorsqu'après l'expiration des délais pour faire inventaire et délibérer il ne se présente personne qui réclame une succession, qu'il n'y a pas d'héritiers connus, ou que les héritiers connus y ont renoncé, cette succession est réputée vacante. — C. civ., 811.

3. — Autre chose est la succession *en déshérence*. C'est celle à l'égard de laquelle il a été constaté, dans les formes prescrites par la loi, qu'elle a été abandonnée ou qu'elle n'a été dévolue à aucune des personnes appelées à succéder non-seulement à titre d'héritier légitime ou testamentaire, mais encore à titre d'héritier irrégulier. — V. DÉSHÉRENCE.

4. — Une succession est réputée vacante, lorsqu'il n'existe ni héritiers connus, ni légataire universel, encore bien qu'un enfant naturel légalement reconnu vienne réclamer la totalité des biens. En conséquence, il y a lieu, dans ce cas, à la nomination d'un curateur à cette succession. — C. civ., 811. — Toullier, t. 4, n° 292.

5. — Une succession acceptée sous bénéfice d'inventaire ne peut être ultérieurement déclarée vacante, quelque incertitude qu'il y ait sur l'existence de l'héritier bénéficiaire absent, et quelque long que soit le silence par lui gardé. — Dans ce cas, on doit purger nuls, soit la renonciation de l'héritier apparent, soit la déclaration de vacance qui l'a suivie, soit les actes du curateur à la vacance, et le tout a eu lieu du vivant de l'héritier véritable, quoique dans la supposition de son décès. — *Cass.*, 18 mars 1834, Vacquant c. Auger. — Conflans, sur l'art. 793.

6. — Lorsque les héritiers plus proches renoncent à la succession, les créanciers ou autres parties intéressées peuvent faire nommer un curateur à la succession vacante, sans qu'il soit nécessaire de faire, aux héritiers du degré subséquent qui ne se sont pas présentés, sommation d'accepter ou de répudier la succession. — *Aix*, 17 déc. 1807, Moublet c. Brel ; *Paris*, 30 août 1822, Domaines c. Delaunay. — Toullier, t. 4, n° 399 et 397 ; Duranton, t. 7, n° 63 ; Malpel, n° 329. — Ainsi l'avaient jugé trois arrêts du Parlement de Paris, dont le dernier, sous la date du 24 avr. 1735, fut rendu sur la plaidoirie de Cochin. — V. *Curatelle* ; Merlin, *Rép.*, v° *Curateur*, § 3.

7. — C'est aux héritiers en second ordre, dit Chabot (art. 811, n° 2), à se présenter s'ils le veulent pour réclamer la succession. On n'en finirait pas s'il fallait attendre que tous les parens qui peuvent être appelés à succéder en différens ordres, les uns après les autres, se fussent expliqués, ou s'il fallait agir contre les uns et les autres successivement pour les forcer à s'expliquer. — Favard de Langlade, *Rép.*, v° *Succession*, sect. 5, n° 7.

8. — Suivant Toullier (t. 4, n° 379), la nomination d'un curateur, faite avant d'avoir mis les héritiers connus et du premier degré en demeure d'accepter ou de renoncer, serait nulle, et les jugemens rendus contre lui ne pourraient être opposés aux héritiers ni même au curateur qui aurait été nommé après leur renonciation. — Delvincourt (t. 2, p. 35, n° 1er) pense que, si les héritiers renoncent, la nomination d'un curateur et tous les actes faits avec lui, soit avant, soit après la renonciation, seraient-nuls, l'héritier qui renonce étant censé n'avoir jamais été héritier. — C. civ., art. 785. — Sur ce dernier point, on peut répondre que l'effet rétroactif de l'art. 785 a pour but d'empêcher le renonçant de profiter de la saisine, et non de donner l'existence à des actes qui n'étaient pas présumés exister avant la renonciation. L'opinion de Delvincourt peut être du reste adoptée. Toutefois, il faut avoir égard aux circonstances, et considérer s'il y avait ou non difficulté de connaître les héritiers du premier degré. — Denisart, v° *Succession vacante.*

9. — Il suffit que l'État se présente pour recueillir une succession, à défaut d'héritiers connus et de conjoint survivant, pour que cette succession ne puisse être réputée vacante, et que, par suite, il n'y ait pas lieu à la nomination d'un curateur jusqu'à l'envoi en possession de l'État. — *Cass.*, 17 août 1840 (t. 2 1840, p. 452), Domaines c. Debled. — Chabot, art. 773, n° 4 ; Duranton, t. 6, n° 352 ; Malpel, n° 459 ; Favard de Langlade, *Rép.*, v° *Successions*, sect. 5 ; Vazeille, *Successions*, sur l'art. 770, n° 2 ; Poujol, *ibid.*, n° 3. — V., toutefois, Toullier, t. 4, n° 292 et suiv.

10. — Si le curateur était déjà nommé avant la

réclamation de l'État, il doit être révoqué après cette réclamation, sauf au tribunal à confier l'administration provisoire de la succession à tel gérant qui lui désigné, jusqu'à ce que l'État soit envoyé en possession. — *Cass.*, 17 août 1840 (t. 2 1840, p. 452), Domaines c. Debled.

11. — Le curateur à la vacance et les créanciers de la succession sont sans intérêt à s'opposer à la demande d'un héritier qui d'abord a accepté sous bénéfice d'inventaire, puis a renoncé, et enfin veut revenir sur cette renonciation. — *Rennes*, 14 août 1813, de Kerivon c. Guitan.

12. — Lorsque, par suite des renonciations qu'il connaissait, un individu a fait nommer un curateur à une succession vacante, il est non recevable à critiquer ces renonciations, quand même il aurait fait des réserves à cet égard. — *Bourges*, 15 févr. 1844, Delarche c. Enfantin.

13. — Le créancier d'une succession vacante ne peut se faire autoriser à accepter la succession au lieu et place de l'héritier renonçant. — *Paris*, 13 juin 1807, Beauvais c. Corbin et Brière.

§ 2. — *Nomination et cessation de fonctions du curateur à la succession vacante.*

14. — Quand une succession est vacante, elle doit être pourvue d'un curateur. — C. civ., art. 812 ; C. proc., art. 998.

15. — Dans les colonies, l'administration des successions vacantes, confiée d'abord à des curateurs, a été depuis attribuée aux receveurs d'enregistrement. — Ordonn. du 16 mai 1832. — V. COLONIES, n° 407 et suiv.

16. — En pays étranger, le consul français a, en l'absence de parens présens, le droit exclusif d'administrer et de liquider la succession d'un de ses nationaux, pourvu qu'aucun sujet ne se présente comme créancier du décédé. — Décis. min. just. 1837. — Rolland de Villargues, *Rép. du notar.*, v° *Succession vacante*, n° 11.

17. — Le curateur d'une succession vacante est nommé par le tribunal de première instance de l'arrondissement duquel elle est ouverte, sur la demande des personnes intéressées ou sur la réquisition du procureur de la République. — C. civ., art. 812.

18. — Le droit d'agir est donné à ce dernier, parce qu'il est de l'intérêt public que les biens de la succession qui, peut-être, doivent revenir à l'État, ne restent pas abandonnés. D'ailleurs, des présumés absens peuvent être intéressés à la conservation des biens, et le ministère public est chargé de veiller aux intérêts des présumés absens. — Chabot, *Success.*, art. 812, n° 1er et 2.

19. — S'il y a concurrence entre deux ou plusieurs curateurs, le premier nommé est préféré sans qu'il soit besoin de jugement. — C. proc., art. 999. — Ici la loi suppose que la nomination aurait été demandée devant plusieurs tribunaux, ce qui ne peut guère arriver d'après l'art. 812.

20. — Mais, en cas de nomination de deux ou plusieurs curateurs, le premier nommé ne doit pas être préféré, si le second a été nommé par le tribunal du lieu où la succession s'est ouverte. — C. proc., art. 999. — Carré *Lois de la procéd.*, quest. 3248 ; Toullier, t. 4, n° 399 ; Duranton, t. 7, n° 65.

21. — La Cour d'appel peut, en réformant le jugement qui nomme un curateur à une succession vacante, nommer un autre curateur à la place de celui-ci. — *Cass.*, 7 févr. 1809, Roger et Bergeret.—Berriat Saint-Prix, *Procéd. civ.*, p. 705, note 4.

22. — Lorsque, pendant une instance d'appel, il y a lieu à la nomination d'un curateur à une succession vacante, la Cour peut faire cette nomination sans qu'il soit nécessaire de renvoyer devant le tribunal de première instance dans l'arrondissement duquel la succession s'est ouverte. — *Toulouse*, 23 mars 1819, Bourniquel c. Cadaux.

23. — Il ne doit point être passé acte au greffe de l'acceptation du curateur nommé à une succession vacante. — Carré, quest. 3246. — *Contrà*, Pigeau, t. 2, p. 725.

24. — Lorsque l'État est intéressé dans la faillite d'un particulier dont la succession a été déclarée vacante, il n'y a pas lieu à séquestre, mais à la nomination d'un curateur chargé d'exercer et de poursuivre les droits de ladite succession, et d'opérer le versement des sommes recouvrées à la caisse des dépôts et consignations. — Cons. d'État, 21 mai 1817, Domaines c. Didiot.

25. — Mais l'administration provisoire d'une succession vacante doit être remise à la régie des domaines par le curateur nommé à cette succes-

sion aussitôt que la régie se présente pour la recueillir, et avant l'obtention du jugement d'envoi en possession.—*Paris*, 26 mars 1835, Debuire c. Domaines.

26. — Elle cesse encore par l'appréhension de la succession, soit purement et simplement, soit bénéficiairement; mais, dans ce cas, le curateur est le contradicteur légal de ceux qui veulent appréhender, il peut contester leurs droits et la qualité d'héritiers en laquelle ils veulent l'évincer, sans toutefois que ces derniers soient admis à critiquer les opérations légalement faites jusqu'alors par le curateur et dans les limites de ses attributions.—Poujol, *Success.*, t. 1er, p. 549.

27. — Comme tout administrateur, le curateur à une succession vacante peut être révoqué, s'il remplit mal ses fonctions.

28.—Le curateur révoqué peut être condamné personnellement aux dépens, s'il s'est lui-même opposé à sa révocation.—*Cass.*, 7 févr. 1809, Roger c. Bergeret. — Carré, quest. 3244; Berriat Saint-Prix, *Procéd. civ.*, p. 724, note 7; Rolland de Villargues, *Rép. du not.*, vº *Curateur*, nº 26; Chauveau, *Comment. du tarif*, art. 130, nº 61.

29. — Les fonctions de curateur à une succession ne sont pas transmissibles à son héritier; cependant, ce dernier peut être appelé en cause comme tenu des obligations de son auteur.—*Bordeaux*, 26 mars 1841 (t. 2 1841, p. 668), Larrisson c. de Grailly.

§ 3. — *Administration du curateur à la succession vacante.*

30. — La loi n'ayant pas renouvelé la disposition renfermée dans la novelle 72, *Cap. ult.*, qui obligeait le curateur à un serment préalable, il n'est pas tenu de le prêter avant d'entrer en fonctions. — *Bordeaux*, 4 avr. 1809, Bayle c. Boers et Gauthier. — Delvincourt, t. 2, p. 35, note 6e; Favard de Langlade, *Rép.*, vº *Curateur*, nº 4; Delaporte, *Pand. françaises*, t. 3, p. 218; Carré, *Lois de la procéd.*, quest. 3245; Hautefeuille, p. 591, Berriat Saint-Prix, *Cours de procéd.*, p. 723, note 4, et Rolland de Villargues, *Rép.*, vº *Succession vacante*, nº 16.

31. — Mais le curateur à une succession vacante est tenu, avant tout, d'en faire constater l'état par un inventaire (C. civ., art. 813), si fait n'a été (C. proc., art. 1000), par exemple, à la requête d'héritiers qui auraient ensuite renoncé.—Rolland de Villargues, vº *Succession vacante*, nº 8.

32. — Si, lors de la nomination du curateur, il avait été déjà fait un inventaire par un héritier ou un légataire universel, il n'y aurait pas lieu à le recommencer, mais seulement à faire un récolement.—Poujol, *Success.*, t. 1er, p. 547.

33. — Quant aux formes de l'inventaire, ce sont celles prescrites au titre *De l'inventaire* et imposées à l'héritier bénéficiaire. — C. civ., art. 814; C. proc., art. 1000. — V. INVENTAIRE, SUCCESSION BÉNÉFICIAIRE.

34. — Le curateur est également tenu, avant tout, de faire vendre les meubles suivant les formalités prescrites au titre *De la vente du mobilier* et imposées à l'héritier bénéficiaire.—C. civ., art. 814; C. proc., art. 1000. — V. SUCCESSION BÉNÉFICIAIRE.

35. — Les honoraires de l'officier public qui a procédé à la vente des meubles sont payés sur le produit de la vente, et réduits à ce produit, en cas d'insuffisance, d'après la circulaire du ministre de la justice du 8 juill. 1806.

36. — Jugé que la disposition de l'art. 657 C. procéd., relative à la consignation des deniers et au délai pour la faire, ne s'applique pas au commissaire-priseur qui, à la réquisition du curateur à une succession vacante, a vendu des effets de cette succession. — *Rennes*, 30 nov. 1812, Alexandre c. de Maillé.

37. — Il ne peut être procédé à la vente des immeubles et rentes que suivant les formes prescrites au titre du bénéfice d'inventaire (C. procéd., art. 1001), c'est-à-dire suivant les formes tracées aux art. 987, 988 et 989 C. proc., modifiés, savoir, en ce qui concerne les immeubles, par la loi du 2 juin 1841, et, en ce qui concerne les rentes, par la loi du 24 mai 1842. — V. SUCCESSION BÉNÉFICIAIRE.

38. — Avant le Code civil, le curateur d'une succession vacante n'était obligé par aucune loi de vendre les immeubles héréditaires avec les formalités de justice.—*Paris*, 22 juin 1808, Charpentier c. Destou. — Merlin, *Rép.*, vº *Curateur*, et *Quest.*, vº *Héritier*, § 3.

39. — Par conséquent, la vente qu'avant le Code civil le curateur d'une succession vacante a faite, sans formalités, d'un immeuble dépendant de cette succession, mais en présence et du consentement des créanciers, ne peut être arguée de nullité par le successible qui vient prendre la place de l'héritier renonçant. — *Paris*, 1er déc. 1806, Suzor c. Tranchard.

40. — Jugé, avant la loi du 2 juin 1841, que c'était un notaire, et non un membre du tribunal, qui devait être commis pour procéder à la vente judiciaire des immeubles dépendant d'une succession vacante, quand ce mode offrait plus de chances avantageuses. — *Douai*, 31 août 1826, Emmery.

41. — ... Que dans le cas où les biens d'une succession vacante avaient été vendus devant notaire, on pouvait imputer aux créanciers inscrits, qui prétendaient que la vente avait eu lieu à vil prix, de n'avoir pas pris connaissance du cahier des charges. — *Cass.*, 1er juin 1836, Berthomé c. Carillon.

42. — Quoiqu'il existe dans un même arrondissement plusieurs successions vacantes, les curateurs ne peuvent pas réunir les poursuites pour parvenir à la vente des biens qui dépendent de chaque succession. — Décis. minist. fin. 26 oct. 1827.

43. — Les ventes faites par le curateur à la vacance sont nulles, même à l'égard des acquéreurs. — Ces derniers ne peuvent se prévaloir de la prescription de dix ou vingt ans, si l'acceptation de l'héritier dont l'existence était ignorée leur était connue lors de ces ventes. — *Cass.*, 18 mars 1834, Vacquant c. Auger.

44. — Le curateur à la succession vacante doit suivre pour son mode d'administration les dispositions prescrites pour l'héritier bénéficiaire. — C. civ., art. 814; C. proc., art. 1002.

45. — Toutefois, il ne faut pas conclure de là que les obligations de l'un et de l'autre soient absolument les mêmes. Le curateur a une responsabilité plus étendue; il est tenu d'une plus grande exactitude, même des fautes légères, par le double motif qu'il est ordinairement salarié et qu'on ne saurait dire de lui, comme de l'héritier, que ce sont ses propres affaires qu'il gère.—Poujol, t. 1er, p. 345 et 548; Duranton, t. 7, nº 71; Malleville, t. 2, p. 296; Chabot, t. 3, p. 597; Delvincourt, t. 2, p. 35, note 6; Delaporte, *Pand. franç.*, t. 3, p. 220.

46. — Le curateur exerce et poursuit les droits de la succession, et répond aux demandes formées contre elle. — C. civ., art. 813. — La cause, tant en défendant qu'en demandant, est sujette à communication au ministère public. — C. proc., art. 83.

47. — Et même, les procédures faites par un individu se disant curateur d'une succession sont valables si plus tard ces héritiers lui donnent pouvoir de les continuer. — *Trèves*, 13 déc. 1811, Weingartner c. d'Esebeck.

48. — Celui qui a géré les affaires de la succession est tenu d'en rendre compte au curateur. — *Metz*, 3 mai 1816, Brazy c. Lemoine.

49. — Le curateur à une succession vacante ne peut se faire grief, de ce qu'on lui a refusé un délai pour mettre en cause tous les créanciers de cette succession. — *Rennes*, 24 janv. 1812, Oudard de Lucy c. Deschiens.

50. — Lorsqu'il n'existe pas de biens dans une succession vacante, les créanciers peuvent s'adresser de suite aux détenteurs sans former de demande contre le curateur. — *Grenoble*, 21 déc. 1810, Magnin c. Dollart.

51. — Sous la loi du 26 vent. an IV, lorsque les créanciers d'une succession vacante avaient formé une union pour la liquider devant le tribunal du lieu de l'ouverture, le syndic qu'ils avaient nommé a pu être assigné devant ce tribunal, quoique ce ne fût point celui de son domicile, en restitution des sommes par lui indûment perçues. — *Paris*, 21 pluv. an XI, Dejunie c. Dumejean.

52. — Un curateur à une succession vacante ne peut, par des actes ou par négligence, compromettre ou abandonner les droits appartenant à la succession. — *Paris*, 29 mai 1815, Moignon c. Baujon.

53. — Ainsi il est tenu de faire rentrer dans l'avoir de cette succession les immeubles qui peuvent être revendiqués à son profit, et faute par lui d'agir, il peut y être contraint judiciairement à la requête de l'un ou de plusieurs créanciers de l'hoirie abandonnée. En conséquence est recevable, comme régulièrement formée, l'action intentée par le créancier de la succession simultanément contre le tiers détenteur de ces immeubles, à fin de délaissement

entre les mains du curateur, et contre ce même curateur, pour qu'il ait à concourir avec le créancier à faire allouer ses conclusions, sauf à lui à prendre telles autres fins qu'il avisera.—*Aix*, 27 avr. 1847 (t. 2 1847, p. 225), Galibardy c. Maunier et Morel.

54.—Le curateur peut encore moins que l'héritier bénéficiaire transiger ou compromettre valablement. A défaut d'autorisation spéciale, il y aurait dans un acte de cette nature nullité absolue, opposable même par celles des parties qui auraient été capables de compromettre. — Vazeille, *Success.*, art. 714, nº 4.

55.—Le curateur à une succession vacante ne peut interjeter un appel lorsque les créanciers de la succession n'ont aucun intérêt à le former, et il est passible personnellement des dépens auxquels cet appel a donné lieu. — *Besançon*, 16 août 1808, Girard c. Rain.

56. — De même le curateur à une succession vacante qui méconnaît ses devoirs, en prenant en appel des conclusions contraires à celles par lui prises en première instance, et cela uniquement pour favoriser les prétentions d'un tiers au préjudice d'un créancier de la succession, peut être condamné personnellement aux dépens. — *Aix*, 27 avr 1847 (t. 2 1847, p. 225), Galibardy c. Maunier.

57.—Mais le curateur qui, en plaidant, a suivi l'avis de l'avocat qui lui a été nommé pour conseil, doit obtenir ses dépens, quoiqu'il soit débouté de ses demandes. — *Rennes*, 11 août 1813, de Keryvon c. Guittau.

58. — Le curateur d'une succession vacante n'administre qu'à la charge de faire verser le numéraire qui se trouve dans la succession, ainsi que les deniers provenant du prix des meubles ou immeubles vendus, dans la caisse des dépôts et consignations, pour la conservation des droits de qui il appartiendra. — C. civ., art. 813; l. 22 avr. 1816, art. 110; ordonn. 3 juill. 1816, art. 13.

59. — D'après l'art. 813 C. civ., c'était d'abord dans la caisse du receveur de la régie que devait se faire le versement. Lors de la promulgation du Code, c'était la caisse du receveur de la régie; plus tard, ce fut la caisse d'amortissement.—Avis du *Cons. d'Etat* approuvé le 13 oct. 1809. — Enfin, la caisse des dépôts et consignations fut substituée à la caisse d'amortissement. — L. sur les finances du 28 avr. 1816, art. 110; ordonn. 22 mai 1816.

60. — De ce que le curateur n'administre qu'à la charge de verser ou faire verser les fonds, il suit qu'il n'a pas le droit d'exiger le paiement entre ses mains des dettes actives dépendant de la succession. — *Bruxelles*, 31 mars 1827, d'A.... c. E.....

61. — ... Qu'il ne peut toucher aucuns deniers quelconques de la succession. — Circul. minist. just. 8 juill. 1806, art. 6; disc. de Treilhard (motifs du projet de loi sur les success.); Toullier, t. 4, nº 385; Delvincourt, t. 1er, p. 207, note 3.

62. — ... Et que les débiteurs ne seraient libérés qu'autant que le versement aurait été effectué à la caisse des consignations.—Circul. minist. just. 18 juill. 1806, 21 avr. 1828 et 26 mai 1842. — Duranton, t. 7, nº 70; Rolland de Villargues, *Rép.*, vº *Succ. vac.*, nº 13.

63.—Toutefois, jugé que le curateur d'une succession vacante n'est, aux termes de l'art. 813 C. civ., tenu de déposer dans les caisses de la régie de l'enregistrement que les deniers trouvés après le décès et ceux provenant de la vente, soit des meubles, soit des immeubles, encore peut-il en faire le versement en quittances valables. Quant aux autres sommes qu'il reçoit pour fermages, arrérages de rentes, etc., il lui est permis de les conserver, puisque la loi ne l'oblige pas à s'en dessaisir. — *Cass.*, 13 juin 1810, Enregistrement c. Coulon.

64. — En tous cas, le curateur qui aurait reçu à juste titre ne saurait être contraint de restituer que ce qu'il aurait réellement reçu. Ainsi jugé qu'avant le Code civil, le curateur à une succession vacante qui avait reçu en assignats le prix des meubles qu'il avait fait vendre n'était tenu, lorsqu'il n'avait pas été mis en demeure, que de remettre en nature les valeurs touchées. Il n'était pas, comme les tuteurs et curateurs des mineurs, tenu de rembourser au taux de l'échelle de dépréciation.—*Cass.*, 19 frim. an XIV, Domaine c. Moreau.

65.—Quoi qu'il en soit, le curateur d'une succession vacante peut agir contre celui qui a reçu des deniers appartenant à cette succession, pour les faire verser à la caisse du receveur de l'enregistrement.—*Cass.*, 6 juin 1809, Bourdier.

66.—D'un autre côté, la régie peut intervenir en tout état de cause, même en appel, et demander à se faire autoriser à poursuivre elle-même la débiteur à l'effet d'opérer le versement. — Même arrêt.

67. — Celui qui a géré les affaires de la succession est également tenu, après avoir rendu compte au curateur, de consigner les deniers de cette succession dont il est détenteur, encore bien que des créanciers aient formé des saisies-arrêts entre ses mains. — *Metz*, 3 mai 1816, Brazy c. Lemoine.

68. — Les receveurs des domaines sont chargés de poursuivre contre les curateurs aux successions vacantes, le recouvrement du produit de ces successions, et de verser ce produit entre les mains du receveur général des finances pour le compte de la caisse des dépôts et consignations. — Décis. min. fin., du 20 oct. 1826 ; instr. gén., nᵒˢ 1235 et 1200.

69. — De plus, en faisant faire les versements de deniers à la caisse des consignations, le curateur à la succession vacante doit rendre compte à qui il appartiendra. — C civ., art. 813.

70. — C'est aux receveurs des domaines que ce compte doit être rendu. Ces receveurs peuvent exiger des curateurs le compte provisoire de leur gestion toutes les fois qu'ils ont des motifs pour penser que ces curateurs restent détenteurs de deniers provenant des successions. Les receveurs procèdent à la vérification et à la discussion de ce compte et, en cas de reliquat à la charge du curateur, ils en poursuivent le recouvrement par voie de contrainte. Les comptes provisoires dont il s'agit ne dispensent pas les curateurs de rendre leurs comptes définitifs aux créanciers ou aux légataires de la succession.— Déc. min. fin., du 10 sept. 1829 ; instr. gén., nᵒ 1290.

71. — Le receveur de la caisse des dépôts et consignations a également une action pour contraindre le curateur à justifier qu'il a fait verser dans cette caisse les deniers provenant de cette succession. — *Nancy*, 29 avril 1843 (t. 4ᵉʳ 1844, p. 402), Wagnon.

72. — Cependant, le prix des ventes judiciaires ne doit être versé dans la caisse des consignations qu'après avoir distrait préalablement ce qui est dû aux créanciers hypothécaires.—Décis. minist. just., du 12 mess. an XIII. — Le motif est que l'acquéreur ne peut obtenir sa libération qu'à la charge des droits de ces créanciers ; mais le tribunal peut ordonner, sur la demande de l'un ou de plusieurs créanciers, le dépôt à la caisse des consignations. — Av. ordonn. du 3 juill. 1816, art. 40.

73. — Des difficultés s'étant élevées sur la question de savoir si le versement devait se faire même dans le cas de ventes judiciaires, et indépendamment de toutes créances inscrites, plusieurs tribunaux ont pensé que l'adjudicataire n'était tenu de verser que l'excédant du prix non employé en collocation de créanciers. Une circulaire du ministre de la justice, du 4ᵉʳ juill. 1805 prescrit de se conformer à cette jurisprudence.

74. — De ce que le curateur n'a pas de deniers à recevoir, il s'ensuit qu'il ne peut être tenu de faire les dépenses ni d'acquitter les dettes. — Une circulaire du ministre de la justice, du 8 juill. 1806, lui interdit même expressément.—Comme le curateur ne fournit pas caution, et que l'administration dont il est investi n'est pas souvent confiée à un homme très-solvable, on est allé au-devant des inconvénients de sa mauvaise foi ou de son insolvabilité. Ces dépenses ou dettes doivent être payées en vertu de jugements ou d'ordonnances des tribunaux sur le préposé à la caisse des consignations sur les deniers provenant de la succession. — Instr. de la régie, du 22 germ. an XII, 6 pluv. an XIII et 6 mars 1806.

75. — Les receveurs sont d'ailleurs autorisés à acquitter, jusqu'à concurrence des recouvrements effectifs, les frais de scellés, inventaire et vente, sur simples mémoires, quittances des parties prenantes, certifiés par le curateur et ordonnancés par le juge de paix, sauf à régulariser ensuite cette dépense par une ordonnance générale du tribunal de première instance.—Ces ordonnances ne sont point visées par les préfets. — Instr. gén., nᵒˢ 219, 273 et 301.

76. — Quant au règlement de tous les frais, comptes et dépenses concernant la liquidation d'une succession vacante, il doit être porté devant le tribunal du lieu de l'ouverture de cette succession. — *Rennes*, 30 nov. 1812, Alexandre c. de Maillé.

77. — Comme une succession vacante donne ouverture aux droits de mutation par décès

comme toute autre succession, le curateur est tenu, sous peine de demeurer personnellement responsable du demi-droit en sus, de faire, dans les six mois à compter de l'ouverture de la succession, au bureau de la situation des biens, la déclaration de la mutation, et de acquitter les droits.—L. 22 frim. an VII, instr. du 3 fruct. an XIII ; instr. gén., nᵒˢ 219 et 386. —V. ENREGISTRE-MENT, nᵒˢ 3486 et suiv.

78.—Si la nomination du curateur n'avait eu lieu qu'après l'expiration des six mois de l'ouverture de la succession, et s'il fournissait la déclaration dans les six mois de sa nomination, le demi-droit en sus ne serait pas exigible contre lui. — Instr. gén., nᵒ 290, § 70, et 386, § 34 ; délib. 23 juin 1824, approuvée le 49 juill. suiv. par le min. des fin.

79. — D'un autre côté, le ministre des finances est dans l'intention d'accorder la remise du demi-droit en sus aux curateurs, lorsque les circonstances paraissent l'exiger. — Instr. gén., nᵒ 386, § 3 et 4.

80. — Cependant, lorsqu'une succession vacante n'a aucuns deniers, qu'elle n'offre aucuns meubles, et qu'il est impossible de mettre en bail les immeubles à cause de leur mauvais état et de leur peu de valeur, le curateur n'est tenu, vis-à-vis de la régie, ni à des versemens pour lesquels les fonds lui manquent, ni à rendre de comptes dont il n'a parvers lui aucun élément.— *Cass.*, 30 janv. 1807, Enregistrement c. Durandeau. — Poujol, *Success.*, t. 4ᵉʳ, p. 348.

81. — Sous l'ancien droit, le curateur à une succession vacante ne pouvait être condamné par corps à payer les dettes du défunt, s'il ne s'était point obligé personnellement à les acquitter.— *Cass.*, 6 mess. an II, Behier c. Fontan.

82. — En tout cas, il y aurait subrogation légale au profit du curateur à une succession vacante qui aurait payé de ses deniers les dettes de la succession.— Renusson, chap. 7, nᵒ 77 ; Dupare-Poullains, t. 7, p. 236 ; Championnière et Rigaud, *Dr. d'enregistr.*, t. 2, nᵒ 1272 ; Toullier, t. 7, nᵒ 455. — *Contra*, Zachariæ, *Dr. civ. franç.*, t. 2, § 321, note 37.

83.—Celui qui, pouvant accepter la succession, est nommé curateur, n'est pas censé renoncer à sa qualité d'héritier, et il peut faire valoir ses créances sur la succession.—V. Poujol, *Success.*, t. 4ᵉʳ, p. 548.

84.—Quant au compte définitif, s'il y a lieu de le rendre, le curateur à la succession vacante doit suivre les formalités prescrites pour l'héritier bénéficiaire. — C. civ., art. 814 ; C. proc., art. 1002.

V. aussi ACQUIESCEMENT, ALGÉRIE, COLONIES, CRÉANCIER, EXÉCUTEUR TESTAMENTAIRE, INSCRIPTION HYPOTHÉCAIRE, PRIVILÉGE, RENTE SUR L'ÉTAT, SAISIE IMMOBILIÈRE.

SUCCURSALE.

V. ANNEXE (chapelle), ÉGLISE.—V. surtout CURE, nᵒˢ 7 et suiv.

SUCRES.

Table alphabétique.

SUCRES. — **1.** — On distingue deux espèces de sucres : le sucre colonial, provenant des cannes à sucre, et le sucre indigène, extrait de la betterave.

2. — Longtemps le sucre colonial fut le seul connu. Ce n'est qu'au commencement de ce siècle qu'on songea à extraire le sucre des plantes propres au territoire même de la France. — « A cette époque, dit M. Rossi (Rapport à la Chambre des pairs sur la loi du 2 juillet 1843), une guerre acharnée et le système continental avaient fermé toutes les voies au commerce maritime de la France. Ses colonies étaient perdues, ses ports marchands déserts. L'empire ne communiquait avec les puissances étrangères que par ses légions victorieuses et par ses conquêtes. De là le prix exorbitant des denrées des tropiques, et en particulier de celui qui nous est le plus nécessaire, du sucre. Le génie national, renfermé dans un cercle étroit, loin de s'y trouver étouffé, sentit croître ses forces. Il se proposa d'arracher à l'art ce qu'il ne pouvait plus demander à la nature....

3.—»La paix générale surprit l'industrie du sucre indigène au berceau. La France ayant recouvré quelques-unes de ses colonies, on devait croire que le sucre colonial allait sans effort expulser du marché le sucre de betterave. Il en eût été ainsi si les choses eussent été laissées à leur cours naturel, et si de nouveaux élémens ne fussent venus compliquer la question. Nous voulons parler des besoins du Trésor ; nous voulons parler aussi du sucre étranger : rival redoutable qui menaçait d'écraser le sucre de nos colonies, comme celui-ci repoussait le sucre indigène. »

4.— Nous n'avons point à examiner ici les graves questions qui divisent les économistes politiques sur les avantages et les inconvéniens de la restriction et de la libre production des sucres de telle ou telle provenance. — Nous nous bornons à dire que, suivant nous, il ne faut pas sacrifier l'une des industries à l'autre ; que le gouvernement doit au contraire équilibrer pour l'une et l'autre les avantages, et que tel est le reste le but que la législation paraît s'être proposé.

CHAP. Iᵉʳ. — *Sucres coloniaux et étrangers* (nᵒ 5).

CHAP. II. — *Sucres indigènes* (nᵒ 25).

SECT. 4ʳᵉ. — *Fabrication.* — *Exercice* (nᵒ 27).

§ 1ᵉʳ. — *Sucres proprement dits* (nᵒ 27).

§ 2. — *Glucoses* (nᵒ 65).

SECT. 2ᵉ. — *Taxes* (nᵒ 77).

SECT. 3ᵉ. — *Circulation* (nᵒ 95).

SECT. 4ᵉ. — *Entrepôts* (nᵒ 448).

SECT. 5ᵉ. — *Pénalités* (nᵒ 424).

—

CHAPITRE Iᵉʳ. — *Sucres coloniaux et étrangers*.

5. — Nous ne nous occuperons point ici des règlemens locaux qui, soit dans les colonies françaises, soit à l'étranger, peuvent régir la fabrication du sucre. Un seul point est par nous à exa-

miner : c'est la condition faite à ces sucres à leur entrée en France.

6. — En 1814 une ordonnance du lieutenant-général du royaume, le comte d'Artois, rappela sur les marchés français les sucres exotiques, moyennant un droit de 60 à 40 francs.

7. — « La situation du sucre colonial et du sucre étranger fut réglée en 1816 par une double mesure. D'un côté le sucre de nos colonies fut imposé au profit du Trésor, de l'autre on frappa les sucres étrangers d'une surtaxe. » — Rapport précité de M. Rossi.

8. — « A cette époque, continue le rapporteur, la production coloniale était loin de suffire aux besoins de la consommation, on croyait par ces mesures avoir obtenu trois résultats importans : un privilége suffisant pour la production coloniale, une concurrence limitée, mais suffisante dans l'intérêt des consommateurs, un revenu considérable pour l'État. »

9. — Diverses ordonnances, et notamment celle du 15 janv. 1823, intervinrent sous la Restauration, modifiant ou expliquant les tarifs sur l'introduction des sucres coloniaux ou étrangers.

10. — Cependant en 1828 l'importance toujours croissante que prenait la fabrication du sucre indigène, détermina le gouvernement à ordonner une enquête administrative à l'effet de constater ce qu'avaient de fondé les plaintes des colonies et celles du Trésor ; car la production du sucre indigène n'était pas soumise encore à l'impôt.

11. — Tel était l'état de choses lorsque survint la révolution de juillet. Le nouveau gouvernement se préoccupa sérieusement de la question ; dès 1832 il crut devoir venir en aide aux justes plaintes des colonies et de la navigation par un impôt fort minime sans doute (5 francs par 100 kilog. sur le sucre indigène), en même temps qu'il proposait pour rétablir l'équilibre le dégrèvement des sucres de canne.

12. — Mais c'était priver le Trésor d'une source de revenus considérables ; les chambres préférèrent, par la loi du 18 juillet 1837, frapper le sucre de betterave d'un impôt plus lourd et maintenir les droits sur les sucres étrangers.

13. — Cependant, et malgré cette loi, l'état des choses empira en ce qui concerne l'écoulement des sucres coloniaux et étrangers ; les plaintes devinrent universelles et mirent le gouvernement dans la nécessité de saisir les Chambres d'un nouveau projet qui devint la loi du 3 juill. 1840.

14. — Aux termes de cette loi, art. 1er, les droits suivans furent établis par 100 kilogrammes : 1° sur les sucres français :

Brut	autre que blanc	de Bourbon	38 fr. 50 c.
		d'Amérique	45 fr.
	blanc.	de Bourbon	46 fr.
		d'Amérique	52 fr. 50 c.
Terré de toutes nuances		de Bourbon	60 fr.
		d'Amérique	66 fr. 50 c.

15. — 2° Sur les sucres étrangers, toujours par 100 kilogrammes :

Brut autre que blanc	par navires français	de l'Inde. . . .	60 fr.
		d'ailleurs hors d'Europe. . .	65 fr.
		des entrepôts.	75 fr.
	par navires étrangers. . . .		85 fr.
Brut, blanc ou terré, sans distinction de nuances ni de mode de fabrication.	par navires français	de l'Inde. . . .	80 fr.
		d'ailleurs hors d'Europe. . .	85 fr.
		des entrepôts.	95 fr.
	par navires étrangers. . . .		105 fr.

16. — L'art. 3 veut que les droits payés à l'importation des sucres bruts soient restitués à l'exportation des sucres raffinés lorsqu'on justifie par des quittances n'ayant pas plus de quatre mois de date, que les droits ont été acquittés pour des sucres importés en droiture par navires français des pays hors d'Europe, savoir à raison de 100 kilog. : 1° 70 kilog. pour les sucres mélis ou quatre cassons, entièrement épurés ou blanchis, et pour les sucs candis secs et transparens ; 2° 73 kilog. pour les sucres lumps, et sucres tapés de nuance blanche.

17. — Des modifications ont été apportées à la loi du 3 juill. 1840 par celle du 2 juill. 1843, qui forme aujourd'hui le dernier état de la législation en cette matière.

18. — Les droits à percevoir sur les sucres coloniaux sont établis d'après des types semblables à ceux formés pour les sucres indigènes. — La surtaxe des sucres supérieurs aux sucres bruts autres que les blancs (premier type) est égale à celle que supportaient les sucres indigènes de qualités correspondantes. — L. 2 juill. 1843, art. 2.

19. — En conséquence, les sucs coloniaux demeurent taxés, savoir : de Bourbon, 42 fr. 50, 1er type ; 47 fr. 30 c., 2e type ; 52 fr. 25 c. tous autres ; — d'Amérique, 49 fr. 50 c., 1er type ; 54 fr. 45 c., 2e type ; 58 fr. 50 c., tous autres.

20. — L'importation des sucres raffinés demeure prohibée. — L. 2 juill. 1843, art. 2.

21. — Jugé que l'ordonnance du 15 janv. 1823, qui distinguait les sucres fins dits *mélis* ou *quatre cassons* des autres sucres raffinés, par le poids ou par le volume, a été implicitement rapportée par la loi du 26 avril 1833. — Qu'en vertu de cette loi c'est la qualité seule des sucres qui doit servir de base à leur classement et à la perception du droit. — Que, spécialement, les sucres qui n'ont pas été entièrement blanchis ou épurés, ne peuvent être considérés comme sucres *mélis* ou *quatre cassons*, et frappées du droit de quatrième classe, applicable seulement à ces derniers. — Qu'ils doivent être soumis au droit de deuxième classe. — *Douai*, 10 mars 1845 (t. 1er 1847, p. 353), Bernard c. Contributions indirectes.

22. — La loi n'ayant admis que deux classes de sucre, dans la fixation des droits d'entrée, le sucre brut et le sucre terré, il suffit que du sucre ne soit pas terré, pour qu'il ne soit soumis qu'au droit établi sur le sucre brut, encore bien que par des procédés nouveaux, on soit parvenu à lui donner à peu près la même valeur que celle du sucre terré. — *Cass.*, 21 janv. 1834, Quesneau ; et deux autres arrêts semblables.

23. — L'exportation à l'étranger des sucres de la Martinique et de la Guadeloupe est interdite. — Ordonn. 30 juin-9 juill. 1839.

24. — C'est à l'administration des douanes qu'est confié le soin de percevoir à l'entrée les droits sur le sucre provenant soit des colonies, soit de l'étranger.

CHAPITRE II. — *Sucres indigènes.*

25. — Depuis que la production indigène a été assujettie à un impôt spécial, la nécessité d'assurer la perception de cet impôt, et de prévenir les fraudes, a nécessairement donné lieu à des réglemens spéciaux.

26. — Or, la loi du 31 mai 1846, complétée par l'ordonnance du 29 août suivant, peut être regardée aujourd'hui comme le résumé complet de la législation sur le sucre indigène. Nous allons en reproduire les dispositions en les coordonnant.

Sect. 1re. — *Fabrication.* — *Exercice.*

§ 1er. — *Sucres proprement dits.*

27. — Tout fabricant est tenu, avant de commencer ses travaux, de se munir d'une licence qui n'est valable que pour un seul établissement et pour l'année dans laquelle elle est délivrée. Le prix de la licence est fixé à 50 fr. en principal ; il est exigible en entier à quelque époque de l'année que soit faite la déclaration. — L. 31 mai 1846, art. 4.

28. — De plus, nul ne peut fabriquer du sucre qu'après avoir fait au bureau de l'administration des contributions indirectes une déclaration présentant la description de la fabrique, et indiquant le nombre et la capacité des vaisseaux dont il veut faire usage pour sa fabrication. — L. 31 mai 1846, art. 3. — La déclaration doit être faite un mois au moins avant le commencement de la fabrication. — Ordonn. 29 août 1846, art. 3.

29. — A l'extérieur du bâtiment principal de tout établissement où l'on fabrique du sucre, doivent être inscrits ces mots : *Fabrique de sucre*. — Ord. 29 août 1846, art. 2. — L'instruction ministérielle prescrit que cette inscription soit placée de manière à être vue du public.

30. — Les contenances des vaisseaux déclarés sont vérifiées par le jaugeage métrique ; s'il y a contestation, elles le sont par empotement. La vérification faite, chaque vaisseau reçoit un numéro d'ordre et une marque indicative de sa contenance en litres, le tout peint à l'huile, à l'extérieur, en caractères ayant au moins cinq centimètres de hauteur. — Quant aux formes, elles sont classées par séries de contenance semblable et marquées seulement d'une lettre par série. — Ord. 29 août 1836, art. 3.

31. — Les fabricans sont tenus de fournir, sur la demande des employés, les ouvriers, l'eau, les vases, les ustensiles nécessaires pour vérifier, au moyen de l'empotement, la contenance des vaisseaux par eux déclarés. — L. 31 mai 1846, art. 25.

32. — Il est défendu de changer, modifier ou altérer la contenance des chaudières, citernes et autres vaisseaux jaugés ou épalés, ou d'en établir de nouveaux sans en avoir fait la déclaration par écrit au bureau de la régie vingt-quatre heures à l'avance. Le fabricant ne peut du reste faire usage desdits vaisseaux qu'après que leur contenance aura été vérifiée ainsi qu'il est dit ci-dessus. — Ord. 29 août 1846, art. 4.

33. — De plus, « chaque année et quinze jours au moins avant l'ouverture des travaux de défécation, le fabricant doit déclarer au bureau de la régie : 1° le procédé qu'il se propose d'employer pour l'extraction du jus ; 2° les heures de travail pour chaque jour de la semaine. Tout changement dans le procédé d'extraction du jus ou dans le régime de la fabrique pour les jours et heures de travail doit être précédé d'une nouvelle déclaration. » — Ord. 29 août 1846, art. 7.

34. — Et même : lorsque le fabricant veut suspendre ou cesser seulement les travaux de sa fabrique, il doit en faire la déclaration au bureau de la régie. — Ord. 29 août 1846, art. 6.

35. — Toute communication intérieure des lieux déclarés par le fabricant avec les maisons voisines non occupées par lui, est interdite et doit être scellée. — Ord. 29 août 1846, art. 5.

36. — La régie peut même exiger que les jours et les fenêtres donnant directement sur la voie publique ou sur les propriétés voisines, soient garnis d'un treillis de fer dont les mailles doivent avoir cinq centimètres d'ouverture au plus. — *Ibid.*

37. — En cas de contravention dûment constatée et suivie de condamnation ou de transaction, la régie peut même exiger : 1° que cette mesure soit appliquée aux jours et fenêtres des maisons d'habitation établissant une communication de l'intérieur des fabriques avec l'extérieur ; 2° que la fabrique et ses dépendances n'aient qu'une entrée habituellement ouverte, et que les autres portes soient fermées à deux serrures. La clef de l'une de ces serrures doit être dans ce cas remise aux employés, de manière que ces portes ne puisent être ouvertes qu'en leur présence. — *Ibid.*

38. — Au surplus « les fabricans sont soumis aux visites et vérifications des employés de l'administration des contributions indirectes, conformément aux art. 235 et 236 de la loi du 28 avril 1816, et tenus de leur ouvrir à toutes réquisitions leurs fabriques, ateliers, magasins, caves et celliers, et tous autres bâtimens enclavés dans la même enceinte que la fabrique ou y attenans, ainsi que de leur représenter les sucres et généralement toutes matières saccharifères en leur possession. » — L. 31 mai 1836, art. 6.

39. — Même « un local convenable de douze mètres carrés au moins doit être disposé par le fabricant, si la régie en fait la demande, pour servir de bureau aux employés. Il doit être pourvu de tables, de chaises, d'un poêle ou d'une cheminée, et d'une armoire fermant à clef, afin que lesdits employés puissent, s'il y a lieu, s'y établir en permanence. — Le loyer de ce bureau est supporté par l'administration et fixé de gré à gré ou, à défaut de fixation amiable, par le préfet. » — Ordonn. 29 août 1846, art. 6.

40. — Spécialement dans les fabriques où l'on raffine, le fabricant peut en outre être requis de fournir un local pour le logement de deux employés au moins. Le loyer de ce local est supporté par l'administration, et fixé de gré à gré s'il est possible ; au cas contraire par le préfet. — *Ibid.*

41. — En exécution des prescriptions de l'art. 5 de la loi du 31 mai 1846, l'ordonnance du 29 août 1846 statue que « les fabricans tiendront deux registres imprimés sur papier libre, cotés et paraphés par le directeur des contributions indirectes, fournis gratuitement par l'administration, lesquels doivent à toute réquisition et à l'instant même être présentés aux employés qui y apposent leur visa. » — art. 8.

42. — Le premier registre sert à constater toutes les défécations au fur et à mesure qu'elles ont eu lieu et sans interruption ni lacune. — Le fabricant doit, à l'instant même où le jus commence à couler dans la chaudière, y inscrire : 1° le numéro de cette chaudière ; — 2° la date et l'heure du commencement de l'opération ; — 3° les quantités de sucres imparfaits, de sirop

ou de mélasse qui peuvent être à ajouter au jus à déféquer. — Il doit y inscrire à la fin de la défécation l'heure à laquelle elle a été terminée. — Ce registre doit être placé dans la partie de l'atelier de fabrication où se trouvent les chaudières à déféquer. — Ordonn. 29 août 1846, art. 9.

43. — En outre, lorsque le jus déféqué est reposé et à l'instant où le robinet de décharge est ouvert, avant qu'aucune partie de ce jus soit enlevée de la chaudière, un bulletin contenant les mêmes indications que la déclaration est détaché de la souche du registre et jeté dans une boîte dont les employés ont la clef, et qui est placée dans la même partie de l'atelier que le registre. — *Ibid.*

44. — Le second registre présente les résultats de la cuite et de la mise en forme des sirops. Le fabricant doit y indiquer : 1° avant l'empli, l'heure à laquelle le sirop commence à être retiré du rafraîchissoir et porté dans les formes ou cristallisoirs ; — 2° après l'empli, le nombre de formes ou de cristallisoirs de chaque série qui ont été remplis et l'heure à laquelle l'opération a été terminée. — Même ordonnance, art. 10.

45. — Il est fait, avant la reprise et après la cessation des travaux de chaque campagne, ainsi qu'à la fin des défécations, un inventaire général des produits de la fabrication. — Les quantités de sucre excédant le résultat de la balance du compte sont ajoutées aux charges : le droit est dû sur les quantités manquantes. — L. 31 mai 1846, art. 8.

46. — Indépendamment des inventaires prescrits par l'article précédent, les employés peuvent, à des époques indéterminées, arrêter la situation du compte particulier des sucres achevés et à cet effet vérifier, par la pesée, les quantités existantes dans la fabrique. — *Ibid.*, art. 9.

47. — Si le résultat de cette vérification fait ressortir un excédant, cet excédant est saisi ; les manquans sont admis jusqu'à concurrence de trois pour cent des quantités prises en charge, le surplus est compris dans le décompte du mois et soumis au droit. — *Ibid.*

48. — Le déchet éprouvé par les sucres en pain mis à l'étuve est admis en entier, lorsqu'il ne dépasse pas 8 p. 0/0. — *Ibid.*

49. — Il ne peut être introduit de sucres indigènes ou exotiques, de sucres imparfaits, sirops ou mélasses, dans les fabriques. — Les résidus des établissemens, après cessation complète de l'exploitation, sont seuls exceptés. — *Ibid.*, art. 10.

50. — Néanmoins, le fabricant raffineur peut recevoir des sucres indigènes ou exotiques achevés et libérés d'impôt, quand sa fabrication de l'année est terminée, et après l'enlèvement de tous les sucres et de tous les bas produits existans dans la fabrique. — La fabrication de l'année suivante ne peut être reprise qu'après l'enlèvement de tous les produits de la raffinerie. — *Ibid.*

51. — Les sucres imparfaits, sirops et mélasses, ne peuvent être enlevés d'une fabrique que dans le cas prévu par le deuxième paragraphe de l'article précédent. — Néanmoins, l'enlèvement des mélasses épuisées à destination des distilleries continue d'être autorisé, même lorsqu'il n'y a pas cessation des travaux de la fabrique. — *Ibid.*, art. 11.

52. — Lors des inventaires, et dans le cas de cession, des résidus d'une fabrique qui cesse d'être exploitée, la quantité de sucres au premier type contenue dans les sucres, sirops et mélasses, est évaluée de gré à gré. Si la régie et le fabricant ne peuvent s'accorder pour cette évaluation, il y sera, sur le vu des échantillons, procédé à Paris par trois experts, agissant en commun, et dont deux sont nommés par les parties, et le troisième par le président du tribunal de première instance de la Seine. — Les frais de l'expertise sont à la charge de la régie ou du fabricant, suivant que la prétention de l'un ou de l'autre a été reconnue mal fondée. — *Ibid.*, art. 12.

53. — Les employés vérifient et prennent en compte à chaque exercice le volume des sirops qui ont été versés dans les cristallisoirs ou dans les formes depuis l'exercice précédent ; ils marquent les formes ou les cristallisoirs au moment de la prise en charge. — Ord. 29 août 1846, art. 11.

54. — En cas de soustraction de tout ou partie des sirops pris en compte, la contravention est constatée par un procès-verbal, et les qualités soustraites sont soumises au droit à raison d'un kilogramme de sucre au premier type par chaque litre de sirop non représenté, à moins que le contrevenant ne justifie que les sirops soustraits étaient de nature à produire du sucre en moindre proportion. — *Ibid.*

55. — Pour la pesée des sucres et glucoses, lors des exercices, recensemens ou inventaires, les fabricans sont obligés de fournir les ouvriers, de même que les poids, balances et autres ustensiles nécessaires à l'effet d'opérer la pesée et de reconnaître la nuance des sucres. — L. 31 mai 1846, art. 25.

56. — Aucune partie des sucres en cristallisation ne peut être retirée des formes ou des cristallisoirs qu'après que le poids en a été vérifié par les employés, à la suite d'une déclaration faite la veille par le fabricant pour les opérations du lendemain. Cette déclaration doit être reçue par les employés, qui en délivrent une ampliation. — Ord. 29 août 1846, art. 12.

57. — La déclaration doit indiquer le nombre des formes ou cristallisoirs de chaque série qui doivent être lochés ; le fabricant ne peut en extraire le sucre qu'après que les marques apposées lors de la prise en charge en ont été effacées par les employés. — *Ibid.*

58. — S'il a été ajouté au jus, soit à la macération, soit à la défécation, des sucres imparfaits, des sirops ou des mélasses, le volume en est déduit de la capacité de la chaudière. — Art. 13.

59. — Tant qu'un fabricant conserve des betteraves, des sucres, des sirops, des mélasses ou autres matières saccharifères, la déclaration qu'il fait de cesser définitivement ses travaux n'a pour effet de l'affranchir des obligations imposées aux fabricans de sucre, y compris le paiement de la licence, que s'il paie immédiatement les droits sur les sucres achevés, et s'il expédie les sucres imparfaits, sirops et mélasses, sur un autre établissement, où ils sont soumis à la prise en charge. — Art. 14.

60. — Néanmoins, dans le cas prévu par le troisième paragraphe de l'art. 10 de la loi du 31 mai 1846, le fabricant qui a déclaré cesser sa fabrication de l'année pour se livrer au raffinage, est dispensé d'enlever les sucres et résidus existant dans l'usine, pourvu que ces produits soient mis sous le scellé ou déposés dans des magasins sous la double clef du redevable et de la régie. Les fabricans qui ont réclamé cette exception demeurent soumis à la surveillance des employés. — Art. 15.

61. — Pour la balance du compte général de fabrication et le calcul des droits, les sucres achevés sont ramenés au premier type, en ajoutant : 1° Un dixième aux quantités de sucre au-dessus du premier type, jusqu'au deuxième inclusivement ; 2° deux dixièmes pour les sucres d'une nuance supérieure au deuxième type et pour les sucres en pains inférieurs aux mélis ou quatre cassons ; 3° enfin, trois dixièmes pour les sucres en pains mélis ou quatre cassons et pour les sucres candis. — Art. 16.

62. — L'administration peut accorder un dégrèvement sur la prise en charge, lorsque les pertes matérielles de jus, de sirops ou de sucres, résultant d'accidens, ont été, dans le délai de douze heures, dénoncées par le fabricant aux employés. Ceux-ci sont tenus de les constater immédiatement sur leurs registres portatifs, d'après les règles propres à l'administration. — Art. 18.

63. — Dans les fabriques où les procédés ordinaires de défécation ne sont pas suivis, l'évaluation des quantités et du degré servant de base à la prise en charge, peut être faite de gré à gré entre la régie et les fabricans. — En cas de fraude dûment constatée, les traités ainsi passés sont considérés comme non avenus et révoqués de plein droit. — Art. 19.

64. — Les fabriques et raffineries de sucres sont placées dans les établissemens insalubres. — V. ÉTABLISSEMENS INSALUBRES.

§ 2. — *Glucoses.*

65. — Les glucoses sont tous les produits saccharins non cristallisables, quelle que soit la matière première dont on les a extraits, lorsque ces produits sont concentrés à 25 degrés ou exportés hors de la fabrique où ils ont été confectionnés. — L. 31 mai 1846, art. 22.

66. — La fabrication des glucoses demeure en principe soumise aux mêmes règles que celle du sucre. — Tel est le prescrit de l'art. 22 de la loi du 31 mai 1846.

67. — En outre, l'ordonnance du 29 août 1846 a posé, sur cette fabrication particulière, quelques règles spéciales que nous allons reproduire.

68. — Trois jours au moins avant l'ouverture des travaux, les fabricans de glucose déclarent au bureau de la régie : 1° La nature des produits, tant en fécules qu'en glucoses, qu'ils veulent fabriquer ; 2° le degré de sirops à l'aréomètre de Baumé ; 3° les heures de travail pour chaque jour de la semaine. — Tout changement dans le régime de la fabrique, en ce qui concerne les jours et les heures de travail et la nature des produits, est précédé d'une nouvelle déclaration. — Lorsque le fabricant veut suspendre ou cesser les travaux de sa fabrique, il doit également le déclarer. Il est tenu de faire une nouvelle déclaration trois jours au moins avant la reprise des travaux. — Art. 30.

69. — Aucune introduction de fécule sèche ou verte, ou de toute autre matière saccharifère, de glucose ou de sucre, ne peut avoir lieu dans les fabriques de glucose qu'après que le fabricant en a fait la déclaration au bureau de la régie, quatre heures au moins d'avance dans les villes, et huit heures dans les campagnes. — Cette déclaration énonce le poids et l'espèce des matières à introduire, lesquelles sont, après vérification, prises en charge par les employés. — Les quantités introduites sans déclaration sont saisies. — Art. 31.

70. — Les fabricans tiennent un registre à colonnes, imprimé sur papier libre, coté et paraphé par le directeur des contributions indirectes de l'arrondissement, et que leur fournit gratuitement l'administration. Ils y indiquent chaque jour, au fur et à mesure que les opérations ont lieu, et sans interruption ni lacune : 1° Le numéro des cuves ou chaudières dans lesquelles se fait la décomposition ou saccharification, l'heure où l'on commence et celle ou l'on cesse d'y verser la fécule, enfin les quantités de fécules décomposées ; 2° l'heure à laquelle le sirop concentré est mis dans les tonneaux ou autres vases destinés à le recevoir, le nombre de vaisseaux qui ont été remplis, et les quantités de sirop provenant de chaque cuite. — Art. 32.

71. — Il est tenu par les préposés, pour chaque fabrique, un compte des fécules introduites et fabriquées, ainsi qu'un compte général des sirops et glucoses à l'état concret ou granulé, provenant de la fabrication ou de l'extérieur. — Art. 33.

72. — Quels que soient les procédés et les produits de la fabrication, le compte général du fabricant est chargé, *au minimum*, de 100 kilogrammes de glucose, soit granulé, soit à l'état concret ou en sirop à 40 degrés, par 100 kilogrammes de fécule de pommes de terre sèche, ou par 150 kilogrammes de même fécule verte employés ou manquans. — Art. 34.

73. — Pour les fabriques de sucre non cristallisable qui n'emploient pas la fécule de pomme de terre comme matière première, le rendement, au *minimum*, est déterminé par une évaluation faite de gré à gré entre la régie et le fabricant. — Art. 35.

74. — Les employés vérifient et prennent en compte, à chaque exercice, le volume et le poids des sirops qui ont été versés dans les tonneaux ou autres vaisseaux depuis l'exercice précédent ; ils marquent lesdits vaisseaux au moment de la prise en charge. — Il est accordé une tolérance de 5 p. 0/0 pour déchet de coulage ou d'évaporation. — En cas de soustraction de tout ou partie des sirops pris en compte, la contravention est constatée par un procès-verbal. — Art. 36.

75. — Tout fabricant qui veut remettre en fabrication des sirops ou glucoses pris en charge, est tenu, pour éviter tout double emploi de faire la veille, aux employés exerçans, une déclaration dans laquelle il indique, pour toute la journée du lendemain : 1° La quantité et le degré des sirops ou glucoses qu'il doit refondre ; 2° les vaisseaux dans lesquels ils sont contenus. — Il est procédé à la refonte des sirops ou glucoses en présence des employés, qui en constatent le poids et en donnent décharge au compte. — Les produits de la refonte sont pris en charge, conformément à l'article précédent. — Art. 37.

76. — L'administration peut accorder un dégrèvement sur la prise en charge toutes les fois qu'il résulte d'accidens constatés dans la forme déterminée par l'art. 18 ci-dessus, qu'il y a eu perte matérielle de fécule, de sirop ou de glucose. — Art. 38.

Sect. 2e. — *Taxes.*

77. — Ainsi que nous l'avons dit *suprà*, ce n'a été qu'après plusieurs tentatives infructueuses commencées en 1832, que le gouvernement a obtenu la loi du 18 juill. 1837, en vertu de laquelle le sucre indigène, longtemps protégé par une exemption complète d'impôt, est frappé d'un droit à la fabrication.

78. — Ce droit fut fixé d'abord à 10 francs par 100 kilogrammes de sucre brut, pour la première année de perception, et à 15 francs pour la seconde année.

79. — Jugé qu'en disposant que l'impôt sur le sucre indigène sera perçu sur un minimum de sucre brut évalué d'après la quantité de jus pris en charge par le fabricant, l'ordonnance du 4 juillet 1838, rendue en exécution de la loi du 18 juill. 1837, n'a pas, pour cela, privé le fabricant du droit d'établir que la quantité de sucre évaluée n'a pas été obtenue. — *Cass.*, 15 janv. 1845 (t. 1er 1845, p. 690), Contrib. indir. c. Guyon.

80. — Mais depuis la loi du 3 juillet 1840, les sucres bruts de fabrication indigène ne sont plus tarifés indistinctement à un même droit d'après leur seule qualité de sucres bruts; le droit auquel ils sont soumis varie selon leur nuance et le type particulier que la loi leur assigne. — *Cass.*, 14 janv. 1842 (t. 2 1843, p. 821), Contribut. ind. c. Crespel.

81. — Aux termes de l'ordonnance du 7 août 1843, rendue en exécution de la loi du 3 juillet 1840, et qui est encore en vigueur sur ce point, sont taxés en principal, par 100 kilogrammes, et d'après les distinctions suivantes : les sucres de betteraves et tous autres sucres cristallisables : 1° Les sucres au premier type et de toutes les nuances inférieures: 2° les sucres au-dessus du premier type et jusqu'au deuxième type inclusivement; 3° les sucres d'une nuance supérieure au deuxième type et les sucres en pains inférieurs aux mélis ou quatre cassons; 4° les sucres en pains mélis ou quatre cassons et sucres candis. — Quant au taux du droit, V., *suprà*, n° 14.

82. — La division en quatre classes des sucres cristallisables est faite d'après les usages commerciaux. Ces taxes, qui sont combinées de manière à ramener l'impôt à une taxe unique, sont, d'un autre côté, établies de manière à égaler le taux de la taxe d'importation ou de douane des colonies françaises.

83. — Les droits imposés sur le sucre indigène cristallisable sont appliqués au moyen de types choisis par le ministre de l'agriculture et du commerce, sur l'avis de la chambre de commerce de Paris, à laquelle ont été adjoints, à cet effet, deux membres des chambres de commerce de Lille et de Valenciennes et de deux membres des chambres de commerce des grands ports commerciaux. — L. 31 mai 1846, art. 1er.

84. — Les types établis en exécution des articles 1er et 2 de la loi du 31 mai 1846 sont déposés par la régie des contributions indirectes, tant au greffe du tribunal de première instance de la Seine qu'à celui du tribunal de première instance de chacun des arrondissemens où il y a une fabrique ou une raffinerie de sucre. — Ordonn. 29 août 1846, art. 1er.

85. — Une modification grave introduite par l'ordonnance de 1843 est celle qui assujettit à une taxe la glucose et les sirops et sucres concrets, tandis que, jusque-là, le sucre cristallisable avait seul supporté l'impôt.

86. — Les glucoses et tous les autres sucres non cristallisables sont taxés toujours en principal par 100 kilogrammes, savoir : 1° les sirops et sucres concrets à 2 fr.; 2° les glucoses granulées à 45 francs. — Ord. 7 août 1843.

87. — Les fabricans de sucres cristallisables et de glucoses doivent payer chaque mois les droits dus sur les quantités dont l'enlèvement a été effectué, ainsi que sur celles qui sont reconnues manquantes aux charges, le tout sous déduction de 2 pour o/o du poids net pour bonification. — L. 31 mai 1846, art. 24.

88. — Les sommes dues peuvent être payées en obligations dûment cautionnées à quatre mois de terme du jour où le droit est devenu exigible, pourvu que chaque obligation soit au moins de 300 fr. — L. 31 mai 1846, art. 24.

89. — Les fabricans qui veulent se libérer au comptant au lieu de souscrire des obligations, jouissent pour le temps que celles-ci auraient à courir d'un escompte calculé au même taux que pour les sucres coloniaux. — *Ibid.*

90. — L'administration des contributions indirectes fait publier, chaque mois, dans *le Moniteur*, un compte de la production du mouvement et de la consommation des sucres indigènes.

91. — En ce qui concerne les patentes, les raffineurs de sucre sont, à raison de leurs établissemens, soumis à un droit fixe de 300 fr.;— droit proportionnel du 20e de la valeur locative de l'habitation, des magasins de vente complétement séparés de l'établissement, et du 40e de l'établissement industriel.

92. — Quant aux fabricans de sucre de betteraves, le droit fixe est de 40 fr. pour chaque chaudière à déféquer, contenant moins de 10 hectolitres, de 60 fr. pour chaque chaudière à déféquer contenant 10 hectolitres et au-dessus, jusqu'au maximum de 400 fr.; le droit proportionnel est du 20e de la valeur locative de l'habitation et des magasins de vente complétement séparés de l'établissement, et du 40e de l'établissement industriel.

93. — Marchands en gros de sucre brut et raffiné; — Patentables de 1re classe.—Droit fixe basé sur la population; droit proportionnel du 15e de la valeur locative de l'habitation et des lieux servant à l'exercice de la profession.

94. — Marchands en demi-gros de sucre brut et raffiné; marchands en détail; — Patentables, les premiers de 2e, les autres de 5e classe. — Même droit fixe que les précédens, sauf la différence de classe; droit proportionnel du 20e de la valeur locative de l'habitation et des lieux servant à l'exercice de la profession. — V. PATENTE.

Sect. 3e. — *Circulation.*

95. — Les sucres indigènes ou exotiques, libérés ou non libérés d'impôt, les jus, sirops et mélasses, sont accompagnés à la circulation d'un acquit à caution dans l'étendue de tout arrondissement où il existe une fabrique de sucre, et dans les cantons limitrophes de cet arrondissement. — L. 31 mai 1846, art. 15.

96. — Sont considérés toutefois comme ne formant qu'un seul canton les cantons composés de fractions d'une même ville, ainsi que les parties rurales qui en dépendent. — *Ibid.*

97. — En conséquence, les sucres ne peuvent sortir de la fabrique que, au préalable, le fabricant n'ait fait une déclaration au bureau de la régie, huit heures au moins avant l'enlèvement dans les villes et vingt-quatre heures dans les campagnes.—La déclaration et l'acquit-à-caution énoncent : 1° Le nombre des colis; 2° leur poids brut et net; 3° l'espèce et la nuance des sucres, d'après les types; 4° le jour et l'heure de l'enlèvement; 5° la désignation du magasin ou de la fabrique d'où les sucres doivent être enlevés; 6° les noms, demeures et professions du destinataire et du voiturier, ainsi que la route qui doit être suivie. — Ordonn. 29 août 1846, art. 20.

98. — Les sucres, sirops et mélasses ne peuvent être enlevés des fabriques et magasins que de jour et transportés que dans des colis fermés suivant les usages du commerce. Les sacs doivent avoir toutes les coutures à l'intérieur et être d'un poids net et uniforme de 100 kilogrammes; les autres colis pèsent net au moins 100 kilogrammes. Néanmoins, les sucres candis peuvent être transportés en caisses de 25 kilogrammes. — Ordonn. 29 août 1846, art. 21.

99. — Dans le cas où les colis de sucre doivent être plombés, l'expéditeur est tenu de rembourser les frais de cette opération au taux déterminé par le ministre des finances. — L. 31 mai 1846, art. 20.

100. — Les chargemens doivent être conduits à la destination déclarée dans le délai porté sur l'acquit-à-caution. Ce délai est fixé en raison des distances à parcourir et des moyens de transport. Il est prolongé, en cas de séjour en route, de tout le temps pendant lequel le transport a été interrompu. Le conducteur d'un chargement dont le transport est suspendu doit en faire la déclaration au bureau de la régie dans les vingt-quatre heures et avant tout déchargement. — L'acquit-à-caution reste déposé au bureau jusqu'à la reprise du transport; il est visé par les employés et remis au conducteur lors du départ. — Ordonn. 29 août 1846, art. 22.

101. — Les employés doivent procéder, avant l'enlèvement, à la reconnaissance des sucres déclarés et à la pesée des colis, qui sont immédiatement plombés aux frais des fabricans; ces frais sont fixés à 15 centimes par plomb, y compris la ficelle. — Art. 23.

102.—Toutefois, et nonobstant la prescription de l'art. 20, la déclaration du fabricant doit être faite moins de huit heures ou de vingt-quatre heures avant l'enlèvement, lorsqu'il a d'avance fait vérifier et plomber les colis. — Art. 23.

103. — Les fabricans peuvent faire partir les sucres, sans vérification, en payant le droit selon le type par eux déclaré, si les employés ne se présentent pas avant l'heure déclarée pour l'enlèvement. — Art. 24.

104. — Il ne doit être délivré d'acquit-à-caution, pour régulariser le transport en franchise des sucres libérés d'impôt, que sur la justification du paiement du droit et sur la représentation des sucres. — Art. 25.

105. — Les sucres raffinés en pains ou candis, circulant sans acquit-à-caution dans le rayon d'une fabrique où l'on raffine, ne peuvent être saisis, lorsque le conducteur du chargement justifie aux employés d'une déclaration de l'expéditeur, portant que ces sucres sont libérés d'impôt et n'ont point été enlevés d'une fabrique ou d'un magasin appartenant à un fabricant. Cette déclaration, dont tous les blancs doivent être exactement remplis, est extraite d'un registre à souches que la régie des contributions indirectes fournit aux expéditeurs, sur leur demande. Ceux-ci sont comptables du prix du timbre de 10 centimes par chaque expédition délivrée. — Art. 26.

106. — Le coût de l'acquit-à-caution est de 25 centimes, timbre compris. Du reste, tout ce qui concerne la délivrance de ces acquits-à-caution est réglé suivant les dispositions de la loi du 22 août 1791.—L. 31 mai 1846, art. 19.

107. — Pour la vérification des chargemens au départ ou à l'arrivée, les fabricans, les expéditeurs et les destinataires sont obligés de fournir les ouvriers, de même que les poids, balances et autres ustensiles nécessaires à l'effet d'opérer la pesée et de reconnaître la nuance des sucres. — L. 31 mai 1846, art. 25.

108. — Les voituriers, bateliers et tous autres qui conduisent les chargemens de sucre sont tenus d'exhiber, sur tous les points soumis à la surveillance et à l'instant même de la réquisition des employés des contributions indirectes, des douanes ou des octrois, les expéditions de la régie dont ils doivent être porteurs. — L. 31 mai 1846, art. 19.

109. — Tout conducteur d'un chargement de sucre accompagné d'un acquit-à-caution délivré par la régie des contributions indirectes, est affranchi de l'obligation de lever un passavant, pour circuler dans les lignes soumises à la surveillance des douanes. — Ordonn. 30 août 1846, art. 29.

110. — Les règles que nous venons d'exposer sur la circulation des sucres ne sont pas tellement absolues que, dans certains cas, elles ne cessent d'avoir effet. La loi du 31 mai 1846 a déterminé elle-même ces cas exceptionnels ainsi qu'il suit.

111.—1° Le transport des quantités de sucre de toute nature de vingt-cinq à cinquante kilogrammes, enlevé chez les marchands en détail, peut être effectué avec un simple laissez-passer. — L. 31 mai 1846, art. 15.

112.—2° Au-dessous de vingt kilogrammes, les quantités qui ne sont enlevées ni des fabriques ni des magasins d'un fabricant peuvent circuler sans expédition. — *Ibid.*

113.—3° La circulation des sucres raffinés en pains, en candis, libérés d'impôt, enlevés de tout autre lieu que d'une fabrique ou d'un magasin appartenant à un fabricant, a lieu sans acquit-à-caution. — *Ibid.*, art. 16.

114.—4° La circulation des sucres de toute espèce, et quelle qu'en soit l'origine, demeure affranchie de toute formalité dans l'intérieur des villes assujetties à un droit sur les boissons au profit du Trésor perçu à l'effectif aux entrées, et dans lesquelles il n'y a pas de fabrique de sucre, sans préjudice des obligations imposées à la circulation dans le rayon des douanes. — *Ibid.*, art. 17.

115. — Au surplus, la circulation des sucres n'est soumise dans le rayon des douanes qu'aux formalités qu'exige cette administration.

116.—Les dispositions de la loi du 31 mai 1846 et de l'ordonnance du 29 août 1846 s'appliquent à la circulation des glucoses granulées comme à celle des sucres proprement dits.

117.— Toutefois, en ce qui concerne les glu-

coses à l'état de sirop ou à l'état concret, la surveillance de l'administration ne s'exerce que dans un rayon de mille mètres autour de la fabrique.—L. 31 mai 1846, art. 23.

Sect. 4e. — *Entrepôts.*

118.—Les sucres achevés peuvent être déposés avec suspension de paiement de droit dans les magasins appartenant au fabricant dans la commune où est située la fabrique ou dans les communes limitrophes, et dont il doit préalablement faire la déclaration régulière. Le compte de ces magasins est suivi comme ceux de la fabrique, et les mêmes formes sont observées pour les entrées comme pour les sorties. — L. 31 mai 1846, art. 13.

119. — La désignation du local proposé pour l'établissement d'un entrepôt réel, ainsi que le règlement sur son régime intérieur, sont soumis à l'approbation du ministre des finances. — Ordonn. 29 août 1846, art. 27.

120.—Les fabricans qui veulent expédier leurs produits à un entrepôt réel de sucres indigènes sont tenus de se munir d'un acquit-à-caution à destination dudit entrepôt. Les droits sont acquittés à la sortie des sucres de l'entrepôt, ou, au plus tard, après un séjour de trois ans. — Ordonn. 29 août 1846, art. 28.

121. — Il peut en outre exister des entrepôts réels publics, dont les frais de perception et de surveillance demeurent à la charge de l'État, conformément à l'article 11 de la loi du 11 août 1839. — L. du 31 mai 1846, art. 21.

122. — Antérieurement à la loi du 31 mai 1846, deux ordonnances royales, l'une du 7 août 1843 (art. 4), l'autre du 14 août 1845 (art. 7), avaient déjà créé deux entrepôts publics réels pour les sucres, la première à Paris, la seconde à Lille. — L'article 21 de la loi du 31 mai 1846 a confirmé leur existence.

123. — Et le même article ajoute : « Il pourra en être établi dans toutes les villes qui en feront la demande en prenant l'engagement de pourvoir à tous les frais, conformément à l'article 10 de la loi du 27 févr. 1832.

Sect. 5e. — *Pénalités.*

124. — Sont et demeurent saisissables tous les sucres, sirops et mélasses recélés dans la fabrique ou ses dépendances, ainsi que ceux appartenant aux fabricans, qui sont trouvés dans des magasins ou dépôts non déclarés, soit dans la commune où est située la fabrique, soit dans les communes limitrophes. — L. 31 mai 1846, art. 14.

125. — Tout fabricant qui, sans avoir fait plomber les colis à l'avance, a expédié des sucres avant l'heure fixée pour l'enlèvement, est, indépendamment de l'amende, tenu de payer le droit sur la quantité totale au taux du tarif pour le sucre supérieur ou deuxième type, s'il ne raffine pas, ou au taux fixé pour les sucres en pain mélis ou quatre cassons, s'il est en même temps raffineur, à moins que le fabricant ne justifie que le sucre enlevé était de qualité inférieure.— Ordonn. du 29 août 1846, art. 24.

126. — La peine encourue en cas de non rapport du certificat de décharge d'un acquit-à-caution n'est que du simple droit à titre d'amende payé au lieu du double, lorsque déjà un droit a été payé par l'expéditeur ou constaté à son compte. — L. 31 mai 1846, art. 19.

127. — Au résumé, toute infraction aux dispositions de la loi du 31 mai 1846 est punie d'une amende de 100 francs à 1,000 francs et de la confiscation des sucres, glucoses, sirops et mélasses enlevés ou transportés en fraude. En cas de récidive, l'amende peut être doublée. — L. 31 mai 1846, art. 26.

128. — Pareillement, toute infraction aux dispositions de l'ordonnance réglementaire, du 29 août 1846, est, conformément aux articles 26 et 28 de la loi du 31 mai 1846, punie d'une amende de 100 à 1,000 francs et de la confiscation des sucres, glucoses, sirops et mélasses fabriqués, recélés, enlevés ou transportés en fraude. — En cas de récidive, l'amende peut être doublée. — Ordonn. du 29 août 1846, art. 39.

SUGGESTION.

1. — C'est, dans le sens littéral, l'action d'informer, d'instruire, d'inspirer, de faire ressouvenir, de conseiller. C'était tout ce que signifiait ce terme dans le droit romain. — Merlin, *Rép.*, vo *Suggestion.*

2. — Dans notre jurisprudence, ce mot, appliqué aux actes de libéralité, se prend toujours en mauvaise part; il se dit des manœuvres au moyen desquelles on surprend la volonté d'un donateur ou d'un testateur, en lui inspirant une disposition différente de celle qu'il avait en vue.

3. — Le mot *suggestion* est ordinairement joint à celui de *captation.* — V. CAPTATION.

4. — Quant aux effets de la captation et de la suggestion pratiquées au sujet des actes de libéralité, V. DISPOSITIONS A TITRE GRATUIT, nos 248 et suiv. et 386.

SUICIDE.

1. — Le suicide est le meurtre de soi-même.

2. — Le suicide a été diversement apprécié par la législation et les mœurs selon les temps, les peuples, les principes de philosophie prédominans, et même selon sa cause déterminante.

3. — Cependant la tendance la plus générale semble avoir toujours été de le considérer comme un acte immoral, et, dès lors, de le flétrir; mais les mœurs ne paraissent pas avoir fidèlement obéi à cette impulsion des principaux philosophes tant anciens que modernes, et peut-être encore aujourd'hui l'opinion se montre-t-elle trop indulgente pour une action qui n'est, en définitive, qu'un acte de révolte contre la religion et la nature.

4. — Chez les Hébreux, on refusait la sépulture aux corps des suicidés. — Josèphe, *De Bello Judaïco*, lib. 3, ch. 25.

5. — Chez les Grecs, le suicide qui avait pour cause, non un ordre du magistrat, ni le désir d'éviter l'ignominie, mais la faiblesse, était puni; on flétrissait le cadavre du suicidé. — Platon, *Lois*, liv. 9, p. 385; Aristote, *Ethic. Nicom.*, l. 5, c. 15. — La loi de Platon, dit Montesquieu (*Esp. des lois*, t. 3, p. 9), était formée sur les institutions lacédémoniennes, où les ordres du magistrat étaient totalement absolus, où l'ignominie était le plus grand des malheurs, et la faiblesse le plus grand des crimes. »

6. — Au temps de la République, il n'y avait pas de loi, à Rome, qui punît ceux qui se tuaient eux-mêmes. « Cette action, dit Montesquieu (*loc. cit.*), est, chez les historiens, toujours prise en bonne part, et l'on n'y voit jamais de punition contre ceux qui l'ont faite. Du temps des premiers empereurs, les grandes familles de Rome furent sans cesse exterminées par des jugemens, la coutume s'introduisit de prévenir la condamnation par une mort volontaire. On y trouvait un grand avantage. On obtenait l'honneur de la sépulture, et les testamens étaient exécutés. *Eorum qui de se statuebant*, dit Tacite, *humabantur corpora, manebant testamenta, pretium festinandi.* »

7. — Mais, plus tard, la loi romaine absolvant dans le cas où la loi grecque condamnait, et condamnant lorsque l'autre absolvait, fit une distinction : Ou bien le suicide avait pour cause le dégoût de la vie, une douleur cuisante, une impression morale exaltée, et alors il était plutôt glorifié que blâmé (D., L. 6, § 7, *De re militari*); ou bien il n'avait eu pour but que d'échapper à une poursuite criminelle, et il était puni de la confiscation; la loi voyait, dans cet acte, un aveu explicite du crime dont le suicidé était accusé et le condamnait plutôt peut-être à raison de ce crime que pour le suicide. — D., L. 3, *De bon. eor. qui antè*, et L. 1re, § 22, *De sen. cons. Silaniano.*

8. — « La loi romaine, dit encore Montesquieu (*loc. cit.*), abandonnait toutes ces belles idées de la loi de Platon : elle n'était qu'une loi fiscale; aussi, suivant cette loi, la confiscation ne pouvait-elle être prononcée qu'autant que le crime pour lequel le suicide avait eu lieu aurait pu entraîner la peine de mort ou celle de la déportation. — D., L. 3, § 1er, *De bon. eor. qui antè sententiam mortem sibi consciverant.*

9. — Les héritiers du suicidé pouvaient toujours prouver l'innocence de leur auteur; s'ils le faisaient, il n'y avait plus de peine à prononcer. — V. Damhouderius, *Praxis crim.*, cap. 88, nos 2 et 3.

10. — Le droit canonique considéra le suicide comme un homicide criminel : « *Est vere homicida et reus homicidii cum se interficiendo innocentem hominem interfecerit.* » — Can. 12, caus. 23, quest. 4. — En conséquence, l'Église refuse la sépulture chrétienne, ainsi que ses prières à celui qui s'est donné la mort : « *Placuit ut qui sibi ipsis voluntariè violentam inferunt mortem, nullo prorsus pro illis in oblatione commemoratio fiat, neque cum psalmis ad sepulturam eorum cadavera deducantur.* — Can. 12, *loc cit.*

11. — ... Pourvu, toutefois, qu'il eût eu la conscience de son action : « *Secùs dicendum est de his qui per furorem vel insaniam sibi mortem consciverunt; hi enim qui nesciunt quid agant et satis furore puniantur culpâ vacant.* » — Can. *Si quis insaniens*, 15, quæst. 1o.

12. — La législation subséquente s'est empreinte de cette sévérité, et si les Capitulaires de Charlemagne permettaient en faveur du suicidé et les aumônes et les prières, d'un autre côté, ils prohibaient les pompes et le service de l'Église : « *De eo qui semetipsum occidit, aut laqueo se suspendit, consideratum est ut si quis compatiens eleemosynam dare tribuat et orationes in psalmodiis faciat. Oblationibus tamen et missis ipsi caveant.* » — Baluze, *Capit.*, L. 6, cap. 70. — « *Quia*, est-il dit, pour expliquer cette distinction, *incomprehensibilia sunt judicia Dei, et profunditatem consilii ejus nemo potest investigare.* »

13. — Dans ses établissemens (C. 88, année 1260), saint Louis ordonna que les meubles du suicidé et ceux de sa femme appartinssent au baron. — Merlin, *Rép.*, vo *Suicide.* — « Se il avenoit, y était il dit, que aucuns hons se pendist, ou noiast, ou s'occist en aucune manière, li meubles seraient au baron et aussi ceux de la fame. »

14. — La Coutume de Bretagne voulait même que son corps fût pendu et traîné. — Ancienne Cout., art. 586, et nouv. Cout., art. 531.

15. — Il paraît que dans le parlement de Toulouse, on faisait la même distinction que le droit romain. — Bretonnier, obs. sur Henrys.

16. — L'ord. de 1670 (tit. 22, art. 1er) portait que, dans le cas d'homicide de soi-même, le procès serait fait contre le cadavre, pour rechercher si le suicide n'était point le résultat de la démence. S'il était établi qu'il avait été commis volontairement et avec connaissance, le corps du coupable devrait être traîné sur une claie, la face tournée contre terre, puis pendu par les pieds et jeté à la voirie ou enterré sous la potence (Muyart de Vouglans, p. 183 et 185); l'exécution avait lieu par effigie sur un mannequin. En outre, les biens du suicidé étaient confisqués; mais cette peine n'était prononcée que par quelques Coutumes. — Jousse, *Mat. crim.*, t. 4, p. 131.

17. — Si les coupables étaient nobles, on les dégradait de noblesse, eux et leurs descendans; leurs armoiries étaient brisées, leurs bois coupés et leur nom supprimé. — Jousse, Ord. de 1670, t. 22, art. 3. — V. aussi Serpillon, t. 2, p. 960; Loysel, L. 6, tit. 2, reg. 28.

18. — La tentative de suicide était considérée et punie comme homicide volontaire. *Punitur tamen perindè ac si delictum consummasset.* — Jul. Clarus, *Quæst.* 68, no 37.

19. — D'après Valère Maxime, l'autorité publique, à Marseille, tenait en réserve des poisons qu'elle remettait à ceux qui, dégoûtés de la vie, lui venaient dévoiler les motifs qui les engageaient à vouloir s'en affranchir, et lorsqu'elle jugeait ces motifs de nature à autoriser un pareil sacrifice. — M. Delangle (*Voyage en Espagne*, 6e édit.), qui rapporte ce passage de Valère Maxime, ajoute que les Espagnols regardent un suicide comme une spéculation; qu'ils trouvent aussi simple d'aller chercher le bonheur dans l'autre monde que d'aller tenter fortune dans le nouveau. — Carnot, *Code pénal*, art. 295, no 15.

20. — Toutes les dispositions répressives ont cessé d'être en vigueur avec la législation criminelle abolie en 1791; aujourd'hui, aucune peine n'est prononcée chez nous contre le suicide; aucun texte de loi ne l'incrimine, et on ne pourrait dès lors le faire rentrer dans aucune des catégories du crime de meurtre ou d'assassinat, ni le soumettre à aucune répression. — Rauter, *Droit crimin.*, t. 2, no 441; Carnot, *Code pénal*, art. 295, no 14; Merlin, *Quest.*, vo *Suicide*, § 1er.

21. — M. Taillandier (*Lois pénales de France et d'Angleterre*, p. 47) applaudit à ce résultat. « Je sais, dit-il, que le suicide a été longtemps le sujet d'une peine en France, et l'est encore en Angleterre. Mais une punition infligée à un corps dépouillé de la vie est trop contraire à la morale pour qu'il soit possible de penser qu'on songe à l'introduire de nouveau aujourd'hui, et même à la maintenir dans une législation raisonnable. L'impossibilité où l'on se trouve de punir ce délit, a dû le faire abandonner à la connaissance de la justice suprême que l'on a pu outrager, mais qui assurément n'a pas besoin de la vengeance des hommes. »

22. — Toutefois, M. le procureur général Dupin disait dans un réquisitoire dont nous citerons plus bas un extrait : « Le suicide est un crime que les lois anciennes réprimaient et dont la punition avait de salutaires effets; car tel qui eût fait bon marché de sa vie s'arrêtera devant une idée de respect pour son cadavre et devant la crainte de voir son corps voué à l'ignominie : « Il faut re-» connaître ce qu'il y avait de bon chez les an-» ciens; c'était là une puissante intention. »

23. — MM. Chauveau et Hélie (t. 5, p. 225), examinant la question à un point de vue théorique et pratique, s'expriment dans des termes que nous aimons à reproduire : « Faut-il, disent-ils, regretter sous certains rapports cette abolition de l'ancienne législation? Une disposition répressive, en flétrissant le suicide, aurait-elle pour effet d'en réfréner les actes? Nous ne possédons aucun document précis qui nous permette de déterminer avec justesse quelle a pu être l'influence des anciennes lois sur les mœurs. Ce n'est donc qu'à l'aide d'inductions et de probabilités qu'on peut chercher à apprécier quels seraient les effets d'une pénalité appliquée au suicide. — En général, il ne faut pas se dissimuler que l'incrimination légale n'aurait qu'une puissance incertaine et souvent méconnue; les passions et les affections morales qui poussent au suicide sont souvent plus fortes que l'autorité des lois. La religion seule a le pouvoir d'entraîner la volonté parce qu'elle commande aux passions; sa voix parle assez haut, même au milieu des tempêtes de l'âme, pour en apaiser les soulèvemens. — Cependant, ne nous hâtons pas de proclamer toute disposition impuissante et stérile : l'inscription du suicide parmi les délits aurait déjà un avantage, celui d'édicter une haute leçon, un avertissement moral pour les peuples. Et qui sait si cette salutaire flétrissure ne détournerait pas de son accomplissement quelques esprits momentanément égarés? N'empêchât-elle qu'une seule mort volontaire, la loi serait-elle inutile? Quelle voix oserait s'élever pour le dire ?....

24. — » Mais, ajoutent-ils, si la difficulté n'est pas dans l'incrimination, elle est dans le choix et dans l'application d'une pénalité. Nos lois ont répudié la confiscation, qui, pour atteindre l'agent, frappait sa famille, et nos mœurs ne toléreraient plus ces supplices que la loi infligeait alors aux cadavres, lorsqu'elle ne pouvait plus se prendre aux coupables eux-mêmes. La punition ne pourrait donc être, en définitive, qu'une flétrissure publique; mais quel serait l'effet de ce blâme dépourvu de sanction, de cette infliction morale prononcée sur une tombe? La conscience publique qui réprouve cette fatale maladie du suicide, approuverait-elle le châtiment? Et puis, il faut bien remarquer que tous ceux qui attentent à leur vie n'obéissent pas à une immorale impulsion. La statistique criminelle attribue le tiers des morts volontaires à des maladies cérébrales dont le suicide est l'un des symptômes ou l'un des effets. Il serait donc nécessaire, dans le système de la répression, qu'une enquête solennelle, à chaque mort volontaire, vînt éclairer et recueillir les causes de la détermination de l'agent et l'état de sa raison au moment même de cette détermination. Or, quelle incertitude dans une telle investigation! Quels vagues moyens d'instruction pour arriver à flétrir une vie peut-être pure! Telles sont les difficultés qui nous semblent environner cette question; nous faisons des vœux pour qu'elles ne restent pas insolubles! »

25. — Ainsi que nous l'avons indiqué plus haut, le suicide est encore, en Angleterre, l'objet de dispositions répressives. — Montesquieu (t. 1er, p. 401) dit à ce sujet : « Nous ne voyons pas dans les histoires que les Romains se fissent mourir sans sujet, mais les Anglais se tuent sans qu'on puisse imaginer ce qui les y détermine; ils se tuent même au sein du bonheur.... Cette action est chez eux l'effet d'une maladie, tient à l'état physique de la machine, et est indépendante de toute autre cause.... Il est clair que les lois civiles de quelques pays ont eu des raisons pour flétrir l'homicide de soi-même, mais en Angleterre on ne peut pas plus le punir qu'on ne punit les effets de la démence. »

26. — Le suicide ne constituant aucun crime dans l'état de la législation actuelle, la *complicité* de suicide peut-elle former la matière d'une accusation? — La négative n'est pas douteuse si le prétendu complice est resté dans les termes d'une simple assistance, s'il n'a fait que provoquer la victime, l'aider dans ses préparatifs, lui fournir des instrumens de mort, etc. Evidemment, quelle que soit l'immoralité d'un pareil acte, aucune peine ne peut lui être appliquée. — *Cass.*, 27 avril 1815, Lhuillier; 16 nov. 1827, Lefloch. — Rauter, *Dr. crim.*, t. 2, n° 442; Carnot, *C. pén.*, art. 295, n° 17.

27. — Mais il en serait autrement d'une coopération active; alors, il n'y a réellement plus complicité; et celui qui consent à servir d'instrument au suicide, qui, sur la prière ou l'ordre de la victime, porte lui-même le coup mortel, commet un véritable meurtre, puisque, dans son acte, se réunissent les deux seules conditions constitutives de ce crime, la *volonté* et l'*homicide*. — Carnot, *C. pén.*, art. 295, n° 17.

28. — Ainsi, l'action par laquelle une personne donne volontairement la mort à autrui constitue un homicide volontaire ou meurtre, et non une complicité de suicide, quoique la mort ait été donnée du consentement, par la provocation, ou même par l'ordre de la personne homicidée. — *Cass.*, 14 juin 1816, Denoch; 16 nov. 1827, Lefloch; 23 juin 1838 (t. 2 1838, p. 17), Copillet.

29. — ... Et même si le jury, interrogé sur le point de savoir si l'accusé est coupable d'un homicide volontaire, a répondu : « *Oui, l'accusé est coupable, mais sur la demande de l'homicidé,* » ces derniers mots ajoutés par le jury doivent être considérés comme non avenus, et l'accusé est passible des peines du meurtre. — *Cass.*, 16 nov. 1827, Lefloch.

30. — Il en est de même des blessures faites du consentement du blessé : elles n'échappent point à l'action de la loi pénale. — *Cass.*, 13 août 1813, Mongenot; 2 août 1816, Leruth; 2 juill. 1835, Roubignac. — Carnot, *C. pén.*, art. 295, n° 17.

31. — La jurisprudence de la Cour de cassation se fonde sur ce que l'homicide ne cesse d'être considéré crime ou délit que lorsqu'il a été le résultat du commandement de la loi et de l'autorité légitime, ou de la nécessité actuelle de la légitime défense de soi-même ou d'autrui; qu'il n'est excusable que dans les cas prévus par les art. 321 et 322 du Code pénal; que les lois qui protégent la vie des hommes sont d'ordre public, et ne peuvent, par conséquent, être atteintes par les conventions particulières; qu'ainsi, la provocation, l'ordre ou le consentement de l'homicidé sont sans valeur légale et ne constituent d'ailleurs ni un fait d'excuse, ni une circonstance exclusive de criminalité. — *Cass.*, 16 nov. 1827, Lefloch.

32. — La même décision est applicable au *double suicide*, c'est-à-dire à l'homicide, résultant de la convention arrêtée entre deux individus d'attenter à la vie l'un de l'autre; car, ainsi que le dit la Cour de cassation : « Il n'y a de suicide que dans le sacrifice qu'on fait de sa propre vie, et ce sacrifice ne donne pas le droit de disposer de la vie d'autrui. » — *Cass.*, 23 juin 1838 (t. 2 1838, p. 17), Copillet.

33. — Cette décision est intervenue par suite du pourvoi dirigé contre une ordonnance de non-lieu, motivée sur ce qu'il y avait *suicide conventionnel*. — « Le *suicide conventionnel*, disait M. le procureur général Dupin, lors de l'arrêt précité du 23 juin 1838, c'est la première fois qu'on voit un pareil pacte consacré par la justice! L'histoire ancienne nous apprend que les maîtres abusaient de leur puissance sur leurs esclaves pour leur dire : « *Tuez-moi!* » Mais il y avait là une raison d'obéissance contraire sans doute à la morale, mais qui ne blessait ni les idées religieuses des païens, ni leurs lois. Ici, c'est un homme libre, indépendant, qui accepte la mission de donner la mort à son semblable, et un pareil acte serait licite, parce qu'on aurait dit : « *Tuons-nous!* » et non pas : « *Tuez-moi!* » Ce serait là, suivant l'ordonnance, un double suicide! On le concevrait si chacun avait tiré sur soi, mais ici rien de semblable : c'est le même individu qui a tiré simultanément sur les deux. Serait-il vrai que la tentative de suicide justifierait le meurtre? Mais on voit tous les jours celui qui a tué chercher à se donner la mort. Si, lorsqu'il s'est frappé mortellement, la justice reste inactive, c'est qu'on ne fait pas de procès aux cadavres! Mais le fait n'en reste pas moins avec la qualification qui lui appartient, et, s'il a survécu, la justice est saisie. — Comment, d'ailleurs, pourrait-on invoquer la convention que sanctionne l'ordonnance? Est-ce qu'une pareille convention n'est pas réprouvée par la morale et par la loi? Il n'y a de meurtre excusable que dans les cas positivement prévus par la loi, et l'homicide ne cesse d'être un crime ou un délit que lorsqu'il est commandé par la loi ou par l'autorité légitime. Or, nous ne nous trouvons dans aucun de ces cas. »

34. — Toutefois, la doctrine de la Cour de cassation sur le meurtre conventionnel est vivement combattue par les auteurs de la *Théorie du Code pénal* (t. 5, p. 234 et suiv.). — « En réalité, disent-ils, la loi n'a pas prévu l'homicide commis sur l'ordre de la victime. Faut-il induire de ce silence une assimilation que la raison repousse et que rejettent les motifs et l'esprit même de la loi? Nous ne le pensons pas. L'homicide n'est pas un assassinat; car il manque à cette action la condition essentielle du crime, la volonté criminelle, l'intention de nuire. L'agent a la volonté de tuer, mais sans fraude et sans violence. Il prête une main aveugle à un désir insensé; mais il n'est coupable que de céder à ce désir : il *tue*, mais il *n'assassine pas*. Cet acte est-il punissable? Nous pensons qu'il doit l'être; car l'homme n'a jamais le droit d'attenter à la vie de l'homme, si ce n'est dans le cas de légitime défense ou de commandement de la loi; car l'ordre social est profondément troublé par ces attentats; car la société doit à l'homme lui-même de le protéger contre les égaremens de sa propre volonté, lorsqu'elle en a le pouvoir. — Mais cet homicide doit former un délit distinct et séparé, soit dans l'intérêt de la justice morale qui veut une distribution des châtimens; soit dans l'intérêt de la répression elle-même, qui trahit les commandemens de la loi lorsque la peine cesse d'être en rapport avec la gravité du crime. C'est donc une lacune que nous signalons dans la législation pénale.... »

35. — Cette conclusion nous paraît inadmissible et venir se briser contre l'inflexible et non équivoque définition de la loi qui exige uniquement pour caractériser le crime de meurtre la *volonté* et l'*homicide*, et contre les raisons si puissantes données par la Cour de cassation et par M. le procureur général : il ne faut donc pas dire qu'il y a lacune dans la loi. Sans doute il pourra se présenter des cas où son application serait rigoureuse; mais la faculté laissée aux juges ou jurés d'admettre des circonstances atténuantes et d'abaisser la peine de deux degrés permettra le plus souvent de mesurer d'une manière équitable la répression à l'infraction.

36. — Nous devons ajouter toutefois que les législations étrangères paraissent, en grand nombre, avoir prévu spécialement et distinctement le cas d'homicide commis du consentement de la victime. En Russie, ce fait est puni de la réclusion dans un fort ou dans une maison de correction de six à dix années. — Art. 834. — Au Brésil, de deux à six ans d'emprisonnement. — Art. 196. — Dans la Louisiane de trois à six ans de la même peine. — Art. 548. — En Angleterre, l'homicide conventionnel est assimilé à l'homicide ordinaire.

37. — Dans tous les cas, MM. Chauveau et Hélie sont eux-mêmes d'avis que le meurtre conventionnel devrait être puni comme le meurtre ordinaire, si le consentement de la victime avait été surpris par dol ou arraché par la violence. — Alors, évidemment, il n'y aurait plus consentement, et aucune raison ne subsisterait plus pour faire douter de la criminalité de l'acte.

38. — Remarquons encore que la convention intervenue entre l'agent et l'homicidé ne saurait constituer la préméditation ou le guet-apens; car si le mot préméditation indique que le projet a été conçu, arrêté d'avance dans l'esprit du meurtrier, la raison ajoute qu'il ne peut s'appliquer qu'à un dessein inconnu de la victime, tenu soigneusement secret, et le mot *guet-apens* qui s'y trouve réuni d'une manière en quelque sorte inséparable, n'a peut-être d'autre objet, par les pensées d'embûches et de trahison qu'il suggère, que d'en déterminer ainsi le sens. — Morin, *Dict. de droit crim.*, v° *Suicide*.

39. — Si l'individu, sur la personne duquel un tiers cédant à ses provocations, a tenté un homicide, échappe à la mort, pourra-t-il être poursuivi comme complice de l'auteur de la tentative, considéré, ainsi que nous venons de le voir, comme auteur principal? Certainement non, car ce serait le punir comme complice d'une action qu'il pourrait commettre lui-même sans encourir de châtiment. — Rauter, *Dr. crim.*, t. 2, p. 442.

SUIF.

1. — Etablissemens consacrés à la fabrication du suif brun. — Fonderies de suif en branches à feu nu. — Fabriques de suif d'os. — 1re classe des établissemens insalubres.

2. — Les fonderies de suif au bain-marie ou à la vapeur ne sont rangés que dans la deuxième classe. — V. ÉTABLISSEMENS INSALUBRES (nomenclature).

3. — Les fondeurs de suif sont imposés, comme

patentables, à un droit fixe de 10 fr. pour cinq ouvriers et au-dessous, et 3 fr. par chaque ouvrier en sus, jusqu'au maximum de 100 fr.; le droit proportionnel est du 20e de la valeur locative de l'habitation et des magasins de vente complétement séparés de l'établissement industriel, et du 25e de cet établissement.

4. — Marchands en gros de suif fondu. — Patentable de 1re classe; — droit fixe basé sur la population, — droit proportionnel du 15e de la valeur locative de l'habitation et des lieux servant à l'exercice de la profession.

5. — Marchands en demi-gros de suif fondu; — marchands en détail; — marchands de suif en branches. — Patentables, les premiers de 2e classe, et les deux derniers de 4e classe; — même droit fixe que les précédens, sauf la différence de classe; — droit proportionnel du 20e de la valeur locative de l'habitation et des lieux servant à l'exercice de la profession. — V. PATENTE.

SUISSE.

1. — Les anciens traités, notamment ceux des 9 mai 1715, 7 déc. 1771 et 28 mai 1777, intervenus entre la France et les Suisses et leurs alliés, portent et confirment l'exemption réciproque, pour les meubles et les immeubles, des droits d'*aubaine*, de *détraction* ou *traite foraine*. On lit même dans l'art. 24 du traité du 9 mai 1715 que les Suisses étaient censés *regnicoles*.

2. — Les traités des 2 août 1798, 30 mai 1799 et 4 vend. an XII (27 sept. 1803), passés avec toute la Confédération suisse, ont confirmé avec extension les traités qui précèdent.

3. — Le traité du 4 vend. an XII se composait de deux parties bien distinctes. L'une a été imprimée au *Bulletin des lois*, et nous en examinerons les dispositions; l'autre, non imprimée au *Bulletin des lois*, et qui faisait l'objet principal de ce traité, était relative à l'alliance défensive entre la France et la Suisse. Il importe de faire cette remarque, pour éviter toute incertitude sur l'étendue et les effets de la déclaration que la Suisse aurait faite, comme nous l'apprend M. Rossi dans un article *sur l'exécution des jugemens prononcés par les tribunaux étrangers*, imprimé dans les *Annales de législation et de jurisprudence* (année 1821, t. 2, p. 59), qu'elle cessait de reconnaître le traité du 4 vend. an XII. Il est certain que cette déclaration ne pouvait concerner que la partie du traité non imprimée au *Bulletin des lois*. Les dispositions des articles imprimés ont été en effet constamment appliquées, ainsi que nous l'apprend encore M. Rossi (*loc. cit.*). Elles sont donc demeurées en vigueur et ont continué d'être la règle des tribunaux français. C'est ce qui ne saurait paraître douteux, surtout en présence de l'ordonnance de 1828, confirmative, comme nous le verrons ci-après, de ces dispositions et des nombreuses décisions auxquelles elles ont servi de base. — V. aussi, sur ce point, Toullier, t. 10, no 89.

4. — Voyons maintenant quelles sont les dispositions imprimées du traité du 4 vend. an XII. Après avoir, dans les art. 9, 10 et 11, accordé aux Suisses le droit d'exportation et d'importation relativement à certaines denrées territoriales, en les affranchissant de toute espèce d'impôt, ce traité ajoute (art. 12) : « Les citoyens des deux Républiques seront respectivement traités, sous le rapport du commerce et des droits d'importation, d'exportation et de transit, sur le même pied que ceux des nations les plus favorisées; et il sera fait, dans le plus court délai possible, un règlement commercial qui sera ajouté au présent traité en forme d'articles supplémentaires. Il ne pourra être exigé des Français qui formeront un établissement en Suisse, ou qui voudraient y exercer un genre d'industrie que la loi permet aux nationaux, aucun droit ou condition pécuniaire plus onéreux qu'on ne l'exige pour l'établissement des nationaux eux-mêmes. Ils pourront aller et venir en Suisse, munis de passeports en forme, et s'y établir, après avoir produit à la légation française en Suisse des certificats de bonne conduite et mœurs, ainsi que les autres attestations nécessaires pour obtenir d'être immatriculés. On suivra, à l'égard de leurs personnes et de leurs propriétés, les mêmes lois et usages qu'envers les nationaux. Les Suisses jouiront en France des mêmes avantages. »

5. — Il résulte de cet article que les Suisses jouissent en France des mêmes droits que les regnicoles, en tant que l'exercice de ces droits n'est pas attaché exclusivement à la qualité de citoyen français. — Legat, *Code des étrangers*, p. 284.

6. — Par exemple, un Suisse ne pourrait être témoin en France dans un testament, la loi du 25 vent. an XI, art. 9, exigeant la qualité de citoyen français dans les témoins aux actes notariés. — V., en ce sens, *Rennes*, 11 août 1809, Vic c. Menard; *Cass.*, 23 janv. 1811, mêmes parties. — Legat, *ubi suprà*. — *Contrà*, Guichard, *Traité des droits civils*, no 218.

7. — Les Suisses devraient être affranchis de l'arrestation provisoire à laquelle sont soumis tous les étrangers non domiciliés en France. Toutefois, Merlin établit, à cet égard, une distinction. Ainsi, selon lui, le juge ne doit pas relâcher le Suisse arrêté en France à la requête d'un créancier français sur le seul fondement qu'il est Suisse. Il ne doit pas, si le Suisse n'excipe pas de l'art. 12 du traité, suppléer pour lui cette exception. Mais il doit lui rendre la liberté, si le Suisse justifie qu'il a rempli la condition de laquelle l'art. 12 du traité fait dépendre le privilége qu'il lui accorde, s'il lui représente la preuve de son immatriculation à la légation helvétique en France. — V. *Quest. de droit*, vo *Etranger*, § 4.

8. — L'art. 13 du traité du 4 vend. an XII règle la compétence des tribunaux à l'égard des Suisses. « Dans les affaires litigieuses, personnelles ou de commerce, porte cet article, qui ne pourront se terminer à l'amiable ou sans la voie des tribunaux, le demandeur sera obligé de poursuivre son action directement devant les juges naturels du défendeur, à moins que les parties ne soient présentes dans le lieu même où le contrat a été stipulé, ou qu'elles ne fussent convenues des juges par devant lesquels elles se seraient engagées à discuter leurs difficultés. Dans les affaires litigieuses ayant pour objet des propriétés foncières, l'action sera suivie devant le tribunal ou magistrat du lieu où ladite propriété est située. Les contestations qui pourraient s'élever entre les héritiers d'un Français mort en Suisse, à raison de sa succession, seront portées devant le juge du domicile que le Français avait en France. Il en sera de même à l'égard des contestations qui pourraient s'élever entre les héritiers d'un Suisse mort en France. »

9. — Cet art. 13 a été textuellement reproduit par le traité conclu entre la France et la Suisse le 18 juillet 1828, ratifié par le roi de France le 17 oct. suivant, et publié le 31 décembre. Ce traité a en outre confirmé les autres dispositions de celui du 4 vend. an XII. Les dispositions de l'article 13 précité font l'objet de l'art. 3 du traité de 1828.

10. — Ce dernier traité ne porte aucune atteinte au droit public de la France, mais assure, au contraire, aux citoyens des deux nations le droit de n'être poursuivi que devant leurs juges naturels, et, par conséquent, ne peut être considéré comme inconstitutionnel. — *Nancy*, 2 avril 1849 (t. 1er 1850, p. 182), Pingeon.

11. — Il a été jugé, conformément aux termes des susdits art. 13 et 3, que les tribunaux français étaient incompétens pour connaître de l'action dirigée par un Français contre un Suisse, à raison d'opérations de commerce. — *Cass.*, 12 nov. 1832 (intér. de la loi), Serrane.

12. — Dans les contestations commerciales entre Français et Suisses, le demandeur est obligé de poursuivre son action devant les juges naturels du défendeur. — *Paris*, 13 avr. 1839 (t. 1er 1839, p. 537), Bourguignon et Hourlier c. Baudin.

13. — Spécialement, les dispositions de l'art. 3 du traité de 1828 sur la compétence respective des juges naturels du défendeur sont applicables aussi bien en matière de lettre de change qu'en toute autre matière. — *Nancy*, 2 avr. 1849 (t. 1er 1850, p. 182), Pingeon.

14. — Elle est également applicable au cas où il s'agit de procéder par voie d'exception en garantie sur une action déjà introduite, comme à celui d'action principale. — Même arrêt.

15. — Les art. 13 et 3 des traités précités, qui contiennent deux exceptions, n'en admettent aucune autre tirée des règles ordinaires de la procédure. — *Paris*, 13 avril 1839 (t. 1er 1839, p. 537), Bourguignon et Hourlier c. Baudin).

16. — Toutefois, ils ne font pas obstacle à l'application des art. 59 et 420 C. proc., lorsque l'un des coobligés à une dette solidaire contractée en France s'y trouve domicilié. — *Bordeaux*, 31 janvier 1832, de Matha-Florida c. Piquet, Meylan et Achard-Gallard.

17. — De même, lorsque des Suisses se sont associés à des Français, et que le siége principal de la société a été fixé en France, les Suisses ne peuvent décliner la juridiction des tribunaux français pour les demandes dirigées contre eux par leurs coassociés, sous prétexte qu'étant défendeurs, ils doivent, aux termes des traités politiques, être poursuivis devant les juges de leur domicile. — *Paris*, 2 juill. 1828, Mabille et Joanni c. Sachet et Morin.

18. — Mais il a été décidé, au contraire, qu'en matière personnelle ou commerciale, les Suisses ne pouvaient être traduits devant les tribunaux français conjointement avec leurs coobligés français. — *Cass.*, 26 août 1835, Piquet c. Matha-Florida.

19. — En conséquence, lorsque le demandeur est lui-même étranger, il n'y a pas lieu d'appliquer la maxime : *Locus regit actum*, et de maintenir la juridiction des tribunaux français. — Même arrêt.

20. — L'exception admise par les art. 13 et 3 des traités de l'an XII et de 1828 pour le cas où les parties sont présentes dans le lieu même où le contrat a été stipulé ne se réalise que lorsque les parties sont présentes au moment où l'action est introduite. — *Nancy*, 2 avril 1849 (t. 1er 1850, p. 182), Pingeon.

21. — Quant à l'exception introduite dans les mêmes articles pour le cas où les parties seraient convenues de juges, elle ne résulte point de ce qu'une lettre de change et son endossement ont été consentis en France par un Suisse; la convention de juges ne saurait s'induire, même implicitement, de ce seul fait. — Même arrêt.

22. — Cependant, il n'est pas nécessaire, pour que la convention de saisir d'une contestation les tribunaux français produise exception, conformément aux art. 13 et 3 des traités des 4 vend. an XII et 18 juill.-31 décemb. 1828, à l'égard des Suisses, au principe qu'ils ne peuvent être traduits que devant leurs juges naturels, que cette convention soit expresse; elle peut aussi être tacite : ce qui a lieu notamment lorsqu'un Suisse traduit par un autre Suisse devant un tribunal français a contesté sur le fond du litige; il n'est plus recevable alors à proposer l'exception d'incompétence en appel. — *Colmar*, 20 déc. 1815; Hoeffly c. Joost.

23. — Le Français qui, dans un compromis fait en Suisse, consent à être jugé en Suisse par des arbitres suisses, se soumet par là même, aux termes des mêmes articles, aux lois et usages établis en Suisse en matière d'arbitrage. — *Paris*, 19 mars 1830, Broye c. Richardet.

24. — Les traités intervenus entre la France et la Suisse affranchissent aussi les Français qui auraient à poursuivre une action en Suisse, et les Suisses qui auraient une action à poursuivre en France, de tous droits, caution ou dépôt, auxquels ne seraient pas soumis les nationaux eux-mêmes, conformément aux lois de chaque endroit. — Traités des 4 vend. an XII, art. 14, et 31 déc. 1828, art. 2.

25. — Par conséquent, les Suisses ne sont pas astreints à fournir la caution *judicatum solvi*. — *Colmar*, 10 janv. 1816, Mettler c. Muller; *Cass.*, 28 déc. 1831, Trimaille c. Durand. — Guichard, *loc. cit.*, no 293.

26. — Il a encore été dérogé par les mêmes traités au principe général consacré par l'art. 2123 du Code civil, à savoir, que les jugemens rendus en pays étrangers ne sont pas exécutoires de plein droit hors des limites du territoire de ce pays. Ces traités disposent, en effet, que les jugemens définitifs en matière civile ayant force de chose jugée, rendus par les tribunaux français, seront exécutoires en Suisse, et réciproquement, après qu'ils auront été légalisés par les envoyés respectifs, ou, à leur défaut, par les autorités compétentes de chaque pays. — Traités des 4 vendém. an XII, art. 15, et 18 juill.-31 déc. 1828, art. 1er. — V., à cet égard, ÉTRANGER.

27. — Les dispositions des traités d'après lesquelles les contrats passés en Suisse peuvent donner hypothèque sur des biens situés en France, ne sont relatives qu'aux contrats intervenus entre des Français et des Suisses. — *Cass.*, 10 mai 1831, Chanson c. de Beesse.

28. — Ainsi, ces dispositions ne peuvent être invoquées par un Milanais qui a contracté en Suisse avec un Français. — Même arrêt. — V. aussi Legat, p. 379.

29. — En cas de faillite ou de banqueroute de la part de Français possédant des biens en France, s'il y a des créanciers suisses et des créanciers français, les créanciers suisses qui se seraient conformés aux lois françaises pour la sûreté de leur hypothèque, seront payés sur lesdits biens comme les créanciers hypothécaires français, suivant l'ordre de leur hypothèque; et réciproquement, si des Suisses possédant des biens dans la république helvétique se trouvaient

avoir des créanciers français et des créanciers suisses, les créanciers français qui se seraient conformés aux lois suisses, pour la sûreté de leur hypothèque en Suisse, seront colloqués sans distinction de leurs créanciers suisses, suivant l'ordre de leur hypothèque. Quant aux simples créanciers, ils seront aussi traités également, sans considérer auquel des deux pays ils appartiennent, mais toujours conformément aux lois de chaque pays. — Traités du 4 vendém. an XII, art. 16, et 18 juill.-31 déc. 1828, art. 4.

30. — Dans toutes les procédures criminelles pour délits graves, dont l'instruction se fera soit devant les tribunaux français, soit devant ceux de Suisse, les témoins suisses qui seront cités à comparaître en personne au tribunal français, et les témoins français qui seront cités à comparaître en personne en Suisse, seront tenus de se transporter près le tribunal qui les aura appelés, sous les peines déterminées par les lois respectives des deux nations. Les passe-ports nécessaires seront donnés aux témoins, et les gouvernemens respectifs se concerteront pour fixer l'indemnité et l'avance préalable qui seront dues à raison de la distance et du séjour. Si le témoin se trouvait complice, il sera renvoyé par-devant son juge naturel aux frais du gouvernement qui l'aurait appelé. — Mêmes traités, art. 17 et art. 6.

31. — Si des Français ou des Suisses déclarés juridiquement coupables, dans leurs pays respectifs, des crimes suivans, savoir : assassinats, empoisonnemens, incendies, faux sur des actes publics et en écriture de commerce, fabrication de fausse monnaie, vols avec violence ou effraction, vols de grands chemins, banqueroute frauduleuse, soustraction de deniers publics, ou qui seraient poursuivis comme tels en vertu de mandats d'arrêt décernés par l'autorité légale, venaient à se réfugier, les Français en Suisse et les Suisses en France, leur extradition sera accordée à la première réquisition. Il en sera de même à l'égard des fonctionnaires ou dépositaires publics poursuivis pour soustraction de fonds appartenant à l'État. Chacun des deux pays supportera jusqu'aux frontières de son territoire les frais d'extradition et de transport. Les choses volées dans l'un des deux pays et déposées dans l'autre seront fidèlement restituées. — Traités du 18 juill. 1828, art. 18, § 1er, et art. 5. — V. EXTRADITION.

32. — Dans les cas de délits moins graves, mais qui peuvent emporter peine afflictive, chacun des deux États s'engage, indépendamment des restitutions à opérer, à punir lui-même le délinquant ; et la sentence sera communiquée à la légation française en Suisse, si c'est un citoyen français, et respectivement à l'envoyé helvétique à Paris, ou, à son défaut, au landamman de la Suisse, si la punition pèse sur un citoyen suisse. — Traité du 4 vendém. an XII, art. 18, § 2.

SUITE (Droit de).

V. HYPOTHÈQUES, PRIVILÉGE.

SULFATES.

1. — Fabriques de sulfate d'ammoniac par le moyen de la distillation des matières animales ; fabriques de sulfate de cuivre au moyen du soufre et du grillage ; — fabriques de sulfate de soude à vases saurets ; — première classe des établissemens insalubres.

2. — Les établissemens destinés à la fabrication à vases clos de sulfate de soude ; — ceux consacrés à la fabrication des sulfates de fer et de zinc, lorsqu'on forme ces sels de toutes pièces avec l'acide sulfurique et les substances métalliques font partie de la deuxième classe.

3. — Quant aux fabriques de sulfate de cuivre au moyen de l'acide sulfurique et de l'oxyde de cuivre ou du carbonate de cuivre ; — aux établissemens destinés au raffinage du sulfate de potasse, — et à ceux dans lesquels s'opère soit l'extraction des sulfates de fer et d'albumine dans les matériaux qui les contiennent tout formés, soit la transformation du sulfate d'albumine en alun, — ils ne font rangés que dans la troisième classe. — V. ÉTABLISSEMENS INSALUBRES (nomenclature).

SULFURES MÉTALLIQUES.

1. — Établissemens destinés au grillage en plein

air des sulfures métalliques ; — première classe des établissemens insalubres.

2. — Ceux consacrés au grillage des sulfures métalliques dans les appareils propres à tirer le soufre et à utiliser l'acide sulfureux qui se dégage ne font partie que de la deuxième classe. — V. ÉTABLISSEMENS INSALUBRES (Nomenclature).

SUMAC (Marchands de).

Patentables de 6e classe ; — droit fixe basé sur la population, — droit proportionnel du 20e de la valeur locative de l'habitation et des lieux servant à l'exercice de la profession. — V. PATENTE.

SUPERCHERIE.

V. ABUS DE CONFIANCE, ESCROQUERIE, JEU, PARI, TROMPERIE, VOL.

SUPERFICIE.

V. ACCESSION, BAIL, BAIL A CONVENANT, BIENS, ENREGISTREMENT, FORÊTS, MINES, PROPRIÉTÉ, USAGE, USUFRUIT.

SUPERFICIE (Contrat de).

1. — Le contrat de superficie est un contrat par lequel le propriétaire d'un fonds en détache la superficie, pour l'aliéner par vente, échange, legs, donation, ou pour la louer à longues années. Le preneur, dans ce dernier cas, lui paie une redevance qu'on appelle *solarium.*—Troplong, *Louage*, no 30.

2. — Le contrat de superficie était fort usité chez les Romains. On le trouve souvent mentionné dans les textes qui nous restent de leur droit ; il fait même l'objet spécial d'un titre du Digeste, liv. 43, tit. 18. *De superficieb.* — L'état également d'un fréquent usage dans notre droit. *Quo genere contractus hodie utimur frequenter*, disait Cujas, sur la loi 75, ff., *De rei vindic.* — Aujourd'hui, il est presque tombé en désuétude.—Troplong, *Louage*, no 30.

3. — Le bail d'une superficie doit nécessairement être à longues années, c'est-à-dire de plus de neuf ans ; autrement, il ne serait qu'un simple bail à ferme. — *Item vindendum est*, dit Cujas, *an conduc.... ad tempus modicum* ; *is habetur pro nudo conductore, non pro superficiario.* — Sur la loi 74, ff., *De rei vindicat.* — Troplong, *Louage*, no 30.

SUPPLÉANT.

1. — Fonctionnaire auxiliaire institué pour remplacer, en cas d'empêchement, les titulaires de certaines fonctions.

2. — Il existe des suppléans dans l'ordre judiciaire et dans l'ordre universitaire.

3. — Ainsi des magistrats ayant le titre de *juge suppléant* sont institués auprès de tous les tribunaux de première instance. — V. JUGE SUPPLÉANT, ORGANISATION JUDICIAIRE, TRIBUNAL DE PREMIÈRE INSTANCE.

4. — Il en est de même auprès des tribunaux de commerce. — V. ORGANISATION JUDICIAIRE, TRIBUNAL DE COMMERCE.

5. — Et des justices de paix. — V. JUSTICE DE PAIX, ORGANISATION JUDICIAIRE.

6. — Mais il n'y a pas de suppléans dans les juridictions supérieures telles que les Cours d'appel et la Cour de cassation. — V. COUR DE CASSATION, COUR ROYALE, ORGANISATION JUDICIAIRE.

7. — Dans les diverses facultés, les professeurs suppléans concourent à l'enseignement universitaire avec les professeurs titulaires.—V. ÉCOLES, ENSEIGNEMENT, UNIVERSITÉ.

SUPPLÉMENT (Journal).

V. ÉCRITS PÉRIODIQUES, nos 6 et 9.

SUPPLÉMENT DE DROITS.

V. ENREGISTREMENT, TIMBRE.

SUPPOSITION D'ENFANT.

V. ENFANT (Crimes et délits contre l').

SUPPOSITION DE PERSONNE.

V. FAUX, RECRUTEMENT.

SUPPRESSION D'ÉTAT.

V. ENFANT (Crimes et délits contre l'), nos 14 et suiv., 42 et suiv., 61 et suiv., 80 et suiv.

SUPPRESSION DE PART.

V. ENFANT (Crimes et délits contre l').

SUPPRESSION DE TITRES.

V. ABUS DE CONFIANCE PAR SOUSTRACTION DE PIÈCES, TITRES ET MÉMOIRES ; AVEU ; DÉPOSITAIRES PUBLICS, no 35 et suiv. ; DÉPÔT PUBLIC (Enlèvement et destruction de pièces) ; DESTRUCTION DE TITRES ET ACTES ; PREUVE TESTIMONIALE ; QUESTION PRÉJUDICIELLE ; RÉPÉTITION ; VOL.

SURANNATION.

1. — Expiration du délai d'une année pendant lequel seulement certaines lettres ou commissions pouvaient autrefois produire effet. Ce mot vient de ce que, chez les Romains, toutes les commissions étaient annales. — Guyot, *Rép.*, vo *Surannation.*

2. — On appelait lettres de surannation, des lettres qu'accordait le roi pour rendre leur force et leur validité à d'autres lettres surannées. — Guyot, *ibid.*

3. — Le terme de *surannation* avait été étendu aussi à l'expiration de certains délais de procédure, et de certaines prescriptions de courte durée ; enfin à celle de quelques procurations. — C'est à peu près exclusivement dans ces diverses acceptions qu'il est employé aujourd'hui. — V. ACTION POSSESSOIRE, MANDAT, PÉREMPTION D'INSTANCE, PRESCRIPTION.

SURARBITRE.

V. ARBITRAGE.

SURCENS.

1. — On appelait ainsi une prestation ajoutée au cens proprement dit, ou *chef-cens*, établi comme signe représentatif de la seigneurie directe.

2. — Le surcens n'avait que le caractère de rente foncière sujette à prescription ; à moins, toutefois, qu'il n'apparût clairement que l'intention des parties avait été d'en faire un élément du cens récognitif et de lui imprimer ainsi le caractère féodal comme au cens primitif.—Merlin, *Rép.*, vo *Cens*, §7.—V. BAIL A CENS, CENS, GROS CENS, MENU CENS.

SURCHARGE.

1. — C'est la substitution, dans un écrit, d'un mot à un autre, sans néanmoins faire disparaître les traces de celui-ci.

2. — En général, les actes authentiques et les actes publics doivent être écrits sans aucune espèce de surcharge. — V. ACTE AUTHENTIQUE.

3. — D'après l'art. 16 L. 25 vent. an XI, il ne doit point y avoir de surcharge dans les actes notariés, et les mots surchargés sont nuls. De plus, le même article prononce contre le notaire une amende de 50 fr. (réduite à 10 fr.) — L. 16 juin 1824.

4. — Toutefois, il ne faut pas considérer comme surchargés les mots dont quelques lettres seulement ne sont pas nettement écrites par un défaut ou accident de l'encre ou de la plume. — Toullier, t. 8, no 444, note ; Rolland de Villargues, *Rép. du notar.*, vo *Surcharge*, nos 3 et 4. — V., au surplus, ACTE NOTARIÉ, no 323 et suiv.

5. — Outre que, dans un acte notarié, les mots surchargés sont nuls, l'acte entier peut lui-même être nul, au moins comme acte authentique, par la surcharge d'un mot qui est essentiel à sa validité. Tel est le cas où il y a surcharge de la date, du nom d'un témoin instrumentaire dans un testament, etc. — Merlin, *Rép.*, vo *Ratification*, no 9 ; Rolland de Villargues, nos 9 et 10.—V. DATE, TESTAMENT.

6. — S'il était prouvé que la surcharge a eu lieu postérieurement à l'acte, et est étrangère aux parties, il n'y aurait sans doute plus lieu à nullité. Mais alors il s'agirait d'un faux. (C. pén., 145 et 147), et la preuve ne pourrait s'en faire que par une plainte en faux principal ou une inscription de faux incident.—Merlin, *Rép.*, v° *Ratification*, n° 9 ; Rolland de Villargues, *Rép.*, n°° 13 et 14.—V. FAUX, FAUX INCIDENT.

7. — Cependant, lorsque les surcharges ou additions que renferme un acte notarié sont de nature à influer, soit sur les conventions des parties, soit sur la forme substantielle de l'acte, elles peuvent donner lieu à une simple action en nullité, sans qu'il soit nécessaire de prendre la voie de l'inscription de faux.— *Cass.*, 20 févr. 1821, Busseuil c. Bernard.

8. — De plus, en cas de surcharge dans un acte notarié, il peut y avoir lieu à tous dommages-intérêts contre le notaire, et même à destitution, en cas de fraude.— L. 25 vent., an XI, art. 16. — V. NOTAIRE.

9. — Dans les faillites, le procès-verbal de vérification des créances doit mentionner les surcharges qui ont lieu.— C. comm., 495. — V. FAILLITE.

10. — En matière criminelle, les surcharges rentrent dans les termes généraux de *ratures* et de *renvois.* — C. d'instr. crim., 78. — En conséquence la surcharge du mot *oui* non approuvée dans une déclaration du jury, est une cause de nullité de la condamnation et des débats. — *Cass.*, 16 juill. 1825, Valade. — V. COUR D'ASSISES.

11. — La surcharge d'un mot dans la déclaration du jury n'emporte pas nullité lorsqu'elle ne laisse aucun doute tant sur les caractères primitifs que sur ceux qui leur ont été substitués.— *Cass.*, 17 nov. 1827 (t. 2 1848, p. 542), Langaudin.

12. — Il y a lieu d'annuler la réponse du jury lorsque les mots *à la majorité*, bien qu'écrits de la main du jury, ont été tracés au moyen d'une surcharge, laquelle, substituant un mot à un autre, constitue une rature et remplace un renvoi qui aurait dû être approuvé.— *Cass.*, 9 juill. 1846 (t. 1er 1847, p. 407), Guyot.

13. — Bien que les formalités prescrites pour la rédaction des actes publics ne soient pas exigées à l'égard des actes sous seing privé (V. ACTE SOUS SEING PRIVÉ, n°° 36 et suiv.), cependant les mots surchargés qui s'y trouvent peuvent, selon les circonstances, être considérés comme nuls. C'est une question laissée à l'appréciation des juges.—Merlin, *Quest.*, v° *Testament*, § 46.

14.—Ainsi jugé, qu'une surcharge non approuvée dans un devis sous seing privé est nulle, alors surtout que tout annonce qu'elle n'a pas été le résultat d'un consentement réciproque. — *Caen*, 29 janv. 1845 (t. 1er 1845, p. 702), Forget c. Laserre.

15. — Relativement à l'application de l'amende encourue par le notaire, en cas de surcharge, dans les actes qu'il reçoit (V. *suprà*, n° 3), il n'y a que les surcharges réprouvées par la loi, c'est-à-dire celles qui ont pour objet de substituer un mot à un autre, qui puissent constituer une contravention. Ainsi, hors ce cas, la surcharge d'une ou plusieurs lettres insignifiantes n'est qu'une irrégularité qui ne donne pas lieu à l'amende.—*Journ. de l'enregistr.*, art. 4417; Rolland de Villargues, n° 18.

16.—Mais il en serait autrement si la surcharge d'une ou de plusieurs lettres avait pour effet de changer le sens d'un mot précédemment écrit. — Rolland de Villargues, n° 29.

17.—La surcharge de la date donne lieu à l'amende comme les surcharges dans le corps même de l'acte.— *Cass.*, 20 févr. 1816, Allaire.

18.—La surcharge qui existe dans un renvoi approuvé ou dans l'indication des mots rayés, donne lieu à l'amende, de même que si elle se trouvait dans le corps de l'acte.—Rolland de Villargues (n° 24) cite comme conforme un jugement du tribunal de Fontainebleau du 25 nov. 1841.

19.—Il y a également lieu à l'amende lorsque des mots ont été surchargés dans une expédition authentique. — Arg. L. 25 vent., an XI, art. 13.

20.—La surcharge des mots cesse d'être une contravention donnant lieu à l'amende, lorsqu'elle a été approuvée expressément, et alors que les mots ont été reproduits à la marge.—Décis. min. fin., 27 janv. 1817.—Rolland de Villargues, n°° 26 et suiv.—Cependant cette opinion n'est pas adoptée par plusieurs tribunaux de première instance.

21.—Lorsqu'un notaire est passible de l'amende pour surcharge, interligne ou addition dans un acte qu'il a reçu, il n'est dû cependant qu'une seule amende, quel que soit le nombre des contraventions.—*Cass.*, 24 avr. 1809, Claudal.

22.—Mais l'amende est due pour chacun des actes où il y a quelqu'une de ces contraventions, quoiqu'elles aient été constatées par un seul procès-verbal. — *Metz*, 25 janv. 1809, Steimmezt ; *Cass.*, 29 janv. 1812, Estoup.

23.—Il y a même raison de décider relativement aux surcharges existant dans les expéditions délivrées par les notaires. — Rolland de Villargues, n° 33.

V., en outre, ACTE D'ACCUSATION, ACTES DE L'ÉTAT CIVIL, BREVET (acte en), CAPITAINE DE NAVIRE, DATE, DONATION ENTRE-VIFS, EXPLOIT, GARDE FORESTIER, JUGEMENT (mat. crim.), JURY, MARCHÉS DE FOURNITURES, PROCÈS-VERBAUX, RATURE, RÉPERTOIRE, RENVOI (acte de), SAISIE IMMOBILIÈRE, TESTAMENT.

SURCHARGE (Voit. publ.).

V. ROULAGE, VOITURES PUBLIQUES.

SURENCHÈRE.

Table alphabétique.

SURENCHÈRE. — **1.** — C'est une procédure qui a pour but de faire revendre aux enchères et en justice un immeuble précédemment vendu pour un prix qu'on suppose avoir été inférieur à la valeur véritable de cet immeuble.

2.—Il y a deux espèces de surenchères, l'une qui peut être faite après une vente ordinaire d'immeubles dans les quarante jours qui suivent les notifications de purge faites par l'acquéreur. Cette surenchère n'est pas autre chose que l'exercice d'une des prérogatives attachées au droit hypothécaire. C'est un moyen donné aux créanciers inscrits sur l'immeuble de le faire porter à sa juste valeur. Aussi ces créanciers ont-ils seuls le droit de cette surenchère. Le taux de cette surenchère est porté au dixième en sus du prix de la vente.

3.—L'autre surenchère a lieu en matière d'adjudication sur expropriation forcée. Elle doit être faite dans la huitaine de l'adjudication et suivant une forme particulière. Comme les nombreux moyens de publicité que se rattachent à la procédure de saisie immobilière sont une garantie que l'adjudication s'est faite moyennant un prix sérieux, le Code de procédure exigeait qu'en pareil cas la surenchère fût d'un quart en sus du prix. La loi du 2 juin 1841 en a fixé le taux au sixième. D'un autre côté, la surenchère ayant lieu dans cette hypothèse aussi bien dans l'intérêt du saisi que dans celui des créanciers, la loi admet toute personne à surenchérir.

4.—Aux ventes sur expropriation, la loi assimile les ventes sur licitation, les ventes de biens de mineurs et les ventes judiciaires en général.

5.—Les deux surenchères diffèrent encore entre elles en ce que la surenchère du dixième ne peut être faite qu'à la condition de fournir caution, tandis que l'autre peut l'être sur celle du sixième.

6.—En matière de vente d'immeubles dépendant d'une faillite, la loi adopte un système mixte. La surenchère, en pareil cas, doit être portée au dixième ; mais elle est formée suivant les règles de procédure admises pour les ventes forcées.

7.—Il est un principe commun aux diverses surenchères : c'est qu'il est interdit de surenchérir sur le prix d'une adjudication qui est intervenue sur une précédente surenchère. Ce principe a pour but d'empêcher les procédures de s'éterniser par des reventes successives au préjudice des ayans droit. Il y a d'ailleurs une présomption qu'une première surenchère a dû faire porter l'immeuble à sa véritable valeur.

CHAP. Ier. — *Surenchère du dixième* (n° 8).

SECT. 1re. — *Conditions de validité de la surenchère* (n° 8).

§ 1er. — *Par qui et sur quels biens la surenchère peut être formée* (n° 8).

§ 2. — *Délai pour surenchérir. — Forme de la surenchère* (n° 13).

§ 3. — *Taux de la surenchère* (n° 65).

§ 4. — *De la caution ou du nantissement* (n° 92).

SECT. 2e. — *Effets de la surenchère* (n° 122).

SECT. 3e. — *Revente après surenchère* (n° 133).

§ 1er. — *Procédure antérieure à l'adjudication* (n° 133).

§ 2. — *De l'adjudication et de ses suites* (n° 158).

CHAP. II. — *Surenchère du sixième* (n° 181).

SECT. 1re. — *Diverses ventes auxquelles elle s'applique* (n° 181).

SECT. 2e. — *Conditions de validité de la surenchère.* — *Procédure* (n° 197).

CHAP. III. — *Surenchère sur les ventes d'immeubles dépendant d'une faillite* (n° 255).

—

CHAPITRE 1er. — *Surenchère du dixième.*

Sect. 1re. — *Conditions de validité de la surenchère.*

§ 1er. — *Par qui et sur quels biens la surenchère peut être formée.*

8. — Lorsque le nouveau propriétaire a fait la notification de son contrat aux créanciers inscrits, chacun de ces créanciers peut, aux termes de l'art. 2185 du Code civil, requérir la mise de l'immeuble aux enchères à la charge : 1° que cette réquisition sera signifiée au nouveau propriétaire dans quarante jours, au plus tard, de la notification faite à la requête de ce dernier, en y ajoutant deux jours par cinq myriamètres de distance entre le domicile élu et le domicile réel de chaque créancier requérant; 2° qu'elle contiendra soumission du requérant, de porter ou faire porter le prix à un dixième en sus de celui qui aura été stipulé dans le contrat ou déclaré par le nouveau propriétaire; 3° que la même signification sera faite dans le même délai au précédent propriétaire, débiteur principal; 4° que l'original et les copies de ces exploits seront signés par le créancier requérant ou par son fondé de procuration expresse, lequel, en ce cas, est tenu de donner copie de la procuration; 5° qu'il offrira de donner caution jusqu'à concurrence du prix et des charges.

9. — En principe, le droit de surenchérir, en matière de vente volontaire, appartient à tous les créanciers inscrits. — Troplong, *Hyp.*, t. 1er, n° 317; t. 4, n° 932.

10. — Il ne suffit cependant pas, pour avoir le droit de surenchérir, d'être inscrit sur l'immeuble vendu ou adjugé; il faut encore que l'inscription repose sur un titre hypothécaire valable et non éteint, et l'acquéreur de l'immeuble sur le prix duquel la surenchère est formée a qualité pour contester l'hypothèque du surenchérisseur, sans qu'on puisse lui opposer comme emportant déchéance de l'exercice de ce droit la notification qu'il a faite de son contrat à celui dont il attaque l'inscription. — *Caen*, 29 févr. 1844 (t. 2 1844, p. 308), Mesnel c. Pierre.

11. — La surenchère formée en vertu d'un titre prescrit au moment où l'inscription a été prise est nulle. — *Cass.*, 26 mars 1838 (t. 1er 1838, p. 642), Tremoulet c. Bonnet.

12. — L'acquéreur et le vendeur peuvent également contester la validité du titre en vertu duquel un créancier inscrit forme une surenchère. — *Toulouse*, 13 janv. 1837 (t. 2 1841, p. 461), Mouchet c. Vitrac.

13. — Lorsqu'un tiers acquéreur qui n'a pas purgé est sommé de payer les créanciers ou de faire les notifications voulues par la loi, et qu'il prend ce dernier parti, l'un des créanciers inscrits ne peut être déclaré non recevable à surenchérir, sous le prétexte qu'il aurait reçu un à-compte sur sa créance (en se réservant d'ailleurs tous ses droits), et qu'il aurait, par là, acquiescé à la vente. Un tel paiement à compte n'emporte pas novation. — *Paris*, 18 févr. 1826, Bégué c. Bijard.

14. — Le créancier, bien qu'il trouve, dans le prix de la vente, somme suffisante pour se désintéresser, a qualité pour former une surenchère. — *Paris*, 3 févr. 1832, Rossel c. Henry.

15. — Décidé que le droit de surenchère n'est point un droit personnel; il peut être exercé non-seulement par le créancier au nom duquel est prise l'inscription, mais encore par ses cessionnaires ou ayans droit. — Spécialement, l'avoué qui a obtenu distraction des frais de séparation de biens par lui faits dans l'intérêt de la femme, et qui a été subrogé, pour le paiement de ses frais, aux droits résultant de l'hypothèque légale de la femme, a qualité pour surenchérir les immeubles du mari, bien qu'il ne soit pas personnellement inscrit. — *Rouen*, 25 janv. 1838 (t. 2 1838, p. 532), Toutain c. Mouton.

16. — Le créancier chirographaire du défunt qui, conformément à l'art. 2111 du C. civ., a pris inscription sur les immeubles de la succession, acquiert, par cela seul, un droit de suite sur ces immeubles, et peut, conséquemment, les surenchérir en cas de vente. — *Orléans*, 22 août 1840 (t. 1er 1841, p. 197), Boulloy c. Bizot.

17. — Décidé qu'une surenchère est valable, bien que le surenchérisseur agisse, non dans son propre intérêt, mais dans l'intérêt d'un autre créancier dont il est le prête-nom, si, toutefois l'intérêt des tiers n'est pas blessé par ce mode de procéder. — *Cass.*, 6 nov. 1832, Dumiral c. Pouzrat.

18. — Mais la faculté accordée par l'art. 2185 du C. civ. aux créanciers inscrits du vendeur, de surenchérir le prix de l'immeuble vendu, ne peut être exercée par le créancier qui a acheté l'immeuble. — Le créancier acquéreur ne peut aller ainsi contre son propre fait, et détruire, au moyen d'une surenchère, le prix qu'il s'est obligé à faire valoir à l'égard de son vendeur. — *Bordeaux*, 22 juill. 1833, Bazergue c. Espinasse.

19. — La caution d'une obligation inscrite ne peut pas, à ce titre seul de caution et sans avoir été subrogée aux droits du créancier, être admise à surenchérir sur le prix de la vente des biens du débiteur. — *Grenoble*, 8 juill. 1834, Artaud c. Chiffe.

20. — Le droit de surenchérir appartient non-seulement aux créanciers qui ont fait inscrire leur hypothèque avant l'aliénation, mais à ceux qui, profitant du bénéfice de la disposition de l'art. 834 du C. proc., se sont fait inscrire dans la quinzaine de la transcription de l'acte de vente. — V., quant à l'origine de l'innovation apportée par l'art. 834 aux dispositions du Code civil, PURGE DES PRIVILÉGES ET HYPOTHÈQUES, nos 7 et suiv.

21. — Les créanciers privilégiés peuvent également surenchérir lorsqu'ils se sont fait inscrire dans la quinzaine de la transcription. — Même art. 834. — Quant aux vendeurs et aux cohéritiers ou copartageans, leur droit de surenchérir est conservé par l'accomplissement des formalités prescrites par les art. 2108 et 2109 du Code civil, c'est-à-dire par la transcription de l'acte de vente à la requête du vendeur et par l'inscription prise par les cohéritiers ou copartageans dans les soixante jours à partir de l'acte de partage ou de l'adjudication. — Même article.

22. — Le nouveau propriétaire n'est pas tenu de faire aux créanciers dont l'inscription n'est pas antérieure à la transcription de l'acte, les notifications de purge prescrites par les art. 2183 et 2184 C. civ., et dans tous les cas, faute par les créanciers d'avoir requis la mise aux enchères dans le délai et les formes prescrits, le nouveau propriétaire n'est tenu que du paiement du prix, conformément à l'art. 2186 C. civ. — Art. 835.

23. — Il résulte du système adopté par cette disposition que si, par exemple, le nouveau propriétaire avait fait notifier son contrat le 1er mai aux créanciers inscrits avant l'aliénation, le délai commencerait à courir à partir dudit jour même contre un créancier qui ne se ferait inscrire après la transcription que le 10 mai. Ce créancier, auquel notification en doit être faite, n'aurait plus que trente jours au lieu de quarante, pour surenchérir. — Tarrible, *Rép.*, v° *Transcription*, p. 90; Lepage, *Quest.*, p. 561; Carré et Chauveau, quest. 2497; Rogron, p. 1011.

24. — Quant aux femmes et aux mineurs, ils sont, quant au droit de surenchérir, assimilés aux autres créanciers lorsque leur hypothèque a été inscrite avant l'aliénation. Les art. 834 et 835 C. proc. leur deviennent applicables, lorsque l'inscription a eu lieu à leur profit dans la quinzaine de la transcription. Dans ces deux hypothèses, ces incapables ont un délai de quarante jours pour surenchérir à partir de la notification de purge faite par le nouveau propriétaire aux créanciers inscrits avant l'aliénation. — Troplong, *Hypoth.*, t. 4, nos 921 et 982.

25. — Lorsque l'hypothèque légale de la femme ou du mineur n'a été inscrite que dans les deux mois qui suivent l'exposition du contrat prescrite par l'art. 2194 C. civ., c'est dans ce délai de deux mois que la surenchère doit être formée en leur nom. C'est ce qui résulte de l'art. 775 du Code de procédure, suivant lequel l'ordre doit être provoqué par le créancier le plus diligent ou l'acquéreur après l'expiration des trente jours qui suivront les délais prescrits par les art. 2183 et 2194 C. civ., ce qui suppose qu'après le délai de deux mois, tout est consommé : il doit être procédé à l'ordre amiable dans les trente jours qui suivent et à défaut d'ordre amiable, à l'ordre judiciaire après les trente jours. — V. PURGE DES PRIVILÉGES ET HYPOTHÈQUES.

26. — La Cour de Rouen a décidé, mais à tort, que le tuteur peut valablement surenchérir pour le mineur sans autorisation du conseil de famille. — *Rouen*, 6 janv. 1846 (t. 2 1846, p. 102), Anquetil c. Jourdain. — Nous croyons, avec M. Troplong (*Hypoth.*, t. 4, n° 955 *bis*) et Grenier (*Hyp.*, n° 459), que cette doctrine ne peut être admise. En effet, la réquisition de surenchère doit contenir assignation devant le tribunal pour l'admission de la caution. C'est une action qui tient aux droits immobiliers du mineur, puisque, si la caution est rejetée, le créancier mineur se trouve déchu de son action en surenchère, *quæ tendit ad immobile*. Cette action ne peut donc être exercée sans l'autorisation du conseil de famille, aux termes de l'art. 464 C. civ.

27. — Une femme, même séparée de biens, ne peut, sans l'autorisation spéciale de son mari, former une surenchère sur un immeuble qui lui est hypothéqué. — *Cass.*, 14 juin 1824, Assire-Deschamps c. Gresset. — En effet, la surenchère entraînant l'offre de payer une somme d'argent, les incapables ne peuvent souscrire un pareil acte, sans autorisation spéciale. — Paignon, t. 2, p. 7; Troplong, t. 4, nos 952 et suiv.

28. — C'est donc à tort qu'il a été jugé qu'une surenchère est un simple acte conservatoire que les établissemens publics ou les marguilliers d'une paroisse peuvent faire sans l'autorisation préalable du conseil de préfecture, surtout si, avant la réquisition de mise aux enchères, l'établissement s'est pourvu pour obtenir l'autorisation. — *Bruxelles*, 20 avril 1811, Crotteux c. Fabrique du Sablon. — Pigeau, *Comment.*, t. 2, p. 526. — Mais V. *contrà*, Troplong, *Hypoth.*, t. 4, n° 953; Bioche et Goujet, v° *Surenchère*, n° 16, et Duranton, t. 20, n° 403.

29. — Décidé également à tort que la surenchère est un acte non d'administration, mais de simple conservation; que, dès lors, une femme dotale a capacité pour l'exercer seule, et sans l'autorisation de son mari, sur les biens de celui-ci mis en vente, et dont le prix doit être absorbé par ses reprises. — *Bordeaux*, 23 juin 1843 (t. 1er 1844, p. 585), Archez c. Chaume.

30. — Mais, du reste, lorsqu'une surenchère exercée par une femme dotale doit avoir pour résultat de lui faire adjuger un immeuble saisi sur son mari, et dont le prix sera absorbé par ses reprises dotales, il n'y a pas lieu d'appliquer à cette surenchère la prohibition d'enchérir pour des insolvables ou pour le saisi, soit parce que la femme serait insolvable en sa qualité de dotale, soit parce que l'immeuble rentrerait par ce moyen dans la société d'acquêts existant entre les époux; car, si la femme reste adjudicataire, l'immeuble lui deviendra propre, et les frais à rembourser pourront être recouvrés sur les revenus de cet immeuble. — Même arrêt.

31. — Le jugement qui, en prononçant la séparation de biens, autorise la femme à poursuivre le recouvrement de ses droits et reprises, confère par cela même à cette femme les pouvoirs nécessaires pour former une surenchère, sur les biens vendus par son mari, sans avoir besoin d'une autorisation spéciale, soit de celui-ci, soit de justice. — Dans tous les cas, la nullité de la surenchère, tirée de ce qu'elle aurait été faite par la femme sans l'autorisation de son mari ou de justice, est purement relative; dès lors, l'acquéreur des biens sur lesquels porte cette surenchère n'est pas recevable à s'en prévaloir. — *Cass.*, 14 juin 1843 (t. 2 1843, p. 213), Garsault c. Delorme.

32. — Le mari ne peut, seul, surenchérir l'immeuble hypothéqué à la sûreté d'une créance propre à sa femme, et qui a été inscrite sous le nom de cette dernière. — *Cass.*, 16 déc. 1840 (t. 2 1840, p. 784), Grand c. Desse.

33. — Le créancier personnel d'un cohéritier n'a droit de donner suite à la surenchère par lui formée sur la portion indivise de l'immeuble hypothéquée à sa créance et aliénée par son débiteur que lorsque la licitation a fixé le droit du cohéritier à la propriété de l'immeuble, et fait cesser l'éventualité de l'hypothèque. — *Paris*, 26 mars 1845 (t. 1er 1845, p. 461), Vignat c. Cazain. — Carré et Chauveau, quest. 2498 *decies*.

34. — Lorsque plusieurs immeubles appartenant au même propriétaire, et grevés à la fois d'hypothèques générales et d'hypothèques spéciales, ont été vendus par un même acte et moyennant un seul prix, les créanciers à hypothèques générales peuvent, après la ventilation faite par l'acquéreur dans sa notification aux créanciers, exercer leur droit de surenchère sur un ou plusieurs de ces immeubles seulement, sans être tenus d'étendre leur surenchère à la totalité des immeubles compris dans la vente. — *Cass.*, 21 nov. 1843 (t. 2 1843, p. 798), de Crozé c. Morillon. — Carré et Chauveau, quest. 2499 *bis*.

35. — Le jugement de déchéance d'une surenchère, quoique suspect de collusion entre l'enchérisseur déchu et l'acquéreur, empêche les autres créanciers inscrits de surenchérir, lorsque les délais sont expirés. — *Cass.*, 8 mars 1809, du Plagnie c. d'Arcagnac.

36. — La surenchère du dixième peut être exercée sur une vente faite à *réméré* et, dans ce cas, la clause de réméré devient caduque. — *Bourges*, 26 janv. 1822, Delagrange et Mathé c. Cotton.

37. — La nullité du jugement d'adjudication entraîne la nullité de la surenchère et de tout ce qui a suivi. — *Montpellier*, 16 avr. 1836, Tallarique c. Garriques.

38. — Lorsqu'à la suite d'une adjudication définitive de divers immeubles pour un seul prix, l'avoué a fait une déclaration de command pour une partie des biens au profit d'une personne, et pour le surplus au profit d'une autre personne, moyennant des prix séparés, on a pu valablement surenchérir seulement les biens compris dans le lot d'un des adjudicataires, sans avoir besoin d'étendre la surenchère à la totalité des biens saisis. — *Limoges*, 5 déc. 1833, Frédon c. Ruby. — Bioche et Goujet, *Dict. de proc.*, vº *Surenchère*, nº 251.

39. — Le créancier hypothécaire inscrit sur la part indivise d'un cohéritier peut, en cas de vente des biens de la succession, faire porter une surenchère sur la totalité des immeubles vendus, lorsque les parts héréditaires ne sont pas encore fixées par une liquidation, et que l'acquéreur, en notifiant son contrat, n'a pas établi la ventilation du prix. — *Paris*, 16 juillet 1834, Davoust c. Grosset.

40. — Lorsque deux immeubles ont été vendus pour un seul et même prix, le créancier qui a une hypothèque spéciale et distincte sur chacun de ces immeubles, pour une même créance, peut ne frapper de surenchère que l'un d'eux seulement. — *Orléans*, 21 déc. 1832, Pavls c. Reicha.

41. — Quand il existe tout à la fois une hypothèque générale sur les immeubles du débiteur et des hypothèques spéciales sur chacun d'eux, le créancier à hypothèque générale peut choisir en cas de vente l'immeuble sur le prix duquel il veut être payé de sa créance. Si une surenchère était formée sur l'un des immeubles et que le créancier à hypothèque générale fût payé par suite de la revente, les autres créanciers inscrits sur le même immeuble seraient subrogés dans l'effet de son hypothèque, et ils pourraient se faire indemniser de la perte qu'ils éprouvent sur la valeur des autres immeubles. — Tarrible, *Rép.*, vº *Transcription*, p. 99 ; Persil, *Quest. hypoth.*, t. 1er, p. 391.

42. — Un droit de servitude ne peut être surenchéri par les créanciers inscrits sur l'immeuble qui en est grevé. — *Cass.*, 18 janv. 1832, Chollet c. Malézieux. — Pardessus, *Traité des servitudes*, p. 371, nº 245.

§ 2. — *Délai pour surenchérir. — Forme de la surenchère.*

43. — L'art. 832 C. proc. indique dans quelle forme doit être notifiée la surenchère et comment doit être reçue la caution présentée par le créancier surenchérisseur. Suivant cette disposition, l'acte de surenchère doit être signifié par un huissier commis à cet effet, sur simple requête, par le président du tribunal de première instance de l'arrondissement ; il contient constitution d'avoué près le tribunal où la surenchère et l'ordre doivent être portés. — Le même acte doit contenir, avec l'offre et l'indication de la caution, assignation à trois jours devant le tribunal, pour la réception de cette caution, à laquelle il est procédé comme en matière sommaire. Cette assignation est notifiée au domicile de l'avoué constitué ; il est donné copie, en même temps, de l'acte de soumission, de la caution et du dépôt au greffe, des titres qui constituent sa solvabilité. — Dans le cas où le surenchérisseur donnerait un nantissement en argent ou en rente sur l'État, à défaut de caution, conformément à l'art. 2041 du Code civil, il doit faire notifier, avec son assignation, copie de l'acte constatant la réalisation de ce nantissement. — Si la caution est rejetée, la surenchère doit être déclarée nulle et l'acquéreur est maintenu, à moins qu'il n'ait été fait d'autres surenchères par d'autres créanciers.

44. — Le jour de la notification du contrat ne doit pas être compris dans le délai de quarante jours accordé au créancier inscrit pour signifier la surenchère. — Paignon, t. 2, p. 7.

45. — Le délai de deux jours par cinq myriamètres donné par l'art. 2185, nº 1er, ne paraît pas devoir être doublé par le motif qu'il y a lieu à envoi et retour. La Cour de cassation a jugé, en ce sens, que les art. 73 et 1033 C. proc. sont exclusivement relatifs aux délais généraux des ajournemens, et par conséquent inapplicables à la surenchère. — *Cass.*, 26 nov. 1828, Delamme c. Spréafico.

46. — Et l'augmentation de délai accordée par la seconde partie de l'art. 2185 C. civ., à raison de la distance du domicile élu au domicile réel, n'a lieu qu'en faveur des créanciers nationaux ou étrangers domiciliés en France. Ceux qui ont leur domicile en pays étranger n'ont, pour surenchérir, que le délai de quarante jours, fixé par la première partie du même article. — Même arrêt.

47. — Il n'y a lieu à l'augmentation de deux jours, accordée par l'art. 2185 C. civ. pour le délai de surenchère, qu'autant que la distance entre le domicile élu par le surenchérisseur et son domicile réel présente la différence de cinq myriamètres complets. — *Gênes*, 29 août 1812, Barillari c. Bernieri ; *Cass.*, 10 déc. 1839 (t. 1er 1840, p. 247), Couhapé et Sabatier c. Rénafort ; *Orléans*, 14 juill. 1846 (t. 2 1846, p. 337), Chenon c. Bruey. — M. Troplong (nº 933) adopte l'opinion contraire.

48. — Les prescriptions de l'art. 832 C. proc. devant être exécutées à peine de nullité (art. 838), on doit décider que si l'huissier qui a signifié l'acte de surenchère avait été commis par un président incompétent, la notification serait nulle. — Chauveau sur Carré, quest. 2461. — V. cependant Paignon, t. 2, p. 19, et Rogron, p. 1002.

49. — La surenchère doit être notifiée au précédent propriétaire, comme le veut l'art. 2185, nº 4. Cette notification se fait conformément aux règles de droit commun sur les exploits. Quant à celle qui doit être faite à l'acquéreur : elle se signifie au domicile de l'avoué qu'il a constitué dans la notification de son contrat, conformément à l'art. 832 C. proc.

50. — Décidé que la surenchère est nulle lorsque l'acte de réquisition avec assignation à trois jours a été signifié non au domicile de l'avoué de l'adjudicataire, mais au domicile réel de celui-ci, alors même qu'entre la signification et l'expiration du délai de trois jours, mais plus de quarante jours après les notifications, cette signification aurait été réitérée au domicile de l'avoué de l'adjudicataire. — *Paris*, 6 mai 1844 (t. 1er 1844, p. 766), Guetti c. Moreau-Chaslon.

51. — La notification de la surenchère, faite au vendeur au domicile indiqué dans l'acte de vente, est régulière, malgré son changement de domicile survenu postérieurement à la vente, mais avant la surenchère, surtout si cette surenchère a été notifiée à une époque rapprochée de la date du contrat. — *Paris*, 18 juill. 1819, Feasse c. Beaucervoise. — Grenier, t. 2, nº 450 ; Troplong, t. 4, nº 939.

52. — L'assignation peut être signifiée au parquet du procureur de la République, si le vendeur n'a plus son domicile indiqué au contrat de vente et si on ignore sa nouvelle résidence. — *Cass.*, 2 mai 1832, Visseaux c. Marjean.

53. — Il ne doit pas être laissé de copie de l'acte de réquisition de mise aux enchères au maire du lieu où il est signifié.

54. — Lorsque deux époux séparés de biens ont vendu conjointement un immeuble propre à l'un d'eux, le surenchérisseur n'est pas obligé de signifier une copie de son acte de surenchère à chacun des époux vendeurs, alors qu'il n'a été fait aucune mention de la séparation de biens, ni dans la vente, ni dans la transcription, ni dans les notifications du contrat. — *Cass.*, 23 mars 1814, Acaud c. Crosnier.

55. — Quand un vendeur a été condamné depuis la vente à des peines afflictives et infamantes, par arrêt de contumace publiquement exécuté, et qu'il est conséquemment frappé d'incapacité, la signification de surenchère qui lui est faite est régulière et valable, si son changement d'état n'a pas été notifié au surenchérisseur. L'huissier, qui, dans l'espèce ci-dessus, n'a trouvé personne au domicile indiqué par l'exploit de notification aux créanciers, et n'a pu découvrir le nouveau domicile du vendeur, devait remettre la signification au parquet du procureur de la République. — *Cass.*, 24 déc. 1833, Guignard c. Leloup.

56. — L'adjudicataire d'un immeuble est recevable et fondé à se prévaloir de la nullité de la surenchère, comme tardivement notifiée au vendeur. — Dans ce cas, il ne peut dépendre de la volonté du vendeur ou de l'un de ses ayans cause de couvrir la nullité de l'acte résultant de la tardiveté de la signification, en déclarant qu'il renonce à l'opposer, et qu'il consent à ce que cet acte soit déclaré valable en ce qui le concerne. — *Bordeaux*, 10 mai 1842 (t. 1er 1843, p. 357), Persollier c. Cazeneuve.

57. — Le délai de trois jours pour comparaître devant le tribunal sur l'assignation en réception de caution est franc. — Chauveau sur Carré, quest. 2488.

58. — L'adjudicataire surenchéri ne peut se prévaloir de ce que la citation en réception de caution, *en temps de vacations*, aurait été donnée *à trois jours après vacations*, alors que ce défendeur, qui est toujours maître d'abréger le délai qui lui a été donné pour comparaître, non-seulement n'a pas suivi l'audience en vacations, mais encore n'a constitué avoué qu'après vacations, et même après l'expiration du délai qui lui avait été indiqué. — *Paris*, 23 mars 1839 (t. 1er 1839, p. 561), Copin c. Ferrière.

59. — L'art. 2185, § 4, permet que l'original et les copies de l'acte de surenchère soient signés par un mandataire du surenchérisseur. — Dans ce cas, le pouvoir n'a pas besoin d'être spécial à l'immeuble qu'il s'agit de surenchérir : ainsi la procuration donnée par une femme séparée de biens qui poursuit la liquidation de ses reprises, de former toutes surenchères et exercer ses droits contre tous détenteurs d'immeubles ayant appartenu à son mari, est valable et suffisante. — *Bourges*, 25 févr. et 25 août 1840 (t. 2 1840, p. 654), Carsault c. Delorme.

60. — La procuration donnée par un mari à sa femme de surenchérir et se rendre adjudicataire, sans désignation de l'immeuble, est valable. Un mandat de cette nature ne doit pas être considéré comme général, mais bien comme limité à un certain genre d'opérations déterminé. — *Bourges*, 7 mai 1845 (t. 1er 1847, p. 467), Lagarde de la Villaine c. Pougault.

61. — Il n'est pas nécessaire que la procuration à l'effet de surenchérir soit postérieure aux notifications faites aux créanciers inscrits. Elle peut ne pas contenir la désignation de l'immeuble qu'on entend surenchérir. — *Paris*, 30 nov. 1822, Eustache c. Cohade.

62. — Une procuration contenant pouvoirs généraux les plus étendus, et notamment celui de faire et signifier toutes réquisitions et soumissions, de porter le prix des immeubles d'une succession à un dixième en sus de celui stipulé dans le contrat, suffit pour requérir la surenchère au nom du tiers signataire de la procuration. — *Paris*, 25 mars 1811, Treillet. — Lepage, *Quest.*, p. 460 ; Pigeau, t. 2, p. 147.

63. — Est valable l'acte de réquisition de mise aux enchères notifié à la requête d'une société de commerce, s'il est revêtu de la signature de la raison sociale sous laquelle cette société est connue. — *Cass.*, 29 janv. 1839 (t. 1er 1839, p. 98), Rabel c. Sigaux.

64. — Une surenchère n'est pas nulle en ce que le créancier surenchérisseur n'aurait pas approuvé les ratures contenues dans l'exploit de surenchère conforme d'ailleurs aux prescriptions de l'art. 2185 C. civ. — *Cass.*, 21 nov. 1843 (t. 2 1843, p. 798), De Crozé c. Morillon.

§ 3. — *Taux de la surenchère.*

65. — La surenchère du dixième doit s'étendre à tout ce qui constitue d'une manière essentielle le prix de la vente, c'est-à-dire, tout ce que l'acquéreur d'un immeuble est obligé de payer, pour profiter, en quelque façon que ce soit, au vendeur ou à ses créanciers. — Chauveau sur Carré, quest. 2466. — Mais si le principe est certain, l'application n'en présente pas moins des difficultés réelles sur lesquelles la jurisprudence ne s'est pas prononcée d'une manière uniforme.

66. — L'offre de surenchérir du dixième doit

porter, non-seulement sur le prix principal porté au contrat, mais encore sur les accessoires du prix de la vente : par exemple sur les 2 1/2 pour 0/0 stipulés payables en sus du prix de l'adjudication. — *Nancy*, 18 mai 1827, Robert c. Dufaux de Saint-Santin. — Troplong, *Comment. sur les hypothèques*, t. 4, nos 935 et suiv.; Bioche et Goujet, *Dict. de proc.*, vo *Surenchère*, no 30.

67. — Le créancier surenchérisseur est obligé de faire porter le dixième en sus qu'il doit offrir, non-seulement sur le prix principal, mais encore sur les sommes particulières mises à la charge de l'acquéreur par le contrat, et spécialement sur le droit de 5 pour 0/0, et sur la somme fixée pour les frais dus à l'avoué poursuivant. — *Cass.*, 15 mai 1811, Vignon c. Papillon.

68. — Lorsque les frais qui ne sont pas une charge ordinaire de la vente, tels que le coût de l'extrait des inscriptions et des dénonciations aux créanciers inscrits, sont imposés à l'adjudicataire, le surenchérisseur doit, à peine de nullité de la surenchère, outre le dixième du capital, offrir le dixième du montant de ces frais. — *Bordeaux*, 14 déc. 1827, Crechen c. Caze; *Pau*, 25 juin 1833, Chanton c. Larrodé.

69. — Et la surenchère est nulle comme insuffisante, si le surenchérisseur s'est réservé le remboursement par privilége des frais extraordinaires de poursuites sur le prix de sa surenchère. — *Montpellier*, 25 janv. 1830, Reynes c. Arnal; *Cass.*, 13 juill. 1843 (t. 2 1843, p. 249), Geffrier c. Martinès et Vernette. En effet, dans ce cas, le surenchérisseur diminue ses offres de tout ce qu'il réclame en frais.

70. — Il n'y a cependant pas nullité de la surenchère lorsque le surenchérisseur offre, en sus du dixième du prix, une somme suffisante pour les frais de poursuites, avec réserve expresse d'en être remboursé par privilége. — *Bordeaux*, 6 mars 1834, Guichard c. Ollier.

71. — Si la vente a eu lieu moyennant un prix déterminé et à la charge de payer les frais d'une précédente expropriation, la surenchère du dixième doit porter sur ces frais aussi bien que sur le prix principal. — *Montpellier*, 5 déc. 1835, Garrigues c. Grenier.

72. — Du reste, en l'absence d'actes formels énonciatifs de l'intention d'une des parties, les tribunaux, en vertu de leur pouvoir discrétionnaire, peuvent l'interpréter à l'aide des explications données par elle dans le cours de l'instance. Spécialement, ils peuvent rechercher, à l'effet de juger de la suffisance d'une surenchère, si le surenchérisseur avait ou non l'intention de comprendre certains frais dans le prix sur lequel elle doit porter. — *Cass.*, 3 juill. 1838 (t. 2 1838, p. 41), Verne c. Ochier.

73. — L'obligation imposée à l'acquéreur d'un immeuble d'acquitter ou de rembourser une rente foncière dont il est grevé, est une charge qui fait partie du prix, en sorte que le surenchérisseur doit la comprendre dans ses offres. — *Cass.*, 25 nov. 1811, Privat c. Bonfils; *Bordeaux*, 4 mai 1833, Richard c. Lhoumeau.

74. — Le surenchérisseur est obligé de comprendre dans son offre le pot-de-vin déclaré par l'acquéreur, quoique non exprimé au contrat. — *Cass.*, 3 avr. 1815, Capron c. Lesueur.

75. — La Cour de cassation a décidé en principe que, dans le cas d'une vente volontaire, l'acquéreur n'est pas obligé, en notifiant son contrat aux créanciers inscrits, d'évaluer, en numéraire, les prestations en nature qui font partie du prix de la vente, et que c'est au créancier qui veut surenchérir à faire lui-même cette évaluation, pour déterminer précisément la somme qui doit être offerte pour le dixième en sus du prix de la vente. — *Cass.*, 3 avr. 1815, Capron c. Lesueur. — M. Troplong (no 935 *bis*) croit, au contraire, que l'acquéreur doit faire cette évaluation dans les notifications de purge. — V. aussi Persil, *Rég. hyp.*, sur l'art. 2185, no 16 *in fine*.

76. — Jugé aussi que le surenchérisseur doit, à peine de nullité, offrir le dixième en sus, non-seulement de la somme fixe qui forme le prix principal, mais encore des charges extraordinaires imposées à l'adjudicataire, et encore bien que la notification faite par cet acquéreur n'en aurait pas évalué le montant; telles sont celles de donner, à ses frais, copie du jugement d'adjudication, etc., de payer les frais de poursuite, lesquelles charges augmentant le prix de l'adjudication en font nécessairement partie. — *Riom*, 29 mars 1816, Destermes c. Cortez. — Merlin, vo *Surenchère*, no 3; Duranton, t. 20, no 396.

77. — Jugé, cependant, conformément à la doctrine de MM. Persil et Troplong, que ce n'est pas

au surenchérisseur, mais à l'acquéreur, dans la notification de son contrat faite en exécution de l'art. 2183 C. civ., qu'il appartient de déterminer ce qui constitue les charges accessoires faisant partie du prix. — *Metz*, 12 janv. 1841 (t. 2 1841, p. 527), Best c. Miquel.

78. — L'acquéreur pour un seul et même prix de plusieurs immeubles, les uns hypothéqués, d'autres non hypothéqués, a le droit de fixer le prix de la ventilation qui, sauf le cas de fraude, dont la preuve incombe aux créanciers surenchérisseurs, doit servir de base à la surenchère. En conséquence, est nulle la surenchère qui a pris pour base un rapport estimatif antérieur à l'adjudication. — *Cass.*, 3 juill. 1838 (t. 2 1838, p. 41), Verne c. Ochier.

79. — La surenchère qui porte seulement sur le prix énoncé dans les notifications faites par l'acquéreur est valable, alors que ces notifications ne révèlent pas d'autres charges appréciables en argent. — *Paris*, 30 août 1844 (t. 1er 1845, p. 150), de la Brillantais c. Pleyel.

80. — Mais la surenchère ne doit pas porter sur ce qui n'est pas de nature à devenir l'objet d'une clause particulière dans l'acte de vente, tel que les frais ordinaires de vente ou les impôts de l'immeuble vendu. — *Cass.*, 26 févr. 1822, Lebret c. Cyresme; *Bourges*, 19 juill. 1822, Joviac c. de Roman; *Cass.*, 18 janv. 1825, Noyaux c. Chol; *Rouen*, 17 nov. 1838 (t. 2 1838, p. 593), Lequen c. Béranger. — Troplong, t. 4, p. 936.

81. — Jugé, cependant, que la surenchère du dixième doit porter non-seulement sur le prix principal, mais encore sur un prix supplétif de 3 pour cent, applicable aux impôts, frais d'administration et d'assurances, et autres charges pesant sur le vendeur. — Mais qu'elle ne doit pas porter sur le prix supplétif de 2 pour cent attribué aux notaires dépositaires du cahier des charges, tant pour leurs honoraires de vente que pour les frais d'affiches, insertions dans les journaux et publications relatives à des tentatives d'adjudication précédemment faites. — *Paris*, 28 déc. 1843 (t. 1er 1844, p. 387), Dupuis c. Beslay.

82. — La Cour de Paris a même décidé que la surenchère du dixième doit frapper sur les frais de poursuite de vente. — *Paris*, 3 juill. 1847 (t. 2 1847, p. 164), Delamarre c. Noel. — Suivant la doctrine de cet arrêt, les frais faits pour parvenir à la vente sont une dette du vendeur envers son avoué et, en les payant, l'acquéreur ne fait qu'acquitter cette dette en vertu d'une clause du cahier des charges.

83. — Jugé, d'un autre côté, que lorsqu'une maison assurée a été vendue avec obligation imposée à l'acquéreur de payer les primes d'assurance, la surenchère autorisée par l'art. 2185 ne doit pas, indépendamment du prix principal, comprendre aussi le montant des primes. — *Angers*, 16 avr. 1834, Houdet c. Moreau.

84. — Lorsque, dans l'acte de vente, il est stipulé qu'outre le prix principal l'acquéreur paiera 13 centimes par franc du prix principal, pour tenir lieu de droits d'enregistrement, de timbre, d'affiches et honoraires du notaire, et que la notification du contrat faite par l'acquéreur n'indique pas si une partie quelconque de ces centimes doit être considérée comme faisant partie du prix; le surenchérisseur n'est pas tenu d'offrir le dixième de ces centimes outre le dixième du prix principal. — *Metz*, 12 janv. 1841 (t. 2 1841, p. 527), Best c. Miquel.

85. — Les intérêts du prix ne doivent pas être pris en considération dans le calcul de la surenchère; car ils ne lui ajoutent rien comme charge ordinaire. — *Rouen*, 17 nov. 1838 (t. 2 1838, p. 593), Lequen c. Béranger. — Favard de Langlade, t. 5, p. 480; Persil fils, *Comm.*, p. 363 et suiv., nos 435 et suiv.; Grenier, no 452; Chauveau, sur Carré, quest. 2466; Merlin, vo *Surenchère*, no 3 *bis*; Delvincourt, t. 3, p. 368. — Cependant, M. Troplong (*loc. cit.*) croit que les intérêts font partie du prix dans le sens de l'art. 2185.

86. — Jugé, dans ce dernier sens, que la surenchère doit porter sur les intérêts du prix de vente qui sont dus par l'acquéreur, et qu'il suffit, pour satisfaire à cette prescription, que le surenchérisseur, après avoir déclaré, dans l'acte de surenchère, qu'il se soumet à toutes les charges et conditions du contrat, ajoute qu'il s'oblige en outre à payer les intérêts sur le prix de la surenchère. — *Riom*, 22 août 1842 (t. 1er 1843, p. 715), Beynet c. Petit-Jean.

87. — ... Mais que le surenchérisseur n'est pas tenu de comprendre dans sa surenchère du dixième la valeur des fermages que le vendeur a perçus par anticipation antérieurement à la vente; ces jouissances ne peuvent être considérées comme un accessoire du prix. — Même arrêt.

88. — Il est de jurisprudence que la soumission du surenchérisseur de faire porter le prix de l'immeuble à un dixième du prix et des charges stipulés au contrat, ne doit pas, à peine de nullité, exprimer numériquement la somme totale à laquelle s'élève la soumission. — *Cass.*, 30 mai 1820, Delafonchardière c. Delaroque; *Paris*, 1er déc. 1836 (t. 1er 1837, p. 395), Leblant c. Langlois; 25 mars 1839 (t. 1er 1839, p. 561), Copin et Saqui c. Ferrière; *Cass.*, 21 nov. 1843 (t. 1er 1843, p. 798), De Crogé c. Morillon. — Persil fils, no 440. — *Contrà*, Troplong, t. 4, no 935.

89. — Mais lorsque le surenchérisseur, au lieu de se borner à offrir le dixième en sus du prix principal et des charges, fixe par un chiffre le montant de la surenchère, il doit comprendre dans ce chiffre toutes les charges de l'adjudication, notamment la remise proportionnelle due à l'avoué poursuivant, et le dixième du montant de cette remise. Cette condition n'est pas suffisamment accomplie par ces mots ajoutés au chiffre exprimé dans l'acte de surenchère : *en outre des charges insérées au jugement d'adjudication.* — *Paris*, 17 fév. 1840 (t. 1er 1840, p. 378), de Junquières c. Brown.

90. — Lorsque, par une erreur commise dans un acte de surenchère, le surenchérisseur a porté sa soumission à une somme plus forte que celle à laquelle il devait le faire, cette erreur peut être réparée par un dire avant l'adjudication, sans que le jugement qui a validé la surenchère et les publications et affiches où le chiffre erroné de la soumission a été reproduit puisse porter obstacle à cette rectification. — Néanmoins, même en cas d'infirmation du jugement qui avait repoussé cette rectification, tous les dépens faits sur la contestation ainsi que les frais des nouvelles affiches doivent rester à la charge du surenchérisseur, comme suite de son erreur. — *Paris*, 21 janv. 1843 (t. 1er 1843, p. 233), Appert c. Malbrancq.

91. — Décidé encore que lorsque le cautionnement déposé par le surenchérisseur est suffisant, la surenchère n'est pas nulle par cela seul que le surenchérisseur aurait fixé pour mise à prix un chiffre inférieur à celui qu'il devait offrir réellement; mais les tribunaux, en validant la surenchère, doivent rectifier la mise à prix. — *Paris*, 28 déc. 1843 (t. 1er 1844, p. 387), Dupuis c. Beslay.

§ 4. — *De la caution ou du nantissement.*

92. — En exigeant que le surenchérisseur, après aliénation volontaire, présentât caution pour le montant de la surenchère, la loi a voulu empêcher que l'un des créanciers ne s'entendît frauduleusement avec le débiteur pour retarder, par une procédure qui n'aurait rien de sérieux, l'attribution du prix de vente aux ayans droit.

93. — L'offre de la caution doit, à peine de nullité de la surenchère, mentionner le nom patronymique de la personne offerte. La seule énonciation d'un sobriquet ne contiendrait point une désignation suffisante. — *Toulouse*, 18 mars 1842 (t. 2 1844, p. 85), Daydé c. Marrot.

94. — Une femme mariée pourrait être reçue comme caution si sa solvabilité était reconnue. *Cass.*, 4 avr. 1826, Duchail c. Fouasseau.

95. — Un avoué a qualité suffisante pour faire la soumission de caution, et déposer au greffe les titres de sa partie. — *Paris*, 2 juill. 1830, d'Aligre c. Larochefoucault.

96. — Un créancier surenchérisseur peut présenter plusieurs personnes pour caution de la surenchère. — *Bordeaux*, 20 août 1831, Magnon c. Valette. — Persil, *Régime hypoth.*, sur l'art. 2185, no 19; Thomine-Desmazures, t. 2, no 982.

97. — En droit commun, la solvabilité d'une caution ne s'estime qu'eu égard à ses propriétés foncières. — C. civ., art. 2019. — Mais, en matière de surenchère, il n'en peut être ainsi; car lorsque l'art. 832 permet au surenchérisseur de fournir un cautionnement en argent, il annonce, par cela même, l'intention de considérer comme admissible le nantissement en argent qui serait fourni, non par le surenchérisseur lui-même, mais par sa caution.

98. — On jugeait déjà avant la loi du 2 juin 1841, que la caution présentée par le créancier surenchérisseur, aux termes de l'art. 2185 Code civil, doit être jugée valable, si, à défaut de propriétés foncières, elle offre de consigner somme suffisante pour le paiement du prix et des charges. — *Paris*, 9 avr. 1813, Martin c. Perrin.

99.—Décidé aussi que la caution d'une surenchère est recevable, alors même qu'elle n'offre d'autres biens que des immeubles situés hors du ressort de la Cour d'appel où elle est donnée, pourvu toutefois que ces biens soient jugés devoir être d'une discussion facile. L'examen de cette condition rentre dans le droit d'appréciation qui appartient exclusivement aux juges du fond. — *Cass.*, 14 mars 1838 (t. 1er 1838, p. 415), Houel c. Martin.—Persil fils, n° 464.

100. — La caution ne doit pas être refusée par cela seul que l'immeuble offert serait grevé d'une hypothèque légale,... alors surtout que la femme a valablement déclaré renoncer au bénéfice de son hypothèque sur cet immeuble. Peu importe que cette renonciation, faite avant le débat sur l'insuffisance de la caution, n'ait eu lieu qu'après le délai prescrit par l'art. 2185 C. civ. — *Bourges*, 5 mars 1845 (t. 1er 1847, p. 595), Bargat c. Chicot.

101. — Jugé, dans le même sens, que les biens présentés par la caution d'un surenchérisseur ne peuvent point être refusés par cela seul qu'ils seraient grevés d'une hypothèque légale non inscrite,... surtout en l'absence de toute allégation de nature à faire attribuer à l'hypothèque légale un effet quelconque. — *Bourges*, 7 mai 1845 (t. 1er 1847, p. 467), Lagarde de la Villaine c. Pougault.

102.—L'insolvabilité de la caution serait une cause de nullité de la surenchère sauf au surenchérisseur à présenter une nouvelle caution, s'il est encore dans le délai de quarante jours. Si la caution décédait avant sa réception, il y aurait également lieu de la remplacer, si le délai n'est pas expiré. Quant au décès de la caution reçue judiciairement, il est certain que cet événement aurait seulement pour effet de faire passer ses obligations à ses héritiers.—Troplong, n° 943.

103.—La Cour suprême a décidé, avant la nouvelle loi, que le surenchérisseur peut valablement, jusqu'au jugement sur l'offre de caution, et même après les quarante jours du délai de surenchère, substituer une nouvelle caution à celle originairement offerte, et qui ne voulait ou ne pouvait plus s'obliger, pourvu que cette substitution ne retarde aucunement le jugement. — *Paris*, 23 mars 1839 (t. 1er 1839, p. 561), Ferrière c. Saqui; *Cass.*, 1er juill. 1840 (t. 2 1840, p. 396), mêmes parties.

104. — Suivant MM. Petit (*Tr. des surenchères*, p. 512), Troplong (*Hyp.*, t. 4, nos 942 et 945), Chauveau sur Carré (quest. 2486), et Persil fils (n° 460), l'insuffisance des titres déposés au greffe pour établir la solvabilité de la caution ne pourrait être réparée plus tard. C'est au moment où la caution est présentée que sa solvabilité doit être prouvée. Cette doctrine paraît fondée lorsqu'on consulte le texte de l'art. 832 tel que la loi du 2 juin 1841 l'a rectifié. Cet article veut que dans la dénonciation de la surenchère il soit donné copie de l'acte de dépôt au greffe des titres qui établissent la solvabilité de la caution, ce qui implique que c'est au moment de cette signification que cette solvabilité doit être prouvée. Copie doit être pareillement donnée de l'acte de réalisation du nantissement. D'autre part, suivant l'art. 838 (nouveau) toutes les prescriptions portées dans l'art. 832 doivent être accomplies à peine de nullité. Cependant, cette doctrine a paru d'une excessive sévérité, et elle a été repoussée par la jurisprudence.

105.—Ainsi, la Cour de cassation a décidé qu'en matière de surenchère, la suffisance ou l'insuffisance de la caution fournie par le surenchérisseur s'estime eu égard à l'époque où le juge est appelé à prononcer sur sa validité, et non eu égard à l'époque où elle a été offerte. Qu'en conséquence le surenchérisseur qui a déposé un cautionnement insuffisant, dans le délai de quarante jours fixé par l'art. 2185 C. civ., peut valablement le compléter après ce délai, pourvu que les choses soient encore entières, c'est-à-dire avant toute contestation. — *Cass.*, 6 nov. 1843 (t. 1er 1844, p. 376), Guyon c. Lugol.

106.—Jugé aussi que le surenchérisseur qui a déposé un cautionnement insuffisant, dans le délai de quarante jours fixé par l'art. 2185 C. civ., peut valablement le compléter après l'expiration de ce délai, pourvu que ce soit avant toute contestation. — *Orléans*, 18 févr. 1843 (t. 1er 1843, p. 543), Guyon c. Lugol; *Paris*, 28 déc. 1843 (t. 1er 1844, p. 387), Dupuis c. Beslay.

107.—...Et que lorsqu'en matière de surenchère une caution insuffisante a été présentée dans le délai de quarante jours déterminé par l'art. 2185 C. civ., on peut valablement la compléter après ce délai, mais avant le jour où, par suite de l'assignation dans les termes de la loi, le juge est appelé à statuer sur la validité de la caution. — *Rouen*, 25 nov. 1844 (t. 2 1844, p. 664), Filloque c. Thomas.

108. — Toutefois, s'il est permis de fournir un supplément de caution en cas d'insuffisance de la première, le surenchérisseur qui n'a fourni, à défaut de caution, qu'un gage irrégulier (ce qui équivaut à l'absence de caution), ne peut être admis à lui en substituer un autre en dehors des délais légaux. — *Cass.*, 16 juill. 1845 (t. 2 1845, p. 726), Gassin c. Cottini.

109. — La caution qui, pour justifier sa solvabilité, présente des immeubles dont on conteste la valeur, peut demander que cette valeur soit fixée par experts. — *Besançon*, 1er déc. 1827, Jannin c. Tumerel; *Bordeaux*, 20 août 1831, Magnon c. Valette.

110. — Bien que, en notifiant son acte d'acquisition aux créanciers inscrits, l'acquéreur ait offert de payer une somme supérieure au prix de vente porté dans l'acte, la surenchère peut n'être que du dixième de ce prix, sans qu'il soit nécessaire de la faire porter sur la somme supplémentaire offerte par l'acquéreur. — Il en est surtout ainsi lors que l'exploit contenant une telle offre n'est pas signé par l'acquéreur. — *Lyon*, 7 janv. 1845 (t. 1er 1848, p. 724), Terrenoire c. Trinque.

111.—Quand la caution est fournie sous forme de nantissement, elle ne peut consister qu'en argent ou en rentes sur l'Etat, ainsi que le veut la loi. Un cautionnement fourni au moyen d'une hypothèque sur des immeubles serait inadmissible. — *Cass.*, 16 juill. 1845 (t. 2 1845, p. 726), Gassin c. Cottini. — Le nantissement doit du reste représenter en valeur la totalité du chiffre du prix offert par le surenchérisseur. — V. les rapports de M. Parant, en 1838, et celui de M. Pascalis à la Chambre des députés.

112. — Décidé que le créancier surenchérisseur ne peut offrir pour caution une première hypothèque sur un immeuble à lui appartenant. — *Paris*, 5 mars 1831, Meton c. Boyeux; *Cass.*, 16 juill. 1845 (t. 2 1845, p. 726), Gassin c. Cottini.

113. — Le nantissement en rentes sur l'Etat ou en argent dont parle l'art. 832, § 3, doit être réalisé à la caisse des consignations.

114. — Décidé, sous l'empire du Code de 1807, que le refus du directeur de la caisse des dépôts et consignations de recevoir des rentes offertes par la caution d'une surenchère dans le délai fixé par le jugement, ne fait pas obstacle à ce que, même après ce délai, le dépôt puisse être valablement effectué.—*Rennes*, 14 mai 1835, Abautret c. Haranchipy.

115. — Et que lorsqu'un jugement a déclaré bonne et valable une surenchère sur aliénation volontaire, à la condition que, dans un délai déterminé, le surenchérisseur déposera comme cautionnement des inscriptions de rentes sur l'Etat à la caisse des consignations, la déchéance de la fermeture n'est pas encourue, bien que le dépôt ait été fait après le délai susmentionné, s'il n'y a pas eu de mise en demeure, et surtout si c'est par des circonstances indépendantes de sa volonté que le surenchérisseur a été empêché d'exécuter le jugement. — Même arrêt.

116. — Jugé aussi avant la loi nouvelle que lorsque le surenchérisseur offre, pour tenir lieu de caution, une rente sur l'Etat ou une somme d'argent, il suffit que la valeur offerte dans l'acte de surenchère lui appartienne lors du jugement de validité de la surenchère. Et que peu importe que l'inscription de rente déposée par le surenchérisseur n'ait été acquise que postérieurement à la réquisition de mise aux enchères. — *Cass.*, 29 janv. 1839 (t. 1er 1839, p. 98), Rabel c. Sigaux. — Cette décision est inconciliable avec les termes du nouvel art. 832.

117. — Une surenchère n'est pas nulle par cela seul que le certificat du préposé de la caisse des consignations, constatant le versement par le surenchérisseur d'une somme d'argent destinée à tenir lieu de cautionnement, est revêtu du visa, non du préfet ou du sous-préfet, mais du secrétaire de la sous-préfecture à ce délégué spécialement. — *Bordeaux*, 27 mai 1845 (t. 2 1845, p. 314), Locquier c. Guerguichon.

118. — Les tribunaux civils étant incompétens pour vérifier la légalité des actes de l'autorité administrative, ne peuvent décider que cet employé était sans qualité pour donner le visa, en se fondant sur ce que le sous-préfet ne pouvait pas déléguer ses pouvoirs à un simple employé, et que dès lors la surenchère est nulle pour défaut de visa. — Même arrêt.

119. — Il est de toute évidence qu'il faut, pour la validité de la surenchère, que le cautionnement embrasse non-seulement le prix stipulé au contrat, mais encore le dixième en sus, montant de cette surenchère. — *Cass.*, 10 mai 1820, Beslay c. Néeb-Delavigne; *Orléans*, 18 févr. 1843 (t. 1er 1843, p. 543), Guyon c. Lugot.

120. — Pour la réception de la caution en matière de surenchère, il suffit que les formalités prescrites par l'art. 832 du Code de procédure aient été observées. — Il n'est pas nécessaire de se conformer aux dispositions des art. 518 et suivans, qui s'occupent du cas où il a été ordonné par jugement qu'une partie fournirait caution.

121. — Lorsque le trésor public forme une surenchère, il est dispensé de donner caution.— L. 21 févr. 1827.

Sect. 2e. — *Effets de la surenchère du dixième.*

122. — La surenchère ne peut être rétractée par le créancier qui l'a faite. — Suivant l'art. 2190 du Code civil, le désistement du créancier requérant la mise aux enchères, ne peut, même quand le créancier paierait le montant de la soumission, empêcher l'adjudication publique, si ce n'est du consentement exprès de tous les créanciers hypothécaires. — Ce principe résulte également de la rédaction des art. 833 et 838 du Code de procédure et des explications données à la Chambre des députés par M. Pascalis. — Paignon, t. 2, p. 12; Rogron, p. 1009; Persil fils, nos 465 et 466.

123. — Décidé que le bénéfice de la surenchère faite par l'un des créanciers devient commun et profite à tous les créanciers inscrits. En conséquence, l'acquéreur ne peut forcer le surenchérisseur à se désister de sa surenchère en lui offrant de le désintéresser intégralement. — Pour que les offres soient valables et fassent tomber la surenchère, il faut qu'elles désintéressent tous les créanciers inscrits. — *Bourges*, 23 janv. 1841 (t. 2 1841, p. 541), Breton c. Durand. — Delvincourt, t. 3, p. 374; Troplong, *Hypoth.*, t. 4, n° 956.

124. — Mais le droit conféré aux créanciers inscrits par l'art. 2190 du Code civil de poursuivre l'adjudication publique de l'immeuble nonobstant le désistement du créancier surenchérisseur, n'existe qu'autant que l'acte de réquisition de mise aux enchères contient en lui-même toutes les conditions nécessaires à sa validité (C. civ., 2190). — Spécialement, lorsqu'un créancier surenchérisseur se trouve, par le refus de la personne désignée comme caution, dans l'impuissance de faire recevoir cette caution dans le délai déterminé par la loi, la surenchère est nulle, même à l'égard des créanciers intervenans qui proposeraient d'y donner suite au moyen de la présentation d'une nouvelle caution. — *Paris*, 26 avril 1838 (t. 1er 1838, p. 640), Guillemin c. Lemerez.

125. — Lorsqu'un créancier a notifié une surenchère, l'acquéreur peut en arrêter les suites en faisant des offres réelles à ce créancier et à tous les autres des sommes qui leur sont dues, et en consignant le montant des offres. — On doit appliquer à ce cas, par analogie, l'art. 687 du Code de procédure, qui permet au débiteur saisi de vendre son immeuble en faisant des offres semblables. — *Orléans*, 26 janv. 1843 (t. 2 1843, p. 474), de Mainvielle c. Lucé. — Demiau-Crouzilhac, p. 516; Persil fils, n° 454.

126. — ... Et un créancier surenchérisseur ne peut être déclaré non recevable à se pourvoir en cassation contre un arrêt qui rejette la surenchère, sous le prétexte qu'il est désintéressé par des offres réelles, lorsque tous les créanciers ne sont pas comme lui désintéressés. — *Cass.*, 31 mai 1831, Guignebard c. Castellane.

127. — L'acquéreur pourrait également arrêter les suites de la surenchère en offrant de payer toutes les créances inscrites, mais sous la réserve de la discussion préalable de la validité ou invalidité de ces créances.—Carré et Chauveau, quest. 2477.

128. — L'acquéreur d'un immeuble ne peut s'affranchir des effets d'une surenchère qu'en rendant le surenchérisseur complétement indemne des frais de la surenchère, et le remettant au même et semblable état où il était auparavant. — En conséquence, il doit faire cesser les obstacles étrangers au surenchérisseur qui s'opposent au retrait de la somme versée par ce dernier à la caisse des dépôts et consignations à titre de cautionnement, car le surenchérisseur, en fournissant un cautionnement en argent au lieu

d'un cautionnement en immeubles, n'a fait qu'user d'une faculté qui ne peut lui être préjudiciable, et l'acquéreur, qui connaissait cette circonstance lorsqu'il a traité avec lui pour obtenir sa renonciation à la surenchère, ne pourrait être admis à s'en plaindre. — *Rouen*, 8 mai 1847 (t. 1er 1849, p. 70), Vigneron c. Bellière.

129. — Le créancier qui n'a pas surenchéri, ou dont la surenchère a été déclarée nulle, n'en conserve pas moins le droit d'attaquer la vente faite par son débiteur comme frauduleuse. — *Cass.*, 19 août 1828, Quimpin c. Emerie.

130. — Décidé que l'action qui a pour objet de ramener dans le prix à distribuer entre les créanciers hypothécaires la portion de ce même prix, qui a été dissimulée à leur préjudice, est essentiellement distincte et indépendante de l'exercice du droit de surenchère. — Dès lors, elle peut être exercée, alors même que les délais de surenchère seraient expirés, ou qu'une surenchère formée aurait été abandonnée ou déclarée nulle. — Une telle action peut être intentée incidemment à la procédure d'ordre. Dans ce cas il y est statué d'après les formes propres aux matières d'ordre. — Spécialement, si, pour éclairer les faits de dissimulation, les juges sont obligés de recourir à une enquête, l'enquête a lieu comme en matière sommaire. — *Cass.*, 29 avril 1839 (t. 1er 1839, p. 500), Espinasse c. Otard.

131. — Lorsque le nouveau propriétaire, voulant arrêter les effets d'une surenchère, fait des offres réelles à tous les créanciers inscrits, ces offres doivent comprendre tous les intérêts des diverses créances tels qu'ils sont conservés par les inscriptions hypothécaires, c'est-à-dire deux années d'intérêts et l'année courante, conformément à l'art. 2151 C. civ. — Bioche, *Dict. de proc.*, vo *Surenchère*, no 192.

132. — La nullité d'une surenchère prononcée par le conseil de préfecture, en matière d'adjudication de coupe de bois sur la poursuite de l'administration forestière seule, ne peut ni profiter ni préjudicier au surenchérisseur qui a laissé écouler les délais sans se pourvoir contre l'arrêté d'annulation. — En se laissant notifier cet arrêté sans se pourvoir pour le faire réformer et sans rompre le silence pendant toute une année, et en restant étranger à la procédure suivie devant le Conseil d'Etat entre l'administration et l'adjudicataire sur le recours de ce dernier, le surenchérisseur est supposé avoir acquiescé à l'arrêté d'annulation et avoir renoncé à l'avantage de sa surenchère. — *Bourges*, 18 mai 1839 (t. 2 1843, p. 224), Barraut c. Grasset.

Sect. 3e. — *Revente après surenchère.*

§ 1er. — *Procédure antérieure à l'adjudication.*

133. — C'est le tribunal de la situation des biens, et non celui qui a ordonné la vente à l'audience des criées, qui est compétent pour connaître des contestations relatives à la surenchère. — *Cass.*, 13 août 1807, Papillon c. Menessier; *Paris*, 27 mai 1816, Carpentier c. Hom. — Merlin, *Rép.*, vo *Surenchère*; Persil, *Quest. hypoth.*, t. 2, p. 83; Delvincourt, t. 3, p. 370; Troplong, *Hypoth.*, t. 4, no 933; Lepage, *Quest.*, p. 558. — Dès lors, en dressant l'acte de surenchère, on doit constituer un avoué attaché au tribunal de la situation des biens, seul compétent pour procéder à l'adjudication par suite de surenchère.

134. — Le législateur de 1807 n'avait pas prévu le cas où le surenchérisseur, après avoir notifié sa réquisition de mise aux enchères, ne donnerait aucune suite à cet acte, soit par négligence, soit par collusion avec le premier acquéreur. La loi nouvelle a réparé cet oubli, en introduisant dans la procédure de surenchère le droit, pour les intéressés, de demander la subrogation dans les poursuites.

135. — « Lorsqu'une surenchère, porte le nouvel art. 833, aura été notifiée avec assignation dans les termes de l'art. 832 ci-dessus, chacun des créanciers inscrits aura le droit de se faire subroger à la poursuite, si le surenchérisseur ou le nouveau propriétaire ne donne pas suite à l'action dans le mois de la surenchère. — La subrogation sera demandée par simple requête en intervention, et signifiée par acte d'avoué à avoué. Le même droit de subrogation reste ouvert au profit des créanciers inscrits, lorsque, dans le cours de la poursuite, il y a collusion, fraude ou négligence de la part du poursuivant. — Dans tous les cas ci-dessus, la subrogation aura lieu aux risques et périls du surenchérisseur, sa caution continuant à être obligée. »

136. — Le créancier inscrit qui est en même temps débiteur de l'acquéreur de l'immeuble n'est point recevable dans une demande en subrogation de surenchère exercée contre cet acquéreur, lorsqu'au moyen de la compensation offerte et acceptée, ce dernier est demeuré seul créancier. — *Bordeaux*, 20 nov. 1845 (t. 1er 1846, p. 284), Frayssineau c. Dubreuilh.

137. — La requête de subrogation doit être signifiée aussi bien au vendeur qu'au nouveau propriétaire et au surenchérisseur. — Chauveau, quest. 2491.

138. — Si la surenchère dans le cours de laquelle un créancier inscrit aurait obtenu la subrogation était entachée de quelque vice; si, par exemple, la caution offerte était jugée insuffisante, le subrogé ne pourrait être admis à réparer la nullité en reprenant la surenchère pour son propre compte. Un pareil droit serait tellement considérable, qu'on ne pourrait l'accorder qu'autant qu'il serait écrit dans la loi, ce qui n'a pas lieu. Le subrogé n'agit que pour le compte du surenchérisseur qui est toujours obligé ainsi que sa caution. — Rapport de M. Parant.

139. — Le droit de subrogation peut être exercé dans le cas où le surenchérisseur ou le nouveau propriétaire seraient coupables de négligence ou de fraude, sans toutefois que par leur fait la poursuite soit devenue nulle; car on ne peut se faire subroger dans la poursuite d'une procédure nulle. — Chauveau, quest. 2495.

140. — Si plusieurs surenchères avaient été formées par des créanciers différens, la poursuite de surenchère appartiendrait au plus diligent. — Lepage, *Quest.*, p. 559.

141. — Suivant l'art. 836 du Code de procédure, pour parvenir à la revente sur enchère prévue par l'art. 2187 du Code civil, le poursuivant doit faire imprimer des placards qui contiennent: 1o la date et la nature de l'acte d'aliénation sur lequel la surenchère a été faite, le nom du notaire qui l'aura reçu ou de toute autorité appelée à sa confection; — 2o le prix énoncé dans l'acte, s'il s'agit d'une vente, ou l'évaluation donnée aux immeubles dans la notification aux créanciers inscrits, s'il s'agit d'un échange ou d'une donation; — 3o le montant de la surenchère; — 4o les noms, professions, domiciles du précédent propriétaire, de l'acquéreur ou donataire, du surenchérisseur, ainsi que du créancier qui lui est subrogé, dans le cas de l'art. 833; — 5o l'indication sommaire de la nature et de la situation des biens aliénés; — 6o le nom et la demeure de l'avoué constitué pour le poursuivant; — 7o l'indication du tribunal où la surenchère se poursuit, ainsi que des jour, lieu et heure de l'adjudication. Ces placards sont apposés quinze jours au moins et trente jours au plus avant l'adjudication, à la porte du domicile de l'ancien propriétaire et aux lieux désignés dans l'art. 699 du Code de procédure. Dans le même délai, l'insertion des énonciations qui précèdent doit être faite dans le journal désigné, en exécution de l'art. 696, et le tout doit être constaté comme il est dit dans les art. 698 et 699. — V., sur ces différentes formalités, SAISIE IMMOBILIÈRE.

142. — Quinze jours au moins et trente jours au plus avant l'adjudication, sommation doit être faite à l'ancien et au nouveau propriétaire d'assister à cette adjudication, aux lieu, jour et heure indiqués. Pareille sommation est faite au créancier surenchérisseur, si c'est le nouveau propriétaire ou un autre créancier subrogé qui poursuit. Dans le même délai, l'acte d'aliénation est déposé au greffe et il tient lieu de minute d'enchère. Le prix porté dans l'acte ou la valeur déclarée et le montant de la surenchère tiennent lieu d'enchère. — Art. 837.

143. — Il n'existe aucun délai fatal dans lequel, après l'admission de la surenchère, il doive être procédé aux diverses formalités pour la revente.

144. — L'art. 699 auquel renvoie l'art. 836 veut que les appositions de placards aient lieu à la porte du domicile du *saisi*. M. Chauveau (sur Carré, quest. 2498 *quater*) pense avec raison que par ce mot appliqué aux formalités de la procédure de surenchère, il faut entendre le nouveau propriétaire.

145. — Il résulte des travaux des diverses commissions qui ont élaboré le projet de la loi du 2 juin 1841 et du rejet de diverses propositions, qu'en matière de surenchères il n'y a pas lieu d'accorder le supplément de publicité prescrit par les art. 697 et 700 du Code de procédure.

146. — La loi n'indique pas comment doit faire le surenchérisseur pour se procurer l'acte d'aliénation qui doit être déposé au greffe, alors que cet acte est entre les mains du nouveau propriétaire. Si cet acte est notarié, le poursuivant aura le droit d'en requérir une expédition; s'il est sous seing privé, une copie de la transcription qui a dû être faite aux hypothèques pourrait être obtenue, et cette copie serait suffisante pour remplir le vœu de la loi. — Chauveau, quest. 2498 *septiès*.

147. — En disant que l'acte d'aliénation doit être déposé au greffe pour servir de minute d'enchères, l'art. 837 exprime clairement qu'il ne doit pas être dressé de cahier des charges. C'est ce que décidait déjà M. Troplong (no 960 *ter*) avant la loi nouvelle.

148. — Décidé, dans ce sens, que l'art. 694 du C. pr. civ., qui, en cas de surenchère sur aliénation par suite de saisie immobilière, permet de demander des modifications au cahier des charges, n'est pas applicable lorsqu'il s'agit de surenchère par suite d'aliénation volontaire. — En pareil cas, le créancier surenchérisseur doit accepter comme cahier de charges l'acte d'aliénation tel qu'il est, sans pouvoir faire modifier ou supprimer aucune de ses clauses. — *Caen*, 7 mai 1847 (t. 2 1847, p. 545), Massy c. Toupet.

149. — Les nullités doivent être proposées à peine de déchéance, savoir: celles qui concernent la déclaration de surenchère et l'assignation avant le jugement qui doit statuer sur la réception de la caution; celles qui sont relatives aux formalités de la mise en vente, trois jours au moins avant l'adjudication; il est statué sur les premières par le jugement de réception de la caution, et sur les autres avant l'adjudication, et, autant que possible, par le jugement même de cette adjudication. — Art. 838, § 4.

150. — L'ancien propriétaire et l'acquéreur étant tous deux parties nécessaires dans la procédure de surenchère, chacun d'eux pourrait se prévaloir des nullités commises à l'égard de l'autre. — Chauveau sur Carré, quest. 2490.

151. — Le principe général, en matière de nullité, notamment en ce qui concerne la saisie immobilière (C. proc., art. 728 et 729), d'après lequel, lorsqu'il y a lieu de prononcer une nullité, cette nullité s'arrête à l'acte nul et ne rejaillit pas sur les actes qui l'ont précédé, s'applique aux poursuites de surenchère sur aliénation volontaire. — En conséquence, la nullité résultant du défaut de dépôt au greffe de l'acte de vente dans le délai légal, ne frappe point la procédure qui a précédé ce dépôt. — *Cass.*, 18 mars 1846 (t. 1er 1846, p. 721), Caute c. Beaussay.

152. — La Cour de Caen a décidé que l'adjudicataire est sans qualité pour demander la nullité d'une surenchère formée par un juge du tribunal où la vente a eu lieu. — *Caen*, 4 janv. 1848 (t. 2 1848, p. 344), Lannier c. Malfilâtre. — V., sur les nullités diverses établies par l'art. 711 C. proc., SAISIE IMMOBILIÈRE.

153. — Aucun jugement ou arrêt par défaut en matière de surenchère sur aliénation volontaire n'est susceptible d'opposition. Les jugemens qui statuent sur les nullités antérieures à la réception de la caution, ou sur la réception même de cette caution, et ceux qui prononcent sur la demande en subrogation intentée pour collusion ou fraude, sont seuls susceptibles d'être attaqués par la voie de l'appel. — Art. 838, § 5 et 6.

154. — Décidé qu'un jugement qui statue sur la validité d'une surenchère est susceptible d'appel, bien qu'elle soit faite pour une somme inférieure à 1,500 fr. — *Bordeaux*, 27 mai 1845 (t. 2 1845, p. 311), Locquier c. Guerguichon. — V. SAISIE IMMOBILIÈRE.

155. — L'adjudicataire d'un immeuble surenchéri qui se désiste de l'appel par lui formé contre le jugement qui valide la surenchère, en se réservant de prendre telles conclusions qu'il appartiendra sur l'appel également interjeté par le vendeur et ses ayans cause, ne peut être censé avoir renoncé à son action en garantie contre ces derniers, alors surtout qu'il a fait des réserves expresses à cet égard. — Dès lors, le vendeur ou ses ayans cause ont encore intérêt, et par conséquent qualité, pour contester la surenchère. — *Paris*, 23 déc. 1843 (t. 1er 1844, p. 387), Dupuis c. Beslay.

156. — La surenchère forme par elle-même un litige séparé, indépendant de l'aliénation qui lui a donné lieu, et régi, en conséquence, par la loi sous l'empire de laquelle il est né. — Par suite, l'appel d'un jugement qui statue sur une surenchère doit être interjeté, non plus dans le délai de trois mois conformément aux dispositions du Code de procédure, mais dans celui de dix jours établi par la loi du 2 juin 1841, lorsque c'est pos-

térieurement à cette loi que la surenchère a été introduite, encore bien que la vente à laquelle celle-ci se rattache soit antérieure à la promulgation de ladite loi. — *Bourges*, 22 févr. 1843 (t. 2 1843, p. 770), Guillon c. Berthonnier.

157. — Décidé que l'art. 838 C. procéd. nouveau, qui détermine les cas dans lesquels les jugemens en matière de surenchère peuvent être frappés d'appel, s'applique aux jugemens qui statuent sur des moyens de nullité, et non à ceux qui prononcent sur des questions intéressant le fond du droit. — Que, spécialement, est susceptible d'appel le jugement qui a pour objet de régler les conditions de la surenchère et de déterminer à qui doivent appartenir, de l'acquéreur ou de l'adjudicataire éventuel, les fruits de l'immeuble en litige. — *Bordeaux*, 11 juin 1842 (t. 2 1843, p. 41), Fourcade c. Insinger.

§ 2. — *De l'adjudication et de ses suites.*

158. — Sont applicables à la procédure de surenchère les art. 701, 702, 705, 706, 707, 711, 712, 713, 717 C. procéd., relatifs aux formalités de l'adjudication, au jugement d'adjudication et à l'étendue des droits que ce jugement confère à l'adjudicataire, les art. 731 et 732 qui s'occupent de l'appel des jugemens qui statuent sur des incidens, et les art. 703 et suiv. qui règlent la procédure de folle enchère. Les formalités prescrites par les art. 705 et 706 pour la réception des enchères doivent être observées à peine de nullité. Il en est de même de celles qui sont prévues par les art. 832, 836 et 837. — Art. 838, § 2 et 3. — V. FOLLE ENCHÈRE, SAISIE IMMOBILIÈRE.

159. — Une adjudication sur enchères prononcée un autre jour que celui d'abord indiqué n'est pas nulle, lorsque ce changement a été annoncé par des affiches et insertions conformes aux art. 682 et suiv. C. procéd. — *Cass.*, 22 août 1831, Sablat c. Vavasseur-Desperriers et Bourard.

160. — L'adjudicataire après surenchère est tenu, au delà du prix de son adjudication, de restituer à l'acquéreur ou au donataire dépossédé les frais et loyaux coûts de son contrat, ceux de la transcription sur les registres du conservateur, ceux de notification, et ceux faits par lui pour parvenir à la revente. — C. civ., art. 2188.

161. — De ce que l'art. 2188 C. civ. porte qu'en cas d'adjudication, par suite de surenchère, l'adjudicataire est tenu, au delà du prix de son adjudication, de restituer à l'acquéreur les frais et loyaux coûts de son contrat, il résulte que, si plusieurs adjudications successives par suite de surenchère ont été faites, l'adjudicataire qui demeure propriétaire en définitive doit rembourser, en sus de son prix, tous les frais des diverses surenchères et les loyaux coûts, de telle sorte que l'adjudicataire évincé reste complétement indemne, et ce remboursement doit avoir lieu immédiatement sans attendre l'ouverture de l'ordre. — *Caen*, 24 nov. 1845 (t. 1er 1846, p. 384), Vauquelin c. Marie.

162. — L'acquéreur dépossédé par une surenchère peut invoquer le bénéfice de l'art. 2175 C. civ., et réclamer de l'adjudicataire le remboursement des impenses et améliorations par lui faites sur l'immeuble jusqu'à concurrence de la plus-value résultant desdites améliorations. — *Bordeaux*, 14 déc. 1843 (t. 2 1844, p. 463), Bergerac c. Caisse hypothécaire. — Troplong, t. 4, n° 962; Grenier, t. 2, n° 471.

163. — L'acquéreur contre lequel on a surenchéri pourrait même exiger que l'évaluation de ces impenses fût faite avant la revente; car elles doivent être l'objet d'une clause particulière de cette revente. — *Paris*, 11 juin 1834, Deribes c. Denis. — Paignon, t. 2, p. 11.

164. — Décidé cependant qu'on ne peut aggraver la position du surenchérisseur, en ordonnant qu'il sera ajouté au cahier des charges une clause portant que l'adjudicataire sera tenu de payer en sus de son prix le montant de la plus-value résultant des impenses et améliorations faites par l'acquéreur évincé. — *Orléans*, 19 juill. 1843 (t. 2 1843, p. 462), Perthuis c. Douzillé.

165. — C'est à l'adjudicataire sur surenchère seul, et non aux créanciers inscrits, qu'il appartient de poursuivre le précédent adjudicataire en paiement d'une indemnité à raison des dégradations par lui commises sur l'immeuble. Dès lors, si c'est le premier acquéreur qui, sur la poursuite de surenchère, demeure adjudicataire définitif, l'action en indemnité se trouve éteinte par voie de confusion. — *Douai*, 9 juin 1841 (t. 1er 1847, p. 252), Prevost c. Pety.

166. — Les fruits recueillis par anticipation par un acquéreur sur aliénation volontaire, évincé depuis, par suite de surenchère, doivent être restitués à l'adjudicataire, et non être immobilisés, comme le sont les fruits perçus après saisie immobilière, pour être distribués aux créanciers inscrits. Et en pareil cas l'adjudicataire a droit, outre la restitution des fruits, à des dommages-intérêts, pour le préjudice qu'a pu lui causer la perception anticipée. — *Douai*, 29 avril 1846 (t. 1er 1847, p. 253), Planès c. N...

167. — Il ne paraît pas que, lors de l'adjudication après surenchère, on puisse faire un lotissement qui ne s'accorderait pas avec l'acte de la première aliénation. L'art. 837 ne permet pas au poursuivant de dresser un cahier des charges. Ce poursuivant doit seulement déposer l'acte d'aliénation au greffe, ce qui implique que les clauses de cet acte ne peuvent pas être dénaturées. — Persil fils, n° 484.

168. — Le surenchérisseur, même au cas de subrogation à la poursuite, doit être déclaré adjudicataire si, au jour fixé pour l'adjudication, il ne se présente pas d'autre enchérisseur. — Art. 838, § 1er.

169. — L'adjudication par suite de surenchère sur aliénation volontaire ne peut être frappée d'aucune autre surenchère. Les effets de l'adjudication, à la suite de surenchère sur aliénation volontaire, sont réglés, à l'égard du vendeur et de l'adjudicataire, par les dispositions de l'art. 717 ci-dessus. — Art. 838, § 7 et 8. — V. SAISIE IMMOBILIÈRE.

170. — L'art. 838 ne renvoie pas à l'art. 703. On doit en conclure que le tribunal ne peut accorder aucun sursis avant de prononcer à l'adjudication après surenchère. Mais s'il se présentait des incidens, il devrait être statué par le tribunal, quand même l'adjudication devrait en être retardée. — Chauveau sur Carré, quest. 2500 *bis*.

171. — L'acheteur qui est dépossédé par suite d'une surenchère a le droit d'exercer une action en garantie contre son vendeur; car, au moment de la vente, le créancier inscrit avait le droit éventuel de surenchérir, et le vendeur est responsable de tous les troubles dont la cause est préexistante à l'aliénation. — Duvergier, *Vente*, t. 1er, n° 321; Troplong, *Vente*, t. 1er, n° 426, et t. 4, n° 967; Duranton, t. 16, n° 252.

172. — La surenchère opère la résolution de la vente à dater seulement du jour de l'adjudication qui en est la suite, et non à partir du jour où elle a été signifiée à l'acquéreur. Ainsi, tant que l'adjudication sur surenchère n'a pas eu lieu, les réparations nécessaires à la conservation de l'immeuble vendu sont à la charge de l'acquéreur, et non à celle du surenchérisseur. *Cass.*, 12 fév. 1828, Collin c. Morin. — Et si c'est l'acquéreur lui-même qui devient adjudicataire par suite de la surenchère, il aura été propriétaire à partir de la première vente. — Carré et Chauveau, quest. 2500 *octiès*.

173. — Décidé aussi que la surenchère sur aliénation volontaire ne rend pas le surenchérisseur propriétaire; que dès lors l'acquéreur demeurant propriétaire, quoique menacé d'éviction, soit par une surenchère, soit par l'effet d'une substitution dont l'immeuble est grevé, est tenu envers le fermier de faire les réparations à l'immeuble, et cela, sans pouvoir exercer un recours en garantie contre le vendeur ou le surenchérisseur, tant que l'éviction n'est pas opérée. — *Bordeaux*, 21 juill. 1830, Mouillac c. Roy de Clotte. — Pothier, *Traité de la vente*, n°s 490 et 492; Troplong, *Hypoth.*, t. 4, n° 949.

174. — Le bail fait de bonne foi et pour le temps ordinaire par l'acquéreur d'un immeuble grevé d'hypothèques non encore purgées doit, comme tout autre acte de simple administration consenti sans fraude, recevoir son exécution, encore que l'immeuble ait été revendu par suite de surenchère. — *Cass.*, 30 mars 1842 (t. 2 1842, p. 127), Joseph c. Genty.

175. — On n'est pas recevable, dans une instance de surenchère, à former une demande en immobilisation des fruits de l'immeuble surenchéri. Cette demande, étant complétement étrangère à la surenchère, ne peut faire l'objet d'un incident de la procédure. — C'est au moment de l'ouverture de l'ordre, lorsque toutes les parties intéressées sont en présence et à même de savoir ce qu'exige leur intérêt, qu'une semblable demande peut être formée. — *Metz*, 28 déc. 1812 (t. 1er 1844, p. 567), Sallerin c. Adam.

176. — Lorsqu'à la suite de surenchère, un ou plusieurs immeubles ont été adjugés en bloc et pour un prix unique à plusieurs adjudicataires, cette adjudication et l'obligation contractée par ces derniers d'en payer le prix sont indivisibles. — En conséquence, chacun des adjudicataires peut être contraint d'effectuer le paiement intégral des bordereaux délivrés, dans l'ordre qui a suivi l'adjudication, aux créanciers colloqués, à défaut de quoi, il peut être poursuivi par voie de folle enchère. — *Limoges*, 11 mars 1848 (t. 2 1848, p. 276), Maingasson c. Niveau.

177. — Jugé que la disposition du jugement qui prononce l'annulation d'une adjudication sur surenchère faite au prête-nom du saisi ne peut être critiquée par le saisi et par le surenchérisseur, en ce que les effets de l'annulation auraient été étendus même à l'adjudication primitive, alors que celui au profit de qui cette adjudication avait été prononcée n'est pas en cause et ne se plaint pas. De la part du saisi et du surenchérisseur, ce serait exciper de l'intérêt d'un tiers. — *Cass.*, 18 fév. 1846 (t. 2 1846, p. 19), Mandron.

178. — L'adjudicataire qui, malgré la procédure dirigée contre son adjudication, procédure dont il était averti, a passé outre à l'exploitation du bois adjugé, a volontairement encouru la chance de payer la différence de son prix avec celui auquel le portait la surenchère, et est ainsi devenu personnellement passible des conséquences de l'ordonnance d'annulation. — Mais en offrant de rembourser au surenchérisseur tout ce que celui-ci pourrait avoir été contraint de payer en exécution des poursuites exercées contre lui, il fait tout ce qui est en son pouvoir, et ne peut être contraint, en outre, à payer à ce surenchérisseur les bois que ce dernier prétend avoir été exploités à son préjudice par l'adjudicataire. — *Bourges*, 18 mai 1839 (t. 2 1843, p. 224), Barraut c. Grasset.

179. — L'adjudicataire par surenchère est tenu de payer les intérêts de son prix, non depuis le jour de la vente faite au premier acquéreur, mais seulement du jour de sa propre adjudication. — *Cass.*, 14 août 1833, Floreau c. Lenthérie; *Paris*, 15 juill. 1837 (t. 2 1837, p. 495), Janin c. Delaistre.

180. — Lorsque l'immeuble a été revendu par suite de surenchère, l'avoué poursuivant n'a droit à une remise proportionnelle que sur l'augmentation provenant de la revente, et non sur le prix total de la seconde adjudication. — Victor Fons, *Tarifs en matière civile*, p. 331; Bioche, n° 233.

CHAPITRE II. — *Surenchère du sixième.*

Sect. 1re. — *Diverses ventes auxquelles elle s'applique.*

181. — Nous avons dit que la surenchère du sixième était celle qu'on pouvait former en matière d'adjudication sur expropriation forcée. Les conditions de cette surenchère et de la procédure à laquelle elle donne lieu sont déterminées par les art. 708, 709 et 710 C. proc.

182. — La surenchère du sixième est appliquée aux ventes d'immeubles appartenant à des mineurs par l'art. 965 C. proc. refondu par la loi du 2 juin 1841. «Dans les huit jours qui succèdent l'adjudication, porte ce texte, toute personne pourra faire une surenchère du sixième en se conformant aux formalités et délais réglés par les art. 708, 709 et 710 C. proc. Lorsqu'une seconde adjudication a eu lieu après la surenchère, aucune autre surenchère des mêmes biens ne peut être reçue.»

183. — La Cour suprême décidait, avant la nouvelle loi, que l'adjudication sur licitation des biens de mineurs était susceptible à la fois de la surenchère du quart de la part de toute personne, et de la surenchère du dixième de la part des créanciers inscrits. — *Cass.*, 4 août 1835, Maillard c. Ducoudré.

184. — En cas de vente par licitation, la surenchère faite par un créancier inscrit sur l'immeuble adjugé est valable, bien que le jugement d'adjudication n'ait pas encore été notifié par l'adjudicataire. — *Limoges*, 22 mars 1843 (t. 1er 1844, p. 818), Perret c. Deschamps.

185. — La Cour de cassation a décidé qu'en matière de licitation d'immeubles entre majeurs la surenchère du sixième, autorisée par l'art. 973 C. proc. civ., pouvant être valablement faite par toute personne indistinctement, les colicitans eux-mêmes sont admis à surenchérir. — *Cass.*, 15 juin 1846 (t. 2 1846, p. 156), Prieux c. Bertrand. — *Contrà*, Chauveau sur Carré, n° 2505 *decies*.

186. — L'arrêt qui déclare qu'une surenchère a été formée à bon droit, en vertu de l'art. 973 C. proc. civ., motive suffisamment le rejet de la demande en nullité de cette surenchère, quelle

qu'ait pu être la cause de cette demande en nullité. — Même arrêt.

187. — La déclaration de surenchère à la suite de vente de biens de mineurs peut être faite devant le notaire qui a procédé à la vente ; il n'y a nécessité de la faire au greffe que lorsque la vente a eu lieu devant le tribunal.—*Paris*, 22 déc. 1840 (t. 1er 1841, p. 274), Grégoire c. Ponceau. — Conf. *Toulouse*, 25 juin 1835, Azémar c. Seube.—*Contrà*, *Pau*, 14 nov. 1836 (t. 2 1837, p. 251), Beigbeder c. Labaste. — V. *anal.* dans le sens de l'arrêt actuel, *Paris*, 25 juill. 1823, de la Houssaye c. Gillon et Faviens.

188. — Le même principe se trouve écrit dans l'art. 973 C. proc. civ., relatif aux ventes sur licitation et qui est rédigé dans les mêmes termes que l'art. 965. La jurisprudence antérieure à la loi du 2 juin décidait déjà que l'ancienne surenchère du quart devait être admise dans les ventes sur licitation. — *Cass.*, 17 déc. 1839 (t. 1er 1840, p. 71), Gayet c. Dupoizat.

189. — On décidait également que l'adjudication faite en justice, sur licitation volontaire, d'immeubles indivis entre majeurs et mineurs, était susceptible de la surenchère du quart, comme l'adjudication sur saisie immobilière. — *Cass.*, 18 mai 1830, Cay-Vidal c. Lyon; 2 janv. 1833, Popie c. Fayssous.

190.—Le notaire délégué par le tribunal pour procéder à la licitation et pour recevoir les enchères est investi aussi du pouvoir de recevoir la surenchère comme étant une conséquence de l'enchère, un véritable mode d'enchérir. — *Toulouse*, 25 juin 1835, Azémar c. Seube.

191.— Jugé cependant qu'en matière de vente, par notaire commis par justice, des immeubles dépendans d'une succession bénéficiaire, la surenchère doit être faite au greffe du tribunal qui a ordonné la vente, même pour les immeubles situés hors de son ressort; elle ne serait valablement faite ni devant le notaire commis pour la vente, ni au greffe du tribunal de la situation de l'objet licité. — *Pau*, 14 nov. 1836 (t. 2 1837, p 251), Beigbeder c. Labaste. — *Contrà*, *Toulouse*, 25 juin 1835, Azémar c. Seube; cet arrêt décide que le notaire délégué pour procéder à la licitation a pouvoir de recevoir la surenchère, cette surenchère étant un véritable mode de surenchérir.

192.—La vente de biens communaux n'est pas assujettie à l'exercice de la surenchère. — *Nîmes*, 12 mars 1845 (t. 1er 1846, p. 280), Démarre c. Ripert. — *Contrà*, *Nîmes*, 28 nov. 1837 (t. 1er 1838, p. 111), G... c. la ville de Mende.

193. — Lorsqu'il s'agit de vente d'immeubles faite par l'héritier bénéficiaire, la surenchère du dixième, qui peut être exercée dans le délai de quarante jours par tout créancier inscrit, n'est pas exclusive du droit de surenchérir du quart (du sixième), qui peut être exercé par toute personne dans le délai de huitaine. — *Paris*, 11 mai 1835, Legentil c. trésor public.

194.—Avant la loi du 2 juin 1841 il y avait une grande incertitude sur la question de savoir s'il était permis de surenchérir après une adjudication sur folle enchère. Cette loi paraît devoir faire cesser les doutes sur ce point par la rédaction qu'a reçue l'art. 739, qui déclare applicable à la procédure de folle enchère les art. 705, 706 et 707 et 711 en passant sous silence les art. 708, 709 et 710, relatifs à la surenchère. Cette raison du texte a paru déterminante en faveur du système qui déclare la surenchère inadmissible dans ce cas, et c'est dans ce sens que la jurisprudence s'est prononcée. — *Bordeaux*, 24 nov. 1845 (t. 1er 1846, p. 301), Langlade de Lafaye c. Lalot; *Cass.*, 24 déc. 1845 (t. 1er 1846, p. 174), Mounier c. Bouju; *Orléans*, 5 déc. 1846 (t. 1er 1847, p. 303), mêmes parties; *Cass.*, 30 juin 1847 (t. 2 1847, p. 172), mêmes parties; *Paris*, 27 août 1847 (t. 2 1847, p. 684), Bricé c. Berranger; *Cass.*, 1er mars 1848 (t. 1er 1848, p. 319), Dommage c. Rostan; *Bordeaux*, 20 juin 1848 (t. 2 1849, p. 34), Leclerc c. Boisseau; *Paris*, 20 déc. 1848 (t. 1er 1849, p. 256), Grosjean c. Petit.— *Contrà Grenoble*, 30 avril 1846 (t. 2 1846, p. 653); Frugier c. Graillat; *Besançon*, 28 déc. 1848 (t. 1er 1849, p. 613), Guyetand c. Mège.—Chauveau sur Carré, quest. 2431 *quinquiès*.

195. — A bien plus forte raison la surenchère n'est plus recevable après la revente sur folle enchère poursuivie contre un premier surenchérisseur. — *Cass.*, 10 janv. 1844 (t. 1er 1844, p. 289), Malvesin c. Stard; — *Contrà*, *Toulouse*, 4 juillet 1842 (t. 2 1843, p. 306), Banquet c. Delban.

196. — Et la surenchère n'est pas plus admissible lorsqu'il s'agit d'une vente sur licitation que lorsqu'il s'agit de vente sur expropriation forcée. — *Cass.*, 24 déc. 1845 (t. 1er 1846, p. 174), Mounier c. Bouju.

Sect. 2e. — *Conditions de validité de la surenchère. — Procédure.*

197. — Toute personne peut, dans les huit jours qui suivent l'adjudication sur expropriation forcée, faire, par le ministère d'un avoué, une surenchère, pourvu qu'elle soit du sixième au moins du prix principal de la vente. — Article 708.

198. — Ce texte de la loi du 2 juin 1841 contient une innovation importante en matière de surenchère sur aliénation forcée. L'art. 710 du Code de procédure exigeait qu'en pareil cas la surenchère fût portée au quart du prix principal. D'après la loi nouvelle il suffit qu'elle soit du sixième de ce prix. Le projet de 1829 avait même abaissé ce taux jusqu'au dixième comme lorsqu'il s'agit de vente volontaire. Mais on a pensé qu'il n'y avait pas lieu de faire une pareille assimilation. En effet, lorsque l'aliénation est volontaire, le vendeur et l'acheteur ont été seuls à débattre le prix, les fraudes sont plus à craindre et il importe que la surenchère destinée à les déjouer, soit d'un facile accès. Au contraire, dans les expropriations forcées, la fixation de la mise à prix et l'adjudication elle-même sont entourées d'une grande publicité, il y a moins de danger de fraude et l'adjudicataire ne doit pas être dépossédé trop facilement. Aussi, s'est-on déterminé à fixer le taux de la surenchère au sixième dans ce dernier cas. — V. le travail de M. Pascalis de 1838, et les rapports de M. Persil à la Chambre des pairs et de M. Pascalis à la Chambre des députés.

199. — Suivant l'ancien art. 710, la surenchère pouvait être faite par la partie elle-même ou par son fondé de pouvoirs. Le nouveau texte veut qu'elle soit faite par le ministère d'un avoué. Cette disposition a été proposée par la commission de la Chambre des pairs comme offrant une garantie de la solvabilité présumée du surenchérisseur.

200. — La surenchère devrait se faire au greffe lors même que l'adjudication aurait eu lieu chez un notaire. Une disposition du projet qui autorisait la surenchère par devant notaire a été repoussée à la Chambre des députés. — Bioche, nº 279.

201. — Les expressions dont se sert l'art. 708 étant générales, rien n'empêcherait le créancier poursuivant de former une surenchère comme toute autre personne. — Carré et Chauveau, quest. 2386.

202. — Cependant, l'avoué de l'adjudicataire ne pourrait surenchérir sur lui; car étant mandataire de son client, il ne peut abandonner ses intérêts pour se tourner contre lui. — Pigeau, *Comm.*, t. 2, p. 332.

203. — Bien qu'aux termes de l'art. 710 (nouveau) le surenchérisseur qui a fait une folle enchère soit tenu *par corps* de la différence entre le prix de l'adjudication et celui de la surenchère par lui faite, il ne faudrait pas conclure de cette disposition que celui qui n'est pas contraignable par corps ne pourrait surenchérir, si d'ailleurs cette personne était solvable. — Favard de Langlade, t. 5, p. 66, nº 3.

204. — Jugé, sous le Code de procédure, que la surenchère peut être exercée par une personne dont la solvabilité n'est pas établie si cette personne n'est pas notoirement insolvable. En tous cas, la surenchère est valable si celui qui l'a faite, et dont la solvabilité n'est pas justifiée, consigne une somme suffisante pour pouvoir satisfaire aux engagemens qu'il a pris. — *Caen*, 9 juill. 1833, Fauconnier c. Sandrine.

205. — Il est permis aux tribunaux d'user de tous les moyens d'éclairer leur religion sur l'insolvabilité du surenchérisseur. Si celui-ci a offert lui-même la preuve de sa solvabilité, il n'y a pas lieu d'examiner si la preuve directe ne devait pas être mise à la charge de son adversaire. — *Cass.*, 26 juill. 1836, Vibert c. Brivot.

206. — En prohibant l'enchère de la part des personnes notoirement reconnues insolvables, le Code de procédure a consacré un principe d'intérêt public applicable au cas de la surenchère permise par l'art. 710 (708).— *Cass.*, 26 juill. 1836, même arrêt.

207. — L'adjudicataire sur une poursuite de saisie immobilière peut discuter la solvabilité d'un tiers qui veut surenchérir, ayant qu'il soit procédé à une nouvelle adjudication des biens, et demander la nullité de la surenchère, s'il y a lieu. — *Cass.*, 6 févr. 1816, de Montpezat.

208. — La loi n'exigeant pas, en matière de vente forcée, que le surenchérisseur donne caution pour le montant de la surenchère, ce serait à tort qu'on voudrait le soumettre à cette mesure de garantie qui a été repoussée par la commission du gouvernement en 1838. — Rapport de M. Parant. — Tel était déjà l'avis de Carré (question 2192), et Pigeau (*Comm.*, t. 2, p. 332), sous l'empire du Code de 1807, contrairement à la doctrine d'un arrêt de la Cour de *Rennes*, du 29 juin 1814, Renier c. Vanier.

209. — Décidé, en effet, qu'en matière d'expropriation forcée, la clause du cahier des charges qui n'admet à enchérir ou surenchérir que moyennant caution est nulle. — Cette nullité est d'ordre public, et doit, dans le cas de silence ou d'acquiescement des créanciers inscrits, être prononcée d'office par le juge.—*Colmar*, 25 févr. 1834, Schwartz c. Rischmann.

210. — La surenchère nulle à raison de l'incapacité d'un surenchérisseur n'en subsisterait pas moins pour son cosurenchérisseur. — Carré et Chauveau, quest. 2386 *ter*.

211. — Lorsque deux personnes se réunissent pour surenchérir, il n'est pas nécessaire, à peine de nullité, qu'elles déclarent se soumettre à la solidarité. — *Paris*, 6 août 1832, Danger c. Bellanger.

212. — La surenchère devant être faite *dans les huit jours qui suivront l'adjudication*, d'après l'art. 708, il résulte de cette rédaction que le délai n'est pas franc. —Persil fils, *Comm.*, nº 254; Rogron, *idem*, p. 880.

213. — Le jugement d'adjudication peut être frappé d'appel, lorsque, par ce jugement, le tribunal a statué en même temps sur un incident de saisie immobilière, et l'appel est alors formé dans les dix jours à compter de la signification à avoué (C. proc., art. 731). — Il pourrait même l'être le lendemain du jour où le jugement aurait été rendu. L'appel interromprait dans ce cas le délai de la surenchère, et ce délai ne recommencerait à courir qu'après la confirmation du jugement sur l'appel. —Chauveau sur Carré, quest. 2387.

214. — Les jours fériés qui se trouveraient dans la huitaine donnée pour surenchérir ne seraient pas une cause d'augmentation du délai, à moins qu'ils ne l'absorbassent complétement. Dans ce dernier cas, il y aurait lieu d'ajouter un jour.

215. — Il y aurait nullité de la surenchère qui ne contiendrait pas d'une manière expresse la soumission de porter le prix au sixième en sus du prix de l'adjudication.

216. — Pour que la surenchère formée sous la loi du 2 juin 1841 soit valable, il suffit que le surenchérisseur déclare surenchérir d'un sixième en sus du prix principal de la vente : il n'est pas nécessaire qu'il précise numériquement la somme à laquelle il entend porter la mise à prix. — Dès lors, l'erreur de sa part dans une pareille fixation devrait être considérée comme une simple erreur de calcul, ne pouvant entraîner la nullité de la surenchère. — Il en doit être ainsi, alors surtout que l'erreur n'est que d'une fraction de centimes non réalisable en numéraire. — *Rouen*, 6 janv. 1846 (t. 2 1846, p. 102), Anquetil c. Jourdain.

217. — Rien n'empêcherait que plusieurs surenchères ne fussent faites dans la huitaine de l'adjudication par des personnes différentes. — Chacune de ces surenchères serait valable pourvu qu'elle fût du sixième du prix principal. — Carré et Chauveau, quest. 2387 *bis*; Persil fils, nº 255; Favard de Langlade, t. 5, p. 64, nº 3.

218. — La Cour de Lyon a néanmoins décidé, mais à tort selon nous, que rien dans l'esprit ou l'ensemble de la loi n'indique que le législateur ait entendu permettre plusieurs surenchères successives dans le cours d'une même expropriation. — *Lyon*, 19 juin 1840 (t. 2 1840, p. 630), Leynet c. Veynière.

219. — Lorsque plusieurs immeubles ont été adjugés indivisément pour un même prix, mais que dans l'élection de command ce prix a été divisé entre plusieurs personnes différentes, on peut surenchérir sur la portion du prix attribués à l'un des immeubles.—*Limoges*, 5 déc. 1833, Frédon c. Ruby; *Rouen*, 26 janv. 1839 (t. 1er 1841, p. 499), Barré c. Renault.

220. — On ne pourrait néanmoins demander la ventilation à l'effet de surenchérir lorsque le délai de la surenchère est expiré. — *Grenoble*, 17 août 1831, Michalon c. Simian et Reynaud.

221. — On s'est demandé ce qu'il fallait entendre par prix principal dans le sens de l'art. 708.

SURENCHÈRE, ch. 2, sect. 2e.

—Selon Pigeau (*Comm.*, t. 2, p. 335), la surenchère étant établie dans l'intérêt du saisi et des créanciers, on ne doit joindre au prix principal dont parlait l'art. 710 (maintenant l'art. 708) que les accessoires dont l'augmentation leur profitera, et non ceux dont l'augmentation ne les intéresse pas.— «De là il suit, ajoute cet auteur, qu'on doit ajouter : 1° les frais extraordinaires, si, comme on le fait quelquefois, on a chargé l'adjudicataire de les payer jusqu'à concurrence d'une certaine somme, cette charge tournant à leur profit, puisque, si on ne l'avait pas imposée, ces frais eussent été payés par privilége sur le prix, et eussent d'autant diminué ce prix ; 2° la valeur d'une charge quelconque, dont le créancier aurait pu demander le paiement sur le prix, si on ne l'eût pas imposée à l'adjudicataire, et dont l'acquittement séparé tourne en diminution sur le prix. — Par une conséquence contraire, il ne faut pas joindre les accessoires qui ne tournent pas en diminution sur le prix. Tels sont les frais ordinaires et autres accessoires à l'adjudication, lesquels seraient à la charge de l'adjudicataire, quand même on ne les lui aurait pas imposés. — V. aussi Favard de Langlade, t. 5, p. 65, n° 4; Merlin, *Rép.*, v° *Surenchère*, n° 3; Lachaize, t. 2, p. 45; Carré et Chauveau, quest. 2388; Thomine-Desmazures, t. 2, p. 250.

222.—La Cour de cassation a décidé, avec raison, que la surenchère du sixième, en matière de vente judiciaire est valable, bien qu'elle ne porte que sur le *prix principal*, et non sur le prix principal augmenté des charges accessoires, telles que les frais ordinaires de poursuite.— *Cass.*, 27 mars 1844 (t. 1er 1844, p. 565), Buchère c. Villemetz.—Par cet arrêt, la Cour suprême a rejeté le pourvoi formé contre un arrêt de la Cour de *Paris* du 19 avr. 1843 (t. 1er 1843, p. 688), qui avait jugé dans le même sens.—V. aussi *Riom*, 25 mai 1838 (t. 2 1838, p. 593), Borias c. Rodde et Laroche; *Rouen*, 17 nov. 1838 (t. 1er 1838, pag. 592), Lequeu c. Béranger; *Paris*, 20 juill. 1841 (t. 2 1841, p. 188), Jeannez c. Boy.

223. — La clause d'un cahier de charges portant que l'adjudicataire paiera 10 pour 100 sur le prix d'adjudication pour frais et honoraires dus aux avoués et notaires ne peut être considérée comme stipulée au profit du vendeur : en conséquence, la surenchère ne doit pas porter sur ces frais. — *Paris*, 20 juill. 1841 (t. 2 1841, p. 188), Jeannez c. Boy.

224.—La surenchère, porte le nouvel art. 709, sera faite au greffe du tribunal qui a prononcé l'adjudication : elle contiendra constitution d'avoué et ne pourra être rétractée, elle devra être dénoncée par le surenchérisseur, dans les trois jours, aux avoués de l'adjudicataire, du poursuivant et de la partie saisie, si elle a constitué avoué, sans néanmoins qu'il soit nécessaire de faire cette dénonciation à la personne ou au domicile de la partie saisie qui n'aurait pas d'avoué. La dénonciation sera faite par un simple acte, contenant avenir pour l'audience qui suivra l'expiration de la quinzaine sans autre procédure. L'indication du jour de cette adjudication sera faite de la manière prescrite par les art. 696 et 699. Si le surenchérisseur ne dénonce pas la surenchère dans le délai ci-dessus fixé, le poursuivant ou tout créancier inscrit, ou le saisi, pourra le faire dans les trois jours qui suivront l'expiration de ce délai, faute de quoi la surenchère sera nulle de droit, et sans qu'il soit besoin de faire prononcer la nullité.

225.—Ce texte modifie sous six rapports différens celui de l'ancien art. 711 qu'il est destiné à remplacer : 1° La surenchère doit actuellement contenir constitution d'avoué et elle ne peut plus être rétractée ; 2° le surenchérisseur a trois jours au lieu de vingt-quatre heures pour en faire la dénonciation ; 3° s'il n'utilise pas ce délai, la dénonciation peut être faite, dans les trois jours qui le suivront, par le poursuivant, les créanciers inscrits ou le saisi ; 4° à défaut de l'une ou de l'autre de ces dénonciations, la surenchère est nulle de droit et sans qu'il soit besoin d'en faire prononcer la nullité ; 5° la dénonciation doit contenir avenir, non plus *pour la prochaine audience*, comme le disait l'art. 711, mais pour l'audience qui suivra l'expiration de la quinzaine ; 6° l'indication du jour de cette adjudication est faite de la manière prescrite par les art. 696 et 699.

226. — On a exigé que la surenchère contînt une constitution d'avoué pour que le surenchérisseur eût un représentant officiel aussi bien que l'adjudicataire ou le poursuivant.—Deuxième rapport de M. Parant.

227.—C'est du jour même de la surenchère, et non pas seulement du jour de l'expiration de la huitaine accordée pour surenchérir, que court le délai de trois jours dans lequel doit avoir lieu la dénonciation de la surenchère sur adjudication judiciaire, et ce délai n'est pas susceptible de prorogation en ce que le troisième jour serait un jour férié. — *Caen*, 12 janv. 1842 (t. 1er 1844, p. 214), Lemoine c. Renoux. — Petit, *Traité des surenchères*, p. 96 et 98.

228.—L'art. 711 (709) C. proc. civ., qui prescrit la dénonciation de la surenchère, n'exige pas, à peine de nullité, que copie de l'acte de surenchère soit donnée en tête de l'exploit de dénonciation. Il suffit, pour la validité de la dénonciation, qu'elle renferme tous les élémens de la surenchère elle-même, et qu'elle offre aux parties, dans les énonciations qu'elle contient, le moyen de vérifier les vices qui pourraient se trouver dans l'acte de surenchère. — *Paris*, 23 déc. 1840 (t. 1er 1841, p. 274), Grégoire c. Ponceau.

229.—L'adjudicataire est recevable à opposer le moyen de nullité résultant de ce que la surenchère n'aurait pas été régulièrement signifiée au domicile du saisi. — *Paris*, 6 août 1832, Danger c. Bellanger.

230.—La femme qui, en qualité de copropriétaire d'immeubles saisis sur son mari, a formé une demande en distraction et a consenti ensuite à l'adjudication moyennant attribution d'une part du prix proportionnelle à ses droits ne peut être réputée partie dans les poursuites de saisie, et le surenchérisseur ne peut dès lors être tenu de lui dénoncer sa surenchère.—*Rouen*, 26 janv. 1839 (t. 1er 1841, p. 499), Barré c. Renault.

231. — Lorsque le poursuivant et l'adjudicataire ont le même avoué, la dénonciation de la surenchère signifiée par une seule copie à cet avoué, en sa double qualité, remplit suffisamment le vœu de la loi. — *Riom*, 25 mai 1838 (t. 2 1838, p. 593), Borias c. Rodde et Laroche.

232. — Mais la surenchère est nulle lorsque, le même avoué occupant à la fois pour lui-même, comme créancier inscrit, pour le poursuivant et pour l'adjudicataire, elle a été dénoncée à cet avoué seulement en sa qualité d'avoué occupant pour lui-même et pour l'adjudicataire.— *Nîmes*, 12 janv. 1830, Brunet c. Colomb.

233. — L'audience que le surenchérisseur doit indiquer dans la dénonciation de sa surenchère est la première audience des criées qui suit l'expiration de la quinzaine.

234. — Le § 3 de l'art. 709 renvoie aux art. 696 et 699 pour la manière dont doivent se faire les insertions et affiches pour la seconde adjudication. Ces deux derniers articles veulent que les affiches et insertions précèdent l'adjudication de vingt jours au moins ; d'où il paraît résulter qu'il doit s'écouler vingt jours au moins entre la dénonciation de la surenchère et l'adjudication. M. Chauveau (sur Carré, quest. 2392) n'accepte pas cette conséquence, et il estime que le renvoi de l'art. 709 a trait à la forme seulement des affiches et insertions et non au délai. Selon cet auteur, il suffit que ces formalités précèdent la vente de huit jours, conformément aux art. 704 et 711. Quant à l'adjudication, elle doit avoir lieu à l'audience qui suit l'expiration de la quinzaine.

235.—Il a été décidé, dans ce dernier sens, que l'adjudication sur surenchère doit avoir lieu à la première audience qui suit la quinzaine de la dénonciation, sauf aux parties intéressées à réclamer par voie d'incident, si elles prétendent que ce délai a été insuffisant ; qu'en conséquence, la dénonciation doit contenir avenir à cette audience pour voir prononcer l'adjudication. — *Caen*, 9 juin 1843, Ozenne c. Porée ; *Riom*, 13 juill. 1843, Agordias c. Leradoux ; *Douai*, 1er mai 1844, Varingheim c. Palin (ces trois arrêts, t. 1er 1844, p. 700).

236. — Décidé, au contraire, que l'art. 709 C. procéd. civ., qui veut que l'indication du jour de l'adjudication sur surenchère soit faite de la manière prescrite par les art. 696 et 699 du même Code, n'a pas entendu renvoyer à ces articles pour les formalités à observer seulement, mais encore pour les délais qui doivent exister entre ces formalités. — ... Que, dès lors, l'adjudication faite à la première audience après la quinzaine de la dénonciation, et avant l'expiration des délais fixés par ces articles, doit être déclarée nulle. — *Dijon*, 7 août 1843 (t. 1er 1844, p. 705), Coste c. Ducrot.

237. — ... Que l'art. 709 C. procéd. civ., en disant que la dénonciation de la surenchère contiendra avenir pour l'audience qui suivra l'expiration de la quinzaine, n'ordonne pas impérativement qu'il sera procédé à l'adjudication à cette audience. — ... Et qu'en conséquence, l'avenir est valable, bien qu'il n'ait pas été donné pour voir procéder à l'adjudication, mais seulement pour voir prononcer la validité de la surenchère et pour voir fixer l'adjudication à un autre jour. — *Limoges*, 17 mars 1843 (t. 1er 1844, p. 704), Ballestat c. Darmajoux et Barataud.

238. — ... Et que la surenchère est valable, bien que, dans la dénonciation faite par le surenchérisseur aux parties intéressées, le jour de l'adjudication n'ait pas été indiqué. Cette indication n'est point prescrite à peine de nullité. — *Paris*, 16 janv. 1849 (t. 1er 1849, p. 267), Mouard c. Grellet et Vernier. — Cette dernière jurisprudence nous paraît préférable. Il importe que le jour de l'adjudication soit préalablement fixé par le tribunal, et cette fixation fera connaître au surenchérisseur que sa surenchère n'est pas contestée. Il pourra, dès lors, indiquer ce jour avec certitude dans les affiches et insertions, et il aura tout le temps nécessaire pour remplir ces formalités en temps utile.

239. — L'adjudication étant la continuation de la poursuite première, l'avoué poursuivant a seul le droit de faire les insertions et affiches.

240. — Lorsque la surenchère n'étant pas dénoncée par son auteur, la dénonciation est faite par un autre intéressé, conformément au dernier § de l'art. 709, cette notification et ses suites sont à la charge et aux risques et périls du surenchérisseur.—Premier rapport de M. Parant.

241. — L'annulation d'un jugement d'adjudication sur surenchère n'a point pour effet de faire renaître la première vente, laquelle a été frappée d'un complet anéantissement. — *Colmar*, 3 juill. 1846 (t. 1er 1847, p. 438), Meilis c. Bonef. — Chauveau, sur l'art. 709 ; Thomine-Desmazures, t. 2, p. 254.

242. — Si la surenchère était arguée de nullité, le tribunal devrait statuer sur l'incident comme en matière d'expropriation. — V. SAISIE IMMOBILIÈRE.

243. — La femme autorisée par son mari à se rendre adjudicataire sur saisie immobilière est, par cela même, autorisée à défendre, à toutes les suites de l'adjudication, et notamment à une demande en validité de surenchère. — *Rouen*, 26 janv. 1839 (t. 1er 1841, p. 499), Barré c. Renault.

244. — Lorsque des immeubles sont vendus en bloc et adjugés solidairement et pour un seul et même prix à plusieurs individus, la surenchère faite par un créancier sur la masse des immeubles adjugés est indivisible en ce sens que si la nullité de la surenchère est demandée par quelques-uns des adjudicataires et la validité consentie par d'autres, elle ne puisse être déclarée valable à l'égard de ceux-ci et nulle à l'égard de ceux-là.—*Colmar*, 18 déc. 1820, Bicklin c. Schemberg et Dadey.

245. — La voie de l'opposition n'est pas ouverte contre les arrêts rendus par défaut en matière de surenchère sur saisie immobilière. — *Toulouse*, 16 juin 1842 (t. 2 1842, p. 371), Boubié c. Ibos.

246. — En matière de saisie immobilière, les frais exposés pour les surenchères ne doivent pas être considérés comme frais extraordinaires, payables par privilége sur le prix de l'adjudication. — *Toulouse*, 17 févr. 1841 (t. 1er 1841, p. 687), Flambant c. Lavavé.

247. — La convention par laquelle l'adjudicataire promettrait une somme d'argent au tiers surenchérisseur pour le déterminer à ne pas donner suite à sa surenchère serait illicite et nulle comme apportant des entraves à la liberté des enchères. — *Cass.*, 12 mars 1835, Rollin ; 18 mars 1848 (t. 1er 1848, p. 368), Taupin c. Lebreton. — Chauveau sur Carré, quest. 2391 *ter* ; Persil fils, *Comment.*, n° 256. — V. ENTRAVES A LA LIBERTÉ DES ENCHÈRES.

248. — Si le bien périt ou se détériore depuis la surenchère mais avant la seconde adjudication, c'est pour le compte du premier adjudicataire et non pour le surenchérisseur. — Pigeau, t. 2, p. 236.

249. — Si le premier adjudicataire devenait adjudicataire de nouveau après la revente par suite de surenchère, il devrait être réputé propriétaire de l'immeuble à partir de la première adjudication. — Pigeau, *loc. cit.* ; Carré et Chauveau, quest. 2404 *ter*.

250. — Au jour indiqué, il est ouvert de nouvelles enchères, auxquelles toute personne peut concourir ; s'il ne se présente pas d'enchéris-

seur, le surenchérisseur est déclaré adjudicataire; en cas de folle enchère, il est tenu par corps de la différence entre son prix et celui de la vente. — Lorsqu'une seconde adjudication a eu lieu, après la surenchère, aucune autre surenchère des mêmes biens ne peut être reçue. — Art. 710.

251. — L'ancien article 712 portait seulement: « Au jour indiqué, ne pourront être admis à concourir que l'adjudicataire et celui qui aura enchéri du quart, lequel, en cas de folle enchère, sera tenu par corps de la différence de son prix d'avec celui de la vente. » Le nouveau texte introduit trois innovations importantes: 1° en appelant *toute personne* à concourir à l'adjudication; 2° en disposant que s'il ne se présente pas d'enchérisseur, le surenchérisseur sera déclaré adjudicataire, ce qui comble une lacune du Code de 1807; 3° en n'admettant aucune surenchère sur une adjudication intervenue elle-même sur une surenchère précédente.

252. — En ne permettant pas de surenchérir après une adjudication précédée d'une surenchère, le législateur de 1841 a voulu empêcher qu'un immeuble ne fût remis en adjudication plusieurs fois de suite. Il faut reconnaître que cette règle peut compromettre gravement dans son application les intérêts des créanciers à hypothèque légale non inscrite, que le législateur a cependant protégés d'une manière spéciale par d'autres dispositions. En effet, ces créanciers ne sont pas parties dans la procédure de saisie immobilière, et ils peuvent ignorer complétement cette procédure et l'adjudication qui l'a suivie. Aussi ont-ils le droit de s'inscrire, même après l'adjudication, et l'adjudicataire est obligé pour les forcer à se révéler d'avoir recours à la procédure de purge indiquée par les art. 2193 et suiv. du Code civil. — V. PURGE DES PRIVILÉGES ET HYPOTHÈQUES, n°s 159 et suiv. Mais si, lorsque l'immeuble a été revendu par suite de surenchère ces créanciers ne peuvent plus surenchérir, le droit qu'ils ont de s'inscrire tant que les délais de la purge ne sont pas expirés peut être illusoire, car ils n'ont plus alors aucun moyen de faire porter l'immeuble à sa valeur réelle.

253. — Suivant M. Chauveau (sur Carré, quest. 2394 *bis*), lorsqu'un adjudicataire sur expropriation forcée croit devoir faire aux créanciers inscrits les notifications de purge prescrites par les articles 2181 et suiv. du Code civil, chacun de ces créanciers peut faire une surenchère du dixième, comme en matière de vente volontaire. — Nous adoptons cet avis.

254. — La nullité du jugement d'adjudication entraîne celle de la surenchère et de tout ce qui a suivi, la surenchère, dans ce cas, n'ayant plus de base. — *Montpellier*, 16 avril 1836, Tallarique c. Garrigues.

CHAPITRE III. — *Surenchère sur les ventes d'immeubles dépendant d'une faillite.*

255. — La surenchère du dixième est encore admise en matière de faillite et elle est alors régie par l'art. 573 Code comm.

256. — Suivant sa disposition, la surenchère, après l'adjudication des immeubles du failli sur la poursuite des syndics, n'a lieu qu'aux conditions et dans les formes suivantes: La surenchère doit être faite dans la quinzaine. Elle ne peut être au-dessous du dixième du prix principal de l'adjudication. Elle est faite au greffe du tribunal civil suivant les formes prescrites par les art. 708 et 709 du Code de procédure. Toute personne est admise à surenchérir.

257. — Toute personne est également admise à concourir à l'adjudication par suite de surenchère. Cette adjudication demeure définitive et ne peut être suivie d'aucune autre surenchère. — Même article.

258. — Le renvoi fait par cet art. 573 a trait aux art. 708 et 709 du nouveau texte et non aux mêmes articles du Code de 1807. L'ancien article renvoyait aux articles 710 et 711 de ce Code; mais la rectification a été opérée en vertu de l'art. 8 de la loi du 2 juin 1841.

259. — Si, après la saisie des biens de la faillite, une conversion en vente volontaire avait été consentie, ce ne serait plus le cas d'appliquer la surenchère du dixième. Celle du sixième devrait être admise. — Bioche, n° 331.

260. — Toute personne pouvant surenchérir, les syndics eux-mêmes ne seraient pas exclus de cette faculté.

261. — La dénonciation de la surenchère doit se faire dans les trois jours aux avoués de l'adjudicataire, des syndics et du failli. Si l'adjudication a eu lieu devant notaire, elle doit être dénoncée à l'adjudicataire à personne ou domicile. — Petit, p. 282.

262. — Jugé, en ce sens, que la surenchère, faite sur l'adjudication des biens d'un failli qui a eu lieu devant un notaire commis, doit être dénoncée à l'adjudicataire à personne ou domicile, et que, dans ce cas, cette dénonciation, notifiée dans le délai prescrit par l'art. 709 du C. proc., à l'adjudicataire dénommé au procès-verbal d'adjudication, est régulière, nonobstant des déclarations de command faites par actes séparés du procès-verbal d'adjudication au profit de personnes inconnues au surenchérisseur. — *Paris*, 6 févr. 1846 (t. 1er 1846, p. 265), Etignard c. Thornfeld.

263. — On doit suivre pour la procédure et la vente après surenchère les règles adoptées en matière d'expropriation.

264. — Lorsqu'à la suite d'une vente renvoyée devant notaire, notamment en matière de faillite, il survient une surenchère, l'adjudication doit se faire, non devant le notaire commis, mais devant le tribunal. — *Besançon*, 27 août 1844 (t. 2 1845, p. 254), Genet c. N.... — Chauveau, quest. 2498 *bis*.

SURESTARIE.

1. — Retard apporté au chargement ou au déchargement d'un navire. — On appelle *jours de surestaries* ceux employés au chargement ou au déchargement au delà du nombre de jours dits de *starie* ou de *planche* accordés pour cette opération par l'usage ou par la convention. — V. STARIE. — V. aussi CHARTE PARTIE, n°s 38 et suiv.

2. — Lorsque la charte-partie porte qu'en sus des jours de planche convenus pour le débarquement des marchandises chargées sur un navire, l'affréteur jouira d'un certain nombre de jours de surestarie, moyennant une somme fixée par chaque jour, le capitaine est dispensé, pour faire courir les surestaries, de toute protestation et mise en demeure. En pareil cas, *Dies interpellat pro homine.* — Trib. *Marseille*, 30 août 1830 (*Journ. Marseille*, 11, p. 233).

3. — Le capitaine a droit à des surestaries dans le cas occasionné par la pluie au débarquement des marchandises. — Trib. *Marseille*, 17 nov. 1834 (*Journ. Marseille*, 15, p. 125). — Goujet et Merger, *Dictionn. de dr. comm.*, v° *Surestarie*, n° 1er.

4. — De même si, dans une charte partie, un nombre déterminé de jours de planche a été stipulé en faveur du chargeur pour le débarquement, le capitaine n'est pas passible du retard que le débarquement peut éprouver par suite des obstacles opposés aux chargeurs par l'administration des douanes. En conséquence, et nonobstant ces obstacles, le capitaine a droit à des surestaries à l'expiration des jours de planche fixés par la charte partie, et comptés du moment où le capitaine a placé son navire à quai et a été à même d'opérer son déchargement. — Trib. comm. *Marseille*, 3 août 1829 (*Journ. Marseille*, 11, p. 24).

5. — Mais il n'en est pas de même quand le retard provient de la nécessité de faire constater des avaries imputables au capitaine. — Trib. *Marseille*, 8 avril 1836 (*Journ. Marseille*, 16, p. 97).

6. — Quand le retard a pour cause un fait indépendant de la volonté du consignataire et du capitaine, et non prévu dans la charte partie, les surestaries ne courent pas en faveur de celui-ci pendant la durée de l'empêchement. — Trib. *Marseille*, 15 févr. 1822 et 20 juill. 1827 (*Journ. Marseille*, 3, p. 149, et 8, p. 253).

7. — Lorsque le capitaine s'est engagé envers son affréteur à aller prendre ou compléter son chargement dans un lieu autre que celui primitivement désigné, et que le chargement ne s'y trouve pas, il ne peut, à raison des séjours que l'exécution de cette clause l'oblige à faire successivement dans deux ports désignés, exiger d'autres dommages que le paiement des jours de surestarie excédant le nombre de jours de planche accordés dans la charte partie, et cela, encore bien que l'affréteur ait pu, au premier lieu désigné, remettre un chargement, et ait préféré en disposer en faveur d'un autre capitaine. — Trib. *Marseille*, 8 sept. 1830 (*Journ. Marseille*, t. 11, p. 281).

8. — Il est de règle que les surestaries dont le chargeur peut avoir besoin, doivent toujours être fixées à des taux plus élevés que ces dernières, et cette règle est applicable quand bien même le capitaine aurait congédié l'équipage et mis le navire en désarmement, dès l'arrivée au lieu de la destination, dès que le navire n'est pas moins resté à la disposition du chargeur, et qu'à défaut de matelots le capitaine a été obligé de louer des journaliers pour opérer le déchargement. — Trib. *Marseille*, 19 janv. 1831.

9. — Le consignataire qui a été mis en demeure de débarquer sa marchandise est tenu, par voie de garantie, de rembourser les surestaries que l'affréteur principal du navire a été obligé de payer au capitaine, et cela bien que le consignataire ait opéré son débarquement avant que les surestaries aient commencé à courir, s'il est constant que le temps qu'il a mis à effectuer le débarquement a prolongé la quarantaine du navire, et par suite donné lieu aux surestaries supportées par l'affréteur principal. — Trib. comm. *Marseille*, 1er sept. 1830 (*Journ. Marseille*, t. 11, p. 234).

V. encore FRET.

SURETÉ INDIVIDUELLE.

V. LIBERTÉ INDIVIDUELLE.

SURETÉ PUBLIQUE.

1. — Tout ce qui intéresse la sûreté publique, c'est-à-dire la garantie des personnes et des propriétés contre les dommages qui peuvent être le résultat de la négligence, de l'imprudence ou de l'inobservation des lois et règlemens, est confié par l'art. 3, tit. 11, de la loi du 24 août 1790, à la vigilance et à l'autorité des corps municipaux. — V. POUVOIR MUNICIPAL, n°s 109 et suiv., 125 et suiv., ainsi que les mots auxquels il est renvoyé sous celui-là.

2. — La sûreté du passage sur la voie publique est au premier rang de ces intérêts, et, pour l'assurer, un maire peut interdire absolument le passage dans un lieu qu'il détermine. — *Cass.*, 16 oct. 1835, Prévost. — V. VOIE PUBLIQUE.

3. — Il peut encore, sans que son arrêté puisse être critiqué comme portant atteinte au droit de propriété, prescrire la clôture d'un terrain donnant sur la voie publique. — *Cass.*, 19 août 1836 (t. 1er 1837, p. 502), Petit.

4. — C'est dans un intérêt de sûreté publique que les art. 475, n° 3, et 476 C. pén. punissent d'une amende de 6 à 10 francs inclusivement, et, suivant les circonstances, d'un emprisonnement de trois jours au plus, les rouliers, charretiers, conducteurs de voitures quelconques ou de bêtes de charge, qui auraient contrevenu aux règlemens par lesquels ils sont obligés de se tenir constamment à portée de leurs chevaux, bêtes de trait ou de charge et de leurs voitures, et en état de les guider et conduire; d'occuper un seul côté des rues, chemins ou voies publiques, de se détourner ou ranger devant toutes autres voitures, et, à leur approche, de leur laisser libre au moins la moitié des rues, chaussées, routes et chemins. — V. VOITURES, VOITURIERS.

5. — Le n° 4 du même art. 475, ainsi que l'art. 476, s'appliquent à ceux qui auront fait ou laissé courir les chevaux, bêtes de trait, de charge ou de monture, dans l'intérieur d'un lieu habité, ou violé les règlemens contre le chargement, la rapidité ou la mauvaise direction des voitures, et à ceux qui contreviennent aux règlemens et ordonnances sur la solidité des voitures publiques, leur poids, le mode de leur chargement, le nombre et la sûreté des voyageurs, l'indication dans l'intérieur des voitures des places qu'elles contiennent et du prix des places, et l'indication à l'extérieur des noms des propriétaires. — V. ANIMAUX, COURSES D'ANIMAUX DANS UN LIEU HABITÉ, DIVAGATION, VOITURES, VOITURIERS.

6. — Indépendamment des règlemens sur la police des voitures publiques, l'autorité administrative ou municipale peut, dans l'intérêt de la sûreté publique, assujettir les maîtres de poste et entrepreneurs de transport par terre et par eau à tenir un registre coté et paraphé par le maire, pour y inscrire la désignation des voyageurs telle qu'elle est dans les passe-ports, la date de ces actes et du dernier visa qui y est apposé. Les infractions à ces arrêtés donnent lieu à l'application de l'art. 471, n° 15, C. pén. — *Cass.*, 20 oct. 1831, Weglin; 6 oct. 1832, Morel, 6 oct. 1832, Tiseron. — V. POSTES, TRANSPORTS (entrepreneurs de), VOITURES.

7. — En matière criminelle, correctionnelle et de police, la Cour de cassation peut, sur la réquisition du procureur général près cette Cour,

renvoyer la connaissance d'une affaire, d'une Cour d'appel ou d'assises à une autre, d'un tribunal correctionnel ou de police à un autre tribunal de même qualité, d'un juge d'instruction à un autre juge d'instruction, pour cause de *sûreté publique* ou de suspicion légitime. — C. instr. crim., art. 542. — V. RENVOI D'UN TRIBUNAL A UN AUTRE.

SURETÉS DIMINUÉES.

V. BILLET A ORDRE, CASSATION (mat. civ.), HYPOTHÈQUE, HYPOTHÈQUE CONVENTIONNELLE, RENTES.

SURMESURE (Forêts).

1. — C'est en termes d'eaux et forêts ce qui se trouve au delà des ventes ordinaires réglées à une certaine quantité d'ares, suivant la possibilité de chaque forêt. — Merlin, *eod. verbo*.

2. — L'ordonnance de 1669, tit. 15, art. 10, portait que l'arpenteur ne pouvait comprendre dans le tirage d'une vente une plus grande, ni une moins grande surface que celle qui avait été prescrite par le grand maître (aujourd'hui le conservateur), sous peine d'interdiction et d'amende arbitraire. A la troisième infraction, il était destitué et déclaré incapable d'être arpenteur.

3. — La prescription annale établie par l'article 1622 C. civ. n'est pas applicable à l'action intentée par l'administration forestière en supplément de prix pour surmesure dans une coupe de bois par elle vendue. — *Cass.*, 3 nov. 1812, Theysson.— Duvergier, *Vente*, t. 1er (Toullier, 16), n° 304; Duranton, t. 16, n° 240; Merlin, *Rép.*, v° *Surmesure.* — V. FORÊTS, USAGE (droit d').

SURNOM.

V. NOM ET PRÉNOM.

SURNUMÉRAIRE.

Aspirant à un emploi dans une administration. —Les conditions d'admission et les travaux confiés aux surnuméraires varient suivant les administrations.

SURPRISE.

1. — C'est l'action de surprendre quelqu'un, de le tromper, de l'induire en erreur.

2. — Il n'y a pas de consentement valable quand il a été surpris par dol. — C. civ., art. 1109. — V. DOL, OBLIGATION.

SURSIS, SURSÉANCE.

Délai accordé, soit par la loi, soit par le juge, pour exécuter une obligation. Se dit aussi du laps de temps pendant lequel une action, une poursuite quelconque doivent rester suspendues pour faire juger une question préjudicielle. — V. DÉLAI, EXÉCUTIONS, FAUX, JUGEMENT, QUESTION PRÉJUDICIELLE, RÉFÉRÉ, SAISIES, VÉRIFICATEURS D'ÉCRITURES.

SURVEILLANCE DE LA HAUTE POLICE.

Table alphabétique.

§ 1er. — *De la surveillance de la haute police.* — *Principes généraux* (n° 1).

§ 2. — *Infraction aux règles de la surveillance* (n° 69).

—

§ 1er. — De la surveillance de la haute police. — Principes généraux.

1. — Bien qu'en principe tout crime puisse et doive même être considéré comme suffisamment expié par l'exécution de la peine qu'il a attirée sur son auteur, néanmoins, la société, qui a encore de justes motifs de suspicion contre les coupables, doit se tenir en garde contre les effets d'une perversité trahie déjà par un premier forfait; la sûreté et l'intérêt général lui commandent, dès lors, de veiller sur les criminels, alors même qu'elle a réprimé leurs écarts, afin de prévenir de nouveaux méfaits ou de les atteindre sûrement s'ils les commettent.

2. — « La sûreté des personnes et des propriétés, disait, en 1832, M. le garde des sceaux dans l'exposé des motifs de la peine qu'il a modificatrice du Code pénal, est intéressée à ce que le criminel ne vienne pas, après la consommation de sa peine, porter l'épouvante dans les localités qui lui sont connues, et exercer contre les plaignants, les jurés, les témoins, d'atroces vengeances; il y a nécessité aussi de briser les liens de ces associations menaçantes qui s'établissent si aisément entre les repris de justice. Les moyens ordinaires de surveillance dont la police peut disposer ne suffisent pas pour mettre la société en défense contre de si grands périls. »

3. — Telles sont les raisons principales qui ont donné naissance à la *surveillance de la haute police*, entrave, incapacité plutôt que peine proprement dite, imposée aux malfaiteurs après leur châtiment, dans un intérêt général, et que la législation française paraît seule avoir cru devoir adopter. Toutefois, le Code du Brésil a institué la peine de l'*exil local*, mais comme peine principale (art. 52), et le Code prussien, plus rigoureux, dispose que « les délinquants qui peuvent devenir dangereux à la société ne doivent pas, encore qu'ils aient subi leur peine, être remis en liberté avant d'avoir prouvé comment ils peuvent vivre par quelque moyen honnête. » — Chauveau et Hélie, *Th. C. pén.*, t. 1er, p. 210.

4. — La surveillance, inconnue sous le Code pénal de 1791, remonte seulement au décret du 19 ventôse an XIII, qui impose à tout *forçat libéré* l'obligation de déclarer dans quel département et dans quelle commune il veut établir sa résidence.—Art. 1er.—Arrivé dans le département désigné, le forçat devait se présenter à la préfecture pour déclarer la commune où il voulait aller résider; le préfet le mettait sous la surveillance de l'autorité locale. — Art. 3.—La seule restriction apportée à son choix était la prohibition de résider dans les villes de guerre ou à moins de 3 myriamètres de la frontière.—Art. 1er.

5. — Vint ensuite le décret du 17 juillet 1806, destiné à rendre plus efficace la pensée du décret du 19 ventôse an XIII, mais qui ne s'occupait toujours que des *forçats libérés*. Ce décret donnait au ministre de la police générale le pouvoir de fixer le lieu de leur résidence. — Art. 1er. — Il étendait les interdictions de résidence aux villes de Paris, Versailles, Fontainebleau et autres lieux où il existait des palais impériaux, aux ports où les bagnes étaient établis. — Art. 2.—Le ministre de la police pouvait même, lorsque des motifs d'ordre ou de sûreté publique l'exigeaient, leur interdire d'autres résidences, les déplacer des lieux qu'il leur aurait permis d'habiter, et charger les autorités locales de les diriger sur d'autres lieux.—Art. 6.—De plus, aucun forçat ne pouvait quitter sa résidence

sans l'autorisation du préfet du département.— Art. 10. — Enfin, ils restaient toujours sous la surveillance de l'autorité locale (art. 4 et 8), à laquelle ils devaient se présenter en arrivant à leur destination.—Art. 12.—Du reste, ils étaient dispensés de se présenter au chef-lieu du département dans lequel ils devaient se retirer.—Art. 5.

6. — Le Code pénal fonda son système de surveillance sur d'autres bases et en étendit considérablement l'application. — Il établit comme droit commun, comme règle générale, l'obligation d'une caution de bonne conduite pour les condamnés libérés, caution dont le taux était fixé par l'arrêt ou le jugement de condamnation. Moyennant cette caution, quetoute personne était admise à fournir, le condamné était affranchi de toute mesure ultérieure, libre de toute surveillance. Ce n'est que par exception et pour le cas où il ne pouvait ou ne voulait pas fournir la caution déterminée, que le condamné demeurait à la disposition du gouvernement qui avait le droit d'ordonner, soit son éloignement de certains lieux, soit sa résidence dans un lieu déterminé. —Art. 44.—En cas de désobéissance à cet ordre, le gouvernement avait le droit de faire arrêter et détenir le condamné durant un intervalle de temps qui pouvait s'étendre jusqu'à l'expiration du temps fixé par l'état de surveillance. — Art. 45. — Si le libéré admis à donner caution était condamné pour crime ou délit, dans l'intervalle fixé par l'acte de cautionnement, il perdait son cautionnement.—Art. 46.

7. — Tel était le seul effet de la surveillance d'après le Code de 1810; mais de graves questions ne tardèrent pas à s'élever.

8. — Ainsi, la double question s'étant élevée de savoir par qui et devant quelle autorité pouvait être poursuivie la fixation du cautionnement porté par l'art. 44 du Code pénal, quand ce cautionnement n'avait pas été fixé par le jugement ou l'arrêt principal, un avis du Conseil d'État (du 4 août-20 septembre 1812 fut d'avis, contre l'opinion du ministre de la police (Locré, t. 29, p. 238) : « 1° Que le droit d'exiger des condamnés placés sous la surveillance de la haute police de l'État le cautionnement dont ils sont passibles n'étant accordé qu'au gouvernement et aux parties civiles, il s'ensuivait que les procureurs de Sa Majesté et les parties civiles avaient seuls caractère pour demander que ce cautionnement fût fixé, sans que les condamnés pussent les obliger à user d'un droit qui serait blessé dans son essence même, s'il n'était librement exercé; 2° que lorsque le jugement ou arrêt de condamnation n'avait pas éventuellement fixé le montant du cautionnement, la demande qui en était formée, après l'expiration de la peine par la partie publique ou les parties civiles, n'était évidemment qu'un incident relatif à l'exécution du premier jugement ou arrêt et ne pouvait être portée que devant les mêmes juges. »

9. — De cette manière, le cautionnement n'était plus pour les condamnés libérés un droit, mais une concession de la règle, et le droit de demander sa caution le lieu de leur résidence était considéré comme le droit commun.— De plus, la plupart des condamnés ignoraient le bénéfice de la loi, et, dès lors, n'en profitaient point.— D'un autre côté, les entraves dont on entourait les libérés, la publicité des mesures prises par la police à leur égard et qui les signalait aux défiances et aux mépris de tous, les rejetaient presque forcément dans la misère et dans le crime. Enfin, n'y avait-il pas un inconvénient réel à faire déterminer si longtemps d'avance le montant d'un cautionnement qui devrait nécessairement s'élever ou descendre selon les garanties de sécurité qu'offrait à la société le condamné au moment seulement de sa libération?

10. — Toutes ces raisons réunies ont soulevé contre le système du cautionnement, surtout ainsi appliqué, une réprobation presque unanime et motivé, lors de la révision du Code pénal, en 1832, des changements radicaux dans l'économie et dans le texte des art. 44 et suiv., qui, aujourd'hui, disposent de la manière suivante :

11. — Art. 44. « L'effet du renvoi sous la surveillance de la haute police sera de donner au gouvernement le droit de déterminer certains lieux dans lesquels il sera interdit au condamné de paraître après qu'il aura subi sa peine. — En outre, le condamné devra déclarer, avant sa mise en liberté, le lieu où il veut fixer sa résidence; il recevra une feuille de route réglant l'itinéraire dont il ne pourra s'écarter, et la durée de son séjour dans chaque lieu de passage. Il sera tenu de se présenter, dans les vingt-quatre heures de son arrivée, devant le maire de la commune; il

ne pourra changer de résidence, sans avoir indiqué, trois jours à l'avance, à ce fonctionnaire le lieu où il se propose d'aller habiter, et sans avoir reçu de lui une nouvelle feuille de route. »

12. — Art. 45. « En cas de désobéissance aux dispositions prescrites par l'article précédent, l'individu mis sous la surveillance de la haute police sera condamné, par les tribunaux correctionnels, à un emprisonnement qui ne pourra excéder cinq ans. »

13. — L'art. 46 qui fixait les effets, quant au cautionnement, des condamnations prononcées contre les individus en surveillance, depuis leur libération, a dû naturellement être abrogé.

14. — Ainsi, aux résidences obligées, aux détentions administratives, aux liens du cautionnement, le nouveau texte substitue un simple *droit de défense* ou interdiction de certains lieux dans lesquels la présence du libéré, alors qu'elle peut être dangereuse ou scandaleuse, a dû être formellement interdite. — Partout ailleurs, le condamné a une entière liberté que ne peut atteindre l'arbitraire de l'administration. — S'il désobéit aux simples et faciles devoirs qui lui sont encore prescrits, ce sont les tribunaux, c'est la justice ordinaire qui seule peut réprimer leurs infractions. — Chauveau et Hélie, *Théorie C. pén.*, t. 1er, p. 216.

15. — « Les condamnés doivent, dit une circulaire du ministre de l'intérieur du 18 juill. 1833, être dispensés de toutes ces mesures de police qui, en donnant au fait une inévitable publicité, les frappaient d'une sorte de réprobation universelle et les mettaient dans l'impossibilité d'amender leur conduite. Ils ne sont donc plus assujettis à se représenter à des époques périodiques, comme on leur en avait imposé l'obligation dans certaines villes. Il faut qu'ils soient toujours connus de l'administration, mais qu'ils restent inconnus du public. »

16. — Le droit de défense dont nous venons de parler n'étant, ainsi que nous l'avons dit, que le droit pour l'administration de déterminer certains lieux dans lesquels il serait interdit au libéré de paraître, il en résulte que c'est une simple faculté dont l'administration est libre d'user ou de ne pas user, et à laquelle même elle devrait ne point recourir si, d'ailleurs, le condamné présentait toutes les garanties désirables dans l'intérêt de la sécurité publique. — C. pén. progressif, p. 172.

17. — D'où la conséquence que si les motifs qui ont fait interdire certains lieux à un condamné venaient à cesser, en tout ou en partie, l'administration pourrait et devrait même lever l'interdiction; car cette interdiction, devenue sans objet, ne serait plus qu'une rigueur inutile. — L'entier affranchissement peut être, d'ailleurs, un objet de récompense dont la perspective chez un libéré doit contribuer à raffermir toutes ses bonnes résolutions.

18. — La loi n'a point déterminé elle-même les lieux interdits aux condamnés, mais sa pensée paraît avoir porté surtout sur les grands centres de population où les chances de rechute et d'impunité sont plus grandes, sur les frontières et les places de guerre, où certains condamnés inspireraient trop d'inquiétudes, sur les lieux témoins du crime ou habités par les victimes du coupable et leur famille, et où sa présence serait une cause d'effroi ou de vengeance, sur les villes enfin où il existe des bagnes et des maisons de détention; car ils pourraient y nouer des liaisons criminelles; si donc l'administration est seule chargée de compléter la loi, elle doit le faire avec sagesse et s'inspirer de ses motifs : or, ce serait la méconnaître évidemment, que de multiplier outre mesures les lieux d'interdiction, et que de prohiber, par exemple, tous les départemens, hors un seul; en pareil cas, ce serait revenir indirectement aux résidences obligées. — « Ce n'est ordinairement que dans ces lieux qui sont ceux de son domicile, disent avec beaucoup de sens les auteurs de la *Théorie du C. pén.* (t. 1er, p. 219), que le condamné retrouvera une famille, des amis, des ressources; c'est là qu'est sa patrie, et l'en éloigner sans nécessité, ce serait lui imposer légèrement la peine de l'exil après celle des cachots ou des fers. » — On invoquerait à tort l'analogie résultant de l'art. 635 C. d'instr. crim. : ici, le condamné a subi sa peine; là, il y a échappé par la prescription; l'un présente donc moins de garanties que l'autre, il devait être l'objet d'une surveillance spéciale et de dispositions plus rigoureuses.

19. — L'art. 44 porte que quand le condamné veut *changer de résidence*, il doit en faire la double déclaration au maire de la commune qu'il quitte et à celui de la commune dans laquelle *il se propose* d'aller *habiter*. — Donc il n'a de déclaration à faire qu'autant qu'il quitte sa résidence sans esprit de retour. — Mais s'il s'absente momentanément, s'il fait simplement un voyage, il n'est tenu à aucune déclaration; car il ne *change pas de résidence*, et ne *se propose pas* d'aller *habiter* ailleurs. — Il peut aller et venir librement tant qu'il réside réellement dans le lieu par lui indiqué; s'il en était autrement, n'y aurait-il pas tout à la fois absurdité et impossibilité à exiger de lui, chaque fois qu'il s'absenterait, une déclaration non-seulement au maire de son domicile, mais encore à celui de chacune des communes sur le territoire desquelles il passerait! — Tel est, d'ailleurs, le sens que le législateur et M. le garde des sceaux lui-même ont donné à ces dispositions. — Chauveau et Hélie, *Théorie C. pén.*, t. 1er, p. 223; Chauveau, *C. pén. progressif*, p. 173.

20. — Le refus du maire de recevoir la déclaration et de délivrer une feuille de route ne pourrait mettre aucun obstacle au changement de résidence du condamné, car le droit de celui-ci n'est subordonné qu'à une déclaration et non à une autorisation du maire. — Mais comme, en fait, il courrait risque, s'il n'était pas muni d'une feuille de route, d'être arrêté pour vagabondage, il devrait, comme au cas de refus de passe-port, se pourvoir, par la voie administrative, contre la décision du maire. — Chauveau, *C. pén. prog.*, p. 173, n° 6; Chauveau et Hélie, *Théorie C. pén.*, t. 1er, p. 222. — V. PASSE-PORT.

21. — Mais si c'était le condamné lui-même qui se refusât à indiquer un lieu de résidence; son refus devrait être considéré comme le constituant en état de rupture de ban, et le rendrait, par conséquent, passible des peines portées à l'art. 45. — *Cass.*, 31 janv. 1834, Dermenon-Annet; *Paris*, 26 nov. 1836 (t. 1er 1837, p. 267), Rixain.

22. — Il y a des peines qui entraînent de plein droit contre le condamné, après sa libération, et pour toute sa vie, la surveillance de la haute police; ce sont les *travaux forcés à temps*, la *détention* et la *réclusion*. — C. pén., art. 47.

23. — Les condamnés au bannissement seront également de plein droit sous la même surveillance, mais seulement pendant un temps égal à la durée de la peine qu'il auront subie. — C. pén., art. 48.

24. — De même, ceux qui auront été condamnés pour crimes ou délits qui intéressent la sûreté extérieure ou intérieure de l'Etat devront être renvoyés sous la même surveillance. — C. pén., art. 49.

25. — Mais hors des cas déterminés par les trois articles précédens, les condamnés ne seront placés sous la surveillance que dans le cas où une disposition particulière de la loi l'aura permis. — C. pén., art. 50.

26. — De la combinaison de ces diverses dispositions, il suit que la mise sous la surveillance de la haute police ne peut jamais et dans aucun cas être prononcée que contre des individus condamnés à des peines temporaires, et nullement contre des condamnés à des peines perpétuelles; on comprend, en effet, qu'à l'égard de ces derniers, une semblable condamnation serait inutile, dérisoire et en contradiction avec le surplus des peines prononcées contre lui. — C'est ce qu'a décidé avec raison la Cour suprême, en cassant un arrêt de Cour d'assises, qui après avoir condamné un accusé aux travaux forcés à perpétuité, ajoutait qu'à l'expiration de sa peine il demeurerait toute sa vie placé sous la surveillance de la haute police. — *Cass.*, 13 sept. 1834, Perrier. — Chauveau et Hélie, *Th. C. pén.*, t. 1er, p. 224.

27. — Il peut arriver pourtant que la grâce abrége la peine perpétuelle. — Dans ce cas, le gracié sera affranchi de la surveillance, à moins que les lettres de grâce ne réservent formellement cette dernière peine. — Chauveau et Hélie, *Th. C. pén.*, t. 1er, p. 224.

28. — La surveillance pesant de plein droit sur les condamnés aux travaux forcés à temps, à la détention, à la réclusion (art. 47) et au bannissement (art. 48), après l'expiration de la peine principale, il en résulte qu'elle doit être appliquée alors même que l'arrêt de condamnation n'en ferait pas mention. — Chauveau et Hélie, *Th. C. pén.*, t. 1er, p. 226. — Carnot, C. pén., art. 47 add., n° 3.

29. — Ainsi jugé, relativement à la réclusion. — *Cass.*, 31 janv. 1834, Darmenon-Anet.

30. — Mais en matière de crimes ou délits intéressant la sûreté de l'Etat, l'art. 49 portant que les condamnés *devront être renvoyés* sous la surveillance, il en résulte que, dans ces cas, la surveillance doit être prononcée; sinon, et si l'arrêt de condamnation, muet à cet égard, n'était point attaqué en temps utile, son silence profiterait à l'accusé, qui se trouverait irrévocablement affranchi de cette peine. — Mais si l'arrêt était attaqué, l'omission sur laquelle se fonderait le pourvoi devrait évidemment en entraîner la cassation. — Carnot, C. pén., art. 49, n° 3.

31. — Les mêmes questions peuvent s'élever en matière de récidive, de vagabondage et de mendicité, où la loi veut que la surveillance soit prononcée comme accessoire de la peine. — Les solutions devraient être les mêmes. — Chauveau et Hélie, *Th. C. pén.*, t. 1er, p. 228.

32. — L'art. 49 relatif à la surveillance en matière de crimes ou délits intéressant la sûreté intérieure ou extérieure de l'Etat, ne s'explique pas sur la durée de la mise en surveillance qu'il veut qu'on impose au condamné. Carnot (C. pén., art. 49, n° 1er), se fondant sur ce que, parlant de la *même surveillance*, sa disposition se rapporte nécessairement à celle de l'art. 48 qui le précède immédiatement, en conclut que la mise en surveillance, au cas prévu par l'art. 49, comme en celui qui l'a été par l'art. 48, ne peut avoir d'autre durée que celle de la peine dont elle se trouve être la conséquence. — Mais les auteurs de la *Théorie du Code pénal* font remarquer avec raison « que l'art. 48 lui-même renvoie les condamnés au bannissement sous la même surveillance; qu'il faut remonter à l'art. 47 qui prononce la surveillance de la haute police à vie; à la vérité l'article intermédiaire 48 formule une exception, une limite; mais dès qu'elle n'est pas répétée dans celui qui suit, on ne peut l'y suppléer. »

33. — On doit faire exception encore des condamnés pour délits contre la sûreté de l'Etat mentionnés par la loi du 24 mai 1834, « qui, suivant l'art. 11 de cette loi, pourront toujours être placés sous la surveillance de la haute police pendant un temps qui ne pourra excéder le maximum de la durée de l'emprisonnement prononcé par la loi. »

34. — Il est bien entendu que si le crime ou le délit intéressant la sûreté de l'Etat était atteint d'une des peines afflictives et infamantes qui emportent de plein droit la surveillance, celle-ci devrait être subie encore bien que le jugement de condamnation ne s'en expliquât point. — Ce serait le cas non de l'art. 49, mais des art. 47 et 48.

35. — Les crimes ou délits qui intéressent la sûreté intérieure ou extérieure de l'Etat font la matière du ch. 1er, tit. 1er du liv. 3 du Code pénal et de quelques lois intervenues *depuis* sur la même matière. — Quant à celles *antérieures*, elles ont été abrogées par le Code. — Carnot, *C. pén.*, art. 49, n° 4; Chauveau et Hélie, *Th. C. pén.*, t. 1er, p. 227, à la note. — V. CRIMES CONTRE LA SURETÉ DE L'ÉTAT.

36. — Les cas particuliers où le Code pénal prononce la surveillance sont assez nombreux: dans quelques-uns le juge doit nécessairement l'ordonner; dans la plupart la loi le laisse libre de le faire ou de s'en abstenir.

37. — La surveillance est facultative pour le juge dans les limites de : — cinq à dix ans, dans le cas prévu par l'art. 67, de crimes commis avec discernement par des enfans de moins de 16 ans (V. DISCERNEMENT); — cinq à dix ans, dans le cas prévu par l'art. 100, où des individus faisant partie de bandes séditieuses s'en sont retirés volontairement (V. BANDES ARMÉES); — cinq à dix ans, dans le cas prévu par l'art. 221, de condamnation de chefs ou provocateurs de rébellion (V. RÉBELLION); — cinq à dix ans, dans le cas prévu par l'art. 246, d'assistance donnée à une évasion ou des tentatives d'évasion de prison (V. ÉVASION); cinq à dix ans, dans le cas prévu par l'art. 308, de menaces par écrit sous conditions et de menaces verbales sans conditions (V. MENACES); — deux à dix ans, dans le cas prévu par l'art. 315, de coups ou blessures, et de fabrication ou port d'armes prohibées (V. ARMES, BLESSURES ET COUPS); — deux à dix ans, dans le cas prévu par l'art. 317, de maladie ou incapacité de travail causée par des substances nuisibles administrées sans intention de donner la mort (V. SUBSTANCE NUISIBLE); — cinq à dix ans, dans les cas prévus par l'art. 326, de crimes reconnus excusables (V. EXCUSE); — deux à dix ans, dans le cas prévu par l'art. 335, d'excitation habituelle à la débauche (V. EXCITATION A LA DÉBAUCHE); — cinq à dix ans, dans le cas prévu par l'art. 343, d'arrestation ou séquestration de personnes, lorsque la liberté leur a été rendue avant le dixième jour (V. ARRESTATIONS ILLÉGALES et SÉQUESTRATION DE PERSONNES); — cinq à dix ans, dans les cas prévus par l'art. 388, de vols dans les champs, bois, carrières, étangs, etc., de récoltes, instrumens d'agriculture, animaux de

charge ou de trait, bois, pierres, poissons, etc. (V. VOL); — cinq à dix ans, dans le cas prévu par l'art. 400, d'enlèvement ou détournement d'objets saisis confiés à un autre qu'au saisi (V. VOL); — cinq à dix ans, dans le cas prévu par l'art. 401, de vols simples, larcins ou filouteries (V. VOL); — deux à cinq ans, dans les cas prévus par les art. 415 et 416, de coalitions d'ouvriers (V. L. 27 nov.-1er déc. 1849. — V. COALITIONS ENTRE MAITRES ET ENTRE OUVRIERS); — deux à cinq ans, dans le cas prévu par l'art. 419, de coalition par les détenteurs de denrées pour en opérer la hausse (V. HAUSSE ET BAISSE); — cinq à dix ans, dans le cas prévu par l'art. 420, où les coalitions mentionnées dans l'art. 419 auraient pour objet la hausse des grains, farines, pain, vin, etc. (V. HAUSSE ET BAISSE); — deux à cinq ans, dans le cas prévu par l'art. 421, de jeu ou pari sur la hausse ou la baisse des effets publics (V. HAUSSE ET BAISSE); — cinq à dix ans, dans le cas prévu par l'art. 444, de dévastation de récoltes ou de plants faits de main d'homme (V. DÉVASTATION DE RÉCOLTES, ARBRES ET PLANTS); — deux à cinq ans, dans le cas prévu par l'art. 452, d'empoisonnement de chevaux, bestiaux, poissons, etc. (V. ANIMAUX).

38. — Elle est encore facultative, mais dans des limites beaucoup plus étendues puisqu'elle peut être prononcée *à temps* ou *à* VIE : — dans le cas prévu par l'art. 108, de révélation de complots (V. COMPLOT); — et dans les cas prévus par les art. 138 et 144, de révélation de fabrication, contrefaçon ou usage avec connaissance de fausse monnaie, du sceau de l'Etat, d'effets du Trésor public ou billets de banques autorisées. — V. COMPLOTS, CONTREFACTION DES EFFETS PUBLICS ET BILLETS DE BANQUE; CONTREFACTION DES SCEAUX, TIMBRES, etc.

39. — La loi ne posant point ici de *minimum* à la durée de la surveillance, nous pensons que le juge pourrait la réduire autant que bon lui semblerait, et, par exemple, ne la prononcer que pour un mois. — Si on objectait que la surveillance ne pût jamais descendre au-dessous de cinq années, nous invoquerions par analogie les art. 315, 317, 335, 415, 416, 419, 421 et 452 du Code pénal qui en font descendre le minimum à deux années, et surtout la loi du 24 mai 1834, qui va même jusqu'à permettre de ne l'appliquer que pour *un mois*.

40. — La surveillance est obligatoire, au contraire, dans les limites de cinq à dix et même vingt années, aux termes de l'art. 58, en cas de condamnation correctionnelle *en récidive* (V. RÉCIDIVE); — et dans les limites de cinq à dix ans : — dans le cas de vagabondage, conformément à l'art. 271 (V. VAGABONDAGE); — et dans celui de mendicité, en vertu de l'art. 282 (V. MENDICITÉ).

41. — Quelques doutes se sont élevés sur la portée de cet art. 282. — Quelques auteurs ont voulu le restreindre aux art. 277 et suivans, mais la jurisprudence paraît avoir adopté une solution plus large, et décide que la surveillance prononcée par l'art. 282 s'applique à tout individu condamné pour mendicité, lors même qu'il ne se trouverait dans aucun des cas d'aggravation prévus par les art. 277 et suivans. — V. MENDICITÉ, nos 46 et suiv.

42. — La jurisprudence avait d'abord décidé que les condamnés correctionnels à la peine desquels la loi attache *obligatoirement* la surveillance, ne peuvent en être affranchis par application de l'art. 463 C. pén., sur les circonstances atténuantes, lequel ne parlant que des peines d'emprisonnement et d'amende ne peut être étendu à la mise en surveillance. — Spécialement, que les tribunaux correctionnels ne pouvaient dispenser les condamnés en état de récidive, de cette mise en surveillance ordonnée par l'art. 58 du Code pénal. — *Cass.*, 8 mars 1833, Mailly; *Colmar*, 8 sept. 1833, Weber; 22 oct. 1835, Raspail.

43. — ... Que l'art. 463 ne s'applique pas à la surveillance prononcée pour délit de mendicité par l'art. 282 du même Code. — *Cass.*, 12 mars 1835, Tourbatte et Streichenberger; 23 sept. 1837 (t. 1er 1838, p. 113), Sachevalles.

44. — ... Non plus qu'à celle prononcée pour délits de vagabondage. — *Cass.*, 18 juill. 1833, Petit; *Paris*, 26 janv. 1837 (t. 1er 1837, p. 53), Aridi; *Cass.*, 11 août 1837 (t. 1er 1838, p. 112), Patissier; 6 janv. 1838 (t. 1er 1838, p. 197), Modeste.

45. — Mais la Cour de cassation, dans une circonstance solennelle, a, toutes les chambres réunies, réprouvé cette jurisprudence, et décidé que les tribunaux, investis par l'art. 463 C. pén. non-seulement du droit de modifier la peine d'emprisonnement, mais même de la retrancher, en cas de récidive, lorsqu'il existe des circonstances atténuantes, peuvent, à plus forte raison, se dispenser de prononcer le renvoi sous la surveillance de la haute police. — *Cass.*, 2 janv. 1836 (ch. réunies), Raspail.

46. — ... Qu'ils peuvent également, en reconnaissant l'existence des circonstances atténuantes, et par application de l'art. 463, dispenser de cette surveillance les condamnés pour mendicité. — *Cass.*, 24 nov. 1838 (t. 1er 1839, p. 39) (ch. réunies), Mondin; *Nîmes*, 15 nov. 1837 (t. 1er 1838, p. 113), Sachevalles.

47. — Jugé aussi qu'en matière de vagabondage le condamné en faveur duquel les tribunaux reconnaissent l'existence de circonstances atténuantes peut être dispensé de la surveillance. — *Douai*, 14 avr. 1836 (t. 1er 1837, p. 52), N...; *Paris*, 23 nov. 1837 (t. 2 1837, p. 473), Modeste; *Nîmes*, 15 déc. 1837 (t. 1er 1838, p. 112), Patissier. — V. au reste CIRCONSTANCES ATTÉNUANTES, nos 192 et suiv.

48. — La jurisprudence est encore divisée sur le point de savoir si la peine de la surveillance peut être prononcée pour moins de cinq années. La Cour de cassation, se fondant sur ce que les peines ne peuvent en aucun cas être abaissées au-dessous de leur minimum légal, et que ce minimum est, pour la surveillance de cinq ans, s'est prononcée pour la négative. — *Cass.*, 7 août 1834, Jussalin; *Paris*, 26 janv. 1837 (t. 1er 1837, p. 53), Arioly; *Cass.*, 2 sept. 1837 (t. 1er 1838, p. 115), Reynaud; *Cass.*, 6 janv. 1838 (t. 1er 1838, p. 197), Modeste.

49. — Mais plusieurs Cours d'appel ont consacré l'opinion contraire, en confirmant des jugemens de condamnation à une, deux ou trois années de surveillance. « Attendu, disent-elles, que le droit de dispenser complétement d'une peine comporte nécessairement celui d'en réduire la durée, et qu'il n'est pas de l'essence de la peine de la surveillance d'être prononcée pour cinq ans au moins, » etc. — *Paris*, 23 nov. 1837 (t. 2 1837, p. 473), Modeste; *Nîmes*, 28 déc. 1837 (t. 1er 1838, p. 115), Reynaud.

50. — Nous préférons cette interprétation : il est inexact de dire que le minimum légal de la peine de surveillance soit de cinq années, puisque le Code pénal lui-même contient plusieurs dispositions qui prononcent cette peine pour un temps plus court, telles que les art. 315, 317, 335 pour deux à dix ans, les art. 415, 416 pour deux à cinq ans, et les art. 419, 421 et 452 pour le même temps. — De plus, les lois des 10 avril 1834 sur les associations et 24 mai même année sur les détenteurs d'armes, autorisent l'application de la surveillance pour un mois au moins et deux ans au plus. Cet argument écarté, reste celui tiré de la non-applicabilité de l'art. 463 C. pén., à la surveillance, sur lequel nous nous sommes expliqué précédemment, et n'avons point, dès lors, à revenir. — V. CIRCONSTANCES ATTÉNUANTES, nos 202 et suiv.

51. — La mise en surveillance est, ainsi que nous l'avons dit, une peine nécessaire, et ne peut conséquemment être prononcée que conjointement à une autre peine, soit criminelle, soit correctionnelle : cependant il est quelques cas dans lesquels la loi dispensant le prévenu de toute peine, autorise ou ordonne sa mise en surveillance pendant un temps déterminé. La surveillance est considérée alors moins comme une peine principale (puisque les prévenus sont exemptés de toute pénalité) que comme une mesure de précaution fondée sur la gravité, les circonstances dans lesquelles ils se sont trouvés compromis et sur le peu de confiance que la part qu'ils y ont prise pourrait inspirer en leur faveur.

52. — Les cas où la peine de la surveillance peut être prononcée seule sont : celui prévu par l'art. 100, où des individus faisant partie de bandes séditieuses s'en sont retirés volontairement (V. BANDES ARMÉES); celui de révélation de complot, prévu par l'art. 108 (V. COMPLOT); ceux prévus par les art. 138 et 144, de révélation de fabrication, contrefaçon ou usage avec connaissance de fausse monnaie, du sceau de l'Etat, d'effets du trésor public ou billets de banque autorisées (V. FAUSSE MONNAIE); enfin, l'art. 271 veut que les vagabonds âgés de moins de seize ans qui, à raison de leur âge, doivent échapper à la peine d'emprisonnement, soient renvoyés sous la surveillance de la haute police jusqu'à l'âge de vingt ans accomplis, à moins qu'avant cet âge ils n'aient contracté un engagement régulier dans les armées de terre ou de mer. — V. VAGABONDAGE.

53. — La Cour de cassation a jugé que la surveillance de la haute police est, de sa nature, continue, et, par conséquent, imprescriptible. — *Cass.*, 31 janv. 1834, Dermenon-Annet. — Chauveau et Hélie, *Théorie du Code pénal*, t. 1er, p. 230.

54. — Mais jugé par la Cour de Lyon que la peine de la surveillance en matière correctionnelle est prescriptible par cinq ans comme la peine principale à laquelle elle est attachée, et le délai de la prescription court à compter du jour où le jugement est devenu définitif. — *Lyon*, 13 sept. 1845 (t. 2 1845, p. 791), Métrat.

55. — L'art. 633 du Code d'instr. crim. portant que la réhabilitation fait cesser pour l'avenir, dans la personne du condamné, toutes les incapacités qui résultaient de sa condamnation, est applicable à la surveillance de la haute police, qui, ainsi que nous l'avons fait remarquer, est, à vrai dire, plutôt une incapacité qu'une peine. Dès lors, par la réhabilitation, le condamné est affranchi de toute surveillance, il redevient, comme tous les autres citoyens et comme avant sa condamnation, complétement libre de sa personne. — Chauveau et Hélie, *ibid.*, p. 237. — Il pourrait donc, s'il avait fourni un cautionnement, en réclamer la restitution.

56. — La succession assez rapprochée des divers modes de surveillance donnant naissance à plusieurs questions transitoires qui peuvent s'élever chaque jour et pendant un temps encore assez long, on se demande notamment quel a été, après la publication du Code pénal de 1810, et quel est, depuis les rectifications de 1832, le sort des condamnés mis en surveillance en vertu des décrets des 19 ventôse an XIII et 13 et 17 juill. 1806, ou admis au cautionnement conformément à l'art. 44 du Code de 1810. — La solution de cette question nous paraît indiquée par l'esprit qui a présidé à la rédaction du décret du 23 juill. 1810, sur la mise en activité du Code criminel, dont l'art. 6 est ainsi conçu : « Les Cours et tribunaux appliqueront aux crimes et aux délits les peines prononcées par les lois pénales existantes au moment où ils ont été commis; néanmoins, si la nature de la peine prononcée par le nouveau Code pénal était moins forte que celle prononcée par le Code actuel, les Cours et tribunaux appliqueront les peines du nouveau Code. »

57. — En suivant ce principe, il faudrait donc dire que les condamnés mis en surveillance en vertu des décrets de l'an XIII et de 1806, ont pu, après le Code de 1810, réclamer le bénéfice de l'art. 44 et fournir un cautionnement. Et s'ils n'ont pas fourni de cautionnement, ils peuvent, depuis la loi de 1832, demander l'application des mesures nouvelles qu'elle a mises en vigueur. — Chauveau et Hélie, *Théorie du Code pénal*, t. 1er, p. 230.

58. — A l'égard des individus condamnés et astreints à la surveillance sous l'empire du Code pénal de 1810, il faut distinguer s'ils ont fourni une caution ou s'ils n'en ont pas fourni. — Ceux qui ont fourni une caution doivent en conserver le bénéfice et rester dans la disposition qu'ils ont acquise, la loi nouvelle ne pouvant qu'aggraver leur position. — Il en est de même à l'égard de ceux qui n'ont pas achevé de subir leur peine et dont le jugement a fixé le montant du cautionnement, car il y a en leur faveur un droit acquis, qu'à moins de rétroactivité la loi postérieure, plus rigoureuse, ne pouvait atteindre. — Par la même raison, les condamnés actuellement libérés qui demandent à jouir de la faculté de fournir ce cautionnement, devraient y être admis. Il y a également pour eux droit acquis. — Chauveau, *C. pén. progr.*, art. 44, n° 7.

59. — Mais les condamnés qui, n'ayant pu fournir caution, ont maintenant une résidence obligée; — ceux qui, au fur et à mesure qu'ils achèvent de subir des condamnations alors prononcées, ne réclament pas la faveur du cautionnement, sont soumis à la loi nouvelle à dater du jour de sa promulgation. — Chauveau, *C. pén. progr.*, art. 44, n° 7.

60. — Ces solutions trouvent leur consécration dans un avis du conseil d'Etat émané des comités de législation et de justice administrative le 7 novembre 1832, et que rapportent les auteurs de la *Théorie du C. pén.* (t. 1er, p. 231), en ces termes : « Il est convenable que le gouvernement, usant de la faculté que lui confère l'art. 44, et dirigé par les motifs qui l'ont porté à provoquer les modifications qu'a reçues cet article par la loi du 28 avr. 1832, substitue lui-même le simple éloignement de certains lieux à la résidence obligée dans un lieu déterminé pour les individus déjà condamnés. — Les condamnés qui auraient déjà fourni caution, conservent le bénéfice qui leur était acquis par cet article, et ne peuvent être soumis aux nouvelles mesures prescrites par cette loi. Enfin, la faculté de fournir

caution reste acquise à tous ceux qui avaient été condamnés par arrêts ou jugemens ayant acquis l'autorité de la chose jugée antérieurement à la loi du 28 avr. 1832, soit que la mise en surveillance n'ait pas encore commencé pour eux, soit qu'ils se trouvent déjà sous la surveillance, faute d'avoir usé de cette faculté. »

61. — On en trouve également l'application dans un arrêt de la Cour de Paris décidant que les dispositions de la loi du 28 avr. 1832 relatives à la surveillance de la haute police, sont applicables même aux condamnations prononcées antérieurement à cette loi. — *Paris*, 26 nov. 1836 (t. 1er 1837, p. 267), Rixain.

62. — La Cour de Colmar avait jugé, le 12 déc. 1832 (Teufel), que la mise en surveillance, qui a remplacé le renvoi devant l'autorité administrative, n'avait pas, de plein droit, succédé à cette mesure dans les cas particuliers où elle avait été encourue; que, dès lors, la mise à la disposition du gouvernement, abolie par la loi de 1822, ne pouvait plus être ordonnée à l'avenir et que celle qui résulterait d'un jugement antérieur devait cesser ses effets.

63. — Cette doctrine n'a pas été adoptée par la jurisprudence, et, depuis l'arrêt de la Cour de Colmar, d'autres décisions, soit de Cours d'appel, soit de la Cour suprême, ont admis en principe que la loi du 28 avr. 1832 n'avait pas eu pour effet d'affranchir de toute surveillance les individus mis antérieurement à la disposition du gouvernement; que, dès lors, ils avaient été placés de plein droit sous la surveillance de la haute police par l'effet de cette loi qui a substitué la seconde peine à la première. — *Douai*, 3 mai 1833, Herbin; *Cass.*, 13 mai 1833, Guillin; 23 août 1834, Villiers. — Cette solution nous paraît, en effet, plus en harmonie avec l'esprit de la loi, ainsi qu'avec les motifs et le but de la surveillance. — Seulement, il faut l'entendre en ce sens que les individus mis à la disposition du gouvernement en vertu de la législation de 1810, bien que placés sous la surveillance depuis la loi de 1832, doivent néanmoins jouir du bénéfice de la loi nouvelle en ce qu'elle leur serait plus favorable. — C'est ce qui résulte des principes que nous avons reconnus aux numéros précédens.

64. — Lorsqu'un individu soumis à la surveillance à temps est condamné à l'emprisonnement pour un nouveau délit, la surveillance suit-elle son cours, même durant l'exécution de cet emprisonnement, ou est-elle suspendue pendant la durée de cette peine pour ne courir de nouveau qu'à son expiration? — La Cour de Paris (c'est l'arrêt cassé le 5 sept. 1840 [t. 2 1840, p. 572]) et celle d'Orléans ont décidé que le cours de la surveillance n'est pas interrompu, et que si le temps pour lequel elle a été prononcée vient à expirer pendant l'emprisonnement, le condamné est libéré et ne peut plus être repris pour rupture de ban. — *Orléans*, 16 déc. 1840 (t. 1er 1841, p. 246), Arry-Rodelche.

65. — Mais la doctrine contraire paraît, et, selon nous, avec raison, avoir prévalu; les arrêts précités des cours d'Orléans et de Paris ont été annulés par la Cour de cassation, qui a jugé, même en chambres réunies, et comme l'avait déjà fait la Cour de Lyon, que l'exécution de l'emprisonnement prononcé, pendant le cours de la surveillance, même pour rupture de ban, interrompait nécessairement cette peine, qui ne reprenait son cours qu'à l'expiration de l'emprisonnement. — *Lyon*, 6 févr. 1840 (t. 1er 1841, p. 245), Fargeat; *Cass.*, 5 sept. 1840 (t. 2 1840, p. 572), Arry-Rodelche; 19 mai 1841 (t. 2 1841, p. 404), même partie (chambres réunies).

66. — En sorte que pour connaître au juste le moment où expire l'état de surveillance, il faut déduire du temps pour lequel a été prononcée cette peine, tous les intervalles pendant lesquels le condamné a subi une ou plusieurs peines d'emprisonnement pour d'autres délits, ou même pour rupture de ban.

67. — Jugé encore, par la Cour de cassation, que la délivrance d'un passe-port avec itinéraire obligé à un vagabond mis à la disposition du gouvernement, n'a pas pu être considérée comme une remise de la peine de la surveillance à laquelle il s'est trouvé soumis lors de la loi du 28 avr. 1832. — *Cass.*, 23 août 1834, Villiers.

68. — La Cour de cassation a jugé que l'individu déclaré coupable d'escroquerie et de vagabondage doit être condamné non-seulement à la peine plus forte du délit d'escroquerie, mais en outre à celle de la surveillance, accessoire du délit de vagabondage. — *Cass.*, 24 avr. 1847 (t. 2 1847, p. 350), Bigot. — V., à cet égard, CUMUL DE PEINES, nos 73 et suiv., 85 et suiv.

§ 2. — *Infraction aux règles de la surveillance.*

69. — Nous avons vu (*suprà* no 12) que l'infraction, de la part du condamné placé sous la surveillance, aux mesures prescrites par l'art. 44, était punie par l'art. 45, non plus, comme sous le Code de 1810, d'une détention administrative arbitraire et illimitée, mais d'un emprisonnement prononcé par la juridiction ordinaire, c'est-à-dire par les tribunaux correctionnels.

70. — Cette infraction constitue un délit purement matériel, dans lequel le fait seul suffit pour faire prononcer la peine, quelle que soit d'ailleurs la bonne foi ou la perversité du coupable. — *Th. C. pén.*, t. 1er, p. 232.

71. — La latitude laissée au juge dans l'étendue de la peine a donc surtout pour objet de répondre à la gravité de l'infraction, plus redoutable, par exemple, quand le condamné s'est présenté dans les lieux qui lui sont interdits que lorsqu'il s'est borné à transporter sa résidence dans une commune voisine de celle qu'il quitte, sauf, bien entendu, à consulter également, mais uniquement comme circonstances extrinsèques, soit le motif de l'infraction, soit sa réitération, etc. — *Th. C. pén.*, t. 1er, p. 233.

72. — L'art. 45 C. pén. fixe bien le *maximum* de l'emprisonnement applicable au délit de rupture de ban, mais il n'en détermine pas le *minimum*. — De là MM. Chauveau et Hélie (*loc. cit.*) concluent que les juges peuvent appliquer soit l'emprisonnement correctionnel, soit celui de simple police qui, comme on le sait, peut descendre à vingt-quatre heures.

73. — Toutefois, la Cour de Rennes a jugé que la peine encourue pour rupture de ban ne peut pas être inférieure aux peines correctionnelles lorsque le tribunal n'a pas fait au prévenu application de l'art. 463 C. pénal; et qu'en conséquence, à défaut de déclaration de circonstances atténuantes, la peine ne peut être au-dessous de six jours d'emprisonnement. — *Rennes*, 25 août 1847 (t. 2 1848, p. 674), Mosset.

74. — Cette matérialité du délit d'infraction de ban de surveillance est un des motifs principaux qui doivent le faire échapper aux dispositions du Code pénal sur la récidive. « En effet, disent les auteurs de la *Théorie du Code pénal* (t. 1er, p. 233), l'aggravation de peine encourue en pareil cas a sa base dans la présomption de l'immoralité plus grave de l'agent; elle ne peut donc s'appliquer qu'à un fait moral, à un deuxième délit. »

75. — Jugé, dès lors, que la rupture du ban de surveillance ne peut donner lieu à l'application des peines du Code pénal relatives à la récidive. — *Grenoble*, 11 déc. 1833, Doyen; *Douai*, 27 juin 1833, Herbin. — V. RÉCIDIVE.

76. — Du reste, l'individu placé sous la surveillance de la haute police ne peut être condamné pour avoir enfreint l'interdiction de paraître dans une ville, qu'autant que cette interdiction est établie par un acte formel et qu'il en a eu une connaissance légale. — *Colmar*, 3 juill. 1833, Dontelle. — *Théorie C. pén.*, t. 1er, p. 235.

77. — Le principe posé par cet arrêt de la Cour de Colmar nous paraît incontestable, mais de quelle manière la justification devra-t-elle être faite? La loi n'a point réglé la forme de la décision administrative ni celle de sa notification. Dans la pratique, on se contente des renseignemens résultant de simples lettres des préfets ou sous-préfets. La Cour de Colmar exige au contraire des preuves authentiques; elle veut que les actes soient produits. Nous ne pouvons qu'applaudir à une jurisprudence qui, si elle était généralement suivie, régulariserait une partie du service auquel on n'attache évidemment pas assez d'importance à cause des habitudes et de l'immoralité de presque tous les individus qu'il concerne. Quant à la notification de l'arrêté ministériel, la difficulté de rencontrer les surveillés, qui ont rarement un domicile, la rendrait presque toujours impossible. Ce serait le cas, à notre avis, d'en régler la forme par un avis du Conseil d'Etat. A défaut de domicile certain, on pourrait faire résulter la preuve de cette notification de l'inscription de l'arrêté ministériel, sur les registres de la mairie de la dernière résidence indiquée par le surveillé, et du procès-verbal d'un agent de la force publique constatant la recherche infructueuse de sa personne pour lui en donner connaissance. Le surveillé pourrait d'ailleurs se trouver en contravention sous un autre rapport, s'il avait quitté sa résidence sans aucune déclaration préalable.

78. — La Cour de cassation a jugé que l'individu soumis à la surveillance de la haute police auquel il n'a pas été assigné de résidence ni donné une feuille de route contenant un itinéraire obligé ne peut être réputé en état de rupture de ban pour avoir été trouvé dans une ville dont le séjour est défendu à tous les individus soumis à la surveillance. — *Cass.*, 16 août 1845 (t. 2 1845, p. 757), Gaillard de Kersausie.

79. — Cette décision est conforme à une instruction du ministre de l'intérieur, donnée le 1er avril 1841 (*Bull. du min. de l'int.*, année 1841, p. 51), et portant: « MM. les maires délivrent souvent à ces individus (les soumis à la surveillance) des passe-ports dépourvus de l'itinéraire obligé jusqu'à destination, et des lettres indicatives de la classe des condamnés à laquelle le titulaire du passe-port appartient. C'est à ces omissions fâcheuses qu'il faut attribuer la présence de tant de condamnés libérés dans les villes où il leur est défendu de paraître, et le séjour qu'ils y font à l'insu des autorités locales, presque toujours avec impunité, parce que, *ne se trouvant pas positivement en état d'infraction réelle*, ils échappent aux peines légales. »

80. — L'individu soumis à la surveillance qui a quitté sans feuille de route ni passe-port, ni visa spécial, le lieu qu'il avait choisi pour sa résidence et pour lequel il avait reçu un passe-port, et qui s'est successivement transporté dans plusieurs résidences nouvelles sans être muni d'aucune des autorisations qui lui étaient nécessaires d'après l'art. 44 du C. pén., est en état de désobéissance aux dispositions prescrites par cet article, et doit être condamné aux peines prononcées pour ce cas par l'art. 45 du même Code. — *Cass.*, 18 oct. 1845 (t. 2 1848, p. 229), Périer.

81. — Il y a également rupture de ban non-seulement dans le cas où le condamné a quitté le lieu fixé pour sa surveillance, mais encore lorsqu'il revient, sans y être autorisé, au lieu où il lui était interdit de résider. — Spécialement est en état de rupture de ban l'individu qui, condamné à la surveillance de la haute police, et ayant reçu la défense de résider dans un lieu déterminé, a demandé, à l'expiration de sa peine, un passe-port pour l'étranger, et est ensuite revenu dans le lieu qui lui était interdit. — *Cass.*, 13 déc. 1844 (t. 1er 1845, p. 484), Agostini. — V. aussi Morin, vo *Surveillance*, p. 728; Chauveau et Hélie, t. 1er, p. 218; *Revue de législation*, nov. 1840, article de M. Gouin.

82. — Il a été jugé que les individus qui sont sous la surveillance de la haute police ont nécessairement un domicile certain, et que dès lors ils ne peuvent être déclarés en état de vagabondage. — *Montpellier*, 27 févr. 1837 (t. 1er 1843, p. 248), Teinturier; *Bourges*, 31 mars 1842 (t. 1er 1843, p. 249), Renaud.

83. — Jugé en outre que, dans ce cas, si le surveillé quitte le lieu de sa résidence sans avoir fait la déclaration du lieu où il veut aller, il ne peut être considéré que comme ayant commis le délit de rupture de ban, quel que soit d'ailleurs le temps de son absence. — *Bourges*, même arrêt.

84. — ... Et que les tribunaux saisis uniquement d'une prévention de vagabondage ne peuvent prononcer de condamnation pour rupture de ban, les faits qui constituent ces deux délits n'étant pas identiques. — *Montpellier*, 27 févr. 1837 (t. 1er 1843, p. 248), Teinturier. — V. VAGABONDAGE.

85. — La disposition de l'art. 45, qui punit d'un emprisonnement la rupture du ban de surveillance s'applique même aux individus dont la condamnation est antérieure à la loi du 28 avril 1832 sur la révision du Code pénal, pourvu toutefois que l'infraction ait eu lieu depuis la promulgation de cette loi. — *Paris*, 30 oct. 1832, Gilbert; *Grenoble*, 11 déc. 1833, Doyen. — « L'état de surveillance, disent les auteurs de la *Théorie du C. pén.* (t. 1er, p. 235), est une conséquence d'une condamnation antérieure; mais la désobéissance aux règles qui établissent cet état est un fait étranger à la condamnation et qui n'en dérive nullement. C'est un délit nouveau qui, conformément au principe général, ne peut être atteint que par les lois en vigueur au moment où il est commis. L'article abrogé a donc cessé d'être applicable même aux condamnés dont la surveillance est antérieure à l'abrogation. » — Cette solution est conforme à l'avis du Conseil d'Etat, du 7 nov. 1832, que nous avons mentionné *suprà*,

n° 60, et à ce qui se fait généralement dans la pratique.

86. — Mais lorsque, antérieurement à la loi du 28 avr. 1832, l'autorité administrative a mis en arrestation un individu qui avait rompu son ban de surveillance, les tribunaux ne pourraient, sous l'empire de cette loi, en ordonnant sa mise en liberté, arrêter l'exécution d'un acte administratif régulièrement accompli. — *Cass.*, 8 nov. 1833, Blanchard. — Ce serait tout à la fois s'immiscer dans la connaissance d'un acte administratif, et donner à la loi un effet rétroactif.

87. — L'emprisonnement encouru pour rupture de ban peut être prononcé pour un temps plus long qu'il n'en reste encore à courir à l'état de surveillance. — Le nouvel art. 45 diffère encore en cela de l'ancien, d'après lequel la détention administrative, appliquée en pareil cas, ne pouvait excéder ce temps. — Cette solution s'applique même aux condamnés antérieurs à 1832, d'après le principe que nous avons posé ci-dessus de l'application entière à ces condamnés du nouvel art. 45. — C'est d'ailleurs ce qui résulte d'un arrêt de cassation, du 23 janv. 1840 (t. 1er 1841, p. 39), Larchevêque.

88. — C'est au tribunal dans le ressort duquel un individu a été arrêté pour rupture du ban de surveillance qu'il appartient, d'après l'art. 23 du C. instr. crim., de statuer sur la prévention. — *Cass.*, 14 avr. 1836, Benoist.

89. — Il n'y a lieu de le renvoyer devant le tribunal qui a prononcé sa condamnation qu'autant que ce condamné niant son identité, il est nécessaire de la faire constater dans la forme prescrite par les art. 518 et suiv. — *Cass.*, 17 sept. 1834, Vieil; 23 juill. 1835, Hervé; 8 oct. 1835, Lepine; 14 avr. 1836, Benoist.

90. — On s'est demandé si lorsque la loi militaire emprunte à la loi commune quelques-unes de ses peines, elle les lui emprunte telles que les règle et les définit le Code pénal, et avec toutes les conséquences légales qu'il y attache, à moins qu'il n'en soit autrement ordonné par une disposition expresse. — V., à cet égard, DÉLITS MILITAIRES, nos 114 et suiv.

91. — Depuis la publication de cet article, il a été jugé que la loi du 15 juillet 1829, qui prononce contre les militaires coupables de certains vols la peine de la réclusion, sans indiquer en quoi consiste cette peine, a nécessairement renvoyé, pour sa définition et ses effets, au Code pénal, et que, dès lors, la surveillance de la haute police, attachée au caractère afflictif et infamant de la peine de la réclusion, est encourue de plein droit par les militaires condamnés à cette peine par les conseils de guerre en vertu de la loi du 15 juillet 1829, bien que les vols qu'elle réprime soient qualifiés simples délits par le Code pénal. Le principe général de l'article 5 de ce Code, relatif à la fois à la qualification des faits et aux peines, est inapplicable dans le cas d'une disposition spéciale de la loi militaire renvoyant implicitement audit Code. — *Paris*, 26 mai 1848 (t. 2 1848, p. 228), Stahf.

Indépendamment des mots cités dans le cours de l'article, V. AMNISTIE, nos 115 et suiv., et ASSOCIATION ILLICITE.

SURVENANCE D'ENFANT.

V. DONATION ENTRE-VIFS, nos 972 et suiv. — V. aussi DOT, PRESCRIPTION, QUOTITÉ DISPONIBLE.

SURVIE.

C'est la prolongation de la vie au delà d'une époque donnée. Cette époque est le plus ordinairement la mort d'une autre personne. — V. ASSURANCE SUR LA VIE, ENREGISTREMENT, GAINS DE SURVIE, SUCCESSION.

SUSCRIPTION.

Ecriture qui est mise sur l'enveloppe ou la surface extérieure d'un papier plié, d'une lettre par exemple. — V. ACTE DE SUSCRIPTION, TESTAMENT.

SUSPENSION.

C'est l'action de suspendre, d'interdire temporairement l'exercice d'une fonction. Ce mot se dit aussi de l'état de celui qui est suspendu. — V. DISCIPLINE. — V. aussi AGENT DE CHANGE, AGRÉÉS, AVOCAT, AVOUÉ, COMMISSAIRE-PRISEUR, ENREGISTREMENT, FONCTIONNAIRE PUBLIC, GREFFIER, HUISSIERS, JUGE, NOTAIRES, OFFICE, RECEVEUR DES FINANCES.

SUSPICION LÉGITIME.

V. RENVOI D'UN TRIBUNAL A UN AUTRE.

SUZERAIN, SUZERAINETÉ.

1. — On appelait *suzerain* celui qui avait la suzeraineté sur un fief ou sur une roture, et le mot *suzeraineté* indiquait une directe ou une juridiction médiate. — Guyot, v° *Suzeraineté*; Delaurière, *Glossaire du droit français*. — Le mot suzerain a donc pour corrélatifs ceux d'*arrière-vassal*, sous-vassal et vavasseur, et l'expression suzeraineté celles de arrière-fief, sous-fief et vavassoire. — V. VASSAL, VASSALITÉ.

2. — Toutefois, le sens de ces deux mots variait avec les auteurs qui les employaient. Ainsi Loyseau ne l'appliquait qu'aux seigneuries subalternes, c'est-à-dire à celles qui, d'après son système sur les fiefs (V. FIEFS), avaient été usurpées par les particuliers et qui en avaient la propriété, opposant ainsi ce mot à *souveraineté*, qui suivant lui exprimait la seigneurie publique, qui, nonobstant toute usurpation, demeurait inséparable par devers l'Etat. — Loyseau, *Traité des seigneuries*, ch. 1er, n° 82. — Le président Hénault, dans son *Histoire de la deuxième race* (remarques séparées) a adopté cette acception.

3. — Brussel appelle *suzerain* tout seigneur dominant médiat ou immédiat. — V. *Usage des fiefs*, liv. 2, ch. 4, 5 et 6.

4. — Mais la plupart des coutumes entendent le mot suzerain ainsi que nous l'avons défini. — V., entre autres, coutume de Touraine, art. 108; de Loudunois, art. 8; d'Anjou, art. 65. — V. aussi coutume du Poitou, du Maine, etc., etc.

5. — A la qualité de suzerain étaient attachés des droits de justice (V. FÉODALITÉ, FIEF, JUSTICE SEIGNEURIALE), et dans quelques coutumes des droits de banalité. — V. BANALITÉ.

6. — En ce qui concerne les autres droits très-nombreux qui appartenaient au suzerain, il serait difficile d'en donner une énumération complète, et cette énumération ne serait d'ailleurs que la répétition de ce que nous avons dit à ce sujet sous les mots : FÉODALITÉ, FIEF, JUSTICE SEIGNEURIALE, RELIEF, RETRAIT FÉODAL.

7. — Depuis l'abolition du système féodal par les décrets de 1790 et 1791, il n'existe plus en France ni seigneur, ni suzerain, ni vassal, ni arrière-vassal. — V. FÉODALITÉ, FIEF, JUSTICE SEIGNEURIALE, SEIGNEUR, SEIGNEURIE, VASSAL.

SYNALLAGMATIQUE.

(Du grec συνάλλαγμα, *échange*.) — Ce qui constitue échange de consentement, un consentement réciproque. — V. CONTRAT, nos 26 et suiv. — V. aussi ACTE SYNALLAGMATIQUE.

SYNDIC, SYNDICAT.

1. — Le dictionnaire français définit le syndic celui qui est chargé des affaires d'une communauté, d'un corps. L'étymologie de ce mot (σὺν, *avec*, δίκη, *cause*) coïncide parfaitement avec cette définition.

2. — La loi applique dans plusieurs circonstances la dénomination de *syndics* à des personnes chargées d'une gestion ou d'un mandat dans l'intérêt de plusieurs individus ou d'une communauté.

3. — Et d'abord, en matière de faillite, elle qualifie *syndic* celui ou ceux qui demeurent chargés de représenter la masse des créanciers dans les opérations qui ont pour but la liquidation de la faillite et la gestion des affaires du failli dans l'intérêt commun. — V. FAILLITE, nos 685 et suiv.

4. — En outre, l'intervention de certains mandataires agissant dans l'intérêt général d'une communauté et recevant le nom de *syndics* est prévue et réglée par diverses lois administratives.

5. — C'est principalement alors qu'il s'agit d'intérêts communaux que les lois organiques sur l'administration municipale ont pour certains cas consacré l'institution de mandataires spéciaux appelés *syndics*, agissant soit seuls, soit réunis en *commission syndicale*.

6. — Ainsi, bien que les maires, adjoints, etc., soient les représentans légaux des habitans des communes pour agir en justice, néanmoins toutes les fois que par les circonstances, il est démontré que le maire, l'adjoint, ou même un officier municipal ne sauraient sans de graves inconvéniens représenter la commune, l'autorité administrative en autorisant la commune à ester en justice peut lui permettre de nommer ou élire un *syndic* pour la représenter dans l'instance. — V. COMMUNE, n° 518.

7. — Lorsqu'une section de commune est dans le cas d'intenter ou de soutenir une action judiciaire contre la commune elle-même ou contre une section de la même commune, il est formé par cette section une commission syndicale de trois ou cinq membres nommés par le préfet. — L. 18 juill. 1837, art. 56 et 57. — V. COMMUNE, nos 666 et suiv.

8. — Lorsque plusieurs communes ont des biens ou des droits par indivis, cet intérêt commun peut être, sur la demande de l'une d'elles, confié à l'administration et à la garde d'une commission spéciale formée conformément à l'art. 70 de la loi du 18 juill. 1837, et dans le sein de laquelle le préfet nomme un syndic. — V. COMMUNE, n° 227.

9. — En dehors des questions d'intérêt communal, des considérations d'intérêt public ont conduit le législateur à autoriser et même à prescrire pour l'exécution de certains travaux publics l'institution de commissions syndicales.

10. — C'est ainsi qu'en matière de dessèchement de marais, soit que le gouvernement fasse le dessèchement par lui-même, soit que la concession ait été accordée, il doit être formé entre les propriétaires, relativement à l'exécution des travaux, un *syndicat* chargé de représenter les intéressés dans les opérations relatives au dessèchement. — V. MARAIS, nos 79 et suiv.

11. — De même, alors qu'il s'agit de certains cours d'eau qui intéressent l'agriculture ou l'industrie, il peut être établi des *syndicats* formés par le choix des propriétaires intéressés, pour arriver à tirer des eaux le plus grand profit possible dans l'intérêt de l'irrigation des prairies ou du travail des usines. — V. SYNDICAT DES EAUX. — V. encore IRRIGATIONS, USINES.

12. — Il existe également, dans chaque quartier maritime, certains agens préposés à l'inscription maritime et désignés sous le nom de *syndics des gens de mer*. — V. SYNDICS DES GENS DE MER. — V. aussi INSCRIPTION MARITIME.

13. — Autrefois, et alors que les corps d'état étaient réunis en corporations ou communautés, chaque communauté ou corporation devait avoir un syndic et un adjoint chargés de veiller conjointement à l'administration des affaires, à la recette et à l'emploi des revenus communs, ainsi qu'à la police intérieure de la communauté. — V. CORPS D'ARTS ET MÉTIERS, nos 42 et suiv.

14. — La suppression des communautés ayant été prononcée par la loi du 2 mars 1791, les individus compris dans le même corps d'état ne peuvent plus évidemment constituer des *syndics* chargés de les représenter, comme sous l'empire de la législation antérieure à 1791.

15. — Toutefois, depuis la loi abolitive des corporations, les anciens membres d'une corporation supprimée ont pu valablement se réunir du consentement de l'autorité administrative, à l'effet de délibérer sur des intérêts remontant au temps de l'existence de cette corporation, et de nommer des syndics chargés de les représenter. — *Cass.*, 7 sept. 1814, Pons et Girard c. Rouband et Mouton. — V., cependant, *contrà*, *Cass.*, 18 nov. 1823, Constantin et Alluaud c. Rougier.

16. — Les membres qui ont assisté à une pareille délibération ne peuvent se refuser de payer leur part dans une dette commune à laquelle se sont obligés les syndics en leur qualité, alors surtout que cette dette avait été reconnue dans la délibération en question, sans aucune opposition ni protestation. — Même arrêt de 1814.

17. — Les juifs étaient aussi autrefois réunis en communautés ayant leurs syndics chargés de les représenter pour tout ce qui concernait les intérêts de la communauté. — C'est ainsi qu'il a été jugé que les obligations contractées par les syndics de la communauté juive de Metz avant l'émancipation législative des juifs ne constituent pas une dette privée, une obligation personnelle proprement dite, mais une dette commune à titre de charge publique, et payable par voie de répartition. — Qu'en conséquence, tous les juifs qui se rattachent à l'ancienne communauté de Metz, non pas seulement par un lien d'hérédité, mais par un lien de filiation ou d'origine, doivent concourir à l'extinction de cette dette. — *Paris*, 6

janv. 1849 (t. 1er 1849, p. 560), Fould c. Scitivaux et Varandon.

18. — Les lois révolutionnaires qui ont conféré aux juifs les droits et la qualité de citoyens français, et qui les ont exonérés de certaines charges, ne les ont pas affranchis du paiement des dettes contractées régulièrement par les syndics de leurs communautés. — Même arrêt.

19. — Il convient aussi de remarquer qu'aujourd'hui encore, sous le régime de la liberté du commerce et de l'industrie, certaines professions ayant été, dans l'intérêt public, organisées par des lois récentes, sont placées sous l'autorité de syndics dont les pouvoirs sont déterminés par la loi.

20. — Tels sont d'abord, dans l'intérêt d'assurer la subsistance publique, les boulangers, notamment à Paris, où ils comptent quatre *syndics*. — V. BOULANGER, nos 139 et suiv.

21. — ... Et les bouchers, notamment à Paris, où le *syndic* et six *adjoints* qui l'assistent composent le *syndicat* de la boucherie. — V. BOUCHER, nos 94 et suiv.

22. — Des corporations d'une autre nature ont été également, par des motifs d'intérêt public, placées sous la juridiction de chambres disciplinaires appelées aussi *syndicales*.

23. — Les corporations des agens de change possèdent dans leur sein des chambres *syndicales*, composées d'un *syndic* et d'*adjoints*, dont le nombre, du reste, varie suivant les localités (il est de six à Paris). — V. AGENT DE CHANGE, nos 376 et suiv.

24. — Les courtiers de commerce ont également partout des chambres syndicales, composées partout d'une manière uniforme d'un *syndic* et de six *adjoints*. — V. COURTIERS, nos 95 et suiv.

25. — Les chambres de discipline qui existent dans chaque corporation d'officiers ministériels comptent également un ou plusieurs *syndics*, lesquels ont pour mission plus spéciale l'instruction et la poursuite des affaires disciplinaires concernant les membres de la corporation. — V. DISCIPLINE, OFFICE.

26. — Deux syndics existent dans la chambre de discipline des avocats à la Cour de cassation et au Conseil d'Etat; ils remplacent le président du Conseil en cas d'absence. — V. AVOCAT A LA COUR DE CASSATION, nos 71 et suiv.

27. — Dans les chambres de notaires, le nombre des syndics varie de un à trois. Partie poursuivante contre les notaires inculpés, le syndic est entendu préalablement à toutes les délibérations de la chambre qui est tenue de statuer sur ses réquisitions; il a comme le président le droit de la convoquer, il poursuit l'exécution de ses délibérations, enfin il agit pour la chambre dans tous les cas et conformément à ce qu'elle a délibéré. — V. NOTAIRES, nos 116 et suiv.

28. — Les fonctions de *syndic* dans les chambres de discipline des avoués sont entièrement les mêmes que celles des syndics des chambres de discipline des notaires. — V. AVOUÉ, nos 690 et suiv.

29. — Les fonctions de *syndic* dans les chambres de discipline des commissaires-priseurs sont analogues à celles des syndics dans les chambres des avoués. — V. COMMISSAIRE-PRISEUR, nos 232 et suiv.

30. — Aux termes de l'art. 52 du décret du 14 juin 1813, chaque communauté d'huissiers doit avoir une chambre de discipline, présidée par un *syndic*. — V. HUISSIERS, nos 337 et suiv.

SYNDICS DES FAILLITES.

Les syndics des faillites, salariés ou non, sont dispensés de la patente, bien que ne se trouvant pas nommément compris dans la catégorie des exceptions. — *Cons. d'Etat*, 5 août 1848, Lescan; 24 mars 1849, Maimbourg. — Lainé, *Manuel des patentés*, p. 101.

SYNDICS DES GENS DE MER.

1. — On appelle ainsi des agens qui, dans chaque quartier maritime, sont préposés à l'inscription maritime, sous les ordres de l'officier administrateur. — Un syndicat contient une ou plusieurs communes. — V. INSCRIPTION MARITIME.

2. — La nomination des syndics appartient au ministre de la marine. — L. 3 brum. an IV, art. 9. — Ils doivent résider dans l'étendue de leur syndicat, et ils ne peuvent s'en absenter sans permission du commissaire. — Ordonn. 1784, tit. 8, art. 1er.

3. — Le syndic des gens de mer tient, en ce qui concerne son syndicat, un extrait de la matricule dressé par le commissaire pour tout le quartier, et sur cet extrait il suit les mouvemens des gens de mer. Il prend, pour les transmettre au commissaire, des informations sur ceux qui, dans le syndicat, se livrent à une profession susceptible de les soumettre à l'inscription. — Ordonn. 1784, tit. 8. — Beaussant, no 67.

4. — Quand il a reçu du commissaire un extrait de l'état de répartition pour la levée des gens de mer de son syndicat, il forme des listes nominatives pour chacune des communes qui le composent. Ces listes sont immédiatement publiées. — Il transmet les ordres de départ. — Décr. 3 brum. an IV, art. 20 et 22. — Beaussant, no 68.

5. — S'il s'aperçoit d'un retard dans l'exécution de l'ordre de départ, il doit requérir la force publique de lui prêter main-forte. — Décr. 3 brum. an IV, art. 23. — Il doit faire arrêter ceux qui refuseraient de marcher, les y contraindre par tous les moyens en son pouvoir (ordonn. 1784, tit. 11, art. 8), et adresser au commissaire la liste des retardataires, insoumis ou déserteurs. — Beaussant, *ibid.* — V. aussi BLESSURES ET COUPS, no 259.

6. — Les syndics sont dispensés du service militaire, de la garde nationale mobilisée et même sédentaire. — L. 22 mars 1831, art. 12.

7. — Ils reçoivent de l'Etat un salaire annuel qui varie suivant l'importance du syndicat (V. arrêté 3 fructid. an IX), et des frais de voyage et de vacations en certaines circonstances. — Arrêté 29 pluv. an IX. — Beaussant, t. 1er, no 74.

8. — Toutefois, il est à remarquer que les fonctions importantes de syndic sont, malheureusement pour l'Etat et l'inscription maritime, confiées à de vieux serviteurs souvent accablés d'infirmités et incapables du service administratif, et que ces fonctions sont si peu rétribuées, qu'elles ne satisferaient pas un homme jeune et capable. — Beaussant, no 65 (à la note).

9. — Il est défendu aux syndics des gens de mer de prendre ou de recevoir directement ou indirectement aucun présent, soit en argent, soit en denrées ou autres choses quelconques, des gens de mer et ouvriers, à peine de concussion (ordonn. 1784, tit. 8, art. 12), et les commissaires de marine sont spécialement chargés de tenir la main à l'observation de ce devoir. — L. 21-25 sept. 1791, art. 25. — V. aussi C pén., 174. — Beaussant, no 76.

10. — Les syndics des gens de mer sont justiciables des tribunaux ordinaires pour les crimes et délits qu'ils commettent dans l'exercice de leurs fonctions. — Merlin, *Rép.*, vo *Syndic des gens de mer*, no 1er. — On cite comme conforme un arrêt de la Cour de cassation du 26 avr. 1811, Descer.

11. — Suivant M. Beaussant (no 75), les syndics des gens de mer étant des agens employés par le gouvernement dans l'exécution du recrutement maritime, ne sauraient être poursuivis pour des faits relatifs à leurs fonctions sans l'autorisation du conseil d'Etat.

12. — Le syndic est responsable de sa négligence. — L. 7 janv. 1791, art. 19. — S'il a favorisé l'évasion d'un déserteur, il est passible d'un an d'emprisonnement et d'une amende de 300 fr. à 3,000 fr.; l'emprisonnement est de deux ans si le fait a eu lieu en temps de guerre. — Décr. 9 messid. an XIII. — Si le syndic a été complice de désertion à l'étranger, la peine est de trois ans de chaîne en temps de paix, de six en temps de guerre, et même de la mort si la désertion a eu lieu à l'ennemi. — Décr. 1er flor. an XII. — Beaussant, no 69.

13. — Jugé qu'on doit considérer comme ayant tenté de soustraire un marin déserteur au service de l'Etat, les syndics de marine qui, sans se conformer aux lois et règlemens de la mer, et sans vérifier ni ses papiers ni ses inscriptions, ont inscrit un marin déserteur comme matelot sur un rôle d'équipage d'un bateau de commerce, ou qui ont visé ce rôle, ou qui ont refusé de déférer aux réquisitions de l'autorité pour faire arrêter ce déserteur. — *Cass.*, 23 avr. 1812, Debièvre. — Merlin, *Rép.*, vo *Syndic des gens de mer*, no 2. — M. Beaussant (*ibid.*) blâme la sévérité de cette décision.

SYNDICAT DES EAUX.

1. — La police des cours d'eau de quelque nature qu'ils soient, la conservation et l'entretien des chemins, digues et ouvrages qui y correspondent, sont exclusivement confiés au gouvernement. — *Cass.*, 10 mars 1827, Malgat.

2. — Aussi doit-on considérer comme non recevable, comme contraire à la maxime que *nul en France, excepté le prince, ne plaide par procureur*, l'action intentée collectivement, au nom de plusieurs propriétaires associés pour l'irrigation d'une prairie commune, par les syndics qu'ils ont choisis à l'effet d'exercer des actions judiciaires qui peuvent concerner l'association, surtout si aucun acte administratif n'a autorisé cette association. — *Cass.*, 11 nov. 1829, Propriétaires du pré des Graviers c. Grandgirard.

3. — Néanmoins, les propriétaires riverains ont le droit de se réunir en *syndicat*, à l'effet de proposer au gouvernement les vues les plus propres à utiliser ces eaux, dans l'intérêt de leur propriété. — *Cass.*, 10 mars 1827, Malgat.

4. — Ces associations qui se spécifient d'ordinaire par le nom de la rivière ou du ruisseau dont les eaux sont utilisées, ou de la portion de territoire qu'il s'agit de fertiliser, sont désignées le plus souvent sous le nom d'*association d'arrosans*.

5. — Utiliser plus et mieux les eaux disponibles et avec moins de frais pour chacun, tel est le but que ces associations se proposent et le résultat qu'elles atteignent lorsque l'entreprise est bien dirigée. Elles sont destinées à contribuer dans une proportion notable au développement de la richesse du pays; à ce titre, elles méritent et obtiennent les encouragemens de l'administration: des intérêts nombreux et de diverses natures sont affectés pour leurs opérations; il importe donc que ces opérations soient surveillées dans un but d'intérêt général, en même temps que protégées par l'autorité administrative.

6. — « Les propriétaires intéressés dressent les conventions ou statuts de leur association, les soumettent à l'autorité locale, qui donne son avis et les transmet au préfet du département; celui-ci consulte les ingénieurs des ponts et chaussées et prépare un règlement d'administration publique qui quelquefois modifie, et, dans tous les cas, met en harmonie avec les lois de la matière, les dispositions qui lui sont soumises; ce projet est soumis lui-même au contrôle de l'autorité centrale, c'est-à-dire à la délibération du conseil général des ponts et chaussées, des bureaux du ministère des travaux publics et de l'assemblée générale du Conseil d'Etat. » — Macarel, *Cours de dr. administ.*, t. 3.

7. — Le règlement une fois arrêté, l'exécution en est surveillée par le préfet, qui peut prendre à ce sujet les arrêtés que nécessitent les circonstances locales et successives.

8. — Au surplus, le gouvernement, dans un règlement d'administration publique, rendu sur la proposition du préfet du département, pourvoit aux difficultés ou aux changemens qui peuvent survenir dans l'application des règlemens ou dans l'exécution du mode consacré par l'usage. — L. 14 flor. an XI, art. 2.

9. — L'association des propriétaires est représentée par un syndicat, chargé des affaires de l'association, de la direction et de l'exécution des travaux, ainsi que de la surveillance journalière et continue des travaux entrepris.

10. — Le règlement général de l'association doit consacrer l'institution et les pouvoirs de ses syndics que le préfet choisit parmi les candidats présentés par un vote libre des propriétaires, réunis en assemblée générale, sur sa convocation. — Macarel, *ubi suprà*.

11. — Les syndics deviennent les mandataires et les représentans des arrosans et de tous les intéressés. Ils se réunissent en *commission syndicale*. Dans cette commission se concluent tous les marchés et toutes les dépenses nécessaires au bon aménagement des eaux. C'est par elle que sont formulées toutes les demandes et réclamations à l'autorité supérieure. — Le préfet, à son tour, transmet à la *commission syndicale* les autorisations, prescriptions ou défenses qu'il juge nécessaire de faire aux intéressés. — Macarel, *ubi suprà*.

12. — Seuls, les syndics, ainsi régulièrement constitués, ont le droit d'agir dans l'intérêt commun. Ainsi, lorsque la jouissance d'un canal particulier a été cédée aux riverains moyennant indemnité, et que, par un règlement administratif qui a fixé le temps et le mode de distribution des eaux d'arrosage entre les divers intéressés, il a été nommé un syndic, auquel ceux-ci ont attribué la police des eaux et l'action en répression des contraventions au règlement, le droit de poursuivre les contrevenans appartient au syndic seul, à l'exclusion du propriétaire du ca-

nal. — *Cass.*, 27 août 1828, Charleval c. Pontier.

13. — Au moins l'arrêt qui décide qu'une contravention aux dispositions du règlement sur la police des eaux et le temps de l'arrosage n'intéresse que les riverains entre eux, et que le propriétaire du canal est sans qualité pour agir, est à l'abri de la cassation, en ce qu'il ne viole aucune loi. — Même arrêt.

14. — Lorsqu'un syndicat, en exécution d'une ordonnance royale qui lui a attribué, sous la surveillance du préfet, l'administration d'un canal, avec mission spéciale de désigner les ouvertures des maisons riveraines, nécessaires pour le passage du limon provenant du curage, a procédé à cette désignation, les actes ainsi faits par lui, et revêtus de l'approbation du préfet, sont des actes administratifs dont les tribunaux ordinaires ne peuvent empêcher l'exécution.— *Cass.*, 15 déc. 1841 (t. 1er 1842, p. 201), Syndicat du canal des Sorguettes c. Raül.

15. — D'où il suit que les obligations qui en résultent pour les propriétés désignées constituent, non des servitudes ordinaires ressortissant aux tribunaux juges des questions de propriété, mais des services d'utilité publique dont il appartient à l'administration de régler l'exercice. — Même arrêt.

16. — Au surplus, c'est le Conseil de préfecture qui juge toutes les contestations qui peuvent se présenter sur l'exécution des règlemens; les décisions rendues par le Conseil de préfecture sont susceptibles d'appel devant le Conseil d'Etat. — *Cons. d'Etat*, 31 mars 1819, Villiard c. Association de Saint-Andiol. — V., en outre, Gar-

nier, *Régime des eaux*, t. 4, p. 106; Daviel, *Lég. des cours d'eau*, t. 2, no 995.

17. — Ainsi que nous l'avons dit plus haut (V. *suprà*, no 5), les associations d'arrosans méritent les encouragemens du gouvernement; aussi, le plus souvent, sont-elles puissamment aidées par lui. Mais, en résumé, ces encouragemens ne consistent toujours que dans des subventions, et c'est l'association elle-même qui doit, en dernière analyse, faire, avec le concours plus ou moins généreux de l'Etat, les frais de l'entreprise.

18. — Or, en ce qui concerne les frais d'exécution, d'entretien et de réparation, les statuts de l'association déterminent eux-mêmes le mode selon lequel on y doit pourvoir. Ce règlement a force de loi entre les intéressés et les ayans cause. Les usages locaux sont consultés à défaut de règlemens particuliers.

19. — L'usage est en général de répartir entre les propriétaires intéressés la perception d'une taxe, afin de pourvoir aux dépenses de l'association.

20. — La quotité de la contribution de chaque imposé doit être toujours relative au degré d'intérêt qu'il a aux travaux qu'il s'agit d'effectuer. — L. 14 flor. an XI, art. 2.

21. — Les rôles des répartitions des taxes à percevoir sont rendus exécutoires par le préfet. — Macarel, *ubi suprà*.—V. encore L. 14 flor. an XI, art. 2.

22. — Le mode de recouvrement de ces taxes est le même que celui des contributions publi-

ques; chaque année, l'autorisation est renouvelée par la loi de finances. — *Ibid.*

23. — Du reste, la taxe dont il s'agit ne pro... ni directement ni indirectement aux caisses ... l'Etat ou des établissemens publics; elle n'e... pas de nature à être assimilée à un impôt qu... la loi seule peut créer.

24. — Aussi, le prétexte que la prescription établie en matière de contributions publiqu... lui est acquise, ne saurait dispenser aucun pro... priétaire profitant de l'irrigation de payer ... quote-part des dépenses. — *Cons. d'Etat*, 29 o... tobre 1823, Garriga c. Arnaud.

25. — Donc, bien que le recouvrement de cet... contribution spéciale s'opère de la même ma... nière que les contributions ordinaires, la pre... cription d'un an n'étant autorisée par aucur... loi, ne peut être opposée à la poursuite.—Mêm... ordonnance.

26. — Rappelons, en terminant, que des em... ployés spéciaux sont chargés, au compte d... l'administration, de veiller sur les travaux e... la conservation des ouvrages d'art et des ca... naux d'irrigation, indépendamment de la poli... municipale, sur laquelle repose la sûreté gé... nérale.

27. — Ces employés reçoivent de l'autorit... souveraine, par le règlement d'administrati... régissant la société des arrosans, qui les insti... tue, le pouvoir de dresser procès-verbal sur le... contraventions qu'ils viennent à découvrir. — I... sont connus sous le nom de *garde-rivières.* — V... GARDE-RIVIÈRES.

V. EAUX, IRRIGATIONS, USINES.

FIN DU ONZIÈME VOLUME.